# HANDWÖRTERBUCH
## DER
# GERICHTLICHEN MEDIZIN
## UND NATURWISSENSCHAFTLICHEN
# KRIMINALISTIK

IN GEMEINSCHAFT MIT ZAHLREICHEN FACHGENOSSEN
DES IN- UND AUSLANDES

BEARBEITET UND HERAUSGEGEBEN

VON

**F. v. NEUREITER**
O. PROFESSOR DR. MED. DR. H. C.
DIREKTOR DES INSTITUTS FÜR
GERICHTLICHE MEDIZIN DER
UNIVERSITÄT HAMBURG

**F. PIETRUSKY**
O. PROFESSOR DR. MED.
DIREKTOR DES INSTITUTS FÜR
GERICHTLICHE UND SOZIALE
MEDIZIN DER UNIVERSITÄT BONN

**E. SCHÜTT**
DR. MED.
DIREKTOR IM REICHSGESUNDHEITS-
AMT BERLIN, DOZ. A.D. STAATSAKAD.
DES ÖFF. GESUNDHEITSDIENSTES

MIT 189 ABBILDUNGEN

SPRINGER-VERLAG BERLIN HEIDELBERG GMBH
1940

# HANDWÖRTERBUCH
## DER
# GERICHTLICHEN MEDIZIN
## UND NATURWISSENSCHAFTLICHEN
## KRIMINALISTIK

IN GEMEINSCHAFT MIT ZAHLREICHEN FACHGENOSSEN
DES IN- UND AUSLANDES

BEARBEITET UND HERAUSGEGEBEN

VON

**F. v. NEUREITER**
O. PROFESSOR DR. MED. DR. H. C.
DIREKTOR DES INSTITUTS FÜR
GERICHTLICHE MEDIZIN DER
UNIVERSITÄT HAMBURG

**F. PIETRUSKY**
O. PROFESSOR DR. MED.
DIREKTOR DES INSTITUTS FÜR
GERICHTLICHE UND SOZIALE
MEDIZIN DER UNIVERSITÄT BONN

**E. SCHÜTT**
DR. MED.
DIREKTOR IM REICHSGESUNDHEITS-
AMT BERLIN, DOZ. A.D. STAATSAKAD.
DES ÖFF. GESUNDHEITSDIENSTES

MIT 189 ABBILDUNGEN

SPRINGER-VERLAG BERLIN HEIDELBERG GMBH

1940

ISBN 978-3-642-51202-5 ISBN 978-3-642-51321-3 (eBook)
DOI 10.1007/978-3-642-51321-3

# Vorwort.

Das Buch, das wir nunmehr den Fachgenossen diesseits und jenseits der Grenzen unseres deutschen Vaterlandes übergeben, soll Programm und Erfüllung zugleich sein. Wir bekennen uns mit ihm zu einer gerichtlichen Medizin, die ihre vornehmste Aufgabe in der Lösung der Probleme erblickt, die der *Tod* dem Arzt und Naturwissenschaftler als Gutachter bei Gerichts- und Polizeibehörden stellt. Im Mittelpunkt unserer Darstellung steht daher die Lehre vom Tode in gerichtlich-medizinischer Beleuchtung. Außerdem bringen wir die Schilderung aller jener Forschungsergebnisse und Arbeitsweisen kriminalistischer Art, deren wir uns als Sachverständige bei der Aufklärung von strittigen Rechtsfällen bedienen müssen, wollen wir unseren Pflichten gegenüber der Volksgemeinschaft voll genügen. Die Fragen der forensischen Psychiatrie haben wir dagegen bewußt von der Besprechung ausgeschlossen, weil wir ihre Beantwortung besonderen fachwissenschaftlichen Werken vorbehalten wissen möchten.

Allein damit nicht genug, sind wir noch zu einer weiteren Einschränkung des Stoffes geschritten. Dabei ließen wir uns von folgender Überlegung leiten: Gerichtliche Medizin ist ihrem Umfange nach immer und überall von den im Staate augenblicklich geltenden Gesetzen abhängig. Ihre Grenzen sind daher von Staat zu Staat andere und verschieben sich überdies im selben Staatswesen stetig mit der Abänderung der Gesetzesnormen. Ein die *ganze* Lehre umfassendes Buch der gerichtlichen Medizin — für Deutschland geschrieben — ist in weiten Abschnitten für das Ausland bedeutungslos. Ja, es verliert für seine eigene Heimat sofort an Wert, wenn es hier zum Erlaß neuer, das Fachgebiet der Medizin irgendwie berührender Gesetze kommt. Um nun einerseits diesem vom Fortgang der medizinischen Wissenschaft unabhängigen, lediglich durch eine Umgestaltung der Rechtsgrundlagen bedingten Veralten des Buches möglichst zu steuern, und um andererseits unser Werk für alle Staaten und Länder in gleicher Weise brauchbar zu machen, haben wir uns entschlossen, alle diejenigen Fragestellungen, die sich im wesentlichen aus der besonderen Fassung eines Gesetzes ergeben, sowie die Bestimmungen, die man gewöhnlich im sog. formalen Teil der gerichtlichen Medizin abhandelt und die sich der Hauptsache nach auf die Rechte und Pflichten der Sachverständigen im allgemeinen beziehen, ganz unerörtert zu lassen.

Wegen der erwähnten Auslassungen haben wir auch von einer systematischen Darstellung des Stoffes abgesehen und uns für die lexikographische Anordnung entschieden. Im Interesse der Einheitlichkeit sind dabei zusammengehörige Einzelprobleme durchgehend zu in sich geschlossenen Abhandlungen zusammengefaßt worden. Jedoch verweisen allerorten in den Text eingestreute Stichwörter auf die Artikel, in denen die verschiedenen Sonderbegriffe im Rahmen der einschlägigen Gesamtprobleme besprochen sind.

Damit ist eigentlich alles gesagt, was zur Begründung der von uns getroffenen Stoffauswahl und -verteilung zu bemerken wäre. Wenn wir trotzdem unser Vorwort noch nicht schließen, so geschieht es, um unseren Mitarbeitern noch einmal aufs herzlichste für ihre Gefolgschaft und ihren Arbeitseinsatz zu danken. Nicht minder fühlen wir uns der Verlagsbuchhandlung Julius Springer verpflichtet, die unseren Absichten stets verständnisvoll entgegengekommen ist und für eine würdige Ausstattung des Werkes gesorgt hat.

Und zu guter Letzt noch der Wunsch: Möge unser Handwörterbuch der gerichtlichen Medizin und naturwissenschaftlichen Kriminalistik all denen, für die es gedacht ist, zum treuen Helfer bei der Erfüllung ihrer Berufspflichten werden!

Hamburg, Bonn und Berlin, im Kriegssommer 1940.

**v. Neureiter. Pietrusky. Schütt.**

# Mitarbeiter:

Beck, W. V., Dr. med., Leiter des Inst. für gerichtl. Medizin und naturwiss. Kriminalistik im Amt des Generalgouverneurs Krakau.

Böhmer, K., Prof. Dr. med., Direktor des Inst. für gerichtl. Medizin der Mediz. Akademie Düsseldorf.

Breitenecker, L., Dozent Dr. med., 1. Assistent am Inst. für gerichtl. Medizin der Univ. Wien.

Buhtz, G., Prof. Dr. med., Direktor des Inst. für gerichtl. Med. u. naturwiss. Kriminalist. d. Univ. Breslau.

Burkert, W., Dr. med., Ass. am Inst. für gerichtl. Med. d. Univ. Leipzig.

David, H., Prof. Dr. med. vet., Vorstand der Lehrkanzel für Bakteriologie und Tierhygiene der Tierärztl. Hochschule Wien.

Derra, E., Doz. Dr. med. habil., Oberarzt an der Chirurg. Universitätsklinik Bonn.

Dettling, J., Prof. Dr. med., Dir. d. gerichtl.-mediz. Inst. der Univ. Bern.

Elbel, H., Doz. Dr. med., 1. Assistent am Inst. für gerichtl. Medizin u. naturwissenschaftl. Kriminalistik der Univ. Heidelberg.

Fischer, H., Prof. Dr. med., Dir. d. Pharmakol. Inst. der Univ. Zürich.

Fischer, R., Prof. Dr. phil. et Mag. pharm., Direktor des Pharmakogn. Inst. der Univ. Graz.

Förster, A., Prof. Dr. med., Direktor des Inst. für gerichtl. u. soz. Medizin der Univ. Marburg/Lahn.

Frauendorfer, O., Dr. med., Röntgenfach- u. Landesgerichtsarzt, Wien.

Fremel, F., Doz. Dr. med., Vorst. d. Ohren-Nasen-Halsambulatoriums am Wilhelminenspital in Wien.

Fritz, E., Doz. Dr. med., 1. Assistent am gerichtl.-mediz. Inst. d. Univ. München.

Gistl, R., Prof. Dr. d. techn. Wissenschaften habil., Vorstand-Stellvertr. d. botan. u. pflanzenpathol. Inst. d. techn. Hochsch. München.

Goroncy, C., Prof. Dr. med., Direktor des Inst. für gerichtl. Medizin u. des Seminars für Kriminalwiss. an der Univ. Greifswald.

Gottschalk, H., Dr. rer. pol., Geschäftsführer der Deutschen Gesellschaft zur Bekämpfung d. Geschlechtskrankheiten, Berlin.

Hansen, G., Dr. med., Ass. a. Inst. f. gerichtl. u. soz. Med. d. Univ. Bonn.

Hausbrandt, F., Dozent, Dr. med. habil., Ass. a. Inst. für gerichtl. u. soz. Med. d. Univ. Königsberg i. Pr.

Holzer, F. J., Dozent Dr. med., Oberarzt am Inst. für gerichtl. und soziale Medizin der Univ. Berlin.

Huber, O., Dr. med., 1. Assistent am Inst. für gerichtl. und soziale Medizin der Univ. Würzburg.

Hüssy, P., Doz. Dr. med., Chefarzt am Kantonspital Aarau/Schweiz.

Jungmichel, G., Prof. Dr. med., Direktor des Inst. für gerichtl. Medizin der Univ. Göttingen.

Kenyeres †, B., Hofrat Prof. Dr. med., emerit. Direktor d. gerichtl.-mediz. Inst. d. Univ. Budapest.

Klauer, H., Dr. phil. nat., naturwissenschaftl. Assistent am Inst. für gerichtl. und soziale Medizin der Univ. Halle a. d. S.

Kofler, L., Prof. Dr. med. et phil. et Mag. pharm., Direktor des Pharmakogn. Inst. d. Univ. Innsbruck.

Krefft, J., Dipl.-Ing., Sachverständiger f. Branduntersuch., Berlin.

Künkele, F., Dr. phil., Chemiker der Reichsleitung der NSDAP., München.

Laubenthal, F., Dozent Dr. med., 1. Assistent an der psychiatr. und Nervenklinik der Univ. Bonn.

Lochte, Th., Geh. Med.-Rat Prof. Dr. med., emerit. Dir. des gerichtl.-mediz. Inst. der Univ. Göttingen.

Frh. v. Marenholtz, M., Mag. Med.-Rat Dr. med., Gerichtsärztl. Inst. d. Reichshauptstadt Berlin im Robert-Koch-Krhaus.

Manz, R., Dr. med., 1. Ass. a. Inst. für gerichtl. Med. d. Univ. Göttingen.

Matzdorff, F., Dr. med., Reg.-Rat i. Reichsgesundheitsamt, Berlin.

Mayser, H., Dr. med., Obermed.-Rat, Leiter des württ. Med. Landesuntersuchungsamts Stuttgart.

Meixner, K., Hofrat Prof. Dr. med., Vorstand des Inst. für gerichtl. Medizin der Univ. Innsbruck.

Merkel, H., Obermed.-Rat Prof. Dr. med., Direktor des gerichtl.-mediz. Inst. der Univ. München.

Michel, R., Prof. Dr. jur. et med., Graz.

Mueller, B., Prof. Dr. med., Dir. d. Inst. für gerichtl. Med. u. naturwiss. Kriminalistik d. Univ. Heidelberg.

Neugebauer, W., Doz. Dr. med., Assistent am Inst. für gerichtl. und soz. Med. der Univ. Berlin.

v. Neureiter, F., Prof. Dr. med., Dr. med. h. c., Direktor des Inst. für gerichtl. Med. d. Univ. Hamburg.

Orsós, F., Prof. Dr. med., Direktor des Inst. für gerichtl. Medizin der Univ. Budapest.

Paulus, W., Dr. phil., Ass. a. Inst. für gerichtl. u. soz. Med. d. Univ. Bonn.

Pietrusky, F., Prof. Dr. med., Direktor des Inst. für gerichtl. und soziale Medizin der Univ. Bonn.

Piringer, W., Dr. med., Ass. a. patholog.-anat. Inst. der Univ. Wien.

Ponsold, A., Doz. Dr. med., Assistent am Inst. für gerichtl. und soziale Med. der Univ. Halle a. d. S.

Priesel, A., Prof. Dr. med., Vorstand des pathol. Instituts der Krankenanstalt Rudolfstiftung Wien.

Raestrup, G., Prof. Dr. med., Direktor des Inst. für gerichtl. Medizin der Univ. Leipzig.

Renner, K., Dr. med. habil. et Dr. med. dent., Breslau.

Runge, H., Prof. Dr. med., Dir. der Frauenklinik d. Univ. Heidelberg.

Saar, H., Dr. med., Ass. am Inst. für gerichtl. u. soz. Med. d. Univ. Bonn.

Schackwitz, A., Dr. phil. et med. habil., Gerichtsarzt und Medizinalrat i. R., Berlin.

Scherber, G., Hofrat Prof. Dr. med., Primararzt der Hautabt. d. Krankenanstalt Rudolfstiftung, Wien.

Schlegelmilch, W., Dipl.-Ing., Abteilungsleiter an der Deutschen Versuchsanstalt für Handfeuerwaffen, Berlin-Wannsee.

Schmidt, O., Prof. Dr. med. et jur., Direktor des gerichtl.-mediz. Inst. der mediz. Akademie Danzig.

Schneickert, H., Doz. Dr. jur., Zeuthen bei Berlin.

Schneider, Ph., Prof. Dr. med., Direktor des Inst. für gerichtl. Medizin der Univ. Wien.

Schrader, G., Prof. Dr. med., Direktor des Inst. für gerichtl. und soz. Med. der Univ. Halle a. d. S.

Schranz, D., Dr. med., Gerichtsarzt in Budapest, früher Ass. a. Inst. für gerichtl. Med. der Univ. Budapest.

Schübel, K., Prof. Dr. med., Dir. des Pharmak. Inst. d. Univ. Erlangen.

Schütt, Ed., Dr. med., Direktor im Reichsgesundheitsamt, Leiter der Poliklinik für Erb- und Rassenpflege im Kaiserin Auguste-Viktoria-Haus Berlin-Charlottenburg.

Schwarz, F., Doz. Dr. med., stellvertr. Dir. d. gericht.-med. Institutes der Univ. Zürich.

Seelig, E., Prof. Dr. jur., Dir. des kriminolog. Inst. der Univ. Graz.

Specht, W., Doz. Dr. phil. nat., Wiss. Mitarbeiter am Inst. für gerichtl. Medizin und naturwiss. Kriminalistik der Univ. Breslau.

Szekely, K., Dr. med., Landesgerichtsarzt in Wien.

Timm, F., Prof. Dr. med. et phil., Vorstand der Anstalt für gerichtl. Medizin und naturwiss. Kriminalistik der Univ. Jena.

Többen, H., Prof. Dr. med., Direktor des Inst. für gerichtl. und soziale Medizin der Univ. Münster/W.

Walcher, K., Prof. Dr. med., Direktor des Inst. für gerichtl. u. soz. Medizin der Univ. Würzburg.

Weimann, W., Mag. Ober-Med.-Rat Dr. med., Abt.-Leiter am gerichtsärztl. Inst. d. Reichshauptstadt Berlin im Robert-Koch-Krhaus.

Weinig, E., Dr. med. et phil., 1. Assistent am gerichtl.-mediz. Inst. der Univ. Leipzig.

Werkgartner, A., Prof. Dr. med., Dir. d. gerichtl.-mediz. Inst. d. Univ. Graz.

Werr, Fl., Dr. med., Abt.-Leiter im Reichsausschuß für Volksgesundheitsdienst Berlin, Ref. im RMdI.

Weyrich, G., Prof. Dr. med., Dir. d. gerichtl.-mediz. Inst. d. Univ. Prag.

Zangger, H., Dr. med. h. c., Dr. phil. h. c., Dr. jur. h. c., Direktor des gerichtl.-mediz. Inst. der Univ. Zürich.

# A.

**Abasin** siehe *Schlafmittel.*

**Abavit** siehe *Schädlingsbekämpfungsmittel.*

**Abformverfahren.** (Vgl. auch Art.: Identitätsfeststellung an Leichen; Identitätsfeststellung von lebenden Personen; Konservierung anatomischer Präparate; Rekonstruktion des Gesichtes; Totenmasken.)

Mit der gerichtsmedizinisch-kriminalistischen Abformung werden *zwei* Ziele verfolgt: erstens, die Festhaltung der infolge eines Deliktes entstandenen Veränderungen zum Zwecke des gerichtlichen Beweisverfahrens; zweitens, das Sammeln lehrreicher Veränderungen für Unterrichtszwecke in Form plastischer Nachbildungen. Das nachstehend beschriebene — ursprünglich von *A. Poller* eingeführte und vom *Verfasser* vereinfachte, umgearbeitete — Verfahren ist das einzige, welches sich aus folgenden Gründen zur Erreichung beider Ziele vortrefflich eignet: 1. weil vermöge dieses Verfahrens die an der Abbildungsoberfläche haftenden Substanzen auch auf die Nachbildungsoberfläche größtenteils übertragen werden; 2. weil das Verfahren im Vergleiche zu den bisherigen mit viel einfacheren Mitteln ausgeführt werden kann und 3. weil die Anfertigungsspesen unvergleichlich billiger sind. Die auf Grund dieses Verfahrens verfertigten Nachbildungen sind infolge der absoluten Gleichheit der Maße und Form eine genaue, noch dazu plastische Wiedergabe des Originals und übertreffen in jeder Hinsicht photographische Aufnahmen, Zeichnungen oder Beschreibungen, denn sie ermöglichen denjenigen, welche die Veränderungen am Originale nicht gesehen haben, sofort die richtige Vorstellung der betreffenden ursprünglichen Verletzungen (s. Abbildung 1). Eine Orientierung wird nicht mehr mühsam sein und Irrtümer wie auch Mißverständnisse sind sozusagen ausgeschaltet. Mit Hilfe dieses Verfahrens können 1. Spuren von äußerer Gewalteinwirkung, ohne Rücksicht, ob sich diese an Lebenden, Toten oder leblosen Gegenständen befinden, 2. Eigenheiten kriminal-anthropologischer Natur, 3. Berufsmerkmale, 4. einzelne Körperteile von zerstückelten Leichen und schließlich 5. Totenmasken (s. d.) zur Feststellung der Identität unbekannter Leichen abgeformt, bzw. hergestellt und plastisch wiedergegeben werden. Bei Herstellung von Totenmasken muß darauf hingewiesen werden, daß vom verzerrten oder verunstalteten Gesichte einer unbekannten Leiche nur dann eine zweckentsprechende Nachbildung angefertigt werden kann, wenn man vorher mit Hilfe der bekannten Möglichkeiten und einer vorsichtigen, sowohl an der Negativform als auch Positivform vorzunehmenden Korrektur das Gesicht einer entsprechenden Leichentoilette unterzogen hat.

*1. Verfertigung der Negativform.* Zur Anfertigung der Negativform (Nf.) wird eine Masse benutzt, welche mit Wasser gekocht im warmen Zustande eine dickbreiige Flüssigkeit bildet, im ausgekühlten Zustande aber eine Abform gibt, welche eine gewisse Elastizität aufweist (Hydrokolloid). Materialien mit diesen Eigenschaften sind: das *Poller*sche gelblich-

braune „*Negocoll*", welches das *Apotela-Laboratorium in Zürich* herstellt, und das graulich-weiße Erzeugnis der *Mannheimer Plasto-Schmidt*schen Fabrik „*Formalose*" benannt, welches aber etwas weniger haltbar ist. Beide gelangen in gröblich-gestoßenem breiartigen Zustande in den Handelsverkehr. Ein Laboratorium, welches sich mit der Anfertigung von Abformungen befaßt, soll von diesen Materialien ständig

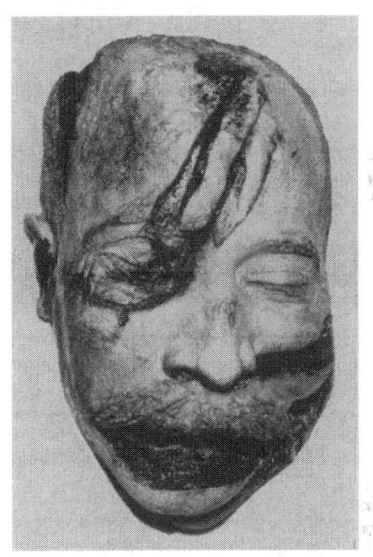

Abb. 1. Abgeformte Beilhiebwunden.

wenigstens 1½ Kilo am Lager halten, um im gegebenen Falle über die erforderliche Mindestmenge zu jeder Zeit verfügen zu können. Es ist angezeigt, jene Negativmasse, welche zum Abformen von Leichen und leblosen Gegenständen dient, mit ein wenig Staubfarbe von der ursprünglichen Farbe abweichend zu färben, damit ein Verwechseln mit dem für das Abformen von Leichen bestimmten Material ausgeschlossen ist und selbst aus Versehen nicht auf Wunden und Hautflächen lebender Personen aufgetragen wird. Selbstverständlich, wenn das Abformen von lebenden Personen ebenfalls in den Arbeitskreis eines Laboratoriums gezogen wird, genügt die Anschaffung einer Menge von bloß 1½ Kilo nicht, sondern in diesem Falle wird ein Vorrat von mindestens 2½ bis 3 Kilo benötigt. Nach Gebrauch wird die elastisch erstarrte Negativmasse mit Hilfe eines „Wolfes" (Fleischmaschine) zerquetscht, von neuem aufgekocht und abermals verwendet. Demzufolge ist diese Masse zum Anfertigen von Nf. unbegrenzt oft verwendbar, da sie auch reversibel ist. Der hohe Anschaffungspreis dieses Materials begründet aber auch eine um so wirtschaftlichere Ausnützung. Es muß deshalb gut darauf geachtet werden, daß kein Bröckchen der Masse in Verlust gerate und die überflüssig gewordenen Nf. — nach sorgfältiger Reinigung, Entfernung des evtl. daran klebenden Blutes und anderer Unreinlichkeiten, also nach gründlichem Ausbeizen und Abwaschen — zerquetscht und abermals verbraucht werden. Das zerquetschte Material wird *durch Kochen mit Wasser* wieder weich gemacht und gibt je nach dem vorhandenen Wassergehalte eine dick- oder dünnflüssige Masse. Diese im heißen Zustande flüssige Masse dringt dann beim Auftragen in die feinsten Teile der abzuformenden Fläche ein und ist — eben weil die zum Auftragen erforderliche Temperatur 35—45° C beträgt, bei welcher auch die Haut nicht leidet — für das Abformen von Lebewesen vorzüglich geeignet. Durch das fallweise Aufkochen, wobei in der großen Hitze alle infektiösen Keime zugrunde gehen, wird die Negativmasse auch *sterilisiert*. Auf diese Art ist das bereits auf Wunden gebrauchte Material wieder benützbar, und es kann nach Aufkochen, ohne eine Infektion befürchten zu müssen, selbst zum Abformen von Verletzungen lebender Personen verwendet werden.

Die *Verfertigung der Nf.* geschieht in der Weise, daß die breiartige Negativmasse in einem geeigneten, deckellosen *Aluminiumtopf* (2 l) in etwas vorher aufgekochtes Wasser unter ständigem Rühren in mehreren Abschnitten hineingeworfen und solange gekocht wird, bis sie homogen und gleichmäßig flüssig geworden ist. Wenn während des Kochens bemerkt werden sollte, daß die Masse etwas zu dickflüssig sei, so kann man durch mehrmaligen Wasserzusatz — den inzwischen verdampften Wasserinhalt ersetzend — die Flüssigkeit dünner gestalten. Zum Rühren verwende man einen schaufelförmigen *Holzlöffel* und achte sorgfältigst darauf, daß die Masse während des Rührens nicht anbrenne und dadurch nicht ihre Anschwellungsfähigkeit einbüße. Während des Rührens ist das Gefäß mittels eines Lappens bei seinen Henkeln festzuhalten, damit es nicht überschnappe und der Inhalt nicht vergossen werde. Zum Aufkochen der Abformmasse benütze man im Laboratorium einen Gas- oder Spiritusbrenner, bei welchen jedoch der Topf nicht unmittelbar über die Flamme gestellt werden darf, sondern zwischen Flamme und Topf ist eine *Asbestscheibe* zu legen. Beim Bedarf außerhalb des Laboratoriums bediene man sich des Feuerherdes des nächstgelegenen Hauses. Die aufgekochte Masse ist vor dem Auftragen entsprechend *abzukühlen*. Besonders bei Lebenden ist sorgfältigst darauf zu achten, daß beim Abformen von Körperteilen, Wunden usw. keine überflüssigen Schmerzen und durch ein überheißes Material keine Brandwunden verursacht werden. Zur Hintanhaltung dieser Gefahr ist zum Zwecke der erforderlichen Abkühlung der Topf nach Abheben vom Feuer in kaltes Wasser zu stellen und die Abkühlung bei fortgesetztem Rühren und ständigem Fächeln solange fortzusetzen, bis man sich durch Antasten der Topfwand oder Hineintunken des Fingers in die Masse überzeugt hat, daß diese ohne Schaden anzurichten auf die Körperfläche oder Wunden von Lebewesen getrost aufgetragen werden kann. Beim Abformen einzelner Körperteile von Leichen braucht man zwar nicht ähnlich sorgfältig vorzugehen, doch auch hier ist es angezeigt, die Masse nicht allzu heiß zu verwenden, denn ein überheißes Material ist viel zu dünnflüssig; es verrinnt gar zu leicht während des Auftragens, außerdem tritt die Abkühlung bzw. das Erstarren viel später ein. Durch Zugießen von kaltem Wasser darf das Abkühlen keinesfalls beschleunigt werden, denn dadurch verliert die Masse nach Erstarren ihre Kohäsionskraft und Elastizität, welche Eigenschaften dann nurmehr durch erneuertes Aufkochen wiedererlangt werden können. Vor Anfertigung einer Nf. braucht und *darf die abzuformende Fläche keinesfalls behandelt oder eingefettet werden*, denn die aufgekochte

Masse klebt nicht an der Abformungsfläche an und kann somit mit dieser *unmittelbar in Berührung gelangen*. Eine Ausnahme bilden behaarte Körperteile, welche nur dann abgeformt werden können, wenn das Haar nicht zerzaust ist; jedenfalls ist es ratsam, auch glattes Haar früher immer etwas zu befeuchten, damit das Ablösen der Nf. von der Abformungsfläche leichter vor sich gehe. In Fällen, wo die Anfertigung der Nf. in einem Stücke nicht vorgenommen werden kann, z. B. bei Abformung des ganzen Kopfes, der ganzen Hand usw., also wenn eine Rundplastik benötigt wird, ist die Nf. in mehreren Stücken, in sog. *Stückformen* zu verfertigen; in diesen Fällen sind die Berührungsflächen der mit Messer gespaltenen Stückformen zwecks Ermöglichung eines leichteren Ablösens vorher mit *Paraffinöl* dünnschichtig einzustreichen.

Nachdem sich die richtig temperierte Abformmasse in flüssigem Zustande befindet, ist ein Auseinanderfließen während des Aufstreichens jedenfalls möglich, wodurch die aufgetragene Masse zur Anfertigung der Nf. ungeeignet wird. Zwecks Verhütung dieses Übels ist also die abzuformende Stelle vor Beginn des Aufstreichens mit nassen Tüchern oder im Notfalle mittels feuchten Papiers derart zu umfrieden, daß eben nur die abzuformende Fläche frei bleibe und auf diese Weise von ihrer Umgebung *in der Art einer Umfriedungsmauer* abgegrenzt ist, wodurch das Vergießen und Verrinnen des Materials hintangehalten wird. Durch diesen Vorgang wird aber gleichzeitig auch noch ein anderer Vorteil erzielt, nämlich, nachdem die Ränder der Nf. auf diese Weise stärker ausfallen und das auf die feuchten Tücher geflossene oder getropfte Material von dort nach Erstarren ganz leicht entfernbar ist, geht die Abtrennung der Form leichter vonstatten und auch ein Vergeuden des Materials wird verhütet. Beim Abformen von Extremitäten ist es angezeigt, unter die betreffende Stelle eine Glas- oder Metallplatte zu schieben, weiters bei lebenden Personen für die erforderliche Bequemlichkeit und Ruhe des abzuformenden Körperteiles zu sorgen. *Beim Abformen der an Leichen gefundenen Verletzungen* ist vorerst die Erledigung der amtlichen Protokollaufnahme, evtl. das Photographieren abzuwarten. Die hierzu befugten Amtspersonen entfernen früher zum Zwecke mikroskopischer oder anderer Untersuchungen einen Teil der an der abzuformenden Oberfläche des Leichnams anhaftenden Fremdkörper (Blut, Pulverschmauch usw.). Dann schreitet man, nachdem man sich von der richtigen Temperierung der aufgekochten Negativmasse überzeugt hat, unter 45° C an das Auftragen der Masse heran. Bei Leichen kann die Masse sorglos, bloß darauf achtend aufgetragen (aufgegossen) werden, daß das Material *infolge seines eigenen Gewichtes* in alle Vertiefungen der betreffenden Stelle *hineinfließe*. Die Gleichmäßigkeit beim Auftragen erzielt man dadurch, daß man mit Hilfe eines *flachen Borstenpinsels* den gegen den Rand zu fließenden Teil der Masse mit flüchtigen, vorsichtigen Strichen gegen die Mitte zu streicht, sorgsamst vermeidend, daß Lücken oder Luftblasen zurückgelassen werden. Es ist zweckmäßig, daß während des Auftragens eine zweite Person mit einem hierzu geeigneten Behelf die bereits aufgetragene Masse fächelt, damit die Abkühlung rascher eintrete. Bei der Arbeit im Laboratorium, wo natürlich auch elektrischer Strom zur Verfügung steht, kann zur Abkühlung ein Ventilator oder auch der Fön-Apparat, welcher gewöhnlich zum Trocknen des Haares benützt wird, verwendet werden, *wodurch ein ziemlich rasches Abkühlen herbeigeführt werden kann*. Bei Anwendung dieser Abkühlinstrumente muß man jedoch darauf bedacht sein, daß deren Wirkung von nicht allzunahe angewandt werde, denn bei einer allzujäh eintretenden Erstarrung der warmen Oberfläche wird die Nf. blättrig und sehr spröde. Es sei bemerkt, daß bei der Abformung von Leichenteilen es wünschenswert ist, in dünnen Gummihandschuhen zu arbeiten.

*Die Schichtenstärke der Nf.* bedingt die Größe der abzuformenden Fläche. Im allgemeinen gilt es, daß je größer die Fläche ist, desto stärker muß die Nf. hergestellt werden. In der Praxis jedoch, wo in der Regel nicht immer die erforderliche Menge an Negativmaterial zur Verfügung steht, muß anstatt der Verdickung eine andere Lösung gefunden werden. Die dickere Wandstärke bei Flächen größerer Ausdehnung ist nämlich deshalb notwendig, weil sonst die Nf. beim Abheben leicht zerbricht und evtl. auch andere Formveränderungen erleidet. Diesem Übel kann aber nicht nur durch Auftragung einer entsprechend dicken Wandstärke — wozu ziemlich viel Material benötigt wird — vorgebeugt werden, sondern auch dadurch, daß man die Nf. schichtenweise verfertigt und zwischen die einzelnen Schichten — in noch warmem Zustande der Masse — einen Mullstreifen oder ein feines und weiches Drahtnetz legt. Durch diesen Vorgang wird nicht nur das Auseinanderfallen des Negativs verhütet, sondern auch eine raschere Anfertigungsmöglichkeit erzielt, da man auf diese Weise, infolge des viel geringeren Materialverbrauches, mit dem Abformen viel früher fertig wird. Man erspart nämlich viel Zeit beim Aufkochen, Abkühlen, Auftragen und Erstarren des Materials, denn je weniger Material in Betracht kommt und je dünner dasselbe aufgetragen werden muß, um so weniger Zeit beanspruchen diese Verrichtungen. Doch auch im Interesse einer Materialersparnis ist die schichtenweise Anfertigung der Nf. mit dazwischen gelegtem Drahtnetz oder Mullstreifen als die richtigste Lösung des Abformverfahrens und deren Anwendung in allen Fällen anzuraten. Ein besonderes Augenmerk muß man bloß darauf richten, daß die einzelnen Schichten während des Auftragens nicht allzusehr abkühlen, denn ansonsten fällt die Nf. beim Abheben blattartig auseinander.

Die fertige Nf. kann nur dann von der abgeformten Partie abgelöst werden, wenn die Masse entsprechend abgekühlt und starr geworden ist. Das Erstarren des Materials kann auch noch dadurch beschleunigt werden, daß man in Ermangelung von elektrischen Abkühlapparaten auf die an der Oberfläche bereits erstarrte Nf. mit kaltem Wasser befeuchtete Fetzen legt. Nachdem man sich durch vorheriges Betasten und Versuchen davon überzeugt hat, daß *die ganze Nf. bereits durch und durch erstarrt sei, kann man mit der Ablösung beginnen.* Vorerst versuche man das ganze zu lockern. Ein lebendes Modell kann durch äußerst vorsichtige, reibende Bewegungen, ausgeführt mittels der in der Abformungspartie gelegenen Muskeln, selbst dabei mithelfen und diese Arbeit erleichtern. Das Ablösen erfolge stets mit größter Umsicht, Vorsicht und Geduld! Zuerst beginne man mit dem Ablösen der Randteile. Zu diesem Zwecke sind die, die Abformstelle umfriedenden nassen Tücher zu entfernen; nachher versuche man durch ziehende Bewegungen, ausgeübt auf die von den Tüchern entblößte Hautfläche, das Ablösen der Nf. von der Abformfläche zu bewirken. Auf diese Weise gelangt Luft unter den Rand des Negativs, so daß die Nf. an ihren Rändern bereits gut anfaßbar ist. Nun trachte man durch Abhebungsversuche von links, von rechts, von unten und von oben die ganze Nf. vom Anhaften an der Abformungsoberfläche zu befreien, wodurch zu immer weiteren Stellen der Abformfläche Luft dringt und so immer größere Flächen freigemacht werden können. Sobald man verspürt, daß sich die ganze Nf. an allen Stellen bereits abgelöst hat, hebe man das ganze Stück, bei den Rändern gut angefaßt, sehr vorsichtig ab und lege es auf das, von den entfernten nassen Tüchern am Tische vorher zurechtgelegte Lager und zwar mit der äußeren Oberfläche nach unten. In gewissen Fällen stößt die Befreiung behaarter Teile auf Schwierigkeiten. Bei solchen Gelegenheiten muß man vorsichtig unter die Nf. greifen und mit den Fingern nachzuhelfen trachten. Im weiteren Verlaufe ist eine der wichtigsten Verrichtungen, die in den einzelnen Vertiefungen und Biegungen *haften gebliebenen, abgebrochenen Negativstücke* vorsichtig, ohne daß diese verletzt werden, von dort zu entfernen bzw. herauszunehmen und *an der fehlerhaften Stelle der Nf. wieder richtig einzusetzen.* Das Entfernen geschieht in der Weise, daß man die größeren Stücke mit Hilfe der Finger oder einer Pinzette, die kleineren aber vermöge einer feinen Nadel, der sog. *Insektennadel,* aus der Einlagerung vorsichtig herausnimmt. Die Befestigung in der ursprünglichen Lage an der Nf. geschieht ebenfalls mit Hilfe von Insektennadeln, wobei die kleineren Stücke mit feineren, die größeren mit gröberen Nadeln an mehreren Stellen angeheftet werden. Das Auffinden der Originallage erleichtert der Umstand, daß die Lücke an der fehlerhaften Oberfläche ganz dieselben charakteristischen Merkmale aufweist, wie solche dem abgebrochenen Stücke zu eigen sind. Nachdem die Nf. ziemlich viel Wasser enthält und daher während des Austrocknens sehr leicht Sprünge bekommt, wird sie — vor Anfertigung der Positivform — *gegen Austrocknung und Schrumpfung* in nasse Tücher gewickelt und so aufbewahrt. Wenn der Ort der Abformung und der Verfertigung der Positivform nicht derselbe ist, dann ist die Nf. noch in dickes Papier einzuhüllen, damit ja keine Austrocknung und demzufolge eine Formveränderung eintrete. Im Laboratorium ist es angezeigt, wenn auch nicht unerläßlich notwendig, daß zur Verhütung der Austrocknung eine zudeckbare Metalltruhe oder Wanne zur Verfügung stehe, wo die Nf. bis zur Anfertigung der Positivform in nasse Tücher gewickelt aufbewahrt werden kann. Wochen hindurch darf jedoch die Nf. nicht in dieser Weise lagern, denn sonst erweicht sich die Oberfläche, so daß bei Anfertigung der Positivform die Zeichnung größtenteils verschwindet und die feinen Details nur mehr verwischt erscheinen.

Die während des Arbeitens *auf den Fingern oder auf den Gummihandschuhen* klebende Masse kann von dort am vorteilhaftesten durch Eintauchen der Hände in kaltes Wasser entfernt werden, denn nach Abkühlen und Erstarren bröckelt sich die Negativmasse von den Händen leicht ab. Der Bruch muß sorgsamst gesammelt und aufbewahrt werden. Das auf die Bekleidung getropfte Material darf erst dann von dort — mit Hilfe eines Messers — abgeschabt werden, wenn es schon völlig starr geworden ist, denn dann ist es leicht ablösbar. Trotzdem pflegen Spuren zurückzubleiben, deshalb ist es ratsam, das Abformen *stets im Arbeitsmantel* vorzunehmen. Sollte ein Teil der Masse während des Kochens am Boden des Gefäßes angebrannt sein, so gieße man ein wenig Wasser darüber, stelle das Gefäß über eine schwache Flamme, und wenn die Kruste infolge des Aufwärmens bereits angeschwollen ist, kratze man sie mittels einer Metallspachtel von der Bodenfläche ab. Abfälle, weiteres auf den Tüchern klebendes und am Kochlöffel und Pinsel befindliches Material ist nach Beendigung des Abformens zu sammeln und am besten sofort *mittels des „Wolfes" zu zerquetschen.* Ebenso hat man nach Vollendung der Positivform vorzugehen. Die Nf. ist sogleich zu zertrümmern, dann die Masse von den anhaftenden Unreinlichkeiten und Fremdkörpern zu befreien, die darin befindlichen Insektennadeln und dazwischen liegenden Mullstreifen oder Drahtnetze zu entfernen und danach das Ganze zu zerquetschen. In Anbetracht dessen, daß es äußerst langwierig wäre, die

1*

Mullstreifen von der anhaftenden Negativmasse vollständig zu reinigen, ansonsten aber sehr viel kostspieliges Material in Verlust ginge, ist es zweckmäßig, diese Streifen nur vom Gröbsten zu reinigen und, da diese bei nächster Gelegenheit ohne weiteres immer wieder für die Schichtenlegung gebraucht werden können, mit der zerquetschten Masse zusammen aufzubewahren. Wenn es vorkäme, daß die im zerquetschten Zustande aufbewahrte Negativmasse Monate hindurch nicht gebraucht werden sollte, empfiehlt es sich — *um einer Austrocknung und evtl. Verschimmelung vorzubeugen* — diese mit Wasser aufzukochen und dann wieder zu zerquetschen. Am einfachsten ist es jedoch, wenn die Negativmasse und die Mullstreifen *in gut schließbaren Einkochgläsern mit breiter Öffnung* gehalten werden.

Beim Abformen ist darauf Gewicht zu legen, daß man sich beim Anblick der Nachbildung (Moulage) daran leicht orientieren und zurechtfinden könne. Darum muß für das Abformen eine derartige Oberfläche gewählt werden, wo für ein Orientieren Anhaltspunkte, also einige markante und für die abzuformende Körperfläche besonders charakteristische Stellen gegeben sind. Körperflächen, welche genügende Orientierung bieten und in einem Stücke abgeformt werden können, sind folgende:

1. Die Partie des Gesichtes mit dem Kopfhaar, mit dem Kinn samt Vorderflächen der Ohren oder auch ohne Ohren, 2. die Stirne mit Beginn des Kopfhaares, mit beiden Augen und mit Nasenwurzel, 3. das Profil mit Kopfhaarpartien, mit Ohren und Kinnspitze, 4. der rückwärtige Kopfteil mit den hinteren Ohrenflächen und Genick, 5. der vordere Teil des Halses mit Kinnspitze hinauf bis zu den Unterlippen, 6. der rückwärtige Teil des Halses mit Genick, 7. eine Hälfte des Brustkorbes von der Mittellinie bis zur mittleren Axillarlinie, vom Schlüsselbein herab bis zum Rippenbogen, 8. eine Hälfte des Bauches von der Mittellinie bis zum Bauchrand, vom Rippenbogen abwärts bis zum Schamberg und zum unteren Rande des Darmbeines, 9. eine Hälfte des Rückens vom Rückgrat bis zur mittleren Axillarlinie, von der Achselhöhe hinab bis zur unteren Spitze des Schulterblattes, 10. eine Hälfte der Leibgegend vom Rückgrat bis zum unteren Rande des Bauches, von der unteren Spitze des Schulterblattes bis zum Rande des Hüftbeines, 11. die Glutealgegend von der Rückgratslinie bis zur Linie des großen Rollhügels (Trochanter major) und von oben aus, vom Rande des Hüftbeines herab bis zur unteren Grenze der Glutealfalte, 12. dasselbe in Seitenansicht, 13. die Schultergegend in seitwärtiger Ansicht mit dem Deltamuskel, 14. die innere Seite des Oberarmes von der Grenze des oberen mittleren Drittels mit der Ellbogenbeuge, 15. die äußere Streckseite des Oberarmes von der Grenze des oberen mittleren Drittels mit der Ellbogenspitze, 16. die innere Beugeseite des Unterarmes mit der Ellbogenbeuge bis zum Handgelenk, 17. die äußere Streckseite des Unterarmes mit der Ellbogenspitze bis zum Handgelenk, 18. die Handfläche mit den Fingern und Fingergelenken, 19. der Handrücken mit den Fingern und Fingergelenken, 20. die vordere Fläche des Oberschenkels mit der Kniescheibe, 21. die rückwärtige Fläche des Oberschenkels mit einem Teile der Glutealgegend, wie auch mit einem Teile der Kniebeuge, 22. das Knie mit dem unteren Drittel des Oberschenkels und mit dem oberen Drittel des Unterschenkels von vorne, 23. die Kniebeuge mit dem unteren Drittel des Oberschenkels und mit dem oberen Drittel des Unterschenkels von rückwärts, 24. die vordere Fläche des Unterschenkels von der unteren Partie des Knies bis zum Fußknöchel, 25. die rückwärtige Fläche des Unterschenkels von der Kniebeuge bis zum Fußknöchel, 26. die Innenseite des Fußes mit dem Fußknöchel und den Zehen, 27. die

Außenseite des Fußes mit dem Fußknöchel und den Zehen, 28. die vordere Fläche des Fußes mit den Zehen bis zum Fußknöchel ohne die Ferse, 29. die Fersengegend mit der rückwärtigen Fläche der Fußknöchel und den unteren Drittels des Unterschenkels, 30. die Fußsohle mit der Ferse und den Zehen. *Es wird bemerkt,* daß eine seitliche Abformung jener Körperpartien, welche mit den Körpergegenden, angeführt unter den Nummern 7, 8, 14, 15, 16, 17, 18, 19, 20, 21, 22, 23, 24, 25, korrespondieren, ebenfalls erfolgen kann.

Beim Abformen *des Gesichtes einer lebenden Person* läßt man die abzuformende Person niedersitzen und achte darauf, daß die eingenommene Stellung — mit etwas vorgeneigter Kopfhaltung — eine recht bequeme sei; man läßt den Blick etwas nach oben richten, damit die Augenlidspalten ziemlich geöffnet bleiben. Zur Schonung der Bekleidung empfiehlt es sich, um Hals und Schultern Wachsleinwand (*Billroth*) oder ein feuchtes Handtuch zu legen. Lokkiges oder zerzaustes, üppiges Kopfhaar ist vor der Abformung mit einem Haarnetz niederzubinden und dann auf der fertigen Positivform mit freier Hand, der Originalfrisur entsprechend, nachzumodellieren. Ebenso verhält es sich mit dem langen Schnurrbart, welcher vor der Abformung der Möglichkeit nach geglättet werden muß. Große struppige Augenbrauen trachte man — unter reichlichem Befeuchten — ebenfalls gut flachzustreichen. Solchen Personen, welche durch die Nase schwer atmen, sind die Nasenlöcher vor der Abformung mit Mentholöl einzupinseln. Das Einführen von Stroh- oder Glasröhrchen in die Nasenlöcher zur Aufrechterhaltung der Atmung, wie dies beim Gipsverfahren üblich ist, kann hier wegbleiben, da das Auftragen der Negativmasse ohnehin nur bis zum Rande der Nasenlöcher geschieht und ein Verstopfen der Nasenlöcher während der Arbeit unbedingt vermieden wird. Beim Abformen der Ohrenmuschel streicht man mit Hilfe eines schmäleren Pinsels die Negativmasse vorerst in die tiefer gelegenen Stellen ein, dann trachte man in alle Vertiefungen des Ohrs einzudringen und das Bilden kleiner Luftblasen zu verhindern. Bei Ohren kann nur der Vorderteil und der Muschelrand in einem Stück abgeformt werden; der rückwärtige Teil damit zusammenhängend nicht, denn in diesem Falle müßten schon Stückformen angefertigt werden. Beim Abformen der Augen sei der Blick nach oben gerichtet, damit die Augenlidspalte ziemlich breit geöffnet sei. Mit dem Auftragen der Masse beginne man bei den Augenbrauen und zwar mit einem schmäleren Pinsel vorsichtig dem Haarwuchs nachstreichend, damit das Material nicht zwischen die Haare der Augenbrauen, sondern darauf zu liegen komme. Ebenso ist auch beim Schnurrbart vorzugehen. Wenn man beim Auftragen in die Nähe der Augenwimper gelangt, achte man sorgsamst darauf, daß die Masse nicht auf die Wimperhaare selbst gerate. Sollte der Abzuformende unruhig werden, so warte man, bis die Masse etwas erstarrt, und bis dahin lasse man ihn die Augen schließen. Das normale Zwinkern mit dem Augenlid stört die Arbeit absolut nicht. Wenn man auf die Umrandung des Auges die Masse bereits in genügender Dicke aufgetragen hat, wird mit einem breiteren Pinsel die Stirne und schließlich der vordere Teil des Kopfhaares in der Weise bestrichen, daß die Masse — hierauf muß gut geachtet werden — zufolge des eigenen Gewichtes in breiten Strömen der Haarfrisurrichtung entsprechend herabfließe. Als zweite Verrichtung kommt das schichtenweise Einlegen des Drahtnetzes oder der Mullstreifen an die Reihe. Die bereits bestrichenen Flächen sind mit dem breiteren Pinsel nochmals zu überstreichen, und darauf wird dann das Drahtnetz oder der Mullstreifen gelegt. Wenn Material vorhanden ist, kann evtl. noch eine Schicht mit dazwischen gelegten Mullstreifen gebildet werden. Nach Beendigung der Auftragung ist die Nf. nur noch einige Minuten zu fächeln, und nachdem man sich davon überzeugt hat, daß die Masse genügend elastisch erstarrt ist, kann man versuchen, — den mit der Masse bedeckten Kopf etwas nach vorne beugend — die Maske vom Kopfe abzulösen. Als erstes sind die Ohren einzeln frei zu machen. Dies geschieht in der Weise, daß man die hinter das Ohr geflossene Masse entfernt und nachher die Ohren nach rückwärts zieht. Dann versuche man das Ganze zu lockern, wobei die abgeformte Person auch mithelfen kann. Zuerst befreit man äußerst vorsichtig das Kinn und schließlich das Kopfhaar. Zum Schlusse wird das Kopfhaar gründlich gereinigt und ausgekämmt, um die evtl. dazwischen geratene Negativmasse zu entfernen und ein Verkleben des Haares zu verhindern. Sollten einzelne Detailstückchen (vom Ohr, vom Haar) abgebrochen sein, so werden diese herausgenommen und mit Insektennadeln an den richtigen Stellen befestigt. *Für die Abformung kriminalanthropologischer Merkmale* kommen bloß die für das Individuum charakteristischen Körperteile, wie Ohren, Nase, Nasenwurzel, Stirne, Mund usw. samt deren unmittelbarer Körpergegend in Betracht, so daß hier — entgegen der bei den obigen Bezeichnungen angeführten Körperpartien — viel kleinere Flächen für das Abformen ausreichend sind. Gelegentlich der Anfertigung von Totenmasken bei unbekannten Leichen, *deren Identität auf diese Weise eruiert, bzw. festgestellt werden soll*, ist darauf zu achten, daß das Erkennen nur eine solche Gesichtsmaske ermöglicht, wo bei weit geöffneten Augenlidspalten und geschlossenem Munde ein Teil des Kopfhaares, weiters die Ohren und das Kinn mitabgeformt sind!

*2. Verfertigung der Positivform.* Zur Anfertigung der Positivform (Pf.), also der eigentlichen Nachbildung (Moulage), pflegt man solche Massen zu verwenden, welche in heißem Zustande, ohne Wasserzusatz, dünnflüssig sind, nach Auskühlen aber einen harten, starren Abguß geben. Die Pf. wird aus zweierlei Massen hergestellt: aus Masse I, mit welcher die sichtbare äußere Schicht, und aus Masse II, mit welcher die Verstärkung der Nachbildung erzeugt wird. Ein entsprechender Vorrat von diesen beiden Massen ist im Laboratorium stets auf Lager zu halten, damit im Bedarfsfalle wegen einer verspäteten Zubereitung keine Verzögerung bzw. Versäumnis eintrete. Die Zubereitung der *Positivmasse Nr. I* soll in einem größeren (zweilitrigen) emaillierten Schmelzgefäße mit Ausguß (Schnauze) vorgenommen werden. Zuerst schmilzt man langsam (nicht auf direkter Flamme, sondern auf einer dazwischen gelegten Asbestplatte) 500 g zerstückeltes Stearin und ebensoviel zerstückeltes Paraffin. Wenn unter Einwirkung einer schwachen Hitze unter beständigem Rühren mit einem Holzlöffel das Ganze bereits homogen geworden, hebt man das Gefäß ab und mischt unter weiterem Rühren 150 g Schlämmkreide dazu. Wenn nun die ganze Masse bereits gleichmäßig geworden ist, mische man noch ein ganz wenig Krapplack - hell - Ölfarbe dazu, nicht mehr, als notwendig ist, auf daß die Masse einen kaum bemerkbaren rosafarbigen Stich bekomme. Die Masse läßt man nicht im Gefäß auskühlen, sondern gießt sie in kleinere konische, von innen mit Negativmasse überzogene Töpfchen (Blumentöpfe) ein, aus welchen man nach Abkühlung und erfolgter Erstarrung die blaßrosafarbige Positivmasse in einem Stück leicht ausrütteln kann. Die Zubereitung der *Positivmasse Nr. II* soll in einem entsprechend großen emaillierten Topf (2 Liter Inhalt) vorgenommen werden. Zuerst schmilzt man langsam (nicht auf direkter Flamme) 150 g Stearin, dann gibt man allmählich 500 g pulverisiertes Harz (Kolophonium) langsam, unter beständigem Rühren dazu und wenn

das Ganze gleichmäßig flüssig geworden, hebt man den Topf ab und mischt unter weiterem Rühren allmählich 200 g Schlämmkreide dazu. Man achte gut darauf, daß die Masse nicht bröckelig, sondern absolut gleichmäßig zähflüssig sei; deshalb besorge man sorgsamst das Rühren! Die auf diese Weise gewonnene Masse [mit der Farbe eines lichten Milchkaffees] wird in der bereits beschriebenen Weise in die konischen Töpfchen (Blumentöpfe) gegossen, von wo man später die Positivmasse, nach Abkühlung und erfolgter Erstarrung, durch etwas Rütteln in einem Stück leicht ausschütten kann.

Ähnlich der Negativmasse können auch beide Positivmassen ebenfalls öfters aufgeschmolzen und zur Verfertigung von Pf. gebraucht werden. Diese Eigenschaft ermöglicht es, daß die, bei der Positivverfertigung abgetropfte und während der Korrektur gewonnene oder durch Überhitzung braun gewordene Positivmasse, ebenso wie die mißlungenen, zerbrochenen oder überflüssig gewordenen Nachbildungen nach Einschmelzen und Filtrieren durch einen Seiherlöffel zum Kaschieren wieder verwendbar sind. Also auf diese Weise geht von der Positivmasse gar nichts verloren, demzufolge sind die zur Anfertigung der Pf. dienenden Massen ebenso wirtschaftlich verwendbar und ausnützbar, wie dies bei der Negativmasse der Fall war.

Bevor man mit der Verfertigung der Pf. beginnt, ist die Nf. zwischen nasse Tücher zu lagern und gut zu umfrieden, damit ein Wackeln ausgeschlossen sei. Dann überzeuge man sich, ob die abgebrochenen Stückchen richtig an der ihnen zukommenden Stelle angebracht und befestigt sind. Nf. kleineren Umfanges können auch in der Hand, in der Umhüllung eines nassen Tuches gehalten werden. Zwecks Verfertigung der Pf. wird die Positivmasse *in geschmolzenem Zustande* in die Nf. gestrichen, ohne vorher die Oberfläche letzterer einzufetten oder irgendwie zu behandeln! Zum Schmelzen der Positivmassen bediene man sich der üblichen *emaillierten Schmelzgefäße mit Ausguß (Schnauze)* und zwar gesondert je ein Gefäßes für die Masse Nr. I und eines für die Masse Nr. II. Als Kochstelle benütze man, wo Gas eingeführt ist, einen Bunsenbrenner, ansonsten einen Schnellsieder mit Spiritusflamme. Das Kochen selbst geschehe niemals auf direkter Flamme, sondern nur auf einer zwischen Flamme und Gefäß geschobenen Asbestscheibe. Bei einem jähen Aufkochen auf allzu großer Flamme brennt die Masse an, bräunt sich und verliert somit die eigene Färbung. Ein gleichmäßiges Aufschmelzen kann am zweckmäßigsten so erreicht werden, das man die harte Positivmasse früher mit einem harten Gegenstand (z. B. Hammer) auf kleinere Stücke (ungefähr in der Größe eines Würfelzuckers) zerbröckelt. Das Aufwärmen hat solange zu erfolgen, bis die Masse homogen und flüssig geworden ist und die Borsten des zum Auftragen dienenden Pinsels ebenfalls erweichen. Bei einer allzu hohen Temperatur brennt die Masse an und bräunt sich; deshalb darf niemals solange gewärmt werden, bis die Masse zu rauchen beginnt. Außerdem bewirkt die allzu große Hitze ein Versengen der Pinselborsten, wodurch sich deren Enden emporkrümmen und kräuseln, ja sogar ganz abbrennen können und die abgebrannten Pinselborsten dann — als kleine schwarze Punkte — in der gebräunten flüssigen Masse herumschwimmen. Am richtigsten ist das Aufwärmen solange fortzusetzen, bis auf der Oberfläche der Masse eine Haut mit dem ähnlichen Gebilde einer Landkarte sichtbar wird. Bei dieser Temperatur erfolgt noch kein Wechsel der Farbe, die Masse schäumt nicht und auch die Pinselborsten bleiben intakt. Zum Ausstreichen größerer Nf. werden breitere, zu kleineren schmälere Pinsel benötigt.

Die Verfertigung der Pf. geschieht, ähnlich wie bei der Nf., *schichtenweise*. Zur Herstellung der ersten Schicht (mit Verstärkung) wird die aufgeschmolzene Masse Nr. I benützt, welche mit Hilfe eines *hitzebeständigen, breiten und flachen, schwarzen Lyoner Borstenpinsels* auf die Oberfläche der Nf. aufgetragen wird. Die Masse Nr. I gebrauche man bloß zur Anfertigung der ersten Schicht, während die übrigen Schichten mit Masse Nr. II verfertigt werden. Das Auftragen der flüssigen Masse geschieht in der Weise, daß man das Gefäß von der Asbestplatte mittels eines Lappens beim Henkel erfassend abhebt und dasselbe in der linken Hand haltend mit Hilfe eines in der rechten gehaltenen Pinsels, die Masse — mit behenden, sicheren und geschickten Strichen — aufträgt, dabei vorsichtig darauf achtend, daß das Auftragen vom Ausgangspunkt Strich um Strich nach vorwärts geschehe und das Zurücklassen von freien Stellen, wie auch Bilden von Luftblasen vermieden werde. Beim Ausstreichen von kleineren Nf. *beginne man am Rande der Form* und schreite dann dem entgegengesetzten Rande zu weiter. Bei größeren Nf., besonders bei welchen größere Vertiefungen vorhanden sind (z. B. Gesicht), hat man mit dem Ausstreichen immer *an der tiefsten Stelle* zu beginnen und dabei sorgsamst darauf bedacht zu sein, daß man beim Auspinseln Strich auf Strich weiterschreite und das Zurücklassen von inselartigen freien Stellen vermeide. Ebenso ist darauf zu achten, daß die flüssige Masse nicht auskühle, denn eine Masse, welche während des Gebrauches — trotz flüssigen Zustandes — nicht mehr die nötige Temperatur hat, sondern schon etwas abgekühlt ist, darf nicht mehr verwendet werden. Eine derartige Masse ist zufolge der zu niedrigen Temperatur nicht mehr imstande, die Ränder der bereits aufgetragenen Masse zu schmelzen und kann sich daher mit dieser nicht mehr vermengen; im Gegenteil, jeder einzelne Pinselstrich bleibt auf der Oberfläche sichtbar zurück und es kann sehr leicht vorkommen, daß ein Teil der bereits aufgetragenen Masse am Pinsel klebt, daran haften bleibt und die ganze Arbeit vernichtet. Mit dem Pinsel darf auf die Oberfläche kein Druck ausgeübt, sondern nur in flüchtigen, leichten Strichen darüber hingeglitten werden. Während des Pinselns ist noch darauf zu achten, daß ja nicht auf die unbestrichene Oberfläche getropft wird, denn diese Tropfen lassen Spuren zurück, welche auch auf der Oberfläche der Nachbildung erscheinen. Sollte nach Auftragen der ersten Positivschicht die Masse ausgekühlt und dickflüssig geworden sein, ist das Gefäß wieder auf die Flamme zu stellen, doch versäume man nicht, vorerst die vom Rande herabgetropfte und an der Außenwand des Gefäßes klebende Masse von dort abzuwischen, um vorzubeugen, daß die angebrannte Masse starken Rauch und sehr üblen Geruch verbreite.

Nach Aufstreichen der ersten Schicht, welche je nach Größe der abgeformten Oberfläche *in einer Stärke von 1—1,5—2 mm verfertigt* wird, lege man einen weichen, mit der Schere der zu bedeckenden Oberfläche entsprechend zugeschnittenen *Mullstreifen* — vor Aufstreichen der zweiten Schicht und nachdem die erste infolge des Abkühlens bereits hart erstarrt ist — darauf. Die Schichtung mit den eingelegten Mullstreifen bezweckt hier ebenfalls die Befestigung bzw. Verstärkung der Wandstärke, außerdem soll damit der Pf. eine erhöhte Widerstandskraft gegenüber äußeren Gewalteinwirkungen verliehen werden. Die erste Mullschicht muß äußerst vorsichtig mit der aus Masse Nr. I verfertigten ersten Positivschicht verschmolzen werden. Zu diesem Zwecke wird der, auf die bereits hart gewordene Positivschicht der Masse Nr. I gelegte Mullstreifen, mit Positivmasse Nr. I ganz dünnschichtig und äußerst sachte bestrichen. Man darf dabei mit dem Pinsel

*nicht den leisesten Druck ausüben*, denn sonst berstet leicht die Schicht Nr. I und verursacht dort auch auf der Oberfläche der Nachbildung erscheinende Sprünge. Diese Verrichtung muß flott vonstatten gehen, sonst läuft man Gefahr, daß nicht nur die obere, mit dem Mullstreifen sich berührende Oberfläche der ersten Positivschicht schmilzt, sondern deren Erweichung durch und durch dringt und die beiden Positivschichten sich miteinander vermengen. Mit dem Auftragen der Masse beginnt man, ebenso wie dies bei der Verfertigung der ersten Schicht der Fall war, am Rande der Oberfläche; bei größeren, stark gewölbten oder hohlrunden Oberflächen in der Mitte, immer darauf achtend, daß sich das Mull den Unebenheiten überall gut anschmiege und ja nicht über Vertiefungen hinweg gespannt bleibe, denn solche Stellen pflegen, da hier die Verstärkung fehlt, schon beim Ausbessern der Pf. mit Leichtigkeit einzubrechen. Sollte es trotz aller Vorsicht dennoch vorkommen, daß während des Auspinselns das Mull über eine Vertiefung gespannt bliebe, so sind dort die Mullfäden mittels eines scharfen Skalpells vorsichtig durchzuschneiden.

Die schichtenweise Auftragung *zur Verstärkung der Pf.* wird bei kleineren Modellen *in zwei Schichten*, bei größeren *in drei, evtl. in vier Schichten* vorgenommen. Zu diesem Zwecke wird in einem anderen Gefäße die Positivmasse Nr. II geschmolzen und flüssig gemacht, ebenfalls darauf achtend, daß sich die Masse infolge Überhitzens nicht bräune. Diese Masse wird dann mit Hilfe eines anderen Pinsels auf die aus Masse Nr. I angefertigte, mit dem Mullstreifen bereits bedeckte Schicht ganz dünn aufgetragen; nachher schneidet man wieder einen Mullstreifen ab, legt diesen nun auf die zweite Schicht und bestreicht auch diese in der Stärke von 1,5—2 mm mit Masse Nr. II. Zur Auftragung dieser letzten, also dritten Schicht kann jener Teil der Masse II verwendet werden, welcher bei dem Ausschmelzen und Filtrieren der bereits ausgemusterten Stücke, wie dies voranstehend beschrieben wurde, entstand. Der über den Rand der Pf. überragende Teil der Mullstreifen wird einfach zurückgefaltet und ebenfalls mit der Masse Nr. II bestrichen, wodurch eine noch größere Verstärkung der am Rande befindlichen Flächen der Pf. entsteht. Bei Anfertigung von Nachbildungen mit großer Wölbung (z. B. Gesichtsmodelle), empfiehlt es sich, als Verstärkung in die dritte Schicht *anstatt Mull ein feines Drahtnetz oder einen weichen Metalldraht* zu legen, wodurch ein ziemlich festes Gestell für die Haltbarkeit der Nachbildung gegeben wird. Die Ausführung besteht darin, daß man auf die innere Oberfläche der Pf. einen ungefähr „U"-förmig gebogenen Metalldraht legt und die beiden, in einer Spurweite von mehreren Zentimetern voneinander liegenden Zwillingsdrähte so gestaltet, daß sich die einzelnen Drahtfäden den passierten Vertiefungen der Grundfläche überall gut anschmiegen. Die Befestigung an der Form erfolgt in der Weise, daß man den Metalldraht vorerst mittels kleiner Mullstücke an mehreren Stellen mit Positivmasse II an der Grundfläche fixiert, dann aber denselben durch einen entsprechend großen, die ganze Oberfläche bedeckenden Mullstreifen, welcher mit heißer Positivmasse aufgestrichen wird, befestigt.

In gewissen Fällen, z. B. beim *Abformen der Ohren*, einzelner *Finger* oder des *Penis*, wird die Nf. mit der Positivmasse *einfach vollgefüllt* und sobald die Masse zu erstarren beginnt, steckt man in ihre Mitte einen Metalldraht, damit die Nachbildung bei diesem Draht erfaßt, bequem herausgehoben und in der Hand gehalten werden kann.

*Beim Ablösen der Pf. von der Nf.* hat man mit größter Vorsicht und Geduld vorzugehen, besonders, wenn man aus der Nf. noch eine zweite Pf. anfertigen will. Sollte nur *ein* Nachbildungsexemplar benötigt werden, dann kann man beim Voneinanderlösen beider Formen etwas radikaler vorgehen. Die Nf. kann in diesem Falle — zur größeren Schonung der Pf. — von letzterer stückweise abgebröckelt werden. Das Abkühlen und absolute Hartwerden des Positivs ist in jedem Falle abzuwarten, denn wenn das Erstarren nicht überall und in allen Schichten gleichsam eintritt, kann die Nachbildung leicht eine Formveränderung erleiden. Unmittelbar nach beendigter Auftragung — also bevor noch das Material vollkommen erstarrt — darf das Ablösen des Positivs von der Nf. nur in solchen Fällen stattfinden, wo zwecks Ausbesserung gewisser Deformationen — wie dies gewöhnlich im Interesse der Identitätsbestimmung unbekannter Leichen, bei Verfertigung von Leichenmasken manchmal nötig ist — das Vorhandensein einer gewissen Elastizität des Positivmaterials benötigt wird, damit durch vorsichtig ausgeübten Druck und Modellieren mit der Hand die Verzerrung ausgeglichen und normalgestaltet werden könne. Wenn die Behebung der Formveränderung nach bereits eingetretener Erstarrung des Materials vorgenommen werden soll, ist die Positivmasse durch Zuführung warmer Luft durch und durch vorsichtig zu erweichen. Das Modellieren des Kopfhaars, Bartes wie auch der Augäpfel geschieht bei Masken, welche von lebenden Personen mit offen gehaltenen Augen verfertigt wurden, immer nachträglich. Zu diesem Zwecke wird das Haar immer aus Material Nr. II, die Augäpfel aber aus Material Nr. I mit freier Hand unter Zuhilfenahme der Modellierwerkzeuge, wie Modelliereisen, Skalpell, modelliert.

*Kleinere Korrekturen* werden sich immer, selbst bei der Arbeit des geschicktesten Abformers, als notwendig erweisen, denn an der rohen Oberfläche der Nachbildung ergeben sich ziemlich häufig warzenähnliche, glänzende Stellen, welche die Folgen jener Luftbläschen sind, welche in die Oberflächenschicht der Nf. gelangten und mit Positivmasse ausgefüllt wurden. Solche Stellen können nur durch ein äußerst vorsichtiges, *mit recht scharfen Skalpellen* zu bewerkstelligendes Abschnitzeln von dort entfernt werden. Beim Entfernen solcher Fehler achte man darauf, daß dieselben nicht etwa unmittelbar am Rande abgeschnitten werden, denn in diesem Falle bleiben unbedingt veränderte Spuren an der Oberfläche der Nachbildung zurück, sondern diese Stellen müssen schichtenweise abgeschnitzelt bzw. abgeschabt werden. Sollten aber umgekehrt in die Oberflächenschicht der Pf. Luftbläschen geraten sein, so verursachen diese an der rohen Oberfläche der Nachbildung Blatternarben ähnliche Poren, welche so entfernt werden können, daß man in diese winzigen Vertiefungen mit Hilfe eines mit Löffelschale versehenen Modelliereisens, von der auf einer kleinen Flamme flüssig gemachten, doch ja nicht überhitzten Masse Nr. I ein bißchen einträufelt. Eine überhitzte Masse brennt nämlich an, bräunt sich und die Farbe sticht dann von jener der Pf. ab. Andere Fehler, wie z. B. sichtbar gebliebene Pinselstriche usw., werden in gleicher Weise entweder mit Hilfe der Modellierwerkzeuge entfernt oder mit aufgeschmolzener Masse Nr. I ausgefüllt und ausgebessert.

Es wird bemerkt, daß bei den Verrichtungen im allgemeinen, im besonderen aber bei der Ausbesserungsarbeit, auf die Reinheit der Werkzeuge und Hände die größte Sorgfalt zu legen ist. Während der Arbeit sind *sowohl Werkzeuge als auch Hände öfters zu reinigen*, denn sonst läuft man Gefahr, daß man die noch rohe Oberfläche der Pf. beschmutzt. Ein Reinigen kann ausschließlich nur durch Abschaben der Oberfläche erfolgen, wodurch natürlich die feinen Einzelheiten der Abdrücke verlorengehen. Ein Abwaschen der Pf. kann durchaus nicht in Betracht kommen, denn vom kalten Wasser bekommt

die Masse leicht Sprünge; aber auch der Gebrauch von lauwarmem Wasser ist zu verwerfen, denn durchs Waschen werden stets auch die an der Oberfläche haftenden, äußerst wichtigen und charakteristischen Fremdkörper (wie Blut, Pulver usw.) erweicht und abgewischt.

Nachdem die Randflächen der rohen Pf. nach erfolgtem Ablösen von der Nf. *ziemlich zackig- und wellig-uneben* zu sein pflegen, müssen die Kanten, um ein glattes Aufliegen der Nachbildung zu ermöglichen, durch Hin- und Herschieben auf einer vorher erwärmten Metallscheibe abgeschliffen werden. Bei diesem Vorgang darf natürlich nicht getrachtet werden, durch rasches Abschmelzen eine schnellere Ebnung zu erzielen, denn in diesem Falle könnte infolge allzujäh übertragener Hitze die ganze Nachbildung erweichen und eine unangenehme Deformierung entstehen. Der richtige Vorgang ist also, daß man während des Abschleifens zeitweise mehrere Pausen einschaltet, in welchen man die Nachbildung von der heißen Metallplatte hochhebt und sie dann — die bereits erweichten Teile vorsichtig einwärts biegend — auf eine kalte Glas- oder Metallplatte stellt, wodurch ein rasches Abkühlen eintritt. Dieser Vorgang muß solange fortgesetzt werden, bis die Ränder der Pf., welche durch die nach und nach einwärts gebogenen Mullschichten eine ziemliche Stärke erhielten, geebnet sind und die Nachbildung auf einer glatten Fläche überall gleichmäßig und gut aufliegt, was übrigens auch die vorerwähnte, durch die abgebogenen Mullstreifen entstandene Randstärke in der Regel zu begünstigen pflegt. Die während der Ebnung der Ränder auf der heißen Metallplatte abschmelzende und dort rauchende Masse ist zeitweilig *mittels einer Metallspachtel* abzukratzen und zwecks abermaliger Verwendung dem Abfallmaterial beizulegen. Die Metallplatte selbst ist selbstredend öfters zu erhitzen. Die Ebnung kleinerer Randflächen kann auch mit einer auf freier Flamme erhitzten Metallspachtel durch Abschleifen der betreffenden Stellen vorgenommen werden. Wenn die Nachbildung auf ihren Randflächen bereits gut aufliegt, können die Kanten der Ränder auch noch mit Schmirgelpapier abgeschabt und geglättet werden.

Nachbildungen, welche man für Unterrichtszwecke *als Museumspräparate aufbewahren* will, müssen auf irgendeiner Unterlage befestigt werden. Bei der Ausführung trachte man immer geschmackvoll zu sein, damit die Nachbildung stets mit dem nötigen Ernste wirke und nicht etwa den Charakter eines Panoptikumgegenstandes oder einer Effekthascherei an sich trage. Am richtigsten ist die Anbringung und Befestigung solcher Nachbildungen auf einer aus Weichholz angefertigten, schwarzpolierten Brettunterlage in einer Stärke von 1½ cm. Ähnliche Brettunterlagen sind in verschiedenen Größen stets am Lager zu halten. *Zum Zwecke der Festhaltung der Nachbildung auf der Unterlage* wird an den Innenflächen der Nachbildung, und zwar entweder in der Nähe der beiden entgegengesetzten Ränder oder an drei voneinander entfernt liegenden Randstellen, je ein „U"-förmig gebogener, mittels Mullstreifen und heißer Abfallmasse befestigter *weicher Metalldraht* mit einer Gesamtlänge von etwa 20 cm in der Weise angebracht, daß die Entfernung zwischen den „U"-förmig gebogenen Zwillingsdrähten ungefähr 2 cm und die über den Modellrand hinausragende Drahtlänge wenigstens 5 cm betrage. Während dieser Verrichtungen ist es zweckmäßig, die Nachbildung mit der Außenfläche zwischen reine Tücher zu lagern. Wenn man sich davon überzeugt hat, daß die Drähte an der Nachbildung bereits gut halten, kann man diese auseinanderbiegen und die Nachbildung auf die Brettunterlage stellen, damit dort *die Eingangsöffnungen der einzelnen Drahtenden bezeichnet werden.* An diesen bezeichneten Punkten bohrt man dann — nach vorheriger Entfernung der Nachbildung — in die Holzunterlage die zum Durchziehen der Drähte dienenden Löcher; an der Kehrseite des Brettes aber werden die Zwillingslöcher durch eine 0,5 cm tiefe, mit Hilfe eines Meißels keilförmig geschnitzte Rinne verbunden. Jetzt werden die Drähte wieder in die ursprüngliche Lage zurückgebogen und das Ende — indem man die Nachbildung der Unterlage näher bringt — in die gebohrten Löcher gesteckt; schließlich werden die Drähte vorsichtig durch das Brett gezogen. Wenn alle Drähte bereits durch die Löcher gezogen sind und die Nachbildung auf der Unterlage überall gut aufliegt, werden die Zwillingsdrähte auf der rückwärtigen Brettwand miteinander verflochten und eng angezogen, wodurch die Nachbildung an die Vorderseite der Unterlage gepreßt und unbeweglich festgehalten wird. Nachher kann das Ende der Drähte mittels einer Zange abgezwickt, der verbleibende Draht in die Vertiefung der Rinne versenkt, weiter die Rinne mit aufgeschmolzener Abfallmasse ausgefüllt und schließlich nach Auskühlen und Hartwerden des Materials die evtl. zurückgebliebenen Unebenheiten abgekratzt und mit Schmirgelpapier abgeschabt werden. In Fällen, wo die Gestalt der Nachbildung einen Einblick in das Innere der Form zuläßt, müssen jene Stellen, wo dies erforderlich ist, bei Museumspräparaten mittels entsprechend *zugeschnittener Kartondeckel verdeckt werden.* Zu diesem Zwecke werden die Kartondeckel vorerst inwendig mit Mullstreifen und aus Abfällen geschmolzener Masse an die Randfläche der betreffenden Öffnung befestigt; sobald die Deckel festhalten, werden sie auch von außen mit Masse Nr. II bestrichen und vollkommen verdeckt. Wenn nun auch diese Schicht erstarrt und hart geworden ist, werden die Unebenheiten mit Hilfe eines Skalpells abgekratzt und mit Schmirgelpapier geglättet. Ähnlich montierte Museumspräparate liegen auf der Holzunterlage glatt auf und sind von allen Seiten geschlossen.

Zur Schonung der Kleidung ist es angezeigt, *einen Arbeitsmantel anzuziehen,* denn bei den Verrichtungen *wird es immer vorkommen, daß das heiße Material auch auf die Kleidung des Arbeitenden tropft.* Das Entfernen solcher Patzen von der Kleidung geschieht in der Weise, daß man über das zu entfernende Material ein Fließpapier legt und die betreffende Stelle — natürlich erst nach beendigter Arbeit — mit einem heißen Bügeleisen bügelt. Der Fleck wird dann mit Benzin gereinigt und gut ausgebürstet. Nach Gebrauch müssen Gefäße und alle Werkzeuge, wie Modelliereisen, Metallspachtel usw., gut gereinigt werden. Während der Arbeit ist die angeklebte Masse noch in heißem Zustande mit einem trockenen Tuche öfters abzuwischen. Man achte darauf, daß *die Skalpelle niemals in die Flamme gehalten werden,* denn die Schärfe der Schneide geht zugrunde. Die Reinigung der Skalpelle kann also nur auf kaltem Wege durch Abkratzen und Abschleifen erfolgen. Die Schneide der Skalpelle muß man sorgfältig schonen. Es darf niemals vorkommen, daß Skalpelle, welche zur Verrichtung feinerer Arbeiten dienen, auch zur Besorgung grober Arbeiten benützt und verwendet werden! *Die Pinsel dürfen niemals in der erstarrten Masse, im Gefäß belassen werden,* denn ein Herausnehmen von dort ist nur durch ein Wiederaufwärmen der Masse möglich, wodurch natürlich *die Enden der Pinselhaare anbrennen und auch ganz abbrennen können.* Vorschriftsmäßig ist, daß man den Pinsel sofort nach Gebrauch vom gröbsten Teil der darin befindlichen, noch flüssigen Positivmasse, durch mehrmaliges

Andrücken an die Innenwand und Abstreifen der Pinselhaare am Rande des Gefäßes, befreit und gesondert aufbewahrt, wodurch dessen Haltbarkeit verlängert wird. Sollte sich aber zwischen den Haaren bereits angetrocknete Masse befinden, so ist diese von dort durch vorsichtiges Hämmern, wodurch die Masse abbröckelt, zu entfernen.

3. *Das Bemalen der Nachbildungen.* Da zum Kolorieren im allgemeinen ein gewisses Talent und ein Blick für die richtige Erkennung der Farbenschattierungen — um diese wahrheitsgetreu wiederzugeben — erforderlich ist, kann diese Verrichtung als die schwierigste des Abformverfahrens betrachtet werden. Das Kolorieren ist jedoch nicht unbedingt notwendig, da die Nachbildung den Beschauer infolge der an ihr haftenden Fremdkörper auch so gut orientiert. *Freilich wird die Vorstellung des Originals durch Bemalen mit Ölfarben wesentlich erleichtert.* Wenn also der Abformer im Malen talentiert ist, über einen richtigen Farbensinn und genügende Übung im Farbenmischen verfügt, ist es in gewissen Fällen begründet, die Nachbildung zu kolorieren. Nachbildungen, welche auf einer Unterlage befestigt werden sollen, *müssen noch vor endgültiger Fixierung derselben ans Brett,* also noch *vor* Verflechten und Anziehen der Drähte, *bemalt werden.* Bei Nachbildungen, welche an das Brett bereits fest befestigt sind, bildet nämlich die Unterlage stets ein Hindernis; ebenso ist aber auch die Unterlage der Gefahr ausgesetzt, mit Farbe bestrichen und beschmutzt zu werden, ohne daß dieser Farbenschmutz von dort mit Leichtigkeit entfernt werden könnte. Beim Malen können die Farben nur dann vom Original abgeschaut und dementsprechend nachgeahmt werden, wenn der betreffende Leichnam in das Laboratorium geschafft werden konnte; widrigenfalls *muß aus dem Gedächtnis oder auf Grund vorliegender Photographien* koloriert werden. Die Wiedergabe einer richtigen Färbung pflegt aber solchen Abformern, welche im Bemalen von Nachbildungen bereits eingeübt sind, auch im letzteren Falle keine Schwierigkeiten zu bereiten, da die an der Oberfläche der Nachbildung anhaftenden Substanzen, wie Blut, Pulverschmauch, Fremdkörper usw. für das Erkennen und infolgedessen für das Zusammenstellen der Farbe genügenden Anhalt bieten. Doch in beiden Fällen, sowohl beim Malen vom Original als auch aus dem Gedächtnis, ist es immer ratsam, das Bemalen der Nachbildung sofort zu bewerkstelligen, denn im ersten Falle muß mit der bei Leichen äußerst rasch eintretenden Zersetzung und daraus folgenden Veränderung der Farben, im zweiten Falle aber mit dem Schwinden der Eindrücke, wo ein Zurückerinnern auf einzelne Details immer schwieriger wird, gerechnet werden. Die zum Bemalen der Nachbildung dienenden Ölfarben sind im Verschleiß in kleinen Tuben erhältlich. Die Qualität muß die beste sein. Die benötigte Farbe wird vor Gebrauch aus der Tube mit leisem Druck in eine weiße flache Porzellanschale gepreßt und von hier aus, ohne verdünnt zu werden, mittels verschiedenartiger und verschieden großer Pinsel auf die zu bemalende Oberfläche der Nachbildung aufgetragen bzw. gestrichen. Die Auftragung der Farben zur Wiedergabe der natürlichen Hautfarbe geschieht nicht in der üblichen Weise, also durch Pinselstriche, wie es Maler zu tun pflegen, sondern im Wege eines ganz speziellen Verfahrens, welches darin besteht, daß die zu bemalende Oberfläche teils mit *eigens zu diesem Zwecke angefertigten Eichhörnchenhaar-Pinsel,* dessen Haare schief gestutzt sind, teils mit einem kleineren, sog. *Stupfpinsel,* bloß an einzelnen Stellen *flächenartig* berührt, bzw. betupft und auf diese Weise die an den Pinseln durch entsprechendes Eintunken gleichmäßig verteilte Farbe nur in

ganz dünner Schicht, fast hauchartig, aufgetragen wird, wodurch natürlich die Farbe der darunterliegenden Schicht kaum merklich bedeckt erscheint. Mit diesen Verfahren, bei denen die verschiedenen Farben *schichtenweise aufeinander kommen*, kann die verschiedenste Schattierung der natürlichen Hautfarbe und auch eine frappierende Durchscheinbarkeit erzielt werden. Als Farben für die Nachahmung der natürlichen Hautfarbe kommen hauptsächlich Krapplack-hell, Kobaltviolett, Cölinblau und lichtes Ocker in Betracht, welche schichtenweise aufeinander und in Flächen verteilt, auf die zu bemalende Fläche aufgetragen werden. *Für das Färben der an der Hautoberfläche bläulich durchscheinenden*, besonders aber am Handrücken hervortretenden Venen wird in die weiße Farbe ganz wenig Kobaltblau und helles Neapelgelb gemischt und diese Farbenmischung mittels schmalen und flachen Pinsels aus Fischotternhaar in kaum merklicher Spur, dem Aderlauf entlang, auf die zu bemalende Oberfläche gestrichen.

*Verletzungen, mit Blut gefärbte Stellen werden der üblichen Pinselführungstechnik (Streichverfahren) entsprechend, also wie Maler es zu tun pflegen,* koloriert. Die Färbung des Blutes ergibt sich aus der Farbenmischung von helldunklem Krapplack und Kobaltviolett, zu welcher in Fällen, wo gestocktes Blut nachgeahmt werden soll, ein wenig *van Dick*-Braun und Kadmiumgelb dazugemischt wird. Diese Farben werden ebenfalls in der Porzellanschale angemacht und von dort mit Hilfe eines flachen Marder- oder Fischotternhaar-Pinsels auf die zu bemalende Fläche gestrichen, doch nicht mehr in hauchdünner Ausführung, sondern mit einer derartigen Deckkraft, daß die darunter befindliche Grundfarbe verschwindet. Stellen, wo man vorhanden gewesenes Blut nachahmen will, sind nach beendetem Bemalen, sobald die Farben bereits vollkommen trocken geworden sind — was im besten Fall erst nach 24 Stunden einzutreten pflegt — auch *mit ein wenig Damarlack dünnschichtig mittels eines breiteren, flachen Pinsels aus Fischotternhaar vorsichtig zu überstreichen.* Bei dieser Gelegenheit muß unbedingt vermieden werden, daß man mit dem Pinsel auf ein und dieselbe Stelle zurückkehrt, denn sonst läuft man Gefahr, daß der Pinsel samt dem bereits aufgetragenen und klebenden Damarlack auch die darunter befindliche Farbe aufhebt und mit sich reißt. Zwecks Beibringung eines gewissen Glanzes sind Zähne, Zunge und die dem Munde zu liegende Oberfläche der Lippen wie auch die Augäpfel — nach vollständigem Abtrocknen der Farben — mit Damarlack, eher dünnschichtiger als zu kräftig, ebenfalls zu überstreichen. Das Bemalen von Kopfhaar und behaarter Teile geschieht ebenfalls auf Grund der Pinselstrichtechnik. Für die Kopfhaarfarbe blond oder braun werden die Farben *van Dick*-Braun, Ocker und grüne Erde — in entsprechenden Mengen — je nach lichterer oder dunklerer Schattierung des Haares — gemischt; zur schwarzen Kopfhaarfarbe benützt man die Mischung von Elfenbeinschwarz und *van Dick*-Braun, zu welcher etwas Kobaltblau beigemischt wird. Beim Malen mit Farben, welche in der Porzellanschale gemischt und mittels des Marderpinsels aufgetragen werden, genügt schon die dünne Schicht, um die darunterliegende Grundfarbe vollkommen zu decken; deshalb darf man diese äußerst intensiven Farben nur sehr schwach aufstreichen. Mit dem Bemalen von Kopfhaar und behaarter Teile soll niemals an der Grenze, sondern immer nur in der Mitte der behaarten Stelle begonnen und von dort aus gegen die Grenze des Haarwuchses zu gestrichen werden, denn auf diese Weise kann man durch einen allmählichen Übergang von der dunklen Haarfarbe in die viel lichtere Hautfärbung eine viel natürlichere Wirkung erzielen. Ein natürlicher Glanz kann bei

bemalten Stellen von Haar, Behaarung und Haut dadurch erreicht werden, daß man diese Stellen — natürlich erst nach vollständigem Trockenwerden der Farben — mit weißer Farbe in hauchartiger Feinheit gleichmäßig überstreicht, wobei mit dem Marderpinsel die zu bemalende Fläche kaum berührt werden darf. Das Bemalen wird damit vollendet, daß man *teils um den Rand der Nachbildung* mit Hilfe eines breiten, flachen Marderpinsels *einen tiefschwarzen, 1—2 mm breiten Saum zieht* (die schwarze Farbe hierzu wird mit Damarlack gemischt), teils die Kartonwände der Nachbildung mit derselben schwarzen Farbe vollkommen überstreicht und bedeckt. Der tiefschwarze Ton dieser Farbe bildet einen geschmackvollen Abschluß und Übergang zur Brettunterlage. Ganz zum Schluß, wenn also auch diese Lackierung schon vollkommen trocken geworden ist, erfolgt in der vorstehend beschriebenen Weise die endgültige Befestigung der Nachbildung auf der Unterlage. Nach Beendigung des Malens sind die Pinsel und Farbenschalen im lauwarmen Wasser mit Seife stets gut zu reinigen und nach Abwaschen gut abzutrocknen, denn die in den Pinseln belassene und eingetrocknete Farbe bewirkt alsbald das Zugrundegehen der Pinselhaare. Eingetrocknete Farbe kann am besten durch Weichen der Pinselhaare in Terpentingeist gelöst und entfernt werden. Unreinlichkeit und Nachlässigkeit rächt sich bei den Malgeräten immer!

Die Nachbildungen sind *in gutschließbaren Schränken* oder Glasverschlägen, behütet vor Staub, Ruß, Rauch oder Gasen, an schattiger Stelle bei Zimmertemperatur aufzubewahren. Allzu große Hitze, wie z. B. die Nähe der Heizstelle, kann eine Formveränderung verursachen. Derart aufbewahrte Nachbildungen, welche zeitweise auch vom Staub abgewischt, nachgestrichen und nachlackiert werden, verändern ihr Aussehen lange Zeit nicht und bieten beim Betrachten immer einen frischen und naturgetreuen Anblick.

*Die Ausrüstung des Abformlaboratoriums* ist folgende: Negocoll (Apotela Zürich; Picknes, Berlin SW. 68, Kochstr. 19) oder Formalose (Plasto-Schmidt, Mannheim), Stearin, Paraffin, Harz (Kolophonium), Schlämmkreide, Aluminiumtopf (2—3 l) zum Aufkochen der Negativmasse, größeres emailliertes Schmelzgefäß mit Ausguß (Schnauze) und Henkel zur Verfertigung der Positivmassen, 2 emaillierte Schmelzgefäße mit Ausguß (8 cm hoch) zum Schmelzen der Positivmassen, einige Holzlöffel, 3 breite flache Borstenpinsel (1, 2,5, 5 cm) zum Auftragen der Negativmassen, drei breite, flache, schwarze hitzebeständige Lyoner Borstenpinsel (0,5, 1, 2 cm) zum Positivarbeiten, 2—3 Skalpelle, 2—3 Modelliereisen (Kurze, Berlin, Invalidenstraße), Metallspachtel zu Positivarbeiten, Schere, Hammer, Zange, Kneipzange, Holzmeißel, Holzbohrer, Pinzette, Drähte, feines, weiches Drahtnetz, Glas- oder Metallplatte, Fleischmaschine (Wolf), Bretter, Korrekturnadeln (Insektennadeln), weiche Mullbinde (Gaze), Asbestplatte, Bunsen- oder Spiritusflamme, Kochapparat, Seiherlöffel, Ölfarben in Tuben (Zinkweiß, Elfenbeinschwarz, Neapelgelb hell, Kadmiumgelb, lichter Ocker, *van Dick*-Braun, Umbra-natur, Zinnober hell, Krapplack-hell-dunkel, Caput mortuum, Terra Pozzuoli, Coelinblau, Kobaltblau hell, Kobaltviolett, Ultramarin, Grüne Erde), flache Porzellanschale, Stupfpinsel, flache Marder- oder Fischotternhaarpinsel, Damarlack, Malmittel, Siccatif, Terpentingeist, Schmirgelpapier, Wachsleinwand (Billroth), Gummihandschuhe, Paraffinöl.

*Schrifttum.*

*Poller:* Das Pollersche Verfahren zum Abformen. Berlin-Wien 1931. — *Schranz:* Abformung der an Leichen gefundenen Verletzungen und ihre Anwendung im Beweisverfahren. Dtsch. Z. gerichtl. Med. **29**, 254 (1938). ***Schranz.***

**Abkühlung der Leiche** siehe *Leichenerscheinungen.*

**Ablederung** siehe *Verletzungen durch stumpfe Gewalt.*

**Abortivmittel** siehe *Fruchtabtreibung.*

**Abort und Unfall.** (Vgl. auch Art.: Fruchtabtreibung.)

Unter *Abort* verstehen wir die vorzeitige Unterbrechung einer Gravidität. Erfolgt dieses Ereignis vor der 28. Schwangerschaftswoche, so spricht man von einer Fehlgeburt, nachher, weil das Kind dann lebensfähig ist, von einer Frühgeburt. Die Häufigkeit der Aborte hat in den letzten Jahren gewaltig zugenommen. Währenddem 1863 *Hegar* auf 8 bis 10 Geburten eine Fehlgeburt angenommen hatte, so berechnete *Blum* 1890 einen Prozentsatz von 9,7, 1917 bereits einen solchen von 20,4. *Hirsch* fand für die Zeit vom Weltkriege ungefähr 30 %, wovon wiederum etwa 78 % krimineller Natur. Daraus erhellt ohne weiteres der große Anteil verbotener Eingriffe (s. d. Art.: Fruchtabtreibung). Ein Abort kann innerhalb kurzer Zeit erfolgen oder sich über längere Spannen hinziehen (protrahierter Abort). Es kann das ganze Ei auf einmal ausgestoßen werden oder es wird zunächst nur der Foet geboren und die Placenta wird retiniert. Gelegentlich kommt es auch vor, daß zwar das Ei abstirbt, aber zunächst nicht zur Ausstoßung gelangt (*missed abortion*). Am häufigsten sind die inkompletten Aborte, bei denen Teile des Eies abgehen, die andern aber zurückbleiben. Es kommt dann zu anhaltenden, mehr oder weniger starken Blutungen, die schließlich eine Auskratzung notwendig machen. Manchmal ist eine Fehlgeburt mit Fieber verbunden. Diese febrilen Aborte sind fast immer die Folge eines kriminellen Eingriffes, wie auch die septischen Fehlgeburten, die meist unter den Zeichen eines schweren Puerperalfiebers zum Tode führen. Die Blutverluste können bei Aborten unter Umständen sehr bedrohlich werden, was aber im allgemeinen doch selten ist. Immerhin sind Fälle bekannt, wo die betr. Frauen der akuten Anämie zum Opfer gefallen sind. Ob man einen Abort aktiv oder konservativ behandeln soll, darüber sind die Meinungen immer noch geteilt. Es besteht aber keine Frage, daß in volkswirtschaftlicher Hinsicht die frühzeitige Operation, auch bei febrilen Fällen, unbedingt vorzuziehen ist (Curettage), da bei diesem Vorgehen das Krankenlager resp. der Spitalaufenthalt wesentlich abgekürzt wird und meist nicht länger als 8 Tage dauert.

Was nun die Frage anbetrifft, ob durch ein *körperliches Trauma* ein Abort entstehen kann, so darf zum vorneherein gesagt werden, daß dieses Ereignis zu den allergrößten Seltenheiten zu rechnen ist. Fast immer wird der Gutachter sich auf den Standpunkt stellen dürfen, es sei ein Kausalzusammenhang abzulehnen. Nur wenn sofort nach dem Trauma intensive Beschwerden, resp. Blutungen eintreten, die auf eine Ablösung des Eies im Uterus hindeuten, so wird man unter Umständen eine direkte Beeinflussung annehmen dürfen. Dabei muß man sich aber im klaren darüber sein, daß leichte Traumen unter keinen Umständen die Veranlassung zu einem Aborte sein können. Wir wissen aus einer großen Anzahl von Beispielen, daß trotz schwerster Unfälle und intensiver Verletzungen eine Unterbrechung der Gravidität nicht zu erfolgen braucht, ja meistens auch gar nicht eintritt. In vielen Beobachtungen trat sogar nach zu überaus starken Körpererschütterungen verbunden mit Frakturen nicht einmal die leiseste Wehentätigkeit auf. Man kann also nur schwerlich annehmen, daß leichte Traumen zu einem Aborte, zu einer Frühgeburt oder zu einer vorzeitigen Placentarlösung führen sollten, wenn das nicht

einmal bei äußerst heftigen Unfällen geschieht. Endgültig müssen wir uns von dem Gedanken frei machen, daß körperliche Erschütterungen oder Unfälle *leicht* zu einem vorzeitigen Abgange des Eies führen. Das ist sicherlich nicht der Fall. Das *psychische Trauma* spielt in dieser Hinsicht gewiß eine größere Rolle, worauf *Walthard* immer mit Recht hingewiesen hat. Eine ganz genaue Untersuchung wird stets einsetzen müssen, um sich zu vergewissern, ob nicht Krankheiten vorhanden sind, die zu einem Fruchttode disponieren können. Nicht selten wird man eine Lues nachweisen können, so daß dann die Fehlgeburt als Unfallfolge ohne weiteres ausscheidet. Ob gegebenenfalls das Trauma begünstigend gewirkt hat, muß von Fall zu Fall entschieden werden, aber auch in dieser Hinsicht ist größte Vorsicht geboten. Ich persönlich habe in der letzten Zeit als Gutachter fast immer einen Abort als Unfallfolge abgelehnt (es handelte sich meist nur um leichte Traumen, wie Fall auf das Gesäß, Sturz mit dem Velo usw., ohne weitere Verletzungen), wenn sich die Blutungen nicht unmittelbar an den Unfall angeschlossen hatten. Treten die Hämorrhagien erst einige Tage oder sogar Wochen später auf, so wird man gut tun, eine Unfallfolge als zum mindesten unwahrscheinlich hinzustellen. Bei ganz genauer Anamnese und Berücksichtigung aller Nebenumstände wird man übrigens nicht selten herausfinden, daß schon vor dem Trauma ein beginnender oder drohender Abort vorhanden war, ja, es kommt sogar vor, daß kriminelle Fehlgeburten als Unfallfolge angegeben werden, einerseits um den wahren Sachverhalt zu verschleiern, andrerseits um noch Kapital aus dem Ereignis zu schlagen. Natürlich wäre es von großer Wichtigkeit, die Abgänge histologisch untersuchen zu können, um wirklich mit Sicherheit die Diagnose auf Abort zu stellen. Man wird dann ab und zu überraschende Befunde erheben. So kann es sich z. B. um eine Blasen- oder Blutmole handeln oder um eine Missed Abortion. Daß bei solchen Vorkommnissen selbstredend der Unfall gar keine Rolle spielt, das dürfte ohne weiteres einleuchten. Bedauerlicherweise wird es aber nur in Ausnahmefällen gelingen, eine histologische Diagnose zu bekommen. Es zeigt sich aber, daß nur bei ganz exakter Untersuchung und Anamnese eine Enträtselung möglich sein wird und daß man sich unbedingt hüten muß, voreilige Schlüsse zu ziehen. Wie soll man einen Abort als Unfallfolge ansprechen, wenn man nicht einmal sicher war, ob die betr. Versicherte überhaupt schwanger war. Auf Aussagen der Verunfallten allein darf jedenfalls niemals abgestellt werden. Leider sind die Akten der Versicherungsanstalten in dieser Beziehung recht mangelhaft. Es ist ferner des habituellen Abortes zu gedenken (meist herrührend von einer mangelhaften Funktion des Corpus luteum oder von einer Hypoplasie der Genitalien). Eine Frau, die ständig abortiert und nicht fähig ist, Kinder auszutragen, die wird natürlich keinen Anspruch auf Entschädigung machen können, wenn sie nach einem leichten Trauma neuerdings eine Fehlgeburt bekommt. Zur Beurteilung der Beeinflussung der Schwangerschaft durch Unfälle seien nun zwei Beispiele aus der Beobachtung von *Hüssy* mitgeteilt, die ohne weiters demonstrieren, wie selbst allerschwerste Traumen nicht zu einer Unterbrechung der Gravidität führen:

1. Eine Mehrgebärende fiel im 4. Monate der 5. Schwangerschaft vom Wagen, da das Pferd durchbrannte. Sie zog sich eine schwere Oberschenkelfraktur zu und blieb stundenlang im Schnee liegen, bis sie schließlich aufgefunden und in das Spital verbracht werden konnte. Die Fraktur heilte schlecht, so daß wegen mangelnder Callusbildung auf Wunsch des Chirurgen die Interruptio grav. gemacht werden

mußte. Eine vorherige Beeinflussung der Schwangerschaft durch das Trauma war aber nicht eingetreten. Weder Blutungen noch Krämpfe oder Kreuzschmerzen hatten sich bemerkbar gemacht. Bei der Unterbrechung wurde das Ei vollkommen intakt befunden.

2. Eine Frau fiel in ihrer ersten Schwangerschaft aus dem dritten Stockwerke auf die Straße hinunter, zog sich verschiedene Frakturen, auch eine Schädelbasisfraktur zu, ohne daß die Gravidität unterbrochen worden wäre. Sie gebar nahe beim Termin lebende und lebensfähige Zwillinge.

Sehr interessant sind die Beobachtungen, die von italienischen Autoren in Erdbebengebieten gemacht worden sind. Trotzdem einzelne schwangere Frauen sich längere Zeit verschüttet unter Trümmern befunden und teilweise auch namhafte Verletzungen aufgewiesen hatten, kam es bei keiner einzigen zu einem Aborte. *Mayer* sah einen Fall, wo trotz Sondierung und Tamponade des Uterus die Schwangerschaft ungestört weiter ging, und *Bröss* berichtet über eine Beobachtung, wo trotz Perforation und Herunterziehung einer Dünndarmschlinge die Gravidität nicht zur Unterbrechung gelangte, ein neuerlicher Beweis dafür, wie außerordentlich fest das Ei in der Gebärmutter haftet. Wenn also das körperliche Trauma keineswegs die große Bedeutung beim Zustandekommen eines Abortes hat, wie das mancherorts auch heute noch angenommen wird, so muß andernteils dem ,,Schreckerlebnis" mehr Einfluß zugemessen werden. *Walthard* hat in dieser Beziehung zwei instruktive Wahrnehmungen mitgeteilt:

1. Eine 26jährige Gravida fuhr anläßlich einer Hochzeit ins Haus der Braut. Unterwegs stieß das benutzte Auto nur ganz leicht mit einem Lastwagen zusammen, ohne daß aber die Frau irgendwelche Verletzungen davontrug. Sie erschrak aber außerordentlich stark und sah leichenblaß aus, als sie am Bestimmungsorte eintraf (des Schreckens Blässe, eine augenfällige Äußerung der sympathico-adrenalen Blutverschiebung). Es trat Übelkeit auf und anderntags, nachdem die Frau noch die Hochzeit mitgemacht hatte, erfolgte eine heftige Blutung, die bald den Abort nach sich zog.

2. Das andere Beispiel betrifft eine Explosion in einer Munitionsfabrik, wo es sich zeigte, daß diejenigen Arbeiterinnen, die sich in der Menstruationsphase befanden, mit sofortigem Aufhören der Blutung reagierten, die andern dagegen eine Hämorrhagie bekamen. Es traten zufolge des plötzlichen Schreckerlebnisses auch einige Fehlgeburten ein.

Aus diesen Beobachtungen erhellt, daß ein plötzlich eintretendes, unvorhergesehenes Schreckerlebnis eine Fehlgeburt zur Folge haben kann, aber es kommt eben ganz besonders auf die ,,Plötzlichkeit" an. Es scheint, daß der psychischen Komponente weit größere Bedeutung zukomme als der körperlichen, sonst ließen sich die Fälle nicht erklären, wo trotz schwerster körperlicher Traumen die vorhandene Schwangerschaft nicht zur Unterbrechung gelangte. Zu betonen ist in bezug auf das psychische Trauma, daß Angst und Schrecken nicht die gleiche Bedeutung haben und daß nur der unvermittelt auftretende Schreck einen Einfluß hat. Ganz sicher müssen wir auf Grund der heutzutage vorliegenden Literatur und der Mitteilungen derjenigen Autoren, die sich besonders mit diesen Fragen befaßt haben, an der Ansicht festhalten, daß nur in den allerseltensten Fällen durch ein Trauma eine Unterbrechung der Schwangerschaft eintritt.

Was schließlich die histologische Untersuchung der Abgänge hinsichtlich der Frage eines stattgehabten Abortes anbetrifft, so hat sich *Vetter* darüber in eingehender Weise geäußert. So wichtig sie für das Problem des Kausalzusammenhanges ist, so

selten ist leider, wie bereits betont, die Möglichkeit einer solchen Untersuchung gegeben. Der Nachweis von Placentarzotten in den Blutcoagula und Fibrinmassen oder der Nachweis von chorealen Zellelementen in der Dezidua sichert natürlich absolut die Diagnose eines Abortes. In frischen Fällen wird an den Zotten meist noch leicht der typische epitheliale Überzug aus Syncytium oder aus *Langhans*scher Zellschicht und Syncytium zu erkennen sein. In Fällen, wo die Fehlgeburt schon weiter zurückliegt, ist aber auch der Nachweis des typischen fibrösen Grundstockes beweisend, besonders dann, wenn als Rest des Syncytiums ein unregelmäßiger Kranz von Chromatinklumpen da und dort vorhanden ist. Wenn nun auch Zotten unter Umständen schon makroskopisch oder im Zupfpräparate zu erkennen sind, so ist doch die Methode der Wahl die Untersuchung im Schnitt. Sie liefert viel schönere und bessere Resultate als die ehemalige Methode der Zupfpräparate, die als veraltet angesehen werden muß. Es ist zu empfehlen, daß das gesamte Material frisch oder in *Carnoy*-Lösung, welche die Blutgerinnsel auflöst, baldmöglichst einer histologischen Untersuchungsstelle zugesandt wird. Viel schwieriger liegen die Verhältnisse, wenn nur membranöse Gebilde vorliegen. Es kann sich um Amnion, um Fibrinmembranen, um Decidua grav. oder um deciduaähnliche Gebilde (Dysmenorrhoea membranacea, Menstruation) handeln. Amnion wird selten allein zu finden sein. Bei Dysmenorrhoea membranacea kommen mit dem Menstrualblut fetzige und häutige Membranen zur Ausstoßung. Zeigen sie histologisch den Bau von Plattenepithelien oder derben Blutgerinnseln, Schleim und Fibrinmembranen, so bieten sie differentialdiagnostisch keine Schwierigkeiten. Meist handelt es sich aber um eine ausgedehnte Exfoliation der Uterusschleimhaut, die als dreizipfliger Sack ausgestoßen wird. Die Entscheidung, ob es sich um eine Decidua menstrualis oder graviditatis handelt, kann dann äußerst schwierig sein. Das charakteristische Merkmal der decidualen Schleimhautveränderung ist bekanntlich die Umwandlung der Zellen des Zwischengewebes in große ovaläre, oft vielgestaltige, abgekantete, plattenepithelähnliche Zellen (Deciduazellen). Bei der Decidua menstrualis erfolgt die Umwandlung mehr fleckweise, besonders in der Nähe der Gefäße, bei Gravidität dagegen ist die Veränderung universell. Die ganze Hypertrophie der Schleimhaut ist viel ausgeprägter. Bei der menstruellen Decidua sind die Zellen auch weniger groß, mehr ovalär, weniger abgeplattet. Die Epithelien der Oberfläche und der Drüsen sind bei der Decidua menstrualis hochzylindrisch, bei Gravidität hingegen bald niedrig kubisch bis sogar endothelartig. Es bestehen also in der Hauptsache neben wenig ausgesprochenen qualitativen Unterschieden mehr solche quantitativer Natur, die es den Geübten schließlich ermöglichen, zu einer Differentialdiagnose zu gelangen. Die Differenzierung ist aber nicht stets mit absoluter Sicherheit zu machen, bei ganz frühen Schwangerschaften können die Kriterien sogar ganz versagen. Es ist daher zu betonen, daß bei der Diagnose des Abortes aus dem Abgängen forensische Beweiskraft nur dem Nachweise von Chorionzotten oder von chorealen Elementen zukommt. Das Vorhandensein von Decidua allein genügt nicht. Andrerseits muß es sich gar nicht immer um ganze Zotten oder massige choreale Zellinvasionen handeln, sondern der Nachweis einiger weniger oder sogar einer einzigen chorealen Zelle ist vollständig genügend für eine sichere Differentialdiagnose. Von großem diagnostischen Werte sind vielfach Gefäßveränderungen. Man findet nämlich in der Decidua bei Gravidität in der basalen Schleimhautschicht und bisweilen sogar bis weit in die Muskulatur hinein besonders weite Gefäße. Die Wand derselben ist verdickt, fibrinoid, lamellös und zellig aufgespalten. Sie ist dabei durchsetzt von großen ovalären Zellen, von denen sich gewöhnlich einzelne durch einen dunkeln, chromatinreichen und scholligen Kern von den Deciduazellen unterscheiden. Das Endothel ist verdickt, die Endothelzellen sind gewuchert, besonders saftreich, groß und vorspringend. Dieser charakteristische Gefäßbefund ist wichtig für den Nachweis vorausgegangener Schwangerschaft, sei es Curettenmaterial, sei es auch an einer Leiche. Bei den Deciduamembranen ist auch stets an Extrauteringravidität zu denken. Die Trennung erfolgt hier in der Spongiosa vermittels Leukocyteninfiltration. Es bietet das aber wenig charakteristisches, um mit Sicherheit eine Decidua gravidatis von einer Decidua bei ektopischer Schwangerschaft zu unterscheiden. Will man sich vor unliebsamen Überraschungen hüten, so ist daher beim Befunde einer typischen Decidua grav. auch immer an die Möglichkeit einer Extrauteringravidität zu denken. Ist die Frucht einer exakten Untersuchung zugänglich, so ist sie einer genauen Visitation zu unterwerfen. Der Nachweis eines frischen Foetus mit glasig durchsichtiger Haut, die eine gute Gefäßzeichnung aufweist, sowie die bereits bei jungen Früchten nachweisbare Geburtsgeschwulst lassen mit Sicherheit darauf schließen, daß der Foet lebend ausgestoßen wurde. Sugillationen der Haut sprechen im gleichen Sinne. Bisweilen läßt sich schon bei 4 Monate alten Foeten Luft im Magen feststellen, ebenfalls ein Beweis dafür, daß die Frucht mindestens unter der Geburt noch gelebt hat.

*Schrifttum*

*Bröse:* Demonstration in der Ges. f. Geb. und Gyn. Berlin, Zbl. Gynäk. **1915**, 227. — *Bumm:* Grundriß z. Studium der Geb. 10. Aufl., Wiesbaden 1914. — *Furrer:* Trauma am Ende der Schwangerschaft. Inaug.-Diss. Zürich 1934. — *Hegar:* cit. nach *Nürnberger.* — *Hirsch:* Die Fruchtabtreibung. Stuttgart 1921. — *Hüssy:* Der geb.-gyn. Sachverständige. Bern 1931. — *Mayer:* Die Unfallerkrankungen in der Geb. und Gyn. Stuttgart 1917. — *Mayer:* Weibliche Geschlechtsorgane und Unfall. Stuttgart 1934. — *Naujoks:* Trauma und Gravidität. Zbl. Gynäk. 1932, 661. — *Nürnberger:* Fehlgeburt und Frühgeburt. Handbuch Biologie und Pathologie des Weibes, herausgeg. von *Halban-Seitz.* Bd. VII/1. — *Rizzacasa:* Trauma und Abort. Clin. ostr. **31**, 184 (1929). — *Vetter* s. *Hüssy:* Der geb.-gyn. Sachverständige. Bern 1931. — *Walthard:* Zur Pathogenese psychisch bedingter Symptomkomplexe im weiblichen Genitale. Arch. Gynäk. **124**, 381. — *Walthard:* Furcht- und Angstsituationen. Zbl. Gynäk. **1925**, 1634. **Hüssy**

**Abrin** siehe *Ricin.*

**Absturz im Gebirge.** (Vgl. auch Art.: Steinschlag; Tod und Gesundheitsbeschädigung infolge Verletzung durch stumpfe Gewalt).

Mit der stetig wachsenden Zunahme der Bergbesteigungen durch weniger geübte und meist auch nur mangelhaft ausgerüstete Bergwanderer hat erfahrungsgemäß auch die Zahl der Bergunfälle und Abstürze in erhöhtem Maße zugenommen, wie aus den in den Mitteilungen des Deutschen und Österreichischen Alpenvereins alljährlich ausgewiesenen Bergunfall- und Bergtodesfallstatistiken hervorgeht. Wenn es sich bei diesen „Unfällen" in der Regel auch tatsächlich um reine Bergunfälle handelt, die meist aus äußeren Ursachen, wie mangelhafte Ausrüstung, Lockerung oder Ausbrechen eines Griffes, Steinschlag, plötzlich einsetzender Wetterumschlag usw., oder aus inneren Ursachen nach Ermattung infolge Überanstrengung ausgelöst werden und sich demgemäß, insbesondere bei einwandfreier Zeugenaussage, in der Regel keinerlei Anlaß einer strafrechtlichen Verfolgung daraus ergibt, so muß sich bei der erschreckend hohen Zahl der Bergtodesfälle doch gelegentlich zum mindesten der Verdacht einschleichen, es könnte unter diesen „Verunglückten" das eine oder andere Opfer einer verbrecherischen Tat

ungesühnt mit inbegriffen sein. Dieser Verdacht erscheint um so begründeter, als ja in Prozessen aus früherer Zeit und den letzten Jahren, bei denen von den Angeklagten ein Bergunfall bzw. Absturz vorgeschoben wurde, durch einwandfreie, z. T. allerdings außerordentlich schwierige Beweisführung die Klärung des stattgehabten Verbrechens erbracht werden konnte (Fall *Tourville*, Prozeß gegen die Malser Schafhirten, Fall *Halsmann* usw.).

Die Schwierigkeit der Begutachtung im Gebirge abgestürzt Aufgefundener beginnt bereits in der Regel schon bei der Tatortbesichtigung. Nur in den allerseltensten Fällen kann eine bis in das Einzelne gehende Prüfung erfolgen und zwar einerseits wegen Unzugänglichkeit des Geländes, andererseits aus dem Umstande, daß die Untersuchungsorgane meist gar nicht mehr bis an den Fundort der Leiche herankommen, da dieselbe von Berggefährten bereits geborgen und zu Tale geschafft wurde. War jedoch der Absturz in Begleitung und unter den Augen der Gefährten erfolgt, dann begnügen sich die Erhebungsorgane in der Regel mit der Vernehmung dieser wenigen Zeugen, womit der Fall als geklärt abgetan ist, ohne daß in der Regel eine genaue Leichenbesichtigung, geschweige denn eine Leichenöffnung vorgenommen wird. Es wird wohl die Tatsache des Absturzes als feststehend angesehen, ohne jedoch der Ursache auf den Grund zu gehen, die ja gelegentlich auch in einem körperlichen Gebrechen (Herzfehler usw.), das dem Verunglückten gar nicht einmal bekannt gewesen zu sein braucht, gelegen sein kann, das jedoch für die ganze Beurteilung des Absturzgeschehens und insbesondere auch in versicherungsrechtlicher Beziehung von ausschlaggebender Bedeutung wäre (*Schneider*).

Eine weitere Schwierigkeit der Begutachtung Abgestürzter liegt in der Regel auch darin, daß die Leichen ja so häufig erst nach Wochen oder Monaten, in unwegsamen Gebieten erst nach Jahren aufgefunden werden und überdies noch unter den schwierigsten Verhältnissen geborgen werden müssen. Dabei ist das Zu-Tale-schaffen allzuhäufig nur dadurch möglich, daß die in einen Sack eingeschlossene Leiche oder die Leichenreste über steile Felswände abgeseilt oder unter ungünstigen Bedingungen auch nur hinabgeworfen werden oder müssen. Dabei entstehen nicht so selten Verletzungen, deren Unterscheidung von zu Lebzeiten entstandenen außerordentliche Schwierigkeiten bereiten, bei hochgradiger Leichenzersetzung sogar unmöglich werden kann.

Häufig werden die Leichen oder Leichenreste überdies nicht an jener Stelle angetroffen, wo sie nach dem Absturz und nach Beschaffenheit der Örtlichkeit liegen geblieben sein sollten. Unter besonderen Bedingungen können Lawinen, Sand- und Steinmuren, Steinschlag und reißende Wildbäche ein Verschleppen begünstigen und bewerkstelligen. Insbesondere rollt der durch Leichenzersetzungsvorgänge vom Rumpf gelockerte und getrennte Schädel vermöge seiner Kugelgestalt nicht so selten durch Rinnen und Reißen bergab und gibt bei der Auffindung erst den Anlaß und Hinweis zur Aufsuchung der weitab und höher gelegenen übrigen Leichenreste. Gerade in unklaren Fällen, in denen die Auffindungsstelle der Leichen in einem Mißverhältnis mit der Absturzstelle steht, ist an die Möglichkeit nachträglichen Verschleppens zu denken und die Untersuchung dementsprechend zu führen. Selbst durch Waldtiere, insbesondere durch Füchse, können Leichenteile vertragen werden. Neben der gründlichen Untersuchung der Leichenreste ist daher auch stets eine genaue Besichtigung der Örtlichkeit unerläßlich und die Kenntnis all jener Bedingungen, die einen nachträglichen Weitertransport der Leichenreste ermöglichen können. Verletzungen, die dabei entstehen, erfordern ganz besondere Umsicht und Zurückhaltung in der Begutachtung.

Nicht so selten wird auch vom Gericht gefordert, die Identität aufgefundener Leichenreste nach bekannten Merkmalen festzustellen, und die Frage aufgeworfen, wie lange die Leiche bereits liegt (s. d. Art: Identitätsfeststellung an Leichen; Todeszeitbestimmung).

Wenn nun ein Mensch am Fuße einer Felswand oder eines steilen Abhanges tot, bewußtlos oder schwerverletzt aufgefunden wird, taucht immer die Frage auf: Abgestürzt, herabgestoßen oder auf andere Weise getötet und herabgeworfen? Diese Fragen geben in einem Hochgebirgsland, das von Fremden und Bergwanderern viel besucht wird, den Sicherheitsbehörden und den Gerichten reichlich zu schaffen.

Die Entscheidung, ob ein Absturz durch Unfall erfolgt ist, oder ob es sich etwa um einen Selbstmord handelt, oder ob der Abgestürzte gar von einem anderen herabgestoßen wurde, läßt sich nach der Art der Verletzungen kaum jemals allein entscheiden.

Liegt ein Verbrechen vor, so wird das Opfer meist heimtückisch in den Abgrund gestoßen, so daß Spuren einer solchen Tat, die sich etwa von dem Befund bei einem Unfall unterscheiden, kaum jemals vorhanden sein dürften. Und ging dem Sturz auch noch ein Ringen voraus, so treten die kümmerlichen Spuren eines solchen Kampfes gegenüber den Verletzungen durch den Sturz meist zurück oder werden von den groben und umfänglichen Absturzverletzungen so überdeckt, daß sie als Spuren einer fremden Hand kaum mehr zu erkennen sind.

In anderen Fällen wiederum wird man aus der Beschaffenheit der Wunden oder wenigstens einiger davon eine andere gewaltsame Einwirkung als durch den Absturz allein mit absoluter Sicherheit oder doch mit großer Wahrscheinlichkeit erkennen können. Abgesehen von den leicht zu deutenden Stich-, Schnitt- und Schußverletzungen, die selbst noch am Skelett nachzuweisen sind, kann auch aus Quetschwunden unter Umständen eine solche Entscheidung getroffen werden. Zahlreiche, auf engumschriebenem Bezirk gelegene Wunden können nur durch Einwirkung mehrfacher Hiebe und zwar meist nur auf den aufruhenden Körper entstehen (Fall *Halsmann, Meixner*), während die durch den Absturz selbst bedingten Verletzungen, die teils vom Aufschlagen auf die harte Unterlage, teils vom Durchspießen von Knochensplittern herrühren und meist über den ganzen Körper unregelmäßig verteilt sind, bei dem ständigen Lagewechsel des Körpers während des Sturzes doch niemals auf engbegrenztem Bereich angetroffen werden.

Was nun Art und Umfang der Verletzungen durch Absturz anlangt, so können nahezu alle Organe und Hautbezirke, sei es einzeln oder in Gruppen, in größerer oder geringerer Ausdehnung betroffen werden. Bei dem bunten Wechsel einer Gebirgslandschaft sind dabei die Veränderungen, die der Körper während des Sturzes erleidet, in weitgehendem Maße von der Oberflächenbeschaffenheit des Geländes abhängig, können also von Fall zu Fall grundverschieden sein.

Das Bild wechselt von geringfügigen oberflächlichen Abschürfungen bis zu ausgedehntesten Zerreißungen von Eingeweiden und Knochenbrüchen, die selbst Verletzungen durch Maschinengewalt noch bei weitem übertreffen können. Dies gilt insbesondere für diejenigen Fälle, bei welchen der Körper aus großer Höhe nach freiem Fall auf Felsvorsprünge aufschlägt, von diesen wieder abprallt und hinausgeschleudert wird, um nach mehrmaligem Aufschlagen am Fuße der Felswand, zumeist auf einer groben Schutthalde liegen zu bleiben.

Vor allem sind es die weitausladenden Körperteile, die auf diese Weise am ärgsten in Mitleidenschaft gezogen werden, der Kopf und die Gliedmaßen. Gerade der Schädel zeigt meist höchstgradige Zertrümmerung. Er kann innerhalb der nur wenige Risse aufweisenden Kopfschwarte in zahlreiche kleine Stücke zerschlagen sein, oder aber der Hirnschädel ist breit eröffnet und das Gehirn verspritzt. Daneben gibt es genügend Fälle, wo selbst nach Sturz aus großer Höhe die groben Zerstörungen, wenigstens äußerlich, nahezu völlig fehlen und nur geringfügige Abschürfungen als Zeichen einer Gewalteinwirkung vorliegen. Dabei beschränken sich derartige Abschürfungen in der Regel nicht nur auf die unbekleideten Körperteile, wie man anzunehmen geneigt sein könnte, sondern werden auch unter fester Kleidung fast niemals vermißt. Da es sich beim Absturz im Gebirge nur ausnahmsweise um einen freien Fall alleine handelt, da der Körper vielmehr auf geneigten Felsbändern und steilen Geröllhalden auch auf längere Strecken mit der rauhen Geländeoberfläche in Berührung kommt und dabei stetigem Lagewechsel unterworfen wird, ist es auch verständlich, daß die Schürfungen ganz unregelmäßig zueinander gelagert sind. Ganz bezeichnend für diese Absturzschürfungen ist allerdings, daß sie entsprechend der rauhen Oberfläche des Gesteins stets gleichgerichtete oberflächliche oder tiefergreifende Kratzer innerhalb eines Schürfungsbereiches aufweisen, in denen auch kleinste Gesteinsteilchen meist ziemlich tief eingespießt festhaften.

Blutungen in die Weichteile und Fettembolie aus gequetschten Fettlagern können bei sonstigem völligen Mangel von Knochenbrüchen und Eingeweidezerreißungen so hochgradig sein, daß sie für den Tod allein verantwortlich gemacht werden müssen. Als Zeichen des Verblutungstodes oder der schweren Hirnschädigung werden Blutungen unter der Innenhaut der linken Herzkammer (s. d. Art.: Subendokardiale Blutungen) fast niemals vermißt.

Gelegentlich ist das Ausmaß der Abschürfungen und der Verletzungen so gering, daß Zweifel auftauchen können, ob der Tote überhaupt aus größerer Höhe abgestürzt sein konnte oder ob die Verletzungen ihm etwa auf andere Weise zugefügt worden sein mußten. Gerade in solchen zweifelhaften Fällen kann nur eine gründlichst durchgeführte Leichenöffnung in Verbindung mit einer sorgfältig geführten Augenscheinsaufnahme, bei der gelegentlich das Auffinden von Kleiderfasern an vorspringenden Felszacken die Sturzrichtung und Höhe des Absturzes eindeutig kennzeichnet, Klärung bringen.

In der Regel sind es auch weniger die Befunde an der Leiche als vielmehr die bei Besichtigung des Geländes erhobenen Befunde, welche den Verdacht einer strafbaren Handlung ergeben, wie dies auch im Fall *Tourville* zutraf. Allerdings setzt eine solche Augenscheinsaufnahme im Gebirge oder gar im Hochgebirge bergkundige und berggewandte Sachverständige voraus. Bei der Schwierigkeit der Beweisführung sollte die Begutachtung des „Absturzes im Gebirge" nur ganz besonders erfahrenen Sachverständigen auf jenes Gebiete übertragen werden, die neben allgemeiner Bergkenntnis auch die Fähigkeit besitzen, selbst die geringfügigst erscheinenden Befunde zu beachten und richtig zu werten.

*Schrifttum.*

v. *Hofmann-Haberda*, Lehrbuch der Gerichtlichen Medizin. Berlin und Wien 1927. — *Kratter:* Wien. klin. Wschr. **1889.** — — *Meixner:* Beiträge Gerichtl. Med. **10.** Leipzig und Wien 1930 — Mitteilungen des Deutschen u. Österr.-Alpenvereins. — *Schneider:* Inaug.-Diss. Zürich 1932. *Fritz.*

**Absturztod der Taucher** siehe *Tod und Gesundheitsbeschädigung durch gewaltsame Erstickung.*

**Acetanilid** siehe *Anilinderivate.*

**Aceton** siehe *Flüchtige organische Gifte.*

**Acetophenon** siehe *Flüchtige organische Gifte.*

**Acetylen.**
*Acetylen, Aethin* ($C_2H_2$) ist ein gasförmiger Kohlenwasserstoff, der erst durch Verunreinigungen einen üblen Geruch erhält und mit helleuchtender Flamme brennt (bekanntes Leuchtmittel).

Acetylen entsteht durch Zersetzung von Calciumcarbid mit Wasser; es wirkt nur in ganz hohen Konzentrationen durch Entziehen von Sauerstoff giftig, vorwiegend aber durch seine Verunreinigung mit Schwefel- und Phosphorwasserstoff und Kohlenoxyd. Die Vergiftung äußert sich in verlangsamter Atmung, Cyanose, kleinem Puls, Pupillenstarre und einem rauschähnlichen Zustand mit Unruhe und nachfolgender Amnesie (*Nicol*). Nach *Wieland* ist reinstes Acetylen relativ ungiftig; es dient als Narcylen zur allgemeinen Inhalationsanästhesie.

*Schrifttum.*
*Nicol:* Über Vergiftung mit Azetylengas. Münch. med. Wschr. **193** (1916). — *Wieland, H.:* Über den Wirkungsmechanismus des Azetylens usw. Arch. f. exper. Path. **92** (1922). *Weyrich.*

**Acridinfarbstoffe** siehe *Künstliche organische Farbstoffe.*

**Adäquate Verursachung** siehe *Kausalzusammenhang.*

**Adalin** siehe *Schlafmittel.*

**Adipocire** siehe *Leichenerscheinungen; Tod durch Ertrinken.*

**Adonisglykoside.**
*Adonis vernalis*, gelbes Adonisröschen (Ranunculaceae) (Süd- und Mitteleuropa, Asien), enthält im Kraut, besonders in der Wurzel herzaktive Glykoside (ca. 0,2 %), von denen Adonidosid und Adonivernosid in größerer Reinheit dargestellt sind. Die getrocknete Droge verliert sehr rasch an Wirksamkeit, so daß Drogenpräparate sehr inkonstant in der Wirkung.
*Wirkung:* Digitalisartig, wobei auch harntreibende Wirkung stark ausgeprägt. Daneben zentral sedative Wirkung. In Rußland als Epilepsiemittel mit Brom zusammen.
*Vergiftungserscheinungen:* Wie bei Digitalis. Tödliche medizinale Vergiftungen sind bei i. v. Applikation von Reinpräparaten, z. B. von 5—15 mg Adonin mehrfach vorgekommen.
*Dosis medicinalis:* Herba Adonidis 0,5—1,0 g; Tinctura Adonidis 0,2—0,5 g; Adonidinum (braunes, amorphes Glykosidpulver) 0,01—0,04 g; Adonigen (Tropfenlösung) 8—15 Tropfen; Adovern (Gemisch gereinigter herzaktiver Glykoside) 15—20 Tropfen.
Herzwirksame Glykoside enthalten auch: *Adonis aestivalis*, rot blühender Sommeradonis (Europa, als Unkraut auf Äckern häufig), auch gelb blühende Abart; *Adonis autumnalis*, Herbstadonis, rot (Südeuropa), *Adonis amurensis*, gelb (Rußland, Asien, auch in Gärten).
Auch *Eranthis hiemalis* (Europa, häufig in Gärten), enthält in Knollen herzaktive Glykoside (*Schaub*).

*Schrifttum.*
*Alday Redonnet, T:* Giftigkeit der aktiven Prinzipien der Adonis vernalis. Archivos Cardiol. **11**, 353 (1930). — *Buylla, P. A.:* Zwei Fälle von plötzlichem Tod nach intravenösen Adonidininjektionen. Archivos Cardiol. **10**, 465 (1929). — *Schaub, C.:* Glykoside von Eranthis hiemalis. Diss. Braunschweig 1931. *H. Fischer.*

**Adrenalin und verwandte Körper.**
*1. l-Adrenalin* (Epinephrin, Suprarenin) Dioxyphenyl-N-Methylaminoaethanol, $C_9H_{13}NO_3$, mikro-

kristalline Rosetten, F. $= 206$—$212°$, $[\alpha]$ D 20 $= -51°$. In Wasser sehr wenig löslich mit alkalischer Reaktion (ist schwache Base, aber kein Alkaloid). Unlöslich in organischen Lösungsmitteln. Als HCl-Salz leicht wasserlöslich; wie die Base nur in vollkommen trockenem Zustand haltbar. Lösungen wenig beständig, am besten in schwach-saurem Milieu. Bei oxydativer Veränderung des Adrenalins Rotfärbung der Lösung. Adrenalin reduziert Chromate, Eisensalze, Silbernitrat usw. Zersetzlichkeit besonders groß in alkalischer Lösung. Adrenalin ist auch lichtempfindlich.

*Vorkommen:* Nebennierenmarkhormon. Menschliche Nebennieren enthalten zusammen durchschnittlich 8—9 mg l-Adrenalin.

*d-Adrenalin:* Wirkt prinzipiell gleich wie l-Adrenalin, aber etwa 15—20mal schwächer blutdrucksteigernd, ist entsprechend auch von geringer Toxizität.

*Wirkungscharakter des l-Adrenalins:* Periphere Blutdrucksteigerung durch Arteriolenkontraktion mit Ausnahme der Coronar- und Lungengefäße. Sympathicomimetisches Systemgift, Wirkung entspricht vollkommen der elektrischen Sympathicusreizung. Nach Ergotamin wirkt Adrenalin nicht mehr blutdrucksteigernd, häufig sogar blutdrucksenkend, während durch Cocain und Calcium die Adrenalinempfindlichkeit des sympathischen Systems erhöht wird; dasselbe auch durch Hypophysenhinterlappen- und Schilddrüsenhormon.

*Aufnahme des Adrenalins:* Peroral und rectal so gut wie unwirksam (100—1000mal weniger wie bei i. v. Applikation) wegen sehr rascher Zersetzung. Bei parenteraler Applikation relativ rascher Abbau hauptsächlich durch Leber. Durch Bronchialschleimhaut kann Adrenalin in feiner Zerstäubung in voll wirksamer Form aufgenommen werden.

*Vergiftung: lokal:* durch Erzeugung hochgradiger Ischämie Nekrose und Gangrän, insbesondere bei relativer Überdosierung des Adrenalins bei Lokalanästhesie. Nekrosen z. B. auch bei s. c. Applikation von Glucose mit Adrenalinzusatz beim Säugling (*Wentz*).

*Resorptive Vergiftung:* Beim Menschen bewirken $\frac{1}{2}$—1 mg Adrenalin subcutan Pulsbeschleunigung um 10—20 Pulse, harten, schnellen Puls, Herzklopfen, manchmal Arrhythmie auf der Höhe der Wirkung, Gesichtsblässe, feinschlägigen Tremor, Unruhe, Blutdrucksteigerung um 10—30 mm/Hg mit dem Maximum nach ca. $\frac{1}{2}$ Stunde, Vertiefung und Frequenzsteigerung der Atmung (zentral). Bei i. v. Applikation, welche toxikologisch hauptsächlich in Frage kommt, sind Erscheinungen viel stürmischer. Nach 0,02—0,2 mg steigt Blutdruck in wenigen Sekunden auf sehr hohe Werte. Nach 2, höchstens 5 Minuten ist Druck wieder normal. Kollaps und Todesfälle bei i. v. Applikation von $\frac{1}{2}$—1 mg Adrenalin durch Überdehnung und Versagen des linken Herzens, selten durch Änderung der Durchblutungsverhältnisse der Lungen unter Ausbildung eines Lungenödems.

Individuelle Empfindlichkeit auf Adrenalin ist sehr verschieden, selbst beim gleichen Individuum zeitlich verschieden. Bei Asthmatikern ist Adrenalintoleranz im Asthmaanfall in der Regel viel größer wie in der Zwischenzeit. Aber selbst im Asthmaanfall wurde bei sonst guter Adrenalinverträglichkeit durch $\frac{1}{2}$ mg Adrenalin s. c. Cyanose, Bewußtlosigkeit und quälender Lufthunger ausgelöst. Toxische Wirkungen bei i. v. Injektion auch kleiner Mengen von $\frac{1}{10}$—$\frac{1}{20}$ mg: Herzklopfen, Angst, Schwindel, Atemnot, Beklemmungsgefühl, Paraesthesien in Extremitäten, dann schwerer Kollaps mit extremer Blässe, kleinem, gespanntem, sehr frequentem Puls (Adrenalinshock). Analoge Erscheinungen auch bei s. c. Adrenalininjektion, wenn Adrenalin fälschlich in Vene gelangt.

Nach Injektion von ¼%iger Adrenalinlösung in Urethra Blässe, Kribbeln, Kollaps, Ohnmacht, Zukkungen.

Bei Applikation am Auge Anämie der Conjunctiva und Sclera, Mydriasis, außerdem Kopfschmerzen, Schwindel, Erbrechen. Bei Glaukom u. U. Drucksteigerung.

Besondere Adrenalinempfindlichkeit bei Herzpatienten mit Disposition zu Angina pectoris. Adrenalin kann zweifellos schwere stenokardische Anfälle auslösen. Allgemein ist anatomisch oder toxisch geschädigtes Herz auf Adrenalin überempfindlich und kann mit plötzlichem Herzstillstand reagieren. Besonders empfindlich scheinen Chloroformierte zu sein. Von 19 Adrenalintodesfällen standen 9 mit Chloroform in Beziehung (sog. Syncope chloroformique nach *La Barre, Dautrebande* u. a.). Im Tierversuch Herztod durch Kammerflimmern bei vorausgehender Chloroformapplikation.

*Schädigungen bei chronischer Adrenalinapplikation:* Im Tierversuch treten schwere Gefäßveränderungen im Sinne der Arteriosklerose, Herzhypertrophie, Schädigung der Nierengefäße auf. Ob analoge Erscheinungen auch beim Menschen möglich sind, ist noch nicht sichergestellt. In einem Fall von täglicher Zufuhr von 7 mg Adrenalin während 6 Jahren bei 24jähriger Asthmatikerin wurde Sklerose der Kranzgefäße und der Aorta festgestellt (*Hoxie* und *Morries*).

*Pathologisch-anatomischer Befund:* Lokal Nekrosen; Blutüberfüllung der inneren Organe, namentlich Leber, Milz, Nieren, Gehirnhyperämie, vereinzelte Blutaustritte. Lungen sehr blutreich, evtl. Präödem, selten Ödem, subendokardiale Blutungen, Serosablutungen usw.

*Dosis medicinalis:* offizinell: *Solutio adrenalini hydrochlorici* = stabilisierte 1%ige Adrenalinlösung. Subcutan und intramusk. 0,3—1,0 ccm = 0,0003 bis 0,001 g Adrenalin; intravenös als Injektion 0,0001—0,0002 g Adrenalin. Als Dauertropfinfusion i. v. nicht mehr wie 0,07 mg Adrenalin pro Minute; intrakardial 0,0005—0,001 g Adrenalin. Für Infiltrationsanästhesie 1 Tropfen Adrenalinlösung 1 : 1000 auf 12,5 ccm 1% Novocainlösung usw.

*Dosis toxica:* Abhängig von individueller Empfindlichkeit, Beschaffenheit der Kreislauforgane usw. Bei i. v. Applikation können schon $^{1}/_{10}$—$^{1}/_{20}$ mg Adrenalin toxisch wirken. In einem Fall nach 8 mg Adrenalin s. c. schwerster Kollaps mit Erholung.

*Dosis letalis:* Bei großer Empfindlichkeit wohl schon von 0,001 g Adrenalin s. c. an. In einem Fall führten 10 mg Adrenalin s. c. zu tödlichem Kollaps. 10 ccm einer 1%igen (!) Suprareninlösung mit Zusatz von 1% Novocain (Rezeptfehler) bei Ischias in Oberschenkel injiziert führte innerhalb 10 Minuten zu tödlichem Kollaps.

Bei Adrenalindauerbehandlung bei Morbus Addison kam es zu Prostration, Cyanose, Dyspnoe, Tachykardie. Tod unter zunehmender Pulsschwäche und Atemnot.

*Vergiftungen,* ausschließlich *medizinale,* am häufigsten bei Verwendung als Zusatz für *Lokalanästhesie.* Bei diesen kombinierten Vergiftungen ist oft schwer zu beurteilen, ob Adrenalin oder Lokalanästheticum für die Vergiftung vorwiegend verantwortlich. Meist zentrale Reiz- und Lähmungserscheinungen, wie sie sowohl durch Adrenalin wie durch Lokalanästhetica hervorgerufen werden können. Eindeutiger liegen die Verhältnisse bei Adrenalinüberdosierung in lokalanästhetischen Lösungen: Versehentliche Injektion von 4 ccm 1%iger Adrenalinlösung neben 15 ccm Novocain führte zu Atem-

not, Erbrechen, Pulsbeschleunigung auf 140. Auch Todesfälle bei Adrenalinüberdosierung: z. B. nach 50 ccm Solutio adrenalini 1 : 1000 mit 1% Novocainzusatz. Todesfall nach s. c. Injektion von 75 ccm einer 1% igen Suprareninlösung: Atemnot, Herzbeklemmung, Todesangst, Abklingen der akuten Erscheinungen. Nach 1½ Stunden schwerstes tödliches Lungenödem.

Besondere Verhältnisse liegen bei der Lumbalanästhesie vor, bei welcher Nebenerscheinungen oft schwerer Art relativ häufig sind. Inwieweit Todesfälle bei Lumbalanästhesie durch Adrenalin mitbedingt sind, ist im einzelnen oft schwer abzuklären (s. d. Art.: Lokalanästhetica außer Cocain).

Ob durch Zusammenbringen von Lokalanästheticum und Adrenalin eine Toxizitätssteigerung der beiden Komponenten beim Menschen eintreten kann, wie sie im Tierversuch einwandfrei nachgewiesen, ist nicht absolut sichergestellt, aber wahrscheinlich (vgl. *H. Langecker*).

Seltener sind Adrenalinvergiftungen in der Asthmatherapie, da die Adrenalinempfindlichkeit im Anfall selbst meist unter der Norm, während Asthmapatienten außerhalb des Anfalls normale Empfindlichkeit aufweisen. Über *Asthmolysin*schäden (Asthmolysin = Nebennierenmark- und Hypophysenhinterlappenhormon) s. *Misske:* nach jahrelangem Asthmolysingebrauch Hypertonie, Hypertrophie und Dilatation des linken Ventrikels.

*Schrifttum.*

*Bomskov, C.:* Die Hormone **1**, 572. Leipzig 1937. — *Böttcher, P. G.:* Kollaps nach Suprarenin. Ein Beitrag zur Frage der Suprareninwirkung. Ther. Gegenw. **67**, 491 (1926). — *Erben, F.:* Vergiftungen **2**, 2. Tl., 983, Wien 1910. — *Eichholtz* und *Hoppe:* Adrenalin und Localanästhetica. Arch. exper. Path. **173**, 687 (1933). — *Gerster, J.:* Über Adrenalinvergiftung. Z. Hals- usw. Heilk. **8**, 505 (1924). — *Goldmann:* Adrenalinschäden. Z. Hals- usw. Heilk. **15**, Kongreßber., II. Tl., 450 (1926). — *Guggenheim, M.:* Die biogenen Amine. 2. Aufl., Berlin 1924. — *Hoxie* und *Morries:* Adrenalin in Asthma. A case of chronic adrenalism. Endocrinology **4**, 47 (1920). — *Ichteimann, I. M.:* Über die Myokardveränderungen bei Adrenalinvergiftung (Versuche mit Vitalfärbung). Z. exper. Med. **93**, 212 (1934). — *Luisada, A.:* Beitrag zur Pathogenese und Therapie des Lungenödems. Arch. exper. Path. **132**, 313 (1928). — *Mayer, R. M.* und *R. Berg:* Tod nach Injektion von Adrenalin und einem Cocainersatzmittel. Slg. Vergf. **A 523** und Dtsch. Z. gerichtl. Med. **24**, 258 (1935). — *Mißke, B.:* Über Asthmolysinschädigungen. Verh. dtsch. Ges. inn. Med. **70**, **1930**. — *Pascalis, G.:* La syncope adrénalino-chloroformique. Procès-verb. etc. **42e** Congr. franç. Chir. 1086, **1933**. — *Platz, O.:* Über die Wirkung des Adrenalins. Z. exper. Med. **30**, 43 (1922). — *Starkenstein, E.* und *H. Langecker:* Adrenalin-Vergiftung, tödliche, als Folge fehlerhafter Arzneiverordnung. Slg. Vergf. **A 436.** — *Stief, A.* und *L. Tokay:* Weitere Beiträge zur Histopathologie der experimentellen Adrenalinintoxikation. J. nerv. Dis. **81**, 633 (1935). — *Trendelenburg, P.:* Die Hormone **1**, 185, Berlin 1929. — *Trendelenburg, P.:* Adrenalin und adrenalinverwandte Substanzen in: *Heffter:* Handb. d. exper. Pharmakologie **2**, 2, 1130. Berlin 1924. — *Wentz, G.:* Nekrosen bei kombinierter Adrenalin-Glykose-Infusion. Z. Kinderheilk. **54**, 713 (1933). — *Wichels, P.* und *H. Lauber:* Adrenalin-Vergiftung, tödliche, medizinale. Slg. Vergf. **A 260.** — *Ziemke, E.:* Über Suprarenintodesfälle u. ärztliche Schuld. Med. germano-hispano-americ. **2**, 499 (1925).

2. *Ephedrin* $C_{10}H_{15}NO$. Farblose Kristalle, F. = 39° (Hydrat), 73—74° wasserfrei. Sp. = 255° unzersetzt. [α] D = —6°. Löslich in Wasser, Alkohol und Äther. *Ephedrin-HCl* F. = 215° [α] D = —36°.

*Pseudoephedrin* $C_{10}H_{15}NO$, stereoisomer zu Ephedrin, rhombische Tafeln, F. = 118—119°, [α] D. = +50°. Schwer löslich in Wasser, leicht in Alkohol und Äther.

*Vorkommen* beider alkaloidähnlicher Stoffe in *Ephedra vulgaris, Meerträubchen* (Gnetaceae), Küstengebiet Südeuropas, als var. *Helvetica* im Wallis (Schweiz). Diese und andere Ephedraarten enthalten in den Blättern Ephedrin und Pseudoephedrin. Die chinesische Droge *MaHuang* stammt von *Ephedra sinica* mit etwa 1,3 % Ephedrin und *Ephedra equisetina* mit 2 % Alkaloiden.

*Wirkung.* Sympathicomimetisch fördernd, aber bedeutend schwächer wie Adrenalin, dagegen Wirkung von längerer Dauer, Aufnahme sowohl enteral wie parenteral ohne Zerstörung.

*Vergiftung.* Vergiftungserscheinungen weisen auf Herzschädigung: Rhythmusstörungen, namentlich ventrikuläre Extrasystolen; bei Dauergebrauch außerdem langdauernde Blutdrucksteigerungen wie bei Adrenalin.

*Ephedrin-Nebenwirkungen* bei dazu disponierten Individuen meist 15 Min. nach peroraler Einnahme beginnend mit Unruhe, Zittern, später Parästhesien; Übelkeit, Erbrechen, Stuhlverstopfung, Schlaflosigkeit. Häufigste Nebenerscheinungen sind Herz- und Gefäßstörungen: Herzklopfen, Schweißausbruch, Hitze- und Kältegefühl, Blutandrang nach dem Kopf, Hämmern in den Schläfen, Angst und Unruhe in der Herzgegend, Tremor, Tachykardie 90—100 (selten mehr), Extrasystolen. Ephedrin kann infolge seiner Herzgiftigkeit Ursache von auftretenden Reizleitungsstörungen sein (E.K.G.-Befunde). Bei Verwechslung von Asthma bronchiale mit kardial bedingter Dyspnoe kann Ephedrintherapie verhängnisvoll sein und bestehende Insuffizienz verstärken. Bei einem Fall von Myodegeneratio cordis trat nach Ephedrin Pulsus alternans auf.

Irrtümliche Einnahme von 10 Tabletten *Ephetonin* = razemisches Ephedrin = 0,5 g auf einmal führte zu Pulsbeschleunigung, Zittern, Schwindel, Schweißausbruch und mäßig erhöhtem Blutdruck.

Nach vier Monaten Ephedrin 0,03 g 3—4 mal täglich wegen Asthma stark erhöhte nervöse Erregbarkeit, Herzklopfen, Zittern, Schlaflosigkeit, mangelnde Eßlust, körperliche Unruhe. Symptomenbild wie bei Hyperthyreoidismus. Nach Aussetzen des Ephedrins Rückgang der Erscheinungen (*Higgins*).

In vereinzelten Fällen durch Ephedrin wie auch durch Ephetonin Steigerung der Libido und Potenz, selbst bei oraler Applikation. Durch Ephetonin auch Potenzabnahme.

Im chronischen Tierversuch Herzhypertrophie infolge Dauerblutdrucksteigerung, degenerative Myokardveränderungen und Degeneration der Nierenarteriolen.

*Dosis medicinalis:* 0,025—0,1 g per os, 0,03—0,06 s. c. und i. m.

*Dosis toxica:* Bei chronischem Gebrauch von 0,05 g an.

*Ephetonin* und *Racedrin* = synthetische razemische Ephedrine von etwas milderer Wirkung wie Ephedrin und dementsprechend etwas weniger toxisch.

Weitere ephedrin- resp. adrenalinähnliche Phenylalkylamine, über welche noch relativ wenig toxikologische Erfahrungen vorliegen, sind entsprechend ihrer Wirkungsfähigkeit ähnlich zu beurteilen wie die Naturprodukte Adrenalin und Ephedrin.

*Sympatol* (p-Oxyphenylaminoäthanol). Blutdruckwirkung etwa 50—100mal schwächer wie Adrenalin.

*Corbasil* (p-m-Dioxynorephedrin). Blutdruckwirkung etwa $1/5$ des Adrenalins. Verwendung als gefäßverengender Zusatz in der Lokalanästhesie.

*Arterenol* (Nor-Adrenalin), p-m-Dioxyphenylaminoäthanol. Blutdruckwirkung $1/10$—$1/20$ des Adrenalins.

*Veritol* (p-Oxyphenyl-Isopropylmethylamin). Blutdruckwirkung etwa $1/50$ des Adrenalins.

*Suprifen* (p-Oxyephedrin), p-Oxyphenyl-methyl-aminopropanol. Blutdruckwirkung etwa $1/20$—$1/30$ des Adrenalins.

*Icoral,* Kombinationspräparat von m-Oxynorephedrin und einem zentralen Analepticum.

Dosierung bei allen diesen Stoffen je nach Appli-

kationsart verschieden. Alle Phenylalkylamine dieser Art, Adrenalin inbegriffen, wirken bei *i. v. Applikation* (wenn nicht als Dauertropfinfusion) sehr heftig und können bei empfindlichen Individuen (Herzpatienten, Angina pectoris, Hypertonikern, Arteriosklerotikern) u. U. lebensgefährliche Kollapse hervorrufen (sog. *inverse* Reaktion des sympathischen Gefäßnervensystems).

*Schrifttum.*

*Aschenbrenner, R.* und *Q. Codas-Thompson:* Klinisch-elektrokardiographische Analyse der Veritolwirkung am Menschen. Z. klin. Med. **133**, 483—502 (1938). — *Chopra, R. N.* und *B. Mukherjee:* Toxische Wirkungen von Ephedrin. Eine Warnung. Indian. med. Gaz. **68**, 622 (1933). — *Dimson, S. B.:* Die Blutdruckwirkungen des Ephedrins und des Pseudoephedrins beim Menschen. Quart. J. Pharmac. a. Pharmacol. **7**, 23 (1934). — *Egan, E.:* Ephetonin-Vergiftungen, medizinale. Slg. Verg.-Fälle A **345**. — *Ercklentz, B. W.:* Erfahrungen mit Icoral, dem neuen kombinierten Kreislauf- und Atemanaleptikum. Münch. med. Wschr. **80**, 814 (1933). — *Higgins, W. H.:* Chronic ephedrine poisoning. J. amer. med. Assoc. **92**, 313 (1929). — *Hirsch, C.:* Corbasil, ein neues Ersatzmittel des Adrenalins. Dtsch. med. Wschr. **1933 I**, 446. — *Melzner, E.:* Ephredrin bei Bekämpfung postoperativer Collapszustände. Münch. med. Wschr. **1929**, 1909. — *Misgeld, J.:* Die anästhesierende Wirkung des Ephetonin. Experimentelle und klinische Untersuchungen. Schmerz usw. **6**, 33 (1933). — *Mügge, H.:* Die Kreislaufwirkung des Veritols. Klin. Wschr. **1937 II**, 1241—1243. — *Preß, H.:* Über die Wirkung des Sympatols auf Blutdruck und Puls an Normalen, Hypotonikern und Asthenikern. Z. epxer. Med. **80**, 66 (1931). — *Rühl, A.:* Wege zur hypertonischen Sklerose im Tierexperiment. Arch. f. exper. Path. **140**, 257 (1929). — *Seevers, M. H.* and *Meek, W. J.:* The cardiac irregularities produced by ephedrine after digitalis. J. of Pharmacol. **53**, 295—303 (1935). — *Tiefensee, K.:* Zur Therapie des Asthma bronchiale mit Adrenalin und den adrenalinverwandten Körpern Ephedrin und Sympatol. Münch. med. Wschr. **1931**, 1824. — *Zipf, K.:* Die pharmakologische Wirkung des Veritols. Klin. Wschr. **1937 II**, 1340 bis 1342. **H. Fischer.**

**Ähnlichkeitsnachweis** siehe *Vaterschaftsnachweis und -ausschluß.*

**Ärztliche Rechtskunde** siehe *Gerichtliche Medizin.*

**Ärztlicher Kunstfehler.** (Vgl. auch Art.: Narkosetod.)

Eine einheitliche Definition des ärztlichen Kunstfehlers gibt es für Deutschland nicht. Sie ist weder in den Gesetzbüchern enthalten, noch hat sich in der Rechtsprechung der oberen Gerichte, besonders des Reichsgerichtes (= RG.), ein einheitlicher *Kunstfehler-Begriff* herausgebildet. Dies liegt daran, daß es sich um sog. Fehler in der ärztlichen Kunst handelt, also einmal in einer Kunst, die nach der Bedeutung ihres Wortes nie in allzu strenge Regeln gepreßt werden kann, zum andern in einer ärztlichen Kunst, d. h. in der Anwendung ärztlicher Verfahren und ärztlicher Denkungsweise auf den Menschen, insbesondere den kranken Menschen. Letzterer aber ist nach seinen individuellen Eigenschaften sehr verschieden und bietet in dem Ablauf seiner Krankheitsgeschehnisse so verschiedene Bilder, daß die Art und Weise der ärztlichen Einstellung und Beurteilung schon deswegen der strengen Form entbehren muß. Hinzu kommt, daß auch die ärztliche Diagnostik und Therapie nicht unwandelbar ist, sondern im Laufe der Jahrzehnte von den verschiedenartigen Strömungen beeinflußt und von neuen Entdeckungen und Ergebnissen beeindruckt wird. Schließlich kommt hinzu, daß die verschiedenen ärztlichen Denkungsweisen und Richtungen zu verschiedenartigen Auffassungen, insbesondere in therapeutischer Hinsicht, führen können.

*Kühner* verstand unter ärztlichen Kunstfehlern jene Fälle, in denen Medizinalpersonen, meist in der besten Absicht zu nützen, Berufshandlungen begehen, welche anscheinend oder erwiesenermaßen einen schlechten oder schädlichen Erfolg haben. Ein eigentlicher Kunstfehler liege vor in einem Falle, bei dem gehörige Sorgfalt hingereicht hätte, ihn zu vermeiden.

In der *deutschen Rechtsprechung* hat sich im Anschluß an die Auslegung des BGB. die Vorstellung herausgebildet, *Kunstfehler* seien *gleichbedeutend mit Nachlässigkeit* in Arzt-Haftpflichtfällen. So heißt es bei *Staudinger* (Kommentar zu § 611 BGB.), der Arzt hafte für Verschulden, d. h. für sog. Kunstfehler.

*Ebermayer* erklärt gleichfalls den Arzt aus dem mit dem Kranken geschlossenen Vertrag nur dann für einen Kunstfehler haftbar, wenn er schuldhaft gehandelt habe. Doch könne eine Vertragsverletzung schon darin liegen, daß es der Arzt bei der Untersuchung des Kranken an der nötigen Sorgfalt fehlen lasse und infolgedessen eine falsche Diagnose stelle, ferner darin, daß er bei der Behandlung nicht mit der nötigen Sorgfalt vorgehe, daß er sich also eines sog. Kunstfehlers schuldig gemacht habe.

*Rümelin* stellte die Forderung auf, einen Kunstfehler nur darin zu sehen, daß er einem Verstoß gegen die allgemein anerkannten Regeln der ärztlichen Wissenschaft gleichkomme.

So hat der Begriff des Kunstfehlers in seiner Auslegung eine wechselnde Bedeutung, hängt aber eng zusammen mit dem Begriff von der *Haftung des Arztes für ein Versehen, das ihm mehr oder weniger schuldhaft unterlaufen ist.* Ein solches Versehen macht ihn nicht schon an sich zivilrechtlich haftpflichtig, sondern es muß als weitere Voraussetzung zu der rein *objektiven Tatsache des Versehens* noch ein *subjektives Moment in der Person des Arztes* hinzutreten, nämlich ein *Verschulden.* Der Arzt muß sich vorsätzlich oder fahrlässig irrig verhalten haben. *Paech* drückt dies unter Hervorhebung des Schuldbegriffes so aus, daß der Arzt sich *vorsätzlich oder fahrlässig vergangen* haben müsse. Die vorsätzliche falsche Behandlung kommt kaum vor, die fahrlässige kann ein Kunstfehler sein. In der Rechtsprechung wird der *Begriff der Fahrlässigkeit nach dem BGB.* dahin definiert, daß fahrlässig handelt, wer die im Verkehr erforderliche Sorgfalt außer acht läßt. Entscheidend ist also die erforderliche Sorgfalt, nicht die übliche. Eine etwa zur Übung gewordene Nachlässigkeit kann nicht als Entschuldigungsgrund gelten. Der Maßstab für den zur Verhütung eines Schadens anzuwendenden Grad von Umsicht und Sorgfalt ist dabei ein objektiver, d. h. er muß den Anforderungen und Erfahrungen eines durchschnittlich geschulten Arztes und einer normal und gewissenhaft betriebenen Praxis entsprechen. Diese Sorgfaltspflicht erfordert von dem Arzt nicht nur, daß er sein Wissen und Können auf dem neuesten Stand der Wissenschaft und Praxis erhalte, sondern vor allem auch, daß er die Behandlung seines Patienten dementsprechend einrichtet und ausführt. Kunstfehler schlechthin sind daher in der gerichtlichen Praxis Verstöße gegen allgemein anerkannte Regeln der ärztlichen Wissenschaft, also solche Versehen, die in der Regel auf Nichtwissen oder mangelhafter Kenntnis, weniger auf Nichtkönnen oder gar auf bloßer Unaufmerksamkeit beruhen.

Das RG. hat in seinen Urteilen stets das Wort „Kunstfehler" vermieden, ebenso der Kommentar der Reichsgerichtsräte. Doch tritt die vorerwähnte Definition in den Urteilen des RG. als richtungweisend auf.

Vom ärztlichen Standpunkte aus kann man an dieser Auffassung Kritik üben insofern, als es allgemein anerkannte Regeln der ärztlichen Wissenschaft mit Rücksicht auf den ständigen Wechsel der Anschauungen, insbesondere auf therapeutischem Gebiete seltener gibt, als man gewöhnlich annimmt. Dennoch wird der Arzt sich dieser reichsgerichtlichen Festlegung des Kunstfehlers einerseits aus praktischen Erwägungen nicht verschließen dürfen,

andererseits aus der notwendigen Forderung, gewisse allgemein feststehende Grundregeln, die weniger dem Wandel der Zeit und der Auffassungen unterliegen, im Verkehr mit dem Kranken zu beachten.

Da das RG. sonach den Begriff des Kunstfehlers, ohne ihn zu umschreiben, überwiegend in der Feststellung eines ärztlichen Versehens erblickt, so ergibt sich, daß ein Versehen, wenn es unterläuft, eine fahrlässige Handlung in der ärztlichen Berufsausübung darstellt. Daraus folgt wiederum, daß es auch rein objektive Kunstfehler gibt, bei denen eine Fahrlässigkeit nicht begangen zu sein braucht. Auch dieser objektive Kunstfehler hat rechtlich eine gewisse Bedeutung insofern, als im Prozeß eine Vermutung für ein gleichzeitiges Verschulden auf seiten des Arztes besteht. So heißt es im Urteil des RG. vom 8. 2. 1934: „Es kann keinen Bedenken unterliegen, daß ein Verstoß gegen die anerkannten Regeln der ärztlichen Kunst regelmäßig ein Verschulden des Arztes darstellt und es jedenfalls Sache des letzteren sein dürfte darzutun, warum in dem Verstoß kein Verschulden liegen soll." Dieses Urteil bringt über die erwähnte Spaltung des Kunstfehlerbegriffs in ein rein objektives Verschulden einerseits und ein subjektives fahrlässiges Verhalten andererseits die Vermutung, daß bei einem zugestandenen oder nachgewiesenen Kunstfehler der erste Anschein gegen den Arzt spricht. Während gewöhnlich im Schadensersatzprozeß der Nachweis des Vorliegens eines Verschuldens zu erbringen ist, liegt dem Arzt in einem solchen Ausnahmefalle der *Entlastungsbeweis* ob, daß er trotzdem frei von Verschulden ist.

Als weitere Folge dieser Gedankengänge ergibt sich, daß ein ärztliches Verschulden bejaht werden kann, ohne daß tatsächlich ein Kunstfehler vorliegt, und zwar in einem Falle, wenn die Ansichten von Sachverständigen über eine allgemein anerkannte Regel der Wissenschaft nicht einig sind, so daß sich nicht feststellen läßt, daß ein von einem Arzt eingeschlagenes Verfahren die Beobachtung der erforderlichen Sorgfalt vermissen läßt.

Wegen dieser Vielgestaltigkeit der Begriffe wird in der Rechtsprechung die Anwendung des Fahrlässigkeitsbegriffs vorgezogen und dabei auf die *besondere Situation des Einzelfalles* abgestellt. Man sieht, daß der Begriff des Kunstfehlers daher objektiv interessant, praktisch aber nur von geringer Bedeutung ist, weil es im Einzelfalle doch auf die Erörterung der Frage hinauskommt, sowohl zivilrechtlich als strafrechtlich, ob der Arzt fahrlässig gehandelt habe (*Paech*).

Diesem Vorschlag von juristischer Seite ist *F. F. König* entgegengetreten, vor allem mit der Begründung, daß die Unzulänglichkeit des Kunstfehlerbegriffs wie auch seiner Verknüpfung mit dem Begriff der Fahrlässigkeit sich vor allem zeige bei dem Versuch, mit seiner Hilfe die rechtlichen Beziehungen zwischen Schulmedizin und anderen Heilmethoden jeder Art zu klären. *König* meint, wenn man die Frage prüft, wie es mit den anerkannten Regeln der ärztlichen Wissenschaft stehe, so ergebe sich, daß solche so gut wie gar nicht existierten. Die Nichtanwendung des Diphtherie-Serums sei ebensowenig ein Kunstfehler, wie die Nichtverabfolgung von Insulin, ganz gleich, ob der jeweilige Behandler auf dem Boden der Schulmedizin oder des Naturheilverfahrens steht, wenn man den Kunstfehler als einen Verstoß gegen die anerkannten Regeln der ärztlichen Wissenschaft auffasse.

Hier scheint *König* u. E. aber doch einen gewissen *objektiven Maßstab bei der Beurteilung von Behandlungsmethoden* zu übersehen, der darin liegt, daß der *Staat als Wahrer der Volksgesundheit* gewisse Methoden als der Volksgesundheit dienlich

2

anerkannt hat und (beispielsweise im Impfgesetz) sie mit gesetzlichem Zwang ausüben läßt. Wenn dies auch bei der Anwendung von Diphtherie-Heilserum noch nicht der Fall ist, so zwingt doch den Gutachter im Einzelfalle die Erfahrung amtlich angestellter Massenuntersuchungen, beispielsweise über die Folgen der Diphtherieserumwirkung, zu der gutachtlichen Feststellung, daß ein Außerachtlassen dieses Mittels ein Verstoß gegen eine anerkannte Regel der ärztlichen Wissenschaft sei. So gibt es zahllose Regeln, die als allgemein anerkannte angesprochen werden müssen, ohne daß sie ihren Niederschlag in einem Gesetz gefunden haben.

Die Aufgabe, den Kunstfehler vor Gericht zu begutachten, wird in erster Linie dem *Amtsarzt* bzw. *beamteten Arzt* obliegen. Wenn *König* nach seiner Erfahrung aus Prozessen und Urteilen die Meinung vertritt, daß die rein theoretische Beschäftigung der Gerichtsärzte ihnen meist keinen Einblick in die lebendige Praxis und die Notwendigkeiten eines Krankenhausbetriebes gestattet, es daher notwendig sei, eine Autorität des betreffenden Fachgebietes zu hören, so verkennt er zwei wesentliche Dinge: 1. die Tatsache, daß die Erfahrung aus der lebendigen Praxis und die Kenntnis eines Krankenhausbetriebes zu der unerläßlichen Vorbildung des Amtsarztes und des Gerichtsarztes gehört, 2. daß — wenigstens nach unseren Erfahrungen — Autoritäten der betreffenden Fachgebiete häufig wohl über die aus der Erfahrung erlernte Kunst verfügen, sich auf rechtliche Begriffe und rechtliches Denken einzustellen, wie es aber zu einer zweckdienlichen Verständigung vor Gericht unerläßlich ist.

Der Arzt haftet *zivilrechtlich* für alle Folgen, die sich aus der Begehung eines Kunstfehlers ergeben und kann daneben strafrechtlich verantwortlich sein. Die zivilrechtliche Haftung ergibt sich aus seinem Vertragsverhältnis mit dem Patienten. Dieses kann zustande kommen auf Grund eines Dienstvertrags, Werkvertrags, Auftrags, einer Geschäftsführung ohne Auftrag und eines Versprechens der Leistung an einen Dritten. Letzteres ist maßgebend für die rechtliche Bindung des Arztes an einen Kassenpatienten; die Geschäftsführung ohne Auftrag kommt in Frage bei der Behandlung eines bewußt- oder willenlosen Patienten.

Im allgemeinen wird der ethischen Berufsauffassung des Arztes entsprechend zu unterstellen sein, daß er sich mit dem Kranken im *Dienstvertragsverhältnis* befindet. Dies setzt wohl voraus, daß er die Leistung, d. h. die ärztliche Behandlung, so zu bewirken hat, wie es Treu und Glauben und dem mutmaßlichen Willen des Patienten entspricht; damit aber ist nicht gesagt, daß er blindlings dem Willen des Patienten zu folgen hat, sondern unter Berücksichtigung des Umstandes, daß die ärztliche Berufsausübung kein Gewerbe ist, sein Handeln im Rahmen einer freieren Berufsauffassung, insbesondere aber auch aus der besseren Kenntnis ärztlicher Wissenschaft und Kunst lediglich auf den Heilzweck abzustellen hat. Die *strafrechtliche Verantwortlichkeit* ergibt sich aus den Vorschriften über die fahrlässige Körperverletzung und fahrlässige Tötung, die *standesrechtliche Verantwortung* aus den Vorschriften der Reichs-Ärzte-Ordnung und der ärztlichen Berufsordnung.

Der wichtigste Grundsatz für die Beurteilung der Haftung im bürgerlich-rechtlichen Sinne ist der Begriff von der *im Verkehr erforderlichen Sorgfalt* (§ 276 BGB.). Es kommt also nicht auf die bei Ärzten vielfach übliche Sorgfalt, sondern auf jene Sorgfalt an, welche objektiv erforderlich und notwendig erscheint. Daraus kann es sehr leicht zu einer Überspannung des Sorgfaltsbegriffs kommen, wenn der Gutachter sich nicht auf die Erfahrungen des Ver-

kehrs, d. h. der ärztlichen Praxis, einzustellen vermag.

So betonte das RG. im Urteil vom 16. 10. 1934, daß beispielsweise die Unterlassung einer Röntgenaufnahme in einem Falle nicht als eine Fahrlässigkeit des Arztes aufgefaßt werden könne, weil bei der Frage, welche Sorgfalt im Verkehr geboten sei, auch die tatsächlichen Erfahrungen des Verkehrs, d. h. der ärztlichen Praxis zu berücksichtigen seien. Die Entscheidung ist nach *Kallfelz* von erheblicher prinzipieller Bedeutung. Die Auffassung des Juristen von der Verkehrssorgfalt ist häufig eine andere als die weiter ärztlicher Fachkreise. Nach *Kallfelz* hat die Rechtsprechung früher mehrfach die Auffassung der Fachleute, und zwar mit der Begründung außer acht gelassen, Fachleute seien oft interessiert oder befangen. Die Erfahrung aber habe gezeigt, daß die ärztlichen Gutachter an die Berufssorgfalt und Sachkenntnis ihrer Berufskollegen einen äußerst scharfen und strengen Maßstab anlegen und begangene Fehler rücksichtslos aufzudecken pflegen.

Maßgebend für die Beurteilung eines fahrlässigen Verhaltens ist der *Zeitpunkt, zu dem der Fehler begangen wurde*, und zwar sowohl auf die konkrete Situation bei der Behandlung, als auch als Zeitpunkt für die Beurteilung der wissenschaftlichen Kenntnisse und Erfahrungsmöglichkeiten des betreffenden Arztes. Der schädliche Erfolg des ärztlichen Versuches muß *vorauszusehen* sein; damit ist nicht gesagt, daß alle konkreten Folgen erwartet werden mußten, es genügt vielmehr die Möglichkeit einer Schädigung von der Art des eingetretenen Schadens. Die Beurteilung dieses Schadens wiederum hängt eng zusammen mit dem bürgerlich-rechtlichen Begriff der adäquaten Verursachung, d. h. nur der Schaden findet in erster Linie Berücksichtigung, der sich aus dem natürlichen gewöhnlichen Ablauf der Dinge ergeben hat (vgl. d. Art.: Kausalzusammenhang).

*Fahrlässigkeit* umfaßt ferner auch im bürgerlichen Recht solche grober oder leichterer Art, d. h. besonders schwere oder geringere Verletzung der schuldigen Sorgfalt, mit der Einschränkung aber, daß der Arzt, sobald er ohne Auftrag eingreift, um nur eine dem Erkrankten drohende dringende Gefahr abzuwenden, lediglich Vorsatz und grobes Versehen zu vertreten hat. Mit Recht ist diese Bestimmung geschaffen worden; denn wer rasch eingreifen muß, kann nicht ebenso beurteilt werden wie derjenige, welcher in Ruhe und Muße Vorbereitungen und Anordnungen treffen kann. Auch wird in der Regel Fahrlässigkeit dadurch nicht ausgeschlossen, daß der Patient den Maßnahmen des Arztes sich fügt oder sogar ausdrücklich in sie einwilligt. Die Zustimmung des Kranken ist die Grenze für die Maßregeln des Arztes. Innerhalb dieser Grenze hat der Arzt bei jeder Maßregel die erforderliche Sorgfalt zu gewährleisten.

Das *Kausalitätsverhältnis* zwischen Außerachtlassung einer Sorgfalt und schädlichem Erfolg kann dann als unterbrochen gelten, wenn ungewöhnliche, den Charakter höherer Gewalt tragende und notwendig außerhalb aller Beobachtung gebliebene Umstände eintreten mußten, um den nicht gewollten Erfolg zu erzielen. Dann ist der Schaden Zufall und die verpflichtende Tatsache nicht mehr die Tatsache, von der er abhängig ist. Sie erscheint als bloße Gelegenheitsursache, deren Bedeutung sich darin erschöpft, einem bestimmten zufälligen Ereignis, nämlich der wirklichen Schadensursache, die Wege geebnet zu haben. Andererseits wird der ursächliche Zusammenhang nicht dadurch ausgeschlossen, daß der Schaden unmittelbar durch eine freie Handlung des Beschädigten selbst herbeigeführt ist, wenn diese

Handlung zur Abwendung einer durch das ärztliche Verschulden verursachten Gefahr vorgenommen worden ist.

Das BGB. regelt weiter den gesamten *Umfang des Schadensersatzanspruchs*, der sich aus dem ärztlichen Verschulden ergeben kann. Der Arzt kann sich gegen diese Ansprüche schützen durch eine Vereinbarung dahin, daß er für Fahrlässigkeit nicht zu haften braucht, darüber hinaus aus der wichtigen Vorschrift des § 254 BGB.: „Hat bei der Entstehung des Schadens ein Verschulden des Beschädigten mitgewirkt, so hängt die Verpflichtung zum Ersatz sowie der Umfang des zu leistenden Ersatzes von den Umständen, insbesondere davon ab, inwieweit der Schaden vorwiegend von dem einen oder dem anderen Teile verursacht worden ist." Unter Anwendung dieser Bestimmung kann das Gericht also bei Berücksichtigung aller Umstände den Ersatzanspruch herabsetzen, sogar den Arzt jeder Haftung für ledig erklären, wenn seinem Verschulden ein gleiches oder noch größeres Verschulden des Patienten gegenübersteht, wie es sich aus dem Mangel an Einsicht, aus der bekannten verkehrten Besserwisserei und aus dem zunehmenden Mangel an Achtung vor der Autorität des Arztes ergibt, welch letzterer sich wiederum im Laufe der Jahre aus der Verflachung des persönlichen Vertrauensverhältnisses zwischen Arzt und Patient herausgebildet hat. Wenn auch mit allen Mitteln dieser Verflachung entgegengearbeitet wird, so findet sie häufig doch noch ihren Ausdruck in gerichtlichen Klagen gegen Ärzte, die allgemein nach ihren persönlichen Eigenschaften als besonders sorgfältig bekannt sind, und die in den Einzelfällen, deretwegen sie beklagt werden, hervorragende Leistungen aufzuweisen haben.

Bezüglich eines bestimmten operativen Eingriffs kann die Annahme eines *Werkvertragsverhältnisses* (§ 631 BGB.) unterstellt werden, d. h. die Verrichtung eines bestimmten Werkes vereinbart sein. Von den Weisungen des Patienten abzuweichen ist der Arzt nur dann berechtigt, wenn er aus den Umständen nach annehmen darf, daß der Auftraggeber bei Kenntnis der Sachlage die Abweichung billigen würde. Er hat vor der Abweichung dem Patienten Anzeige zu machen und seine Entschließung abzuwarten, wenn nicht mit dem Aufschub Gefahr verbunden ist. Da aber (§ 242 BGB.) der Schuldner die Leistung nur so zu bewirken hat, wie Treu und Glauben mit Rücksicht auf die Verkehrssitten es erfordern, da ferner der wissenschaftlichen Stellung des Arztes schon an und für sich eine freiere Entfaltung der Kräfte gestattet sein muß, so kann der Arzt nicht verpflichtet sein, Weisungen mechanisch auszuführen, sondern er hat seine Tätigkeit aufzuwenden, um den gewollten Zweck zu erreichen und einen gewollten Erfolg herbeizuführen. Treten Veränderungen bei der Ausführung des Auftrages ein, so hat er seine Tätigkeit so weit dem abgeänderten Verfahren anzupassen, als dies zur Erreichung des beiderseits gewünschten Erfolges erforderlich war. Bleibt der Arzt trotz der veränderten Situation im Rahmen der ihm gewordenen Weisung und der Vereinbarung, so liegt eine Abweichung nicht vor. Mitteilung an den Patienten und Innehaltung einer entsprechenden Wartefrist für dessen Entschließung entfallen, wenn *Gefahr im Verzuge* ist. Ist also der Patient bei Vornahme der Operation tatsächlich und rechtlich verfügungsfähig, so soll der Arzt, wenn er den vereinbarten Rahmen überschreiten muß, ihn befragen, wenn er einen Eingriff aufschieben und daher unterbrechen kann. Anders, wenn Gefahr vorliegt. Sie berechtigt ohne weiteres, über den vereinbarten Umfang eines Eingriffs hinauszugehen, soweit es der Heilzweck erfordert.

Ist somit bezüglich der zivilrechtlichen Haftung des Arztes diese auf allgemein anerkannte Regeln abgestellt, so ist dies in strafrechtlicher Beziehung anders. In *strafrechtlichem Sinne handelt fahrlässig*, wer die Sorgfalt außer acht läßt, zu der er nach den Umständen und seinen persönlichen Verhältnissen verpflichtet und imstande ist und infolgedessen: entweder nicht voraussieht, daß sich der Tatbestand der in Frage kommenden strafbaren Handlung verwirklichen kann oder: obwohl er dies voraussehen kann und für möglich hält, darauf vertraut, daß es nicht geschehen werde. Im ersten Falle liegt unbewußte Fahrlässigkeit, im zweiten bewußte vor.

Es wird daher *in strafrechtlicher Hinsicht* gefragt, *welches Maß an Sorgfalt nach den persönlichen Verhältnissen des Handelnden* gefordert werden konnte. Diese Betonung des Persönlichen ist eine große Gefahr, da auch jeder Nichtarzt behauptet, er habe alles getan, was er nach seinen Fähigkeiten und seiner Vorbildung habe tun können. Das RG. hat solche Einwände längere Zeit gelten lassen, ist dann überwiegend davon ausgegangen, daß in solchen Fällen schon eine Fahrlässigkeit darin liege, daß der Betreffende eine Behandlung übernehme, zu der er nicht in der Lage war, hat aber in letzter Zeit wiederum das persönliche Moment, insbesondere bei der Beurteilung der Behandlung durch Nichtärzte in den Vordergrund gestellt.

Der so definierte Fahrlässigkeitsbegriff ist andererseits eingeschränkt unter Berücksichtigung der Erfahrung, daß täglich und stündlich Handlungen vorgenommen werden, die irgendwie kausal für einen Schaden Dritter sein könnten. Es ist nicht notwendig, alles zu unterlassen, bezüglich dessen die Möglichkeit besteht, daß es einmal kausal werden könnte für einen rechtswidrigen Erfolg (RGStr. 3/27).

Damit eine Behandlung zu einer Fahrlässigkeit werde, ist es erforderlich, daß die Vornahme der Handlung im gegebenen Augenblick und Falle eine *Nichterfüllung desjenigen Maßes an Rücksicht auf das Allgemeinwohl* in sich schließt, *das vom Handelnden gefordert werden kann*. Deshalb ist auch die Zwangslage zu berücksichtigen, in welcher sich der Handelnde befunden hat. (Z. B. Aspiration von Fremdkörpern, Geburtshilfe auf dem Lande.)

Bei der fahrlässigen Tötung indessen genügt es, daß die Fahrlässigkeit eine der Ursachen war. So würde der Arzt auch strafrechtlich verantwortlich sein in einem Falle, in welchem er den Patienten durch Fahrlässigkeit verletzt hat, und der Patient auf dem Transport ins Krankenhaus aus einem anderen Grunde, beispielsweise infolge eines Verkehrsunglücks, zu Tode kommt.

Daß eine juristische Meinung über einen bestimmten Fall nicht immer mit der ärztlichen auf eine Linie zu bringen ist, liegt nicht allein an der verschiedenartigen Denkweise beider, sondern auch an der Verschiedenartigkeit der Gegenstände, mit denen beide zu tun haben. Der Jurist muß stets eine abgeschlossene Meinung äußern, während der Arzt von Fall zu Fall sich mit den Problemen auseinanderzusetzen hat und daher leicht aus der Darstellung des Tatsächlichen in die des Möglichen übergeht (*Coerper*). Der wesentliche Unterschied aber liegt in dem Objekt der Betätigung insofern, als der Arzt es nicht mit gesunden, sondern mit kranken Menschen, nicht mit normalen Verhältnissen, sondern anormalen zu tun hat, Menschen und Krankheiten verschiedenster Zustandsbilder vor sich sieht, und in der Fülle dieser Erscheinungen sich mit seinem Wissen und Können, seiner wissenschaftlichen Überzeugung und seinen rein menschlichen Fähigkeiten zurechtfinden muß.

Der Kunstfehler wird sich auf allen Gebieten

2*

ärztlicher Betätigung, im wesentlichen auf den folgenden vier Bezirken abspielen:

1. im Rahmen der Aufklärungspflicht,
2. in der Stellung der Diagnose,
3. in bezug auf therapeutische Fehler grundsätzlicher Art,
4. bezüglich der Begehung eines Fehlers bei an sich richtig gewählter Therapie.

In der *Chirurgie* kommt eine *Pflicht zur Operation* nur für Verletzte und Versicherte in Frage, die einen Ersatzanspruch für einen entstandenen Schaden zu haben glauben. Das RG. erkennt eine Operationspflicht nur dann an, wenn die Operation gefahrlos, nicht nennenswert schmerzhaft und sicher mit einer beträchtlichen Besserung der Leistungsfähigkeit verbunden ist. Sind diese Vorbedingungen erfüllt, und verweigert der Verletzte die Operation, so tritt der Begriff des Mitverschuldens (§ 254 BGB.) ein. Das Reichsversorgungsgericht hat sich dem Standpunkt des RG. angeschlossen, während das Reichsversicherungsamt außerdem noch verlangt, daß die Operation nicht in den Bestand oder die Unversehrtheit des Körpers eingreift. Diese Bestimmung ist unklar, da das schließlich jeder Eingriff tut.

Die Rechtspflicht zur Duldung ärztlicher Operationen hat sich unter dem Einfluß des neuen Wehrrechts entwickelt. Den Anlaß gaben Musterungsergebnisse, bei denen eine Anzahl Untersuchter nur bedingt tauglich befunden wurde mit der klaren Erkenntnis, daß durch einen verhältnismäßig geringfügigen operativen Eingriff volle Tauglichkeit hätte erzielt werden können.

Nach dem *Beamtengesetz* besteht eine Duldungspflicht für eine Operation für den Beamten nicht. Die Ablehnung läßt ihm keinen rechtlichen Nachteil erwachsen.

Das neue *Wehrrecht* aber bringt die totale Wehrpflicht. *Wagner* schlägt vor, es müsse sich auch im Beurlaubtenstande auf die Befugnis erstrecken, den Körper des Wehrpflichtigen nötigenfalls gegen seinen Willen so umzugestalten, daß das Höchstmaß an Tauglichkeit herausgeholt würde. Damit wäre für den Wehrpflichtigen eine Operationspflicht begründet, die man auf nicht erhebliche Operationen beschränken könnte.

Die **Aufklärungspflicht** des Arztes gegenüber dem Patienten ist besonders bezüglich etwaiger Operationsfolgen verschiedenartig beurteilt worden. Ist Gefahr im Verzuge, entfällt die Aufklärungspflicht ohne weiteres. Andererseits führte das RG. (29. 2. 1932, Das Recht, 1932, Nr. 443) aus, der Ansicht, daß regelmäßig dem Kranken zu verheimlichen sei, daß er an einer lebensgefährlichen Krankheit leide, nicht zuzustimmen. Mit Recht haben z. B. *Goldhahn* und *Hartmann* hiergegen Einspruch erhoben mit dem Hinweis darauf, daß der Arzt im höchsten Grade unärztlich handeln würde, wenn er jeden Kranken schonungslos aufklären wolle. So besteht insbesondere auch keine Verpflichtung des Arztes, den Kranken bei der Operation auf alle möglichen nachteiligen Folgen hinzuweisen (RG. 1. 3. 1912, *Ebermayer* l. c. S. 97). Doch verletzt der Arzt seine Verpflichtungen, wenn er beispielsweise einem Kranken die Versicherung gibt, eine Einspritzung sei völlig ungefährlich. So hatte in einem Falle eine Verödung von Varizen mittels Kochsalzlösung eine schwere Phlegmone erzeugt (RG. 17. 4. 1934, Münch. med. Wschr. 1934, S. 698), der Arzt aber fälschlich erklärt, der Eingriff sei völlig ungefährlich.

Der *Umfang der Aufklärungspflicht* richtet sich nach dem Zweck und der Dringlichkeit der Operation, so daß der Arzt wohl die Verpflichtung hat, einen Kranken bei einer nicht absolut dringlichen

Operation auf eine mögliche Verschlechterung hinzuweisen (RG. 11. 12. 1934).

Die Pflicht, den Patienten vor der Operation über alle möglichen Folgen aufzuklären, findet aber da ihre Grenze, wo es sich um Schädigungen handelt, mit deren Eintritt er selbst nicht zu rechnen braucht (RG. 24. 11. 1936, *Goldhahn* u. *Hartmann* l. c. S. 46). Selbst bei dem Verlangen des Patienten nach weitgehender Aufklärung hat der Arzt nur nötig, die häufigeren Gefahren und gewöhnlichen Folgen der Operation darzutun, da eine zu starke Erregung von Angst dem Verlauf der Operation schaden kann (OLG. Hannover, 3. 2. 1928).

Bei der *Narkose und örtlichen Betäubung* lassen sich Zwischenfälle nie ganz vermeiden. Dies liegt z. T. an der persönlichen Empfindlichkeit des Operierten, z. T. daran, daß gelegentlich neue Narkosemittel angewendet werden, die vielleicht nicht immer restlos im Umfang ihrer Wirkungen und Nebenwirkungen bekannt sind (vgl. d. Art.: Narkosetod).

Der Tod durch primäre Synkope ist zweifellos ein nicht vorhersehbarer Zwischenfall, da er von einer nicht erfaßbaren Disposition des Kranken abhängt. Es handelt sich dabei um Kranke, bei denen es auch nach anderen Eingriffen, beispielsweise einer Bronchoskopie, Cystoskopie, Lumbalpunktion oder Pyelographie, zum plötzlichen Herzstillstand kommen kann.

Was eine Überdosierung angeht, so kann die Haftung des Arztes hierfür fraglich sein. In einem Falle, in welchem nach einer Harnröhrenbetäubung durch Percainlösung, die in einer Apotheke zu stark hergestellt war, der Tod eintrat, erklärte das RG., der Arzt hafte nicht, wenn er ein von ihm verordnetes Mittel einer erprobten Apotheke mit der seiner Verordnung entsprechenden Aufschrift erhalte und ohne Nachprüfung anwende. Es heiße die Sorgfaltpflicht überspannen, wenn man in jedem Falle die Nachprüfung einer fertig gelieferten Lösung verlangen wolle. Im übrigen würde sich der Arzt auch bei täglichen Hilfeleistungen und bei Vorbereitungen von Operationen auf seine Schwestern und Gehilfen verlassen. Er brauchte sich nicht in jedem Einzelfalle davon zu überzeugen, ob die Operationsschwester auch die richtige Mischung hergestellt habe (6. 6. 1932. Münch. med. Wschr. 1932, 1139).

Ein Kind erstickte an *Erbrechen in Narkose*. Das RG. erklärte, in der Vornahme der Narkose sei eine Fahrlässigkeit nicht zu finden, da dem Arzt nicht bekannt gewesen sei, daß das Kind gegessen habe. Nach dem ersten Erbrechen aber habe der Arzt mit der Narkose nicht fortfahren dürfen. (RG. 24. 4. 1931. Med. Welt 1931, 898.)

Eine unbrauchbare *Chloräthylflasche*, die sich nicht öffnen ließ, wurde von einem Arzt in einen Watteeimer geworfen, explodierte und verletzte einen Mann schwer am Auge. Das RG. erkannte die Schadensersatzpflicht an, weil der Arzt bei den bekannten Eigenschaften des Chloräthyls für die Unschädlichmachung des Restes hätte Sorge tragen müssen (RG. 5. 7. 1930. Münch. med. Wschr. 1930, 1307).

Bei den sog. *Narkose-Lähmungen* seine Schuldlosigkeit nachzuweisen, halten *Goldhahn* und *Hartmann* für schwierig. Dennoch gibt es Narkoselähmungen, die sich auch bei sachgemäßer Lagerung des Armes nicht ganz vermeiden lassen.

Auch ist bei solchen Lähmungen immer an die Mitwirkung anderer Ursachen (Alkohol, Uliron) zu denken.

Öfter kommen unangenehme Zwischenfälle gelegentlich der *Lokal-Anästhesie* vor. So wurde ein Mann wegen Zungenkrebs operiert und in gehöriger Weise Novocain-Suprarenin in den Mundboden eingespritzt. Der Tod trat ein infolge einer Thrombose des Sichel-Blutleiters, weil unerlaubt tief eingespritzt und eine Vene getroffen worden war. Zwischenfälle bei Lokal-Anästhesie traten auch durch Irrtümer bei der Ausfertigung eines Rezeptes ein. So verurteilte das RG. (*Schumacher*, Münch. med. Wschr. 1932, II, 1985) zu Schadensersatz, weil eine Novocain-Suprarenin-Lösung in abgekürzter Form bestellt war wie folgt: ½% Novocain-Suprarenin-Lösung 20,0. Der Apotheker hatte daraufhin 0,01 g Novocain in 20 g Suprarenin 1:1000 gelöst, so daß der hohe Gehalt an Suprarenin den Tod herbeigeführt hatte. Das RG. erklärte, nur wenn der Arzt es hätte als gewiß ansehen dürfen, daß die von ihm angewandte abgekürzte Form der Rezeptverschreibung den Apothekern geläufig sei, wäre er bei der Gefährlichkeit des Mittels entschuldigt.

Beim *operativen Eingriff* selbst arbeitet der geschickteste Arzt nicht mit der Sicherheit einer Maschine (RG. 1. 3. 1912, *Ebermayer*). Obgleich der positive Beweis seines Nichtverschuldens nicht zu führen ist, kann trotz aller Fähigkeit und Sorgfalt irgendeine Maßnahme mißlingen, die dem Operateur sonst regelmäßig gelingt.

Eine große Rolle spielt das *Zurückbleiben von Fremdkörpern*. Dies wird regelmäßig als fahrlässig angesehen, wenn nicht ganz ungewöhnliche Umstände vorliegen, sofern es sich also um eine regelmäßige, nicht durch Zwischenfälle erschwerte Operation handelt (OLG. Karlsruhe, 22. 11. 1928. Lpz. Ztschr. 1931, 587). Danach hat der Arzt bei der Operation sich der Gefahr bewußt zu sein, daß Gegenstände unbemerkt zurückbleiben und darauf zu achten, daß er jeden eingeführten Gegenstand wieder entfernt. Die Gerichte verlangen die Anwendung von Vorkehrungen. Die Auswahl der zu treffenden Maßnahmen überlassen sie dem Arzt. *Goldhahn* und *Hartmann* bringen Statistiken (S. 84) über zurückgebliebene Fremdkörper bei Bauchoperationen, die z. T. beträchtliche Zahlen aufweisen. Daraus ergibt sich auch, daß der spontane Abgang zuweilen vorkommt, in den meisten Fällen der Verlauf aber ungünstig ist. Das übereinstimmende Urteil der Mehrzahl der Chirurgen geht dahin, daß es eine unbedingte Sicherung gegen das Zurücklassen eines Fremdkörpers *nicht* gibt, weil auch die Zählung der Hilfsinstrumente nicht mit der Präzision und Zuverlässigkeit einer Maschine geschehen könne. Das Verlangen nach der persönlich vom Operateur vorzunehmenden Zählkontrolle stehe auch im Widerspruch mit der beispielsweise bei der Vornahme der Narkose von den Gerichten erteilten Erlaubnis, Hilfspersonal hierfür zu bestellen. Eine Sonderstellung nimmt die rechtliche Beurteilung abgebrochener Teile von Instrumenten, wie Nadelspitzen ein. Nach diesen soll sofort gesucht werden.

Andererseits können *Zwischenfälle, die bei der Operation auftreten*, den Arzt in eine solche Zwangslage versetzen, daß selbst das Zurückbleiben von Fremdkörpern in der Körperhöhle keine Außerachtlassung der erforderlichen Sorgfalt darstellen.

Es wird eben die Zurückbelassung von Fremdkörpern ganz verschieden beurteilt, je nachdem es sich um komplizierte oder unkomplizierte Fälle handelt (Beispiele bei *Warneyer*).

Bezüglich des *Röntgenverfahrens* in der Chirurgie kann sich eine Haftung für ein fehlerhaftes Verhalten sowohl bei der Diagnostik als auch bei der Therapie ergeben. Der Kranke kann verlangen, daß der Arzt auch die entfernteren Verletzungsmöglichkeiten *erwägt* und die modernsten Mittel anwendet, die zur Verfügung stehen (RG. 22. 12. 1922).

Häufig wird Ärzten zur Last gelegt, daß sie Röntgenaufnahmen bei Frakturen und Luxationen unterlassen hätten. Nach *König* wurde in 76 von 129 Fällen wegen falscher Diagnose geklagt, weil nicht geröntgt worden war, 17 weitere Fälle ergaben falsche Diagnosen trotz Röntgenuntersuchung, die restlichen 36 Fälle wurden wegen Unterlassung oder ungenügender Röntgenkontrolle bemängelt. Besonders groß war die Zahl der Schenkelhalsbrüche, die nicht erkannt worden seien, weil die Röntgenuntersuchung unterlassen worden war.

Keinem Zweifel kann unterliegen, daß die Anwendung einer *giftigen Bariumverbindung* als Kontrastmittel, die nur auf einer Verwechslung beruhen kann, als Verschulden angesehen wird.

Ähnliche Verwechslungen können im Stationsbetriebe vorkommen. So sollte eine Lernschwester einen Glycerineinlauf machen und nahm statt dessen eine ätzende Flüssigkeit, durch deren Einführung der Mastdarm zerstört wurde. *Siebner* beschrieb sechs Fälle von Mastdarmverletzungen, von denen zwei durch einen Irrigatoransatz, vier wahrscheinlich durch das Einführen eines Thermometers verursacht waren.

Häufiger kommen *Infektionen nach Einspritzungen* zur Beurteilung. *Wanke* berichtete über 25 Gasbrandinfektionen nach Einspritzung von Medikamenten. Da die Bacillen nur zweimal in der Injektionsflüssigkeit nachzuweisen waren, vermutete er, daß sie in den Kanülen sitzen könnten. Zu gleicher Zeit berichtete *Landé* von Bacillen bei verschiedenen Präparaten, und *Murstar* beschrieb vier Fälle, in denen er Tetanusbacillen in Catgutguß nachwies, obgleich diese in gehöriger Weise sterilisiert waren. Solche Beobachtungen sind nicht außer acht zu lassen, wenn man sich über die Frage des Verschuldens bei einer Eiterung nach Einspritzungen äußern soll.

Eine besondere Verantwortlichkeit besteht in der *kosmetischen Chirurgie*. Diese kann rechtlich unter zwei Umständen Anlaß zu Klagen geben, und zwar wegen der Art, wie die Operation ausgeführt wurde und auch wegen der bloßen Tatsache der Ausführung der Operation. Der Arzt ist immer berechtigt, kosmetische Operationen vorzunehmen, die mit einem Heilzweck verbunden sind, ebenso auch solche, die nur der Verschönerung dienen, wenn sie nicht das Leben des Patienten bedrohen und ihn nicht sonst in seiner Gesundheit schädigen. Bisher sind nur verhältnismäßig wenige Fälle vor Gericht gebracht, in denen ein Arzt wegen unberechtigter Vornahme einer plastischen Operation zur Verantwortung gezogen wurde (*Wulle*). Bei Paraffininjektionen sind Spätfolgen beschrieben, in Gestalt von Phlegmonen und in Form eines Adenocarcinoms, die im Anschluß an kosmetische Behandlungen der Brüste eintraten.

Die Frage, ob ein Arzt *Schmerzen bei einem Patienten bestehen lassen* darf oder sich wegen Körperverletzung strafbar macht, wenn er dies tut, wurde von *Warneyer* im Anschluß an ein RG.-Urteil untersucht. Danach ist nicht allgemein ein Arzt strafrechtlich verfolgbar lediglich deshalb, weil er bei einem Patienten die Schmerzen bestehen läßt, sondern die Gerichte haben die Frage geprüft, ob er pflichtwidrig unterlassen habe, die Schmerzen zu beseitigen oder wenigstens zu lindern. Dies ist bereits zu verneinen, wenn er nach den Regeln der ärztlichen Kunst die Beseitigung oder Linderung durch die von ihm verabfolgten Mittel erwarten durfte.

So ergibt sich, daß an die Sorgfaltspflicht bei Eingriffen in die Unversehrtheit des Körpers im Laufe der Jahre wechselnde Anforderungen gestellt worden sind. Dabei ist aber immer zu beachten, daß gewisse Grenzen chirurgischer Verantwortlichkeit bestehen. Der Laie erwartet von dem Chirurgen oft Leistungen, die höher sind, als die Möglichkeiten entspricht, und die Gerichte haben öfter dazu geneigt, überspannte Anforderungen an die ärztliche Sorgfaltspflicht zu stellen. So ist es mehrfach zu Urteilen gekommen, die den Ärzten unverständlich waren, weil die ärztliche Sorgfaltspflicht vielfach ohne Berücksichtigung des praktisch Möglichen und ohne Würdigung der bei schwierigen Operationen oft erfolgenden Ablenkung durch unvorhergesehene Zufälle geprüft worden war. Dies kann andererseits den Gutachter nicht hindern, einen möglichst objektiven Maßstab bei der Beurteilung des Kunstfehlers anzulegen.

Neben dem chirurgisch tätigen Arzt ist vor allem der *Geburtshelfer und Gynäkologe* der Behauptung eines ihm unterlaufenden Kunstfehlers ausgesetzt. *Hüssy*, welcher kürzlich zahlreiche einschlägige Fälle zusammengestellt hat, veröffentlichte diese in seiner Monographie, indem er jedem mitgeteilten Falle eine Epikrise beigab. Er bringt in allen Fällen den Tatbestand, die abgegebenen Gutachten und etwas ausführlicher die Obergutachten, die meist von namhaften Gynäkologen abgegeben wurden. Interessant ist die Tatsache, daß *Hüssy* eine Reihe von diesen Obergutachten als sehr milde, falsch oder ähnlich bezeichnet. In einem Falle erhebt er sogar ausdrücklich und mit eingehender Begründung den Vorwurf, daß mit dem abgegebenen Obergutachten praktische Ärzte gedeckt werden sollten. Er machte damit einen Strich unter eine Epoche, in der einzelne Obergutachter, die von den Gerichten in jener Zeit gerne herangezogen wurden, nicht selten äußerst milde Gutachten abgaben, wodurch die Tätigkeit der Gerichtsmediziner und Gerichtsärzte oft genug in ein falsches Licht gerückt wurde. Man kann wohl mit *Walcher* sagen, daß die Gerichtsärzte die offenen Worte des Verfassers auf das Lebhafteste begrüßen.

In der *inneren Medizin* handelt es sich meist um Meinungsverschiedenheiten über die Anwendung eines bestimmten Heilplanes, gelegentlich auch um die Folgen kleinerer Eingriffe, wie der Internist und der Praktiker sie ausführen.

Im Vordergrund steht in letzter Zeit die Frage der *Serumbehandlung der Diphtherie.* Obwohl das Reichsgesundheitsamt in seinen Ratschlägen an Ärzte (Reichsgesundheitsblatt 1935, 356 und 1939, 122) ausgeführt hat, daß in jedem Krankheitsfall, der als Diphtherie sogleich zu erkennen ist und auch nur den ernsten Verdacht auf Diphtherie erregt, für unverzügliche Anwendung des Diphtherieserums Sorge zu tragen ist, kam das Reichsgericht in seinem Urteil vom 19. 3. 1937 (M. M. W. 1938 Nr. 8) zu dem Ergebnis, das Landgericht habe mit Recht dem Angeklagten zugebilligt, er sei aus wohlerwogenen Gründen der Überzeugung gewesen, daß die von ihm angewandten homöopathischen Heilmittel zum mindesten nicht derartig minderwertig gegenüber dem Diphtherieserum seien, daß die Unterlassung der Serumbehandlung unter allen Umständen eine Pflichtwidrigkeit und damit einen ärztlichen Kunstfehler darstelle. In dem gleichen Urteil wird zum Ausdruck gebracht, daß die homöopathische Heilweise der allopathischen dergestalt gleichstehe, daß die Anwendung der Homöopathie keinen Kunstfehler bedeute.

Es wird bei Wertung dieses Urteils von Fall zu Fall zu prüfen und Gegenstand der *persönlichen* wissenschaftlichen Überzeugung des Gutachters und seiner Lebenserfahrung sein, welche Stellung er in ähnlichen Fällen vor Gericht einnehmen will und ob nicht doch die eindringlichen Erfolge der Diphtheriebekämpfung mit Hilfe der neuzeitlichen Heilmittel ihn zu einer andern Stellungnahme veranlassen. In diesem Zusammenhang ist beachtlich, daß ein Hamburger Gericht die Anwendung der *Lebertherapie bei perniziöser Anaemie,* deren Erfolge statistisch wohl kaum größer sind als diejenigen der Serumbehandlung der Diphtherie, ausdrücklich verlangte (*Schulte*).

Berücksichtigt man dies, so kann man sich kaum der Meinung verschließen, daß *eine ärztliche Regel,*

*die das Reichsgesundheitsamt bei der Diphtherie ausdrücklich empfiehlt, als eine allgemein anerkannte ärztliche Regel anzusehen* ist.

Die Bestrahlung mit *künstlicher Höhensonne* wird gelegentlich in Zusammenhang mit Schädigungen gesetzt (*Weidinger*). *Kleine Einspritzungen,* die auch der praktische Arzt täglich machen muß, können zu unangenehmen Zufällen führen, besonders dann, wenn eine Vene verfehlt wird. Bei der *Bluttransfusion* muß es heute als ein Kunstfehler angesehen werden, wenn sie ohne sorgfältige Blutgruppenbestimmung vorgenommen wird. Die Todesfälle nach Blutübertragung, über die mehrfach berichtet wurde (*Haim, Wildegans*), werden fast ausschließlich auf unterlassene oder fehlerhafte Blutgruppenbestimmung zurückgeführt. Ferner ist die Lues beim Spender auszuschließen.

Bei der *Behandlung von Hautkrankheiten* kann es zu Verwechslungen und falscher Dosierung von Medikamenten kommen, wie auch zu Zweifeln über die Anwendung einer geeigneten Therapie, insbesondere bei der Lues. Die Anwendung des *Salvarsans* bringt gelegentlich üble Folgen mit sich. So traten (Veröff. Med.verw. Bd. 27, H. 1, 1928) bei 1 607 235 Injektionen 22 Todesfälle ein, darunter 16mal in sichtlichem Zusammenhang mit Salvarsaneinspritzungen, d. h. 10,4 Todesfälle auf 100 000 behandelte Kranke. Von 152 126 Kranken bekamen 600 eine Dermatitis, etwa 300 einen Ikterus. Dennoch wird die Unterlassung der Frühbehandlung der Syphilis mit diesem besten aller Mittel als ein Kunstfehler angesehen. Das Reichsgericht verurteilte einen Arzt mit der Begründung, daß er bei einem positiven Spirochätenbefund den Kranken in 6—8 Wochen geheilt hätte, während er jetzt jahrelange Kuren durchmachen müßte, wegen unerlaubter Handlung und wegen vertragswidriger Vernachlässigung der Sorgfaltspflicht (Reichsgericht 18. 2. 1929, Dermat. Z. 56, 432, 1929). Auch *Schreus* weist darauf hin, daß die zur Behandlung der Lues verwandten Heilmittel wie Wismut, Quecksilber und Salvarsan keineswegs frei von Gefahren und Nebenwirkungen seien. Voraussetzung ist immer ausreichende Erfahrung und die Vermeidung eines *Schematismus.* Im übrigen sei die Anwendung der Mittel im Interesse der Allgemeinheit und des Einzelnen unumgänglich notwendig. *Heller* hat im Anschluß an die vorerwähnte Reichsgerichtsentscheidungen zum Ausdruck gebracht, die Frühbehandlung der Lues sichere eine Heilung in 6—8 Wochen nicht mit hundertprozentiger Wahrscheinlichkeit. Es sei eine bedauerliche Folge, daß die Ärzte gezwungen seien, jede Methode der Schulmedizin, die gerade modern sei, aufzunehmen. Das Reichsgericht indessen (Urteil vom 18. 1. 1929, Dtsch. Richter-Ztg. 1929, Sp. 98) führte aus, der Arzt habe eine von der herrschenden Lehre anerkannte und bewährte Methode zur *Feststellung* eines Leidens anzunehmen, auch wenn er nicht Anhänger der Lehre sei. Der Arzt, Anhänger der Naturheilkunde, hatte die Untersuchung eines *Schankers* auf Spirochäten unterlassen, so daß die Diagnose erst nach Ausbruch der Sekundärerscheinungen gestellt wurde.

Ein Kunstfehler kann schließlich in der *falschen Ausstellung eines Attestes* gesehen werden. Ein Mann hatte sich vor der Heirat (M. m. W. 1932, 575) ein Gesundheitszeugnis ausstellen lassen. Die von der Hochzeitsreise infiziert zurückkehrende Frau verklagte die Witwe des inzwischen verstorbenen Arztes auf Schadenersatz. Es war nicht klar, welche Untersuchungen der Arzt angestellt hatte. Das Gericht führte aber aus, ärztliche Zeugnisse müßten überhaupt so ausgestellt sein, daß eine Schädigung Dritter nach Möglichkeit vermieden werde. Die mögliche Durchbrechung des *Berufsgeheimnisses* ergibt sich aus den Vorschriften des § 13 der RÄO. insbesondere für den Hautarzt bei Berücksichtigung einer höheren sittlichen Pflicht, die ihn zwingt, die Weiterverbreitung einer ansteckenden Kranheit zu verhindern (*Richkheimer*).

Im *Röntgenbetrieb* können Strahlenschädigungen in Diagnostik und Therapie zu gerichtlicher Begutachtung kommen (*Strauß*). Die Kenntnis der Röntgentechnik ist die unerläßliche Grundlage für die Beurteilung solcher Fälle. Für den Arzt scheint es zweckmäßig, sich an die von der deutschen Röntgen-Gesellschaft aufgestellten Richtlinien zur Verhütung von Schädigungen zu halten. Einen erschöpfenden Überblick über die Rechtsprechung des Reichsgerichts bezüglich der Röntgenschäden brachte *Warneyer*. An sich trifft die Beweislast für eine fehlerhafte Behandlung bei der Bestrahlung den Patienten. Dies gilt sowohl für die Diathermie-Behandlung (Reichsgericht vom 16. 6. 1931) als auch für die Behandlung mit Röntgenstrahlen. Hierbei muß der Arzt sich durch besonders genaue Notizen über die angewandte Dosis vor Ansprüchen schützen.

Beim Fehlen einer sachkundigen Hilfsperson und bei aus Zeitmangel bedingter unzureichender ständiger Überwachung bei der Behandlung eines Kranken kann der Arzt sich auch bei Anwendung von im Grunde ungefährlichen Bestrahlungsweisen, z. B. mit Kurzwellen höchst unangenehmen Schadensersatzansprüchen aussetzen (*Hellwig*).

Die Frage, wen die *Beweislast im Röntgenprozeß* treffe, wird nicht ganz einhellig beantwortet. 1923 verurteilte das Reichsgericht (*Warneyer*) in einem Falle von Überbestrahlung wegen Kunstfehlers. Es stellte sich heraus, daß der Arzt nur ganz unverständliche Aufzeichnungen gemacht hatte, die ein Urteil über die verwandte Strahlenmenge nicht zuließen. Dieses wichtigste Beweismittel für den Umfang der Bestrahlung fehlte also infolge eines Fehlers des Arztes. Wendet der Arzt eine dem Stand der Wissenschaft entsprechende Bestrahlungsmethode an und erleidet der Patient einen erheblichen Schaden, so ist zunächst ein Verschulden des Arztes als erwiesen anzusehen, da ihm der Gegenbeweis obliegt. Diese Ansicht wurde auch von *Stern* vertreten. *Hildenbrandt* nahm aber hiergegen Stellung und wies darauf hin, daß dem vorerwähnten Urteil des Reichsgerichts Entscheidungen anderer Senate gegenüberstehen. So genügt es nach dieser Ansicht, daß der Arzt beweist, daß er bei seiner Tätigkeit mit aller Sorgfalt und nach den Erfahrungen der Wissenschaft gehandelt hat und daß der eingetretene Erfolg auch ohne sein Verschulden eingetreten sein kann, und daß ein positiver Anhaltspunkt für sein Verschulden nicht vorliegt. Damit wird dem Arzt nicht die Gefahr der Unaufklärbarkeit des ursächlichen Zusammenhangs aufgebürdet. Nach einer neueren Reichsgerichtsentscheidung (Jur. Wschr. 1935, 3540) kann der Arzt sich von der Haftpflicht bei der Ausübung der Röntgenbehandlung durch eine sorgfältig ausgebildete Röntgenschwester nur dann entziehen, wenn er den Nachweis führt, daß er sowohl bei der Auswahl der Hilfsperson, wie auch bei ihrer Leitung die erforderliche Sorgfalt beobachtet hat. Im Urteil vom 2. 8. 1935 (Jur. Wschr. 1935, 3540) kann nur eine fortlaufend wohlüberwachte Hilfsperson als sorgfältig ausgewählt erachtet werden.

In der *Pharmakologie* stellt das *Rezept* grundsätzlich eine ärztliche Verordnung dar, deren Voraussetzung eine gewissenhafte Feststellung des körperlichen Zustandes ist. Fernbehandlung ist daher in der Regel pflichtwidrig und nur ausnahmsweise statthaft. Bei richtiger Diagnosestellung kann der Arzt aber in der Wahl des Heilmittels unsachgemäß verfahren. Das Reichsgericht hält den Arzt nicht für verpflichtet, das Mittel anzuwenden, das die günstigsten Aussichten auf Erfolg bietet, wenn er sich bei seiner

Ablehnung auf sachliche, wohlerwogene Gründe stützt. Die hauptsächlichsten *Rezeptsünden* sind schlechte Schrift, undeutliche Verordnungsweise, Vordatierung und Umgehung der Bestimmungen der Rauschgiftgesetze. Durch falsche und unsachgemäße Rezepte ist es häufig zu ernsten Schädigungen und Todesfällen gekommen (*Ziemke*).

In der *Psychiatrie* spielt der Kunstfehler eine geringere Rolle. Gelegentlich wurden Schadensansprüche auf Grund *fahrlässiger Einweisung in eine geschlossene Anstalt* erhoben (*Henneberg*). Eine Übersicht über die Schadensersatzpflicht bei Einsperrung in Irrenanstalten gibt *Leonhard*. Besondere Sorgfalt liegt dem Psychiater ob in Ausführung des *Gesetzes zur Verhütung erbkranken Nachwuchses*.

Schließlich kann der Arzt bei der *Ausstellung eines Gutachtens* (s. d.) sich haftbar und strafbar machen. Fehlgutachten sind diejenigen Gutachten, Zeugnisse und Atteste, bei denen die nachträgliche Vornahme ergänzender Untersuchungen mit Sicherheit beweist, daß das zuerst abgegebene Gutachten falsch war. In gerichtsärztlicher Beziehung ist jedem Erfahrenen die Häufigkeit oberflächlicher oder unrichtiger Feststellungen von Todesursachen bekannt, deren Unrichtigkeit sich bei der Leichenöffnung herausstellt. So wurden auch die Folgen strafbarer Handlungen durch die *oberflächliche Ausstellung von Todesbescheinigungen* bewußt oder unbewußt verschleiert und haben Ansprüche Hinterbliebener zunichte gemacht dadurch, daß eine harmlose Todesursache bescheinigt wird, obgleich nach den Umständen sehr wohl eine andere in Frage kommen kann. Immer wieder bekommt man falsche Zeugnisse zu sehen, die sich bei gründlicher Bearbeitung und größerer Sachkenntnis hätten vermeiden lassen. Verhältnismäßig häufig sehen wir ärztliche Zeugnisse, in denen wegen angeblich überstandener Geschlechtskrankheiten in *Unterhaltsprozessen* eine *Zeugungsunfähigkeit* bescheinigt wird, bei denen dann eine einfache mikroskopische Untersuchung des Spermas keinerlei Zweifel in dieser Hinsicht erweckt. Bei unserer gutachtlichen Tätigkeit für die *Versicherungsträger* in der Sozialversicherung sahen wir mehrfach Gutachten behandelnder Ärzte zwecks Erlangung von Renten, bei denen der niedergelegte objektive Befund (wie sich manchmal bei der vertrauensärztlichen Untersuchung herausstellte) in keiner Weise den Tatsachen entsprach. Abgesehen von der strafrechtlichen Bedeutung solcher Fälle kann es keinem Zweifel unterliegen, daß sich die Aussteller der Atteste haftpflichtig machen (vgl. d. Art.: Ärztliches Zeugnis).

Aber auch ein *beamteter Arzt* kann haftpflichtig werden, sowohl bei behandelnder (z. B. als Gefängnisarzt), als bei gutachtlicher und Sachverständigen-Tätigkeit. So gab das Reichsgericht (4. 7. 1930, Z. f. Med. Beamte 44, 145, 1931) der Klage eines in den Ruhestand versetzten Beamten statt, weil bei der amtsärztlichen Untersuchung eine Verletzung der Sorgfaltspflicht darin gesehen wurde, daß der Amtsarzt eine Arteriosklerose und Herabsetzung der Sehschärfe annahm, die tatsächlich nicht vorhanden waren, und eine angebliche Besserungsunfähigkeit mangelhaft begründet hatte. Auch für ein vor Gericht falsch erstattetes Gutachten kann der sachverständige Arzt haften, wenn das Gutachten die Verletzung der Rechte eines andern zur Folge hat (*Schlaeger*). Ein Kunstfehler kann unterlaufen bei der Nichtbeachtung geltender Vorschriften bei der *gerichtlichen Obduktion* wie auch in der Außerachtlassung allgemein anerkannter Grundsätze in der gerichtlichen Medizin (z. B. Verfahren bei Verdacht auf Kindestötung, Luftembolie, Schußverletzungen, Vergiftungen), deren Beachtung zwar noch nicht vorgeschrieben ist, aber zum Rüstzeug des Arztes gehört.

Dem *Zahnarzt* können zahlreiche Zufälle unterlaufen, die ihm als Kunstfehler (vgl. d. Art.: Zähne) ausgelegt werden (Unglücksfälle bei Zahnextraktionen, Unterlassung von Röntgenaufnahmen, unsachgemäße Behandlung mit erforderlich werdendem Zahnersatz).

### Schrifttum.

*Breitner:* Die Bluttransfusion. Wien 1926. — *Diehl:* Pflicht und Recht des Arztes zur Operation. Ärztl. Sachverst.ztg. **39**, 99 (1933). — *Ebermayer:* Der Arzt im Recht. Leipzig 1930. — *Eidens:* Novokain-Anästhesie. Arch. klin. Chir. **122**, 603 (1923). — *Göbbels:* Fremdkörper in der Bauchhöhle. Dtsch. Z. gerichtl. Med. **5**, 174 (1925). — *Goldhahn* und *Hartmann:* Chirurgie und Recht. Stuttgart 1937. — *Grashey* und *Bohne:* Wer ist für die sachgemäße Durchführung einer Bestrahlung verantwortlich? Röntgen-Praxis **5** 300 (1933). — *Guleke:* Über die Grenzen chirurgischer Verantwortlichkeit. Arch. klin. Chir. **189**, 359 (1937). — *Haim:* Todesfälle nach Blutübertragung. Zbl. Gynäk. **49**, 96 (1925). — *Heller:* Ist die Unterlassung der Frühbehandlung der Syphilis ein die Schadensersatzpflicht des Arztes bedingter Kunstfehler? Dermat. Z. **56**, 432 (1929). — *Hellwig:* Haftung des Arztes für Kunstfehler bei Kurzwellenbestrahlungen. Ärztl. Sachverst.ztg. **43**, 61 (1937). — *Henneberg:* Fahrlässige Einweisung in eine geschlossene Anstalt. Ärztl. Sachverst.ztg. **30**, 1 (1924). — *Hildenbrand:* Nochmals Röntgen-Verbrennungen. Med. Welt **1935**, 169. — *Hübner* und *Warneyer:* Haftpflichtfälle aus der ärztlichen Praxis. Berlin 1939. — *Hüssy:* Begutachtung und gerichtliche Beurteilung von ärztlichen Kunstfehlern auf geburtshilflich-gynäkologischem Gebiet. Stuttgart 1935. — *Kallfelz:* Zur Frage der Haftpflicht des Arztes bei Röntgenverbrennungen. Dtsch. Z. gerichtl. Med. **2**, 1514 (1936). — *König:* Haftpflicht des Arztes. Leipzig 1937. — *Lande:* Gasbrandinfektion nach subkutaner Einspritzung. Med. Klin. **22** 924 (1926). — *Leonhard:* Schadenersatzpflicht von Ärzten bei Einsperrung in die Irrenanstalt und Impfschäden. Ztg. ärztl. Fortbildg. **22** 25 (1925). — *Liertz* und *Paffrath:* Handb. des Ärzterechts. Stuttgart 1938. — *Manninger:* Gefahr- und Fehlerquellen der Narkose. Orvosképzés **23**, 380 (1933). Ref. Dtsch. Z. gerichtl. Med. **22** 267 (1933). — *Murstar:* Tetanus nach Operationen. Med. Rev. (norw.) **38**, 385. — *Paech:* Begriff des Kunstfehlers. Dtsch. med. Wschr. **65**, 521 (1939). — *Reuter, K.:* Ärztlicher Kunstfehler. Dtsch. Z. gerichtl. Med. **10** 288 (1927). — *Richheimer:* Bei einem Widerspruch zwischen der gesetzlichen Schweigepflicht und der sittlichen Pflicht, die Weiterverbreitung einer Ansteckungskrankheit zu verhindern, hat die höhere sittliche Pflicht den Vorrang. Münch. med Wschr. **1932** I, 699. — *Rüdel:* Schützen die gebräuchlichen Hilfsmittel vor den Gefahren der Bluttransfusion? Dtsch. Z. Chir. **236**, 43 (1932). — *Siebner:* Instrumentelle Verletzung des Mastdarmes insbesondere durch Fieberthermometer. Chirurgie **3**, 208 (1931). — *Schläger:* Neue Rechtsbetrachtungen über den med. Sachverständigen. Ärztl. Sachverst.ztg. **42**, 269 (1936). — *Schmidt, E:* Der Arzt im Strafrecht 1939. — *Schmidt, O.:* Rechtliche Stellung ärztlicher Eingriff an Minderjährigen. Dtsch. Z. gerichtl. Med. **10**, 322 (1927). — *Schulten:* Unterlassung der Leber-Therapie als fahrlässige Tötung. Med. Welt **12** 1422 (1938). — *Schreus:* Gefahren und Schädigungen durch antiluische Therapeutica, Fortschritte der Therapie **10**, 214 (1934). — *Straßmann, G.:* Die Haftung des Arztes für Fehlgutachten. Dtsch. Z. gerichtl. Med. **14**, 598 (1930). — *Straub:* Akute Infektionskrankheiten in Kinderheimen. Ein Gutachten über die strafrechtliche Verantwortlichkeit. Z. Med.beamte **43**, 450 (1930). — *Strauß:* Strahlenschädigung in Diagnostik und Therapie und ihre gerichtliche Begutachtung. Dtsch. Z. gerichtl. Med. **11**, 289 (1928). — *Wagner:* Die Rechtspflicht zur Duldung ärztlicher Operationen nach neuem Wehrrecht. Deutscher Militärarzt **1**, 120 (1936). — *Wanke:* Bericht über 25 Gasbrandinfektionen nach Injektion von Medikamenten. Dtsch. Z. Chir. **199**, 214 (1926). — *Warneyer:* Inwieweit kann ein Arzt wegen Körperverletzung strafbar sein, wenn er Schmerzen bei einem Patienten bestehen läßt. Chirurg **10**, 287 (1938). Röntgenschäden im Spiegel des Rechts. Chirurg **8**, 331 (1936). Röntgenverbrennung. Überbestrahlung als Kunstfehler. Beweislast. Mitwirkendes Verschulden des Patienten. Chirurg **8**, 77 (1933). Zurückgebliebene Mulltupfer. Chirurg **8**, 717 (1936). Zurückgelassene Fremdkörper im Spiegel des Rechts. Chirurg **4**, 288 (1932). — *Weidinger:* Totale Lungenblutung im Anschluß an Bestrahlung mit künstlicher Höhensonne. Wien. med. Wschr. **72**, 1745 (1922). — *Wildegans:* Todesfälle nach Bluttransfusionen. Zbl. Chir. **1930**, 2805. — *Wulle:* Über die Berechtigung des Arztes zur Vornahme plastischer, insbesondere kosmetischer Operationen. Diss. Berlin 1934. — *Ziemke:* Todesfälle nach Einverleibung von Suprareninlösungen. Dtsch. Z. gerichtl. Med. **5**, 515 (1925).                    **Böhmer.**

## Ärztliches Zeugnis (= ä. Z.).

Im ärztlichen Zeugnis bekunden Heilarzt und ärztlicher Sachverständiger Tatsachen oder Vorgänge medizinischer Natur, von deren Existenz sie durch eigene Wahrnehmung Kenntnis erlangt haben. Seinem Wesen nach ist es also lediglich Bescheinigung über gemachte Feststellungen, die „sachverständige Würdigung" der in ihm bestätigten Fakten gehört eigentlich nicht mehr zu seinen Aufgaben. Wenn der Arzt die in seinem Atteste aufgeführten Tatsachen im Hinblick auf bestimmte Fragestellungen bewertet, ja wenn er nur seine Feststellungen in einer medizinischen Diagnose zusammenfaßt, so handelt es sich im Grunde nicht mehr um ein Z., sondern bereits um ein Gutachten (s. d.). Im täglichen Leben wird allerdings diese scharfe begriffliche Trennung zwischen Attest und Gutachten nicht eingehalten: Als ä. Z. gilt jede schriftliche Bekundung des Arztes, die ins medizinische Gebiet fallende Tatsachen feststellt und diese dann *ohne weitere Begründung kurz* unter allfälliger Rücksichtnahme auf bestimmte Fragestellungen beurteilt. Der Unterschied zwischen Zeugnis und Gutachten ist demnach für die Praxis vor allem in der Art und Weise der Begründung der in ihnen ausgesprochenen ärztlichen Meinung zu erblicken: das Zeugnis begnügt sich nach Mitteilung des Befundes mit einer knappen Formulierung des Urteiles ohne nähere Erklärungen, während man im Gutachten seine Auffassung ausführlich zu erläutern und unter Zuhilfenahme einschlägiger allgemeiner Erfahrungssätze in ihrer Berechtigung zu erweisen hat (*v. Neureiter*).

Bei der Ausstellung ärztlicher Zeugnisse ist folgendes zu beachten: Gibt es für den speziellen Fall ein von der Behörde eingeführtes Formblatt (Vordruck), so ist dieses bei der Attestierung zu verwenden. Ansonsten halte man sich an nachstehende Gliederung, die durchaus den Forderungen entspricht, die in formaler Beziehung an ein ä. Z. zu stellen sind: 1. Angabe, über wessen Wunsch das Z. ausgestellt und zu welchen Zwecken es gebraucht wird. Angabe der Behörde, der es eingereicht werden soll. Kurze Kennzeichnung des Untersuchungsgegenstandes bzw. bei Personen Angabe des Namens, des Vornamens, des Alters, des Geburtsortes, des Standes, des Berufes und der Wohnung unter Mitteilung, wie die Identität der Person festgestellt wurde, sofern der Untersuchte dem Arzte nicht schon von früher her bekannt war. 2. Datum und Ort der Untersuchung. 3. Anamnese (Anführung aller jener dem Arzt gegenüber gemachten *Angaben*, die für die Zwecke des Zeugnisses von Bedeutung sind). 4. Untersuchungsbefund (Schilderung der Wahrnehmungen des Untersuchers und Beschreibung aller für die Zwecke des Zeugnisses wichtigen, objektiv feststellbaren Erscheinungen und Merkmale am Untersuchungsgegenstand). 5. Zusammenfassung der Feststellungen des Untersuchers und evtl. kurze sachverständige Würdigung der Befunde mit Beziehung auf die Zwecke, für die das Zeugnis gebraucht wird. 6. Datum der Ausstellung des Zeugnisses, Name, Beruf und Wohnung des Ausstellers, (evtl.) Amtssiegel.

Im einzelnen hat man sich bei der Abfassung stets einer lesbaren und deutlichen Schrift zu befleißigen und die Darstellung so zu wählen, daß sie auch dem Laien verständlich ist. Ferner hüte man sich, etwas als tatsächliches Geschehnis hinzustellen, was man nicht überprüft hat oder gar nicht überprüfen kann, wie überhaupt Angaben und Feststellungen nicht scharf und deutlich genug voneinander getrennt und als solche kenntlich gemacht werden können. Ein Zeugnis soll weiter stets so ausführlich und klar abgefaßt sein, daß jederzeit die Möglichkeit einer Überprüfung seines Inhaltes durch andere Gutachter gegeben ist. Auch muß der Arzt die im Zeugnis bescheinigten Tatsachen und Schlußfolgerungen wirklich für wahr und richtig gehalten haben. Bekundet er *wissentlich* Falsches, stellt er *wider besseres Wissen* ein unrichtiges Z. aus, so verstößt er nicht nur gegen eine der vornehmsten Berufspflichten, sondern macht sich zudem (in den meisten Kulturstaaten) einer strafbaren Handlung schuldig. Wegen der *zivilrechtlichen Haftung* für ein *falsches* ä. Z. s. d. Art.: Ärztlicher Kunstfehler. Zum Schlusse ist noch darauf hinzuweisen, daß ärztliche Atteste, sofern sie nicht im direkten Verkehr von Behörde zu Behörde ausgestellt werden, in vielen Staaten stempelpflichtig sind; die Abgabe hat natürlich der Empfänger des Z. zu leisten, jedoch soll der Arzt dafür Sorge tragen, daß sein Attest ordnungsgemäß freigemacht wird, indem er die aufgeklebten Stempelmarken bei der Abfassung der Bescheinigung durch Überschreiben entwertet. Wenn endlich der Rat erteilt wird, sich von jedem ausgefolgten Z. eine Kopie zurückzubehalten, so ist damit nur der Erfahrung Rechnung getragen, daß es immer vorteilhaft ist, sich die Möglichkeit einer Einsichtnahme in Dokumente, die man aus der Hand gegeben, zu sichern.

*Schrifttum.*

*Meixner:* Das ärztliche Zeugnis. Wien. med. Wschr. **1925**, 42 u. 43. — *v. Neureiter:* Die gerichtlich-medizinischen Wirkungsmittel — das ärztliche Zeugnis und das Gutachten — in formaler Beziehung. Handb. der biol. Arbeitsmethoden. Herausgegeben von *E. Abderhalden,* Berlin und Wien 1927. — *Pietrusky:* Gerichtliche Medizin, 11 f. Berlin 1938. — *Schneider,* Richtlinien für Abfassung ärztlicher Zeugnisse. Wien. klin. Wschr. **1928**, 10.

*v: Neureiter.*

**Äther** siehe *Flüchtige organische Gifte.*

**Äthin** siehe *Acetylen.*

**Äthylalkohol.** (Vgl. auch Art.: Alkoholbestimmung im Blut; Alkohol und Verkehrsunfall; Flüchtige organische Gifte.)

Äthylalkohol, gewöhnlicher Alkohol, $C_2H_5OH$, entsteht bei der Hefegärung nach der Gleichung $C_6H_{12}O_6 = 2 CO_2 + 2 C_2H_5OH$. Der höchste in alkoholischen Getränken anzutreffende natürliche Alkoholgehalt beträgt etwa 20 Volumprozent, höher konzentrierte geistige Getränke sind Kunstprodukte. Eine Übersicht über den Prozentgehalt einiger geläufiger Getränke gibt die folgende Tabelle nach *Kochmann* (entnommen dem Lehrbuch von *Starkenstein-Rost-Pohl*):

| | | |
|---|---|---|
| Braunbier | 1— 3 | Vol.-Proz. |
| Lagerbier | 3— 3,5 | ,, |
| Bayr. Exportbier | 4— 5 | ,, |
| Porter und Ale | 7— 8 | ,, |
| Moselwein | 8 | ,, |
| Rheinwein | 8—10 | ,, |
| Champagner | 10—12 | ,, |
| Ungarische und spanische Weine | 15—20 | ,, |
| Korn, Kümmel usw. | 20—30 | ,, |
| Genever | 49 | ,, |
| Whisky | 55—60 | ,, |
| Rum, Arrak | 50—60 | ,, |

Die Verwendung des Alkohols als Genußmittel und seine allgemeine Zugänglichkeit sind die Gründe für die überragende Bedeutung, die er in der Toxikologie spielt. Die Zahl der Alkoholvergiftungen überwiegt nach *Gadamer* die aller anderen Vergiftungen zusammen. Die *gewerbliche* Vergiftung mit reinem Alkohol hat eine geringe Bedeutung. Was unter dieser Bezeichnung geht, sind in der Regel Vergiftungen durch die giftigen Bestandteile des *denaturierten* Alkohols (insbes. Methylalkohol). Bei der technischen Herstellung von Alkohol über Acetylen — Acetaldehyd bestehen Vergiftungsgefahren durch Begleitkörper.

In der Form — konzentrierter — geistiger Getränke führt der Alkohol aus den verschiedensten Ursachen und Anlässen zur *akuten* Vergiftung. *Lewin* bringt eine kurze Kasuistik über Fälle von Mord, Selbstmord, Vergiftung bei Trinkwetten, aus Unmäßigkeit, Übermut, durch Verwechslung (Kinder). Der normale Weg der Vergiftung ist allerdings die Aufnahme des Alkohols als Genußmittel. Er kann aber außer auf oralem Wege auch von der Haut und von den Schleimhäuten, von Wunden aus und durch die Lungen (als Dampf) zur Resorption gelangen. Es sind Fälle von schweren, ja tödlichen Vergiftungen nach Alkoholumschlägen bekannt geworden, besonders bei Kindern. Die klinischen Erscheinungen (über die Wirkung relativ geringer, toxikologisch im engeren Sinne nicht in Frage kommender Dosen s. d. Art.: Alkohol und Verkehrsunfall) der akuten Alkoholvergiftung sind je nach der Toleranz des Individuums außerordentlich verschieden stark ausgeprägt. Es kommt zunächst zu erhöhtem Selbstgefühl, Bewegungs- und Rededrang, Gedankenflucht und anderen auffälligen Enthemmungserscheinungen. Gleichzeitig bestehen Puls- und Atembeschleunigung, Hauthyperaemie, besonders des Gesichtes; die psychophysischen Reaktionen sind in diesem Stadium meßbar erschwert, Aufmerksamkeit und Auffassungsfähigkeit deutlich herabgesetzt. Man nimmt an, daß alle diese ersten Rauschsymptome nur zum geringsten Teile Erregungen, sondern vielmehr Lähmungserscheinungen von Hemmungsvorgängen sind. Die Verflachung des Gedankenganges, die Enthemmung der Willensantriebe und des Trieblebens, die Förderung von Bewegungsabläufen, die gesteigerte Gereiztheit führen zu jener typischen Gruppe von Gesetzesübertretungen, die man als ,,Alkoholdelikte'' im engeren Sinne bezeichnet (*Flaig*): Gewalttätigkeiten, Sexualverbrechen. Auch bei Diebstählen und bei Brandlegungen spielt der Alkohol eine Rolle. Mit zunehmendem Vergiftungsgrad treten die Enthemmungen in den Hintergrund und werden von Lähmungserscheinungen abgelöst: Puls und Atmung sind verlangsamt, das Gesicht wird bleich, es tritt Ataxie der Bewegungen auf. Mit Erbrechen, Somnolenz und schließlich tiefem Schlafe geht der Rausch über die Volltrunkenheit in das Stadium der schweren Alkoholvergiftung über. Dieser Zustand ist durch folgendes klinisches Bild (nach *Lewin*) charakterisiert: tiefe Besinnungslosigkeit, Erschlaffung der ganzen Körpermuskulatur, Totenblässe des Gesichtes, Herabhängen des Unterkiefers und der Lippen, Vorquellen der Augäpfel, Unregelmäßigkeit und Abnahme der Herz- und Atemtätigkeit, Sinken der Körperwärme, Cyanose, Erweiterung der Pupillen, Koma, Trismus und Konvulsionen. Besonders gefährlich ist die Aufnahme größerer Mengen konzentrierten Alkohols innerhalb kurzer Zeit, wie das etwa bei Trinkwetten gelegentlich vorkommt. Hier tritt der Tod oft nach wenigen Stunden bis nach einigen Stunden in tiefer Bewußtlosigkeit ein. Diese Bewußtlosigkeit entsteht manchmal schlagartig, der Betroffene stürzt plötzlich zusammen. *Tödliche* Vergiftungen sind bei Erwachsenen etwa von 300 g Alkohol (6—8 g/kg) an bekannt. Der Alkoholgehalt des Blutes beträgt dann 4—8 Promille. Kinder sind weit empfindlicher, für sie ist ein Zehntel dieser absoluten Menge schon lebensgefährlich. Die Mehrzahl der Todesfälle in Volltrunkenheit sind keine tödlichen Alkoholvergiftungen, sondern durch akzidentelle Umstände bedingt. Am wichtigsten ist die Beimischung hochgiftiger Denaturierungsstoffe, wie Methylalkohol, Aceton, Pyridin usw. Nicht selten erfolgt der Tod auch durch Aspiration von Erbrochenem. Nach eigener Erfahrung kommt das sogar bei nur mittelschweren Rauschzuständen vor. Bei der *Leichenöffnung* findet man — abgesehen von den akzidentellen Todesursachen — lediglich im Gehirn eine Hyperämie und ein Ödem, andere typische Befunde fehlen. Trotzdem kann in solchen Fällen die richtige Diagnose meist gestellt werden und zwar aus dem Alkoholgeruch, besonders des Mageninhaltes und des Gehirnes.

Im allgemeinen besteht in foro die Gewohnheit, bei der Beurteilung der Trunkenheit des Täters auf die Mitwirkung eines medizinischen Sachverständigen zu verzichten; das Gericht traut sich selbst die Entscheidung zu, ob und wie weit jene geistigen Fähigkeiten noch vorhanden waren, deren Fehlen Zurechnungsunfähigkeit bedingt. Rein medizinisch betrachtet ist die Trunkenheit eine Geistesstörung, die weitgehende Ähnlichkeiten mit bekannten Irreseinsformen, besonders mit der Manie, hat. Das trifft nicht nur auf die schwere Trunkenheit zu, sondern auch Rauschzustände geringeren Grades bedingen Momente, welche zu einem anormalen Verhalten des Betroffenen in bezug auf Gesetzesübertretungen führen. Es entspricht aber nicht nur dem praktischen Bedürfnis der Rechtspflege, sondern auch dem gesunden Empfinden, daß bei dieser selbstverschuldeten Bewußtseinsstörung ein anderer Maßstab an die Beurteilung der Zurechnungsfähigkeit gelegt wird, als bei geistigen Störungen im engeren Sinne. Trotzdem erscheint es bedenklich, eine ärztliche Beurteilung des Geisteszustandes in derartigen Fällen zu unterlassen. Die Übergänge von vorhandener zu verminderter und von dieser zur aufgehobenen Selbstbestimmungsfähigkeit sind fließend, auch schon beim gewöhnlichen Rausch. Dieser gilt als Strafausschließungsgrund nur in seiner schwersten Form, der Volltrunkenheit. Für die Diagnose des Trunkenheitsgrades stehen die Angaben des etwa Beschuldigten, die Angaben der Zeugen und das Ergebnis der Blutalkoholbestimmung zur Verfügung. Bei den Angaben des Beschuldigten wird viel Wert auf das Verhalten der Erinnerung gelegt. Der Wert dieses Symptomes ist jedoch problematisch. Zunächst ist es die einfachste und verbreitetste Verteidigungstaktik für im Rausch begangene Straftaten, Erinnerungslosigkeit zu behaupten. Der Nachweis der Unechtheit einer Amnesie ist oft sehr schwierig. Ist sie aber echt, so besteht noch die Frage, ob daraus auf eine Bewußtlosigkeit zur Zeit der Straftat geschlossen werden darf: es kann sich ja um eine retrograde Amnesie handeln, welche ihren Ausgang von einem schweren Trunkenheitsgrad genommen hat, welcher erst nach Begehung der Gesetzesübertretung entstanden ist. Andererseits beweist das Vorhandensein von Erinnerungsinseln nicht, daß keine Bewußtlosigkeit vorgelegen hat. Auch die Zeugenaussagen sind bei Trunkenheitsdelikten häufig minder brauchbar. Ein Teil oder alle Zeugen haben sich in der fraglichen Zeit selbst im Zustande geringeren oder stärkeren Rausches befunden, ihre Wahrnehmungen sind sowohl quantitativ als auch qualitativ unvollkommen, Erinnerungslücken werden nur zu leicht nachträglich — unbewußt — ergänzt. Einen wertvollen Hinweis vermag das Ergebnis der Blutalkoholbestimmung oft zu bieten. Bei Werten über 3 Promille ist die Zurechnungsfähigkeit schon höchst zweifelhaft. Es besteht allgemein das Bestreben, bei normalen Rauschzuständen der Zurechnungsfähigkeit möglichst weite Grenzen zu stecken, um nicht Verhältnisse zu schaffen, welche die Trunkenheit als einen Freibrief für Straftaten erscheinen lassen. In geeigneten Fällen bleibt die Strafbarkeit trotz „Bewußtlosigkeit" (§ 51 RStGB.) zur Zeit der Tat bestehen. Das Gericht geht dabei von einer Vorstellung aus, die im juristischen Sprachgebrauch als actio libera in causa bezeichnet wird. Man versteht

darunter, daß die im zurechnungsunfähigen Zustand begangene Tat von einem damals noch nicht in diesem Zustand befindlichen Täter vorausgesehen werden konnte oder sogar wurde. In Deutschland ist die Zahl der strafausschließenden Räusche überdies durch die Einführung des § 330 a RStGB. weitgehend gesunken. Nach diesem Gesetzesparagraphen wird bestraft, „wer sich vorsätzlich oder fahrlässig durch den Genuß geistiger Getränke . . . . in einen die Zurechnungsfähigkeit (§ 51 Abs. 1 RStGB.) ausschließenden Rausch versetzt, wenn er in diesem Zustande eine mit Strafe bedrohte Handlung begeht . . . . . . . ". Die Voraussetzung der Strafbarkeit nach § 330 a ist also ein Zustand, in dem die Begehung einer mit Strafe bedrohten Handlung überhaupt noch möglich ist (*Hallermann*). Auch die Annahme einer actio libera in causa schließt die Bestrafung nach § 330 a RStGB. aus. In den Gesetzen anderer Länder fehlt eine dem § 330 a entsprechende Formulierung, man ist deshalb dort geneigt, sogar bei bestimmten pathologischen Alkoholreaktionen die Verantwortlichkeit zu bejahen (*Benon*), um nicht jenen oben angedeuteten Zustand zu schaffen, in dem es für Rauschtaten „Jagdscheine" gibt.

Der akute Rauschzustand hat auch *zivilrechtlich* eine gewisse Bedeutung und zwar bei der sogenannten „Deliktsfähigkeit". Während nämlich die Verantwortlichkeit für einen „im Zustand der Bewußtlosigkeit oder in einem die freie Willensbestimmung ausschließenden Zustande krankhafter Störung der Geistestätigkeit" zugefügten Schaden aufgehoben ist, bleibt die zivilrechtliche Haftung bestehen, wenn sich jemand „durch geistige Getränke oder ähnliche Mittel in einen vorübergehenden Zustand dieser Art versetzt". Er ist dann „in gleicher Weise verantwortlich, wie wenn ihm Fahrlässigkeit zur Last fiele; die Verantwortlichkeit tritt nicht ein, wenn er ohne Verschulden in den Zustand geraten ist" (§ 827 BGB.). Deliktsunfähigkeit durch Trunkenheit besteht also z. B. dann, wenn jemandem aus Übermut, wie das gelegentlich vorkommt, heimlich etwa Schnaps ins Bier gegossen wird. Sowohl zivilrechtlich als auch strafrechtlich erscheint in einem solchen Falle die Voraussehbarkeit nicht gegeben und es sind dieselben Maßstäbe anzuwenden, wie bei nicht voraussehbaren pathologischen Alkoholreaktionen.

Wie schon erwähnt, pflegen die Gerichte ein ärztliches Gutachten bei Rauschdelikten nicht immer anzufordern. Wird aber ein solches Gutachten eingeholt, dann handelt es sich meist um Trunkenheitszustände, die ein besonderes Gepräge aufweisen. Der einfachste Fall ist die schon besprochene Volltrunkenheit. Außerdem gibt es Reaktionen auf Alkoholgenuß, die über den landläufig als Rausch bezeichneten Zustand hinausgehen. Es sind dies die *pathologischen Alkoholreaktionen*. Im wesentlichen unterscheidet man hier die Intoleranz und den pathologischen Rausch im engeren Sinne. Die *Intoleranz* kann eine angeborene (Psychopathen, Epileptiker) oder erworbene (Schädelverletzungen, Hirnerkrankungen, chronischer Alkoholismus) sein. Sie ist ferner entweder dauernd (angeboren oder erworben) oder akut (Krankheit, Depression, bestimmte gewerbliche Vergiftungen, wie z. B. mit Quecksilber, Blei, Schwefelkohlenstoff, Anilin und anderen; auch besondere Zustände nicht krankhafter Natur, wie Erschöpfung, Hunger, Affekte). Das einzige wirkliche Charakteristikum der Intoleranz ist das Mißverhältnis zwischen der geringen Alkoholzufuhr und der Schwere des Rauschzustandes. Während es sich bei der Intoleranz um quantitative Verschiebungen in der Giftempfindlichkeit handelt, ist der eigentliche „*pathologische Rausch*" eine *qualitative* Änderung der Alkoholreaktion, die entweder zu einer Intoleranz hinzutritt oder auch selbständig auftritt. Der pathologische Rausch ist durch bestimmte Elemente „echter" Geisteskrankheiten charakterisiert, deren wichtigste Wahnvorstellungen, Sinnestäuschungen und eine meist nach der negativen Seite hin krankhafte Affektlage sind. Zorn, Angst, Vorstellungen von Gefahr sowie die Verkennung der Situation und Umgebung führen besonders deshalb so oft zu schweren Gesetzesverletzungen, weil die motorischen Reaktionen voll erhalten sein können. Es tritt keine Ataxie, kein Taumeln, kein Lallen auf, der Betroffene drückt sich verständlich aus. Dieses Verhalten kann einerseits dazu führen, daß ein solcher Mensch als nüchtern angesehen wird, andererseits bietet sich — besonders bei den manischen Formen — ein Bild dar, das gerade vom Laien eher für eine Psychose als für Trunkenheit gehalten wird. Der pathologische Rausch kann in jedem Stadium der Trunkenheit auftreten, er beginnt in der Regel ganz akut, dauert meistens nur kurz, minutenlang bis zu einer halben Stunde. Er endet mit tiefem Schlafe, nach dem Erwachen besteht Amnesie, gewisse Erinnerungsinseln können bestehen bleiben. In diagnostischer Hinsicht ist noch von Bedeutung, daß die Handlungen im pathologischen Rausch manchmal in Beziehung zu Affekten und Motiven stehen, welche Inhalt des Wachbewußtseins waren. Diese scheinbare Motivierung der Anfälle ist deshalb in foro oft noch um so zweideutiger, weil der pathologische Rauschzustand durch Augenblicke relativ klaren Bewustseins unterbrochen sein kann, in denen auch schwierige psychische Leistungen anstandslos ausgeführt werden. Differentialdiagnostisch zum normalen Rausch kommt die verschiedene Reaktion auf plötzliche äußere und ungewöhnliche Ereignisse in Frage: der pathologische Rausch wird dadurch in der Regel verstärkt, während der normal Betrunkene fast ausnahmslos schlagartig ernüchtert wird, es sei denn, er ist volltrunken. Bei Volltrunkenheit aber ist eine Verwechslung mit einem pathologischen Rausch kaum möglich, außerdem würde ein derartiger Zustand in der Mehrzahl der Fälle an sich schon die Zurechnungsfähigkeit ausschließen, also, abgesehen von der Voraussehbarkeit, gleich zu bewerten sein wie ein pathologischer Rauschzustand. Neben der eben beschriebenen „epileptoiden" Art des pathologischen Rausches gibt es noch eine andere Form, den „deliranten" Rausch. Dieser ist (*Mueller*) als abortives Delir (s. später) aufzufassen, er tritt also bei Gewohnheitstrinkern auf und ist charakterisiert durch Unruhe, Halluzinationen, Angstzustände. Die Orientierung ist meist erhalten, die Affektlage nicht so gespannt wie beim epileptoiden Rausch. Die Erinnerung ist weniger gestört. Die Diagnose dieser Rauschform stößt auf keine besonderen Schwierigkeiten. Komplizierter liegen die Verhältnisse bei einer noch kurz zu erwähnenden dritten Form des pathologischen Rausches, die, fälschlich mit normalen Alkoholreaktionen in einen Topf geworfen, als „alkoholischer Dämmerzustand" bezeichnet wird. Es handelt sich dabei um ein Krankheitsbild, das sich nicht von Dämmerzuständen nichtalkoholischer Genese unterscheidet und nur dann als pathologische Alkoholreaktion gewertet werden darf, wenn es die Stigmata des protrahierten epileptoiden Rausches aufweist. Nach verbreiteter Ansicht handelt es sich bei einer Reihe dieser Zustände um alkoholisch ausgelöste epileptische Äquivalente.

Auch bei den krankhaften Alkoholreaktionen bietet die Bestimmung des Blutalkoholgehaltes mitunter wertvolle diagnostische Möglichkeiten, weil sie imstande ist, den Beweis für die relativ geringe Alkoholaufnahme zu liefern. Die experimentelle Erzeugung einer krankhaften Reaktion im sogenannten

„*Alkoholversuch*" ist meist zwecklos. Der negative Ausfall beweist nichts, und auch die Bewertung eines positiven Ergebnisses wird zu berücksichtigen haben, daß zumindest die quantitative Toleranz unter den geänderten Verhältnissen (Gefängnis, Anstalt, Abstinenz) weitgehend geändert sein kann. Übrigens werden gerade diejenigen Fälle, in denen die erwartete Reaktion eintritt, am wenigsten Anlaß zu dem sehr umstrittenen Alkoholexperiment geben, weil es sich dabei um die dauernd Intoleranten handelt, deren Erkennung oft schon aus der Anamnese und aus den gerichtlichen Ermittlungen möglich ist.

Die *Beurteilung der Zurechnungsfähigkeit* bei den krankhaften Alkoholreaktionen bietet, auch wenn man die Diagnose richtig gestellt hat, noch gewisse Schwierigkeiten. Man hat streng die Intoleranz vom pathologischen Rausch zu trennen, der stets die Zurechnungsfähigkeit ausschließt. Auf den Rausch des Intoleranten sind die Maßstäbe anzuwenden, die für den gewöhnlichen Rausch gelten, bei sinnloser Trunkenheit ist also zu exkulpieren. Wenn man zu der Entscheidung gekommen ist, daß ein die Zurechnungsfähigkeit ausschließender Zustand vorgelegen hat, kann auch bei pathologischen Alkoholreaktionen nach dem deutschen Strafgesetz die Bestrafung nach § 330 a erfolgen. Es kommt hier im wesentlichen auf die Voraussehbarkeit des Zustandes an. Der § 330 a setzt voraus, daß sich der Täter vorsätzlich oder fahrlässig in seinen Zustand versetzt hat. Eine Fahrlässigkeit wird der Gutachter dann nicht annehmen können, wenn es sich um eine pathologische Alkoholreaktion bei Jugendlichen handelt oder wenn es bei Erwachsenen die erste derartige Reaktion ist, oder wenn jemandem gegen seinen Willen bzw. ohne sein Wissen Alkohol beigebracht wurde. Dazu kommen noch gewisse Fälle akuter erworbener Intoleranz, in denen die Voraussehbarkeit ebenfalls nicht gegeben erscheint.

Der Begriff des *chronischen Alkoholikers* (Trinkers) ist mehrdeutig. Man wendet ihn zunächst an die Süchtigen an, das sind diejenigen, die auf Alkoholgenuß mit triebhaftem Verlangen nach neuerlichem Genuß reagieren. Im Sinne einer chronischen Vergiftung ist derjenige ein Trinker, welcher klinische Erscheinungen des dauernden Mißbrauches zeigt. Gerichtlich-medizinisch im engeren Sinne ist jene Definition, die den als Trinker bezeichnet, der infolge allmählicher Einwirkung des Alkohols eine Veränderung seines gesamten seelischen Zustandes erleidet, welche ihn als Täterpersönlichkeit einer besonderen Beurteilung bedürftig macht. Diese Definition bedingt bereits eine Auseinandersetzung mit der Frage nach den Ursachen des chronischen Alkoholismus, welche sich aber an dieser Stelle auf den Hinweis beschränken kann, daß der chronische Trinker nicht generell als Psychopath angesehen werden darf; ebensowenig sind andererseits die festgestellten psychischen und ethischen Defekte allein oder auch nur vorwiegend die Folgen der chronischen Vergiftung. Nach überwiegend herrschender Ansicht sind beide Faktoren von Bedeutung. Die zu einer gewaltigen Literatur angeschwollenen Untersuchungen über genodegenerative Folgen des chronischen Alkoholismus haben bisher keinen eindeutigen Nachweis für einen derartigen Zusammenhang erbracht, man muß (*Jahrreis*) vielmehr annehmen, daß es zwar zu einer Phänodegeneration (Schlechterwerden der nächsten Generation im Erscheinungstypus) kommt, daß aber eine echte Erbentartung nicht erfolgt.

Die *kriminogene Wichtigkeit* des Alkoholismus geht aus zwei Umständen hervor: die relative Zahl der Trinker unter den Rechtsbrechern ist außerordentlich groß und die von solchen Personen begangenen Rechtsbrüche sind von zwingender Gleichartigkeit

(Bettel, Arbeitsscheu, Eigentumsdelikte, Sexualdelikte). Ursächlich bedeutsam sind die Schädigungen auf ethischem und intellektuellem Gebiete, die Willensschwäche, auch die körperlichen Erscheinungen. Diese Veränderungen bedingen als weiteren kriminogenen Faktor den sozialen Abstieg des Trinkers. Die zur Mitwirkung des Gerichtsarztes führenden *strafbaren Handlungen* des Trinkers werden in der Mehrzahl der Fälle im Zustande akuter Trunkenheit ausgeführt. Hierbei gilt als Beurteilungsgrundlage das vorn Ausgeführte, wobei besonders an die Bedeutung des chronischen Alkoholismus als Ursache einer Intoleranz erinnert sei. Handelt es sich um Straftaten eines Trinkers, die nicht in unmittelbarem Zusammenhange mit einem einzelnen alkoholischen Exzeß stehen, so ist es (obgleich beim Trinker organische Schäden am Zentralnervensystem bestehen) übereinstimmende forensisch-psychiatrische Lehrmeinung, daß Zurechnungsfähigkeit in der Regel anzunehmen ist, vorausgesetzt, daß nicht eine alkoholische Geistesstörung im engeren Sinne vorliegt.

Die *Diagnose des chronischen Alkoholismus* kann außer durch die Angaben des Betroffenen und seiner Umgebung auch aus den körperlichen Befunden (neurologische Symptome, z. B. die Alkoholamblyopie, Leberschädigung usw.) gestellt werden. Neben dem allgemeinen Status hier die fast nie fehlenden regelmäßigen Abstinenzerscheinungen (vomitus matutinus, tremor alcoholicus) verwertbar.

Die alkoholischen *Geistesstörungen* haben keine besondere forensische Bedeutung. Das *Delirium tremens*, der Säuferwahnsinn, ist die häufigste akute Psychose der Trinker. Anlaß zu ihrem Ausbruch geben psychische und körperliche Traumen, sowie besonders Vermehrungen und Verminderungen der gewohnten Alkoholdosis. Gerade weil das Delir sehr oft Abstinenzerscheinung ist, ergeben sich gelegentlich Anlässe zu Irrtümern, nämlich dann, wenn es in der Haft oder in der Anstalt als Folge der Entziehung auftritt. Ein derartiger Zustand steht natürlich in keiner unmittelbaren Beziehung zur geistigen Verfassung im Zeitpunkte der Straftat. Gesetzesübertretungen im Delirium selbst, wie sie gelegentlich als Angst- und Abwehrreaktionen infolge von Sinnestäuschungen auftreten, dürfen dem Täter nicht zugerechnet werden. Die *Trinkerhalluzinose* (erhaltene Orientierung, Halluzinationen) und die *Korsakoff*sche *Psychose* (Verlust der Merkfähigkeit, Amnesie, Desorientierung, Erinnerungstäuschungen) spielen in strafrechtlicher Beziehung kaum eine Rolle. Wichtiger ist dagegen der Eifersuchtswahn der Trinker, im weiteren Sinne alle paranoiden Erkrankungsformen mit sexuellem Einschlag. Es kommt dabei infolge des lebhaften Affektes mitunter zu schwersten Gewalttaten, deren krankhafte Motivierung jedoch meist leicht festzustellen sein wird. Allerdings ist zu beachten, daß Konflikte sexueller Art auch beim „normalen" chronischen Trinker recht häufig sind und bei der gesteigerten Affektivität dieser Individuen zu schwersten Reaktionen Anlaß geben können. Es darf an dieser Stelle erwähnt werden, daß Potenzstörungen auch bei sicher festgestelltem langjährigen Alkoholismus ohne entsprechende Untersuchung angenommen werden dürfen, wiewohl sie in der Regel vorhanden sind.

Für den ärztlichen Sachverständigen ist die *Begutachtung Trunksüchtiger* sowohl im zivilen als auch im strafrechtlichen Verfahren häufig notwendig. Nach dem deutschen BGB. kann entmündigt werden, „wer infolge von Trunksucht seine Angelegenheiten nicht zu besorgen vermag oder sich und seine Familie der Gefahr des Notstandes aussetzt oder die Sicherheit anderer gefährdet . . ." (§ 6 Abs. 3 BGB.).

Nützt die einfache Entmündigung nicht, so kann durch Anordnung des Vormundes die Unterbringung in einer Trinkerheilanstalt erfolgen (§ 1361 BGB. und § 11 der Grundsätze der Reichsregierung über Voraussetzung, Art und Maß öffentlicher Fürsorgeleistung vom 27. 3. 1923, RGBl. I, S. 379). Eine solche Unterbringung kann auch durch die Landesversicherungsanstalten — auch bei Nichtversicherten — erfolgen (§ 1269 und § 1305 RVO.). Ist ein Trinker als ein gemeingefährlicher Geisteskranker anzusehen (schwere Fälle von Trunksucht erfüllen nach einem Ministerialerlaß vom 27. 1. 1933 — MBliV. S. 43 — diese Bedingung), so kann die Einweisung in eine Anstalt auch durch die Polizei geschehen. In strafrechtlicher Hinsicht kann das Gericht bei Alkoholikern, die nicht als geisteskrank anzusehen sind, auf Grund von § 42 c StGB. die Unterbringung in einer Entziehungsanstalt oder in einer Trinkerheilanstalt anordnen, wenn eine Verurteilung wegen eines Verbrechens oder Vergehens oder wegen Volltrunkenheit (§ 330 a StGB.) erfolgt ist. Der chronische Alkoholismus an sich ist strafbar, wenn sich jemand „. . . dem Trunk . . . dergestalt hingibt, daß er in einen Zustand gerät, in welchem zu seinem Unterhalt oder zum Unterhalte derjenigen, zu deren Ernährung er verpflichtet ist, durch Vermittlung der Behörde fremde Hilfe in Anspruch genommen werden muß" (§ 361 Abs. 1 Z. 5 StGB.). Der erbbiologischen Ausmerze von Trinkern dient der § 1 Abs. 3 des Gesetzes zur Verhütung erbkranken Nachwuchses: „ferner kann unfruchtbar gemacht werden, wer an schwerem Alkoholismus leidet". Diese Maßnahme erfolgt selbstverständlich oft erst in einem Zeitpunkte, in dem schon Nachkommen vorhanden sind. Im Interesse der Kinder von Trinkern besteht die gesetzliche Möglichkeit der Anordnung von Schutzaufsicht oder Fürsorgeerziehung (§ 63 und § 67 Reichsjugendwohlfahrtsgesetz.)

Die *Diagnose des chronischen Alkoholismus bei der Leichenöffnung* macht in der Regel keine Schwierigkeiten. Biertrinker haben ein mächtiges Fettpolster, Schnapstrinker sind mager. Bei der äußeren Besichtigung fallen oft charakteristische Veränderungen der *Haut* auf: Acneeruptionen im Gesicht, Sklerodermien, Hautausschläge, blaue Verfärbung der Nase und der Wangen, cyanotisches Rhynophyma. Das *Unterhautfettgewebe* hat oft eine eigenartige blaßgelbe Farbe, das Netz und die Nierenkapsel sind bei Biertrinkern sehr fettreich. Die hypertrophische Veränderung des *Herzens* (Bierherz) betrifft besonders den linken Ventrikel, man findet hochgradige Fettdurchwachsung der Muskelfasern. Die *Leber* zeigt gesteigerte Fettspeicherung (hypertrophische Fettleber, Säuferleber) manchmal mit cirrhotischem Einschlag. Die Möglichkeit alkoholischer Genese einer Lebercirrhose ist nicht unbestritten. Rote Granularatrophie der *Niere* ist ein sehr häufiger Befund bei Trinkern, die diagnostische Verwertbarkeit einer Nierensklerose wird im allgemeinen abgelehnt. Makroskopisch erkennbare Schäden im Sinne einer Atrophie zeigen meist auch die *Hoden*, es gibt aber auch Fälle, in denen keine Besonderheiten aufgefunden werden können. Papilläre Wucherung der *Zunge*, Leukoplakien der *Speiseröhre*, chronische Pharingitis vermögen ebenfalls einen gewissen Hinweis zu bieten. Eine selten fehlende Erscheinung ist die mächtige Ausbildung der *Magen*muskulatur bei umschriebener Schleimhautwucherung (État mamilloné). Die zarten *Hirn*häute sind getrübt, oft verdickt (Meningealfibrose). Der Befund einer *Pachymeningitis haemorrhagica interna* (s. d.) erlaubt mit großer Wahrscheinlichkeit den Schluß auf Alkoholismus, obwohl die Erkrankung nicht spezifisch ist. Nicht minder tiefgehend sind die vielfältigen Veränderungen der *Gehirn*substanz und der Elemente des *Rückenmarkes* und der *peripheren Nerven*; in Zweifelfällen empfiehlt es sich daher, eine entsprechende histologische Untersuchung zu veranlassen.

*Schrifttum.*

*Benon, R.:* Épisode délirant alcoolique et responsabilité. Ann. Méd. lég. **17**, 379 (1937). — *Flaig, J.:* Kriminalität der Rohheitsstraftaten und Alkoholgenuß. Kriminal. Mh. **10**, 150 (1936). — *Gadamer:* Lehrbuch der chemischen Toxikologie. Göttingen 1924. — *Hallermann, W.:* Die Beurteilung der Trunkenheitsdelikte im Rahmen der neuen Gesetzgebung. Dtsch. Z. gerichtl. Med. **28**, 83 (1937). — *Hoppe, J.:* Die Tatsachen über den Alkohol. München 1912. — *Jahrreis, W.:* „Alkoholismus" in: Handwörterbuch der Kriminologie. Berlin u. Leipzig 1933. — *Kochmann: Heffters* Handb. d. exper. Pharm. **1**, 266 (1923). — *Kolf, P.:* Akute Rauschzustände und ihre gerichtlich-psychiatrische Beurteilung. Der Öffentliche Ges.-dienst **3 A**. 696 (1937). — *Lewin:* Gifte und Vergiftungen. Berlin 1929. — *Mönkemöller:* Der pathologische Rauschzustand und seine forensische Beurteilung. Arch. Krim. **59**, 120 (1914). — *Mueller, B.:* Zur Terminologie und forensischen Beurteilung alkoholischer Rauschzustände. Dtsch. Z. gerichtl. Med. **14**, 296 (1930). — *Petri, E.:* Pathologische Anatomie und Histologie der Vergiftungen in: Handb. d. speziellen pathol. Anatomie und Histologie (*Henke Lubarsch*). Berlin 1930. — *Starkenstein-Rost-Pohl:* „Toxikologie". Berlin-Wien. 1929 — *Wagner-Jauregg:* Die alkoholische Geistesstörung. In v. *Hofmann-Haberda*, Lehrbuch der gerichtlichen Medizin, 11. Aufl., 1138. Berlin u. Wien 1927. — *Zangger: Flury* und *Zangger*, Lehrbuch der Toxikologie. Berlin 1928. **Elbel.**

**Atox** siehe *Schädlingsbekämpfungsmittel.*

**Ätzkali** siehe *Lungenvergiftungen.*

**Ätzkalk** siehe *Calcium.*

**Ätznatron** siehe *Lungenvergiftungen.*

**Afrik** siehe *Faserstoffe.*

**Agaricin** siehe *Pilzvergiftungen.*

**Agathin** siehe *Phenylhydrazin.*

**Aggravation** (= A.).

*Begriff der A.:* Unter A. versteht man eine bewußte Übertreibung der Beschwerden oder Symptome von seiten eines tatsächlich vorhandenen, aber an sich nur geringfügigen oder gutartigen Leidens körperlicher oder seelischer Art. Objektive Krankheitserscheinungen, zumindest aber subjektives Krankheitsgefühl müssen unbedingt vorhanden sein, sonst liegt nicht A., sondern echte *Simulation* (s. d.) eines Leidens vor. (A. wird auch noch als „partielle Simulation" bezeichnet, ein Ausdruck, welcher im Interesse einer einheitlichen Nomenklatur besser nicht mehr gebraucht würde.) A. braucht jedoch nicht nur subjektive Verstärkung von Beschwerden zu bedeuten, sondern der Begriff ist auch dann anzuwenden, wenn Behandlungserfolge bzw. funktionelle Besserung bei einer Erkrankung abgeleugnet oder unterdrückt werden.

*Ursachen:* Stets dient die A. der Erreichung eines bestimmten Zweckes. In den harmloseren Fällen werden dem Arzt aus ängstlicher Besorgnis heraus Krankheitssymptome in stärkerem Maße demonstriert, Beschwerden eindringlicher geschildert, als sie tatsächlich sind, um den Arzt zum Eingreifen zu überreden (Gegensatz zur *Dissimulation* [s. d.], wo aus Furcht vor schmerzhafter Behandlung Krankheitserscheinungen abgeleugnet oder bagatellisiert werden). Meist sind jedoch die Motive einer A. verwerflicher, asozialer Art: Es wird dann angestrebt, länger als es erforderlich wäre, das „bequeme Leben" in einem Krankenhaus oder einer Heilstätte zu genießen oder durch subjektive Verstärkung von Unfallfolgen eine Rente bzw. Erhöhung einer solchen zu erreichen. Bevölkerungspolitisch bedenklich waren früher jene Fälle, wo Frauen durch A. von Schwangerschaftsbeschwerden oder postpartalen Beschwerden Schwangerschaftsunterbrechung bzw. Sterilisation erstrebten.

*Häufigkeit:* A. ist sehr viel häufiger als echte Simulation. Dies erklärt sich einmal dadurch, daß es sehr viel leichter ist, bei einem tatsächlich vorhandenen Leiden den *Grad* der gesundheitlichen Beeinträchtigung zu verstärken und zu übertreiben, aber ungleich schwieriger, bei in Wahrheit bestehender völliger Gesundheit ein Leiden vorzutäuschen oder diese Täuschung längere Zeit konsequent durchzuführen. Dann sind zur Erfüllung des Tatbestandes einer A. ja bei weitem nicht so viele moralische Bedenken zu überwinden wie bei der, einen glatten Betrug darstellenden, reinen Simulation. Demzufolge ist ebenfalls der *Personenkreis* bei A. ungleich ausgedehnter als bei echter Simulation; ist doch A. als Ausdruck „rein menschlicher Schwäche" psychologisch gesehen leicht zu erklären und zu verstehen. Denn es findet sich hier nicht diese enge Bindung an die neuro- oder psychopathische Persönlichkeit. Wohl aggravieren allerdings Hysterische gern; bekannt ist auch die große Zahl der debilen „Krankenhausläufer", die hierfür in Frage kommen. Doch ist, wie jedem Arzt bekannt, A., besonders natürlich in den geringeren Graden ihrer Ausprägung, auch bei geistig nicht Abartigen verhältnismäßig häufig.

*Vorkommen:* Allgemein ist die A. oft anzutreffen bei der Schmerzempfindung. Bei der Beurteilung ergeben sich hierbei Schwierigkeiten insofern, als es naturgemäß individuell verschiedene Grade der Widerstandsfähigkeit gegen Schmerzen überhaupt gibt. Auf dem Gebiete der inneren Medizin sind es besonders die Magen-Darmerkrankungen, bei welchen am häufigsten Übertreibungen vorkommen. Auch bei diabetischer Glykosurie wird A. häufig gefunden und zwar mit Hilfe von Diätfehlern oder Beimengung von Traubenzucker zum Urin. Hierbei handelt es sich um A. durch Nichtanwendung therapeutischer Maßnahmen bzw. Gegenmaßnahmen gegen die einer baldigen Wiederherstellung oder Besserung dienenden ärztlichen Vorschriften, kombiniert mit groben betrügerischen Maßnahmen. *Baader* und *Symanski* berichten auch von neuerdings vorkommender A. von Berufskrankheiten. So z. B. Vortäuschung einer schweren Staublunge bei in Wirklichkeit nur vorhandener leichter oder mittelschwerer Art einer solchen. Demonstriert werden hierbei höhere Grade der Beeinträchtigung von Kreislauf- und Atemtätigkeit als wirklich vorhanden. Gewerbliche Bleivergiftung wird durch Einnehmen metallischen Bleies (oder Letternmetall) zu prolongieren versucht. In letzterem Falle liegt zweifellos versuchte *Selbstbeschädigung* (s. d.) zum Zwecke der Verschlimmerung eines bestehenden oder Wiederentstehung eines bereits abgeklungenen Leidens vor. Auch bei mechanischem Offenhalten von Wunden durch Betupfen mit ätzenden Mitteln oder anderen Arten mechanischer Verhinderung der Heilung, Unterhalten von Fisteln u. ä. auf chirurgischem Gebiet handelt es sich um Selbstbeschädigung zum Zwecke einer A. Reine A. chirurgischer Leiden besteht meist in der Unterdrückung tatsächlich vorhandener funktioneller Besserung, in Übertreibung der Operationsfolgen oder subjektiver Verzögerung der Rekonvaleszenz. In der Gynäkologie findet man häufiger Übertreibung der Beschwerden nach Unterleibsoperationen sowie A. der körperlichen Behinderung zum Zwecke einer länger dauernden Arbeitsunfähigkeit nach stattgehabter Geburt. A. der Schwangerschaftsbeschwerden, um eine Unterbrechung zu erreichen, wird heute in Deutschland, da praktisch erfolglos, kaum mehr versucht werden. Eine große Rolle spielt die A. von Unfallfolgen und zwar nicht nur durch Übertreibung der tatsächlichen Verletzungsfolgen, sondern durch Auswirkungen des sog. Unfallshocks. Es ergeben sich hier Beziehungen zu dem medizinisch und juristisch interessanten Gebiet der Unfallneurose (vgl. darüber ausführliche Abhandlung bei *de Crinis* und *Schumacher*).

*Erkennung:* Es gelten hier dieselben Voraussetzungen wie bei der Simulation und Dissimulation. Für die einzelnen Fachgebiete sind genaue Methoden ausgearbeitet, die ebenso wie zur Erkennung der Simulation auch zur Feststellung von Übertreibung führen können. Notwendig ist eine Beurteilung der Gesamtpersönlichkeit, besonders auch bezüglich des *Genesungswillens* und etwa vorhandener *Arbeitsscheu.*

*Rechtliche Beurteilung:* Krasse Fälle von A. können, wenn sie mit groben Täuschungsmanövern einhergehen, als Betrug beurteilt werden. Ebenso können, wie im kommenden deutschen Strafrecht vorausgesehen, Strafbestimmungen bei Angriffen auf die Arbeitskraft Anwendung finden, denn danach sind auch Fälle der Arbeitsverweigerung aus Arbeitsscheu sowie Müßiggänger strafbar. Es wäre möglich, daß die dort vorgesehenen Voraussetzungen auch einmal bei einem chronischen Krankenhausläufer sowie bei arbeitsfähigen Menschen mit fehlendem Genesungswillen als gegeben anzusehen sein würden. Denn die sozialpolitische Bedeutung, auch der A., ist eine große. Entstehen doch der gesamten Sozialversicherung zweifellos durch A. von Krankheitserscheinungen und Krankheitsfolgen erhebliche Mehrkosten, ganz abgesehen von der dadurch verlorenen, bei der heutigen angespannten Wirtschaftslage unentbehrlichen Arbeitskraft. Eine A. ist somit, ebenso wie Simulation, eindeutig als Ausfluß asozialer Einstellung zu werten. Weitere Gesichtspunkte s. d. Art.: Selbstbeschädigung.

*Schrifttum.*

*De Crinis:* Gerichtliche Psychiatrie, Handbücherei für den öffentlichen Gesundheitsdienst, **15**, Berlin 1938. — *Baader* und *Symanski; Schumacher* sowie weitere ausführliche Literaturangaben s. bei *Mayr*, Handb. der Artefakte, Jena 1937.

**Jungmichel** und **Manz.**

**Agnoszierung** siehe *Identitätsfeststellung an Leichen; Identitätsfeststellung von lebenden Personen.*

**Agonale Verletzungen** (= a. V.). (Vgl. auch Art.: Agonie; Vitale Reaktionen.)

Die in der Agonie, im Sterben entstehenden Verletzungen sind als Übergang von den vitalen zu den postmortalen Verletzungen anzusehen. A. V. entstehen gelegentlich eines spontanen oder gewaltsamen Todes zufolge Zusammenbrechens, Auf- oder Herunterfallens usw. Am häufigsten sind Aufschürfungen, Quetschungen und Platzwunden am Kopfe, Rumpfe und den Extremitäten, die beim Zusammen- oder Herabfallen im Sterben aus einer andern, natürlichen Todesursache entstehen und meist an den dem Stoße besonders ausgesetzten Körperstellen sitzen, so am Kopfe: am Hinterhaupt, an den Scheitel- und Stirnhöckern, am Nasenrücken, an den Ohren, über dem Jochbogen und dem Jochbeine, an den Lippen, am Kinn und Unterkieferrande, ferner seltener auch an den Schulterhöhen, über den Schulterblattgräten, an den Ellbogenhöckern, Handrücken, an den Darmbeinkämmen, über den Trochanteren und den Kniescheiben.

Auch a. V. des Knochensystems kommen vor; häufig am Schädel: Brüche des Nasenbeins, des Jochbogens, der Schneidezähne, des Hinterhauptsbeins, der Schädelbasis; seltener an den Rippen, der Wirbelsäule (insbesondere Rißfrakturen der Halswirbelsäule zwischen V. und VII. Wirbel, *Orsós*), dem Becken und den Extremitäten, namentlich wenn der Sterbende gerade auf einer Treppe stand oder auf hervorragende Gegenstände auffiel. A. V. sind auch auf dem Schlachtfelde sowie bei Unglücksfällen (Explosionen, Erdbeben, Bränden usw.) häufig, indem mehrere Verletzungen einander folgen können.

Versuchter oder vollendeter Selbstmord in der Agonie kann Veranlassung von a. V. sein. Es finden sich z. B. zuweilen mehrere, teils ganz oberflächliche Schnittwunden am Hals, den oberen Extremitäten und Stichwunden in der Herzgegend. A. V. können bei Hilfeleistung oder Belebungsversuchen dem Sterbenden zufällig zugefügt werden. Wahre a. V. können bei unvorsichtiger Bergung von Erhängten bei Sturz aus größerer Höhe nach Durchschneiden des an einem Baumaste oder einem Treppengeländer befestigten Stranges entstehen, beispielsweise Schädel-, Wirbel- und Schenkelhalsbruch. Dagegen ist es keine agonale Verletzung, wenn bei Selbstmord durch Ertrinken zufolge Sprungs von erhöhter Stelle noch vor dem Ertrinken Verletzungen entstehen. Beim Zusammenbrechen, Zusammenknicken in der Agonie kann auch Bruch der verkalkten Kehlkopfknorpel zustande kommen (*G. Strassmann* und *E. Ziemke*), und zwar auch durch indirekte Gewalteinwirkung. Bruch der verkalkten oberen Schildknorpelhörner kann bei krampfhaftem Erbrechen namentlich bei verkalkten Ligamenta stylohyoidea und Lig. hyothyreoidea lateral. erfolgen (*Orsós*).

Hierher gehören auch die durch Wiederbelebungsversuche veranlaßten a. V., z. B. vertrocknete Hautaufschürfungen an der Herzgegend (zufolge Frottierung), seltener an den oberen Extremitäten und über den Schienbeinen. Durch Auftropfen von brennendem Siegellack, einer Kerze, durch Auflegen von Wärmeapparaten können agonale Brandblasen entstehen. Häufig sind die Spuren von in der Agonie vorgenommenen subcutanen, intramuskulären, intravenösen, intrakardialen, intrasinuösen, cisternalen und lumbalen Injektionen bzw. Punktionen. Die Injektionsstelle erscheint oft als rundlicher, bleicher, fahler, derber oder brandblasenartiger, häufig rötlich umsäumter Fleck. An der Schnittfläche zeigt sich das Gewebe je nach der Art der Injektion von der eingespritzten, evtl. charakteristisch riechenden Flüssigkeit (Äther, Campher) durchtränkt, manchmal wie gekocht, blutig infiltriert oder von Blutfarbstoff imbibiert. Die Stichöffnung liegt häufig exzentrisch. Bei vitaler oder agonaler Einspritzung enthält der Stichkanal meist wenig Blut.

In der Agonie kommen auch kleinere, teils mikroskopische *Blutungen* in verschiedenen Organen vor. Nach *Dahl* kommen agonale Blutungen zufolge Gefäßkontraktion im Gehirn regelmäßig vor, so in der Pia mater, unter dem Ependym, u. a. im 4. Ventrikel, und zwar ohne Zerstörung der Ganglienzellen. Ähnliche Blutungen findet man auch nach Kopftrauma. Die Blutungen im 4. Ventrikel (*Bernersche* Blutungen) unterscheiden sich in diesen Fällen nicht von den agonalen Blutungen und lassen keine Schlüsse bezüglich Todesursache, bzw. Kopftrauma zu. Die Bernerschen Blutungen sind nach *Dahl* mit den *Duret*schen nicht identisch. Auch kriminellen a. V. begegnet man, wenn nach einer schweren, die Agonie auslösenden Verletzung eine weitere beigebracht wird, oder wenn ein zufolge Krankheit oder anderweitigen Verletzung Sterbender zwecks Beschleunigung des Todes oder Vortäuschung eines Selbstmordes oder einer anderen Todesursache nachträglich noch verletzt wird.

Die Unterscheidung *agonaler* und *postmortaler* Verletzungen kann auf Grund makroskopischer und mikroskopischer vitaler Zeichen erfolgen. An faulen Leichen können namentlich die makroskopischen Zeichen mehrweniger verwischt oder verdeckt sein. Gewisse mikroskopische Zeichen, insbesondere die fibrinoide Koagulation der Ganglienzellen und die wächserne der Muskelfasern widerstehen oft auch hochgradiger Fäulnis. Die vitalen Zeichen, Erscheinungen und Reaktionen treten während der Agonie hauptsächlich in verminderter, teils auch veränderter Form auf. Zufolge des herabgesetzten Blutdrucks kann z. B. das Extravasat auffallend klein bleiben, die

Blutresorption am Zwerchfell, die Luft-, Fett- und Gewebsembolie ausbleiben, obwohl deren Vorbedingungen sonst gegeben sind.

Epithelabschürfungen, -Quetschungen und -Risse, Form und Grad der Eintrocknung, papilläre Blutungen, Farbe der Hautaufschürfung sind für die Entscheidung, ob ein vitaler oder ein agonaler Ursprung vorliegt, wenig geeignet. Die charakteristische Lage, der Mangel oder die starke Ausprägung der blutigen Infiltration können u. U. beweisend sein. Bekanntlich vermag Vertrocknung der Cutis auch nach Auflockerung, Quetschung und Rissen des Epithels, z. B. an Strangfurchen und an besonderen, relativ feuchten Hautstellen, an Lippen, Nymphen, Scrotum und entzündeten Hautstellen, einzutreten.

Die vorhandenen Blutungen bei a. V. sind im hältnis zur Schwere der Verletzung gering ausgebildet, teils wegen des herabgesetzten Blutdrucks *( Paltauf )*, teils wegen baldigen Stillstandes des Kreislaufs und Leerwerden der Capillaren der Cutis. Abhängige Körperstellen vermögen Ausnahmen zu bilden. Bei agonalen Brandverletzungen ist eingeatmeter Ruß und CO-Gehalt im Blute in geringem Maße festzustellen.

Wichtig ist der Nachweis der begleitenden mikroskopischen vitalen Zeichen und Reaktionen ( *Walcher, Orsós* ), z. B. der mikroskopischen Extravasate mit ihrem Fibringerüst, der fibrinoiden Entartung und der Metachromasie des Bindegewebs- und Gliafasern, der wächsernen Entartung der glatten Muskelzellen der Haut und der quergestreiften Muskelfasern, der Emulgierung des Fettgewebes ( *Orsós* ; s. d. Art.: Vitale Reaktionen).

Fehlen Blutungen oder sind solche wie auch die vitalen Reaktionen der Gewebselemente nur in Spuren vorhanden, so kann die Unterscheidung der a. V. von den postmortalen, aber noch während des intermediären Lebens d. h. vor der Totenstarre entstandenen auf Schwierigkeiten stoßen, da die Unterschiede hauptsächlich nur quantitativer sind ( *Orsós* ; Schrifttum s. d. Art.: Vitale Reaktionen).

Die Entscheidung, ob ein Zusammenstürzen und eine Verletzung zufolge eines Schwindelanfalles, einer Ohnmacht, Herzschwäche oder Apoplexie erfolgt ist, und der Tod zufolge der sekundären Verletzung oder aber einer der genannten primären natürlichen Vorfälle eingetreten ist, kann oft nur nach Erwägung aller Umstände des Vorgangs und des Obduktionsbefundes getroffen werden. Hinreichende anatomische Zeichen eines plötzlichen Todes und für die Erklärung des Todes nicht ausreichende Schwere der Verletzung sprechen für natürlichen Tod, dagegen ungenügende Anhaltspunkte für den Beweis des natürlichen Todes und Schwere der Verletzung dafür, daß der Tod zufolge der zufälligen sekundären Verletzung eingetreten ist. Bei schwerer anderweitiger Erkrankung und bei geringen vitalen Reaktionen (Blutungen) wird man z. B. Verletzungen des Schädels und der Wirbelsäule als agonale und die innere Erkrankung als die eigentliche Todesursache betrachten müssen.

Das Ausmaß der makroskopischen und mikroskopischen Reaktionen, besonders der Blutung in Verbindung mit den fallweise gegebenen andern Umständen ist geeignet, die Diagnose der agonalen Entstehung der Verletzung zu ermöglichen.

*Schrifttum.*

*Dahl:* Patholog.-anatomische und experimentelle Untersuchungen über die sog. Duret-Bernerschen Blutungen mit besonderer Berücksichtigung ihrer gerichtl.-mediz. Bedeutung und ihrer Beziehung zur Commotio cerebri. II. Gibt es agonale Blutungen? Dtsch. Z. gerichtl. Med. **29**, 4 (1938). — *Orsós:* Die vitalen Reaktionen und ihre gerichtsmedizinische Bedeutung. Beitr. path. Anat. **1935**, 95. — *Orsós:* Die vitale Reaktion des Nervensystems und deren gerichtsmedizinische Bedeutung. Dtsch. Z. gerichtl. Med. **25**, 4 (1935). — *Orsós:* Die Prädilectionsstellen der indirekten Verletzungen und der

chronischen traumatischen Erkrankungen der Halswirbelsäule. Arch. klin. Chir. **97**, 4 (1912). — *Paltauf, A.:* Über reaktionslose vitale Verletzungen. Wien. klin Wschr. **1889**, 37 und 39. — *Straßmann, G.* und *Ziemke:* Agonale Verletzungen der Halswirbelsäule und des Kehlkopfgerüstes bei natürlichem, plötzlichem Tod infolge Herzlähmung. Beitr. gerichtl. Med. **1924**, 6. — *Walcher:* Über vitale Reaktionen. Dtsch. Z. gerichtl. Med. **1930**, 15. — *Walcher:* Die vitale Reaktion bei der Beurteilung des gewaltsamen Todes. Dtsch. Z. gerichtl. Med. **1935**, 26.                          *Orsós.*

**Agonie** (= A.). (Vgl. auch Art.: Agonale Verletzungen; Leichenerscheinungen; Vitale Reaktionen.)

Die Bezeichnung A. (Agone, Todeskampf, Sterbezustand) stammt von dem griechischen Worte *Agon* = Wettkampf her. Man versteht darunter den Zustand eines Sterbenden, d. h. eines Kranken, bei dem sich Erscheinungen des nahen Todes zeigen, mit anderen Worten, bei dem sich in der Funktion der lebenswichtigen Organsysteme eine meist irreversible, also letale Störung einstellt und folglich die für das Leben unentbehrlichen Organ- und Systemfunktionen je nach den übrigen Bedingungen (Krankheitsart, Alter, Temperament usw.) entweder nach einer scheinbaren Steigerung, Krise, oder in Form eines allmählichen Abklingens erlöschen. Im allgemeinen versteht man jetzt unter A. den dem Tode vorangehenden Zustand, und unter *intermediärem Leben* die Zeitspanne nach dem Tode, in welchem die Gewebe und Zellen noch postmortale Lebenserscheinungen aufweisen. Ältere Autoren (z. B. *Bouchut, Josat*) machen einen Unterschied zwischen A. und *intermediärem Tode*. Nach *Josat* steigern sich gewissermaßen manche Lebenserscheinungen in der charakteristischen A., wohingegen sie im intermediären Zustand zu erlöschen scheinen. Der intermediäre Tod sei ein Übergang vom Ende der Krankheit, d. h. der A., zum Tode, ungefähr wie die Rekonvaleszenz der Übergang von der Krankheit zur Gesundheit ist. Die A. sei weit entfernt davon, immer mit denselben Symptomen zu verlaufen. Es sei zuweilen schwierig, die A. vom intermediären Tode zu unterscheiden. Die Pupillen sind nach *Bouchut* während der A. meist verengt, erweitern sich aber am Anfang des intermediären Zustandes.

Die A. geht mit gewissen somatischen und psychischen Symptomen einher, die gerichtlich-medizinische Bedeutung haben können. Wesentlich und alle übrigen Funktionen beeinträchtigend ist die gesunkene Herzkraft, die Atmung und der rasch oder allmählich eintretende Kollaps und Sopor. Die bekanntesten *körperlichen* agonalen Erscheinungen sind:

1. Stauungen und Hypostasen von Blut, Plasma, Lymphe und Sekreten. 2. Veränderungen des Blutes. 3. Infiltration, Imbibition, und antiperistaltische Verschiebungen von Sekreten und Exkreten. 4. Ansammlung, Eindickung von Sekreten und Eintrocknung gewisser Schleimhäute. 5. Entleerung von Magen, Mastdarm, Blase und Samenblasen. 6. Aspiration von Mageninhalt oder Blut, wobei Vorhandensein von bröckeligem Mageninhalt oder von mit Schleim und Luftbläschen vermengtem Blute in den kleinen Bronchien für Aspiration während der A. spricht. Der Befund von schleim- und luftbläschenfreiem Blute oder von flüssigem Mageninhalt in den Lungen und Zurückbleiben der Bröckeln im Magen machen Einfließen nach dem Tode sehr wahrscheinlich. 7. Thrombose in den Gefäßen und im Herzen.

Es ist bekannt, daß sich Hypostasen in Form der Leichenflecke schon während der A. einstellen können, z. B. bei Asphyxie und bei Cholera. Bei länger dauernder A. erleidet das Blut gewisse Veränderungen (Gerinnung). Schon *Litten* konstatierte die *agonale Leukocytose*, die namentlich bei verzögerter A. vorhanden ist und nach dem Tode zu massenhafter Fibrinausscheidung führt. Bei sehr kurzer A., z. B. bei rascher Erstickung, kann das zufällige Bestehen einer Hyperinose (infolge entzündlicher Erkrankung) zu massenhafter Fibrinausscheidung bzw. zur Gerinnung des Blutes führen. *Rohr* und *Hafter* studierten die Veränderungen des Blutes und des Sternalmarkes während der A. In vier Fällen trat in den letzten Stunden eine Leukocytose von 12—31 000 auf; in einem Falle eine Leukopenie von 5—10 000 auf 3300. Die Leukocytosen treten infolge des Erlahmens des Kreislaufes auf, sind also eher Verteilungs- als Ausschwemmungs-Leukocytosen. Die agonalen Veränderungen des Sternalmarks waren in den sechs untersuchten Fällen sehr gering, sehr stark dagegen die postmortalen. Bei den Zellen der erythroblastischen Reihe tritt die Karyorrhexis und die Deformierung (Amitose und Kernabschnürung) der Normoblastenkerne bereits in der A. ein. Die oxyphilen Elemente nehmen absolut zu, während die basophilen und polychromatischen abnehmen. Die Normoblasten zeigen also in der A. und nach dem Tode eine fortdauernde Reifung des Protoplasmas. Die agonale und postmortale Kernpyknose scheint aber weniger ein Reifungsprozeß als ein toxisch-degenerativer zu sein. Als Ursache kommt die starke Säuerung des Blutes und der Gewebe und letzten Endes die Anoxämie in Betracht. Forensisch könnten diese Ergebnisse für die Bestimmung der Todeszeit (*Walcher*), oder an in dünner Schicht eingetrockneten Knochenmarkspuren auch zur Bestimmung der intravitalen, agonalen oder postmortalen Zertrümmerung von Knochen Verwertung finden. Die Kenntnis der *Herztätigkeit* in der A. ist auch durch die Elektrokardiographie bereichert worden. Nach *Herles* überdauert die Herztätigkeit meistens die übrigen Lebenserscheinungen. Nur ganz ausnahmsweise erlischt die elektrische Aktivität des Herzens vor dem Atemstillstand. Das Elektrokardiogramm, d. h. die elektrische Aktion des Herzens läßt keinen Schluß auf die mechanische Aktion desselben zu. Zwischen beiden besteht kein Parallelismus. Die elektrische Aktivität kann noch bestehen, wenn die mechanische längst erloschen ist. Erstere kann nach Eintritt des Todes länger als 15—20 Minuten bestehen. Im Ablauf des Sterbens betrafen die Deformationen des Kammerkomplexes das RT-Segment und die T-Welle, wie bei Coronarsklerose. Die Art des Absterbens des Herzens und die Dauer des postmortalen EKG. sind nicht abhängig vom anatomischen Zustand des Herzens. Das EKG. zeigt (*Thiel* und *Bruns*) oft, auch wenn Puls und Herztöne schon erloschen sind, an, daß das Herz noch erregbar ist. Ist kein EKG. mehr erhaltbar, dann sind Wiederbelebungsversuche vergeblich.

Je nach dem durch die Krankheitsart bestimmten Ablauf der A. im allgemeinen sind auch die *psychischen* Symptome verschieden. Es kommen Excitations- oder Exaltationserscheinungen vor, die den Eindruck eines Wiedererwachens des Bewußtseins, der Intelligenz machen. Bei akuten fieberhaften Krankheiten beginnt die A. meist mit Kollaps und endet mit Sopor. Waren Delirien vorhanden, so dauern sie auch weiter, oft als mussitierende Delirien fort. Bei chronischen Krankheiten, wenn sie nicht das Gehirn selbst betreffen, kann die A. unter dem Bilde eines allmählichen oder unvermittelten Kollapses eintreten. In solchen Fällen kann das Bewußtsein bis zum Schlusse bestehen und der Sterbende letztwillig verfügen. Wird die A. durch ein somnolentes Stadium eingeleitet, das mit kürzerem oder längerem Sopor in den Tod übergeht, so besteht während der Somnolenz auch Betäubung und Indifferenz, so daß zivilrechtliche Akte nicht mehr ausgeführt werden können.

### Schrifttum.

*Bouchut: Les* signes de la mort, les moyens de prévenir les inhumations prématurées. 3. éd. Paris 1883. — *Bruns, O.:* Elektro-

kardiographische Kontrolle des Scheintodes und der Wiederbelebungsmöglichkeiten. Münch. med. Wschr. **II**, 1225—1228 (1931). — *Herles, F.:* Elektrokardiogramm des sterbenden Herzens. Cas. lék. česk. **1934**. — *Josat:* De la Mort et de ses caractères. Paris 1854. — *Litten:* Zur Pathologie des Blutes. Berl. klin. Wschr. **1883**, Nr. 27. — *Rohr, K.* und *E. Hafter:* Untersuchungen über postmortale Veränderungen des menschlichen Knochenmarks. Fol. haemat. **1937**, 58. — *Thiel, K.* und *O. Bruns:* Studien über Wiederbelebung. Das Absterben und die Wiederbelebung des Herzens. Z. exper. Med. **1934** 94.                    *Orsós.*

## Akonit und Aconitin.

*I. Aconitin.* Toxikologisch wichtigstes Akonitalkaloid ist das *Aconitin* $C_{34}H_{47}NO_{11}$, krist. in rhombischen Prismen, F. = 204, $[\alpha]$ D 20 = + 17°, fast unlöslich in Wasser, schwer in Äther und absolutem Alkohol, besser in Chloroform. Reagiert schwach alkalisch, schmeckt sehr bitter, erzeugt auf Zunge charakteristisches Prickeln und nachfolgend Anästhesie. Die praktisch ungiftige basische Grundlage des Aconitins, das *Aconin* $C_{25}H_{41}NO_9$, wird durch esterartige Absättigung mit Essig- und Benzoesäure zum hochgiftigen Aconitin.

*II. Vorkommen von Aconitin und weiteren Akonitalkaloiden:* Fast alle Akonitarten sind giftig und enthalten Aconitin oder mit diesem nahe verwandte Alkaloide.

1. *Aconitum Napellus, blauer Eisenhut:* Verbreitung: Europa, Asien, Nordamerika hauptsächlich in Gebirgsgegenden. Als Zierpflanze häufig in Gärten. Alle Teile der Pflanze sind giftig. Alkaloidgehalt stark schwankend etwa von 0,03—3 %. Wurzelknollen enthalten prozentual und absolut am meisten Alkaloide. Gehalt der Wurzelfasern kann vom Gehalt der Knollen stark verschieden, u. U. größer sein wie dieser. Samen sind neben Wurzelknollen die alkaloidreichsten Pflanzenteile. Gehalt der Blätter liegt bedeutend niedriger.

*Offizinell: Tubera Aconiti*, nach Pharm. Helv. V., mit vorgeschriebenem Alkaloidgehalt von 0,8 %, fehlt in DAB. 6. Gehalt der nicht eingestellten Wurzelknollen sehr wechselnd, am alkaloidreichsten vor der Blüte. Tubera Aconiti behalten ihre Wirksamkeit sehr lange, sogar über Jahrzehnte bei.

In Aconitum Napellus und nahe verwandten europäischen, namentlich aber ostasiatischen Arten, finden sich neben Aconitin weitere giftige Alkaloide, vor allem *Mesaconitin* $C_{33}H_{45}NO_{11}$ und *Hypaconitin* $C_{33}H_{45}NO_{10}$.

Das im Handel befindliche *amorphe Aconitin*, welches aus den amorphen Alkaloiden von A. Napellus besteht, ist weniger wirksam wie das *kristallisierte*. Unter den amorphen Alkaloiden ist *Picroaconitin* stark bitter, aber ungiftig und stellt ein bei der Isolierung aus Aconitin abgebautes *Benzoylaconin* dar. Weitere amorphe Alkaloide: *Neopellin* $C_{32}H_{45}NO_8$, von ähnlicher Giftigkeit wie Aconitin, und *Napellin.*

Von europäischen Akonitarten sind aconitinhaltig: *Aconitum variegatum* (Alpen, Schweiz, deutsche Mittelgebirge, Gebirge von Mittel- und Südeuropa), *Aconitum Stoerkianum* (hauptsächlich Gartenpflanze), *Aconitum paniculatum* (Alpen, Karpathen) mit dem ebenfalls stark giftigen Alkaloid *Paniculatin* $C_{29}H_{35}NO_7$, F. = 263° (*Brunner*).

2. *Aconitum Vulparia = Lycoctonum*, gelber Eisenhut, Wolfswurz (Süd- und Mitteleuropa, Asien, China).

Alle Pflanzenteile sind giftig, besonders der Wurzelstock, und enthalten die der Wirkung nach aconitinähnlichen Alkaloide *Lycaconitin* $C_{36}H_{46}N_2O_{10}$ (amorph) und *Myoctonin* $C_{36}H_{46}N_2O_{10}$ (amorph).

Der arzneilich nicht verwandte gelbe Eisenhut wurde früher als Pfeilgift (Wolfsgift) verwendet.

3. *Aconitum septentrionale* (in subalpinen Waldgegenden von Schweden und Norwegen). Enthält die weniger toxischen Alkaloide: *Lappaconitin*

$C_{32}H_{44}N_2O_8$, F. = 214°; *Septentrionalin* $C_{33}H_{46}N_2O_9$, F. = 131° und *Cynoctonin* $C_{36}H_{35}N_2O_{13}$, F. = 137°. Nach *Lewin* erzeugt *Lappaconitin* Krämpfe, später Lähmung, auch der Atemmuskeln, während gleichzeitig die Herztätigkeit abnimmt und der Blutdruck sinkt. *Septentrionalin* lähmt bei subcutaner Applikation sensible und motorische Nervenendigungen. Kann durch Atemlähmung zum Tod führen. *Cynoctonin* ist ein Krampfgift.

4. *Aconitum ferox.* Als *Mishmi Bish* oder *Bikh* in Annam, Nepal, Birma, Yunnan als Pfeilgift, auch bei Elefantenjagd und als Pfeilgift gegen Kolonialtruppen verwendet. Enthält das noch stärker wie Aconitin wirkende *Pseudaconitin* $C_{36}H_{51}NO_{12}$, F. = 214°. Kristallisiert in Prismen, sehr schwer in Wasser, leicht in Alkohol und Chloroform, schwer in Äther löslich. Eine andere asiatische Akonitart: *Aconitum spicatum*, enthält das sog. Bikhaconitin $C_{36}H_{51}NO_{11}$, F. = 118—123°, unlöslich in Wasser, löslich in Äther; der Wirkung nach wie Aconitin, entstammt also nicht dem Bikhakonit.

5. *Aconitum anthora* (südliches Europa, Steiermark, Südtirol, Krain, südl. Jura, Tessin, Dalmatien). Enthält die Alkaloide *Anthorin* und *Pseudanthorin*. Anthorin soll am Meerschweinchen als „Gegengift" gegen Aconitin wirken. Nach *Goris* (1937) ist Anthorin identisch mit Atisin.

6. In Gärten als Zierpflanzen verbreitet sind neben Aconitum Napellus die stark giftigen Arten *Aconitum bicolor*, *Aconitum Wilsoni* (China) und *Aconitum Fischeri* = subcuneatum (Kamtschaka); enthält das dem Aconitin chemisch und toxikologisch sehr nahe stehende, eher noch giftigere *Jesaconitin* $C_{35}H_{49}NO_{12}$ (amorph).

7. *Ungiftige Aconitumarten: Aconitum heterophyllum* (Himalaja) mit den ungiftigen Alkaloiden *Atisin* $C_{22}H_{31}NO_2$ (amorph) und *Isoatisin*; ferner *Aconitum palmatum mit dem ebenfalls unschädlichen* Alkaloid *Palmatisin* (krist.).

*III. Klinische Erscheinungen der Akonit- und Aconitinvergiftung. a) bei einmaliger Einnahme:* Aconitin wirkt erst lokal reizend (Parästhesien, Prickeln auf Haut, evtl. auch Rötung, Bläschen), dann lähmend auf sensible Endigungen; bewirkt also Anästhesia dolorosa. Schon 0,06 mg Aconitin per os bewirken nach einigen Minuten auf der Zunge Brennen, Schmerz, dann Taubheitsgefühl und vermehrte Speichelsekretion, Gefühl von Trockenheit und Zusammenschnüren des Schlundes.

Auf der Haut macht Aconitin, z. B. in Salben, Linimenten oder in alkoholischer Lösung, nicht nur starke lokale Reizwirkung mit nachfolgender Anästhesie, sondern es wird selbst von der intakten Haut sehr rasch resorbiert. Subcutan erzeugt Aconitin Rötung, Schwellung Schmerz; auch bei subcutaner Applikation treten die geschilderten Erscheinungen im Mund usw. auf. Bei lokaler Applikation am Auge erfolgt Miosis, als Resorptivwirkung Mydriasis, evtl. nach kurzdauernder Miosis.

Bei peroraler Applikation von 0,2 mg können die lokalen Erscheinungen schon fast unerträglich sein: es entsteht brennendes Gefühl im Schlund und Magen, heftige Magenschmerzen, Nausea, Erbrechen, seltener Kolik und Durchfall. Bei schwerer Vergiftung werden außerdem beobachtet: kalter Schweiß, Blässe, Zungensteifigkeit, Gefühl der Vertaubung im Gesicht und an den Gliedern, Unmöglichkeit zu sprechen, Trismus, Kopfschmerz, Schraubstockgefühl, Schwindel, Ohrensausen, Neuralgien, namentlich im Trigeminus. Es folgen dann schwere Beeinträchtigungen von Atmung und Kreislauf mit Dyspnoe, unregelmäßiger Atmung bis Aussetzen derselben, Herzschmerz, Angstgefühl bis Todesangst, irregulärer, frequenter, später unfühlbarer Puls, schwerster Kollaps, Facies Hippocratica. Nicht selten ist die Vergiftung auch begleitet von starkem Absinken der Körpertemperatur, ferner von schweren Störungen im Bereich der Sinnesorgane: Nebelsehen, Amaurose, Taubheit, Geschmacklosigkeit. Meist bleibt das Bewußtsein bis zum Todeseintritt erhalten. In seltenen Fällen psychische Verwirrung, Delirien oder Todeseintritt bewußtlos im Koma (*Coronedi*). Der Vergiftungsverlauf ist ein rascher, bei großen Dosen Todeseintritt meist schon in 2-4-6 Stunden an Atemlähmung, seltener an primärem Herzstillstand. Ausnahmsweise kann der Todeseintritt schon nach 15—30 Minuten erfolgen, wie in vereinzelten suicidalen Fällen mit sehr großen Dosen.

Bei nicht tödlichen Vergiftungen ist die Erholung auffallend rasch, meist in wenigen Stunden, also viel rascher wie bei dem in mancher Hinsicht ähnlich wirkenden Colchicin. Die Aconitinvergiftung verläuft entweder rasch letal oder mit rascher, meist vollständiger Restitution. Allerdings können Sensibilitätsstörungen und Schwächegefühl längere Zeit bestehen, ebenso Schmerzen in Wadenmuskeln, eingenommener Kopf während 14 Tagen. Ausscheidung des Giftes durch Urin und Speichel, wobei aber der größte Teil des Giftes im Organismus zerstört wird.

*Allgemeiner Giftcharakter:* Aconitin ist ein *typisches Gift für vegetative Zentren*, die, vorübergehend in Erregung versetzt, nach kurzer Zeit bei fortschreitender Vergiftung gelähmt werden. Diese Wirkung beschränkt sich nicht auf medulläre Funktionen (Kreislauf-, Vagus-, Atmungs-, Brechzentrum, Bewegungszentrum des Darmes, Occulomotoriuszentrum), sondern kann auch auf motorische Großhirnzentren übergehen. Große tetanische Anfälle und Jactation sind allerdings selten, dagegen treten relativ häufig Zuckungen in einzelnen Muskelgruppen, namentlich im Gesicht, auf.

Daneben ist Aconitin ein *peripher lähmendes Gift*, das sowohl motorische Endigungen curareartig als auch sensible Nerven lähmt (Anästhesie). Im Vergiftungsfall machen sich diese peripheren Erscheinungen zunächst bemerkbar durch Schwächegefühl, Gefühl eisiger Kälte und Kribbeln von den Füßen an aufwärts, das Muskelgefühl geht verloren, allgemeine Muskelschwäche, Unfähigkeit sich zu bewegen.

Bei der tödlichen Vergiftung tritt oft zuerst Beschleunigung, dann starke Verlangsamung der Atmung, schließlich ausgesprochen zentrale Atemlähmung ein. Diese Erscheinungen sind begleitet von oft hochgradigster Bradykardie; der Puls kann bis auf 10 heruntergehen. Der Pulsverlangsamung durch Reizung des Vaguszentrums folgt bald starke Irregularität der Herzaktion und hochgradige Herzschwäche.

*Differentialdiagnose:* Veratrin- und Veratrumvergiftung, Vergiftung durch Delphiniumalkaloide, Schierlingvergiftung, evtl. Digitalisvergiftung (s. d. Art.: Coniin und Schierlingsvergiftung; Digitalis und andere herzaktive Glykoside).

*b) Vergiftungserscheinungen bei mehrmaliger Einnahme des Giftes.* Darüber ist sehr wenig bekannt. Längerer Aconitingebrauch soll Koliken machen, ferner Tremor, Arrhythmie, Polyurie, Ikterus. Über Gewöhnung an Aconitin weiß man nichts.

*IV. 1. Dosis medicinalis: Tubera Aconiti:* sind nach Ph. Helv. V auf Alkaloidgehalt von 0,8 % eingestellt. Dosis: 0,025 g Tubera Aconiti = 0,0001 g Alkaloide.

*Tinctura Aconiti:* nach D.A.B. 6 ex herba recenti *Dosis* = 0,05—0,1 g.

*Tinctura Aconiti:* nach Ph. Helv. V enthaltend 0,05 % Alkaloide. *Dosis* = 0,2 Tinktur = 0,0001 g Alkaloide = 12 Tropfen.

*Extractum Aconiti* nach D.A.B. 6 aus Tubera. Dosis = 0,01 g.

*Aconitinum crist.* = 0,0001 g.

*Aconitinum nitr.* = 0,0001 g.

*Aconitinhaltige Fabrikpräparate:* Aconit-Dialysat-Golaz, Aconit-Dispert: 1 Tabl. = 0,05 mg Aconitin. Aconitysat Bürger: Tropfen = 0001 g Aconitin.

2. *Dosis toxica:* Schon 0,2 mg Aconitin können Vergiftungserscheinungen machen. Bei Tubera Aconiti wurde selbst nach 7 g noch Genesung beobachtet. Die Giftwirkung der Drogen hängt natürlich stark vom Alkaloidgehalt ab. Die Einnahme aller Drogen- und galenischen Präparate entsprechend einer Dosis von mehr wie 0,2 mg Akonitalkaloiden kann Vergiftungserscheinungen machen.

3. *Dosis letalis:* Für *reines krist. Aconitin* oder Aconitinsalz: 3—4 mg; aber auch schon 1,5, angeblich sogar 0,75 mg waren letal. Alle älteren Angaben über „reines" Aconitin sind mit Vorsicht zu beurteilen, da wirklich reines Aconitin früher kaum zur Verfügung stand. Dementsprechend wurde früher die letale Dosis des „reinen" Aconitins mit 12 mg angegeben, also etwa 5 mal höher als der wahren Giftigkeit des Aconitins entspricht.

Von *Tinctura Aconiti* waren wiederholt 3—4 g tödlich. Von *Tubera Aconiti* wird als kleinste tödliche Dosis 2,1 g, als durchschnittliche tödliche Dosis 2—4 g angegeben. Da der Aconitingehalt der nicht eingestellten Tubera bis über 1% gehen kann, liegt die minimal tödliche Dosis häufig bedeutend niedriger, da schon 0,2—0,3 g Tubera 2—3 mg Aconitin enthalten können. Die früheren Angaben über die aus Tubera Aconiti hergestellten Tinkturen sind sehr wechselnd. Nach *Falck* ist ein Teelöffel der Tinktur als Dosis letalis minima für Erwachsene zu betrachten, bei den neueren Präparaten dürfte sie aber bedeutend darunter liegen (vgl. oben über Gehalt der offizinellen Tinkturen). *Frischer Pflanzensaft:* 90 g des frisch ausgepreßten Saftes waren bei drei Erwachsenen letal.

V. *Sektionsbefund:* Meist negativ, für Akonitvergiftung keineswegs charakteristisch. In einigen Fällen wurden Rötung, Schwellung und punktförmige Blutungen im Magen-Darmkanal beobachtet. Gehirnhyperämie scheint ziemlich regelmäßig aufzutreten. Außerdem können als uncharakteristischer Erstickungsbefund punktförmige Blutungen in Pleura, Perikard, Peritoneum und flüssiges, dunkles Blut angetroffen werden.

VI. *Häufigkeit der Vergiftung und gerichtlich-medizinische Beurteilung.* Im Altertum war Akonit, dessen hohe Giftigkeit bekannt und gefürchtet war, als Mordmittel verbreitet. Aconitin ist neben dem wohl doppelt so stark wirkenden Pseudoaconitin das giftigste bekannte Pflanzenalkaloid, vielleicht überhaupt das stärkste Pflanzengift. Akonit spielte im Altertum und später in Indien bis heute auch als Pfeilgift eine Rolle (vgl. *Lewin, Fischer*). In neuerer Zeit sind Morde und Selbstmorde mit Akonit trotz weiter Verbreitung der Akonitarten und Bekanntschaft mit den giftigen Qualitäten des Eisenhutes ausgesprochen selten.

*Giftmorde: Fühner* berichtet über einen Giftmord durch Aufguß von Blättern von *Aconitum Napellus* (Giftmord der Ehefrau an ihrem Gatten) Ältere Mordfälle vgl. *Schauenstein* und *Erben* (Morde durch Mitkochen von Tubera Aconiti zu Bohnen und Kartoffeln). Zwei Giftmorde durch Ärzte: in einem Fall mit 0,12 g Aconitin in Gelatinekapsel, im andern Fall durch Mischung von Akonit- und Opiumtinktur.

Über *Selbstmorde:* vgl. *Erben* (je 1 Fall durch Knollenpulver und durch Tinctura Aconiti mit etwa 2 mg Aconitin).

*Zufällige Vergiftungen:* sind ebenfalls selten. Verwechslung der Wurzelknollen mit eßbaren Wurzeln wie Meerrettich, Sellerie. Tödliche Vergiftung bei Kindern durch Essen von Blättern und Blüten. Vergiftungen durch Honig von Akonitblüten sollen vorgekommen sein. Eine Massenvergiftung durch Trinken von Akonitschnaps in Apotheke durch Feuerwehr nach großem Brand in Lille (1896) mit 7 Todesfällen (vgl. *Kobert*).

*Medizinale Vergiftungen:* Statistisch weitaus am häufigsten unter den Akonitvergiftungen, aber keineswegs alltäglich und vergleichsweise viel seltener wie Colchicinvergiftungen. Trotz riesigster therapeutischer Verbreitung der Akonitpräparate in der Homöopathie sind medizinale Vergiftungen wegen der angewandten sehr kleinen Dosen selten. Diese medizinalen Vergiftungsfälle betreffen hauptsächlich unsachgemäße Einnahme oder Fehler bei der Herstellung der Akonitpräparate. Ein zu äußerlichem Gebrauch verordnetes Akonitliniment führte innerlich genossen zu schwerer Vergiftung.

*Kasuistik.* Die ganz verschiedenartigen Vergiftungsbilder der Akonitvergiftung illustrieren folgende Fälle:

1. *Vergiftung durch Verwechslung:* 23jähriges Mädchen nimmt als „Schlafmittel" 25 Tabletten Aconit-Dispert, entsprechend 5 mg Aconitin, schläft ein, wacht nach einer Stunde auf, fühlt sich schlecht, kann nur mühsam sprechen; dabei heftiges Herzklopfen, Zittern in den Beinen. — Magenspülung 1½ Stunden nach Aufnahme des Giftes, trotzdem bewußtlos, dann starke Erregung, Schreien. Untertemperatur 35,9°. Später heftiges Kribbeln an Händen und Füßen, Taubheitsgefühl an Mund und Zunge ferner heftiges Kältegefühl. Puls bei starker Beschleunigung kaum fühlbar. Blutdruck 80/40. EKG.: hochgradige Extrasystolenarrhythmie, wilde heterotope Reizbildung von verschiedenen Stellen der rechten und linken Kammer, auch vom Septum aus (Erscheinungen, wie sie ganz übereinstimmend *Cushny* am isolierten Säugetierherzen experimentell festgestellt hatte). Mit Besserung des Pulses Anstieg der Temperatur, nach 12 Stunden auf 36,8°. Am nächsten Tag Herzrhythmus völlig normal, keine einzige Extrasystole. Ausgang in Heilung, Parästhesien am Mund und unsicherer Gang nach zwei Tagen. Völlige Genesung innerhalb acht Tagen (*Hegler*).

2. *Tödliche, unabsichtliche Akonitvergiftung nach Einnahme von etwa 5 ccm statt 5 Tropfen Aconitysat* (*Bürger*). Nach einiger Zeit Kribbeln am ganzen Körper, Schwindelgefühl, schlechter Puls, Kollaps. Wiederholter kompleter Atemstillstand bei vollem Bewußtsein, der durch künstliche Atmung auf die Dauer nicht zu beheben war (*Vollenweider*).

3. Tödliche, unabsichtliche Akonitvergiftung durch Einnahme eines Auszuges aus Akonitknollen entsprechend 4 mg Aconitin. Erbrechen, Übelkeit, Krämpfe, Tod in einer halben Stunde. Sektion: akute schwere Dilatation des Herzens (*Fuchs* und *Neumayer*).

4. Wiederholte medizinale Vergiftung infolge irrtümlicher Arzneibereitung. Nach Einnahme eines Pulvers gegen Neuralgien trat furchtbares Kribbeln auf, das sich über den ganzen Körper ausbreitete. Dazu Gefühl eisiger Kälte, später Zungenlähmung, Gefühl von Absterben der Füße und Beine bis zu den Knien. Herzaktion immer schwächer, Todesangst, dabei klares Bewußtsein, riesige Harnflut. Erscheinungen dauerten mehrere Stunden, Erholung in einigen Tagen bei Schwächegefühl in Knien. Bei erneuter Einnahme des Pulvers dieselben Erscheinungen. Dosis: etwa 1—3 mg statt 0,2 mg nach Verordnung.

*Schrifttum.*

*Boehm, R.:* Aconitin in: Heffters Handb. exper. Pharmakol. **2**, 283. Berlin 1920. — *Brunner, G. E.:* Über den Alkaloidgehalt von Aconitum Napellus und Aconitum paniculatum unter spezieller Berücksichtigung der offizinellen Droge (Tubera Aconiti). Diss. Zürich (Eidg. Techn. Hochschule) 1921. — *Cash, Th.* und *W. R. Dunstan:* Pharmakol. und therap. Anwendung des Aconitins. Philos. Trans. **190**, 239 (1898). — *Coronedi, G.* et *A. Cazzaniga:* Il tema di avvelenamento per aconitina. Arch. di antropol. crim. psichiatr. e med. **44**, 354 (1924). — *Cushny, A. R.:* The irregularities of the mammalian heart observed under Aconitine and on electrical stimulation. ,,Heart" **1**, No. 1, July 1909. — *Erben, F.:* Vergiftungen **2**, 507, Wien 1910. — *Ewers, C.:* Über die physiologischen Wirkungen des aus Aconitum ferox dargestellten Aconitins (Pseudoaconitin, Aconitum anglicum-Nepalin). Diss. Dorpat 1873. — *Falck, F. A.:* Lehrbuch der praktischen Toxikologie 231. Stuttgart 1880. — *Fuchs, L.* und *K. Neumayer:* Akonit-Vergiftung, tödliche, medizinale. Slg. Verg.-Fälle A 137, 121. — *Fühner, H.:* Aconitin-Vergiftung, medizinale. Slg. Verg.-Fälle A 85, 1. — Akonit-Vergiftung (Giftmord). Slg. Verg.-Fälle A 138, 123. — *André Goris:* L'atisine de l'Aconitum heterophyllum Wall. et l'anthorine de l'Aconitum anthora L. C. R. Soc. Biol. **103**, 1007 (1937). — *Hegler:* Über Aconitinvergiftung. Klin. Wschr. **1933**, 764. — *Jacobowsky:* Pharmakologie von Aconitum Lycoctonum. Diss. Dorpat 1884. — *Ipsen, C.:* Über Akonitinvergiftung. Vjschr. gerichtl. Med. **47**, 180, I. Suppl. (1914). — *Kobert, R.:* Lehrbuch der Intoxikationen. 2. Aufl. **2**, 1143. Stuttgart 1906. — *Laborde J. V.* et *H. Duquesnel:* Des aconits et de l'aconitine. Paris 1883 (zit. n. Kobert). — *Lewin, L.:* Die Gifte in der Weltgeschichte. Berlin 1920. — Pfeilgifte. 47. Leipzig 1923. — *Lewin, L.* und *H. Guillery:* Die Wirkungen von Arzneimitteln auf das Auge. 2. Aufl. **1**, 111. Berlin 1913. — *Pietrkowski* und *Schiermeyer:* Aconitum Napellus in der Therapie. Dtsch. med. Wschr. **1929**, 1249. — *Pulewka, P.* und *H. Grevener:* Versuche über die resorptive Wirkung von Aconitinsalben nebst einer neuen Methode zum Nachweis und zur Bestimmung des Aconitins auf biologischem Wege. Arch. f. exper. Path. **177**, 74 (1934). — *Rost, E.:* Alkaloidvergiftungen in: *Starkenstein, Rost, Pohl:* Toxikologie, Berlin u. Wien 1929. — *Schauenstein:* in: *Maschka* Handb. **2**, 528, Tübingen 1881. — *Schroff, C. H.:* Einiges über Aconitum in pharmakognostischer, toxikologischer Hinsicht. Prager Vjschr. f. prakt. Heilkunde **42**, 129. — *Schulze* und *Berger:* Zahlreiche Abhandlungen über Chemie der Akonitalkaloide in Arch. Pharmazie. — *Seka, R.* in: *Abderhalden, E.:* Die Alkaloide II. und III. in: *Abderhalden,* Handb. der biol. Arbeitsmethoden. Berlin und Wien 1927 und 1928. — *Taylor, A. S.:* Die Gifte. 3 Bde. **3**, 367. Köln 1862/63. — *Trier, G.:* Die Alkaloide. 2. Aufl. 724. Berlin 1931. — *Wollenweber:* Todesfall durch Vergiftung mit Aconitysat. Z. Med.beamte **47**, 377 (1934).

H. Fischer.

**Akrolein** siehe *Flüchtige organische Gifte.*

## Akromegalie (= A.).

Die A. stellt ein meist im 20. bis 30. Lebensjahr auftretendes Leiden dar, das sich *klinisch* vor allem in unförmigen Verdickungen besonders der vorspringenden Körperteile äußert, und zwar sowohl der Weichteile (Nase, Lippen, Zunge, nicht selten auch Penis, große Labien, Klitoris) als auch der Knochen (tatzenförmige Hände und Füße infolge röntgenologisch nachweisbarer Knochenverdickungen an Fingern und Zehen, Unterkiefer mit Vorspringen des Kinns und Diastase der Zähne, Arcus superciliares, Jochbögen u. a., jedoch nicht der langen Röhrenknochen). Ferner ist häufig bei Männern eine starke Bart- und Schambehaarung, bei Frauen ein Umschlag in männliche Behaarung (Stamm und Extremitäten) nachzuweisen. Als Frühsymptom wurde in vielen Fällen ein Erlöschen der Libido und der Potenz bzw. eine Amennorrhoe beobachtet. Andererseits aber findet sich oft bei Beginn der Erkrankung eine Steigerung der Sexualität. Die Potenz kann auch während des ganzen Krankheitsverlaufs erhalten bleiben und die Menses erst im späteren Krankheitsstadium erlöschen (Konzeption bei bestehender A.). Weiterhin wurde als Frühsymptom eine tiefe rauhe Stimme beschrieben, die auf eine Verdickung der Pharynx- und Larynx-Schleimhaut zurückzuführen ist. Schließlich sind, häufig bereits sehr früh, Allgemeinerscheinungen einer Hirngeschwulst wie Erbrechen, Schwindelanfälle, Schlafsucht, lokale Drucksymptome sowie Sehstörungen (bitemporale Abblassung der Papillen mit Hemianopsie, wobei zuerst die Empfindung für Farben erlischt) vorhanden.

*Pathologisch-anatomisch* finden sich periostale Knochenneubildungen, speziell an den gipfelnden Teilen und langsamer Umbau der Spongiosa mit überwiegender Resorption. Weiterhin wurden dorsale Kyphose der Wirbelsäule, Verdickung der Epidermis an Zehen und Fingern, mehrfach auch Vermehrung des peri- und epineuralen Bindegewebes mit Zunahme nach der Peripherie hin an den peripheren Nerven sowie auch eine Splanchnomegalie (vor allem Leber, Nieren, Magen-Darmkanal, wobei schon röntgenologisch ein Megakolon nachweisbar sein kann, auffallende Hypertrophie der Schilddrüse, der Nebennieren, die sich mikroskopisch als eine Hypertrophie und Hyperplasie der Rinde, insbesondere der Zona fasciculata erwies, Herzhypertrophie, die mikroskopisch auf einer Hypertrophie der Muskelfasern, weniger auf einer Zunahme des Bindegewebes beruhte) und schließlich eine Vergrößerung des Gehirns samt Medulla oblongata und Makromyelie beobachtet. Wichtig ist ferner, daß in fortgeschrittenen Fällen an den Hoden meist ein mehr oder weniger starker Grad der Atrophie nachweisbar ist (mikroskopisch erloschene Spermiogenese, Zurückbildung des spermatogenen Epithels, Verdickung der Kanälchenwände, die aus hyalinem Bindegewebe bestehen). Die äußeren Genitalien sind meist nicht atrophisch. ,,Wenn hingegen die präpuberal beginnende Form der Frühakromegalie vorliegt, so ist es möglich, daß nicht nur die Keimdrüsen, sondern das gesamte Genitalsystem Hypoplasie und Atrophie zeigen, denn wenn durch den Partialhyperpituitarismus, den das esosinophile Adenom hervorbringt, die das Sexualhormon bildenden Basophilen in ihrer Tätigkeit lahmgelegt werden, dann ist bei präpuberalem Einsetzen dieses Ereignisses sowohl die Entwicklung der Keimdrüsen wie des genitalen Hilfsapparates gehemmt" (*Berblinger*). Bei Frauen fand sich häufig eine kleincystische Degeneration der Ovarien. Der vor allem auch hinsichtlich der Pathogenese der A. *wichtigste Organbefund* aber ist an der Hypophyse zu erheben: In der Mehrzahl der Fälle konnte eine Geschwulstbildung, und zwar ein eosinophiles Adenom (bei intrasellärer Ausbildung mit schon röntgenologisch nachweisbarer starker Erweiterung der Sella turcica) bzw. eine Hypertrophie der eosinophilen Epithelien der Adenohypophyse festgestellt werden. Bei negativem Befund an der Hypophyse muß an Veränderungen der Rachendachhypophyse oder an ein subsellär, im Keilbeinkörper gelegenes Adenom gedacht werden. Die klinisch und pathologisch-anatomisch nachzuweisenden Wachstumsstörungen beruhen auf einer pathologisch gesteigerten Tätigkeit der genannten Zellen. Man kann also von einem partiellen Hyperpituitarismus (*Berblinger*) sprechen, partiell insofern, als nur *ein* hypophyseogenes Inkret, nämlich das von *Evans* gefundene Wachstumshormon vermehrt geliefert wird. Inwieweit die einzelnen klinischen Erscheinungen und pathologisch-anatomischen Befunde allein oder direkt auf diese Funktionssteigerung zurückzuführen oder sekundär durch die Größe einer vorhandenen Geschwulst bedingt sind, mag hier unerörtert bleiben. Darauf sei aber hingewiesen, daß die erwähnte Sehstörung, die bis zur totalen Amaurose führen kann, auf den Druck extrasellär sich ausbreitender Adenome auf die das Chiasma durchziehenden Opticusfasern, die die nasalen Netzhauthälften versorgen, zurückzuführen ist. Die nicht selten vorhandenen Augenmuskellähmungen sind durch die gleiche Wirkung auf die Nervi oculomotorius und trochlearis bedingt. Im Anschluß daran sei noch erwähnt, daß auch bei sehr bedeutenden Schwangerschaftshypertrophien der Adenohypophyse derartige Sehstörungen auftreten können.

3*

Überhaupt ist im Hinblick auf die *gerichtliche Medizin* von Wichtigkeit, daß bei der *Schwangerschaft*, die ja regelmäßig mit einer bei jeder Gravidität sich steigernden Vergrößerung der Hypophyse einhergeht, akromegalieähnliche Erscheinungen auftreten können (akromegale Vergrößerung des Kinns und der Nase, Wulstung der Lippen, Hypertrichose und Knochenwachstumserscheinungen), die u. U. einen gewissen Wert als Schwangerschaftszeichen haben können (*v. Hofmann - Haberda*) und auf eine gesteigerte Hypophysentätigkeit zurückgeführt werden. Diese Ansicht ist nicht von der Hand zu weisen, da man die Schwangerschaftszellen, die amitotisch aus den Hauptzellen entstehen, und deren reichliches, unscharf begrenztes Protoplasma schwach acidophile Granula aufweist, als besondere Form der eosinophilen Epithelien auffaßt. Von besonderer Bedeutung sind in diesem Zusammenhang Beobachtungen von ausgesprochener A. im Anschluß an Schwangerschaft. „Es ist wohl auch begreiflich, daß aus solchen physiologischen Hyperplasien mitunter echte Adenome hervorgehen können" (*Berblinger*). In gerichtlich-medizinischer Hinsicht ist ferner bei Fragen nach der *Zeugungs- bzw. Empfängnisfähigkeit* auf das bereits oben erwähnte Erlöschen der Sexualität und auf die Atrophie der Keimdrüsen hinzuweisen. Eine gewaltige Vergrößerung der Körpergipfel, die die Kranken bis zur Unkenntlichkeit entstellen kann, erscheint weiterhin bezüglich der *Identifizierung* von Personen nicht ohne Interesse. Als bisher einzig dastehend ist in dieser Beziehung der Fall von *Ausch* zu erwähnen, bei dem sogar eine Änderung der Bart- und Kopfhaare hinzukam: die lichtblonden, weichen und schmiegsamen Haare verwandelten sich innerhalb von vier Wochen in schwarze und struppige! Schließlich muß noch auf die Frage nach dem Zusammenhang zwischen *A. und Trauma* eingegangen werden. Bereits in der älteren Literatur finden sich verschiedene A.-Fälle, deren Entstehung auf Kopftraumen zurückgeführt wurde (*Thiem*). Ein großer Teil hält jedoch einer strengen Kritik nicht stand, und der von *Staehelin* beschriebene Fall, bei dem vor dem Unfall angefertigte Photographien bereits beginnende akromegale Veränderungen erkennen ließen, mahnt zur Vorsicht. Andererseits aber ist sowohl gerichtlich-medizinisch wie auch versicherungsrechtlich (*Schur*) der Zusammenhang zwischen A. und Trauma nicht ohne weiteres abzulehnen, da posttraumatische Blutungen und Degenerationen in der Hypophyse Anlaß zu Epithelregenerationen mit folgenden Hyperplasien geben können, die schließlich auch zur Adenombildung als Regenerationsgewächse im Sinne *Fischer-Wasels* führen können. Hierbei ist noch wichtig, daß bei Zerstörungen von Vorderlappenepithel, z. B. durch große funktionslose Adenome, eine kompensatorische Hypertrophie der erhalten gebliebenen Drüsenreste nachgewiesen wurde, so daß hierdurch der Verlust an Vorderlappentätigkeit ausgeglichen, ja u. U. sogar überkompensiert wurde (*Berblinger*). Demnach wäre bei derartigen Ausfällen von Drüsengeweben nach Trauma nicht einmal eine Adenombildung, sondern nur eine kompensatorische Hypertrophie der eosinophilen Epithelien mit übersteigerter Sekretionsleistung zur Ausbildung des akromegalen Krankheitsbildes notwendig. Derartige Befunde könnten den besonders bei einigen posttraumatischen Fällen beobachteten Stillstand der Erkrankung erklären.

### Schrifttum.

*Ausch:* Akromegalie mit intensivem Diabetes und Wechsel der Haarfarbe. Med. Klin. **1918**, I. — *Berblinger:* Pathologie und pathologische Morphologie der Hypophyse d. Menschen. Handb.d. inneren Sekretion, herausgegeben *Hirsch*, Leipzig 1932. — *Falta:* Die Erkrankungen der Blutdrüsen. Handb. d. inneren Med. Herausg. *Bergmann* und *Staehelin*, **4**, 2, Berlin 1927. — *v. Hofmann-Haberda:* Lehrbuch der gerichtl. Med., Berlin u. Wien 1927. — *Jores:* Die Krankheiten des Hypophysenzwischenhirnsystems. Handb. f. Neurologie, herausgeb. *Bumke* und *Foerster*, **15**, Berlin 1937. — *Schur:* Zur Frage der traumatischen Genese innerer Erkrankungen. Z. klin. Med. **123**, (1933). — *Staehelin* vgl. *Linniger, Weichbrodt, Fischer*, Handb. der ärztlichen Begutachtung. Leipzig 1931. – *Thiem:* Handb. d. Unfallerkrankung. Leipzig 1913.       *Matzdorff.*

## Akteneinsicht und Aktenstudium (= A. St.).

Wird vom Gerichtsarzt ein Gutachten (s. d.) auf Grund der Akten verlangt, so ist es selbstverständlich, daß der Gutachtenerstattung ein genaues A.St. vorausgehen muß. Allein auch dann, wenn es sich um die Untersuchung einer Leiche, einer lebenden Person oder einer Spur in gerichtlich-medizinischer, versicherungsrechtlicher oder kriminalistischer Beziehung handelt, wird der ärztliche Sachverständige immer verlangen, vorerst die einschlägigen Akten einsehen zu dürfen, um zu erfahren, welche Feststellungen medizinisch-naturkundlicher Art für die Behörde bei der Entscheidung des Rechtsfalles wesentlich wären. Neben der ersten Orientierung über Ziel und Zweck der Begutachtung bemüht man sich, durch das A.St. ein möglichst objektives Bild von den zum Prozeß Anlaß gebenden Ereignissen und deren Folgen zu gewinnen, d. h. man versucht, sich das Tatgeschehen in seinem zeitlichen und räumlichen Ablaufe zu rekonstruieren. Dabei ist natürlich nicht alles für bare Münze zu nehmen, was in Zeugenaussagen, Verletzungsberichten, Anzeigen u. dgl. niedergelegt ist. Denn sehr oft beinhalten diese Aktenbeilagen nicht eine nüchterne, sachliche Beschreibung des Wahrgenommenen, sondern geben nur die Berichte von Personen wieder, denen die Fähigkeit und Schulung zu exakter Beobachtung, ja manchmal sogar der Wille zu wahrheitsgemäßer Darstellung mehr oder weniger abgeht. Ferner wird sich bei der Durchsicht der Akten des öfteren zeigen, daß in ihnen mit gewissen Begriffen operiert wurde, ohne daß deren Inhalt wirklich klargestellt wurde. Ganz besonders bezieht sich dies auf Zustände wie Bewußtlosigkeit, Gehirnerschütterung, Schüttelfrost, Nervenschock, Zustände, mit deren Erwähnung der vernehmende Richter als Laie in ärztlichen Dingen ein ganz bestimmtes und eindeutiges Krankheitssymptom oder Krankheitsbild, das einer näheren Beschreibung nicht mehr bedürfe, erfaßt zu haben glaubt. Und dies trifft natürlich keineswegs zu. Denn was z. B. der in der medizinischen Terminologie Unkundige als einen Schüttelfrost bezeichnet, ist in Wahrheit oft nur ein nervöser Aufregungszustand gewesen, bei dem es zu Zitterbewegungen verbunden mit einem über den Rücken ablaufenden Schauer gekommen war. Jede minimale Trübung des Bewußtseins, jene Empfindung der Leere im Kopfe, die so häufig nach leichteren oder kräftigeren Erschütterungen des Hauptes eine kurze Zeit besteht, gilt schon als eine Bewußtlosigkeit oder gar als eine Gehirnerschütterung und wird in den Akten als solche ohne nähere Determinierung angeführt. Da ist es dann Aufgabe des begutachtenden Arztes, diese Dinge später bei der Aufnahme der Anamnese mit dem zu Untersuchenden zu klären, indem er auf einer genauen Beschreibung der Empfindungen und Erlebnisse besteht, ohne allerdings durch das Stellen von Suggestivfragen Antworten hervorzurufen, die das Tatgeschehen noch weiter verschleiern. Sollte jedoch die Befragung des zu Untersuchenden durch den Arzt ein eindeutiges Resultat nicht zeitigen, so wird sich der Gutachter entschließen müssen, eine ergänzende Einvernahme bereits gehörter oder anderer Zeugen durch den Richter zu beantragen, indem er ausdrücklich auf die Momente hinweist, auf die es ihm besonders ankommt, oder besser noch, indem er es direkt empfiehlt, die Zeugen in seiner Gegenwart und unter seiner Beihilfe zu verhören. Ein solcher Antrag zu weiteren Erhebungen, zu dem sich der Arzt vielfach schon auf Grund des A.St. veranlaßt sehen wird, ist natürlich auch überall dort zu stellen, wo die Akten unvollständig sind und ein klares, zur Begutachtung ausreichendes Bild von den Tatgeschehnissen, die den Prozeß verursacht haben, nicht vermitteln. Sollte der Gerichtsarzt beim A.St. zur Einsicht gelangen, daß sein Können und Wissen im besonderen Falle zur Lösung der ihm übertragenen Aufgabe nicht ausreicht, sei es, daß er die anzuwendenden Untersuchungsmittel nicht besitzt oder nicht zu handhaben versteht (z. B. Röntgen, Bronchoskop), sei es, daß er sich bei der Bewertung der erhobenen Befunde beraten sehen will, so wird er die Beiziehung eines Spezialisten bei Gericht beantragen und dann mit diesem *gemeinsam* das Gutachten erstatten.

*Schrifttum.*

*v. Neureiter:* Die gerichtsärztliche Untersuchung im allgemeinen in „Die gerichtsärztliche Untersuchung des gesunden und kranken Menschen" in Gemeinschaft mit *O. Herschan, St. Jellinek, F. Pietrusky, E. Reimann,* bearbeitet von *F. v. Neureiter* und *G. Straßmann,* Berlin und Wien 1927 (Handb. der biologischen Arbeitsmethoden, herausgegeben von *E. Abderhalden,* Abt. IV, Teil 12, 283 ff).
**v. Neureiter.**

**Aktinomykose** siehe *Bakteriologische Untersuchungen in der gerichtlichen Medizin.*

**Alaun** siehe *Aluminium und Aluminiumsalze*

**Albatol** siehe *Schädlingsbekämpfungsmittel.*

**Algen** siehe *Erdspuren an Stiefeln und Kleidern Tod durch Ertrinken.*

**Algolagnie** siehe *Masochismus; Sadismus.*

**Algor mortis** siehe *Leichenerscheinungen.*

**Alkaloidnachweis** siehe *Giftnachweis.*

**Alkohol** siehe *Äthylalkohol.*

**Alkoholbestimmung im Blut** ( = Bl.A.Best.) (Vgl. auch Art.: Alkohol und Verkehrsunfall.)
Die Organisation der Bl.A.Best. gründet sich im Deutschen Reich auf einen Runderlaß des Reichsministers des Inneren vom 25. 9. 1936 (MBliV. 1936, S. 1278). Danach hat bei jedem Verkehrsunfall und auch bei Gesetzesverletzungen anderer Art die Blutentnahme zu erfolgen, wenn begründeter Verdacht auf alkoholische Beeinflussung besteht. Zu diesem Zwecke wird der Betroffene von dem einschreitenden Beamten einem Arzt vorgeführt. Die gesetzliche Grundlage für den ärztlichen Eingriff bietet der § 81a StPO., wonach die körperliche Untersuchung eines Beschuldigten zur Feststellung von Tatsachen angeordnet werden kann, die für das Verfahren von Bedeutung sind. Die Blutentnahme kann entweder mit besonders präparierten, S-förmig gebogenen Glascapillaren aus dem Ohr oder aus der Fingerkuppe oder durch Venenpunktion vorgenommen werden. Zu Venenpunktion verwendet man eine sog. Venüle. Wird eine Spritze gebraucht, so ist darauf zu achten, daß diese nicht vorher in Alkohol, Äther od. dgl. gelegen hat, ferner darauf, daß das Versandgefäß vollständig gefüllt und luftdicht verschlossen wird. Die Desinfektion der Einstichstelle darf nur mit Sublimat oder mit Oxycyanat oder einfach mit Wasser erfolgen. Leicht oxydable Substanzen, wie Äther oder gar Alkohol selbst, sind von der Verwendung unbedingt auszuschließen, weil sie die Bestimmung des Blutalkoholgehaltes entscheidend stören können. Die Einsendung der Blutprobe hat auf dem raschesten Wege zu erfolgen. Gleichzeitig ist von dem entnehmenden Arzt ein Protokoll aufzunehmen, welches folgende Angaben zu enthalten hat: 1. Name des Betroffenen sowie Angabe der auftraggebenden Behörde. 2. Anlaß der Untersuchung, Zeitpunkt dieses Anlasses und Zeitpunkt der Untersuchung. 3. Angaben über den körperlichen Befund allgemeiner Na-

tur: Gewicht, Größe, Körperbeschaffenheit, Zeichen von Krankheit. 4. Art und Menge, Beginn und Ende des Alkoholgenusses; Nahrungsaufnahme, Art, Menge und Zeit. 5. Klinische Untersuchung auf Trunkenheit: Puls, Pupillen, Ataxie, Sprache, Aussehen, Benehmen, Orientierung, Erbrechen und Alkoholgeruch der Atemluft. 6. Kurze Diagnose über den Grad der festgestellten Trunkenheit.

Handelt es sich um Leichen, bei denen ein Urteil über den Trunkenheitsgrad zur Zeit des Todes notwendig ist, so ist unbedingt auch hier die Entnahme von Blut aus den Sinus, aus dem Herzen oder aus der Femoralis geboten. Wenn irgendmöglich, so ist die Leichenöffnung zu veranlassen. Dabei empfiehlt sich die Entnahme einer Urinprobe zur Untersuchung *neben* der Blutprobe (siehe später).

*Methoden zur Bl.A.Best.* hat es schon gegeben, bevor das Bedürfnis dazu aus forensischen Gründen so groß geworden ist, wie in der neuesten Zeit. Das erste praktisch wirklich brauchbare Verfahren stammt von *Nicloux.* Eine Weiterentwicklung dieser Methode ist das heute in Deutschland und in anderen Ländern offiziell eingeführte Verfahren nach *Widmark,* welches allein hier beschrieben werden soll.

Das *Widmarkverfahren* beruht, wie die Mehrzahl aller übrigen Methoden, auf der Eigenschaft des Alkohols, sich leicht zu oxydieren. Man läßt Kaliumbichromat in Schwefelsäure auf das alkoholhaltige Blut einwirken. Das Bichromat wird im Maße des sich oxydierenden Alkohols zu Chromisulfat reduziert. Die Menge des verbliebenen Bichromates wird jodometrisch bestimmt und daraus die vorhandene Alkoholmenge berechnet. Der eigentliche chemische Prozeß bei der Titration geht folgendermaßen vor sich: Kaliumbichromat + Schwefelsäure + Jodkalium = Chromisulfat + Kaliumsulfat + Wasser + Jod. Der Komplex Chromisulfat, Kaliumsulfat und Wasser wird reaktionslos, und nur das freie Jod tritt weiter in Reaktion. Es entsteht nach Zugabe von Natriumthiosulfat Natriumjodid, Natriumtetrathionat und Wasser. Man titriert solange, bis das ganze freie Jod verschwunden ist. Dieser Zeitpunkt wird dadurch ermittelt, daß man Stärke als Indikator hinzufügt: ist kein freies Jod mehr vorhanden, so verschwindet die blaue Jodstärkereaktion und die Lösung wird farblos:

$$K_2Cr_2O_7 + 8\ KJ + 7\ H_2SO_4 = Cr_2(SO_4)_3 + 4\ K_2SO_4 + H_2O + 6\ J.$$

$$2\,(Na_2S_2O_3 + 5\ H_2O) + 2\ J = 2\ NaJ + NA_2S_4O_6 + 10\ H_2O.$$

Zur Ausführung einer Bestimmung sind folgende Lösungen notwendig: 1. Kaliumbichromat-Schwefelsäure. (Kaliumbichromat [analysenrein]) wird fein zermörsert, man wiegt dann 0,5 g ab und löst es in 200 cm³ konzentrierter Schwefelsäure. Es ist notwendig, das Bichromat in möglichst wenig warmem Wasser aufzulösen und hernach die Schwefelsäure hinzuzufügen. Nach Abkühlung muß die Lösung mit eingeschliffenem Stöpsel verschlossen und in einer dunklen Flasche aufbewahrt werden. Vor jedem Gebrauch ist die Lösung gründlich umzuschütteln.) 2. Kaliumjodid. (Das analysenreine Salz, 5 g, wird auf der analytischen Waage abgewogen und in 100 cm³ redestilliertem Wasser gelöst. Auch diese Lösung muß dunkel aufbewahrt werden, sobald sie nicht mehr völlig farblos ist, ist sie zu verwerfen. Alle Lösungen sind in Gefäßen zu versorgen, welche vorher mit Chromschwefelsäure und mit redestilliertem Wasser gereinigt und hernach getrocknet worden sind.) 3. Stärkelösung. (Das Gefäß wird zunächst in Wasserdampf sterilisiert, dann kocht man 1 g lösliche Stärke in einigen cm³ Wasser zu einem dicken Brei auf. Inzwischen hat man in dem sterilen Gefäß etwas über 100 cm³ Wasser zum Kochen gebracht und fügt nun den dicken Stärkebrei während des Kochens unter Schwenken des Gefäßes zu. Es empfiehlt sich, noch einige Minuten weiterkochen zu lassen, weil das die Haltbarkeit der Stärkelösung fördert. Es kommt nicht darauf an, eine genau 1proz. Lösung zu haben. Der Verschluß erfolgt am besten durch einen Kork mit einer Saugpipette mit Gummikappe, weil nur auf diese Weise die Vermeidung frühzeitiger bakterieller Zersetzung möglich ist.) 4. Natriumthiosulfatlösung. (Es muß ganz reines Salz [purissimum, pro analysi] verwendet werden. Die Stammlösung soll zehntelnormal werden. Man verwendet 50 g Thiosulfat und löst es in 2000 ccm Wasser [redestilliert]. Die fertige Lösung muß in einem dunklen Gefäß unter völligem Luftabschluß aufbewahrt werden. Hat man eine neue Flasche, so läßt man sie vorher einige Tage mit 10%iger Thiosulfatlösung stehen; bevor man sie verwendet, spült man gründlich mit redestilliertem Wasser aus. Auch dann ändert sich der Titer noch innerhalb der ersten Woche. Man darf das Thiosulfat erst dann in Gebrauch nehmen, wenn man Titerkonstanz festgestellt hat. Eine dauernde Kontrolle der Lösung mit einer als Urtiter dienenden zehntelnormalen Kaliumbichromatlösung ist notwendig. Die Kontrolltitration geht folgendermaßen vor sich: Man vereinigt in einem 500 cm³ Erlenmeyerkolben 10 ccm n/10 Kaliumbichromat, 25 cm³ redestilliertes Wasser, 1 g Jodkali und 15 ccm n/Salzsäure. Diese Lösung bleibt 5 Min. im Dunkeln stehen, dann füllt man mit redestilliertem Wasser auf etwa 300 ccm auf, setzt 1 % Stärkelösung bis zur intensiven Blaufärbung zu und titriert mit dem Thiosulfat. Die n/10 Kaliumbichromatlösung stellt man sich her, indem man 4,9036 g des Salzes genauestens auf der analytischen Waage abwiegt [vorteilhafterweise zerkleinert man das Bichromat und stellt es vor dem Ansetzen der Lösung einige Tage in den Exsikkator]. Beim Auffüllen darf nur redestilliertes Wasser verwendet werden. Die Lösung hält sich beinahe unbegrenzt, wenn man die notwendige Sorgfalt auf die Reinigung der Gefäße gelegt hat und wenn die Aufbewahrung im Dunkeln erfolgt. Bei der Titration ist selbstverständlich auf genaueste Abmessung des vorgelegten Bichromates Wert zu legen. Die Urtiterlösung sieht nach Verdünnung und Zugabe von Jodkali und Salzsäure zunächst schwach gelblich aus, nach der Aufbewahrung im Dunkeln wird sie gelbbraun. Man titriert nicht bis zur völligen Farblosigkeit, sondern nur bis zur Meerwasserfarbe. Aus der n/10 Natriumthiosulfatstammlösung wird nun für jede Bestimmung die eigentliche hundertelnormale Gebrauchslösung hergestellt. Bei der notwendigen Verdünnung ist der Titer der Stammlösung nach den üblichen chemischen Regeln zu berücksichtigen. Man geht so vor, daß man sich jedesmal nur soviel Gebrauchslösung herstellt, als man annähernd brauchen wird. In der Regel verdünnt man 20 ccm bzw. je nach dem Titer entsprechend mehr oder weniger der n/10 Lösung auf 200 ccm mit redestilliertem Wasser. Der verwendete Kolben muß amtlich geeicht sein, wenn man absolute Alkoholwerte bestimmen will. Die Stammlösung wird, wie schon erwähnt, in einer dunklen Flasche aufbewahrt. Diese dunkle Flasche ist mit einer automatischen Bürette verbunden. Vor die Luftzufuhr dieser Bürette kann man Natronkalk schalten, um die zutretende Luft wasser- und kohlensäurefrei zu machen. Die Hähne der Bürette dürfen nicht eingefettet werden. Vor der Entnahme wird die Flasche gründlich geschüttelt und dazwischen die Bürette je einmal mit der Lösung durchgespült.)

*Zur Ausführung einer Bestimmung* bereitet man sich die Reaktionskolben vor, indem man sie mit Chromschwefelsäure und dann in Wasser und im Dampfstrahl reinigt. Es handelt sich dabei um Erlenmeyerkölbchen von 50 ccm Fassungsraum, die einen eingeschliffenen Glasstopfen haben. Dieser Stopfen hat oben ein Glashäkchen und trägt unten an einem Glasstiel ein Näpfchen zur Aufnahme der Blutprobe. Das Näpfchen steht 10—15 mm über dem Boden des Kolbens. Am Kolbenhals und am Glasstopfen sind Häkchen angebracht, welche dazu dienen, mittels eines Gummibändchens oder einer Drahtspirale den Stopfen im Hals festzuhalten. Man füllt pro Bestimmung drei Kölbchen, außerdem drei weitere als Blindprobe mit je 1 ccm der Chromschwefelsäure. Die Füllung der Kölbchen wird unter Vermeidung des Hinzutrittes von hellem Licht ausgeführt. Die Kölbchen werden der Reihe nach hingestellt und dann einzeln beschickt. Die Säure hat man vorher in entsprechender Menge aus der Vorratsflasche in ein absolut sauberes Becherglas geschüttet. Aus diesem Becherglas saugt man die Säure mit einer Glasspritze. Die Glasspritze trägt einen Anschlag, so daß immer eine gleichgroße Menge abgemessen wird. Auf die genaue Abmessung der Chromsäure kommt es bei der Bestimmung wesentlich an, weil die Alkoholmenge ja aus dem verbliebenen reduzierten Bichromat errechnet wird. Hat man die Kölbchen gefüllt, so stellt man sie ins Dunkle (im Notfall großer Pappkarton), nimmt die Stöpsel heraus und hängt diese griffbereit an einer gespannten Schnur auf. Es dürfen jeweils nur wenige Kölbchen offen stehen. Hierauf werden die Näpfchen an dem Glasstöpsel mit Blut gefüllt. Dazu bedient man sich, wenn das Blut in Capillaren eingeschickt ist, eines Ventilschläuchchens mit Glasansatz. Die Capillaren sind entweder mit Gummikappe oder Paraffin verschlossen. Die Enden mit dem Verschlußmaterial werden abgesägt. Beim Ausblasen ist zu beachten, daß kein Blut verlorengeht, bzw. an dem Gummischlauch hängen bleibt. Es ist nicht immer leicht, entsprechend vorsichtig zu blasen, weil das Blut aus den Capillaren oft nur schwer herausgeht und dann leicht Tropfen aus dem Glasnäpfchen spritzen. Hat man ungeronnenes Blut in einer Venüle oder in einem Glasröhrchen in größerer Menge vor sich, so füllt man sich zunächst von jeder Probe drei Capillaren und verfährt dann wie oben. Liegt geronnenes Blut vor, wie das in der Regel der Fall ist, so führt man die Bestimmung am besten im Serum durch. Die Gefäße werden zentrifugiert und dann je drei Kapillaren mit Serum gefüllt. Diese Arbeitsweise ist am saubersten und auch am verläßlichsten, obwohl von dem Serumalkoholgehalt noch nachträglich auf den Blutalkoholgehalt mit Hilfe eines Mittelwertes zurückgerechnet werden muß. Das Wiegen erfolgt mit der Torsionswaage. Die einzelnen Blutportionen sollen ein Gewicht von 70—130 mg haben. Durch geeignete Maße der gebogenen Capillaren ist das annähernd zu erreichen. Man wiegt zuerst die volle Capillare, bläst dann aus und wiegt zurück. Drei der Kölbchen bleiben unbeschickt. Es folgt dann die Destillation bei einer Temperatur von 60 Graden. Man verwendet entweder ein Wasserbad oder einen Trockenthermostaten. Auf alle Fälle sind die Stöpsel im Hals vor der Destillation zu fixieren, arbeitet man mit dem Wasserbad, so muß man auch noch Metallringe zum Beschweren der Gefäße verwenden. Bei der Temperatur von 60 Grad wird zwei Stunden lang destilliert. Inzwischen hat man sich in der oben geschilderten Weise die n/100 Thiosulfatlösung, das Jodkali und die Stärkelösung bereit gestellt. Die Kölbchen werden nun geöffnet und zum Inhalt je 25 ccm redestilliertes Wasser zugefügt. In jedes Kölbchen gibt man nun, jedoch nicht gleichzeitig, sondern immer ziemlich genau eine Minute vor Beginn der Titration, 1 ccm der Jodkalilösung und schwenkt kurz um. Die Titration selbst soll bei jedem Kölbchen möglichst gleich lang dauern. Man verwendet eine in Hundertstel Kubikzentimeter geteilte Bürette. Vorteil bringt die Anwendung einer automatischen Bürette mit kleiner stabiler Standflasche (man hat ja in der Regel immer nur 200 ccm Titrationslösung). Die Kölbchen stellt man sich der Reihe nach so hin, daß je eine Blindprobe am Anfang, in der Mitte und am Schluß titriert wird. Die Zufügung des Thiosulfates erfolgt zunächst solange, bis die dunkelgelbe Farbe des Kölbcheninhaltes in hellgelb umschlägt. In diesem Zeitpunkt setzt man 2—3 Tropfen Stärkelösung dazu. Es tritt Blaufärbung auf. Die weitere Titration muß langsam unter dauerndem Schwenken erfolgen und zwar solange, bis der Kölbcheninhalt farblos ist. Der Umschlag ist äußerst scharf. Läßt man die Kölbchen dann stehen, so tritt nach einiger Zeit eine Nachbläuung auf und es ist eine gute Kontrolle für exakte Erfassung des Endpunktes der Titration, wenn schließlich die Kölbchen in der Reihenfolge ihrer Erledigung eine regelmäßige Farbenskala von farblos bis tiefblau ergeben. Hat man sich die Bichromatlösung richtig hergestellt und auch genau 1 ccm eingefüllt, so verbraucht man für die Blindproben etwa 490—500 Hundertstel Kubikzentimeter n/100 Thiosulfat. Die drei Blindproben müssen untereinander gleiche Titrationswerte ergeben. Der Verbrauch an Thiosulfat bei den zu untersuchenden Proben ist verkehrt proportional der vorhandenen Alkoholmenge. War kein Alkohol vorhanden, so wurde auch kein Bichromat reduziert und die Titrationsergebnisse sind fast ebenso hoch wie die der Blindproben (eine geringe Differenz besteht immer, weil auch alkoholfreies Blut eine geringe Menge reduzierender Substanzen enthält). Je mehr Alkohol in der Probe vorhanden war, desto weniger unverändertes Bichromat befindet sich nach der Destillation im Kölbchen und desto weniger Thiosulfat verbraucht man zur Bestimmung. Die obere Grenze des Alkoholgehaltes, der mit 1 ccm der oben angegebenen Bichromatlösung bei Vorlage von etwa 100 mg Material bestimmt werden kann, beträgt 4—4,5$^0/_{00}$.

Die Berechnung der Alkoholkonzentration muß mit Hilfe eines empirischen Umrechnungsfaktors erfolgen, weil die chemische Umsetzung bei dem angewandten Verfahren nicht nach stöchiometrischen Gesetzen erfolgt. Es entsprechen 1/100 ccm verbrauchten n/100 Thiosulfat 1,13 Gamma Alkohol. Z. B.:

Eingewogenes Blut . . . . . . . . 90 mg
Verbrauchtes Thiosulfat bei der Blindprobe . . . . . . . . . . . . . . $\frac{495 \, ccm}{100}$

Verbrauchtes Thiosulfat bei der fraglichen Probe . . . . . . . . . . . $\frac{315 \, ccm}{100}$

Differenz . . . . . . . . . . . . . . 180
Gamma Alkohol = 180·1,13 = . . . 203,4
Promillegehalt = 203,4 : 90 = . . . . 2,26

Für jede Bestimmung errechnet man sich den Mittelwert aus den drei Proben verschiedenen Gewichtes. Die drei Einzelergebnisse dürfen, wenn exakt gearbeitet worden ist, untereinander nicht um mehr als 0,05$^0/_{00}$ differieren. Wurde die Bestimmung im Serum ausgeführt, so ist das Resultat durch 1,2 zu dividieren, damit man den Wert für Vollblut erhält.

Was die *Fehlerquellen* anlangt, so ist zu sagen, daß eine schon erwähnt wurde: Es ist die Desinfektion mit Substanzen, die ebenso wie der Alkohol geeignet sind, Bichromat zu reduzieren. Dadurch kommt es zu falschen Analysenwerten. Es besteht ferner die Möglichkeit, daß sich Stoffe an sich schon im Körper eines Untersuchten befinden, welche ebenfalls in bezug auf die bei der *Widmark*schen Bestimmungsmethode verwendeten Reagenzien nicht indifferent sind. So hat seinerzeit schon *Widmark* gefunden, daß durch Blutaceton Alkoholgehalte bis zu 0,7$^0/_{00}$ vorgetäuscht werden konnten. Es ist ferner

gerade bei Verkehrsunfällen möglich, nämlich dann, wenn Verletzungen vorliegen, daß jemandem vor der Entnahme der Blutprobe eine Narkose verabreicht wird. Die Narkotica sind ebenfalls leicht flüchtige oxydable Stoffe, die die Blutalkoholbestimmung stören. Bei Äthervollnarkose hat man Blutreduktionswerte gefunden, welche 1,5$^0/_{00}$ Alkohol entsprachen. Von geringer praktischer Bedeutung ist die Tatsache, daß nach Obstgenuß ganz geringe Reduktionswerte im Blut auftreten können, maximal wurden 0,18$^0/_{00}$ gefunden. Man wird sicherheitshalber, zumindest in zweifelhaften Fällen, entsprechende Ermittlungen anstellen, um die genannten Fehlerquellen auszuschließen. Obwohl praktisch bedeutungslos, so soll doch erwähnt werden, daß auch das normale menschliche Blut organische Substanzen mit reduzierenden Eigenschaften (Aldehyde, Ketone, flüchtige organische Säuren) in ganz geringer Menge enthält. Sie erzeugen Reduktionswerte, die nicht über 0,05$^0/_{00}$ Blutalkohol hinausgehen.

Ist eine Blutprobe steril entnommen und ist kein Luftzutritt möglich, wie das bei Verwendung einer Venüle der Fall ist, so ändert sich der Alkoholgehalt auch innerhalb von mehreren Wochen kaum. Stehen die Proben offen oder sind sie ungenügend verschlossen oder steht über der Blutprobe eine größere Luftsäule, so nimmt der Alkoholgehalt etwa 14 Tage lang ziemlich konstant ab, bleibt dann eine Zeit lang auf gleicher Höhe und verhält sich schließlich ganz unregelmäßig. Das schließliche Aufhören weiterer Absinkens wird durch die Entstehung von flüchtigen Fäulnisprodukten hervorgerufen, welche ähnlich wie der Alkohol mit dem Bichromat reagieren. Bei vorgeschrittener Fäulnis ist keinerlei Regelmäßigkeit mehr festzustellen. Von praktischer Bedeutung ist wohl nur die Tatsache, daß in den ersten paar Tagen der Alkoholgehalt einer Blutprobe ziemlich unverändert bestehen bleibt, auch dann, wenn der Verschluß und die Versorgung nicht ideal sind. Trotzdem wird anzustreben sein, ganz allgemein zur Blutentnahme nur die Venüle zu verwenden.

Im Leichenblut erfolgt ebenfalls vom Augenblicke des Todes an eine zuerst unmerkliche, später größere Senkung des Alkoholtiters. Die Fäulniserscheinungen wirken bereits bei wenigen Tagen alten Leichen auf die Bestimmungsmöglichkeit ungünstig ein. Man muß deshalb bei Leichenblut die Analysentechnik variieren. Es genügt zur Erreichung eines einwandfreien Ergebnisses, wenn man das Blut zuerst im Sauren destilliert und dann mit dem Destillat nach Hinzufügung von Alkali eine *Widmark*bestimmung ausführt. Diese Notwendigkeit ist insofern auch für den Praktiker wichtig, als zur Alkoholbestimmung im Leichenblut eine größere Blutmenge erforderlich ist, wie bei dem üblichen Vorgehen.

Die *Beurteilung eines Trunkenheitsgrades* durch Blutalkoholbestimmung erfolgt praktisch am besten durch direkten Schluß vom Konzentrationswert auf den Grad der Beeinflussung. Derartige empirisch aufgestellte Beziehungen finden sich in den Art.: Alkohol und Verkehrsunfall; Äthylalkohol. Was aber neben der Angabe einer forensisch brauchbaren Alkoholbestimmungsmethode das Hauptverdienst *Widmark*s ist, das sind seine Untersuchungen über die Physiologie des Alkoholumsatzes, deren Ergebnis uns erlaubt, auf Grund eines Blutalkoholgehaltes und bei Vorhandensein von Kenntnissen über leicht zu ermittelnde Tatbestände Berechnungen verschiedener Art anzustellen, welche für ein Gerichtsverfahren von großer Bedeutung sind.

Der Alkohol wird in der Regel auf enteralem Wege in den Magen aufgenommen. Aus dem Magen wird er resorbiert und er diffundiert dann in alle Gewebe des Körpers. Die Verteilung in den einzelnen Geweben ist eine recht verschiedene, so z. B. enthalten die Knochen und das Fettgewebe relativ wenig Alkohol, das Blut und die Körperflüssigkeiten am meisten. Im Blut und in den Geweben wird der Alkohol verbrannt, gleichzeitig wird er durch Atmung, Urin, Speichel und Schweiß ausgeschieden. Die Resorption aus dem Magen erfolgt in der Regel in den ersten zwei Stunden, meist ist sie nach einer Stunde schon abgeschlossen. Die Resorptionsgeschwindigkeit ist weitgehend abhängig von dem Füllungszustande des Magens, wahrscheinlich auch von anderen Faktoren, die einen starken Einfluß auf das Verdauungssystem ausüben. Infolge dieser Resorption kommt es zu einem raschen Anstiege des Alkoholgehaltes im Blute. Bei nüchternem Magen ist etwa nach einer halben Stunde bis nach einer Stunde das Maximum erreicht, von da an sinkt der Blutwert durch Verbrennung und Ausscheidung ab. Sind die Resorptionsverhältnisse ungünstig, so kann die Aufnahme in das Blut sowohl verzögert als auch unvollständig sein. Beide Umstände wirken sich auf den Verlauf der Blutalkoholkurve aus. Die Ausscheidung des Alkohols ist in gerichtlich-medizinischer Hinsicht deshalb von Bedeutung, weil nicht in allen Ländern die Möglichkeit besteht, durch Untersuchung des Blutes zu einem Maßstabe für die Menge des im Körper befindlichen Alkohols zu kommen. Es sind deshalb zahlreiche Untersuchungen darüber angestellt worden, ob man den Zweck nicht auch durch Analyse des Urins, der Atemluft oder des Speichels erreichen kann. Aus anderen, physiologisch bestimmten Gründen hat man von verschiedenen Seiten auch Wert darauf gelegt, den Alkoholgehalt des Liquors zu bestimmen. In alle diese Körperflüssigkeiten und Sekrete geht der Alkohol durch Diffusion über. Auch in bezug auf den Liquor konnte die Behauptung eines echten Sekretionsvorganges nicht erwiesen werden. Der Alkoholgehalt des Urins ist immer etwas höher als der des Blutes. Das kommt daher, daß der Alkoholgehalt wesentlich vom Wassergehalt des lösenden Gewebes bzw. der lösenden Flüssigkeit abhängig ist. Der Urin, den man zu einem bestimmten Zeitpunkt aus der Blase entnimmt, hat sich durch Diffusion aus den Körperflüssigkeiten in der gleichen Konzentration wie diese mit Alkohol gesättigt. Da aber im Körper der Alkoholgehalt dauernd sinkt und der Blasenurin sich allmählich ansammelt, in der Blase aber seinen Alkoholgehalt weitgehend beibehält, während im Körper die Konzentration immer niedriger wird, ergibt sich diese Differenz zwischen Blut- und Uringehalt. Diese Ansicht ist dadurch bewiesen, daß nach Blasenentleerung und Einlegung eines Dauerkatheters die Blut- und Harnwerte miteinander übereinstimmen: es handelt sich nun um reinen frischen Diffusionsharn. Die Übereinstimmung ist keine vollständige, sondern im Urin findet sich immer noch etwas mehr Alkohol als im Blut. Das kommt daher, daß der Wasserreichtum des Blutes im Verhältnis zu dem des Urins geringer ist. Dementsprechend ist auch der Alkoholgehalt im Vollblut und im Serum bzw. Plasma nicht gleich. Der Urinalkoholgehalt stimmt mit dem Plasma- bzw. Serumalkohol überein.

Infolge dieser Verhältnisse vermag die Alkoholbestimmung im Urin bei gleichzeitiger Blutalkoholbestimmung besonders bei Leichen wertvolle Hinweise zu bieten: ist der Urinalkohol wesentlich höher als der Blutalkohol, so deutet das darauf hin, daß zur Zeit der Entnahme, bzw. zur Zeit des Todes, der Resorptionsgipfel schon überschritten war. Der Urinalkoholgehalt hat ja, kurvenmäßig dargestellt, sein Maximum später als der Blutalkoholgehalt. Auch im Speichel ist die Alkoholkonzentration vom Zeitpunkte der Beendigung der Resorption an immer höher wie im Blut. Es gelten hier, ebenso wie für den Liquor, die gleichen Gesetze wie für den Urin-

alkohol. Die Alkoholbestimmungen im Speichel, im Liquor und im Urin können mit dem üblichen Widmarkverfahren ausgeführt werden. Bei Harnproben muß durch Zugabe von Lauge vor der Destillation alkalische Reaktion hergestellt werden.

Es besteht gerichtlich-medizinisch ein außerordentliches Interesse, aus einem Blutalkoholgehalt nicht nur den Trunkenheitsgrad *festzustellen*, sondern auch *die Menge des Alkohols*, welche ein etwa Beschuldigter zu sich genommen hat. Diese Kenntnis erlaubt nicht nur unter Umständen eine Beurteilung der Glaubwürdigkeit, sie trägt auch sonst zum Verständnis vieler Fälle wesentlich bei und ist vor allem unerläßlich bei den pathologischen Alkoholreaktionen, in denen sie das sicherste, manchmal das einzige objektive Zeichen des abnormalen Verlaufes einer Alkoholvergiftung ist. Das Verhältnis des Alkoholgehaltes einer uns zugänglichen Körperflüssigkeit, also des Blutes, zu dem Alkoholgehalt des gesamten Körpers gestattet unter Berücksichtigung des Körpergewichtes ($p$) die Berechnung der absoluten Alkoholmenge, welche sich zur Zeit der Blutentnahme im Organismus befunden hat. *Widmark* hat dieses Verhältnis $\dfrac{\text{Körperalkohol}}{\text{Blutalkohol}}$ mit $r$ bezeichnet.

Die Berechnung des Faktors $r$ geht von folgender Überlegung aus: Die gesamte Menge des zu einer bestimmten Zeit im Körper vorhandenen Alkohols ($a$) entspricht dem Produkt aus der Konzentration im Körper und dem Körpergewicht ($p$). Die Konzentration im Gesamtkörper ist das Produkt aus der Blutalkoholkonzentration ($c$) und dem Verhältnis $r$. Also: $a = c\,p\,r$. Da (s. später) die Verbrennung des Alkohols unabhängig von dessen Konzentration im Körper ist, so kann man im Experiment aus jenem Teil der Blutalkoholkurve, der dem Stadium abgeschlossener Resorption entspricht (die Kurve ist da nichts anderes als der graphische Ausdruck der Umsetzungsgeschwindigkeit und wird durch eine Gerade dargestellt), die Konzentration im Blut für jeden beliebigen Zeitpunkt ermitteln, also auch jene theoretische Blutkonzentration, welche bestünde, wenn sich der ganze aufgenommene Alkohol im Augenblick der Aufnahme sofort in das Diffusionsgleichgewicht begäbe. *Widmark* bezeichnet diesen theoretischen Konzentrationswert mit $c_0$. $c_0$ ist also der Schnittpunkt des linearen Kurventeiles mit der Ordinate. Geht man jetzt wieder von der Formel $a = c\,p\,r$ aus, so ist die Berechnung des Faktors $r$ möglich, wenn man statt $c$ $c_0$ setzt, denn dann ist $a$ die im betreffenden Versuche zugeführte Alkoholmenge (die Alkoholmenge, welche sich im Zeitpunkte $c_0$ im Körper befindet, von *Widmark* mit $A$ bezeichnet). $A$ ist uns aber bekannt, ebenso das Körpergewicht $p$ und der Wert $c_0$, den man aus dem postresorptiven Kurventeil ausrechnen kann. Wir können uns also auf diese Weise das $r$ errechnen. Solche Berechnungen sind in größerer Zahl ausgeführt worden, der Faktor $r$ beträgt für Männer im Mittel 0,7, für Frauen im Mittel 0,6. Die praktische Bedeutung des Faktors $r$ ist klar: Ist z. B. bekannt, daß der Blutalkoholgehalt bei einem Betrunkenen von 70 kg Gewicht zu einem bestimmten Zeitpunkt 2 Promille betragen hat, so können wir mit Hilfe des Mittelwertes nach der Formel $a = c \cdot p \cdot r$ ($A = 2{,}0 \cdot 70 \cdot 0{,}7 = 98$) ausrechnen, daß sich im Körper des Untersuchten 98 g Alkohol befunden haben. Selbstverständlich darf nicht kritiklos mit dem Mittelwert gearbeitet werden, denn er trägt als Mittelwert aus einer Kollektivreihe durchaus nicht den Charakter eines „wahrscheinlichsten Wertes" (*Graf*).

Wesentlicher als die Ermittlung der zu einem bestimmten Zeitpunkte im Körper vorhandenen Alkoholmenge ist die Ermittlung jener Menge, welche der Betroffene überhaupt zu sich genommen hat. Auch eine solche Berechnung ist mit gewisser Annäherung möglich, und zwar unter Zugrundelegung unserer Kenntnisse über die Verbrennung des Alkohols. Das Schwinden von Alkohol aus dem Blut geht unabhängig von der herrschenden Konzentration, also linear, vor sich. Der Konzentrationsabfall in der Zeiteinheit ($\beta$) ist also während des ganzen Verlaufes der Alkoholvergiftung konstant. Das $\beta$ beträgt pro Minute bei beiden Geschlechtern annähernd $0,0025\,^0/_{00}$. Wir können daher mit diesem Mittelwert, wenn wir die Konzentration zu einem beliebigen Zeitpunkt festgestellt haben, auf den Konzentrationswert zu jeder beliebigen anderen Zeit schließen. Es ist nur zu unserem festgestellten Wert ($c_t$) das Produkt aus Zeitunterschied und Konzentrationsabfall pro Zeiteinheit ($\beta t$) hinzuzuaddieren oder, was weniger in Frage kommt, abzuziehen. Also: $c_0 = c_t + \beta t$, da aber $A = c_0 pr$, so beträgt die ganze aufgenommene Menge $A = (c_t + \beta t)pr$. Z. B.:

$c_t$ = festgestellte Konzentration . . . $1\,^0/_{00}$
$\beta$ = Konzentrationsabfall pro Minute . $0,0025\,^0/_{00}$
$t$ = Zeit seit Beginn der Aufnahme . $200$ min
$p$ = Körpergewicht . . . . . . . . $70$ kg
$r$ = Verteilungsverhältnis $\dfrac{\text{Körperalkohol}}{\text{Blutalkohol}}$ $0,70$

Die gesamt aufgenommene Alkoholmenge $A$ beträgt dann $73,5$ g Alkohol.

Die von *Widmark* ermittelten Gesetze für die Umsetzung des Alkohols erlauben also, aus einer Blutalkoholkonzentration erstens die Konzentration zu einer beliebigen Zeit, zweitens die insges. aufgenommene Alkoholmenge *innerhalb gewisser Grenzen* zu berechnen. Diese Grenzen sind relativ weit. Die größte Bedeutung hat die Zurückrechnung auf dem gesamten Konsum als Mittel zur Kontrolle der Glaubwürdigkeit der Angaben eines Beschuldigten. In einem solchen Falle darf natürlich nur mit den Mindestkonstanten gearbeitet werden. Trotzdem macht man etwa in der Hälfte aller Verfahren die Beobachtung, daß die von einem Beschuldigten zugegebenen Alkoholmengen noch unter diesem Mindestwerte liegen. Die Mittelwerte für ($r$) und für ($\beta$) sowie für die Menge des pro Stunde verbrannten Alkohols in Grammen ($b_{60}$) sind von verschiedenen Autoren berechnet worden, die Ergebnisse zeigt die folgende Tabelle:

|  | $r$ | $\beta$ | $b_{60}$(g) |
|---|---|---|---|
| **Männer** |  |  |  |
| Elbel . . . . . . . . . | 0,73 | 0,0021 | 6,6 |
| Widmark . . . . . . . | 0,68 | 0,0025 | 7,3 |
| Jungmichel . . . . . . | 0,76 | 0,0020 | 6,7 |
| Kriebs . . . . . . . . | 0,79 | 0,0018 | — |
| Bernhard und Goldberg . | 0,60 | 0,0026 | 6,3 |
| **Frauen** |  |  |  |
| Elbel . . . . . . . . . | 0,63 | 0,0020 | 4,1 |
| Widmark . . . . . . . | 0,55 | 0,0026 | 5,3 |
| Jungmichel . . . . . . | 0,67 | 0,0020 | 4,6 |
| Kriebs . . . . . . . . | 0,62 | 0,0027 |  |

Da die Begutachtung durch Blutalkoholbestimmung nicht immer vom Fachmann ausgeführt werden kann, sei zur Erleichterung von Berechnungen hier noch folgendes bemerkt: Will man aus einer Blutalkoholkonzentration den Konzentrationswert zu einem früheren Zeitpunkt ermitteln (z. B. Zeitpunkt des Unfalles), so addiert man zu dem vorhandenen Wert pro Stunde 0,12, also wenn z. B. die Blutentnahme um 22 Uhr erfolgt ist, Analysenergebnis 1,45, und man will wissen, wieviel Blutalkohol der Beschuldigte um 19,30 Uhr gehabt hat, so addiert man 0,3. Die Konzentration um 19 Uhr muß

demnach annähernd 1,75 betragen haben. Für die Berechnung von Alkoholmengen wendet man die Formel $A = c_0 \cdot p \cdot r$ an. Als Zeitpunkt 0 gilt der Beginn des Trinkens. Beispiel: Blutentnahme um 22 Uhr: $1,45\,^0/_{00}$; Beginn des Alkoholkonsums um 17 Uhr, daher $c_0 = c_t + \beta t = 1,45 + (5 \cdot 0,12) = 2,05$. Wenn nun das Gewicht 70 kg betragen hat, so muß der Angezeigte annähernd

$$2,05\ (c_0) \cdot 70\ (p) \cdot 0,7\ (r\text{-Mittelwert}) = 100,45\ \text{g},$$

also annähernd 100 g Alkohol aufgenommen haben. Zur weiteren Erleichterung kann noch angegeben werden, daß ein Glas Bier ($^6/_{20}$) etwa 9 g Alkohol enthält, ein gewöhnlicher Schnaps annähernd ebensoviel. Weine haben in der Regel einen Alkoholgehalt von 6—8 Gewichtsprozenten (Mosel-Rheinwein). Fünf Glas Bier erzeugen, schnell hintereinander getrunken, einen Alkoholgehalt von rd. $1\,^0/_{00}$. Diese Zahlen sollen natürlich nur zur Orientierung dienen. Wird bei Gericht als Beweismittel eine Berechnung angestellt so muß diese genau und unter Berücksichtigung verschiedenster Umstände ausgeführt werden. Zunächst darf man in solchen Fällen nicht schematisch mit dem Mittelwert arbeiten, sondern entweder mit dem Mindestwert von $r$ oder, wenn der Gutachter genügend Erfahrung besitzt, so kann er nach der Konstitution des Betroffenen das auf ihn zutreffende Verteilungsverhältnis mit einer brauchbaren Annäherung schätzen. Darüber hinaus ist in allen Fällen zu berücksichtigen, ob nicht Faktoren vorhanden sind, die durch Veränderung des Alkoholumsatzes den Blutalkoholgehalt so beeinflussen, daß die Berechnungen einer Korrektur bedürfen. Die wichtigsten dieser Faktoren sollen kurz besprochen werden: So ist hinsichtlich der *Nahrungsaufnahme* zu bemerken, daß die erhöhte Alkoholtoleranz bei vollem Magen durch eine Verminderung und Verzögerung der Resorption bedingt ist. Diese Resorptionsstörungen hängen mit dem Grad der Magenfüllung und mit der Verdaulichkeit der Nahrungsbestandteile zusammen. Je schwerer verdaulich eine Mahlzeit ist, destomehr Alkohol bleibt unresorbiert, desto relativ geringer wird die Trunkenheit. Durch die Verzögerung der Resorption wird der Verlauf der Alkoholkonzentration im Blute gestört, und es ist daher insbesondere bei Aufnahme kleinerer Alkoholmengen nicht ohne weiteres möglich, aus einem Blutwerte beliebig zurückzurechnen. Solange es sich nur um einen Resorptionsverlust handeln würde, könnte sich dieser Fehler nur zugunsten eines Betroffenen auswirken. Da aber gleichzeitig eine Verlangsamung der Resorption besteht, also unter Umständen noch drei und vier Stunden nach Beendigung des Trinkens Alkohol neu ins Blut gelangt, kann es vorkommen, daß zu dieser Zeit eine relativ zu hohe Blutkonzentration besteht. Bei *Muskelarbeit* ist die Verbrennung des Alkohols im Körper u. U. ganz erheblich beschleunigt. Desgleichen muß eine Beschleunigung der Verbrennung im *Fieber* angenommen werden. Umgekehrt hat man festgestellt, daß bei tiefer *Bewußtlosigkeit* die Alkoholverbrennung herabgesetzt sein *kann*. Gerade in einem solchen Falle ist Vorsicht zu üben, denn der entstehende Fehler wirkt sich zuungunsten des Betroffenen aus. Es ist ferner möglich, daß in der Blutalkoholkurve recht bedeutende Zacken nach *Erbrechen* auftreten. Nach den bisher vorliegenden Erfahrungen folgt dem Brechakt sogar immer ein erneutes Ansteigen des Blutalkoholspiegels. Es ist auch wiederholt das Bedürfnis aufgetaucht, die Wirkung gewisser *Pharmaka* auf den Blutalkoholspiegel zu untersuchen. Am bekanntesten dürfte wohl die ernüchternde Wirkung des *Coffeins* sein. Es hat sich gezeigt, daß diese ohne Erniedrigung der Blutalkoholwerte vor sich geht. Es handelt sich also um eine Toleranzsteigerung der

Erfolgsorgane oder um eine zentralnervöse Gegenwirkung vielleicht auf dem Umwege über das Gefäßsystem. Nach *Rauchen* hat man eine Verstärkung der Rauscherscheinungen beobachten können. Von den eigentlichen Pharmacis hat das *Insulin* eine ganz kurz dauernde senkende Wirkung auf den Blutalkoholspiegel. Parallel damit geht auch eine leichte Trunkenheitsverminderung. Der Erfolg ist bei mittleren Dosen so gering, daß er praktisch außer acht gelassen werden kann. Im übrigen ist mit der Anwendung von Insulin ja wohl praktisch überhaupt nicht zu rechnen. Von den in Laienkreisen bekannten schmerzstillenden und Schlaf-Mitteln sind *Aspirin, Pyramidon, Veronal, Gardan, Neutrogal* untersucht. Alle diese pharmazeutischen Produkte haben keine direkte Wirkung auf den Blutalkoholgehalt. Die Wirkung von Analepticis als Katermittel (Pervitin) hat nichts mit einer Veränderung des Alkoholumsatzes zu tun, was nicht ausschließt, daß z. B. bei hohen Aspirindosen eine deutlich merkbare Resorptionsstörung auftritt; *Chinin* und *Thyroxin* sind ebenfalls wirkungslos. Dagegen wird durch *Adrenalin* die Empfindlichkeit gesteigert. *Coramin* dagegen wieder wirkt ernüchternd. *Dextroenergen* ist wirkungslos. Es sind auch besondere „Patentmittel" gegen die Alkoholwirkung im Handel. Bei zwei von ihnen („Pekasin" und „Gothania Antialkoholpastillen") ist die Wirkungslosigkeit experimentell erwiesen. Bei allen pharmakologischen aber auch bei sonstigen Einflüssen war zu prüfen, ob sich die evtl. zu findende Wirkung auf eine Veränderung im physiologischen Ablauf der Alkoholvergiftung gründet, oder ob eine direkte psychische Gegenwirkung vorliegt. Am besten untersucht sind die Verhältnisse bei der *Gewöhnung*. Hier hat sich gezeigt, daß der Alkoholgewohnte oft schneller verbrennt als der Ungewohnte. Die Beschleunigung ist nicht groß und hält sich noch innerhalb der auch physiologischerweise vorkommenden Grenzen. Zudem treffen diese Veränderungen nur auf den wirklichen Trinker und nicht immer zu. Darüber hinaus besteht kein Zweifel, daß der Alkoholgewohnte auch eine erhöhte psychische Toleranz hat. Diese Toleranzsteigerung erstreckt sich allerdings nur auf gröbere Leistungen, feinere psychische und psychomotorische Reaktionen, wie etwa gerade die im Verkehrsleben wichtige Umstellungsbereitschaft, sind auch beim Alkoholgewohnten schon nach geringfügiger Alkoholaufnahme ganz erheblich gestört.

Über die weitere Verwertung der Blutalkoholbefunde; s. d. Art.: Äthylalkohol; Alkohol und Verkehrsunfall.

*Schrifttum.*
*Buhtz:* Der Verkehrsunfall. Stuttgart 1938. — *Elbel:* Die wissenschaftlichen Grundlagen der Beurteilung von Blutalkoholbefunden. Leipzig 1937. — *Graf, O.:* Die Beurteilung der Alkoholblutkonzentration unter Berücksichtigung der Fehlermöglichkeiten. Der öffentliche Gesdh.dienst **4**, 599 (1938). — *Hoffmann, R.:* Alkoholnachweis bei Verkehrsunfällen. Berlin-Wien 1937. — *Jungmichel:* Alkoholbestimmung im Blut. Methodik und forensische Bedeutung. Berlin 1933. — *Jungmichel:* Der Alkoholgehalt des Blutes und seine kriminalistische Bedeutung bei Verkehrsunfällen. Verhandlungsbericht über den I. Intern. Kongreß für gerichtliche und soziale Medizin. Bonn 1938. — *Nicloux, M.:* Simplification de la méthode de dosage de l'alcool dans le sang et dans les tissus. C. r. Soc. Biol., Paris **60**, 1034 (1906). — *Widmark, E. M. P.:* Die theoretischen Grundlagen und die praktische Verwendbarkeit der gerichtlichmedizinischen Alkoholbestimmung. Berlin-Wien **1932**. *Elbel.*

## Alkoholbestimmung im Liquor, Speichel und Urin siehe *Alkoholbestimmung im Blut.*

## Alkohol und Verkehrsunfall. (Vgl. auch Art.: Äthylalkohol; Alkoholbestimmung im Blut; Flüchtige organische Gifte; Verkehrsunfall.)

In der amtlichen deutschen Statistik ist bei 6 % der 267 000 im Jahre 1937 vorgekommenen Verkehrsunfälle Alkoholbeeinflussung als Ursache angegeben. Diese Statistik liefert jedoch kein brauchbares Bild der wirklichen Verhältnisse, denn sie gründet sich auf die sog. „Statistischen Meldeblätter", welche von der anzeigenden Gendarmerie- bzw. Polizeibehörde an eine Zentralstelle eingesandt werden. In diesen Meldeblättern wird zwar der Verdacht der Alkoholbeeinflussung angegeben, in der Rubrik „Ursache" erscheint jedoch in der Regel die unmittelbare Veranlassung, also z. B. Nichtbeachtung des Vorfahrtsrechtes oder Schnellfahrens, also Umstände, die ihrerseits wieder einer inneren Verursachung bedürfen. Es leuchtet ohne weiteres ein, daß ein Trunkenheitszustand jeden Grades nur auf dem Wege der Hervorrufung verkehrsgefährdenden Verhaltens zu einem Unfall führen kann. Sichere statistische Unterlagen für die tatsächliche Rolle des Alkohols als Unfallursache wird man erst dann gewinnen, wenn man einmal grundsätzlich *alle* Beteiligten bei Verkehrsunfällen auf Trunkenheit prüft. Es liegen eine ganze Reihe von Arbeiten über diese Frage vor (referiert bei *Jungmichel* und *Elbel*), in denen der fragliche Prozentsatz auf rund 40—50 veranschlagt wird. Als bedeutungsvoll kommt noch dazu, daß gerade bei den schweren Verkehrsunfällen ganz besonders häufig eine kausale Bedeutung der Alkoholbeeinflussung festgestellt werden mußte[1].

Die Gefährlichkeit des Genusses geistiger Getränke für den Verkehrsteilnehmer ist durch die psychische und physische Wirkung des Alkohols bedingt. Die psychische Wirkung erstreckt sich im wesentlichen auf eine Wandlung der Gefühlswelt, auf Veränderung der Willensmotivation und auf Störung der Leistungen. In bezug auf die Gefühlswelt ist die bekannte Alkoholeuphorie für das hier zu behandelnde Thema besonders wichtig. Im engen Zusammenhang damit steht die Veränderung der Willensakte: der „Angeheiterte" empfindet seine herabgesetzte Leistungsfähigkeit (s. u.) nicht, im Gegenteil, er ist infolge seines in der Regel manischen Zustandes geneigt, sich besonders viel zuzutrauen, Motive wie Furcht (Vorsicht) und Verantwortungsgefühl spielen für seine Willensbildung eine untergeordnete Rolle. Dazu kommt, daß die Willenskraft an sich nicht vermindert ist: der fehlerhaft motivierte Willensakt läuft ungehemmt ab. Die alkoholisch bedingten Störungen der Leistungsfähigkeit sind ungleichmäßig auf die einzelnen Komponenten der psychomotorischen Reaktion verteilt. Die Aufmerksamkeit und die davon abhängende Auffassungsfähigkeit hat man schon nach ganz geringen Dosen von Alkohol weitgehend herabgesetzt gefunden. Auch die Auffassung allein (bei Versuchsanordnungen, in denen Aufmerksamkeitsschwankungen ausgeschaltet waren) ist schon nach 10 ccm Alkohol verschlechtert. Ähnliche Erfolge haben Untersuchungen gehabt, die man bezüglich der Sinnesfunktionen angestellt hat. Dabei gelang es, speziell für den Verkehrsteilnehmer wichtige komplexe Sinnesleistungen experimentell zu prüfen, wie etwa die Fähigkeit, die Geschwindigkeit eigener und fremder Bewegung zu schätzen oder eine Strecke durch Augenmaß in gleiche Abschnitte zu teilen. Die Verarbeitung des aufgefaßten Sinneseindruckes (Intelligenz, Gedächtnis, Lernfähigkeit) wird erschwert, wobei die Schädigung gerade die wertvollen Elemente der Assoziation besonders betrifft. Analoge Ergebnisse hat die experimentell psychologische Erforschung der dritten Phase der psychomotorischen Reaktion — Auslösung und Ausführung der Reaktionshandlung — gehabt. Kennt man die quantitativen Werte der alkoholischen Schädigung jener

---

[1] Nach *Reiter* ist anzunehmen, daß etwa 72% aller schweren Verkehrsunfälle mit tödlichem Ausgang durch Alkoholmißbrauch bedingt gewesen sind.

Fähigkeiten und Eigenschaften, welche man zur sicheren Bewegung im Verkehr für erforderlich hält, so wird die maßgebende Rolle des Genusses geistiger Getränke als Unfallsursache verständlich. Der Nachweis des kausalen Zusammenhanges zwischen Trunk und Unfall ist jedoch nur dann als geführt anzusehen, wenn auf geeignetem Wege festgestellt worden ist, daß ein Trunkenheitsgrad vorgelegen hat, welcher mit einer genügenden Schädigung der psychischen und physischen Fähigkeit zu jenen technischen Leistungen verbunden ist, deren mangelhafte Ausführung zur Herbeiführung des Unfalles beigetragen hat. Nimmt man speziell auf die *Begutachtung auf Grund von Blutalkoholbestimmungen* Bezug, so ist zunächst festzuhalten, daß es eine prinzipiell unbedenkliche Blutalkoholkonzentration für den Verkehrsteilnehmer nicht gibt, und daß keine festen Grenzen der Konzentration aufgestellt werden können, innerhalb welcher ganz allgemein mit dem Vorhandensein oder Fehlen bestimmter Fähigkeiten gerechnet werden kann. Die Auswertung jahrelanger Erfahrungen zahlreicher Autoren erlaubt jedoch, in Regelfällen etwa folgende Beurteilungsgrundlage zu benützen: Werte über $2^0/_{00}$ werden in der Minderzahl bei Unfallschuldigen festgestellt. Von etwa $2^0/_{00}$ an besteht bereits ein Zustand, der sowohl objektiv auch dem Laien einwandfrei als Trunkenheit imponiert, als auch subjektiv schon solche Erscheinungen macht, die den Betroffenen in vielen Fällen veranlassen, von verantwortlicher Teilnahme am Verkehr Abstand zu nehmen. Jedenfalls kann man bei so hohen Blutalkoholgehalten eine Trunkenheitsgrad annehmen, der die Fähigkeit zum sicheren Bewegen im Verkehr ausschließt. Blutwerte zwischen 1,5 und $2^0/_{00}$ sind bereits weit häufiger. Die Beurteilung macht auch hier noch keine Schwierigkeiten, man wird unbedenklich einen verkehrsgefährdenden Zustand annehmen können, wenn nicht besondere Umstände vorliegen. Vor Erstattung eines derartigen Gutachtens ist es daher auch bei relativ hohen Blutwerten unerläßlich, Einsicht in die Ermittlungsakten zu nehmen. Konzentrationen von weniger als $1,5^0/_{00}$ erfordern bei der Beurteilung außerordentliche Vorsicht. Hier insbesondere darf niemals schematisch vorgegangen werden, sondern es ist stets Bezug auf die Besonderheiten des Einzelfalles zu nehmen. Die notwendigen Beurteilungsgrundlagen kann nur die persönliche Erfahrung bringen und der gewissenhafte Arzt, der nur selten mit solchen Begutachtungen beschäftigt ist, wird sie ablehnen und an die zuständige Stelle verweisen. Selbstverständlich ist es ganz unerhört, daß der Chemiker, welcher die Blutanalyse ausgeführt hat, die Begutachtung eines Trunkenheitsgrades vornimmt. Eine unterste Grenze der Bedenklichkeit kann für Blutalkoholwerte nicht angegeben werden. Man wird zwar bei etwa $0,5^0/_{00}$ weder eine verkehrsgefährdende Trunkenheit noch die überwiegende Wahrscheinlichkeit eines kausalen Zusammenhanges zwischen Alkohol und Unfall behaupten können. Wird jedoch die Frage gestellt, ob ein so geringer Grad der Beeinflussung einen ungünstigen, evtl. entscheidenden Einfluß auf das Verhalten eines Verkehrsteilnehmers gehabt haben *kann*, so darf auf Grund des heute vorliegenden Materials nur mit Ja geantwortet werden.

*Schrifttum.*

*Buhtz, G.:* Der Verkehrsunfall. Stuttgart: 1938. — *Elbel, H.:* Die wissenschaftlichen Grundlagen der Beurteilung von Blutalkoholbefunden. Leipzig 1937. — *Hoffmann, K.:* Alkoholnachweis bei Verkehrsunfällen. Berlin-Wien 1937. — *Jungmichel, G.:* Bericht über die I. Internationale Tagung für gerichtliche und soziale Medizin. Bonn 1938. — *Reiter:* Alkohol und Nikotinmißbrauch und gesundes Volk. Volksgesundheitswacht 1, 4 (1938). **Elbel.**

**Alkoholversuch** siehe *Äthylalkohol.*

**Allergie** siehe *Idiosynkrasie.*

**Allonal** siehe *Pyrazolonderivate; Schlafmittel.*

**Aloe** siehe *Anthrachinonderivate.*

**Aloin** siehe *Anthrachinonderivate.*

**Altersbestimmung an Knochen** siehe *Knochen.*

**Altersbestimmung an Leichen.** (Vgl. auch Art.: Altersbestimmung von lebenden Personen; Altersbestimmung von Leibesfrüchten.)

Die sichersten Anhaltspunkte bilden Körpergröße, Beschaffenheit der Knochen und des Gebisses sowie die Behaarung. Bis zu einem gewissen Grade können aber auch die inneren Organe zur Altersschätzung herangezogen werden. So läßt sich aus der Größe der einzelnen Organe feststellen, ob es sich um die Leiche eines Kindes oder eines älteren Individuums gehandelt hat. Bei verkohlten Organen ist zu berücksichtigen, daß diese eine starke Schrumpfung erfahren können, so daß die Organe Erwachsener die Größe von kindlichen Organen haben können. Aus der Differenz der Herzkammerwandungen in ihrer Dicke läßt sich ersehen, ob es sich um die Leiche eines Neugeborenen, wo eine Differenz nicht besteht, oder um die eines älteren Kindes, wo die Stärke der Wandung der linken Kammer bereits erkannt werden kann, handelt. Am Uterus kann unterschieden werden der kindliche Uterus von dem geschlechtsreifen und dieser wieder vom senil-atrophischen, ferner aber auch der jungfräuliche von dem gravid-gewesenen. An den Eierstöcken kann aus der Kerbung auf das Vorliegen und die Anzahl der Ovulationsperioden geschlossen werden, je nachdem ob die Kerbung fehlt, ob sie spärlich oder reichlich vorhanden ist. Hinsichtlich des Kehlkopfknorpels ist bemerkenswert, daß an diesem eine Verknöcherung im Alter von etwa 50 Jahren einsetzt.

Schließlich ist daran zu denken, daß im vorgerückten Alter sich eine Reihe von pathologischen Zuständen neben der allgemeinen Altersatrophie der Organe findet.

Hinsichtlich der Altersschätzung auf Grund der Knochen (Grad der Verknöcherung einzelner Skeletteile, insbesondere der Epiphysenscheibe zwischen Kopf und Schaft des Humerus sowie die Obliteration der Schädelnähte) und der Zähne (insbesondere Zahndurchbruch und Abnutzung der Zähne) s. d. Art.: Knochen; Zähne.

*Schrifttum.*

*Aschoff, L.:* Zur normalen und pathologischen Anatomie des Greisenalters. Berlin u. Wien 1938. — *Gruber, Georg:* Alters- und Abnutzungserscheinung an Gefäßen. Verh. dtsch. Ges. Kreislaufforschg. **1929.** — *Mueller, B.:* Gerichtsärztliche Tätigkeit. In: Der Arzt des öffentl. Gesundheitsdienstes. Leipzig 1939. **Ponsold.**

**Altersbestimmung von Blutsspuren** siehe *Forensische Blutuntersuchung.*

**Altersbestimmung von lebenden Personen.** (Vgl. auch Art.: Altersbestimmung an Leichen.)

Das Alter von *Kindern* und *Minderjährigen* kann nach der Körperlänge auf Grund folgender Tabelle geschätzt werden (s. umst. Tabelle).

Im Alter von 15 Jahren sind bei Knaben die Geschlechtsorgane meist noch wenig entwickelt, bei Mädchen die Brustwarzenhöfe rosa gefärbt und keine Haare am Schamberge; im Alter von 16 Jahren findet sich initiale oder vollkommen entwickelte Behaarung am Schamberge, Vergrößerung der Geschlechtsorgane und grägnante Pigmentierung und Braunfärbung der Brustwarzenhöfe. Bei Mädchen äußern sich die entsprechenden Reifungszeichen um 1—1½ Jahre früher.

| Alter | Körperlängen in Metern | |
|---|---|---|
| | ♂ | ♀ |
| Neugeborene . . . | 0,50 | 0,49 |
| 1 Jahr . . . . . | 0,70 | 0,69 |
| 2 Jahre. . . . . | 0,79 | 0,78 |
| 3 ,, . . . . | 0,86 | 0,85 |
| 4 ,, . . . . | 0,93 | 0,91 |
| 5 ,, . . . . | 0,99 | 0,97 |
| 6 ,, . . . . | 1,05 | 1,10 |
| 7 ,, . . . . | 1,10 | 1,15 |
| 8 ,, . . . . | 1,16 | 1,18 |
| 9 ,, . . . . | 1,25 | 1,19 |
| 10 ,, . . . . | 1,27 | 1,25 |
| 11 ,, . . . . | 1,33 | 1,30 |
| 12 ,, . . . . | 1,38 | 1,35 |
| 13 ,, . . . . | 1,44 | 1,40 |
| 14 ,, . . . . | 1,49 | 1,45 |
| 15 ,, . . . . | 1,53 | 1,50 |
| 16 ,, . . . . | 1,55 | 1,53 |
| 17 ,, . . . . | 1,59 | 1,55 |
| 18 ,, . . . . | 1,66 | 1,58 |

Zur Altersschätzung bei *Erwachsenen* kann z. B. die Gesichtsfarbe dienen, die von frischer Röte bis zu gelblich-erdfahler Gesichtsfarbe übergeht, ferner die Entstehung von Runzeln, wie Stirnrunzeln, Nasolabialfalten, Runzeln an den äußeren Augenwinkeln und suborbitale Runzeln, schließlich die Vorohreneckenrunzeligkeit und die retroauriculare Runzeligkeit. Außer der Runzeligkeit im Gesicht kommt auch die an der Halshaut in Betracht. Bei sehr alten Menschen kommt noch hinzu das Verhalten einer durch Erfassen gebildeten Hautfalte am Handrücken, ferner die Runzeligkeit des Nasensattels, der Oberlippe, des Kinnes, der Ohrläppchen und der Wangenhaut. Wo eine Geburtsurkunde fehlt, kann die Altersbestimmung auch mittels Röntgenstrahlen vorgenommen werden, wobei der Entwicklungs- bzw. Verknöcherungsgrad der Skeletteile festgestellt wird.

Bei der Altersschätzung im besonderen halte man sich an die in der folgenden Übersicht angeführten Merkmale, die für die einzelnen Altersgruppen mehr oder weniger kennzeichnend sind.

So sind charakteristisch für *20jähr. Männer* initiale Stirnrunzeligkeit, frische Wangenröte, fehlende Nasolabialfalte, fehlende Runzeligkeit an den äußeren Augenlidwinkeln, fehlende Runzeligkeit hinter den Ohren; für *25jähr. Männer* beginnende Abnahme der Wangenröte, initiales Stadium der Nasolabialfaltenbildung, der Runzeligkeit an den äußeren Augenwinkeln und der suborbitalen Runzeligkeit, bisweilen Vorohreneckenrunzeligkeit in ihrer anfänglichsten Form; für *30jähr. Männer* erdfahlgelbe Schattierung der Gesichtsfarbe, deutliche Stirnrunzeligkeit, fortgeschrittenes Stadium der Nasolabialfaltenbildung und der Runzeligkeit an den Augenwinkeln; für *35jähr. Männer* gelblich-erdfahle Gesichtsfarbe, mitunter beginnendes Ergrauen der Haare, mittlerer Grad der Stirnrunzeligkeit, ausgeprägte Nasolabialfalte, ausgeprägte Runzeligkeit an den äußeren Augenlidwinkeln und ausgeprägte suborbitale Runzeligkeit, ausgeprägter Ausdruck des Gesichtes und zwar der initialen Verwelkung; für *40jähr. Männer* erdfahle Gesichtsfarbe, etwas mehr als durchschnittlich ausgeprägte Nasolabialfalte, prägnante Ausprägung der Runzeligkeit an den äußeren Augenlidwinkeln, prägnante Stirnrunzeligkeit, nichtprägnante Ausprägung der suborbitalen Runzeligkeit, Beginn der cervicalen Runzeligkeit, Zunahme der Vorohreneckenrunzeligkeit; *45jähr. Männer* erdfahle Gesichtsfärbungen, deutliche Ausprägung der Gesichtsrunzeln, deutliche Wahrnehmbarkeit der cervicalen Runzelig-

keit, Übergang der Vorohrenrunzeligkeit in die cervicale Runzeligkeit; für *50jähr. Männer* deutlich erdfahle Gesichtsfarbe, prägnante Entwicklung aller Gesichtsrunzeln, Runzellosigkeit der Ohrläppchen, initiale Pigmentierung an der Haut der Hände; für *55jähr. Männer* deutliche Trockenheit der Händehaut, die sich leicht in eine große Falte zusammenfassen läßt, deutliche Pigmentierung, initiale Trübung der Hornhautperipherie, insbesondere oben, initiale Runzeligkeit der Ohrläppchen und der Oberlippe; für *60jähr. Männer* langsames Glätten der durch Erfassen auf dem Handrücken gebildeten Hautfalte, zunehmende Hautatrophie der Hände, Runzeligkeit des Nasensattels, Herabsetzung des Hautturgors an den Ohrläppchen, ausgeprägte Runzeligkeit der Oberlippe; beginnende Greisenanzeichen der Verwelkung; für *65jähr. Männer* Ausbleiben der Glättung der gebildeten Hautfalte an der Rückseite der Hände beim Vorstrecken der Finger, tiefere Runzeln an den Ohrläppchen, vollkommen ausgeprägte Runzeligkeit der Oberlippe; für *70jähr. Männer* Bestehenbleiben auf der Rückseite der Haut der Hände gebildeten Hautfalte, Herabhängen der Ohrläppchen, vorwiegend senkrechte Richtung der Runzeligkeit an den Ohrläppchen, senkrechte Runzeln an der Oberlippe, allgemeine Runzeligkeit der Wangenhaut.

Die Alterserscheinungen beim *Weibe* sind mit 20, mit 25, mit 30, also bis zu 30 Jahren verhältnismäßig stärker ausgeprägt als beim Manne, von 35 bis 45 Jahren sind sie weniger ausgeprägt als beim Manne, von da an gehen sie annähernd parallel.

*Schrifttum.*

*Favero:* Über die Altersbestimmung beim Lebenden mittels Knochenaufnahmen. Arch. Med. leg. (port.) **5**, 1935. Ref. Dtsch. Z. gerichtl. Med. **26**, 1936. — *Izkovitsch:* Röntgenologische Altersbestimmung für Gerichtszwecke. Fortschr. Röntgenstr. **54**, 1936. — *Müller:* Über die Altersschätzung beim Menschen. Berlin 1922. — *Nadeshdin:* Objektive Altersbestimmung an lebenden Erwachsenen mit der Genauigkeit von 1—3 Jahren im Durchschnitt. Dtsch. Z. gerichtl. Med. **6**, 1926. — Zur Frage der Altersbestimmung Minderjähriger. Dtsch. Z. gerichtl. Med. **8**, 1926. — *Sebastiany:* Objektive Altersschätzung am lebenden Erwachsenen. Inaug.-Diss. Bonn 1927.

*Ponsold.*

**Altersbestimmung von Leibesfrüchten.** (Vgl. auch Art.: Altersbestimmung an Leichen.)

*I. Altersbestimmung von Leibesfrüchten aus dem Körpergewicht.* Das Fruchtalter kann aus der Körperlänge und aus dem Körpergewicht bestimmt werden. Das Gewicht unterliegt jedoch individuellen Schwankungen stärker als die Länge. Am besten ergibt sich das Alter aus dem Vergleich von Länge und Gewicht mit den Normentafeln. Die unten wiedergegebene Normentafel des Gewichtswachstums eines Embryos nach *Streeter* bezieht sich auf fixiertes (Formalin) Material, da ja in den meisten vorkommenden gutachtlichen Fällen einer Altersbestimmung auch fixiertes Material vorliegen dürfte.

Gewichtswachstum des Embryos
(nach Formalinfixierung) nach *Streeter*.

| Menstruations-alter in Wochen | Formalin-gewicht g | Menstruations-alter in Wochen | Formalin-gewicht g |
|---|---|---|---|
| 8 | 1 | 30 | 1323 |
| 10 | 5 | 31 | 1492 |
| 12 | 15 | 32 | 1680 |
| 14 | 45 | 33 | 1876 |
| 16 | 100 | 34 | 2074 |
| 18 | 200 | 35 | 2274 |
| 20 | 316 | 36 | 2478 |
| 22 | 460 | 37 | 2690 |
| 24 | 630 | 38 | 2914 |
| 26 | 823 | 39 | 3150 |
| 28 | 1045 | 40 | 3405 |

*II. Altersbestimmung von Leibesfrüchten aus der Körperlänge.* Bei *lebenden* Früchten, die sich noch im Mutterleibe befinden, ist in den ersten Schwangerschaftsmonaten eine Altersbestimmung nur auf röntgenologischem Wege möglich. Vom Ende des zweiten Monats ab wird die Altersbestimmung aus Zahl und Größe der Ossifikationspunkte ermittelt. In der zweiten Schwangerschaftshälfte können bereits am Radiogramm Längenmessungen des Embryo vorgenommen werden. Da die Scheitelfersenlänge erst nach Ausgleich der frühembryonalen Krümmungen der Körperachse, also etwa vom 4. Monat an, einigermaßen sicher gemessen werden kann, wird bei *toten* Früchten für die erste Hälfte der Schwangerschaft vielfach die Angabe der Sitzhöhe bzw. der Scheitelsteißlänge bevorzugt. Im allgemeinen kann das Alter ungefähr nach folgender Regel geschätzt werden: im 3., 4. und 5. Monate beträgt die Länge so viel Zentimeter, als dem Quadrat der Zahl der Monate der Schwangerschaft entspricht, vom 5. Schwangerschaftsmonat ab das Fünffache der Monatszahl. Die Länge der reifen Frucht beträgt 50—51 cm bei einem Gewicht von etwa 3200 g. Wegen der beträchtlichen individuellen Schwankungen darf der Begriff der Geburtsreife oder des „Ausgetragenseins" eines neugeborenen Kindes nicht zu eng gefaßt werden. An Skeletteilen läßt sich das Alter durch Messung einigermaßen bestimmen. Wegen des meist raschen Zerfalles embryonalen Knorpels können nur noch die Diaphysen der Extremitätenknochen gemessen werden. Bei den Knochen verbrannter Neugeborener ist auf die Verkürzung infolge der Verbrennung zu achten (*Schrader*).

*Schrifttum.*

*Bischoff:* Altersbestimmung bei Säuglingen und Frühgeborenen mit Hilfe der Hämoglobinresistenz. Dtsch. Z. gerichtl. Med. **11**, 340—346 (1928). — *Maschka:* Handb. der gerichtl. Med. **3**. Tübingen 1882. — *Schrader:* Untersuchungen zur Altersbestimmung an Knochen verbrannter Neugeborener und Frühgeburten. Dtsch. Z. f. gerichtl. Med. **29**, 1938. — *Streeter:* Weight, sitting height, haed sice foot length and menstrual age of the human embryo. Contrib. to Embryol. **55**, 1920. **Ponsold.**

### Altersbestimmung von Tintenschriften siehe *Tinten und Tintenschriften.*

### Altersbestimmung von Verletzungen. (Vgl. auch Art.: Bestimmung der Reihenfolge von Verletzungen; Priorität des Todes; Todeszeitbestimmung; Vitale Reaktionen.)

Für die Altersbestimmung von Verletzungen kommen die makroskopischen und mikroskopischen Befunde der entzündlichen Reaktion, der Wundheilung, alle reparativen und regenerativen Vorgänge, der Abbau des in das Gewebe ergossenen Blutes, die Bildung von Blutfarbstoff (Pigment), die Narbenbildung einschließlich des Verhaltens der elastischen Fasern in Betracht. Für gewisse Gruppen von Verletzungen geben die chirurgischen und unfall-medizinischen Statistiken, die gelegentlich mit Vorteil zu benützen sind, wie z. B. bei der Beurteilung der Heilungsdauer unkomplizierter Knochenbrüche und Verletzungen, glatter Weichteilbzw. Operationsschnittwunden, Aufschluß. Sobald jedoch Infektionen, interkurrierende Krankheiten, Vergiftungen oder weitere Verletzungen hinzukommen, kann natürlich von einer Regelmäßigkeit des Verlaufes nicht mehr die Rede sein. In den Arbeiten von *Walcher* über vitale Reaktionen sind die Verletzungen in zeitliche Gruppen eingeteilt, wobei besonders auf die entzündlichen Reaktionen Wert gelegt ist. Je längere Zeit verstrichen ist, um so ungenauer werden die Berechnungen. Praktisch am wichtigsten sind aber gerade die ersten Zeiten nach Erhalten von Verletzungen. Diejenigen Faktoren, die die biologischen Vorgänge und insbesondere auch die Entzündungsvorgänge hemmen (Shock, Blutverlust, Senium, Darniederliegen der Körperkräfte), sind jeweils zu berücksichtigen. Hinsichtlich der Narbenbildung ist besonders auf die Arbeiten von *Marchand* und *Krause* zu verweisen. Die Pigmentbildung im ausgetretenen Blut gibt Anhaltspunkte insofern, als das eisenhaltige Haemosiderin nach 6—7 Tagen, das eisenfreie Haematoidin nach frühestens 8—9 Tagen gefunden wurde (*Dürck, Virchow, Walcher*).

Die Untersuchungen von *Walcher* haben ergeben, daß zu Altersbestimmung hauptsächlich die Leukocytenreaktion, wenn auch mit Vorsicht, verwendet werden kann. (Die Auswanderung von der Randstellung aus dauert nach *Tannenberg* 8—30 Minuten.) Bei Leichen kann man bei vollendeter Auswanderung im allgemeinen auf mindestens ½stündiges Überleben schließen. Findet man die Leukocyten in lebhafter Wanderbewegung (Wanderformen) zwischen den Gewebsfasern der Umgebung des Gefäßes, so kann man auf längeres Überleben schließen. Die größeren Intervalle (mehrere Stunden oder Tage) sind schwer zu unterscheiden. In Betracht kommen dabei mit zunehmendem zeitlichen Intervall die Zunahme der Eosinopbilen, Thrombose, Auftreten von Histiocyten, Gefäßneubildung, Pigment. Für die Schätzung des Intervalls zwischen Verletzung und Tod kommen das allgemeine körperliche Befinden, Lebensalter, Gesundheitszustand in Betracht, aber auch die direkten Folgen des nach Stunden oder Tagen zum Tode führenden Traumas. Senium und schwere, sofort einsetzende Prozesse (Blutung, Commotio, Bewußtlosigkeit, Shock), sowie vielleicht überhaupt psychische Einflüsse, können die Reaktionen außerordentlich verlangsamen (*Paltauf, Walcher*). Pneumonische Herde infolge von Lungenkontusionen und traumatisch entstandene fibrinöse Entzündungen der serösen Häute können nach wenigen Stunden ausgeprägt sein. Bei mehrfachen Verletzungen, insbesondere aber bei äußeren Verletzungen mit Tod an Pneumonie können sehr geringe Zellreaktionen an äußeren Hautverletzungen vorkommen, vielleicht im Sinne der sog. Verteilungs- oder Verschiebungsleukocytose. Nach *Marchand* gehören zu den unmittelbaren Folgen der Verletzungen die Dislokation der Weichteile, im weiteren die Blutung und meist auch die Gerinnung des Blutes. Die traumatische Degeneration an getroffenen Zellen und Zellverbänden kann außerordentlich schnell vor sich gehen, wobei sowohl das Trauma an sich, wie die austrocknende Wirkung der Luft einwirken. Die quergestreiften Muskelfasern zeigen fast unmittelbar nach der Durchschneidung, z. B. Retraktion der kontraktilen Substanz in der Nähe der Verletzung, Bildung homogener wachsartiger Klumpen ohne deutliche Querstreifung mit weitgehender Zerklüftung.

Die vorstehenden Ergebnisse wurden an Leichenmaterial von Menschen gewonnen; es waren vielfach Verkehrsunfälle und andere Verletzungen, die nach verschiedenen Zeiten zum Tode führten. Experimentell wurde schon vor Jahrzehnten, z. B. von *O. Fischer,* die Heilung von Schnittwunden der Haut bei Hunden 6 Stunden bis 15 Tage lang verfolgt. Nach 6 Stunden fand er die leicht klaffende Wundspalte mit Leukocyten angefüllt, zwischen welchen Fibrinfäden verliefen. Die Leukocyten füllten z. T. auch die benachbarten Bindegewebsspalten. Nach 30 Stunden ist die Zahl dieser Leukocyten weit reichlicher geworden. In der Nachbarschaft traten einzelnen Mitosen auf. Nach 54 Stunden ist das Mengenverhältnis von Fibrin und Leukocyten wechselnd. Das Epithel ist in der Nähe der Wunde etwas verdickt, enthält in den tieferen Schichten sehr zahlreiche Mitosen, die auch in der Umgebung der Wunde, sowohl in Gefäßendothelien als in Bindegewebszellen, auftreten. Ähnlich war der Befund nach vier Tagen, es treten auch einkernige Zellen auf. Nach fünf Tagen sind in der nächsten Umgebung der Wunde großzellige Wucherungen in wechselnder Ausdehnung sichtbar. Die Abgrenzung des Wundrandes gegen das Fibrin ist stellenweise undeutlich; die Leukocyten sind spärlich. Nach sechs Tagen ist die Wunde durch eine Epitheldecke, die sich in die Wunde etwas hinein erstreckt, abgeschlossen. Das wuchernde großzellige Gewebe findet sich hauptsächlich an dem einen Rand der Wunde. Es besteht aus spindelförmigen und sternförmigen Zellen mit zahlreichen Mitosen in allen Stadien. Vereinzelt wurden auch vielkernige Riesenzellen um kleine Fremdkörper herum nachgewiesen. Nach acht Tagen ist die Wunde durch zellreiches Gewebe größtenteils vereinigt, die Wundränder nicht mehr nachweisbar. Im Narbengewebe zahlreiche Blutgefäße. In den nächsten Tagen stärkere Ausbildung des Bindegewebes in der Wundgegend; aber nach 10 Tagen immer noch netzartig angeordnetes Fibrin in der Gegend der Wundspalte. O. Busse fand an 12 Schnittwunden am Menschen nach 20 Minuten bis 20 Tagen Heilungsdauer folgendes: Nach 20 Minuten Verklebung der Ränder des Schnittes, anscheinend durch Fibrin, welches feine Ausläufer zwischen die benachbarten Gewebsbündel hineinsendet. Nach drei Stunden ist dieser Streifen von Fibrin breiter, in der Nähe des Wundspaltes treten Leukocyten auf (sicher schon viel früher). Nach 24 Stunden hat die Fibrinschicht weiter an Breite zugenommen, ist aber in das etwa vorhandene Blutgerinnsel nicht eingedrungen. Die kleinzellige Infiltration (hauptsächlich Leukocyten) hat mehr zugenommen als die Fibrinbildung. Nach zwei Tagen war in einem Fall die Wunde durch eine Epithelbrücke geschlossen, in einem anderen nur an den Wundrändern. Beiderseits ist ein Zapfen neugebildeten Epithels über die Wundränder vorgeschoben. Am 4. Tag ist die Wunde durch eine dünne Epithelschicht geschlossen. Am 6. Tage wurden zahlreiche Mitosen der Zellen in dem Fibrinmaschenwerk nachgewiesen. Am 8.—10. Tag fanden sich dichtgedrängt spindel- und sternförmige Zellen in der Gegend des Wundspaltes außer den Resten des Fibrinnetzes. Am 20. Tag besteht die Narbe größtenteils aus langgestreckten Spindelzellen.

Von veterinärmedizinischer Seite liegen noch Untersuchungen und Zusammenstellungen aus dem Schrifttum von C. Krause vor, die freilich größtenteils an kleinen Tieren gewonnen wurden. Von diesen Ergebnissen ist bemerkenswert der Proliferationsbeginn der fixen Bindegewebszellen am 2. und 3. Tag, der Blutgefäßcapillaren am 5.—7. Tag, Entwicklung der Bindegewebsfibrillen am 5.—7. Tag, Differenzierung der neuen elastischen Fasern etwa am 30. Tag, Bildung des ersten Haemosiderins beim Pferd am 2. Tag, beim Rind am 3. Tag, beim Hund am 2. Tag, Bildung des eisennegativen Pigmentes beim Pferd am 6. Tag. Weitere Angaben beziehen sich auf Laboratoriumstiere: Bildung der Eiterphagocyten an der Innenfläche der Absceßmembrane am 2.—3. Tag, Wucherung der Gliazellen im Gehirn am 2. Tag, Neubildung der Gliafasern am 10.—14. Tag, Lymphgefäßneubildung am 10. Tag, Beginn der Knospenbildung bei der Regeneration der quergestreiften Muskeln am 5.—7. Tag, Beginn der Querstreifung an den Muskelknospen etwa am 20. Tag, Proliferationsbeginn der Periost- und Perichondriumzellen am 2. Tag, Beginn der Entwicklung des Knorpelgewebes als Periostwucherung am 5. Tag, Ausbildung des osteoiden Gewebes am 12.—14. Tag, des kalkhaltigen Callus am 30.—40. Tag; progressive

Erscheinungen an den Nervenfasern am 6.—7. Tag. Auftreten der *Ranvier*schen Einschnürungen und der *Lantermann*schen Segmente am 4.—5. Tag. Die letzteren Daten stammen z. T. von anderen Autoren. *Krause* ist der Meinung, daß mit acht Wochen die Grenze der sicheren Bestimmbarkeit erreicht sein dürfte, da es keine histologischen Gebilde gäbe, die nach dieser Zeit noch durch ihre Entwicklung sich besonders auszeichnen. Um die Ergebnisse der einzelnen Forscher, die voneinander vielfach abweichen, zu verstehen, ist die Berücksichtigung der Tatsache besonders wichtig, daß für die Schnelligkeit und Intensität biologischer reaktiver Erscheinungsformen an Verletzungen es einen großen Unterschied ausmacht, ob es sich um kleine, experimentell gesetzte Verletzungen an Versuchstieren und um kleine Zufallswunden bei Menschen handelt, die nach einer nicht oder kaum gestörten Überlebenszeit durch andere Ereignisse plötzlich zu Tode kommen, oder ob es sich um mehr oder weniger schwere Verletzungen handelt (einzelne oder vielfache), die nach entsprechender Schwächung des Körpers durch die direkten Verletzungsfolgen nach einer gewissen Überlebenszeit zum Tode führen; in dem letzten Fall ist nach dem oben Ausgeführten mit Verlangsamung und Abschwächung der vitalen Reaktionserscheinungen zu rechnen, und dies ist bei Altersbestimmungen von Verletzungen in der Praxis stets zu bedenken.

*Schrifttum.*

*Busse, O.:* Über die Heilungsvorgänge an Schnittwunden der Haut. Diss. Greifswald 1892. — Heilung aseptischer Schnittwunden der Haut. Virchows Arch. **134**, 1893. — *Dürck:* Haematoidinbildung in Gehirnblutungsherden. Virchows Arch. **130**, 1892. — *Fischer, O.:* Experimentelle Untersuchungen über die Heilung nach Schnittwunden der Haut unter dem Jodoformverband. Diss. Tübingen 1888. — *Krause, C.:* Über die Bestimmung des Alters von Organveränderungen bei Mensch und Tier auf Grund histologischer Merkmale, mit besonderer Berücksichtigung der Haemosiderinbildung bei Pferd, Rind und Hund. Jena 1927. — *Marchand:* Der Prozeß der Wundheilung. Dtsch. Z. Chir., Lieferung 16, **1901**. — Die örtlichen reaktiven Vorgänge (Lehre von der Entzündung). Handb. der Allg. Path., herausgeg. von *Krehl-Marchand*, **4**, 1. Abteil. Leipzig 1924. — *Paltauf, A.:* Die reaktionslosen vitalen Verletzungen. Wien. med. Wschr. **1889**. — *Sonderegger, W.:* Zeitbestimmungen nach biologisch-medizinischen Methoden in dem Gebiete der Rechtsmedizin. Arbeiten aus dem gerichtlich-medizinischen Institut der Universität. Zürich 1916. — *Tannenberg:* Experimentelle Untersuchungen über lokale Kreislaufstörungen. Frankf. Z. Path. **31** (1925). — *Walcher, K.:* Über vitale Reaktionen. Dtsch. Z. gerichtl. Med. **15**, 1930.

*Walcher.*

## Altersbestimmung von Wasserleichen siehe
*Tod durch Ertrinken; Todeszeitbestimmung.*

## Aluminium und Aluminiumsalze.

*Aluminium* (Al), ein silberweißes, sehr leichtes Metall (spez. Gew. 2,7), das nur in Verbindungen vorkommt, ist das verbreitetste Metall auf der Erde und findet vielfache technische Verwendung. Es besitzt an sich keine Giftwirkung. Toxikologisch sind nur die löslichen Aluminiumsalze, wie z. B. *Aluminiumchlorid, essigsaures Aluminium* und die Doppelsalze des Aluminiumsulfates, die *Alaune*, die medizinisch und in Färbereien als Beize verwendet werden, wichtig, da sie eine stärkere Ätzwirkung auf Haut und Schleimhäute auszuüben vermögen. Diese beruht auf der Bildung von Aluminiumalbuminat. Vergiftungen sind aber sehr selten. Bei den bekannt gewordenen Fällen handelte es sich meist um Alaunvergiftungen, die zufällig durch Verwechselung oder Schlucken von konzentriertem Gurgelwasser zustande kamen; ganz vereinzelt wurde auch Alaun zur Fruchtabtreibung oder als Mordmittel verwendet. *Alaun* per os genommen führt zu Erbrechen, Darmbeschwerden, Schwindel, Benommenheit, Muskelschwäche, Krämpfen und gelegentlich auch zum Tode. Bei einem Kinde wirkten bereits 0,9 g, bei einem Erwachsenen 30 g Alaun tödlich. Im Magen, weniger im Dünndarm, können grauweißliche, sich wie gegerbt anfühlende, bröckelige Verätzungen auftreten. Verfettungen der parenchymatösen Organe sowie capilläre Blutungen im Rückenmark wurden besonders bei chronischen Vergiftungen nach fortgesetztem innerlichen Gebrauch von Alaun beobachtet. Bereits 2 g Alaun rufen, ständig genommen, Störungen des Verdauungssystemes hervor.

*Schrifttum.*

*Lewin:* Gifte und Vergiftungen. Berlin 1929. **Weyrich.**

**Alypin** siehe *Lokalanaesthetica außer Cocain.*

**Amanita phalloidos** siehe *Pilzvergiftungen.*

**Ameisensäure** siehe *Flüchtige organische Stoffe.*

**Amidopyrin** siehe *Pyrazolonderivate.*

**Ammoniak.** (Vgl. auch Art: Laugenvergiftungen.) *Ammoniak* ($NH_3$) ist ein farbloses, stechend riechendes, leicht wasserlösliches Gas, das bei der Zersetzung organischer Stickstoffverbindungen, somit als Fäulnis- und Verwesungsprodukt der Tier- und Pflanzenstoffe entsteht. In geringer Menge kommt es auch in der Luft, im Regenwasser, Erdreich, einigen Mineralwässern, Vulkangasen, Steinkohlen und im Leuchtgas vor. $NH_3$ ist 0,59mal so schwer als Luft und wird durch 6—7 Atm. Druck bei 10° flüssig. Die starke Verwendung flüssigen Ammoniaks in Kältemaschinen erklärt sich daraus, daß es bei —33,5° mit sehr starkem Wärmeverbrauch siedet. Ammoniak ist bis zu 33 % leicht in Wasser löslich und wird in gesättigter Lösung offizinell als Liquor ammonii caustici bezeichnet. Die 10 %ige wäßrige Lösung findet unter dem Namen *Salmiakgeist* vielfach in Haushaltungen als Putzmittel Anwendung. Auch als belebendes Riechmittel, bei Bienen- und Wespenstichen sowie in der Heilkunde als schleimlösendes Mittel wird Ammoniak benutzt. Vor allem steht Ammoniak in großem Umfang in technischen Betrieben, bei der Eiserzeugung, Lack-, Farben- und Silberspiegelfabrikation, Kattundruckerei, Kupfergewinnung und Sodaherstellung, in den chemischen Laboratorien und als Kunstdünger im Gebrauch.

Diese vielseitige Verwendung bringt zahlreiche Vergiftungsmöglichkeiten mit sich. Es kommen sowohl ökonomische Vergiftungen durch Verwechselung von flüssigem Ammoniak mit trinkbaren Flüssigkeiten, als auch medizinale Vergiftungen durch unrichtige Anwendung (Wiederbelebungsversuche, subcutane Injektionen) vor (*Paget* und *F. Kraus*). Fälle von Fruchtabtreibung (*Lewin* und *Brenning*), Mord oder Selbstmord durch Ammoniak sind selten. Um so häufiger werden gewerbliche Vergiftungen beobachtet. Es handelt sich hierbei teilweise um akute Vergiftungen durch Bruch von Ammoniakballons, Undichtwerden oder Platzen von Ammoniakeismaschinen (*Edel*), teilweise aber auch um chronische Vergiftungen bei den Arbeitern der oben angeführten Betriebe sowie bei Kloakenarbeitern und Kanalräumern („Kloakengas" vgl. d. Art.: Schwefelwasserstoff). Wird Ammoniak als Gas eingeatmet, so genügt bereits eine Beimengung von 0,25 mg zu einem Liter Atemluft, um Reizerscheinungen hervorzurufen, während geringere Mengen noch ohne weiteres vertragen werden, da der Körper das Gas resorbiert und als Harnstoff umgewandelt ausscheidet. Nach *Lehmann* sind 0,5 per mille bei Gewöhnung noch dauernd zu ertragen, 1 per mille nur bei kurzem Aufenthalt ohne Gefahr, 2,5—4,5 mg führen binnen 1 Stunde zum Tode oder doch zu einer sehr schweren Erkrankung. Ständiger Aufenthalt in schwach ammoniakhaltiger Luft verursacht Katarrhe der Bindehäute und der Schleimhäute der

Luftwege. Darüber hinaus kommt es jedoch nicht zu einer spezifischen chronischen Erkrankung. Bei innerlichem Gebrauch wird als letale Dosis 10—30 g Liquor ammonii caustici angenommen. Unter Druck ausströmendes Gas kann Hautverbrennungen hervorrufen.

Die *klinischen Erscheinungen* sind abhängig von den mannigfaltigen Einwirkungsmöglichkeiten. Bei *äußerlicher Anwendung* greift Ammoniak, das bekanntlich Eiweiß nicht fällt und daher auch nicht direkt ätzt, sondern die Hornsubstanz löst, nicht sofort die Haut an. Erst nach Diffusion, die aber ziemlich rasch erfolgt, kommt es zu entzündlichen Erscheinungen, wie Rötung, Blasenbildung und Excoriationen, ähnlich den durch Schwefelsäure oder Laugen verursachten Beschädigungen. Bei den hin und wieder zu beobachtenden Ammoniakattentaten ist das Auge am meisten gefährdet, denn das Gift dringt sehr rasch bis in die Tiefe des Auges vor und ruft meist, ehe eingegriffen werden kann, schwere Entzündungen mit Gewebsverlusten hervor, die zu dauernden Hornhauttrübungen, Infektionen, zu Erweichung und Einschmelzung des Auges bzw. Blindheit führen können (*Thieß*). Die Verätzung des Auges mit stärkerer Ammoniaklösung gehört zu den schwersten Augenschädigungen überhaupt.

Werden konzentrierte Ammoniakdämpfe *inhaliert* bzw. Salmiakgeist *aspiriert*, so treten die heftigsten Reizerscheinungen und Veränderungen an den Schleimhäuten der gesamten Luftwege auf (starke ödematöse Schwellung, entzündliche Rötung sowie kleine Blutungen), die in kürzester Frist durch reflektorischen Glottiskrampf unter Eintritt von Bewußtlosigkeit zum Tode führen können. Ammoniak entfaltet nämlich auch eine direkte Wirkung im Sinne einer Reizung auf das Atemzentrum und das Zentralnervensystem (*Zangger*), die schließlich in eine Lähmung derselben übergehen kann. Der Tod erfolgt auch häufig durch Erstickung infolge Glottisödem erst einige Zeit nach der eigentlichen Vergiftung. *Edenhofer* u. a. beobachteten Fälle, in denen der bereits erwähnte Reizzustand der Atemwege erst nach einer beschwerdefreien Latenzperiode auftrat. Bei schweren Vergiftungen kommt es mitunter zu kruppähnlichen, fibrinösen, nekrotisierenden Entzündungen der Luftwege und zu Bronchiolitis sowie zu Lobulärpneumonien mit hämorrhagischem Charakter (*Olbricht, Mätjen*). Protrahierte Fälle mit chronischen Pneumonien, sog. Riesenzellpneumonien, beschreibt *Hecht*. Bei geringer Konzentration treten die Symptome in der Tiefe der Atmungsorgane erst langsam ein. Es kommt anfangs nur zu Reizwirkungen an der Nasenschleimhaut und an den Augen.

Wird Salmiakgeist *getrunken*, so entstehen vor allem Schädigungen der Schleimhaut der Speisewege und durch gleichzeitiges Eindringen von Ammoniakdämpfen in die Luftwege Entzündungen derselben, wobei es auch zum Tode durch Glottisödem kommen kann. Unmittelbar nach der Einnahme treten ähnlich wie bei Laugenvergiftungen rasende Schmerzen, Schwellung und Blasenbildung im Munde auf, sodann starke Salvation, Erbrechen von blutig-schleimigen Massen und Diarrhoeen. Die Reizung der Atmungsorgane ist durch Hustenanfälle, Atemnot, Stimmlosigkeit und Expektoration blutig schleimigen Auswurfes gekennzeichnet. Außerdem entwickeln sich allgemeine Erscheinungen, wie psychische Erregungszustände, Herzstörungen, Krämpfe mit nachfolgender Lähmung der Gliedmaßen, Gliederschmerzen, Mattigkeit und Bewußtlosigkeit. Der Atem riecht stark nach Ammoniak. Die Schleimhautschädigungen entstehen dadurch, daß Ammoniak die in den Epithelien enthaltene Hornsubstanz auflöst und die Eiweißkörper in Ammonium-albuminat verwandelt; die Fette werden verseift, der Blutfarbstoff in alkalisches Hämatin überführt. Die durch Salmiakgeist hervorgerufenen Verschorfungen in den Speisewegen sind weich, transparent, stark gequollen und können, besonders nach Einwirkung einer konzentrierten Lösung, infolge sekundärer Durchtränkung mit alkalischem Hämatin an der Leiche tiefschwarz gefärbt sein. Da größere Mengen von stärkerer Konzentration aber erfahrungsgemäß nur selten zugeführt werden, so findet man meist, auch im Magen, nur eine starke Rötung und Schwellung sowie ödematöse Durchtränkung der Schleimhaut. Bei tödlichen Vergiftungen beobachteten *Harnak* und *Merkel* auch Leberverfettungen. Meist verlaufen Ammoniakvergiftungen, bei denen das Gift per os einverleibt wurde, sehr schwer, führen jedoch selten zu einem schnellen Tode.

Ähnliche Vergiftungserscheinungen wie Ammoniak ruft das *kohlensaure Ammonium* hervor und zwar das sog. *flüchtige Laugensalz* oder *gereinigte Hirschhornsalz* (Ammonium carbonicum) oder das *flüchtige Hirschhornsalz* (brenzliger, kohlensaurer Ammoniak, Sal cornu cervi volatile). Dagegen wirken *essigsaures Ammonium* und *Chlorammonium* auch in konzentrierten Lösungen nur reizend.

*Schrifttum.*

*Edenhofer:* zit. nach Reuter: Methoden d. forens. Beurteilg. v. Vergiftungen. *Abderhaldens* Handb. d. biol. Arb.methoden Abt. 4, Teil 12 (1938). — *Edel:* Betriebsunfall und Gefäßerkrankung. Ärztl. Sachverst.ztg. **2**, 153 (1900). — *Flury* u. *Zangger:* Toxikologie. Berlin 1928. — *Harnack:* Toxikologische Beobachtungen. Berl. klin. Wschr. 1893. — *Hecht:* Riesenzellenpneumonien. Beitr. path. Anat. **48**, 253 (1910). — *Krauß:* Eine schwere Ätzammoniakvergiftung nach Kreuzotterbiß. Zbl. Chir. 1929, 459. — *Lehmann:* Experiment. Studien. Arch. f. Hyg. **5**, 1 (1886). — *Lewin* und *Brenning:* zit. nach Erben, Vergiftungen, *Dittrichs* Handbuch **7** 1. Teil. — *Merkel* im Handb. d. spez. path. Anatomie u. Histologie. von *Henke-Lubarsch* **4**, 1. — *Olbrycht:* Vergiftg. d. Ammoniak. Z. Med.beamte **29**, 704 (1916). — *Paget,* zit. nach Erben: Vergiftungen. *Dittrichs* Handbuch **7**, 1. Teil. — *Thieß:* Ammoniakverätzung. Klin. Wbl. Augenheilk. **72**, 378 (1923). — *Wätjen, Z.:* Pathologie d. trachealen Schleimdrüsen. Beitr. path. Anat. **68**, 58 (1921).                    **Weyrich.**

**Ammonium** siehe *Ammoniak.*

### Amnesie (= A.) als Verletzungsfolge.

Unter A. versteht man zeitlich mehr oder weniger scharf umschriebene Gedächtnisausfälle (Erinnerungslücken). Erforderlich für das Auftreten der A. ist Bewußtlosigkeit (s. d.) oder Bewußtseinsherabsetzung. Jedoch bedingen diese Zustände nicht immer Gedächtnisausfälle. Es ist ferner einwandfrei erwiesen, daß bei zunehmender Aufhellung des Bewußtseins amnestische Lücken kleiner werden können. Andererseits können aber z. B. durch postkommotionellen Schlaf die Ausfälle verbreitet oder vertieft werden. „Der Kranke vermengt dann vielfach Tatsächliches mit Traumerlebnissen, so daß es schwer fällt, die amnestischen Lücken scharf zu umgrenzen" (*Marburg*). Weiterhin sind Fälle von *retardierter* A. bekannt, bei denen nach Abklingen der Bewußtlosigkeit die Erinnerung für die Geschehnisse, die zur Bewußtlosigkeit führten, zunächst noch erhalten war, schon kurze Zeit später aber einer mehr oder weniger vollständigen A. gewichen ist. Eine große Rolle spielt bei der A. — noch mehr als beim Bewußtsein — die Individualreaktion: bei verschiedenen Personen kann unter gleichen Bedingungen die Größe und Tiefe der Erinnerungslücken verschieden sein. Bezüglich der Intensität der A. unterscheidet man eine *totale* (absolute) A., wobei jegliche Erinnerung für eine bestimmte Zeit fehlt und durch keine Hilfsmittel (Konfrontation, Vorhalten von Zeugenaussagen usw.) wieder erweckt werden kann, und eine *partielle*

(relative) A. Diese liegt vor, wenn von vornherein neben Erinnerungslücken einzelne Erinnerungsinseln dem Bewußtsein erhalten sind bzw. auf assoziativen Anstoß hin (Wiedersehen einer Person des damaligen Geschehnisses) zurückgebracht werden können (fragmentarische Rückerinnerung), oder wenn die vergangene Situation wohl als solche, nicht aber in ihren Einzelheiten festgehalten ist (summarische Rückerinnerung). Der Beginn der Gedächtnislücken fällt zeitlich keineswegs immer mit dem die A. bedingenden Ereignis zusammen, da sich die A. auch auf einen *vor* dem Ereignis liegenden Zeitraum des normalen Bewußtseins (Stunden, Tage, Wochen) erstrecken kann, = *retrograde* oder retroaktive A. Der ältere Besitzstand an Erinnerungen bleibt dabei meist ganz unberührt. Bekannt ist die Tatsache, daß die Erinnerungsbilder für Geschehnisse kurz vor einem Unfall häufig zuletzt zurückkehren. „Viel seltener und vielleicht bloß bei allmählichem Übergang in die Klarheit, der den Beobachter über die Schwere des Zustandes täuscht, kommt *anterograde* A. vor, d. h. eine Verlängerung der A. auf die nächste, dem Ereignis folgende Zeit, die Stunden bis Tage betragen kann" (*Bleuler*). *Marburg* zitiert zur Illustration eine Selbstbeobachtung von *Klotz,* der nach einem Unfall scheinbar geordnet handeln konnte, aber nach einem folgenden 11 stündigen Schlaf eine amnestische Lücke für diesen Vorgang aufwies.

Als Verletzungsfolge findet sich die A. besonders bei Bewußtlosigkeit bzw. Bewußtseinsherabsetzung nach Schädeltraumen, nach Strangulation, nach Blitzschlag. Die A. als Verletzungsfolge ist in gerichtlich-medizinischer Hinsicht mehrfach von Bedeutung. Schon der Nachweis behaupteter Gedächtnisausfälle auf objektivem Wege ist nicht leicht zu führen. Denn gerade die diesbezüglichen Angaben sind aus verschiedenen Gründen überaus unverläßlich (bewußtes Lügen, posttraumatische Fehlerinnerungen, auch unter dem Gesichtspunkt der Verwertbarkeit von Aussagen eines Verletzten als Zeuge). Sache des sachverständigen Gutachters wird es sein, durch geschickte Fragestellung die Richtigkeit der behaupteten Erinnerungslücke zu überprüfen. In manchen Fällen kann A. dadurch ausgeschlossen werden, daß sich der Beschuldigte vor Gericht nicht an Dinge erinnern will, über die er anderen gegenüber nachweisbar Mitteilung gemacht hat, oder daß er für ihn günstige Momente in der Erinnerung hat, während er angeblich ihn Belastendes vergessen hat. Erleichtert wird die forensische Beurteilung, wenn die äußere Einwirkung, die die Bewußtlosigkeit und damit die A. herbeigeführt haben soll, beobachtet wurde oder sich am Körper der untersuchten Person noch kenntlich macht. Jedoch ist zu berücksichtigen, daß selbst bei schweren Schädeltraumen unter Umständen die Bewußtlosigkeit fehlen kann. Von besonderer Bedeutung für die Rekonstruktion eines Vorganges ist die retrograde A., z. B. nach Strangulation (in zwei Drittel aller Fälle beobachtet) bei vorher begangener strafbarer Handlung. Auch bei intensiver Hirnerschütterung (s. d. Art.: Commotio und Contusio cerebri) verschiedener Ursachen besteht häufig eine retrograde A., oder die Erinnerung an die letzten Vorgänge ist nur eine summarische.

*Schrifttum.*

*Bleuler:* Lehrbuch der Psychiatrie. Berlin 1920. — *Bostroem:* Allgemeine und psychische Symptome bei Erkrankungen des Großhirns. Handb. d. Neurologie, herausgegeben von *Bumke* und *Förster,* **6.** Berlin **1936**. — *Hoche:* Die klinischen Grundlagen der gerichtlichen Psychiatrie. Handb. der gerichtl. Psychiatrie, herg. von *Hoche.* Berlin 1934. — v. *Hofmann-Haberda:* Lehrbuch der gerichtlichen Medizin. Berlin-Wien 1927. — *Lange:* Spezielle gerichtliche Psychopathologie. Handb. d. gerichtl. Psychiatrie. Hrg. *Hoche.* Berlin 1934.

— *Lochte:* Über das Gedächtnis in gerichtlich-medizinischer Beziehung. Dtsch. Z. gerichtl. Med. **8**, 129 (1926). — *Marburg:* Die traumatischen Erkrankungen des Gehirns und Rückenmarks. Handb. d. Neurol. Hrg. *Bumke* und *Förster*, **11**. Berlin 1936. — *Thiele:* Gerichtliche Psychiatrie in: Der Amtsarzt. Jena 1936.          *Matzdorff.*

## Amniographie siehe *Diagnose der Schwangerschaft.*

## Amor lesbicus siehe *Homosexualität.*

## Amphibiengifte.

Viele einheimische Amphibien enthalten in ihren Hautdrüsen und -sekreten stark wirkende Gifte von hohem toxikologischen Interesse, sie spielen aber praktisch nur eine untergeordnete Rolle.

So enthalten alle einheimischen *Kröten*arten: *Bufo bufo = Bufo vulgaris, gemeine Erdkröte*(Europa), *Bufo vulgaris var. gallica, südfranzösische Erdkröte, Bufo viridis = Bufo variabilis, grüne oder Wechselkröte, Bufo calamita, Kreuzkröte,* ferner auch *Bufo mauretanicus, Berberkröte* (Nordafrika), und wohl fast alle Krötenarten überhaupt in ihrem Hautdrüsensekret, vor allem in den sog. Parotiden, digitalisartige, den Digitalisaglykonen auch chemisch sehr nahestehende Körper: *Bufotoxin, Bufagin* und *Bufotalin,* mit den typischen Herzwirkungen der Digitaliskörper und den gleichen toxischen Nebenwirkungen. Bufotaline haben mit Scillaridin-A. fast identische Konstitution. Früher wurden Kröten therapeutisch verwendet bei Wassersucht. Resorption durch entzündlich veränderte Haut und durch Schleimhäute.

Die reinen Krötengifte kommen hinsichtlich Toxizität den stärksten pflanzlichen Herzgiften der Digitalisgruppe gleich.

Die einheimischen Unken, *Bombinator pachypus,* Gelbbauchunke (Westeuropa), *Bombinator igneus,* Rotbauchunke, und *Alytes obstetricans,* die Geburtshelferkröte, sowie der grüne Laubfrosch, *Hyla arborea,* enthalten keine digitalisartigen Gifte in ihrem Hautsekret, dagegen stark schleimhautreizende und hämolytische Stoffe.

Auch die einheimischen Frösche wie *Rana esculenta,* der grüne Wasserfrosch, und *Rana temporaria,* der braune Grasfrosch, enthalten in ihrem Hautsekret ein auf Schleimhäuten (Conjunctiva usw.) stark reizendes Gift, das in reinem Zustand im Tierversuche auch resorptiv hochtoxisch ist entsprechend etwa den Schlangengiften (vgl. *Flury*).

Die einheimischen *Salamander* wie der *Feuersalamander (Salamandra maculosa)* und der *Alpensalamander (Salamandra atra)* produzieren in ihren Hautdrüsen hochtoxische Alkaloide, namentlich das *Samandarin* $C_{19}H_{31}NO_2$, F. = 187—188°, ein pikrotoxinähnlich wirkendes Krampfgift, das sekundär durch Atem- und Herzlähmung zum Tode führt (Tierversuch). Das Hautsekret dieser Tiere wie auch das der Kröten wirkt an allen Schleimhäuten reizend, namentlich am Auge; die lokale Reizwirkung wird aber nicht durch die genannten Gifte, sondern durch andere Giftstoffe ausgelöst: Conjunctivitis, Chemosis, Hornhauttrübung, Augenmuskellähmung, Nebelsehen, Ödem der Retina; ferner Niesen.

Samandarin hat neben seiner hohen resorptiven Giftigkeit die Eigenschaft der intensiv lokalanästhetischen Wirkung, beim Menschen s. c. noch in Verdünnungen 1:10000; es ist resorptiv auch für den Menschen als Krampfgift hochtoxisch.

Die auf Schleimhäute, namentlich am Auge sehr stark reizend wirkenden Hautdrüsengifte der Amphibien sind als Mittel der Selbstbeschädigung, wenn auch wohl selten verwendet, zu beachten.

### Schrifttum.

*Chen, H. K.* u. *A. L. Chen:* Similarity and dis-similarity of bufagins, bufotoxins, and digitaloid glucosides. J. of Pharmacol. **49**, 561

(1933). — *Flury, F.:* Über das Hautsekret der Frösche. Arch. f. exper. Path. **81**, 319 (1917). — *Geßner, O.:* Über Amphibiengifte. Habil. Schrift, Marburg 1926. — Über Krötengift. Arch. exper. Path. **113**, 343 (1926). — *Geßner* u. *P. Möllenhoff:* Zur Pharmakologie der Salamanderalkaloide. Naunyn - Schmiedebergs Arch. **167**, 638 (1932). — *Geßner* u. *W. Esser:* Über die analeptische Wirkung des Salamanderalkaloides Samandarin. Nanyn-Schmiedebergs Arch. **178**, 755 (1935). — *Geßner* u. *G. Urban:* Weitere pharmakologische Untersuchungen über Samandarin. Naunyn-Schmiedebergs Arch. **187**, 378 (1937). — *Jirina, K.:* Über die Wirkung der Salamanderalkaloide auf den Organismus des Pferdes. Berl. tierärztl. Wschr. **1932**, 37. — *Kobert, R.:* Lehrbuch der Intoxikationen. 2. Aufl. Stuttgart **2**, 467 (1906). — *Lewin, L.:* Gifte und Vergiftungen. 802, Berlin 1929. — *Schöpf, C.* u. *W. Braun:* Über Samandarin, das Hauptalkaloid im Gift des Feuer- und Alpensalamanders. Liebigs Ann. Chem. **514**, 69 (1934). — *Tschesche, R.:* Die Chemie der pflanzlichen Herzgifte, Krötengifte und Saponine der Cholangruppe. Erg. Physiol. **38**, 31 (1936). — *Wieland, H.* u. *G. Hesse:* Zur Konstitution der Giftstoffe der einheimischen Kröte. Liebigs Ann. **517**, 22 (1935).          *H. Fischer.*

## Amytal siehe *Schlafmittel.*

## Anabasin siehe *Nicotin.*

## Anämie siehe *Verblutung.*

## Anästhesin siehe *Lokalanaesthetica außer Cocain.*

## Androgynie siehe *Homosexualität.*

## Aneurysma aortae siehe *Plötzlicher Tod aus natürlicher Ursache.*

## Aneurysma der Hirnarterien siehe *Plötzlicher Tod aus natürlicher Ursache.*

## Angewöhnung an Verletzungsfolgen (= A. a. V.).
(Vgl. auch Art.: Betriebsunfall.)

Der *Begriff* der A. a. V. oder kurz „*Gewöhnung*" ist *versicherungsmedizinisch* von besonderer Bedeutung, da der Nachweis und die Annahme einer A. a. V. in einem Versicherungsverfahren für den Versicherten zu einer Rentenänderung (Herabsetzung, Aufhebung) führen kann. Unter A. a. V. versteht man eine durch andauernde Übung in einer gewissen Zeit sich vollziehende Anpassung an bleibende Beschwerden oder Veränderungen von Sinnesorganen oder Körperteilen, wodurch ihr nachteiliger Einfluß auf die Erwerbsfähigkeit gemindert oder aufgehoben wird (*Kaufmann*). Es sei hier auf die Erfahrungstatsache verwiesen, daß sich — manchmal auch ohne Besserung im objektiven Befund des Verletzten — die Leistungsfähigkeit und damit auch Erwerbsfähigkeit allmählich dadurch hebt, daß die Unfallschäden mehr und mehr ausgeglichen oder überwunden werden, indem der Verletzte die beschädigten Körperteile und seinen Körper überhaupt bei der Arbeit und bei sonstigen alltäglichen Verrichtungen übt, oder indem die nicht beschädigten Organe die Funktionen der beschädigten Körperteile teilweise oder ganz übernehmen. In diesem zwar individuell verschiedenen, aber immer wieder zu beobachtenden Vorgang der Anpassung an Verletzungsschäden und des Ausgleichs geschädigter Organfunktionen, welcher unter günstigen Umständen bis zur ursprünglichen Leistungsfähigkeit des Verletzten gedeihen kann, liegt das Wesen des Begriffs Gewöhnung und je mehr diese Gewöhnung nach Lage des einzelnen Falles eine Vermehrung der Erwerbsfähigkeit überhaupt ermöglicht, desto mehr wird der Gutachter eine *wesentliche Besserung* im Sinne der §§ 608 und 609 der Reichsversicherungsordnung oder *völlige Gewöhnung* (mit praktischer Aufhebung der erwerbsmindernden Verletzungsfolgen) annehmen und begründen können.

Als *günstige Voraussetzungen* allgemeiner Art für eine weitgehende A. a. V. sind, abgesehen von den in Art und Ausdehnung der Verletzungen gelegenen Bedingungen und möglichst frühzeitiger sach-

4

gemäßer Behandlung (einschl. Übungsbehandlung!) der Unfallschäden auf Grund von Erfahrungen vor allem folgende anzusehen: 1. Ein fester *Arbeitswille und Vertrauen* auf eine weitgehende Besserung der Verletzungsfolgen. Strebsame, energische Verletzte bringen es darin sehr weit, während kopfhängerische oder an der Wiedererlangung der Arbeitsfähigkeit nicht interessierte von vornherein den Keim des Mißerfolges in sich tragen. 2. Ein *anpassungsfähiges Alter*. Die Gewöhnung erfolgt am leichtesten im jugendlichen Alter. *Liniger* gibt an, daß bis zum Alter von 25 Jahren rasche A. a. V. angenommen werden kann. Bis zu 45 Jahren sei mit der doppelten, bei noch älteren Personen überhaupt mit der drei- bis vierfachen Zeit zu rechnen. 3. *Gelegenheit zur Betätigung* des verletzten Gliedes oder Gliedabschnittes. 4. Ein *genügend langer Zeitraum* nach der Heilung der Unfallverletzung, so daß die Heilung vollkommen abgelaufen und hinsichtlich der Funktion der Dauerzustand nahezu oder völlig erreicht ist.

Es ist oft erstaunlich, in welchem Maße insbesondere bei vorhandenen günstigen Vorbedingungen eine A. a. V. erreicht wird. Zu den immer wieder zu beobachtenden Gewöhnungserscheinungen seien nur z. B. die Ausgleichung von Beinverkürzungen durch Beckensenkung oder Spitzfußstellung, der Eintritt von benachbarten Fingern für einen amputierten Finger, das Losarbeiten des Schlüsselbein-Brustbeingelenkes und des Schultergelenkes bei Störungen der Unterarmdrehungen oder auch die *Umgewöhnung* durch Umstellung von Rechts- auf Linkshändigkeit genannt. Letztere erfolgt erfahrungsgemäß etwa im Ablauf von 2 Jahren.

Die *Begutachtung* hat sich im Einzelfalle unter genauer Berücksichtigung aller auch bei anderen Begutachtungen wichtiger Umstände zur Feststellung der A. a. V. zweckmäßigerweise an die *tatsächliche Arbeitsleistung* bzw. den *erzielten Arbeitslohn* des Verletzten als wertvollstem Hilfsmittel und Beurteilungsgrundlage zu halten. Dabei ist es zur Vermeidung eines etwaigen Vorwurfes, daß die Annahme einer Besserung durch Gewöhnung und Anpassung eine willkürliche, durch nichts begründete sei, unbedingt erforderlich, ganz eingehend nach *objektiven Merkmalen* der Gewöhnung zu suchen, welche fast immer bei aufmerksamer und sachkundiger Beobachtung und Untersuchung festzustellen sein werden. Sind die vorhin genannten „günstigen Voraussetzungen" für eine A. a. V. im einzelnen Begutachtungsfalle mehr oder weniger vollständig erfüllt, dann wird der Gutachter in besonderen Fällen auch auf den Nachweis von objektiven Merkmalen verzichten können Zu den *objektiven Merkmalen* der eingetretenen A. a. V., welche während der ärztlichen Untersuchung festzustellen sind, gehören vor allem die *somatischen* Anzeichen der Gewöhnung. Sie sind naturgemäß nach Art und Sitz der Verletzung abhängig und nicht immer vollständig vertreten. Zu diesen sind zu rechnen: 1. Schwielenbildungen an den Händen, 2. entsprechende Entwicklung (Zunahme) der Skelettmuskulatur, 3. Eintritt benachbarter Gelenke für versteifte andere Gelenke, 4. Abnahme der Knochenatrophie. Voraussetzung für die Ausprägung dieser körperlichen Merkmale ist einerseits ein seit dem Unfall bzw. seit der letzten Rentenfestsetzung hinlänglich ausgedehnter und für die Entwicklung dieser Merkmale hinreichender Zeitraum, andererseits eine vom Verletzten ausgeübte Beschäftigung, welche ihrer Art nach überhaupt zur Ausbildung dieser Merkmale führen konnte. In der Regel wird nicht nur einer der oben genannten Punkte heranzuziehen sein, sondern meistens wird sich die Annahme der Gewöhnung auf das gleichzeitige Vorliegen der eben genannten Bedingungen stützen können. Es ist selbstverständlich, daß der

Sachverständige seine Beobachtungen außerdem auf die Gesamtpersönlichkeit (psychisches Verhalten, unwillkürliche und willkürliche körperliche Verrichtungen u. dgl.) erstrecken muß und erst der Gesamtheit seiner Beobachtungen unter besonderer Berücksichtigung der vorliegenden Verhältnisse sein Gutachten abgibt.

Bezüglich der *Einschätzung der Erwerbsminderung* für die am häufigsten vorkommenden Unfallleiden sowie auch bezüglich der zu berechnenden Höhe der Erwerbsminderung im Gewöhnungsfalle muß auf die einschlägigen Werke verwiesen werden.

In *kriminalistischer* und *forensischer* Beziehung kann an den Sachverständigen unter Umständen die Frage herantreten, ob ein einer bestimmten Handlung (meist Gewalthandlung) Beschuldigter, welcher von früher mitgemachten Traumen körperbehindert ist, als Täter für eine derartige Handlung in Betracht kommen kann. Hier muß der Gutachter die Frage der Anpassung an Verletzungsfolgen und der dadurch wieder ausgeglichenen Körperbehinderung ernstlich in Beurteilung ziehen. Es spielt hier insbesondere die Frage der *Umgewöhnung* (vor allem Umstellung von Rechts- auf Linkshändigkeit oder umgekehrt) eine wichtige Rolle. Der Gutachter tut in so einem Falle gut daran, nicht nur die zu beurteilenden frischen Verletzungen des Geschädigten mit der besonderen Körperbeschaffenheit des fraglichen Täters in Beziehung zu bringen, sondern vor allem auch die Vorgeschichte des Täters und die hinsichtlich einer bis zum Zeitpunkt der Tat etwa eingetretenen A. a. V. gemachten Beobachtungen (Zeugenbekundungen, Erhebungen!) in Erwägung zu ziehen. Für die objektive Beurteilung einer stattgehabten (vom Täter häufig bestrittenen) Gewöhnung gelten, ähnlich wie bei der Unfallsbegutachtung, körperliche Merkmale sowie die unauffällig bei willkürlichen und unwillkürlichen Bewegungen des Täters gemachten Beobachtungen.

Die Frage der A. a. V. kann auch bei der *Begutachtung von Leichen* von Bedeutung sein. Es wird gelegentlich unter besonderer Heranziehung dieses Gesichtspunktes die Frage der Möglichkeit eines Selbstmordes oder einer Tötung durch fremde Hand zu entscheiden sein oder auch die Behauptung eines Täters, er habe einen Körperbehinderten in nur berechtigter Abwehr einer Bedrohung getötet, zu widerlegen sein. Diese kurzen Hinweise mögen für die Behauptung der kriminalistischen und forensischen Bedeutung der Gewöhnung genügen, um den forensischen Gutachter auch auf die Bedeutung derartiger Fragestellungen hinzuweisen.

*Schrifttum.*

*Claus:* Gewöhnung an Unfallfolgen. Hannover 1915. — *Kaufmann, C.:* Handbuch der Unfallmedizin. I, 142. Stuttgart 1932. — *Liniger, H. und G. Molineus:* Der Unfallmann. 3. Aufl. Leipzig 1934. — *Liniger, H.:* Der Rentenmann. 7. Aufl. Leipzig 1938. — *Molineus:* In *König* und *Magnus*, Handb. d. ges. Unfallheilkunde. II, Kap. VII. Praktische Begutachtung, 442 ff. Stuttgart 1933. — *Poppelreuter:* In *Bonhoeffer*, Geistes- und Nervenkrankheiten. Die Übungsbehandlung der Hirnverletzten. 211. Leipzig 1922. — *Rostock:* Entscheidungen des Reichsversicherungsamts über den Zusammenhang zwischen Unfall und Erkrankungen. Stuttgart 1931. — *Rostock:* Unfallsbegutachtung. Leipzig 1935. — *Weber, F. W. A.:* In *König* und *Magnus*, Handb. d. ges. Unfallheilkunde. II, Kap. VIII. Invalidisierungs-Begutachtung. 465. Stuttgart 1933.

*Hausbrandt.*

**Anhalonin** siehe *Mescalin*.

**Anilin** siehe *Flüchtige organische Gifte*.

## Anilinderivate.

*1. Antifebrin.* Acetanilid $C_6H_5NHCO—CH_3$, weiße, glänzende Blättchen oder rhombische Tafeln. F. = 115—116°, fast geschmacklos, wässerige Lösung reagiert neutral. Schwer löslich in Wasser, leicht in Alkohol, Äther und Chloroform.

*Giftwirkung:* Blutgift durch Methämoglobinbildung, daneben Gift für Zentralnervensystem. *Klinische Erscheinungen der akuten Vergiftung:* Vergiftungsbild gleicht weitgehend demjenigen des Anilins (vgl. d. Art.: Flüchtige organische Gifte): starke Mattigkeit, Schwindelgefühl, Übelkeit, Erbrechen, seltener Durchfälle. Frühzeitig Blausucht: blaue Ringe um Augen, bläuliche Verfärbung der Nasenspitze, des Kinns, der Ohren, der Lippen sowie der Endphalangen der Finger und Zehen. Im weiteren Verlauf zunehmende Dyspnoe, Angst, Kältegefühl, Untertemperatur, beschleunigter und schwacher Puls. In extrem schweren Fällen: Benommenheit, klonische Zuckungen, Muskelstarre, Krämpfe, oberflächliche frequente Atmung, fast unfühlbarer Puls, starke Abkühlung. Außerdem: Mydriasis, fast reaktionslose Pupillen, seltener Delirien. Haut grau bis graublau verfärbt. Auch Ikterus neben „Cyanose" kommt vor. Tod in tiefem Koma. Die Vergiftungserscheinungen sind wahrscheinlich bedingt durch Bildung von Anilin im Organismus, resp. des auch bei Anilinvergiftung auftretenden hochtoxischen Phenylhydroxylamin $C_6H_5NH(OH)$. Im Urin zum Teil als Antifebrin, teils mit Glukuronsäure gepaart, nachweisbar. Harn oft dunkel gefärbt und Vermehrung des Indicans. Prognose meist günstig. Andere Nebenwirkungen wie Hautausschläge (Erytheme, Papeln) sind eher selten.

*Klinische Erscheinungen der chronischen Vergiftung:* Antifebrin führte bei täglicher Zufuhr von 0,2—0,3 g zu bläulichgrauer Verfärbung der Haut, diese „Cyanose" zeitweise mit subikterischer Verfärbung verbunden. Leber- und Milzvergrößerung, Pulsbeschleunigung bis 110. Im weiteren Verlauf Anämie mit Innenkörperbildung in den Erythrocyten, Poikilocytose, Polychromasie, Methämoglobinämie (vgl. *Schilling*). Eine Art Gewöhnung an Antifebrin (gewohnheitsmäßiger Mißbrauch) kommt vor.

*Differentialdiagnose:* bei chronischer Vergiftung oft schwierig: „Herzfehler", hämolytischer Ikterus. Charakteristisch für chronische Antifebrinvergiftung: Innenkörper der Erythrocyten neben Methämoglobinbildung. Dieser Befund kann aber bei allen Methämoglobinbildnern vorkommen (vergl. *Schilling*).

*Pathologisch-anatomischer Befund bei akuter Vergiftung:* Methämoglobinämie, Blutüberfüllung innerer Organe, sonst nichts Typisches.

*Dosis medicinalis:* 0,1—0,3 g.

*Dosis toxica:* Schon 0,3 g können Blausucht machen. Andererseits sind noch 10, ja 30 g überstanden worden. Kinder scheinen besonders empfindlich zu sein. Bei diesen schwerstes Koma und Cyanose nach 0,25 g. Schwerer Kollaps bei Typhuskranken; Blausucht bei Lungentuberkulose nach Verabreichung therapeutischer Gaben.

*Dosis letalis:* von 3,6 g an.

*Vergiftungen:* Heute selten, vorwiegend medizinale, sehr selten suicidale.

2. *Phenacetin* = p-Acetylphenetidid $C_6H_4OC_2H_5 \cdot NHC_2H_3O$. Weiße Blättchen, F. = 135°. Sehr schwer löslich in kaltem, viel besser in heißem Wasser. Auch schwer löslich in Alkohol, leicht in Chloroform.

*Giftcharakter:* Sehr stark abgeschwächter Anilismus. Als Nebenwirkungen allergische Erscheinungen, Erytheme, Urticaria, auch papulöses Exanthem; im allgemeinen seltener wie bei Antipyrin.

Phenacetin ist wenig giftig. Bei großen, 5 g übersteigenden Dosen gelegentlich Schwindel, „Cyanose", Übelkeit, Erbrechen, Methämoglobinämie. Neben Methämoglobin kann auch Sulfhämoglobin auftreten (*Snapper*). Bei verminderter Resistenz durch Sepsis nimmt Toxizität stark zu: Tödliche Vergiftung eines 16jährigen Knaben durch 1,0 g Phenacetin bei Sepsis.

Bei chronischem Phenacetinmißbrauch bläulichgraue Verfärbung mit Methämoglobinämie, petechialem Ausschlag, Hautblutungen, auch Ikterus und Albuminurie, seltener Anämie.

*Dosis medicinalis:* 0,5—1,0 g.

*Dosis toxica:* Schwerere Vergiftungen bei Dosen von 5,0 g an.

*Vergiftungen:* Hauptsächlich medizinale, selten suicidale.

3. *Lactophenin* = Lactylphenetidid: Schwach bitter schmeckendes, krist. Pulver. F. = 117,5 bis 118°. In kaltem Wasser schwer, in heißem besser löslich, leicht in Alkohol, schwer in Äther.

*Giftwirkung:* Lactophenin ist leichter aufspaltbar wie Phenacetin, deshalb Giftwirkung im Sinne des Anilismus häufiger, namentlich aber Ikterus.

*Vergiftungsbild:* Bei langdauernder Einnahme Ikterus mit Leberschwellung, oft unter vorausgehendem Temperaturanstieg. Auch bläuliche Hautverfärbung, Kollaps, Methämoglobinämie. Hautausschläge kommen vor, Erytheme, evtl. Blasenbildung und Geschwüre. Empfindlichkeit ist individuell sehr verschieden: 0,5 g können schon toxisch wirken (Dosis medicinalis: 0,2—0,3 g).

*Differentialdiagnose:* Bei rein ikterischer Form oft schwierig, namentlich bei gleichzeitigem Temperaturanstieg (symptomatologisch wie Ikterus katarrhalis).

4. *Citrophen* (zitronensaures Phenetidin).

*Vergiftung:* Citrophen kann von 1,0—2,0 g an die Erscheinungen der *Phenetidinvergiftung* machen (dieses selbst ist hoch toxisch, entsprechend etwa dem Anilin): Ohrensausen, Schweiß, hochgradige Blausucht von tagelanger Dauer, Atemnot, Herzschwäche.

*Schrifttum.*

*Erben, F.:* Vergiftungen **2**, 2. Teil, 331. Wien 1910. — *Holst, E. J.:* Chronische Phenazetinvergiftung. Ugeskr. Laeg. **1934**, 845 —847. — *Kobert, R.:* Lehrbuch der Intoxikationen. 2. Aufl. **2**, 795. Stuttgart 1906. — *Lewin, L.:* Gifte und Vergiftungen. 536. Berlin 1929. — *Lewin, L.* und *H. Guillery:* Die Wirkungen von Arzneimitteln auf das Auge. 2. Aufl. **2**, 622. Berlin 1913. — *Raven, M. O.:* A case of methaemoglobinaemia due to poisoning by antikamnia (acetanilide). Guys Hosp. Rep. **78**, 275—278 (1928). — *Reid, W. D.:* The heart in acetphenetidin (phenacetin) poisoning. Journ. of the Americ. med. assoc. **87**, Nr. 13, 1036—1037 (1926). — *Schilling, V.:* Blut und Trauma. 69, Jena 1929. — *Snapper, I.:* Phenacetin als Ursache für Sulfhämoglobinämie. Dtsch. med. Wschr. Jg. **51**, Nr. 16, 648—650 (1925). — *Young, A. G.* and *J. A. Wilson:* Toxicological studies of acetanilid poisoning. J. exp. Pharmacol. **27**, 133 (1926). **H. Fischer.**

**Anonyme Briefe** (= a. B.). (Vgl. auch Art.: Gerichtliche Schriftuntersuchung.)

Der a. B. gehört, psychologisch betrachtet, in das Gebiet der „Verstellung" von der einfachsten, harmlosen Maskerade bis zur Vernichtung eines gehaßten Gegners. Der Schreiber a. B. will ein bestimmtes Ziel erreichen, er will aber auch unbekannt bleiben. Man hat schon versucht, den im Leben so oft wirksam werdenden Verstellungstrieb als eine wesentliche Grundlage des a. B.-Schreibers zu erklären, während andererseits kein Zweifel besteht, daß Verstellungskunst, Lüge und a. B.-Schreiben pathologische Züge aufweisen und zur eigentlichen Domäne der Hysteriker gehören. Darauf hat schon *Kraepelin* hingewiesen, wenn er die folgende Erklärung veröffentlicht hat: „Alle möglichen gehässigen Erfindungen und Entstellungen, wie sie der geschäftige Klatsch zu erzeugen pflegt, werden ohne ersichtlichen Zweck in gesucht hämischer oder unflätiger Darstellung an die verschiedensten Personen des Bekanntenkreises gesandt, um überall Ärger, Verdruß und Feindschaft zu säen. Der Reiz dieser heimlichen Bosheiten und die durch sie bewirkte Verwirrung kann dazu führen, daß die Briefschreiberei zu einer Art Lebensaufgabe wird, die viele Jahre hindurch die ganze Arbeitskraft in Anspruch nimmt. Fast immer ist es das schwächere Geschlecht, das sich der Waffe der Heimtücke bedient, um den unter den Reibungen des Gemeinschaftslebens angesammelten Gehässigkeiten Luft zu machen und ohne Aufwand von Mut und Tatkraft das Gefühl der Macht zu genießen. Regelmäßig handelt es sich um oberflächliche, kleinliche, eitle, gemütsarme Persönlichkeiten, die in solchem Treiben ihre Befriedigung finden." So können wir schon zwei Hauptgruppen von a. B.-Schreibern unterscheiden: Anonyme Briefschreiberei mit und ohne pathologische Grundlagen. Welche sind nun die *ohne* pathologische Grundlage entstehenden a. B.? Auf diese große Hauptgruppe hat schon in den Jahren 1903 bis 1905 tätig gewesene deutsche „Kommission für die Reform des Strafprozesses" hingewiesen. Sie erkannte nämlich an, daß ein Anzeigender die Nennung seines Namens nicht selten auch aus durchaus begreiflichen und keineswegs verächtlichen Rücksichten unterlasse, z. B. ein Geistlicher, der Kenntnis von einem die Sittlichkeit in seiner Gemeinde schwer gefährdenden verbrecherischen Treiben erhalten habe, aber im Interesse seines Ansehens und um nicht das Vertrauen zu verlieren, als Anzeigender nicht bekannt werden wolle. Oder etwa eine Frau, die rohe Mißhandlungen eines Kindes durch die Eltern wahrgenommen habe, jedoch aus Scheu vor der Brutalität der Angezeigten mit ihrem Namen nicht hervorzutreten wage. Eine Reihe schwerer Straftaten kämen erfahrungsgemäß häufig durch anonyme Anzeigen zur Kenntnis der Staatsanwaltschaft. Hiermit kommen wir wieder an den Grenzpunkt von zweierlei Arten von a. B.: Der Inhalt des Briefes ist wahr oder falsch. Wenn er wahr ist, so kann er entweder eine dem Gerechtigkeitsgefühl entspringende Strafanzeige oder eine berechtigte Warnung sein. Eine so entstandene Anzeige oder Warnung kann sehr wohl aus edlen Motiven entsprungen sein, es handelt sich dann zwar um eine anonyme Denunziation, aber nicht um die eines „Lumpen", wie ihn das bekannte Sprichwort ganz allgemein bezeichnet. Denn der Denunziant wird erst dann zum „Lumpen", wenn er Unwahres oder nicht Nachweisbares oder bewußt Übertriebenes behauptet, oder wenn er keinen ersichtlichen, glaubwürdigen und berechtigten Grund zur Verschweigung seines Namens hat und dadurch dem Briefempfänger die Beweisführung erschwert oder unmöglich macht. Handelt es sich aber z. B. um ein sog. Dauerdelikt, dann kann die Strafermittelungsbehörde selbstverständlich gut und leicht die erforderlichen Beweise durch eigene Beobachtungen selbst finden. Wenn andererseits auch in vielen Fällen seitens der Polizei die Geheimhaltung des Namens eines Anzeigenden oder wichtigen Zeugen zugesichert wird, was auf Grund der Bestimmungen über die Geheimhaltung von Einzelheiten der Geschehnisse im Amt zulässig ist (vgl. insbesondere den früheren § 35 StPO. und die ihn ersetzenden §§ 8 u. 9 des deutschen Beamtengesetzes vom 26. 1. 1937 [1]), so kann es doch genug Fälle geben, in denen der wichtige Zeuge aus eigener Vorsicht und Vorbeugungswillen seinen richtigen Namen verschweigt und daher anonym denunziert. Es liegt daher kein Grund der Verallgemeinerung vor, jede anonyme Strafanzeige als unberechtigt oder gehässig anzusehen. Die berechtigten Interessen des anonym Denunzierten sind durch Strafbestimmungen weitgehend geschützt, und zwar einmal durch die Strafandrohung des § 164 StGB. (wissentlich falsche Anschuldigung) und die §§ 185 ff. StGB. (Beleidigung

und Verleumdung). In diesen Fällen wird alles daran gesetzt werden, den anonymen Denunzianten zu ermitteln und zur Rechenschaft zu ziehen. Hierbei steht als erstes und wichtigstes Hilfsmittel die gerichtliche Schriftvergleichung zu Gebote. Zweifelhaft könnte es sein, ob die im § 139 StGB. aufgestellte Anzeigepflicht bei Hochverrat, Landesverrat, bei Kapitalverbrechen und den sog. gemeingefährlichen Verbrechen auch schon durch Erstattung einer anonymen Anzeige erfüllt werden kann. Wir bejahen diese Frage, wenn die Anzeige einerseits geeignet ist, das Verbrechen zu verhüten und andererseits für die Geheimhaltung des Namens berechtigte Gründe vorliegen.

Ist die Ermittelung des anonymen Briefschreibers geboten, dann muß sich die Strafverfolgungsbehörde Klarheit über *Motiv* und *Zweck* der Tat verschaffen. Daher müssen die eingangs gemachten Einteilungen noch weiter spezialisiert werden. Wir wissen, daß der Trieb nach Macht und Einfluß im Menschen schlummert; er möchte manchmal seine Wunschträume erfüllt sehen und ungesehen, wie mit einer unsichtbar machenden Tarnkappe geschützt, machtvoll in das Schicksal eines Menschen eingreifen und seine Machtgelüste befriedigen. Die bekannten und allgemein wirksamen verbrecherischen Motive, wie Haß, Neid, Mißgunst, Eifersucht, Rache, Schadenfreude, politische Feindschaft, Abenteuerlust und Intrigenspiel, bilden auch hier die Grundlage. Der a. B. wird daher als geeignet erscheinendes Mittel gehalten, sich dem Opfer zu nähern, ihm Schaden zuzufügen, es zu ärgern, zu verleumden, durch Drohungen in Angst und Schrecken zu versetzen oder zu einer falschen Aussage zu bestimmen oder gar geldliche Vorteile von ihm zu erlangen, wie es vor allem die Erpresser zu tun pflegen. Eine Spezialgruppe sind die auf sexueller Grundlage entstehenden a. B., um sexuelle Gefühle bei sich und dem Opfer auszulösen. Ein häufiges Ziel solcher a. B. ist die Auflösung von Verlöbnissen, Störung eines Ehe- und Familienglückes, Entlassung von Angestellten. Ihre Gefährlichkeit ist in der Kriminalgeschichte längst bewiesen durch die hieraus erfolgten Selbstmorde und Lebensnachstellungen aus Eifersucht. Die a. B. wirken daher unter gewissen Umständen wie tödliches Gift und treten sogar nicht selten mit wirklichen Giftsendungen oder todbringenden Höllenmaschinen zusammen auf. Fast im gleichen Rang schwerverbrecherischer Gesinnung stehen a. B. oder Anzeigen, die bewußt einen unschuldigen Menschen eines Verbrechens beschuldigen, sei es eines fingierten, sei es eines wirklich, aber von einem anderen oder dem Anonymus selbst begangenen. Um so gefährlicher ist dieses Vorgehen noch, wenn dabei die Handschrift eines gänzlich unbeteiligten Menschen nachgeahmt wird, so daß dieser unschuldig verfolgt oder gar verurteilt wird. Man stelle sich vor, wie leichtfertig ein a. B.-Schreiber oft vorgeht: Vermutungen werden zu Tatsachen gestempelt, natürliche Vorgänge mangels näherer Kenntnis in ein verbrecherisches Verhalten umgedeutet, z. B. wird der Krankenhausaufenthalt eines jungen Mädchens als Abtreibung ausgelegt und angezeigt. Bei erpresserischen Drohbriefen und Lösegeldforderungen, z. B. bei dem todeswürdigen Verbrechen des Kindesraubes, wird zuweilen eine Mehrheit von Personen oder einer organisierten Bande vorgetäuscht (sog. „Schwarze Bande", „Schwarze Hand"), weil dies mehr Eindruck machen und eher zur Geldhergabe nötigen soll. Anonyme *Serienbriefschreiber*, die ihre Schrift regelmäßig verstellen, wechseln manchmal die Verstellungsart und fingieren Unterschriften, um eine Mehrheit von Schreibern vorzutäuschen, was sie im Interesse des inszenierten öffentlichen Ärgernisses

---

[1] Wichtig ist die Bestimmung, daß die Genehmigung, als Zeuge auszusagen, nur versagt werden soll, wenn die Aussage dem Wohle des Reichs Nachteile bereiten oder die Erfüllung öffentlicher Aufgaben ernstlich gefährden oder erheblich erschweren würde.

oder der mißbilligenden Kritik und Empörung für angebracht und nützlich halten. Über *Form* und *Ausführungsarten* der a. B. seien noch einige ergänzende Bemerkungen angefügt: Einmal wird der Zweck durch einen einzigen a. B. erreicht. Wo das aber nicht geschieht, werden sie wiederholt und solange fortgesetzt, bis irgendein Erfolg sichtbar wird. Nun gibt es Fälle, die juristisch als Dauerdelikt zu beurteilen sind, nämlich das lange Zeit fortgesetzte Schreiben und Versenden a. B. Die Kriminalgeschichte kennt genug Fälle, die jahrelang nicht aufgedeckt und bestraft werden konnten. Diese Gruppe der „Serienbriefschreiber", die meistens einen kleineren oder größeren Personenkreis mit ihren verbrecherischen Machwerken belästigen, stellt an den Kriminalisten schwere Aufgaben, um solche Verbrecher zu ermitteln und unschädlich zu machen. In Kleinstädten und Dorfgemeinden, wo eine solche a. B.-Seuche ausgebrochen ist, muß oft ein besonderer Aufsichtsdienst unter zuverlässigen Einwohnern eingerichtet werden, weil der a. B.-Schreiber es aus Vorsichtsgründen vermeidet, die a. B. mit der Post zu versenden oder Briefpapier einzukaufen, es vielmehr vorzieht, auf allen erreichbaren Papier- und Kartonstücken seine Schmähgedichte oder verleumderischen, zum Teil auch obszönen Schreibwerke, manchmal durch bildliche Darstellungen verziert, herzustellen, heimlich und zur Nachtzeit auszuwerfen, aufzuhängen oder an Türen, Zäunen, Lichtmasten, Bekanntmachungstafeln usw. anzuheften, oder in Wohnungen, Briefkasten u. dgl. einzuschieben. Zuweilen finden sich auch verschworene Anhänger als geeignete Mithelfer, um den heimlichen Feldzug besser durchführen zu können. Die Verstellung der Handschrift ist das naheliegendste Verdeckungshilfsmittel neben der Anwendung fingierter oder fälschlich mißbrauchter Unterschriften, sogenannte pseudonyme Briefe. Erwähnt sei noch an dieser Stelle, daß in Deutschland nach Reichsgerichtsentscheidungen die Unterzeichnung a. B. mit dem Namen existierender, wie auch fingierter, also nicht existierender Personen als Urkundenfälschung strafbar ist. Wie der Grad der Verstellung sehr verschieden ist, so auch die Hilfsmittel ihrer weiteren Unkenntlichmachung durch linkshändiges Schreiben, Anwendung von geschriebenen Druckbuchstaben, Schreiben mit ungewohntem Schreibwerkzeug, z. B. Streichholz, Pinselchen, Anwendung einer öffentlich zugänglichen (mietbaren) Schreibmaschine, Aufkleben von gedruckten Wörtern, Silben und Buchstaben, die aus Zeitungen oder Druckschriften herausgeschnitten werden (Nheres ist aus dem Art.: Künstliche Schrift zu ersehen). Dann sind noch die zur Irreführung der Untersuchungsbehörden in bestimmten Ermittelungsverfahren auftauchenden a. B. zu erwähnen. Von dem häufigen, durch gewisse Zeitungsanzeigen sich entwickelnden mehr oder weniger harmlosen a. B.-Verkehr braucht außer dieser Erwähnung hier nichts näher ausgeführt zu werden, ebenso nicht von den a. B., die von raffinierten und gewinnsüchtigen Reklamehelden ausgesandt werden, um für ihre minderwertigen Waren Käufer zu suchen.

Zum Schluß seien einige von *Dück* aus 200 Fällen a. B. mitgeteilte Zahlen hinsichtlich der Beteiligung des weiblichen Geschlechts angeführt:

| | Männliche Schreiber % | Weibliche Schreiber % |
|---|---|---|
| anonyme Schreiben ohne sexuellen Inhalt: | 42,90 | 20,30 |
| anonyme Schreiben mit sexuellem Inhalt: | 5,50 | 52,70 |
| sonstige Fälle | 51,60 | 27,00 |
| | 100 | 100 |

*Schrifttum.*

*Dück:* Anonymität und Sexualität, Ärztl. Sachverst.ztg. **1916**, Nr. 24. — *Hölzl, J.:* Über a. Anzeigen. Arch. Kriminalanthrop. **32**. — *Kraepelin:* Lehrbuch der Psychiatrie, **IV**, 1906. Leipzig 1915. — *Kusnetzoff, Val.:* Anonymes Briefschreiben. München 1912. — *Meyer, Georg:* Der Fall Kracht. Archiv für gerichtliche Schriftuntersuchungen, 121—195. Leipzig 1909. — *Schneickert, H.:* Schmähbriefe einer Hysterischen. Groß-Archiv, **36**, 144. — *Schneickert, H.:* Anonyme Briefschreiber und ihre Ermittlung. Zeitschrift „Die Schrift", **III**, H. 2. — *Schneickert, H.:* Kriminaltaktik. 5. Aufl., 104 ff. Berlin 1940. — *Schneickert, H.:* Die Verstellung der Handschrift und ihr graphonomischer Nachweis. Jena 1925.
*Schneickert.*

## Anpassung an Verletzungsschäden siehe *Angewöhnung an Verletzungsfolgen.*

## Anterograde Amnesie siehe *Amnesie als Verletzungsfolge.*

## Anthelmintica siehe *Filixgruppe; Oleum Chenopodii anthelmintici; Santonin.*

## Anthrachinonderivate.

Pharmakologisch wirksames Prinzip ist das Anthrachinon, in den Drogen zum Teil frei, zum Teil als Vorstufen, zum Teil in gebundener Form, hauptsächlich als Glukoside vorhanden. Am wirksamsten sind die Trioxyverbindungen. Alle vermehren die Harnsäureausscheidung und erregen die Dickdarmbewegung. Die Bedeutung dieser Stoffe ist rein pharmakologisch (Abführmittel); als Farbstoffe werden sie nicht benutzt. Forensisch beobachtet man gelegentlich medizinale Vergiftungen durch Überdosierung oder dann Vergiftungen bei Einnahme als Abortivum (reflektorische Wirkung auf Uterus). Bei offizinellen Dosen tritt der Effekt nach 7—12 Stunden ein, bei höheren Dosen viel rascheres Einsetzen der Symptome.

Vorkommen im Rhabarber (*Rhizoma Rhei*), in der Faulbaumrinde und amerikanischen Faulbaumrinde (*Cortex frangulae* und *Cascara Sagrada*), in der Kreuzdornbeere (*Fructus Rhamni catharticae*), in den Sennesblättern (*Folia Sennae*) und in der Aloe (getrocknete Aloe, *Tinctura Aloes*). Die Drogen sind auch wirksam bei rectaler Applikation und nach Einspritzung.

Chemische Verbindungen sind Chrysophansäure (Dioxy-methylanthrachinon), Emodin (Trioxy-methyl-anthrachinon) und Aloin resp. Barbaloin als Glukosid der Aloepflanze.

Symptome bei toxischen Dosen: Übelkeit, Erbrechen, Koliken, eventuell choleraartige Erscheinungen mit blutigen Durchfällen, meist auch Zeichen einer Nierenschädigung (Albuminurie, Hämaturie), selten Toxikodermien.

Am verbreitetsten als Abführmittel und am häufigsten verwendet als Laienabortivum ist die Aloe. Das Glukosid der Pflanze bildet hellgelbe Nadeln mit Schmelzpunkt von 147°. Es wird im Darm in Anthrachinonabkömmlinge gespalten. Forensisch ist seine Bedeutung größer als die der andern Anthrachinonderivate. Gemeldet ist ein Mordversuch, ein Selbstmordversuch und verschiedene Vergiftungen bei Abortversuchen. Aloin vermag infolge seiner Dickdarmwirkung reflektorisch die Eihäute zu lockern und dadurch in gewissen Fällen Blutungen und ein Absterben der Frucht zur Folge zu haben. Schwere Vergiftungen von seiten der Mutter kommen dabei vor, Todesfälle sind aber selten. Eingenommen wird entweder der frische Saft der Pflanze selbst (die in Deutschland in Töpfen gezogen wird), oder dann Extrakte, Essenzen. Meist werden gleichzeitig noch andere Abtreibungsmittel eingenommen. Aloin ist auch in verschiedenen Präparaten zur intrauterinen Einspritzung (Salbenaborte) enthalten.

Minimal tödliche Dosis 8 g der getrockneten

Pflanze, meist wurden aber bedeutend höhere Dosen überstanden. Toxische Dosis unter Umständen schon ein paar Gramm. Normal 0,2 Aloe, resp. 0,25 Tinctura Aloes.

Keine Sektionsbefunde am Menschen.

*Schrifttum.*

*Heffter:* Handb. der experimentellen Pharmakologie, **2.** Berlin 1924. — *Lewin:* Die Fruchtabtreibung durch Gifte und andere Mittel. Berlin 1922. — *Lewin:* Gifte und Vergiftungen. Berlin 1929. — *Oettel:* Arecanuss- und Aloe-Vergiftung, medizinale. Slg. Verg.-Fälle **5**, 73 A (1934). — *Petri:* Pathologische Anatomie und Histologie der Vergiftungen. Berlin 1930. — *Schiff:* Uraemia vera nfolge von Aloevergiftung, ref. Dtsch. Z. ges. gerichtl. Med. **16**, 325 (1931).—Handb. d. Lebensmittelchemie, **1.** Berlin 1933. **Schwarz.**

**Anthrax** siehe *Bakteriologische Untersuchungen in der gerichtlichen Medizin;* *Plötzlicher Tod aus natürlicher Ursache.*

**Anthropologisch - erbbiologischer Vaterschaftsnachweis** siehe *Vaterschaftsnachweis und -ausschluß.*

**Antifebrin** siehe *Anilinderivate.*

**Antimon.** (Vgl. auch Art.: Brechweinstein.)

Antimon ist ein silberweißes, sprödes Metall, welches in der Natur selten in gediegenem Zustand (Frankreich, Borneo) vorkommt, in neuerer Zeit aber reichlich in Australien gefunden wurde. Die wichtigsten Verbindungen sind die Schwefelverbindungen: Stibnit (Grauspießglanzerz, Antimonglanz), Antimonblende und Goldschwefel (Antimonsulfid), welcher früher in der Medizin sehr geschätzt war. Von den Sauerstoffverbindungen ist das Antimontrioxyd bedeutungsvoll. Es kommt in der Natur als Senarmontit, Weißspießglanzerz vor und ergibt mit Weinstein (Kalium Hydrotartrat) den sog. Brechweinstein (Kalium antimonyltartrat). Dieses Salz diente früher als Tartarus stibiatus und emeticus als Brechmittel, fördert auch in sehr kleinen, nicht brechenerregenden Gaben die Sekretion in den Bronchien, wird aber heute nur selten therapeutisch verwendet, da sich leicht Vergiftungserscheinungen einstellen. Trotz Verabreichung in den üblichen Gaben (0,05—0,06 g; 0,1! und 0,3!) wurde schon wiederholt beobachtet, daß der Tod erwachsener Menschen durch die mittlere Maximaldosis von 0,2 g ausgelöst wurde. Kinder sind schon durch 20—30 mg stark gefährdet. Besser vertragen wird der in reinem Zustande unlösliche Goldschwefel (Stibium sulfuratum aurantiacum), welcher erst im sauren Magensaft in das lösliche und wirksame Antimonoxyd umgewandelt wird.

In neuerer Zeit sind Antimonverbindungen zur Behandlung der multiplen Sklerose und vor allem einer Reihe von Tropenkrankheiten (Bilharziosen, Leihsmaniosen, Kala-Azar, Orientbeulen, Tse-Tse u. a. m.) wieder hervorgetreten. Die wichtigsten Präparate sind Stibenyl, Stibosan, Neostibosan und Neoantimosan, letzteres zu Ehren des Königs Fuad auch Fuadin genannt.

Aus der verschiedenen Anwendungsmöglichkeit der Antimonverbindungen ergibt sich auch heute die Gelegenheit zu Vergiftungen, wenn solche auch selten aufzutreten pflegen. Abgesehen von medizinalen Vergiftungen früherer Jahre durch Brechweinstein haben sich in letzter Zeit einzelne Todesfälle bei der therapeutischen Verabreichung von Antimosanpräparaten ereignet, die am ehesten durch Überempfindlichkeit und Speicherung des Giftes zu erklären sind, da durch längere Zeit kleine Dosen ohne jede Störung vertragen werden. Anlaß zu gewerblichen Vergiftungen liegt stets bei der Gewinnung und Verarbeitung von Antimonverbindungen vor, z.B. in Kautschukfabriken, in der Feuerwerkerei, in der Färberei, in Lederfabriken, bei Herstellung von Emaillen und Glasuren sowie bei der Erzeugung von Lettern, da Zink- und Bleibuchstaben meist Antimon enthalten. Auch durch antimonhältige Farben und farbige Stofftapeten kann eine chronische Vergiftung ausgelöst werden, wenn Antimonstaub eingeatmet wird. Weiters können Antimonvergiftungen durch fahrlässige Verabreichung oder zufällige Einnahme allzu hoher Dosen von Brechweinstein, durch Darreichung im Scherz oder durch Verwechslung zustandekommen. Auch als Fruchtabtreibungsmittel sind Brechweinstein und die käuflichen, durch lösliche Antimonverbindungen verunreinigten Goldschwefelpräparate in Betracht zu ziehen, wobei tödliche Vergiftungen durchaus möglich sind.

Selbstmorde und Morde sind zweifellos selten, sind aber doch immer wieder beobachtet worden. Kriminalistisch bedeutungsvoll und sehr lehrreich ist ein in England erfolgter Giftmord an drei Frauen, über welchen *Engelhardt* im deutschen Schrifttum zusammenfassend berichtete. Es wurden durch längere Zeit kleinere Dosen von Brechweinstein in Speisen und Getränken verabreicht, wobei vorerst unklare gastrointestinale Krankheitsbilder zustandekamen, die zunächst auf Lebensmittelvergiftung zurückgeführt wurden, sich aber nach Aufklärung des Sachverhaltes am ehesten mit den Erscheinungen der *Arsenvergiftung* (s. d. Art.: Arsen) vergleichen ließen. Bemerkenswert ist, daß nach Zeitungsberichten aus Nordamerika gerade in jüngster Zeit eine Reihe von Giftmorden aufgedeckt wurde, in welchen Antimon zur Verwendung gelangt sein soll.

Sowohl die einmalige Aufnahme einer größeren Menge als auch die wiederholte Verabreichung kleinerer Gaben können Vergiftungserscheinungen auslösen, da in letzterem Falle die kumulierende Wirkung des Giftes von besonderer Bedeutung ist. Örtlich neigen die Antimonverbindungen zur Reizung der Haut und Schleimhäute, wobei an ersterer entzündliche Blasen- und Pustelbildung, an letzteren alle Stadien der Irritation, Hyperaemie, Exsudation, Nekrosen und kleine Geschwüre auftreten können. Diese Erscheinungen wurden namentlich früher bei Gebrauch des Brechweinsteines als Hautreizmittel (in Salbenform) zur Heilung von Geisteskrankheiten und der Psoriasis sowie als Expektorans und Emeticum beobachtet.

Bei der akuten, subakuten und chronischen Vergiftung sind klinische Erscheinungen zu erwarten, wie sie bei den verschiedenen Formen der Arsenvergiftung beobachtet werden. Je nach Form und Dauer der Vergiftung werden gastrointestinale oder nervöse Erscheinungen vorherrschen, wobei meist auch rasch zunehmender Kräfteverfall und Abmagerung zu verzeichnen sind. Der oft stürmische Verlauf der akuten Vergiftung ist auf die besondere resorptive Wirkung des Giftes zurückzuführen, welches auf die Darmschleimhaut ausgeschieden wird und auch die Nieren stark schädigt, so daß bald Hämaturie und Anurie auftreten. Dazu kommen Krämpfe, Kreislaufstörungen und Herzschwäche.

Bei der mehr chronischen Vergiftung von Arbeitern, welche in Leder- und Baumwollfärbereien mit antimonhältiger Beize in Berührung kommen, werden häufig unbestimmte Magen- und Darmbeschwerden, Übelkeiten, Brechreiz, Durchfälle u.a.m. sowie gelegentlich eine bläuliche Verfärbung des Zahnfleischsaumes und Entzündungen in Mund- und Rachenhöhle zu beobachten sein. Die rein chronische Vergiftung gewerblicher Art läßt Veränderungen des Blutbildes erwarten, welche vor allem durch Leukopenie, Lymphocytose und Eosinophilie gekennzeichnet sind.

Anatomisch werden beim tödlichen Ausgang der akuten und chronischen Vergiftung Organveränderungen vorliegen, welche jenen bei Arsenvergiftung ähnlich sind. Bemerkenswert ist bei länger verlaufenen Vergiftungen die ziemlich gleichmäßige und rasche Verfettung bzw. fettige Degeneration der parenchymatösen Organe, welche in erster Linie an der Leber, dann an Nieren und Herzfleisch deutlich ausgeprägt ist. Antimon soll ebenso wie Arsen zur Konservierung der Organe an den Leichen beitragen, demnach also die Fäulnisvorgänge hemmen, wie bei den Mordfällen in England beobachtet wurde. Das Gift ist in den Organen der ersten und zweiten Wege einwandfrei nachweisbar, weshalb die chemische Untersuchung in allen verdächtigen Fällen niemals unterlassen werden darf. Nach Ausschluß der medizinalen oder gewerblichen Entstehung ist vor allem bei chronischen Vergiftungen mit der Möglichkeit zu rechnen, daß wiederholt kleine Giftgaben in krimineller Verwendung zur Einwirkung gelangten. Beim Selbstmord ist meist wegen Einnahme einer auffällig großen Dosis eine akute Vergiftung zu erwarten, bei welcher in den Organen der Aufnahme chemisch besonders viel Gift nachzuweisen ist.

*Schrifttum.*

*Engelhardt:* Drei Antimongiftmorde. Ärztl.Sachverst.ztg. **37**, 103 (1931). — *Mayer* und *Gottlieb:* Lehrbuch der experimentellen Pharmakologie. Berlin und Wien 1936. — *Petri:* Vergiftungen, Handbuch der speziellen pathol. Anatomie, **X**. Berlin 1930. — *Reuter, F.:* Methoden der forensischen Beurteilung von Vergiftungen. Handbuch der biologischen Arbeitsmethoden, Abt. IV. Berlin und Wien 1938. — *Starkenstein:* Lehrbuch der Toxikologie. Leipzig und Wien 1938. ***Schneider.***

**Antimosan** siehe *Antimon.*

**Antinonnin** siehe *Schädlingsbekämpfungsmittel.*

**Antipyrin** siehe *Pyrazolonderivate.*

**Antiquitätenfälschung** siehe *Kunstwerkfälschung.*

**Antitoxine** (= A.T.).

Sehr bald nach Einführung der Antitoxin- oder Serumtherapie bei Diphtherie durch *v. Behring* wurden in vereinzelten Fällen mehr oder weniger lange Zeit nach der Einspritzung des A.T. Krankheitserscheinungen beobachtet, die nicht zum Krankheitsbild der Diphtherie gerechnet werden konnten. Ihre Ursache war in der Verabfolgung artfremden Serum-Eiweißes zu suchen. Deswegen spricht man von „*Serumkrankheit*" (= S.K.). Dadurch daß die A.T.-Therapie in der Folge auf zahlreiche, andere Krankheiten wie Milzbrand, Masern, Scharlach, Dysenterie, Sepsis, Meningitis, Peritonitis, Tetanus usf. angewendet wurde, trat dann natürlich die S.K. immer häufiger in Erscheinung. Die parenterale Injektion artfremden Serums kann also S.K. erzeugen. Fast durchweg handelt es sich dabei um Pferdeseren, aber auch das Serum vom Rind und vom Hammel kann die gleiche Erkrankung erzeugen. Jedes einzelne Serumprotein für sich vermag spezifische, sensibilisierende Wirkung zu entfalten. Andersartige Proteine und eiweißhaltige Flüssigkeiten können das charakteristische Krankheitsbild der S.K. nicht hervorrufen. Die *Konstitution* (*W. Balaban, F. Callomon*) ist von ausschlaggebender Bedeutung, denn nicht jeder Mensch bekommt die S.K. Es besteht eine gewisse Ähnlichkeit mit der konstitutionellen Überempfindlichkeit gegen Eiweißkörper und zahlreiche Medikamente. Klima und Jahreszeit (*Seltmann*) sollen keinen Einfluß auf die Häufigkeit der S.K. haben. Auch Infektionskrankheiten ändern die Reaktionsfähigkeit nicht. Die *Häufigkeit* der S.K. bei s. c. und i. m. Verabreichung schwankt zwischen 10—20%. Mit der *Menge* des verabreichten Serums steigt dieselbe. Deswegen versuchte man hochwertige Seren herzustellen. Intravenöse Applikation steigert die Zahl der S.K. erheblich, auf 54 bis 74%. Ebenso bekommen reinjizierte Patienten

die Serumkrankheit häufiger (77,5% nach *Ustvedt*). Intracutane Injektion verursacht nur lokale Erscheinungen. Frisches Serum soll viel häufiger wie abgelagertes S.K. verursachen. Der Eintritt der S.K. erfolgt zwischen 6. und 14., meistens am 8. oder 9. Tag nach der Erstinjektion (*v. Pirquet* und *Schick*). Manchmal verläuft die S.K. in Schüben, rezidivierend und wird dann als „fraktionierte" S.K. bezeichnet. In über 90% der S.K. treten Hautaffektionen auf, meist stark juckende, urticarielle Exantheme, die mit mehr oder weniger großen, dissiminierten oder flächenhaften Quaddeln einhergehen. Weniger häufig sieht man erythematöse, morbilliforme, scarlatinöse oder polymorphe Exantheme, in seltenen Fällen mit exsudativem oder hämorrhagischem Charakter. Das Exanthem zeigt sich manchmal nur an der Injektionsstelle und ist dann nach wenigen Stunden wieder verschwunden. Meist hält es einen, oft mehrere Tage auch rezidivierend an. In etwa 70% der Fälle tritt als zweithäufigstes Symptom Steigerung der Körperwärme ein, manchmal nur kurzdauernd und subfebril, oft aber als mehr oder weniger hohes Fieber. Der Fieberverlauf ist außerordentlich wechselnd, so daß es keinen bestimmten Fiebertypus gibt. Relativ häufig, bis zu 20% und mehr treten „Rheumatoide" mit Muskelschmerzen oder polyartikuläre Gelenkserkrankungen auf. Selten werden sämtliche Gelenke befallen, bevorzugt aber Knie- und Schultergelenke, dann Hand- und kleine Fingergelenke. Zuweilen finden sich periartikuläre, schmerzhafte Schwellungen, ferner neuralgieforme Beschwerden in den Extremitäten. Lokalisierte oder allgemein verbreitete Ödeme an Augenlidern, an der Nase, im Gesicht, an Händen, in schweren Fällen an Schleimhäuten von Mund, Hals und Rachen werden in 10% der Fälle gesehen. Häufig erfolgt Drüsen- und Milzschwellung. Die Lymphdrüsen aller möglichen Körperregionen können in Mitleidenschaft gezogen werden. Werden die tieferen Luftwege ergriffen, so treten bronchitische Erscheinungen und asthmatische Zustände auf. Selbst die Darmschleimhaut kann mit blutigen Durchfällen beteiligt sein. Der nach Serumverabreichung oft auftretende, frequente kleine Puls, das Absinken des Blutdrucks, ferner Cyanose, Leichenblässe und eiskalte Haut, insbesondere nach großen S.-Mengen, deuten zwingend auf die Mitbeteiligung des gesamten Zirkulationsapparates. Sind bereits toxisch-infektiöse Zirkulationsstörungen vorhanden, so kann sich eine Seruminjektion bedrohlich, ja deletär auswirken. Im Inkubationsstadium soll zunächst die Leukocytenzahl im Blut erheblich ansteigen, dann jedoch beträchtlich absinken (*v. Pirquet* und *Schick*). Lymphocyten und Monocyten sind meist vermehrt, Eosinophile vermehrt oder vermindert. Die Retention von Wasser und Kochsalz geht als extrarenaler Vorgang mit der Oedembildung Hand in Hand. Durch den Juckreiz, die vaskulären Erscheinungen sowie Kopfschmerzen ist natürlich das Allgemeinbefinden beeinträchtigt. Gelegentlich tritt Erbrechen auf. Ferner werden Unruhe, Reizbarkeit, Depression und starkes Schwächegefühl beobachtet. Das deutet auf Mitbeteiligung des animalen und des vegetativen Nervensystems. Die S. K. kann auch infolge Auftretens von Neuritis und Polyneuritis, von Hypästhesie und Hyperästhesie, von Lähmungen (Atrophie und Entartungsreaktion) (*H. Demme, E. Hahn*) sehr wechselnd verlaufen; doch tritt oft nach vielen Monaten völlige Heilung ein. Wichtig ist, daß im Anschluß an die Erstinjektion eine beschleunigte Reaktion schon im Verlaufe von 12 Stunden in Form einer universellen Urticaria eintreten kann.

Ja, es kann bei Kranken mit abnormer Reaktionsfähigkeit, sogar schon bei Erstinjektion, zu einer sofortigen Reaktion kommen (*A. Peters*). Meist handelt es sich um Personen, die schon durch Pferdestall-Luft(!) asthmaähnliche Beschwerden bekommen, oder aber gegen Honig, Flußkrebse, Eier usf. Überempfindlichkeit zeigen. Schon 5 Minuten nach der Einspritzung wurde Exitus beobachtet. Zweifellos bestehen hierbei Verbindungen zur Anaphylaxie und Idiosynkrasie (s. d.). Auch bei der Reinjektion fehlt manchmal die Inkubationszeit oder ist wesentlich abgekürzt. Die Vergiftungssymptome treten rascher und stürmischer auf, wobei das Zirkulationssystem im Vordergrund steht (*H. Vollmer*). Hier gibt es also eine beschleunigte und eine sofortige Reaktion. Letztere tritt innerhalb der ersten 24 Stunden auf. Beschleunigte Reaktion setzt die Inkubationszeit auf 3—6 Tage herab. Die Erstinjektion hat zu einer Überempfindlichkeit geführt, das Individuum ist „allergisch" geworden. Die Allergie tritt aber erst nach einer gewissen Inkubationszeit auf. Die beschleunigte Reaktion bei Reinjektion nimmt keinen protrahierten Verlauf, wie bei Erstinjektion, sondern läuft rasch ab, kann jedoch im Verlauf außerordentlich variabel sein. Auch hier wechseln leichte Formen mit schwereren Krankheitsbildern ab. Selbst wenn der Vorsicht halber ein „heterogenes" Serum verwendet wird, können gelegentlich bei der Reinjektion (z. B. mit Hammelserum) Krankheitserscheinungen zur Beobachtung kommen. Das Krankheitsbild der S. K. im Anschluß an Zweitinjektion nähert sich um so mehr dem nach der Erstinjektion, je länger das Intervall zwischen beiden Injektionen dauert. Die bedrohlich verlaufenden Krankheitszustände nach Reinjektion gehen mit Shock und Kollaps einher (*A. Burello*). Man beobachtet sie nach subcutane, intramuskulären und besonders nach intravenösen Reinjektionen. Sie können außerordentlich schwer verlaufen und den Tod im Gefolge haben (*E. Makkuth*; *O. Magenan*). An der Injektionsstelle gibt es schon nach kurzer Zeit ödematöse Schwellung, verbunden mit Schmerzhaftigkeit und Spannungsgefühl, auch Erythem mit Juckreiz. Gelegentlich zeigen sich leichte urticarielle Erscheinungen, in seltenen Fällen Nekrosen. In den ersten 24 Stunden treten auch Allgemeinerscheinungen auf, die, wie die übrigen Einzelsymptome flüchtig oder von längerer Dauer sein können, meist jedoch in wenigen Tagen überstanden sind. Wichtig ist, daß die Dauer der Sensibilisierung gegen Seren individuell durchaus verschieden sein kann. Die Reinjektion kann sogar noch nach einem Intervall von vielen Jahren zu schwersten Reaktionserscheinungen Anlaß geben. Bei 78 reinjizierten Fällen fanden sich innerhalb der ersten drei Monate zwei schwere Shockzustände und drei Todesfälle (*Pehu* und *Durand*). Selbst Hammelserum kann nach erfolgter Erstinfektion mit Pferdeserum, sogar nach längerem Intervall, tödlichen Shock auslösen. Bei manchen Infektionskrankheiten kann unter Umständen der anaphylaktische Shock durch die S. K., ähnlich wie durch eine Proteinkörpertherapie, günstig wirken. Was die pathologisch-anatomischen Veränderungen bei tödlich verlaufender S. K. anlangt, so wurden weder makroskopisch noch mikroskopisch Organveränderungen festgestellt, die auf den Shock hätten bezogen werden können (*Pehu* und *Bertoye*). Dagegen fanden *Gurd*, *Fraser* und *Emrys-Roberts* Schwellung der Tonsillen, fast aller Lymphdrüsen, der Solitärfollikel des Darmes, ferner Stauungen in den inneren Organen und im Splanchnicusgebiet, *H. R. Dean* eine Hyperämie der Leber. Die Lebercapillaren waren erweitert, blutreich, enthielten sehr viel Leukocyten, auch eosinophile Zellen. Die Befunde erinnern an diejenigen bei der experimentellen Anaphylaxie des Hundes. Ebenso ließen sich an den Lungen histologische Veränderungen auffinden. Man spricht jetzt von „Shockorganen" und von „Shockgewebe" (*Ceca*). *Doerr* nimmt an, daß bei der S.K. Zellreizung und Zellschädigung und damit physikalische Prozesse in der Zelle und an der Oberfläche der Zellmembran als ursächliches Moment für die Krankheitserscheinungen aufzufassen seien. Die zellulären Reaktionen spielen die Hauptrolle, die humoralen Veränderungen sind Begleiterscheinungen. Die zelluläre Antigen-Antikörperreaktion kann man sich als einen Gerinnungsvorgang oder als eine Adsorption gewisser Serumbestandteile an die Zelloberfläche vorstellen. Die Capillarendothelien sollen die wichtigste Stelle für den Ablauf der Antigen-Antikörperreaktion sein. Die tödlich endenden Fälle der S.K. müssen unbedingt dem anaphylaktischen Shock (s. d. Art.: Shocktod) gleichgestellt werden. Der Tod kann in wenigen Minuten erfolgen. Jedes einzelne Serum enthält eine Anzahl von Antigenen, von denen jedes mit einer eigenen Latenzzeit sensibilisiert. Es gibt kurz- und langfristige Anaphylaktogene. Die Sensibilisierung kann auch auf conjunctivälem, nasalem, pulmonalem, percutanem, intraduralem und enteralem Wege erfolgen. Die S.K. ist nicht erblich, doch ist familiäres Auftreten z. B. bei Geschwistern möglich. Dem Gerichtsarzt müssen die Gleichartigkeit des Verlaufes und die oft pedantische Wiederkehr der Einzelsymptome der S.K. vertraut sein. Der S.-Shock, der große Ähnlichkeit hat mit dem anaphylaktischen Shock, kann kurze Zeit nach der ersten, aber auch nach wiederholten Reinjektionen auftreten. Nur 0,03 % der Fälle von Serumkrankheit verlaufen tödlich. Gegen Reinjektion nach mehr als einwöchentlichem Intervall bestehen keine Bedenken. Je mehr Serum gespritzt wird, desto sicherer tritt die S.K. auf. Aus Furcht vor der S.K. darf eine individuelle S.-Therapie auf keinen Fall unterlassen werden. Vorsicht ist bei Idiosynkrasie angezeigt. Intravenöse Zufuhr ist hier unter allen Umständen zu unterlassen. Ferner kann an Stelle von Pferde- ein heterologes Rinder- oder Hammelserum, ferner Desensibilisierung durch intracutane und subcutane Injektion kleiner S.-Mengen versucht werden. Die Konstitution der Kranken ist von grundlegender Bedeutung. Die Dauer der Sensibilisierung ist außerordentlich verschieden.

*Schrifttum.*

*Balaban, W.*: Über die S.-Krankheit. Arch. Kinderheilk. **91**, 193 (1930). — *Buzellee, A.*: S.-Schock und S.-Krankheit nach Tetanus-Schutzimpfung und ihre Behandlung. Dtsch. med. Wschr. **30**, 1137 (1934). — *Callomon, F.*: Serumkrankheit und Rotlaufimmunbehandlung beim Erysipeloid. Dermat. Wschr. **90**, 11 (1930). — *Coca*: Hypersensitiveness. J. of immunology **5**, 363 (1930). — *Demme. H.*: Obere Plexuslähmung nach vorbeugender Serumeinspritzung. Münch. med Wschr. **1935**, 39, 1502. — *Doerr, R.*: Allergie und Anaphylaxie. Hdb. der pathog. Mikroorganismen. **I**, 918, 3. Aufl. — *Fraser, Gurd, Emrys-Roberts* siehe bei *Schittenhelm.* — *Hahn, E.*: Lähmungen nach wiederholten Seruminjektionen. Klin. Wschr. **1934**/II. 1309. — *Hopmann, R.*: Serumkrankheit und Tetanie. Klin. Wschr. **1925**, 38, 1810. — *Mackuth, E.*: Über Serumanaphylaxie nach Tetanusantitoxininjektionen. Münch. med. Wschr. **1935**, 35, 1392. — *Magenau, O.*: Über Serumanaphylaxie nach Tetanusantitoxininjektionen. Münch. med. Wschr. **1935**, 45, 1807. — *Peters, A.*: Anaphylaxiegefahr nach Coliseruminjektion. Zbl. Chir. **23** (1931). — *v. Pirquet* und *Schick*: Die Serumkrankheit. Leipzig und Wien 1905. — *v. Pirquet*: Allergie. Berlin 1910. — *Seltmann, J.*: Ist die Häufigkeit der Serumkrankheit von der Jahreszeit abhängig? Jb. Kinderheilk. **129**, 204 (1930). — *Schittenhelm, A.*: Serumkrankheit und Serumanaphylaxie. Handb. d. inn. Med. Infektionskrankheiten. Begr. von *L. Mohr* und *Staehelin*. Berlin 1925. — *Vogel, P.*: Über Polyneuritis nach Seruminjektion. Nervenarzt **8** 11(1935). — *Vollmer, H.*: Eigentümlich verlaufende Serumkrankheit nach wiederholter Reinjektion. Dtsch. med. Wschr. **1925**, 30, 1237. **Schübel.**

**Anzeigen zur Schwangerschaftsunterbrechung** siehe *Fruchtabtreibung*; *Medizinische Indikationen zur Schwangerschaftsunterbrechung*.

**Aorta angusta** siehe *Hypoplasie des Gefäßsystems*; *Plötzlicher Tod aus natürlicher Ursache.*

**Aortenruptur** siehe *Plötzlicher Tod aus natürlicher Ursache.*

**Aphasie** (= A.) **als Verletzungsfolge.** (Vgl.
auch Art.: Aphonie als Verletzungsfolge.)

Bei den Sprachstörungen, die durch herdförmige
Gehirnerkrankungen entstehen können, sind die
aphasischen von den anarthrischen zu trennen. Die
Anarthrie (leichter Grad = Dysarthrie) stellt eine
Störung der Lautbildung im Gefolge von Alterationen der die Sprachmuskeln beherrschenden Neurone
dar (nucleäre und supranucleäre Läsionen, Näheres s.
d. Art.: Aphonie als Verletzungsfolge). Bei der A. handelt es sich um andere Dinge. Zunächst unterscheidet
man die motorische (expressive) und die sensorische
(perzeptive) A. Bei der *motorischen A.* liegt die Unmöglichkeit vor, Begriffe in Worte zu kleiden. Der
Kranke kann wohl Laute von sich geben, die Sprachmuskeln sind also nicht gelähmt. Jedoch ist ihr zum
Sprechen notwendiges geregeltes Zusammenarbeiten
(die Synergie der Artikulationsmechanismen) gestört,
es fehlen die kinästhetischen Erinnerungsbilder. Das
motorische Sprachzentrum (vorderes Sprachzentrum,
Brocasches Zentrum) liegt im Fuß (= hinteren Teil)
der linken untersten Frontalwindung (und Umgebung). Bei der *sensorischen A.* ist das Sprach-
ständnis verlorengegangen. Der Kranke hört zwar,
was gesprochen wird, kann es aber nicht verstehen,
es fehlt das Gedächtnis für die Bedeutung der Worte.
Die sensorische A. ist oft mit Paraphasie verbunden,
d. h. der Kranke „verspricht" sich dauernd, bringt
vielleicht ähnlich lautende Worte hervor. Das sensorische Sprachzentrum (hinteres Sprachzentrum,
Wernickesches Zentrum) liegt in der linken oberen
Schläfenwindung. Es bewahrt die zum Sprachver-
ständnis notwendigen Klangbilder auf. Erkrankungen, die auf der Läsion jener beiden Zentren beruhen,
nennt man *corticale A.*; solche, welche infolge einer
Störung der Verbindung zwischen dem Brocaschen
Zentrum und dem motorischen Exekutivsystem
bzw. zwischen dem Wernickeschen Zentrum und
dem akustischen Perzeptionsfeld in der Heschlschen
Windung entstehen, *subcorticale A.* Bei der Total-
aphasie sind die beiden oben genannten Zentren
gleichzeitig alteriert. Syndrome, bei denen sich ohne
Schädigung der beiden Zentren die „innere Sprache"
als defekt erweist, werden als *transcorticale A.* bezeichnet. Die Ausgedehntheit der dem Sprachprozeß
dienenden Strukturen macht es verständlich, daß
sich auch nicht lokalisierbare und mehr diffuse Hirn-
störungen an der inneren Sprache, d. h. an den in der
Hirnrinde verlaufenden Assoziationsfasern äußern
können. Hierher gehört auch die *amnestische A.*, bei
der eine Wortfindungsstörung vorliegt. Es würde
den Rahmen dieser Abhandlung überschreiten, wenn
die einzelnen klinischen Formen der A., die Differentialdiagnose gegeneinander und gegenüber psychischen und durch andere Ursachen bedingten Symptome besprochen würden. Hierüber geben die im
Schrifttum genannten Lehr- und Handbücher erschöpfend Auskunft. Es sei aber noch erwähnt, daß
zu den typischen lokalisierbaren Ausfällen bei
*Rechtshändern* die Läsion des *linken* Cortex und Sub-
cortex führt, d. h. daß die linke Hemisphäre die über-
wertige ist. A. als Verletzungsfolge wird naturgemäß
bei Schädeltraumen zu beobachten sein, was von
*gerichtlich-medizinischer* Bedeutung ist. Sie entsteht
entweder durch direkte Läsion der Hirnsubstanz im
Bereich der Zentren und Bahnen oder durch Druckwirkung im Schädelraum, z. B. bei intrakraniellen
Blutungen. Am häufigsten findet sich bei Traumen
anscheinend die amnestische A. „Es ist bemerkenswert, daß diese Störungen sich sehr häufig zurück-

bilden und so den Gedanken nahelegen, daß nicht
die Läsion, sondern ein begleitendes Ödem Ursache
der Sprachstörungen wurde" (*Marburg*). Aber auch
bei den klassischen Sprachstörungen, der motorischen und sensorischen A., die durch intrakranielle
Blutungen entstanden sind, ist in *versicherungsrechtlicher* Hinsicht zu beachten, daß weitgehende Besse-
rungen bis zum Schwinden der Symptome möglich
sind. Ist die Schädigung bei den genannten A. eine
ausgesprochene, so liegt ein dem Verlust der Sprache
gleichzusetzender Zustand vor, dessen Dauer (vorübergehend oder bleibend) aber nur durch längere
Beobachtung beurteilt werden kann. Schwere A.
bedingen eine Erwerbsminderung von 100 %, leichtere aphasische Störungen eine solche von 40—60 %.

*Schrifttum.*

*Bing:* Kompendium der topischen Gehirn- und Rückenmarks-
diagnostik. Berlin und Wien 1930. — *Hiller:* Organische Nerven-
krankheiten im Lehrbuch der inneren Medizin, herausgegeben von
*Aßmann, v. Bergmann, Bohnenkamp, Doerr, Eppinger, Grafe, Hiller,
Katsch, Morawitz, Schittenhelm, Siebeck, Staehelin, Stepp, Straub.*
Berlin 1936. — *v. Hofmann-Haberda:* Lehrbuch der gerichtlichen
Medizin. Berlin und Wien 1927. — *Isserlin:* Aphasie, Handb. der
Neurologie, herausgegeben von *Bumke* und *Förster,* **VI.** Berlin
1936. — *Marburg:* Die traumatischen Erkrankungen des Gehirns
und Rückenmarks, Handb. der Neurologie, herausgegeben von
*Bumke* und *Förster,* **XI.** Berlin 1936. **Matzdorff.**

**Aphonie** (= A.) **als Verletzungsfolge.** (Vgl.
auch Art.: Aphasie als Verletzungsfolge.)

Die A. (Ton- oder Stimmlosigkeit), bei der eine
Sprachverständigung durch Flüstern meist noch
möglich ist, tritt auf, wenn die zur Phonation notwendigen Kehlkopfmuskeln alle oder zum Teil nicht
funktionieren. Dies kann geschehen 1. bei Schädigung des Kehlkopfgerüstes (z. B. durch mechani-
sches Trauma), 2. bei direkter Schädigung der
Stimmuskulatur (z. B. durch entzündliche Prozesse)
und 3. bei Schädigung der motorischen Innervation
(= Lähmung). Bei den nervalen Ausfallserscheinungen müssen nach dem Sitz der Schädigung folgende
Paresen unterschieden werden: 1. die supranucleären
Lähmungen, wobei es sich um eine Läsion der Hirnrinde im Bereich des Operculum (corticale Lähmung)
oder der corticobulbären (subcorticalen) Vagusfasern
im Centrum semiovale bzw. in der Capsula interna
handeln kann. Sie sind besonders aus dem Fehlen
der Atrophie und der Entartungsreaktion der befallenen Muskeln zu diagnostizieren. Evtl. ist auf
die Feststellung einer gesteigerten mechanischen und
elektrischen Erregbarkeit Wert zu legen (gesteigerte
Kontraktionsbereitschaft und -stärke). Da aber die
corticobulbäre Innervation des motorischen Kehl-
kopfnervs eine bilaterale ist, sind derartige Lähmungen selten und finden sich dann gewöhnlich bei
dem Symptomenkomplex der Pseudobulbärparalyse.
2. Die nucleären Lähmungen durch Läsion des motorischen Vaguskerns (Nucleus ambiguus) werden
wegen der Volumverhältnisse der Medulla oblongata
isoliert kaum vorkommen, dagegen z. B. bei der
Bulbärparalyse. Diese Paralysen sind ebenso wie
3. die infranucleären Lähmungen von den supranucleären durch Auftreten der Muskelatrophie und der
Entartungsreaktion unschwer zu differenzieren. Am
Kehlkopf wird aber die regelrechte Feststellung der
Entartungsreaktion wohl nur dem Spezialisten gelingen. In der Praxis wird man sich in vielen Fällen
mit dem Nachweis begnügen können, daß eine starke
elektrische Reizung des N. recurrens am Halse keine
Stimmbandadduktion zur Folge hat. Bei den infranucleären Lähmungen wird man weiterhin zu
unterscheiden haben, ob die Läsion den Vagus selbst
betrifft, wobei die Schädigung intra- oder extra-
kraniell angreifen kann, oder seinen motorischen Ast
(= N. recurrens bzw. N. laryngeus inferior). Vor
allem bei der totalen Recurrenslähmung (Spiegel-

bild: „Kadaverstellung" der Stimmlippen) und auch bei der Internuslähmung (Paralyse des M. vocalis, Spiegelbild: ein- bzw. beiderseitige, halbmondförmige Exkavation der Glottis) als eine partielle Recurrenslähmung kann A. auftreten. Bei der Posticuslähmung ist die Stimme unverändert.

In *gerichtlich-medizinischer Hinsicht* ist vor allem die A. als Verletzungsfolge von Bedeutung. Sie wird häufig beobachtet bei Quetschungen (besonders bei Jugendlichen), Frakturen (besonders bei Erwachsenen) und Luxationen des Kehlkopfes durch Schlag, Stoß, Fall, Streifschuß, Strangulation, Erwürgen. Die Ursachen der Stimmlosigkeit sind hier in organischen Schädigungen des Knorpel-, Band-, Muskel- und peripheren Nervenapparates zu suchen. Jedoch tragen sicher auch die heftigen Schmerzen beim Sprechen zum Auftreten einer Heiserkeit oder einer völligen A. bei (*Marschik*). Bei den penetrierenden Verletzungen, vor allem durch Schuß oder Schnitt, sind von besonderer forensischer Bedeutung die mit subglottischer Eröffnung des Kehlkopfes oder der Trachea einhergehenden Wunden. Hier ist u. U. die Frage zu entscheiden, ob Phonation, insbesondere Schreien nach Erhalt der Verletzung noch möglich war. Eine mehr oder weniger ausgeprägte A. wird angenommen werden müssen, wenn die subglottische Kehlkopf- oder Trachealwunde breit mit der Außenwelt kommuniziert. Ist dagegen die Wunde durch darüberliegendes Gewebe verschlossen, oder kann eine Abdichtung der Öffnung, z. B. durch Beugen des Kopfes bewirkt werden, so ist die Möglichkeit zum Schreien zuzugeben. Natürlich dürfen die beiden Nn. recurrentes durch ein derartiges Trauma nicht durchtrennt sein, da andernfalls schon aus diesem Grunde eine Phonation unmöglich ist. A. bei nucleärer und infranucleärer, aber intrakranieller Läsion des Vagus kann, falls nicht durch totale Lähmung beider Vagi der sofortige Tod eintritt, durch Blutungen in der Medulla oder in der hinteren Schädelgrube (z. B. infolge Basisbruch) bedingt sein. Gewöhnlich resultiert bei derartigem Sitz der Schädigung eine Kombination mit anderen Paresen (Gaumen- und Zungenlähmung). „Auch funktionelle A. können neben der organischen Verletzung jeden Grades durch das Trauma hervorgerufen werden und unbeschadet des sonstigen Verlaufes bestehenbleiben" (*Marschik*). In versicherungsrechtlicher Hinsicht wird der Beruf des Verletzten (Lehrer, Redner, Sänger) eine Rolle spielen. Im übrigen wird eine Erwerbsminderung von 20 bis 30 % anzusetzen sein.

*Schrifttum.*

*Bing*: Kompendium der topischen Gehirn- und Rückenmarksdiagnostik. Berlin und Wien 1930. — *Denker* und *Brünings*: Lehrbuch der Krankheiten des Ohres und der Luftwege. Jena 1923. — *Hiller*: Organische Nervenkrankheiten im Lehrbuch der inneren Medizin. Herausg. von *Aßmann. v. Bergmann* u. a. Berlin 1936. — *v. Hofmann-Haberda*: Lehrbuch der gerichtlichen Medizin. Berlin und Wien 1927. — *Landois-Rosemann*: Lehrbuch der Physiologie des Menschen. Berlin und Wien 1935. — *Marschik*: Verletzungen des Kehlkopfes, der Luftröhre und der Bronchien im Handb. der Hals-, Nasen- und Ohrenheilkunde. Herausg. von *Denker* und *Kahler*. III, 3. Berlin 1928. — *Wagner*: Zur Differentialdiagnose der funktionellen und organischen cerebralen Sprachstörungen. Arch. f. Psychiatr. 72, 1925. ***Matzdorff.***

## Apiol. (Vgl. auch Art.: Fruchtabtreibung.)

Enthalten im ätherischen Oel der Früchte und des Krautes von Apium Petroselinum (Petersilie), auch in brasilianischen Hölzern, in Lauraceen. In Europa wurde man auf das Apiol aufmerksam durch zahlreiche Vergiftungen, gemeldet aus Frankreich, Holland, Deutschland, Jugoslavien, Schweiz, die man anfänglich irrtümlicherweise als Apiolvergiftungen deutete, die sich aber als Vergiftungen mit o-Trikresyl-phosphat (s. d.) entpuppten. Auf welche Weise dieser Ester ins Apiol gelangte, ist nicht

sichergestellt; vielleicht liegt eine bewußte Fälschung vor, vielleicht eine zufällige Verunreinigung durch Trikresylphosphat als Extraktionsmittel oder als Gelatinisierungsmittel bei der Herstellung der Kapseln.

Chemisch reines Apiol ist ein 4-Allyl-3,6-Dimethyloxy-1,2-Methylendioxybenzol. Die Handelspräparate enthalten aber reines Apiol nur in geringen Mengen, in der Regel sind es mehr oder weniger gut gereinigte Extrakte der Petersilienfrüchte mit verschiedenartigen Anteilen extrahierbarer Stoffe. Deshalb ist die Apiolwirkung sehr variabel, je nach der Art der Extraktion, des Ausgangsmaterials usw. Apiolpräparate sind außerordentlich verbreitet als Mittel zur Regelung und Förderung der Menstruation („Chininersatz"); sie gelten beim Laien mit Recht auch als wirksames Abortivum. In Deutschland besteht Rezepturzwang, gleichzeitig wird alle Gewähr für gleichmäßige Herstellung geboten. Schwere Vergiftungen sind deshalb in letzter Zeit nicht mehr beobachtet worden. In Italien ist die Einfuhr apiolhaltiger Präparate durch ministeriellen Erlaß verboten.

Reines Apiol erzeugt in Dosen von 0,6—0,8 g Kopfschmerzen, rauschartige Zustände, Herzarythmien, dikroten Puls. Als Ausdruck einer lokalen Reizwirkung beobachtet man Hautausschläge (auch Urticaria), Reizung der Schleimhäute (Erbrechen, Durchfälle), Magen-Darmschmerzen). Die Nieren sind meist mitbeteiligt: Polyurie, seltener Oligurie. Schwerere Störungen beobachtete man namentlich durch französische Präparate: Icterus gravis, urämische Symptome, Haematurie. Vergiftungen mit reinem Apiol sind immerhin selten und zeigen meist gute Prognose; aus Frankreich wird ein Todesfall unter urämischen Symptomen nach Einnahme von 9 g gemeldet.

In vielen Fällen beobachtet man, ohne daß eine schwerere Vergiftung der Mutter einträte, Abort, d. h. meist zuerst Uterusblutungen, anschließend Ausstoßung der Frucht. Im Tierversuch erweist sich reines Apiol als hyperämisierend auf Bauch- und Beckenorgane, als tonussteigernd auf den Uterus.

Aus der letzten Zeit werden zahlreiche Fälle mitgeteilt, in denen Apiol prompt den gewünschten Erfolg herbeiführte, besonders wenn es zur Zeit der fälligen Regelblutung eingenommen wurde, und in denen es trotz hohen Dosen (z. B. 100 Kapseln zu 0,1 in 10 Tagen oder gar 12 g in 8 Tagen) zu keinen ernsteren Störungen der mütterlichen Gesundheit kam. Eine Unschädlichkeit des Mittels darf aus diesen Mitteilungen jedoch keinesfalls erschlossen werden, da ja die Zusammensetzung der Handelspräparate stark schwanken kann.

Bei der Extraktion der Petersilienfrucht mit Äther gewinnt man neben dem Apiol auch das *Myristicin*. Es hat ähnliche Wirkung wie Apiol, ist auch im ätherischen Öl der Muskatnuß enthalten. In ganz seltenen Fällen wurde es ebenfalls als Laienabortivum verwendet; beobachtet wurde ferner die tödliche Vergiftung eines achtjährigen Knaben durch Verzehren von zwei Muskatnüssen. Bei der Sektion zeigten die Organe den typischen Geruch des Myristicins.

*Schrifttum.*

*Braak* und *Carrillo*: Polyneuritis nach Gebrauch eines Abortivums. Dtsch. Z. Nervenheilk. **125**, 86 (1932) und Ber. Physiol. **68**, 779 (1932). — *Christomanos*: Apiol als Abortivum. Klin. Wschr. **1927**, Nr. 39. — *Esveld*: Apiolpolyneuritis. Ber. Physiol. **67**, 405 (1932). — *Gsell* und *Lüthy*: Ein gefährliches Abortivum. Schweiz. med. Wschr. **1932**, Nr. 25. — *Herrmann*: Apiolvergiftungen. Untersuchung von Apiolproben auf Trikresylphosphat. Slg. Verg.-Fälle **4**, 129 A 1933. — *Itallie*: Apiol und Apiolvergiftungen. Pharm. Presse **37**, 89 (1932). — *Itallie, Harmsma* und *Esveld*: Apiolvergiftungen durch ein mit Tri-ortho-kresylphosphat verfälschtes Produkt. Slg. Verg.-Fälle **3**, 85 A (1932). — *Jagdhold*: Über schwere Polyneuritis nach

Gebrauch von Apiol. Dtsch. med.Wschr. **1932**, 623. – *Jagdhold:* Apiol als Abortivum. Slg.Verg.-Fälle **4**, 125 A (1933). – *Jagdhold:* Trikresyl-phosphatvergiftungen durch Gebrauch verfälschter Apiolpräparate. Slg. Verg.-Fälle **5**, 1C (1934) (hier auch Literaturübersicht). – *Joachimoglu:* Abortivmittel, Apiolum viride. Dtsch. med. Wschr. **1926**, 2079. — *Kochmann:* Sind Anthemis nobilis und Apiol Abortivmittel ? Slg. Verg.-Fälle **2**, 35 B (1931). — *Naumann:* Über Polyneuritiden nach Gebrauch von Apiol. Slg. Verg.-Fälle **8**, 207 A (1937). — *Schifferli:* Einige Fälle von Abtreibung durch Apiolpräparate. Dtsch. Z. gerichtl. Med. **30**, 55 (1938). — *Zahlreiche Fälle* referiert in der Ärztl. Sachverst.ztg. **1932**, 222, 292, **1933**, 96, 224, 323. — Literatur über Myristicin siehe Handb. der Lebensmittelchemie, **1**, 1133. Berlin 1933. *Schwarz.*

**Apomorphin** siehe *Opiumalkaloide und verwandte Stoffe.*

**Apoplexia cerebri** siehe *Nervenkrankheiten und Trauma*; *Plötzlicher Tod aus natürlicher Ursache.*

**Arbeitsunfähigkeit** siehe *Erwerbsunfähigkeit.*

## Arecolin und Arecanussvergiftung.

I. *Arecolin* $C_8H_{13}NO_2$, stark alkalisch reagierendes, farbloses Öl, Sp. 209°, mit Wasserdämpfen flüchtig, mit Wasser und organischen Solventien mischbar, o. i.; Salze zerfließen mit Ausnahme des Hydrobromids.

II. Arecolin ist Hauptbase der *Arecanuss* = Same von *Areca Catechu, Betelpalme* (Ostindien, Malaien).

Therapeut. Verwendung des Arecolins als Darmmittel und Anthelminticum, vorwiegend in der Veterinärmedizin. Auch beim Menschen als Anthelminticum empfohlen (0,001—0,002 g); unzweckmäßig, weil zu gefährlich. Auch als Mioticum in $\frac{1}{4}$—1%igen Lösungen.

Von den Nebenalkaloiden der Betelnuß hat höchstens das *Guvacolin* $C_7H_{11}NO_2$, farbloses Öl vom Sp. 114°, toxikologische Bedeutung, während *Arecaidin* und *Guvacin* physiologisch unwirksam sind.

III. *Charakter der Giftwirkung des Arecolins:* Parasympathisches Reizgift vom Typus des Pilocarpins; macht Miosis von kurzer Dauer, sekundär Mydriasis, Speichelfluß, Erbrechen, Anregung der Magen-Darmperistaltik, Pulsverlangsamung, Steigerung der Schweißsekretion. Atropin hebt Arecolinwirkung auf.

a) *Klinische Erscheinungen der akuten Vergiftung:* Reizt Schleimhäute, macht Tränen, Lidkrampf, vorübergehend Miosis und Akkomodationskrampf, Speichelfluß, erhöhte Bronchialsekretion, sehr starke Anregung der Magen-Darmmotilität und -Sekretion. Steigerung der Reflexerregbarkeit, krampfartige Starre der Extremitäten und Halsmuskulatur, klonische Zuckungen, Krämpfe, Abnahme der Atmungs- und Herztätigkeit, Cyanose, unwillkürlicher Harnabgang. Tod an Atemlähmung.

*Differentialdiagnose:* Physostigmin - Pilocarpin- und Nicotinvergiftung (s. d. Art.: Nicotin; Physostigmin und Vergiftung durch Calabarbohnen).

*Vergiftungen:* Drei medizinale Vergiftungsfälle durch irrtümliche Injektion von Arecolin-HBr statt $CaCl_2$ ( *Wachholz*).

Ein Selbstmord durch Einnahme von 0,05 g Arecolin-HBr. Tod in ca. 10 Stunden.

*Sektionsbefund:* Lungenödem, Hyperämie aller Organe, auch im Gehirn, Blutungen in Darmschleimhaut.

Arecolin scheint bei qualitativ ähnlicher Wirkung giftiger zu sein wie Pilocarpin.

b) *Betelkauen* wird leidenschaftlich von vielen Völkerschaften Asiens, namentlich Indiens und der Inselgruppen des indischen Ozeans betrieben, nach *Lewin* schätzungsweise von 200 Millionen Menschen. Dabei kommt es zu starker, suchtmäßiger Abhängigkeit, die bedeutend stärker sein soll wie beim Tabakrauchen.

Der *Betelbissen* besteht gewöhnlich aus Arecanuss,

Blatt des Betelpfeffers ( *Piper Betle*), Kalk; oft auch noch Tabak und Gambir (aus Acacia Katechu).

*Wirkung des Betelkauens:* ruft starken und langanhaltenden Speichelfluß hervor (= Arecolinwirkung), ferner Rot- bis Schwarzfärbung des Zahnfleisches, der Zähne und des Speichels durch Farbstoff aus Arecanuss. Rauschartige Zustände kommen in der Regel nicht vor, außer bei Verwendung der Samen bestimmter Unterarten der Arecapalme, deren Früchte viel giftiger sind, dann auch Schlafsucht und Betäubung erzeugend. Schädigungen durch Betelkauen in der gewöhnlichen Form sind kaum bekannt. Abgewöhnung ist aber schwierig und mit unangenehmen Abstinenzerscheinungen verbunden. Anthelmintische Wirkung ist beim Betelkauen meist zu schwach, dagegen wirkt Betelbissen regelnd auf Darmtätigkeit, teils durch hohen Gerbsäuregehalt, teils durch Kalk, hat also mehr diätetische Bedeutung als die eines Genußgiftes. Arecolingehalt des Betelbissens ist sehr gering. Wenn chronisch-toxische Wirkungen (Organschäden) auftreten, eher durch mitgekauten Tabak.

### Schrifttum.

*Dixon, W. E.:* Arecolin in: *Heffter:* Handb. der exper. Pharmakologie 2 813. Berlin 1924. — *Erben, F.:* Vergiftungen 2 2. Teil, 561. Wien 1910. — *Hartwich, C.:* Die menschlichen Genußmittel. 524. Leipzig 1911. — *Heinsen, A.:* Ein Fall von Vergiftung durch Arecolinum hydrobromicum. Dtsch. Z. gerichtl. Med. **17**, 67 (1931) und Slg. Verg.-Fälle A **315**. — *Kenten Kyu:* Pharmakologische Untersuchung des Arecolins und einige vergleichende Versuche mit anderen Parasympathicus-Giften. J. med. Assoc. Formosa **32**, dt. Zusammenfassung **82**, 1933. — *Kenten Kyu:* Über die Wirkung des Arecolins auf die Pupille. J. med. Assoc. Formosa **32**, dt. Zusammenfassg. S. 160, 1933. — *Lewin, L.:* Über Areca Catechu, Chavica Betle und das Betelkauen. 1889. — *Lewin L.:* Gifte und Vergiftungen. 886. Berlin 1929. — *Trier, G.:* Die Alkaloide. 2. Aufl. 251. Berlin 1931. — *Tschirch, A.:* Indische Heil- und Nutzpflanzen. Handb. Pharmakognosie **1**, 1033 und **3**, 221 (1923). — *Wachholz, L.:* Über 3 Fälle von Arecolinvergiftung. Dtsch. Z. gerichtl. Med. **19**, 224 (1932). *H. Fischer.*

**Areginal** siehe *Schädlingsbekämpfungsmittel.*

**Aresin** siehe *Schädlingsbekämpfungsmittel.*

**Argyrie** siehe *Silber.*

## Arnica.

Arnica ( *Arnica montana*, Wohlverleih, Composite) enthält als wirksame Substanzen ein ätherisches Öl und ein Bitterharz, das Arnicin. Vergiftungen sind selten, treten ein nach Trinken von Aufgüssen, Absuden der getrockneten Blüten oder durch Genuß alkoholischer Extrakte (Arnicaspiritus, Arnicatinktur). Wird eingenommen als Hausmittel bei Unpäßlichkeit, Magenverstimmungen und namentlich als Laienabortivum (ohne Erfolg). Äußerlich als Umschläge bei Insektenstichen, Wunden (dabei starke Reizwirkung, oft Toxikodermien).

Symptome nach Einnahme: Akute Gastroenteritis, anschließend zentrale Störungen wie Kopfschmerzen, Apathie, Schläfrigkeit, Schwerbesinnlichkeit, Areflexie, in schweren Fällen Bewußtlosigkeit. Prognose im allgemeinen gut.

Diagnose leicht zu stellen aus dem typischen, aromatischen Geruch der Exspirationsluft.

Toxische Dosen nicht genau anzugeben. Tee aus 2 g der Blüten kann schon vorübergehend schwere Störungen hervorrufen. Todesfälle beobachtet nach Einnahme der französischen 20%igen Tinktur in Mengen von 60—80 g.

### Schrifttum.

*Erben:* Vergiftungen, klin. Teil, 2. Hälfte. Wien und Leipzig 1910. — *Handbuch der Lebensmittelchemie*, **1**. Berlin: 1933. — *Merdinger:* Vergiftung durch Anwendung von „Arnika-Spiritus" als Abortivum. Slg. Verg.-Fälle **10**, 15 A (1939) und Münch.med. Wschr. **1938**, 1469. — *Schoenemann:* Vergiftung mit Tee aus Arnikablüten. Slg. Verg.-Fälle **10**, 13 A (1939) und Münch. med. Wschr. **1938**, 787. *Schwarz.*

**Arsen** ( = As.).

As. und seine Verbindungen sind für gerichtliche Medizin und Kriminalistik von besonderer Wichtigkeit. Die Häufigkeit der absichtlichen Vergiftungen hat zwar gegen früher erheblich abgenommen, doch kommen solche auch heute gelegentlich immer wieder vor.

Reines metallisches As. (Fliegenkobalt, As.) ist in Wasser unlöslich, daher ungiftig, oxydiert aber rasch, vor allem in feuchter Luft zu *arseniger Säure* (*weißer Arsenik, Arsentrioxyd oder Arseniksäureanhydrid*, As$_2$O$_3$), welche eine heftige, forensisch sehr wichtige Giftwirkung zeigt.

*Arsenik* ist ein geruch- und geschmackloses, weißes, kristallinisches Pulver (Giftmehl), oder kommt in amorphen, glasartigen, durchscheinenden, farblosen bis schwach gelblichen Stückchen mit muscheligem Bruch vor, welche sich rasch an der Luft trüben, undurchsichtig, milchweiß und porzellanglänzend werden und kristallinische Beschaffenheit erhalten. Arsenik ist schwer löslich in kaltem Wasser (etwa 1 : 75), leichter in kochendem Wasser (etwa 1:10), wobei es beim Erkalten leicht ausfällt. Glasige arsenige Säure ist dreimal leichter löslich als kristallinische. Die Löslichkeit nimmt bei Anwesenheit von Salz und organischen Stoffen wie Tannin in Kaffee und Tee ab.

As. und seine Verbindungen sind in vielen Erzen, Kohlen, Schiefern, in Mineralquellen, in gewissen Algen und Tangen sowie spurenweise im Kochsalz, in der pflanzlichen Nahrung, im Wein und in den Seefischen enthalten. In den Alpenländern, z. B. Steiermark, finden sich As.erze, der weiße und gelbe Hüttenrauch (Hittrach, Hütterich), wobei ersterer As.trioxyd und letzterer neben As.-sulfid bis zu 80 % arsenige Säure enthält. Reines As. kommt bis zu 1 % im Bleischrot vor.

Anderwärtige wichtige As.-Verbindungen sind:

*As.wasserstoff* (As H$_3$, Arsin), bildet sich überall dort, wo Säuren mit as.haltigen Metallen zusammenkommen, vor allem bei Verwendung von Salz- und Schwefelsäure auf Zink (Wasserstoffdarstellung), ferner durch Einwirkung von Schimmelpilzen auf as.haltige Stoffe z. B. Tapeten und Farbanstriche. Es ist ein farbloses, in reinem Zustand geruchloses, in der gewöhnlichen Form aber nach Knoblauch riechendes Gas, welches ein sehr heftig wirkendes Gift darstellt. *As.säure* bzw. deren Anhydrid (As O$_5$) wird als Natriumsalz in 1—2%iger Lösung als Solutio Paersonii und als Ammoniumsalz (Liquor Bietti) medizinal verwendet, findet sich auch gelegentlich in Anilinfarbstoffen und verschiedenen Mineralfarben und ist halb so giftig wie arsenige Säure.

*As.trisulfid* (As$_2$ S$_3$) Realgar, Auripigment, Rauschgelb, Königsgelb sind im reinen Naturvorkommen unlöslich und daher ungiftig. Anders verhalten sich die technisch gewonnenen Schwefelverbindungen des Arsens, welche reichlich Arsenik enthalten und toxikologisch wichtig sind. Sie sind in Farben und mit Kalk gemischt in Enthaarungsmitteln (Orient) zu finden.

*As.trichlorid* wird zum Beizen von Metallen verwendet und ist giftig.

*Pilulae asiaticae* (Pil. acidiarsenicosi) enthalten pro Pille 1 mg Arsenik.

*Natrium arsenicosum*, Natriumsalz der arsenigen Säure wird zu intravenösen Injektionen angewendet.

*Tinctura arsenicalis Fowleri* ist das Kaliumsalz in 1%iger Lösung mit aromatischen Substanzen.

*Scheelesches Grün* ist arseniksaures Kupfer.

*Schweinfurter-* und *Mitisgrün* enthalten Kupferarsenik, Kupferacetat mit 20% Arsenik. Eine ähnliche oder gleichartige Zusammensetzung haben Smaragd- und Brillantgrün, letzteres mit Gips gemischt.

Als häufigste organische As.verbindungen, welche vor allem medizinale Verwendung finden, kommen in Betracht:

Kakodylsäure, *Arsanylsäure* (Atoxyl), Acetarsanilat oder Arsacetin, Tryparsamid, Treparsol, Spirocid (französisch Stovarsol, russisch Osarsol), *Salvarsan* und *Neosalvarsan*, Sulfoxyl-Salvarsan, Myosalvarsan u. a. m.

Der weiße Arsenik ist forensisch am bedeutungsvollsten. In der Geschichte des Giftmordes steht diese As.verbindung zweifellos an erster Stelle und spielt auch heute noch unter den Mordgiften die Hauptrolle. Wenn auch Mordfälle selten wurden, so ist zeitweilig doch eine relative Häufigkeit unter der Landbevölkerung zu verzeichnen. Die Erklärung dafür liegt in der leichten Zugänglichkeit des Giftes, welches in vielen Gewerben sowie zum Vertilgen von Ungeziefern und Tierschädlingen gebraucht wird, und darin, daß es sich um ein unauffälliges, geschmack- und geruchloses, schon in ganz kleinen Dosen lebensgefährliches und tödliches Gift handelt, welches ausgezeichnet zur heimlichen Beibringung geeignet ist. Neben Mord kommt vor allem Selbsttötung in Betracht. *Haberda* und *Talvik* wollen weit mehr Selbstmorde als Morde gesehen haben, doch betreffen diese Angaben vor allem die Großstadt und nicht das Land. Auch zufällige Vergiftungen gelangten zeitweilig zur Beobachtung. Meist handelte es sich dabei um Verwechslung mit Zuckermehl (Staubzucker), Mehl überhaupt und Salz. Hervorzuheben ist hier, daß viele Ungeziefer- und Insektenvertilgungsmittel auch As. enthalten (s. d. Art.: Schädlingsbekämpfungsmittel). Daß durch fahrlässige Aufbewahrung solche Mittel gelegentlich in Speisen gelangen können, ist begreiflich (Massenvergiftungen!). Eine Reihe von Vergiftungen, die weniger akut oder subakut, sondern in der Regel chronisch verlaufen, sind auf gewerbliche Verwendung des As. zurückzuführen, z. B. bei Verwertung arsenhaltiger Erze, Farben und Präparate, bei Herstellung von Düngemitteln (Thomasschlacke) sowie Flüssigkeiten zur Schädlingsbekämpfung. Die Einatmung von as.haltigem Staub, die Verwendung as.haltiger Farben im Wandanstrich und schließlich die Einwirkung von Feuchtigkeit und Schimmelpilzen auf as.haltige Stoffe (Tapeten und Farbanstriche) sind zweifellos geeignet, Vergiftungen zu erzeugen. Hier sind auch mit Arsenik konservierte Tierbälge zu nennen.

Der meist schleichende Verlauf läßt aber oftmals infolge unzulänglicher Kritik des Krankheitsbildes die Giftquelle übersehen. Gerade in neuerer Zeit haben chronische Vergiftungen durch Gebrauch as.haltiger Flüssigkeiten im Pflanzenschutz gewisse Bedeutung erlangt, worauf *Zangger* hinweist. Auch *Schöndorf* berichtet über derartige Vergiftungen durch Mittel zur Vernichtung von Rebschädlingen hauptsächlich des Heu- und Sauerwurmes, welcher mit Spritz- und Stäubemittel — Kupfer-, Kalk- und Bleiarsen enthaltend — bekämpft wird. Auch der sogenannte Haustrunk, welcher aus zweimal ausgepreßtem und vergorenem Trester des Mostes besteht, kann Vergiftungen bei Arbeitern in Weingebieten verursachen. Medizinale Vergiftungen sind bei der häufigen Verwendung von As.präparaten in der Therapie anämischer Zustände und verschiedener Hautkrankheiten durchaus möglich. Hierher gehören auch Vergiftungen durch As.präparate gegen Syphilis, einzelne andere Infektionskrankheiten und bestimmte Tropenkrankheiten, z. B. Schlafkrankheit. Sie sind teils auf Überdosierung, teils auf schon vorhandene allzu große Schwäche des Organismus und gewisse Überempfindlichkeit gegen das Medikament zurückzuführen.

Daß eine Zahneinlage aus Arsenikpaste zur Vergiftung führt, ist immerhin denkbar, wird aber in der kunstgerechten ärztlichen Zahnheilkunde sich kaum ereignen. Menge und Zusammensetzung der Paste wird von Bedeutung sein.

In der Tierarznei spielt namentlich bei Behandlung von Pferden die Tinctura arsenicalis Fowleri eine Rolle, welches Mittel am Lande durch laienhafte Anwendung beim Menschen zufällige Vergiftungen verursachen kann, aber auch schon zum Morde gebraucht wurde. So hat damit im Jahre 1936 nahe bei Wien eine Bäuerin zuerst ihre kleine Tochter vergiftet, um das Mittel auf seine Wirksamkeit zu prüfen, und bald darauf ihren Ehemann getötet. Arsenik gilt insbesondere auf dem Lande als Fruchtabtreibungsmittel. Lebensbedrohliche und tödliche Vergiftungen wurden durch perorale Aufnahme und Einführung per vaginam beobachtet, wie *Haberda* u. a. m. mitteilen.

Bestimmte As.präparate, in manchen Ländern (Steiermark) sogar gewöhnlicher weißer oder auch schwefelhaltiger gelber Arsenik, werden von Laien, in der Regel von Männern, deshalb genommen, um durch die roborierende Wirkung größere körperliche Leistungen zu vollbringen oder die Geschlechtslust und Potenz zu steigern. Hierher gehören die sog. *Arsenikesser*. Gelegentlich kommen auch arsenikhaltige Schönheitspillen und -Pasten zur Verwendung und können zu Vergiftungserscheinungen führen.

Auf die medizinalen Gaben kann hier wegen der großen Zahl as.haltiger Mittel nicht eingegangen werden. Für die gerichtsärztliche Beurteilung ist vor allem der Gehalt an arseniger Säure von Wichtigkeit. Die Deutsche Pharmakopoe nennt als höchste Einzelgabe 0,005 g und als höchste Tagesgabe 0,015 g. Dabei können bereits 0,01—0,05 g zu ausgesprochenen Vergiftungserscheinungen führen. Im allgemeinen gelten 0,1—0,15 g als tödliche Dosis für den Erwachsenen, doch sind schon Vergiftungen mit weit größeren Mengen überlebt worden. Kinder sind je nach dem Lebensalter durch entsprechend geringere Gaben gefährdet. Bemerkenswert ist, daß beim absichtlichen chronischen Gebrauch (Arsenikesser) ganz erstaunlich große, über die tödliche Dosis sogar um ein Vielfaches hinausgehende Mengen vertragen werden. Angeblich soll die langsame Angewöhnung die Darmresorption stören, unter Umständen sogar nahezu vollständig aufheben. Sichere Beweise dafür liegen aber nicht vor.

Die Buntheit, Vielgestaltigkeit und Inkonstanz des Krankheitsbildes gestatten im Rahmen dieser Besprechung nicht, alle nur überhaupt möglichen Vergiftungserscheinungen anzuführen. Wichtig ist für den Gutachter, daß das klinische Bild keineswegs immer eindeutig ist, so daß es unter Umständen leicht mit anderen Vergiftungen und auch natürlichen Erkrankungen verwechselt werden kann. Die früheren Versuche, fest umrissene Vergiftungsformen aufzustellen, sind heute überholt, weshalb bloß die Einteilung in eine *akute*, *subakute* und *chronische* Vergiftung berechtigt erscheint. Trotzdem wird weiterhin aus Gründen der Zweckmäßigkeit von der *cerebrospinalen* und *gastro-intestinalen* Form der akuten bzw. subakuten Vergiftung gesprochen, wobei aber häufig Kombinationen dieser beiden vorliegen. Die Wirkung des Giftes beruht in erster Linie auf Resorption und ist hauptsächlich in Lähmung der kontraktilen Elemente der Capillaren (vor allem der Mesenterialgefäße), in direkter Lähmung des Zentralnervensystems und insbesondere des Nervus splanchnicus begründet, woraus sich alsbald starke Blutüberfüllung der Bauchorgane und Blut-

drucksenkung ergeben. Daneben ist die lokale Wirkung auf die Haut und alle Schleimhäute anzuführen, da durch letztere z. B. im Darme das Gift reichlich ausgeschieden wird, wobei es gleichgültig ist, ob die Aufnahme per os oder von wo anders her (Haut, Scheide, Mastdarm) erfolgte. Von einer Ätzwirkung kann jedoch, wie früher angenommen wurde, nicht gesprochen werden, da die einer echten Ätzung ähnlichen Erscheinungen und Nekrosen auf unmittelbare Schädigung der Gefäßwandungen bzw. Gefäßnerven und ausgesprochen entzündliche Vorgänge zurückzuführen sind.

Von der Löslichkeit des Giftes und dem Einsetzen der Resorption ist es wesentlich abhängig, wann die ersten Krankheitserscheinungen auftreten. Manchmal können mehrere Stunden und auch noch mehr vergehen.

Bei der häufigeren *gastro-intestinalen* Form der Vergiftung stehen die Magen-Darmerscheinungen im Vordergrund des Symptomenkomplexes. Es finden sich starkes Würgen und Kratzen im Halse, heftige Magen- und Unterleibsschmerzen, quälender Durst, Erbrechen oftmals blutig gestriemter Massen und reiswasserähnliche Durchfälle unter schweren kolikartigen Beschwerden, woran sich mit zunehmendem Kräfteverfall Absinken der Temperatur, Benommenheit, Bewußtlosigkeit und schließlich Koma einstellen. Dazu können auch tonisch-klonische Krämpfe (namentlich Wadenkrämpfe!) auftreten. Die Haut ist kühl, schweißbedeckt, dann trocken, anfangs blaß, später im Gesicht, an Händen und Füßen cyanotisch. Die Fingernägel sind besonders stark bläulich gefärbt, die Haut unter Umständen leicht ikterisch. In seltenen Fällen erfolgt der Tod im Laufe des ersten Tages, meist jedoch in einigen Tagen, manchmal auch später.

Bei der *cerebrospinalen* Form ist das Krankheitsbild ein durchaus anderes, da allem Anschein nach durch große Dosis und rasche Resorption die besondere Affinität des Giftes zum Zentralnervensystem und dessen Gefäßapparat in erster Linie zur Auswirkung gelangt, weshalb auch die Reizerscheinungen in auffällig kurzer Zeit (¼ bis ½ Stunde) einsetzen und der Tod schon nach wenigen Stunden erfolgen kann. Es treten Schwindel, Kopf- und Gliederschmerzen, Krämpfe, Pupillenerweiterung, Betäubung und manchmal sehr rasch schwere allgemeine Lähmung (Asphyxia arsenicalis) auf. Gelegentlich sind auch delirante Zustände zu beobachten.

Im Wege der gastro-intestinalen Form, falls diese sich durch längere Zeit hinzieht, ergeben sich fließende Übergänge zur subakuten und schließlich zur subchronischen Vergiftung. Als letztere ist jene Form der Erkrankung zu verstehen, welche sich besonders bei Giftmord dann einstellt, wenn Arsenik in toxischen, jedoch nicht letalen Dosen von Zeit zu Zeit und fortgesetzt dem Organismus zugeführt wurde. Es ist begreiflich, daß neben wiederkehrenden Magen- und Darmstörungen Entzündungen der verschiedenen Schleimhäute, Hautausschläge, nervöse Beschwerden (As.neuritis), andere oftmals nicht näher bestimmbare Krankheitszeichen und schließlich zunehmender Kräfteverfall einsetzen. Hierher gehören die sehr eigenartigen und deshalb zu Fehldiagnosen Anlaß gebenden Symptome bei nicht tödlichen Arsenikvergiftungen, wie nesselartige, scharlach- und masernähnliche Ausschläge, Conjunctivitis, Chemosis, Laryngitis. In solchen Fällen können in Überleitung zur chronischen Vergiftung bald früher bald erst nach mehreren Wochen Neuritiden und Lähmungen meist im Bereiche der Beine (zuerst Füße) und dann an Armen und Händen mit Muskelatrophien auftreten, ferner trophische Störungen an der Haut und auch Nierenschädigungen. Bei der chronischen, durch kleinste Dosen erzeugten Arsenvergiftung, wie sie z. B. gewerblich durch arsenikhaltige Stoffe und Präparate verschiedenster Art erfolgen kann, entwickelt sich oftmals das Bild einer schleichenden Kachexie oder Polyneuritis, wodurch sich Diagnose und gerichtsärztliche Begutachtung sehr schwierig gestalten können. Neben allgemeiner Schwäche sind Gesichtsblässe, Gelbsucht, Ödeme, unbestimmte Verdauungsstörungen und katarrhalische Erscheinungen, Ataxien, Empfindungsstörungen, Schwindel, Kopfschmerzen, Unruhe, Erregungszustände, psychische Verstimmungen, Depressionen, ja sogar der echten Melancholie ähnliche Zustände zu verzeichnen. Leichter ist noch die Differentialdiagnose beim Vorliegen von Verdickungen, Pigmentierungen, melanotischen Veränderungen und trophischen Störungen der Haut. Haare und Zähne können ausfallen, die Fingernägel werden spröde und rissig. Gelegentlich ist das sog. *Mees*'sche Nagelband (s. d.) vorhanden (*Wigand*).

Die Wirkung des As.wasserstoffes (Arsin) steht hinsichtlich der klinischen Erscheinungen einigermaßen außerhalb der Reihe der sonstigen As.vergiftungen, zumal es sich um ein intensives *Blutgift* handelt, da die Oxydation des As.wasserstoffes durch den Blutsauerstoff zur Zerstörung und Auflösung der roten Blutkörperchen führt, doch sind resorptive Veränderungen gleichfalls vorhanden. Gerade in den letzten Jahren häuften sich die Mitteilungen über As.wasserstoffvergiftungen in den verschiedensten gewerblichen Betrieben, wo mit as.hältigen Materialien, Metallen und anderen Stoffen gearbeitet wird, wobei As H$_3$ als gefährliches Nebenprodukt entstehen kann. Die durch Einatmung des Gases herbeigeführten Erscheinungen können bei schweren Vergiftungen bereits nach einer halben Stunde auftreten. Sie bestehen nach *Schrader* in Kopfschmerzen, Schwindelgefühl, Mattigkeit, Übelkeiten und Erbrechen, welchen meist Benommenheit und das Auftreten blutig roten Harnes folgen. Gerade dieser Urinbefund ist unter den diagnostisch wichtigen Symptomen das bedeutsamste Zeichen. In der Folge ergeben sich häufig unsicherer Gang, Dunsung des Gesichtes, dunkelrote Verfärbung der Mund- und Rachenschleimhaut und tiefrote bis braunrote Verfärbung der Haut, welche auf den rapiden Blutzerfall zurückzuführen ist, so daß auch bald Ikterus eintritt. Das Krankheitsbild ist namentlich bei den tödlichen Fällen nicht ganz einheitlich, der Tod erfolgte in verschiedenen Fällen in 2—3 Tagen, in anderen nach 6—9 Tagen, nach der Beobachtung *Schraders* erst nach 13 Tagen. Im allgemeinen sind bei der akuten Vergiftung klinisch zwei Stadien zu verfolgen; zunächst ein anoxämischer Zustand infolge des raschen und reichlichen Zerfalles der roten Blutkörperchen und später das Bild der resorptiven Nierenerscheinungen, die hauptsächlich in Anurie und Urämie bestehen, wobei im Harne Blutzylinder und Hämoglobinkristalle zu finden sind. Bei Vergiftung durch arsenhaltige Farbanstriche und Tapeten, aus welchen unter Einwirkung von Feuchtigkeit und Schimmelpilzen As H$_3$ gebildet wird, sind eher infolge kleiner immer wieder eingeatmeter Giftmengen chronische Intoxikationen zu erwarten, doch sind auch schon ziemlich rasch tödlich verlaufende Vergiftungsfälle beobachtet worden.

Im Vordergrund des gerichtsärztlichen Interesses steht vor allem der *Leichenbefund* bei Vergiftungen, die akut bzw. subakut zum Tode führten. Hier ist die Feststellung wichtig, daß in *ganz akuten* Fällen, insbesondere bei der cerebrospinalen Form äußere Leichenveränderungen fehlen und sich der innere Befund auf mehr oder minder starke Hyperämie des Gehirnes und spärliche Magenveränderungen

beschränken kann, während der Dünndarm mit Ausnahme eines bestimmten Verflüssigungsgrades seines Inhaltes ohne Besonderheit ist. Es besteht daher leicht die Möglichkeit, die Vergiftung zu übersehen und mit einer natürlichen Erkrankung zu verwechseln. Im Gegensatz dazu ist der anatomische Befund bei tödlichen Vergiftungsfällen, die sich auf mehrere Tage erstreckten, also subakut verliefen, meist äußerst charakteristisch. Das Aussehen der Leiche kann infolge des großen Wasserverlustes jenem bei Cholera gleichen. Es finden sich starke Abmagerung, auffällige Leichenblässe, manchmal auch geringe Ausbildung der Totenflecke, Trockenheit der Haut und Stehenbleiben aufgehobener Hautfalten, eingefallene Augen und Wangen, erstere oftmals haloniert, scharfe und spitze Nase, Cyanose des Gesichtes, der Hände und Füße, Blaufärbung der Nägel, Einziehung der gespannten Bauchdecken, gute Ausbildung der Totenstarre, gelegentlich Ikterus oder subikterische Verfärbung der Haut und kleine Hautblutungen. Während die Schleimhaut der Schlingwege mit der seltenen Ausnahme einer reaktiven Oesophagitis Abnormes vermissen läßt, sind am Magen und vor allem im Darm Veränderungen meist in einem Grade entwickelt, so daß von einem typischen Bilde gesprochen werden kann. Magen und Darm zeigen eine starke Injektion der subperitonealen Gefäße (Lähmung!) mit dickflüssigem, dunklem Blute und erscheinen daher hellrosarot bis bläulich gefärbt, sind oft von kleinsten Blutaustritten übersät und lassen beim Betasten — ebenso wie gelegentlich die Lungen — infolge Finbrinausschwitzung eine gewisse Klebrigkeit feststellen. Der Magen enthält in der Regel neben etwaigen Speiseresten flockige Flüssigkeit und glasigen, zähen, oft blutigen Schleim. Die Schleimhaut ist geschwollen, gewulstet, aufgelockert, durch die starke Gefäßfüllung intensiv injiziert und eher dunkelrot, an nicht ganz frischen Leichen auch gelbrot gefärbt, manchmal im Bereiche der verdickten Längsfalten hämorrhagisch infiltriert (*Merkel*) und von Blutungen durchsetzt, wozu überdies pseudomembranöse Auflagerungen und geballte Schleimauflagerungen kommen können. In diesen Auflagerungen lassen sich häufig unter der Voraussetzung, daß das Gift in Substanz per os aufgenommen wurde, die Kristalle der arsenigen Säure in der kennzeichnenden oktaedrischen Form schon mit freiem Auge wahrnehmen, wobei man sich aber vor Verwechslung mit Fäulniskristallen zu hüten hat. Durch die Einwirkung solcher Kristalle läßt sich auch das nicht seltene Auftreten von kleinen hämorrhagischen Erosionen und Geschwürchen erklären, die unter Umständen bis weit in den Dünndarm reichen können und nach der zusammenfassenden Darstellung *Merkels* nicht auf primäre Ätzwirkung, sondern wie die übrigen lokalen Veränderungen bei Arsenvergiftung auf besondere Gefäß- und Gefäßnervenalteration beruhen, wodurch es zu Gefäßlähmung, Blutstockung, Austritt von Serum und Gewebsnekrose kommt. Bei Vergiftung mit *Schweinfurtergrün* sind Mageninhalt und Schleimauflagerungen in typischer Weise grünlich verfärbt. Im Darm ist der gesamte Inhalt wässrig verflüssigt, so daß der Dünndarm schwappig gefüllt erscheint. Der Dünndarm ist außen überdies blutreich und bläulichrot. Sein flockiger und molkig getrübter, in typischen Fällen wohl auch reiswasser- oder mehlsuppenähnlicher Inhalt zeigt mikroskopisch reichlich abgestoßene Epithelien und lymphoide Zellen. Die Schleimhaut ist stark aufgelockert, geschwollen, blaßrot bis tiefrot, manchmal auch erbleicht und wie ausgewässert, gelegentlich von kleinen Blutungen durchsetzt und von fibrinösen Auflagerungen bedeckt. Der Dickdarm ist meist zusammengezogen und leer, die Schleimhaut nur etwas aufgelockert und überwiegend blaß, doch kann ausnahmsweise das Bild schwerster Entzündung vorliegen. Herzfleisch, Leber und Nieren werden sich bei akuter Vergiftung im Zustande schwerer trüber Schwellung befinden, woraus sich bald eine zunehmende fettige Degeneration dieser Organe ergeben wird, wenn die Vergiftung länger dauert, was vor allem bei protrahierten Fällen, subchronischen und chronischen Vergiftungen zutrifft. Bei subakuten, ja sogar bei rasch verlaufenen akuten Vergiftungen sind Ekchymosen an den serösen Häuten und ausgedehnte flächenhafte, düsterrote Blutungen unter dem Endokard der linken Kammer am Septum und auch an den Papillarmuskeln ein Vorkommnis, welches kaum jemals fehlt. Die Nierenschädigungen sind nicht konstant. Es finden sich neben degenerativen Prozessen Blutaustritte und Epithelnekrosen, welche auch die Leber betreffen können. *Haberda* fand bei einer akuten Vergiftung bereits Kalkinfarkte in den Nieren.

Vergiftungen von der Scheide und Gebärmutter aus (Fruchtabtreibung!) können — abgesehen von der resorptiven Giftwirkung wie in sonstigen Fällen— zu schweren, auch mit Gangrän verbundenen Entzündungen führen. Bemerkenswert ist, daß das Gift infolge Filterbildung der Placenta nicht auf die Frucht übergehen soll, wie *Ziemke* im Falle einer akuten Vergiftung durch Trinken von Arsenik in Lauge und Wasser chemisch nachweisen konnte.

Die *chronische* Vergiftung, welche sich aus einer akuten ergeben kann oder auf fortgesetzte Zufuhr kleiner Giftmengen beruht, läßt in der Überzahl der Fälle eindeutige anatomische Veränderungen am Magen-Darmtrakt vermissen, während die degenerativen Veränderungen des Herzfleisches und der drüsigen Baucheingeweide im Vordergrund des Erscheinungsbildes stehen. Dazu kommen Abmagerung, Blässe, Blutarmut, Ödeme wie überhaupt die Zeichen der Kachexie. Bei höhergradiger Leberschädigung, welche, wie bei der Phosphorvergiftung verfettet sein kann, besteht die Gelegenheit zum Auftreten von Ikterus. Namentlich bei Aufnahme kleinster Giftmengen durch längere Zeit stellen sich die verschiedenen durch Arsen ausgelösten differential-diagnostisch oftmals sehr schwierigen Hautaffektionen ein, zumal das Gift in Haut und Haaren zur Speicherung gelangt, ohne daß darin die Ursache der Veränderungen eindeutig erblickt werden kann. Es finden sich Pigmentationen (As.melanose!), Hautverdickungen, Hyperkeratosen, ekzematöse Veränderungen, wie überhaupt alle nur erdenklichen Formen und Abstufungen der Hauterkrankungen, welche durch Rötung, Blasen, Pusteln, Papeln, verschiedene trophische Störungen, Nekrosen u. a. m. gekennzeichnet sind. Dazu kommen Haar- und Zahnausfall und Veränderungen an den Fingernägeln, die teils entzündlich, teils trophisch bedingt sind.

Aus der Reihe der bei As.arbeitern auftretenden Schäden ist auf die „*Hüttenkrätze*" und insbesondere auf die recht häufigen Keratosen hinzuweisen, welche zur Krebsbildung führen können. Von der Wirkung auf die Schleimhäute ist bei der chronischen Vergiftung hauptsächlich die Blepharitis und Conjunctivitis zu erwähnen.

Neben den Hautveränderungen stehen im Krankheitsbild der chronischen As.vergiftung die Erscheinungen von seiten des Nervensystems im Vordergrund. Nach geeigneten Beobachtungen am Menschen und im Tierversuch ist deren Grundlage in degenerativen Prozessen zu suchen, welche Ganglienzellen, Nervenfasern und Markscheiden im Gehirn und Rückenmark betreffen, doch gibt es auch Veränderungen am peripheren Nerven.

In ausgesprochen chronischen Vergiftungsfällen, wie solche in erster Linie gewerblich vorkommen, sind die Veränderungen an der Leber oftmals sehr geringfügig, doch sind auch hier ausnahmsweise stärkere Parenchymschädigungen zu beobachten, die durch Verfettung und Gewebsumbau zur Atrophie führen, wobei es noch umstritten ist, ob ein der alkoholischen Lebercirrhose ähnliches Bild zustande kommen kann. Das Auftreten der ersten Leberschädigung fällt nach *Meixner* mit dem völligen Schwinden des sonst reichlich vorhandenen Glykogens zusammen.

Wenn auch schon zahlreiche tödlich verlaufene Vergiftungen durch As.wasserstoff erfolgt sind, kann doch ein einheitliches Bild vom anatomischen Befunde aus dem Schrifttum nicht gewonnen werden. Im allgemeinen werden äußerlich sonnenbrandrote und bronzeartige Farbe der Haut, bei späteren Todesfällen Ikterus beschrieben, welche Veränderungen auf Hämolyse und Imbibition des Gewebes mit gelöstem Blutfarbstoff zurückzuführen sind. Innerlich stehen Hämosiderose und toxisch degenerative Veränderungen an Nieren, Leber und Herz im Vordergrund, wobei die Nieren ein nephroseähnliches Bild aufweisen können. Nach den bisherigen Erfahrungen ist nicht anzunehmen, daß $AsH_3$ Methämoglobin bildet. An den Leichenorganen wurde wohl ein Farbenumschlag von Bräunlichrot in Graubraun beobachtet, doch ist diese Methämoglobinbildung offenbar durch die Einwirkung des Luftsauerstoffes zu erklären, demnach also eine Leichenerscheinung.

Bei Todesfällen durch medizinale Dosen von *Salvarsan, Neosalvarsan* und ähnlichen Verbindungen — vor allem bei raschem Verlauf — finden sich wechselnd im Auftreten Blutungen in Haut und Schleimhäuten, in parenchymatösen Organen und serösen Häuten, im Gehirn (Purpura cerebri!) und am Herzen, wo sie im Muskel sowie subepi- und subendokardial liegen können. Überdies sind mehr oder minder schwere Degenerationen der Leber, Nieren und des Herzmuskels zu erwarten, die manchmal bis zur Verfettung gediehen sind. Die Nieren weisen oftmals sehr erhebliche entzündliche Schädigungen auf. Die relative Häufigkeit von Vergiftungserscheinungen überhaupt und vereinzelte Todesfälle ließen über die Komplikationen bei Luesbehandlung mit arsenhaltigen Präparaten ein umfangreiches Schrifttum entstehen, auf welches hier nicht näher eingegangen werden kann.

Was die *Verteilung des Giftes im Körper* betrifft, so ist As. nicht allein im Magen und Darm, sondern nach erfolgter Resorption in Leber, Niere, Milz, Lunge, Gehirn und bei chronischer Vergiftung auch in Knochen, Muskeln, Haut und Haaren anzutreffen. Angeblich sollen anorganische As.verbindungen nur wenig in das Zentralnervensystem gelangen, doch ist trotzdem ihre lähmende Wirkung namentlich auf die Gehirngefäße sehr erheblich, wozu bei älteren Fällen degenerative Schädigungen der Gefäßendothelien kommen. Im Gegensatz dazu wird in anderen Fällen von einer gewissen Speicherung des As. im Gehirn gesprochen. Als sichere Speicherorgane gelten jedoch in erster Linie die Leber und die Anhangsgebilde der Haut wie Haare, Nägel, Schweiß- und Talgdrüsen. Die Ausscheidung erfolgt sehr langsam durch Niere, Galle, Haut und Darmschleimhaut, wobei der größere Teil im Harn und der kleinere im Darme ausgeschieden wird. Auch durch die Milchdrüsen soll As. ausgeschieden werden. Bei der Leichenöffnung sind auf jeden Fall Magen und Darm samt Inhalt, Harn und entsprechende andere Organteile — in erste und zweite Wege getrennt — zur chemischen Untersuchung aufzubewahren, doch soll hinsichtlich der zurückbehaltenen Mengen nicht kleinlich vorgegangen werden. Da As. durch viele Jahre in den Leichenresten nachweisbar ist, darf niemals in verdächtigen Fällen auf die Exhumierung verzichtet werden. An älteren ausgegrabenen Leichen sind die der Lendenwirbelsäule vorgelagerten Massen, falls bereits die inneren Organe durch Zerstörung unkenntlich wurden, und die etwa noch in Körperhöhlen und im Sarge vorhandene Fäulnisflüssigkeit sicherzustellen, wie *Lieb* besonders hervorhebt. Dazu kommen Wirbelsäule, Haare, Haut und etwaige arsenhaltige Bestandteile des Sarges (Metallbeschläge), Sargbeigaben (Bilder, Kreuze, künstliche Blumen u. a. m.), sowie Erdproben über dem Sarge, unter diesem und ein paar Meter seitlich davon, um die Verteilung des As.-gehaltes im Friedhofsboden zu überblicken. Sollte der Dickdarm der exhumierten Leiche noch knollig eingedickten Kot enthalten, ist die Vergiftung zwar sehr unwahrscheinlich, doch darf die chemische Untersuchung deshalb nicht unterlassen werden. *Spuren* von As. haben in der Regel keine Bedeutung, da sie einem natürlichen Vorkommen entsprechen bzw. auf eine vor Jahren erfolgte As.medikation (Leberspeicherung) zurückgeführt werden können.

Die *chemische Untersuchung* der Leichenteile ist stets dem Fachmann zu überlassen, da Feststellungen von unkundiger Hand, z. B. im Harn infolge Verwendung verunreinigter Chemikalien schon oftmals Täuschungen und Irreführungen verursacht haben. Vor allem in kriminell verdächtigen Fällen ist neben der *qualitativen* Bestimmung der *quantitative* Giftnachweis *unbedingt erforderlich*.

Die Beurteilung der kriminalistisch wichtigen Frage, ob Mord oder eine andere Entstehungsursache der Vergiftung vorliegt, ist oftmals wesentlich von der Form des Krankheitsbildes und dem zeitlichen Ablauf der Erscheinungen abhängig. Die einmalige Aufnahme von Arsenik wird eher ein akutes bzw. subakutes Krankheitsbild erwarten lassen, doch kann sich gelegentlich daraus auch eine chronische Vergiftung entwickeln, in welchem Falle sich die Klärung der Sachlage oftmals sehr schwierig gestaltet. Dies vor allem deshalb, weil die Wirkung des Giftes nicht sofort, sondern erst nach einem mehr oder minder langen freien Intervall einsetzt, ein Umstand, welcher die sonst schon vorhandene besondere Eignung des Giftes zur heimlichen Beibringung noch erhöht. Gerade in Fällen, die überlebt wurden, ist zu fordern, daß die Vergiftungserscheinungen genauestens erforscht und im Zusammenhange mit allen Umständen des Falles gewürdigt werden, wozu als maßgebliche Unterstützung die chemische Untersuchung der Ausscheidungen heranzuziehen ist. Nicht unerwähnt soll hier bleiben, daß auch bei As.gewöhnung (Arsenikessern!) eine absolute Giftfestigkeit nicht besteht und diese z. B. bei Einverleibung des Giftes im Blutwege durch Injektion fehlt.

Bei tödlichem Ausgang werden letzten Endes die Feststellungen des Chemikers für die Diagnose der Vergiftung von alleinigem Ausschlag sein. Werden in den ersten Wegen (Magen und Darm samt Inhalt) auffällig große Giftmengen gefunden, wird in der Überzahl der Fälle der Schluß auf Selbstmord berechtigt sein.

Mord durch Arsenik läßt in den ersten Wegen wohl auch eine größere Menge des Giftes erwarten, doch ist gegenüber dem Gehalte in den zweiten Wegen der Unterschied relativ geringer, da bei heimlicher Beibringung gerade mit kleinen Arsenikmengen gearbeitet wird. Sehr schwierig gestaltet sich die Beurteilung von subchronischen und chronischen Fällen, bei welchen stets zufällige und gewerbliche Vergiftungen durch geeignete Nachforschungen ausgeschlossen werden müssen. Falls das

Gift in kleinen Gaben wiederholt in verschieden langen Zwischenräumen heimlich beigebracht wurde, wird die Erforschung des Krankheitsverlaufes häufig wechselnde Zeiten der Verschlechterung und Besserung des Zustandes erkennen lassen. Manchmal wird sogar der während längerer Erkrankung ziemlich unvermittelte Tod auf Verabreichung einer nunmehr größeren (letalen) Dosis zurückzuführen sein. Bei gewerblicher und sonstiger zufälliger chronischer Vergiftung wird der Krankheitsverlauf wohl am ehesten durch seinen schleichenden Charakter und das langsame Hinsiechen gekennzeichnet sein, bis der Organismus endlich der allgemeinen Erschöpfung und Kachexie erliegt.

*Schrifttum.*

*Flury-Zangger:* Lehrbuch der Toxikologie. Berlin 1928. — *Gadamer:* Lehrbuch der chemischen Toxikologie. Göttingen 1924. — *v. Hofmann-Haberda:* Lehrbuch der gerichtlichen Medizin. Berlin und Wien 1927. — *Lieb:* Der gerichtlich chemische Nachweis von Giften. Handb. der biologischen Arbeitsmethoden, Abt. IV. Berlin und Wien 1938. — *Meixner:* Einfluß der Todesart auf den Glykogengehalt der Leber. Vjschr. gerichtl. Med. **39**. Suppl. 1, 48 (1910). — *Meyer* und *Gottlieb:* Lehrbuch der experimentellen Pharmakologie. Berlin und Wien 1936. — *Merkel:* Die Magenverätzungen. Handb. der speziellen pathologischen Anatomie, **IV/1**. Berlin 1926. — *Petri:* Vergiftungen. Handb. der speziellen pathologischen Anatomie, **X**. Berlin 1930. — *Reuter, F.:* Methoden der forensischen Beurteilung von Vergiftungen. Handb. der biologischen Arbeitsmethoden, Abt. IV. Berlin und Wien 1938. — *Schöndorf:* Chronische Arsenvergiftung durch Rebschädlingsbekämpfungsmittel. Z. klin. Med. **133**, 1938. — *Schrader:* Gewerbliche Arsenwasserstoffvergiftungen. Dtsch. Z. gerichtl. Med. **21**, 342 (1933). — *Starkenstein:* Lehrbuch der Toxikologie. Leipzig und Wien 1938. — *Talvik:* Ein Beitrag zur Kasuistik des Giftmordes durch Arsen. Beitr. gerichtl. Med. **6**, 127 (1924). — *Wigand:* Die Natur des *Mees'*schen Nagelbandes bei Arsenpolyneuritis. Dtsch. Z. gerichtl. Med. **20**, 207 (1933). — *Ziemke:* Über tödliche Vergiftung durch Gemisch von Kalialaun, Zinksulfat und Kupfersulfat. Dtsch. Z. gerichtl. Med. **9**, 291 (1927).

*Schneider.*

## Arthritis deformans (= A. d.) und Trauma.

(Vgl. auch Art.: Betriebsunfall; Trauma.)

Die Beurteilung der Frage, inwiefern ein Trauma 1. als *primäre Ursache* oder 2. als *verschlimmerndes Moment* bei einer zu begutachtenden A. d. zu gelten hat, ist nicht nur *versicherungsmedizinisch*, sondern auch *zivilrechtlich* von Bedeutung. Hier ist vorweg zu bemerken, daß die eigentlich fälschlich eingebürgerte Bezeichnung „Arthritis" in Übereinstimmung mit einer Anzahl von Autoren in der Regel besser durch die treffendere Bezeichnung „Arthrosis" bzw. „Arthronosis" oder „Arthropathia def." zu ersetzen ist, da die degenerativen Vorgänge im Vordergrund zu stehen pflegen und durch eine zusätzliche Entzündung kompliziert sein können. Zum Kreis der A. d. ist grundsätzlich auch die sog. „Spondylarthrosis deformans" (Sp. d.) zuzurechnen, welche im Beginn durch einen ähnlichen degenerativen Vorgang meist multipler Bandscheiben gekennzeichnet ist, welche — wie hier bemerkt werden muß — von der „Spondylarthritis ankylopoetica sive Bechterew" auseinanderzuhalten ist, die keine Beziehungen zur Sp. d. hat. Sicher ist, daß man in jedem Begutachtungsfall eingehend die Gesamtpersönlichkeit unter besonderer Berücksichtigung des Konstitutions- und Dispositionsfaktors, des Infektionsfaktors, hormonaler und Stoffwechseleinflüsse, des Alters und der Umwelteinflüsse in Betracht ziehen muß. Vor einer einseitigen Überwertung des mechanischen Momentes muß also zur Vermeidung von Fehlbeurteilungen gewarnt werden, und es hat eine *konditionale Betrachtungsweise* Platz zu greifen (*Neergard*). Es sei nur mit *Hohlbaum* darauf hingewiesen, daß normaler gesunder Knorpel gegenüber großer, mechanischer, besonders vorübergehender Beanspruchung außerordentlich widerstandsfähig ist. Schwerste Gelenkverletzungen mit Brüchen verursachen nicht immer eine A. d., während nach anscheinend viel geringeren Traumen auch bei Jüngeren das Leiden auftreten kann. Zunächst sei darauf hingewiesen, daß sich vom klinisch-diagnostischen Standpunkt die Unterscheidung zwischen „primärer" und „sekundärer" A. d. für die Unfallbegutachtung als zweckmäßig und praktisch erwiesen hat. Diese von *Payr* ausgearbeiteten Begriffe sind etwa folgendermaßen umrissen: Die *„primäre"* A. d. ist diejenige Form, bei der die erste Ursache nicht mehr zu erkennen ist. Sie ist im wesentlichen eine Alters- und Abnützungskrankheit und weitgehend von den vorhin angedeuteten *dispositionellen* Momenten, wie Konstitutionsfaktor, hormonalen Einflüssen usw., unter Umständen auch noch vom Hinzutreten mechanisch-statischer Momente (nicht im engeren Sinn „traumatischer" M.) abhängig. Sie ist *polyartikulär, speziell symmetrisch*, manchmal ein Gelenk stärker als andere Gelenke befallend. Das erste *klinische Symptom* der primären A. d., d. h. derjenigen Form, bei der wir die erste Ursache nicht mehr erkennen können, sind anfangs nur mäßige Schmerzen und Bewegungsstörungen. Typisch ist die Angabe, daß Schmerzen und Funktionsstörung am stärksten sind, wenn das Gelenk aus der Ruhe in das Stadium der Bewegung übergeht, und daß diese sich mit fortschreitendem Gebrauch allmählich bessern. Bei längerer und größerer Anstrengung treten sie dann wieder auf und bleiben auch bestehen oder verstärken sich auch bei Ruhe. Charakteristisch ist bei den Bewegungen das zunächst nur fühlbare, später auch hörbare Reiben, Knarren oder gar Krachen (Vorsicht bei Auswertung der Geräusche!). *Röntgenologisch* zeigt sich zuerst eine auffällige Zuspitzung der Gelenkkanten, später charakteristische Randwülste. Bei fortgeschrittener Zerstörung des Knorpels erscheint die Gelenklinie unscharf und zerklüftet, der Gelenkspalt verschmälert, und schließlich kann die ganze Gelenkform völlig verändert werden. Im subchondralen Knochen sind Aufhellungsherde verschiedener Größen erkennbar, dagegen fehlt die z. B. bei Tuberkulose zu beobachtende Atrophie. Die röntgenologischen Veränderungen gehen mit den subjektiven Beschwerden und dem klinischen Befund nicht immer parallel, leichte Fälle verlaufen oft mit ganz normalem Röntgenbefund. Diese primäre A. d. im eigentlichen Sinne kann niemals Unfallfolge sein, höchstens durch einen Unfall verschlimmert werden. Die sog. *„sekundäre"* A. d. schließt sich an (erkennbare) primäre Schädigungen des Gelenkes an und ist daher meist *monartikulär*. Diese primären Schädigungen können, abgesehen von solchen infektiös-entzündlichen Charakters, in *traumatischen* Störungen wie Luxationen, intraartikulären Frankturen, Binnenverletzungen oder traumatischen Knorpelverletzungen bestehen. Disponierende Momente können wenigstens teilweise bei ihrer Entstehung eine Rolle spielen, insofern als das Gelenksgewebe Schädigungen gegenüber weniger widerstandsfähig ist. Eine eingehende Kenntnis *sämtlicher* für die Entstehung einer A. d. ursächlich in Betracht kommender Faktoren ist für eine erfolgreiche Gutachtertätigkeit unentbehrlich. Darüber geben die Abhandlungen von *Burckhardt* und *Häbler* weitgehend Aufschluß. Eine vorhandene *Disposition* ist am ehesten durch vergleichende klinisch-röntgenologische Untersuchung der vom Trauma weder direkt noch indirekt getroffenen Gelenke zu erkennen. Der Einfluß des Traumas muß durch genaue Erfassung des Unfallherganges sowie durch Untersuchung des Gelenkes womöglich unmittelbar nach dem Unfall und in den nächsten Monaten und Jahren festgestellt werden. Sofortige Röntgenaufnahme ist unentbehrlich, desgleichen eine Aufnahme der entsprechenden Gelenke auf der anderen Seite.

In der Gutachtertätigkeit können mit *Häbler* für die Klärung der eingangs unter 1. und 2. genannten Fragestellung bei der A. d. (ohne Sp. d.) folgende *Richtlinien* empfohlen werden: Für die Anerkennung des *Zusammenhanges* zwischen A. d. und Trauma muß gefordert werden, daß 1. das Unfallereignis klar feststeht; 2. bei dem Unfall das betreffende Gelenk in Mitleidenschaft gezogen wurde (nach *Häbler* ist es nicht nötig, daß die äußere Gewalt das Gelenk direkt betroffen hat, und ebenso ist die Schwere des Traumas nicht ausschlaggebend. Es kann z. B. auch nur eine schwache Gewalt infolge der besonderen Mechanik der Gelenke zu Schädigungen des Knorpels und des subchondralen Markes führen. Wichtig ist der Nachweis einer Funktionsstörung); 3. nicht bekannt ist, daß das betroffene Gelenk schon vor dem Unfall erkrankt war (in diesem Falle käme nur eine evtl. Verschlimmerung in Frage); 4. zwischen Unfall und dem Auftreten der A. d. sog. Brückensymptome vorhanden waren, es sei denn, daß der autoptische Befund, wie z. B. von Binnenverletzungen oder Gelenkfrakturen, klar den Zusammenhang erkennen läßt. (Man wird auf diese Forderung besonderen Wert legen müssen, wenn es gilt, die Zusammenhangsfrage zwischen einem jahrelang zurückliegenden Unfall zu klären.)

Schwierig ist die Frage, ob eine bestehende A. d. durch den Unfall *verschlimmert* wurde. Auf das strikteste muß ein *zeitlicher* Zusammenhang mit dem Unfall und der Verschlimmerung verlangt werden, d. h. es muß durch klinische und röntgenologische Untersuchung nachgewiesen werden, daß das vorher latente oder nur leicht verlaufene Leiden im *direkten* Anschluß an den Unfall einen raschen und schlimmeren Verlauf nahm. Hierfür können die Angaben der Kranken selbst nicht genügen, auch Zeugenaussagen sind genau auf ihren Wert zu prüfen und vor allem die Auszüge aus den Krankenkassenpapieren und frühere Arztgutachten anzufordern. Daß klinische und röntgenologische Untersuchung die *Verschlimmerung auch tatsächlich erweisen* müssen, namentlich dann, wenn nur ein Gelenk vom Unfall betroffen wurde, ist selbstverständlich. Kommt man zur Überzeugung, daß eine Verschlimmerung durch den Unfall anzuerkennen ist, dann gilt es zu entscheiden, ob sie *dauernd* oder nur *vorübergehend* ist. *Dauernde* Verschlimmerung wird in den meisten Fällen abzulehnen sein. (Mehrfache Nachuntersuchungen!) Meist wird man allerdings sagen können, daß mit großer Wahrscheinlichkeit die Verschlimmerung *vorübergehen wird*. Sie besteht in einem durch den Unfall bedingten Reizzustand, der sich klinisch durch Schwellung, Erguß, vermehrte Schmerzhaftigkeit und Bewegungsbehinderung, Muskelschwäche usw. zu erkennen gibt. (Meist längstens nach einigen Monaten abgeklungen.)

Die Beurteilung der Rolle des Traumas als primärer Faktor oder verschlimmerndes Moment hat bei der Spondylarthrosis deformans nach ähnlichen Grundsätzen zu erfolgen wie bei der A. d. Was die Annahme einer *primären Unfallsentstehung* der Sp. d. betrifft, so ist in jedem einzelnen Fall besondere Zurückhaltung am Platz. Eine *Verschlimmerung* einer schon bestehenden Sp. d. durch Trauma kann mit *Burckhardt* anerkannt werden, wenn Dauerbeschwerden zurückbleiben bzw. angegeben werden. Es ist aber ganz besonders kritische, individuelle Berücksichtigung der Person des Probanden und sonstiger wichtiger Umstände notwendig. Nach *Borchard* kann eine *vorübergehende* Verschlimmerung dann in Betracht kommen und anerkannt werden, wenn eine schmerzlose Sp. d. durch ein Trauma in ein schmerzhaftes Stadium überführt wurde. Mit dem erstmaligen Verschwinden der Beschwerden ist die Verschlimmerung behoben.

*Schrifttum.*

*Borchard:* Spondylarthrosis, in Handb. d. ges. Unfallheilk. **IV**, 38. Stuttgart 1934. — *Borchard:* Arthritis deformans und Unfall. Mschr. Unfallheilk. **1931**, 38. — *Burckhardt:* Die unspezif. Erkrankungen der Wirbelsäule. Stuttgart 1932. — *Burckhardt:* Arthritis deformans und chronische Gelenkkrankheiten. Neue Dtsch. Chir. **52.** — *Gaugele:* Wirbelkallus und Spondylosis deformans. 26. Kongr. d. Dtsch Ges. Orthop. — *Häbler:* Erkrankungen der Gelenke, in Handb. d. ges. Unfallheilk. **III**, 32. Stuttgart 1934. — *Hohlbaum:* Arthritis deformans und Unfall. Der Chirurg **1933**, Heft 12. Ref. Ärztl. Sachverst.ztg. **1934**, 4. — *Müller, W.:* Biologie der Gelenke. Leipzig 1929. — *Neergaard:* Über die Beziehungen der essentiellen rheumatischen Arthronosis deformans zur primär-chronischen Polyarthritis rheumatica und den chronischen Gelenkerkrankungen. Schweiz. Med. Wschr. **1937**, 29/30. — *Payr:* Zbl. Chir. **1925**, 2363. — *Payr:* Beitr. klin. Chir. **136**, 260 (1926). — *Payr:* Z. klin. Med. **108**, 4 (1928). — *Payr:* Zbl. Chir. **1930**, 1165. — *Schmorl:* Zur Kenntnis der Spondylitis deformans. Z. orthop. Chir. **1931**, 55.

*Hausbrandt.*

## Arznei- und Geheimmittel

*Arzneimittel* sind solche, die nach den Umständen, unter denen sie gegeben werden, dazu bestimmt sind, beim Menschen entweder Krankheiten zu verhüten oder sie zu heilen, zum mindesten sie zu lindern, wobei es nicht darauf ankommt, ob die Zubereitung tatsächlich heilkräftige oder nur nahrhafte Stoffe enthält. (K. G. 2, S. 180/26.) *Geheimmittel* ist ein Mittel dann, wenn seine Bestandteile und Gewichtsmengen nicht sofort bei der Ankündigung in gemeinverständlicher, für jeden erkennbaren Weise vollständig und sachentsprechend zur öffentlichen Kenntnis gebracht werden. Sie dürfen in Deutschland ohne polizeiliche Erlaubnis, soweit der Handel mit ihnen nicht freigegeben ist, nicht zubereitet, feilgehalten, verkauft oder in anderer Weise überlassen werden. (§ 367, 3 StGB.) Freigegeben ist der Handel mit Arzneimitteln nur insoweit, als diese nicht nach der Verordnung vom 22. 10. 1901 (RGBl. 380) und den hierzu ergangenen Nachtragsverordnungen dem Apothekenzwange unterliegen. Zur Zeit unterliegen den Geheimmittelvorschriften diejenigen Stoffe und Zubereitungen, die im Verzeichnis C des Reichspräsidenten vom 9. bzw. 24. 12. 1924 genannt sind. Ihr Verkauf ist den Apotheken vorbehalten bzw. dem Rezeptzwange unterstellt, ihre öffentliche Ankündigung in der Presse verboten.

Von den Arzneistoffen ist eine beträchtliche Anzahl dem freien Handelsverkehr entzogen und darf nur in Apotheken geführt werden. (Verordnung vom 22. 10.1901 mit Nachträgen bis 27. 3. 1929. RGBl. I, 40, 245.) Eine erhebliche Unübersichtlichkeit aber besteht auf dem Gebiete des Geheimmittelwesens, trotzdem zahlreiche Polizeiverordnungen erlassen sind. (Geheimmittel-Verordnung vom 1. 1. 1925 für Preußen gültig.) Jede öffentliche Ankündigung oder Anpreisung dieser Mittel ist untersagt, Verweisungen auf Druckschriften und Mitteilungen, die solche Anpreisungen enthalten, ebensowenig gestattet wie die Anbringung oder Beigabe von Empfehlungen, gutachtlichen Äußerungen oder Danksagungen.

*Schrifttum.*

*Schütt-Wollenweber:* Der Arzt des öffentlichen Gesundheitsdienstes. Leipzig 1939. *Böhmer.*

### Aschheim-Zondecksche Reaktion siehe *Biologische Schwangerschaftsreaktionen.*

### Asnikot siehe *Schädlingsbekämpfungsmittel.*

### Aspiration im Brechakte siehe *Tod und Gesundheitsbeschädigung durch gewaltsame Erstickung.*

### Aspirin siehe *Salicylsäure und deren Derivate.*

### Asservierung von Fußspuren siehe *Fußspuren.*

### Asthenospermie siehe *Zweifelhafte Fortpflanzungsfähigkeit beim Manne und beim Weibe.*

### Atebrin siehe *Chinin und Chinidin.*

### Atherosklerose siehe *Plötzlicher Tod aus natürlicher Ursache.*

### Atophan.

*Atophan* (Cinchophen), 2-Phenylchinolin-4-Carbonsäure. *Offizinell:* Acidum phenylchinolincarbonicum; $C_{16}H_{11}NO_2$. Weiße Kristalle von bitterem Geschmack, F. = 208—209°. In Wasser fast unlöslich, löslich in Alkohol und Äther.

*Wirkung:* Therapeutisch als Antipyreticum, Analgeticum, entzündungshemmendes und Gichtmittel, befördert renale Harnsäureausscheidung, wirkt parenteral choleretisch. *Ausscheidung:* Zum kleinen Teil unverändert im Urin, zum größten Teil oxydiert; Diazoreaktion im Harn wird positiv.

*Vergiftungen:* Ausschließlich *medizinale*, führen fast immer erst nach *wiederholter Applikation* zu scharlachartigem Exanthem, auch zu stark juckender Urticaria und vesiculösem Exanthem; in einem Fall zu exfoliativer Erythrodermie nach Atophanyl. Hauterscheinungen häufig begleitet von Kopfschmerzen, Fieber, auch Magen-Darmstörungen, Stomatitis, Erbrechen, Durchfällen; ferner angioneurotische Ödeme. Seltener Herzbeklemmung, Atemstörungen, Kollaps, Bewußtlosigkeit, Cyanose. Nierenschädigungen mit Albuminurie; vereinzelt Magengeschwüre (wie im Tierversuch).

Typisch sind Vergiftungsfälle kumulativ-toxischer oder allergischer Art, bei denen längere Zeit hintereinander, oft monatelang Atophan in therapeutischen Dosen verabfolgt wurde. Dabei stehen Ikterus, Urobilinogenvermehrung, schwere Leberschädigungen im Sinne der toxischen Hepatitis und Cirrhose, subakute und akute gelbe Leberatrophie mit oft tödlichem Ausgang im Vordergrund.

*Typischer Vergiftungsfall:* 26jähriger Mann, vier Monate lang mit täglich 4 g Atophan behandelt gegen rheumatische Gelenkbeschwerden: Auftreten von schwerstem Ikterus, Erbrechen, Bewußtlosigkeit. Nach vier Tagen Tod im hepatischen Koma unter Temperatursteigerung. *Sektion:* Akute gelbe Leberatrophie. — Seltener tritt schon nach kurzdauernder Atophanapplikation schwere Leberschädigung ein. Daß am Entstehen des Leberschadens eine allmähliche Sensibilisierung (allergisierende Umstimmung) mitbeteiligt ist, scheint heute ziemlich sichergestellt. Dafür spricht auch die erhöhte Empfindlichkeit mancher Allergiker (Asthma usw.), bei denen z. B. nach 0,5—1,0 g Atophan täglich schon nach neun resp. zwölf Tagen schwere Lebererkrankungen auftraten (*Fink*). Über Atophanvergiftung als allergisches Phänomen vgl. *Quick.* Auffallend ist die regionale Differenz in der Häufigkeit der schweren Atophan-Leberfälle: Deutschland, Schweiz selten, ungleich häufiger in USA., Schweden, Norwegen usw. Gefährdet sind auch Individuen mit bereits vorhandener Leber- und Niereninsuffizienz. Bei manchen Fällen mit Atrophanleberbeschädigung besteht gleichzeitig ausgedehntes, masernähnliches Exanthem, auch ausgedehnte Purpura. Atophanapplikation bei die Leber stark belastenden Prozessen wie Schwangerschaft, Alkohol, Lues erheischt besondere Vorsicht.

*Prognose:* Bei schwerem Leberbefund immer ernst; unter 98 Fällen von schwerer Leberschädigung waren 37 letal (*Weiß*).

*Pathologisch-anatomischer Befund:* Ikterus, Exantheme, Purpura, schwere toxische Cirrhose, Nekrose des Leberparenchyms, cirrhotisierende Ausheilungsprozesse mit Parenchymneubildung der Leber.

*Dosis medicinalis:* 0,25—0,5 g per os; 5—10 ccm 10%iger Lösung i. m. (i. v. Applikation eigentlich überflüssig und gefährlich).

*Dosis toxica:* Akut toxische Dosis nicht genauer

bekannt, wohl einige Gramm. Bei längerer Zufuhr schon schwerste Vergiftungen mit subakuter gelber Leberatrophie nach Einnahme von wenigen Gramm Atophan in einigen Tagen, sogar vereinzelt in 24 Stunden. Toxische Dosis hängt weitgehend von Leber- und Nierenbeschaffenheit, insbesondere aber von Disposition zu allergischer Reaktion ab, welche Neigung zu toxischen Leberschädigungen, auch zu Exanthemen, Purpura usw. zu begünstigen scheint. Möglicherweise wirkt auch chronische Arthritis als toxisch-allergisierendes Moment.

*Dosis letalis:* Schon total 2,5 g Atophan in fünf Tagen verabreicht, führten zu tödlicher subakuter Leberatrophie (*Fraser*). Meist geht aber Sensibilisierung länger, oft Monate. Bei den meisten schweren und letalen Vergiftungen wurde die therapeutische Einzeldosis nicht überschritten. (*Prophylaxe:* intermittierende Atophantherapie, höchstens fünf Tage hintereinander, dann längere Pause.)

Schwere Leberschädigungen gleicher Art auch mit: *Atophanyl, Atochinol, Arcanol* usw.

*Therapeutisch verwendete Atophanderivate* von prinzipiell gleicher Wirkung wie Atophan mit analoger Gefahr der toxischen Nebenwirkungen: *Atophannatrium* (i. v. als Cholagogum); *Atophanyl* (durch Natriumsalicylat löslich gemachtes 10%iges Atophannatrium zur parenteralen Injektion); *Novatophan* (Äthylester der Methylphenylchinolincarbonsäure; in Wasser unlösliches, geschmackloses Pulver); *Arcanol* (Methylester des Atophans + Aspirin; in Wasser unlösliche Tabletten); *Leukctropin* (Atophan + Urotropin; zur i. v. Injektion); *Opolen* (= Calcium-Atophan + Pyramidon); *Fantan* (= Phenylchinolincarbonsäure-Aethylurethan, Tabletten zu 0,5); *Guphen* (= Atophan + Guajacol) zur parenteralen Injektion); *Iriphen* (= Atophan + Strontiumsalz); *Bilotpin* (= Dijodatophan) machte als Gallenblasenkontrastmittel schwere Vergiftungen mit Ikterus und Fieber; *Hexophan* (= Oxychinolincarbonsäure), Tabl. zu 0,5 g; *Atochinol* (= Phenylchinolincarbonsäure-Allylester), gelbliche Kristalle von aromatischem Geruch und Geschmack, unlöslich in Wasser, löslich in Alkohol, Dosis 0,25 g.

*Schrifttum.*

*Beaver, D. C.* u. *H. E. Robertson:* The specific character of toxic cirrhosis as observed in cinchophen poisoning. A review of five fatal cases. Amer. J. Path. **7**, 237 (1931). — *Bloch, L.* u. *D. H. Rosenberg:* Cinchophen poisoning. A report of seven cases with special reference to a rare instance, complicated by multiple gastric ulcers. Amer. J. Digest. Dis. a. Nutrit **1**, 433 (1934). — *Boros, E.:* Ascites und Icterus infolge Atophan-Vergiftung. Slg. Verg.-Fälle A **705**. — *Brugsch, Th.:* Atophantherapie und Leber. Ther. Gegenw. **69**, 14 (1928). — *Eimer, K.:* Atophan-Vergiftung, medizinale, und ihre Bedeutung. Slg. Verg.-Fälle A **204**. — *Fießinger, N.* u. *M. Albeaux-Fernet:* Ictère grave dû à une intoxication cinchophénique. Bull. Soc. méd. Hôp. Paris, III. **49**, 1194 (1933). — *Fink, A. J.:* Cinchophen-(= Atophan-) Vergiftung bei allergischen Individuen. J. Allergy **1**, 280 (1930). — *Fraser, Th. N.:* Ein tödlicher Fall von subakuter gelber Leberatrophie nach Cinchophen (Atophan). Brit. med. J. **1934 II**, 1195. — *Grigg, W. K.* u. *V. C. Jacobsen:* Subacute yellow atrophy of the liver following ingestion of cinchophen and allied compounds. Ann. int. Med. **6**, 1280 (1933). — *Habs, H.:* Zur Frage des Atophanleberschadens. Dtsch. med. Wschr. **1935 I**, 173. — *Hegler, C.:* Leberschädigung durch Atophan. Med. Welt **1932**, 915. — *Högler, F.:* Ein Beitrag zur Kenntnis der Leberschädigung durch Atophan bzw. atophanhaltige Präprate (Arcanol). Wien. klin. Wschr. **1931 II**, 1246. — *Höhne, O.:* Atophan-Schädigungen. Diss. München 1938. — *v. Hornemann:* Tödlich verlaufender Fall von Atophan-Ikterus. Ugeskr. Laeg. **1934** 694. — *Loewenthal, L. J. A., W. A. Mackay* u. *E. C. Lowe:* Two cases of acute yellow atrophy of the liver following administration of atophan. Brit. med. J. Nr. 3509, 592 (1928). — *Parsons, L.* u. *W. G. Harding:* Fatal cinchophen poisoning. Report of six cases. Ann. int. Med. **6**, 514 (1932). — *Permar, H. H.* u. *H. D. Goehring:* Cinchophen poisoning. Report of two cases with histologic observations. Arch. int. Med. **52**, 398 (1933). — *Quick, A. J.:* The probable allergic nature of cinchophen poisoning. With special reference to the Arthus phenomenon and with precautions to be followed in cinchophen administration. Amer. J. med. Sci. **187**, 115 (1934). — *Rabinowitz, M. A.:* Atrophy of the liver due to cinchophen preparations. J. amer. med. Assoc. **95**, 1228 (1930). — *Reah, T. G.:* Cinchophen poisoning. Lancet **1932 II**, 504. — *Schleimer, H.:* Zur Kenntnis der Atophanylintoxikation. Wien. med. Wschr. **1932 I**, 610. — *Schroeder, K.:* Über Atophanvergiftung. Ugeskr. Laeg. **84**, 1141 (1922). — *Schwarz, G.:* Vergiftung mit Dijodatophan (Biloptin). Wien. med. Wschr. **77**, 259 (1927). — *Vajda, E.:* Atophan-Vergiftungen, medizinale, mit Leberschädigung. Slg. Verg.-Fälle A **203**. — *Watson, C. J.:* Concerning the naturally occuring porphyrins. I. The isolation of coproporphyrin I from the urine in a case of cinchophen cirrhosis. J. clin. Invest. **14**, 106 (1935). — *Weir, J. F.* u. *M. W. Comfort:* Toxic cirrhosis caused by cinchophen. Arch. int. Med. **52**, 685 (1933). — *Weiß, C. R.:* Atophanverbindungen verursachen toxische Lebercirrhose. Slg. Verg.-Fälle A **346**.

*H. Fischer.*

**Atoxyl** siehe *Arsen.*

**Atropin** siehe *Tropaalkaloide und tropaalkaloidhaltige Pflanzen, Drogen und Präparate.*

**Augenverletzungen** siehe *Forensische Ophthalmologie.*

**Ausgraben von Leichen** siehe *Exhumation von Leichen.*

**Auspuffgase** siehe *Kohlenoxyd.*

**Aussatz** siehe *Bakteriologische Untersuchungen in der gerichtlichen Medizin.*

**Ausschuß** siehe *Schußverletzungen.*

**Autolyse** siehe *Leichenerscheinungen; Macerierte Frucht.*

**Automobilunfall** siehe *Verkehrsunfall.*

**Autosexualismus.**

Unter Autosexualismus versteht man die Neigung, sich am eigenen Körper zu befriedigen, ohne daß heterosexuelle oder homosexuelle Neigungen eine Rolle spielen.

Ein Beispiel ist Otto S. Sein Vater war streitsüchtig und unzufrieden. Er soll Beeinträchtigungs- und Vergiftungsideen auf psychopathischer Grundlage dargeboten haben. Die Familie war arm. S. selbst war ein schwacher Schüler, der aus der drittobersten Klasse der Volksschule mit einem knapp genügenden Zeugnis entlassen wurde. In der Jugend bezeichnete man ihn als fleißig und strebsam und enthaltsam gegenüber Alkohol und Nicotin. Er wurde Lehrhauer; als solcher war er anstellig und fleißig. Mit 15 Jahren schlug er einem Kollegen mit einem Stock über den Kopf. Als Erwachsener ergab er sich seit 1911 der Onanie und dem Cocainmißbrauch. Zuletzt mußte er jeden Tag onanieren. Der unausrottbare Zwang zum Onanieren drückte ihn so sehr nieder, daß er sich erschießen wollte. Er sagte einmal, er könne dieses Übel nicht lassen, und würde es solange tun, bis daß er kaputt ginge. Ein Bruder und eine Schwester litten an Neurasthenie, ebenso eine Schwester des Vaters. Bei der Untersuchung sagt er: „Ich onaniere mich kaputt und richte mich zugrunde". Er bat 1928 in einem Briefe an den Vorstand des Zuchthauses, ihm die Kastration genehmigen zu wollen; durch den Samenverlust beim Onanieren würde er ganz benebelt und schwindlig. Oft würde er in trüben Stunden dadurch zum Selbstmord getrieben. Am 20. 10. 1926 wegen Totschlags und verbotenen Waffenbesitzes zu 7 Jahren 2 Wochen Zuchthaus verurteilt. Er ist ein schlanker Athlet; in seinem seelischen Bild sind zyklothyme und schizothyme Züge gemischt. Psychiatrische Diagnose: querulatorischer, leicht erregbarer Psychopath, der viermal in der Irrenabteilung beobachtet wurde und ausgesprochene Neigung zu Haftreaktionen und zu hypochondrischer Selbstbeobachtung darbot.

Bei dem eben behandelten Fall handelte es sich offenbar um ein sehr gesteigertes Triebleben, bei dem neben anderen Trieben auch die Onanie eine große

Rolle spielt. Manche Sexualforscher stehen auf dem Standpunkt, daß der bekanntlich sehr häufige onanistische Trieb, der vorübergehend bei einem sehr großen Prozentsatz der Jugendlichen in der Pubertät zu beobachten ist, von dem reinen Autosexualismus, den man auch als *Narzismus* bezeichnet, zu trennen sei. Bei der gewöhnlichen Masturbation kommt nach *Moll* „ausschließlich ein örtlich genitaler Vorgang ohne Vorstellung des Lieblingsobjektes" in Frage. Der echte Autosexualismus soll nach Ansicht mancher Sexualforscher für diejenigen Fälle vorbehalten sein, bei denen die betreffenden Persönlichkeiten ihr eigenes Bildnis lieben, wie das der schöne sagenhafte Jäger Narzissus getan haben soll. „Er betrachtete in der Quelle sein Bildnis und verzehrte sich in unbefriedigter Selbstliebe. Er wurde zur Blume gleichen Namens" (*Lübker*).

Ein ziemlich reiner Fall von Narzismus ist der nachstehende:

Vor Jahren wurde ein siebenjähriges Mädchen von einem kinderlosen Ärzteehepaar adoptiert. Obwohl eine Adoptionsberatungsstelle in Anspruch genommen worden war, stellte es sich alsbald heraus, daß das Kind narzistische Neigungen hatte, sich nackt im Spiegel betrachtete und sich in hemmungsloser Weise selbst befriedigte. Nachdem wider Erwarten dem Ärzteehepaar ein eigenes Kind geboren wurde, das allmählich heranwuchs, zeigte sich die Unmöglichkeit, die beiden Kinder zusammenzulassen, weil das eigene Kind der Adoptiveltern die Triebbefriedigung des Adoptivkindes nachahmte. Dieselben Nachahmungen bemerkte man in einem Erziehungsheim, wo das Kind untergebracht wurde, bis es dann nach langer Zeit gelang, das Mädchen bei einem älteren Ehepaar unterzubringen.

*Schrifttum.*

*Lübker:* Reallexikon des klassischen Altertums. Leipzig 1860. — *Moll:* Handbuch der Sexualwissenschaften. Leipzig 1926. **Többen.**

**Avertin** siehe *Flüchtige organische Gifte.*

**Azofarbstoffe** siehe *Künstliche organische Farbstoffe.*

**Azoospermie** siehe *Zweifelhafte Fortpflanzungsfähigkeit beim Manne und beim Weibe.*

# B.

## Bakteriologische Untersuchungen in der gerichtlichen Medizin.

Die Erkennung einer bakteriellen Infektions- oder Intoxikationskrankheit ist in der Regel vom Nachweis des Erregers oder dessen Giften (bakteriologische Untersuchung) oder von Reaktionsprodukten des Organismus gegen den eingedrungenen Erreger (immun-biologische Untersuchung) abhängig. Die bakteriologische oder serologische Untersuchung ist unentbehrlich zur Frühdiagnose von klinisch atypisch verlaufenden Infektionskrankheiten (Verhinderung der Weiterverbreitung! Einleitung einer spezifischen Therapie!) oder zum Nachweis von Dauerausscheidern und Bacillenträgern, sowie in jenen Fällen, wo es z. B. differential-diagnostisch zu entscheiden gilt: Infektionskrankheit oder Vergiftung? Nur in den seltensten Fällen wird der in der Praxis stehende Arzt in der Lage sein, die zur Aufklärung eines Seuchenfalles notwendigen Untersuchungen selbst durchzuführen. Er wird sich vielmehr der Mitwirkung eines Fachmannes bedienen müssen. Dieser führt die Untersuchung der vom praktischen Arzt lege artis ausgewählten, entnommenen und versendeten Proben durch, wogegen der Einsender auf Grund des Vorberichtes sowie des erhobenen klinischen Befundes und nach dem Verlaufe der Krankheit mit Hilfe der erhaltenen bakteriologischen oder serologischen Ergebnisse die endgültige Diagnose stellt. Die gute *Entnahme* der *richtig gewählten Probe* und die richtig durchgeführte *Probenversendung* nebst einem *ausführlichen Begleitschreiben* ermöglichen dem Bakteriologen erst die einwandfreie Durchführung seiner verantwortungsvollen und oft undankbaren Aufgabe. Daß über zwei aufeinanderfolgende gleiche Proben bisweilen zwei verschiedene und sogar widersprechende Befunde vorliegen können, braucht nicht auf Verwechslung der Proben oder geringer Leistungsfähigkeit der verwendeten Methoden oder des Untersuchers beruhen, sondern kann auf die nicht richtig durchgeführte Probenentnahme oder unsachgemäße Versendung der Proben zurückzuführen sein. Nicht überraschen darf weiter, daß die bakteriologische oder serologische Untersuchung bei völlig eindeutigem klinischen Befund und tadellos durchgeführter Materialentnahme versagen kann und eine zweite oder dritte oder selbst vierte Materialeinsendung erst die Bestätigung der klinischen Diagnose

bringt. Deshalb darf keinesfalls der einmalige negative bakteriologische oder serologische Befund den klinischen Verdacht zerstreuen oder gar zur Unterbrechung der eingeschlagenen Therapie führen. Die Zeit, welche zu den Untersuchungen benötigt wird, ist durchaus verschieden und hängt von der Art der nachzuweisenden Krankheitserreger und von den Methoden ab, welche zur Feststellung des Erregers notwendig sind. Die Anfertigung eines mikroskopischen Färbepräparates und seine Beurteilung beträgt in manchen Fällen nur wenige Minuten. Dagegen kann z. B. die eingehende Bestimmung des Typus eines Bacteriums aus der Salmonellagruppe Tage und die Bestimmung des Typus von Tuberkelbacillen Wochen beanspruchen.

*Entnahme des Untersuchungsmateriales:* Die Technik der *Materialentnahme* vom Kranken oder von der Leiche richtet sich durchaus nach dem Zweck. So wird die Entnahme zur Anstellung einer histologischen oder pathologisch-anatomischen Untersuchung in der Regel anders sein als zur bakteriologischen Untersuchung. Bei letzterer ist Grundregel: Größtmöglichste Vermeidung jeder Verunreinigung des Untersuchungsmateriales mit fremden Keimen. Dies ist sowohl bei der Materialentnahme als auch bei der Materialversendung zu bedenken. Daher sterile Entnahme mit ausgekochten oder ausgeglühten Instrumenten, steriles Einbringen in durch Hitze sterilisierte Gefäße und Verschluß dieser Gefäße mit sterilem Stopfen. Nachdem es sich bei den kulturellen Untersuchungen um den Nachweis von lebenden Keimen handelt, ist die Materialentnahme nicht kurz nach der Einwirkung eines Desinfektionsmittels auf den Krankheitsherd vorzunehmen. Die Auswahl des Untersuchungsmateriales und seine zeitgerechte Entnahme (Zeitpunkt des einigermaßen sicheren Vorkommens des Erregers in den Krankheitsherden) hängt von der Art des nachzuweisenden Krankheitserregers ab. Darauf bezughabende Hinweise finden sich im speziellen Teil dieser Abhandlung. Bei der *Versendung* des infektiösen Materiales sind einerseits zur Verhütung einer Seuchenverschleppung etwaige gesetzliche Bestimmungen, wie sie z. B. in Deutschland in den Bekanntmachungen des Reichskanzlers vom 21. 11. 1917 und 17. 12. 1921 bestehen, einzuhalten. Andererseits muß bei der Versendung des Materiales die Haltbarkeit und demnach die

Nachweisbarkeit der Erreger im Untersuchungsmaterial berücksichtigt werden. Die Haltbarkeit der einzelnen Krankheitserreger ist verschieden und hängt überdies ganz wesentlich von der Außentemperatur ab (Überwucherung durch Fäulnisbakterien!). Im Sommer Versendung des frisch entnommenen Materiales unter entsprechender Kühlung mit Eilpost oder Boten bei Berücksichtigung des eingeschränkten Sonn- und Feiertagsdienstes. Faules Material ist für den Nachweis der meisten Krankheitserreger unbrauchbar. In manchen Fällen (Ruhr, Keuchhusten, Spirochätosen) kann es notwendig sein, daß der Praktiker die Untersuchungen wegen der geringen Haltbarkeit der Erreger selbst einleitet (Kulturausstriche auf von der Untersuchungsstelle angeforderten Nährböden, „Hustenplatte", Tierimpfungen) und die angelegten Kulturen oder die infizierten Versuchstiere zur Weiteruntersuchung auf schnellstem Wege dem Laboratorium einsendet.

1. *Blut: Zur kulturellen Untersuchung oder zum Tierversuch.* Sterile Entnahme von 10—20 ccm womöglich während eines Schüttelfrostes oder bei ansteigendem Fieber mittels Spritze, „Behring-Venüle" oder Hämaut durch Venenpunktion. Bei der Leiche Entnahme aus dem Herzen (Kammermuskulatur des rechten Herzens mit heißem Spatel abbrennen — Durchstoßung des Muskels mit sterilem Messer und Blutentnahme mittels Pipette) oder aus der steril geöffneten Schenkelvene. Zur Kultur oder zum Tierversuch ist es notwendig, das Blut in Gefäßen mit Glasperlen zu defibrinieren oder mit gerinnungshemmenden Substanzen zu versetzen (1—10 ccm Blut in 1% Saponin- oder 1% Liquoidlösung). Außerdem kann zum Nachweis verschiedener Krankheitserreger (Typhus, Paratyphus) das Blut sofort in Anreicherungsflüssigkeiten (Galle) eingebracht werden. Mit Nährböden verschiedener Art gefüllte Venülen sind im Handel erhältlich. In anderen Fällen gelingt es, die Erreger aus dem Blutkuchen zu kultivieren. Zum Nachweis von sehr widerstandsfähigen Krankheitserregern (Sporenbildner) kann das Blut auch auf poröses Material zur Aufsaugung gebracht werden (Ziegelstückchen, Gipsstäbchen, Filterpapier).

Zur *serologischen Untersuchung* (5—10 ccm) wird das Blut in gleicher Weise entnommen, gerinnen gelassen und gut verkorkt eingesendet. Bei hochsommerlichen Temperaturen und weiten Transportwegen ist es zum Schutze vor Fäulnis vorteilhaft, nach der Gerinnung des Blutes das Serum steril abzuheben und es in gut verschlossenen (Gummistopfen, Kork) oder zugeschmolzenen Röhrchen zu versenden.

Zur *mikroskopischen Untersuchung* (Entnahme während des Fieberanstieges!) genügen einige Blutstropfen, welche aus der Fingerkuppe (oder besser oberhalb des Nagelpfalzes) oder aus dem Ohrläppchen steril entnommen werden. Untersuchung des Blutes ungefärbt im Dunkelfeld (Spirochätosen) oder gefärbt nach *Giemsa* od. dgl. (Malaria). Zur Versendung von Blutpräparaten müssen besonders hergestellte Ausstriche auf Objektträgern angefertigt werden. Um gute Ausstriche zu erhalten (und nur aus solchen sind einwandfreie Ergebnisse zu gewärtigen), sind vor allem möglichst fettfreie Objektträger zu verwenden. Die Entfettung der Objektträger erfolgt durch längeres Einlegen nach vorheriger guter Reinigung in einer Mischung von Äther-Alkohol oder Chromsäure-Schwefelsäure. Der Blutstropfen wird mit der ganzen Kante eines Deckgläschens abgenommen, in 45°igem Winkel auf dem fettfreien trockenen Objektträger aufgesetzt und (durch Nachziehen des Blutstropfen!) in einem Zuge über den Objektträger ausgestrichen. Herstellung mehrerer dünn ausgestrichener Präparate. Nach gründlicher Lufttrocknung wird der Ausstrich mit

einem ungebrauchten Objektträger bedeckt und zur Versendung beide Gläschen mit Leukoplast verbunden. Bruchsichere Verpackung (nicht in Kuverts — Bruch durch Stempelung auf der Post!). Zum Nachweis von einzelnen Blutparasiten kann als Anreicherungsverfahren die Methode des *„dicken Tropfens"* verwendet werden: 2—3 große Blutstropfen werden auf einer pfenniggroßen Fläche eines entfetteten Objektträgers ausgestrichen und lufttrocknen gelassen.

2. *Eiter, Exsudate, Transudate* werden in Mengen von 1—2 ccm (bei Aktinomykose- oder Tuberkuloseverdacht mehr!) mit sterilen Spritzen oder Pipetten entnommen und in sterile starkwandige mit Korken oder Gummistopfen verschließbare Eprouvetten abgefüllt. Spärlich vorhandenes Material kann z. B. auf angefeuchteten Tupfern (angefeuchtet mit physiologischer Kochsalzlösung!) vor Eintrocknung bewahrt werden. Die Tupfer werden zur Versendung in gut verschlossene starke Eprouvetten gebracht. Unter Umständen genügt es auch, dünne Ausstriche auf Objektträgern anzufertigen und nach Lufttrocknung zu versenden. *Liquor cerebrospinalis* (Entnahme durch Lumbalpunktion!) wird wie Blut versendet.

3. Material aus den *oberen Atemwegen* wird mit Stieltupfern entnommen und, vor Eintrocknung geschützt, in sterilen Eprouvetten versendet. Wegen der Hinfälligkeit verschiedener Krankheitserreger ist es manchmal notwendig, die Materialverarbeitung am Ort des Kranken durchzuführen. Zweckmäßig ist dann z. B. die Anlegung von „Hustenplatten": Von der Untersuchungsstelle angeforderte Nährbodenplatten werden in Entfernung von 10—15 cm vom Kranken eine Viertelminute bis eine halbe Minute angehustet.

4. *Sputum* muß möglichst frei von Speichel oder Mundflüssigkeit (Gurgelwasser!) gewonnen werden; am besten Morgensputum. Versendung in sterilen, gut verschließbaren Glasgefäßen. Spezialgefäße können angefordert werden. Gleicherweise wird Bronchialschleim von Leichen versendet.

5. *Mageninhalt* (ausgehebert oder erbrochen), *Duodenalsaft, Gallenflüssigkeit* werden in größerer Menge in Glasgefäßen versendet. Von Leichen wird *Mageninhalt* in Pulvergläsern versendet.

6. *Stuhlproben* und *Darminhalt* aus verschiedenen Darmabschnitten werden in besonderen Stuhlversandgefäßen versendet. Von geformtem Stuhl genügt ein haselnußgroßes Stück, von flüssigen Faeces genügt es, das Versandgefäß 1—2 cm hoch zu füllen. Bei Untersuchung auf Bacillenruhr ist es angezeigt, die Kulturen sofort nach der Faecesentnahme anzulegen. Bei Massenuntersuchungen (Fahndung nach Bacillenausscheidern!) Achtung auf Unterschiebung fremder Faeces! Darmschlingen von der Leiche werden abgebunden und in sterilen Pulvergläsern versendet.

7. *Urin:* Am besten Morgenharn (20—50 ccm), die ersten Portionen nicht verwenden; Reinigung der Uretralöffnung! In verschiedenen Fällen ist die Untersuchung von Katheterharn (Blasen- oder Ureteren-Harn) z. B. zur Feststellung der Tuberkulose, Sepsis usw. unerläßlich. Wiederholte Einsendung von 5—10 ccm ist unter Umständen notwendig. Probenentnahmen dürfen nicht kurz nach einer Behandlung der Harnwege mit Desinfektionsmitteln erfolgen.

8. *Haut:* Von Hautaffektionen stammendes Material (Haare, Borken, Schuppen) wird trocken in gut verschließbaren Glasgefäßen oder zwischen Glasplatten oder sonstwie gut verpackt, versendet. Von nichtbehandelten Stellen entnehmen!

9. *Leichen-Organe:* werden in größeren Stücken in sterilen Pulvergläsern versendet, damit der Unter-

sucher die Möglichkeit besitzt, aus der Tiefe der Organe die notwendigen Proben zu entnehmen.

### Spezieller Teil.

**Staphylokokken.** Die Staphylokokken oder Traubenkokken sind in der Natur ungemein weit verbreitet. Sie stellen keine einheitliche Bakterienart dar, sondern bilden eine aus verschiedenen Typen zusammengesetzte Gruppe. Eine präzise Einteilung der St. in saprophytische und parasitische kann nicht gut durchgeführt werden, da Überschneidungen vorkommen. Auf keinen Fall dürfen Schlüsse auf die Pathogenität eines St. nach der Farbe seiner Kultur (St. pyg. albus, flavus, aureus usw.) gezogen werden. Nach *Groß* erfolgt die Einteilung der St. in der zusammenfassenden Bewertung der mit lebenden Keimen durchgeführten Intracutanreaktion bei Kaninchen (leichte Rötung bis Nekrosen) sowie der Feststellung des hämolytischen und plasmakoagulierenden Vermögens. Saprophytische Kokken sollen weder gewebeschädigende noch hämolytische oder plasmakoagulierende Eigenschaften besitzen. Die St. erscheinen als kugelige Gebilde, die namentlich in flüssigen Kulturen zu traubenförmigen Klumpen vereinigt sind. In Eiterausstrichen sind sie einzeln oder in Haufen liegend, aber auch intracellulär gelagert. Die Kultur des St. gelingt auf allen gebräuchlichen Nährböden innerhalb von 16—24 Stunden. Nachdem die St. sehr häufig als Mischinfektionserreger anzutreffen sind, ist bei der bakteriologischen Diagnose darauf Bedacht zu nehmen. Zur bakteriologischen Untersuchung wird Eiter in größeren Mengen (2—3 ccm) versendet. Geringe Eitermengen können mit Stieltupfern abgenommen werden. Bei Sepsisverdacht ist Blut während des Fieberanstieges zu entnehmen. Zum Nachweis der Kokken im Blut werden je 1, 3, 5 ccm Blut in je 50 ccm einer 1%igen Saponinbouillon eingebracht und die Kölbchen handwarm an das Laboratorium versendet. Auch die „Harnkultur" führt bei septischen Prozessen, vorausgesetzt, daß von Begleitbakterien freier Katheterharn verwendet wird, häufig und rasch zu verwertbaren Resultaten. Bei Autopsien sind vor allem Abstriche und Kulturen von den vorhandenen Eiterherden anzulegen; daneben sind die Kulturen aus Milz und Herzblut von besonderer Wichtigkeit. Das Ergebnis ist im allgemeinen in 24—48 Stunden zu erwarten. ·

**Streptokokken.** Streptokokken sind meist grampositive Kokken mit der Eigenart, mehr oder minder lange Kettenverbände zu bilden. Diese Kettenbildung ist hauptsächlich in Exkreten, in Eiter sowie in flüssigen Kulturen zu beobachten, wogegen sie weniger deutlich bei Str. eintritt, welche auf festen Nährböden gezüchtet wurden. Die Str. sind etwa 1 μ groß, unbeweglich und mit den gebräuchlichen Anilinfarbstoffen gut färbbar. Zur *Kultur* der Str. werden mit Vorteil blut- oder serumhaltige Nährböden verwendet. Die Str. bilden auf festen Nährböden meist kleine, stecknadelkopfgroße aber auch größere Kolonien. Es kommen neben aeroben anaerobe Arten, neben pathogenen saprophytische Arten vor. Manche Str. bilden Hämolysine, welche auf festen oder in flüssigen bluthaltigen Nährböden feststellbar sind; sie sollen auch in vivo in Erscheinung treten. Ansonst ist über die Toxinbildung der Str. noch wenig bekannt. Die Str. sind keine sog. „gute Art", sondern bilden eine Gruppe verschiedener Arten, deren Diagnose (nach ihren morphologischen, biologischen, serologischen und pathogenetischen Eigenschaften) oftmals auf große Schwierigkeiten stößt. Nach *Gundel* können die Str. innerhalb von zwei Arten (stabile und labile) in sechs Gruppen eingeteilt werden: *Stabile Arten*, 1. Gruppe *Str. pyogenes hämolyticus*, der wichtigste Entzündungs- und

Eitererreger, 2. Gruppe: *Str. viridans*, Erreger der Endokarditis lenta mit besonderen Eigenschaften ausgestattet, 3. Gruppe: *Str. lanceolatus* (pneumococcus) (siehe später), 4. Gruppe: obligat *anaerobe* Str. mit putrifizierenden (*Str. putrificus*) oder eitererregenden Eigenschaften: bei Puerperalfieber, Tonsillitis, Otitis usw. *Labile Arten:* 5. Gruppe: Gruppe der *pleomorphen, nichthämolytischen* Str. aus Mund, Darmkanal (*Enterokokken*) und Milch mit zum Großteil fraglicher primärer Pathogenität. 6. Gruppe: Gruppe der übrigen *anhämolytischen Str.*, welche ubiquitär vorkommen und nur gelegentlich als Krankheitserreger gefunden werden. Die Str. sind primäre Krankheitserreger (Wundinfektionen, Erysipel, Entzündung und Eiterung in allen Organen [Pneumonien, Empyem, Gangrän, Enteritis, Peritonitis, Puerperalfieber], Sepsis), weiters gefährliche Mischinfektionserreger bei Diphtherie, Gelenksrheumatismus, Tbc, Pocken, Masern usw.

Die *bakteriologische Diagnose* der Streptokokkeninfektionen ist oftmals mit einem gewöhnlichen Färbepräparat aus den veränderten Organen oder den Sekreten zu erbringen. Zum Nachweis in Blut (Entnahme während des Fiebers oder Schüttelfrostes!) werden größere Mengen (30 ccm) entnommen oder zu 1, 3 und 5 ccm in je 100 ccm 1%iger Saponinbouillon oder 1—2% Liquoidlösung versendet. Ohne klinische Erscheinungen beweist der Nachweis von Str. im Blut nicht ohne weiteres, daß eine Sepsis vorliegt.

**Pneumokokken** (*Str. lanceolatus*). Unter den verschiedenen durch Pnk. hervorgerufenen Erkrankungen (Otitis, Meningitis, Conjunctivitis, Ulcus serpens, Endo- und Perikarditis, Cystitis usw.) sind die genuinen Pneumonien am wichtigsten. Die Pnk. besitzen nicht die kugelrunde Form der Staphylokokken sondern sind gestreckt, von sog. „lanzettförmiger" Gestalt. Die Pnk., die in Form und Größe ganz erheblich variieren können, sind meistens zu zweien gelagert, seltener zu kurzen 4—6gliederigen Ketten aneinander gereiht. Sie sind sporenlos, unbeweglich, und weisen als differentialdiagnostisch wichtiges Charakteristicum nach entsprechender Färbung eine Kapsel auf. Zur Züchtung der Pnk. eignen sich besonders bluthaltige Nährböden, auf denen der Kokkus in Form kleinster Kolonien wächst. Von den Streptokokken unterscheidet sich der Pnk. durch seine geringe Widerstandsfähigkeit gegen Galle und gallensaure Salze sowie biochemisch und serologisch. Nach dem antigenen Verhalten werden bei den Pnk. mehrere Typen unterschieden (Typ I, II, III [*Pneumococcus mucosus*] und zahlreiche zur Gruppe IV oder X vereinigte Typen), deren genaue Bestimmung zur Klärung ätiologischer und epidemiologischer Fragen wichtig und zur Einleitung einer typ-spezifischen Sero- oder Vaccinetherapie bei dem Kranken in jedem Falle unbedingt notwendig ist. In Deutschland werden bei dem durch Pnk. hervorgerufenen lobären Pneumonien und primären Otitiden und Meningitiden fast nur die Typen I und II gefunden, wogegen bei den lobulären Pneumonien meist Typen der Pnk. Gruppe IV nachzuweisen sind. In der Gruppe IV finden sich zahlreiche auch ubiquitär vorkommende Typen. Der Typus III (*Pnc. mucosus*) ist häufig Erreger von Otitiden.

*Bakteriologische Diagnose:* Im Sputum von frischen Pneumonien lassen sich nach Gram- oder Fuchsinfärbung massenhaft Pnk. nachweisen, welche in alten Fällen meist durch Mischbakterien überdeckt werden. Zur Diagnose wichtig ist auch die Kultur der Pnk. auf mit Blut bereiteten Nährböden sowie der bei weißen Mäusen angestellte Tierversuch: Mit Pnk.haltigem Material gespritzte Mäuse (intraperitoneal) sterben innerhalb 36—48

Stunden an einer Pneumokokkensepsis (Nachweis im Herzblut). Zur Typendiagnose sind verschiedene Schnellverfahren angegeben (Agglutination und *Neufeldsche* Quellungsreaktion), mit deren Hilfe die Typendiagnose innerhalb von 8 bis 10 Stunden, aber auch sofort erfolgen kann. Zur Untersuchung dienen Sputum, Punktate, Venenblut, Bindehautsekret (Ulcus serpens!), Eiter usw. sowie Organteile. Wegen des mitunter schwierigen Nachweises von Pnk. in Sputum oder Exkreten sind wiederholte Untersuchungen notwendig.

Außer den Pnk. kommen als Pneumonieerreger auch andere Mikroorganismen in Betracht (Streptokokken, Influenzabacillen, Micrococcus catarrhalis usw.), unter denen auch von größerer Wichtigkeit die *Friedländerschen Kapselbacillen* (*Bact. pneumoniae*) sind. Bei den *Friedländer-Bacillen*, welche auch als Erreger von Entzündungen und Eiterungsprozessen der meisten Organe eine gewisse Rolle spielen, handelt es sich um gram-negative, unbewegliche, kapselbildende Bakterien, welche auf allen gebräuchlichen Nährböden üppig gedeihen.

**Meningitis epidemica cerebrospinalis** (*Genickstarre*). Die M.e.c. ist eine durch den *Meningococcus intracellularis* bedingte Entzündung der Hirnhäute. Der Meningokokkus (Mk.) ist ein dem Gonokokkus sehr ähnlicher semmelförmiger Diplokokkus. Im trüben Liquor finden sich die Keime öfters in Tetraden und liegen teils intra-, teils extracellulär. Sie sind gut färbbar mit alkalischem Methylenblau, gram-negativ, wobei manche Kokken stärker, manche schwächer die Kontrastfärbung annehmen. Leuchtend scharlachrot treten sie nach der *Unna-Pappenheim*färbung aus dem blaßgrünen Fibrinnetz hervor. Sie bilden keine Kapsel oder Sporen und sind unbeweglich. *Die Kultur* der Mk. gelingt auf Agar, dem natives Eiweiß (Serum, Ascites) zugesetzt wurde. Die Differenzierung der Mk. von anderen morphologisch sich gleich verhaltenden Diplokokken geschieht durch die genaue kulturelle, biologische und serologische Untersuchung. Zur *bakteriologischen Diagnose* eignen sich Liquor, Eiter von der Hirnbasis oder solcher von metastatisch-pyämischen Abscessen, und schließlich noch Hautstückchen, welche Exanthembezirke aufweisen. Erfolg verspricht nur die mit frischem Material angelegte Kultur. Die Mk. können auch von der Schleimhaut des Nasen-Rachenraumes, vom Endokard, wie auch aus dem Herzblut und der Milz kultiviert werden. Da die Kokken in kürzerer Zeit zugrunde gehen, ist eine rasche Übersendung notwendig. Die Anlegung von Kulturen von länger als zwei Tage abliegenden Leichen ist zwecklos.

**Milzbrand** (*Anthrax*). Der Milzbrand ist eine Infektionskrankheit der Haustiere, besonders der Wiederkäuer (Rind, Schaf) und der Pferde. Übertragung auf den Menschen in der Regel durch Kontakt mit Rohprodukten milzbrandkranker Tiere (Fleisch, Haare, Wolle, Borsten usw.). Berufskrankheit der Tierärzte, Fleischer, Leder- und Bürstenarbeiter usw. Der Erreger des *Mb.*, *Bac. anthracis* (Milzbrandbacillus) ist ein kräftiges (3—10 $\mu$ lang) unbewegliches Stäbchen im frischen Material einzeln liegend oder zu kürzeren Ketten aneinandergereiht. Lange Ketten finden sich meistens in Kulturen. Die Färbung gelingt mit allen gebräuchlichen Farbstoffen, gram-positiv. Nach geeigneter Färbung (Methoden nach *Olt, Johne, Burri, Giemsa*) läßt sich bei den im Gewebe liegenden, nicht aber bei Kulturbakterien um den Bacillenleib eine Kapsel nachweisen (Achtung bei Verwechslung mit Retraktionsserumhöfen). Die Kapselbildung ist charakteristisch, aber nicht spezifisch für den Mbbac., da auch bei manchen Fäulnisbakterien eine Kapsel nachweisbar ist. Der Mbbac. bildet bei Gegenwart von freiem Sauerstoff und bei Temperaturen zwischen

43° und 16° C in 16—50 Stunden (abhängig von der Temperatur!) sehr widerstandsfähige Sporen. Innerhalb des lebenden Organismus oder in der ungeöffneten Leiche tritt keine Sporenbildung ein. Der Mbbac. bildet Sporen in den der Luft ausgesetzten Geweben, Gewebsflüssigkeiten, Blut und Faeces (Bedachtnahme darauf bei Operationen oder Sektionen — Verseuchung des Bodens!).

*Bakteriologische Diagnose:* Bei sicher frischem Material gelingt der Nachweis durch mikroskopische Untersuchung von Ausstrichpräparaten aus Blut (erst in den späteren Stadien der Krankheit — Milzbrandsepsis), Organen, Eiter (bei Mischinfektionen mit Staphylokokken oder anderen Eitererregern), Lymphdrüsenpunktat, Karbunkelsaft (bei der Entnahme ist zu bedenken, daß bei Eröffnung der Blut- und Lymphwege aus der lokalen Erkrankung eine generalisierte Infektion entstehen kann!). In nicht sicher frischem Material ist wegen der leichten Verwechslung der Milzbrandbacillen mit ähnlich aussehenden Fäulnisbakterien die alleinige mikroskopische Untersuchung ungenügend. Daher ist weiter die kulturelle Untersuchung und der Tierversuch notwendig. Die *Kultur* des Mbbac. gelingt auf allen gebräuchlichen Nährböden innerhalb 20 Stunden. Zum *Tierversuch* werden weiße Mäuse, Meerschweinchen oder Kaninchen cutan oder subcutan mit dem verdächtigen Material (Blut, Gewebsaft, Organe usw.) infiziert. Tod der Tiere in 1—2 Tagen, Nachweis der Milzbrandbacillen im Herzblut der gestorbenen Tiere. In stark *faulem* Material gelingt wegen der Zerstörung der Milzbrandbacillen durch den Fäulnisprozeß der Nachweis der Erreger weder kulturell noch mittels des Tierversuches. In solchen Fällen kann die Diagnose noch mittels des Präcipitinogennachweises (Thermopräcipitationsmethode nach *Ascoli*) erbracht werden. Diese Methode, die darin besteht, daß bei Überschichtung von Milzbrandserum mit Kochextrakten von Milzbrandorganen an der Berührungsstelle der beiden Flüssigkeiten eine Trübung auftritt, gibt auch mit Material, welches monatelang in Alkohol aufbewahrt worden war, noch verwertbare Ergebnisse. Weiteres Untersuchungsmaterial sind: *Sputum* zur mikroskopischen und kulturellen Untersuchung bei Verdacht auf Lungenmilzbrand (Haderrnkrankheit — Woolsorters disease), *Faeces* bei Verdacht auf Darmmilzbrand; zur evtl. Klarstellung der Epidemiologie: *Tierhaare, Borsten* (Rasierpinsel), *Häute, Wolle, Lumpen, Abwässer, Schlamm*. Wegen des mitunter schwierigen Nachweises der Milzbrandbacillen in unbelebten Materialien (Staub, Haare, Erde usw.) ist lediglich der positive Befund beweisend.

*Materialversendung:* Zur mikroskopischen Untersuchung werden Blut- oder Gewebsausstriche, an Deckgläschen oder Objektträger angetrocknet, versendet. Zur kulturellen Untersuchung werden Blut, Gewebsbrei usw. in dicker Schicht zur beschleunigten Sporenbildung auf porösem Material wie auf Filtrierpapier, sterilisierte Kreide- oder Ziegelstückchen, Gipsstäbchen (käuflich) oder zwischen einer geteilten gekochten Kartoffel aufgetragen.

**Gasbrand** (*Gasödem, Gasphlegmone*) (vgl. d. Art.: Gasbrand). Die Gasödemerkrankungen, welche meist nach ausgiebiger Zertrümmerung des Gewebes, seltener nach leichteren Verletzungen (auch Injektionen) oder nach Magen-Darmoperationen, diabetischer oder sklerotischer Gangrän usw. auftreten, werden durch verschiedene luftscheue (anaerobe) Bacillenarten hervorgerufen. Bei diesen Bacillen, deren Vorkommen im Warmblüterdarm Regel ist, handelt es sich nicht um echte Infektionskrankheitserreger, sondern um sog. toxikogene Saprophyten, die unter Umständen auch in Wunden ohne Gasbrand nachzuweisen sind. Bei der ubiquitären Verbreitung der Gasbranderreger (Hautoberfläche, Darminhalt, Erde usw.) muß angenommen werden, daß zum Ausbruch des Gasbrandes neben der Eintrittspforte für die Erreger auch die notwendige Disposition vorhanden sein muß. Die Gasbranderreger sind kräftige Stäbchen, entweder beweglich oder unbeweglich (*Fränkelscher* Gasbrandbacillus), gram-labil und obligate Anaerobier. Sie bilden sehr widerstandsfähige Sporen (Haltbarkeit der Sporen in Alkohol sehr groß! Die Verwendung von Injektionsspritzen oder -nadeln, die unter Alkohol aufbewahrt wurden, ohne vorhergehendes Auskochen kann als Kunstfehler bezeichnet werden!). Nach Einhaltung der von *Zeißler* angegebenen Züchtungsmethode lassen sich bei den einzelnen Gasbranderregern spezifische Wuchsformen auf der Traubenzucker-Blutagarplatte nachweisen. Durch die Feststellung der kulturmorphologischen Eigenschaften in Verbindung mit dem biochemischen Verhalten und der Pathogenität für Meerschweinchen (differentes Krankheitsbild) wird nach *Zeißler* die Art der Gasbranderreger bestimmt. Die verschiedenen Gasbranderreger bilden artspezifische Toxine mit nekrotisierenden, proteolytischen oder hämotoxischen Eigenschaften. Beim Gasbrand können folgende Bacillenarten angetroffen werden: 1. *Welch-Fränkelscher* Gasbrandbacillus (B. *aerogenes capsulatus* s. B. *phlegmonis emphysematosae* s. B. *perfringens*): der häufigste Gasbranderreger beim Menschen. 2. *Bac. oedematiens* (*Novyscher Bacillus* des malignen Ödems). 3. *Pararauschbrandbacillus* (*Vibrio septicus* s. *Koch-Gaffkyscher* Bacillus des malignen Ödems). 4. *Bac. histolyticus*, *B. Gigas* und eine Reihe anderer anaerober Bacillen mit zum Teil fraglicher Pathogenität.

*Bakteriologische Diagnose:* Mikroskopisch läßt sich bei Gasbrand in den oberflächlichen Schichten ein Bakteriengemisch und erst in der Tiefe mehr minder deutlich eine morphologisch oder färberisch einheitlichere Bakterienflora nachweisen. Zur näheren Bestimmung der Gasbranderreger genügt die mikroskopische Untersuchung nicht. Gute Ergebnisse liefert dagegen die vom Spezialisten durchgeführte kulturelle Untersuchung. Zur Einsendung gelangen frisch entnommenes Muskelgewebe, Gewebssaft und auch Venenblut. In Leichenorganen (Leber, Milz, Blut) können durch Fäulnisbakterien die Gasbranderreger überwuchert werden, weshalb im Falle der notwendigen Versendung nach entfernter liegenden Untersuchungsanstalten bei hohen Außentemperaturen die Organe in einem Trockenapparat schnell getrocknet werden sollen. Bei Leichenmaterial ist auch die mögliche agonale oder postmortale Einwanderung von Gasbranderregern aus dem Darm zu bedenken; die gasbrandauslösenden Bacillen müssen nicht unbedingt von außen (durch Erde, Holzsplitter, Geschosse usw.) stammen, sondern können z. B. auch aus dem verletzten Darm, der Scheide (artifizieller Abort!) und anderen Körperhöhlen herrühren.

**Tetanus** (*Starrkrampf*) (vgl. d. Art.: Tetanus). Der Erreger des Tetanus, der *Bac. tetani* (*Nicolaier-Kitasato*) ist ein 4—8 μ langes Stäbchen, das in Kulturen endständige Sporen hoher Hitzeresistenz bildet. Der durch die größere Spore aufgetriebene Bacillenleib erhält die für den Tetanusbacillus charakteristische, aber keineswegs spezifische „Trommelschlegel- oder Stecknadel"-Form. Der Tetanusbacillus ist lebhaft beweglich; er ist mit allen Anilinfarbstoffen gut färbbar und ist gram-labil. Die Züchtung des Tetanusbacillus gelingt nur unter streng anaeroben Kulturbedingungen, d. h. bei völligem Luftabschluß. Der Tetanusbacillus bildet lösliche Toxine und zwar das spezifische Krampf erzeugende Tetanospasmin und das hämolytisch wirkende

Tetanolysin. Der Starrkrampferreger gehört zu den ständigen Darmbewohnern des Rindes, des Pferdes und auch des Menschen und findet sich in Sporenform in der Außenwelt meist im kultivierten Boden vor.

Die *bakteriologische Frühdiagnose* ist wegen der verhältnismäßig langen Zeit, die sie bedarf, kaum praktisch durchführbar, wie überhaupt die bakteriologische Diagnose des Starrkrampfes namentlich bei unsicherer oder unbekannter Infektionspforte (rheumatischer oder idiopathischer Tetanus) oftmals sehr unsicher ist. Die mikroskopische Untersuchung gefärbter Ausstrichpräparate von Wundsekret oder Eiter (bei Mischinfektionen mit Eitererregern) ist einerseits wegen des in der Regel spärlichen Vorkommens der Erreger und andererseits wegen des möglichen Vorkommens von morphologisch ähnlichen Saprophyten nur selten beweiskräftig. Die wichtigste Nachweismethode ist bei bekannter Eintrittspforte der mit Wundsekret usw. bei weißen Mäusen oder Meerschweinchen durchgeführte Tierversuch. Zur diagnostischen Tierimpfung werden stets mehrere Versuchstiere subcutan oder intramuskulär mit Wundsekret, Uterussekret (krimineller Abort!), Eiter, Gewebsteilen aus der Tiefe der Wunden usw. infiziert. Der Nachweis von Tetanusbacillen kann auch mit in Wunden gefundenen Fremdkörpern (Holzsplitter, Dornen, Filzpfröpfe von Platzpatronen, Nadeln usw.) oder mit verdächtigem Material (Injektionsgelatine, Nähmaterial, Injektionsflüssigkeit, eingeheilte Fremdkörper [ruhende Infektionen] usw.) mittels des Tierversuches erbracht werden. Bei Tetanusfällen nach Darmoperationen ist zu beachten, daß Tetanus auch durch Tetanusbacillen aus dem Darmkanal entstehen kann und nicht auf infiziertes Nähmaterial zurückgeführt werden muß. Obwohl der Tetanusbacillus meist nur an der Infektionsstelle nachweisbar ist, konnte er doch in mehreren Fällen im Blute und in den Innenorganen von Kranken nachgewiesen werden. Der Tod der Versuchstiere kann zwischen 24 Stunden bis 8 Tagen erfolgen. Zur Diagnose „Tetanus" genügt allerdings die Feststellung der ersten Tetanussymptome (Schreckhaftigkeit, Lähmungen, Krämpfe) bei den Versuchstieren. Zur Unterstützung des Tierversuches wird auch die Kultur des Tetanusbacillus mit den angeführten Untersuchungsmaterialien angelegt, welche mehrere Tage beansprucht. Wegen des Vorkommens von dem Tetanusbacillus morphologisch ähnlichen Saprophyten müssen die erhaltenen Kulturen stets mittels des Tierversuches auf ihre Giftigkeit geprüft werden. Der immerhin mögliche Nachweis von Toxinen oder (bei gutartigem Verlauf der Erkrankung) von Antitoxinen sowie von spezifischen Agglutininen (bei chronischem Tetanus) im Blutserum des Kranken spielt bei der praktischen Diagnose des Tetanus keine Rolle.

**Botulismus** (*Allantiasis*). Der Bl., fälschlich als Wurstvergiftung bezeichnet, ist eine reine Vergiftung durch Endotoxine des Bac. botulinus (*van Ermengen*), welche der Bacillus in einem Nahrungsmittel gebildet hat (Fleisch, Wurst, Fische, Krustentiere, Gemüsekonserven). Der Bac. botulinus ist kein *infektiöser* Mikroorganismus, sondern ein sog. toxikogener Saprophyt, der in kultiviertem Boden und auch im Kote gesunder Menschen und Tiere gefunden werden kann. Der Bac. bot. ist ein kräftiges 5—10 μ langes Stäbchen, lebhaft beweglich, gram-labil, er bildet sehr resistente mittel- oder endständige Sporen (nach *Zeißler:* Dampfresistenz 2 bis 3 Stunden). Die *Kultur* des Bac. gelingt bei 25 bis 35° C nur bei völligem Luftabschluß (obligater Anaerobier), weshalb der Bac. auch nur in solchen Nahrungsmitteln gedeihen kann, welche ungenügend erhitzt und durch längere Zeit aufbewahrt wurden.

Die mitunter in die Innenorgane von Kranken verschleppten Sporen können dort auskeimen, ohne daß aber die entstandenen vegetativen Formen sich dort vermehren würden. Das vom Bac. bot. nur bei Temperaturen unter 35° C (also nicht bei Körpertemperatur des Menschen) erzeugte Toxin ist thermolabil und ist das stärkste unter den bekannten Bakterientoxinen. Seine Bildung ist von den Züchtungsbedingungen und von der Art der Nährböden abhängig. Auf Grund des verschiedenen antigenen Verhaltens der Toxine werden beim Bac. bot. vier Typen (A, B, C und D) unterschieden, worauf bei der *Serumtherapie* Bedacht zu nehmen ist. In Europa ist die Ursache des Bl. meist der Typus B (Fleisch und Fleischkonserven); in Amerika kommen die Fälle meist nach Genuß von Gemüsekonserven und durch den Typus A zustande.

*Bakteriologische Diagnose:* Zu der besonders in Einzelfällen schwierigen Diagnose des Bl. dienen:

1. das *verdächtige Nahrungsmittel:* Fleisch, Fische, Konserven usw. Die Konserven erscheinen *mitunter* erweicht, sind von säuerlichem Geruch und von Gasblasen durchsetzt (Auftreibung des Deckels). Das Material dient zum bakteriologischen Nachweis des Bac. bot. und zum Toxinnachweis. Zum Toxinnachweis werden die verdächtigen Nahrungsmittel an weiße Mäuse oder Meerschweinchen, verfüttert, oder es werden aus den verdächtigen Nahrungsmitteln bakterienfreie filtrierte Extrakte hergestellt, welche dann den Versuchstieren in geeigneten Mengen parenteral einverleibt werden. Die Tiere sterben unter Lähmungserscheinungen innerhalb von 2—3 Tagen.

2. *Mageninhalt* (erbrochen oder ausgehebert) zur bakteriologischen Untersuchung und zum Toxinnachweis. Wegen der bestehenden Atonie des Magens bleiben die Speisen stunden-, selbst tagelang im Magen liegen.

3. *Defibriniertes Venenblut* (10—20 ccm) zum Toxinnachweis (Blut in den ersten Krankheitstagen entnommen!) oder zum Antitoxinnachweis nach längerer Krankheitsdauer. Der Antitoxinnachweis wird im Tierversuch durch die etwaige Schutzwirkung des Patientenserums gegen eine Toxineinspritzung versucht (kann nur in speziell darauf vorbereiteten Instituten durchgeführt werden). Zum Toxinnachweis im Patientenblut darf knapp vorher kein Antiserum gespritzt worden sein.

4. Von der *Leiche* werden *Innenorgane* (Milz, Leber, Darmschleimhaut) zur bakteriologischen Untersuchung (evtl. postmortale oder agonale Verschleppung von Sporen oder Keimen mit dem Blute in die Innenorgane!), sowie Magen- und Darminhalt zur bakteriologischen Untersuchung und zum Toxinnachweis herangezogen. Der Nachweis des Bac. bot. im Darminhalt ist sehr schwierig und ist außerdem wegen des möglichen saprophytischen Vorkommens nicht unbedingt beweisend.

Wegen der Schwierigkeit des Nachweises des Bac. bot. sind nur positive Befunde beweisend, so daß ein negativer Befund bei bestehenden Symptomen des Bl. den Verdacht nicht beheben kann. In atypischen und unklaren Fällen ist es notwendig, gleichzeitig Blut, Harn und Kot auf Bakterien der Paratyphus-Enteritisgruppe zu untersuchen. Zu beachten ist ferner, daß Atropin- und Fliegenpilzvergiftungen, sowie Methylalkoholvergiftungen, Poliomyelitiden, Encephalitiden unter den Symptomen des Bl. einhergehen können.

**Typhus, Paratyphus, Enteritis** (vgl. d. Art.: Nahrungsmittelvergiftung). Bei Typhus - Paratyphus - Enteritis (T.P.E.) handelt es sich um drei klinisch verschieden verlaufende und epidemiologisch verschieden *zu wertende* Krankheiten, welche durch einander verwandte Erreger hervorgerufen werden.

Die Erreger dieser drei Krankheiten werden heute zur Salmonella-Gruppe (nach dem amerikanischen Bakteriologen *Salmon*) oder nach der in Deutschland noch üblichen Bezeichnung zur Typhus-Paratyphus-Enteritis-Gruppe zusammengefaßt.

Die Bakterien der T.P.E.-Gruppe sind 1—3 $\mu$ lange, 0,5 $\mu$ breite, gram-negative Stäbchen, die keine Sporen bilden und serologisch verwandt sind. Sie sind in der Regel peritrich begeißelt und beweglich. Die weiteren Eigenschaften der Bakterien dieser Gruppe: „Traubenzuckervergärung mit oder ohne Gasbildung, keine Zerlegung von Milchzucker und Saccharose, keine Verflüssigung der Gelatine und keine Indolbildung", können bei Bedachtnahme auf seltene Ausnahmen für die praktische Diagnostik der Bakteriengruppe herangezogen werden. Zur Züchtung der Bakterien der T.P.E.-Gruppe aus Faeces und anderen an Begleitbakterien reichen Materialien werden einerseits Nährböden mit besonderen Zusätzen verwendet, welche das Wachstum von saprophytischen Bakterien (Bact.coli, Enterokokken usw.) hemmen und gleichzeitig das Wachstum der Bakterien der T.P.E.-Gruppe fördern (Brillantgrün, Malachitgrün, Tetrathionat usw.). Andererseits werden Spezialnährböden gebraucht, welche Milchzucker und Indikatoren enthalten, auf denen die Milchzucker nicht vergärenden Bakterien der T.P.E.-Gruppe von den Milchzucker vergärenden saprophytischen Darmbakterien nach der Farbe der Kolonien unterschieden werden können (Nährboden nach *Drigalski, Endo, Gaßner*). Auf den Spezialnährböden verdächtig erscheinende Kolonien werden serologisch (Probeagglutination auf Objektträgern mit spezifischem Antiserum) und kulturell (Prüfung der Vergärung von bestimmten Kohlehydraten und höheren Alkoholen) auf ihre Zugehörigkeit in die T.P.E.-Gruppe geprüft. In diese Gruppe können auf Grund der gemeinsamen Eigenschaften eine sehr große Anzahl von Krankheitserregern bei Mensch und Tier eingereiht werden. Viele dieser Einheiten oder Typen der T.P.E.-Gruppe sind mit besonderen serologischen und kulturellen Eigenschaften ausgezeichnet. Die mitunter zeitraubende Bestimmung des Typus geschieht durch die genaue Untersuchung des Antigenaufbaues (Rezeptorenanalyse) und durch die Bestimmung von feineren kulturellen und biochemischen Leistungen. Jeder Typus der T.P.E.-Gruppe trägt einen bestimmten Namen, der entweder nach der Krankheit, die er erzeugt (Typhus, Paratyphus A, B, C) oder nach dem Ort, wo er erstmalig gefunden wurde (*Newport, Potsdam, Berlin* usw.), oder nach der Tierart, welche er befällt (*Anatum, Abortus equi, Abortus ovis* usw.). gewählt ist. Nach dem serologischen Aufbau der Typen zerfällt derzeit die T.P.E.-Gruppe in 12 Untergruppen mit 58 Typen. Unter diesen Typen finden sich spezifische Krankheitserreger des Menschen (*Typhus, Paratyphus A u. C*), spezifische Krankheitserreger der Tiere und sog. bipathogene für Mensch und Tier gleicherweise krankmachende Erreger (*Paratyphus B, Typhi murium, Newport, Enteritidis Gärtner* usw.). Die genaue Feststellung des Erregertypus, der bei einem Krankheitsfall gefunden wurde, kann demnach wichtige Anhaltspunkte über die Infektionsquelle und die epidemiologischen Zusammenhänge von mehreren Erkrankungsfällen liefern.

*Bakteriologische Diagnose:* (*Typhus, Paratyphus*) *Blut:* Bei Typhus abdom. und bei den typhusähnlich verlaufenden Paratyphen (Paratyphus A, B, C) gelingt der Nachweis der Erreger im Blut und zwar in der ersten Krankheitswoche in 100 % der Fälle, in der zweiten Woche in rd. 58 %, in der dritten Woche in rd. 40 % oder weniger. Mitunter gelingt die Kultur der Erreger aus dem Blute noch in der Rekonvaleszenz. Zur Untersuchung werden 2 bis

3 ccm Blut am besten in Rindergalle versendet (*Behring*-Venüle mit Rindergalle zur Anreicherung der Erreger). Positive Ergebnisse sind mitunter schon nach 24—48 Stunden zu erhalten. Abschluß des Züchtungsversuches nicht nach dem 7. Tage der Anreicherung.

*Verdauungstrakt:* Bei frischen Fällen finden sich die Erreger in den oberen Darmabschnitten am reichlichsten, in Coecum und Rectum am spärlichsten. Die Erreger sind auch im Mageninhalt, in der Speiseröhre und im Mund nachzuweisen; besonders reichliches Vorkommen in der Galle (Untersuchung von Duodenalsaft!) und auch in Mesenterialdrüsen. In den Faeces gelingt der Nachweis der Erreger in der dritten Krankheitswoche, obwohl auch schon während der Inkubationszeit eine Ausscheidung nachgewiesen wurde. Achtung auf symptomlos verlaufende Typhen — Typhus ambul.! Nachdem die Ausscheidung der Erreger mit den Faeces ungleichmäßig erfolgt, sind nur positive Befunde beweisend. Bei bestehendem klinischen Verdacht oder bei Verdacht auf Dauerausscheider sind daher wiederholte Untersuchungen vorzunehmen. (Achtung auf Unterschiebung von Faeces gesunder Personen!)

*Harn:* Meist von der zweiten Woche an findet in rd. 50 % der Fälle eine enorme Bakterienausscheidung durch den Harn statt, die schubweise erfolgt und mitunter jahrelang anhält.

Weitere *Fundorte der Erreger:* Innenorgane, Knochenmark, Roseolengewebssaft, Liquor, Eiter posttyphöser Abscesse. Bei Dauerausscheidern finden sich die Erreger in Galle, Milz, auch Knochenmark.

Der Nachweis der Erreger in Milch und Wasser gelingt nur ausnahmsweise. Solche Infektionsquellen für Typhus sind meist durch die epidemiologische Untersuchung zu klären.

*Serumdiagnose* (*Gruber-Widalsche Probe*): Verwertbare Serumwerte werden mitunter schon in der ersten Krankheitswoche (50 %), fast regelmäßig aber in der zweiten (90 %) und dritten (95 %) Woche erhalten. Serumwerte von 1 : 50 gelten als „zweifelhaft", daher nach einer Woche neuerliche Untersuchung. Bei ansteigendem Serumtiter und einem Serumwert von 1 : 100 ist die Probe als „positiv" zu bewerten. Die höheren Serumwerte von 1 : 1000 und darüber werden gegen Ende der Krankheit, meist in der ersten Zeit der Rekonvaleszenz, erreicht. Titerabfall tritt in der Regel bei Erwachsenen meist 4—5 Monate nach dem Ende der Krankheit, bei Kindern meist früher ein. Früheres Absinken und längeres Hochbleiben der Serumtiter werden beobachtet. Positive Serumwerte werden bei Dauerausscheidern bisweilen auch bei Bakterienträgern beobachtet. Der *exakte* Nachweis von Dauerausscheidern geschieht nur durch den positiven Bakteriennachweis in Stuhl, Harn, Fisteln usw. Im Blutserum von gegen Typhus oder Paratyphus Schutzgeimpften treten ebenfalls Agglutinine auf, welche in der Regel 2—4 Wochen nach der Impfung den Höhepunkt erreichen und nach drei Monaten wieder abfallen. Mitunter bleiben die positiven Serumwerte jedoch jahrelang im Blutserum von Geimpften nachweisbar. Durch heterogene Krankheiten wie Ruhr, Tuberkulose u. a. und auch nach unspezifischen Reizen kann bei Schutzgeimpften der bereits abgesunkene Serumtiter neuerdings beträchtlich ansteigen. Ohne positiven Bacillenbefund oder typische Krankheitserscheinungen kann demnach bei Schutzgeimpften ein positiver „Widal" völlig an Beweiskraft verlieren. Neuerdings wird die Unterscheidung der durch Schutzimpfung erworbenen Agglutinine von den durch die natürliche Infektion entstandenen durch eine besondere Agglutinationsprobe getroffen.

*Enteritis* (vgl. d. Art.: Nahrungsmittelvergiftung).

Neben den besprochenen Erregern aus der T.P.E.-Gruppe, welche in der Regel beim Menschen septische Krankheitsbilder hervorrufen, finden sich außerdem eine Reihe von Typen, welche eine akute Gastroenteritis — das Bild der Nahrungsmittelvergiftung — erzeugen. Der mitunter choleraartige Verlauf und die schweren Vergiftungserscheinungen seitens des Zentralnervensystems können den Verdacht einer kriminellen Vergiftung erwecken (Vergiftungen durch Zink, Cadmium, durch länger aufbewahrte gekochte Kartoffeln und die sog. „*Barbencholera*", durch die zeitweilige Giftigkeit des Barbenrogen). Die bakteriellen Nahrungsmittelvergiftungen werden besonders häufig durch Typen der P.E.-Gruppe hervorgerufen, welche ein Nahrungsmittel tierischer oder pflanzlicher Herkunft durchsetzt und sich darin angereichert haben (Fleisch, Eier spezifisch infizierter Tiere oder nachträglich mit Bakterien der P.E.-Gruppe verunreinigtes Fleisch oder pflanzliche Nahrungsmittel). Wegen des gelegentlichen Vorkommens von Bakterien der Enteritis-Gruppe in den Faeces völlig gesunder Menschen und Tiere, sowie als Begleitbakterien oder Mischinfektionserreger bei Typhus, Lues, Malaria usw. beweist das Vorkommen von Enteritis-Typen in den Ausscheidungen und selbst im Blute des Patienten nicht unbedingt, daß bei den Kranken auch tatsächlich eine Nahrungsmittelvergiftung vorliegt. Der exakte Beweis ist erst dann erbracht, wenn der gleiche Erregertypus sowohl beim kranken Menschen als auch im verdächtigen Nahrungsmittel nachgewiesen wurde (*Boecker*). Unter den zahlreichen Typen, welche bei Nahrungsmittelvergiftungen gefunden wurden, sind die wichtigsten: Typus typhi murium (*Breslau*-Bacillus), Typus enteritidis (*Gärtner*-Bacillus) mit verschiedenen Untertypen und der Typus cholerae suis (Bac. suipestifer). In die „*Gärtner*-Gruppe" gehören auch die zur Rattenvertilgung verwendeten „*Rattenschädlingsbakterien*", welche als *Ratin, B. Danysz, B. Issatschenko, Liverpool-Virus, Virus campagnol* u. a. in den Handel kommen (in Deutschland heute verboten!).

Für eine große Reihe von Enteritis-Typen, welche bei kranken Menschen gefunden werden konnten, steht die Infektionsquelle noch nicht fest.

*Bakteriologische Diagnose:* Wegen des in der Regel raschen Ablaufes der lokalen Darmerkrankungen beim Erwachsenen sind die Aussichten gering, im Blute oder Harn die Erreger nachzuweisen. Bei allfällig sich anschließendem septischen Verlauf gelingt jedoch der Nachweis der Erreger im Blute. Beim Kleinkind verlaufen diese Infektionen typhös, meist mit Pneumonien oder Meningitis, weshalb die Erreger im Blute zu finden sind.

*Verdauungstrakt:* Die Aussicht, die Erreger in den Faeces nachzuweisen, ist um so größer, je früher der Fall zur Untersuchung kommt. Dauerausscheider kommen bisweilen vor. *Serumdiagnose:* In der Mehrzahl der Fälle werden wegen des raschen Verlaufes der lokalen Darmerkrankung keine verwertbaren Ergebnisse mit der „*Gruber-Widalschen*" Probe zu erwarten sein. Trotzdem ist aber auch Blut zur Anstellung der Agglutinationsprobe abzunehmen. Zur *epidemiologischen Erforschung* hat sich das Hauptaugenmerk auf das rohe und auch zubereitete Nahrungsmittel (Fleisch, Wurst, Milch, Eier, Fische usw.) zu richten, das der Untersuchung zuzuführen ist. Die Verhütung der durch Fleisch krank geschlachteter Tiere möglicherweise auftretenden Nahrungsmittelvergiftungen ist Aufgabe der Veterinärmedizin.

Neben den Enteritiserregern können auch andere Mikroorganismen zu Nahrungsmittelvergiftungen Anlaß geben. (*Staphylokokken, B. coli, B. proteus* u. a.) Die alleinige Feststellung dieser Bakterien in Nahrungsmitteln genügt aber nicht für die Annahme, daß diese Ursache einer Erkrankung sind. Der Nachweis der Erregernatur dieser Keime geschieht durch die mit Patientenblut und den fraglichen Keimen angestellte Agglutinationsprobe.

**Dysenterie** (Ruhr). Als Dysenterie werden meist auf die Schleimhaut des Dickdarms beschränkte Entzündungsprozesse bezeichnet, deren Ursachen, klinischer Verlauf und pathologische Anatomie verschieden sind. Bei den seuchenartig auftretenden Dysenterien hat man die, vornehmlich in den Tropen und Subtropen endemische *Amöbenruhr* (Erreger: *Entamoeba histolytica*) von der überall vorkommenden *Bacillenruhr* zu unterscheiden.

Erreger der Bacillenruhr sind eine Reihe untereinander ähnliche Mikroorganismen, welche als *Typen der Ruhrbacillengruppe* auseinander gehalten werden. Obwohl es nicht an gegenteiligen Vorschlägen mangelt, wird am häufigsten der *stark giftbildende Typus Bac. Shiga-Kruse* von den *giftärmeren Typen: Bac. Schmitz*, *Bac. Kruse-Sonne* und die *Flexner-Y-Gruppe* (*Bac. Flexner*, *Bac. Y* [*Hiss-Russel*] und *Bac. Strong*) unterschieden (*Lentz* und *Prigge*). Die Differenzierung dieser Typen wird nach der Kulturform, nach den biochemischen Leistungen (Zucker- und Alkoholvergärung, Indolbildung) und serologisch vorgenommen. In Deutschland scheinen der *Bac. Kruse-Sonne* (sog. *E-Ruhr*) und der *Bac. Y* (Erreger der sog. *Pseudodysenterie der Irren*) die häufigsten Ruhrerreger zu sein. Morphologisch handelt es sich bei allen Dysenterietypen um dicke plumpe, den Coli-Bakterien ähnliche Stäbchen, welche unbeweglich (jedoch lebhafte Molekularbewegung!), sporenlos und gram-negativ sind. Die Kultur der Ruhrerreger gelingt auf allen gebräuchlichen Nährböden. Zur Züchtung der Dysenteriebacillen aus den Faeces werden wie bei den Bakterien der T.P.E.-Gruppe besondere Nährböden, vor allem der Lakmus-Milchzucker-Agar nach v. Drigalski verwendet.

Zur *bakteriologischen Untersuchung* sind vom Kranken in der Regel nur die Faeces (Schleimflocken, Blut, Eiter), von der Leiche Darminhalt, Teile der veränderten Darmwand und auch Mesenterialdrüsen zu versenden. Im Venenblut und im Harn finden sich die Ruhrerreger selten. In der Agonie kann eine Einwanderung der Ruhrbacillen in Milz, weniger oft in Leber erfolgen. Die bakteriologische Diagnose ist bei älteren oder atypischen oder leichten Ruhrfällen, sowie wegen der raschen Überwucherung der Ruhrbacillen durch Darmbakterien nicht immer leicht. Das negative Ergebnis der Faecesuntersuchung kann demnach nicht den bestehenden klinischen Verdacht beheben. Die besten Ergebnisse werden erzielt, wenn zu Beginn der Erkrankung die Beimpfung der Nährböden mit frischen Faeces (evtl. direkt am Krankenbett) erfolgt. Müssen die Faeces versendet werden, so ist es vorteilhaft, diese in eine Mischung von Galle-Bouillon (80:20), einzubringen.

*Serologische Untersuchung:* Im Blutserum von Ruhrkranken fehlen oftmals Agglutinine oder sind zu wenig vorhanden, um diagnostisch verwertet werden zu können. In günstigen Fällen treten die Agglutinine bei Ruhrkranken ab dem 7. Krankheitstage auf. Die höchsten Werte (1:500 und 1:1000) sind in der Rekonvaleszenz zu finden. Als beweisend gelten Serumwerte bei Infektionen mit: *Bac. Kruse-Sonne:* 1:20, *Bac. Shiga-Kruse* und *Bac. Schmitz:* 1:50, *Bac. Flexner* und *Bac. Y:* 1:100.

**Diphtherie.** Der Erreger der Di., der *Diphtherie-* oder *Löfflerbacillus* (*Corynebact. diphtherica Klebs-Löffler*) ist ein kleines keilförmiges oder bis $8—10\,\mu$ großes Stäbchen, das an den Enden kolbig angeschwollen ist, aber auch Faden und Verzweigungen

bildet. In Präparaten (namentlich Tuschpräparaten) zeigen die Di.-Bac. eine charakteristische ungeordnete Lagerung (Vergleich mit chinesischen Schriftzeichen), wogegen die Pseudo-Di. Bac. sehr häufig eine parallele, pallisadenförmige Anordnung aufweisen. Der Di.-Bac. bildet keine Sporen und ist unbeweglich, er färbt sich gut mit allen Anilinfarbstoffen und ist gram-positiv. Nach Methylenblaufärbung, besonders aber nach Anwendung bestimmter Färbemittel (*Löffler*, *Neisser*, *Gins* u. v. a.) lassen sich beim Di.-Bac. im Innern und an den Polen stärker färbbare Körnchen nachweisen, welche als „*metachromatische*" — oder „*Babes-Ernstsche*" *Körperchen* bezeichnet werden und bei der mikroskopischen Di.-Diagnose von Wichtigkeit sind. Die *Babes-Ernstschen* Körperchen lassen sich bei der überwiegenden Mehrzahl der bei Di.-Fällen gefundenen Di.-Bac. nachweisen. Obwohl das mikroskopische Präparat für den Spezialisten vielfach beweisend ist und auch wichtige Anhaltspunkte für das Vorliegen anderer Erkrankungen (Soor, Plaut-Vincentsche Angina = Spirillen und fusiforme Stäbchen) oder von Mischinfektionen liefert, wird zur Sicherung der Di.-Diagnose dem mikroskop. Verfahren doch meist die Züchtung der Erreger angeschlossen.

Zur Züchtung der Di.-Bacillen, welche im Gegensatz zu Pseudo-Di.-Bacillen auch unter anaeroben Verhältnissen wachsen, werden serumhaltige Nährböden (*Löffler*-Nährboden) verwendet; zur Unterscheidung oder Unterdrückung von saprophytischen Bakterien dienen elektive Nährböden (z. B. die Indikatorplatte nach *Clauberg*). Das Züchtungsergebnis ist zwischen acht Stunden und zwei Tagen zu erwarten.

Der Di.-Bac. bildet Hämolysine und spezifische Toxine.

Zur Unterscheidung der giftbildenden Di.-Bacillen von den Pseudo-Di.-Bac. dient der bei Meerschweinchen durchgeführte diagnostische Intracutanversuch(Lokalreaktion!) und Subcutanversuch: Tod nach 1—5 Tagen, typ. Sektionsbefund (Blutung und Ödem an der Injektionsstelle, Nebennierenhyperämie).

Nach dem pathogenen Verhalten beim Menschen, in Verbindung mit kulturellen und biochemischen Eigenschaften wurden drei Typen des Di.-Bacillus aufgestellt: Typus *gravis* (bei schweren Epidemien gefunden), Typus *mitis* (mehr bei sporadischen Endemien zu finden), Typus *intermedius* (nimmt eine Zwischenstellung ein). Zur Prognosestellung ist die Kenntnis des Typus nicht von Belang. Der *Nachweis* der Di.-Bacillen kann mit verschiedenen Schwierigkeiten verknüpft sein, welche einerseits durch ungeeignetes Untersuchungsmaterial, andererseits durch das Auftreten von Varianten des Di.-Bacillus und das Vorkommen von di.-ähnlichen Bacillen bedingt sind. Bei klinischem Verdacht darf daher mit der Einleitung der therapeutischen Maßnahmen nicht bis zum Eintreffen des bakteriologischen Befundes zugewartet werden! Die Materialentnahme (Beläge aus Rachen und Kehlkopf) soll frühestens zwei Stunden nach der Nahrungsaufnahme oder dem Gurgeln mit desinfizierenden Flüssigkeiten erfolgen. Die Beläge werden mit Stieltupfern abgenommen, welche zur Versendung in sterile Eprouvetten (evtl. nach Zugabe von Serum oder Bouillon [$\frac{1}{2}$—1 ccm]) gebracht werden. Gleicherweise erfolgt die Materialversendung bei Verdacht auf Nasen-Di., Di. der Schleimhäute, bei Wund-Di., oder zur Feststellung von Dauerausscheidern oder Bacillenträgern. Zur Beschleunigung der Diagnose kann der prakt. Arzt den Ausstrich auf bezogenen Serumnährböden selbst durchführen und die beimpften Nährböden zur Weiteruntersuchung einsenden. Eine Einschwemmung von Di.-Bac. in die Blutbahn erfolgt selten; das Eindringen von Di.-Bac. in die Innenorgane geschieht meist in der Agonie.

Bestimmung des Blutbildes (Blutausstrich gefärbt nach *Giemsa*) zum Ausschluß von Monocytenangina oder Angina agranulocytotica!

**Tuberkulose.** Der Erreger der Tuberkulose, *das Mycobact. tuberculosis R. Koch (Bact. tuberculosis, Tuberkelbacillus)* ist ein 1,5—4 $\mu$ langes schlankes Stäbchen, das gerade oder leicht gekrümmt erscheint. Die Tuberkelbacillen liegen in Präparaten entweder einzeln oder zu zweit in V-Form oder zu mehreren vereinigt in typischen Häufchen. Der Tbc.bac. bildet keine Sporen. Wegen der wachsartigen Substanz, aus der Tbc.bac. besteht oder ihn hüllenartig umgibt, färben sich die Tbc.-bac. schlecht an, geben aber den einmal aufgenommenen Farbstoff auch wieder schlecht ab, z. B. auch nicht nach Einwirkung verdünnter Säuren. Darauf beruhen die verschiedenen Färbemethoden (*Ziehl-Neelsen*, *Konrich* u. v. a.) zur Unterscheidung der sog. „säurefesten Bacillen" (zu den ender Tbc.bac., der Leprabacillus u. a. gehören) von den „nicht säurefesten".

In Reinkulturen von Tbc.bac. und auch im tuberkulösen Material (Knochentbc., Eiter kalter Abscesse usw.) finden sich nach entsprechender Färbung neben oder ohne „säurefesten Bacillen" „nicht säurefeste", gram-positive Körnchen (*Muchsche* Granula), deren Bedeutung noch nicht völlig erkannt ist. Nicht geklärt ist auch die Frage des Vorkommens eines filtrierbaren unsichtbaren Stadiums des Tuberkelbacillus, wie dies namentlich von französischen Forschern behauptet wird.

Der Tbc.bac. wächst auf den gewöhnlichen Nährböden nicht und zeigt auch auf den vielen Spezialnährböden, welche zur Züchtung des Tuberkelbacillus angegeben sind (*Petragnani, Löwenstein, Hohn* usw.) erst nach mehreren Tagen (10—14) ein makroskopisch wahrnehmbares Wachstum. Mikroskopisch kann mitunter schon nach vier Tagen eine Vermehrung der Tbc.bac. nachgewiesen werden. (Für die bakteriologische Frühdiagnose von Bedeutung!) Diese Spezialnährböden dienen zur direkten Züchtung der Tbc.bac. aus Krankenmaterial (Blut, Exsudat, Eiter, Sputum usw.).

Der Tbc.bac. wächst auf der Nährbodenoberfläche trocken mörtelartig mit warzenartigen Erhebungen und Falten; der Erreger der Geflügeltuberkulose bildet dagegen öfter einen schleimigen Belag. Von verschiedenen Tbc.kennern wird der Kultur des Tbc.bac. aus Krankenmaterial bei der bakteriologischen Diagnose der Tbc. größere Bedeutung beigemessen als dem mikroskopischen Nachweis und dem Tierversuch. Der Beweis, ob die in einem Material mikroskopisch oder kulturell nachgewiesenen säurefesten Bacillen tatsächlich Tbc.bac. sind oder nicht, kann nur durch den Tierversuch erbracht werden. Als Versuchstiere sind besonders 300—400 g schwere Meerschweinchen geeignet, denen das Untersuchungsmaterial subcutan oder intramuskulär einverleibt wird. Nachdem der Tod der subcutan infizierten Meerschweinchen frühestens nach 3—4 Wochen zu erwarten ist, kann zur Beschleunigung der Diagnose nach dem 10. Tage die intracutane Tuberkulinprobe angewendet werden, oder es werden nach der dritten Woche bei den überlebenden Tieren die geschwollenen Lymphdrüsen exstirpiert und histologisch und bakteriologisch auf Tbc. untersucht. Bei den Tbc.bac. lassen sich mehrere Typen feststellen, die morphologische, biologische und kulturelle Unterschiede aufweisen: *Typus humanus, Typus bovinus, Typus gallinaceus, Typus poikilothermorum (Kaltblütertbc.bac.)*. Für

den Menschen von Bedeutung ist vornehmlich der Typ. humanus; nicht unterschätzt darf aber auch der Erreger der Rindertbc., der *Typ. bovinus* werden. Nicht völlig geklärt ist die pathogene Bedeutung des *Typ. gallinaceus* für den Menschen. Die Kaltblütertbc.bac., deren Zugehörigkeit zu den echten Tbc.bac. überhaupt umstritten ist, spielen in der Pathologie des Menschen keine Rolle. Zu beachten ist, daß neben den säurefesten Parasiten auch saprophytische säurefeste Bakterien vorkommen (in Moos, auf Gräsern, daher auch in Milch und Milchprodukten, im Genitalschleim [*Smegmabacillen*], in Wasserleitungshähnen, Trompetenmundstücken usw.), welche in mikroskopischen Präparaten zu Verwechslungen mit Tbc.bac. Anlaß geben können. Die Unterscheidung dieser Saprophyten von den Tbc.bac. erfolgt durch die Kultur und den Tierversuch (in der Regel apathogen für Meerschweinchen!). Die Bestimmung der verschiedenen Warmblütertypen kann mehrere Wochen beanspruchen.

*Die bakteriologische Diagnose der Tbc.* wird durch die mikroskopische Untersuchung, durch die Kultur und den Tierversuch erbracht.

Zur *Sputumuntersuchung* wird der Morgenauswurf in sterilen Schalen gesammelt oder in Stuhluntersuchungsgefäßen in Mengen von 2—5 ccm versendet. Zum mikroskopischen Nachweis der Tbc.bac. werden mehrere Ausstriche auf ungebrauchten Objektträgern hergestellt, nach *Ziehl* gefärbt und untersucht. Der Nachweis von zahlreichen, typisch gelagerten säurefesten Bacillen im Sputum genügt zur Diagnosestellung. In vielen Fällen ist jedoch vorher eine Anreicherung spärlich vorkommender Tbc.bac. durch Sedimentation notwendig. Die zelligen Anteile des Sputums werden vorher durch Lauge oder besser Antiformin (Mischung von Natriumhypochlorid und Natronlauge) gelöst.

Nachdem die Zahl der ausgeschiedenen Keime schwankt, ist aus der Zahl der festgestellten säurefesten Bacillen kein Schluß auf den Verlauf der Tbc. zulässig. Aus demselben Grunde sind bei negativem mikroskopischen Befund und bestehendem klinischen Verdacht wiederholte Einsendungen von Untersuchungsmaterial notwendig. Bei Kleinkindern, welche das Sputum nur selten aushusten, sondern abschlucken, können ausgeheberter Mageninhalt oder selbst Faeces zum Tbc.baz.-Nachweis dienen.

Der mikroskopische Nachweis von Tbc.bac. in *Faeces* zum Nachweis von Darmtbc. ist schwierig zu erbringen und wegen des möglichen Vorkommens von abgeschluckten Tbc.bac. und von säurefesten Saprophyten in den Faeces reich an Fehlerquellen. *Pleuritisches* Exsudat wird mit Natr. citric. oder Oxalsäure zur Gerinnungshemmung versetzt; Cerebrospinalflüssigkeit wird ambesten in mehreren Röhrchen abgefüllt versendet.

Zur Untersuchung auf *Urogenitaltbc.* dient vor allem Katheterharn (Smegmabacillen!) in größeren Mengen (100 ccm). Zur genauen Feststellung von Nierentbc. wird Ureterenharn in Mengen von 5—10 ccm u. U. wiederholt zur Untersuchung eingesendet. Zur Blutkultur wird defibriniertes Blut in Mengen von 10—20 ccm oder Blut — je 5 ccm in 1, 2 und 3 ccm einer 2%igen Liquoidlösung — versendet. Von der *Leiche* können Milz, Lunge, Knochenmark, Lymphdrüsen, Herzblut zur Untersuchung eingesendet werden.

Außer der Tuberkulinprobe können zur Diagnose der Tbc. auch *serologische Methoden* angewendet werden, von denen die Komplementbindungsreaktion und die *Meinicke*sche Tuberkulin (Flockungs-)-reaktion am meisten versprechen.

**Lepra** (*Aussatz*). Erreger der Lepra ist der *Bac. leprae (Hansen)*. Es ist dem Tuberkelbacillus ähnlich, ist aber plumper als dieser (4—6 $\mu$ lang). Zum

Nachweis der Leprabacillen im Gewebe eignen sich am besten die Färbung nach *Ziehl-Neelsen* und nach *Hagemann* die Fluorescenz-Mikroskopie. Die Stäbchen enthalten im Innern häufig sehr feine Granula und zeigen an beiden Polen gröbere Körnchen. Die Keime liegen im Sekret oder in den Zerfallsprodukten sehr oft in charakteristischen Nestern und Bündeln. Eine Züchtung der Keime ist bis heute noch nicht einwandfrei gelungen; außerdem wurde noch kein geeignetes Versuchstier zum experimentellen Nachweis des Leprabacillus in Krankheitsherden gefunden. (Beides bei Tbc. möglich; differentialdiagnostisch zu verwerten!).

Zur *bakteriologischen Diagnose* der Lepra eignet sich Nasensekret, welches am besten mit Stieltupfer von der hinteren Nasenmuschel abgenommen wird. Ebenso lassen sich im Gewebssaft von leprösen Knoten Keime färberisch nachweisen. Auch in exzidierten Lepromen können in Schnittpräparaten die Keime gefunden werden. Da die Keime sich unter Umständen auch in Milz, Leber u. a. Hoden — wenn auch erst nach entsprechender Anreicherung — nachweisen lassen, so sind auch Organe z. B. in klinisch atypischen Fällen zur Untersuchung heranzuziehen. Der diagnostische Wert der sog. Leprolinreaktion, d. i. intradermale Injektion einer Verreibung von gekochten Lepromen, wird verschiedenerseits hoch eingeschätzt.

**Aktinomykose** (*Strahlenpilzkrankheit*). Die Aktinomykose ist gekennzeichnet durch die Bildung eines Granulationsgewebes, das gegen die Umgebung unscharf abgegrenzt ist (Haut, Knochen, Lunge, Darm, Meningen, Schleimhaut usw.). Im nichtstinkenden Eiter des erweichten Gewebes finden sich sehr häufig graugelbe, 0,5—0,75 mm große, feste Körnchen (Actinomyces-Drusen). Die Actinomyceten, welche systematisch zwischen den echten Pilzen und den Bakterien eingereiht werden, sind in der Natur weit verbreitet, und kommen sowohl als Saprophyten wie auch als Krankheitserreger bei Mensch und Tier vor. Als Erreger der A. gelten anaerob wachsende Pilze vom Typus des *Actinomyces Wolff-Israel* (namentlich bei Kiefer- und Abdominalakt.) und aerob wachsende Formen vom Typus des *Actinomyces bovis Harz* (Lungenaktinomykose). Verschiedene Beobachtungen weisen allerdings darauf hin, daß das klinische Bild der A. auch durch verschiedene andere Mikroorganismen hervorgerufen werden kann. Außerdem ist die Rolle bestimmter Begleitbakterien, welche sehr häufig mit den Actinomyceten in Krankheitsherden anzutreffen sind, bei der Entstehung der A. noch aufklärungsbedürftig. Im Eiter von Aktinomykomen werden häufig die eben erwähnten A.-Drusen nachgewiesen, welche aber für die Diagnose der A. nicht unbedingt nötig sind. Im Nativpräparat (mit 40% Kalilauge aufgehellt) ist im Zentrum der Drusen bei stärkerer Vergrößerung ein Gewirr aus verflochtenen Pilzfäden zu sehen, welche radiär der Peripherie zustreben und an den Enden kolbenförmige, lichtbrechende Auftreibungen (degenerierte Fadenenden?) aufweisen. Nebenbei sind auch Stäbchenformen und kleinere kokkenähnliche Elemente (Pilzsporen) zu beobachten. Zur Färbung der Pilze eignet sich die *Gram-Weigert*sche Methode neben anderen besonderen Verfahren (*Schlegel, Morel* und *Dulaux* usw.). Zur *Kultur* der Actinomyceten dienen die gebräuchlichen Nährböden mit Serum- oder Blutzusatz, sowie Eier- und Malzextraktnährböden. Die Actinomyceten bilden Kolonien, welche aus kürzeren, diphtherieähnlichen oder längeren Stäbchen und langen Fäden mit echten Verzweigungen bestehen. Sie sind stets gram-positiv. Durch Zerfall des Fadens entstehen die Sporen (Fragmentationssporen), welche jedoch mit den Dauerformen der Bakterien nichts gemeinsam haben.

Die *mikroskopische Diagnose* der A. aus Eiter erfolgt durch den Nachweis (Nativpräparat oder gefärbtes Präparat) von Actinomyces-Drusen oder Pilzknäuel, die in der Eiterprobe am besten in dünner Schicht auf schwarzem Untergrund bei schwacher Vergrößerung sichtbar sind. Die A. der *inneren Organe* ist intra vitam durch den Pilznachweis (Mikroskopie und Kultur — Sputum, Faeces) sehr schwierig festzustellen. Über die praktische Verwendbarkeit der von *Widal* angegebenen Agglutinationsprobe (mit *Sporotrichon Beurmanni* als Test) und der von *Walter* beschriebenen allergischen Cutanreaktion und Komplementsbindungmethode ist nichts Näheres bekannt.

**Erkrankungen durch Hefe, hefeähnliche Pilze und Soor.** Unter den durch *Sproßpilze* (Hefepilze, Saccharomyceten) hervorgerufenen oberflächlichen und tiefen *Blastomykosen* ist in Europa als Erreger vor allem der *Cryptococcus (Saccharomyces) hominis* zu nennen. Ähnliche Krankheitsbilder wie bei den durch diesen Pilz hervorgerufenen oberflächlichen Erkrankungen, werden auch durch den *Soorpilz* erzeugt. Beim *Soorpilz* (*Oidium albicans s. Monilia candida*) werden nach *Castellani* über 40 Arten unterschieden.

Zur mykologischen Diagnose der durch Pilze hervorgerufenen Erkrankungen wird die mikroskopische Untersuchung von Krankenmaterial (Haare, Hautschuppen, Auflagerungen, Gewebsteile, Eiter aus geschlossenen Abscessen, Nägel, Schleimhautabstriche, Blasendecken), in der Regel in ungefärbten, seltener in gefärbten Präparaten oder in Gewebsschnitten vorgenommen. Nebenbei ist in verschiedenen Fällen die Kultur der Pilze auf besonderen Nährböden und die Bestimmung der Pilze nach ihren morphologischen und biologischen Eigenschaften notwendig. Mitunter ist auch der Infektionsversuch (Meerschweinchen oder weiße Ratten) anzustellen. Bei *Sporotrichose* soll auch die serologische Untersuchung des Patientenserum gute Dienste leisten. Die zur Versendung nach einem Spezialinstitut (dermatologische Klinik) bestimmten Materialien (Haare, Schuppen) werden am besten zwischen zwei Objektträger gegeben, welche mit Leukoplast zusammengehalten werden. Eiter ist in größeren Mengen einzusenden. Die Dauer der Diagnosestellung schwankt bei den nicht mikroskopisch diagnostizierbaren Mykosen je nach den notwendigen Untersuchungen (Kultur, Tierversuch) und nach der Art der Erreger zwischen Tagen und Wochen.

**Psittakose** (*Papageienkrankheit*). P. ist eine auf den Menschen übertragbare Krankheit, welche bis jetzt hauptsächlich bei Papageien, Wellensittichen und auch Stubenvögeln (Finken, Kanarienvögeln) festgestellt wurde. Der Erreger der Psittakose ist durch nicht zu dichte Bakterienfilter filtrierbar; er ist sichtbar und in Gewebekulturen oder auf der Chorion-Allantois bebrüteter Hühnereier fortzüchtbar. Der P.-Erreger tritt in Form von 0,2—0,3 $\mu$ großen, kokkenähnlichen Gebilden auf, welche sich nach entsprechender Färbung (*Giemsa, Castaneda, Herzberg*) im Exsudat seröser Höhlen und in Organen (Leber, Niere, Milz) nachweisen lassen. Diese Körperchen werden nach ihren Entdeckern als *Levinthal-Coles-Lillie* (*L.C.L.*)-Körperchen bezeichnet. Wegen der Ähnlichkeit mit *Rickettsien* benannte *Lillie* den P.-Erreger als *Rickettsia psittaci*.

Bei der *Diagnose der Psittakose* des Menschen bietet die Anamnese (Kontakt mit Papageien, Wellensittichen, Kanarienvögeln) bereits wichtige Anhaltspunkte. Zur Einsendung nach besonders eingerichteten Instituten gelangen vom Patienten: 1. Blut aus den drei ersten Krankheitstagen, 2. Sputum, durch 24 Stunden in größeren Mengen gesammelt. Erreger u. U. noch am 24. Krankheitstage und noch länger nachweisbar. Von der *Leiche* werden zum Virusnachweis Milz, Leber und Lunge versendet. Der Nachweis des P.-Erregers erfolgt mittels des Tierversuches, indem am besten weiße Mäuse mit Versuchsmaterial intraperitoneal gespritzt werden. (Wegen der besonderen Gefährlichkeit für den Untersucher werden Vögel zum diagnostischen Tierversuch nicht verwendet!) Liegt P. vor, dann sterben die Mäuse in der Regel innerhalb von 5—10 Tagen und zeigen exsudative Peritonitis, Nekrose in der vergrößerten Leber und Milz und Blähung der Gedärme. Aus dem fadenziehenden Exsudat der Bauchhöhle hergestellte Färbepräparate (*Giemsa*) lassen in den Endothelzellen die vorerwähnten *L.C.L.*-Körperchen erkennen. Wegen des Auftretens latenter Infektionen bei den gespritzten Mäusen kann sich infolge der dann notwendigen Tierpassagen die Diagnosestellung sehr verzögern. Verdächtige Vögel werden tot (Tötung mit Chloroform!) eingesendet. Bei lebenden Tieren gelingt eine exakte Diagnose der P. noch nicht. Bei den notwendigen Materialentnahmen und Versendungen ist auf die Infektionsgefahr Rücksicht zu nehmen, weshalb für entsprechende Schutzmaßnahmen (Maske, Brillen, Gummikleider) Sorge zu tragen ist.

**Tollwut** (*Lyssa, Rabies, Hydrophobie*) (vgl. d. Art.: Lyssa). Der Erreger der Tollwut wird zu den neurotropen, filtrierbaren Virusarten gerechnet. In den großen Ganglienzellen des Ammonshorns, aber auch in anderen Hirnzellen finden sich in der überwiegenden Mehrzahl der tollwutkranken Menschen oder Tiere spezifische Gebilde, die sog. *Negrischen* Körperchen, deren Natur — ob Erreger oder Zustandsform des Erregers oder Reaktionsprodukt der Zelle auf den unbekannten Erreger —noch nicht sichergestellt ist. Außerdem lassen sich in Nervenzellen kleinste Granula (*Babes, Koch-Riessling*) nachweisen, deren Wesen ebenfalls noch nicht bekannt ist. Die in den letzten Jahren erfolgten Mitteilungen über die gelungene Züchtung des Wuterregers in Gewebekulturen bedürfen noch der Bestätigung. Das Virus findet sich in konzentrierter Form im Zentralnervensystem (Hirnrinde, Ammonshorn, Medulla oblong.). Es wird als *Straßenvirus* bezeichnet, wenn es vom spontan erkrankten Menschen oder Tier stammt. Das von *Pasteur* in Kaninchen durch fortgesetzte Hirnpassagen modifizierte Wutvirus wird als *Virus fixe* bezeichnet, das bei der Wutschutzimpfung von Mensch und Tier verwendet wird. Die *Diagnose* der Lyssa kann beim kranken Menschen nur klinisch gestellt werden, wozu die Anamnese (in 80—90% der Fälle Biß eines Hundes!) wichtige Anhaltspunkte liefert. (Achtung auf durch Autosuggestion bei gebissenen Nervösen auftretende maniakalische Erscheinungen und auf die Symptome bei Delirium tremens!) Zur Feststellung der Lyssa bei der *Leiche* dient der diagnostische Tierversuch und der Nachweis der *Negrischen* Körperchen, deren Bildung bei schutzgeimpften Personen unterdrückt sein kann (*Busson, ·Schweinburg*). Zum *diagnostischen Tierversuch* werden Kaninchen oder Meerschweinchen verwendet, denen intracerebral oder subdural Verreibungen von Ammonshorn oder Med. oblong. eingespritzt werden. Leicht faules Material wird in größeren Mengen (0,5—1 g) intramuskulär injiziert. Der Tod der Impftiere erfolgt in der Regel zwischen zwei und vier Wochen; der Tierversuch darf aber nicht vor drei Monaten als negativ abgeschlossen werden. Zur Einsendung nach besonderen Untersuchungsanstalten gelangen von *der Leiche* Ammonshorn, Teile der Med. oblongata, Kleinhirn und Rückenmarksubstanz in Glycerin-Kochsalzlösung (āā.) zum diagnostischen Tierversuch. Gleiches Material, in

Sublimat-Alkohol eingelegt, wird zur Vornahme der histologischen Untersuchung verwendet. Bruchsichere Versendung des Materials in sterilen Pulvergläsern.

**Influenza** (*Epidemische Grippe*)*:* Nach der gegenwärtigen, allerdings umstrittenen Ansicht ist die Ursache der epid. Grippe ein sog. komplexes Virus, und zwar ein ultravisibles, filtrierbares Virus plus bakterieller Erreger. Das ultravisible, pneumotrope *Grippevirus* ist auf Frettchen und weiße Mäuse übertragbar und läßt sich nach intranasaler Einverleibung bei diesen Tieren in Reihen fortführen. Eine Sichtbarmachung des Virus gelang bisher noch nicht; nach den Messungen (Filtration, Zentrifugiermethode) dürfte es 80—100 $\mu\mu$ groß sein. Die Züchtung des Grippe-Virus gelingt in Gewebekulturen (Hühnerembryonalgewebe) und in bebrüteten Hühnereiern. Neben diesem Virus sind für die Entstehung der typischen Grippe und deren Komplikationen noch bakterielle Erreger notwendig, von denen neben *Streptokokken, Pneumokokken* u. a. der *Pfeiffersche Influenzabacillus* besonders wichtig zu sein scheint. Der *Pfeiffer*-Bacillus kommt auch als selbständiger Entzündungs- und Eitererreger in verschiedenen Organen (Atmungswege, Ohr, Meningen, Endokard, Niere) vor; er findet sich weiters als Mischinfektionserreger und auch als Schleimhautsaprophyt in der Mund- und Rachenhöhle.

Der *Pfeiffersche Influenzabacillus* (*Bact. influencae*) wird wegen seiner Eigenart, nur auf bluthaltigen Nährböden zu wachsen, in die *Hämophilus-Gruppe* (Gruppe der hämoglobinophilen Bakterien), in die auch der Keuchhustenerreger gehört, eingereiht. Der *Infl.bac.* erscheint als sehr kleines (0,2—0,5 $\mu$) Stäbchen; es kommen aber auch Kokken- und Fadenformen vor. Er ist mit allen gebräuchlichen Farbstoffen färbbar (10% Carbolfuchsin) und ist gram-negativ. Er ist unbeweglich.

Die Widerstandsfähigkeit des Infl.bac. gegen Eintrocknung ist gering, weshalb Untersuchungen zum Nachweis dieses Erregers womöglich an Ort und Stelle durchzuführen sind. Zum mikroskopischen Nachweis der Infl.bac. im Lungenauswurf werden vor allem die im Sputum befindlichen Schleimflocken zur Herstellung der Präparate verwendet. Zur Unterscheidung der echten Infl.bac. von den ihnen ähnlichen Bakterien ist jedoch stets die Kultur anzulegen, wobei die ,,Hustenplatte" gute Dienste leistet (s. oben). Als weitere Nachweismethode des Infl.bac. ist der *Tierversuch* heranzuziehen (Mäuse mit infl.bac.-haltigem Material intraperitoneal gespritzt sterben innerhalb 24 Stunden, im Herzblut lassen sich die Erreger nachweisen).

Als Untersuchungsmaterial sind einzusenden: Sputum, fibrinöse Membranen der Luftröhren- und Kehlkopfschleimhaut, Empyemflüssigkeit aus Brusthöhle oder Nebenhöhlen des Schädels, Eiter. Auch Herzblut, Auflagerungen an den Herzklappen, Milzpulpa, Knochenmark oder Bronchialschleim ergeben sehr oft gute Kulturergebnisse.

**Trichinose.** (Vgl. d. Art.: Nahrungsmittelvergiftung). Nach Genuß von ungekochtem oder halbgarem trichinenhaltigen Fleisch (Schwein, Hund, Bär usw., *Hauptwirt: Ratte*) werden im Magen die Muskeltrich. aus der sie umgebenden Kapsel in 24 Stunden frei. Im Dünndarm erreichen sie in 1—5 Tagen (rund 2—3 Tagen) die Geschlechtsreife (1,5—3 mm lang) = Darmtrichine. Einwanderung der befruchteten Weibchen in die Lieberkühnschen Drüsen und Lymphräume, dort Ablage der Embryonen (0,08—0,16 mm), von einer Woche nach der Infektion beginnend bis 5—6 Wochen und länger. Vom 9.—10. Tage nach der Infektion aktive Wanderung und passive (Lymph- und Blutstrom!) Verschleppung der Embryonen in die quergestreifte Muskulatur und Ansiedlung im Sarkoplasma (besonders: *Zwerchfell, Intercostalmuskel, Kehlkopf, Zunge*). Nach 10—14 Tagen sind die Embryonen zur *Muskeltrichine* (0,8—1 mm) herangewachsen; Einrollen der Tr. 2—3 Wochen nach der Infektion, dann beginnende Einkapselung, die nach drei Monaten beendet ist. Verkalkung der Kapsel nach 6—9 Monaten beginnend, nach rund 15 Monaten beendet. Lebensfähigkeit der eingekapselten Tr. bis 31 Jahre nachgewiesen.

Zur *Untersuchung auf Trichinose* dienen: 1. *Blut* zum Nachweis von Embryonen. Die Untersuchung wird am besten an Ort und Stelle durchgeführt: 10—20 ccm Venenblut zwecks Hämolyse mit geringer Menge 3% Essigsäure versetzen und zentrifugieren. Im Sediment sind die Embryonen nachweisbar, und zwar am zahlreichsten 8—25 Tage nach der Infektion. 2. *Blutausstriche* zur Feststellung der Hyperleukocytose und der charakteristischen Eosinophilie (die mitunter bis 70% betragen kann). 3. *Mikroskopische Untersuchung* eines exzidierten Muskelstückchens. Stuhluntersuchungen zwecks Feststellung abgegangener Darmtrich. sind zwecklos. Die Serodiagnose sowie Hautreaktion wurden versucht.

**Gonorrhoe** (s. d.). Der Gonokokkus (Gok.), der Erreger der Gonorrhoe, ist durch seine Gestalt und Lagerung in pathologischen Sekreten charakterisiert. Er ist als Diplokokkus ähnlich der Form einer Kaffeebohne gestaltet und mit der geschlitzten ebenen Fläche dem Beschauer zugekehrt; 1,6 $\mu$ groß; es kommen aber auch größere und kleinere Formen vor; im sehr schleimigen Harnröhrensekret frischer Fälle in Gruppen von 4, 8, 16, oft über 100 Exemplaren auf Epithelzellen, aber auch frei liegend (3.—5. Tag post infect.), bei Eiterbildung intracellulär in Leukocyten, aber auch extracellulär vorkommend. Die intracelluläre Lagerung der Gok. ist meist auf der Höhe der Erkrankung zu beobachten. Nach *Lenz* ist für die intra- oder extracelluläre Lagerung der Gok. auch die Art der Sekretabnahme von gewissem Einfluß (ausgepreßter oder frei abfließender Eiter zur Untersuchung). In alten Fällen und in Filamenten des Harns sind die Gok. meist extracellulär zu finden. Die Färbung der Gok. gelingt mit allen gebräuchlichen Bakterienfarbstoffen; besonders gute Bilder liefert die Methylenblaufärbung. Zur elektiven Darstellung der Gok. in vermutlich gok.armem Material (alte Fälle) und in Material, das reich an Mischbakterien ist, dienen verschiedene Kontrastfärbungen. Zur Unterscheidung der Gok. von ähnlich aussehenden Saprophyten der Schleimhäute und der Conjunctiva leistet die Färbung nach *Gram* (Gok. ist streng gram-negativ!) gute Dienste. Die den Gok. morphologisch ähnlichen gram-negativen Saprophyten sind in der Regel nicht intracellulär gelagert.

*Kultur:* Der Goc. gehört zu den schwerer züchtbaren Erregern; er stellt an die Zusammensetzung des Nährbodens größere Anforderungen: Nährböden mit nativem Eiweiß (Serum, Blut, Ascites, Hydrocelenflüssigkeit). Das Wachstum erfolgt aerob, bei 37°; die Kolonien sind nach 48 Stunden sehr zart, 1—2 mm groß.

Die Widerstandsfähigkeit der Gok. in Kulturen gegen Erwärmung und Eintrocknung ist gering. Im feuchten Zustand (auf Handtüchern, Lappen, Schwämmen usw.!) halten sich die Gok. anscheinend bis mehrere Tage (extragenitale Übertragung!). Die Züchtung der Gok. *auf künstlichen Nährböden.* gelingt dagegen nur kurze Zeit nach der Materialentnahme. Die Versendung von Eiterproben zum kulturellen Nachweis der Gok. ist daher meist zwecklos. Unter Umständen kann der Sekretausstrich auf bezogenen Nährböden an Ort und Stelle vorgenommen werden.

Der Gok. bildet Endotoxine, welche für verschiedene Komplikationen der Gonorrhoe (Neuritiden, Exantheme) und für die gonorrhoeische Sekretion verantwortlich gemacht werden. Eine Übertragung der Gok. auf Tiere mißlingt.

*Bakteriologische Diagnose:* Eine einwandfreie Diagnose der Gonorrhoe gelingt nur durch den Gok.-Nachweis. Für den Fachmann genügt zur Diagnose frischer Fälle die Beurteilung des mikroskopischen Präparates. Einsendung mehrerer dünner Ausstriche auf Objektträgern; ungefärbt und lufttrocken, aber nicht fixiert.

Materialentnahme aus der Harnröhre (mehrere Stunden nach einer Harnentleerung, am besten am Morgen vor dem Urinieren!) nach Reinigung der Harnröhrenmündung mittels Platinöse, bei Frauen besser mit kleinem stumpfen Löffel zur Abschabung der oberflächlichen Schichten des Deckepithels (Achtung auf evtl. versuchte Verhinderung des Gok.-Nachweises durch vorangegangene Harnentleerung oder durch Auswischen der Harnröhrenmündung!). Präparate mit Schleimflocken des Harnes (Morgenharn!) hergestellt liefern auch in älteren Fällen gute Resultate. Weiteres Material ist zur Untersuchung auf Gok. aus allen Teilen des männlichen (Prostata, Ausführungsgänge der *Littré*schen und *Cowper*schen Drüsen, Samenblase) und weiblichen Geschlechtsapparates (Vagina [bei Kindern!], *Skene*sche Drüsen, *Bartholini*sche Drüsen, Cervix, Uterushöhle) und auch aus dem Mastdarm zu entnehmen. In älteren Fällen, bei Vorliegen nur mehr chronischer Veränderungen und wenn die Heilung ausgesprochen werden soll (Heiratserlaubnis!), sind wiederholte Untersuchungen nach mehrtägiger oder selbst nach mehrwöchiger Behandlungspause evtl. nach vorangegangener Provokation (mechanisch, chemisch, allergisch [Gok. Vaccine]) vorzunehmen.

Bei Verdacht auf gonorrhoeische extragenitale Erkrankungen (Ophthalmoblennorrhoe) oder auf Komplikationen (Erkrankungen des Uterus, Parametriums, der Tuben, der Ovarien, des Peritoneums oder metastatische Herde in Haut, Unterhaut, Gefäßen, Gelenken, Sehnenscheiden oder Knochen, Endokard usw., Sepsis) liefert die womöglich an Ort und Stelle durchgeführte kulturelle Untersuchung von Blut (Entnahme womöglich während des Schüttelfrostes!), Gelenksexsudat, Exsudat seröser Häute usw. gute Ergebnisse; allerdings entscheidet nur der positive Befund.

Die Differenzierung des Gok. von dem morphologisch ähnlichen Mikrok. catarrh. und den Menningokokken erfolgt vornehmlich durch die Kultur. Zur Klärung von gonorrhoischen Komplikationen wie Arthritiden, Orchitis, Epididymitis, Adnexerkrankungen leistet, ab der 3.—4. Krankheitswoche und oft monatelang nach der Heilung, die Komplementbindungsreaktion ausgezeichnete Dienste. In unkomplizierten Fällen bleibt die serologische Nachweismethode oft negativ. Zur Komplementbindungsreaktion werden Blut und auch Gelenkspunktat in Mengen von 5 ccm eingesendet.

**Ulcus molle** (*Weicher Schanker*) (s. d.). Beim Erreger des Ulcus molle, dem Streptobac. ulceris mollis *Ducrey*, Bact. ulceris cancrosi, handelt es sich um unbewegliche, nicht sporenbildende schlanke Bakterien mit großem Formenreichtum (Kokken, Kurzstäbchen mit Polfärbung, Schiffchenformen [Formen navette der Franzosen], Hantelformen), welche weniger an der Oberfläche als mehr in der Tiefe des erkrankten Gewebes zu Zöpfe bildenden langen Ketten angeordnet sind (Ketten- oder Streptobacillen). Zu Beginn der Erkrankung sind die Erreger meist extracellulär, später in Leukocyten intracellulär gelagert. Zur Färbung dieser gram-negativen Bakterien eignen sich die gebräuchlichen konzentrierten Farbstoffe; besonders gute Präparate liefert die *Unna-Pappenheim*sche Färbung. Der *Ducreysche* Bacillus erzeugt Toxine mit chemotaktischen und nekrotisierenden Eigenschaften.

Zur *Kultur* des Schankererregers müssen Nährböden besonderer Zusammensetzung (mit Blut oder nativem Serum) verwendet werden. Das Gelingen der Kultur hängt außerdem noch wesentlich vom Alter des Prozesses, von der Art des entnommenen Materiales und von der Schnelligkeit der Aufarbeitung ab (rasches Zugrundegehen der Bacillen im Eiter erweichter Lymphknoten oder nach längerer Manipulation bei Luft und Licht). Die Kolonien sind nach 24—48stündigem Bebrüten sichtbar; sie sind klein, farblos, in toto auf der Unterlage verschieblich und lassen an den Randpartien (Klatschpräparat!) lange Bacillenketten erkennen.

Zur *bakteriologischen Diagnose* des weichen Schankers wird das Untersuchungsmaterial vom Grunde des vorsichtig gereinigten Geschwürs mit einem stumpfen Löffel oder einer Platinöse abgenommen. Herstellung von dünnen Ausstrichen auf Objektträgern; lufttrocken, nichtfixiert zur Untersuchung einsenden. Zur Untersuchung weiterhin geeignet sind Buboneneiter (zur Kultur aus punktierten geschlossenen Bubonen!), der Eiter von Abscessen und Sekret der initialen Bläschen an der Infektionsstelle. Im Sekret offener Geschwüre sind, namentlich bei phagedänischen Schankern, neben den Streptobacillen häufig fusiforme Bacillen und Spirillen nachweisbar. *Besancon* überdeckt das gereinigte Geschwür mit Jodoformkollodium und verwendet den unter dem Kollodiumhäutchen angesammelten Eiter zur Kultur. In der Regel genügt zur Diagnose des Schankers das mikroskopische Präparat. Es ist zu beachten, daß einerseits ähnlich aussehende apathogene Bakterien in den Geschlechtswegen nachgewiesen werden können, und daß andererseits gesunde Bacillenträger bei beiden Geschlechtern gefunden wurden. Zur Feststellung einer vorhandenen oder abgelaufenen spezifischen Infektion sowie zum Ausschluß eines Schankers leistet die mit abgetöteten *Ducreybacillen* angestellte Cutanreaktion nach *Tetsuga* oder *Dmelkos* gute Dienste. Zu beachten ist ferner, daß die in jedem Falle von weichem Schanker wiederholt anzustellende *Wassermannreaktion* bei dieser Erkrankung bisweilen, wenn auch nur vorübergehend positive oder zweifelhafte Ergebnisse liefert. Bei negativem bakteriologischen Befund und bestehendem klinischen Verdacht kann die Autoinokulation des Geschwürssekretes mit Nachweis der Streptobacillen in der Überimpfung versucht werden.

**Lymphogranuloma inguinale** (s. d.). Der Erreger des Lymphogranuloma inguinale, der sog. vierten Geschlechtskrankheit, klimatischen Bubo oder *Nicolas-Fabre-Durand*schen Krankheit, die mit dem venerischen Granulom — einer Krankheit der warmen Länder — nicht verwechselt werden darf, ist filtrierbar und erscheint in den Primärläsionen und im Drüseneiter nach Viktoriablau- oder besser nach *Giemsa*färbung in Form von 0,1—0,2 $\mu$ großen, kugeligen Gebilden, die intra- und extracellulär in größeren und kleineren Klümpchen gelagert sind. Er läßt sich bei Affen und Mäusen nach intracerebraler Einverleibung in Reihen fortführen. Auf der Chorion-Allantois bebrüteter Hühnereier sowie in Gewebekulturen sind die Körperchen züchtbar.

Der *mikroskopische* Nachweis der Erreger in den erkrankten Geweben ist schwierig. Die Diagnose frischer und älterer Fälle (Rectumstrikturen, vielleicht auch bei Induratio penis plastica und Elephantiasis vulvae) ist gesichert durch den positiven Ausfall der *Freischen* Reaktion. Sie wird

vorgenommen, indem man durch Erhitzen (mehrmals mehrere Stunden auf 60° C erwärmen) sterilisierten, mit physiologischer Kochsalzlösung 1:5 verdünnten Buboneiter (von geschlossenen Bubonen gewonnen) in Mengen von 0,1 ccm intracutan dem Patienten einspritzt. Gleicherweise kann zur Anstellung der Reaktion eine Aufschwemmung von Gehirnen infizierter Mäuse versucht werden. Bei positivem Ausfall der Probe entsteht nach 48 bis 72 Stunden eine 0,5—2 cm große Papel, die mehrere Tage sichtbar bleibt. Bei negativem Ausfall der Probe und klinischem Verdacht Anstellung der Probe mit dem fraglichen Eiter bei einem sicher spezifisch Erkrankten.

**Syphilis** (s. d.). Der Erreger der Syphilis, Treponoma pallidum (Spirochaeta pallida), ist ein 6—14 $\mu$ und auch längeres Gebilde, schwach lichtbrechend und schlecht färbbar, spiralig mit 12—15 regelmäßigen steilen Windungen. Lebhaft beweglich: Rotation, Vor- und Rückwärtsbewegung. Charakteristisch ist das starre Aussehen der Sp. p. Mit den gewöhnlichen Bakterienfarbstoffen schlecht oder überhaupt nicht *färbbar*. Zur Darstellung der Sp. p. gut geeignet sind die Färbung nach *Giemsa* sowie Tusche- und Collargolpräparate. Die Methode der Wahl ist die Untersuchung von Nativ- oder auch gefärbten Präparaten im Dunkelfeld. Zur histologischen Untersuchung (Schnittpräparate) ist besonders die Versilberungsmethode nach *Levaditi* geeignet, es bewährt sich auch die Methode nach *Fontana — Tribondeau*. Die Versilberungsmethoden sind auch zur Darstellung der Sp. p. in Gewebssaft geeignet. Die *Kultur* der Sp. p. auf oder in künstlichen Nährböden ist bis heute noch nicht mit Sicherheit geglückt. Die Widerstandsfähigkeit der Sp. p. gegen physikalische und chemische Einflüsse ist gering. Trotzdem ist mit extragenitalen Infektionen zu rechnen. Eine künstliche Übertragung der Sp. p. gelingt leicht auf Affen und Kaninchen, weniger leicht auf Meerschweinchen und Mäuse. Zum *Nachweis der Spirochaeten* dient Reizserum, das aus den verdächtigen Krankheitsherden durch Schaben (Platinöse, Spatel usw.), Drücken, Quetschen, Saugen (*Biersche* Glocke), nach Auflegen von Cantharidenpflaster usw. gewonnen wird. Medikamentenreste sind von den Entnahmestellen vorerst zu entfernen. Von geschlossenen Efflorescenzen wird zur Gewinnung von Sekret die Hautdecke möglichst ohne Blutung eröffnet; von Blasen wird der Inhalt, von Drüsen das Punktat untersucht. Je älter die luetische Infektion ist, desto schwieriger gelingt der Spirochaetennachweis und um so mehr Bedeutung gewinnt die serologische Untersuchung von Blut und Liquor.

Zur Einsendung gelangen mehrere dünn mit Reizserum, Sekret usw. bestrichene Deckgläschen. Gut geeignet ist auch die Abnahme des Reizserums mittels Glascapillaren; ungeeignet ist die Abnahme mit Stieltupfern. Wenn mehr Untersuchungsmaterial zur Verfügung steht, wird dieses in Eprouvetten, u. U. verdünnt mit phys. Kochsalzlösung, versendet. Der Nachweis der Sp. p. im Krankenmaterial beweist mit Sicherheit die luische Infektion. Mischinfektionen mit anderen Keimen kommen bei syphilitischen Affektionen nicht selten vor.

Zur *serologischen* Untersuchung dient die Komplementbindungsreaktion (*Wassermann*-Reaktion = W. R.), welche in der Regel in der 6.—7. Woche nach der Infektion, seltener erst später positiv wird. Neben der W. R. sind noch mit jedem Patientenserum eine Reihe anderer Reaktionen anzustellen: Flockungsreaktion nach *Kahn*, Ballungsreaktion nach *Müller*, Klärungsreaktion nach *Meinicke*, Citocholreaktion nach *Sachs* und *Witebsky* u. a. m. Die amtliche Anleitung für die Serumdiagnose der

Syphilis Anlage I (RGBl. 9. Jahrg. Nr. 50, S. 1034) enthält für den Praktiker wichtige Anhaltspunkte zur Beurteilung der serologischen Reaktionen. Im I. Stadium der Lues ist die W. R. meist zu 75 % positiv, bei unbehandelter Lues II und III werden fast zu 100 % positive Werte erhalten. Bei Lues congenita wird nach 8—10 Wochen die Blutprobe zu 100 % positiv; dies ist auch bei den Müttern der luetischen Kinder der Fall. Bei Neurolues (Tabes) sind die Blutproben zu 60—70 % positiv (bessere Resultate geben die Fälle von Lues cerebrospinalis), weshalb in solchen Fällen unbedingt der Liquor untersucht werden muß. Bei interner Lues (Aortitis) stützen die positiven serologischen Befunde den klinischen Verdacht. Unspezifische positive Ergebnisse werden u. U. bei Lepra, Scharlach, Rattenbißkrankheit, Tbc, Fleckfieber, Malaria, bei Tumoren und auch während der Schwangerschaft erhalten. Bei nicht behandelter Frambösie (Erreger: Treponema pertenue) reagieren die Blutproben zu 100 % positiv. In Zweifelsfällen bei verschiedenem Ausfall einzelner Methoden wird die Wiederholung der Probe nach einiger Zeit eine Klärung bringen. Zur Durchführung der Untersuchungen ist die Einsendung einer größeren Blutmenge (5—10 ccm) in Röhrchen mit Kork verschlossen notwendig. Faules Blut, Blut von Schwangeren, Nabelvenenblut, Placentarblut kann u. U. zu „Eigenhemmungen" bei der W. R. Anlaß geben, wodurch die Probe unverwertbar wird. Der *Liquor cerebrospinalis* gibt in der Mehrzahl der behandelten und in 100 % der nicht behandelten Fälle von Tabes, Paralyse und Gehirnlues positive serologische Reaktionen. Neben den serologischen Untersuchungen sind für den Nachweis einer syphilitischen Erkrankung die Untersuchung des Liquors auf Zellzahl, Globulinvermehrung (*Nonne-Apelt, Pandy*), Gesamteiweiß (*Nissl*) und die Kolloidreaktionen (Goldsolreakt. nach *Lange*, Mastixreakt.) wichtig. Die serologische Untersuchung des Liquors zeigt meist mit Klarheit das Vorhandensein einer Lues an; Neurolues gibt die besten Ergebnisse. Der Liquor wird in Mengen von 10 ccm eingesendet.

Die zur Diagnose der Lues angegebenen Hautreaktionen mit „Luetin" werden von den verschiedenen Forschern ungleich beurteilt. Keinesfalls können die Cutanreaktionen die serologischen diagnostischen Verfahren ersetzen.

Von Fehl- und Totgeburten sind zur Luesdiagnose Leber, Nebennieren und Oberschenkelknochen zur histologischen Untersuchung einzusenden. Außerdem läßt sich bei luetischen Foeten röntgenologisch eine spezifische Verbreiterung der Epi- und Diaphysengrenzen feststellen (Osteochondritis syph.).

*Schrifttum.*

*Bergmann* und *Staehelin:* Handb. d. Inneren Med. I. Infekt. krkht. III. Aufl. Berlin 1934. — *Boecker, Ed.:* Die Typen der Typhus-Paratyphus-Enteritisgruppe. Berlin 1937. — *Bruhns* u. *Alexander:* Grundriß der mykologischen Diagnostik. Berlin 1932. — *Doerr* u. *Hallauer:* Handb. d. Virusforschg. I. Hälfte. Wien 1938. — *Doflein-Reichenow:* Lehrb. d. Protozoenkd. 5. Aufl. 1926. — *Engelhardt:* In *Gundel:* Die ansteckenden Krankheiten. Leipzig 1935. — *Fiebiger:* Die tier. Parasiten usw. III. Aufl. Berlin-Wien. — *Groß, Weichardt:* Erg. Hyg. **13**, 516 (1932). — *Gundel:* Die ansteckenden Krankheiten. Leipzig 1934. — *Gundel:* Die Typenlehre in der Mikrobiologie. Jena 1934. — *Hoder:* Der Verkehr des prakt. Arztes mit der bakt. Untersuchungsstation. Jena 1935. — *Kolle-Hetsch:* Exp. Bakt. u. Infekt. krkht. VIII. Aufl. Berlin-Wien 1938. — *Kolle-Kraus-Uhlenhuth:* Handb. d. path. Mikroorg. III. Aufl. Jena. — *Kraus, Gerlach, Schweinburg:* Lyssa bei Mensch und Tier. Berlin u. Wien 1926. — *Lehmann-Neumann:* Bakteriologie VII. Aufl. 1927. — *Lieske, R.:* Morphologie und Biologie der Strahlenpilze. Leipzig 1921. — *Plaut* und *Grütz:* Handb. d. path. Mikroorg. III. Aufl. — *Seiffert:* Virus u. Viruskrankht. Dresden 1938.      **David** und **Piringer.**

**Barberiosche Probe** siehe *Sperma und Spermaflecken.*

**Barbitalum** siehe *Schlafmittel.*

## Barium.

*Barium* (Ba), ein silberweißes, weiches Erdalkalimetall (Atomgewicht 137,4, spez. Gew. 3,7) kommt in der Natur gebunden als Witherit (BaCO₃) oder Baryt (Schwerspat) (BaSO₄) vor und wird durch Elektrolyse im geschmolzenen Bariumchlorid gewonnen. Von den Bariumverbindungen ist das *Bariumsulfat* (BaSO₄), da es sich sowohl in Wasser als auch in Säuren praktisch nicht löst, für den Organismus vollständig ungiftig. Es wird als Anstreicherfarbe (Barytweiß, Blanc fixe, Permanentweiß) und ganz besonders in der Medizin als Kontrastmittel bei röntgenologischen Magen-Darmuntersuchungen verwendet. Für Röntgenuntersuchungen ist das im Handel als Citobarium erhältliche Präparat (eine Mischung von chemisch reinstem BaSO₄ mit einem Kakao- und Zuckerzusatz als Geschmackskorrigens) besonders geeignet. Alle löslichen Bariumsalze, die dem Witherit entstammen und durch Lösen desselben in entspr. Säuren und nachfolgendem Abdampfen zur Kristallisation gebracht werden, sind starke Gifte. Zu ihnen gehören: *Bariumchlorid* (BaCl₂), Chlorbarium; es bildet farblose, wasserlösliche Kristalle und ist ein bekanntes Mittel zur Verhütung von Kesselstein, das außerdem auch bei der Wäscheappretur Verwendung findet. *Bariumcarbonat* (BaCO₃) dient zum Pflanzenschutz, als Ratten- und Mäusevertilgungsmittel sowie zur Wasserreinigung (Barytverfahren). Es wird zwar nicht im Wasser, sondern nur in Säure, daher aber auch im Magensaft gelöst und dann als Bariumchlorid resorbiert. *Bariumnitrat* [Ba(NO₃)₂] steht ebenso wie das explosive *Bariumchlorat* [Ba(ClO₃)₂] in der Feuerwerkerei zur Erzeugung von Grünfeuer in Verwendung. Die als Christbaumschmuck bekannten „Wunderkerzen" enthalten giftiges Bariumnitrat. Auch der *Ätzbaryt* [Ba (OH)₂], dessen gesättigte Lösung 3,4 % BaO enthält und der gelegentlich in der Strohhutfabrikation Anwendung findet, sowie das als Enthaarungsmittel bekannte *Bariumsulfid* (BaS) sind Gifte.

Bariumvergiftungen werden in den letzten Jahren häufiger als früher beobachtet und zwar hauptsächlich infolge Verwechselung von unlöslichem Bariumsulfat mit löslichen Bariumsalzen (vorwiegend bei röntgenologischen Magen-Darmuntersuchungen, hin und wieder auch bei der Fälschung von Zucker und Mehl). In der älteren Literatur sind Vergiftungen durch Verwechselung von löslichen Bariumsalzen mit Soda, Karlsbader Salz bzw. durch Verunreinigung anderer Medikamente aus Nachlässigkeit beschrieben (*Erben*). Nicht selten kommen auch zufällige oder absichtliche Vergiftungen durch lösliche Bariumsalze enthaltendes Rattengift vor (u. a. irrtümliche Verwendung von Rattengift zu Heilzwecken [*Mayrhofer* und *Meixner*], Verwechselung von Bariumcarbonat mit Backpulver [*Zangger*]). H. *Higier* berichtete über Massenvergiftungen nach Genuß mit Ba verunreinigten Brotes. *Gewerbliche* Bariumvergiftungen gehören zu den Seltenheiten. *Gottwald* beobachtete einen Teil von gewerblicher Bariumcarbonatvergiftung durch Einatmung bariumhaltigen Staubes.

Bedenkliche Erscheinungen treten schon nach längerem Gebrauch von 0,2—0,5 g Bariumcarbonat auf. Die tödliche Dosis schwankt im allgemeinen je nach der Löslichkeit der eingenommenen Bariumverbindung zwischen 2—4 g.

Die Symptome der *akuten* Bariumvergiftung, die sich aus der digitalisähnlichen, vorwiegend erregenden Wirkung des Bariums auf das Herz, die glatte Muskulatur und das Zentralnervensystem erklären lassen, bestehen in Erbrechen, Leibschmerzen, Koliken und heftigen Durchfällen verbunden mit starken Herzbeklemmungen, Pulsirregularitäten, Extrasystolen und Blutdrucksteigerungen. Im weiteren Verlauf treten lähmungsartige Erscheinungen hauptsächlich an den unteren Extremitäten, Krämpfe, nicht selten auch Sehstörungen, Ohrensausen und motorische Schwäche, Krämpfe, Schwindel, Sprechstörungen und Schluckbeschwerden auf. Das Bewußtsein bleibt häufig vollkommen erhalten. Der Tod tritt meist nach 1—2 Tagen durch Herzlähmung ein. Vergiftungen geringeren Grades können ausheilen, sie hinterlassen jedoch noch für Monate Darm- und Muskelschwächen resp. Herzbeschwerden.

*Chronische* Bariumvergiftungen, die sehr selten vorkommen, äußern sich nach *Kunkel* und *Zangger* in großer Schwäche, Dyspnoe, Salivation, Stomatitis, Conjunctivitis und Rhinitis, starkem Durst, Verdauungsstörungen, Blutungen im Magen und Pulsirregularitäten. Diese Erscheinungen werden als Folge kummulativer Wirkung angesehen.

Die *Diagnose* einer Bariumvergiftung ist infolge der Verschiedenartigkeit der Anfangssymptome oft recht schwierig. In manchen Fällen beherrschen Lähmungen, in anderen Fällen schwere intestinale Symptome oder aber Herzbeklemmungen und Pulsirregularitäten das Krankheitsbild. Jedenfalls ist bei schnellem Eintreten einer dieser Erscheinungen das Vorliegen einer Bariumvergiftung in Erwägung zu ziehen.

Bei der *Sektion* von mit Ba Vergifteten sieht man vor allem eine akute Gastro-Enteritis mit Schwellung und starker Rötung der Schleimhaut und Blutaustritte in dieselbe, ab und zu Lungenblutungen und Zeichen von Degeneration, Blutungen in Leber und Nieren (*Wolf*). Infolge einer geringgradigen Fibrinausschwitzung erweist sich der Bauchfellüberzug des Magen-Darmes oft klebrig. Der Leichenbefund hat manchmal eine gewisse Ähnlichkeit mit dem bei Vergiftungen durch Arsen. Reste des Giftes in Form von sandigen, weißen Körnchen kann man im Schleim der stark ekchymosierten Magenschleimhaut eingebettet ab und zu noch vorfinden. Zum Unterschied von Körnchen des weißen Arseniks, die sich fest anfühlen, lassen sich die Bariumsalze leichter zerdrücken (*Reuter*).

Die Diagnose kann nur durch eine chemische Untersuchung sichergestellt werden.

Bariumsulfat bleibt in Leichen noch lange Zeit nachweisbar. Bei der Verwertung der Befunde aus einer Exhumation muß man allerdings daran denken, ob das Ba nicht zufällig durch eine ärztliche Verschreibung bzw. erst nach dem Tode durch bariumhältige Erde und Steine in die Leiche gelangt ist.

*Schrifttum.*

*Erben:* Vergiftungen. Dittrichs Handbuch **7**, 1. Wien 1910. — *Gottwald:* Fühners Sammlung A 305. — v. *Hofmann-Haberda:* Lehrbuch der gerichtl. Medizin. 11. Aufl. Berlin u. Wien 1927. — *Higier:* Brotvergiftg. durch m. Bariumsalz verunreinigtes Mehl. Dtsch. Z. Nervenheilk. **73**, 336 (1922). — *Kunkel:* zit. nach *Erben,* Vergiftungen. Dittrichs Handb. **7**, 1. — *Mayrhofer:* zit. nach *Haberda.* — *Meixner:* zit. nach *Haberda.* — *Olbrycht:* Dtsch. Z. gerichtl. Med. **4**, 259 (1924). — *Reuter:* Meth. d. forens. Beurteilungen v. Vergiftungen. Handb. d. biol. Arbeitsmethoden. Abt. 4, Teil 12, 1. Hälfte, Heft 5 (1938). — *Wolf:* Mschr. Ohrenheilk. **29**, 338 (1895). — *Zangger* und *Flury:* Toxikologie. Berlin 1928. **Weyrich.**

**Bauchhöhlenschwangerschaft** siehe *Extrauteringravidität und Unfall.*

**Bauchwandbruch** siehe *Hernie und Trauma.*

**Baumwolle** siehe *Faserstoffe.*

**Bechterewsche Krankheit** siehe *Arthritis deformans und Trauma.*

**Befruchtungsunfähigkeit** siehe *Zweifelhafte Fortpflanzungsfähigkeit beim Manne und beim Weibe.*

**Begattung** siehe *Beischlaf.*

**Begattungsunfähigkeit** siehe *ZweifelhafteFortpflanzungsfähigkeit beim Manne und beim Weibe.*

**Begründetes Gutachten** siehe *Gutachten.*

### Beischlaf.

Der *normale Beischlaf* (Coitus, Cohabitation, Beiwohnung, Begattung, Geschlechtsakt, Congressus) ist eine wiederholte Einführung des männlichen Gliedes in die weibliche Scheide bis zur Auslösung eines höchsten Wollustgefühles (Orgasmus, Paroxysmus) beim Manne und beim Weibe.

Vorbedingungen für die richtige Ausführbarkeit des Beischlafes sind das Vorhandensein eines beiderseitigen normalen Geschlechtstriebes und eine durch Geschlechtslust (Libido) ausgelöste geschlechtliche Erregung bei geschlechtlichem Wollen. Beim Mann muß neben ausreichender Körperkraft ein normal gestaltetes, erektionsfähiges Glied (Penis) und beim Weibe eine zum Eindringen und zur Reizung des Gliedes bis zum Samenerguß geeignete Scheide (Vagina) vorhanden sein. Zur Ermöglichung der Gesamtvorgänge der Beischlafshandlung muß neben psychischer Übereinstimmung der Geschlechtspartner ein zusammengesetzter cerebro-spinal-sympathischer-parasympathischer Apparat in richtiger Folge in Tätigkeit treten. Die männlichen und weiblichen Keimdrüsen müssen nicht nur bestimmte Sekrete und Keimzellen absondern bzw. abgesondert haben, sondern auch Sexualhormone liefern, welche die Geschlechtslust er- bzw. anregen. Weiter müssen eine Reihe von Schleimdrüsen an den verschiedensten Stellen der Geschlechtsorgane Sekrete zu geeigneter Zeit in geeigneter Beschaffenheit absondern, um eine vollendete Form des normalen Beischlafes zu ermöglichen.

*Zweck* eines normalen Beischlafes ist die Befriedigung des lustbetonten geschlechtlichen Verlangens beider Geschlechtspartner und bei bereitliegender reifer Eizelle ihre Befruchtung durch eine Samenzelle. Die befruchtete Eizelle kann sich dann in der Schleimhaut einer austragungsfähigen Gebärmutter bis zur Reife entwickeln und als ausgetragenes reifes lebensfähiges Kind auf geburtsfähigen Wegen geboren werden.

Die genaue *Kenntnis* der notwendigen *Einzelvorgänge* beim normalen Beischlaf bildet die Grundlage für die in bürgerlichen Rechtsstreiten und in strafrechtlichen Verfahren häufig notwendigen gerichtlich-medizinischen Begutachtungen über das Vorhandensein oder Fehlen einer vollkommenen oder nur teilweisen Beischlafsfähigkeit und über Abwegigkeiten und Ersatzhandlungen des Beischlafes.

Der den Beischlaf veranlassende *Geschlechtstrieb* ist die Auswirkung des im gesunden Menschen mit der Geschlechtsreife in Erscheinung tretenden Fortpflanzungstriebes. Der Geschlechtstrieb, der bei den verschiedenen Menschen ganz abgesehen von zeitlichen unperiodischen Schwankungen in sehr verschiedener Stärke vorhanden ist, äußert sich, aus verschiedenen Anlässen bewußt oder unbewußt angeregt, in geschlechtlicher Lust (Libido).

Die *geschlechtliche Lust* (Libido) ist das Verlangen nach geschlechtlicher Vereinigung mit einer Person des anderen Geschlechts. Die Bereitschaft, diese Lust zu befriedigen, kann durch moralisch oder verstandesmäßig bedingte Willensentschlüsse gehemmt oder unterdrückt werden. Bisher ist es nicht gelungen, einen bestimmten Grad geschlechtlicher Lust bzw. dessen Auswirkungen als normal festzustellen, ebensowenig wie es gelungen ist, den bestimmten Grad jeweilig vorhandener geschlechtlicher Lust auf irgendeine Weise objektiv zu bestimmen. Bei beiden Geschlechtern kann die geschlechtliche Lust auch bei Unkenntnis des Geschlechtsaktes und bei Fehlen sonstiger geschlechtlicher Erfahrungen in

Wort, Bild oder Erlebnis vor Eintritt der Geschlechtsreife eintreten und die Zeit der Fortpflanzungsfähigkeit bis in das hohe Greisenalter überdauern.

Die *Auslösung eines geschlechtlichen Verlangens* erfolgt durch *seelische und körperliche* Vorgänge.

*Seelische* Vorgänge erzeugen ein geschlechtliches Lustgefühl beim Anblick eines als begehrenswert gehaltenen Weibes und lösen unter geeigneten Umständen beim Manne ein Verlangen nach geschlechtlicher Vereinigung aus und umgekehrt beim Weibe. Bestimmte geschlechtsgebundene Körperformen und Körperteile, wie der Busen, das Gesäß, die Beine, die Füße, der Mund, die Nase, die Ohren, die Haare, Augenbrauen und Augen, Zähne, Lippen und Zunge wirken je nach Art, Gestalt, Farbe und Ausdruck über den Weg des Gesichtssinnes auslösend und anregend auf geschlechtliche Lustempfindungen. Ebenso wirken bestimmte Bewegungen, Körperhaltungen, Bekleidungen und Entblößungen bestimmter Körperteile anregend. Wie durch den Gesichtssinn werden auch durch die anderen Sinne, durch den Geruchssinn, den Gehörssinn, den Geschmackssinn, den Tastsinn entsprechende Empfindungen und Vorstellungen übermittelt, welche die geschlechtliche Lust erregen. Es braucht nur an die Wirkung eines als schön beurteilten Gesichts, einer schönen Körperform, an die Wirkung natürlicher oder künstlicher Wohlgerüche, einer wohlklingende Stimme, an Berührungen der Lippen beim Kuß, an Umarmungen usw. erinnert zu werden, um zahlreiche Beispiele für Sinnesreize verschiedenster Art zu finden, die eine geschlechtliche Lust auf dem Wege über die verschiedenen Sinnesorgane auslösen können.

Bei einer normalen Geschlechtlichkeit treten die einzelnen lusterregenden Körperteile, Körperformen, Körperbewegungen und -gerüche zugunsten einer lusterzeugenden Gesamtvorstellung der Vorzüge des Geschlechtspartners weitgehend zurück, während sie bei abwegiger, perverser Geschlechtslust in den Vordergrund treten und dann entsprechende abwegige, perverse geschlechtliche Handlungen zur Folge haben können.

*Körperliche* Vorgänge, die den Geschlechtstrieb zu geschlechtlicher Lustempfindung anregen oder eine schon vorhandene Lustempfindung steigern, sind vor allem die Wirkungen verschiedenartigster Berührungen der äußeren Geschlechtsteile oder der erogenen Zonen des Körpers, der Gesäßgegend, der Lippen, der Zunge, der Brustwarzen und anderer Körpergegenden. Auch die innersekretorischen Vorgänge, welche die Geschlechtslust erregen, gehören zu den körperlichen Vorgängen. Bestimmte Sexualhormone werden von den Keimdrüsen (Testes und Ovarien) und von dem Vorderlappen der Hirnanhangsdrüse (Hypophyse) als Inkrete erzeugt und wirken direkt oder auf dem Blutwege über das zentrale Nervensystem anregend, auslösend oder erregend auf die Geschlechtslust.

Im Vorderlappen der Hirnanhangsdrüse wird ein unspezifisches gonadotropes Hormon „*Prolan*" gebildet. Es steuert gleichsam chemisch die Produktion von Sexualhormonen in anderen innersekretorischen Drüsen auf dem Blutwege oder durch Reizung des vegetativen Nervensystems. Bei Männern bilden die Hoden (Testes) im interstitiellen Bindegewebe das nicht artspezifische männliche Sexualhormon „*Androsterin*", das in seiner chemischen Struktur erkannt ist und im Harn und Blut nachgewiesen werden konnte. Bei Frauen bilden sich in den Eierstöcken (Ovarien) zwei weibliche Sexualhormone. In den heranreifenden Follikeln wird, angetrieben durch das Hypophysenvorderlappenhormon, das Follikelhormon gebildet, das den Menstrualzyklus mit dem Aufbau der Uterusschleimhaut

in der ersten Hälfte des Intermenstruums einleitet und bei Kastration die Rückentwicklung der sekundären Geschlechtsmerkmale sowie der Scheide und der Gebärmutter aufzuhalten vermag.

Ein zweites Hormon bildet sich in den gelben Körpern als „corpus luteum Hormon" mit rein generativer Funktion. Es vermag in der zweiten Hälfte des Intermenstruums die Schleimhaut der Gebärmutter so weitgehend umzubilden, daß eine Eieinpflanzung möglich ist. Das Follikelhormon ist im Blute und Harn geschlechtsreifer Frauen gefunden und wird vermehrt in der Schwangerschaft im Harn ausgeschieden. Beide Hormone sind in der chemischen Struktur erkannt.

Auch durch die Ansammlung von Samen in den Hoden und in den Samenblasen sowie durch die Wechselvorgänge in den weiblichen Keimdrüsen während des Intermenstruums können durch körperliche Vorgänge geschlechtliche Erregungen ausgelöst werden. Weiter wirken jahreszeitliche und klimatische Einflüsse erregend auf die Geschlechtslust.

Ist durch die beschriebenen seelischen und körperlichen Vorgänge beim Manne ein geschlechtliches Verlangen eingetreten, stehen seiner Befriedigung sittliche und moralische Bedenken nicht entgegen, zeigt der weibliche Geschlechtspartner nach eigener geschlechtlicher Erregung Bereitschaft zum geschlechtlichen Verkehr, so kommt es zum Geschlechtsakt, zur Vollziehung des normalen Beischlafes.

Der *Verlauf des normalen Beischlafes* ist bedingt durch den Ablauf von zwei Sexual-Reflexen, welche die Erektion und die Ejaculation, beide im weiteren Sinne aufgefaßt, auslösen.

Alle erwähnten psychischen, sinnlichen, mechanischen oder sekretorischen Reizungen werden aus der Peripherie spinal-reflektorisch oder über das Gehirn cerebro-spinal einem als Erektionszentrum bezeichneten Teil des Sakralmarks (S. III) mit besonderer Ganglienzellenbildung zugeführt. Die Reize werden von hier auf bestimmte zentrifugalviscerale Bahnen des sakralautonomen oder parasympathischen Systems gleichsam umgeschaltet. Die im Beginn des Beischlafes durch die gegenseitige Berührung der Geschlechtsteile eintretenden direkten Reizungen der Eichel, des Kitzlers, der Schamlippen werden von den unter der Oberhaut liegenden Genitalendnervenkörperchen aufgenommen und durch den nervus dorsalis penis bzw. durch den nervus pudendus dem Erektionszentrum zugeführt.

Von diesem Zentrum gehen efferente Bahnen über die nervi erigentes bzw. pelvici, die dem parasympathischen System angehören, zu einer peripheren Umschaltstelle in einem postganglionären Ganglion zwischen dem Rectum und den inneren Geschlechtsteilen mit Harnblase. Von diesem Ganglion fließen die Reize weiter durch die nervi cavernosi mit gefäßerweiternden Fasern und veranlassen einen Blutstrom in die Schwellkörper des männlichen Gliedes und des weiblichen Kitzlers sowie der Schamlippen bis zu straffer Füllung bei gleichzeitiger Sperrung des Rückflusses. Weiter gehen sekretorisch erregende Fasern zu den akzessorischen Drüsen der Geschlechtsorgane beim Mann und beim Weibe und motorisch hemmende Fasern zu den glattmuskulären Teilen der Geschlechtsorgane, den Samenleitern (vasa deferentia) und den Eileitern (Tuben) sowie der Gebärmutter und der Scheide. Diese zweite Hälfte des I. genitalen Reflexbogens ist willkürlicher Betätigung und Unterdrückung nicht zugänglich und wird normalerweise durch höhere Zentren im Gehirn gehemmt.

Der Blutzustrom in die Schwellkörper des männlichen Gliedes (penis) verursacht seine Vergrößerung und aufgerichtete Steifung (Erektion) und macht so das Glied zum Eindringen in die Scheide (Coitus i. e. S.) geeignet (Potentia coëundi).

Bei dieser Vergrößerung und Steifwerdung des Gliedes sondern seine am Grunde befindlichen *Cowper*schen Drüsen einen schleimigen Saft in die Harnröhre ab, der einerseits die Passierbarkeit der Samenflüssigkeit erleichtern soll, andererseits vermischt mit dem Sekret aus Schleimhautdrüsen des vorderen Teiles der Harnröhre aus derselben austritt, um die an und für sich durch das Smegma glatt gehaltene Eichel für das leichtere Eindringen in die Scheide schlüpfriger zu machen.

Die Eichel erreicht zuerst den Scheidenvorhof und kommt hier mit der durch die Schwellkörper vorgetriebenen Schleimhaut in Berührung. Der Kopf der Eichel wird hierbei von dem aufgerichteten Kitzler (clitoris) berührt, der durch einen Muskelzug nach unten gedrückt wird, nachdem er wie oben beschrieben, durch seine Schwellkörper zur Erektion kam und schlüpfrig gemacht wurde.

Die Eichel und das Glied müssen nunmehr den Scheideneingang mit der Scheidenklappe (Hymen) passieren. Hierbei ist die gesamte Vorhofgegend am Scheideneingang durch das Sekret der *Bartholini*schen Drüsen und der *Skene*sschen Paraurthraldrüsen schlüpfrig gemacht. In den großen und kleinen Schamlippen entsteht durch die Durchblutung eine erhöhte Wärme und ein Wonnegefühl, das zur weiteren Anregung der Geschlechtslust dient. Beim ersten Geschlechtsakt wird die Scheidenklappe, das Hymen, nach Vorwölbung nach innen meistens in der unteren Hälfte mit geringer Schmerzverursachung und bei geringer Blutung eingerissen. Diese Einrißstelle vernarbt, aber erwächst nicht wieder. Dem weiteren Eindringen in die Scheide stehen dann unter normalen Verhältnissen außer der durch Muskelzüge bedingten Verengerung des Einganges Widerstände nicht entgegen (vgl. d. Art.: Notzucht).

Bei weiterem Eindringen des Gliedes in die Scheide, deren vordere und hintere Wand so zusammenliegen, daß kein Hohlraum klafft, wird sie entfaltet, so daß sich ihre Schleimhaut mit den Querfalten um das erigierte Glied legen kann. Bei den Hin- und Herbewegungen des Gliedes geschieht es durch die Reibungen der zarten Haut der Eichel und der gespannten Haut des Gliedes an den Querfalten der durch Muskelzüge verstärkten Schleimhaut, daß es zu erheblichen Reizungen kommt, die beim Mann unter Eintritt des höchsten Wonnegefühls (Orgasmus, Paroxysmus) den Samenerguß in den hinteren Teil der Scheide zur Folge haben. Durch diesen Samenerguß wird bei normalem Verlauf des Geschlechtsaktes auch beim Weibe der Orgasmus ausgelöst unter gleichzeitiger Absonderung schleimiger Sekrete aus der sich zusammenziehenden Gebärmutter und dem Gebärmutterhals. Es wird angenommen, daß diese Sekrete für das Aufsteigen der Samenfäden Bedeutung haben.

Diese Samenausstoßung und entsprechende Vorgänge an den weiblichen Geschlechtsorganen werden durch den zweiten genitalen Reflexbogen bewirkt. Die zuführenden Bahnen verlaufen im nervus pudendus und erhalten ihre Reizungen von den Genitalendnervenkörpern unter der Eicheloberhaut bzw. der gespannten Haut des Gliedes. Die Reize werden zu einem besonderen Ejaculations-Zentrum in der Intermediärsubstanz des oberen Lendenmarks geleitet, von dem efferente Bahnen im plexus hypogastricus mit sympathischen Fasern des Grenzstranges zu den Samenblasen, der Vorsteherdrüse, zu den mit glatten Muskeln versehenen Ausführungswegen für die Samenflüssigkeit und zu der Gebärmutter gehen. Der Ejaculationsreflex wird erst nach länger dauernder, wiederholter Reizung des Gliedes bzw. der Scheide und damit des nervus pudendus

zur Auslösung gebracht, nachdem eine Summation der Reize eingetreten ist. Auch dieser zweite genitale Reflexbogen ist dem Willen entzogen, kann aber durch die verschiedensten seelischen Vorgänge gestört werden.

Die Fähigkeit, den Beischlaf in der vorstehend in seinen Einzelheiten beschriebenen Ablaufsform ausüben zu können, rechnet zu den „Umständen" nach § 37 des neuen deutschen Ehegesetzes vom 6. 7. 1938, die der Person des andern Ehegatten betreffen und die in der Ehe gefordert werden können. Das festgestellte Nichtvorhandensein oder das nur unvollkommene Vorhandensein der Beischlafsfähigkeit (s. d. Art.: Zweifelhafte Fortpflanzungsfähigkeit beim Manne und beim Weibe) berechtigt bei Nichtfortsetzenwollen einer derartigen Ehe bis zu Jahresfrist nach Kenntnis des Unvermögens zur Begehrung der Aufhebung der Ehe nach §§ 37, 40 des Ehegesetzes vom 6. 7. 1938 (entsprechend der früheren Anfechtungsmöglichkeit der Ehe nach § 1333 BGB.).

Die im § 1300 BGB. erwähnte „Beiwohnung", die eine unbescholtene Braut ihrem Verlobten gestattet hatte und die ihr unter den Voraussetzungen der §§ 1298, 1302 BGB. bei Verlobungsrücktritt und bei schuldhaftem Verlobungsbruch gegenüber dem früheren Verlobten einen Schadenersatzanspruch, den sog. Deflorationsanspruch, sichert, ist ein normaler Beischlaf in der oben beschriebenen Form mit Einriß der Scheidenklappe des Hymens (Entjungferung, Defloration).

Die in den §§ 825 und 847 erwähnte „außereheliche Beiwohnung", zu deren Gestattung eine Frauensperson durch Hinterlist, durch Drohung oder durch Mißbrauch eines Abhängigkeitsverhältnisses bestimmt wurde und die zu Schadensersatzforderungen berechtigt, braucht nicht ein Beischlaf in obiger vollkommener Form zu sein. Zur Erfüllung des hierbei geforderten Tatbestandes genügt die Feststellung eines Beischlafes, wie er nachstehend beschrieben als ausreichend für strafgesetzliche Bestimmungen angesehen wird.

Im deutschen Strafgesetz wird der Beischlaf beim Ehebruch § 172, bei der Blutschande § 173, bei der Schändung § 176,2, bei der Notzucht § 177, bei der Erschleichung des Beischlafes § 179, bei der Verführung § 182 wörtlich als Straftat angeführt. In den §§ 180, 181, 181a, die Kuppelei und Zuhälterei betreffen, fällt der Beischlaf unter den Begriff der „Unzucht". Im Blutschutzgesetz § 5 ist der Beischlaf als „außerehelicher Verkehr" mit erfaßt.

In allen diesen Fällen wird vom Gesetzgeber zur Erfüllung des Tatbestandes nicht ein vollkommener, normaler, vollendeter Beischlaf verlangt, wie er oben in seinen Einzelheiten beschrieben wurde. Es genügt eine Vereinigung der beiderseitigen Geschlechtsteile in der Weise, daß das männliche Glied mindestens in den Vorhof der Scheide eingedrungen ist und bei vorhandener unversehrter Scheidenklappe diese gleichsam soweit nach innen vorgewölbt hat, daß die Eichel in den Scheideneingang gelangte. Ein tieferes Eindringen in die Scheide ist nicht erforderlich, ebenso nicht das Einreißen der Scheidenklappe und nicht ein Samenerguß. Die Geschlechtsreife der geschädigten weiblichen Person ist ebenfalls nicht erforderlich zur Erfüllung des strafrechtlich zu erfassenden Tatbestandes.

*Schrifttum.*
Siehe beim Art.: Zweifelhafte Fortpflanzungsfähigkeit beim Manne und beim Weibe. *Schackwitz.*

**Beischlafsverletzungen** siehe *Notzucht.*

**Bennetsche Fraktur** siehe *Kampfsportverletzungen.*

**Benzidinprobe** siehe *Forensische Blutuntersuchung.*

**Benzin** siehe *Flüchtige organische Gifte.*

### Benzoesäure.

Die Benzoesäure ($C_6H_5COOH$) bildet farblose glänzende Nadeln, ist geruchlos, von schwach saurem Geschmack. Schmelzpunkt 121,4°. Gut wasser- und lipoidlöslich. Besitzt stark entwicklungshemmende, antiseptische Eigenschaften, die am stärksten bei saurer Reaktion und Abwesenheit von Eiweiß sind. Benzoesäure sowie ihr Natriumsalz werden deshalb in ausgedehnter Weise für die Lebensmittelkonservierung gebraucht.

In der forensischen Toxikologie spielt die Benzoesäure wegen ihrer geringen Giftigkeit (viel kleiner als bei der Salicylsäure) praktisch keine Rolle. Die toxische Dosis liegt sehr hoch. 15 g und darüber werden ohne Beschwerden ertragen, namentlich zusammen •mit eiweißhaltiger Nahrung. Bei 40 g sah man Kopfschmerzen, Erbrechen. Örtliche Reizwirkung auf die Schleimhäute gering; von einer spezifischen Wirkung auf die Verdauungsorgane kann nicht gesprochen werden. Ausscheidung durch den Urin, meist mit Hippursäure gepaart. Monatelange Aufnahme kleiner Mengen (0,5—1 g) erzeugten beim Menschen keine Störungen. Chlorbenzoesäure (Mikrobinsäure) ist noch weniger giftig als Benzoesäure und deshalb ein häufig gebrauchtes Konservierungsmittel. Benzoesäureester, wie Methyl- und Äthylester, dienen als Lösungsmittel für Cellulose, Harze usw. Gewerbliche Schädigungen sind dabei nicht beobachtet worden.

*Schrifttum.*

Handb. d. Lebensmittelchemie I. Berlin 1933. — Toxikologie u. Hygiene d. techn. Lösungsmittel, herausg. v. *Lehmann* u. *Flury.* Berlin 1938. **Schwarz.**

**Benzol** siehe *Flüchtige organische Gifte.*

**Berberin** siehe *Papaveraceenalkaloide.*

**Bergkrankheit** siehe *Tod und Gesundheitsbeschädigung durch abnorm hohen und abnorm niedrigen Luftdruck.*

**Bernstein** siehe *Edelsteinbetrug und Verwandtes.*

### Bernsteinöl.

Bernsteinöl ist das Produkt der trockenen Destillation des Bernsteins. Toxische Dosis etwa 4 g, erzeugt Erbrechen, Durchfall, Bauchschmerzen. Wurde früher als Laienabortivum eingenommen, besonders häufig in Ostpreußen. Heute ohne jede toxikologische Bedeutung.

*Schrifttum.*

*Lewin:* Fruchtabtreibung durch Gifte und andere Mittel. Berlin 1922. **Schwarz.**

### Bernsteinsäure.

Schmelzpunkt 180°, monokline Tafeln oder Säulen mit unangenehmem Geschmack. Wurde früher offizinell verwendet, spielt heute toxikologisch keine Rolle mehr. 3%ige Lösung verursachen noch keinerlei Reizerscheinungen von seiten des Magen-Darmkanales. Bernsteinsäure kommt in verschiedenen Früchten vor, entsteht bei der alkoholischen Gärung der Gluttaminsäure, zeigt nahe Verwandtschaft zur Weinsäure und Asparaginsäure. Wird im Organismus als normales Produkt in wechselnden Mengen vorgefunden, entsteht in erheblichen Mengen in den Leichenorganen durch Fäulnis. Erwähnenswert ist die Bernsteinsäure deshalb, weil man glaubte, sie entstehe bei der chronischen Oxalsäurevergiftung (s. d. Art.: Oxalsäure) und ihr Vorhandensein könne forensisch als Vergiftung, insbesondere für eine Oxalsäurevergiftung, gedeutet werden, eine Annahme, die durch Serienversuche vollständig widerlegt worden ist.

*Schrifttum.*

*Heubner:* Vermutete Kaliumoxalatvergiftung. Slg. Verg.-Fälle **2,** 37 B (1931). — Handb. d. Lebensmittelchemie I. Berlin 1933. — *Klauer* u. *Specht:* Die Bewertung der Bernsteinsäure bei toxikolog. Analysen. Dtsch. Z. gerichtl. Med. **28,** 265 (1937). **Schwarz.**

**Berstungsbruch** siehe *Schädelbrüche.*

**Bertillonage** siehe *Identitätsfeststellung von lebenden Personen.*

### Berufskrankheit (= B. K.). (Vgl. auch Art.: Betriebsunfall; Erwerbsunfähigkeit; Kausalzusammenhang.)

*Begriff in der Unfallversicherung:* Gemäß § 547 der deutschen Reichsversicherungsordnung kann die Reichsregierung durch Verordnung bestimmte Krankheiten als B. K. bezeichnen, auf welche dann die Bestimmungen der Unfallversicherung Anwendung finden. B. K. sind an sich keine „Unfälle" im eigentlichen Sinne des Wortes, d. h. sie entstehen nicht durch ein plötzlich oder ziemlich plötzlich (höchstens während einer Arbeitsschicht von 8 Stunden) einwirkendes gesundheitsschädigendes Ereignis. Der Begriff ist vielmehr folgendermaßen zu definieren: B. K. entstehen durch chronische Einwirkung kleinster Schädigungen auf den menschlichen Organismus, wobei innerhalb einer oder mehrerer Arbeitsschichten noch keine erkennbaren krankhaften Erscheinungen auftreten, sondern erst nach geraumer Zeit eine Gesundheitsstörung in Erscheinung tritt. Eine B. K. ist somit die Folge einer Summation der Wirkungen kleinster gesundheitsschädlicher Reize während eines längeren Zeitraumes. Voraussetzung für die Anerkennung als B. K. ist dabei, daß die fortdauernde schädigende Einwirkung während der Beschäftigung in einem der Unfallversicherung angehörenden *Betrieb* stattgefunden hat. Von der Reichsregierung sind bis heute drei Verordnungen erlassen, in welchen eine ständig zunehmende Zahl einzelner B. K. sowie die Betriebe, in denen diese als entschädigungspflichtige Unfälle gelten, bezeichnet sind (Verordnungen über die Ausdehnung der Unfallversicherung auf gewerbliche Berufskrankheiten). Die erste Verordnung vom 12. 5. 1925 umfaßt 11, die zweite vom 1. 2. 1929 bereits 21, die dritte Verordnung vom 16. 12. 1936 26 einzelne B. K. — (s. Tabelle 1).

*Nur* diese in Spalte II der obigen Tabelle aufgeführten Krankheiten gelten als B. K. und zwar bei Nr. 1—18 für alle der Unfallversicherung angeschlossenen Betriebe, gleichgültig welcher Art. Die unter Nr. 19—26 angeführten Krankheiten werden dagegen nur dann als B. K. anerkannt, wenn sie während der Tätigkeit des Versicherten in Betrieben entstanden, die in Spalte III für jede einzelne B. K. festgesetzt sind. So gilt z. B. ein Lungenkrebs (Nr. 19) nur dann ohne weiteres als B. K., wenn er bei Angehörigen eines Betriebes der Chromaterzeugung auftritt. Erkrankt ein Arbeiter irgendeines anderen (wenn auch chemischen) Betriebes an Lungenkrebs, so gilt dieser nicht als B. K. Erkrankt eine technische Assistentin, die in einem ärztlichen Laboratorium mit Sputumuntersuchungen zu tun hat, an Lungentuberkulose, so wird diese als B. K. anerkannt. Nicht anerkannt als B. K. wird jedoch eine Tuberkulose, die in einem anderweitigen, nicht-medizinischen Betrieb z. B. durch Tröpfchen-Infektion von einem Mitarbeiter erworben wurde. Die einzelnen Verordnungen werden durch Ausführungsbestimmungen mit Begründungen und Erläuterungen für die einzelnen Krankheiten bzw. Krankheitsgruppen ergänzt. In diesen Erläuterungen sind für den begutachtenden Arzt wichtige Anhaltspunkte bezüglich Ätiologie, Diagnose und Verhütung von B. K. enthalten. Die

Tabelle 1.

| Lfd. Nr. | Berufskrankheit | Betriebe und Tätigkeiten |
|---|---|---|
| I | II | III |
| 1 | Erkrankungen durch *Blei* oder seine Verbindungen | |
| 2 | Erkrankungen durch *Phosphor* oder seine Verbindungen | |
| 3 | Erkrankungen durch *Quecksilber* oder seine Verbindungen | |
| 4 | Erkrankungen durch *Arsen* oder seine Verbindungen | mit Ausnahme von Hauterkrankungen. Diese gelten als Berufskrankheit nur insoweit, als sie Erscheinungen einer durch Aufnahme der schädigenden Stoffe in den Körper bedingten Allgemeinerkrankung sind oder gemäß Nr. 15 entschädigt werden müssen |
| 5 | Erkrankungen durch *Mangan* oder seine Verbindungen | |
| 6 | Erkrankungen durch *Benzol* oder seine Homologen | |
| 7 | Erkrankungen durch *Nitro-* und *Amidoverbindungen* des Benzols oder seine Homologen und deren Abkömmlinge | |
| 8 | Erkrankungen durch *Halogen-Kohlenwasserstoffe* der Fettreihe | |
| 9 | Erkrankungen durch *Schwefelkohlenstoff* | Betriebe, Tätigkeiten und Einrichtungen, die der Unfallversicherung unterliegen |
| 10 | Erkrankungen durch *Schwefelwasserstoff* | |
| 11 | Erkrankungen durch *Kohlenoxyd* | |
| 12 | Erkrankungen durch *Röntgenstrahlen* und radioaktive Stoffe | |
| 13 | Erkrankungen an *Hautkrebs* oder zur Krebsbildung neigenden Hautveränderungen durch Ruß, Paraffin, Teer, Anthrazen, Pech und ähnliche Stoffe | |
| 14 | Erkrankungen an Krebs oder anderen Neubildungen sowie Schleimhautveränderungen der Harnwege durch *aromatische Amine* | |
| 15 | Schwere oder wiederholt rückfällige berufliche *Hauterkrankungen*, die zum Wechsel des Berufs oder zur Aufgabe jeder Erwerbsarbeit zwingen | |
| 16 | Erkrankungen der Muskeln, Knochen und Gelenke durch Arbeit mit *Preßluftwerkzeugen* | |
| 17 | a) Schwere *Staublungenerkrankung* (Silikose)<br>b) *Staublungenerkrankung* (Silikose) in Verbindung mit Lungentuberkulose, wenn die Gesamterkrankung schwer ist und die Staublungenveränderungen einen aktiv-fortschreitenden Verlauf der Tuberkulose wesentlich verursacht haben | |
| 18 | Schwere *Asbeststaublungenerkrankung* (Asbestose) | |
| 19 | Erkrankungen an *Lungenkrebs* | Betriebe der Chromaterzeugung |
| 20 | Erkrankungen der tieferen Luftwege und der Lungen durch *Thomasschlackenmehl* | Thomasschlackenmühlen, Düngemittelmischereien und Betriebe, die Thomasschlackenmehl lagern und befördern |
| 21 | *Schneeberger Lungenkrankheit* | Betriebe des Erzbergbaues im Gebiete von Schneeberg (Sachsen) |
| 22 | Durch Lärm verursachte *Taubheit* oder an Taubheit grenzende Schwerhörigkeit | Betriebe der Metallbearbeitung und -verarbeitung |
| 23 | *Grauer Star* | Betriebe zur Herstellung, Bearbeitung und Verarbeitung von Glas; Eisenhütten, Metallschmelzereien |
| 24 | *Wurmkrankheit der Bergleute* | Betriebe des Bergbaues |
| 25 | *Tropenkrankheiten*, Fleckfieber, Skorbut | Betriebe der Seeschiffahrt und der Luftfahrt, Beschäftigung im Ausland |
| 26 | *Infektionskrankheiten* | Krankenhäuser, Heil- u. Pflegeanstalten, Entbindungsheime u. sonstige Anstalten, die Personen zur Kur und Pflege aufnehmen, ferner Einrichtungen und Tätigkeiten in der öffentlichen und freien Wohlfahrtspflege und im Gesundheitsdienste sowie Laboratorien für naturwissenschaftliche und medizinische Untersuchungen und Versuche |

jüngste (dritte) Verordnung über die Ausdehnung der Unfallversicherung auf gewerbliche Berufskrankheiten enthält an weiteren wesentlichen Bestimmungen: 1. Gleichstellung der Erkrankung an B. K. mit der Körperverletzung durch Unfall, Gleichstellung des Todes infolge einer B. K. mit der Tötung durch Unfall. Diese Gleichstellung bedeutet auch, daß die Entschädigung für eine B. K. nicht geringer sein darf wie bei einem Betriebsunfall (Versicherungsleistungen s. d. Art.: Betriebsunfall). Die prozentuale Beteiligung der B. K. an der Gesamtzahl der Betriebsunfälle s. Tabelle 2.

### Tabelle 2.

*Anteil der Berufskrankheiten in % an der Gesamtzahl der gemeldeten Unfälle 1935 (ohne Bergbehörden).*

Gewerbliche Berufsgenossenschaften . .    0,7 %
Landwirtschaftl. Berufsgenossenschaften    0,01 %
Ausführungsbehörden . . . . . . . .    1,2 %

2. Die Festsetzung des Zeitpunktes des „Unfalles" (d. h. Beginn der Entschädigungspflicht für eine B. K.): Danach gilt als Zeitpunkt des Unfalles der Beginn der Krankheit im Sinne der Krankenversicherung oder, wenn das für den Versicherten günstiger ist, der Beginn der Erwerbsunfähigkeit im Sinne der Unfallversicherung. 3. Bestimmungen über Festsetzung des Jahresarbeitsverdienstes. 4. Bestimmungen darüber, daß die unter Nr. 25 aufgeführten B. K. auch dann entschädigt werden, wenn sie anläßlich eines Urlaubs in eigener Sache an Land (aber ohne eigenes Verschulden) erworben wurden. 5. Ausschließlich für B. K. ist der Begriff der „Gefährdung" geschaffen worden (§ 5 der 3. Verordnung): Gefährdung bedeutet für den Versicherten die Gefahr, daß bei weiterer Tätigkeit in einem bestimmten Betrieb bei ihm eine B. K. entsteht, wieder entsteht oder sich verschlimmern wird. In einem solchen Falle wird der Versicherte zur Unterlassung dieser mit gesundheitlichen Gefahren verbundenen Beschäftigung angehalten und ihm zum Ausgleich des dadurch etwa bedingten Verdienstausfalles eine Übergangsrente (bis zur Hälfte der Vollrente) oder ein Übergangsgeld (bis zur halben Jahresvollrente) gewährt.

*Anzeigepflicht:* Eine B. K. und außerdem der begründete Verdacht auf Vorliegen einer B. K. sind in Deutschland meldepflichtig. Die Anzeige erfolgt durch den Arzt (jeder Arzt ist verpflichtet, nicht nur der behandelnde) auf einem vom Reichsversicherungsamt herausgegebenen Formblatt. Die Meldung wird honoriert, sie ist an den Versicherungsträger oder an den zuständigen Gewerbearzt zu richten. Erstattet der Arzt nicht oder nicht rechtzeitig Anzeige, so kann der Gewerbearzt gegen ihn Bestrafung bei der Ärztekammer beantragen. Der Versicherungsträger muß binnen zweier Tage den Gewerbearzt von der Anzeige einer B. K. unterrichten, damit gegebenenfalls Maßnahmen zur Verhütung getroffen werden können.

### Tabelle 3.

*Angezeigte und entschädigte Fälle von Berufskrankheiten und deren Folgen.*

| | Zahl der angezeigten Fälle | Zahl der entschädigten Erkrankungen | Folgen der entschädigten Erkrankungen | | |
| --- | --- | --- | --- | --- | --- |
| | | | Tod | völlige | teilweise |
| | | | | Erwerbsunfähigkeit | |
| 1932 | 6671 | 1742 | 270 | 108 | 1364 |
| 1933 | 7133 | 1258 | 217 | 80 | 961 |
| 1934 | 7664 | 1043 | 193 | 63 | 787 |
| 1935 | 8980 | 1161 | 222 | 82 | 857 |

Die *Folgen* einer B. K. sind die gleichen wie bei Betriebsunfällen: Tod, dauernde oder vorübergehende Erwerbsunfähigkeit oder Erwerbsbeschränkung. Die beiden Tabellen 3 und 4 geben eine Übersicht über die zahlenmäßigen Verhältnisse.

### Tabelle 4.

*Angezeigte und entschädigte Fälle von Berufskrankheiten und deren Folgen 1935.*

| Berufskrankheiten | Zahl der angezeigten Fälle | Zahl der entschädigten Erkrankungen | Folgen der entschädigten Erkrankungen | | |
| --- | --- | --- | --- | --- | --- |
| | | | Tod | völlige | teilweise |
| | | | | Erwerbsunfähigkeit | |
| Blei od. seine Verbindungen . . . . . | 1294 | 94 | 1 | 1 | 92 |
| Quecksilber od. seine Verbindungen . . . | 62 | 4 | — | — | 4 |
| Arsen oder seine Verbindungen . . . . | 40 | 6 | 3 | — | 3 |
| Benzol oder seine Homologen, Nitro- und Amidoverbindungen der aromatischen Reihe | 305 | 28 | 9 | 3 | 16 |
| Schwefelkohlenstoff . . | 16 | 4 | — | — | 4 |
| Schwefelwasserstoff . . | 82 | — | — | — | — |
| Kohlenoxyd . . . . | 514 | 36 | 16 | 1 | 19 |
| Chron. und chron. rezidivierende Hauterkrankungen durch Galvanisierungsarbeiten | 396 | 25 | 2 | 1 | 22 |
| Chron. und chron. rezidivierende Hauterkrankungen durch Ruß, Paraffin, Teer, Anthrazen, Pech und verw. Stoffe . . . . | 263 | 17 | — | — | 17 |
| Erkrankungen der Muskeln, Knochen und Gelenke durch Arbeiten mit Preßluftwerkzeugen | 166 | 77 | — | 1 | 76 |
| Erkrankungen der tieferen Luftwege und der Lunge durch Thomasschlackenmehl . . . | 99 | 12 | 8 | — | 4 |
| Schwere Staublungenerkrankungen (Silikose) . . . . . . . | 1601 | 627 | 146 | 62 | 419 |
| Durch Lärm verursachte Taubheit oder an Taubheit grenzende Schwerhörigkeit . . | 34 | 2 | — | — | 2 |
| Grauer Star . . . . | 29 | 10 | — | — | 10 |
| Tropenkrankheiten, Fleckfieber, Skorbut | 387 | 10 | 8 | 1 | 1 |
| Infektionskrankheiten . | 1740 | 203 | 28 | 10 | 165 |
| Sonstige Berufskrankheiten . . . . . . | 48 | 6 | 1 | 2 | 3 |
| Irrige usw. Anzeigen . | 1904 | — | — | — | — |
| Summe | 8980 | 1161 | 222 | 82 | 857 |

*Ärztliche Sachverständigentätigkeit* bei B. K. (s. a. Unfallsektion bei Art.: Betriebsunfall): Da bei der Begutachtung von B. K. neben schwierigen medizinischen Fragen auch chemisch-technologische, gewerbehygienische u. a. Fragen für die Beurteilung ausgewertet werden müssen, hat der Gesetzgeber bestimmt, daß in allen Fällen von B. K. auch bei solchen, wo keine förmliche Anzeige erstattet worden ist, der staatliche Gewerbearzt als berufene Stelle mitzuwirken und ein abschließendes Gutachten abzugeben hat.

Zur *Verhütung* von B. K. dienen außer den bei Art.: Betriebsunfall erwähnten Maßnahmen: Auslese der Belegschaft bestimmter Betriebe nach besonderer körperlicher Eignung unter dem Gesichtspunkt der Ausschaltung erfahrungsgemäß besonders Gefährdeter oder Anfälliger, Festsetzung eines Mindest- oder Höchstalters, Verbot der Frauenarbeit und Beschränkung der Arbeitszeit für bestimmte Gewerbebetriebe, gesundheitliche Überwachung durch Gewerbe- und Fabrikarzt, hygienische Einrichtungen, Schutzkleidung, Schutzmasken, Absaugevorrichtungen an Maschinen zur Entfernung der Abfallprodukte u. a. m.

*Schrifttum.*

*Bauer:* Die 3. Verordnung über die Ausdehnung der Unfallversicherung auf Berufskrankheiten unter besonderer Berücksichtigung der ärztlichen Mitwirkung. Ärztl. Sachverst.ztg. **43**, 89—98 (1937). — *Hebestreit* und *Bartsch:* Die Berufskrankheit in der Unfallversicherung auf Grund der drei Verordnungen über Ausdehnung der Berufskrankheiten vom 16. 12. 1936 nebst amtlicher Begründung, Durchführungsbestimmungen, Anschriftenverzeichnis der Gewerbeärzte und unter Berücksichtigung der bisherigen Rechtsprechung. Mit einem Geleitwort von Gerhard Wagner. Berlin-Lichterfelde 1937. — *Koelsch:* Lehrbuch der Gewerbehygiene. Stuttgart 1937. — *Lauterbach:* Die drei Verordnungen über Ausdehnung der Unfallversicherung auf Berufskrankheiten vom 16. 12. 1936, München 1936. — Statistisches Jahrbuch für das Deutsche Reich **1934**—**1937**. — Weitere Literatur s. Art.: Betriebsunfall. *Jungmichel* und *Manz.*

**Berufsmerkmale.** (Vgl. auch Art.: Besondere Kennzeichen; Identitätsfeststellung an Leichen; Identitätsfeststellung von lebenden Personen.)

Als *Berufsmerkmale* (Stigmata) bezeichnet man jene Hautveränderungen, die im Zusammenhang mit gewissen Berufstätigkeiten in mehr oder weniger starker Ausprägung an bestimmten Stellen des Körpers mit einer gewissen Regelmäßigkeit auftreten. Ihre Entwicklung ist einerseits von der Art und Intensität der Einwirkung, sei sie nun mechanisch, chemisch oder strahlenenergetisch, andererseits vom reaktiven Verhalten des Organismus gegenüber der Einwirkung abhängig. Die für die Erzeugung des Berufsmerkmals nötige Reizgröße ist eine bestimmte, in ihrem Umfang wechselnde; sie erreicht ihren Schwellenwert entweder durch eine kontinuierliche Einwirkung oder durch die Summierung distinkt wiederholter Reize.

Wir unterscheiden: Verfärbungen, Auflagerungen, Excoriationen und Rhagaden, Verhornungen und Schwielenbildungen, Nagelveränderungen, Pigmentierungen, Einsprengungen und Tätowierungen, Atrophien und Narbenbildungen, Teleangiektasien, Bindegewebsverdickungen und Schleimbeutelbildungen. Während man die ersteren Veränderungen als vorübergehende zu bezeichnen pflegt, sind die letzteren von den Einsprengungen an von Dauer; die Pigmentierungen bilden zwischen diesen beiden Gruppen das Bindeglied, in dem ein Teil dieser vorübergehend, der andere von hartnäckiger Dauer ist.

1. Die *Verfärbung* ist entweder eine flüchtige, durch Wasser, Seifenlösungen, Alkohol, Benzin, Äther oder Fett entfernbare oder eine dauernde, wobei der färbende Körper entweder chemisch an das Gewebe gebunden ist, oder es handelt sich um eine feinste Einlagerung der färbenden Substanz ins Gewebe, so z. B. bei der Argyrose. Die chemische Bindung der färbenden Substanz kann eine an das Gewebe direkte sein oder sie erfolgt indirekt durch Mitwirkung eines Vermittlers, der das Gewebe zur Quellung bringt und damit zur Aufnahme des Farbstoffes geeigneter macht. Was die verschiedenen Berufe anbelangt, bei denen berufliche Haut-, Nagel- und Haarverfärbungen auftreten, so sind: bei Tischlern, Holz-Lackierern, Lasierern und Polierern

braunrote Färbungen der Nägel und der Hände zu beobachten, die durch Anilin-, Teer- und Chromfarben bedingt sind, wie Braunfärbung durch Pyrogallussäure, Gelbfärbung durch sulfithältige Waschmittel. Bei Anstreichern und Färbern finden sich Verfärbungen von Haut, Nägeln und Haaren durch die verschiedenen Farbstoffe. Durch bleihältige Farben kommt es zu einer gewissen Trockenheit und Sprödigkeit der Haut bei eigentümlich fahler, selbst subikterischer Verfärbung. Bei den verschiedenen in der Pelzindustrie beschäftigten Menschen kommen Braunfärbungen der Hände durch das Ursol (Chinonverbindung) vor. Arbeiter, die mit Säuren zu tun haben, zeigen durch Salpetersäure Gelbfärbung (Xanthoproteinreaktion) der Haut und Nägel, durch Schwefelsäure Gelbbraun-, durch Salzsäure Schwarzfärbung. Berührung mit Pyrogallussäure bedingt Gelb- und Braunfärbung (Photographen). Heringseinleger, Viktualienhändler, die evtl. ebenfalls mit Salzbrühe in Berührung kommen, zeigen weiße Flecke auf den Nägeln (Leukonychie). Bei Ekrasitarbeitern beobachtet man grüngelbe Verfärbung der Nägel und der Haut. Auf den Nägeln der Zuckerbäcker findet man gelegentlich braune Querstreifen.

2. *Auflagerungen* entstehen durch Haften verschiedener staubförmiger Körper, wie Mehlstaub bei Müllern, Mehlverladearbeitern, Bäckern, Kohlenstaub und Ruß bei Kohlenarbeitern, Heizern, Schornsteinfegern, Kalkauflagerungen bei im Baugewerbe Beschäftigten, Wollstaub bei allen Stoffe verarbeitenden Gewerben, wie Hutmachern, Tucharbeitern, Wollwebern usw., Auflagerungen von Korkstaub bei Kork verarbeitenden Gewerben, von verschiedenem Metallstaub bei allen in Metallbetrieben beschäftigten Arbeitern, von verschiedenem Gesteinsstaub bei Arbeitern in Steinbrüchen usw. und Holzstaub bei in Holzverarbeitungsbetrieben Beschäftigten. Alle diese Stoffe zeigen nur eine oberflächliche Bindung, sie werden durch die Sekrete der Haut festgehalten und sind ziemlich leicht zu entfernen.

3. *Excoriationen und Rhagaden* kommen durch oberflächliche Verletzungen zustande, wobei zum Entstehen der letzteren eine evtl. durch den Beruf gleichzeitig bedingte Trockenheit der Haut fördernd mitwirken kann. Excoriationen findet man bei Drechslern, Tischlern, bei allen Metalle verarbeitenden Menschen, bei Schriftsetzern; bei Friseuren kommen oberflächliche mechanische Verletzungen an den Zwischenfingerfalten durch Hineinpressen der Haarenden beim Frisieren zustande, bei Gärtnern und Landarbeitern können sich verschiedenartige Schnittverletzungen und Excoriationen finden, oberflächliche Excoriationen und Ulcera durch Dungmittel wie durch Kalkstickstoff bei Landarbeitern; bei der schweren Arbeit der Gerber entstehen beim Ziehen und Schleppen der Häute leicht Einrisse in der Haut mit sekundärer Eiterung, Bildung scharfumschriebener ovaler oder runder Geschwüre, schmerzhaft, als Vogelaugen, Stieglitz, Pigeonneau, Rossignol bezeichnet, durch Einwirkung von Kalk. Letztere eigentümliche Geschwürsbildungen finden sich auch bei Zementarbeitern. Bei Gerbern, bei der Chromgerberei, entstehen diese Vogelaugen durch die Einwirkung von Kalium-Natrium-Bichromat- und Antichlorlösung, wodurch die Chromsäure in unlösliches Chromoxyd überführt wird. Ganz ähnliche Geschwüre können auch durch die Einwirkungen von Arsen, bei Arbeitern in Arsenfabriken, wie bei Hantieren mit arsenhaltigen Spritz- und Staubmitteln zustande kommen. Vogelaugen ähnliche Verätzungen finden sich auch bei Emailarbeitern durch das Bespritzen beim Eintauchen der zu emaillierenden Gegenstände in die

flüssige Emailmasse. Dadurch gibt es auch auffallende Nagelschädigungen. Durch Verwendung von Kochsalzbrühe entstehen Rhagaden und Excoriationen an Nagelbett, weiße Fleckenbildung in den Nägeln, bei Glasarbeitern durch das Polieren mit Bimsstein, beim Schleifen des Glases Excoriationen an den Fingerspitzen; bei Heizern und Lokomotivführern findet man Excoriationen, die mit oberflächlichen Narben abheilen, über den Schienbeinen durch Verletzungen an den Kanten der hohen Stufen, namentlich im Winter, wenn diese vereist sind, zustande kommend. Bei Eisengießern finden sich gelegentlich Excoriationen, aber auch tiefere Ulcera, Narben nach Verbrennungen mit flüssigem Metall, nicht selten am Fußrücken lokalisiert. Bei Drahtziehern, Klempnern schnittähnliche Verletzungen und Rhagaden in der Haut über den Grundphalangen, bei Näherinnen, Stickerinnen strich- und stichförmige Verletzungen und Närbchen an den Fingerspitzen, bei Fleischern und Selchern kommen Verletzungen, schnitt- und stichförmig, oft mit sekundärer Infektion (Erysipeloid, Eiterung) durch die Borsten zustande; evtl. auch Paronychien, Fremdkörperentzündungen.

4. *Verhornungen und Schwielenbildungen.* Diese sind bei den verschiedenen Berufen zu finden und verschieden lokalisiert; wir verstehen unter Verhornung und Schwielenbildung eine an umschriebenen Stellen lokalisierte Verdickung des Epithels vor allem der Hornschichten, wobei das verdickte Epithel von einer verschieden stark hypertrophischen Schicht der Cutis unterlagert ist. Da zur Entwicklung der einwirkende Druck einen Gegendruck finden muß, entstehen die Schwielen vorzüglich an von Knochen unterlagerten Hautstellen. Die Tastempfindung ist herabgesetzt, die Leistungsmöglichkeit daher erhöht. Pathologisch nennen wir die Schwiele dann, wenn sich tieferliegende Entzündungsprozesse einstellen, die durch ihre Schmerzhaftigkeit die Leistungsfähigkeit herabsetzen, ja ausschalten. Die Schwielen können durch Reflexwirkung auch an der entsprechenden Gegenstelle der Haut auftreten, ohne daß diese den erzeugenden Reizen in demselbem Maß ausgesetzt ist. Der Reflex erzeugt auch eine Überleistung an der kontralateralen Stelle. Die Schwielenbildung wird durch Ichthyosis und Hyperidrosis gefördert. Meist sind die Schwielen an den Händen lokalisiert, sie finden sich aber auch an anderen Körperstellen, wie bei Geigen- und Cello-Spielern an den Fingerspitzen der linken Hand, in der Haut über der Endphalange des linken Daumens, bei Handgeigenspielern aber auch in der linken Submentalgegend manchmal mit Atherombildung vergesellschaftet. Hutmacher zeigen Schwielen an der Hohlhand, die Haarformer besonders Schwielenwülste am Ulnarrand der Mittelfurche des rechten Daumens. Lastträger zeigen Schwielen an der Schulter, und ferner können Menschen, die schwere Lasten tragen, auch Schwielen in der Haut des Oberschenkels aufweisen, weil sie gewohnt sind, die Last erst durch den Oberschenkel zu stützen und dann erst auf die Schulter zu schwingen. Erdarbeiter, Maurer, Metallarbeiter, Schmiede zeigen Schwielen an den Flachhänden und an den Daumen, bei Maurern grau, bei Schmieden schwärzlich gefärbt. Schuhmacher zeigen die typischen, pigmentierten, ziemlich großen rundlichen Schwielen oberhalb des Knies neben Schwielen an den Flachhänden und den Beugen der Fingergelenke. Daneben durch Anstemmen des Schuhes an die Brust Dellung der Druckgegend, Verdickung und Pigmentierung der gepreßten Haut mit Comedonenbildung durch die Schusterpechwirkung (Schusterbrust). Die Schneider zeigen Schwielen an der Flachhand und an den Fingern durch den Druck des Bügeleisens, am Daumenballen durch die Schere, ferner wie bei Näherinnen auch zerstochene Schwielen an den Fingerspitzen, besonders am Zeigefinger. Bei Melkern finden sich Schwielen an den Daumenstreckflächen, die sog. Tylositas symmetrica pollicis, als die häufigste Form, es kommen aber auch Schwielenbildungen an anderen Fingern vor, je nach der Art des Melkens.

5. *Nagelveränderungen.* Bei Zahnärzten, Zahntechnikern finden sich durch das häufige Benetzen der Fingerkuppen mit Cocain-, Procain-Alypinlösungen Reizzustände, die zu subungualen Hyperkeratosen führen können; ebenso kann die Beschäftigung mit Naphthalin zur gleichen Veränderung führen. Bei chronischer Röntgendermatitis, wie sie sich manchmal bei Röntgenärzten und bei Röntgenarbeitern, die die Ausprobung der Röntgenröhren vornehmen, entwickelt, kommt es auch zu Nagelveränderungen wie Onychogryphosis und auch zu subungualen Hyperkeratosen. Ähnliche subunguale Hyperkeratosen entstehen auch durch den Reiz von in den vordersten Teil des Nagelbettes bei Silberarbeitern eingedrungenen kleinsten Silberkörnchen. Durch Einwirkung von Alkalien und Säuren auf den Nagel kommt es nicht nur zur entsprechenden Verfärbung, sondern auch zur Verdünnung, zur konkaven Aushöhlung des Nagels bei Abhebung des freien Nagelrandes, zur sog. Koilonychie. Die Onychogryphosis kann aber auch durch Reizzustände anderer Art entstehen, es kommt zur Überbildung des Nagels, der dann ungewöhnlich verdickt, an der Oberfläche Quer- und Längsriffelung zeigt, verschieden gefärbt und mit wuchernden Hornmassen bedeckt sein kann; der Zustand findet sich auch aus Veranlagung oder unter dem Einfluß verschiedener Dermatosen, besonders an den Fußnägeln, meistens an den Nägeln der großen Zehen. Sehr starke Nägel findet man namentlich an den Daumen bei Uhrmachern, Kapselarbeitern; Mattwerden und Brüchigkeit der Nägel ist bei Arbeitern in chemischen Fabriken, die mit Säuren wie Carbolsäure, mit Ammoniak, Formalin (Kunstharzfabriken) zu tun haben, und bei Seidenfärbern zu beobachten. Bekannt sind die stark abgenutzten Nägel der Perlmutterarbeiter. Die Onycholysis semilunaris findet sich bei Wäscherinnen und Selchern, die mit der Reinigung und dem Auswringen einerseits der Wäsche, andererseits der Därme zu tun haben. Es kommt dabei zur dauernden Abhebung des vordersten Nagelanteils vom Nagelbett, zuerst im mittleren und dann auch im seitlichen Anteil. Ursache ist die Erweichung des Nagels durch die bei beiden genannten Berufen zur Anwendung kommende heiße Sodalösung, durch die die Nägel erweicht und zur Quellung und kolloidalen Lockerung gebracht werden, und dann durch das mechanische Moment des Auswringens, das die Abhebung herbeiführt. Bei Arbeitern im Konditorgewerbe, die mit konzentrierten Zuckerlösungen ständig in Berührung kommen, kommt es zu Schädigungen der Nägel durch die Hitze, den Zucker und die Fruchtsäuren, dazu häufig zur Infektion des Nagels und des Nagelbetts mit Hefepilzen und dadurch zu Ablösungen, braunen Verfärbungen der Nägel wie subungualen Hyperkeratosenbildungen, in denen sich Pilzformen nachweisen lassen. Auf das Auftreten weißer Flecke in den Nägeln, Leukonychie, durch Einwirkung von Salzbrühe, Heringslake, wurde schon hingewiesen. Bei Klavier- und Violinspielern fallen die abgestumpften Nägel auf.

6. *Pigmentierungen, Einsprengungen, Tätowierungen.* Diese können durch Bildung oder Überbildung körpereigenen Pigments (a) oder durch die Einlagerung körperfremder Substanzen (b) erfolgen. Zu a): Ein Berufsmerkmal ist die sog. Landmanns-

oder Seemannshaut, die sich bei Land- und Seeleuten, bei Feldarbeitern, überhaupt bei Leuten, die bei jedem Wetter, besonders in der Sonne im Freien beschäftigt sind, mit mehr diffusen oder wieder mit umschriebenen, sommersprossenähnlichen, manchmal recht intensiven Pigmentierungen an den unbedeckten Hautstellen entwickelt. Meist tritt später ein Schwund des Papillarkörpers, Verdünnung des Epithels und damit wie durch gleichzeitigen Schwund des elastischen Gewebes eine reichliche Fältelung der Haut mit Teleangiektasienbildung ein, der Zustand der Atrophie und Verwitterung der Haut. Manchmal besonders durch den Einfluß des Sonnenlichtes umschriebene Epithelhypertrophien, evtl. auch Warzen- bis Carcinombildung. Eine auf diese Weise entstehende atrophische Haut mit besonderer Tiefe und Schärfe der natürlichen Felderung und Linienbildung ist die Cutis rhomboidalis nuchae, die aber nicht nur durch den Reiz des Sonnenlichtes, sondern auch durch chemische Einwirkungen sich entwickeln kann. Eine hyperpigmentierte, von lokalen Epithelhypertrophien und Hyperkeratosen durchsetzte Haut findet sich besonders an den Händen und im Gesicht, aber auch an den Armen und Beinen und manchen Stellen des Rumpfes bei den verschiedenen mit Teer, Pech, Asphalt, Ruß arbeitenden Berufsgruppen. Bei diesen kann sich auch wie bei Menschen der oben genannten, besonders im Freien arbeitenden Berufe eine Cutis rhomboidalis nuchae durch die chemischen Reize entwickeln. Es sei hier vermerkt, daß bei Teer-, Pech- und Asphaltarbeitern die Pigmentationen manchmal weniger entwickelt sind und dafür Comedonenbildung, follikuläre Hyperkeratosen in den Vordergrund treten. Auch alle mit Erdöl, Maschinenöl, Wagenschmiere usw. in Berührung kommenden Arbeiter können neben Pigmentationen, solche follikuläre Hyperkeratosen und Comedonenbildungen zeigen, letztere nicht selten in Acne übergehend, so daß das Bild der sog. Schmierölacne entsteht. Es handelt sich hier schon mehr um eine Berufserkrankung, die aber evtl. konstant ist und auch nach Aussetzen des Berufes noch längere Zeit fortbesteht, so daß daraus ein förmliches Stigma wird. Bei Arbeitern, die an unbedeckten, empfindlicheren Hautpartien, wie z. B. an den Unterarmen, besonders der Hitze, strahlender Wärme ausgesetzt sind, kann sich eine netzförmige Pigmentierung entwickeln, die *Pigmentatio reticularis, Cutis marmorata pigmentosa,* der eine *Livedo reticularis* vorauszugehen pflegt. Braunfärbungen der Haut mit stellenweise stärkerer oder schwächerer Ausprägung findet man bei chronischen Arsen- und Quecksilber-Intoxikationen. Berufliche Arsenmelanosen kommen bei Arbeitern zustande, die mit arsenhaltigen Stoffen und Präparaten längere Zeit in Berührung kommen, wie Anstreicher mit arsenhaltigen Farben, Federschmücker mit Federn, die mit arsenhaltigen Farben imprägniert sind, ferner Tapetenerzeuger, und hauptsächlich sind es die Weinhauer, die mit arsenhaltigen Spritzmitteln den Heuwurm, mit arsenhaltigen Stäubmitteln den Sauerwurm bekämpfen. Es kann dabei zur Entwicklung mehr oder weniger weit ausgedehnter, wechselnd intensiver Pigmentationen, vor allem an den Palmae und Plantae aber auch am übrigen Körper kommen, wobei sich Blasenbildungen, Ulcerationen (Vogelaugen) entwickeln können. Dabei finden sich verschieden ausgeprägte Hyperkeratosen, die evtl. den Boden für Carcinombildung abgeben. Bekannt ist die Pechbräunung bei Asphalt-Brikett- und Teerarbeitern wie bei Arbeitern, die der Einwirkung des sog. Schmieröls an Händen und im Gesicht besonders ausgesetzt sind, wobei sich auch eine Gelbfärbung der Skleren entwickeln kann. Vielfach finden sich dann auch

wie bei der Arsenmelanose Hyperkeratosen, z. T. von präcancerösem Charakter, die evtl. in Carcinome übergehen können. Metalldreher, Mechaniker, die mit dem sog. Bohrwasser in ständige Berührung kommen, das mit dem Petroleum, aromatische Kohlenwasserstoffe und Mineralöle enthaltenden Bohröl versetzt wird, zeigen neben Comedonen- und Acnebildung auch Pigmentationen der betroffenen Hautpartien. Bei Schlossern, Metallschleifern kann das Schmieröl, das Stauferfett, die Fresolöle und das Ambroleum Pigmentationen bedingen. Die in der Sprengstoffindustrie verwendeten Nitrokörper, wie das Trinitrotoluol und das Trinitroanisol u. a. machen Gelb- und Braunfärbung der Haut, Nägel und Haare. Bei Tabakarbeitern Braunfärbung der Hände, besonders der Finger, wie man dies bei Zigarettenrauchern an den Fingern beobachten kann, die die Zigarette halten. Zu b): *Körperfremde Pigmentierung* entsteht durch Aufnahme von Metallen, so z. B. von Silber, in den Körper, wobei man eine lokale und eine allgemeine Ablagerung unterscheidet. Die lokale Argyrose entsteht bei Silber verarbeitenden Menschen durch die Einsprengung von kleinsten Silberteilchen in die Haut, wodurch eine blauschwarze Pigmentierung entsteht. Diese lokale Argyrose ist durch kleine blauschwarz pigmentierte, manchmal konfluierende Herde charakterisiert, die zum Teil an warzige, granulomatös gebaute Gebilde, kleine Fremdkörpergranulome, gebunden sind. Diese Erscheinungen sind besonders an den Händen, weniger an den Vorderarmen, gelegentlich auch am Kinn und an den Ohren lokalisiert. Es finden sich Pigmentationen auch an den Konjunktiven. Die allgemeine Argyrose entsteht durch Aufnahme von Silber in die Blutbahn und von hier Ablagerung in der Haut, wie z. B. bei den Perleneinziehern, deren Gesicht eine metallisch glänzende, graphitgraue Verfärbung zeigt, an den Nasenlippenfalten am stärksten, an Augenlidern und Ohrmuscheln am wenigsten betont, bei dunkelblaugrüner Färbung der Zähne, graublauer der Wangen- und Mundschleimhaut; die Verfärbung verliert sich allmählich nach abwärts. Bei Goldarbeitern können Einsprengungen von kleinsten Goldpartikelchen besonders in die Haut der Hände vorkommen, die eine graublaue Pigmentierung bedingen. Die Siderosis entsteht durch das Eindringen kleinster Eisenteilchen in die Haut; sie findet sich namentlich bei Schmieden, Messerschleifern, bei Mühlsteinschleifern (Müllerhand, resp. Müllerkrätze) und bedingt eine ockergelbe bis bräunliche, ja selbst bläuliche Färbung. Die Steineinsprengungen, die bei Steinhauern, bei Müllern beim Bearbeiten der Mühlsteine, neben der Siderosis entstehen können, bestehen in kleinen grauweißen Einlagerungen; evtl. Fremdkörperentzündungen. Bleibt Kupfer in der Haut liegen (Metallarbeiter und Kupferarbeiter), so entstehen grünliche Verfärbungen. Bei Kapselarbeitern finden sich Aluminiumeinsprengungen, die eine graue Verfärbung hervorrufen. Die Anthracosis cutis kommt durch das Eindringen kleinster Kohlenpartikelchen auf dem Wege kleinster Verletzungen bei Heizern, Kohlengrubenarbeitern usw. zustande; zu achten ist, daß durch Verbrennung von Schießpulver durch Nahschüsse, beim Böllerschießen, bei Sprengungen (Bergwerksbetrieb), Explosionen, Kohleteilchen in der Haut deponiert werden können, die die Bildung zahlreicher dauernder dunkelblauer Flecke und Fleckchen bedingen. Ruß kann auch bei Schornsteinfegern traumatisch in der Haut deponiert werden und ähnliche Veränderungen bedingen. Hier sei im Anschluß an die unwillkürlichen beruflichen Einlagerungen farbiger Fremdkörper an die absichtliche Einbringung von färbenden Körpern in und unter die Haut, an die Tätowierung (s. d. Art.:

Tätowierungen), erinnert. In einzelnen Fällen erzeugen namentlich Zinnobertätowierungen zahlreiche Fremdkörpergranulome, die zu einer intensiven verrukösen Dermatitis zusammentreten. Beruflich erworben wird zumeist noch eine Fremdkörperentzündung der Haut, das ist die progrediente Tintenstiftnekrose, die bis auf den Knorpel und Knochen übergreifen kann und mit Lymphangitis und lebhaften Allgemeinbeschwerden verbunden sein kann. Das entzündliche Granulom umschließt einen Hohlraum mit flüssigem, den aufgelösten Tintenstift enthaltendem Inhalt.

7. *Atrophien und Narbenbildungen.* Von weiteren und zwar dauernden Berufsmerkmalen sind noch die *narbigen und atrophischen Hautveränderungen* anzuführen, die mit Depigmentationen, aber auch mit Hyperpigmentationen, besonders der Narben einhergehen können. Diese Hautveränderungen sind bei den verschiedenen Berufen verschieden lokalisiert. Bei Schmieden, Schlossern und überhaupt Metallarbeitern findet man Narben an den Händen und Fingern, an den Unterarmen, die bei der Arbeit häufig entblößt sind, wie an den entblößten Teilen der Brust. Längere, oft parallel laufende Narben finden sich bei Drahtziehern, Korbflechtern, Bürstenbindern, Haararbeitern und Friseuren, hier an den Zwischenfingerfalten. Bei Wäscherinnen finden sich nicht selten verschieden große Pigmentations- und Verbrennungsnarben an den oberen Bauch- und unteren Brustpartien, die vom heißem Wasser nicht selten bespritzt werden, das sich beim Öffnen der Wäschetrommel ergießt; Metallgießer zeigen strahlige oder auch runde und ovale, oft pigmentierte Narben nicht selten am Fußrücken, durch geschmolzenes Metall veranlaßt. Vom typischem Aussehen sind die Gasverbrennungen bei der Autogengasverbrennung beim Schweißen entstehend, die als eckigkonturierte Verbrennungen am Handrücken erscheinen. Bei Chauffeuren werden durch Benzinexplosionen Verbrennungen an der vorderen Brustwand hervorgerufen. Benzinexplosionen bei Handschuhputzern bedingen Verbrennungen an den Händen und im Gesicht. Die Lokomotivführer und Heizer zeigen Narben über den Schienbeinen nach Verletzungen beim Abrutschen von den hohen, im Winter oft vereisten Trittbrettern entstanden. Zu den narbigen Berufsmerkmalen sind auch die Ekchondrosen an den Ohrmuscheln zu rechnen, die sich infolge eines Bruches des Ohrknorpels oder nach einem Hämatom, beide traumatisch entstanden, besonders bei Ringkämpfern, Athleten, Lastträgern finden.

8. *Teleangiektasien* treten vor allem bei Berufen auf, welche hohen wie niedrigen Temperaturen besonders ausgesetzt sind. Diese Wärme- und Kälteschädigungen hinterlassen neben erythematösen Veränderungen Gefäßveränderungen, die entweder in der Form multipler kleiner Teleangiektasien oder als netzförmige Gefäßveränderungen (Livedo racemosa sive reticularis) erscheinen, in den erythematösen Anteilen zumeist in Pigmentation übergehend (Pigmentatio racemosa sive reticularis). Die Kälteschädigung kann auch chronisch entzündliche Infiltrate, die Perniones, bedingen. Alle die geschilderten Veränderungen finden sich als Berufserscheinungen bei Berufen, die der Wärme und Kälte ausgesetzt sind, wie bei Schmieden, Schlossern, Installateuren, Mechanikern, Lokomotivheizern. Die Kälteveränderungen bei Arbeitern in der Kälteindustrie, die Wärmeveränderungen außerdem bei Köchen.

9. *Bindegewebsverdickungen und Schleimbeutelbildungen* findet man bei beruflich schwer arbeitenden Menschen, besonders an Stellen, die durch das Tragen von schweren Lasten einem besonderen Druck ausgesetzt sind.

*Schrifttum.*
*Chajes, B.:* Berufliche Stigmata. In: *Gottstein-Schloßmann-Teleky*, Handb. d. sozial. Hyg. **2**, 592—599. Berlin 1926. — *Koelsch, F.:* Handb. der Berufskrankheiten. **1**, 575—578. Jena 1935. — *Perutz, A.:* Hautkrankheiten entzündlicher, vorwiegend beruflicher Natur und ihre Stigmata. In: *Arzt u. Zieler*, Die Haut- u. Geschlechtskrankheiten. **2**, 483—450. Berlin-Wien 1935. — *Sachs, O.:* Gewerbekrankheiten der Haut. In: *Jadassohn, J.*, Handb. der Haut- und Geschlechtskrankheiten. **14/1.**, 220—418, 224 bis 237. Berlin 1930. ***Scherber.***

**Berufsunfähigkeit** siehe *Erwerbsunfähigkeit.*

**Besenginster** siehe *Spartein.*

**Besondere Kennzeichen** (= bes. K.). (Vgl. auch Art.: Berufsmerkmale; Tätowierungen.)

Bes. K. sind pathologische, schon äußerlich sichtbare Eigentümlichkeiten wie Verkrümmungen der Wirbelsäule oder einzelner Gliedmaßen, Abnormitäten im Gesicht und am Kopf (Turmschädel). Dann kommen Besonderheiten in der Behaarung, Eigentümlichkeiten der Gesichtshaut (Blatternarben, Muttermäler) in Betracht, auch krankhafte Befunde an Nase und Augen sowie an den Lippen (Hasenscharte). Als bes. K. sind am Halse eine Vergrößerung der Schilddrüse, am Brustkorb die verschiedenen Verbildungen infolge von Rachitis und dann das Verhalten der Brustdrüsen zu nennen. Am Bauch gehören zu den bes. K. Schwangerschaftsnarben und Bruchanlagen (Bruchbänder!). An den Genitalien kommt der durch Entbindungen herbeigeführte Zustand in Betracht. An den Gliedmaßen sind bes. K. in den Verkrümmungen und Verkürzungen sowie Versteifungen und Geschwürsbildungen zu sehen. Ferner zählen Tätowierungen (s. d.) hierher. Auch an den Händen können sich bes. K. in Gestalt von Schwielen finden (s. d. Art.: Berufsmerkmale). Auch das Verhalten der Fingernägel ist zu beachten. Bei schwerer Handarbeit finden sich grobe und abgestoßene Nägel. Ferner ist auf Spuren, die vom Nagelbeißen herrühren könnten, zu achten. Schließlich ist zu bedenken, daß es Beschäftigungen gibt, durch welche die Nägel eigentümliche Färbungen erhalten (s. d. Art.: Berufsmerkmale).

*Schrifttum.*
*v. Hofmann-Haberda:* Lehrbuch der gerichtlichen Medizin. 11. Aufl. Berlin und Wien 1927. ***Ponsold.***

**Besserung im Sinne der Reichsversicherungsordnung** siehe *Angewöhnung an Verletzungsfolgen.*

**Bestialität** siehe *Zoophilie.*

**Bestimmung der Reihenfolge von Verletzungen.** (Vgl. auch Art.: Altersbestimmung von Verletzungen; Priorität des Todes; Todeszeitbestimmung; Vitale Reaktionen).

Bei der Bestimmung der zeitlichen Reihenfolge der an einer Person gefundenen Verletzungen spielen, abgesehen von kriminalistischen Gesichtspunkten, die gelegentlich ein Urteil gestatten (wenn z. B. eine Verletzung den sofortigen Tod herbeiführen mußte, und noch eine andere vorhanden ist, die die deutlichen Merkmale der vitalen Reaktion und damit des Überlebens aufweist), wiederum die biologischen Zeichen der Entzündung in ihren verschiedenen Graden in makroskopischer und mikroskopischer Hinsicht die wichtigste Rolle. Gelegentlich mag das Studium der Blutstraßen einen Rückschluß auf die zeitliche Reihenfolge erlauben, wenn das von einer Wunde in Streifen am Körper herunterlaufende Blut eine Blutstraße, die von anderer Verletzung ausgeht, überkreuzt oder von dieser überkreuzt wird. Das ist aber sicher nur selten der Fall. Der Verlauf der Verletzungskanäle (Schuß- und Stichkanäle) wird nicht oft einwandfreie Hinweise auf die Priorität liefern, außer es sind solche Verletzungen darunter, die einen sofortigen Tod oder eine völlige Lähmung, wie z. B. bei Rückenmarksverletzungen, hervorgerufen haben, oder die etwa nur dem stehenden Körper beigebracht werden konnten und sofort zum Zusammenstürzen führen mußten.

Am Knochen, besonders am platten Schädelknochen, ergeben sich gelegentlich bei genauem Studium besonders der macerierten Knochen Befunde, die die Reihenfolge ziemlich sicher erkennen lassen. Das wichtigste Prinzip ist das: Die von einem zweiten Kraftzentrum (Schlag oder ähnliches) ausgehenden Biegungs- und Berstungssprünge pflegen da zu enden oder mehr oder weniger abgelenkt zu werden, wo bereits Knochensprünge von einem ersten Kraftzentrum (Schlag) herrührend vorhanden sind. Am ehesten wird man also bei mehrfachen stumpfen oder stumpfkantigen Einwirkungen auf den Kopf am Knochen die Reihenfolge erkennen können (*Puppe*). Aber auch bei einer Schußverletzung und einer stumpfen Gewalteinwirkung auf den gleichen Schädel kann gelegentlich die Reihenfolge noch einwandfrei nachgewiesen werden, wie z. B. in einem Fall *Walchers*, wo der Schußkanal durch einen bereits vorhandenen klaffenden Knochensprung hindurch ging, so daß meßbare Teile der Umrandung des Knochenschußloches fehlen mußten.

*Schrifttum.*

*Puppe:* Über Priorität der Schädelbrüche. Ärztl. Sachverst.ztg. **1914.** — *Walcher:* Zur Lehre von der Priorität der Schädelbrüche. — Dtsch. Z. gerichtl. Med. **8,** 1926. — Über vitale Reaktionen. Ebenda **15,** 1930.                                   *Walcher.*

**Bestimmung der Schußentfernung** siehe *Schußverletzungen.*

**Betanal** siehe *Schädlingsbekämpfungsmittel.*

**Betelnuß** siehe *Arecolin und Arecanußvergiftung.*

**Betriebsunfall** (= B.U.). (Vgl. auch Art.: Berufskrankheit; Erwerbsunfähigkeit; Kausalzusammenhang.)

Der B.U. ist ein Begriff der staatlichen Unfallversicherung; er ist ebenso wie der Unfall weder in der Sozialversicherung noch in anderen Gesetzen näher definiert. Für den B.U. trifft zunächst einmal die gleiche Voraussetzung wie für den Unfall zu: Ein innerhalb eines engbegrenzten (kurzen) Zeitraumes (bzw. plötzlich oder ziemlich plötzlich) einsetzendes Ereignis, das von außen auf den menschlichen Organismus einwirkend, eine gesundheitliche Schädigung oder den Tod zur Folge hat (= *Unfallbegriff schlechthin*). *Betriebs*-U. besagt darüber hinaus, daß das schädigende Ereignis in einem inneren Zusammenhang mit der Beschäftigung des von einem B. U. Betroffenen in einem der Unfallversicherung angeschlossenen Betrieb stehen muß. Entsprechend der Rechtsauffassung im heutigen Deutschland stellt nun diese Definition des Unfallbegriffs nicht etwa ein starres Schema dar, in welches der einzelne Fall — soll er als Unfall anerkannt werden — hineinpassen muß. Der Unfallbegriff findet vielmehr sinngemäße Auslegung entsprechend der Eigenarten der einzelnen Vorkommnisse. In strittigen Fällen trifft das Reichsversicherungsamt eine Entscheidung, welcher dann grundsätzliche Bedeutung zukommt. So muß z. B. ein Unfall nicht durchaus durch ein plötzlich aufgetretenes Ereignis im eigentlichen Sinne des Wortes hervorgerufen sein, das Reichsversicherungsamt hat vielmehr dahin entschieden, daß auch eine während eines längeren Zeitraumes einwirkende Schädigung, die zur Krankheit führt, als Unfall zu gelten hat: z. B. Erkältung durch Arbeit in kaltem Wasser während einer *Arbeitsschicht.* Danach ist heute die achtstündige Arbeitsschicht im allgemeinen als obere Grenze des Zeitraumes anzusehen, in welchem eine schädigende Wirkung zur Anerkennung eines Unfalles führen kann. Auch eine Häufung kleinerer Schäden während kürzerer Zeit können ein Unfallereignis darstellen. Wirken ferner kleinste, während einer oder mehrerer Arbeitsschichten nicht meßbare Schädigungen längere Zeit ein und verursachen sie eine gesundheitliche Schädigung, wobei es sich um eine durch die Besonderheit des Betriebes bedingte Gefährdung handeln muß, so spricht man von *Berufskrankheiten* (s. d. Art.: Berufskrankheit); diese unterliegen ebenfalls der Unfallversicherung und sind B.U. gleichgestellt.

Sinngemäße Auslegung erfährt auch der Begriff „von außen kommendes" Ereignis entsprechend der Eigenart des jeweiligen Betriebes (z. B. Seeunfallversicherung, Betriebe des Transportwesens usw.). Der Versicherungsschutz erstreckt sich nicht nur auf die Betriebsarbeit, sondern darüber hinaus auch auf Arbeitspausen, Weg von der eigenen Wohnung zur Arbeitsstätte und zurück (nur der direkte Weg, nicht Umwege, Einkehr in Gasthäuser u. ä.), Wege von und zum Essen während der Arbeitspausen, Betriebswege (d. h. zwischen zwei örtlich getrennten Arbeitsplätzen des gleichen Betriebes), Betriebsfahrten (zu auswärtigen Arbeitsstellen). Unfallversichert sind außerdem Betriebsfeiern (z. B. Richtfeste u. ä., Kameradschaftsveranstaltungen, soweit sie im wesentlichen der Pflege der Zusammengehörigkeit zwischen Führer und Belegschaft des betreffenden Betriebes dienen). Ebenso erstreckt sich der Versicherungsschutz auf Betriebsausflüge (als Gemeinschaftsveranstaltung eines Betriebes der Betriebsarbeit gleichgestellt). Der Weg zum Arzt unterliegt nur dann dem Schutz der Unfallversicherung, wenn ein Körperschaden durch die Konsultation soweit beseitigt werden soll, daß der Betreffende seiner Betriebsarbeit *sofort* wieder besser nachgehen kann.

Verbotswidriges Handeln, eigenes Verschulden des Verletzten schließt den Versicherungsschutz nicht aus, auch Trunkenheit nicht, es sei denn, daß der Betreffende bereits so betrunken in den Betrieb kommt, daß er gar keine Arbeit verrichten kann: in diesem Falle hat er nämlich „keine Verbindung mit seinem Betrieb aufgenommen". Wenn sich jedoch ein Betriebsangehöriger während der Arbeitszeit betrinkt und er nicht rechtzeitig entfernt wird, tritt Versicherungsschutz ein. Versichert sind gleichfalls Tätigkeiten bei außergewöhnlichen Ereignissen in den Betrieben, z. B. Tätigkeit als Betriebsfeuerwehr, Handlungen der Kameradschaftlichkeit und Nächstenliebe (wie gegenseitige Unterstützung der Fuhrleute bei Durchgehen eines Gespannes), Gelegenheits- und Gefälligkeitsverrichtungen, wie sie für einzelne Berufsarten zur Erhaltung der Kunden notwendig sind u. ä.

Versichert gegen B.U. sind Arbeiter, Gehilfen, Gesellen, Lehrlinge und Angestellte, soweit sie in den betr. Betrieben beschäftigt sind. Seit 5. 6. 1925 besteht ein internationales Übereinkommen über die Gleichbehandlung einheimischer und ausländischer Arbeitnehmer bei der Entschädigung aus Anlaß von B.U.

*Anzeigepflicht:* Ein B.U. muß vom Betriebsleiter oder dessen Beauftragten dem Versicherungsträger und bei schwereren Unfällen (Erwerbsunfähigkeit über drei Tage) auch der Ortspolizeibehörde gemeldet werden. Verspätete Anzeige ist unter bestimmten Voraussetzungen und im allgemeinen nur bis zwei Jahre nach dem Unfall möglich. Zur Feststellung des Tatbestandes werden tunlichst nach jeder Unfallmeldung sofort Erhebungen angestellt und etwa vorhandene Zeugen von der Ortspolizeibehörde vernommen, deren Aussagen schriftlich niedergelegt werden; die Ergebnisse dieser Feststellungen sind bei später notwendigen Begutachtungen oft von ausschlaggebender Bedeutung. So wird auch versucht, einem „Erfinden" von B.U. vorzubeugen.

*Folgen* eines B.U. sind Tod oder gesundheitliche Schädigung. Letztere kann dauernde oder zeitlich begrenzte Erwerbsunfähigkeit oder Erwerbsbeschränkung nach sich ziehen — entweder als direkte oder indirekte Unfallfolge oder aber auch durch Verschlimmerung eines vor dem Unfall bestehenden körperlichen Leidens (s. auch d. Art.: Erwerbsunfähigkeit). Für eine große Reihe immer wiederkehrender endgültiger Schäden durch Unfallverletzungen (z. B. Glieder-, Organverluste, Gelenkversteifungen, Nervenlähmungen u. ä.) sind feste Prozentsätze (in Prozenten der Vollrente) festgesetzt. Die *Kosten* für die Behandlung von B.U. übernimmt lt. Verordnung über die Regelung der Beziehung zwischen Trägern der Krankenversicherung und der Unfallversicherung vom 15. 6. 1936 (RGBl. I, 489) während der ersten 45 Tage die Krankenkasse (u. U. auch bis zur 26. Woche), danach tritt die Berufsgenossenschaft ein. Diese kann jedoch ohne weiteres auch schon vor dem 45. Tage die Behandlung übernehmen.

Die *Leistungen* des Versicherungsträgers bei B.U. bestehen in: 1. Krankenbehandlung (ärztliche Behandlung, Arzneien, orthopädische und andere Hilfsmittel, Pflege, Heilverfahren zur Behebung der Verletzungsfolgen); 2. Berufsfürsorge berufliche Ausbildungen, Umschulungen, „Heilung im sozialen Sinne" (nach *Weicksel*); 3. Geldleistungen (Familien-, Tagegelder, Unfallkrankengeld, Kapitalabfindung, Kinderzuschüsse, Sterbegeld, Hinterbliebenenrente).

*Ärztliche Sachverständigentätigkeit* bei B.U.: Die erste Behandlung Unfallverletzter obliegt neuerdings dem Durchgangsarzt (meist Facharzt für Chirurgie), welcher die erste Begutachtung vornimmt, den Verletzten alsdann dem Kassenarzt, spezialärztlicher oder Krankenhausbehandlung überweist. Zum Aufgabenbereich der gerichtlichen und sozialen Medizin gehören die *Unfallsektionen*. Die Berufsgenossenschaft zieht hierzu ihr bekannte, auf dem Gebiet der Versicherungsmedizin erfahrene Obduzenten zu. Die Genehmigung der Angehörigen zur Vornahme der Sektion muß eingeholt werden, sofern nicht bei Verdacht fremden Verschuldens die Staatsanwaltschaft gerichtliche Leichenöffnung beantragt. In diesen Fällen fordert die Berufsgenossenschaft dann von der Staatsanwaltschaft eine Abschrift des Sektionsprotokolls oder erbittet Übersendung der Akten. Dem Obduzenten in einer Unfallsache obliegt die Klärung der Fragen, ob ein B.U. überhaupt vorliegt und, wenn ja, ob dieser mittelbar oder unmittelbar als Ursache des eingetretenen Todes anzusehen ist, d. h. ob der *Kausalzusammenhang* (s. d.) gegeben ist. Bei dieser Beurteilung ist je nach der speziellen Fragestellung z. B. zu berücksichtigen: ob der Tod ohne das Unfallereignis zu der gleichen oder zu einer, wenn auch etwas späteren, jedoch absehbaren Zeit eingetreten wäre; ferner, ob durch gleichzeitige anderweitige körperliche Erkrankungen, körperliche Ausnahmezustände oder konstitutionelle Momente ein Unfall erst ausgelöst wurde oder dadurch eine abnorme Reaktion auf an sich nicht außergewöhnliche Betriebstätigkeiten hervorgerufen wurde oder auch, ob vom Unfall unabhängige, im Verlauf des Krankenlagers, der Behandlung oder auch nach Wiederherstellung aufgetretene Zufälle als ursächlich oder wesentlich mitwirkend für den eingetretenen Tod anzusehen sind usw. Hierbei ergeben sich oft sehr schwierige Fragestellungen, deren Bearbeitung nicht nur medizinisch-wissenschaftliches Interesse, sondern auch große soziale Bedeutung hat. Und abgesehen

davon, daß durch die autoptische Klärung von B.U. eine gerechte Entscheidung über Rentenansprüche herbeigeführt wird, ermöglichen die Erfahrungen bei derartigen Sektionen oft die Aufdeckung unbekannter gewerblicher Gesundheitsschädigungen und deren Auswirkungen. Die hierbei gewonnenen wissenschaftlichen Erkenntnisse wirken einerseits befruchtend auf den Ausbau therapeutischer Maßnahmen, und andererseits dienen sie der Fortentwicklung der Gewerbe-Hygiene und fördern somit indirekt die Maßnahmen zur *Verhütung* von Betriebsunfällen und Berufskrankheiten. Die Unfallverhütung ist eines der wichtigsten Aufgabengebiete im heutigen Staate. Ihr dient die wissenschaftliche Forschung besonders mit ihrem Spezialgebiet der Gewerbe-Hygiene und Arbeitsphysiologie. Die einzelnen Betriebe haben ihre Vertrauensmänner, welche die Betriebsleitung in Fragen beraten, die dem Schutze des Arbeiters während seiner Beschäftigungszeit dienen. Unfallverhütungsvorschriften, Warnungstafeln, Merkblätter über Berufskrankheiten dienen der Aufklärung der Belegschaft. Maschinen und andere Arbeitsgeräte werden mit dem Gesichtspunkt der Verhütung von Berufsschäden konstruiert. Fabrikärzte überwachen den Gesundheitszustand der Arbeiter und sorgen zusammen mit den staatlichen Gewerbeärzten und den Gewerbeärzten für immer besseren Ausbau der hygienischen Einrichtungen. Die DAF. betreut als Parteiorganisation unabhängig von den staatlichen Einrichtungen neben vielen anderen den Arbeiter während Freizeit und Urlaub.

*Schrifttum.*

*Mueller:* Die Organisation der Unfallversicherung in Deutschland. I. Internat. Kongr. f. ger. u. soz. Med., Bonn 22.—24. 9. 1938, Verhandlungsbericht Bonn 1938, 229 (dort auch Berichte über die Organisation der Unfallversicherung einzelner anderer europäischer Staaten). — *Mueller* und *Walcher:* Gerichtl. u. soz. Med. München-Berlin 1938. — Reichsversicherungsordnung mit Anm. 3, Unfallversicherung. Berlin 1930. — *Rostock:* Unfallbegutachtung. Leipzig 1935. — *Scherler:* Ein Querschnitt durch die deutsche Sozialversicherung. Berlin 1937. — *Weicksel:* Kompendium der sozialen Versicherungsmedizin. Leipzig 1938. **Jungmichel** und **Manz.**

**Bewußtlosigkeit** (= Bwl.) **als Verletzungsfolge.** (Vgl. auch Art.: Commotio und Contusio cerebri.)

Bei der Bwl., als deren physiologisches Paradigma vielleicht der (traumlose) tiefe Schlaf genannt werden kann, ist das Bewußtsein völlig erloschen, „der Zusammenhang der psychischen Gebilde gänzlich aufgehoben" (*Luxenburger*). Klinisch äußert sich die absolute Bwl. im Fehlen der Haut- und Sehnenreflexe sowie im Vorliegen einer Reaktionslosigkeit der weiten Pupillen und einer Incontinentia urinae et alvi. In pathophysiologischer Hinsicht ist zu erwähnen, daß bereits durch geringste mechanische Einwirkungen in der Umgebung des dritten und vierten Hirnventrikels (besonders Vierhügelgegend und hinterer Teil des Hypothalamus) eine Bwl. entstehen kann. Dahingegen spielt die Hirnrinde für das Bewußtsein nur eine untergeordnete Rolle, und bei Herderkrankungen des Gehirns ist es für das Auftreten einer Bwl. ohne Bedeutung, welche Hirnseite von der Erkrankung befallen ist.

Die Bwl. kann als Folge verschiedenster Verletzungen eintreten (Erhängen, Schlag gegen den Hals mit Kehlkopfbruch, Fußtritt gegen den Leib), wobei es sich entweder um eine direkte oder reflektorische Einwirkung auf das Gehirn handeln kann. Eine große Rolle spielt sie besonders bei der Hirnerschütterung (s. d. Art.: Commotio und Contusio cerebri), wo sie das Kardinalsymptom der Erkrankung ist. Die *gerichtlich-medizinische Bedeutung* der Bwl. ist einmal in ihrem bereits erwähnten Wert für die Diagnose einer Hirnerschütterung gegeben. Dabei ist zu berücksichtigen, daß selbst massive Gewalteinwirkungen auf den Schädel nicht mit Bwl. einherzugehen brauchen. Überhaupt ist das Zustandekommen, die Dauer und Schwere einer Bwl. von der Individualreaktion abhängig (vgl. d. Art.: Amnesie als Verletzungsfolge). Für die Frage der Handlungsfähigkeit ist die *absolute* Bwl. ohne Bedeutung, da völlig Bewußtlose keiner Handlung fähig sind. Dagegen spielen diejenigen Zustände eine erhebliche Rolle, bei denen das Bewußtsein nicht völlig erloschen ist. Man unterscheidet hier je nach dem Grad der Bewußtseinstrübung: Benommenheit, Somnolenz, Sopor und Koma. Beim letztgenannten Zustand lösen auch stärkste Reize keine Zeichen eines Bewußtseins mehr aus. Bei einem Teil der genannten Bewußtseinsstörungen (Dämmerzuständen) sind noch Handlungen möglich, die aber im forensisch-psychiatrischen Sinne der Bwl. gleichzuachten sind, obwohl sie den Anschein des Bewußten, Planmäßigen und Überlegten haben können. Bei diesen mehr oder weniger tiefen Dämmerzuständen liegt klinisch eine Verlangsamung und Erschwerung aller seelischen Leistungen vor (besonders kenntlich an der Auffassung und Orientierung). Man beobachtet sie bei verschiedenen Erkrankungen (Infektionen, Stoffwechselstörungen). Aber auch nach schweren Verletzungen braucht nicht immer eine völlige Bwl. aufzutreten, sondern nur eine der erwähnten Bewußtseinstrübungen. ,,Traumatische Dämmerzustände entwickeln sich nur im unmittelbaren Anschluß an die traumatische Einwirkung. Tritt der Dämmerzustand erst nach einem luziden Intervall auf, dann besteht begründeter Verdacht, daß er Teilerscheinung hysterischer oder epileptogener Zustandsbilder ist" (*Lochte*). ,,Für den Gutachter ergibt sich daher die Folgerung, bei Dämmerzuständen, auch wenn sie mit Verletzungen oder Unfällen in ursächlichem Zusammenhang gebracht werden, stets nach Zügen von Epilepsie, Hysterie oder psychopathischer Minderwertigkeit zu forschen. Der Nachweis solcher Merkmale schließt selbstverständlich den ursächlichen Zusammenhang zwischen der Störung und dem angeschuldigten Ereignis nicht aus. Vielmehr ist der besondere Zustand eben eine Bedingung, ohne welche aufregende oder sonstwie schädigende Ereignisse solche Folgen nicht auslösen" (*Meixner*). Auch bei der meist allmählich erfolgenden Rückbildung einer absoluten Bwl. werden alle Grade der Bewußtseinstrübung bis zur völligen Aufhellung durchlaufen. Meist tritt die Aufhellung des Bewußtseins bald, d. h. nach Stunden oder Bruchteilen davon, selten nach längerer Zeit (Tage, ja Wochen) ein. Eine wichtige Folge der Bewußtseinsstörungen ist die Amnesie (s. d. Art.: Amnesie als Verletzungsfolge). Wie bei dieser kann auch bei den Dämmerzuständen, insbesondere bei den absoluten Bwl. ihr Nachweis schwer zu erbringen sein. Der Sachverständige darf in diesen Fällen keine Suggestivfragen stellen. Vielmehr soll er sich vom Prüfling den Ablauf der Ereignisse erzählen lassen. Dabei ist zu berücksichtigen, daß der Ausdruck ,,Ohnmacht" vielfach nicht gebraucht wird, um das Fehlen seelischer Vorgänge in der Person, sondern um eine physische Unfähigkeit zu zweckentsprechendem Handeln zu bezeichnen.

*Schrifttum.*

*Gagel:* Symptomatologie der Erkrankungen des Hypothalamus. Handb. der Neurologie, herausgegeben von Bumke und Förster **5**, Berlin **1936**. — *v. Hofmann-Haberda:* Lehrbuch der gerichtlichen Medizin. Berlin u. Wien 1927. — *Lange:* Spezielle gerichtliche Psycho-Pathologie, im Handb. der gerichtlichen Psychiatrie. Herausgegeben von *Hoche*. Berlin 1934. — *Lochte:* Über das Gedächtnis in gerichtlich-medizinischer Beziehung. Dtsch. Z. gerichtl. Med. **8**, 1926. — *Luxenburger:* Die rechtlichen Grundlagen der gerichtlichen Psychiatrie. Im Handb. der gerichtlichen Psychiatrie, herausgegeben von *Hoche*. Berlin 1934. — *Marburg:* Die traumatischen Erkrankungen des Gehirns und Rückenmarks. Im Handb. der Neurologie. Herausgegeben von *Bumke* und *Förster* **11**, 1936. — *Meixner:* Dämmerzustände nach Verletzungen und Unfällen. Dtsch. Z. gerichtl. Med. **1**, 1922. **Matzdorff.**

**Biegungsbruch** siehe *Schädelbrüche.*

**Bienenstichvergiftung** siehe *Insektenstichvergiftung.*

**Bilanzselbstmord** siehe *Selbstmord.*

**Bilsenkrautvergiftung** siehe *Tropaalkaloide und tropaalkaloidhaltige Pflanzen, Drogen und Präparate.*

**Biologischer Giftnachweis** siehe *Giftnachweis.*

**Biologische Schwangerschaftsreaktionen.**
(Vgl. auch Art.: Diagnose der Schwangerschaft.)

Als *biologische Methoden* der Schwangerschaftsdiagnose bezeichnen wir solche Verfahren, die es möglich machen, eine Gravidität ohne körperliche Untersuchung der Frau festzustellen. Mit diesem Problem befaßte man sich nach *Aschheim* schon im Altertum, ohne allerdings zu einem brauchbaren Ergebnisse zu gelangen. Meist versuchte man die Diagnose aus dem Harn, und auch vom Mittelalter bis zur Neuzeit wurden dahingehende Bemühungen immer und immer wieder versucht (*Skutsch*). *Parke* wollte gewisse mikroskopische Veränderungen der Phosphatkristalle für die Erkennung einer Gravidität verwerten, *Labadie* die Abnahme der Giftigkeit des Urins und *Nauche* die sog. ,,Pellicule Kystéine", ein Häutchen, das sich auf dem Harn schwangerer Frauen bilden soll. Nachprüfungen haben aber in allen Fällen einer Kritik nicht standgehalten. Die modernen Versuche eines biologischen Nachweises der Gravidität gehen auf die Jahrhundertwende zurück, als *Joh. Veit* die *Ehrlich*sche Seitenkettentheorie nutzbar machen wollte, und *Liepmann* bei Kaninchen Versuche unternahm, die im Serum gelösten Placentareiweißstoffe zur Praecipitation zu bringen. Es gelang ihm das auch, aber eine weitere Bedeutung hat die Methode nicht erlangt. Erst mit den Arbeiten *Abderhaldens* aus dem Jahre 1911 setzt eine neue Epoche der biologischen Schwangerschaftsdiagnostik ein. Er stellte die Theorie von den *Schutzfermenten* auf, die spezifisch auf das placentare Eiweiß eingestellt sein sollen und dieses abbauen. Mit Hilfe des Dialyseverfahrens oder mit optischen Methoden suchte er diese Abbaustoffe außerhalb des Körpers nachzuweisen. In etwa 85 % lieferte diese Methode richtige Resultate, also in einem sehr hohen Prozentsatze, der aber doch noch nicht genügte, um mit Sicherheit eine Gravidität nachzuweisen. Wenn auch *Abderhalden* ständig an der Verbesserung seines Verfahrens gearbeitet hat, so ist es ihm doch nicht gelungen, die technischen Schwierigkeiten in dem Maße abzustellen, daß nahezu 100 % richtige Ergebnisse die Folge gewesen wären, was von einer solchen Prüfung aber verlangt werden muß. *Lüttge* und *v. Merz* haben auf Veranlassung *Sellheims* eine vereinfachte *Abderhalden*reaktion herausgefunden, die sog. *Alkoholsubstratmethode*, die aber ebenfalls keine brauchbaren Resultate ergab, ja sogar in der Sicherheit ziemlich hinter der Originalmethode zurückstand. Das gleiche gilt für eine weitere von *Lüttge* und *v. Merz* ausgearbeitete Reaktion, die *Alkoholextraktreaktion*, bei der es sich nicht mehr um den Fermentnachweis, sondern um eine Ionenreaktion handelt. Ferner hat noch *Kottmann* ein ähnliches Verfahren angegeben, das darin besteht, daß Eisen an das Placentareiweiß gebunden ist, welches bei Gravidität frei wird und durch Rhodankalium nachgewiesen werden kann. Wenn auch *Hürzeler* seinerzeit fast 100 % richtige Resultate mit dieser Methode erhielt, so ist sie doch nicht allgemein bekannt geworden. *Hüssy* hat sie vor Jahren auch geprüft, bekam aber keine besseren Ergebnisse als mit der *Abderhalden*reaktion. Das Verfahren von *Dienst* (Vermehrung des Antithrombins im Urin oder Serum) wurde von der Mehrzahl der Untersucher abgelehnt. Eine Flockungsreaktion von *Vogel* und eine Trübungsreaktion von *v. Merz* mit Phosphorwolframsäure ergaben zwar eine bemerkenswert hohe Treffsicherheit, erreichten aber auch nicht die Zustimmung der Nachuntersucher. Die von *v. Pall* angegebene Methode (Vermehrung der Amylase im Harn) ist völlig unbrauchbar, ebenso die Farbreaktion von *Manoiloff*, die darin besteht, daß bei Gravidität eine Mischung von Diuretion und Nilblaulösung durch das Serum entfärbt wird. Das gilt auch für das *Frank-Nothmann*sche Verfahren, bei welchem die verminderte Kohlehydrattoleranz zur Graviditätsdiagnose herbeigezogen werden sollte. Durch Injektion von 2 mg Phloridzin (Maturin) sollte bei der schwangern Frau innerhalb einer Stunde Zucker im Urin auftreten. Die von *Engelhorn* und *Wintz* angegebene Hautreaktion mit Placentarextrakt hat sich ebenfalls einzubürgern vermocht, wie der von *Porges* und *Polatschek* empfohlene Hauttest mit Prolan. Das gleiche gilt für die Hautreaktion von *Obladen* mit der Normosalquaddel, die in der Schwangerschaft viel rascher verschwinden soll als bei Nichtgravidität. In neuester Zeit wurde mehr und mehr die biologische Schwangerschaftsdiagnose auf chemischem Wege versucht. Es stehen da vornehmlich drei Verfahren zur Verfügung, die unter Umständen Anspruch auf etwelchen Wert machen könnten. Zunächst sei die Methode von *Cuboni* genannt, die das Follikelhormon im Urin nachweisen will und die bei trächtigen Stuten 100% richtige Ergebnisse zu erzielen vermochte. Es handelt sich vor allem um die Feststellung einer deutlichen Fluorescenz, die an das Vorhandensein des Hormons gebunden ist. Leider scheint sich diese Reaktion für die Frau nicht zu eignen, wenigstens die Originalmethode, während die Modifikation nach *Cohen* und *Marrian* günstigere Ergebnisse zu erzielen vermag, aber sehr kompliziert durchzuführen ist. Die Italiener *Romaniello* und *Robecchi* haben die Reaktion ohne Erfolg nachgeprüft, so daß sie für die Praxis ausfällt. Die von *Voge* zuerst angegebene, von *Kapeller-Adler* und *Weiß* verbesserte Reaktion beruht auf der vermehrten Histidinausscheidung im Harne Gravider. Sie scheint im allgemeinen recht brauchbare Resultate zu ergeben, aber sie ist doch nicht geeignet, um als absolut sicher angesprochen zu werden, ließe sich aber vielleicht noch verbessern und verfeinern. Es ist nicht ganz ausgeschlossen, daß dieses Verfahren einmal eine Bedeutung gewinnen könnte, die nur deshalb noch nicht zutage tritt, weil die Methode technisch noch nicht genügend vervollständigt ist. Die gleiche Ansicht darf über die Methode von *Visscher* und *Bowman* geäußert werden, die von *Menken* und *Dolff* als recht zuverlässig angesprochen worden ist und auch *Hüssy* und *Hugi* gute Ergebnisse ergab.

*Ostadal* will allerdings den Nachweis erbringen, daß diese Reaktion nicht spezifisch sei und daß der positive Ausfall nicht auf der Anwesenheit des Hormons beruhe, sondern auf dem Vorhandensein von Lactose. *Wagner* und *Ritter* betonen die Abhängigkeit vom spezifischen Gewichte des Urins. *Friedrich* erzielte eine Treffsicherheit von etwa 94% bei einem spezifischen Gewichte über 1015. *Hildebrandt* lehnt die Methode ab, und andere Untersucher brachten es nur auf durchschnittlich 60% richtige Resultate, so daß also wohl auch dieses Verfahren, das seiner Einfachheit wegen sehr zu begrüßen gewesen wäre, als Schwangerschaftsreaktion ausscheiden muß. Auch die Histidinreaktion nach *Kapeller-Adler* kann, wie gesagt, nicht als absolut verläßlich bezeichnet werden, wobei die Modifikation nach *Weiß* keine wesentliche Änderung bringt, wie *Teclova* nachweisen konnte. Die von *de Nito* angegebene Schnellmethode (Leukocytensturz beim Kaninchen nach intravenöser Injektion von Gravidenharn) wurde von *Emmrich* nachgeprüft und als völlig unbrauchbar befunden, ein Resultat, das auch *von Wattenwyl* an der *Hüssy*schen Klinik erheben konnte. Dagegen berichtet *Costa* über 100% richtige Ergebnisse mit der Methode von *Reiprich*. Ob dieses Resultat wirklich stimmt, wird man aber noch abwarten müssen. *Konsuloff* schlug als biologisches Verfahren den Nachweis des Melanophorenhormons der Hypophyse im Schwangernurin vor, ein Vorgehen, das von *Dychno* als sehr wertvoll bezeichnet wird und eine richtige Diagnose in 15—20 Minuten ermöglichen soll. Dem sog. „Erythrocytenzeichen" kommt dagegen nach *Pensa* nicht die geringste Bedeutung zu. *Kustallow* hat über die Möglichkeit der Frühdiagnose der Schwangerschaft in wenigen Minuten berichtet, wobei seine Methode auf der Stockung der Eigenbewegung von Infusionstierchen (Ciliata paramaecium caudatum) nach Hinzufügung eines Tropfens Schwangernurin beruht. Schon früher hat allerdings *Johannson* ganz ähnliche Versuche mit durchaus negativem Erfolge durchgeführt, indem er feststellte, daß jeder Harn die Beweglichkeit der Paramaecien hemmt. Zur nämlichen Ansicht gelangten *v. Wattenwyl*, *Uhlich* und *Olive Hinck*. Ganz neue Wege geht *Samuels*, der imstande sein will, mit absoluter Sicherheit eine Frühgravidität mit einer direkten spektroskopischen Methode zu erkennen. Er untersucht die Interdigitalfalten und bestimmt die Reaktionszeit des Oxyhämoglobins. Daraus zieht er dann seine Schlüsse auf Ovulation, Zyklus und Gravidität. Die Reduktionszeit des Oxyhämoglobins ist bei gesunden Männern und Frauen jenseits des Klimateriums konstant 145 Sekunden. Während des Zyklus der geschlechtsreifen Frau finden sich aber typische Schwankungen. Die Bestätigung des Wertes dieses Verfahrens bleibt noch abzuwarten. Nachprüfungen sind bislang nicht bekannt geworden. (Während der Drucklegung erschienen aber Arbeiten aus verschiedenen Kliniken, u. a. von *Wenner*,) welche dieser Methode jeden Wert absprechen.) *Rascher* und *Trumpp* haben die *Pfeiffer*schen Angaben über die Möglichkeit einer kristallographischen Schwangerschaftsdiagnostik nachgeprüft und halten die Methode für diagnostisch wertvoll. *Gilfillen* und *Gregg* geben einen raschen und billigen Test für Schwangerschaft und gewisse gynäkologische Erkrankungen an, der auf dem Prinzip besteht, daß die gravide Frau, die reichlich H. V. H. im Körper hat, sich gegen diesen Stoff anders verhalten muß als eine Nichtschwangere. Intracutane Injektion von 2 Tropfen H. V.-Extrakt bewirkt denn auch bei Gravidität keine Reaktion, bei Nichtschwangeren dagegen eine Rötung der umliegenden Haut. Die Reaktion nach *Kossiakoff* basiert auf der Entfärbungszeit von Methylenblau durch den Schwefelgehalt des Harns bei graviden und nichtgraviden Frauen, ist aber nach den Untersuchungen von *Sanna* als praktisch unbrauchbar zu betrachten. Als wertlos erwies sich ferner nach *Gill* und *Howkins* die intracutane Methode mit Antuitrin S. Dagegen scheint unter Umständen der chemischen Diagnose mittelst Nachweis des Oestriols im Urin einige Bedeutung zuzukommen, wie *Patterson* feststellen konnte. Das Verfahren ist aber so kompliziert, daß es sich für die Praxis kaum eignen dürfte.

Aus dieser Übersicht geht hervor, daß im Laufe der Zeit, namentlich in den letzten Jahren, eine ganze Menge von Schwangerschaftsreaktionon biologischer oder chemischer Natur gefunden worden sind, die aber alle zusammen als mehr oder weniger wertlos bezeichnet werden müssen, da sie keine genügende Treffsicherheit besitzen, wenn auch möglicherweise bei einzelnen die theoretischen Voraussetzungen richtig sein dürften. Es gilt daher auch jetzt noch die *Aschheim-Zondek*sche-Reaktion (= A. Z. R.) und die Modifikation nach *Friedmann* als das souveräne Verfahren, das sozusagen niemals im Stiche läßt und für eine biologische Methode eine geradezu erstaunliche Sicherheit hervorbringt. Der Harn, welcher untersucht werden soll, wird fünf unreifen, etwa 5 Wochen alten, 12—14 g schweren Mäuschen eingespritzt. Am Morgen des fünften Tages werden die Tiere durch Leuchtgas getötet und seziert. Als Schwangerschaftsreaktionen gelten die H. V. R. II = Blutpunkte = bluthaltige Follikel und H. V. R. III = Corpora lutea atretica. Es sind das die charakteristischen Zeichen für die Wirkung gonadotroper Stoffe. Die H. V. R. I = große Follikel ist nicht absolut beweisend für eine Gravidität, kommt aber gelegentlich bei Extrauterinschwangerschaft oder bei abgestorbener Gravidität vor. Die *Friedmann*-Reaktion wird mit Kaninchen durchgeführt und ergibt ein rascheres Ergebnis als die A. Z. R. Viele Kliniken halten aber nach wie vor an der Originalmethode *Aschheim*s fest, die jedenfalls ausgezeichnete Resultate ergibt und in nahezu 100 % als zuverlässig anerkannt werden kann. Das ist durch eine sehr große Zahl von Untersuchungen immer und immer wieder bewiesen worden. Fehlschläge gehören zu den allergrößten Seltenheiten und sind wohl auf Laboratoriumsfehler zurückzuführen. Für eine sichere Diagnosenstellung kommt also heutzutage ausschließlich dieses biologische, genial erdachte Verfahren in Betracht. Die Differentialdiagnose zwischen intrauteriner und extrauteriner Gravidität läßt sich allerdings mit der A. Z. R. nicht stellen, aber es ist möglich, damit eine Blasenmole oder ein Chorionepitheliom zu erkennen, immerhin nur bei quantitativer Bestimmung der Hormonmengen im Urin. Nach Abbruch einer Schwangerschaft durch Geburt oder Abort bleibt die Reaktion noch einige Zeit, etwa 14 Tage positiv, bei Blasenmole und Chorionepitheliom länger, ungefähr 6 Wochen. Für die Beurteilung der Heilung eines Chorionepithelioms spielt die Methode eine große Rolle, indem beim Wiederpositivwerden der Reaktion an ein Rezidiv gedacht werden müßte. Daß die A. Z. R. (die andern Methoden kommen vorläufig wegen allzu großer Unsicherheit nicht in Frage) eine gerichtlich-medizinisch große Bedeutung erlangen kann, liegt auf der Hand. Sie sollte in allen Zweifelsfällen unbedingt durchgeführt werden.

*Schrifttum.*

*Aschheim:* Die Schwangerschaftsdiagnose aus dem Harn. Berlin 1933. — *Brandsch:* Zur Schwangerschaftsdiagnose durch Histidinnachweis im Urin. Zbl. Gynäk. **1935**, 3. — *Costa:* Eine neue Modifikation der biolog. Schwangerschaftsdiagnose. Clin. ostetr. **1936**, 4. — *Emmrich:* Zur Schwangerschaftsreaktion nach *de Nito.* Münch. med. Wschr. **1937**, 9. — *Gill* und *Howkins:* Intrakutane Schwangerschaftsreaktion mit Antitrin S. Brit. med. J. **1937**, 27 (Nov.). — *Hinck:* Der Wert der *Kustallow*'schen Schwangerschaftsreaktion. Zbl. Gynäk. **1938**, 9. — Hüssy: Die biologische Schwangerschaftsdiagnose auf chemischem Wege. Praxis **1936**, 35. — *Johannson:* Münch. med. Wschr. **1937**, 1239. — *Kustallow:* Reaktion zur Bestimmung der Schwangerschaft mittelst Infusionstierchen. Zbl. Gynäk. **1937**, 5. — *Leinzinger:* Serologie des Carcinoms und der Schwangerschaft. Mschr. Geburtsh. **107**, 4. — *Ostadal:* Chem. Schwangerschaftsreaktion nach *Visscher-Bowmann.* Zbl. Gynäk. **1937**, 5. — *Patterson:* Die chemische Diagnose der frühen Schwangerschaft. Brit. med. J. **1937** 11 (Sept.). — *Robecchi:* Die praktische Anwendung einer chem. Follikulinreaktion. Rass. ostetr. 1934/10. — *Romaniello:* Die Hormonreaktion nach Cuboni. Rass. ostetr. **1934**, 9. — *Samuels:* Die Frühdiagnose der Schwangerschaft. Münch. med. Wschr. **1937**, 34. — *Sanna:* Die Reaktion nach *Kiossakoff* zur Frühdiagnose der Schwangerschaft. Rass. Ostetr. **1937**, 3. — *Trumpp* und *Rascher:* Münch. med. Wschr. **1936**, 1049. — *Uhlich:* Der Wert der Kustallowschen Schwangerschaftsreaktion. Zbl. Gynäk. **1937**, 49 — *Wagner:* Chem. Schwangerschaftsreaktion nach Visscher-Bowman. Zbl. Gynäk. **1937**, 5. — *v. Wattenwyl:* Schwangerschaftsnachweis nach *Kustallow.* Zbl. Gynäk. **1938**, 9. **Hüssy.**

**Birkenreizker** siehe *Pilzvergiftungen.*

**Bisexualität** siehe *Homosexualität.*

**Bismogenol** siehe *Wismut.*

**Bissentod** siehe *Tod und Gesundheitsbeschädigung durch gewaltsame Erstickung.*

**Bißverletzungen** siehe *Verletzungen durch stumpfe Gewalt; Zähne.*

**Blaukreuzgruppe** siehe *Kampfgase.*

**Blausäure** siehe *Flüchtige organische Gifte.*

### Bleistifte und Farbstifte.

Ursprünglich wurden dünne Bleistangen zum Schreiben verwendet. Heute sind es in Holz gefaßte Minen aus Graphit und Ton, die vorher einem keramischen Brand unterworfen werden. Farb- und Tintenstiftminen enthalten Pigment oder Anilinfarben und machen keinen Brennprozeß durch, da dieser die Farbstoffe zerstören würde. Als Bindemittel wird Gummitragant o. ä. gebraucht und an Stelle von Ton Kaolin. Die Mitverarbeitung von Stearaten oder anderen Fettverbindungen bedingt die gute Gleitfähigkeit beim Schreiben. Eigentliche Fettstifte enthalten Paraffin, Hammeltalg, evtl. Harz neben dem Farbkörper. Tintenstifte sind zum Teil graphithaltig.

Die Differenzierung von Bleistiftschriften oder die Zurückführung auf einen bestimmten Stift ist oft sehr schwer, vielfach unmöglich. Wenn man auch Härteunterschiede in der Regel erkennen kann, so ist doch zu bedenken, daß die Weichheit oder Härte innerhalb gewisser Grenzen — und gerade bei nur kurzen schriftlichen Zusätzen — durch mehr oder weniger starkes Spitzen entsprechend vorgetäuscht werden kann. Desgleichen können Druck- und Unterlagenunterschiede Täuschungen ergeben. Die Untersuchung mit bewaffnetem Auge, wobei eine starke Lupe zum Teil noch bessere Dienste leistet als ein Mikroskop, ist natürlich immer ratsam, besonders weil mit der Möglichkeit zu rechnen ist, daß die körnigen Ablagerungen ein differenzierbares Bild hinsichtlich Anordnung und Größe ergeben (an die Abhängigkeit von der Papieroberfläche und von der Unterlage sei jedoch erinnert), daß Kratzlinien (bei schlechten Stiften infolge sandhaltiger Massen oder fehlerhaften Brennens) sichtbar werden oder daß verschiedene Unterlagenspuren erkennbar sind. Die Durchdruckverhältnisse werden auf der Rückseite besonders zu prüfen sein (vgl. d. Art.: Gerichtliche Schriftuntersuchung). Bei Farbstiftschriften sind die Partikelgrößen der Ablagerungen oft sehr verschieden. Hinzu kommt die Reaktionsfähigkeit der Farbstoffe, teilweise allein mit Wasser (wasserlösliche Anilinfarben ohne Fette), teilweise mit anderen Reagenzien nach der Entfettung mit organischen Lösungsmitteln. In vielen Fällen sind Methoden anwendbar, wie sie im Art.: Tinten und Tintenschriften beschrieben sind.

Die Altersbestimmung bei Stiftschriften ist nur durch eingehende mikroskopische Untersuchung von Kreuzungsstellen verschieden alter Schriften möglich und beschränkt sich auf die Feststellung des relativen Schriftalters (Urkundenfälschung). Hinsichtlich Zerstörung und Wiedersichtbarmachung wird auf den entsprechenden Abschnitt beim Art.: Tinten und Tintenschriften verwiesen. Eine größere Zusammenstellung von Beispielen von Stiftschriftuntersuchungen gibt mit vielen Abbildungen *Türkel.*

*Schrifttum.*

*Türkel:* Atlas der Bleistiftschrift. Graz 1927. — *Ullmann:* Enzyklopädie der technischen Chemie II, 1932. **Künkele.**

## Blei und Bleiverbindungen.

Toxikologisch ist Blei das wichtigste Metall. Die Vergiftung mit metallischem Blei und vielen seiner zahlreichen Verbindungen spielt in erster Linie in der Gewerbetoxikologie und für die Gewerbehygiene eine besondere Rolle, da sich Blei von allen anderen Metallen durch die Häufigkeit und Vielseitigkeit der von ihm herrührenden Affektionen auszeichnet. Die forensische Bedeutung ist gering, da absichtliche Vergiftungen ebenso wie medizinische Vergiftungen weit seltener vorkommen.

Metallisches Blei kann auch in chemisch reinem Zustand resorbiert werden und damit giftig wirken. Der Eintritt des Bleies und seiner Verbindungen in den Körper ist durch Verdauungstrakt, Atemwege und Haut möglich, wobei, was allgemein noch wenig bekannt ist, die Atemwege die Haupteingangspforte darstellen. Die Aufnahme erfolgt teils in Form von Dampf, teils als Staub, der zu etwa ein Drittel in die Lunge, zu zwei Drittel von den Verdauungswegen aufgenommen wird. Im Magen wird das bei Gegenwart von Sauerstoff sich oxydierende Blei durch die freie Säure, im Darmtrakt und den Luftwegen durch alkalische Sekrete in eine resorbierbare Substanz (Bleialbuminat?) umgewandelt. Die Aufnahme von Blei durch die Haut ist praktisch von geringer Bedeutung, auch bei Arbeitern, welche fortgesetzt metallisches Blei und seine Verbindungen mit den Händen berühren, da nur solche Verbindungen durch die Haut in den Körper eindringen, die wasser- und lipoidlöslich sind, also in erster Linie die fettsauren Salze.

Die Bleiverbindungen, welche toxikologisches Interesse besitzen, sind am besten nach ihrer Löslichkeit einzuteilen: 1. Leicht in Wasser lösliche: Bleinitrat, Bleiacetat (Bleizucker), basisches Bleiacetat und Bleichlorid. 2. In Wasser fast unlösliche aber in den Körpersäften (Magen-Darmsaft) leicht lösliche: Bleioxyd, Bleisuperoxyd, Mennige, Bleicarbonat (Bleiweiß). 3. Fast nicht resorbierbare, weil unter normalen Bedingungen auch in Körpersäften schwer löslich: Bleisulfat, Bleichromat und Bleisulfid.

Von den organischen Bleiverbindungen ist das Bleitetraäthyl, das als Zusatz zum Brennstoff (Gasulin) für Motorfahrzeuge Verwendung findet, als schweres Nervengift bekannt. Es führt, in größeren Dosen eingeatmet, rasch zum Tode und wirkt auch auffallend schnell auf die gesunde Haut. Aus diesem Grunde ist auch in Spuren bleihaltiges Benzin für den Gebrauch im Haushalt unzulässig und gesundheitsschädlich.

Bei den vielfachen Verwendungsmöglichkeiten der zahlreichen Bleiverbindungen und solcher, die sich immer wieder neu ergeben, sind die Umstände, unter denen Vergiftungen zustande kommen, außerordentlich mannigfaltig, und fast unübersehbar sind die Gelegenheiten zu *gewerblichen Vergiftungen*. Bei allen Manipulationen der Bleigewinnung, der Verhüttung der Bleierze, bei Verwendung des Bleies im Maler- und Anstreichergewerbe und der Färberei, bei der Bleifarbenerzeugung und besonders bei der Erzeugung von Bleisalzen, in Akkumulatorenfabriken bei der Manipulationen an den Bleiplatten, in der keramischen Industrie bei der Emaillerzeugung, in der Schriftgießerei usw., sind die Bleivergiftungen als „Berufskrankheiten" bekannt. Bleischädigungen außerhalb der Berufstätigkeit sind ebenfalls recht zahlreich aber seltener wie früher; die Möglichkeit für solche *ökonomische Vergiftungen* bietet z. B. die Verwendung von bleihaltigem Material zur Herstellung von Leitungen und Gefäßen sowie zur Verpackung von Nahrungsmitteln eine absichtliche (zur Beschwerung, Färbung u. dgl.) oder unabsichtliche Beimengung von Blei und Bleisalzen

zu Nahrungsmitteln, ferner schlechte Bleiglasuren oder Emaillierungen an Küchengeräten, insbesondere, wenn sie längere Zeit mit sauren Nahrungsmitteln in Berührung sind, und bei Kindern die Benützung von bleihältigen Spielzeugen. Schließlich ist noch die Möglichkeit von Bleivergiftungen durch Gebrauch von bleihältigen Schminken, Pudern, Haarfärbemitteln und ähnlichen Cosmetica zu erwähnen. Die Frage, ob Steckschüsse zu Bleivergiftung führen können, ist im Schrifttum oft diskutiert. Es soll sicher beobachtet worden sein, daß nach Schrotschüssen eine chronische Bleivergiftung eingetreten ist. Schrotschüsse scheinen häufiger zu Vergiftungen zu führen, weil viele Schrote aus Natriumblei bestehen, das viel leichter löslich ist als reines Blei.

Die *medizinischen Vergiftungen* durch Blei treten an Zahl weit zurück, was der verhältnismäßig geringen medizinischen Anwendung von Blei entspricht. Die Anwendung löslicher Bleisalze bei intravenösen Injektionen zur Carcinombehandlung bringt die Gefahr der medizinalen Bleivergiftung mit sich. Auch die äußerliche Anwendung von Bleiwasser zu Umschlägen und von Bleipflastern kann Anlaß zu Vergiftungen geben.

*Absichtliche Vergiftungen*, sowohl Mord als auch Selbstmord mit Bleisalzen, sind seltene Erscheinungen. Bei den gelungenen Morden, die im Schrifttum zu finden sind, handelte es sich um Bleizucker oder Bleicarbonat, einmal auch um Bleiessig, welche den Speisen beigemengt wurden, und immer um wiederholte Gaben. Der schlechte Geschmack der Bleisalze einerseits, die notwendige große Menge andererseits und die Unsicherheit des Erfolges sind es, wodurch die Bleipräparate zur heimlichen Beibringung wenig geeignet erscheinen, um so weniger als es meist nicht möglich ist, mit einer einmaligen großen Dosis den Tod des Opfers herbeizuführen.

Die Beobachtung, daß bei chronischen Bleivergiftungen häufig Fehlgeburten erfolgen, hat schwangere Frauen gelegentlich veranlaßt, die leicht zugänglichen Bleipräparate zum Zwecke der Fruchtabtreibung zu nehmen, wodurch Bleivergiftungen verursacht wurden; desgleichen durch Anwendung von Bleisalzen zur Verhütung der Konzeption.

Einfacher Selbstmord und Selbstmordversuch durch Bleivergiftung (mit Bleizucker) ist hingegen sehr selten.

Die einmalige Aufnahme von größeren Mengen leicht resorbierbarer Bleisalze führt zur *akuten Vergiftung*. Lokale Wirkung haben naturgemäß nur die löslichen Verbindungen z. B. Bleichlorid, Bleizucker und Bleiweiß, indem sie etwas ätzend wirken auf die Schleimhäute der Speiseröhre und des Magens oder, wenn zum Zwecke der Fruchtabtreibung oder als Anticoncipiens verwendet, auf die Schleimhäute der weiblichen Geschlechtsorgane. Eine Aufnahme von Dosen von 20—30 g hat meist keine andere Wirkung als eine Verdauungsstörung. Die Erscheinungen einer akuten Vergiftung bleiben auch bei größeren Dosen fast ausschließlich auf den Darmtrakt beschränkt. Sie äußern sich in süßlichem, metallischem Geschmack, Ekelempfindung, Speichelfluß, Erbrechen und Magenkrämpfen, bisweilen in diarrhoischen von Schwefelblei schwarz gefärbten Stühlen, in der Regel aber in Verstopfung. Diesen Symptomen reihen sich in manchen Fällen noch neurotische an in Form von Wadenkrämpfen und Schmerzen in den Extremitäten. In den sehr selten tödlich verlaufenden Fällen stellen sich schwache Herztätigkeit, Anästhesien und Paresen, Koma und Kollaps ein. Gelegentlich kann nach dem Abklingen der akuten Erscheinungen nach mehreren Monaten noch, also nach längerem Intervall eine chronische Bleivergiftung eintreten.

*Chronische Vergiftungen* sind entweder der Ausgang einer akuten oder subchronischen Vergiftung oder die Folge dauernder Zufuhr von kleinen Mengen. Sie entstehen schon durch sehr kleine Bleimengen, die lange Zeit genommen werden, z. B. Vergiftungen durch Wasser infolge von bleihaltigen Röhren. Die Symptome der chronischen Bleivergiftung sind außerordentlich wechselnd, offenbar durch verschiedene individuelle Empfindlichkeit bedingt und abhängig von der Zeitdauer der Bleiaufnahme, der Höhe der aufgenommenen Menge und der Schnelligkeit der Ausscheidung. Der Verlauf ist sehr schleichend. Die ersten Anzeichen der chronischen Bleivergiftung bilden eine Reihe von Allgemeinsymptomen, die z. T. den spezifischen Erkrankungen vorausgehen, wie Appetitlosigkeit, Übelkeiten, Magendruck, Mattigkeit, Abnahme des Körpergewichtes, Herzklopfen, Zittern und dergleichen. In diesem durch Monate und Jahre sich hinschleppenden „Siechtum" stechen gewisse, oft ganz unerwartet einsetzende Symptomengruppen hervor, die sich durch ihre Eigenheiten auszeichnen. Als Kardinalsymptome zur Frühdiagnose werden angegeben: gelblichgraue Hautfarbe (Bleikolorit), der Bleisaum (schiefergraue Verfärbung dicht am Rande des Zahnfleisches in 1—2 mm Breite), dessen Bildung manchmal eine Stomatitis vorausgeht, und das Auftreten von basophiler Tüpfelung der Erytrocythen, eine Erscheinung, welche als Beweis für das Vorhandensein einer Bleivergiftung gilt.

Blutfarbstoff im Harn, auch Hämatoporphyrinurie ist fast immer eine Begleiterscheinung des Frühstadiums. Nach diesem tritt die chronische Bleivergiftung allmählich in ihr Höhestadium. Für dieses charakteristisch sind die Störungen des Wohlbefindens und der Arbeitsfähigkeit. Das Auftreten der Bleikolik erfolgt entweder nach intestinalen Prodromalerscheinungen oder auch ganz plötzlich. Die Koliken schwinden oft rasch wieder nach Aussetzen der Bleizufuhr. Mit der Bleikolik treten meist auch Anfälle von heftigen Gelenkschmerzen (sog. Arthralgien) auf. Dazu gehören auch die Gelenksaffektionen, welche zusammengefaßt als Bleigicht bezeichnet werden. Gewöhnlich erst, nachdem mehrere Kolik- oder Arthralgieanfälle überstanden sind, und nur ausnahmsweise als erstes Symptom stellt sich die Bleilähmung ein. Sie bildet sich gewöhnlich nach vorausgegangenen Prodromen wie Schmerzen, Schwäche und namentlich Zittern ganz unmerklich chronisch aus. Die typische Bleilähmung betrifft das Radialisgebiet beider Hände. Andere Lähmungen (Peroneusgebiet, Augenmuskellähmungen, allgemeine Lähmungen sind recht selten). Die Bleilähmung ist eine rein motorische; Blase und Mastdarm bleiben immer frei.

In besonders schweren Fällen leiten ausgedehnte nervöse Störungen (Kopfschmerzen, Zittern) mit peripheren Lähmungen zu Erscheinungen von seiten des Gehirnes: Verschiedene cerebrale Symptome und Symptomkomplexe mit dem Namen Encephalopathiasaturnina bezeichnet, der progressiven Paralyse ähnliche Zustände, Delirien, in anderen Fällen mehr motorische Krampfzustände, große Unruhe und tiefe Bewußtlosigkeit (Bleiepilepsie). Solche Kranke gehen meist in einer Folge schwerer Anfälle zugrunde. Wichtig für die Beurteilung von Encephalopathien scheint die Erfahrung zu sein, daß so schwere Folgen einerseits bei schon neuropathischen Individuen, andererseits bei Alkoholikern und Luetikern auftreten.

Als weitere Erscheinungen der chronischen Bleivergiftung können sich Gefäßerkrankungen entwickeln. Früh auftretende Arterienveränderungen arteriosklerotischer Art führen zu Angiospasmen, Ischämien, zu Blutdrucksteigerung, Herzvergrößerung und Nierenerkrankungen. Die Mehrzahl der Bleikranken zeigt später alle Symptome der sog. Schrumpfniere, die in den meisten Fällen nicht von anderen Schrumpfnieren zu unterscheiden ist.

Die geschlechtlichen Funktionen werden bei der chronischen Bleivergiftung schwer geschädigt. Die Potenz ist zeitweise gänzlich verloren. Frauen leiden an Menstruationsstörungen und Menorrhagien.

Fehl- oder Totgeburten sind häufig. Die Sterblichkeit der Säuglinge und Kinder bleikranker Mütter ist ungewöhnlich groß. Die Milch der bleikranken Mütter kann die Säuglinge schädigen, denn alle Bleipräparate lassen Blei in die Milch übergehen! Bemerkenswert ist schließlich die Tatsache, daß Kinder bleikranker Eltern nicht selten organische Nervenerkrankungen und verschiedene Neurosen haben. Die chronische Bleivergiftung kann unter Gehirnerscheinungen (Hirnapoplexie) infolge von Urämie oder von allgemeinem Körperverfall (Bleikachexie) zum Tode führen.

Die *Dosen*, welche bei der medizinischen Anwendung verordnet werden, in erster Linie „Bleiwasser" und „Aqua Goulardi (2 % Pb subacet)" aber auch die „Essigsaure Tonerde" (dargestellt aus Bleiacetat) können durch Resorption von Wundflächen zu Vergiftung führen.

Bei intravenöser Verabreichung von löslichen Bleisalzen wurden bis 0,8 g Pb gegeben, aber schon 0,04—0,30 haben Vergiftungserscheinungen hervorgerufen. Die interne Medikation von Bleisalzen, deren Gaben mit 0,1 p. dos. und 0,3 p. die angegeben werden, z. B. Bleiacetat, ist im übrigen wenig zu empfehlen.

Eine Abgrenzung der toxischen von der letalen Dosis stößt auf große Schwierigkeiten, weil hier die individuellen Verhältnisse eine große Rolle spielen. Praktisch kann eine letale Dosis nur im Falle einer akuten Vergiftung Bedeutung erlangen. Aus der Statistik geht nun hervor, daß nur sehr große Dosen von Bleisalzen letal wirken, so z. B. von Bleiacetat mehr als 50 g, von Mennige mehr als 25 g, von Bleiweiß über 20 g. Die einmalige Aufnahme von wenigen Grammen (oder gar medizinalen Dosen, von Dezigrammen) wird stets ohne Störung vertragen. Erst mehrmalige Aufnahme solcher Dosen führt zu Vergiftungserscheinungen: zu subchronischen Vergiftungen. Denn einerseits werden zufällig größere Mengen in kurzer Zeit aufgenommen, andererseits ist die Toleranz sehr verschieden und die Empfindlichkeit wird durch momentane Zustände, z. B. Verdauungsstörungen stark beeinflußt. Es ist aber bereits erwähnt worden, daß schon eine genügend lang dauernde Aufnahme von Bruchteilen von Milligrammen genügt, um schließlich toxisch zu wirken. Im allgemeinen wird die tägliche Aufnahme von 1 mg für das Zustandekommen einer chronischen Bleivergiftung ausreichend angenommen, wenn diese Mengen durch Monate hindurch zugeführt werden; 5—10 mg führen schon nach 3—4 Wochen zu chronischer Bleivergiftung, so daß also die toxische Dosis für das Zustandekommen einer chronischen Bleivergiftung recht gering ist. Kinder scheinen im Durchschnitt größere Dosen ohne schwere Erkrankung zu vertragen als insbesondere schon irgendwie geschädigte Erwachsene.

Die *Ausscheidung* von Blei erfolgt äußerst langsam, hauptsächlich durch den Darmtrakt und die Nieren. Bei der akuten Vergiftung ist der *anatomische Befund* nicht charakteristisch, bei der chronischen unsicher, doch sind bei diesen Veränderungen im Zirkulationsapparat in der Regel ohne Schwierigkeiten nachzuweisen. Diese Veränderung betrifft die Gefäßmedia der Arterien, in ausgesprochenen Fällen auch der Venen und kann an der Aorta auffallend entwickelt sein. Wichtig sind die Herzvergrößerung und die Bleischrumpfniere. Bei der anatomischen Untersuchung des Magens chronisch Vergifteter hat man häufig die verschiedenen Formen der Gastritis und auch Geschwürsbildungen beobachtet, und gerade in neuerer Zeit ist auf die Beziehung zwischen chronischem Magengeschwür und Saturnismus nachdrücklich hingewiesen worden. Ohne genaue Anamnese und ohne eine chemische Untersuchung der Leichenteile lassen sich aber Fälle von an chronischer Bleivergiftung Verstorbenen nicht einwandfrei begutachten. Der chemischen Untersuchung sind Leber, Gehirn, Nieren, Magen-Darmtrakt, schließlich auch Blutgefäße und Muskulatur zuzuführen, da man in letzteren wiederholt erhebliche Mengen von Blei gefunden hat.

Selbstmordversuche und Selbstmorde sowie Mordversuche durch Blei und Bleisalze sind in den letzten Jahrzehnten wenig bekanntgeworden, da sich diese hierzu wenig eignen, wegen ihrer physikalischen Eigenschaften (schlechter Geschmack) und der großen Menge, welche notwendig ist, eine letale Wirkung zu erzeugen; bei den gelungenen Morden und Mordversuchen, die im Schrifttum aufzufinden sind, handelt es sich immer um wiederholte Gaben, die den Speisen beigegeben wurden. Auch in Wien kam vor einigen Jahren eine absichtliche Vergiftung mehrerer Personen durch Bleiweiß vor, das in die Küchenvorräte an Zucker, Mehl usw. gemischt worden war. Solche Mordversuche, die also durch wiederholte Beibringung toxischer (nicht letaler) Dosen entstanden sind, sind charakterisiert durch wiederholte Attaken von gastroenteritischen Erscheinungen und anderen für Blei typischen Symptome, die sich recht bald einstellen können. Diese Form der Vergiftung führt sicher zum Tode, wenn der Bleiaufnahme nicht ein Ende gemacht wird, andernfalls aber nicht selten zu schwerem dauernden Siechtum. Zur Erkennung der Vergiftung ist ärztlicherseits die gründliche Kenntnis des vielseitigen Bildes der Symptomatologie der Bleivergiftung notwendig, da bei der bereits erwähnten Vielgestaltigkeit der Vergiftungsmöglichkeiten der Arzt oft Bleivergiftung als Ursache akuter oder chronischer Erkrankungen vorfinden kann bzw. mit der Möglichkeit einer „Bleivergiftung" als kausale Quelle verschiedener Erkrankungen rechnen muß.

*Schrifttum.*

*Bonnhof:* Über die Giftwirkung der Bleisteckschüsse, *Bruns* Beitr. klin. Chir. **126**, 324 (1922). — *Brezina:* Die gewerblichen Vergiftungen und ihre Bekämpfung. Enkes Bibl. f. Chemie und Technik **XXI**, 1932. — *Flury-Zangger:* Lehrbuch der Toxikologie. Berlin 1928. — *v. Hofmann-Haberda:* Lehrbuch der gerichtlichen Medizin. Berlin u. Wien 1927. — *Kretschmer:* Über Bleiuntersuchungen bei Bleiarbeitern. Dtsch. med. Wschr. **1924**, Nr. 41. — *Legge* und *Goadby:* Bleivergiftung und Bleiaufnahme. Herausgegeben von *Teleky.* Berlin 1921. — *Meyer-Gottlieb:* Experimentelle Pharmakologie, Berlin u. Wien 1933. — *Petri, Else:* Pathologie und Diagnose der Bleivergiftung. Frankf. Z. Path. **25**, 195 (1921). — *Petri, Else:* Vergiftungen. Handb. der pathologischen Anatomie von *Henke-Lubarsch.* Berlin 1930. — *Reuter, F.:* Beurteilung von Vergiftungen. Handb. der biologischen Arbeitsmethoden, herausgegeben von *Abderhalden.* Berlin und Wien 1938. — *Roth:* Die gewerbliche Blei-Phosphor usw. Vergiftung. Berlin. Klin. Wschr. **1901**, 38. — *Schmidt, P.:* Über die Bedeutung der Blutuntersuchung für die Diagnose der Bleivergiftung. Zbl. Gewerbehyg. **2**, 8 (1914). — *Schmidt, P.:* Über Bleivergiftung und ihre Erkennung. Arch. f. Hyg. **63**, 1. — *Starkenstein-Rost-Pohl:* Lehrbuch der Toxologie. Berlin u. Wien 1929. — *Starkenstein:* Lehrbuch der Toxologie. Wien 1938.

*Schneider.*

**Blitzfiguren** siehe *Tod und Gesundheitsbeschädigung durch elektrische Energie.*

**Blitzverletzungen** siehe *Tod und Gesundheitsbeschädigung durch elektrische Energie.*

**Blutalkoholbestimmung** siehe *Alkoholbestimmung im Blut; Alkohol und Verkehrsunfall.*

**Blutaspiration** siehe *Plötzlicher Tod aus natürlicher Ursache; Tod und Gesundheitsbeschädigung durch gewaltsame Erstickung.*

**Blutaustretungen** siehe *Verletzungen durch stumpfe Gewalt.*

**Bluterkrankheit** siehe *Hämmorrhagische Diathesen.*

**Blutfaktoren** siehe *Blutgruppen und Blutfaktoren.*

**Blutflecken** siehe *Forensische Blutuntersuchung.*

**Blutgerinnung in der Leiche** siehe *Agonie.*

**Blutgruppen** (= Blgr.) **und Blutfaktoren** (= Blfkt.).
Abweichend von dem ursprünglich durch *Landsteiner* gebrauchten Ausdruck Blutgruppen = Menschengruppen mit gleichartigen Isoagglutinogenen und Isoagglutininen im Blut ist der Begriff Blgr. heute erweitert; man versteht jetzt darunter im weiteren Sinne alle physiologischen, serologisch nachweisbaren Merkmale des Blutes, mit denen eine Unterteilung der untersuchten Art — im allgemeinen Mensch, aber auch vieler Tierarten — möglich ist. Diese Merkmale finden sich meist im Blut (Blutkörperchen und Serum), aber auch in den meisten sonstigen Körperzellen und -säften, wobei gerichtlich-medizinisch den Se- und Exkrete große Bedeutung haben. Im engeren Sinne werden als „Blgr." oder „klassische Blgr." die von *Landsteiner* sowie *Decastello* und *Sturli* in den Jahren 1901 und 1902 entdeckten Blgr. benannt, die auf dem Vorhandensein oder Fehlen der Isoagglutinogene A und B sowie der Isoagglutinine Anti-A und Anti-B (auch $\alpha$ und $\beta$ genannt) beruhen. In der heutigen gerichtsärztlichen Praxis werden von den Blgr. im weiteren Sinne besonders die sog. Blfkt. M und N und die sog. Untergruppen $A_1$ und $A_2$ angewendet. Die übrigen bekannten serologischen Eigenschaften, die bei weiterem Ausbau der Forschung ebenfalls zu gerichtsärztlicher Verwendung berufen sind, sollen hier nicht behandelt werden.

*1. Die klassischen Blgr.* Das Blut jedes Menschen läßt sich in eine der vier Blgr. einteilen (O, A, B und AB). Im allgemeinen enthalten die Erythrocyten die Agglutinogene, das Serum enthält die Agglutinine. Spuren von Agglutinogen können aber mit besonderen Verfahren oder in besonderen Fällen auch im Serum oder in anderen Körperflüssigkeiten nachgewiesen werden. Ob die Blutgruppe O (= Null) nur durch das Fehlen der Agglutinogene A und B gekennzeichnet ist, oder ob ihr nicht vielmehr eine eigene Eigenschaft O zugrunde liegt, ist noch nicht mit Sicherheit erwiesen. Nach den neueren Untersuchungen gewinnt die zuletzt genannte Möglichkeit immer mehr an Bedeutung. So enthalten einzelne Rinderseren nach Absorption des gegen menschliches Eiweiß gerichteten sog. Heteroagglutinins noch ein offenbar spezifisches Agglutinin Anti-O, das O-Blutkörperchen und auch Blutkörperchen der Untergruppe $A_2$ zusammenballt (*Schiff, Friedenreich* und *Zacho*). Nach der sog. *Landsteiner*schen Regel kommen gleichgerichtete Isoagglutinogene und Isoagglutinine bei der gleichen Person nicht vor; d. h. wenn in den Blutkörperchen einer Person A vorhanden ist, so kann im Serum Anti-A sich nicht finden; vielmehr besitzt das Serum dieser Person Anti-B und umgekehrt; eine Person der Blutgruppe AB besitzt kein Agglutinin im Serum; Personen der Blutgruppe O weisen Anti-A und Anti-B im Serum auf. Bei Neugeborenen und in besonderen Fällen auch bei Erwachsenen kommen Ausnahmen von dieser Regel vor, die aber bei sorgfältiger Untersuchung einwandfrei als solche zu erkennen sind.

Auf dieser *Landsteiner*schen Regel beruhen die zwei Wege der Feststellung der Zugehörigkeit zu einer der klassischen Blutgruppen: Die Blutkörpercheneigenschaftsprüfung, zu der bekannte, auf einwandfreie Wirkung geprüfte Testseren Anti-A und Anti-B verwendet werden, und die Serumeigenschaftsprüfung, wobei mit bekannten Testblutkörperchen A und B gearbeitet wird. Bei gerichtlichen Untersuchungen sollen stets beide Verfahren nebeneinander angewandt werden; sie geben, da sie völlig unabhängig voneinander sind, die erwünschte große Sicherheit der Ergebnisse. Die Blgr. verändern sich während des Lebens weder durch Alter noch durch Krankheit noch durch therapeutische Maßnahmen. Weiterhin ist nunmehr die Vererbungsweise der klassischen Blgr. einwandfrei geklärt. Sie beruht auf der Vererbung der Agglutinogene; Versuche, auch die Vererbung der Agglutinine einzubeziehen, müssen als fehlgeschlagen angesehen werden; das Auftreten der jeder Gruppe eigenen Agglutinine ist vielmehr als ein serologischer Vorgang meist erst des postnatalen Lebens anzusehen. Die durch *v. Dungern* und *Hirschfeld* im Jahre 1910 aus Familienuntersuchungen abgeleiteten Erbregeln sind im Jahre 1923 durch die Erbtheorie von *Bernstein* vervollständigt und berichtigt worden. Dieser nimmt das Vorliegen dreier unabhängiger multipler Allelomorphen an. Danach bildet entsprechend den *Mendel*schen Regeln jede Blgr.Eigenschaft aus zwei je vom Vater und von der Mutter stammenden Erbeinheiten, wobei sowohl A wie B über O dominieren, sich gegenseitig jedoch kombinant (*Lenz*) verhalten. Homozygotie ist nur bei der Blgr. O, Heterozygotie nur bei der Blgr. AB erwiesen, während die Blgr. A und B sowohl homozygot (= AA), als auch heterozygot (= AO) auftreten. Durch Abstammungsuntersuchungen können Schlüsse auf Homozygotie oder Heterozygotie gezogen werden: Eine Mutter der Blgr. A, die ein Kind der Blgr. O besitzt, muß heterozygot (= AO) sein. Andere, insbesondere serologische Untersuchungsverfahren zur Unterscheidung von heterozygoten und homozygoten Bluteigenschaften A und B sind trotz vielfacher Versuche nicht gefunden worden. Die Ergebnisse der *Bernstein*schen Erbtheorie können in die zwei Sätze zusammengefaßt werden: Ein Kind kann eine Eigenschaft A oder B nur aufweisen, wenn sie wenigstens bei einem seiner Eltern vorhanden ist, und ein Kind der Blutgruppe O kann nicht von einem Elternteil der Blgr. AB abstammen. Die Richtigkeit der *Bernstein*schen Erbtheorie wird von Jahr zu Jahr an größeren Untersuchungsreihen erwiesen. Da die Zugehörigkeit zu den klassischen Blgr. nicht nur an frischen, sondern auch an angetrockneten Blut- und Sekretproben festgestellt werden kann, so hat die Blgr.untersuchung auch für die Spurendiagnose Bedeutung.

Die Bestimmung der Zugehörigkeit einer *frischen Blutprobe* zu den klassischen Blgr. ist ebenso wie die Bestimmung der Blutkörperchenmerkmale (= Blfkt.) M und N in der Anlage A der „Richtlinien für die Ausführung der Blgr.untersuchung und Einführung einer staatlichen Prüfung für die dabei Verwendung findenden Testseren" (Runderlaß des Reichsministers des Innern und des Reichsministers der Justiz vom 26. 5. 1937 — IV B 12296/37/4396 und IV b 4042) nach dem Vorschlag des Reichsgesundheitsamtes speziell für die gerichtsärztliche Anwendung eingehend beschrieben.

Bei der am häufigsten angewandten Objektträgermethode wird auf einem Objektträger einerseits ein Tropfen unverdünntes Testserum Anti-B, andererseits ein Tropfen Testserum Anti-A von dem ersten Tropfen getrennt aufgebracht, zu jedem dieser beiden Tropfen wird ein Tropfen einer etwa dreiprozentigen Aufschwemmung der zu untersuchenden Blutkörperchen in physiologischer Kochsalzlösung hinzugefügt. Nach gutem Vermischen jedes Tropfens wird das Ergebnis mit bloßem Auge oder einer Lupe gegen eine weiße Unterlage abgelesen. Eine Agglutination der roten Blutkörperchen ist sofort oder spätestens nach fünf Minuten als grobkörnige Flockung, das Ausbleiben einer Agglutination als gleichmäßige Trübung zu erkennen. In seltenen Fällen kann eine Geldrollenbildung den weniger Geübten zunächst in Zweifel versetzen, der sich aber durch mikroskopische Beobachtung bei schwacher Vergrößerung leicht beheben läßt. Bei größeren Reihenuntersuchungen, wo die Ergebnisse nicht alsbald nach dem Aufbringen des Blutkörperchentropfens abgelesen werden können und dann die Gefahr des Vertrocknens des Tropfens, das die Ablesung empfindlich stört, besteht, werden die Reaktionen zweckmäßigerweise im hängenden Tropfen auf hohlgeschliffenen Objektträgern ausgeführt. Ein zweites Verfahren ist die Röhrchenzentrifugiermethode (*Schiff*). Dabei werden in kleinen Reagenzgläsern je 0,2 ccm Testserum mit 0,2 ccm Blutkörperchenaufschwemmung gemischt; nach einige Minuten langem Stehen bei Zimmertemperatur werden die Röhrchen mehrere Minuten zentrifugiert. Die Ablesung erfolgt nach leichtem Beklopfen der Röhrchen, wobei entweder deutlich sichtbare Klümpchen (positive Agglutinationsreaktion) oder gleichmäßig getrübte Flüssigkeit (negative Agglutinationsreaktion) aufgewirbelt wird. Bei dem dritten Verfahren, der Röhrchenbrutschrankmethode, werden die beschickten Versuchsröhrchen 1—1½ Stunden im Brutschrank bei 37° gehalten, worauf das Ergebnis auf die gleiche Art abzulesen ist, wie bei der Röhrchenzentrifugiermethode.

Bei gerichtlicher Anwendung ist stets außer der Blutkörpercheneigenschaftsprüfung auch das Serum auf Agglutinine zu prüfen, was in ähnlicher Weise geschieht, wie oben beschrieben. Anstatt des Testserums wird das zu untersuchende Serum, an Stelle der Aufschwemmung der zu untersuchenden Blutkörperchen eine solche von bekannter Blutprobe der Blgr. A und der Blgr. B genommen. Für gerichtsärztliche Untersuchungen soll wenigstens je ein staatlich geprüftes Testseren Anti-B und Anti-A, die von den bekannten Serumfabriken hergestellt im Handel käuflich zu erwerben sind, neben selbst hergestellten, fortlaufend geprüften Testseren verwendet werden. Ein Testserum der Blgr. B kann durch ein geeignetes Kaninchenimmunserum (*Schiff* u. *Adelsberger*) ersetzt werden. Als Kontrolle ist es zweckmäßig, Testseren der Blgr. O und AB neben den oben genannten Testseren anzuwenden. Auch solche Seren, ebenso wie die erwähnten Kaninchenimmunseren Anti-A befinden sich nach staatlicher Prüfung im Handel. Um die nötige Sicherheit zu gewährleisten, müssen die Ergebnisse aller mit dem Serum und den Blutkörperchen angestellter Einzelversuche gleichsinnig ausgefallen sein. Bei sonst einwandfreiem Ausfall der Versuche braucht das Fehlen eines oder beider zu erwartender Agglutinine im Serum bei Neugeborenen oder Säuglingen keine Bedenken zu erwecken, da bekannt ist, daß die Agglutinine erst im Laufe des ersten Lebensjahres gebildet werden; sogar fremdes, von der Mutter stammendes Agglutinin (z. B. Anti-A bei einem Neugeborenen der Blgr. A und einer Mutter der Gruppe B) kann einmal ausnahmsweise gefunden werden. In allen ausschlaggebenden Fällen (Ausschluß der Vaterschaft) wird man aber vorsichtshalber die Untersuchung des Säuglings nach Ablauf der ersten sechs Lebensmonate wiederholen. Da die Eigenschaft A besonders bei Angehörigen der Blgr. AB manchmal schwer nachweisbar ist, wird man auch bei Blutproben, die zunächst als der Blgr. B zugehörig diagnostiziert wurden, dann eingehend in dieser Richtung untersuchen, wenn das Fehlen der Eigenschaft A eine ausschlaggebende Rolle spielt. Als weiteres Verfahren zur Sicherung der Befunde kommen die sog. Kreuzversuche in Frage; dabei wird die Einwirkung von Aufschwemmungen der zu untersuchenden Blutkörperchen auf die Seren der übrigen gleichzeitig untersuchten Blutproben und umgekehrt geprüft. Wenn auch allein aus dieser Versuchsreihe die Blgr.zugehörigkeit nicht abgelesen werden kann, so bietet sie doch eine willkommene weitere Kontrollmethode. Ebenso wie die Bestimmung der Blgr.zugehörigkeit an frischen Blutproben läßt sich diese an Proben von *Leichenblut* durchführen, solange noch Blutkörperchen erhalten sind. Eine mäßige Hämolyse bedingt meist keinerlei Störung. Die Blutkörperchen können mit physiologischer Kochsalzlösung mehrmals gewaschen werden; doch werden dabei Agglutinogene ausgeschwemmt, so daß Vorsicht geboten ist. Auch muß bei faulendem Blut die durch Bakterien bedingte Pseudoagglutination (*Thomsen*) in Rechnung gestellt werden. An *Blutflecken* in trockener und halbtrockener Form ebenso an ausgewaschenen Blutflecken, die mittels spektroskopischer Untersuchung und Präcipitation als Menschenblut sichergestellt sind, wird die Blgr.bestimmung zumeist durch Agglutininbindungsversuche mit Erfolg durchgeführt. Mit diesem Verfahren sind auch Leichenblutproben zu untersuchen, deren Bestimmung mit der gewöhnlichen Agglutinationsprüfung auf Blutkörperchen- und auf Serumeigenschaften nicht einwandfrei gelingt. Das Verfahren beruht auf der guten Haltbarkeit der Agglutinogene auch in aufgelöster Form. Von dem zu untersuchenden Material wird ein Teil in eine Mischung von zwei bekannten Seren Anti-B und Anti-A — bei genügender Menge des Materials wird besser ein Teil zu einem Serum Anti-B, ein anderer Teil zu einem Serum Anti-A — gebracht, dort einige Stunden bei mehrmaligem Aufschütteln in Zimmertemperatur belassen und hernach die Mischungen durch Abpipettieren nach Zentrifugieren von den am Boden bleibenden ungelösten Teilen, Verunreinigungen usw. getrennt. Von diesen Mischungen werden in Röhrchen absteigende Verdünnungen mit physiologischer Kochsalzlösung (1:2, 1:4, 1:8, 1:16, 1:32, 1:64 und 1:128) gemacht. Zu jedem Röhrchen wird sodann ein Tropfen einer Aufschwemmung von den Blutkörperchen gegeben, deren Zugehörigkeitsagglutinin in dem ursprünglich verwendeten Testserum enthalten war (z. B. Blutkörperchen der Blgr. A zu der Verdünnungsreihe, wo das Material mit Anti-A zusammengegeben war). Steht nur sehr wenig Untersuchungsmaterial (z. B. wenig kleine Blutspritzer) zur Verfügung, so können die Agglutinationsversuche nach dem von *Ponsold* angegebenen Verfahren auch in Glascapillaren angesetzt und durchgeführt werden. Wie bei der oben beschriebenen Röhrchenzentrifugiermethode oder der Röhrchen-Brutschrankmethode wird das Ergebnis jedes Röhrchens oder Capillare abgelesen und aufgeschrieben. Bei einem Vergleich dieser Befunde mit denen einer gleichzeitig mit denselben Seren und denselben Blutkörperchen, jedoch ohne die zu untersuchenden Blutflecke ausgeführten Kontrollversuchsreihe wird festgestellt, ob ein Teil oder alles Agglutinin des Testserums an den Blutfleck gebunden und daher zur Agglutination der bekannten Blutkörperchen in der Verdünnungsreihe nicht mehr vorhanden war; daraus wird dann auf das Vorhandensein des betreffenden Agglutinogens in den Blutflecken geschlossen. Bei der Beurteilung der Ergebnisse ist vorsichtig vorzugehen, da ein Teil des Agglutinins auch von dem Träger des Blut-

fleckes (z. B. Wollstoff, Holz u. ä.) gebunden oder das ehemals vorhandene Agglutinogen durch allzulange Lagerung, Sonnenbeeinträchtigung, Herauswaschen, starke Fäulnis u. dgl. zerstört sein kann. Gegen Fehlergebnisse der erstgenannten Richtung schützen Kontrollversuche mit unbefleckten Teilen des Trägers des Blutfleckens; in der zweiten Richtung kann man sich durch vorsichtige Bewertung der Ergebnisse schützen; es soll z. B. nur dann mit Sicherheit auf die Verschiedenheit einer alten, angetrockneten Blutspur und einer frischen Blutprobe geschlossen werden, wenn in der Blutspur das Agglutinogen A gefunden wurde und die frische Blutprobe der Blutgruppe B angehört. Mit welchem Grad von Wahrscheinlichkeit darüber hinaus Urteile gefällt werden können, hängt von der Erfahrung des betr. Untersuchers ab; auch können Vergleichsuntersuchungen an unter ähnlichen Verhältnissen aufbewahrten Blutspuren bekannter Blgr.-zugehörigkeit, die in einem gut eingerichteten Institut vorhanden sein sollten, weitere Schlüsse erlauben. Bei verhältnismäßig frischen Blutflecken (Alter von einigen Stunden bis Tagen) kann auch der Versuch des Nachweises der Agglutinine mittels der Deckglasmethode gemacht werden (*Lattes*). Spuren der Blutkrusten werden auf einem Objektträger mit einer Aufschwemmung von Blutkörperchen der Blgr. A zusammengebracht und darüber vorsichtig ein Deckglas gebracht; bei mikroskopischer Betrachtung mit schwacher Vergrößerung kann man zuerst dort, wo die Blutkruste aufgelöst wird, eine Zusammenballung der Erythrocyten beobachten, wenn in der Blutkruste das Agglutinin Anti-A vorhanden und noch wirksam erhalten war. In ähnlicher Weise wird auf das Agglutinin Anti-B mittels einer Aufschwemmung von Blutkörperchen der Blgr. B geprüft. Die umständlichen und zeitraubenden Untersuchungen von Blutflecken können dann eingeschränkt werden, wenn zunächst an frischen Blutproben festgestellt werden kann, ob die betreffenden Personen, von denen die Blutflecken stammen können, verschiedenen Blgr. angehören. Es sollte daher heute in allen Fällen ungeklärter Todesursache die Blgr.zugehörigkeit der Leiche festgestellt werden, woran in erster Linie der die gerichtliche Leichenschau oder Leichenöffnung ausführende Arzt, aber auch der Kriminalist denken muß.

2. *Die Untergruppen.* Von den „Untergruppen" hat bis jetzt nur die Unterteilung der Blgr. A in die Untergruppen A₁ und A₂ gerichtsärztliche Bedeutung erlangt. Sie ist schon auf *Landsteiners* Untersuchungen zurückzuführen, hat aber erst durch die eingehenden Untersuchungen von *Thomsen*, der die Untergruppen zunächst mit A und A′ benannte, ihre Bedeutung gewonnen. Die der klassischen Blgr. A eigene Eigenschaft A kommt in zwei Komponenten aufgespalten vor, in eine starke Eigenschaft A₁ und eine schwache Eigenschaft A₂. Nachdem verschiedene Verfahren zur Unterscheidung der beiden Komponenten beschrieben waren, stellte sich heraus, daß die Blgr. A fast ausnahmslos einwandfrei in A₁ und A₂ eingeteilt werden kann, und daß auch diese Untergruppen konstant und nach einfachen Regeln erblich sind. Wenn auch noch keine so große Zahl ausnahmsloser Beobachtungen der Vererbung veröffentlicht ist, wie bei der klassischen Blgr. und daher heute wohl die höchsten Anforderungen an die Beweiskraft der Erbregeln der Untergruppen A₁ und A₂ noch nicht gestellt werden können, so haben sie doch als ein Beweismittel von hoher Wahrscheinlichkeit zu gelten. Bei der Vererbung dominiert A₁ über A₂ und über O; A₂ dominiert über O. Ob man, wie *Thomsen* es will, nun von dem Vorhandensein von sechs Blutgruppen (O, A₁, A₂, B, A₁B, A₂B) oder von vier Blutgruppen redet und dabei die Eigenschaft A

in ihre Komponenten $A_1$ und $A_2$ aufteilt, dürfte zum gleichen Ergebnis führen. Für die praktische Anwendung in der gerichtlichen Medizin scheint zunächst noch die zweite Form günstiger zu sein. Die Bestimmung der Untergruppen geschieht in der gerichtsärztlichen Tätigkeit hauptsächlich auf zwei Wegen, mittels eines Testserums Anti-A, das mit Blutkörperchen $A_2$ abgesättigt ist und daher nur noch Blutkörperchen $A_1$ zusammenballt, und mittels einer Prüfung auf die Stärke der Agglutininbindung. Nachdem beim erstgenannten Verfahren ein Serum mit gutem Anti-A-Titer mit verschiedenen, gewaschenen Blutkörperchenproben $A_2$ einige Stunden lang zusammengebracht war, dann die Blutkörperchen abzentrifugiert und das überstehende klare Serum auf einwandfreie Wirkung (Ausbleiben einer Agglutination bei Zusammenbringen mit $A_2$-Blutkörperchen, Eintreten einer kräftigen Agglutination bei Zusammenbringen mit $A_1$-Blutkörperchen) geprüft war, können die Untersuchungen mit den drei unter Ziff. 1 beschriebenen Verfahren (Objektträgermethode, Röhrchen-Zentrifugiermethode und Röhrchenbrutschrankmethode) leicht durchgeführt werden. Die Verwendung von mindestens zwei gut wirkenden und fortlaufend geprüften Testseren ist zu empfehlen. Bei der Prüfung der Stärke der Agglutininbindung wird folgendermaßen verfahren (*Friedenreich* und *Worsaae*): Zu einer bestimmten, in verschiedenen Reagensgläsern befindlichen Menge eines gewöhnlichen Anti-A-Serums werden verschiedene Volumina einer Aufschwemmung der zu untersuchenden Blutkörperchen ($^1/_2$, $^1/_4$, $^1/_8$, $^1/_{16}$ usf.) gegeben; die Röhrchen bleiben 1 Stunde bei Zimmertemperatur stehen, wobei mehrmals zu schütteln ist. Hernach wird das obenstehende, klare Serum jedes Röhrchens abgegossen; es wird nun mittels einer Aufschwemmung von Blutkörperchen $A_1$ der Grad der von den zu untersuchenden Blutkörperchen gebundenen Agglutinine (die Titerhöhe) festgestellt. Werden die gefundenen Titer als Ordinaten, die zur Agglutininbindung benützten Volumina der Blutkörperchen als Abszisse in ein Koordinatensystem eingetragen, so geben einerseits die Blutproben $A_1$ und andererseits die Blutproben $A_2$ je unmittelbar beieinanderliegende Kurven, von denen aber die $A_1$-Kurven weitab von den $A_2$-Kurven liegen. In ausschlaggebenden Fällen sollte die Untergruppenbestimmung wenigstens mit den beiden angegebenen Verfahren ausgeführt sein und jeweils zu eindeutigen Ergebnissen geführt haben. Die Untergruppenbestimmung ist bis jetzt nur an frischen Blutproben mit Erfolg durchgeführt worden; bei angetrockneten Blutspuren können verwertbare Ergebnisse kaum erwartet werden, da die Abschwächung des Eintrocknens und der verschiedenartigen Lagerung die Unterschiede zwischen $A_1$ und $A_2$ zu stark verwischt.

3. *Die Blutfaktoren* (= Blfkt.) *M und N*. Die Blfkt. (= Blutmerkmale = Bluteigenschaften) M und N finden sich unabhängig von den die klassischen Blgr. bedingenden Eigenschaften in den Blutkörperchen als Agglutinogene. Bei Millionen von Untersuchungen sind nur die folgenden drei Möglichkeiten gefunden worden: M oder N oder MN; das gleichzeitige Fehlen von M und N ist noch an keiner Blutprobe beobachtet worden. Die Agglutinine Anti-M und Anti-N kommen unter natürlichen Verhältnissen beim Menschen nicht vor. Sie werden vielmehr beim Kaninchen künstlich erzeugt durch Immunisierung mit M- oder N-haltigen Menschenblutkörperchen. Die Herstellung der Immunseren ist umständlich und zeitraubend, da nicht jedes Kaninchen zu guter Agglutininbildung fähig ist. Zur Immunisierung verwendet man zweckmäßigerweise je mehrere Blutproben der Blgr. O mit dem

Faktor M einerseits, dem Faktor N andererseits. Ist ein Immunserum von gutem Titer gewonnen, so muß es vor dem Gebrauch erst von den ihm anhängenden anderen Agglutininen durch Absorption befreit werden, die am besten mit gewaschenen Blutkörperchen der Blgr. A vorgenommen wird. Die zur Absorption benützten Blutkörperchen dürfen aber den Blfkt. nicht enthalten, gegen den das Immunserum gerichtet ist. Die Absorption muß an der geeigneten Immunserumverdünnung mit der geeigneten Menge von Blutkörperchen vorgenommen werden, wobei sowohl die Verdünnung als auch das Blutkörperchenvolumen empirisch zu ermitteln ist. Die absorbierten Immunseren, welche nicht lange haltbar sind, müssen vor ihrer praktischen Verwendung eingehend auf einwandfreie Wirkung geprüft werden. Als staatlich geprüfte Immunseren Anti-M und Anti-N sind Rohseren in unabsorbiertem Zustand im Handel, deren Absorptionsart jeweils angegeben ist. Wenn gut absorbierte Immunseren Anti-M und Anti-N bereitet sind, so kann die Bestimmung der zu untersuchenden Blutkörperchenaufschwemmungen mit den gleichen Verfahren vorgenommen werden, wie sie bei der Blgr.-Untersuchung beschrieben sind (Objektträgermethode, Röhrchenzentrifugiermethode und Röhrchen-Brutschrankmethode); allerdings muß die Verdünnung der Immunseren für jede der Methoden eingestellt sein. Durch gleichzeitige Mituntersuchung bekannter Blutproben mit den Blfkt. M und N sowie MN ist für die nötigen Kontrollen zu sorgen. Als zweiter Weg für die Bestimmung der Blfkt. M und N hat sich das Absättigungsverfahren (= Absorptionsverfahren) bewährt: Zu den gebrauchsfertigen Immunseren Anti-M und Anti-N werden die zu untersuchenden Blutkörperchen gegeben; nach einstündiger Einwirkung wird das durch Zentrifugieren und Abgießen von den zu untersuchenden Blutkörperchen getrennte Immunserum je in Verdünnungsreihen auf die Menge des noch vorhandenen bzw. von den zu untersuchenden Blutkörperchen gebundenen und daher nicht mehr vorhandenen Agglutinins unter Verwendung bekannter Blutkörperchen mit dem Faktor M bzw. N geprüft. Mit diesem Verfahren gelingt es auch, schwache Faktoren M und N an einer Abschwächung des Titers des Immunserums zu erkennen. Ein besonders schwacher Blfkt. M ist in der Literatur bis jetzt nicht beschrieben, wohl aber mehrfach sehr schwache Faktoren N, deren Nachweis bisweilen große Schwierigkeiten bereitete. *Pietrusky* hat einen von *Crome* zunächst als Abweichung von den Erbregeln beschriebenen Fall mit besonders starken, sog. eingeengten Immunseren Anti-N nachuntersucht und dabei das Vorliegen einer sehr schwachen Eigenschaft N bewiesen. Da das Einengen von Immunseren Anti-N die Gefahr unspezifischer Reaktionen erhöht, so ist man in neuester Zeit von der Anwendung eingeengter Immunseren Anti-N wieder abgekommen, legt aber dafür großen Wert auf besonders hohen Titer der Seren. Mit guten Immunseren gelingt bei entsprechender Sorgfalt die Entdeckung auch abgeschwächter Faktoren N. Da die Bestimmung der Faktoren M und N wesentlich schwieriger ist als die Feststellung der Zugehörigkeit zu den klassischen Blgr., so erfordert die Faktorenbestimmung für gerichtliche Zwecke die Anstellung möglichst umfangreicher Kontrollversuche und eine große serologische Erfahrung des verantwortlichen Untersuchers. Die Bestimmung der Faktoren M und N an Blutflecken und eingetrockneten alten Blutproben kann mit dem Absättigungsverfahren versucht werden; die Erfolge sind aber viel seltener als bei der Bestimmung der klassischen Blgr. an Flecken. Gelingt ein Nachweis eines Blfkt. deutlich, so ist eine gerichtliche Verwertung des Befundes erlaubt, ein Fehlen eines Blfkt. in einer angetrockneten Blutprobe darf aber nicht als beweisend angesehen werden. Die *Vererbung* der Faktoren M und N ist auf verschiedenen Wegen völlig geklärt. Sie erfolgt unabhängig von der der klassischen Blutgruppen und ohne gegenseitige Beeinflussung. M und N sind kombinante allele Gene (*Lenz*). Ein Faktor besteht somit aus zwei Erbeinheiten, von denen eine von väterlicher und eine von mütterlicher Seite auf das Kind vererbt wird. Ein Kind mit dem Faktor M muß demnach von Eltern abstammen, die beide den Faktor M entweder allein oder zusammen mit N besitzen. Weist ein Kind beide Faktoren M und N auf, so muß die eine Erbeinheit vom Vater, die andere von der Mutter stammen. Die neueste Zusammenstellung der in der Literatur veröffentlichten Familien- und Mutter-Kind-Untersuchungen stammt von *Wellisch*.

*Schrifttum.*

*Bernstein:* Ergebnisse einer biostatischen zusammenfassenden Betrachtung über die erblichen Blutstrukturen des Menschen. Klin. Wschr. **1924**, 1495. — *Crome:* Über Blutgruppenfragen Mutter M, Kind N. Dtsch. Z. gerichtl. Med. **24**, 167. — *Dungern, v.* u. *Hirzfeld:* Über Vererbung gruppenspezifischer Strukturen des Blutes. Z. Immunforschg. **6**, 284 (1910). — *Decastello* u. *Sturli:* Über die Isoagglutinine im Serum gesunder und kranker Menschen. Münch. med. Wschr. **1902**, 1090. — *Friedenreich* u. *Zacho:* Die Differentialdiagnose zwischen den Untergruppen A₁ und A₂. Z. Rassenphysiol. **4**, 164. — *Friedenreich:* ein erblicher defekter N-Rezeptor, der wahrscheinlich eine bisher unbekannte Blutgruppeneigenschaft innerhalb des MN-Systems darstellt. Dtsch. Z. gerichtl. Med. **25**, 350. — *Fischer:* Beitrag zur Gültigkeit der Bernsteinschen Blutgruppenerbformel. Z. Rassenphysiol. **2**, 153. — *Hirzsfeld:* Die Frage der Blutgruppenvererbung. Klin. Wschr. **1931**, 1910. — *Landsteiner:* Über Agglutinationserscheinungen normalen menschlichen Blutes. Wien klin. Wschr. **14**, 1132 (1901). — *Landsteiner* und *Levine:* On the cold agglutinins in human serums J. of Immun. **12**, 441 (1926). — *Lattes:* Praktische Erfahrungen über Blutgruppenbestimmung in Flecken. Dtsch. Z. gerichtl. Med. **9**, 402. — *Lenz:* Über kombinantes Verhalten alleler Gene. Erbarzt **1938**, 7, 83. — *Moureau:* Etude héréditaire des groups sanguins A₁ et A₂. Ann. Méd. lég. usw. **17**, 875. — *Pietrusky:* Über die praktische Brauchbarkeit der Blutfaktoren M und N für den Vaterschaftsausschluß, zugleich ein Beitrag zum Nachweis des defekten N-Rezeptors (N₂). Münch. Med. Wschr. **1936**, 1123. — *Pietrusky:* Über eingeengte Seren und über andere Untersuchungsmethoden zum Nachweis des schwachen N-Rezeptors (N₂) im Blute. Dtsch. Z. gerichtl. Med. **28**, 468. — *Ponsold:* Der Nachweis von Agglutininen schwächster Wirksamkeit. Dtsch. Z. gerichtl. Med. **24**, 60. — *Ponsold:* Ein Mikroabsorptionsverfahren zum Nachweis der Blutuntergruppen A₁ und A₂. Dtsch. Z. gerichtl. Med. **28**, 248. — Runderlaß des RuPrMdJ. und RJM. vom 26. 5. 1937 IV B 12296/37/4396 und IV b 4042. RMBliV. 887. — *Schiff* und *Adelsberger:* Über blutgruppenspezifische Antikörper und Antigene. Z. Immun.forschg. **40**, 335 (1924). — *Schiff:* Die Technik der Blutgruppenuntersuchung. Berlin: 1932. — *Schiff:* Über den serologischen Nachweis der Blutgruppeneigenschaft O. Klin. Wschr. **1927**, 303. — *Schiff:* Die Blutgruppen und ihre Anwendungsgebiete. Berlin 1933. — *Schiff:* Über Blutgruppenuntersuchungen an Müttern und Kindern, insbesondere Neugeborenen. Klin. Wschr. **1928**, 1317. — *Steffan:* Handb. der Blutgruppenkunde. München 1932. — *Therkelsen:* Typenbestimmung bei gerichtsmedizinischer Fleckenuntersuchung. Z. Rassenphysiol. **8**, 98 und **9**, 1. — *Thomsen, Friedenreich* und *Worsaae:* Die wahrscheinliche Existenz eines neuen mit den drei bekannten Blutgruppengenen (O, A, B) allelomorphen, A' benannten Gens mit den daraus folgenden zwei neuen Blutgruppen: A' und A'B. Klin. Wschr. **1930**, 67. — *Wellisch:* Das vorhandene Untersuchungsmaterial im M-N-System. 4. Mitteilung. Z. Rassenphysiol. **10**, 65. — *Wiener:* Heredity of the agglutinogens M and N of Landsteiner and Levine IV Additional theoretico-statistical considerations. Human. Biol. **7**, 222. **Mayser.**

**Blutnachweis** siehe *Forensische Blutuntersuchung.*

## Blutschande.

Das Wort Inzest (= Blutschande) wird von incestare abgeleitet; es bedeutet beflecken oder verunreinigen. *Rohleder* hat den Inzest erklärt als „die Kindererzeugung bzw. Begattung in allzu naher Blutsverwandtschaft in gesetzlich verbotenem Sinne", während er die Inzucht als die Kindererzeugung oder Begattung in gesetzlich erlaubtem Sinne bezeichnet. Die Reichskriminalstatistik von 1910—1928 ergab beim Inzest ein allmähliches Absinken im Krieg, ein deutliches Ansteigen von 1919—1925 und dann wieder ein allmähliches Absinken. Als besonders auffällig hat der Verfasser früher den Anstieg bis 1925 mit der Zahl 1010 gegenüber 541 aus dem Jahre 1913 bezeichnet. Das Nachlassen während des Krieges konnte er zwanglos durch die Abwesenheit vieler Männer erklären. Wenn auch von 1925 an bis 1928 ein Absinken bemerkt wurde, so waren die Ziffern nach früher vom Verfasser veröffentlichten Feststellungen noch wesentlich höher als vor dem Kriege und während desselben. Diese Tatsache konnte nach einer Mitteilung des Bochumer Polizeipräsidenten auf die beschränkten Wohnungen, in denen Personen männlichen und weiblichen Geschlechts in einem Raume hausen mußten, und auf die Arbeitslosigkeit zurückgeführt werden. Die Arbeitslosigkeit sprach nach den Bochumer Erfahrungen insofern mit, als gegenüber den wirtschaftlich besseren Zeiten ein häufigerer gemeinsamer Aufenthalt in den Wohnungen vorkam. Eine gute Übersicht über die Verbreitung des Inzestes erhielt der Verfasser durch eigene angestellte Erhebungen. Sie ergaben, daß unter 9762 Fürsorgezöglingen der Provinz Westfalen der Grund der Überweisung in 167 Fällen (und zwar bei 45 Knaben und 122 Mädchen) ein von den Eltern oder Stiefeltern an ihnen oder von ihren Geschwistern oder von ihnen selbst begangenes blutschänderisches Delikt war. Hinsichtlich des *Geschlechts* und *Alters* zur Zeit der Tat ergab die Reichskriminalstatistik aus den Jahren 1916, 1917 und 1928, daß der Kulminationspunkt bei den Männern in das 40.—50. Lebensjahr, bei den Frauen in das 18.—21. Lebensjahr fiel. Der Anstieg der Beteiligungsziffer der Männer beginnt mit dem 25. bis 30. Lebensjahr, wenngleich in diesem Zeitabschnitt die Zahl der weiblichen Täter noch überwiegt. Vom 30.—40. Lebensjahr an beginnt ein deutliches Überwiegen der männlichen Inzestverbrecher. Der Grund für das Prädilektionsalter von 40—50 Jahren ist offenbar darin zu erblicken, daß die Männer in diesem Alter schon geschlechtsreife Töchter haben, und daß die eigenen Frauen entweder ihnen nach Einsetzen des Klimakteriums, nachdem sie schon zum Teil verblüht sind, weniger begehrlich erscheinen oder wegen Erkrankung am Geschlechtsverkehr verhindert sind. Das Prädilektionsalter der Frauen zwischen 18 und 21 Jahren erklärt sich daraus, daß das weibliche Geschlecht in diesem Lebensabschnitt den Mann besonders anzieht, und die Widerstandskraft gegenüber antikriminellen Hemmungen in diesen Jahren gering ist. Dabei ist natürlich zu beachten, daß Verwandte und Verschwägerte absteigender Linie, an denen bekanntlich sehr häufig Inzest verübt wird, straflos bleiben. Hinsichtlich des *Prädilektionsalters der Täter* errechnete *Viernstein* und *v. Hentig* bei 24 beobachteten männlichen Tätern ein Durchschnittsalter von 47,9 Jahren, während der Verfasser an Hand der Reichskriminalstatistik aus den Jahren 1913 und 1914 den Kulminationspunkt bei den Männern in die Zeit vom 40.—50., bei den Frauen in die Zeit vom 18.—25. Lebensjahr verlegte. Das Durchschnittsalter der von dem Verfasser im Jahre 1925 untersuchten 30 männlichen Täter betrug 45½ Jahre. Das Alter zur Zeit der Tat bei den im Jahre 1931 untersuchten 19 männlichen Tätern betrug

| | | |
|---|---|---|
| 31—40 Jahre in | 2 | Fällen |
| 41—50  „ | „ 8 | „ |
| 51—60  „ | „ 7 | „ |
| 61—70  „ | „ 2 | „ . |

Hinsichtlich der *Verteilung* der Täter auf die von ihnen ausgeübten Berufe ist zu sagen, daß die Beteilung der in der Industrie, im Bergbau und im Bauwesen Beschäftigten nach den Ergebnissen der Reichskriminalstatistik aus den Jahren 1916 und 1917 gegenüber den anderen Berufen am größten ist. Ähnliche Verhältnisse konnten in der 1925 veröffentlichten Arbeit des Verfassers über den Inzest festgestellt werden. Dieser Arbeit lagen die Ergebnisse der Reichskriminalstatistik der Jahre 1913 bis 1914 zugrunde. Unter den im Jahre 1931 untersuchten Tätern überwogen deutlich die im Bergbau Beschäftigten. Aus der Reichskriminalstatistik geht des weiteren hervor, daß eine sehr beträchtlich hohe Beteiligungsziffer auf die wirtschaftlich Unselbständigen (Gehilfen, Arbeiter und Tagelöhner) entfällt. Unter den Blutschändern stellte der Verfasser Schwachsinnige, Psychopathen, Minderwertige, sexuelle Neurastheniker, Alkoholintolerante, Kopfverletzte und solche mit Hirntraumen und depravierte Trinker mit sekundärer Demenz fest. Es wurde auch noch eine Familie untersucht, bei der drei Täter als angeboren schwachsinnig und einer als unterbegabt zu bezeichnen war. Erhebliche Belastung durch Trunksucht, Geisteskrankheiten, durch nervöse und psychische Störungen oder Kriminalität der Eltern oder Voreltern wurden festgestellt. Eine einschlägige Belastung durch Blutschande konnte nicht nachgewiesen werden. Hinsichtlich der *Körperbau- und Charaktertypen* fand der Verfasser bei seinen 1931 untersuchten Tätern

36,83 % Pykniker,
52,60 % Athleten,
5,26 % athl.-leptosome Mischformen,
5,26 % athl.-pyknischen Habitus.

Beim Charaktertyp konnten ebenso wie von *Viernstein* vorwiegend nicht reine, sondern Mischtypen festgestellt werden. Von besonderem Interesse sind die *Motive* der Blutschänder. Wegen der Wechselwirkung zwischen Anlage und Umwelt und des Zusammentreffens verschiedenartiger äußerer Anlässe ist eine schematische Einteilung der Beweggründe bei der Blutschande besonders schwierig. Meistens ist neben der eigentlichen Ursache noch ein Anlaß vorhanden, der aus den Umweltverhältnissen herkommt. Durchweg mußte man den Sexualtrieb im Sinne der Ursache als entscheidend bezeichnen. Unter den in den Anlagen vorhandenen Eigenschaften finden sich angeborener Schwachsinn, Psychopathie und sexuelle Neurasthenie. Als erworbene Eigenschaften treten der Alkoholismus und die Intoleranz gegenüber dem Alkohol infolge von Hirntraumen hervor. Unter den die Tat auslösenden Ursachen spielten eine besondere Rolle die Wohnungsverhältnisse, eheliche Zerwürfnisse, die durch mehrwöchigen Krankenhausaufenthalt oder eine Erholungskur oder durch andere Gründe bedingte Abwesenheit der oft frigiden Frau, das Entgegenkommen seitens der Töchter und besonders günstige Gelegenheiten.

Gegenüber dem Einwand *Schwabs*, daß in den Arbeiten von *Stelzner*, *v. Hentig-Viernstein* und dem *Verfasser* die sexuelle Veranlagung der Inzestbeteiligten eine zu geringe Berücksichtigung fände, ist zu bemerken, daß die Übersteigerung des Geschlechtstriebes als Ursache des Inzestes eine Binsenwahrheit ist. Denn ohne eine solche Triebsteigerung kommt doch eine derartige „Fehlleitung des Geschlechtstriebes" im Sinne *Schwabs* nicht vor. Im übrigen ist über die sexuelle Veranlagung der Inzestbeteiligten wohl nie ein naturgetreues Bild zu erlangen, da man lediglich auf die Angaben der Beteiligten angewiesen ist und diese in der Regel ihre sexuelle Seele nicht bloßlegen.

Angesichts der Tatsache, daß sich kürzlich drei Fälle fanden, in denen in der Aszendenz Blutschande vorkam, was sehr selten ist, erscheint dagegen *Schwabs* Anregung zu einer Untersuchung der im inzestuösen Verkehr gezeugten Kinder sehr bemerkenswert. Für die Bekämpfung des Inzestes ist von allergrößter Bedeutung seine strafrechtliche Behandlung. Nach dieser Richtung hin hat *Rosenfeld* wichtige kriminalpsychologische Gesichtspunkte herausgestellt, auf die in diesem Zusammenhang nur verwiesen werden kann.

Der Verfasser selbst hat auf Grund seines Materials und der Ergebnisse seiner Arbeiten es aus rassehygienischen und eugenischen Gesichtspunkten als zweckmäßig bezeichnet, daß eine Strafandrohung ernster Natur, wie sie im § 173 RStGB. ausgesprochen ist, gegen die Blutschande aufgerichtet wurde. Die nicht zu leugnenden Lücken und Mängel des § 173 würden am besten durch eine Vermehrung und Abänderung der Tatbestände zu beseitigen sein. In erster Linie wurde dabei gedacht an eine, auch von anderer Seite schon früher geforderte Bestrafung unzüchtiger Handlungen zwischen Blutsverwandten. Zu bestrafen wäre jede Ausnutzung der Überlegenheit, der elterlichen Autorität, jeder Mißbrauch des Respekts- und Pietätsverhältnisses, die Ausbeutung der Unerfahrenheit, der jugendlichen Schwäche und Verführbarkeit, wenn dadurch Minderjährige, Nicht-Vollsinnige oder wirtschaftlich Abhängige zur Blutschande oder anderen inzestuösen Unzuchtsakten (außer Coitus) gebracht werden. Weiterhin müßte die nicht berechtigte Einbeziehung der Verschwägerten auf- und absteigender Linie in die Strafbarkeit weggelassen, auch müßte die unbedingte Straffreiheit der Jugendlichen, d. h. der zur Zeit der Tat noch nicht 18 Jahre alten, durchgeführt werden.

Der nachstehende Fall schildert in trauriger Naturalistik die Verkommenheit eines Vaters, der gegenüber seiner Tochter keinerlei Inzestschranken kannte und lediglich das Ziel verfolgte, seinen Geschlechtstrieb in hemmungsloser Grausamkeit zu befriedigen: L., geboren am 15. 2. 1890. Er hat zum erstenmal mit seiner Tochter, als diese erst 12 Jahre alt war, geschlechtlich verkehrt. Das wiederholte sich dann alle paar Wochen, wenn die Mutter außerhalb des Gehöftes war. Anfangs verdeckte er seiner Tochter das Gesicht und erklärte ihr hinterher, daß er ihren Geschlechtsteil untersucht habe. Bei jeder Gelegenheit mißbrauchte er das Mädchen geschlechtlich, trotz der wiederholten Bitten, doch von dem Vorhaben abzulassen. Nach ihrer Schulentlassung nahm die Tochter Stellung an. Die Urlaubstage des Mädchens benutzte der L. zur Befriedigung seines Geschlechtstriebes. Als das Mädchen ihn an die Mutter verwies, bedrohte er es mit dem Tode, wenn es sich weigere oder jemanden von dem gegenseitigen Verhältnis erzähle. Gelegentlich einer Auseinandersetzung mit dem Mädchen goß L. ihm einen Eimer Wasser über den Körper, stülpte ihm den Eimer über den Kopf, verprügelte das Mädchen mit dem Ochsenziemer und gebrauchte es dann geschlechtlich. Auf ihrer zweiten Stelle erhielt das Mädchen freie Tage, die sie nach Weisung ihres Vaters zu Hause verbringen mußte. Auf halbem Wege kam ihr der Vater entgegen und vollzog mit ihr den Geschlechtsakt, noch bevor sie die elterliche Wohnung betrat. In der Folgezeit mußte das Mädchen seinem Vater noch einige Male in der Woche den Geschlechtsverkehr ermöglichen, stets aber unter Drohung mit gegenwärtiger Gefahr für Leib und Leben. Nach Verlauf eines halben Jahres gab das Mädchen seine Stellung auf, da die Mutter ihrer Niederkunft entgegensah. In dieser Zeit vollzog der Vater mit seiner Tochter täglich den Beischlaf: auf dem Klosett, auf der Tenne, indem er es auf eine schräggestellte Leiter legte, usf. Als sich das Mädchen dann energisch weitere Belästigungen verbat, schleppte es der Vater in die Scheune und warf es auf eine Waschmaschine. Dann legte er dem jammernden Mädchen Ketten um die gespreizten Beine und befestigte diese an den Tragstützen der Scheune. Die Hände seiner Tochter band er mit dünneren Ketten über ihren Kopf zusammen und befriedigte sich mit tierischer Wollust an seiner wehrlosen Tochter. Als das Mädchen wegen Schwangerschaftsbeschwerden einen Arzt kommen ließ, offenbarte es sich der Mutter. Diese verständigte sofort die Gendarmerie. Der Vater wurde in dem Augenblick verhaftet, als er mit seiner Tochter auf dem kalten Boden des Schlafzimmers den Geschlechtsakt vollzog.

*Schrifttum.*

*Rosenfeld:* Grundsätzliches zur Bestrafung des Inzestes. Mschr. Kriminalpsychol., 1. Beiheft. — *Schwab:* Zur Biologie des Inzestes. Mschr. Kriminalbiol. u. Strafrechtsreform, **29**, Heft 6, 257—276 (1938). — *Többen:* Blutschande, in Handwörterbuch für Kriminologie. 189—195. Berlin und Leipzig 1933. — *Többen:* Über den Inzest. Wien und Leipzig 1925. — *Viernstein, Th.* und *H. v. Hentig:* Untersuchungen über den Inzest. Heidelberg 1925. **Többen.**

**Blutsenkung** siehe *Leichenerscheinungen.*

**Blutspritzer** siehe *Forensische Blutuntersuchung.*

**Blutunterlaufungen** siehe *Verletzungen durch stumpfe Gewalt.*

**Boletus Satanas** siehe *Pilzvergiftungen.*

**Bolustod** siehe *Tod und Gesundheitsbeschädigung durch gewaltsame Erstickung.*

**Bolzenschußapparate** siehe *Schußwaffen und Munition.*

**Borax** siehe *Borsäure.*

**Bordelaiser Brühe** siehe *Schädlingsbekämpfungsmittel.*

**Bordolapaste** siehe *Schädlingsbekämpfungsmittel.*

**Borsäure.**

Die Borsäure, $B(OH)_3$, bildet glänzende, sich fettig anfühlende Krystalle, die in drei Teilen kochendem und in 25 Teilen kaltem Wasser sowie in Alkohol löslich sind. Sie ist eine sehr schwache Säure, die auf das Gewebe, mit dem sie in Berührung kommt, kaum noch ätzend einwirkt. Sie kann daher selbst an Wundflächen als Streupulver, ja sogar an empfindliche Schleimhäute (Magen, Blase) zu Spülungen in 1—3%iger Lösung herangebracht werden. Trotzdem darf sie nicht als ungiftig bezeichnet werden. In Gaben von 1 g an vermag sie vielmehr nach der Resorption den Organismus zu schädigen, indem sie als *akute Vergiftung* krankhafte Veränderungen an der Haut (Erytheme, Urticaria, Purpura, Dermatitis), Übelkeit, Erbrechen, Durchfälle und Reizungserscheinungen von seiten der Nieren (Albuminurie, Cylindrurie, Hämaturie) hervorruft. Auch cerebrale Symptome, wie Unruhe, Delirien, Somnolenz, wurden beobachtet. Bei länger dauernder Zufuhr von Borsäure in Mengen von etwa 0,3 g an pro Tag, wie sie z. B. mit dem regelmäßigen Genuß von Lebensmitteln (Fleisch, Wurst, Fisch, Milch, Butter, Eier, Wein) gegeben ist, die zur Konservierung mit Borsäure oder Borax (s. unten) über die zulässige Höchstgrenze hinaus versetzt wurden, kann es alsbald zu *chronischer Vergiftung* unter dyspeptischen Erscheinungen und beträchtlichem Gewichtsverluste kommen (*Rost*). Als tödliche Dosis haben für Kinder 8 g, für Erwachsene 15 g zu gelten (*F. Reuter*).

Bei der *Leichenöffnung* sind, falls das Gift per os aufgenommen wurde, akute Entzündungserscheinungen im Magen-Darmkanal (manchmal sogar mit Geschwürsbildung) sowie degenerative Veränderungen der Leber und der Nieren beobachtet worden. Der genannte Befund im Verdauungsschlauch fehlte

natürlich, wenn das Gift von der Haut oder von einer anderen Schleimhaut als vom Magen her resorbiert wurde. Dafür konnte er dann fallweise am Orte der Giftapplikation erhoben werden.

Bei der Vergiftung mit Borsäure haben wir es meistens mit solchen ökonomischer (Trinken von Borsäurelösungen durch Kinder [*McNelly* und *Rust*]) oder medizinaler Natur (z. B. Infusion einer 2-bis 4%igen Borsäurelösung an Stelle von Kochsalz [*F. Reuter*]; auch bei Borsäurespülungen, z. B. der Blase, haben sich infolge Übertrittes des Giftes in die Blutbahn tödliche Intoxikationen ereignet [*Ponsold*]) zu tun. Ferner ist die Verwendung des Mittels als Abortivum zu erwähnen.

*Borax*, $Na_2B_4O_7 + 10\ H_2O$, der in Lösung schwach alkalisch reagiert, besitzt eine etwas stärkere lokale Reizwirkung als die freie Säure, im übrigen deckt er sich aber in seinem Einfluß auf den menschlichen Körper ganz mit dem der Borsäure. Als toxische Dosis werden Mengen von 2—6 g bezeichnet (*Lewin*).

*Schrifttum.*

*Lewin:* Gifte und Vergiftungen. Berlin 1929. — *McNelly* u. *Rust:* Zit. nach *Starkenstein-Rost-Pohl.* — *Meyer-Gottlieb:* Exper. Pharmakologie. 3. Aufl. Berlin u. Wien 1914. — *Ponsold:* Tödliche Borsäurevergiftung infolge Durchstoßung der Harnröhre bei Blasenspiegelungsversuch. Dtsch. Z. gerichtl. Med. **33** (1940) (im Erscheinen). — *Reuter, F.:* Methoden der forensischen Beurteilung von Vergiftungen. In: *Abderhaldens* Handb. der biologischen Arbeitsmethoden. **IV**, 12/1. Berlin u. Wien 1938. — *Rost:* Über die Wirkungen der Borsäure und des Borax auf den tierischen und menschlichen Körper mit besonderer Berücksichtigung ihrer Verwendung zum Konservieren von Nahrungsmitteln. Arb. Reichsgesdh.amt **19**, 1 (1902). — *Starkenstein-Rost-Pohl:* Toxikologie. Berlin und Wien 1929. **v. Neureiter.**

**Botulismus** siehe *Bakteriologische Untersuchungen in der gerichtlichen Medizin*; *Nahrungsmittelvergiftung.*

**Brandstiftung.** (Vgl. auch Art.: Brandursache; Brandursachenermittlung; Selbstzündung.)

A. *Zündungsarten und Zündmittel.* Bei der Inbrandsetzung leicht entzündlicher Stoffe (Heu, Stroh, Holz, Holzwolle, Papier, Lumpen usw.) kommen *Zündhölzer, Feuerzeuge, Kerzen,* auch *besondere Zündvorrichtungen* in Frage. Schwer entzündliche Körper machen eine *Präparation des Zündortes* mit leicht entzündlichen Stoffen, brennbaren Flüssigkeiten wie Petroleum, Benzin, Benzol, Spiritus (u. U. auch spiritushaltige Arzneimittel für Mensch und Tier), Terpentin, Terpentinersatz, aber auch mit Wachs, höher siedenden Ölen, Schwarzpulver, Chemikalien notwendig. Die erste Zündung kann entweder unmittelbar am Zündort durch direkte oder durch Zeitzündung erfolgen oder aber sie vollzieht sich aus einer gewissen Entfernung (Fernzündung), z. B. durch Einwerfen eines Zünders (brennendes oder noch glimmendes Streichholz, glimmender Zigarettenrest), durch Zünd- oder Brandleitungen (Zündschnüre verschiedenster Art u. a. Schwefelfäden, salpetergetränkte Fäden oder Papierstreifen, aber auch einfache und petroleumgetränkte Stroh- oder Bindeseile, Heu-, Stroh-, Späne- und Papierbahnen). Häufiger, als gemeinhin angenommen wird, werden natürliche Brandentstehungsmöglichkeiten, Fahrlässigkeiten oder technische Mängel, aus denen sich ein Schadenfeuer ohne menschliches Zutun entwickeln kann, als Zündursachen bei Brandstiftungen vorgetäuscht. Der Täter benutzt in diesem Sinne z. B. Feuerstätten, Heizungs-, Rauchabzugsrohre, Beleuchtungskörper, elektrische Geräte, Ascheablagerungsplätze und schafft oder unterhält an diesen Mängel; auch wird versucht, die Entstehung eines Zündortes durch Hinwerfen, Umstoßen von Petroleumlampen, Spirituskochern u. dgl. zu motivieren. Durch entsprechend bis ins kleinste gehende Untersuchungen aller Entzündungsbedingungen und Tatortspuren sind solche Brandstiftungen ohne weiteres aufzuklären. Ein am Zündort bzw. in dessen Umgebung aufgefundenes *Streichholz* (evtl. mit Schachtel) oder ein *Streichholzrest* ist auf Zündholzart, Holzart, Faserstruktur und Spaltrichtung, Holz- und künstliche Farbe, Imprägnierung (Paraffin), Längen- und Querschnittmaße, auf die Art, Lage und Ausprägung der von der Herstellung verbliebenen Kneifspur im Holz, u. U. auch auf Masse, Farbe und chem. Zusammensetzung der Zündkuppe, auf die Handelsmarke und die Art der Verpackung zu untersuchen. Bei der Beurteilung bedenke man jedoch, daß Zündhölzer Massenfabrikate sind!

Die spektrographische Untersuchung des Goldmundstückes eines aufgefundenen *Zigarettenrestes* kann u. U. Aufschlüsse über Zigarettensorte geben. Man führe gegebenenfalls aber vor allem vergleichende Papier- und Tabakuntersuchungen (Schnittbreite, Struktur, Stopfungsart) durch (s. d. Art.: Papier; Tabak). *Zeitzünder* sind Zündvorrichtungen oft einfachster Art, die erst nach Ablauf einer gewissen, annähernd zu berechnenden Zeitspanne den präparierten oder nicht präparierten Brand am Zündort in Gang bringen. Auch durch Fernzündung kann die Einleitung einer Zeitzündung bewirkt werden. Zweck des Zeitzünders: Zeitgewinnung, um Alibi zu sichern; Verzögerung des Brandausbruches, um gefahrlos das Brandobjekt wieder verlassen zu können. Auf die erheblichen Gefahren wird verwiesen, die das unmittelbare Inbrandsetzen eines z. B. mit Benzin präparierten Zündortes für den Brandstifter in sich birgt. Als Zeitzünder finden *Kerzen* jeder Größe, Art und Zusammensetzung, auch Kerzenstümpfe und sog. Dauerbrenner sehr verbreitete Verwendung (Paraffin, Stearin, Wachs, Talg und ähnliche Stoffe). Die Kerze soll nach dem Niederbrennen das sie umgebende leicht entzündliche Material (Heu, Stroh, Holzwolle, flüssige Brandmittel) unmittelbar entzünden, oder es wird bezweckt, daß die Kerzenflamme überhängendes Stroh, Heu u. dgl., aber auch infolge kontinuierlicher und lokalisierter Hitzestrahlung etwa den Boden eines Schrankes von unten her in Brand setzt. Um das Umfallen zu verhindern, werden Kerzen mit Nägeln auf Brettern befestigt, man benutzte Blechuntersetzer oder steckte die Kerze in einen Flaschenhals, beließ sie auch im Leuchter. Zur Erhöhung der Standfestigkeit wird der Kerzenfuß mit petroleumgetränkten Lappen umwickelt oder aber die Kerze in ein Strohbüschel eingesteckt. Unter den Kerzenzeitzündern sind diejenigen, die einen Waagebalken oder eine Waagschale benutzen, nicht selten beobachtet worden. Sie bewirken die Zündung des oberhalb befindlichen Brennstoffes dadurch, daß infolge des Gewichtsverlustes beim Abbrennen die Kerze gegen den Brennstoff bewegt wird. Die Kerzenflamme kann auch — mittels Zündschnur weitergeleitet — einen präparierten Zündort auslösen; auch kommt es vor, daß durch zwei und mehr hintereinander geschaltete Kerzen (durch Wachsschnüre miteinander verbunden) eine mehrfache Verlängerung der Zeitzündungsdauer erreicht wurde. Kerzen, an verschiedenen Orten des Brandobjektes aufgestellt, weisen auf mehrere Zündorte hin. Kerzenzeitzünder werden möglichst vollständig gegen Sicht verdeckt errichtet. Große Variationsbreite für die Errichtung von Kerzenzeitzündungen beachten! Bedingte Rückschlüsse auf die Dauer der Zeitzündung sind durch Brandversuche mit Vergleichungskerzen (aus Haushalt des Brandbetroffenen oder mit ortsüblichen Gebrauchskerzen) möglich. Die Versuchsprotokolle haben sich auf Angaben bezgl. Länge, Durchmesser und Gewicht, Brenndauer pro Minute, verbrannte Länge der Kerze in Millimeter je Stunde und auf das ver-

brannte Gewicht in Gramm pro 1 Stunde zu erstrecken. Es sind auch *chemische Zeitzünder* bekannt, bei denen geeignete chemische Stoffe miteinander in Reaktion treten, oder die durch Wasser, Luftfeuchtigkeit und Wärme ausgelöst werden. Es wird nur auf die selbstentzündliche Phosphorschwefelkohlenstofflösung, auf das mit Feuchtigkeit reagierende Phosphorcalcium, auf die Kombination Kaliumchlorat, Zucker und konz. Schwefelsäure verwiesen. Je nach dem Konzentrationsgrad einer Phosphorschwefelkohlenstofflösung gewährleistet das System eine Zeitzündung längerer oder kürzerer Dauer.

Voraussetzung: Sachkenntnis und die Möglichkeit für den Täter, sich brandgefährliche Chemikalien zu beschaffen. Selbst die beim Ablöschen von Branntkalk freiwerdende Hitze ist bereits im Sinne einer chemischen Zündung auf Dauer ausgenutzt worden. Der Durchschnittsbrandstifter benutzt die alltäglichen Brenn- und Zündstoffe. Ist der Brandstifter technisch, handwerklich vorgebildet oder hat er sonst spezielle Erfahrungen auf diesem Gebiete erworben, so benutzt er gelegentlich auch *Brandstiftungsapparaturen* als Zeit- und Fernzünder (Höllenmaschinen). Bei den Uhrwerkszeitzündern wurden Weckeruhren oder Uhren mit Gewichtsaufzug (Schwarzwälder-Uhren) verwendet. Der Glockenhammer eines Weckers reibt nach Ablauf der bestimmten Zeit z. B. einen Zündholzkopf an der Reibfläche der Streichholzschachtel, er zerbricht ein mit Zündstoff gefülltes dünnes Glasrohr, bringt ein solches zum Umstürzen oder stellt eine gefahrbringende Leitungsverbindung bei seiner Betätigung her. Das Aufzugsgewicht einer Schwarzwälderuhr kann entsprechende Zündungsauslösungen veranlassen. Die Uhrwerke werden auf bestimmte Zündzeiten ein- und dann am Zündort abgestellt. Auch mit Hilfe künstlich geschaffener elektrischer Leitungen werden technische Zündvorrichtungen hergestellt, die je nach der Findigkeit des Täters und der Sorgfalt bei der Durchführung der Anlage unbemerkt angebracht werden können und den Brand einleiten. In einem Falle beispielsweise war durch einen elektrischen Zigarrenanzünder aus einem Kraftwagen der Brand eingeleitet worden.

B. *Zündmittelnachweis an der Brandstelle.* Suchen und Auffinden des Zündortes setzt voraus, daß speziell geschulte Chemiker den Tatort unmittelbar nach dem Geschehen durchprüfen. Der Tatort muß bis zum Eintreffen des Sachverständigen unverändert und bewacht bleiben. In der Regel gelingt es, am aufgefundenen Zündort oder in dessen näherer Umgebung noch Reste gebrauchter Zündmittel oder der Zündvorrichtungen zu erweisen.

Die Untersuchung des Zündortes hat mit größter Umsicht und Sorgfalt zu geschehen; denn feste und flüssige Brandmittel brauchen nicht immer restlos zu verbrennen. Auch Zeitzündungsanlagen werden durch den Brandprozeß meist nur unvollkommen zerstört, so daß vielfach deren Reste unterhalb des Brandschuttes auffindbar und zu sichern sind.

a) Gemäß physikalisch-chemischen Gesetzmäßigkeiten bleiben am Zündort, vor allem in dessen Unterlage, Anteile möglichenfalls zur Zündung oder Feuerüberleitung gebrauchter *flüssiger Brennmittel* erhalten, sind noch chemisch erfaßbar und zu identifizieren. Die Fahndung hat sich nicht nur auf das Vorhandensein von Resten gegen ihren Urzustand unveränderter Flüssigkeiten, sondern auch auf die Erfassung der z. T. schwerflüchtigen Rückstände, die Zersetzungs- und Umsetzungsprodukte brennbarer Flüssigkeiten und Zündstoffe zu erstrecken. Bei der Brandlegung ausgegossene Flüssigkeiten fließen, sickern und tropfen ab. Auf diesem Wege können entsprechende Anteile von Ritzen, Öff-

nungen, der Dielung, dem gewachsenen Bansen-
boden usw. aufgenommen werden, wo sie auch nach
Ablauf des Brandprozesses je nach Struktur und
Eigenschaften noch nachweisbar sind. Da die
Flüssigkeiten in ihrem Lauf auch abgelenkt oder
nach einer tiefer liegenden Stelle abgelaufen sein
können, sind die Reste mitunter auch an abseits des
Zündorts liegenden Bodenstellen zu suchen.

Nicht zu geringe Mengen von Benzol, Benzin,
Petroleum, Terpentinöl, Maschinenöl können an Ort
und Stelle bereits durch die Geruchsprüfung und
durch das Auflösungsvermögen für Rhodokritfarb-
stoff-Pulver (Hersteller I. G. Farbenindustrie A.-G.
Höchst a. M.) erkannt werden. Auf das Lösungsvermögen des Spiritus für Polituren und des Terpen-
tins für Lackfarben wird verwiesen. Beim Abbrennen von Flüssigkeiten auf Dielen folgt das
Feuer dem oft bizarr wellenförmig auslaufenden
Brennstoff (Oberflächen-, aber auch Tiefenbrand-
wirkung) selbst in entlegene und geschützt liegende
Bereiche.

Prüfung der Dielenritzen, der Dielenfüllung und
des Mauerwerks auf Brandmittelrückstände. Werden
Brennstoffbehälter oder Reste solcher (Kannen,
Kanister, Farbbüchsen, Lampenreste, Scherben) in
der Nähe oder am Zündort freigelegt, so sind diese
auf Inhaltsrest, vor allem aber hinsichtlich der Herkunft zu überprüfen; man denke daran, daß Be-
hältnisse, Scherben, Flüssigkeitsreste — so verdächtig ein Befund zunächst auch erscheinen mag —
u. U. auf eine harmlose Art an ihren Fundplatz gelangt sein konnten. Man erwäge auch, ob entsprechende Spuren erst nach dem Brande zur Irreführung oder auch aus Böswilligkeit hervorgerufen
wurden. Ergab sich für aufgefundene Flüssigkeits-
oder Zündstoffreste keine natürliche Quelle, so sei
man bei begründetem Tatverdacht bestrebt, Vergleichungsproben aus der Wirtschaft, dem Betrieb
oder dem Haushalt des Betroffenen herbeizuziehen.
Ist ein Verdächtigter noch nicht ermittelt, so sind
handelsübliche Proben aus den Geschäften der Umgebung sicherzustellen. Verwender oder Käufer ähnlicher Flüssigkeiten können Anhaltspunkte für
Täterschaft geben. Aber auch hier wieder bedenken,
daß Petroleum, Spiritus, Kerzen usw. handelsübliche Massenfabrikate sind. Unter Berücksichtigung der oft leichten Flüchtigkeit entsprechender
Flüssigkeitsreste sind die Materialproben vom Zündort sachgemäß in luftdicht schließenden Gefäßen
zwecks näherer chemischer Untersuchung im Laboratorium zu asservieren. Rückschlüsse aus Wand-
verrußungen an der Brandstelle auf die Art gebrauchter, unter Rußbildung abbrennender Flüssigkeiten (Petroleum, Benzin, Benzol, Teerprodukte
usw.) sind — wenn überhaupt — nur unter weitgehender Berücksichtigung natürlicher Rußquellen
zulässig. Wenngleich Rußungen auf die Verbrennung
flüssiger Brennstoffe hinweisen können, so hat deren
Beurteilung und Auswertung immer mit größter
Vorsicht zu geschehen. Eine Rußspur allein besitzt
keinerlei Beweiskraft. Da die Struktur des Rußes
nicht allein von der verbrennenden Substanz, sondern wesentlich von oft unkontrollierbaren physikalischen und chemischen Bedingungen abhängt,
unter denen sich die Verbrennung vollzog, können
Gesetzmäßigkeiten als Beurteilungsgrundlage nicht
konstatiert werden.

b) Gefärbte wie farblose Schlacken und Aschen
sowie Reguli vom Zündort, aus dessen näherer wie
weiterer Umgebung sind zur chemischen Untersuchung zu sichern. Das gleiche gilt für gefärbte
Beläge und Maueranflüge. Bräunlichgelbe und kana-
riengelbe und schneeweiße Anflüge können von Phosphor, Schwefelphosphor herrühren. Grünverfärbung
von Mörtel und Wandbelag ist auf $Fe_2S_3$-Bildung

zurückzuführen. Schlacken und Aschenrückstände
warziger Oberfläche können Rückstände von Brand-
und Feuerwerkssätzen sein. Für die Beurteilung ist
das Ergebnis chemischer und spektrographischer
Analysen maßgeblich. Rückstände vorbezeichneter
Art bedürfen sehr vorsichtiger Auswertung. Brand-
schlacken (Silikat-Schmelzen) können sekundär
bei Scheunenbränden entstehen und sind bei Abwesenheit pyrophorer Bestandteile natürlichen Ursprungs. Die Sublimationsfähigkeit ammoniakhaltiger Düngemittel ist zu berücksichtigen. Aus
Teersubstanzen, Isolierungsmaterial elektrischer Leitungen, aus Braunkohlen entstehen im Brandprozeß
schwefelhaltige Verbrennungsgase, die sich bei der
Aufarbeitung von Anflügen und Belägen als ele-
mentarer Schwefel, Sulfid, aber auch als Sulfit und
Sulfat nachweisen lassen. Grauweiße, gelblich-
blättrige Beläge oder Schlacken, die aus Blei-, Zinn-
und Zinkoxyd sowie -carbonat und -sulfat- wie -sul-
fid-Spuren bestehen, stammen in der Regel aus Legierungen, die als Beschläge, Dachfensterrahmen,
Dachrinnen und Lötmetall weitverbreitete Verwendung finden.

c) In den wenigsten Fällen gelingt es, am Zündort
noch einen Kerzenrest als solchen aufzufinden; es
sei denn, daß beim Vorliegen zweier Kerzenzeitzündungen eine der Anlagen infolge Sauerstoffmangels (oftmals hervorgerufen durch zu weitgehenden Abschluß von der Raumatmosphäre) oder
durch Luftzug erlosch und der Kerzenrest durch
Brandschutt verdeckt vor dem Zerschmelzen und
Verbrennen bewahrt blieb, oder aber, daß beim Versagen nur eines Kerzenzeitzünders der Brandeffekt
überhaupt ausblieb. Instruktiv war folgender Befund: Kerze stak ursprünglich in einem Strohbündel.
Dieser Zeitzünder erlosch vorzeitig. Eine zweite Zün-
dungsanlage kam zur Perfektion, die ausstrahlende
Hitze brachte die Kerzensubstanz des ersten Zünders zum Schmelzen. Der *Docht* wurde im um-
wickelten Strohbündel noch aufgefunden, das Paraffin aus dem Stroh ausgemittelt. Eine Kerze, deren
Fuß z. B. mit petroleumgetränkten Lappen umwickelt ist, erlischt infolge Sauerstoffmangels in dem
Augenblick, als die Flamme auf das Petroleum der
Umhüllung übertritt und diese selbst entzündet.
Die Lappen brennen um die Kerze sehr lebhaft.
Mit fortschreitender Steigerung und Verteilung der
konzentrisch nach innen wirkenden Verbrennungs-
temperatur schmilzt inmitten der brennenden Umhüllung die Kerzenmasse vom Docht ab und wird
zunächst von den Stoffasern, dann von der Holzunterlage aufgesogen (Dochtwirkung). Schließlich
bleibt von der Kerze lediglich der Docht übrig,
der im Inneren der veraschten Stoffhülle infolge
mangelnden Sauerstoffzutritts und ungenügender
Hitzegrade wohl verkohlt, jedoch meist nicht restlos verbrennt. Der Standplatz der Kerze — soweit
Holz oder Stoff in Frage kommt — verkohlt und
brennt schließlich mit charakteristischer Spuren-
anordnung durch, indem die vom Holz aufgesaugten
Kerzenreste capillar wieder in Freiheit gesetzt und
vergast werden, die Rolle des Feuerübertragers über-
nehmend. In der weiteren Umgebung der meist
scharf umrissenen Kerzenbrandspur bzw. des Kerzen-
brandloches in einem Holzbrett befinden sich regelmäßig noch breitgelaufene Kerzenreste, die, vom
noch unverbrannten Holz aufgesaugt, nach dem
Brande aus den abgehobelten Spänen isoliert werden.
Ausgebrannte harzreiche Astlöcher in Brettern ähneln den beschriebenen Kerzenbrandspuren. Daher
nur Beurteilung der Befunde nach Durchführung
der chemischen Untersuchung, die sich auf Ausmittelung von Paraffin, Stearin, Wachs, Harz, Harz-
öl, Terpen usw. zu erstrecken hat.

Auf die pergamentartige Struktur von Papier

und die fettige Beschaffenheit von Pappe wird verwiesen, kommen solche Stoffe mit zerschmelzender Kerzenmasse in Berührung. Zerschmilzt eine Kerze nur, so sei man darauf bedacht, den Docht noch aufzufinden. Die Art der ausgemittelten Kerzenmasse wie die des Dochtes bietet günstige Fahndungs- und Vergleichungsmöglichkeiten.

C. *Zündmittelnachweis im Laboratorium.* 1. *Flüssige Brennmittel und deren Rückstände:* Untersuchung erstreckt sich auf Beschreibung der äußeren Beschaffenheit der Proben, auf Geruchsprüfung bei Raum- und bei Brutschranktemperatur (bis 40°), auf Verhalten gegen in Lösungsmitteln und Fettkörpern lösliche Spezialfarbstoffe (z. B. Rhodokrit). Liegt ein nennenswerter Gehalt an einem flüssigen Brennmittel oder dessen Rückstand vor, so weist meist die Geruchs- oder Sinnesprüfung bereits den Weg für den Untersuchungsgang. Zwecks Isolierung flüssiger Brennmittel: Destillation im Wasserdampfstrom, Extraktion des Destillationsrückstandes und des Originalmaterials mit entsprechenden Lösungsmitteln (Alkohol, Äther, Benzin, Benzol), aus Zweckmäßigkeitsgründen quantitativ. Vorprüfung der Wasserdampfdestillate: Aussehen, Geruch, mikroskopische Beschaffenheit (Öltröpfchen), Verhalten gegen Spezialfarbstoffe, Fluorescenz und Opalescenz, Aussehen unter filtriertem U. V.-Licht, Jodoformprobe, Reduktionsvermögen, Reaktion auf Pyridin (u. U. als Vergällungsmittel von Brennspiritus). Alkohol-, Äther-, Aceton-, Schwefelkohlenstoff-Spuren fallen gelöst, suspendiert oder als dünnes Häutchen in und auf den ersten Fraktionen der Destillation an. Geruchsprüfungen und alsbaldige Aufarbeitung der Destillate durchführen. Mineralöl-, Petroleum-, Schwer-, Leichtbenzin-, Benzol-, Terpentinöl, Kreosotöl-Anteile — handelt es sich nicht nur um Spuren — fallen bei der Destillation als ölige Tropfen an, die auf Grund ihres spezifischen Gewichtes auf den Destillaten schwimmen. Destilliert man benzin- oder benzolverdächtige Proben in die von *Klauer* beschriebene, an das *Liebig*-Kühlerrohr angeschlossene Apparatur, so faßt man unter größtmöglicher Verlustvermeidung auch geringe Anteile der genannten Brennmittel. Sonst empfiehlt es sich, die Wasserdampfdestillate mit Kochsalz (10 %) auszusalzen und zwecks Erfassung der Ölkomponente auszuäthern. Nach Abdunsten des Äthers hinterbleibt das zu identifizierende Öl. Erhebliche Öl-, Petroleumanteile lassen sich nach Abschluß der Destillation im Scheidetrichter mechanisch abtrennen oder man fängt die Destillate in einem graduierten Rohr auf, so daß das Volumen des von dem Wasser sich trennenden und nach oben steigenden Öls oder Petroleums unmittelbar abgelesen werden kann. Die nach Abschluß der Destillation im Siedekolben zurückbleibenden hochsiedenden, mit Wasserdampf nicht flüchtigen Bestandteile eines flüssigen Brennmittels gewinnt man, indem der erkaltete, notfalls abfiltrierte Kolbeninhalt mit Äther od. dgl. mehrmals extrahiert und dann das Lösungsmittel aus dem Wasserbad abdestilliert wird. Nur aus der Verhältniszahl: Wasserdampfflüchtige zu nurmehr ätherlöslichen Anteilen ist auf die Natur eines Brennmittels zu schließen. Hierdurch Differenzierung möglich, ob die ermittelten Komponenten aus ein und derselben oder verschiedener Quelle stammen. Der Ätherextrakt ist zunächst auf Aussehen, Geruch, Geschmack (*Dennstedt*), Färbung, Fluorescenz, Konsistenz zu überprüfen. Prüfung auf Harze nach *Morawski-Liebermann*. Das auf diesem oder jenem Wege isolierte flüssige Brennmittel entspricht nur in den seltensten Fällen dem Originalzustand, da es — den Eigenschaften der Flüssigkeiten entsprechend — durch freiwillige oder durch Brandhitze bedingte Teilverdunstung hinsichtlich Beschaffenheit und Konstanten verändert worden ist, beispielsweise Petroleum, Schwerbenzin. Diese an sich selbstverständliche Erkenntnis hat erst in neuerer Zeit Raum gewonnen und bildet eine wesentliche Beurteilungs- und Auswertungsgrundlage in der Brandursachenermittlung.

Ausreichende Mengen eines erfaßten Petroleums oder Schwerbenzins sind ohne Schwierigkeiten durch spezifisches Gewicht (Pyknometer, *Mohr*sche Waage), Flamm- und Brennpunkt (*Abel-Pensky*-Apparat), Siedepunkt und fraktionierte Destillation (Mikro-), Löslichkeit in abs. Alkohol, Brechungsindex, Verseifungszahl, Elementaranalyse und weitere Konstanten genauestens zu charakterisieren. Weit schwieriger ist die Identifizierung geringer Rückstände flüssiger Brennmittel. Äußere Beschaffenheit der Ölrückstände festlegen. Versuchen, die Öle zu reinigen und Konstanten zu bestimmen. Rohdestillat oder -extrakt sind häufig durch Fremdbestandteile (Harze, Teersubstanzen, phenolartige und Kreosot-Körper) derart verunreinigt, daß die wahre Natur des Brennmittels vorerst nicht oder nur schwer zu erkennen ist. Bedenken, daß ausgemittelte Rückstände einen Brennmittelbefund vortäuschen können. Ölspuren werden nach dem Brande oft vielerorts in Brandschuttproben aufgefunden (aus Teerpappe, Crackprodukte von Maschinen- u. Schmieröl usw.) und sind harmlosen Ursprungs. Erdölartige Flüssigkeiten (Petroleum, Schwerbenzin) unterliegen während des Brandprozesses Destillationsvorgängen; Crackprodukte benzinähnlicher Beschaffenheit folgen den Auftriebs-, Sog-, Zugverhältnissen im Brandobjekt und können in aufsaugfähigem Material selbst an entlegenen Stellen in Spuren nachweisbar sein. Charakterisierung und Erkennung der Natur eines Brennmittelrückstandes ist Beurteilungs- und Auswertungsgrundlage. Teeröle sind von Mineralölen durch die *Valenta*sche Reaktion zu unterscheiden. Benzol-Kohlenwasserstoffe, wie sie im Steinkohlenteer vorkommen, werden bei Zimmertemperatur von Dimethylsulfat oder Anilin leicht gelöst, während Paraffinkohlenwasserstoffe (Erdöl, Benzin, Petroleum, Mineralöl) ungelöst bleiben.

Beispiel: Aus 1 kg Stroh wurden 10 g braunrotes kreosotartiges Öl wiedergewonnen; spez. Gew.: 0,9032; $n_D^{20} = 1,5101$. Nach Trennung mit Dimethylsulfat verblieben 7 g hellgelbes, dünnflüssiges, petroleumartiges Öl, dessen spez. Gew.: 0,8100 und $n_D^{20} = 1,4132$ waren. Ist ein Ölrückstand nicht zu gering, wird der Brechungsindex im *Abbe*-Refraktometer (wertvolle Differenzierungsmöglichkeit), das spez. Gew. durch Auswiegen (Pyknometer), der Mikrosiedepunkt (*Emich*) und Flammpunkt (nach Art der Durchführung im o. T.) bestimmt. Die fraktionierte Destillation nach *Emich* gestattet, eine Siedepunktreihe aufzunehmen. Mikroelementaranalyse und Mikrocarius zur Bestimmung des C-, H- und S-Gehaltes im Ölrückstand. Der Ausfall der mechanischen (Knirsch-), Fettfleck-, Farbstoff- und Geschmacksprobe sowie die Ergebnisse qualitativer oder auch quantitativer Verseifungsversuche mit alkoholischer Kalilauge runden einen Befund ab. In der Regel genügt es, die Art störender Begleit- oder Verunreinigungsstoffe (Kreosot, Kresole, Harze, Harzöle, Terpentinspuren, Aldehyde usw.) durch Kurzreaktionen zu charakterisieren. Bei der Bestimmung kleinster Benzin- oder Petroleumspuren, die gelegentlich bedeutsam sein können, kann man sich des *Interfermometers* (s. d. Art.: Refraktometrie) und des *Refraktometers* (s. d. Art.: Refraktometrie) bedienen. An Hand einer Interferometer-Eichkurve für Benzin-Ätherlösungen verschiedener Konzentration ist der Gehalt einer unbekannten Ätherlösung an Benzinspuren verlustlos zu ermitteln. Die refraktometrische Methode ist wegen der schnelleren und bequemeren Durchführbarkeit der Interferometermethode vorzuziehen, wenngleich letzterer eine weitgehendere Genauigkeit zukommt. Die aus geeigneten Brandrückständen ermittelten Ätherlösungen unbekannten Gehaltes an reinem Petroleum, Benzin oder Benzol werden je in einem Meßkölbchen mit Äther auf 100 ccm aufgefüllt und im Refraktometer bestimmt. Die Abhängigkeit des Brechungsindex vom Petroleum-, Benzin- oder Benzolgehalt der zu untersuchenden Ätherlösung wird graphisch aufgenommen. Aus den Eichkurven kann der jeweilige Gehalt unbekannter Lösungen an Brennflüssigkeit abgelesen werden. Der für die Analysenlösung bestimmte Brechungsindex ist abhängig von der Konzentration der in Äther gelösten Substanz, daher Gehaltsbestimmung möglich. Aus den für Ätherlösungen bekannten Petroleum-, Benzin- oder Benzolgehaltes festgelegten Brechungsexponenten kann die Refraktion des gelösten Ölanteiles errechnet werden. Man berücksichtige, daß selbst bei übereinstimmenden Werten für Flammpunkt, Brechungsexponent und spez. Gewicht Ölrückstände verschiedener Art und Herkunft sein können.

Differenzierungsmöglichkeit durch Absorptionsspektrographie (Quarz-Spektrograph Qu 24 *Zeiss*-Jena für das ultraviolette Spektrum). Schließlich wird darauf hingewiesen, daß in flüssigen Brennmitteln aufgelöste Kerzenbestandteile (z. B. Kerze in Brennstoffbehälter eingestellt) die Identifizierung des Mittels erschweren können. Abscheidung der Kerzenmasse durch Ausfrieren oder Abtrennung der Komponenten durch vorsichtige Fraktionierung möglich.

Chemischer Brandmittelbefund dann sicher erwiesen, wenn am Nachweisort markante Brandtiefenwirkung vorhanden.

2. *Kerzenreste:* Größere Kerzen- und Wachsmengen werden durch Beschreibung der äußeren Beschaffenheit, durch Fluorescenzfarbe, Geruchs- und Geschmacks- sowie Knet- und Alkoholprobe, durch Bestimmung der Verseifungs-, Säure-, Ester-, Verhältnis- und *Buchnerzahl*, durch Fließ-, Klar- und Steigschmelzpunkt charakterisiert. Kerzentropfen und -laufspuren sind als solche noch ohne weiteres zu erkennen. Die Untersuchung erstreckt sich auf chemische (Paraffin, Stearin, Kompositionskerzenmasse, Wachs, Talg usw.) und physikalische Bestimmungen (spezifisches Gewicht-Schwebemethode, Schmelzpunkt-Schwimmethode, Fluorescenz, Brechungsindex bei Zimmertemperatur oder bei 50°). Auf die Identifizierung von Kerzenspuren durch das Polarisationsmikroskop wird besonders verwiesen. Die beim gleichmäßig raschen Abkühlen der Kerzenmasse auf dem Objektträger erhaltenen Kristalle sind im polarisierten Licht differenzierbar und nach *Dangl* sowie nach neueren Untersuchungen von *Künkele* für Wachse, Paraffine, Stearine und Ceresine typisiert. Geringe oder latente Kerzenreste werden durch Extraktion u. a. mittels Normalbenzin aus Überführungsstücken wiedergewonnen. Reichen die Spuren zur Bestimmung der Konstanten nicht aus, so versuche man die Charakterisierung durch Verseifung, Brennprobe, Brechungsindex (50°), Kristallstruktur im polarisierten Licht. Auf die Möglichkeit, feinst verteilte Kerzenspuren in Stoffgeweben durch Infrarotphotographie wahrscheinlich zu machen, wird verwiesen.

D. *Erkennung und Überführung des Brandstifters.* Erkennung und Differenzierung des Täterkreises durch Überführung eines Brandstifters gehört zu den schwierigsten kriminalistischen Aufgaben. Mit der Aufklärung einer Brandursache ist die Tätigkeit des Sachverständigen nicht erschöpft; es gilt vielmehr, die speziellen Spuren aufzufinden, zu untersuchen und auszuwerten, die zur Einengung des Täterkreises, zur Überführung eines Täters, aber auch zur Entlastung eines Verdächtigen beitragen können.

Da von Brandstiftern Geständnisse nur selten abgelegt werden, sei man bemüht, einen lückenlosen Indizienbeweis zu schaffen. Belastende Zeugenbekundungen versuche man an Hand objektiver, naturwissenschaftlich-kriminalistischer Spuren zu überprüfen und gegebenenfalls zu erhärten. Regeln oder Gesetzmäßigkeiten, nach denen die Spurensuche zu erfolgen hat, gibt es nicht. Schnelligkeit des Einsatzes und Findigkeit gewährleisten den Erfolg.

a) *Allgemeine Spuren:* Ist die Brandstiftung in einem brandverseuchten Gebiet ausgeführt worden? Oft wird versucht, durch Redensarten oder Anbringung fingierter Spuren die Schuld auf einen unbekannten Täter (Händler, Brandstifterbande) abzuschieben. Darauf achten, ob die Brandstelle oder Nachbargebäude Täterzinken oder sonstige Kennzeichnungen aufweisen oder erst nach dem Brande gezeichnet werden. Finden sich abseits des Brandobjektes isolierte, in ihrer Art aber beweisführende Sonder- oder Ablenkungsbrandspuren? Sind Einrichtungsgegenstände, Maschinen, Handwerkszeug vor dem Brande beiseite geschafft worden oder fand deren widernatürliche Stapelung vor dem Brande im Brandgebäude statt? Man beachte Spuren, die auf Schaffung künstlicher Feuerweiterleitungsmöglichkeiten hinweisen (Mauerdurchlässe, Strohwische, Heu- oder Strohbahnen, Anhäufung leicht brennbaren Materials). Verdächtig kann sein, wenn jemand die Absicht, Feuer anzulegen, kundtut oder sich ähnlich auf einen kommenden Brand beziehend geäußert hat. Brand- oder Drohbriefe sind wichtige Hilfsindizien. Ermittlung des Schreibers durch schriftvergleichende Untersuchung (s. d. Art.: Gerichtliche Schriftuntersuchung) möglich und nötig, um festzustellen, ob der Brandbetroffene selbst, seine Angehörigen oder ein fremder Täter als Schreiber in Frage kommt.

b) *Spezielle Spuren am Tatort und in dessen Umgebung:* Die Fahndung erfolgt nach dem Grundsatz erschöpfender Spurensuche und -sicherung unter Anwendung der einschlägigen Untersuchungsmöglichkeiten. Der Sachverständige arbeitet diesbezüglich mit den polizeilichen Ermittlungsorganen Hand in Hand.

Zustand der Türschlösser und Türen überprüfen, Aufbewahrungsort der Schlüssel feststellen. In welchem Zustand befinden sich Umzäunungen (primäre oder sekundäre Defekte)? Sind Hinweise auf absichtliche Zerstörungen, Beschädigungen oder Veränderungen am Brandobjekt oder sonstigen Gegenständen an der Brandstelle vorhanden? Schartenspuren (s. d.), die sich an gewaltsam geöffneten Türen, Behältnissen, an Mauerwerk, Schleif- und Kratzspuren, die sich an und am Mauerwerk unterhalb von Einstiegsöffnungen, Einfriedigungen finden können, sind oft wichtige Beweismittel. Man achte auf Ansägungen oder Anhacken von Balkenwerk. Nach Fuß-, Fahrrad- und Kraftwagenspuren suchen und deren Anordnung in ihrem Verlauf beachten. Solche finden sich jedoch nur in der weiteren Umgebung, da an der Brandstelle durch die Löschmannschaft meist jede diesbezügliche Spur zertreten ist. Neben der Sicherung einer Fußspur (s. d. Art.: Fußspuren) durch Gips achte man auf die Partikel, die am Gipsabguß haften. Diese sind mit den an den Schuhen eines Verdächtigen haftenden Schmutzteilen (vgl. d. Art.: Erdspuren an Stiefeln und Kleidern) zu vergleichen (chemisch, botanisch, mineralogisch). Fingerabdrücke (s. d. Art.: Daktyloskopie) lassen sich allenthalben an Brandstiftungsvorrichtungen, Brennstoffbehältern, Flaschen, Scherben, an einem Kerzenrest und dgl. noch feststellen. Die Beweiskraft von Fingerspuren steht zwar außer Zweifel; Fingerabdrücke weisen aber nicht immer notwendig auf die Person des Brandstifters hin, da Flaschen beispielsweise „von Hand zu Hand" gegangen sein können, ehe sie etwa der Aufnahme einer brennbaren Flüssigkeit zugeführt wurden. Art und Herkunft von Papierresten, Hobelspänen u. a., die am Zündort gefunden wurden, überprüfen. Papierrißränder und die Möglichkeit beachten, daß Papierbeschriftungen und -bedruckung auf optischem Wege sichtbar zu machen sind. Sehr bedeutsam für die Fahndung sind solche Gegenstände, die ein Brandstifter am Tatort oder in dessen Umgebung verloren, versehentlich liegengelassen, aber auch absichtlich (zur Ablenkung, etwa aus dem Haushalt des Brandbetroffenen entwendet) abgelegt hat (Messer, Taschentuch, Geldbörse, Hut, Mütze, Zigarettenschachtel, Pfeife usw.). In einigen Brandfällen gelang es auch, durch mikroskopische Untersuchung aufgefundener menschlicher Exkremente (vgl. d. Art.: Faeces) auf die Person des Täters zu schließen. Die aufgezeigten Fahndungsmöglichkeiten sind je nach Lage des Falles zu erwägen, anzuwenden und zu ergänzen.

c) *Spuren am Täter:* Hinterläßt ein Brandstifter am Tatort nicht selten auf ihn und sein Tun rückweisende charakteristische Merkmale, so trägt er in der Regel auch Spuren vom Brand- und Zündort mit sich fort, die — allein oder in ihrem Komplex gewertet — geeignet sind, den Aufenthaltsort der betreffenden Person, ja sogar deren Mitwirkung am Brandgeschehen zu erweisen. Sämtliche Kleidungsstücke eines oder mehrerer Verdächtiger sind sicherzustellen und außen wie innen (auch Tascheninhalt) makroskopisch und mikroskopisch auf allgemeine wie vor allem auf Leit- oder Sonderelemente (sogen. kriminalistische Leitelemente) zu überprüfen. U. U. führt auch die Untersuchung von bereits oberflächlich gereinigten Bekleidungsstücken noch zu auswertbaren Befunden, da Nähte, Taschenecken, Schuhrillen bei der Reinigung oft vernachlässigt werden. Man achte auf abgetropfte Kerzenspuren, abgestreifte oder abgewischte (Hose, Hosentasche, Taschentuch) Reste brennbarer Flüssigkeiten, auf die Art mitgeführter Streichhölzer, anderer Zündmittel, Zigaretten.

Brandspuren am Stoffgewebe des Anzugs brauchen nicht immer sinnfällig hervorzutreten, sind aber mikroskopisch einwandfrei festzustellen. Brand- und Sengspuren finden sich u. U. auch an der Person des Täters selbst (Haare an Händen, Kopfhaare — Stirn, Schläfen, Nacken —, Augenbrauen). Gelegentlich führte die Untersuchung des Fingernagelschmutzes eines Verdächtigen zur Erhebung gravierender Befunde. Die Spurensuche hat sich gleichermaßen auf die Wohnung, den Arbeitsplatz eines Verdächtigten zu erstrecken. Auch ist es nicht selten lohnend gewesen, die Überprüfung von Örtlichkeiten in die Untersuchung einzubeziehen, an denen sich Verdächtige vorübergehend aus beruflichen oder persönlichen Gründen vor und nach dem Brande aufhielten oder gesehen wurden. Daselbst fahnden nach Behältnissen mit entsprechenden Resten brennbarer Flüssigkeiten oder Zündstoffen (einfacher und komplizierterer Art), nach verdächtigen Werkzeugen, auffälligen Niederschriften oder Aufzeichnungen. Prüfen, ob orientierende Brandversuche durchgeführt worden sind und ob der mutmaßliche Täter überhaupt mit einer komplizierten Art der Brandlegung oder mit der Herrichtung einer Zeitzündungsanlage vertraut sein konnte.

d) Bei objektiv erwiesener Brandstiftung als Schadensursache gelingt an Hand eines auf naturwissenschaftlich-kriminalistischer Grundlage geführten Indizienbeweises, in dem selbstverständlich die Zeugenaussagen eine nicht zu unterschätzende Rolle spielen, meist eine schlüssige Rekonstruktion des Tatvorganges und seiner Vorgeschichte.

Oft versteckte Spuren an den Kleidungsstücken und am Täter selbst vermögen bei in jeder Richtung erschöpfender und folgerichtiger Auswertung nicht nur einen zu Unrecht Belasteten vom Tatverdacht zu befreien, sind vielmehr auf Grund ihrer hohen Beweiskraft geeignet, den Brandstifter auch ohne dessen Geständnis zu überführen.

Bestätigt die Überprüfung der Spuren die Schutzbehauptung eines Verdächtigten, so entfällt der *dringende* Tatverdacht. Divergenz beider führt zu einer neuerlichen, um so schwereren Belastung. Fehlen Spuren am Täter gänzlich, so wäre es abwegig, daraus die unbedingte Schuldlosigkeit eines Verdächtigten abzuleiten; denn die Brandlegung ist nicht notwendig mit einer Beschmutzung der Kleidungsstücke des Täters verbunden. Legt der Brandstifter ein Geständnis ab, so ist es möglich, dieses an Hand des erhobenen naturwissenschaftlich-kriminalistischen Spurenkomplexes allgemein und auf Vollständigkeit zu überprüfen wie zu sichern. Die Bedeutung letzterer Möglichkeit ist nicht zu unterschätzen, da erst ein durch objektive Beweise gesichertes Geständnis Anspruch auf unwiderrufliche Gültigkeit erheben kann. Aus den naturwissenschaftlichen Befunden lassen sich zudem nicht selten ganz bestimmte psychlogische Schlüsse auf Gedankengänge des Täters bezgl. Ausführung und Motiv der Tat ziehen, die — unter Berücksichtigung der Psyche des Brandstifters — wohl nur selten im einfachen Ermittlungsgang zu Tage getreten wären.

E. *Psychologie des Brandstifters, Motive.* Der Brandstifter ist, gleichgültig aus welchem Motiv seine Tat entspringt, in jedem Falle als Kapitalverbrecher und Volksschädling zu werten.

Es sind drei Gruppen von Brandstiftern zu erörtern:

1. fahrlässige,
2. vorsätzliche,
3. pathologische Brandstifter.

*Zu 1.:* Die *fahrlässige Brandstiftung*, die sowohl von *Kindern* als auch von *Erwachsenen* verursacht wird, ist in der Praxis recht häufig. Das Kind z. B. beobachtet, wie der Erwachsene mit Streichhölzern hantiert (Feuer im Ofen oder auf dem Felde, Leuchten mit offener Flamme), es erlernt auf diesem Wege den Umgang mit dem Zündholz sowie dessen Verwendungsmöglichkeiten.

Aus der in der seelischen Entwicklung des Kindes begründet liegenden Nachahmungs- und Spieltrieb entspringt nunmehr das Verlangen, selbst ein Streichholz zu entzünden, es auszulöschen, aber auch zu versuchen, durch Heranbringen anderer brennbarer Dinge an die Flamme diese zu vergrößern und somit deren Dauer bis zum Erlöschen zu verlängern.

Neugier, Freude an der flackernden roten Flamme und Schaulust sind sicher maßgeblich für das Tun des Kindes. Solange noch die Einsicht mangelt, daß der Umgang mit der Flamme gefahrbringend sei, wird das Kind in der Regel versucht sein, bei gebotener Möglichkeit seinem Trieb nachzugeben, mit dem Feuerzeug oder Streichholz zu spielen. Daß ein Kind bereits bewußt einen Brand entfacht mit dem Ziele, ein Gebäude (Strohschober, Scheune, Stube) oder Teile desselben brennen zu sehen, muß als zweifelhaft dahingestellt bleiben. Eine derartige Auswirkung seines Spieles ruft im Gemüt des Kindes normalerweise Schrecken und Entsetzen hervor. Daß dennoch Brände kleineren und größeren Ausmaßes nicht selten durch Kinderhand gelegt werden, beruht in der Tatsache, daß das Kind noch nicht fähig ist, die Zündfähigkeit der Umgebung seines Spielplatzes zu erkennen. Es wird daher bedenkenlos an einem beliebigen Ort das Spiel mit der Flamme vollführen, noch glimmende Zündhölzer achtlos fortwerfen und auch besonders solches Material zur Unterhaltung des Feuers benutzen, das hell und mit möglichst großer Flamme aufbrennt (Papier, Stroh, Heu, Reisig). Hinzu kommt, daß der Erwachsene (Eltern, Lehrer) dem Kind dies Spiel untersagt. Überwiegt die Triebhaftigkeit die Einsicht, so ist das Kind bestrebt, seinem Verlangen *ungesehen* (hinter Schobern, in Scheunenecken, bei Abwesenheit der Eltern im Hause) nachzugehen. Der Spielplatz erscheint sonach auf Grund seiner Lage bereits in vielen Fällen unbewußt besonders günstig für Feuerausbreitung und Auslösung eines Schadenfeuers.

Im Einzelfall kann freilich die Entscheidung darüber oft sehr schwer zu treffen sein, ob das Kind von sich aus, unterstützt oder aufgefordert einen Brand verursachte. Wäre es doch u. U. lediglich nötig, dem Kinde die Erreichung von Zündhölzern zu erleichtern! — Der *Erwachsene als fahrlässiger Brandstifter* spielt in der Brandstifterbekämpfung eine Sonderrolle. Es ist keinesfalls so, daß lediglich der weggeworfene, noch glimmende Zigarettenrest, die aus einer Pfeife fallenden glimmenden Tabakteile, das achtlos fortgeworfene Streichholz oder die unsachgemäß aufbewahrte Asche als fahrlässige Branderreger zu betrachten sind. Die Erfahrung lehrt, daß Mängel an technischen Anlagen in Industrie und Landwirtschaft, unsachgemäße und Behelfsreparaturen, Schornsteindefekte nicht minder häufig Brände auslösen (vgl. d. Art.: Brandursachen). Die sich aus dem Dulden, Vernachlässigen und Nichtbeachten solcher Gefahrenquellen ableitende Verantwortungslosigkeit des jeweiligen Betriebsführers oder Besitzers bedarf genauester Beachtung. Dies um so mehr, als hinreichend Fälle bekannt sind, in denen der Brandstifter die vorhandenen Gefahrenmöglichkeiten ausnutzte, um einen Brand vorsätzlich herbeizuführen, die Fahrlässigkeit sonach nur als besondere Erscheinungsform der Brandlegung zu betrachten war. Bei der Fahrlässigkeit wird naturgemäß kein Tatmotiv ersichtlich. Auch fehlen die bei der Brandstiftung mehr oder minder hervortretenden psychischen Merkmale am Täter selbst. Dieser wird auch weit häufiger sein schuldhaftes Verhalten eingestehen, zumal dann, wenn die Mängel offensichtlich sind und solche auch an anderen Stellen des Betriebes zur Abrundung des Bildes durch die Ermittlung aufgedeckt werden können.

*Zu 2.:* Anders liegen die Verhältnisse beim *vorsätzlichen Brandstifter.* Der Gedanke an die Ausführung einer Brandstiftung kann einmal plötzlich im Täter geweckt und auch sogleich oder in kürzester Frist in die Tat umgesetzt werden. In diesen Fällen handelt es sich meist um gefühlsbedingte Motive, die zur Tat treiben, um Äußerungen von aus *Haß* entsprungener *Rachsucht,* um Handlungen aus *Wut* oder sonstiger *Feindseligkeit* (abgewiesener Bettler, Hausierer, entlassener Arbeiter, miteinander in Streit liegende Personen). Zudem wird sich das Bestreben eines solchen Täters, dem Brandbetroffenen Schaden zuzufügen, auch in der Wahl des Brandobjektes äußern, und es wird eine Zündungsart gewählt, die Gewähr für unbemerktes Handeln bietet. Der Brandstifter dagegen, der selbst sein Besitztum entzündet oder sich eines Helfershelfers bedient, geht in der Regel überlegt, planmäßig und vorbereitend zu Werke. Als Motiv zur Tat sind *wirtschaftliche Notlage,* aber auch *Hab- und Gewinnsucht* festzustellen. Letztere stehen in enger Beziehung zum *Versicherungsbetrug* (s. d.). Die seelischen Vorgänge im Brandstifter der vorgenannten Gruppe sind meist komplizierter Natur, da der Täter verstandes- und nicht gefühlsmäßig vorgeht. So liegt zwischen dem ersten Gedanken an eine Brandstiftung und der Bereitschaft zur Tat eine Zeitspanne, die durch den inneren Kampf zwischen anerzogenen Hemmungen, Furcht vor Strafe und dem Tatmotiv gekennzeichnet ist. Äußere Anlässe (u. a. gelungene Brandstiftung ohne Ahndung, die in der Umgebung stattfand) können den letzten Anstoß zum Entschluß geben. Die Brandstiftung erscheint nurmehr als vorteilhafteste Lösung aus einer persönlichen Notlage oder als zweckmäßigstes Mittel zur Erreichung des angestrebten Zieles. Die nun beginnenden Vorbereitungshandlungen sind die ersten äußeren Anzeichen, die dem Täter späterhin verhängnisvoll werden können: Aussprache im Familienkreis über Baupläne, Wirtschaftsveränderungen, mögliche Vorteile eines Brandes, Versuch, Helfer zur Tat zu gewinnen, plötzliches oder besonders reges Interesse für Brandstiftungen in der Umgebung und die daselbst erzielten polizeilichen Ermittlungsergebnisse (Zuhörer bei Gerichtsverhandlungen in Brandstifterprozessen!). Nicht selten werden auch Erhöhung der Versicherungssumme beantragt, aufgelaufene Prämien bezahlt, Auskunft über Zahlungsbedingungen vom örtlichen Versicherungsagenten eingeholt. Im Haushalt oder Betrieb benötigte Brennstoffvorräte werden unauffällig ergänzt (verschiedene Bezugsquellen), die für den geplanten Brandherd notwendigen Materialien beschafft und an den Zündort gebracht. Widernatürliches Stapeln von Geräten und Materialien in den vorgesehenen Brandgebäuden, andererseits aber auch heimliches Unterstellen von Wertgegenständen bei Freunden und Bekannten oder Bereitlegen wertvollen Besitzes zwecks leichter Rettungsmöglichkeit (auf Verpackung achten!) ist beobachtet worden. Auch Ablenkungsbrände, vor oder nach dem Geschehen gelegt, sollen auf falsche Spuren lenken. Sind alle Maßnahmen zum voraussichtlichen Gelingen der Tat getroffen, so erfolgt die Brandstiftung am nächstgünstig erscheinenden Zeitpunkt. Bei Ausführung der Tat werden indessen in der Regel Fehlhandlungen einsetzen, die in der Aufregung des Täters begründet liegen und deren Erkennung oft wichtige psychologische Schlüsse zulassen. Ist die Brandstiftung gelungen, so ist das weitere Verhalten des Täters auf möglichste Sicherung der eigenen Person gegen Verdacht abgestellt. Hierbei greift der Täter jedoch oft zu Mitteln, die ihn eher verdächtig als unbeteiligt erscheinen lassen. Er hat fast stets ein auf Minuten genaues Alibi, hält sich dabei aber völlig vom Rettungswerk fern. In anderen Fällen macht er sich durch besonders „wagemutige" Rettungsarbeiten verdächtig und ist zugleich bestrebt, die Ermittlungen in falsche Bahnen sowohl hinsichtlich Täter, aber auch bez. Ursache zu lenken. Die *gegebenen Anregungen* sollen lediglich aufzeigen, wie sich seelische Vorgänge in äußeren Handlungen widerspiegeln können. Die Verhaltungsweisen des Brandstifters können als Fingerzeige für den Fahndungsverlauf gewertet werden. — *Heimweh* als Motiv wird sich in der Regel nur bei jugendlichen Brandstiftern feststellen lassen (Pubertätsalter). Der Jugendliche erstrebt mit allen Mitteln die Rückkehr in das Elternhaus, die gewohnte Umgebung oder den erlernten Beruf und glaubt, sein Ziel letztlich nur auf dem Wege über eine Brandtat (die Vernichtung des derzeitigen Aufenthaltsortes und Beseitigung seiner Beschäftigungsmöglichkeit) erreichen zu können. Offenbar liegt in diesen Fällen eine gewisse Pubertäts- und Intelligenzstörung vor, die zu einer derartigen Verzerrung und Entstellung in der Äußerung der Heimatliebe fähig macht. Die Brandstiftung als *Verdeckungshandlung* eines anderen Verbrechens (Mord, Diebstahl, Einbruch, Kontofälschung, Unterschlagung) bedarf in diesem Zusammenhang keiner besonderen Erörterung. Die strafbare Handlung soll durch den Brand verschleiert, der Spurenkomplex vernichtet werden.

*Zu 3:* Die Gruppe der *pathologischen Brandstifter* umfaßt alle die Täter, die infolge verschiedenartigster geistiger Defekte in ihrer freien Willensbestimmung herabgemindert und hinsichtlich der Beurteilungsfähigkeit ihrer Handlung beeinträchtigt sind. Bei diesen können Halluzinationen, Wahnideen, pathologische Affekte (Angst, Zorn, Zwangsvorstellungen = Trieb, Brand anzulegen), Bewußtseinsstörungen (Epilepsie, Rausch- und Dämmerzustände) oder Hysterie die Tat auslösen. Ebenso wird der psychopathisch minderwertige, infolge erhöhter Erregbarkeit an sich schon gegen verbrecherische Antriebe geringgradig widerstandsfähige Mensch durch Alkoholgenuß u. U. derart beeinflußt, daß auch die letzten in ihm ruhenden und gegen den verbrecherischen Willen gerichteten Hemmungen übertönt oder gänzlich hinweggeräumt werden. Die in einem solchen Zustand beobachtete unwiderstehliche Freude am Feuer (verbunden mit kindlicher Sensationslust) ist nach *Groß* als eine überwertig gewordene Neigung anzusehen. Der kleinste Anlaß (Reiz) kann in diesem Zustand die Reaktion (Brandstiftung) auslösen.

*Schrifttum.*

*Baumert, G.:* Lehrbuch der gerichtlichen Chemie I und II. Braunschweig 1907. — *Bischoff:* Untersuchungsmethoden bei Bränden. Arch. Krim. **92**, Heft 1, 2, S. 16. — *Brüning, A.:* Über Nachprüfung der Aussagen der Beschuldigten. Arch. Krim. **91**, Heft 5, 6, S. 200. — *Brüning, A.:* Entlastung des Beschuldigten durch wissenschaftliche Nachprüfung seiner Aussage. Arch. Krim. **89**, Heft 3, 4, S. 146. — *Brüning-Schnetke:* Über den Nachweis von Brennspiritus in angebranntem Holz. Ein Beitrag zur Ermittlung von Brandstiftungen. Krim. Mh. **7**, Heft 1, S. 16 (1933). — *Buhtz-Schwarzacher:* Die Methodik der Kleiderstaubuntersuchung. Handb. der biologischen Arbeitsmethoden, *Abderhalden*, Abt. IV, Teil 12/II, 627—36 (1934). — *Dangl:* Ein Beitrag zur Untersuchung von Kerzenspuren. Arch. Krim. **88**, Heft 1, 2, S. 75. — *Deckert, H.:* Kurze chemische Stoffkunde für den praktischen Feuerversicherer. Berlin Neumanns Z. Vers.wes. **1935**. — *Dennstedt, M.:* Chemie in der Rechtspflege, Leipzig 1910. — *Emich, F.:* Lehrbuch der Mikrochemie. München 1926. — *Fischer, H.:* Die physikalische Chemie in der gerichtlichen Medizin und in der Toxikologie mit spezieller Berücksichtigung der Spektrographie und der Fluorescenzmethoden. Zürich 1925. — *Floel:* Staatsanwalt und Brandermittelung. Vortrag gehalten in Dresden 1935. — *Gmelin-Kraut:* Handb. der anorganischen Chemie. 1909. — *Grafe, v.:* Handb. der organischen Warenkunde, **IV**, 2 (1928). — *Grafe v.:* Technologie der Konservierungsverfahren der Kohle und des Erdöles (*Dolch*-Halle, *Grafe*-Wien, *Singer*-Wien). — *Graßberger:* Brandlegungskriminalität. Wien 1928. — *Groß, H.:* Handb. für Untersuchungsrichter. 7. Aufl. Berlin-München 1914. — *Gutbier, A.:* Lehrbuch der qualitativen Analyse. Stuttgart 1921. — *Heindl, R.:* Daktyloskopie, System und Praxis der Daktyloskopie und der sonstigen technischen Methoden in der Kriminalpolizei. 3. Aufl. Berlin und Leipzig 1927. — *Hellwig, A.:* Psychologie und Vernehmungstechnik bei Tatbestandermittlungen. Berlin 1927. — *Hoche, A.:* Handb. der gerichtlichen Psychiatrie. Berlin 1909. — *Hofmann, K. A.:* Lehrbuch der anorganischen Chemie. 5. Aufl. Braunschweig 1924. — *Holde, D.* und *W. Bleyberg:* Untersuchung der Kohlenwasserstoffe, Öle und Fette, Lehrbuch, 7. Aufl. 291. Berlin 1933. — *Jeserich:* Chemie und Photographie im Dienste der Verbrechensaufklärung. Berlin 1930. — *Kenyeres:* Sachliche Beweise bei der Klärung von Todesfällen. Berlin 1935. — *Klaar:* Erfahrungen mit einer pommerschen Brandstifterbande. Mitteilung Nr. 16/1938. Berlin-Dahlem. Deutsche öffentl. rechtl. Feuervers. — *Klauer, H.:* Zum Nachweis flüssiger Brandlegungsmittel. Verhandlungsbericht I. 104. Internat. Kongreß f. ger. u. soz. Medizin. Bonn 1938. — *Kohlrausch:* Lehrbuch der praktischen Physik 1930. — *Köhnle, H.:* Das photographische Bild als objektiver Zeuge bei Gericht. Bildmessung und Luftbildwesen, Heft 3, **1935**. — *Künkele, F.:* Zur Untersuchung wachsähnlicher Substanzspuren. Dtsch. Z. gerichtl. Med. **26**, 188 (1936). — *Locard, G.:* Die Kriminaluntersuchung und ihre wissenschaftlichen Methoden. Berlin 1930. — *Lochte, Th.:* Gerichtsärztliche und polizeiärztliche Technik. Wiesbaden 1914. — *Lommel, E.:* Lehrbuch der Experimentalphysik. Leipzig 1923. — *Löwe, F.:* Optische Messungen des Chemikers und des Mediziners. Techn. Fortschr. Ber. **IV**, 1933. — *Medinger:* Beiträge zum Nachweis von Brandstiftungen. Arch. Krim. **90**, Heft 1, 2, S. 1. — *Menzel, H.:* Theorie der Verbrennung. Dresden 1924. — *Mezger-Schöninger-Böhringer:* Brandstiftung mit Zündschnüren. Arch. Krim. **91**, Heft 5, 6, S. 208. — *Ost, H.:* Chemische Technologie. 15. Aufl. Leipzig 1926. — *Roth, W. A.:* Physikalisch-Chemische Übungen. Leipzig 1928. — *Rückriem:* Vorsätzliche Brandstiftungen in der Provinz Pommern und ihre Bekämpfung (Fortsetzung und Schluß). Krim. Monatsh. **1935**, Heft 9, S. 195. — *Schatz, W.:* Brandursachen, Brandstiftungen und ihre Ermittlungen. Vortrag, gehalten in Aschersleben, 1930. Feuerwehrverb. d. Provinz Sachsen. — *Schatz, W.:* Handblätter für die Ermittelung von Brandursachen bzw. Brandstiftungen. Heft 1/2. Langensalza: 1932. — *Schatz, W.:* Erfahrungen bei der Ermittelung von Brandursachen. Arch. Krim. **94**. — *Schwartz, v.* und *Deckert:* Brandursachen. München 1931. — *Schwartz, v.:* Handb. der Feuer- und Explosionsgefahr. 4. Aufl. München 1936. — *Schmidt:* Zum Nachweis von Brennspiritus bei Brandstiftungen. Z. angew. Chem. **47**, Nr. 10 (1934). — *Schmitz, L.* und *J. Follmann:* Die flüssigen Brennstoffe, ihre Gewinnung, Eigenschaften und Untersuchung. Berlin 1923. — *Schneickert:* Kriminaltaktik und Kriminaltechnik. Lübeck: 1933. — *Specht-Dencks:* Ein seltener Fall von Selbstentzündung. Krim. Monatsh. **1934**, Heft 9. — *Specht-Dencks:* Die Sonne als Brandstifter. I. Krim. Monatsh. 1935, Heft 9. — *Specht-Dencks:* Die Sonne als Brandstifter II, Krim. Monatsh. **1935**, Heft 2. — *Specht, W.:* Auswertung von Brandspuren und Nachweis von Kerzenresten auf photographischem Wege. Dtsch Z. gerichtl. Med. **26**, 351 (1936). — *Specht, W.:* Die naturwissenschaftliche Kriminalistik im Dienste der Brandermittlung. Jena: Habilitationsschrift 1936. — *Specht, W.:* Optische Methoden zur Identifizierung geringer Brandmittelrückstände. Ein Beitrag zur Untersuchung von Brandresten. Dtsch. Z. gerichtl. Med. **28**, 290 (1937). — *Specht, W.:* Psychologische Beiträge zur Aufklärung von Doppelbränden. Dtsch. Z. gerichtl. Med. **28**, 322 (1937). — *Specht, W.:* Der naturw.-krimin. Indizienbeweis in der Brandermittlung. Dtsch. Z. gerichtl. Med. **29**, 203 (1938). — *Specht, W.:* Untersuchung und Beurteilung häufig anzutreffender wie seltener Brandrückstände. Verhandlungsbericht I. Internat. Kongreß f. gerichtl. und soz. Medizin. S. 112. Bonn 1938 — *Strassburger:* Lehrbuch der Botanik. Jena 1923. — *Többen:* Beiträge zur Psychologie und Psychopathologie der Brandstifter. Berlin 1917. — *Tramm, K. A.:* Brandstiftung und Brandursachen. Die Technik ihrer Ermittlung. Gotha 1934. — *Treadwell:* Lehrbuch der analytischen Chemie, II. Quantitative Analyse. Leipzig und Wien 1923. — *Utitz:* Psychologie der Simulation. Stuttgart 1918. — *Vogel, O.:* Brandstiftung in ihrer Bekämpfung. Berlin 1929. — *Vorkastner, W.:* Handb. der Geisteskrankheit. Herausg. von *O. Bumke*, München, **IV**. Forensisch. Beurteilung. Berlin 1929. — *Warburg:* Lehrbuch der Experimentalphysik. Tübingen 1920. — *Weck:* Brandstiftung und Brandversicherungsbetrug. Berlin 1926. — *Weingart, A.:* Handb. für das Untersuchen von Brandstiftungen. Leipzig 1895. — *Wulffen, E.:* Kriminalpsychologie, Psychologie des Täters. Berlin 1926. — *Zaps:* Feuers- und Explosionsgefahr in Kraftwagenhallen. München 1927.

*Specht.*

## Brandursachen. (Vgl. auch Art.: Brandstiftung; Brandursachenermittlung.)

Außer der eigentlichen Brandstiftung, die vorsätzlich oder fahrlässig sein kann, unterscheidet man I. Natürliche Brandursachen, II. Sachliche Brandursachen. *Natürliche Brandursachen sind:* 1. Blitzeinschlag, 2. Flugfeuer und Luftzug, 3. Selbstzündung, 4. Explosion, 5. Sonnenstrahlen, 6 a. Erderschütterung, 6 b. Korrosion, 6c. Frost und Wasser, 7. Tiere. *Sachliche Brandursachen sind:* 1. Feuerstätten, 2. Schornsteine, 3. Beleuchtung, 4. Elektrische Anlagen, 5. Technische Anlagen, 6. Baustoffe, 7. Bauweise.

I. 1. Bei *Blitzschlägen* unterscheidet man kalte und zündende Einschläge. Bei einem kalten Schlag wird das Gebäude wohl getroffen. Es können auch Zerstörungen größerer Art hervorgerufen werden, aber es findet keine Zündung statt. Beim zündenden Blitzeinschlag wird dagegen ein Feuer verursacht. Der Blitz stellt einen Ausgleich zwischen Wolken und der Erde dar, ist also eine atmosphärische Entladung größerer Elektrizitätsmengen. Die Größenordnung dieser Elektrizitätsmengen ist sehr verschieden. Es handelt sich hierbei immer um Spannungen von einigen Millionen Volt. Die Stromstärken können Größen bis zu einigen 100000 Ampere erreichen. Bei einem Einschlag von solch gewaltigen Energiemengen wird eine erhebliche Komprimierung der Luft hervorgerufen. Dies führt im Falle eines kalten

Einschlages zu Zerstörungen. An Gebäuden sind die Spuren eines kalten Einschlages meistens in mehr oder weniger großen Mauerrissen erkennbar, oder es werden größere Zerstörungen hervorgerufen. Da die Blitzenergie die Energieform Elektrizität darstellt, gelten hierfür auch die gleichen Gesetze. Gute Leiter sind erforderlich, um einen schnellen Ausgleich der Energiemengen herbeizuführen. Befinden sich in der Blitzbahn Widerstände in Form schlechter Leiter oder kurze Unterbrechungen, so finden genau wie bei elektr. Leitungen örtliche Erwärmungen statt oder es erfolgen Überschläge. In vielen Fällen bilden sich auch auf vom Blitzstrom durchflossenen Gegenständen die sog. *Blitzfiguren* (s. d. Art: Tod und Gesundheitsbeschädigung durch elektrische Energie). In Zweifelsfällen sind es gerade diese Blitzfiguren, die ein sicheres Anzeichen für das Vorliegen eines Blitzschlages geben. Besonders dann, wenn die Frage zu entscheiden ist, ob ein Blitz- oder Sturmschaden vorliegt, können derartige Blitzfiguren von erheblicher Bedeutung sein. Der Blitz hat das Bestreben, möglichst auf dem Wege des geringsten Widerstandes in die Erde zu gelangen. Hierbei spielt auch der Zustand der Luft eine Rolle, die je nach Feuchtigkeitsgehalt mehr oder weniger gut leitend ist. Auch durch Ionisierung der Luft kann der Blitzweg maßgebend beeinflußt werden. Der Spannungszustand zwischen Erde und Wolke gibt dabei die Vorbedingungen für den Ionisationsvorgang. Schafft man nun die Vorbedingungen für eine möglichst widerstandslose Ableitung der Blitzenergie, so ist damit im Prinzip die Blitzableiteranlage vorhanden, die eben den Zweck hat, den Blitzstrom auf eine möglichst gefahrlose Weise zur Erde zu leiten. Wie im einzelnen eine solche Blitzableiteranlage gebaut sein muß, ergibt sich aus den Vorschriften des Ausschusses für Blitzableiterbau beim Verband Deutscher Elektrotechniker. Während in elektr. Anlagen beim Stromdurchfluß durch einen dünnen Draht eine Erwärmung eintritt, die z. B. bei einer Glühlampe ein Glühen des Drahtes verursacht, so wird der Blitzstrom ebenfalls auf seinem Wege Widerstände zu überwinden haben. Es muß also auch hier eine Erwärmung stattfinden, die in einzelnen Fällen zum Glühen des Drahtes und infolge von Sauerstoffzutritt auch zum Durchschmelzen führen kann. Es kommt dadurch zur Trennung der betreffenden Stelle. Durch den dadurch entstehenden Öffnungsfunken kann dann brennbares Material entflammt werden. Bei vorhandener Blitzableiteranlage ist daher stets auf gute Verbindung der einzelnen Leitungen zu achten. Auch ist darauf zu achten, daß der Übergang von der Leitung zur Erde den bestmöglichen Wert erreicht. Eine regelmäßige Überwachung der Anlage durch einen Sachverständigen liegt im Rahmen der Sorgfaltspflicht, die von jedem Grundstücksbesitzer verlangt werden kann. Eine mangelhafte Blitzableiteranlage birgt erhebliche Gefahren in sich, da durch schlechte Leitungsverbindungen Erwärmungen eintreten können. Ein Zwang zur Anlage einer Blitzableiteranlage besteht zwar nicht, sie bietet aber den einzig möglichen Schutz für ein Gebäude. Für die Gefährdung eines Gebäudes spielt auch u. U. die Lage des Grundstückes eine Rolle. In manchen Gegenden gehören Blitzeinschläge zu den Seltenheiten, dagegen gibt es wieder andere Gegenden, wo Blitzeinschläge außerordentlich häufig vorkommen. Es hängt dies mit den geologischen Verhältnissen zusammen. Eindeutig sind allerdings diese Verhältnisse nicht geklärt. Es besteht aber Grund zu der Annahme, daß das Vorhandensein von unterirdischen Wasseradern mit der Häufigkeit von Blitzeinschlägen in einem gewissen Zusammenhang steht. Auch *elektr. Leitungen* in Gebäuden bilden für den Blitzstrom eine günstige Ableitung, auch dann, wenn diese

nicht mehr benutzt werden oder an die vorhandenen in Betrieb befindlichen Anlagen nicht mehr angeschlossen sind. Zu vermeiden ist daher die Verlegung von Leitungen in unmittelbare Nähe von Blitzableiteranlagen.

I. 2. *Flugfeuer und Luftzug* (s. d. Art.: Luftzug, Wind und Flugfeuer als Brandursachen).

I. 3. *Selbstentzündung* (s. d.).

I. 4. *Explosion* (s. d. Art.: Explosionen).

I. 5. *Sonnenstrahlen* (s. d. Art.: Sonnenstrahlen als Brandursache).

I. 6a. Bei *Erderschütterungen* können Brände dadurch verursacht werden, daß Gefäße oder Rohrleitungen für brennbare Stoffe auseinanderbrechen und sich an Funken, die durch Reibung entstehen können, entzünden. Auch sonst vorhandene offene Brennstellen können dann die Entzündung herbeiführen.

I. 6b. Bei *Korrosionsschäden* wird es sich immer um einen sich langsam entwickelnden Zustand handeln. In der Regel können diese Schäden bei einiger Aufmerksamkeit rechtzeitig entdeckt werden. Nur dann, wenn die betr. Rohrleitungen oder Behälter der allgemeinen Kontrolle entzogen sind, daß sie z. B. im Erdboden liegen, kann mit den Folgen von Korrosionsschäden gerechnet werden. Ein Brand kann hier aber nur dann entstehen, wenn Stoffe frei werden, die von sich aus brennbar sind oder durch Mischung mit Luft ein brennbares Gemisch ergeben. Manche Stoffe zersetzen sich auch in Verbindung mit der Bodenfeuchtigkeit oder infolge direkten Zutritts von Wasser. Hierbei werden dann vielfach Erwärmungen hervorgerufen, die so hoch sein können, daß die Entzündungstemperatur der sie umgebenden Stoffe überschritten wird. Auch kann eine Gasbildung entstehen, die wiederum durch Mischung mit Luft und beim Vorhandensein eines Zündfunkens zur Entflammung führen kann. Besondere Beobachtung ist den Korrosionsschäden zu schenken, die durch sog. Kriechströme entstehen. Jede stromführende Leitung muß gegen die Umgebung isoliert sein. Dies gilt sowohl für Leitungen, die oberirdisch in Rohren oder als Kabel verlegt worden sind, wie auch für Leitungen, die unterirdisch in Kabel oder auch in Kabelkanälen verlegt werden. In jedem Fall kommen durch Einwirkungen mechanischer oder chemischer Art Fehler in der Isolierung vor. Im allgemeinen können diese Fehler bei regelmäßig stattfindenden Kontrollen festgestellt werden. Es gibt aber auch Fälle, wo eine Feststellung solcher Fehler schwierig ist, wo vor allen Dingen der Fehler nur gering ist und es sich um nur geringe Strommengen handelt. Besteht der Boden, der die betr. Leitung umgibt, aus gut leitendem Material und liegen andere Rohre, wie Gas- oder Wasserleitungen nicht in der Nähe, so wird mit der Zeit durch elektrolytische Zersetzung der Fehler so groß, daß er durch Messung festgestellt oder, wenn vorhanden, durch registrierende Instrumente angezeigt wird. Nur in den Fällen, wo eine derartige Überwachung nicht besteht, wird dann mit einem Kabelbrand od. dgl. zu rechnen sein. Anders liegt der Fall aber dann, wenn ein in der Nähe des Kabels liegendes Gas- oder Wasserleitungsrohr für die Ableitung des elektr. Stromes günstigere Bedingungen bietet als das umgebende Erdreich. Dieser Fall liegt auch dann häufig vor, wenn es sich um Ortsnetze mit geerdetem Null- oder Mittelleiter handelt. Es finden dann an der Übergangsstelle elektrolytische Zersetzungen statt, die zu Zerstörungen der Rohrleitungen führen können. Die Folgen können dann dieselben sein, wie bei Rohrbrüchen.

I. 6c. Daß *Frost und Wasser* ähnliche Vorgänge auslösen können, ergibt sich aus dem Dargelegten. Bei Frostschäden tritt ein Brand in der

8

Regel erst in zweiter Linie auf. Beim Auftauen einer eingefrorenen Leitung wird vielfach nicht mit der erforderlichen Sorgfalt vorgegangen. Immer wieder werden Lötlampen und offene Kohlen- oder Holzfeuer in Räumen verwendet, in denen leicht brennbare Stoffe lagern. Auch sind Wasserleitungsrohre sehr oft mit leicht brennbaren Frostschutzmitteln versehen, die dann beim Auftauen in Brand geraten. In den meisten Fällen wird man dann aber ein fahrlässiges Verhalten des Betreffenden, der die Auftauarbeit vorgenommen hat, feststellen können.

I. 7. Die Frage, ob und in welchem Umfange *Tiere* als Brandverursacher in Frage kommen, ist dahingehend zu beantworten, daß sicher beobachtete Fälle sehr selten sind und dann meistens auf Umstände zurückgeführt werden müssen, die vermuten lassen, daß der betr. Tierbesitzer irgendwie fahrlässig gehandelt hat. Haare brennen an sich nicht und können einen Brand nicht fortleiten. Wenn dagegen z. B. eine Katze oder ein Hund mit einem brandgefährlichen Ungeziefermittel behandelt wird, kann der Fall eintreten, daß das Tier einer Feuerquelle zu nahe kommt. Da das Tier dann bei Inbrandgeraten des Felles das Feuer durch Wälzen nicht löschen kann, wird es bestrebt sein, irgendwo unterzukriechen. Unter diesen Umständen ist also die Möglichkeit einer Brandentstehung durch Tiere vorhanden. Es kann auch der Fall eintreten, daß ein Tier bei der Suche nach Nahrung z. B. eine brennende Petroleumlampe umstößt. Die Lampe wird dann entweder verlöschen oder sie explodiert. Wenn in elektr. Kraftanlagen sog. Umschalter Verwendung finden, bei denen der Schalthebel in der Nullstellung waagerecht steht, kann der Fall eintreten, daß z. B. eine Katze auf den Schalthebel springt und dadurch den Schalter ganz oder auch nur teilweise einschaltet. Dadurch werden dann der Anlasser oder auch die Motorwicklungen unter Spannung gesetzt. Da die Leitungen im Motor und im Anlasser Widerstände darstellen, tritt eine Erwärmung ein. Es kommt zum Glühen der Drähte, und es kann dann zur Entflammung leicht brennbarer Stoffe, von Isoliermasse oder auch von Öl kommen. Auch die nur teilweise erfolgte Einschaltung eines Motors führt zu einer Überlastung der eingeschalteten Leitung, was sich wiederum in einer übermäßigen Erwärmung einzelner Leitungsteile äußert. Die Folge ist dann letzten Endes ein Wicklungsbrand. Die Vermutung, daß Tiere einen Brand verursacht haben sollen, ist stets mit sehr großer Vorsicht aufzunehmen und bedarf immer einer sehr sorgfältigen Nachprüfung.

II. 1. Bei den sachlichen Brandursachen nehmen die *Feuerstätten* einen sehr breiten Raum ein. In der Regel handelt es sich hier um bauliche Mängel, oder es sind einschlägige Vorschriften nicht beachtet worden. Die hauptsächlichsten Mängel sind: verbotener Standort, ungenügende Abstände von brennbaren Wänden, mangelhaftes Fundament, undichte Rauchrohre, undichte Rauchrohreinmündungen, fehlendes Feuerblech vor der Ofentür, vorschriftswidrige Absperrschieber im Schornstein, ungenügender Wärmeschutz, brennbare Umgebung, mangelhafte Unterhaltung des Ofens.

Bei Gasfeuerstätten sind die hauptsächlichsten Mängel zu suchen in: undichten Leitungen, aufstehenden Gashähnen, mangelhaften Brennern, Verlöschen der Flamme durch Überkochen des Kochgutes.

Die eingehende Untersuchung der im Brandschutt vorhandenen Rückstände lassen in den meisten Fällen einwandfreie Schlüsse zu, ob der eine oder andere Fehler, wie er oben kurz gekennzeichnet ist, vorliegt. Die Zeugenvernehmungen sind hierbei von großer Wichtigkeit und müssen zur Klärung der Sachlage unbedingt mit herangezogen werden.

II. 2. Brände, die durch Mängel an *Schornstei-*nen hervorgerufen werden, sind fast ebenso häufig wie die durch Feuerstätten verursachten. Vielfach ist es der mangelhafte bauliche Zustand, der zu Bränden führt. Die Reinigungstüren sind defekt oder fehlen manchmal ganz und sind durch andere Gegenstände verstopft. Risse im Mauerwerk des Schornsteins sind häufig festzustellen. Die Risse liegen vielfach an versteckter Stelle. Schornsteinbrände sind auch darauf zurückzuführen, daß Holzbalken in die Schornsteine eingebaut worden sind. Wenn Schornsteine in Räumen liegen, welche mit leicht brennbaren Stoffen gefüllt sind, ist darauf zu achten, daß diese Materialien nicht in unmittelbare Nähe der Schornsteine gelangen können. Ein Mindestabstand von 1 m ist einzuhalten. Verschläge oder Umbauten müssen angebracht werden. Sammelt sich im Schornstein Ruß in erheblichen Mengen an oder bildet sich Glanzruß, so kann es zu Rußbränden kommen. Diese treten besonders bei starker Überheizung auf.

II. 3. *Beleuchtungskörper* bilden ebenfalls eine häufige Brandursache. Die elektr. Beleuchtung bleibt hierbei zunächst unberücksichtigt, da diese später besprochen wird. Hier sollen nur die Beleuchtungen, welche durch Petroleum, Rüböl, Kerzen und Gas betrieben werden, behandelt werden. Ordnungsgemäßer Zustand der Beleuchtungskörper sollte selbstverständliche Voraussetzung für die Verwendung sein. Die Erfahrung zeigt, daß auf diesem Gebiet in sehr vielen Fällen nicht die nötige Sorgfalt beachtet wird. Lampen und überhaupt Beleuchtungskörper sollten immer nur dort Verwendung finden, wo ein sicherer Aufstellungsort vorhanden ist, feuergefährliche Gegenstände nicht in der Nähe sind und der Beleuchtungskörper selbst eine Vorrichtung besitzt, durch die eine übermäßige Wärmeausstrahlung vermieden wird. Feuergefährliche Flüssigkeiten dürfen niemals in der Nähe einer brennenden Lampe aufgestellt werden. Bei Nichtbeachtung dieser Sicherheitsmaßnahmen ist immer mit einer fahrlässigen Brandstiftung zu rechnen. In diesem Zusammenhange ist auch auf die Strafbestimmungen des StrGB. hinzuweisen.

II. 4. Brände, welche infolge Defekte oder anderer Vorkommnisse an *elektr. Anlagen* entstehen, sind ebenfalls häufig. Gewarnt werden muß aber davor, die elektrische Anlage nun in allen Fällen, in denen eine Erklärung für die Brandentstehung nicht gefunden werden kann, als Brandursache hinzustellen. Es ist nicht immer leicht, den Nachweis dafür zu bringen, ob die elektrische Anlage als Ursache in Frage kommt oder nicht. Diese Schwierigkeit in der Ermittlung wird vielfach dazu benutzt, daß die elektrische Anlage als willkommener Vorwand als Brandursache vorgeschoben wird, in der Hoffnung, daß der Nachweis für die Richtigkeit dieser Behauptung nicht zu erbringen ist. Als Brandursachen, welche auf elektrische Anlagen zurückgeführt werden können, kommen in Frage: *Kurzschluß, Erdschluß, Überlastung, Bildung von Flammenbogen.* In einer richtig abgesicherten Anlage, die auch sonst den Vorschriften entsprechend verlegt worden ist, wirkt sich ein Kurzschluß meistens nicht so gefährlich aus, wie vielfach angenommen wird. Kommt es irgendwo zu einem Kurzschluß, so brennen die vorgeschalteten Sicherungen durch, und die Leitung ist damit stromlos. Ist die Leitung stark belastet, wird sich der Kurzschlußflammenbogen sehr erheblich auswirken und kann brennbare Stoffe in Flammen setzen, da es sich beim elektrischen Flammenbogen um Temperaturen zwischen 3000 und 5000° C handelt. In der Regel treten die Kurzschlüsse als Folge irgendwelcher Beschädigungen an den Leitungen auf. Ein Defekt kann sich aber auch erst allmählich herausbilden. Die beschädigte

Isolierung wird dabei mit der Zeit schlechter. Wenn anfänglich nur ein geringer Stromübertritt stattfindet, so tritt mit der Zeit doch eine weitere Erwärmung ein, die zur Zerstörung der Isoliermittel führt und dann den direkten Kurzschluß herbeiführt. Man spricht in diesem Fall von einem schleichenden Kurzschluß. Dieser schleichende Kurzschluß ist wegen seiner schweren Erkennbarkeit sehr gefährlich. Auch die Auffindung solcher Defekte, die sich dadurch erkennbar machen, daß die vorgeschalteten Sicherungen häufig durchschlagen, ist ziemlich zeitraubend. Scharf verurteilt werden muß aber die Maßnahme mancher Installateure, die derartige Kurzschlüsse einfach durch starke Übersicherung der Leitung auszubrennen versuchen. Eine solche Maßnahme ist als grob fahrlässig zu bezeichnen. Der *Erdschluß* dagegen ist als weit gefährlicher anzusehen als der Kurzschluß. Seine Gefährlichkeit beruht vor allen Dingen darin, daß der Schluß sehr erhebliche Formen annehmen muß, bevor die vorgeschaltete Sicherung anspricht. Bei einem Erdschluß fließt der Strom zur Erde ab. Der Stromabfluß wirkt sich also hierbei genau so aus, als wenn irgendein Verbrauchsgerät angeschlossen worden wäre, ist also als Strombelastung anzusehen. Bei einer Strombelastung spricht die Sicherung aber erst an, wenn eine Überlastung eintritt. Hinzu kommt auch noch, daß jede Sicherung bis zu einem gewissen Grade überlastbar ist. Je nach Größe des Erdübergangswiderstandes tritt eine mehr oder weniger große Erwärmung ein. Diese Erwärmung kann so groß werden, daß Stahlrohre glühend und zum Schmelzen gebracht werden können. Die Überlastung einer Leitung wirkt sich in gleicher Weise aus. Jede Leitung darf dem Querschnitt entsprechend nur bis zu einem gewissen Grad belastet werden. Dementsprechend müssen auch die Sicherungen gewählt werden. Werden nun höhere Sicherungen eingesetzt oder werden die Sicherungen mit Draht od. dgl. verstärkt, kann der angeschlossene Apparat oder Motor überlastet werden. Ein erhöhter Stromverbrauch bedingt aber auch einen entsprechenden Leitungsquerschnitt. Ist der Querschnitt der Leitung zu gering, kann eine erhebliche Erwärmung eintreten, der angeschlossene Apparat oder Motor brennt in den Wicklungen oder an sonstigen Stellen durch und kann dadurch einen Brand verursachen. Wie bereits oben erwähnt, kann beim Abschalten eines Apparates oder Motors ein *Flammenbogen* am Schalter auftreten. Dieser Flammenbogen tritt besonders dann auf, wenn unter Last abgeschaltet wird. Aber auch dann, wenn die Kontakte des Schaltgerätes durch langen Gebrauch abgenutzt sind, kann durch ungleichmäßiges Abschalten durch die dadurch verursachte ungleichmäßige Belastung ein größerer Abreißfunke entstehen. Liegen in der Nähe dieser Kontaktstellen leicht brennbare Stoffe (Stroh, Staub u. dgl.), ist eine Entzündung möglich. Wenn die Anschlußdrähte an Schaltapparate, Klemmen, Motore od. dgl. nicht fest angeschlossen worden sind oder sich mit der Zeit gelockert haben, treten sog. *Wackelkontakte* auf. Es tritt an der losen Kontaktstelle eine Funkenbildung auf, wodurch Stoffe in Brand geraten können. Es muß daher von jedem Anlagenbesitzer gefordert werden, daß er seine elektrische Anlage regelmäßig überwachen läßt. Es gehört dies zu den Sorgfaltspflichten, die billigerweise verlangt werden können.

II. 5. Bei *technischen Anlagen* handelt es sich in der Regel um Maschinen. Die an den Maschinen befindlichen drehenden Teile bilden hier die Gefahrenpunkte. Insbesondere die Lager bilden ein großes Gefahrenmoment. Sobald nicht für genügende Schmierung gesorgt wird, tritt auch hier infolge der Rei-

bung eine Erwärmung ein. Bei fortschreitender Erwärmung kommt es zum Schmelzen des Lagermetalls, schließlich werden die Lagerschalen glühend. Bei Verwendung von Kugellagern ist die Gefahr des Heißlaufens in der Regel gering. Bei schnellaufenden Maschinen werden daher auch durchweg Kugellager verwendet. Schlagen oder reiben rotierende Maschinenteile aneinander, tritt ebenfalls eine Erwärmung ein, oder es entstehen Funken, die zur Entzündung brennbarer Stoffe führen können. Eine besondere Stellung nehmen *Verbrennungskraftmaschinen* bezügl. der Auspuffleitungen ein. Die Auspuffgase sind beim Verlassen des Auspuffrohres soweit abgekühlt, daß in der Regel nicht mit einer Entzündung leicht brennbarer Stoffe durch die Abgase gerechnet zu werden braucht. Die zeitweise ausgestoßenen Funken bilden jedoch eine nicht unerhebliche Gefahr. Aus unverbrannten Ölresten bildet sich an Auspuffschlitzen Ölkohle. Die Größe dieser Ölkohlereste schwankt. Immerhin ist aber die Bildung ziemlich großer Stücke möglich. Die Temperaturen der Auspuffgase schwanken zwischen 300 und 550° C. Bei diesen Temperaturen kommen diese Ölkohlereste zum Glühen. Durch die wechselnde Belastung der Maschine und den dadurch verursachten Druckwechsel werden dann die Ölkohleteilchen abgestoßen und ins Freie geschleudert. Diese Ölkohleteilchen glühen dabei bereits beim Herausschleudern oder glühen auf, sobald sie mit dem Sauerstoff der Luft in Berührung kommen. Die Temperatur solcher Ölkohleteilchen beträgt dabei 300—500° C. Sind die Funken deutlich sichtbar, so ist immer mit Temperaturen zwischen 400 und 500° C zu rechnen. Die Entzündungstemperatur von Holz und leicht brennbaren Stoffen wie Stroh u. dgl. liegt dagegen bei 250—275° C, so daß durch herausgeschleuderte Ölkohleteilchen immer eine Entzündung möglich ist, zumal, wenn günstige Zugverhältnisse vorliegen und dadurch eine Entflammung begünstigt wird. Auch die in technischen Anlagen verwendeten Schmier- und Putzlappen können unter gewissen Verhältnissen zur Selbstentzündung kommen. Hierher gehören auch mit Schmiermittel vermischte Drehspäne. Es ist daher Vorschrift, daß Putzlappen, Drehspäne u. dgl. in Behältern aufbewahrt werden müssen (s. d. Art.: Selbstentzündung).

II. 6. Bei den *Baustoffen* ist es das Holz, das bei Bränden eine sehr große Rolle spielt. Die einzelnen Holzarten entzünden sich bei unterschiedlichen Temperaturen. Unter günstigen Umständen kann Holz sich schon bei 100° C entzünden, andererseits kann aber auch die Entzündungstemperatur bei 300° C liegen. Da bei gewöhnlichen Bränden Temperaturen von 1000—1500° C auftreten können, ist bei Holz stets mit einer schnellen Entflammung und auch mit einer entsprechenden Weiterleitung des Feuers zu rechnen. Eisen wird vor allen Dingen dadurch gefährlich, weil es sich schnell erhitzt und die Wärme gut überträgt. Da es sich bei Erwärmung erheblich ausdehnt, können auch dadurch schwere Schäden eintreten. Die Festigkeit des Eisens leidet auch bei Erwärmungen. An sonstigen Baustoffen, die für eine Brandübertragung in Frage kommen, ist noch die Dachpappe in Form von Teerpappe zu nennen. Teerpappe brennt an sich nicht leicht. Ist aber Teerpappe einmal in Brand geraten, so wird das Feuer hierdurch in der Regel schnell ausgebreitet.

II. 7. Die *Bauweise* ist für die Brandübertragung von wesentlicher Bedeutung. Besondere Beachtung ist den Brandmauern zu schenken. Diese sollen Gebäudeteile voneinander trennen, damit der Übertritt eines Brandes von einem Gebäude zum anderen verhindert oder doch erschwert wird. Der

8*

Zweck wird jedoch nur dann erreicht, wenn die Mauer selbst in allen Teilen intakt ist. Irgendwelche Durchbrechungen (z. B. Türen) sind mit feuersicheren Türen, die selbstschließend sein müssen, zu versehen. Im übrigen bilden Treppen und Schächte für Aufzüge eine gute Brandübertragungsmöglichkeit. Es ist deshalb besondere Obacht darauf zu geben, daß solche Bauteile mit den übrigen Räumlichkeiten nicht in unmittelbarer Verbindung stehen, sondern durch irgendwelche Zwischentüren abgetrennt werden. Im Brandfalle wird dadurch Zug nach Möglichkeit vermieden. Im übrigen gelten für gewisse Bauten besondere Vorschriften, die fordern, daß die Bauweise feuersicher oder feuerhemmend sein muß. *Feuerhemmend sind z. B.* hölzerne Stützen, wenn sie mit 1½ cm Kalkmörtelputz oder mit gleichwertigem Material verkleidet sind. Ferner sind Decken aus Holz feuerhemmend, wenn sie 1½ cm stark verputzt sind. Türen gelten als feuerhemmend, wenn sie aus 2½ cm starkem Hartholz, gespundeten Brettern mit aufgeschraubtem oder vernietetem Eisenblech von ½ mm, unverbrennlicher Wandung, mit Schwelle und selbsttätiger Schließung mit wenigstens 1½ cm tiefen Falzen versehen sind. Feuerhemmend sind ferner Treppen aus Sandstein, Eisen, Hartholz und ähnlichen Materialien, wenn sie 1½ cm stark verputzt sind. *Feuerbeständig sind* z. B. Ziegelsteinwände von ½ Steinstärke, unbewehrte Betonwände von 10 cm und bewehrte von 6 cm Stärke. Bei der Bedachung ist vor allen Dingen die Art des verwendeten Materials maßgebend. Pfannen- und Schieferdächer gelten als feuersichere Bedachung. In der Regel wird auch ein Teerpappendach mit unter feuersichere Bedachung gerechnet. Dagegen sind Stroh-, Rohrdächer und sonstige Bedachungen aus weichem Material als feuergefährlich anzusehen. Man hat bei letzterer Bedachung verschiedentlich Imprägnierungsmittel angewendet, um die Feuersicherheit zu erhöhen, doch sind diese Mittel in der Regel nur eine gewisse Anzahl Jahre wirksam und werden durch Regen und sonstige Witterungseinflüsse mit der Zeit ausgewaschen. Allgemein eingeführt sind diese Imprägnierungsmittel jedoch nicht. Wenn in Vorstehendem ein kurzer Überblick über die wesentlichsten Brandsachen gegeben worden ist, so ist hierbei zu bedenken, daß gerade in den letzten Jahren viele Bau- und Werkstoffe hergestellt worden sind, die sonst übliche Baustoffe ersetzen sollen. Es besteht die Möglichkeit, daß sich das eine oder andere Material nicht als feuersicher herausstellt und daß seine Verwendung daher für gewisse Zwecke ebenfalls Feuersgefahren in sich birgt. Einschlägige Erfahrungen liegen allerdings auf diesem Gebiete in genügendem Maße nicht vor, und es bedarf noch einer Reihe von Jahren, um hier Erfahrungen und damit eine entsprechende Übersicht zu gewinnen.

*Schrifttum.*

*Tramm:* Brandstiftungen und Brandursachen. Die Technik ihrer Ermittlung. 2., verbess. Aufl. Berlin-Zehlendorf 1934. — *Schleswig-Holsteinische Landesbrandkasse, Kiel:* Starkstromanlagen ,,Falsch — Richtig". Kiel 1937. — *Verband Deutscher Elektrotechniker (VDE.):* Vorschriftenbuch des Verbandes Deutscher Elektrotechniker. 21. Aufl. Berlin 1937. *Krefft.*

## Brandursachenermittlung. (Vgl. auch Art.: Brandstiftung; Brandursachen.)

Die Brandursachenermittlung befaßt sich in erster Linie mit der Ermittlung der Brandursache, in zweiter Linie mit der Verschuldensfrage. Erst dann, wenn die Ursache tatsächlich oder doch mit an Sicherheit grenzender Wahrscheinlichkeit festgestellt worden ist, läßt sich die Frage des Verschuldens näher erörtern. Diese ist dann im Zusammenhang mit dem übrigen Ermittlungsergebnis (Zeugenaussagen usw.) vorzunehmen. Die Frage nach dem Motiv spielt hierbei eine erhebliche Rolle. Durch Klarstellung dieser Fragen können sonst vielleicht unerklärbare Vorgänge erklärbar gemacht werden. Grundsätzlich sind drei Brandursachen zu unterscheiden: 1. die Brandstiftung, 2. die fahrlässige Brandstiftung, 3. der Betriebsschaden.

*Brandstiftung* (s. d.) liegt dann vor, wenn mit Absicht ein Gegenstand in Brand gesetzt wird, der vermöge seiner Zusammensetzung selbst brennt und von sich aus das Feuer weiterleiten und dies auch anderen Gegenständen mitteilen kann. *Fahrlässige Brandstiftung* liegt dann vor, wenn durch Außerachtlassung der im Verkehr erforderlichen Sorgfalt und infolge Nichtbeachtung erlassener Sicherheitsvorschriften ein Brand entsteht. Der Brandstifter muß hierbei die erforderliche Einsicht haben. Die Kenntnis der für den Einzelfall erlassenen Polizeiverordnungen muß dabei als bekannt vorausgesetzt werden. Ein *Betriebsschaden* liegt dann vor, wenn infolge technischer oder durch den Betrieb bedingter anormaler Verhältnisse ein Schaden dadurch eintritt, daß im Hinblick auf einen Brand eine Erwärmung eintritt, durch die dann eine Entzündung der in der Nähe liegenden brennbaren Stoffe eintritt. Bestehende Sicherheitsvorschriften und Polizeiverordnungen dürfen nicht verletzt worden sein. Der Schaden tritt trotz ordnungsgemäßer Unterhaltung und Wartung, welches nachgewiesen werden muß, ein. Sind diese Voraussetzungen nicht gegeben, kann es sich um eine fahrlässige Brandstiftung handeln. Die Ermittlungen haben sich deshalb auch auf die Nachprüfung der Betriebsbedingungen zu erstrecken. Hierbei ist darauf zu achten, ob auf die Auswahl des Betriebspersonals die nötige Sorgfalt verwendet worden ist. Bei einer Brandstiftung ist immer der direkte oder indirekte *Nachweis einer Brandlegung* (s. d. Art.: Brandstiftung) erforderlich, sei es, daß infolge des Brandverlaufes in Verbindung mit den Zeugenaussagen ein solcher Nachweis möglich ist, oder daß die Verwendung von Brennflüssigkeiten oder sonstiger Brennmittel nachgewiesen werden kann. Die Brandmotive spielen hierbei eine erhebliche Rolle. Aus den Brandmotiven können vielfach Rückschlüsse gezogen werden, die dann zur Überführung des Täters ausreichen. Besondere Vorrichtungen zur Brandlegung sind beobachtet worden. Die Häufigkeit solcher Vorrichtungen wird jedoch vielfach überschätzt. Bei Brandstiftern handelt es sich in der Regel um Menschen einfacher Veranlagung, die in den wenigsten Fällen geistig in erheblichem Maße rege sind. Sie werden sich daher nur in seltenen Fällen der Mühe unterziehen, besonders mühevolle und komplizierte Vorrichtungen zur Brandlegung zu schaffen. Es besteht immer die Möglichkeit des Versagens. Es besteht auch die Gefahr, daß dann durch das Versagen einer solchen Vorrichtung die Brandursache und damit auch der Urheber leichter festgestellt werden kann. Man kann daher in der Regel mit einfachen Vorgängen bei der Brandlegung rechnen. Einfache, unklomplizierte Gedankengänge sind hierbei eher am Platze als Konstruktionen, die dem Gedankenkreis der in Frage kommenden Personen nicht entsprechen. Bei Personen allerdings, bei denen man eine gewisse Intelligenz voraussetzen kann, dürften Überlegungen komplizierterer Art am Platze sein. Hier dürfte mit der Möglichkeit einer verwendeten Zeitzündung (s. d. Art.: Brandstiftung) od. dgl. zu rechnen sein. Der Nachweis hierfür wird aber immer schwierig sein und gelingt meistens nur dann, wenn eine teilweise Verbrennung oder ein Versagen der Vorrichtung stattgefunden hat. Ausschlaggebend für den Nachweis einer Brandstiftung ist, wenn es gelingt, alle natürlichen Brandursachen (s. d. Art.: Brandursachen) auszuschließen.

Dadurch wird die Möglichkeit einer Ausrede eingeengt, und der Verdächtige kann dadurch in Widersprüche verwickelt werden. Die Mitarbeit von Sondersachverständigen ist bei der Brandursachenermittlung in der Regel unerläßlich. Nur in einfach gelagerten Fällen können die vom Ermittlungsbeamten gemachten Feststellungen verwertet werden, wenn entweder ein Geständnis vorliegt oder die Richtigkeit der ermittelten Brandursache ohne weiteres und ohne besondere Fachkenntnisse nachweisbar ist. Gründen sich aber die Feststellungen über die Brandursache auf Vorgänge, zu deren Nachweis es der Kenntnis gewisser allgemein nicht bekannter Vorgänge bedarf, so ist die Mitarbeit eines oder mehrerer Sondersachverständigen nicht zu umgehen. Durch die Sachverständigengutachten soll in erster Linie die gefundene Brandursache nach den Erfahrungen der Praxis und nach wissenschaftlichen Grundsätzen begründet werden, oder es soll auch nachgewiesen werden, daß eine von interessierter Seite angegebene Brandursache nicht möglich ist. Für die Beweissicherung ist die Mitarbeit von Sachverständigen vielfach unentbehrlich. Die Zusammenarbeit mehrerer Sachverständigen kann hierbei sehr wertvoll sein. Dies hat die Praxis vielfach erwiesen. Hierbei ist allerdings Voraussetzung, daß die Sachverständigen gemeinsam die Untersuchung der Brandstelle vornehmen, damit etwa vorhandene Differenzen in der Beobachtung und Beurteilung einzelner Vorgänge an Ort und Stelle geklärt werden können. Die Untersuchung der Brandstelle durch Sondersachverständige sollte dabei immer in Gegenwart der Ermittlungsbeamten vorgenommen werden. Bei den Ermittlungsbeamten liegt die polizeiliche Gewalt, und ihren Anordnungen ist Folge zu leisten. Es ist außerdem wichtig, daß bei den einzelnen Feststellungen der Sachverständigen amtliche Zeugen zugegen sind, da im Laufe der Untersuchung die Lage und der Zustand einzelner Gegenstände verändert werden muß. Die ursprüngliche Lage oder der Zustand eines Gegenstandes kann aber später bei der Beweiserhebung im Termin sehr wichtig sein. Wesentliche Punkte, die sich bei der Untersuchung herausstellen, sollten von den Ermittlungsbeamten sofort zu Protokoll genommen werden. Skizzen und photographische Aufnahmen sind hierbei unerlässige Hilfsmittel. Eine kurze schriftliche Fixierung des Untersuchungsergebnisses im Anschluß an die Untersuchung an Ort und Stelle ist im allgemeinen wünschenswert und kann in manchen Fällen für den weiteren Fortgang der Untersuchung unerläßlich sein. Dem Sachverständigen, der von den Ermittlungsorganen zugezogen wird, ist stets Akteneinsicht zu gewähren, oder es ist ihm das vorläufige Ermittlungsergebnis mitzuteilen. Hierbei ergibt sich auch oft, daß der Sachverständige an Vernehmungen teilnehmen und hierbei u. U. selber Fragen stellen muß. Keinesfalls bedeutet dies einen Eingriff in die Ermittlungen der Polizeiorgane, sondern ist immer als im Rahmen dessen liegend zu betrachten, um dem Sachverständigen den nötigen Einblick in die Verhältnisse, dessen er zur Abfassung des Gutachtens bedarf, zu verschaffen. Bis zum Eintreffen des Sondersachverständigen darf eine Veränderung der Brandstelle nicht vorgenommen werden, es sei denn, daß nur dadurch die weitere Ausbreitung des Brandes verhindert oder Unfälle vermieden werden können. Je unberührter eine Brandstelle ist, um so mehr ist mit einem schnellen und sicheren Ergebnis der fachtechnischen Untersuchung zu rechnen. Bis zum Abschluß der Ermittlungen sollte auch grundsätzlich die beschlagnahmte Brandstelle nicht freigegeben werden. Bei auftretenden Differenzen können dann stets Nachprüfungen vorgenommen werden. Ist die Brandstelle einmal aufgeräumt, dann ist die Klärung von Zweifelsfragen meist nicht mehr möglich. Das Ergebnis der bisherigen Untersuchungen kann damit aber in Frage gestellt werden. Können Gegenstände durch Witterungseinflüsse verändert werden, so sind sie sofort durch besondere Vorrichtungen zu schützen. Sehr nachteilig ist es stets, wenn Gegenstände für die Untersuchung aus dem Brandschutt entfernt werden, um sie an anderer Stelle sicherzustellen. Aus der Lage im Brandschutt kann der Sachverständige bessere Schlüsse ziehen, als am Gegenstand an sich, der von der Umgebung aus dem Brandschutt gelöst ist. Es sind indessen Fälle denkbar, in denen ein sicherer Schutz nicht möglich ist. Es sollte dann aber vor der Fortnahme aus dem Brandschutt eine Skizze über die Lage angefertigt oder die Lage und der Zustand durch eine photographische Aufnahme gesichert werden. Bei der Brandursachenermittlung spielt vielfach die beim Brandausbruch herrschende Windrichtung eine wichtige Rolle. Es ist aber immer wieder die Beobachtung zu machen, daß die Aussagen der Zeugen hierüber auseinandergehen. Erklärbar ist dies dadurch, daß durch den Wärmeauftrieb des Feuers eine Änderung der Luftströmung eintritt. Das Feuer kann dadurch in Richtungen vorgetrieben werden, die der allgemein vorhanden gewesenen Windrichtung zuwiderlaufen. Besonders in hügeligem Gelände tritt diese Erscheinung auf oder wenn das Brandobjekt in einem Talkessel liegt. Bei Nachtbränden wird die Änderung der Windrichtung durch den herrschenden Funkenregen häufig zu beobachten sein. Die Lokalisierung des Brandherdes ist eine der ersten Hauptaufgaben des Ermittlungsbeamten. Die Auswertung der Aussagen der Zeugen, die den Brand zuerst bemerkt haben, ist unerläßlich. Diese Bekundungen müssen sich auch mit dem weiteren Brandverlauf decken. Weiterhin ist die Kenntnis darüber, wie und mit welchen Mengen das Brandobjekt mit brennbaren Stoffen gefüllt worden war, von sehr großer Wichtigkeit. Diese Angaben lassen durch Kombination mit den Zeugenaussagen in der Regel eine ungefähre Bestimmung des Brandherdes zu. An diesem auf diese Weise festgelegten Brandherd kann dann auch durch Beobachtung der Brandzehrung an Gegenständen bestimmt werden, ob die ursprünglichen Vermutungen ungefähr zutreffen. Die ersten Untersuchungen haben dann an dieser Stelle zunächst einzusetzen. Die beobachtete Brandausbruchstelle braucht dabei nicht immer notwendig der Brandherd zu sein. Die Art der Baulichkeiten und mangelhafte Vorbedingungen für die Brandentwicklung bedingen oft, daß das Feuer zunächst nur als Glimmfeuer aufkommt. Erst dann, wenn Gegenstände erfaßt werden, für die die Bedingungen zur Entflammung günstig sind, kommt das Feuer erst zur vollen Entfachung. Dieser Gesichtspunkt ist besonders dann zu beachten, wenn es sich möglicherweise um Brandursachen handelt, die aus natürlichen Quellen hergeleitet werden müssen, oder wenn die Vermutung einer fahrlässigen Brandstiftung vorliegt.

Alle Maschinen, elektrische Leitungen und Elektromotore sind hierbei in die Betrachtung besonders sorgfältig einzubeziehen (s. d. Art.: Brandursachen). An Maschinen können drehende Teile wie Lager durch Reibung, wenn mangelhafte Unterhaltung vorliegt, so erwärmt werden, daß eine Entzündung leicht brennbarer Gegenstände, die in der Nähe liegen, eintritt. Bei elektrischen Anlagen sind die häufigsten Brandursachen: Kurzschluß, Erdschluß und Überlastung. Ist eine elektrische Lichtanlage im Brandobjekt vorhanden, ist die Feststellung von großer Wichtigkeit, ob bei Ausbruch des Brandes das Licht gebrannt hat. Ferner ist wichtig, ob ein oder mehrere Stromkreise vorhanden sind und in welchem Stromkreis sich bei Brandausbruch die brennenden Lampen befunden haben. Ist eine Kraftanlage im Brandobjekt gewesen, so ist von Wichtigkeit, wann diese zuletzt benutzt worden ist und welche Störungen evtl. in letzter Zeit vor dem Brande beobachtet worden sind. Die Lage der Zähler und Sicherungen ist stets genau festzustellen. War die Anlage bei Eintreffen der Ermittlungsbeamten bereits abgeschaltet, so muß festgestellt werden, durch wen dies erfolgt ist und auf welche Weise die Abschaltung vorgenommen wurde. Wurde die Abschaltung der Anlage dadurch vorgenommen, daß die vorhandenen Sicherungen entfernt wurden, so sind diese unbedingt herbeizuschaffen. Der Befund an den Sicherungen läßt sehr oft wichtige Rückschlüsse auf die Vorgänge in den Leitungen und deren Zustand auch bezüglich der Verbrauchsapparate zu. Die einzelnen Sicherungen sind zu kennzeichnen. Dadurch kann festgestellt werden, wie die einzelnen Stromkreise abgesichert waren. Jeder Querschnitt einer Leitung darf nur bis zu einem gewissen Grade belastet werden. Bei Übersicherung einer Leitung besteht die Gefahr einer unzulässig hohen Erwärmung. Aufgabe der Sicherung ist, bei eintretender Überlastung der Leitung diese dadurch selbsttätig abzuschalten, daß der in der Sicherungspatrone vorhandene Sicherungsfaden durchbrennt. Sind im Brandobjekt elektrische Leitungen vorhanden, so ist die Untersuchung dieser Leitungen nicht durch am Ort ansässige Installateure oder Beauftragte des Stromlieferwerkes vorzunehmen. Dadurch, daß die Elektrizität eine unsichtbare Energieform ist, entsteht bei den Verbrauchern eine gewisse Furcht und jeder Schaden an einer elektrischen Leitungsanlage ist geeignet, diese Furcht zu steigern. Damit entsteht aber auch eine gewisse Abneigung gegen die Verwendung der Elektrizität. Außerdem bestehen mit gewissen anderen Kraftmaschinen Konkurrenzbestrebungen. Das führt dazu, daß von seiten des Stromlieferwerks alles getan wird, um diese Abneigung nicht aufkommen zu lassen. Jeder Installateur ist aber bestrebt, daß in den von ihm verlegten Anlagen keine Defekte vorkommen. Bei Bekanntwerden solcher Defekte kann er u. U. geschäftlich sehr geschädigt werden. Es besteht daher die Gefahr, daß das Untersuchungsergebnis einer dieser Stellen nicht objektiv ausfällt. Es müssen daher stets für derartige Untersuchungen nur solche Sachverständige herangezogen werden, die an der Errichtung und an der Stromlieferung nicht interessiert sind. Neben einer ausreichenden Erfahrung über die Erfordernisse einer vorschriftsmäßig verlegten elektrischen Anlage soll der Sachverständige aber auch über eine genügende Branderfahrung verfügen. Er muß in der Lage sein, Brandwirkungen und Stromeinwirkungen an Leitungen sicher unterscheiden zu können.

Sehr wichtig ist ferner die Entscheidung darüber, ob ein vorgefundener Kurz- oder Erdschluß als Ursache oder als Folge des Brandes anzusehen ist. Hierfür müssen die Ermittlungsergebnisse im ganzen Umfange mit herangezogen werden. Erst hieraus kann mit Sicherheit ein Urteil darüber gefällt werden, ob der eine oder andere Fall vorliegt. Aus dem Befund an den Leitungen allein können Schlüsse entscheidender Art nicht gezogen werden. Bei direkt beobachteten Defekten an den elektrischen Leitungen liegt der Fall natürlich anders. Diese Defekte treten in der Regel während des Betriebes oder bald danach ein und meistens bedingt durch Überlastung, falsche Schaltung oder mangelhafte Unterhaltung der Anlage. Bei elektrischen Maschinen ist dabei sehr genau zu unterscheiden, ob vorhandene Verschmorungen auf die betriebsmäßige Benutzung oder auf eine besondere Beanspruchung zurückzuführen sind. Das betriebsmäßige Auftreten von Funken kann bei besonders ungünstigen Verhältnissen oder, wenn brennbare Gas-Luftgemische vorhanden sind, u. U. zu Bränden führen. Dringend zu warnen ist davor, die elektrische Anlage als Brandursache anzugeben, ohne hierfür auch wirkliche Beweise bringen zu können. Wenn elektrische Leitungen als Brandursache in Frage kommen, sollte nicht mit Vermutungen operiert werden. Stets ist die Beweisführung auf Tatsachen zu stützen oder doch durch Zeugenaussagen so zu belegen, daß hieraus sichere und nachprüfbare Schlüsse gezogen werden können.

Die Durchsuchung des Brandschuttes ist von großer Wichtigkeit und in den meisten Fällen nicht zu umgehen. Ist der Verdacht vorhanden, daß Brennflüssigkeiten verwandt worden sind, so wird die Geruchsprobe den ersten Anhalt geben. Diese Untersuchung hat ein erfahrener Sachverständiger vorzunehmen. Diese am Brandort vorgenommene Geruchsprobe ist aber nur als Vorprobe zu werten. Die eigentliche Untersuchung der entnommenen Brandproben wird dann später in einem chemischen Laboratorium vorgenommen. Zu beachten ist aber, daß die entnommenen Brandproben in geruchlosen und sauberen Behältern aufbewahrt werden, die durch Isolierband oder andere Dichtungsmittel möglichst luftdicht abgeschlossen werden müssen. Die Suche nach Brennflüssigkeiten erfordert sachgemäßes und systematisches Vorgehen. Wie gesagt, sollte für derartige Untersuchungen stets ein erfahrener Sachverständiger zugezogen werden. Wichtig ist, daß der Sachverständige neben der eigentlichen Probeentnahme auch gleichzeitig ein Bild von der Brandstätte und dem Brandablauf gewinnt. Kommen für die Brandentstehung Maschinen in Frage, so ist bei der Suche nach Maschinenteilen und anderen Gegenständen auf kleinste Teile zu achten, die wichtig für die Gesamtbeurteilung sind. Das Vorhandensein einer genügend großen und maßstäblichen Skizze des Brandgrundstückes ist für die Untersuchung unerläßlich. Es ist hierauf besonderer Wert zu legen. Die Klärung der Verschuldensfrage ist dann nicht mehr eigentlich eine Angelegenheit der Brandermittlungsbeamten, als vielmehr eine Angelegenheit der Strafverfolgungsbehörde. Daß später bei einem Strafverfahren die in der Ermittlung tätigen Personen ebenfalls herangezogen werden, ist natürlich und gilt besonders für den Sachverständigen. Es ist daher schon bei Beginn der Ermittlungen hierauf Rücksicht zu nehmen. Eine Ermittlung muß vollständig abgeschlossen sein. Es dürfen keine Fragen offen bleiben. Gutachten sollen vollständig sein, damit Einwendungen von vornherein ausgeschlossen sind. In der Regel wird ein Gerichtstermin erst geraume Zeit nach dem Brandfall stattfinden, und in den meisten Fällen ist der Brandschutt dann bereits beseitigt worden. Der Brandherd ist dann meistens so verändert, daß irgendwelche neuen Erhebungen nicht mehr vorgenommen werden können.

*Schrifttum.*

*Tramm:* Brandstiftungen und Brandursachen. Die Technik ihrer Ermittlung. 2. verb. Aufl. 1934. Berlin-Zehlendorf. — *Polizeiverordnung* zur Verhütung von Schadenfeuer vom 17. September 1934, für den Bereich der Prov. Sachsen. — *Schleswig-Holsteinische Landesbrandkasse, Kiel:* Starkstromanlagen „Falsch — Richtig". Kiel 1937. — *Vorschriftenbuch* des Verbandes Deutscher Elektrotechniker. 21. Aufl. Berlin 1937. *Krefft.*

**Brechnuß** siehe *Strychnin und Brechnußvergiftung.*

**Brechweinstein.** (Vgl. auch Art.: Antimon.) Antimonyl-Kaliumtartrat, Tartarus stibiatus, bildet leicht verwitternde Oktaeder oder weißes, kristallinisches, leicht lösliches Pulver. Früher gebraucht als Abführ- und Brechmittel sowie als Expectorans (Normaldosis 0,03, Maximaldosis 0,1, größte Tagesdosis 0,3), ferner als 20%ige Hautsalbe zur „Ableitungstherapie". Medizinale Vergiftungen zu jenen Zeiten häufig, besonders da Brechweinstein auch als Beruhigungsmittel, zur Durchführung von „Ekelkuren" (Abgewöhnung der Trunksucht usw.), zur Behandlung von Nerven- und Geisteskrankheiten empfohlen wurde. Daneben Mittel zum Selbstmord oder Mord, auch als Abortivum eingenommen. Tödliche Vergiftungen sah man schon bei 0,2 g in Lösung. Gewerbliche Vergiftungen etwa in der Färberei und Beizerei. Man sah auch Hautschädigungen beim Tragen von mit Brechweinstein und andern Antimonverbindungen vorbehandelten Geweben.

Lokale Wirkung (bei Applikation von „Pockensalbe" oder „Pustelsalbe"): Follikulitis, Bläschen, Pusteln (auch am Auge), Nekrosen, und zwar vorwiegend an jenen Stellen, wo der Brechweinstein durch saures Sekret zerlegt wird. Sekundär Lymphangitis, Lymphadenitis, Absceßbildung. Ausheilung unter Narbenbildung. Symptome von seiten des Magen-Darmkanales: Schwellung im Mund, Schluckbeschwerden, Erbrechen (reflektorisch durch Reizung der Magenschleimhaut ausgelöst), Nausea, Durchfälle, Bauchschmerzen. Bei der Sektion Schleimhautverätzungen, Geschwürchen (Aphtae antimoniales), Defekte, Blutaustritte.

Die resorptiven Symptome sind auf eine Antimonwirkung zurückzuführen (s. d. Art.: Antimon).

*Schrifttum.*

S. d. Art.: Antimon; Weinsäure.         **Schwarz.**

**Brechwurzel** siehe *Emetin und Ipecacuanha-Vergiftung.*

**Brennnesselfaser** siehe *Faserstoffe.*

**Brennmittel** siehe *Brandstiftung.*

**Brenzcatechin.**
1,2 Dioxyphenol $[C_6H_4(OH)_2]$ kristallinisch, schmilzt bei 105°. In kaltem Wasser gut löslich. Natürliches Vorkommen in Steinkohlen- und Buchenholzteer; entsteht im Organismus bei der Oxydation des Benzols bei Benzolvergiftung. Wirkt als zweiwertiges Phenol in erster Linie auf das Blut und erzeugt ähnliche Blutveränderungen wie das Benzol, d. h. Hämoglobinverminderung, evtl. Methämoglobinbildung. Die Zahl der Erythrocyten braucht dabei nicht stark reduziert zu sein, dagegen zeigt sich eine Herabsetzung ihrer Resistenz, zudem rascher Abfall der Leukocyten.

Spielt in der forensischen Toxikologie kaum eine Rolle, wird aber gelegentlich den medizinischen Begutachtern bei gewerblichen Vergiftungen beschäftigen. Medizinale Vergiftungen sah man durch Antimosan und Fuadin (s. d. Art.: Antimon). Es handelt sich bei diesen Körpern um Verbindungen zwischen Antimon und Brenzcatechin, die bei Nervenkrankheiten (multiple Sklerose) und Tropenkrankheiten therapeutisch eingespritzt wurden. Es kam dabei zu häufigen Zwischenfällen, ja sogar zu Todesfällen. Näheres siehe unter Antimon. Monomethylbrenzcatechin ist Gujacol (s. d.). Veratrol, Dimethylbrenzcatechin, ist forensisch ohne Bedeutung geblieben.

*Schrifttum.*

Toxikologie und Hygiene der techn. Lösungsmittel. Berlin 1938. — *Werkgartner:* Antimosanvergiftungen. Wien. med. Wschr. **1927**, Nr. 27. — *Lochte* und *Putschar:* Tödliche medizinale Fuadinvergiftung. Slg. Verg.-Fälle, **4**, 215 A (1933).     **Schwarz.**

**Briefberaubung** siehe *Siegellack.*

**Briefmarkenfälschung** siehe *Markenfälschung.*

**Briefumschläge.** (Vgl. auch Art.: Anonyme Briefe.)
Bei vielen Anlässen können Briefumschläge Objekte kriminalistisch-chemischer Untersuchung sein, sei es bei der Ermittlung eines unbekannten Schreibers oder sei es bei Fragen der unbefugten Öffnung von Briefsachen. Im ersteren Falle wird die Auffindung von Briefumschlägen bei einem der Tat Verdächtigen, die dem inkriminierten Stück gleichartig sind, schon bedenklich sein. Beweise lassen sich aber nur durch besondere übereinstimmende Merkmale führen. Solche können nach *O. Mezger* durch die Art der techn. Herstellung gegeben sein: In günstigen Fällen kann durch eine kleine Scharte am Schneidemesser irgendwo an den Papierschnitträndern des Briefumschlags eine entsprechende charakteristische Schartenspur entstehen, oder es kann das Papier eines Stoßes etwas zu knapp bemessen sein, so daß an einer Stelle ein mehr oder weniger großes Stück fehlt. Fehler dieser Art sind bei allen betroffenen Umschlägen stets gleich. Innerhalb einer Reihe etwas schwankend, aber doch genügend kennzeichnend, sind die Spuren der stellenweisen Verstopfung oder Verkrustung des Klebstoffzubringers. Es ergeben sich hierbei mangelhafte oder auch vermehrte Gummiablagerungen. Möglich, aber selten ist eine Gummierung durch Handarbeit, die natürlich von Umschlag zu Umschlag verschiedene Bilder geben kann. Ist der inkriminierte Umschlag von dem Täter mit einem zusätzlichen Klebstoff versehen worden, so werden Identitätsprüfungen mit etwa sichergestelltem Material durchzuführen sein (s. d. Art.: Klebstoffe). Vor allem sei hier auf den Wert eingehender Fahndung nach Fremdbestandteilen mikro- und makroskopischer Art hingewiesen, falls solche sich in dem Klebstoff eines Beweisstückes gefunden haben (Schimmelpilze, Staubpartikel, Teile von Pinselhaaren). Es sei angefügt, daß der Klebstoff der Verschlußklappen in vielen Fällen von Fabrik aus vom Klebstoff der unteren Laschen verschieden ist. Da meist angenommen werden kann, daß die Klebstoffschicht der Verschlußklappe mit der Zunge befeuchtet wurde, muß an die von *F. Künkele* gegebene Vorschrift zur Untersuchung der Blutgruppe der niedergelegten Speichelreste gedacht werden. Die Methodik bezieht sich zwar im Orginal auf Briefmarken, wird sich aber, besonders bei vorliegendem gebrauchtem Vergleichsmaterial zweifellos gleichartiger Umschläge, auch hier erfolgreich durchführen lassen:

Gummierte und verklebte Stellen in Größe einer Briefmarke werden ganz fein zerschnitten (etwa 1 mm große Stückchen) und in einem Glasröhrchen mit etwa der doppelten Menge O-Serum häufig durcheinander gerührt. 48 Stunden wird im Eisschrank bei 5° absorbiert und dann abzentrifugiert. Das Serum wird gegen A- und B-Blutkörperchen austitriert. Im Blindversuch wird eine Orginalgummistelle geprüft. Nichtausscheider und Träger der Blutgruppe O sind natürlich nicht unterscheidbar.

Die Methoden der unbefugten Öffnung von Briefumschlägen sind vielgestaltig, hinterlassen aber fast immer Spuren, die die Erkennung ermöglichen. Das zweifellos häufigst angewandte Verfahren besteht darin, eine der Laschen mit Federhalter, Bleistift oder Stricknadel, die an der Rückseite, wo die Verklebung dies zuläßt, eingeführt werden, durch Rollen aufzusprengen. Fast stets werden hierbei Papierfasern aufgerissen, wenn nicht gar ganze Risse oder Spaltungen entstehen. Der Nachweis geschieht unschwer durch gewöhnliche aufmerksame Betrachtung und nach Wasserdampflösung der vom Täter wieder verklebten Laschen. Bleistifte hinterlassen dabei oft Graphitspuren im Inneren des Umschlages. Übrigens läßt sich die Unterlasche vielfach leichter lösen, worauf zu achten sein wird. Das Aufweichen als weitere Methode (Einegen in Wasser, Anblasen mit Dampf, heißes Bügeln mit aufgelegtem feuchten Löschpapier) macht das Papier des Umschlags meist glanzlos und hat beim Trocknen und Wiederverkleben Falten und Wellen und Verschiebungen oder Verzerrungen beim Wiederverkleben zur Folge. Schließlich sei das Aufschneiden genannt, dessen Erkennung nur dann Schwierigkeiten begegnen dürfte, wenn im Bruch geschnitten und mit Papiermasse geschickt verklebt wurde. Sehr wichtige Anhaltspunkte für die widerrechtliche Öffnung bieten Klebstoffreste und Stempel. Die vielfältigen Möglichkeiten geben ausführlich *O. Harder* und *A. Brüning*. Genannt seien vor allem die physikalische und chemische Feststellung und Identifizierung eines zweiten Klebstoffes (s. d. Art.: Klebstoffe), der sich oft unter der Lasche nach innen oder außen herauspreßt. Innen kann er dabei Futter oder Tintenschrift zur Abfärbung bringen bzw. den Brief verkleben, nach außen tritt er durch eine unregelmäßige Randbildung hervor. Besonders unter der Quarzlampe sind die dadurch hervorgerufenen wolkenartigen Verfärbungen oft schön sichtbar. Aufschlußreich sind Beobachtungen, die dahin gehen, ob zufällig auf der Rückseite befindliche Stempel über oder unter einer Klebstoffschicht liegen. Auch hinsichtlich des Ortes der widerrechtlichen Öffnung können sich auf diese Weise Anhaltspunkte ergeben. Nach Wiederverschluß von Laschen wird es dem Fälscher meist nicht gelingen, die Stempel, die gerade über die Lösungskante gehen, wieder genau zur Deckung zu bringen, bei Öffnung durch Feuchtigkeit dürfte dies sogar von vornherein unmöglich sein. Bei der Prüfung wird es stets zweckmäßig sein, den Umschlag, insbesondere die Laschenränder auch von innen zu besehen. Nach sorgfältiger Betrachtung erfolgt am besten das Aufschneiden der unteren und seitlichen Kanten. Ergänzt sei, daß auch auf das gesamte Äußere eines Briefumschlages immer zu achten sein wird, denn alle Verschmierungen, Verklecksungen usw. sind grundsätzlich verdächtig. Für Öffnung auf dem Transport spricht beispielsweise die Tatsache, daß Prägeeindrücke kräftiger Stempel sich auf dem Briefbogen nicht an entsprechenden Stellen befinden, somit kann die Einlage nur beim Durchsuchen der Sendung gewendet worden sein. Die vorgetäuschte Beraubung kommt ebenfalls, jedoch seltener vor. Die angeblich widerrechtliche Öffnung muß dabei der Absender bereits ausgeführt haben. Die Lage von Annahmepoststempel oder entsprechenden Schriftvermerke über dem „zweiten" Klebstoff würden u. a. einen solchen Fall erkennen lassen. Was die Verhältnisse bei versiegelten Briefen anbelangt, so sei auf den Art.: Siegellack verwiesen.

*Schrifttum.*

*Brüning, A.:* Über den Nachweis der Verletzung des Briefgeheimnisses. Arch. Kriminol. **78**, 81 (1926). — *Harder, O.* und *A. Brüning:* Die Kriminalität bei der Post. 67 ff. Berlin 1924. — *Heiduschka, A.:* Briefverschlüsse. Arch. Kriminol. **85**, 240 (1929). — *Künkele, F.:* Blutgruppenbestimmung bei aufgeklebten Briefmarken. Verhandlungsbericht d. I. Intern. Kongr. f. gerichtl. Med. 132. Bonn 1938. — *Mezger, O.* und *P. Fränkle:* Beobachtungen von Schneid- und Gummierungsfehlern an Briefumschlägen. Arch. Kriminol. **81**, 81 (1927). — *Mezger, O.:* Untersuchungen an Schriftstücken und Briefumschlägen. Chem. Ztg. **53**, 965, 985 und 1006 (1929). — *Ruml, W.:* Der Briefumschlag als Beweismittel. Kriminal. Monatsh. **9**, 73 (1935). **Künkele.**

**Brom und Bromsalze.** (Vgl. auch Art.: Chlor.) *Brom* ist eine dunkelbraunrote Flüssigkeit mit stechendem Geruch, die bei gewöhnlicher Temperatur bereits stark reizende Dämpfe abgibt. Chemisch und toxikologisch steht es dem Chlor (s. d.) sehr nahe. Außer seltenen gewerblichen Vergiftungen werden hauptsächlich medizinale Vergiftungen beobachtet. Nach *Starkenstein* wirken 3,5 mg Brom pro Liter Atemluft sofort tödlich. Reizerscheinungen treten bereits bei 0,015⁰/₀₀ auf. Bei der peroralen Einnahme töten 30 g in 7 Stunden (*Erben*). Reines Brom entfaltet vor allem eine lokal ätzende Wirkung und lähmt das Zentralnervensystem. An der Haut und den Schleimhäuten kann es braune Verfärbungen, Blasenbildungen und schwere Reizerscheinungen hervorrufen. Die Diagnose bei Bromvergiftungen wird oft durch den deutlichen Bromgeruch der Atmungsluft erleichtert. Vergiftungen durch reines Brom sind jedoch viel seltener zu beobachten als solche durch Bromsalze.

Die *Salze* der Bromwasserstoffsäure wie z. B. *Bromnatrium* (BrNa), *Bromkalium* (BrK) und *Bromammonium* (BrNH₄) können durch ihre, meist in größeren Dosen vorgenommene, medizinale Verwendung Anlaß zu Vergiftungen geben. Die Salze werden schnell resorbiert, jedoch langsam durch Schweiß, Milch, Speichel und Harn ausgeschieden; Knochen, Knorpel und andere Gewebe speichern dieses Gift. Akute Vergiftungen gelangen selten zur Beobachtung, da im allgemeinen einmalige Gaben von selbst mehreren Gramm ohne schwere Einwirkungen vertragen werden. Lediglich bei Fällen mit besonderer Überempfindlichkeit (Ideosynkrasie), bei denen, z. B. bei Nierenkranken, die Ausscheidung zugunsten der Bromspeicherung verzögert ist, können schon kleine, einmalig genommene Dosen akute Bromidwirkungen hervorrufen. Sonst führen normalerweise kleine Mengen erst, wenn sie über lange Zeit eingenommen werden, durch kumulierende Wirkung der Bromide zu chronischen Schädigungen. Die letale Dosis gibt *Küßner* mit 75 g für das Bromkalium an.

Die Wirkung der Bromsalze beruht bekanntlich auf einer Herabsetzung der zentralen Erregbarkeit und Empfindlichkeit (reine Anionwirkung) und kann zu Störungen der Intelligenz, des Gedächtnisses, der Willenssphäre, zu Marasmus, Schlafsucht und Abschwächung der Geschlechtsfunktionen (Bromkachexie) Anlaß geben. Bromvergiftungen machen sich vor allem auch an den Ausscheidungsstellen des Broms und zwar an der Haut in Form von roten Knötchen sowie verschiedenen Erythemen (Bromacne) und an den Schleimhäuten der Luftwege und der Bindehäute (Bromhusten und Bromschnupfen) bemerkbar. Oft fällt auch ein starker Foetor ex ore auf. Organische Bromverbindungen haben toxikologisch meist keine Bedeutung.

*Schrifttum.*

*Erben:* Vergiftungen. Dittrichs Handb. **7**, 1. Wien 1910. — *Küßner:* Über die Anwendung der Brompräparate. Dtsch. med. Wschr. **10**, 739 (1884). — *Starkenstein, Rost, Pohl:* Toxikologie. Berlin und Wien 1929. **Weyrich.**

**Bromaceton** siehe *Kampfgase.*

**Bromäthyl** siehe *Flüchtige organische Gifte.*

**Bromural** siehe *Schlafmittel.*

**Brot** siehe *Mehl.*

**Brucheinklemmung** siehe *Hernie und Trauma.*

**Bruchleiden** siehe *Hernie und Trauma.*

**Bruchverletzungen** siehe *Hernie und Trauma.*

**Brucin** siehe *Strychnin und Brechnußvergiftung.*

**Bürsten- und Pinselfasern** siehe *Faserstoffe.*

**Bulbocapnin** siehe *Papaveraceenalkaloide.*

# C.

## Cadmium.

Cadmium (Cd) findet sich gewöhnlich vereint mit Zinkspat ($ZnCO_3$) und im Kieselzinkerz ($ZnSiO_4$) und in der Zinkblende (ZnS).

Die wasserlöslichen Salze des Cadmiums verhalten sich den Zinksalzen toxikologisch ähnlich (Cadmium ist leichter resorbierbar als Zink), sind aber jedenfalls stärker giftig; die Wirkungen der Cadmiumvergiftungen sind fast nur aus Tierversuchen bekannt. Bei den im Schrifttum berschriebenen Cadmiumvergiftungen (*Lewin*) handelte es sich in erster Linie um lokale Ätzwirkungen. Bei oraler Aufnahme erfolgt vorerst Erbrechen, das stundenlang anhalten kann, dann Durchfall und Schwächegefühl; resorptiv bewirken sie wegen ihrer Ausscheidung durch den Darm Gastroenteritis und Nephritis, etwa der Art wie nach Quecksilbervergiftung und von dieser nur durch langsameren Ablauf der rückschrittlichen Umwandlungen unterschieden. Tiere, die lange Zeit unter Giftwirkung standen, magerten ab und wiesen außer den angegebenen Befunden noch Gingivitis und Stomatitis als Zeichen der chronischen Metallvergiftung auf.

Beim Menschen sind nur wenige Erkrankungen bekannt: in einem Falle erzeugte *Cadmium sulfuricum*, das in einer Gabe von 0,06 g medizinisch verwendet wurde, Salivation, Kolik und Tenesmus, in einem anderen Falle, in dem einige Dezigramme *Brom-Cadmium* irrtümlich statt Brom-Ammonium genossen wurden, erfolgten mehrstündiges Erbrechen, Durchfälle und tagelang anhaltendes Schwächegefühl. Bei drei Cadmiumschmelzern wurden nach wenigen Stunden Arbeit schwere Vergiftungen gesehen, die eine endigte tödlich. Die Erscheinungen waren ähnlich dem „Gießfieber" (s. d. Art.: Zink). Vergiftungsmöglichkeiten finden sich daher überall, wo Cadmium über den Siedepunkt erhitzt wird, vorzugsweise bei der Gewinnung, ferner bei der Herstellung von Legierungen.

Neuere experimentelle Untersuchungen haben ergeben, daß bei jenen Personen, bei denen die Möglichkeit besteht, durch lange Zeit hindurch kleine Mengen aufzunehmen, auch die Gefahr einer chronischen Cadmiumvergiftung gegeben ist. Der Metallnachweis gelingt noch lange Zeit nach der Giftzufuhr im Blut, Magen-Darmtrakt und Harn.

*Schrifttum.*

*Brezina, E.*: Die gewerblichen Vergiftungen. Stuttgart 1932. — *Erben*: Dietrichs Handb. der ärztlichen Sachverständigen-Tätigkeit **7**. Wien 1910. — *Flury-Zernik*: Schädliche Gase. Berlin 1931. — *Otto*: Zbl. Gewerbehyg. N. F. **2**, 310 (1925). — *Schwartze* und *Otto*: Ist Cadmium ein gewerbliches Gift? Z. Hyg. **104**, 364 (1925). — *Schwarz* und *Otto*: Zbl. Gewerbehyg. N. F. **2**, 364 (1925). — *Starkenstein-Rost-Pohl*: Toxikologie. Berlin und Wien 1929. — *Wieland-Führer*: Slg. Verg.-Fälle **1**, 1929.                 *Szekely.*

**Caissonkrankheit** siehe *Tod und Gesundheitsbeschädigung durch abnorm hohen und abnorm niedrigen Luftdruck.*

**Calabarbohnen** siehe *Physostigmin und Vergiftung durch Calabarbohnen.*

**Calcid** siehe *Schädlingsbekämpfungsmittel.*

## Calcium.

*Calcium* (Ca) gehört zu der Gruppe der Leichtmetalle (spez. Gew. 1,55, Schmelzpunkt 808°), ist gebunden allgemein verbreitet und findet sich im Mineralreich ebenso wie in allen Pflanzen- und Tiersäften. Von den toxikologisch bedeutsamen Verbindungen, welche durch Wasserentziehung und die dabei vor sich gehende Wärmebildung eine starke Ätzwirkung entfalten, wären zu nennen: Das leicht lösliche *Chlorcalcium* ($CaCl_2$), das bereits in einer 3 %igen Lösung

stark ätzend auf die Schleimhaut wirkt und nach *Erben* Durchfall, Zittern, Schwindel, kleinen Puls und Prostration erzeugt; ferner der *gebrannte Kalk* oder *Ätzkalk* (CaO) und der *gelöschte Kalk* [Ca(OH)$_2$], letzterer mit viel Wasser gemischt als *Kalkmilch* bekannt. Durch Hineinfallen von Kindern und Erwachsenen in Kalkgruben kommt es immer wieder zu schweren Verätzungen. Auch bei der Verwendung von kalkhaltigen Düngestoffen, bei der Bereitung der Thomasschlacke, die bekanntlich 20 % Kalk enthält, und überhaupt in Betrieben, in denen mit Kalk gearbeitet wird, treten durch seine Ätzwirkung leicht Schädigungen der Augen, der Hände sowie Verschorfungen an den Übergangsstellen der Haut in die Schleimhäute auf. So konnte *Lehmann* z. B. bei Zementarbeitern in 1,7% der Fälle Nasengeschwüre mit Durchlöcherung der Nasenscheidewand beobachten. Auch chronische Kalkvergiftungen sind bekannt. Sie betreffen u. a. Maurer, Kalk- und Steinbrucharbeiter, die durch jahrelanges Einatmen von Kalkstaub Schädigungen der Lunge und ihrer Lymphdrüsen mit Peribronchitis und Emphysem (Chalicosis pulmonum) davontrugen, obwohl Kalkstaub im allgemeinen weniger schädlich ist als Quarz- oder Silikatstaub. Der wasserlösliche *kohlensaure Kalk* ($CaCO_3$) wurde, wie *Hofman* berichtet, früher in Form von Kreide öfter als Abortivum genommen, ist aber vollkommen unschädlich. Ein tödlicher Ausgang von Kalkvergiftungen ist überhaupt sehr selten (*Casper-Limann* beschreibt einen Fall von zufälliger Verunglückung), da die per os eingeführten Kalksalze nur in sehr geringem Grade resorbiert werden und kaum Ätzwirkungen entfalten. Lediglich lokal können nach peroraler Ätzkalkeinnahme entzündliche Erscheinungen im Verdauungsschlauch vorkommen (*Stadelmann*).

*Schrifttum.*

*Casper-Limann:* Handb. der gerichtl. Medizin. — *Erben:* Vergiftungen. *Dittrichs* Handb. **7**/1. Wien 1909. — *Hofmann:* zit. nach *Erben* (s. dort). — *Stadelmann:* Über Vergiftungen mit Schwefelalkalien. Berl. klin. Wschr. **1905**, 532. — *Starkenstein-Rost-Pohl:* Toxikologie. Wien u. Berlin 1929.                 **Weyrich.**

## Campher.

Besteht aus festen, flüchtigen, optisch aktiven, eigentümlich riechenden Substanzen, die aus ätherischen Ölen ausgeschieden werden und chemisch den Terpenen nahestehen. Es handelt sich dabei um Alkohole und Ketone hydrierter Kohlenwasserstoffe der Benzolreihe. Schmelzpunkt 175—179°. Am bekanntesten ist der durch Wasserdampfdestillation des ätherischen Öles von Cinnamomum Camphora gewonnene gewöhnliche Campher oder Japancampher (auch synthetisch). Alle Campherarten zeigen pharmakologisch weitgehend übereinstimmende Wirkung: günstige Beeinflussung der Reizerzeugung im Herzen, Gegenwirkung bei Flimmern und Wirbeln des Herzens. Aufnahme möglich per os, percutan und durch die Atmung (als Dampf).

Vergiftungen beobachtet beim Trinken von Campherliniment, von Camphersprit aus Unwissenheit, falscher Vorstellung, durch Verwechselung mit andern Medikamenten. Kindervergiftungen durch Schlucken von Campher, der als Mottenmittel ausgestreut wurde. Selten sind Vergiftungen anläßlich von Selbstmordversuchen, durch Einnahme als Abortivum (meist erfolglos), evtl. durch „Camphersucht" (erregende, berauschende Wirkung). Da der Campher vom Organismus rasch in ungiftige Verbindungen übergeführt wird, sind schwere Vergiftungen selten, resp. tritt auch bei schweren Vergiftungsbildern meist gute Erholung ein.

Symptome der akuten Vergiftung: nach Einnahme von 0,6 g Schwindel, Kopfschmerzen, Pulsbeschleunigung, Wärmegefühl mit Hautrötung, Durstgefühl. Psychisch: motorische Enthemmung, Ideenflucht. Nach etwa 2 g zeigen sich schwerere, vorwiegend zentrale Störungen: rauschartiger Zustand, ähnlich dem Alkoholrausch, oft Halluzinationen. Als Ausdruck einer Schleimhautreizwirkung Magenbrennen, Brechreiz, Erbrechen. Bei schweren Vergiftungen Bewußtseinstrübungen, Parästhesien, Angstgefühl, erhöhter Muskeltonus, übergehend in klonisch-tonische Krämpfe, epileptiforme Anfälle. Symptome von seiten der Niere selten, gelegentliche Hämaturie. Übelkeit und Brechreiz können auch nach abgeklungener Vergiftung noch längere Zeit anhalten.

Lokale Reizwirkung gering. Subcutan wird Campheröl meist reaktionslos ertragen; nur selten beobachtet man an Injektionsstellen kleine Knötchen, die aus Granulationsgewebe bestehen. Auch beim früher praktizierten Einbringen von Campheröl in die Bauchhöhle nach Operationen (zur Vermeidung einer Peritonitis) zeigten sich keine Reizerscheinungen, trotz Verwendung großer Mengen.

Ausscheidung durch Lungen und Nieren mit typischem Geruch des Atems, weniger des Urins. Durch die Nieren erfolgt die Eliminierung als Campherol (Oxydationsprodukt des Camphers) und als Camphoglycuronsäuren. Unerwartete Wirkungen des Camphers sieht man deshalb dann, wenn die Oxydationsprozesse gehemmt sind (Kohlensäureüberladung, Herzfehler, Eklampsie) oder bei Mangel an Glycuronsäuren (Kachexie, Diabetes, Hunger).

Therapeutische Dosen: 0,2 subcutan als Campheröl, 0,1 per os, 10 % ig als Hautsalbe oder Puder. Toxische Dosen 2 g, doch werden in der Regel vom gesunden Erwachsenen sehr viel höhere Dosen (10—20 g) ohne Nachteil überstanden. Vorsicht bei Kindern, hier tödliche Dosen schon wenige Gramm. Alkoholische Lösungen von Campher wirken wegen der raschen Resorption viel intensiver. Schon wenige Tropfen können toxische Erscheinungen hervorrufen. Auch hier besondere Vorsicht bei Kindern. Dabei besteht die Gefahr der Aspiration mit Schädigung der Luftwege.

In verschiedenen Präparaten für Salbenabort ist Campher enthalten.

Sektionsbefunde nicht mitgeteilt.

*Hexeton:* wasserlösliches Isomer des Japan-Camphers, erzeugt bei Injektionen in ödematöses Gewebe oft Nekrosen.

Alicyclische Ketone der Campherreihe: Menton aus Pfefferminze, Fenchon aus Fenchel, Carvon aus Kümmel, Pulegon aus Poleiminze (s. d. Art.: Mentha Pulegium), Thujon aus Lebensbaum (s. d. Art.: Thuja occidentalis), Tanaceton aus Rainfarn (s. d. Art.: Tanacetum vulgare), Menthenon aus Eucalyptus globulus (s. d. Art.: Eucalyptusöl).

*Schrifttum.*

*Erben:* Vergiftungen, klin. Teil, 2. Hälfte. Wien u. Leipzig 1910. — *Haft:* Vergiftung durch Kampferliniment. J. amer. med. Assoc. **84**, 1571 (1925). — Handb. der experimentellen Pharmakologie. **1**. Berlin 1923. — *Jülich:* Über Nebenerscheinungen bei intramuskulärer Injektion von Hexeton. Dtsch. med. Wschr. **50**, 1415 (1924). — *Klingensmith:* Kampfervergiftung. Slg. Verg.-Fälle **5**, 177 A (1934). — *Lang:* Ein Fall von Vergiftung durch Kampferliniment. J. amer. med. Assoc. **82**, 2119 (1924). — *Lewin:* Die Fruchtabtreibung durch Gifte und andere Mittel. Berlin 1922. — *Lewin:* Gifte und Vergiftungen. Berlin 1929. — *Lorenz:* Perorale Vergiftung mit Kampfer. Wien. klin. Wschr. **1936**, 816. — *Pagniez, Plichet* u. *Varay:* Epileptische Krisen durch Bromkampfer. Presse méd. **45**, 585 (1937). — *Petri:* Pathologische Anatomie und Histologie der Vergiftungen. Berlin 1930. *Schwarz.*

## Cannabis indica siehe *Haschisch.*

## Cantharíden.

Graubraunes Pulver mit Flügeltrümmern, Haarfragmenten usw., hergestellt aus der getrockneten spanischen Fliege. Normaldosis 0,01, Maximaldosis 0,05, Reizsalbe 10 % ig. Wirksame Substanz ist das Cantharidin ($C_{10}H_{12}O_4$), das farb- und geruchlose Blättchen oder Nädelchen darstellt. Schmelzpunkt 218°. Einnahme 0,0001 g.

Vergiftungen früher häufig (Morde, Mordversuche, Selbstmorde, Abtreibungen). Heute sind sie seltener geworden; gelegentlich ereignen sich noch medizinale Vergiftungen durch Verwechslung, Überdosierung (die medizinische Bedeutung ist stark zurückgegangen). Immer noch spielen Cantharíden eine Rolle in der Laienvorstellung als Stärkungsmittel, Aphrodisiacum, Liebestrank, Abortivum. Einnahme als Cantharidenpulver, als Tinktur, seltener als reines Cantharidin.

Symptome: sofort Brennen im Mund, Trockenheit, Schlingbeschwerden, blutiges Erbrechen. Rasch treten Nierenschmerzen, Harndrang, Harnbeschwerden, evtl. schmerzhafte Erektionen ein. Im Urin Eiweiß, Blut, Zylinder, fettiger Detritus. Rest-N erhöht. Im Stuhl Benzidinreaktion positiv. Zentrale Störungen selten (Delirien, Konvulsionen).

Auf der Haut Rötung, Blasenbildung, evtl. Nekrosen mit Narbenbildung. Ins Auge gebracht entstehen Bindehautentzündung, Hornhauttrübungen, Iritis (gewerbliche Schädigung bei Verarbeitung von Cantharíden).

Sektion: Verätzungen der Zunge, des Rachens, der Speiseröhre mit fetzigen Belägen. Ähnliche Erscheinungen, aber weniger ausgeprägt, an den ableitenden Harnwegen. Glomerulonephritis.

Tödliche Dosis minimal 1,5 g des Pulvers resp. 0,03 des Cantharidins. Häufig wurden schon größere Dosen überstanden.

*Schrifttum.*

*Czerwonka:* Kantharidenvergiftung. Slg. Verg.-Fälle **3**, 163 A (1932) und Med. Welt **1929**, 386. — *Melen:* Hämaturie nach Kantharidenvergiftung. Cystoskopische Befunde. Ur. Rev. (Am.) **26**, 337 (1922). — *Renzetti:* Über die Durchlässigkeit der Blutliquorschranke der experimentellen Vergiftungen mit Kantharidin und Quecksilber. Riv. Neur. **10**, 373 (1937). — *Sann:* Über einen Fall von Verätzung der Mund- und Oesophagusschleimhaut durch Kantharidin. Med. Klin. **1937**, Nr. 4. — *Stary:* Kantharidinvergiftung. Slg. Verg.-Fälle **7**, 117 A (1936). — *Wichert, Jokowlewa* und *Pospeloff:* Die chemischen Veränderungen der Organe bei mit Nierengiften vergifteten Kaninchen. Z. klin. Med. **101**, 173 (1924). — *Wysocki:* Kantharidenvergiftung, medizinale. Slg. Verg.-Fälle **4**, 207 A (1933) und Wien. klin. Wschr. **1932**, 964. *Schwarz.*

**Carbolineum** siehe *Kresole.*

**Carbolsäure** siehe *Phenol.*

**Carcinom** siehe *Geschwulst und Trauma.*

**Cardiazol.**

Es handelt sich beim Cardiazol um Pentamethylentetrazol, das kristallinische Tafeln bildet. Schmelzpunkt 59—60°, leicht löslich in Wasser und organischen Lösungsmitteln. Übliche Dosis 0,1 g per os oder als Einspritzung. Pharmakologisch gehört Cardiazol in die Gruppe der zentralen Krampfgifte; es besitzt eine ausgesprochen erregende Wirkung auf das ZNS. und zeigt in dieser Beziehung Verwandtschaft mit dem Pikrotoxin. Die Bezeichnung „Kampfersatz" ist falsch; es fehlen die für Kampfer charakteristischen zentralen wie peripheren Lähmungswirkungen. Im ZNS. wirkt Cardiazol vorwiegend auf die höheren Abschnitte. Die erregende Wirkung auf Atemzentrum und Vasomotorenzentrum verleiht ihm einen Antagonismus gegen Narkotica, sog. „Weckwirkung".

In der forensischen Toxikologie dürfte Cardiazol als relativ leicht zugängliches Mittel gelegentlich zum Selbstmord versucht werden. Ein Fall ist bekannt: Todesfall nach Genuß von 100 ccm Cardiazol liq. (10 % ige Lösung). *Symptome:* typischer Jacksonanfall, Tod innerhalb einer Stunde. *Sektion:* frischer Zungenbiß, Petechien am Epikard,

Dilatation des Herzens, Trübung des Herzmuskels, flüssiges Blut in der ganzen Leiche. An der Innenfläche der Kopfschwarte reichlich punktförmige Blutaustritte, pralle Füllung der meningealen Gefäße mit starker Hyperämie des Gehirns. *Mikroskopisch* in allen Organen außer der Leber starke Hyperämie, vereinzelte beginnende Thrombosen in kleinen Herz- und Hirngefäßen. Fragmentierung der Herzmuskelfasern mit sonderbaren Differenzierungen in Form, Färbbarkeit. Vereinzelte kleine Blutungen in den Lungen, trübe Schwellung und geringgradige Verfettung der Leberzellen, Verfettung der *Kupffer*schen Sternzellen. Starke trübe Schwellung der Nierenepithelien, Reduktion der Fette in der Nebennierenrinde (zentrale Abschnitte). Die chemische Untersuchung der Organe ergab, daß etwa 7,4 g Cardiazol vom Magen-Darm aus resorbiert worden sein mußten, was ungefähr der tödlichen oralen Menge entsprechen dürfte.

*Schrifttum.*
Handbuch der exper. Pharmakologie, Ergänzungs-Werk, V, Berlin 1937. — *Esser* und *Kühn:* Tödliche Cardiazolvergiftungen beim Menschen und im Tierversuch. Dtsch. Z. gerichtl. Med. **21**, 474 (1933). Hier auch ausführliche Schrifttumszusammenstellung.
*Schwarz.*

**Cartox** siehe *Schädlingsbekämpfungsmittel.*

**Carunculae myrtiformes** siehe *Notzucht.*

**Cascara Sagrada** siehe *Anthrachinonderivate.*

**Caspersche Regel** siehe *Leichenerscheinungen.*

**Causyth** siehe *Pyrazolonderivate.*

**Cellulose** siehe *Papier.*

**Ceresan** siehe *Schädlingsbekämpfungsmittel.*

**Chaulmugrasäure.**

Ungesättigte Cyclofettsäure, im Chaulmugraöl neben Hydrocarpussäure enthalten, therapeutisch bei Lepra verwendet. Abgesehen von den Zwischenfällen bei der Leprabehandlung rechtfertigt sich ein Hinweis auf die Chaulmugrasäure wegen der Massenvergiftung in Hamburg-Altona, die nach Genuß einer Chaulmugrasäure enthaltenden Margarine bestimmter Provenienz auftrat (1910). Man beobachtete Reizungen von seiten des Magen-Darmkanales, insbesondere Durchfall und Erbrechen. Die Säure wird auch bei äußerlichem Gebrauch durch den Magen-Darm ausgeschieden.

*Schrifttum.*
Handb. d. Lebensmittelchemie **I.** Berlin 1933. — Handb. d. exp. Pharmakol., Ergänzg.Werk **V.** Berlin 1937. *Schwarz.*

**Chemische Untersuchung von Leichenteilen** siehe *Giftnachweis; Tod und Gesundheitsbeschädigung durch Gift im allgemeinen.*

**Chelerythrin** siehe *Papaveraceenalkaloide.*

**Chelodinin** siehe *Papaveraceenalkaloide.*

**Chiffriermaschinen** siehe *Geheimschriften.*

**Chinidin** siehe *Chinin und Chinidin.*

**Chinin und Chinidin.**

1. *Chinin* $C_{20}H_{24}N_2O_2$, seidenglänzende Nadeln mit 3 Mol. Kr. W., F. = 57°; wasserfrei F. = 176°. In Wasser, Petroläther, Benzol sehr schwer löslich, leichter in Chloroform, noch besser in Alkohol und Äther. Leicht löslich in Urethan, Natriumsalicylat usw. $[\alpha]$ D 15 = —158° in Alkohol. Chininlösungen reagieren alkalisch und schmecken ungemein bitter. Salze, namentlich Chininsulfat, zeigen stark blaue Fluoreszenz.

*Vorkommen:* Als Hauptalkaloid neben etwa 20 nahe verwandten, teils Isomeren, teils Cinchoninderivaten in der *Rinde* verschiedener, ursprünglich in Südamerika heimischer *Cinchonaarten* (Rubiaceae)

*Fieberrindenbaum:* *Cinchona Ledgeriana, Cinchona succirubra.* Erstere hauptsächlich für Chiningewinnung, mit 5—8% Chinin, total bis 13% Alkaloiden, letztere für Herstellung galenischer Rindenpräparate mit etwa 2% Chinin und vielen Nebenbasen.

*Offizinell: Cortex Cinchonae;* in zahlreichen galenischen Präparaten, Tinkturen, Extrakten usw.; verschiedene *Chininsalze,* worunter Chinin-HCl leicht, Chininsulfat schwer wasserlöslich.

*Resorption:* Von Magen-Darmschleimhaut aus rasch, auch bei schwer löslichen Chininsalzen, wie dem gebräuchlichen Chininsulfat. Bei peroraler Aufnahme ist Chinin etwa 24 Stunden im Blut nachweisbar, viel länger als nach Injektion. Erythrocyten enthalten mehr Chinin wie Plasma. Namentlich durch Leber erfolgt rascher Abbau.

*Ausscheidung:* schon 15—30 Min. nach oraler Aufnahme ist Chinin im Urin nachweisbar. In 6 Stunden ist Hauptmenge des unverändert den Organismus verlassenden Chinins ( = etwa $^1/_3$ der Gesamtmenge) ausgeschieden. Rest wird in nicht näher bekannter Weise zersetzt. Chinin gelangt auch durch Speichel, Milch und Galle (Kot) zur Ausscheidung. In fötalen Kreislauf gehen kleine Chininmengen über. Eine Angewöhnung an Chinin findet nicht statt.

*Charakter der Giftwirkung:* Chinin ist allgemeines Protoplasmagift; im Vergleich zu vielen anderen Alkaloiden wenig toxisch; für Zentralnervensystem vorwiegend Lähmungsgift, auch für Sinnesnerven. Ferner Muskelgift, namentlich für Herzmuskel. Löst Wehen aus.

*Klinische Erscheinungen der akuten Vergiftung:* Ohrensausen, Gastralgie (dies auch häufig als Nebenerscheinung bei therapeutischen Gaben), Präkordialangst, Herzschwäche, Schwindel, Kopfschmerz, Unruhe, als Chininrausch bezeichneter rauschähnlicher Aufregungszustand, selbst Delirien und maniakalische Zustände. Mydriasis (selten primär Miosis), Nebligsehen, subjektive Licht- und Farbenerscheinungen, Nystagmus, Amblyopie bis Amaurose, die sich in wenigen Stunden ausbilden kann. Schwerhörigkeit bis Taubheit, in manchen Fällen Gehörshalluzinationen. — Muskelzittern, Muskelstarre, tonisch-klonische Krämpfe, Koma. Tod an Atemlähmung oder Herzschwäche, manchmal unter Krämpfen.

In seltenen Fällen Temperatursteigerung und Hämoglobinurie, dagegen häufig Albuminurie, Nierenschmerz, vorzeitige Wehentätigkeit.

Bei nicht letalem Verlauf Erwachen aus Chininrausch mit Amaurose und Taubheit. Beide Störungen haben in der Regel günstige Prognose (Dauer einige Stunden bis Wochen), selten bleibende Erblindung oder Taubheit. Herabsetzung der Seh- oder Hörschärfe kann über Monate bestehen bleiben, namentlich Gesichtsfeldeinschränkung, wenn zentrales Sehen schon lange wieder intakt geworden ist. Auch Farbensehen kommt später (Grausehen). Charakteristisch für Chinin ist die oft lange bestehenbleibende Hemeralopie (*Cloetta, Rasquin*). Ob Ausfall des Sehvermögens zum Teil auf direkte Giftwirkung des Chinins auf Ganglienzellen des optischen Apparates oder auf Netzhautischämie allein zurückzuführen ist, welche bei Chininamaurose immer nachweisbar, ist noch umstritten.

In seltenen Vergiftungsfällen macht Chinin umschriebene Ödeme, Quaddeln, Roseolen, Hautblutungen, Blutungen in Zahnfleisch, Nasenbluten, Hämoglobinämie und Methämoglobinämie, blutigen Durchfall.

*Nachwirkungen:* Seh- und Hörstörungen, Schlaflosigkeit, Muskelschwäche, Magen-Darmstörungen.

Bei *subcutaner* und *intramuskulärer* Chinin-Applikation nicht ganz selten lokale Nekrosen, lochartige Substanzverluste, Nervenschädigungen, z. B. Ischiadicuslähmungen durch intraglutaeale Chinininjektion (z. B. *Stronchin* [Strontiumchinin-harnstofflösung], *Transpulmin*) auch Peronäuslähmungen, namentlich bei Kindern.

*Chronische Chininvergiftung*: Hautexantheme, mit und ohne Temperatursteigerung, Pruritus, Purpura, Übelkeit, Erbrechen, Kolik, Durchfall, Darmblutungen.

*Dosis medicinalis:* Extractum Cinchonae 0,05 bis 0,1 g, Tinctura Cinchonae 20—40 Tropfen. Chininsalze 0,2—1,0 g per os. Chinin parenteral: *Solvochin* = 25%ige Chininlösung in Na. Salicylat, i. m. 0,5—1,0. *Transpulmin* = bas. Chinin 0,03, Campher 0,025, i. m. 1,0—2,0 ccm.

*Dosis toxica:*

a) *Drogenpräparate:* Toxische Wirkungen kaum bekannt, weil übrige Bestandteile verunmöglichen, so große Mengen aufzunehmen (Erbrechen), daß toxische Wirkung zustande kommt (vielleicht mit Ausnahme von Extractum Cinchonae mit 20% Alkaloidgehalt)!

b) *Chinin:* Nebenwirkungen schon durch 0,3 bis 0,5 g. Bei besonderer Empfindlichkeit schon schwere Vergiftungen durch 0,5 g. Amaurose schon nach 2—3 g. Chinindosis ist weder für Symptome noch für Prognose ausschlaggebend; wesentlich ist individuelle Empfindlichkeit auf Chinin. Kinder scheinen gegen Chinin nicht empfindlicher zu sein wie Erwachsene. Einzeldosen von 3—4 g wirken wohl immer schwerer toxisch, Prognose ist aber bei Dosen bis 5—6 g fast immer gut.

Erholung nach 20 g Chininsalz (suicidal) nach 14tägiger völliger Blindheit innerhalb 3 Monaten. Erholung selbst nach 46 g Chinin. Besonders empfindlich sind Patienten mit Malaria tropica. Bei diesen durch Chinin sog. *Schwarzwasserfieber* mit Schüttelfrost, Ikterus, Hämaturie usw.

*Dosis letalis:* Hängt stark von Beibringungsart, Resorptionsverhältnissen usw. ab. Bei oraler Aufnahme mittlere letale Dosis 8—12—16 g. Prognostisch ausschlaggebend ist häufig Brechwirkung infolge lokalen Schleimhautreizes durch Chinin. Kinder: Tödlich waren bei 15 Monate altem Kind 0,8, bei 1½jährigem Kind 1,8 g, bei etwas älteren Kindern 2—3 g Chinin.

*Pathologisch-anatomischer Befund:* Nicht charakteristisch. Auch kann ein Befund völlig fehlen. Exantheme, Haut-, Schleimhaut- und Organblutungen, Blutungen in Hirnhäute. Methämoglobinämie wohl nur bei Schwangeren beobachtet. *Auge:* Teilweise Atrophie der Nervenfasern wurde vereinzelt festgestellt. *Gehör:* Blutungen hinter Trommelfell.

*Vorkommen und Häufigkeit der Vergiftung.* Nicht selten wegen riesiger Verbreitung zu medizinischen Zwecken und leichter Erhältlichkeit. Sehr verbreitet in Konzeptionsverhütungsmitteln (Vergiftungen auch durch vaginale Resorption, kann zudem lokal Nekrose machen).

*Mord* äußerst selten infolge intensiv bitteren Geschmacks, vor allem wegen Schwierigkeit der Beibringung der erforderlichen großen Menge.

Als *Abortivum* sehr verbreitet in China und Japan. Seit häufiger Verwendung als Wehenmittel hat Chinin als Abortivum auch in Europa steigende Bedeutung. Unter individuell günstigen Bedingungen können 0,6 g Chinin Ausstoßung der Frucht bewirken. Als sicher wirkendes chemisches Abortivum kann Chinin aber keineswegs bezeichnet werden. Sehr häufig schwere Vergiftungen bei Einnahme von durchschnittlich 10 g Chinin als Abortivum, ohne daß Abort eintrat. Auch intravenös durch Ärzte anscheinend erfolgreich als Abortivum appliziert, z. B. 2,0 g i. v.

*Selbstmorde* im ganzen selten, in Bulgarien in den letzten Jahren häufig (¹/₃ aller Selbstmordversuche). Dort in den letzten 10 Jahren 189 Vergiftungsfälle, darunter 12 tödliche.

*Zufällige Vergiftungen.* Chininhaltige Haarwässer führten zu Dermatitis. Vergiftungen auch durch Verwechslung (z. B. statt Schlafmitteln), darunter auch tödliche. Verschlucken von Chinintabletten durch Kinder (tödliche Vergiftung nach 8 g Chinin).

*Medizinale Vergiftungen.* Relativ selten schwerere infolge Verordung zu großer Dosen oder bei abnormer Empfindlichkeit. *Idiosynkrasie* ist nicht ganz selten; dabei urticariell-ekzematoide Dermatitis, z. B. nach Applikation einer Chininsalbe. Auch scharlachartiges Erythem mit Eosinophilie oder bullöse Dermatitis. Dermatitis bei Verwendung chininhaltiger Strahlenschutzsalben gegen Gletscherbrand.

*Gewerbliche Vergiftungen.* Sog. *Chininkrätze:* durch Chinarinde wie auch durch Chininsalze vielfach in Chininfabriken einige Tage oder Wochen nach Neueinstellung von Arbeitern: Hautjucken, Urticaria, scharlach- oder erysipelartiges Erythem, begleitet von Gesichtsödem; auch papulöse, vesikulöse, pustulöse, pockenartige oder pemphigoide Exantheme und Ekzeme (Chininkrätze), wobei Vorderarme und Hände freibleiben! Häufig von Fieber begleitet, so daß Diagnose oft schwierig. Rezidive sehr häufig, oft schon durch Betreten des Fabrikraumes! Viele Arbeiter sind dauernd gegen Chininekzem immun. Bei Arbeiterinnen: Menorrhagien und vorzeitige Wehentätigkeit.

2. *Chinidin* $C_{20}H_{24}N_2O_2$. Stereoisomer mit Chinin. Schwer in Wasser und Chloroform, leicht in Alkohol und Äther löslich. F. = 171° (wasserfrei), [α] D = + 184° in Chloroform.

*Offizinell: Chinidinum sulf.;* 1 : 100 in Wasser löslich. Nach therapeutischen Dosen gelegentlich Erbrechen, Kollaps, Koma, Atemlähmung, auch Sinnesstörungen wie bei Chinin, Ödeme. Nach 4 g tödliche Vergiftung bei Thyphuskrankem.

3. *Optochin (Aethylhydrocuprein)* $C_{21}H_{28}N_2O_2$. Als Optochin. bas. selten bei Pneumonie zu 0,25 mehrmals, als Optochin-HCl in 2%iger Lösung gegen Ulcus corneae serpens.

*Typischer Vergiftungsbefund.* Erblindung unter degenerativen Erscheinungen an Opticus und Netzhaut. *Augenbefund:* starre, weite Pupillen, Papillen blaß, hochgradig verengte Netzhautarterien, kirschroter Fleck in Macula, leichtes Netzhautödem. *Prognose* bedeutend ernster wie bei Chinin, selten völlige Wiederherstellung des Sehvermögens, meist bleibende Einengung des Gesichtsfeldes und Störungen des Farbensehens (Opticusatrophie).

4. *Plasmochin.* Zu 0,02 g gegen Malaria tropica. *Vergiftung.* Schwarzwasserfieber bei Tropicakranken; ferner Methämoglobinbildung (Lippencyanose), Rhythmusstörungen des Herzens, Herzschwäche. Ist wie Chinin typisches Protoplasmagift.

5. *Atebrin* (Acridinderivat). Gegen Malaria zu 0,2—0,3 g. Bei Überdosierung Magenschmerzen, Erbrechen, Gewichtsabfall, Ikterus, Kopfschmerz, Depression, rauschartige Erregungszustände (Vergiftungserscheinungen bisher nur an Malariakranken beobachtet).

*Schrifttum.*
*Baermann:* Über Chinintod. Münch. med. Wschr. 1909, 2319. — *Beer, Leon:* Ein Fall von vorübergehender Chininerblindung. Z. Augenheilk. 74, 50 (1931). — *Blamoutier* u. *Joannon:* La maladie quinique d'origine professionelle. Rev. d'Hyg. 44, 521. (1922) — *Bürger, M.:* Chinin-(Transpulmin-)Injektion, als Ursache einer intramuskulären Nervenschädigung. Slg. Verg.-Fälle B 39. — *Chaniotis,*

*N. L.:* L'empoisonnement grave par la quinine. Cécité totale consécutive, son traitement. Presse méd. **1935 I**, 479. — *Cloetta, M.:* in *Flury* u. *Zangger,* Lehrbuch der Toxikologie, 295. Berlin 1928. — *Dobreff, M.:* Über die Selbstvergiftungen mit Chinin in Bulgarien. Arch. Schiffs- u. Tropenhyg. **38**, 288 (1934). — *Duggan, J. N.* u. *B. P. Nanavati:* Two cases of quinine amblyopia with unusual ophthalmoscopie picture. Verh. 13. internat. Kongr. Ophthalm. **2**, 438 (1930). — *Erben, F.:* Vergiftungen **2**, 2. Teil, 699. Wien 1910. — *Eichler, O.:* Chinin-Vergiftung. Slg. Verg.-Fälle B **78**. — *Goldmann, C. H.* Chinin-Vergiftung. (Selbstmordversuch.) Med. Klin. **1931**, 1425. — *Hauer, A.:* Über Chinintoxikation und Chininidiosynkrasie. Klin. Wschr. **1935**, 1263. Angeborene Chininüberempfindlichkeit. Slg.: Verg.-Fälle A **506**. — *Hedrén:* Zur Kasuistik der Fruchtabtreibung. Vjschr. gerichtl. Med. **29**, Suppl. S. 62 (1905). — *Kobert, R.:* Lehrbuch d. Intoxikationen. 2. Aufl. **2**, 1123. Stuttgart 1906. — *Kosterlitz, H.:* Chininvergiftung mit Sehnervschädigung. Z. Augenheilk. **73**, 293 (1931). — *Koopmann:* Ist Chinin ein Abtreibemittel ? Münch. med. Wschr. **1938**, 1344. — *Lavier, G.:* Sur cinq cas dont trois mortels d'intoxication aigue par la quinine. Bull. Soc. Path. exot. Paris **24**, 184 (1931). — *Lewin, L.:* Gifte und Vergiftungen. 738. Berlin 1929. — *Lewin, L.:* Fruchtabtreibung durch Gifte. 363. Berlin 1922. — *Lewin, L.* u. *H. Guillery:* Die Wirkungen von Arzneimitteln auf das Auge. 2. Aufl. **2**, 795. Berlin 1913. — *Loewenstein, S.:* Ischiadicuslähmung durch medikamentöse Injektion von Stronchin. Nervenarzt **5**, 141 (1932). — *Metzger, O.* u. *H. Jesser:* Tödliche Vergiftungen durch Chinintabletten. Dtsch. Z. gerichtl. Med. **10**, 75 (1927). — *Nedelmann, E.:* Über Lähmungen des Nervus ischiadicus nach Stronchininjektionen. Dtsch. med. Wschr. **1933 I** 534; u. Slg. Verg.-Fälle A **390**. — *Nocht* u. *Kikuth:* Über hämolytische Chininwirkungen. Arch. Schiffs- u. Tropenhyg. **33**, 355 (1929). — *Padovani, S.:* Ambliopia da chinino. Contributi clinici. Rinasc. med. **10**, 282 (1933). — *Petri, E.:* Anatomie und Histologie der Vergiftungen. 395. Berlin 1930. In Handb. d. spez. Pathol. u. Histol. **10**. — *Pick, Erwin:* Zur Kenntnis der Chininidiosynkrasie. Dermat. Wschr. **78**, 157 (1924). — *Rasquin, E.:* L'héméralopie comme symptôme consécutif et persistant à l'intoxication par la quinine. Bull. Soc. belge Ophthalm. **59**, 70 (1929). — *Raven, H. M.:* Death from quinine poisoning. Brit. med. J. **3470**, 59 (1927). — *Rhode, E.:* Chinin in: *Heffter:* Handb der exp. Pharmakologie. **2**, 23. Berlin 1920. — *Scardapane, F.:* Amaurosi ed ambliopia da chinino. (Contributo clinico.) Saggi Oftalm. **5**, 62 (1930). — *Settle, R. O.:* Dermatitis nach Chininmedikation. Slg. Verg.-Fälle A **671**. — *Trier, G.:* Die Alkaloide. 2. Aufl. 405. Berlin 1931. — *G. Stanley* u. *G. Willimott:* A fatal case of quinine poisoning. Lancet **1931 II**, 1133. — *Wilm, G.:* Akute Chininvergiftung. Med. Klin. **1932 I**, 646.

*Optochin.*

*Alvis, B. Y.:* Amaurosis following ingestion of ethylhydrocuprein. Raport of a case. Arch. of Ophthalm. **2**, 328 (1929). — *Laqueur, E.:* Die neueren chemotherapeutischen Präparate aus der Chininreihe und aus der Acridinreihe (Optochin usw.): Berlin 1923. — *Scales, H. L.:* Amblyopia in pneumonia after ethylhydrocupreine (optochin base). J. amer. med. Assoc. **98**, 1373 (1932). — *Swab, C. M.:* Amblyopia from ethylhydrocupreine. Arch. of Ophthalm. **7**, 285 (1932). — *Uhthoff:* Beiträge zur Optochinamblyopie. Klin. Mbl. Augenheilk. **57**, 14 (1916). — *Uhthoff:* Ein weiterer Sektionsbefund (von vorübergehender Optochinamaurose. Klin. Mbl. Augenheilk. **58** 1 (1917). — *Velhagen:* Ein Beitrag zum Kapitel Optochin und Auge. Klin. Mbl. Augenheilk. **75**, 122 (1925).

*Plasmochin.*

*Eiselsberg, K. P.:* Plasmochin-Vergiftung. Slg. Verg.-Fälle A **551**.

*Atebrin.*

*Chopra, R. N.* u. *R. N. Chaudhuri:* Einige Bemerkungen zur Toxizität synthetischer Mittel gegen Malaria. Indian med. Gaz. **70**, 1 (1935). — *Dawson, W. T., Gingrich* u. *E. D. Hollar:* Intravenous toxicity of atabrine (atebrin). Amer. J. trop. Med. **15**, 515 (1935). — *Udalagama, Lyn:* Geistige Störung bei Malariafällen, die mit Atebrin musonatininjektionen behandelt waren. Indian med. Gaz. **70**, 679 (1935). **H. Fischer.**

## Chlor. (Vgl. auch Art.: Kalium und Kaliumverbindungen; Salzsäure.)

*Chlor* (Cl) ist ein grünlich-gelbes, stechend riechendes Gas, dessen Darstellung auf elektrolytischem Wege aus wäßriger Kochsalzlösung oder durch Erhitzen von Salzsäure mit Braunstein, Kaliumbichromat u. a. erfolgt. Es ist 2½ mal so schwer als Luft und löst sich gut in Wasser, Alkohol und Äther. Die giftige Wirkung des Chlorgases, resp. Chlorwassers und aller Chlorgas abspaltenden Verbindungen (Phosphoroxychlorid, Natrium- und Kaliumhypochlorid, Chlorkalk usw.) führt man auf Entziehung des in den Geweben gebundenen Wasserstoffes unter Bildung von Chlorwasserstoff zurück.

Chlorvergiftungen kommen vor allem in Betrieben vor, in denen Chlor hergestellt oder verarbeitet wird, also in chemischen Fabriken und Laboratorien, in Wäschereien, Bleichereien, Papierfabriken, bei der Desinfektion usw. Todesfälle durch zufällige Verwechslungen sind ebenso bekannt wie Selbstmorde. Vereinzelt wurden auch Fälle von Mord mit Chlorkalk und Eau de Javelle an kleinen Kindern beschrieben (*Kob, Tardieu* u. a.). Bei einem Chlorgehalt der Luft von 0,0001 % kommt es bereits zu leichten Reizungen der Schleimhäute des Respirationstraktes, doch kann Gewöhnung an diese Beimengung erfolgen. Etwa 0,004 % Chlor länger als eine Stunde eingeatmet führt bereits zu schweren Erkrankungen; 2,5 mg Chlorgas auf 1 l Luft wirkt sofort tödlich (*Starkenstein*). Die Vergiftungserscheinungen treten sehr rasch ein. Es kommt zu Beklemmungsgefühlen, Atemnot, Conjunctivitis und Absonderung von zähem Schleim, starken Hustenanfällen (Chlorhusten). Bei der Aufnahme von größeren Mengen Chlorgas erfolgt sofort Bewußtlosigkeit. Der Tod kann plötzlich infolge Lungen- und Glottisödem eintreten. Die chronischen Vergiftungen, die vor allem durch Schädigungen in gewerblichen Betrieben entstehen, führen u. a. zu chronischer Bronchitis, Trockenheit und Runzelung der gelbgrünlich verfärbten, bleichen Haut, zu Kachexie, frühzeitigem Altern und zur Zerstörung der Zähne. Gelegentlich kommt auch Chloracne (Veränderungen und Entzündungen der Talgdrüsen mit eitriger Einschmelzung usw.) zur Beobachtung, die wie die Bromacne auf die Ausscheidung des Giftes durch die Haut zurückgeführt wird (*Török*). Oft sind die chronischen Vergiftungen durch ein längeres freies Intervall mit Wohlbefinden nach anfänglichen Reizerscheinungen ausgezeichnet. Auch schwere Tracheo-Bronchitiden und Lungenentzündungen treten im Gefolge einer chronischen Chlorschädigung auf. Bei der *Leichenöffnung* ist deutlicher Chlorgeruch im Gehirn, ab und zu auch im Bauch, in der Brusthöhle sowie den Faeces wahrnehmbar.

Die Vergiftungen durch *Chlorwasserstoff,* der gasförmigen Salzsäure (HCl), verlaufen unter ähnlichen Reizerscheinungen an den Schleimhäuten wie die durch Chlor. Gelegentlich wurden Todesfälle durch Lungenödem, das nach einem mehrere Tage währenden, beschwerdefreien Intervall plötzlich eintrat, beobachtet.

Eine Chlorgasvergiftung eigener Art ist die *Phosgenvergiftung* (Chlorkohlenoxyd, $COCl_2$). (Vgl. d. Art.: Kampfgase.)

*Schrifttum.*

*Kob:* Vergiftg. eines neugeborenen Kindes mit Chlorkalk. Vjschr. gerichtl. Med. III F. **27**, 85 (1904). — *Starkenstein, Rost, Pohl:* Toxikologie. Berlin u. Wien 1929. — *Tardieu:* Vergiftungen. Paris 1868. — *Török:* Lehrbuch d. Hautkrankheiten v. Rieke. 3. Aufl. Jena 1914. **Weyrich.**

**Chloräthyl** siehe *Flüchtige organische Gifte.*

**Chloralhydrat.** (Vgl. auch Art.: Schlafmittel.)

*Chloralhydrat,* $CCl_3CH(OH)_2$, das Hydrat des Trichloraldehyds (= Chloral), bildet trockene, luftbeständige, durchsichtige Krystalle von stechendem Geruch und schwachbitterem Geschmack, die bei 58° schmelzen. Es ist in Wasser, Alkohol und Äther sehr leicht löslich und wird daher im Körper rasch resorbiert. Wegen seiner ätzenden Wirkung auf die Schleimhäute muß es stets in genügender Verdünnung gereicht werden. Es ist ein gutes Hypnoticum, das beim Erwachsenen in Gaben von 1,0 g an in der Regel alsbald nach der Einnahme Schlaf von durchschnittlich acht Stunden Dauer hervorruft, meist ohne beim Erwachen irgendwelche unangenehmen Folgeerscheinungen zu hinterlassen. In Ausnahmefällen kann bei disponierten Personen allerdings die hypnotische Wirkung ausbleiben und sich anstatt des Schlafes ein Erregungszustand einstellen, weshalb es sich bei der ersten Anwendung des Mittels empfiehlt, nicht über die Gabe von 1,0 g hinauszugehen. Die Gefahren des Chloralhydrates erstrecken sich einerseits auf das Herz und die Gefäße, als es bei Personen mit bereits geschädigtem Kreislaufsystem ernste Störungen, ja selbst einen plötzlichen Herztod zu verursachen vermag. Andererseits kann es bei längerem Gebrauch des Mittels zur Gewöhnung und damit zu suchtmäßigem Mißbrauch (Chloralismus) kommen. Das Gift wird fast vollständig durch den Harn ausgeschieden, in dem es teils unverändert, teils in Form der Urochloralsäure (reduzierend, daher Vorsicht vor Verwechslung mit Zucker im Urin!) erscheint.

Die Symptome der *akuten Vergiftung* bestehen vor allem in einer lebensgefährlichen Narkose verbunden mit Blutdrucksenkung als Ausdruck der Kreislaufstörung; ferner leidet die Atmung, die Körpertemperatur sinkt ab, die Reflexe schwinden, und unter Respirationsstillstand kann schließlich der Tod eintreten. Bei der *chronischen Vergiftung* handelt es sich vor allem um trophische Störungen der Haut und ihrer Anhangsgebilde (Exantheme, Haarausfall, Schwellungen im Gesicht, Druckgeschwüre) und um Verdauungs- und Stoffwechselstörungen (Abmagerung), die alle zusammen zu schwerem körperlichen und geistigen Verfall führen können (Beispiel bei *Krekeler*).

Der *Leichenbefund* ist bei der akuten Vergiftung im allgemeinen negativ. In einzelnen Fällen wurde lediglich eine Rötung und entzündliche Schwellung der Schleimhaut des Verdauungsschlauches sowie eine Fettinfiltration der Leber gefunden. *Neugebauer* beobachtete bei einem 21jährigen Manne, der einer rasch zum Tode führenden Vergiftung mit *konzentriertem* Chloralhydrat erlegen war, Verätzungen im Mund, Rachen, Oesophagus, Magen und oberen Dünndarm sowie Erstickungszeichen und eine ganz akute Leberschädigung in Form eines Ödems.

Als mittlere medizinale *Dosis* werden für den Erwachsenen 2,0 g angegeben. Die Maximaldosis beträgt 3,0 g (!) für die Einzelgabe und 6,0 g (!) für die Tagesmenge. Tödliche Vergiftungen haben sich aber bereits bei Gaben von 4,0—6,0 g ereignet. Im allgemeinen dürfte jedoch die letale Dosis für den Erwachsenen bei 9,0 g liegen. Allerdings wurden auch schon — freilich nur bei chronischem Gebrauch — Mengen bis zu 30,0 g im Tag vertragen, ohne daß es zu lebensbedrohlichen Erscheinungen gekommen wäre.

Bei der Vergiftung mit Chloralhydrat handelt es sich zumeist um solche medizinaler Natur (Überdosierung, Verwechslung). Zu kriminellen Zwecken wird es erfahrungsgemäß wenig in Anspruch genommen (*Zangger*). Auch als Selbstmordmittel findet es heute nur selten Verwendung.

Wegen der leichten Zersetzlichkeit des Giftes gelingt der *chemische Nachweis* in den Leichenorganen nur kurze Zeit nach dem Tode (*F. Reuter*).

*Schrifttum.*
*Bornträger:* Über den Tod durch Chloroform und Chloral vom gerichtsärztlichen Standpunkte. Vjschr. gerichtl. Med. N. F. **53**, 19 (1890). — *Flury-Zangger:* Lehrbuch der Toxikologie. Berlin 1928. — *Krekeler:* Chloralhydratvergiftung, chronische (Chloralismus). Slg. Verg.-Fälle **2**, B 18, 11 (1931). — *Meyer-Gottlieb:* Exper. Pharmakologie. 3. Aufl. Berlin u. Wien 1914. — *Neugebauer:* Tödliche Chloralhyd.-Vergiftung. Slg. Verg.-Fälle **6**, A 479, 31 (1935). — *Petri:* Pathologische Anatomie und Histologie der Vergiftungen. In: Handb. der spez. path. Anatomie und Histologie. Herausgegeben von *Henke-Lubarsch.* **10**. Berlin 1930. — *Reuter, F.:* Methoden der forensischen Beurteilung von Vergiftungen. In: *Abderhaldens* Handb. der biologischen Arbeitsmethoden **IV**, 12/1. Berlin u. Wien 1938.
*v. Neureiter.*

## Chlorierte Naphthaline.

Spielen nur gewerbetoxikologisch eine Rolle. Ersatz für Harze, Kautschuk, werden auch benützt zur Imprägnation und als Isoliermaterial. Erzeugen fast ausschließlich Hautschädigungen an den Reizstellen (Folliculitis, Acne usw.).

Das vollkommen chlorierte Molekül wird Perna genannt (Pernakrankheit). Trichlornaphthalin = Haftax.

Resorptionserscheinungen selten, evtl. Müdigkeit, Schwindel, Gewichtsabnahme.

*Schrifttum.*
*Duvoir:* Zu den Berufsdermatosen durch Trichlornaphthalin. Ann. Méd. lég. Juli 1934. — *Flury-Zernik:* Schädliche Gase. Berlin 1931. — *Mittelstädt:* Gewerbeschädigungen durch Haftax. Diss. Jena 1935. *Schwarz.*

**Chloroform** siehe *Flüchtige organische Gifte.*

**Chlorpikrin** siehe *Kampfgase.*

**Chlorsaures Kali** siehe *Kalium und Kaliumverbindungen.*

## Chromsäure und ihre Salze.

Chromsäure ist ein energisches Oxydationsmittel, stark ätzend und findet als Ätzmittel auch medizinische Anwendung. Von ihren Salzen sind nur die alkalischen toxikologisch von Bedeutung, während Chrom selbst sowie die Chromoxyde usw. als Farben im allgemeinen als ungiftig gelten. Chromblei führt dagegen zu Bleivergiftung. Von den chromsauren Alkalien sind Kaliumchromat und Kaliumbichromat zu nennen; die Bichromate wirken stets stärker als die neutralen Chromate.

*Absichtliche* Vergiftungen durch fremde Hand sind wegen des den Chromsalzen eigentümlichen schlechten Geschmackes äußerst selten. Bisher ist nur ein Fall von Mord beobachtet worden. *Selbstmorde* mit Chromsäure oder chromsaurem Kali sind wiederholt berichtet worden. *Gewerbliche* Vergiftungen kommen durch Einwirken des Staubes oder verspritzter Tröpfchen auf die Schleimhäute besonders der Nase und des Auges in Chromfabriken vor, ferner bei der Herstellung von Farben, gefärbten Gläsern, beim Gerben und Beizen in der photographischen Industrie u. v. a. *Medizinale* Vergiftungen sind vielfach bei auch nur äußerlicher Anwendung der Chromsäure zu Ätzungen und Pinselungen beobachtet worden. (Innerlich wird Kaliumchromat heute nicht mehr verordnet.)

Chromsäure erzeugt in fester Form oder in gesättigter Lösung, in großer Menge per os aufgenommen, tiefe Verschorfung von gelber bisweilen grüner Farbe; es entwickelt sich das Bild der Gastroenteritis toxica: Die Vergifteten zeigen neben Erbrechen blutige Stühle und gewöhnlich auch Nierenerscheinungen, wie Hämaturie und Anurie, schließlich setzen Bewußtlosigkeit und Krämpfe ein, in welchem Stadium meist der Tod erfolgt; bei längerer Dauer kann man Haut, Skleren und Schleimhäute (Zahnfleisch) gelbgrün verfärbt sehen.

Die chronische Chromatvergiftung, die als gewerbliche Vergiftung unter der Einwirkung des Chromstaubes entstehen kann, ruft Katarrhe der Atemwege und charakteristische Geschwüre der Nasenschleimhaut hervor. Die intakte Haut schützt im allgemeinen gegen Chromvergiftung, doch kommen auch hier bei längerer Einwirkung nekrotisierende Geschwüre vor (Chromatgeschwüre).

Die letale Dosis für Chromsäure beträgt einige Dezigramme; 0,05—0,1 g Kaliumbichromat erzeugen Übelkeit, Erbrechen, Kolik, Diarrhoen, Mattigkeit, Dyspnoe und Pulsverlangsamung, 0,3 g erhebliche Intoxitationserscheinungen. Die Mehrzahl der akuten Vergiftungen kommt durch perorale Aufnahme zustande, demgemäß man in den Schleimhäuten des Verdauungstraktes schwere Veränderungen antrifft, die meist in Form gelblicher mitunter grünlicher Schorfe verätzt erscheinen. (Ausführliche Darstellung bei *Merkel*.) Bei der chronischen Vergiftung findet man Befunde am Dickdarm, der mit seinen ausgebreiteten Geschwürsbildungen das Bild wie bei bacillärer Dysenterie darbieten kann. Der Nachweis von Chromvergiftung im Magen-Darminhalt, den Nieren und der Leber ist in der Leiche noch lange möglich. Bei nicht tödlichen Vergiftungen ist der Beschaffenheit der erbrochenen Massen besondere Aufmerksamkeit zu schenken.

*Schrifttum.*
*Brieg:* Zur Klinik der akuten Chromvergiftung. Z. exper. Path. u. Ther. **21**, 393 (1920). — *Flury-Zangger:* Lehrbuch der Toxikologie. Berlin 1928. — *Lewin:* Über die gewerbliche Vergiftung mit Chromverbindungen. Z. Gewerbehyg. **15**, 159 (1908) und Chemikerztg. 1076 (1907). — *Merkel:* Die Magenverätzungen. In: Handbuch der spez. path. Anat. und Histol., herausg. v. *Henke-Lubarsch.* **4**/1. Berlin 1926. — *Petri:* Path. Anatom. und Histol. der Vergiftungen. In: Handbuch der spez. path. Anat. und Histol., herausg. v. *Henke-Lubarsch.* **10**. Berlin 1930. **Szekely.**

### Chrysarobin.
Hergestellt aus dem von *Andira Araroba Aguiar* stammenden Goapulver. In der Medizin verwendet als Hautsalbe oder als 5%ige Pinselung (Psoriasis). Zeigt erhebliche lokale Reizwirkung auf Haut und Schleimhaut, im Gegensatz zu den abführenden Anthrachinonderivaten. Lokale Symptome: Rötung, Schwellung, Jucken, Brennen bei violetter bis brauner Hautverfärbung. Selten Pusteln um Haarfollikel. Der Prozeß endet mit Abschuppung. Die Haare verfärben sich grünlich. Am Auge Conjunctivitis, Keratitis, unter Umständen auch als Fernwirkung. Bei Injektion sterile Eiterung. Resorption durch intakte Haut minimal; als Resorptionswirkung beobachtet man gelegentlich Hämaturie, Albuminurie als Ausdruck einer leichten Nierenreizung. Bei innerlicher Aufnahme: Magenschmerzen, Erbrechen, Durchfall, Schwindel, auch Blasenreizung. Toxische Dosis schon bei 0,01 g. Gewerbliche Schädigungen: Conjunctivitis und Keratitis bei Arbeitern, die mit Goapulver umgehen. Bildet im Organismus durch Oxydation Chrysophansäure. Forensische Bedeutung besitzt Chrysarobin kaum.

*Schrifttum.*
*Lewin:* Gifte und Vergiftungen. Berlin 1929. — *Petri:* Patholog. Anatomie u. Histologie d. Vergiftungen. Berlin 1930. — Handb. der Lebensmittelchemie **I**. Berlin 1933. **Schwarz.**

### Chrysophansäure siehe *Anthrachinonderivate.*

### Cibalgin siehe *Pyrazolonderivate; Schlafmittel.*

### Cicuta maculata siehe *Coniin und Schierlingsvergiftung.*

### Cicuta virosa siehe *Wasserschierling.*

### Citronensäure.
Farblose Kristalle oder weißes kristallinisches Pulver, sauer schmeckend. Spielt forensisch kaum eine Rolle. Schon 10%ige Lösungen schmecken außerordentlich widerlich. Man beobachtete Vergiftungen von Kindern nach übermäßigem Genuß von Citronen, auch bei Gebrauch als Laienabortivum. Auf Genuß des ätherischen Öles, das in den Schalen vorhanden ist, sah man anaphylaktische Erscheinungen von seiten der Schleimhäute.

Symptome: vorwiegend Reizwirkung von seiten des Magen-Darmkanales, namentlich Erbrechen und Übelkeit. Die Citronensäure ist in bezug auf ihre Ätzwirkung stärker als die Weinsäure; eine 20%ige Lösung entspricht in ihrer Säurewirkung ungefähr 7%iger Schwefelsäure. Die Giftwirkung erklärt sich teilweise auch durch die intensive Cälciumbindung (ähnlich Oxalsäure, Fluorwasserstoffsäure).

Sektion: Schädigung der Zungenschleimhaut, der Speiseröhre, des Magens in Form von grauweißlichen bis gelbgrünlichen Verfärbungen; Schleimhautblutungen, Schwellungen.

*Schrifttum.*
*Erben:* Vergiftungen, klinischer Teil, 2. H. Wien u. Leipzig 1910. — *Lewin:* Gifte u. Vergiftungen. Berlin 1929. **Schwarz.**

### Citrophen siehe *Anilinderivate.*

### Clark I bzw. II siehe *Kampfgase.*

### Cocain. (Vgl. auch Art.: Lokalanästhetica außer Cocain.)
*Cocain,* $C_{17}H_{21}NO_4$; Methylekgoninbenzoesäureester, krist. monoklin. F. $= 98°$, $[\alpha]$ D $= -15,8°$. Schwer in Wasser löslich, leicht in Alkohol, Äther, Petroläther. Lösungen reagieren alkalisch und schmecken bitter. Auf Zunge pelziges Gefühl und Anästhesie.

*Cocain-HCl,* kurze Prismen, F $= 181,5°$ unter Zers., $[\alpha]$ D $= -71,95°$), wie *Cocain-HNO$_3$* und andere Salze, sehr gut wasserlöslich. Cocainsalzlösungen sind nur begrenzt haltbar, alkali- und lichtempfindlich, büßen durch Hitzesterilisation, wenn nicht in saurer Lösung sterilisiert, an Wirksamkeit ein. Dasselbe gilt auch für alle galenischen Cocapräparate und für die Blätter selbst, die nur streng lufttrocken aufbewahrt haltbar sind.

*Vorkommen des Cocains:* In den Blättern von *Erythroxylon Coca* (Erythroxylaceae), Heimat: Peru, Bolivien, zu 0,8—1,2% mit relativ wenig Nebenalkaloiden; in *Erythroxylon novogranatense* auf Java und Ceylon kultiviert, ebenso *Erythroxylon Coca, var. Spruceanum* mit etwa 1,5% Blattalkaloiden, wovon aber nur etwa ¼ Cocain, daneben hauptsächlich Cinnamylcocain, Truxilline und Tropacocain. Zur technischen Cocaingewinnung Esterhydrolyse sämtlicher Alkaloide zu Ekgonin unter Wiederveresterung mit Benzoesäure und Methylierung zu Cocain. Blätterpräparate enthalten ferner *Benzoylekgonin* $C_{16}H_{19}NO_4$ in sehr geringer Menge; kann Krämpfe und Lähmungen machen, ist aber weniger toxisch wie Cocain. *Cinnamylcocain,* $C_{19}H_{23}NO_4$, in beträchtlicher Menge in javanischen Blättern, ist toxischer wie Cocain. $\alpha$ u. $\beta$-*Truxilline,* $C_{38}H_{46}N_2O_8$, wirken nichtlokalanästhetisch, sind aber starke Herzgifte.

*Wirkungscharakter des Cocains:* Auf Schleimhäute und s.c. usw. appliziert lokal-anästhetisch und gefäßkontrahierend. Gleichzeitig zentrales Krampfgift, sekundär ausgesprochenes Lähmungsgift (Atemlähmung). Diffundiert nicht durch unverletzte Haut, aber sehr rasch durch alle Schleimhäute. Abbau in der Leber, Ausscheidung nur zum kleinen Teil unverändert durch Urin.

*Klinische Erscheinungen der akuten Vergiftung* (bei jeder Art der Applikation): Trockenheit im Hals, Brennen, Schluck- und Schlingbeschwerden, psychische Aufregung, oft Heiterkeit, Geschwätzigkeit, Unruhe, Bewegungsdrang, Konvulsionen, epileptiforme Krämpfe, Koordinationsstörungen, Zwangsbewegungen, erhöhte Reflexerregbarkeit bis Reflexkrämpfe, Trismus, Opisthotonus, Erstickungsgefühl und Brustbeklemmung. Ferner Tachykardie, oft sehr hochgradig, Extrasystolen, Blutdrucksteigerung, später Senkung, beschleunigte, oft unregelmäßige Atmung, auch ausgesprochene Cheyne-Stokes'sche Atmung. Mydriasis meist nicht maximal: ebenso ist Akkommodationsfähigkeit häufig ganz oder zum Teil erhalten, daneben Protrusio bulbi und Klaffen der Lidspalte; selten Miosis, Diplopie, Amaurose.

Bei schwerster Vergiftung Übergang in komplette, sensible, sensorische und motorische Lähmung. Tod an Atemlähmung.

Bei Abklingen der Vergiftung heftigster Kopfschmerz, Trigeminus- und andere Neuralgien, auch Ausgang in tiefsten Schlaf.

*Nachwirkungen:* Andauernder Schwindel, Erbrechen, Kardialgie.

Bei lokaler Applikation am Auge neben Anästhesie auch Trübung der Hornhaut, selbst Keratitis und Hornhautgeschwüre, selten Glaukomanfall. Bei s.c. Applikation, auch bei gingivaler, evtl. Nekrosen. *Vergiftungserscheinungen bei Resorptivvergiftung nach Applikation lokalanästhetischer Dosen:* Blässe, kalter Schweiß, Ohnmachtsgefühl, Schwindel, Präkordialangst, Augenflimmern, Unfähigkeit zu schlucken, Erstickungsgefühl, Verwirrtheit (Cocainrausch).

Unter gleichen Voraussetzungen können sehr verschiedenartige Symptomenbilder auftreten, namentlich bei vorhandener Überempfindlichkeit auf Cocain.

*Cocainshock:* Unmittelbar nach Schleimhautpinselung mit Cocain schwerster Kollaps, der meist therapeutisch weder durch Analeptica noch durch künstliche Atmung usw. beeinflußt werden kann. Todeseintritt innerhalb ganz kurzer Zeit.

In ähnlicher Weise kann es bei großer Empfindlichkeit zu Kollaps, Krämpfen, tiefster Bewußtlosigkeit kommen mit tödlichem Ausgang noch nach 10—20 Stunden, selbst noch am zweiten Tag.

In anderen Fällen treten Vergiftungssymptome auffallend spät, erst einige Stunden nach Cocainapplikation ein, z. B. Halluzinationen.

Ganz akute Vergiftungsfälle mit großen Dosen Cocain (suicidale) endigen oft in wenigen Minuten letal.

*Akute Cocainvergiftung bei Cocainismus:* Bei starker Dosissteigerung auch an Cocain Gewöhnter können schwere akute Vergiftungserscheinungen auftreten mit Trismus, Krämpfen, oft epileptiform, Hypertonus der Muskulatur, athetotischen („theatralischen") Bewegungen, Halluzinationen, erotischer Erregung, seltener Bewußtlosigkeit. Bei erhaltenem Bewußtsein oft Schwierigkeit zu sprechen. Dabei als typische Symptome Trockenheitsgefühl im Mund, nicht maximale Mydriasis bei träger Pupillenreaktion und erhaltener Akkommodation, seltener Nystagmus. Ferner rascher Puls und Atmung, sehr oft Herzarrhythmien, Extrasystolen, seltener Temperatursteigerung. Trismus relativ häufig, auch dadurch bedingte Sprachstörungen und grimassenhafter Ausdruck.

*Differentialdiagnose:* kann schwierig sein; akute Cocainvergiftung kann stark hysteriform aussehen (z. B. auch Fehlen der Schleimhautreflexe).

*Pathologisch-anatomischer Befund bei akuter Vergiftung:* uncharakteristisch. Bei sehr rasch verlaufendem Cocaintod (Shocktod) völlig negativ; manchmal eigenartige Blutverdünnung. Als fast regelmäßiger Befund: Hyperämie der Magenschleimhaut, reichlich Schleim, kleine Blutungen. Starke Gehirnhyperämie, Gehirnödem und Hyperämie der Gehirnhäute. Blutungen in Lungengewebe, kleine Lungeninfarkte, subpleurale Ekchymosen. Hyperämie von Leber, Milz und Nieren, vakuoläre Entartung der Leberzellen; selbst bei Todeseintritt 25—30 Minuten nach Cocaineinnahme schon Andeutung von vakuolären Bildungen in den Leberzellen und diffus verteilte feintropfige Verfettung. Niere kann auch herdförmig verfettet sein. Blut meist dunkel und flüssig. Wenn Todeseintritt unter Krämpfen, rasch eintretende und langdauernde Leichenstarre.

*Dosis medicinalis:* 0,003—0,03 g bei peroraler Applikation; (s. c. 0,003—0,01 g). Cocablätter 0,5—1,0 g.

*Dosis toxica:* Individuelle Empfindlichkeit außerordentlich verschieden; von 0,04—0,06 g an, wenn keine Überempfindlichkeit besteht. Bei besonderer Empfindlichkeit schwerste Vergiftungserscheinungen schon nach 0,04—0,06 g per os. Bei Applikation auf Schleimhäuten können sogar 0,01—0,05 g be-

drohliche Erscheinungen machen. Am Auge erzeugten 0,07 g Mydriasis, Konvulsionen, Koma. Intralumbal führten 0,005 g zum Kollaps. Andererseits wurde bei Nichtgewöhnten auch über 1,0 g s.c. ertragen.

*Dosis letalis:* Beim Nichtgewöhnten 1,0—1,2 g Cocain-HCl. Bei Überempfindlichkeit können schon viel kleinere Dosen tödlich wirken, z. B. 0,2 g s. c. oder 0,15 g als Kehlkopfpinselung, evtl. noch viel weniger bei den shockartigen Cocaintodesfällen. Auch Todesfälle nach 0,015—0,02 g subdural zur Lumbalanästhesie.

Injektion höher konzentrierter Cocainlösungen, kombiniert mit größeren Mengen Adrenalin, ist besonders gefährlich. Ebenso bietet Cocainanästhesie der Harnröhre und Blase wegen der leichten Diffusion des Cocains besondere Gefahren, wenn Anästhesie nicht mit aller Vorsicht durchgeführt wird. Unter 36 Cocainanästhesien der ableitenden Harnwege, die zu Vergiftungen führten, waren 12 tödlich (*Gerlach*).

*Vorkommen und Häufigkeit der akuten Cocainvergiftung:* Cocainmorde sind nicht bekannt. *Suicidale Vergiftungen* nicht ganz selten, früher wegen leichterer Zugänglichkeit des Cocains ungleich häufiger. *Absichtliche Vergiftungen* (aus Neugierde) mit tödlichem Verlauf sind mehrfach vorgekommen. Akute Vergiftungen sind heute fast ausschließlich *medizinale*, die aber seit weitgehendem Ersatz des Cocains durch synthetische Lokalanästhetica nicht mehr häufig vorkommen. Todesfälle hauptsächlich bei Schleimhautanästhesie mit Cocain, deren Zahl infolge eigenartiger Shockreaktion überempfindlicher Individuen nicht ganz klein ist. Todesfälle bei allerverschiedensten Anästhesieanwendungen: Nasenhöhle, Kehlkopf, Rachen, Zahnanästhesie, Blase, Urethra, Vagina, Rectum; auch schwerste Vergiftungen bei subconjunctivaler und s. c. Applikation. Vergiftungsgefahr nimmt mit Zunahme der Konzentration der verwendeten Lösung zu. Deshalb sollten nicht über 10 %ige Lösungen und diese möglichst genau dosiert zur Anwendung gelangen. Schwere, auch tödliche Vergiftungen durch *Dosierungsfehler*. Irrtümliche Injektion von Cocain statt Novocain zur Rachenanästhesie führte zu tödlicher Cocainvergiftung. Bei 4jährigem Knaben kam es nach Injektion von 3 ccm einer 1 %igen Cocainlösung zur s. c. Anästhesie (!) zu tödlicher Cocainvergiftung. Die Überempfindlichkeit auf Cocain spielt namentlich bei Pinselung der Nasen-Rachenorgane eine nicht unbedeutende Rolle. Pinselung der Nasengänge mit 10 %iger Cocain-Suprareninlösung führte innerhalb 10 Min. zu Kollaps, später zu heftigsten Krämpfen und Todeseintritt innerhalb 18 Stunden trotz intensivster Behandlung. Besonders gefährlich scheint subperiostale Injektion von Cocain, offenbar wegen der eigenartigen Resorptionsverhältnisse. Bei periostaler Applikation im Gebiet der Nase und deren Nebenhöhlen führten 12 ccm einer %igen Cocainlösung zu sofortigem Todeseintritt (Herzstillstand).

Bei 18monatigem Kind kam es infolge ärztlich verordneter Anwendung eines cocainhaltigen Nasensprays zu stärkster allgemeiner Übererregbarkeit (*Marcus*). Irrtümliche Verschreibung von Cocainchlorid statt Chininchlorid führte bei scharlachkrankem Kind zum Tode.

*Zufällige Vergiftungen:* Infolge Verwechslung führte Einnahme von 0,5—1,0 g Cocain schon wiederholt zu schwerster Vergiftung. Ein Mann, der aus Irrtum 1,2 g Cocain in Wasser gelöst trank, starb innerhalb einer Stunde. Nach irrtümlicher Einnahme von 5 g einer 30 %igen Cocainlösung (= 1,5 g Cocain) traten nach 15 Min. Cocaindelirien und bald darauf der Tod ein. Nach irrtümlicher Einnahme von 0,28 g Cocain in Lösung innerhalb 20 Minuten Magenschmerzen, Übelkeit, Kopfschmerzen, Verlust der Sehkraft, Unfähigkeit, die Beine zu bewegen und Schlafsucht; nach weiteren 20 Minuten: Erbrechen, Erstickungsanfälle, aussetzender Puls. Nach 1½ Stunden: Krämpfe und Parästhesien; Ausgang in Heilung. Nachwirkungen: Ausfall der Geschmacksempfindung und Parästhesien für längere Zeit.

*Chronische Cocainvergiftung: Cocainismus.* In zwei Formen verbreitet:

1. Als *Cocakauen* bei den Eingeborenen Perus und Boliviens. Täglicher Bedarf etwa 30—50 g Blätter, entsprechend etwa 0,07—0,2 g Cocain. In dieser Form genossen beseitigt Cocain das Hunger- und Ermüdungsgefühl und erhöht die körperliche Leistungsfähigkeit, namentlich bei Arbeit in großer Höhe (Cordilleren). Bei starkem Cocagebrauch kann täglicher Bedarf bis auf ¼ kg Blätter steigen mit entsprechend starken Wirkungen. Zu eigentlichen Abstinenzerscheinungen kommt es meist nicht, weil mehr oder weniger andauernd Cocablätter zugeführt werden. Bei nicht sehr hochgradigem Genuß scheinen die Dauerwirkungen nicht sehr ausgesprochen zu sein. Eine gewisse Apathie macht sich bei den meisten Cocakauern mit der Zeit bemerkbar. Jedenfalls ist das Hungergefühl ständig reduziert, es besteht weder Lust zum Essen noch zum Rauchen noch zum Sprechen. Das hängt zum Teil mit der unangenehmen lokalen Wirkung in der Mundhöhle zusammen, wo infolge eintretender Gefühllosigkeit der Zunge und des Schlundes Schlucken und Sprechen schwer fallen. Bei mäßigem Cocagenuß ist erhöhte körperliche Leistungsfähigkeit in großer Höhe bei minimalstem Nahrungsbedarf ganz zweifellos. Coca scheint in großer Höhe auch als Kardiotonicum zu wirken.

Zahl der Cocakauer in Bolivien, Peru und in gewissen Gebieten Argentiniens sehr groß, schätzungsweise 12 Millionen. Jährliche Cocaproduktion in Bolivien in den letzten Jahren durchschnittlich etwa 4 Mill. kg, fast ausschließlich für Genußzwecke.

Bei Gewöhnung an hohe Dosen führt Cocakauen zu einem eigenartigen Krankheitsbild; die sog. *Coqueros* sind leicht als solche erkenntlich durch fahle Gesichtsfarbe, Abmagerung, eingesunkene Augen, weite Pupillen. Meist Verdauungsstörungen, abwechselnd Heißhunger und Appetitlosigkeit, Neigung zu Verstopfung, ferner Schlaflosigkeit neben Apathie, Anämie, fortschreitender Marasmus; häufig Erkrankung an Tuberkulose.

2. *Cocainismus unter Zufuhr des reinen Cocains durch Schnupfen oder parenterale Injektion.* Anreiz zur Angewöhnung bietet die Euphorie, die meistens noch stärker ausgeprägt ist wie bei Morphinismus. Individuelle Empfindlichkeit ist auch nach dieser Richtung sehr verschieden. Einzelne Menschen erreichen durch Cocain gar keine Euphorie, sondern verfallen sofort in Angstzustand mit Beklemmung; sie haben das Gefühl, sterben zu müssen. Zustand kann in Kollaps übergehen oder in stark ängstliche Aufregung. — Wirksame Dosis braucht wohl nicht gesteigert zu werden, jedenfalls lange nicht in dem Maße wie bei Morphin. Oft kommt es aber doch zu erheblichen Steigerungen der Cocainzufuhr bis zu Dosen, die für Nichtgewöhnte hochtoxisch, u. U. letal sind. Dann ist auch der Verfall viel rascher.

Die bequeme Zufuhr durch Schnupfen, auch durch stomachale Einnahme und Pinseln des Zahnfleisches (*Zangger*) erleichtert das Eintreten der Süchtigkeit. Bei Zufuhr durch Schnupfen können Defekte der Nasenscheidewand auftreten.

Die Symptome der chronischen Cocainvergiftung variieren sehr stark nach Dosis, Stadium der Vergiftung, speziell bestehen große Verschiedenheiten der psychischen Symptome nach Alter und Geschlecht und nach Kombination mit anderen Giften (Morphin, Pantopon, Strychnin, Yohimbin, Koffein, Mescalin, Schlafmitteln, Alkohol, namentlich auch Likören und Drinks).

Der Cocainmißbrauch bedingt in verhältnismäßig kurzer Zeit Ideenflucht mit oft leerer Vielgeschäftigkeit. Kleine Dosen (0,04—0,08 g) machen Euphorie, Bewegungs- und Rededrang mit vorausgehender Pulsbeschleunigung; der Ablauf der Assoziationen wird erleichtert. Es ist insbesondere dieses Stadium gesteigerten Selbstbewußtseins, welches vom Cocainisten angestrebt wird, der im Gegensatz zum Morphinisten sehr viel expansiver ist mit oberflächlichem, oft kritiklosem Betätigungsdrang, der ihn u. U. in besonderer Art kriminell werden läßt.

Mit der Zeit entwickeln sich dann schwere psychische Störungen, namentlich sind Reizbarkeit, Halluzinationen des Gehörs und Gesichts sehr häufig, insbesondere behaupten Cocainisten, auf der Haut allerlei Empfindungen zu haben, wie wenn kleine Tiere (Würmer usw.) darauf herumkröchen (keine Neuritis, sondern psychische Erscheinungen, d. h. Mikro-Halluzinationen der Tastsphäre). Viele Cocainisten klagen über schreckhafte Geräusche, hören drohende und schmähende Reden, so daß sich vollständige Psychosen entwickeln mit starken Depressionen und Aufregungen, die zu Selbstmord und Mord führen können. Im Gegensatz zum Morphin sind Gedächtnisstörungen häufig und zwar oft rasch schwere, *korsakow*ähnliche Gedächtnisalteration, die unter Abstinenz relativ rasch wieder verschwindet. Rauschartige Zustände mit Koordinationsstörungen kommen vor. Potenz- und Schlafstörungen sind sehr häufig.

In manchen Fällen entwickelt sich ein *Korsakow*wahnsinn, charakterisiert durch Mikrohalluzinationen des Gesichts und der Tastempfindung. Vielfach kommt es bei schwerem Cocainismus zu Verfolgungs- und Eifersuchtswahn mit entsprechender Gefährdung der Umgebung (Mordversuche). Die Kranken sind aber dabei besonnen und orientiert.

Plötzliche Todesfälle sind bei schwerem Cocainismus nicht ganz selten. Nachweis der Todesursache oft schwierig wegen rascher Zersetzlichkeit des Giftes im Organismus. Auch schwere stenokardische Anfälle und schwere Atemstörungen, komatöse Zustände, Bewußtseinsstörungen und Krämpfe kommen bei schwerem Cocainismus nicht selten vor.

Bei parenteraler Cocainzufuhr sind klonisch-tonische Zuckungen und Krampfanfälle häufiger wie bei Cocainschnupfern. Eigenartige mahlende Bewegungen der Kaumuskulatur, fibrilläre Zuckungen im Gesicht und Tics kommen bei beiden Formen des Cocainismus vor; bei Schnupfern Olfactoriusstörungen, Anosmie, Parosmie.

Bei Frauen führt Cocain schnell zu erhöhter sexueller Erregbarkeit und zu oft erheblicher Verminderung des Widerstandes gegen sexuelle Zumutungen. Viele Frauen verlieren jeden Halt, zeigen hemmungslose Ausgelassenheit. Dies einer der Gründe, warum Cocain in Prostituiertenkreisen besonders verbreitet ist und warum Cocain für sich allein, häufig aber in Mischungen mit anderen Alkaloiden, wie Atropin, Haschisch usw. insbesondere aber in Verbindung mit Alkohol als Mittel zur Verführung dient. — Homosexuelle werden unter Cocain nicht selten besonders aktiv.

*Körperliche Erscheinungen des Cocainisten:* Bleiche, welke Haut, kühle Extremitäten, vermehrte Schweißsekretion, eingesunkene Augen, erweiterte Pupillen, Appetitlosigkeit, Verdauungsstörungen,

Sensibilitätsstörungen, Herzklopfen, Atemnot, Ohnmachtsanfälle, Muskelschwäche, sehr stark verminderte körperliche Leistungsfähigkeit, Muskelzuckungen, Schlaflosigkeit.

*Differentialdiagnose:* oft schwierig, weil Cocain eine Reihe endogener, toxisch-infektiöser Geisteskrankheiten gewissermaßen imitiert, insbesondere weil oft große Ähnlichkeit mit alkoholbedingten metatoxischen Zuständen besteht. So führt Cocain nicht selten zu *pathologischen Rauschzuständen* von besonderer Gefährlichkeit. Die *Cocaindelirien* können wie beim chron. Alkoholiker ganz plötzlich ausbrechen. *Cocainkorsakow* und *Cocainparanoia* erinnern an entsprechende Psychosen bei chron. Alkoholismus. *Epileptoide Zustände,* epileptiforme Anfälle mit Bewußtseinsverlust und Amnesie sind bei schwerem Cocainismus nicht selten. Ferner Cocainpsychosen, die stark an endogen bedingte *Katatonie* mit ausgesprochenem Negativismus, stuporösen Zuständen usw. erinnern. *Progressive Paralyse* wurde angenommen bei Pupillenstarre, unsinnigen Gefühlen, Gefühl des Großseins, des Verzerrtseins. Doch ist die Urteilsfähigkeit im allgemeinen vorhanden, Gedächtnis relativ gut. (Weiteres über Differentialdiagnose vgl. *Zangger* und *Maier*).

*Pathologisch-anatomischer Befund bei chronischer Cocainvergiftung:* Hochgradige Abmagerung, evtl. Ödeme, Schleimhautschwund an Nasenscheidewand, entzündlich-geschwürige Veränderungen bis Septumdefekte (ähnlich bei chronischer Chromatvergiftung), evtl. Einsinken des Nasenrückens (Muscheln können an Atrophie beteiligt sein), auch auffallend dünne Nasenflügel. — Injektionsstiche verschiedenen Alters, Abscesse, Narben usw.

Fettablagerung in Ganglien und Gliazellen des Gehirns, Chromatolyse, Protoplasmavakuolen an Nervenzellen, auch rosenkranzartige Auftreibungen und Schrumpfungen der Nervenfasern. Fettige Degeneration der Gefäßwände in grauer und weißer Substanz, Thromben in den kleinsten Gefäßen (*Bravetta*). Evtl. Leberveränderungen.

*Entwöhnung:* Entzug des Cocains meist plötzlich, da Abstinenzerscheinungen selten gefahrdrohend. Halluzinationen gehen nach Entzug des Giftes in einigen Tagen zurück; die Wahnideen können bedeutend länger bleiben. Prognose im allgemeinen ungünstiger wie bei Morphinismus, hauptsächlich, weil fast ausnahmslos psychopathische Persönlichkeiten zum Cocainismus gelangen.

*Gefährlichkeit des Cocainismus:* Das Cocain ist als Suchtmittel das weitaus gefährlichere Gift wie das Morphin infolge seiner anregenden, den Betätigungsdrang unterstützenden und Hemmungen beseitigenden Wirkung, welche im Gegensatz zum Morphin das Bedürfnis nach expansiven Leistungen und nach Bildung eines Milieus von Gleichgesinnten schafft. Dadurch ist das Cocain auch sozial hinsichtlich Übertragung des Cocainismus auf andere das viel gefährlichere Suchtgift. Haltlose und willensschwache Psychopathen, Homosexuelle sind dieser Gefahr besonders ausgesetzt. Eine Begünstigung krimineller Handlungen auch bei sonst nicht Kriminellen besteht fraglos. Steigerung der Kriminalität jugendlicher Cocainisten bis epidemische Ausbreitung des Cocainismus wurde namentlich in Rußland festgestellt. Starke Verbreitung der Cocainsucht auch in Europa und USA. in den Nachkriegsjahren, namentlich 1920/23. Ausübung besonders kühner Einbruchdiebstähle, z. B. durch Fassadenkletterer, die unter Cocainwirkung standen, auch Raubüberfälle.

Dazu kommt, daß bei den ausgesprochenen *Cocainpsychosen* kriminelle Handlungen ausgelöst oder begünstigt werden. Der *plötzliche* Ausbruch von eigentlichen Cocainpsychosen kann in dieser Hinsicht zu sehr überraschenden Handlungen führen, z. B. auch zu Morden im Zustand der Cocainparanoia. Plötzlicher Ausbruch derartiger Cocainpsychosen kann bedingt sein durch zufällige oder absichtliche Steigerung der Cocainzufuhr oder durch besonders aktiv wirkende Beibringungsart, z. B. bei intravenöser Applikation.

*Zurechnungsfähigkeit.* Im Gegensatz zum Morphinismus und verwandten Suchten ist bei Cocainismus in den durch ausgesprochene typische Psychosen charakterisierten Phasen der Vergiftung (Cocainkorsakow, Cocainparanoia usw.) die Zurechnungsfähigkeit aufgehoben. Dies gilt nicht für den Zustand des bloßen euphorischen Cocainrausches, der hinsichtlich Zurechnungsfähigkeit ähnlich wie der Alkoholrausch zu beurteilen ist.

In sozialer Hinsicht können sich Cocainisten, dies im Gegensatz zum Morphinisten, kaum längere Zeit halten, da sie infolge Abnahme des Gedächtnisses, der Weitschweifigkeit in Rede und Schrift und des sonstigen unsteten Verhaltens zu einer regelmäßigen Arbeit nicht mehr fähig sind. Im ganzen ist der physische und psychische Verfall viel rascher wie bei Morphinismus. Selbstmorde sind relativ häufig, insbesondere bei homosexuellen Cocainisten.

*Morphiococainismus:* eine der gefährlichsten kombinierten Suchten, bei welcher Stadien der maniakalischen Aufregung von schweren Depressionen abgelöst werden. Der Verfall ist noch rapider wie bei Morphinismus oder Cocainismus allein, die Entziehung viel schwieriger. — Gemischte Suchten sind bei Cocainismus häufig: Cocaino-Heroinismus (beide Gifte durch Schnupfen beigebracht), Cocaino-Haschischsucht, Cocain- und Mescalinsucht; in Europa am häufigsten Cocainsucht kombiniert mit schwerem Alkoholismus, seltener mit Äthersucht.

*Bekämpfung des Cocainismus.* Die Kontrolle der Cocainherstellung, des Handels, der Abgabe in Apotheken, der Verschreibung durch Ärzte usw. erfolgt durch die in den internationalen Opiumkonventionen des Völkerbundes vereinbarten Maßnahmen (namentlich durch die Opiumkonventionen von 1925, 1931 und 1936), ergänzt durch weitgehende administrative und polizeiliche Kontrolle und Strafverfolgung in den einzelnen an den Konventionen beteiligten Ländern. Der Kontrolle unterworfen sind Cocablätter und Präparate mit mehr als 0,1 % Cocain, Cocain und dessen Salze in jeder Form, Ekgonin und alle Ekgoninester, die als Ausgangsprodukte der Cocainherstellung in Frage kommen. Von Ekgoninestern sind eine Anzahl, wie Allylcocain, Propionylcocain usw. als an sich suchtfähige Stoffe im Sinne des Cocainismus bekannt.

Die international getroffenen Maßnahmen haben zu einer beträchtlichen Einschränkung der Cocainomanie, wenigstens in Europa, z. T. auch in USA. geführt. Jedenfalls ist die Zugänglichkeit des Cocains in Europa beträchtlich zurückgegangen. Stärker gefährdet sind trotz energischer Maßnahmen auch heute noch Indien, China und Ägypten, deren Bevölkerung auf dem Wege systematischer Cocainbereitstellung durch den international organisierten Rauschgiftschmuggelhandel zum epidemischen Cocainismus gebracht wird. Auch in Südamerika ist der Cocainismus, abgesehen von den Cocainkauern, noch ziemlich stark verbreitet.

*Schrifttum.*

*Bachem, C.:* Kokain-Vergiftung, tödliche, medizinale. Slg. Verg.-Fälle B **24.** — *Beringer, K. u. K. Wilmanns:* Vergleichende Untersuchung über die Wirkung des Cocains und Psicains. Münch. med. Wschr. **1924,** 852. — *Bleuler, E.:* Lehrbuch der Psychiatrie. Berlin 1932. — *Bonvicini, G.:* Die lokalen Erscheinungen bei den Cocainschnupfern. Jb. Psychiatrie **44,** 1 (1925). — *Bravetta, E.:* Il cocainismo. Osservazione cliniche e anatomo-patologiche. Note e Riv. di Psychiatria **10,** 543 (1922) und **11,** 179 (1923). — *Bücking, W.:* Kokain-Vergiftung, akute. (Selbstmordversuch.) Slg. Verg.-Fälle

A **256**. — *Chalmeta, A.* u. *C. Chalmeta:* Les feuilles de coca dans les pharmacopées. Bull. Sci. pharmacol. **40**, 193 (1933). — *Chalmeta A.* u. *C. Chalmeta:* Über die Haltbarkeit der Coca-Zubereitungen. Bull. Sci. pharmacol. **45**, 577 (1933). — *Cloetta, M.:* Cocainvergiftung. In: *Flury-Zangger,* Lehrbuch der Toxikologie. 284. Berlin 1928. — *Chopra, R. N.* u. *G. S. Chopra:* Cocaine habit in India. Indian J. med. Res. **18**, 1013 (1931). — *Courtois-Suffit* u. *A. Giroux:* La cocainomanie. Paris 1922. — *Cramer, A.:* L'intoxication par la cocaine et la cocainomanie. Rev. neurol. Suisse romande. **41**, 812 (1921). — *Dietzel, R.* u. *O. Steeger:* Über die Zersetzlichkeit von Alkaloiden in wässeriger Lösung, insbesondere bei der Sterilisation. VII. Mitt. Cocain. A. Pharmaz. **271**, 521 (1933). — *Erben, F.:* Vergiftungen **2**, 2. Teil, 620. Wien 1910. — *Erzer, F.:* Selbstmord durch Cocain. Dtsch. Z. gerichtl. Med. **4**, 40 (1924). — Diss. Basel 1924. — *Frey, E.:* Kokain-Vergiftung, tödliche, medizinale. Slg. Verg.-Fälle A **258**. — *Gerlach, H.:* Experim. Beitrag zur Giftigkeit von Lokalanästhetica bei der Blasen- und Harnröhrenbetäubung. Diss. Königsberg i. Pr. 1933. — *Gronover, A.:* Kokain-Vergiftung, tödliche, medizinale. Slg. Verg.-Fälle A **257**. — *Guttmann, M. R.:* Acute cocaine intoxication. Prophylaxis and treatment with phenobarbital. J. amer. med. Assoc. **90**, 753 (1928). — *Hartwich, C.:* Die menschlichen Genußmittel. 475. Leipzig 1911. — *Heinemann, V.:* Medizinische und psychologische Erfahrungen und Überlegungen zur Schaffung einer Gesetzgebung gegen Cocainmißbrauch. Diss. Zürich 1922. — *Joel, E.* u. *F. Fränkel:* Der Cocainismus. Berlin 1924. — *Joel E.* u. *F. Fränkel:* Cocainismus und Homosexualität. Dtsch. med. Wschr. **1925**, Nr. 38. — *Leppmann, F.:* Zur forensischen Bedeutung des Cocainmißbrauchs. Ärztl. Sachverst.ztg. **27**, 89 (1921). — *Leschke, E.:* Kokain-Vergiftung. (Selbstmord.) Slg. Verg.-Fälle A **296**. — *Lewin, L.:* Gifte und Vergiftungen. 657. Berlin 1929. — *Lewin, L.* u. *H. Guillery:* Die Wirkungen von Arzneimitteln auf das Auge. 2. Aufl. **1**, 120. Berlin 1913. — *Maier, H. W.:* Über Cocainismus und dessen Ausbreitung in der Schweiz. Schweiz. Arch. Neur. **1**, 243 (1917). — *Maier, H. W.:* Allgemeines zur zentralen Cocainwirkung auf den Menschen. Schweiz. med. Wschr. **1925**, Nr. 1. — *Maier, H. W.:* Der Cocainismus. 2. Aufl. Leipzig 1934. — *Marcus, J. H.:* Cocaine intoxication in an infant 18 months of age. Arch. of Pediatr. **49**, 261 (1932). — *Milovanović, M.:* Beitrag zur pathologischen Anatomie des Cocainismus. Med. Pregl. **6**, 267 (1931). — *Natanson, L.* u. *L. Lipskeroff:* Über Perforationen der knorpeligen Nasenscheidewand bei Cocainschnupfern. Z. Hals- usw. Heilk. **7**, 409 (1924). — *Offerhaus, C.* u. *C. G. Baert:* Anästhetica, im besonderen Cocain und Novocain, im Zusammenhang mit dem Schmuggelhandel. Pharmac. Weekbl. **70**, 506, 525, 617, 655, 826, 973 u. 1125 (1933). — *Petri, E.:* Anatomie und Histologie der Vergiftungen. 385. In Handb. d. spez. Pathol. u. Histol. **10**. Berlin 1930. — *Piouffle, H.:* Les psychoses cocainiques. A. Maloine et fils Paris 1919. — *Poulson:* Die Cocaingruppe. In: *Heffter,* Handb. der exper. Pharmakologie **2**, 1, 105. Berlin 1920. — *Rapoport, A.:* Cocainismus und Verbrechen. Moskov. med. Ž. **6**, 46 (1925) (Russisch). — *Régnier, J., A. Liot* u. *R. David:* De la perte du pouvoir anesthésique des solutions de chlorhydrate de cocaine sous l'influence du chauffage à haute température et d'une conservation trop prolongée. Bull. Sci. pharmacol. **40**, 271 u. 353 (1933). — *Rittershaus, E.:* Ein Fall von „pathologischer" Cocainvergiftung. Allg. Z. Psychiatr. **80**, 416 (1924). — *Rutenburg, D.:* Exitus letalis im Zusammenhang mit der ½%igen Cocain-Infiltrationsanästhesie. Russk. Otol. **22**, 161 (1922) (Russisch). — *Sabatucci, F.:* Sindromi neuropsichiche nei fiutatori di cocaina. Policlinico **29**, 235 (1922). — *Schou, S. A.* u. *E. Heim:* Studien über Injektionsmedizin. I. Die Zersetzung von Cocainlösungen bei Sterilisierung und Lagerung. Pharmac. Acta Helvetiae **10**, 31 (1935). — *Trier, G.:* Die Alkaloide. 2. Aufl. 311. Berlin 1931. — *Zangger, H.:* Vergiftungen. Diagnostische und therapeutische Irrtümer und deren Verhütung. Heft 15. Leipzig 1924. **H. Fischer.**

**Codein** siehe *Opiumalkaloide und verwandte Stoffe.*

## Coffein und Purinkörper.

*1. Coffein* = Caffein = 1 - 3 - 7 - Trimethylxanthin $C_8H_{10}N_4O_2$, kristallisiert mit 1 Mol. Wasser in langen, seidenglänzenden Nadeln, F. = 234° (wasserfrei). In kaltem Wasser schwer, leicht in heißem löslich, ebenso in Chloroform und Benzol, schwer in Alkohol und Äther. Lösungen reagieren neutral und sind o. i. Schmeckt nur wenig bitter.

*Offizinell:* Coffein. natr. benz., Coffein.natr. salicyl., Coffein. citricum.

*Vorkommen:* Hauptalkaloid von *Thea Chinensis,* Theestrauch (Theaceae). Verbreitung: China, Japan, Indien. *Coffeingehalt der Blätter* = 0,8—5 %, durchschnittlich 2 % Coffein.

*Coffea arabica* und *liberica,* Kaffeestrauch (Ru-

biaceae). Verbreitung: Ostafrika, Abessinien, Westafrika, Brasilien (¾ der Weltproduktion), Südamerika, Java. *Coffeingehalt der Samen* („Bohnen") 1 %.

*Cola acuminata* (Sterculiaceae), Westafrika. *Samen* („Colanuß") enthalten 1,5—3,5 % Coffein. *Ilex paraguariensis* (Aquifoliaceae), Paraguay, Brasilien. *Blätter* enthalten 1—1,5 % Coffein. Daraus *Mate-Tee. Paullinia sorbilis* (Sapindaceae), Brasilien. Paste aus Samen = *Pasta Guarana* mit 3—4 % Coffein. *Scilla maritima* (Liliaceae), Mittelmeer; enthält Spuren von Coffein.

Teeblätter enthalten außerdem in Spuren Theophyllin.

*Charakter der Coffeinwirkung:* Erregende Wirkung auf Großhirn, verlängertes Mark und Rückenmark. Anregungsmittel für gesamtes Zentralnervensystem, namentlich Atem- und Kreislaufzentren. Erregt auch Herznerven und wirkt als tonisches Muskelgift.

*Aufnahme:* Sehr rasch per os und parenteral. Geht durch Placenta auf Foetus. Aussscheidung durch Niere beim Menschen nur wenige Prozent (1,2—2,5 %) unverändert, 0,2—3 % durch Kot, 14—18 % als Purinbasen teils unbekannter Konstitution. Rest wird im Organismus abgebaut.

*Klinische Erscheinungen bei akuter Vergiftung mit Coffein, Kaffee oder Tee, Cola* usw.: Coffein kann schon in Mengen von 1,0g, bei i. v. Applikation schon von 0,2 g an, stark toxische Erscheinungen, Herzklopfen und kolossale Atembeschleunigung hervorrufen. Anderen Alkaloiden gegenüber, mit Ausnahme etwa des Chinins, liegt die letale Dosis sehr hoch. Bei Vergiftung mit 20 g Coffein. natr. salicyl. (8,7 g Coffein + 11,3 g Natr. salicyl.) Miosis, Bradykardie, Arrhythmie, Vorhofflimmern, kalte Schweiße, Glycosurie, Acetonurie und Albuminurie. Symptome zweifellos z. T. durch Salicylat bedingt (*Szenö*). In anderen Fällen von *akuter Coffeinvergiftung* Erregungszustände mit Schwindel, Ohrensausen, Kopfschmerz, Zittern, allgemeiner Unruhe, Schlaflosigkeit, Herzklopfen, aber auch Pulsverlangsamung durch zentralen Vagusreiz, Kardialgie; selten Brechen, Durchfall, Muskelstarre und lähmungsartige Schwäche, Krämpfe, Temperaturanstieg, Kollaps; Tod durch Herzlähmung. Gelegentlich enormer Harndrang und Diurese, selten Sphinkterkrämpfe der Blase.

Bei dreijährigem Kind führte Coffeinvergiftung zu deliranten Zuständen (*Spinola*).

*Chronische Kaffee- und Teevergiftung (Coffeinismus):* Schlafstörungen, Tachykardie, Herzklopfen, Extrasystolen, Palpitationen, Präcordialangst, gesteigerte Reflexerregbarkeit, feinschlägiger Tremor, fibrilläre Zuckungen, Muskelschwäche, Unruhe, Angstgefühl, Kopfschmerzen, neurasthenieartige Erscheinungen. Ferner Magen-Darmstörungen, namentlich durch Kaffee, ähnlich wie bei chronischem Alkoholismus, mit Magenschmerz, Dyspepsie, hartnäckiger Obstipation, Erscheinungen, die wohl z. T. auf Röstprodukte des Kaffees zurückzuführen sind. Coffein ist starker Säurelocker! Im Tierversuch bei parenteraler chronischer Coffeinzufuhr Bildung typischer peptischer Magengeschwüre.

Auch sog. coffeinfreier Kaffee kann Magen-Darmreizung und reflektorisch Tachykardie und Arrhythmie herrorrufen. Über Coffeingehalt coffeinarmen Kaffees vgl. *Braunsdorf.*

Chronischer Genuß von *Kaffeebohnen* (täglich 5 und mehr Handvoll) führte zu Durchfall, Tachykardie, Angst, mangelnder Konzentrationsfähigkeit. Bei Entzug große Müdigkeit und Schläfrigkeit (*Stransky*).

Eine keimschädigende Wirkung, wie sie von *Stieve* auf Grund von Tierversuchen auch für den Menschen angenommen wird, ist nach *Eichler* und *Mügge, Bahr* u. a. äußerst unwahrscheinlich.

*Pathologisch-anatomischer Befund:* Beim Menschen unbekannt.

*Dosis medicinalis:* Coffein. pur. 0,2 g per os, 0,05—0,1 g s. c. und i. m. Coffein. natr. benz., Coffein. natr. salicyl., Coffein. citr. 0,3—0,5 g (Doppelsalze mit 50—60 % Coffein) per os.

*Dosis toxica:* Von 0,1—0,2 g Coffein an oder 3—4 Tassen starken Kaffees machen sich typische Erregungserscheinungen bemerkbar.

*Dosis letalis* unbekannt. 20 g Coffein. natr. salicyl wurden ertragen.

*Vorkommen der Vergiftung:* Schwere *akute Vergiftung* selten. Erfolglose *Selbstmordversuche* mit Coffein und starkem Kaffee, ebenso Verwendung als *Abortivum*, gelegentlich mit Erfolg bei gleichzeitiger schwerer akuter Coffeinvergiftung. Unbeabsichtigte Anregung der Wehentätigkeit nach starkem Teegenuß wird angegeben.

*Medizinale Vergiftung:* selten; gelegentlich bei i. v. Coffeinapplikation. Tödliche Vergiftungen durch Coffein sind nicht bekannt.

*Chronische Vergiftung:* Bei übermäßigem *Genuß* coffeinhaltiger Getränke, Essen von Kaffeebohnen, Colanüssen und -Präparaten, Genuß von Pasta Guarana, Mate-Tee, Rauchen von Teeblättern usw. Eigentliche Gewöhnung findet nicht statt, und dementsprechend kommt es auch nicht zur Sucht. Über den seltenen Coffeinismus vgl. *Renon.*

*Gewerbliche Vergiftungen:* Bei Kaffeekostern Ausbildung rein nervöser Symptome.

2. *Theobromin* 3 - 7 - Dimethylxanthin $C_7H_8N_4O_2$, kristallisiert in kleinen rhombischen Nadeln, die zwischen 290—295° sublimieren. In Wasser und Alkohol sehr schwer, in Äther unlöslich; wässerige Lösungen neutral. Hauptalkaloid des Kakaobaumes, *Theobroma Cacao.* Heimat: Nördliches Südamerika, außerdem kultiviert in Java, Ceylon, britische Goldküste. Theobromin neben Coffein auch in der Colanuß vorkommend, während Coffeingehalt des Kakaos sehr gering ist. Gehalt der reifen *Samen* 1 bis 2,3 % Alkaloide.

*Dosis medicinalis:* Theobromin. pur. 0,3—0,5 g. Theobromin. natr. benz. 0,5—1,0 g. Theobromin. natr. salicyl. = *Diuretin* 0,5—1,0 g.

*Vergiftungen:* ausschließlich *medizinale:* Bei längerem Gebrauch Übelkeit, Erbrechen, Appetitverlust, Magenschmerzen, Durchfall, seltener Tachykardie, Ohrensausen (Salicylat), Kopfschmerzen, Angstgefühl, Aufregung, Schwindel, Kollaps. Selten masernartiges Exanthem und Hämaturie.

*Dosis toxica:* Kann schon bei 1,0—2,0 g pro die beginnen. Bei schwer dekompensierten Herzpatienten mit Ascites usw. sollen tödliche Vergiftungen durch therapeutische Dosen von Diuretin vorgekommen sein.

*Dosis letalis:* unbekannt.

3. *Theophyllin* = 1-3-Dimethylxanthin $C_7H_8N_4O_2$, identisch mit dem synthetischen *Theocin*, kristallisiert in Tafeln oder Nadeln aus Wasser, F. = 268°. In kaltem Wasser schwer, leicht in heißem löslich, sehr schwer in Alkohol. Kommt in Spuren in Teeblättern vor.

*Vergiftungen:* ausschließlich *medizinale:* Magen-Darmstörungen, Übelkeit, Erbrechen, Kolik, Durchfälle, Kopfschmerzen, Schlaflosigkeit, Erregung, epileptiforme Krämpfe.

Tödliche Vergiftungen durch therapeutische Dosen bei Herzkranken (*Allard*).

*Dosis medicinalis:* Theocinum und Theophyllinum purum 0,1 g s. c. und i. m., 0,2 g per os; Theophyllin. natrio-salicyl. und Theophyllin. natrio-acet. 0,3 g per os.

*Dosis toxica:* von 0,5 g der Doppelsalze an per os

oder rectal, bei Herzpatienten evtl. bei bedeutend kleineren Dosen.

*Dosis letalis:* unbekannt.

Schrifttum.

*Allard:* Über Theocinvergiftung. Dtsch. Arch. klin. Med. **80**, 510 (1904). — *Bock, J.:* Purinderivate. In: *Heffter:* Handb. der exper. Pharmakologie **2**, 508. Berlin 1920. — *Braunsdorf, K.:* Zur Frage des Coffeingehaltes der Aufgüsse von coffeinfreiem Kaffee. Z. Unters Lebensmitt. **65**, 460 (1933). — *Eichler, O.:* Coffein und Coffeinvergiftung. Berlin 1938. — *Eichler, O.* u. *H. Mügge:* Zur Frage der Schädlichkeit des Coffeins bei chronischer Zufuhr. Arch. f. exper. Path. **168**, 89 (1923). — *Erben, F.:* Vergiftungen **2**, 2. Teil, 582. Wien 1910. — *Fabre, R.* u. *M. Th. Régnier:* De la perméabilité placentaire aux substances médicamenteuses ou toxiques. III. Caféine. J. Pharmacie VIII. s., **20**, 193 (1934). — *Hanke, H.:* Experimentelle Erzeugung chronischer Magengeschwüre durch Coffein. Klin. Wschr. **1934 II**, 978. — *Hartwich, C.:* Die menschlichen Genußmittel. 273. Leipzig 1911. — *Kretschmer, W.:* Ein Fall von Coffeinvergiftung (Selbstbeobachtung). Med. Welt **10**, 232 (1936) u. Slg. Verg.-Fälle A **589**. — *Krupski, A., A. Kunz* u. *F. Almasy:* Versuche über den Verbleib des Coffeins im menschlichen Organismus. Schweiz. med. Wschr. **1936 I**, 246. — *Langecker, H.:* Coffein-Natrium salicylicum-Vergiftung. Slg. Verg.-Fälle A **537**. — *Lewin, L.:* Gifte und Vergiftungen. 747. Berlin 1929. — *Renon, L.:* Caféisme. Nouveau traité de médicine, Fasc. **6**. Paris 1925. — *Spinola, C.:* Ein interessanter Fall von Intoxication durch Kaffee beim Kinde von 3 Jahren. Pediatr. e. Puericult. **2**, 79 (1932). — *Stepp, W.:* Kaffee und Coffein als Gift und als Heilmittel. Verh. dtsch. pharmak. Ges. **1938**. — *Stieve, H.:* Coffein und Nachkommenschaft. Med. Welt **1929**, 1133 u. 1173. — *Stieve, H:* Versuche über die Gewöhnung an Coffein. Z. exper. Med. **96**, 685 (1935). — *Stransky, E.:* Zur Frage des Coffeinismus. Wien. med. Wschr. **1932 I**, 395. — *Szemzö, G.:* Über einen Fall von Coffeinvergiftung, mit besonderer Berücksichtigung der Wirkung des Coffeins auf den Zuckerhaushalt. Wien. klin. Wschr. **1934 I**, 560 u. Slg. Verg.-Fälle A **503**. — *Trier, G.:* Die Alkaloide. 2. Aufl. 215. Berlin 1931. — *Wolfer, P.:* Über Coffein. Schweiz. med. Wschr. **1930**, 677. **H. Fischer.**

**Coitus** siehe *Beischlaf.*

**Colchicin.**

*I. Colchicin,* $C_{22}H_{25}NO_6 + 1\frac{1}{2} H_2O$: Kommt amorph und kristallisiert vor; kristallisiert auch mit Chloroform. Im Handel zwei Formen: *Colchicinum cristallisatum* = mit Chloroform kristallisiertes, und *Colchicinum puriss. amorph* = reines kristallwasserfreies Colchicin. Colchicin bildet mit Säuren keine Salze. Beim Erwärmen mit angesäuertem Wasser spaltet es Methylalkohol ab und liefert eine wenig giftige Verbindung von der Formel $C_{21}H_{23}O_6N = $ *Colchicein.* Über die phenanthrenartige Konstitution des Colchicins vgl. *Windaus.* Colchicin schmeckt ungemein bitter.

*II. Vorkommen:* In *Colchicum autumnale* (Liliaceae) und anderen Colchicumarten. Colchicinhaltig sind z. B. *Colchicum Neapolitanum* und *C. alpinum*, eine nur in den südlichen und westlichen Alpen der Schweiz vorkommende sehr giftige Art. Ferner: *C. montanum, C. variegatum, C. speciosum* (Kaukasus) und andere großblumige, in Gärten kultivierte Arten. Hauptverbreitung von C. autumnale: Mittel- und Südeuropa. Viele andere Arten finden sich auf der Balkanhalbinsel und im Mittelmeergebiet.

Colchicin enthalten auch amerikanische Zygadenusarten (*Zygadenus venenosus* und *Nuthallii*), welche in USA. (Rocky Mountains) schon zahlreiche Vergiftungen veranlaßt haben. Ferner: *Gloriosa superba* (Ostindien), welche in javanischen Arzneimitteln verwendet wird.

*C. autumnale:* Alle Teile der Pflanze sind giftig und enthalten als einziges Alkaloid das kristallisierende Colchicin, am meisten in den Samen (0,4—1,3 %), etwas weniger in den Knollen, dort besonders reichlich vor der Blüte (0,2—0,5 %). In den Blüten selbst nur Spuren, in den Blättern mehr. Die aus Samen und Knollen außerdem noch gewonnenen Alkaloide Colchicein und Oxydicolchicin sollen in der Pflanze ursprünglich nicht vorkommen, sondern Produkte der chemischen Verarbeitung sein.

*Offizinell:* nach D.A.B. 6 hat Semen Colchici

Mindestgehalt von 0,4 %, nach Ph. Helv. V. 0,5 % Colchicin. Tinctura Colchici nach D.A.B. 6 Mindestgehalt 0,04 %, nach Ph. Helv. V. 0,05 % Colchicin. Colchicinum nach D.A.B. 6 0,002 g! (0,005 g!) nach Ph. Helv. V. 0,001! (0,003!)

Colchicin ist Bestandteil vieler Heilmittel und Geheimmittel gegen Gicht (Vin du Dr. *Laville*, Granules *de Houdé*, Gichtmittel von Dr. *Mylius*) usw.

*III. Vergiftungsgelegenheiten:* Die meisten Vergiftungen sind *medizinale.* Sie sind auch keineswegs selten, da die therapeutische Dosis sehr nahe an der toxischen Dosis liegt. Häufig wird vom Arzt Colchicin oder ein colchicinhaltiges Präparat so verordnet, daß bei Einnahme der gesamten verordneten Menge auf einmal eine tödliche Vergiftung möglich ist.

*IV. Vergiftungserscheinungen: a) akute:* Colchicin selbst ist wirkungslos. Durch Stehen an der Luft und im lebenden Organismus wird es zu hochwirksamem *Oxydicolchicin* oxydiert. Durch diese Umwandlung, welche Voraussetzung der Wirkung ist, ist die selbst bei massivtödlichen Dosen vorhandene Latenzzeit von meist 5—6 Stunden bedingt.

Die Wirkung beginnt, auch bei subcutaner Applikation, mit heftiger Magen-Darmreizung, starkem Kopfschmerz, Brennen in Schlund und Magen, Durst, Schlingbeschwerden; es folgen heftige Magen- und Leibschmerzen, würgendes Erbrechen mit Schleim evtl. Blut; Durchfall erst fäkulent, dann wässerig und blutig, Tenesmus, blutige Ulcerationen. Blässe, eingefallenes, livides Gesicht, allgemeine Schwäche, Kälte der peripheren Teile, Puls verlangsamt, später beschleunigt, arrhythmisch, klein; Präkordialangst, Dyspnoe, Cyanose. Tod an Herzlähmung.

Meist besteht Mydriasis, seltener Pupillenstarre, auch selten Miosis, dagegen können Pupillen auch ganz unverändert bleiben (*Lewin* und *Guillery*). Selten scharlachartiges Exanthem (vgl. Atropinvergiftung!). Häufig sind Schmerzen in Muskeln und Gelenken, Zittern und Zuckungen im Gesicht, an Armen und Beinen, klonisch-tonische Krämpfe, enormes Schwächegefühl. Meist klares Bewußtsein bis zum Tode, der fast immer erst nach 24—48 und mehr Stunden, gewöhnlich am zweiten Tage eintritt. Delirien sind selten. Tod schon nach sieben Stunden kommt vor (*Taylor*).

Bei günstig verlaufenden Fällen können Erbrechen, Durchfälle und quälender Durst noch mehrere Tage bestehen. Das oft enorme Prostrationsgefühl schwindet nur allmählich. Erst nach Wochen kann man nach schwerer Vergiftung von sicherer Genesung sprechen. Spättod durch Herzlähmung noch nach Tagen bis Wochen ist nicht ganz selten. Prognose bei schwerer Vergiftung immer sehr ernst.

Das Gift findet sich im Urin und im wässerigen Stuhl.

Colchicin ist ein typisches *Capillargift* (sog. vegetabilischer Arsenik). Die Differentialdiagnose kann wie bei subakuter Arsenvergiftung außerordentlich schwierig sein. In Frage kommen neben Arsenvergiftung hauptsächlich Cholera nostras, Veratrinvergiftung (s. d. Art.: Veratrin).

Der Mensch ist auf Colchicin so empfindlich, daß schon ganz kleine Dosen, welche noch keine schweren anatomischen Schädigungen machen, den Tod herbeiführen können, wobei der pathologisch-anatomische Befund so gut wie negativ sein kann.

Bei subcutaner Injektion tritt an der Injektionsstelle lebhaftes, etwa eine halbe Stunde dauerndes Brennen und Jucken auf, oft auch sichtbare Hautentzündung.

Schwerer, sogar tödlicher Kollaps verbunden mit hochgradigem Schwächegefühl oder Ohnmacht kann selbst bei therapeutischen Dosen eintreten. Bei einem Fall von Gicht mit Schrumpfniere kam es nach 3 mg Colchicin zu tödlicher Vergiftung mit Hämatemesis, Hämaturie, blutigen Ulcerationen am Anus und Ekchymosen unter der Haut.

Von Haustieren sind Kühe und Ziegen relativ wenig empfindlich. Lokale Reizerscheinungen sind dieselben wie beim Menschen: entzündliche Schwellung der Schleimhaut des Labmagens und des Dünndarms, evtl. scharfrandige Geschwüre im Duodenum, Blutaustritte, ruhrartige, bluthaltige Stühle, Albuminurie und Hämaturie. Daß von vergifteten Tieren stammende Milch bei Kindern Vergiftungen erzeugen kann, wird neuerdings bestritten.

*Vergiftungskasuistik:* 1. Mann erkrankt an bedrohlichen Schwächezuständen mit Durchfällen und klagt über Leibschmerzen nach Verabreichung eines durch die Ehefrau hergestellten Bitterschnapses. Mehrmalige Beibringung in Tötungsabsicht in subletalen Dosen. Erholung innerhalb drei Wochen (*Zeynek*). Giftmordversuch mit Herbstzeitlosensamen vgl. *Mezger.*

2. Vergiftung eines dreijährigen Knaben mit Früchten von *Colchicum autumnale.* Nach drei Stunden Leibschmerzen, Erbrechen, Durchfall, Temperaturanstieg auf 38,9, Puls 70°. Weite, träge reagierende Pupillen. Im weiteren Verlauf starker Foetor, wässeriger Stuhl mit zahlreichen Herbstzeitlosensamen. Tod unter klonisch-tonischen Krämpfen 12 Stunden nach Einnahme der Samen (*Jeřábek*).

3. Colchicinvergiftung eines 51jährigen Mannes durch Einnahme von 50 Colchicintabletten zu 0,001 g auf einmal. Nach einigen Stunden Erbrechen, Durchfall, Kollaps, jagender Puls, Herzschwäche, Eiweiß im Urin und massenhaft hyaline und granulierte Zylinder. Ausfall der Haupthaare. Ausgang in Heilung (*Leibholz*).

*b) Chronische Vergiftung:* Die Vergiftungserscheinungen sind dieselben wie bei akuter Vergiftung. Im Falle *Mabilles* kam es durch monatelangen Gebrauch von täglich 4—6 mg Colchicin zu täglich 8—10, später bis 40 wässerigen Stühlen, Untertemperatur, heftigem Durst, Übelkeit, kleinem, filiformem Puls, Aphonie, spontanen Zuckungen der Körpermuskulatur bei Unvermögen, sich zu bewegen, heftigsten Muskelschmerzen bei bloßem Berühren unter Kontraktion der Muskeln. Bewußtsein völlig erhalten.

*V. Dosis medicinalis:* 0,0002—0,001 g (Einzeldosis).

*Dosis toxica:* Beginnt bei 0,0005—0,001 g. Oft wirken schon kleinere Dosen bei besonderer Empfindlichkeit stark toxisch. Dosen von über 1 mg haben fast immer ausgesprochene Darmsymptome zur Folge, trotzdem werden bei akuter Gicht als Einzeldosis bis 2 mg, verabreicht.

*Dosis letalis:* 3 mg können schon tödlich wirken. Sicher tödlich beim Erwachsenen wirken wohl Dosen von 0,03 g an. Relativ frühzeitiges Erbrechen läßt auch bei höherer Dosis Überstehen der Vergiftung möglich erscheinen (Rettung nach 0,045 g Colchicin).

Von den Blättern sind etwa 60 g tödlich, doch hängt die Giftigkeit stark vom jahreszeitlich verschiedenen Alkaloidgehalt ab. Bei Vergiftungen mit Samen hat 1 Eßlöffel voll im Dekokt tödlich gewirkt; von dem früher offizinellen Vinum Colchici sind nach 15—60 g tödliche Vergiftungen vorgekommen. Nach *Falck* erlagen alle Personen, welche mehr wie 40 g Vinum oder Tinctura Colchici zu sich genommen hatten (= etwa entsprechend 60 bis 70 mg Colchicin), der Wirkung des Giftes.

*VI. Pathologisch-anatomischer Befund:* Als Folge der Capillarlähmung hochgradige Hyperämie der Schleimhaut des Magens und des Darmkanals mit punkt- und streifenförmigen Blutungen, entzündlicher Schleimhautschwellung, seltener scharfrandigen Geschwüren im Duodenum. *Schmiedeberg* fand Ekchymosen der Niere an der Oberfläche und im Schnitt. Selbst bei tödlicher Vergiftung kann der Befund ganz unbedeutend, praktisch negativ sein. Auch der charakteristische lokale Befund im Magen-Darmkanal kommt lange nicht in allen Fällen von Colchicinvergiftung voll zur Ausbildung. Im Tierversuch hat Colchicin typische Veränderung des Blutbildes zur Folge: nach initialer Abnahme der polymorphkernigen Leukocyten kommt es zur ausgesprochenen Leukocytose (Granulocyten). Kleine Dosen wirken auf das Knochenmark reizend, große allgemein hemmend auf blutbildende Organe. (Nach Erfahrungen am Tier ist Colchicin ein Gift von ausgesprochen karyoklastischer Wirkung, insbesondere ein typisches Mitosengift [vgl. *Dustin, Lits* u. a.]).

*VII. Gerichtlich-medizinische Beurteilung:* Colchicin wurde im Altertum als leicht zugängliches Mordmittel verwendet (kolchisches Gift). Als solches seit Mittelalter und Renaissance weitgehend durch Arsenik verdrängt. Auch heute überwiegen Arsenmorde den Colchicinmord bei weitem. Infolge der bestehenden Latenzzeit und der Möglichkeit, durch wiederholte subletale Dosen ein Bild schwerer, choleraähnlicher Gastroenteritis zu erzeugen, analog wie bei Arsenik, ist Colchicin zum Mordmittel prädestiniert. Die Beibringung des Giftes ist aber wegen des ungemein bitteren Geschmackes viel schwieriger wie beim geschmacklosen Arsenik. Deshalb Beibringung zu Mordzwecken als Bitterschnaps („Enzian") oder als „tonischer Chinawein", in Likörform usw. In ähnlicher Form wird Colchicin häufig zu medizinalen Zwecke verabreicht, so daß Colchicin in tödlicher Dosis für kriminelle Zwecke schon in dieser Maskierung zur Verfügung steht. Suicide kommen selten vor (z. B. durch Trinken der Wurzelknollentinktur). Die weitaus häufigsten Vergiftungen sind medizinale, was bei diesem Gift besonders verständlich ist, weil erst an der Grenze der toxischen Dosis stehende Mengen im akuten Gichtanfall therapeutisch wirksam sind. Klagen auf fahrlässige Tötung gegen Apotheker und Ärzte kommen wohl bei keinem andern Gift so häufig vor wie bei Colchicin (vgl. *Erben* 2, 429 und Gutachten *Schmiedeberg*, sowie Literatur bei *Jacobj*).

*Schrifttum.*

*Cloetta, M.:* In *Flury-Zangger*, Lehrbuch der Toxikologie. 297. Berlin 1928. — *Dixon* and *Malden:* Colchicine and bone-marrow J. of Physiol. **37**, 50 (1908) (nach *E. Petri* S. 401). — *Dustin, A. P.:* Contribution à létude de l'action des poisons carioclasiques sur les tumeurs animales. Bull. Acad. Méd. Belg. **14**, 487 (1934). — *Erben, F.:* Vergiftungen **2**, 2. Teil, 427. Wien 1910. — *Falck, F. A.:* Lehrbuch der praktischen Toxikologie. 261. Stuttgart 1880. — *Fühner, H.:* Die Colchizingruppe. In *Heffters* Handb. der Pharmakologie **2**, 1, 493. Berlin 1920. — *Geßner, O.:* Die Gift- und Arzneipflanzen von Mitteleuropa. 15. Heidelberg 1931. — *Hegi, G.:* Illustrierte Flora von Mitteleuropa. **2**, 195. — *Jacobj, C.:* Pharmakologische Untersuchungen über das Kolchicumgift. Arch. f. exper. Path. **27**, 119 (1890). — *Jeřábek, F.* u. *J. Vignati:* Vergiftung mit Herbstzeitlose. (Tschechisch.) Ref. Dtsch. Z. gerichtl. Med. **11**, 256 (1928). — *Kobert, R.:* Lehrbuch der Intoxikationen. 2. Aufl. **2**, 580 u. 1140. Stuttgart 1906. — *Leibholz:* Ein Fall von Kolchizinvergiftung und einige Bemerkungen über Gichtbehandlung. Med. Klin. **19**, 1669 (1923). — *Lewin, L.:* Gifte und Vergiftungen. 878. Berlin 1928. — *Lewin, L.* und *H. Guillery:* Die Wirkungen von Arzneimitteln und Giften auf das Auge. **2**, 874. Berlin 1913. — *Lits, F. J.:* Contributions à l'étude des réactions cellulaires provoquées par la colchiciner C. r. Soc. Biol., Paris **115**, 1421 (1934). — *Lits, F. J.:* Recherches su. les réactions et lésions cellulaires provoquées par la colchicine. Arch. internat. Méd. expér. **11**, 811 (1936). — *Mabille:* Empoisonnement par la colchicine. Bull. gén. Thér. **143**, 312 (1902). — *Mezger, O.* u. *W. Heess:* Giftmordversuch mit Herbstzeitlosensamen. Dtsch. Z. gerichtl. Med. **15**, 523 (1930). — *Petri, Else:* Anatomie und Histologie der Vergiftungen. 401. Berlin 1930. — *Schmiedeberg, O.:* Gutachten, betreffend Vergiftung mit Colchicum-Extract. J. der Pharmacie von Elsaß-Lothringen, Mai 1888. — *Taylor, A. S.:* Die Gifte. **2**, 540. Köln 1862/63. — *Trier, G.:* Die Alkaloide. 2. Aufl. 138. Berlin 1931. — *Windaus, A.:* Untersuchungen über Colchicin I—IV. Sitzsber. Heidelbg. Akad., Wiss. Math.-naturwiss. Kl., Jahrg. 1910, 1911, 1914, 1919. — *Zeynek, R.* u. *F. Haurowitz:* Herbstzeitlose-Vergiftung. Slg. Verg.-Fälle A **86**.

*H. Fischer.*

**Colchicum autumnale** siehe *Colchicin.*

**Colorimetrie** (= C.).

Die C. beschäftigt sich mit der Verwertung von Färbungen für die Ermittlung der Konzentration von gefärbten Substanzen in Lösungen. Es ist nicht ihre Aufgabe, Farbtöne zu messen oder zu kennzeichnen, vielmehr wird die Lichtmenge benutzt bzw. gemessen, die von einer Flüssigkeit bekannter Schichtdicke verschluckt wird. Die C. verwertet das *Beersche* Gesetz, das besagt, daß die Lichtmenge, die von einer gefärbten Lösung verschluckt wird, um so größer ist, je größer die Schichtdicke und je höher die Konzentration des gefärbten Bestandteils ist. Die absorbierte Lichtmenge ist proportional dem Produkt aus diesen beiden Größen. Eine Lösung von der Konzentration $c_1 = a$ und einer Schichtdicke $h_1 = b$ absorbiert gerade so stark, wie eine Lösung des gleichen Stoffes von der Konzentration $c_2 = b$ und der Schichtdicke $h_2 = a$. Es besteht also die Beziehung $c_1 \cdot h_1 = c_2 \cdot h_2$. Ist $c_1$ (Vergleichslösung) und $h_1$ und $h_2$ (gemessen) bekannt, so läßt sich $c_2$ berechnen nach $c_2 = \dfrac{h_1}{h_2} \cdot c_1$.

Diese Beziehung ist Voraussetzung für alle colorimetrischen Messungen. Sie besteht aber nicht in jedem Fall, da manche gefärbte Substanzen der Hydrolyse, der Dissoziation oder dem Zerfall von Molekülkomplexen beim Verdünnen mit Wasser ausgesetzt sind. Solche Substanzen sind für colorimetrische Messungen unbrauchbar. Vor Ausführung einer colorimetrischen Messung muß man sich daher von der Gültigkeit des *Beerschen* Gesetzes überzeugen. Man prüft zu diesem Zweck an einer Reihe in der Konzentration abgestufter Lösungen,

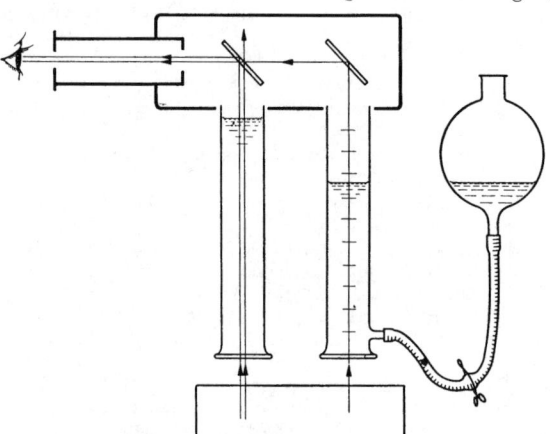

Abb. 1. Einfaches Colorimeter aus *Ostwald-Luther*, Hand- und Hilfsbuch zur Ausführung physiko-chemischer Messungen. 5. Aufl.

ob die Produkte $c_1 \cdot h_1$, $c_2 \cdot h_2$, $c_3 \cdot h_3 \ldots \ldots$ gleich sind. Die einfachste *Methode* einer colorimetrischen Messung besteht in dem Vergleich der zu untersuchenden Lösung in einem zylindrischen Gefäß bestimmter Dicke mit einer Serie von Vergleichslösungen bekannter Konzentration, die sich in Gefäßen gleicher Dicke befinden. Diejenige Lösung, die bei seitlichem Betrachten den gleichen Farbton wie die zu prüfende Lösung aufweist, besitzt die gesuchte Konzentration. Vorteilhaft verwendet man dabei das Coloriskop nach *Luers*. Selbstverständlich müssen hier wie bei allen colorimetrischen Messungen die Lösungen vollkommen klar sein. Dies wird erreicht, entweder durch Filtrieren durch geeignete Filter, die keine Fäserchen mit in das Filtrat entsenden, oder durch Zentrifugieren. Ein anderes einfaches Colorimeter besteht aus zwei graduierten Zylindern mit ebenem Boden, von denen einer in der Nähe des Bodens eine Ablaßvorrichtung besitzt. Die Vergleichslösung kommt in den einen, die zu untersuchende in den anderen Zylinder. Man beobachtet von oben und stellt durch Heben oder Senken des Niveaugefäßes auf gleiche Helligkeit ein, liest die Schichtdicken ab und berechnet aus diesen und mit Hilfe der bekannten Konzentration der Vergleichslösung die unbekannte aus, wie oben geschildert. Wesentlich genauere Werte erhält man mit Instrumenten, bei denen eine gute optische Abgrenzung der zu vergleichenden gefärbten Felder vorhanden ist. Dies kann auf verschiedene Weise erreicht werden z. B. durch das *Fresnel*sche Prismenpaar, das *Albrecht-Hüfner*sche-Prisma u. a.

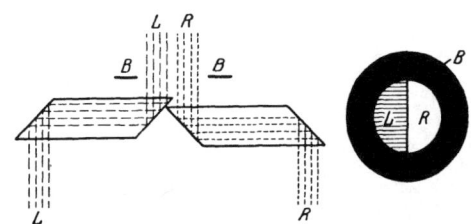

Abb. 2. Das *Fresnel*sche Prismenpaar. Rechts daneben das zweiteilige Gesichtsfeld aus *Berl-Lunge*, Chem.-techn. Unters. Meth. 8. Aufl.

Die neueren Colorimeter arbeiten nach dem Eintauchprinzip, d. h. die Schichtdicke wird durch Eintauchen eines zweiten Zylinders meßbar verändert. Einige besitzen auch eine Vorrichtung zur Kompensation der Eigenfarbe des evtl. gefärbten Lösungsmittels.

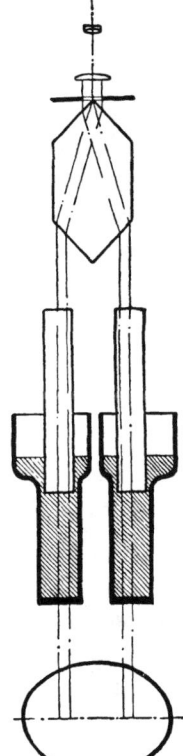

Bei allen Colorimetern wird auf gleiche Helligkeit eingestellt. Das Auge vermag einen Helligkeitsunterschied von 1 % gerade noch zu erkennen, so daß man, wie sich rechnerisch zeigen läßt, bei colorimetrischen Bestimmungen eine Genauigkeit von 0,5 % erreichen kann. Es ist dabei folgendes zu berücksichtigen: ändert man die Schichtdicke einer gefärbten Lösung bei gleichzeitiger Beobachtung mit dem Handspektroskop, so wird man feststellen, daß sich nicht alle Teile des Spektrums gleichmäßig ändern (z. B. bei Blutlösungen), sondern vor allem diejenigen Teile, die im Bereich von Absorptionsbanden liegen, während sich die übrigen Teile des Spektrums nur unwesentlich ändern. Es sind demnach die Stellen der Absorption, die im wesentlichen die Farbtiefeänderungen bei wechselnder Schichtdicke bedingen. Es liegt nun auf der Hand, daß nur diese Teile des Spektrums für die colorimetrischen Messungen wichtig sind. Die übrigen, die sich mit der Schichtdicke nur wenig ändern, sind nicht nur

Abb. 3. Colorimeterkopf mit *Abrecht-Hüfner*schem Prisma, darunter die Tauchrohre und der runde Spiegel aus *Berl-Lunge*, Chem. techn. Unters. Meth. 8. Aufl.

entbehrlich, sondern darüber hinaus für exakte Bestimmungen schädlich, da sie den Anteil des durchfallenden Lichtes, der sich mit der Schichtdicke stark ändert, abschwächt. Es empfiehlt sich daher die Verwendung von gefärbten Filtern, die das max. ihrer Durchlässigkeit im Bereich der Absorptionsbanden haben. Als Faustregel kann man sagen, daß *das* Filter am geeignetsten ist, das dem zu untersuchenden Farbton möglichst komplementär ist. Eine Prüfung mit dem Spektroskop ist stets zu empfehlen. Die Verwendung von Filtern ist besonders bei gelben und braunen Flüssigkeiten nötig, da sich diese aus physiologischen Gründen für colorimetrische Messungen weniger eignen als grüne und blaue. Neuerdings sind photoelektrische Colorimeter, u. a. die nach *Lange* (*Altman*, Berlin NW 7) und nach *Hirschmüller - Bechstein* (*Schmidt & Haensch*, Berlin S 42), im Handel, die unabhängig von der Sehtüchtigkeit des Gebrauchers sind. Über Verwendung von Photometern zu colorimetrischen Messungen s. d. Art.: Photometer.

*Schrifttum.*
Chemiker-Kalender. — *Freund, H.*: Leitfaden der colorimetrischen Messungen für den Chemiker und Mediziner. Wetzlar 1928. — *Hellige,* Fa., Freiburg i. Br.: Druckschrift 210 D. — *Kessler:* Colorimetrie in *Abderhaldens* Handb. der biologischen Arbeitsmethoden Abt. II Teil 1. — *Löwe:* Colorimetrie in *Berl-Lunge* Chemisch-technische Untersuchungsmethoden I. Berlin 1931. — *Lüers: Bier* in *Berl-Lunge,* Chemisch-technische Untersuchungsmethoden V, 426, Berlin 1934. — *Ostwald-Luther:* Hand- und Hilfsbuch zur Ausführung physikochemischer Messungen. Leipzig 1931.           **Klauer.**

**Colostrum** (= C.). (Vgl. auch Art.: Frauenmilch; Fruchtabtreibung; Kindestötung.)

C., auch Vormilch oder Biestmilch genannt, ist das Sekret der Brustdrüse zur Zeit der Schwangerschaft und in den ersten Tagen nach der Entbindung. Es unterscheidet sich von der gewöhnlichen Milch durch den hohen Gehalt an festen Bestandteilen und ist reicher an Eiweiß und Salzen. Wegen der höheren Eiweißmengen, vorwiegend Globulin, gerinnt das C. beim Kochen. Das C. wird schon vom dritten Schwangerschaftsmonat an von der Brustdrüse gebildet und kann aus der Brust ausgedrückt werden.

*Mikroskopisch* zeichnet sich das C. durch die zahlreichen C.-Körperchen, kernhaltige, rundliche, bis 30 $\mu$ große Zellen mit Einschlüssen von Fetttröpfchen, so daß diese häufig Maulbeerform aufweisen, aus. Man hält sie für Leukocyten oder, wie schon *Hyrtl* annahm, für abgestoßene Drüsenzellen. Daneben finden sich im C. freie Fetttröpfchen und -kügelchen. Am Anfang der Schwangerschaft ist das C. wässerig und farblos, später wird es schleimig und dickflüssig. Die *Feststellung* von C. kann nur eine auf andere Zeichen hin begründete Vermutung einer Schwangerschaft oder vorausgegangenen Geburt ergänzen und erhärten. Für sich allein ist es kein verläßliches Zeichen einer durchgemachten Schwangerschaft. Es gibt auch eine C.- oder Milchabsonderung ohne vorausgegangene Schwangerschaft. Selbst in den Brüsten Neugeborener, sogar neugeborener Knaben, kann es vorübergehend zu Milchabsonderung kommen (Hexenmilch). Auch zur Pubertätszeit kann bei Knaben C.-Absonderung aus den Brüsten eintreten (*Hyrtl*). C.-Flecken an Kleidern können ebenso wie Milchflecken kriminalistische Bedeutung erlangen. Die Untersuchung nimmt man in derselben Weise vor wie auf Milchflecken. C.-Flecken sehen gewöhnlich mehr gelblich aus, der Stoff ist im Fleckenbereich deutlich gesteift. Im Licht der Analysenquarzlampe leuchten C.-Flecken auf. Hinsichtlich der Technik vergleiche man daher den Art.: Frauenmilch.

*Schrifttum.*
*Baur, I.:* Über biologische Milchdifferenzierung. Münch. med. Wschr. **1908.** Nr. 36. — *Fraenckel, P.:* Der Nachweis der Milchspuren. *Lochte*s Handb. d. gerichtsärztlichen u. polizeiärztl. Technik. Wiesba-

den 1914. — *Hirsch, M.:* Die kriminelle Bedeutung der weiblichen Brust. Arch. Kriminol. **42**, 206 (1911). — *Hyrtl, J.:* Lehrbuch der Anatomie 795. Wien 1882. — *Landsteiner, K.:* Wien. klin. Rundschau **1902**, Nr. 40. — *Reuter, K.:* Naturwissenschaftl. -kriminalistische Untersuchungen menschlicher Ausscheidungen. *Abderhaldens* Handb. d. biol. Arbeitsmethoden Liefg. **394**, 327. Berlin-Wien 1932. *Holzer.*

**Commotio medullae spinalis** siehe *Verletzungen durch stumpfe Gewalt.*

**Commotionspsychose** siehe *Commotio und Contusio cerebri; Psychose und Trauma.*

### Commotio und Contusio cerebri.

Die traumatischen Hirnschädigungen beanspruchen vom gerichtlich-medizinischen Standpunkte aus das größte Interesse. Ist doch gerade der Schädel wegen der bekannten Lebenswichtigkeit des Gehirnes ein beliebtes Ziel gewaltsamer Angriffe. Fast noch wichtiger sind die traumatischen Hirnschädigungen als Unfallsfolge, die im steigenden Maße zur Begutachtung in die Hände des Gerichtsarztes gelangen. Eine einwandfreie Begutachtung von Hirnverletzungen ist allerdings nur bei sehr exakter neurologischer Untersuchung unmittelbar nach dem Unfall und öfterer Untersuchung während des Heilungsverlaufes möglich, wobei unser Bestreben dahin gehen soll, die Lokalisation der Hirnschädigungen genauestens zu erfassen. Gerade diesem, dem heutigen Stand der Neuropathologie selbstverständlichen Forderungen entspricht die Einteilung der Hirnverletzungen in *Commotio* und *Contusio cerebri* am wenigsten. Diese Begriffe wurden im Jahre 1773 von *J. L. Petit,* den damaligen Bedürfnissen Rechnung tragend, geschaffen. Aus der Unmöglichkeit, in eine alte, ohne anatomische Grundlagen aufgestellte Einteilung nachträglich erworbene anatomische oder klinische Erkenntnisse einzuordnen, entstanden zahlreiche Theorien und Hypothesen, die besonders das Symptomenbild der *Commotio cerebri* zu klären bemüht waren, nachdem die Bezeichnung Contusio cerebri besonders für Hirnrindenquetschungen Anwendung gefunden hatte. Dies führte sogar soweit, daß man eine strikte Scheidung zwischen Commotio und Contusio cerebri treffen wollte, die natürlich nicht durchführbar ist. Die eingebürgerte Bezeichnung Commotio cerebri zu verdrängen, ist heute natürlich schwer, doch kann sie beibehalten werden, wenn man sie für einen Symptomenkomplex, der nach einem Schädeltrauma auftritt, wählt, dessen Kardinalsymptom die Bewußtlosigkeit ist, ohne welche wir niemals eine Hirnerschütterung diagnostizieren werden. Die übrigen Symptome sind meist beträchtlichen Schwankungen in Auftreten und Intensität unterworfen, wodurch eben die Hirnerschütterung so vielgestaltige Bilder zeigen kann. Die Bewußtlosigkeit tritt im Momente des Schädeltraumas, nur selten nach kurzer Benommenheit ein. Mit Eintritt dieser geht ausnahmslos Tonusverlust der Skelettmuskulatur einher. Anfangs sind Atmung und Herzschlag meist stark verlangsamt, ja es kann selbst vorübergehender Stillstand von Atmung und Herzschlag beobachtet werden. In schweren Fällen erfährt der ursprünglich verlangsamte Druckpuls Beschleunigung und wird schließlich sogar frequent und dünn. Gelegentlich tritt *Cheyne-Stockes*sche Atmung auf. Haut und Schleimhäute sind meist anämisch, die Haut mit kaltem Schweiß bedeckt, die Reflexe erloschen. Die Pupillen sind meist weit und reagieren entweder gar nicht oder nur mangelhaft. Sehr häufig wird auch Erbrechen beobachtet. Dem Spontanabgang von Stuhl und Harn ist untergeordnetere Bedeutung im Symptomenbilde zuzusprechen. Vielfach wird im Harn das Auftreten von Zucker und Eiweiß beobachtet. Je nach Vorhandensein, Dauer, Schwere und Intensität der ein-

zelnen Symptome hat man, praktischen Bedürfnissen Rechnung tragend, die Commotio cerebri in leichte, mittelschwere und schwere Fälle eingeteilt, welche letztere ja auch unter dem Bilde der Kreislauf- und Atemlähmung zum Tode führen können. In nicht tödlich verlaufenden Fällen schwindet in der Regel die Bewußtlosigkeit nach verschieden langer Dauer allmählich, der Verletzte durchläuft ein Zustandsbild der Somnolenz, die sich langsam aufhellt, allmählich kehren auch die Reflexe wieder, schließlich bleibt eine retrograde Amnesie bestehen, die das Schädeltrauma und meist auch noch eine kürzere ihm vorangehende Zeit mit einschließt. Auch Zustandsbilder motorischer Unruhe und Desorientiertheit werden in der Restitutionsphase nicht so selten beobachtet, manchmal auch Krankheitserscheinungen, die dem Bild *Korsakow*scher Psychosen entsprechen. Diese Symptomenbilder verschiedenartigster Schattierung, die in der Restitutionsphase auftreten können, werden als Kommotionspsychosen bezeichnet (*Klein, Kral*). Nun haben gerade klinische und experimentelle Untersuchungen der letzten Jahre gezeigt, daß die Bewußtsein regulierenden und erhaltenden Zentren in der Medulla oblongata, (*Breslauer*) und, wie besonders *Gamper* zeigen konnte, auch im Hirnstamm zu finden sind. Neben der Medulla oblongata ist es insbesondere die Vierhügelgegend, die auf selbst geringste Insulte hin mit Erlöschen des Bewußtseins reagiert (*Foerster, Gamper*). *Gamper* vergleicht diese Gegend treffend mit einer Schaltzentrale des Bewußtseins. Seine Untersuchungen mit *Klein* und *Kral* zeigen, daß die Schlaf-Wachstörungen, wie sie in der Restitutionsphase nach Commotio beobachtet werden, mit Krankheitsbildern verschiedener Ätiologie vollkommen identisch sind, soweit diese Prozesse im Mittelhirn, im mesodiencephalen Übergangsgebiete, in der Vierhügelgegend sowie im zentralen Höhlengrau lokalisiert sind. Die in der Restitutionsphase auftretenden Störungen der Merkfähigkeit und zeitlichen Funktionen zeigen große Ähnlichkeit mit dem Krankheitsbild der *Korsakow*schen Psychose und der Polioencephalitis haemorrhagica superior, bei welchen Erkrankungen *Gamper* anatomische Veränderungen von der Oblongata bis zu der Commissura anterior in ganz bestimmter topischer Anordnung nachweisen konnte. Wir sind somit auf Grund der neueren neurologischen Erfahrungen berechtigt, die kommotionelle Bewußtlosigkeit als Herdsymptom des Hirnstammes aufzufassen, also desjenigen Hirnteiles, der alle höherliegenden hirnphysiologischen Vorgänge gleich einer Schaltzentrale reguliert und aufrechterhält. Die Hirnrinde, in welcher ältere Kommotionstheorien die kommotiellen Schädigungen suchen wollten, reagiert, wie operativ gewonnene Erfahrungen (*Foerster, Gamper*) zeigten, selbst auf beträchtlichen Druck nie mit Erlöschen des Bewußtseins. Nun lassen sich aber auch die übrigen Symptome der Commotio cerebri zwanglos durch Hirnstammschädigungen erklären, da in diesen nach *Reichardt* neben den bewußtseinregulierenden Zentren auch die vegetativen liegen. Aus diesem Grunde erscheint es berechtigt, auch die Atem- und Kreislaufstörungen, wie sie im Symptombild der Commotio auftreten, durch Schädigung dieser Hirnteile zu erklären. Puls- und Atemverlangsamung können zwanglos als Vaguskernautomatismus nach Lähmung der übergeordneten Zentren im Mittelhirn aufgefaßt werden. Die in schweren Fällen jedoch auftretende Pulsbeschleunigung wie Atemlähmung sind wohl Ausdruck direkter medullärer Schädigungen. Ja auch die übrigen vegetativen Störungen, wie Auftreten von Zucker und Eiweiß im Harn, wie Schweißausbrüche, Erbrechen und andere sind ohne weiteres als Schädigung dieser Hirnabschnitte aufzufassen. Schon *Krehl* faßte vor vielen Jahren diese schweren Kommotionssymptome als Ausdruck medullärer Schädigungen auf, für die er die Bezeichnung ,,Commotio medullae oblongatae" prägte. Diese klinischen Tatsachen erfahren auch durch autoptische Befunde eine wesentliche Stütze. *Duret* konnte im Tierversuch nach Schädelverletzungen Blutungen in die Medulla oblongata nachweisen. Die Untersuchungen *Berners* und *Neugebauers* ergaben, daß man fast ausnahmslos nach Schädeltraumen Blutungen in die genannten Hirnteile nachweisen kann. Nach *Neugebauer* schwanken die Blutungsherde von mikroskopischer Kleinheit bis zu Herden beträchtlicher Größe. Sehr bemerkenswert ist auch, daß die Verteilung der Blutungsherde sehr vielgestaltig ist, wodurch die Vielgestaltigkeit des Symptomenkomplexes der Commotio cerebri von den klinisch schwersten Bildern bis zu den leichtesten Erscheischeinungsformen erklärt werden kann. Es muß natürlich bemerkt werden, daß diese großen und oft ausgedehnten Blutungen eben bei tödlichen Fällen von Schädelverletzungen gefunden wurden, die zur Obduktion gelangten. Bei leichteren Fällen, die mit dem Leben davonkommen, werden diese Veränderungen natürlich weit geringer sein. Doch beweisen die anatomischen Untersuchungen, daß bei Schädeltraumen gerade die Hirnstammgebiete, in die die Bewußtseinsregulierung und -erhaltung sowie die wichtigen vegetativen Funktionen zu lokalisieren sind, äußerst häufig in Mitleidenschaft gezogen werden. Blutungen in diese Gegenden können auch aus anderen Ursachen auftreten, wie *Berner* zeigen konnte. So wies *Schrader* solche beim Erhängungstod nach; diese setzen klinisch analoge Erscheinungen, wie aus der Analogie der Symptome in der Restitutionsphase bei wiederbelebten Erhängten mit dem Symptomenbild der postkommotiellen Restitution hervorgeht. Aus dem Gesagten ist es verständlich, daß der Begriff der Commotio cerebri heute als klinisch-pathophysiologisches und hirnlokalisatorisch faßbares Krankheitsbild aufzufassen ist, das sich von der Contusio cerebri weder qualitativ noch quantitativ, sondern lediglich lokalisatorisch unterscheidet. Die Frage der Pathogenese der traumatischen Hirnstammschädigungen bedarf sicher noch genauerer Klärung. Doch wird man nicht fehlgehen, die *Duret*sche Ansicht über die Entstehung dieser Blutungen wenigstens in etwas weiter gefaßter Form zu vertreten. Nach dieser Ansicht wird durch das Schädeltrauma der Liquor aus den an Kapazität größeren Seitenventrikeln des Gehirns durch den Aquaeductus Sylvii in die relativ enge IV. Hirnkammer gedrängt, wodurch es zu Sprengungen und Zerreißungen im Gewebe kommt. Auch Fälle eigener Beobachtung, die unmittelbar nach dem Schädeltrauma zum Tode führten und bereits beträchtliche Blutungen im Hirnstamm zeigten, scheinen für diese Annahme zu sprechen. Demnach ist der Mechanismus der Genese traumatischer Hirnstammschädigungen den sog. Fernkontusionen, die uns noch später beschäftigen werden, zuzuzählen.

Im folgenden wollen wir uns mit den traumatischen Veränderungen auseinandersetzen, die im allgemeinen unter dem Namen *Contusio cerebri* zusammengefaßt werden. Fast bei jedem schwereren Schädeltrauma finden wir Hirnrindenkontusionen, und zwar am häufigsten dort, wo das Trauma auf die Schädeldecke einwirkte. Sehr häufig finden sich aber auch Hirnrindenquetschungen an der, der Gewalteinwirkung entgegengesetzten Stelle (*Contrecoup*), wobei man nicht selten beobachtet, daß die Rindenschädigungen daselbst ein größeres Areal betreffen, als an der Stelle der direkten Gewalteinwir-

kung. Weitere Prädilektionsstellen der Hirnrindenkontusionen sind die Pole der Hirnlappen, besonders die der Frontal- und Temporallappen und die Basis des Gehirnes, wobei wieder die der Stirn- und Schläfenlappen bevorzugt ist, da das Gehirn an diesen Stellen wenig liquorunterpolstert der an Unebenheiten (Juga, Impressiones digitatae) reichen Schädelbasis aufliegt. Je nach Intensität der einwirkenden Gewalt kann das Aussehen der Kontusionsherde schwanken. Bei den leichteren Fällen erscheint die geschädigte Stelle meist unter einer intrameningealen Blutung als Violettverfärbung der Rinde mit ganz leichter Erweichung; nach Einschneiden ist das Gewebe der Rinde von kleinsten Blutungen durchsetzt. Bei stärkerer Gewalteinwirkung ist Erweichung und Blutung beträchtlicher, wobei die punktförmigen Blutaustritte in die Rinde sehr deutlich wahrnehmbar sind (sog. capilläre Apoplexien). In den schweren Fällen ist die Rinde gänzlich zertrümmert, wobei auch die Leptomeningen meist auffällige Zerreißungen zeigen. Perivasculäre Blutungen in die Marksubstanz unter der geschädigten Stelle sind ein sehr häufiges Vorkommen. Diese capillären Apoplexien haben gegenüber Blutungen in die Hirnrinde anderer Ätiologie nach *Spatz* folgende *charakteristische Besonderheiten*: 1. Kuppenständigkeit, 2. Mitbeteiligung der Hirnhäute (meist mehr weniger stark ausgesprochene intrameningeale Blutung), 3. Fehlen der gliösen Deckschicht, 4. die bereits oben angeführte typische Lokalisation an der Hirnoberfläche.

Histologisch zeigen diese hämorrhagischen Kontusionen im erweichten Rindengewebe Blutungen um capillare und präcapillare Gefäße, auch intramurale Hämatome, besonders an größeren Gefäßen mit Angionekrosen, Ganglienzelluntergang, fettbeladene Abraumzellen und Markscheidenzerfall in der daruntergelegenen weißen Hirnsubstanz. Im Verlaufe der reparativen Heilung entwickelt sich eine Glia-Bindegewebsmischnarbe, die durch Hämosiderin und Hämatoidin gelbbraun pigmentiert erscheint (Plaques jaunes) und im mikroskopischen Bilde von kleinen Hohlräumen durchsetzt ist. (État vermoulu) (*Neubürger* u. *Braunmühl*).

So klar und charakteristisch das anatomische Bild der Hirnrindenkontusion ist, um so größere Schwierigkeiten kann die klinische Diagnose der Hirnrindenquetschung machen, die nur dann erkannt werden kann, wenn nicht stumme Hirnrindenteile getroffen werden. Sehr oft finden wir autoptisch beträchtliche Hirnrindenquetschungen, die klinisch infolge ihrer Lokalisation symptomlos getragen wurden. Die Herdsymptome setzen meist sofort, wenn auch nicht in ganzer Schwere nach dem Unfall ein, sie erfahren häufig eine Steigerung, da sich in der geschädigten Hirnpartie meist Schwellung und Ödem ausbildet. Bewußtseinsstörungen gehören, wie bereits erwähnt, zum Bilde der Hirnrindenquetschung, doch können sich Trübungen des Bewußtseins infolge posttraumatischer Hirnschwellung oder beträchtlicher intrameningealer Blutungen nach ausgedehnteren Kontusionen entwickeln (s. d. Art.: Hirndruck). Auch nach Ausheilung können Störungen, Ausfälle, aber psychische Defekte zurückbleiben. Um diese unfallsrechtlich richtig beurteilen zu können, ist eine subtilste neurologische Untersuchung, die möglichst bald nach der Verletzung das erstemal vorgenommen werden muß, notwendig, damit die Kontusionsherde richtig lokalisiert werden können (*Kleist Dege, Hauptmann, Grünthal*). Neben Hirnrindenkontusionen beobachten wir aber nicht so selten auch im Hirnmark und in den Stammganglien *traumatische Blutungen*, die oft verschiedene Größe und Anordnung zeigen. Diese kommen scheinbar bei älteren Leuten insbesondere bei Gefäßerkrankungen öfter vor, besonders dann, wenn eine stumpfe Gewalt mit breiter Fläche den Schädel trifft. Über Marklagerblutungen unter Rindenkontusionen wurde bereits berichtet. Doch können sich auch im tiefen Marklager größere Blutungsherde finden, die spaltartig das Mark durchsetzen und mancherorts als Rhexis cerebri bezeichnet werden. Es ist wohl, soweit man autoptisch beurteilen kann, der Auffassung *Koliskos* beizupflichten, daß sich diese Blutungen erst allmählich im Anschluß an das Trauma entwickeln. Klinisch werden solche Herde, je nach der Natur der geschädigten Bahnen, ein wechselndes Symptomenbild bieten. Den Blutungen des Marklagers sind auch die Balkenblutungen zuzuzählen, die sich scheinbar öfter, als dies im Schrifttum erwähnt, vorfinden. Bevorzugt ist besonders das hintere Balkenende (Verbindung der corticalen Sehzentren mit der anderen Seite). Dabei ist aber zu beachten, daß durch cerebrale Fettembolie bedingte Blutungen ebenfalls das hintere Balkenende bevorzugen. Die Differentialdiagnose ist leicht durch histologische Untersuchung zu treffen. Auch Stammganglienblutungen sind nach Schädeltraumen nicht so selten. Analog den Markblutungen sind auch sie auf die Wirkung der Fernkontusion zurückzuführen. Ihre klinische Erkennung ist natürlich nicht immer leicht. Bei größeren Blutungsherden kann natürlich die Entscheidung, ob eine spontane oder traumatische Hirnblutung vorliegt, recht schwierig sein, da man nicht so selten beobachtet, daß beim Zusammenstürzen infolge einer spontanen Hirnblutung schwere Schädel- und Gehirnverletzungen als agonale Verletzungen vorkommen können. In diesen Fällen kann oft nur der übrige Obduktionsbefund (Hypertonie, Nephrosklerose, Atherosklerose) im Zusammenhange mit der Kenntnis der näheren Umstände, unter welchen der Tod eintrat, Klärung bringen. Bei den subependymär gelegenen Stammkernblutungen besteht natürlich immer die Gefahr der Ventrikeltamponade, die klinisch unter den Erscheinungen der Enthirnungsstarre unter Krämpfen zum Tode führt. Gerade das anatomisch wie klinisch wohl fundierte Bild der Ventrikelblutung nach Hirnverletzungen ist noch wenig gewürdigt worden. (*Gampers* einschlägige Untersuchungen sind leider nicht vollendet und abgeschlossen.)

Ausheilungszustände nach Mark- und Stammkernblutungen können uns in Form von *Hirnnarben* oder *Cysten* entgegentreten, die durch Blutpigment tingierte Flüssigkeit enthalten. Gelegentlich kann natürlich auch selbst nach Jahren eine Infektion einer solchen Cyste und somit ein *Spätabsceß* auftreten, der selbst dann morphologisch der Begutachtung Schwierigkeiten bereiten kann, besonders wenn klinisch nichts oder nur wenig über den ganzen Ablauf der Erkrankung bekannt ist. Kurz erwähnt müssen auch die traumatischen *Spätapoplexien* werden. Es muß zugegeben werden, daß es gelegentlich in bereits geschädigte Hirnteile zu einer Nachblutung kommen kann. Die von *Bollinger* beschriebenen und nach ihm benannten *Spätapoplexien* (auch tardive Apoplexien) wurden vom Autor in der Umgebung des Aquaeductus Sylvii und im Boden der IV. Hirnkammer beobachtet und traten zwischen dem 12.—52. Tag nach dem Schädeltrauma auf. Sie sind somit in den gleichen Hirnabschnitten zu suchen, von welchen wir heute wissen, daß in diesen das anatomische Substrat des Kommotionssyndroms zu suchen ist.

Wenn wir uns heute nur bei Einteilung der Hirnverletzungen von rein lokalisatorischen Gesichtspunkten leiten lassen, so erscheint folgende Einteilung der Hirnverletzungen am zweckentsprechendsten, da sie sowohl klinischen als auch morphologischen Tatsachen am meisten Rechnung trägt.

Einteilung der Hirnverletzungen:
1. Traumatische Hirnrindenschädigungen . . Contusio cerebri sensu strictiori.
2. Traumatische Markschädigungen
3. Traumatische Stammkernschädigungen
4. Traumatische Zwischenhirnschädigungen ⎫ sog. Fernkontusionen.
5. Traumatische Mittelhirnschädigungen ⎫ Substrat des sog. Kommotionssyndromes.
6. Traumatische Rautenhirnschädigungen
7. Blutung in die Hirnkammern nach Hirnverletzungen.

Da der Gerichtsanatom häufig vor die Frage gestellt wird, waren die gefundenen Hirnverletzungen tödlich, bestand evtl. noch Handlungsfähigkeit des Verletzten und welche der Hirnverletzungen war die tödliche, so müssen wir uns kurz auch noch mit diesen Fragen befassen. Auf Grund unserer neurologischen Kenntnisse wissen wir heute, wie verschieden einzelne Hirnabschnitte bez. Lebenswichtigkeit und Bewußtseinserhaltung zu bewerten sind. Handlungsfähigkeit Hirnverletzter ist nur möglich, wenn die bewußtseinerhaltenden Hirnstamm- und Rautenhirnzentren nicht durch Fernkontusion mitbetroffen sind. Sind diese Hirnteile beträchtlich geschädigt, so ist man berechtigt, diese grobe Gewebsläsion als Ursache des Todes anzusprechen. Zur Setzung einer derartig gröberen Fernkontusion ist immerhin ein beträchtliches Schädeltrauma notwendig, so daß auch am übrigen Gehirn, besonders an der Rinde, sichtbare anatomische Veränderungen gefunden werden. Daher scheint es verständlich, daß man allerdings meistens vergeblich, nach sog. reinen Kommotionsfällen ohne Hirnrindenbeteiligung suchte. Neben diesen Schädigungen der zum Leben unumgänglich notwendigen Hirnteile sind es aber vielfach sekundäre durch das Trauma bedingte Folgen, die die Gehirnfunktionen zum Erlöschen bringen. *Meixner* wies darauf hin, daß die sich allmählich nach dem Trauma entwickelnden subduralen Blutungen in vielen Fällen unter zunehmenden Hirndruckerscheinungen zum Tode führen. (In solchen Fällen ist natürlich Handlungsfähigkeit unmittelbar nach der Verletzung, falls kein traumatisches Hirnstammsyndrom [Commotio] bestand, möglich.) Auch die Ventrikelblutungen (Hirnkammertamponade) sind, wie bereits erwähnt, nicht mit dem Leben vereinbar. Neben den intrakraniellen raumbeschränkenden Blutungen sind es aber auch oft posttraumatische Hirndruckzustände, die das Leben des Verletzten zum Erlöschen bringen (s. d. Art.: Hirndruck). Zur exakten Beantwortung dieser Fragen ist vielfach auch eine genaue mikroskopische Durchforschung des Gehirnes notwendig, wobei es zweckmäßig erscheint, das oft sehr geschädigte Gehirn in toto zu fixieren und zu härten (was auch *Berner* fordert) und dann in planparallele Scheiben zu zerlegen, da nur so klare und übersichtliche Bilder erhalten werden, die man bei Sektion des frischen Gehirnes nie gewinnen kann. Auch für die Begutachtung von Spättodesfällen nach Schädeltraumen oder traumatischer Unfallsfolgen des Gehirnes ist diese Untersuchungsmethode wärmstens zu empfehlen.

*Schrifttum.*

*Berner:* Über traumatische Hirnlaesionen. Oslo 1935. — *Bollinger:* Über traumatische Spätapoplexien. Internat. Beitr. z. wissensch. Med. **2** (1891). — *Breslauer:* Hirndruck und Schädeltrauma.

Grenzgebiete 29 u. 30 (1918). — *Dege:* Die gedeckten Hirnverletzungen. Neue Deutsche Chir. **18** I. — *Duret:* zit. nach Berner. — *Foerster:* Z. Neur. **149**, 312 (1933). — *Gamper:* Zum Problem der Commotio cerebri. Mschr. Psychiatr. **99** (1938). — *Gamper:* Zur Frage der Commotio und Contusio cerebri. Med. Klin. **1936**, 1353. — *Grünthal:* Über die Erkennung der traumatischen Hirnverletzungen. Berlin 1936. — *Hauptmann:* Gedeckte Hirnverletzungen. Neue Dtsch. Chir. **11**, I (1914). — *Klein* u. *Kral:* Z. Neurol. **149**, 134 (1933). — *Kleist:* Handb. der Erfahrungen im Weltkrieg. **IV**. Kriegsverletzungen des Gehirnes. (Daselbst ausführlichstes Schrifttum.) — *Kolisko:* Über Gehirnrupturen. Beitr. gerichtl. Med. **I**, 17. — *Kral:* Zur Pathophysiologie der Commotio cerebri. — *Krehl:* Lehrb. d. path. Physiologie. — *Marburg:* Hirnverletzungen. In *Bumke-Foerster:* Handb. **XI**, 1. — *Meixner:* Die Rolle der Hirnerschütterung bei den tödlichen Hirnverletzungen. Dtsch. Z. gerichtl. Med. **VI**, Heft 2. — *Neubürger-Braunmühl:* Hirnverletzungen. *Bumke:* Handb. d. Geistes-krkh. **XI**, spec. VII. — *Neugebauer:* Beitrag zur pathol. Anatomie der Hirnerschütterung. Frankf. Z. Path. **51** (1937). — *Neugebauer:* Klinisches u. Morphol. zur Hirnerschütterung. Med. Welt **1938**, Heft 33. — *Reichardt:* Hirndruck, Hirnerschütterung u. Shock. Handb. d. norm. u. path. Physiol. **X**.

*Neugebauer.*

**Compral** siehe *Schlafmittel.*

**CO-Nachweis** siehe *Kohlenoxyd.*

**Coniin und Schierlingsvergiftung.** (Vgl. auch Art.: Hundspetersilie; Wasserschierling.)

I. *Coniin* $C_8H_{17}N$ d-a-Propylpiperidin. Farblose, „ölige", alkalisch reagierende, flüchtige Flüssigkeit. Sp. = 166° erstarrt bei —2°. Wenig löslich in kaltem, noch weniger in heißem Wasser, leicht in Alkohol und Äther. Lösungen rechtsdrehend [α] D 19 = + 15,7°. An der Luft leicht oxydierend, bräunt sich und verharzt. Schmeckt brennend und hat charakteristischen Geruch nach Mäuseharn (auch in Verdünnungen). Salze von Coniin kristallisieren gut, lösen sich leicht in Wasser und Alkohol. Therapeutisch selten verwendet, meist als *Coniin-HBr.:* kristallisiert in Nadeln, F. = 211°.

II. *Vorkommen des Coniin:* Hauptalkaloid (d-Coniin) von *Conium maculatum* (auch *Cicuta maculata* genannt, namentlich in der älteren Literatur), *gefleckter Schierling* (Umbelliferae). Verbreitung: Europa, Asien, Nordafrika, nach Nordamerika verschleppt.

Alkaloide in allen Teilen der Pflanze, am meisten in den Früchten (etwa 1% Coniin an Äpfel- und Kaffeesäure gebunden), in Blüten bis 0,2%, in Blättern bis 0,18%, in den Wurzeln nicht über 0,05% (diese sind beim Wasserschierling, *Cicuta aquatica*, am giftreichsten). Im Frühjahr ist die Wurzel alkaloidfrei. Coniin wird von der Schierlingspflanze auch in flüchtiger Form ausgeschwitzt (*Chaze*); die ganze Pflanze riecht an sonnigen Tagen und beim Trocknen widerlich nach Mäuseharn. Im Alkaloidgehalt wechselnd: in Schottland ist *Conium maculatum* anscheinend alkaloidfrei.

In der Pflanze die weiteren mit d-Coniin nahe verwandten Alkaloide: *l-Coniin* und *N-Methylconiin* $C_9H_{19}N$, coniinähnliche Flüssigkeit. Sp. = 176°, [α] D = 81,3° Ferner *γ-Conicein* $C_8H_{15}N$. Stark alkalisch reagierende Flüssigkeit, wenig wasserlöslich. Sp. = 171°. Soll toxischer sein wie Coniin, im Tierversuch nachgewiesen durch *Ikazawa.* Nach *Wolffenstein* soll 70% des Handelsconiin aus dem viel stärker wirksamen γ-Conicein bestehen. Außerdem die kristallisierten, schwächer coniinartig wirkenden Alkaloide *Conhydrin* und *Pseudoconhydrin*, beide $C_8H_{17}NO$.

Schierling war früher offizinell als *Herba Conii* und *Extractum Conii.* Anwendung innerlich und äußerlich gegen Schmerzen, namentlich Neuralgien. Als Extractum Conii auch bei Carcinom; dadurch nicht selten früher schwere Vergiftungen (*Harley*). Ferner gegen Drüsenschwellungen. Heute neuerdings mit den alten Indikationen empfohlen. Früher Coniin auch gegen Tetanus. Heute fast nur noch als Coniin-HBr. selten in therapeutischem Gebrauch. Die Umbellifere *Aethusa cynapium (Hundspetersilie, Gartenschierling)* enthält ebenfalls Coniin (früher *Cynapin* genannt), aber in geringeren Mengen wie Conium. Unterscheidet sich von Gartenpetersilie durch widerlich knoblauchartigen Geruch beim Zerreiben der Blätter.

Vergiftungen durch Hundspetersilie auch beim Menschen mit tödlichem Ausgang öfters beobachtet. Symptome ähnlich wie bei Schierlingsvergiftung, insbesondere auch Mydriasis und aufsteigende Lähmung (*Kobert* und *Schauenstein*). Weitere Vergiftungserscheinungen: Brechdurchfall, Kolik, Schlingbeschwerden, Muskelschwäche, Parästhesien, auch Trismus und Tetanus, Kollaps, Koma. Vergiftungen meist durch Verwechslung mit Petersilie, Sellerie usw.

*Vergiftungsfall:* Fünf Vergiftungen nach Genuß einer irrtümlich mit Hundspetersilie gewürzten Suppe: Übelkeit, Erbrechen, Leibschmerzen, Stuhldrang, Durchfälle über vier Tage, Speichelfluß, Kopfschmerzen, Gliederzittern (fibrilläre Zuckungen) (*Seltmann*).

III. *Wirkungscharakter des Coniin:* Gehört nach *Dixon* mit Cytisin, Strychnin, Brucin zu den wenigen Alkaloiden, welche die motorischen Endplatten curareartig lähmen, ohne quaternäre Ammoniumbasen zu sein. Coniin wirkt aber außerdem lokal reizend und anästhetisch.

*Typisches Vergiftungsbild:* Aufsteigende motorische und sensible Lähmung nicht nur peripher, sondern auch durch direkte Lähmung des Rückenmarks und verlängerten Markes (Atemzentrum). An der Lähmung ist auch das vegetative Nervensystem beteiligt (im Gegensatz zu Curare): Coniin wirkt peripher nicotinähnlich.

*Resorption:* Leicht durch unverletzte Haut und Schleimhäute. Ausscheidung z. T. unverändert durch Harn, in Spuren auch durch Milch und Lunge. Coniin ist nach Tierversuchen wahrscheinlich nur bei rasch tödlicher Vergiftung im Harn und in der Leiche nachweisbar (*Thaddea*). Über Nachweisschwierigkeiten vgl. auch *Krayer.*

*Klinische Erscheinungen bei akuter Vergiftung:* Auf Haut gebracht bewirkt Coniin Rötung und Jucken, nach längerer Applikation papulöses Exanthem.

*Symptome bei leichterer Vergiftung* (nach Versuchen von *Schroff* mit Dosen von 3—85 mg Coniin): Brennen im Mund; sekundär: Abnahme der Sensibilität, Kratzen im Hals, Speichelfluß, Gefühllosigkeit der Zunge, Eingenommenheit und Schwere des Kopfes, Schwindel, Übelkeit, Brechneigung, undeutliches Sehen und Hören, Mydriasis, Schwächegefühl in Extremitäten, Hinfälligkeit, Krampf in Wadenmuskeln.

*Symptome bei schwerer Vergiftung:* Große Hinfälligkeit, schwankender Gang, Bewegung der Arme nur mit großer Anstrengung, Ptose, bei forcierter Bewegung Schmerz und tonische Krämpfe. Ferner Durchfall, Kollaps, Dyspnoe, unregelmäßige Atmung. Puls zuerst schnell, später klein, weich und verlangsamt (also ähnlich wie bei Physostigminvergiftung).

Zwischen Coniin- und *Schierlingsvergiftung* besteht kaum ein Unterschied. Bei dieser wurden beobachtet: Reizerscheinungen im Magen-Darmkanal, sehr rasch Taumeln, Schwindel, Hitzegefühl, dann Parästhesien, später intensives Kältegefühl, Abnahme der Herzaktion, kleiner, langsamer Puls, aufsteigende Lähmung.

Nach *sehr großen Dosen Coniin* oder *Schierling* tritt nach wenigen Minuten Schwäche in den Beinen dann vollständige aufsteigende motorische Lähmung gefolgt von sensibler Lähmung ein, auch Lähmung

der Schlundmuskulatur (typische Artikulations-
störungen), Schlingbeschwerden, Aphasie, zuletzt
Lähmung der Atemmuskeln, sehr mühsame Atmung,
Präkordialangst, Cyanose, Temperaturabfall, Mydriasis (auch Diplopie), Amaurose. Bewußtsein bleibt
bis zuletzt erhalten, seltener sub finem Koma. Tod
durch Atemlähmung.

Gerichtlich-medizinisch von Bedeutung ist, daß
bei mit Schierling Vergifteten bis zum Eintritt der
ersten Erscheinungen 20—30 Min. vergehen können, so daß Vergiftete noch verschiedenste zweck-
volle Handlungen vollbringen, herumgehen können
usw.

Mehr atypische Vergiftungserscheinungen: Delirien, Gesichts- und Gehörshalluzinationen, Krämpfe.
Kind bekam nach Extractum Conii Krämpfe. Durch
Essen einer ganzen Schierlingswurzel traten bei
vierjährigem Kind Delirien auf.

Schwere Coniin- und Schierlingsvergiftung *prognostisch* immer sehr ernst. Bei Ausgang in Heilung
besteht oft längere Zeit Muskelschwäche, selbst
Lähmung.

*Differentialdiagnose:* Vergiftung mit *Hundspetersilie* (s. d.): Vergiftungsbild wie bei leichterer Schierlingsvergiftung. Vergiftung mit *Taumellolch* (*Lolium
temulentum*) (s. d.) symptomatologisch sehr ähnlich
wie gewisse Formen der Schierlingsvergiftung. Vergiftung mit *Taumelkerbel* (*Chaerophyllum temulentum*)
(Umbellifere) erzeugt örtliche Reizung, Durchfall,
allgemeine Lähmung, also Symptome ähnlich wie
bei Schierlingsvergiftung. Vergiftung mit *Roßkerbel*
(*Oenanthe aquatica = Oenanthe Phellandrium*) (Umbellifere) soll durch das flüchtige Alkaloid *Phellan-
drin* Lähmung ohne Krämpfe machen.

*Curarevergiftung:* nur parenteral wirksam (s. d.
Art.: Curare). Vergiftung mit *Wasserschierling* (s.d.)
(*Cicuta virosa*) (Umbellifere): Pflanze von ähnlichem
Habitus wie Schierling; enthält das Krampfgift
Cicutoxin, macht fast immer schwere epileptiforme
Krämpfe unter Bewußtseinsverlust, bietet also ganz
anderes Vergiftungsbild.

IV. *Pathologisch-anatomischer Befund:* Nichts
Charakteristisches, vielleicht Geruch. Rötung und
Ekchymosen der Magen-Darmschleimhaut bei Vergiftung mit reinem Coniin, ebenso Follikelschwellung
im Gebiet des Magen-Darmkanals. Bei Schierlingsvergiftung Planzenreste im Darmkanal meist nachweisbar. Häufig Hyperämie der Meningen, selten
Lungenödem.

V. *Dosis medicinalis:* Coniin (Base) 0,0001 bis
0,0005 g. Coniin-HBr 0,002—0,003 g als Antineuralgicum. Herba Conii 0,1—0,2 g.

*Dosis toxica:* Nicht genauer bestimmbar. Toxische Dosis beginnt wahrscheinlich bei ca. 3 mg
Coniinbase. Selbst bedeutend größere Mengen wie
0,1 g = zwei Tropfen Coniin waren für Erwachsene
kaum toxisch; ob reines Präparat, ist fraglich. An
Coniin tritt rasch Gewöhnung ein, ähnlich wie bei
Nicotin.

*Herba Conii:* Wegen anscheinend sehr großen
Gehaltsschwankungen toxische Dosis im voraus
kaum bestimmbar. 15 g frischer Schierlingssaft
führte nach ½ Stunde zu Schwindel, Angstgefühl,
Diplopie. 15 g gekochter Saft wurden ohne Schaden
genossen.

*Dosis letalis:* Reine Coniinbase 0,15 g. Möglicher-
weise liegt mittlere letale Dosis noch höher. Coniin-
HBr schätzungsweise 0,3 g. Herba Conii 20—30 g
(Vergiftungsfall).

VI. *Häufigkeit und Vorkommen der Vergiftung:*
Schierlingsvergiftung gehört heute zu den seltenen
Vergiftungen. Im Altertum war Schierling offizinel-
les Hinrichtungsmittel in Athen und andernorts (Tod
des Sokrates). Auch zu Selbstmorden im Altertum
viel verwendet (Athen, Keos). Neuerdings wieder

als staatliches Hinrichtungsmittel in Estland zulässig.

*Morde* sind außerordentlich selten: Mord an
einem Kind durch Abkochung von Schierlingskraut
(*Taylor*). Mord an der Geliebten mit 20 Tropfen
(ca. 1,0 g Coniin), Fall Dr. *Jahn* (*Schauenstein*).
Fraglicher Vergiftungsfall mit Schierlingswurzel vgl.
*Böhmer.* Beibringung von Coniin durch Arzt als
„Abortivum" bei geschwängerter Frau (*Straumann*).
— Etwas größere Bedeutung haben *zufällige Vergiftungen* mit Schierling, namentlich durch Verwechslung mit ungiftigen, als Küchenkräuter verwendeten Umbelliferen wie Kerbel, Petersilie, Pastinak usw.

Vergiftungen auch durch Verwechslung von Anis-
und Fenchelsamen mit Schierlingssamen. Schon
öfter wurde die wenig gifthaltige Wurzel von Kindern
gegessen (doch ein Todesfall).

Vergiftung von zehn Schülern durch Schierlingswurzel unter typischen Vergiftungserscheinungen:
Taumeln, Schwerbeweglichkeit der Glieder, Verwirrung, Sehstörungen. Ausgang in Heilung nach
langem Schlaf (*Madisson*).

Vergiftung zweier Knaben nach Kauen von
Schierlingsblättern, davon ein Fall tödlich innerhalb
drei Stunden; anderer Fall 24 Stunden bewußtlos,
klonische Krämpfe der gesamten Muskulatur, Mydriasis und Pupillenstarre (*Wulsten*). Über Weide-
vergiftungen bei Schweinen durch Schierling vgl.
*Schang.*

*Medizinale Vergiftungen* heute äußerst selten. In
jüngster Zeit wird medizinischer Schierlinggebrauch
wieder propagiert.

*Schrifttum.*

*Böhmer, K.:* Schierlings- (Conium maculatum) Vergiftung, fragliche. Slg. Verg.-Fälle B **47**, 19. — *Chaze, J.:* Un nouvel exemple
d'exsudation et de volatilisation des alcaloides chez les végétaux.
C. r. Acad. Sci., Paris **197**, 1148 (1933). — *Chaze, J.* et *M.-M. Janot:*
Caractérisations chimiques des alcaloides volatils émis par la cigue.
C. r. Acad. Sci., Paris **198**, 2015 (1934). — *Desoille, Henri:* Die Schierlingsvergiftung. Presse méd. **1936** II, 1267—1268. — *Erben, F.:* Vergiftungen **2**, 2. Teil, 498. Wien 1910. — *Falck, F. A.:* Lehrbuch der
praktischen Toxikologie. 272. Stuttgart 1880. — *Fischer, H.:* Zur
Geschichte der Gift- und Heilwirkung von Eisenhut und Schierling.
Schweiz. med. Wschr. **1929**, 949. — *Gessner, O.:* Die Gift- und Arznei-
pflanzen von Mitteleuropa. 20. Heidelberg 1931. — *Harley, J.:*
Old Vegetable Neurotics. London 1869. — *Ikezawa, M.:* Ver-
gleichende Studien über die pharmakologischen Wirkungen von Pi-
peridin, Coniin und Conicein. Mitt. med. Ges. Tokio **47**, 1291 (1933).
— *Krayer, O.:* Der toxikologische Nachweis des Coniins. Naunyn-
Schmiedebergs Arch. **162**, 342 (1931). — *Kobert, R.:* Lehrbuch der
Intoxikationen. 2. Aufl. **2**, 1077. Stuttgart 1906. — *Lemesle, R.:*
Contribution à l'étude toxicologique des Ombellifères suspectes.
Thèse Paris 1923. — *Lewin, L.:* Gifte und Vergiftungen. 726. Berlin
1929. — *Lüüs, A.:* Vergiftung mit den Wurzeln eines Mauerschierlings.
Z. Kinderheilk. **45**, 595 (1928). — *Madisson, H.:* Über Vergiftung
mit Schierling. Eesti Arst **13**, 426, franz. Zusammenfassg. 432 (1934).
— *Schang, J. P.:* Über die natürliche Giftwirkung von Conium macu-
latum auf Schweine. Rev. Méd. vét. **16**, 18 (1934). — *Schauenstein:*
in: *Maschka*, Handb. d. gerichtl. Medizin **2**, 573. Tübingen 1882. —
*Schroff, C. D.:* Lehrbuch der Pharmakologie. 552. Wien 1662. — *Seltmann, L.:* Über die toxische Wirkung der Hundspetersilie (Aethusa
Cynapium). Med. Klin. **1931** I, 281. — *Stoerck, A. von:* Libellus quo
demonstratur cicuta utilis. Wien 1760. — *Taylor, A. S.:* Die Gifte.
3 Bde. **3**, 340. Köln 1862/63. — *Thaddea, S.:* Über Verteilung und
Ausscheidung des Coniinhydrochlorids. Naunyn-Schmiedebergs Arch.
**162**, 385 (1931). — *Trier, G.:* Die Alkaloide. 2. Aufl. S. 278. Berlin
1931. — *Wolffenstein, R.:* Pflanzenalkaloide 114. Berlin 1922. —
*Wulsten, J.:* Zur Symptomatologie und Diagnose der akuten Schierlingsvergiftung. Dtsch. med. Wschr. **1926**, 1993. **H. Fischer.**

**Contre coup** siehe *Commotio* und *Contusio
cerebri.*

## Convallariaglykoside.

*Convallaria majalis, Maiglöckchen* (Liliaceae)
(Europa, Nordasien, Nordamerika).

Alle Teile der Pflanze sind giftig. Enthält vor-
allem in Blättern, noch reichlicher in Blüten herz-
spezifische Glykoside wie Convallamarin und Con-

vallatoxin, daneben reizende Saponine, in Blüten außerdem kristallisierte Riechstoffe. Wäßrige Auszüge der Pflanze (Wasser von Maiglöckchensträußen) kann stark toxisch wirken.

Drogenpräparate therapeutisch wenig gebräuchlich, im Gehalt schwankend und abgesehen von der Tinktur, wie die Droge selbst sehr wenig haltbar. Reinpräparate mit den sehr stark herzaktiven Glykosiden: 1 mg Convallatoxin = 3200 F. D., (Froschdosen), 1,0 g gutes Blätterpulver = 4000—6000 F. D. *Dosis medicinalis:* i. v. 1000 F. D.

*Wirkung der Drogenpräparate:* digitalisartig, im ganzen schwächer und weniger kumulativ. Zersetzlichkeit der Convallariaglykoside in Lösungen sehr groß. Reinpräparat *Convallan* enthält in fester Form die Gesamtglykoside der Convallaria (20 % Convallatoxin und 80 % Convallamarin). Scheint auch in Lösung wie sonstige Reinpräparate sehr beständig zu sein. *Cardiotonin* enthält Maiglöckchenglykoside + Coffein.

*Vergiftungen:* durch *Überdosierungen* der Droge früher relativ häufig. *Vergiftungserscheinungen* wie bei Digitalis (Erbrechen, Bradykardie usw.). (s. d. Art.: Digitalis und andere herzaktive Glykoside).

*Zufällige tödliche Vergiftungen* durch Genuß der roten Beeren und anderer Pflanzenteile; dabei starke lokale Reizerscheinungen. Pulver getrockneter Blüten erregt Niesen (bildet neben Radix Veratri Bestandteil des Schneeberger Tabaks; s. d. Art.: Nicotin).

Gleiche Glykoside wie im Maiglöckchen sind anscheinend auch enthalten in *Polygonatum officinale*, *Salomonssiegel* (Europa). Genuß der Beeren führte bei einem Kinde zum Tode.

*Polygonatum multiflorum, Weißwurz* (Europa), der vorigen Art auch toxikologisch sehr ähnlich.

*Schrifttum.*
*Büttner:* Über Convallan, ein Gesamtglykosidpräparat der Convallaria majalis. Münch. med. Wschr. **1936**, 387. — *Karrer, W.:* Darstellung eines kristallisierten, herzwirksamen Glykosides aus Convallaria majalis. Helv. Chim. Acta **12**, 506 (1929). — *Lewin, L.:* Gifte und Vergiftungen. S. 874. Berlin 1929. — *Straub, W.:* Convallaria und Convallan. Münch. med Wschr. **1936**, 386. — *Vartiainen, A.:* Pharmakodynamische Untersuchungen über die herzspezifischen Glykoside der Convallaria majalis. Acta Soc. Med. fenn. Duodec. A **13**, 1 (1929). — *Weicker, B.:* Klinische Wertbestimmung des Convallatoxins. A. exp. Path. u. Pharm. **168**, 731 (1933).
**H. Fischer.**

## Coramin.

Pyridin-beta-Carbonsäurediethylamid. Dickflüssiges, helles, fast geruchloses Öl, in Wasser wie in organischen Lösungsmitteln leicht löslich. Wirkt in erster Linie auf das ZNS., insbesondere auch auf Atem- und Vasomotorenzentrum. Antagonismus gegen Narkotica, d. h. typische „Weckwirkung". Wirkt in hohen Dosen lähmend, zeigt pharmakologisch Verwandtschaft zu Campher und Nicotin. Normale Dosis 5—10 ccm der 25 %igen Lösung langsam intravenös, evtl. noch 10 ccm als Depot intramuskulär.

Coramin hat bis heute in der forensischen Toxikologie keine Rolle gespielt. Es ist auch unwahrscheinlich, daß es trotz seiner relativ leichten Zugänglichkeit je forensisch von Bedeutung wird, weil ja auch sehr hohe Dosen meist gut überstanden werden. Bei der medizinalen Verwendung (Behandlung von Schlafmittel- und Kohlenoxydvergiftungen, Behandlung von Zwischenfällen bei der Narkose usw.) wurden gelegentlich unangenehme Nebenwirkungen in Form von Krämpfen beobachtet. Solche Erscheinungen, die vermutlich bei kleineren, aber häufigeren Dosen vermeidbar sind, können der ausgedehnten medizinischen Verwendung jedoch keinen Abbruch tun.

*Schrifttum.*
Handb. der exper. Pharmakolog. Ergänzg.-Werk **V.** Berlin 1937. — *Lethaus:* Medizinale Coraminvergiftung. Slg. Verg.-Fälle **4**, 191 A (1933). Hier auch weitere Literatur. **Schwarz.**

**Coronarsklerose** siehe *Plötzlicher Tod aus natürlicher Ursache.*

**Cortex frangulae** siehe *Anthrachinonderivate.*

**Corydalin** siehe *Papaveraceenalkaloide.*

**Cotarmin** siehe *Papaveraceenalkaloide.*

**CO-Vergiftung** siehe *Kohlenoxyd.*

**Crotin** siehe *Ricin.*

**Crystalgas** siehe *Schädlingsbekämpfungsmittel.*

## Cunnilingus.

Der sog. *Cunnilingus,* wobei nach *Placzek* cunnus als „pars pudenda mulieris" bezeichnet wird, ist als eine Verirrung des Geschlechtslebens zu bezeichnen, die häufig bei senilen, aber auch bei jüngeren Menschen vorkommt, denen die normale Betätigung des Geschlechtslebens nicht mehr genügt. Es erübrigt sich, eine eingehende klinische Schilderung dieser Abirrung zu geben; der nachstehende Fall mag zur Erläuterung dienen:

G., geb. 20. 4. 1896. Zweimal wegen Sittlichkeitsverbrechen vorbestraft. In seiner Eigenschaft als Friseur kam G. häufig in die Familie K. Dort versprach er um die Weihnachtszeit den sechsjährigen Töchterchen Leckereien. Die ahnungslose Mutter gestattete ihrem Kinde, die Sachen bei G. abzuholen. In seiner Wohnung begann G. mit dem Kinde zu scherzen, wobei ein Glas Wasser umfiel, so daß die Hose des Angeklagten und die des Kindes naß wurden. G. half dem Kinde den Schlüpfer ausziehen und tollte weiter mit ihm herum. Durch den Anblick des entblößten Geschlechtsteils des Kindes geriet G. in eine solche geschlechtliche Erregung, daß er dem Kinde den Geschlechtsteil küßte und ableckte. — Hier kann im Sinne *Seeligs* die Ambivalenz der Gefühle in der Richtung Ekel und Lust zur Erklärung herangezogen werden.

Dasselbe gilt von der *Paedicatio mulieris,* die von *Placzek* als Einführung des Membrums in den anus des Weibes bezeichnet wird. Auch hier handelt es sich offenbar um eine Betätigung, wie sie nach *Placzeks* Ansicht „zur Stillung des so variablen sexuellen Reizhungers angewandt wird". Ein Gleiches ist offenbar von der *Irrumination* (immissio penis in os alienum) zu sagen und dürfte auch von dem *coitus inter mammas* gelten.

*Schrifttum.*
*Placzek:* Das Geschlechtsleben des Menschen. Leipzig 1926.—
*Seelig:* Die Ambivalenz der Gefühle im Zuge des Sexuerlebens. Z. angew. Psychol. Heft 1 u. 2, 142 (1930). **Többen.**

**Cuprex** siehe *Schädlingsbekämpfungsmittel.*

## Curare.

Die *Curarine* (auch Protocurarin), d. h. die wirksamen Bestandteile der indianischen Pfeilgifte, sind zu 4—10 % in den *Curare* genannten südamerikanischen Giftzubereitungen des oberen Amazonas und Orinocogebietes enthalten. Die Giftbasen entstammen verschiedenen Strychnosarten: *Strychnos toxifera, Strychnos Castelnai* u. a. (Loganiaceae), aus welchen sich ein quaternäres Alkaloid von Curarewirkung, wie auch aus verschiedenen Cocculusarten: *Cocculus toxiferus, Cocculus Amazonum* (Menispermaceae) gewinnen läßt. Gehalt der verschiedenen Curarearten (Topf-Calebassen-Tubocurare) an wirksamer Substanz außerordentlich verschieden, Topfcurare in der Regel am stärksten, Tubocurare am schwächsten. Die Curarezubereitungen enthalten außerdem als Herzgifte wirksame tertiäre Basen = *Curine,* z. T. identisch mit dem Alkaloid l-Beeberin. *Curarine,* auch *Protocurarin* aus Topfcurare sind amorphe, braunrot gefärbte, stark bitter schmeckende Massen; in Wasser und Alkohol leicht löslich, in Äther unlöslich.

*Giftwirkung:* Elektive Lähmung der motorischen Nervenendigungen (Nervenendplatten) der quergestreiften Muskulatur. Dadurch Leitungsunterbrechung zwischen motorischen Nerven- und Muskelfasern, so daß jede willkürliche oder reflektorische Bewegung unmöglich. Wirkung ausschließlich bei *parenteraler* Zufuhr. Wird im Magen-Darmkanal rasch abgebaut, außerdem sehr langsam resorbiert und rasch durch Urin ausgeschieden, weshalb Essen curarevergifteter Tiere ungefährlich.

Curare therapeutisch eine Zeitlang gegen Tetanus, Strychninvergiftung, Lyssa.

*Vergiftungsbild beim Menschen:* An Injektionsstelle Quaddel und Infiltration. Kleine Curaredosen von etwa 0,05 g bewirken Temperatursteigerung, Vermehrung der Atem- und Pulsfrequenz. Etwa von 0,15 g an Zusammenschnürung der Kehle, Speichelfluß, auch Trockenheit im Mund, Verdunkelung des Gesichtes, Mydriasis und Akkommodationsstörungen sowie Ptosis und Diplopie, Sprachstörungen, Somnolenz, fibrilläre Muskelzuckungen, Muskelerschlaffung, Atemstörungen, Cyanose, Angstgefühl, aufsteigende Muskelschwäche bis Lähmung. Im *Tierversuch:* aufsteigende Lähmung. Tod durch periphere Lähmung der Atemmuskulatur.

*Dosis medicinalis:* Therapeutisch nicht mehr gebräuchlich. Früher 5-10 mg Curarin bei Tetanus usw.

*Dosis toxica:* Schon nach 0,7 mg Curarin beim Menschen Lähmung der Beine. Bei Tetanus wurden 17 mg wiederholt ohne Schaden appliziert. Über 24 mg Curarin auf ein Mal parenteral ist wohl immer lebensgefährlich, wenn es sich um hochwirksame Präparate handelt.

*Curareartig* wirken alle *quaternären Ammoniumbasen* (auch Arsonium-, Stibonium-, Phosphoniumbasen usw.), mit Ausnahme des Muscarins, Acetylcholins und einiger verwandter Stoffe (vgl. d. Art.: Pilzvergiftungen). Curareartig wirken auch: *Delphocurarin* und *Septentrionalin,* ferner synthetisches Muscarin- und Guanidinkörper (vgl. d. Art.: Coniin- und Schierlingsvergiftung).

*Schrifttum.*

*Böhm, R.:* Chemische Studien über Curare. Leipzig 1886. — *Böhm, R.:* Curare. In: *Heffter,* Handb. der exper. Pharmakologie **2,** 179 (1920). — *Erben, F.:* Vergiftungen **2,** 2. Teil, 495. Wien 1910. — *Freise, F. W.:* Aus der Praxis der südamerikanischen Curarebereiter. Pharmac. Ztg. **78,** 852 (1933). — *Freise, F. W.:* Weitere Beiträge zur Kenntnis des südamerikanischen Curare. Pharmac. Ztg. **81,** 241 (1936). — *Hauschild, F.:* Zur Pharmakologie und Chemie des Curins. Arch. f. exper. Path. **174,** 742 (1934). — *King, H.:* Curare. Nature (Lond.) **1935 I,** 469. — *King,* H.: Tubocurarine. J. chem. Soc. Lond. **1935,** 1381. — *Krukoff, B. A.* u. *A. C. Smith:* Notes on the botanical components of curare. Bull. Torrey bot. Club **64,** 401 (1937). — *Lewin, L.:* Die Pfeilgifte. 413. Leipzig 1923. — *Trier, G.:* Die Alkaloide. 2. Aufl. 624. Berlin 1931. **H. Fischer.**

**Cutralin** siehe *Schädlingsbekämpfungsmittel.*

**Cyankali** siehe *Flüchtige organische Gifte.*

**Cyanogas** siehe *Schädlingsbekämpfungsmittel.*

**Cyclohexan** siehe *Hydrierte Naphthaline.*

**Cysticercus cellulosae** siehe *Plötzlicher Tod aus natürlicher Ursache.*

## Cytisin und Goldregenvergiftung.

I. *Cytisin* (identisch mit *Ulexin, Sophorin, Babtitoxin*), $C_{11}H_{14}N_2O$ (Konstitution vgl. *Raymond, Späth* u. a.). Kristallisiert in rhombisch-hemiedrischen Kristallen. F. = 152—153°, leicht löslich in Wasser, Alkohol, Benzol, Chloroform, wenig in Äther und Aceton. o. a. linksdrehend 1. Lösungen schmecken bitter, Salze sind in Wasser leicht löslich.

II. *Vorkommen:* Cytisin ist ein in der Familie der Papilionaceen weit verbreitetes Alkaloid, reichlich vor allem in allen Teilen von *Laburnum Medicus*

= *Laburnum vulgare* = *Cytisus Laburnum* (Goldregen). *Verbreitung:* Süd- und Südosteuropa, in Süddeutschland verwildert, wild im Tessin (Schweiz); in Gärten verbreiteter Zierbaum und -strauch, nördlich bis Südschweden. Cytisin am reichlichsten in den Samen, bis zu 1,5 %.

Cytisin enthalten auch viele (21) Cytisusarten u. a. folgende einheimische: *Cytisus alpinus, Cytisus nigricans, Cytisus sessilifolius* (Mittelmeer); ferner *Genista tinctoria* (Färberginster), *Genista racemosa, Sarothamnus scoparius* (Besenginster) Europa, dieser *nur* in Samen; *Ulex europaeus* (Stechginster), *Anagyris foetida* (Mittelmeer), in Samen neben dem Alkaloid *Anagyrin; Babtisia tinctoria* (Nordamerika) (vgl. *Macht), Sophora japonica* (China, Japan), Extrakt in China gegen Hämorrhoiden; toxisch: Gesichtsödem; *Sophora tomentosa* (Südwestasien).

III. *Charakter des Giftes:* Trotz chemisch nicht naher Verwandtschaft in der Wirkung dem Nicotin sehr ähnlich. Grundwirkungen: Erregung, bei höheren Dosen Lähmung des zentralen und peripheren vegetativen Nervensystems. Macht u. a. Blutdrucksteigerung, Anregung der Drüsentätigkeit, Verstärkung der Darmmotilität. Ausscheidung unverändert durch Harn, Speichel, Milch.

In Therapie gegen Migräne und Geisteskrankheiten mit Hypotonie, anscheinend ohne Erfolg (0,001 bis 0,005 g als Cytisinnitrat) verwendet. Gebrauch des *Goldregens* als Diureticums hat heute keine Bedeutung mehr, wird aber neuerdings als Heilmittel wieder propagiert.

*Akute Vergiftung.* a) *Goldregen:* Erscheinungen treten meist sehr rasch, nur ausnahmsweise erst nach Stunden ein. Symptome: Speichelfluß, Brennen im Hals, unstillbarer Durst, Übelkeit, Würgen, fast immer Erbrechen (zentral), das viele Stunden anhalten und blutig sein kann, Magen- und Leibschmerzen, Durchfall, blutige Stühle. Maximale Mydriasis gefolgt von maximaler Miosis. Somnolenz, Schwindel, Benommenheit, Blässe, Kältegefühl. Unter Ansteigen des Blutdrucks kommt es zu Aufregung, dann Pulsverlangsamung, Arrhythmie, seltener zu Krämpfen. Delirien und Halluzinationen kommen vor, auch schwere Atemstörungen. Trotz hoher Giftigkeit des Goldregens Vergiftung selten tödlich infolge intensiven Erbrechens. In schweren Fällen tonisch-klonische Krämpfe, Tod in tiefem Koma schon nach ¾—1 Stunde, seltener nach 6—12 Stunden oder noch später unter Krämpfen. Alle Todesfälle betreffen Kinder.

*Nachwirkungen:* Wochenlang Speichelfluß, langdauernde Gastroenteritis mit blutigen Stühlen, starke Abmagerung, Muskelschwäche, Schwund der Extremitätenmuskeln.

b) *Cytisinvergiftung:* Cytisinnitrat bewirkte beim Menschen Kopfschmerz, Schwindel, Muskelzuckungen, beschleunigte Atmung (lobelinähnlich), Erbrechen, Durchfälle, Schlaf; in schweren Fällen Koma, Konvulsionen, Asphyxie. Tödliche Vergiftungen mit reinem Cytisin sind beim Menschen nicht bekannt.

*Differentialdiagnose:* Nicotinvergiftung (s. d. Art.: Nicotin).

IV. *Pathologische Anatomie:* Uncharakteristisch-Reizerscheinungen des Magen-Darmkanals bis hämorrhagische Entzündung, Desquamationen im Dickdarm, Stauungshyperämie der Niere, Nierenblutung.

V. *Dosis medicinalis:* Cytisin. nitr. 0,001—0,003 g. Früher auch als Extractum Cytisi gegen Neuralgien, Asthma bronchiale usw.

*Dosis toxica:* Schon wenige Samen des Goldregens erzeugten sehr schwere Vergiftung; selbst zwei Samen waren für Erwachsene toxisch; 15 g Wurzel führten zu schwerer Vergiftung.

VI. *Vorkommen und Häufigkeit der Vergiftung:*

Bisher sind etwa 200 Vergiftungsfälle mit Goldregen bekannt, namentlich bei Kindern, wobei der Genuß fast aller Pflanzenteile (Blätter, Schoten, Wurzeln, Samen usw.) schon zu Vergiftungen geführt hat. Nach *Falck* verliefen von 155 Vergiftungsfällen nur vier tödlich. Die durch Erbrechen und rasche Ausscheidung durch Nieren bedingte schnelle Entfernung des Giftes aus dem Körper erklärt die relativ geringe Zahl der Todesfälle. Prognose, verglichen mit akuter Nicotinvergiftung, trotz ähnlicher Vergiftungssymptome auffallend gut.

*Vergiftungsfälle:* Benagen der Schoten führte bei zweijährigem Kind zu Kollaps und Koma (*Schalenkamp*). Massenvergiftung bei 58 Knaben durch Kauen an der wie Süßholz schmeckenden Wurzel, kein Todesfall (vgl. *Schauenstein*). Eine *absichtliche*, nicht tödliche Vergiftung bei *Erben*.

Das in *Anagyris foetida* in den Samen neben Cytisin enthaltene *Anagyrin* wirkt ebenfalls nicotinähnlich. Blätter und Samen sind in Algier als Abführmittel im Gebrauch. Todesfälle bei Soldaten.

*Schrifttum.*

*Beitz, J.:* Goldregen-Vergiftung bei Kindern. Slg. Verg-.Fälle A **421**, 67. — *Dale, H. H.:* The physiological action of cytisine, the active alkaloid of laburnum (Cytisus-Laburnum). J. of Pharmacol. **3**, 205 (1912). — *Dixon, W. E.:* Cytisin. In: *Heffter:* Handb. exper. Pharmakologie **2**, 715. Berlin 1924. — *Erben, F.:* Vergiftungen **2**, 2. Teil, 550. Wien 1910. — *Ewins, A. J.:* The constitution of cytisine, the alkaloid of Cytisus Laburnum. Wellcome Res. Lab. **103**, 97 (1913). — *Falck, F. A.:* Lehrbuch der praktischen Toxikologie. 209. Stuttgart 1880. — *Führer, H.:* Goldregenblätter als Tabakersatz. Ber. dt. Pharmazeut. Ges. **29**, 168 (1919). — *Führer, H.:* Goldregentabak. Pharmazeut. Zentralh. **1919**, Nr. 32. — *King Li Pin:* Cytisine. C. r. Soc. Biol. **106**, 1033 (1930) u. **108**, 885 (1931). — *Kobert R.:* Lehrbuch der Intoxikationen. 2. Aufl. **2**, 1174. Stuttgart 1906. — *Lewin, L.:* Gifte und Vergiftungen. 691. Berlin 1929. — *Macht D. J. u. J. A. Black:* A pharmacological note on Baptisia tinctoria. J. amer. pharmaceut. Assoc. **16**, 1056 (1927). — *Pennekamp, L.:* Zur Pharmakologie des Cytisins. Diss. Münster i. W. 1935, — *Radziwillowicz, R.:* Über Cytisin. Arbeiten des Pharmakolog. Institutes Dorpart. **1**, 56. Stuttgart 1888. — *Raymond, H. Ing.:* Cytisine. II. J. chem. Soc. Lond. **1932**, 2778. The alkaloids of Anagyris foetida and their relation to the lupin alkaloids. J. chem. Soc. Lond. **1933**, 504. — *Schalenkamp:* Ein Fall von Vergiftung mit dem Safte der Schoten von Cytisus Laburnum. Ther. Mh. **21**, 48 (1907). — *Schauenstein:* Goldregenvergiftung. In *Maschkas* Handb. d. gerichtl. Medizin **2**, 560. Wien 1888. — *Späth, Ernst u. F. Galinovsky:* Über die Konstitution des Cytisins. Ber. dtsch. chem. Ges. **65**, 1226 (1932); **66**, 1338 (1933); **69**, 761 (1936). — *Trier, G.:* Die Alkaloide. 2. Aufl. 437. Berlin 1931. — *Zipf, K.* u. *J. Zachowski:* Die Kreislaufwirkung Cytisins. Arch. exper. Path. u. Pharm. **190**, 217 (1938). **H. Fischer.**

# D.

**Daktyloskopie** (=D). (Vgl. auch Art.: Identitätsfeststellung an Leichen; Identiätsfeststellung von lebenden Personen; Vaterschaftsnachweis und -ausschluß.)

Die D. wurde im Jahre 1903 bei den deutschen Polizeizentralen *Berlin* und *Dresden* eingeführt, ein Jahr vorher bereits in *Wien* und *Budapest*. Aber mehrere Jahre zuvor hatte man die Fingerabdrücke bei der Reichsmeßzentrale in Berlin zur Einrichtung von Untergruppen bei den anthropometrischen Erkennungskarten angewendet; wie auch gelegentlich die Tatortfingerspuren zur Identifizierung von Verbrechern bei einzelnen Polizeizentralen des In- und Auslandes benutzt worden sind. Erst nach vollkommener Überzeugung von dem Werte der D. hatte man dieses Erkennungshilfsmittel im ministeriellen Verordnungswege offiziell eingeführt, und zwar 1904 in *Sachsen*, 1911 in *Bayern* und erst durch Runderlaß des Ministeriums des Innern vom 4. 2. 1927 in *Preußen*. Die heute für das ganze Gebiet des Reichskriminalpolizeiamts geltenden Bestimmungen über die Aufnahme von Fingerabdrücken sind folgende:

*Zehnfingerabdrücke* sind zu nehmen

1. in einfacher Ausfertigung:

a) von den schulentlassenen Minderjährigen, die der Fürsorgeerziehung überwiesen sind, wenn sie entweder selbst ein kriminelles Verhalten gezeigt haben oder wenn bei ihnen eine verbrecherische Anlage zu vermuten ist, insbesondere weil ein Eltern- oder Vorelternteil als Schwerkrimineller, Berufs- oder Gewohnheitsverbrecher oder als Asozialer ermittelt werden konnte,

b) von allen Personen, bei denen an Hand vorgefundener Tatortspuren festgestellt werden muß, ob sie mit der Straftat in Verbindung stehen;

2. in doppelter Ausfertigung:

a) von den Personen, die wegen der Art der Straftaten, deren sie verdächtig oder wegen deren sie früher verurteilt sind, oder wegen der Wahrscheinlichkeit des Rückfalles als gewohnheits- oder gewerbsmäßige Verbrecher zu erachten sind, oder bei denen Tatsachen vorliegen, die vermuten lassen, daß sie gewohnheits- oder gewerbsmäßige Verbrecher werden,

b) von Personen, die der Behörde gegenüber die Namensangabe verweigern oder in dem begründeten Verdacht stehen, sich einen falschen Namen beigelegt zu haben,

c) von allen Ausländern, die ausgewiesen worden sind,

d) von allen Triebverbrechern; als solche sind Personen anzusehen, deren sexuelle Entartung so stark ist oder werden kann, daß sie zu schweren Straftaten geführt hat oder führen könnte, z. B. Brandstifter, Tierstecher usw.,

e) von Fürsorgezöglingen vor der Schulentlassung, sobald sie verbrecherische Neigungen oder Wandertrieb zeigen,

f) von allen unbekannten Toten, soweit das möglich ist;

3. in dreifacher Ausfertigung:

von allen nicht seßhaften Zigeunern und nach Zigeunerart umherziehenden Personen.

(Die dritte Ausfertigung ist für die Zigeunerpolizeistelle in *München* bestimmt.)

*Einzelfingerabdrücke* (auf je zehn Einzelkarten) und *Handflächenabdrücke* sind zu nehmen von:

a) gewerbs- und gewohnheitsmäßigen Einbrechern,

b) Räubern,

c) Erpressern,

d) Hotel-, Einmiete-, Museums- und Autodieben,

e) Personen, die gegen die Verordnung des Reichspräsidenten vom 30. 10. 1932 über die widerrechtliche Benutzung von Kraftfahrzeugen verstoßen,

f) Personen, die verdächtig sind, zu den vorerwähnten Gruppen zu gehören.

Daraus ist schon das zweifache Anwendungsgebiet der D. zu ersehen: 1. Die Personenfeststellung auf Grund der aufgenommenen zehn Fingerabdrücke; 2. Die Feststellung eines bestimmten Menschen als eines Täters oder als zur Zeit der Ausführung einer Straftat am Tatort Anwesenden. Für die Fälle der *ersten* Gruppe dienen die Hauptsammlungen mit den Zehnfingerabdruckblättern, die nur das Reichskriminalpolizeiamt in *Berlin* und die ihm unterstellten 14 Kriminalpolizei-Leitstellen führen dürfen, an welche, je nach der Zuständigkeit, die aufgenommenen Fingerabdrücke einzusenden sind.

Für die Fälle der *zweiten* Gruppe dienen die sog. Einzelfingerabdrucksammlungen (oder monodaktyloskopischen Sammlungen), die bei allen Kriminalpolizeistellen zu führen sind. Sie enthalten die Abdrücke der *zehn* Finger *einzeln* auf besonderen Karten. Als notwendiges Vergleichungsmaterial sind daneben noch zu führen: Eine Handflächenabdrucksammlung, eine Tatortfingerspurensammlung und eine Tatorthandflächensammlung, die alle an Tatorten gesicherten Finger- und Handflächenspuren (mit den dazu gehörigen Daten) enthalten. Das Material jeder dieser einzelnen Sammlungen wird nach bestimmten Klassifizierungsverfahren übersichtlich geordnet. Die Zehnfingerabdruckblätter werden nach dem besten und am weitesten verbreiteten Klassifizierungssystem von den Engländern Sir *Francis Galton* (1822—1911) und Sir *Edward Henry* in 1024 Hauptgruppen und tausende Untergruppen klassifiziert, während die Einzelfingerabdruckkarten nach einem anderen Verfahren klassifiziert werden, das sich aus der Praxis der einzelnen Fingerabdruckzentralen ergeben hat und in den einzelnen Ländern große Unterschiede aufweist. Da das Fingerabdruckverfahren bei uns nur auf die Bekämpfung des Verbrechertums abzielt, ist es verständlich, daß die Polizei das Daktyloskopiemonopol hat und alle vorkommenden Arbeiten, einschließlich der Begutachtung strittiger Fingerabdrücke und Tatortspuren, selbst besorgt und vor Gericht vertritt. Nur ausnahmsweise kommen auch andere Stellen zu daktyloskopischen Begutachtungen, z. B. zur Herbeiführung von Obergutachten in besonders schwierigen Fällen durch nicht polizeilich eingestellte, unabhängige Sachverständige. Die große Verantwortung, die in der Identifizierung und Begutachtung von Fingerabdrücken, insbesondere von Tatortspuren, liegt, hat dahin geführt, auf diesem Gebiete nur geprüfte Kriminalbeamte als daktyloskopische Sachverständige aufzustellen und bei Gericht zuzulassen. Der Runderlaß vom 28. 10. 1927 des PrMindI. (MBliV., S. 1043) hatte bestimmt, daß zur selbständigen Erstattung daktyloskopischer Gutachten nur die Beamten berechtigt sind, denen auf Grund der abgelegten Prüfung die Befähigung zur Abgabe solcher Gutachten zuerkannt worden ist. Um keinen Grund der Ablehnung von Polizeisachverständigen nach §§ 74 und 22, Ziff. 4 StPO. zu bieten, sind die am Tatort gesicherten Spuren von einem anderen Daktyloskopen zu begutachten.

Das Recht der Fingerabdrucknahme ist durch den jetzt in die StPO. neu eingefügten § 81 b begründet worden, der lautet:.

„Soweit es für die Zwecke der Durchführung des Strafverfahrens oder für die Zwecke des Erkennungsdienstes notwendig ist, dürfen Lichtbilder und Fingerabdrücke des Beschuldigten auch gegen seinen Willen aufgenommen und Messungen oder ähnliche Maßnahmen an ihm vorgenommen werden."

(Vgl. auch § 167 der Militärstrafgerichtsordnung.)

Wer sich gegen die Durchführung solcher Maßnahmen sträubt, macht sich des Vergehens des Widerstandes nach § 113 StGB. schuldig.

*Technik* der Fingerabdruckaufnahme und Tatortspurensicherung:

Die abzudrückenden Finger müssen sauber sein und sind, besonders wenn starke Schweißbildung vorhanden, vorher abzuwaschen. Die Einschwärzung des einzelnen Fingers erfolgt mit Druckerschwärze, die in möglichst dünner Schicht auf eine polierte Zink- oder Glasplatte mit einer Gummiwalze aufgetragen wird. (Stempelkissen sind nur im äußersten Notfall anzuwenden, weil sie meistens ungenügend klare Abdrücke liefern!) Der Finger wird vom Aufnehmenden in geeigneter bequemer

Stellung mit Zeige-, Mittelfinger und Daumen jeder Hand angefaßt und nach dem Einschwärzen in rollender Bewegung auf das betreffende vorgezeichnete Feld des Fingerabdruckblattes eingesetzt. Jeder Abdruck muß so klar sein, daß nicht nur die Linien des Musters, sondern auch die des abschließenden Deltas genau erkennbar sind. Daher muß das ganze vorderste Fingerglied von der einen Nagelkante zur anderen auf dem Papier abgerollt, nötigenfalls noch einmal daneben oder darüber im gleichen Feld wiederholt werden. Sind Abdrücke von Leichenfingern aufzunehmen, müssen die Finger vorher mit einem in Petroleum, Benzin oder Benzol getränkten Läppchen oder Wattebausch abgewaschen werden. Die eingeschwärzte Zinkplatte nimmt man in die linke Hand und drückt mit der rechten Hand die einzelnen Finger darauf. Um dann die einzelnen Finger gut abzudrücken, nimmt man ein löffelartig (glatt) ausgehöhltes Stück Holz und legt die vorher zurechtgeschnittenen und mit den entsprechenden Fingerbezeichnungen versehenen Papierblättchen einzeln über die löffelartige Höhlung, drückt es mit dem Holz an den aufzunehmenden Finger und klebt dann den Abdruck in das betreffende Feld des Fingerabdruckblattes. Zu stark gekrümmte Leichenfinger müssen vor der Aufnahme gerade gerichtet werden. Wenn die Oberhaut der Fingerbeere sich in Falten gelegt hat, z. B. bei der Waschhautbildung, so ist Wasser, Paraffin oder Glycerin unter die Oberhaut zu spritzen oder (nach Unterbindung der Ellenschlagader) von der Speichenschlagader aus zu injizieren. Bei handschuhförmiger Ablösung der Haut ist ein Ausguß mit Zinkleim, Wachs oder Paraffin anzulegen. Mumifizierte Haut wird abgelöst und in Wasser aufgeweicht (*Fritz*). Um Irrtümer zu vermeiden, ist genau darauf zu achten, daß die Abdrücke richtig in die betreffenden Felder des FA.-Blattes eingeklebt werden. Nach dem Gebrauch müssen Gummiwalze und Platte mit Petroleum, Benzin oder Benzol gereinigt werden, da eingetrocknete Druckerschwärze störende Spuren im Abdruck des Papillarlinienbildes hinterlassen. Zur Sicherung der *Tatortfingerspuren* bedient man sich der im Handel erhältlichen sog. „Abziehfolien". Nachdem man vorher die aufgefundenen und zur Aufnahme und Sicherung geeigneten Finger- und Handflächenspuren, die durch fetthaltige Hautausscheidungsstoffe auf glatten Gegenständen verursacht werden, mit einem Schwarzpulver — ebenfalls im Handel erhältlich — eingestäubt hat, drückt man ein entsprechend großes Stückchen der Abziehfolie auf die eingestäubte Spur schwach auf, das dann sogleich — auf der einen Seite hochgenommen — ohne es zu verschieben wieder weggenommen wird. Das feine Pulver bleibt auf den, wenn auch nur gering fetthaltigen Fingerspuren haften und wird durch die Abziehfolie mit stärkerer Adhäsionskraft wieder von der eingestäubten Spur weggenommen, so daß die eigentlichen Papillarlinien seiten- und linienrichtig auf der durchsichtigen Folie erscheinen, nachdem sie zum Schutze gegen Zerstörung — mit der Klebeseite — auf ein Stück weißen Karton aufgeklebt worden sind.

Die an sich ganz einfache Manipulation läßt man sich am besten von einem praktischen Daktyloskopen zeigen und erklären. An manchen Stellen wird auch, was vor allem bei dunklem Untergrund vorteilhaft ist, ein hellfarbiges Einstäubpulver verwendet, insbesondere Argentorat (Aluminiumpulver), das aber schwerer ist als das rußhaltige Schwarzpulver, so daß leicht die Gefahr besteht, daß auch die zwischen den Papillarlinien liegenden Rillen Argentoratpulver annehmen und der Abdruck dadurch „verschmiert" wird.

In diesem Zustande sind die gesicherten Tatortspuren von unbegrenzter Dauer und können als Beweisstücke den Akten beigefügt, bzw. noch besser bei den Sammlungen im Erkennungsdienst aufbewahrt werden, bis sie, wenn nötig, im Beweisverfahren vor Gericht vorgezeigt werden. Da sich dieses Spurensicherungsverfahren durchaus bewährt hat und daher zu empfehlen ist, brauchen andere, in den daktyloskopischen Lehrbüchern noch erwähnte Verfahren nicht mehr dargestellt zu werden. — Wenn sich die gesicherten Tatortspuren zur Vergleichung und Identifizerung eignen, werden sie im zuständigen Erkennungsdienst von besonders geschulten Beamten genau untersucht und mit den in der Einzelfingerabdrucksammlung hinterlegten Abdrücken bereits bekannter Verbrecher verglichen und gegebenenfalls auch identifiziert. Selbstverständlich werden sie auch mit den bereits gesicherten Tatortabdrücken verglichen, weil manchmal so festgestellt werden kann, daß die an verschiedenen Tatorten (z. B. bei Einbruch) gesicherten Abdrücke vom gleichen Täter stammen.

Um sich einen Begriff von dem Umfang dieser Tätigkeit zu machen, sei bemerkt, daß der Berliner Erkennungsdienst im Jahre 1937 in mehr als 11 000 Fällen Tartortuntersuchungen vorzunehmen hatte, wobei über 1300 brauchbare Tatortfinger- und Handspuren gesichert wurden. Auf Grund der aufgefundenen Spuren dieser Art wurden insgesamt über 620 Personen identifiziert, von denen aber über 490 Spuren mit Fingerabdrücken unverdächtigter Personen identifiziert wurden. Daraus ist zu entnehmen, daß zwecks Ausscheidung von Finger- und Handspuren Unverdächtiger, zu denen in erster Linie die zum Haushalt oder Geschäftslokal gehörigen Personen zu rechnen sind, auch von diesen Fingerabdrücke genommen werden müssen, um so auf Spuren zu stoßen, die vom Täter herrühren können.

In manchen Fällen sind Finger- und Handspuren nach anderen Verfahren zu sichern, weil sie so bessere Ergebnisse erwarten lassen, vor allem werden solche Spuren auf Schreibpapier mit kalten Joddämpfen hervorgerufen und möglichst gleich photographisch fixiert, weil sonst die sichtbar gemachten Papillarlinien verblassen und allmählich wieder ganz verschwinden. Die übrigen in der daktyloskopischen Literatur empfohlenen oder wenigstens beschriebenen chemischen Sicherungsverfahren eignen sich nicht für die tägliche Praxis, könnten allenfalls in einzelnen schwierigen Fällen vom Chemiker selbst mit Erfolg angewendet werden. Schließlich eignen sich nur die an glatten (polierten oder mit Ölfarbe gestrichenen) Flächen aufgefundenen Abdrücke zur Sicherung, weil poröse Oberflächen zu viel von den Feinheiten des fragmentären latenten Fingerabdrucks verschlucken. Gefärbte oder blutige Fingerspuren, die im Gegensatz zu den „latenten" und daher durch Einfärbung erst sichtbar gemachten Spuren leicht in die Augen fallen, eignen sich auch sehr gut zu photographischen Aufnahmen bei seitlicher Beleuchtung, so besonders auch Spuren auf Glas oder blutige Fingerspuren.

Oft treten auch die *Poren* als feine trichterförmige Vertiefungen in den Papillarlinien in Erscheinung und bilden kleine weiße Pünktchen — perlenschnurartig — auf den Linien des FA. Da Form, Lage und Zahl der Poren individuell verschieden sind, können sie auch manchmal als unterstützende übereinstimmende Merkmale bei Identifizierungen von Tatortabdrücken mitverwertet werden (sog. Poroskopie).

Beim Bestreiten des auf diesem Wege ermittelten Täters werden zur Demonstration des daktyloskopischen Gutachtens in der Hauptverhandlung Spur und entsprechender Täter-Fingerabdruck in etwa 5facher Vergrößerung photographisch dargestellt.

Um den Wert der D. durch Preisgabe von aufklärenden Einzelheiten an die Zuhörer nicht zu verringern, sollen Gutachten in der Hauptverhandlung unter Ausschluß der Öffentlichkeit erstattet werden, wie auch in besonderen ministeriellen Erlassen auf die Geheimhaltung kriminalpolizeilicher „Betriebsgeheimnisse" mit Nachdruck hingewiesen worden ist. In Mitteilungen, die der Presse über kriminelle Ereignisse gegeben werden, ist, wie es in einem Runderlaß des Pr. Min. d. I. vom 26. 4. 1928 (MBliV., S. 470) heißt, die Fingerspuren betreffende polizeiliche Tätigkeit grundsätzlich unerwähnt zu lassen. (Aber trotzdem findet man hie und da in Zeitungsnotizen den ausdrücklichen Hinweis, daß der Täter anscheinend „mit Handschuhen gearbeitet" habe, da Fingerabdrücke am Tatort nicht aufgefunden worden sind!).

*Die Beweiskraft des Fingerabdrucks.* Sie gründet sich auf folgende drei naturwissenschaftliche Grundtatsachen: 1. Jeder Fingerabdruck ist verschieden. 2. Jeder Fingerabdruck ist unveränderlich. 3. Die Papillarlinien können nicht beseitigt werden und erneuern sich ständig.

Die erste Grundtatsache wird durch die vieljährige und weltumspannende Polizeipraxis sowie durch die biologische Zwillingsforschung bewiesen.

Die zu den Grundsätzen 2 und 3 zu nennenden Ausnahmen sind diese: Durch starke Verletzungen, insbesondere Quetschwunden, Brand- und Reiß- oder Schnittwunden wird das Papillarlinienbild manchmal bis zu seiner Unkenntlichkeit zerstört. In diesem Falle ändert sich auch der Fingerabdruck und die zu bildende Klassifizierungsformel. Dagegen nicht bei schwachen, nur die Epidermis betreffenden Verletzungen. In diesem Falle ergänzen sich die Fingerabdrücke nach der sich erneuernden Haut in genau gleicher Weise, wie sie ursprünglich waren; allenfalls bleibt eine kaum sichtbare Spur eines oberflächlichen Schnittes bestehen, die aber nicht das Papillarlinienbild als solches beeinträchtigt. Andererseits stellt die *Narbe* selbst wieder ein wichtiges Erkennungsmerkmal dar. Dagegen ist festgestellt worden, daß die Leprakrankheit die Papillarlinien bis zur völligen Unkenntlichkeit zerstören kann.

Jeder Fingerabdruck enthält zahlreiche anatomische Merkmale, die sog. *Minutien.* Ihre Zahl schwankt sehr; es können aber 100 und darüber in einem einzigen, gut dargestellten Fingerabdruck auftreten. Die Vergleichung und Identifizierung von zwei nebeneinander gelegten Zehnfingerabdruckblättern desselben Menschen aus verschiedener Zeit bietet keine Schwierigkeiten, wohl aber die Identifizierung von Tatortabdrücken, weil es sich hier meistens um mehr oder weniger kleine Fragmente des gesamten Papillarlinienbildes handelt.

Wie muß nun ein Tatortfingerabdruck beschaffen sein, wenn er zum Beweis einer sicheren Identität mit dem Abdruck eines tatverdächtigen Menschen ausreichen soll? Manche Gelehrte haben Wahrscheinlichkeitsrechnungen durchgeführt und behauptet, daß erst in so und sovielen Fingerabdrücken verschiedener Menschen so und soviele übereinstimmende Merkmale anzutreffen seien. Einer meinte, daß 17 übereinstimmende Merkmale erst in vielen Milliarden verschiedener Fingerabdrücke angetroffen werden könnten. Das Wesentliche dabei und daher Entscheidende ist die Tatsache, daß *keine abweichenden* Merkmale auftreten dürfen, wenn zwei Fingerabdrücke identisch sein sollen. Aber solche rein theoretischen Erwägungen spielen in der Praxis gar keine Rolle; denn die Erfahrung des praktischen Daktyloskopen sagt ihm schon sicher genug, bis zu welcher Minderheitsgrenze von Übereinstimmungen er gehen darf, um eine Identität bestimmt auszusprechen. Es kommt dabei nicht nur auf die gefundenen übereinstimmenden Minutien an, sondern auch auf andere Umstände, wie z. B. auf das sicher oder nicht sicher erkennbare Grundmuster des Abdruckes, auf häufige oder seltene Formen in der Umgebung der Minutien. Die fast parallel verlaufenden Linien eines Schleifenmusters können leicht Ähnlichkeiten aufweisen, weniger dagegen Wirbel- oder zufällige Muster. Dadurch kann der Beweiswert einzelner Minutien größer oder geringer ausfallen, so daß es Fälle gibt, bei denen ein Minimum erkennbarer übereinstimmender Minutien mehr beweist oder die Gewißheit steigert als in einem anderen, weniger günstig liegenden Falle. Solche Abschätzungen des Sachverständigen sind durch seine Erfahrungen bedingt, er wird, um ganz sicher zu sein und jeden Zweifel ausschließen zu können, die untere Grenze eher erhöhen und z. B. den Grundsatz vertreten, regelmäßig nicht unter 8 oder 10 übereinstimmenden Merkmalen eine Abdruckgleichheit zu begutachten. Tatsächlich sind meistens auch viel mehr vorhanden und nachweisbar. Das geübte Auge wird aber leicht da und dort noch eine Übereinstimmung erkennen, wo dies dem ungeübten Auge nicht gelingen wird. Also wird er zum Zwecke klarer Beweisführung nur die von jedem deutlich erkennbaren Merkmale zugrunde legen und nur ausnahmsweise, d. h. bei günstigen Umständen, weniger als die gewohnte Zahl übereinstimmender Merkmale für die Identitätsbegründung als ausreichend bezeichnen. Neben dieser Beweiskraft des Fingerabdruckes an sich gibt es aber noch eine relative Beweiskraft in dem Sinne, daß ja der Tatortfingerabdruck noch keinen Schuldbeweis in sich schließt, sondern daß er nur ein Beweisindiz ist, wie andere auch, und daß noch gewisse weitere Indizien hinzukommen müssen, um von ausschlaggebender Bedeutung für den Einzelfall zu werden. Nichts anderes hat das Strafkammerurteil, das der Entscheidung des zweiten Strafsenates des Reichsgerichts vom 1. 2. 1934 (2 D. 1050/33 HRR., 1934, Nr. 686) zugrunde lag, sagen wollen, wenn der Meinung Ausdruck gegeben wurde, daß die Übereinstimmung von Tatortspur und Fingerabdruck zum sicheren Schuldbeweis nur in Verbindung mit noch irgendeinem anderen tatsächlichen Umstande, der für die Täterschaft des Angeklagten spreche, geeignet sei. Auf diese relative Beweiskraft des FA. habe ich bereits vor Jahren in Wort und Schrift hingewiesen. Als solche Umstände kommen z. B. in Betracht: ein nicht geglückter Alibibeweis, der Besitz des gestohlenen Gutes, zurückgelassene Gegenstände, die vorher im Besitz des Beschuldigten waren, Aussagen von Tatortzeugen usw. Außerdem muß bewiesen oder wenigstens glaubhaft gemacht werden können, daß der vorgefundene Tatortabdruck *bei Gelegenheit der Tat* entstanden ist, also, wie z. B. auf der Glasscherbe einer zwecks Einsteigens eingeschlagenen Fensterscheibe, noch „frisch" sein muß, oder daß er auf einem vom Beschuldigten zurückgelassenen Gegenstand (beispielsweise Einbruch- oder Mordwerkzeug) entdeckt worden ist. Bei FA. auf *beweglichen* Gegenständen ist aber die Beweiskraft schon problematischer, weil zwischen ihnen und der Tatausführung kein zwingender Zusammenhang besteht. Es gibt nämlich auch Fälle, wenn sie auch selten sind und deswegen gerade vom Daktyloskopen nicht außer Betracht bleiben dürfen, in denen Fingerabdrücke eines Dritten am Tatort aufgefunden werden, ohne daß dieser Dritte bei Ausführung der Tat anwesend war. 1. Fingerspuren von Per-

sonen der ständigen Umgebung (Mitglieder und Angestellte eines Haushalts, Büro- oder Fabrikpersonal usw.). 2. Fingerabdrücke an leicht transportablen Gegenständen am Tatort, z. B. auf einer Bierflasche. 3. Fingerabdrücke eines Dritten, die zur Irreführung der Polizeiorgane von den Tätern am Tatort hinterlassen worden sind. Dieser Fall gehört in das Kapitel der Fälschung von Fingerabdrücken, wovon einiges weiter unten zu sagen ist. —

Soweit die Fingerabdrücke am Tatort nicht nach dem oben näher beschriebenen Verfahren mit der Abziehfolie gesichert werden können, müssen die betreffenden Spurenträger als solche mitgenommen werden, um sie im Polizeilaboratorium näher zu behandeln. Das erfordert aber eine *Verwahrung* dieser Gegenstände und Spurenträger, die jede Verwischung und Vernichtung der äußerst empfindlichen Spuren ausschließt. Der fachmännisch ausgebildete Daktyloskop macht darin nicht leicht einen Fehler, wohl aber andere, die nicht entsprechend ausgebildet und aufgeklärt sind. Deswegen empfiehlt es sich in allen Fällen, die bestehenden Vorschriften und Verfahren kennenzulernen und nicht nach eigenem Gutdünken zu handeln, wenn nicht Daktyloskopen am Tatort anwesend sind oder sein können.

*Anwendung der D. in der Praxis:* Zunächst seien die Zahlen der größten deutschen FA.-Sammlung beim Reichskriminalpolizeiamt *Berlin* (eingerichtet 1903) hier mitgeteilt, um ihr Anwachsen und die wachsende Tätigkeit der Daktyloskopen zu zeigen:

| Jahr | Anzahl der FA.-Blätter | Identifizierungen von Pers. mit falsch. Namen | Identifizierung v. Tatort-FA. |
|------|------|------|------|
| 1910 | 97 825 | 552 | — |
| 1920 | 254 420 | 1040 | 40 |
| 1930 | 512 373 | 1983 | 292 |
| 1937 | 715 637 | 1140 | 134 |

Die größte Fingerabdrucksammlung der Welt, errichtet 1904, wird in *Washington* (USA.) beim Federal Bureau of Investigation verwaltet und enthielt (bei meiner Besichtigung im August 1938) rund 4½ Millionen FA.-Karten verschiedener Einzelpersonen [1] und daneben über 500 000 (seit 1933 gesammelte) FA.-Karten von Zivilpersonen, die um die Aufnahme und Aufbewahrung ihrer Fingerabdrücke zur Identifizierung im Falle eines Unglücks (Auffinden in Bewußtlosigkeit oder als Leiche) sowie zum Schutze ihres guten Namens (bei Mißbrauch durch Verbrecher) gebeten hatten.

In Amerika ist die D. — neben der Hauptanwendung der Verbrecherfeststellung — auch in vielen anderen Fällen zu beobachten, so bei Pässen und anderen Personenausweisen, bei Bankinstituten, wo statt Unterschrift der FA. als Legitimation bei Geldabhebungen eingeführt ist, besonders im Falle der Schreibunkundigkeit; ferner in Geburtskliniken zur Sicherung der Persönlichkeit von Neugeborenen. Neben dem FA. der Mutter wird die Geburt auch durch Aufnahme der Fußabdrücke des Neugeborenen beurkundet, ein Verfahren, das auch vor mehreren Jahren in den städtischen Geburtskliniken in *Wien* eingeführt worden ist. (Für dieses Verfahren der Fußabdrucknahme bei Neugeborenen, an Stelle

---

[1] Die in der Statistik des FBI. angegebene höhere Zahl (1. 3. 1938: 8 274 017 FA.-Karten „of actual current value") bezieht sich auf alle dort vorhandenen FA.-Karten noch lebender Personen, von denen ein großer Teil als Belege für den Nachweis ihrer Rückfälligkeit aufbewahrt, zum Teil aber auch mit einer zweiten Klassifizierungsformel in einen anderen Registerkasten der Sammlung eingestellt werden müssen. Gewisse Grenzfälle nötigen nicht selten zu solchen zweifachen Klassifizierungen der FA. desselben Menschen.

eines z. Zt. der Geburt noch nicht gelingenden Fingerabdruckes, habe ich die Bezeichnung „*Podoskopie*" vorgeschlagen und in meiner „Signalementslehre" näher beschrieben.) Durch Verordnung vom 22. 7. 1938 und drei dazu gehörige Bekanntmachungen vom 23. 7. 1938 (RGBl. I, S. 913, 921 ff.) ist in Deutschland mit Geltung vom 1. 10. 1938 die sog. „*Kennkarte*" als polizeilicher Inlandsausweis eingeführt worden. Sie enthält neben Beschreibung, Lichtbild und Unterschrift des Inhabers auch seine *Fingerabdrücke*, so daß damit zum ersten Mal im deutschen Reichsgebiet ein vollgültiger Personenausweis geschaffen worden ist. Für manche Personengruppen ist die von den Paßbehörden auszustellende Kennkarte zur Pflicht gemacht worden, für die übrigen Staatsangehörigen (vom 15. Lebensjahr an) ist die Kennkarte freiwillig. Zuweilen kommt es vor, daß Einbrecher barfuß den Tatort betreten, um sich besser einschleichen und lautlos am Tatort bewegen zu können. In diesem Falle spielen die Abdrücke der Papillarlinien der *Zehen* eine wichtige Rolle, die zum Zwecke der Täteridentifizierung ebenso wie die FA. zu verwenden sind. Für diesen Zweck bestehen aber keine Abdrucksammlungen, so daß solche Abdrücke nur mit jenen eines Tatverdächtigten verglichen werden können. Einzelne Fälle solcher Identifizierungen sind in der Praxis schon vorgekommen, auch in der Literatur beschrieben worden.

Die *Fälschung von Fingerabdrücken* spielt in der Praxis noch keine Rolle. Das ist vor allem darauf zurückzuführen, daß bei uns der FA. nicht zur Besiegelung und Sicherung von Urkunden angewendet wird. Sie ist mir nur ein einziges Mal in der Praxis begegnet, und zwar handelte es sich um eine von einer ausländischen Behörde ausgestellte Legitimationsurkunde eines Matrosen, bei der ein FA. des rechtmäßigen Inhabers wegradiert und darüber ein FA. des späteren Inhabers gesetzt war. Auf den ersten Blick konnte die Fälschung erkannt werden, nicht aber mehr der entfernte Abdruck. Die Fälschung von FA. und zwar im Wege eines Stempelabdruckverfahrens (zur Herstellung latenter Fingerspuren am Tatort) war im Jahre 1924 durch den Deutschamerikaner *Albert Wehde* als leicht möglich nachgewiesen worden und hätte, wenn sein Verfahren so leicht anzuwenden wäre, eine Verwirrung in jenen Kreisen herbeigeführt, die auf daktyloskopische Beweise angewiesen und „eingespielt" sind. Die Nachprüfung des *Wehde*schen Verfahrens durch eine daktyloskopische Kommission bestätigte die Meinung, daß bei Vorsicht und Aufmerksamkeit des auch nach dieser Richtung hin aufgeklärten Sachverständigen eine Täuschung durch gefälschte FA. nicht möglich sei.

Schließlich sei noch auf die Bedeutung der D. als Sicherungsmittel bei der Blutprobenentnahme (zwecks Blutgruppenbestimmung) bei Vaterschaftsprozessen hingewiesen. Grundsätzlich gehört, wie das meistens schon beachtet wird, zu jeder Blutprobe und jedem Antragsformular — (Begleitschreiben an die Untersuchungsstelle) — der *Fingerabdruck* des zu Untersuchenden, um jede Täuschungsmöglichkeit auszuschließen und jederzeit eine Nachprüfung der zur Blutprobenentnahme erschienenen Person zu ermöglichen. Da die neue zivilrechtliche Bestimmung der obligatorischen Blutentnahme (Ges. vom 12. 4. 1938, Art. 3, § 9) eine starke Zunahme der Anwendung dieses Beweismittels erwarten läßt, wird auch öfters mit der Täuschungs- oder Irrtumseinrede zu rechnen sein. Dabei wird der gegen die Richtigkeit der Persönlichkeit des in Anspruch genommenen Erzeugers gemachte Einwand nach dem bei der Blutprobenentnahme aufgenommenen Fingerabdruck von einem Daktylo-

skopen geprüft und beurteilt werden müssen. Ist der Kontrollfingerabdruck bei der Blutprobenentnahme schlecht gemacht worden, dann kann die Vergleichung und Identifizierung erschwert oder ganz unmöglich gemacht werden. Wo aber solche Schwierigkeiten bestehen, besteht auch die Gefahr des Irrtums. Daher müssen solche Schwierigkeiten unbedingt vermieden werden, weil sie ja nur Gelegenheit zu neuen Einwendungen im Prozeß geben würden. Sie können vermieden werden, wenn der *Fingerabdruck richtig aufgenommen* wird, wie oben näher beschrieben. Auf dem Antragsformular (Begleitschreiben) soll eine besondere (umrahmte) Stelle enthalten sein, in welche der Abdruck zu setzen ist, am besten mit dem Vordruck: „Abdruck des rechten Zeigefingers". Muß aus irgendwelchen Gründen ein anderer Finger, z. B. der linke Zeigefinger, gewählt werden, weil der rechte fehlt oder verwundet oder verkrüppelt ist, dann muß dies entsprechend vermerkt werden.

*Schrifttum.*

*Albert, Josef:* Die Daktyloskopie im öffentlichen und Wirtschaftsleben zur Verhütung von Urkunden- u. Unterschriftenfälschungen. Innsbruck 1933. — *Bonnevie, Christine:* Studies on papillary patterns of human fingers. J. Genet. **15**, Nr. 1 (1914). – *Bonnevie, Christine:* Lassen sich die Papillarmuster der Fingerbeere für Vaterschaftsfragen praktisch verwerten? Zbl. Gynäk. **51**, 539 (1927). — *Fritz, E.:* Ein einfaches Verfahren zur Herstellung von Fingerabdrücken bei Mumifikation. Dtsch. Z. gerichtl. Med. **29**, Orig. 426—430 (1938). — *Galton, Francis:* Finger print directories. London 1895. — *Galton, Francis:* Finger prints. London 1892. — *Geipel, Georg:* Anleitung zur erbbiologischen Beurteilung der Finger- und Handleisten. München 1935. — *Groß, Hans:* Handb. für Untersuchungsrichter. 7. Aufl. 363 ff. München 1922. — *Heindl, Robert:* System und Praxis der Daktyloskopie. Berlin 1927. — *Henry, E. R.:* Classifications and uses of finger prints. London 1901. — *Kriminalpolizei:* Sammlung der f. d. kriminalpolizeiliche Organisation u. Tätigkeit geltenden Bestimmungen und Anordnungen. Berlin 1937. — *Lichem, Arnold:* Die Kriminalpolizei. 127 ff. Graz 1935. — *Locard, Edmond:* L'identification des récidivistes. 213 ff. Paris 1909. — *Locard, Edmond:* L'histoire de la dactyloscopie. Lyon 1930. — *Mueller, Berthold* und *W. Y. Ting:* Ist die daktylosk. Untersuchung als Hilfsmittel zum gerichtlich-medizinischen Ausschluß der Vaterschaft brauchbar? Dtsch. Z. gerichtl. Med. **11**, Heft 5, 347 ff. (1928). — *Ottolenghi, S.:* Trattato di Polizia scientifica. I, 343 ff. Mailand 1910. — *Poll, Heinrich:* Über Zwillingsforschung als Hilfsmittel menschlicher Erbkunde. Z. Ethnol. Berlin 1914. — *Ribeiro, L.:* A Lepra e capaz de alterar os desenhos papillares de impressoes digitales („Die Lepra ist imstande, die Papillarlinienzeichnung der Finger zu ändern.") Rio de Janeiro 1934. — *Schneickert, Hans:* Der Beweis durch Fingerabdrücke in juristischer und technischer Beziehung. Leitfaden der gerichtlichen Daktyloskopie. Berlin 1923. — *Schneickert, Hans:* Kriminaltaktik und Kriminaltechnik. 4. Aufl. 35 ff. u. 262 ff. Lübeck 1933. — *Schneickert, Hans:* Signalementslehre. 3. Aufl. 137 ff. und 180 ff. München 1937. — *Schneickert, Hans:* Erbkundliche Daktyloskopie, insbes. bei eineinigen Zwillingen. Z. gerichtl. Med. **30**, 111 ff. — *Söderman, Harry* u. *E. Fontell:* Handbok i Kriminalteknik. 306. Stockholm 1930. — *Wehde, Albert:* und *J. N. Beffel:* Fingerprints can be forged. Chicago 1924. — *Wentworth, Bert.:* Personal Identification. Boston, USA. 1918. — *Windt* und *Kodicek:* Daktyloskopie. Wien und Leipzig 1904; später Neudruck erschienen.
*Schneickert.*

## Daphnesubstanzen.

Enthalten in den Thymelaceen. Für unsere Verhältnisse kommen in Betracht *Daphne mezereum* (Seidelbast oder Kellerhals), *Daphne Laureola* (Lorbeerdaphne) und *Daphne Cheorum* in Südeuropa. Wirksame Substanzen das wenig giftige Glykosid Daphnin und ein harziger Körper, das Mezerin, resp. Mezereinsäureanhydrid, das kantharidinartige Wirkung besitzt.

Vergiftungen beobachtet durch Verschlucken von Beeren (namentlich Kinder), durch Kauen der Zweige, durch Präparieren von Seidelbast (Botaniker), seltener durch Trinken eines Aufgusses oder Absudes zur (erfolglosen) Einleitung eines Abortes. Früher benutzt zur Vortäuschung einer Nierenentzündung oder einer Phlegmone zwecks Dienstbefreiung. Vor Jahrzehnten noch offizinell als blasenziehendes Mittel (Rinde) oder als Drasticum (Beere).

Symptome: Auf der Haut bei längerer Einwirkung Rötung, Schwellung, sich ausbreitende erysipelartige Entzündung, Blasenbildung. Per os Brennen im Mund, Speichelfluß, Schwellung und weißliche Anätzung der Schleimhäute, Erbrechen, Durchfälle (oft blutig-wässerig) mit Koliken. Benommenheit, Kollaps, bei Kindern Krämpfe und Delirien. Von seiten der Nieren Albuminurie, Dysurie, Hämaturie.

Toxische Dosen: einige Beeren. Tödliche Dosen: 12 Beeren bei einem Kind; Erwachsene überstanden schon 40—60 Beeren.

Exakte Sektionsbefunde nicht mitgeteilt.

*Schrifttum.*

*Erben:* Vergiftungen, Klin. Teil, 2. Hälfte. Wien u. Leipzig 1910. — *Geßner:* Die Gift- und Arzneipflanzen von Mitteleuropa. 1931. — *Geßner:* Vergiftung durch Seidelbast. Slg. Verg.-Fälle **6**, 165 A (1935). — *Lewin:* Fruchtabtreibung durch Gifte und andere Mittel. Berlin 1922. — *Lewin:* Gifte und Vergiftungen. Berlin 1929. — *Petri:* Pathologische Anatomie und Histologie der Vergiftungen. Berlin 1930. **Schwarz.**

### Dechiffrierung von Geheimschriften siehe *Geheimschriften.*

### Decollement de la peau siehe *Verletzungen durch stumpfe Gewalt.*

### Defensive Leichenzerstückelung siehe *Leichenzerstückelung.*

### Defloration siehe *Notzucht.*

### Dehnungssaum siehe *Schußverletzungen.*

### Dekalin siehe *Hydrierte Naphthaline.*

### Delicia siehe *Schädlingsbekämpfungsmittel.*

### Delicia Räucherverfahren siehe *Schädlingsbekämpfungsmittel.*

### Delphiniumalkaloide.

I. Träger der Vergiftungserscheinungen: verschiedene *Delphiniumalkaloide* der Delphinium-(Rittersporn)arten. In Frage kommen als Giftpflanzen hauptsächlich einige wild wachsende und in Gärten verbreitete Ritterspornarten.

1. *Delphinium Staphisagria*, scharfer Rittersporn, Läusekraut (Südeuropa, Kleinasien). Soll giftigste Art von akonitähnlichem Charakter sein.

2. *Delphinium Consolida*, Ackerrittersporn (Europa).

3. *Delphinium Ajacis.* Über die Giftigkeit dieser Art ist sehr wenig bekannt; enthält im Kraut das aconitinähnlich wirkende Alkaloid *Calcatripin.* Hauptsächlich als einjährige Gartenpflanze verbreitet. Die Alkaloide der beiden letzteren Arten sollen ähnlich wirken wie diejenigen von Delphinium Staphisagria, aber schwächer.

Ebenfalls giftig sind die heute in Gärten in vielen Kreuzungen außerordentlich verbreiteten blauen, selten gelben Kulturformen der ausdauernden *Delphinium orientale, Delphinium elatum* (Alpen), *Delphinium grandiflorum* usw.

Nach früherer Auffassung sollen nur die Samen der Delphiniumarten Alkaloide enthalten, was für viele sicher nicht zutrifft, da auch in den Wurzeln, zwar in geringerer Menge, giftige Alkaloide nachweisbar sind.

4. Samen von *Delphinium Staphisagria*=Stephanskörner, früher offizinell als Semina Staphisagriae „Läusekörner", wie Sabadillsamen in Tinkturen gegen Ungeziefer bei Mensch und Tier verwendet, enthalten das Alkaloid *Delphinin* neben *Delphinoidin, Staphisagrin, Delphisin.* Delphisin wirkt im ganzen wohl aconitinähnlich, soll aber keine Mydriasis machen. Staphisagrin ebenfalls aconitin-

ähnlich; angeblich keine Herzwirkungen, hauptsächlich zentrallähmend.

Chemisch und pharmakologisch ist die ganze Gruppe der Delphiniumalkaloide noch sehr wenig erforscht (alte Untersuchungen aus dem Institut von *Kobert*).

*Delphinin* $C_{33}H_{46}NO_9$, F. = 198—200°. Unlöslich in Wasser, löslich in organischen Solventien. $[\alpha]D20°$ = +18,99°. Delphinin ist wie Aconitin eine esterartige Verbindung mit Benzoesäure, schmeckt bitter und brennend. Auf Haut und Schleimhaut von Menschen macht Delphinin Rötung und Entzündung, Taubheitsgefühl, innerlich Entzündung des Rachens, Speichelfluß, Übelkeit, Magenschmerzen. Ist wie Aconitin Atem- und Herzgift. Delphinin wurde therapeutisch versucht bei Neuralgien, Zahnschmerzen, Rheumatismus.

II. *Vergiftungen* sehr selten; früher medizinale bei Verwendung als Mittel gegen Kopfläuse und durch Verwechslung des Samenpulvers mit Pulvis Cinae usw. Auf Haut machen Samen, Tinktur sowie Delphinin Rötung, Entzündung, Ekzem, auf Zunge Taubheitsgefühl. Nach zwei Teelöffeln des Samenpulvers innerlich erfolgte Kollaps, Pulslosigkeit, Kältegefühl, Bradykardie, Dyspnoe, Atemschwäche.

Über einen Vergiftungsfall mit blauem Gartenrittersporn berichtet *Jakobsen.* Vergiftungsbild aconitinähnlich, aber starkes Brennen auf Haut wie bei Veratrin.

*Sektionsbefund* bei Mensch und Tier: Ekchymosen der Magen- und Darmschleimhaut.

Delphiniumalkaloide mit ganz andersartiger Wirkung wurden aus den Wurzeln verschiedener amerikanischer Delphiniumarten, namentlich *Delphinium bicolor* und *Delph. scopulorum* isoliert, wie das von *Heyl* untersuchte *Delphocurarin*, mit ausgesprochen curareartiger Wirkung. Massenvergiftungen beim Vieh sind bekannt.

*Schrifttum.*

*Erben, F.:* Vergiftungen **2**, 2. Teil, 512. Wien 1910. — *Jakobs, W. A.* u. *L. C. Craig*, Delphinine. J. biol. Chem. **127**, 361 (1939). — *Jakobsen, A.:* Ein Fall von Vergiftung mit „blauem Rittersporn". Norsk. Mag. Laegevidensk. **96**, 725 (1935). u. Slg. Verg.-Fälle **A 532**, 161. — *Kobert, R.:* Lehrbuch der Intoxikationen. 2. Aufl. **2**, 1149 u. 1185. Stuttgart 1906. — *Lewin, L.:* Gifte und Vergiftungen. 598. Berlin 1929. — *Trier, G.:* Die Alkaloide. 2. Aufl., 740. Berlin 1931. **H. Fischer.**

### Descensus uteri et vaginae siehe *Prolapsus* bzw. *Descensus uteri et vaginae und Unfall.*

### Dextrin siehe *Klebstoffe.*

### Diabetes insipidus (= D. i.) und Trauma (= T.). (Vgl. auch Art.: Diabetes mellitus und Trauma; Trauma.)

Das Wesen des D. i. besteht in einer Störung des Wasserstoffwechsels. Sie kommt vorwiegend bei Männern zwischen Pubertät und dem 30. Lebensjahr vor. Die Krankheit äußert sich in einer primären Polyurie, die sekundäre Polidypsie zur Folge hat. Diese Erscheinungen erklären sich aus einer Unfähigkeit der Niere, konzentrierten Urin zu liefern, wobei speziell die Konzentrationsfähigkeit der Chloride gestört ist. Die Nieren scheiden einen dünnen, fast farblosen Harn aus mit einem spez. Gew., das nicht viel über 1000 liegt, und einem sehr geringen Gehalt an festen Harnbestandteilen, der jedoch in 24 Stunden der Menge der Norm entspricht. Nieren und Kreislauf bleiben auch bei jahrzehntelangem Bestehen eines schweren D. i. ohne krankhafte Veränderungen.

Das ursächliche Moment ist in vielen Fällen unbekannt. Eine heredo-familiäre Anlage kann zuweilen nachgewiesen werden. D. i. tritt häufig im Anschluß an Infektionskrankheiten (Grippe, Diphtherie, Scharlach, Encephalitis, Meningitis, Lues cerebri) auf. Ätiolog. kommen Erkrankungen der Hypophyse (gleichzeitiges Auftreten mit Akromegalie, Dystrophia adiposogenitalis), Hirngeschwülste und carcinomatöse Metastasen der Zwischenhirnhypophysengegend in Betracht. Daß auch Traumen als Ursache des D. i. in Frage kommen, muß zweifellos anerkannt werden.

Streng abzugrenzen sind die primären Polidypsien mit sek. Polyurie psychopath. veranlagter oder hysterischer „Unfallkranker". Folgende Untersuchungen sind unbedingt erforderlich: 1. *Der Durstversuch:* Bei Wasserentzug hält die gesteigerte Ausscheidung beim D. i.-Kranken noch eine Weile an. Er führt nicht zur Konzentrationserhöhung im Urin. Sehr bald treten ernste Symptome der Bluteindickung auf, die das sofortige Abbrechen des Versuches erforderlich machen. 2. *NaCl-Zufuhr:* Wirkt beim D. i.-Kranken als Diureticum, da er die Chloride nur in geringer Konzentration mit größerer Wassermenge ausschwemmen kann. 3. *Verabfolgung von Hypophysenhinterlappenpräparaten:* Schränkt beim D. i.-Kranken die Urinausscheidung ein.

Klinische Untersuchungen und tierexperimentelle Erfahrungen haben ergeben, daß der Sitz der Erkrankung in der Hypophysengegend zu suchen ist. Reizung dieser Hirnregion ruft rasch vorübergehende, oft auch länger anhaltende Harnflut hervor.

Da Infektionskrankheiten D. i. auslösen können, kann u. U. eine auf diese Weise entstandene gewöhnliche Harnruhr zur entschädigungspflichtigen *Berufskrankheit* werden (*Umber*).

Da die Krankheit selten tödlich verläuft, liegen Obduktionsbefunde nur in geringer Anzahl vor. Trotzdem wird die ursächliche Rolle von *Traumen* bei der Entstehung eines D. i. allgemein anerkannt. In Frage kommen in erster Linie Schädel- und Gehirnverletzungen; in selteneren Fällen werden Traumen anderer Körperteile angeschuldigt, z. B. Bauchquetschungen, Verletzungen der Nieren- und Kreuzbeingegend und des Rückenmarks. In der Mehrzahl handelt es sich um schwere Verletzungen des Schädels und Gehirns. *Kahler* und *Liniger* weisen darauf hin, daß zwischen dem Grad und der Art der Hirnverletzung mit der Stärke und Dauer des D. i. kein Abhängigkeitsverhältnis aufgestellt werden kann. Umstritten ist weiterhin die Art der traumatischen Schädigung. Allgemein wird die ursächliche Bedeutung traumatischer Läsionen der Hypophysenzwischenhirngegend, die durch unmittelbare und mittelbare Traumen entstehen können, angenommen. Tritt ein D. i. nach Commotio cerebri auf, so dürfen ebenfalls organische Schädigungen dieser Hirnregion als auslösendes Moment angenommen werden. In vereinzelten Fällen ist D. i. auch nach Hirnkontusionen beobachtet worden. Im Vergleich zur Häufigkeit von Schädel- und Gehirntraumen ist das Auftreten eines D. i. nach Kopfverletzungen eine relativ seltene Unfallkrankheit. Polyurie und Polidypsie können schon wenige Stunden nach stattgehabtem Trauma einsetzen, bisweilen werden sie erst nach Tagen, Wochen, oder gar nach Monaten beobachtet. Nach Gehirnerschütterungen werden die Symptome meist bei Wiederkehr des Bewußtseins manifest, seltener erst nach Tagen oder Wochen nach wiedererlangtem Sensorium. Bei schwersten Schädeltraumen ist es vorstellbar, daß erst sekundäre bei der Heilung einsetzende Prozesse (wie Verwachsungen, Schrumpfungsvorgänge, Exostosenbildung) das Symptombild des D. i. hervorrufen. Je größer das Intervall zwischen Trauma und Manifestation des D. i. ist, desto unwahrscheinlicher wird der ursächliche Zusammenhang. Als äußerste Grenze wird der Zeitraum von zwei Jahren anzunehmen sein.

Die Dauer der durch einen Unfall entstandenen Erkrankung variiert außerordentlich. Einerseits treten nur vorübergehende Erscheinungen auf, andererseits kann die Polyurie Wochen und Monate andauern, um dann in Besserung oder Heilung überzugehen. Werden bei schweren Traumen organische cerebrale Läsionen gesetzt, so kann u. U. der D. i. irreparabel sein. Quoad vitam ist die Diagnose im allgemeinen günstig zu stellen.

Tritt D. i. nach Verletzungen anderer Körperstellen, insbesondere nach Bauchtraumen auf, so muß an die Möglichkeit einer Commotio cerebri gedacht werden, die vorgelegen haben kann, oder daß die Erkrankung durch indirekte traumatische Schädigungen des Gehirns entstanden sein könnte.

Ob schwere psychische Traumen als auslösendes Moment des D. i. in Frage kommen können, ist noch zweifelhaft.

*Schrifttum.*

*Finkelnburg:* Lehrbuch der Unfallbegutachtung. Bonn 1920. — *Guericchio:* Ref. Dtsch. Z. gerichtl. Med. **12**, 77 (1928). — *Kaufmann, C.:* Handb. der Unfallmed. **II**. Stuttgart 1925. — *Krieg, W.:* Beitrag zur Pathogenese des Diabetes Insip. Zbl. Chir. **1934 II**, 1827—1833. — *Leschke:* Z. klin. Med. **87**, 3 u. 4 (1919). — *Meyer, E.:* Z. klin. Med. **96**, 481 (1923). — *Nothmann:* Ref. Dtsch. Z. gerichtl. Med. **12**, 77 (1928). — *Peremy:* Verletzungen des Schädels, Diab. ins., halbseitiger Parkinsonismus, Konvergenzlähmungen d. Bulbi u. Lähmungen d. Konvergenzreaktion W. klin. Wschr. **1934 I**, 449—450. — *Reichard:* Lehrbuch der Unfallbegutachtung. Jena 1921. — *Rostock:* Unfallbegutachtung. Leipzig 1935. — *Stern, R.:* Traumatische Entstehung innerer Krankheiten. 3. Aufl. Jena: 1930. — *Schur:* Zur Frage d. traumat. Genese innerer Erkrankungen. (Diab. ins. Akromegalie, Diab. mell.) Z. klin. Med. **123**, 800, 809 (1933). — *Thiem, C.:* Handb. der Unfallerkrankungen. — *Thörner, W.:* Dtsch. med. Wschr. **1922**, Nr. 9. — *Umber:* Im Handb. d. gesamten Unfallheilkunde **1**, 351—356 (1932). — *Umber:* Die Stoffwechselkrankheiten. 135. (1925). — *Umber:* Ernährung und Stoffwechselkrankheiten. 3. Aufl. 367. Berlin. — *Veil:* Biochem. Z. **91**, 340 (1918).

*Beck.*

## Diabetes mellitus (= D. m.) und Trauma (= T.). (Vgl. auch Art.: Diabetes insipidus und Trauma; Trauma.)

Der Diabetes mellitus ist eine Stoffwechselerkrankung auf konstitutioneller Grundlage, der in der Mehrzahl der Fälle heredofamiliären Charakter aufweist. Die mangelnde Beweisbarkeit des familiären Vorkommens schließt die diabetische Anlage nicht aus, da sich die Erkrankung erfahrungsgemäß recessiv vererbt. Der echte D. m. ist eine lokalisierte Organerkrankung, der stets eine funktionelle Minderwertigkeit des pankreatischen Inselsystems zugrunde liegt. Sie äußert sich in einer unzureichenden Insulinproduktion, die bekanntlich zu den typischen Symptomen der Kohlehydrat-Störungen des D. führt. Diese alleinige Ursache des D. ist seit 1889 durch *Mehring* und *Minkowski* tierexperimentell erwiesen und durch die Erfolge der Insulintherapie bestätigt worden.

Bei der kritischen Beurteilung des ursächlichen Zusammenhangs zwischen T. und D. m. ist zunächst durch klinische Beobachtung die extrainsuläre, nicht diabetische Glykosurie, der sog. Diabetes innocens, auszuschließen, der durch zentrale Reizung des chromaffinen Gewebes über den Sympathicus zustande kommt und Hyperglykämie sowie Glykosurie verursacht. Klassisches Beispiel ist die Piqûre von *Claude Bernhard.* Traumen körperlicher und seelischer Art sind imstande, den Diabetes innocens auszulösen, der sofort nach dem Unfall, spätestens wenige Tage danach auftritt und in den meisten Fällen als kurz andauernde Reizglykosurie mit dem Reize wieder sistiert, d. i. meist schon in den folgenden Tagen. Es ist bis jetzt nicht erwiesen, daß ein Diabetes innocens in echten Diabetes übergehen kann. Auch durch sympathischen Dauerreiz kann die Widerstandskraft eines gesunden Pankreas nicht herabgesetzt werden. Der neurotraumatische Diabetes ist abzulehnen.

Beim Auftreten eines posttraumatischen D. m. ist in den seltensten Fällen der Nachweis zu erbringen, daß vor der vermeintlichen Ursache eine latente Zuckerkrankheit, bzw. ein Prädiabetes, mit Sicherheit auszuschließen war. Selbst mehrere negative Urinbefunde auf Zucker sprechen nicht gegen einen bestehenden D. m. Neben Urinuntersuchungen liegen klinische Ermittlungen auf diabetische Stoffwechselanomalie, die vor dem Trauma angestellt wurden und für die Beurteilung des posttraumatischen D. sehr wesentlich sind, zumeist nicht vor. Zuweilen kann anamnestisch heredofamiliäres Auftreten der Krankheit selbst oder verwandter Erkrankungen (Fettsucht, Gicht usw.) festgestellt werden, was zumindest bei dem Betroffenen auf eine anlagemäßige Minderwertigkeit des Inselsystems schließen läßt. Die Zeitspanne zwischen dem angeschuldigten Ereignis und dem Auftreten der ersten schweren D.-Symptome darf nur wenige Tage bis höchstens einige Monate betragen. Beträgt der Zwischenraum mehr als ein Jahr, so ist ein kausaler Zusammenhang abzulehnen. Es liegt jedoch nahe, daß ein D., der sogleich nach dem Unfall in Erscheinung tritt, bereits in leichtem Grade schon vorher bestanden hat. Es bleibt unerwiesen, ob der D. durch zusätzliche Schädigung des pankreatischen Inselapparates eine Verschlimmerung erfuhr, oder ob es sich um ein zufälliges Zusammentreffen von D. und T. handelt. Nur schwerste Traumen, die das Pankreas unmittelbar oder mittelbar treffen, könnten eine diabetische Stoffwechselstörung verursachen, ein psychisches T. muß von vornherein als ursächliches Moment abgelehnt werden. Wie außerordentlich selten der traumatische D. ist, haben die Erfahrungen des Weltkrieges gezeigt und beweisen noch täglich die unzähligen Unfälle schwerer und schwerster Art. Ein T. kann nur dann mit Sicherheit als Ursache eines Pankreasdiabetes anerkannt werden, wenn es eine vorher funktionell und organisch vollwertige Bauchspeicheldrüse so weitgehend zerstört, daß $^9/_{10}$ des Drüsengewebes der Hormonproduktion verlorengehen. Bleibt ein größerer Anteil desselben erhalten, so treten erfahrungsgemäß die restlichen *Langerhansschen* Inseln kompensatorisch für die Hormonproduktion ein, so daß die anfängliche Insuffizienz nach einer gewissen Zeit wieder in das Stoffwechselgleichgewicht übergeht. Weitgehende Schädigungen des Pankreas können eintreten: 1. Durch direkte Gewalteinwirkung mit fast vollständiger Zertrümmerung der Drüse. Ein Trauma von solchem Ausmaße würde durch Shockwirkung, durch die notwendig weitgehende gleichzeitige Zerstörung der vor dem Pankreas liegenden Organe oder durch den plötzlichen Ausfall des exkretorischen Anteils der Drüse den raschen Tod des Betroffenen herbeiführen. Ein echter D. könnte sich zeitlich dabei gar nicht entwickeln. In der gesamten Literatur ist bisher noch kein sicherer Fall von echtem traumatischen D. beschrieben worden. 2. Durch indirekte Schädigung: durch Fettgewebsnekrose, akute Pankreatitis oder chronische Induration des Pankreasparenchyms. Hier haben die klinischen Erfahrungen ergeben, daß organische Erkrankungen des Pankreas, selbst schwerste Zerstörungen desselben mit Blutungen ins Gewebe, Nekrotisierung oder Cystenbildung bei einem gesunden Inselapparat nur ganz ausnahmsweise zu diabetischen Stoffwechselstörungen führen. Man ist daher geneigt, bei diesen Fällen mit größter Wahrscheinlichkeit die Manifestation eines latenten D., der bisher noch keine Erscheinungen machte, anzunehmen. Theoretisch ist es vorstellbar, daß ein T. einen echten D. m. verursachen kann, praktisch ist aber der ursächliche

Zusammenhang abzulehnen, wie die Erfahrungen ergeben haben.

Anders dagegen ist die Frage der Verschlimmerung eines bestehenden D. — wozu auch die Erweckung einer diabetischen Anlage zum kompletten D. m. gerechnet werden muß — zu beurteilen. In vereinzelten Fällen kann nachgewiesen werden, daß körperliche oder seelische Traumen geeignet waren, eine angeborene Minderwertigkeit des Inselsystems zur Insuffizienz, zum dauernden schweren D. m. zu verwandeln oder einen bereits erkannten D. wesentlich und bleibend zu verschlimmern. Dabei läßt die Größe des Traumas nicht auf die Schwere der ausgelösten Zuckerkrankheit schließen. Oft genug tritt nach einer relativ geringen äußeren Einwirkung schwerste Kohlehydrat-Störung auf, während umgekehrt eine größere Gewalteinwirkung auf den Verlauf der Erkrankung ohne Einfluß bleiben kann. Der Zuckerkranke ist bekanntlich äußerst labil in seiner Stoffwechsellage. Jede interkurrente Erkrankung, besonders jeder Infekt, aber auch seelische Emotionen können eine Abnahme der Toleranz zur Folge haben. Gleichermaßen können auch Traumen das Stoffwechselgleichgewicht stören. In der Regel sind diese Verschlimmerungen von kurzer Dauer, wenn sofort eine sachgemäße Behandlung eingeleitet wird. Die rasche und unaufhaltsame Progredienz der Krankheit ist nach einem Trauma dagegen eine ungemein seltene Beobachtung. Die Insuffizienzerscheinungen müssen in direkter Folge nach wenigen Wochen oder spätestens einigen Monaten nach dem vermeintlichen Ereignis aufgetreten sein. Ein größerer Zwischenraum spricht gegen die Abhängigkeit der Verschlimmerung bzw. der Manifestation der Zuckerkrankheit von dem Trauma. Als Ursache für eine Manifestation bzw. Verschlimmerung einer Zuckerkrankheit werden angeführt: 1. Körperliche Traumen: a) die durch direkte Gewalteinwirkung z. B. durch Stoß, Sturz aus Höhe usf. das Pankreas schädigen. b) Traumen der Oberbauchgegend mit akuter Exacerbation einer Infektion der Gallenblase bzw. Gallenwege und aufsteigende Infektion in das Pankreas. c) Traumen anderer Körpergegenden mit nachfolgender Infektion. 2. Psychische Traumen. *Direkte Gewalteinwirkung* auf das Pankreas führt in den seltensten Fällen zu Verletzungen desselben. Es kann unter Umständen jedoch durch Traumen wie Stoß, Schlag u. dgl. zu Rissen oder Quetschungen des Organs kommen, wobei Blutungen, Gewebsnekrose oder traumat. Cysten entstehen können, die bei diabetischen Dispositionen genügen, um die Krankheit evident werden zu lassen. Bei vorhandenem D. kann eine Progredienz schwerer Symptome folgen. *Traumen der Oberbauchgegend* werden verständlicherweise am häufigsten für das Auftreten eines posttraumatischen D. m. angeschuldigt. Allein nicht nur direkte Einwirkungen auf die Bauchspeicheldrüse, sondern auch Verletzungen der Lebergegend können die Drüse indirekt schädigen und dadurch zur Kohlehydratstörung führen. Bekanntlich greifen Infekte der Gallenwege, besonders bei vorhandenem Steinleiden, häufig auf das Pankreas über und lassen eine organische Erkrankung desselben nachfolgen. In der Literatur werden einzelne Beispiele angeführt, wo Traumen des Oberbauches einwandfrei die akute Exacerbation einer Gallenblasenentzündung verursachten und wo anschließend durch sialangischen Infekt der Bauchspeicheldrüse sekundär Zuckerkrankheit ausgelöst wurde. Ein manifester D. m. wird in der Regel durch die zusätzliche infektiöse Schädigung des Inselapparates eine Toleranzverminderung erfahren, die jedoch selten von Dauer ist. *Traumen anderer Körpergegenden*, insbesondere solche, die von Infektionen gefolgt werden, können für die Erweckung bzw. den Verlauf der Stoffwechselstörung von wesentlichem Einfluß sein. In Frage kommen alle schweren körperlichen Traumen, insbesondere Hirnverletzungen. Es muß ausdrücklich betont werden, daß dieses Ereignis von größter Seltenheit ist und es sich wohl meistens um zufälliges Zusammentreffen des Auftretens oder der Verschlimmerung der Zuckerkrankheit handelt. Ein Diabetes tritt bekanntlich in den meisten Fällen spontan auf ohne nachweisbare exogene Einwirkungen, ebenso sprunghaft setzen oft Verschlimmerungen ein, für die eine Ursache nicht aufzufinden ist. Werden Traumen von Infektionen gefolgt, vor allem wenn diese einen rekurierenden Verlauf aufweisen, dann kann auf hämatogenem Wege eine Toxinschädigung der Bauchspeicheldrüse zustande kommen, die ein unterwertiges Inselsystem vollends funktionsuntüchtig macht. Beispiele dafür sind in der Literatur gegeben. *Psychische Traumen:* bisweilen ist zu beobachten, daß im Anschluß an körperliche Traumen, selbst geringsten Ausmaßes und ohne nachweisbare Verletzungen, insuläre Insuffizienzerscheinungen einsetzen, deren Auslösung durch Shockwirkung lediglich zu erklären sind.

Es ist wiederholt darauf hingewiesen worden, daß psychische Traumen allein geeignet sein können, eine diabetische Anlage vor der Zeit in das manifeste Stadium überzuführen. Gemütsaffektionen beeinflussen die Stoffwechsellage der meisten Diabetiker bekanntlich ganz erheblich. Ein seelisches Trauma führt daher relativ häufig zu einer Verschlimmerung des Leidens, äußerst selten jedoch wird diese Verschlimmerung von Dauer und Progredienz sein. Bei fehlender Erbanlage kann ein psychisches Trauma niemals zu echtem Pankreasdiabetes führen.

Zusammenfassend ist daher zu sagen, daß das Trauma als Ursache eines echten D. m. abgelehnt werden muß. Körperliche Traumen jeder Art, sowie schwere psychische Traumen können dagegen imstande sein, bei diabetischer Disposition einen latenten Diabetes offenkundig zu machen und einen bestehenden Diabetes wesentlich und dauernd zu verschlimmern.

*Schrifttum.*

*Bernhard:* Klin. Wschr. **1931**, Nr. 14. — *Curschmann:* Exogene ursächl. Faktoren des Diab. Mell. Klin. Wschr. N. F.**XLII**, 511 (1934). — *Drigalski:* Über Diabetes als Unfallfolge. Zbl. inn. Med. **1936**. — *Grote:* Zur Frage des traumat. Diabetes. Anmerkung zur Arbeit von *Meythaler* u. *Reichelt* in Nr. 39 der Med. Welt ,1391; Med. Welt **1935**, 1810. — *Grote:* Zur Frage des traumat. Diabetes. Dtsch. med. Wschr. **1931**, Nr. 23, 984. — *Herbst, R.:* Traumat. Diabetes. Münch. med. Wschr. **83**, 1262 (1936). — *Hundsdörfer:* Trauma u. Diabetes. Dtsch. Z. Chir. **218**, 277 (1929). — *Isaac:* Zur Frage des traumat. Diabetes. Mschr. Unfallheilk. **1931**, 181. — *Isaac:* Handb. der ärztlichen Begutachtung. Herausgeg. v. *Liniger-Weichbrodt-Fischer* **II**, Leipzig 1931. — *Jacobi* u. *Meythaler:* Traumat. Diab. mit besonderer Berücksichtigung seiner Begutachtung. Erg. inn. Med. **45**, 189—213. — *Kaufmann:* Handb. d. Unfallheilkunde. Stuttgart 1932. — *Kaufmann:* Diab. und Trauma. Klin. Wschr. **1929**. — *Meythaler* u. *Reichelt:* Ein Fall von echtem Diab. mell. auf traumat. infektiös. Grundlage und dessen gutachtl. Beurteilung. Med. Welt **9**, 1391 (1935). — *v. Noorden:* Neuzeitliche Diabetesfragen. Berlin-Wien 1933. — *v. Noorden:* Zur funktionellen Pathologie und Therapie der Zuckerkrankheit. Med. Klin. **1933**, Nr. 2, 40. — *Steffens:* Zur Kenntnis d. Diabetes durch Trauma. Würzburg 1936. — *Steintal:* Diab. mell. und Trauma. Dtsch. med. Wschr. **1930**, 1662—1665. — *Stern, R.:* Traumat. Entstehung inn. Krankheiten. 3. Aufl. 1930.—*Umber:* Stoffwechselkrankheiten. Klin. Wschr. **1927** I.— *Umber:* Diab. in seiner Beziehung zu Trauma und zum Berufsleben. Med. Welt **9**, 889 (1935). — *Umber:* Im Handb. d. ges. Unfallheilkunde. Herausgeg. von *F. König* u. *G. Magnus* **I**, 340—351 (1932). — *Umber:* Der Diab. in Beziehung zu Umwelt und Trauma. Klin. Wschr. **10**, Nr. 1 (1931). — *Umber:* Zeit- und Streitfragen aus dem Gebiet des Diab. Dtsch. med. Wschr. **62**, 1197—1202 (1936). — *Umber:* Ob und wann ist Zuckerkrankheit (Diabetes) Folge eines Unfalles? Z. ärztl. Fortbildg **33**, 113 (1936). — *Umber:* Mschr. Unfallheilk. **43** u. **44** (1937). — *Umber:* Bemerkungen zu Diabetes und Trauma. Dtsch. med. Wschr. **1930** II, 1999—2000. — *Umber:* Grundsätzliches zu der Frage der ätiologischen Begutachtung des Diab. mell. nach seinem ersten Auftreten im Anschluß an exogene Einwirkungen. Dtsch. med. Wschr. **1930**. — *Welz:* Zur Kenntnis der traumat. Entstehung der Zuckerkrankheit. Mschr. Unfallheilk. 107—111. — *Ziegler:* Beitrag zur Frage der traumat. Glykosurie. Dtsch. Z. Chir. **231**, 248—255.      ***Beck.***

**Diäthyläther** siehe *Flüchtige organische Gifte.*

**Diäthylbarbitursäure** siehe *Schlafmittel.*

**Diagnose der Entbindung.** (Vgl. auch Art.: Geburt und gerichtliche Medizin.)

Die Diagnose einer früher durchgemachten Entbindung kann äußerst großen Schwierigkeiten begegnen. Man muß unterscheiden zwischen der Feststellung einer durchgemachten Entbindung 1. kurz nach der Geburt (Tage bis Wochen), 2. nach Monaten oder Jahren und 3. nach Jahrzehnten.

*Ad 1.* Es liegt auf der Hand, daß eine sichere Diagnose im ersten Falle am leichtesten und sichersten ist. Da einen verdächtige Kindsmörderinnen gewöhnlich schon kurze Zeit nach einer fraglichen Entbindung zugeführt werden, so kann hier fast immer mit einem klaren Entscheide gerechnet werden, ja es wird sogar möglich sein, mit einiger Präzision das Geburtsdatum herauszufinden. Das ist *Hüssy* in zwei Fällen restlos gelungen, so daß sofort nach der Untersuchung ein umfassendes Geständnis erfolgte. Bekanntlich steht der Uterus unmittelbar nach dem Partus auf der Höhe des Nabels und verkleinert sich im Wochenbette Tag für Tag um etwa zwei Querfinger, bei Stillenden allerdings etwas energischer und rascher als bei solchen Frauen, die ihr Kind nicht nähren. Darauf muß bei Kindsmörderinnen Bedacht genommen werden. Ungefähr am 10.—12. Tage des Wochenbettes erreicht der Fundus uteri den oberen Rand der Schamfuge und bleibt in der Folgezeit noch ziemlich groß, bis er um die 6.—8. Woche wieder die normale Größe erreicht. Die Gebärmutter ist schlaff, ebenso die Bauchdecken und die Scheide, welch letztere meist noch einige mehr oder weniger große Schürfungen aufweist. Ab und zu sind auch frische, saubere oder schmierig belegte Dammrisse zu sehen. Der Wochenfluß ist in den ersten 3—4 Tagen rein blutig, dann blutig-wäßrig bis zum 7.—8. Tage, um nachher zunächst eitrig und dann, etwa vom 11. Tage ab, schleimig zu werden. Seine Menge nimmt sukzessive ab und ist vom 12. Tage ab nicht mehr bedeutend. Nicht selten, namentlich wenn Eihäute zurückgeblieben sind, ist der Wochenfluß übelriechend. In den ersten drei bis vier Tagen des Wochenbettes findet sich in den Brüsten Colostrum, dann reine Milch, was evtl. durch eine mikroskopische Untersuchung noch sichergestellt werden könnte, um jede Täuschung zu vermeiden. Ist also blutig-wäßriger Ausfluß vorhanden, entspricht die Größe des schlaffen Uterus ungefähr einer Gravidität von vier Monaten und befindet sich Milch in den Brüsten, dann muß angenommen werden, daß die zu untersuchende Person vor 4—5 Tagen geboren hat.

Natürlich spielen auch frische Wunden und Einrisse am äußern Muttermunde eine große Rolle, ferner frische Schwangerschaftsstreifen, sofern solche vorhanden sind, was durchaus nicht stets der Fall ist. Im übrigen darf diesen Striae keine allzu große Bedeutung beigemessen werden (s. d. Art.: Striae gravidarum). Auf diese Art und Weise wird es fast immer gelingen, einige Tage oder Wochen nach einer Geburt die durchgemachte Entbindung ohne weiteres zu erkennen.

*Ad 2.* Schon bedeutend größere Schwierigkeiten wird es bereiten, nach Jahren mit Sicherheit festzustellen, ob früher eine oder mehrere Geburten durchgemacht worden sind. Auf die Schlaffheit der Bauchdecken, auf die Schwangerschaftsstreifen (resp. -Narben), auf die Verfärbungen an der Hautoberfläche kann man sich keineswegs verlassen. Wichtiger sind die Veränderungen an den Genitalien selbst. Die Vulva ist gewöhnlich nicht mehr geschlossen, sondern leicht klaffend, mehr oder weniger, je nach der Zahl der Geburten. Die Scheide ist schlaff und weit, in den meisten Fällen leicht descendiert, manchmal bestehen schon nach der Erstgeburt auch starke Senkungen, evtl. sogar Vorfälle, insbesondere nach Zangen- oder anderen operativen Entbindungen. Der Hymen ist gewöhnlich nicht mehr erhalten, es finden sich noch die myrtenförmigen Wärzchen. Das objektiv stichhaltigste Zeichen sind aber die Einrisse am Muttermunde, der durch die Narben in einen queren Spalt verzogen ist und nicht mehr ein rundes Grübchen darstellt, wie bei Nulliparen. Nicht selten ist die Cervicalschleimhaut evertiert, es besteht ein sog. Ectropium. Nimmt man alle diese Zeichen zusammen, so wird es wohl fast ausnahmslos gelingen, die sichere Diagnose auf durchgemachte Entbindung zu stellen, allerdings ohne genaue Datumangabe und ohne Nennung der Zahl der Geburten. Es darf aber nicht verschwiegen werden, daß kein einziges Symptom für sich allein absolut beweisend ist. Es sei z. B. darauf hingewiesen, daß das Hymen mehrere Geburten überdauern kann, ohne ganz zu verschwinden, eine Tatsache, worauf auch *Haberda* hinweist. Auch Dammrißnarben oder Narben von Wunden in der Scheide sind nicht absolut ausschlaggebend, da sie von operativen Eingriffen oder von Unfallverletzungen (Pfählungen) herrühren können. Das gleiche gilt von den Einrissen am Muttermunde. In allerdings seltenen Fällen findet sich sogar bei Virgines ein quergespaltener Muttermund, andererseits sieht man aber auch gelegentlich bei Mehrgebärenden einen runden grübchenförmigen Muttermund. Aus diesen Gründen kann es unter Umständen sehr schwer sein, zum richtigen Resultate zu gelangen. Es sei auch noch darauf aufmerksam gemacht, daß selbst schwere Senkungen der Vagina und des Uterus, ja sogar Prolapse bei Nulliparen vorkommen können (s. d. Art.: Prolapsus bzw. Descensus uteri et vaginae und Unfall). Den Veränderungen an den Brüsten ist nicht viel Bedeutung beizumessen (Striae, Verfärbungen), da sie auch sonst vorkommen können. Nur bei Würdigung aller einschlägigen Zeichen wird man also schließlich in die Möglichkeit versetzt, ein richtiges Gutachten abgeben zu können. Genaueste Untersuchung ist aber immer erforderlich, um sich vor Fehlurteilen zu schützen.

*Ad 3.* Wenn also schon nach Jahren die Feststellung von durchgemachten Geburten auf ungeahnte Schwierigkeiten stoßen kann, so ist das noch viel mehr nach Jahrzehnten der Fall. *Hüssy* erinnert sich an einen Fall, wo bei einer etwa 60jährigen Frau ein Gutachten abgegeben werden sollte, ob eine Entbindung stattgefunden habe oder nicht. Es handelte sich um eine fragliche Kindesunterschiebung. Trotzdem die Frau von zwei sehr bekannten Professoren der Gynäkologie untersucht wurde, gelang es nicht, zu einem eindeutigen Resultate zu gelangen, was auch durchaus verständlich ist. Vor allem bei Greisinnen, resp. jenseits des Klimakteriums kann es durch die Schrumpfungsprozesse in den Genitalien zu solchen Veränderungen kommen, daß die in Betracht kommenden Zeichen nicht mehr klar erkenntlich sind. Man wird sich also damit abfinden müssen, daß es Fälle gibt, wo man mit bestem Willen nicht mehr sagen kann, ob eine Frau einmal geboren hat oder nicht. Es ist das zwar eine unangenehme Feststellung, aber es ist daran nichts zu ändern. Im großen und ganzen sind immerhin Gutachten in dieser Hinsicht relativ selten. Bei alten Frauen kann die Vagina so eng werden und der Scheidenteil der Gebärmutter so zusammenschrumpfen, daß eine genaue Untersuchung gar nicht mehr möglich ist. Gewiß tritt öfters auch das Gegenteil

ein, es kommt zu Senkungen und schweren Prolapsen, wenn der Stützapparat des Uterus lädiert ist. Daraus allein kann aber noch keineswegs der Schluß gezogen werden, daß Geburten stattgefunden haben, wie bereits bemerkt wurde, denn auch bei Nulliparen sieht man ab und zu einmal einen Vorfall der Scheide und der Gebärmutter.

Aus dem Gesagten geht hervor, daß sich eine durchgemachte Geburt meist sehr leicht feststellen läßt, wenn seither nur Tage oder wenige Wochen verflossen sind, daß die Entscheidung schon schwieriger wird, wenn die Entbindung um Jahre zurückliegt, und daß es unter Umständen unmöglich sein kann, ein sicheres Gutachten abzugeben, wenn die Geburten jahrzehntelang zurückliegen sollen. Immerhin wird es auch dann noch in einzelnen Fällen gelingen, zu einem einwandfreien Resultat zu gelangen, wenn eine peinlich genaue Untersuchung durchgeführt wird.

Die Diagnose einer kürzlich stattgehabten Entbindung an der *Leiche* bietet keine allzu großen Schwierigkeiten, namentlich dann, wenn sich etwa noch Placentarreste im Uterus vorfinden sollten (mikroskopische Untersuchung evtl. notwendig) oder wenn noch eine deutliche Placentahaftstelle zu sehen ist, die sich noch bis zu zwei Monaten nach der Geburt nachweisen läßt. Sie ist nach vier bis fünf Wochen noch etwa 2 cm breit. Das Gewicht des frisch entbundenenen Uterus schwankt zwischen 900—1200 g, beträgt nach einer Woche noch etwa 600 g, nach zwei Wochen 350 g und nach fünf bis sechs Wochen oft noch 200 g (*v. Hofmann-Haberda*). Von Wichtigkeit kann auch der Nachweis eines Corpus luteum verum sein. Es ist am Schlusse einer Gravidität noch etwa erbsengroß. Seine größte Blüte und Entwicklung weist es im dritten Schwangerschaftsmonate auf. In der zweiten Hälfte der Gravidität bleibt es längere Zeit ungefähr von gleicher Größe, verkleinert sich dann aber rasch gegen den Termin hin. Eine weniger große Rolle spielt die sog. „Decidua ovarii", die vor allem von *Lindenthal* beschrieben wurde. Eine gewisse, nicht zu unterschätzende Bedeutung kommt den hyalinen Gefäßwandveränderungen mit eingelagerten Ektodermzellen im Uterus zu (*Schickele*), die zur histologischen Diagnose einer überstandenen Gravidität oder eines Abortus dienen können. Soll nach Monaten oder Jahren entschieden werden, ob eine verstorbene Frauensperson geboren hat oder nicht, dann sind die nämlichen Zeichen ausschlaggebend, wie sie oben für die lebende Frau beschrieben worden sind. *Dittrich* hält die partielle Nekrose der Uterusmuskulatur für ein untrügliches Zeichen durchgemachter Schwangerschaften, doch findet sich diese nur dann, wenn die Involution des Uterus gestört wurde, insbesondere durch puerperale Infektionskrankheiten. *Fränkel* will den Befund von chorialen Riesenzellen zwischen den Muskelfasern des Uterus als diagnostisches Mittel verwerten, aber auch in dieser Beziehung ist eine gewisse Vorsicht am Platze. Nach Jahrzehnten werden sich auch an der Leiche unter Umständen ebenfalls keine zwingenden Zeichen mehr dafür finden lassen, daß die betr. Frau einmal geboren hat. In allen Fällen ist es jedenfalls niemals möglich, die genaue Zahl der mitgemachten Geburten einwandfrei anzugeben. Es wird sich sogar meistens nicht einmal mit Sicherheit angeben lassen, ob eine Frau nur einmal oder mehrmals geboren hat. Darüber muß man sich im klaren sein und in dieser Beziehung sind auch die Juristen zu orientieren.

*Schrifttum.*

*Gottschalk:* Gerichtl. Med. 4. Aufl. Leipzig 1912. — *v. Hofmann-Haberda:* Lehrbuch der gerichtl. Med. 11. Aufl. Berlin u. Wien 1927. — *Hüssy:* Der geb.-gyn. Sachverständige. Bern 1931. — *Lindenthal:* Dezidua ovarii. Mschr. Geburtsh. **13**. — *Vetter:* In *Hüssy:* Der geb. gyn. Sachverständige. Bern 1931. **Hüssy**

**Diagnose der Schwangerschaft.** (Vgl. auch Art.: Biologische Schwangerschaftsreaktionen; Striae gravidarum.)

In vielen Fällen spielt die Diagnose der Schwangerschaft eine große Rolle, ja in bestimmten Prozessen ist sie von ausschlaggebender Bedeutung. Man könnte annehmen, die Erkennung einer Gravidität sei nur ausnahmsweise mit Schwierigkeiten verbunden, aber das trifft keineswegs zu, im Gegenteil, es gibt Fälle, wo es sehr schwer sein kann, die richtige Diagnose zu stellen, was vor allem natürlich für die jungen Schwangerschaften gilt. Allerdings hat man heutzutage ein ausgezeichnetes Mittel an der Hand, um schon bald nach der Imprägnation die Gravidität mit nahezu absoluter Sicherheit festzustellen, und das ist die biologische Schwangerschaftsreaktion nach *Aschheim-Zondek* (= A. Z. R.) (s. d. Art.: Biologische Schwangerschaftsreaktionen). Sie erfordert aber ein großes Laboratorium, ist von einem gut geschulten Personal abhängig und verursacht beträchtliche Kosten. Sie wird daher nur dann in Betracht kommen, wenn alle anderen diagnostischen Hilfsmittel versagen. Trotzdem ist sie in gerichtlichen Fällen nur ausnahmsweise zu unterlassen. Was die gewöhnlichen klinischen Schwangerschaftszeichen in den ersten Monaten einer Gravidität anbetrifft, so kommen hier besonders in Betracht die entsprechende Vergrößerung des Uterus, dessen Weichheit, das *Hegar*sche Zeichen (Auflockerung des unteren Uterinsegmentes), das *Ahlfeld*sche Zeichen (Konsistenzwechsel) und das *Piskacek*sche Symptom (Ausladung nach einer Seite, Eisitz), ferner die livide Verfärbung der Scheidenschleimhaut, insbesondere am Harnröhrenwulst (*Labhardt*), die allerdings gelegentlich täuschen kann. *Hüssy* legt auch großen Wert auf die eigentümlich livide Verfärbung der Ringe unter den Augen, die sehr frühzeitig auftreten. Colostrum in den Brüsten findet sich gewöhnlich nicht vor dem 4. Monate und ist nur einigermaßen beweisend bei Erstgebärenden und selbst dann nicht immer, sah doch *Hüssy* nicht allzu selten eine colostrumähnliche Flüssigkeit sogar bei Virgines. Jedenfalls muß man in der Beurteilung sehr vorsichtig sein.

Von großer Bedeutung ist natürlich die Diagnose auf Schwangerschaft bei Verdacht auf kriminellen Abort und bei Prozessen wegen Fehlgeburt als Unfallfolge (s. d. Art.: Abort und Unfall; Fruchtabtreibung). Sobald Eiteile gefunden werden (Foetus, Placenta), ist die Diagnose gesichert, ebenso dann, wenn bei einer etwaigen Sektion Zotten sich nachweisen lassen. Weniger ausschlaggebend ist dagegen das Vorhandensein von Decidua. Auf vorangegangene Gravidität darf dann geschlossen werden, wenn sich eine sichere Placentastelle nachweisen läßt mit stark erweiterten und verdickten Gefäßen (*Vetter*), was bei einem Prozesse, den *Hüssy* erlebt hat, eine große Rolle spielte. Ob durch eine *Röntgenaufnahme* schon in der ersten Zeit der Schwangerschaft eine sichere Diagnose auf Gravidität ermöglicht werden könnte, sei dahingestellt. *Albano* hat allerdings ein Verfahren ausgearbeitet, das schon im vierten Monate eine ausreichende Erkennung erlauben soll, und *Odescalchi* erzielte positive Ergebnisse ebenfalls bereits im vierten Monate, ja *Edling* gibt sogar an, es seien ausreichende Bilder schon vom dritten Monate an erhältlich. Das trifft aber sicher nicht stets zu, wenn auch gelegentlich einmal eine Frühdiagnose bei dünnen Bauchdecken möglich erscheint. *Hüssy* sah einmal ein sehr gutes Bild zwischen der 16. und 18. Woche. Das sind aber Ausnahmen. Im allgemeinen kann man sich nicht darauf verlassen. Die *Amniographie,* die einige Zeitlang, vor allem von den Italienern, empfohlen wurde, scheint wieder verlassen zu sein, ist auch nicht ungefährlich und könnte zu Aborten disponieren. Wenn also die Röntgendiagnose gegenüber der biologischen Reaktion (A. Z. R.) in der ersten Schwangerschaftshälfte stark zurücksteht, so spielt sie eine um so größere Rolle in der zweiten Hälfte, wo wider alles Erwarten manchmal die sichere Feststellung große Schwierigkeiten bereiten kann, namentlich dann, wenn Tumoren vorhanden sind. Natürlich ist der sichere Nachweis von Kindsteilen beweisend, ebenso die Feststellung von Herztönen (120—150 Doppelschläge in der Minute), welch letztere aber häufig von lauten Uteringeräuschen überdeckt sind. Beweisend ist auch das Wahrnehmen eines Nabelschnurgeräusches, das synchron mit dem fetalen Pulse verläuft, also wesentlich rascher ist als das Uteringeräusch, meist auch weniger laut ist. Aus dem Nabelschnurgeräusch können übrigens nicht selten auch Nabelschnurumschlingungen diagnostiziert werden, nicht aber fetale Herzfehler.

Man muß sich daran halten, daß nur objektive Feststellungen ausschlaggebend sein dürfen, nicht aber subjektive Angaben. So haben Behauptungen über das Ausbleiben der Periode keine große Bedeutung, wie auch das Umgekehrte ohne Belang sein kann. Auch *Haberda* weist darauf hin, daß die Angaben über die Menstruation häufig erlogen sind, ganz abgesehen davon, daß nicht selten Blutungen in der Gravidität auftreten, die zwar den Anschein von regelmäßigen Menstruationen erwecken können, aber selbstredend keine echten Perioden sind, da ja bekanntlich das Corpus luteum graviditatis bis etwa zum sechsten Monate bestehen bleibt und Follikelreifungen deswegen ausgeschlossen sind. Diese Blutungen hängen entweder mit einer Placenta praevia oder mit partiellen Ablösungen der Plancenta zusammen.

Daß die Röntgenaufnahme bei fraglicher Schwangerschaft forensisch von größter Bedeutung sein kann, beweist ein Fall aus Frankreich, in dem ein Arzt verurteilt wurde, weil er ein Myom angenommen und deswegen die Operation vorgenommen hatte. Bei eröffnetem Leibe erkannte er dann den Fehler und machte den Kaiserschnitt, aber die Frau starb bald nachher. Bei Hydramnion kann die Differentialdiagnose zwischen Ovarialcyste, Ascites und Gravidität unter Umständen etliche Schwierigkeiten bieten, aber auch hier wird das Röntgenbild Aufschluß erteilen. Allerdings wird man hier auch durch die gewöhnlichen Hilfsmittel gegebenfalls zum Ziele gelangen (Kindsteile, Herztöne, Lividität, Verfärbungen der Haut, Colostrum usw.). Kein großer Wert darf den Schwangerschaftsstreifen (s. d. Art.: Striae gravidarum) beigemessen werden. Ebenso spielen die Verfärbungen an der Bauchhaut und an den Brüsten nur bei Erstgebärenden eine Rolle, und auch bei diesen sind sie als unsicher anzusprechen. Eine *sichere Diagnose der Gravidität* gewährleistet also a) In der ersten Hälfte der Gravidität: A. Z. R. evtl. die Röntgenaufnahme ab vierten Monat. b) In der zweiten Hälfte der Schwangerschaft: Sicherer Nachweis von Kindsteilen. Fetale Herztöne oder Kindsbewegungen. Nabelschnurgeräusch, Röntgenaufnahme. Bemerkt sei noch, daß die Röntgendiagnostik auch bei der frühzeitigen Erkennung von Mehrlingsschwangerschaft und von Mißbildungen eine nicht zu unterschätzende Rolle spielen kann, ebenso bei intrauterinem Fruchttod (*Spalding*sches Zeichen).

Die Diagnose der Schwangerschaft *an der Leiche* ist natürlich eine ganz leichte und einfache, wenn eine Obduktion vorgenommen wird. Es ist aber unbedingt notwendig, daß jede Frau, die eines plötzlichen Todes stirbt oder irgendwo tot aufgefunden wird, der gerichtlichen Sektion zugeführt wird (vgl. d. Art.: Plötzlicher Tod in Schwangerschaft, Geburt und Wochenbett). Ohne Autopsie ist aber an der Leiche eine Gravidität durchaus nicht immer zu erkennen, es sei denn, es handle sich um eine vorgeschrittene. Selbst dann kann aber die sichere Feststellung Schwierigkeiten bereiten, da ja Anzeichen für eine lebende Frucht fehlen, auf welchen sich hauptsächlich die Diagnose an der Lebenden gründet. Bemerkt sei noch, daß das Kind den Tod der Mutter um 15—20 Minuten überleben kann. Der Kaiserschnitt an der Toten kommt also bei plötzlichen Todesfällen unbedingt in Betracht, falls die Frucht lebensfähig sein sollte.

*Schrifttum.*

*Eufinger:* Handb. von *Halban-Seitz.* **VI/2**, 965. — *Gottschalk:* Gerichtl. Medizin. 4. Aufl. 50. Leipzig 1912. — *v. Hofmann-Haberda:* Lehrbuch der gerichtl. Medizin. 11. Aufl. 178. Berlin u. Wien 1927. — *Hüssy:* Der geb.-gyn. Sachverständige. 1. Bern 1931. — *Opitz:* Lehrbuch der Geburtshilfe von *Stöckel.* 131. Jena 1920. — *von Jaschke:* Lehrbuch der Geburtshilfe. 89. Berlin 1935. **Hüssy.**

**Diagnose der Trunkenheit** siehe *Alkoholbestimmung im Blut.*

**Dial** siehe *Schlafmittel.*

**Diallylbarbitursäure** siehe *Schlafmittel.*

**Diametan** siehe *Schädlingsbekämpfungsmittel.*

**Dichlorbenzol.**

$C_6H_4Cl_2$. Ortho-Verbindung flüssig, Para-Verbindung fest. Flüchtigkeit gering. Vergiftungen hauptsächlich bei der Schädlingsbekämpfung, wo Dichlorbenzol in Lösung (Benzol, Tetrachlorkohlenstoff) versprayt wird. Die akute Giftwirkung wird in solchen Fällen aber vorwiegend durch das Lösungsmittel verursacht, das Dichlorbenzol wirkt sich höchstens als Reizkomponente, namentlich in den Atmungswegen, aus.

Para-Dichlorbenzol in Substanz findet Verwendung als Mottenmittel unter verschiedensten Phantasienamen (u. a. Globol, Chlorokampfer, Artikampfer). Vergiftungen durch solche Mittel entstehen gelegentlich dadurch, daß Kleinkinder die Substanz, die in Pulverform, in Kugel- oder Würfelform in den Handel kommt, verschlucken. Symptome: gastrische Störungen, Bewußtseinsstörungen. Prognose offenbar gut, Todesfälle sind uns nicht bekanntgeworden.

*Schrifttum.*

*Lehmann* u. *Flury:* Toxikologie und Hygiene der technischen Lösungsmittel. Berlin 1938. — *Robbers:* Drei nicht tödliche Vergiftungen mit dem Mottenvertilgungsmittel „Melan', (Dichlorbenzol und Tetrachlorkohlenstoff). Slg. Verg.-Fälle **9**, 37 A (1938). — *Schwarz:* Über gasförmige und flüchtige Gifte. Beih. z. Med. Klin. **1929**, Nr. 9. — *Schwarz:* Vergiftungen mit flüchtigen Stoffen bei der Schädlingsbekämpfung. Schweiz. Techn. Z. **1937**, Nr. 17, 21 u. 26 (hier auch weitere Literatur). **Schwarz.**

**Dicodid** siehe *Opiumalkaloide und verwandte Stoffe.*

**Dietrich** siehe *Einbruchswerkzeuge.*

**Digitalis und andere herzaktive Glykoside.**
(Vgl. auch Art.: Giftpflanzen mit digitalisartiger Wirkung.)

Herzwirksame Glykoside kommen in den verschiedensten Pflanzengattungen und -arten vor. Sie gehören zu den stärksten Giften. Ihre Gefährlichkeit ist, abgesehen von der Beibringungsart, weitgehend abhängig von der leichten oder geringeren Spaltbarkeit in Genine und Zucker, da die Wirksamkeit der intakten Glykoside diejenige der Genine (Aglykone) meist um das Vielfache übertrifft. Neben ihrer herzspezifischen und diuretischen Wirkung haben alle Herzglykoside, auch im Reinzustand, mehr oder weniger intensiv lokale Reizwirkung. Weiterhin ist die Giftwirkung der Digi-

talisglykoside, namentlich aber der labileren Glykoside zweiter Ordnung, insbesondere der Strophanthine, Uabaine, Adonis- und Scillaglykoside weitgehend vom Zufuhrweg und der Beschaffenheit der Präparate abhängig. Am resistentesten gegen die hydrolysierenden Einflüsse des Magen-Darmkanals und deshalb bei enteraler Zufuhr am giftigsten ist das *Digitoxin* (in Frankreich häufig *Digitaline crist.* genannt).

Von maßgebendem Einfluß ist im Vergiftungsfall in prognostischer Hinsicht und in bezug auf die toxische und letale Dosis aber vor allem der Zustand des Herzens, so daß sich enorme individuelle Differenzen ergeben können zwischen der Giftwirkung der Digitalis am Herzgesunden und am Herzgeschädigten; das geschädigte Herz ist für Herzglykoside fast immer sensibilisiert; nur bei schwerer Muskeldegeneration ist das Herz auf Digitalis nicht selten refraktär. Ausschlaggebend für die Geschwindigkeit des Wirkungseintrittes, sowie für Verlauf und Schwere des Vergiftungsbildes ist, abgesehen von den oben genannten Faktoren der individuellen Empfindlichkeit und der größeren oder geringeren Zersetzlichkeit der Präparate, die *Beibringungsart.* Bei *stomachaler* Einnahme geht die Vergiftung langsam, kumulativ vor sich, während bei *rectaler* Beibringung (namentlich als wäßrige Lösung und nicht als Suppositorium) und bei *parenteraler Applikation* die Vergiftung sich rasch vertieft und u. U. im Verlauf von Minuten (bei i. v. Injektion) oder von wenigen Stunden letal enden kann.

*Vergiftung durch Digitalisglykoside:* Praktisch kommen folgende Digitalisarten (Scrophulariaceen) in Betracht.:

1. *Digitalis purpurea*, roter Fingerhut (Westeuropa, Süddeutschland, England, Westasien). Daraus die herzaktiven Glykoside *Digitoxin* (resp. Purpureaglykosid A), *Gitoxin* und *Gitalin.*

Alle Teile der Pflanze sind giftig (gilt für alle Digitalisarten) und enthalten neben den genannten drei Glykosiden die Digitsaponine *Digitonin* und *Gitin.* Die Samen enthalten bedeutend weniger Digitoxin wie die Blätter und erheblich mehr Saponine. Glykosidhaltig sind vor allem die Blätter, die im getrockneten Zustand bei trockener, lichtgeschützter Aufbewahrung in Pulverform ihre spezifische Wirksamkeit lange Zeit behalten. Gehalt der getrockneten Blätter etwa 1% herzaktive Glykoside, daneben auch noch Genine.

Digitoxin und Gitoxin sind in reinem Zustand schwer wasserlöslich, gehen aber doch durch lösungsbegünstigende Begleitstoffe in den wässerigen Infus über. Gitalin ist gut wasserlöslich, aber sehr labil; wird leicht hydrolysiert, deshalb im heiß bereiteten Infus kaum intakt vorhanden.

2. *Digitalis lutea*, gelber Fingerhut (in Gebirgsgegenden Europas und in Nordamerika). Glykoside von Digitalis lutea mit Purpureaglykosiden wahrscheinlich übereinstimmend, deshalb auch gleiche Toxizität. In USA. medizinisch verwendet.

3. *Digitalis lanata*, wolliger Fingerhut (Südosteuropa, Balkan, namentlich Ungarn), auch in Gärten und zur Kultur in Feldern. Daraus die isomorph kristallisierenden herzaktiven Reinglykoside *Digilanid A, B und C.* Digilanid A und B entsprechen den Glykosiden Digitoxin resp. Gitoxin, Digilanid C enthält das in Purpureapräparaten nicht vorkommende Glykosid Digoxin.

Weitere glykosidhaltige und dementsprechend giftige Digitalisarten: *Digitalis ambigua* (Europa, von Frankreich bis Ural), im Wuchs ähnlich Digitalis purpurea, aber kleiner, *Digitalis ferruginea* (rostfarbener Fingerhut) (Süd- und Osteuropa, häufig als Gartenpflanze). Soll etwa zehnmal giftiger sein wie Digitalis purpurea ( ?).

*Allgemeiner Wirkungscharakter der Digitalisglykoside und der herzaktiven Glykoside zweiter Ordnung* (Scilla, Strophantus usw.): Systolisch tonusfördernde Herzwirkung, diastolische Verlängerung der Erschlaffung und Verlangsamung der Schlagzahl. Beides zusammen bedingt Erhöhung der Herzleistung gemessen am Minutenvolumen. Regulierende Wirkungen bei Rhythmusstörungen des Herzens. Außerdem haben herzaktive Glykoside spezifisch diuretische Wirkung durch Anregung der Parenchymtätigkeit der Niere und durch Erweiterung der Nierengefäße.

*Vergiftungen durch Pflanzenteile* sind sehr selten, da Giftwirkung allgemein bekannt. Bei solchen können zunächst durch lokale Reizwirkung bedingte gastrointestinale Störungen (Erbrechen, Durchfall) ganz im Vordergrund stehen. Vergiftung deshalb schwer erkennbar, da sich die Herzerscheinungen erst langsam, sozusagen kumulativ, entwickeln.

*Toxische Resorptivwirkungen:* Bradykardie, welche im Verlauf von 1—2 Tagen bis auf 40 und weniger heruntergehen kann und zentral bedingtes Erbrechen. Puls ist anfangs kräftig, eher hart; führt subjektiv zu unangenehmem Palpitations- und Angstgefühl. Später wird bei schwerer Vergiftung Puls irregulär, zeitweise beschleunigt und klein. Tod unter Herzlähmung bei sehr kleinem, schwachem Puls. Evtl. prämortal Delirium cordis. Daneben bei ausgesprochener Cyanose und Dyspnoe, unregelmäßiger oder auffallend verlangsamter Atmung Schlafsucht (aber auch Schlaflosigkeit), Muskelschwäche, extremes Schwächegefühl. Ferner Sehstörungen, Flimmern vor den Augen, Gelbsehen, Herabsetzung der Sehkraft, Störungen der Farbempfindungen, auch Ohrensausen. Da Digitalis spezifisches Vagusgift, können auch Erscheinungen erhöhter Magen-Darmperistaltik, Kolik, Durchfälle auftreten. Erbrechen kann sich in größeren Intervallen wiederholen.

Tod durch Lähmung des Herzens, das diastolisch stillsteht, innert 10—20 Stunden oder erst nach Tagen.

*Prognose* bei schwerer Vergiftung oft ungünstig; bei Bradykardie unter 40 immer ernst, aber besonders bedrohlich, wenn Pulsbeschleunigung über 90 einsetzt, namentlich bei vorausgehender Bradykardie. Tod kann trotz Besserung der Herzaktion noch am vierten und fünften Tag nach Vergiftungsbeginn eintreten (Herzkollaps). Vergiftung therapeutisch kaum zu beeinflussen.

Bei Vergiftung infolge parenteraler (intravenöser) Zufuhr zu großer Digitalismengen kann Herzstillstand in wenigen Minuten eintreten, entweder ohne daß weitere Symptome auftreten oder unter hochgradiger Dyspnoe und Krämpfen. Tod an Erstickung.

Bei der schweren akuten Digitalisvergiftung kann es bei disponierten Individuen auch zu stenokardieartigen lebensgefährlichen Zuständen kommen. Ferner Fälle mit hochgradiger Tachykardie bei der geringsten Anstrengung (Erethismus cordis). Daran anschließend Herzkollaps, Schwindel, kalter Schweiß, kühle Extremitäten, Cyanose. Die Vergiftung kann unter sehr beängstigenden Symptomen und ständiger Gefahr des Versagens des Herzens tagelang dauern unter Schlaflosigkeit, Herzangst, riesigem Prostrationsgefühl und Untertemperatur; daneben auch Anurie, Blasentenesmus. Tod noch am vierten und fünften Tag, oft ganz plötzlich bei geringster Muskelanstrengung.

Abnorme Vergiftungserscheinungen sind bei schweren Herzpatienten nicht selten. Wie bei schweren Herzleiden überhaupt, kann es besonders unter Digitalis zu Psychosen mit Delirien, auch Beschäftigungsdelirien, Halluzinationen und hochgradiger

Aufregung kommen. Aufhören der Symptome nach Absetzen der Digitalis. — Aus obigem geht hervor, daß die Erkennung der Digitalisvergiftung keineswegs einfach ist.

*Pathologisch-anatomischer Befund:* Völlig uncharakteristisch. Kann sogar gänzlich fehlen; evtl. Reizwirkungen im Magen, kleinste Blutungen, Hyperämie des Gehirns und der inneren Organe. — Befunde beim kumulativ-toxischen Tierversuch: Herzmuskelnekrosen; neuerdings auch vereinzelt beim Menschen beobachtet.

*Dosis medicinalis: Folia Digitalis* 0,05—0,1 g als Infus, Pillen, Pulver, Suppositorien usw.

*Extractum Digitalis* (1 g Trockenextrakt entspricht etwa 3,3 g Digitalisblatt [Ph. Helv. V.]): 0,02—0,05 g; *Tinctura Digitalis* (10 g Tinktur = wirksame Bestandteile von 1 g Folia): 7—20 Tropfen (0,5 g = 27 Tropfen); *Digitoxinum cristallisatum:* 0,0003—0,0005 g; *Digitaline Nativelle* (= 1%ige Lösung von kristallisiertem Digitoxin): 10—20 Tropfen; *Digalen*tropflösung: 6—20 Tropfen (1,0 = 40 Tropfen = 150 F. D.); Digalenampullenlösung: 1,0 ccm = 75 F. D.; *Digipurat* 0,1 g = 0,1 Fol. Dig.; Digipurat liquid.: 1 ccm = 0,1 Fol. Dig.; *Digifolin:* 0,1 g = 0,1 Fol. Dig.; *Verodigen* (Gitalin aus Purpureablättern): Tabl. zu 0,8 mg = 1 ccm Ampullenlösung.

*Lanatapräparate: Digilanid* (Lanata-Gesamtglykoside): 15—25 Tropfen [1 ccm = 30 Tropfen = 0,5 mg Glykoside]; *Pandigal:* 1 Tablette = 0,2 mg Lanataglykoside = 2 ccm Ampullenlösung; *Cedilanid* (= Digilanid C): per os 0,25 mg, eine Ampulle zu 2 ccm = 0,4 mg.

*Dosis toxica:* Hängt bei Drogenpräparaten weitgehend von der Beschaffenheit des Präparates, dem Zufuhrweg und den Kreislaufverhältnissen des betreffenden Individuums ab (gilt für alle Herzglykosidpräparate). Mittlere toxische Tagesdosis bei gutem Blätterpräparat von 0,5—0,6 g an; bei Wiederholung kumulativ stark gefährlich. Auch als Einzeldosis in dieser Höhe fast immer mit toxischen Nebenwirkungen. Herzpatienten sind häufig sehr empfindlich, reagieren schon auf Dosen von 0,05 g Fol. und noch weniger mit Rhythmusstörungen. Bei jeder gerichtlich-medizinischen Beurteilung von Digitalisvergiftungen ist der Zustand des Patienten, namentlich der Kreislaufverhältnisse, sorgfältig zu beachten.

Vereinzelt wurden bis 4 g Blätterpulver und 100 g Digitalistinktur überstanden.

*Digitoxin:* Schon Bruchteile eines Milligramms können Vergiftungen hervorrufen: 2 mg bewirkten lebensgefährliche Vergiftung.

*Dosis letalis:* Kleinste letale Dosis 2,5 g Fol. Digit. als Infus aber selbst noch bedeutend kleinere Dosen können unter besonderen Umständen letal wirken. Tödlich wirkten auch 30 g Digitalistinktur und auffallenderweise schon 0,24 g Digitalisextrakt. Eine gewisse *Unterempfindlichkeit* gegen Digitalis ist häufig bei Basedowpatienten vorhanden, ebenso bei Individuen mit fieberhaften Erkrankungen.

*Chronische Digitalisvergiftung:* Eine eigentlich chronische Digitalisvergiftung gibt es nicht, wohl aber Spätschädigungen bei wiederholter Überdosierung kurz hintereinander, d. h. sog. Kumulationserscheinungen, welche im wesentlichen wohl auf anatomische Schädigung des Herzens zurückzuführen sind (im Tierversuch ischämische Nekrose, kleinzellige Infiltration, Herzmuskelzerfall). Die klinischen Erscheinungen sind diejenigen der akuten Digitalisvergiftung.

Kleine Digitalisgaben können über Jahre und Jahrzehnte ohne die geringsten Vergiftungserscheinungen zugeführt werden.

*Vorkommen und Häufigkeit der Vergiftung: Morde* (vgl. Giftmordprozeß, *Becker,* Lüttich 1939) und

*Selbstmorde* sind selten; in den letzten Jahren suicidale Vergiftungen aber doch häufiger, namentlich in Frankreich. Tödliche, suicidale Vergiftung mit 16 ccm 1%iger Lösung von Digitaline Nativelle (16 mg Digitoxin): Tod innert 5 Stunden. Analoge suicidale Vergiftungen durch Einnahme von 7 resp. 13 ccm 1%iger Digitalinlösung führte zu schwerer, aber nicht tödlicher Vergiftung (vgl. *Desoille* u. a.).

Suicidale Vergiftung mit 49 Pandigaltabletten = 19,6 mg Lanataglykoside: schwere Vergiftung mit Benommenheit, Herzwühlen, Ausgang in Heilung (*Blumberger*).

*Selbstvergiftung* durch Digitalispillen zur Wehrdienstbefreiung: nach sukzessiver Zufuhr von 13,7 g Digitalisblättern (0,8 g pro die) trat bei Rekruten plötzlicher Tod ein.

*Zufällige Vergiftungen:* selten; z. B. durch Verwechslung von Boretschblättern mit Digitalisblättern zum Salat. Genuß von Honig von Digitalisblüten führte zu Erbrechen, Kolik, Durchfall, Mydriasis, Pulsirregularität und Pulsschwäche.

Zufällige Vergiftungen von Kindern durch nicht indizierte Einnahme von Digitalispräparaten.

*Medizinale Vergiftungen:* Überwiegende Zahl der Vergiftungen namentlich durch zu lange fortgesetzten Gebrauch ohne Kontrolle des Arztes. Außerdem Vergiftungen wegen schwankendem Gehalt der Drogenpräparate, wogegen auch Froschtitrierung nicht absolut schützt. Vergiftungserscheinungen treten nicht sofort, sondern wegen langsamer Resorption im Magen-Darmkanal, namentlich bei Stauung, im Verlauf von Stunden oder Tagen auf. Dagegen kommt es bei größern Dosen stomachal verabreichter Präparate nicht selten zu rasch eintretenden lokalen Reizerscheinungen mit Erbrechen. Auch saponinfreie Reinpräparate haben lokale Reizwirkung. Rhythmusstörungen sind bei empfindlichen Patienten, insbesondere bei Insuffizienz relativ häufig (Digitalisbigeminie, vorübergehendes Vorhofflimmern). Bis zu einem gewissen Grad bestimmt die anatomische Schädigung des Herzmuskels die erhöhte Digitalisempfindlichkeit. Bei schwerer Myokardschädigung kann das Herz auf Digitalis aber völlig refraktär reagieren. — Sehstörungen, namentlich Störungen des Farbensehens (Gelbsehen), können auch ganz isoliert auftreten.

*Schrifttum.*

a) *Herzaktive Glykoside im allgemeinen.*

*Cushny, A. R.:* The action and uses in medicine of digitalis and its allies. London 1925. — *Edens, E.:* Krankheiten des Herzens und der Gefäße. Berlin 1929. — *Erben, F.:* Vergiftung 2, 2. Teil, 471. Wien 1910. — *Geßner, O.:* Die Gift- und Arzneipflanzen von Mitteleuropa. 117. Heidelberg 1931. — *Lendle, L.:* Digitaliskörper und verwandte herzwirksame Körper (Digitaloide). In: *Heffter-Heubner:* Handb. exper. Pharmakologie. Ergänzungswerk 1 11. Berlin 1935. — *Lewin, L.:* Gifte und Vergiftungen. 832. Berlin 1929. — *Lewin, L.* u. *H. Guillery:* Die Wirkungen von Arzneimitteln auf das Auge. 2. Aufl. 2, 870. Berlin 1913. — *Stoll, A.* The cardiac glycosides. London 1937. — *Straub, W.:* Digitalisgruppe. In: *Heffter,* Handb. der exper. Pharmakologie 2, 2, 1355. Berlin 1924. — *Weese, H.:* Digitalis. Leipzig 1936.

b) *Toxikologie der Digitalis.*

*Adams, P. H.:* Digitalis poisoning. Transact. of the ophth. soc. of the United Kingdom 46, 365 (1926). — *Bauer, H.:* Zur Kenntnis der Ursachen der Kumulierungserscheinungen der Digitalisglykoside. III. Sekundäre Schädigungen des Herzmuskels. Arch. exp. Path. u. Pharm. 176, 74 (1934). — *Bauer, H.* u. *K. Fromherz:* Über die Kumulierung der Digitalisglykoside. Klin. Wschr. 1933, 973. — *Bauer, H.* u. *H. Reindell:* Verlauf einer Digitoxinvergiftung. Arch. f. exper. Path. 190, 461 (1938). — *Bauer, H.* u. *H. Reindell:* Zur Kenntnis der Ursachen der Kumulierungserscheinungen der Digitalisglykoside. Arch. f. exper. Path. 191, 311 u. 322 (1939). — *Blumberger, K.* u. *C. Krüskemper:* Akute Digitalisvergiftung beim Menschen. Arch. Kreisl.forsch. 3, 168 (1938). — *Büchner, F.:* Herzmuskelnekrosen durch hohe Dosen von Digitalisglykosiden. Arch. f. exper. Path. u. Pharm. 176, 59 (1934). — *Chandron, G.:* Contribution au diagnostic clinique et médicolégal de l'intoxication massive par la digitale et la digitaline. Thèse Paris 1935. — *Cloetta, M.:* Zur Kenntnis der Chemie und Pharmakologie des Digitoxins und seiner Spaltprodukte. Arch. f. exper. Path. 88, 113 (1920). — *Cloetta, M.:* Die Darstellung und chemische Zusammensetzung der aktiven Substanzen aus den Digitalisblättern. Arch. f. exper Path. 112, 261 (1926). — *Cresté, H.:* De L'intoxication par la digitale et la digitaline. Thèse Bordeaux 1935. — *Desoille, H.:* L'empoisonnement par absorption massive de digitale. Press. Méd. 1936. — *Durand, L.:* Contribution à l'étude clinique et électrocardiographique de l'intoxication massive par la digitale sur le coeur sein. Thèse Toulouse 1936. — *Duvoir* u. *H. Desoille:* Intoxication par la digitale. Pratique médico-chirurgicale Masson 1931. — *Fromherz, K.:* Entgiftung und Kumulierung als Faktoren der Dosierung. Klin. Wschr. 1937, 662. — *Gallavardin* u. *Bocca:* Intoxication massive par la digitaline. Etude des troubles de rythme cardiaque. Guérison. J. de méd. de Lyon, 3, Nr. 48, 9 (1922). — *Hahn, F.:* Digitaliskumulation und Herzleistung. Arch. f. exper. Path. 192, 499 (1939). — *Halbron, P.:* Les intoxications digitaliques. Le Monde médical 1. Juillet 1937. — *Ionescu-Matiu, A., D. Priboianu* u. *T. Vasiliu:* Ein Fall zur tödlichen Vergiftung mit Digitalin. (Nativelle) Selbstmord. Spitalul 47, 323 (1927). (Rumänisch.) — *Lendle, L.:* Zur Frage der Entstehung der toxischen Digitaliskumulation. Arch. f. exper. Path. 194, 493 (1940). — *Lindner, W.:* Über die Kumulation der Genine von herzwirksamen Glykosiden. Arch. f. exper. Path. 192, 499 (1939). — *Martimor, E.* u. *J. Brzezinki:* Intoxication digitalique et troubles mentaux. Ann. méd.-psychol. 91 II, 90 (1933). — *Poumailloux, Desoille* et *Negreanu:* Remarques sur l'intoxication par la digitale. Ann. Méd. lég. 1935, 789. — *Rothlin, E.:* Zur Pharmakologie des Digilanids. Münch. med. Wschr. 1934, 743. — *Schubert:* Ein Fall von gewohnheitsmäßigem Digitalismißbrauch. Münch. med. Wschr. 49, 1580 (1902). — *Schulze, E.:* Über erhöhte Digitalisempfindlichkeit geschädigter Herzen. Klin. Wschr. 1938 I, 75. — *Stoll, A.* u. *W. Kreis:* Genuine Glykoside der Digitalis purpurea. Helv. Chim. Acta 1935. — *Tung, C. L.:* Vorübergehendes Vorhofflimmern als Ausdruck einer toxischen Digitaliswirkung. Amer. Heart J. 12, 272 (1936). — *Windaus, A.:* Über die Glykoside der Digitalisblätter. Arch. f. exper. Path. 135, 259 (1928). **H. Fischer.**

**Dilaudid** siehe *Opiumalkaloide und verwandte Stoffe.*

**Dimethylsulfat** siehe *Flüchtige organische Gifte.*

**Dinitrobenzol.** (Vgl auch Art.: Nitrobenzol.) Die o- und p-Verbindung des Dinitrobenzols, $C_6H_4(NO_2)_2$, wird technisch nicht gebraucht; praktisch ist deshalb nur mit der m-Verbindung zu rechnen. Sie bildet gelblichweiße rhombische Tafeln mit Siedepunkt von 297°. Ihre technische Bedeutung ist bei weitem größer als die des Nitrobenzols. Vergiftungen hauptsächlich gewerblich durch Staub oder Dampf in der Farben- und Sprengstoffindustrie. Vergiftungen beobachtete man auch bei der Entleerung von Granaten und bei Sprengstoffsammlern. Da Dinitrobenzol auch als Konservierungsmittel von Leim, Kleister, als Insektenpulver, als Desinfektionsmittel gebraucht wird, ist mit zufälligen Vergiftungen außerhalb von Fabrikbetrieben zu rechnen. Potenzierung der Wirkung durch gleichzeitigen Genuß von Alkohol.

Symptome der akuten Vergiftung treten meist erst nach Stunden auf, gleichen der Nitrobenzolvergiftung (s. d. Art.: Nitrobenzol). Die Wirkung auf das Gehirn ist jedoch etwas schwächer (ausgenommen Wirkung auf das Atemzentrum), die Blutwirkung dagegen stärker (Methämoglobinbildner). Neben den Nitrobenzolsymptomen beobachtet man insbesondere starke Cyanose (die Dinitrobenzolvergiftung wird deshalb direkt als „Blausucht" bezeichnet), daneben Ikterus, Leberschäden, evtl. übergehend in akute gelbe Leberatrophie.

Chronische Vergiftung: Allgemeinsymptome wie Mattigkeit, Kopfschmerzen, Verdauungsstörungen usw. Objektiv Ikterus, Blutveränderungen, bei Frauen Menstruationsstörungen, Aborte (als Abortivum nicht gebraucht). Daneben Sehstörungen (Anisokorie, Einengung des Gesichtsfeldes, Opticusneuritis). Erholung langsam, Rezidive.

Sektionsbefunde: Siehe Nitrobenzol.

Kleinste tödliche Dosis 1,5—2 g.

Trinitrobenzol spielt toxikologisch keine Rolle.

*Schrifttum.*

*Flury-Zernik:* Schädliche Gase. Berlin 1931. — *Lévy:* Über einige Vergiftungsfälle durch Dinitrobenzol und Trinitrotoluol. Ann. d'hyg. publ. et de méd. lég. **37**, 157 u. 164 (1922). — *Lewin:* Gifte und Vergiftungen. Berlin 1929. *Schwarz.*

## Dinitrokresol.

Verwendung in der chemisch-technischen Industrie als Imprägnierungs- und Konservierungsmittel, als Parasitenmittel, hauptsächlich gegen die Nonnenraupe. Diente früher zum Färben von Nahrungsmitteln (Viktoriaorange), meist in Form der Ammonium- oder Kaliumsalze, und wurde wegen seiner Farbe auch als „Safransurrogat" bezeichnet. Durch Verwechslung kamen gelegentlich Todesfälle bei Benutzung als Abtreibungsmittel vor (Tod einmal schon nach Einnahme von 0,5 g unter Krämpfen und Atmungsstillstand).

Vergiftungen in erster Linie gewerblich bei der Herstellung resp. Verpackung des Parasitenmittels (Aufnahme als Staub durch die Atmung oder durch Verschlucken, daneben percutane Aufnahme). Alkoholgenuß steigert die Wirkung. Herz-, Zucker- und Nierenkranke sind besonders empfindlich, überhaupt besteht bei diesem Gift eine starke individuelle Reaktionsverschiedenheit.

Neuerdings Anwendung als Mittel zur Abmagerung (Dekresyl) mit häufiger schwerer Vergiftung, plötzlichen Todesfällen, Augenschädigungen. Dinitrokresol ist wegen seiner Giftigkeit für das Herz als Entfettungsmittel abzulehnen. Toxikologisch ist es giftiger und stärker stoffwechselsteigernd als Dinitrophenol (s. d.).

Ausscheidung durch Urin, unzersetzt oder als Abbauprodukt.

Symptome der akuten Vergiftung: Schweißausbrüche, beschleunigte Atmung und Herztätigkeit, gerötete Haut. Blutdruck zeigt große Amplitude. In schweren Fällen motorische Unruhe, Delirien, Bewußtlosigkeit, Tod durch Herzstillstand.

Chronische Wirkung: labile Herztätigkeit, Verkleinerung der Hubhöhen, Verminderung des Minutenvolumens, Blutschädigungen, Knochenmarksschädigungen, Temperatursteigerung.

Sektion: Gelbliche Verfärbung der Haare, der Haut, der Schleimhäute, evtl. an den inneren Organen. Eintritt der Totenstarre auffällig rasch.

*Schrifttum.*

*Gilbert* u. *Onfray:* Katarakt und Glaukom bei Dinitrokresolvergiftung. Bull. Mém. soc. méd. hôp. Paris **53**, 1073 (1937). — *Koopmann:* Tödliche Vergiftung durch Dinitroorthokresol. Dtsch. Z. gerichtl. Med. **28**, 259 (1937). — *Nordmann* u. *Weber:* Tödliche Dinitroorthokresolvergiftung. Arch. f. Gewerbepath. u. Gewerbehyg. **8**, 441 (1938). — *Schwarz:* Tödliche Dinitroorthokresolvergiftung. Slg. Verg.-Fälle **7**, 57 B (1936). — *Vogt:* Dinitrophenolstar (resp. Dinitrokresolstar) in der Schweiz. Schweiz. med. Wschr. **1937**, 837 und 1036 (1937). *Schwarz.*

## Dinitrophenol.

Dinitrophenol, $C_6H_3 \cdot OH \cdot (NO_2)_2$, bildet gelblichweiße Kristalle, bei 114° schmelzend. Verwendung in der Teerfarben- und Sprengstoffindustrie, zur Holzimprägnation; neuerdings als Abmagerungsmittel unter verschiedenen Phantasienamen im Handel, namentlich in Amerika (Aldiphen, Dalfantabletten, Dinitra, Nitraphen, Slim), mit zahlreichen Prozessen wegen fahrlässiger Körperschädigung resp. Kunstfehler der Ärzte.

Dinitrophenol ist ein schweres Gift, das besonders als gewerbliches Gift zahlreiche Erkrankungen und Todesfälle zur Folge hatte. Alkohol steigert die Giftwirkung, ebenso hohe Außentemperaturen; hitzeempfindliche Personen scheinen intensiver zu reagieren. Wie für alle Nitroverbindungen sind auch für Dinitrophenol schwächliche, schlecht genährte Menschen, Blutarme, Herz-, Zucker- und Nierenkranke besonders empfindlich. Daneben besteht eine nicht voraussehbare starke individuelle Reaktions-

verschiedenheit, ähnlich wie beim Dinitrokresol (s. d.).

Symptome: In leichten, akuten Fällen Kopfweh, Schweißausbrüche, erhöhte Temperaturen, Mattigkeit. Bei schwereren Vergiftungen Cyanose, schnellender, schlechter beschleunigter Puls. Tod unter maximaler Temperatursteigerung (agonal bis 46°), unter Delirien resp. im Koma.

Chronische Wirkung: Ikterus, Milz- und Leberschwellung, Schädigung des Blutes resp. des Knochenmarkes (Anämie, Thrombocytopenie, Agranulocytose), Hämaturie, Linsentrübungen, Schwerhörigkeit, Toxikodermien.

Ausscheidung durch Urin, unzersetzt oder als Abbauprodukte. Urin orange-gelb bis grünlichschwärzlich, eiweißhaltig.

Die Wirkung als Abmagerungsmittel beruht, wie beim Dinitrokresol, auf einer starken Steigerung der oxydativen Zellprozesse und damit des Grundumsatzes. Wegen der individuellen Reaktionsverschiedenheit, der Linsentrübungen, der toxischen Wirkung auf das Herz ist Dinitrophenol (wie Dinitrokresol) als Abmagerungsmittel unbedingt abzulehnen. Die entfettenden Dosen liegen bereits innerhalb toxischer Grenzen.

Sektion: Rascher Eintritt der nicht durch Milchsäure bedingten Totenstarre. Leberverfettung, Lungenödem, an den Nieren Degenerationserscheinungen. Führend sind die gelblichen, allmählich stärker werdenden Verfärbungen (s. d. Art.: Dinitrokresol).

*Mononitrophenole* sind ebenfalls feste Körper. Am giftigsten ist die p-, am wenigsten giftig die o-Verbindung. Es handelt sich um Methämoglobinbildner mit gleichzeitiger Wirkung auf das zentrale Nervensystem (Lähmung des Atemzentrums neben Sympathicusreizung). Ausscheidung im Urin gepaart mit Schwefelsäure.

Diese Vergiftungen spielen nur gewerbetoxikologisch eine Rolle.

*Schrifttum.*

*Bohn:* Agranulocytenangina nach Dinitrophenoleinnahme. J. amer. med. Assoc. **103**, 249 (1934). — *Châtel* u. *Motika:* Über die Gefahren der therapeutischen Anwendung des alpha-Dinitrophenols. Dtsch. Arch. klin. Med. **176**, 700 (1934). — *Jackson* u. *Duvall:* Bericht über einen Fall von Dinitrophenolvergiftung. J. amer. med. Assoc **102**, 1844 (1934). — *Lehmann* u. *Schmidt:* Die Mono- und Dinitrophenole als gewerbliche Gifte; ihre Eintrittswege in den Organismus und die paradoxe Totenstarre bei fehlender Säurebildung. Arch. f. Hyg. **96**, 363 (1926). — *Moller:* alpha-Dinitrophenol. Wirkungsweise und Giftigkeit. Hosp.tid. (dän.) **1934**, 565. — *Poole* u. *Haining:* Plötzlicher Tod durch Dinitrophenol. Bericht über einen Fall mit Autopsie. J. amer. med. Assoc. **102**, 1141 (1934). Hier auch weitere Literatur. — *Schulte* u. *Tainter:* Chronische Giftwirkung des Dinitrophenols. Proc. Soc. exper. Biol. a. Med. **1934**, 1163. — *Sidel:* Dinitrophenolvergiftung und Gelbsucht. J. amer. med. Assoc. **103**, 245 (1934). — *Tainter* u. *Wood:* Ein Fall von tödlicher Dinitrophenolvergiftung. J. amer. med. Assoc. **102**, 1147 (1934). — *Wagner:* Dinitrophenolvergiftungen. Slg. Verg.-Fälle **7**, 9 C (1936). Hier auch weitere Literatur. — Weitere Literatur siehe Slg. Verg.-Fälle **7**, 77 C (1936), und **8**, 88 C (1937). *Schwarz.*

**Dionin** siehe *Opiumalkaloide und verwandte Stoffe.*

**Diphenylamin-Schwefelsäure-Reaktion** siehe *Schußverletzungen.*

**Diphtherie** siehe *Bakteriologische Untersuchungen in der gerichtlichen Medizin.*

**Diplosal** siehe *Salicylsäure und deren Derivate.*

**Dissimulation** ( = D.). (Vgl. auch Art.: Aggravation; Simulation.)

*Begriff und seine Ausdehnung:* Unter D. versteht man die Unterdrückung oder Verheimlichung tatsächlich bestehender körperlicher oder seelischer Krankheitserscheinungen. Der Begriff findet weiterhin noch Anwendung bei Unterdrückung oder Verheimlichung von sog. physiologischen Ausnahmezuständen sowie von körperlichen und seelischen Veranlagungen. So fällt also z. B. nach *Schumacher* auch eine Unterdrückung von Rassemerkmalen oder individuellen Anlagen, Zwitterbildung und geschlechtlicher Perversität unter D. Ebenso gehört hierher Verschweigen früherer Erkrankungen oder einer erblichen Belastung. Voraussetzung ist dabei immer das Bestehen einer Täuschungsabsicht sowie die Beziehungen zum eigenen Körper. Es kann also niemand für einen anderen dissimulieren; das Unterschieben eines sog. Strohmannes bei irgendeiner Untersuchung ist einfach Betrug. Dagegen kann noch zur D. gerechnet werden die Vortäuschung eines anderen Leidens zum Zwecke der Verheimlichung des eigentlich bestehenden, wie z. B. nicht allzu selten bei gynäkologischen Erkrankungen Verlegung der Schmerzen in den Oberbauch, um der gynäkologischen Untersuchung zu entgehen o. ä. (*Siegert*). Ferner ist die Verheimlichung in Wirklichkeit vorhandener Fähigkeiten zu irgendeinem bestimmten Zweck, so Abstreitung vorhandener Zeugungs- oder Beischlafsfähigkeit, als D. anzusehen. D. kann mit Simulation oder Aggravation abwechselnd vom gleichen Individuum betrieben werden, so erwähnt z. B. *Marchesani* folgenden Fall: ein Mann mit hereditärer Makuladegeneration simulierte zuerst eine starke Herabsetzung der Sehschärfe, um eine Rente zu erhalten und vom Militär freizukommen, später dissimulierte er die dann wirklich vorhandene Herabsetzung der Sehschärfe zum Zwecke der Anstellung im Staatsdienste und endlich simulierte er einige Jahre später wiederum, um in den Ruhestand versetzt zu werden.

*Ursachen:* Aus verschiedensten Gründen wird dissimuliert. In den harmloseren Fällen handelt es sich um Verheimlichung vorhandener Schmerzen oder Krankheitssymptome bei ängstlichen Menschen aus Furcht vor ärztlichen Behandlungsmaßnahmen, insbesondere operativen Eingriffen und speziellen Untersuchungsmethoden (gynäkologische Untersuchungen, Gastro-Oesophagoskopie u. ä.). Meist liegen jedoch einer D. unlautere Motive zugrunde. Ein größerer Prozentsatz der D. entfällt auf Versicherungsbetrug (s. d.). Hierbei werden bestehende körperliche Leiden zum Zwecke des Abschlusses günstigerer Lebensversicherungsbedingungen verheimlicht. In anderen Fällen handelt es sich um die Unterdrückung körperlicher Zustände, deren Bekanntwerden das Vorliegen einer strafbaren Handlung zutage fördern würde, z. B. Verheimlichung einer bei einem Vergehen oder Verbrechen erlittenen Verletzung, eines artifiziellen Abortes, Unterdrückung der Tatsache einer stattgefundenen Geburt nach Kindsmord u. ä. Ferner findet man häufig Dissimulation bei Musterungsuntersuchungen oder bei Untersuchungen zwecks Übernahme in den aktiven Militärdienst allgemein oder in einen Truppenteil, der besondere körperliche Tauglichkeit voraussetzt (hier manchmal aus durchaus ideellen Motiven), ebenso Unterdrückung körperlicher Fehler bei Einstellung in bestimmte Betriebe (meist Eisenbahndienst). Geisteskranke Dissimulanten verheimlichen das Fortbestehen psychischer Veränderungen zum Zwecke der Aufhebung einer Entmündigung oder der Entlassung aus einer Heilanstalt. Ferner werden körperliche Mängel dissimuliert bei Auswanderern, zum Zwecke der Aufhebung einer Quarantäne oder einer Überwachung (z. B. Bacillenträger, Geschlechtskranke). Durch den erfreulichen Ausbau gesetzgeberischer Maßnahmen zum Schutze der Erbgesundheit des Deutschen Volkes (Gesetz zur Verhütung erbkranken Nachwuchses, Ehegesundheitsgesetz und des Gesetzes über Maßregeln der Sicherung und Besserung) ist in den letzten Jahren ein

früher kaum zu beobachtendes Motiv der D. hinzugekommen, nämlich zum Zwecke der Abwehr der sich aus diesen Gesetzen ergebenden Maßnahmen. Infolgedessen findet man heute die nach *Müller-Hess* paradoxe Erscheinung, daß Flucht in die D. häufiger ist als das Gegenteil, die Simulation.

*Arten der D.* Diese kommt an und für sich in sämtlichen medizinischen Fachgebieten vor. So war nach *Baader* und *Symanski* in früheren Zeiten die D. einer Lungentuberkulose infolge der damals noch unvollständigen Erkennungsmöglichkeiten häufig. Diese Autoren erwähnen einen Fall (*Rumpf*), wo ein schwer Tuberkulöser wochenlang Arbeitsfähigkeit vorzutäuschen wußte, um in den Besitz für ihn noch notwendiger Invalidenmarken zu kommen. *Flesch* erwähnt verschiedene Methoden, die von Versicherungsbetrügern zum Zwecke der Verheimlichung bestehender Krankheiten angewandt werden. So werden z. B. durch Jodpräparate und Adrenalin-Hypophyseninjektionen Lungenemphysem und Asthma auf Tage beseitigt, ebenso Pulsarrythmien durch Chinidin, Digitalis oder Atropin. Tachykardie und Herzflimmern werden durch Anwendung von Physostigmin bzw. Chinidin beeinflußt. Gallenerkrankungen und Magengeschwüre werden nach *Flesch* sehr häufig verheimlicht. Für chirurgische Erkrankungen kommt hauptsächlich die Verheimlichung älterer Verletzungen als Abart der D. in Frage. Auch in der Frauenheilkunde und Geburtshilfe kommt D. vor (*Siegert*) und zwar D. von Schmerzen aus Furcht vor Krankheitserkenntnis bzw. vor einem Eingriff oder Untersuchung. Ferner Verheimlichung von Blutungen (artifizieller Abort), früherer oder bestehender Gravidität. Ebenso werden klimakterische Beschwerden gelegentlich dissimuliert. Für die Dermatologie hat hauptsächlich das Abstreiten einer bestehenden oder durchgemachten Geschlechtskrankheit Bedeutung. In der Augenheilkunde findet sich oft D. von Farbsinnstörungen oder Herabsetzung der Sehschärfe (bekannte Methode: Auswendiglernen von Sehtafeln. Als neuzeitliches Hilfsmittel der D. erwähnt *Marchesani* das Tragen von Haftgläsern!). In der Psychiatrie spielt eine große Rolle die D. bei Melancholikern, die eine gehobene Stimmungslage vortäuschen, um entlassen zu werden und dann ihre Selbstmordabsichten in die Tat umsetzen zu können. Ferner werden bestehende Wahnideen dissimuliert, am häufigsten von Paranoikern, ebenso Halluzinationen, Zwangsvorstellungen usw. *Stefan* berichtet über D. einer progressiven Paralyse. Von Bedeutung ist die D. in Verfahren der Erbgesundheitsgerichte, besonders bei genuiner Epilepsie. Hierbei werden dann stets angeblich in der frühen Kindheit erlittene Traumen als Ursache des Leidens angegeben, um so die Erbbedingtheit der Krankheit zu verneinen. Hand in Hand damit gehen meist falsche Angaben über die Erbgesundheit der Familie. Wichtig für das Gebiet der forensischen Medizin ist in erster Linie die D. der *Trunkenheit*, für den Polizeiarzt ein alltägliches Erlebnis. Es ist ja bekannt, daß selbst mittlere Trunkenheitsgrade durch Willensanspannung vorübergehend verheimlicht werden können, besonders wenn unzweckmäßige Versuchsanordnungen zur Grundlage einer Beurteilung der alkoholischen Beeinflussung verwandt werden, die aber in Wirklichkeit keinerlei Rückschlüsse auf das Verhalten bei gefährlichen, Augenblicksentschlüsse verlangenden Verkehrssituationen erlauben. Die heute zwangsläufig durchgeführte Blutalkoholbestimmung wird allerdings in Zukunft eine erfolgreiche Durchführung von Trunkenheits-D. unmöglich machen. Die nachträgliche Zufuhr von Alkohol zu dem Zwecke, einen sicheren Schluß auf den Grad der Beeinflussung z. Zt. des Unfalles unmöglich zu machen, kann als unterstützendes Moment einer Trunkenheits-D. gewertet werden. Solche Manöver dürften jedoch in der Mehrzahl der Fälle ihren Zweck verfehlen. Nicht zu selten stößt man in der forensischen Medizin auf D. bestehender körperlicher Leiden (Schwerhörigkeit, Schwachsichtigkeit, Behinderung durch hochgradige Arthritis deformans) bei der Klärung von Verkehrsunfällen; denn die Leiden der Verletzten könnten eine wesentliche, aber von den Verletzten nicht gewünschte Rolle zur Entlastung eines Kraftfahrers spielen. Daher sollte stets, wenn es sich um tödliche Unfälle älterer Personen handelt, nach entsprechenden Veränderungen etwa des Seh- und Gehörganges, der Gelenke usw. gefahndet werden (*Jungmichel, Buhtz*). Gerade in der letzten Zeit haben sich Fälle gehäuft, in denen körperlich und geistig Untüchtige beim Lenken eines Kraftfahrzeuges infolge ihrer Gebrechen einen Unfall verursacht haben. Wenn auch nicht alle derart Untüchtigen durch eine amtsärztliche Untersuchung vor Erhalten des Führerscheines entdeckt werden sollten bzw. könnten, so halten wir jedoch — im Gegensatz zu *Mueller* — eine solche Untersuchung für unbedingt notwendig. Und wir sind auch überzeugt, daß solche Untersuchungen in Deutschland wieder eingeführt werden, sobald den dringlichen anderen Aufgaben der Gesundheitsämter (Rassenhygiene usw.) einigermaßen genügt ist. Wichtig ist bei D. von Rauschgiftsucht (hauptsächlich Morphinismus) die sofortige Fixierung des körperlichen Zustandsbildes, Vorhandensein von Injektionswunden (auch innerhalb der behaarten Schamgegend) und Abszeßnarben, Nachweis des Morphins im Urin usw. Ferner kommen in Frage gerichtsärztliche Untersuchungen auf durchgemachten Abort bei Verheimlichung eines solchen (*Koopmann*) sowie die Diagnose einer vorausgegangenen oder bestehenden Schwangerschaft. Ebenso wird besonders im Hinblick auf die neue deutsche Gesetzgebung D. bestehender Zeugungsunfähigkeit bei Ehescheidungsprozessen vorkommen durch Unterschiebung fremden Ejakulates. Damit verbindet sich meist D. eines früheren Trippers (vgl. hierzu die entsprechenden Ausführungen bei Art.: Simulation). Auch D. einer Defloration könnte Veranlassung zu einer Begutachtung durch den Gerichtsarzt geben. Für die gerichtsärztliche Begutachtung von Geisteszuständen spielt nicht selten eine D. perverser geschlechtlicher Neigungen eine Rolle; Homosexuelle täuschen ja nicht selten normales Geschlechtsempfinden vor. Häufig ist selbstverständlich auch D. sadistischer u. ä. Triebrichtungen.

*Diagnose der D.:* Außer einer stets vorauszusetzenden genauen Kenntnis der betr. Krankheitsbilder und der möglichen Untersuchungsmethoden ist die Hauptsache für die Erkennung einer D., daß überhaupt an das Vorliegen einer solchen gedacht wird. Die Aufklärung der D. ist dabei im allgemeinen leichter als die einer Simulation. Denn bei dieser muß ja das Nichtbestehenkönnen *behaupteter*, tatsächlich aber nicht vorhandener Leiden nachgewiesen werden, während bei der D. im allgemeinen der Nachweis objektiv vorhandener Veränderungen einfacher ist. Hier wie dort spricht neben der Aufdeckung des *Motivs* die Beurteilung der Gesamteinstellung die Hauptrolle.

Die *Bedeutung* der D. erstreckt sich nicht nur auf versicherungsrechtliche (Lebens- und Invalidenversicherungen usw.) und wehrpolitische Fragen (Auslese nach besonderer körperlicher Eignung) sowie auf Fragen der Erbgesundheit und der Rassehygiene, sondern die D. hat auch Bedeutung für die Gesundheitsführung im Hinblick auf die mögliche Verschlimmerung beginnender Krankheiten durch verspätetes Aufsuchen des Arztes (Mamma-, Uteruscarcinom), Ansteckungsmöglichkeiten u. ä.

*Rechtliche Beurteilung:* Ebenso wie Simulation (s. d.) kann nach *Schumacher* D. eines Leidens den Tatbestand des Betruges erfüllen, wenn ein rechtswidriger Vermögensvorteil für den Betreffenden oder einen anderen oder Schadenzufügung für einen Dritten beabsichtigt ist.

*Schrifttum.*

*Baader* und *Symanski:* Die Simulation innerer Krankheiten. In *Mayr:* Handb. der Artefakte. Jena 1937. — *Buhtz:* Der Verkehrsunfall. Stuttgart 1938. — *Flesch:* Der Versicherungsbetrug in der Lebensversicherung. Ref.: Dtsch. Z. gerichtl. Med. **13**, 246 (1929). — *Jungmichel:* Gerichtlich-medizinische Erfahrungen zum Problem der Selbstbeschädigungen. *Mayr:* Handb. der Artefakte. — *Jungmichel:* Gerichtsärztliche Gesichtspunkte bei der Aufklärung von Verkehrsunfällen. Arch. Kriminol. **101**, 154 (1937). — *Koopmann:* Kriminalpolizeiliche Sofort-Untersuchungen bei Abtreibeverdacht. Dtsch. med. Wschr. **1938 I**, 575—577. — *Marchesani:* Simulation von Krankheiten und Funktionsstörungen des Auges. *Mayr:* Handb. der Artefakte. — *Müller-Heß:* Interessante Simulationsfälle mit kurzen Bemerkungen zur Frage der Simulation im Wandel der jüngsten Zeit. Ärztl. Sachverst.ztg. **44**, 227—237 und 241—251 (1938). — *Mueller:* Die Gefährdung der Verkehrsteilnehmer durch gesundheitlich ungeeignete Kraftfahrer usw. Münch. med. Wschr. **1937 I**, 214 bis 217. — *Schumacher:* Simulation und Dissimulation im Rechtsleben. *Mayr:* Handb. der Artefakte. — *Siegert:* Artefakte, Simulationen und Dissimulationen in der Gynaekologie. Ebenda. — *Stefan:* Simulation und Dissimulation auf dem Gebiet der Psychiatrie und Neurologie. Ebenda. — Weitere ausführliche Literaturangabe s. *Mayr:* Handb. der Artefakte. Jena 1937. **Jungmichel** u. **Manz.**

**Dithizon-Reaktion** siehe *Schußverletzungen.*

**Diuretin** siehe *Coffein und Purinkörper.*

**Docimasie hépathique** siehe *Glykogenprobe.*

**Dormalgin** siehe *Pyrazolonderivate; Schlafmittel.*

**Dowson-Gas** siehe *Kohlenoxyd.*

**Drosselmarke** siehe *Tod und Gesundheitsbeschädigung durch gewaltsame Erstickung.*

**Druckstauung** siehe *Tod und Gesundheitsbeschädigung durch gewaltsame Erstickung.*

**Dum-Dum-Geschoß** siehe *Schußwaffen und Munition; Tod und Gesundheitsbeschädigung infolge Verletzung durch Schuß.*

**Duret sche Blutungen** siehe *Commotio und Contusio cerebri.*

**Dusturan** siehe *Schädlingsbekämpfungsmittel.*

**Dysenterie** siehe *Bakteriologische Untersuchungen in der gerichtlichen Medizin.*

**Dyspareunie** siehe *Zweifelhafte Fortpflanzungsfähigkeit beim Manne und beim Weibe.*

# E.

**Echinokokken** siehe *Plötzlicher Tod aus natürlicher Ursache.*

### Edelsteinbetrug und Verwandtes.

Minerale (Kristalle), die infolge wertvoller physikalischer Eigenschaften (Lichtdurchlässigkeit und Lichtbrechung, Farbe, Oberflächenglanz, Härte, Beständigkeit) sich hervorragend zu Schmuckstücken eignen, werden als „Edelsteine", andere Minerale (größtenteils auch Kristalle), die diese Eigenschaften in geringerem Maße besitzen, aber auch zu Schmuck verarbeitet werden, als „Halbedelsteine" bezeichnet. Infolge dieser Eignung und der größeren oder geringeren Seltenheit ihres Vorkommens haben sie seit altersher einen entsprechend hohen Handelswert, der sich bei einzelnen besonders schönen Edelsteinexemplaren zu großen Liebhaberwerten steigern kann. Dadurch ergab sich seit jeher für verbrecherische Elemente der Anreiz, durch Nachahmung oder Verfälschung solche Werte vorzutäuschen. Ähnliches gilt auch für gewisse Produkte aus dem Tierreich und andere organische Stoffe, die ebenfalls als Schmuck verwendet werden (Perlen, Korallen, Bernstein); sie werden daher hier mitzubehandeln sein, wenngleich sie nicht Edel„steine" sind. Die Lage komplizierte sich, seitdem es der Chemie gelang, gewisse Edelsteine künstlich zu erzeugen („synthetische" Edelsteine). Eine analoge Stellung nehmen im Perlenhandel die gezüchteten Perlen ein, wenngleich diese durch einen — künstlich angeregten — biologischen Naturvorgang entstehen. Im allgemeinen ist gegen die Erzeugung falschen oder künstlichen Schmucks nichts einzuwenden, sofern die Produkte unter entsprechender Bezeichnung in den Handel gebracht werden. Betrug liegt jedoch vor, wenn eine minderwertige, wenn auch gut gelungene Nachahmung als echter Edelstein oder ein (in Europa erzeugter) synthetischer Edelstein nach Indien versendet und von dort als Naturstein verkauft wird, zumal der Preisunterschied zwischen den beiden letztgenannten Kategorien sehr erheblich ist. Während die *meisten* Imitationen durch einfache Methoden (z. B. Härtebestimmung durch den Ritzversuch mit einer Stahlfeile oder einem Mineral bestimmter Härte) von jedem Juwelier erkannt werden können, stellt die Erkennung *mancher* Erzeugnisse, insbesondere auch die Unterscheidung synthetischer und natürlicher Edelsteine mitunter eine schwierige Aufgabe dar, die der naturwissenschaftlichen Kriminalistik zufällt. In vielen Ländern gibt es deshalb besondere Anstalten für Edelsteinuntersuchungen (innerhalb Deutschlands in Berlin, Wien, Idar-Oberstein und neuestens in Frankfurt a. M.); bei der weiten Verzweigung dieses Spezialfaches kann hier nur auf die wichtigsten Gesichtspunkte und Methoden hingewiesen werden.

*I. Edelsteine.* a) *Nachahmungen aus minderwertigem Material.* Seit dem Altertum werden Glas und verschiedene Glaspasten zur Imitation von Edelsteinen verwendet (bereits *Plinius* hat mehrere Rezepte angegeben). Die modernen Glasimitationen kommen infolge größerer Härte und hoher Lichtbrechung (die z. B. durch Blei- oder Thalliumzusatz erreicht wird) den Eigenschaften der echten Steine näher (sog. „analysenfeste" Gläser); auch gelingt es mitunter, Gläser mit „Einschlüssen" zu erzeugen, die den fahnen- und wolkenförmigen Einschlüssen echter Steine ähnlich sind. Während jedoch bei diesen die Einschlußsubstanzen aus kristallisierten Mineralen oder aus Flüssigkeiten (mit oder ohne Gaslibellen) bestehen, zeigen die Glasimitationen reine Gaseinschlüsse. Auch besitzt eine in einem echten Stein eingeschlossene Gaslibelle meist eine Form, die den Kristallflächen des Minerals entspricht, was bei dem nichtkristallinischen Aufbau der Gläser niemals vorkommen kann. Glasimitationen sind daher zu erkennen: 1. an den abweichenden physikalischen Eigenschaften: geringere Härte (höchstens bis zum Härtegrad $6\frac{3}{4}$), anderes spezifisches Gewicht, schlechtere Wärmeleitung (daher fühlen sich die Gläser wärmer an, und beim Anhauchen bleibt der Dunstbelag länger erhalten als bei echten Steinen), andere Lichtbrechung, insbesondere niemals die Eigenschaften doppelbrechender Minerale (zur Bestimmung der Lichtbrechung dienen verschiedene optische Spezialinstrumente, wie der Total-

refraktometer und das Dichroskop, durch das der „Pleochroismus", d. i. die zweifache Farbwirkung bei manchen doppelbrechenden Steinen, beobachtet werden kann); 2. an den durch die andere chemische Zusammensetzung bedingten, abweichenden lichtchemischen Eigenschaften, insbesondere anderen Luminescenzerscheinungen im gefilterten Ultraviolettlicht, anderen Absorptionsbändern bei spektroskopischer Untersuchung und auch schon anderen Farbwirkungen bei Durchleuchtung mit verschiedentlich gefiltertem Licht einer normalen Lichtquelle (hierfür haben *Michel* und *Riedl* eine einfache, praktische Filterlampe konstruiert), schließlich auch an abweichenden Schattenbildern bei Durchleuchtung mit Rötgenstrahlen; 3. an der Verschiedenheit der „Einschlüsse", wie bereits oben beschrieben; bei älteren Glasimitationen fand man auch noch größere Gasblasen eingeschlossen, die bei guten Imitationen heute nicht mehr vorkommen. Die genauere Untersuchung von Einschlüssen erfordert die mikroskopische Betrachtung im polarisierten Licht bei gekreuzten Nicols, wobei man den Stein in eine Flüssigkeit mit möglichst ähnlicher Lichtbrechung legt; 4. an der chemischen Angreifbarkeit durch bestimmte Säuren, insbesondere der von manchem Juwelier gerne verwendeten „Ätztinte" (Fluorwasserstoff), die nur mit Vorsicht gehandhabt werden darf. Außer Glas wird auch Quarz, Opal, Chrysolith u. a. angegriffen, nicht aber Diamant, Korund, Beryll, Granat usw. b) *Dubletten,* d. s. aus zwei Teilen zusammengesetzte Steine; bei den „echten Dubletten" sind Ober- und Unterteil aus echtem Material (der Wertunterschied ergibt sich hier daraus, daß trotz gleichen Gesamtgewichtes bedeutend kleinere Steine verwendet werden), während bei den „halbechten Dubletten" auf einem echten Oberteil ein Unterteil aus Glas oder anderem minderwertigen Material aufgekittet oder heiß aufgeschmolzen wird (das letztere Verfahren verhindert die Lösung der Teile in heißem Wasser oder Alkohol). Es gibt aber auch zahlreiche unechte Dubletten, bei denen weder der Ober-, noch der Unterteil aus dem vorgetäuschten Material besteht. Durch Verwendung verschieden gefärbten Materials, einer farbigen Zwischeneinlage oder auch Füllung mit einer gefärbten Flüssigkeit können schöne Farbeffekte, die den echten Steinen nahe kommen, erzielt werden. Der „Teclasmaragd" ist z. B. eine Dublette aus farblosem Aquamarin (Beryll) als Ober- und Unterteil mit einem dazwischen eingekitteten, grün gefärbten Plättchen; er darf daher nicht als „Smaragddublette" verkauft werden, weil kein Teil echter Smaragd (= grüner Beryll) ist. Eine Dublette aus rotem Granatoberteil und grünem Glasunterteil zeigt das Blau feiner Kaschmirsaphire; sie darf somit nur als Granatdublette oder als Saphirimitation, aber nicht als Saphirdublette bezeichnet werden. Zu erkennen sind Dubletten bei mikroskopischer Untersuchung der Rondiste, an der die beiden Teile zusammenstoßen, ferner an der Farbstoffverteilung und der Lichtbrechung von Ober- und Unterteil bei Betrachtung in möglichst gleichbrechender Flüssigkeit (Teclasmaragde erscheinen dann z. B. bei seitlicher Betrachtung im Ober- und Unterteil farblos, während dazwischen ein dunkler Streifen liegt). Halbechte Dubletten sind auch an den abweichenden physikalischen Eigenschaften des Unterteils, insbesondere seiner geringeren Härte zu erkennen. c) *Synthetische Steine.* Durch das *Verneuil*sche Schmelzverfahren kann seit der Jahrhundertwende der Korund und der Spinell in industriell verwertbarer Weise künstlich hergestellt werden, so daß sich die fabrikmäßige Produktion lohnt. Die künstliche Erzeugung von Diamanten und Smaragden ist zwar ebenfalls schon seit langem theoretisch gelungen, doch stand die Kostspieligkeit des Verfahrens nicht im Verhältnis zu den kleinen Kristallen, die man erhielt; erst in den allerletzten Jahren kann man bereits auch synthetische Smaragde in verschleifbaren Kristallen darstellen, doch ist das Verfahren noch immer kostspielig. Die synthetischen Korunde können je nach der Art des verwendeten Farbstoffes verschieden gefärbt sein und kommen dadurch nicht bloß als rote und blaue Korunde (Rubine, Saphire), sondern z. B. auch als „synthetischer Alexandrit" in den Handel, was zu Irrtümern Anlaß geben kann (ein solcher grüner Korund verfärbt sich naturgemäß nicht — wie der echte Alexandrit — bei künstlichem Licht ins Braunrot); hingegen vermag ein grün gefärbter synthetischer Spinell, der ebenfalls bei künstlichem Licht braunrot erscheint, einen echten Alexandrit vorzutäuschen. Auch die „synthetischen Aquamarine" des Handels sind meist nur aquamarinfarbene synthetische Spinelle. In diesen letzteren Fällen ist die Feststellung schon aus den physikalischen Eigenschaften des vorliegenden künstlichen Steines möglich, so daß z. B. die Unterscheidung eines echten Alexandrits von einem grünen synthetischen Spinell verhältnismäßig leicht ist. Hingegen ist die Unterscheidung von Naturkorunden und synthetischen Korunden zwar in vielen Fällen ebenfalls mit Sicherheit zu treffen, in manchen Fällen hingegen nur schwer möglich. Wichtig ist hierbei die Untersuchung der Farbstoffverteilung innerhalb des Steines, die oft nicht vollkommen homogen, sondern streifenförmig ist; während nun bei Natursteinen diese Anwachsstreifen parallel zu den Flächen des Naturkristalls und somit völlig *geradlinig* verlaufen, folgen sie bei den synthetischen Steinen der gekrümmten Oberfläche des tropfenförmigen Gebildes, das im *Verneuil*schen Schmelzapparat entsteht, und sind daher selbst ebenfalls *gekrümmt*. Zur Unterscheidung dient auch die genaue mikroskopische Untersuchung der „Einschlüsse" im polarisierten Licht; so kommen z. B. Flüssigkeitseinschlüsse in gesetzmäßiger Einlagerung, die durch das langsame Wachstum der Kristalle in größeren Zeiträumen entstehen, nur bei Natursteinen, nicht aber bei den in wenigen Stunden hergestellten synthetischen Steinen vor. Ebenso können z. B. Rutilnädelchen, die in einem Rubin oder Saphir gesetzmäßig nach dem Kristallbau des Steines eingelagert sind, als sicheres Merkmal eines Natursteines dienen — aber nicht jeder fragliche Stein enthält solche kennzeichnenden Einschlüsse (von solchen Einschlüssen hängt vielfach die „Seide" und der „Schmelz" des Steines ab). Auch die Luminescenz in Kathoden-, Röntgen- und ultravioletten Strahlen kann zur Unterscheidung von Natur- und synthetischen Steinen herangezogen werden, doch ist hier besondere Vorsicht geboten, da einerseits die Natursteine aus verschiedenen Fundorten Unterschiede in den Luminescenzerscheinungen aufweisen und andererseits bei der Fabrikation synthetischer Steine durch kleine Änderungen der Farbstoffzusammensetzung immer neue Variationen hinsichtlich der Luminescenzwirkung auftreten können. Die marktfähigen synthetischen Smaragde, deren Herstellung in letzter Zeit gelang, leuchten in gefiltertem Ultraviolett rotbraun, während die Natursteine im Auflicht violett, im Durchlicht grün erscheinen; bei der röntgenographischen Untersuchung zeigen die synthetischen Steine einen stärkeren Röntgenasterismus. d) *Verfälschungen der Farbe und anderer Werteigenschaften echter Steine.* Der Edelsteinkunde sind mannigfache Methoden (Erwärmen, Bestrahlung mit verschiedenen Strahlenarten u. a.) bekannt, um jene Eigenschaften der Steine, von denen ihr Wert abhängt, zu verbessern oder (z. B. bei Nichtbeständigkeit der Naturfarbe)

wieder hervorzurufen. Betrügerisch sind solche Manipulationen dann, wenn sie das handelsübliche Maß übersteigen und dem Käufer verschwiegen werden; hierher gehört z. B. die Färbung mit Anilinfarben, die von manchen Steinen (wie Chalcedon, Opal, Türkis u. a.) gut aufgenommen wird. Solche Färbungen sind nicht beständig, sie verändern sich bei Einwirkung von Wasser, Licht, Ammoniak usw. Zur Färbung von Quarzen erhitzt man den Stein vor Einlegen in die wässerige Farbstofflösung, wodurch diese in die sich bildenden feinsten Sprünge des Steins eindringt und für das freie Auge den Eindruck einer einheitlichen Färbung ergibt (sog. „Craquelé"). Auch andere Färbungsmethoden auf chemischem Weg kommen vor (z. B. Behandlung des Chalcedons mit Blutlaugensalz und Eisensalzlösungen, wodurch sich in den feinsten Hohlräumen des Materials Berliner Blau bildet; auf diese Weise kann ein ursprünglich rötlicher Nunkirchner Jaspis als deutscher Lapislazuli ausgegeben werden). Entfärbungen sind ebenfalls möglich; so wird z. B. hellbrauner Zirkon durch Erwärmung über 300° farblos und, da sich auch sein Glanz erhöht, Brillanten ähnlich; irreführend aber ist es, solche Steine als „Maturadiamanten" zu verkaufen. Bei Steinen, zu deren Werteigenschaften baumähnliche Zeichnungen gehören, werden auch diese oft künstlich hervorgerufen (z. B. durch Auftragen von Silbernitrat in der gewünschten zeichnerischen Verteilung und nachträgliches Einwirken von Sonnenlicht). Andere Methoden, um nicht vorhandene Werteigenschaften vorzutäuschen, bestehen insbesondere im Unterlegen des Steines, wenn dieser sich in geschlossener Fassung befindet. Dunklere Flecken im Stein lassen sich z. B. dadurch ausgleichen, daß an diesen Stellen der Boden der Fassung heller gehalten wird. Durch Einlegen von Folien aus Staniol, mit Spirituslack gefärbt, läßt sich die Farbe des Steins beliebig vertiefen oder eine ungleichmäßige Färbung ausgleichen oder auch das irisierende Farbenspiel gewisser Steine steigern. Ist der Stein frei gefaßt, so kann doch die Unterseite des Steines mit einem hauchdünnen, durchsichtigen Farbenlack überzogen werden. Auch das Einreiben des Seitenrandes mit färbigem Puder vermag die Lichtreflexion zu beeinflussen. Durch Herausnehmen des Steines aus der Fassung und Einlegen in heißes Wasser oder Behandlung mit Alkohol, der die meisten Lacke löst, sind diese Manipulationen leicht nachweisbar.

*II. Steinähnliche Gebilde organischer Herkunft.*
1. *Perlen.* a) *Imitationsperlen.* Während alle echten Perlen aus radial geschichtetem, natürlich gewachsenem Perlmutter bestehen und dadurch (infolge des Übergreifens der einzelnen Lagen von Aragonitlamellen) eine mikroskopisch feine Maserung der Oberfläche zeigen, bestehen die Perlenimitationen entweder aus hohlen Glaskugeln, die im Innern mit einer irisierenden Substanz ausgekleidet sind, oder aus massiven Kugeln aus Perlmutter, Celluloid oder Cellit, die mit einer irisierenden Substanz überzogen sind. Für diese Substanz wird in beiden Fällen ein Extrakt aus den Schuppen von Süßwasserfischen, vermischt mit Gelatin, verwendet („Perlenessenz"). Französische Glasperlen aus besonders dünnwandigem, etwas opalisierendem Glas, die nach Ausschwenkung mit Perlenessenz noch mit Wachs ausgegossen werden, sind auch als „echte Wachsperlen" bezeichnet worden. Die massiven Imitationen mit Perlenessenzüberzug sehen neu noch natürlicher aus, doch ist ihre Haltbarkeit geringer, da der Überzug beim Tragen der Perlen leidet; in diese Gruppe gehören auch die sog. Teclaperlen. Bei massiven Perlen kann man den irisierenden Überzug auch durch rhythmische Fällungen von

Gelatineschichten erzeugen (Verfahren nach *Liese-gang*). Ein einheitliches Erkennungsmerkmal aller Perlenimitationen ist bei mikroskopischer Untersuchung der Oberfläche das Fehlen der erwähnten eigenartigen Wachstumsmaserung, die in einer zarten Zeichnung reihenweiser Schlangenlinien besteht. b) *Gezüchtete Perlen*. Während die in den 90iger Jahren zuerst aufgetauchten „Japanperlen" nur aus einer gezüchteten Halbkugel bestanden, die durch eine künstliche Halbkugel aus Perlmutter ergänzt waren, werden seit 1921 komplette kugelförmige Perlen, die durch Zucht gewonnen wurden, aus Japan exportiert (nach dem Erfinder des Verfahrens auch *Mikimoto*perlen genannt). An den dreijährigen Tieren der Perlmuschel (Margaritana margaritifera und ihre Spielarten) wird die Operation vorgenommen, bei der in den Mantel einer Muschel ein „Perlsack" eingefügt wird, der aus abgezogenen Hautstücken eines anderen Muscheltieres mit einem eingebetteten Perlmutterkügelchen besteht. Durch die Anwesenheit der um die Perlmutterkugel herumgelagerten sekretierenden Epithelzellen wird das Wachstum der sich nun bildenden Perle angeregt; dieses braucht, damit sich schöne Perlen bilden, etwa sieben Jahre, während der die Muscheltiere vom Züchter unter sehr günstigen Lebensbedingungen gehalten werden. Selbstverständlich zeigen auch die so gewonnenen Perlen gleich den zufällig entstandenen die charakteristische Wachstumsmaserung der Oberfläche; ihre Qualität und dadurch ihr Wert ist jedoch sehr verschieden und hängt insbesondere von der Dicke der Perlmutterhülle ab, die sich nach der Operation um den Kern gebildet hat. Hat z. B. der Züchter nicht entsprechend lang warten wollen, so ist die Hülle sehr dünn, und die Farbe der Perle spielt mehr ins Graue. Es gibt aber auch große Zuchtperlen mit ganz kleinem Kern, die an Schönheit der zufällig gewachsenen Perle völlig gleichkommen; auch kann man als Kern eine kleine zufällig gewachsene Perle verwenden (was sich jedoch in der Praxis der Perlenzüchterei nicht eingebürgert hat), und es ist auch gelungen, kernlose Perlen durch bloße Übertragung von Hautzellen zu züchten. Hier liegt bereits ein Grenzfall vor, da durch die Operation nur die Bildung einer Perle, wie sie auch sonst zufällig entsteht, begünstigt wird. Zur Unterscheidung, ob eine zufällig entstandene oder gezüchtete Perle mit Perlmutterkern vorliegt, dienen verschiedene Methoden: die mikroskopische Untersuchung, bei der die Perle sowohl von unten durchleuchtet als auch im schrägen Auflicht untersucht wird (*Michel* und *Riedl* haben hierfür ein binokulares „Perlometer" konstruiert); die Prüfung der Drehtendenz im Felde eines starken Elektromagneten (gezüchtete Perlen mit Perlmutterkern zeigen in der von *Stenger* und *König* für das Verhalten von Kristallen in Magnetfeldern konstruierten Aufhängevorrichtung einen ähnlichen Drehungseffekt wie eine Kugel aus einem einzigen Aragonitkristall); die Untersuchung der Innenwand des Bohrkanals mit eingeführten stiftförmigen Spiegeln; schließlich die Untersuchung mit Röntgenstrahlen, bei der auf spektographischem Weg die Existenz eines Perlmutterkerns festgestellt werden kann. Diese Methoden gehen vielfach von dem Umstand aus, daß ein größerer (gedrechselter) Perlmutterkern aus parallelen Schichten aufgebaut ist, während die zufällig entstandenen Perlen einen radialen Aufbau besitzen; beim Drehen einer Naturperle bleiben daher die Reflex-, Schatten- und sonstigen Erscheinungen in allen Durchleuchtungsrichtungen gleich, während sie sich bei gezüchteten Perlen je nach der Lage der Schichte des Perlmutterkerns ändern. Hingegen zeigen die Unterschiede der Luminescenzerscheinungen im ultravioletten

Licht wohl die Verschiedenheit der Herkunft der Perle an, aber ermöglichen nicht eine Trennung japanischer gezüchteter Perlen von zufällig entstandenen Perlen aus Japan. Je kleiner der Kern einer gezüchteten Perle ist, desto schwieriger ist der Nachweis ihrer Entstehungsart. In Grenzfällen werden bei größeren Perlensendungen Dünnschliffpräparate stichprobenweise von einer zu opfernden Perle herzustellen sein, die den inneren Schichtenaufbau der Perle vollständig wiedergeben; war aber der Kern einer durchbohrten gezüchteten Perle kleiner als der Durchmesser des Bohrkanals, so versagt naturgemäß auch diese Methode. Im Perlenhandel werden deshalb auch Perlen, die ohne Kern durch bloße Übertragung von Epithelzellen oder eines so kleinen Kerns gezüchtet werden, daß er die Größe eines primären Kerns einer zufällig gebildeten Perle nicht überschreitet, nicht als Kulturperlen bezeichnet, sondern den zufällig entstandenen Perlen gleichgehalten. 2. *Korallen*. Das meist rote Achsenskelett der am Meeresgrund lebenden Edelkoralle, eine hauptsächlich aus Calciumcarbonat bestehende Substanz, ist zur Herstellung von Schmuckstücken seit altersher begehrt und wird deshalb auch durch zahlreiche Ersatzstoffe imitiert (meist durch Galalith oder rot gebeizte Knochen, daneben kommen Imitationen aus Horn, Preßmassen aus Korallenbruch, Celluloid, Porzellan u. a. vor). Derartigen Falsifikaten fehlt die feine Streifung der Oberfläche echter Korallen, und bei der mikroskopischen Untersuchung eines Dünnschliffpräparates zeigt sich niemals die charakteristische Struktur der Korallensubstanz; meist genügt jedoch zur Unterscheidung die Bestimmung des spezifischen Gewichtes, das bei Galalith und Knochen geringer ist. Imitationen japanischer Korallen sind auch daran zu erkennen, daß sie gleichzeitig durchgefärbt sind, während die japanischen Korallen — im Gegensatz zu den italienischen und afrikanischen — ein weißes Zentrum besitzen. Unter „schwarzen Korallen" versteht man im Handel nicht etwa die (ebenfalls vorkommenden, aber nicht zu Schmuck verwerteten) schwarzen Abarten der Edelkoralle, sondern Produkte aus dem schwarzen Hornskelett von hauptsächlich im Roten Meer und Westindien lebenden Anthozoen, von denen wiederum die wertvollere Unterart, die Hornkorallen (Gorgonarien) — gegenüber den Dörnchenkorallen (Antipatharien) — als „echte" schwarze Korallen bezeichnet wird. Daneben kommen auch Imitationen solcher schwarzer Korallen vor, die aus Horn hergestellt werden. 3. *Bernstein*, eine Substanz aus fossilen, erhärteten Harzen, wird wegen seiner schönen goldgelben Farbe und Durchsichtigkeit ebenfalls von altersher zu Schmuckstücken verwendet und deshalb auch imitiert. Solche Falsifikate bestehen häufig aus Kopal, der jedoch schon einige Monate nach der Herstellung kleine Risse bildet und sich am einfachsten durch die Ätherprobe erkennen läßt (ein verdampfter Äthertropfen hinterläßt auf Kopal, nicht aber auf Bernstein einen matten Fleck); ferner aus Phenolkunstharzen, die für den Laien täuschend ähnliche Imitationen liefern, aber schon durch ihr größeres spezifisches Gewicht zu erkennen sind (in gesättigter Kochsalzlösung sinken sie, während Bernstein und auch Kopal auf ihr schwimmen). Auch Nachahmungen aus Kolophonium, Galalith, Celluloid und Glas, die seltener sind, können durch einfache Prüfung der Materialeigenschaften verhältnismäßig leicht erkannt werden; Galalith ist z. B. hornartig und nicht splitterig wie Bernstein. Auch der Umstand, daß mitunter in Bernsteinstücken Tier- oder Pflanzenreste fossil eingebettet sind (sog. Inklusen), wurde bereits wiederholt durch künstliche Einbettung in entsprechend ausgehöhlte Stücke nachgeahmt. Wird hierzu echter Bernstein verwendet, so ist der Nachweis gut gelungener falscher Inklusen mitunter nur durch eine langwierige Untersuchung zu erbringen.

Wegen der Gefährlichkeit des Betruges mit Edelsteinen und verwandten Produkten ist sowohl deren Verkauf an Jugendliche unter 18 Jahren als auch der Verkauf im Straßen- und Hausierhandel im Deutschen Reich verboten (G. vom 29. 6. 1926. RGBl. I, 321).

*Schrifttum.*

*Bauer, M.:* Edelsteinkunde. 3. Aufl., bearb. von *Schloßmacher,* Leipzig 1932. — *Ippisch, K., Michel, H., Riedl, G.:* Die Bedeutung des Verhaltens von Kristallen im Magnetfeld für nähere Entscheidungsmethoden zwischen zufälligen Perlen und Zuchtperlen. Dtsch. Goldschmiedeztg. **1926.** — *Loch, A.:* Artikel „Edelsteinbetrug". Handwb. d. Kriminologie, **I.** Berlin 1933. — *Michel, H.:* Die künstlichen Edelsteine. 2. Aufl. Leipzig 1926. — *Michel, H.:* Nachahmungen und Verfälschungen der Edelsteine und Perlen und ihre Erkennung. Graz 1926. — *Michel, H.:* Die optische und mikroskopische Untersuchung von Perlen. Juwelen- u. Uhrenztg. **1927.** — *Schieboldt, E.:* Vergleichende Untersuchung an natürlichen und synthetischen Smaragdkristallen. Z. f. Kristallographie **A 92,** 435 (1935). ***Seelig.***

**Ehrhardtsche Grüntafel** siehe *Schädlingsbekämpfungsmittel.*

**Eibe** siehe *Taxin.*

**Eihautstich** siehe *Fruchtabtreibung.*

**Einbalsamieren von Leichen.** (Vgl. auch Art.: Konservierung anatomischer Präparate.)

Das Einbalsamieren, das seinen Namen von den ehemals zur Erhaltung der bestatteten Leichen und Leichenteile verwendeten Harzstoffen führt, geschieht heute hauptsächlich durch Injektion fäulniswidriger Flüssigkeiten in die Gefäße der Leichen. Ende des vorigen Jahrhunderts war es noch üblich, in die Brust- und Bauchhöhle, ehe man die herausgenommenen Eingeweide in sie zurückbrachte, gepulverte Holzkohle einzustreuen und sie mit wohlriechenden trockenen Kräutern (spezies aromaticae) auszustopfen.

Auch heute noch muß man zwischen zwei Hauptverfahren unterscheiden, dem mit und ohne Eröffnung der Körperhöhlen. Für den Dauererfolg kann die gesonderte Behandlung der Eingeweide, die sich schließlich auch durch einen kurzen Schnitt in der Oberbauchgegend herausholen lassen, von Vorteil sein. In diesem Falle entfernt man den Darminhalt, spült den Darm mit konservierender Flüssigkeit, kann andere Eingeweide injizieren und sie dann wieder in die Körperhöhlen legen. Ist so verfahren worden, oder hat man eine sezierte Leiche einzubalsamieren, so müssen ohnedies Kopf und Gliedmaßen einzeln von den Gefäßen aus gefüllt, und es müssen Rumpfwände und Hals durch Einspritzen konservierender Flüssigkeit ins Gewebe schrittweise behandelt werden. Das macht natürlich mehr Mühe, und es geht auch sehr viel Konservierungsflüssigkeit von den Schnittflächen verloren, was die Kosten beträchtlich erhöht. Dieser Mehraufwand an Mühe und Kosten ist einer der Hauptgründe, daß in Nordamerika, wo auch Verstorbene aus mittleren Ständen einbalsamiert werden, die pathologischen Anatomen so sehr unter Leichenmangel leiden. Denn die Einbalsamierer, die eine eigene Gilde bilden, wollen die Leichen möglichst unseziert bekommen, weshalb die Leichenbestattungsunternehmungen die Hinterbliebenen sofort bereden, gegen die Leichenöffnung Einspruch zu erheben (*Kolmer* und *Boerner*). Übrigens kann das Ergebnis auch bei sezierten Leichen befriedigend sein. Man achte nur bei der Leichenöffnung, daß man die Leiche nicht zu sehr zerschneide und unnötigerweise größere Gefäße anschneide und vor allem, daß man die Carotiden nicht zu hoch oben abtrenne oder eröffne. Bei gutem Erhaltungszustand der Leichen genügt es, wenn man

vor dem Einspritzen in die Gefäße den Darm vom After her mit körperwarmem Wasser gut ausspült und dann eine größere Menge 10%igen Formalins einlaufen läßt. Gelingt es, eine Schlundsonde in den Magen einzuführen, so wird das Eingießen von Formalin das Ergebnis noch weiter bessern. So wird es am anatomischen Institut in Innsbruck bei Prof. *Sieglbauer,* dem der Verfasser Belehrung auf diesem Gebiet dankt, gehalten. Das Wichtigste für den Erfolg ist der Erhaltungszustand der Leiche. Man soll deshalb, wo eine Einbalsamierung gewünscht wird, nach dem Tode nicht lange damit warten, besonders nicht bei alten Leuten. Eine frische Leiche kann man von *einer* einzigen großen Schlagader aus injizieren, wobei natürlich eine entsprechende Menge auch stromabwärts eingespritzt werden muß. Es ist jedoch zweckmäßig, auch eine größere Blutader zu eröffnen, damit möglichst viel Blut abfließen kann. Durch entsprechendes Einbinden der Kanüle überzeugt man sich noch, ob auch die kleinen Gefäße durchspült werden. Sobald reichliche Injektionsflüssigkeit mitkommt, wird der Abfluß gesperrt. Ein Durchspülen mit Wasser oder Kochsalzlösung ist durchaus zu widerraten. Zweifellos bleibt zuviel davon in Gefäßen und Geweben zurück, die dann faulen. Weiter soll man möglichst wenig Luft einspritzen, um sich nicht durch Luftembolien größere Bezirke zu versperren. Beschränkt man sich auf das Einspritzen von einer großen Schlagader — am häufigsten wird dazu die Schenkelschlagader benützt —, so braucht man, um alle Gefäße zu füllen, sehr viel Flüssigkeit. Dadurch wird die Leiche aufgeschwemmt, und es können Kopf und Hals völlig verunstaltet werden. Den Hinterbliebenen kommt es aber zunächst auf das Aussehen des Toten bei einer öffentlichen oder länger währenden Aufbahrung an. Besser ist der Erfolg auch hinsichtlich der Dauerwirkung, die bei Leichenüberführungen über See schon eine größere Rolle spielt, wenn man von den Halsschlagadern, den Achsel- und den Schenkelschlagadern gesondert und nach beiden Richtungen einspritzt. Auch in diesem Falle ist es gut, Venen zum Abfluß des Blutes eine Weile offen zu halten. Für die Behandlung der einzelnen Körperteile kann man eine Spritze benützen. Sonst ist wegen der Gefahr, durch zu großen Druck Gefäße zu sprengen, eine Spülkanne (Irrigator) in 1—2 m Höhe vorzuziehen. Sind die Schlagadern sehr brüchig, so kann man auch von großen Blutadern aus einspritzen. *Kolisko* hat vorerst in den Kopf von den Halsschlagadern aus eine verhältnismäßig kleine Menge konzentrierten Formalins eingespritzt. Meist reicht auch bei geöffneten Blutadern ½ Liter. Merkt man, daß das Gesicht sich füllt (Achtung auf die Lider!), so muß man innehalten. *Kolisko* hat dann die Kanülen gesperrt und wenigstens ½ Stunde gewartet (*Birch-Hirschfeld* [nach *Küchenmeister* S.346] wartete bei Anwendung von Sublimatalkohol 12 Stunden und mehr). Meist erkennt man schon an der Haut, daß der Kopf gehärtet ist und braucht nicht mehr zu fürchten, daß größere, von anderen Schlagadern herzwärts eingespritzte Flüssigkeitsmengen ihn aufdunsen. Auch bei den Gliedmaßen merkt man an der Festigkeitszunahme, wann es genug ist. Bei schlechtem Erhaltungszustand kann man dann in die Rumpfwände, den Hals und in die eröffneten Körperhöhlen immer noch Flüssigkeit einspritzen. (Um das Gehirn im uneröffneten Schädel zu erhalten, muß unbedingt auch in die Arteriae vertebrales eingespritzt werden.)

*Brosch* hat Leichen mit gutem Erfolg durch Einspritzungen ins Gewebe einbalsamiert. Er hat lange Hohlnadeln oder Kanülen mit Führungsstachel durch Nasenloch und Siebbeinplatte bis an die Innenseite des Schädeldaches eingestoßen und eine größere Menge gesättigten Formalins eingespritzt. Den ganzen Körper hat er nur von der Harnröhre aus eingespritzt, wobei er seine langen Kanülen durch den ganzen Rumpf und die Achselhöhlen an der Innen- und Beugeseite der Arme bis zu den Händen, in den Beinen an der Innenseite der Oberschenkel und der Rückseite der Unterschenkel bis zu den Füßen vorführte und überall entsprechende Mengen von Flüssigkeit ablagerte, besonders in den Achselhöhlen, in den Brusträumen und der Bauchhöhle.

Zum Konservieren sind das Beste Formalinlösungen in einer Stärke von 5 % (mit Ausnahme des Kopfes siehe oben!), wenn auch das Formalin die Haut etwas grau tönt. Als Lösungsmittel empfiehlt sich Wasser oder 70 %iger Alkohol. Vielfach wird eine kleine Menge von Glycerin bis zu $\frac{1}{2}$ % zugesetzt. Ein Zusatz von Kochsalz (10 %) beschleunigt nach *Brosch* die härtende Wirkung des Formalins. Weiters hält *Brosch* einen Zusatz von 5 % Carbolsäure für notwendig, um der Fäulnis vorzubeugen, zu der es hier und da auch in einbalsamierten Leichen kommt. Durch die Bildung von Ammoniak wird nämlich das Formalin zersetzt und seine Dauerwirkung aufgehoben. Salzzusätze zur Erhaltung der Farben, wie Acetate und Nitrate von Alkalien, spielen nur bei Anatomieleichen eine Rolle. Bei aufgebahrten Leichen wirkt ein wachsbleiches Gesicht am besten. Deshalb soll man auch Auftrag geben, den Kopf möglichst bald nach dem Tod hoch zu lagern. Das Schminken in Lebensfarben wirkt lächerlich, oft geradezu abstoßend. Aufgegeben sind Chlorzink, Sublimat und Arsenik. In Frankreich ist seit 1928 die Verwendung von Arsenik, Blei und Quecksilber zur Einbalsamierung verboten. Proben des Einbalsamierungsmittels müssen aufbewahrt und der chemischen Analyse unterzogen werden (*Duvoir*).

Erwähnung verdient noch ein von *Pietri* mitgeteiltes Verfahren, das in Spanien erprobt sein soll und deshalb vom Verfasser als spanische Methode bezeichnet wird. Es setzt einen dichtschließenden Glassarg voraus. Auf dem Boden des Sarges wird matratzenähnlich ein Sack gelegt, der gleich dem Kopfkissen mit einer Mischung von 5 kg Sägespänen und je $\frac{1}{2}$ kg Holzkohle, Pottasche, Campher und Naphthalin gefüllt wird. Dann werden Sack und Kopfkissen mit 2 $\frac{1}{2}$ Liter einer Mischung aus Thymol, Formol, Alkohol und Ac. benzoicum zu gleichen Teilen übergossen. Die Mengen sind für einen Erwachsenen berechnet. Darauf wird die entkleidete Leiche auf die Unterlage in den Sarg gelegt und dessen Deckel luftdicht verschlossen. Das Verfahren soll auch noch bei vorgeschrittener Fäulnis befriedigende Ergebnisse liefern, wobei die Dunsung (laut einer Erfahrung *Pietris* nach drei Tagen) und die Fäulnisfarbe vollkommen zurückgehen sollen. Die Kosten von Glassärgen dürften einer allgemeineren Anwendung hinderlich sein, für die meisten Fälle wohl auch die lange Dauer der Behandlung. Auch durch die Einbalsamierung lassen sich Leichen, wenn man sie nicht beständig weiter behandelt oder dicht abgeschlossen in Flüssigkeiten hält, nicht unverändert erhalten. In feuchter Luft ist das Verschimmeln, in trockener der Feuchtigkeitsverlust und die Vertrocknung (Mumifikation) nicht hintanzuhalten. Letzteres ist dem Verschimmeln vorzuziehen, da der Schimmel mit der Zeit die Haut zerstört. Dem Zerstörungswerk von Motten und anderen, Trockenkost liebenden Insekten läßt sich steuern, indem man in den betreffenden Sarg oder Schrank ein Fläschchen mit Schwefelkohlenstoff stellt, durch dessen gebohrten Kork man ein Glasröhrchen steckt. Wegen der Entzündlichkeit der Dämpfe darf man vor Lüftung nicht mit Feuer oder offenem Licht nahe kommen.

*Schrifttum.*

*Birch-Hirschfeld:* Nach *Küchenmeister.* — *Brosch:* Ein neues Leichenkonservierungsverfahren. Z. Heilk. **1903**, Abt. Path. Anat. 304. — *Duvoir:* Le décret du 15 mars 1928 réglementant les inhumations, incinérations, embaumements, moulages et autopsies. Ann. Med. lég. etc. **9**, 77 (1929); Ref. Dtsch. Z. gerichtl. Med. **14**, 54. — *Kolmer* and *Boerner:* Studies in embalming fluids in relation to necropsies. J. Labor. a. clin. Med. **11**, 608 (1926); Ref. Dtsch. Z. gerichtl. Med. **8**, 491. — *Küchenmeister:* Die verschiedenen Bestattungsarten menschlicher Leichname vom Anfang der Geschichte bis heute. Vjschr. gerichtl. Med. N. F. **42**, 324—351 (1885); **43**, 79—129 (1885); **44**, 388—411 (1886); **46**, 381—408 (1887); **49**, 84—104 (1888). — *Pietri:* Méthode de conservation et d'embaumement des cadavres par simple pénétration de gaz antiputrides dans l'organisme et sans introduction d'aucun liquide dans les vaisseaux sanguins. Ann. Méd. lég. etc. **10**, 578 (1930); Ref. Dtsch. Z. gerichtl. Med. **16**, 350. — Außerdem *Pernkopf:* Technik und Herstellung anatomischer Präparate. Methodik d. wissensch. Biologie **I**, 1170 (1928). *Meixner.*

## Einbruchswerkzeuge.

Wollte man eine umfassende Darstellung der zu Einbrüchen verwendeten Werkzeuge geben, so müßte man so ziemlich alle auch sonst gebrauchten Werkzeuge anführen, denn es liegt in der Natur der Sache, daß die benutzten Instrumente sehr verschiedenartig sein können und tatsächlich auch sind. Angefangen beim Spaten und der Picke, finden Hammer, Meißel, Brechstange, Bohrer, Säge, Feile, Messer, Glasschneider und Spezialwerkzeuge der verschiedensten Art bis zu den raffiniertesten Nachschlüsseln, die teilweise mit großer Sorgfalt hergestellt werden, Verwendung. Es kann nicht Aufgabe dieses Beitrages sein, alle diese Werkzeuge in ihren verschiedenen Abarten zu beschreiben, vielmehr werden nur einige besondere Werkzeuge angeführt. Da ist vor allem der *Dietrich* zu nennen. In seiner einfachsten Form besteht er aus einem Stück kräftigen Draht, das an einem Ende ein Stück rechtwinklig und am anderen Ende häufig wie bei einem normalen Schlüssel zwecks besserer Handhabe schleifenförmig umgebogen ist. Gewöhnlich führt der Einbrecher eine ganze Garnitur Dietriche der verschiedensten Form, die z. T. verstellbar sind, mit sich, um relativ einfache Schlösser damit zu öffnen. Zur Öffnung einfacher Sicherheitsschlösser, wie sie sich öfters an Wohnungstüren finden, verwendet der Einbrecher einen dünnen, weichen Bleistreifen, den er in das Schlüsselloch einführt, in Verbindung mit einem Dorn oder Schraubenzieher, mit dem er den Streifen im Schloß herumdreht. Oder er verwendet eine Art Schlüssel ohne Bart, der unten einen Schlitz besitzt, in den ein Stückchen Weichblei, das die Größe des vermuteten Schlüsselbartes besitzt, eingesteckt wird. Beim Drehen des so hergestellten Schlüssels werden die am Originalschlüssel entsprechenden Stellen ausgeschert, so daß das Schloß verhältnismäßig leicht geöffnet werden kann. Neuerdings sollen *Glimmer-* oder *Celluloidstreifen*, die die Form einer Ellipse haben, und 16 cm lang und 7 cm breit sind, zum Öffnen von Sicherheitsschlössern benutzt werden, deren Riegel am Ende abgeschrägt ist. Dieser Streifen wird zwischen Tür und Türbekleidung in der Höhe des Schlosses eingestoßen. Vermöge seiner ungewöhnlichen Biegsamkeit wird auf diese Weise die hintere Stelle der Riegelfläche getroffen. Durch gleichzeitiges Bewegen des Streifens nach unten und Drücken nach innen läßt sich dann das Schloß öffnen. Geschickten Einbrechern soll es gelingen, mit einem *Stück Holz* und *Bindfaden* Schlösser zu öffnen (*Groß*).

Schließlich sei darauf hingewiesen, daß manche Einbrecher sich einen Wachsabdruck des Schlüssellochs oder des Schlüssels machen und sich danach einen Nachschlüssel anfertigen.

Zum *Öffnen von Geldschränken* werden verschiedene Spezialwerkzeuge verwendet. Der *Shutter Cutter* hat Ähnlichkeit mit Neptuns Dreizack. Der mittlere Zacken trägt ein Gewinde, die beiden äußeren sind scharfe Meißel. Es wird zunächst mit einem geeigneten Bohrer ein kleines Loch, häufig in die Rückwand des Kassenschrankes, gebohrt, in dieses der das Gewinde tragende Zacken eingesetzt und der Shutter Cutter unter gleichzeitigem Andrücken gedreht, sei es mit einer Brustleiter oder mittels eines quer durchgesteckten Eisenstückes. Die Meißel schneiden dann im Laufe der Zeit ein rundes Loch in die Wand, durch das der Inhalt des Schrankes herausgeholt werden kann (*Groß*). Die *Maulstange* hat Ähnlichkeit mit der von Klempnern verwendeten Rohrzange. Sie besitzt einen beweglichen und einen festen Backen. Mit ihr wird die Stahlwand, nachdem vorher ein genügend großes Loch gebohrt und die Maulstange eingeführt worden war, aufgerissen und umgebogen (*Groß*). Ganz ähnlich wird mit dem *Knabber* gearbeitet. Er besteht aus einem an einer Eisenstange oder -rohr sitzenden Kopfstück, das ähnlich geformt ist, wie eine Blechschere, nur sind die Backen nicht beweglich. Der Zwischenraum stellt ein langes schmales Viereck dar. Im Gegensatz zur Maulstange besitzen die Backen scharfe Schneiden, mit denen die Kassenschrankwand wie mit einem Büchsenöffner aufgeschnitten bzw. aufgeknabbert wird. Schließlich sei darauf hingewiesen, daß der *Schneidebrenner*, der mit Wasserstoff oder Acetylen und Sauerstoff betrieben wird, zum Erbrechen von Kassenschränken Anwendung findet, angeblich auch der *Elektroschneider*, der die Lichtbogenhitze verwendet. Auch das *Goldschmidt*sche *Thermitverfahren* (Abbrennen eines Gemisches aus Aluminiumpulver und Eisenoxyd), das Temperaturen bis 3000° erzeugt, der kein Panzerschrank widersteht, soll Verwendung gefunden haben. Amerikanische Einbrecher haben sogar versucht, mit *Sprengstoffen* Tresors zu öffnen (*Groß*).

*Schrifttum.*

*Groß-Höpler:* Handb. für Untersuchungsrichter. München, Berlin und Leipzig 1922. — *Louwage:* Ein neues Mittel englischer Einbrecher zum Öffnen sogenannter Sicherheitsschlösser. Kriminalistik **1938**, 98. — *Nelken* und *Schneickert:* Der Einbrecher und seine Bekämpfung durch technische, polizeiliche und andere Maßnahmen. Potsdam 1920. — *Sobolewski:* Identifizierung eines Knabbers. Arch. Kriminol. **99**, 31.                *Klauer.*

## Eingebildete und simulierte Schwangerschaft. (Vgl. auch Art.: Diagnose der Schwangerschaft.)

Die *eingebildete Schwangerschaft* (grossesse nerveuse) ist als eine psychische Krankheit aufzufassen, gelegentlich auch als die Begleiterscheinung einer Geisteserkrankung wie einer Dementia praecox resp. Schizophrenie (*Hofstätter*), Paralyse (*Hunter*), Hysterie (*Kermauner* und verschiedene amerikan. Autoren). Es kommt ein Schwangerschaftswahn zustande oder eine Erwartungsneurose im Sinne *Kraepelins* (*Kehrer*). Sehr viel häufiger sieht man die Grossesse nerveuse bei älteren als bei jüngeren Frauen, und fast immer tritt die eigenartige Erkrankung zur Zeit des beginnenden Klimakteriums auf. Offenbar spielt der Wunsch nach einem Kinde eine große Rolle, so daß vor allem sterile Frauen betroffen werden. *Hüssy* hatte Gelegenheit, mehrere solcher Fälle zu beobachten:

Im *ersten* handelte es sich um eine 54 jährige Frau, der vor einigen Monaten der Mann gestorben war. Sie hatte kurz vor dessen Tode die Periode verloren und bildete sich nun ein, gravide zu sein. Sie ließ sich durch nichts von dieser Annahme abbringen. Weder die mehrfachen Untersuchungen noch der negative Ausfall der A. Z. R. ließen sie von dem Gedanken losreißen, es müsse sich doch um eine Schwangerschaft handeln. Hier spielte allerdings der Kinderwunsch keine Rolle mehr, denn die Frau hatte mehrere erwachsene Nachkommen.

Was sie zu der merkwürdigen Idee gebracht hatte, es liege eine Gravidität vor, ließ sich nicht mit Sicherheit eruieren. Erst als beim Termin keine Geburt erfolgte und auch in der Folgezeit alles ruhig blieb, glaubte schließlich die Patientin dann doch, daß sie sich getäuscht haben müsse. Der *zweite* Fall betraf eine 45 jährige Jungfrau, die zur Geburt auf die Abteilung eintrat, und die sich ebenfalls nicht überzeugen ließ, daß keine Gravidität vorhanden sei. Sie harrte noch mehrere Tage in der Anstalt aus, bis sie sich schließlich dazu entschließen konnte, nach Hause zu gehen. Die *dritte* Beobachtung betraf eine Mehrgebärende mit angeblicher Querlage und Armvorfall. Es wurde deswegen mitten in der Nacht die poliklinische Abteilung des Frauenspitals Basel angerufen. Beim Eintreffen des Arztes stellte es sich heraus, daß überhaupt keine Schwangerschaft vorhanden war. Was die Hebamme zu der Diagnose veranlaßt hatte, blieb unklar. Vermutlich hatte sie die etwas elongierte Portio vaginalis als den vorgefallenen Arm angesprochen. Im *vierten* Falle kam die angebl. Erstgebärende mit starken Preßwehen auf den Kreissaal und man erwartete die baldige Geburt. Zum größten Leidwesen der Frau mußte ihr nach der Untersuchung mitgeteilt werden, daß sie sich die Schwangerschaft nur eingebildet habe. Tränenüberströmt verließ die unglückliche sterile Patientin die Anstalt wieder.

In Amerika ist scheinbar die eingebildete Schwangerschaft häufiger als in unseren Gegenden, da vor allem Autoren jenseits des Ozeans über solche Beobachtungen referieren. *Browne* berichtet über eine 50 Jahre alte Frau, die sich nach einer vierjährigen Amenorrhoe schwanger glaubte und zur Zeit der vermeintlichen Geburt Wehentätigkeit empfand. *Earle* beschrieb eine solche falsche Gravidität sogar bei einer 66 jährigen Frau. Angeblich sollen eingebildete Schwangerschaften auch bei Tieren beobachtet worden sein (*Liepmann, Kantorowicz*). Sehr eigenartig ist vor allem die Feststellung, daß nicht nur die psychische Komponente eine Rolle spielt, sondern daß auch körperliche Veränderungen vorkommen, die denen bei einer echten Schwangerschaft absolut analog sind, die typische Facies, die Pigmentierungen, die Striae und akromegalieähnliche Symptome, wie sie ja für eine Gravidität typisch sind. Dadurch könnte man sich leicht täuschen lassen, um so mehr als gar nicht selten auch Colostrum nachgewieden werden kann und die Patientin subjektiv Kindsbewegungen wahrnimmt. Daß auch eine subjektiv empfundene Wehentätigkeit am errechneten Termin eintreten kann, wurde schon an Hand von konkreten Beispielen betont. Was aber fehlt, das ist die Vergrößerung des Uterus, ferner die Lividität und der objektive Nachweis von fetalen Teilen. Daß man aber vorsichtig sein muß, das geht daraus hervor, daß bei eingebildeter Schwangerschaft manchmal eine auffallende Fettvermehrung vorhanden ist und daß gelegentlich auch Geschwülste eine Rolle spielen. Die Periode bleibt in den meisten Fällen bei jugendlichen Personen nicht aus, ist aber bei den klimakterischen Frauen zum mindesten nicht regelmäßig oder fehlt oft seit längerer Zeit. Wenn es auch in selteneren, allerdings nur sehr seltenen Fällen vorzukommen scheint, daß trotz Gravidität regelmäßige, periodenartige Blutungen sich einstellen, so wird man doch mit der Diagnose auf Schwangerschaft sehr vorsichtig sein müssen, wenn keine Amenorrhoe besteht. *Hüssy* erlebte in dieser Hinsicht einmal eine wahre Komödie der Irrungen.

Eine junge Frau war zur Geburt ihres ersten Kindes von Mexiko nach Europa gefahren. Der Leibumfang hatte stark zugenommen, aber die Periode war nie ausgeblieben. Trotzdem hatte sie subjektiv die typischen Schwangerschaftserscheinungen. Nach Untersuchung stiegen Zweifel darüber auf, daß es sich wirklich um eine Gravidität handle. Die Röntgenaufnahme zeigte denn auch, daß kein Foet vorhanden war. Daraufhin Operation unter der Diagnose Ovarialcystom, welche bestätigt wurde. Glatter postoperativer Verlauf. Kurze Zeit nach der Heimkehr plötzlich starkes Erbrechen, so daß der Arzt einen Bridenileus vermutete. Die genaue Untersuchung ergab aber nun wirklich eine Gravidität, die offenbar sofort nach der Entlassung aus der Anstalt eingetreten war. Am normalen Termin wurde ein gesundes Mädchen geboren.

In Zweifelsfällen hat man es heutzutage viel leichter als früher, den wahren Sachverhalt aufzuklären, da man die A. Z. R. zur Verfügung hat, welche Reaktion nie unterlassen werden sollte, wenn man nicht sicher weiß, ob Schwangerschaft vorliegt oder nicht. Gegebenenfalls, namentlich bei der Differentialdiagnose gegenüber Tumoren, muß auch die Röntgenuntersuchung mitherangezogen werden. In Frankreich ist ein Arzt wegen Fahrlässigkeit verurteilt worden, weil er dies unterlassen hatte. Er hatte ein Myom diagnostiziert, riet zur sofortigen Laparotomie, und bei offener Bauchhöhle wurde er erst gewahr, daß eine Gravidität nahe dem Termin vorlag. Es wurde der Kaiserschnitt gemacht, aber die Frau ging bald nachher an Verblutung zugrunde. Es wurde dem Arzte vom Richter vorgeworfen, daß er nicht alle modernen Hilfsmittel der Diagnostik ausgeschöpft habe, was mit ein Grund gewesen sei, daß die Frau verstarb (*Prud'hon*). Daß gelegentlich die Frauen mit eingebildeter Gravidität Selbstmordideen äußern, ist bekannt. Es ist auch aus diesem Grunde eine dringende Notwendigkeit, daß die Sachlage möglichst bald aufgeklärt wird.

Forensisch kann natürlich eine Grossesse nerveuse in mannigfacher Hinsicht von Bedeutung sein, im allgemeinen spielt sie aber doch in dieser Beziehung keine überragende Rolle. Trotzdem muß alles daran gesetzt werden, daß die richtige Diagnose beizeiten vorliegt. Dem praktischen Arzte ist zu empfehlen, solche, meist verwickelte Fälle einem Spezialarzte oder einer Anstalt zuzuweisen, damit er entlastet ist. Wie aus dem Beispiel aus Frankreich hervorgeht, können Fehldiagnosen unter Umständen recht unangenehme Folgen zeitigen, die vermieden werden können, wenn das ganze moderne diagnostische Rüstzeug mitherangezogen wird. Es ist natürlich tief bedauerlich, wenn wegen eines angeblichen Tumors der Bauch geöffnet wird, und, wenn sich nachher eine gewöhnliche Schwangerschaft herausstellt, aber andrerseits kann auch das Gegenteil Schaden stiften, wenn nämlich eine Gravidität angenommen wird, und wenn man schließlich feststellen muß, daß eine Geschwulst vorliegt, evtl. sogar eine maligne. Deshalb erfordern solche Beobachtungen von eingebildeter, falscher Schwangerschaft eine ganz genaue Aufmerksamkeit, was vor allem auch schon wegen des psychischen Zustandes der Frauen angezeigt ist, die ihre Erkrankung nicht sofort verlieren, wenn man nach der Untersuchung erklärt, es liege keine Schwangerschaft vor, sondern die sich nur durch eine intensive Beobachtung davon überzeugen lassen, daß sie nicht in der Hoffnung sind. Vom psychologischen Standpunkte aus gesehen, ist die Grossesse nerveuse ein außerordentlich interessanter Zustand, der oft tiefe Schlaglichter auf das Innenleben der betr. Frauen wirft. Auch für den Psychoanalytiker dürften solche Fälle von großer Bedeutung sein. Es handelt sich, wie gesagt, um eine Krankheit des Gemütes, die nicht gar so leicht zu heilen ist, wie manchmal angenommen und vermutet wird. Jedenfalls muß sich der Arzt mit solch bedauernswerten Frauen sehr intensiv abgeben, wenn er ihnen helfen will.

Neben der eingebildeten Schwangerschaft kommt auch noch die *vorgetäuschte* oder *simulierte* Gravidität vor, bei welcher die betr. Frauen bewußt die Unwahrheit behaupten, meist aus erpresserischen Gründen oder zum Zwecke der nachherigen Kindesunterschiebung. Im allgemeinen sind solche Fälle selten, aber doch sind in dieser Hinsicht in der Geschichte vereinzelte aufsehenerregende Prozesse bekannt geworden (Prozeß *Tarnowska* usw.). Heutzutage wird es leichter sein als früher, solche Täuschungsmanöver zu entlarven, insbesondere mit Hilfe der A. Z. R., wenn nicht die gynäkologische Untersuchung ohne weiteres den Sachverhalt aufklären kann, was doch wohl meistens der Fall sein dürfte. Aus der Literatur seien einige einschlägige Beobachtungen angeführt:

Eine 50jährige Frau gab vor, schwanger zu sein und verlangte vom Liebhaber die Heirat. Dieser war aber nicht einverstanden und wurde dann auf Alimente verklagt. Unvorsichtigerweise entschied das Gericht auf Bezahlung. Die nachher angeordnete Genitaluntersuchung ergab einen senilen Uterus. Gravidität war nicht vorhanden (*Kehrer sen.*). Ein Mitte der Vierzigerjahre stehendes Fräulein behauptete, schwanger zu sein, weil sie einen älteren Herrn zu heiraten beabsichtigte und damit eine große Erbschaft zu ergattern hoffte. Amenorrhoe, Colostrum in den Brüsten, Lividität der Vagina und Weichheit des leicht vergrößerten Uterus veranlaßten *Kehrer jun.*, zunächst eine Gravidität tatsächlich anzunehmen. Einige Wochen später stellte sich dann aber der Irrtum heraus. Die Schwangerschaft war nur vorgetäuscht worden und zwar aus Habgier. In der Zwischenzeit war der Uterus nicht gewachsen und außerdem nur hart anzufühlen. Ein weiterer interessanter Fall stammt von *Hecker*. Eine Strafgefangene hätte gerne das Gefängnis mit der Entbindungsanstalt vertauscht und täuschte dadurch eine Gravidität vor, daß sie den Urin sehr lange zurückbehielt, so daß durch die übervolle Blase eine Vorwölbung der Bauchdecken entstand. Allerdings wurde das Manöver sehr bald durchschaut, und durch den Katheterismus war die simulierte Schwangerschaft rasch beseitigt.

Die sog. *Scheinschwangerschaft* kommt zustande durch die Persistenz des Corpus luteum, scheint aber ein seltenes Ereignis zu sein.

Auch das Gegenteil der eingebildeten Gravidität kommt ab und zu zur Beobachtung, nämlich die *Verkennung einer tatsächlich bestehenden Schwangerschaft* durch die betr. Frau. Das ist gar nicht so überaus selten, wie man annehmen könnte und natürlich von forensisch großer Bedeutung, wegen der Möglichkeit der hilflosen Geburt. *Hüssy* hat mehrere einschlägige Beispiele gesehen:

Einmal kam in die poliklinische Sprechstunde in Basel ein junges Mädchen mit seiner Mutter, da angeblich eine große Geschwulst im Bauche gewachsen sein sollte. Die Untersuchung ergab sofort eine Gravidität im 8. Monate. Das Mädchen wollte das absolut nicht glauben und war wie „aus den Wolken gefallen". Die Kindsbewegungen hatte es nie gespürt oder falsch interpretiert. Jedenfalls war seine Überraschung nicht gespielt, sondern durchaus echt. Es wollte sich nicht überzeugen lassen, und erst nach der Geburt kam es dann zu der Einsicht, daß eben doch eine Gravidität vorhanden gewesen war. Ein anderes Mädchen hatte nur selten die Periode, die oft monatelang ausblieb. Als nun eine Schwangerschaft eintrat, glaubte es wiederum an eine langdauernde Amenorrhoe und wurde dann plötzlich ahnungslos von der Geburt überrascht, bei der die Hebamme nicht zugegen war, da eben ein Partus nicht erwartet wurde. Die Kindsbewegungen waren in diesem Falle ebenfalls nicht wahrgenommen worden. *Hüssy* mußte vor Gericht zugeben, daß dies unbedingt im Bereiche der Möglichkeit liege. Immerhin wird in solchen Beobachtungen nur der Erfahrene einwandfrei entscheiden können, ob eine wirkliche Ahnungslosigkeit oder nur eine gespielte Täuschung vorliegt. Es kann aber keineswegs bestritten werden, daß eine Gravidität getragen werden kann, ohne daß die Trägerin etwas davon weiß. Forensisch ist das von allergrößter Bedeutung.

Schließlich ist noch darauf aufmerksam zu machen, daß offenbar auch *Spontanresorptionen von beginnenden Graviditäten* vorkommen können, worauf zuerst *Opitz* aufmerksam gemacht hat. Neuerdings haben auch *Fink* und *Meiffert* auf solche Möglichkeiten hingewiesen, die vor allem dann eintreten können, wenn das Sperma minderwertig ist oder wenn der männliche Partner von einer Krankheit, besonders von Diabetes befallen ist.

*Fink* erzählt folgende Beobachtung: Eine 17-jährige suchte ihn wegen Verdacht auf Gravidität auf. Schon zehn Tage nach Ausbleiben der Menses war Succulenz der Genitalien vorhanden und 9 bis 10 Wochen nachher war die Schwangerschaft papatorisch äußerst wahrscheinlich. Die A. Z. R. war zwar nicht direkt positiv, aber doch zweifelhaft. Später verkleinerte sich der Uterus und die A. Z. R. wurde jetzt deutlich negativ. Dem gleichen Manne passierte etwas Ähnliches mit einer andern gesunden Frau einige Jahre zuvor. Auch da war drei Monate die Periode ausgeblieben, und es bestand mit größter Wahrscheinlichkeit eine Schwangerschaft, die aber dann ebenfalls intrauterin abgebaut wurde. Der Spermabefund des betr. Mannes lautete folgendermaßen: Wenig Spermatozoen, meist unbewegliche, vereinzelt allerdings auch etwas bewegliche. Die schlechten Samenfäden hatten hier offensichtlich zum intrauterinen Fruchttod und zur Resorption des befruchteten Eies geführt.

Daß solche Beobachtungen natürlich forensisch eine gewichtige Bedeutung haben, dürfte ohne weiteres klar sein. Im ganzen sind sie immerhin selten, müssen aber gegebenenfalls in Betracht gezogen werden, insbesondere bei Verdacht auf kriminellen Abort. *Hüssy* hat ein einziges Mal einen solchen Fall gesehen, wo sehr wahrscheinlich eine Gravidität von drei Monaten bestanden hatte, die dann spontan resorbiert wurde. Es ist natürlich auch möglich, daß dieses Ereignis weit häufiger ist, als angenommen werden dürfte, nämlich bei ganz frühen Schwangerschaften, bei denen der Eischwund sehr rasch erfolgen könnte und dann einfach die Periode um einige Tage verspätet eintritt. Diese Möglichkeit ist zum mindesten nicht absolut von der Hand zu weisen. *Meiffert* äußert ebenfalls die Ansicht, daß es wohl ab und zu Frauen gebe, die als steril angesehen werden, aber gar nicht unfruchtbar sind, sondern nur die eingetretene Schwangerschaft sehr rasch resorbieren oder ausstoßen. Handelt es sich um sonst gesunde Individuen, so besteht zum mindesten der Verdacht, daß der Fehler im Sperma liegen könnte. Es wird sich also empfehlen, bei solchen Beobachtungen die Samenflüssigkeit des betr. Mannes ganz genau zu durchforschen. Das dürfte unter Umständen einmal auch in forensischer Hinsicht notwendig sein.

*Schrifttum.*

*Fink:* Verhandl. der nord-ost-deutschen Ges. f. Gyn. Zbl. Gynäk. **1938**, 24. — *Hüssy:* Der geb.-gyn. Sachverständige. Bern 1931. — *Kehrer:* Eingebildete Schwangerschaft. Handb. Seitz-Halban **VI**, 2. — *Kraepelin:* Lehrbuch der Psychiatrie. Leipzig 1903. — *Meiffert:* Die Bedeutung des männlichen Partners für den intrauterinen Fruchttod. Zbl. Gynäk. **1938**, 24. — *Mönch:* Studien zur Fertilität. Stuttgart 1903. — *Opitz:* Handb. der Frauenheilkunde. 5. Aufl. München 1927. — *Prud'hon:* Leçons Clinique Tarnier **1938**, 14. — (Weitere Literatur s. bei *Hüssy* und *Kehrer*.) **Hüssy.**

**Einschuß** siehe *Schußverletzungen.*

## Eisen.

Eine besondere praktische Bedeutung kommt den Vergiftungen mit Eisen — wie auch mit den in dieselbe Gruppe chemisch und toxikologisch gehörenden Mangan, Kobalt und Nickel — nicht zu; Untersuchungen von *Starkenstein* haben ergeben, daß nur die Ferroverbindungen giftig sind, Ferriverbindungen sind ungiftig; besondere Giftigkeit haben komplexe Eisenverbindungen vom Typus des Ferri- und Ferrocitratnatriums, in denen das Eisen Teil eines Anions ist. Eine Voraussetzung für das Zustandekommen einer oralen Eisenvergiftung ist aber, daß die betreffenden Ferroverbindungen resorbiert werden, ehe ihre Oxydation zur ungiftigen Ferriverbindung erfolgt. Dies ist in besonderem Maße beim Ferrochlorid der Fall, das lipoidlöslich ist und daher schon vom Magen aus rascher resorbiert werden kann. Ferrosulfat ist wegen der mangelhaften Lipoidlöslichkeit etwas weniger giftig. Unabhängig von diesen resorptiven Eisenverbindungen kommt bestimmten Eisensalzen auch eine lokale toxische Wirkung, nämlich Ätzwirkung zu, die aber nur bei den hydrolytisch gespaltenen Ferrisalzen (Ferrichlorid, Ferrisulfat u. dgl.) vorhanden ist, während den Ferrosalzen jede Ätzwirkung fehlt.

Bei den absichtlichen oder unabsichtlichen Beschädigungen durch Aufnahme von metallischem Eisen, Eisenfeilspänen, Steck- oder Nähnadeln, Nägeln, groben Eisenstücken, handelt es sich fast ausschließlich um eine mechanische Schädigung (s. d. Art.: Mechanische Gifte).

Mordversuche sind mehrere berichtet, gelungene Morde mit Eisenvitriol sowie Eisenchlorid sind nur wenige bekannt. Auch Selbstmorde sind vorgekommen und früher wiederholt auch Fruchtabtreibungen mitgeteilt worden. *Gewerbliche Schädigungen* durch Eisensalze sind äußerst selten, ebenso Vergiftungen durch Verwechslung mit Getränken sowie *medizinische Vergiftungen*. Schwere Schädigungen kamen durch Verwendung von Liquor ferri-sesqui-chlorati als Haemostypticum vor, so schwere Ätzungen durch Anwendung bei Wunden, in Uterus und Vagina, Tod nach Injektion in den Uterus. Die letale Dosis beträgt mehr als 30 g Eisenvitriol bzw. Eisenchlorid.

Die örtliche Wirkung der Eisensalze ist adstringierend bis ätzend, je nach dem Säureanteil; die stärkste Wirkung kommt dem Eisenchlorid zu, welches in gesättigter Lösung ein reines Ätzmittel ist, das sich in seiner Wirkung auf die Schleimhäute dem Wesen nach nicht von anderen Ätzgiften unterscheidet; Eisenvitriol (Ferrosulfat) hat öfter ohne lokale Ätzung zum Tode geführt. Die resorptive Eisenvergiftung der Ferroverbindungen äußert sich bei Anwendung genügend konzentrierter Mengen in Lähmungserscheinungen, die bei großen Dosen direkt, bei kleineren nach vorübergehender Erholung zum Tode führen. *Chronische Eisenvergiftungen* sind nicht bekannt. Die toxikologischen Erfahrungen des *Eisencarbonyl*, das als Zusatz zu Autobenzin Verwendung findet (Motalin), sind noch sehr beschränkt. Tatsache ist, daß Eisencarbonyl analog wie Nickelcarbonyl giftig ist und — infolge seiner Fettlöslichkeit — u. a. die Eigenschaften eines Nervengiftes entfaltet; sichere Beobachtungen darüber liegen noch nicht vor.

Zu den gewerblichen Schädigungen gehört die Siderosis der Lungen. Sie kommt infolge Einatmens von Eisen- oder Eisenoxydstaub bei Eisenarbeitern häufig vor. Husten und Bronchialkatarrh mit schwärzlichem Auswurf, der Phogocyten mit Eisenkörnchen enthält, ist die erste Folge, später mit zunehmender Induration des Lungengewebes tritt Dyspnoe und Cyanose, das Bild des Emphysems auf; resorptive Wirkungen sind nicht beschrieben.

*Schrifttum.*

*Erben: Dittrichs* Handb. der ärztl. Sachverständigentätigkeit. Wien 1909. — *Flury-Zangger:* Lehrbuch der Toxikologie. Berlin 1928. — *Starkenstein-Rost-Pohl:* Toxikologie. Berlin u. Wien 1929. — *Starkenstein:* Arch. f. exper. Path. **118**, 131 (1926); **127**, 101 (1927); **134**, 274—316 (1928). **Szekely.**

**Eisenbahnunfall** siehe *Tod und Gesundheitsbeschädigung infolge Verletzung durch stumpfe Gewalt; Verkehrsunfall.*

**Eiterflecke** (= E.).

Zur Untersuchung auf E. werden dem Gerichtsarzt und Sachverständigen Kleider und Gegenstände zumeist in Zusammenhang mit Sittlichkeitsverbrechen, Ehebruch u. dgl. vorgelegt, gelegentlich zur Ermittlung der Identität, der Herkunft von einer bestimmten Person, übergeben. E. erscheinen in Stoffen gewöhnlich als matte Flecken von gelblicher Farbe. Bei der Untersuchung mit der Analysenquarzlampe fehlt in der Regel ein deutliches Aufleuchten. Flecken von Trippersekret unterscheiden sich beim Anblick mit freiem Auge nicht von andern Eiterflecken. Die Unterscheidung ist mikroskopisch und durch den Gonokokkennachweis zu treffen. Zur Untersuchung kratzt man am besten Teilchen ab oder schneidet Stoffstückchen und Fasern aus dem Fleck, weicht sie in physiologischer Kochsalzlösung auf und untersucht mikroskopisch nach Zellbestandteilen, weißen Blutkörperchen und andern zelligen Beimengungen. Zusatz von Essigsäure zum Macerat bringt die Zellstrukturen und die Kerne im Nativpräparat besser zur Darstellung. Auch die bakteriologische Untersuchung ist zu versuchen. Auch der Kulturversuch kann angesetzt werden, wenngleich die Aussicht, in den Kulturen Gonokokken nachzuweisen, gering ist. Günstiger ist der Impfversuch zum Nachweis von Tuberkelbacillen aus E.

Über den gelungenen Gonokokkennachweis im gefärbten Ausstrich aus Flecken berichten *Haberda, Ipsen, Kratter* sowie *K. Reuter. Haberda* weist auf den Zerfall der Leukocyten in E. hin, so daß oft nach Tagen oder Wochen nicht mehr mit Sicherheit durch Färbung zu ermitteln ist, ob die gefundenen Kokken in oder außerhalb der Zellen liegen. *Lorch* hat auf Anregung von *Karl Reuter* Fleckenmaterial systematisch untersucht und dabei noch nach Wochen und Monaten den Gonokokkennachweis erbracht. Bei sehr kleinen und dünnen Flecken konnte, wie schon *Haberda* berichtet, der Gonokokkennachweis nicht immer geführt werden, obwohl im frischen Eiter Kokken enthalten waren. Der negative Ausfall muß daher wohl mit Vorsicht gewertet werden. Der Vorgang der Untersuchung ist folgender: Maceration des E. mit destilliertem Wasser, dann Entfernen der Stoffteilchen aus der Flüssigkeit, Ausschleudern, Entnahme des am Boden abgesetzten Eiters, Ausstreichen auf Objektträger, Behandeln der Ausstriche nach den üblichen Färbemethoden. An das Gonokokkenfärbeverfahren ist noch die Gramfärbung anzuschließen. Empfohlen wird auch die von *Neißer* angegebene Färbung nach *Pappenheim-Gram:* Färben 3 Minuten in Karbolgentianaviolett, dann Nachbehandeln mit *Lugol*scher Lösung wie bei der Gramfärbung und Differenzieren in absolutem Alkohol. Dann 3 Minuten mit Methylgrünpyronin unter leichtem Erwärmen der Objektträger färben, mit Wasser abspülen und trocknen. Bei dieser Färbung erscheinen die Gonokokken leuchtend rot, alle anderen gram-positiven Bakterien erscheinen schwarzblau. Diese Methode wird auch von *Lorch* für gerichtlich-medizinische Zwecke besonders empfohlen. Die Untersuchung anderer E., die von Fu-

runkeln, Beingeschwüren, eitrigen Wunden usw. herstammen, wird wohl selten gefordert. Auch in solchen Fällen kommt der Nachweis von Eiterzellen und der bakteriologische Befund in Frage. Zur Prüfung, ob der vorliegende Fleck von menschlichem Sekret herstammt, führt man in üblicher Weise die *Uhlenhuth*sche Präcipitinreaktion aus. Auch der Gruppennachweis kann ähnlich wie bei Blutflecken bei E. versucht werden. Neben Sekret aus alten Wunden verdienen auch verspritzte und angetrocknete Teilchen aus frischen Wunden kriminalistisch Beachtung, wie folgende Erfahrungen zeigen: So fand *Meixner* am Rockkragen eines der Tat Verdächtigen angetrocknete Gewebsstückchen, die sich bei der histologischen Untersuchung als Kleinhirnspritzer erwiesen. *Weimann* entdeckte am Hemd eines Täters Pigmentepithel vom Augenhintergrund des durch Schuß getöteten Opfers.

*Schrifttum.*

*Finger, Ghon* u. *Schlagenhaufen:* Über die Empfindlichkeit der Gonokokken gegen Austrocknung. Arch. f. Dermat. **28** (1894). — *Fraenckel, P.:* Der Nachweis von Eiterflecken. Lochtes Handb. d. gerichtsärztl. u. polizeiärztl. Technik 260, Wiesbaden 1914. — *v. Hofmann-Haberda:* Lehrbuch der gerichtl. Medizin. Berlin und Wien 1927. — *Lorch, H. V.:* Über den Gonokokkennachweis in gerichtlich-medizinischer Beziehung speziell in Hinsicht auf die Diagnosestellung auf Grund der Untersuchung von Sekretflecken. Inaug.-Diss. Hamburg 1929. — *Meixner, K.:* Nachweis versprizter Kleinhirnsubstanz auf einem Kleidungsstück. Vjschr. gerichtl. Med. **47**, Suppl. 193 (1914). — *Reuter, K.:* Naturwissenschaftlich-kriminalistische Untersuchungen menschlicher Ausscheidungen. *Abderhaldens* Handb. d. biol. Arbeitsmethoden, Liefg. **394** (1932). — *Weimann, W.:* Über das Verspritzen von Gewebsteilen aus Einschußöffnungen und seine kriminalistische Bedeutung. Dtsch. Z. gerichtl. Med. **17**, 91 (1931). **Holzer.**

**Ejaculatio praecox** siehe *Zweifelhafte Fortpflanzungsfähigkeit beim Manne und beim Weibe.*

**Ekchymosen** (= E.). (Vgl. auch Art.: Erstickung im allgemeinen; Hämorrhagische Diathesen; Subendokardiale Blutungen; Tod und Gesundheitsbeschädigung durch gewaltsame Erstickung; Verletzungen durch stumpfe Gewalt.)

Unter E. versteht man kleine, nicht durch unmittelbare Gewalteinwirkung entstandene Blutaustritte in Geweben, namentlich solche, die in der Haut, in Schleimhäuten und unter serösen Häuten sitzen und die man, ohne einzuschneiden, mit freiem Auge erkennt. Ihre Größe schwankt gewöhnlich von Flohstich- bis Linsengröße und darüber. Früher war für sie auch der Ausdruck Petechien mehr in Übung. Die E. werden bald als Blutaustritte aus Rissen kleinster Blutadern, bald als Diapedesisblutungen aus den Haargefäßen betrachtet (*Stübel*). Doch sind die Art und Weise ihrer Bildung und die Bedingungen für ihr Entstehen keineswegs geklärt. Begünstigt werden sie durch Stauung, durch allgemeine Schädigung der Gefäßwände, namentlich infolge von Gift- und Toxinwirkung, durch Nerveneinfluß (s. d. Art.: Subendokardiale Blutungen) und durch Veränderungen des Blutes selbst (hämorrhagische Diathese). Sogar aus seelischer Ursache können bei Hysterischen Blutungen auftreten (*Aschoff, Schindler*). Wie andere Blutungen, so setzen auch die E. Blutgefäßreichtum des betreffenden Gewebes und, abgesehen von der Haut, lockeres Gefüge voraus. Die E. sind namentlich als Kennzeichen von Vergiftungen und als Kennzeichen von Stauung wertvoll und wurden besonders als Erstickungszeichen viel beachtet (s. d. Art.: Erstickung im allgemeinen). Auch als vitale Reaktion haben sie Bedeutung. Im Gebiete der Blutsenkung können E. allerdings auch nach dem Tode auftreten oder sichtbar werden (postmortale E.) Man findet sie bei Menschen jenseits mittlerer Jahre nach den verschiedensten Todesarten sehr häufig innerhalb der Totenflecke, besonders an der Rückseite der Schultern und hinter und unter den Achseln, bei Erhängten, die länger hingen, an den Beinen. Sie haben aber auch bei Lebenden Bedeutung, z. B. als Spur eines überstandenen epileptischen Anfalles oder nach Einklemmung des Brustkorbes (Druckstauung).

Daß der Wert der E. so oft überschätzt wurde, hängt damit zusammen, daß man diese geringfügigen Veränderungen meist nur bei Leichen ohne auffallende Befunde beachtet, und das sind ganz allgemein die ohne Verletzungen plötzlich Gestorbenen. Die durch Rückstauung des Blutes gegen Kopf und Hals entstandenen Blutungen finden sich, je nach der Größe der Stauung, zunächst in den Bindehäuten, besonders den Übergangsfalten, dann in der Haut der Lider, in den Schleimhäuten der oberen Luftwege, weiter in der Haut des Gesichtes, zunächst nur im weiteren Umkreis der Nasenwurzel, schließlich bis zur Grenze der Stauung am Halse oder, wo das Rückflußhindernis im Brustkorb gelegen ist, bis auf die obersten Teile der Brust und die Schultern ausgebreitet. Aus E. in Schleimhäuten kann Blut an deren Oberfläche durchsickern, mitunter so reichlich, daß Blut oder blutige Flüssigkeit abrinnt. In der Bindehaut trifft man E. häufig auch bei Schädelverletzungen im Stirn- oder Schläfenbereich derselben Seite, z. B. Schußverletzungen, an.

Von den bisher angeführten E. zu trennen sind die am Lungenfell (auch als *Tardieusche* Flecken bekannt) und am Herzfell. Sie sind hier weitaus häufiger als im übrigen Einzugsgebiet der oberen Hohlvene, sind aber nicht der Stauung eigentümlich, sondern kommen auch sonst sehr häufig vor. Wenn man nur sorgfältig sucht, vermißt man sie selten. Dies gilt namentlich für Neugeborene und Säuglinge, bei denen sie oft recht massig und zahlreich sind. Am Herzfell bevorzugen sie die Umgebung der Kronenfurche, besonders rückwärts, und die Umgebung der Längsfurchen. In solchen Fällen ist auch die Thymusdrüse häufig von kleinsten Blutungen dicht durchsetzt. Durch Fäulnis werden E. rasch undeutlich oder unkenntlich, darum muß man auf sie schon bei der ersten Besichtigung der Leiche achten. Mit E. dürfen die von *Meixner* näher beschriebenen, übrigens schon von *Straßmann* erwähnten bräunlichroten, leicht erhabenen, scharf begrenzten Fleckchen am Lungenfell nicht verwechselt werden, die sich häufig mit dünnem Rand pilzhutförmig über die angrenzenden Bezirke des Lungenfelles ausbreiten und dicht gedrängten, meist weiten, dünnwandigen Gefäßen und Kohlepigment ihre eigentümliche Farbe verdanken. *Kohlschütter* hält sie für Reste kleiner Lungenhernien.

*Schrifttum.*

*Aschoff:* Pathologische Anatomie. 8. Aufl. I 429. Jena 1936. — *v. Hofmann-Haberda:* Lehrbuch der gerichtl. Medizin. 11. Aufl., bes. 606—632. Wien u. Berlin 1927. — *Kohlschütter:* Ekchymosenähnliche Granulome am Lungenfell. Virchows Arch. **279** (1930). — *Meixner:* Ekchymosenähnliche Flecke am Lungenfell. Dtsch. Z. gerichtl. Med. **11**, 79 (1928). — *Schindler, Rudolf:* Nervensystem und spontane Blutungen mit besonderer Berücksichtigung der hysterischen Ekchymosen und der Systematik der hämorrhagischen Diathesen. Abh. Neur. usw. **42**, 1 (1927). — *Straßmann, Fritz:* Lehrbuch der gerichtl. Medizin. Stuttgart 1895, 227. — *Stübel:* Das histologische Bild der Blutungen aus kleinen Gefäßen und seine Bedeutung für die Genese der subendokardialen Blutungen. Virchows Arch. **253**, 11 (1924). **Meixner.**

**Eklampsie** siehe *Plötzlicher Tod in Schwangerschaft, Geburt und Wochenbett.*

**Elafrosin** siehe *Schädlingsbekämpfungsmittel.*

**Elatin** siehe *Schädlingsbekämpfungsmittel.*

**Elektrische Leitfähigkeit** siehe *Tod durch Ertrinken.*

**Elektrischer Scheintod** siehe *Tod und Gesundheitsschädigung durch elektrische Energie.*

**Elektrische Verletzungen** siehe *Tod und Gesundheitsbeschädigung durch elektrische Energie.*

**Elektrokution** siehe *Hinrichtung.*

**Elityran** siehe *Schilddrüsenhormon.*

**Elosal** siehe *Schädlingsbekämpfungsmittel.*

## Emetin und Ipecacuanha-Vergiftung.

I. *Emetin* $C_{29}H_{40}N_2O_4$, seiner Konstitution nach ein Isochinolinderivat. Amorphes, weißes Pulver. F. = 74°. $[\alpha]$ D = —25,8° in Alkohol. In Wasser wenig löslich, leicht in Alkohol, Chloroform und Äther. Lichtempfindlich. Bildet kristallisierende Salze.

II. *Vorkommen:* Aus Wurzelrinde von *Cephaelis Ipecacuanha = Psychotria Ipecacuanha = Ipecacuanha officinalis = Uragoga Ipecacuanha,* Ruhr- oder Brechwurzel (Rubiaceae), Brasilien. Wurzel enthält 2—2,5 % Alkaloide, davon etwa 1,5 % Emetin und 0,5 % Cephaelin. *Offizinell: Radix Ipecacuanhae:* Gehalt nach D.A.B. 6 und nach Ph. Helv. V. mindestens 2 %, *Extractum Ipecacuanhae:* nach Ph. Helv. V. 2 % Alkaloide. *Tinctura Ipecacuanhae* nach Ph. Helv. V. 0,2 % Alkaloide. *Sirupus Ipecacuanhae* nach Ph. Helv. V. 0,02 % Alkaloide.

Wurzelpräparate per os als Expectorans und Emeticum, Emetinsalze parenteral bei Amöbendysenterie als Specificum.

Weitere Ipecacuanhapräparate: *Pulvis Doveri* mit 10 % Radix Ipecacuanhae und 10 % Opium. *Ipecopan.* = Emetin + Opiumalkaloide 1 Tabl. entsprechend 0,25 g Pulvis Doveri. *Riopan* = Tabletten mit den Alkaloiden aus Rio-Ipecacuanha.

*Nebenalkaloide* der Ipecacuanhawurzel: *Cephaelin* $C_{28}H_{38}N_2O_4$, farblose Nadeln, F. = 115—116°. $[\alpha]$ D = —43° in Chloroform. Unlöslich in Wasser, löslich in Alkohol und Chloroform, weniger in Äther. Soll prinzipiell gleichartig, aber stärker wirken wie Emetin; insbesondere stark nauseös.

*Psychotrin* $C_{28}H_{36}N_2O_4$, in Wasser und Äther wenig löslich.

Konstitutionsaufklärung der Ipecacuanha-Alkaloide vgl. *H. Staub.*

III. *Klinische Erscheinungen der Ipecacuanhavergiftung.* Radix Ipecacuanhae ist infolge ihres Alkaloidgehaltes ein starkes Reizgift für Haut- und Schleimhäute, macht juckende Hautausschläge, Blasen und Pustelbildung. Bei Verarbeitung des Wurzelpulvers starke Augenreizung, Tränenträufeln bis Keratitis (*Gabrielides*), ferner Gesichtsödem, Speichelfluß. Wirkt an Applikationsstelle entzündungserregend, Brennen im Schlund, Erbrechen, Hustenanfälle, Dyspnoe, Asthma (über Emetinanaphylaxie vgl. *Lortat*). Hautjucken, Urticaria, pruriginöse Plaques wurden mehrfach, auch nach Injektionstherapie mit Emetinsalzen, beobachtet (*Chopra*).

Resorptiv: Kopfschmerz, Schwindel. Bei Ausbleiben des Brechens schleimige bis blutige Diarrhöen (ähnlich Colchicin) mit Tenesmus.

Entgiftung und Ausscheidung sehr langsam durch Urin, deshalb kumulative Vergiftung möglich, namentlich bei parenteraler Emetintherapie.

*Emetinvergiftung:* Emetin ist typisches Protoplasmagift wie Chinin, wobei das Herz zuerst angegriffen wird. Vergiftungserscheinungen sind in der Regel *kumulativ,* d. h. sie treten meist nur nach mehrfacher (parenteraler) Emetinapplikation auf. Akute Todesfälle nach einmaliger Applikation sind nicht bekannt, dagegen nach wiederholter Darreichung in therapeutischen Dosen. Besonders gefährlich ist Emetin als *Herzgift* (Myokardschädigung, Vorhofflimmern, Herzlähmung, gefährliche und plötzliche Herzschwäche, akuter Herztod), selten Lungenödem.

Beginn der Vergiftungserscheinungen mit Darmstörungen, Durchfällen; dann Tachykardie bei Ruhe, Blutdruckabnahme, Nieren- und Leberschädigung, Albuminurie (häufig), Herabsetzung der Nierenfunktion (Oligurie mit Harnstoffretention) fast regelmäßig bei Emetinkur, Blasenbeschwerden. In einigen Fällen Schlaflosigkeit, Depression.

Außerdem wirkte Emetin bei wiederholter Darreichung als schweres *Nervengift:* Todesfall unter den klinischen Erscheinungen der Bulbärparese nach täglich 0,04 g (total 1,0 g Emetin) (*Daito*). Weitere Fälle sind unter dem Bilde einer typischen Pseudotabes, andere unter myasthenieähnlichen Erscheinungen mit Muskelhypotonie, andere unter dem Bild schwerer Polyneuritis verlaufen (Parese der Beine bis völlige Lähmung schon nach drei Injektionen). Ferner spastische Parese durch Markschädigung nach intravenöser Emetintherapie. Weitere Fälle von Polyneuritis vgl. *Beretavide, Bouchet, Conos, Vizioli.* Bei weniger schweren Fällen große Müdigkeit beim Gehen, krampfartige Erscheinungen in den unteren Extremitäten.

In vereinzelten Fällen wurden schwere neuritische Augenschädigungen nach Injektionstherapie mit hohen Emetindosen beobachtet: Mydriasis, Lichtscheu, gestörte Sehschärfe, temporale Gesichtsfeldeinengung, zentrales Skotom, periorbitale Schmerzen. Erholung in 2—3 Wochen (*Jacobides*).

IV. *Dosis medicinalis: Radix Ipecacuanhae* als Expectorans 0,01—0,05 g, als Emeticum 0,5—2,0 g.

*Extractum Ipecacuanhae* als Expectorans 0,01 bis 0,05, als Emeticum 0,5—1,0 g.

*Tinctura Ipecacuanhae* als Expectorans 5—10 Tropfen.

*Infusum Ipecacuanhae* von verschiedener Stärke, entsprechend etwa 0,01—0,05 g Radix.

*Pulvis Doveri* als Expectorans 0,3—0,5 g.

*Emetin-HCl* und andere Salze (auch *Emetinperjodid*) bei Amöbenruhr subcutan und intravenös 0,02—0,04 g. Bei Bilharziosis (Schistosomiasis) bis 0,1 g Emetin parenteral, was bei Wiederholung immer gefährlich ist. Bei Orientbeule (Leishmania tropica) 0,01—0,05 g Emetin-HCl lokal. Emetin gelegentlich auch bei bakterieller Enteritis.

*Dosis toxica:*

a) *Ipecacuanhapräparate:* Bei toxischer Dosierung der oral applizierten Drogenpräparate tritt fast immer Erbrechen ein, wenn dieses ausbleibt, die geschilderten Darm- und resorptiven Symptome.

b) *Emetin:* Nach wiederholter parenteraler Applikation in Einzeldosen von täglich 0,02—0,04 g treten, wenn total 0,5—0,8 g ohne längeres Intervall appliziert wurden, meist kumulative Vergiftungserscheinungen auf, bei geschwächten Patienten (Amöbenruhr) schon nach geringerer Gesamtdosis.

*Dosis letalis:* Tödliche kumulative Vergiftungen nach total 1,0 g Emetinsalz parenteral.

V. *Pathologisch-anatomischer Befund:* Hauterscheinungen, Schleimhautentzündung in Rachen und Atemwegen, Conjunctivitis, Keratitis, Blutungen in Magen- und Darmschleimhaut, Myokardschädigung (trübe Schwellung der Muskelfibrillen, Atrophie der Muskelfasern, Bindegewebswucherung), Hämorrhagien in Mediastinum und Perikard. Nierenreizung und degenerative Epithelveränderungen, Albuminurie.

VI. *Vergiftungsgelegenheiten:*

a) *Gewerbliche:* Verarbeitung der Ipecacuanhawurzel (vgl. *Galewsky*), evtl. auch in Apotheken (Hauterscheinungen, Conjunctivitis).

b) *Absichtliche Vergiftung:* Einbringen von Ipecacuanhapulver in Conjunctiva als Selbstbeschädigung, um Dienstbefreiung zu erlangen. Machte stürmische Lokalerscheinungen mit Injektion und Schwellung ohne Sekretion, Keratitis (*Estrada*).

c) *Medizinale:* Kumulative Emetinvergiftung bei parenteraler Applikation zur Behandlung der Amöbenruhr usw. Vergiftungsgefahr bei hochgradiger Abmagerung besonders groß mit evtl. tödlicher Herzschwäche. Neuritische Erscheinungen treten als Kumulativsymptome neuerdings stark in den Vordergrund.

*Schrifttum.*

*Bullrich, R. A.* u. *H. Dondo:* Fibrilacion y aleteo auriculares transitories par intoxicacion emetinica. Bol. Acad. Med. Buenos Aires **1935**, 483. — *Beretavide, E.* u. *F. Pozzo:* Polineuritis emetinica. Semana med. **32**, 1366 (1925). — *Buchut, L., Rougier* u. *H. Jarricot:* Une observation de névrite émétinienne. Lyon méd. **153**, 122 (1934). — *Cawston, F. G.:* Emetine poisoning. J. trop. Med. **32**, 22 (1929). — *Chopra, R. N.:* Die toxischen Wirkungen des Emetins. Indian med. Gaz. **69**, 309 (1934). — *Chopra, R. N.* u. *B. Sen:* Toxic effects of emetine on the cardio-vascular system. Indian med. Gaz. **69**, 262 (1934). — *Conos, B.:* Myélite émétinique aigue. Rev. neurol. **1933 I**, 214. — *Conos, B.:* Les méfaits de l'émétine sur le système nerveux central. Rev. neurol. **1935**, 968. — *Daitô, Toshizô* u. *Jôji Moriwaki:* Vergiftungstod (Bulbärparese) durch Emetin und seine Vergiftungsdosis. Otologia (Fukuoka) **7**, 301 (1934). — *Estrada, A. T.:* Über Augenläsionen durch Emetin. An. Soc. mexic. Oftalm. y Otol. **9**, 11 (1931). — *Gabrielides, C.:* Contribution à l'étude des kératites par émétine. Arch. d'Ophtalm. **1937 I**, 203. — *Galewsky:* Über die gewerbliche Schädigung der Haut durch Emetin. Wien. med. Wschr. **1926**, 857. — *Gougerot* u. *P. Blum:* Lichen plan déclanché et aggravé par l'émétine. Bull. Soc. franç. Dermat. **39**, 1653 (1932). — *Hillemand, P., A. Plichet* u. *J. Charlot:* Les accidents nerveux moteurs et sensitifs survenant au cours des traitements par le chlorhydrate d'émétine. Presse méd. **46**, 507 (1938). — *Jacobides, A.:* Troubles visuels à la suite d'injections fortes d'émétine. Arch. d'Ophtalm. **1923**. — *Leibly, Fr. J.:* Fatal emetine poisoning due to cumulative action. Amer. J. med. Sci. **179**, 834 (1930). — *Levent, R.:* Les accidents de l'émétine. Gaz. Hôp. **98**, 424 (1925). — *Lortat-Jacob, Flandin* u. *Poumeau-Delille:* Un cas d'anaphylaxie cutanée par l'émétine. Bull. Soc. franç. Dermat. **36**, 1088 (1929). — *Mc Robert, G. R.:* The abuse of emetine. Indian med. Gaz. **60**, 563 (1925). — *Magnus, R.:* Ipecacuanha-Alkaloide in:*Heffter:* Handb. exper. Pharmacol. **2**, 1, 430, Berlin 1920. — *Mattei, C.:* L'intoxication par l'émétine chez l'homme. Paris méd. **1933 I**, 495. — *Rinehart, J. F.* u. *H. H. Anderson:* Effect of emetine on cardiac muscle. Arch. of Path. **11**, 546 (1931). — *Sarrouy, C.:* Intoxication mortelle par l'émétine chez l'enfant. Paris méd. **1935 I**, 128. — *Sayid, J. A.:* Auricular fibrillation after emetine injection. Lancet **1935 II**, 556. — *Staub, H.:* Ein Jahrhundert chemischer Forschung über Ipecacuanha-Alkaloide. Diss. Zürich **1927**. — *Vizioli, F.:* Sindromi neurologiche da intossicazione emetinica. Riv. Neur. **11**, 145 (1938); auch in Slg. Verg.-Fälle A **749**. **H. Fischer.**

**Emissionsspektralanalyse** siehe *Mikrochemie.*

**Emodin** siehe *Anthrachinonderivate.*

**Empfängnisunfähigkeit** siehe *Zweifelhafte Fortpflanzungsfähigkeit beim Manne und beim Weibe.*

**Empfängniszeit** siehe *Schwangerschaftsdauer.*

**Endokardiale Injektion** (= e.I.). (Vgl. auch Art.: Agonale Verletzungen; Scheintod; Stichverletzungen; Verletzungen nach ihrem Sitze; Wiederbelebungsversuche.)

Als einfaches, wirksames und bei richtiger Technik ungefährliches Mittel, „um den stillstehenden Kreislaufmotor wieder in Gang zu bringen und damit die Wiederbelebung anzubahnen" (*Vogt*), hat zweifelsohne die Injektion von 1 ccm Adrenalin (1:1000) in das Herz, die e. oder intrakardiale I. zu gelten. Ihre Anwendung ist daher in allen Fällen drohenden Herztodes, insbesondere beim Narkosetod (s. d.), beim Operationskollaps, der nicht durch allzu große Blutverluste bedingt ist, bei Shockwirkungen mit Herzstillstand, falls angenommen werden kann, daß das Gehirn noch nicht ernstlich gelitten hat, und bei der Asphyxie der Neugeborenen geboten. Die I., bei der man sich einer Rekordspritze mit 6 bis 10 cm langer dünner Nadel bedient, erfolgt nach dem Rate *Ploos van Amstels* am besten im vierten linken Intercostalraum, parasternal, in die Höhe des rechten Ventrikels. Man soll erst — und dann nur sehr langsam — injizieren, wenn Blut aspiriert wurde. Zur Desinfektion genügt Bepinseln der Haut mit Jodtinktur. Neben dem oben beschriebenen Weg wurden auch andere zur Einspritzung empfohlen. So sticht *Hesse* in der Gegend der Herzspitze ein und erreicht dabei die linke Kammer; *Henschen* geht vom Epigastrium aus, indem er die Nadel vom caudalen Ende des Schwertfortsatzes des Brustbeines aus gegen das Herz führt. Die Nadel muß beim Spritzen nicht unbedingt in der Herzhöhle selbst liegen, zur schnellen Verbreitung des Medikamentes im Herzmuskel genügt nach *Vogt* auch die I. in das Myokard.

Das Wissen um die e.I. ist für den Gerichtsarzt in *dreifacher* Beziehung von Bedeutung: 1. Bei mangelhafter Technik des Arztes kann es zu schwerer Gesundheitsstörung, ja selbst zum Tode des Patienten kommen. So ist, um Schädigungen zu vermeiden, vor allem stets zu beachten, daß die Nadel nur in Verbindung mit der vollgefüllten Spritze eingestochen werden darf. Auch beim Herausziehen muß die Nadel an der Spritze befestigt sein. Sonst entsteht leicht ein Pneumothorax. Ein solcher kann sich auch entwickeln, wenn die Lunge angespießt wurde, wie dies *Haberda* einmal gleichzeitig mit einer Aufschlitzung des Herzbeutels gesehen hat. Ferner sind Verletzungen der Art. mammaria int. vorgekommen, wenn der Einstich nicht nahe genug beim Brustbeinrande gemacht wurde. *Weimann* beobachtete ebenso wie *Schneider* sogar einmal eine ganz erhebliche Blutung in den Herzbeutel durch Anstechen eines subepikardial gelegenen Coronarastes. Derartige Vorkommnisse sind vom Richter, falls dem Behandelten ein wirklicher Schaden zugefügt wurde, nach den jeweils geltenden Normen des Straf- und Zivilrechtes zu bewerten. Ärztlicherseits wird man bei der Begutachtung einschlägiger Fälle wohl stets auf die bei der Verabfolgung e.I. herrschenden besonderen Verhältnisse (auf ihre Dringlichkeit infolge des drohenden Todes) hinweisen können. 2. Der Gerichtsarzt muß die Spuren e.I. an der Leiche kennen, um sie nicht mit denen anderer Verletzungen, insbesondere solcher, die den Tod herbeigeführt haben, zu verwechseln. Hierzu ist zu bemerken, daß die Veränderungen, die nach einer e.I. an der Leiche zurückbleiben, oft geringfügig sind. Ja, es kann sich sogar ereignen, daß der Befund völlig negativ ist, obwohl der Chirurg eine solche I. gemacht hat. Meist ist jedoch nach den Erfahrungen *v. Neureiters* und *Weimanns* je nach der gewählten Methode entweder in der Brusthaut (in der Regel inmitten einer jodierten Hautpartie) im linken 3., 4. oder 5. Intercostalraum neben dem Brustbeine oder in der Gegend der Herzspitze oder selbst im Epigastrium der Einstich als braunrötliche, punktförmige Spur zu sehen, die sich mehr oder weniger gut durch alle Schichten hindurch bis in die Herzhöhle als feiner Stichkanal verfolgen läßt. Manchmal entspricht dem Einstiche im Zellgewebe des Zwischenrippenraumes ein kleiner Bluterguß. Der Stichkanal dagegen ist nur selten durch einzelne kleine Blutaustritte in den verschiedenen Schichten, die er durchsetzte, besonders markiert. Wurde die I. in den Herzmuskel gemacht, so ist gewöhnlich nur im visceralen Blatt des Perikards eine kaum 1 mm lange schlitzförmige Öffnung zu finden, ohne daß sich der Stichkanal weiter aufzeigen ließe. Die geschilderten Befunde, insonderheit die typische Lage der Hautspur, der charakteristische Verlauf des Stichkanals, die geringfügigen Veränderungen in seiner Umgebung und schließlich der Bericht des behandelnden Arztes werden wohl stets volle Klarheit über den Sachverhalt schaffen und zur Erkenntnis verhelfen, daß man es mit einer Verletzung zu tun hat, die agonal oder postmortal anläßlich eines Wiederbelebungsversuches mittelst einer e.-n I. gesetzt wurde. Haben Stiche mit einer Nadel, wie dies gelegentlich bei geisteskranken Selbstmördern beobachtet wurde (*Canuto, v. Neureiter*), den Tod als vitale Verletzungen verursacht, so sind ganz andere Befunde als die oben geschilderten zu erheben: Hier finden wir so gut wie immer eine Herzbeuteltamponade als Todesursache, meistens sind auch zahlreiche Stichspuren als Ausdruck des wiederholten Einstechens vorhanden. 3. Der gelungene Nachweis einer e. I. an der Leiche fördert die Entscheidung der Frage, ob eine rechtzeitige und zweckmäßige ärztliche Hilfe den Tod hätte abwenden können, eine Frage, die sich der Gerichtsarzt in jedem Falle eines gewaltsamen Todes durch fremde Hand, vor allem aber dann, wenn der Tod bei einem ärztlichen Eingriff erfolgt ist, vorzulegen hat. Soll aber im einzelnen Fall erörtert werden, ob der Todeseintritt durch eine zweckdienliche und rechtzeitige ärztliche Hilfeleistung zu verhindern gewesen wäre, so ist die Ermittlung einer Spur, die durch den Versuch, das Leben zu retten, gesetzt wurde, von großem Werte. Denn sie beweist nicht nur, *daß* überhaupt etwas zur Erhaltung des Lebens unternommen wurde, sondern erleichtert auch die Urteilsbildung, ob die Hilfe in zweckmäßiger Weise geleistet worden ist.

*Schrifttum.*

*Canuto:* Le ferite da ago al cuore. Minerva med. **8**, 41 (1928). — *Henschen:* Die Wiederbelebung des Herzens usw. Schweiz. med. Wschr. **1920**. — *Hesse:* Zur intrakardialen Injektion. Münch. med. Wschr. **1919**. — *v. Hofmann-Haberda:* Lehrbuch der gerichtlichen Medizin, 11. Aufl., 1034. Wien u. Berlin 1927. — *Meixner:* Die Würdigung ärztlicher Hilfe in Gutachten über die Todesursache. Wien. klin. Wschr. **1937 I**, 753 f. — *v. Neureiter:* Die Spuren endokardialer Injektionen an der Leiche. Dtsch. Z. gerichtl. Med. **12**, 151 (1928). — *Ploos van Amstel:* Adrenalin-Herzinjektionen. Würzburg. Abh., N. F. **3** (1925). — *Schneider:* Ein eigenartiger Narkosezwischenfall. Dtsch. Z. gerichtl. Med. **30**, 306 (1939). — *Vogt:* Über die Grundlagen und die Leistungsfähigkeit der intrakardialen Injektion zur Wiederbelebung. Münch. med. Wschr. **1921**. — *Weimann:* Über die Spuren endokardialer Injektionen an der Leiche. Dtsch. Z. gerichtl. Med. **17**, 244 (1931). *v. Neureiter.*

**Enteneiervergiftung** siehe *Nahrungsmittelvergiftung*.

**Enterdigung** siehe *Exhumation von Leichen*.

**Enteritis** siehe *Bakteriologische Untersuchungen in der gerichtlichen Medizin; Nahrungsmittelvergiftung*.

**Entjungferung** siehe *Notzucht*.

**Entmannung** siehe *Kastration von Sittlichkeitsverbrechern*.

**Entwesung** siehe *Schädlingsbekämpfungsmittel*.

**Ephedrin** siehe *Adrenalin und verwandte Körper*.

**Ephetonin** siehe *Adrenalin und verwandte Körper*.

**Epidurale Blutung** siehe *Hirndruck*.

**Epidurales Hämatom** siehe *Hirndruck; Leichenverbrennung*.

### Epilepsie (= E.) als Verletzungsfolge.

Bei der E. handelt es sich nicht um eine Krankheit, sondern um ein Syndrom (= eine Anzahl verschiedener Symptome), in dessen Mittelpunkt der epileptische Anfall steht (*Luxenburger*). Nach *Luxenburger* könne die E. eingeteilt werden in 1. vorwiegend anlagebedingte oder erbliche Fälle und 2. vorwiegend umweltbedingte oder nichterbliche Fälle. Die erblichen E. können der Genese nach getrennt werden in a) solche, bei denen ein anatomisches Substrat im Gehirn zu finden ist, z. B. angeborene, umschriebene, örtliche Mißbildungen (Phakomatosen), wie bei der *Recklinghausen*schen, *Lindau-Hippel*schen und *Sturge-Weber*schen Krankheit, und b) solche, bei denen bisher eine anatomische Ursache noch nicht nachgewiesen werden konnte = genuine (idiopathische) E. Zu den nicht erblichen Fällen von E. gehören die meisten „symptomatischen E.", wie sie z. B. bei Tumoren, Sklerosen, Paralyse, bei Vergiftungen (Alkohol, Blei, Eklampsie, Urämie) auftreten können. Jedoch nimmt man an, daß auch diese nicht ohne Mitbeteiligung einer Anlage entstehen. Diese Annahme resultiert schon daraus, daß unter sonst gleichen Bedingungen nicht in jedem Falle eine E. auftritt. Die rein klinische Beobachtung, daß die Schwere der Erkrankung durchaus nicht mit der Stärke des Reizes, der das Gehirn betroffen hat, parallel geht, spricht ebenfalls für eine Beteiligung der Anlage (*Luxenburger*). *Klinisch* sind diejenigen E., die durch den großen Anfall oder durch Äquivalente gekennzeichnet sind, von denen mit herdförmigem Charakter (fokale, lokalisierte, rindenepileptische, *Jackson*sche Anfälle) zu unterscheiden. Jedoch muß hervorgehoben werden, daß die Art der Anfälle eine sichere Differentialdiagnose zwischen genuiner und lokalisierter E. meist nicht zuläßt: bei Herderkrankungen des Gehirns (Tumor, traumatische Verletzung) werden ebenso generalisierte Krämpfe oder Äquivalente wie auch Anfälle vom *Jackson*-Typ beobachtet. Andererseits kann eine genuine E. mit fokalen Anfällen einhergehen oder wenigstens beginnen. Besonders wichtig und fast unentbehrlich für die Differentialdiagnose, insbesondere für die Objektivierung traumatischer Hirnläsionen ist das Encephalogramm. Vor allem sei auf die Ventrikelverziehung durch Narbenzug bei Verwachsungen der Dura einerseits mit dem Gehirn andererseits mit dem Schädelknochen hingewiesen. Jedoch muß berücksichtigt werden, daß Ventrikelasymmetrien, die u. U. mit einer Verziehung der Hirnhöhlen Ähnlichkeit haben können, auch bei den sog. genuinen E. vorkommen.

Die *E. als Verletzungsfolge* findet sich sowohl nach Hirnerschütterungen wie auch nach Verletzungen des Gehirns und seiner Häute. Bei den Traumen spielen besonders offene Hirnläsionen, vor allem auch solche mit Verletzungen der Dura, eine große Rolle. *Reichmann* fand in seinem Material epileptiforme Anfälle mehr bei Schädeldach- als bei Schädelbasisbrüchen. Er hebt zur Unterscheidung der genuinen E. folgende Momente hervor: Die traumatische E. geht häufiger mit schweren Lähmungen einher, zeigt in etwa der Hälfte der Fälle *Jackson*schen Typus und läßt häufig ein Ab- und Anschwellen der Krämpfe erkennen. Weiterhin gehören hierher E., die durch sekundär aus Schädelverletzungen entstandene Herderkrankungen bedingt sind, z. B. posttraumatische Hirnabscesse und Gliome. Zu den traumatischen Schädigungen, die eine E. zur Folge haben können, sind auch die mechanischen Einwirkungen bei der Geburt zu rechnen. Sie spielen zusammen mit den übrigen Geburtsschädigungen (z. B. Asphyxie) eine bedeutende Rolle für die Erkrankung an *Neugeborenen*-Krämpfen, wobei als Ursache intrakranielle Blutungen mit direkter Zerstörung von Hirngewebe oder ohne solche an erster Stelle stehen. Die Krämpfe treten mitunter unmittelbar nach dem Trauma auf — Frühepilepsie, meist aber erst nach einem gewissen zeitlichen Abstand von der Schädigung. Im allgemeinen werden die klinischen Erscheinungen innerhalb der ersten sechs Monate zu erwarten sein, können aber auch erst nach Jahren zum Ausbruch kommen. Es wird das z. T. wohl von der Art und dem Sitz eines der E. auslösenden Herdes abhängig sein. *Pathologisch-anatomisch* kann man folgendes unterscheiden: 1. die Krampfschädigungen selbst, d. h. diejenigen Veränderungen, die als Folge der Krämpfe anzusehen sind. Bezüglich der pathologischen Physiologie konnte festgestellt werden, daß

die Krämpfe, gleich welcher Genese, auf funktionelle Kreislaufstörungen, nämlich auf präparoxysmal auftretende angiospastische Vorgänge zurückgeführt werden müssen. Bei den frischen Schäden nach derartigen Gefäßspasmen handelt es sich überwiegend um ischämische Schäden (ischämische Ganglienzellnekrosen), die makroskopisch nicht erkennbar sind, viel seltener haben sie hämorrhagischen Charakter. Lieblingssitz ist außer Ammonshorn und Kleinhirnrinde der Thalamus opticus. Beim Menschen brauchen die ischämischen Nekrosen wohl mindestens 12 Stunden zur Ausbildung. Liegen die Krampfschäden schon zwei bis drei Tage zurück, dann sind bereits uncharakteristische reaktive Erscheinungen seitens der Glia (Neuronophagie) zu beobachten. Seltener sind im allgemeinen die ausgedehnten Formen, viel häufiger nur disseminierte Nervenzellausfälle. Alte Ausfälle nervöser Struktur und narbige Veränderungen sind bezüglich ihrer Genese schwer zu beurteilen. Man wird neben dem anatomischen Befund (Lieblingssitz z. B. Ammonshornsklerose, besondere Formen der Ausfälle) vor allem die Krankengeschichte zur Entscheidung heranziehen. Es sei darauf hingewiesen, daß Krampfschädigungen durch vasomotorische Störungen nicht nur im Gehirn, sondern auch in anderen Organen, z. B. Herzmuskel, gefunden werden können. 2. Die Ursachen, die zu den Gefäßspasmen und damit zu den Krämpfen führen, sind mannigfacher Art. Es gibt kaum eine Hirnerkrankung, die nicht gelegentlich generalisierte Krämpfe auslösen könnte. Demnach sind auch die pathologischanatomischen Befunde verschieden: Duraverwachsungen, Gehirnnarben, Cysten, Fremdkörper, posttraumatische Abscesse, diffuse Encephalitis, Hämatome, Tumoren. Ob sich dabei der Krankheitssitz in der Rinde oder im Mark befindet, ist ohne Bedeutung. Bevorzugt zum Auslösen der Anfälle sind allerdings lokalisierte Rindenprozesse im Stirn- und Schläfenhirn sowie in der Zentralgegend. Das gilt besonders für die fokale E., also auch für rindenepileptische Anfälle als Verletzungsfolge. In *gerichtlich-medizinischer* Hinsicht ist zu sagen, daß auch die traumatische E. bei längerem Bestehen zu Charakterveränderungen oder Demenz führen kann. Derartige Ausgänge sollen aber nur in 1% der Fälle eintreten. Epileptische Dämmerzustände schließen ohne weiteres die Verantwortlichkeit aus. „Aber auch Verstimmungen nennenswerter Schwere haben die gleiche rechtliche Folge" (*Lange*). Die bei Dämmerzuständen gefürchteten schweren Angriffe auf Leib und Leben scheinen bei Traumatikern seltener zu sein. Wird ein Trauma als Ursache epileptischer Anfälle geltend gemacht, so ist danach zu fahnden, ob nicht vielleicht der Unfall die Folge eines epileptischen Anfalles ist, also eine umgekehrte Ursachenverknüpfung vorliegt. Die Anerkennung einer E. als Verletzungsfolge erfordert also 1. den Ausschluß einer Belastung und 2. den Nachweis einer Hirnschädigung. Je größer der zeitliche Abstand zwischen dem Trauma und dem Auftreten der E. ist, um so schwieriger wird die Beurteilung des kausalen Zusammenhangs sein. Sind die Anfälle von herdbedingtem Charakter, so können sie als Beweis für die traumatische Natur herangezogen werden, falls der Anfallstypus der Verletzungsstelle entspricht. Die E., auch die posttraumatische, kann als Todesursache bei plötzlich Verstorbenen in Frage kommen. Die Obduktion wird dann häufig die Aufklärung bringen können, wobei insbesondere auch auf Zungenbißwunden und -narben zu achten ist. *Versicherungsrechtlich* ist die traumatische E. mit wenigstens 50% Erwerbsminderung einzuschätzen. Außerdem sind unter dem Gesichtspunkt des Unfallschutzes Epileptische von einer Beschäftigung in bestimmten Betrieben (maschinelle Betriebe, Gerüstarbeiten) auszuschließen.

*Schrifttum.*

*Foerster* und *Penfield:* Der Narbenzug am und im Gehirn bei traumatischer Epilepsie in seiner Bedeutung für das Zustandekommen der Anfälle und für die therapeutische Bekämpfung derselben. Z. Neur. **125** (1930). — *Gruhle:* Welche tatsächlichen Feststellungen sind für die ärztliche Begutachtung von vorübergehenden Bewußtseinsstörungen notwendig? Dtsch. Z. gerichtl. Med. **18** (1931/1932). — *Gütt-Rüdin-Ruttke:* Kommentar zum Gesetz zur Verhütung erbkranken Nachwuchses. 2. Aufl. München 1936. — *v. Hofmann-Haberda:* Lehrbuch der gerichtlichen Medizin. Berlin u. Wien 1927. — *Lange:* Spezielle gerichtliche Psychopathologie. Handb. der gerichtl. Psychiatrie, herausg. v. *Hoche.* Berlin 1934. — *Luxenburger:* Psychiatrische Erblehre. München-Berlin 1938. — *Marburg:* Die traumatischen Erkrankungen des Gehirns und Rückenmarks. Handb. d. Neurologie, herausg. von *Bumke* und *Foerster.* **XI.** Berlin 1936. — *Reichmann:* Zur Frage der traumatischen Entstehung der Epilepsie. Dtsch. Z. Nervenheilk. **94** (1926). — *Schaltenbrand:* Über das Epilepsieproblem. Mschr. Kinderheilk. **75** (1938). — *Scholz:* Krämpfe im Kindesalter. Pathologisch-anatomischer Teil. Mschr. Kinderheilk. **75** (1938). — *Sioli:* Epilepsie. Handb. der ärztlichen Begutachtung, herausg. von *Liniger, Weichbrodt* und *Fischer.* Leipzig 1931. — *Wilson:* Epilepsie und verwandte Krankheiten. Handb. der Neurologie, herausg. von *Bumke* und *Foerster.* **XVII.** Berlin 1935. **Matzdorff.**

**Epispadie** siehe *Zweifelhafte Fortpflanzungsfähigkeit beim Manne und beim Weibe.*

**Erdrosseln** siehe *Tod und Gesundheitsbeschädigung durch gewaltsame Erstickung.*

**Erdrücken im Gedränge** siehe *Tod und Gesundheitsbeschädigung durch gewaltsame Erstickung.*

**Erdspuren an Stiefeln und Kleidern.** (Vgl. auch Art.: Grasflecke; Lehm und Lehmflecke; Staub.) Am ergiebigsten an geformten pflanzlichen Resten und Organismen erweisen sich die Falten und Fugen des Schuhwerks, vor allem auch die vertikalen Kanten des Absatzes und die Fuge zwischen Oberleder und der Sohle. Je nach der Menge des Schmutzes empfiehlt es sich, denselben entweder auf eine Papierunterlage abzubürsten, wobei darauf geachtet werden muß, daß auch die tief in den Fugen steckenden Teile mitgenommen werden. Letztere sind zweckmäßig allein zu sammeln, so daß also der oberflächliche Schmutz für sich und der tiefer gelegene allein vorliegt. Der Grund dafür ist in dem Umstand zu sehen, daß bei mangelhafter Schuhpflege oft Reste von Wochen an den Schuhen haften. Über die letzten Wege, die im Schuhwerk zurückgelegt wurden, geben also nur die oberflächlichen Schmutzkrusten Aufschluß.

Man kann den Schmutz der Stiefel auch in eine Porzellanschale zum Beispiel spülen. Aus den Kleidern bürstet oder klopft man den Schmutz auf Glanzpapier, oder man wäscht die verdächtigen Stellen mit wenig Wasser aus und drückt den Stoff aus. Oft ist es zweckmäßig, nach dem Klopfen oder Bürsten auch noch zu waschen. Das Waschwasser läßt man absitzen, bzw. man zentrifugiert und bekommt auf diese Weise schnell die geformten Elemente aus dem Wasser.

Die vegetabilischen Bestandteile, welche bei der Schmutzuntersuchung zu beobachten sind, sind zweierlei: einerseits Teile höherer Pflanzen, andererseits die Mikroflora.

Um den Anteil an höheren Pflanzen festzustellen, wird man zweckmäßig den gesamten oder einen Teil des Schmutzes mit wenig Wasser aufschlämmen und in einem Spitzkelch z. B. absitzen lassen.

Ein Teil der organisch geformten Teilchen schwimmt dann auf der Wasseroberfläche, ein anderer reichert sich wegen der langsamen Sedementierung gegenüber den Erdteilchen in den obersten Schichten des Bodensatzes an. Sowohl die auf dem Wasser schwimmenden Teilchen, wie die oberen Schichten des Bodensatzes werden mikroskopisch untersucht.

Selbstverständlich finden sich oft an Stiefeln und Kleidern makroskopisch sichtbare größere Stückchen pflanzlicher Herkunft. Diese werden sorgfältig gesammelt und auf ihre Abstammung hin geprüft.

Eine eindeutige Antwort werden die Pflanzenreste im Stiefel- und Kleiderschmutz nur dann geben, wenn Wege und Flächen durchquert worden sind, die eine typische Pflanzen-Assoziation, Pflanzengesellschaft aufweisen. Sehr abhängig ist der Reichtum an zur Diagnose brauchbaren Elementen im Schmutz an Stiefeln und Kleidern auch von der Jahreszeit. Bewegte sich die fragliche Person zur Zeit der Blüte durch einen oder vorbei an einem Coniferenwalde oder Mischwald mit viel Coniferen, so finden sich vor allem in den Kleidern immer sehr zahlreiche Pollenkörner dieser Nadelbäume wie Kiefern, Fichten, Tannen. Das gleiche gilt von allen windblütigen Pflanzen, die in größeren Beständen beisammenstehen oder felderweise in Kultur genommen sind. Besonders wichtig sind nach dieser Richtung auch Getreidefelder. Nach dem Durchqueren eines blühenden Roggen-, Weizen-, Gersten-, Hafer- oder Maisfeldes finden sich an Kleidern und Stiefeln immer Pollen dieser Pflanzen. Dasselbe gilt vom Durchwandern von Wiesen, Auen, Weiden, Mooren zur Zeit der Grasblüte. In den Falten, den Aufschlägen der Hosenbeine, am rauhen Stoff findet man dann oft große Mengen von Gramineenpollen, die an Form und Größe auseinandergehalten und ihrer artmäßigen Zugehörigkeit nach bestimmt werden können.

Im Spätsommer und im Herbst haften an den Stiefeln und vor allem an den unteren Teilen der Kleidung oft Früchte und Samen, deren Oberfläche entweder Klebeeinrichtungen aufweisen oder durch irgendwelche Emergenzen wie Haare, Stachel usw. zum Haften eingerichtet sind. Darüber s. d. Art.: Früchte und Samen.

Stammt der Stiefel- oder Kleiderschmutz aus einem Wald, so finden sich dann immer Teilchen von der vermorschenden Bodendecke, die aus Blättern, Nadeln, Holzstückchen des dort befindlichen Pflanzenbestandes bestehen. Die Holzstückchen können mit den Angaben im Art.: Holz identifiziert werden. Für die Coniferenblätter, die Nadeln, genügt ein kleines Stückchen des Querschnittes, um wenigstens die Gattung festlegen zu können. Praktisch handelt es sich ja in Mitteleuropa wenigstens nur um Kiefer, Fichte, Tanne, Lärche, Wachholder. Bei Parkanlagen kommen allerdings eine große Menge von Coniferen amerikanischer Herkunft vor allem noch dazu. Bei diesen Coniferen handelt es sich aber in der Regel um einzelne Bäume oder kleine Baumgruppen, so daß mit ihrem Erscheinen im Stiefelschmutz nur in seltensten Ausnahmefällen zu rechnen ist. Findet man also das Stück einer Coniferennadel, das nicht identifiziert werden kann mit den obengenannten häufigen Arten, so weiß man, daß der Schmutz von Örtlichkeiten mit nicht bodenständiger Flora stammt. In solchen Fällen hilft die mikroskopische Untersuchung von etwa vorhandenen Holzspänchen in der Regel weiter.

Im dichten Coniferenhochwald findet sich praktisch fast keine Bodenflora, so daß bei Durchquerung solcher Strecken bei den Erdspuren an Kleidern und Stiefeln nur Bestandteile der Coniferen zu finden sind.

Im Nadelwald bleiben oft auch Reste der Bodenbedecker, der Nadelwaldbegleiter vor allem in etwas lichteren Wäldern an Stiefeln und Kleidern haften.

Im lichten Nadelwald bilden Ericaceen vor allem *Vaccinium Myrtillus L.* (Schwarzbeere) und *V. Vitis Ideae L.* (Preißelbeere) große Bestände, deren Blätter und Blatteilchen an den Stiefeln oft gefunden werden können. Die eiförmigen, am Rande feingesägten Blätter von *Vaccinium Myrtillus* sind gut charakterisiert durch den *Blattrand.* Jeder Zahn läuft in eine keulenförmige *Drüsenzotte* aus, welche *einen vielzelligen* Kopf und einen *zweizellreihigen Stiel* hat. Diese Zotten finden sich auch auf der Unterseite der Hauptrippe und selten auch an den Seitenrippen. Daneben finden sich auch auf der Hauptrippe einzellige, sichelförmig gebogene, dickwandige, spitze *Deckhaare* mit *warziger* Oberfläche. Die Epidermiszellen sind beiderseits buchtig-wellig, ihre *Cuticula* ist *zart gestreift*. Stomata sind auf der Oberseite selten, auf der Unterseite häufig, sie haben zwei seitliche Nebenzellen.. Das Mesophyll ist fast kristallos, auf der Unterseite der Nerven sind *zahlreiche Einzelkristalle* in Kammerzellen.

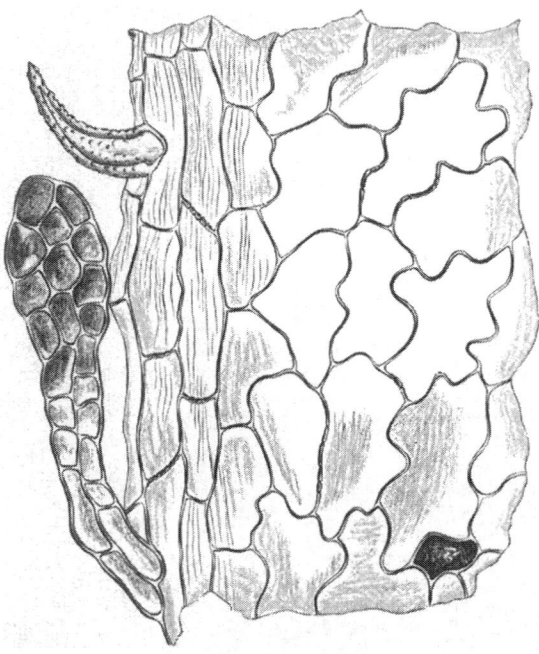

Abb. 1. Epidermis der Oberseite des Heidelbeerblattes (*Vaccinium Myrtillus*) n. *Moeller.*

Die ledrigen eiförmigen, oberseits glänzend grünen, unterseits dunklen oder rostfarbenen, am Rande schwach zurückgerollten Blätter von *Vaccinium Vitis-Idaea* L. haben auf der Oberseite Epidermiszellen mit *geradwandigen* oder gebogenen, deutlich *getüpfelten* Wänden, auf der Unterseite solche mit stärker gebuchteten Wänden. Die obere Cuticula ist sehr mächtig. Die Stromata sind oberseits vereinzelt, unterseits häufig. Sie haben meist zwei *seitliche* Nebenzellen. Auf der Blattunterseite finden sich Drüsenzotten mit mehrzelligem, in der Jugend farblosem, später braunem Kopf und zweizellreihigem Stiel. Kurze einzellige, auf der Oberfläche warzig-rauhe Deckhaare sind selten unterseits auf den Nerven. Das Mesophyll hat ein meist *dreischichtiges* Palisadenparenchym und ein lückiges, vielreihiges Schwammparenchym. Im Mesophyll finden sich selten Kalciumoxalatdrüsen, aber auf der Unterseite der Nerven *zahlreiche* rhomboedrische *Einzelkristalle*. Der Blattrand zeigt ein starkes Bastfaserbündel unter der Epidermis.

Auf *Waldlichtungen, Kahlschlägen* siedelt sich eine charakteristische Florenassoziation an, welche mit den Jahren in ihrer Zusammensetzung sich allmählich ändert. Besonders häufig findet man *Fragaria* (Erdbeere), *Epilobium angustifolium* (Weidenröslein) und Rubusarten, vor allem Himbeere und Brombeere.

Blattstückchen von *Fragaria vesca*, der Erdbeere, sind zu erkennen an den auf der Oberseite *geradwandigen* Epidermiszellen, welche oft getüpfelt er-

scheinen, und den *fast geraden*, höchstens leicht welligen Epidermiszellen auf der Unterseite. Stomata fehlen oberseits, unten sind sie häufig. Die Blattunterseite ist zottig behaart mit *einzelligen, langen, dickwandigen*, am Grunde etwas aufgetriebenen Haaren, welche kurz über der Haarbasis fast *rechtwinkelig umbiegen*, so daß sie der Blattepidermis anliegen. Diese Deckhaare finden sich vereinzelt auch auf der Blattoberseite. Neben den Deckhaaren finden sich noch *Drüsenhaare* mit *einzelligem* Köpfchen und ein- bis dreizelligem Stiel. Das Mesophyll besteht aus einem zwei- bis dreireihigen lockeren Palisadenparenchym und einem großlückigen dreireihigen Schwammparenchym. *Calcium-oxalatdrusen* sind *vereinzelt* im Blattfleisch, *häufig* sind sie *längs* der *Blattnerven*, wo auch vereinzelte Einzelkristalle vorkommen.

Die Blätter von *Rubus idaeus* (Himbeere) sind unterseits *weißfilzig* behaart. Die Epidermiszellen sind beiderseits polygonal mit nur schwach gebogenen Seitenwänden. Unterseits tragen die Blätter zahlreiche Stomata, die erst nach Entfernung des Haarfilzes sichtbar werden. Derselbe besteht aus *sehr langen, vielfach gewundenen*, miteinander verschlungenen, *peitschenförmigen* und *einzelligen* Haaren. Die Blattoberseite zeigt auf den Nerven starre, sehr spitze, einzellige Haare mit oft sehr dicker Wandung und getüpfeltem Fuß. Über der Ansatzstelle biegt das Haar rechtwinkelig um, so daß es der Blattoberfläche anliegt. Die wenigen Drüsenhaare mit zweizellreihigem Fuß treten kaum in die Erscheinung. Das Mesophyll besteht aus einem ein- bis zweireihigen schmalzelligen Palisadenparenchym, in welchem auch die zahlreichen ziemlich großen *Calciumoxalatdrusen* liegen. Das 3—4 reihige Schwammparenchym besteht aus rundlichen Zellen.

Für die Blätter der *Brombeeren* (Rubusarten) ist die *Behaarung* recht charakteristisch. Auf den Nerven finden sich beiderseits einzellige, spitze *Borstenhaare*, welche meist nur in der getüpfelten Fußpartie ein deutliches Lumen zeigen. Ihre Wand erscheint oft kreuzweise gestreift. Daneben finden sich *sternförmige Büschelhaare*, welche aus zwei bis vier Zellen bestehen, welche der Epidermis anliegende Strahlen bilden. Neben diesen Deckhaaren finden sich Drüsenhaare, welche ähnlich denen der Himbeerblätter gebaut sind. Im Mesophyll, vor allem in rundlichen Zellen des Palisadenparenchyms finden sich ansehnliche *Cal iumoxalatdrusen*, kleinere im Nervenparenchym. Die häufige *Kratzbeere* (Rubus caesius) führt im Blattfleisch große *Einzelkristalle*.

Gekrümmte, bis mehrere Millimeter lange Stacheln in Kleidern deuten auch auf Himbeer- oder vor allem Brombeergestrüpp hin.

Im Stiefel- und Kleiderschmutz, der aus *Mischwald* stammt, findet man neben den Resten von Nadeln auch oft Blattstückchen, welche von den Laubbaumkomponenten des Mischwaldes stammen. Am häufigsten findet man *Birke, Erle, Weide, Buche, Eiche, Esche, Ahorn*. Dabei treten aber in Mischwäldern, vor allem im sog. Mittelwald auch die Elemente, besonders Blätter der Strauchflora und der staudenförmigen Begleitflora auf. Dabei spielen eine Rolle: *Wolliger Schneeball* (Viburnum lantana), *Hartriegel* (Cornus mas), *Pfaffenhütlein* (Evonymus europaeus), *Faulbaum* (Rhamnus frangula), *Kreuzdorn* (Rhamnus cathartica), *Haselnuß* (Corylus avellana L.).

Birke, Erle und bedingt auch Esche sprechen für feuchte bis nasse Standorte, wobei die Erle, vor allem die Schwarzerle, ganz besonders als Anzeiger von nassen Standorten zu werten ist (Erlenbrüche). Sie ist häufig in feuchten Wäldern, an Ufern, in Sümpfen. Die *weichhaarige Birke* (Betula pubescens) besiedelt gerne *moorige* Standorte. Sie findet sich auch eingestreut in Wäldern, an Moorbrüchen, sumpfigen und torfigen Stellen. Die *warzige Birke* (B. verrucosa) dagegen besiedelt trockene Standorte, wo sie eingesprengt in Laub- und Nadelwäldern vorkommt oder kleine eigene Bestände bildet.

Die Esche besiedelt vor allem Auenwälder, Fluß- und Bachränder, ist außerdem häufig an Dorfrändern zu finden.

Auch die Weiden (Salix) sprechen für feuchte Standorte, Bach- und Flußufer, vereinzelt findet man sie auch an Waldrändern.

*Salix-Blätter* sind charakterisiert durch eine beiderseitig aus ziemlich *kleinen*, polygonalen, fast *geradwandigen* Zellen bestehende Epidermis. Unterseits finden sich viele kleine Spaltöffnungen mit *zwei zum Spalt parallelen Nebenzellen*. Die Cuticula auf der Blattoberseite ist gestreift. Die Blattunterseite zeigt meist Wachsausscheidungen und *einzellige, schlanke, spitze, derbwandige* Haare, welche der Blattoberfläche anliegen. Auf der Blattoberseite sind meist nur die Haarnarben vorhanden. Das ganze Mesophyll ist *palisadenartig* ausgebildet. Nur die unteren Lagen haben kurze Zellen. Eine deutliche Schwammparenchymausbildung fehlt. Innerhalb der unteren Epidermis findet sich ein Hypoderm. Im Mesophyll finden sich zahlreiche Oxalatdrüsen, welche auch die Mittelrippe begleiten. (Salix pentandra hat ein bifaciales Blatt.)

*Birkenblätter* (Betula-Blätter) zeigen sowohl auf der Ober- wie Unterseite polygonale Epidermiszellen, welche unterseits leicht gebogene Wände haben. Einzellige, dickwandige, englumige Deckhaare sind auf der Unterseite der Nerven vorhanden. Besonders charakteristisch sind die vor allem über und unter den Nerven vorhandenen *Drüsenschuppen*. Sie sind *kurz gestielt*, der Drüsenkopf ist *scheibenförmig-rund* und besteht aus *zahlreichen polygonalen Zellen*. Das Mesophyll hat ein einreihiges Palisadenparenchym und ein sehr lückiges Schwammparenchym, entlang der Nerven finden sich kleine oder mittelgroße *Oxalatdrusen neben Einzelkristallen*.

*Hainbuchen-Blätter* (Carpinus betulus) mit ihren auf beiden Seiten von gewellten Wänden begrenzten Epidermiszellen sind sehr gut charakterisiert durch das zahlreiche Vorkommen von *großen rhomboedrischen Einzelkristallen im Mesophyll*. Sie erscheinen in der Flächenansicht kurzprismatisch und liegen in großen Zellen des Palisadenparenchyms. Auf den Nerven finden sich in der Regel umgebogene, lange, *einzellige Deckhaare*.

*Haselnuß-Blätter* (Corylus avellana L.) zeigen oberseits eine Epidermis aus polygonalen, meist etwas längs gestreckten Zellen, während die untere Epidermis aus Zellen mit gewellten Wänden besteht und allein die Stomata führt. Vor allem auf der Unterseite der Nerven finden sich *einzellige dickwandige Deckhaare* mit getüpfeltem Fuß, deren Lumen im oberen Teil durch die Dicke der Wand verschwindet. Daneben finden sich zwei Arten von *Drüsenhaaren*: einmal kleine *vielzellige*, mehr oder minder *walzenförmige* Drüsenhaare und dann sog. Stieldrüsen, *Drüsenzotten*, welche vor allem am Blattstiel und auf der Unterseite der Hauptrippe sich finden. Sie sind mit freiem Auge sichtbar. Ein *langer mehrzellreihiger Stiel* trägt ein abgeplattetes *vielzelliges Köpfchen*. Das Mesophyll hat ein zweireihiges Palisadenparenchym, in dem *große* und *kleinere Oxalatdrusen* sich finden und ein lockeres Schwammparenchym.

*Buchenblätter* (Fagus silvatica L.) haben beiderseits eine Epidermis aus Zellen mit ziemlich derben und wellig gebuchteten Wänden. Die Stomata finden sich nur auf der Unterseite. Hier sind auch auf Haupt- und Nebenrippen lange, *einzellige, schmale, scharfzugespitzte* Haare mit strichförmigem Lumen, welche über dem Fuß fast rechtwinkelig abgebogen sind. Die meisten Nerven werden von *Kristallkam-*

merzellen begleitet, oft ganz bedeckt, welche zahlreiche *Einzelkristalle* von Calciumoxalat führen. Das Mesophyll zeigt mehr oder weniger *Oxalatdrusen*.

*Eichenblätter* ( Quercus pedunculata Ehrh., Q. sessiliflora Sm.) haben eine Epidermis, die oberseits aus geradewandig polygonalen Zellen besteht und unterseits oft mehr wellig buchtige Wände hat. Stomata führt nur die Unterseite. Nur *junge* Blätter zeigen zwei- bis dreizellige Haare, deren Endzelle stumpf, schlauchförmig oder keulenförmig ist. Die Nerven sind vor allem auf der Unterseite von zahlreichen *Kristallkammerzellen* bedeckt, welche zahlreiche *Einzelkristalle* führen. Das Mesophyll enthält zahlreiche *Oxalatdrusen*. Das Palisadenparenchym ist ein- bis zweischichtig.

*Ahornblätter* (Acer platanoides L.). Spitzahornblätter haben eine obere Epidermis mit polygonalen, fast geradewandigen Zellen, deren *Cuticula deutlich gestreift* ist. Die untere Epidermis hat kleinere Zellen mit stärker gebuchteten Wänden. Nur sie führt Stomata. In den Nervenwinkeln finden sich *dünnwandige* ein- bis mehrzellige Haare mit feinkörniger Oberfläche. Calciumoxalatdrusen *fehlen* so gut wie ganz. Vor allem die Nerven auf der Unterseite führen *zahlreiche Einzelkristalle*.

Die Blätter von *Bergahorn* (Acer pseudoplatanus L.) unterscheiden sich von der vorigen Art durch die gebuchteten, *papillös vorgewölbten* Epidermiszellen der Blattunterseite. Die Blätter enthalten *Milchsaft*.

*Lindenblätter*. Die Winterlinde (Tilia parvifolia Ehrh.) hat Epidermiszellen, die beiderseits polygonal und geradwandig sind. Die *Cuti.ula* auf der *Unterseite* ist *deutlich gestreift*. Die Stomata sind auf der Unterseite. *Deckhaare* nur in den Nervenwinkeln auf der Unterseite vorhanden. Sie sind *dünnwandig*, lang, oft bandartig gedreht. Verstreut finden sich *Drüsenhaare* mit kurzem *einzelligem Stiel* und *eiförmigem, mehrzelligem Köpfchen*. *Längs der Nerven*, besonders *auf der Oberseite*, finden sich massenhaft *Einzelkristalle*, Drusen *nur in stärkeren Nerven*.

Die Sommerlindenblätter (T. platyphyllos Scop.) haben auf den dickeren Nerven unterseits *ziemlich zahlreiche* einzellige, oft dickwandige *Deckhaare*. Die Drüsenhaare sind zahlreicher als bei der Winterlinde. Auch die Oxalatdrusen sind zahlreicher.

*Eschenblätter* (Fraxinus excelsior L.) haben beiderseits Epidermiszellen mit wellig gebogenen oder wellig buchtigen Wänden. Die *Cuticula* der *Unterseite* ist *gestreift*. Auf der Unterseite finden sich zahlreiche ziemlich große Stomata. Die auf der Hauptrippe und dem unteren Teil der Seitenrippen unterseits vorhandenen *Deckhaare* sind *mehrzellig, dünnwandig*, oft gebogen und auf der Oberfläche fein gestrichelt. Fast nur auf der Unterseite finden sich kurzgestielte *Drüsenhaare* mit *scheibenförmigen, vielzelligen* Köpfchen. *Oxalatkristalle fehlen* völlig.

*Kornelkirschenblätter* (Cornus mas L.) haben beiderseits eine Epidermis mit derben wellig-buchtigen Wänden, welche häufig deutliche Tüpfelung bzw. knotige Verdickungen aufweisen. Die Cuticula vor allem in der Nähe der Haare ist gestreift. Stomata sind nur auf der Unterseite. Die Behaarung besteht aus *einzelligen*, kurzgestielten T-*trägerförmigen* oder längergestielten *Y-förmigen* Haaren mit meist ungleichlangen Armen. Sie sind *dickwandig* und haben oft eine *warzige* Cuticula. Das Mesophyll zeigt ein kurzes einreihiges Palisadenparenchym und wenige Oxalatdrusen, welche oft zu Gruppen vereinigt sind, die Nebenrippen führen zum Teil Kristallkammerzellen mit undeutlich ausgebildeten Drusen.

Stammen die Erdspuren aus einem Laubwald mit einheitlichem Bestand, so wird man vor allem Reste ein und desselben Baumes, im Buchenwald z. B. eben Buchenblattreste finden.

Fast immer findet man in Erdspuren aus Wäldern

irgendwelche Reste von *Laubmoosen*. In feuchten, schattigen Wäldern sind die aus verbreiteter Basis sich pfriemenförmig bis borstenförmig verlängernden Blättchen von Dicranum-Arten vor allem von D. scodarium häufig zu finden. Das Weißmoos (Leucobryumglaucum), das kalkfeindlich ist, besiedelt in Nadel- und Mischwäldern gerne feuchte Wald- und Torfböden. Seine Blättchen sind ausgezeichnet durch *zweierlei* Zellen, einer inneren Schicht aus kleinen chlorophyllführenden Zellen und ein bis vier Schichten größerer plasmaloser Zellen, welche nach außen Öffnungen haben und als Wasserspeicher dienen. An feuchten schattigen Stellen in Wäldern ist auch die Gattung *Mnium*, die Sternmoose, häufig, deren Blättchen aus einer Schicht von sechseckigen parenchymatischen, viel Chlorophyllkörner führenden Zellen zusammengesetzt sind. In Nadel- und Mischwäldern, aber auch auf Heiden und Mooren finden sich häufig, oft Massenvegetationen bildend, die Widdertonmoose (Polytrichum), deren Blättchen unterseits in Zellreihen aufgelöst sind, wie es Abb. 2 zeigt.

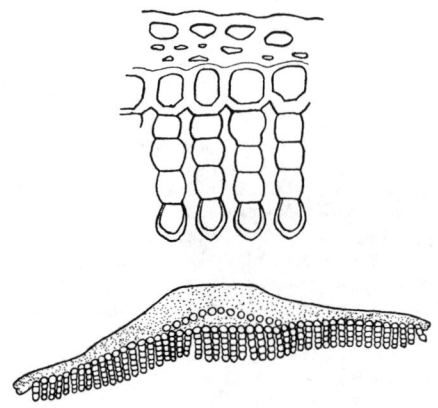

Abb. 2. Querschnitt durch ein Blatt von Polytrichum, unten der ganze Querschnitt, oben ein Ausschnitt stärker vergrößert.

Findet man in Erdspuren die Reste von Holunderblättern (Sambucus nigra L.), so spricht das für Raine, Hecken, Bauerngärten, Baustellen, Brachland und ähnliche Standorte. Sie sind kenntlich an den Zellen der unteren Epidermis, welche *scharf winkelig gebuchtete*, meist getüpfelte *Wände* haben. Die Epidermiszellen der Oberseite sind weniger deutlich gebuchtet. Die *Cuticula* ist beiderseits ziemlich *grob gestreift*. Die zahlreichen Stomata finden sich auf der Unterseite. Hier stehen auch entlang der Nerven einzellige, gerade, derbwandige, spitze Deckhaare mit etwas verbreitertem Fuß. Daneben finden sich keulige *Drüsenhaare* mit zwei bis dreizelligem Fuß, großem, eiförmigem, mehrzelligem Köpfchen. Auf das einzellige niedere Palisadenparenchym folgt ein lückiges Schwammparenchym, das zahlreiche *unregelmäßig gestaltete Kristallsandzellen* führt, welche meist zu mehreren beisammenliegen. In den stärkeren Nerven findet man zahlreiche, kurze, oft in Reihen geordnete *Kristallsandschläuche*.

Schmutz aus Hochmooren, Torfstichen u. ä. wird Blattreste von Sphagnumarten (siehe Abb. 8) zeigen, die leicht kenntlich sind an den schlauchförmigen chlorophyllführenden Zellen, welche die mit Leisten ausgesteiften und mit einer kleinen runden oder ovalen Öffnung ausgestatteten größeren wasserspeichernden Zellen netzförmig umgeben (Abb. 8. bei d. Art.: Faserstoffe.)

Bei der Diagnose, welche sich auf das Vorkommen von Sphagmumblättern, überhaupt auf Torfelemente stützt, ist Vorsicht walten zu lassen. Sie können auch von Stellen stammen, an denen Torf und Torfderivate technisch verarbeitet oder irgendwie verwendet werden (Matratzen in Viehställen, Torfstreu, Torf in Gartenbaubetrieben usw.).

Besteht Stiefel- und Kleiderschmutz vornehmlich aus einheitlichem Material, z. B. Sägespänen, wie in der Berufskleidung von Sägern, Schreinern, Tischlern usw., oder aus Mehl bei Müllern, Bäckern, Konditoren, so wird das Material untersucht nach den Angaben, die in d. Art.: Holz; Mehl gemacht wurden.

Nur in seltenen Fällen bekommt man über die Zusammensetzung der Erdalgenflora des Schmutzes Aufschluß durch direktes Mikroskopieren des Stiefel- und Kleiderschmutzes. Denn nur selten ist der Algenanteil ein so großer, daß er ohne weiteres erkannt werden kann. Man wird also, wenn man Aufschluß über die Algenassoziation des Bodens haben will, zu Kultur-, zu Anreicherungsverfahren greifen müssen. Die Kenntnis der Algenassoziation ist oft wünschenswert, denn erstens ist sie typisch, spezifisch für jeden Boden, so daß aus der Algenzusammensetzung Schlüsse auf den Boden, von dem der Schmutz stammt, gezogen werden können. Zweitens liefert die Algenkultur recht brauchbare Ergebnisse, wenn es sich darum handelt, die Identität des vorliegenden Schmutzes mit einem Boden nachzuweisen, von dem der Schmutz stammen soll. Erscheinen in den Kulturen, welche mit der Schmutzprobe einerseits und mit dem Boden andererseits angelegt wurden, dieselben Algenarten und ist die quantitative Zusammensetzung der Algen in beiden Kulturen annähernd dieselbe, so ist mit großer Wahrscheinlichkeit anzunehmen, daß die Böden identisch sind. Zur Sicherheit wird die Identität, wenn sich in den Kulturen seltene Algenarten finden, die nicht Allerwelts-Bodenalgen darstellen. Gewisse Vorsichtsmaßregeln müssen dabei natürlich beobachtet werden. Man muß die Sukzession der Algenflora im Laufe der Jahreszeiten berücksichtigen. Es geht nicht an, eine Schmutzprobe, die vom Frühjahr stammt, mit Boden im Herbst zu vergleichen und dann eine genaue Übereinstimmung verlangen zu wollen. Auch ist zu berücksichtigen, daß durch langes Austrocknen des Schmutzes ein Teil der empfindlichen Algen abgetötet werden kann, so daß bei der künstlichen Algenkultur mit diesem Schmutz eine Verarmung der Algenassoziation gegenüber dem frischen Boden eintritt.

Will man Schmutz und Boden auf Grund der vorhandenen Algen miteinander vergleichen, so wird man mit den Erdspuren, sie mögen nun von Stiefeln oder Kleidern stammen, Kulturen anlegen und daneben solche mit dem zu vergleichenden Boden, so daß man also zwei Parallelreihen von Kulturen hat, von denen die eine mit den gefundenen Erdspuren geimpft ist, während die andere den Vergleichsboden enthält.

Zur Kultur der Bodenalgen bedient man sich zweckmäßig *Erlenmeyer*-Kolben aus Jenaer Glas D 20 mit 100 ccm Inhalt, welche mit 40 ccm Nährlösung beschickt werden. Die Nährlösung soll zweckmäßigerweise annähernd das $p_H$ des Bodens haben. Bei der Einhaltung der Wasserstoffionen-Konzentration ($p_H$) braucht man nicht zu ängstlich sein, wenn es möglich ist, die Kölbchen mit einer größeren Menge von Erde (0,5—1 g) zu impfen. In diesem Falle gleicht sich das $p_H$ der Nährlösung jenem vom Boden an. Voraussetzung dafür ist, daß das Ausgangs-$p_H$ der Nährlösung annähernd neutral, also $p_H = 7$ ist. Eine zweckmäßige Nährlösung für Algen hat folgende Zusammensetzung: In 1000 ccm dest. Wasser sind $0,5 \text{ g KNO}_3$, $0,5 \text{ g (NH}_4)_2 \text{ HPO}_4$, $0,25 \text{ g MgSO}_4 + 7 \text{ H}_2\text{O}$, $0,01 \text{ g CaCl}_2 + 6 \text{ H}_2\text{O}$, $0,01 \text{ g Fe}_2\text{Cl}_3$.

Die mit einem Wattestöpsel verschlossenen *Erlenmeyer*-Kölbchen werden mit je 40 ccm dieser Nährlösung beschickt und sterilisiert. Nach dem Erkalten impft man jeden mit 0,5—1 g Erde. Nur wenn sehr wenig Schmutz von den Stiefeln oder Kleidern vorhanden ist, geht man gezwungenermaßen unter die Impfmenge von 0,5 g herunter. Nach *Gistls* Erfahrungen hat man bei 0,5 g die Menge Erde, welche dafür garantiert, daß tatsächlich alle in der betreffenden Bodenprobe vorhandenen Algen auch in die Lösung eingeimpft werden. Die ungeimpfte Erde wird durch vorsichtiges Schwenken der Kölbchen gleichmäßig auf dem Boden des Kulturgefäßes verteilt, wobei natürlich darauf geachtet werden muß, daß die Nährlösung den Wattestopfen nicht benetzt. Man legt mindestens 2—3 Kulturen mit dem zu untersuchenden Schmutz an und ebensoviel Kulturen mit dem Vergleichsboden. Die Kölbchen werden alle unter gleichen Bedingungen ins Licht, am besten ans Fenster gestellt, wobei darauf zu achten ist, daß sie nicht zu lange von direktem Sonnenlicht getroffen und dadurch überhitzt werden. Je nach der Jahreszeit wird dann die Algenvegetation nach einer Kulturdauer von 8—21 Tagen makroskopisch sichtbar werden. Wenn sich an der Flüssigkeitsoberfläche an der Glaswand ein deutlicher grüner Ring gebildet hat und am Grund grüne, blaugrüne oder hellbraune Inseln entstanden sind, dann untersucht man die Kölbchen mikroskopisch auf die Zusammensetzung der Algenflora sowohl hinsichtlich der vorhandenen Arten als auch hinsichtlich des Mengenverhältnisses, in welchem die einzelnen Arten am Aufbau der Algenassoziation beteiligt sind.

Stimmen die gefundenen Algen im Stiefelschmutz mit jenen des Vergleichsbodens sowohl in bezug auf die Arten wie auf den Anteil, welchen die einzelnen Arten an der Assoziation haben, völlig überein, so handelt es sich um denselben Boden.

Weicht die Besiedlung der Kölbchen mit dem Schmutz weitgehend ab von jener der Kölbchen mit dem Vergleichsboden, so ist eine andere Herkunft erwiesen. Dabei ist vor allem auf den Anteil der Algen-

bildenden Formen der Heterocontae zugeteilt, wie auch die einzelligen Heteroconten zu den einzelligen Grünalgen rechnen. Der prozentuale Anteil jeder Gruppe wird durch Auszählen von mikroskopischen Präparaten gewonnen, wobei bei Fadenalgen jede einzelne Zelle gerechnet wird.

Kulturböden in ausgeglichenem guten Düngungszustand und neutraler Reaktion zeichnen sich durch Artenreichtum aus. Alle vier Gruppen sind mit zahlreichen Arten vertreten.

Einseitig gedüngte Böden oder solche, die mehr oder minder extreme $p_H$-Verhältnisse aufweisen, zeigen deutlich das Vorherrschen der einen oder anderen Algengruppe.

Auf mageren Böden, ungedüngten Wiesen, Brachland ist die Algenflora arm sowohl an Arten wie auch an Individuen. Handelt es sich um *Waldboden*, so findet man in den Kulturen neben Algen immer mehr oder weniger *Protonemafäden* von Moosen, welche an den *schiefgestellten Querwänden* in den verzweigten Zellfäden kenntlich sind.

Unter den Bodenalgen gibt es eine Anzahl von Arten, die sehr wenig empfindlich gegen die Umweltbedingungen sind, also sich in allen Böden zurechtfinden. Dahin zählen *Chlorella vulgaris Beyrinck, Chlorococcun humicolum* (*Naegeli*) Rabenhorst, *Hantzschia amphioxys* (Ehr.) Grun. Diese Arten wird man in fast allen Böden finden können.

Das Auftreten von Arten aus der Gruppe der *Desmidiaceen*, vor allem Arten aus den Gattungen *Penium* und *Closterium, Cosmarium* sprechen für Hochmoore und Böden, welche aus solchen hervorgegangen sind.

Auf die einzelnen Algenarten, welche im Boden gefunden werden können, einzugehen, ist durch die große Zahl der in Frage kommenden Arten unmöglich. Zu den Untersuchungen müssen Algenbestimmungsbücher mitherangezogen werden.

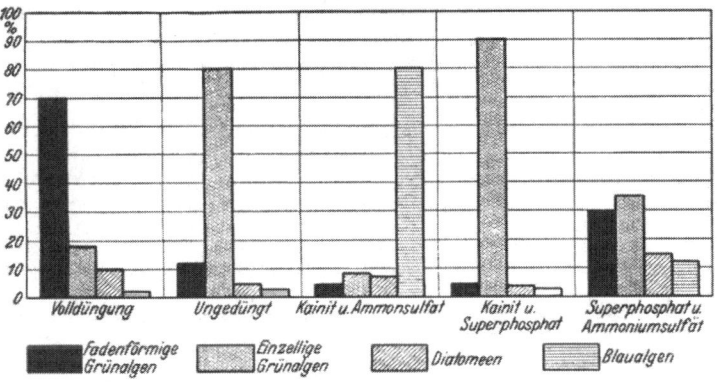

Abb. 3. Zusammensetzung der Algenflora verschieden gedüngter Böden.

klassen und -ordnungen zu achten. Wenn z. B. in der einen Probe blaugrüne Algen (Cynaophyceae) vorherrschen, in der anderen aber einzellige Grünalgen (Protococcales) oder Kieselalgen (Diatomeae), so ist eine Übereinstimmung ausgeschlossen. Es ist überhaupt bei der Auswertung der Kulturen mehr auf die Verteilung der großen Gruppen der Algen Wert zu legen, als auf das Fehlen oder Vorhandensein der einzelnen Algenarten.

Wie ungleich das Algenvegetationsbild sein kann, geht aus der Abb. 3 hervor, in der die prozentuale Zusammensetzung der aus fünf Bodenproben erhaltenen Algenassoziationen dargestellt ist. Für die Zwecke der Bodenanalyse ist es zweckmäßig, die vorkommenden Algen in vier Gruppen zu teilen, nämlich in fadenförmige Grünalgen, einzellige Grünalgen, Kieselalgen und blaugrüne Algen. Dabei werden zu den fadenförmigen Grünalgen auch die faden-

Alles, was über Schmutz an Stiefeln und Kleidern gesagt wurde, gilt sinngemäß auch für *Grasflecken* an Kleidern. Stammen die sog. Grasflecken, wie es meistens der Fall ist, von Überzügen, grünen Anflügen von im Freien stehenden Bänken, Tischen, Zäunen, Bäumen, so bestehen sie in der Hauptsache aus einzelligen Grünalgen. In diesem Fall kann man meist auf eine Anreicherungskultur verzichten, denn meist sind die Flecken so zahlreich mit Algen besiedelt, daß sie der direkten mikroskopischen Untersuchung zugänglich sind. Fast immer findet man *Chlorella vulgaris*, eine bis 5 $\mu$ große kugelige Grünalge mit einem einzigen muldenförmig ausgebildeten Chlorophyllkörper. Auch die im vegetativen Aussehen sehr ähnliche Grünalge *Chlorococcum humicolum* ist fast immer vertreten. Auch *Protococcus viridis* = Pleurococcus vulgaris findet sich häufig in Grasflecken. Manchmal finden sich vereinzelt auch fadenförmige Grünalgen wie *Ulothrix tenerrima*, seltener die Heterokonte *Bumileria exilis* unter der Assoziation.

Sind diese Flecken stark klebrig-schleimig, so rühren sie — vor allem nach langen Regenperioden — von Cyanophyceen, meist von einer Nostoc-Art her. In diesem Falle hat der Flecken eine bräunliche, schwarzgraue, schmuttziggrüne oder schwärzliche Farbe.

Auch hier muß auf die Bestimmungsbücher für Algen verwiesen werden, da eine Schilderung der verschiedenen Erscheinungsformen und Entwicklungszustände der zahlreichen in Betracht kommenden Algenarten den Rahmen dieses Werkes sprengen würde.

*Schrifttum.*

*Gistl, R.:* Zur Kenntnis der Erdalgen. Arch. f. Mikrobiol. **3** (1932). — *Gistl, R.:* Erdalgen u. Düngung. Erdalgen und Anionen. Arch. f. Mikrobiol. **4** (1933). — *Gistl, R.:* Naturgesch. pflanzl. Rohstoffe. München 1938. — *Möller-Griebel:* Mikroskopie der Nahrungs- und Genußmittel aus dem Pflanzenreiche. Berlin 1928. **Gistl.**

**Erfrieren** siehe *Tod und Gesundheitsbeschädigung durch Erfrierung.*

**Ergotismus** siehe *Mutterkorn und Mutterkornalkaloide.*

**Erhängen** siehe *Tod und Gesundheitsbeschädigung durch gewaltsame Erstickung.*

**Erkalten der Leiche** siehe *Leichenerscheinungen.*

**Erschießen** siehe *Tod und Gesundheitsbeschädigung infolge Verletzung durch Schuß.*

**Erstechen** siehe *Tod und Gesundheitsbeschädigung infolge Verletzung durch Stich.*

**Erstickung im allgemeinen.** (Vgl. auch Art.: Tod durch Ertrinken; Tod und Gesundheitsbeschädigung durch gewaltsame Erstickung.)

Mit *Erstickung* bezeichnet man im weiteren Sinne den Tod durch primäre Atemlähmung. Die gerichtlich-medizinische Definition faßt aber den Begriff enger und sieht das Wesentliche in einer mechanischen, von außen kommenden Behinderung des respiratorischen Gasaustausches. Ihre einwandfreie Feststellung gehört mit zu den schwierigsten Aufgaben des Gerichtsarztes (*Merkel-Walcher*). Als unerläßlich für die Diagnose gilt der Nachweis der Erstickungsursache (*Ziemke*). Diese Forderung ist bei der Mehrzahl der gewaltsamen Erstickungsformen (s. u.) wohl durchführbar. Sie versagt aber dann, wenn keine Zeichen des mechanischen Abschlusses der Luftwege zu fassen sind, wie z. B. bei der Erstickung durch weiche Bedeckung, bei Erhängung mit weichen breiten Strangwerkzeugen oder bei manchen Ertrinkungsfällen. Bei diesen Formen ist der Nachweis der Erstickungsursache unbefriedigend und oft kaum zu erbringen. In solchen Fällen haben die allgemeinen Erstickungszeichen, trotz der von vielen Autoren geäußerten erheblichen Skepsis, doch ihre Bedeutung. Man muß aber stets sich darüber klar sein, daß sie nichts Spezifisches für die gewaltsame Erstickung darstellen. Denn es ist bekannt, daß verschiedene Formen des sog. natürlichen Todes letzten Endes unter den Zeichen einer (inneren) Erstickung erfolgen. Grundvoraussetzung ist deshalb bei der diagnostischen Auswertung allgemeiner Erstickungszeichen der Ausschluß einer anderweitigen natürlichen Todesursache. Nur wenn man sich das stets klar macht, wird man vor schwerwiegenden diagnostischen Irrtümern bewahrt bleiben, die aus einer unkritischen Verwertung der allgemeinen Erstickungszeichen drohen.

*I. Anatomische und physiologische Grundlagen.* Das Atemzentrum ist im Gebiet des Rautenhirns gelegen. Es erstreckt sich etwa in einem Bezirk vom Calamus scriptorius corticalwärts bis über den mittleren Kern des VII. Hirnnerven. Die dort gelegenen Zellgruppen der Substantia reticularis sind in erster Linie für die Aufrechterhaltung der Spontanatmung maßgeblich. Von hier aus werden die erregenden Impulse teils durch die Seitenstränge, teils durch die Vorderstränge über das Halsmark zum unteren Brustmark geleitet, um dann in den Vorderhörnern der entsprechenden Segmente auf die motorischen Endneurone des N. phrenicus und der Intercostalnerven überzugehen. Wegen der doppelseitigen An-

lage des Atemzentrums bedingt eine einseitige Zerstörung des vorgenannten Gebietes einen gleichseitigen Ausfall der Atemmotorik. Der adäquate Reiz für die Erregung und Steuerung des Atemzentrums ist der chemische Zustand des Blutes, das die Medulla oblongata durchströmt. Die Anhäufung von $CO_2$ im Blute bildet den wichtigsten Reiz, wohingegen Sauerstoffmangel des Blutes praktisch kaum eine Rolle spielt (*Rein*). Ähnlich der $CO_2$-Anreicherung wirkt auch eine Sperrung der Blutzufuhr zum Atemzentrum. Es erfolgt dann die Reizung durch die örtlich gebildete und infolge der Zirkulationsstörung nicht abtransportierte Kohlensäure. Analog führt ein plötzlicher Kreislaufstillstand zu stärkster Erregung des Atemzentrums, worin die krampfhaften Atembewegungen in der Agone bei plötzlicher Herzlähmung und damit die eingangs erwähnten allgemeinen Erstickungszeichen bei solchen natürlichen Todesfällen ihre Erklärung finden. Bei überstarker chemischer Reizung im Verlauf jeglicher Erstickung breiten sich die Impulse des Atemzentrums auch auf anderweitige Muskelgebiete aus, die als sog. auxiliäre Atemmuskeln bei höchster Atemnot in Aktion treten (Facialisgebiet für Mund und Nasenflügel, Muskulatur des Halses und Schultergürtels, Bauchmuskeln).

*II. Pathophysiologie der Erstickung.* Die Reaktionen des Organismus, die im Verlaufe einer Erstickung auftreten, sind aus Tierversuchen sowie Beobachtungen am Menschen bei Hinrichtungen mit dem Strang bekannt geworden. Es lassen sich dabei mehrere Stadien unterscheiden, deren Übergänge jedoch vielfach fließend sind. Kurz nach Unterbrechung der Atmung tritt zunächst eine *inspiratorische* Dyspnoe auf, die je nach dem Erstickungsmechanismus mit mehr oder weniger ausgesprochener Cyanose des Gesichts und der Schleimhäute verbunden ist. Dieses Stadium ist durch tiefe und angestrengte Atemzüge unter Inanspruchnahme der auxiliären Atemmuskulatur gekennzeichnet. Seine Dauer beträgt 1—1½ Minute (*F. Reuter*). Dann folgt oft ohne scharfe Abgrenzung das Stadium der *expiratorischen* Dyspnoe, das durch krampfhafte Ausatmungsbewegungen charakterisiert ist. Häufig endet es mit einem Expirationskrampf und wird gefolgt von gehäuften klonischen Krämpfen des ganzen Körpers. Das Bewußtsein ist geschwunden, die Pupillen sind erweitert. Blutdrucksteigerung infolge Reizung des Vasomotorenzentrums und Pulsverlangsamung sind begleitende Symptome, die auf der Höhe des Krampfstadiums von Blutdrucksenkung und Pulsbeschleunigung abgelöst werden. Dabei wird meist spontaner Abgang von Kot und Urin sowie besonders bei Erhängung Erektion und Samenerguß beobachtet. Es folgt dann das Stadium der *Atempause*, wobei die Atembewegungen über einen Zeitraum von 1—2 Minuten sistieren. Den Abschluß bilden die *terminalen Atembewegungen*, wobei unter Zuhilfenahme der auxiliären Atemmuskulatur in bisweilen größeren Intervallen schnappende Atmungsversuche gemacht werden. Nach endgültigem Atemstillstand hält meist die Herztätigkeit noch längere Zeit an und ist z. B. beim Strangulationstod noch über 10—15 Minuten zu beobachten gewesen. Dabei kommt es infolge Versagens der rechten Herzhälfte zu starker Dilatation und praller Füllung des rechten Ventrikels, Blutabflußbehinderung im Bereich der beiden Ven. cav. mit konsekutiver Hyperämie der zugehörigen Abflußgebiete. An der Milz hingegen wird häufig infolge zentral ausgelösten vasomotorischen Krampfes ein Kontraktionszustand mit Auspressung des Blutes und deutlicher Verkleinerung dieses Organs beobachtet (*F. Reuter*). Während die Reihenfolge dieser Erstickungserscheinungen einen ziemlich konstanten Verlauf zeigt, sind individuelle Schwankungen dagegen in der Intensität und Dauer der einzelnen Stadien zu beobachten. Die Dyspnoe verläuft bei schwächlichen oder narkotisierten Individuen (Alkoholrausch!) meist weniger deutlich. Auch kann dabei der Eintritt der Krämpfe verzögert bzw. ihre Intensität abgeschwächt werden. Bei kräftigen Individuen ist dagegen meist ein stark ausgeprägtes Krampfstadium zu beobachten. Bei verlangsamter Erstickung (z. B. experimentelle Erstickung in eigener Atemluft; praktisch analog: die Erstickung in einem engen Raum) ist der Ablauf der Erstickungserscheinungen insofern verändert, als meist kein sehr ausgesprochenes Stadium der Dyspnoe und der Konvulsionen in Erscheinung tritt. Die anfänglich beschleunigte Atmung erlischt ganz allmählich. Größere Atempausen oder terminale Atembewegungen können hierbei fehlen.

*III. Leichenbefund. a) Äußere Befunde.* Man unterscheidet allgemeine Erstickungsbefunde und lokale. Letztgenannte haben meist deutliche Beziehung zu den einzelnen Formen der gewaltsamen Erstickung und werden dort behandelt. Die allgemeinen Erstickungsbefunde müssen stets, wie bereits einleitend betont wurde, besonders kritisch gewertet werden. Sie haben ihre besondere Bedeutung dann, wenn der Nachweis der erstickenden Ursache auf Schwierigkeiten stößt oder gar unmöglich ist (s. o.). Stets muß aber berücksichtigt werden, daß in ihnen nichts für die gewaltsame Erstickung absolut Charakteristisches gegeben ist. Unter den äußeren Befunden ist zunächst die *Cyanose* und *Dunsung des Gesichtes* zu nennen. Diese Erscheinungen sind mit Blutreichtum der Conjunctiven und Mundschleimhaut verbunden. Die Ursache dafür ist die Behinderung des Blutabflusses aus der Kopfregion bzw. Rückstauung des Blutes. Während diese Symptome beim Lebenden sehr deutlich ausgeprägt sind, verlieren sie an der Leiche infolge der allgemeinen Hypostase an Intensität. Trotzdem ist in typischen Fällen die Gesichtsfarbe durch einen bläulichen Ton, der manchmal nicht gleichmäßig, sondern mehr fleckförmig ausgeprägt ist, genügend charakterisiert. Besonders deutlich findet sich dies bei Erdrosselten und Erwürgten, ferner bei Thoraxkompression, wie sie bei Verschüttung oder beim Absturztod der Taucher (*Wiethold*) gegeben ist. Dagegen ist beim Erhängungstod eine Gesichtscyanose bei vollständiger Kompression der Halsgefäße zu vermissen. Als weiterer äußerer Befund sind die *Erstickungs-Ekchymosen* (s. d. Art.: Ekchymosen) zu nennen, kleine punktförmige Blutungen in der Haut und den Schleimhäuten des Gesichtes. Sie finden sich am häufigsten in den Conjunctiven der Lider, besonders an den Umschlagstellen, weniger reich an der Conjunctiva der Bulbi. In markanten Fällen sind sie außerordentlich reichlich in Form feinster punktförmiger Blutungen zu finden, die dicht beieinander stehen und auch zu größeren Blutflecken verschmelzen können. Die Ursache ist ebenfalls in einer erheblichen Stauung im Bereich der Vena cava sup. gegeben. Hinzu tritt die Blutdrucksteigerung während des konvulsiven Stadiums der Erstickung. Dadurch kommt es zu Rupturen feiner Gefäße. In solchen Befunden ist somit ein wichtiger diagnostischer Hinweis gegeben, der zwangsläufig eine Aufsuchung der Stauungsursache fordert. Beobachtet muß aber werden, daß auch durch Hypostase (Gesichtslage oder herabhängender Oberkörper der Leiche!) den Erstickungs-Ekchymosen ähnliche Conjunctivalblutungen und Gefäßstauungen zustandekommen können. Abgesehen von den Conjunctiven finden sich Ekchymosen auch — wenngleich weniger häufig — an der Lippen- und Mundschleimhaut, Nasenschleimhaut, ferner an der Außenseite der Augenlider und in der Gesichtshaut selbst. Bei Druckstauung durch Verschüttung sind solche Gesichtshaut- und Schleimhautblutungen besonders reichlich zu finden und können sich auch über die Halshaut hin bis zu den oberen Brustkorbabschnitten erstrecken, so daß diese Hautpartien an der Leiche einen dunkelblauschwarzen Farbton aufweisen (s. unter Verschüttung beim Art.: Tod und Gesundheitsbeschädigung durch gewaltsame Erstickung). *b) Innere Befunde.* Die inneren Leichenbefunde verlangen eine noch vorsichtigere Bewertung für die Diagnose des Erstickungstodes. Das *Blut* wird meist flüssig und dunkelschwarzrot gefunden. Die dunkle Farbe, die bei Eintritt des Erstickungstodes durch erhöhten $CO_2$-Gehalt bedingt ist, wird späterhin durch Bildung von reduziertem Hämoglobin infolge postmortaler Sauerstoffzehrung in der Leiche hervorgerufen. Sie entbehrt somit unter den gewöhnlichen Verhältnissen, wenn es erst nach 24—48 Stunden zur Leichenöffnung kommt, jeden diagnostischen Wertes. Auch die flüssige Beschaffenheit des Blutes ist kein Charakteristicum für den Erstickungstod. Denn bei plötzlichen anderweitigen Todesarten wird das Blut ebenfalls flüssig gefunden. (Über die eigentliche Ursache des Flüssigbleibens herrscht noch keine Einigkeit.) Zum anderen wurde gelegentlich auch bei gewaltsamer Erstickung geronnenes Blut im Herzen festgestellt. Die Ursache dafür war wohl meistens durch eine Leukocytenvermehrung gegeben, wenn z. B. dem Tode eine fieberhafte Erkrankung vorausging oder Verdauungszustand, Menstruation, Schwangerschaft bei Todeseintritt bestand, bei welchen Zuständen es gleichfalls zu einer Leukocytose kommt. Dadurch wird höchstwahrscheinlich die postmortale Blutgerinnung im Herzen und in den Gefäßen gefördert. Aus alldem folgt, daß in der Blutbeschaffenheit kein sicheres diagnostisches Zeichen für einen Erstickungstod gegeben ist. Man kann einzig bei der Feststellung flüssigen Blutes folgern, daß der Tod rasch eingetreten sein muß. Die neueren Untersuchungen zur Bestimmung der Leichenblutmenge und zur Frage der Bluteindickung beim Erstickungstod (*Ponsold*) sind in ihren Ergebnissen für praktische Zwecke noch nicht anwendbar. Die Erscheinungen am *Zirkulationsapparat* haben ebenfalls keine für Erstickung typische Bedeutung. Die durch Stauung im Lungenkreislauf bedingte Blutüberfüllung und Dilatation des rechten Herzens ist nach neueren Untersuchungen (*Ponsold*) zwar auch noch längere Zeit nach dem Tode nachweisbar, weil eine wesentliche Austreibung des Blutes aus der rechten Herzhälfte durch die Totenstarre nicht erfolgt. Da aber auch bei anderweitigen Todesarten eine ähnliche Blutüberfüllung vorkommen kann, verliert dieses Symptom an Beweiswert. Weiterhin findet sich bei Erstickung eine Blutüberfüllung der Leber, meist auch des Gehirns. An der Milz ist dagegen häufig eine deutliche Anämie festzustellen, die eine gewisse diagnostische Bedeutung haben dürfte, allerdings keinen regelmäßigen Befund darstellt (*Haberda, F. Reuter*). An den *Lungen* ist in vielen Fällen gewaltsamer Erstickung eine emphysematische Blähung festzustellen, die sich bisweilen mit interstitiellem Emphysem kombiniert. Dieser Befund, der besonders bei Erstickung durch weiche Bedeckung, bei Fremdkörperaspiration, beim Ertrinken zur Beobachtung kommt, erfährt aber wieder eine diagnostische Einschränkung insofern, als auch bei anderweitigen Todesfällen, die mit starker Dyspnoe verbunden sind (zentrale Atembeschädigung durch Hirnblutung, Hirnverletzung, Hirntumoren; manche Vergiftungen), eine ähnliche Lungenblähung zustande kommen kann. Unter der Voraussetzung, daß letztgenannte Ursachen ausgeschlossen werden können, behält der Lungenbefund doch einen gewissen Wert. Das makroskopische Bild ist bei akut emphysematischer Blähung gekennzeichnet durch Überlagerung des Herzbeutels durch die geblähten Lungenvorderränder. Die Lungenfarbe ist dann blaßgrau bis graurötlich; der Blutgehalt ist dabei oft gering. Bei langsamerem Erstickungsverlauf ist die Blähung dagegen nur wenig ausgebildet und die Lunge dafür stark hyperämisch. Dies tritt auch dann in Erscheinung, wenn durch umfangreiche Pleuraverwachsungen die Exkursionsfähigkeit der Lungen eingeschränkt ist. Öfter ist bei protrahierter Erstickung ein hämorrhagisches Lungenödem von herdförmiger Ausbildung zu finden. Es entsteht dadurch eine der Blutaspiration ähnliche Fleckung der Lungenoberfläche. Histologisch ist an diesen Stellen eine Anfüllung kleiner Bronchien und Alveolarbezirke mit Erythrocyten festzustellen, zwischen denen mitunter ein feines Fibrinnetz und Eiweißniederschläge nachzuweisen sind. Differentialdiagnostisch gegenüber hämorrhagisch-entzündlichen Prozessen ist das Fehlen von Leukocyten wichtig. An den serösen Häuten der Brustorgane finden sich, ähnlich wie am Gesicht beschrieben, feine *Ekchymosen* (s. d.). Sie sind meist punktförmig bis hirsekorngroß und können in besonders ausgeprägten Fällen, wie bei protahierter Erstickung, auch zu größeren Blutflecken zusammenfließen (so z. B. bei Neugeborenen nach intrauteriner Asphyxie). Am Herzen finden sie sich vorwiegend unter dem Epikard der Rückseite, oft entlang den Verzweigungen der Coronargefäße. An den Lungen sind in der Hauptsache die Pleura-Abschnitte der äußeren und hinteren Partien sowie der Interlobärspalten betroffen. Ferner sind Ekchymosen auch unter der Kapsel der Thymusdrüse zu finden. Ihre Entstehung wird sowohl auf die Blutdrucksteigerung auf der Höhe der Erstickung als auch auf intraalveoläre Druckänderungen im Lungengewebe zurückgeführt. Differentialdiagnostisch müssen von den echten Ekchymosen die sog. „Pleuraknöpfe" geschieden werden. Dabei handelt es sich um kleine Teleangiektasien von ähnlicher Größe wie Ekchymosen. Sie sind aber meist deutlich hervorragend und infolge eines gewissen Pigmentgehaltes etwas bräunlich gefärbt. Eine Einschränkung des diagnostischen Wertes der Pleura- und Epikard-Ekchymosen für die Feststellung des Erstickungstodes liegt in zwei Momenten. Erstens kommen sie auch bei anderweitigen Todesarten vor (Tod im epileptischen Anfall, an Eklampsie, Urämie, Krampfgiften); auch sind sie beim Erstickungstod nicht konstant an den genannten Organen zu finden. Zweitens ist festgestellt, daß sie postmortal durch Hypostase zustandekommen können, allerdings in geringerem Ausmaß und dann meist an den der Hypostase unterworfenen Pleura- und Epikard-Abschnitten.

Weiterhin werden als diagnostisch-wichtige Befunde beim Erstickungstod *Blutungen im Temporalmuskel* genannt (*Tani*). Sie treten meist symmetrisch auf, zeigen rundliche Form und sind miliarbzw. daumenkopfgroß. Ihre Zahl wird als ziemlich variabel geschildert. In dem der Blutungsstelle benachbarten Gewebe sind keine abnormen Veränderungen nachzuweisen. Um regelmäßige Befunde scheint es sich aber nicht zu handeln, da sie unter 50 Fällen von einwandfreiem Erstickungstode nur 16mal konstatiert wurden.

Der gleiche Autor (*Tani*) mißt weiterhin dem *Spermatozoenbefunde in der Harnblase* erhebliche diagnostische Bedeutung bei. Sie scheinen unter den Erstickungskrämpfen in die Harnblase zu gelangen und lassen sich im Bodensatz des zentrifugierten Blasenurins in großer Zahl nachweisen, wogegen Kontrolluntersuchungen bei anderweitigen Todes-

fällen nur einige wenige Spermatozoen ergaben. Eine Nachprüfung dieser letztgenannten Befunde scheint aber noch geboten zu sein.

Abschließend sei nochmals betont, daß bei der diagnostischen Auswertung der allgemeinen Erstickungszeichen besondere Vorsicht und kritische Zurückhaltung stets am Platze ist. Sie können gelegentlich wertvolle Befunde darstellen, genügen aber für sich allein in den allermeisten Fällen nicht.

*Schrifttum.*

*v. Hofmann-Haberda:* Lehrbuch der gerichtl. Medizin. XI. Aufl. Berlin u. Wien 1927. — *Merkel-Walcher:* Gerichtsärztliche Diagnostik und Technik. Leipzig 1936. — *Ponsold:* Die Eindickung und Verdünnung des Blutes beim Tode durch Erstickung. Dtsch. Z. gerichtl. Med. **28**, 154 (1937). — *Rein:* Einführung in die Physiologie des Menschen. Berlin 1936. — *Reuter, F.:* Lehrbuch der gerichtl. Medizin. Berlin u. Wien 1933. — *Tani:* Beiträge zur Diagnosenstellung bei Erstickungstod. Arch. Kriminol. **105**, 18 (1939). — *Wiethold:* Über den Absturztod der Taucher. Dtsch. Z. gerichtl. Med. **26**, 137 (1936). — *Ziemke:* Der Tod durch Erstickung. In *Schmidtmanns* Handb. der gerichtl. Medizin **II**, 177. Berlin 1907. **Schrader.**

**Erstickung im Brechakte** siehe *Plötzlicher Tod aus natürlicher Ursache; Tod und Gesundheitsbeschädigung durch gewaltsame Erstickung.*

**Erstickungsekchymosen** siehe *Ekchymosen; Erstickung im allgemeinen.*

**Ertränken** siehe *Tod durch Ertrinken.*

**Ertrinken** siehe *Tod durch Ertrinken.*

**Erun** siehe *Schädlingsbekämpfungsmittel.*

**Erweiterter Selbstmord** siehe *Selbstmord.*

**Erwerbsunfähigkeit** (= E. U.).

E. U. ist ein Begriff der deutschen Sozialversicherung. Je nach dem Versicherungszweig ist seine Definition eine verschiedene. Es handelt sich dabei um keine rein medizinische, sondern um eine wirtschaftliche Begriffsformulierung. Der begutachtende Arzt wird dem Versicherungsträger nur dann einwandfreie Unterlagen für die einzutretende Leistung bieten können, wenn er genügend über die ganz wesentlichen Unterschiede dieser Leistungsvoraussetzung je nach Versicherungszweig informiert ist. In der sozialen *Unfallversicherung* (= U. V.) wird bei der Frage der E. U. der Beruf an sich nicht berücksichtigt. Vielmehr handelt es sich hier um die E. U. auf dem allgemeinen Arbeitsmarkte und nach den gesamten geistigen Fähigkeiten des Versicherten. Berufswechsel ist also zumutbar. Diesem E. U.-Begriff entspricht am besten die Definition in § 25 des Reichsversorgungsgesetzes vom 12. 5. 1920. Dort heißt es: „die Erwerbsfähigkeit gilt insoweit als gemindert, als der Beschädigte infolge der Beschädigung nicht mehr ... fähig ist, sich Erwerb durch eine Arbeit zu verschaffen, die ihm unter Berücksichtigung seiner Lebensverhältnisse, Kenntnisse und Fähigkeiten billigerweise zugemutet werden kann". Grundlegend für die Feststellung der Erwerbsbeschränkung ist also die Erwerbsmöglichkeit auf dem allgemeinen Arbeitsmarkte, doch soll der besondere Beruf und die besondere Betriebstätigkeit bei der Festsetzung berücksichtigt werden. Entschädigt wird in der Unfallversicherung nicht der anatomische Defekt, sondern der funktionelle Ausfall, daher kann z. B. durch Gewöhnung bei stationären Zuständen wieder volle Erwerbsfähigkeit (= E. F.) eintreten. Mit anderen Worten, die Erwerbsbeschränkung im Sinne der U. V. ist nie eine dauernde, sondern wird von Zeit zu Zeit neu festgestellt. Diese Neufeststellungen sind an bestimmte Fristen gebunden (§ 609 RVO.). Für die Beurteilung ist es wichtig, daß der Versicherte stets in seinem augenblicklichen Erwerbsfähigkeitszustande versichert ist: ein gesunder Mensch erhält z. B. wegen des Verlustes eines Auges eine 25%ige

Unfallrente. Hatte aber der Verletzte zur Zeit des Unfalles nur *ein* sehtüchtiges Auge und er verliert dieses, dann wird er voll erwerbsunfähig. Selbstverständlich ist die Voraussetzung der Versicherungsleistung die Anerkennung des Schadens als Unfallfolge (zum Unterschied von den anderen Zweigen der Soz.-Vers., bei denen die Art der Entstehung des Versicherungsfalles in gewissen Grenzen gleichgültig ist). Das kann gleich an dem Beispiele des Augenverlustes erläutert werden: jemand bezieht wegen einseitiger Blindheit 25% Rente; verliert er dann durch ein nicht versicherungspflichtiges Ereignis das zweite Auge, so wird er nicht voll erwerbsunfähig im Sinne der U. V. Die Berücksichtigung der Erwerbsfähigkeitsbeschränkung *vor* dem Unfall ist für den Gutachter nicht nur wegen der notwendigen relativen Bemessung des Unfallschadens wichtig, sondern aus einem anderen Grunde: die Erwerbsbeschränkung in der U. V. wird in Prozenten der normalen, durchschnittlichen oder der persönlichen, individuellen Erwerbsfähigkeit ausgedrückt. In der Regel, so bei der gewerblichen U. V., legt man die persönliche E. F. zugrunde. Der Gutachter hat daher stets zu individualisieren und die besonderen persönlichen Eigenschaften zu berücksichtigen (Alter, Geschlecht, Gesundheitszustand, Beruf). Auch wenn die Rentenberechnung von der normalen, durchschnittlichen E. F. abgeleitet wird, wie in der landwirtschaftlichen U. V., interessiert sich der Versicherungsträger für die Frage ,,ob der Verletzte nach Alter oder körperlicher Beschaffenheit vor dem Unfalle für landwirtschaftliche Arbeiten vollkommen arbeitsfähig war, oder ob durch Krankheit oder Abnormitäten die E. F. schon vor dem Unfall eine verminderte war und um wieviel Prozent". Für die Verwertbarkeit eines Gutachtens ist es ferner wichtig, daß es konkrete Angaben in Hinsicht auf die verbliebene E. F. enthält, evtl. in Beispielen: Wie sind die allgemeinen, zu jeder Arbeit notwendigen körperlichen Verhältnisse verändert? Sind Dauerleistungen jeder oder bestimmter Art unmöglich? Welche Handgriffe und Verrichtungen — besonders mit Rücksicht auf den bisherigen Beruf — können noch ausgeführt werden? Kann nur in einer bestimmten Körperhaltung, z. B. im Sitzen gearbeitet werden? Ist eine Verwendung als Bote, als Portier, als Wächter, als Scheuerfrau möglich? Wie schon erwähnt, erfolgt die Abschätzung der E. F. in Prozenten. Jede Schematisierung ist nach ausdrücklicher Ablehnung der obersten Spruchbehörde zu vermeiden. Trotzdem ist die Benutzung sog. ,,Rententabellen" bei der Begutachtung vorteilhaft; der dort angegebene Prozentsatz ist im Maße des Abweichens der individuellen E. F. von der normalen E. F. vor dem Versicherungsfall zu variieren. Im folgenden wird eine solche Rententabelle auszugsweise wiedergegeben.

### Rententabelle
#### nach *Liniger* und *Molineus.*

*Kopf:* %

| | |
|---|---:|
| Skalpierung bei Mädchen | 33⅓ |
| Einseitige Taubheit | 10—15 |
| Doppelseitige Taubheit | 33⅓—40 |
| Verlust eines Auges | 25 |
| (wenn kein künstliches Auge getragen werden kann, mehr) | |
| Verlust beider Augen | 100 |
| Verluste des Geruches beim gewöhnlichen Arbeiter | 0 |
| Stark entstellende Sattelnase | 15 |
| Verlust einzelner Zähne (Ersatz) | 0 |
| Verlust aller Zähne (Prothese) | 25 |

*Rechter Arm:*

| | |
|---|---:|
| Verlust oder Gebrauchsunfähigkeit | 75 |
| Habituelle Schulterverrenkung | 30 |
| Ellbogengelenk in Streckstellung steif | 50 |
| desgl. im Winkel 150 Grad steif | 40 |
| desgl. im rechten Winkel steif | 30 |
| Handgelenk in gerader Stellung versteift | 30 |
| desgl. in ein Drittel Beugung oder halber Überstreckung versteift | 40 |

*Linker Arm:*

| | |
|---|---:|
| Verlust oder Gebrauchsunfähigkeit | 60 |
| Habituelle Schulterverrenkung | 25 |
| Ellbogengelenk in Streckstellung steif | 40 |
| desgl. im rechten Winkel steif | 25 |
| Handgelenk in gerader Stellung versteift | 20 |

*Beine:*

| | |
|---|---:|
| Völlige Gebrauchsunfähigkeit | 75 |
| Oberschenkelbruch 6 cm Verkürzung, Gelenke gut, Bein mäßig geschwächt | 30 |
| desgl. bei 4 cm Verkürzung | 15 |
| Knie im Winkel 175 Grad steif | 33⅓ |
| desgl. 150 Grad | 50 |
| Nichtknöchern verheilter Unterschenkelbruch (Stützapparat nötig) | 50 |
| Völlige Versteifung des Fußgelenkes im rechten Winkel | 20 |
| desgl. in leichter Spitzfußstellung | 33⅓ |
| desgl. in starker Spitzfußstellung | 50 |
| Peronaeuslähmung | 20 |
| Leistenbruch, Schenkelbruch | 10 |
| Verlust eines Hodens | 0 |
| Verlust beider Hoden | |
| bis 40 Jahre | 33⅓ |
| nach 40 Jahren | 20 |
| nach 60 Jahren | 10 |
| Anus praeternaturalis, Urin- oder Darmfistel | ca. 33⅓ |

Eine Erwerbsbeschränkung von weniger als 20% wird nach der Notverordnung vom 8. 12. 1931 nicht entschädigt. Es ist ferner auf folgendes zu achten: sind bei einem Unfall verschiedene Schäden entstanden, so sind die dadurch entstandenen Erwerbsbeschränkungen nicht einzeln festzustellen und dann zu addieren, sondern die Feststellung hat unter Würdigung des Gesamtbildes zu erfolgen. Dagegen wird die Erwerbsbeschränkung und damit die Rente für jeden Unfall einzeln festgestellt. Es ist auf diese Art und Weise theoretisch möglich, daß jemand eine Unfallrente von mehr als 100% bekommt. Praktisch kommt das weniger in Frage, weil ja die Beschränkung durch den zweiten Unfall in Prozenten der nach dem ersten Unfall noch bestehenden, also verminderten E. F. ausgedrückt werden muß. Bezieht z. B. jemand schon eine 50%ige Unfallrente, und seine jetzt noch verbliebene E. F. wird durch einen bei einem weiteren Unfall entstandenen ähnlichen Schaden um weitere 50% herabgesetzt, so beträgt die endgültige Rente nur 75% (*Paulat*). In der *Invalidenversicherung* (= I. V.) wird ebenfalls die E.U. entschädigt. Die Definition des Begriffes, der hier die Bezeichnung ,,*Invalidität*" hat, findet sich im § 1254 RVO.: ,,als invalide gilt der Versicherte, der infolge von Krankheit oder anderen Gebrechen oder Schwäche seiner körperlichen oder geistigen Kräfte nicht imstande ist, durch eine Tätigkeit, die seinen Kräften und Fähigkeiten entspricht und ihm unter billiger Berücksichtigung seiner Ausbildung und seines bisherigen Berufes zugemutet werden kann, ein Drittel dessen zu erwerben, was körperlich und geistig gesunde Personen derselben Art mit ähnlicher Ausbildung in derselben Gegend durch Arbeit zu verdienen pflegen". Die RVO. sieht also hier eine gewisse Berücksichtigung des Berufes vor, die bei der Unfallversicherung im Gesetz nicht ausgesprochen ist. Prinzipiell gilt jedoch auch für die I. V. als Beurteilungsgrundlage der allgemeine Arbeitsmarkt, doch wird z. B. ein ungelernter Arbeiter bei Versteifung der Arbeitshand im Handgelenk nicht als invalide anzusehen sein, weil er noch vielseitig verwendbar ist; dagegen wird (*Weicksel*) ein älterer Graveur, der hochgradig kurzsichtig ist, weder in seinem Beruf noch sonst brauchbar, daher invalide sein. Unter bestimmten Verhältnissen kann also die Invalidität der „Berufsunfähigkeit" (s. u.) nahekommen. Die Invalidität ist nicht, wie die E. F. in der Unfallversicherung, abstufbar, es gibt nur die Entscheidung zwischen invalide, das ist mindestens $^2/_3$ erwerbsbeschränkt im Sinne von § 1254 RVO., und nicht invalide. Die RVO. unterscheidet ferner zum Unterschied von der U. V. (wo es zwar sog. Dauerrenten, aber keine zeitliche Begrenzung der E. F. gibt) eine „dauernde" und eine „vorübergehende" Invalidität. Eine dauernde Invalidität liegt dann vor, wenn ihre Beseitigung in absehbarer Zeit nicht möglich ist. Als vorübergehende bezeichnet man eine Invalidität dann, wenn mit überwiegender Wahrscheinlichkeit der Zeitpunkt der Heilung in absehbarer Zeit vorausgesagt werden kann (*Reichardt*). Der Rentenanspruch aus vorübergehender Invalidität beginnt, wenn diese Invalidität länger als 26 Wochen bestanden hat, oder wenn sie sonst nach Wegfall des Krankengeldes noch besteht. Der Versicherungsträger hat auch bei dauernder Invalidität das Recht, eine Nachprüfung des Zustandes zu veranlassen. Der Gutachter stellt dann entweder eine Besserung fest, welche die Erwerbsminderung unter $66^2/_3\%$ senkt, oder er kommt zur Entscheidung, daß Invalidität noch vorliegt. Ist Aussicht vorhanden, daß bei drohender Invalidität diese durch geeignete Behandlung um mindestens zwei Jahre hinausgeschoben werden kann (Tuberkulose), so hat der Gutachter ein „Heilverfahren" in Vorschlag zu bringen. Die Invalidenrente wird nicht nur bei Invalidität und nach Erreichung der Altersgrenze von 65 Jahren gewährt, sondern auch dann, wenn der Versicherte an sich arbeitsfähig ist, seine Arbeit aber aus bestimmten, im Versicherten selbst liegenden Gründen nicht zum Erwerb verwerten kann. Solche Fälle gibt es bei besonderen Verunstaltungen oder bei ekelerregendem oder die Umgebung gefährdenden Krankheiten (Ozaena, Typhusausscheider). Ist eine solche besondere Verunstaltung die Folge eines versicherungspflichtigen Unfalles, so besteht auch E.U. im Sinne der U.V. Während bei der U.V. und bei der I.V. die E.F. ohne Rücksicht auf den Beruf des Versicherten beurteilt wird, sind die Verhältnisse bei den nun zu besprechenden Zweigen der Sozialversicherung anders. Die Definition der E.U. in der *Angestelltenversicherung*, welche dort „*Berufsunfähigkeit*" heißt, ist in § 27 AVG. gegeben: „Als berufsunfähig gilt der Versicherte, dessen Arbeitsfähigkeit infolge von Krankheit oder anderen Gebrechen oder Schwäche seiner körperlichen oder geistigen Kräfte auf weniger als die Hälfte derjenigen eines körperlich und geistig gesunden Versicherten von ähnlicher Ausbildung und gleichwertigen Kenntnissen und Fähigkeiten herabgesunken ist". Bei der Angestelltenversicherung ist also das Wesentliche, daß zum Vergleiche die normale E.F. in der gleichen Berufsgruppe herangezogen wird. Der Versicherte schneidet aber nicht nur insofern günstiger ab, sondern auch dadurch, daß die Berufsunfähigkeit schon bei Herabsetzung der E.F. auf 50% eintritt. Die I.V. und die Angestelltenversicherung sind im Prinzip gleich aufgebaut — man bezeichnet sie auch gemeinsam als

Rentenversicherungen —, es gibt also auch bei der Angestelltenversicherung nur die Entscheidung zwischen „berufsunfähig" oder „berufsfähig". Neben der dauernden Rente (hier „Ruhegeld" genannt) kennt auch die Angestelltenversicherung ein vorübergehendes Ruhegeld bei 26 Wochen dauernder ununterbrochener Berufsunfähigkeit. Desgleichen werden auch Heilverfahren nach ähnlichen Grundsätzen wie bei der I.V. gewährt. Ungleich häufiger als in der Unfall- und Rentenversicherung hat der Arzt in der *Krankenversicherung* über die E.F. eines Versicherten zu entscheiden. Die RVO. verwendet für den Begriff der E.F. in der Krankenversicherung den Ausdruck „*Arbeitsunfähigkeit*". Arbeitsunfähig ist, wer infolge Krankheit seine gegenwärtige Berufstätigkeit nicht ausüben kann. Der Begriff Krankheit darf hier nicht im medizinischen Sinne gedeutet werden, sondern er ist im Sinne der RVO. ein Zustand, der entweder Heilbehandlung oder Arbeitsunfähigkeit bedingt. Es wird daher der Arzt in vielen Fällen auf dem Krankenschein Arbeitsunfähigkeit bescheinigen müssen, obwohl der Versicherte im vollen Besitze seiner körperlichen und geistigen Leistungsfähigkeit ist, z. B. beim Vorliegen bestimmter Infektionskrankheiten in der Familie des Versicherten. Umgekehrt bedingt natürlich die Notwendigkeit einer Heilbehandlung nicht unbedingt Arbeitsunfähigkeit. Der Begriff *Arbeitsunfähigkeit* spielt schließlich noch in der *Arbeitslosenversicherung* eine Rolle. Arbeitsunfähig im Sinne von § 88 des Arbeitsvermittlungs- und Arbeitslosenversicherungsgesetzes ist, wer mehr als $66^2/_3\%$ erwerbsbeschränkt ist. Die Spezifizierung dieser Art von Erwerbsbeschränkung entspricht wörtlich dem § 1254 RVO., welcher den Begriff der Invalidität festlegt. Arbeitsunfähig im Sinne des AVAVG. ist also, wer invalide nach § 1254 RVO. ist. Die engste und die weiteste Auslegung findet die E.F. also in jenen beiden Versicherungszweigen, in denen sie übereinstimmend die Bezeichnung Arbeitsunfähigkeit hat.

*Schrifttum.*

*Der Amtsarzt.* Jena 1936. — *Liniger* und *Molineus:* Der Rentenmann. VII. Aufl. Leipzig 1938. — *Liniger-Weichbrodt-Fischer:* Handb. der ärztlichen Begutachtung. Leipzig 1931. — *Mueller-Walcher:* Gerichtliche und soziale Medizin. München 1938. — *Paulat, H.* Zur Rechtssprechung des RVA. Mschr. Unfallheilk. **46**, 177 (1939). — *Reichardt, M.:* Einführung in die Unfall- u. Invaliditätsbegutachtung. Jena 1921. — *Weicksel, J.:* Kompendium der sozialen Versicherungsmedizin. Leipzig 1938. — *Ziemke:* Der Begriff der Erwerbsunfähigkeit in der sozialen Medizin. Dtsch. Z. gerichtl. Med. **1**, 284 (1922). **Elbel.**

**Erwürgen** siehe *Tod und Gesundheitsbeschädigung durch gewaltsame Erstickung.*

**Erythrophlein** siehe *Lokalanaesthetica außer Cocain.*

**Eserin** siehe *Physostigmin.*

**Essigsäure** siehe *Flüchtige organische Gifte.*

**Esturmit** siehe *Schädlingsbekämpfungsmittel.*

**Etappenläsion** siehe *Tod und Gesundheitsbeschädigung durch elektrische Energie.*

**Ethische Indikation zur Schwangerschaftsunterbrechung** siehe *Fruchtabtreibung.*

**Eucain-B** siehe *Lokalanaesthetica außer Cocain.*

**Eucalyptusöl.**

Rektifiziertes, ätherisches Öl aus Eucalyptus globulus, farblos oder schwach gelblich, von eigenartig scharfem Geruch und kühlem Geschmack. Der Geruch ist typisch für das Eucalyptol, identisch mit Cineol resp. Cajeputol. Eucalyptol ist in einer Menge von 60—70% im Eucalyptusöl vorhanden. Das Öl findet ausgedehnte Anwendung als Schnupfen- und Hustenmittel (zahlreiche Präparate), ferner zur Inhalation und als Hautreizmittel. Übliche Dosis 0,2 g, Injektion 0,2 g, Einreibung 20 % ig.

Leichte medizinale Vergiftungen sind häufiger als angenommen wird, besonders beobachtet in England, Amerika und Australien. Vergiftet werden hauptsächlich Säuglinge und kleine Kinder (medizinale Vergiftungen). Toxische Dosis bei 3 g, tödliche Dosis im allgemeinen 15—30 g. Kleinste tödliche Dosis, beobachtet bei einem Kind, ein Teelöffel. Ursache der Vergiftung meist Überdosierung, Verwechslung, irrtümliche innerliche statt äußerliche Anwendung. Bei Einreibung beobachtet man Hautrötung, bei Einnahme durch den Mund Erbrechen, Blässe, Kollaps, gelegentlich Rauschzustände. Der Puls ist langsam, schlecht; Temperatur meist herabgesetzt. Selten Toxikodermien (Urticaria, Dermatitis). Tod durch Lähmung des Atemzentrums. Die Ausscheidung erfolgt durch die Lungen (Reizstoff für Bronchien) und durch die Nieren (Albuminurie). Der Urin riecht nach Veilchen oder Heu. Eucalyptusöl ist in verschiedenen, der intrauterinen Einspritzung dienenden Mitteln enthalten (Salbenaborte).

Sektion ergibt Verfettung der Leber, Nierenschädigungen. Wirkung ähnlich wie bei den Terpenen.

*Schrifttum.*

*Brüning:* Tödliche Mistolvergiftung bei einem Säugling. Slg. Verg.-Fälle **2**, 115 A (1931). — *Chesney:* Ein Fall von Eukalyptusvergiftung. Lancet **210**, 131 (1926). — *Gibbin:* Vergiftung durch Eukalyptusöl. Brit. med. J. **3465**, 1005 (1927). — *Mac Pherson, John:* Die Toxikologie des Eukalyptusöles. J. of Australia **2**, 108 (1925). — *Witthauer:* Eukalyptusölvergiftung. Slg. Verg.-Fälle **6**, 113 A (1935) u. Klin. Wschr. **1922**, 1460.   *Schwarz.*

**Eucodal** siehe *Opiumalkaloide und verwandte Stoffe.*

**Eucupin** siehe *Lokalanaesthetica außer Cocain.*

**Eugenische Indikation zur Schwangerschaftsunterbrechung** siehe *Fruchtabtreibung.*

**Eumecon** siehe *Opiumalkaloide und verwandte Stoffe.*

**Eunarcon** siehe *Schlafmittel.*

**Euphorbiaceen.**

Bei den Produkten der Wolfsmilchgewächse handelt es sich um kräftig wirkende Abführmittel, die bei Überdosierung Reizerscheinungen von seiten des Magen-Darmtraktus, evtl. von seiten der Nieren hervorrufen können. Finden auch Verwendung als Hautreizmittel, zur Warzenentfernung, als harntreibende Mittel, selten als Abortiva.

Als Ausdruck der lokalen Reizwirkung beobachtet man Brennen, Bläschenbildung im Mund, Erbrechen, Koliken, Durchfälle, evtl. Nierenstörungen. Nur bei schweren Vergiftungen zentrale Störungen (Kollaps, Koma). Einatmung als Staub erzeugt Niesen, Bronchitiden bei gleichzeitiger Conjunctivitis. Hautreiz relativ gering, Dermatitiden kommen vor.

In Betracht kommende Vertreter: Euphorbia (Wolfsmilch), Croton tiglium (s. d. Art.: Ricin), Rhicinus communis (s. d. Art.: Ricin; Ricinusöl) und Kamala (Kamalapulver als schwächstes Wurmmittel).

*Schrifttum.*

*Geßner:* Gewerbliche Dermatitis durch Wolfsmilcharten. Slg. Verg.-Fälle **7**, 217 A (1936). — *Guggenheim:* Bindehaut- und Hornhautentzündung durch Saft der Euphorbia Helioscopa. Klin. Mbl. Augenheilk. **77**, 521 (1926). — *Lewin:* Die Fruchtabtreibung durch Gifte und andere Mittel. Berlin 1922. — *Lewin:* Gifte und Vergiftungen. Berlin 1929. — *Petri:* Pathologische Anatomie und Histologie der Vergiftungen. Berlin 1930.   *Schwarz.*

**Evipan** siehe *Schlafmittel.*

**Excoriation** siehe *Verletzungen durch stumpfe Gewalt.*

**Exhibitionismus.** (Vgl. auch Art.: Sittlichkeitsverbrechen.)

*Exhibitionismus* ist eine drangartige Neigung, den Geschlechtsteil vor Personen des anderen Geschlechts zu zeigen. Der Beweggrund ist außerordentlich schwer zu erkennen. Meistens sagt der Täter, daß er selbst nicht wisse, wie er zu solchen Handlungen komme; er habe es einfach nicht unterlassen können. Diese Neigung findet als „übersteigerte Form der auf Ambivalenz beruhenden Lust", seine eigene Sexualität anderen zu offenbaren, im Sinne von *Seelig* eine gewisse Erklärung. Versucht man das Wesen des Exhibitionismus auf den Grund zu gehen, so wird man ihn als eine Entladung krankhafter Spannung psychisch abwegiger Persönlichkeiten auffassen dürfen oder im Sinne *Placzeks* als eine Folge „der durch die Krankheit aufgehobenen hemmenden Schamschranken". Zum andern läßt sich der Exhibitionismus bei gesunden oder charakterlich tiefstehenden Grenzfällen als eine gewollte Befriedigung mißleiteter sexueller Triebe erklären. Wenn die Psychoanalyse den Exhibitionismus als eine „Regression infantiler Lustquellen" ausdeutet, so kann ich diese Erklärung weder durch eigene Erfahrung belegen noch als zutreffend erachten, da nach meiner Ansicht die infantilen Lustquellen *Freuds* gar nicht ausreichend bewiesen sind. Der Exhibitionismus kommt besonders häufig bei Epileptikern vor. Nach *Michel* sollen 25 % aller Exhibitionisten Epileptiker sein, die ganz zweifellos im Dämmerzustand zu solchen Handlungen kommen können, ohne daß sie sich später der Tat erinnern. Ist einwandfrei der Nachweis des Zusammenhanges mit dem Dämmerzustand, der bekanntlich mit assoziativen Störungen des Gedankenzusammenhanges einhergeht, erbracht und in exakter Weise die Amnesie erwiesen, so wird man die Voraussetzungen des § 51, Abs. 1 als gegeben annehmen dürfen, da dann der Täter im Zustand der Bewußtseinsstörung oder krankhafter Störung der Geistestätigkeit gehandelt hat. Verminderte Zurechnungsfähigkeit wird man bei manchen Epileptikern annehmen dürfen. Der § 51, Abs. 2 kann jedoch keineswegs bei allen Epileptikern angewandt werden. Gerade bei Epileptikern muß strafrechtlich auseinandergehalten werden, ob sie in epileptischer Seelenstörung, zu der auch der Dämmerzustand gerechnet werden muß, oder außerhalb einer solchen psychischen Störung gehandelt haben. Exhibitionismus kommt nach den Erfahrungen des Verfassers auch im Verlauf einer Manie oder der manischen Phase des manisch-depressiven Irreseins vor. Der Exhibitionismus muß dann durch das gesteigerte Triebleben in Verbindung mit dem Wegfall aller Hemmungen und durch die bestehende Hyperkinese erklärt werden. Bei solchen exhibitionierenden Manikern oder Manisch-Depressiven habe ich mehrfach beobachtet, daß mit dem Exhibitionismus die Neigung, obszöne Worte zu reden, verbunden war. In diesem Zusammenhang sei auf die interessanten Beobachtungen *Placzeks* über den sog. verbalen Exhibitionismus im Sinne des exhibitionistischen Äquivalents hingewiesen, so zwar, daß ein Mann aus dem sicheren Versteck einer Telephonzelle eine weibliche Person anruft, ihr exhibitionische Akte schildert und aus dem Eindruck, den diese Worte auf die Hörerin machen, einen sexuellen Reiz herleitet. Der Exhibitionismus findet sich bekanntlich außerordentlich häufig bei chronischen Alkoholikern, bei denen wahrscheinlich die Charakterdepravation und die damit zusammenhängende Mißleitung der Triebe eine Rolle spielen. Aber auch in akuter Trunkenheit sind dem Verf. solche Fälle begegnet. Auch im pathologischen Rauschzustand können exhibitionistische Handlungen vorkommen. Hier waren durch den Rausch die antikriminellen Hemmungen hinweggeräumt. Bei gewöhnlichem Rausch handelt es sich durchweg um das erste Stadium der Alkoholvergiftung, bei der ja erfahrungsgemäß die Libido eine erhebliche Steigerung erfährt. Bei Cocainsüchtigen und in geringerem Maße bei Morphinisten wird ebenfalls Exhibitionismus beobachtet. Des weiteren hat man exhibitionistische Handlungen gesehen bei der progressiven Paralyse und zwar sowohl bei der klassischen als auch bei der dementen Form. Es ist ja eine bekannte Tatsache, daß im Verlaufe der Paralyse sexuelle Entgleisungen oft in Form eines prämonitorischen Symptoms auftreten. Tatpsychologisch erscheinen die vom Verfasser gemachten Beobachtungen nach der Richtung bemerkenswert, daß mitunter demente Paralytiker in der ersten Phase der Erkrankung es vergessen, ihre Beinkleider zu schließen und nur wenig Verständnis dafür haben, daß sie in Damengesellschaft durch diese Handlungen in schwerster Weise gegen die guten Sitten verstoßen haben. Gerade das Zusammentreffen dieses Verstoßes gegen die Kleiderordnung mit darauffolgenden exhibitionistischen Handlungen gibt sehr zu denken, so zwar, daß diese Leute wahrscheinlich von ihrem Triebe plötzlich übermannt werden und infolge ihrer Urteilsschwäche nichts darin finden, so peinlich entgleist zu sein. Dieser Widerstreit zwischen früherer feiner Ethik und der später hervortretenden Taktlosigkeit zeigt den Verfall der Persönlichkeitsstruktur auf, indem die Harmonie des früher ausgeglichenen Charakterbildes durch Krankheit gestört ist. Dasselbe gilt von der beginnenden oder auf dem Höhepunkt stehenden Demenz. Auch hier kann man starke Kontraste zwischen dem taktvollen und zurückhaltenden Menschen der Gesundheitsbreite und dem Versager in der Phase der Krankheit beobachten.

In diesem Zusammenhang sei eines Offiziers von sehr hohem Rang gedacht, der durch das ganze Jünglings- und Mannesalter hindurch das Musterbeispiel eines vollendeten Kavaliers und eines eisernen Pflichtmenschen war, dagegen in der Zeit nach dem Einsetzen der senilen Demenz im Alter von mehr als 75 Jahren vor jungen Mädchen auf offener Straße exhibierte. Dieser Greis war auf das höchste überrascht, als man ihm mitteilte, daß er mit dem Strafgesetz in Konflikt geraten sei. Da die senile arteriosklerotische Seelenstörung nach dem Ergebnis einer genauen Untersuchung außer Frage stand, mußte man ihn pflichtgemäß wegen Unzurechnungsfähigkeit zur Zeit der Tat exkulpieren. Kurze Zeit hinterher sah der Verf. die Leiche dieses Mannes wieder, als ein sog. Verbrennungsattest verlangt wurde. Die der Ausstellung des Attestes vorausgegangene Obduktion erhärtete die vorher gestellte Diagnose.

Auch beim angeborenen Schwachsinn konnte der Verfasser exhibitionistische Handlungen beobachten. Dabei fiel mehrfach auf, daß der Schwachsinn, als er zur forensischen Beobachtung kam, im Sinne einer Pseudodemenz übertrieben wurde, offenbar in dem Bestreben, sich den Schutz des exkulpierenden § 51, 1 RStGB. zu sichern. Bei diesen schwachsinnigen Persönlichkeiten spielt sicher trotz einer gewissen Schläue die Urteilsschwäche neben der Mißleitung des Triebes eine wichtige Rolle. Bei Bewertung der Zurechnungsfähigkeit Schwachsinniger ist Vorsicht geboten und das Intelligenzalter festzustellen. Bei sehr tiefstehenden Idioten ist dem Verf. ein solcher exhibitionistischer Trieb noch nicht begegnet, eine Tatsache, die vielleicht auf die Begrenztheit seines Beobachtungsradius zurückzuführen ist. Eine sehr tragische Rolle spielt der Ex-

hibitionismus bei postencephalitischen Zuständen, beim sog. Parkinsonismus; so z. B. im Leben eines einzigen Sohnes aus guter Familie, der bis zur Untertertia in frischer, ethisch feiner und zurückhaltender Knabe war, dagegen nach einer überstandenen Encephalitis in einer so entsetzlichen Weise vor seinen Pflegeeltern die Genitalien zur Schau stellte und diese exhibitionistischen Handlungen in so unflätiger Weise mit verbalem Exhibitionismus begleitete, daß seine Pflegeeltern sich weigerten, ihn weiter zu betreuen. Als passagere Triebstörung ist das Vorkommen exhibitionistischer Akte in der Pubertät zu deuten. Dabei sei an einen linkischen, hoch aufgeschossenen schizothymen Astheniker erinnert, der vielleicht aus sexueller Neugier sich an spielende junge Mädchen heranmachte und einem wahrscheinlich unbewußtem Drange folgend, derartige Handlungen vornahm, weil er allem Anschein nach diesem plötzlichen Drange in seiner Unkenntnis der heterosexuellen Betätigung ratlos gegenüberstand. Etwas Ähnliches ereignete sich bei der Beobachtung eines Untersekundaners von $16^3/_4$ Jahren, der dadurch Ärgernis erregte, daß er einem Mitschüler, der in rohem Scherze von mehreren Mitschülern übergelegt und ad posteriora geschlagen wurde, plötzlich seine Genitalien zeigte. Man konnte ihm den Schutz des § 51 RStGB. alter Fassung nicht zuteil werden lassen, da trotz vorhandener Debilität eine Unzurechnungsfähigkeit nicht vorlag. Nach heutigem Rechte hätte man ihn aber als vermindert zurechnungsfähig bezeichnen müssen. Es ist eine bekannte Tatsache, daß gerade die Psychopathen in bezug auf den Exhibitionismus rückfällig werden, so zwar, daß bei ihnen, wie *Michel* sagt, „die Reue stets zu spät kommt". Durch eigene vielfache Erfahrung muß ich die Beobachtung *Michels* bestätigen, daß die exhibitionistischen Psychopathen ein sehr „scheues, schüchternes, oft feminines Wesen" darbieten. Man sollte m. E. bei diesen Psychopathen auch mit der Handhabung des § 51,2 RStGB. vorsichtig sein und ihn nur in den allerseltensten Fällen anwenden, zumal nach der Fassung des § 51,2 eine erhebliche Verminderung der Zurechnungsfähigkeit aus einem der in § 51,1 genannten Gründe verlangt wird. Dagegen wird man im Hinblick auf die Exhibitionisten mit *Bumke* wünschen müssen, daß in Zukunft keine Sittlichkeitsverbrecher ohne gerichtsärztliche Untersuchung verurteilt werden. Auch bei einem läppischen Hebephrenen wurden exhibitionistische Handlungen, die normalpsychologisch nicht erklärt werden konnten, beobachtet.

Während es sich bei psychisch abwegigen Exhibitionisten um die triebhafte Entladung krankhafter innerer Spannungen handelt, ist der Exhibitionismus bei geistig gesunden Menschen ganz anders gelagert. Hier beobachtet man oft ein starkes Raffinement, so zwar, daß die Betreffenden ihre Opfer an sich heranlocken und sie dann zwingen, ihrem augenscheinlich sinnlichen Treiben zuzusehen, das mit einer ausgesprochenen sinnlichen Befriedigung nach vollendeter Tat endet. In diesem Zusammenhang soll die Bemerkung nicht unterdrückt werden, daß *Leppmann* bei völlig Gesunden Exhibitionismus beobachtete und von einer schlecht behüteten Leidenschaft spricht. Hier ist durchweg lediglich die sinnliche Befriedigung das Ziel der exhibitionistischen Handlungen. Besonders sind diejenigen Persönlichkeiten zu erwähnen, die mit ausgeklügelter Tendenz sich auf den Balkon oder ins geöffnete Fenster ihres Zimmers stellen und gegenüber wohnenden oder vorübergehenden Frauen und Mädchen in zynischer Weise ihre Genitalien zeigen, so zwar, daß sie die Blickrichtung der Frauen und Mädchen geschickt auf sich lenken.

Nachfolgend werden zwei in diesem Zusammenhang einschlägige Fälle geschildert: 1. Hans F., geboren am 5. 7. 1877, verheiratet, 7 Kinder. Wegen mehrerer Eigentumsdelikte erheblich vorbestraft. Im Juni 1924 stand er mit geöffneter Hose in einem Hauseingang und onanierte. Passanten nahmen dadurch Ärgernis (1 Monat Gefängnis). Mai 1927 zeigte er sich in unsittlicher und schamverletzender Weise auf einem Friedhof. Mit heruntergelassener Hose stand er hinter einem Busch und onanierte. Sein Gesicht war einer Frau zugewandt, die an einer Grabstelle arbeitete (4 Monate Gefängnis). Mai 1931 stand er an einer belebten Landstraße. Durch Pfeifen und Husten machte er vorübergehende Mädchen auf sich aufmerksam und zeigte sich in schamverletzender Weise, indem er seine *Hose öffnete und an seinem heraushängenden Geschlechtsteil spielte.* Juli 1931 zeigte er sich völlig unbekleidet und machte vorübergehende Frauen und Mädchen durch Pfiffe aufmerksam. An demselben Tage zeigte er sich in ärgerniserregender Weise an einer einsamen Straßenecke. Hier hatte der Angeklagte sein Glied in der Hand und bewegte es hin und her. Als eine Frau ihren Unwillen darüber kundgab, floh er auf seinem Rade (9 Monate Gefängnis). Im Januar 1934 beobachteten ihn zwei 14jährige Schülerinnen auf ihrem Schulweg, als er sich auf dem Rathausplatz in unsittlicher Weise zeigte. Er hatte seine Hose weit geöffnet und spielte an seinem Geschlechtsteil. Auf Anweisung des Lehrers meldeten die Mädchen diesen Vorfall der Polizei. Einige Tage später sahen andere Schülerinnen den Angeklagten im Eingang einer Bedürfnisanstalt, wie er wiederum an seinem Geschlechtsteil spielte und die Mädchen durch Gesten an sich lockte. In der Hauptverhandlung gab der Täter an, er habe ein Blasenleiden und könne sein Wasser nicht halten. Deshalb müsse er häufig eine Bedürfnisanstalt aufsuchen. Er versuchte auch, die Angaben der Schülerinnen unglaubwürdig zu machen. Das Gericht glaubte aber seinen Einlassungen nicht und bezeichnete sein Verhalten als gegen jede Sitte und jeden Anstand verstoßend. Das Gericht konnte einwandfrei feststellen, daß der Angeklagte zur Erregung und Befriedigung seiner Geschlechtslust seinen Geschlechtsteil vor den Augen der Mädchen entblößte und daran gespielt hatte. Die einschlägigen Vorstrafen haben den Angeklagten nicht von der Begehung weiterer Schamverletzungen abhalten können. Sofort nach seiner Strafverbüßung erregte er wieder planmäßig Ärgernis. Immer, bei jeder sich bietenden Gelegenheit zeigte er sich in unsittlicher Weise Frauen und Mädchen. Die Art seines Verhaltens kennzeichnet deutlich einen inneren Hang zu diesen schamverletzenden Handlungen. Nach dem Sachverständigengutachten war zu erwarten, daß gegenüber allen Freiheitsstrafen die Entmannung den gewünschten Erfolg bringe. Nach § 42k des Gesetzes vom 24. 11. 1933 wurde die Entmannung angeordnet. Von der Verhängung der Sicherungsverwahrung wurde Abstand genommen. — 2. Kurt Y., geboren am 7. 6. 1905, später Kraftfahrer. Mittelkräftiger junger Mann, leidliches Aussehen. Jugendentwicklung ohne Besonderheiten. Hatte in der Jugend keine oder nur vereinzelte Freunde. Zeigte bei der Untersuchung ein verdüstertes und unwilliges Wesen. Seit seiner Schulentlassung starker Onanist; hatte später regelmäßig Geschlechtsverkehr mit seiner Braut. Seit 1927 häufig wegen Erregung öffentlichen Ärgernisses bestraft. 1934 erfolgte seine letzte Bestrafung, weil er sich vor Schulmädchen entblößt hatte, nachdem er ihre Aufmerksamkeit auf sich gelenkt hatte. In manchen Fällen hat er die Kinder ganz nah an sich herangelockt und ihnen erklärt, daß ein Mann anders aussehe als eine Frau. Er wies die Kinder auch darauf hin, wie dick und lang sein Geschlechtsteil sei. Im Juni 1927 beging er erneut Schamverletzungen. Wie bei anderen

Straftaten, so sei er auch am fraglichen Tage auf dem Wege zu seiner Braut gewesen, um mit ihr den Beischlaf auszuüben. Eine einleuchtende Erklärung, wie er zu seinen früheren Straftaten und zu seiner letzten strafbaren Handlung gekommen sei, vermochte er nicht zu geben. Früher habe er geglaubt, daß es von seinem Leichtsinn komme. Jetzt sei er anderer Meinung, denn es komme so plötzlich über ihn, ohne diesem Triebe widerstehen zu können. Im September 1927 zeigte er sich mit geöffneter Hose und entblößtem Glied am Fenster seines Zimmers. Durch Zischlaute machte er kleine Kinder auf sich aufmerksam und onanierte in deren Gegenwart. Trotz Strafaufschubs und Bewährungsfrist zeigte er sich im Sommer 1928 wiederum am Fenster seiner Wohnung vorübergehenden Mädchen von 10—14 Jahren mit entblößtem Geschlechtsteil (1 Jahr Gefängnis). Kurz nach seiner Strafverbüßung zeigte er sich erneut in schamverletzender Weise einer großen Zahl von noch schulpflichtigen Mädchen auf einsamem Wege (6 Monate Gefängnis). Weihnachten 1933 stellte er sich wiederum mit heruntergelassener Hose und hochgezogenem Hemde in das Fenster seiner Wohnung. Er lockte eine Anzahl etwa zehnjähriger Mädchen in seine Nähe und spielte an seinem steifen Gliede. Als Y. im Januar 1934 in einem Hauseingang vor einem Regen Schutz suchte, spielte er in Gegenwart mehrerer 9—10jähriger Mädchen durch die Hosentasche an seinem Geschlechtsteil und fragte die Mädchen, ob sie nicht auch einmal an seinem „Ding" kitzeln wollten. An demselben Abend suchte er die Nähe mehrerer kleiner Mädchen. Als er ihnen gegenüberstand, ließ er seine Hosen fallen und forderte die erschrockenen Kinder auf, an seinen Geschlechtsteil zu fassen, den er in seiner Hand hielt und hin und her bewegte (9 Monate Gefängnis, die er am 12. 3. 1935 verbüßt hatte). Zwei Monate nach der Strafverbüßung, Mai 1935, mischte er sich unter eine Schar spielender Kinder. Die ängstlich davonlaufenden Kinder versuchte er durch Anbieten von Zigarettenbildchen wieder an sich zu locken und zeigte ihnen durch Gebärden, wie lang und dick sein Geschlechtsteil sei. Hierfür erhielt er eine Gefängnisstrafe von einem Jahr. Y. gab an, zum normalen Geschlechtsverkehr habe er kein Bedürfnis. Sein Trieb könne in der Ehe keine Ruhe finden. Deshalb beantragte er seine Entmannung, da er von ihr ein Versiegen oder wenigstens eine Abschwächung seines anormalen Triebes erhoffte.

Diese beiden Fälle zeigen in eindringlicher Deutlichkeit, daß man bei der Begutachtung der Exhibitionisten mit größter Zurückhaltung und Vorsicht zu Werke gehen muß, damit diejenigen, die schuldhaft gegen das Rechtsgut der Sittlichkeit verstoßen, scharf bestraft werden. Werden sie als gefährliche Sittlichkeitsverbrecher erkannt, so ist die Anordnung der Entmannung gemäß § 42k RStGB. eine wirksame Maßnahme, da schon in manchen Fällen ein Aufhören des gemeingefährlichen exhibitionistischen Triebes beobachtet werden konnte. Die Wirksamkeit der Entmannung kann durch eine Beobachtung illustriert werden, die in weit zurückliegender Vergangenheit zu einer Zeit gemacht wurde, als das Gesetz gegen gefährliche Gewohnheitsverbrecher und die Maßregeln der Sicherung und Besserung in Verbindung mit dem § 42 RStGB. noch nicht bestanden. Es handelte sich um einen Mann von 42 Jahren, der im Jahre 1922 bat, seine Kastration herbeizuführen, da er hoffte, von seinen mehrfach vorgekommenen exhibitionistischen Handlungen, die allerdings nicht zur Anzeige gelangt waren, für die Zukunft befreit zu werden. Die Operation wurde damals von einem Chirurgen in Münster mit bestem Erfolge ausgeführt. Der Operierte lebt heute noch und hat keine exhibitionistischen Handlungen mehr begangen. In diesem

Zusammenhange soll noch erwähnt werden, daß auch nach *Gütt-Rüdin-Ruttke* der Eingriff bei „gewohnheitsmäßigen und völlig hoffnungslosen Exhibitionisten zu völliger Heilung von dem krankhaften Trieb geführt hat." Handelt es sich dagegen um psychisch abwegige Persönlichkeiten, die etwa unter das Gesetz zur Verhütung erbkranken Nachwuchses vom 14. 7. 1933 fallen und deshalb sterilisiert wurden, so kommt bei ihnen nicht selten die exhibitionistische Handlung als Ersatz für heterosexuelle Betätigung vor. Hier kommt das Bewahrungsproblem in Frage, das durch die Vorbeugungshaft gemäß dem Erlaß des Reichs- und Preußischen Ministers des Innern vom 14. 12. 1937 eine vorläufige Lösung gefunden hat. Falls es sich um geisteskranke Exhibitionisten gehandelt hat, kann die Unterbringung in einer Heilanstalt als sichernde Maßnahme nach vorangegangener Exkulpierung aus § 51, Abs. 1 angeordnet werden. Neben der Strafe kann die Unterbringung in eine Heilanstalt für diejenigen Exhibitionisten angeordnet werden, die unter den Voraussetzungen des § 51, Abs. 2 bestraft wurden. Beim Exhibitionismus ergeben sich die Beziehungen zum RStGB. durch den § 183.

*Schrifttum.*

*Bumke, O.:* Lehrbuch der Geisteskrankheiten. 4. Aufl. 322. Berlin 1936. — *Bumke, O.:* a. a. O. 134. — *Gütt-Rüdin-Ruttke:* Das Gesetz zur Verhütung erbkranken Nachwuchses. 193. München 1934. — *Michel, R.:* Lehrbuch der forensischen Psychiatrie. 226. Berlin u. Wien 1931. — *Michel, R.:* Lehrbuch der forensischen Psychiatrie. 251. Berlin u. Wien 1931. — *Michel, R.:* a. a. O. 226. — *Moll, A.:* Handb. der Sexualwissenschaften. Forensisches. 511. Leipzig 1926. — *Placzek:* Das Geschlechtsleben des Menschen. 206. Leipzig 1926. — *Placzek:* a. a. O. 204. — *Rosenfeld* in *Weygandt:* Lehrbuch der Nerven- u. Geisteskrankheiten. 533. Halle 1935. — *Seelig:* Die Ambivalenz der Gefühle im Zuge des Sexuallebens. Z. angew. Psychol. **36**, 148 (1930). ***Többen.***

## Exhumation (= E.) von Leichen. (Vgl. auch Art.: Leichenerscheinungen; Leichenfauna; Obduktion.)

Die E. von Leichen ist in der deutschen Strafprozeßordnung (§ 87 Abs. 3) vorgesehen für Fälle, in denen es sich nach Beerdigung eines Verstorbenen nachträglich als notwendig herausstellt, die Todesursache zu klären. Meist liegt die Sache so, daß zur Zeit des Todes Anhaltspunkte für einen nicht natürlichen Tod nicht vorzuliegen schienen, daß sich aber späterhin Gerüchte bilden, es hätten beim Zustandekommen des Todes andere ihre Hand im Spiele gehabt. Der Gerichtsarzt wird sich, wenn er gefragt wird, immer *für* die E. aussprechen; denn die Erfahrung lehrt, daß auch in Fällen, in denen man keine besonderen Erwartungen hegte, überraschende und wichtige Befunde zutage treten können. Aber auch dann, wenn man nach Öffnung der exhumierten Leiche und nach Abschluß der weiteren Untersuchungen lediglich aussprechen kann, daß sich keine Anhaltspunkte für einen nicht natürlichen Tod ergeben haben, ist ein gewisser Erfolg erzielt; denn die Gerüche verstummen erfahrungsgemäß, wenn die zuständigen Polizeibeamten im Einvernehmen mit der Staatsanwaltschaft die Erklärung abgeben, daß die Angelegenheit untersucht sei und daß die Untersuchung den Inhalt der Gerüchte nicht bestätigt habe. Außer in der strafrechtlichen Praxis können E. auch stattfinden im Interesse der Klärung *bürgerlicher Rechtsstreitigkeiten,* fernerhin im Auftrage von *Berufsgenossenschaften,* weiterhin von privaten *Versicherungsgesellschaften.* Wenn die E. zur Klärung von Streitfragen im bürgerlichen Rechtsstreit vorgenommen wird, so kann sie vom Amtsgericht nach Art einer gerichtlichen Sektion nach den Vorschriften der Strafprozeßordnung vorgenommen werden. Die Staatsanwaltschaft stellt dann einen entsprechenden Antrag mit der Begründung, daß öffentliches Interesse an der Klärung der Angelegenheit vorliege. Erweist sich dieser Modus als

nicht gangbar, so ist es auch möglich, die E. und Öffnung der Leiche ohne die Formalitäten der gerichtlichen Sektion mit Zustimmung der Parteien vorzunehmen. Die Parteien einigen sich auf einen Sachverständigen, der dann die Enterdung und Untersuchung der Leiche von sich aus nach bestem Wissen und Gewissen vornimmt. Bei E. im Auftrage von Berufsgenossenschaften oder privaten Versicherungsgesellschaften wird meist der Sachverständige unmittelbar vom Auftraggeber bestellt. Manchmal, aber durchaus nicht immer, wird bei E. und Sektionen im Auftrage der staatlichen Unfallversicherung das örtliche Versicherungsamt insofern eingeschaltet, als es die Vorbereitungen übernimmt und einen Protokollführer stellt. Im allgemeinen läßt man aber in solchen Fällen dem Obduzenten freie Hand, sich die Mitarbeiter nach seinen Wünschen auszusuchen. Wenn die E. nicht im Rahmen der Strafprozeßordnung erfolgt, dann ist es notwendig, die Genehmigung der Angehörigen vorher einzuholen, sofern sie nicht in den Versicherungsbedingungen bereits generell die Einwilligung zu derartigen Untersuchungen gegeben haben. Auch ist es vor Vornahme der Enterdung notwendig, daß das zuständige Gesundheitsamt die Erlaubnis hierzu gibt (§ 74 der II. DurchfVO. z. Ges. über die Vereinheitl. d. Ges.Wesens vom 22. 2. 1935 RGBl. I S. 215). Das Gesundheitsamt hat hierbei lediglich zu prüfen, ob gesundheitspolizeiliche Bedenken (Anstekkungsgefahr) gegen die Enterdung bestehen. Dies wird praktisch nur sehr selten der Fall sein.

Wenn die E. im Rahmen der Strafprozeßordnung stattfindet, so muß nach den Sektionsvorschriften der Länder einer der Obduzenten bei der Freilegung des Sarges zugegen sein. Bei Unerfahrenheit der Totengräber ist es manchmal auch notwendig, daß der Gerichtsarzt Ratschläge gibt und die Arbeit beaufsichtigt. Wenn reichlich Platz vorhanden ist, ist es zweckmäßig, durch Anlegung von Erdstufen bis zur Sohle des Grabes vorzudringen; es ist dann ein leichtes, den Sarg aus dem Grabe herauszutragen. In den meisten Fällen ist jedoch soviel Platz nicht verfügbar; es bleibt dann nichts anderes übrig, als nach Freilegung der Sohle des Grabes mit Hilfe von starken, aber noch biegsamen Drähten Seile unter dem Sargboden durchzuziehen und den Sarg durch gleichmäßiges Ziehen an den Seilen nach oben zu befördern. Jede Gewaltanwendung ist zu vermeiden, da unter Umständen Gefahr besteht, daß der morsche Sarg auseinanderbricht und die Leiche in das Grab zurückfällt. Besteht *Vergiftungsverdacht,* so ist die Mittelstück des Sargbodens zu entnehmen, außerdem je eine Erdprobe vom Erdreich unter dem Sarge und vom gewachsenen Boden der Seitenwände des Sarges, ferner bei Vorliegen des Verdachtes einer Arsenvergiftung eine Erdprobe von dem Boden aus einiger Entfernung vom Sarge. Der Gerichtsarzt tut auch gut, den Richter und den Urkundsbeamten gelegentlich der Vorbesprechung darauf aufmerksam zu machen, daß gerade bei Leichen, die schon lange Zeit in der Erde liegen, die stinkende Fäulnis bereits abgeklungen und ein besonders widerwärtiger Geruch nicht mehr zu befürchten ist. Er erleichtert durch diese Erklärung vielfach den Entschluß, die Ausgrabung anzuordnen. Im allgemeinen kann man damit rechnen, daß die Fäulnis im Erdgrab nach 3—4 Monaten beendet ist und daß danach das Stadium der Verwesung beginnt. Doch sind auch zahlreiche Ausnahmen von dieser allgemeinen Regel beobachtet worden (stinkende Fäulnis noch nach 10 bis 40 Jahren; *Hunziker, Raestrup*). Es ist gleichfalls bekannt, daß in Einzelfällen auch noch nach Jahren Fliegenmaden und sogar vereinzelte kleine lebende Fliegen vorgefunden werden können (*Strauch,*

*Hunziker*). Nicht selten wird man bei E. in Friedhöfen, in denen der Boden lehmig und nur wenig wasserdurchlässig ist, Fettwachsleichen vorfinden. Man kann hier Fettsäureknötchen auf der Leber und auf anderen Organen beobachten, auch kommt es gelegentlich vor, daß man in den Körperhöhlen verseifte Fettmassen vorfindet (*Nippe*).

Es ist zweckmäßig, die eigentliche Leichenöffnung möglichst in der Nähe der Enterdungsstelle vorzunehmen. Ein allzu weiter Transport der Leiche kann weitere Veränderungen hervorrufen. Bei der Durchführung der Leichenöffnung mache man es sich zum Grundsatz, alle nur in Frage kommenden Organe zur weiteren Untersuchung aufzubewahren und, wenn man nicht Zeit hat, diese Untersuchungen selbst durchzuführen, die Organe an ein gerichtsärztliches Institut einzusenden. Wenn es auf eine genaue Untersuchung des Gehirnes ankommt, so wäre es fehlerhaft, an Ort und Stelle den Schädel aufzusägen und die Dura anzuschneiden, das Gehirn läuft dann nämlich als flüssiger Brei ab. Es ist besser, den Kopf der Leiche in toto zu asservieren und es dem späteren Untersucher zu überlassen, ob er den Schädel völlig aufsägt, oder ob er zunächst nur Fenster in ihn hineinsägt und ihn zwecks Härtung in Formalin legt, oder ob er den Schädel samt Inhalt gefrieren läßt und dann das Gehirn in gefrorenem Zustande zerlegt. Wenn es darauf ankommt, Schartenspuren oder Schnittverletzungen am Knochen z. B. an der Wirbelsäule festzustellen, so wird der betreffende Teil am besten ohne vorherige Präparation zur Untersuchung eingesandt. Wenn man versucht, an Ort und Stelle den Knochen zu präparieren und die Weichteile abzuziehen, so weiß man später nie recht, ob etwaige seichte Verletzungen nicht durch diese Präparation entstanden sind. Man kocht in solchen Fällen die Organe besser in Kalilauge ab. Auch darf man nicht vergessen, Organteile zur mikroskopischen Untersuchung einzulegen, die unter Umständen auch bei der hochgradig faulen Leiche wichtige Ergebnisse liefern kann (*Walcher*).

Nach den vorliegenden Erfahrungen gibt es kaum Organe, in denen nicht gelegentlich trotz langen Liegens in der Erde noch wichtige Befunde erhoben werden können. Ist z. B. nachträglich Notzucht behauptet worden, so kann es noch nach 6—12 Wochen gelingen, die Unversehrtheit des *Hymens* nachzuweisen (*Kockel*). *Blutergüsse* unter der Haut können unter Umständen noch Wochen nach dem Tode erkannt werden, jedoch haben derartige Befunde nur dann volle Bedeutung, wenn die betreffende Stelle mit Sicherheit außerhalb der Leichenhypostase liegt. Auf jeden Fall sind in einschlägigen Fällen mikroskopische Untersuchungen erforderlich. Zeigt sich bei Blutansammlungen unter der Kopfschwarte, daß die Tabula externa an gleicher Stelle bräunlich verfärbt ist und geht diese bräunliche Verfärbung auch in den Knochen hinein, so spricht dies nach *Nippe* dafür, daß es sich um eine während des Lebens entstandene Blutung gehandelt hat. War die Leiche aufgedunsen und haben sich aus diesem Grunde die Kleidungsstücke eng um den Hals geschmiegt, so darf die entstandene Furche nicht mit einer Drosselfurche verwechselt werden. Die Deutung von Hautverletzungen ist vielfach sehr schwierig, auch wird es manchmal nicht ganz einfach sein, aus Betrachtung der Hautwunde allein (soweit nicht Knochenteile verletzt sind) eine Schußverletzung zu diagnostizieren. Im Zweifel kann die mikrochemische Untersuchung der fraglichen Hautstelle auf Blei oder Kupfer Anhaltspunkte liefern (s. d. Art.: Schußverletzungen). Die *Haare* werden im Erdgrab allmählich heller und schließlich fuchsigrot.

Am *Schädelknochen* können krankhafte Veränderungen (Tumoren, Schädelbrüche, Schußverletzungen) fast unbegrenzt lange nachgewiesen werden. Stellt man bei vorsichtiger Untersuchung fest, daß in eine bestehende Knochenfissur Haare eingeklemmt sind, so ist man sicher, daß die Verletzung entstand, als die behaarte Kopfhaut noch vorhanden war, und dies spricht mehr für die Entstehung während des Lebens. Bemerkt sei, daß die Gasbildung infolge der Fäulnisvorgänge im Schädel gelegentlich einen so hohen Druck erreichen kann, daß namentlich bei jüngeren Leuten die Schädelnähte gelöst werden und postmortale Nahtdiastasen zustande kommen. Innerhalb der harten Hirnhaut, die recht lange der Fäulnis widersteht, wird man verkalkte Tumoren noch lange Zeit sehen können. Auch ausgedehnte epidurale oder intradurale Hämatome können, sofern das Blut geronnen war, wochenlang zu erkennen sein. Hirntumoren können sich, namentlich wenn sie verkalkt sind, noch sehr lange halten, ebenso apoplektische Herde (bis zu etwa 100 Tagen, *Walcher*). Der Nachweis einer Paralyse kann noch am hochgradig faulen Hirn auf histologischem und auch auf mikrochemischem Wege (Eisenreaktion) über drei Wochen und länger möglich sein (*Weimann, Schrader*). Das gleiche gilt auch für die Hirnsklerose und schließlich nach den neuesten Untersuchungen von *Schrader* auch für den Urämienachweis am Gehirn mittels der Xanthydrol-Reaktion.

Handelt es sich um einen fraglichen Erhängungstod (Selbstmord oder Erwürgung oder Erdrosselung von fremder Hand und nachträgliches Aufhängen), so wird es notwendig sein, daß *Kehlkopfskelett* einschließlich des Zungenbeines zur genauen Untersuchung auf Verletzungen einem Institut für gerichtliche Medizin einzusenden. Die arteriellen Halsgefäße widerstehen lange Zeit der Fäulnis. Bei vorsichtigem Aufschneiden können daher Gefäßrisse gewöhnlich noch einwandfrei erkannt werden. Die *Herzklappen* widerstehen auffällig lange der Fäulnis. Herzklappenfehler können daher noch diagnostiziert werden, auch kann man Schwielenbildung der Herzmuskulatur noch längere Zeit nach dem Tode erkennen; man wird sich aber bei derartigen Untersuchungen darüber klar sein müssen, daß an faulen Organen infolge Schrumpfung der Muskelzellen zunächst immer der Eindruck entsteht, als ob das Bindegewebe vermehrt ist. Die *Lungen* schrumpfen im Verlaufe der Fäulnis und werden schließlich luftleer. Pneumonisch infiltrierte Lungen widerstehen länger und können bis zu vier oder fünf Wochen nach dem Tode erkannt werden (*Lubarsch, G. Straßmann, Raestrup*). Tuberkulöse Herde, die in Verkäsung übergegangen sind, können noch nach einem halben Jahre und nach längerer Zeit diagnostiziert werden. Auch der Nachweis von Tuberkelbacillen im Färbepräparat kann versucht werden (*Raestrup*). Zehn Wochen und gelegentlich wohl auch noch länger ist die Silikose an der exhumierten Leiche nachweisbar. Die charakteristischen geschichteten Knötchen geben auch bei hochgradiger Fäulnis diagnostisch verwertbare mikroskopische Bilder (*Ziemke*). Hypopleurale Blutungen verschwinden an der Leiche in der Regel nach fünf bis sechs Tagen, Fettembolien sind noch nach 14 Tagen nachgewiesen worden (*Lubarsch*). Daß man bei Lungen von Neugeborenen durch Darstellung der elastischen Fasern mikroskopisch gelegentlich noch lange Zeit nach dem Tode vorangegangenes Leben nachweisen kann, sei ausdrücklich erwähnt.

Die *Bauchorgane* verfallen der Fäulnis, abgesehen vom Uterus, im allgemeinen schneller als die Brustorgane. Die Därme können infolge Dehnung durch die Fäulnisgase platzen; wenn man sie berührt, reißen sie vielfach wie Zunder ein. Ansammlung von blutiger Flüssigkeit in der Bauchhöhle, aber auch in den Därmen kann postmortal durch Hypostase zustande kommen. Findet man dagegen in der freien Bauchhöhle Reste *geronnenen* Blutes, so ist erwiesen, daß es sich um eine während des Lebens entstandene Blutung handelt. Man wird in solchen Fällen besonders genau die Adnexe präparieren; wenn man bei weitvorgeschrittener Fäulnis auch nicht immer einwandfrei die Stelle des Tubarabortes vorfindet, so wird eine Blutverbackung in der Gegend der Tube auf einer Seite mit hoher Wahrscheinlichkeit auf eine vorangegangene geplatzte *Tubargravidät* hinweisen, und damit wäre praktisch ein gewaltsamer Tod ausgeschlossen. *Schmeisser* gelang ein derartiger Nachweis einmal noch acht Monate nach dem Tode. Im *Darme* konnten tuberkulöse Geschwüre und Typhusgeschwüre, ebenso Schwellungen des lymphatischen Apparates noch bis zu einer Dauer von 1½ Monaten nach dem Tode beobachtet werden. Auch war einmal die Diagnose einer Appendicitis mit Perforation noch nach 28 Tagen möglich (*Raestrup*). Die Diagnose von parenchymatösen Veränderungen an den *Nieren* wird bei weitvorgeschrittener Fäulnis Schwierigkeiten machen. Immerhin wird man eine histologische Untersuchung versuchen müssen. Schrumpfnieren erheblicheren Grades sind bis zu 103 Tagen nach dem Tode diagnostiziert worden (*Nippe, Walcher*).

Es ist bekannt, daß bei bestehender Schwangerschaft das Kind postmortal geboren werden kann (sog. *Sarggeburten*). Als Ursache hierfür werden, wenn die Geburt bald nach dem Tode erfolgt, postmortale Wehen, späterhin die Totenstarre der Uterusmuskulatur und, wenn die Geburt erst mehrere Tage nach dem Tode erfolgt, eine durch Fäulnisgasentwicklung in der Bauchhöhle hervorgerufene Inversion des Uterus angeführt (*Hellendall*). *Abtreibungsverletzungen* sind gelegentlich auch noch an der exhumierten Leiche zu erkennen, doch gehört zu einer derartigen Beurteilung besondere Kritik, die Entscheidung wird nur im Zusammenhalt mit der mikroskopischen Untersuchung getroffen werden können. Praktisch wichtig kann auch gelegentlich die Feststellung des Nichtbestehens einer Schwangerschaft sein. Die Diagnose einer *Luftembolie* wird man mit Erfolg unter Zuhilfenahme der chemischen Untersuchung der Gasblasen im Herzen mit Hilfe des Sauerstoffnachweises mittels Pyrogallol (*Schmidt*) nur versuchen können, wenn die Leiche nur wenige Tage alt ist und eben beerdigt wurde. Die chemische Untersuchung der aufgefangenen Gasblasen muß sofort an Ort und Stelle stattfinden, es ist in solchen Fällen unbedingt notwendig, einen gerichtlich-medizinisch erfahrenen Obduzenten hinzuzuziehen und ihm zur anschließenden Untersuchung einen geeigneten Raum zur Verfügung zu stellen. Namentlich in kalter Jahreszeit muß der Versuch einer derartigen Untersuchung noch gemacht werden. Bei der *Leber* kommt die Diagnose einer Lebercirrhose noch längere Zeit nach dem Tode in Betracht; die häufig beobachtete Gelbfärbung der in Fäulnis übergegangenen Leber entsteht durch den durch die Hypostase bedingten Blutverlust, es handelt sich hier um die Eigenfarbe des Organs, sie darf nicht mit einer parenchymatösen Degeneration verwechselt werden. Im Zweifel entscheidet die mikroskopische Untersuchung. Ein Hepar lobatum ist einmal noch zehn Monate nach dem Tode diagnostiziert worden (*Raestrup*). Bei der Untersuchung des *Magens* können Tumoren und Ulcera callosa wohl noch am längsten erkannt werden. Bei Defekten in der Magenwand ist immer an die Möglichkeit einer postmortalen sauren Erwei-

chung zu denken. Die Diagnose einer Verätzung der Magenschleimhaut wird, soweit sie bei Untersuchung der exhumierten Leiche überhaupt möglich ist, nur dem erfahrenen Untersucher unter Zuhilfenahme der mikroskopischen Untersuchung gelingen. Das *Pankreas* erweicht sehr bald nach dem Tode autolytisch. Eine mit einer erheblichen Blutung einhergehende *Pankreasapoplexie* wird man auch an der faulen Leiche überschläglich noch längere Zeit erkennen können. Diese Erkrankung führt bekanntlich verhältnismäßig häufig zu Verwechslungen mit Vergiftungen.

Bei der Untersuchung der *Wirbelsäule* können Frakturen fast unbegrenzt lange erkannt werden, weniger lange natürlich Bandscheibenlösungen. Osteomyelitiden und Tumoren werden dem aufmerksamen Untersucher nicht entgehen. Kriminalistisch sehr wichtig ist der Nachweis von *Schartenspuren* in der Halswirbelsäule nach Halsschnittverletzungen. Derartige Spuren beweisen nämlich mit Sicherheit einen Mord und schließen einen Selbstmord aus (*Merkel*). Es ist unbedingt notwendig, daß Präparationsversuche an der Leiche unterlassen werden. Man muß die Wirbel von den Weichteilen durch Kochen mit Kalilauge befreien. Gelenkveränderungen an den Extremitäten können gelegentlich wichtige Anhaltspunkte für die Identität bieten, sofern nach dieser Hinsicht Zweifel bestehen sollten.

Eine besonders wichtige Indikation zur Vornahme der E. ist der Verdacht auf vorangegangene *Vergiftung*. Die Metallgifte, einschließlich Arsen und Thallium, können an der Leiche fast unbegrenzt lange nachgewiesen werden. Das gleiche gilt auch für das freilich nicht häufig benutzte Strychnin. Der Nachweis von Barbitursäurepräparaten ist allerdings an der ausgegrabenen Leiche nur noch wenige Wochen nach dem Tode möglich, ein einschlägiger Versuch muß aber immer gemacht werden. Säurevergiftungen lassen sich an der exhumierten Leiche nur noch in Ausnahmefällen nachweisen, ebenso Vergiftungen mit Alkalien und Cyankali, ausgesprochen gut sind die Aussichten für den späteren Nachweis einer CO-Vergiftung, sie ist gelegentlich bis zu mehreren Monaten nach dem Tode gelungen (*Wiethold, Weimann*).

Der Nachweis von *Bakterien* kann im Schnittpräparat immer versucht werden. Gelegentlich kann sogar die bakteriologische Diagnose durch Anlegung einer Kultur vereinzelt zum Erfolge führen; so gelang einmal *Goroncy* an einer vier Wochen alten Leiche die bakterielle Parathyphusdiagnose.

Besonders wichtig ist, daß bei der Notwendigkeit von chemischen Untersuchungen *alle* hierfür vorgesehenen Organe (Blut, Magen, Dünndarm, Dickdarm, Nieren, Leber, Urin und Gehirn) in reichlichen Mengen und selbstverständlich *ohne* Zusatz einer Flüssigkeit asserviert und eingesandt werden. Bei Verdacht auf Arsen- und Thalliumvergiftung ist es auch notwendig, die Kopfhaut mit Haaren, sowie die Röhrenknochen zu asservieren, manchmal ist auch die chemische Untersuchung von Milz und Lunge wünschenswert (Entnahme von Erdproben nicht vergessen!). Außer der chemischen Untersuchung ist aber auch die *mikroskopische* Untersuchung der einschlägigen Organe zu veranlassen, die Organstückchen müssen in 10—20%iger Formalinlösung eingesandt werden (s. d. Art.: Tod und Gesundheitsbeschädigung durch Gift im allgemeinen).

*Schrifttum.*

*Ascarelli:* Histologische Studien und bakteriologische Versuche über Adipocire. Vjschr. gerichtl. Med. **32**, 219 (1906). — *Goroncy:* Gewinnung bakteriologischen Materials bei an Fleischvergiftung Verstorbenen. Z. Med.beamte **1926**, 82. — *Hellendall:* Zur Aetiologie der postmortalen Geburt. Dtsch. Z. gerichtl. Med **9**, 321 (1927). —

*Hunziker:* Über die Befunde bei Leichenausgrabungen auf den Kirchhöfen Basels. Frankf. Z. Path. **22**, 147 (1919/20). — *Kockel:* Enterdigungen im Rahmen der Darstellung: Die gerichtliche Sektion. *Abderhaldens* Handb. der biologischen Arbeitsmethoden Teil 12, I. Hälfte **1**, 97. Berlin-Wien 1938. — *Kockel:* Die gewaltsamen Todesursachen. In *Schmidtmanns* Handb. der gerichtl. Medizin **1**, 647. Berlin 1905. — *Lubarsch:* Über die Veränderungen vergrabener Leichenteile. Z. Med.beamte **1900**, 615. — *Merkel:* Kritisch-kasuistische Bemerkungen über Messerverletzungen. Dtsch. Z. gerichtl. Med. **12**, 137 (1928). — *Nippe:* Studien über Leichenzersetzung. Vjschr. gerichtl. Med. **44**, 42 (1913); Dtsch. Z. gerichtl. Med. **3**, 58 (1924). — *Nippe:* Zur Frage der Fettwanderung nach dem Tode. Verh.-Bericht über den I. Internat. Kongr. f. gerichtl. u. soz. Medizin, 284. Bonn 1938. — *Raestrup:* Über Exhumierungen. Dtsch. Z. gerichtl. Med. **6**, 34 (1925). — *Raestrup:* Über Fluorvergiftungen. Dtsch. Z.gerichtl. Med. **5**, 406 (1925). — *Schmeißer:* Beitrag zur Frage der Zweckmäßigkeit gerichtlicher Exhumierungen unter besonderer Berücksichtigung histologischer Organbefunde bei exhumierten Leichen. Dtsch. Z. gerichtl. Med. **8**, 162 (1926). — *Schmidt:* Luftbefunde im Kreislauf bei stumpfer Gewalt gegen den Brustkorb. Dtsch. Z. gerichtl. Med. **15**, 174 (1930). — *Schrader:* Experimentelle Untersuchungen zum Paralysennachweis an faulenden Gehirnen. Dtsch. Z. gerichtl. Med. **14**, 401 (1930). — *Schrader:* Untersuchungen zum histochemischen Uraemienachweis bei Leichenfäulnis. Verh. über den I. Internat. Kongr. f. gerichtl. u. soz. Med. 308. Bonn 1938. — *Straßmann, G.:* Beiträge zum Kapitel der forensisch-wichtigen Leichenerscheinungen. Beitr. gerichtl. Med. **4**, 157 (1922). — *Straßmann, G.:* Mikroskopische Untersuchungen an exhumierten und verwesten Organen. Vjschr. gerichtl. Med. **62**, 131 (1921). — *Straßmann, G.:* Über Leichenveränderungen, autolytische, Fäulnis- und Verwesungsvorgänge. Dtsch. Z. gerichtl. Med. **3**, 359 (1924). — *Straßmann* und *Fantl:* Untersuchungen an einer Fettwachsleiche. Dtsch. Z. gerichtl. Med. **6**, 168 (1925). — *Strauch:* Die Fauna der Leiche. Vjschr. gerichtl. Med. **43**, 2. S. H., 44 (1912). — *Walcher:* Die Leichenfäulnis mit besonderer Berücksichtigung der Histologie derselben. Virchows Arch. **268**, 17 (1928). — *Walcher:* Beitrag zur praktischen Bedeutung der Exhumierungen für die Erkennung der Todesursache. Ärztl. Sachverst.ztg. **1925**, 255. — *Weimann:* Zum Nachweis des Kohlenoxyds in exhumierten Leichen. Dtsch. Z. gerichtl. Med. **17**, 48 (1931). — *Wiethold:* Zum Spätnachweis von Kohlenoxyd bei exhumierten Leichen. Dtsch. Z. gerichtl. Med. **14**, 133 (1930). — *Ziemke:* Staublungenerkrankung und Unfall, zugleich ein Beitrag für die Beurteilung des Sektionserfolges bei Enterdigung. Dtsch. Z. gerichtl. Med. **18**, 330 (1932).       **Mueller.**

**Exkremente** siehe *Faeces.*

**Exodin** siehe *Schädlingsbekämpfungsmittel.*

**Explosionen.** (Vgl. auch Art.: Brandursachen; Sprengstoffe in chemischer und kriminalistischer Beziehung.)

Zu einer Explosion kann es dann kommen, wenn ein im Gleichgewicht befindliches System Veränderungen erfährt, die notwendig seine räumliche Begrenzung vergrößern oder verkleinern (Überdruck! Vakuum oder Explosion — „Implosion"). Inwieweit die für die Entstehung und Auswirkung eines Explosionsvorganges maßgeblichen Kräfte vorwiegend oder ausschließlich physikalischer oder chemischer Natur sind, ist letztlich meist nur sehr schwer — wenn überhaupt — sicher zu entscheiden. Vom Standpunkt des Naturwissenschaftlers aus erscheinen Explosionsvorgänge hinsichtlich Klarlegung der bedingenden und Reaktionskräfte infolge auftretender Wechselwirkungen, gegenseitiger Beeinflussungen u. dgl. oft außerordentlich verwickelt. Wie beim Brandvorgang hat man auch bei Explosionen mit Herausbildung hoher Über-, aber auch Unterdrucke und dessen wechselndem Eintritt in einem Vorgangsablauf zu rechnen. Werden im Verlauf einer Explosion beispielsweise zwei Knalle beobachtet, so könnte u. a. die erste dieser Erscheinungen die Folge plötzlicher Ausdehnung der beteiligten Gase, die zweite aber die Folge der Abkühlung und Zusammenziehung bzw. Kondensation dieser Dämpfe und Gase sein. — Verschlossene Gefäße, die feste Stoffe bestimmter Struktur, Flüssigkeiten, komprimierte oder verflüssigte Gase enthalten, können unter Mitberücksichtigung des Füllungsgrades, *der Art der Substanz* und des Zustandes des Gefäßes mehr oder weniger schnell bei plötzlicher Volumen-vergrößerung des Inhalts und somit Drucksteigerung im System (= *Überdruck*) explodieren (= *Gefäßexplosionen*). In diesem Zusammenhang seien auch die Dampfkesselexplosionen erwähnt. Einer nicht minder hohen Explosionsgefahr unterliegen aber auch *Vakuumapparaturen* (Unterdrucksysteme, Exsikkatoren usw.). Die Ursache solcher Vorgänge kann in Mängeln der Behälter und Baustoffe, in Fehlern bei deren Verarbeitung, im Auftreten von Spannungsdifferenzen innerhalb der Wände der Hohlkörper, in hohem Abnutzungs- und Gebrauchsgrad, in Korrosion, mechanischen Beschädigungen u.dgl. mehr begründet liegen. Nur scheinbar werden ausschließlich und allein bei einer Explosionsauslösung durch Überdruck Teile des explodierten Gefäßes umhergeschleudert. Dies geschieht gleichermaßen, wenn *Unterdruck*-Systeme zerbersten.

Je nach dem Grad der Beschleunigung, den die eingedrückten Sprengteile erfahren, werden diese mit mehr oder weniger großer Kraft über den Gefäßmittelpunkt hinaus in die Umgebung des Explosionsortes geschleudert und richten dort analoge Beschädigungen an Mensch und Objekt an, wie sie für *Überdruckexplosionen* hinreichend bekannt sind. Wesentliche Abbremsungen erfährt ein solcher Sprengteil durch ein von der anderen Gefäßseite entgegengeschleudertes Bruchstück nicht, da die Stücke in der Regel verschiedene Maße besitzen und nur in den seltensten Fällen in entgegengesetzt gleicher Richtung aufeinandertreffen. Neben diesen vorwiegend durch physikalische Vorgänge ausgelösten Explosionen stehen bei der Beurteilung einer anderen Gruppe von Explosionen chemische und physikalisch-chemische Gesichtspunkte im Vordergrund der Betrachtungen: 1. Umsetzung oder Zerfall von Substanzen, die unter schneller Entbindung großer Wärme- und Gasmengen in ihrer chemischen Zusammensetzung verändert werden (stets bei Explosivstoffen). 2. Außerordentlich rasch verlaufende, mit plötzlicher Wärmeentwicklung, Drucksteigerung und Kraftäußerung verbundene Verbrennung eines aus brennbarem Gas und Sauerstoff bzw. Luft bestehenden Gemisches. Letztgenannte Explosionen sind meist keine primären Vorgänge, entwickeln sich vielmehr immer erst aus einer Verbrennung bei konstantem Volumen.

Die Entwicklung und Auswirkung einer Explosion ist in erheblichem Maße von der Lage des Zündortes, der Größe und Form des Raumes abhängig. Dazu spielen u. a. Wärmeleitfähigkeit, Diffusionsgeschwindigkeit der Gase eine Rolle. Die Explosionsentwicklung ist in erster Linie immer von der Wandlungsgeschwindigkeit eines brennbaren Stoffes abhängig, woraus allgemein die Explosionsmöglichkeit für Brennstoffe jeden Aggregatzustandes (unvollkommene Explosionen) und die sog. *Explosionsbereiche* bzw. *-grenzen* erklärbar werden. Brennbare Gase, Dämpfe, Staubarten gehen Mischungen mit Luft (Sauerstoff) ein. Diese sind jedoch nur innerhalb bestimmter Grenzen für das Mischungsverhältnis Gas : Luft explosionsfähig. Ist zuviel Luft oder im Verhältnis zum Sauerstoff zuviel brennbares Gas zugegen, so wird dadurch das Gemisch am Entzündungsherd unter die Entzündungstemperatur abgekühlt, und es kann keine Explosionswelle auftreten. Demnach gibt es jeweils nur einen beschränkten Explosionsbereich, dessen untere Grenze durch Luftüberschuß und Gasmangel, dessen obere Grenze durch Überschuß an brennbarem Gas und Luftmangel bedingt wird = *untere* und *obere Explosionsgrenze.* Über die exp. festgelegten Begrenzungswerte herrscht nicht bei allen Gasen volle Übereinstimmung; auf den Ausfall der Bestimmungen sind vermutlich Versuchsanordnung und Art der Zündung von Einfluß.

Einige Explosionsbereiche in Luft:

| Art des Brennstoffes | Vol.-% in Luft | |
| --- | --- | --- |
| | untere Grenze | obere Grenze |
| Kohlenoxyd . . . . . | 15,5 | 71,5 |
| Wasserstoff . . . . . | 9,4 | 66,5 |
| Leuchtgas . . . . . . | 8 | 19 |
| Methan . . . . . . . | 5,9 | 13,8 |
| Äthylen . . . . . . . | 4 | 19,5 |
| Acetylen . . . . . . . | 3,5 | 52 |
| Benzin . . . . . . . | 2,5 | 4,8 |
| Benzol . . . . . . . | 2,7 | 6,3 |

Das stöchiometrische Verhältnis von Brennstoff zu Luft, die Wandlungsgeschwindigkeit des Brennstoffes (abhängig vom Zustand des Gasgemisches, also von Druck und Temperaturen), der Einfluß von Luftfeuchtigkeit und Katalysatoren auf die „wahre" Verbrennung sind die maßgeblichen Faktoren für den zwischen beiden Grenzen liegenden Explosionsbereich. Da Druck- und Temperaturerhöhung eine Vergrößerung der Wandlungsgeschwindigkeit und somit eine Erweiterung des Explosionsbereiches bedingen — Druckerhöhung bis zu einem gewissen Grad wirkt allerdings den dissoziationsähnlichen Vorgängen bei der Wandlung entgegen —, gelten die Explosionsgrenzen jeweils nur für ein Gas-Luftgemisch bestimmten Druckes und bestimmter Temperatur. Bei den meisten Gasen und Dämpfen genügt bereits eine geringe Menge, um ein explosives Gemisch mit Luft zu bilden. Bei einem die obere Grenze überschreitenden Anteil dieser Gase liegt Explosionsfähigkeit für das Gemisch nicht mehr vor, wohl aber sind derartige Mischungen noch brennbar. Die Weite der zwischen oberer und unterer Explosionsgrenze liegenden Spanne ist nur in gewissem Sinne ein Gradmesser für die Gefährlichkeit eines Gases oder Dampfes. Der Explosionsbereich von Benzindämpfen z. B. ist bei Zimmertemperatur und Atmosphärendruck relativ klein; da jedoch bereits geringe Mengen Benzindampf in Luft ein explosives Gemisch bilden, so ist die Explosionsgefahr für Benzin trotz des geringen Bereiches beträchtlich. Hinzu kommen die hohe Explosionsgeschwindigkeit, die — abhängig vor der Reaktionsgeschwindigkeit der wahren Verbrennung — bei Benzindampf 2,5 m/sec beträgt, die hohe Verdunstungsneigung, die leichte Entflammbarkeit und brandfördernde Wirkung. Für die Kohlenwasserstoffe ist die Wandlungsgeschwindigkeit von Größe und Konstitution des Moleküles abhängig. Benzin oder Benzol (hochmolekulare Brennstoffe) wandeln sich im Vergleich zum Acetylen erheblich langsamer um und weisen entsprechend kleine Explosionsbereiche auf. Zur *Entzündung* eines explosiven Gemisches genügt der kleinste Funke, soweit dieser den nötigen Energieinhalt besitzt. Die erste Zündung bewirkt neue Entzündungen, die eine Volumenvermehrung, somit Raumausdehnung und Drucksteigerung (Luftüberdruck) zur Folge haben. Eine Entzündung kann freilich u. U. auch durch Drucksteigerung allein, Schlag, Erschütterung ausgelöst werden. Die Explosion setzt aber nicht immer unmittelbar auf die Zündung hin ein. Der Zeitraum zwischen Zündung und Explosion kann um so größer werden, in je höherem Maße der Zündpunkt überschritten wird. Das Eintreten einer Vor- und einer stärkeren Nachexplosion bei Staubexplosionen dürfte auf ähnliche Ursachen zurückzuführen sein. Sind explosive Gasgemische in Reaktion getreten, so können diese beim Vorhandensein weiterer zündfähigen Materials Brände auslösen, unter gegebenen Voraussetzungen auch *Nachexplosionen* bewirken (Tanks, Stahlflaschen, Dampfkessel usw.). Auf die brandfördernde

Wirkung entstehender Rauchgas-Luftgemische oder die oft verhängnisvollen Eigenschaften aufgewirbelten brennbaren Staubes wird verwiesen. *Staubexplosionen* sind in ihrer Wirkung vielfach noch stärker als Explosionen vollkommener Gase. Da feste Brennstoffe immer wärmeunbeständiger Natur sind, setzt ihre Wandlung schon bei verhältnismäßig niederen Temperaturen ein, führt zur Bildung gasförmiger Zersetzungsprodukte und elementaren Kohlenstoffs. Nach *Aufhäuser* umfaßt die Explosionsfähigkeit des Staubes nur die flüchtigen Bestandteile und ist deshalb stets nur eine partielle (unvollkommene Explosion); sie wird aber gleichzeitig durch den abgeschiedenen Kohlenstoff gefördert, der in glühendem Zustand den wirksamsten *Zündkatalysator* darstellt. — Die Bedingungen, unter denen Staubexplosionen eintreten, ähneln denen der Gasexplosionen; es müssen vorhanden sein: Oxydationsfähiger feiner Staub, in bestimmter Mischung mit Luft aufgewirbelt, Zündquelle, d. h. die Entwicklung und Stärke einer Staubexplosion nimmt mit zunehmender Feinheit, abnehmender Dichte des Staubkornes (sog. A-rosole, entsprechend vergrößerte Oberfläche), mit zunehmender Menge der flüchtigen Bestandteile im Verhältnis zum Kohlenstoff zu. Zahlreiche organische Stoffe, Kohle, aber auch Metalle (u. a. Magnesium, Aluminium) können explosionsfähige Stäube bilden. Mehl, Zucker, Holz explodieren leicht und schon bei grobem Korn; Kohlenstaub dagegen explodiert schwieriger, erst bei feinerem Korn, aber wegen der erheblich höheren Verbrennungswärme des Gases mit stärkerer Wirkung. Die Entwicklung einer Staubexplosion setzt immer das — wenn auch allenthalben nur örtlich begrenzte — Vorhandensein einer gewissen Wärmemenge und -intensität sowie die Herausbildung des Zündortes voraus. „Fremdzündung" durch brennende Feuerung, Kerzen, Gasflammen usw. dürfte bei allen Stäuben zu erwarten sein. Strittig ist, ob Staub-Luftgemische durch an Eisen oder Stein gerissene Funken ausgelöst werden können. Die Wärmeaufnahme kann schließlich durch Berührung mit heißen Wandungen, durch mechanische Reibung des Staubes, sekundär durch ausstrahlende Reibungswärme von Wellen in Lagern oder durch elektrische Aufladung (z. B. infolge Zerkleinerung des Mahlgutes in Mahlstühlen) erfolgen. Äußere Faktoren (Feuchtigkeits-, Aschegehalt) können die Explosionsfähigkeit und Explosionsstärke eines Staubes ebenso wie wärmebeständige, nicht oxydationsfähige Stoffe (negative Katalysatoren, z. B. Gesteinsstaub) herabsetzen, auch vollständig abbremsen; demgegenüber aber wird die Fortpflanzungsgeschwindigkeit der Zündung durch die glühenden verkokten Staubpartikel katalytisch beschleunigt.

*Schrifttum.*
S. d. Art.: Sprengstoffe in chemischer und kriminalistischer Beziehung. *Specht.*

**Extractum Opii** siehe *Opiumalkaloide und verwandte Stoffe.*

**Extradurales Hämatom** siehe *Hirndruck.*

**Extrauteringravidität und Unfall.** (Vgl. auch Art.: Abort und Unfall.)
Unter der Schwangerschaft außerhalb der Gebärmutter oder Extrauteringravidität verstehen wir bekanntlich die Nidation des befruchteten Eies am falschen Orte, wo seine Weiterentwicklung gefährdet ist und mit welcher auch große Gefahren für die Mutter verbunden sind. Das Ei kann sich, was weitaus das häufigste ist, in der Tube ansiedeln oder im Ovarium oder schließlich sogar auf dem Peritoneum, aber solche Fälle sind nur ganz wenige bekannt, und auch diese können wissenschaftlich noch angezweifelt werden. Gemeinhin versteht man also unter der

Extrauteringravidität eine Tubargravidität. *Hüssy* selbst sah unter einer großen Zahl von Extrauterinschwangerschaften eine einzige sichere Ovarialgravidität, die allerdings fast ausgetragen wurde, wo es gegen Ende zu einer Vereiterung des Fruchtsackes kam, so daß die betr. Frau dann der schließlich ausgeführten Operation zum Opfer fiel. Die Diagnose auf Extrauteringravidität war nicht gestellt worden, und das einzige Symptom, das hätte an etwas Ungewöhnliches denken lassen, waren stetige Leibschmerzen gewesen, die sich endlich fast unerträglich gestalteten und dann zur Laparotomie zwangen, um so mehr, als gleichzeitig hohe Temperaturen eingetreten waren. Die meisten Eileiterschwangerschaften werden frühzeitig unterbrochen und endigen entweder durch Tubarruptur (Tubarusur) oder durch Tubarabort, zu je etwa 50%. Nur selten kommt es heutzutage vor, daß eine Extrauteringravidität ausgetragen wird, während das früher weit häufiger war, wie aus der älteren Literatur hervorgeht. Das ist auf die bessere Diagnostik zurückzuführen und vor allem auf die stark vorgeschrittene operative Technik und Sicherheit, welche es erlauben, durch Laparotomie und Entfernung der betroffenen Tube nahezu alle Frauen zu retten, wenn sie wenigstens einigermaßen beizeiten in klinische Behandlung kommen. Bei starker Ausblutung steht im übrigen heutzutage noch die Bluttransfusion zur Verfügung, wozu gegebenenfalls das in die Bauchhöhle ergossene Blut selbst verwendet werden kann. Weil so selten oder nie mehr eine Tubarschwangerschaft ausgetragen wird, so sind auch heutzutage die Steinkinder verschwunden (s. d. Art.: Lithopädion). Nicht immer ist die Diagnose auf Extrauteringravidität leicht. Nur die typischen Fälle von Tubarruptur mit intraabdominellcr Blutung oder Tubarabort mit Hämatocele retrouterina sind meist ohne weiteres richtig zu deuten. Große Schwierigkeiten kann dagegen die Erkennung einer noch intakten Tubargravidität bieten. In Zweifelsfällen kann die *Aschheim-Zondek*-Reaktion gute Dienste leisten, die allerdings nicht immer einen typischen Befund zeigt, da nur die H. V. R. I. (s. d. Art.: Biologische Schwangerschaftsreaktionen) zum Vorschein kommt, aber die dennoch gerade deswegen an das Vorhandensein einer Extrauteringravidität denken läßt. Gegenüber der intrauterinen Schwangerschaft allerdings ist auch die Herbeiziehung dieser Reaktion zur Diagnose unzulänglich. Heutzutage besteht der Grundsatz, es sei eine einmal sicher diagnostizierte Extrauterinschwangerschaft, gleich zu behandeln wie ein bösartiger Tumor, also sofort zu entfernen. Zuwarten kann jedenfalls nichts Gutes bringen, denn vorgeschrittene Tubargraviditäten sind einmal wegen der Blutungsgefahr lebensgefährlich und außerdem bieten sie einer Operation die allergrößten Schwierigkeiten, so daß sie fast immer letal endigen.

Was den Zusammenhang einer Extrauteringravidität mit einem Trauma anbetrifft, so muß die Möglichkeit, daß dieses Ereignis an sich durch einen Unfall verursacht werden könnte, als gänzlich unbewiesen abgelehnt werden, und die dahingehenden Vermutungen von *Seligmann* sind als unbewiesen zurückzu-

weisen. Kein einziger der von ihm namhaft gemachten Fälle, es sind im ganzen sechs, kann auch nur den geringsten Beweis erbringen, daß ein kausaler Zusammenhang zwischen dem Trauma körperlicher Natur und der Tubenschwangerschaft möglich sein könnte. Dieser Ansicht ist auch *Mayer*. Das gleiche gilt für psychische Insulte, denen seinerzeit *W. A. Freund* eine gewisse Bedeutung hatte beimessen wollen. Dagegen ist es nicht von der Hand zu weisen, daß durch gewisse Operationen eine Disposition zu einer Nidation des Eies außerhalb der Gebärmutter entstehen könnte. In dieser Beziehung sind vor allem der *Alexander-Adams* und die Ventrifixur nach *Doléris* zu nennen, wo bei Unvorsichtigkeit die Tube mit dem lig. rotundum angezogen und verlagert werden könnte. Ferner ist zu bemerken, daß nach allen Methoden von Tubensterilisation gelegentlich einmal eine Eileiterschwangerschaft eintreten könnte. *Hüssy* sah dieses Ereignis nach der *Madlener-Walthard*-Operation im ganzen dreimal, ein relativ geringer Prozentsatz, aber es muß eben doch daran gedacht werden, daß diese Möglichkeit vorhanden ist. Ob ein Unfall durch Körpererschütterung oder Steigerung des intraabdominellen Druckes zur Verschlimmerung einer bestehenden Tubargravidität resp. zur Ruptur oder zum Aborte führen könnte, das sei dahingestellt. *Mayer* will dies zugeben, hingegen scheinen solche Beobachtungen doch zu den allergrößten Seltenheiten zu gehören. *Hüssy* konnte jedenfalls nie einen solchen Fall sehen, hingegen hat *Jung* eine Frau begutachtet, wo angeblich die Ruptur der graviden Tube im Anschlusse an ein körperliches Trauma auftrat. Es wird aber stets sehr schwer zu entscheiden sein, ob es sich wirklich um einen kausalen Zusammenhang oder nur um ein zufälliges Zusammentreffen handelt, welche letztere Version auf jeden Fall bedeutend mehr Wahrscheinlichkeit für sich hat. Auf alle Fälle kann jederzeit bei der Begutachtung darauf hingewiesen werden, daß der eine oder andere Ausgang (Ruptur oder Abort) sowieso über kurz oder lang eingetreten wäre, so daß der Unfall nur eine sehr bescheidene Rolle spielen dürfte. Wie *Mayer* richtig sagt, kann der Unfall in der Regel das Platzen nicht oder doch nicht allein verursachen, er könnte aber nur den Zeitpunkt bestimmen, wobei die äußern Umstände eine gewisse Bedeutung gewinnen können, da es schließlich nicht gleichgültig ist, ob dieses gefährliche Ereignis in einer entlegenen Gegend oder in der Nähe einer Frauenklinik eintritt. Die Fragestellung kann also gegebenenfalls eine recht komplexe und schwierige sein, wobei aber immer darauf hingewiesen werden muß, daß das Trauma höchstens eine begünstigende Wirkung ausüben kann und als kausales Element vollkommen ausscheidet.

*Schrifttum.*

*Dierks:* Eileiterschwangerschaft als direkte Operationsfolge. Zbl. Gynäk. **1932**, 34. — *Doederlein:* Tubargravidität und Unfallrente. Münch. med. Wschr. **1903**, 2052. — *Hüssy:* Der geb.-gyn. Sachverständige. Bern 1931. — *Mayer:* Weibliche Genitalorgane und Unfall. Stuttgart 1934. — *Seligmann:* Trauma und Extrauteringravidität. Dtsch. med. Wschr. **1901**, 431; Zbl. Gynäk. **1907**. **Hüssy.**

# F.

**Faeces** (= F.).

Die Untersuchung von F. (Kot) kommt für den Kriminalisten in Fällen von Erstickungstod, Sittlichkeitsdelikten, Einbrüchen und boshaften Beschmierungen mit Kot in Betracht. Die Kotausscheidung wird durch Reizung des Gehirns beeinflußt. So kommt es beim Erstickungstod und auch

bei psychischer Erregung zu einer vorzeitigen und ungewollten Kotentleerung. Dies mag auch vielfach der Grund sein, weshalb bei Einbrüchen der Täter oft noch am Tatort Stuhl absetzt und zurückläßt. Anderseits spielt hier auch der Aberglauben der Einbrecher eine Rolle, daß man solange am Tatort ungestört bleibt, nicht entdeckt und verfolgt wird, als der am Tatort gesetzte Kot noch warm ist, wie *Gross* hervorhebt. Dieser Aberglaube, den *van Ledden-Hulsebosch* auf jüdischen Ursprung zurückführt, würde es auch erklären, daß gelegentlich F. am Tatort verdeckt oder in einen Fußsack, in ein Fell oder in eine mit einem Wollvorhang ausgefütterte Brottrommel am Tatort verpackt wird, wie *van Ledden-Hulsebosch* mitteilt. Kotmassen am Tatort stellen also eine Art Besuchskarte dar, welche der Täter mitunter zurückläßt, und der Kriminalist tut gut, solche Exkremente sicherzustellen und untersuchen zu lassen. Wiederholt haben solche Untersuchungen zur überraschenden Klärung des Falles beigetragen und den Täter überführt oder zum Geständnis gebracht.

Die Untersuchung der F. bzw. Kotflecken ist in verschiedener Richtung anzustellen: nach Aussehen, Konsistenz, Auflagerungen, Bestandteilen der Nahrungsreste und Beimischungen, nach Parasiten und Parasiteneiern, schließlich kann man den Bakteriengehalt zur Identifizierung mitheranziehen, wie dies *Hoen* mit Erfolg getan hat.

Wie die F.-Untersuchung zur Aufklärung einer Täterschaft beitragen kann, beleuchtet folgendes Beispiel: In Amsterdam waren Diebe über Dächer in ein Warenhaus eingestiegen. Dabei hatte einer vor einem Dachfenster in die Dachrinne seinen Darm entleert und mit einem Flanellfetzen sich gereinigt. Am Morgen entdeckte ein Wachmann den vom Regen auseinandergeschwemmten Kot und den mit dem Brei vermengten Lappen. Wegen der bläulichen Farbe der gefundenen F. erklärte ein Kriminalbeamter: ,,Wer dies hinterließ, hat ohne Zweifel Rotkohl gegessen". Diese Bemerkung hatten Nachbarn und ein Reporter gehört und abends brachte die Zeitung das Lob des klugen Polizisten. Die F. aus der Dachrinne wurden dem Gerichtschemiker *M. L. Q. van Ledden-Hulsebosch* gebracht. Beim Durchsieben blieben Zwiebel und Kartoffel auf dem Sieb, und das Ergebnis wurde der Polizei mitgeteilt. Mittlerweile war ein schwerer Junge gefaßt worden. Ein Polizist ging nach dessen Wohnung und äußerte zur Frau den Verdacht gegen ihren Mann, daß in der Dachrinne der Kot mit Blaukohl gefunden wurde. Die Frau erklärte sogleich, ihr Mann habe nicht Blaukohl, sondern Zwiebeln mit Kartoffeln gegessen. Diese rasche Klärung war *van Ledden-Hulsebosch* Anlaß zu umfassenden Untersuchungen für seine makro- und mikroskopische Diagnostik der menschlichen Exkremente.

Bezeichnend und lehrreich sind zwei Fälle, von denen uns der erfahrene holländische Gerichtschemiker berichtet: In zwei benachbarten Dörfern war in einer Nacht eingebrochen worden. An beiden Stellen wurden F. vorgefunden. Die Untersuchung ergab in beiden Proben zweierlei tropische Parasiten. Damit fiel der Verdacht auf einen ehemaligen indischen Soldaten. Er wurde gefaßt, der Eimer in der Zelle brachte das gewünschte Vergleichsmaterial und der Mann gestand. Im zweiten Fall war in ein Kaffeehaus eingebrochen und silberne Lorbeerzweige gestohlen worden. Die zerbrochenen Vitrinenrahmen wurden bei einem Neubau gefunden, daneben ein Kothaufen mit einem an einen Verhafteten adressierten Zettel bedeckt. Die F. enthielten nur Reste von Weizenbrot und feine vermahlene Teilchen, die von Leberwurst herrührten. Als dies Ergebnis der Polizei fernmündlich mitgeteilt wurde, brach schallendes Gelächter aus, weil eben ein Häftling, um Mitleid zu erregen, erklärt hatte: ,,Ich bin ein armer Teufel, so arm, daß ich seit einigen Tagen bloß Brot und Leberwurst gegessen habe."

Bei solchen Untersuchungen ist Eile am Platze, weil sonst die Erinnerung an das, was in der fraglichen Zeit genossen wurde, leicht vergessen ist.

*Moeller* meint daher, man sollte von jedem, der unter dem Verdacht, ein Verbrechen begangen zu haben, eingezogen wird, den in der Haft zuerst abgesetzten Stuhl bis zum Abschluß des gerichtlichen Verfahrens aufbewahren, damit er im Bedarfsfalle mikroskopisch untersucht werden kann, ein Vorschlag, der wohl etwas übers Ziel schießt.

Die Menge der F. bei gewöhnlicher Nahrung beträgt im Tage durchschnittlich 130 g, das ist $1/7$ bis $1/8$ der aufgenommenen Nahrung, die Trockensubstanz 35 g. Die Farbe der F. ist im allgemeinen mehr grün bei Genuß von reichlich grünen Pflanzen, dunkel bis schwarz bei Fleischgenuß, heller nach reichlicher Milchaufnahme. Stühle ohne gallige Beimengungen sind ebenfalls grauweiß bis aschgrau. Zum *chemischen Nachweis* von F.-Flecken dient die Stercobilinreaktion durch Zusatz von wäßriger Sublimatlösung, wobei durch Oxydation des Stercobilins die Farbe in Ziegelrot umschlägt. Von größter Bedeutung ist die Untersuchung der F. auf *Nahrungsreste*, wie Fleischfasern mit mehr weniger deutlicher Querstreifung der Fibrillen, Gräten, Schuppen von Fischen usw., Reste pflanzlicher Nahrung mit den verschiedensten Formen der Stärkekörner, Gemüsereste, Gewürze, Obst, dessen Kerne oft mit freiem Auge erkennbar sind. Beim Untersuchen auf Pflanzenreste bedient man sich verdünnter Jodjodkalilösung zur Blaufärbung der Stärke, eines Zusatzes von Chloralhydrat zur bessern Sichtbarmachung der Zellgrenzen. Einen guten Überblick bietet der Atlas von *van Ledden-Hulsebosch*. Es kann nicht Aufgabe dieses kurzen Artikels sein, auf einzelne Erkennungsmerkmale der verschiedensten Pflanzen hinzuweisen. In schwierigen Fällen wird man immer gut tun, einen Botaniker oder Pharmakognosten zu Rate zu ziehen. Auch auf *Fremdkörper*, wie Bindfäden von der Zubereitung bestimmter Fleischspeisen herrührend, Holzblatteilchen, Knochensplitter, Fischgräten, Kalkschalen von Eiern, Beerensamen, Steinchen, Sand, Parasiten, Milben (aus dem Mehl der Nahrung) usw. muß man die F. absuchen. Weiters ist der Gehalt an Pflanzengrün namentlich zur Vergleichung von verschiedenen F. auf ihre gemeinsame Herkunft herangezogen worden. Diese Methode hat *Kraft* zuerst angewandt, wobei er vom Gedanken ausging, daß der Chlorophyllgehalt der Nahrung auch in den F. zum Ausdruck kommt. Im durchfallenden Licht erscheint die ätherische Lösung grün, im auffallenden rot. Im ultravioletten Licht fluoresciert eine selbst stark verdünnte Chlorophyllösung leuchtend rot. Zur Herstellung der Lösung werden die F. in der gleichen Menge Äther behandelt und mit der Analysenquarzlampe untersucht. Zum *Auswaschen* und *Sortieren* der F. sind eine Reihe von Vorrichtungen angegeben worden, die alle den Zweck haben, körperliche Bestandteile auf Sieben zurückzuhalten. Am zweckmäßigsten scheint der Koprolyseur nach *van Ledden-Hulsebosch*, bei dem die F. durch eine Reihe von Sieben in geschlossenem Behälter durch Leitungswasser gereinigt und gesondert werden. Die Verarbeitung der F. ist dabei völlig geruchlos. Nach *K. Reuter* kann man sich auch mit einem Satz von Bechergläsern zur fraktionierten Abscheidung der F. behelfen.

Die Frage, ob die vorgefundenen F. *vom Menschen stammen*, wird meist schon das Aussehen, der Geruch und die Zusammensetzung klären. Mit der Präcipitinprobe kann man nach den Untersuchungen von *Przybylkiewicz* die artspezifische Herkunft der F. nicht feststellen. Zur Prüfung der Frage, ob F. von einer *bestimmten Person* herrühren, kann man den Nachweis von Gruppensubstanzen versuchen, doch sind die Ergebnisse nur mit großer Vorsicht zu verwerten, da einerseits hemmende unspezifische Stoffe stören und eine Reaktion vortäuschen können. Andererseits können durch Fermente und Bakterienwirkung auch zugesetzte Agglutinine zerstört und dadurch eine Hemmung vorgetäuscht werden. Ein anderer Weg zur Identifizierung von F. wurde von *Hoen* durch Untersuchung der Colibakterien eingeschlagen und beruht auf der Beobachtung, daß die Colistämme bei den einzelnen Menschen verschieden sind. Mit durch 0,5 %igen Carbolsäurezusatz behandelten Colikulturen aus dem Kot werden Kaninchen durch zwei bis drei intravenöse Injektionen in 4—5tägigen Abständen immunisiert. Mit diesen Immunseren wird das Ballungsvermögen der Colibakterien geprüft. *Hoen* gelang es, auf diese Weise in einem praktischen Fall zwei eingetrocknete Kotstückchen, das eine von einem ermordeten Kind, das andere vom Stiefel des Verdächtigen, als gleich nachzuweisen und dadurch den Fall aufzuklären. Diese Untersuchung ist nicht nur bei frischen F. sondern auch in älteren F.-Spuren möglich.

*Schrifttum.*
*Boas, I.:* Ein Stuhlsieb. Dtsch. med. Wschr. **1900**, 583. — *Einhorn, Max.:* Ein neues Stuhlsieb. Dtsch. med. Wschr. **1901**, 159. — *Fraenckel, P.:* Untersuchung von Fäzes und von Kotflecken. In *Lochtes* Handb. Gerichtsärztliche und polizeiärztliche Technik **1914**, 260. — *Groß, H.:* Handb. für Untersuchungsrichter **1894**, 350. — *Hodyo, H.:* Blutgruppenvermutung durch Menschenkot. Dtsch. Z. gerichtl. Med. **22**, 95 (1933). — *Hoen, E.:* Identifizierung des Kotes nach Colibakterien. Dtsch. Z. gerichtl. Med. **13**, 449 (1929). — *Kraft, B.:* Neues zur Kotuntersuchung in Kriminalfällen. Arch. Kriminol. **84**, 211 (1929). — *van Ledden-Hulsebosch, C. J.:* Die Bedeutung von am Tatort hinterlassenen Fäkalmassen. Arch. Kriminol. **74**, 273 (1922). — *van Ledden-Hulsebosch, M. L. Q.:* Makro- und mikroskopische Diagnostik der menschlichen Exkremente. Berlin 1899. — *Moeller, J.:* Die forensische Bedeutung der Exkremente. Wien. klin. Rundschau **1897**, Nr. 11. — *Przybylkiewicz:* Der Nachweis der artspezifischen Herkunft von Kot. Arch. Kriminol. **99**, 78 (1936). — *Reuter, K.:* Naturwissenschaftlich-kriminalistische Untersuchungen menschlicher Ausscheidungen. Handb. d. biol. Arbeitsmethoden Liefg. **394**, 348 (1932). — *Schmidt* und *Straßburger:* Die Fäzes des Menschen. Berlin 1915. — *Stas, M.E.:* Der Nachweis von Blut in Stuhl. Klin. Wschr. **1934**, 1469. **Holzer.**

**Fäulnis** siehe *Leichenerscheinungen.*

**Fäulnisvergiftung** siehe *Nahrungsmittelvergiftung.*

**Fall aus der Höhe** siehe *Tod und Gesundheitsbeschädigung infolge Verletzung durch stumpfe Gewalt.*

**Falschmünzerei** siehe *Münzfälschung.*

**Farbenphotographie** siehe *Photographie.*

**Farbstifte** siehe *Bleistifte und Farbstifte.*

**Faserstoffe** (= F.).

Es gibt eine sehr große Zahl von F., die uns heute in allen möglichen Verarbeitungsformen entgegentreten. Die meisten und die wichtigsten sind pflanzlichen Ursprungs, die vegetabilischen F. Hierher gehören eigentlich auch fast alle Kunstfasern, denn auch sie stammen von pflanzlichen Rohstoffen. Die dritte Gruppe ist tierischen Ursprungs wie Schafwolle, andere Tierhaare und Seide.

In der gerichtlichen Untersuchungspraxis hat man es in der Regel mit verarbeiteten Faserstoffen zu tun, sei es mit Bindfäden, Stricken, Tauen und Geweben. Auch Polster- und Stopfmaterialien und Packmaterialien sind oft F.

Bei der Untersuchung dieser vielseitig verwendeten Gebrauchsartikel aus Faserstoffen muß vor allem darauf geachtet werden, daß bei der Untersuchung die Gesamtheit der Faserstoffe erfaßt wird. Schon Bindfäden bestehen oft aus zweierlei Faserstoffen, z. B. Baumwolle und Leinenfasern. Also vor allem bei zweifach, vierfach und mehrfach gedrehten Fäden, Stricken, Seilen und Tauen muß darauf geachtet werden, daß beim Aufdrehen des Fadens usw. alle seine Teile, also der Gesamtquerschnitt erfaßt wird.

Man wird ein Seilstück zuvor in die einzelnen Abteilungen zerlegen, jedes dieser Teilseile wieder für sich in die Fasern, aus denen es gesponnen ist. Diese Teilstücke werden dann für sich mikroskopisch untersucht.

Gleich vorsichtig muß bei Geweben, Stoffen vorgegangen werden. Nicht selten sind Kette und Schuß aus verschiedenen Faserstoffen hergestellt, so daß man Kette und Schuß für sich untersucht. Bei komplizierteren Gewebearten ist darauf Rücksicht zu nehmen, daß tatsächlich alle Elemente, aus denen ein Gewebe hergestellt ist, auch erfaßt werden.

Hat man den Faden oder das Gewebe in seine einzelnen Bestandteile zerlegt, so wird man sie einzeln untersuchen. Die aus dem Gewebe herausgelösten Fäden werden auf dem Objektträger mit Präpariernadeln zerzupft und dann trocken oder in Wasser mikroskopiert. Sind die einzelnen Elementarfasern, aus denen die Seilerwaren oder die Gewebe bestehen, dick, so können von diesen technischen Fasern Querschnitte hergestellt werden. Außerdem kann man sie zerschülfern, was meist schon durch Reiben mit der Deckglaskante oder Schaben mit einem scharfen Skalpell gelingt. Dadurch gelingt es, einzelne Zellen oder Zellpartien aus der technischen Faser herauszulösen, die dann bei der Untersuchung Aufschluß über die vorliegenden F. geben.

Nicht anzuraten ist die Maceration mit chemischen Mitteln. Dabei pflegen die Faserzellen stark zu quellen und in ihrer charakteristischen Form soweit verändert zu werden, daß ihre Bestimmung und Einordnung zu einer bestimmten Stammpflanze auf Schwierigkeiten stößt.

Die so vorbereiteten Präparate untersucht man in Wasser. Außerdem ist es zweckmäßig, sich bei vegetabilischen Faserstoffen davon zu überzeugen, ob die Faser verholzt ist oder nur aus Cellulosen besteht. Man wird hierzu Präparate anfertigen, bei denen als Einschlußmittel Phloroglucin-Salzsäure (Phloroglucin in Alkohol gelöst und mit starker Salzsäure versetzt) verwendet wird. Alle verholzten Elemente färben sich je nach dem Grad der Verholzung rosa bis kirschrot. Nicht verholzte Fasern bleiben farblos. Cellulosefasern färbt man mit Jod und Schwefelsäure oder Chlorzinkjodlösung, wodurch sie blau bis violett werden.

Auch auf die Zellinhaltsstoffe ist bei Untersuchung der F. zu achten. Sie geben oft die Möglichkeit, ähnliche Faserzellen der richtigen Stammpflanze zuzuordnen.

Die verschiedenen F. in einen Bestimmungsschlüssel zusammenzufassen, der mit einiger Sicherheit zur richtigen Diagnose führen würde, scheint unmöglich. Es sei denn, es werden so viele Merkmale bei den einzelnen Fasern verwendet, daß jede Übersichtlichkeit verlorengeht. Ich ziehe es deshalb vor, die wichtigen F. nacheinander zu behandeln und die unwichtigen, seltener auftauchenden kurz gefaßt am Schluß des Aufsatzes zu bringen. Als Anhang zu den Faserstoffen sollen die Polster- und Stopfmaterialien besprochen werden.

*Spinnfasern. Baumwolle* (= B.). Die B. ist heute wohl der wichtigste vegetabilische Faserstoffen, sie ist die meist versponnene Faser überhaupt.

Die B. besteht aus den losgelösten Samenhaaren von verschiedenen Arten der Gattung „Baumwolle" (Gossypium). Die meisten der heute angebauten Baumwollsorten zeigen im Haarkleid ihrer Samen neben der eigentlichen Spinnfaser, der *Langfaser*, dem *Fließ*, *Lint* oder *Lintwolle*, auch noch *Kurzfasern*, die *Grundwolle*, die *Linters* oder *Virgofasern*, welche in der Watte-, Kunstseiden- und Papierindustrie verwendet werden.

Die B. ist ein *dickwandiges, einzelliges* Haar, dessen

größte Breite kurz hinter der Mitte liegt. Die Faser hat nur *ein* natürliches Ende, die Spitze. Der Fuß des Haares ist bei der Egrinierung, bei der Entsamung abgerissen worden, so daß das untere Ende der Faser eine Abrißstelle zeigt. Die Spitze des Baumwollhaares ist besonders dickwandig und in der Regel kegelförmig. Aber auch breitabgerundete, kolben- oder spatelförmige Haarenden kommen vor. Sogar in ein und derselben Sorte können verschieden ausgebildete Spitzen vorhanden sein. Nur bei der auch in Deutschland ab und zu verwendeten Caranovica-Baumwolle löst sich beim Entsamen auch der Fuß des Haares aus der Samenschale, so daß in diesem Falle auch das untere Ende der Faser seinen natürlichen kegelförmigen, verholzten Fuß hat.

Bei der Untersuchung von Geweben und Gespinsten aus Baumwolle für gerichtliche Zwecke ist es oft von Bedeutung nachzuweisen, ob z. B. ein Gewebestreifen, der zur Strangulierung verwendet worden ist, von einem Wäschestück stammen kann oder nicht. Dabei genügt es bei einem soviel gebrauchten Spinnstoff, wie es die Baumwolle ist, nicht nachzuweisen, daß beide Teile aus Baumwolle bestehen. Es ist auch nötig, den Nachweis zu versuchen, daß die beiden Gewebe auch übereinstimmen oder nicht übereinstimmen in den Baumwollsorten, aus denen sie versponnen wurden. Dieser mühsame Nachweis ist in manchen Fällen möglich, wenn die einzelnen Fasern genau auf ihre Eigenschaften geprüft werden und Sorten-Übereinstimmung oder Sortenverschiedenheit sich herausstellt.

Neben der schon besprochenen Ausbildung der Spitze des Baumwollhaares sind auch *Länge* und *Breite* des Haares wichtigste Kennzeichen der Sorte.

Man spricht bei der Länge der B. von „*Stapellänge*" und unterscheidet *langstapelige* (4 cm lang und darüber), *mittelstapelige* (über 2 cm) und *kurzstapelige* (unter 2 cm) Baumwollen. Maßgebend für die Stapellänge sind immer die längsten Fasern der betreffenden Probe. Auch von einzelnen Samen sind die Haare von verschiedener Länge, sie sind an der Spitze des Samens am kürzesten, an der Basis am längsten (Abb. 1 b). Die Stapellänge schwankt bei den verschiedenen Baumwollen etwa zwischen 1,2 u. 6 cm. Auch die *Breite*, vor allem die maximale Breite der Fasern ist ein wichtiges Sortenmerkmal. Davon ist auch die Feinheit des Gespinstes abhängig. Die

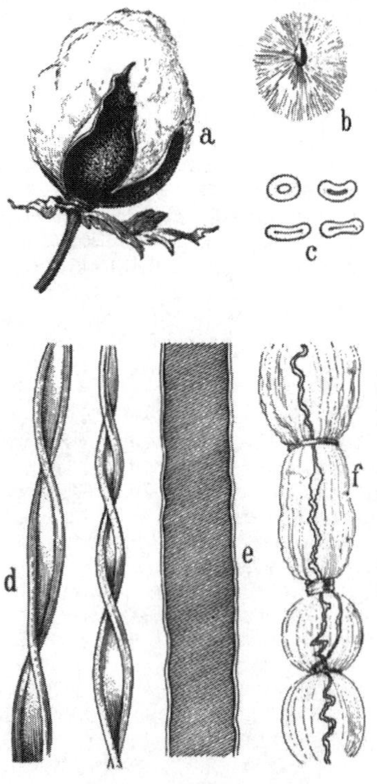

Abb. 1. Baumwolle. *a* aufgesprungene Kapsel von Gossypium herbaceum, *b* Baumwollsamen, *c* Querschnitt durch das Baumwollhaar, *d* Baumwollhaar in der Längsansicht, *e* tote Baumwolle, *f* Faser in Kupferoxydammoniak.

maximalen Breiten schwanken zwischen 11,9 und 42 $\mu$. Die Durchschnittsbreite ist gewöhnlich 18 bis 28 $\mu$.

*Struktur der B.* Die Baumwollzelle hat eine für ein Haar außergewöhnliche Wanddicke, sie beträgt $\frac{1}{3}$—$\frac{2}{3}$ des Haardurchmessers. An der B.zelle ist Wand und Lumen zu unterscheiden. Das Lumen ist mit Luft gefüllt. Die äußerste Schicht der Wand ist ein zartes Häutchen, die Cuticula. Die Struktur dieser Cuticula bedingt die Oberflächenbeschaffenheit der B., sie ist auch ein Sortenmerkmal. Sie kann glatt sein oder ihre Oberfläche weist eine spiralstreifige, auch körnige oder ästig verzweigte Zeichnung auf. An ein und demselben Haar können einzelne Abschnitte verschiedene Ausbildung aufweisen. Von der Oberflächenbeschaffenheit ist das Aussehen, der *Glanz* der B. abhängig. Fasern mit glatter Cuticula sind mehr oder minder stark glänzend, solche mit rauher Cuticula matt.

Der innersten Wandschicht liegt der sog. Innenschlauch an, der aus Resten des Protoplasmas besteht (Abb. 1f). Das Haar ist in der Regel *nicht* zylindrisch, sondern flach, bandförmig zusammengedrückt, was Querschnitte, wie in Abb. 1c dargestellt, ergeben. Manche Sorten, wie z. B. *Gossypium brasiliense* zeichnen sich durch Haare aus, die auf lange Strecken walzenförmig bleiben. Die dicke Zellwand ist aus verschiedenen Schichten aufgebaut, die beim Ausreifen der B. und beim Austrocknen verschieden schwinden. Dadurch ist das *Werfen* der B. bedingt, das zu den charakteristischen *korkzieherartigen Drehungen* führt (Abb. 1d). Die Drehungsrichtung wechselt oft an ein und demselben Haar.

Bei der mikroskopischen Untersuchung fällt fast in jeder Probe das eine oder andere Haar auf, das *nicht gedreht* ist und durch eine auffallend dünne Zellwand ausgezeichnet ist. Ganz besonders häufig sind die dünnwandigen Haare bei entarteten und minderwertigen Baumwollen. Unter diesen fehlerhaft ausgebildeten Baumwollfasern lassen sich zwei Typen unterscheiden, nämlich die *tote* und die *unreife* B.

Die *tote* B. (Abb. 1e) hat eine hauchdünne, 0,5—0,6 $\mu$ breite Wand. Die Wandflächen liegen aufeinander, so daß das Lumen verschwindet. Die Breite der toten B. ist auffallend groß gegenüber den normalen Fasern. Sie enthält fast keine protoplasmatischen Reste und stellt ein vorzeitig abgestorbenes pathologisches Produkt dar.

Die *unreife* B. ist in der Entwicklung stecken geblieben, nicht ausgereift, hat eine etwas dickere, 1 $\mu$ und darüber breite Wand und reichlich Protoplasma. Die Haarbreite ist dieselbe wie bei der normalen Faser.

Die Wand der B. besteht mit Ausnahme der Cuticula, die Cutin enthält, aus Cellulose, sie ist völlig unverholzt, so daß Jod und Schwefelsäure eine Blaufärbung herbeiführen, während mit dem Holzreagens Phloroglucin-Salzsäure *keine* Rotfärbung auftritt. Bringt man B. in Kupferoxydammoniak, so tritt schnelle Aufdrehung, also Geradestreckung des Haares unter Verkürzung ein. Die Cuticula wird von den stark quellenden Celluloseschichten der Wand zerrissen oder schiebt sich kragenförmig zusammen. Dazwischen kugeln sich die Cellulosebäuche unter ständigem Weiterquellen ab, so daß das Haar ein perlschnurartiges Aussehen bekommt. Der Innenschlauch mit den Protoplasmaresten krümmt sich meist wurmförmig (Abb. 1f). Allmählich geht die ganze Cellulose in Lösung, es bleiben nur die Cuticula und die Reste des Innenschlauchs übrig.

Oft wird B. in Form von Garnen oder Geweben in gespanntem Zustand für kurze Zeit der Einwirkung von starken Alkalien ausgesetzt und schnell weiter gewaschen. Dadurch erhält man bei Garnen und Geweben einen schönen seidigen Glanz, ein besseres Färbevermögen, krachenden Griff und größere Festigkeit. Es ist die *mercerisierte* B., die auch als Seidenbaumwolle, Natronbaumwolle bezeichnet wird. In diesem Falle ist die korkzieherartige Drehung und die Bandartigkeit der Einzelfaser verlorengegangen. Das Baumwollhaar ist stabartig und gerade geworden.

*Flachsfaser, Leinfaser.* Neben B. gehört Flachs, Lein, auch Haar, Linsen genannt mit dem Hanf zu den wichtigsten Gespinstfasern. Die Flachsfasern sind die aus dem Rindengewebe des Stengels des Leins (Linum usitatissumum L.) herausgelösten und voneinander getrennten Bastfaserbündel (Abb. 2b). Die technische Faser schwankt in ihrer Länge

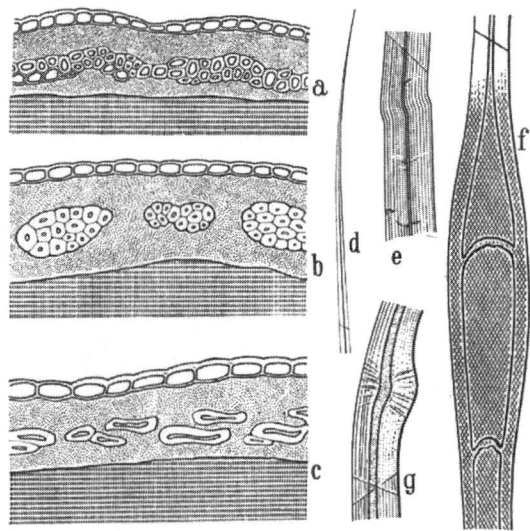

Abb. 2 *a, b, c.* Querschnitte durch den Flachsstengel in verschiedenen Höhen, *a* unterhalb der Frucht, *b* in der Stengelmitte, *c* im Stengelfuß, *d* Faserzellenspitze, *e* Faserzelle mit Bruchlinie, Verschiebung und Parenchymresten, *f* Faserzelle aus dem Stengelgrund mit Ausbauchung und Querlamellen, *g* Faserzelle mit Knotenbildung.

von 0,2—1,5 m, meist ist sie etwa 0,8 m lang. Je nach der Aufbereitung ist sie mehr oder minder breit. Gehechelter Flachs kann eine Breite von 42—620 $\mu$ aufweisen. Auch die Farbe der Faser kann verschieden sein, einmal nach der Art der Gewinnung, andererseits nach der Weiterbehandlung bis zum fertigen Gespinst oder Gewebe. Die besten Flächse sind lichtblond, Tauröstflächse grau. Unvollständig geröstete, also minderwertige Fasern sind grünlich durch den Chlorophyllgehalt von anhaftendem Parenchym. Schlammgerösteter Flachs ist dunkel. Die meisten Flächse, ob blond oder grau, haben einen schönen, ruhigen Seidenglanz. Nur minderwertige, durch anhaftende Parenchymfetzen rauhe Flächse sind mehr oder minder glanzlos.

Flachs, der zu Zwirnen, Nähfaden oder Geweben für Bett-, Tisch-, Leibwäsche u. ä. verarbeitet wird, ist weiß, denn entweder bleicht man die Faser vor der Verarbeitung, oder es wird das fertige Gespinst bzw. das Gewebe gebleicht. Auf künstlich gefärbtes Leinengewebe trifft man verhältnismäßig selten, da die Leinenfaser nicht leicht färbbar ist.

Mikroskopisch ist die Leinenfaser durch folgende Merkmale charakterisiert: Die Faser besteht im Querschnitt (Abb. 2b) immer aus mehreren (10 bis 40) Zellen, die dicht zusammenliegen, polygonal im Umriß sind und ein kleines, meist punktförmiges Lumen aufweisen. In der Längsansicht zeigen sich die einzelnen Faserzellen meist ohne weitere Behandlung, wenn von der Faserprobe ein Wasserpräparat gemacht wird. Sollten sich an dem zu untersuchen-

den Material keine wenigstens z. T. losgelösten Faserzellen finden, so genügen in der Regel einige leichte Striche mit der Deckglaskante über die Faser, um sie soweit aufzuschilfern, daß einzelne Faserzellen auf weite Strecken für sich verfolgt werden können. Die Flachsfaserzelle ist 25—30 mm lang und im Mittel 15—21 $\mu$ breit. Sie zeigt ein *enges, strichförmiges Lumen* und eine mehr oder minder deutliche Streifung. Quer oder schräg über die Zellen verlaufen Linien, die als Bruchlinien bezeichnet werden. Sie sind Folgen der Bearbeitung (Abb. 2e). Oft rühren sie von den anhaftenden Parenchymzellenresten her. Häufig ist die Faserzelle an einer Stelle bauchig aufgetrieben (Knotenbildung). Durch die starke Beanspruchung bei der Verarbeitung sind die Verdickungsschichten der Zellwand auseinandergebrochen und ausgebogen worden (Abb. 2g). Auch die „Verschiebungen" sind nachträgliche, auf die mechanische Beanspruchung zurückzuführende Veränderungen. Die Faserzelle ändert auf ganz kurze Entfernung ihren Verlauf, so daß die Zellteile oberhalb und unterhalb der Verschiebung etwas gegeneinander verschoben erscheinen (Abb. 2e).

Oft läßt die Faser eine sehr feine und sehr steile Spiralstreifung erkennen. Sie ist besonders an den Fasern aus dem unteren Stengelteil deutlich. Hier finden sich auch manchmal Ausweitungen und Ausbauchungen in den Faserzellen, in denen Querlamellen, Querwände ausgespannt sein können (Kappenbildung), so daß die Faser scheinbar mehrzellig wird (Abb. 2f). Diese Querwände sind verholzt. Im Verlauf des strichförmigen Lumens finden sich manchmal kleine kugelförmige Erweiterungen, welche Protoplasmareste führen (Protoplasmaknötchen). Wenn hier ein Zellinhalt vorhanden ist, so führt er Stärke.

Die natürlichen Enden der Faserzellen sind sehr lang, spitzpyramidenförmig oder spitzkegelförmig (Abb. 2d).

Die gute Flachsfaser ist unverholzt, gibt also keine Phloroglucin-Salzsäure-Reaktion. Nur minderwertige Flächse färben sich manchmal etwas rosa. Chlorzink-Jod färbt sie blauviolett. In Kupferoxydammoniak löst sich die Flachsfaser unter starker Quellung. Im ersten Augenblick wird die Streifung deutlicher. Die äußeren Zellwandschichten sind widerstandsfähiger als die inneren, wodurch oft blasenförmige Auftreibungen beim Lösungsprozeß entstehen können. Ungelöst bleibt der Protoplasmaschlauch.

*Hanffaser.* Die Hanffaser ist die Stengelfaser von *Cannabis sativa* L. Die technische Hanffaser ist gewöhnlich länger als die Flachsfaser, sie mißt etwa 1—2 m (3 m). Die Breite hängt sehr wesentlich ab vom Grad des Aufschließens des Hanfstrohs und seiner weiteren Verarbeitung.

Reinhanf ist immer größer als Reinflachs, wenn auch sehr schöne Hanfsorten der Feinheit des Flachses nahekommen. Beste Hanfsorten sind hellblond, ins Weißliche gehend oder hellgrau. Grünliche Sorten, mattgelbe und dunkle Sorten sind weniger geschätzt. Guter Hanf hat starken seidigen Glanz.

Mikroskop. Eigenschaften: Durch die Hanffaser können leicht Querschnitte aus freier Hand mit einem Rasiermesser gemacht werden. Der *Querschnitt* durch die technische Faser (Abb. 3a) zeigt auch bei den besten Hanfsorten zwischen den Faserzellen vereinzelte dünnwandige Parenchymzellen. Die Bastfaserzellen sind rundlichpolygonal, nicht scharfkantig wie beim Flachs. Auch kleine Intercellularräume finden sich zwischen den Bastzellen. Schon ohne jede Färbung zeigen alle Zellen eine besondere, schmale Umrahmung, die beim Färben mit Jod und Schwefelsäure noch deutlicher, nämlich gelb erscheint. Es ist die Mittellamelle

13*

mit der primären Membran. Die nach innen folgende sekundäre Membran ist deutlich konzentrisch geschichtet. Das Lumen ist breit, nach einer Richtung in der Regel zusammengedrückt, oft ästig und verzweigt ausgebildet.

In der *Längsansicht* hat die Bastfaserzelle ein mehr oder minder weites, oft unregelmäßiges und undeutlich begrenztes Lumen, aber nur, wenn die Faser auf der Breitseite liegt. Die Grenzen der Verdickungsschichten täuschen eine Längsstreifung vor. Die natürlichen Enden der Faserzellen sind stumpf, oft abgerundet, selten gegabelt (Abb. 3b). Die Faserzellen sind 5—55 mm, meist 15—25 mm lang und 12—18 μ breit. Verschiebungen, Querbrüche sind an der Faser häufig.

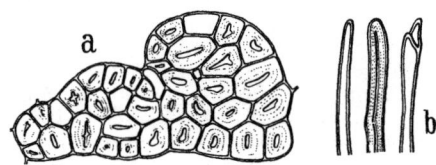

Abb. 3. Hanf. *a* Querschnitt durch die Faser, *b* Faserenden.

Auch beste Hanfsorten sind verholzt und färben sich mit Phloroglucin-Salzsäure rosa bis kirschrot. In Kupferoxydammoniak quillt die Faser stark, vor allem die sekundären Membranen, die sich allmählich lösen. Mittellamelle und primäre Membran bleiben ungelöst, werden aber von den quellenden Verdickungsschichten zerrissen, so daß sie entweder als kragenartige Ringe die gequollene Faser umgeben oder als vielfach quergefaltete Bänder sich ablösen. Der Innenschlauch mit den Protoplasmaresten bleibt als hin- und hergewundener Faden an Stelle des Lumens zurück.

*Jute.* Neben Baumwolle ist die aus den Stengeln von *Corchorus*-Arten stammende Jute wohl die meist-gebrauchte vegetabilische Faser. Vor allem ist *C. capsularis* L., daneben in beschränktem Maße *C. olitorius* L. die Stammpflanze der Jute. Die nur in den Tropen und Subtropen gewonnene technische Faser ist gewöhnlich 1,5—2,5, selten bis 4,5 m lang. Die Breite kann zwischen 30 und 140 μ schwanken, meist ist sie etwa 80 μ.

Die besten Juten sind weiß mit einem Stich ins Gelbliche oder Silbergraue. Mindere Sorten sind gelblich, bräunlich oder rotbraun. Der untere Teil der Faser ist wesentlich dunkler als die übrige Faser. Die meisten Jutesorten dunkeln mit der Zeit stark nach, vor allem in feuchter Luft und im Licht, sie werden dunkelbraun, schokoladefarbig. Mit dem Nachdunkeln geht eine stärkere Verholzung und damit ein Festigkeitsabfall Hand in Hand.

Alle Juten haben einen deutlichen, spiegelnd seidigen Glanz, was sie von Hanf und Flachs unterscheidet. Jute hat einen eigentümlichen, aber nicht so intensiven Geruch wie Hanf. Oft werden die Jutefasern vor dem Verspinnen und Verweben mit Robbentran, Petroleum u. ä. behandelt, um ihre Spinnfähigkeit zu erhöhen. Solche Jutegewebe haben oft einen widerlichen Geruch. Die Faser ist hygroskopisch und kann in wasserdampfgesättigter Luft bis 39 % Wasser aufnehmen.

Die Rohfaser besteht nur aus Bastfasern, anhaftende Parenchymzellen sind *sehr selten*. Die einzelne Bastfaserzelle ist 0,8—3, meist 2 mm lang und 16—21 μ breit. Im Querschnitt durch die technische Faser zeigen die Bastfaserzellen polygonalen Umriß. Der Zusammenschluß der Zellquerschnitte im Bündel ist *lückenlos* (Abb. 4a). Die gemeinsamen Mittellamellen und primären Membranen sind *deutlich sichtbar*. Die Lumina sind sehr verschieden weit. Einzelne Tüpfelkanäle sind sichtbar. Die isolierte Bastfaserzelle zeigt in der Längsansicht sehr verschieden ausgestaltete Enden, die meist abgerundet oder spitz abgerundet und entweder dünn-

*Unterscheidung zwischen Flachsfaser und Hanffaser.*

| | Flachs | Hanf |
|---|---|---|
| Längsansicht mit Chlorzinkjod | Wandung rotviolett. Scharf abgesetztes schmales Lumen. In fast jeder Faser gelbe fadenförmige Inhaltsreste | Wandung schmutzig-violett, manchmal grünlich. Lumen meist breit, häufig undeutlich begrenzt. Inhaltsreste seltener gelb, dann körnig oder brockig. |
| Faserenden | Langausgezogen, scharf zugespitzt | meist abgerundet. |
| Querschnitt im Chlorzinkjod | rotviolett, nur einzelne Zellen gelb umrandet oder gelb. Inhaltsreste als gelber Punkt im Lumen der Zelle | alle Zellen deutlich gelb umrandet. Inhaltsreste selten gelb, dann brockig. |
| Zellumriß im Querschnitt | scharfeckig - polygonal, Lumen klein, punktförmig | rundliche, unregelmäßige Querschnitte, breitere unregelmäßige Lumen, Wandung deutlich konzentrisch geschichtet. |
| In Kupferoxydammoniak | Rasche Quellung und Lösung, wenig Rückstände. Mittellamelle und Primärlamellen hinterlassen nur wenig Reste | Langsame Quellung, viele Rückstände. An der Faseroberfläche erscheinen höchst charakteristische quergefaltete, ziehharmonikaartige Reste. |
| Protoplasma-Knötchen | in einzelnen Zellen immer nachzuweisen | fehlen. |
| Oberhautfragmente als Leitelemente | Oberhaut besteht aus langgestreckten Zellen, viele Spaltöffnungen (3000 je qcm), keine Haare. Rindenparenchym kristallfrei | Oberhaut kleinere Zellen, sehr wenig Spaltöffnungen (etwa 12 je qcm), kegelförmige, etwas gekrümmte, mit Warzen besetzte Haare oder deren runde Ansatzstellen von radiär angeordneten Zellen umgeben. Im Rindenparenchym Kristalle. |

oder dickwandig sein können (Abb. 4b). Im Längsverlauf zeigen die Faserzellen eine *sehr stark wechselnde Dicke der Wand*. Die Wandverdickung kann so weit gehen, daß sich die linke und rechte Wand direkt berühren, so daß die Faser scheinbar zweizellig wird. Das Lumen weist dadurch eine *sehr unregelmäßige Begrenzung* auf (Abb. 4c). MechanischeBeschädigungen, Verschiebungen u. ä. *fehlen* der Jutefaser fast ganz. Jute ist *stark verholzt*, färbt sich also mit Phloroglucin-Salzsäure deutlich rot.

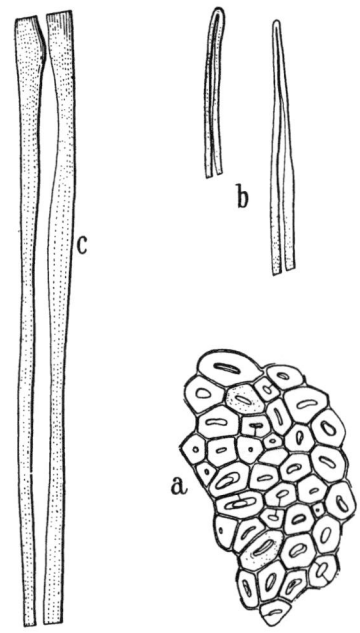

Abb. 4. Jute. *a* Querschnitt durch die Faser, *b* Enden der Faserzellen, *c* Längsverlauf der Faserzelle.

*Gambohanf, Java-Jute, Bimli-Jute.* Die Faser der einjährigen Malvacee *Hibiscus cannabinus* ähnelt in ihren Eigenschaften der echten Jute, also der Corchorus-Jute. Auch die Verwendung der F. ist annähernd dieselbe. Bimli-Jute ist weiß bis gelblich - weiß und färbt sich mit der Zeit kaum. Ihr Glanz ist so schön oder noch schöner als jener der echten Jute.

Die 1,8—3 m, selten 4,5 m lange technische Faser besteht fast nur aus Bastfaserzellen von 1 bis 5 mm Länge (meist 2—2,2 mm) und einer Breite von 10,5—30 μ. Das Lumen erscheint meist etwas größer als bei der echten Jute. Im Längsverlauf sieht die Bimlifaserzelle genau so aus wie jene der Jute. Die Zellenden zeigen öfters Verkrümmungen, Andeutungen von Verästelungen, selten auch kleine abgesetzte Buckel an der Spitze, wohl das einzige morphologische Merkmal, an dem Bimlijute und Jute auseinandergehalten werden können. Einzelne Fasern zeigen selten schief stehende, spaltenförmige „Poren".

Die Verholzung der Faser ist in der Regel geringer als jene der echten Jute und erreicht etwa den Grad von gutem Hanf. In Phloroglucin-Salzsäurelösung färbt sie sich schwach violett. In Kupferoxydammoniak lösen sich die Bastzellen unter starker Aufquellung bis auf den Innenschlauch, der als strukturloser gewundener Sack zurückbleibt. Dabei tritt oft Kräuselung und Drehung auf.

Die Charakteristica gelten auch für die in Europa fast nie auftretenden Fasern aus anderen *Hibiscus*-Arten wie z. B. für den *Roxcellahanf* (Rozellahamp) von *H. sabdariffa* L.

*Abelmoschusfaser.* Aus den Stengeln von *Hibiscus tetraphyllus* Roxb. wird eine bis 70 cm lange, flachsgelbe bis gelbbraune Faser abgeschieden, die an feuchter Luft schnell nachdunkelt und an Festigkeit einbüßt. Sie wird im Handel oft für *Jute* untergeschoben, ist aber minderwertiger. Die Abelmoschusfaser führt neben Bastfaserzellen, welche jenen von *Jute* und *Bimlijute* sehr ähnlich sehen, Reihen von *Bastparenchymzellen*, die der Jute fehlen. Diese prismatischen Bastparenchymzellen enthalten je

einen *Kristall* von *Calciumoxalat*, der die ganze Zelle ausfüllt. Diese Kristalle können ihrer Form nach auch reichlich in der Asche der Faser gefunden werden.

*Araminafaser, Urenafaser, Framina-Carrapichofaser.* Die Malvacee *Urena lobata* L. liefert eine Faser, die in gut aufbereitetem Zustand weißlich, glänzend, geschmeidig und fein ist. Sie ähnelt der Jute, Bimlijute und der Abelmoschusfaser. Sie wird vor allem auf Madagaskar u. Brasilien kultiviert, wo sie als Juteersatz für Kaffeesäcke eine Rolle spielt. Die Faser findet sich auch im europäischen Handel. Von den drei obenerwähnten Fasern unterscheidet sie sich durch die *auffallend breite Mittellamelle* zwischen den Bastfaserzellen, die sich mit Jod und Schwefelsäure *dunkler* als die übrige Zellwand färbt. Von der Jute ist sie außerdem noch durch den Gehalt an Kristallen von Calciumoxalat unterschieden. Die Kristalle sind dieselben wie bei der Abelmoschusfaser.

*Sunn, Sun, San, Bengalischer Hanf, Shanapun.* Die Stengel von *Crotolaria juncea* L. liefern ein Fasermaterial, das aus bis über 1 m langen und 20—350 μ breiten Einzelfasern besteht. Die meist mehr bandartigen Fasern sind blaßgelblich, lebhaft glänzend, biegsam und meist verwirrt, so daß dieser Spinnstoff ein mehr wergartiges Aussehen hat.

Sunn ist mikroskopisch gut charakterisiert. Die Faser besteht aus *Bastfaserzellen und Parenchymzellen*. Die Bastfaserzellen sind gewöhnlich 4,5 bis 7 mm lang und 20—50 μ breit. Sie erreichen also die Durchschnittsbreite der Boehmeriafaser. Die Zellenden sind immer stumpf, auch die kegelförmig zugespitzten Enden sind halbkugelig abgerundet. Die Zellwand an den Zellenden ist stark verdickt. Im Längsverlauf an der Zelle beträgt die Wanddicke nur $^1/_9$—$^1/_3$ der Zellbreite. Die Zellwand ist deutlich in eine Außen- und Innenschicht gegliedert. Tüpfel sind vorhanden. Die dünnwandigen Parenchymzellen sind etwa 33 μ lang und 22 μ breit. Als „Leitelemente" finden sich manchmal Epidermisfetzen des Stengels, die durch zahlreiche einzellige, lange, scharf zugespitzte, ziemlich dickwandige Deckhaare ausgezeichnet sind.

*Ramie, Chinagras, Boehmeriafaser.* Die *weiße* oder *chinesische Nessel* (*Boehmeria nivea forma chinensis* Hooker et Arnott) und die *grüne Nessel*, *grüne Ramie* (*B. nivea forma indica* Hooker et Arnott) sind die aus dem Osten Asiens kommenden Stammpflanzen der als Ramie oder Chinagras bezeichneten Stengelfasern. Die *Rohfaser*, in Europa mit „Strippen" oder „lanières" bezeichnet, ist der mehr oder minder weit in seine faserigen Bestandteile zerlegte Bast des Stengels. Die Faser ist bandartig, weißlich bis lichtbraun, oft durch das Chlorophyll anhaftender Parenchymzellen grünstichig. Die Strippen sind außerordentlich fest, zäh und elastisch, so daß ihre Tragfähigkeit 2—3mal so groß ist wie jene von gutem russischen Hanf.

Die *Spinnfaser*, auch Extrazug, kotonisierte Ramie genannt, besteht aus einzelnen oder kleinen Gruppen von Bastfaserzellen, die meist blendend weiß sind und stark seidig glänzen. Nur mindere Sorten sind gelblich und mehr glanzlos.

Mikroskopie: Die Ramiefaserzelle ist durch eine fast unglaubliche Länge ausgezeichnet. Sie kann bis 26 cm, meist aber 12—15 cm messen. Die maximale Breite schwankt zwischen 40 und 80 μ, meist ist sie 50 μ breit. Schon die Zellausmaße sind sehr charakteristisch. Im Querschnitt sind die Faserzellen polygnal abgerundet, oft einseitig abgeplattet. Die dicke Zellwand ist deutlich geschichtet (Abb. 5a). Vereinzelte Tüpfelkanäle sind sichtbar. Im Längsverlauf zeigt die Faserzelle langausgezogene und breit abgerundete Enden. Die Faserzellen des Extrazuges zeigen starke Spuren mechanischer Einwirkung, wie Verschiebungen, Querbrüche, Längsrisse in der Zellwand (Abb. 5b). Oft blättern ganze Zellwandschichten bandförmig von der übrigen Zelle los.

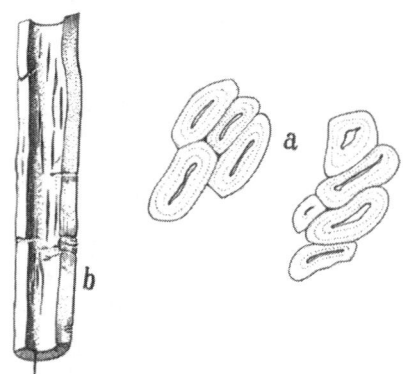

Abb. 5. Ramie. *a* Querschnitt durch die Faser, *b* Faserzelle im Längsschnitt.

Die Zellwand ist *unverholzt*, besteht aus reiner Cellulose. Im Zellumen findet · sich oft entweder granulierte oder verkleisterte Stärke. In Kupferoxydammoniak quillt die Faser stark unter Verkürzung, ohne sich ganz zu lösen.

*Brennesselfaser.* Die „zweihäusige Brennessel" (*Urtica dioeca* L.) liefert eine gute Stengelfaser. Die technische Faser ist, wenn gut gehechelt, schwach seidig glänzend, hellgraubraun oder graugrün, kann aber gebleicht werden. Sie ist weich und geschmeidig. Die einzelne Bastfaserzelle, die weitlumiger als jene des Flachses ist, wird 23—56 mm, meist 46 mm lang und im Mittel 36 μ breit. Die Enden sind meist lang, sehr fein, zugespitzt. Daneben kommen aber auch flache, ebene, abgerundete, sogar löffelförmig ausgestaltete Faserenden vor. Auffallend sind die vielen groben Verschiebungen an der technischen Faser, die auf mechanische Einflüsse bei der Fasergewinnung zurückzuführen sind. Die Faser ist unverholzt, fast reine Zellulose.

Neben den Faserzellen finden sich in der technischen Faser häufig andere „Leitelemente" wie chlorophyll- und calciumoxalatdrusenführende Parenchymzellen, Siebröhren, Collenchymreste, oft sogar Epidermisfetzen mit Spaltöffnungen und Haaren. Sind diese Beimengungen zahlreich, so ist die Faser glanzlos und rauh.

*Agavefasern, Sisal, Pite, Pit, Kantala, Henequen.* Alle *Hartfasern*, welche von Blättern verschiedener Agavearten stammen, werden meist als *Sisal* bezeichnet. Die drei wichtigsten faserliefernden Agavearten sind *Agave sisalana* Perrine für *Sisal* im engeren Sinne, *A. fourcroydes* Lemoire für *Henequen*, *A. cantala* Roxb. für *Kantala. Zapupe, Tula, Ixtle* sind Bezeichnungen für Agavefasern anderer Herkunft, die geringe, meist nur lokale Bedeutung haben. *Agave americana* liefert in Spanien die „*Pita*", auf Sizilien die „*Zambara*"-Faser.

Sisal, eine der wichtigsten *Hartfasern*, hat eine Länge von 150—175 cm und eine Breite von 30 bis 400 μ. Die Breite der einzelnen Faser *nimmt* von unten nach oben *ab*, sie wird dünner. Viele Fasern sind *gespalten*. Sisal ist rein weiß oder gelblichweiß und stark glänzend und fest. Auch die schönsten und blendend weißen Fasern sind verholzt. Mikroskopisch sind die technischen Fasern entweder Bastfaserstränge, welche die Leitbündel begleiten, oder reine Bastbündel. Die einzelne Bastfaserzelle ist 1,5—4,4 mm lang und 17—28, meist 22—23 μ breit.

Das Lumen ist verhältnismäßig breit, die Zellenden sind abgerundet, spitz, oft breit, oft abgeschrägt (Abb. 6b).

*A. sisalana* und *A. fourcroydes* haben in bezug auf die Bastbelegung kollaterale Leitbündel, weshalb die Faser auch oft gespalten ist, so daß ihr Querschnitt halbmondförmig erscheint (Abb. 6a). *A. cantala* weist viele hemikonzentrische Bündel auf, so daß die Faser also eine Röhre darstellt, in der oft noch Gefäße gefunden werden können. Als „Leitelemente" findet man Parenchymzellen mit *großen stabförmigen Kristallen* von Calciumoxalat, die oft zerbrochen sind (Abb. 6c). Auch Epidermisfetzen mit tiefliegenden Spaltöffnungen können selten angetroffen werden. Alle Agavefasern färben sich mit Phloroglucin-Salzsäure deutlich rot.

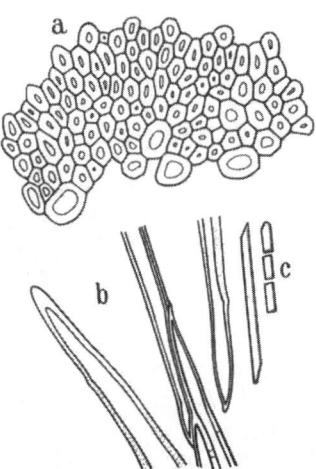

Abb. 6. Sisal. *a* Faserquerschnitt, *b* Enden der Faserzellen, *c* Einzelkristalle.

*Mauritiushanf.* Die mit den Agaven nahe verwandte *Fourcroya*, *F. gigantea* Vent., liefert die als Mauritiushanf gehandelte Hartfaser, welche aus den Blättern stammt.

Mauritiushanf ist eine lange weiße Hartfaser, die meist feiner und biegsamer als Sisal ist. Die technische Faser erreicht eine Länge bis zu 2 m und eine Breite bis zu 300 μ. Sie ist weniger geschätzt als Sisal, weil sie weniger fest ist.

Mauritiushanf ähnelt im mikroskopischen Bilde sehr der Sisalfaser, was bei der nahen Verwandtschaft der Stammpflanzen nicht verwundern kann. Es finden sich viele reine Bastbündel mit kreisförmigem Querschnitt. Daneben kommen viele hemikonzentrische Bündel vor, ähnlich jenen der Kantalafaser. Die einzelne Faserzelle hat eine maximale Breite von 30 μ. Die Zellwanddicke wechselt zwischen $1/3$ und $2/3$ vom Querdurchmesser der Zelle. Die Zellenden sind kurz zugespitzt. Vor allem die reinen Bastbündel sind oft von Parenchymresten begleitet, in denen sich zahlreiche große 60—120 μ lange und 6—10 μ breite stabförmige Einzelkristalle von Calciumoxalat finden, die oft zertrümmert sind. Die Faser ist verholzt, sie gibt mit Phloroglucin-Salzsäure eine hellrote Färbung.

*Aloefaser.* Aloefasern, die von verschiedenen Aloearten, vor allem *A. perfoliata* stammen, spielen im europäischen Handel keine Rolle. Alles was unter diesem Namen sich findet, ist eine andere Faser, entweder Sisal oder Mauritiushanf oder Sanseviariafaser.

Die tatsächliche Aloefaser ist eine weiße, weiche, geschmeidige, etwas glänzende, 20—40, höchstens 50 cm lange Faser, deren größte Breite zwischen 75 und 105 μ schwankt. Sie ist sehr gleichmäßig im Verlauf.

*Neuseeländischer Flachs, Phormiumfaser.* Die von *Phormium tenax* L. stammende feine und weiche Faser ist bis 1 m lang, meist rötlich-gelb, aber auch weißlich, wenn gebleicht, rein weiß.

Mikroskopie: Die Hauptmasse der Fasern bilden Faserbündel, an denen noch Leitbündelteile vor allem 15—30 μ breite Spiralgefäße gefunden werden können.

Die 2,7—6 mm langen und 8—19 (meist 13) $\mu$ breiten Bastfaserzellen haben im Querschnitt ein rundes bis eiförmiges Lumen. Die Wanddicke beträgt $\frac{1}{4}$—$\frac{1}{2}$ der Zellbreite. Die Zellenden sind beiderseits scharf zugespitzt. Die Zellbreite nimmt von der Mitte stetig nach beiden Enden zu ab. Irgendwelche Struktur der Zellwand kann nicht erkannt werden. Bei sehr unvollkommen gereinigtem Fasergut können Epidermisfetzen gefunden werden. Die Faser ist verholzt.

*Sansevieriafaser, Bogenhanf, Goni.* Die im europäischen Handel meist die irreführende Bezeichnung Aloefaser oder Aloehanf tragende Faser stammt von verschiedenen *Sansevieria*-Arten. Sie ist 80 cm bis 1 m, selten 1,40 m lang und verschieden breit. Sie ist weiß bis bräunlichweiß, mindere Sorten hellbraun.

Die Faserquerschnitte sind mikroskopisch sehr verschieden, runde oder ovale Querschnitte reiner Bastbündel kommen neben mehr oder minder halbmondförmigen Bastbelägen der Leitbündel vor. Im letzteren Falle finden sich oft auch die Gefäße des Leitbündels am Faserstrang, oft auch ein Hohlraum an Stelle des zerstörten Siebteils. Die einzelne Faserzelle ist 2—6 mm (meist 2—3 mm) lang und 18—36 (meist 25) $\mu$ breit. Die Wanddicke kann bis 9 $\mu$ messen. Alle Bastzellen sind mit schiefgestellten, schlitzförmigen Tüpfeln versehen. Die Zellen verjüngen sich nach oben und unten und besitzen mäßig spitze oder abgerundete Enden. Die Gefäße haben Ring- oder Spiralversteifungen, selten sind es Tüpfelgefäße. Als „Leitelemente" kommen Reste von Parenchymzellen des Blattfleisches in Frage, die auf ihren Wänden leistenförmige Verdickungen zeigen. Deckzellen, Stegmata fehlen dieser Faser. Sansevieriahanf ist verholzt.

*Manilahanf, Musafaser.* Manilahanf stammt fast ausschließlich von *Musa textilis* Nee. Im europäischen Handel kommen nur die gröberen und groben Sorten von Manilahanf vor. Die Länge wechselt sehr, je nach dem Grade der Feinheit. Grober Manilahanf ist bis 2,5 m lang, feiner 1—2 m. Die größte Breite der groben Fasern schwankt zwischen 100 und 280 $\mu$. Bei den feinsten Sorten kann die Dicke bis auf 15 $\mu$ sinken. Die Faser ist in ihrer ganzen Länge *gleichmäßig dick*. Die besten Sorten sind fast weiß, meist aber gelblich bis lichtbräunlich. Die Faser hat einen mehr oder minder deutlichen Seidenglanz und ist sehr hygroskopisch.

Die Faser besteht mikroskopisch aus im Querschnitt halbmondförmigen Bastbelägen der Leitbündel und aus reinen Bastbündeln. Oft sind auch die leitenden Elemente, Siebteil und Gefäßteil noch vorhanden. Die Bastfaserzellen sind 2—5 mm, meist etwa 3 mm lang und 10—46 $\mu$ breit. Sie sind lang zugespitzt. Die Wanddicke wechselt zwischen 2 und 7 $\mu$. Das Lumen ist deutlich und nicht unregelmäßig begrenzt. Auf den äußeren Faserzellen der Bündel sitzen oft Reihen von Deckzellen, *Stegmata*, welche Kieselkörper eingelagert haben. Die Stegmata sind beim Manilahanf nicht sehr zahlreich, so daß sie im mikroskopischen Präparat oft schwer nachzuweisen sind. In der Faserasche sind sie leichter nachzuweisen. Die Faser ist immer mehr oder minder verholzt.

*Cocosfaser, Coïr.* Die aus dem Fruchtfleisch der Frucht von *Cocos nucifera* L. herausgelösten Leitbündel bilden die vielverwendeten Cocosfasern. Sie haben eine Länge von 15—33 cm und eine Dicke von 50—500 $\mu$. Die Faser ist bräunlichrot, wenn gebleicht auch heller. Die Cocosfaser ist *in der Mitte am dicksten* und verjüngt sich nach beiden Seiten. An jeder längeren Faser kann man feststellen, daß sie einen *verzweigten* Strang darstellt. Die Faser ist mikroskopisch sehr gut charakteri-

siert. Die im Querschnitt elliptische oder rundliche Faser besteht aus einem Zylindermantel von 6 bis 14 Lagen von Sklerenchymzellen, welcher ein lufterfülltes Lumen umgibt, in dem sich noch Reste von Gefäßen erhalten haben können (Abb. 7). Die einzelne Faserzelle weist eine Länge von 380 bis 960 $\mu$ auf und eine Breite von 12—20, meist 16 $\mu$. Die Wand ist bis $\frac{1}{3}$ des Zelldurchmessers dick und deutlich getüpfelt. Die Zellenden sind zugespitzt

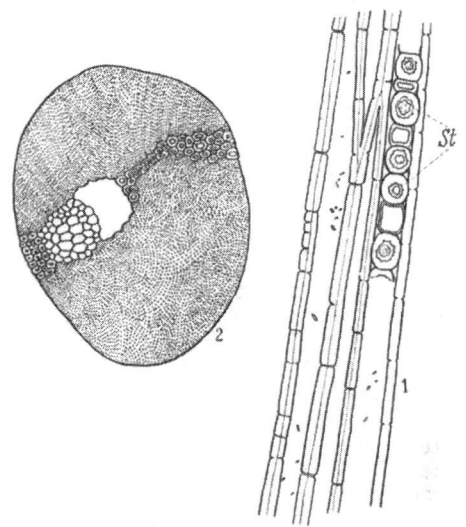

Abb. 7. Cocosfaser. *1* Faserlängsschnitt, *St* Deckzellen (Stegmata), *2* Faserquerschnitt, Sklerenchymzellen nur teilweise gezeichnet.

oder spitz abgerundet (Abb. 7, 1). Auf den äußersten Faserzellen der Cocosfaser sitzen zahlreiche Deckzellen, *Stegmata* (Abb. 7, 1, St), die wie Papillen ausgestattet und in Längsreihen angeordnet sind. Sie führen einen Kieselkörper. Verascht man die Cocosfaser, so besteht die Asche fast nur aus diesen Kieselkörpern der Stegmata.

Weniger gebrauchte Faserstoffe:

*Hopfenfaser.* Aus dem Stengel von *Humulus lupulus* L. lassen sich kräftige grobe Faserbündel von 20—25 cm Länge abscheiden, die für sich allein oder mit anderen Fasern zu groben Garnen und Stricken versponnen werden können. Durch Kotonisieren können sie weiter in 20—30 mm lange, weiche mehr wollige Fasern zerlegt werden, die auch zusammen mit Kunstwolle versponnen werden können. Die Einzelfaserzelle hat eine Länge von 7,5 bis 12,8 mm und eine Breite von 21—28 $\mu$. Vielfach haften der technischen Faser ungegliederte *Milchsaftschläuche* mit dunkelbraunem Inhalt an. Auch Calciumoxalatkristalle finden sich als „Leitelemente". Bei groben Fasern können Korkreste und die bekannten zweiarmigen verkieselten Klimmhaare gefunden werden.

*Weidenfaser.* Aus den Rinden der *Korbweiden* (*Salix*-Arten) können Weidenfasern gewonnen werden, welche im ungebleichten Zustand hellbraun bis schwarzbraun sind. Sie bestehen aus Einzelfasern von ± 1 mm Länge und 11—18 $\mu$ Breite. Sie haben eine deutlich konzentrisch geschichtete Wand. Mittellamelle und Primärlamellen sind stark verholzt, die Sekundärlamellen dagegen schwach. Das Lumen ist im Querschnitt punkt-, in der Längsansicht strichförmig. Die Bastfaserwand ist getüpfelt. Als „Leitelement" haften oft lange Reihen von Zellen an den Bastbündeln, welche Calciumoxalatkristalle enthalten.

*Torffaser.* Aus Torf, vor allem *Eriophorum*-Torf kann eine Faser gewonnen werden, die je nach dem Herstellungsverfahren graubraun, hellbraun oder braun sein kann und 2—120, meist 40—60 mm lang ist. Die Breite schwankt zwischen 10 und 100 $\mu$. Die Festigkeit ist gering, sie ist schwer brennbar, sie glimmt nur ohne Flamme. Sie besteht in der Hauptsache aus den Leitbündeln und Bastfaserbündeln der Blattscheiden des Wollgrases, meist von *Eriophorum vaginatum*. Auch Teile der Besenheide (*Calluna vulgaris*) und der Rosmarinheide (*Andromeda polyfolia*) und Stämmchen von Torfmoosen (*Sphagnum*) finden sich. Sphagnumblättchen (Abb. 8, 1, 2) können als Leitelemente fast immer gefunden werden. Die einzelnen Bastfaserzellen sind gelbbraun und verholzt. Die ungebleichte Faser ist durch die Reaktion auf Huminsubstanzen kenntlich (kochen mit konzentrierter Sodalösung, Fällen der Huminsubstanzen als voluminösen, flockigen, rotbraunen Niederschlag durch Salzsäure im Filtrat).

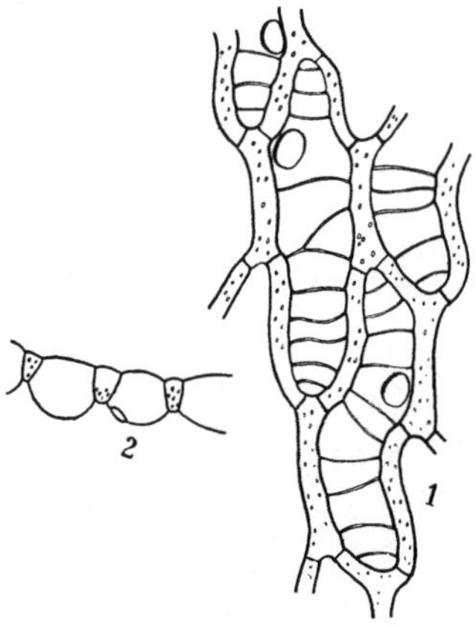

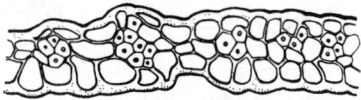

Abb. 8. Sphagnumblatt.
1 Sphagnumblatt in der Fläche, 2 im Querschnitt.

Auch die Stopf- und Polstermaterialien treten hin und wieder in der kriminalistischen Praxis dem Untersucher entgegen, sei es nun als Polster, Knebel oder Packmaterial usw.

*Stopf- und Polstermaterial* siehe auch Piassaven im Unterabschnitt „Bürsten- und Pinselfasern".

*Seegras. Zostera marina* L. und andere Potamogetonaceen bilden das Seegras, auch Wasserriemen genannt, das wichtigste einheimische Polstermaterial. Der Hauptbestandteil, dem das Seegras seine Geeignetheit als Polstermaterial verdankt, sind die geschmeidigen, biegsamen und elastischen Blätter, welche grasartig, linealisch, oft bis 1 m lang werden. Das Blatt ist ganzrandig und parallelnervig mit drei bis sieben Nerven. Die Epidermis ist mit einer festen dicken Außenwand ausgestattet. Unter der Epidermis sind gleichmäßig verteilt sehr biegungs- und zug-

Abb. 9. Seegras. Blattquerschnitt.

feste Bastfaserbündel, welche das ganze Blatt der Länge nach durchziehen (Abb. 9). Die dickwandigen Zellen sind *unverholzt*, wodurch sich das Seegras von allen der Landflora entstammenden Ersatzpflanzen unterscheidet.

*Waldwolle*. Ein Stopfmaterial, das in Deutschland schon seit langem verwendet wird, jetzt aber wieder erhöhte Bedeutung gewonnen hat, ist die sog. „Waldwolle". Sie wird durch Zerschleißen der Nadeln von der gemeinen Kiefer (*Pinus silvestris* L.) fabrikmäßig hergestellt. In Verbindung mit anderen Fasern kann sie auch versponnen und verwebt werden.

Mikroskopisch ist sie gut charakterisiert und von ähnlichem Stopf- und Polstermaterial sicher zu unterscheiden.

Sehr charakteristisch ist das Flächenbild der Epidermis (Abb. 10). Es ist zweckmäßig, das Präparat in *Wasser* zu betten, da die Verdickungsschichten in Aufhellungsmitteln zu sehr quellen und ihre Struktur verlieren. Alle Epidermiszellen zeigen eine sehr deutliche, ohne jede Färbung sichtbare Zweiteilung der Wand. Die Mittellamelle und die Primärlamellen sind gegen die weniger verholzten Sekundärschichten deutlich abgegrenzt. Die Zellwände selbst sind sehr dick, so daß das Zellumen auf weite Strecken oft fast strichförmig erscheint. Die Sekundärlamellen sind von zahlreichen, nach allen Richtungen streichenden Tüpfelkanälen durchsetzt. Man kann an der Epidermis untereinander abwechselnd Längsstreifen unterscheiden,

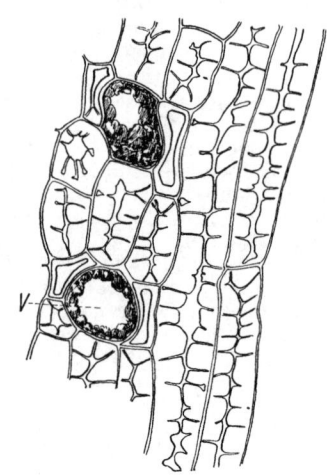

Abb. 10. Waldwolle. Epidermis in der Flächenansicht.

einmal die Streifen, in denen sich in Reihen angeordnet die Spaltöffnungen finden. Von letzteren sind meist nur die Vorhöfe (Abb. 10, V) deutlich erkennbar, welche besonders dadurch auffallen, daß sie meist einen Kranz von dunklen Fremdkörpern, wie Schmutz, Staub, Harz führen. Die Epidermiszellen in diesem Streifen sind wenig in der Längsrichtung gestreckt. Die nebengelagerten spaltöffnungslosen Streifen bestehen aus stark in die Länge gezogenen Zellen (Abb. 10, rechts). Der Querschnitt zeigt unter der dickwandigen Epidermis ein Hypoderm. Außerdem trifft man Harzgänge, welche von einem Mantel von dickwandigen Sklerenchymfasern umgeben sind. Innerhalb des Sklerenchymmantels sind oft die Epithelzellen des Harzganges als dünnwandige Zellen mit dunkelbraunem Inhalt zu sehen. Die Zellen des Mesophylls zeigen die Ausbildung von „Armpalisadenzellen", d. h. die Wände derselben lassen Leisten in das Zellumen vorspringen.

*Waldgras, Alpengras, Waldhaar*. Der getrocknete Laubsproß von *Carex brizoides* L. bildet ein in letzter Zeit viel gebrauchtes Stopf- und Polstermaterial, das zu Stricken gedreht häufig unter dem irreführenden Namen „Seegras" in den Handel kommt. Der *dreikantige* Sproß, welcher 25 bis 50 cm, selten 1 m hoch werden kann, trägt sehr lange, spitz endende, nur 1,5—3 mm breite Blätter. Sie fühlen sich *rauh* und *scharf* an. Die Elastizität, Geschmeidigkeit und Festigkeit des echten Seegrases fehlen den Blättern, denn beim Austrocknen der Blätter entstehen zwischen den parallel angeordneten Leitbündeln Zer-

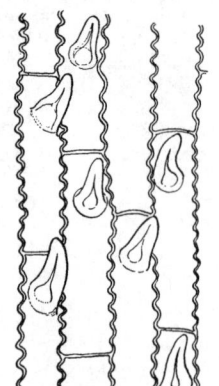

Abb. 11. Waldgras.

reißungsräume. Die Festigkeit des Waldgrases beruht allein auf den Sklerenchymscheiden der Leitbündel, welche verholzt und deshalb spröde sind. Die Epidermis ist stark verkieselt. Die Rauheit der Blätter wird einmal hervorgerufen durch *Zähne* links und rechts am Blattrand, anderseits sind streifenweise auch die Epidermiszellen in *kurze Haare, Papillen* ausgezogen, die im Flächenschnitt des Blattes leicht erkannt werden können (Abb. 11). Die typischen mantelförmigen Gramineenspaltöffnungen sind in Längsstreifen angeordnet.

*Crin d'Afrique, Afrik, vegetabilisches Roßhaar.* Die zerschlitzten und getrockneten Blätter der Palme *Chamaerops humilis* L. bilden dieses Polstermaterial. Die Fasern sind 20—30 cm lange und zwei und mehr mm breite graugrüne Streifen, unter denen sich oft auch einzelne farblose oder weißglänzende befinden.

Von den Fasern lassen sich leicht Querschnitte herstellen, an denen die Erkennung verhältnismäßig leicht ist. Sowohl die obere wie die untere Epidermis hat eine sehr dicke Außenwand. Auch die Radialwände der Epidermiszellen sind stark. Unter der Epidermis findet sich eine zweite Zellschicht in lükkenlosem Verband, ein Hypoderm. Nach dem Blattinneren zu folgen nun sowohl auf der Ober- wie auf der Unterseite durch regelmäßige Abstände voneinander getrennt die weißglänzenden Querschnitte von Bastbündeln, welche die Blattfiedern der Länge nach durchziehen. Die einzelnen verholzten Bastfaser-

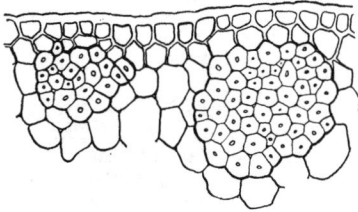

Abb. 12. Crin d'Afrique. Faserquerschnitt mit 2 Bastbündeln.

zellen zeigen ein punktförmiges Lumen. Die Bastbündel sind durch chlorophyllführende Parenchymzellen voneinander getrennt (Abb. 12). Die Querschnitte der parallel angeordneten, geschlossenen, kollateralen Leitbündel zeigen mächtige Sklerenchymscheiden.

*Tillandsiafaser, vegetabilisches Roßhaar, Baumhaar, Louisianamoos.* Die epiphytisch auf Bäumen lebende Bromeliacee *Tillandsia usneoides* L. gibt die Tillandsiafaser. Sie kommt in *zwei Sorten* im Handel vor, einmal als *ungeschälte Tillandsiafaser*, die aus den von den Blättern befreiten und zerkleinerten Stengeln mit ihren Seitensprossen besteht. Die ungeschälte Faser ist etwa 0,3—0,5 mm dick und hat eine graue oder weißlichgrüne Oberfläche, die durch die etwas abstehenden silberweißen *Bromeliaceensaugschuppen*, die mit freiem Auge kenntlich sind, *rauh* erscheint.

Die *geschälte* oder *gereinigte Tillandsiafaser* besteht aus dem zentralen festen Kern, einem *massiven Zylinder*, welcher aus enggefügten, dickwandigen, getüpfelten Bastfaserzellen gebildet wird, in dem *acht Leitbündelchen regelmäßig verteilt* sind. Die äußeren Lagen der Bastfaserzellen sind dunkelbraun, nach innen werden die Wände heller. Die Bastfaserzellen sind sehr kurz, meist 0,2—0,8 mm, selten 3 mm lang. Die geschälte Handelsfaser hat niemals ihre natürlichen Enden. Sie ist sehr gleichmäßig dick, 120—210 μ, meist 150—180 μ und bräunlich bis schwärzlich. Immer kann an der Tillandsiafaser eine *Verzweigung*, also Seitensproßbildung nachgewiesen werden, was sie auf den ersten Blick vom echten Roßhaar unterscheidet, wenn sie auch gekrempeltem Roßhaar ähnlich sieht. Da dunkle Fasern bevorzugt werden, schwärzt man sie oft künstlich.

*Kapok, Pflanzendunen, Ceibawolle.* Die Fruchthaare des Kapokbaumes (*Eriodendron anfractuosum* D. C. = *Ceiba pentandra*) bilden das Polstermaterial

„Kapok". Mit freiem Auge unterscheidet sich Kapok von Baumwolle dadurch, daß bei der Betrachtung von Kapokflocken eine Lockenbildung auffällt, wie wenn sie mit der Brennschere hergestellt worden wäre. Kapok besteht immer aus einzelligen Haaren (sehr selten sieht man eine Querwand), die 1—3 cm lang, mehr oder minder gerade oder leicht wellig, aber nie korkzieherartig gedreht sind. Das obere Ende ist spitz (Abb. 13, 1), die ganze Zelle schlank kegelförmig. Auch das Fußende zeigt oft in der Aufsicht keine Öffnung, denn die Ansatzstelle (Abb. 13, 2, A) des Haares ist seitlich verschoben. Die Wanddicke ist sehr gering, schwankt um 1,3 μ. Die Haarbreite mißt gewöhnlich 20—29 μ. Die Zellwand ist schwach verholzt und färbt sich in Phloroglucin - Salzsäure nach einiger Zeit blaß-rotviolett. Das beste mikroskopische Merkmal dieser Faser ist in den *netzförmigen Verdickungen* der *Wand* an der *Haarbasis* zu erblicken (Abb. 13, 2). Im übrigen ist die Faser meist strukturlos. Die Wand zeigt eine deutliche Cuticula. Das weite Lumen ist mit Luft gefüllt. Die Faser ist nie rein weiß, sie hat immer einen mehr oder minder deutlichen Stich ins Gelbliche oder Bräunliche. Sie glänzt schön seidig.

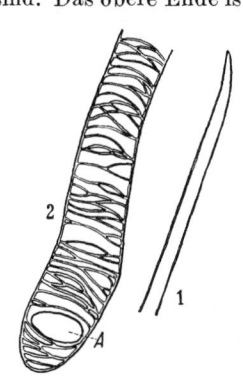

Abb. 13. Kapok. *1* Spitze, *2* Fuß des Haares, A Ansatzstelle an der Fruchtwand.

*Flechtstoffe. Lindenbast.* Der aus der Rinde von *Tilia ulmifolia* Scop. und *Tilia platyphyllos* Scop. stammende Lindenbast kommt in Streifen von 1—2,5 m Länge und 2—6 cm Breite in den Handel. Die jüngsten, also innersten Bastschichten sind feiner, heller, oft fast weiß, meist aber schwach gelblich gefärbt, die den älteren Bastschichten entsprechenden gröberen Streifen sind gelb bis bräunlich, ja sogar dunkelbraun. Das Gefüge des Lindenbastes ist ein *lockeres*. Schon mit freiem Auge sieht man zahlreiche kleine strich- oder linsenförmige Hohlräume, Löcher, welche bis mehrere Millimeter lang sein können. Es sind die Stellen, an denen die Markstrahlen den Hartbast durchsetzen. Dieses lockere Gefüge unterscheidet den Lindenbast auf den ersten Blick vom Raffiabast.

Im mikroskopischen Bild zeigt sich Lindenbast von der Fläche als ein Netzwerk von Bastfaserbündeln mit linsenförmigen Hohlräumen. Nicht selten sind die Bastfasern begleitet von Parenchymresten, in denen man kurzprismatische Einzelkristalle bzw. Drusen von Calciumoxalat finden kann.

*Raffiabast*, besser *Raphiabast*. Raffiabast, aus den Blättern der Palme *Raphia ruffia* Mart. und anderer Raphiaarten stammend, ist heute der am meisten angewendete Bast. Er hat den Lindenbast aus den meisten Verwendungsgebieten verdrängt, so daß in allen Fällen, in denen normalerweise Bast zur Verwendung gelangt, in erster Linie an Raffiabast gedacht werden muß. Raffiabast besteht aus Streifen der Epidermis mit den darunter liegenden Bastfaserbündeln, die sich beim Abziehen leicht vom Mesophyll der Fiederblätter lösen, so daß der Bast gelblich bis gelb erscheint.

Es gibt zwei Sorten von Raffiabast, eine bessere *hellere* und eine *dunklere* Sorte. Der Bast ist bis zu 1,85 m lang und bandartig. Die bessere Sorte ist am Fuß bis 2,5 cm breit und zeigt sich auf lange Strecken flach ausgebreitet. Nur stellenweise, vor allem gegen das obere Ende zu, ist er zusammengerollt. Die Farbe ist weißlich mit einem Stich ins Gelbliche. Der Bast ist der Länge nach *leicht spaltbar*, wobei feine Fäden, die Bastbündel, oft bis 30 cm lang weggelöst werden können. Dieses Herauslösen von Bastbündeln ist ein gutes Unterscheidungsmittel gegenüber anderen Basten.

Die minderwertigere Sorte, der *dunkle Raphiabast*, ist genau so gebaut wie der helle, nur sind die Bänder von der Seite her viel stärker eingerollt. Raphiabast ist schwach verholzt.

Im mikroskopischen Bild ähnelt *Raphiabast* dem *Crin d'Afrique* (Abb. 12), nur daß zwischen den Bastbündeln die Parenchymbrücken meist herausgelöst sind.

*Rotang, Spanisches Rohr, Stuhlrohr, Rattan.* Der schlanke, sehr lange, verkieselte, von den äußeren parenchymatischen Schichten befreite Stamm von Klimmpalmen der Gattung *Calamus* ist Rotang. Der übrigbleibende, feste, nur aus *Sklerenchymfaserzellen* und *Leitbündeln* bestehende biegsame Zentralzylinder besteht in der Hauptsache aus dichtgefügten Bastfaserzellen, in welchen unregelmäßig verteilt sich geschlossene kollaterale Leitbündel finden.

*Korbflechterweiden, Stuhlweiden* siehe unter Weidenhölzer im Art.: Holz.

*Pandanusfaser.* Blätter und Blattstreifen von *Pandanus*-Arten (Schraubenpalmen) sind vielgebrauchte Flechtmaterialien in Holländisch-Indien und Polynesien. Nach Europa kommen Matten und vor allem Strohhüte.

Die Festigungselemente der Streifen bestehen in der Hauptsache aus Bastfaserzellen, die 1—4,2 mm lang und höchstens 20 μ breit sind. Sie sind sehr verschieden ausgestaltet, die Wände sind höchst ungleichmäßig dick, stellenweise dünn, stellenweise sehr dick. Die Begrenzung der Zellen in der Längsansicht ist sehr unregelmäßig. Neben den Sklerenchymfaserzellen finden sich *Netzgefäße* und ein kleinzelliges Parenchym, das *schief-prismatische Kristalle* von Calciumoxalat enthält.

*Bürsten- und Pinselfasern.* Siehe im Abschnitt „Spinnfasern" auch die Cocosfaser.

*Piassaven.* Unter *Piassaven* versteht man heute recht verschiedene F., sowohl ihrer Herkunft wie auch ihren Eigenschaften nach. Mit Piassaven sind nur jene Fasern zu bezeichnen, die aus Blattscheiden und Blattstielresten von Palmen stammen. Sie enthalten nur die Festigungselemente, das sind die Faserstränge mit oder ohne Leitbündel als dicke gelbe bis braune Fasern.

Es gibt zwei Hauptgruppen, die *Brasilianischen* Piassaven und die *Afrikanischen* Piassaven. Zu den brasilianischen zählen die *Bahia*-Piassaven von *Attalea funifera* Mart. stammend und die Para-P. von *Leopoldinia piassava* Watt.

Die Bahia-P. ist bis 1,83 m lang, *stielrund*, dann meist unter 1,5 mm dick oder *flachgedrückt*, dann bis 2 mm breit mit einem Querdurchmesser von 1 mm. Sie ist braun, hart, elastisch, aber nicht so stark wie Para-P.

Die Para-P. ist in der Regel *stark abgeplattet*, meist 0,8—2,5 mm, selten bis 3,5 mm breit, zimt- bis schokoladenbraun, steif, hart, sehr elastisch.

Im mikroskopischen Querschnittsbild unterscheiden sich die beiden brasilianischen P. sofort. Die Bahia-P. enthält *nur ein* Leitbündel, die Para-P. *mehrere* Leitbündel. Bei letzterer ist das Bastfasergewebe durch Parenchymlamellen *netzförmig* durchzogen.

An der Oberfläche beider Fasern finden sich sehr auffällige Deckzellen (Stegmata) mit morgensternförmigen Kieselkörpern.

*Afrikanische Piassaven.* Die Afrikanische P. stammt von *Raphia vinifera* P. B. und ist bis 60 cm lang, im Querschnitt abgeplattet und 1—3 mm breit,

strohgelb, hellbraun, rötlich bis zimtbraun. Sie ist im Vergleich zur brasilianischen P. sehr brüchig.

Die einzelne Faser besteht aus einem *einzigen Leitbündel* mit zwei mächtigen Bastbelägen, die in einer schmalen Zone *zusammenstoßen* oder hier durch *schmale* Parenchymbrücken unterbrochen sind. Oft reißen die beiden Bastauflagen an dieser Stelle auseinander, so daß man den großen Bastbelag mit den leitenden Elementen bekommt, und daneben findet sich dann der kleinere innere Bastbelag allein ohne Gefäße. Die Bastfaserzellen der Randpartien sind *sehr dickwandig* und kurz (0,5 mm), jene der inneren Lagen sind *weitlumiger* und *lang* (2,5 mm). Es finden sich dieselben Stegmaten wie bei der brasilianischen P.

Die *indische P., Bassine, Ind. Palmyra* von *Borassus flabelliformis* L. stammend, ist hell- oder dunkelbraun, *niemals rötlich*, im Querschnitt meist rundlich, bis über 1 mm dick, oft auf der Oberfläche der einen Seite rinnig. Auch hier liegt ein *einziges Leitbündel* vor mit *zwei* Bastbelägen, die aber durch eine *breitere* Parenchymbrücke voneinander getrennt sind.

Die *Caryota*-P. von *Caryota urens* L. ist auch als Kitul (Kitool) bekannt und ähnelt mehr der Tillandsiafaser durch ihr tiefschwarzes, roßschweifähnliches Aussehen. Sie unterscheidet sich von den vorbesprochenen P. durch ihre geringe, nur etwa 0,5 mm messende Dicke und ihre tiefschwarze Farbe. Anatomisch ist sie nach dem Typus der Raphia-P. aufgebaut, enthält also nur ein Leitbündel.

*Künstliche Fasern* (= K. F.). Ich vermeide den Ausdruck „*Kunstfaser*", weil damit häufig Fasern, natürliche Fasern, wie Wolle bezeichnet werden, welche schon einmal zu Gewebe verarbeitet waren und daraus wieder gewonnen wurden. Sie werden als Kunstwolle bezeichnet. Hier sollen unter K. F. jene Spinnfasern verstanden werden, welche aus den verschiedenen Rohstoffen durch chemische Prozesse gewonnen werden. Die weitaus wichtigsten K. F. sind die aus Holzcellulose gewonnenen „Kunstseiden" und jene K. F., welche aus Baumwollabfällen, Linters usw. hergestellt werden, wie z. B. die „*Bembergseide*". Denen gegenüber stehen jene K. F., welche in den letzten Jahren besondere Bedeutung erreicht haben und unter der Bezeichnung „*Zellwolle*" zusammengefaßt werden. Zu letzterer Gruppe gehört z. B. die „*Vistra-Faser*".

Diese Zweiteilung läßt sich auch im Aufbau ohne weiteres erkennen, auf alle Fälle bei der mikroskopischen Betrachtung. Die Kunstseiden bestehen entweder aus einem einzigen *endlosen* Faden, der direkt verwebt wird, oder es wird aus dünneren endlosen Einzelfäden durch Zusammendrehen der eigentliche Webfaden gewonnen. Von der Größe und der Form der Düsen, durch welche bei der Gewinnung die Faser gepreßt wird, hängt die Form des Kunstseidenfadens ab. Abb. 14, 3 zeigt einen vierkantigen Kunstseidenfaden aus einer Kravatte. Auf der Fläche sieht man deutlich einen oder zwei Längsstreifen, welche den Fadenkanten entsprechen. Manche Kunstseiden haben einen rundlichen oder elliptischen Querschnitt. Ihre Oberfläche ist in diesem Falle dann glatt von zufälligen Knötchen, kleinen Rissen, Unregelmäßigkeiten beim Festwerden abgesehen. Auch gibt es Kunstseiden, welche in der Längsansicht mehrere parallele Streifen aufweisen. Diese haben dann einen rundlichen Querschnitt, dessen Umfang gekerbt erscheint.

Alle K. F. sind *massiv*, haben im Gegensatz zu den vegetabilischen Fasern *kein Lumen*. Manchmal hat man auf kurze Strecken auch bei einzelnen Kunstseidenfasern, z. B. bei der Chardonnetseide, den Eindruck eines Kanals. Das ist aber bei genaueren Untersuchungen nur ein *Scheinkanal*, welcher von den umgeschlagenen Rändern der Faser herrührt. Der innere Aufbau der K. F. ist ein völlig *homogener*. Schichten, Tüpfelbildung, Verwerfungen, Verschiebungen u. ä. fehlen vollkommen.

Die zweite Gruppe der K.F., die „*Zellwollen*", unterscheiden sich von den Kunstseiden schon dadurch, daß sie keine endlosen Fäden darstellen, sondern auf die Stapellänge der Baumwolle bzw. Wolle geschnitten sind und dann wie Wolle und Baumwolle versponnen werden. Man hat es dabei also mit *Faserstücken* von 2—5 cm Länge zu tun. Die Breite dieser Fasern entspricht der Durchschnittsbreite der Baumwolle, also 20—25 μ. Bei den Zellwollen ist die Struktur des Baumwollhaares nachgeahmt. Sie sind also

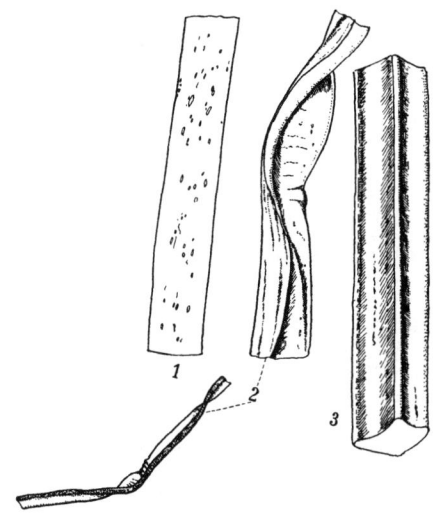

Abb. 14. Künstliche Fasern. *1, 2* Zellwolle (Vistra) in Luft (*2*), in Wasser (*1*); *3* Kunstseide.

*flache, bandförmige* Fasern, welche künstlich baumwollähnlich *gekräuselt* sind (Abb. 14, 2). Auch die Zellwolle ist *massiv ohne innere Struktur*. Die Kräuselung ist nur bei der Betrachtung in Luft deutlich zu sehen. In *Wasser* strecken sich die Fasern *gerade* (Abb. 14, 1). Sie zeigen auf der Oberfläche linsenartige, punkt- und strichförmige Zeichnungen, an den Stellen der Kräuselung auch Falten und Buchten.

*Tierische Fasern.* Da tierische Fasern einen sehr wesentlichen Bestandteil in allen möglichen Gespinsten und Geweben ausmachen, sollen auch sie besprochen werden. Vor allem sind es die *tierischen Haare* und die *Seide* und *seidenähnlichen Produkte*.

*Tierische Haare* (=T. H.) (Wolle) (vgl. d. Art.: Haare). T. H. unterscheiden sich von vegetabilischen Fasern schon leicht dadurch, daß sie beim Verbrennen einen eindringlichen unangenehmen Geruch verbreiten, während die vegetabilische Faser keinen charakteristischen Geruch aufweist. In Salpetersäure färben sich T. H. *gelb*, ebenso in kochender Pikrinsäure, konzentrierte Chromsäurelösung und Kalilauge lösen T. H. in der Hitze sofort, nicht dagegen kochende Salzsäure. Auch durch die *Molisch*sche Zuckerreaktion mit a-Naphthol können T. H. von vegetabilischen Fasern unterschieden werden in folgender Weise: Ungefähr 0,1 g der gut ausgekochten und mit viel Wasser abgespülten Faserprobe wird in einem Reagensglas mit etwa 1 ccm Wasser, sodann zwei Tropfen einer alkoholischen 15—20 %igen a-Naphthollösung versetzt und schließlich konzentrierte Schwefelsäure (soviel als Flüssigkeit vorhanden ist) hinzugefügt. Liegt eine Pflanzenfaser vor, so nimmt die Flüssigkeit beim Schütteln sofort eine tiefviolette Färbung an, wobei sich die Faser auflöst. Liegen T. H. vor, *so wird die Flüssigkeit gelb bis rötlich-braun*.

Bei T. H. unterscheidet man *Borsten, Stichelhaare, Grannenhaare* und *Wollhaare*.

Die technisch wertvollste und darum meist verwendete Haarart sind die Wollhaare. Die T. H. werden zweckmäßig in Wasser untersucht. Dabei ist zu berücksichtigen, daß bei ungewaschener Wolle das fetthaltige Hautsekret an den Wollhaaren haftet, oft in Form von Klumpen und dann die Benetzung der Haare verhindert. In diesen Fällen ist es zweckmäßig, das Untersuchungsmaterial vorher in Alkohol oder Äther oder Chloroform einzulegen, wodurch sie entfettet werden.

*Schafwolle* (= S. W.). Unter den T. H. ist am wichtigsten die S. W. Für kriminalistische Zwecke wird es in der Regel nicht genügen, festzustellen, daß in dem betreffenden Gewebe tatsächlich S. W. vorliegt. Es handelt sich meist um Identifizierung der Übereinstimmung von Stoffen usw. In diesen Fällen muß auch darauf geachtet werden, ob tatsächlich in beiden Fällen ein und dieselbe S.W.-Sorte vorliegt. Diese Feststellung ist bei der großen Variabilität der S. W. nicht immer ganz leicht. Im großen ganzen kann man drei Sortengruppen von S. W. unterscheiden, einmal die Wolle von *Edelschafen*, Wollschafen, die nur aus *Wollhaaren* besteht, dann die Wolle von *unveredelten Schafen*, welche neben *Wollhaaren* auch *Grannenhaare* hat, endlich das *Wollkleid* der *Leicester*- und *New-Leicesterschafe*, welches in der Hauptsache aus sehr feinen *Grannenhaaren* besteht, dem beliebten Rohstoff für Kammgarne.

Im mikroskopischen Bild erscheint das Wollhaar als ein 13—40 μ breiter Zylinder, über dem unregelmäßige mehr oder minder deutliche Querlinien verlaufen, welche stellenweise auch im Winkel aneinander grenzen. Diese Querlinien sind die Grenzen der äußersten Schicht des Haares, der Epidermis. Nach vorne sind sie etwas abstehend, so daß der Rand des Haares aufgerauht bis schwach gezähnt erscheint (Abb. 15, 2). Der Zentralzylinder des Wollhaares besteht aus der Faserschicht, welche eng aneinander gepreßt erscheint und die Längsstreifung des Haares hervorruft. Ein natürliches Ende mit stumpfer abgerundeter Spitze findet man bei den „Lammspitzen", also den Haaren von noch ungeschorenen Schaflämmern. Zur Charakteristik der

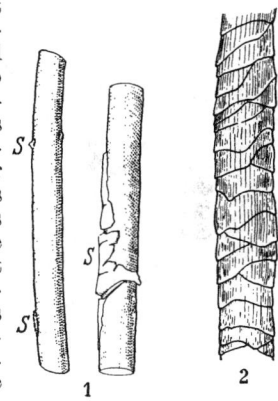

Abb. 15. *1* tierische, echte Seide, *2* Schafwolle.

Wollhaare kann auch die Höhe der Epidermiszellen herangezogen werden. Die durchschnittliche Höhe derselben ist bei ein und derselben Wollsorte ziemlich konstant. Bei Merinowolle z. B. werden durchschnittlich auf 100 μ Länge 11,4 Epidermiszellen gezählt (11,0—12,0), bei ordinärer S. W. im Mittel 10,5 (9,8 —10,9).

Auch der Querdurchmesser, die Breite und Dicke der Haare in den einzelnen Sorten ist sehr verschieden. Die feinsten Wollsorten haben einen Durchmesser von 15—17 μ, sehr gute Sorten 20—23 μ, die gröbsten 33—40 μ. Dabei ist aber zu bedenken, daß neuerdings in den Geweben Sortengemische vorliegen bzw. daß die in der Dicke nicht ausgeglichenen Haare der Landschafe verwendet werden. In fast allen Wollen können sog. *Schill-, Glanz-* oder *Hundshaare* gefunden werden, welche dadurch ausgezeichnet sind, daß die typischen Konturen der Epidermis nicht oder nur stellenweise deutlicher zu sehen sind, und außerdem auch die Streifung der Faserschicht mehr oder minder undeutlich oder sogar unsichtbar ist.

Manche Wollen ausländischer, vor allem südamerikanischer Herkunft sind oft stark mit den Hackenfrüchten von Weidepflanzen (Medicago) verunreinigt, welche aus dem Vließ sehr schwer zu entfernen sind. In diesen Wollen finden sich auch nach der Verarbeitung oft sogar zahlreich Reste dieser Früchte, vor allem die Faserzellen derselben, welche von dem Untersucher dann als zufällige Verunreinigungen der Wolle erkannt werden müssen.

Manchmal aber selten findet man Wollen, in deren Haaren plötzlich eine deutliche Verengung, Einschnürung, beobachtet werden kann. Diese schmale Stelle deutet eine Wachstumshemmung in der Entwicklung des Haares an, die auf Krankheit, ungünstige Ernährungsperioden der Tiere hindeutet. Solche „abgesetzte", „absätzige", „zweiwüchsige" oder „untreue" Haare sind gerade bei Identitätsbestimmungen von großem Wert.

Der zweite wichtige Bestandteil der S. W., besonders von Landwollen und ordinären S. W. sind die *Grannenhaare*. Sie sind mit ganz wenigen Ausnahmen immer aus drei Schichten aufgebaut, aus der Epidermis, der darunterliegenden Faserschicht und der *Markschicht*. Letztere bildet dann die Seele des Haares. Diese also die Längsachse des Haares bildende Markschicht besteht aus rundlichen oder mehr länglich-quadratischen Zellen, die in einer oder bis vier Reihen angeordnet sein können. Die Zellwände sind meist sehr dünn und undeutlich. Als Inhalt zeigen sich feinkörnige Massen, Luft und, wenn die Haare gefärbt sind, Farbstoffkörner. Meist ist das Mark ein durchlaufender Achsenzylinder, oft ist es unterbrochen und nur in Form von Markinseln vorhanden. Hat die Wolle eine natürliche Farbe, so tritt der Farbstoff in Körnchenform im Mark und der Faserschicht auf. Meist ist das Mark dünner als die Faserschicht, doch kann die Markschicht bis vier Fünftel des Haardurchmessers betragen. Die Epidermiszellen der Grannenhaare sind in der Regel viel weniger breit als das Haar, so daß ein unregelmäßig begrenztes Tafelnetz auf der Oberfläche des Haares entsteht.

*Ziegenwolle.* Das Haarkleid der *gemeinen Ziege*, der *Hausziege*, besteht hauptsächlich aus *Grannenhaaren*, welche meist die Haarwurzel noch besitzen. Das lange Ziegenhaar ändert in seinem Verlauf stark sein Aussehen. Die Ziegenhaare zeigen im weitaus größten Teil ihrer Länge ein *sehr dickes Mark* und eine *dünne* Faserschicht. Ein mittelstarkes Ziegenhaar ist über der $\frac{1}{3}$ mm langen Haarwurzel 70—90 $\mu$ dick. Das Mark beginnt am Grunde sehr dünn, um rasch dicker zu werden. Einige mm über der Basis beträgt die Markdicke schon 50 $\mu$. Der Haarquerschnitt ist rund. Die *Epidermis* besteht aus 15 $\mu$ hohen, querbreiten Schuppen, welche meist über die ganze Haarbreite sich erstrecken. Ihre Begrenzung ist *scharflinig, uneben wellig,* aber *nicht gezähnelt.* Nach oben wird das Mark dicker, wobei die Haardicke ebenfalls zunimmt, so daß es immer etwa $\frac{4}{5}$ der Haarbreite ausmacht. Die Markzellen sind *derbwandig, viel breiter als hoch.* Ihre größte Breite erreichen die Haare kurz vor der Spitze (130 $\mu$). Hier ist die Rindenschicht besonders schmal (6 $\mu$), der Markzylinder dagegen 6—10 reihig. Gegen die Spitze verdünnt sich das Mark rasch, wird einreihig, dann treten nur noch Markinseln auf, von etwa 40 $\mu$ Breite ab ist das Haar markfrei. An der lang ausgezogenen Spitze sind die Epidermisschuppen am Vorderrand angefressen, gezähnt und höher.

Bei allen Ziegenwollen kann für den größten, den mittleren Teil des Haares mit *5—7 Epidermisschuppen auf 100 $\mu$* gerechnet werden.

Ziegenflaum besteht aus dünnen (12 $\mu$ breiten) *Wollhaaren* mit etwa 12 Epidermisschuppen auf 100 $\mu$.

*Angoraziegenwolle* ist in bezug auf Feinheit und Güte sehr verschieden. Feine Sorten sind rein weiß, seidenglänzend, sehr lang, 12—54 $\mu$, meist 30—45 $\mu$ breit. Sie bestehen vornehmlich aus Wollhaaren neben Grannenhaaren mit engem Mark. In minderwertigeren Sorten, die meist braun gefärbt und zu Pelzen, Bettvorlagen u. ä. verarbeitet werden, finden sich gröbere Wollhaare mit deutlichen Längsspalten innerhalb der Faserzellenschicht und Grannenhaare mit breiterem Mark.

Als besondere Kennzeichen der Angorawolle sind die *feingezähnelten* Ränder der Epidermiszellen und ihre verhältnismäßig große Höhe anzusehen (6—8 auf 100 $\mu$).

Angorawolle findet sich in Kammgarntuchen, Halbseide, auch als Perückenfaser, für falsche Zöpfe usw.

*Kaschmirziegenwolle* ist lang und seidig, weiß gelblich oder braun und besteht fast nur aus sehr feinen, 7—8 cm langen und 13—20 $\mu$ dicken zylindrischen Wollhaaren. Dünne Grannenhaare sind selten. Der Rand der Epidermiszellen ist *fein gezähnelt*, 6—7 Epidermiszellen finden sich auf 100 $\mu$ Haarlänge. In der Faserschicht finden sich zahlreiche Längsspalten.

*Kuhhaare.* Die Kuhhaare bestehen in der Hauptsache aus groben 120—130 $\mu$ und feineren 65—80 $\mu$ dicken Grannenhaaren und in der Minderzahl markfreien Wollhaaren. Die groben Haare besitzen einen *sehr breiten einreihigen* Markzylinder mit *niederen,* deutlich abgesetzten Zellen. Oft treten im Mark lufterfüllte, darum schwarze Querspalten auf. Die dünne Faserschicht ist fein gestreift. Die Epidermiszellen sind *nieder,* ihre Ränder unregelmäßig fein gezähnelt. Die Haarspitzen sind markfrei und glatt ohne erkennbare Epidermis. Auf 100 $\mu$ Haarlänge kommen etwa 12 Epidermisschuppen.

*Kamelhaare.* Die Kamelwolle zeigt 16—25 $\mu$ dicke, also dünne Wollhaare, welche regelmäßig gekräuselt, weich, gelblich bis rötlichbraun sind. Die Streifung ist fein regelmäßig, oft sieht man Farbstoffkörnchen. Die Epidermisschuppen sind *hoch* (6—9 auf 100 $\mu$), ihr Rand ist *nicht gezähnelt,* er verläuft entweder schief über das Haar oder bildet eine einzige stumpfe Spitze aus. Die reichlich vorhandenen dunkelbraunen bis schwärzlichen Grannenhaare sind 40—110 $\mu$ breit, haben einen breiten Markzylinder, der einreihig ist. Die Markzellen haben deutliche *derbe Querwände,* sie sind breiter als hoch, in manchen findet man den Farbstoff oft als dunkelbraune bis schwärzliche Ballen. Die Epidermisschuppen sind dickrandig, daher ist an den Längsseiten der Haare eine zarte Sägung zu bemerken.

*Kunstwolle.* Kunstwolle sind Fasern, welche aus schon gebrauchten Wollstoffen, Wollumpen wiedergewonnen werden. Bei der Verarbeitung der Kunstwolle wird häufig noch unverarbeitete Schafwolle mitversponnen. Aber auch Naturschafwolle wird mit Kunstwolle (Shoddy) gestreckt.

Das sicherste Merkmal zur Erkennung der Shoddyfasern ist die Ausbildung der Enden. Da die Fasern durch Zerreißung von Garnen und Lumpen gewonnen werden, so müssen die Wollfäden in der Hauptsache nur *Rißenden* besitzen. Die Faserschicht löst sich an den Rißenden in die einzelnen Faserzellen auf, so daß das Ende *pinselartig* aufgefranst erscheint. Um Kunstwolle nachzuweisen, genügt es nicht, einzelne pinselartige Haarenden zu finden, sondern es müssen *viele kurze Haarstücke* sich finden, die an den Enden *pinselförmig zerfasert* sind. Außerdem muß die Wolle in bezug auf Dicke, Ausgestaltung der Epidermisschuppen auffällig uneinheitlich sein.

Da die meisten Lumpen, aus denen Kunstwolle hergestellt wird, verschiedenfarbig waren, so werden in Garnen, die Kunstwolle enthalten, vor allem im Inneren *verschiedenfarbige* kurze Wollhaarstücke sich finden. Ihre Eigenfarbe kann durch nachträgliche Färbung des Tuches überdeckt sein. Oft kann man durch Behandeln mit Salzsäure die Tuchfarbe entfernen und die Verschiedenfarbigkeit der Kunstwolle mehr oder weniger deutlich machen.

*Echte Seide, gemeine Seide* (= S.). S. kann in zwei Erscheinungsformen auftreten, als *Roh-S.*, *Kokon-S.* und als „*gekochte S.*". Die Roh-S. ist der vom Kokon abgehaspelte Faden, der zur Erhöhung der Festigkeit und Dicke zu 2—15 der Länge nach aneinandergeklebt wird, wodurch der Roh-S.-Faden entsteht. Der Einzelfaden der Roh-S. besteht also aus einem *endlosen Faden*, der wiederum aus zwei *Drüsenfäden* (Fibroinfäden) gebildet wird — dem hornartigen *Seidenfaserstoff* —, die ihrerseits durch den *Seidenleim*, das Sericin, miteinander verklebt sind. Der Seidenleim, der spröde, rissig, faltig die beiden Drüsenfäden umgibt, ist hyalin wie auch die stabförmigen homogenen strukturlosen eigentlichen S.-Fäden. Er umgibt oft als vielfach quergerissener faltiger wulstiger Schlauch die Fibroinfäden. Der ungeübte Beobachter muß sich davor hüten, die Leimhülle zusammen mit einem Fibroinfaden als Wand einer Faserzelle zu betrachten, um dann die Grenzlinie zwischen den beiden Fibroinfäden als strichförmiges Lumen zu halten. Der Kokonfaden erscheint also als ein *Doppelfaden* mit ziemlich parallelen Begrenzungslinien, der mit aufgelagerten Schollen, wulstartigen Massen oder mit faltig-rissigen Hüllen versehen ist.

Die *gekochte* S. ist ihrer Leimhülle beraubt, besteht also aus einzelnen freien strukturlosen Drüsenfäden, deren Oberfläche glatt und glänzend ist. Oft finden sich kleine Reste von Seidenleim auf der Oberfläche als Körnchen aufgeklebt (siehe Abb. 15, 1, S.), manchmal sind es auch Schollen (Abb. 15, 1, S. rechts).

Die Breite eines Fadens beträgt 10—21 $\mu$, meist 16 $\mu$.

In konzentrierter Schwefelsäure löst sich S. völlig.

*Schrifttum.*

*Gistl, R.* und *A. v. Nostiz*: Handelspflanzen. Stuttgart 1932. — *Gistl, R.*: Naturgesch. pflanzl. Rohstoffe. München 1938. — *Hanausek, P. F.*: Lehrbuch d. techn. Mikroskopie. Stuttgart 1900. — *Tobler, F.*: Faserpflanzen. München 1938. — *v. Wiesner, J.*: Rohstoffe des Pflanzenreichs. IV. Aufl. Leipzig 1927. **Gistl.**

**Faultote Frucht** siehe *Macerierte Frucht.*

**Federn.**

Neben Haaruntersuchungen können auch Federnfunde gelegentlich Gegenstand kriminalistischer Untersuchung werden, z. B. bei Verdacht auf Geflügeldiebstahl, Wilddieberei und evtl. bei Sachbeschädigung, nicht zuletzt auch in Fällen von Sodomie, wie *Haberda* — allerdings nur für einen einzigen Fall — berichtet. Die Seltenheit derartiger von Ermittlungsbehörden geforderter Federuntersuchungen geht auch daraus hervor, daß selbst dem bekannten Kriminalisten und Gerichtsmediziner *Kockel* nur zweimal eine diesbezügliche Frage vorgelegt wurde, davon die eine dahingehend, ob Federchen, die sich in einem Sack befanden, Hühner- oder Entenfedern seien. Bei dem Mangel einer diesbezüglichen gerichtsmedizinischen Literatur hat *Kockel* aus diesem Anlaß heraus den mikroskopischen Bau der Federn verschiedener Vogelarten näher untersucht und die Ergebnisse in einer mit zahlreichen instruktiven Lichtbildern geschmückten Arbeit 1909 veröffentlicht. Seither ist keine weitere Arbeit über dieses Thema erschienen, wenigstens nicht auf gerichtsmedizinischem Gebiet.

In der Regel wird es sich bei derartigen kriminalistischen Federuntersuchungen weniger um die großen Federn — Schwung- und Steuerfedern — handeln, deren makroskopisches Verhalten, d. h. Form, Farbe und Zeichnung, einem Zoologen, ja selbst schon für einen Jäger oder Geflügelkenner meist genügend Anhaltspunkte für die Bestimmung der Vogelart bietet, als vielmehr lediglich um kleine Daunenfederchen bzw. um Federfragmente, die unbemerkt an Kleidern oder in Säcken haften geblieben und mit freiem Auge als Federn meist gar nicht zu erkennen sind, deren Herkunft jedoch durch sachkundige Untersuchung mit einiger Sicherheit erwiesen werden kann. Gelegentlich dürfte ja auch schon die bloße Feststellung, daß es sich um einen Bestandteil einer Feder und nicht etwa um irgendeine pflanzliche Faser oder gar um ein Haar handelt, genügen. So konnte z. B. im Münchner Gerichtsmedizinischen Institut bei Sektionen Neugeborener in zwei Fällen im Schaum und Schleim der unteren Luftröhrenabschnitte neben einigen gefärbten Wollfasern auch je ein kleines Daunenfederchen mikroskopisch nachgewiesen werden, das letzten Endes wesentlich zur Klärung der Schuldfrage beitrug. In dem einen Falle gestand die Kindsmutter dann auf Vorhalt dieses Untersuchungsbefundes, sie habe ihr reifes und lebensfähiges Kind durch Einwickeln in einen baumwollenen Unterrock vorsätzlich erstickt, während im zweiten Falle die Angabe der Kindsmutter, sie habe ihr Kind unter der Bettdecke zwischen den Beinen liegen lassen, wodurch es durch ihre Fahrlässigkeit erstickte, nicht zu widerlegen war. Beide angeführten Fälle lassen die Notwendigkeit gründlicher mikroskopischer Untersuchung des Luftröhreninhalts neugeborener Kinder aufs Neue erkennen, insbesondere wenn eine sichere Todesursache durch die makroskopische Untersuchung allein — wie ja leider so häufig bei Neugeborenen — nicht erbracht werden kann.

Von allen Hautgebilden der Vögel weist das Gefieder, dessen Differenzierung aus ursprünglich einheitlich gebauten Elementen je nach der Erfüllung der später zu leistenden Aufgabe einsetzt, den kompliziertesten Bau auf, so daß an einem und demselben Vogel die größten Unterschiede in der Federgestaltung auftreten können. Demnach unterscheidet man am ausgewachsenen Vogel (nach *Stresemann*):

1. Schwung- und Steuerfedern, welche den Flug ermöglichen.

2. Deckfedern, die durch dachziegelartige Anordnung der Feuchtigkeit den Zutritt zur Haut verwehren und die Träger von Schmuckfarben sein können.

Zugleich mit den Flugfedern werden sie von *Klee* zusammen als Konturfedern bezeichnet. Sie sind es, die dem Vogel seine charakteristische Gestalt geben. Als besondere Eigenheit besitzen sie die noch zu schildernden Hackenstrahlen.

3. Pelzdunen (Dunen, Flaum). Sie treten gewöhnlich nicht mehr an die Oberfläche, sondern bilden, von den Konturfedern gedeckt, unter diesen eine, die Erhaltung der Eigenwärme fördernde Schicht. Sie sind entweder selbstständige büschelförmige Gebilde mit kurzem Schaft oder bilden kleine Büschel an der Basis des Schaftes der Konturfedern.

4. Puderdunen, welche einen talkartigen, die Deckfedern überpudernden Staub erzeugen.

5. Pinselfedern, welche das ölige Sekret der Bürzeldrüse aufsaugen.

6. Borstenartige Federn, die im Dienste des Tastsinnes stehen oder als Augenwimpern das Sehorgan schützen, und

7. Fadenfedern, über deren Funktion noch nichts bekannt ist. Es sind kleine Federchen, welche sich in größerer oder geringerer Anzahl — zwischen ein bis zehn — im engsten Umkreis einer Konturfeder oder Pelzdune finden und mit ihr eine Federgruppe

bilden. Ihr Bau ist ein höchst einfacher: Ein dünner Schaft trägt am oberen Ende eine kleine Fahne oder bleibt auch völlig fahnenlos.

Kriminalistisch und gerichtsmedizinisch dürften wohl nur Konturfedern und Dunen zur Begutachtung in Frage kommen, während die übrigen oben genannten Federarten wohl kaum jemals Gegenstand einer Untersuchung abgeben dürften.

Gleich wie die Haare bestehen alle Schichten der fertigen Feder aus Hornsubstanz und enthalten kein lebendes Zellmaterial mehr. Auch entwicklungsgeschichtlich besteht eine große Übereinstimmung mit den Haaren. Die Haut beginnt sich infolge stärkerer Vermehrung der Epidermis- und Coriumzellen zu einem flachen Hügel zu erheben, dessen Ränder sich allmählich zu einem Ringgraben einsenken. Dabei entsteht eine rasch in die Höhe wachsende Papille, die von einer strukturlosen Membran überzogen wird. Gleichzeitig beginnt sich als erste Andeutung einer späteren Gliederung der Feder die Masse der Intermediärzellen und Zylinderzellen zur Bildung von Epithelleisten anzuordnen, aus denen die Anlage der Äste und Strahlen (siehe später) hervorgeht. Durch Tiefersenken in die Haut entwickelt sich die Spule, die oft tief im Federbalg steckt und einen annähernd runden Querschnitt aufweist, während derjenige des Schaftes eine mehr oder wenig viereckige Gestalt besitzt.

Die Methodik der Federuntersuchung ist nach *Kockel* einfach: Die Federn werden kurz in heißem Seifenwasser ausgeschüttelt, dann gewaschen und einige Minuten in Karbolfuchsin gefärbt. Nach kurzer Entwässerung in absolutem Alkohol erfolgt Aufhellung in Xylol und Einschluß in Canadabalsam. Eine allzustarke Entfärbung läßt sich bei möglichster Abkürzung der Alkoholbehandlung verhüten. Die Färbung der Federn wird hauptsächlich zur besseren photographischen Wiedergabe vorgenommen, sonst genügt auch der ungefärbte Einschluß meist völlig. *Straßmann* hat zur Unterscheidung von Fasern und Federn eine besondere Behandlung und Färbung vorgeschlagen, die aber nach den noch zu schildernden charakteristischen Eigenheiten der Federn zur Differenzialdiagnose wohl kaum nötig sein dürfte.

An einer wohl entwickelten Konturfeder (Schwung- und Steuerfeder) unterscheidet man einen *Kiel* (*Mascha*), auch Schaft genannt, der die übrigen als *Federfahne* zusammengefaßten Teile trägt. In

Abb. 1. Teil einer Konturfeder vom Auerhahn.

seinem proximalen Abschnitt (der Spule) ist er hohl und unbefiedert, distal dagegen ist er mit kugeligen, luftgefüllten Markzellen völlig ausgefüllt. Er dient den im spitzen Winkel abgehenden sekundären Kielen (den sog. *Ästen* nach *Nitzsch* und *Gadow*) zum Ansatz, von denen ihrerseits wiederum feinste Fiederchen abgehen, die als *Strahlen* bezeichnet werden. Letztere zeigen verschiedenen Bau, je nach-

dem sie im proximalen oder distalen Teil entnommen sind. Während die Strahlen des Fahnengrundes — also gegen die Spule zu — wie typische Dunenstrahlen (siehe später) gebildet sind, ist die Struktur der oberen Federabschnitte nicht nur im Gefüge, sondern auch im mikroskopischen Bau völlig verschieden. Makroskopisch äußert sich der Unterschied bereits in dem festen Gefüge der distalen Fahnenregion im Gegensatz zum lockeren Gefüge des Fahnengrundes. Mikroskopisch erkennt man an den Strahlen der Fahnen auf der einen Seite die sog. *Bogenfasern* (Bogenstrahlen), die mit feinen Widerhaken versehen sind und zur Aufnahme der Häkchen der *Hakenfasern* (Hakenstrahlen) der anderen Seite dienen (Abb. 1). Durch diese Vorrichtung (Verankerung) wird ein Ausgleiten der Häkchen nach außen verhindert, wenn etwa ein Druck gegen die Unterseite der Feder wirkt, wie dies beim Vogelflug geschieht (*Stresemann*). Durch dieses Ineinandergreifen von Haken- und Bogenfasern erlangt die Fahne überdies ihre Festigkeit. Bei den Dunen fällt die Unterteilung in Bogen- und Hakenfasern weg. Zwischen den Dunenstrahlen (oberhalb der Spule) einerseits und den Bogen- und Hakenstrahlen andererseits finden sich in einer intermediären Federzone, also nahe dem Fahnengrunde alle Übergänge.

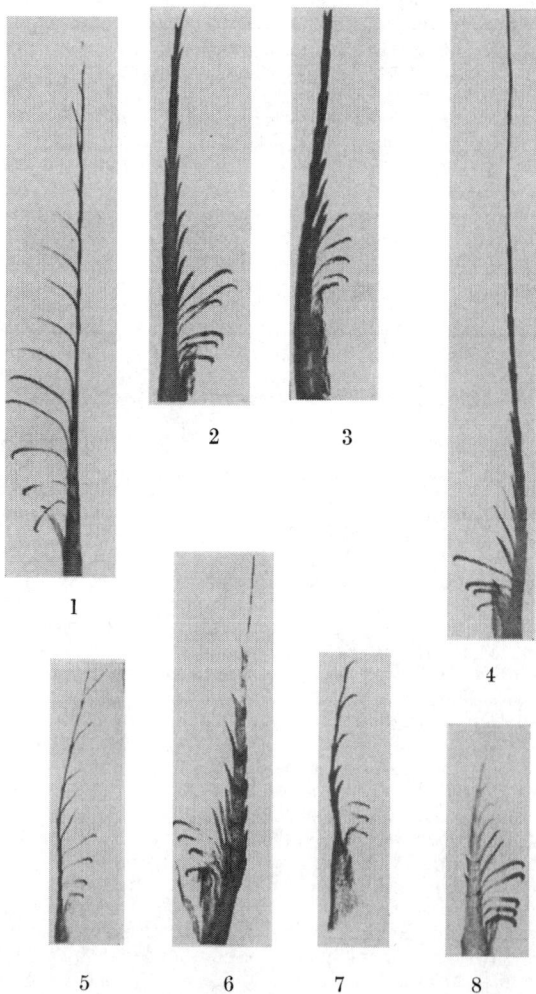

Abb. 2. Hakenfasern verschiedener Vögel. *1* Birkhuhn, *2* Auerhahn, *3* Maltesertaube, *4* Schwan, *5* Perlhuhn, *6* Waldschnepfe, *7* Lachtaube, *8* Hausente. (Aus *Kockel*: Der mikroskopische Bau der Vogelfedern für die Kriminalistik. Vjschr. gerichtl. Med. 3.F. XXXVII. II. Suppl.-Heft 1909.)

Was die Bogenfasern anlangt, so weisen sie, abgesehen von den früher erörterten kleinen Widerhäkchen, die wie Sägezähne aussehen, nur so wenig charakteristische Befunde auf, daß sie nach *Kockel* zur vergleichenden Untersuchung wohl kaum herangezogen werden können.

Selbst aus den Hakenfasern sind Anhaltspunkte für die Artbestimmung nur in sehr beschränktem Maße zu gewinnen. Gelegentlich sind sie kurz und verjüngen sich sehr rasch (z. B. bei Haushuhn) oder aber sie sind dünn, laufen zu fein endender Spitze aus und tragen bis an das Ende hin lange und dünne Wimpern (z. B. Hausente). Die Häkchen einer Hakenfaser, deren Zahl in der Regel zwischen vier und sechs (gelegentlich auch mehr) schwankt und im allgemeinen gegen das freie Ende der Sekundärkiele (der Äste) abnimmt, sind an ihrem freiem Ende meist gebogen und gelegentlich ein wenig verdickt (Abb. 2). Sie weisen im großen und ganzen selbst bei den verschiedenen Vogelarten einen einigermaßen ähnlichen Bau auf, so daß aus der Beschaffenheit der Häkchen allein und sogar nach dem Verhalten der Hakenfasern im ganzen Anhaltspunkte

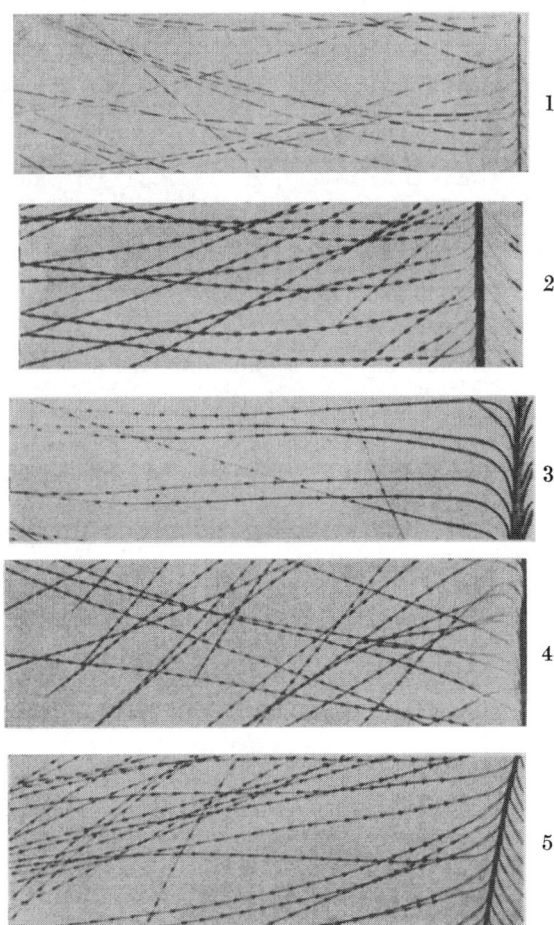

1

2

3

4

5

Abb. 3. Tertiärfasern verschiedener Vögel. *1* Waldschnepfe, *2* Steinwälzer, *3* Jako, *4* Sperling, *5* Krammetsvogel.

für die Artbestimmung nur in den seltensten Fällen möglich sind, zumal, wenn man bedenkt, daß (nach *Kockel*) die Hakenfasern schon bei einem und demselben Vogel je nach dem Standort, d. h. ob näher dem sekundären Kiel oder näher der Spitze, in gewissen Grenzen Unterschiede zeigen.

Im Gegensatz zu den Hakenfasern bietet der mikroskopische Bau der *Dunen* verschiedener Vogelarten doch immerhin so weitgehende Unterschiede, daß die Herkunft der Feder mit einiger Sicherheit bestimmt werden kann. Bei den Strahlen der Dunen (Tertiärfasern) handelt es sich um lange, fadenförmige Gebilde, welche mit breiter, flacher Basis dem Aste ansitzen und eine schachtelhalmartige Gliederung erkennen lassen (*Stresemann*). Die Grenzen der einzelnen aneinander gereihten Glieder (Segmente, Zellen) sind gekennzeichnet durch eine mitunter pigmentierte Anschwellung, die gegen das freie Ende des Strahles hin meist an Stärke abnimmt, dort eine indifferente Form annimmt und dann nur mehr eine in die Länge gezogene, schwache Verdickung darstellt. Je nach der Länge der Segmente oder der Beschaffenheit der Anschwellungen (konisch, quirlartig usw.) kann u. U. auf die Vogelart geschlossen werden (Abb. 3). Voraussetzung für die Herkunftsbestimmung von Dunen ist jedoch die Untersuchung der Dunenstrahlen aus den verschiedensten Abschnitten, insbesondere wiederum aus dem proximalen, da hier oft allein diejenigen Merkmale angetroffen werden, die differentialdiagnostisch von Bedeutung sind. Es würde über den Rahmen hinausgehen, eine ausführliche Beschreibung der Eigenheiten für sämtliche Vogelarten zu geben, es muß auf einschlägige Arbeiten, insbesondere die von *Kockel* verwiesen werden.

Unter Berücksichtigung der Eigenheiten der Hakenstrahlen in Verbindung mit dem mikroskopischen Bau der Dunen wird man unter günstigen Bedingungen bei der Untersuchung wohl zu einem Urteil über die Vogelart kommen. Gelegentlich wird man aber eine Entscheidung überhaupt nicht treffen können. Meist wird ja wohl die Fragestellung dahin gehen, ob es sich überhaupt um eine Feder handelt, oder zu entscheiden sein, welcher von zwei in Betracht kommenden Vogelarten die zu untersuchende Feder angehört. In jedem Falle erscheint es unerläßlich, daß der Sachverständige an Hand eines großen Vergleichsmaterials selbst Kontrollen anstellen wird, wie man dies ja auch bei Haaruntersuchungen stets zu tun pflegt.

*Schrifttum.*

*Handbuch der Zoologie,* VII, 2. Hälfte (*Stresemann*) mit Literaturangabe. Berlin u. Leipzig 1927—1934. — *Kockel:* Der mikroskopische Bau der Vogelfedern und seine Bedeutung für die Kriminalistik. Mit Literatur. Vjschr. gerichtl. Med. **37**, 3. Folge Suppl. 2 1909. — *Lochte:* Die Untersuchung von Federn. In: Gerichtsärztliche Tätigkeit. Wiesbaden 1914. — *Straßmann, Georg:* Zur mikroskopischen Darstellung von Haaren, Federn und haarähnlicher Pflanzengebilde. Vjschr. gerichtl. Med. **59** (1920).          *Fritz.*

**Fernschuß** siehe *Schußverletzungen.*

**Fesselung** siehe *Tod und Gesundheitsbeschädigung durch gewaltsame Erstickung.*

### Fetischismus.

Unter *Fetischismus* versteht man die Zuneigung eines Menschen zu einem Fetisch, d. h. zu einem Körperteil des geliebten Wesens oder einem Gegenstand, der irgendwie zu ihm in Beziehung steht oder nicht. Von den Körperteilen, die häufig als Fetisch dienen, seien vor allem genannt die Nates, Mammae, Mund, Zunge, Nase, Hals, Hände und Haar. Dagegen ist die Zahl der Gegenstände, die den Fetisch ausmachen, nahezu unbegrenzbar; es seien vorzüglich genannt Schuhe, Handschuhe, Pelze, Taschentücher, Wäsche, Bänder, Korsetts und Kleider.

Der Verfasser hatte Gelegenheit, einen lehrreichen Fall von Schuhfetischismus zu beobachten. Er war dadurch gekennzeichnet, daß ein wohlhabender Kaufmann viele Hunderte von Damenschuhen sammelte, sie mit den Sohlen aufeinanderlegte und so photographierte. Diese in einem Geheimzimmer aufbewahrten Photos holte der Mann, wenn es ihn gelüstete, hervor, um sich an ihrem Anblick zu ergötzen und sexuell zu erregen.

Wenn *Hartwich* sagt, daß „Schuhfetischismus ohne masochistische Komponente fast undenkbar" sei, so ist der soeben mitgeteilte Fall ein Beispiel dafür, daß der Schuhfetischismus auch isoliert vorkommen kann; denn in diesem Falle war jeder Gedanke an Erniedrigung und Demütigung völlig auszuschalten. Der ausgesprochen „pathologisch-erotische Fetischismus" bezieht sich nach *Hartwich* „nicht allein auf *bestimmte* Körperteile, sondern selbst auf leblose Gegenstände". Die ursprüngliche Einteilung *Krafft-Ebings* in bestimmte „Teile des weiblichen Körpers, Stücke der weiblichen Kleidung, bestimmte Stoffe und von Tieren" ersetzt *Hartwich* durch den „Partialfetischismus" und „Fetischismus im engeren Sinne". Der „Partialfetischismus" im Sinne *Hartwichs* beschäftigt sich mit „Einzelteilen" des Körpers der geliebten Person, während der Fetischismus im engeren Sinne sich auf Gegenstände, wie ich sie oben gekennzeichnet habe, bezieht.

In einem Falle wurden abgeschnittene Haare in dem Sinne als Fetisch verehrt, daß z. Zt. der Einführung des Bubikopfs ein Mann die abgeschnittene Flechte einer von ihm verehrten Frau in einem schönen, großen Glaskasten aufbewahrte und zusammenstellte. Die Flechte diente dann gelegentlich zur geschlechtlichen Erregung. Übergänge ins Physiologische sind in der Tatsache zu erblicken, daß es in manchen Sippen und Gegenden üblich ist, die Haare lieber Verstorbener aufzubewahren oder sie als Lesezeichen und Uhrketten zu verarbeiten.

An dieser Stelle sei ein kürzlich vom Verfasser beobachteter Fall, der etwas anders gelagert ist als der erste, wiedergegeben: Otto, geb. 14. 1. 1886. Seine Mutter starb, als er ein Jahr alt war. Der Vater starb einige Zeit später. Seit seinem zwölften Jahr Krampfanfälle. Mit 14 Jahren aus der zweiten Klasse entlassen. Er leidet zeitweise an dem Reiz, Frauenkleider zu sehen. Er hat dann den Drang, Frauenkleider zu zerschneiden. Dann hat er Samenerguß. Vor mehreren Jahren zerriß er einem Mädchen die Kleider am Leibe. Zu Hause hat er mit seiner Frau normalen Geschlechtsverkehr. Periodisch stellt sich bei ihm dieser Trieb ein. Dann stiehlt er Frauenkleider, steckt sie sich zwischen die Beine und hat unter wollüstigen Gefühlen Samenabgang. Schon als Soldat, als er während des Krieges Heimaturlaub hatte, betätigte der Genannte sich in dieser Weise, wurde aber nicht bestraft. — Diese Perversion seines Sexualgefühls und die pathologische sexuelle Erregbarkeit ließ ihn in der Folgezeit wiederholt rückfällig werden. So schlich er sich in Wohnungen ein und zerschnitt die an der Garderobe hängenden Frauenkleider und -mäntel, wobei er stets Geschlechtslust empfand. Er leidet selbst sehr unter diesen Zwangshandlungen und fürchtet, daß es „wieder mal über ihn komme". Der Geisteszustand des Untersuchten ist gekennzeichnet durch eine psychopathische Konstitution mit periodischen hypochondrischen Anwandlungen. — Vor kurzem hatte der Verfasser Gelegenheit, sich mit einer Frau zu unterhalten, deren Ehe dadurch gestört war, daß ihr Mann seit zwei Jahren allein schlief, weil er in der Nacht von seiner Frau verlangte, daß seine Genitalien von ihr mit besonders zusammengenähten roten Stoffteilen umkleidet würden. Nur dann konnte er sich sexuell erregen. Die Gattin lehnte jedoch dieses Ansinnen ab.

Als Ursache der Entstehung des Fetischismus hat *Binet* nach *Placzek* „ein psychisches Trauma angenommen, das zu irgendeiner Lebenszeit, meist in der erwachenden, noch undifferenzierten Geschlechtsreife richtunggebend wurde". Diese Auffassung gewann, wie *Placzek* sehr richtig ausführt, noch an

Boden unter dem Einfluß der *Freud*schen Lehre, „die jedes im Leben des Einzelnen einwirkende, affektbetonte und nicht abreagierte Ereignis als Dauerschädling ansieht, das im Unterbewußtsein fortwirkt und in vielgestaltiger Weise sich bemerkbar macht". Sehr wichtig ist die Bemerkung *Molls*, daß der Fetischismus „zu strafbaren Handlungen besonders dadurch führen kann, daß sich der Täter Lustobjekte, z. B. Wäsche, widerrechtlich aneignet oder dem Opfer Haare abschneidet".

*Schrifttum.*

*Krafft-Ebing:* Psychopathia sexualis. Neubearb. von *A. Hartwich.* 147. Zürich und Leipzig 1937. — *Moll, Albert:* Forensisches. Handb. der Sexualwissenschaften. 810. Leipzig 1926. — *Placzek:* Das Geschlechtsleben des Menschen. 2. Aufl. 213. Leipzig 1926.

*Többen.*

## Fettembolie (= F.E.).

Unter F.E. verstehen wir die Verstopfung kleiner Blutgefäße durch flüssiges Fett, das aus zerstörten fetthaltigen Zellen, zumeist Fettzellen frei wird und in die Blutbahn gelangt. Bei größerer Massigkeit kann die F.E. schwere Störungen verursachen, auch unmittelbar tödlich werden. Das menschliche Fett hat einen sehr niedrigen Schmelzpunkt (nach *Abderhalden* 17,5° C). Es ist jedenfalls im lebenden Körper flüssig. Auch bei Leichen sieht man wie bei Lebenden in durchblutetem Fettgewebe auf Schnittflächen und bei häufig Fettaugen, im Bereiche von Knochenbrüchen ganze Fettpfützen. Aus fetthältigen Zellen tritt wahrscheinlich nicht bloß durch Quetschung oder Erschütterung, sondern auch durch den Druck von Blutaustritten Fett aus. Weitaus am häufigsten stammt das verschwemmte Fett vom Knochenmark. Knochenbrüche überwiegen als Ursache von F.E. auch ganz gewaltig. Wir begegnen dieser weiters in Fällen, wo der gesamte Körper oder Teile desselben erschüttert wurden, ohne daß Knochen gebrochen wären (*Frauendorfer:* Losgehen einer Unterwasserbombe in nächster Nähe eines Schwimmenden). Auch bei Erschütterungen hat *Ribbert* das Knochenmark als Quelle des verschwemmten Fettes angesehen. Gewiß läßt sich in Fällen, wo bei umfänglicher F.E. bloß das Unterhautfettgewebe oder andere Fettlager Spuren von Quetschung oder Blutaustritte aufweisen, so auch bei Mißhandlungen eine Erschütterung des Knochengerüstes nicht sicher ausschließen. Da aber nach blutigen Eingriffen mit Beschränkung auf Weichteile ausnahmsweise (*Merkel*, Entfernung einer Niere) stärkere F.E. in den Lungen vorkommt, läßt sich die ursächliche Bedeutung des Fettgewebes außerhalb der Knochen nicht bestreiten. F.E. wurde ferner aus verfetteten Zellen (Leberzellen) hergeleitet, und schließlich wird die Meinung vertreten, daß auch das im Blut emulgierte Fett[1] durch Entmischung zu F.E. führen kann. F.E. wird nämlich auch ohne jeden Hinweis auf eine Gewalteinwirkung angetroffen, freilich meist nur in den Lungen und hier nur spärlich und verstreut. Angeführt werden Phosphorvergiftung, Kohlenoxydvergiftung, Chloroformnarkose, Alkoholismus, Diabetes, Eklampsie, Herz- und Nierenkrankheiten, Lungenentzündung, Pankreatitis, Hepatitis, chronische Tuberkulose, Carcinomatose, Sarkomatose u. a. Doch ist die F.E. auch bei diesen Zuständen nur Ausnahme, der ursächliche Zusammenhang daher fraglich. Mehrere Untersucher haben bei einem großen Teil und zwar bis zu mehr als der Hälfte *aller* Leichen (siehe *Killian*, S. 99, *Wright*), *Lehmann* sogar bei 75% der Leichen F.E. gefunden. Die schwankenden Angaben hängen wohl von der verschiedenen Beharrlichkeit der verschiedenen Unter-

---

[1] Der Fettgehalt des Blutes schwankt schon bei Gesunden zwischen 0,2 und 2%, kann bei Kranken bis zu 26% steigen (*Seemann* nach *Killian* S. 156).

sucher ab. Zur Entmischung des Blutfettes halten *Lehmann* und *Moore* fettlösende Stoffe (Äther) und Stoffe aus Eiweißzerfall für besonders geeignet.

Die F.E. ist nur mikroskopisch an Schnitten zu erkennen. Bei den Lungen genügen Doppelmesserschnitte, selbst dünne Gewebsstücke, die man mittels Hohlschere oder einer anderen Schere von der Schnittfläche abträgt und flach ausbreitet oder etwas quetscht. Von anderen Organen muß man im allgemeinen Gefrierschnitte anfertigen, bei den Nieren aber kommt man auch mit den dünnen Randbezirken von Doppelmesser- oder Rasiermesserschnitten aus, um Fett in Knäuelschlingen zu erkennen. Die Adergeflechte aus den Hirnkammern lassen sich ohne weiteres ausbreiten und unter dem Mikroskop durchmustern (*Schmidt*). Das Fett ist vermöge seiner stärkeren Lichtbrechung auch ungefärbt zu erkennen. Nur wurstförmige Füllung der Gefäße, besonders der kleinen und kleinsten Gefäße beweist Fettembolie, nicht aber einzelne Tropfen. Frische Lungenschnitte müssen, um das Blut zu entfernen, *unter Wasser* ausgeschwenkt werden. Kommt man beim Schwenken an den Wasserspiegel, so bringt man viele Luftblasen in den Schnitt, die dann das Erkennen von Fett sehr erschweren. Zur Untersuchung auf F.E. sind dickere Schnitte vorzuziehen als sonst für histologische Zwecke. Auch bei mächtigster F.E. ist immer nur ein Teil des Haargefäßnetzes ausgegossen. Grob erkennbar ist die F.E. in den Lungen nicht. Umschriebene, stärkere Blutfüllung, kleine Blutaustritte bis zu umfänglicher Durchblutung, infarktähnliche Herde, umschriebenes oder allgemeines Lungenödem, ungewöhnlich hochgradige, frische Lungenblähung sind höchstens ein Fingerzeig (*Hauser* S. 290), aber durchaus nicht der F.E. eigentümlich. Bei F.E. im großen Kreislauf sind bezeichnende Veränderungen häufiger, aber keineswegs regelmäßig anzutreffen. Zahlreiche, kleine Blutaustritte in der Haut, in den Bindehäuten und im Gehirn (Purpura cerebri), vor allem im Mark, und kleinfleckige Verfettung des Herzmuskels, bisweilen mit kleinen Blutaustritten, weisen im Verein mit entsprechenden Verletzungen oder Erscheinungen auf F.E. hin. Die Blutaustritte im Gehirn sind röhrenförmige Blutungen, sog. Ringblutungen, um kleinste, durch Fett verstopfte, meist präcapillare Gefäße (der Fettpfropf nicht immer im Schnitt) mit Nekrose der Gefäßwand und einem Mantel mit Markscheidenzerfall zwischen Gefäß und Blutung. *Gröndahl* sah die Blutungen frühestens nach 50 Stunden. Daneben finden sich fast immer „miliare Nekrosen" ohne Blutung (Näheres bei *Gröndahl, Frauendorfer, Weimann, Walcher*). Doch kann man auch im Gehirn F.E. ohne grob erkennbare, selbst ohne mikroskopisch erkennbare Schäden antreffen. Im Herzfleisch sieht man oft reichlich kleine blasse Verfettungsherde. Sie wurden einmal schon 7—9 Stunden nach dem Brechen eines versteiften Kniegelenkes erkannt (*Gröndahl*). Mikroskopisch sieht man die feintropfige Verfettung der Muskelfasern im Umkreis von durch Fett verstopften Gefäßchen. Daß die F.E. in den Lungen häufig, im großen Kreislauf dagegen selten ist, erklärt sich dadurch, daß die Lunge auf dem Wege von den Fettquellen das erste Filter ist, dann aber durch besondere Verhältnisse in der Lunge. Durch den geringen Gewebsdruck sind die kleinen Gefäße hier viel dehnbarer als in anderen Gebieten, überdies beträgt der Blutdruck in den Haargefäßen der Lunge nur ein Drittel bis zur Hälfte von dem in den Haargefäßnetzen des großen Kreislaufes (*Wolfgang Reuter*). *Bernhard Fischer* fand Olivenöl, auch wenn er es in eine Schlagader des großen Kreislaufes einspritzte, fast zur Gänze in den Lungengefäßen wieder. Freilich ist Olivenöl viel flüssiger als das menschliche Fett.

In der Lunge gibt es beständig zahlreiche „tote Bahnen", durch deren Eröffnung Hindernisse in den früher offenen Bahnen umgangen werden können. Ohne sie wäre es nicht denkbar, daß sich zwei Drittel des Querschnittes ausschalten lassen. Darauf beruht es offenbar, daß wir trotz mächtiger F.E. der Lungen im großen Kreislauf oft kein oder fast kein Fett finden, was überdies bei längerem Bestand nach *Gröndahl* auf Herzschwäche hinweise. Mit der Zeit geht von größeren Fettmengen immer einiges durch die Lungen hindurch, um vielleicht z. T. nochmals dahin zu gelangen und abermals zu verweilen. Ein Teil, von kleinen Mengen wahrscheinlich das meiste, wird aber an Ort und Stelle abgebaut und zwar sowohl durch Verseifung wie durch Phagocytose von die Pfröpfe umwachsenden Zellen (*Beneke*). *Siegmund* hat noch nach 18 Tagen in Lungengefäßen Fett gefunden. Am massigsten fand er die F.E. der Lungen am 2. und 3. Tag nach der Verletzung. Oft treten binnen Stunden große Mengen Fett aus der Lunge in den großen Kreislauf über. Da nur in knapp einem Drittel der Fälle von tödlicher F.E. des großen Kreislaufes das Foramen ovale durchgängig gefunden wird, nicht häufiger als dieses Vorkommen überhaupt ist, kann es den Übertritt des Fettes bloß beschleunigen. Die Drucksteigerung vor dem Hindernis, als deren Zeichen bei Versuchen Dehnung des rechten Herzens beobachtet wurde (*Fuchsig, Bürger, Groskloss*), ist jedenfalls geeignet, eine sonst schließende Klappe des Foramen ovale zu öffnen. *Killian* erwähnt einen Fall, wo bei 1 cm weit offenem Foramen ovale nur im großen Kreislauf F.E. nachzuweisen war (Nebenbefund bei extraduralem Bluterguß).

Wie schon erwähnt, finden wir tödliche oder schwere F.E. hauptsächlich nach Knochenbrüchen. Meist sind es mehrfache Brüche. Nach *Meixners* Erfahrung stehen voran Brüche des Beckens und Brüche zahlreicher Rippen, besonders bei älteren Menschen. Auch Brüche des Oberschenkels, dessen Fettgehalt *Schultze* unter Berufung auf *Arnold* für einen Erwachsenen mit ungefähr 70 g angibt, und Brüche im Bereich des Kniegelenkes haben größeren Anteil. Es kommt aber auch vor, daß man trotz einem Knochenbruch bei Untersuchung einiger Schnitte aus verschiedenen Lungengebieten F.E. vermißt. *Meixner* sah dies am häufigsten bei Schädelbrüchen. Das austretende Fett wird sowohl auf dem Blut- wie auf dem Lymphwege abgeführt. *Klapp* fand den Fettgehalt des Blutes in der Vene eines verletzten Gliedes erhöht. Nach *Fritzsche* wandert das Fett bei Knochenbrüchen vorwiegend durch die Blutadern, bei Erschütterung durch die Lymphgefäße. Die allmähliche Beförderung geht nach *Weber* immer durch die Lymphgefäße. Die F.E. kann sehr schnell zustande kommen. *Siegmund* fand im Gegensatz zu *Olbrycht* auch bei abgestürzten Fliegern, die an den gewaltigen Zerstörungen sogleich gestorben sein mußten, F. E. der Lungen.

Zu einer tödlichen F.E. genügen verhältnismäßig kleine Mengen. Nach *Schultze* wird ½ g Fett auf das Kilogramm Körpergewicht bis zum Dreifachen noch vertragen. *Killian* schätzt auf Grund chemischer Untersuchungen die Fettmenge, die für sich allein zum Tode durch F.E. genügt, auf mehr als 20 g, hält aber im Verein mit Kreislauf-Schädigungen anderer Art schon 12—20 g für tödlich. *Beöthy* hat aus der Lunge eines 10jährigen Knaben, der ½ Stunde nach Einrichtung eines Klumpfußes an F.E. starb, 5,10 g Fett extrahiert, bei Erwachsenen mehr. Allerdings liefert die Lunge auch ohne F.E. mit Fettlösungsmitteln beträchtliche Mengen von Extrakt. *Killian* gewann bei rasch Gestorbenen 4,27 g bis 11,2 g, bei chronisch Kranken und Abgezehrten bis 19,66 g Fett. Vom Ernährungszustand ist die F.E. unabhängig (*Killian*). *Straßmann* sah auch bei hochgradig Abgemagerten tödliche F.E.

Die Erscheinungen der F.E. sind so wenig bezeichnend, daß fast alle Beschreibungen von Fällen stammen, in denen die F.E. an der Leiche festgestellt wurde. Die F.E. der *Lungen* ist nach den Beschreibungen vor allem gekennzeichnet durch schwere Atemnot, Cyanose, frühzeitige Beschleunigung, Unregelmäßigkeit und Kleinwerden des Pulses. Das Vorkommen und die Bedeutung von Fett im Auswurf sind umstritten. Das bei F.E. fast immer auftretende Fieber ist offenbar Hirnerscheinung. F.E. im *großen Kreislauf* ist nur dann leichter erkennbar, wenn Hirnerscheinungen der Verletzung oder den anfänglichen, auf die Lunge beziehbaren Erscheinungen nach einer freien Zwischenzeit, die zwischen wenigen Stunden und Tagen schwanken kann, folgen. Sie können sich schon sehr früh und als erste Erscheinungen einstellen. Von Blutergüssen innerhalb des Hirnschädels unterscheiden sie sich nach *Bürger* durch das Fehlen von Kopfschmerzen und Erbrechen. Nach *Killian* gehört zur F.E. des Gehirns auch Druckpuls, nach *Hansen* nicht. Die Hirnerscheinungen beginnen häufig mit Schläfrigkeit, Stumpfheit, mitunter Unruhe und führen in zunehmend tiefer Bewußtlosigkeit meist binnen 48 Stunden zum Tode. Seltener sind motorische Reizerscheinungen. Fälle von überlebter F.E., wo geistige Beeinträchtigung 14 Tage bis sechs Wochen anhielt, teilte *Benestad* mit. *Makai* denkt an die Möglichkeit, daß Neurosen nach Unfällen die Folgen einer zentralen F.E. sein könnten. In jüngster Zeit wurden bei F.E. auch Netzhautblutungen mit Gesichtsfeldausfällen beobachtet (*Urbanek*). In der freien Zwischenzeit und im Beginn der Hirnerscheinungen fiel wiederholt Herabsetzung der Schmerzempfindung auf. Der Meinung, daß die F.E. in den Nieren eigene Erscheinungen bewirke und besondere Bedeutung habe (*Bürger*, *Rücker*), wurde widersprochen (*Killian*). Als eine häufige Begleiterscheinung der F.E. nach Knochenbrüchen wurde mehrfach die Ausscheidung von Fett durch die Nieren erwähnt. Nach *Killians* (S. 171) Untersuchungen aber ist die Untersuchung des Harns auf Fett für die Erkennung einer F.E. wertlos, weil kleinste Mengen von Fett auch im Harn Gesunder vorkommen und weil die nach Knochenbrüchen gelegentlich festzustellende Zunahme nicht deutlich und nicht für F.E. bezeichnend ist. *Jirka* und *Scudera* bestreiten das Vorkommen von freiem Fett im Harn überhaupt und führen gegenteilige Angaben auf Versuchsfehler zurück. Auf Grund morphologischer Untersuchungen hat schon *Beneke* die Ausscheidung von Fett durch die Nieren verneint. Nach *Killian* steigt auch der Fettspiegel im Blut bei Knochenbrüchen nur um ganz geringe Beträge innerhalb physiologischer Grenzen, so daß die Ausschläge nicht verwertbar sind. Auch *Susani* fand das Blutfett bei Knochenbrüchen nicht immer vermehrt. Am schwierigsten sind die Lungenerscheinungen von den anderen Erscheinungen abzugrenzen. Auch ist in vielen Fällen nicht zu entscheiden, ob die ersten Erscheinungen von „Shock" vor einer freien Zwischenzeit schon auf F.E. der Lungen beruhen oder ob auch diese erst nach der freien Zwischenzeit, unter Umständen schon überlagert von Erscheinungen der Embolie im großen Kreislauf, zur Geltung kommen. Das hängt z. T. damit zusammen, daß neben der F.E. meist noch eine Reihe anderer Schädigungen, Blutverlust oder gewaltsame Hirnschädigungen mitlaufen. *Siegmund* und *Killian* führen Shock nach Verletzungen hauptsächlich auf F.E. der Lungen zurück, wobei aber das Wort Shock in anderem Sinn gebraucht wird als gewöhnlich in der gerichtlichen Medizin (s. d. Art.: Shocktod). Zweifellos

kann schwerste F.E. der Lungen in kurzer Zeit da sein. Es sind zahlreiche Fälle bekannt, wo im unmittelbaren Anschluß an einen blutigen oder unblutigen Eingriff an Knochen die Erscheinungen schlagartig einsetzten und binnen Stunden tödlich wurden (*Krstić* und *Simonić*), man kennt aber auch Fälle, in denen sie erst später auftraten. Manchmal läßt sich sogar ein Grund hierfür finden, z. B. Erschütterung beim Fortbringen eines Verletzten, unzulängliche Ruhigstellung gebrochener Gliedmaßen, ein Verbandwechsel oder Ähnliches. Ein $2\frac{1}{2}$jähriges Kind mit offenem Foramen ovale ging sechs Wochen nach einem Oberschenkelbruch, als die Extension entfernt wurde, binnen einem Tag an F.E. zugrunde. Der Bruch war schon knöchern verheilt (*Killian*). Sicherlich wirkt, auch wenn Hirnerscheinungen das Bild beherrschen, die F.E. der Lungen noch mit. *Killian* schreibt ihr bei tödlichem Ausgang solcher Fälle sogar die Hauptrolle zu.

Der Gerichtsarzt muß, besonders bei Leichen Verletzter, wenn die *Todesursache* nicht ohne weiteres zu erkennen ist, an die Möglichkeit einer F.E. denken und mikroskopisch untersuchen. Auch bei tot Aufgefundenen, die keine gröberen Verletzungen oder nur bescheidene Blutunterlaufungen aufweisen, wurde wiederholt eine schwere F.E. der Lungen entdeckt. F.E. im großen Kreislauf mit Purpura cerebri reicht als Todesursache vollkommen aus. Hingegen kann die F.E. der Lungen nur dann als alleinige Todesursache anerkannt werden, wenn der größere Teil der kleinen Schlagadern und der vorcapillaren Gefäße wenigstens streckenweise mit Fett ausgegossen ist und ein Teil der Haargefäße. Findet man in jedem Gesichtsfeld nur einzelne Fettwürstchen oder sind viele Gesichtsfelder überhaupt frei, so kommt die F.E. als Todesursache nicht in Betracht.

Sehr wichtig ist die F.E. als *vitale Reaktion*. Bei F.E. im großen Kreislauf gibt es keine Zweifel über die Verschleppung des Fettes bei Lebzeiten (*Groskloss*). Hingegen wurde mehrmals die Vermutung geäußert, daß nach dem Tode durch Fäulnisvorgänge Fett bis in die kleinen Lungengefäße verschleppt werden kann (postmortale F.E.). Auch durch die Fäulnis werden Fettgewebe und andere fetthaltige Gewebe so zerstört, daß reichlich flüssiges Fett frei wird. Dieses kann in den Leichen wandern, auch in den Gefäßen. Versuche über das Zustandekommen von F.E. durch Fäulnis (*Ziemke*, *Neureiter* und *Strassmann*) haben aber bisher keine verwertbaren Ergebnisse gebracht. Auch bei faulen Leichen ohne Knochenbrüche war geringe F.E. nicht öfter gefunden worden als bei frischen Leichen ohne Verletzung. Bei tödlicher Gassepsis mit Schaumorganen nach Fruchtabtreibung wurde einmal von *Westenhoeffer* und zweimal von *Meixner* reichliche F.E. in den Lungen gefunden. Obwohl *Meixner* diese Befunde bei Gasbrand aus anderer Ursache nicht bestätigen konnte, denkt er an die Möglichkeit, daß die F.E. durch die zerstörende Wirkung der Gasbacillen im Gebiet ihrer Ansiedlung schon bei Lebzeiten entsteht. Jedenfalls ist eine F.E. bei Gasbrand oder Gassepsis mit Vorsicht zu beurteilen. Sonst darf man reichliche F.E. der Lungen vor den Tod verlegen. Geringe F.E. oder Spuren einer solchen beweisen die Vitalität einer bestimmten Verletzung nicht, da sich eben geringe F.E. auch ohne erkennbare Verletzung findet.

F.E. kommt auch nach Einspritzungen von Fetten und Ölen vor. Einspritzung von 50 ccm Öl in eine Vene wurde tödlich (*Fibiger* nach *Gröndahl*). Weiters wurde F.E. bis zu mittleren Graden bei Verbrannten und Verbrühten häufiger gefunden (*Carrara*, *Olbrycht*). *Olbrycht* konnte sie im Gegensatz zu *Gröndahl* und zu *Strassmann* auch in Versuchen erzeugen, nicht aber durch Verbrennen von durch

Gift rasch getöteten Tieren. Die Gesetzlosigkeit der F.E. beweist, daß wir ihre Bedingungen zu wenig kennen.

### Schrifttum.

*Abderhalden:* Physiolog. Chemie, **I**, 221. Berlin u. Wien 1923. — *Beneke:* Die Fettresorption bei natürlicher und künstlicher Fettembolie und verwandten Zuständen. *Zieglers* Beitr. **22**,343(1897). — *Beöthy:* La quantité approximative de graisse en cas d'embolie graisseuse pulmonaire mortelle. Ann. Méd. lég. etc. **10**, 655 (1930); Ref. Dtsch. Z. gerichtl. Med. **16**, 375. — *Benestad:* Norsk Mag. Laegevidensk. **1911, 3** Angabe nach *Gröndahl.* — *Bürger, L.:* Die Bedeutung der Fettembolie für den Kriegschirurgen. Med. Klin. **1915**, 966 (Literatur u. Geschichte). — *Carrara:* Über die Fettembolie der Lungen in ihrer Beziehung zur gerichtl. Medizin. Friedreichs Bl. **49**, 241 (1898). — *Fischer, Bernhard:* Experimentelle Untersuchungen über den Kapillarkreislauf der Lungen und die Fettembolie. Verh. dtsch. path. Ges. 17. Tgg. München 1914. — *Frauendorfer:* Zur Kasuistik der Fettembolie. Beitr. gerichtl. Med. **6**, 1 (1924). — *Fritzsche:* Experimentelle Untersuchungen zur Frage der Fettembolie mit spezieller Berücksichtigung prophylaktischer und therapeutischer Vorschläge. Dtsch. Z. Chir. **107**, 456 (1910). — *Fuchsig:* Über experimentelle Fettembolie. Z. exper. Path. u. Ther. **7**, 702 (1910). — *Gröndahl:* Untersuchungen über Fettembolie. Dtsch. Z. Chir. **111**, 57 (1911). — *Groskloss:* Fat embolism. Ref. Dtsch. Z. gerichtl. Med. **27**, 192 (1937). — *Hansen, E. Hart:* Traumatische Fettembolie (Dänisch). Ref. Dtsch. Z. gerichtl. Med. **25**, 65 (1935). — *Hauser:* Fettembolie. Referat in *Lubarsch-Ostertag.* Erg. Path. **19 II**, 276 (1921) (Literatur). — *Jirka* und *Scuderi:* Fat embolism. A control study of blood serum and urine. Dtsch. Z. gerichtl. Med. **27**, 51 (1937). — *Killian:* Die traumatische Fettembolie. Dtsch. Z. Chir. **231**, 97—186 (1931). — *Klapp:* Beitrag zur Fettembolie. Zbl. Chir. **1931**, 2954; Ref. Dtsch. Z. gerichtl. Med. **19**, 135. — *Krstic* u. *Simonic:* Ein Fall von Fettembolie und Exitus letalis (Serbokroatisch). Ref. Dtsch. Z. gerichtl. Med. **24**, 234 (1933). — *Landois:* Die Fettembolie. Erg. Chir. **16**, 99—154 (1923) (Literatur u. Geschichte). — *Lehmann* and *Moore:* Fat embolism, including experimental production without trauma. Arch. Surg. **14**, Nr. 3, 621—662 (1927); Ref. Dtsch. Z. gerichtl. Med. **11**, 11. — *Makai:* Zur Frage der Fettembolie. Zbl. Chir. **1932**, 521; Ref. Dtsch. Z. gerichtl. Med. **20**, 92. — *Merkel:* Über die Bedeutung der sog. paradoxen oder gekreuzten Embolie für die gerichtl. Medizin. Dtsch. Z. gerichtl. Med. **23**, 338 (1934). — *Neureiter* und *Straßmann:* Über die postmortale Fettembolie der Lungen. Dtsch. Z. gerichtl. Med. **1**, 204 (1922). — *Olbrycht:* Experimentelle Beiträge zur Lehre von der Fettembolie der Lungen mit besonderer Berücksichtigung ihrer gerichtsärztlichen Bedeutung. Dtsch. Z. gerichtl. Med. **1**, 642 (1922). — *Reuter, Wolfgang:* Experimentelle Untersuchungen über Fettembolie. Frankf. Z. Path. **17**, 205. Angabe nach *Hauser.* — *Ribbert:* Über Fettembolie. Korresp.bl. Schweiz. Ärzte **1894**, 457. — *Rückert, Wolfg.:* Zur Frage der Todesursache bei Fettembolie. Dtsch. Z. Chir. **243**, 537 (1934); Ref. Dtsch. Z. gerichtl. Med. **24**, 319. — *Schmidt:* Nachweis cerebraler Fett- und Luftembolie. Dtsch. Z. gerichtl. Med. **13**, 231 (1929). — *Schultze:* Über Fettembolie. Arch. klin. Chir. **111**, 753. Angabe nach *Hauser.* — *Siegmund, H.:* Fettembolie als Ursache von Schockerscheinungen nach Verletzungen. Münch. med. Wschr. **1918**, 1076. — *Susani:* Der Nachweis der traumatischen Fettembolie im Blute und die Höhe der tödlichen Fettmenge. Arch. klin. Chir. **179**, 463 (1934); Ref. Dtsch. Z. gerichtl. Med. **24**, 319. — *Urbanek:* Über Fettembolie des Auges. Graefes Arch. **131**, 147 (1933); Ref. Dtsch. Z. gerichtl. Med. **23**, 107. — *Walcher:* Beobachtungen bei Fettembolie im großen und bei Luftembolie im kleinen Kreislauf. Dtsch. Z. gerichtl. Med. **25**, 31 (1935). — *Weber:* Über Fettembolie des Gehirns. Med. Klin. **1913**, 831. — *Weimann:* Besondere Hirnbefunde bei cerebraler Fettembolie. Z. Neur. **120**, 68—83 (1929). — *Weimann:* Über Hirnveränderungen bei cerebraler Fettembolie. Dtsch. Z. gerichtl. Med. **13**, 95 (1929). — *Westenhoeffer:* Weitere Beiträge zur Frage der Schaumorgane und der Gangrène foudroyante. Cadaveröse Fettembolie der Lungencapillaren. Virchows Arch. **170**, 528 (1902). — *Westenhoeffer:* Über Fettverschleppung nach dem Tode. Vjschr. gerichtl. Med. **27**, 184 (1904). — *Wright:* Fat embolism. Ann. Surg. **96**, 75 (1932); Ref. Dtsch. Z. gerichtl. Med. **20**, 93. — *Ziemke:* Über postmortale Entstehung von Fettembolie. Vjschr. gerichtl. Med. **41 II**, 85 (1911). **Meixner.**

**Fettherz** siehe *Plötzlicher Tod aus natürlicher Ursache.*

**Fettstifte** siehe *Bleistifte und Farbstifte.*

**Fettwachs** siehe *Tod durch Ertrinken.*

**Fibrolysin** siehe *Senföle.*

### Filixgruppe.

Es handelt sich dabei um stickstoffreie, säureartige Substanzen pflanzlicher Herkunft, meist wasserlöslich und kristallin, von weißer bis gelblicher Farbe und hochmolekularer Konstitution. Sie sind enthalten in *Aspidium filix mas, Aspidium spinulosum, Rhicoma Pannae, Flores Koso, Kamala* u. a. Diese Substanzen sind von besonderer Giftwirkung für alle niederen Tiere; von alters her fanden sie Verwendung gegen Bandwürmer. Vergiftungen beobachtet man heute lediglich noch bei medizinaler Verwendung, fast ausschließlich durch das Extractum filicis maris aethereum (per os 6,0, Maximaldosis, auch pro Tag, 10,0). Die Zusammensetzung des Extraktes und damit seine Wirkung ist sehr schwankend. Der wirksame Bestandteil ist das Filmaron, der toxischste Bestandteil die Filixsäure (Ester des Phloroglucins). Die Extrakte aus den andern Pflanzen zeigen chemisch eine ähnliche, ebenfalls stark schwankende Zusammensetzung. Das Filmaronöl ist die 10%ige Lösung des Filmarons (Normaldosis 10,0, maximale Tagesdosis 20,0). Seine Zusammensetzung und Wirkung ist im Gegensatz zum Extractum filicis konstant. Für Filixvergiftungen besonders disponiert sind körperlich oder geistig erschöpfte oder schwächliche Menschen, anämische Personen, Alkoholiker, Luetiker, Menschen mit Leber- und Nierenstörungen, mit Kreislaufschwäche usw. Neben solchen zu einer Vergiftung disponierenden Momenten gibt es vermutlich noch eine persönliche Überempfindlichkeit.

Die meisten Vergiftungen erfolgen durch Überdosierung oder durch ungenügende Verabreichung von Abführmitteln. Die Annahme, Ricinusöl bewirke eine Erhöhung der Resorptionsgefahr und sei deshalb durch andere Abführmittel, am besten durch Bittersalze, zu ersetzen, ist bestritten. Bei wurmkranken Bergarbeitern ist eine Filixvergiftung anläßlich einer Wurmkur resp. Vergiftungsfolgen als Betriebsunfall entschädigungspflichtig. Damit bekommt die Filixvergiftung auch eine versicherungsrechtliche Bedeutung. Als Abortivum werden Filixsubstanzen außerordentlich selten eingenommen; ihre Wirkung ist unsicher. In der Symptomatologie lassen sich drei Hauptlokalisationen erkennen. Zuerst (nach 1—2 Stunden) treten lokale Symptome von seiten des Magen-Darmtraktus (Erbrechen, Übelkeit, Bauchschmerzen) auf. Nach Resorption (mehrere Stunden nach Aufnahme) stellen sich Symptome von seiten des Zentralnervensystems ein in Form von Schwindel, Kopfschmerzen, Bewußtseinsstörungen, Krämpfen (besonders bei Kindern), Störungen des Atem- und Kreislaufzentrums, selten von psychotischen Bildern. Schließlich beobachtet man Störungen von seiten des Auges, insbesondere Akkommodationsstörungen, Opticus- und Netzhautblutungen mit nachfolgender Opticusatrophie, Erblindung resp. Schwachsichtigkeit als Dauerfolgen sind nicht selten. Seltenere Symptome sind Wirkungen auf die Muskulatur direkt (strychninartiges Bild), Krämpfe der Arterienmuskulatur. Auch schwere Leberstörungen (Ikterus, Leberatrophie) sind nicht häufig. Die meisten Wurmmittel sind übrigens vorübergehend leicht leberschädigend.

Toxische Dosen entsprechend der inkonstanten Zusammensetzung der Extrakte sehr schwankend. Vergiftungen wurden schon beobachtet nach 3—10 g, täglich während mehrerer Tage eingenommen. Aber auch viel größere Dosen wurden reaktionslos ertragen. Im Gegensatz zu den Extrakten ist die Zusammensetzung des Filmaronöls (10%ig) konstant. Vergiftungen mit Filmaronöl sind bei richtiger Anwendung und Auswahl praktisch ausgeschlossen (siehe *Wilkoewitz*). *Sektion* ergibt als Hauptbefund stärkste venöse Blutüberfüllung infolge einer allgemeinen Kreislaufstörung, Blutaustritte in den serösen Häuten, in den Muskeln (Bauch, Brust), Stauungsblutungen im Magen-Darmkanal, Schleimhautschwellung. In seltenen Fällen Zeichen der

14*

Hämolyse, Hämosiderinablagerung, Leberdegenerationen, Nierenschädigungen.

*Schrifttum.*

*Brons:* Die Ausdehnung der Unfallversicherung auf gewerbliche Augenkrankheiten. Klin. Mbl. Augenheilk. **77**, 29 und 840 (1926). — *Desoille:* Les antihelmintiques, poisons sensorieles. Rev. d'Otol. etc. **15**, 170 (1937). — *Eskola:* Über die Giftigkeit der Wurmmittel im Lichte von Bilirubinuntersuchungen. Duodecim (Helsinki) **53**, 417 (1937) (finnisch mit deutscher Zusammenfassung). — *Favaloro:* Über Augenbefunde bei Filixmasvergiftung. Atti Congr. Soc. ital. Oftalm. **1931**, 524. — *Gutstein:* Über eine im Anschluß an Filmaronöl aufgetretene akute gelbe Leberatrophie. Z. klin. Med. **92**, 466 (1921). — *Handbuch der experimentellen Pharmakologie* **2**, 2. Hälfte. Berlin 1924. — *Reckzeh:* Gerichtlich- und versicherungsmedizinische Bedeutung der Wurmkrankheit. Mschr. Unfallheilk. **32**, 151 (1925). — *Saizeva:* Zur Toxikologie des Farnkrautextraktes, russisch, Referat in Dtsch. Z. gerichtl. Med. **10**, 104 (1927). — *Timm:* Vergiftungen an Mensch und Tier. Dtsch. Z. gerichtl. Med. **18**, 73 (1932). — *Westphal:* Filixextraktvergiftung. Psychose im Anschluß an eine Bandwurmkur. Slg. Verg.-Fälle **1**, 71 A (1930). — *Wilkoewitz:* Filixextraktvergiftungen. Slg. Verg.-Fälle **1**, 19 C (1930) (hier auch weitere Literatur). — *Wilkoewitz:* Filmaronölvergiftung, tödliche medizinale. Slg. Verg.-Fälle **1**, 183 A (1930). **Schwarz.**

**Fingerabdruck** siehe *Daktyloskopie.*

**Fingerhut** siehe *Digitalis und andere herzaktive Glykoside.*

**Fingernagelschmutz** (= Fnsch.). (Vgl. auch Art.: Staub.)

Der Fnsch. ist in mehr oder minder großem Ausmaß von jedem Finger zu bekommen. Es ist zweckmäßiger, ihn nicht mit einem scharfen Instrument, einem Messer z. B., zu entnehmen, ein glattes, keilförmig zugerichtetes Holzstück (Zündholz) ist dazu geeigneter. Der entnommene Schmutz wird in zwei Teile geteilt und auf Objektträgern, das eine in einem Tropfen Wasser, das andere in Chloralhydrat gleichmäßig verteilt. Ein großer Teil der Probe besteht aus Teilchen der Hornsubstanz. In allen Proben finden sich immer faserförmige Elemente, nämlich Wollfasern, Baumwollfasern u. ä. Sie stammen meist von der Kleidung her, können aber auch von einer Tätigkeit mit Stoffen, Packmaterial, Stricken usw. herrühren. Ihre Bestimmung erfolgt nach dem im Art.: „Faserstoffe" Gesagten. Vielfach findet man im Fingernagelschmutz den Niederschlag der Tätigkeit, des Berufes. So zeigen sich unter den Nägeln von Bäckern und Konditoren auch bei sorgfältigster Handpflege immer Spuren von Teigresten, Stärkekörner z. B., Kleiebestandteile (s. d. Art.: Mehl), bei Schreinern, Tischlern, Holzarbeitern, Bauarbeitern findet man immer Holzsplitterchen, Sägemehl (s. d. Art.: Holz) usw.

Ganz charakteristisch ist der Fnsch. bei Schnupfern. Bei diesen Menschen, die immer viel dunklen Schmutz unter den Nägeln haben, ist der Hauptbestandteil Schnupftabak, der vor allem beim Gebrauch einer Schnupftabaksdose als Tabakbehälter beim Herausnehmen der Tabakprise stets unter die Nägel kommt. Aber auch bei jenen, die ein Schnupftabakglas benützen, findet sich Schnupftabak an jenen Fingern, auf denen sie die Prise aufbauen, bzw. mit denen sie dieselbe in die aufnahmefähige Form bringen. Man findet also in diesen Fällen im mikroskopischen Präparat alle jene Elemente, welche auf Tabak hindeuten (s. d. Art.: Tabak).

Gärtner, Bauern, Landarbeiter, Waldarbeiter zeigen unter den Fingernägeln neben Erdteilchen Reste der Pflanzen, mit denen sie zu tun haben. Bei Holz- und Waldarbeitern finden sich unter den Nägeln immer Elemente aus dem Rohhumus des Waldbodens, also Stückchen, bei denen man die Herkunft von der Coniferennadel, dem Laubblatt noch feststellen kann, denn Epidermisfetzen, Leitbündelstückchen, Holzteilchen lassen sich noch feststellen. Soll die Bodenart, welche sich unter dem Fingernagel findet, festgestellt werden oder ein Hinweis darauf

erhalten werden, von welcher Örtlichkeit der Fnsch. stammen könnte, so gelten analog dieselben Möglichkeiten, wie sie im Art.: „Erdspuren an Stiefeln und Kleidern" diskutiert wurden. **Gistl.**

**Finger- und Handleisten** siehe *Daktyloskopie; Vaterschaftsnachweis und -ausschluß.*

**Fingierte Verbrechen** (= f. V.). (Vgl. auch Art.: Versicherungsbetrug.)

Unter f. V. versteht man die Vortäuschung von Tatbestandsmerkmalen, aus denen hervorgehen soll, als ob ein Verbrechen begangen worden ist. Jeder, der ein f. V. behauptet, verfolgt einen ganz besonderen Zweck. Die Art des erdichteten Verbrechens wird diesem gewünschten Zwecke angepaßt. Derjenige, der die Behörde irreführt, gibt sich meist als Opfer des angeblichen Verbrechens aus, bei dem er mehr oder weniger große seelische oder körperliche Schäden erlitten haben will.

Verhältnismäßig häufig sind die Urheber f. V. Jugendliche, in der Entwicklungs- und Pubertätszeit stehende Personen. Die in dieser Zeit an und für sich rege und leicht ausschweifende Phantasie kann durch irreführende Lektüre und schlechte Umgebung maßgebend beeinflußt werden. Wenn dazu noch ein Hang zum Renommieren und eine überhebliche Geltungssucht treten, so sind die Voraussetzungen und der Boden für Erdichtung von Verbrechen geschaffen. Zum Erfinden eines Verbrechens gehört eine gewisse Phantasie, Einbildungskraft und ein gewisses Maß von Intelligenz. Nicht selten werden bei den Personen, von denen Verbrechen fingiert worden sind, Merkmale psychopathischer Veranlagung angetroffen.

Viele Beschuldigungen unsittlicher Handlungen an jugendlichen Mädchen durch Lehrer und Erzieher finden so ihre Erklärung. Aber auch aus realen Gründen werden Sittlichkeitsverbrechen fingiert, nämlich wenn es gilt, eine Schwangerschaft als Folge eines der Umgebung und der Familie geheimgehaltenen Geschlechtsverkehrs zu bemänteln. Das geschwängerte oder geschlechtskrank gewordene Mädchen erdichtet einen Überfall oder eine Vergewaltigung. Auch die angeblichen Entführungen junger Mädchen stellen sich häufig als bloße Erdichtung zu dem Zwecke, einer verdienten Strafe zu entgehen, heraus. In einem Falle der Fingierung eines Überfalles auf ein Dienstmädchen hat die Untersuchung ergeben, daß sich die an sich psychisch labile Person vermutlich z. Zt. der Erdichtung in einem psychoseähnlichen Zustand (z. Zt. der Menstruation) befunden hat. Ein weiteres Motiv für Erdichtung von Raubüberfällen oder Diebstählen ist die Bemäntelung der Unterschlagung anvertrauter oder einkassierter Gelder. Ein anderer Beweggrund für die Vortäuschung eines Verbrechens ist der, ein anderes Verbrechen zu verheimlichen oder zu verdecken.

Dies führt hinüber zu den Fällen, wo durch ein Verbrechen, z. B. eine Brandlegung, ein anderes, z. B. ein Raubmord zu verdecken getrachtet wird. Es ergeben sich hier Beziehungen fingierter Verbrechen zu sog. fingierten Unglücksfällen, wo (z. B. Fall *Tetzner* und Fall *Keil*) Brandunglücksfälle von Kraftwagen zur Erlangung der hohen Versicherungssumme vorgetäuscht werden, die in Wirklichkeit Morde waren. Hierher gehört auch ein kürzlich von *Fritz* mitgeteilter Fall, wo von dem Ehemann, der seine Frau bei einer Fahrradtour vorsätzlich niedergeschossen hatte, ein Verkehrsunfall zu fingieren versucht worden ist. Andererseits konnten bei sicher beobachteten Unfällen Selbstmordabsichten nachgewiesen werden. Das letztere zeigt ein Fall von *Raestrup*, bei dem bei der Sektion eines anscheinend Verkehrsverunglückten eine tödliche Menge von

Cyankalium festgestellt worden ist. Dieses Gift hatte der Verunglückte aus selbstmörderischen Motiven, um seine frühere Verlobte in den Besitz einer hohen Versicherungsprämie zu bringen, genommen und ist dann, offenbar durch das Gift beeinflußt, mit hoher Geschwindigkeit gegen einen Baum gefahren.

Sozusagen die Umkehrung der Verhältnisse, wo Mörder Selbstmorde ihrer Opfer vorzutäuschen trachten, stellen die Fälle vor, wo Kapitalverbrechen wie Morde und Raubmorde von Selbstmördern fingiert werden, um ihre Hinterbliebenen in den Besitz einer Versicherungssumme zu setzen.

Wenn der Kriminalist bei der Rekonstruktion des Tatherganges an Hand der Aussagen des Opfers Lücken feststellt und bei der Besichtigung des Tatortes Merkmale vorfindet, die mit einer Handlung fremder Personen nicht zu vereinbaren sind, wird er Verdacht auf ein fingiertes Geschehen schöpfen. Auch wenn der Täuschende mit großem Scharfsinn zu Werke gegangen ist, wird es ihm doch kaum möglich sein, alle Kleinigkeiten und Dinge vorauszusehen, um den Kreis der zu einer idealen Vortäuschung notwendigen Tatsachen vollständig zu schließen.

Es ist wichtig, f. V. sogleich als solche zu erkennen, damit unnötige Erhebungen und damit Belastungen des gesamten Nachforschungsdienstes unterbleiben. Weiter ist es notwendig, die Fingierung von Verbrechen zu bestrafen, schon aus dem Zwecke, falsche Anzeigeerstatter abzuschrecken. Der Täuschende kann zum Ersatz der durch die Erhebung entstandenen Kosten verurteilt werden. Wenn durch die Täuschung die Öffentlichkeit stark beunruhigt worden ist, so kann der Anzeigende wegen Verursachung groben Unfugs bestraft werden. Wenn eine bestimmte Person von dem Anzeigenden eines Verbrechens zu Unrecht beschuldigt wird, so kann der Anzeigende wegen wissentlich falscher Beschuldigung strafrechtlich verfolgt werden. Aber meist handelt es sich bei Fingierung von Verbrechen nicht um Beschuldigungen gegen eine bestimmte Person, sondern gegen Unbekannte. In einem solchen Falle hat es nach den früheren deutschen strafrechtlichen Bestimmungen keine Möglichkeit gegeben, gegen den Täuschenden vorzugehen. Die hier noch bestehende strafrechtliche Lücke ist durch die Bestimmungen vom 1. 9. 1935 überbrückt worden. Durch sie wird der Richter ermächtigt, in der Auslegung der Gesetztexte nicht nach den Buchstaben, sondern nach dem Sinn und Zweck des Gesetzes Recht zu sprechen. Dadurch wird es auch in solchen Fällen möglich sein, unserer heutigen strafrechtlichen Auffassung, daß jede Schädigung der Allgemeinheit ihre Sühne finden soll, Rechnung zu tragen und den Täuschenden der verdienten Strafe zuzuführen.

*Schrifttum.*

*Florschütz:* Ärztl. Sachverst.ztg. **18**, 493. — *Fritz:* Z. Dtsch. z. gerichtl. Med. **31**, 4. — *Heiland:* Dtsch. Pol. Arch. vom 10. 12. 1927, Nr. 23. — *Holters:* Kriminal. Mh. vom Juni **1928**, 6. — *Kockel:* Dtsch. Z. gerichtl. Med. **21**, 112. — *Peßler:* Arch. Kriminol. **55**, 271. — *Polke:* Polizeipraxis vom 1. 5. 1926, Nr. 8. — *Polke:* Dtsch. Pol. Arch. vom 25. 4. 1926. — *Raestrup:* Arch. Kriminol. **100**. — *Raestrup:* Dtsch. Z. gerichtl. Med. **26**, 26.                    **Burkert.**

## Fischschuppen.

Kriminalistische Untersuchungen von Fischschuppen dürften m. E. wohl nur äußerst selten gefordert werden. Jedenfalls sind diesbezügliche Angaben im Schrifttum nicht vorhanden. Man könnte sich aber wohl vorstellen, daß gelegentlich eines Fischdiebstahls die Frage aufgeworfen werden könnte, ob aufgefundene Schuppen von einer bestimmten Fischart herrühren. Unter Umständen könnte sogar die Untersuchung des Menschenkotes zur Klärung dieser Frage herangezogen werden, da

die Schuppen wegen ihres besonderen chemischen Verhaltens von den Verdauungssäften nicht angegriffen werden.

Die Schuppen stellen keineswegs, wie man sich dies so leicht vorzustellen geneigt ist, die äußerste Bedeckung der Fische dar, vielmehr liegen sie in der Lederhaut und werden von der Oberhaut (Epidermis), in der auch die Schleimzellen eingebettet sind, überdeckt. Ähnlich dem auf bindegewebiger Grundlage gebildeten Knochen (Schädeldach, Gesichtsknochen des Menschen) ordnen sich entwicklungsgeschichtlich unter der Oberhaut Bindegewebszellen an und scheiden den Schuppenkeim ab. Letzterer stellt sich dann schräg und dringt mit dem Hinterende gegen die Oberhaut vor, wobei zu dieser Zeit die junge Schuppe noch mit einer Schicht von Kernen (Skleroblasten) — ähnlich den Osteoblasten — allseitig umgeben ist.

Die fertigen Schuppen liegen demnach also in der Lederhaut und buchten die sie überlagernde Epidermis bei dem Auswachsen vor, wodurch

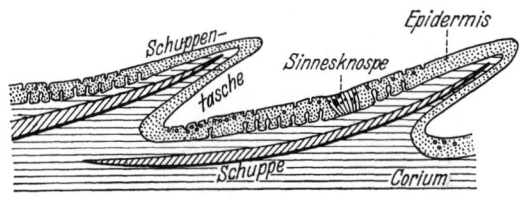

Abb. 1. Schematischer Längsschnitt durch die Haut der Flußbarbe mit 2 Schuppen. (Aus dem Handb. der Binnenfischerei.)

Schuppentaschen gebildet werden. Nach ihrer schrägen Anordnung ist es verständlich, daß sich die Schuppen dachziegelartig überlagern. Unter den Schuppen findet sich häufig eine Schicht silberglänzender Guaninkristalle.

Die fertige Schuppe stellt ein elastisches, biegsames Gebilde dar, das durch fast völlige Verkalkung eine große Widerstandsfähigkeit erlangt. Dabei besteht die äußere Schicht — natürlich nach Ablösung des Epithels und des Bindegewebes —, die sog. Glasschicht (Hyalodentinschicht), fast nur aus anorganischer Substanz und zeichnet sich durch besondere Härte aus, läßt jedoch keine Spur von Knochenbau erkennen. Dagegen zeigt die untere Schicht unverkennbaren Knochenbau mit einer wechselnden Zahl übereinandergelagerter Knochenlamellen, die durch Kittsubstanz miteinander verbunden sind. Die organische Substanz der Schuppen scheint mit der des Knochens weitgehend übereinzustimmen und soll sich beim Kochen zum größten Teil in Leim verwandeln.

Die Schuppen zeigen je nach der Fischart meist verschiedenes Aussehen, so daß nach Form und Gestaltung derselben mitunter weitgehende Rückschlüsse gezogen werden können. Es gibt mehr kreisförmige Schuppen (Rundschuppen, Cycloidschuppen bei Weißfischen), ovale und Längsschuppen; weiters Schuppen mit einem kleinen, meist im Zentrum gelegenen Loch oder einer rinnenförmigen Anlage. Bei manchen Fischarten sieht man am Hinterende der Schuppen wie Zinken an einem Kamm angeordnete Zähne, die nach dem Mittelpunkt der Schuppe hin allmählich an Größe abnehmen (Kammschuppen, Ctenoidschuppen bei Barschfischen) sowie dachförmig geknickte Schuppen (Kielschuppen auf der Bauchkante). Die meisten Schuppen weisen vom Mittelpunkt der Schuppe ausgehend konzentrische Kreise auf, die den Anwachsstreifen entsprechen. Viele Schuppen sind überdies durch tiefgreifende, am Vorderende der Schuppen ausgebildete Radialfurchen ausgezeichnet, bei anderen sind sie wiederum nur angedeutet oder sogar nach vorne, wie nach hinten zu ausgebildet, so daß nur zwei Seitenfelder frei von derartigen Furchen bleiben.

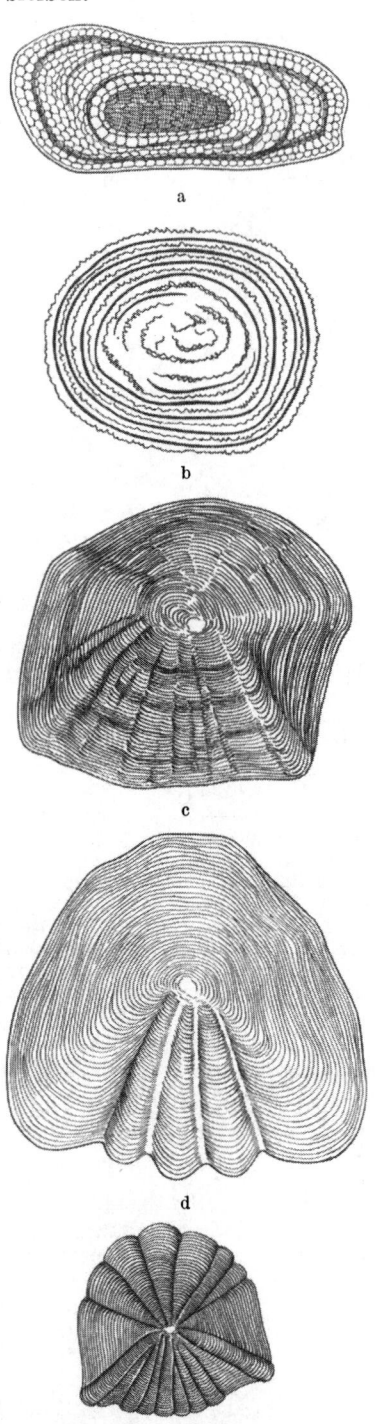

Abb. 2. Verschiedene Schuppenformen von Süßwasserfischen.
*a* Schuppe des Aales *(Anquilla vulgaris)*, *b* Schuppe der Quappe *(Lota vulgaris)*, *c* Schuppe eines Sandfelchen *(Coregonus fera)* aus dem Genfer See, *d* Schuppe der Äsche *(Thymallus vulgaris)*, *e* Schuppe des Rotauges *(Leuciscus rutilus)*. (Aus *Grote, Vogt* und *Hofer.*) (Aus dem Handb. der Binnenfischerei Mitteleuropas.)

Nach Anordnung und Zahl der konzentrischen Anwachsringe kann man bei einigen Fischarten sogar aus den Schuppen allein das Alter der Fische bestimmen, ähnlich den Jahresringen bei Bäumen.

Aus Raummangel ist es nicht möglich, die Vielgestaltigkeit der Schuppen einzelner Fischarten auch nur einigermaßen anzuführen. Eine ausführliche und bildlich hochstehende Übersicht ist im Werke „Die Süßwasserfische Deutschlands“ gegeben.

Daß derartig schwierige Fischschuppenuntersuchungen, die nur unter Heranziehung eines ausreichenden Vergleichsmaterials zu lösen sind, nicht von jedem beliebigem Gutachter, der gerade über ein Mikroskop verfügt, durchgeführt werden können, sondern nur von einem eingearbeiteten Sachbearbeiter, der ständig mit derartigen Untersuchungen beschäftigt ist, behandelt werden sollen, ist selbstverständlich. Man wird sich wohl am zweckmäßigsten an Zoologische Institute wenden.

*Schrifttum.*
Handb. der Binnenfischerei Mitteleuropas, II B. Stuttgart 1936. (Mit Literatur.) — Die Süßwasserfische Deutschlands V. Aufl. von *Nitsche-Hein.* Berlin 1932.　**Fritz.**

**Fischvergiftung** siehe *Nahrungsmittelvergiftung.*

**Flachs** siehe *Faserstoffe.*

## Flagellation.

Was die *Flagellation* angeht, so führt *Moll* aus, daß sie „Ausdruck des Masochismus“ (s. d.) sein könne, sie könne aber „auch als ein lediglich physischer Reiz gesucht werden, indem ‚vasomotorische‘ und ‚reflektorische Einflüsse durch Flagellation zur Erektion und zum Erguß führen“. *Moll* betont ausdrücklich, daß bei den Fällen, die zum Masochismus zu rechnen seien, ‚der Wunsch, flagelliert zu werden, ausschließlich aus Gefühlen‘ hervorgehe, um hierin einen Ausdruck der Unterwerfung zu sehen. Verf. hat Fälle von Flagellation nicht beobachtet. Es ist eine bekannte Tatsache, daß masochistische Lüstlinge sich von Prostituierten geißeln lassen, um sexuelle Befriedigung zu finden.

*Schrifttum.*
*Moll:* Handb. d. Sexualwissenschaften. Leipzig 1926.　**Többen.**

**Flechtstoffe** siehe *Faserstoffe.*

**Fliegenmaden** siehe *Leichenfauna.*

**Fliegenpilz** siehe *Pilzvergiftungen.*

## Flit.

Insektenvertilgungsmittel, bestehend aus Petroleum, 5%igem Campheröl, Chrysanthemumpulver und Pyrethrum. Chrysanthemum resp. Pyrethrum enthalten ein ätherisches Öl, zeigen Reizwirkung und narkotische Wirkung.

Gemeldet ist eine tödliche Vergiftung durch Trinken von Flit in selbstmörderischer Absicht, kombiniert mit gleichzeitiger Laugenwirkung. Weitere Vergiftungen sind in der Literatur nicht gemeldet. Gefährdet scheinen höchstens Kinder, wenn Flit im Hause nicht verschlossen aufbewahrt wird.

*Schrifttum.*
*Incze:* Tödliche Vergiftung durch Trinken eines Insektenvertilgungsmittels (Flit) und einer Laugensteinlösung. Selbstmord. Slg. Verg.-Fälle **6**, 77 A (1935).　**Schwarz.**

**Flobertwaffen** siehe *Schußwaffen und Munition.*

**Floraevit** siehe *Schädlingsbekämpfungsmittel.*

**Florence-Probe** siehe *Sperma und Spermaflecken.*

## Flüchtige organische Gifte. (Vgl. auch Art.: Äthylalkohol.)

Diese Giftklasse umfaßt die gasförmigen und die flüchtigen flüssigen und festen Kohlenstoffverbindungen, von denen einige, wie Blausäure, Methylalkohol, Phenole, Inhalationsnarkotica, eine erhebliche gerichtsärztliche, andere, wie die Mehrzahl der modernen Lösungsmittel für Fette, Lacke, Kautschuk, Anstrichfarben, zahlreiche Schädlingsbekämpfungsmittel und flüchtige Industriezwischenprodukte, eine vorwiegend gewerbe-toxikologische Bedeutung haben. In diese Klasse gehören auch Kohlenoxyd, Kohlensäure, der Äthylalkohol und die Kampfgase, die gesondert behandelt sind (s. d.).

Abgesehen von absichtlicher oder zufälliger Beibringung vom Munde aus gelangen flüchtige Gifte vornehmlich als Gase, zum Teil auch als Nebel oder Staub, im allgemeinen ungewollt und zwangsläufig, vielfach unbemerkt, da sie unsichtbar, geruchlos oder von unauffälligem Geruch sind und nicht selten nur vorübergehend entsprechend ihrer Flüchtigkeit im Arbeitsprozeß auftreten, mit der Atemluft in die Lungen, wo sie durch die große Lungenoberfläche schnell im Blut gelöst auf dem Blutwege im Körper verteilt (grundsätzlicher Unterschied zu Vergiftungen vom Munde aus, Umgehung der Leber) und infolge ihres Lösungsvermögens für Fette und fettähnliche Stoffe (Lipoide) zunächst in den Fettdepots des Körpers und vor allem auch im ZNS. festgehalten werden. Hier wirken sie physikalisch auf die Zellmembranen, Zellen und Zellinhaltsstoffe zustandsändernd durch Quellung, Lösung von Lipoiden, Umladung der Kolloidsysteme usw. ein. Neben dieser rein physikalischen Wirkung auf das ZNS. und seine Zellen, die vielfach zunächst in Erregungszuständen, bald aber in Lähmung zuerst der Großhirnzentren, dann des Rückenmarks und zuletzt des verlängerten Marks z. T. unter Ausbildung eines Hirnödems und endlich Atemlähmung sich äußert (einzelne Stadien der Narkose), laufen nicht chemische Giftwirkungen einher, die vielfach nicht durch die ursprüngliche Substanz, sondern durch im Körper aus ihr gebildete giftige Umwandlungsprodukte hervorgerufen werden.

Neben und nach den akuten narkotischen Giftwirkungen, die nach Aufhören der Giftzufuhr verhältnismäßig schnell und leicht vorübergehen, können somit noch resorptive Giftwirkungen auftreten, die besonders bei längerer Aufnahme, also bei subakuten und chronischen Vergiftungen, als schwere Stoffwechselstörungen und degenerative Schädigungen der inneren Organe sich äußern können. Die Ausscheidung der flüchtigen Gifte erfolgt im allgemeinen zu einem erheblichen Teil durch die Lungen, giftige Umwandlungsprodukte, die z. T. entgiftet werden, verlassen auch durch Leber und Nieren den Körper. Zahlreiche Substanzen dieser Giftklasse besitzen auch in mehr oder minder hohem Grade örtliche Reizwirkungen auf die Schleimhäute der Luftwege und die Lungen selbst oder des Magens infolge hydrolytischer Zersetzung (Abspaltung von Säuren), Wasserentziehung, Entfettung und Eiweißfällung. Manche der Substanzen dringen auch verhältnismäßig leicht durch die unversehrte Haut in den Körper ein und werden dann aus den subcutanen Fettdepots auf dem Lymphwege im Körper verteilt. Bei den akuten Vergiftungen stehen neben örtlichen Reizerscheinungen vornehmlich die lähmenden Wirkungen auf das ZNS. im Vordergrund des Vergiftungsbildes als mehr oder minder deutliche Zustände von Bewußtseinstrübung bis Bewußtlosigkeit, Krämpfe und Lähmungen, wie sie auch bei der Narkose in ihren verschiedenen Stadien beobachtet werden. Hieran können sich Nachkrankheiten wie Bronchitiden, Bronchopneumonien u. a. m. anschließen.

Dahingegen treten bei chronischen Vergiftungen mehr die resorptiven Giftwirkungen mit ihren Folgen für den Stoffwechsel und die verschiedenen inneren Organe (Änderungen im Blutbild, Leber- und Nierenschädigungen) ein.

Als Todesursache kommen bei allen akuten Vergiftungen vorwiegend Hirnödem, Lungenödem und Lähmung des Atemzentrums in Betracht. Der Sektionsbefund bietet demnach die Zeichen des Erstickungstodes: Erstickungsblutungen, akute Stauungsorgane, flüssiges Blut im Herzen usw. Bei chronischen Vergiftungen ist die Todesursache als Folge der degenerativen Veränderungen an den inneren Organen, Leber, Nieren und Knochenmark gegeben. Wenn auch die Beziehungen zwischen chemischer Konstitution und Giftwirkung noch vielfach ungeklärt sind, so läßt sich doch bemerken, daß die Giftwirkung mit steigendem Molekulargewicht, soweit die damit verbundene Verminderung der Flüchtigkeit und Löslichkeit sie nicht aufhebt, und mit der Anwesenheit von Verzweigungen und Doppelverbindungen im Molekül zunimmt. Es läßt sich bemerken, daß die ringförmig gebauten aromatischen Kohlenwasserstoffe und ihre Abkömmlinge erheblich giftiger sind als die kettenförmigen aliphatischen, und daß der Eintritt von reaktionsfähigen Gruppen ($OH$, $NO_2$, $NH_2$, Halogene) in das Molekül die Giftigkeit im allgemeinen verstärkt, weil dann leichter giftige Umwandlungsprodukte im Körper entstehen können. Es wirken somit die Kohlenwasserstoffe (= KW.) als reaktionsträge Verbindungen vorwiegend nur physikalisch in Art der Narkose auf das ZNS. ein, ähnliches gilt für die niederen Alkohole (Ausnahme Methylalkohol), die einfachen Äther, Aldehyde, Ketone und zahlreiche Ester. Bei aromatischen KW. (Benzol) tritt eine ausgesprochene Giftwirkung aufs Blut hinzu. Halogenderivaten ist häufig eine besondere leberschädigende, stoffwechselstörende Wirkung eigen und Verbindungen wie Glykol, Tetrachloräthan kommt eine nierenschädigende Wirkung zu. Schwefelkohlenstoff ist ein spezifisches Nervengift, Blausäure ein Fermentgift. Nitroderivate und aromatische Amine wirken als Blutgifte.

1. *Kohlenwasserstoffe:* a) Aliphatische KW. Sie kommen in Erdöl vor, die Anfangsglieder der Reihe sind gasförmig; Methan, Äthan, Propan, Butan. Sie wirken als Stickgase. Bei *Methan* $CH_4$ (*Sumpfgas, Schlagwetterexplosionen*) ist die narkotische Wirkung noch nicht ausgeprägt. *Propan* und *Butan* werden synthetisch hergestellt und sind moderne Heiz- und Treibgase. Eine Bedeutung als Gifte kommt ihnen nicht zu, ihre Gemische mit Luft sind brennbar (Explosion). Von den ungesättigten einfacheren Kohlenwasserstoffen werden *Äthylen* und *Acetylen* (s. d.) in reinem Zustand unter Zumischung von 10 bis 20 % Sauerstoff als reizlose Inhalationsnarkosegemische verwendet. Dabei vorgekommene Vergiftungen sind auf Verunreinigungen (Kohlenoxyd) zurückgeführt. Acetylen (komprimiert in Aceton gelöst in Stahlflaschen) wird in großen Mengen zum autogenen Schweißen benutzt. Es wird aus Calciumcarbid durch Umsetzen mit Wasser gewonnen und enthält zahlreiche hochgiftige Verunreinigungen: Phosphorwasserstoff, Arsenwasserstoff, Schwefelwasserstoff, Kohlenoxyd usw. Vergiftungen, auch tödliche, beim Schweißen (vor allem in engen Räumen) sind auf diese Verunreinigungen, Bildung von Kohlenoxyd, vielleicht auch von nitrosen Gasen (Spättodesfälle) zurückzuführen. Die flüssigen Glieder der aliphatischen KW. finden sich in den verschiedenen Destillationsprodukten des Erdöls, die leicht flüchtigen *Pentan* bis *Oktan* in den verschiedenen Benzinen, Oktan und *Nonan* in Petroleum. *Benzin* dient außer als Treibmittel für Benzinmotoren als Lösungsmittel für Lacke, Fette, wird vielfach in Reinigungsanstalten und zum Entfetten von Metallteilen usw. benutzt. Benzindämpfe wirken anfangs angenehm berauschend (Benzinsucht der Arbeiter), später rufen sie Bewußtlosigkeit, Muskelstarre, Krämpfe hervor. Folgen der Ben-

zinatmung äußern sich als Kopfschmerz, Benommenheit, Schwindel. Bei dauernder Einatmung kleiner Benzindampfmengen kommt es auch zu allerdings geringfügigeren Veränderungen des Blutbildes. Vergiftungen vom Munde her (20—50 g) infolge Verwechslung führen zu Übelkeit, Brennen im Munde und Speiseröhre (lokale Wirkung), Erbrechen, Geruch der Atemluft nach Benzin. Capillarschädigende Wirkung führt zu Blutungen in der Magenschleimhaut und in den Lungen. Dauerndes gewohnheitsmäßiges Trinken kleiner Benzinmengen kann zu schweren kachektischen Zuständen führen. Ähnlich, vor allem brechreizend wirkt *Petroleum* (s. d.). Benzin oder Petroleum werden auch von der Haut aus aufgenommen, in ihnen vorhandene Verunreinigungen erzeugen Acne und Ekzeme. Unter die Haut gebracht, erzeugen Benzin und Petroleum Nekrosen und Phlegmone (Selbstbeschädigung). Petroleumumschläge (Volksheilmittel) erzeugen Hautentzündungen.

b) Die gesättigten ringförmigen Kohlenwasserstoffe die teilweise ungesättigten (als Naphthene in bestimmten Petroleumsorten), ferner Hexahydrobenzol, durch Hydrieren aus Benzol gewonnen, als Motortreibmittel, Lacklösungsmittel, hydrierte Naphthaline (s. d.) als schwerflüchtige Lacklösungsmittel wirken giftiger als die aliphatischen KW. Schwerere Vergiftungen durch sie sind nicht bekannt geworden.

c) Aromatische KW. *Benzol,* $C_6H_6$, Steinkohlendestillationsprodukt ebenso wie die Homologen *Toluol,* $C_6H_5CH_3$, und *Xylol,* $C_6H_4(CH_3)_2$, sind erheblich giftiger als die aliphatischen KW. *Benzol* dient als Betriebsstoff, Lösungsmittel, Entfettungsmittel, als Ausgangsstoff für Teerfarben, Sprengstoffe. Es wirkt örtlich reizend, zentral narkotisch und resorptiv als Blutgift. Reizwirkung auf die Haut Brennen bis Blasenbildung. Bei akuter Vergiftung wirkt Benzol narkotisch, zunächst rauschartige Erregungszustände, Euphorie, Gesichtsröte, schnell in Müdigkeit, Benommenheit, Koma und Tod übergehend. Bei Einatmung großer Mengen tritt der Tod in wenigen Minuten ein, der Sektionsbefund ist uncharakteristisch, Erstickungsblutungen, Geruch nach Benzol in Kopfhöhle und Lungen kann fehlen. Die Vergiftungserscheinungen nicht tödlich endender Benzolvergiftungen sind uncharakteristisch und klingen im allgemeinen bald ohne Folgen ab. Benzol-Homologe und -Abkömmlinge werden im Körper oxydativ abgebaut über die giftigen Phenole und Dioxybenzole bis zur Muconsäure unter Aufspaltung des Ringes. Diese giftigen Abbauprodukte sind mit die Ursache der Schwere der chronischen Benzolvergiftung, die gekennzeichnet ist durch Blutungsneigung, ausgedehnte Haut- und Schleimhautblutungen (wie *Werlhoffsche* Purpura, bei Frauen auch Uterusblutungen). Klinisch äußert sie sich in Kopfschmerz, Müdigkeit, Appetitlosigkeit, Brechreiz, Herzklopfen u. a. m. Im Urin Eiweiß und granulierte Zylinder. Charakteristisch ist die Änderung des Blutbildes: Anämie und nach vorübergehender Leukocytose Leukopenie bis zur Aleukie sowie Thrombopenie als Folge der Schädigung des ganzen hämatopoetischen Systems: Knochenmark, Milz und adenoides Gewebe, Lymphdrüsen. Bei tödlichen chronischen Benzolvergiftungen sind dementsprechend degenerative Veränderungen an Milz und Lymphknoten vorhanden, das Knochenmark ist gelatinös blaßgelb, Haut, Schleimhäute und seröse Häute zeigen ausgedehnte Blutungen. Für Benzol bestehen strenge Vorschriften (Benzolmerkblatt). Benzolvergiftung ist meldepflichtige Berufskrankheit. *Toluol* (Lösungsmittel in Anstrichfarben und Spritzlacken), *Xylol* (in Tiefdruckfarben) wirken entsprechend.

*Naphthalin,* $C_{10}H_8$, (s. d.) ist sehr giftig, führt aber wegen seiner Schwerlöslichkeit und -flüchtigkeit nur sehr selten zu Vergiftungen.

2. *Halogenkohlenwasserstoffe:* Sie leiten sich von KW. durch Eintritt von Halogen an Stelle von Wasserstoff ab, sind stärker wirksam als die KW., neigen zu hydrolytischer Spaltung und wirken im allgemeinen qualitativ sehr ähnlich. Lokal reizend, zentral zunächst erregend, dann lähmend, Erschlaffung der Muskulatur, Schwinden der Reflexe, Blässe, verlangsamte Atmung, Atemstillstand. Plötzliche Einatmung hoher Dosen kann zu Herzlähmung führen (s. d. Art.: Narkosetod). Dazu resorptive Schädigung der inneren Organe, degenerative Prozesse an Herz, Leber, Nieren usw. (Spättodesfälle).

*Methylchlorid,* $CH_3Cl$, und *Methylbromid* sind Gase, werden in Kältemaschinen, das Bromid in Handfeuerlöschapparaten verwendet. Zerfallen im Körper z. T. in Methylalkohol (s. unten) und Halogenwasserstoffsäure. Ausscheidung durch die Lungen erfolgt langsam, Kopfschmerzen, Müdigkeit, unsicherer Gang, Schlafsucht, Sehstörungen wie bei Methylalkohol.

*Methylenchlorid,* $CH_2Cl_2$, (KP 41°) dient als Lösungsmittel und als Solaesthin zu verhältnismäßig rasch vorübergehenden Rauschnarkosen.

*Chloroform,* $CHCl_3$, (KP 61°) wird in chemischer Technik als Lösungsmittel wenig verwendet, in der Medizin früher häufiger zu Narkosen benutzt. Einatmung bewirkt erhebliche örtliche Reizwirkungen, alsdann leichte Erregung, dann oberflächliche, später tiefe Narkose. Betreffs Todesfälle s. d. Art.: Narkosetod. Chloroformsucht kommt selten vor.

*Tetrachlorkohlenstoff,* $CCl_4$, (KP 76°) Fettlösungsmittel, Fleckwasser im Haushalt, Benzinersatz (nicht brennbar), Feuerlöschmittel (Phosgenbildung), Ungeziefervertilgungsmittel. Einatmung führt zu Hustenreiz, Kopfschmerz, Benommenheit. Bei längerer Aufnahme können Schädigungen des Sehnerven eintreten (Nebelsehen). Trinken von $CCl_4$ (Fleckwasser) führt zu Erbrechen, langdauernder Benommenheit, Geruch der Atemluft nach $CCl_4$. Degenerative Verfettung der inneren Organe sind im allgemeinen durch Verunreinigungen (technisches Produkt) bedingt.

*Chloräthyl,* $CH_3CH_2Cl$, (KP 12°) wird als Extraktionsmittel und Lösungsmittel sowie in der Kälteindustrie verwendet, in der Medizin zu Rauschnarkosen mit rasch vorübergehender Wirkung und zu Kälteanästhesie benutzt. Hierbei sind Vergiftungen und auch Todesfälle vorgekommen. *Bromäthyl* wirkt ähnlich, jedoch ungleich giftiger (Bildung giftiger Umsetzungsprodukte im Körper). Dihalogenderivate des Äthans, *Äthylenchlorid,* $CH_2Cl \cdot CH_2Cl$, die entsprechende *Bromverbindung* und *Äthylidenchlorid,* $CH_3CHCl_2$, dienen vorwiegend als Lösungs- und Entfettungsmittel, wirken ähnlich wie Chloroform, ebenso die *Trichloräthane,* $CH_2Cl \cdot CHCl_2$ und $CH_3 \cdot CCl_3$, während *Tetrachloräthan,* $CHCl_2CHCl_2$, (KP 145°) ein Narkoticum mit schwerer resorptiver Giftwirkung ist. Es dient als Lösungsmittel für Celluloseacetate (Lacke) in der Flugzeugindustrie, Kunstseiden-, Filmfabrikation, als Lösungsmittel für Klebemittel in der Schuhindustrie. Ist eines der giftigsten Lösungsmittel. Kurzdauernde Einwirkung führt zu Reizung der Schleimhäute, Kopfschmerz, Übelkeit, Schädigung der sensiblen Hautnerven (Parästhesien). Längere Einwirkung führt außer zu Magen-Darmbeschwerden zu schweren, häufig tödlich endenden Leberschädigungen (Bild der akuten gelben Leberatrophie, Ikterus), wird als Abortivum getrunken.

Ähnlich und noch giftiger wirkt das als Lösungsmittel für Celluloseacetatlacke verwendete *Pentachloräthan.*

*Trichloräthylen* (= Tri.), $CHCl \cdot CCl_2$, (KP 87°)

dient als Lösungs- und Entfettungsmittel, wirkt narkotisch, örtlich reizend, auf die Haut blasenbildend und resorptiv vor allem auf Sehnerven (Erblindung) ein. Als Rauschgift führt es leicht zu ,,Tri."sucht. Es treten dazu besonders Lähmungen des Trigeminus (Unempfindlichkeit der Gesichts- und Kopfhaut, Aufhebung des Geruchs- und Geschmackssinnes) auf. Als Chlorylen medizinisch gegen Trigeminusneuralgie verwendet.

*Chlorbenzol* ($C_6H_5 \cdot Cl$, flüssig) und *Dichlorbenzol* ($C_6H_4Cl_2$, fest) (als Globol Mottenschutzmittel) wirken ähnlich wie Benzol. *Benzylchlorid*, $C_6H_5 \cdot CH_2Cl$, und ähnliche wie *Xylolbromid* sind Reizstoffe für alle Schleimhäute (s. d. Art.: Kampfgase).

*3. Alkohole* (= A.): Alkohole sind Hydroxylderivate der KW. Sie leiten sich von ihnen ab durch Ersatz eines oder mehrerer Wasserstoffatome durch die Hydroxyl OH-Gruppe (ein- und mehrwertige Alkohole). Die mehrwertigen Alkohole sind abgesehen von Glykol nichtflüchtig und auch nicht giftig. Nach der Stellung der OH-Gruppe im Molekül unterscheidet man primäre A. (endständig), sekundäre A., Isoalkohole (mittelständig) und tertiäre (an Verzweigung der Kette). Die narkotischen und giftigen Wirkungen der primären, sekundären und tertiären Alkohole unterscheiden sich in geringem Maße. Die niederen aliphatischen Alkohole sind schwach lokal reizend und betäubend, narkotisch, anfangs erregend, später lähmend wirkende, anfangs mit Wasser in jedem Verhältnis mischbare, später lösliche, mit zunehmendem Molekulargewicht schwerer lösliche, brennbare Flüssigkeiten (bis fünf Kohlenstoffatome). Sie besitzen auch geringe zellschädigende Wirkungen infolge ihres Fettlösungs- und Eiweißfällungsvermögens. Mit steigendem Molekulargewicht nehmen die lokalen und resorptiven narkotischen und giftigen Wirkungen zu. Der Eintritt der Hydroxylgruppe an den Kern aromatischer Kohlenwasserstoffe hebt ihre narkotische Wirkung auf und bewirkt saure, stark eiweißfällende Eigenschaften, so daß Phenole schwere Zellgifte sind. Die Alkohole werden vor allem als Lösungsmittel, die Phenole als Desinfektionsmittel und Ausgangsprodukte für komplizierte Verbindungen in der Farben- und Sprengstoffchemie verwendet.

*Methylalkohol*, $CH_3OH$, ist der einfachste aliphatische Alkohol (KP 66°), kommt zu etwa 70% neben Aceton im Holzgeist (Vorlauf bei der Holzdestillation) vor und wird in großen Mengen synthetisch gewonnen (*Methanol*), dient als Lösungsmittel für zahlreiche Lacke, Anstrichfarben und als Reinigungsmittel an Stelle von Äthylalkohol. Wirkt weniger narkotisch, ist aber ein starkes Nervengift. Bereits 5—10 g können schwere Vergiftungen auslösen. Individuell verschiedene Empfindlichkeit. Die Ausscheidung erfolgt langsam, Gefahr der Kumulation, z. T. durch die Lungen, ein anderer Teil wird allmählich im Körper oxydiert (Ameisensäure im Urin). Dabei entstehen hochgiftige Zwischenprodukte, die für die außergewöhnliche Nervengiftwirkung des Methylalkohols verantwortlich gemacht werden. Die Giftwirkung tritt häufig erst nach längerer Latenz plötzlich mit Kollaps, Bewußtlosigkeit, Cyanose, Krämpfen ohne vorangegangenen großen Rausch ein und endet nicht selten tödlich. Massenvergiftungen durch methylalkoholhaltigen Branntwein sind häufig vorgekommen. Brennspiritus enthält 9% Holzgeist und 1% Pyridin als Denaturierungsmittel. Die Nervengiftwirkung äußert sich vor allem durch Schädigung des Sehnerven und der Netzhaut, führt zu Sehstörungen, Abnahme des Sehvermögens bis zur Blindheit (stets doppelseitig). Die Blindheit ist häufig irreparabel, in anderen Fällen bleiben ausgedehnte zentrale Skotome zurück.

Auch Ertauben, Schädigung des Hörnerven, ist beobachtet worden. Die Todesursache ist Atemlähmung mit entsprechendem Sektionsbefund. Einatmen von Methylalkoholdämpfen (gewerbliche Vergiftungen) führt zu erheblicher Reizung der Schleimhäute, der Augen und Atemwege. Auch hier kommt es neben schlechter Pupillenreaktion, Kopfschmerzen, Schwindel, Ohrensausen bei längerer Einatmung vor allem zu Sehstörungen.

*Äthylalkohol* ist gesondert behandelt (s. d.). *Propylalkohole, Butylalkohole, Amylalkohole* und *Cyclohexanol* werden als Lösungsmittel in der Industrie verwendet, es sind zunehmend stärker lokal und narkotisch wirkende Flüssigkeiten. Der tertiäre *Amylalkohol, Amylenhydrat*, wird als Schlafmittel benutzt, es sind eine Anzahl schwerer Vergiftungsfälle bekannt geworden (Überdosierung). *Benzylalkohol* dient als Lösungsmittel und als Lokalanästheticum.

*Tribromäthylalkohol, Avertin*, wird als Narkosemittel (rectale Narkose, Basisnarkose) verwendet, es sind eine Anzahl schwerer Vergiftungen und Todesfälle bekannt geworden.

*Glykol*, $CH_2OH \cdot CH_2OH$, (KP 219°) wird als Gefrierschutzmittel (Autokühler) benutzt, in der Industrie als Weichmachungsmittel für Lacke, es wirkt schwach narkotisch, lokal schwach reizend und ruft innerlich genommen Nieren- und Darmentzündungen hervor.

*Phenol* (Carbolsäure) und *Lysol* sind gesondert behandelt (s. d.).

*4. Äther:* Die Äther sind Anhydride aus zwei Molekülen Alkohol. Sie wirken lokal reizend und narkotisch, gewerbliche Vergiftungen kommen im allgemeinen nicht vor, da sie wegen ihrer Flüchtigkeit in der Industrie in geschlossenen Apparaturen verwendet werden.

*Diäthyläther, Schwefeläther, Äther*, $C_2H_5 \cdot O \cdot C_2H_5$, (KP 35°) dienen in der Sprengstoff- und Kunstseidenindustrie (Kollodium) als Lösungs- und Extraktionsmittel, medizinisch als Inhalationsnarkoticum. Kurz dauernde Einwirkung großer Ätherdampfmengen führt zu starker Reizung der Atemwege, Speichelfluß, Erbrechen, Narkose, Lungenentzündung. Anfangs blaurotes Gesicht, Erblassen, Temperaturabfall, Erkalten der Glieder, Absinken des Blutdrucks, Pupillenerweiterung, flache unregelmäßige Atmung, Atemstillstand. Bei allmählicher Zufuhr (Narkose) anfangs Beeinträchtigung der Koordination für feine Bewegungen, dann Gliederschwere, Benommenheit und rauschartige Zustände. Die Erregungszustände gehen allmählich in Bewußtlosigkeit, allgemeine Lähmung der Muskulatur, Aufhören der Reflexe über. Das Gesicht ist starr und blaß. Erhöhung der Konzentration führt zu Atemstörung und Atemstillstand. Dauernder Aufenthalt in ätherhaltiger Luft (Fabriken, schlecht gelüftete kleine Operationssäle) kann zu chronischer Äthervergiftung: Appetitlosigkeit, Mattigkeit, Kopfschmerz usw. führen. Äther wird durch Einwirkung von Licht und Luft in giftigere Oxydationsprodukte (Peroxyde, Aldehyde usw.) umgewandelt. Äthersucht, gewohnheitsmäßiges Trinken von Äther zur Erregung von Rauschzuständen kommt vereinzelt vor. Folgezustände ähnlich dem chronische Alkoholismus.

*Äthylenoxyd*, $CH_2 - CH_2$, (KP 12,5°) innerer Äther $\diagdown O \diagup$ des Glykols, wird als Schädlingsbekämpfungsmittel mit $CO_2$ gemischt verwendet, (T-Gas, Ätox), wirkt narkotisch und als schweres Zellgift. Vergiftungen bei Menschen sind bisher nicht bekannt geworden, bei der hohen Giftigkeit aber leicht möglich.

*Diglykol*, $HOC_2H_4 \cdot OC_2H_4OH$, (KP 245°) Lösungsmittel. In Amerika hat ein pharmaz. Präparat, das Diglykol enthielt, zahlreiche schwere und tödliche Vergiftungen infolge schwerer Nierenschädigungen herbeigeführt.

$$Dioxan,\ O\diagdown_{\begin{subarray}{l}CH_2-CH_2\\CH_2-CH_2\end{subarray}}\diagup O,\ (KP\ 101°)$$ Lösungsmittel, schwach lokal reizendes Narkoticum, Leber und Nierengift, wird neuerdings auch in der Histologie verwendet an Stelle von Alkohol und Aceton, Chloroform und Xylol.

*5. Aldehyde und Ketone:* Aldehyde und Ketone sind die primären Oxydationsprodukte der primären und sekundären Alkohole, enthalten die reaktionsfähige Carbonyl-CO-Gruppe und wirken daher stark lokalreizend sowie narkotisch.

*Formaldehyd,* $CH_2O$, als 35%ige wäßrige Lösung *Formalin*, dient als Desinfektions- und Konservierungsmittel. Ferner zur Herstellung von Kunststoffen (Galalith, Bakelit), wirkt stark eiweißfällend. Einatmung größerer Mengen führt zu schweren Reizerscheinungen der Atemwege und nekrotisierenden Verätzungen der Lungen. Formalin ruft auf der Haut leicht Ekzem hervor. Trinken von Formalin führt zu Entzündung bis Verschorfung der Magenschleimhaut, dazu Leber- und Nierenschädigungen.

*Acetaldehyd,* $CH_3 \cdot CHO$, (KP 21°) wirkt narkotisch und lokal reizend, tritt bei der Schnellessigfabrikation und bei Synthese bei der Alkohol- und Essigsäure aus Calciumcarbid auf. Der Geruch der Atemluft nach Alkoholgenuß rührt von Acetaldehyd her. Polymere des Acetaldehyds sind Paraldehyd und Metaldehyd.

*Paraldehyd* wird als Schlafmittel verwendet, dauernde Aufnahme kann zu Erscheinungen wie beim chronischen Alkoholismus führen. *Metaldehyd* kommt als *Meta*, Sicherheitsbrennstoff in weißen Tabletten in den Handel. Vergiftungen bei Kindern infolge Verwechslung sind mehrfach beobachtet worden (Erbrechen, Cyanose, Atemlähmung).

*Akrolein,* Akrylaldehyd, $CH_2 = CH \cdot CHO$, (KP 52°) entsteht beim Verbrennen von Fetten, seine Dämpfe wirken stark schleimhautreizend, führen zu Katarrhen der Luftwege und Lungenentzündung. Vorübergehend als Kampfstoff verwendet.

$$Vanillin,\ C_6H_3\diagdown_{\begin{subarray}{l}OH\\OCH_3\\CHO\end{subarray}}$$ , ist so gut wie ungiftig.

Vanilleeis-Vergiftungen sind auf Paratyphuserreger (Enteneier) oder toxische Eiweißzersetzungsprodukte zurückzuführen (s. d. Art.: Nahrungsmittelvergiftung).

*Chloral,* $CCl_3 \cdot CHO \cdot H_2O$, Trichloracetaldehydhydrat, Kristallin und die entsprechende Bromverbindung, Bromal sind starke giftige Schlafmittel. Der Eintritt der Halogene erhöht die narkotische Wirkung und Giftigkeit des Acetaldehyds erheblich. Sie werden gelegentlich zu Selbstmorden benutzt und haben häufig medizinale Vergiftungen hervorgerufen. Todesfälle sind bereits nach Aufnahme weniger Gramm beobachtet. Sie wirken lokal ätzend, vorübergehend erregend und dann narkotisch lähmend. Hohe Dosen können zu plötzlichem Herzstillstand führen, sonst tritt der Tod in Koma durch Atemlähmung oder Lungenödem ein. Chronischer Chloralmißbrauch führt zu verschiedensten Störungen des Magen-Darmkanals, Gedächtnisschwäche, Intelligenzabnahme bis zur Verblödung, Halluzinationen, Marasmus, plötzliche Herztodesfälle können vorkommen. Schnelle Entziehungskuren rufen schwere Abstinenzerscheinungen hervor.

*Aceton,* $CH_3 \cdot CO \cdot CH_3$, (KP 57°) Lösungs- und Extraktionsmittel in der Sprengstoff- und Kunstseidenindustrie. Schwach lokalreizendes Narkoticum, wird vorwiegend durch die Lungen ausgeschie-

den (Acetongeruch). Dauernde Einatmung führt zu Kopfschmerz, Beklemmungen, Bronchitis.

*Acetophenon,* $C_6H_5 \cdot CO \cdot CH_3$, wirkt stark narkotisch, dient als Schlafmittel (Hypnon).

*6. Säuren:* Die Fettsäuren sind durch die Karboxyl-COOH-Gruppe charakterisiert, durch sie ist die narkotische Wirkung des Kohlenwasserstoffrestes aufgehoben. Als Säuren wirken sie eiweißfällend und somit lokal ätzend, vor allem die flüchtigen und in Wasser leicht löslichen niederen Glieder.

*Ameisensäure,* HCOOH, flüssig, erzeugt auf der Haut Blasen, die stechend riechenden Dämpfe reizen die Schleimhäute, wird von der Textilindustrie an Stelle von Essigsäure verwendet. Vergiftungen vom Munde aus verlaufen unter dem Bilde einer Säurevergiftung. *Essigsäure,* $CH_3COOH$, stechend sauer riechende Flüssigkeit, die Dämpfe wirken stark reizend auf die Atemwege und Augenbindehäute (Essigfabriken). *Essigessenz* (80%ige Essigsäure) hat gelegentlich infolge Verwechslung (Haushalt) zu tödlichen Vergiftungen geführt, wirkt verschorfend auf die Magenschleimhaut, starker Schmerz nach Trinken, Somnolenz, Kollaps, Nierenschädigung. *Speiseessig* ist eine 4%ige Essigsäurelösung. Die gechlorten Essigsäuren, Monochlor- und Trichloressigsäure, sind starke Säuren, die hautätzend und stark eiweißfällend wirken.

*7. Blausäure und Cyanverbindungen:* Blausäure, HCN, Cyanwasserstoff und alle im Körper HCN-abspaltenden Substanzen wirken gleichmäßig hochgiftig durch die Schädigung der inneren Atmung. *Blausäure* ist ein Fermentgift, das das Atmungsferment in den Zellen vergiftet. Blausäure und ihre Salze sind in wäßrigen Lösungen nicht sehr beständig, sie werden durch Wasseranlagerungen in ungiftige Verbindungen (Ammoniumformiat) umgewandelt und in entsprechender Weise auch im Körper zerstört. Die dauernde Aufnahme von kleinen Mengen Blausäure führt daher im allgemeinen nicht zu Vergiftungen, daher ist die Blausäure als Kampfstoff ungeeignet, obgleich bereits 50 mg Blausäuregas als Einzeldosis tödlich wirken.

Reine Blausäure siedet bei 27°, sie neigt zu explosibler Selbstzersetzung. Wäßrige Blausäurelösungen werden zu schmerzloser Tiertötung verwendet. Blausäuregas findet im großen Umfang zu Entwesung, riecht eigentümlich dumpf nach bittren Mandeln und ruft einen schwachen kratzenden Reiz im Rachen bei Einatmung hervor. Bittermandelwasser enthält etwa 0,1 % Blausäure (Aqua amydal. amar.). 50 g davon wirken tödlich, ebenso 50—60 bittere Mandeln, in denen ein HCN-abspaltendes Glukosid (Amygdalin) enthalten ist. Vergiftungen durch Blausäuregas sind selten, einige Todesfälle sind nach Durchgasung von Räumen mit Blausäure zur Ungeziefervertilgung bei vorzeitigem Betreten vorgekommen. Der Sektionsbefund bei Vergiftungen durch Blausäuregas kann bis auf einen leichten HCN-Geruch in Brust- und Kopfhöhle völlig negativ sein. Die Mehrzahl der Blausäurevergiftungen kommt durch die Salze der Blausäure zustande.

*Natrium-, Kaliumcyanide (Cyankali)* werden in großen Mengen bei der Gewinnung von Gold in der Industrie, in Technik, im Kunstgewerbe, in der Photographie und Galvanoplastik verwendet. Häufig sind hier infolge Verwechslungen tödliche Vergiftungen vorgekommen. Cyanide sind beliebte Selbstmord-, aber auch Mordgifte. Die tödliche Dosis beträgt je nach Reinheit 0,25 bis 0,60 g KCN. Die Blausäure wird aus den Salzen bereits durch die Kohlensäure der Luft ausgetrieben, und die Cyanide werden durch Feuchtigkeit zersetzt, so daß die Wirksamkeit alter Präparate erheblich geringer ist. Nach Aufnahme vom Munde her stürzen bei akuten Vergiftungen die Vergifteten zuweilen aufschreiend plötzlich zu Boden und sterben innerhalb kurzer Zeit vielfach nach voraufgegangenen Krämpfen. Kleinere Mengen führen erst allmählich nach einiger Zeit zum Tode, hier treten zuvor Schwindel, Herzklopfen, Atemnot und Pupillenerweiterung auf. Bei Vergiftungen vom Munde aus durch Natrium- und Kaliumcyanid finden sich vor allem eine hochrot verfärbte alkalisch verätzte Magenschleimhaut, Geruch des Mageninhalts nach Blausäure, flüssiges hellrotes Blut, auch die Totenflecke sind häufig bei Cyankalivergiftungen hellrot, da das Blut infolge Vergiftung des Atmungsferments nicht mehr in hypervenöses Leichenblut übergehen kann. Ferround Ferricyankalium enthalten HCN komplex, schwer abspaltbar gebunden, führen daher im allgemeinen nicht zu Cyanvergiftungen. *Chlorcyan* und *Bromcyan* sind hochgiftige, stark reizende Gase, als Kampfstoffe benutzt.

*Kalkstickstoff*, *Calciumcyamid*, Düngemittel, wirkt nicht durch Blausäureabspaltung giftig, die Giftwirkung ist auf Cyamid, $NH_2 \cdot CN$, zurückzuführen, das die Blutgefäße erweitert und die Wirkung zahlreicher anderer Gifte, vor allem auch des Alkohols steigert.

*8. Ester:* Ester sind Verbindungen von Säuren und Alkohol unter Wasseraustritt. Durch Wasser zerfallen sie mehr oder weniger schnell wieder in Säure und Alkohol (Verseifung). Diese Zersetzung geht auch im Körper vor sich, so daß neben der Wirkung des Esters die der Komponenten auftreten kann. Die chlorierten Kohlenwasserstoffe sind als Ester der entsprechenden Halogenwasserstoffsäuren aufzufassen. Die Mehrzahl der technisch wichtigen Ester leitet sich von Essigsäure und Propionsäure ab, sie dienen als Lösungsmittel und wirken auf Grund ihrer Fettlöslichkeit vor allem narkotisch und lähmend auf das ZNS. Die Methylester (Abspaltung von Methylalkohol) sind giftiger als die Äthylester.

Als Gifte sind einzelne Ester der anorganischen Säuren noch wichtig. *Methylschwefelsäurechlorid* ist als Kampfstoff benutzt worden, ebenso *Dimethylsulfat*, $(CH_3)_2 SO_4$, das in der Technik zum Methylieren benutzt wird und hochgiftig ist. Es reizt bereits in Dampfform in geringsten Konzentrationen die Augenbindehäute und führt bei Einatmung zu schweren katarrhalischen Prozessen in den Luftwegen und vereiternden Verätzungen der Lungen, dazu kommt es ähnlich wie beim Gelbkreuz zu schweren Schädigungen des Stoffwechsels, der Leber, Nieren und des Herzmuskels und so zu wochenlanger schwerer, häufig tödlich ausgehender Kachexie. Unter den verschiedenen Phosphorsäureestern, die als Weichmachungsmittel für Lacke dienen und alle mehr oder weniger starke Gifte mit allgemeiner Wirkung sind, ist vor allem *Trikresylphosphat* zu nennen, das reizend auf die Schleimhäute des Magen- und Darmkanals wirkt und später zu schweren irreparablen Schädigungen der peripherischen motorischen Nerven führt. Es ist als giftige Beimengung im Apiol (s. d.) enthalten gewesen und hat bei der vorübergehend häufigen Benutzung von Apiol als Abortivum schwere Polyneuritiden und Lähmungen hervorgerufen. *Amylnitrit*, $C_5H_{11}ONO$, und *Nitroglycerin* (s. d.), $C_3H_5 (ONO_2)_3$, wirken als Gase eingeatmet stark gefäßerweiternd, blutdrucksenkend, erzeugen Benommenheit, Herzklopfen, Kollaps, Methämoglobinbildung.

*9. Aminbasen:* Den aliphatischen flüchtigen Aminen kommt eine nennenswerte Bedeutung als Gifte nicht zu, sie wirken ähnlich wie Amoniak krampferregend und lokal reizend.

Aromatische Amine, *Anilin*, $C_6H_5 \cdot NH_2$, und Homologe sind schwere Blutgifte, sie führen zu Methämoglobinbildung, werden leicht durch die Haut resorbiert und im Körper zu hochgiftigen chinonartigen Zwischenprodukten oxydiert. So sind häufig akute Vergiftungen durch anilinhaltige Lederschwärzen, Auffärben von Schuhen, Schweißbändern der Hüte und Mützen vorgekommen. Die Symptome der akuten Vergiftung sind Schwindel, Kopfschmerz, Mattigkeit und rasch einsetzende Cyanose bis zur tiefblauen Verfärbung der Haut. Die chronische Anilinvergiftung verläuft ohne auffällige Symptome. Eine besondere Eigenart ist die starke Blasenreizung, hämorrhagische Cystitis, Bildung von Papillomen und Blasencarcinomen, Blasenkrebse der Anilinarbeiter treten nach etwa 10—15-jähriger Beschäftigung auf. Die Prognose des Anilinkrebses ist schlecht.

*Phenylendiamin* u. ä. Verbindungen werden in der Pelzfärberei (Ursole) benutzt. Bei der Oxydation mit Wasserstoffsuperoxyd entstehen stark hautreizende Zwischenprodukte von der Art des Chinondiamins. Es kommt beim Tragen unsachgemäß ursolgefärbter Pelze zu schweren Ekzemen, bei Arbeitern in Pelzfärbereien leicht zu Ursolasthma (individuelle Überempfindlichkeit).

*10. Nitroverbindungen:* Die aliphatischen Nitroverbindungen besitzen starke Reiz- und daneben zentrale Giftwirkung. Trichlornitromethan, Chlorpikrin, ist ein heftiger Reizstoff (s. d. Art.: Kampfgase). Die aromatischen Nitroverbindungen wirken ähnlich wie die aromatischen Amine als Blutgifte, methämoglobinbildend. Sie kommen als Zwischenprodukte in der Farben- und Sprengstoffindustrie zahlreich vor und werden leicht durch die Haut aufgenommen. *Nitrobenzol* (s. d.), $C_6H_5 \cdot NO_2$, (KP 209°) (*Mirbanöl*, von seinem bittermandelölähnlichen Geruch) wird in der Parfüm- und Seifenindustrie verwendet.

*11. Schwefelkohlenstoff*, $CS_2$, (KP 46°) riecht rein nicht unangenehm ätherisch, infolge Verunreinigungen, die sich auch durch Lichteinwirkung bilden, meist sehr übelriechend, ist ein vielverwendetes Lösungsmittel für Fette, Schwefel, Kautschuk und Harze, wird in großen Mengen zur Herstellung von Kunstseide (Viscose) und Weichkautschukwaren (Kalkvulkanisation) sowie als Schädlingsbekämpfungsmittel verwendet. Akute Vergiftungen äußern sich als Narkose, die bald ohne Folgezustände abklingt, bei dauernder Aufnahme kleiner Mengen erweist sich Schwefelkohlenstoff als ein gefährliches Nervengift. Die anfänglichen Symptome sind völlig uncharakteristisch: Mattigkeit, Schwindel, Kopfschmerz, Appetitlosigkeit, Abmagerung, dazu können hämorrhagische Gastritis und Magengeschwüre auftreten. Die Schädigung des zentralen und peripheren Nervenapparats entspricht vielfach dem Bilde der *Parkinson*schen Krankheit: Tremor, Ataxie, Sprachstörungen, Amnesie, erwecken häufig anfangs den Verdacht auf Hirntumor. Manische oder depressive, auch demente Zustandsbilder. Die Prognose ist im allgemeinen abgesehen von den schweren Fällen nicht ungünstig.

*12. Ätherische Öle:* Unter dem Sammelbegriff ätherische Öle werden zahlreiche flüchtige Substanzen des Pflanzenreichs zusammengefaßt, die als Lösungsmittel in der Industrie und als Heilmittel große Bedeutung besitzen. Einige von ihnen sind erheblich giftig, vielfach sind es KW., andere sind Alkohole oder Ketone. Sie wirken im allgemeinen zentral, anfangs erregend, später lähmend, dazu örtlich reizend, erregend und lähmend auf die Herztätigkeit und degenerativ verfettend auf die parenchymatösen Organe. *Terpentinöl* (s. d.) ist der flüchtige Bestandteil des Coniferenharzes und besteht vor allem aus *Pinen*, $C_{10}H_{16}$. Ähnlich wirkt das als Abortivum benutzte *Oleum Pulegii* (Flohkrautminzenöl). Die *Muskatnuß* enthält ein giftiges Öl (Myristicin), sie wird in größeren Mengen genommen als Abortivum benutzt. Auch *Eucalyptus-*

*öl* (s. d.) kann bereits nach wenigen Gramm, innerlich genommen, Übelkeit, Erbrechen, Cyanose, Bewußtlosigkeit und Nierenschädigungen hervorrufen.

*Senföl* (Allylisosulfocyanid) ist im schwarzen Pfeffer und Meerrettich enthalten und wirkt stark reizend auf die Haut und Schleimhäute (s. d. Art.: Senföle).

Zahlreiche *Wacholderarten* insbesondere auch Sadebaum, *Juniperus sabina* (s. d.), ferner Lebensbaum, *Thuja occidentalis* (s. d.), Eibe, *Taxus baccata* (s. d. Art.: Taxin), *Safran* (s. d.), *Crocus sativa, Zimtrinde, Nelkenblüten* enthalten ätherische Öle, die in Abkochungen und Auszügen der genannten Pflanzen enthalten sind und als Abortiva dienen. Sie wirken stark reizend auf den Magen-Darmkanal, führen zu Bewußtlosigkeit, Krämpfen und haben nicht selten tödliche Vergiftungen herbeigeführt, in solchen Fällen sind Verfettungen der parenchymatösen Organe vorhanden. *Campher*, $C_{10}H_{16}O$, (s. d.) wird als Mottenschutzmittel und bei der Celluloidfabrikation verwendet, wirkt in kleinen Mengen erregend, in großen lähmend auf Atmung, Herz und ZNS.

*Schrifttum.*

*Dittrich:* Handb. der ärztl. Sachverständigentätigkeit. **VII.** Wien und Leipzig 1909. — *Flury-Zangger:* Toxikologie. Berlin 1929. — *Flury-Zernick:* Schädliche Gase. Berlin 1931. — *Fühner-Wieland:* Slg. Verg.-Fälle. — *Kobert:* Lehrbuch der Intoxikationen. Stuttgart 1902. — *Koelsch:* Handb. der Berufskrankheiten. — *Lehmann-Flury:* Toxikologie und Hygiene der technischen Lösungsmittel. Berlin 1938. — *Leschke:* Die wichtigsten Vergiftungen. Klinische Lehrkurse **11.** München 1933. — *Starkenstein-Rost-Pohl:* Toxikologie. Berlin-Wien 1929. **Timm.**

**Flugzeugabsturz** siehe *Verkehrsunfall.*

**Fluorescenzanalyse** siehe *Giftnachweis.*

### Fluor und Fluorverbindungen.

*Fluor* (F) ist ein gelbgrünes Gas, das frei nicht vorkommt, wohl aber gebunden in einigen Mineralien (bes. Flußspat). Sämtliche Verbindungen des Fluors sind giftig. Das farblose, an der Luft rauchende *Fluorwasserstoffgas* (HF) wird als Fluorcalcium und Schwefelsäure dargestellt. Es führt schon in sehr geringer Beimengung zur Luft zu den heftigsten Reizerscheinungen an den Schleimhäuten der Atmungsorgane und an den Augen. Ein Gehalt von 0,4 mg pro Liter Luft wirkt nach einigen Stunden tödlich, 0,3 mg nach 1—3 Tagen, während geringere Beimengungen manchmal erst nach einem Monat den Tod herbeiführen (*Starkenstein*). Die Lösung des Fluorwasserstoffgases in Wasser ist die *Fluß-* oder *Fluorwasserstoffsäure,* die früher häufig in der Industrie zum Ätzen und Mattieren des Glases, jetzt hauptsächlich zur Darstellung von Kunstdüngern verwendet wird. Die Flußsäure ist ein sehr intensives Ätzgift, das an der Haut Rötung, Blasenbildung und weißliche Verätzungen, an den Schleimhäuten skorbutähnliche Geschwüre bzw. harte, brüchige Säureschorfe erzeugt. Da der Blutfarbstoff in saures Hämatin umgewandelt wird, so können die sekundären Ätzschorfe eine schwarzbraune Verfärbung aufweisen. Außer gewerblichen Vergiftungen wurde auch Selbstmord mit Flußsäure beobachtet. 15 g Fluorwasserstoff dürfte die tödliche Dosis darstellen. Die *Kieselfluorwasserstoffsäure* ($H_2F_6Si$) wirkt ähnlich, aber weniger stark ätzend wie die Flußsäure. Tödliche Vergiftungen durch kieselfluorwasserstoffsäurehaltige Präparate (Montanin, Solufer u. a.), die vorwiegend in der Brauereiindustrie als Mittel zum Desinfizieren, ferner zum Konservieren von Lebensmitteln und außerdem zum Imprägnieren von Holz und Ziegeln usw. Verwendung finden, sind mehrfach bekannt geworden (*Reuter* u. a.).

Unter den Salzen der Flußsäure, den *Fluoriden,* gibt vorwiegend das Fluornatrium (FNa) durch seine vielseitige Verwendung als Konservierungsmittel für Fleisch, Butter, Wein, zur Rattenvertilgung und Entfernung von Rostflecken unter den verschiedensten Handelsnamen (Crysolein, Remarcol, Mausex u. a.) Anlaß zu Vergiftungen. Auch Mord, Selbstmord und Vergiftungfälle durch Verwechselung sind bekannt geworden (*Fischer, Weidemann* u. a.). Die Dosis letalis wird mit ungefähr 10 g angenommen. Die Vergiftung äußert sich in Brechdurchfällen, Mattigkeit, allgemeinen Krämpfen und in Lähmungen des zentralen Nervensystems (besonders Mittelhirn und verlängertes Mark) sowie des Herzens. Die Wirkung der Fluorsalze im Organismus beruht auf einer Entziehung des Kalkes und zeigt sich bei länger dauernder Zufuhr auch an dem Knochensystem und den Zähnen (*Paschaly* und *Dittrich* u. a.).

An der Leiche mit Fluornatrium Vergifteter sind Entzündungen und Blutungen vorwiegend im Magen sowie Nierenreizungen zu beobachten.

Die organischen Fluoride haben eine noch bösartigere Wirkung als die anorganischen.

*Schrifttum.*

*Fischer:* Dtsch. Z. gerichtl. Med. **1,** 401 (1922). — *Paschaly* u. *Dittrich:* zit. nach *Reuter:* Meth. d. forens. Beurteilg. v. Vergiftg. *Abderhalden* Handb. **IV,** 12 (1938). — *Reuter:* Meth. d. forens. Beurteilung von Vergiftg. *Abderhaldens* Handb. Abt. 4, Teil 12 (1938). — *Starkenstein-Rost-Pohl:* Toxikologie. Berlin u. Wien 1929. — *Weidemann;* Natriumfluoridvergiftung dreier Personen durch Verwechslung. *Fühner-Wieland,* Slg. Verg.-Fälle **4 A,** 374 (1933). **Weyrich.**

**Förstergeheimnis** siehe *Schädlingsbekämpfungsmittel.*

**Folia Jaborandi** siehe *Pilocarpin.*

**Folia Sennae** siehe *Anthrachinonderivate.*

### Forensische Blutuntersuchung.

**Das Auffinden von Blutflecken.** Blutspuren gehören zu den wichtigsten und häufigsten Beweismitteln, die nach einem begangenen Verbrechen, insbesondere bei Delikten gegen das Leben und die Gesundheit eines Menschen, zurückbleiben können. Bei derartigen Verbrechen ist der *Tatort* auf das Vorliegen verdächtiger Blutspuren genau zu durchsuchen. Das Auffinden blutverdächtiger Stellen erfordert besondere fachmännische Erfahrung. Nur frische Blutflecke sind von der gewöhnlichen roten Farbe des Blutes. Mit zunehmendem Alter und unter der Einwirkung chemischer und physikalischer Einflüsse verändert sich die Farbe der Flecke bis ins Unkenntliche. Die Flecke können von brauner, braun-rötlicher, grauer oder schwärzlicher Farbtönung sein. Von entsprechend gefärbten Unterlagen heben sie sich nur wenig ab.

Beim Absuchen des Tatortes sind in erster Linie die *Fußböden* auf das Vorliegen blutverdächtiger Stellen genau abzusuchen. Ist der Fußboden nach der Tat gereinigt worden, oder liegt das Verbrechen bereits längere Zeit zurück, dann sind auch die Fugen der Böden genau zu durchsuchen. Der Fugenschmutz ist herauszukratzen und in ein sauberes, mit entsprechender Aufschrift versehenes Papier einzuschlagen und für die spätere Untersuchung sicherzustellen. Lage und Form der Blutflecke sind genau zu beschreiben und durch Zeichnung oder photographische Aufnahmen festzuhalten. Erst nach genauer Lagefixierung sind die blutverdächtigen Stellen für die spätere Untersuchung zu entfernen. Die Entnahme der Blutspuren kann durch Abkratzen oder Abhobeln geschehen. Verspricht dieses Vorgehen keine ausreichende Sicherstellung, müssen die Böden an den blutverdächtigen Stellen herausgebrochen werden.

Am Tatort sind die Türdrücker, Fensterrahmen, Schalter der Lichtleitungen, Hähne von Wasserleitungen und ähnlich häufig benutzte Gegenstände bei der Durchsuchung eingehend zu berücksichtigen. An Türen, die zu Waschräumen oder ins Freie führen, wird der Täter leicht Blutspuren hinterlassen. Am Tatort befindliche Möbel, Wände, Zimmerdecken sind eingehend zu untersuchen, wobei die Unterflächen von Schubladen, Griffe und Schlüssel bei Schranktüren besonders berücksichtigt werden müssen. Die Abflußrohre der Waschbecken oder gebrauchtes Waschwasser können durch Blut verunreinigt sein. Der Inhalt muß in entsprechend bezeichneten Gefäßen für die weitere Untersuchung aufgehoben werden.

Im Freien befindliche Blutspuren müssen möglichst bald mitsamt ihrer erdigen Unterlage sichergestellt werden. Das Auffinden von Blutflecken auf welkenden Blättern kann bei der Vielfarbigkeit der Unterlage leicht zu Irrtümern führen. Ein möglichst ausgiebiges Asservieren blutverdächtiger Stellen ist am Platze.

An *tatbenutzten Werkzeugen* wie Messern, Dolchen, Äxten, Beilen finden sich Blutspuren vorzüglich an gewissen Prädilektionsstellen. Bei Taschenmessern sind es die zum Öffnen der Klingen vorgesehenen Nagelrinnen, die zurückbehaltene blutige Verunreinigungen enthalten können. Auch in den Scharnieren und unter den Griffschalen findet man häufig Blutrückstände. Von den glatten Flächen der Messerklingen läßt sich frischaufgetragenes Blut leicht entfernen. Schon das Herausziehen des Messers aus der Wunde allein kann u. U. genügen, diese Stellen von Blut zu reinigen. Bei Hämmern, Beilen und Äxten sind es vorzüglich die Öhre, in denen der Holzgriff eingelassen ist, die Blutverunreinigungen aufweisen. Jedes auf Blut zu untersuchende Werkzeug muß an diesen Prädilektionsstellen durch Auseinandernehmen und Zerlegen der Untersuchung zugänglich gemacht werden.

An *Kleidern* sind namentlich die Vorderseiten einer genauen Betrachtung zu unterziehen. Blutverschmutzungen finden sich daneben besonders häufig an den Tascheneingängen und an den Hosenschlitzen. Das Auswaschen frischer Blutspuren gelingt in kaltem Wasser verhältnismäßig leicht. Heißes Wasser fixiert die Eiweißstoffe und beseitigt die Blutspuren weniger vollständig. An gewaschenen Kleidern ist die genaue Durchsuchung der Stoffnähte, die gegebenenfalls auseinandergetrennt werden müssen, für das Auffinden blutiger Verunreinigungen aussichtsreich.

**Die Form der Blutflecke.** Die Anordnung und Lage der Blutspuren sowie ihre Größe und Form lassen u. U. bestimmte Schlüsse auf die Art ihrer Entstehung zu. Die Form der Blutflecke kann die einer Tropf- oder Spritzspur sein.

*Tropfspuren* bilden sich, wenn ein Blutstropfen etwa senkrecht auf die Unterlage fällt. Die Art seiner Versprengung bietet für die Fallhöhe einen wichtigen Hinweis. Eine geringe Tropfhöhe läßt etwa kreisrunde, glattkonturierte Flecke entstehen. Runde stechapfelähnliche Figuren finden sich beim Fall aus einer etwas größeren Höhe. Zahlreiche kleine abgesprengte Nebentropfen und Seitenspritzer beweisen eine größere Aufschlagkraft und deuten auf eine größere Fallhöhe hin.

Tropfen bis zu *einem halben Meter Fallhöhe* zeigen mehr oder minder glatte bis leicht gewellte Konturen. Ein Tropfen aus etwa *ein Meter Fallhöhe* zeigt eine kreisrunde Aufschlagspur mit scharf gezähnten Rändern und ganz vereinzelten Nebentropfen. Fällt ein Tropfen aus *etwa 2 m Höhe*, so finden sich vereinzelte, im allgemeinen noch zählbare Nebentropfen. Eine Fallhöhe von *2—3 m* und darüber führt meist zu einer unübersehbaren Zahl kleinster Nebentropfen und Nebenspritzer.

Für die Auftropfform ist es neben Unebenheiten der Oberfläche, auf die der Tropfen auffällt, von Bedeutung, ob die Unterlage feucht oder trocken war.

Auf feuchtem Untergrunde verfließt die Blutspur. Fallen zwei Blutstropfen genau ineinander, dann ergeben sich exzentrisch gelagerte sekundäre Tropf- und Spritzspuren, die sich aus der unregelmäßigen Schichtdicke des ersten Tropfens erklären.

Bei schräger Auffallsrichtung oder beim Auftropfen auf *senkrecht* stehende Flächen ergeben sich sehr charakteristische Figuren. Fällt ein Tropfen in senkrechter Richtung auf eine lotrechte Wand, so finden sich neben der charakteristischen Tropfspur, deren Form im einzelnen auf eine entsprechende Gewalt des Aufschlages hindeutet, senkrecht nach unten herabziehende Blutbänder, die durch das Abfließen des Tropfens entstanden sind. Das Blut ist am unteren Ende dieser Ablaufbänder zu mehr oder minder dikken Krusten eingetrocknet.

Blutspuren, die in schräger Richtung auf eine Fläche auffallen, hinterlassen je nach Auffallrichtung und Fallhöhe kurze elliptische Formen, an deren einem Ende sich mehr oder minder zahlreiche kleine sekundäre Nebentropfen finden, die in Auffallsrichtung liegen. Erreicht der Tropfen die Fläche in einem spitzen Winkel, dann resultiert ein einziger Nebentropfen, der zu dem Haupttropfen in Fallrichtung liegt. Die Figur, die auf diese Weise entsteht, ist die eines Ausrufungszeichens. Die Einfallsrichtung entspricht genau der Schreibweise. Abflußbänder können die ursprüngliche Form verändern. Bei der Deutung der Befunde sind diese zu berücksichtigen.

Ähnliche Bilder entstehen, wenn Blutstropfen auf eine horizontale Fläche in schräger Richtung auffallen, wie das zum Beispiel beim Gehen und Laufen und bei schleudernden Bewegungen bebluteter Hände oder Gegenstände der Fall ist.

*Spritzspuren* entstehen nicht nur bei der Verletzung von Schlagadern, sondern auch durch Schleuderbewegungen oder auch dann, wenn in eine Blutlache oder in eine offene Wunde hineingeschlagen worden ist. Je nach dem Einfallswinkel sind die vorliegenden Flecke von runder oder mehr ovaler Form, oder es finden sich lang ausgezogene elliptische Figuren, oder es bilden sich die für einen schrägen Einfallswinkel sehr charakteristischen Ausrufungszeichen. Die Mannigfaltigkeit der Formen, die beim Verspritzen von Blut auftreten, läßt auf den Stand des Opfers, auf die Zahl der geführten Schläge, auf Richtung und Einfallswinkel sehr weitgehende Schlüsse zu. Für die Rekonstruktion eines Tatvorganges sind Blutverspritzungen ein sehr wichtiges Beweismittel.

Auf glatter Unterfläche trocknen Blutflecke in ihrer ursprünglichen Form an. Eine Unterlage, die das Einsickern begünstigt oder eine stark aufsaugende Oberfläche besitzt, wie z. B. Ziegelsteine, Mörtel, Holz, Stoffe, Löschpapier, bewirkt eine nachträgliche Formveränderung. Die feuchten Tropfen breiten sich beim Einsickern aus, werden umfangreicher und in ihrer Kontur verwischt und verzerrt. Unebenheiten der Oberfläche können den auffallenden Blutstropfen zersprengen und zu recht vielgestaltigen Figuren führen, aus deren Formen sich aber dennoch weitgehende Schlüsse auf Einfallswinkel und Stärke des Aufschlages ergeben können.

Außer Tropf- und Spritzspuren kann man mitunter noch *Wisch-* oder *Streif*spuren finden, die durch Abwischen oder Reinigen blutiger Werkzeuge oder Hände entstanden sind. Beim Abwischen von Messern oder dolchähnlichen Werkzeugen entstehen auf Stofflappen flächenhafte und vielfach unterbrochene Verschmutzungen, deren Form durch das faltige Zusammenlegen des Stoffes bedingt worden ist.

Mitunter sind den Blutspuren fremde Substanzen beigemengt. Für die Beurteilung der Herkunft des Blutes können derartige Beimengungen von größter Wichtigkeit sein. Kleiderfasern, Haare, Federn geben einen Hinweis über die vorliegende Blutart. Eingesprengte Haut-, Knochen- oder Fetteilchen, Muskelpartikel oder Hirnsubstanz weisen auf bestimmte verletzte Körperabschnitte hin, aus denen das Blut stammt. Die Beimengungen sind sorgfältig zu asservieren und gegebenenfalls nach den Regeln der mikroskopischen Untersuchungstechnik in frischem Zustande oder in eingebetteten Schnittpräparaten gefärbt weiter zu untersuchen. Schaumige Blutstropfen, die bei Verletzungen der Atemwege leicht zurückbleiben können, zeichnen sich nach dem Eintrocknen durch eine vielfach wabenartig strukturierte Antrocknungsfläche aus.

**Die photographischen Aufnahmen von Blutspuren.** Wegen der Bedeutung, die Form und Lage der Blutspuren für die Rekonstruktion des Sachverhaltes besitzen, sollten photographische Aufnahmen am Tatort stets vorgenommen werden. Da die Blutflecke sich mitunter nur wenig von ihrer Unterlage abheben, kommt dem verwendeten Plattenmaterial und Lichtfilter eine besondere Bedeutung zu. Auf blaßblauem, hellgelblichem oder hellgrünem Grunde wird man mit einer gewöhnlichen photographischen Platte ohne besondere Lichtfilter ausreichend differenzierte Bilder erhalten. Bei dunkel gefärbten Unterlagen ist unter Verwendung von orthochromatischem Plattenmaterial ein Gelbfilter einzuschalten. Bei dunkelblauer, schwarzer oder grauer Unterlage empfiehlt sich die Anwendung eines Blaufilters. Als Lichtquelle können Tageslicht, elektrisches Bogen- oder Lampenlicht oder auch Blitzlicht verwendet werden.

**Die Altersbestimmung der Blutflecke.** Blutspuren unterliegen je nach den Einflüssen, denen sie ausgesetzt sind, mehr oder minder schnell verlaufenden Veränderungen, die besonders auf Farbe und Löslichkeit der angetrockneten Flecke von Einfluß sind.

Das Hämoglobin ist eine jener ungewöhnlich seltenen chemischen Verbindungen, die Sauerstoff zu binden vermögen, ohne daß durch diese Oxydation eine Änderung in der Zweiwertigkeit des Hämoglobineisens eintritt. Unter der Einwirkung von Belichtung und Eintrocknung geht jedoch die Resistenz des Hämoglobineisens gegenüber der Sauerstoffoxydation sehr bald verloren. Das im Hämoglobin vorliegende Eisen wird in seine dreiwertige Form übergeführt. Das Hämoglobin wird hierdurch in *Methämoglobin* übergeführt, das sich in seinem optischen und chemischen Verhalten grundlegend vom Hämoglobin unterscheidet. Das Methämoglobin ist von brauner Farbe. Es besitzt in saurer und neutraler Lösung eine charakteristische Lichtauslöschung im Rot, die im alkalischen Bereich verschwindet.

Im Laufe der weiteren Lagerung wird aus dem Hämoglobin der Eiweißkomplex mehr oder minder vollständig abgespalten. Das Derivat, das nunmehr vorliegt, ist das *Hämatin*. Es ist von vorherrschend grauer Farbtönung. Je nach dem Grade der Zerstörung sind die Blutspuren in frischem Zustande von blutroter Farbe. Ältere Flecke sind braunrötlich, allmählich werden sie graubraun und erlangen schließlich eine graue Farbe. Die Umwandlung ergreift bei krustenartig angetrockneten Spuren zunächst die Oberfläche und erreicht nach einiger Zeit auch die zentralen Abschnitte. Die Schnelligkeit, mit der die Farbänderung vor sich geht, ist vorzüglich von der Art der Belichtung abhängig. Direktes Sonnenlicht ist von stark zerstörendem Einfluß. Bei Flecken, die gegen direktes Licht geschützt waren, kann die rote bis braunrote Farbe in ihren verschiedenen Schattierungen wochen- bis monatelang erhalten bleiben. Lichtgeschützte Flecke nehmen unter Umständen erst nach Jahren eine braune oder graubraune Färbung an. Diffuses Tageslicht kann schon nach einigen Wochen die graue Färbung hervorrufen. Direkte Sonnenbestrahlung verändert dünne Blutschichten in wenigen Stunden. Zehn Stunden Sonnenbelichtung sind nach *Leers* von der gleichen Einwirkung wie sechs Tage diffuses Licht.

Die Farbänderung ist vorzüglich der Violettbestrahlung zuzuschreiben. Durch künstliche violettreiche Belichtung kann man die Farbänderung der Flecke experimentell beschleunigen. Hierauf beruht ein von *Schwarzacher* ausgearbeitetes Nachweisverfahren zur Altersbestimmung von Blutspuren. Der vorliegende Fleck wird durch zeitlich dosierte Lichteinwirkung künstlich gealtert. Zwei Drittel des Fleckes werden lichtdicht abgedeckt und eine halbe Stunde durch das Licht einer Quecksilberquarzlampe (oder fünf Stunden durch Sonnenlicht) belichtet. Darauf wird die Abdeckung so vorgenommen, daß nur ein Drittel des Fleckes vor Licht geschützt wird; die künstliche Belichtung wird in der gleichen Weise fortgesetzt. Zeigt sich zwischen den einzelnen belichteten Feldern des Blutfleckes kein Farbenunterschied, dann war der Fleck zuvor mindestens 20 Stunden direktem Sonnenlicht oder mindestens drei Tage hellem Tageslicht oder zwei bis drei Wochen diffus gedämpftem Licht eines bedeckten Raumes ausgesetzt, oder er kann auch unter fast völligem Lichtabschluß jahrelang gelegen haben.

Hatte der Alterungsprozeß noch nicht zu einer völligen Zerstörung des Blutfarbstoffes geführt, dann sind die künstlich belichteten Stellen des Fleckes gegenüber der abgedeckten in ihrer Farbe verändert und künstlich gealtert worden. Besteht zwischen den *beiden belichteten* Abschnitten des Fleckes kein Unterschied, dann kann die Spur etwa 10—20 Stunden in der Sonne oder 1—2 Tage in hellem Tageslicht oder 1—2 Wochen in geschlossenem Raume oder einige Monate im Dunkeln gelegen haben.

Ist die Spur hingegen jüngeren Datums und nur wenig verändert, dann führt die künstliche Belichtung zu einem der Belichtungszeit entsprechenden Abbau, der sich in einer verschiedenen Farbtönung der drei belichteten Felder äußert. Die Blutspur war unter diesen Umständen *höchstens* 20 Stunden direktem Sonnenlicht oder zwei Tage diffusem Tageslicht ausgesetzt oder hatte höchstens zwei Wochen in geschlossenem Raume oder höchstens einige Wochen in der Dunkelheit gelegen.

Auch die Löslichkeit der Blutflecke wird durch fortschreitendes Altern erheblich verzögert. Frische Blutflecke sind leicht wasserlöslich. Tagealtes, eingetrocknetes Blut löst sich langsamer und gibt in der wäßrigen Lösung neben Oxyhämoglobin den Rotschatten des Methämoglobins. Sind die Flecke mehrere Wochen alt, dann lösen sie sich nur schwer oder gar nicht mehr in Wasser. Von der Art der Lagerung und Belichtung sind die Löslichkeitsverhältnisse stark abhängig. Alkalische Lösungen sind für ältere Flecke ein besseres Lösungsmittel als Wasser. In 2%iger Natron- oder Kalilauge bleiben rote Blutkörperchen, die sich von den Flecken ablösen, einige Zeit erhalten. Handelt es sich um viele Monate oder Jahre alte Blutspuren, dann sind als Lösungsmittel konzentriertere Laugen zu verwenden. Ein vorzügliches Lösungsmittel sind die in wäßriger Lösung ebenfalls stark alkalisch reagierenden Salze der Blausäure. Auch Säuren, Essigsäure oder konzentriertere Mineralsäuren vermögen ältere Blutflecke, allerdings unter erheblicher Zerstörung des Hämoglobinkörpers zu lösen. Auch bei der Anwendung alkalisch reagierender Lösungsmittel findet eine weitgehende Aufspaltung des Hämoglobins statt, das als Hämatin oder bei der Einwirkung reduzierender Einflüsse als Hämochromogen vorliegt.

Ähnlich ungünstig wie die Einwirkung von Licht ist der Einfluß höherer Temperaturen. Sie bringen Eiweißkörper zur Koagulation und erschweren hierdurch die Löslichkeit. Erhitzen auf 135° hebt die Löslichkeit vollkommen auf. Erhitzen auf 100° setzt das Lösungsvermögen, je nach Zeitdauer der Temperatureinwirkung, erheblich herab. Stärkere Erhitzung führt zur Verkohlung.

Von den chemischen Einflüssen ist es besonders der Eisenrost, der zu einer schnellen Zerstörung des Blutfarbstoffes führt. Der Blutfarbstoff vermag auf katalytischem Wege die Bildung von Metalloxyden zu beschleunigen und auf diese Weise eine recht schnell verlaufende Zerstörung herbeizuführen. Auf oxydiertem Kupfer, in tonerdehaltigen Substanzen, auf Mörtel und ähnlichen Unterlagen erleiden angetrocknete Blutspuren eine recht schnelle chemische Veränderung, die sowohl das Auffinden wie auch den Nachweis erheblich erschweren oder unmöglich machen können. Auf glatten Unterlagen, auf Glas, poliertem Holz, Porzellan, Steinen oder glatten verchromten oder sonst veredelten Metalloberflächen ist das Blut dagegen lange haltbar.

**Die chemischen Vorproben.** Die Vorproben beruhen auf der katalytischen sauerstoffübertragenden Wirkung des Blutes, die nicht allein an das Hämoglobin gebunden ist. Fermente, zahlreiche organische und anorganische Körper und Lebewesen geben ebenfalls einen positiven Ausfall. Eine sichere Blutdiagnose ist mit Hilfe der zahlreichen angegebenen Vorproben nicht möglich. Die Vorproben sind jedoch so empfindlich, daß der negative Ausfall meist den Schluß zuläßt, daß Blutfarbstoff oder seine Derivate vorhanden sind. Da den Vorproben eine positive Beweiskraft nicht zukommt, sind sie in den meisten Fällen entbehrlich, vor allen Dingen dann, wenn die blutverdächtige Spur als solche gut erkennbar vorliegt. Nur dort, wo es gilt, blutverdächtige Stellen aufzusuchen, leisten die Vorproben ausgezeichnete Dienste und sind nicht entbehrlich. Insbesondere sind sie von großem Nutzen bei dem Absuchen dunkler Kleidungsstücke auf Blut. Auch am Tatort können sie mit großem Vorteil verwendet werden.

Vor übermäßiger Verwendung ist überall dort zu warnen, wo nur geringe Blutverunreinigungen vorliegen. Die Proben gehen mit einer so weitgehenden Zerstörung des Blutfarbstoffes einher, daß der zerstörte Farbstoff sich dem späteren Nachweis entzieht. Die Reaktionen sind möglichst sparsam, schnell und kurzfristig anzuwenden. Wo immer es angängig ist, empfiehlt es sich, die Proben als Tüpfelreaktionen vorzunehmen. Nach positivem Ausfall ist das überschüssige Reagens durch Abtrocknen mit Fließpapier oder Watte möglichst schnell zu beseitigen.

Es sind eine ganze Reihe von chemischen Vorproben angegeben, die alle auf dem gleichen Prinzip der katalytischen Wirksamkeit der im Blut enthaltenen Stoffe beruhen. Von ihnen sind die Wasserstoffsuperoxydvorprobe, die Benzidin-, die Guajactinktur- und Malachitgrünvorprobe die meist verwendeten Reaktionen.

*1. Die Wasserstoffsuperoxydvorprobe.* Reagens: 3 %ige Wasserstoffsuperoxydlösung, frisch hergestellt aus Perhydrol (*Merck*) durch zehnfache Verdünnung mit destilliertem Wasser oder Lösen der in fester Form erhältlichen Perhydrit-Tabletten (*Merck*) in destilliertem Wasser. (Man löst bei Bedarf eine Tablette in 10 ccm Aqua dest.) Der Zusatz einer Spur Natriumbicarbonat zur fertigen Lösung wird empfohlen.

Die Probe ist durch lebhaftes Aufschäumen blutverdächtiger Stellen ausgezeichnet, das auf Sauerstoffspaltung beruht. Die Reaktion ist sehr empfindlich. Bei sehr alten Blutspuren kann die Reaktion träge ausfallen. Aber selbst weitgehend zerstörte Flecke oder faules Blut zeigen noch einen positiven

Ausfall. Beim Absuchen dunkler Kleider und Unterlagen leistet die Wasserstoffsuperoxydvorprobe gute Dienste. Die Flüssigkeit wird am besten durch Anwendung eines Sprays auf die zu untersuchende Fläche fein verteilt oder bei kleineren Gegenständen mit Hilfe eines Tupfers oder einer Capillare auf die verdächtige Stelle gebracht. Nach positivem Ausfall ist die Flüssigkeit schnell zu entfernen. Metalloxyde, vor allem Eisenrost, eiweißhaltige Substanzen wie Speichel, Samen, Bakterien, Pilze und viele der weit verbreiteten Fermente, Harz und Erde und ähnliche Substanzen können auf Wasserstoffsuperoxyd katalytisch einwirken. Höhere Temperaturen, Blausäure, reduzierende Substanzen zerstören oder verändern die im Blut vorliegenden katalytischen Stoffe und ergeben trotz Anwesenheit von Blut einen negativen Ausfall. Reines Hämoglobin und seine eisenhaltigen Derivate sind dagegen ebenfalls in der Lage, Wasserstoffsuperoxyd katalytisch zu spalten.

*2. Die Benzidinvorprobe.* Das wirksame Prinzip der von *O.* und *R. Adler* angegebenen Benzidinprobe beruht ebenso wie bei vielen anderen chemischen Vorproben auf der sauerstoffübertragenden Wirkung des Blutes. Sauerstoffspender ist das Wasserstoffsuperoxyd. Die oxydierte Substanz ist das Benzidin.

*Reagens* (nach *Ziemke*): Eine Messerspitze Benzidinum purissimum wird in 2 ccm Essigsäure gelöst. Zehn Tropfen dieser Lösung werden mit 30 Tropfen einer 3 %igen Wasserstoffsuperoxydlösung vermischt. Die fertige Lösung wird mit der verdächtigen Blutspur in Berührung gebracht. Bei Gegenwart von Blut oder seiner eisenhaltigen Derivate tritt eine intensive Grünfärbung auf. Die Lösung wird zweckmäßig mit Hilfe einer kleinen Glascapillare auf die zu untersuchende Spur gebracht.

Die Reagenzien können auch voneinander getrennt zur Ausführung der Probe angewendet werden. Diese Art des Vorgehens wird von *O.* und *R. Adler* vorgeschlagen. Die verdächtige Blutspur wird in einem Reagensglase zunächst mit etwa 3 %ige Wasserstoffsuperoxydlösung, die einige Tropfen Essigsäure enthält, versetzt. Es werden darauf einige Kubikzentimeter einer heiß gesättigten alkoholischen, vor Gebrauch filtrierten Benzidinlösung hinzugegeben. Intensive Grünfärbung tritt in Gegenwart von Blut oder seiner eisenhaltigen Derivate ein. Tüpfelreaktionen können in der Weise vorgenommen werden, daß das fertige Reagens mit einem Tupfer auf die zu untersuchende Spur gebracht wird. Auch das Abtupfen der zu untersuchenden Flecke mit 3 %ige Wasserstoffsuperoxydlösung und das nachträgliche Befeuchten des Tupfers mit essigsäurehaltiger Benzidinlösung ergibt bei der Empfindlichkeit der Probe eine augenblickliche Grün- oder Blaufärbung.

Von den zahlreichen Vorproben ist die Benzidinreaktion die empfindlichste. Sie zeichnet sich vor den übrigen Reaktionen durch geringe Fehlerquellen aus. Verdünnungen von *1:3—500 000* ergeben noch einen positiven Ausfall. Auch auf 100°—130° erhitztes Blut ergibt noch eine Farbreaktion. Viele organische Stoffe wie Harn, Sperma, Speichel, Eiter, die wohl mit Wasserstoffsuperoxyd reagieren, zeigen mit Benzidin keine Blaufärbung. Streng spezifisch ist die Benzidinprobe dagegen nicht. Früchte, frische Milch, Hefe können ähnliche Färbungen ergeben.

*3. Die Guajactinkturvorprobe.* Sauerstoffspender ist ozonisiertes Terpentinöl oder Wasserstoffsuperoxyd, oxydierte Substanz das Guajacharz, das die farblose Guajaconsäure enthält, aus der sich bei der Oxydation eine blau gefärbte Verbindung, das Guajaconsäureozonid bildet.

*Reagens.* Eine Messerspitze Guajacharz wird in

90 %igem Alkohol gelöst und filtriert. Die Lösung muß stets frisch hergestellt werden. Zu zehn Tropfen der alkoholischen Lösung werden 30 Tropfen ozonisiertes Terpentinöl oder 30 Tropfen einer 3 %igen Wasserstoffsuperoxydlösung hinzugegeben. Die Lösung wird bis zur beginnenden Trübung mit Wasser versetzt. Käufliches Terpentinöl kann durch Aufbewahren in offener Schale bis zur Erlangung einer dickflüssigen Konsistenz bei diffusem Tageslicht ozonisiert werden.

Trockene Blutspuren werden mit angefeuchtetem Fließpapier betupft, bis Spuren des Fleckes auf die Tupfstelle übergegangen sind. Der Tupfer wird mit der Guajactinktur befeuchtet und zeigt bei dem Vorliegen von Blut eine deutliche Blaufärbung. Bluthaltige Flüssigkeiten werden in einem Reagensglase mit der Guajactinktur überschichtet. An der Trennungsstelle der Flüssigkeiten zeigt sich die Blaufärbung.

Oxydierende Fermente, wie sie in Eiter, Speichel, Schweiß, Milch, Früchten, Bakterien, Hefen, Leder und anderen Stoffen enthalten sind, und anorganische Substanzen, wie Eisenrost, Kaliumpermanganat, Salpetersäure und salpetrigsaure Salze, Bleioxyd, Kupferverbindungen und ähnliches mehr, vermögen die Guajactinktur zu bläuen. Bei Anwesenheit von Blut wird ein positiver Ausfall bis zu einer Verdünnung von 1—10 000 erhalten. Eisenfreie Blutfarbstoffderivate bewirken keine Blaufärbung.

*4. Die Malachitgrünvorprobe.* Sauerstoffspender: Wasserstoffsuperoxyd; oxydierte Substanz: Leukomalachitgrün.

*Reagens:* Leukomalachitgrün (*Kahlbaum*) wird bis zur Sättigung in Eisessig gelöst. Sollte die Lösung gefärbt erscheinen, dann wird sie durch Ausschütteln mit Chloroform entfernt. Der Farbstoff geht in das Chloroform über. Die essigsaure Leukomalachitgrünlösung wird durch Abgießen vom Chloroform getrennt. 10 Tropfen dieser Lösung werden mit 30 Tropfen 3 %iger Wasserstoffsuperoxydlösung vermischt. Als Tüpfelreaktion leistet die Malachitgrünvorprobe ausgezeichnete Dienste. Die meisten physiologischen Flüssigkeiten reagieren nicht oder nur äußerst schwach. Rostflecke ergeben keine Grünfärbung. Die Probe ist sehr empfindlich.

Die Zahl der chemischen Vorproben, die beschrieben worden sind, ist eine recht beträchtliche. Außer den erwähnten werden das Paraphenylendiaminchlorhydrat, das Aloin, Phenolphthalein, Eosin und andere angegeben. Welche von den verschiedenen Methoden man zur Untersuchung wählen will, hängt von dem Belieben des Untersuchers ab. Die beschriebenen Vorproben genügen für den praktischen Gebrauch vollauf. Die Wasserstoffsuperoxydprobe eignet sich bei vorsichtiger Anwendung ganz besonders für das Aufsuchen von Blutspuren am Tatort.

**Der spezifische Blutnachweis.** Der exakte Nachweis von Blut ist auf mikroskopischem, chemischem oder optischem Wege möglich. Je nach der Beschaffenheit der zu untersuchenden Spur erstreckt sich die Untersuchung auf das Vorliegen der für Blut charakteristischen roten Blutkörperchen oder auf die aus dem Blutfarbstoff zu gewinnenden Kristalle, oder sie bezieht sich auf das optische Verhalten des Blutfarbstoffes und seiner Derivate.

*1. Der mikroskopische Nachweis der roten Blutkörperchen.* Der Nachweis der roten Blutkörperchen ist nicht nur in frischem Blut sondern unter Umständen auch in leicht angetrockneten oder sogar in älteren Flecken möglich. Die Form, Größe und Beschaffenheit der roten Blutkörperchen ist bei den einzelnen Tierarten verschieden. Die Blutkörperchen der meisten Säugetiere sind runde, kernlose und zentral eingedellte Scheiben. Das Kamel, Lama und Alpako und ihre Verwandten haben ovale Blut-

körperchen. Im menschlichen Blut schwankt die normale Größe der Blutkörperchen zwischen 6 und 9,4 $\mu$. Das Durchschnittsmaß beträgt etwa 8,1 $\mu$. Unter den Säugetieren hat der Mensch die größten Blutkörperchen. Ihm am nächsten steht der Hund mit 7,4 $\mu$, beim Pferd, Kaninchen und der Maus sind die roten Blutkörperchen von 7,15 bis 7,2 $\mu$ im Durchmesser. Die Erythrocyten des Schweines haben einen Durchmesser von 7 $\mu$, die des Rindes von 6,8 $\mu$, der Katze von 6,4 $\mu$, des Schweines und der Ziege von 4,5 $\mu$. Bei der Eintrocknung können die roten Blutkörperchen erhebliche Formveränderungen erleiden, durch die der Nachweis der einzelnen Blutarten, wenn es sich nicht gerade um die Unterscheidung von Extremen handelt, recht unsicher wird.

Zur Messung der roten Blutkörperchen benutzt man Okular- oder Objektivmikrometer oder Schraubenmikrometer, die einen in Millimeter eingeteilten Maßstab aufweisen. Derartige Apparate werden von den bekannten optischen Firmen geliefert.

Ist die Blutspur ganz frisch eingetrocknet, so genügt der Zusatz gewöhnlicher physiologischer Kochsalzlösungen, um die Blutkörperchen genügend voneinander zu trennen und sichtbar zu machen. Bei älteren Spuren wird 30 %ige Kalilauge als Lösungs- und Suspensionsmittel angewendet. Der Zusatz von gleichen Teilen Formaldehyd, das die Aufquellung verhindern soll, ist von *Puppe* vorgeschlagen worden. Die *Hofmann-Pacini*sche Flüssigkeit, die vielfach benutzt wird, besteht aus 300 ccm Aqua dest., 100 ccm Glycerin, 2 g Kochsalz und 1 g Sublimat. Die *Russini*sche Flüssigkeit wird in der Weise hergestellt, daß man zu 1 ccm konzentrierter Schwefelsäure und 3 ccm Glycerin soviel Wasser zusetzt, bis das spezifische Gewicht von 1028 erreicht wird. *Marx* empfiehlt konzentrierte Kalilauge, die mit gleichen Anteilen einer 1⁰/₀₀igen Chininlösung verdünnt wird.

Durch Zusatz derartiger Lösungsmittel gelingt es, die Blutkörperchen frisch eingetrockneter Flecke mehr oder minder vollständig zu isolieren, sie zur Quellung zu bringen und ihre Größe annähernd zu ermitteln, ohne daß hierdurch jedoch eine zuverlässige Feststellung der vorliegenden Blutart möglich wäre. Ein längeres Einwirken der genannten Lösungsmittel führt zu einer Zerstörung der roten Blutkörperchen.

Ist Blut in dünner Schicht auf glatten, spiegelnden oder polierten Gegenständen eingetrocknet, dann kann der Nachweis der zelligen Bestandteile des Blutes mit Hilfe der *Epimikroskopie* auch in älteren Spuren mit Erfolg angewendet werden. Bei der Untersuchung rauher Gegenstände mit wolligen unebenen Oberflächen versagt dieses Verfahren. Bei der epimikroskopischen Untersuchung wird das zu untersuchende Objekt mit Licht durch einen Opak- oder Vertikalilluminator durch die Linse des Objektivs von oben her beleuchtet. Der Opakilluminator der Firma *Leitz* wird an der Stelle des Objektivs an das Mikroskop angeschraubt. Ein Lichtstrahl, der durch eine Linse mit Irisblende gesammelt wird, fällt durch ein seitliches Fenster der Objektivfassung und wird durch ein Prisma oder eine planparallele Glasplatte durch das Objektiv auf den Gegenstand reflektiert. Auf ähnlicher Konstruktion beruht der Vertikalilluminator der Firma *Zeiß*. Bei der Anwendung von Blut findet man entweder isolierte und z. T. erhaltene Blutkörperchen, oder es zeigen sich größere Schollen, in denen die Blutkörperchen pflastersteinartig aneinandergelegt sind. In dickeren Blutspuren lassen sich die einzelnen Blutkörperchen nur schwer voneinander trennen. Bei dünnen Antrocknungen sind kernhaltige von kernlosen Zellen gut zu unterscheiden. Pilzsporen und ähnliche Gebilde sind den Blutkörperchen gegenüber von stärker reflektierenden Eigenschaften. Rostspuren können der Untersuchung Schwierigkeiten bereiten.

Die Blutkörperchen der Fische, der Vögel, Reptilien und Amphibien sind *kernhaltig*. Vermöge dieser Eigenschaft läßt sich in frischem oder angetrocknetem Blut die Unterscheidung dieser Blutarten von Säugetierblut leicht vornehmen. In frischen Blutspuren ist dieser Nachweis ohne vorbereitende Zusatzlösungen möglich. Ältere Blutflecke werden mit 2 %iger Essigsäure versetzt. Die mikroskopische Untersuchung wird bei stark abgeblendetem Licht vorgenommen. Die Essigsäure bringt den Blutfarbstoff der roten Blutkörperchen in Lösung. Die eingetrocknete Spur hellt sich stark auf, die Kontur der ausgelaugten roten Blutkörperchen wird unkenntlich. Kernhaltige Zellen treten durch ihren dunkler erscheinenden Kern hervor. Bei der Untersuchung von Säugetierblut finden sich in den untersuchten Blutschollen nur vereinzelt Zellkerne der weißen Blutkörperchen. Liegen kernhaltige Blutkörperchen vor, wird das mikroskopische Bild durch die Kerne der zahlreichen roten Blutkörperchen beherrscht, die bei den einzelnen Tiergattungen teils von runder, teils von ovaler Form sind. Die Untersuchung, ob eine Blutspur kernlose oder kernhaltige Blutkörperchen aufweist, ist für die Identifizierung der vorliegenden Blutart ein sehr wichtiges Nachweisverfahren.

*2. Der chemische Nachweis des Blutes durch Kristalle des Blutfarbstoffes und seiner Derivate.* a) *Hämoglobinkristalle.* Das Hämoglobin der einzelnen Tierarten zeigt ein verschieden starkes Kristallisationsvermögen. Rattenblut ist beispielsweise sehr leicht in Kristallform zu erhalten. Auch Pferdeblut kristallisiert leicht. Schöne Hämoglobinkristalle erhält man, wenn man einen Blutstropfen dieser Tiere auf dem Objektträger mit etwas Äther zur Hämolyse bringt, mit einem Deckgläschen bedeckt und untersucht. Das Hämoglobin ist in Form länglicher Büschel oder Plättchen ausgefallen. Das Blut anderer Tiere kristallisiert schlecht und geht meist erst nach Einengung der Blutlösung unter Anwendung tieferer Temperaturen in Kristallform über. Das Hämoglobin des Frosches ist noch nie in Kristallform erhalten worden. Menschliches Hämoglobin ist nur schwer zur Kristallisation zu bringen. Die Kristallform der einzelnen Gattungen zeigt gewisse Unterschiede.

Für den forensischen Blutnachweis ist die Darstellung kristallisierten Hämoglobins wenig geeignet. Das Kristallisationsvermögen ist an das Vorliegen frischerer Spuren gebunden und verlangt außerdem ein erhebliches Untersuchungsmaterial. Der Ausfall der Kristalle ist ein ungewisser und die Ausbeute bei den einzelnen Blutarten eine stark unterschiedliche.

*b) Häminkristalle.* Von den zahlreichen kristallin darstellbaren Abbauprodukten haben lediglich die Hämine und Hämochromogene ein forensisches Interesse. Vor allen übrigen Blutderivaten sind Kristallisationsvermögen und Ausbeute sowie die charakteristischen Kristallformen zum Nachweis von Blut selbst in älteren Spuren geeignet. Hämine sind die aus Oxyhämoglobin durch Abspalten des Eiweiskomplexes enthaltenen Abbauprodukte, die an ein Halogen gebunden sind. Das Chlorhämin ist erstmalig von *Teichmann* im Jahre 1859 erhalten worden. Zu seiner Darstellung werden abgekratzte kleine Blutspuren auf einem Objektträger oder Glasschälchen mit ein wenig Kochsalz innig verrieben, mit einigen Tropfen konzentrierter Essigsäure versetzt und über der Sparflamme eines Bunsenbrenners vorsichtig bis zur Braunfärbung der Essigsäure erhitzt. Ein Aufkochen der Lösung ist zu vermeiden. Nach dem Erkalten fällt der in Lösung gegangene

Blutfarbstoff als *Chlorhämin* in Form der *Teichman*schen Häminkristalle aus. Die Kristalle erscheinen bei mikroskopischer Betrachtung als rhombische, hell bis dunkelbraun gefärbte Tafeln. Sie liegen entweder isoliert oder spitzwinklig gekreuzt vor oder bilden sternförmige Gruppen. Von den farblosen Kochsalzkristallen, die beim Erhitzen und Einengen der Lösung ebenfalls leicht ausfallen können, ist das Hämin durch Form und Farbe leicht zu unterscheiden. Störende Kochsalzkristalle können durch Wasser in Lösung gebracht werden. Die Häminkristalle sind in Wasser unlöslich.

Solange in der zu untersuchenden Blutspur noch Reste von Hämoglobin oder Methämoglobin vorliegen, sind die *Teichmann*schen Häminkristalle gewöhnlich leicht zu erhalten. Ist der Blutfleck dagegen weitgehend zerstört und ist das Blut nur schwer in Lösung zu bringen, dann ist die Kristallbildung gering oder kann völlig ausbleiben. Ein mehrmaliges Aufnehmen der mit Kochsalz versetzten Spur mit Essigsäure kann diese Schwierigkeit beheben. Außer erheblichem Alter können eine Reihe anderer schädigender Einflüsse die Kristallbildung verhindern. Ein allzu schnelles Abkühlen der Lösung führt zu ungewöhnlich kleinen Kristallen oder erzeugt schwer zu identifizierende Wachstumsformen. Überhitzen und Kochen der Lösung können den Blutfarbstoff über die Häminreihe hinaus zerstören. Die Anwesenheit stark verunreinigender Substanzen wie Sand, Erde, Stoffasern und Chemikalien wie Laugen und Säuren vor allem aber Eisenrost sind von störendem Einfluß. Der nachträgliche Zusatz von absolutem Alkohol soll die Kristallbildung günstig beeinflussen.

Hat man Häminkristalle darstellen können, so ist damit die Anwesenheit von Blut einwandfrei erwiesen. Das Fehlen von Häminkristallen beweist dagegen keinesfalls die Abwesenheit von Blut.

Wird bei sonst gleichem Vorgehen statt Kochsalz Brom- oder Jodkali zugefügt, dann bilden die sich in ihrer Form unveränderten Kristalle des *Brom*- oder *Jodhämins*.

Die Häminkristalle lassen sich, ohne ihre Form zu verändern, durch Zusatz alkalischer reduzierender Lösungen in Hämochromogen überführen. Sie werden nach der Reduktion von leuchtender rubinroter Farbe und geben ein Homochromogenspektrum. Die Reduktion kann unter dem Deckgläschen nach Eintrocknung der Essigsäure durch Zusatz eines Tropfens einer 50%igen Hydracinhydratlösung oder alkalischer Natriumstannitlösung vorgenommen werden.

*c) Hämochromogenkristalle.* Das reduzierte alkalische Hämatin ist in Form der Hämochromogenkristalle ein weiterer sicherer Beweis für das Vorliegen von Blut. Die Hämochromogenkristalle sind rubinrot gefärbte Büschel von wechselnder Größe. Sie liegen häufig garbenähnlich aneinander oder bilden Sternform. Sie können vereinzelt auch als Rhomben oder Nadeln ausfallen.

Zu ihrer Darstellung wird die zu untersuchende Spur auf einem Objektträger mit einigen Tropfen Pyridin versetzt, mit einem Deckgläschen bedeckt und kurze Zeit, um das Auflösen zu beschleunigen, leicht erwärmt. Nach Zusatz eines kleinen Tropfens Hydracinhydrat zeigen sich die Kristalle. Als Reduktionsmittel kann man auch Schwefelammonium oder Pyrogaloll verwenden. Als Lösungsmittel sind Ammoniak, Piperidin und Sodalösung empfohlen worden. Die Hämochromogenkristalle sind leichter als die des Hämins darstellbar. Rostbildung ist von weniger störendem Einfluß. Der negative Ausfall der Untersuchung beweist nichts. Der weitere Vorteil der Untersuchung auf Hämochromogenkristalle liegt vor allem darin, daß auch bei fehlender Kristall-

15

bildung der Blutnachweis an gleichem Material mikrospektroskopisch geführt werden kann.

3. *Der photochemische Nachweis von Blut.* *Gleu* und *Pfannstiel* beobachteten bei Zusatz einer soda-alkalischen Lösung von 3-Aminophthalsäurehydracid und Wasserstoffsuperoxyd zu einer Häminlösung eine intensive Chemieluminescenz. *W. Specht* benutzt für das Auffinden und die Erkennung von

farbstoff kann trotz Vornahme dieser Untersuchung für die weitere spektroskopische und serologische Untersuchung verwendet werden.

4. *Der spektroskopische Blutnachweis.* Die spektroskopische Untersuchung ist die sicherste und zuverlässigste Methode, Blut in verdächtigen Flecken nachzuweisen. Die Spektroskopie ist in ihrer Handhabung bequem und schnell durchführbar. Sie gestattet den Nachweis außerordenlich geringer Blutmengen. Selbst aus alten und erheblich zerstörten Blutflecken lassen sich noch eindeutige Absorptionsbilder gewinnen.

Weißes Licht besteht bekanntlich aus Lichtquantitäten verschiedener Wellenlängen, die sich durch verschiedene Farbe und Brechbarkeit unterscheiden. Die Brechung des Lichtes kann durch ein Prisma oder durch ein Gitter vorgenommen werden. Auf diese Weise läßt sich ein Lichtstrahl in seine einzelnen Komponenten zerlegen.

Farbstofflösungen absorbieren aus einem durch sie hindurchtretenden weißen Lichtstrahl verschiedene Wellenlängen mehr oder minder vollständig heraus. Nach Zerlegen des austretenden Strahles fehlen die absorbierten Wellenlängenbereiche. Das Spektrum weist an entsprechenden Stellen „Lücken", „Schatten" oder „Absorptionsstreifen" auf. Zur Absorptionsspektroskopie benutzt man Lichtquellen, die sämtliche sichtbaren Farben in einem kontinuierlichen Spektrum enthalten. Das Licht elektrischer Fadenlampen ist für spektroskopische Untersuchungen besonders geeignet. Das Sonnen- und Tageslicht liefert ein annähernd kontinuierliches Spektrum, das lediglich durch die bekannten *Frauenhofer*schen Linien unterbrochen wird, die dadurch entstehen, daß ein Teil der vom glühenden Sonnenkern ausgehenden Lichtstrahlen durch die die Sonne umgebenden Gase absorbiert wird. Nach der Lage der *Frauenhofer*schen Linien erfolgte eine frühere Einteilung des Spektrums. Die am deutlichsten in Erscheinung tretende im Gelb gelegene D-Linie entspricht der Natriumlinie ($\lambda = 589$). Die Orientierung des Spektrums erfolgt nunmehr ganz allgemein durch die Maßangabe der Wellenlängen. Die Länge der Wellen wird in Tausendstel $\mu$ ($= 10^{-7}$ cm) oder auch in Ångströmeinheiten ausgedrückt (A.E. $= 10^{-8}$ cm). Die Natriumlinie hat hiernach eine Wellenlänge von 5,889 $\times 10^{-5}$ cm $= 0,589$ $\mu = 588,9$ $\mu\mu$ oder $\lambda = 588,9$ oder $= 5889,9$ *Ångström*einheiten ($=$ A.E.).

Absorptionsstreifen werden durch die Lage ihrer maximalen Auslöschung angegeben. Die Absorption kann entweder symmetrisch oder unsymmetrisch gestaltet sein. Bei mehreren Absorptionen bezeichnet man den dunkelsten Streifen als die Hauptabsorption, die schwächeren als Nebenstreifen. Die Zahl der Absorptionen wird in römischen Zahlen ausgedrückt. Die Zählung erfolgt vom langwelligen Rot aus. Die Zahl und Art der Absorp-

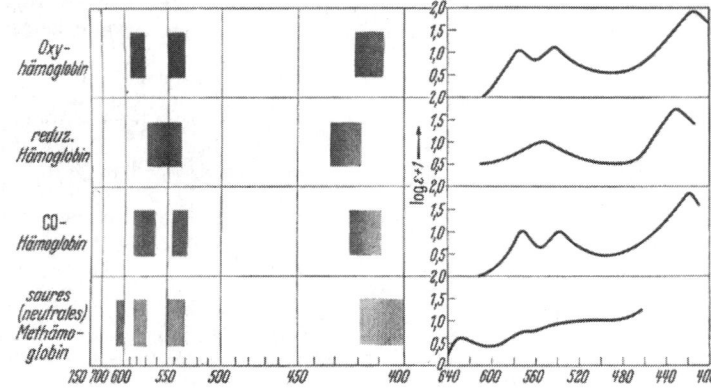

Abb. 1. Absorptionsspektren mit dazugehörigen Extinktionskurven des Hämoglobins und einzelner seiner Abkömmlinge.

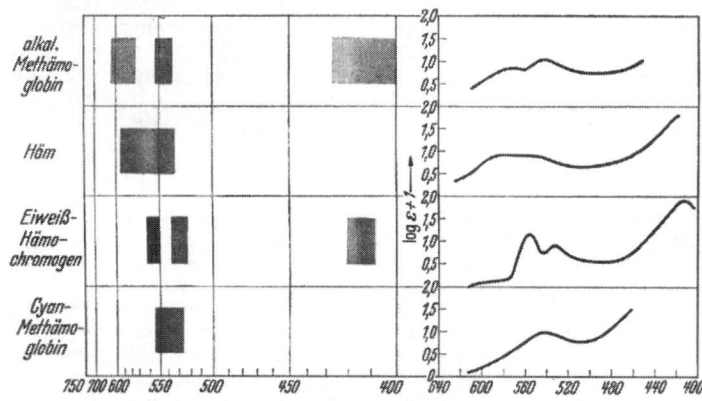

Abb. 2. Absorptionsspektren mit dazugehörigen Extinktionskurven einzelner Abkömmlinge des Hämoglobins (Häm = alkal. Hämatin).

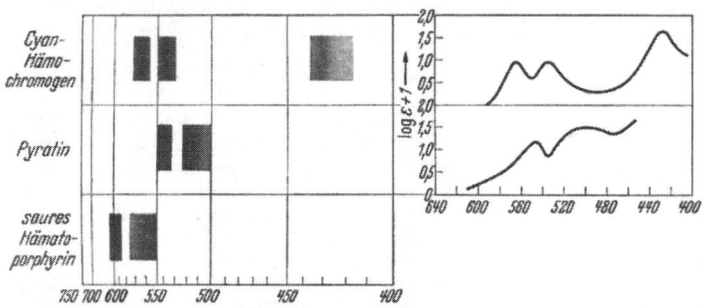

Abb. 3. Absorptionsspektren mit dazugehörigen Extinktionskurven einzelner Abkömmlinge des Hämoglobins.

Blutspuren eine Lösung von 0,1 g Aminophthalsäurehydracid, 15 ccm 30%ige Wasserstoffsuperoxyd (oder 0,5 g Natriumperoxyd) auf 100 ccm Wasser. Frische, besonders aber auch ältere Blutflecke zeigen im Dunkeln ein deutliches Aufleuchten, das sich bei nicht allzulanger Belichtungszeit (ca. 5 Minuten) mit gewöhnlichem Plattenmaterial aufnehmen läßt. Stoffe des täglichen Lebens ergeben mit diesem Reagens keine photochemische Reaktion. Der Blut-

tionsstreifen ist bei jeder Farbstofflösung von verschiedenen Faktoren abhängig:

1. von der Konzentration des Farbstoffes und der untersuchten Schichtdicke,
2. von der Anwesenheit weiterer lichtabsorbierender Substanzen,
3. von der Art des Lösungsmittels,
4. von der Temperatur,
5. von der Art der Untersuchungsapparatur.

Bei gleicher Farbstoffkonzentration ist die Lichtabsorption um so größer, je dicker die untersuchte Schicht gewählt wird. Bei gleichbleibender Schichtdicke kann die Absorption in gleicher Weise durch Konzentrationsänderungen beeinflußt werden. Unter Anwendung spektrophotometrischer oder spektrographischer Meßverfahren ergibt sich für die Berechnung des Extinktionskoeffizienten für jede Farbstofflösung ein charakteristischer *Extinktionsverlauf*. Zur Identifizierung eines Farbstoffes begnügt sich die Spektroskopie mit der Lagebestimmung der maximalen Auslöschungen. Sie verzichtet auf die Darstellung des übrigen Verlaufs der Lichtabsorption und zitiert nur hin und wieder, wo es notwendig erscheint, die Lage der maximalen Lichtdurchlässigkeiten, die zwischen den maximalen Punkten der Lichtauslöschung liegen. Die Lage der Maxima allein ist für den Nachweis des Blutfarbstoffes und viele seiner Derivate ein ausreichendes und sicheres Kriterium.

Schichtdicke und Konzentration sind je nach der Absorptionsstärke der zu untersuchenden Lösungen so zu wählen, daß die Maxima in genügender Breite und Schärfe in Erscheinung treten. Charakteristische Absorptionsbilder ergeben sich schon bei der Untersuchung gering gefärbt erscheinender Lösungen. Eine in Konzentration oder Schicht zu dick gewählte Farbstofflösung führt zu einer starken Verbreiterung der Maxima, die eine genaue Lagebestimmung erschweren und die zwischen ihnen liegenden Minima verdecken oder sogar eine allgemeine Verdunkelung herbeiführen können.

Sind mehrere lichtabsorbierende Substanzen, die sich chemisch nicht beeinflussen, in der Lösung vorhanden, dann addieren sich die auf jeden einzelnen dieser Stoffe entfallenden Lichtabsorptionen. Für die Untersuchung von Mischblutlösungen kann dieses Verhalten die Deutung erschweren.

Als Lösungsmittel werden vorzüglich Stoffe verwendet, die eine bemerkenswerte Lichtabsorption nicht hervorrufen. Mit dem Lösungsmittel selbst können Farbstoffderivate innige Verbindungen eingehen, was bei den Derivaten des Blutfarbstoffes sogar sehr häufig der Fall ist. Je nach angewendetem Lösungsmittel können hierdurch trotz gleichem Ausgangsmaterial unterschiedliche Absorptionsbilder herbeigeführt werden.

Temperaturänderungen sind, wenn man sich an Zimmertemperaturen hält, für die Spektroskopie ohne Einfluß.

Von sehr großem Einfluß dagegen ist die Art der benutzten Untersuchungsapparatur. Diese ändert zwar nicht die Lage der Dunkelheitsmaxima der einzelnen Absorptionsstreifen. Diese erscheinen jedoch bei einem Spektroskop mit langem Spektrum und starker Dispersion als unscharf begrenzte Schatten, deren maximale Auslöschung sich ungenauer bestimmen läßt als bei der Anwendung eines Spektroskops mit kleinerem Spektrum und kleinerer Dispersion. Ein Gitter zerlegt das Spektrum in Wellenlängenbereiche, die in gleichem Abstand zueinander stehen. Bei einem Prisma wird das Spektrum in der Weise zerlegt, daß die langwellige rote Seite des Spektrums dichter aneinander gefügt ist als die kurzwelligen violetten Strahlen. Bei den häufig gebrauchten Handspektroskopen liegen dagegen die mittleren Abschnitte des Spektrums besonders weit auseinander. Diese Verschiedenheit der Brechung führt bei den einzelnen Systemen zu recht unterschiedlichen Bildern, die selbst dem Geübten, sofern er nur auf die Benutzung des einen oder anderen Apparates eingestellt ist, in der Deutung der Befunde Schwierigkeiten bereiten können.

*Spektroskope.* Für den praktischen Gebrauch genügt meist die Anwendung eines gradsichtigen *Handspektroskops*, das von allen bekannten optischen Fabriken geliefert wird. Die Brechung erfolgt durch einen sog. *Amiciprismensatz*, der aus zwei Crownglas-Prismen und einem Flintglas-Prisma von bestimmten Berechnungswinkeln besteht. Die Prismenanordnung läßt die Strahlen mittlerer Wellenlängen ohne Ablenkung hindurchtreten und bewirkt bei den übrigen Strahlen nur eine geringe Abweichung ihres ursprünglichen Verlaufes. Das Instrument hat vorn einen durch eine Schutzplatte geschützten Spalt, dessen beide Backen verstellbar sind. Die Strahlen gelangen durch ein auf das Spektrum einstellbares Okular ins Auge. Gradsichtige Handspektroskope werden mit und ohne Wellenlängenskala geliefert. Die Wellenlängenskala ist dem Spaltrohr parallel angeordnet. Sie wird durch die gleiche Lichtquelle beleuchtet. Die Skala wird mittels eines Reflektionsprismas auf das Spektrum entworfen. Bei der Untersuchung sind Spalt und Okularstellung so zu wählen, daß die *Frauenhofer*schen Linien scharf hervortreten. Bei Verwendung von Lampenlicht wird auf den oberen und unteren Rand des Spektrums scharf eingestellt.

Spektroskope, die in Mikroskopform angeordnet sind, werden von *Schmidt* und *Hänsch* geliefert. Sie gestatten ein genaueres Ablesen der Wellenlängen. Ein Handspektroskop mit Reagensglaskondensator liefert die Firma *Zeiss*. Durch Anwendung eines *Hüfner*schen Prismas gestattet die Apparatur die vergleichende Untersuchung zweier unmittelbar nebeneinanderliegender Spaltbilder. Für die Untersuchung des Blutes im Violett hat *Bürker* ein Vergleichsspektroskop konstruiert, bei dem unter Vorschaltung eines Blaufilters der violette Teil des Spektrums besonders deutlich wird. Ein Gittermeßspektroskop wird nach den Angaben von *O. Schumm* von der Firma *Schmidt* und *Hänsch*, Berlin, geliefert. Es kann leicht zum Spektrographen umgewandelt werden. Eine sehr genaue Messung gestattet das *Reversionsspektroskop* von *Hartridge*. Es ist so angeordnet, daß durch Spiegelwirkung die eine Hälfte des Spektrums gegen die andere derart verschoben wird, daß der langwellige Teil der einen Hälfte über dem kurzwelligen der anderen liegt. Die Bandenenden der Absorptionsstreifen werden zur Deckung gebracht, „die mittlere Wellenlänge der Absorption" wird gemessen. Für feinere Messungen kommen Prismenspektroskope mit beweglichem oder feststehendem Fernrohr in Frage. Für den forensischen Blutnachweis sind sie im allgemeinen entbehrlich.

Ein für die forensische Praxis unentbehrliches Untersuchungsverfahren ist die *Mikrospektroskopie*, die die spektroskopische Betrachtung mikroskopischer Bildpräparate gestattet. Das Mikrospektroskop wird wie ein gewöhnliches Okular in den Tubus eines Mikroskopes eingesteckt und mit einer seitlich angebrachten Schraube festgeklemmt. Der obere Teil des Apparates, in dem das Dispersionsprisma in Form eines gradsichtigen Spektroskops angebracht ist, läßt sich durch ein Scharnier zur Seite klappen. Blickt man nunmehr durch die freiliegende Linse des Okulars, so ist am unteren Ende der Trommel der Spalt sichtbar, der sich durch eine seitlich angebrachte Schraube einstellen läßt. Der Schlitz ist durch zwei seitlich angebrachte Abschirmklappen zu verkürzen. Auf diese Weise ist eine weitgehende Abblendung des Gesichtsfeldes möglich, die die Untersuchung aller geringster Spuren, die sich im Gesichtsfelde zeigen, gestattet. In dem seitlichen Ansatzrohr des Oberteils findet sich eine Wellenlängenskala, die durch einen Spiegel beleuchtet und mit einem Spektrum zusammen gesehen wird. Die Justierung der Skala wird durch eine besondere Schraube vorgenommen. Die Einstellung erfolgt auf die *Frauenhofer*sche Linie D oder die Natriumlinie auf dem Skalenteil 58,9. Einige Mikrospektroskope haben daneben noch die Vorrichtung, ein Vergleichsprisma einzuschalten. Es dient dazu, die Spektra von Vergleichsobjekten mit dem untersuchten Spektrum zu vergleichen. Die Vergleichslösungen werden in kleinen Reagensgläsern seitlich vom Tubus durch Klemmfedern befestigt. Die Lösung wird durch einen Spiegel beleuchtet, der die durchtretenden Strahlen durch ein Prisma, das durch einen Hebel bedient wird, in den Strahlengang der Apparatur einschaltet. Bei fertiger Einstellung zeigen sich im mikrospektroskopischen Bilde das Spektrum des untersuchten Objektes und parallel und senkrecht zu diesem das Vergleichsspektrum und die Wellenlängenskala.

*Die für den Blutnachweis bedeutsamen Spektra des Blutfarbstoffes und seiner Derivate.* Nicht alle Spektra des Blutfarbstoffes und seiner Derivate haben ein forensisches Interesse. Für den Blutnachweis sind nur solche Absorptionsbilder geeignet, die eine charakteristische Lage ihrer Maxima aufweisen, ein großes Lichtauslöschungsvermögen besitzen und leicht darstellbar sind.

Die Verwendung der einzelnen Blutspektra richtet sich in erster Linie nach dem Alter und Zersetzungszustande der zu untersuchenden Spur. Unverändertes Hämoglobin findet sich nur in frischen Blutflecken. Ältere Spuren sind über das Hämoglobin hinaus zerstört und zeigen ein mehr oder minder deutliches Methämoglobin- oder Hämatinspektrum. Die Untersuchung älterer Blutspuren hat auf künstlich hergestellte Hämoglobinderivate zurückzugreifen. Vorzügliches leisten die Spektra der Hämochromogene. Sie sind wegen ihrer charakteristischen und starken Lichtauslöschung die in der Praxis am häufigsten angewendeten Absorptionen. Selbst aus erheblich zerstörten Blutflecken lassen sich die Hämochromogene noch darstellen. Ist dagegen die Zerstörung der Blutspur sehr stark fortgeschritten und ist der Blutfleck über die Hämatine hinaus zerstört worden, dann läßt sich der Blutnachweis nur noch mit Hilfe der Porphyrine führen. Einige Porphyrine zeichnen sich durch große Ergiebigkeit in der Darstellung und durch charakteristische Absorptionsbilder aus und sind aus diesem Grunde für den forensischen Blutnachweis besonders geeignet.

Außer den Auslöschungen, die der Blutfarbstoff und seine Abbauprodukte im sichtbaren Teil des Spektrums zeigen, kann auch die unsichtbare Violettabsorption zur Identifizierung von Blutspuren herangezogen werden. Die Violettabsorption ist gegenüber der des sichtbaren Teils für die meisten Blutfarbstoffderivate eine weitaus größere. Sie können zu dem Nachweis geringer Blutungen, die in Flüssigkeiten gelöst sind, mit Erfolg herangezogen werden. Die Untersuchung erfordert ein spektrographisches Vorgehen. Auch die Fluorescenzerscheinungen, die den Porphyrinen eigen ist, können zum Nachweis geringster Blutspuren dienen.

*In frischen Blutspuren* ist die Darstellung des *Oxyhämoglobinspektrums* stets zu versuchen. Die Untersuchung kann je nach der Art und Menge des Blutes mit Hilfe eines gradsichtigen Handspektroskops im Reagensglas oder mikrospektroskopisch

vorgenommen werden. Als Lösungsmittel verwendet man destilliertes Wasser oder eine 0,1%ige Sodalösung. Bei der Untersuchung frischer Spuren zeigen sich entweder der Streifen des Oxyhämoglobins oder in mehr oder minder großer Stärke auch die Schatten des neutralen oder alkalischen Methämoglobins. Das Methämoglobin ist durch Reduktion in reduziertes Hämoglobin umzuwandeln, das nach Schütteln mit Luft die Streifen des Oxyhämoglobins zeigt. War der Blutfarbstoff bis zu den Hämen aufgebaut und wurde als Lösungsmittel alkalische Sodalösung verwendet, so zeigt sich nach der Reduktion ein mehr oder minder deutliches Hämochromogenspektrum.

Das *Oxyhämoglobin* ist in dünnen, etwa 1%igen Lösungen von hellroter, deutlich gelbstichiger Farbe. In Verdünnungen von 0,2—0,01% treten bei einer Schichtdicke von 1 ccm zwei sehr charakteristische Absorptionsstreifen auf, die zwischen den Linien D und E liegen. Die Absorptionsmaxima finden sich bei $\lambda$ 578,1 und $\lambda$ 541,7. Bei stärkeren Verdünnungen (etwa 1:5000) verschwinden die beiden Schatten. Im Violett zeigt sich dafür ein Absorptionsmaximum, das bei $\lambda$ 414 liegt. In spektrographischen Aufnahmen ist dieses Maximum bis zu Verdünnungen von 1:60000 darstellbar. Spektrographische Untersuchungen werden zweckmäßig unter Verwendung eines *Baly*rohres, das eine bequeme Veränderung der Schichtdicke zuläßt, bei wechselnden Schichtdicken vorgenommen. Die Lage des Maximums ist auf diese Weise leicht aufzufinden. Zur Aufnahme eignen sich sowohl Gitter wie auch Quarzglasprismen. Gewöhnliche Fadenlampen und übliches Plattenmaterial sind in ausreichendem Maße violetthaltig und violettempfindlich. Der genaue Absorptionsverlauf ist mehrfach gemessen worden. In der beiliegenden Figur sind die logarithmischen Werte des *Extinktionskoeffizenten* für die einzelnen Wellenbereiche, wie sie durch eigene Messungen erhalten wurden, wiedergegeben.

*Das reduzierte Hämoglobin* wird durch Reduktion des Oxyhämoglobins oder Methämoglobins erhalten. Unter den üblichen *Reduktionsmitteln* ist das bekannteste das *Schwefelammonium*. Es ist im Handel erhältlich. Die frische Lösung ist farblos. Durch die Bildung von Polysulfiden wird die Lösung gelbrötlich. Sie wird frisch durch Einleiten von Schwefelwasserstoff in konzentrierte wäßrige Ammoniaklösung hergestellt. Ihre Reduktionsfähigkeit ist vor dem Gebrauch stets nachzuprüfen. Von schneller und sicherer Reduktionswirkung ist das *Stokes*sche Reagens. 1 g Ferrosulphat wird mit gleicher Menge Weinsäure in 10 ccm ausgekochtem, destilliertem Wasser gelöst und soviel einer 10%igen Ammoniaklösung hinzugefügt, bis der zunächst auftretende Niederschlag in Lösung geht. Die leicht grünlich gefärbte Lösung wird mit der vier- bis fünffachen Menge Wasser verdünnt. Mit großem Vorteil kann man für Reduktionszwecke die leicht herzustellende *Natriumstannitlösung* verwenden. Eine kleine Messerspitze Zinnchlorür wird mit etwa 1 ccm Wasser versetzt. Die Lösung wird mit 10% Natronlauge bis zur klaren Lösung des zunächst ausfallenden Hydroxyds verdünnt. Als Reduktionsmittel sowohl in saurer wie auch in alkalischer Lösung wirksam ist das *Natriumhydrosulfit*. Es kann in wäßrigen Lösungen oder auch in Substanz verwendet werden. Vielfache Verwendung findet auch *Hydracinhydrat* oder das *Hydracinsulfat*. Reduktionsmittel sind bei der Darstellung des reduzierten Hämoglobins mit großer Vorsicht zu verwenden. Der Überschuß alkalisch reagierender Reduktionsmittel kann den Blutfarbstoff zerstören und zur Bildung von Hämochromogene führen. Von Schwefelammonium genügen, um den Inhalt eines Reagensglases zu reduzieren, wenige Tropfen. Auch die *Stockes*sche Lösung darf nur tropfenweise verwendet werden. Von noch eingreifenderer Wirkung sind Natriumstannit und Hydracinhydratlösungen. Das Durchmischen der Blutlösung mit der Reduktionssubstanz hat unter Vermeidung jeglichen kräftigen Schüttelns zu geschehen. Die Reduktion tritt, besonders bei der Anwendung von Schwefelammonium langsam ein. Ein ruhiges minutenlanges Abwarten ist erforderlich. Das reduzierte Hämoglobin ist durch einen breiten Streifen, der zwischen den beiden Lichtauslöschungen des Oxyhämoglobins gelegen ist, charakterisiert. Sein Maximum liegt bei λ 555, der Violettschatten bei λ 429. Das Maximum im sichtbaren Teil zeigt einen flachen bogenförmigen Verlauf und dementsprechend bei spektroskopischer Betrachtung unscharfe Ränder. Reduziertes Hämoglobin ist auch aus den Derivaten des Methämoglobins, zu denen vor allem das Cyanhämoglobin zählt, durch Reduktion zu erhalten.

*Das Kohlenoxydhämoglobin* ist in seinem Spektrum dem des Oxyhämoglobins sehr ähnlich. Die Absorption im sichtbaren Teil ist gegenüber dem Oxyhämoglobin ein wenig zum Violett verschoben. Die Violettverlagerung der Schatten ist so gering, daß die Lage der Maxima nicht zur spektroskopischen Unterscheidung von Kohlenoxyd und Oxyhämoglobin verwendet werden kann. Die Absorptionsmaxima liegen bei λ 571 und λ 537,5. Für den Nachweis von Kohlenoxydvergiftungen spielt außer dem chemischen und gasanalytischen Verfahren der spektroskopische Nachweis von Kohlenoxydhämoglobin eine große Rolle. Für den forensischen Blutnachweis ist der sichtbare Teil des Kohlenoxydhämoglobinspektrums ohne praktische Bedeutung. Für den Nachweis stark verdünnter Blutlösungen kann nach Einleiten von Kohlenoxyd der Violettstreifen mit Vorteil benutzt werden. Sein Maximum liegt bei λ 419,5.

*Das Methämoglobin* zeigt eine Lichtauslöschung, die weitgehend vom pH der Lösung abhängig ist. In saurer Lösung findet sich ein charakteristisches Absorptionsmaximum in Rot bei λ 626. Zwei weitere mattere Schatten liegen an der Stelle der Oxyhämoglobinstreifen. Die Violettabsorption wird bei λ 410 angegeben. In alkalischer Lösung verschwindet der charakteristische Rotschatten. Das in saurer Lösung braun aussehende Methämoglobin nimmt im alkalischen Bereich eine rote Farbe an. Es weist zwei Absorptionsmaxima auf, die mit dem Oxyhämoglobin größte Ähnlichkeit besitzen und deren Stärke von dem pH der Lösung abhängt. Methämoglobin ist aus verdünnten Oxyhämoglobinlösungen durch Zusatz weniger Tropfen einer 10%igen Ferricyanidkalilösung leicht herzustellen. Methämoglobin unterscheidet sich in seiner chemischen Struktur von Oxyhämoglobin durch eine Verschiedenwertigkeit des Eisens, das im Oxyhämoglobin zweiwertig, im Methämoglobin als dreiwertiges Eisen vorliegt. Außer Ferricyanid vermögen eine Reihe anderer oxydierend wirkender Substanzen, die bei Vergiftungen eine wichtige Rolle spielen, Methämoglobin zu erzeugen, Reduktionsmittel und Fäulnisvorgänge überführen in reduziertes Hämoglobin.

*Das saure Hämatin* bildet sich, wenn man Blut mit Essigsäure, dem einige Tropfen Alkohol zugefügt sind, etwa 100fach verdünnt und aufkocht. Bei der spektroskopischen Untersuchung finden sich vier Streifen, von denen der im Rot gelegene der charakteristische ist. Der Rotschatten hat mit dem Methämoglobin in neutraler oder saurer Lösung eine gewisse Ähnlichkeit. Er ist im Gegensatz zu Methämoglobin weiter nach dem roten Ende des Spektrums zu gelegen. Zwei weitere Streifen entsprechen in ihrer Lage dem Oxyhämoglobin. Ein weiterer,

violettwärts gelegener Schatten ist ebenso wie die im Grün gelegenen von geringer Intensität. Der Extinktionsverlauf stellt im wesentlichen eine absteigende Extinktionskurve dar.

*Das alkalische Hämatin* entsteht beim Kochen von Blut mit 15%iger Kali- oder Natronlauge oder Ammoniak. Bei etwa λ 610 ist eine schwache Absorption vorhanden. Die Hämatinspektra sind für den forensischen Blutnachweis wegen ihrer geringen und im ganzen uncharakteristischen Lichtauslöschung wenig geeignet.

*Die Hämochromogene* liefern dagegen überaus charakteristische Lichtabsorptionen, die für den forensischen Blutnachweis von größter Bedeutung sind. Hämochromogene bilden sich nach Reduktion einer alkalischen Hämin- oder Hämatinlösung, sofern im Lösungs- oder Reduktionsmittel stickstoffhaltige Substanzen, die komplex gebunden werden können, vorhanden sind. Bei der Abwesenheit stickstoffhaltiger Substanzen findet sich ein mattes Hämatin-Spektrum, das eine charakteristische Lichtauslöschung nicht besitzt. Im Extinktionsverlauf zeigt das alkal. Hämatin zwischen λ580 und λ545 ein flaches plateauartiges Maximum. Bei Anwesenheit stickstoffhaltiger Substanzen entsteht dagegen das charakteristische Spektrum des Hämochromogens. Die Lösung ist kirschrot. Die charakteristische Hauptabsorption liegt im Grün bei λ 556. Ein zweiter schwächerer Schatten, der etwas breiter ist, findet sich bei etwa λ 530. Die Absorptionsmaxima weisen je nach dem komplexgebundenen stickstoffhaltigen Körper in ihrer Lage geringe Unterschiede auf. Man unterscheidet je nach der komplexgebundenen stickstoffhaltigen Substanz das Eiweißhämochromogen, das Hydracinhämochromogen, Ammoniakhämochromogen, Pyridinhämochromogen, Cyanhämochromogen usw. Mit Ausnahme des Cyanhämochromogens und einiger weniger anderer komplexgebundener Stoffe sind die Unterschiede, die die Lage der Maxima aufweisen, so gering, daß sie für den forensischen Nachweis des Blutes ohne Bedeutung sind. Die Violettabsorption des Eiweißhämochromogens liegt bei λ 411. Die mikrospektroskopische Darstellung des Hämochromogens ist noch aus älteren Blutflecken möglich. Abgekratzte Spuren werden auf dem Objektträger mit Pyridin in Lösung gebracht und mit einem Deckgläschen bedeckt. Nach Zufügen eines Reduktionsmittels erscheint das Hämochromogen. Statt Pyridin lassen sich auch Alkalien, wie Kalilauge, Natronlauge oder Ammoniak, verwenden. Die Reduktion kann mit einem der genannten Reduktionsmittel vorgenommen werden. Von schneller Reduktionswirkung ist Natriumstannitlösung, die wegen ihrer starken alkalischen Reaktion zugleich ein gutes Lösungsmittel darstellt und ohne Pyridinzusatz verwendet werden kann. Auch eine zur Hälfte mit Wasser verdünnte Hydracinhydratlösung kann mit Vorteil verwendet werden. Von *Takajama* wird eine Lösung folgender Zusammensetzung angegeben: 3 ccm 10%iger Natronlauge, 3 ccm Pyridin, 3 g Traubenzucker und 7 ccm Aqua dest. Da die Lösung nicht unbegrenzt haltbar ist, empfiehlt es sich, zur Darstellung des Hämochromogens vorzüglich frisch hergestellte Natriumstannitlösung oder Hydracinhydrat zu verwenden.

Ältere Blutflecke sind mitunter schwer in Lösung zu bringen. Ein leichtes Erwärmen der untersuchten Spur nach Zusatz des Lösungs- und Reduktionsmittels beschleunigt den Lösungs- und Reduktionsverlauf. Ein besonders für ältere Flecke vorzügliches Lösungsmittel ist eine 10%ige Cyankalilösung. Das Cyanradikal geht sowohl mit dem Methämoglobin wie auch mit dem Hämatin charakteristische Verbindungen ein.

*Das Cyanmethämoglobin* wird in der Literatur

vielfach als Cyanhämoglobin bezeichnet. Es ist ähnlich wie das Hämoglobin durch einen einzigen Schatten im Grün ausgezeichnet, dessen maximale Absorption bei $\lambda$ 541 liegt. Der Violettschatten ist von geringerer Intensität. Durch Reduktion entsteht wie beim Methämoglobin das reduzierte Hämoglobin, das beim Durchmischen mit Luft in Oxyhämoglobin übergeht. Das Cyanmethämoglobin ist für den forensischen Blutnachweis ohne besonderes Interesse.

*Das Cyanhämin* bildet sich beim Kochen eingetrockneten Blutes in einer etwa 10 %igen Cyankalilösung. Bei der Einwirkung schwächerer Cyanlösungen kann ein Mischspektrum auftreten, das aus alkalischem Hämatin und Cyanhämin besteht. Das Cyanhämin zeigt einen, dem reduzierten Hämoglobin ähnlichen Schatten, dessen Maximum im Grün bei $\lambda$ 541 liegt.

*Das Cyanhämochromogen* wird durch die Reduktion des Cyanhämins erhalten. Es hat im sichtbaren Teil zwei Absorptionen, die annähernd gleich stark sind und, verglichen mit dem Eiweißhämochromogen, nach dem Rot hin verschoben sind. Das Spektrum ist sehr charakteristisch. Die Absorptionen liegen bei $\lambda$ 566 und $\lambda$ 538,5. Der Violettschatten, der sich bei $\lambda$ 432 findet, ist durch ein deutliches Maximum ausgezeichnet und eignet sich vorzüglich zum Nachweis von Blut in größerer Verdünnungen. Als Reduktionsmittel empfiehlt *Ziemke* vor allem Schwefelammonium, doch ist auch jede andere Reduktionssubstanz zur Reduktion geeignet. Ist der Blutfarbstoff nicht völlig als Cyanhämin in Lösung gegangen, so kann nach Zusatz des Reduktionsmittels unter Umständen ein Mischspektrum aus Cyanhämochromogen und Eiweißhämochromogen auftreten, oder es können sich bei der reichlichen Verwendung einer stickstoffhaltigen Reduktionssubstanz das Hydracinhämochromogen oder Ammoniakhämochromogen usw. bilden. Ein leichtes Erwärmen und genügender Zusatz einer 10 %igen Cyankalilösung und die Anwendung von Natriumhydrosulfit oder Natriumstannit als Reduktionsmittel bewahren vor diesem, Irrtümer veranlassenden Fehler.

Sind die Blutspuren durch schädigende Einflüsse, wie starkes Erhitzen oder intensive Sonnenbestrahlung, stark verändert, oder sind die Blutspuren durch Eisenrost oder andere chemische Einflüsse weitgehend zerstört, dann kann die Löslichkeit der Flecke stark eingeschränkt und die Zerstörung des Hämoglobins so stark fortgeschritten sein, daß sich ein Hämochromogen nicht mehr darstellen läßt. Besonders die Rostbildung kann sehr schnell zu einer sehr tiefgreifenden Zerstörung führen, wobei die Rostbildung selbst durch die Anwesenheit des Blutfarbstoffes katalytisch beschleunigt wird. Der Blutnachweis muß in solchen Fällen auf die Darstellung charakteristischer *Porphyrine* zurückgreifen. Die Porphyrine sind eisen- und eiweißfreie Abbauprodukte des Farbstoffes. Ihre chemische Konstitution ist weitgehend bekannt.

*Das saure Hämatoporphyrin*, das sich unter der Einwirkung konzentrierter Schwefelsäure bildet, ist kein einheitlicher Körper, sondern ein Gemisch verschiedenster Porphyrine. Das Spektrum ist sehr charakteristisch. Es besteht aus drei Streifen, von denen der mittlere einen Vorschlagsschatten der zweiten Absorption darstellt. Der erste Streifen liegt im Orange bei etwa $\lambda$ 598, der zweite, etwas breitere und intensivere Schatten findet sich im Grün bei etwa $\lambda$ 553. Zwischen beiden Schatten liegt etwa an der Stelle des ersten Oxyhämoglobinschattens eine schwächere Absorption bei etwa $\lambda$ 577. Ein Violettschatten findet sich bei $\lambda$ 404. Je nach Darstellung zeigen die Absorptionsbänder leichte Schwankungen. Bei Violettbestrahlung der Porphyrine tritt eine deutliche Fluorescenz auf. Das Fluorescenzlicht des sauren Hämatoporphyrins ist durch eine im Rotorange gelegene Emissionsbande bei $\lambda$ 590 bis $\lambda$ 637 ausgezeichnet. Die *Fluorescenzmikrospektroskopie* ist in gleicher Weise ein sehr empfindlicher Nachweis auf Blut. Als Lichtquelle kann das filtrierte violettreiche Licht einer Analysenquarzlampe benutzt werden. In alkalischer Lösung (nach Absaugen der Schwefelsäure und Hinzufügen konzentrierter Natronlauge) wird die Bande schmäler. Sie liegt im Rot bei $\lambda$ 620. Zur Darstellung des sauren Hämatoporphyrins werden abgekratzte Spuren mit etwas Schwefelsäure versetzt und nach vorsichtiger Erwärmung und Bedecken mit einem Deckgläschen mikrospektroskopisch untersucht. Sind die Blutspuren untrennbar mit ihrer Unterlage verbunden, dann wird der Fleck mitsamt der Unterlage untersucht. Organische Verunreinigungen können hierbei sehr störende Verkohlungen zeigen.

*Das alkalische Hämatoporphyrin*, das sich aus der sauren Hämatoporphyrinlösung durch Auswaschen mit Wasser und Zusatz von Ammoniak oder Kalilauge darstellen läßt, hat ein vierstreifiges Absorptionsspektrum. Für den forensischen Nachweis ist es ohne wesentliche Bedeutung.

*Das Pyratin* läßt sich leicht und in guter Ausbeute selbst aus geringen und erheblich zerstörten Blutflecken darstellen. Das Pyratin ist nach den Untersuchungen von *O. Schumm* die Eisenkomplexverbindung des Pyroporphyrins. Das Pyratin weist eine Lichtauslöschung auf, die dem Hämochromogenspektrum außerordentlich ähnlich ist. Die Absorptionsstreifen sind ein wenig nach dem Violett verschoben. Der erste Schatten liegt bei $\lambda$ 545,7, der zweite bei $\lambda$ 515,7. Die zu untersuchende Spur wird auf einem Objektträger mit einer kleinen Messerspitze Resorcin oder Phenol versetzt, so daß die Blutspur etwa $^{1}/_{10}$ der Menge ausmacht. Die zugefügten Kristalle werden über der Sparflamme eines Bunsenbrenners vorsichtig geschmolzen. Hierbei geht der Blutfleck sehr bald in Lösung. Das Schmelzen wird bis zur Rauchentwicklung etwa 1—2 Minuten fortgesetzt. Die Farbe des Blutfarbstoffes schlägt hierbei ins Rötliche um. Ein völliges Eintrocknen ist durch Zufügen neuer Kristalle zu vermeiden. Die Schmelze wird bis auf einen geringen Rest eingeengt. Man läßt sie auf Körpertemperatur erkalten und fügt, noch ehe sie kristallinisch ausfällt, einen Tropfen einer Lösung, die aus gleichen Teilen Hydracinhydrat und Glycerin besteht, hinzu und untersucht anschließend mikrospektroskopisch. Organische Verunreinigungen, wie Papier, Kleidungsstoffe oder Schmutz, wirken im allgemeinen nicht störend ein. Eine Verkohlung tritt nicht auf. Bei sehr alten Flecken ist die künstliche Einführung von Eisen in den Porphyrinkomplex angezeigt. Die Schmelze wird mit einigen Stäubchen Eisenoxydul (aus Oxalat *Kahlbaum*) versetzt und nach dem Abkühlen mit Hydracin-Glycerin reduziert. In Fällen, in denen das Hämochromogenspektrum oder die Darstellung des sauren Hämatoporphyrins versagen, ist der Nachweis des Blutfarbstoffes als Pyratin noch aussichtsreich. Die Darstellung des Hämatoporphyrins *Nencki* oder die Gewinnung von Protoporphyrin, die angegeben worden sind, erfordern größere Mengen Ausgangsmaterial und sind auch wegen ihres komplizierten Untersuchungsganges von geringerem praktischen Wert.

**Der Nachweis der Blutart.** Ist die Herkunft des Blutes völlig unbekannt, so ist die vorliegende Spur nach Zusatz von 2—5 %iger Essigsäure zunächst auf das Vorhandensein kernhaltiger Blutkörperchen zu untersuchen. Sind die roten Blutkörperchen kernhaltig, dann handelt es sich um *Vogel-*, *Reptilien-* oder *Amphibienblut*. Das Säugetierblut enthält keine kernhaltigen roten Blutkörperchen.

Zur Untersuchung der Frage, ob das Blut vom *Menschen* oder *Tier* und von welchem Tier herrührt, stehen uns mehrere völlig zuverlässige Verfahren zu Gebote, von denen die Serumpräcipitinmethode die gebräuchlichste ist. Die *Uhlenhuth*sche *Serumpräcipitinreaktion* ist keine spezifische Untersuchung auf Blut, sondern eine spezifische Probe auf Eiweiß einer bestimmten Tierart. Eiweißstoffe naher verwandter Gattungen lassen sich mit Hilfe der Präcipitinreaktion nicht voneinander unterscheiden. Auf menschliches Serum eingestelltes Antiserum kann auf Affenblut übergreifen, wobei die Niederschläge in solchen Fällen allerdings schwächer und langsamer eintreten. Auch Kaninchen- und Hasenblut lassen sich mit Hilfe der Präcipitine nur schwer voneinander trennen.

Die Antisera werden in der Weise gewonnen, daß man Tiere mit Serum, auf daß sie reagieren sollen, vorbehandelt. Das Serum wird den Tieren intravenös oder auch intraperitonal in wöchentlichen oder mehrtägigen Abständen injiziert. Bei der ersten Injektion werden etwa 2—3 ccm, bei der zweiten 1 ccm und bei der dritten 0,5 ccm verwendet. Auch kochkoaguliertes Serum ist wirksam. Nach der letzten Injektion ist das Serum der Tiere auf seine Wirksamkeit zu prüfen. Serumverdünnungen von 1:1000 bis 1:30000 werden mit dem gewonnenen Antiserum unterschichtet. Bei Verdünnungen von 1:100 muß spätestens innerhalb 5 Minuten ein Trübungsring an der Berührungsstelle beider Flüssigkeiten auftreten. Entwickelt sich eine Trübung noch innerhalb dieser Zeit in der Verdünnung von 1:20000 und bleibt sie in der Verdünnung von 1:25000 aus, so hat das Antiserum den Titer von 1:20000. Für forensische Zwecke ist eine Titerstelle von 1:20000 ausreichend empfindlich. Wesentlich schwächere Antisera dürfen keine Verwendung finden. Die Bestimmung der Artspezifität erfolgt an entsprechend durchgeführten Kontrollen verschiedenster Tierblutarten. Es werden Verdünnungen von 1:100 hergestellt, mit denen das Antiserum keine Präcipitinreaktion geben darf. Fertige, auf Mensch und verschiedenste Tierarten eingestellte Antisera werden unter anderem vom *Robert-Koch*-Institut, Berlin, vom Hygienischen Institut der Universität Greifswald und den *Behring*werken geliefert.

Die zu untersuchende Blutspur wird mit physiologischer Kochsalzlösung bei Zimmertemperatur extrahiert. Die Extraktion ist sorgfältig und bei schlechter Löslichkeit evtl. im Eisschrank über längere Zeit vorzunehmen. Der Blutfarbstoff geht mitunter leichter in Lösung als das Serum. Dieses Verhalten kann zu Fehlbestimmungen führen. Verunreinigungen sind bei Entnahme der Blutspur möglichst zu vermeiden. Es ist allerdings darauf zu achten, daß die Spur genügend Eiweißstoffe, die mitunter in die Unterlage eingesaugt werden, enthält. Ein oberflächliches Abkratzen entfernt in solchen Fällen unter Umständen lediglich die serumarme Blutschicht. Ist das Blut in die Unterlage fest eingesaugt, so erfolgt die Extraktion mitsamt der herausgeschnittenen Unterlage, die zur besseren Extraktion in möglichst kleine Stücke zerschnitten wird. Die Menge der zugesetzten physiologischen Kochsalzlösung richtet sich nach dem Umfang des aus ihr zu extrahierenden Serums. Durch kräftiges Schütteln kann die Extraktion beschleunigt werden. Eine mindestens 5 Minuten lang bestehende Schaumbildung deutet auf genügenden Eiweißgehalt hin. Durch spezifische Eiweißproben kann man sich, sofern ausreichendes Material vorhanden ist, davon

überzeugen, ob die Lösung genügend eiweißhaltig ist. Unterschichten mit konzentrierter Salpetersäure oder Kochen mit *Millons* Reagens müssen deutliche Eiweißreaktionen ergeben. War die Eiweißfällung sehr stark oder die Schaumbildung sehr intensiv, dann ist der Auszug erneut mit Kochsalzlösung zu verdünnen. Das zu untersuchende Serum und Antiserum müssen völlig klar sein. Eine vorliegende Opalescenz kann die Sicherheit des Nachweises erheblich beeinträchtigen. Serum und Antiserum können durch genügend langes und starkes Zentrifugieren von Trübungen befreit werden. Das Arbeiten mit klaren Seren und Lösungen ist ein wichtiges Erfordernis für den einwandfreien Nachweis. Das Filtrieren durch Tonfilter ist wegen der hiermit verbundenen Verluste nicht anzuraten. Die Untersuchungen werden in sauberen Reagensgläsern von etwa 0,8 ccm Weite vorgenommen. Das Reagensglas wird bis zu einer Höhe von etwa 1 bis 1½ cm mit dem zu untersuchenden Serum gefüllt. Durch Schräghalten wird der eine Rand des Glases zur Erlangung einer besseren Ablaufspur mit dem Inhalt des Gefäßes benetzt. In diese Ablaufspur wird bei fast horizontal gehaltenem Gefäß das Antiserum mittels einer fein ausgezogenen Glaspipette eingefüllt. Das spezifisch schwerere Serum setzt sich nach langsamem Aufrichten des Glases am Boden des Gefäßes nieder. Es bildet auf diese Weise mit dem darüberliegenden Serumextrakt eine scharfe Abgrenzung, die zur Darstellung eines deutlichen Trübungsringes ein wichtiges Erfordernis ist. Bei positivem Ausfall zeigt sich an der Berührungsstelle beider Flüssigkeiten ein deutlicher Trübungsring. Trübungen, die nach Verlauf von 20 Minuten auftreten, bleiben für die Bewertung außer Betracht.

Das verwendete Antiserum ist in jedem Falle auf seine Spezifität zu kontrollieren. Das Antiserum ist in der angegebenen Weise mit Kochsalzlösung, der entsprechenden Serumaufschwemmung und mit Serumextrakt verschiedener Tierarten auf seine Wirksamkeit zu untersuchen. Erst wenn entsprechende Kontrolluntersuchungen die Brauchbarkeit des Serums erwiesen haben und der Blutextrakt genügend eiweißhaltig war, ist das Resultat als gesichert anzusehen.

Ist das zu untersuchende Material sehr gering, dann kann die Präcipitinreaktion auch in kleineren Glascapillaren vorgenommen werden. Ein klarer Tropfen des Serumextraktes und des Antiserums werden in je einem hohlgeschliffenen Objektträger gebracht. Mit ihnen wird eine saubere Glascapillare gefüllt. Das Einfüllen geschieht vermöge der Capillarattraktion und schräg gehaltenem Röhrchen, wonach zunächst der Serumauszug und unmittelbar darauf das Antiserum eingefüllt werden. Bei durchfallendem Licht vor schwarzem Hintergrund treten Trübungsringe deutlich in Erscheinung.

Bei geringem Material kann die Untersuchung auch auf einem Objektträger vorgenommen werden. Von Antiserum und Serumauszug wird je ein Tropfen verwendet, die man ineinander fließen läßt. Die Trübung zeigt sich bei guter Beleuchtung an der Berührungsstelle beider Flüssigkeiten gegen dunklen Hintergrund.

Die Präcipitinreaktion läßt sich an jahrealten Flecken, sofern noch eine genügende Serumlöslichkeit vorhanden ist, vornehmen. Eiweißfällende Verunreinigungen oder Erhitzen verhindern die Löslichkeit und damit die Vornahme der Präcipitinreaktion.

Wirksame Antisera sind auch mit Hilfe von Hämoglobinlösungen herzustellen. Die Vorbehandlung der Tiere erfolgt mit Blutkörperchen derjenigen Tierart, deren Blut nachgewiesen werden soll. Auch die Vorbehandlung mit reinem Hämoglobin oder mit dem aus dem Hämoglobin abgespaltenen Globulin ergeben wirksame Antisera. Diese Erythro- oder Hämoglobin- oder Globulipräcipitinmethoden sind *organ-* und *artspezifische* Nachweise, die das Vorliegen einen bestimmten Hämoglobinart nachweisen. *Die Methode der Komplementabsorption,* die ebenfalls zur Erkennung einer vorliegenden Blutart angewendet werden kann, verlangt zu ihrer Ausführung ähnlich wie die Reaktion nach *Wassermann* eine exakte serologische Arbeitsweise. Für den praktischen Gebrauch ist das Verfahren entbehrlich. Die Methode beruht auf dem Ausbleiben der Hämolyse, wenn das Komplement durch Zusammentreffen des im Serum vorhandenen Amboceptors mit dem spezifischen artgleichen Antigen abgelenkt und absorbiert worden ist.

Zur Erkennung, ob das vorliegende Blut von einem männlichen oder weiblichen Wesen (Mensch, Tier oder auch Pflanze) stammt, glaubte *Manoilow* eine zuverlässige *Geschlechtsreaktion* gefunden zu haben, die auf der Entfärbung zugesetzter Farbstoffgemische beruhte. Das Verfahren, dessen Durchführung *Manoilow* recht ungenau angegeben, ist von verschiedensten Seiten nachgeprüft und nicht bestätigt worden. Für den forensischen Gebrauch ist die Methode ungeeignet.

*Der Nachweis von Menstruationsblut* wird durch das Vorliegen von Scheidenepithelien, die sich in der Blutspur vorfinden, vorgenommen. Das Scheidenepithel ist durch reichen *Glykogengehalt* ausgezeichnet. Glykogen wird durch jodhaltige Lösungen, schokoladen- bis terrakottaartig braunrot gefärbt. Das Glykogen ist in den Plattenepithelen der Scheide unregelmäßig, fleckenartig verteilt. Durch Alkoholzusatz (50%) wird das Glykogen im unfixierten Präparat körnchen- bis tropfenförmig ausgefällt. Leichtes Erwärmen bringt die Färbung vorübergehend zum Verschwinden. In eingetrockneten Flecken ist das Glykogen lang erhaltbar. In feuchtem Zustande oder schneller noch nach Zusatz von Speichel wird das Gloykogen fermentativ abgebaut. Dieses Verhalten ist differentialdiagnostisch bei der Untersuchung fraglicher Flecke von Bedeutung. Die Jodkaliumlösung enthält 0,3 g Jod, 0,3 g Jodkalium auf 45,0 ccm Aqua dest. Die Lösung ist nicht lange haltbar. Die Untersuchung wird an abgekratzten oder an herausgeschnittenen und fein zerzupften Flecken vorgenommen.

Menstruationsblut hat auf die Keimlinge gewisser Pflanzen (Lupinus mutabilis) und auf die Gärfähigkeit von Hefen, wie *Böhmer* nachweisen konnte, einen wachstumsbehindernden Einfluß. Für den forensischen Gebrauch ist die Beobachtung zunächst nicht praktisch verwertbar.

#### Schrifttum.

*Amantea:* La cristallizzazione dell' emoglobina del sangue dissecato. Zacchia **3**, 112—125 (1924). — *Barcroft:* Die Atmungsfunktion des Blutes. II. Teil. Berlin 1929. — *Böhmer:* Die Wirkung von Menstrualblut auf die Keimlinge von Lupinus mutabilis. Dtsch. Z. gerichtl. Med. **10**, 430—447 (1927). — *Böhmer:* Beiträge zum Menstrualblutnachweis. Menotoxin und Hefegärung. Dtsch. Z. gerichtl. Med. **10**, 448—456 (1927). — *Dadlez:* Das Verbleiben der Blutflecke auf in Wasser eingetauchten Gegenständen und einige Bemerkungen über den Einfluß des Blutes auf die Rostbildung. Dtsch. Z. **28**, 384—387 (1937). — *Fujiwara:* Kochgoaguliertes Serum als Präzipitinogen. Dtsch. Z. gerichtl. Med. **1**, 562—565 (1922). — *Fujiwara:* Die Serum- und Hämoglobinpräzipitinreaktion in der Praxis der gerichtl. medizinischen Blutuntersuchung. Dtsch. Z. **1**, 253—263 (1928). — *Fujiwara:* Über die Spezifität des aus kochkoaguliertem Serum hergestellten Präzipitins. Dtsch. Z. **11**, 384—388 (1928). — *Fujiwara:* Unterscheidung von Affen- u. Menschenblut. Dtsch. Z. gerichtl. Med. **1**, 754 (1922). — *Gräfenberg:* Die Geschlechtsspezifität des weiblichen Blutes. Arch. Gynäk. **117**, 52—53 u. 54—56 (1922). — *Gussew:* Versuche behufs Erzielung spezifischer Hämoglobinpräzipitine. Dtsch. Z. gerichtl. Med. **13**, 270—277 (1929). — *Hektoen* and *Schulhof:* On specific erythroprecipitins. J. inf. Dis. **33**, 224—229 (1923). — *Ito:* Über einige Anwendung ultravioletter Strahlen zu ger. med. Zwecken. Dtsch. Z. gerichtl. Med. **9**, 726—727

(1927). — *Jegoroff:* Zur Reaktion nach Manoilow auf Menschenblut. Wratochebnaja Gaseta **27**, 516—517 (1923). — *Lochte:* Über die Kronenbildung des auffallenden Bluttropfens und ihre Beziehungen zu sekundären Blutspritzern. Dtsch. Z. **22**, 387—404 (1933). — *Lattes:* Die Individualität des Blutes. Berlin 1925. — *Lattes:* Methoden zur Bestimmung der Individualität des Blutes. *Abderhaldens* Handb. der biolog. Arbeitsmethoden. Abtlg. VIII, Tl. 2, 221 (1927). — *Mahler:* Mikrokristallographische Proben des Blutnachweises. Dtsch. Z. **2**, 671 (1923). — *Manoilow:* Über die chemische Reaktion des Blutes zur Bestimmung des Geschlechts bei Menschen und Tieren. Wratochebnaja Gaseta, **27**, 345 (1923). — *Manoilow:* Zum Aufsatz von *M. Jegoroff.* Wratochebnaja Gaseta **28**, 15—16 (1924). — *Manoilow:* Weitere Erfahrungen über meine chemische Blutreaktion zur Geschlechtsbestimmung bei Menschen, Tieren und durch Chlorophyll bei Pflanzen. Münch. med. Wschr. **71**, 1784—1789 (1924). — *Maraggi:* Sulla reazione di *Manoilow* per la differenziazione sessuale emato-chemica. Bass. di studi sessuali ed engenia. **5**, 105—119 (1925). — *Margreth:* Sulla reazione biochemica di Manoilow per la determinazione del sesso. Arch. di Antrop. crimin. **45**, 379—386 (1925). — *Marx, A.:* Der Wert der Bestimmung der Protoplasmahysterese mittels der Alkoholausfällungsmethode für die forensische Blutuntersuchung. Dtsch. Z. gerichtl. Med. **3**, 248—263 (1924). — *Mayer:* Über den Verbleib von Blutfarbstoff auf grünen Blättern. Dtsch. Z. **20**, 577—582 (1933). — *Mayer, M. B.:* Bemerkenswerte Methämoglobineigenschaften. Dtsch. Z. **25**, 112—124 (1935). — *Medinger:* Zum Nachweis minimalster Blutspuren. Dtsch. Z. gerichtl. Med. **22**, 74—88 (1933). — *Meixner:* Glycerin-Kalilauge zur mikroskopischen Untersuchung von Blutspuren. Dtsch. Z. gerichtl. Med. **10**, 233—255 (1927). — *Mezger, Jesser, Volkmann:* Warum kann die Präzipitinreaktion versagen? Dtsch. Z. **27**, 18—23 (1933). — *Mezger, Volkmann, Jesser:* Erfahrungen bei der Herstellung von präzipitierendem Antiserum. Dtsch. Z. **20**, 115—121 (1933). — *Mueller, B.:* Über eine Fehlerquelle bei der Anstellung der Uhlenhuthschen Reaktion. Dtsch. Z. **23**, 178—186 (1934). — *Nadeshdin:* Eine neue Probe zur Erkennung des Geschlechts an Blutspuren. Dtsch. Z. gerichtl. Med. **21**, 23—27 (1933). — *Olbrycht* u. *Suieszko:* Untersuchungen über Präzipitine. Dtsch. Z. gerichtl. Med. **12**, 512—548 (1928). — *Pfeiffer:* Der biologische Blutnachweis. *Abderhaldens* Handb. der biolog. Arbeitsmethoden **IV**, Teil 12, 199 (1923). — *Plathner:* Über die Durchführbarkeit der *Uhlenhuth*schen Präzipitinreaktion an frischen und alten Menschen- und Tierzähnen. Dtsch. Z. **23**, 61—70 (1934). — *Puppe:* Über den forensischen Blutnachweis mit Hilfe des Hämochromogen und spezifischer präzipitierender Antisera für den forensischen Blutnachweis. Dtsch. Z. gerichtl. Med. **10**, 17—30 (1927). — *Scheck:* Über den Einfluß des Bügelns und Plättens auf den forensischen Nachweis von Blutspuren auf Kleiderstoffen. Dtsch. Z. gerichtl. Med. **15**, 343—359 (1930). — *Scheller:* Der Einfluß der Witterung auf den Nachweis von Blutspuren. Dtsch. Z. gerichtl. Med. **28**, 217—225 (1937). — *Schmidt, O.:* Untersuchung über die Lichtabsorption des Blutes bei Blausäurevergiftung. Dtsch. Z. gerichtl. Med. **27**, 219—239 (1936). — *Schmidt, O.:* Untersuchungen über die Kohlenoxydhämochromogene. Dtsch. Z. **27**, 81—104 (1936). — *Schmidt, O.:* Beitrag zum forensischen Blutnachweis. Dtsch. Z. gerichtl. Med. **24**, 419—424 (1935). — *Schmidt, O.:* Untersuchungen über das Hämoglobin. Methämoglobin Redoxsystem. Biochem. Z. **296**, 210—274 (1938). — *Schmidt, O.:* Die Bildung von Sulfhämoglobin. Dtsch. Z. gerichtl. Med. **27**, 372—389 (1937). — *Schmidt, O.:* Zum Nachweis von Kohlenoxyd im Blut mit Natriumstannit. Dtsch. Z. gerichtl. Med. **22**, 379—383 (1933). — *Schmidt, O.:* Die Einwirkung von Natriumstannit auf den Blutfarbstoff. Dtsch. Z. gerichtl. Med. **19**, 516—517. — *Schmidt, O.:* Ein Beitrag zur Blutmengenbestimmung an Blutspuren. Dtsch. Z. gerichtl. Med. **26**, 519—521 (1936). — *Schumm:* Über die Umwandlung der Farbstoffe aus Fleisch und Blut, Bildung von Porphyrinen. Hoppe-Seylers Z. **147**, 184—220 (1925). — *Schumm:* Über die Umwandlung der Farbstoffe aus Fleisch und Blut, über die bei der Fäulnis von Fleisch und Blut entstehenden Hämochromogene und Hämatine sowie die zugehörigen Porphyrine. Hoppe-Seylers Z. **147**, 221—247 (1925). — *Schumm:* Über das Vorkommen von Koprotin und den Blutnachweis in Faeces. Hoppe-Seylers Z. **151**, 126—129 (1926). — *Schwarz, F.:* Quantitative Untersuchungen über Katalase und Peroxydase im Blutfleck, Beitrag zur Altersbestimmung von Blutspuren. Dtsch. Z. gerichtl. Med. **27**, 1—34 (1937). — *Schwarz, F.:* Eine Verschärfung der Benzidinreaktion. Dtsch. Z. gerichtl. Med. **12**, 216—218 (1928). — *Schwarzacher:* Altersbestimmung von Blutspuren. Dtsch. Z. gerichtl. Med. **15**, 119—126 (1930). — *Specht:* Die Chemilumineszenz des Hämins, ein Hilfsmittel zur Auffindung und Erkennung forensisch wichtiger Blutspuren. Dtsch. Z. gerichtl. Med. **28**, 225—234 (1937). — *Wachholz, Baranowski* u. *Kaczynski:* Spektroskopische Studien über einige Hämoglobinderivate. Dtsch. Z. **23**, 83—89 (1934). — *Walcher:* Beiträge zur Untersuchung von Blutspuren. Dtsch. Z. gerichtl. Med. **16**, 272—276 (1931). — *Walcher* Gerichtlich-medizinische und kriminalistische Blutuntersuchung. Berlin 1939. — *Weimann:* Über das Verspritzen von Gewebsteilchen aus Einschußöffnungen und seine kriminalistische Bedeutung. Dtsch. Z. gerichtl. Med. **17**, 92—105 (1932). — *Werkgartner:* Zur Ausführung der biologischen Eiweißbestimmung in der gerichtsärztlichen Tätigkeit. Dtsch. Z. **8**, 221—225 (1926). — *Ziemke:* Die Untersuchung von Blutspuren. In *Lochte:* Gerichtsärztliche und polizeiärztliche Technik. Wiesbaden 1914. — *Ziemke:* Chemische, mikroskopische und physiologische Methoden der Blutuntersuchung. *Abderhalden,* Handb. d. biol. Arbeitsmeth. ***Schmidt.***

## Forensische Medizin siehe *Gerichtliche Medizin.*
## Forensische Ophthalmologie.

*A. Leichenerscheinungen.* Wann nach dem Tod die *Hornhaut* einzutrocknen beginnt, ist nicht nur von der Temperatur der Umgebung, sondern vor allem auch davon abhängig, ob die Lider geschlossen waren (eine entsprechende Notiz im Leichenprotokoll ist wichtig). Ferner hängt dies auch vom Alter des Individuums ab, da bei Greisen der Kollaps der Hornhaut schon wenige Stunden nach dem Tode auftritt. Bei CO-Leichen bleibt die Hornhaut tagelang klar. Bei geschlossenen Lidern tritt die Trübung durchschnittlich erst nach 24 Stunden auf. *Pietrusky* hat darauf aufmerksam gemacht, daß auch bei einem noch Lebenden die Hornhaut infolge von Schleim und abgeschilferten Epithelien getrübt aussehen kann. Bei Verbrennungen ist die milchige Trübung häufig nur in den obersten Schichten vorhanden, nach deren Abstreifung wieder die klare Hornhaut zum Vorschein kommt. Gelblichbraune, dreieckige Flecken zu beiden Seiten der Cornea mit Vertrocknungserscheinungen dürfen nicht mit Blutungen verwechselt werden. Die *Pupillen* sind meist kurze Zeit nach dem Tode weit und verengern sich dann, jedoch ist die Todeszeit daraus nicht erkennbar. Pupillendifferenzen bei Gehirnprozessen bleiben im Tode ebensowenig erhalten wie die weiten Pupillen nach Atropinvergiftung oder die engen Pupillen eines Tabikers. Postmortale Formveränderungen der Pupillen werden durch intraokulare Druckveränderungen (Kollaps des Bulbus) hervorgerufen. Druck auf den Leichenbulbus bewirkt in den ersten 24 Stunden Veränderung der Gestalt der Pupille und ist als sicheres Zeichen des eingetretenen Todes zu bewerten, nach dieser Zeit aber nicht mehr. *Schrader* hat beobachtet, daß bei Wasserleichen die *Iris* bei Helläugigen längere Zeit nach dem Tode einen bräunlichen Farbton annimmt, was für die Todeszeitbestimmung und den Identitätsnachweis von Bedeutung sein kann. Die Untersuchungen über das Verhalten der Pupille nach dem Tode durch Einträufeln von Medikamenten (*Albrand*) oder die ophthalmoskopische Betrachtung des Augenhintergrundes (*Tanner de Abren*) sind für die Diagnose des Todes praktisch nicht recht verwertbar. Bei faulen Leichen ist der *Bulbus* exophthalmisch vorgetrieben und die *Iris* blutig imbibiert, was mit intravitaler Blutung zu verwechseln ist.

*B. Vergiftungen.* I. Bei der gewerblichen *Blei*vergiftung kommen Augenkomplikationen häufig vor, und zwar 1. in Gestalt der akut doppelseitig auftretenden Amaurose, die meist zurückgeht und bei der selbst im akuten Stadium der ophthalmoskopische Befund häufig negativ ist; 2. in Form der langsam auftretenden Bleiamblyopie, die fast immer zur Erblindung führt und bei der es sich um toxisch bedingte Störungen am Sehnerven und an der Netzhaut mit deutlich nachweisbaren entzündlichen Erscheinungen derselben handelt; 3. in Form von Augenmuskellähmungen (meist Abducens), die toxisch bedingt und häufig mit einer Radialislähmung kombiniert sind; 4. in Form von *Basedow*-Symptomen. II. Bei *Phosphor*vergiftung sind schwere Veränderungen am Sehnerv mit Degeneration der Nervenfasern und fettiger Entartung der Aderhautgefäße beobachtet worden. III. Bei *Quecksilber*intoxikation wird das Sehorgan kaum beeinflußt. IV. *Arsen* und seine Verbindungen führen zu chronischen schweren Conjunctividen, selten zu

Nystagmus. V. *Mangan*schädigung führt zu einem der multiplen Sklerose ähnlichen Krankheitsbild ohne Augenbeteiligung; gerade der negative Befund, das Fehlen der temporalen Abblassung, kann unter Umständen diagnostisch wichtig werden. VI. *Benzol* und seine Derivate sind Blutgifte. Die Veränderungen betreffen in erster Linie die peripheren Fasern des Nervus opticus; Pupillenveränderungen sind häufig. VII. Schädigungen des Sehorgans durch *Schwefelkohlenstoff* sind lange bekannt. So wurde beobachtet: Hornhauttrübungen und bei chronischer Einwirkung schwere Schädigungen des Sehnerven, Gesichtsfeldstörungen und Augenmuskellähmungen, auch Pupillenstörungen als Folge von degenerativen Veränderungen an Ganglienzellen. Ähnliche Veränderungen vermag auch *Trinitrophenol, Dinitrobenzol* und *Trinitrotoluol* bei Munitionsarbeitern hervorzurufen. VIII. *Schwefelwasserstoff* führt zu chronischen schweren Reizerscheinungen an den Bindehäuten, namentlich in der Viscose-Kunstseidenindustrie (Spinnerauge). IX. Nach *Kohlenoxyd*einwirkung werden Abweichungen am Sehorgan, wie Pupillenstörungen und Hemianopsie, als Folge cerebraler Störungen (Erweichungen in der Kerngegend und Sehstrahlung) sowie präretinale Blutungen und Exsudate an Retina und Opticus (Thrombosefolgen?) beobachtet. X. Als Augenschädigungen durch *Kampfgase* sind zu erwähnen: 1. Äußere Veränderungen an Lidern, Bindehaut und Hornhaut (Geschwüre) durch Reizstoffe: Bromaceton, Blaukreuzstoff u. ä. 2. Die Chloräthylsulfide (Gelbkreuzstoff, Lost) führen zu Nekrose der Lider, eitrig-fibrinösen Entzündungserscheinungen mit Hornhauttrübungen, die sich häufig aufhellen, manchmal aber auch zu Geschwürsbildung, Nekrose und Perforation führen. 3. Die Phosgene (Grünkreuz) machen äußerlich nur leichte Entzündungen. Charakteristisch sind die Veränderungen im Augeninnern, die in Blutungen in Glaskörper und Netzhaut sowie im Opticus bestehen; auch eine retrobulbäre Neuritis kommt vor. Höchstwahrscheinlich beruhen alle diese Veränderungen auf thrombusähnlichen Bildungen.

*C. Verletzungen des Sehorgans.* I. Die *Kontusionen des Augapfels* bewirken eine Formveränderung (Eindellung), wodurch Rupturen der Aderhaut, Netzhaut, Sklera und Hornhaut an der Aufprallstelle eintreten können. Durch Verschiebung des Bulbus und vorübergehende indirekte Formveränderung kommt es zu den charakteristischen indirekten Aderhautrupturen, wobei nur die innere Schicht einreißt, evtl. auch zu Skleralrissen (Contrecoup), besonders an der Corneoskleralgrenze, die als dünnste Stelle zuerst dem Druck des komprimierten Bulbusinhaltes nachgibt. Der Kontusionsdruck kann auch zu Aderhaut- und Netzhautrupturen an jeder Stelle führen, wobei die vulnerabelste Stelle, die Macula, besonders gefährdet ist. Einriß oder Abriß der Iris, Linsenluxation, Kontusionskatarakt sind nicht seltene Folgezustände der Bulbuskontusion. II. Veränderungen am Sehorgan durch *Kontusion des Schädels* werden häufig beobachtet, und zwar bei Schädelbasisbrüchen durch scharfe Opticusverletzung oder Opticusquetschung mit gleichzeitigen Blutungen im Opticus selbst oder den Sehnervenscheiden. Verletzungen und Blutungen im Bereich der Sehsphäre bei Frakturen in der Gegend des Hinterkopfes wurden beobachtet, ebenso Schädigungen der Kerne und Bahnen der Augenmuskelnerven. Hirndruck mit Stauungspapille sind nach Kopfkontusion jedem Gutachter bekannt. III. Bei der *Caissonkrankheit* wurden Augenmuskellähmungen, Hemianopsie, Opticusatrophie, Netzhautblutungen als Folgezustände von Gasembolien beobachtet. IV. Bei *Kompression des*

*Unterleibes und der Brust* kann es zu Stauungsblutungen in und um den Bulbus kommen, bei *Knochenbrüchen* zu Fettembolien in die Netzhautgefäße und bei großen *Hautverbrennungen* zu Netzhautblutungen. V. Von den *scharfen Verletzungen des Augapfels* interessieren vor allem die Veränderungen, die auf der chronischen Wirkung der im Auge verbleibenden Fremdkörper beruhen. So können Eisensplitter eine Siderosis an allen Gewebsteilen des Auges hervorrufen; bei Granatsplittern tritt diese schon sehr schnell auf, vielleicht wegen der Beimengung von Phosphor, Mangan usw. Kupfersplitter führen immer zu schweren Verkupferungserscheinungen an den inneren Augenhüllen, vorzugsweise auch an der Linse mit anschließender Phthisis bulbi. Die chemische Wirkung von Bleisplittern ist sehr gering. Glassplitter und Pulverkörner heilen meist reaktionslos ein, während Holz- und Pflanzenteile fast immer zu schweren entzündlichen Erscheinungen führen. *Perforierende Verletzungen der knöchernen Orbitalwände* endigen häufig durch Eiterungen und Meningitis tödlich, häufig erst nach Wochen. Zwischen Verletzung und Tod können Wochen mit vorübergehendem Wohlbefinden liegen, und die äußere Verletzung kann bereits abgeheilt sein; daher ist es wichtig, anläßlich der Sektion bei Verdacht den Bulbus herauszunehmen und die Orbitalwand zu besichtigen. VI. Von den *Schußverletzungen des Augapfels* sind die Verletzungsfolgen bei Tangentialschüssen, auch ohne direkte Bulbusverletzung, bemerkenswert, wobei es zu Netzhautablösungen und charakteristischer Choreoretinitis proliferans, evtl. sogar zu Skleralrupturen kommt. *Schußverletzungen in die Schläfengegend* führen, wie bei Selbstmördern häufig beobachtet wird, nicht selten ohne Gehirnverletzung zu doppelseitiger Sehnervenverletzung und Erblindung. VII. *Blitzschlag* und *Starkstrom* vermögen schwere Augenschädigungen, z. B. Blitzkatarakt und elektrische Katarakt, und vor allem ausgedehnte Netzhaut-Aderhautblutungen und bei Einwirkung auf das Zentralnervensystem Gesichtsfeldausfälle, Augenmuskel- und Pupillenstörungen, ja sogar völlige Blindheit hervorzurufen. VIII. Schädigungen durch *Sonnenlicht* sind bei der Beobachtung von Sonnenfinsternissen mit ungeschützten Augen in Gestalt von schweren Netzhautveränderungen, besonders in der Maculagegend, erfolgt. Schädigung durch *ultraviolette Strahlen* (Quarz- und Quecksilberdampflampe) kommen im Bereich der Lidhaut, Bindehaut und Hornhaut vor, während pathologische Veränderungen an der Linse und Aderhaut bisher beim Menschen nicht beobachtet wurden. Dagegen kommen bei Einwirkung von *ultraroten Strahlen* Linsenveränderungen, wie sie sich besonders bei dem Glasbläserfeuerstar zeigen, vor. Die *Röntgen*strahlen vermögen ebenso wie *Radium*, abgesehen von äußeren entzündlichen Veränderungen, Kataracttrübungen am hinteren Linsenpol, auch Degenerationserscheinungen am Opticus und den Ganglienzellen der Netzhaut hervorzurufen. IX. Von den äußerlich einwirkenden *ätzenden* Substanzen ist die Tintenstiftverätzung (Anilinfarbe) wegen ihrer verhältnismäßigen Häufigkeit — auch artefiziell beobachtet — und der Schwere der Verätzungsfolgen von besonderer Bedeutung. Bei den gar nicht so seltenen Säureattentaten, die häufig aus Eifersucht geschehen, werden meist Salpetersäure oder Schwefelsäure (Vitriolöl) verwandt, die durch Eiweißfällung der Gewebe eine vollständige irreparable Verätzung der Cornea und der umgebenden Haut des Gesichts und der Lider hervorrufen.

*D. Gerichtsärztliche Untersuchung und Begutachtung von Augenschädigungen.* In den Strafgesetzen vieler Staaten, unter denen sich auch Deutschland befindet (§ 224 StGB.), wird unter den besonders schwerwiegenden Körperverletzungen auch „der Verlust des Sehvermögens auf einem oder beiden Augen" erwähnt. Unter Verlust des Sehvermögens ist nicht völlige Blindheit ohne Lichtempfindung zu verstehen, sondern die Unfähigkeit, in geringer Entfernung fremde Gegenstände zu erkennen, also etwa Finger in 1 m. Ein Verlust des Sehvermögens ist auch dann anzunehmen, wenn selbst, wie z. B. bei Wundstar, die Möglichkeit einer operativen Wiederherstellung besteht. Manche Gesetze, wie z. B. das russische und das lettische, sprechen in diesem Zusammenhang nicht vom „Verlust des Sehvermögens auf einem oder beiden Augen", sondern vom „Verlust des Gesichtes", d. h. die genannte Folge wird nur dann gegeben sein, wenn das Individuum durch die Beschädigung den Gesichtssinn eingebüßt hat, also *blind* geworden ist (*v. Neureiter*). Die Einschätzung bei Einäugigkeit infolge von Unfall in Höhe von 25 % ist reichlich hoch; besonders bei Aphakie, wo das Gesichtsfeld erhalten und das verletzte Auge ein brauchbares Reserveauge darstellt. Bei Netzhautablösung durch Unfall muß Unfall erwiesen und zeitlicher Zusammenhang gegeben sein. Schwierig ist die Frage der nicht unfallbedingten Sehstörung am zweiten Auge nach Verlust des ersten. Rentenerhöhung wurde in allen Fällen abgelehnt. Sehr interessant ist ein Fall, wo bei einer Granatsplitterverletzung am Hinterkopf infolge von Pupillenstörungen fälschlich eine Tabes angenommen wurde, bis schließlich eine augenärztliche Untersuchung die traumatische Pupillenstarre als unfallbedingt feststellen konnte. Eine Prothese ist als Heilmittel anzusehen, da die obere Augenhöhle durch Verschmutzung und Reiben der Lider zu Entzündung neigt, die durch Einsetzen eines künstlichen Auges behoben werden können.

Der Gerichtsarzt muß die einfachen Methoden der Augenuntersuchung besonders wegen Pupillenstörungen beherrschen, und nicht zuletzt imstande sein, den Augenhintergrund zu besichtigen. Die schwierigen Simulationsprüfungen bleiben allerdings besser dem Augenarzt vorbehalten. Bezüglich der *Simulation, Aggravation* und *Dissimulation* von Augenstörungen und den wichtigsten Methoden zu ihrer Entlarvung ist folgendes zu sagen: Äußere Augenerkrankungen werden durch Reiben des Auges mit dem Finger oder einem Tuch vor dem Betreten des Sprechzimmers oder durch Einbringen von Fremdkörpern in den Conjunctivalsack (Staub, Asche, Mehl, Schnupftabak, Gips usw., dann aber auch stärker reizende Mittel wie Seifenlösungen, Zwiebelsaft, Höllensteinstift, Sublimat usw.) vorzutäuschen versucht. Meist findet man die stärksten Veränderungen am unteren Lid, weil dieses dem Laien für die Manipulation am besten zugänglich ist. — Der Nachweis der Simulation erfolgt durch Isolierung oder durch einen festeren Deckverband. Pupillenstörungen werden durch Atropineinträufelung simuliert. Die Entlarvung geschieht wie oben. Lidkrampf wird oft übertrieben, Ptose gelegentlich simuliert. Das Aufheben des Lides mit den Fingern klärt rasch über die wahre Natur des Leidens auf. Bei Tränenträufeln und Lichtscheu nach Verletzungen empfiehlt es sich, den Kranken zunächst ins Dunkelzimmer zu bringen und sodann einer Belichtung für längere Zeit auszusetzen. Ist das Auge wirklich noch empfindlich, so wird es sich röten oder leicht tränen, auch wenn es unter normalen Bedingungen völlig reizlos ist.

Bei Verdacht auf simulierte oder aggravierte Refraktionsanomalie ist eine Überprüfung durch objektive Methoden (Untersuchung im aufrechten Bild, Skiaskopie) und die Heranziehung der Gläsersimulationsprobe bei einseitiger „Sehschwäche" anzuraten. Dabei hat der Explorand beidäugig zu lesen. Es werden beliebige Gläser, beidseits gleich, vorgesetzt, die jeweils erzielte binoculäre Sehschärfe wird notiert. Nun setzt man vor das gesunde Auge ein Glas, mit dem eine schlechte Sehschärfe erzielt wird, vor das „kranke" aber ein gewöhnliches Fensterglas. Die jetzt vorhandene Sehschärfe entspricht dem tatsächlichen, unkorrigierten Visus des „schwachen" Auges. (Vorsicht: Der Explorand muß wirklich mit beiden Augen sehen, nicht etwa abwechselnd rechts und links; Kontrolle durch Drittpersonen bei der Prüfung.)

Beidseitige „Sehschwäche" verlangt eine längere und besonders sorgfältige Beobachtung. Der ophthalmoskopische Befund wird negativ sein. Die Sehprüfung hat mit verschiedenen Sehproben und unter Distanzverdoppelung mit dem Spiegel zu erfolgen. Auch empfiehlt es sich, das Gesichtsfeld bei wechselnder Distanz zu prüfen (seine Größe wird vom Simulanten oft verkehrt oder gleich angegeben, besonders wenn man ihm noch ausdrücklich sagt, daß man jetzt die Distanz verdopple). Schließlich kommt noch die Prüfung mit der Komplementärfarbenmethode, die *Vogt* für einfach und recht brauchbar hält, in Frage. Eine am Fenster aufgehängte Glasplatte enthält rote und grüne Sehprobenbuchstaben. Der Explorand trägt eine Brille mit roten und grünen Gläsern, so daß er auf dem einen Auge nur die roten, auf dem andern nur die grünen Buchstaben sieht. Werden bei binokulärem Lesen alle, auch die kleinsten Zeichen richtig gesehen, so besitzt er auf beiden Augen einen normalen Visus. (Vorsicht: Der Patient muß wirklich beidäugig lesen.)

Bei angeblicher einseitiger Blindheit ist die Pupillenreaktion (Fälle von echter Amaurose sind selten, die Pupille zeigt direkte Lichtreaktion) und die Fixationsfähigkeit mit eigenen Fingern oder Prismen zu prüfen. Der Versuch, eine doppelseitige Blindheit als simuliert zu entlarven, kann durch die Prüfung der Pupillenreaktion (wie oben), durch das Vorhalten eines spitzen Gegenstandes direkt vor die Augen (Reaktion beobachten), durch das In-den-Weg-legen von Hindernissen (der Simulant umgeht sie in der Regel) und durch die klinische Beobachtung (der Simulant kann sich nur sehr schwierig wie ein echter Blinder benehmen) gemacht werden.

Die Simulation und die Dissimulation von Farbenblindheit wird der Facharzt mit Hilfe verschiedener Methoden (*Stilling*sche Dissimilationsmethode u. a. m.) leicht als solche erkennen.

*Schrifttum.*

*Albrand:* Die Bedeutung des ophthalmologischen Befundes als Zeichen des eingetretenen Todes. Vjschr. gerichtl. Med. **27**, 310 ff. (1904). — *Albrand:* Leichenveränderungen des menschlichen Auges. Arch. Augenheilk. **50**, 145 ff. — *v. Hofmann-Haberda:* Lehrbuch der gerichtl. Medizin, 11. Aufl., 385, 1023, 1034, 1069, 1071. Berlin u. Wien 1927. — *Junius:* Die entschädigungspflichtigen Berufskrankheiten des Auges. Klin. Mbl. Augenheilk., Beilageheft zu **99** (1937). — *Mueller:* Todeszeitbestimmung auf Grund der äußeren Besichtigung und Untersuchung der Leiche. Münch. med. Wschr. **1937**, Nr. 26, 1021. — *v. Neureiter:* Der Verlust des Gesichts und Gehörs im § 441 des lettländischen Strafgesetzbuches. Rigasche Z. f. Rechtswissenschaft **IX**, 164 (1936). — *Pietrusky:* Das Verhalten der Augen im Schlafe. Klin. Mbl. Augenheilk. **68**, 355 (1922). — *Schrader:* Dermatographische Untersuchungen an Leichen. Dtsch. Z. gerichtl. Med. **16**, 256 (1931). — *Schrader:* Zur postmortalen Irisverfärbung. Dtsch. Z. gerichtl. Med. **27**, 205 (1936). **v. Marenholtz.**

## Forensische Otologie.

**Ohrmuschel:** Die forensische Bedeutung der Ohrmuschel liegt: a) in der Vererbung von Formen, b) als Behelf von Identitäts-Feststellung, c) in der Bedeutung als Degenerationszeichen, d) als Angriffspunkt von Verletzungen. Vier Kennzeichen, an einem Ohr kombiniert gefunden, genügen nach *Imhofer*, die Identität nach Beschreibung oder Photo-

graphie festzustellen. Während in der älteren Literatur über die Vererbbarkeit von Ohrmuschelformen eine lebhafte Diskussion geführt wird, erscheint heute bei der viel entwickelteren Erblehre eine solche über jeden Zweifel sichergestellt (*Ostmann*). Über die besonderen Formen der Ohrmuscheln beim Verbrecher, Degenerierten, Geisteskranken gibt es eine ausgedehnte Literatur (*Gradenigo, Blau, Frigerio, Moral, Wilhelm*). *Imhofer* konnte bei seinen Untersuchungen weder bei Verbrechern noch bei Idioten irgendein charakteristisches Merkmal finden. Die Gegensätzlichkeit der Meinungen über diesen Gegenstand wird sofort gegenstandslos, wenn man diese Frage unter dem Blickwinkel der Erblichkeit betrachtet. Da es sich bei diesen Erscheinungen um Erbanlagen handelt, so kann auch eine besondere Ohrmuschelform in der Erbmasse aufscheinen, ohne daß natürlich diese besondere Ohrmuschelform für eine bestimmte Geisteskrankheit, Degeneration, Verbrechertum charakteristisch wäre.

*Mißbildungen* des Ohres haben praktische Bedeutung. Die fistula auris congenita, ein Rest der ersten Kiemenspalte, findet sich an typischer Stelle 1—2 cm vor dem Tragus als feine, sondierbare Öffnung eines einfachen Blindsackes und darf mit Stichverletzung oder Narbe nicht verwechselt werden. Die Atresia auris congenita liefert ein charakteristisches Bild: die Ohrmuschel verkümmert, oft durch 1—2 Hautläppchen angedeutet, der Gehörgang ein mehr oder weniger tiefer Blindsack. Die glatte Haut allenthalben, das Fehlen jeder Narbe und narbiger Vertiefung spricht für den angeborenen Charakter und darf mit Verletzungsfolgen des äußeren Ohres nicht verwechselt werden. An dieser angeborenen Mißbildung nehmen Mittelohr und Innenohr Anteil, so daß bei diesen Fällen Taubheit seit Geburt besteht und nicht Unfallsfolge sein kann.

Über die Frage, ob eine die Ohrmuschel verunstaltende Verletzung als eine schwere mit auffallender *Verstümmelung oder Verunstaltung* (im Sinne des § 224 des deutschen Strafgesetzes) ist, gehen die Meinungen sehr weit auseinander. *v. Hofmann* meint, daß die Verletzung wohl eine schwere sei, aber eine Erschwerung nicht vorliege, da die Verunstaltung durch die Haare leicht zu verbergen wäre und der Verlust der Ohrmuschel doch nicht mit anderen „auffallenden" Verunstaltungen verglichen werden könne. *Tyrmann, Passow, Kutvirt, Haselauer, v. Urbantschitsch, Bernhardt* sind wieder anderer Meinung, und über die perzentuelle Einschränkung der Erwerbsfähigkeit konnte schon gar keine Einigung erzielt werden. *Imhofer* hat u. E. das Richtige getroffen, wenn er diese ganze Angelegenheit gar nicht in das Gebiet der ärztlichen Sachverständigen weist und ein derartiges Gutachten als die ärztliche Kompetenzsphäre überschreitend ablehnt. Es kann sich jeder Richter und Geschworene je nach dem Grade der Verunstaltung und der Persönlichkeit und dem Milieu des Verletzten, nach dem Umstande der Tat, nach der Lokalität des Geschehens, nach dem momentan herrschenden ästhetischen Empfinden usw. ein eigenes Urteil bilden. Nebenbei sei bemerkt, daß kosmetisch korrigierende Prothesen keine allgemeine Verbreitung gefunden haben und diese Frage nicht beeinflussen können.

Bei *Verletzungen* der Ohrmuschel haben die Schnittränder der Ohrmuschel meistens eine besondere Bedeutung, da der Knorpel sehr häufig mit angeschnitten oder durchschnitten wird. Bei vollständiger Durchtrennung des Knorpels heilen die durchtrennten Teile immer mit einer Dislokation zusammen, und ist der Knorpel nur angeschnitten, so wuchern die Schnittränder und geben eine zeitlebens bestehende Verdickung ab, es resultiert also auf jeden Fall eine gewisse Verunstaltung. Hiebwunden, mit großer Kraft geführt und mit geeigneten Instrumenten (Sense, Säbel, Beil), können Teile oder die ganze Ohrmuschel abtrennen, nicht so selten Mensurverletzungen. Hieb- und Schnittwunden heilen in der Regel gut aus und die mit Recht so gefürchtete Perichondritis ist relativ selten. Bißwunden, gewöhnlich im Raufhandel in manchen Gegenden zugefügt, sind nicht selten, ebenso das Ausreißen von Ohrgehängen, wobei ein traumatisches Kolobom des Ohrläppchens entsteht, wenn nicht ärztliche Hilfe das durchtrennte Ohrläppchen vernäht. Pferdebißwunden, gewöhnlich die obere Ohrmuschelhälfte betreffend, sind nicht selten bei manchen Berufskategorien. Kratzwunden der Ohrmuschel, an und für sich bedeutungslos, können für den Gerichtsarzt wichtig sein und werden manchen Fall rekonstruieren helfen. Dabei ist nicht zu übersehen, daß tiefere Kratzwunden bluten können, daß Blut in den Gehörgang fließen kann, so daß eine Trommelfellverletzung oder Basisfraktur vorgetäuscht werden kann.

*Stichverletzungen* des Ohres nehmen eine besondere Stellung ein, wenn sie mit feineren Instrumenten wie Nadeln, Zahnstochern, Haarspangen usw. zugefügt werden, da sie die tieferen Teile des Ohres mitverletzen können. Eine besondere Stellung in der forensischen Otologie nehmen die Stichverletzungen mit ihren Folgen beim *Ohrringstechen* ein, worüber eine große Literatur vorliegt (*v. Eiselsberg, Haug, Alexander, Epstein, Bentovin, Schwartze, Passow, Thorner, E. Urbantschitsch, Ruttin*). Es wurde oft die Frage aufgeworfen, ob der Arzt überhaupt einen derartigen Eingriff vornehmen darf und soll. Dieses Dilemma ist für den Praktiker unschwer zu entscheiden. Das Ohrringetragen ist eine sehr weit verbreitete und im Volke tief verwurzelte Sitte, die wir als gegebene Tatsache hinzunehmen haben. Lehnt der Arzt diesen Eingriff ab, so wird er von unberufener Hand ausgeführt und kann gefährlich werden, während dieser Eingriff sachgemäß ausgeführt ein harmloser ist. Die praktische Notwendigkeit zwingt den Arzt zur Vornahme dieser kleinen Operation mit allen chirurgischen Kautelen. Übertragungen von Tuberkulose und Syphilis wurden beobachtet, kein Wunder, wenn man die Art des Ohrringestechens aus Laienhand kennt. Gewöhnlich wird eine Nähnadel benützt, mit einem Seidenfaden armiert, der zum besseren Einfädeln mit Mundspeichel benetzt wird. Die gerichtsärztliche Beurteilung eines solchen Falles erfolgt nach den §§ 222, 230 des deutschen Strafgesetzes, wobei noch die Frage zu beantworten ist, ob dem Operateur auch die Möglichkeit eines Gefahrenmoments bei seinem Eingriff bewußt war. Diese Frage wird verschieden zu beantworten sein, je nachdem ein Arzt, eine Hebamme, ein Juwelier oder eine Tante aus der Familie den Eingriff vorgenommen hat. Schließt sich an das Ohrringestechen eine Infektion an, Tuberkulose oder Lues, so ist diese als direkte Verletzungsfolge anzusprechen und ist dann als schwere körperliche Verletzung zu qualifizieren, evtl. mit dem erschwerenden Umstande unheilbarer Krankheit oder Siechtum verbunden. Ganz außerhalb des strafrechtlichen Kreises steht die nicht seltene Keloidbildung nach Ohrringestechen, da dieses Vorkommen in der Eigenart des Organismus des Betreffenden gelegen ist. Im allgemeinen sind Verletzungen der Ohrmuschel dann Gegenstand der spezialärztlichen Begutachtung, wenn der *äußere Gehörgang* mit in den Bereich der Verletzung oder der Verletzungsfolge einbezogen ist, was um so häufiger vorkommt, als der laterale Anteil des äußeren Gehörganges nichts anderes als eingerollter Ohrknorpel von der Ohrmuschel ist. Blutungen und Infektionen nach Verletzungen sind nach allgemein chirurgischen Gesichtspunkten zu beurteilen, die Narbenbildung hat spezialärztliche Bedeutung. Durch Narbenbildung wird der Gehörgang verengt, stenosiert oder vollkommen verwachsen. Wenn die ganze Circumferenz des äußeren Gehörganges durch Verletzung oder Verätzung des Epithels beraubt wird, dann kommt es zu einer Granulationsbildung in Form eines geschlossenen Ringes, der unaufhaltsam zur Stenose oder Atresie führt. Narben in der Nähe des Gehörganges führen durch Verziehung zur Stenose. Gerichtsärztlich wichtig ist die Differentialdiagnose mit der angeborenen Stenose und Atresie. Die Verletzungsatresie und -stenose für sich allein ist kaum Gegenstand gerichtsärztlicher Begutachtung, da der Träger weder auffallend verunstaltet noch funktionell geschädigt ist. Die eine Atresie erzeugenden Verletzungen sind aber in der Regel solche, daß sie Mittelohr und oft Innenohr mitbetreffen, also auch Funktionsstörungen zur Folge haben, welche die Grundlage für die Begutachtung abgibt. Durch traumatische Infektion des Mittelohres kann eine Mittelohreiterung entstehen, die bei vorhandener Gehörgangsatresie zu Retention und lebensgefährlichen Komplikationen führen kann.

Verletzungen der Ohrmuschel *durch stumpfe Gewalt* bilden ein besonderes otologisches Kapitel (Quetschungen, Hautabschürfungen, Zerreißungen wären nach allgemeinen chirurgischen Gesichtspunkten zu beurteilen) mit einer großen Literatur (*Imhofer, Steuer, Gudden, Fischer, Meyer, Gussenbauer, Bezold*). Die gewöhnliche Folge der stumpfen Gewalteinwirkung ist das *Othämatom* oder Ohrblutgeschwulst. Dieselbe ist eine prall gespannte, von normaler Haut bedeckte Vorwölbung an typischer Stelle, und zwar im oberen Hälfte der Ohrmuschel. Das Punktat ergibt eine gelbliche Flüssigkeit, oft mit Blutbeimengungen. Für den Gerichtsarzt ist es wichtig zu wissen, daß das Othämatom immer auf ein Trauma zurückzuführen ist; allerdings kann dasselbe so geringfügig sein, daß es dem Träger gar nicht zum Bewußtsein gekommen ist. Das Othämatom bei Geisteskranken ist bekannt, hat aber mit Konstitution nichts zu tun, sondern ist auf die rauhe Pflege unruhiger Kranker in früherer Zeit zurückzuführen. Das Boxerohr ist die Folgeerscheinung eines Othämatoms, nämlich derbe Verdickungen der Ohrmuschel, wie sie besonders bei Ringkämpfern vorkommen.

*Das Ausreißen* der Ohrmuschel ist zwar eine häufige Drohung, kommt aber in der Praxis nicht vor, da feste Bandmassen den Ohrknorpel mit dem knöchernen Gehörgang verbinden. Durch kräftiges Ziehen an den Ohrmuscheln, besonders wenn mit dem Zug noch eine Drehung verbunden ist, kommt es ohne jede Hautverletzungen zu Zerreißungen von Blut-, hauptsächlich aber von Lymphgefäßen. Die Folge ist eine sulzige, teigige Schwellung um den Gehörgang herum und kann durch Bindegewebsneubildung in Form einer Elephantiasis zur dauernden Verunstaltung werden. Ohrmuschelabrisse sind durch Menschenhand nicht möglich, sondern nur durch tangential wirkende Gewalt, wie stürzender Baum, Balken. Kommt es durch gewöhnliches Ziehen an der Ohrmuschel (etwa aus pädagogischen Gründen) zu Einrissen der Haut an der Ohrmuschel und zu kleinen Blutungen, dann ist gewöhnlich die Haut nicht normal, sondern ekzematös gewesen.

Die verschiedenen Grade von *Erfrierungen* der Ohrmuschel mit Hyperämie, Blasenbildung und Nekrose sind kaum Gegenstand forensischer Begutachtung, viel häufiger aber *Verbrennungen* und *Verätzungen* (Eifersuchtsattentate) wegen der entstellenden Narbenbildung.

**Gehörgang und Trommelfell:** *Verletzungen* des Trommelfelles sind häufig Gegenstand einer gerichtsärztlichen Beurteilung. Beim Erstickungstod

(Erhängen, Erwürgen, Ertrinken) zeigt das Trommelfell Blutungen (ebenso die Pauke), so daß das Trommelfell auch rupturiert werden und es zu Blutungen aus dem Gehörgang kommen kann. Diese Veränderungen sind nicht so selten und in Analogie zu setzen mit den Ekchymosen der Conjunctiva, den subpleuralen und den subperikardialen Blutergüssen. *v. Hofmann* erklärt das Zustandekommen durch einen vasomotorischen Krampf. Die Stichverletzungen des Trommelfelles mit feinen Instrumenten haben forensische Bedeutung, also Verletzungen mit Hutnadeln, Haarspangen, Regenschirmspangen, Zahnstochern, Baumzweigen usw. oder auch ärztlichen Instrumenten. Ist das Instrument ein starkes und gerades, so wird wegen der Knickung des Gehörganges eine Trommelfellverletzung nicht so leicht zustande kommen; der nicht gut armierte Ansatz der Ohrenspritze, der beim Ausspritzen durch die Kraft des Wasserstrahles in den Gehörgang getrieben wird, macht sehr gerne eine Trommelfellverletzung, da die andere Hand des Arztes durch Ziehen der Ohrmuschel nach hinten oben während des Ausspritzens den Gehörgang streckt. Je nach der Form des verletzenden Instrumentes ist die Perforation verschieden groß. Bei Verletzungen mit Baumzweigen mit sehr rissiger Oberfläche ist sie größer (*Zaufal, Passow*). Die Infektionsgefahr bei der traumatischen Perforation ist entschieden größer als bei der *Trommelfellruptur*, die durch Luftdruckschwankungen im äußeren Gehörgang, oft durch ganz geringe, am häufigsten durch eine Ohrfeige, aber auch durch einen Kuß aufs Ohr (Ansaugen), Herausziehen des eingeseiften Fingers aus dem Gehörgang, Auffallen mit dem Ohr auf die Wasseroberfläche in der Badewanne, natürlich erst recht bei Explosionen zustande gekommen ist. Forensisch am häufigsten ist die *Ohrfeigenruptur*. Sie sitzt gewöhnlich links, da der Übeltäter gewöhnlich Rechtshänder ist; sie sitzt rechts beim Schlag von hinten. Das charakteristische Zeichen für die traumatische Genese ist die Blutung, in der Regel ganz geringfügig, auf die Perforationsränder beschränkt. Die Perforationsöffnung ist eine schlitzförmige oder unregelmäßig eckige, durch welche die Promontorialschleimhaut durchschimmert, gelblich, soferne keine entzündliche Röte noch aufgetreten ist. An den Perforationsrändern sitzen Blutpunkte, aber auch am Trommelfelle, welche eingetrocknet herabfallen und dann im äußeren Gehörgang gesichtet werden können. Diese Rupturen, ein normales Trommelfell vorausgesetzt, haben eine große Heilungstendenz, soferne keine Sekundärinfektion dazukommt. Diese wird oft hervorgerufen durch unrichtige Behandlung, Ausspritzen des Ohres oder Einträufelungen (Kunstfehler). Die Ruptur als solche ist eine leichte Verletzung; man kann aus ihr auf die Größe der angewendeten Gewalt keinen Schluß ziehen, da auch ganz leichte Traumen eine Ruptur erzeugen können. Sie kann auch unkomplett sein, dann gibt es nur Ekchymosen ohne Kontinuitätstrennung. Die subjektiven Beschwerden sind Ohrensausen und leichte Schwerhörigkeit.

*Fremdkörper* im Gehörgange haben insoferne forensische Bedeutung, als mißglückte Extraktionsversuche vor Gericht kommen. An und für sich sind Fremdkörper im Gehörgang harmlos und können jahrelang getragen werden. Die Entfernung geschieht fachgemäß mit Spiegel und Spritze, erst wenn die Spritze versagt, kommt ein Extraktionsinstrument, evtl. in Narkose (bei Kindern), und in verzweifelten Fällen die operative Entfernung durch einen retro-aurikularen Schnitt in Betracht. Auch bei sachgemäßem Vorgehen kann eine Perforation des Trommelfelles durch den Extraktionsversuch vorkommen. Der Arzt wird aber sachfällig, sobald der Extraktionsversuch unsachgemäß, ohne Spiegel und ohne erstmaligen Versuch mit der Spritze vorgenommen wird. Das Moment der ersten Hilfeleistung beim Fremdkörper im Ohre ist nicht gegeben, der Arzt kann nicht belangt werden, wenn er die Extraktion des Fremdkörpers ablehnt und es dem Facharzt zuweist.

Die *Selbstbeschädigungen* des Ohres stellen ein trauriges Kapitel dar, das eine ausgedehnte Literatur aufzuweisen hat (*Imhofer, Alexander, Fröhlich, Tyrmann*). Eine Selbstbeschädigung liegt dann vor, wenn jemand durch Verstümmelung seines Körpers oder durch absichtliche Hervorbringung einer Krankheit sich zum Militärdienst untauglich zu machen trachtet. Diese wirkliche Selbstbeschädigung kommt nur selten vor. Die Mehrzahl will nur eine Krankheit dem Arzt *vortäuschen*. Diese Fälle gehören aber in das Gebiet der Simulation. Freilich kann es dabei vorkommen, daß ein Ohrenleiden vorgetäuscht werden soll, aber das angewendete Mittel tatsächlich eine Krankheit hervorruft, was um so häufiger vorkommt, je geringer die Intelligenz der handelnden Personen ist. Es werden die verschiedensten Mittel zu diesem Zweck in das Ohr eingespritzt, vom harmlosen Zigarettentabak angefangen bis zu scharf ätzenden Säuren.

**Die Pauke** (*cavitas tympanica*): Gehörgang- und Trommelfellverletzungen haben zwar eine große spezialärztliche forensische Bedeutung in der Alltagspraxis, sind aber niemals lebensbedrohend. Die forensische Bedeutung der *Pauke* liegt 1. in dem lebensbedrohenden Charakter der Sekundärinfektion und 2. in der anatomischen Beschaffenheit, indem wichtige anatomische Gebilde wie Labyrinth, Carotis, Bulbus venae jugularis, Hirnhaut und Gehirn mit verletzt werden können. *Der Steigbügel*, welcher mit der membrana fenestrae ovalis verwachsen das ovale Labyrinthfenster abschließt, ist häufiges Objekt von Unfall- und von operativen Verletzungen; Stichverletzungen des Trommelfelles, mit biegsamen feinen Instrumenten ausgeführt, können zu Stapesverletzungen und Luxationen führen, wenn das Instrument von der gegenüberliegenden knöchernen Paukenhöhlenwand abgleitet und den Stapes erreicht. Ein biegsames Zweiglein beim Durchschlüpfen eines Gebüsches, die lange Hutnadel einer Dame im Gedränge der Straßenbahn oder des Tanzsaales, die vergessene Haarspange beim Schlafen, die Spange eines Regenschirmes, der im Momente des Einsteigens in einen Omnibus geschlossen wird, während sich ein anderer Fahrgast auf das Trittbrett schwingt und die Regenschirmspange durch den Gehörgang ins Mittelohr bekommt, das operative Manipulieren mit Instrumenten im Mittelohr können zu Luxationen des Stapes führen, auch mit Einreißen der Membran des ovalen Fensters. Das klinische Bild der Stapesverletzung ist ein charakteristisches. Es tritt ein so plötzlicher und heftiger Schwindel auf, daß der Betroffene wie vom Blitze getroffen zu Boden stürzt. Der Schwindel hält durch Tage und Wochen an, gewöhnlich resultiert Taubheit auf dem Ohr, und häufig genug erfolgt eine Infektion des Labyrinthinneren, welche zur Meningitis führen kann. Kräftigere und starre Instrumente, wie das Ansatzstück einer Ohrenspritze, können die in der Paukenhöhle vorspringende erste Schneckenwindung, das *Promontorium*, verletzen mit all den Folgen einer Labyrinthverletzung wie: Schwindel, Taubheit, evtl. Meningitis. Besonders heftige Traumen können zu Mitverletzungen von Carotis, Bulbus venae jugularis, Hirnhaut und Hirn führen. Diese Verletzungen gehen mit Knochenzertrümmerungen einher und überschreiten den Rahmen otologischer Begutachtung. *Indirekte Verletzungen* der Pauke erfolgen durch Schädeltraumen, indem eine Knochenfissur des Felsenbeines die Pauke erreicht. Die Fissuren können ganz fein, der Röntgendiagnostik nicht zugänglich sein. Eine Blutung aus der Fissur in die Paukenhöhle hinein füllt dieselbe mit Blut an, welches durch das trübe Medium des Trommelfelles dem inspizierenden Auge als blau erscheint, das Hämatotympanon. Größere Fissuren erreichen den knöchernen Trommelfellrahmen und zerreißen das Trommelfell, worauf Blutung aus dem Gehörgang als Zeichen einer Knochenfraktur der Schädelbasis erfolgt. Die Gefahr dieser Verletzung liegt in der Infektion, die hirnwärts geleitet werden kann. Dazu ist noch zu bemerken, daß zur Zeit der Verletzung eine Mittelohreiterung bestanden haben kann, welche durch die Fissur hirnwärts geleitet wird. Es liegt dann für den Gerichtsarzt die Frage der besonderen Leibesbeschaffenheit vor; dieselbe ist fachärztlich nicht immer nachzuweisen, das Gutachten wird sich dann auf Zeugenaussage, Spitalsangaben usw. zu stützen haben. Die *Schußverletzungen* des Ohres sind durch den Weltkrieg besonders wichtige Kapitel geworden (*Haymann*). Die Pulvereinsprengung bei Nahschüssen ist wie sonst bei anderen Körperstellen zu beurteilen. Eine tödliche Schußverletzung des Ohres als solche gibt es nicht, die Gefahr ist durch die Sekundärinfektion gegeben, besonders bei Schußverletzungen, da diese zu weitgehenden Fissurierungen und Frakturierungen des Knochens führen. Verletzungen des Labyrinthes sind aus demselben Grunde gefährlich; Tod durch Labyrinthshock gibt es nicht. Eine spezielle Eigenart sind Steckschüsse im Warzenfortsatz, der durch seinen wabenartigen Bau imstande ist, schwächere Projektile aufzufangen. An und für sich harmlos, können sie durch die oben angeführten Gründe gefährlich werden.

Es gibt kaum ein *Kopftrauma mit Knochenfissur*, ohne daß das Gehörorgan nicht in Mitleidenschaft gezogen wäre. Die Begutachtung der Ohrschädigung hat aber in solchen Fällen nur die Gesamtbeurteilung zu ergänzen. Der Nachweis von Knochenverletzung des Schädels ist hier für den begutachtenden Otologen ein beruhigender Vorteil, da der Causalnexus zwischen Ohrschaden und Trauma objektiver hergestellt werden kann. Fissuren des Felsenbeines sind immer mit schweren Dauerschäden des Gehöres verbunden. Man unterscheidet Längs- und Querfissuren des Felsenbeines. Die Längsfissur verläuft der Längsachse des Felsenbeines nach, sie kommt von der Orbita oder sella turcica, geht über die Paukenhöhle lateral zur Schläfenbeinschuppe. Die Querfissur geht senkrecht zur Hauptachse des Felsenbeines. Während die Längsfissur die harte und kompakte Labyrinthkapsel verschont, muß die Querfissur das Labyrinth oder die Labyrinthnerven treffen. Diese beiden Typen sind zu unterscheiden, da die Folgen verschieden sind. Die Querfissur mit ihrer direkten Labyrinthschädigung hat eine viel schwerere Funktionsstörung zur Folge. Die Längsfissur dagegen ist mit dem Mittelohr und Nasenrachenraum in Verbindung und bedingt dadurch eine erhöhte Meningitisgefahr. Ist das Labyrinth oder der Labyrinthnerv verletzt, so tritt sofort Taubheit ein, die dauernd ist. Dem Betroffenen ist die Taubheit im Anfang gar nicht bewußt, da er an den allgemeinen Folgen der Schädelverletzung leidet. Daß ein so ertaubtes Ohr später die Funktion teilweise erlangt, ist nicht möglich. Eher kommt es vor, daß anfänglich vorhandene Hörreste verschwinden durch Atrophie der nervösen Elemente, Knochenneubildung im Labyrinth. Die Meningitis bedroht das Leben einer jeden Felsenbeinfissur, besonders wenn eine Mittelohreiterung bereits vorhanden war. Eine solche Meningitis kann auch als Spätmeningitis auftreten. In der Begutachtung ist der Beweis einer

schon früher bestandenen Mittelohreiterung nicht leicht, oft auch nicht am Obduktionstisch, so daß sich der Nachweis einer solchen Mittelohreiterung, welche in einem solchen Falle die besondere Leibesbeschaffenheit bedingt, mehr auf die Anamnese und Zeugenaussage stützt.

Jede Kopfverletzung, auch *Kopftraumen ohne nachweisbare Knochenfissur*, können eine Ohrschädigung mit Funktionsstörung bedingen. Das pathologisch-anatomische Substrat einer Funktionsstörung auch bei geringerem Kopftrauma liegt in der Labyrintherschütterung, commotio labyrinthi (von einigen Autoren allerdings abgelehnt). Die klinischen und pathologisch-anatomischen Erscheinungen dieser Labyrintherschütterung unterscheiden sich in nichts von den durch Luftdruck oder Schalltrauma entstandenen Erscheinungen, häufig wirken diese Noxen zusammen (*Yoshii, Wittmaak, Stenger, Fremel*). Die Labyrintherscheinungen treten erst nach Abklingen der allgemeinen Shockwirkung und Commotioerscheinungen in den Vordergrund, zunächst in Form von Ohrensausen bei normalem Ohrbefund, dann in Form allmählich zunehmender Schwerhörigkeit, die im Laufe von Monaten bis zur Taubheit führen kann. Für jedes Schädeltrauma ist die wiederholte Ohruntersuchung wichtig, und gut geführte Krankengeschichten sind die beste Unterlage für die Begutachtung später. Leichtere Formen von Schwerhörigkeit durch Labyrintherschütterungen können sich im Laufe von Wochen bessern. Häufiger ist aber das Gegenteil der Fall, zunehmende, oft bis zur Taubheit führende Schwerhörigkeit und Ausschaltung des Vestibularapparates, ein- oder beidseitig, graduell verschieden. Das pathologisch-anatomische Substrat sind interstitielle Blutungen in die Schnecke, Bogengänge und in die Nerven mit sekundären Atrophien der nervösen Elemente und ossifizierenden Prozessen im Labyrinth. Ein endgültiges Gutachten soll daher niemals vor Ablauf eines Jahres nach dem Unfall abgegeben werden. Der Vestibularapparat ist für die objektive Beurteilung wichtig. Seine Verletzung als der widerstandsfähigere Anteil des Innenohres deutet auf ein stärkeres Trauma hin. Im frisch verletzten Zustand dokumentiert sich die Verletzung in objektiver Weise durch das Vorhandensein eines spontanen Nystagmus, später durch Ausfallserscheinungen bei der Vestibularprüfung, welche wegen ihres objektiven Charakters besonders wertvoll sind.

*Trommelfellzerreißung bei Kopfverletzung* durch stumpfe Gewalt ist nicht selten. Sie kommt so zustande, daß der knöcherne Rahmen, in dem das Trommelfell eingespannt ist, durch die Gewalteinwirkung deformiert wird und daher das festeingerahmte Trommelfell zerrissen wird. Das Trommelfell reißt längs des Hammergriffes am häufigsten, oder es reißt bogenförmig am Ansatz ab.

Die dauernde *Trommelfellperforation* ist in der Regel die Folge oder die dauernde Begleiterscheinung einer chronischen Mittelohreiterung, seltener die Folge eines Traumas. Die Bedeutung liegt in der jederzeit möglichen Infektion des Mittelohres von außen her. Die Bedeutung für den Ertrinkungstod wird ihr in letzterer Zeit immer mehr aberkannt. Es ist gewiß möglich, daß kaltes Wasser durch die Perforation ins Mittelohr eintretend, durch heftige Labyrinthreizung Schwindel erzeugen und einen erschöpften oder schwachen Schwimmer in Ertrinkungsgefahr bringen kann. Das plötzliche Versinken geübter Schwimmer oder Nichtschwimmer im seichten Wasser ist nicht auf das Labyrinth zurückzuführen.

*Ein typischer Knochenbruch im Ohrbereich* ist die Infraktion der vorderen Gehörgangswand durch heftigen Schlag auf den Unterkiefer, ein- oder beiderseitig. Die Verletzung ist eine schwere, langwierige Eiterungsprozesse, konsekutive Mittelohreiterung, Ausheilung mit Narbenstenosen sind die Folge. Bei großer Gewalteinwirkung kann der Gelenksfortsatz des Unterkiefers in die Schädelhöhle dringen.

*Ohrverletzung durch Blitzschlag* ist wohl ein seltenes Ereignis. Neben den Blitzspuren auf der Gesichtshaut wurden Trommelfellperforationen beobachtet mit nach innen aufgeworfenen Rändern, so etwa, wie ein Blatt Papier von einem Entladungsfunken durchlöchert wird.

*Vergiftungen* spielen im otologischen Sinne eine sehr geringe Rolle in gerichtsmäßiger Beurteilung. Wir haben drei Ohrengifte; Salicyl, Chinin, Arsen, welche auf den Hörnerv wirken (auch in ihren Verbindungen, z. B. Salvarsan), Ohrensausen, Schwerhörigkeit und Taubheit machen können, auch in Form der medikamentösen Behandlung.

Die *Begutachtung von Kunstfehlern und operativen Unfällen* ist ein heikles und peinliches Kapitel, da ein Arzt über den Arzt zu urteilen hat. Das Wort Kunstfehler ist in Laienkreisen und Juristenkreisen ein geläufiger Ausdruck; der Arzt braucht diesen Ausdruck viel seltener, da er bei einigem Nachdenken nicht sagen kann, was ein Kunstfehler ist. Tatsächlich hat bisher noch keine Definition das Richtige getroffen. Das alt-österreichische Gesetz kennt das Wort Kunstfehler nicht, das deutsche Gesetz versteht darunter den Begriff der Fahrlässigkeit mit dem erschwerenden Umstande, daß der Täter zur Aufmerksamkeit und Vorsicht vermöge seines Amtes, Berufes, Gewerbes besonders verpflichtet war. Als Richtschnur seines Gutachtens muß der Sachverständige vor Augen halten, daß sich der Praktiker bei Eingriffen am Ohr in einer Zwangslage befindet, wenn kein Facharzt zu erreichen ist. Besonders oft sind Extraktionsversuche von Fremdkörpern Gegenstand von Gerichtsverhandlungen. Auch dem geübten Facharzt kann bei einem schwierigen Fremdkörper eine Verletzung passieren. Ein Fehler liegt dann vor, wenn der Arzt ohne die richtigen technischen Mittel, ohne Reflektor, ohne Spritze usw. den Extraktionsversuch vorgenommen hat. Wenn es einen Kunstfehler in der Otologie gibt, so ist es das Ausspritzen einer traumatischen Perforation. Viel Unheil (Eiterungen und tödliche Meningitiden bei Basisfraktur) wurde schon damit angerichtet. Auch die *operative Verletzung des Gesichtsnerven* mit folgender einseitiger Gesichtslähmung ist häufiger Gegenstand gerichtlicher Auseinandersetzungen. Die Gesichtslähmung ist dann eine operative, wenn sie unmittelbar bei oder nach der Operation beim Erwachen aus der Narkose konstatiert wird. Später auftretende Lähmungen sind nicht mehr traumatischer Natur, sondern auf entzündliche Vorgänge bei freigelegten oder freigelegenen Nerven zurückzuführen. Der Krankheitsprozeß reicht in allen Fällen bis zur Nervenscheide heran, so daß die Traumatisierung des Nervs geradezu unvermeidlich ist, und es wird kaum einen Operateur geben, der nicht schon wenigstens eine partielle oder vorübergehende Nervenlähmung gemacht hat. Es ist daher an vielen otologischen Stationen üblich, die Patienten vor der Operation auf die Möglichkeit einer solchen Lähmung aufmerksam zu machen. Im Kampf gegen die Tücken des Objektes ist kein Mensch gegen üble Zufälle gefeit und Verletzungen der Dura, des Labyrinths und des Sinus sigmoideus sind im Bereiche der Möglichkeit gelegen, ohne daß ein „Kunstfehler" vorliegt. Der Sachverständige ist in der Regel ein älterer, auf seinem Gebiete erfahrener Fachmann, der den Operateur gewöhnlich persönlich kennt, so daß er bei der Begutachtung die Persönlichkeit des Operateurs, sein Können, sein Verantwortungsbewußtsein, seine ethische Haltung mit in seine Begutachtung einbeziehen kann. Ein erfahrener Operateur, der viele Operationen selbst ausgeführt hat, ist bei einem operativen Unfall anders zu beurteilen als ein Operateur, von dem der Gutachter weiß, daß ihm die nötige Ausbildung und Erfahrung fehlt, daß er nur aus gewinnsüchtigen Motiven die Operation übernommen hat. Menschliches Irren kann nie verurteilt werden, neben dem fachlichen Können ist die ethische Höhe der Handlung und Haltung des Operateurs zu beurteilen.

Was die Frage der *Simulation und Aggravation bei Ohrschäden* anlangt, so ist zu sagen, daß die Einschränkung der Hörfähigkeit nach Unfall oder Verletzung sehr häufig für den Träger ein Gegenstand materieller oder psychischer Interessen wird, wenn die Herabsetzung der Hörfähigkeit von irgendeiner Seite, Versicherung, Eisenbahn usw. honoriert werden soll oder wenn, wie bei Verletzungen, der Übeltäter nach dem Grade der Hörstörung bestraft werden soll. Im letzteren Falle wird die minimale und vorübergehende Hörstörung bei Ohrfeigenruptur ganz besonders aggraviert, und zwar um so mehr, je frischer der Fall liegt und die Rachegefühle, bei ehelichen Auseinandersetzungen nicht so selten, noch sehr lebhaft sind. Die forensische Ohruntersuchung erfordert nicht nur die Beherrschung des Faches, sondern in höherem Grade noch viel Taktgefühl. Zunächst muß betont werden, daß sich im Gegensatz etwa zur Konstatierung der Sehschärfe das Hörvermögen eines Menschen niemals mit einwandfreier Exaktheit feststellen läßt, da jede Hörprüfung eine subjektive, auf die Angaben des Untersuchten basierende ist. Es handelt sich fast immer um aproximative Werte, die festgestellt werden, die auch in der Regel genügen, da ja nur das praktische Hörvermögen erfaßt werden soll. Fehlerhaft ist es, wenn der Arzt in bürokratischer Steifheit und Kälte an die Untersuchung herantritt und bei den ersten widersprechenden Angaben die Ruhe verliert, nervös wird und sich zu Bemerkungen wie — schwindeln Sie nicht — hinreißen läßt. In diesem Fall hat der Arzt die Partie verloren, denn der ehrliche Untersuchte wird noch verwirrter, und der Simulant, sein Ziel im Auge behaltend, bleibt ruhig. Im Gegenteil, der Arzt muß den zu Untersuchenden freundlich einladen, Platz zu nehmen, mit ihm eine leichte Konversation beginnen und mit der Konversation schon die Hörprüfung beginnen. Für den Prüfling bedeutet die Untersuchung alles, alles hängt davon ab, der Arzt muß diesen Eindruck mildern und wohlwollend im Konversationston bagatellisieren. Um die Hördistanzen festzustellen, steht der Arzt während der Wechselrede auf, macht sich beim Fenster etwas zu schaffen, spricht dabei im ruhigen, gleichgültigen Tone weiter, spricht auch mit abgewendetem Gesicht und kann so feststellen, wie weit der Untersuchte binaural gewöhnliche Konversationssprache hört. Und das ist das Richtige, für das Gericht soll ja das praktische Hörvermögen, d. i. das binaurale Hören bei der Konversationssprache festgestellt werden. Die Übertreibung eines Defektes wird als Aggravation bezeichnet und kommt viel häufiger vor als die Simulation, die Krankheitsvortäuschung. Bei der *Simulation beiderseitiger Taubheit* ist die Beurteilung der Sprache wichtig. Ein wirklich beiderseits Tauber hat kaum jemals eine völlig intakte Sprache behalten; sie ist monoton, hat keine Modulationsfähigkeit, ist holprig und hölzern. Wichtig ist die Prüfung des Vestibularapparates. Ist der Vestibularapparat ausgeschaltet, dann ist an der Echtheit der Taubheit nicht zu zweifeln, auch bei einseitiger Taubheit. Eine Vernichtung der vestibularen Funktionen bei erhaltenem Hörvermögen nach Trauma gibt es wohl nicht. Natürlich kann normale vestibulare Erregbarkeit bei wirklicher Taubheit vorkommen, dann sind andere Methoden zur Konstatierung nötig. Bekannt ist die Methode von *Lombard:* Der Hörende verstärkt seine Stimme beim Sprechen, sowie ein starker Lärm auftritt, der Taube spricht monoton weiter. Der auf Simulation zu Untersuchende spricht oder liest und bekommt beiderseits Lärmtrommeln ans Ohr gesetzt. Der Simulant erhebt die Stimme (bei einseitiger Taubheit kommt die Lärmtrommel ans hörende Ohr), der Taube liest monoton weiter. Weitere Methoden sind von *Belinoff, Wodak, Albrecht, Gorsejev, Alexander* angegeben worden. *Einseitige Taubheit* wird häufiger *simuliert* (die zahlreichen Entlarvungsmethoden sind von *Hammerschlag* zusammengestellt). Die einfache Methode von *Dennert* beruht darauf, daß ein Ohr durch Fingerverschluß vom Hörakt nicht ausgeschaltet werden kann. Wird das hörende Ohr mit dem Finger verschlossen und gegen das taube gesprochen, so wird das Gesprochene durch den Fingerverschluß hindurch vom gesunden Ohr gehört. Gibt der Untersuchte an, er höre nicht, so hat er die Unwahrheit gesagt und das ist es, was alle diese Methoden erzielen. Die bekannteste Methode zur Entlarvung von Simulanten einseitigeı Taubheit ist der *Stenger*sche Versuch, der deshalb hier angeführt werden soll. Bezüglich der vielen anderen Methoden sei auf das Literaturverzeichnis verwiesen. Der *Stenger*sche Versuch beruht auf der Tatsache, daß von zwei gleichen Stimmgabeln, von beiden Seiten dem Ohre in verschiedenen Distanzen genähert, nur die nähere Stimmgabel gehört wird, der Ton der entfernteren wird unterdrückt. Man bestimmt für das gesunde Ohr die Distanz, in welcher eine angeschlagene Stimmgabel gehört wird. Nun wird eine gleiche Stimmgabel in einer kurzen (5 cm) Entfernung vor das angeblich taube Ohr gehalten und vor das gesunde Ohr die Stimmgabel in der früher ermittelten Distanz, und wird sie gehört mit dem gesunden Ohr, so ist das angeblich taube Ohr mit der ganz nahen Stimmgabel tatsächlich taub. Wird sie in der früher ermittelten Distanz nicht gehört und beim Näherrücken in ungefähr 15 cm erst gehört, so ist das geprüfte Ohr für diese Stimmgabel wirklich taub. Wird die Stimmgabel aber noch näher gebracht und in weniger als in 5 cm Distanz erst gehört, dann ist das geprüfte Ohr *nicht* taub. Viel schwieriger sind exakte Bestimmungen der Hörfähigkeit zu machen, *wenn nur Herabsetzung der Hörfähigkeit behauptet wird.* Für die Beurteilung solcher Fälle ist die Rekonstruktion der Genese wichtig und für den Gutachter das genaue Aktenstudium des Falles notwendig. Hat auf Grund des Aktenmaterials tatsächlich eine Schädelverletzung stattgefunden, tatsächlich eine Bewußtlosigkeit und nicht nur eine psychische Shockwirkung, liegt vielleicht ein positiver Röntgenbefund des Schädels vor, so wird man um vieles ruhiger die Angaben des Untersuchten glaubwürdig finden. Hat aber gar keine Schädelverletzung stattgefunden, dann ist die Beurteilung schwieriger und muß nun unter dem Gesichtswinkel der Kenntnisse erfolgen, daß auch Erschütterungen des Körpers durch Stoß oder Fall und auch leichte Schädeltraumen Ohrschäden hervorrufen können. Man soll bei der Beurteilung nicht zu engherzig sein.

Zur Frage der *Beurteilung der Erwerbsminderung durch Ohrschäden* ist vor allem zu bemerken, daß der Verlust einer Ohrmuschel keine Verstümmelung, sondern eine Entstellung ist. Verunstaltungen der Ohrmuschel, Narbenbildungen werden besser vom Richter unter Berücksichtigung der Umstände beurteilt als vom Arzte, dessen Aufgabe es vornehmlich ist, die Störung der Funktion zu beurteilen. Das Hörvermögen wird als Ganzes beurteilt, also das binaurale Hörvermögen, ganz gleichgültig, welchen Anteil jedes Ohr zum gesamten Hörvermögen beiträgt. Dem Schwerhörigen ist es ganz gleichgültig, ob er durch eine Labyrinthschädigung oder einen Narbenprozeß im Mittelohr in seinem Erwerb behindert ist, was aber wissenschaftlich durchaus nicht gleichgültig ist. Es wird also die „praktische" Schwerhörigkeit und „praktische" Taubheit mit ihrem Einfluß auf die Erwerbsfähigkeit im allgemeinen und auf die Berufsfähigkeit im speziellen Falle beurteilt. *Taubheit* liegt im praktischen Sinne dann vor, wenn laute Konversationssprache, direkt in die Ohrmuschel geschrien, nicht gehört wird. Wenn auch die fachliche Untersuchung Hörreste nachweisen kann und im wissenschaftlichen Sinne von einem Totalverlust des Hörapparates nicht gesprochen werden kann, so kann der Untersuchte doch keinen Gebrauch von seinen Hörresten machen, er ist als praktisch taub zu bezeichnen und als solcher zu bewerten. Bei beiderseitiger Taubheit ist die Erwerbseinbuße mit mindestens 50 %, in der Mehrzahl der Fälle bis zu 100 % festzusetzen. Die Unfallversicherungsgesellschaften gehen gewöhnlich über 50 % nicht hinaus. *Einseitige Taubheit* bei normaler Hörfähigkeit des anderen Ohres wird mit 15 %—25 % Erwerbseinbuße geschätzt. Wenn auch der einseitig Taube sich an seinen Zustand so gewöhnen kann, daß er im Erwerbsleben vom normal Hörenden nicht unterscheidet, ja es gibt Menschen, die bis zur gelegentlichen Konstatierung ihrer einseitigen Taubheit keine Ahnung von ihr gehabt haben, so wird sie doch so hoch eingeschätzt, da in vielen Fällen durch die Orientierungsstörung (Störung der Schallokalisation) eine gewisse Beeinträchtigung ausgelöst wird, und weil eben der Untersuchte nur noch *ein* hörendes Ohr hat, so daß er auch nur bei einer Erkrankung desselben schweren Schaden leidet. Die Unfallversicherungen gehen in der Praxis kaum über 15 % hinaus. Einseitige Taubheit mit Schwerhörigkeit der anderen Seite werden je nach dem Grade dieser Schwerhörigkeit mit 25 %—40 % gewertet und doppelseitige Schwerhörigkeit mit 10 %—40 %. Dabei ist zu bemerken, daß eine beiderseitige leichte Schwerhörigkeit im Leben viel hinderlicher ist als einseitige Taubheit bei intakter anderer Seite, und wenn eine solche leichte beiderseitige Schwerhörigkeit mit 15 %—20 % Erwerbseinbuße geschätzt wird, so ist dies zu gering im Verhältnis zur gebräuchlichen Einschätzung einseitiger Taubheit. Mit der Schwerhörigkeit sind häufig Reizerscheinungen von seiten des Cochleaapparates in Form von *subjektiven Ohrgeräuschen* verbunden und von seiten des Vestibularapparates in Form von *Schwindel.* Die Differentialdiagnose zwischen neurasthenischem Schwindel im Rahmen der allgemeinen Unfallneurose und Vestibularschwindel ist nicht leicht, sicher ist, daß der echte Vestibularschwindel mit der Zeit abnimmt und durch zentrale Kompensationsvorgänge schließlich verschwindet. Einen objektiven Nachweis von Reizerscheinungen des Cochleaapparates, also der subjektiven Ohrgeräusche, gibt es nicht. Sie sind aber eine ungemein häufige Begleiterscheinung, und wenn sie spontan und nicht durch eine Suggestivfrage angegeben werden, so sind sie glaubhaft. Eine Höhereinschätzung einer solchen Schwerhörigkeit oder Taubheit von 5 %—10 % ist dann angezeigt, ebenso bei einer gesteigerten nervösen Reizbarkeit und psychischen Depressionen infolge der Schwerhörigkeit oder Taubheit. Eine Entschädigung im Sinne eines „Schmerzensgeldes" bei solchen Fällen gibt es nicht, da der Gesetzgeber unter Schmerz nur den körperlichen Schmerz versteht. Nichts wäre verfehlter als diese Perzentsätze schematisch anzuwenden und auf die Eigenart des Erwerbes nicht Rücksicht zu nehmen. Es ist die Hörschädigung eines Telefonangestellten, Musikers usw. doch besonders einzuschätzen, da auch schon geringe Grade von Schwerhörigkeit die Berufstätigkeit schädigen. Es ist dann auch Sache des Richters, zu beurteilen, ob ein so in seinem Beruf Geschädigter so leicht seinen Beruf wechseln kann oder ohne materielle Einbuße innerhalb seines Betriebes einen anderen Posten bekleiden kann. So kann eine leichte einseitige Schwerhörigkeit den Musiker unter Umständen nicht stören, den Dirigenten eines Orchesters aber berufsunfähig machen, da er den leisesten Einsatz auch des höchsten Tones auf Distanz hören muß. Bei der Beurteilung der Erwerbseinbuße darf also der Begutachter nicht auf seinem rein fachlichen Standpunkt stehenbleiben, sondern er muß wie eben ein richtiger Arzt selbst im Leben stehen und menschliche und wirtschaftliche Momente in sein Gutachten einbeziehen.

*Schrifttum.*

*Albrecht:* Die Trennung der nicht organischen von den organischen Hörstörungen mit Hilfe des psychogalvanischen Reflexes. — *Alexander:* Arch. Ohrenheilk. **59**, 513. — *Alexander:* Die Erzeugung von Ohrenkrankheiten durch Selbstbeschädigung. Mschr. Ohrenheilk. **1918**. — *Alexander:* Die Simulation von Ohrenkrankheiten. Wien. klin. Wschr. **29**, Nr. 18, 19. — *Amersbach:* Ärztliche Sachverständigentätigkeit auf dem Gebiete der Ohrenheilkunde. Handb. d. ärztl. Sachverständigen-Tätigkeit **IV**, 2. Teil, Liefrg. 57. 1931. — *Bentovin:* Die Gefahren des Durchstechens des Ohrläppchens. Z. Ohrenheilk. **38**, 247. — *Bernhardt:* Die Verletzungen des Gehörorganes. Forensische Abhandlung. Berlin 1903. — *Bertillon, A.:* Das Anthropometrische Signalment. Deutsch von Dr. *v. Sury* 1895. — *Bezold, F.:* Lehrbuch der Ohrenheilkunde. Wiesbaden 1906. — *Blau:* Korrespbl. dtsch. Ges-Anthrop. **1906**. — *Dewerny:* Über Simulation von Gehörfehlern und ihre Entlarvung. Dtsch. mil.ärztl. Z. **1883**, Heft 43. — *Eiselsberg:* Impftuberkulose des Lobulus. Wien. med. Wschr. **1887**. — *Epstein, A.:* Das Ohrringstechen und seine Gefahren, insbesondere die tuberkulöse Ansteckung der Stichöffnung. Z. Kinderheilk. **4, 5.** — *Fischer:* Ohrenblutgeschwulst bei Seelengestörten. Allg. Z. Psychiatr. **5** (1848). — *Fremel:* Gehörschäden bei Kopftraumen. Mschr. Ohrenheilk. **1918**. — *Fremel:* Ein bemerkenswerter Fall von Spätertaubung nach Kopftrauma. Mschr. Ohrenheilk. **1938**. — *Frigerio:* L'oreille externe. Arch. d'Antrop. crimin. **1888**. — *Fröhlich, H.:* Vortäuschungen von Krankheiten. Med. Bibliothek f. prakt. Ärzte **66—67**. Leipzig. — *Fröschels* u. *Fremel:* Gehör und Sprache. Arch. f. experimentelle und klinische Phonetik **I** (1914). — *Gorsejev:* Neue Methode zur Feststellung der Simulation der Taubheit. Russkiy Wratsch **1903**. Ref. Arch. Ohrenheilk. **62**, 532. — *Gradenigo:* Le pavillon de l'oreille au point de vue anthropologique. Congreß f. Otologie. Paris 1889. — *Gudden:* Allg. Z. Psychiatr. **17** u. **20**. — *Gussenbauer:* Die traumatischen Verletzungen. Chirurgie **15**. Stuttgart 1880. — *Hammerschlag:* Über die Simulation von Ohrerkrankungen. Wien. med. Wschr. **29** (1904). — *Haselauer, W.:* Die Ohrenheilkunde des praktischen Arztes. München 1911. — *Haug:* Krankheiten des Ohres und ihre Beziehungen zu Allgemeinerkrankungen. Wien 1897. — *Haymann, L.:* Über Schußverletzungen des Ohres. Zbl. Ohrenheilk. **13/16**. — *Hofmann:* Lehrbuch der gerichtl. Medizin. Wien 1893. — *Imhofer, R.:* Die Bedeutung der Ohrmuschel für die Feststellung der Identität. Arch. Kriminalanthrop. **26** (1907). — *Imhofer, R.:* Gerichtliche Ohrenheilkunde. Leipzig 1920. — *Kutwirt:* O úrazech ucha. Prag 1911. — *Lombard, E.:* Le signe de l'élévation de la voix. Ann. des maladies de l'oreille **36** (1911). — *Meyer, J.:* Die Benutzung der Schallokalisation zum Nachweis von Hördifferenzen und ihre Verwertung als Simulationsprobe. Mschr. Ohrenheilk. **1912**, 1. — *Meyer, L.:* Die pathologischen Gewebsveränderungen des Ohrknorpels. Virchows Arch. **33**. — *Morel:* Traité de degenerescences phys. intelectuelles et morales 1857. — *Ostmann:* Arch. Ohrenheilk. **58**, 168 (1903). — *Passow:* Die Verletzungen des Gehörorganes. Wiesbaden 1905. — *Ruttin:* Österr. Otolog. Gesellschaft 21. 5. 1912. Mschr. Ohrenheilk. **1912**. — *Schwalbe:* Handb. der Anatomie: äußeres Ohr und Gehörgang. Jena 1897. — *Schwartze:* Lehrbuch der chirurgischen Krankheiten des Ohres. Stuttgart 1885. — *Stenger:* Beitrag zur Kenntnis der nach Kopfverletzungen auftretenden Veränderungen im inneren Ohr. Arch. Ohrenheilk. **79**. — *Stenger:* Ein Versuch zur Feststellung einseitiger Taubheit bzw. Schwerhörigkeit mit Stimmgabeln. Arch. Ohrenheilk. **50**, 197. — *Steuer, A.:* Die häufigsten Ohrenkrankheiten im Bilde. Leipzig. — *Thorner:* Pathol. conditions, following piercing of the lobes of ear. J. amer. med. Assoc. **1894**. — *Tyrmann:* Die Verletzungen des Ohres, deren Folgen und ihre gerichtsärztliche Beurteilung. Wien 1903. — *Urbantschitsch, V.:* Lehrbuch der Ohrenheilkunde. — *Urbantschitsch, E.:* Österr. Otolog. Gesellschaft, 24. 6. 1912. Mschr. Ohrenheilk. **1912**. — *Warnecke:* Eine Hörprüfungsmethode zur Erkennung von Simulation. Arch. Ohrenheilk. **45**. — *Wilhelm:* Revue biologique du Nord de la France **1891/92**. — *Wittmaak:* Über Schädigungen des Gehörs durch Schalleinwirkung. Z. Ohrenheilk. **54**. — *Wodak:* Der auropalpetrale Reflex. Arch. Ohrenheilk. **103**. — *Wotzelka:* Zur Anwendung akustischer Reflexe bei der Diagnose der Taubheit und Simulation. Wien. klin. Wschr. **28** (1918). — *Yoshii:* Experimentelle Untersuchungen über die Schädigung des Gehörganges durch Schalleinwirkung. Z. Ohrenheilk. **58**. — *Zaufal:* Kasuistische Beiträge zu den traumatischen Verletzungen des Trommelfelles. Arch. Ohrenheilk. **7** u. **8**.      *Fremel.*

**Formaldehyd** siehe *Flüchtige organische Gifte.*

**Formalin** siehe *Flüchtige organische Gifte.*

**Formalinprobe** siehe *Kohlenoxyd.*

**Fortpflanzungsunfähigkeit** siehe *Zweifelhafte Fortpflanzungsfähigkeit beim Manne und beim Weibe.*

**Fragliche Abstammung** siehe *Vaterschaftsnachweis und -ausschluß.*

**Frakturen** siehe *Verletzungen durch stumpfe Gewalt.*

**Frauenmilch** (= F.). (Vgl. auch Art.: Colostrum; Fruchtabtreibung; Kindestötung.)

F. ist das Sekret der weiblichen Brustdrüse. Man unterscheidet die eigentliche Milch und die sog. Vormilch oder *Colostrum* (s. d.), welches schon während der Schwangerschaft in geringer Menge in der Brustdrüse gebildet wird. F. besteht aus der Milchflüssigkeit, dem Milchplasma, und den körperlichen Bestandteilen, in der Hauptsache Fettkügelchen oder Fettröpfchen. Die Absonderung reifer F. in größerer Menge spricht für eine vorangegangene Geburt, doch kann es in seltenen Fällen auch schon in der Schwangerschaft zu einer reichlicheren F.-Absonderung kommen. Der Befund von Colostrumkörperchen in der F. wurde auch zur Feststellung des Alters der abgegangenen Frucht herangezogen. Nach *Hertzsch* können die Colostrumkörperchen einzig und allein in der F. nach Geburt lebensfähiger Früchte fehlen. Auch nach Geburt einer Frucht vom Ende des siebenten Schwangerschaftsmonats treten Colostrumkörperchen in der F. in größerer Zahl auf. Nach den Untersuchungen von *Hirsch* ist die reife F. allerdings kein verläßliches Unterscheidungsmerkmal dafür, ob das Kind ausgetragen war. In die F. gehen auch die verschiedensten Stoffe über, so Fette der Nahrung, Geruchstoffe, Chloralhydrat, Opium, Morphium, Quecksilber usw., Alkohol nur in geringen Mengen, Nicotin in Spuren (*Hatcher* und *Crosby*). Die Erkennung frischer F. ist in der Regel nicht schwer. Die Untersuchung der *F.flecken* kann in Fragen von Kinderweglegung, Kindesmord, Fruchtabtreibung eine Rolle spielen. Colostrum und F. geben in Kleiderstoffen verschiedene Flecken, F. mehr grauweiße, während Colostrum mehr gelbliche Flecken liefert. Beide Arten von Flecken leuchten im Licht der Quarzlampe mehr oder weniger auf. Hat man Kleider auf solche Flecken zu untersuchen, kann man zunächst die orientierende Probe mit verdünnter Wasserstoffsuperoxydlösung anstellen, wobei F.flecken sich durch Bläschenbildung verraten. Wegen des reichen Fettgehaltes der Flecken kann man auch durch Fettfärbung die Flecken zur Darstellung bringen, sei es mit Sudan III, mit Scharlachrot oder Osmiumsäure. Die herausgeschnittenen Flecken werden in diesen Lösungen gefärbt. Auch ohne Färbung läßt sich durch bloßes Aufweichen in physiologischer Kochsalzlösung oder Wasser F. in Flecken feststellen. In der von Fettröpfchen erfüllten Flüssigkeit des Macerates kann man die zelligen Bestandteile durch mikroskopische Untersuchung ermitteln und zwar: Epithelzellen, Zylinderepithelien aus Drüsengängen, Colostrumkörperchen und Leukocyten. Der Nachweis sehr zahlreicher mit Fetttröpfchen erfüllter Colostrumkörperchen spricht in der Regel für F. von frisch Entbundenen oder noch Schwangeren. *Chemische Untersuchung*, etwa Anstellen der Reduktionsprobe auf Milchzucker, spielt neben der mikroskopischen Untersuchung der Flecke kaum eine Rolle. In den meisten Fällen wären auch die verfügbaren Mengen zu gering. Von Wichtigkeit ist die Frage nach der *Herkunft solcher Flecken* von Mensch und Tier. Die biologische Untersuchung des Artnachweises geht auf *Uhlenhuth* zurück, dem es gelang, durch Behandlung von Kaninchen mit Milch Lactoserum zu erzeugen, mit welchem man die betreffende Milchart nachweisen kann. Doch hat dies Verfahren den einen großen Nachteil, daß sich die Auszüge aus F.-Flecken kaum, auch durch scharfes Ausschleudern vollkommen klar abscheiden lassen, so daß die Eiweißreaktion durch Trübung von Haus aus vereitelt oder zumindest erschwert wird. Empfindlicher ist die Komplementbindungsreaktion, welche von *I. Baur* auch für die Untersuchung von F. empfohlen wurde. Doch ist diese Methode in der Ausführung nicht sehr einfach und setzt immerhin mehr serologische Erfahrung des Untersuchers voraus. Auch der Anaphylaxieversuch kann im gegebenen Fall durch die Bestimmung der Milchart herangezogen werden. Dabei genügen zur Sensibilisierung geringe Mengen, die man in physiologischer Kochsalzlösung aufweicht und den Meerschweinchen ins Herz einspritzt. Nach drei Wochen sind die Tiere im Zustand der höchsten Empfindlichkeit gegen die Eiweißart, welche zur Sensibilisierung verwendet wurde. Bei Einspritzen von 1 ccm F. ins Herz der vorbehandelten Meerschweinchen sollen sich nun die Erscheinungen des anaphylaktischen Shocks mit bezeichnendem Temperatursturz (unter 38° C) innerhalb einiger Stunden nach der zweiten Einspritzung einstellen. Die Kontrolltiere werden das zweite Mal mit Kuhmilch behandelt und sollen dabei keine Shockzeichen oder Krankheitserscheinungen aufweisen. Allgemeiner Anwendung erfreut sich aber auch diese Reaktion nicht, schon wegen der langen Zeit, welche der Versuch in Anspruch nimmt. Zur Unterscheidung von F. und Kuhmilch wurde auch eine Reaktion mit Schwefelsäure (spezifisches Gew. 1,82) angegeben. 1 ccm Milch und 1 ccm Schwefelsäure werden zusammengegeben. Dabei tritt bei F. eine Braunfärbung, bei Kuhmilch eine Braun- bis Violettfärbung auf. *Jakobi* führt diesen Farbunterschied auf die Verschiedenheit der Caseine gegenüber Schwefelsäure zurück. Zur Klärung der Frage, ob F. von *bestimmten*, in Frage kommenden *Personen* stammen kann oder nicht, kann die Ermittlung von Blutgruppensubstanzen in F.-Flecken angestrebt werden. Von verschiedenen Autoren wurden in F. Isoagglutinine gefunden. Auch die Blutkörpercheneigenschaften können in F. und F.-Flecken durch Agglutininbindung und -hemmung nachgewiesen werden. Dabei ist allerdings zu beachten, daß aus dem negativen Ausfall dieser serologischen Proben auf die Blutgruppenzugehörigkeit kein Schluß gezogen werden darf, da es sich um einen Nichtausscheider handeln kann, oder aber da Gruppensubstanzen in Flecken durch besondere äußere Einflüsse zerstört werden.

*Schrifttum.*

*Fraenckel, P.*: Der Nachweis der Milchspuren. *Lochtes* Handb. d. gerichtsärztl. u. polizeiärztl. Technik **1914**, 259. — *Hamada, S.*: Untersuchungen über Individualität der Milch oder des Harns beim normalen Menschen mittels Isohämagglutination. Nagasaki Igakkai Zassi **8**, 631 (1930). (Ref. Dtsch. Z. gerichtl. Med. **16**, 339 (1931). — *Happ*: J. of exper. Med. **31**, 313 (1920). — *Hatcher, R.* u. *H. Crosby*: The elimination of nicotin in the milk. J. of Pharmacol. **32**, 1 (1927). — *Heim*: Mschr. Geburtsh. **74**, 52 (1926). — *Hertzsch*: Die Frauenmilch und ihre kriminelle Bedeutung. Arch. Gynäk. **92**. — *Hirsch, M.*: Die kriminelle Bedeutung der weiblichen Brust. Arch. Kriminol. **42**, 206 (1911). — *Jakobi, W.*: Unterscheidungsreaktion zwischen Frauen- und Kuhmilch. Mschr. Kinderheilk. **23**, 44 (1922). — *Landsteiner, K.*:

Wien. klin. Rundschau **40** (1902). — *Reuter, K.*: Naturwissenschaftlich-kriminalistische Untersuchungen menschlicher Ausscheidungen. *Abderhaldens* Handb. d. biol. Arbeitsmethoden **394**, 327 (1932). — — *Schwarzmann*: Z. Geburtsh. **92**, 505 (1928). — *Uhlenhuth*: Das biologische Verfahren zur Erkennung und Unterscheidung von Menschen- und Tierblut sowie anderer Eiweißsubstanzen und seine Anwendung in der forensischen Praxis. Jena 1905. ***Holzer.***

### Fremdkörper in Wunden.

Durch Geschosse, durch Waffen und andere Werkzeuge können zufällig auch noch andere Fremdkörper in Wunden gelangen, z. B. mit Messern Teilchen, die an der Klinge haften. Solche Befunde, die freilich die gründlichste Untersuchung der Wunden und Wundgänge mit allen ihren Verzweigungen voraussetzen, können den Schlüssel zur Aufklärung einer Straftat liefern. *Kenyeres* schabt nach der Besichtigung und der Entfernung des grob Erkennbaren die Wunde zur mikroskopischen Untersuchung aus, schüttelt, wo es angeht, die ausgeschnittene Wunde mit Wasser aus und untersucht den Bodensatz mikroskopisch. Weitaus öfter bleiben in Pfählungswunden größere oder kleinere Teile der betreffenden Gegenstände zurück, was gerne übersehen wird. Aber auch in Quetschwunden waren Fremdkörper schon wiederholt von besonderer Bedeutung, wie z. B. Emailsplitter nach Hieben mit einem Kochtopf (*Haberda*), Steinbröckel, die übrigens oft eine Bestimmung der Gesteinsart gestatten, nach Schlägen mit Steinen (*Meixner*), Sand, Schlamm und pflanzliche Teile vom Schleifen eines Verwundeten. Auch kleinere Holzteilchen (*Kenyeres*) lassen mikroskopisch meist die Holzart erkennen. Besondere Bedeutung gewinnen Fremdkörper neuerdings in Wunden von Verkehrsunfällen. Verf. hat in solchen mehrmals Farbe und Lack von Kraftwagen gefunden. Sie liegen oft in Winkeln der Wundtasche weit seitab von der Hautwunde, manchmal in Einkerbungen der Außentafel oder auch in Knochenbrüchen. Auch größere Stücke können in solchen Wunden zurückbleiben, wie einmal der abgebrochene Türgriff eines Kraftwagens (*Sheehan*). Durch Fremdkörper im Gewebe (z. B. Nadeln und Bruchstücke solcher) kann der Verdacht einer Selbstbeschädigung aufkommen. Holzspäne und andere Fremdkörper sind als Vermittler von Wundstarrkrampf und Gasbrand (s. d.) oft auch für den Nachweis der Todesursache wichtig. In Wunden werden von flüchtigen oder unerfahrenen Obduzenten namentlich Kleiderteilchen häufig übersehen. Es kann auch der Arzt, der in der Wunde eines von ihm behandelten Verletzten solche Fremdkörper zurückgelassen hat, dafür verantwortlich gemacht werden. Und schließlich wird das Zurücklassen von Instrumenten und Verbandstoffstücken in Operationswunden nicht so selten Gegenstand eines Strafverfahrens oder einer Schadenersatzforderung gegen den Arzt (s. d. Art.: Ärztlicher Kunstfehler).

*Schrifttum.*

*Haberda*: Die Diagnose des verletzenden Werkzeuges. Beitr. gerichtl. Med. **10**, 1 (1930). — *Kenyeres*: Fremdkörper in Verletzungen. Arch. Kriminalanthrop. usw. **8**, 309 (1902). — *Meixner*: Lehren des Halsmannprozesses. Beitr. gerichtl. Med. **10**, 67 (1930). — *Sheehan*: An unusual case of foreign body in the neck. Amer. J. Surg. **38**, 173 (1924); Ref. Dtsch. Z. gerichtl. Med. **5**, 447 (1925). ***Meixner.***

**Frigidität** siehe *Zweifelhafte Fortpflanzungsfähigkeit beim Manne und beim Weibe.*

### Fruchtabtreibung (= F.A.).

F.A. ist jede künstliche Unterbrechung der Gravidität, die nicht aus medizinischer Indikation oder, unter besonderen Voraussetzungen, aus eugenischer Indikation (jedenfalls in verschiedenen Ländern) vorgenommen wird.

Die Forderung der Freigabe der *Schwangerschaftsunterbrechung ohne Indikation* wird begründet mit dem „Recht der Frau auf ihren Körper" und dem

Hinweis, daß, da nun einmal abgetrieben werde, es besser sei, wenn der Eingriff von sachkundiger Hand geschehe. Dadurch würden Hunderte von Menschenleben, die sonst vernichtet werden, gerettet werden können und Zehntausende von Frauen vor Krankheit und Siechtum bewahrt bleiben. Die Ziele, die mit einer solchen Forderung verfolgt werden, sind zu durchsichtig, als daß sie eine besondere Erklärung erforderten; die auf rein individualistischer Einstellung beruhenden Begründungen widerlegen sich selbst. Das große Experiment, das das bolschewistische Rußland in den letzten beiden Jahrzehnten zu dieser Frage angestellt hat, führte, nachdem es unabsehbares Unglück gebracht, dazu, daß auch dort die indikationslose Unterbrechung verboten wurde. Von anderer Seite wird die Anerkennung der *sozialen Indikation* verlangt. Hat eine Frau eine „dem Vermögen und Einkommen angemessene" Zahl von Kindern, dann soll eine erneute Gravidität beseitigt werden dürfen, um den vorhandenen Kindern eine Erziehung, der Familie ein größeres Wohlleben zu gestatten. Ganz abgesehen von bevölkerungspolitischen und ethischen Gesichtspunkten sei nur kurz die medizinische Seite der Frage gestreift. Diese Forderung bedeutet eine völlige Verkennung des physiologischen Vorganges einer Schwangerschaft. Eine Gravidität besteht nicht nur in einem Wachsen des Uterus, der ganze Körper und die Psyche des Weibes werden von ihr ergriffen. Nur völlige Unkenntnis normaler körperlicher und seelischer Vorgänge kann glauben, daß ein solches Geschehen, das einem Endzustande zustrebt, ohne Schaden für die Frau zu irgendeiner Zeit unterbrochen werden kann. Die Anerkennung der sozialen Indikation würde bedeuten, daß die Ärzte durch ihre Behandlung zahllosen Frauen schaden würden. Soziale Fragen lassen sich nicht mit der Cürette lösen. In Fällen, in denen eine Bedürftigkeit vorliegt, hat, in Deutschland jedenfalls, der Arzt die gesetzliche Pflicht der Meldung an die „N. S.-Volkswohlfahrt", die dann Abhilfe schafft. Eine *ethische Indikation* zur Unterbrechung einer bestehenden Gravidität ist in manchen Ländern, z. B. Schweden, Polen, Lettland, dagegen nicht in Deutschland, anerkannt. Sie liegt dann vor, wenn die Schwängerung der Frau durch einen strafbaren, von ihr nicht gewünschten Geschlechtsakt, z. B. durch ein Notzuchtverbrechen, erfolgt ist. Ob diese Indikation im kommenden deutschen Strafrecht Berücksichtigung finden wird, steht noch nicht fest. Sie wird nur sehr selten in Frage kommen. Der einwandfreie Nachweis ihres Vorliegens wird meist sehr schwierig sein. Trotzdem sollte die Möglichkeit einer Beseitigung der Leibesfrucht gegeben werden, wenn sicher erwiesen ist, daß diese unter den genannten Umständen empfangen ist. Die *eugenische Indikation* zur Schwangerschaftsunterbrechung liegt vor, wenn nach menschlichem Ermessen das zu erwartende Kind krank geboren wird. Sie ist in verschiedenen Ländern u. a. in Schweden, im Schweizer Kanton Waadt, in Lettland, Rumänien wie Deutschland anerkannt. Bei uns müssen folgende Voraussetzungen erfüllt sein. Es muß das Urteil eines Erbgesundheitsgerichts vorliegen, nach dem die Mutter erbkrank und zu sterilisieren ist. Die Gravidität darf nicht älter als sechs Monate sein, der Eingriff darf für die schwangere Frau keine ernste Gefahr bedeuten, und schließlich muß die Einwilligung der Frau selbst gegeben sein. Gestattet die Frau die Unterbrechung nicht, dann darf sie auch nicht vorgenommen werden. Der Gesetzgeber nimmt Rücksicht auf das Muttergefühl und fordert von der Volksgemeinschaft aus Achtung vor der Mutterschaft die Erhaltung eines lebensunwerten Wesens, dessen Geburt zu erwarten ist. Sonst ist die Schwangerschafts-

unterbrechung nur gestattet, wenn eine *medizinische Indikation* (s. d. Art.: Medizinische Indikationen zur Schwangerschaftsunterbrechung) vorliegt.

Bestand eine Gravidität, die durch einen kriminellen Eingriff unterbrochen worden ist, dann liegt eine *vollendete F. A.* vor; hatte der Eingriff keinen Erfolg, dann handelt es sich um den *Versuch* der Abtreibung. Ein solcher kann mit *tauglichen* oder *untauglichen Mitteln* am *tauglichen* oder *untauglichen Objekt* erfolgen. War die Frau nicht schwanger und nahm sie in dem Glauben, es zu sein, ein harmloses und völlig unbrauchbares Mittel, das sie zur F. A. für geeignet hielt, um ihre vermeintliche Schwangerschaft zu beseitigen, dann macht sie sich auch strafbar.

Bei der Begutachtung muß zunächst festgestellt werden, *ob eine Schwangerschaft bei der Frau vorgelegen hat*. In den meisten Fällen wird eine körperliche Untersuchung so spät erfolgen, daß durch sie allein ein Beweis nicht mehr zu erbringen ist. Über die Merkmale einer durchgemachten Schwangerschaft s. d. Art.: Diagnose der Entbindung; Diagnose der Schwangerschaft. Die subjektiven Schwangerschaftszeichen geben uns auch einen Anhalt. Waren sie vorhanden, blieben die Menses aus und hatte die sonst gesunde Frau in der fraglichen Zeit vorher Geschlechtsverkehr, dann spricht das allein schon mit erheblicher Wahrscheinlichkeit für eine Gravidität. Im gleichen Sinne ist zu verwerten, wenn in den ersten 24 Stunden nach dem tauglichen Eingriff eine starke Blutung mit verklumpten Blut auftritt. Stellt sich sofort nach dem Eingriff eine Blutung ein, dann kann es sich um eine Verletzung, die durch das Instrument gesetzt wurde, handeln, von der unter Umständen Spuren festzustellen sein werden. Sind die Abgänge untersucht und fanden sich Chorionzotten, dann ist dadurch der Beweis erbracht, während auch große Mengen Deciduazellen nur mit Wahrscheinlichkeit für eine Schwangerschaft sprechen.

In jedem Falle muß, wenn ein Abort vorgelegen hat, die Frage untersucht werden, ob es sich um einen *spontanen Abort* gehandelt hat. Der etwaige Einwand der Angeschuldigten, die Frucht wäre ohne erkennbare Ursache oder nach einem zufälligen Sturz oder nach Heben eines schweren Gegenstandes abgegangen, muß widerlegt werden (s. d. Art.: Abort und Unfall).

*Innere Abtreibungsmittel*, die allein auf die schwangere Gebärmutter wehenerregend bei intakter Gravidität wirken, gibt es nicht. Immer haben sie dann mehr oder weniger Störungen von seiten anderer Organe und des Allgemeinbefindens im Gefolge.

*Pflanzliche Mittel*, die wegen ihres Gehaltes an ätherischen Ölen zur F. A. benutzt werden, sind u. a.: die Nadeln von Nadelhölzern, Wacholder (Juniperus communis), Sadebaum (Juniperus Sabina), Lebensbaum (Thuja occidentalis), Rainfarn (Tanacetum vulgare), Haselwurz (Asarum europaeum), Sumpfporst (Ledum palustre), Wermut (Artemisia absinthium), Salbei (Salvia officinalis), Bergwohlverleih (Arnica montana), Schafgarbe (Achillea millefolium), Engelswurz (Archangelica officinalis), Pfefferminze (Mentha piperita), Eiserigkraut (Hyssopus officinalis), Rosmarin (Rosmarinus officinalis), Gartenraute (Ruta graveolens), Myrthe (Myrtus communis), Lorbeerbaum (Laurus nobilis), Liebstöckel (Levisticum officinale), Petersilie (Petroselium sativum), Sellerie (Apium grapeolens), Bärenlauch (Allium ursinum), Knoblauch (Allium sativum) u. a. Ferner gelten als Abtreibungsmittel: Hirtentäschel (Capsella bursa pastoris), Tabak (Nicotiana tabacum), Goldregen (Cytisus laburnum), Mutterkorn (Secale cornutum, Claviceps purpurea), Eibe (Taxus bac-

16*

cata), Ackersenf (Sinapis arvensis), Faulbaum (Rhamnus Frangula), rotbeerige Zaunrübe (Bryonia dioica), Römische Kamille (Anthemis nobilis), Maisbrand (Ustilago maydis), Kanadischer Gelbwurz (Hydrastis canadensis), Safran (Crocus sativus), Eisenkraut (Verbena officinalis), Brennessel (Urtica urens), Muskatnuß (Myristica fragans), Bärengalle, Aloe, Seidelbast (Daphne mezereum). Von *tierischen Giften* werden u. a. solche der Spanischen Fliege, der Maiwürmer, der Küchenschabe, die pulverisiert genossen werden, verwendet.

Die Wirkung der meisten pflanzlichen Mittel beruht vornehmlich auf ihrem Gehalt an ätherischen Ölen. Diese verursachen eine Entzündung des Darmes mit Hyperämie in den Beckenorganen und können dadurch eine Schädigung der Schwangerschaft verursachen. Es gibt kaum einen Stoff, der nicht schon einmal zur F.A. eingenommen wurde, Alkohol in tödlicher Menge, Lysol, Nitrobenzol, Petroleum, Salpetersäure, Schwefelsäure usw., auch harmlose Mittel wie Zucker, Schlämmkreide u. a. sind benutzt worden. Seife wird gegessen, um Erbrechen zu erregen und durch die Bauchpresse einen Reiz auf den Uterus auszuüben. Die Einnahme von Phosphor kann zu Blutungen, also auch solchen unter die Eihäute, führen und dadurch die Schwangerschaft stören. Andere Gifte per os genommen, z. B. Bleiweiß („Frauenpillen"), bringen die Frucht zum Absterben, wieder andere wie Secale, Chinin, Kaliumpermanganat, Apiol verursachen neben der Vergiftung Kontraktionen der Gebärmutter. Ob alle diese Mittel als tauglich anzusehen sind, hängt in erster Linie von der Menge ab, in der sie eingenommen werden. Im allgemeinen ist es so, daß ein inneres Mittel in einem fraglichen Falle nur dann als geeignet zur F.A. zu betrachten ist, wenn es Vergiftungserscheinungen bei der Frau auslöst. Ob es die gewünschte Wirkung hat, hängt aber nicht zum wenigsten von der Neigung zu Aborten bei der betreffenden Frau ab. Selbst tödliche Vergiftungen durch solche eingenommenen Stoffe sind beobachtet, ohne daß die bestehende Gravidität unterbrochen wurde. Auf der anderen Seite wird man annehmen können, daß bei einer bestehenden Disposition schon verhältnismäßig geringe Dosen des Giftes, die schwerere Vergiftungserscheinungen nicht verursachen, zum Erfolg führen. Eine Rolle dürfte auch der Zeitpunkt spielen, in dem das Mittel genommen wird. Geschieht es in der Zeit, in der eine Menstruation normalerweise aufgetreten wäre, dann wird es in den ersten Schwangerschaftsmonaten wirksamer sein als sonst. Es ist also nicht möglich, die Menge eines Stoffes, die für eine Unterbrechung notwendig ist, anzugeben. Werden die Mittel jedoch in homöopathischen Dosen genommen, dann sind sie unwirksam. Blätter von Pflanzen, die durch ihre ätherischen Öle wirken und als Tee genommen werden, sind dann als untauglich anzusehen, wenn sie durch längeres offenes Liegen die wirksamen Stoffe verloren haben. Nach den Erfahrungen der letzten Zeit wirkt Chinin manchmal bei besonderer Disposition der Frau schon in verhältnismäßig geringen Dosen, ohne daß schwere Krankheitserscheinungen auftreten. Vor allem aber ist dies bei Apiol der Fall, wo nur ganz unbedeutende Störungen des Allgemeinbefindens den Fruchtabgang nicht selten begleiten. Durch Einlegen verschiedener Medikamente in die Scheide, wie Sublimatpastillen, Kaliumhypermanganattabletten, Arsen u. a., zu Abtreibungszwecken können Vergiftungen und Verätzungen entstehen.

*Äußere Abtreibungsmittel:* Die Methoden der F.A. wechseln nach Ort und Zeit. Am häufigsten wird bei uns die *Einspritzung* in die Gebärmutter angewandt. Die Spritze besitzt ein etwa 15 cm langes bleistiftdickes, nach oben sich verjüngendes und leicht gebogenes Ansatzrohr. Solche Rohre sind nicht zu Reinigungszwecken geeignet, weil sie zu wenig Flüssigkeit durchlassen. Sie sind *nur Abtreibungsinstrumente.* Gerade Ansatzstücke sind ebenfalls zur F.A. brauchbar. Die Mutterspritze mit ihrem dicken Rohr, das vorn mehrere feine Öffnungen zeigt, ist es im allgemeinen dann, wenn durch Drehung nur die mittelste Öffnung offen bleibt, durch die dann der Wasserstrahl mit erheblicher Wucht hindurchgepreßt wird. Wird diese Öffnung an den äußeren Muttermund angedrückt und ist dieser infolge vorausgegangener Geburt breit, dann kann die Flüssigkeit in das Innere gedrückt werden. Dabei wird man aber eine Fixierung der Gebärmutter von außen oder durch Einstellung im Speculum voraussetzen müssen, also eine Hilfe durch dritte Personen. Zur Selbstabtreibung ist die übliche Mutterspritze im allgemeinen nicht tauglich. Es empfiehlt sich, ihr Ansatzstück auseinanderzuschrauben. Es gibt solche, die wie eine gewöhnliche Mutterspritze aussehen, in ihrem Innern aber verborgen das oben erwähnte Abtreibungsrohr enthalten. Die Spritze selbst besteht aus einem Gummiballon oder einem Gummischlauch, in dessen Mitte sich ein kleiner Ballon findet. Das freie Ende des Schlauches kommt in ein mit Flüssigkeit gefülltes Gefäß; durch Druck auf den Ballon wird in diesen angesaugt, durch den nächsten Druck wird der Einflußschlauch verschlossen und die Flüssigkeit durch den Abflußschlauch herausgepreßt. Es ist klar, daß sehr leicht im Ballon bzw. im Schlauch Luft bleibt, die dann mit herausgetrieben wird und zur Luftembolie führen kann. Gewöhnlich wird Wasser mit Zusatz von Seife, Sublimat, Lysol, Alaun o. ä. benutzt. Es ist für den Erfolg gleichgültig, um welche Art von Flüssigkeit es sich handelt. Die Wirkung ist eine rein mechanische. Durch die Einspritzung werden die Eihäute in mehr oder weniger großem Umfang abgelöst. Das Ei stirbt ab und wird ausgestoßen. Die Zusatzmittel aber werden unter Umständen zum tödlichen Ausgang führen. — Ein anderer zur F.A. nicht selten angewandter Eingriff ist der *Eihautstich.* Die verschiedensten Gegenstände sind dazu geeignet, wenn sie in den Gebärmutterhals einführbar sind. Nadeln, Drähte, Kochlöffel, Bougies usw. werden verwandt. — Sehr beliebt ist auch das *Intrauterinpessar,* der Obturator, in seinen verschiedenen Formen. Er soll angeblich die Konzeption verhüten. Da er den Gebärmuttermund bzw. -hals nicht dicht abschließt, sondern eher erweitert, vermag er ein Eindringen der Spermatozoen und damit ihre Vereinigung mit dem Ei zu begünstigen. Durch den dauernden Reiz auf den Uterus aber verhindert er ein Anheften des Eies. Er ist deshalb *nur als Abtreibungsinstrument* anzusehen. Im übrigen ist die ärztliche Verordnung eines Intrauterinpessars schon wegen der Gefahr der Infektion mit ihren Folgen ein Kunstfehler. — Erfahrene Abtreiberinnen führen den *Finger* bei der Untersuchung in die Gebärmutter ein. Das gelingt ihnen auch bei einer Nullipara, wenn der Uterus durch die Bauchdecken mit der anderen Hand fest fixiert wird. Erhebliche Verletzungen können durch diesen Eingriff gesetzt werden. Die Methode hat für die Abtreiberin den Vorteil, daß sie den zur Untersuchung hinzugezogenen Zeugen den blutigen Finger zeigen kann als Beweis eines schon im Gange befindlichen Abortes. — In Amerika wird zur F.A. u. a. die *Elektrizität* verwandt. Eine Elektrode wird an den Gebärmuttermund gelegt, die andere auf die Bauchdecken. Bei Stromdurchgang kommt es zur Kontraktion des Uterus. — *Massagen* der Gebärmutter, die als „Darmmassage" gegen trägen Stuhlgang ausgegeben werden, können Erfolg haben, ebenso heiße *Sitzbäder,* die zu einer Hyperämie der Beckenorgane führen, wie heiße und kalte *Scheidenduschen*. Ein absichtlich herbeigeführter *Sturz*, Herabspringen von der Höhe, Schläge auf den Bauch können die Frucht schädigen. Längeres Motorradfahren auf holprigem Pflaster wird auch nicht als eine ungeeignete Maßnahme zum Zwecke der F.A. angesehen werden können. Leichte Erschütterungen, wie Tanzen, Springen und stärkere körperliche Anstrengungen, führen normalerweise nicht zum Abort. Häufiger *Coitus*, um die Schwangerschaft zu unterbrechen, zu dem vom Ehemann Gehilfen hinzugezogen wurden, brachte nicht den gewünschten Erfolg. Erfahrenere Abtreiberinnen benutzen auch den *Quellstift*, oder sie legen nach Erweiterung des Gebärmutterhalses Jodoformgazestreifen ein. Von Ärzten wird hin und wieder eine *Jodeinspritzung* in die Gebärmutter gemacht, nicht so selten mit tödlichem Ausgang, auch werden *Interruptin* und andere salbenartige Medikamente mit gleichem Erfolg dazu benutzt.

*Hat ein Eingriff zum Zwecke der F.A. vorgelegen und hatte dieser Erfolg?* In weitaus den meisten Fällen sind wir hier mehr oder weniger auf die Angaben der Angeschuldigten oder der Zeugen angewiesen. Spuren von *Verletzungen*, die auf eine Abtreibungshandlung schließen lassen, sind am Körper der Frau selten vorhanden. Feine Schleimhautveränderungen am Muttermund können manchmal mit Hilfe der Kolposkopie als Verletzungen in Form von Verätzungen oder Rissen nach einem Eingriff erkannt werden. Solche und ähnliche Befunde sind aber mit Vorsicht zu werten, ihre richtige Beurteilung ist nur dem erfahrenen Gynäkologen möglich. Hat eine Blutvergiftung oder eine Bauchfellentzündung nach Abort vorgelegen, dann spricht das allein schon mit größter Wahrscheinlichkeit für einen kriminellen Eingriff, vorausgesetzt natürlich, daß nicht irgendeine Erkrankung, wie Appendicitis, einen spontanen Abort verursachte. Der klinische Befund wird hier Aufschluß geben können. Ist im Erbrochenen, im Stuhl oder Urin ein Gift nachzuweisen, oder weisen die Krankheitserscheinungen mit Sicherheit auf ein solches, das zu Abtreibungszwecken verwandt wird, wie Secale o. ä., dann ist die Annahme einer Abtreibungshandlung gerechtfertigt. Sind die Abgänge vorhanden, dann können gegebenenfalls in ihnen mikroskopisch feinste Teilchen des gebrauchten Instruments, z.B. Holz, Partikel des Laminariastiftes u. a. zu finden sein. Bei Gegenständen, bei denen der Verdacht besteht, daß sie zur F.A. benutzt worden sind, können u. U. noch nach Jahren die glykogenhaltigen Scheidenepithelien festgestellt werden. Verweigert die Frau die Aussage, fehlen — was sehr selten der Fall ist — solche Anhaltspunkte, erfolgte der Fruchtabgang in den ersten Monaten, und sind wir allein auf die körperliche Untersuchung angewiesen, dann wird nach dem Gesagten der Nachweis einer vollendeten F.A. kaum gelingen.

Die mechanischen Abtreibungsmittel bewirken gewöhnlich in den ersten 12 Stunden, häufig schon nach einer Stunde das Auftreten von Blutungen. Selten dauert es länger als 24 Stunden. Bei den inneren Abtreibungsmitteln kann der Fruchtabgang erst nach 1—3 Tagen erfolgen. Sind mehrere Tage oder Wochen nach der Einnahme eines solchen Mittels vergangen, dann kann es schwierig sein, wenn nicht eine ärztliche Behandlung vorgelegen hat, einen ursächlichen Zusammenhang zu beweisen, weil das Absterben der Frucht auch eine andere Ursache haben kann. Das Einlegen von Intrauterinpessaren führt manchmal erst nach Wochen zum Ziel. Der Hinweis, daß die Frau bei dem fraglichen Eingriff keine *Schmerzen* verspürt habe und daß deshalb ein Eindringen eines Gegenstandes in den Uterus nicht erfolgt sein könne, ist hinfällig. Weit-

aus die meisten Frauen haben dabei keine Schmerzen. Der Wunsch, ihre Schwangerschaft zu beseitigen, läßt sie solche gar nicht empfinden.

Die *Selbstabtreibung* ist sicherlich weit häufiger, als bekannt wird, weil aus naheliegenden Gründen die Frauen darüber nicht sprechen. Abgesehen von den inneren Abtreibungsmitteln werden vornehmlich Einspritzungen gemacht. In Hockstellung gelingen diese bei etwas Geschick, vor allem, wenn durch vorausgegangene Geburten der Gebärmuttermund klafft. Doch sind sie auch einer Nullipara möglich. Das Ansatzrohr der Spritze wird manchmal unter Zuhilfenahme eines Spiegels eingeführt. Auch der Eihautstich wird so mit den verschiedensten oben genannten Instrumenten vorgenommen. Dabei kann die Frau sich schwerste Verletzungen beibringen, insbesondere Durchstechung der Vaginalwand oder Gebärmutter mit Verletzungen des Darmes. Das Instrument kann im Uterus liegen bleiben. Manchmal wird ein falscher Weg gewählt und das Instrument in die Blase eingeführt. Es kann sich dabei aber auch um masturbatorische Akte handeln.

Als *Abtreiberin* betätigen sich nicht selten frühere Hebammen, nur in Ausnahmefällen befaßt sich ein Mann mit F.A. Diese sind sich darüber klar, daß, wenn das Verbrechen bekannt wird, sie durch das Geständnis der Frau belastet werden. Dem versuchen sie dadurch vorzubeugen, daß sie ihren Patientinnen das Instrument nicht zeigen, den Eingriff im dunklen Zimmer oder unter der Bettdecke vornehmen, das Gesicht der Frauen mit einem Tuch bedecken usw. Vor Gericht versuchen sie sich damit herauszureden, daß es sich nur um eine harmlose Scheidenspülung gehandelt habe, die sie gegen Fluor albus ausführten oder die sie nur vornahmen, um die Frau mit ihren Bitten, sie von der Gravidität zu befreien, loszuwerden. Besondere Beachtung verdienen die „Entbindungsheime", die oft von früheren Hebammen geleitet werden und Frauen zur diskreten Entbindung aufnehmen. Es handelt sich dabei häufig nur um Abtreibungsanstalten. Aus den Büchern geht gewöhnlich hervor, daß eine Entbindung hier sehr selten, daß Fehl- bzw. Frühgeburten dagegen meist stattfinden. Früher boten, wenigstens in einigen Großstädten, solche Hebammen ihre Dienste zur vertrauensvollen Untersuchung in den Zeitungen an. Auch hier handelt es sich um nichts anderes als um ein verstecktes Angebot zur Abtreibung. Ärzte, die sich auf diesem Gebiet betätigen, arbeiten gewöhnlich mit einem anderen Arzt zusammen. Bei der Patientin wird zunächst eine nicht vorhandene Erkrankung diagnostiziert, darauf wird der zweite Arzt schriftlich gebeten, die Frau nochmals zu untersuchen und sich über das Vorliegen einer ärztlichen Indikation zur Unterbrechung zu äußern, weil man sich über den Fall nicht ganz im klaren sei. Der zweite Verbrecher bestätigt natürlich den Befund, findet manchmal auch noch mehr, was nicht vorhanden ist, und hält die Beseitigung der Gravidität für erforderlich, die dann der erste vornimmt. Es ist nicht immer leicht, bei solchen Vorbereitungen für ein in Aussicht stehendes Strafverfahren die Angeklagten zu überführen. Welches Ausmaß solche Abtreibungen nehmen können, lehrt die Kartothek eines Arztes in einer Landstadt, der allein im Laufe eines Jahres 1930/31 bei über 400 Frauen die Schwangerschaft unterbrach (*Grotjahn*). Die Aufklärung solcher Verbrechen geschieht meist durch das Geständnis der Frauen. Werden die Bücher der Ärzte beschlagnahmt, dann ist aus ihnen schon ein Bild über die Abtreibungstätigkeit zu gewinnen. Die unerwartete Vernehmung in verdächtigen Fällen läßt, wenn diese gewandt durchgeführt wird, die Frauen meist ein Geständnis ablegen. Jetzt ist derartigen unsauberen Geschäften in Deutschland durch besondere Bestimmungen ein Riegel vorgeschoben.

Der *Tod durch Fruchtabtreibung* kann plötzlich während des Eingriffs oder kurz darauf eintreten, er kann sich nach kürzerem oder längerem Krankenlager einstellen, und schließlich kann er nach Monaten oder Jahren die Folge der nach F.A. zurückgebliebenen Veränderungen sein. Bei Verdacht einer F.A. sollen die äußeren und inneren Geschlechtsorgane im Zusammenhang herausgenommen werden. Die äußeren Genitale und die Afteröffnung werden umschnitten, die Harnblase wird vom Schambein abgelöst, und die Schamfuge wird mit dem Knochenmesser durchtrennt. Die Beine werden angezogen und dann stark abduziert. Dadurch klafft das getrennte Schambein, und die Verbindung zwischen Darm- und Kreuzbein wird gelöst. Ein Herauspräparieren des ganzen Geschlechtsapparates mit Blase und Mastdarm ist jetzt leicht vorzunehmen.

Bei jeder Frau in zeugungsfähigem Alter, die plötzlich verstorben ist, werden wir an eine *Luftembolie* (s. d.) nach Abtreibung zu denken haben und die entsprechende Technik bei der Obduktion anwenden müssen. Verlangt muß werden, daß die Leichenöffnung möglichst schnell erfolgt, da bei vorgeschrittener Zersetzung einwandfreie Befunde für diese Todesart nicht mehr vorhanden sind. Die Diagnose stützt sich in erster Linie auf den Nachweis von Luft im rechten Herzen durch Öffnen der Kammer unter Wasser. Um die Möglichkeit eines nachträglichen Eindringens auszuschließen, dürfen die Gefäße, besonders des Halses und Kopfes, nicht vor der Untersuchung geöffnet werden. Es ist also mit der Obduktion der Brusthöhle zu beginnen, der Hauptschnitt muß in der Mittellinie auf dem Brustbein unterhalb der Drosselgrube angesetzt werden, das Brustbein ist, wie an anderer Stelle beschrieben, nicht vom Schlüsselbein zu lösen, sondern dicht unterhalb quer zu durchtrennen. Zu achten ist auf die Gefäße der Herzaußenhaut, in denen sich kleinste Luftbläschen, die rückläufig in die Venen aus dem rechten Herzen eindringen, finden. Ebenso ist in der Lungenschlagader wie in den Venen des Uterus und seiner Anhänge und in der unteren Hohlvene Luft häufig zu sehen. Ist das Foramen ovale offen, was oft der Fall ist, dann wird sie auch aus dem linken Vorhof bzw. der linken Kammer bei Aufschneiden unter Wasser aufsteigen. Manchmal ist sie dann in den Piagefäßen und in dem Plexus choroideus festzustellen, doch nicht mit Sicherheit als solche zu bestimmen. Die Gebärmutter ist öfter durch die eingeblasene Luft stark gebläht und gibt tympanitischen Klopfschall. Der Eihautsack ist erhalten. Die Eihaut ist am unteren Eipol in mehr oder weniger großer Ausdehnung abgelöst, eine Blutung zwischen Eihaut und Uteruswand ist hier vorhanden.

Der Tod durch Luftembolie tritt meist plötzlich ein. Die Frau schreit während der Einspritzung auf, das Gesicht wird blau, sie stirbt unter Krämpfen. Hat sie selbst den Eingriff ausgeführt, dann findet man die Spritze usw. neben ihr. Eine sog. *protahierte Luftembolie* liegt dann vor, wenn das Eindringen der Luft in die Venen erst einige Zeit nach der Einspritzung erfolgt. Beim Eingriff wird die Eihaut an mehr oder weniger kleiner Stelle durch die mit Luft vermengte Einspritzungsflüssigkeit abgelöst, die Frau steht auf, die Flüssigkeit fließt ab, die Luft bleibt in der Gebärmutter. Durch die körperliche Bewegung vergrößert sich die Ablösungsstelle, die Luft wird von den Venen angesaugt. Der Tod stellt sich dann auf dem Weg von der Abtreiberin oder erst zu Hause ein. Ein Intervall bis zu 8 Stunden wurde beobachtet. Ist Luft auch in den großen Kreislauf eingedrungen, dann tritt der Tod manchmal erst nach Stunden oder Tagen ein.

Die klinischen Zeichen einer *cerebralen Luftembolie* sind in erster Linie langdauernde Bewußtseinstrübung mit epileptiformen Krämpfen wie Lähmungen. Die Situation, in der die Frau gefunden wird, wird auch Hinweise auf die Art der Erkrankung geben und Fehldiagnosen, wie Vergiftung o.ä., vermeiden lassen. Die histologischen Veränderungen im Gehirn, wie Nekrosen, werden bedingt durch die Unterbrechung der Ernährung des Nervengewebes. Ist der Tod schnell eingetreten, dann fehlen pathologisch-anatomische Veränderungen. Die Frage, ob Luft die Lungencapillaren zu passieren vermag, ist zu bejahen. Auch bei geschlossenem Foramen ovale kann sie im linken Herzen zu finden sein. Ist die Leichenzersetzung schon eingetreten, dann ist mit dem für Luftembolie typischen Befund bei der Obduktion nichts anzufangen, weil er Folge der Fäulnis sein kann. Doch werden wir auch in solchen Fällen die abgelöste Eihaut mit Blutungen finden und damit einen Hinweis auf den Eingriff bekommen. Nur bei sehr stark fortgeschrittener Leichenzersetzung wird auch dieser Befund öfter nicht mehr mit der notwendigen Sicherheit zu erheben sein. Die hier und da in der Klinik zur Einleitung eines Abortes geübte *Einspritzung von sterilem Wasser* kann durch Hämolyse zur Schädigung der Frau führen. Sind zum Eingriff Interruptin, Antigravid, Provocol oder andere *Salben* benutzt worden, dann können diese Massen in den Kreislauf kommen, zur *Embolie* führen und in den Lungengefäßen nachgewiesen werden. Neben der Fettembolie werden dabei auch tödliche Luftembolien beobachtet. Die Abortivwirkung beruht nach *Franken* auf der in den Mitteln vornehmlich enthaltenen Seife, die nekrotisierend wirkt und in die Venen aufgenommen zu nervösen Schädigungen und einer Schwächung der Herzkraft führt. Immer ist auf Reste von Zusatzmitteln zu der Einspritzungsflüssigkeit zu fahnden, wie Quecksilber, Lysol, Seife usw. Es ist möglichst die Gebärmutter oder Teile von ihr, ohne sie abzuspülen, zur chemischen Untersuchung zurückzuhalten. Bei groben Manipulationen am Uterus und starker Zerrung des Bauchfells, bei Einspritzung heißer Flüssigkeit kann es zum plötzlichen *Tode durch Shock* (s. d. Art.: Shocktod) kommen. Bevor wir aber einen solchen annehmen, müssen eingehende mikroskopische und vor allem auch bakteriologische Untersuchungen negativ verlaufen sein. Nicht immer finden wir bei einer Sepsis die erwarteten pathologisch-anatomischen Organveränderungen. Plötzliche Todesfälle aus innerer Ursache, wie schwere Herzmuskelveränderungen, doch ausgelöst durch den Eingriff, kommen bei der F.A. vor. Viel häufiger tritt der Tod an *Peritonitis*, *Pyämie* oder *Sepsis* nach F. A. ein. Durch die Einspritzung oder den Eihautstich werden Keime in den Uterus gebracht, es kommt zur Endometritis und zu Lymphspaltinfektion der Gebärmuttermuskulatur. Mit oder ohne Thrombose der Uterusvenen können Abscesse hier sich bilden und in die Bauchhöhle durchbrechen. Dieser Weg der Entstehung einer Peritonitis ist häufig. Der Grad der Durchsetzung des Myometriums mit pathogenen Keimen ist verschieden. Oft wird erst die mikroskopische Untersuchung die Durchwanderung der Mikroorganismen durch die Muskulatur einwandfrei erweisen. Manchmal entleeren sich auf der Schnittfläche aus den Saftspalten Eitermassen, manchmal sind große Abscesse zu finden. Wird das Venensystem ergriffen, dann kommt es zu Thrombose und zu Infarkten mit Abscedierung vor allem in den Lungen. An den Herzklappen können Entzündungen entstehen und von hier septische Metastasen in den verschiedenen Organen auftreten. Hin und wieder sind nur Nierenabscesse zu finden, die auf Bakterienembolie zurückzuführen sind. Manchmal erfolgt die Überschwemmung des Kreislaufs durch pathogene Keime, ohne daß im Uterus sich eine solche deutlich erkennbare Lokalisation findet. Die bakteriologische Untersuchung des Blutes und der Gebärmutterschleimhaut wird hier Aufschluß geben. Außer dem oben erwähnten Weg durch die Uterusmuskulatur kann es zur Peritonitis auch kommen durch Verletzung der Scheide, des Scheidengewölbes und des Uterus oder auf dem Weg über die Tuben. Perforierende Verletzungen sind verhältnismäßig selten. Der Weg über die Tuben wird vornehmlich nach Einspritzung von Flüssigkeit in die Gebärmutter in Frage kommen. Eine *Durchstoßung der Gebärmutter* (Uterusperforation) geschieht meist am Fundus, vornehmlich durch Ärzte, seltener ist sie in der Vagina, hier durch Laien gesetzt. Einen Rückschluß auf das Instrument zu ziehen, ist nicht ohne weiteres möglich. Manchmal kann die Wunde durch Zusammenziehen der Muskulatur viel kleiner sein, als es der Größe des Instrumentes entspricht, dann kann sie durch entzündliche Prozesse und durch Zerfall des Gewebes größer sein. Eine vorausgegangene Cürettage mit Spuren der Haltezange an der Portio und der Dilatation der Cervix ist zu beachten. Hat eine Behandlung vorher nicht stattgefunden, dann werden solche Läsionen Hinweise auf einen kriminellen Eingriff geben. Häufig sind kleine Verletzungen in der hinteren Wand am inneren Muttermund, die als schmutziggraue Stellen in der Muskulatur auffallen. Im Mikroskop sind Reste von Blut, Detritus und Bakterien zu sehen. Die beiderseits des Gebärmutterhalses oft sich findenden schmutziggrauen Längsrinnen sind nicht Folge einer Verletzung, sondern sind durch den Abfluß des infizierten Uterusinhaltes entstanden. Die Schleimhaut ist hier nekrotisch. Manchmal findet sich auch in der Scheide im Bereiche des äußeren Muttermundes eine ähnliche Veränderung. Immer empfiehlt es sich, solche kleinen Verletzungen auch mikroskopisch zu untersuchen. Bei einem Tod durch Luftembolie fand *Merkel* histologisch in einer solchen eine deutliche vitale Reaktion in Form von Leukocytenansammlung. Letztere spricht dafür, daß längere Zeit vor der tödlichen Einspritzung ein Abtreibungsversuch vorgenommen war, was durch das Geständnis des Täters bestätigt wurde. Die hämorrhagische Infarzierung der Ovarien, deren Entstehung noch unklar ist, muß den Verdacht eines intrauterinen Eingriffs erwecken. Immer ist die Frage zu klären, ob die vorhandene allgemeine Infektion bzw. Peritonitis von der Gebärmutter ihren Ausgang genommen hat oder der *primäre Herd* wo anders sitzt. Eine Sepsis kann ihre Ursache in Verletzungen durch ein Scheidenpessar oder Intrauterinpessar haben. Es sind dann nekrotische Stellen vorhanden, auch kann ein Intrauterinpessar allmählich zur Perforation führen. Eine Blinddarmentzündung wie ein durchbrochenes Magengeschwür können eine Bauchfellentzündung bewirken und die Ursache eines Abortes sein. Eiter in den Tuben beweist hier nichts, weil diese sekundär von der Bauchfellentzündung aus infiziert sein können. Es ist auch denkbar, daß von einer früheren Infektion ruhende Herde in der Uterusmuskulatur vorhanden waren, die durch einen vielleicht spontanen Abort erneut aufflackerten und jetzt zu einer Sepsis führten. Die Paukenhöhlen sind bei jeder Obduktion zu untersuchen, um eine Mittelohrentzündung als Ursache der Sepsis auszuschließen. Auf Verletzungen am Körper, auf die Zähne, die Nebenhöhlen der Nase ist zu achten, die Mandeln sind zu obduzieren und mikroskopisch gegebenenfalls zu untersuchen. Schwierig ist die Entscheidung, wenn eine Endokarditis vorliegt, die nicht sicher sekundär entstanden ist. Spricht der Befund an den Genitalien einwandfrei für eine F.A., liegt hier eine Infektion vor, dann ist man berechtigt, die puerperale Sepsis als das Primäre anzusehen. Das Alter der Endokarditis wird manchmal eine Rolle spielen, wobei zu beachten ist, daß schwere Klappenveränderungen in verhältnismäßig kurzer Zeit entstehen. Eine septische Metastase von einer Endokarditis aus allein im Uterus kann man nicht ohne weiteres annehmen. Jede schwere fieberhafte Infektionskrankheit kann die Ursache eines Abortes sein. Eine Entzündung des Uterus liegt dabei aber im allgemeinen nicht vor. Ist die Gebärmutter die Ausgangsstelle, dann muß diese infiziert sein. Eine bakteriologische Untersuchung der Gebärmutterschleimhaut, des Herzblutes wie der Milz ist bei nicht ganz klaren Fällen immer erforderlich, ebenso wie eine mikroskopische Untersuchung der Gebärmuttermuskulatur. Jedenfalls weist jede Sepsis post abortum mit größter Wahrscheinlichkeit auf einen kriminellen Eingriff.

Wenn nicht schon makroskopisch eine stattgehabte *Schwangerschaft* sicher feststeht, muß mikroskopisch auf Ei- und Chorionreste, wie auf Schwangerschaftsveränderungen in der Muskulatur und in den Gefäßen gefahndet werden. Noch Monate nach einem Abort sind choriale Zellen hier wie in den Gefäßwänden nachzuweisen. Es handelt sich um rundliche, ovale oder eckige, ein- oder mehrkernige foetale Zellen. Sie unterscheiden sich von den Deciduazellen durch ihre dunklen, chromatinreichen Kerne und sind für eine voraufgegangene Gravidität charakteristisch. Eine tödliche Infektion mit *Tetanus* (s. d.) als Folge eines Eingriffs ist wiederholt beobachtet, ebenso mit *Aktinomykose* (s. d. Art.: Bakteriologische Untersuchungen in der gerichtlichen Medizin) und mit *Gasbrandbacillen* (s. d. Art.: Gasbrand). Letztere bedingt eine sehr schnelle Fäulnis, was für die Diagnose und die Zeitschätzung auf Grund der Leichenzersetzung, insbesondere auch der Frucht, von Bedeutung sein kann. Schon nach wenigen Stunden ist der Körper stark gefault und hat Schaumorgane. Alle Gewebe sind mit Gasblasen durchsetzt. Der Gasbrandbacillus ist festzustellen. Letzterer allein sichert nicht die Diagnose, weil er bei septischem Abort häufig gefunden wird, ohne daß eine Allgemeininfektion vorlag. *Gonokokken* spielen hier praktisch keine Rolle. Am häufigsten werden als Erreger *Streptokokken* und *Staphylokokken* (s. d. Art.: Bakteriologische Untersuchungen in der gerichtlichen Medizin) festgestellt. Todesfälle infolge *Verblutung* (s. d.) sind selten und kommen meist vor, wenn die Frucht in späteren Stadien beseitigt wird. Häufiger werden *Vergiftungen* durch innere Abtreibungsmittel (s. d. Art.: Tod und Gesundheitsbeschädigung durch Gift im allgemeinen) wie durch Zusatzmittel der Einspritzungsflüssigkeit, z. B. Quecksilber, als Folge einer Abtreibungshandlung gesehen.

Es kann eine allgemeine Infektion nach einer F.A. abheilen und nach kürzerer oder längerer Zeit wieder aufflackern und zum Tode führen. Eine Peritonitis kann Verwachsungen zurücklassen, die vielleicht nach Jahren den Tod an Darmverschlingung zur Folge haben. Ursache des Todes ist dann auch hier die F.A.

*Schrifttum.*

*Berutti:* Ein letaler Fall von Sepsis, ausgehend von einem Scheidenpessar (Ital.). Referat Dtsch. Z. gerichtl. Med. **24**, 33 (1935). — *Bovin:* Abtreibungsversuch mit halbfester Harnröhrensonde. (Schwed.). Referat Dtsch. Z. gerichtl. Med. **14**, 245 (1930). — *Emmerich:* Kolposkopische Befunde der Portio virgineller und steriler Frauen. Zbl. Gynäk. **1938**, 1409. — *Franken:* Todesfall bei Schwangerschaftsunterbrechung mit Interruptin und seine Ursachen. Zbl. Gynäk. **1932**, 1282. — *Geßner:* Die Gift- und Arzneipflanzen von Mitteleuropa. Heidelberg 1931. — *Grothian:* Eine Karthothek zu § 218. Berlin 1932. — *Guttmann:* Über ein im Abortivum „Apiol" vorkommendes elektives Nervengift. Med. Klin. **1932**, 716. — *Hinselmann:* Abtreibung bei einer Nullipara Menses II, an feinen Schleimhautveränderungen am Muttermund kolposkopisch erkannt. Dtsch. Z. gerichtl. Med. **16**, 14 (1931). — *Hoeßlein:* Zur Frage der perakuten Luftembolie nach Abtreibungsversuch. Münch. med. Wschr. **18**, 764 (1938). — *Jongh:* Beiträge zur Pharmakologie des Kaliumpermanganat. Wirkung auf den Uterus. Referat Dtsch. Z. gerichtl. Med. **22**, 146 (1933). — *Krsek:* Abtreibung der eigenen Frucht. Ausgedehnte Perforation des Uterus. (Tschechisch.) Referat Dtsch. Z. gerichtl. Med. **14**, 245 (1930). — *Matthias* und *Pietrusky:* Allgemeines und pathologisch Anatomisches über septischen Abort. Arch. Gynäk. **118**, 645 (1923). — *Melissinos:* Die histologische Untersuchung der Gebärmutter nach Abort. (Frz.) Referat Dtsch. Z. gerichtl. Med. **29**, 88 (1938). — *Merkel* und *Walcher:* Gerichtsärztliche Diagnostik und Technik. Leipzig 1936. — *Pietrusky:* Zur Frage der kriminellen Fruchtabtreibung. Dtsch. Z. gerichtl. Med. **14**, 54 (1929). — *Roberto:* Hämorrhagien durch zu Abortivzwecken in die Scheide eingeführte Kaliumhypermanganattabletten. (Ital.) Referat Dtsch. Z. gerichtl. Med. **23**, 210 (1934). — *Sachs:* Gefahren und Vorteile der Salbenmethode bei der Unterbrechung der Schwangerschaft. Z. Geburtsh. **102**, 433 (1932). — *Schifferli:* Einige Fälle von Abtreibung durch ,,Apiol‘‘-Präparate. Dtsch. Z. gerichtl. Med. **30**, 55 (1938). — *Schulz:* Apiolvergiftung. Dtsch. med. Wschr. **1932**, 855. — *Zacherl* und *Richter:* Spätschädigung nach Abortus. Wien. klin. Wschr. **1934**, 417. ***Pietrusky.***

**Fruchtabtreibungsmittel** siehe *Fruchtabtreibung.*

**Fruchtwasser** (= F.). (Vgl. auch Art.: Kindestötung.)

F. (Liquor Amnii) ist jene Flüssigkeit, welche bei der Entwicklung des Embryos in den Amnionsack abgesondert wird. Die durchschnittliche Menge beträgt 500—2000 ccm. In den letzten Schwangerschaftsmonaten wird das F. durch Beimischung zelliger Bestandteile trüb. Es hat einen Eiweißgehalt von 0,2—0,8%, der Harnstoffgehalt ist nur etwa ein Zehntel des Gehaltes im foetalen Harn. F.flecke sind entsprechend dünn, doch wird eine Stoffunterlage dadurch etwas gesteift. Untersuchungen von F.flecken unter der Analysenquarzlampe verhalten sich ähnlich wie Urinflecke und

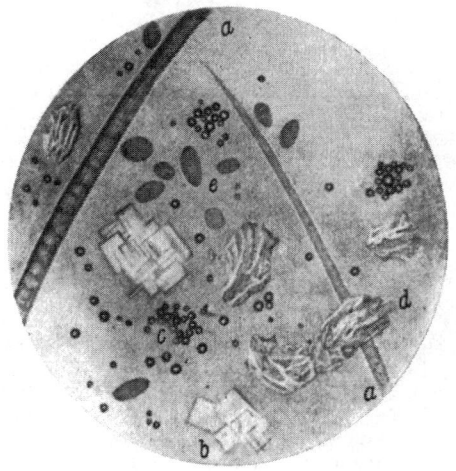

Abb. 1. Die mikroskopisch nachweisbaren Bestandteile des Fruchtwassers. *a* Lanugohärchen, *b* Cholesterintafeln, *c* Fettkügelchen, *d* Zerknitterte Vernixzellen, *e* Mekonkörperchen. (Nach *v. Hofmann-Haberda*, Lehrbuch der gerichtlichen Medizin.)

können bei Kindesmord oder Sturzgeburt in Betracht kommen. Dann gilt es vor allem die zelligen Bestandteile des F. nachzuweisen, nämlich Vernixzellen, Mekonkörperchen, Amnionepithelien, vor allem aber als die bezeichnendsten Bestandteile abgestoßene Wollhärchen der Frucht. Ohne den Nachweis der Lanugohaare darf die Diagnose F.flecken nicht gestellt werden. Die Wollhärchen sind marklos, der freie Rand der Zellen des Oberhäutchens ist nach *Lochte* nicht gezähnt. Zur Untersuchung weicht man die F.flecken am besten in physiologischer

Kochsalzlösung auf, schleudert den Auszug aus und untersucht den Bodensatz auf die zelligen Beimengungen. Als weitere Bestandteile finden sich käsige Schmiere, zerknitterte Vernixzellen (oberste Schicht der Haut der Frucht), Fetttröpfchen, Cholesterintafeln, gelegentlich auch Gallenpigment von Kindspechbeimengungen und Kindspechkörperchen, mitunter auch Darmepithelien von der Frucht. Eine Zusammenstellung dieser körperlichen Bestandteile zeigt Abb. 1. Trotz des geringen Eiweißgehaltes kann man an F. die biologische Probe auf die Eiweißart versuchen. Auch den Gruppennachweis zu erbringen ist möglich, da auch das F. verhältnismäßig reichlich Gruppensubstanzen gelöst enthält, wie schon *Putkonen* angab (vgl. d. Art.: Blutgruppen und Blutfaktoren).

*Schrifttum.*
*Fraenckel, P.:* In *Lochtes* Gerichtsärztliche und polizeiärztliche Technik. Wiesbaden 1914. — *Haberda:* Die Lehre vom Kindesmord. Beitr. gerichtl. Med. **I.** — *Hinselmann, Hans:* In Biologie u. Pathologie des Weibes von *Halban-Seitz* **6**, **1**, 263 Berlin u. Wien 1925. — *v. Hofmann-Haberda:* Lehrbuch der gerichtl. Medizin. **11.** Berlin und Wien 1927. — *Lochte, Th.:* Atlas der menschlichen und tierischen Haare. Leipzig 1938. — *Putkonen, T.:* Acta Soc. Medic. fenn. Duodecim **12**, 1—103 (1932). — *Reuter, K.:* Handb. der biol. Arbeitsmethoden. Liefrg. 394. Berlin und Wien 1932. — *Stoeckel, W.:* Lehrbuch der Geburtshilfe. Jena 1923. *Holzer.*

**Früchte und Samen.**

Es gibt eine ungeheure Mannigfaltigkeit von Einrichtungen an Früchten und Samen, welche der Verbreitung der Arten auf mehr oder minder große Strecken dienen. Man kann ruhig sagen, daß der größte Teil unserer Phanerogamen Früchte oder Samen ausbildet, welche mit Flugeinrichtungen versehen oder als anklebende oder anhäkelnde Früchte bzw. Samen ausgestattet sind. Sie alle sind von unserem Standpunkt aus wichtig, vor allem dann, wenn sie sehr zahlreiche Früchte ausbilden, die gleichzeitig entlassen werden, so daß die Umgebung ihres Standortes oft mit den Samen und Früchten dicht belegt bzw. die Luft damit erfüllt ist.

Eine große Rolle spielen an Stiefeln, Kleidern, Ausrüstungsgegenständen die sehr umfangreiche Gruppe von Früchten und Samen, bei welchen irgendwelche *Haarbildungen* als Flugvorrichtung ausgebildet werden. Wird im Frühsommer ein von Pappeln und Weiden bestehendes Gehölz durchquert, so finden sich an den Kleidern eine Menge von Samen, welche mit ihrem Haarkleid haften geblieben sind. Man hat es mit ,,Schopffliegern‘‘ zu tun, mit kleinen etwa 1 mm langen spitzeiförmigen Samen, an deren stumpfem Ende, am Funiculus, lange Haare in dichten Büscheln entspringen. Die Haare sind *einzellig*, am Fuße dicht getüpfelt. Die derberen Wandungen sind einseitig verdickt und verholzt (siehe Abb. 1, 1, 2). In der Nähe von Weiden und Pappeln ist zur Zeit der Samenreife der Boden oft dicht bedeckt mit den Watten der abgesunkenen Samen, die Luft davon erfüllt. Auch einige Gramineenfrüchte sind hier einzureihen. Das Schilfrohr (*Phragmites communis* Trin.) trägt lange, seidige, dichtstehende Haare an der Ährenspindel, so daß die Frucht mit einem Haarschopf am unteren Ende ausgerüstet ist.

Auf nassen Standorten, vor allem Mooren, finden sich fast immer *Wollgräser* (Eriophorum-Arten), deren Früchte mit einem langen Haarschopf versehen sind. Bei *E. polystachium* L., *E. vaginatum* L., und *E. alpinum* bestehen die bandartig-fädigen Haare aus zwei Schichten von Parenchymzellen mit dünnen, zarten Wänden, von denen die Innenwand stärker verdickt ist. Am Grunde der Unterseite sind alle Zellwände stark verdickt und schief getüpfelt (Abb. 1, 3).

Auch die Arten der Gattung *Epilobium* (Weidenröslein), welche bei der Besiedelung von Kahlschlägen oft in Massenvegetation auftreten, bilden sehr flugfähige Schopffliegersamen aus (Abb. 1, 4).

Von Wichtigkeit sind auch die große Anzahl von Pflanzen, welche sog. Schirmfliegerfrüchte ausbilden. Es handelt sich dabei für uns vor allem um Früchte von Dipsaceen, Valerianaceen und Compositen. Die Gattung *Valeriana* (Baldrian) mit ihrem Haupt-

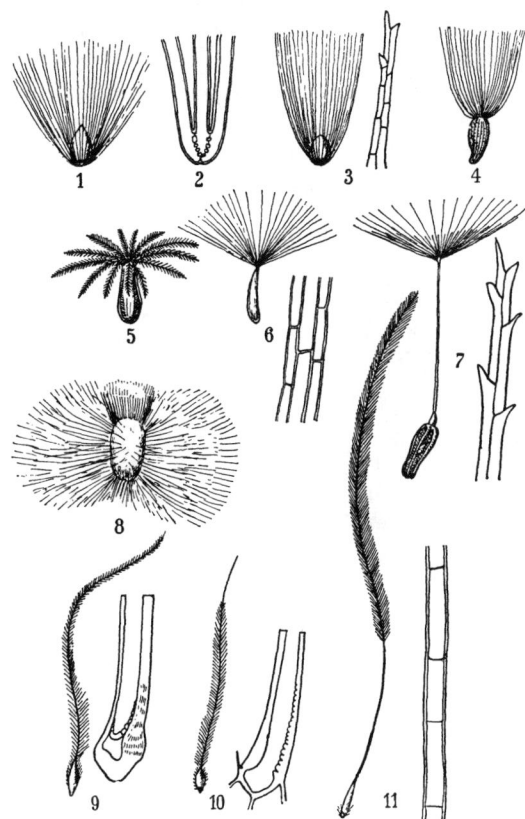

Abb. 1. Früchte mit Haarbildungen als Flugvorrichtung.

vertreter, dem an feuchte Stellen, Flußauen, Bachrändern häufigen Baldrian (*Valeriana officinalis* L.) zeigt einen *sitzenden fedrigen* Pappus. Er geht aus den Kelchzipfeln hervor, zeigt also Blattnatur und enthält ein *Leitbündel*, das von kurzen verholzten Parenchymzellen umgeben ist. Die feine Fiederung besteht aus langen, sehr *dünnwandigen*, *einzelligen Haaren* mit rauher feinwarziger Oberfläche (Abb. 1, 5).

Von den Compositen interessieren hier nur jene zahlreichen Arten, welche einen haarförmigen Pappus ausbilden. Dabei können folgende Haupttypen unterschieden werden: 1. ein einfacher Kranz von Haaren oder Borsten am oberen Rand der Frucht, 2. ein Kranz von federförmigen Haaren am Rand der Frucht, 3. ein Büschelkranz aus Haaren auf einem längeren oder kürzeren Stiel.

Ein einfacher Pappus findet sich bei folgenden Gattungen: *Aster, Erigeron, Antennaria, Centaurea, Tussilago, Senecio* (Abb. 1, 6), *Carduus, Crepis, Lactuca, Sonchus, Hieracium*. Diese einfachen Pappushaare erscheinen nur dem unbewaffneten Auge glatt. Meist sind die Zellen der Pappusstrahlen mit mehr oder minder großen nach oben gerichteten Zapfenbildungen versehen.

Wachsen diese Zellen zu Haaren aus, so entsteht ein *fedriger* Pappus, wie z. B. bei *Arnica, Inula, Carlina, Cirsium, Leontodon*. Unter den Compositen mit Früchten, welche ein gestieltes Pappus-

schirmchen haben, gibt es zwei Möglichkeiten. Entweder sind die Haare, die Strahlen des Schirmchens *einfach* wie bei *Taraxacum* (Abb. 1, 7) oder *Tragopogon, Lactuca* oder die Strahlen sind gefiedert wie bei *Scorzonera*.

Auch Früchte mit einem geschlossenen Haarpelz gibt es in unserer Flora, von denen die *Anemonen*-Arten aus der Sektion Eriocephalus am wichtigsten sind, so z. B. die weitverbreitete, auf kalkhaltigen Böden der Grund- und Endmoränen siedelnde *Anemona silvestris* L., welche warme und trockene Standorte liebt und die Charakterart der Rudersdorfer Kalkberge bei Berlin darstellt (Abb. 1, 8).

Auch die sog. *Federschweifflieger* sind von Wichtigkeit. Wer hätte nicht schon nach dem Durcharbeiten durch *Dryas*-Bestände in Schutthalden im Gebirge zur Zeit der Fruchtreife aus Wadenstrümpfen und Kleidern große Mengen der Früchte abgelesen. Diese Art Flugfrüchte finden sich vor allem bei Gattungen der Familien der *Ranunculaceen* und *Rosaceen*. Von ersteren sind die Gattungen *Pulsatilla* (Küchenschelle) und *Clematis* (Waldrebe) von Bedeutung. Es handelt sich um Früchte mit einem langen federigen Schweif, der vom stark verlängerten Griffel oder sonstigen Anhängseln des Fruchtknotens hervorgeht. *Anemona alpina, Pulsatilla pratensis, P. vernalis, P. patens* haben ganz ähnliche Früchte mit mehreren Zentimeter langem Federschweif (Abb. 1, 9), deren eigentliche Flughaare *einzellig* und *dickwandig* sind. Die Wandung verdickt sich auf der Unterseite stark nach dem Grunde zu (Abb. 1, 9). Alle diese Arten lieben trockene und sonnige Standorte. Ganz ähnlich sind die Früchte der Clematisarten gebaut wie jene der in unseren Wäldern als Liane lebenden *Clematis vitalba* L. und der in den Bergwäldern zu findenden *C. alpina*.

Von den Rosaceen sind die Gattungen *Geum* und *Dryas*, so vor allem die in den Alpen und Polarländern häufige *D. octopetala* hier zu nennen, die ganz ähnliche Flugfrüchte haben (Abb. 1, 10).

Auch bei *Gramineen* finden sich ähnliche Flugeinrichtungen, so z. B. bei dem Steppengras *Stipa pennata* L. (Abb. 1, 11).

*Klettfrüchte und Klettsamen.* Von besonderer Wichtigkeit sind Haarbildungen als Klettvorrichtungen.

Einfache Hakenhaare finden wir bei *Rubiaceenarten*. Diese Haare sind *einzellig*, dickwandig, an der Basis *angeschwollen* und von einem Kranz von Epidermiszellen umgeben. Hierher gehört das in Brüchen, Bruchwäldern, Gräben häufige *Klebkraut* (*Galium aparine* L.). Auch die anderen häufigen *Galiumarten* (wie *Galium mollugo* L.), das auf Wiesen häufig ist, oder das mehr trockene Standorte liebende *G. boreale* oder *G. rotundifolium* haben gleichgebaute Früchte (Abb. 2, 1). Der in Mischwäldern und Buchenwäldern häufige Waldmeister (*Asperula odorata* L.) hat dieselben einzelligen Kletthaken (Abb. 2, 2).

Manche Hahnenfußarten, vor allem der als Unkraut auf Äckern häufige Ackerhahnenfuß (*Ranunculus arvensis*) haben etwas seitlich zusammengedrückte Früchtchen, welche mit zahlreichen großen dornartigen Auswüchsen, Fortsätzen ausgestattet sind, welche an ihrem Ende in einen großen krallenförmigen, dickwandigen, verholzten, einzelligen Haken auslaufen (Abb. 2, 4).

Eine andere Gruppe von Hahnenfußarten bilden den ganzen Griffel in einen Haken um, wie z. B. der Berghahnenfuß (*R. montanus*) (Abb. 2, 5). Auch *Thalictrum*- und *Anemonen*-Arten weisen ähnliche Früchtchen auf.

Unter den *Rosaceen* ist es die Gattung *Geum*, welche den Griffel in ein Haftorgan umbildet. Die Art *Geum rivale* L., welche an Bach- und Flußufern, feuchten Stellen in Wiesen häufig ist, und *Geum urbanum*, welche an Waldrändern, Waldwegen nicht selten vorkommt, bilden aus dem Fußteil des Griffels einen scharfen Haken aus, der an rauhen Oberflächen festhaftet (Abb. 2, 6).

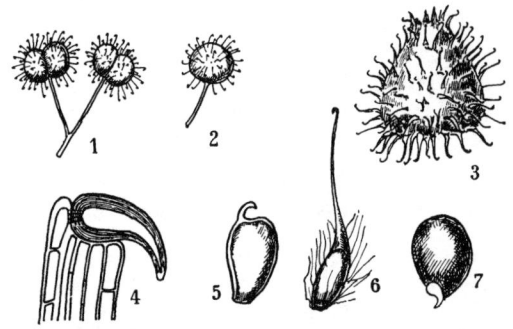

Abb. 2. Klettfrüchte.

Die *Kletten, Arctium* (Lappa) *majus, A. tomentosum, A. nemorosum,* Arten, welche Schutthaufen, Gräben, Raine, Brachfelder besiedeln, haben die Enden der Hüllblätter in Haken umgebildet, die leicht festhaften, so daß oft der ganze Fruchtstand, das Köpfchen sich an Kleidern usw. festhakt (Abb. 2, 3).

Auch jene Früchte und Samen kommen in Frage, welche mit irgendwelchen klebrigen oder schleimigen Stoffen an ihrer Oberfläche ausgerüstet sind. So zeigen die Samen von *Colchicum autumnale,* der Herbstzeitlose, eine Warze (carunculla), welche bei Befeuchtung klebrig wird und an Stiefeln, Hosenbeinen anklebt (Abb. 2, 7). Auch die Samen vieler beerenfrüchtiger Labiaten und Solanaceen haften oft mit dem klebrigen Saft des Fruchtfleisches bei Berührung der überreifen, leicht platzenden Beeren fest. Schleimig-klebrige Samen besitzen auch viele Binsen (*Juncus*-Arten). Die Samenhaut der kleinen Samen quillt bei Zutritt von Feuchtigkeit zu einer ziemlich breiten glasigen, schleimigen Hülle auf, welche das Festhaften bedingt.

Manche Arten bilden am bleibenden Kelch, am Fruchtstiel oder auf der Außenseite der Fruchtwand eigene *klebrige Drüsenhaare* aus, welche das Anhaften der reifen Früchte an vorüberstreifenden Menschen und Tieren bewirken. Diese nicht allzu häufige Art der Fruchtverbreitung findet sich beim klebrigen Salbei (*Salvia glutinosa* L.), der einen Fruchtkelch mit sehr zahlreichen großen klebrigen Stieldrüsen ausbildet.

*Schrifttum.*

*Hegi, G.:* Illustrierte Flora von Mitteleuropa. München. — *Kerner v. Marilaun A.:* Pflanzenleben. 2. Aufl. Leipzig-Wien 1928. 1896, 1898. — *Ulbrich, E.:* Biologie der Früchte und Samen. Berlin 1928.     **Gistl.**

**Fructus Rhamni catharticae** siehe *Anthrachinonderivate.*

**Fuadin** siehe *Antimon.*

**Fuchsbomben-Blitztod** siehe *Schädlingsbekämpfungsmittel.*

**Fusafin** siehe *Schädlingsbekämpfungsmittel.*

**Fusariol** siehe *Schädlingsbekämpfungsmittel.*

**Fußabdruck** siehe *Fußspuren.*

**Fußbild** siehe *Fußspuren.*

**Fußspuren.** (Vgl. auch Art.: Daktyloskopie.) Grundsätzlich und auch wegen der verschiedenen kriminalistischen Verwertbarkeit hat man zwischen der Fußspur als solcher, dem „*Fußbild*" (*Groß*), und zwischen dem „*Gangbild*" zu unterscheiden, welches aus einer größeren Reihe zusammengehöriger, fortlaufender Fußbilder besteht.

*I. Das Fußbild. a) Technik der Asservierung:* Das *Fußbild* kann ein *Abdruck* oder ein *Eindruck* sein. *Abdrücke* entstehen auf einer festen Unterlage durch Ablagerung von Kontrastmitteln (Blut, Staub usw.) bzw. durch Erzeugung von kontrastierenden Aussparungen. Der nackte Fuß erzeugt auf einer glatten Fläche auch latente Spuren, analog den Fingerabdrücken. Die Sicherung dieser latenten Spuren erfolgt ebenso wie bei Fingerabdrücken. Hat man eine Kontrastspur vor sich, so ist zuerst zu photographieren (evtl. geeignetes Filter verwenden!) und dann wenn irgendmöglich die Spur *mit* der Unterlage zu asservieren. Fliesen müssen zu diesem Zwecke entfernt, Teile eines Holzbodens ausgesägt werden. Ist die Unterlage nicht stabil genug (z. B. gestampfter Lehm), so muß man sie, bevor man sie etwa durch einen tiefen Spatenstich aushebt, an der Oberfläche durch Erzeugung einer Leim- oder Wasserglaskruste verstärken (*Groß*). Evtl. gelingt es auch, einen Abzug herzustellen, z. B., wie *Bauernfeind* mitteilt, mit einer Rubnerfolie bei einer Gummiabsatzstaubspur auf Holz. Das geeignete Lösungsmittel muß notfalls an einer weniger bedeutungsvollen Stelle der Spur ausprobiert werden. *Fußeindrücke* entstehen auf Unterlagen, die plastisch veränderlich sind. Je nach der Natur der Unterlage ist die Qualität des Eindruckes verschieden, in der Regel sind die Spuren recht unvollkommen. Die *Methoden der Sicherung* von Fußeindrücken sind je nach der Natur des Bodenmaterials wesentlich verschieden. In einem durch Feuchtigkeit gebundenen Erdreich wird am besten der Gipsguß angewandt. Die Spur wird zuerst (mit der Pinzette) von sekundären Verunreinigungen befreit, stehendes Wasser aufgesaugt. Vor dem Eingießen des Gipses kann man die Spur etwas festigen, indem man Schelllack aufbläst (s. später). Wichtiger, aber nicht unbedingt notwendig ist es, die Spur leicht einzufetten, damit der fertige Abguß möglichst sauber aus der Vertiefung gehoben werden kann. Öl, wie es z. B. *Locard* empfiehlt, ist nach *Groß* nicht vorteilhaft, besser sind andere Fette von dünn-salbenartiger Beschaffenheit. Der Gips (zwei Teile) wird langsam und unter Rühren in das Wasser (ein Teil) gegossen, man braucht etwa ½ kg Gips (sog. Alabastergips, zum mindesten für die ersten Schichten). Das Eingießen in die Spur muß rasch erfolgen. Zur Stabilisierung des Abgusses werden Holzstäbchen, dicke Bindfäden oder Drahtstücke eingelegt. Nach 5 bis 10 Minuten wird der Gips warm, das obenstehende Wasser saugt man mit Filtrierpapier ab. Nach etwa 20 Minuten ist der Abguß so hart, daß er herausgehoben werden kann. Zur Härtung läßt man ihn dann 24 Stunden stehen und setzt ihn dann entweder einige Stunden einer Temperatur von 40 bis 50° aus, oder man besorgt die weitere Härtung durch Eintauchen in eine 20%ige Weinsäurelösung (*van Ledden-Hulsebosch, Heindl* empfiehlt zu diesem Zwecke das „*Gipshärtemittel Oppau*" der I. G. [Anwendung bei *Heindl,* l. c.]). Vor der endgültigen Härtung, einige Stunden nach dem Ausheben, muß der Abguß von anhaftenden Erdklümpchen gereinigt werden. Man nimmt dazu einen Pinsel, u. U. kann man auch vorsichtig mit dem Messer abkratzen. Bei Spuren, in denen Wasser steht, empfiehlt *van Ledden-Hulsebosch* folgendes Vorgehen: im stehenden Wasser wird etwas Kochsalz gelöst, dann bringt man Gipspulver mit einem Sieb in feinster Verteilung in die Spur. Dieses Streuverfahren wurde von *Müller* zur allgemeinen Anwendung empfohlen, es ist jedoch nach *Bauernfeind* nur in Sonderfällen zu gebrauchen. Handelt es sich um Fußspuren, die nicht in gebundenem Erdreich aufgefunden worden sind, sondern etwa in lockerem Sand, in Staub, in Mehl, so versagt das übliche Gipsabgußverfahren. Die Konturen müssen in solchen Fällen zuerst versteift werden. Zu diesem Zwecke bläst man gesättigte Schellacklösung aus einem Zerstäuber über die Spur hin, aber so, daß die Schellacktröpfchen nur durch ihre eigene Schwere aus einem erzeugten Nebel in den Eindruck hineinfallen. Man wartet dann einige Minuten, bis der erste dünne Überzug erhärtet ist und kann dann etwas gröber Schellack einblasen. Der Vorgang wird mehrmals wiederholt. Ist die Schellackschicht genügend fest (das dauert etwa eine halbe Stunde), so staubt man leicht mit Talcum ein und macht dann einen Gipsabguß in der üblichen Weise. Die an der Gipsform haftenden Bodenreste werden nach vollständigem Erstarren mit Wasser evtl. mit Alkohol abgewaschen. Nach *Bauernfeind* ist diese Methode dem bisher in solchen Fällen üblichen Stearinverfahren weit überlegen; nach *Claussen* bläst man an Stelle von Schellack „*Rudolflex* 333 A“ ein; Härtungsdauer 10 Min.; das *Rudol*häutchen kann dann vom Gipsabguß leicht abgezogen werden. Im Schnee hat man früher die Abformung mit Tischlerleim ausgeführt. Ein variiertes Gipsabgußverfahren ist jedoch vorzuziehen. *Coutagne* und *Florence* (nach *Locard*) haben gute Erfolge mit in Schnee gekneteten Gips gehabt. *Bauernfeind* verwendet dick angemachten Gips, der löffelweise in die Spur gebracht wird, wenn er schon anzuziehen beginnt. Die Gefahr beim Arbeiten mit Gips im Schnee ist immer die beim Festwerden der Masse auftretende Wärme, welche den Schnee abschmilzt. *Van Ledden-Hulsebosch* verwendet daher ein Gemisch von Gips und 2½%igem Kochsalz für die ersten (peripheren) Schichten. *Anuschat* erwähnt eine weitere Möglichkeit: dicker Gipsbrei wird rasch mit einer konzentrierten Alaunlösung durchmischt und dann schleunigst in die Schneespur eingefüllt. *Karlmark* hat neuerdings ein anscheinend sehr befriedigendes Verfahren für Abformungen im Schnee und im Sand angegeben, das aber für den Gebrauch in der Praxis wohl etwas zu kompliziert sein dürfte. Ebenso wie bei den Fußabdrücken ist es auch bei den Fußeindrücken notwendig, zunächst eine photographische Aufnahme zu machen. Seitliche Beleuchtung ist besonders bei den Eindrücken zur Verstärkung der Randkonturen notwendig. Im Schnee Gelbfilter und orthochromatische Platte. Maßstab mitphotographieren! Das *Pausverfahren* (*Polzer, Gnepper*) ist anwendbar, wenn es nicht auf plastische Wiedergabe ankommt. Gegen die Methode wird mit Recht eingewendet, daß sie stets in gewissem Maße von der subjektiven Fähigkeit des Herstellers abhängt, und daß sie daher als objektives Beweismittel nur beschränkt brauchbar ist. Ist die endgültige Asservierung einer Spur (Abdruck oder Eindruck) nicht sofort möglich, so muß sie gegen Witterungseinflüsse und andere Schäden geschützt werden, indem man sie mit einer Kiste oder mit einem Topf bedeckt. Das Abschmelzen von Schneespuren kann verhindert werden, indem man auf den abdeckenden Gegenstand Schnee legt.

*b) Auswertung von Fußbildern:* Zunächst sind alle (auch die zunächst bedeutungslos erscheinenden) Maße einer Spur festzulegen. Photographische Aufnahmen werden zu diesem Zwecke auf Normalgröße gebracht. Bei der weiteren Verwertung kommt es darauf an, ob es sich um die Notwendigkeit absoluter Schlüsse auf Besonderheiten des Spurerzeugers oder auf Umstände bei der Spurentstehung handelt, oder ob ein Vergleich mit vorhandenen Schuhen, Füßen oder auch Strümpfen eines oder mehrerer Verdächtigen möglich ist. Möglichkeiten absoluter Schlüsse

ergeben sich in der Regel weniger aus den wenn auch noch so gut ausgeprägten Einzelheiten einer „normalen“ Spur, sondern eher aus Besonderheiten. Allgemein gültige Richtlinien können für diese Art der Verwertung nicht gegeben werden, es kommt vielmehr auf die Kombinationsgabe dessen an, der einen praktischen Fall zu bearbeiten hat. Eine ausgezeichnete Anleitung gibt *Groß*, weitere Beispiele finden sich bei *Locard* (Eindruck von nur vier Zehen von einem entsprechend mißbildeten Fuß, Eindruck des Fußballens bei verletzter Ferse [s. auch *Bauernfeind*]). Die Zeit der Entstehung läßt sich ebenfalls manchmal ermitteln, z. B. unter Berücksichtigung eines zu bekannter Zeit erfolgten Regens oder (*Schütz*) wenn zufällig eine zu bekannter Zeit entstandene Fahrspur die Fußspur kreuzt. Abgesehen vom Gangbild (s. später) ist auch am einzelnen Fußbild zu sehen, in welchem Tempo sich die fragliche Person bewegt hat (Gleiten, tiefer Eindruck des Absatzes bei schnellem Lauf usw., Näheres bei *Groß*). Der Hauptwert des Fußbildes ist jedoch in der Möglichkeit des Vergleichens mit den Schuhen bzw. mit den Füßen eines Verdächtigen zu erblicken. Schon der normal gebildete nackte Fuß erzeugt in manchen Fällen charakteristische Spuren, besonders als Abdruck. Man hat (*Lothar Philipp*) sogar eine Klassifizierung der Fußabdrücke geschaffen, ähnlich den daktyloskopischen Systemen. Bei Abgüssen erfolgt der Vergleich am besten an zwei Negativen oder an zwei Positiven, d. h. wenn man den fraglichen Schuh selbst als Vergleichsobjekt benützt, so kann man den Abguß direkt gebrauchen. Bei Abdrücken kann das Deckungsverfahren angewandt werden, am besten legt man ein Diapositiv der Spur und der fraglichen Fuß- bzw. Schuhsohle übereinander. Dabei ist zu beachten, daß die absoluten Maße (Umrisse) nicht stets übereinstimmen müssen. Die Spur kann sowohl durch Schrumpfung (Austrocknen von Lehm) verkleinert, als auch vergrößert (Gleiten des Fußes) sein, ja es kann sich sogar ein fraglicher Schuh durch Austrocknen verkleinern und die Spur dann zu groß erscheinen (*Anuschat*). Wenn auch selten, so kommt es doch vor, daß eine Spur absichtlich entstellt ist, z. B. durch Unterbinden von Lappen, Brettern, Strümpfen u. dgl. unter die Sohlen.

*II. Das Gangbild.* a) *Technik der Asservierung:* Bezüglich der einzelnen Ab- bzw. Eindrücke eines Gangbildes gilt das über das Fußbild Gesagte. Da aber eine Gangspur nicht ohne weiteres abgegossen werden kann (höchstens wenn man sich wie *Müller* mit zwei Fußbildern begnügt), ist es notwendig, die wesentlichen Besonderheiten dieser Spurenart, nämlich das Verhältnis der einzelnen Fußbilder zueinander, durch Messungen festzuhalten. Es sind vor allem drei Maße, auf die es ankommt: 1. die Schrittlänge (von *Groß* als „Schrittweite“ bezeichnet, was aber zu Mißverständnissen Anlaß geben könnte), das ist der mittlere Abstand des einen Fußbildes vom nächsten; 2. die Schrittbreite (*Müller; Wagner* spricht von „Schrittabstand“, *Groß* von der „Ganglinie“), das ist der mittlere seitliche Abstand zweier aufeinanderfolgender Fußbilder. Bei schwankendem Gehen oder bei Gehen in einer Kurve ist die „Richtungslinie“ (*Groß*), das ist die Mittellinie der Spur, nicht ohne weiteres festzulegen. Sie ist aber, wenn man, wie es wünschenswert ist, eine größere Anzahl von Fußbildern zur Messung heranzieht, notwendig, schon weil es nicht nur auf die absolute Schrittbreite ankommt, sondern auch auf den relativen Abstand des linken und des rechten Fußes von der gedachten Mittellinie. *Wagner* empfiehlt, eine „Meßgerade“ vom ersten bis zu einem korrespondierenden Punkte des letzten verwendeten Fußbildes der gleichen Seite zu ziehen; 3. der Schrittwinkel („Fußlinie“ nach *Groß*), das ist der Winkel, den eine aufeinanderfolgende rechte und linke Spur miteinander bilden, bzw. der Winkel jedes einzelnen Fußes zur Richtungslinie oder zur Meßgeraden. Dieser Winkel wird nach *Groß* und *Müller* an der Längsachse des Fußbildes gemessen, *Wagner* mißt an der Außenkante. Je nach der Bauart eines Schuhes wird natürlich der Winkel etwas verschieden sein.

*b) Auswertung des Gangbildes:* Beim Gangbilde sind die Möglichkeiten absoluter Schlüsse, welche die Ermittlungen u. U. in eine bestimmte Bahn lenken können, größer als beim Fußbild. Auch hier können Einzelheiten nicht dargestellt werden. Für die Beurteilung des Gangbildes gilt noch mehr als für die des Fußbildes das, was oben über die persönliche Kombinationsgabe und über die Erfahrung des mit der Bearbeitung der Spur Betrauten gesagt wurde. Als Beispiele allgemeiner Art seien genannt: vermehrte Schrittlänge und stärkerer Eindruck von Absatz und Spitze beim Laufen, außerdem Verminderung des Schrittwinkels. Bei raschem Gehen (sieben Stundenkilometer) hat allerdings *Wagner* in Übereinstimmung mit *Groß* Verkürzung der Schritte und Vergrößerung des Winkels gefunden. Vermehrte Schrittbreite bei Schwerfälligen, größere Schrittlänge bei großen Personen. Bei Belastung werden die Schritte kürzer und breiter. Relativ kürzere Schritte macht auch ein hinkender Fuß. Großer Schrittwinkel bei Plattfüßen. Aufmerksamkeit verdienen auch Besonderheiten im Gangbild: grobe Verschiedenheiten des Schrittwinkels links und rechts, „negative" Schrittbreite (Überkreuzgehen) u. dgl. sind imstande, wertvolle Hinweise auf auffallende Eigentümlichkeiten des Spurerzeugers zu liefern. Die *absichtliche Entstellung* spielt auch für das Gangbild eine Rolle, so ist z. B. mehrfach darüber berichtet (z. B. *Linke*), daß sich der Täter eine Gummisohle verkehrt auf die Schuhe genagelt hat, um die Polizei irrezuführen. Schwieriger ist es, wenn ein Gangbild durch Rückwärtsgehen erzeugt wurde. Bei *vergleichenden Gangbildverwertungen* ist es wichtig, die fragliche Person unter verschiedenen Bedingungen, langsam, schnell, belastet usw., gehen zu lassen, und zwar sowohl auf einer den Tatortverhältnissen ähnlichen und auf einer für Ein- bzw. Abdrücke günstigen Unterlage (dies schon wegen des Fußbildes). Man wird dabei leider die Erfahrung machen, daß alle Merkmale des Gangbildes bei demselben Individium mehr oder weniger veränderlich sind, auch bei möglichst einander angeglichenen Bedingungen. *Wagner* hält die positive Identifizierung einer Person durch vergleichende Gangbilduntersuchung allein für wenig aussichtsreich, eher soll der Ausschluß bestimmter Personen möglich sein.

*III. Andere Spuren.* Neben Fußspuren können auch Ab- und Eindrücke sonstiger Art für die Täterermittlung von Bedeutung sein. Sie sind genau so sorgfältig und auch mit den gleichen Methoden zu bearbeiten wie die Fußspuren. Bei Gangbildern findet man gelegentlich die Spur eines *Stockes.* Sowohl das Bild der Stockspitze selbst, als auch das „Gangbild" eines Stockes kann wichtig sein: ist der Eindruck tief, so hat sich der Täter fest auf den Stock gestützt, wird der Stock links getragen, so handelt es sich entweder um einen Linkshänder oder um einen Fußkranken oder die rechte Hand war behindert. Weitere Einzelheiten siehe bei *Groß.* Spuren von *Tieren,* von *Fahrrädern (Anuschat, Plessen, Naeve), Kraftfahrzeugen (Anuschat, Chavigny, Heindl, Södermann, Weimann)* sind ebenfalls einer sehr brauchbaren Auswertung zugänglich. Sogar eine *Skifährte* im Schnee (*Karpfen*) erlaubt eine ganze Reihe von brauchbaren Schlüssen auf ihren Erzeuger, auf Art und Zeit ihrer Entstehung. Die Möglichkeit der Spurenerzeugung durch Abdruck oder Eindruck sind praktisch unbegrenzt. Im Zusammenhang mit den Fußspuren ist noch erwähnenswert, daß *Mezger* und *Heess* über einen Fall berichtet haben, in dem die Überführung des Täters durch den Vergleich einer in Gips abgegossenen *Kniespur* mit einer beschlagnahmten Cordhose möglich war: die Stoffrippen, deren Zwischenräume, die Dicke, Drehrichtung und Neigung der Garne innerhalb der Rippen stimmten völlig überein.

*Schrifttum.*

*Anuschat, E.:* Die Photographie von Fußspuren und ihre Verwertung für gerichtliche Zwecke. Arch. Kriminol. **16**, 73 (1904). — *Anuschat, E.:* Die kriminalistische Bedeutung von Fahrradspuren. Arch. Kriminol. **19**, 144 (1905). — *Anuschat, E.:* Auto- und Motorradspuren in der Kriminalistik. Kriminal. Mh. **6**, 280 (1932). — *Anuschat, E.:* Kriminal. Mh. **7**, 46 (1933) (Briefkasten). — *Bauernfeind, X.:* Fußspurensicherung. Kriminal Mh. **4**, 149 (1930). — *Bauernfeind, X.:* Beweiskraft der Fußspuren. Kriminal. Mh. **6**, 196 (1932). — *Chavigny, Heindl, Södermann, Weimann:* Pneumatikspuren in der Kriminalistik. Arch. Kriminol. **91**, 29 (1932). — *Claussen:* Sicherung von Spuren auf staubartigem Untergrund. Kriminalistik **13**, 132 (1939). — *Gnepper, H.:* Fußspurensicherung mit Pausrahmen. Kriminal. Mh. **4**, 234 (1930). — *Groß, H.:* Handb. für Untersuchungsrichter. Berlin, München u. Leipzig 1922. — *Heindl, R.:* Das Härten von Gipsabgüssen. Arch. Kriminol. **97**, 236 (1935). — *Karpfen, F.:* Fährten im Schnee. Arch. Kriminol. **81**, 216 (1927). — *Karlmark, E.:* Über die Abgießung von Spuren im Schnee und Sand. Dtsch. Z. gerichtl. Med. **27**, 393 (1937). — *van Ledden-Hulsebosch:* Mitteilungen aus der Praxis. Arch. Kriminol. **64**, 263 (1915). — *Linke:* Überführung durch Fußspur. Kriminal. Mh. **7**, 88 (1933). — *Locard, E.:* Die Kriminaluntersuchung und ihre wissenschaftlichen Methoden. Berlin: Kameradschaftsverlag 1930. — *Mezger und Heeß:* Überführung durch Knieabdrücke, Arch. Kriminol. **87**, 249 (1930). — *Müller, J.:* Spurensicherung. Ref. Kriminal. Mh. **2**, 160 (1928). — *Müller, J.:* Das Gangbild, seine Sicherung und Auswertung. Kriminal. Mh. **6**, 4 (1932). — *Naeve, H.:* Fahrradspuren. Krim. Mh. **5**, 280 (1931). — *Philipp, L.:* Die Klassifizierung von Fußabdrücken. Kriminal. Mh. **1**, 212 (1927). — *Plessen:* Fahrradspuren. Kriminal. Mh. **5**, 228 (1931). — *Polzer, W.:* Ein neuer Pausapparat zum Kopieren von Unebenheiten des Bodens. Arch. Kriminol. **46**, 227 (1912). — *Schütze, W.:* Beiträge zur Lehre des Sachbeweises, insbesondere der Fußspuren. Arch. Kriminol. **9**, 126 (1902). — *Wagner, G.:* Untersuchungen über das Gangbild. Dtsch. Z. gerichtl. Med. **26**, 331 (1936). **Elbel.**

# G.

**Gänsehaut** siehe *Tod durch Ertrinken.*

**Gangbild** siehe *Fußspuren.*

**Gardenal** siehe *Schlafmittel.*

**Gasbrand.** (Vgl. auch Art.: Bakteriologische Untersuchungen in der gerichtlichen Medizin.)

Der Gasbrand (Gasödem, Gasphlegmone, Gasgangrän, malignes Ödem) ist eine von außen oder innen (z. B. Darmperforation) entstandene Wundinfektionskrankheit und wird durch verschiedene anaerobe Bacillen hervorgerufen. Für Infektionen bei Menschen kommen vier Arten in Betracht, und zwar: der *Fraenkel*sche Gasbacillus (Hauptrepräsentant), der *Novy*sche Bacillus des malignen Ödems (Bacillus oedematiens), der Pararauschbrandbacillus (Vibrion septique) und der Bacillus histolyticus. Hinzu kommt der Bacillus putrificus verrucosus (Bac. sporogenes), der zwar in Reinkultur apathogen gegenüber Tier und Mensch ist, aber bei Mischinfektionen mit anderen anaeroben (und aeroben) Keimen infolge der durch seine proteolytischen Fermente entstehenden Eiweißabbauprodukte toxisch wirken kann. Wichtig für dieses Kapitel ist die Tatsache des ubiquitären Vorkommens der sehr resistenten Sporen der genannten Erreger (und z. T. auch der vegetativen Formen insbesondere des *Fraenkel*schen Bacillus). Das klinische Bild und der lokale Befund wechseln je nachdem, ob es sich um eine Wundinfektion mit Reinkulturen der genannten Anaerobier oder aber um Mischinfektionen mit anderen Keimen handelt. Außerdem aber kann z. B. der *Novy*sche Bacillus des malignen Ödems in Reinkultur ähnliche Erscheinungen machen, wie eine Wundinfektion durch Reinkultur mit dem *Fraenkel*schen Gasbacillus. *Aschoff* hat aus diesen Gründen in Anlehnung an die Nomenklatur der Veterinärmedizin vorgeschlagen, alle mit Ödem und mit mehr oder weniger Gasbildung einhergehenden Anaeroben-Infektionen als Gasödeme (Emphyso-oedema malignum) zu bezeichnen, die Erreger demnach als Gasödembacillen.

*Klinisch* wird bei der *reinen* Infektion mit dem *Fraenkel*schen Gasbacillus in der Wundumgebung eine rasch auftretende und fortschreitende Schwellung beobachtet, die auf Druck infolge Gasbildung Knistern erkennen läßt. Die Haut, die am Infektionsherd blaß ist und nie eine entzündliche Hyperämie aufweist, wird oft abgehoben. Im übrigen breitet sich das Gas, das sich röntgenologisch nachweisen läßt, mehr im subcutanen und intramuskulären Bindegewebe aus. Zu den initialen Allgemeinsymptomen gehören heftiger Wundschmerz, beschleunigter kleiner Puls und meist Fieber (Continua). Bei einer Infektion mit dem Pararauschbrandbacillus und dem *Novy*schen Bacillus steht ein seröses oder serös-hämorrhagisches Ödem im subcutanen und intramuskulären Bindegewebe häufig im Vordergrund. In schweren Fällen bilden sich beim Gasödem bald die Zeichen der toxischen Allgemeininfektion (Blässe der Haut und Schleimhäute, gelegentlich ikterische bis cyanotische Hautfärbung, zunehmender Lufthunger, große Unruhe) aus, und schließlich tritt der Tod durch Lähmung des Atmungs- und Herzzentrums infolge der Toxinämie (gewöhnlich ohne Milzschwellung) ein. *Nürnberger* hebt folgende „klassische" Symptomentrias bei puerperaler Allgemeininfektion durch den *Fraenkel*schen Gasbacillus hervor, die durch hämolytische Wirkung entsteht, doch nicht in allen Fällen zu beobachten ist: ikterisch-cyanotische Hautfarbe, rotbis schwarzbraune Färbung des Urins und bräunliche Färbung des Blutserums. *Coenen* (s. bei *Zeissler*) empfiehlt folgende, den klinischen Bedürfnissen am besten entsprechende Einteilung bez. der *Verlaufsformen* des Gasödems:

1. Die lokale Gasphlegmone, die gutartig ist und keine Neigung zu schrankenloser Ausbreitung hat.

2. Die fortschreitende Gasphlegmone, die bösartig ist, indem sie sich von der Muskelwunde fortschreitend auf einen ganzen Körperteil verbreitet.

3. Die Anaerobensepsis, die schnell unter schrankenloser Ausbreitung und schweren Allgemeinerscheinungen zum Tode führt.

Wie erwähnt, werden die oben kurz geschilderten Krankheitsbilder durch Mischinfektionen verwischt, wobei insbesondere der lokale Befund infolge eitriger, putrider und gangränöser Entzündung, deren Substrat zum Unterschied von der Reininfektion infolge von Fäulnisvorgängen durch entsprechende Keime einen stinkenden Geruch haben kann, stark variiert.

Von größter Bedeutung für die Entstehung des Gasödems ist die Beschaffenheit der Wunde und ihrer Umgebung. Gewebsnekrosen und Blutergüsse im Gewebe, wie sie vor allem bei Verletzungen durch stumpfe Gewalt gefunden werden, sowie andere Zirkulationsstörungen (z. B. hervorgerufen durch entsprechende, subcutan injizierte Medikamente,

wie Adrenalin) begünstigen das Angehen solcher Wundinfektionen. Da es sich bei den Gasödembacillen um Anaerobier handelt, wird der mehr oder weniger freie Zutritt der sauerstoffhaltigen Luft für die Aussprossung, Vermehrung und Wirkung der Bacillen eine Rolle spielen. Der klinische Verlauf ist nach den gemachten Beobachtungen z. T. auch abhängig vom Allgemeinzustand des Körpers: Personen, die zur Zeit der Infektion bereits andere schwere Erkrankungen aufweisen (z. B. Pneumonie), werden einer Allgemeinausbreitung des Gasödems und dem danach meist folgenden tödlichen Ende eher ausgesetzt sein.

*Pathologisch-anatomisch* läßt sich zunächst bei Wundinfektionen an der Körperoberfläche feststellen, daß besonders die Muskulatur und das Bindegewebe befallen werden. Die Muskulatur wird in reinen, durch den *Fraenkel*schen Bacillus hervorgerufenen Fällen von Gasblasen, deren Wandungen im histologischen Schnitt mehr oder weniger von den Erregern bedeckt sind, durchsetzt und aufgetrieben. Beim Einschneiden zischt und knistert es. Dabei ist die Schnittfläche um so trockener, je größer die Gasansammlungen (vor allem aus Kohlensäure bestehend) sind. Das Muskelgewebe hat zunächst eine lachsartige Farbe, wird nekrotisch, lehmfarben und zundrig (mikroskopisch vacuoläre und wachsartige Degeneration der Muskelfasern mit scholligem Zerfall), und schließlich resultiert aus diesem makroskopisch ohne Eiterung einhergehenden Gewebstod ein von Gasblasen durchsetzter Brei. Hinzu kann ein Ödem wechselnden Grades treten, das besonders bei Reininfektionen mit *Novy*schem und Pararauschbrandbacillus ausgeprägt ist und die Gasbildung meist in den Hintergrund treten läßt. Es findet sich in den Interstitien der Muskulatur, ist trübe und zeigt je nach dem Grade der häufig vorhandenen Hämolyse eine mehr oder weniger starke Rotfärbung. Diese Ödeme, die sich besonders im Bereiche der Nervenscheiden ausbreiten, schreiten viel schneller fort als eine gleichzeitige Infektion in der Muskulatur, was bei der operativen Behandlung befallener Körperteile bez. der Rezidivbildung von Wichtigkeit ist. Mikroskopisch finden sich im Ödem Fibrin, zahlreiche Bacillen und auch wenige Leukocyten. Bei den bisher beschriebenen Befunden handelt es sich um eine reine Gasödembacillenwirkung, und zwar der Gasödembacillentoxine. Bei den Mischinfektionen ändert sich, wie schon oben erwähnt, das makroskopische Bild und dementsprechend auch der mikroskopische Befund je nach Art der hinzugetretenen Erreger und damit der Entzündungsform (eitrig, gangränös).

Die inneren Organe lassen im allgemeinen keine durch die Gasödembacillen bzw. ihre Toxine hervorgerufenen Veränderungen erkennen. Wenn allerdings die Infektion mit starker Hämolyse (Hämoglobinämie, Methämoglobinämie) einhergeht, treten ein spodogener, mehr und weniger bräunlichroter bis schokoladenfarbener Milztumor infolge Speicherung von Blutfarbstoff (Hämoglobin, Methämoglobin, Hämatin) und die Befunde einer Blutfarbstoffausscheidung an den Nieren auf (Hämoglobinurie, Methämoglobinurie, makroskopisch braune Fleckung und Streifung besonders im Gebiet der Pyramiden, mikroskopisch bräunliche Tropfen und Zylinder aus Hämoglobin oder Methämoglobin im Lumen der Harnkanälchen).

Die Gasödemerkrankungen sind *gerichtlich-medizinisch* in mehrfacher Hinsicht von Bedeutung: Vor allem ist zu berücksichtigen, daß die bei den Leichenöffnungen an Gasbrand Verstorbener vorgefundenen Gasansammlungen in den Organen (Schaumorgane), wie kurz nach dem Tod ausgeführte Obduktionen zeigten, zum überwiegendsten Teil auf *postmortalen*

*Veränderungen* beruhen. Nach dem Tod breiten sich die Erreger sehr schnell im Körper aus, so daß die Leichen sehr rasch denjenigen bei gewöhnlicher Fäulnis ähnlich sehen, was bei der Beurteilung der Todeszeit zu beachten ist. Während des Lebens kommt es bei den foudroyant verlaufenden Formen der Gasödembacillensepsis wohl nie zur Gasbildung in den inneren Organen, da infolge der Toxinämie der Tod gewöhnlich so rasch eintritt, daß die Erreger an anderer Stelle ihre lokale Wirkung überhaupt nicht ausüben können. Gerichtlich-medizinisch kann die Beurteilung derartiger Leichen sehr schwierig sein insbesondere dann, wenn überhaupt noch keine Ermittlungen vorliegen, die einen Anhalt für die Todesursache geben könnten. Vor allem in der warmen Jahreszeit, in der an und für sich schon die Leichen schnell der Fäulnis anheimfallen, ist es manchmal nicht möglich, eine Gasödembacillen-infektion als Todesursache festzustellen, da die vegetativen Formen, insbesondere des *Fraenkel*schen Gasbacillus fast regelmäßig im Stuhl vorhanden sind und sich wie die gasbildenden Fäulniskeime (vor allem der Bacillus putrificus verrucosus) nach dem Tode im Körper mehr oder weniger rasch ausbreiten. In dieser Beziehung sei auf den von *P. Fraenckel* veröffentlichten Fall von Gasbrand nach Abort hingewiesen. Ferner ist hervorzuheben, daß Gasödemerkrankungen zu den medizinisch wichtigen Todesursachen zählen. Wie eingangs erwähnt, handelt es sich bei diesen Erkrankungen um Wund-infektionen. Die Möglichkeit einer Infektion irgendwie gesetzter Wunden ist infolge des ubiquitären Vorkommens besonders der Sporen natürlich sehr groß. Gasödemerkrankung wird daher nach den verschiedensten Verletzungen beobachtet und vor allem bei Wunden, die mit dem Erdreich, in dem sich die Sporen überall finden, in Berührung gekommen sind (z. B. Überfahrenwerden, Automobil-, Motorrad-, Fahrradunfälle, berufliche Verletzungen an Maschinen). Bezüglich des Infektionsmodus im einzelnen Fall erscheint es von Wichtigkeit, daß bei kurzer Inkubationszeit (z. B. zwei Stunden) eine Infektion mit den vegetativen Formen der Erreger vorliegen muß, da die Sporen wenigstens sechs Stunden zum Auskeimen benötigen. Als Infektionsquelle muß daher ein Material vorausgesetzt werden, das erfahrungsgemäß die vegetativen Formen bereits enthält, z. B. Stuhl, menschliche Leichen oder Tierkadaver (*Zeissler*). Im Gegensatz hierzu kommen bei der sog. „ruhenden" oder „latenten" Infektion, wie sie häufig bei eingeheilten Fremdkörpern (Geschoß-splittern) oder überhaupt vorhanden, auch reaktionslos verheilten Wunden vorhanden ist, lebensfähige und infektionstüchtige Sporen der Gasödembacillen in Betracht. Auch bei Schußverletzungen, insbesondere wenn sie durch Kleidungsstücke gehen, sind Gasödemerkrankungen beobachtet worden. Von besonderer gerichtlich-medizinischer Bedeutung sind zwei Infektionsarten, und zwar die Infektion bei ärztlicher parenteraler (subcutaner, intramuskulärer, intraneuraler) Injektion von Medikamenten und die Infektion des puerperalen Uterus. Im Schrifttum finden sich zahlreiche Veröffentlichungen, die über Gasödembacilleninfektion nach Injektion berichten. Teilweise wurden die Erreger aus der zur Injektion benutzten Flüssigkeit, teilweise aus der benutzten Spritze oder Kanüle gezüchtet. In anderen Fällen wiederum wurden keine Erreger an den genannten Materialien gefunden. Nach *Zeissler* will aber diese erfolglose Fahndung nicht viel besagen angesichts der Schwierigkeiten des Nachweises vereinzelter Gasödembacillensporen aus einem nicht von Krankheitsfällen oder Versuchstieren stammenden Material. Bei dieser Infektionsart wurden die verschiedensten Medikamente gespritzt, wie Zusam-

menstellungen z. B. bei *Zeissler* und bei *Junghanns* ergeben. Von besonderer Wichtigkeit ist aber die Tatsache, daß die Gasödembacillensporen sich in dem zur Aufbewahrung der Spritzen und Kanülen benutzten 70—96 %igen Alkohol nachweisen ließen. Über einen derartigen Fall berichteten zuletzt *Jungmichel, Kirschner* und *Habs*. Darauf, daß der Alkohol keine sporozide Wirkung ausübt, wurde schon in mehreren Arbeiten hingewiesen. Nach *Schoop* ist der 70—96 %ige Alkohol meist mit *Anaerobiern* und *aeroben Keimen* verunreinigt. Da der Alkohol nicht die Fähigkeit zur Selbststerilisation hat, werden die Sporenbildner nicht abgetötet. Der genannte Autor empfiehlt daher sogar, Untersuchungsmaterial auf Anaerobier in Alkohol (Brennspiritus) einzulegen, weil die Diagnose durch Ausschaltung der nicht sporenbildenden Verunreinigungen dadurch sehr erleichtert wird. *Jungmichel* kam in dem oben genannten Fall bezüglich der Frage des strafbaren Verschuldens zu dem Schluß, daß heute (1938) die Aufbewahrung von ausgekochten Spritzen und Kanülen in Alkohol noch nicht als Kunstfehler anzusehen ist, da die Kenntnis, daß 70—96 %iger Alkohol Anaerobier nicht abtötet, zeitlich gesehen noch sehr jung ist. Es sei übrigens noch darauf hingewiesen, daß auch in der Veterinär-Medizin derartige Infektions-arten mit Gasödembacillen bekannt wurden.

Über die *puerperale* Gasödembacilleninfektion liegen verschiedene Beobachtungen vor. Mit *P. Fraenckel* kann wohl mit Recht angenommen werden, daß es sich in der überwiegendsten Zahl der bekanntgewordenen Fälle um kriminelle mechanische Fruchtabtreibungen handelte. *Nürnberger* unterscheidet bei der Gasödembacilleninfektion des Uterus pathologisch-anatomisch (prognostisch und therapeutisch) zwei scharf zu trennende Formen, die auch zur Physometra (Tympania uteri) führen können: 1. Die Gasödembacilleninfektion des Endometriums, über deren anatomischen Befund nur wenig bekannt ist, da der Prozeß meist ausheilt. Die gefundenen Eireste haben dabei ein braunrotes mißfarbenes Aussehen und eine schmierige bis brüchige Konsistenz und lassen einen zundrigen Zerfall erkennen. Häufig fehlt die Durchsetzung des Eirestes mit Gasblasen. 2. Der Gasbrand des Uterus, d. h. die Gasödembacilleninfektion des Myometriums. Bei dieser meist tödlich endenden Erkrankung ist die Uterusmuskulatur von Gasblasen durchsetzt, wobei nicht immer das ganze Organ ergriffen zu sein braucht. Meist liegt eine herdförmige Erkrankung vor. „Nicht so selten erscheint dann auch eine umschriebene Partie der Uterusoberfläche, namentlich des Fundus uteri, dunkelblaurot, grünlich-schwarz bis schmutzig graugrünlich verfärbt, flachhügelig, kugelig oder grobbuckelig vorgewölbt. An diesen Stellen erblickt man häufig unter der Serosa größere und kleinere Gasblasen. Diese können geplatzt sein und die so entstandenen Defekte können den Eindruck von artefiziellen Verletzungen des Uterus machen" (*Nürnberger*). Mikroskopisch finden sich in der Muskulatur des Uterus Hohlräume, deren Wandbelag aus den stäbchenförmigen Erregern gebildet wird. Die umgebenden Muskelfasern sind kernlos, nekrotisch und in einzelne Bruchstücke zerfallen. Häufig findet sich beim Uterusgasbrand Gasödembacillenperitonitis mit blutig serösem, bei Reininfektionen geruchlosem Exsudat. Die Gefäße in dem ergriffenen Bezirk sind entweder unverändert oder ihre Wandungen ebenfalls kernlos und nekrotisch. Nur die elastischen Fasern sind dann häufig noch gut erhalten. Infolge der Wandnekrose kann es neben den Gasansammlungen auch zu größeren und kleineren Blutaustritten kommen. In manchen Fällen finden sich schließlich, auch bei Reininfektion, entzündliche Infiltrate, die aber nie größere

Ausdehnung besitzen. Greift die Gasödembacilleninfektion auf die Parametrien über, dann führt sie bei Reininfektion in der Regel zur lymphangitischen Form des puerperalen Fiebers. Thrombophlebitis findet sich meist nur bei Reininfektion. Ein Weiterschreiten der Infektion durch die Tuben ist selten. Es ist weiterhin von Wichtigkeit, daß bei Fällen von Gasödeminfektion des Uterus die noch in der Gebärmutter befindliche Frucht Zeichen des Gasödems aufweisen kann, wobei es sich um eine postmortale Erscheinung handelt, die schließlich zur völligen Skelettierung der Frucht (wenigstens der ersten Schwangerschaftsmonate) innerhalb kurzer Zeit (bei dem Fall von *Fraenckel* höchstens 36 Stunden) führen kann. Über den Zeitpunkt des Fruchttodes wird allein aus dem Leichenbefund meist nichts auszusagen sein. Jedenfalls darf aber aus dem völligen Zerfall der Frucht innerhalb einer verhältnismäßig kurzen Zeit nicht geschlossen werden, daß die Frucht bereits vor der Gasödembacilleninfektion abgestorben war.

Zum Schluß sei noch darauf hingewiesen, daß das Emphysem der Vagina, die Cystitis emphysematosa, die gashaltige Phlegmone und der Gasabsceß nicht den Gasödemen zuzurechnen sind. Vielmehr handelt es sich nach *Zeissler* um Zustände, bei deren Entstehung Bacterium proteus, Bacterium coli, anaerobe Streptokokken und andere Keime die ausschlaggebende Rolle spielen.

*Schrifttum.*

*Aschoff:* Über bakteriologische Befunde bei den Gasphlegmonen. Dtsch. med. Wschr. **1916, 1917.** — *Fraenckel, P.:* Zur forensischen Bedeutung der Gasfäulnis bei Abort. Dtsch. Z. gerichtl. Med. **15** (1930). — *Fraenkel, E.:* Die blutschädigende Wirkung des *Fraenkel*schen Gasbazillus. Dtsch. med Wschr. **1919.** — *Junghanns:* Gasbrand durch Einspritzung von Arzneimitteln (Sammelstatistik über 60 Fälle). Dtsch. med. Wschr. **1933.** — *Jungmichel, Kirschner* und *Habs:* Über die Gasbrandinfektion nach Injektion. Münch. med. Wschr. **1938.** — *Kaufmann:* Lehrbuch der speziellen pathologischen Anatomie. Stuttgart 1928. — *Lexer:* Lehrbuch der allg. Chirurgie. Stuttgart 1934. — *Nürnberger:* Die Diagnose und Therapie der puerperalen Infektionen mit *Fraenkel*schen Gasbazillen. Münch. med. Wschr. **1925.** — *Schoop:* Keimgehalt im Alkohol. Dtsch. tierärztl. Wschr. **1934.** — *Schoop:* Desinfektionskraft von Alkohol. Dtsch. tierärztl. Wschr. **1937.** — *Zeissler:* Die Gasödeminfektionen des Menschen. Hdb. der pathog. Mikroorganismen. Herausg. *Kolle, Kraus, Uhlenhuth,* **IV,** 2 (1928).                              ***Matzdorff.***

**Gasödem** siehe *Gasbrand.*

**Gasvergiftung** siehe *Kampfgase; Kohlenoxyd.*

**Gaunerzinken** siehe *Zinken.*

**Gebärselbsthilfe** siehe *Kindestötung.*

**Gebärunfähigkeit** siehe *Zweifelhafte Fortpflanzungsfähigkeit beim Manne und beim Weibe.*

**Gebiß** siehe *Zähne.*

**Geburtsschädigung** siehe *Kindestötung.*

**Geburt und gerichtliche Medizin.** (Vgl. auch Art.: Diagnose der Entbindung; Plötzlicher Tod in Schwangerschaft, Geburt und Wochenbett; Tod der Mutter in Schwangerschaft, Geburt und Wochenbett.)

Die Geburt ist ein Widerspiel zwischen Kraft und Widerstand. Der Motor ist die Wehentätigkeit, die hormonal bedingt ist und ausgelöst wird durch die Ausschüttung des Hypophysenhinterlappensekretes ins Blut, nachdem die ruhigstellende Wirkung des Hypophysenvorderlappenhormons nachgelassen und die tonisierende Wirkung des Follikulins zugenommen hat. Die Wehen erfolgen in regelmäßigen Intervallen und werden im Verlaufe der Geburt immer häufiger und stärker. Währenddem zunächst nur Uteruskontraktionen vorhanden sind, welche den unteren Abschnitt der Gebärmutter (unteres Uterinsegment und Halskanal) eröffnen, so kommt

es in der Austreibungsperiode zu den Preßwehen, wobei nicht nur die Uterusmuskeln, sondern auch die willkürlichen Muskeln der Bauchpresse mitbeteiligt sind. Die Fruchtblase springt gewöhnlich zu der Zeit, wo der Muttermund sich vollständig erweitert hat. Es ist das der rechtzeitige Blasensprung. Hingegen kommt es nicht selten vor, daß das Fruchtwasser vorher schon abfließt (vorzeitiger und frühzeitiger Blasensprung) oder daß die Blase zu spät springt, d. h. erst in der Austreibungsperiode. Die Akten darüber, ob der vorzeitige Blasensprung ein günstiges oder ungünstiges Ereignis darstellt, sind noch nicht geschlossen. Jedenfalls hat *E. Frey* darauf hingewiesen, daß unter Umständen die Geburt viel rascher vorangeht, wenn die Fruchtblase vorzeitig gesprungen ist. Diese Ansicht blieb nicht unwidersprochen, muß aber für eine ganze Anzahl von Geburtsfällen bestätigt werden, aber nur dann, wenn bereits eine gewisse Wehentätigkeit eingesetzt hat oder der Uterus sehr stark sensibilisiert ist. Springt aber die Blase bei völlig wehenlosem Uterus, dann kommt es meist zu sehr starker Verzögerung der Geburt mit ihren unangenehmen Folgen. Unter der Geburt zerfällt die Gebärmutter in zwei Teile, den obern, welcher Wehen liefert, den sog. Motor, und den untern, nur passiven, die Dehnungszone. Zwischen diesen beiden Abschnitten liegt der Kontraktionsring. Wenn die Wehen die Kraft liefern, ohne welche eine Geburt niemals erfolgen kann, so liegt andrerseits der Widerstand im Geburtskanale (hart und weich) und bei der Frucht selbst, die sich den Verhältnissen anpassen muß und zur sog. Fruchtwalze (*Sellheim*) umgewandelt wird. Der knöcherne Geburtskanal wird durch das kleine Becken dargestellt und ist ein gerade gestreckter Zylinder, durch den die Frucht ungedreht hindurchgeht. Im Knie des Geburtskanales, welcher Punkt ungefähr auf der Höhe der Interspinallinie liegt, stoßen der harte und der weiche Geburtskanal resp. ihre Achsen zusammen. Die Achse des knöchernen oder harten Geburtskanals ist, wie gesagt, gerade, die Achse des weichen dagegen um den untern Rand der Schamfuge herum gebogen. Infolge dieser gebogenen Form kommt es zu den Drehungen der Frucht, insbesondere zu der innern oder Stellungsdrehung, die durch die Beweglichkeit der Wirbelsäule bedingt ist. Gegenseitig passen sich also Fruchtwalze und Geburtskanal aneinander an. Tritt der Kopf in Beugestellung in den Beckeneingang ein, so wird er in Streckstellung geboren und umgekehrt. Die bekannten Drehungen sind also abhängig von der Form des Geburtskanals, insbesondere des weichen und von der Verbiegungsmöglichkeit der Fruchtwalze. Diese grundlegenden Erkenntnisse verdanken wir *Sellheim.* Die dritte Geburtsperiode ist die Nachgeburtsperiode. Da sich die Placenta ausgebildet hat aus der Zottenhaut und der Siebhaut, welch letztere die umgewandelte Gebärmutterschleimhaut darstellt, weil die Zotten sehr stark verfilzt mit ihr sind, so wird bei der Lösung des Fruchtkuchens ein Teil der Uterusmucosa mitherausgerissen, wodurch eine große Wunde entsteht, aus der es sehr stark bluten kann. Der normale Blutverlust bei jeder Geburt beträgt etwa 500 g. Was darüber ist, muß als pathologisch bezeichnet werden. Der Natur steht als Gegenmaßnahme das sog. „Einscheren der Muskulatur" zur Verfügung, das im allergrößten Prozentsatz der Fälle ganz von selbst eintritt, wenn die Nachgeburtsperiode richtig geleitet wird (abwartend, nach *Ahlfeld*). Durch zu frühes Massieren des Uterus, durch unindizierte Handgriffe wird der normale Lösungsmechanismus behindert und die Folgen sind Störungen in der Placentarperiode. Gegenüber früher sind die Ärzte dadurch stark im Vorteil, als ihnen ausgezeichnete Mittel zur Verfügung stehen, um den Uterus, falls er schlaff bleibt, zur Kontraktion zu zwingen (Secacornin, Gynergen sowie die Hypophysenhinterlappenprodukte). Wichtig ist auch die Massage, die nach wie vor eines der besten Mittel der Blutstillung darstellt (kreisförmige Reibungen). Der *Credé*sche Handgriff soll nur bei strenger Indikation gemacht werden, evtl. ist er in Narkose zu wiederholen. Nur wenn er nutzlos ist, so darf die nicht ungefährliche manuelle Placentarlösung vorgenommen werden, der unter Umständen noch das *Gabaston*verfahren vorauszugehen hätte, das besonders von *E. Frey* (mit eisgekühltem Wasser) empfohlen worden ist. Im äußersten Notfalle steht noch die Aortenkompression mit der Hand oder mit irgendeinem Instrumente (*Rissmann, Sehrt* usw.) oder schließlich die Uterusamputation zur Verfügung, welch letztere besonders dann in Frage kommt, wenn eine Placenta accreta vorhanden ist, ein allerdings äußerst seltenes Vorkommnis (*Labhardt*).

Wenn auch jede Geburt ein physiologischer Vorgang ist, so drohen doch in allen drei Perioden derselben Gefahren sowohl für die Mutter als auch für das Kind. Grundprinzip für den Arzt wird immer bleiben, solange wie möglich die Ausstoßung des Kindes und der Nachgeburt den Naturkräften zu überlassen und nur dann einzugreifen, wenn eine absolut strikte Indikation vorliegt. Auf diese Art und Weise erzielt man die besten Ergebnisse. Muß irgendeine Operation vorgenommen werden, dann sei man sich darüber im klaren, daß man die Technik sowie die A- und Antisepsis gründlich beherrschen muß. In letzterer Beziehung wird leider noch viel gesündigt, nicht nur in Hebammen-, sondern auch in Ärztekreisen.

Wenn wir nun auf die forensische Bedeutung der Geburt zu sprechen kommen, so muß leider gesagt werden, daß auch heutzutage noch sehr viele *Kunstfehler* vorkommen und ferner die Regeln der A- und Antisepsis noch teilweise viel zu wenig beachtet werden. Geburtshilfe treiben sollten nur solche Ärzte, die sich darüber ausweisen können, daß sie auch wirklich dieses Fach gründlich beherrschen, sonst spielen sie mit dem Leben der Mütter und Kinder. Wenn bedauerlicherweise die Hausgeburtshilfe neuerdings wieder mehr in den Vordergrund geschoben werden soll zuungunsten der Anstaltsgeburtshilfe, so muß dem im Interesse der gebärenden Frauen mit allem Nachdruck entgegengetreten werden. Die Beispiele, die ich nachher anführen werde, zeigen so recht eigentlich, welche ungeheuren Gefahren die Hausgeburtshilfe mit sich bringen kann. Dabei ist nicht zu vergessen, daß eine ganze Reihe von solchen Unglücksfällen gar nicht bekannt wird. Für die Bevölkerung, namentlich für die ärmeren Kreise, ist die Entbindung in einer gut geleiteten Anstalt eine Wohltat, allerdings muß auch betont werden, daß sich lange nicht etwa alle Spitäler für Geburtshilfe eignen. In denjenigen kleineren Anstalten, in denen der Chefarzt selbst nichts von der Geburtshilfe versteht, sollten keine Geburten aufgenommen werden, deren Erledigung doch nur den Assistenten überlassen wird. Eine große Verantwortung besteht schon bei der Verordnung von *Wehenmitteln*. Es muß betont werden, daß vor der Ausstoßung der Frucht nur Hypophysenhinterlappenpräparate in Frage kommen, nicht aber Secalederivate, wie Secacornin, Gynergen, Basergin usw., welch letztere hingegen in der Nachgeburtsperiode ein dankbares Feld finden. Ganz natürlich hat *Albers* aus der Leipziger Frauenklinik (*Schroeder*) die Secalemedikation intra partum wiederum vollständig abgelehnt und darauf hingewiesen, daß dadurch nicht nur ein Tetanus uteri ausgelöst werden kann, sondern sogar eine Eklampsie. Deshalb muß oder sollte es allen Ärzten bekannt sein, daß

unter der Geburt als Wehenmittel nur Hypophysenhinterlappenpräparate in Betracht fallen, in der Eröffnung am besten Thymophysin, in der Austreibung Pituitrin oder ein ähnliches Präparat. Die Dosen sollen klein sein und namentlich in der ersten Periode 0,2—0,3 ccm nicht überschreiten. Außerdem sollen diese Mittel natürlich nur intramuskulär und nicht etwa intravenös gegeben werden, mit Ausnahme kurz vor der Geburt, wenn der Kopf bereits gut sichtbar ist, aber auch dann muß noch Vorsicht walten, da sofort ein Tetanus des Uterus eintritt und das Kind absterben kann, falls nicht sogleich die Entbindung stattfindet. Mit Bezug auf die unrichtige Verwendung von Wehenmitteln unter der Geburt hat *Hüssy* folgende zwei Fälle erlebt:

1. Eines Abends wurde er von einem Kollegen zu einer Konsultation gerufen bei einer Primipara. Die Frau hatte angeblich schon längere Zeit Wehen gehabt, seit mehreren Stunden Preßwehen. Der Kopf sollte tief im Becken stehen, der Muttermund längst eröffnet sein. Es wurde die Anlegung der Zange versucht, die aber mißlang. Aus diesem Grunde wurde H. gerufen. Die Untersuchung ergab nun das höchst eigentümliche Resultat, daß die Frau sich noch gar nicht unter der Geburt befand. Der Muttermund war völlig geschlossen, die Cervix noch erhalten. Ins Becken war kein vorliegender Teil eingetreten, über den Eingang befand sich der bewegliche Steiß. Das Kind war abgestorben und zwar zufolge einer *intravenösen Pituitrininjektion*, die der Arzt vorgenommen hatte, um die Austreibung zu beschleunigen. Trotzdem erst Schwangerschaftswehen bestanden hatten, trat ein Wehensturm ein, in welchem das Kind abstarb. Die Geburt der macerierten Frucht erfolgte erst 14 Tage später. Eigenartigerweise resultierte aus diesem Falle, der einer wahren Komödie der Irrungen gleichkommt, keine gerichtliche Klage.

2. Eine Hebamme hatte die Gewohnheit, bei allen Geburten Pituitrineinspritzungen zu machen, ohne irgendeine Indikation abzuwarten, um möglichst bald die Entbindung beendigen zu können. Eine Zeitlang ging die Sache gut, bis auf einmal bei einer Primipara ein Wehensturm eintrat, dem das Kind zum Opfer fiel. Das Schicksal wollte es, daß es sich gerade um die Frau desjenigen Apothekers handelte, welcher der Hebamme das Wehenmittel widerrechtlich verkauft hatte. Er fand sich nun aber doch zu einer Anzeige der Hebamme berechtigt. Es kam zum Prozesse, in dessen Verlauf *Hüssy* ein ausführliches Gutachten erstattete und auf die Gefahren der indikationslosen Wehenmittelmedikation hinwies. Die Hebamme wurde schließlich ihres Amtes für zwei Jahre enthoben und nur deswegen nicht strenger bestraft, weil sie sonst als sehr tüchtig galt.

Diese beiden Fälle zeigen in klarer Weise, wie gefährlich sich die Verordnung von Wehenmitteln auswirken kann, wenn man sich nicht an bestimmte Indikationen hält, die vor allem dahin lauten, daß man nur dann Pituitrin oder ein anderes Hypophysenhinterlappenpräparat verwenden soll, wenn schwache und seltene Wehen vorhanden sind, und wenn kein Mißverhältnis zwischen Frucht und Becken vorliegt. *Hüssy* erlebte es einmal, daß wegen einer Pituitrineinspritzung eine Uterusruptur eintrat, weil zur Zeit der Verordnung des Wehenmittels der Kopf noch nicht ins Becken eingetreten war und überhaupt ein verengtes Becken vorlag.

Daß selbstverständlich bei engem Becken und unrichtiger Geburtsleitung schwere Vorkommnisse die Folge sein können, insbesondere Uterusrupturen, das ist ohne weiteres verständlich. Es ist deshalb zu betonen, daß Fälle von engem Becken unter allen Umständen hospitalisiert werden müssen und zwar beizeiten, da eine Entbindung durch Sectio caesarea nur noch möglich ist, wenn in geburtshilflichem Sinne absolut reine Verhältnisse vorhanden sind (stehende Fruchtblase, keine vaginalen Untersuchungen, keine Tamponade, Wehen erst seit kurzer Zeit). Nichts ist so verhängnisvoll, als wenn solche Frauen einer Anstalt zu spät zugewiesen werden und evtl. schon „anoperiert" sind. Es wäre ganz falsch, zu glauben, man könnte in jedem Stadium der Geburt einen Kaiserschnitt ausführen. Diese irrige Meinung, die leider auch in Ärztekreisen noch weit verbreitet ist, sollte endlich einmal endgültig verschwinden. Wie aus der gesamten Literatur eindeutig hervorgeht, sind die Aussichten um so besser, je früher die Schnittentbindung ausgeführt wird. Je länger die Fruchtblase schon gesprungen ist, desto schlechter sind die Aussichten, aber nicht nur das, auch eine langdauernde und zermürbende Wehentätigkeit verschlechtert die Chancen ganz erheblich. Aus alledem geht zweifellos hervor, daß Frauen mit engen Becken oder einem Mißverhältnis zwischen Kopf und Becken unbedingt frühzeitig einer Entbindungsanstalt zugewiesen werden müssen. Wer das nicht tut, der spielt mit dem Leben von Mutter und Kind. Ist einmal die Uterusruptur eingetreten, dann ist die Prognose eine ganz schlechte, und nur etwa die Hälfte dieser unglücklichen Frauen kann damit rechnen, durch eine sofortige Operation noch gerettet zu werden. Daß zur Beurteilung solcher Fälle ein geschultes Auge gehört, das liegt auf der Hand. Es ist daher unverantwortlich, wenn es Ärzte gibt, die Geburtshilfe treiben, ohne mit deren Regeln absolut verwachsen zu sein. Wohl kaum in einer andern medizinischen Disziplin kommen so viele Unglücksfälle vor, wie in der Geburtshilfe.

Selbstredend passieren allerdings die meisten Kunstfehler nicht bei der Leitung einer spontanen Geburt, sondern bei den geburtshilflichen Operationen, die ohne eine gute Technik und Indikationsstellung zu Unglücken führen müssen. Dann kommt es entweder zu schweren Schädigungen des Kindes oder der Mutter, oder es wird sogar beider Leben gefährdet. Nicht immer ist natürlich ein Verschulden des Arztes ohne weiteres anzunehmen. Eine schwierige *Zangenoperation* kann z. B. zu Hirnblutungen führen, auch wenn man noch so vorsichtig ist, und das Kind kann daran sterben oder Spätschädigungen davontragen. *Nevinny* hat sich in einer Monographie ausführlich über die geburtstraumatischen Schädigungen des Zentralnervensystems geäußert, ebenso *Naujoks* über die kindlichen Schädigungen überhaupt. Es geht aus diesen Arbeiten aber auch hervor, daß selbst bei Spontangeburten solche Schädigungen nicht ausgeschlossen sind. Man wird also gegebenenfalls bei einer Begutachtung sehr vorsichtig vorgehen müssen und nicht den Arzt beschuldigen, wenn nicht offenkundige schwere Vergehen gegen die geburtshilflichen Regeln nachgewiesen werden können. Daß selbst bei Kaiserschnitten Tentoriumrisse nicht ausgeschlossen sind, das habe ich selbst einige Male beobachten können. Auch Armlähmungen kommen bei Neugeborenen ab und zu nach Zangenoperationen vor, aber es ist fraglich, ob sie durch diese Operation zustande kommen oder bei der Entwicklung der oft breiten Schultern, wie *Kehrer* wohl mit Recht betont hat. Aus diesem Grunde können solche Paresen auch nach Spontangeburten zur Beobachtung gelangen, wenn die Entwicklung des Schultergürtels Schwierigkeiten gemacht hat und wenn durch die Hand der Hebamme oder des Arztes ein zu starker Druck auf den Nervenplexus ausgeübt wird. In den allermeisten Fällen gehen übrigens diese Lähmungserscheinungen relativ rasch zurück. Am häufigsten kommen sie jedenfalls vor bei Extraktion aus Steißlage, namentlich bei schwieriger Armlösung. In so gelegenen Fällen sind sie auch durchaus nicht

immer zu vermeiden. Beim *Veit-Smellie*schen Handgriff wird manchmal ein allzu starker Druck auf die Schlüsselbeingegend ausgeübt, der vermieden werden sollte. Auch dadurch können vorübergehende Lähmungen ausgelöst werden. Als Kunstfehler können aber solche Ereignisse nicht bezeichnet werden, denn sie kommen auch in den bestgeleiteten Anstalten vor und lassen sich durchaus nicht immer vermeiden. Das ist bei evtl. Klagefällen und gerichtlichen Nachspielen zu beachten. Wenn wir vorläufig bei der Zangenoperation bleiben, so kommen aber auch Verletzungen des Kindes vor, die schwererwiegender Natur sind als die eben erwähnten Lähmungserscheinungen, insbesondere Augenschädigungen. Ich führe im folgenden einen von *Doederlein* erwähnten Fall an, der ihm zur Begutachtung vorgelegt wurde:

Dr. X. hat bei einer VI-Para eine angeblich nicht sehr schwere Zangenoperation vorgenommen und ein lebendes Kind entwickelt. Beim Zusammenräumen des Geburtszimmers fand die Hebamme einen Augapfel, der mit der Nachgeburt und den Blutgerinnseln am Boden lag. Dr. X. glaubte nachweisen zu können, daß dieser nicht durch die Zange, sondern durch das stark vorspringende Promontorium ausgedrückt worden sei. Tatsächlich ist ein solcher Präzedenzfall in der Literatur niedergelegt (*Hofmann*, 1854). Allerdings ist es auch nicht von der Hand zu weisen, daß möglicherweise die Verletzung durch die Anlegung der Zange entstanden ist, denn unter 112 aus der Literatur zusammengestellten Fällen von Augenverletzungen bei Neugeborenen figurieren nicht weniger als 93 Zangenoperationen. Unter diesen finden sich 19 mit vollständiger Herauswälzung und Herausreißung des Augapfels, darunter zwei, bei denen der Augapfel nachher erst in den Wäschestücken gefunden wurde. *Doederlein* kam in seinem Gutachten zum Schlusse, daß zwar die Entstehung der Augenverletzung durch den Geburtsvorgang an sich nicht absolut sicher auszuschließen sei, daß aber eine ursächliche Schuld der Zangenoperation viel wahrscheinlicher sei. Ein Kunstfehler sei aber nach Lage der Akten auszuschließen, so daß die Verletzung als unglücklicher Zufall bezeichnet werden müsse.

Die von *Doederlein* in seinem Gutachten geäußerte Meinung kann nur unterstrichen werden. Es ist sehr bedauerlich, daß so schwere Verletzungen des Kindes vorkommen können, aber den allerbesten Geburtshelfern sind schon ähnliche Unglücksfälle passiert. *Hüssy* erwähnt einen Fall, wo ein Universitätsprofessor in einer großen Schweizer Stadt bei der Frau eines seiner besten Freunde eine Zangenoperation vornehmen mußte und dabei dem Kinde das eine Auge ausdrückte. Auch im Frauenspital in Basel kam es noch unter der Direktion *von Herffs* einmal zu einem solch traurigen Ereignis. Heutzutage wird man immerhin fragen müssen, ob die Ärzte nicht verpflichtet werden sollten, die neuen Zangenmodelle nach *Kielland* oder *Zweifel* oder das französische Instrument nach *Demelin* zu verwenden, mit welchen es möglich ist, den Kopf stets biparietal zu fassen. Dadurch kann vermieden werden, daß die Zangenlöffel über die Augen der Frucht zu liegen kommen. Überhaupt sind kindliche Verletzungen mit diesen Modellen nahezu ausgeschlossen, wenn man sich strikte an die geburtshilflichen Indikationen hält. Die alte *Naegele*-Zange und ähnliche Instrumente haben aber den großen Nachteil, daß sie nicht selten dem Kinde großen Schaden zufügen, insbesondere dann, wenn der Kopf noch auf dem Beckenboden steht und nicht rotiert ist. Daß sog. „hohe Zangen" große Gefahren in sich bergen und zum mindesten nur von solchen Ärzten gemacht werden sollten, die über große geburtshilfliche

Erfahrungen verfügen, ist hinlänglich bekannt. Für die Praxis eignen sich solche Operationen nicht, und wenn schließlich im allerbesten Falle auch das Kind noch lebend zur Welt kommt, so weist es doch häufig Spätschädigungen auf, und zudem ist meist die Mutter schwer verletzt und weist große, oft bis in den Mastdarm reichende Dammrisse auf. Trotzdem wird auch in solchen Fällen der Gutachter sich hüten müssen, einen Arzt zu beschuldigen, wenn nicht grobe Verstöße gegen Indikation und Technik vorliegen. Die Geburtshilfe ist ein so subtiles Fach der Medizin und mit solchen Gefahren umgeben, daß auch verantwortungsbewußten Ärzten einmal ein Unglück zustoßen kann. Unbedingte Regel ist jedenfalls immer die, daß vergebliche Zangenversuche nicht wiederholt werden sollen, auch nicht etwa durch eine Wendung abgelöst, sondern daß an die Zange die Perforation anzuschließen ist. Nur auf diese Weise lassen sich schwerste Schädigungen der Mutter vermeiden. Gelingt einem Arzte die Zange nicht, so soll er, wenn er selbst die Perforation nicht vornehmen will oder kann, die Frau sofort hospalisieren und zwar in eine Frauenklinik. *Hüssy* erinnert sich eines Falles, wo bei einer jungen Erstgebärenden vom behandelnden Arzte vergeblich die Zangenoperation versucht wurde, offenbar am hochstehenden Kopfe. Er machte nachher eine Wendung und Extraktion des bereits toten Kindes. Die Mutter verstarb 24 Stunden später, vermutlich an einer Uterusruptur. Der herbeigerufene Konsiliarius erklärte, es handle sich um eine Embolie (sic!). Hier hatte die unsachgemäße Geburtsleitung sowohl den Tod der Mutter als des Kindes verursacht. Gerichtlich wurde allerdings die Sache nicht. *Hofmeier* hat eine ganz ähnliche Beobachtung mitgeteilt:

Dr. G. hatte bei einer 22jährigen Erstgebärenden abends zehn Uhr einen vergeblichen Wendungsversuch gemacht. Nach Eintreten des Kopfes von selbst ins Becken während der Nacht machte der Arzt am andern Mittag eine hohe Zange, die aber den Schädel der Frucht nur tiefer ins Becken, aber nicht herausbrachte. Nun erfolgte die Überführung der Kreißenden ins Krankenhaus, wo die Perforation gemacht wurde. Die Wöchnerin verstarb schon nach 24 Stunden unter den Erscheinungen einer Peritonitis. Die Obduktion ergab eine breite perforierende Öffnung an der hinteren Cervixwand, welche dem unsachgemäßen Verhalten des behandelnden Arztes zugeschrieben wurde. Der Ordinarius der nahe gelegenen Universität erklärte das Zustandekommen der Ruptur durch den Druck des Kopfes gegen das Promontorium und beanstandete das Vorgehen des Krankenhausarztes, der durch Austastung der Scheide die Verletzung hätte erkennen sollen, womit die Frau durch eine sofortige Operation gerettet worden wäre. *Hofmeier* als Obergutachter bestritt dies mit Recht und schrieb die Verletzung dem Zangenversuche zu. Der erst behandelnde Arzt hätte das Kind, das bereits abgestorben war, sofort perforieren sollen. Die immer vergeblich wiederholte Anlegung der Zange war unrichtig und verderblich. Die Feststellung der innern Verletzungen und ihre entsprechende Behandlung hätte wohl am fatalen Ausgange nicht das geringste geändert. Der Tod war durch Infektion erfolgt, deren Ursache aber nach *Hofmeier* nicht mit absoluter Sicherheit festzustellen war. In seiner epikritischen Beurteilung dieses Gerichtsfalles hat *Hüssy* darauf hingewiesen, daß es s. E. falsch ist, Ärzte decken zu wollen, die so wenig von Geburtshilfe verstehen, wie der hier in Frage stehende Kollege, der sich über eine vollständige Unkenntnis der geburtshilflichen Regeln ausgewiesen hat. Ihm ist der Tod der Frau zuzuschreiben, denn was er hier geleistet hat, das ist unglaublich.

Die Verletzungen und die tödliche Infektion stehen in ursächlichem Zusammenhange mit den gänzlich unbegreiflichen Handlungen des Arztes. Der Krankenhausleiter hat soweit richtig gehandelt, nur sind ihm die schweren Verletzungen entgangen. Hingegen wäre wohl jede operative Behandlung nutzlos gewesen, darin ist *Hofmeier* unbedingt beizupflichten. Solche Vorfälle dürfen aber nicht einfach mit dem Schleier des Vergessens zugedeckt werden, denn solche Ärzte stellen eine zu große Gefahr für das Publikum dar. Geburtshilfe ausüben sollte ein solcher Mediziner nicht mehr dürfen. Es ist bedauerlich, daß er durch das Obergutachten *Hofmeiers* einigermaßen gedeckt worden ist. Es zeigt diese Beobachtung aber auch mit erschreckender Deutlichkeit, wie wenig gut vorbereitet manchmal die jungen Ärzte in eine Praxis eintreten und welch unheilvolle Folgen diese mangelhafte Ausbildung nach sich ziehen kann. Deshalb sind alle diejenigen Bestrebungen warm zu begrüßen, die darauf ausgehen, die in der Praxis stehenden Ärzte in ·Fortbildungskursen weiterzubilden und auf der Höhe der Wissenschaft und Technik zu halten.

Wenn schon die Zange als eine gefährliche Operation bezeichnet werden muß, falls die geburtshilfliche Technik nicht beherrscht wird, so noch viel mehr die *Wendung auf den Fuß*, die meistens der Mutter, zufolge einer Uterusruptur, das Leben kostet, wenn unrichtig vorgegangen wird, währenddem beim Forceps häufig nur das Kind Schaden davonträgt und in den meisten Fällen die Mutter weniger gefährdet ist. Eigentümlicherweise finden sich in der Literatur immer und immer wieder Beobachtungen, wo an der gleichen Kreißenden sowohl die eine wie die andere Operation ausgeführt wurde, obgleich sie sich eigentlich gegenseitig ausschließen. Dieses Schwanken von einem Eingriff zum andern, die Furcht vor der Perforation und vor der Narkose zeigen so recht eigentlich, wie wenig Erfahrung manche Ärzte in der Geburtshilfe besitzen, wie sie dann den „Kopf verlieren", sobald sie auf unvorhergesehene Schwierigkeiten stoßen und schließlich eine Menge gänzlich unindizierter und technisch falscher Eingriffe vornehmen, von denen meist keiner zum Ziele führt. Die unausbleibliche Folge sind sowohl ein totes Kind als auch nach kurzer Zeit eine tote Mutter. Ich bringe hier nur ein Beispiel aus der Beobachtung von *Hofmeier*, das das Gesagte beleuchtet:

Bei einer VIII-Para, die wiederholte Aborte und Auskratzungen mitgemacht hatte, nahm der beschuldigte Arzt eine kombinierte innere Wendung vor, nachdem die Versuche zu einer äußeren Wendung fehlgeschlagen hatten. Da die Placenta nicht spontan geboren wurde, so mußte nach einigen Stunden auch noch die Placentarlösung angeschlossen werden, wobei sich eine Uterusruptur und eine Inversion feststellen ließen. Deshalb nach Tamponade Einweisung in ein Krankenhaus. Dort Operation und baldiger Tod der Frau. Die Obduktion ergab eine kolossale Zerreißung am Fundus des Uterus, die offenbar bei der Wendung entstanden war. Nach Ansicht *Hofmeiers* war der Arzt sachgemäß vorgegangen, die Zerreißung sei bei der Wendung nicht zu vermeiden gewesen, weil die Uteruswandung infolge der vielen Curettagen geschädigt gewesen sei.

Daß bei einer Wendung Uterusrupturen eintreten können, das ist sicher, und es ist eine Frage, ob dieses fatale Ereignis hier hätte vermieden werden können. Alles in allem wird man in diesem Falle den Arzt nicht ohne weiteres beschuldigen können, denn im ganzen ist er zweifellos richtig vorgegangen und hat das gefährliche Vorkommnis erkannt. Ob er allerdings die Wendung richtig und ohne Gewalt durchgeführt hat, das ist eine andere Frage. Die sehr ausgedehnte Zerreißung legt jedenfalls den Gedanken nahe, daß die Wendung nicht subtil genug ausgeführt worden ist. Trotzdem wird man daraus keine Schuld konstruieren wollen, aber die Beobachtung zeigt zur Genüge, welche Gefahren die inneren Wendungen in sich bergen, und wie gefährlich es ist, diese Operation im Privathaus vorzunehmen, wo man schließlich doch nicht in Bereitschaft steht, um eine evtl. eingetretene Uterusruptur sofort richtig, d. h. operativ zu behandeln. Bei der Beurteilung solcher Unglücksfälle ist aber auch zu beachten, daß es spontan eintretende Gebärmutterzerreißungen gibt, deren Ursache nicht immer feststeht und die auch zunächst ganz symptomlos verlaufen können. Meist handelt es sich dabei um die sog. Colpaporrhexis. Auch nach früheren Kaiserschnitten ist eine spontane Uterusruptur möglich, wenn auch selten (*Müller, Furrer* usw.).

Nicht minder gefährlich als Zange und Wendung ist auch die *manuelle Placentarlösung*. Einmal können dabei dadurch schwere Verletzungen entstehen, daß die operierende Hand nicht in den Uterus, sondern daneben gelangt und dann meist das hintere Scheidengewölbe durchbohrt. Es sind Fälle bekannt, wo in vollständiger Verkennung der Sachlage statt der Nachgeburt der ganze Uterus herausgerissen worden ist. Das kann nur dann passieren, wenn man sich nicht an die Regel hält, der Nabelschnur nachzuklettern, auf welche Art und Weise man stets den richtigen Weg finden muß. Anderteils kommt es auch vor, daß bei der Lösung des Fruchtkuchens nicht alle Teile desselben herausbefördert werden und mehr oder weniger große Stücke zurückbleiben, die dann faulen und sich infizieren können. Nach jeder manuellen Lösung muß daher eine Revision der Uterushöhle vorgenommen werden, um sich zu überzeugen, ob auch wirklich die ganze Placenta entfernt worden ist oder nicht. Absolute Regel ist es auch, daß sowohl die Placentarlösung als übrigens auch die andern geburtshilflichen Operationen in Narkose vorgenommen werden. Einmal ist es eine Brutalität, den Frauen unnötige Schmerzen zu bereiten, und ferner ist es viel leichter bei völliger Entspannung zu operieren, als wenn sich die Frauen verzweifelt wehren und unruhig sind. Es ist ja auch bekannt, daß die gebärenden Frauen gegen eine Narkose, insbesondere gegen Chloroform auffallend tolerant sind. Meist brauchen sie übrigens nach einer langen zermürbenden Geburtsarbeit nur wenig Narkoticum. Es ist also in keiner Weise ersichtlich, warum man sie der Wohltat der Anästhesie berauben soll, wenn keine ganz strikte Indikation gegen eine Narkose vorliegt, was nur sehr selten der Fall sein dürfte. Größte Schwierigkeiten kann die Lösung einer total adhärenten Placenta bereiten, was eine der gefährlichsten Komplikationen einer Geburt darstellt und in vielen Fällen ohne weiteres einen schlechten Ausgang befürchten läßt. Man kann aber dieses äußerst unangenehme Ereignis leicht daraus diagnostizieren, daß in der Nachgeburtsperiode kein Blut abgeht. Wird so etwas festgestellt, dann soll der Arzt in der Praxis die Lösung der Placenta nicht versuchen, sondern die betr. Patientin sofort, ohne weiteren Eingriff, einer Frauenklinik überweisen. Es ist falsch, wenn er den Versuch unternimmt, den Fruchtkuchen herauszubefördern, denn die Operation muß mißlingen. Außerdem bekommt die Frau bei evtl. partiellen Lösungen so starke Blutungen, daß diese in der Praxis nicht mehr zu bemeistern sind.

*Sellheim* hat folgende erschütternde Beobachtung aus seiner Gerichtspraxis mitgeteilt: Ein praktischer Arzt versuchte bei seiner eigenen Frau nach einem Aborte vom sechsten Monate die Placentarlösung zu machen, geriet aber in der Aufregung auf einen falschen Weg und riß schließlich die ganze Gebär-

mutter heraus. Glücklicherweise gelang es ihm noch, die Schwerverletzte beizeiten in ein Krankenhaus zu bringen, wo auf dem Wege der Laparotomie noch Heilung gebracht werden konnte. *Sellheim* konnte durch genaue Inspektion des vorliegenden Präparates nachweisen, daß es sich um eine Placenta praevia gehandelt hatte, wodurch die Uteruswand so aufgelockert war, daß sie bei der großen psychischen Aufregung von der operierenden Hand durchstoßen wurde. Fahrlässigkeit konnte nicht angenommen werden, es handelte sich vielmehr um ein tragisches Mißgeschick des Arztes in der eigenen Familie. Das Gericht kam deshalb zu einem Freispruche.

Eine der vornehmsten Pflichten und Aufgaben der Ärzte und Hebammen ist es, die gebärenden Frauen vor einer *Infektion* zu bewahren. Leider ist in dieser Beziehung noch nicht alles, wie es sein sollte. Eine ganze Reihe derjenigen Frauen, die nach geburtshilflichen Operationen gestorben sind, fielen nicht den Verletzungen zum Opfer, sondern schweren Infektionen. Es ist auffallend, daß sich die Sachverständigen in den allermeisten Fällen über diesen Punkt vollständig ausgeschwiegen haben, und doch spielt die exakte Desinfektion und die Asepsis in der Geburtshilfe eine überragende Rolle. Es ist auch darauf hinzuweisen, daß, wenn irgend möglich, nur rectal untersucht werden sollte. Vaginale Untersuchungen stellen immer eine gewisse Gefährdung dar, namentlich bei sonst schon unsauberen Verhältnissen. Wenn die Naturheilärzte und ihre Anhänger in den medizinischen Reihen immer und immer wieder behaupten, daß Puerperalfieberfälle in der Außenpraxis selten seien oder sogar gar nicht vorkommen sollen, so ist das eine Unwahrheit. Allerdings werden die meisten Infektionen aus naheliegenden Gründen vertuscht, oder man schiebt sie eben an die Anstalten ab, und dann sterben die betr. Frauen nicht zu Hause, sondern im Krankenhaus. Das ist aber nur eine Verschleierung der wirklichen Tatsachen. Jede Frauenklinik hat im Jahre eine Menge von Kindbettfieberfällen zu behandeln, die bei der Hausgeburtshilfe entstanden sind. Dagegen kann der Beweis leicht erbracht werden, daß in einer gut geleiteten Klinik heutzutage das Puerperalfieber nicht mehr vorkommt, mit Ausnahme der außerordentlich seltenen Spontaninfektionen, die nicht zu vermeiden sind. Gewiß ist man manchmal direkt überrascht, wie auch schwere Geburtsfälle in der allgemeinen Praxis, öfters trotz mangelhafter Desinfektion, gut verlaufen, und eine Erklärung hierfür ist nicht leicht zu geben. Es ist aber natürlich klar, daß auch die Resistenzfähigkeit des mütterlichen Organismus eine gewisse Bedeutung hat, und außerdem sind glücklicherweise nicht immer virulente Keime mit im Spiele.

*Schrifttum.*

*Ahlfeld:* Lehrbuch der Geburtshilfe. Leipzig 1898. — *Albers:* Sekalegaben intra partum. Zbl. Gynäk. **11,** 567 (1938). — *Beck,* s. *Hüssy:* Der geb.-gyn. Sachverständige. Bern 1931. — *Doederlein:* Aus meiner Gerichtsmappe. Münch. med. Wschr. **1922/23.** — *Frey, E.:* Handb. *Halban-Seitz.* Biologie und Pathologie des Weibes. VIII, 3. — *Furrer:* Trauma am Ende der Gravidität. Dissert. Zürich 1934. — *Hofmeier.* Münch. med. Wschr. **1925/26.** — *Hüssy:* Begutachtung und gerichtl. Beurteilung von ärztl. Kunstfehlern. Stuttgart 1935. — *Hüssy:* Der geb.-gyn. Sachverständige. Bern 1931. — *Kehrer:* Die Armlähmung bei Neugeborenen. Stuttgart 1934. — *Labhardt:* Beiträge zur Kenntnis der anatom. Grundlagen der Postpartum-Blutungen. Z. Geb. und Gyn. **68.** — *Labhardt:* Die operative Behandlung der Postpartum-Blutungen. Zbl. Gynäk. **1912,** 23. — *Labhardt:* Zur Ätiologie und Therapie der Postpartum-Blutungen. Korresp.bl. Schweiz. Ärzte **1910,** 17. — *Naujoks:* Die kindlichen Geburtsverletzungen. Stuttgart 1934. — *Nevinny:* Die geburtstraumatischen Schädigungen des Zentralnervensystems. Stuttgart 1936. — *Oswald:* Über Uterusruptur bei manueller Plazentarlösung. Dissert. Basel 1903. — *Reuter:* Handb. *Halban-Seitz.* Biologie und Pathologie des Weibes. VIII, 3. — *Sellheim:* Mißgeschick eines Arztes. Zbl. Gynäk. **1926.** *Halban-Seitz:* Biologie und Pathologie des Weibes. VII, 1. *Hüssy.*

**Gefrierpunktsbestimmung** siehe *Tod durch Ertrinken.*

**Geheimmittel** siehe *Arznei- und Geheimmittel.*

**Geheimschriften** (= G.). (Vgl. auch Art.: Tinten und Tintenschriften; Zinken.)

Das Bestreben, Geheimes und Geheimzuhaltendes zu verbergen, zu verstecken, macht sich selbstverständlich auch im Schriftverkehr unter den Menschen geltend. Es ist daher gar nicht verwunderlich, daß die geheime Verständigung uralt ist und sich insbesondere auch schon bei der Nachrichtenübermittelung zwischen kriegführenden Völkern des Altertums entwickelt hat. Dem Erfindungsgeist, zu verheimlichende Mitteilungen unbemerkt durch die feindlichen Grenzen zu bringen, war in alten Zeiten, genau wie heute noch, ein aussichtsreiches Feld der Betätigung gegeben. Ich erinnere z. B. an den Sklaven, dem auf die kahl geschorene Kopfhaut wichtige geheime Nachrichten geschrieben wurden, der dann nach ihrer Verdeckung durch das wieder gewachsene Kopfhaar zum Bundesgenossen über Feindesgrenzen gesandt wurde. Von dieser Zeit bis zur heutigen besorgten Frage der Zollbeamten bei Ankunft auf nordamerikanischem Boden nach „verschlossenen Briefen" sind zwar Jahrhunderte vergangen, aber die gleiche Furcht vor Spionagenachrichten, deren Entdeckung oder Vereitelung besteht heute noch wie früher, nur in viel stärkerem Maße, weil die Methoden der geheimen Nachrichtenübermittelung sich verfeinert haben und daher mit größeren Erfolgen rechnen können. Wie variationsfähig und ewigwirkend uralte Ideen auch auf diesem Gebiete sind, bewies der auf den Rücken eines Geheimagenten in Form einer phantastischen Zeichnung tätowierte Spionagebericht, wie sich bei seiner Festnahme im Jahre 1931 in der Nähe von Wilna herausgestellt hatte. Mit dieser Vorbemerkung sollte nur angedeutet werden, daß der Geheimschriftgebrauch zuerst aus kriegerischen Notwendigkeiten und zu politischen und diplomatischen Zwecken eingeführt worden ist. Im Laufe der Zeit hat sich eine Kryptographotechnik von hohem Grade entwickelt, neben der aber auch Geheimschriften primitivster Art sich erhielten, besonders in den Kreisen, die uns hier besonders interessieren, in Verbrecherkreisen. Natürlich führten die Geheimagenten mit chiffrierten Nachrichten nicht auch den Geheimschriftschlüssel mit sich; vielmehr mußte er erst durch Sachverständige herausgefunden werden. Wie es Mathematiker mit einseitiger hoher Begabung gibt, so auch Geheimschriftentzifferer. Sie sind seltene Erscheinungen, die sich aber in jedem Kulturvolk finden lassen und deren Dienste in Kriegsfällen von großem Wert sind. Es bleibt ohnedies noch manches auf diesem Gebiete unentdeckt, wie sich aus dem auch in deutscher Sprache erschienenen Buch des englischen Generalleutnants Sir *Robert Baden-Powell,* Meine Abenteuer als Spion, Leipzig 1915, ersehen läßt. Wie wir, so haben auch unsere Feinde im Weltkrieg Geheimdepeschen nach Ermittelung des Chiffrierschlüssels entziffert. Auf englischer Seite war es vor allem Sir *Alfred Ewing;* er ist im Januar 1935 verstorben. In seiner Jugend zeigte er sich schon als sehr begabter Ingenieur und Physiker und hatte es in der Auflösung chiffrierter Telegramme zu einem gewissen Ruf gebracht, so daß ihn die britische Regierung zum Beginn des Weltkrieges zum Chef der Abteilung 40 im Marineamt ernannte, der die Aufgabe zufiel, alle feindlichen Chiffrierdepeschen zu entziffern. Wie er selbst einmal über seine Tätigkeit erzählte, begann er zunächst mit einigen Gehilfen und zählte gegen das Ende des Weltkrieges bereits über 50 Mitarbeiter. „Es würde keine Seeschlacht im Skagerrak gegeben haben,

meinte er, wenn wir nicht deutsche Depeschen dechiffriert hätten, aus denen entnommen wurde, daß die Reichsmarine im Begriff war, einen Überfall auf die Ostküste Englands zu unternehmen. Die seltsamste Nachricht, die wir je zu enträtseln hatten, war einem Taschenkamm anvertraut, den man einem nach Berlin adressierten Paketchen entnommen hatte. Scheinbar regellos um die Zähne des Kammes geschlungen, ergab sich ein Bild, das entfernte Ähnlichkeit mit Notenschrift hatte. Mit großer Geduld gelang es uns, das Geheimnis zu entziffern, das zur Verhaftung eines ganzen Nestes von Marinespionen führte. Um 1916 änderten die Deutschen fast jede Nacht um 12 Uhr den Codeschlüssel, und das bedeutete zum mindesten großen Zeitverlust bei der Entzifferung. Die Berichte der von London heimkehrenden Zeppeline und die der Unterseeboote waren trotzdem meistens ebenso früh in unserer Hand, wie in Wilhelmshaven oder Berlin" (Berliner Lokalanzeiger vom 8. 1. 1935). Um uns aber nicht in der Geschichte der Kunst der Geheimschriftenzifferung zu verlieren, wollen wir uns vor allem auf die gewißermaßen alltäglichen Geheimschriften beschränken, wie sie in der kriminalistischen Praxis noch am ehesten auftreten.

Die Geheimschriften werden eingeteilt: a) in Aufzeichnungen zum persönlichen Gebrauch; b) in schriftliche Mitteilungen, die für einen anderen bestimmt sind; c) in geheimschriftliche Hinweise oder Warnungen, die für die Mitglieder einer Verbrecherbande oder für gewisse Arten von Berufs- und Gesinnungsgenossen bestimmt sind; d) in mechanische Geheimschriftapparate. Nach Art und Form sind die Geheimschriften in *latente* und in *sichtbare* zu unterscheiden.

*Zu a)* Nicht selten ist es beobachtet worden, daß Verbrecher über ihre ausgeführten oder geplanten Straftaten Buch führen. Wie ihre Tat selbst, so müssen auch ihre Aufzeichnungen Licht und Klarheit scheuen; also legen sie sich eine eigens erdachte Geheimschrift zu. Als primitivste Art kennen wir gewisse Zeichen im Taschenkalender oder auch stark abgekürzte, mit zeichnerischen Skizzen oder Abbildungen versehene Eintragungen im Notizbuch, die ohne Hilfe des Schreibers größtenteils nicht zu entziffern sind. Wir haben solche geheimschriftlichen Aufzeichnungen zum Teil mit der an die Uranfänge unserer Schrift erinnernden primitiven bildlichen Darstellungen von Gegenständen vorgefunden, wie sie auch in den alten Gauner- und Bettlerzinken (s. d. Art.: Zinken) wieder auftreten, z. B. bei Einbrechern, welche sich über Zeit, Ort und Beute des Diebstahls Vermerke machten oder über die Art der Beuteverteilung unter Komplizen oder auch über Diebstahlsgelegenheiten, wobei ja vor allem auch selbst gefertigte Ortsskizzen manchmal eine Rolle spielen, sei es, um den genauen Standort eines zu beraubenden Geldschrankes, sei es, um den Ort, wo eine Diebesbeute vergraben wurde, aufzuzeichnen. In einem seltenen Ausnahmefall ist es uns gelungen, ein ganzes, in Geheimschrift abgefaßtes Tagebuch eines diebischen Wüstlings ohne Schlüssel zu entziffern, wobei sich eine ganze Reihe ausgeführter Schandtaten feststellen ließ, die auch auf Grund dieser Entzifferung größtenteils aufgeklärt und gesühnt werden konnten.

*Zu b)* Die schriftlichen Mitteilungen, die ein Verbrecher an seine Gehilfen richtet, sind entweder chiffriert und als Geheimschrift auf den ersten Blick zu erkennen, oder sie sind *latent,* d. h. unsichtbar und daher auch unlesbar, oder sie sind in einem harmlosen Brieftext oder unter aufgeklebten Brief- und Verschlußmarken versteckt untergebracht und für den Uneingeweihten daher auch nicht erkennbar und jedenfalls unverständlich. Die letzterwähnte

Art muß überall da angewendet werden, wo schriftliche Mitteilungen durch eine Kontrolle gehen, wie z. B. in Gefängnissen oder bei sonstigen Briefüberwachungen, z. B. zum Zwecke einer Devisenkontrolle. Da diese Art von Geheimschriften für die forensische Praxis die wichtigste ist, muß sie etwas eingehender behandelt werden.

Geheimschriften zum Zwecke der Verständigung unter zwei oder mehreren Personen beruhen auf Verabredung, d. h. beide Parteien müssen das Geheimschriftalphabet kennen. Wenn ein Gefangener eine Geheimschrift anwenden will, um eine damit geschriebene Mitteilung als „Kassiber" hinauszuschmuggeln — wozu übrigens schon ein bloßer Händedruck oder Kuß genügen kann, den er mit einem Besucher wechselt—, so muß es grundsätzlich eine solche sein, dessen Alphabet er ohne schriftliche Aufzeichnungen auswendig kennt und jederzeit aus seinem Gedächtnisschatz entnehmen kann. Daher kann es nur eine einfache Versetzungschiffre sein, dessen Ursprung man auf *Julius Caesar* zurückführen will. Wie aber *Meister* nachgewiesen hat, kannte man diese Versetzungs- oder Vertauschungschiffre schon im orientalischen Altertum; dabei wurde das ganze Alphabet so umgedreht, daß der letzte Buchstabe den ersten, der vorletzte den zweiten usw. vertreten sollte. Das von *Caesar* angewendete Chiffrieralphabet stellte nur eine Variation dar und bestand darin, daß er jeden Buchstaben des Alphabetes durch den vierten folgenden ersetzte, so daß sein Chiffrieralphabet, wie es in ähnlicher Weise heute noch vielfach in Brauch ist, so aussah:

a wird ersetzt durch d
b  „      „      „   e
c  „      „      „   f
d  „      „      „   g
e  „      „      „   h
f  „      „      „   i
usw.               usw.

Eine Variation davon ist die Ersetzung der Chiffrebuchstaben durch Ziffern und Zahlen oder durch andere Schriftzeichen oder Abkürzungszeichen oder durch eine Mischung solcher Buchstaben, Zahlen und Zeichen. Die Vertauschung der Buchstaben des gewöhnlichen Alphabets mit anders geordneter Reihenfolge oder mit Zahlen oder Zeichen ist so leicht, daß ihre Erlernung keinen Schwierigkeiten begegnet. Dabei spielt meistens auch die Mnemotechnik eine gewisse Rolle, um sich die Einprägung des Geheimschriftalphabets zu erleichtern. Man denke z. B. an die Gabelsberger Stenographie, die auf dem Prinzip beruht, Teile eines Buchstabens für den ganzen Buchstaben zu setzen, also pars pro toto. Genau so kann auch der Erfinder eines G.-Alphabets verfahren, indem er beispielsweise von dem „K" (in Blockschrift) nur die beiden obersten, einen spitzen Winkel bildenden Striche oder nur den schräg gestellten Schlußstrich als Chiffrebuchstabe für „k" wählt. Diese Anlehnung an die Grundform der Buchstaben erleichtert selbstverständlich die Erlernung und Beherrschung eines Chiffrieralphabets und kann nach einiger Übung fließend geschrieben und gelesen werden, vorausgesetzt, daß deutlich geschrieben wird.

Die *latente* Geheimschrift wird mit *unsichtbarer* Flüssigkeit geschrieben, so z. B. mit Urin, Speichel oder (entrahmter) Milch, und zwar auf einen unscheinbaren weißen Zettel, der dem Gefängnisbesucher trotz Aufsicht zugesteckt werden kann, oder als Interlineartext in einem harmlosen Brief, der die Kontrolle unbedenklich passiert. Sodann kommen chemische Flüssigkeiten als latente Schreibmittel in Betracht. Es sind die sog. „*sympathetischen Tinten*", von denen schon in alten kryptographischen Lehrbüchern die Rede ist. Vom Empfänger werden damit geschriebene Mitteilungen durch Hitze, z. B.

mit einem heißen Bügeleisen oder Auflegen auf eine elektrisch erhitzte Platte sichtbar gemacht, weil die Hitze eine chemische Färbung der Schriftzüge bewirkt. Eine der einfachsten Geheimschrifttinten ist die (1 : 50) verdünnte Schwefelsäure. Dem Chemiker sind aus der analytischen Chemie mehrere Reaktionen bekannt, die auf der Bildung gefärbter Niederschläge beruhen und ihm die Hervorrufung latenter G. erleichtern. So gehört z. B. in erster Linie die verdünnte Eisenchloridlösung hierher. Bestreicht man ein so geschriebenes Schriftstück mit verdünnter Lösung von gelbem Blutlaugensalz, dann tritt die Schrift in sog. „Berliner Blau" deutlich hervor, oder sie kann mit einer Tanninlösung entwickelt werden. Die mit einer Lösung von essigsaurem Blei geschriebene Schrift wird mit einer Lösung von Schwefelammonium sichtbar gemacht, wobei das gefärbte Bleisulfid die Schriftzeichen braunschwarz erscheinen läßt. Die Schrift mit schwachrosa gefärbter Lösung von Kobaltchlorür tritt beim Erwärmen in blauer Farbtönung zutage, verschwindet aber beim Erkalten wieder. Solche chemische Schreibmittel gibt es noch mehr; sie interessieren hier aber nur dem Gesichtspunkt aus, ob und wie sie zu erkennen und sichtbar zu machen sind.

Zunächst muß darauf aufmerksam gemacht werden, daß ein gut geleimtes Papier beim Beschreiben mit einer ungefärbten Flüssigkeit den Glanz der Papieroberfläche wegnimmt, so daß beim Betrachten im schräg auffallenden Licht solche Schriftspuren zu erkennen sind und das Schriftstück bei der Kontrolle daher als verdächtig zurückbehalten werden kann, um es dann näher zu prüfen und die G. lesbar zu machen. Aber auch mit Hilfe der weitverbreiteten, Ultraviolettlicht erzeugenden Analysenquarzlampe wird die Schrift fluorescierend sichtbar, so daß sie photographisch fixiert werden kann, um später, wenn nötig, als Beweismittel zu dienen. Auch infrarote Photographie dient zur Sichtbarmachung von G.

Im Weltkrieg mußte die Briefkontrolle im größten Umfange betrieben werden, um die ständige Spionagegefahr möglichst unwirksam machen zu können. Glücklicherweise konnte den Postkontrollstellen ein chemisches Universalmittel der Sichtbarmachung latenter Schriften zur Verfügung gestellt werden, dessen Zusammensetzung geheim gehalten wurde, aber es war für die Entdeckung aller unsichtbar schreibenden Flüssigkeiten brauchbar. Manchmal erschien es aber geraten, nach Sichtbarmachung und Kenntnisnahme von dem G.-Text diesen wieder verschwinden zu lassen, um die Fortsetzung der G.-Korrespondenz weiter überwachen zu können. Auch hierfür gab es eine in ihren Bestandteilen geheim gehaltene chemische Flüssigkeit, die mit bestem Erfolg von den Überwachungsstellen angewendet wurde. Wenn man nun annimmt, daß schließlich der Gegner einmal etwas von einer Überwachung merken wird, liegt es auch nahe, andere Methoden der G. anzuwenden, denen geheime Entwicklungsflüssigkeiten nichts anhaben konnten. Dazu diente ein besonders verabredeter Geheimcode, der vor allem darin bestand, daß gewissen Wörtern und Ausdrücken ein ganz anderer Sinn gegeben wurde, als er im gewöhnlichen Sprachgebrauch hatte.

*Georg Queri* erzählte in seinem Werk „Bauernerotik und Bauernfeme in Oberbayern" (München 1911) etwas vom „Daxer von Wall", einem der letzten und gefürchtetsten Führer der oberbayerischen Haberfeldtreiber, dem Bauern und Gastwirt *Johann Bauer*, wie er als Angeklagter richtig hieß. In den Jahren 1894—1896 verständigte er sich von seiner Haftzelle aus mit seinem in Freiheit lebenden Bruder Franz in einer Geheimsprache, von der niemand, auch nicht der Untersuchungsrichter, durch dessen

Hand alle seine Briefe gegangen waren, eine Ahnung hatte und die erst später entdeckt wurde und zu einem ganzen Entzifferungsvokabularium führte. Hier sei ein Beispiel eines seiner Briefe wiedergegeben: „Ludwig soll alle Privatleute[1] um Hilfe anrufen. Ich lasse alle Fuhrleute bitten, recht fleißig Steine zu fahren[2]. Nur die unrichtigen Akkorde[2a] waren falsch. Es gibt aber noch genug Privatleute[1], ... die schon bei der Versteigerung[3] zu Ostern waren. Ich habe ihm auch schon ausgeholfen[4]. Nehmt kräftige Steinlader, 4 bis 5 Mann à 100 Mark. Wenn diese nicht Zeit haben, schickt um jeden Preis mehrere andere. Der Wassermann[5] kennt sich beim Steinfahren gut aus. Wenn der Verwalter[6] die Akkorde[7] fertig bringt, bekommt er tausend Mark ..."

Aus der forensischen Praxis seien noch einige weitere Ausdrücke geheimsprachlicher Sinnentstellung wiedergegeben:

50000 Kilo Baumwolle = 50000 RM, die ins Ausland geschmuggelt werden sollen,

1 Kilo Muster = 100 RM., ebenfalls in der Devisenschmuggler-Geheimsprache,

Kaffeebohnen und Kaffeemühlen = Schußwaffen und Munition.

„Schwerer Seegang, komme sofort, Anni erkrankt." Dieses Telegramm sandte ein Bankangestellter als Komplize an einen Einbrecher, um ihm anzuzeigen, daß bei der Bank größere Geldsummen eingetroffen seien, die ein sofortiges Kommen lohnen. „Anni erkrankt" ist ein sog. „Nonvaleur" (Niete), zum Zwecke der Irreführung des nicht eingeweihten Lesers. Kupplerinnen, die sich (in Berlin 1922) gegenseitig telephonisch zwecks Zusendung geeigneter Mädchen unverdächtig verständigten, wollten sich mit bestimmten „Braten" aushelfen, indem sie „Rehrücken", „Hasenrücken", „Puten", „Fasanen" usw. verlangten und damit Mädchen eines bestimmten Typs meinten; „Wildbrei" bedeutete: junge Mädchen verschiedenen Typs.

*Zu c)* Wenn an Häusern oder an Wohnungstüren mit Bleistift, Buntstift oder Kreide gewisse Zeichen entdeckt werden, vermuten manche gleich G.-Zeichen für Verbrecher. In Erinnerung an die Gauner- und Bettlerzinken (s. d. Art.: Zinken) früherer Zeit ist eine solche Auslegung wohl verständlich; denn die Bettler hatten sich früher vielfach in einer solchen Weise verständigt, um dem nachfolgenden „Bruder" einen Wink zu geben, wohin er sich zur Erlangung von Almosen zu wenden hätte und wie er sich dabei am vorteilhaftesten verhalten sollte. Andererseits gab er ihm durch bestimmte Zeichen auch eine Warnung, wenn da oder dort Betteln gefährlich sei. Aber meistens stellen sich solche Zeichen heutigentags entweder als harmlose Kritzeleien von Kindern heraus oder als „Scherze" guter Freunde oder Nachbarn oder auch als Merkzeichen zu persönlichen Zwecken. So hatte ein Handwerker in einem Neubau neben der Wohntürklingel gewisse Zeichen angebracht, die beim Einzug der neuen Mieter aus Angst falsch verstanden wurden; in Wirklichkeit sollten sie aber dem Handwerker oder seinem Gesellen nur anzeigen, wo noch gewisse Arbeiten zu verrichten waren. Dr. *Heim,* der in der ersten Hälfte des vorigen Jahrhunderts als volkstümlicher Arzt in Berlin wirkte, hatte im Jahre 1810 — er war damals 63 Jahre alt — einmal ganz Berlin in Aufregung versetzt. Eine Art Geheimzeichen, die mit Kreide in einer der Zahl „69" ähnlichen Schreibweise an vielen Wohnungstüren zu sehen waren, klärte die Polizei

bald als harmlos auf: Dr. *Heim* hatte sich für seine Besuche die Wohnungen durch dieses „Geheimzeichen" gekennzeichnet, wo er auf das Öffnen der Wohnungstür immer zu lange warten mußte und wo es angebracht war, gleich besonders stark zu läuten.

Aber es ist nicht zu leugnen, daß solche Geheimzeichen, wenn auch selten, auch einmal weniger harmlosen Zwecken dienen können. Vor allem sei an eine geheime Verständigung, zum Zwecke der Verabredung nach Zeit und Ort näher bestimmt, gedacht, wie es unter verfolgten Verschwörern und Gesinnungsgenossen gelegentlich geübt wurde, wobei öffentlich zugängliche Aborte bevorzugt wurden. Zu Kriegszeiten werden Häuser geheim gekennzeichnet, besonders für die Marodeure.

*Zu d)* Wie auf die eigentliche Dechiffrierkunst hier nicht näher eingegangen werden kann, so auch nicht auf die Chiffriermethoden selbst, wie sie in den unten angegebenen Werken näher dargestellt sind. Aber noch einige Bemerkungen über *Chiffriermaschinen* sollen hier angefügt werden.

Seitdem die Funkentelegraphie eingeführt ist, dachte man daran, um sich wirksam gegen die unbefugte Entzifferung geheim zu haltender funkentelegraphischer Nachrichten zu schützen, die ja auch vom Feinde aufgefangen werden. Dabei haben die von Deutschen erfundenen Geheimschriftenapparate sich gut bewährt. Vor allem sind es zwei Typen, die Erstaunliches im mechanischen Chiffrieren der Telegrammtexte leisten. Zuerst nennen wir die „Enigma-Chiffriermaschine"; sie ist einer Schreibmaschine ähnlich konstruiert mit elektrisch-automatischem Betrieb. Das normale Alphabet kann automatisch in mehrere Tausch- oder Ersatzalphabete verschoben werden, so daß z. B. das fünfmalige Anschlagen einer Buchstabentaste fünf abweichende Buchstaben auf dem Papier wiedergibt. Wenn auf der Tastatur ein deutscher Klartext in normaler Schreibweise geschrieben wird, drückt das Typenrad ganz andere Buchstaben auf das Schreibpapier. Nach Umstellung eines Hebels wird die unverständliche Buchstabenreihe wieder abgeschrieben, und der Klartext erscheint dann auf dem Schreibpapier. Die „Kryha-Chiffriermaschine" leistet ebenfalls Erstaunliches. Die mit ihr hergestellten G. können als undechiffrierbar gelten, wie aus dem Gutachten eines hervorragenden Mathematikers hervorgeht. Diese Maschine wurde in zwei Systemen hergestellt: eine mechanisch betriebene und die eine elektro-automatische Schreibmöglichkeit aufweisende Apparatur. Die ersterwähnte Ausführungsart zeigt einen leicht handlichen halbrunden Metallkasten in der Größe von $25 \times 20$ cm, 10 cm Höhe, 4,5 kg Schwere. Das Wesentliche ist dabei, daß durch ein eingebautes Präzisionsuhrwerk die Chiffrierscheibe gedreht wird und dabei immer wechselnde Chiffrierbuchstaben an die Buchstaben des Klartextes herangeführt werden, wodurch derselbe Buchstabe immer wieder anders ausgedrückt wird. Der eigenartige Mechanismus bewirkt eine so abwechselnde Bewegung der Chiffrebuchstaben, daß eine periodische Wiederkehr fast bis ins Unendliche verlagert wird. Das wurde dadurch erreicht, daß das Chiffrierbuchstabenrad auswechselbar ist und ganz individuell für Absender und Empfänger gezählt werden kann. Dadurch kommt es zu Drehungen dieser Chiffrierscheibe, die ganz von der Drehscheibenzählnelung und der Grundeinstellung der Maschine beim Beginn des Chiffrierens abhängig ist, die das eigentliche Geheimnis der beiden Korrespondierenden ist. Gegenüber den sonst üblichen Geheimcodes hat diese ungewöhnlich sinnreiche Chiffriermethode den außerordentlich großen Vorteil, daß der schriftlich fixierte und in mehreren Exemplaren vorhandene Geheimschriftschlüssel durch Diebstahl, Unvorsichtigkeit beim

---

[1] Haberer.  [2] Falsche Zeugen zu werben.

[2a] Mitverbündete.  [3] Gerichtsverhandlung.

[4] Durch falsche Zeugenaussagen.  [5] Falscher Zeuge.

[6] Bruder Franz.  [7] Beschaffung falscher Zeugen.

Versenden und sonstigen Verlust in die Hände des Gegners fallen kann, während die Dechiffrierung mit der beschriebenen Maschine einmal den Besitz einer solchen, sodann die besonders eingerichtete dreh- und auswechselbare Chiffrierscheibe und schließlich die verabredete, leicht wechselbare Grundeinstellung zur Voraussetzung hat.

Die elektrisch betriebene Kryha-Chiffriermaschine, die nur für große Zentralstellen geeignet erscheint, wird in Verbindung mit einer *vorgeschalteten* Schreibmaschine beliebigen Systems angewendet, auf der der Klartext der Nachricht geschrieben wird, der durch eine sehr sinnvolle elektrotechnische Einrichtung auf eine *nachgeschaltete* Schreibmaschine in chiffrierter Form automatisch übertragen wird.

Wesentlich dabei ist, daß Angestellte, die diese Maschinen zu bedienen haben, den Geheimschlüssel gar nicht zu kennen brauchen, so daß sie auch nicht in der Lage wären, ihn zu mißbrauchen oder zu verraten.

Daß auch andere Völker sich mit solchen Problemen beschäftigen, beweist im Jahre 1928 erschienene Nachricht, daß ein französischer Ingenieur namens *Jamment* folgendes Verfahren ausgearbeitet hat, das von den französischen Post- und Telegraphenbehörden auch in Versuchen ausprobiert wurde:

Es werden gleichzeitig zwei Meldungen, die eine richtig, die andere falsch, völlig durcheinander aufgegeben, so daß sich die Zeichen mehr oder weniger überdecken. An der Empfangsstation scheidet ein zu diesem Zweck besonders konstruierter, einem Sender ähnlicher Apparat die zwei Texte automatisch voneinander. Hierbei fällt also die eigentliche Dechiffrierung weg, weil sie von der Empfangsstation ganz automatisch vorgenommen wird und sofort den Klartext wiedergibt.

Die obigen Ausführungen haben gezeigt, daß die G. auch in eine niedere und höhere einzuteilen sind, daß aber nur die niedere Art als in der Gerichtspraxis gelegentlich vorkommend zu betrachten ist. Gelingt es nicht, eine vorkommende Geheimschrift zu entziffern, empfiehlt sich ihre Reproduktion in kriminalistischen Fachzeitschriften mit der Aufforderung an die Leser, bei den Entzifferungsversuchen mitzuwirken. Für eingehendere Studien dieses kriminalistisch hochinteressanten, aber schwierigen Sondergebietes verweisen wir auf die nachstehend aufgezählten Werke.

Im banktechnischen (telegraphischen) Zahlungsverkehr wird die Geheimschrift auch mit großem Nutzen, vor allem zu Sicherungszwecken, angewendet.

*Schrifttum.*

*Dröscher, Ernst:* Die Methoden der Geheimschriften. Leipzig 1921. — *Figl, A.:* Systeme des Chiffrierens. Graz 1926. — *Fleißner, v. Wostrowitz, Ed.:* Handb. der Kryptographie. Wien 1881. — *Givierge, M.:* Cours de Cryptographie. Paris 1925. — *Groß, Hans:* Handb. für Untersuchungsrichter, 7. Aufl. **2**, 741 ff. München 1922. — *Kasiski, F. W.:* Die Geheimschriften und die Dechiffrierkunst. (Mit besonderer Berücksichtigung der deutschen und französischen Sprache.) Berlin 1863. — *Klüber, Dr. Joh. Ludwig:* Kryptographik. Lehrbuch der Geheimschreibekunst. Tübingen 1809. — *Langie, André:* De la Cryptographie. Paris 1918. — *Locard, Edmond:* L'Enquête criminelle et les méthodes scientifiques. 205—235. Paris 1920. — *Meister, Aloys:* Die Anfänge der modernen Diplomatengeheimschrift. Paderborn 1902. — *Schneickert, Hans:* Moderne Geheimschriften. Mannheim 1900. — *Schneickert, Hans:* Geheimschriften im Geschäfts- und Verkehrsleben. Leipzig 1905. — *Türkel:* Chiffrieren mit Geräten und Maschinen. Graz 1927. **Schneickert.**

**Geheimtinte** siehe *Unsichtbare Schriften.*

**Gehirnerschütterung** siehe *Commotio und Contusio cerebri.*

**Gehör** siehe *Forensische Otologie.*

**Geisteskrankheiten und Trauma** siehe *Psychose und Trauma.*

**Geistesstörungen nach Hirnverletzungen** siehe *Psychische und nervöse Störungen nach Hirnverletzungen; Psychose und Trauma.*

**Geistesstörungen nach Schreck** siehe *Tod und Gesundheitsbeschädigung durch psychisches Trauma.*

**Geistesstörungen nach Strangulation** siehe *Tod und Gesundheitsbeschädigung durch gewaltsame Erstickung.*

**Gelbkreuzgruppe** siehe *Kampfgase.*

**Geldfälschung** siehe *Münzfälschung.*

**Gelsemium.**

*Vorkommen: Gelsemium sempervirens* = *G. nitidum* (Loganiaceae), *gelber Jasmin*, ein in Nordamerika, Virginien, Florida, Alabama, Mexiko (Golfküste) usw. verbreiteter und im südlichen Europa, auch in der Schweiz häufig in Gärten gezogener Strauch. Enthält im Wurzelstock neben einem strychninartig wirkenden Alkaloid *Gelsemin* das Alkaloid *Gelseminin* (Sempervirin), von stark mydriatischer und akkommodationslähmender Wirkung. Beide Gifte sind wie die weiteren Gelsemiumalkaloide *Gelsemicin, Gelsemoidin* usw. (vgl. *Chen, Chaou, Hou, Hasenfratz* u. a.) ihrer Konstitution nach unbekannt. Die Rinde des Wurzelstockes enthält durchschnittlich 0,5 % Basen, von denen sich einige durch blauviolette Fluorescenz auszeichnen sollen. Außerdem enthält die Wurzel auch das ebenfalls blaufluorescierende *Scopoletin* = *Methyläsculin.*

*Häufigkeit der Vergiftung und Verbreitung:* Gelsemium wird von Indianern als Fischgift benutzt; ferner wird in den Südstaaten Nordamerikas ein Trank aus Gelsemiumwurzeln als „Gottesurteil" verwendet, an welchem die meisten der Probe Unterworfenen qualvoll sterben. Von *Procter* wurde Gelsemium 1852 gegen Neuralgien in die Therapie eingeführt. *Offizinell:* nach D.Ä.B. 6 *Tinctura Gelsemii;* in England und USA. Tinctur ebenfalls offizinell wie der Fluidextrakt. In Europa gehören Gelsemiumvergiftungen zu den Seltenheiten, in Amerika kommen medizinale Vergiftungen vor, besonders, da eine große Zahl amerikanischer Geheimmittel gegen Zahn- und Ohrenschmerzen Gelsemiumtinktur enthalten. Im Norden Mexikos wird Gelsemiumwurzel wegen ihres eigenartigen, bitteren, nicht unangenehmen Geschmackes dem Trinkbranntwein zugesetzt. In China wird Wurzel von *Gelsemium elegans* als Giftmordmittel verwendet.

*Klinische Erscheinungen der akuten Vergiftung:* Die Vergiftungserscheinungen sind vorwiegend diejenigen des Gelseminins, da Gelsemin bedeutend weniger giftig ist wie jenes. Bei lokaler Applikation ins Auge starke Conjunctivitis. Typische Augensymptome bei *jeder* Einnahmeform: mehrtägige Mydriasis, daneben als charakteristisch *äußere Augenmuskellähmungen* mit Ptosis, *Diplopie,* ferner Amblyopie und Amaurose. Weitere Resorptivsymptome: *fortschreitende zentrale und periphere Lähmung,* also coniinartige Wirkung; nicht selten Intentionszittern. Der Lähmungsperiode folgt ein Stadium erhöhter Reflexerregbarkeit (Gelseminwirkung). Tod durch Atemlähmung. Vergiftungen mit *Tinctura Gelsemii* zeigen folgenden Verlauf: Schmerzen im Auge, Ptosis, Diplopie, Mydriasis, Akkommodationslähmung (mehrere Tage), Sehschwäche, Skotome, Trockenheit im Munde, Übelkeit, Erbrechen, Schlingbeschwerden, Kopfschmerzen, Schwindel, Benommenheit, Zittern der Hände, Muskelsteifigkeit und Muskelschwäche, manchmal erhöhte Reflexerregbarkeit, allgemeine Krämpfe und Trismus (Gelsemin), Parästhesien, Tachykardie, Herzschwäche, Atemstörungen; Tod an Atemlähmung. Ausgang der schweren Vergiftung ist immer fraglich. Resorption erfolgt außerordentlich rasch, während Ausscheidung langsam, so daß kumulative Wirkung möglich.

*Vergiftungsfälle:* Über 20 Fälle einer Massenvergiftung in Rom berichtete *Raimondi*; 12 Fälle verliefen letal. Massenvergiftung in Mexiko 1932 mit 32 Todesfällen (*Reko*) nach Genuß eines mit Gelsemium versetzten Trinkbranntweins unter folgenden Symptomen: sehr bald große Schwäche, Ataxie, intensives Zittern, Absinken der Temperatur, Versagen des Herzens. Magen-Darmerscheinungen fehlten völlig! Maximale Mydriasis und Pupillenstarre. Furchtbare Angstzustände, Gesicht leichenblaß, Bewußtsein bei fehlender Bewegungsfähigkeit und Unfähigkeit zum Sprechen völlig erhalten (curareartige Wirkung ist experimentell nachgewiesen, vgl. *Cushny*). Kurz vor dem Tode typischer Tetanus, Erstickungsanfälle; Tod kann bei großen Dosen in wenigen Minuten eintreten; in anderen Fällen Todeskampf über Stunden. Tod durch Atemlähmung.

*Differentialdiagnose:* Coniinvergiftung: Keine Diplopie und Ptosis, keine erhöhte Reflexerregbarkeit. Beginn der Symptome bei Gelsemiumvergiftung fast augenblicklich (nach *Prescott* und *Webster*). *Scopolaminvergiftung:* keine äußeren Augenmuskellähmungen, keine aufsteigende Lähmung. Es ist auch an *Botulinusvergiftung* zu denken.

*Vergiftungsbild nach mehrmaliger Einwirkung:* bei Verarbeitung der Blüten zu Parfum traten schwere, schleichende Haut- und Schleimhautentzündungen mit Blasen auf; bei Gebrauch des Parfums Oedem der Augenlider, Rhinitis. Bei *chronischem Gebrauch der Tinktur* soll Angewöhnung an immer höhere Dosen, wie an ein Genußmittel, auftreten. Symptome: Psychische Verwirrung, Kachexie. Da ein einziger Fall beschrieben ist mit Gewöhnung bis auf 30,0 g täglicher Dosis der Tinktur, sind Erscheinungen fraglich.

*Dosis medicinalis: Tinktur* bis 0,3 g. Manche Individuen sind stark überempfindlich, deshalb große Vorsicht beim Gebrauch von Tinctura Gelsemii!

*Dosis toxica:* Wegen großer Gehaltsschwankungen sehr unsicher zu bestimmen. Schon 35 Tropfen Tinktur können mehrtägiges Doppeltsehen, Herzklopfen usw. hervorrufen.

*Dosis letalis:* Es sollen schon 3 g Tinktur beim Erwachsenen tödlich gewirkt haben; anderseits wurden 30 g Tinktur ertragen. 0,12 g Fluidextrakt war für ein dreijähriges Kind tödlich, ebenso waren einige Tropfen Tinktur für ein 12jähriges Mädchen in 1½ Stunden unter qualvollen Erscheinungen letal.

*Pathologisch-anatomischer Befund:* unbekannt, wahrscheinlich ganz uncharakteristisch. Leichenstarre tritt sofort ein und bleibt anhaltend.

Schrifttum.

*Chou, T. Q.:* Die Giftigkeit von Gelsemium. Proc. Soc. exper. Biol. a. Med. **28**, 789 (1931). — *Cushny, A. R.:* Die wirksamen Bestandteile des Gelsemium sempervirens. Arch. exper. Path. **31**, 49 (1893). — *Hasenfratz, V.:* Sur la présence d'un alcaloide non oxygéné dans Gelsemium sempervirens. C. r. Acad. Sci. Paris **196**, 1530 (1933). — *Hsiang-Ch'uan Hou:* Die pharmakologische Wirkung von Gelsemium, einem Alkaloid aus Gelsemium. I. Akute Toxizität: Chin. J. Physiol **5**, 181 (C. 1933, II. 2698). II. Wirkung auf die Atmung: Chin. J. Physiol. **5**, 279 (C. 1933, II. 2698). III. Wirkung auf den Kreislauf: Chin. J. Physiol. **6**, 41 (C. 1935, I, 2697). Einige Beobachtungen über die pharmakologische Wirkung von Gelsemicin, ein Alkaloid von Gelsemium sempervirens. Proc. Soc. exper. Bloi. a. Med. **28**, 779 (1931). — *Lewin, L.* u.*Guillery:* Wirkungen von Arzneimitteln und Giften auf das Auge. **1**, 207 (1912). — *Prescott* und *Webster:* Legal medicine and Toxicology 1926. — *Raimondi:* Virchows Jahresber. **1885**, I, 534. — *Reko, Victor A.:* Gelsemium-Massenvergiftung in Mexiko. Dtsch. Z. gerichtl. Med. **21**, 9, 1933. — *Rothlin, E.* u. *Raymond-Hamet,* Action de la sempervizine sur le système nerveux végétatif. C. r. Soc. Biol., Paris **117**, 859 (1934). — *Wiki, B.:* Contribution à l'étude pharmacodynamique des alcaloides du Gelsemium sempervirens. Genève 1900. **H. Fischer.**

**Generol** siehe *Schädlingsbekämpfungsmittel.*

**Genickstarre** siehe *Bakteriologische Untersuchungen in der gerichtlichen Medizin.*

**Gerichtliche Medizin** (= g. M.). (Vgl. auch Art.: Naturwissenschaftliche Kriminalistik.)

Die g. M. erachtet es als ihre Aufgabe, im Sein und Werden der Gesetzesnormen des Mittleramtes zwischen Medizin und Recht zu walten (*v. Neureiter*) oder, ganz allgemein ausgedrückt, sie will zwischen medizinischer und juristischer Denkweise vermitteln. Ihrem *Inhalte* nach wird sie durch den augenblicklichen Stand der Medizin, ihrem *Umfang* nach durch die Bedürfnisse der Rechtspflege bestimmt. Die erfolgreiche Betätigung auf gerichtlich-medizinischem Gebiete setzt daher nur die Beherrschung der Medizin in ihrem derzeitigen Stande, sondern auch die Kenntnis der einschlägigen Rechtsnormen voraus. Entsprechend ihrem Mittleramte hat die g. M. 1. das Juristische in der Medizin und 2. das Medizinische im Recht zu vertreten. Sie umfaßt daher 1. die ärztliche Rechtskunde als den Inbegriff aller jener Rechtsnormen, die sich mit den Rechten und Pflichten des Heilarztes und des ärztlichen Sachverständigen beschäftigen, und 2. die g. M. im engeren Sinne des Wortes als die Lehre von der Anwendung ärztlich-naturkundlichen Wissens im Dienste der Rechtspflege. Letzterer obliegt es also a) alle jene Probleme zu bearbeiten, die das *geltende* Recht dem ärztlichen Sachverständigen stellt oder stellen kann, und das Ergebnis dieser Arbeit für die Anwendung bereit zu halten (*Meixner*), sowie b) den Gesetzgeber bei der Schaffung des *kommenden* Rechtes überall dort zu beraten, wo medizinisch-biologische Erkenntnisse und Einsichten zu berücksichtigen wären.

In der gerichtsmedizinischen *Praxis* kommt es zumeist auf die Feststellung und Beurteilung gewisser körperlicher oder seelischer Zustände am Menschen an, die für die Entscheidung von Rechtsfällen von Bedeutung sind. Darüber hinaus ist des öfteren auch der Sachverhalt, der den Anlaß zum Prozeß bildete, in seiner besonderen Gestaltung und in seinen räumlichen und zeitlichen Verhältnissen zu ermitteln, bzw. es sind *objektive* Unterlagen für die Erkenntnis des Tatgeschehens herbeizuschaffen (sog. *Rekonstruktion des Tatvorganges*), wie dies durch die Sicherung, Untersuchung und Bewertung aller jener Spuren möglich ist, die das Geschehnis am und im menschlichen Körper, an Kleidungsstücken, an Werkzeugen oder an sonstigen am Tatort befindlichen Gegenständen gesetzt hat. Natürlich wäre es falsch, wollte man sich bei dieser Tätigkeit auf die Wahrnehmung von Verletzungen oder von solchen Spuren beschränken, die wie das Blut, die Haare oder der Samen dem menschlichen Körper entstammen und in das Arbeitsgebiet der sog. *medizinischen Kriminalistik* fallen. Man hat sein Augenmerk vielmehr auch jenen Tatspuren zuzuwenden, die, wenngleich sie nicht von der Physis des Menschen herrühren, doch zur Erkenntnis der *Gesamtsituation* beitragen, sofern sie nur in ihrer Bedeutung für die Aufhellung des rechtlich relevanten Sachverhaltes durch naturkundliche Untersuchungsmethoden faßbar sind. Die *medizinische* Kriminalistik muß sich eben zur *naturwissenschaftlichen* Kriminalistik (s. d.) ausweiten (*Vorkastner*); sie hat grundsätzlich jede wirkliche oder vermeintliche Straftat, die mit naturwissenschaftlichen Untersuchungsmethoden aufgeklärt werden kann, in ihren Arbeitsbereich einzubeziehen. Denn der gerichtliche Mediziner will und soll die Aufdeckung von Tatvorgängen nach jeder Richtung hin fördern, soweit es seine Kräfte erlauben (*Zangger*).

Im *Unterricht* hat sich die g. M. sowohl dem Juristen wie dem Mediziner zuzuwenden. Der später bei Gericht tätige *Rechtshörer* muß schon auf der Schule in die ihm fremde Denkweise des Arztes und Naturwissenschaftlers eingeführt und mit den verschiedenen Gebieten ärztlich-naturkundlicher Sachverständigentätigkeit bekannt gemacht werden. Denn sonst wird er später in der Praxis nie imstande sein, sich nutzbringend eines Gutachters in medizinischen Dingen zu bedienen. Bedarf es doch zweifellos gewisser Kenntnisse auf dem Fachgebiete, in das der zu beurteilende Sachverhalt kompetiert, um sich nicht schon bei der Wahl des Sachverständigen zu vergreifen, aber nicht minder um den gut gewählten Sachverständigen durch eine entsprechende Formulierung der zu behandelnden Fragen richtig vernehmen und schließlich seinen Darbietungen folgen zu können. Insbesondere muß der Richter dank seiner Vorbildung wirklich in der Lage sein, sich die Schlußfolgerungen des Gutachters „zu eigen zu machen", will er nicht dem Sachverständigen Entscheidungen überlassen, die in Wahrheit ihm allein zustehen. Die Notwendigkeit des Unterrichtes in der g. M. für den *Medizinstudenten* ergibt sich vor allem aus der Verpflichtung des Arztes, einer Berufung des Gerichtes zum Gutachter stets Folge zu leisten. Aber selbst wer sich ausschließlich der Krankenbehandlung widmen wollte und sicher wäre, nie als Gutachter vor Gericht erscheinen zu müssen, bedarf trotzdem gewisser Kenntnisse in der g. M. Denn dem Heilarzte fließen in der Regel als erstem alle jene Fälle zu, die dann später zu Objekten gerichtlicher Verfahren werden. Und da liegt es an ihm, neben der rein medizinischen Seite auch die rechtlich bedeutsamen Gesichtspunkte wahrzunehmen, um allenfalls den Gutachter vor Gericht mit einem erschöpfenden, die Forderungen des Rechtes voll berücksichtigenden Befundbericht unterstützen zu können. Besonders gilt dies für Patienten, die an ihrem Körper die Spuren einer schuldhaften Einwirkung Dritter aufweisen. An ihnen muß unbedingt bereits anläßlich der ersten ärztlichen Untersuchung, da noch die ursprünglichen, nicht schon durch sekundäre Vorgänge vielfach verwischten Verhältnisse gewahrt sind, alles das erhoben werden, was für einen evtl. späteren Rechtszug von Belang ist. Natürlich wird der Heilarzt dieser Forderung nur genügen können, wenn er gerichtlich-medizinisch geschult ist und daher weiß, worauf es ankommt.

Die g. M., deren Anfänge sich bereits im Altertume aufzeigen lassen, hat eine reiche Geschichte. Ihre Schilderung kommt aber wegen der praktischen Zwecke des vorliegenden Buches nicht in Frage, zumal bei den innigen Beziehungen, die zwangsläufig zwischen g. M. und Rechtspflege ab origine bestehen, die zeitliche Entfaltung des Faches nur unter steter Bedachtnahme auf die Entwicklung der einschlägigen Rechtseinrichtungen und Rechtsgedanken dargestellt und verstanden werden kann. Es muß daher hier genug sein, auf die Arbeiten von *Bohne, Graff, Janovsky, Kantorowicz, Mende, Merkel, von Neureiter, Oesterlen, Ortolan, v. d. Pfordten, Placzek* verwiesen zu haben.

*Schrifttum.*

*Balthazard:* Précis de Med. lég. 3. ed. Paris 1921. — *Bohne:* Vjschr. gerichtl. Med. III. F., 61, 69 (1921). — *Carrara, Romanese, Canuto, Tovo:* Medicina legale I. Torino 1937. — *Dalla Volta:* Trattato di med. leg. I. Milano 1933. — *Graff:* Arch. Gesch. Med. **29**, 84 (1936). — *v. Hofmann-Haberda:* Lehrbuch der gerichtl. Med. 11. Aufl. Berlin und Wien 1927. — *Janovsky:* Die geschichtliche Entwicklung der gerichtl. Med. In *Maschkas* Handb. der gerichtl. Medizin I. Tübingen 1881. — *Kantorowicz:* Arch. storic. ital. Ser. **V**, 37 (1906). — *Kantorowicz: Albertus Gandinus* und das Strafrecht der Scholastik I, Berlin 1907; **II**, Berlin und Leipzig 1926. — *Kratter:* Lehrbuch der gerichtl. Med. I, Stuttgart 1921. — *Meixner:* Umfang und Aufgaben der gerichtl. Med. Wien. klin. Wschr. **1928**, Nr. 2. — *Mende, L. J. C.:*

Ausführliches Handbuch der gerichtl. Med. Tl. I. Leipzig 1819. — *Merkel:* Die Entwicklung der gerichtl. Med. in den letzten fünfundzwanzig Jahren. Münch. med. Wschr. **1929**, 35. — *Mueller-Walcher:* Gerichtliche und soziale Medizin einschl. des Ärzterechtes. München und Berlin 1938. — *v. Neureiter:* Aufgaben und Ziele gerichtlicher Medizin. Wien. med. Wschr. **1923**, 21. — *v. Neureiter:* Anfänge gerichtlicher Medizin nach den Stadtrechten des deutschen Mittelalters. Dtsch. Z. gerichtl. Med. **24**, 1 (1934). — *v. Neureiter:* Aufforderung zur Beihilfe an einer „Geschichte der deutschen gerichtlichen Medizin als Forschungs- und Unterrichtsgegenstand". Dtsch. Z. gerichtl. Med. **28**, 60 (1937). — *v. Neureiter:* Beispiele gerichtl. medizinischer Befundberichte aus Altertum und Mittelalter. Wien. med. Wschr. **3**, 1937. — *Oesterlen:* Über die früheste Entwicklung der gerichtl. Med. *Schmidts* Jahrbücher 1877. Leipzig 1877. — *Ortolan:* Ann. d'Hyg. Publ. et Méd. lég. II. Ser. 38 (1872). — *Perrando:* Mannuale di med. leg. 2. ed. Napoli 1935. — *v. d. Pfordten:* Beiträge zur Geschichte der gerichtlichen Medizin aus den Justinianischen Rechtssammlungen. Würzburg 1838. — *Pietrusky:* Gerichtliche Medizin. In der Handbücherei für den Öffentlichen Gesundheitsdienst **15**, herausgegeben von Min.-Dir. Dr. *Gütt.* Berlin 1938. — *Placzeek* in *Neuburger* u. *Pagel,* Handb. der Geschichte der Medizin 3. Jena 1905. — *Vorkastner:* Die Stellung und Aufgaben der gerichtl. Medizin. Dtsch. Z. gerichtl. Med. **5**, 89 (1925). — *Vorkastner:* Ein Nachwort zu *Albin Haberdas* Vorwort. Dtsch. Z. gerichtl. Med. **14**, 605 (1930). — *Zangger:* Medizin und Recht. Methods and Problems of Medical Education (Ninth Series). The Rockefeller Fondation. NewYork 1928.
*v. Neureiter.*

## Gerichtliche Schriftuntersuchung (= g. Sch.).

*I. Juristisches:* In seinem Artikel zur Geschichte der g. Sch. in *Groß'* Arch. f. Krim. hat *Schneickert* nachgewiesen, daß dieses wichtige Gebiet der Kriminalistik schon sehr alt ist, aber von jeher auch mit Mißtrauen angesehen wurde. Nur die fortschreitende Entwicklung der Handschriftenkunde in Wissenschaft und Praxis hat in unseren Tagen eine höhere Einschätzung dieses für die Rechtspflege unentbehrlichen Beweismittels gebracht. Die gesetzliche Grundlage für die Anwendung der g. Sch. in Deutschland findet sich in § 93 StPO. sowie in § 441 ZPO. Hier ist aber nur die Rede davon, daß von der Schriftvergleichung unter Zuziehung von Sachverständigen Gebrauch gemacht werden *kann.* Das Gesetz überläßt es dem Richter allein, ob er in vorkommenden Fällen zur Beurteilung strittiger Handschriften Sachverständige zuziehen will, oder ob er sie selbst vornehmen will. Der niedrige Stand der einschlägigen Wissenschaft zur Zeit der Entstehung beider Gesetze läßt diesen Standpunkt zwar verständlich erscheinen, ist aber heute keineswegs ausschlaggebend. Denn grundsätzlich will und kann der Richter die Verantwortung über die Entscheidung der ihn fast täglich bewegenden Fragen: echt oder unecht, wer ist der Urheber? heute nicht mehr selbst tragen und ist bei solchen strittigen Fragen auf die Mitwirkung von Schriftsachverständigen angewiesen.

Nach § 73 StPO. (und § 404 ZPO.) steht dem Gericht das Recht der Auswahl der Sachverständigen zu, wie sich aus dem zweiten Abs. dieser beiden Paragraphen ersehen läßt. Aber auch schon im Ermittlungsverfahren kann nach den Bestimmungen des § 116 StPO. seitens der Staatsanwaltschaft der Schriftsachverständige zugezogen werden. Bekanntlich sind nicht nur bei der Begründung der Wissenschaft der Handschriftenkunde, sondern auch beim Ausbau der g. Sch. hervorragende Mediziner beteiligt gewesen; es wird nur z. B. auf das grundlegende und heute noch wertvolle Werk des Physiologen *W. Preyer* „Zur Psychologie des Schreibens" hingewiesen. Es ist daher sehr verständlich, daß sich bei der Weiterentwicklung dieses Fachgebiets insbesondere auch die gerichtsärztlich-kriminalistischen Institute wissenschaftlich und praktisch mit Schriftuntersuchungen und -beurteilungen befaßt haben. Selbstverständlich setzt die wissenschaftlich-praktische Beschäftigung mit dieser Frage eines wichtigen Teilgebiets der öffentlichen Rechtspflege ein Spezialstudium voraus. Ebensowenig wie die berufsmäßige Beschäftigung mit dem Schreiben (Lehrer und Büroschreiber) zur Sachverständigentätigkeit ausreichen würde, so auch nicht die berufsmäßige Beschäftigung mit der Psychologie (z. B. Heerespsychologen), nur weil die Handschriftenkunde auch eine psychologische Seite hat. Das gleiche gilt auch für die Berufsgraphologen, die sich ebenfalls nur mit einem Teilgebiet der Handschriftenkunde (Charakterdeutung) befassen. Selbst die Kenntnis der einschlägigen Fachliteratur reicht nicht aus, um die Befähigung zum Schriftsachverständigen zu begründen, vielmehr ist eine praktische Unterweisung unter Anleitung eines anerkannten und erfahrenen Schriftsachverständigen unerläßlich.

*II. Anwendungsgebiete:*

**a)** *Feststellung der Echtheit oder Unechtheit bestimmter Urkunden.* Die Strafbestimmungen der Urkundenfälschung sind in den §§ 267 ff. StGB. enthalten. Der Gesetzgeber unterscheidet dort die fälschliche Anfertigung von Urkunden sowie die Verfälschung an sich echter Urkunden. Die dazu geeigneten Verfahren sind weiter unten beschrieben.

**b)** *Feststellung des Urhebers strittiger Schriftstücke.* Hier unterscheidet man diese drei Hauptgruppen: einmal die anonymen und pseudonymen Schriftstücke, sodann die Feststellung der Urheberschaft einer oder mehrerer Personen bei Anfertigung einer Urkunde, z. B. eines bestrittenen Quittungstextes, dessen Unterschrift aber nicht bestritten ist. Schließlich die Feststellung des Urhebers von aufgefundenen Schriftstücken, wie z. B. am Tatort oder bei einer unbekannten Leiche aufgefundenen Zetteln oder sonstigen Aufzeichnungen, die nicht in unmittelbarem Zusammenhang mit einem Verbrechen zu stehen brauchen, aber ein wichtiges Indiz beim Alibibeweis darstellen können.

**c)** *Medizinische und psychologische Sonderfragen.* In manchen Fällen stellt es sich im Laufe der Ermittlungen heraus, insbesondere bei Einwendungen des Beschuldigten oder eines Zeugen, daß die Urkunde oder eine Unterschrift unter außergewöhnlichen Schreibumständen entstanden sein soll, so z. B. im Rauschzustand oder im Zustande großer Erregung oder im Krankheitszustand oder bei Anwendung schriftbeeinflussender Unterlagen und Schreibwerkzeuge. Soweit solche außergewöhnlichen Schreibumstände im Versuch wiederholt werden können, wird dies zur Aufklärung zweifelhafter Schriftbefunde sehr viel beitragen können und zur Nachprüfung der Richtigkeit etwa gemachter Einwendungen dienen. Andernfalls ist der Sachverständige auf seine eigene Erfahrung oder auf die Erfahrung anderer angewiesen, wie z. B. bei der Beurteilung pathologischer Schriftmerkmale, wie sie besonders oft in eigenhändigen Testamenten zu finden sind. Aber auch in Angst- und Erregungszuständen können solche pathologischen Schrifterscheinungen auftreten, wie sie z. B. bei behaupteten schriftlich unter Drohungen abgegebenen Erklärungen und Unterschriften vorkommen können. Eine Sondergruppe hierhergehöriger pathologischer Schriften bilden sog. Altersschriften mit charakteristischen Tremor- und Ataxieerscheinungen. Schließlich kommen hier die bei Geisteskranken und organischen Nervenerkrankungen in Erscheinung tretenden Schreibstörungen in Frage.

Die Beeinflussung der Handschrift durch Nerven- und Geisteskrankheiten ist von medizinischer Seite oft untersucht worden. Es interessierte besonders die Abhängigkeit der Schrift vom Zustande gewisser Zentren im Großhirn und deren Erkrankungen. [Der Ausdruck „Zentrum" ist dabei stets nur in dem Sinne zu verstehen, daß für eine komplizierte Gesamtleistung gerade auch dieser Punkt erforderlich ist, da er mit einer Teilfunktion in Zusammenhang steht (*Vorkastner*). Im Großhirn wurden Zentren für Wortklangbilder, für optische Buchstabenbilder sowie für Hand- und Schreibbewegungen festgestellt. Man wies nach, daß ihre Erkrankungen oder die Unterbrechung der Verbindung zwischen ihnen schwere Schriftstörungen hervorrufen können. Alle diese Störungen faßt man zusammen unter dem Namen der *Agraphie* und *Paragraphie*. Hierbei handelt es sich in der Regel um herdförmige Erkrankungen. Anderer Art sind meist die Schriftstörungen bei sog. Psychosen (*Köster*). Man maß und wog ferner Schreibweg, Schriftgröße, Druck, Abstand der Buchstaben u. a. (*Kraepelin, Erlenmeyer*).

Die Schrift kann von grob anatomischen krankhaften Prozessen in einem so erheblichen Grade verändert werden, daß es zu den schwersten Beeinträchtigungen der Schrift kommt. Diese ganz schweren Schriftstörungen haben ihr besonderes medizinisches Interesse. Bei gerichtlichen Schriftvergleichungen werden derartig schwere Störungen nur sehr selten beobachtet, da sich erfahrungsgemäß in der Regel derartige Personen infolge der Erschwerung des Schreibaktes spontan überhaupt nur sehr schwer zum Schreiben entschließen, geschweige denn etwa längere Schriftstücke verfassen (*Buhtz*). Bei der Schriftvergleichung spielen vielmehr wohl die wesentlichste Rolle die feineren, leichteren Störungen der Handschrift. Um eine koordinierte, nämlich geordnete Schrift zu erhalten, ist es erforderlich, daß eine bestimmte Anzahl von Muskeln in bestimmter Gruppierung und Reihenfolge und unter gesetzmäßiger Verteilung der Kraft in Aktion tritt. Ist das nicht der Fall, so entsteht eine Ataxie der Handschrift. Hierunter versteht man ausfahrende, z. T. zickzackförmige und stoßweise ausgeführte Bewegungen, die über das Ziel hinausschießen.

Von noch größerer Bedeutung ist der Tremor, den man von den ataktischen Störungen abtrennen muß; er kann seine Entstehung verschiedenen Ursachen verdanken. Tremor und Ataxie können nicht immer scharf auseinandergehalten werden, zumal da sie nicht selten gleichzeitig vorkommen. Unter Tremor, Zittern, versteht man feinere rhythmische, ungewollte, schnell aufeinanderfolgende, pendelnde Abweichungen von der eingeschlagenen Bewegungsrichtung, die sich in der Schrift als zittrige Wellenlinien wiederfinden. Während beim Tremor im allgemeinen die Buchstabenform im ganzen erhalten bleibt, werden sie durch Ataxie verzerrt, entstellt und ungleichmäßig. Das Ebenmaß der Schrift leidet. Das Zittern ist nicht immer gleichmäßig, es kann langsam und schnellschlägig, fein und grob sein. Ataxie und Tremor werden durch Erregung gesteigert. Einen besonders gleichmäßigen und langsamen Tremor findet man bei der Paralysis agitans (Zitterlähmung).

Beim chronischen Alkoholiker kommt ebenfalls ein Tremor vor. Zwar ist er regelmäßig, aber intensiver und gröber als bei der Handschrift von sog. nervösen Menschen, besonders morgens. Anders beim Delirium tremens (Alkoholdelirium), das mit einem groben, aber unregelmäßigen Zittern einhergeht, aber nach erneutem Alkoholgenuß leicht verschwindet. Selbst bei längerer Abstinenz kann jedoch der alkoholische Tremor bestehen bleiben. Der am häufigsten beobachtete Tremor ist wohl das Zittern bei alten Leuten (Alterstremor).

Es gibt aber auch Schriftstörungen, die ein Mittelding zwischen Tremor und Ataxie darstellen und bei denen sich schwer sagen läßt, ob man von Tremor oder Ataxie sprechen soll, z. B. bei der *Friedreich*schen Ataxie und der multiplen Sklerose. So findet man z. B. einen sehr ungleichmäßigen, am Anfang von Schriftsätzen besonders starken, sog.

Intentionstremor bei der multiplen Sklerose. Besonders ausfahrende ataktische Schriftzüge sind dagegen bei der Chorea (Veitstanz) und der *Friedreich*schen Ataxie zu beobachten. Vor allem aber steht die Ataxie bei der Schrift im akuten Rausch im Vordergrunde. Sie kommt häufiger bei gerichtlichen Beurteilungen vor. Es wäre aber ein Fehler, nur an diese Dinge zu denken, wenn man derartige Störungen in einer Handschrift findet. Zitterbewegungen können nämlich sehr wohl auch ohne krankhafte Prozesse, z. B. bei Anstrengungen, bei stärkeren, an sich aber durchaus normalen psychologischen Gemütsbewegungen oder bei Kälte vorkommen, Ataxie z. B. bei Ermüdung. Ataktische ausfahrende Bewegungen findet man gelegentlich bei unsicherer Schreibunterlage, wie z. B. im Gehen, Fahren, insbesondere bei Erschütterungen durch Motoren und Eisenbahnen.

Bei der Feststellung von Tremor und Ataxie in Schriften muß man sich immer die Frage vorlegen, ob er nicht willkürlich entstanden, also vorgetäuscht ist, z. B. bei der Fälschung von Testamenten alter oder kranker Leute. Ferner muß darauf hingewiesen werden, daß es in den meisten Fällen unmöglich ist, aus der Schrift eines strittigen Schriftstückes allein sicher auf die Ursache der vorhandenen Schriftstörung oder sogar auf eine bestimmte Krankheit zu schließen. Pathologische Merkmale lassen u. U. Schlüsse auf die Entstehungszeit eines Schriftstücks zu.

Der Beweiswert festgestellter pathologischer Merkmale beruht vor allen Dingen darauf, daß Tremor und Ataxie von einer damit behafteten Person nicht unterdrückt werden können. Das Fehlen dieses path. Merkmals spricht also gegen die Urheberschaft eines damit Behafteten mit Ausnahme der Fälle, in denen die Krankheitserscheinungen nur vorübergehend sind. Dagegen muß man beachten, daß ein Gesunder einen Tremor vortäuschen kann, dem medizinisch versierten Schriftsachverständigen es aber nicht passieren kann, daß er einen vorgetäuschten mit einem echten Tremor verwechselt. Der Laie macht sich in der Regel eine falsche Vorstellung von der Art und Form des Tremors. Das gleiche gilt von ataktischen, paragraphischen und agraphischen Störungen. Einem medizinisch Vorgebildeten kann es z. B. nicht passieren, daß er einen Alkoholtremor für ein Fälschungsmerkmal hält, wie es bei einem Sachverständigen, der nicht medizinisch vorgebildet war, vorgekommen ist. Äußerungen nicht medizinisch vorgebildeter Schriftsachverständiger über derartige Fragen pathologischer Schriftveränderungen sind daher mit großer Skepsis zu betrachten. Der Sachverständige muß auch stets daran denken, daß normalerweise nur geringgradige Schriftstörungen durch exogene Momente, wie z. B. psychogene Erregungszustände, Angst, insbes. bei erpreßten Unterschriften, wesentlich verstärkt werden können, oder daß derartige Erscheinungen bei Gesunden hierdurch erst verursacht werden.

Wesentlich ist die Bedeutung von Schriftstörungen bei Begutachtungen auf dem Gebiete der *versicherungsrechtlichen* Medizin und bei der ärztlichen Beurteilung von ähnlichen zivilrechtlichen Ansprüchen. Wenn auch auf Grund ärztlicher Erfahrungen anzunehmen ist, daß nur verhältnismäßig wenige Nerven- und Geisteskrankheiten durch Unfälle ausgelöst oder verschlimmert werden, so gibt es doch tatsächlich einige solche Erkrankungen, die unter gewissen Bedingungen als Unfallfolge anerkannt werden. Die Anfangsstadien derartiger Erkrankungen werden von Laien leicht übersehen und falsch gedeutet, auch vom behandelnden Arzt manchmal nicht sogleich richtig erkannt. Da die Symptome

nicht sofort manifest werden, erfolgt eine spezialärztliche Untersuchung und sichere Diagnose häufig erst sehr spät. Dann ist es natürlich schwer, durch Aussagen der Umgebung den Beginn der Krankheit festzustellen, weil unbeteiligte Dinge oft mit der Krankheit in Zusammenhang gebracht werden, während man wesentliche Krankheitszeichen übersieht. Manchmal gibt in solchen Fällen die Handschrift des Kranken Aufschluß; vor dem Auftreten massiver psychischer und neurologischer Störungen finden sich nämlich gelegentlich Frühsymptome in der Handschrift derartiger Kranker, die dem Mediziner u. U. Hinweise darauf geben können, ob ein Krankheitszustand zu irgendeinem Zeitpunkt schon vorhanden gewesen sein kann. Man muß sich jedoch vor dem Schluß hüten, daß die Krankheit noch nicht begonnen hatte, weil man noch keine Störungen in der Handschrift findet, da die Schriftstörungen keineswegs die ersten Symptome zu sein brauchen. Sie kommen auch häufig nur vereinzelt und versteckt vor, können daher in einem nur kurzen Schriftstück fehlen. Andererseits kommen und verschwinden sie bei manchen Krankheiten oder sind in ihren Anfangsstadien so leicht, daß sie gerade in dem zur Untersuchung vorliegenden Schriftstück nicht in Erscheinung treten. Die Untersuchung der Handschrift kann in der versicherungsrechtlichen Gutachtertätigkeit noch in anderer Richtung von Bedeutung sein. Der Verunfallte behauptet z. B., zu keiner geistigen Leistung mehr fähig zu sein, keine Geschäftsbücher mehr führen zu können. Andere produzieren schwere Intelligenzdefekte. Durch die Untersuchung von handschriftlichen Eingaben in den Akten kann man derartige Irreführungen widerlegen. Unterstützend kann die Beurteilung der Handschrift, insbesondere von krankhaften Störungen bei der strafrechtlichen Beurteilung herangezogen werden, vor allem wenn sich aus Inhalt und Form eines Schriftstücks Hinweise auf den Geisteszustand ergeben. Es können sich selbst ohne die geringste eigenwillige Schreibstörung inhaltlich derartige Auffälligkeiten zeigen, daß an der Diagnose der Geisteskrankheit kaum ein Zweifel besteht, z. B. bei Beeinträchtigungs- oder Verfolgungsideen, Größenwahnbildungen, Halluzinationen, örtlicher oder zeitlicher Desorientierung, offenbarer Kritiklosigkeit und Urteilsschwäche, Gedankenverknüpfungen und -sprüngen, inhaltlicher Leere oder verschrobener Ausdrucksweise, stereotypen Wiederholungen. Zum mindesten sind derartige inhaltliche Auffälligkeiten für die nachfolgenden gerichtsärztlichen Untersuchungen richtunggebend.

Andererseits kann die Form eines Schriftstücks bedeutsam sein. Wie die Ausdrucksformen der Geisteskranken einen Niederschlag in ihrer Bildnerei finden, so auch in der Schrift. Einmal finden sich flotte, flüchtige, unordentliche, nachlässige, große, formenreiche, druckstarke Schriftzüge, ein andermal langsame, kleine, drucklose, schmucklose. Parallel hiermit gehen Schwankungen in der Stimmungslage. Nicht selten finden sich zu verschiedenen Zeiten beide Extreme in der Schrift der gleichen Person (z. B. bei manisch-depressivem Irresein). Bei Schizophrenen findet man in der Schrift oft steife, gezierte, verschrobene und merkwürdig verzierte Formen, z. T. auffällige Unterstreichungen. Man muß aber daran denken, daß nicht nur Geisteskranke, sondern auch Psychopathen ähnliche Auffälligkeiten in ihrer Handschrift bieten.

Form, Inhalt und Niveau von Schriftstücken spielen ferner bei der Beurteilung von Schwachsinnszuständen eine Rolle. Sie erlauben ferner Schlüsse auf Bewußtseinsstörungen oder mangelnde Orientierung, wie z. B. bei epileptischen Dämmerzuständen und senilen Psychosen. Auch bei der Beurteilung von Trunkenheitszuständen kann die Schrift unterstützend herangezogen werden. Bei stärkeren Rauschzuständen finden sich, wie bereits erwähnt, ataktische Störungen in der Schrift ähnlich den Gangstörungen Betrunkener. Es wurde neuerdings von uns angeregt, daß auch die Schrift zur Beurteilung von Verkehrsdelikten mit herangezogen wird. Man muß allerdings daran denken, daß Veränderungen in der Schrift nach Unfällen auch auf Schreckwirkung zurückgeführt werden können (über die Aufnahme von Schriftproben zu diesem Zweck vgl. *Schneickert*, Ist die Schreibprobe bei Blutalkoholuntersuchungen als Ergänzungstest geeignet? *Groß'* Archiv 103, S. 110 f.).

Die Einschränkungen, die bezüglich der forensisch-psychiatrischen Beurteilung der Handschrift gemacht wurden, gelten nicht in gleichem Maße für den Paralytiker. Der Beginn einer Paralyse wird meist verkannt; denn die Art der oft neurasthenisch aussehenden Anfangsstörungen läßt die Umgebung zunächst an äußere Ursachen, wie Überarbeitung, Trunk, stärkere Gemütsbewegungen u. a., denken. In diese Anfangszeit der Paralyse fallen nicht selten Handlungen, die zur Einleitung eines Strafverfahrens führen. Nachträglich wird dann geltend gemacht, daß die Krankheit bereits z. Zt. der Begehung der Straftat bestanden, oder daß damals eine Paralyse bestanden habe, die jetzt geheilt sei (Malariakur). Zur Klärung trägt hier die Untersuchung der Schrift bei; sie kann sogar dann ausschlaggebend sein, wenn die fragliche Tat weit zurückliegt, wenn aus gleicher Zeit Schriftstücke vorliegen oder gar ein Schriftstück selbst den Gegenstand der strafbaren Handlung bildet; denn die für Paralyse typischen Schriftstörungen zeigen sich vielfach bereits vor dem Auftreten massiver psychischer Symptome und geben so Anhaltspunkte für den Beginn der Erkrankung. Sie haben den Vorteil, daß sie weniger leicht mit anderen Abweichungen zu verwechseln sind. Das gilt insbesondere, wenn ausgeschlossen werden kann, daß bei der betreffenden Person zur Zeit der Gesundheit Flüchtigkeiten, Auslassungen usw. vorgekommen sind, wie man sie bei nachlässigen, unordentlichen Menschen findet. Vorsicht ist insbesondere bei der Verwertung von bloßen Auslassungen geboten, denn diese werden sehr häufig auch bei Normalen beobachtet. Die typischen Schriftstörungen im Anfangsstadium der Paralyse bezeichnet *Erlenmeyer* als *Sinnfehler*; diese beziehen sich nur auf den grammatikalischen Zusammenhang, nicht auf den Inhalt. Neben Auslassungen kommen Verdoppelungen und Vorwegnahme von Buchstaben oder von Teilen derselben, von Silben, Wörtern oder Satzzeichen vor. Auf Vorhalt werden sie verbessert und unterscheiden sich hierdurch von sog. paragraphischen Störungen, die mit Paralyse nichts zu tun haben. Die Ursachen dieser Sinnfehler liegen in Störungen der Aufmerksamkeit und des Gedächtnisses. Sie stellen die ersten Anfänge der Paralyse dar; erst später können sich zu ihnen die bereits geschilderten Störungen der Ataxie und des Tremors gesellen. Schließlich werden inhaltliche Auffälligkeiten bemerkbar, z. B. Größenideen, Urteilsschwäche. Steht die Diagnose ,,progressive Paralyse" fest, so ergibt sich daraus die Konsequenz: Unzurechnungsfähigkeit. Liegen bei später nachgewiesener Paralyse zum Beweise einer Unzurechnungsfähigkeit aus der Zeit der Tat nur Schriftstücke vor, die paralytische Schreibstörungen enthalten, so wird man zum mindesten begründete Zweifel an der Zurechnungsfähigkeit äußern können. Das genügt aber schon zur Entlastung des Angeschuldigten, da ihm die Zurechnungsfähigkeit nachgewiesen werden muß. Andererseits kann die Feststellung von paralytischen Schreibstörungen erst zu

einer psychiatrischen Untersuchung Veranlassung geben, die ja in jedem Falle noch möglich ist und dann sichere Schlüsse bezüglich der Zurechnungsfähigkeit erlaubt.

Auch bei Entlarvung von *Simulanten* kann die Handschrift manchmal wertvolle Dienste leisten.

Bei der Frage der Geschäftsfähigkeit liegen die Dinge aber prozessual wesentlich anders als bei der Zurechnungsfähigkeit; denn im Zivilstreitverfahren trägt der Antragsteller die Beweislast, also z. B. der angeblich Geisteskranke selber, seine Angehörigen oder Erben. Die Partei, welche ein Rechtsgeschäft anficht, muß nachweisen, daß der Betreffende zur Zeit des Abschlusses geschäftsunfähig war. Gelingt dieser Nachweis nicht, so ist es gültig. Zweifel an der Geschäftsfähigkeit genügen nicht. Sind bei einem Vertrage von der angeblich geschäftsunfähigen Person keine schriftlichen Willensäußerungen erfolgt, so genügt es zum Beweise der Geschäftsunfähigkeit nicht, wenn Schriftstücke mit entsprechenden pathologischen Veränderungen aus noch weiter zurückliegender Zeit vorhanden sind. Von der Partei, die den Einwand der Testier- oder Geschäftsunfähigkeit macht, muß vielmehr der Nachweis geführt werden, daß die geistige Erkrankung bei der betr. Person auch noch z. Zt. des Rechtsgeschäfts vorhanden und entsprechend hochgradig war. Die Partei muß also auch beweisen, daß sich der Erblasser nicht etwa in einem Stadium der Remission befunden hat. Das trifft insbes. bei Geisteskrankheiten zu, die ihrer Natur nach wechselnde Symptome aufweisen. Eine weitere Erschwerung liegt bei der Begutachtung derartiger Fälle darin, daß bei Zivilverfahren oft eine ärztliche Untersuchung wegen des bereits erfolgten Ablebens nicht mehr möglich ist.

Selbst bei öffentlichen Testamenten wird gelegentlich Testierunfähigkeit eingewandt; denn bei dem kurzen Akt der Beurkundung können dem in solchen Dingen unerfahrenen Notar sehr wohl selbst gröbere Geistesstörungen verborgen bleiben, zumal wenn die Begleiter des Erblassers mit etwas Geschicklichkeit vorgehen. In jedem dieser Fälle sind dem Sachverständigen objektive Unterlagen für sein Gutachten recht willkommen, da die Zeugenaussagen meist wegen des persönlichen oder pekuniären Interesses am Ausgang des Verfahrens subjektiv gefärbt sind. Derartige Unterlagen können nicht nur durch die Schrift bzw. die Unterschrift der bestrittenen Urkunde, sondern auch durch Schriftstücke aus gleicher Zeit gegeben werden.

Bei der Beurteilung eigenhändiger Testamente spielt die Frage der geistigen Verfassung eine besondere Rolle. Neben vereinzelten Paralytikern handelt es sich hauptsächlich um letztwillige Verfügungen alter oder schwerkranker Leute. Bei alten Leuten leistet die Untersuchung der Handschrift in der Regel am wenigsten Dienste, da z. B. aus der Stärke des Alterszitterns in der Handschrift keine Schlüsse auf die geistige Verfassung des Schreibers zulässig sind. Allenfalls kann aus dem Inhalt hervorgehen, daß das Testament unter dem Einfluß von Wahnbildungen erfolgt ist. Es können auch Kritiklosigkeiten oder Merkschwäche offenbar werden, die für einen erheblichen Altersblödsinn sprechen.

Am bedeutungsvollsten sind bei den Begutachtungen in Zivilsachen die paralytischen Schriftstörungen; denn das Vorliegen einer Psychose wird vom Laien meist erst erkannt, wenn ganz grobe Auffälligkeiten im Verhalten der Person bemerkbar werden. In den meisten Fällen ist es den Angehörigen dann nicht möglich, sinnlose Geschäfte, die den geschäftlichen Ruin zur Folge hatten, im Wege der Vereinbarung rückgängig zu machen. Nur wenn es mit Hilfe einer ärztlichen Untersuchung gelingt, die Geschäftsunfähigkeit für die in Frage kommende

Zeit nachzuweisen, besteht die Möglichkeit, Vermögen und Existenz zu retten. Hierbei können pathologische Schriftveränderungen, speziell paralytische, ausschlaggebend sein.

Hieraus ergibt sich, daß psychische und neurologische Schriftveränderungen für die Rechtsfindung von großer Bedeutung sein können. Wenn auch allgemein davor gewarnt werden muß, wesentliche gutachtliche Schlüsse vorwiegend oder ausschließlich auf der Beurteilung von pathologischen Schriftveränderungen aufzubauen, so wirken derartige Befunde doch häufig unterstützend und hinweisend. Lediglich den paralytischen Schriftveränderungen kann öfters als sonst eine ausschlaggebende Rolle zufallen.

*III. Untersuchungsverfahren. a) Urkundenfälschungen. 1. Fälschung ganzer Urkunden.* Man unterscheidet nach der Art ihrer Anfertigung Urkunden (Text und Unterschrift), die der Fälscher mit unverstellter Schrift geschrieben hat, und dann solche, bei denen der Urheber durch Verstellung seiner Handschrift (ohne Nachahmung einer fremden) lediglich seine Täterschaft verdecken will. Schließlich alle Fälschungen, bei denen nach einem bestimmten Vorbild gefälscht worden ist, sei es freihändig oder im Wege der Durchpausung. Bei der Fälschung mittels Durchpausens unterscheidet man wieder zwei Hauptarten: einmal Fälschung nach vorausgehender Vorzeichnung, wobei die Vorzeichnung entweder mit Blei- oder Tintenschrift erfolgt oder unter Zuhilfenahme von halbspitzen Gegenständen, wie Strick- oder Häkelnadeln oder zugespitzten Hölzchen. In diesem Falle, wie auch bei dem vorausgehend erwähnten, werden die sichtbaren Schriftzüge mit Stift oder Tinte nachgefahren. Am verbreitetsten ist die Schriftnachahmung unter Verwendung von Pauspapier nach Art der allgemein bekannten Herstellung von Bestellzetteln mit Durchschrift. Die zweite Hauptgruppe dieser Pausfälschungen stellt die im durchfallenden Licht ausgeführte Schriftnachahmung dar. Hierbei wird die nachzuahmende Schrift auf eine von unten beleuchtete Glasscheibe gelegt, wie sie ähnlich beim Retuschieren photographischer Platten in Anwendung sind; oder sie wird gegen eine Fensterscheibe gelegt und darüber das zur Anfertigung der Fälschung benutzte Papier gelegt (sog. „Durchfenstern"). Hierbei kann der Fälscher den Schreibweg der Originalurkunde ohne jede Vorzeichnung nachfahren und eine weitgehende äußere Übereinstimmung der Originalschrift erreichen, die falsche Urkunde also direkt fertigstellen. Der Gebrauch einer Feder ist hierbei insofern erschwert, als beim Schreiben auf senkrecht liegendem Papier die Feder durch Zurückfließen der Tinte aussetzt, was andererseits wieder Fälschungsmerkmale beim Strichnachfahren und Neuansetzen der feuchten Feder verursacht.

Eine etwas seltener angewendete Pausfälschungsmethode, wie sie gelegentlich bei Testamentsfälschungen beobachtet wurde, ist die Übertragung einzelner Wörter oder Buchstaben aus Originalschriftstücken des Erblassers auf durchsichtiges Papier, die dann als Vorlage zur Anfertigung der falschen Urkunde dienen. Dieses indirekte Verfahren der Pausfälschung ist z. B. dann notwendig, wenn das Originalschreiben oder die echte Unterschrift dem Fälscher nur vorübergehend, vielleicht an einem dritten Ort, zugänglich ist oder ihm gerade kein Pauspapier zur Verfügung steht oder aus anderen, nicht immer erkennbaren Gründen. Jedenfalls gewinnt so der Fälscher die zu einem zusammenhängenden Text brauchbaren Wörter, die nur stückweise aus einzelnen Originalschriftstücken „herauskopiert" werden konnten und ihm so das eigentliche Fälschungswerk erleichtern.

Alle diese Fälschungsarten bringen zwar eine sehr weitgehende Übereinstimmung der Buchstabenformen mit sich, weisen aber ausnahmslos einen Mangel auf. Bei sachverständiger Untersuchung kann nämlich sofort festgestellt werden, daß die nach ihrer Form scheinbar flott geschriebenen Buchstaben ganz langsam und zögernd hingezeichnet worden sind. Dieser Befund wird meistens noch weiter durch zahlreiche sog. Fälschungsmerkmale unterstützt, die unten noch näher beschrieben werden.

Eine der wichtigsten in diese Gruppe fallenden Ganzfälschungen stellt das gefälschte *eigenhändige Testament* dar. In der Erkenntnis, daß das eigenhändige Testament einer näheren Prüfung durch Familienangehörige, Richter und Sachverständige unterzogen zu werden pflegt, wird auch der ungeübteste Fälscher versuchen, die Handschrift des Erblassers nachzuahmen unter Verwendung der in seinem Besitz befindlichen echten Handschriftvorlagen. Die Erfahrung lehrt, daß Testamentsfälschungen in der Regel von schreibungewandten und fälschungsungeübten Menschen vorgenommen werden. Infolgedessen ist es durchweg leicht, das Vorliegen einer Fälschung festzustellen. Viel schwieriger ist es dagegen wegen der Unterdrückung der individuellen Merkmale, den Täter durch Schriftvergleichung zu überführen. Beim Auftauchen eines Verdachtes der Testamentsfälschung wird sich ein Fälscher oft dadurch zu entschuldigen suchen, daß er behauptet, er habe das Testament nicht gefälscht, sondern dem Erblasser lediglich die Hand gestützt oder geführt. *Handstützung* ist nach höchstrichterlicher Entscheidung zulässig, nicht aber *Handführung* (vgl. Jur. Wschr. 1911, S. 589 und KGE. 48, 82 Nr. 19; vgl. auch *Buhtz*, Die Bedeutung der Handführung und -stützung bei eigenhändigen Testamenten, Dtsch. Z. gerichtl. Med. 17, 460 ff. 1931).

*2. Fälschung von Urkundenteilen.* Im Geschäftsleben kommt es häufig vor, daß an sich echte Urkunden nachträglich dadurch verfälscht werden, daß entweder Wörter, Zahlen oder ganze Sätze geändert, beseitigt oder zugesetzt werden. Am häufigsten geschehen Änderungen des Datums der Urkunde. Bei diesen nachträglichen Urkundenfälschungen sind diese beiden Fälle zu unterscheiden, daß der Fälscher den von ihm selbst geschriebenen echten Text nachträglich, d. h. nach der Unterzeichnung des Vertragsgegners verfälscht, oder daß er den von der Hand eines Dritten geschriebenen Text verfälscht und dabei versucht, dessen Handschrift nachzuahmen.

Eine besondere Schwierigkeit ergibt sich für den Fälscher dadurch, daß er die Fälschung in einem unersetzbaren Schriftstück anbringen, und daß die Fälschung ihm schon bei der ersten Ausführung gelingen muß. Fällt ihm dabei die Verschiedenheit der Tinte oder des Stiftes auf, so wird er erfahrungsgemäß leicht dazu verführt, den gesamten Text oder die Schriftzeichen der nächsten Umgebung durch Nachfahren mit der zur Fälschung benutzten Tinte anzupassen.

Bei *Pausfälschungen* sind folgende Punkte besonders zu beachten: Oft finden sich Reste der Vorzeichnung, die der Fälscher entweder beim Nachfahren nicht ganz verdeckte oder beim Versuch, sie durch Radieren ganz zu entfernen, nicht vollständig beseitigt hat. Hierbei sind also Radierspuren, insbesondere auch verwischte Schmutzstreifen als charakteristische Fälschungsmerkmale zu verwerten. Sollte durch das Überfahren vorgezeichneter Unterschriften nirgends eine Spur der Vorzeichnung über den Rand der Tintenstriche hinausragen, dann kann man durch chemische Beseitigung kurzer Stücke der Tintenschrift ohne Zerstörung des Schriftbildes die darunterliegende Bleistiftvorzeichnung sichtbar machen. Ein wichtiges Merkmal zum Nachweis der mittels Kopierpapiers ausgeführten Pausfälschungen ist die mikroskopische und chemische Untersuchung des Striches. Bei Originalschriften lagern sich die feinsten Stiftteilchen vor den quer und schräg zur Strichrichtung laufenden Papierfaserchen an, während bei Pausschriften unregelmäßig angeordnete Farbstoffteilchen infolge des Durchdrucks entstehen, die keine derartig typische Anordnung an den Papierfasern aufweisen. Ein weiterer Beweis für das Vorliegen einer mit Kopierpapier ausgeführten Pausfälschung sind die in der Umgebung der durchgepausten Schriftzüge zu beobachtenden unregelmäßigen, meistens punkt- oder strichartigen Farbablagerungen des Kopierpapiers. Unterstützend kann u. U. die chemische Untersuchung herangezogen werden, insbesondere bezüglich der Löslichkeit der Farbstoffablagerungen durch schwache Säuren und der dabei auftretenden Farbtöne. Löslich sind Striche, die mit Tinten- und Kopierstift sowie mit Blaupauspapier hergestellt sind; nicht löslich sind mit Kohlepapier und Bleistift hergestellte Striche. Beim Durchpausen entstehen manchmal deutlich sichtbare Durchdruckspuren auf der Papierrückseite oder auf dem nächstfolgenden Blatt eines Notizbuches oder Papierblocks, die bei seitlich einfallendem, fast streifendem Licht gut erkannt und photographisch festgehalten werden können. Scheint die ausgeführte Nachahmung nicht gut genug gelungen zu sein, so versucht der Fälscher erfahrungsgemäß häufig Stellen, die nicht ähnlich genug getroffen sind, durch Nachbesserungen (Anflickungen und Übermalungen, Verbindung unterbrochener Stellen usw.) zu vervollkommnen. Aber gerade dadurch kann die Fälschung bei sachverständiger Prüfung nachgewiesen werden. Endlich muß man darauf achten, ob nicht auch Spuren von Reißzwecken oder Nadeln oder Klebestreifen in der Nähe des Papierrandes, vor allem an den Ecken festzustellen sind, die beim Fixieren des Schreibpapiers beim Pausakt entstanden sind.

Bei gefälschten Zusätzen tritt oft die Frage in den Vordergrund, ob ein bestrittener Zusatz nach der Niederschrift des ursprünglichen Textes oder nach der Unterzeichnung geschrieben worden ist. Bei Lösung solcher Fragen muß auf folgende Punkte geachtet werden: Aus der zeitlichen Reihenfolge von Kreuzungsstellen der bestrittenen mit Stellen der unbestrittenen Tintenschrift kann man wertvolle Schlüsse ziehen. Liegt ein Strich der höheren Zeile *auf* einem Strich der unterfolgenden Zeile, so ist die *nachträgliche* Einfügung der höheren Zeile bewiesen. Deshalb vermeiden versierte Fälscher solche Kreuzungsstellen, geraten dabei aber in die Verlegenheit, ihre Zeilenführung und Raumeinteilung abweichend vom übrigen Text gestalten zu müssen. Dadurch fallen solche nachträglichen Zusätze aus dem Rahmen der ursprünglich fließenden Schreibweise und sind auch durch große Schriftenge und abweichende Schriftlage als Zusätze deutlich zu erkennen. Daß selbst die kleinsten Feinheiten einer Schriftveränderung als Beweismittel dienen können, zeigt z. B. eine sicher erkennbare Veränderung eines Punktes in ein Komma bei Einfügung eines Nebensatzes. Aus den Strichkreuzungen kann man sogar erkennen, ob der Zusatz unmittelbar, nach wenigen Minuten oder nach vollkommenem Eintrocknen der ursprünglichen Tintenschrift geschrieben worden ist, ob nämlich der ursprüngliche Schriftzug noch feucht oder bereits eingetrocknet war, ob er abgelöscht oder nicht abgelöscht war. Bei nicht abgelöschten, noch feuchten Strichen verlaufen diese in der Kreuzung vollkommen ineinander. Hier kann man nur aus den Federfurchen auf den zuletzt geschriebenen Schriftzug schließen. Bei Eintrocknen der Tinte der ursprünglichen Schrift findet man dagegen eine scharfe Abgrenzung in der Strichkreuzung. Ist der früher entstandene Strich nur noch etwas feucht oder gerade abgelöscht worden, so findet man ein umgrenztes Auslaufen des später folgenden Striches von der Kreuzungsstelle aus seitlich in den früheren Strich hinein.

Bei Stiftstrichen ist die Entscheidung über die zeitliche Reihenfolge der Striche an den Kreuzungsstellen wesentlich schwieriger festzustellen. Bei verschiedenfarbigen Stiften läßt sich durch mikroskopische Untersuchung feststellen, welche Farbteile obenauf liegen. Schwierig ist die Feststellung der zeitlichen Aufeinanderfolge bei Kreuzungen gleichartiger Blei-, Tinten-, Farb- oder Kopierstifte. Diese ist nur möglich durch die Feststellung, ob die innerhalb der beiden Striche parallel zur Strichrichtung verlaufenden feinen, von beigemischten Ton- oder Kaolinteilchen herrührenden Kratzer bei dem einen oder dem anderen Strich durchgehen. Der Strich, bei dem sie in der Kreuzungsstelle durchlaufen, ist *zuletzt* geschrieben. Bei Kreuzungen von Tinte mit Stiften läuft der über einem bereits vorhandenen Stiftstrich gehende Tintenzug ein wenig aus, während die Stiftpartikelchen *auf* der Tinte liegen, falls der Stiftstrich zuletzt geschrieben wurde (*Türkel*).

Wenn ein Schreibpapier *gefaltet* wird, entstehen Bruchfalten mit geringer Papierauffaserung. Wird über eine solche Stelle mit Tinte geschrieben, dann fließt die Tinte in der Bruchlinie aus, und zwar in deren Richtung. Bei einem solchen Befund kann man also einen Unterschied zwischen der vor und nach der Faltung entstandenen Schrift deutlich erkennen und zum Beweise nachträglicher Zusätze heranziehen. Selbstverständlich können solche Zusätze in einwandfreier Weise auch nach der Faltung entstanden sein, wenn es sich um eine rechtmäßige Textergänzung handelt, oder wenn zum Schreiben der Urkunde ein bereits vorher gefaltet gewesenes Papier verwendet worden ist. In diesem Falle muß auch der ursprüngliche Text das Auslaufen der Tinte an der Bruchstelle aufweisen.

Gerade bei diesem Beispiel zeigt sich deutlich, wie wichtig es für den Sachverständigen ist, über die Entstehung strittiger Urkunden genaue und zuverlässige Angaben der daran beteiligten Personen oder Zeugen von vornherein aktenmäßig zu erhalten.

Auch bei Bleistiftstrichen kann man beim Schreiben über Papierfalten ebenfalls aus der Strichbeschaffenheit an solchen Stellen, die durch das Überspringen der Falten entstehen, auf nachträgliche Zusätze schließen, wenn das Papier bei der Niederschrift des ursprünglichen Textes noch nicht gefaltet war.

*3. Unterschriftfälschungen.* Hier unterscheiden wir zwei Gruppen: die durch Pausung nach echten Vorlagen entstandene Unterschrift und die freihändigen Unterschriftsfälschungen. Bei den freihändig ausgeführten Unterschriftfälschungen unterscheiden wir weiter: nach echten nachgeahmte und nicht nachgeahmte Unterschriften. Dabei wird entweder der Name einer existierenden Person mißbraucht, oder es wird ein beliebiger Name fingiert. Beim Durchpausen echter Unterschriften steht dem Fälscher oft keine Vorlage aus der entsprechenden Zeit zur Verfügung, daher wird eine zu alte oder zu neue Unterschrift als Vorlage gewählt, ohne daran zu denken, daß inzwischen das Schriftbild des Namensträgers sich schon weiter entwickelt hat. Zum Beweis der ,,Echtheit'' seiner Fälschungen reicht der Täter manchmal das zur Pausung benützte Vorbild als Vergleichungsschriftprobe zu den Akten ein. Er liefert dadurch aber selbst den Beweis seiner Täterschaft, weil sich nachweisen läßt, daß Fälschung und Vorbild beim Übereinanderlegen und Betrachten im durchfallenden Licht sich genau decken. Deckungsgleichheit ist aber das sicherste Zeichen einer Pausfälschung, da nach allen einschlägigen Erfahrungen, aber auch aus natürlichen Gründen kein Mensch zwei deckungsgleiche Unterschriften schreiben kann. Man muß allerdings darauf achten, daß mit Absicht oder unabsichtlich während des Pausaktes das Vorbild etwas verschoben werden kann, so daß absolute Deckungsgleichheit von mehreren Teilen der Unterschrift vorhanden ist, nicht aber von der ganzen Unterschrift. Dieser Befund ist jedoch genau so zu bewerten, wie Deckungsgleichheit der ganzen Unterschrift. Bei der Bewertung derartiger teilweise vorhandener Deckungsgleichheit muß man mit besonderer Sorgfalt erwägen, ob der Beweis einer Pausfälschung sicher zu führen ist, weil weitgehende Ähnlichkeit auch bei freihändigen Nachahmungen erreicht werden kann.

Schriftstücke, durch die Tatsachen von rechtserheblicher Bedeutung beurkundet sind oder werden sollen, werden erst dann zu einer falschen „Urkunde", wenn sie einen Namen tragen und mit ihnen dann zum Zwecke der Täuschung Gebrauch gemacht wird, gleichgültig, ob die Namensunterschrift auf eine existierende oder fingierte Person hinweist. Einen typischen Fall stellen anonyme Schmähbriefe mit fingierten Unterschriften dar, selbst auch mit sog. Sammelnamen wie „Müller" und „Meier" (pseudonyme Schriftstücke oder „versteckte Anonymität"). Solche Schriftstücke sind wiederholt in Reichsgerichtsentscheidungen als gefälschte Urkunden erklärt worden.

*Massenfälschungen* von Unterschriften treten bekanntlich meistens bei Provisionsreisenden auf, die durch gefälschte Bestellzettel oder Versicherungsanträge Provisionsgelder zu erschwindeln versuchen. Es ist nicht zu bestreiten, daß es unter dem Heer der unehrlichen Provisionsreisenden manchmal sehr geschickte Fälscher gibt, die in der Lage sind, eine große Anzahl unter sich abweichender Unterschriften zu liefern, so daß zunächst der Eindruck aufkommt, daß es sich tatsächlich um die Unterschrift verschiedener Besteller handelt. Die Praxis solcher berufsmäßiger Unterschriftfälscher kommt aber noch auf manchen anderen Gedanken, um die Echtheit der Unterschrift verschiedener Besteller vorzutäuschen, indem sie entweder einen Teil der Aufträge von angenommenen Untervertretern herstellen lassen, einen anderen durch Personen, die gegen geringes Entgelt (Bier oder Zigaretten) bereit sind, in ihrer unverstellten Handschrift fingierte Unterschriften zu liefern.

Ein besonders schwieriges Kapitel bilden die Blankettfälschungen im Sinne des § 269 StGB. Hierbei kann es sich handeln um Blankowechselakzepte und Scheckunterschriften, Blankovollmachtunterschriften, überhaupt um jede Art von Blankounterschriften auf leeren Papierblättern, die verabredungsgemäß zu anderen Zwecken dienen sollten. Ähnlich zu bewerten sind Unterschriften, die ursprünglich auf einer echten Urkunde gestanden haben, von dieser aber, weil zwischen Textschluß und Unterschrift ein genügender Raum freigelassen war, abgeschnitten und zu einer gefälschten Urkunde mißbraucht worden sind.

Zusammenfassend führen wir noch einmal die *Fälschungsmerkmale* auf:

1. Unsicherheit der Schriftführung (nicht zu verwechseln mit Tremor oder Ataxie),
2. Verdickungen der Striche durch Verweilen der Feder oft mitten im Strich, besonders auch am Ende von Wörtern,
3. häufiges Absetzen, daher schlechte Bindung von Haar- und Grundstrichen innerhalb des Wortes,

4. wechselnde Schriftlage innerhalb des Schriftstückes, Wortes oder Buchstabens. Die Grundstriche liegen nicht immer in der gleichen Richtung (verstellte Handschrift); Rückfälle gegen Ende von Wörtern und Schriftstücken in die gewohnte Schriftlage,
5. Bindungsart der Haar- und Grundstriche wechselnd (Ecken, Arkaden, Girlanden, Wellenlinien),
6. Ausbesserungen und Flickstellen an einzelnen Buchstaben durch Überschreibungen und Hinzufügungen von Strichteilen, die zur Erkennbarkeit des Buchstabens nicht nötig wären und auch nicht gewohnheitsmäßig vorkommen,
7. wechselnder Druck mitten in einem Strich (entstanden und nachweisbar durch Spreizen der Federspitze) und Verdickung der Striche,
8. wechselnde Schnelligkeit innerhalb von Wörtern.

*b) Schriftvergleichung.* Für die Praxis ist es nicht nur wichtig, festzustellen, daß und wie eine Urkunde gefälscht ist, sondern für die Rechtssicherheit ist es entscheidend, den Fälscher zu überführen. Dies geschieht im Wege der Schriftvergleichung. Hierbei muß man unterscheiden, ob die Schrift nachgeahmt, entstellt oder unverstellt ist. Bei Schriftnachahmungen bietet die Schriftvergleichung erhebliche Schwierigkeiten, da der Schreiber fremde Schriftmerkmale bei gleichzeitiger Unterdrückung seiner eigenen anwendet. Bei einer gelungenen Pausfälschung ist daher infolge der vollständigen Unterdrückung der individuellen Merkmale des Schreibers eine Identifizierung mit der Handschrift des Fälschers so gut wie ausgeschlossen. Höchstens könnten vereinzelte Rückfälle ausnahmsweise einmal gewisse Hinweise geben. Dagegen liegt die Sache günstiger, wenn es sich um freihändige Schriftnachahmung handelt, weil hier mehr mit Rückfällen in die eigene Schrift zu rechnen ist. Das gilt vor allem auch bei Schriftverstellung. Hier sind nämlich die Aussichten zur Überführung des Fälschers dann wesentlich größer, wenn die Schreibgeschwindigkeit nicht sehr stark herabgemindert ist, um den Eindruck der Echtheit hervorzurufen, weil sich dann unversehens, besonders am Ende von Wörtern, Zeilen und Seiten — insbesondere bei längeren Schriftstücken infolge Erlahmens der Aufmerksamkeit — wieder Rückfälle in die Schreibweise des Fälschers zeigen. Worin bestehen nun diese individuellen Merkmale, die zur Vergleichung und zur Überführung eines Urkundenfälschers dienen können? Als *allgemeine Schriftmerkmale* kommen in Frage:

1. Schriftverteilung (Ränder, Zeilenabstand, Raumeinteilung),
2. Schriftsystem (lateinisch, deutsch, ausländisch, gemischt, moderne Schriftsysteme, z. B. *Sütterlin*),
3. Schriftlage (z. B. linksschräg, rechtsschräg, senkrecht, wechselnd),
4. Bindungsgrad, z. B. Absetzungen bei i-Punkten, Unterbrechung innerhalb von Wörtern, übertriebene Verbindungen,
5. Bindungsart (Winkel, Girlande, Arkade, Mischformen, Wellenlinien),
6. Ausdehnung, Verhältnis der Ober-, Mittel- und Unterlängen, Größe (absolute, relative Weite, Schwankungsgrad),
7. Druckbetonung (absolute, relative), (nicht verwechseln mit breiten Federn und flacher Federhaltung),
8. Federart und Federhaltung,
9. Schreibgewandtheit und -ungewandtheit,
10. Schreibschnelligkeit und -langsamkeit,
11. Vereinfachung, Verreicherung, Schulmäßigkeit.
12. Wort- und Zeilenzwischenraum, Randbildung.

Als *spezielle Schriftmerkmale* kommen die folgenden in Betracht:

Individuelle Formgebung der einzelnen Buchstaben.

Dabei ist auch auf die Rechtschreibung (falsche und veraltete Schreibweise, ausländische Schreibgewohnheiten) zu achten.

Eine Schriftvergleichung darf nicht darin bestehen, wahllos einzelne allgemeine oder spezielle Merkmale herauszugreifen und gegenüberzustellen. Es kommt vielmehr darauf an, die sämtlichen allgemeinen und speziellen Schriftmerkmale auf ihren Beweiswert zu prüfen. Schulmäßige Ähnlichkeiten besagen für die Identität eines Schreibers gar nichts, ebenso nicht häufig vorkommende Vereinfachungen oder Verreicherungen der Schrift. Nur wesentliche Merkmale sind für eine Identifizierung ausschlaggebend. *Schneickert* hat daher vorgeschlagen, je nach dem Identitäts*wert* die Merkmale in *primäre* oder *sekundäre* einzuteilen, wobei er unter primären solche versteht, die einzigartig oder nicht unterdrückbar sind, während die sekundären Merkmale an sich auch in anderen Handschriften häufiger vorkommen, aber durch ihr Zusammentreffen in einem Schriftstück für die Identifizierung ausschlaggebend sind. Für die Identifizierung besonders hochwertig sind die sog. *Ähnlichkeitskomplexe*, d. h. wenn wesentliche und unwesentliche Schriftmerkmale an einer kleinen Buchstabengruppe, z. B. innerhalb eines Wortes, gehäuft vorkommen und der gleiche Ähnlichkeitskomplex sich in der Schrift des Beschuldigten findet. Wesentlich ist auch, wenn verschiedene Variationen desselben Buchstabens in der strittigen Schrift und der Vergleichsprobe vorkommen, z. B. eine dreifache Variation des t-Verbindungsstriches.

Bei der Verwertung von Ähnlichkeiten muß u. U. die Frage geprüft werden, ob sie auf eine bestimmte Person hinweisen, oder ob sie vielleicht nur Ausfluß einer sog. *Familienähnlichkeit* sind. Wenn nach den Umständen des Falles damit gerechnet werden muß, daß auch ein anderes Familienmitglied als Täter in Frage kommt, so muß man auch Schriftproben von diesem beiziehen und bei der Vergleichung berücksichtigen. Auch muß daran gedacht werden, ob bestimmte ähnliche Schriftformen auf gleiche, vielleicht aber nicht allgemein übliche und bekannte Schulvorlagen zurückzuführen sind.

Die Sicherheit der Überführung eines Täters durch Schriftvergleichung hängt wesentlich von dem Umfang des strittigen Schriftstückes und von dem Umfang und der Güte des Vergleichungsmaterials ab. Es kann nicht genug davor gewarnt werden, Gutachten auf Grund unzureichenden Vergleichungsmaterials abzugeben. Darin liegt die häufigste Quelle für Fehlgutachten. Trotz unzureichenden Vergleichungsmaterials und geringen Ausgangsmaterials werden häufig sichere positive Identitätsgutachten abgegeben. Der Hauptfehler an den unzulänglichen Gutachten liegt jedoch bei den Ermittlungsbehörden, insbesondere der Polizei und Gendarmerie, die trotz ständiger Hinweise auf die Notwendigkeit der Beschaffung ausreichender Schriftproben immer wieder unzureichendes und ungeeignetes Material zu den Akten bringen. Schriftproben müssen unbedingt bei den ersten Ermittlungen beschafft werden, ehe vorhandenes Material beiseite geschafft wird oder ehe die Beschuldigten von dritter Seite über Möglichkeiten zur Verstellung der Schrift und andere Täuschungen des Sachverständigen aufgeklärt worden sind. Es ist daher unzweckmäßig, Personen zur Abgabe von Schriftproben auf Dienststellen zu laden und sich dann mit einigen Zeilen zufrieden zu geben oder Ausreden für glaubhaft zu halten, daß sie überhaupt nicht schreiben können oder gewisse Schriftsysteme (lateinisch oder deutsch oder Drucktypen) nicht schreiben können. Deswegen muß der Hauptwert auf die Beschaffung von sog. unbefangen entstandenem Vergleichsmaterial gelegt werden, d. h. auf Schriftstücke, die ohne Zusammenhang mit dem laufenden Verfahren kürzere oder längere Zeit vorher entstanden sind, wenn möglich auch aus der Zeit stammen, deren Datum die strittige Urkunde trägt. Je mehr unbefangene Schriftproben und Diktatproben vorliegen, um so einfacher ist die Arbeit des Sachverständigen und um so größer die Wahrscheinlichkeit für eine sichere Entscheidung über die Identität oder die Nichtidentität. Unbefangene Proben müssen von dem Verdächtigen oder Zeugen einzeln unter Vorlage anerkannt werden. Die Richtigkeit der Angaben muß durch Aufnahme von Diktatproben und Vergleichungen durch den Beamten sofort nachgeprüft werden; denn es kommen oft absichtlich oder unabsichtlich irreführende Anerkennungen von Schriftstücken vor. Auch der Sachverständige muß als erstes nachprüfen, ob die ihm vorgelegten Unterlagen anerkannt sind, und ob auf Grund der Schriftvergleichung zwischen den unbefangenen und den Diktatproben hierüber kein Zweifel besteht. Es kommt gar nicht so selten vor, daß jemand zur Irreführung, insbesondere um einen andern zu decken, nicht von ihm stammende Schriftstücke als von ihm stammend anerkennt. Er muß insbesondere daran denken, daß es gerade in ländlichen Verhältnissen gar nicht so selten vorkommt, daß ein Familienmitglied für ein anderes schreibt und dessen Unterschrift anwendet. Hierdurch kann leicht die irrtümliche Auffassung entstehen, als sei das Schriftstück von der Person geschrieben, deren Namen es trägt. Durch Einreichung solcher nicht ausdrücklich anerkannter und auf ihre Urheberschaft nicht nachgeprüfter Unterlagen kann leicht ein Fehlurteil veranlaßt werden. Beim Geständnis eines Beschuldigten sind Schriftproben von ihm aufzunehmen, besonders bei verstellten und nachgeahmten Schriften, um die Richtigkeit des Geständnisses nachprüfen und seinen Widerruf verhindern oder unglaubwürdig machen zu können. Die Notwendigkeit der Beschaffung guten und umfangreichen Vergleichsmaterials hat bereits im Jahre 1905 zur einer von *Schneickert* entworfenen und bei der Kriminalpolizei in Berlin eingeführten Anweisung zur Beschaffung von Vergleichsproben Veranlassung gegeben. In Anlehnung an diese Anweisung empfehlen wir, bei der Beschaffung von Schriftproben folgendermaßen vorzugehen und die Amtsstellen immer wieder auf die Notwendigkeit der Beschaffung brauchbarer Schriftproben und Unterweisung der Beamten beim Unterricht hinzuweisen:

*A. Aufnahme von Diktatschriftproben:*

1. Bei der Aufnahme von Diktatschriftproben sind möglichst die gleichen Schreibumstände herzustellen, die bei der Anfertigung des zu prüfenden Schriftstückes bestanden haben, nämlich

a) es ist ähnliches Schreibzeug zu verwenden (harter oder weicher Bleistift, Farbstift, Tinte, breite oder harte Stahlfeder, nötigenfalls auch Rund- oder Zierschriftfeder),

b) es ist gleiche Papierart und gleiches Papierformat zu benutzen (rauhes oder glattes Papier, gleiche Liniatur, Briefbogen, Postkarten, Postabschnitt, Telegramm-, Postanweisungs-, Wechsel-, Quittungsvordruck u. dgl.),

c) falls in dem zu prüfenden Schriftstück auffallend langsam und sorgfältig oder auffallend schnell und flüchtig oder auffallend schräg, steil, groß geschrieben zu sein scheint, soll vom Beschuldigten erst nach einer gewöhnlichen unbeeinflußten Schriftprobe auch eine solche aufgenommen werden, bei der er entsprechend langsam, schnell, schräg, steil, groß usw. zu schreiben hat.

Zur Unterscheidung solcher Schriftproben ist hier ein unterscheidender Vermerk des aufnehmenden Beamten beizufügen.

2. Macht der Schreibende den Versuch, seine Schrift zu verstellen, so muß man ihn möglichst schnell und viel schreiben lassen.

3. Die Schriftprobe soll den ganzen Text oder doch einen längeren Absatz vom Anfang und Schluß des Schriftstückes, wenigstens aber 20—30 Zeilen wiedergeben, möglichst in mehrfacher Wiederholung; insbesondere sind auch solche Stellen zu berücksichtigen, welche Rechtschreibungsfehler aufweisen.

4. Kürzere Schriftproben sind in mehrfacher Wiederholung aufzunehmen, besonders wenn es sich um kurze Texte oder um nur gefälschte Unterschriften oder Urkundenzusätze handelt, mindestens aber zehnmal. In solchen Fällen empfiehlt es sich außerdem, einen kurzen zusammenhängenden Text zu diktieren, der die Wörter oder Buchstaben der Fälschung in anderen Wortverbindungen enthält, z. B. in Form eines kurzen Lebenslaufes.

5. Die Niederschrift der Schriftproben soll grundsätzlich nur nach Diktat geschehen. Dem Schreiber ist ein Einblick in das verdächtige Schriftstück vor oder bei der Diktatniederschrift nicht zu gestatten. Einzelne Wörter dürfen ihm nicht vorbuchstabiert werden. Fremdwörter sind nach ihrer Aussprache zu diktieren.

6. Das Papier soll bei Diktatschriftproben nur einseitig beschrieben werden.

7. Außergewöhnliche Umstände, die bei der Aufnahme von Schriftproben vorhanden waren, z. B. große Erregung des Schreibers, Trunkenheit, Dunkelheit oder schlechte Beleuchtung, Kälte, schlechtes Schreibmaterial, Fehlen der Brille usw., sind zu vermerken.

8. Unter Schriftproben ist zu beurkunden, wer der Schreiber ist, wann und durch wen die Schriftprobe erhoben wurde,

9. Schriftproben sind grundsätzlich nicht in die Akten zu heften, sondern lose in eingeheftete Umschläge zu stecken (sehr wichtig!).

*B. Anderes Vergleichsmaterial:*

10. Außer den Diktatschriftproben sind auch unbeeinflußt entstandene Schriften von der Hand des Beschuldigten zu beschaffen (Briefschaften, Aufzeichnungen, Geschäftsbücher, Mietverträge, Kladden, Quittungen, Meldungen, Kochrezepte, Gesuche an Behörden u. dgl.). Nötigenfalls muß festgestellt werden, bei welchen Behörden sich Akten über den Beschuldigten mit Schriftstücken von seiner Hand befinden (Gemeinde-, Wohlfahrts-, Landratsamt, Steuerbehörde, Gericht, Post, Reichsbahn, Invaliden-, Unfall-, Versorgungsakten). In erster Linie sind Schriften auszuwählen, die nach Entstehungszeit, Entstehungsbedingungen und äußerer Form dem zu prüfenden Schriftstück nahekommen. Der Zeitpunkt der Entstehung der erhobenen Schriften ist nach Möglichkeit festzustellen, falls er sich nicht aus dem Schriftstück selbst ergibt.

11. Wird, z. B. bei Urkundenfälschungen, der Name einer bestimmten Person mißbraucht, so ist auch von dieser Person eine Schriftprobe (Unterschrift) zu beschaffen.

12. Werden Durchsuchungen bei verdächtigten Personen nach Handschriftenmaterial nötig, so ist auf die Sicherstellung des Schreibmaterials (Papier, Briefumschläge, Federn, Tinte, Löschblätter, Blei- und Farbstifte) und von Schreibübungen auf weggeworfenen Zetteln, von zerrissenen oder verbrannten Schriftstücken im Papierkorb und im Ofen usw. Wert zu legen.

Hat der Beschuldigte herausgerissene Blätter eines Buches, Heftes oder Teile eines Briefbogens zu dem strittigen Schriftstück verwendet, so ist nach dem dazugehörigen Buch, Heft oder Briefbogen zu fahnden.

13. Jede Schriftprobe muß den Namen ihres Urhebers enthalten, insbesondere die unbefangen entstandenen Schriftstücke müssen von ihren Urhebern ausdrücklich anerkannt werden.

14. Sind von demselben Schreiber mehrere anonyme Briefe abgesandt worden und werden weitere solche Schreiben erwartet, so ist der Empfänger anzuweisen, sie zunächst uneröffnet der Kriminalpolizei (Erkennungsdienst) zwecks Sicherstellung etwaiger Fingerabdrücke zur Verfügung zu stellen.

15. In besonders wichtigen und schwierigen Fällen ist ein Schriftsachverständiger vorher zu Rate zu ziehen oder ihm die Aufnahme von Schriftproben zu übertragen.

*Verstellungsmethoden:* Auf Grund statistischer Ermittlungen ließ sich feststellen, daß bei der Schriftverstellung am häufigsten die Schriftlage verändert wird. Nach der Häufigkeit folgen dann weiter: Schriftsystem, Buchstabenformen, Verengerung, Verbreiterung, Bindungsstärke, Proportionen, Schönschrift, schulmäßige Schreibweise, Bindungsformen, Druckveränderungen. Da die meisten Schriftversteller nicht genügend Vorkenntnisse über die Verstellung von Schriften besitzen, gehen sie nicht systematisch vor, sondern greifen wahllos einzelne Merkmale heraus, um sie zu verstellen. Meistens werden davon die Großbuchstaben betroffen. Weiterhin kommt es sehr darauf an, ob diejenige Person, die ihre Schrift verstellt, Gelegenheit hat, die Verstellung vorzubereiten und zu üben. Es ist ein großer Unterschied, ob sie ungestört bei sich zu Hause arbeiten, Vorstudien machen kann und hinreichend Zeit auf die Herstellung des Schriftstückes verwenden kann, oder ob die Verstellung in großer Eile ausgeführt werden muß oder sogar in Gegenwart anderer Personen, wie meistens bei Empfangsbescheinigungen u. dgl. Das Gelingen der Fälschung hängt wesentlich davon ab, ob es leicht oder schwer ist, eine bestimmte fremde Handschrift nachzuahmen, vor allem ausgeprägte und charakteristische Unterschriften mit vielen, z. T. versteckten Einzelmerkmalen. Die Fähigkeit zur Verstellung ist offenbar unabhängig von der Bildung. Es ist aber zu bedenken, daß niemand bei einer Fälschung eine höhere Schreibleistung ausführen kann, als sie seiner eigenen Schreibgewandtheit entspricht.

Der Sachverständige muß daran denken, daß es gelegentlich vorkommt, daß eine Person die eigene echte Unterschrift entstellt oder gegenüber der gewohnten Schreibweise auffallend abweichend schreibt in der Absicht, sie später mit Erfolg abzuleugnen.

In verstellten Schriftstücken finden sich auch gelegentlich Zeichnungen, besonders in Schmähplakaten. Diese eignen sich oft besser zur Überführung, als man von vornherein glauben möchte. In solchen Fällen muß man versuchen, vom Beschuldigten — nach Diktat — ähnliche Plakatschriften mit Zeichnungen als Vergleichsmaterial zu erhalten.

*IV. Grenzgebiete:*

*1. Bestimmung des Alters der Urkunden.* Neben der chemischen Tintenaltersbestimmung (Chlorid- und Sulfatbilder), Papier, Wasserzeichen (s. d. Art.: Tinten und Tintenschriften) finden sich oft noch andere Anhaltspunkte, um das Alter eines Schriftstückes zu bestimmen. In erster Linie ist an die Vor- und Nachdatierung zu denken; diese wird von einem Fälscher oft zu dem Zwecke vorgenommen, um gewisse Zivilansprüche durch Vor- oder Nachdatierung der Urkunde Dritten gegenüber glaubhaft machen zu können. Das kommt nicht nur bei einzelnen Urkunden, sondern auch bei Eintragungen in Ausgabe- oder Einnahmebüchern sowie anderen kaufmännischen Büchern vor. Vom Fälcher wird hier z. T. so vorgegangen, daß in bereits bestehende Urkunden oder Eintragungen nachträglich hineingefälscht wird, oder daß Bücher und Aufstellungen seitenweise neu geschrieben werden, um den strittigen Posten besser einschmuggeln zu können. Derartige Manipulationen sind jedoch von vornherein verräterisch, da der Fälscher nicht berücksichtigt, daß nicht nur das Aussehen eines Schriftstückes, sondern auch das Fehlen der fortschreitenden Schriftentwicklung innerhalb längerer Zeiträume auf die Fälschung hinweisen. Es finden sich dann z. B. Buchstabenformen, die er in der angeblich zurückliegenden Zeit noch gar nicht angewendet hat, sondern erst viel später.

Manchmal versucht der Fälscher, neu angefertigte Briefe dadurch zurückzudatieren, daß er sie in Umschläge mit älteren Poststempeln hineinsteckt und behauptet, Brief und Umschlag gehörten zusammen.

Auch bei Schreibmaschinenfälschungen kann man durch die Zunahme der Abnutzung Zeitwidrigkeiten feststellen.

*2. Rechtschreibungsfehler* werden häufig zu Verstellungszwecken angewandt, um einen ungebildeten Schreiber vorzutäuschen. Sie stehen dann aber oft in Widerspruch zu Stil und Schreibgewandtheit. Von den unbeabsichtigten Schreibfehlern sind die häufig vorkommenden, daher unwesentlichen von den seltenen individuellen Schreibfehlern zu unterscheiden, die hohen Überführungswert haben. Auf orthographische Fehler allein darf nicht zu großer Wert gelegt werden. Sie sind nur ein Teilgebiet der Schriftvergleichung und können oft nur unterstützend herangezogen werden.

*3. Graphologie als Hilfsmittel.* Es kommt gelegentlich vor, daß ein Sachverständiger von einer Behörde aufgefordert wird, sich zur Glaubwürdigkeit eines Angeschuldigten oder Zeugen auf Grund seiner Handschrift zu äußern, insbesondere zu der Frage, ob ihm eine Straftat zuzutrauen ist. Für eine gerichtliche Anwendung kommen graphologisch-charakterologische Beurteilungen ernstlich noch nicht in Betracht; denn die wissenschaftlichen Grundlagen der Graphologie sind nach dieser Richtung noch nicht so zuverlässig, wie man es von forensischen Methoden verlangen muß. Eine Ausnahme stellen die bereits oben ausführlich dargelegten pathologischen Merkmale in der Handschrift dar, da diese insbesondere auch Hinweise für die forensische Beurteilung eines Schreibers geben können (psychiatrische Beurteilung, Identifizierung).

*V. Form des Gutachtens:* Jedes Gutachten muß mit einer Anführung des Beweisthemas beginnen. Ferner muß dargelegt werden, wie sich die einzelnen Prozeßbeteiligten zu dem Beweisthema eingelassen haben. Sodann hat eine genaue Aufstellung und Bezeichnung der zu untersuchenden Schriftstücke zu folgen. Strittige Schriftstücke werden zweckmäßig mit Oa—z (= Original) bezeichnet, Vergleichungsproben mit Va—z, die Zeilen fortlaufend mit arabischen Ziffern, um das Anführen im Gutachten zu erleichtern, z. B. Oa, 20. Sind Vergleichungsproben verschiedener Personen vorhanden, so empfiehlt es sich, sie mit den Anfangsbuchstaben ihres Vor- oder Familiennamens zu bezeichnen. Bei der Aufstellung sind unbefangene und Diktatproben gesondert aufzuführen, aber nach Personen zu gruppieren. Der Aufstellung der strittigen Schriftstücke und Vergleichungsproben hat eine Kritik des Materials zu folgen.

Die erste Aufgabe des Sachverständigen liegt darin, festzustellen, ob das strittige Schriftstück mit unverstellter oder verstellter Schrift geschrieben ist.

Ist er der Ansicht, daß die Schrift verstellt ist, soll er auch die Gründe dafür angeben. Das gleiche muß auch für die Beurteilung von Schriftproben gelten. Der Vergleichung muß eine orientierende Untersuchung (Analyse der allgemeinen und speziellen Schriftmerkmale) sowohl der Schrift des Beschuldigten als auch des bestrittenen Schriftstückes vorangehen. Erst dann folgt die eigentliche Vergleichung unter besonderer Berücksichtigung des Beweiswertes der einzelnen allgemeinen und speziellen Schriftmerkmale. Am Schluß des Gutachtens folgt eine zusammenfassende Beurteilung, in der die Ähnlichkeiten und Abweichungen der allgemeinen und speziellen Schriftmerkmale noch einmal kurz hervorgehoben werden, um die sich daraus ergebenden Schlußfolgerungen zu begründen.

Bei der zusammenfassenden Beurteilung muß sich der Sachverständige dazu äußern, ob eine Schriftidentität oder Nichtidentität sicher vorliegt; wenn nicht sicher, mit welchem Grad von Wahrscheinlichkeit oder Unwahrscheinlichkeit. *Vorkastner* ist darin beizupflichten, daß es falsch wäre, anzunehmen, die Gerichte könnten mit Wahrscheinlichkeitsgutachten nichts anfangen; denn ein juristischer Beweis besteht aus einer Summe von Wahrscheinlichkeiten und Unwahrscheinlichkeiten. Das Schriftsachverständigengutachten bildet vielfach nur ein Glied in der Beweisführung. Es kann geeignet sein, die Aussage eines Zeugen zu unterstützen oder unglaubwürdig zu machen, ähnlich wie bei den Angaben des Angeklagten. Ein begründetes und ein dem Richter einleuchtendes Wahrscheinlichkeitsgutachten ist jedenfalls überzeugender und besser als ein mit aller Gewißheit abgegebenes, jedoch unzureichend begründetes Gutachten. Es hängt auch sehr viel davon ab, wie ein Gutachten, selbst wenn es sich nur mit Wahrscheinlichkeit oder großer Wahrscheinlichkeit für die Identität eines Angeklagten ausspricht, in der Hauptverhandlung begründet wird, und ob die Ausführungen des Sachverständigen auf das Gericht überzeugend wirken. Der Sachverständige darf keine akademischen Vorträge halten, sondern muß seine Ausführungen den Erfordernissen des praktischen Lebens anpassen.

Er muß insbesondere zum Ausdruck bringen, daß er seine wohlbegründete Auffassung vorträgt. Auch durch Einwendungen, namentlich von seiten der Verteidigung, ob es absolut ausgeschlossen sei, daß das Schriftstück von jemand anders stamme, darf er sich nicht irre machen lassen.

Um die Darlegungen des Gutachtens für die Prozeßbeteiligten, insbesondere für die Hauptverhandlung verständlich zu machen, empfiehlt es sich, dem Gutachten Lichtbilder beizufügen. Wir ziehen es vor, diese photographischen Darstellungen im Text des Gutachtens an der Stelle der Beschreibung einzufügen und zwar jedesmal links das Lichtbild des strittigen Schriftstückes (O) und rechts daneben das Bild der Vergleichungsprobe (V) zu setzen. Bei unwesentlichen Merkmalen kann an Stelle des Lichtbildes auch eine Zeichnung treten. Bei nicht identischen Schriften kann man sich überhaupt mit Zeichnungen begnügen.

*VI. Haftet der Sachverständige für die Richtigkeit seines Gutachtens? Lang* hat diese Frage vom juristischen Standpunkt aus beleuchtet und sich dahin geäußert, daß bezüglich der strafrechtlichen Verantwortung des Sachverständigen zu unterscheiden ist, ob er ein falsches Gutachten zugunsten oder zuungunsten des Angeklagten erstattet, ob er vorsätzlich oder fahrlässig handelt, ob er vereidigt oder nicht vereidigt wird. Vorsätzlich falsche Gutachten dürften kaum vorkommen. Eine Fahrlässigkeit wäre aber in folgenden Punkten zu erblicken:

1. wenn der Sachverständige den Auftrag zur

Begutachtung übernimmt, obwohl er sich bei gewissenhafter Prüfung sagen müßte, daß er für derartige Untersuchung mangels entsprechender Ausbildung nicht zuständig ist,

2. wenn er die im Verkehr erforderliche Sorgfalt außer acht läßt. Es wird hier gewissermaßen ein objektiver Maßstab angelegt.

Im strafrechtlichen Sinne fahrlässig handelt der Sachverständige, wenn er die Sorgfalt außer acht läßt, zu der er nach den Umständen *und* nach seinen persönlichen Verhältnissen verpflichtet und imstande ist. *Ebermayer* hebt in seinem Werk (Der Arzt im Recht) hervor, daß diese starke Betonung der persönlichen Verhältnisse eine gewisse Gefahr in sich birgt. Sie dürfe nicht dahin führen, daß sich der Sachverständige etwa unter Berufung auf mangelnde Kenntnis und Fähigkeit straffrei machen kann.

*Schrifttum.*

*Blume, G.:* Die Untersuchung der Handschrift in der Psychiatrie. Z. Neur. **103**, 675—704 (1926). — *Buhtz, G.:* Die Bedeutung pathologischer Schriftveränderungen für den Nachweis von Testamentsfälschungen. Dtsch. Z. gerichtl. Med. **18**, 379—411. — *Buhtz, G.:* Die Bedeutung der Handführung und -stützung bei eigenhändigen Testamenten. Dtsch. Z. gerichtl. Med. **17**, 460—480. — *Buhtz, G.:* Die forensische Bedeutung psychisch und neurologisch bedingter Schriftstörungen. Z. gerichtl. Schriftuntersuchungen Nr. 20 (Januar 1930). — *Buhtz* u. *Köstner:* Die Beurteilung verstellter, abgestrittener echter Unterschriften. Dtsch. Z. gerichtl. Med. **26**, 413—429. — *Erb:* Physiologie und Pathologie der Handschrift. — *Erlenmeyer, A.:* Die Schrift-Grundzüge ihrer Physiologie und Pathologie. Stuttgart 1879. — *Köster:* Die Schrift bei Geisteskranken. Leipzig 1903. — *Kraepelin:* Schriftstörungen bei Alkoholdeliranten. Psychiatrie **2**, 148; bei Paralyse. Psychiatrie **2**, 362; bei Arteriosklerose. Psychiatrie **2**, 564; bei Altersblödsinn. Psychiatrie **2**, 609; bei Dementia praecox. Psychiatrie **3**, 728, 722, 856; bei manisch-depressiven Irresein. Psychiatrie **3**, 1224, 1252, 1343; bei traumatischer Neurose. Psychiatrie **4**, 1486; bei Hysterie. Psychiatrie **4**, 1558, 1592, 1595; bei Psychopathie. Psychiatrie **4**, 1796, 2064; bei Imbezillität. Psychiatrie **4**, 2176 ff. Leipzig 1915. — *Lang:* Der Sachverständige im Strafverfahren. Z. gerichtl. Schriftuntersuchungen Nr. 24 (April 1931). — *Meyer, G.:* Fälschungsschwierigkeiten. Arch. f. gerichtl. Schriftuntersuchungen **1**, 32. — *Meyer, G.:* Schriftverstellung durch Schreiben mit der linken Hand. Arch. gerichtl. Schriftuntersuchungen **1**, 60. — *Mueller, B.:* Der Einfluß der Schreibgeschwindigkeit und des Schreibraumes auf die allgemeinen Schriftmerkmale. Dtsch. Z. gerichtl. Med. **20**, 556—569. — *Mueller, B.:* Zur Frage des Beweiswertes der Schriftgutachten nebst statistischen Untersuchungen über die Häufigkeit einiger Schriftmerkmale. *Groß'* Arch. **104**, 105—116. — *Mueller, B.:* Studien über Schriftverstellungen. Dtsch. Z. gerichtl. Med. **15**, 102—115. — *Preyer, W.:* Zur Psychologie des Schreibens. Hamburg 1895. — *Schneickert:* Die Bedeutung der Handschrift im Zivil- und Strafrecht. Leipzig 1906. 2. Aufl.: Die Handschrift im Rechts- und Verkehrsleben. Berlin 1939. — *Schneickert:* Leitfaden der gerichtlichen Schriftvergleichung. Berlin 1918. — *Schneickert:* Die Verstellung der Handschrift und ihr graphonomischer Nachweis. Jena 1925. — *Schneickert:* Ist die Schreibprobe bei Blutalkoholuntersuchungen als Ergänzungstest geeignet? *Groß'* Arch. **103**, 110 ff. — *Schneickert:* Zur Geschichte der gerichtlichen Schriftvergleichung. *Groß'* Arch. **77**, 287—293. — *Türkel:* Atlas der Bleistiftschrift. Graz 1927. — *Vorkastner, W.:* Übergerichtliche Schriftuntersuchungen. Greifswald 1626. — *Wentzel, K.:* Der Schriftindizienbeweis. Berlin 1927.

***Buhtz*** und ***Schneickert.***

**Germisan** siehe *Schädlingsbekämpfungsmittel.*

**Geschlechtsakt** siehe *Beischlaf.*

**Geschlechtsbestimmung an Knochen** siehe *Knochen.*

**Geschlechtskrankheiten** (= GK.en) **vor Gericht.** (Vgl. auch Art.: Gonorrhoe; Lymphogranuloma inguinale; Syphilis; Ulcus molle.)

Unter GK.en werden in diesem Artikel verstanden: Syphilis oder Lues; weicher Schanker oder Ulcus molle; Tripper oder Gonorrhoe; Lymphogranuloma inguinale oder klimatischer Bubo (im Ausland vielfach Krankheit *Nicolas-Favre* genannt). Nach der Reichszählung der Geschlechtskranken aus dem Jahre 1934 kommen in Deutschland jährlich 225 000 Personen wegen einer GK. erstmalig in

ärztliche Behandlung. Das sind 34,3 je 10 000 Lebende. 145 000 Fälle betrafen das männliche Geschlecht (46,5 je 10 000) und 80 000 das weibliche Geschlecht (23,0 je 10 000). 175 000 entfielen auf Tripper, 43 000 auf erworbene und 4000 auf angeborene Syphilis, 3000 auf weichen Schanker. Das Lymphogranuloma inguinale wurde wegen seines äußerst seltenen Vorkommens in Deutschland nicht mit erfaßt.

Die GK.en beschäftigen die Gerichte und die ärztlichen Gerichtssachverständigen hauptsächlich in folgenden Zusammenhängen: a) das Vorhandensein einer GK. als Grundlage für Strafverfolgung wegen Gefährdung anderer, für die Kündigung eines Arbeitsvertrages, die Verweigerung des Arbeitsentgelts, die Aufhebung oder Anfechtung der Ehe usw.; b) Übertragung einer GK. durch geschlechtliche oder außergeschlechtliche Handlungen (Strafverfolgung; Beweismittel im Strafverfahren wegen Sittlichkeitsverbrechen; Schadenersatz; Eheaufhebung oder -scheidung); c) Erwerb oder Verschlimmerung einer GK. durch Unfall (Rentenanspruch, Schadenersatz). Dem ärztlichen Gerichtssachverständigen können hierbei Fragen vorgelegt werden, die sich beziehen auf: 1. Diagnose, 2. Entstehungsweise, 3. Verschulden, 4. Verlauf und Folgen. Hiermit ist die Einteilung dieses Artikels sowie der Sonderartikel über die einzelnen GK.en gegeben.

*1. Diagnose.* GK.en haben im Straf- oder Zivilprozeß nur dann rechtliche Bedeutung, wenn bei wenigstens einer Person, unter Umständen bei mehreren Personen die Diagnose einer solchen Krankheit einwandfrei festgestellt ist. Die *diagnostischen Hilfsmittel* für alle vier GK.en sind dauernd vervollkommnet worden und haben heute einen Stand erreicht, der in der überwiegenden Mehrzahl der Fälle ein klares Urteil erlaubt. Trotzdem kommen auch heute zweifellos noch Fälle vor, wo der Nachweis einer vorhandenen GK. nicht gelingt oder auf Schwierigkeiten stößt. Man denke an eine vorübergehend seronegative Lues latens oder an manche Fälle von chronischer Gonorrhoe bei der Frau. Die Technik der Untersuchung auf GK.en hat sich derartig verfeinert, daß man in schwierigen Zweifelsfällen zweckmäßigerweise auf die Hilfe eines besonders erfahrenen Facharztes oder einer Fachklinik zurückgreifen sollte. Alle mit GK.en leicht zu verwechselnden Krankheitsbilder sind auszuschließen, was am sichersten durch den Erregernachweis geschieht. Namentlich bei Gonorrhoe ist immer mit der Möglichkeit geschickter, nur schwer entdeckbarer Täuschungsversuche zu rechnen.

Die Diagnose „Syphilis" oder „Gonorrhoe" allein genügt den Zwecken des Gerichtes nur manchmal, z. B. wenn es sich in einem Prozeß zwischen Arbeitgeber und Arbeitnehmer ausschließlich darum handelt, ob der arbeitsunfähige Arbeitnehmer an einer GK., d. h. einer „selbstverschuldeten" Krankheit leidet. Auch in Ehescheidungsprozessen kann die bloße Tatsache einer GK. je nach der Gesetzgebung des betreffenden Landes eine Rolle spielen. Meistens jedoch will der Richter von dem ärztlichen Sachverständigen noch mehr erfahren. So kann es, um bei unseren Beispielen zu bleiben, in arbeitsrechtlichen Prozessen wie auch in Verfahren über die Aufhebung oder Scheidung einer Ehe wesentlich sein, wann sich der Kranke sein Leiden zugezogen hat (z. B. vor oder nach der Eheschließung), in welchem Krankheitsstadium es sich befindet (Ansteckungsgefahr, ekelerregende Erscheinungen, Folgekrankheiten). Auch wenn man prüfen will, ob durch eine bestimmte Handlung (z. B. strafbarer oder nicht strafbarer Beischlaf, erotische Berührung, Benutzung gemeinsamer Gebrauchsgegenstände, Unsauberkeit einer selbst kranken oder auch einer gesunden Pflegeperson) eine GK. auf eine Person übertragen worden ist, reicht die Tatsache einer GK. nicht aus. Vielmehr muß das Leiden sich in einem solchen Stadium befinden, daß es mit Rücksicht auf die Inkubationszeit und auf den erfahrungsgemäßen Verlauf zur Zeit der betreffenden Handlung erworben sein kann.

Mitunter knüpfen sich die in Frage stehenden Rechtsfolgen allein an die GK. einer *einzelnen* Person als objektiven Befund an; wie z. B. im Arbeitsrecht bei der GK. des Arbeitnehmers, im Ehescheidungsrecht, bei der Ansteckung eines Forschers im Tierversuch u. dgl. In der Mehrzahl der Fälle dagegen wird eine bestimmte zweite Person als Ansteckungsquelle in Betracht gezogen (Ehegatte, Partner beim außerehelichen Verkehr, Sittlichkeitsverbrecher, behandelnder Arzt, Pflegerin usw.). Der ärztliche Sachverständige muß dann auch diese Person auf die GK. hin untersuchen und prüfen, ob sich die Krankheit in einem solchen Stadium befindet, daß sie zur Zeit der umstrittenen Handlung eine Ansteckung verursacht haben kann. Zur Entlastung einer angeblichen Ansteckungsquelle kann die Untersuchung dritter, ebenfalls verdächtiger Personen führen. Auf der Suche nach der mutmaßlichen Infektionsquelle sind zwei Begriffe auseinanderzuhalten: die *Ansteckungsfähigkeit* und die *Ansteckungsgefahr* (*Werr*). Ansteckungsfähig ist jeder Geschlechtskranke, bei dem eine Übertragung theoretisch vorstellbar ist. Wollte man mit diesem Begriff arbeiten, so müßte man alle im Schrifttum enthaltenen Berichte über eine erfolgte Ansteckung berücksichtigen, so selten und ausgefallen sie auch sein mögen. Im allgemeinen ist daher nicht auf die Ansteckungsfähigkeit, sondern auf die Ansteckungsgefahr abzustellen. Ansteckungsgefährlich ist ein Geschlechtskranker, wenn nach den Erfahrungen des Lebens eine gewisse Wahrscheinlichkeit dafür besteht, daß er die Krankheit weiterverbreiten kann (über die Voraussetzungen der Ansteckungsgefahr in diesem praktischen Sinne vergleiche die einzelnen Sonderartikel).

*2. Entstehungsweise.* Auf Grund der Diagnose bei der einen bzw. den mehreren in Frage kommenden Personen kann man zwar angeben, ob eine Übertragung in der behaupteten Weise möglich ist, aber noch nicht, ob sie tatsächlich stattgefunden hat. Zunächst braucht ein *negativer Befund nicht unbedingt beweisend* zu sein. Es kann ein diagnostisch ungünstiger Fall sein, oder eine inzwischen durchgeführte Behandlung kann die Krankheitserscheinungen beseitigt haben. Auch bei *positivem Befund* ist ein ganz zwingender, jede andere Möglichkeit ausschließender Beweis einer geschlechtlichen Ansteckung durch eine bestimmte Handlung praktisch kaum jemals zu führen. Für die gerichtlichen Zwecke muß man sich meist mit einer „an Gewißheit grenzenden *Wahrscheinlichkeit*" für die Art der Übertragung begnügen. Eine solche Wahrscheinlichkeit kann nur behauptet werden, wenn alle naheliegenden Irrtümer nach Menschenermessen ausgeschlossen sind.

Wo das Gesetz die Gefährdung eines anderen durch einen ansteckungsgefährlichen Geschlechtskranken (also nicht notwendig Ansteckung) unter Strafe stellt, wie z. B. in Deutschland, kommt es für den objektiven Straftatbestand nach dieser Vorschrift nicht darauf an, wie der Täter sein Leiden erworben hat. Das Vorhandensein der Krankheit, und zwar in diesem Falle einer ansteckungsgefährlichen, genügt. Dasselbe kann je nach den gesetzlichen Bestimmungen auch für die Aufhebung der Ehe wegen Irrtums über den Gesundheitszustand des anderen Teils gelten. Nach deutschem Recht muß ein Irrtum über eine *wesentliche* Eigenschaft des anderen Teils vorliegen, was bei den GK.en je

nach Art und Verlauf verschieden zu beurteilen ist. Ein Grund zur Ehescheidung ist die GK. eines Partners in den meisten Ländern nicht ohne weiteres. Vielmehr sind Art und Zeitpunkt der Ansteckung von Einfluß. Es ist zu unterscheiden zwischen dem Erwerb vor und während der Ehe, auf außergeschlechtlichem oder geschlechtlichem Wege. Ferner können das Stadium, die Ansteckungsgefahr und die Heilungsaussichten der Krankheit ins Gewicht fallen. (Näheres siehe in den Sonderartikeln.) Auch beim Streit über Kündigung eines Arbeitsvertrages mit einem geschlechtskranken Arbeitnehmer kann die Art der Übertragung von rechtlicher Bedeutung sein.

Unter den *Irrtümern* (*Reuter*), die beim Forschen nach der Übertragungsart vorkommen können, ist der gröbste der, den Ansteckenden und den Angesteckten zu vertauschen. Schon manche Infektionsquelle hat aus Rache für die Anzeige oder zur eigenen Verteidigung den Spieß umgedreht und das Opfer umgekehrt der Ansteckung beschuldigt. Sogar überführte Sittlichkeitsverbrecher sind, um eine Strafverschärfung zu vermeiden, auf diese Lüge verfallen. In Ehescheidungsprozessen, in denen es sich um GK. dreht, ist es etwas Alltägliches, daß der beschuldigte Teil den Kläger seinerseits verdächtigt. Das Stadium der Krankheit bei beiden Beteiligten, der Zeitpunkt des ersten Bekanntwerdens, frühere ärztliche Behandlung können hier Aufschlüsse geben. Als zweite Möglichkeit des Irrtums ist zu erwähnen, daß die Krankheit im Zeitpunkt der betreffenden Handlung schon bei beiden Teilen vorgelegen hat oder aber bei der beschuldigten Person erst später erworben worden ist. Das erste pflegt häufiger der Fall zu sein. Es zeigt z. B. eine verlassene Braut ihren geschlechtskranken Verlobten wegen Ansteckung an, obwohl sie ebenso wie er schon vorher an dieser Krankheit gelitten hat. Oder: das weibliche Opfer eines Sittlichkeitsverbrechens kann von dem geschlechtskranken Täter nicht angesteckt worden sein, weil es schon krank war, sei es infolge geschlechtlicher, sei es infolge außergeschlechtlicher Ansteckung (z. B. Vulvovaginitis gonorrhoica). Zumal wenn die Ansteckung Beweismittel für einen Beischlaf oder eine sonstige strafbare oder zum Schadenersatz verpflichtende oder die Ehescheidung begründende Handlung sein soll, die Handlung selbst somit nicht als Tatsache vorausgesetzt werden kann, müssen die Möglichkeiten einer anderweitigen Entstehung der Krankheit mit besonderer Sorgfalt ausgeschlossen werden.

Steht die Tatsache der Übertragung von einer Person auf eine andere in einem bestimmten Zeitpunkt fest, so kann es im Strafverfahren noch wichtig sein zu ermitteln, durch *welche Handlung* sie erfolgt ist, ob durch Beischlaf, beischlafähnliche Handlungen, versuchten Beischlaf, erotische Berührung usw. Ein klassisches Beispiel ist der Sittlichkeitsprozeß, in dem die erfolgte geschlechtliche Ansteckung als Beweismittel für den vollzogenen Beischlaf angeführt wird und der Angeklagte sich damit verteidigt, er habe den Beischlaf nur versucht oder sogar nur mit dem sekretbeschmutzten Finger erotische Berührungen ausgeführt. Die Art der Krankheitserscheinungen beim Beschuldigten ergibt meist die Haltlosigkeit solcher Behauptungen. Ebenso braucht isolierte Rectumgonorrhoe des Mannes nicht unbedingt auf Päderastie schließen zu lassen. Harter Schanker im Mund kann nicht nur durch Trinkgeschirre, Küsse u. dgl., sondern auch durch oralen Verkehr zwischen Mann und Frau oder zwischen Angehörigen desselben Geschlechtes hervorgerufen sein.

Der Erwerb von GK.en durch *Unfall* (*Heller*) spielt eine gewisse Rolle im Beruf der Pflegersonen (Arzt, Zahnarzt, Dentist, Hebamme, Pflegerin, Masseur usw.). Öffentliche und private Unfallversicherung, Krankenanstalten als Dienstherren der Verletzten sind wegen solcher Schäden in Anspruch genommen worden. Durch mangelnde Sauberkeit kann ein mitwirkendes Verschulden des Verletzten gegeben sein. Außerberufliche Ansteckungen z. B. durch Kuß beim Mundschanker sind auszuschließen. In anderen Berufen (Glasbläser, Musiker u. dgl. ausgenommen) sind die als Unfallfolgen anerkannten Ansteckungen äußerst selten. Wenn ein Unfall im Beruf stattgefunden hat und sich an der verletzten Hand bald darauf ein harter Schanker einstellt, handelt es sich vielfach um nachträgliche Ansteckung z. B. durch erotische Berührungen.

3. *Verschulden.* *Absichtliche* Übertragung einer GK. ist selten. Sie kommt vor: zu wissenschaftlichen Zwecken; um vom Militärdienst befreit zu werden, zumal in Kriegszeiten; aus Rache; aus Aberglauben, indem ein Geschlechtskranker glaubt, durch Verkehr mit einer jungfräulichen oder überhaupt einer unbescholtenen Person von seinem Leiden befreit zu werden. *Vorsätzlich* (*Reuter*) ist die Übertragung oder Gefährdung, wenn der Kranke sie zwar nicht gewollt hat, aber mit ihrer Möglichkeit hätte rechnen müssen. Er muß Tatsache und Art seiner Erkrankung gekannt haben. Bei allen Kulturvölkern ist die gesundheitliche Volksaufklärung heute so fortgeschritten, daß die Gefährlichkeit der GK.en als allgemein bekannt gelten darf. Wieweit das Wissen im Einzelfall geht, hängt von dem Bildungsgrad, der geistigen Entwicklung des Kranken, dem Verlauf der Krankheit und der erhaltenen ärztlichen Belehrung ab. Gerade die Belehrung durch einen Arzt ist eines der wichtigsten Beweismittel für die Kenntnis eines Geschlechtskranken von seinem Leiden und der damit verbundenen Gefahr. Je nach den gesetzlichen Vorschriften über die Schweigepflicht und das Recht zur Verweigerung der Aussage im Straf- und Zivilprozeß hat dieses Beweismittel in den einzelnen Ländern eine mehr oder weniger große praktische Bedeutung. Der Umstand, daß ein wissentlich kranker Mann mit einer Prostituierten verkehrt, also mit einer Frau, die auf Ansteckung gefaßt sein muß, ist für die Frage nach dem Verschulden unerheblich. Allerdings spielt dieser Fall wegen der Schwierigkeit des Nachweises kaum eine Rolle. Der umgekehrte Fall hat schon öfter die Gerichte beschäftigt. Ist eine kranke Prostituierte regelmäßig gesundheitlich überwacht worden und steht sie nicht wegen einer ansteckungsgefährlichen GK. in ärztlicher Behandlung, so ist der Nachweis eines Verschuldens kaum möglich. Übrigens kann die Prostituierte eine GK. von einem kranken Kunden auf einen gesunden übertragen, ohne selbst krank zu sein oder zu werden. Auch eine Übertragung auf außergeschlechtlichem Wege kann vorsätzlich sein. Beispiele hierfür sind: der Arzt, der mit ansteckungsgefährlichen syphilitischen Erscheinungen am Finger seinen Beruf ausübt; der Musiker, der an ansteckungsgefährlichen Erscheinungen im Munde leidet, dies weiß und trotzdem sein Blasinstrument verleiht, u. dgl. Einverständnis des Verletzten in die Handlung bei Kenntnis der Anstekkungsgefahr schließt den Schadenersatzanspruch, nicht aber die Strafbarkeit aus. Wenn jemand zwar mit der Gefahr der Übertragung nicht rechnet, sie jedoch dadurch verschuldet, daß er die gebotene Sorgfalt außer acht läßt, so ist seine Handlung nicht vorsätzlich, sondern *fahrlässig*. Auch hier ist die heute weit verbreitete Kenntnis von der Gefährlichkeit der GK.en vorauszusetzen. Wer z. B. mit einer Prostituierten verkehrt hat, muß an die Möglichkeit einer Ansteckung denken und handelt fahrlässig, wenn er bald danach, ehe sich eine Krankheit bei

ihm selbst überhaupt hätte zeigen können, mit einer anderen Frau verkehrt. Das gleiche kann auch von einem Menschen gelten, der trotz deutlicher Zeichen von Erkrankung an den Geschlechtsteilen geschlechtlichen Umgang hat. Persönliche Eigenschaften des Kranken und die Art der Krankheitserscheinungen sind zu berücksichtigen. Krankheitszeichen an anderen Körperstellen werden nicht allgemein als genügender Verdachtsgrund für eine GK. angesehen. Die Sorgfaltspflicht beschränkt sich nicht auf den Geschlechtsverkehr. Eine Hebamme, Pflegerin, ein Heilpraktiker, Masseur, Friseur usw. vernachlässigen die von ihnen zu erwartende Sorgfalt, wenn sie mit auffälligen Krankheitserscheinungen an den Händen ihrem Beruf nachgehen. Sie müssen sich durch einen Arzt über die Natur ihres Leidens aufklären lassen. Auch wenn sie nicht selbst krank sind, aber die bei verschiedenen Personen zu benutzenden Instrumente und sonstigen Gebrauchsgegenstände nicht in der erforderlichen Weise sauber halten, ist ihnen Fahrlässigkeit vorzuwerfen. Die höchsten Anforderungen werden an den Arzt und den Zahnarzt gestellt, und zwar sowohl in ihrer eigenen Berufstätigkeit als auch in der Überwachung des ihnen unterstellten Hilfspersonals. Verstöße gegen die Sorgfaltspflicht im Beruf führen häufig zu Schadenersatzansprüchen.

4. *Verlauf und Folgen.* Ansteckung eines Menschen mit einer GK. stellt eine Körperverletzung dar, unter Umständen eine schwere Körperverletzung. Die Grenzen sind im Schrifttum und in der Rechtsprechung der Strafgerichte unterschiedlich gezogen und müssen für die einzelnen Krankheiten verschieden festgelegt werden. Der entstehende *gesundheitliche und Vermögensschaden* läßt sich vielfach im voraus nur außerordentlich schwer abschätzen, so daß auch für die Zivilgerichte bei der Festsetzung von Entschädigungen eine sehr schwierige Aufgabe erwachsen kann. Ist eine Schätzung des Schadens im voraus unumgänglich, so geben die seit der Ansteckung verstrichene Zeit, ferner Beginn, Art und Erfolg der Behandlung wertvolle Anhaltspunkte. Wegen aller Einzelheiten muß auf die Sonderartikel verwiesen werden.

Im Zivilprozeß wird dem ärztlichen Sachverständigen häufig die Frage vorgelegt, welchen Einfluß eine Verletzung (*Trauma*), insbesondere durch Unfall, auf den Verlauf einer *schon vorhandenen GK.* gehabt hat (*Bostroem*). Man war früher vielfach geneigt, auf Grund theoretischer Überlegungen derartige Zusammenhänge für wahrscheinlich zu halten. Heute stehen Wissenschaft und Praxis der Frage äußerst vorsichtig gegenüber. Es hat sich nämlich gezeigt, daß im Weltkrieg trotz der unzähligen leichteren und schwereren Verletzungen und trotz der weiten Verbreitung von Lues und Gonorrhoe in allen beteiligten Ländern der Verlauf dieser Krankheiten und die Häufigkeit von Folgekrankheiten nicht irgendwie merklich verschlechtert worden sind. Ein verschlimmernder Einfluß von Unfällen auf den Verlauf einer GK. gilt heute nicht mehr von vornherein als wahrscheinlich oder auch nur als möglich, sondern muß mit ganz besonderen Umständen im Einzelfalle begründet werden.

*Schrifttum.*

*Bostroem:* Die progressive Paralyse. Handb. der Geisteskrankheiten, herausgegeben von *Bumke* **8**, 300. Berlin 1930. — *Bühlmann:* Die Häufigkeit der Komplikationen bei der Gonorrhoe des Mannes. Diss. München 1931.— *Claude, Henri:* Paralysie générale traumatique. Archives Dermato-Syphiligraphiques de la Clinique de Saint-Louis. **X**, 435. — *Coste:* Syphilis ostéoarticulaire et Traumatisme. Archives Dermato-Syphiligraphiques de la Clinique de Saint-Louis. **X**, 403. — *Crouzon:* Rapports du Traumatisme et de la Syphilis médulaire, particulièrement du Tabès. Archives Dermato-Syphiligraphiques de la Clinique de Saint-Louis. **X**, 421. — *Daubach:* Untersuchungen über das Zustandekommen der Kindergonorrhoe. Diss. München 1934. —

*Grebe:* Die Häufigkeit der erblichen und nichterblichen Blindheitsursachen. Der Erbarzt. Beitrag z. Deutschen Ärzteblatt **1938**, Nr. 2. — *Gottschalk:* Unfruchtbarkeit durch Geschlechtskrankheiten. Leipzig 1936. — *Habbe:* Über Fälle von Schwangerschaft nach gonorrhoeischer Adnexentzündung aus dem Material der Göttinger Klinik. Z. Geburtsh. **103**, 44 (1932). — *Heller:* Die Haut- und Geschlechtskrankheiten im Staats-, Straf-, Zivil- und Sozialrecht. Handb. der Haut- und Geschlechtskrankheiten. **XXIII.** Berlin 1931. — *v. Hofmann-Haberda:* Lehrbuch der gerichtl. Medizin. 11. Aufl. Berlin und Wien 1927. — *John:* Über die Bedeutung der Menstruationspräparate für den Nachweis der Gonokokken bei gonorrhoekranken Frauen. Arch. f. Dermat. **174**, Nr. 1. — *Kurth:* Untersuchungen zur Frage der sozialen Wiedereingliederung fieberbehandelter Paralytiker. Mschr. Psychiatr. **1936**, Nr. 3. — *Löhe:* Was muß der praktische Arzt von Lymphogranuloma inguinale wissen? Med. Klin. **1936**, Nr. 5. — *Löhe* u. *Schlossberger:* Der heutige Stand unserer Kenntnisse vom Lymphogranuloma inguinale. Med. Klin. **1937**, Nr. 43 u. 44. — *Neumann:* Die Leistungsfähigkeit des Kulturverfahrens bei der Erfassung der weiblichen Infektionsquellen und die sich daraus ergebenden Folgerungen für den Kampf gegen die Gonorrhoe. Dermat. Wschr. **1938**, Nr. 12. — *Nickel:* Statistische Untersuchungen über die Häufigkeit der Lues am Obduktionsmaterial. Klin. Wschr. **1936**, Nr. 4. — *Nolen, Hymans v. d. Bergh, I. Siegenbeek van Heukelom:* Lebensversicherungsmedizin. 267 u. 297 ff. Berlin 1925. — *Parnitzke:* Der defektgeheilte Paralytiker als sozialpsychiatrisches Problem. Z. Neur. **1937**, 722. — *Pohlen:* Über die Häufigkeit der Syphilis und der syphilitischen Folgezustände nach dem klinischen und pathologischen Befund. Dermat. Wschr. **1937**, Nr. 46. — *Reuter, F.:* Forensische Gynaekologie. In: Biologie und Pathologie des Weibes. **8**, 3, 1. Berlin u. Wien 1929. — *Schmidt:* Untersuchungen über die Häufigkeit der Zeugungsunfähigkeit nach doppelseitiger gonorrhoeischer Nebenhodenentzündung. Dermat. Wschr. **1938**, Nr. 1. — *Siebert:* Die Behandlung der Syphilis, insbesondere ihre Frühbehandlung bei der Kriegsmarine. Dermat. Wschr. **1936**, Nr. 45. — *Trüb:* Syphilis als Berufskrankheit der Ärzte. **1923**. — *Vonderlehr* u. *L. J. Usilton:* The Chance of Acquiring Syphilis and the Frequency of its Disastrous Outcome. Venereal Disease Information. **19**, Nr. 11, 396. — *Werr:* Artikel „Geschlechtskrankheiten". Im: Handwörterbuch der Wohlfahrtspflege. — *Werr:* Die Geschlechtskrankheiten im Ehegesundheitsgesetz. Dermat. Wschr. **1937**, Nr. 4.

*Werr* und *Gottschalk.*

## Geschlechtsreife siehe *Zweifelhafte Fortpflanzungsfähigkeit beim Manne und beim Weibe.*

## Geschlechtszugehörigkeit bei Zwittern siehe *Zweifelhafte Geschlechtszugehörigkeit.*

## Geschoßembolie. (Vgl. auch Art.: Geschoßwanderung; Schußverletzungen.)

Endet ein Schußgang in einem Blutgefäß, dessen Durchmesser größer ist als das Geschoß, so kann dieses mit dem Blutstrom verschwemmt werden. An diese Möglichkeit soll man bei Verfolgung eines Schußganges denken und entsprechende Vorsicht üben. Geschosse und Geschoßsplitter können aus großen Blutadern ins rechte Herz verschleppt werden, wo sie meist bleiben. Ins rechte Herz eingedrungene gelangen öfters mehr oder weniger tief in die Lungen. Ein in einen Lungenschlagaderast eingeschwemmtes 6,35 mm-Geschoß hat einen Lungeninfarkt verursacht (*Paltauf*). Unter den Kriegsbeobachtungen überwiegt die Verschleppung der Geschosse in der venösen, unter den späteren Mitteilungen die in der arteriellen Blutbahn. *Specht* (nach *Merkel*) hat gekreuzte Embolie in die linke Herzkammer von der Schenkelvene her durch das Foramen ovale beobachtet. Von den unregelmäßigen Geschoßsplittern werden meist nur die kleineren verschwemmt (*Meixner, Merkel*). Unter den Beobachtungen von Geschoßverschleppung in der arteriellen Bahn stehen an Häufigkeit die von der Aorta in die linke Schenkelblutader voran. Dies hängt wohl damit zusammen, daß der Winkel zwischen Arteria iliaca communis und der Bauchaorta links viel stumpfer ist als rechts (*Leclercq et Muller*). Ins linke Herz eingedrungene Geschosse (hier wieder vorwiegend Kriegserfahrungen) nehmen, wenn sie verschleppt werden, zumeist den Weg in die Bauchaorta. Einschwemmung eines Revolvergeschosses in die rechte Subclavia hat *Schloffer* beobachtet. Lieblingsplätze für das Steckenbleiben der Geschosse sind die Gabelung der Bauchaorta, die Gabelung der Arteria femoralis (*Manczarski*), der *Hunter*sche Kanal (*Leclercq et Muller*), die Kniekehlenschlagader (*Dervieux*), vielleicht auch die Stelle unter dem Leistenband (*La Roque*). Aus Schlagadern sind eingeschwemmte, sie verstopfende Geschosse, sogar solche, die durch Herz oder die Körperschlagader eingetreten waren, schon mehrmals mit Erfolg entfernt worden (*Schloffer, La Roque, Curtillet* u. a.). Nach Modellversuchen von *Piédelièvre* und *Etienne-Martin* ist vor allem ein fester Widerstand hinter dem Gefäß geeignet, das Geschoß trotz Verletzung der Hinterwand am Austritt zu verhindern. So erklären sich Fälle, in denen die untere Hohlvene gegen die Wirbelsäule zu nicht mehr vollständig durchbrochen wird, aber auch die bemerkenswerten Beobachtungen, daß Geschosse, die, von hinten kommend, nach Durchtritt durch die absteigende Brustaorta den linken Hauptluftast eröffnet hatten, in der Aorta verschwemmt wurden (*Leclercq et Muller, Manczarski*). Anderseits sind Fälle bekannt, wo Geschosse aus der aufsteigenden Körperschlagader (*Hartwich*) oder dem Beginn der Lungenschlagader vorher gespült wurden (*Paltauf* — bloß Blutunterlaufung der Innenhaut gegenüber dem Einschuß). Ausnahmsweise können sich Geschosse auch entgegen der Stromrichtung senken, besonders in Blutadern (*Borszéky*).

Bei Geschossen, die beweglich im Herzen oder in weiten Gefäßen gefunden werden, ergibt sich oft die Frage, ob sie nicht erst nach dem Tode an die Fundstelle gelangt sind. Doch fand *Katz*, daß nur „komplizierte Manipulationen ...", wie sie gewöhnlich wohl nicht mit der Leiche vorgenommen werden", ein in die untere Hohlvene eingebrachtes Geschoß ins Herz befördern.

*Schrifttum.*

*Borszéky:* Über Stich- und Schußverletzungen des Thorax. Beitr. klin. Med. **40**, 253 (1903). — *Curtillet:* Les projectiles intra-vasculaires migrateurs. J. de Chir. **44**, 715 (1934); Ref. Dtsch. Z. gerichtl. Med. **24**, 438 (1935.) — *Dervieux:* Aussprache zu *Leclercq* et *Muller.* — *Hartwich:* Aortenschußverletzung mit Kugelverschleppung. Z. Med.-beamte **1926**, 113. — *Hauser:* Thrombose und Embolie. Lubarsch-Ostertag: Erg. Path. **19 II**, 324 (1921). — *Katz:* Zur Frage der embolischen Projektilverschleppung. Beitr. gerichtl. Med. **4**, 89 (1922). — *La Roque:* Penetrating bullet-wound of thoracic aorta followed by lodgement of the bullet in the femoral artery. Ann. Surg. **83**, 827 (1926); Ref. Dtsch. Z. gerichtl. Med. **9**, 81 (1927). — *Leclercq* et *Muller:* Les balles migratrices. Ann. Méd. lég. etc. **10**, 33 (1930); Ref. Dtsch. Z. gerichtl. Med. **15**, 115 (1930). — *Manczarski:* (Polnisch.) Ref. Dtsch. Z. gerichtl. Med. **27**, 391 (1937). — *Meixner:* Schußverletzungen durch Handfeuerwaffen. Arch. Kriminol. **75**, 93 (1923). — *Merkel:* Die Schuß- usw. Verletzungen der Brustorgane. Handb. d. ärztl. Erf. a. d. Weltkrieg **8**, 472 (1921). — *Paltauf:* Geschoßembolie der Arteria pulmonalis. Wien. klin. Wschr. **1933 I**, 602. — *Piédelièvre* und *Etienne-Martin:* Projectiles migrateurs (Conditions de pénétration des balles dans les vaisseaux). Presse méd. 1933 II, 1681; Ref. Dtsch. Z. gerichtl. Med. **23**, 183 (1934). — *Schloffer:* Über embolische Verschleppung von Projektilen usw. Beitr. klin. Chir. **37**, 669 (1903). — *Specht:* nach *Merkel.* Meixner.

## Geschoßwanderung. (Vgl. auch Art.: Geschoßembolie; Schußverletzungen.)

Daß ein Geschoß sich in vorgebildeten Räumen (z. B. serösen Höhlen, Wirbelkanal) oder in Zerfallshöhlen, seiner Schwere folgend, senkt, aus einer alten Fistel austritt, oder daß es in Gefäßen entsprechender Weite vom Blutstrom mitgenommen werden kann (Geschoßembolie) ist selbstverständlich. Von Geschoßwanderung dürfen wir nur reden, wenn ein im Gewebe eingeschlossenes Geschoß seine Lage ändert. Auch dabei spielt die Schwere nach *Steffens* die Hauptrolle, während er der Muskeltätigkeit jeden Einfluß abspricht. Sonst würden Geschosse nicht ausschließlich kaudalwärts wandern. Nach *Heineke* und *Tietze* erfolgt das Wandern „durch Eiterung und fortschreitende Einschmelzung des Gewebes unter sehr geringen klinischen Erscheinungen durch allmähliche Bildung" ziemlich glattwandiger oder mit einer Schichte von Granulationsgewebe ausgekleideter Kanäle mit serös-eitrigem oder rein-eitrigem Inhalt von meist schleimiger Konsistenz, der nicht immer Bakterien führt. *Steffens* will Lageveränderungen unter Eiterung nicht mehr der Wanderung zugezählt wissen. Abscesse um die gewanderten Geschosse wurden aber auch auf nachträgliche Infektion zurückgeführt (*v. Hasselbach, Kanert*). Im Gehirn können sich Geschosse senken (*Sterba, Schaltenbrand*). Sonst wandern sie nur im Zellgewebe, wobei sie mitunter weite Wege zurücklegen (*Kanert, Härtel, v. Hasselbach*). Glatte Geschosse aus Handfeuerwaffen und Schrapnellkugeln wandern leichter, ausnahmsweise aber auch Splitter von Sprenggeschossen (*v. Hasselbach*). Mehrfach wurde eine Wanderung in Schüben oder nach langem Ruhen angenommen. Doch ist das Wandern von Geschossen überhaupt ein seltenes Vorkommen. *Koetzle* hat unter 1000 Steckschüssen nicht einen Fall von Geschoßwanderung (a), unter 60 Fällen, in welchen sie behauptet wurde, nur dreimal eine Ortsveränderung sicherstellen können (b). Nach *Steffens* wurden im Hauptversorgungsamt Berlin unter mehreren Hunderttausenden von Röntgenaufnahmen nur einige wenige sichere Fälle von Geschoßwanderung gefunden. Er fordert, daß man das die Träger von Geschossen beunruhigende „Märchen von der Geschoßwanderung" auf das richtige Maß zurückführe.

*Schrifttum.*

*Härtel:* Über Steckgeschosse und Geschoßwanderung. Zbl. Chir. **1934**, 1300. — *v. Hasselbach:* Zur Frage der Geschoßwanderung Zbl. Chir. **1935**, 1008. — *Heineke* und *Tietze:* Das Wandern der Geschosse. Hdb. d. ärztl Erf. a. d. Weltkr. **1** I, 261 (1922). — *Kanert:* Ist der echte Geschoßwanderung selten? Arch. orthop. Chir. **36**, 312 (1936). — *Koetzle:* Über die Seltenheit der Geschoßwanderung. Ärztl. Mschr. **1926**, 97; Ref. Dtsch. Z. gerichtl. Med. **9**, 228 (1927). — *Koetzle:* Neue Beiträge zur Frage der Geschoßwanderung. Ärztl. Mschr. **1929**, 303; Ref. Dtsch. Z. gerichtl. Med. **15**, 185 (1930). — *Schaltenbrand:* „Hypophysäre" Insuffizienzerscheinungen nach Geschoßwanderung in den 3. Ventrikel. Nervenarzt **9**, 8 (1936). — *Steffens:* Zur Frage der Geschoßwanderung. Arch. klin. Chir. **179**, 762 (1934). — *Sterba:* Der Selbstmordversuch eines Schülers. Beitr. gerichtl. Med. **6**, 106 (1924).

*Meixner.*

**Geschwulst** (= G.) **und Trauma** (= T.). (Vgl. auch Art.: Trauma.)

Die Schwierigkeiten einer einwandfreien Beurteilung des ursächlichen Zusammenhangs zwischen T. und Geschwulstbildung liegen: 1. in der noch ungeklärten Ätiologie der Tumoren (*Stern*), 2. in der Tatsache, daß die Mitwirkung eines T. ein bei der Entstehung eines Gewächses außerordentlich seltenes Ereignis ist (*Thiem*), begründet. Den einzelnen Statistiken wird entnommen, daß höchstens 2% aller Carcinome und 5% der Sarkome auf vorausgegangene Verletzungen zurückgeführt werden können. Hinzu kommen die Erfahrungen des Weltkrieges, nach denen Millionen Menschen der verschiedensten Lebensalter die verschiedensten Traumen erlitten, ohne daß jetzt nach zwanzig Jahren einwandfreie Angaben über Gewächse als Folgen von Kriegsbeschädigungen vorliegen. *Lubarsch* weist darauf hin, daß ein unüberbrückbarer Gegensatz zwischen der Häufigkeit tatsächlich vorkommender Gewalteinwirkungen an den solchen Schädigungen am häufigsten ausgesetzten Körperstellen und den dort vorkommenden Gewächsbildungen besteht. Außerdem ist es bisher experimentell noch nicht geglückt, durch eine einmalige Gewalteinwirkung eine Geschwulst zu erzeugen. Trotzdem sind Gewächse als Unfallfolgen entschädigt worden unter Zugrundelegung der vom RVA. (Reichsversicherungsamt) gestellten Bedingungen (zit. nach *Kaufmann*):

1. Ein Unfall muß tatsächlich nachgewiesen sein, d. h. ein einmaliges, bestimmtes, zeitlich abgegrenztes Ereignis. Eine Reihe zeitlich nicht mehr zu bestimmender, an sich im einzelnen Falle unerheblicher Vorkommnisse, welche erst in ihrem Zusammenwirken allmählich das Leiden herbeiführen, stellen keinen Unfall im Sinne des Gesetzes dar. Damit sind also alle G.-Fälle, welche auf mehrmalige traumatische Einwirkungen und chronische Reizwirkungen zurückgeführt werden, von der Entschädigung ausgeschlossen.

2. Die durch den Unfall gesetzte Verletzung muß erheblich sein, so daß der Verletzte die Arbeit auszusetzen gezwungen ist, bestimmte Veränderungen als Folge der Verletzung nachgewiesen werden können oder vom Unfalle ab ununterbrochen Beschwerden bestehen. Kleine Stöße oder Erschütterungen, die sofort hinterher weder ein wahrnehmbares Merkmal wie Schwellung, Blutunterlaufung, deutliche Schmerzhaftigkeit usw. erkennen lassen, noch eine Beeinträchtigung der Funktion des betroffenen Gliedes mit Arbeitserschwerung oder Arbeitseinstellung zur Folge haben, können unmöglich für die Entstehung einer G. verantwortlich gemacht werden.

3. Es muß ein örtlicher Zusammenhang zwischen Unfallwirkung und G. bestehen. Die Unfallverletzung muß das Organ oder die Körperstelle, wo sich später die G. entwickelt, betroffen haben, und es müssen Zeichen der Organverletzung bestehen. *Lubarsch* verlangt nicht den Nachweis, daß „genau diejenige Stelle von der Gewalteinwirkung betroffen war, an der später das Gewächs auftrat, denn eingreifende und länger dauernde Veränderungen können durch eine erhebliche Gewalteinwirkung auch an solchen Stellen hervorgerufen werden, die von der direkt betroffenen Stelle entfernt sind". Es dürfen Überanstrengungen und allgemeine Erschütterungen des Körpers nur in besonders gearteten Fällen als geeignete Unfälle angesehen werden. Bei den Krebsen aller jener Organe ist ein Unfall als Ursache nicht anzunehmen, bei welchen wegen ihrer besonderen Lage dessen Einwirkung unmöglich ist (Oesophagus, Prostata).

4. Zeitlicher Zusammenhang: Der Zeitraum zwischen Unfall und deutlichem Auftreten der G. muß so groß sein, daß während desselben die Geschwulst gemäß ihrer Wachstumstendenz sich entwickelt haben kann (*Hartmann*). *Thiem* schlägt vor, für das Sarkom als kürzeste Frist zwischen T. und erster Manifestation drei Wochen und für das Carcinom vier Wochen anzunehmen. Wenn die G. in noch kürzerer Zeit manifest wird, so muß sie schon vor dem T. bestanden haben. Die längste Frist zählt nach Monaten und Jahren. Wenn objektive Veränderungen oder subjektive Beschwerden nach einem Unfall bis zum Erscheinen einer G. andauern, so muß man, gleichviel wie groß der Zwischenraum ist, den Zusammenhang für wahrscheinlich halten, sofern die anderen Bedingungen zu dessen Annahme erfüllt sind. *Thiem* schlägt als längste Frist für die Fälle, wo im Anschluß an einen Unfall nicht erhebliche Folgen aufgetreten sind, die G. aber auf den Unfall bezogen werden muß, zwei Jahre vor. Es gibt aber Fälle von späterer Entwicklung des Carcinoms ohne Zwischenerscheinungen, wo der Zusammenhang mit dem T. nicht zweifelhaft sein kann. Die Abgrenzung von zwei Jahren ist in besonders gearteten Fällen nicht von entscheidender Bedeutung. *Thiem* bezeichnet die Zwischenerscheinungen zwischen T. und G., die sich aus objektiven Veränderungen und subjektiven Beschwerden zusammensetzen, als *Brückensymptome*. Beim Bestehen von Brückenerscheinungen muß der Zeitraum über Jahre hinaus ausgedehnt werden, beim Fehlen derselben bilden zwei Jahre den längsten Zeitraum.

Falls ein Kranker aus gesunder, mit bösartigen G. nicht belasteter Familie stammt und das Carcinom sich in relativ frühem Alter entwickelt, wird dies als ein den Entschädigungsanspruch unterstützender Umstand aufgefaßt. Dagegen wird eine durch eine schwere Verletzung herbeigeführte Schwächung des Körpers nicht als ein die Entwicklung des Carcinoms förderndes Moment angenommen.

Die gutartigen Geschwülste: Fibrom, Neurom, Exostose, Osteom, Enchondrom, Myom u. a. werden bisweilen in kasuistischen Beiträgen auf einmalige traumatische Einwirkung zurückgeführt, so z. B. Fibrom, das vom sehnigen Gewebe der Bauchdecken ausgegangen ist, durch Hufschlag; Neurom des N. medianus am rechten Oberarm nach Quetschung durch Kuhhornstoß; Hodenchondrom durch einmaligen Schlag.

Für die Unfallbegutachtung bzw. für die forensische Beurteilung als Dauerschäden nach Körperverletzungen sind sie praktisch insofern ohne Bedeutung, da sie im allgemeinen bei der leichten und gefahrlosen operativen Behandlung nur ausnahmsweise bleibende Folgen hinterlassen.

Die Beurteilung einer bösartigen G. als Unfallfolge kann überhaupt erst auf Grund einer pathol.-anatom. Diagnose erfolgen. Es ist danach die Frage zu entscheiden, ob es sich bei der festgestellten G. nicht um ein Tochtergewächs eines Krebses handelt, dessen Sitz aus dem geweblichen Bau erschlossen werden kann (*Lubarsch*). Im Vordergrund der bösartigen G. nach T. stehen: 1. Das *Carcinom* der Haut, des Oberkiefers, der Zunge, der Mamma, des Magens, des Darmes, der Gallenblase, der Bauchspeicheldrüse, des Hodens und des Penis. 2. Die Hirngeschwülste (Gliom und Sarkom), deren unfallsweise Entstehung sehr umstritten ist. 3. Das Sarkom a) der Weichteile: Orbitalsa., Lungensa., Lymphosa. der Bronchialdrüsen, Lymphosa. des Pankreas, des Beckens, Hodensa. und Muskelsa. und b) der Knochen. 4. Das Hypernephrom; seine traumatische Entstehung stützt sich auf die Tatsache seiner ausschließlichen Entwicklung aus angeborenen Nebennierenkeimen, die bei jedem auf die Niere wirkenden T. getroffen werden können (*Duerck*).

Inwieweit ein T. zu einer Verschlimmerung einer bestehenden G. führen, bzw. ihr Wachstum beschleunigen kann und dadurch einen vorzeitigen Tod zur Folge haben kann, sind von *Lubarsch* im Handbuch der ges. Unfallheilkunde Richtlinien aufgestellt worden, in denen die wesentlichsten Punkte zusammengefaßt sind. Man wird zu einer Bejahung der Beeinflussung eines T. im genannten Sinne kommen, wenn:

a) die Gewalteinwirkung so beschaffen und so lokalisiert war, daß sie eingreifende Gewebs- und Stoffwechselveränderungen in dem Gewächs hervorrufen konnte oder nachweislich hervorgerufen hat;

b) das Wachstum der Neubildung im Vergleich zum durchschnittlich erfahrungsgemäßen und besonders dem vorher beobachteten ein ungewöhnlich beschleunigtes war;

c) die gewebliche Untersuchung der G. deutlich Spuren einer Gewalteinwirkung (frischere oder ältere Blutungen, ungewöhnliche Nekrosen usw.) und Anzeichen einer für die besondere Art der Neubildung ungewöhnlichen Wachstumsgeschwindigkeit aufdeckt;

d) es für die besondere Art der G.bildung zu ungewöhnlich reichlicher und ungewöhnlich lokalisierter Tochtergewächsbildung gekommen ist und der Tod, sei es als unmittelbare Unfallfolge, sei es sonst wie wesentlich früher (nach Rechtssprechung des RVA. mindestens ein Jahr früher) eingetreten ist, als für die besondere Art und Lokalisation der G. erfahrungsgemäß zu erwarten gewesen wäre.

*Schrifttum.*

*Kaufmann:* Handb. der Unfallmedizin. II. Stuttgart 1925. — *Lubarsch:* Gewächse (Geschwülste, Blastome, Tumoren) im Handb. d. ges. Unfallheilkunde von *König-Magnus.* Stuttgart 1932. — *Stern:*

Über traumatische Entstehung innerer Krankheiten. 487. Berlin 1913. — *Thiem:* Handb. der Unfallerkrankungen. I. Leipzig 1909.

*Beck.*

**Gewaltsame Erstickung** siehe *Tod und Gesundheitsbeschädigung durch gewaltsame Erstickung.*

**Gewaltsamer Tod im allgemeinen** (= g. T.). (Vgl. auch Art.: Kausalzusammenhang; Selbstmord im allgemeinen; Todesursache.)

*Begriff, Arten:* Gewaltsam ist ein Tod dann, wenn er durch andere als den natürlichen Ablauf des Lebens entsprechende Ursachen herbeigeführt ist. Es fällt somit alles das unter diesen Begriff, was nicht zu dem sog. „Tod aus natürlicher Ursache" gehört, d. h. also alle Todesfälle, die nicht auf angeborene oder erworbene Krankheiten, abnorme körperliche Zustände, auf Lebensschwäche oder Altersabbau zurückzuführen sind. „Unnatürlicher" und „gewaltsamer" Tod besagen daher praktisch das gleiche. Da die Ursache des Todes nicht in der Eigentümlichkeit des menschlichen Körpers selbst bzw. in solchen Veränderungen begründet ist, die erwartungsgemäß auftreten, also keine *inneren* Ursachen vorliegen, so muß beim g. T. stets eine von *außen* kommende Einwirkung auf den menschlichen Organismus in irgendeiner Form stattgefunden haben. Der Begriff kann demzufolge auch als *Todeserfolg einer gewaltsamen Gesundheitsschädigung* ausgelegt werden. Der g. T. braucht nun durchaus nicht plötzlich oder ziemlich plötzlich aufgetreten zu sein, längeres Siechtum, sogar Jahre scheinbarer Gesundheit können zwischen gewaltsamer Gesundheitsschädigung und tödlichem Ausgang liegen: es genügt schon zur Diagnose eines g. T., wenn nur ein mittelbarer ursächlicher Zusammenhang zwischen einem einmal stattgefundenen Angriff auf den Körper und dem schließlich eingetretenen Tode besteht (z. B. Oberschenkel-Halsfraktur bei einem älteren Menschen mit Tod infolge Lungenembolie oder hypostatischer Pneumonie nach längerem Krankenlager oder z. B. Tod im Anfall bei traumatischer Epilepsie nach alter Schädelgehirnverletzung). Auch ist ferner dann der Tod als ein gewaltsamer zu bezeichnen, wenn bei einem bestehenden körperlichen Leiden oder infolge konstitutionell bedingter abnormer Reaktionslage eine an und für sich geringfügige und für einen Gesunden gefahrlose Einwirkung zum Tode führt, z. B. wenn ein Aorten-Aneurysma infolge eines belanglosen Zusammenstoßes rupturiert oder nach leichtem Schlag auf die Finger bei einem Kind von thymo-lymphatischer Konstitution plötzlich der

Tabelle 1.
*Arten gewaltsamer Todesfälle in Deutschland 1935.*

| Todesursachen | Zahl der gestorbenen männlichen Personen | Zahl der gestorbenen weiblichen Personen |
|---|---|---|
| Selbstmord . . . . . . . . | 12 878 | 5 544 |
| (Unterteilung s. d. Art.: Selbstmord) | | |
| Mord und Totschlag an Untereinjährigen . . . | 117 | 88 |
| durch Feuerwaffen an Übereinjährigen . . . . . . | 70 | 92 |
| durch schneidende oder stechende Instrumente an Übereinjährigen . . . . . | 115 | 40 |
| auf andere oder nicht angegebene Arten an Übereinjährigen | 177 | 155 |
| Mord und Totschlag insgesamt | 479 | 375 |

Tabelle 1 (Fortsetzung).

| Todesursachen | Zahl der gestorbenen männlichen Personen | Zahl der gestorbenen weiblichen Personen |
|---|---|---|
| Verunglückung durch: | | |
| Verletzung durch giftige Tiere | 5 | 2 |
| Pilzvergiftungen . . . . | 18 | 21 |
| sonstige Nahrungsmittelvergiftungen . . . . . . | 58 | 59 |
| Einatmen von Koch- oder Leuchtgas | 220 | 248 |
| Einatmen sonstiger giftiger Gase . . . . . . . | 129 | 68 |
| andere akute Vergiftungen . | 96 | 81 |
| Brand . . . . . . . . | 306 | 338 |
| Verätzen, Verbrühen, Strahlenschädigung . . . . | 471 | 331 |
| Ersticken . . . . . . | 307 | 191 |
| Ertrinken . . . . . . | 2 420 | 494 |
| Feuerwaffen (ausgen. Kriegsverletzung) . . . . . | 301 | 27 |
| schneidende oder stechende Instrumente . . . . . | 61 | 20 |
| Maschinen . . . . . . | 267 | 33 |
| typische bergbauliche Zufälle in Schächten und Stollen . | 603 | 5 |
| Steinfall, Verschütten, Einsturz von Bauwerken (auch bei Explosionen) . . | 872 | 51 |
| Lawinen und Absturz in den Bergen . . . . . . | 84 | 19 |
| sonstige Stürze, sofern nicht aus oder mit Fahrzeugen . | 3 142 | 2 842 |
| Eisenbahn . . . . . . | 883 | 94 |
| Straßenbahn . . . . . | 198 | 71 |
| Kraftwagen . . . . . | 3 812 | 1 028 |
| Krafträder . . . . . . | 1 723 | 240 |
| sonstige Fahrräder . . . | 504 | 139 |
| sonstige oder nicht bezeichnete Landfahrzeuge . . | 895 | 154 |
| Wasserfahrzeuge . . . . | 10 | 3 |
| Luftfahrzeuge . . . . . | 257 | 3 |
| Naturereignisse (Erdbeben, Seebeben, Sturm) . . . | 6 | 1 |
| Verletzungen durch Tiere . | 291 | 68 |
| Verhungern und Verdursten . | 4 | 8 |
| Erfrieren . . . . . . . | 77 | 11 |
| Hitzschlag oder Sonnenstich | 188 | 67 |
| Blitzschlag . . . . . . | 107 | 26 |
| sonstige Verunglückungen durch elektrischen Strom . | 285 | 15 |
| Fremdkörper . . . . . | 63 | 25 |
| sonstige Verunglückungen . | 1 298 | 656 |
| Verunglückungen insgesamt . | 19 961 | 7 439 |
| Gewaltsamer Tod, dessen Natur (Unglücksfall, Mord, Selbstmord) unbekannt ist . . . | 270 | 113 |
| Hinrichtung auf Grund eines Gerichtsurteils . . . . . | 77 | 9 |

Tod eintritt (Fall *Merkel*). Fremdes Verschulden ist selbstverständlich nicht Voraussetzung bei der Diagnose eines g. T. oder gewaltsamer Gesundheitsschädigung. Die von außen kommende Einwirkung kann vielmehr gesetzt sein: vorsätzlich oder fahrlässig durch eigene oder fremde Hand, ferner durch Zufälle des täglichen Lebens und durch Eingreifen von Naturgewalten. Je nach dem Vorliegen eigenen oder fremden Verschuldens oder dem Fehlen menschlicher Schuld kann man den g. T. in drei Gruppen entsprechend der rechtlichen Bewertung einteilen: 1. *Verunglückungen*, 2. *Selbstmorde*, 3. *Tötungs-*

*delikte*. Die gerichtliche Medizin nimmt nun eine Unterteilung des g. T. so vor, daß sie nach Art des zur Gewalteinwirkung benutzten *Werkzeuges* bzw. der *Anwendungsform* eines solchen und des *Verletzungsvorganges* einteilt, wie dies z. B. in Tab. 1 des Art.: Todesursache (s. d.) geschehen ist.

*Häufigkeit.* Der g. T. ist in der Reichsstatistik unter der Rubrik „Die gewaltsamen Sterbefälle" zahlenmäßig erfaßt. (Bezüglich der Unzulänglichkeit solcher Todesursachen-Statistiken vgl. *Merkel*.) An erster Stelle stehen die Verunglückungen. Durch 34 verschiedene Untergruppen (Nr. 176—194 b) ist dabei eine Unterteilung nach den häufigsten Zufällen des Lebens (spezielle gewaltsame Todesursachen) gegeben. Zahlenmäßig an zweiter Stelle kommt der Selbstmord (genauere statistische Angaben hierüber s. d. Art.: Selbstmord), dann folgen Zusammenstellungen über die Kapitalverbrechen Mord und Totschlag und endlich Tod durch Hinrichtung infolge eines Gerichtsurteils. Die Häufigkeit der gewaltsamen Todesfälle in Deutschland im Jahre 1935, gesondert nach Geschlecht und Todesart aufgeführt, ergibt sich aus Tab. 1. Zum Vergleich der zahlenmäßigen Verhältnisse eines etwas größeren Zeitabschnittes dient Tab. 2 mit Angaben über die Häufigkeit in den Jahren 1932 bis 1935. Hieraus ist deutlich zu ersehen, wie sich die Zahl der Verunglückungen gleichmäßig seit dem Jahre 1932 erhöht hat; eine Erscheinung, die z. T. erklärt werden kann durch die Wiedereingliederung aller Volksgenossen in den allgemeinen Arbeitsprozeß (keine Arbeitslosen mehr!), vor allem aber auch durch gewaltige Steigerung des Verkehrs. (Dabei handelt es sich um eine *absolute Zunahme* der durch den Verkehr verursachten Todesfälle bei *relativer Abnahme* im Verhältnis zur Zahl der zugelassenen Fahrzeuge.) Eindrucksvoll ist aus Tab. 2 das Zurückgehen der Kapitalverbrechen Mord und Totschlag nach der Wiederherstellung der Rechtssicherheit im neuen Staate ersichtlich, ebenso der Beginn einer Senkung der Selbstmordkurve.

Tabelle 2.
*Gewaltsame Todesfälle in Deutschland.*

| | Selbstmord | | Mord u. Totschlag | | Verunglückungen | |
|---|---|---|---|---|---|---|
| | ♂ | ♀ | ♂ | ♀ | ♂ | ♀ |
| 1932 | 13 116 | 5 818 | 901 | 485 | 16 608 | 5 904 |
| 1933 | 13 104 | 5 619 | 849 | 449 | 15 966 | 6 226 |
| 1934 | 13 335 | 5 466 | 531 | 397 | 18 094 | 6 776 |
| 1935 | 12 878 | 5 544 | 479 | 375 | 19 961 | 7 439 |

*Bedeutung für die gerichtliche Medizin:* Die *Klärung* gewaltsamer Todesfälle jeder Art ist das eigentliche Aufgabengebiet der gerichtlichen Medizin und naturwissenschaftlichen Kriminalistik, des Forschungsgebietes, welches ja berufen ist, die für die Wahrung der Rechtssicherheit verantwortlichen Behörden zu unterstützen. Die Mitarbeit des gerichtlichen Mediziners an der Aufklärung gewaltsamer Todesfälle ist von verschiedener Seite her möglich. An erster Stelle steht hier natürlich die *gerichtliche Sektion*, die angeordnet wird von der Staatsanwaltschaft, sobald Gewißheit oder Verdacht fremden Verschuldens bei dem Tod eines Menschen oder Unklarheit über die Todesursache bestehen. Aufgabe des forensisch tätigen Arztes ist hierbei die Feststellung des Todesursache nach medizinischen, gerichtlich-medizinischen und rechtlichen Gesichtspunkten. Die restlose Aufklärung gewaltsamer Todesfälle durch eine gerichtliche Sektion erfordert also nicht nur rein ärztliche (speziell pathologisch-anatomische) Kenntnisse und Erfahrungen in der Auswertung der Befunde für rechtliche Belange; gleich wichtig zur Ausschöpfung sämtlicher Möglichkeiten ist die umfassende Anwendung kriminalistisch-technischer Untersuchungsmethoden. Denn die Tätigkeit des gerichtlichen Mediziners beschränkt sich ja nicht auf Feststellungen an der Leiche allein, sondern berücksichtigt auch sämtliche äußeren Umstände (z. B. Untersuchungen an Kleidung, am Fundort oder am Tatort), um so bei der Klärung kriminalistisch wichtiger Fragen mitzuwirken. Grundsätzliche Anhaltspunkte darüber, was bei jeder Sektion gewaltsamer Todesfälle nach Möglichkeit durch den gerichtlichen Mediziner zu klären ist, ergeben sich nach *Pietrusky* und *Kenyeres* in Anlehnung an die ,,sieben goldenen W des Kriminalisten": 1. Feststellung, ob Tod durch eigene oder fremde Hand oder Unfall vorliegt (was ?), 2. ob der Fundort der Leiche auch der Tatort ist (wo ?), 3. Feststellung der Todeszeit (wann ?), 4. Rekonstruktion des Tatherganges (wie ?), 5. Rückschlüsse auf Motive der Tat (warum ?), 6. Rückschlüsse auf das Tatwerkzeug (womit ?), 7. ob Anhaltspunkte für die Persönlichkeit des Täters vorhanden sind (wer ?). Führt der gerichtliche Mediziner eine Sektion nicht selbst durch, so trägt er zur Aufklärung gewaltsamer Todesfälle durch Untersuchung von Asservaten und Beweisstücken bei, so z. B. Untersuchungen von Leichenteilen (makroskopische, histologische, Giftuntersuchungen), Untersuchungen von Werkzeugen allein oder im Zusammenhang mit den verletzten Körperteilen (,,Wunde und Werkzeug") sowie Spurenuntersuchungen (Nachweis von Blut, Sperma und anderer Körperflüssigkeiten, Blutgruppen-, Blutalkoholuntersuchungen u. ä.); hinzu kommen Untersuchungen an *Verdächtigten* und nicht zuletzt die Behandlung kriminalpsychologischer Probleme. Der Klärung gewaltsamer Todesfälle dienen ferner *außergerichtliche Sektionen* (bei Selbstmord, Verkehrsunfällen ohne fremdes Verschulden, fraglichen plötzlichen Todesfällen aus ,,natürlicher Ursache") sowie die *Unfall-* oder *Versicherungssektion.* Bei letzterer überschneiden sich die Arbeitsgebiete der gerichtlichen Medizin und der pathologischen Anatomie. Grundsätzlich wird solche Sektionen derjenige ausführen, der am besten in den einschlägigen Fragen Bescheid weiß. Diese sind zwar hier weniger — wie bei der gerichtlichen Sektion — kriminalistischer als vielmehr versicherungsrechtlicher Natur. Hier wie dort jedoch ist die Aufklärung des Kausalzusammenhangs (vgl. den *Unfallbegriff*) das Wesentliche (vgl. d. Art.: Berufskrankheit, Betriebsunfall). Jedoch ist es leider auch heute selbst in Deutschland nur ein verhältnismäßig kleiner Prozentsatz sämtlicher Fälle gewaltsamen Todes, der durch die gerichtliche Sektion seine restlose Aufklärung findet. Bei weitem nicht jeder Unfall oder Selbstmord wird seziert; auch dann, wenn sichere Tötung durch fremde Hand vorliegt, wird gelegentlich noch infolge des scheinbar klaren Tatbestandes von einer Sektion Abstand genommen. Dabei sind dann Erhebungen und Leichenschau die alleinigen Grundlagen zur Beurteilung eines Falles. Daß dies jedoch nicht genügt, ist ohne weiteres klar. Keine auch noch so sorgfältig durchgeführte Leichenschau kann je die Sektion ersetzen (*Kassel*). Also nicht einmal alle Fälle g. T., die zur Kenntnis der Behörden gelangt sind, erfahren eine befriedigende Lösung. Nicht zu selten müssen rechtlich bedeutsame Fragen bei einer später notwendigen Verhandlung unbeantwortet bleiben, weil die Sektion nicht, oder wenigstens nicht rechtzeitig, angeordnet wurde. Aber die Behörden erfahren ja darüber hinaus gar nicht von jedem g. T. Allerdings unterliegt die Feststellung eines nicht natürlichen Todes oder der Verdacht eines solchen gem. § 159 der deutschen StPO. der *Meldepflicht*, d. h. Polizei und Gemeindebehörden sind zur sofortigen Anzeige an den Staatsanwalt oder den Amtsrichter verpflich-

tet. Die Polizei oder Gemeindebehörde erfährt jedoch, wenn keine Anzeige erstattet wurde, von dem Vorliegen eines g. T. nur, wenn ein entsprechender Vermerk auf dem Totenschein zu finden ist. Einen solchen Vermerk trägt der Arzt oder der Leichenschauer ein, wenn er den Fall kennt oder entsprechende Verdachtsmomente sich bei der Besichtigung der Leiche ergeben haben. Aber nicht einmal die Leichenschau ist ja in ganz Deutschland obligatorisch (mit Ausnahme der Sonderregelung für die Feuerbestattung). Viele Arten g. T. können auch bei einer Leichenschau nicht entdeckt werden, weil sie keinerlei äußere Spuren an der Leiche hinterlassen; und es ist klar, daß so eine Reihe gewaltsamer Todesfälle nie zur Kenntnis der Behörden gelangt. Um diesem im Interesse der allgemeinen Rechtssicherheit nicht unbedenklichen Zustand abzuhelfen, ist von seiten der gerichtlichen Medizin seit Jahren auf die Notwendigkeit der Einführung sog. *Verwaltungssektionen* hingewiesen worden (*Merkel*). Es besteht heute die berechtigte Hoffnung, daß in absehbarer Zeit durch Verwirklichung solcher Maßnahmen eine große Lücke unserer Statistik der gewaltsamen Sterbefälle ausgefüllt wird.

*Rechtsfragen zum g. T.* Das z. Zt. noch in Kraft befindliche deutsche Strafrecht enthält an wesentlichen Bestimmungen über den g. T.: 1. Die vorsätzliche Tötung *mit Überlegung* (=Mord, § 211), 2. die vorsätzliche Tötung *ohne Überlegung* (= Totschlag, § 212) mit den Zusatz §§ 213—215, die Strafermäßigung bei Reizung, Straferhöhung (= qualifizierter Totschlag) a) bei Tötung während der Begehung einer anderen strafbaren Handlung (= Ertappungstotschlag), b) bei Totschlag an Verwandten aufsteigender Linie vorsieht. Es folgen Tötung auf Verlangen und Kindstötung (§§ 216 und 217) und § 222, betreffend die fahrlässige Tötung. Das *kommende Strafrecht* wird eine wesentliche Vereinfachung bezügl. der Strafbestimmungen und der Formulierung der Tötungsdelikte bringen. Der Begriff der Überlegung wird voraussichtlich wegfallen, ebenso die besondere Bestimmung der §§ 213—216 und die Sonderstellung der Kindstötung. Bei vorsätzlicher Tötung werden in Zukunft an Strafbestimmungen drei Stufen vorgesehen sein: *Oberstufe* der besonders verwerflichen Tötung = Mord. Dieses Delikt wird mit dem Tode bestraft. Der Wortlaut der folgenden *Mittelstufe* ist dieser: wer einen Menschen tötet, aber wegen Mordes zu bestrafen ist, wird als Totschläger mit Zuchthaus nicht unter fünf Jahren oder mit lebenslänglichem Zuchthaus bestraft. Die *Unterstufe* besagt: wenn sich der Täter durch entschuldbare heftige Gemütsbewegung zur Tat hat hinreißen lassen oder wenn er aus minder verwerflichen Beweggründen gehandelt hat, ist die Strafe Zuchthaus oder Gefängnis nicht unter sechs Monaten. Bei der Formulierung über die Strafbestimmung bezügl. der fahrlässigen Tötung wird in Zukunft Abs. 2 wegfallen, durch welchen eine Straferhöhung vorgesehen war, wenn der Täter vermöge seines Amtes, Berufes oder Gewerbes besonders zu der Aufmerksamkeit verpflichtet war, die er verletzte (*Gleispach*).

*Schrifttum.*

*Gleispach:* In *Gürtner:* Das kommende Deutsche Strafrecht. Berlin 1936. — *Kassel:* Die Unzulänglichkeit der äußeren Besichtigung und Leichenschau im Hinblick auf die Sektionsbefunde. Diss. München 1935. — *Kenyeres:* Sachliche Beweise bei der Klärung von Todesfällen. Berlin-Leipzig 1935. — *Merkel:* Über die Notwendigkeit der Einführung von Verwaltungssektionen und deren Durchführbarkeit. Dtsch. Z. gerichtl. Med. **28**, 1 (1937). — *Merkel* und *Walcher:* Gerichtsärztliche Diagnostik und Technik. Leipzig 1936. — *Pietrusky:* Vorschläge für die Verbesserung der Aufklärung gewaltsamer Todesfälle. Dtsch. Z. gerichtl. Med. **26**, 16 (1936). — *Statistisches Jahrbuch* für das Deutsche Reich 1934—1937.

**Jungmichel** und **Manz.**

**Gewöhnung an Verletzungsfolgen** siehe *Angewöhnung an Verletzungsfolgen.*

**Gießfieber** siehe *Zink.*

**Gift** siehe *Mechanische Gifte; Tod und Gesundheitsbeschädigung durch Gift im allgemeinen.*

### Giftfische[1].

*1. Fische mit giftigen Organen, namentlich giftigen Geschlechtsorganen (Ovarien) resp. giftigem Rogen:*

*Cyprinus barbus (Barbe):* Der Rogen der Barbe erzeugt in der Laichzeit (März bis Mai) schweren Brechdurchfall (sog. Barbencholera), ähnlich der Cholera nostras.

*Vergiftung:* Brennen im Schlund, Erbrechen, foetide Durchfälle, zuletzt reiswasserähnlich, Kolik, klonisch-tonische Krämpfe, Prostration, Mydriasis, Kollaps, Pulsschwäche, auch Anurie. Giftigkeit geht durch Kochen nicht verloren. Wiederholt Massenvergiftungen. Ähnliche Erscheinungen, wenn auch seltener, nach Rogengenuß von *Cyprinus carpio (Karpfen)*, *Tinca vulgaris (Schleie)*, *Esox lucius (Hecht)*, *Abramis b ama (Brachsen)*.

*Meletta thrissa* und *Meletta venosa (Borstenflosse):* Zwei heringsartige Fische tropischer Gewässer, deren Ovarien *immer* giftig sind, ihr Fleisch nur zu gewissen Zeiten.

*Tödliche Vergiftungen* beim Menschen, z. B. Massenvergiftungen auf französischen Kriegsschiffen, unter choleraartigen, gastroenteritischen Erscheinungen, Kollaps, auch Schleimhautulcera in Dünn- und Dickdarm mit profusen Blutungen. Tod unter Krämpfen.

*Vergiftung durch Tetrodon- und Spheroidesarten, Igel- und Kugelfische (Ostasien).* Besonders verbreitet und giftig sind *Tetrodon rubripes*, *Tetrodon pardalis*, *Tetrodon sceleratus* und *Tetrodon occellatus.* Das hauptsächlich in Ovarien, weniger in Leber, Milz und subcutanem Gewebe, nicht in Muskulatur enthaltene *Tetrodontoxin* = Tetrodonsäure $C_{16}H_{31}NO_{16}$ ist das *Fugugift* der Japaner. Die Stacheln des Fisches sind ungiftig. Ähnlich giftig sind auch *Triodon-* und *Diodonarten*, wohl noch giftiger gewisse *Chilomycterusarten*, insbesondere *Chilomycterus tigrinus*, der gefürchtete *Tigerfisch* des Indischen Ozeans.

*Charakter der Giftwirkung:* Tetrodontoxin lähmt das Zentralnervensystem, insbesondere auch das Vasomotorenzentrum (Blutdrucksenkung), und wirkt peripher curareartig motorisch, aber ebenso sensibel lähmend und lähmend auf vegetative Nerven, außerdem direkt lähmend auf quergestreifte Muskulatur. Am Herzen erzeugt es durch Schädigung der Reizleitung totalen Block und Flimmern.

Durch Kochen wird das Gift nicht zerstört. Bei Aufnahme durch Magen-Darmkanal ist Giftwirkung protrahierter.

Beim Menschen treten nach Tetrodongenuß sehr auffällige Hauterscheinungen: Rötung, ödemartige Schwellung der Haut, Petechien am ganzen Körper, auch Blasenbildung auf. Neben den typischen Wirkungen auf das Nervensystem sekundär auch Nierenschädigung.

In Japan werden Fugugifte zu *Mord-* und *Selbstmord* verwendet (gewöhnlich in Sternanis gekocht). Vergiftung verläuft meist sehr rasch tödlich. Zuerst Konstriktionsgefühl im Hals, Leibschmerzen, Parästhesien, dann Gesichtsverdunkelung, Schwindel, Lähmung der untern Extremitäten, Lähmung der Kau- und Sprachmuskulatur, Trockenheit im

Schlund, Lippenanästhesie, Cyanose, Mydriasis, allgemeine Lähmung, auch allgemeine Anästhesie, irreguläre Atmung, Kollaps. Tod durch Atemlähmung. Keine Krämpfe. Tod in 20 Minuten, häufiger, in 2—3 Stunden. Nach Genuß als Suppe in etwa sieben Stunden.

*Pathologisch-anatomischer Befund:* völlig negativ.

*2. Fische mit giftigem Blut:*

*Anguilla anguilla* = *Anguilla vulgaris (Aal):* Enthält im Blut ein Gift, welches durch Kochen zerstört wird. Gelegentlich sind auch ungekochte Aale vom Magen aus nicht giftig, dagegen Aalblut. Dieses schmeckt brennend scharf, erzeugt Brechdurchfall, zuerst Erregung, bald Lähmung des Atem- und Vaguszentrums, macht Konvulsionen, auch curareartige Lähmung der motorischen und sensiblen Endapparate. Außerdem wirkt es hämolytisch.

Ins Auge gelangtes Aalblut ruft heftige Reizerscheinungen, Tränenfluß, Chemosis usw. hervor.

Möglicherweise ist die mit Hämoglobinurie einhergehende Haffkrankheit durch reichlichen Genuß von Aalen bedingt.

*Petromyzon marinus (Meerneunauge)*, *Lamprete* und *Petromyzon fluviatilis (Flußneunauge)*, enthalten im Blut ähnliches Gift wie Aale. Ihre Haut enthält außerdem ein durch Kochen nicht zerstörbares Gift, welches Gastroenteritis mit manchmal ruhrartigen, blutigen Durchfällen und Kräftezerfall hervorruft. Durch Bestreuen mit Salz kann der Fisch vom Gift befreit werden.

*3. Fische mit Giftstacheln resp. besonderen Giftdrüsen:*

*Trachinus draco (großes Petermännchen)*; *Trachinus vipera (kleines Petermännchen)*; *Trachinus radiatus* und *Trachinus arancus:* An den europäischen Küsten häufig vorkommende Fische. Besitzen an vorderer Rückenflosse und am Kiemendeckel je einen gefurchten, mit der Giftdrüse in Verbindung stehenden, aktiv beweglichen Stachel. Fische sind eßbar.

Bei Stich durch Stachel lokal starke Schwellung, sehr heftiger Schmerz, Lymphangitis, seltener Gangrän, sehr langsame Heilung. Selten Resorptivwirkungen mit Erstickungsgefühl und Delirien. Tödliche Vergiftungen sind vorgekommen, aber anscheinend sehr selten.

Gefährlicher wie die genannten sind stacheltragende Rochenarten wie *Trygon Pastinaca (Stechrochen, Giftflunder)*, bis 1 m lang, und *Myliobatis aquila (Seeadler)*, welche schwere Resorptivvergiftung mit Krämpfen hervorrufen. Beide im Mittelmeer und an atlantischen Küsten, mit peitschenförmigem Schwanz und Widerhaken. Durch Peitschenschlag schwere, sehr schlecht heilende Verletzungen. Resorptiv Krampferscheinungen, evtl. tödliche Vergiftung.

Die meisten dieser Fische sind *Grundfische*, welche im Meeressand liegend, den auf sie Tretenden stechen. Vergiftungen bei Fischern, Badenden, Köchinnen relativ häufig.

Lokal entsteht bei allen Arten Schmerz, Ödem, das sich ausbreitet, Entzündung, Lymphangitis und Lymphadenitis; Gangrän häufig, namentlich bei Rochenvergiftung. *Resorptive Giftwirkungen:* heftige sich ausbreitende Schmerzen, Erstickungsgefühl, Herzbeklemmung, irregulärer Puls, Delirien, Konvulsionen. Nach Rochenschlag oft furchtbare Krämpfe, Ohnmacht, Kollaps, Koma, Tod.

*Schrifttum.*

*Bottard, A.:* Les poissons vénimeux. Thèse Paris 1889. — *Demozeau G.:* Contribution a l'étude des picûres de poissons au couss des accidents du travail. Thèse Paris 1908. — *Erben, F.:* Vergiftungen **2**, 2. Teil, 964. Wien 1910. — *Faust, E. St.:* Giftige Fische. In: *Flury-Zangger:* Toxikologie. 353. Berlin 1928. — *Hübener:* Fischvergiftungen. In: *Flury-Zangger:* Toxikologie. 472.

---

[1] Im folgenden werden nur Vergiftungen durch gesunde, frische Fische besprochen. Über Fischvergiftungen infolge Idiosynkrasie und Vergiftungen durch verdorbene Fische usw. s. d. Art.: Nahrungsmittelvergiftung.

Berlin 1928. — *Kazda, F.*: Petermännchenstich-Vergiftung. Slg. Verg.Fälle A **245**. — *Kobert, R.*: Lehrbuch der Intoxikationen. 2. Aufl. **2**, 489. Stuttgart 1906. — *Leber, A.*: Über Tetrodonvergiftung. Abh. Auslandskunde **26**; Reihe D: Med. u. Veterinärmed. **2**, 641 (1927). — *Lewin, L.*: Gifte und Vergiftungen. 989. Berlin 1929. — *Pellegrin*: Les poissons vénéneux. Thèse Paris 1899.

**H. Fischer.**

**Gifthonig** siehe *Insektenstichvergiftung.*

## Giftige Käfer und Raupen. (Vgl. auch Art.: Canthariden.)

*Lytta vesicatoria*, die sog. *spanische Fliege*, ein unangenehm riechender, grünlich-golden schimmernder, 12—20 mm großer Käfer (Südeuropa bis Süddeutschland, im Juni häufig), enthält namentlich in Blut und Geschlechtsorganen als Gift *Cantharidin* = Anhydrid der Cantharidinsäure, $C_{10}H_{12}O_4$, F. = 218°. Schwer löslich in Äther und Chloroform, wenig in Alkohol, fast unlöslich in Wasser, leicht in Aceton und fetten Ölen. Gehalt des offizinell als *Cantharis* bezeichneten Käfers bis 2—4 % Cantharidin.

*Giftwirkung:* Cantharidin ist kein Capillargift (*Heubner*), sondern ein Zellgift, dessen organischtoxische Wirkung namentlich die Nieren betrifft. Cantharidin wirkt lokal stark reizend und blasenziehend auf der Haut, entzündungserregend im Magen-Darmkanal und in den Harnwegen. Durch entzündliche Reizung, nicht durch Erregung der spezifischen nervösen Zentren (wie Yohimbin) wirkt Cantharidin reizend auf die Geschlechtssphäre. Diese Wirkung tritt aber keineswegs regelmäßig ein. Außerdem wirkt es erregend auf Gehirn und Rückenmark.

*Erscheinungen der Cantharidinvergiftung: lokal am Auge:* Conjunctivitis, Chemosis, Blepharospasmus, Epitheldefekte der Cornea, Keratitis mit Narbenbildung und Leukom, auch Iritis, Ophthalmie. *Auf Haut:* Rötung, Brennen, Blasenbildung, heftige Dermatitis, Geschwüre, Gangrän, Ekzeme; weniger als 0,1 mg Cantharidin in Öl gelöst auf die menschliche Haut gebracht, ruft Blasenbildung hervor. Infolge Resorption aus entzündlich veränderter Haut Albuminurie, akute Nephritis. Bei *s.c.* *Applikation* starke lokale Reizwirkung. Bei Aufnahme *per os* Entzündung und Blasenbildung im Mund, auch typische Ätzwirkungen, namentlich bei ungeschützter Einnahme des Pulvers, Schmerzen in Rachen und Magen, Kehlkopfschwellung und unstillbarer Durst bei starken Schlingbeschwerden, Salivation, Übelkeit, Erbrechen (auch blutig), Schmerzen im Bauch, Meteorismus, schleimig-blutige Durchfälle, Nierenschmerz, Harnleiter- und Harnblasenentzündung, schmerzhafter Priapismus, Menorrhagien und Abort. An der Niere alle Zeichen der leichten bis schwersten akuten Glomerulonephritis mit Hämaturie, Albuminurie, Zylindern, schließlich Anurie, Urämie. Selten Kollaps mit kleinem, langsamem Puls, Benommenheit und Koma. Tod im tiefen, urämischen Koma meist erst nach 1—5 Tagen.

Bei Überstehen der Vergiftung als Nachkrankheiten Verdauungsstörungen, Harnbeschwerden, chronische Nephritis.

*Pathologisch-anatomischer Befund:* Bläschen oder Ulceration, je nach Applikation, auf Haut und Schleimhäuten. Im Magen Entzündung, Ekchymosen, Geschwüre. Mageninhalt evtl. mit typischem Geruch; wenn in Substanz genommen, grünlich-metallisch glänzende Partikel der Flügeldecken in Schleimhautfalten. Desquamation der Blasen- und Urethralschleimhaut. Bild der akuten Glomerulonephiritis, degenerative Veränderungen mit Schwund der Nierenkanälchen und Fetteinlagerung analog wie bei Sublimatvergiftung.

*Dosis medicinalis:* Cantharis pulv. 0,02 g = pulverisierter Käfer mit mindestens 0,7 % Cantharidin (Ph. Helv. V.).

Cantharidin 0,0001 g.

*Emplastrum Cantharidis* enthält nach Ph. Helv. V. 25 % Cantharis. Tinctura Cantharidis nach Ph. Helv. V. mit 0,05 % Cantharidin; Dosis 0,2 g.

*Dosis toxica:* 3,5—7 g Cantharidenpulver wurden ertragen. Von Cantharidin sind schon 0,01 g hoch toxisch; Albuminurie schon nach 0,002 g.

*Dosis letalis:* Kleinste letale Dosis des Cantharidenpulvers 1,5 g, des Pflasters etwa 15 g, der Cantharidentinktur etwa 30 g, des Cantharidins 0,03 g.

*Vorkommen der Vergiftung:* Giftmorde heute sehr selten, viel seltener wie früher. Beibringung von Cantharidenpulver in Suppe oder als Klysma. In einem Fall in Tötungsabsicht mit Nahrung in kleineren und größeren Mengen, über Wochen verteilt, beigebracht. Absichtliche Vergiftung zur Reizung der Sexualorgane nicht so selten. Einführung als Tinktur oder Pulver in Speisen, Kaffee, Likör usw. Verwendung als Abortivum führte zu tödlichen Vergiftungen.

*Selbstvergiftung* bei Soldaten: Vortäuschung von Diphtherie. *Selbstmord* durch 8 g Cantharidenpulver; in anderem Fall durch 0,75 g Cantharidin.

*Medizinale Vergiftungen:* Früher häufiger, namentlich bei zu ausgiebiger Anwendung der Cantharidenpflaster (Resorption des Giftes aus Hautblasen) und der Tinktur. Auch Vergiftungen durch Verwechslung, Abgabe von Cantharidensalbe statt Krätzesalbe (Todesfall). Noch häufiger bei den früher sehr verbreiteten Kurpfuscher-Vesicationen mit Pflastern, cantharidinhaltigen Ölen usw.

*Gewerbliche Vergiftungen:* Bei Pulverisierung der Droge und Herstellung medizinaler Cantharidenpräparate heftigste Augenentzündungen; auch bei Käfersammlern und bei Verarbeiten von wissenschaftlichem Käfermaterial.

*Zufällige Vergiftungen:* Verwechslung von Pfeffer mit Cantharidenpulver.

*Andere Käfer mit starker lokaler Reizwirkung:* In USA. ist *Lytta vittata*, sog. *Kartoffelfliege*, mit bis 25 % Cantharidin heimisch und in medizinischem Gebrauch. In Rußland wird neben Lytta vesicatoria auch der Käfer *Mylabris duodecimpunctata* als cantharidinhaltiges Vesicans verwendet. Viele andere in Asien verbreitete Mylabrisarten zeichnen sich durch hohen Cantharidingehalt aus.

Auch verschiedene einheimische Käferarten wie *Melolontha vulgaris*, der *Maikäfer*, und *Cetonia aurata*, der *Goldkäfer* oder *Rosenkäfer*, enthalten einen Reizstoff, vielleicht auch Cantharidin, wenn auch in bedeutend geringerer Menge wie in Lyttaarten. Cetonia wird in Rußland als Vesicans verwendet.

*Meloe proscarabaeus* und *Meloe majalis*, *Maiwurm*, *Ölmutter*, in Europa, auch in Deutschland stark verbreitet, lassen beim Berühren Blut aus sich öffnenden Lücken der Hautdecken und Gelenke austreten, welches durch einen cantharidinähnlich wirkenden Reizstoff giftig wirkt. Gerichtsmedizinisch kommen alle diese und andere giftige Käferarten infolge ihrer starken Reizwirkung am Auge und auf Schleimhäuten wohl hauptsächlich als Mittel der Selbstbeschädigung in Frage.

*Raupendermatitis:* Interesse bieten neben einigen anderen Schmetterlingsraupen vor allem die verschiedenen *Prozessionsspinnerraupen* durch ihre oft massenhafte Verbreitung. In Europa vor allem *Cnethocampa processionea*, *Eichenprozessionsspinnerraupe*, hauptsächlich im nordwestlichen Deutschland; *Cnethocampa pinivora*, *Kiefernprozessionsspinnerraupe*, Massenverbreitung an Ostseeküste; *Cnethocampa pityocampa*, Mittelmeergebiet. Die Gifthaare dieser Raupen rufen heftige Entzündung der Conjunctiva und der Schleimhäute des Rachens und Kehlkopfes hervor. Auch auf äußerer Haut durch Eindringen der Haare meist urticarielle Dermatitis. Resorptive Wirkungen kommen vor, sogar ein Todesfall nach schwerer entzündlicher Veränderung einer Extremität. Vergiftungen hauptsächlich beim Einsammeln der Raupen. Auch Blut und Exkremente der in großen Nestern dicht gedrängt zusammenlebenden Raupen enthalten den giftigen, seiner Natur nach unbekannten Reizstoff. Durch Verstäubung der mit Gifthaaren beklebten Exkremente kann Vergiftung ohne Berührung der Raupen zustande kommen, auch sonst durch Flugstaub bei massenhafter Verbreitung der Tiere. Über das endemische Vorkommen der meist mit starkem Juckreiz verbundenen Raupendermatididen vgl. ausführlich *Lewin* und *M. Schmidt*.

*Schrifttum.*

*Czerwonka, H.:* Kanthariden-Vergiftung. Slg. Verg.-Fälle A **244**, 163. — *Erben, F.:* Vergiftungen **2**, 2. Teil, 953. Wien 1910. — *Heubner, W.:* Zur Pharmakologie der Reizstoffe. Arch. expe.r. Path. **107**, 129 (1925). — *Kobert, R.:* Lehrbuch der Intoxikationen, **2**. 2. Aufl. Stuttgart 1906. — *Lewin, L.:* Gifte und Vergiftungen. 937. Berlin 1929. — *Schmidt, M.:* Prozessionsspinnerraupen-Dermatitis. Slg. Verg.-Fälle A **467**, 201. — *Wysocki, K.:* Canthariden-Vergiftung. medizinale. Slg. Verg.-Fälle A **371**, 207. **H. Fischer.**

## Giftige Quallen siehe *Nesseltiervergiftung.*

## Giftige Tiere und tierische Gifte.

Über die Vergiftungen durch giftige Tiere bzw. durch tierische Gifte unterrichten folgende Werke erschöpfend:

*Faust, E. St.:* Tierische Gifte, in: *Abderhalden,* Handb. biol. Arbeitsmethoden Abt. IV., Teil 7 a 753. Berlin 1923, — *Faust, E. St.:* Tierische Gifte, in: *Heffter,* Handb. exp. Pharmakologie. **2**, 2 1748. Berlin 1924. — *Faust, E. St.:* Tierische Gifte, in: *Flury-Zangger,* Lehrbuch der Toxikologie, 322. Berlin 1928. — *Flury, F.:* Tierische Gifte und ihre Wirkung, in: Handb. norm. u. path. Physiologie. **13**, 102 (1929). — *Gessner, O.:* Handwörterb. Naturwissenschaften. 2. Aufl. **5**, 211. Jena 1935. — *Gessner, O.:* Tierische Gifte, in: *Heffter-Heubner,* Handb. exp. Pharmakologie, Ergänzungswerk **6**, 1. Berlin 1938. — *Pawlowsky, E. N.:* Gifttiere und ihre Giftigkeit. Jena 1927. — *Physalix, M.:* Animaux vénimeux. 2 Vols. Masson. Paris 1922. — *Strohl, J.:* Giftige Tiere und ihre Gifte. Leipzig 1926. — *Venzmer, G.:* Giftige Tiere und tierische Gifte. Stuttgart 1932.

Im einzelnen s. d. Art.: Amphibiengifte; Giftfische; Giftige Käfer und Raupen; Insektenstichvergiftung; Muschelvergiftung; Nesseltiervergiftung; Schlangenbißvergiftung und Schlangengifte; Spinnen-, Skorpion- und Tausendfüßlervergiftung.

**H. Fischer.**

## Giftnachweis.

Die folgende Darstellung des Giftnachweises zerfällt in einen allgemeinen (A) und einen besonderen Teil (B).

### A. Allgemeiner Teil.

#### I. Allgemeine Übersicht.

*a) Allgemeine Vorproben:* Bei der Untersuchung von Vergiftungen ist die Frage nach der giftigen Substanz in manchen Fällen eng umgrenzt, nämlich dort, wo das Gift selbst bereits bekannt ist. Solche Fälle sind leicht zu bearbeiten, denn es handelt sich nur um die Identifizierung der Substanz im Untersuchungsmaterial. Wesentlich schwieriger liegen die Verhältnisse, wenn es sich darum handelt, z. B. Leichenteile auf Gifte schlechthin zu untersuchen. Besonders wenn alle organischen Gifte in Betracht gezogen werden müssen. Die meisten Fälle liegen zwischen beiden Extremen. Der Vergiftungsverlauf und die Sektion bieten in vielen Fällen ziemlich gute Anhaltspunkte, um wenigstens die Gruppe aufzufinden, in der man das Gift suchen muß.

Abgesehen davon, daß es in schwierigen Fällen zweckmäßig ist, wenn der Chemiker zur Sektion beigezogen wird, kann er aus gewissen Färbungen und Gerüchen oft wichtige Schlüsse ziehen. Es ist vor allem unbedingt nötig, daß alle Protokolle und Akten, auch solche über Vernehmungen und alle im Zusammenhang aufgefundenen Gegenstände dem

untersuchenden Chemiker zur Verfügung gestellt werden, damit dieser geringe, beim Augenschein gewonnene Verdachtsgründe sowie Aussagen verdächtiger Personen kombinieren und kritisch sichten kann, um einen, wenn auch noch so geringen Hinweis zu erhalten.

Beim völligen Fehlen von irgendwelchen Anhaltspunkten kann es unter Umständen unmöglich sein, das Untersuchungsmaterial auf einen beliebigen Giftstoff mit Erfolg zu prüfen. Bei der Übersendung von Untersuchungsmaterial brauchen Selbstverständlichkeiten, wie absolut reine und dichtschließende Gefäße (flüchtige Gifte!) zur Verpackung von Untersuchungsmaterial, womöglich unter Vermeidung von Korkstopfen, nicht gesondert erwähnt zu werden. Es ist natürlich auch Sorge zu tragen, daß bei der Öffnung nicht Verschlußmassen (Siegellack ist unter Umständen arsenhaltig) in das Untersuchungsmaterial gelangen. Über die Menge und den Zustand der übersandten Leichenteile ist genaues Protokoll zu führen. Prinzipiell ist zu sagen, daß jedes Organ gesondert untersucht werden soll, falls nicht besondere Gründe dagegen sprechen. In der Regel wird Magen- und Darminhalt, Leber, Milz, Lunge, Herz, Nieren und Gehirn der Leiche entnommen; besonderes Gewicht ist auf Liquor, Blut und Harn zu legen, da in diesen Flüssigkeiten Untersuchungen viel leichter durchgeführt werden können als an Organen.

Bei der Bearbeitung von Vergiftungsfällen ist ferner darauf Gewicht zu legen, alle Möglichkeiten auszuschöpfen, um in den Besitz einer, wenn auch noch so geringen Menge des reinen zur Vergiftung dienenden Stoffes zu gelangen. Mit Hilfe mikrochemischer Methoden lassen sich Spuren von Substanzen, besonders, wenn sie in Form eines Pulvers vorliegen, leicht identifizieren. Es darf daher bei Vornahme eines Lokalaugenscheines nicht versäumt werden, alle möglichen Orte, Risse in Tischen, Böden, Hosensäcke und Fingernägel von etwa beteiligten Personen auf zurückgebliebene oder verschüttete Pulverreste untersuchen zu lassen. Leere Tabletten oder Pulvergläser sind selten auch für den Mikrochemiker wirklich leer, sowie auch flüchtig ausgespülte Trinkgläser noch Spuren von Substanzen enthalten können, die vorher zur Füllung des Glases Verwendung gefunden hatten. Es muß in diesem Zusammenhang betont werden, daß selbst Bruchteile von Milligrammen der giftigen Substanz viel leichter nachgewiesen werden können als das Hundertfache im menschlichen Körper, besonders wenn es sich um der Zersetzung oder dem Abbau unterworfene Gifte handelt.

Um die schon bestehenden Hinweise weiter zu konzentrieren, benötigt man die Vorproben. Diese können physikalische, chemische und biologische sein. Von diesen Vorproben seien im folgenden die wichtigsten, die für die Praxis in Frage kommen, angeführt. Das Material zur Vorprobe wird aus dem gut durchgemischten und zerkleinerten Untersuchungsmaterial entnommen, falls die Art der anzuwendenden Vorprüfung nicht das unzerkleinerte Untersuchungsmaterial verlangt. Im allgemeinen soll für die Vorprobe nicht mehr als $1/15$ bis $1/20$ verbraucht werden.

*Vorproben:* Betrachtung mit dem bloßen Auge, mit der Lupe oder dem Mikroskop. Bezüglich einer erkannten Farbe ist festzustellen, ob das Untersuchungsmaterial gleichmäßig durchgefärbt ist oder nicht. Im ersteren Falle kommen mehr oder weniger gut lösliche Farbstoffe oder gefärbte Substanzen in Betracht, im anderen Falle unlösliche gefärbte Körper. Ist z. B. die Magenschleimhaut mehr gefärbt als dessen Inhalt, so kann es sich um Einwirkung von Pikrinsäure oder Salpetersäure handeln, die eine deutliche Gelbfärbung hervorruft. Unlösliche gefärbte Substanzen sind z. B. Quecksilberoxyd, Bleichromat, Arsen und Antimonsulfid und Quecksilberjodid. Blaue Färbung läßt auf Cyanverbindungen, jedoch auch auf unschädliche Stoffe, wie Farbstoffe von Beeren oder Methylenblau schließen. Andererseits können in irgendwelchen an sich harmlosen Pulvergemischen bei Betrachtung mit der Lupe Teilchen ausgelesen werden, die eine abweichende Färbung besitzen. Solche Teilchen werden mit Hilfe einer Präpariernadel oder eines Mikromanipulators ausgesucht. Auf diese Weise lassen sich oft überraschend leicht Analysen von Pulvergemischen durchführen, besonders wenn man andere Mikromethoden, wie Mikroschmelzpunkt, Mikrosublimation und die Bestimmung der Brechungsindices anwendet. Auch Flammenfärbungen und einfache Orientierungsreaktionen können damit durchgeführt werden.

Aus der Färbung des Harns lassen sich schon manche Substanzen erkennen. Schwarzgrüne Färbung, die sich an der Luft verstärkt, deutet auf Phenol und Kresole, Santonin bewirkt Gelbfärbung, die nach Zusatz von Alkalien in Gelbrot umschlägt. Rötliche Farbe des Harns rufen unter anderem Sulfone, Antipyrin, Pyrazolone und Oxymethylanthrachinone hervor, letztere besonders nach Alkalizusatz. Hämoglobinurie, braunroter Harn, ist nach Einatmung von Arsenwasserstoff zu beobachten. Ähnliche Bilder liefert chlorsaures Kalium und starke Säuren. Pikrinsäure und Derivate färben gelb bis bräunlich. Unschuldig ist das Auftreten grünblauen Harns nach Einnahme oder Injektion von Methylenblau. Chromosmon bewirkt eine bei der Sektion auffällige, auf der Oxydation der Leukoverbindung durch den Luftsauerstoff beruhende plötzliche Blaufärbung sämtlicher Organe. Eine qualitative Harnanalyse auf Zucker, Eiweiß, Blut und geformte Elemente gibt gewisse Anhaltspunkte.

Die mikroskopische Untersuchung von Mageninhalt, Arzneimitteln und verdächtigen Nahrungsmitteln gibt wertvolle Hinweise auf giftige pflanzliche Stoffe. Leicht erkennbar sind Vergiftungen durch Digitalisblätter, Herbstzeitlosensamen, Brechwurzel, Schierlingsblätter, Ricinuspreßrückstände, Tabakblätter, Solanaceensamen. Details siehe II b 9. Giftpilze lassen sich mikroskopisch im allgemeinen schwer von den Eßbaren unterscheiden. Auch die Flügeldecken der Canthariden würden sofort auffallen. Besonders wichtig ist die mikroskopische Untersuchung dann, wenn es sich um Drogen handelt, deren Inhaltsstoffe nicht oder kaum nachweisbar sind. Mutterkorn läßt sich auf diese Weise am sichersten nachweisen. Bei Untersuchung von Mehl oder Brot behandelt man mit Chloralhydrat oder verdünnter Lauge, zentrifugiert das ganze in einem Röhrchen und kann die nicht gelösten Partikelchen leicht untersuchen, wenn dies im normalen mikroskopischen Präparat wegen der starken Verdünnung nicht mit Sicherheit möglich war.

Schließlich können Inhomogenitäten des Untersuchungsmaterials durch Aufschlemmen an der Verschiedenheit im spezifischen Gewicht getrennt werden. Man verwendet Alkohol, Wasser, Chloroform und sieht nach, ob irgendwelche besonders schwere Körper zu Boden sinken. Mineralische Giftstoffe in Salben oder Pomaden lassen sich auf diesem Wege rein isolieren. Achten wird man hier auf weiße (Arsenik, Bleichchromat oder Kalomel) oder schwarze (Arsen) Partikelchen. Stechapfelsamen und Tollkirschensamen, ferner Fragmente der spanischen Fliege werden auf diese Weise leicht erkannt.

In einer weiteren Vorprobe versucht man die *Dialyse*. Man fällt das Material in einem Zylinder, der mit einem Pergamentpapier bespannt ist und senkt das ganze in ein mit Wasser gefülltes, gerade passendes Gefäß. Die leicht dialysierbaren Substanzen finden sich in der Außenflüssigkeit, die nach 1—2 Tagen abgegossen und eingedampft wird. Es lassen sich z. B. lösliche Bariumsalze, Chlorate, Oxalsäure, jedoch auch Metalleiweißverbindungen auffinden, welch letztere vor der Analyse noch zerstört werden müssen. Bei der Durchführung der Dialyse ist auch auf die Reaktion des Dialysats Wert zu legen. Säuren und Laugen würden sich sofort zu erkennen geben.

Kurz erwähnt sei eine Probe mit Metallplättchen. Liegen die Ionen eines Elementes vor, dann kann durch Eintauchen eines Metallstückchens des in der Spannungsreihe folgenden Elementes in einen mit heißem Königswasser hergestellten Auszug aus dem Untersuchungsmaterial in einigen Fällen ein positives Ergebnis dahingehend erhalten werden, daß sich auf dem Metallplättchen das betreffende Metall niederschlägt. Antimon gibt auf Platin und Zink einen schwarzen Niederschlag, Quecksilber auf einem Kupferblech einen grauen Niederschlag. Das in dieser Weise amalgamierte Kupferblech kann durch Erhitzen mit Jod in das charakteristische Quecksilberjodid übergeführt werden. Arsen, das sich ebenfalls grau niederschlägt, ist als solches und nach Oxydation als Arsenik leicht sublimierbar.

Weitere Vorproben erstrecken sich auf die geruchliche Prüfung. Blausäure ist in vielen Fällen sowohl bei der Sektion als auch später an ihrem charakteristischen Geruch noch an den Organen erkennbar. Denselben Geruch zeigt Nitrobenzol und auch der ungiftige Benzaldehyd. Auch andere flüchtige Gifte, wie Schwefelkohlenstoff, organische Halogenverbindungen und Chloroform können so vermutet werden. Auch Phosphor ist an seinem eigentümlichen Geruch bei nicht zu alten Leichenteilen erkennbar.

*b) Der Analysengang:* Bevor man mit dem allgemeinen Giftnachweis beginnt, ist auf solche Substanzen Rücksicht zu nehmen, die sehr leicht zersetzlich sind und bei Ausmittelung im normalen analytischen Gang schon Schaden leiden können. Es sollte daher immer die Regel sein, einen guten Teil des Materials im Eisschrank aufzuheben. Solche zersetzlichen Stoffe sind z. B. das Aconitin und der Phosphor und einige Glykoside. Bei solchen und ähnlichen Substanzen sind starke Alkalien, Säuren, höhere Temperatur und womöglich länger dauernde Luftoxydation zu vermeiden.

Die Untersuchung auf Gifte teilt sich in folgende Gruppen:

*I. Flüchtige Gifte* (organische und anorganische).

*II. Anorganische Gifte*, die durch Extraktion oder Dialyse erhalten werden.

*III. Anorganische*, nicht flüchtige Gifte, deren Ausmittelung vorherige Zerstörung (*Mineralisierung*) des Untersuchungsmaterials voraussetzt.

*IV. Organische Gifte*, die durch verschiedenartige Extraktion erhalten werden (*Stas-Otto-*Gang):

    *a) Alkaloide.*

    *b) Amid-Stickstoffhaltige* Gifte.

    *c) Amid-Stickstofffreie* Gifte.

    *d) Ultragifte.*

Hat man durch die Vorproben gewisse Anhaltspunkte erhalten, dann beginnt der eigentliche Analysengang. Vor der Verarbeitung des Materials zerkleinert man entsprechend und mischt alles tüchtig durch. Für Organteile eignet sich besonders eine sog. Fleischmaschine. Man erhält auf diese Weise einen dünnen homogenen Brei.

*I. Untersuchung auf flüchtige Gifte:* Von vornherein ist an dieser Stelle eine Trennung organischer und anorganischer Substanzen untunlich. Sie ergibt sich bei der Verfolgung des Analysenganges. Für die folgende Probe wird etwa $^1/_6$ des Materials verwendet. Dieses wird in einem Kolben mit Wasser zu einem dünnen Brei angerührt und dann der Destillation mit absteigendem Kühler unterworfen. Zwischen Kolben und Kühler schaltet man zweckmäßig einen Destillationsaufsatz (*Stutzer*scher oder *Vigreux*-Aufsatz). Dieser soll das Überspritzen oder Mitreißen feinverteilter Tröpfchen mit dem Dampfstrom nach Möglichkeit vermeiden. Die Wahl des zu verwendenden Kühlers hängt ab von der vermuteten Substanz. Ein sehr leicht flüchtiger Körper benötigt einen Kugel- oder Birnenkühler, außerdem soll dabei das Destillat in eisgekühlter Vorlage aufgefangen werden. Für schwerflüchtige genügt ein *Liebig*kühler. Bevor der Kolben erwärmt wird, prüft man die Reaktion der Flüssigkeit. In den meisten Fällen wird fürs erste die Einhaltung einer schwach-sauren Reaktion am günstigsten sein. Am besten setzt man Phosphorsäure oder Schwefelsäure zu. Handelt es sich um luftsauerstoffempfindliche Körper, wie z. B. Phosphor, dann leitet man während der Destillation Kohlensäure ein. Handelt es sich um hitzeempfindliche Verbindungen, so versetzt man das Untersuchungsmaterial mit Alkohol, der bei 78° siedet, und destilliert die Substanz mit Alkoholdämpfen über. Handelt es sich um wenig zersetzliche, jedoch schwerflüchtige Substanzen, dann leitet man Wasserdampf aus einem gesonderten Gefäß in die Flüssigkeit, wodurch Körper mit einem über 100° liegenden Siedepunkt mit Leichtigkeit übergehen. In einigen wenigen Fällen wird die Destillation aus alkalischer Lösung durchgeführt werden.

Durch Destillation werden folgende Substanzen nachgewiesen:

Phosphor, Blausäure, Schwefelkohlenstoff, Halogene, Ozon, nitrose Gase, Schwefelwasserstoff, Acetylen, Chloroform, Jodoform, Methanol, Avertin, Chloralhydrat, Aldehyde, Phenole, Chlorphenole, ferner Kresol, Lysol, Kreosot, Guajacol, Thymol, Carvacrol, Naphthol.

Säuren: Ameisen-, Essig-, Benzoe-, Salicyl-, Trichloressigsäure, Cantharidin, Chlorbenzoesäure.

Ester: Amylnitrit, Urethan, Anilin, Toluidin, Nitrobenzol.

Ätherische Öle: Sabinol, Senföl, Campher, Thujon, Pulegon, Cineol, Rosmarinöl, Menthol, Ascaridol, Apiol, Trikresylphosphat, Safrol.

Petroleum und Benzin, Tetraäthylblei, Benzol, p-Dichlorbenzol, Toluol, Xylol. Ferner Ammoniak, Nicotin und Coniin.

Das erhaltene Destillat wird zunächst der Sinnenprüfung unterzogen, etwaige auf dem Wasser schwimmende Öltropfen deuten auf nicht wasserlösliche Körper. Zuweilen können sich selbst im Kühler schon kristallinische Abscheidungen bilden. Die Aufarbeitung des Destillates siehe im speziellen Teil.

*II. Substanzen*, die durch *Dialyse oder Extraktion* dem Untersuchungsmaterial entzogen werden, wobei eine Zerstörung der organischen Substanz unnötig ist. Die Dialyse erfolgt, wie bereits bei der Vorprobe beschrieben, mit Hilfe eines Pergamentpapiers, einer Schweinsblase oder einer Kollodiummembran. Die Extraktion erfolgt mit Wasser, Alkohol oder Aceton. In Frage kommen folgende Substanzgruppen: Säuren, Alkalien und Salze.

*III. Anorganische Gifte*, die erst nach Zerstörung der organischen Substanz nachgewiesen werden können. Für die Zerstörung des organischen Materials gibt es eine Anzahl von Methoden. Bei der Zerstörung fällt an:

A. Ein löslicher Teil.  B. Ein unlöslicher Teil.

In der bei der Zerstörung erhaltenen Flüssigkeit A erhält man mit Schwefelwasserstoff einen Niederschlag von Sulfiden der Metalle (I).

I. *a) Arsen, Antimon, Zinn:*
Löslich in Schwefel-Ammon.
*Mayer*sche Schmelze trennt *Arsen*, *Antimon* und *Zinn*.
Cyankalischmelze trennt *Zinn* von *Antimon*.
*b) Blei, Silber, Wismut, Kupfer, Cadmium, Quecksilber:*
Unlöslich in Schwefelammon.
Im Schwefelwasserstoff-Niederschlag werden durch Salpetersäure alle Metalle gelöst (außer *Quecksilber*, das ungelöst bleibt). In dieser Lösung wird *Silber* als Chlorsilber und *Blei* als Bleisulfat ausgefällt. In der Wismut, Kupfer, Cadmium enthaltenden Lösung wird mit Ammoniak *Wismut* gefällt. Aus dem Filtrat fällt nach Kaliumcyanid und Schwefelwasserstoff *Cadmium*, gelöst bleibt *Kupfer*.

II. Im Filtrat von I. ist Zink, Chrom, Barium enthalten, daraus fällt mit Schwefelsäure *Barium*, im Filtrat fällt Schwefelwasserstoff bei Gegenwart von Essigsäure *Zink*, im Filtrat bleibt *Chrom*, das mit Soda und Salpeter geschmolzen wird.

Der bei der Zerstörung anfallende unlösliche Teil kann noch enthalten: Blei, Barium, Strontium, Silber.

In der Soda-Salpeterschmelze wird Blei, Barium, Strontium wasserlöslich. *Silber* bleibt als Metall zurück.

Ferner werden noch folgende Metalle behandelt: *Thallium, Uran, Mangan, Strontium, Selen* und *Nickel*.

*IV. Untersuchung auf nichtflüchtige organische Gifte, die durch Extraktion erhältlich sind: Gang nach Stas-Otto.* Das zerkleinerte Untersuchungsmaterial wird mit konzentriertem Alkohol versetzt und mit verdünnter Schwefelsäure vorsichtig angesäuert, so daß die Flüssigkeit gerade deutlich sauer reagiert. Diese wird dann je nach dem vermuteten Gift auf eine mehr oder weniger hohe Temperatur erwärmt; am besten in einem Kolben mit aufgesetztem Rückflußkühler. Man erwärmt eine halbe Stunde am Wasserbad. Wärmeempfindliche Gifte werden unter einer Temperatur von 40° gehalten. Physostigmin und Apomorphin sind empfindlich gegen Wärme und Säure! Nach dem völligen Erkalten wird filtriert und das Filtrat im Vakuum verdunstet, oder auf einem Wasserbad eingeengt und so vom Alkohol befreit. Der auf dem Filter gebliebene Rückstand kann außer den Toxalbuminen, Ricin, Abrin, Crotin, noch einige Salze organischer Säuren enthalten. Nach dem Verdampfen des Alkohols resultiert eine Flüssigkeit, in der Abscheidungen sichtbar sind. Man filtriert durch ein feuchtes Filter. Auf dem Filter können folgende in kaltem, saurem Wasser schwerlösliche Verbindungen zurückbleiben: Crotonöl, größere Mengen von Benzoe- und Zimtsäure, Sulfone, Anilide, Phenetidide, Phenylhydracide, Phenylhydracine, Ester. Aus diesem Filterrückstand lassen sich durch Ausziehen mit Alkohol entfernen: Harze, Crotonöl, Nitrokörper, Kresole, Naphthol. Das Filtrat wird nun wieder eingeengt und mit starkem Alkohol vermischt, bis keine Fällung mehr eintritt, filtriert, das Filtrat vom Alkohol befreit. Diese Flüssigkeit kann nun nach dem sog. *Stas-Otto*-Gang durch Ausschütteln untersucht werden. Das Ausschütteln erfolgt durch Äther oder Chloroform im Scheidetrichter oder im Perforator. Besonders bewähren sich hierbei die *Schott*schen Perforatoren mit Glassinterplatte, die zur Extraktion von wässerigen Flüssigkeiten mit organischen Lösungsmitteln, die leichter und schwerer sind als Wasser, verwendet werden können. Eines Perforators bedient man sich dann, wenn die auszumittelnde Substanz in Äther nur wenig besser löslich ist als in der wässerigen Phase. Im anderen Falle führt das Ausschütteln im Scheidetrichter auch zum Ziele. Aus dieser Flüssigkeit werden mit Äther aufgenommen:

Säuren: Benzoe-, Zimt-, Essig-, Ameisen-, Oxal-, Mecon-, Salicyl-, Chlorbenzoesäure, ferner Paraoxybenzoesäure und deren Ester, Gallussäure und Atophan.

Ester: Anästhesin, Orthoform, Salol, Harnstoffderivate, Barbitursäurederivate und die meisten Schlafmittel, Hydantoine, Anilide, Phenetidide, Pyrazolone.

Lactone: Santonin, Cantharidin, Pikrotoxin, Nitrokörper, Pikrinsäure u. a. Nitroglycerin.

Phenole: Guajacol, Resorcin, Hydrochinon, Pyrogallol, Chlorpenole, Euphorbium und Jalapae. Chloroform entzieht der wässerigen sauren Flüssigkeit folgende Körper: Digitaliskörper, Strophanthin, Colocynthin und andere Drastica, Purine, Narkotin, Veratrin, Hydrastin, Colchicin, Solanidin.

Nun wird die wässerige Flüssigkeit durch Erwärmen von Resten der organischen befreit, mit Natronlauge alkalisiert und die Ausschüttelung mit Äther wiederholt. In den Äther gehen alle echten Alkaloide und alkaloidähnlichen Substanzen, wie Antipyretica, Lokalanaesthetica, Basen ohne Phenolcharakter, ferner Amine und Plasmochin, ferner Gen-Alkaloide. Alkaloidähnliche Stoffe: Allylcocain, Optocin, Acethylcholin, Cytisin, Diocain, Prostigmin, Solanidin, Urotropin[1].

Die alkalische wässerige Flüssigkeit wird nun wieder vom Äther befreit, schwach angesäuert und dann mit Ammoniak und Ammonchlorid oder besser Bicarbonat versetzt. Chloroform mit 10 % Alkohol extrahiert daraus Phenolbasen: Morphin, Apomorphin, Narcein, Physostigmin, Pilocarpin, Curin (Curarealkaloide), Oxychinolin.

Die wässerige Lösung wird mit viel Natriumchlorid oder Ammonsulfat versetzt und mit einem Gemisch von Alkohol und Chloroform 1:3 oder mit Amylalkohol ausgeschüttelt. Man erhält Strophanthin, Solanin, evtl. Saponine.

Aus der wässerigen Lösung nicht ausschüttelbar sind folgende Stoffe: Helleborein, Scillarin, Berberin, Eumydrin, Salze quarternärer Ammoniumbasen. Diese Stoffe werden erhalten, wenn man die Flüssigkeit eindampft, mit Sand, Gips oder Magnesia verreibt, schwach alkalisiert und mit Alkohol extrahiert, worin sie gelöst werden. (Giftige Harnptomaine erscheinen an dieser Stelle.)

*c) Das Untersuchungsmaterial:* Die Methode, die zur Untersuchung des vorliegenden Materials angewendet wird, ist stark abhängig von dessen Natur. Im folgenden sei eine Anzahl von Materialien genannt und die dafür anzuwendenden Methoden zur Untersuchung auf anorganische und organische Gifte angeführt. Es kann hier allerdings nur in großen Zügen darauf eingegangen werden. Details lassen sich im voraus nicht immer festlegen. In Betracht gezogen werden im folgenden:

a) = *anorganische Gifte,*
b) = *organische Gifte, die durch Extraktion erhalten werden.*

*Organ- und Leichenteile:* a) Mineralisierung nach *Fresenius* und *Babo.* b) Extraktion und *Stas-Otto-*Gang.

*Magen- und Darminhalt:* a) Mineralisierung, falls nur Magensaft vorhanden, direkte Anwendung chemischer Proben, wenn angenommen werden kann, daß das Eiweiß die Metalle noch nicht gebunden hat. b) Extraktion mit saurem Alkohol, Magensaft allein: einfache Ausschüttelung.

*Blut:* a) Mineralisierung. b) Nach Koagulation Verreiben mit Sand, Ansäuern mit Schwefelsäure

und Extraktion mit saurem Alkohol. Defibriniertes oder Citratblut oder überhaupt flüssiges Blut kann direkt mit Äther oder Chloroform ausgeschüttelt werden, nachdem die Blutkörperchen mit destilliertem Wasser hämolysiert wurden. Das Ansäuern erfolgt in diesen Fällen nur durch Zusatz saurer oder alkalischer Pufferlösungen von $p_H = 3,5$ bis 11. In diesem Intervall ist keine Ausfällung von Eiweiß zu befürchten, die bei einer Extraktion im Perforator Schwierigkeiten bereitet.

*Liquor cerebrospinalis:* a) Zerstörung der Salpetersäure oder mit Superoxyd + Salzsäure, geht meist sehr rasch vonstatten. b) Direkte Ausschüttelung mit organischen Lösungsmitteln ohne weiteres möglich. Ebenso Zusatz von Säuren und Alkalien Pufferung, unnötig, oder nur dann, wenn Liquor blutig.

*Harn:* a) Zerstörung leicht durch Kaliumchlorat-Salzsäure oder Superoxyd-Salzsäure. Falls eiweißfrei, häufig keine Zerstörung notwendig. Sollte eine Mineralisierung notwendig sein, soll der Harn vorher mit Natriumcarbonat eingedampft werden, um eine Verflüchtigung von Chloriden zu vermeiden. Bei Gegenwart von Quecksilber unnötig, da dieses sowieso mit Eiweißlösung ausgefällt wird. Das Quecksilberalbuminat wird dann weiter mit konzentrierter Salzsäure behandelt und das Metall auf Kupferblech abgeschieden. b) Für die meisten Proben dürfte Ausfällung mit Bleiacetat und Entfernung des Bleis mit Natriumphosphat genügen, um eine ausschüttelungsfähige Flüssigkeit zu erhalten. Auch direkte Extraktion zuweilen durchführbar.

*Erde, Holz, Kleidungsstücke:* a) Mineralisierung mit Kaliumchlorat-Salzsäure, bei Erde Extraktion mit Wasser, Prüfung des Adsorptionsvermögens (wichtig bei Arsen), Zerstörung evtl. mit Königswasser. Kleidungsstücke sind vorher eingehender mikroskopischer Betrachung zu unterziehen (Reste von Pulver). Die Mineralisierung dürfte selten vorkommen. Die Extraktion mit Wasser, schwachen Säuren und Laugen dürfte meist genügen. b) Direkte Extraktion mit organischen Lösungsmitteln.

*Animalische Nahrungsmittel:* a) Mineralisierung zweckmäßig mit Salpetersäure. Unlöslicher Rückstand ist Fett, das nicht zerstört wird. Behandlung desselben mit Petroläther. Mineralsubstanzen sind darin unlöslich und können so erfaßt werden. b) Extraktion mit saurem Alkohol.

*Milch:* a) Erhitzen zum Kochen und Ausfällen des Caseins durch Zusatz von Essigsäure (vorher Reaktion prüfen!). Falls zu sauer, muß Säure abgestumpft werden. Casein wird mit Salpetersäure mineralisiert und die erhaltene Flüssigkeit zusammen mit den eiweißfreien Molken analysiert. Milchfett wie oben. b) Extraktion mit organischen Lösungsmitteln, evtl. nach Entfernung des Fettes und entsprechender Pufferung mit Säure oder Alkali.

*Fette, Salben, Crèmes:* a) Auskochen mit verdünnter Salpetersäure oder Lösen in Petroläther oder Pentan. Die Mineralsubstanzen bleiben ungelöst und werden gesondert untersucht. b) Die Lösung des Fettes in der organischen Flüssigkeit wird dann zur Erfassung der sauren und alkalischen Substanzen mit alkalischem oder saurem Wasser geschüttelt und entsprechend weiter verarbeitet.

*Flüssige Arzneiformen mit und ohne Alkohol, Most Bier, Wein, Schnäpse:* a) Da meist eiweißfrei, normaler Analysengang ohne Zerstörung. b) Die Flüssigkeit wird im Vakuum der Destillation unterworfen und ein guter Teil abdestilliert, wodurch sie einerseits vom Alkohol befreit, andererseits ein Destillat zur Untersuchung auf flüchtige Gifte erhalten wird. Diese Flüssigkeit ist sofort ausschüttelungsfähig. Liegt ein destillierter Branntwein vor, dann wird die ganze Flüssigkeit abdestilliert und

---

[1] Sowohl die alkalische als auch die saure Flüssigkeit soll anschließend an die Ätherextraktion noch mit Chloroform ausgeschüttelt werden, um in Äther schwerlösliche Stoffe zu gewinnen.

bei der Untersuchung auf anorganische Gifte vorher nachgesehen, ob überhaupt ein wägbarer Rückstand bleibt.

*Pflanzen und Drogen:* a) Zerstörung meist ziemlich langwierig. Auf die letzten Reste, die sich nicht lösen, kann evtl. verzichtet werden. Sehr energisch wirkt Salpetersäure mit Permanganat und nachherige Behandlung mit konzentrierter Schwefelsäure (Verfahren nach *Denigés*). b) Direkte Extraktion mit organischen Lösungsmitteln nach entsprechender Ansäuerung oder Alkalisierung.

*Harze, Siegellack, Pflaster:* a) Mineralisierung unnötig, Auszug mit Säuren und Alkalien. b) Lösen in Alkohol oder organischen Lösungsmitteln. Normale Weiterverarbeitung.

*Kautschuk* wird durch Schmelzen mit Salpeter mineralisiert.

*Arzneizubereitungen, Dragées, Pillen, inhomogene Arzneikörper:* Wenn nötig, vorher mechanische Trennung. Dann Behandlung mit verschiedenen Lösungsmitteln.

*Pulvergemische:* Auslösen von Partikelchen (Mikromanipulator). Trennung: Anwendung verschiedener Lösungsmittel bei gleichzeitiger Kontrolle unter dem Mikroskop. Mikrochemische Reaktionen und Schmelzpunkt.

## II. Die Identifizierung.

*a) Vorproben und Reinigung:* Die im vorhergehenden Untersuchungsgang erhaltenen Verdunstungsrückstände sind in den seltensten Fällen schon rein. Häufig sind sie ölig und schmierig. Da aber die anzuwendenden Reinigungsmethoden stark von der Natur des Stoffes abhängig sind, muß man durch Vorproben sich entsprechend orientieren. Einerseits gibt der *Ort der Ausmittelung* bereits wichtige Hinweise auf die Natur des erhaltenen Verdunstungsrückstandes: Die ätherische Ausschüttelung aus alkalischer Lösung ist doch meist nur ein Alkaloid oder ein alkaloidähnlicher Körper. Der *Aggregatzustand* kann flüssig oder fest sein. Stark riechende Öltropfen deuten auf Coniin oder Nicotin. Andere flüssige Körper können Anilin, Spartein, einige Lokalanaesthetica, Phenole und Ester sein. Günstig liegt der Fall, wenn die Rückstände bereits kristallisiert oder zumindestens fest und amorph sind. Charakteristisch ist häufig der *Geruch* dieses Rückstandes. Flüchtige Basen können direkt erkannt werden. Aus saurer Lösung flüchtige Körper kommen nicht mehr in Frage, da sie meist unter den flüchtigen Giften schon ausgemittelt wurden. Der *Geschmack* liefert zuweilen wichtige Hinweise. Doch dürfte es sich nicht empfehlen, z. B. bei Vorhandensein von Cantharidin Kostproben anzustellen. Cocain und Ersatzmittel wirken deutlich anästhesierend, bitter viele Alkaloide, Pikrotoxin und Pikrinsäure.

Die ferner anzuwendenden chemischen Vorproben sind mit äußerster Sparsamkeit an Material durchzuführen. Bestimmungen der *Löslichkeit* werden am besten unter dem Mikroskop durchgeführt, wobei man den Vorteil hat, bei vorliegenden Substanzgemischen die bessere oder schlechtere Löslichkeit der einzelnen Bestandteile genau verfolgen zu können. Mit alkalischem Äther gewonnene Stoffe sind selten wasserlöslich. Meist lösen sie sich in Säuren. Wasserlöslich sind z. B. Antipyrin, Arecolin, Pilocarpin, Pyramidon und Alkaloide aus Granatum, teils lösen sie sich beim Erwärmen und fallen dann in der Kälte wieder aus, wie Brucin und Strychnin. Aus saurem Äther gewonnene Substanzen lösen sich teils im Wasser, häufig aber erst in Kalilauge. Dies ist besonders bei stark sauren Körpern, wie organischen Säuren, Phenolen und Veronal der Fall.

Zu beachten sind ferner *Farbenänderungen,* die

auf Zusatz von Alkali auftreten. Die gelbe Farbe der Pikrinsäure schlägt in Rot um, ebenso die der Anthrachinonderivate. Phenolphthalein wird violettrot. Adrenalin und Pyrogallol braun, Tannin und Gerbsäure schwarz. *Fluorescenz* tritt auf bei Hydrastin-Alkaloiden und bei Auszügen aus Solanaceendrogen nach Alkalizusatz. Chinin fluoresciert bei Gegenwart von Sulfationen noch in hohen Verdünnungen (Abwesenheit von Chlorionen Bedingung!). β-Naphthol fluoresciert mit Alkali. Bei Vornahme von *Farbenreaktionen* durch Zusatz von Reagenzien wird man aus Ersparungsgründen an Stelle von Eprouvetten Capillarröhrchen von etwa 2 mm Durchmesser oder Filterpapierscheiben verwenden, wie man sie für die Tüpfelanalyse braucht. Das Filtrierpapier wird zur Ausführung solcher Reaktionen entweder vorher mit dem Reagens getränkt und getrocknet und dann mit einem Tropfen der zu prüfenden Lösung angetüpfelt oder man verwendet reines Filtrierpapier und tüpfelt nacheinander mit Probetropfen und Reagenzien an. An Reagenzien kommen z. B. in Frage:

*Eisenchlorid: Rotfärbung* bei Gegenwart von Antipyrin, Pyramidon, Cytisin, Nitrosalicylsäure, aliphatischen Amidosäuren, Mekonsäure.

*Violettfärbung:* Apomorphin, Salicylate, Phenole, α-Naphthol.

*Blaufärbung:* Morphin, Phenol, Kresole, Naphthol, Hydrochinon, Gallensäure.

*Grünfärbung:* Oxychinolin, Adrenalin, Brenzcatechin.

*Oxydation* unter Farbenveränderung: Adrenalin, Hydrochinon, Pyrogallol.

Blaufärbung von Kaliumjodatstärke deutet auf reduzierende Körper. Fuchsinbisulfit wird bei Gegenwart von Aldehyden und oxydierenden Körpern rot. Desgleichen Benzidinacetat.

*Physiologische Vorproben.* Vor Anwendung komplizierter Reinigungsmethoden ist es zweckmäßig, nachzusehen, ob überhaupt ein giftig wirkender Körper vorliegt. Aus der am Tier beobachteten Wirkung kann in manchen Fällen auf die Substanz geschlossen werden. Eine isotonische Probe der wässerigen Lösung (wobei jedoch genau auf neutrale Reaktion eingestellt werden muß) injiziert man einer Maus intravenös oder subcutan und einem Frosch intralymphatisch und evtl. einer zweiten Maus per os. Bei Extrakten aus Harn ist bei intravenöser Injektion auf die Harnptomaine Bedacht zu nehmen.

*Proben am Katzenauge:* Die möglichst neutral wässerige Lösung des isolierten Körpers wird zwischen Augapfel und Lid eingeträufelt. Mydriatisch: Atropa-Alkaloide und Homatropin. Pilocarpin beseitigt die Erweiterung nicht, wohl aber Physostigmin. Mydriatisch wirken ferner Cocain und seine Ersatzmittel. Myotisch wirken Physostigmin und Arecolin.

*Wirkungen auf Blutkörperchen:* Hämolytisch wirken Saponine, Solanin, Agaricinsäure. Die zu diesem Versuch verwendete Lösung muß jedoch isoton sein. Diese Probe wird am besten unter dem Mikroskop mit Blutgelatine ausgeführt.

*Reinigung der Verdunstungsrückstände:* Es lassen sich dafür nur allgemeine Vorschriften angeben. Man wird vor allem versuchen, beim Vorliegen eines amorphen Rückstandes, ihn zur Kristallisation zu bringen. Dies kann durch Umlösen oder entsprechende Behandlung mit bei der Vorprobe bestimmten Lösungsmitteln erfolgen, z. B. löst man mit einer gut lösenden Flüssigkeit und setzt eine andere zu, in der die Substanz schwer oder unlöslich ist. Man erhält auf diese Weise häufig Fällungen, die bereits kristallisiert sein können.

Die Reinigung durch Wasserdampfdestillation

wird sich insbesondere bei flüssigen und mit Rücksicht auf den starken Geruch als flüchtig erkannten Stoffen empfehlen. Diese wird natürlich mit kleinen Mengen durchgeführt. Man bedient sich zweckmäßig des Mikrodestillationsapparates nach *Gawalowski*.

Handelt es sich darum, eine geringe Substanzmenge mit einer bestimmten Flüssigkeit zu extrahieren, dann wendet man die Mikroextraktion an. In einer Eprouvette wird ein *Pregl*sches Mikrofilter, das die zu extrahierende Substanz trägt, befestigt bzw. aufgehängt und das ganze mit einem durchbohrten Kork verschlossen, in dem ein kleiner Kühler oder ein Steigrohr zur Kondensation der Flüssigkeitsdämpfe befestigt ist. Beim Erwärmen der Proberöhre siedet das eingebrachte Extraktionsmittel, die Dämpfe kondensieren sich im Kühler und tropfen auf die im Mikrofilter befindliche Substanz. Diese wird dadurch fortlaufend extrahiert, und zwar unter Anwendung sehr geringer Flüssigkeitsmengen.

Außerordentlich bewährt hat sich zur Reinigung und Isolierung von Substanzen die Mikrosublimation. Bei der *Mikrosublimation* ist man bestrebt, aus irgendeinem Extraktionsrückstand ein kristallisiertes Sublimat zu erhalten. Zu diesem Zweck sind eine Anzahl von Apparaten konstruiert worden (*Eder*, *Kempf*). Eine Art Universalapparat ist von *Fischer* beschrieben worden. Er besteht aus einer elektrisch heizbaren Metallplatte von 15 cm Durchmesser und 15—20 mm Dicke. Seitlich befindet sich eine Bohrung für das Thermometer. Auf der Oberseite ist eine Anzahl runder Löcher verschiedener Tiefe angebracht. In diese Löcher passen Glasschälchen, die zur Aufnahme des Untersuchungsmaterials dienen.

Liegt ein noch flüssiger Extrakt vor (Äther, Chloroform oder Alkohol), so wird dieser vorher verdunstet, und zwar durch langsames Abtropfenlassen in die erwärmten Glasschälchen. Schließlich ist der ganze Rückstand des Extraktes im Schälchen vorhanden. Die dabei anzuwendende Temperatur richtet sich nach dem Lösungsmittel und beträgt bei Äther etwa 60—70°. Die Metallplatte wird nun weiter erhitzt und evtl. entstehende Sublimate auf einem Deckglas oder Objektträger aufgefangen. Da die Bedingungen, unter welchen die einzelnen Substanzen sublimieren, sehr verschieden sind, soll der Apparat das Arbeiten unter möglichst verschiedenen Bedingungen erlauben. Es muß jedoch die einmal als günstig gefundene Methode zwecks Vergleich jederzeit wieder reproduzierbar sein.

Die Apparatur ermöglicht es, folgende Konstanten festzuhalten: Die *Temperatur* wird mit dem Thermometer gemessen, kann jedoch auch durch einen *Thermoregulator* für Stunden und Tage konstant gehalten werden. Die *Sublimationshöhe* bewegt sich zwischen 0,1—20 mm. Das *Temperaturgefälle* kann weitgehend variiert werden durch Kühlung der Vorlage und durch Wärmeisolierung derselben. Es kann bei Atmosphärendruck und im *Vakuum* herunter bis 0,1 mm Hg gearbeitet werden. Es kann im *Vakuum mit Kühlung* sublimiert werden. Abgesehen von der durch die Mikrosublimation erhaltenen Reinigung kann die mit dem Apparat festgestellte *Sublimationstemperatur*, d. i. die Temperatur, bei der ein gerade noch wahrnehmbares Sublimat entsteht, zur Identifizierung verwendet werden (s. II b 1).

Für die *chemische Reinigung* der ausgeschüttelten Substanzen gibt es entsprechend ihrer Herkunft drei Möglichkeiten:

*1. Aus saurer Lösung ausgeschüttelte Körper.* Bei Löslichkeit im Wasser nimmt man den Rückstand mit heißem Wasser auf, wobei häufig schon geringere Mengen ungelöst bleiben, schüttelt man nochmals

mit der betreffenden Flüssigkeit, aus der der erste Verdunstungsrückstand erhalten wurde, aus. Bei Unlöslichkeit in Wasser wird über die wässerige alkalische Flüssigkeit gereinigt. Zur Reinigung nicht saurer Verbindungen löst man in Wasser, macht mit Bicarbonat schwach alkalisch und schüttelt nochmals mit Äther oder Chloroform. Dadurch wird eine gewisse Reinigung erzielt. Werden Glykoside oder Lactone vermutet, so reinigt man nach dem dort angegebenen speziellen Verfahren.

*2. Reinigung der nur aus alkalischer Lösung ausschüttelbaren Substanz* (Basen): Der Rückstand wird in salzsäurehältigem Wasser gelöst und vorerst mit irgendeinem organischen Lösungsmittel ausgezogen, um die Verunreinigungen zu entfernen. Erst dann wird alkalisiert und mit Äther oder Chloroform extrahiert. Die abgetrennte organische Flüssigkeit wird mit Wasser gewaschen, wobei wieder Verunreinigungen entfernt werden. Die Lösung wird dann mit geglühtem Natriumsulfat oder Chlorcalcium getrocknet und nach dem Abgießen verdunstet.

Ein ausgezeichnetes, wenn auch vorsichtig zu verwendendes Reinigungsmittel ist die Tierkohle. In wässeriger oder alkoholischer Lösung darf sie wegen ihrer starken Adsorptionswirkung gerade für die Giftstoffe kaum angewendet werden. Von Erfolg begleitet ist häufig die Anwendung der Kohle oder auch anderer Adsorptionsmittel, wie Aluminiumoxyd, Calcium- und Magnesiumcarbonat in ätherischer oder Chloroformlösung (siehe Schlafmittel).

*3. Bei Alkaloiden* oder *alkaloidähnlichen Körpern* wird man eine Reinigung mit Hilfe von Salzen versuchen. Es wird hierbei die salzsaure Brom- oder Jodwasserstoff-saure Lösung nach Extraktion mit organischen Lösungsmitteln im Vakuumexsikkator verdunstet, wobei die Salze kristallisiert zurückbleiben. Sehr gut brauchbar zu diesem Zweck sind auch die Gold-, Platin- und Quecksilbersalze (Verfahren nach *Pregl-Yllmer*).

*b) Physikalische Methoden zur Identifizierung:* Zur Erkennung einer unbekannten Substanz kommen physikalische, chemische und biologische Methoden in Betracht. Den Vorzug haben zweifellos solche, die ohne Substanzverbrauch arbeiten, in diesem Fall die physikalischen. In zweiter Linie werden chemische Methoden insoweit in Frage kommen, als sie einwandfreie kristallisierte Verbindungen von solcher Beschaffenheit liefern, die die Möglichkeit geben, die ursprüngliche Substanz ohne zu große Verluste zu regenerieren. Auf die Erzielung kristallisierter Reaktionsprodukte wird deshalb soviel Wert gelegt, da diese ebenso wie der ursprüngliche Körper mit physikalischen Methoden untersucht werden kann. Dies gilt insbesondere im Gegensatz zu manchen Farbreaktionen, die höchstens noch eine spektroskopische Untersuchung zulassen. Die äußeren Eigenschaften und die Löslichkeitsbestimmungen wurden bereits bei den Vorproben erwähnt.

*1. Mikroschmelzpunkt, Mikrosublimation und Brechung.* Bei den Vorproben haben wir die *Mikrosublimation* als ausgezeichnetes Reinigungsmittel kennengelernt. Sie spielt jedoch auch bei der Identifizierung eine Rolle, und zwar insofern, daß man die primär durch Sublimation isolierte Substanz nochmals unter entsprechenden, für die betreffende Substanz passenden Bedingungen sublimiert und dadurch schöne Kristalle erhält, die dann für die Bestimmung des Brechungsindex und für kristalloptische Methoden und nicht zuletzt für den Mikroschmelzpunkt in Frage kommen, wobei festgehalten werden muß, daß das Gleichgewicht des Schmelzpunktes einer Substanz vor und nach der Sublimation ein gutes Kennzeichen für die Reinheit der vorliegenden Substanz darstellt. Die Sublimationstemperatur gibt ferner wertvolle Hinweise zur Identifizierung.

Zur *Bestimmung des Schmelzpunktes* unter dem Mikroskop gibt es eine Anzahl von Vorrichtungen, am besten bewährt hat sich der Mikroschmelzpunkt-apparat von *Kofler*. Er besteht aus einer elektrisch geheizten Metalldose mit oberseits ebener Metall-platte und in der Mitte mit einer Öffnung für den Durchtritt des Lichtes. Der Apparat wird auf dem Objekttisch eines Mikroskopes befestigt. Gegen die umgebende Luft ist die polierte Metallplatte durch einen an der Peripherie angebrachten Metallring, auf dem eine Glasplatte als Abschluß aufgelegt wird, geschützt. Das Thermometer steckt in einer seitlich angebrachten Bohrung. Eine Spur der zu unter-suchenden Substanz bringt man auf einen kurzen Objektträger, bedeckt mit einem Deckglas, legt das ganze auf die Metallplatte und deckt mit der Glas-platte zu. Verwendet werden schwache Objektive mit entsprechendem Objektabstand. Vergrößerung von 60- bis 200fach. Das Thermometer ist, und das ist das wesentliche, auf dem Apparat selbst geeicht, und zwar durch Schmelzen von Substanzen mit scharfem Schmelzpunkt und Eintragen dieser Schmelzpunkte auf das Thermometer. Dieses stimmt dann für diesen einen Apparat, da das Thermometer genau die Temperatur anzeigt, die auf dem Objekt-träger herrscht, auf dem sich die zu schmelzende Substanz befindet. Auch auf diesem Apparat läßt sich die Mikrosublimation durchführen. Man kann die oben erwähnten Glasschälchen auf die Platte stellen oder einen kleinen runden Sublimationsblock auflegen, in den das Schälchen paßt, und kann unter mikroskopischer Kontrolle sublimieren und durch Auflegen einer Mikrovakuumglocke auch im Va-kuum arbeiten.

Diese Apparatur erlaubt die Bestimmung des Schmelzpunktes von Spuren kristallisierter oder überhaupt schmelzfähiger Körper. Noch Bruchteile von 1 Gamma (= 0,000 001 g) können untersucht werden. Die zur Durchführung benötigte Zeit ist sehr gering. Der Apparat erlaubt die Bestimmung des Schmelzpunktes einzelner Kristalle, auch wenn ein Substanzgemisch vorliegt. In vielen Fällen kann in einem Arbeitsgang der Schmelzpunkt zweier ver-schiedener, in einem Pulver enthaltener Bestand-teile bestimmt werden. Im Gegensatz dazu läßt sich bei entsprechend feinem Verreiben zweier Körper der bei den Chemikern so häufig für die Identifizie-rung angewendete Mischschmelzpunkt einwandfrei durchführen. Abgesehen davon, daß sich schon vor Beginn des Schmelzens etwa vorhandene Verun-reinigungen kenntlich machen, kann die Reinheit der Substanz auch am mehr oder weniger raschen Ab-lauf des Schmelzvorganges in einzelnen Fällen er-kannt werden. Das Entweichen von Kristallwasser aus Kristallen läßt sich direkt beobachten und äußert sich im Zerspringen, Trübwerden oder Schmelzen und nachherigem Wiedererstarren der Tropfen. Im Zusammenhang damit sei erwähnt, daß das bei der üblichen Schmelzpunktbestimmung so zeitraubende Trocknen der Substanz im Exsiccator durch 12—24 Stunden praktisch wegfällt und die kaum aus einer Lösung ausgefallenen und abfiltrier-ten Kristalle nach kurzem Verweilen im warmen Luftstrom oder auf der schwach angewärmten Heiz-platte völlig trocken sind, wovon man sich unter dem Mikroskop, und das ist wesentlich, sofort überzeugen kann. Sieht man keine Flüssigkeitstropfen mehr, ist die Substanz eben trocken, da bei den geringen zur Bestimmung nötigen Mengen praktisch alle Kristalle einzeln liegen. Bei der Mikroschmelzpunktbestim-mung läßt sich ferner die Sublimationsfähigkeit einer Substanz feststellen und auch die Temperatur annähernd bestimmen, bei der eine solche zu er-

warten sein wird. Schon das Auftreten kleinster Tröpfchen vor Beginn des Schmelzens deutet auf Sublimationsfähigkeit hin, die dann auf dem Subli-mationsapparat im Vakuum oder Hochvakuum weiter untersucht wird. Beim Schmelzen unter dem Mikroskop wird nicht nur sparsam gearbeitet und der Schmelzpunkt als Zahl bestimmt, sondern wird auch, und das spielt bei manchen Substanzen eine große Rolle, ihr Verhalten vor, während und nach dem Schmelzen beobachtet. Umwandlungen und das Auftreten von Modifikationen lassen sich so einwandfrei erkennen und helfen mit zur Identifi-zierung, die oft zur Charakterisierung ebenso wert-voll sind als die Höhe des Schmelzpunktes selbst. Durch Beobachtung der Kristalle während des Schmelzvorganges in polarisiertem Licht lassen sich Strukturänderungen erkennen, die normalerweise nicht sichtbar sind. Dieser Mikroschmelzpunkt-apparat existiert auch mit thermoelektrischer Tem-peraturmessung. Die Heizdose ist dieselbe, nur fehlt das Thermometer und statt dessen ist die Lötstelle des Thermoelementes auf die polierte Metallplatte aufgeschraubt. Bei dieser Art der Messung kann die Steigerung der Temperatur noch rascher erfolgen als bei Verwendung des Thermometerapparates.

Der Mikroschmelzpunktapparat wird ferner be-nötigt zur *Bestimmung des Brechungsindex* in Schmelzen. Eine solche Bestimmung kann gleich-zeitig mit der Mikroschmelzpunktbestimmung durch-geführt werden. Man mischt der zu schmelzenden Substanz eine Spur Glaspulver von einem bestimm-ten Brechungsindex zu und bestimmt normalerweise den Schmelzpunkt. Nach erfolgtem Schmelzen, wo-bei man einzelne Glassplitterchen in den Schmelz-tropfen schwimmen sieht, beobachtet man, ob die Glassplitter den gleichen Index besitzen wie die ge-schmolzene Substanz. Ist das der Fall, sind die Glassplitterchen unsichtbar, und die *Becke*sche Linie, die beim Heben und Senken des Tubus an der Kante der Glassplitter auftritt, wenn Glas und Schmelze verschieden brechen, ist verschwunden. Ist der Index des Glases niedriger als der der Schmelze, dann benützt man die Tatsache, daß die Schmelze bei Temperaturerhöhung niedriger bricht, das Glas sich praktisch aber nicht ändert und er-wärmt die Schmelze weiter über den Schmelzpunkt hinaus. Man sucht die Temperatur zu erreichen, bei der Glas und Index gleich sind. Gelingt dies mit dem gewählten Glaspulver nicht, dann versucht man eines mit höherem Index. War jedoch von vorn-herein im Augenblick des Schmelzens das Glas höher als die Schmelze, dann wählt man ein Glaspulver mit niedrigerem Index. Man hat zu diesem Zweck eine Reihe von 24 Glaspulvern hergestellt, wobei sich eine Glassorte von der anderen im Brechungsindex um durchschnittlich 0,01 unterscheidet. Die bei den Bestimmungen erhaltenen Temperaturgrade und der dazugehörige Index stellen eine für die Identifi-zierung wichtige Konstante dar, die natürlich wie alle diese Methoden nur für die Reinsubstanz Gül-tigkeit hat.

Die Bestimmung des Brechungsindex läßt sich jedoch auch am intakten Kristall, wie er durch Mikrosublimation oder Ausfällung aus Flüssigkeit erhalten wird, durchführen. Sie erfolgt im umge-kehrten Sinn, wie die oben beschriebene Methode: Man legt die Kristalle des zu untersuchenden Kör-pers in eine Flüssigkeit mit bestimmtem Brechungs-index ein. Solche Flüssigkeitsreihen lassen sich mühelos z. B. durch Mischen von Glycerin und Wasser von Monobromnaphthalin mit Paraffinöl und Methylenjodid, ferner einer ganzen Anzahl von anderen Körpern herstellen. An der *Becke*schen Linie erkennt man, ob die Flüssigkeit höher oder niedriger bricht und findet nach einigen Versuchen die passende Flüssigkeit, in der die Kristalle verschwinden, also gleichbrechend wie die Flüssigkeit sind. Diese kann noch mit dem *Abbe*schen Refraktometer kontrolliert werden. Diese Arbeitsweise gilt für einfach brechende Kristalle. Die Kristalle der meisten organischen Verbindungen brechen jedoch meistens doppelt. Im Prinzip ändert das an der Methode nichts. Nur ist die Lage der Kristalle zu beobachten. Man arbeitet mit dem Polarisationsmikroskop und bestimmt zunächst den Index der Kristalle entsprechend der Schwingungsrichtung des zu messenden Strahls, die parallel zu der des Polarisators verläuft ($\alpha$). Dann dreht man den Kristall um 90° und bestimmt in dieser Stellung den Index ($\gamma$). Die Bestimmung von $\beta$ wird an anderen Kristallen gelingen. In Sublimaten können bei ein und demselben Kristall, sofern er nicht in der Flüssigkeit umgedreht werden kann, nur jeweils zwei Indices beobachtet werden. Beim Vorliegen mehrerer Kristalle jedoch wird sich auch der dritte Index feststellen lassen. Für die Praxis der Identifizierung am wichtigsten ist jedoch die Bestimmung an Kristallen, die leicht erkennbar sind und eine typische, immer wiederkehrende Lage bilden. Es muß natürlich angegeben werden, ob die Kristalle durch Sublimation oder aus Lösung (Angabe des Lösungsmittels!) erhalten wurden. Die Bestimmung des Brechungsindex stellt eines der Hilfsmittel bei der Identifizierung dar, und ist besonders dann von Wert, wenn es sich um die engere Wahl zwischen drei und vier in Frage kommenden Substanzen handelt. Z. B. läßt sich Luminal von Hippursäure und Bernsteinsäure dadurch unterscheiden, daß man die Kristalle in eine Flüssigkeit von $n_D = 1,501$ legt. Die Luminalkristalle verschwinden darin in horizontaler Lage ($\alpha$), während die Kristalle der anderen Verbindungen in allen Lagen sichtbar bleiben.

Die Bestimmung des Brechungsindex von Flüssigkeiten erfolgt mit dem Refraktometer nach *Abbe* (vgl. d. Art.: Refraktometrie). Man benötigt dazu etwa 2—3 Tropfen. Diese werden zwischen zwei Prismen gebracht. Das eine davon ist aufklappbar und dient zur Beleuchtung. Das andere ist das Refraktometerprisma aus Flintglas, Messungsbereich 1,3 bis 1,7. Aus anderen Glassorten hergestellte Prismen ergeben noch andere Meßbereiche. In den Strahlengang vom Prisma zum Okular sind noch zwei drehbare dreiteilige Prismen, der sog. Kompensator eingeschaltet. Die im Okular sichtbare Grenzlinie wird durch Drehung des Kompensators von farbigen Rändern befreit und nach genauer Einstellung auf das Fadenkreuz der Index abgelesen. Einhaltung einer bestimmten Temperatur (meist 20°) erforderlich [1].

*2. Kristalloptische Methoden.* Zu diesen Untersuchungen benötigt man ein Polarisationsmikroskop oder ein Mikroskop mit drehbarem Tisch und Polarisationseinrichtung. Ohne Anwendung der Nicols können Winkelmessungen, Erkennung der Zwillingsstruktur und Gitterung, Bestimmungen der Kristalltracht und die äußere Form (Anordnung der Kristallflächen) betreffende Feststellungen gemacht werden, wobei auch noch Farbe und Spaltbarkeit berücksichtigt wird.

Im polarisierten Licht kann die Doppelbrechung festgestellt und ein- und zweiachsige Kristalle meist leicht unterschieden werden. Die Bestimmung der Auslöschung erfolgt bei Verwendung des Fadenkreuzokulars und des drehbaren Objekttisches. Es

gibt gerade und symmetrische Auslöschung und dann noch schiefe. Die Auslöschungsschiefe wird nach Winkelgraden gemessen. Bei schlecht kristallisierten Gebilden, wie Sphärokristallen, trifft man häufig undulöse Auslöschung und Aggregatpolarisation. Es lassen sich ferner die Interferenzfarben und der Pleochroismus feststellen. Die Lage der Schwingungsrichtung kann mit dem Gipsplättchen oder mit dem Quarzkeil erkannt werden. Man beobachtet dabei die beim Einschieben und Herausziehen eines solchen Komperators auftretenden Interferenzfarben und erkennt dann, ob die Schwingungsrichtung $\alpha$ oder $\gamma$ längs ist. Schließlich seien noch die Achsenbilder und die Bestimmung des optischen Charakters erwähnt. Man wird sich jedoch nur in besonderen Fällen dieser Methoden bedienen, da sie das Vorhandensein eines *Fedorow*schen Drehtisches fast voraussetzen. Zur Not gelingt es, die Kristalle in einer viscosen Flüssigkeit umzuwenden, um sie so von allen Seiten untersuchen zu können.

*3. Polarisation.* Eine Anzahl organischer Stoffe dreht die Ebene des polarisierten Lichtstrahls. Die Drehung wird im Polarisationsapparat bestimmt. Der polarisierte Lichtstrahl wird mit Hilfe eines entsprechend geschliffenen und zusammengekitteten Kalkprismas, dem *Nicol*schen Prisma (Polarisator) erzeugt. Dieser durchsetzt die zu untersuchende Flüssigkeit und trifft auf ein zweites solches Prisma, den Analysator. Mit dieser Vorrichtung kann nach Einschaltung gewisser optischer Vorrichtungen die Drehung (der Winkel) bestimmt werden, die der polarisierte Lichtstrahl beim Durchgang durch die Lösung erleidet. Am meisten verwendet werden die sog. Halbschattenapparate, bei denen zwei Halbkreise in einem Gesichtsfeld auf gleiche Helligkeit gebracht werden müssen. Der Winkel wird an einer Skala abgelesen.

Als optisch aktive Substanzen sind in erster Linie die für Vergiftungen wichtigen Alkaloide zu nennen, wobei die Bestimmung der Drehung wohl als Hinweis, jedoch weniger zur Identifizierung als vielmehr zur quantitativen Bestimmung dient. Nicotin läßt sich auf diese Weise leicht bestimmen. Der abgelesene Winkel ergibt unter Berücksichtigung der Konzentration, des Lösungsmittels und der spezifischen Drehung die Menge an. Andere optisch aktive Stoffe, die auf diese Weise nachgewiesen werden können, sind ätherische Öle, Campher und Ricinusöl. Bei Verwendung von Röhrchen von 1 mm Durchmesser kann die Mikropolarisation bereits mit wenigen Tropfen der Lösung, zweckmäßig bei Anstellung der Vorproben durchgeführt werden.

*4. Fluorescenzanalyse.* Die zur Fluorescenzanalyse meist verwendete Lichtquelle ist die Hanauer-Analysenquarzlampe. In einem Quarzglasbrenner wird ein Quecksilberlichtbogen erzeugt, der eine an Ultraviolett-Licht (s. d.) reiche Strahlung besitzt. Nach Filtration mit Schwarzglasfilter (Nickeloxydglas) und einer Kupfersulfatcuvette ist das erzeugte Licht völlig der sichtbaren Komponente beraubt. Die Wellenlänge umspannt nur mehr noch einen Bereich von 300—400 m$\mu$, der völlig im Ultraviolett liegt. Das Licht wird durch Spiegel und Lichtkonzentrator auf das zu untersuchende Objekt gerichtet. Es können nun drei Fälle eintreten: 1. Die Strahlung wird vollkommen absorbiert. In diesem Falle kann natürlich nichts ausgesagt werden. 2. Die Strahlung wird als solche unverändert reflektiert. Sie ist als Ultraviolettlicht unsichtbar, kann jedoch mit entsprechender Optik photographiert werden (Ultraviolettspektrograph). 3. Die Strahlung wird, und das ist der häufigste Fall, in langwelliges Licht umgewandelt, das nunmehr für das menschliche Auge sichtbar wird (Luminiscenz).

Das Objekt befindet sich auf einer nicht fluores-

---

[1] In 1—2 cmm Flüssigkeit kann der Brechungsindex mit Hilfe der oben erwähnten Glaspulver in der Mikrocuvette nach *Fischer*, die auf dem Mikroschmelzpunktapparat erhitzt wird, bestimmt werden. Gleichzeitig kann man eine Mikrosiedepunktbestimmung durchführen. Es werden somit zwei wichtige Konstanten mit geringem Materialverbrauch erhalten.

cierenden Unterlage, bei festen Objekten z. B. schwarze Pappe. Flüssigkeiten bringt man in kleine Becher- oder Reagensgläser, setzt Laugen oder Säuren zu, die in vielen Fällen eine Änderung der Fluorescenz oder eine charakteristische Farbe bedingen. Feste Substanzen können in feinere Verteilung gebracht werden. Dadurch verstärkt sich eine ursprünglich schlecht sichtbare Fluorescenz. An dieser Stelle sei erwähnt, daß normales Glas die Ultraviolettstrahlung, die bei solchen Versuchen in Frage kommt, die Wellenlänge von 306 m$\mu$ nicht stark absorbiert. Bei Verwendung von Lösungsmitteln sind erst diese selbst auf Fluorescenz zu untersuchen. Ferner ist die Temperatur und Wasserstoffionenkonzentration zu prüfen.

Bei der Untersuchung von Flüssigkeiten verwendet man häufig die Capillaranalyse. Die Flüssigkeit läßt man in einen Filtrierpapierstreifen aufsteigen. Die einzelnen Substanzen reichern sich an gewissen Stellen an, so daß im Streifen Zonen entstehen und dadurch gewissermaßen eine Trennung erfolgt. Der Streifen wird nun in feuchtem oder trockenem Zustand auf Luminiscenz untersucht. Mit Hilfe der Luminiscenzanalyse können eine Anzahl von toxikologisch wichtigen Stoffen nachgewiesen werden: Hydrastin nach Oxydation zu Hydrastinin, Produkte aus Solanaceendrogen oder diese selbst am Scopoletin. Ferner kann Chinin, Papaverin, Narcotin, Opiansäure, Cotarnin, Salicylsäurederivate, Dioxybenzole und Dioxybenzoesäure, Trikresylphosphat nachgewiesen werden. Es entsteht sichtbare Luminiscenz.

*Fluorescenzmikroskopie:* Die verwendete Ultraviolettlampe besitzt Eisenelektroden, die Kollektorlinse besteht aus ultraviolettdurchlässigem Material, ebenso der Mikroskopspiegel. Am Mikroskop wird ein Dunkelfeldkondensor verwendet. In den Strahlengang sind die üblichen Filter eingeschaltet, um das sichtbare Licht zu absorbieren. Verwendete Objektträger und Deckgläser und die ganze Optik wird auf evtl. störende Fluorescenz vorher geprüft. Für die Fluorescenzanalyse wird normale Mikroskopoptik verwendet, da nur das sichtbare Fluorescenzlicht untersucht wird. Evtl. durchdringendes Ultraviolettlicht wird durch ein am Okular befindliches Sperrfilter zurückgehalten. Die Fluorescenzmikroskopie dient in erster Linie zur Untersuchung von inhomogenen Gemischen, fluorescierende Teilchen werden erkannt und können isoliert werden.

*5. Spektroskopische Methoden.* Man unterscheidet Emissions- und Absorptionsspektren. Erstere spielen bei den Flammenfärbungen eine Rolle. Um eine solche Flammenfärbung einem Element zuordnen zu können, ist es nötig, die Farbe mit dem Spektroskop zu beobachten und die betreffenden Linien im Spektrum aufzufinden. Man unterscheidet Prismen- und Gitterspektroskope. Letztere ermöglichen eine bessere Ausmessung der Wellenlängen. Man arbeitet hierbei zweckmäßig mit einem Zerstäuber aus Glas, der sich leicht an einem Bunsenbrenner anbringen läßt. In der zu untersuchenden Flüssigkeit wird mit Zink und Salzsäure Wasserstoff entwickelt. Die dadurch versprühten feinen Tröpfchen kommen mit der nichtleuchtenden Bunsenflamme in Berührung und erzeugen länger dauernde Flammenfärbungen. Die Untersuchung flüssiger Proben kann auch im Funkenspektrum erfolgen. Man verwendet ein Paar Kohlen, deren obere konisch abgedreht, während die untere zur Aufnahme eines Tropfens mit einer napfartigen Vertiefung versehen ist. Das entstehende Funkenspektrum wird beobachtet. Praktisch kommen für die Emissionsanalyse außer den normal vorkommenden Elementen Kalium, Natrium, Calcium von toxikologisch wichtigen Elementen nur Strontium, Barium, Quecksilber, Phosphor und Bor in Frage.

In der Praxis führt man die Untersuchung in der Weise durch, daß man das Instrument auf die Flamme einstellt, in die das zu untersuchende Material entweder durch Verstäuben oder mit Hilfe eines Platindrahtes gebracht wird. Seitlich wird eine zweite Flamme aufgestellt, die mit der Vergleichssubstanz beschickt wird. Das von dieser Flamme ausgestrahlte Licht wird durch einen Spiegel ebenfalls in das Instrument geworfen, so daß das Spektrum und Vergleichsspektrum im Gesichtsfeld erscheinen und verglichen werden können. Daneben wird die Wellenlängenskala hineinprojiziert. Die Wellenlänge drückt man aus in $^1/_{1000}\,\mu = 1$ m$\mu$ oder in *Ångström*-Einheiten: 1 ÅE $= ^1/_{10} = ^1/_{10000}\,\mu$.

*Barium* zeigt eine Anzahl von grünen Linien, ferner einige orangegelbe und eine blaue. *Borsäure* zeigt vier Streifen in Grün und Blau, die aber andere Positionen besitzen als die Bariumlinien. *Phosphor* zeigt drei grüne Linien, die rechts von der Natriumlinie liegen. Prinzipiell lassen sich jedoch alle Metalle und eine große Anzahl von anderen Elementen mit Erfolg spektroskopisch nachweisen.

Auch durch elektrische Entladung in der *Geisler*röhre kann ein Spektrum erzeugt werden, wenn die Substanz darin zum Verdampfen gebracht wird. Quecksilber läßt sich in dieser Weise nachweisen. Auf einer Goldfolie wird das Quecksilber entweder durch Eintauchen in eine Lösung oder durch Überleiten von quecksilberhaltiger Luft als Amalgam festgehalten. Die Goldfolie bringt man in die *Geisler*röhre, die nach dem Füllen mit Wasserstoff evakuiert wird. Nach dem Einschalten des Stromes und Erwärmen des Goldbauschens erhält man ein Spektrum mit charakteristischer grüner Linie bei 546 m$\mu$ und einer indigoblauen bei 456 m$\mu$.

Die Absorptionsspektren werden hergestellt, indem man Sonnen- und Tageslicht oder das Licht einer konstant strahlenden künstlichen Lichtquelle, z. B. einer *Wolfram*-Punktlampe durch die zu untersuchende, gefärbte Flüssigkeit schickt und dann die dunklen Absorptionsstreifen im Hinblick auf ihre Lage im Spektrum untersucht. Es wird bei dieser Methode die Identität der bei Farbreaktionen erhaltenen Färbungen festgestellt. Das Instrument ist das gleiche wie bei der Emissionsspektroskopie. Die Flüssigkeit wird in einer Küvette vor den Spalt gebracht. Der seitlich angebrachte Spiegel wirft Tageslicht in den Apparat, wobei neben dem Absorptionsspektrum das kontinuierliche Sonnenspektrum entsteht. Die Wellenlängenskala wird hineinprojiziert. Man gibt Breite und Lage der vorhandenen dunklen Streifen an. Diese Methode kommt beim Nachweis des *Sklererythrins* im Mutterkorn in Frage. Man extrahiert mit saurem Äther. Dieser wird mit Natriumbicarbonatlösung geschüttelt. Diese färbt sich violettrot und zeigt drei Absorptionsstreifen, einen in Gelb, rechts von der Natrium-D-Linie, einen bei E, und zwar etwas rechts davon, und einen in Grün. Das Gift des Wasserschierlings, das *Cicutoxin* wird nachgewiesen, indem man das Material mit Petroläther entfettet und mit Chloroform extrahiert. Diese Lösung gibt nach dem Versetzen mit Schwefelsäure eine Färbung, die einen Absorptionsstreifen beim D zeigt. Nach dem Genuß von *Santonin* treten im Harn Abbauprodukte auf, die sich mit Kalilauge rot färben. Dieses „Santoninrot" erzeugt einen breiten Absorptionsstreifen bei E. Die nach Einnahme von Oxymethylanthrachinonen auf Zusatz von Lauge im Harn auftretende Rotfärbung besitzt dieses Band nicht.

Von großer Bedeutung ist die Absorptionsspektroskopie bei der Untersuchung von Blut auf Kohlenoxydhämoglobin, Sulfhämoglobin und Hämatoporphyrin. Kohlenoxyd findet sich bei Leuchtgas-

und Kohlendunstvergiftungen, Methämoglobin nach Verabreichung einer Anzahl von Arzneikörpern, wie Nitriten, Nitrokörpern, Anilinderivaten, Arsenwasserstoff u. a. m., Sulfhämoglobin bei Schwefelwasserstoffvergiftungen, Hämatoporphyrin nach Einnahme von Sulfonal. Über den Nachweis von Kohlenoxyd s. d. Art.: Kohlenoxyd.

Spektroskop und Spektrographen gibt es auch für Ultraviolett und den ultraroten Teil des Spektrums. In beiden Fällen wird das Spektrum nicht beobachtet, sondern photographiert. Das durch den Körper tretende Licht wird um den Betrag geschwächt, der von dem Stoff absorbiert wurde. Die Schwächung ist konstant für beliebige Wellenlänge bei einem gegebenen Stoff und läßt sich daher immer reproduzieren. Mit dieser Methode läßt sich z. B. Benzol, Xylol und Toluol in geringen Mengen in Blut und Organen bestimmen.

Der Ultraviolettspektrograph arbeitet mit einer Anzahl verschiedener Wellenlängen. Von jeder Wellenlänge wird nach Durchstrahlung der zu untersuchenden Substanz der Extinktionskoeffizient bestimmt, der die Schwächung des Strahles darstellt. Man erhält auf diese Weise für die einzelnen Stoffe charakteristische Extinktionskurven, die auch eine quantitative Erfassung erlauben. *Benzol* läßt sich noch in kleinen Mengen nachweisen.

*6. Interferometrie.* Mit Hilfe der Interferometrie wird nicht der Brechungsindex selbst, wie bei der Refraktometrie, sondern der Unterschied der Brechung zweier Proben festgestellt. Die Ermittlung dieses Unterschiedes empfiehlt sich besonders beim Nachweis von Substanzen in hohen Verdünnungen, so z. B. bei Untersuchung von Wasser oder bei langsam verlaufenden Konzentrationsänderungen. Das Interferometer besteht in der Hauptsache aus einem geteilten Behälter zur Aufnahme der zu prüfenden und der Vergleichsflüssigkeit. Das ganze befindet sich in einem Temperierbad. Der Unterschied in der Lichtbrechung — die Lichtquelle stellt eine elektrische Birne dar — ergibt sich aus der Ablenkung des aus weißen und schwarzen Linien bestehenden Beugungsspektrums. Die Meßvorrichtung besteht aus einer im Strahlengang befindlichen drehbaren Planparallelplatte. Durch die Drehung der schräg gegen die Längsachse des Instruments gelagerten Platte wird diese so aufgerichtet, daß das sie durchsetzende Strahlenbündel einen immer geringeren Weg durchlaufen muß. Die Drehung wird auf einer Trommel abgelesen. Vor der Messung werden, um die Anfangspunkte zu gewinnen, beide Kammern mit demselben Material bzw. derselben Lösung gefüllt. Die Messung der Temperatur ist nicht unbedingt nötig, da das Ergebnis des Versuchs ein Differenzwert ist, der von der Beobachtungstemperatur in weiten Grenzen unabhängig ist. Wichtig ist jedoch, daß die verglichenen Objekte dieselbe Temperatur besitzen, sonst beobachtet man eine Unruhe der Lage der Streifen im Spektrum. Die Beleuchtung kann außer durch eine Glühlampe auch durch monochromatisches Licht (Natriumlampe oder mit Helium gefüllte *Geisler*röhre) erfolgen. Das Interferometer kann für Flüssigkeiten und Gase verwendet werden. Die Gasinterferometer dienen zum Nachweis und zur Bestimmung von Methan, Kohlensäure, Benzol, Ammoniak, Schwefelwasserstoff.

Das Flüssigkeitsinterferometer kann einen Salzgehalt von Meerwasser und die Abwehrfermente im Blutserum bestimmen. Für toxikologische Zwecke kommt der Nachweis und die Bestimmung von *Alkohol* im Blut und Harn in Frage, der sich mit Hilfe der Interferometrie erbringen läßt.

*7. Molekulargewicht, spezifisches Gewicht und Siedepunkt.* Die Molekulargewichtsbestimmung wird jedoch nur in seltenen Fällen Anwendung finden.

Die Methode beruht auf der Schmelzpunktdepression, die man bei Campher oder Pinendibromid beobachtet, wenn die zu untersuchende Substanz darin gelöst wird. Man wägt die Substanz etwa ½—2 mg und die 10- bis 15fache Menge Campher in eine Capillare, schmilzt zu und erhitzt das Röhrchen, so daß das Substanzgemisch eben völlig geschmolzen ist. Man mischt gut durch, läßt erkalten und bestimmt in einem gewöhnlichen Schmelzpunktapparat den Schmelzpunkt. Aus der erhaltenen Depression wird mit Hilfe einer Formel das Molekulargewicht berechnet. *Rast*sche Methode.

Feste Körper lassen ihr *spezifisches Gewicht* dadurch ermitteln, daß man eine Flüssigkeit findet, in der sie schweben. Ist das der Fall, dann besitzt die Substanz, die übrigens in der Flüssigkeit völlig unlöslich sein muß, das gleiche spezifische Gewicht wie die Flüssigkeit. Das spezifische Gewicht der Flüssigkeit wird dann im Pyknometer bestimmt.

Verwendete Lösungen: Jodbariumjodquecksilber, spezifisches Gewicht ist 3,58. Läßt sich durch Wasserzusatz erniedrigen. Methylenjodid: spezifisches Gewicht 3,3, läßt sich mit Xylol oder Benzol erniedrigen. Zinntetrajodid und Arsentribromid: spezifisches Gewicht 3,7. Zur Ausfüllung der Bestimmung bringt man einige Körnchen in einen kleinen Scheidetrichter und mischt so lange die entsprechende Flüssigkeit zu, bis die Substanz darin schwebt. Es wird hierbei Rücksicht auf die schwersten bzw. größten Partikelchen genommen.

Bestimmung des *Siedepunktes:* Dieser wird unter Verwendung geringster Mengen folgendermaßen ausgeführt. Eine Capillare von 1 mm Lumen wird in der Flamme zu einer Spitze ausgezogen und abgebrochen. Durch die dünne Öffnung läßt man das Untersuchungsmaterial freiwillig aufsteigen, so daß das keilförmig verjüngte Ende gerade gefüllt ist und schmilzt dann mit einer kleinen Flamme die Spitze in der Weise ab, daß ein winziges Luftbläschen noch in der Spitze zurückbleibt. Dann bringt man die Capillare, die oben offen bleibt, in ein Heizband aus Paraffinöl oder Schwefelsäure und erhitzt. Der Siedepunkt ist dann gegeben, wenn der Flüssigkeitstropfen in der Capillare bis zum Niveau des Heizbades angestiegen ist. Voraussetzung ist, daß vor Bestimmung des Siedepunktes die Substanz getrocknet wurde und sie selbst eine einheitliche Verbindung darstellt.

*8. Elektrolyse.* Die Abscheidung von Metallen durch den elektrischen Strom wird in erster Linie zur quantitativen Bestimmung verwendet. Der qualitative Nachweis kann durch Mikroelektrolyse auf dem Objektträger erfolgen. Eine solche Vorrichtung (*Brenneis*-Elektrode) ist folgendermaßen gebaut: Drei Platindrähte werden in eine starkwandige Glascapillare eingeschmolzen. Die Schmelzstelle wird durchschnitten, angeschliffen und poliert. Auf diese Weise entstehen auf der polierten Glasoberfläche von etwa 5 mm Durchmesser drei Platinscheibchen. Das ganze ist auf einen Hartgummiobjektträger montiert und dieser trägt entsprechend den drei Platindrähten drei Stromklemmen. Ein aufgebrachter Tropfen des Untersuchungsmaterials kann auf diese Weise der Elektrolyse unterzogen und die allfälligen Abscheidungen auf dem blanken Platin unter dem Mikroskop beobachtet werden. Nach erfolgter Elektrolyse löst man die Beschläge und führt Reaktionen in Capillaren durch.

Für größere Flüssigkeitsmengen verwendet man Nadelelektroden, die im Prinzip gleich gebaut sind. Die Elektrode taucht man in ein heizbares Reagiergefäß und führt die Elektrolyse durch. Die Capillare wird zur mikroskopischen Beobachtung nach Entfernung des Beleuchtungsapparates von unten in den Objekttisch eingeführt, und man beobachtet die Abscheidung auf der Schlifffläche mit einer Epilumeinrichtung. Es lassen sich mit dieser Methode Spuren von Metallen, z. B. Kupfer und Blei in der Größenordnung von 0,05 γ in 10 ccm erfassen.

9. *Mikroskopischer Giftnachweis.* Die ausgelesenen Fragmente werden geschnitten oder als Quetschpräparate angesehen. Die Aufhellung erfolgt meist mit Chloralhydrat (Lösung in Wasser 2 : 5). In anderen Fällen mit Lauge oder mit Perhydrol.

*Canthariden:* Die blauschillernden Flügeldecken in Auflichtbeleuchtung sichtbar nach Aufhellen mit Salzsäuresuperoxyd zeigen polygonale Felderung und doppelt konturierte Kreise.

*Fungus-Secalis:* Scheinparenchymfragmente z. T. mit violetter oder dunkler Randzone; der Farbstoff löst sich in Choralhydratlösung in roter Farbe (Farbstoffnachweis spektroskopisch).

*Giftpilze:* Reste von Pilzen an sich und die Gruppe, in die sie gehören, sind leicht zu erkennen. Eine einwandfreie Diagnose einer bestimmten Spezies bleibt jedoch nur dem Fachmann auf diesem Gebiete vorbehalten.

*Amanita-Arten* zeigen bei Lamellenquerschnitten einen bogenförmigen Verlauf der Hyphen nach außen in der Mittelschichte; beim Champignon sind sie parallel gerichtet. Sporen mit farbloser glatter Membran. Die chemische Untersuchung auf Pilzgifte hat keinen Zweck, da die wirksamen Substanzen nicht faßbar sind.

*Kamala:* Hautdrüsen mit keulenförmigen Drüsenzellen. Büschelhaare rotbrauner Inhalt (Harz).

*Folia Nicotiana:* Epidermis mit cuticularer Streifung, Kristallsandzellen.

*Folia Digitalis:* Blattfragmente mit charakteristischen Gliederhaaren und zweizelligen Köpfchen. *Digitalis lanata* besitzt eine Blattepidermis mit getüpfelten Wänden.

*Folia Nerii (Oleander):* Dicke Cuticula, farbloses schwach collenchymatisches Hypoderm unter der polygonalen Epidermis. Haare und Spaltöffnungen in Höhlen an der Blattunterseite. Mehrreihige Palisadenschichte.

*Herba Conii:* Die Epidermiszellen des Blattes sind am Rand zu Papillen ausgewachsen. Cuticulare Streifung unterseits. Pollenkörner bisquitförmig eingeschnürt.

*Herba Sabinae:* Fragmente der Blätter, getüpfelte Epidermiszellen mit faserartigem Hypoderm. Spaltöffnungen charakteristisch. Balkenzellen.

*Flores Koso:* Rosaceenhaare, Drüsenhaare mit kugeligen Köpfchen und mehrzelligem Stiel, Sternparenchym.

*Semen Agrostemmae:* Zellen und Samenschalen, schwarze Zellen miteinander verzahnt, zu Papillen vorgewölbt, die mit zahlreichen Körnchen bedeckt sind, dunkler Farbstoff beständig gegen Lauge.

*Semen Ricini:* Samenschale aus braunen polyedrischen Zellen. Endosperm stark verdickt (Hemicellulose) mit charakteristischen Tüpfeln.

*Solanaceensamen und Früchte:* Die Samenschale besteht aus dickwandigen Gekrösezellen von der Fläche wellig-buchtig mit zapfenförmigen Verdickungen und netzförmigen getüpfelten Zellen, zu finden bei Atropa, Hyoscyamus, Stramonium.

*Filix mas:* Dickwandige, gestreckte Metadermzellen, Parenchym mit inneren Drüsen, Spreuschuppen, grünliche Gefäße.

*Bulbus Scillae:* Epidermis und Spaltöffnungen, Oxalatraphiden in zwei Größen.

*Cicuta virosa:* Im Parenchym der rübenförmigen gekammerten Knollen finden sich Sekretgänge, darin das Cicutoxin.

*Euphorbium:* Knochenförmige Stärke, die sich im Harz findet, ist charakteristisch.

*III. Allgemeine chemische Methoden.*

Fällung im Probetropfen und Beobachtung unter dem Mikroskop. Der mit einem Reagens erhaltene Niederschlag wird in folgender Weise gewaschen: Man bedeckt mit einem Deckglas und legt einen 2 cm breiten Filtrierpapierstreifen an die Deckglaskante. Der Streifen saugt Flüssigkeit ab. An der gegenüberliegenden Kante setzt man einen Tropfen der Waschflüssigkeit zu. Dieser Tropfen wird nun in kurzer Zeit durch das Präparat gesaugt. Ist die Flüssigkeit entfernt, hebt man das Deckglas ab, trocknet 1—2 Minuten im warmen Luftstrom und führt dann die Mikroschmelzpunktbestimmung durch. Fällung bis Schmelzpunkt dauert meist nur ¼ Stunde.

Filtration auf dem Objektträger: An Stelle des Papierstreifens verwendet man ein kleines, dreieckiges Filtrierpapierfleckchen. Man nimmt eine Tropfpipette (Augentropfer) mit plangeschliffener Öffnung, drückt die Gummikappe zusammen und setzt die Öffnung auf das an die Deckglaskante angelegte Filtrierpapierfleckchen. Man läßt langsam die Gummikappe los, dadurch wird die Flüssigkeit rasch in die Pipette gesaugt. Auf diese Weise wird ein reines Filtrat erzeugt, das weiter untersucht werden kann.

Zu Reaktionen, die im offenen Probetropfen nicht durchgeführt werden können, benützt man Capillaren, die nach dem Zuschmelzen beliebig erhitzt werden können. Die Filtration erfolgt entweder durch kleine Bäuschchen Asbestfiltermasse, oder man zentrifugiert das ganze und trennt auf diese Weise den Niederschlag ab. Demselben Zweck dient die *Pregl*sche Zentrifugiernutsche.

Liegen etwas größere Mengen vor, dann filtriert man mit Hilfe von zwei etwa 5 cm langen dickwandigen Capillaren von 1 mm Lumen. Sie sind an den Enden plangeschliffen. Eine Capillare ist oben becherförmig erweitert. Zwischen die beiden plangeschliffenen Enden bringt man ein kleines Filterpapierscheibchen und streift einen Gummischlauch über beide Capillaren, so daß sie in dieser Lage festgehalten werden und das Papierscheibchen sich zwischen den plangeschliffenen Flächen befindet. Die zu filtrierende Flüssigkeit gießt man in den erweiterten Teil der oberen Capillare und saugt mit einer Saugeprouvette ab. Der für die Filtration bzw. zur Ablagerung des Niederschlages zur Verfügung stehende Fleck mißt dann 1 mm im Durchmesser.

*Untersuchung flüchtiger Substanzen.* Gaskammer- und Mikrobecherverfahren: Das zu prüfende Objekt wird in einen auf drei Seiten abgeschlossenen Raum gebracht, und dieser mit einem Glasplättchen bedeckt, das auf der Unterseite einen Tropfen des Reagens trägt. Die bei gewöhnlicher Temperatur oder beim Erwärmen aus dem zu prüfenden Objekt entweichenden Dämpfe reagieren mit dem hängenden Reagenstropfen. Die Größe des Raumes und der Abstand kann je nach der Menge des Untersuchungsmaterials und seiner Eigenschaft verschieden gewählt werden. Vom Glasring auf dem Objektträger zum Mikrobecher und über die oben plangeschliffene Eprouvette zum *Erlenmeyer*kolben, auf dessen Öffnung das Glasplättchen mit dem Probetropfen sich befindet. Die Weiterbehandlung wie oben bei der Fällung im Probetropfen.

*Chemische Reaktionen:* Im folgenden seien einige allgemeine chemische Orientierungsreaktionen angeführt. In erster Linie wird man mit Alkaloidreagenzien versuchen, Fällungen zu erhalten. Man benützt etwa vier verschiedene Reagenzien, die aus verschiedenen Gruppen stammen. Einen Nitrokörper, Pikrinsäure, Pikrolonsäure oder Styphninsäure, ein Schwermetallsalz (Barium, Blei oder Quecksilber), ein Komplexsalz wie *Meyers* Reagens, ferner ein Gold- oder Platinsalz, evtl. auch Phosphormolybdänsäure. Entsteht kein Niederschlag, dann sind die meisten Alkaloide bis auf einige wenige, wie Aconitin und Colchicin, die praktisch keine Fällungen geben, ausgeschlossen.

Dann prüft man auf Stickstoff, Schwefel und Halogen. Die ersten beiden Proben können in einem Arbeitsgang folgendermaßen erledigt werden: Eine geringe Menge der Substanz bringt man im Glühröhrchen mit metallischem Kalium oder Natrium zusammen, glüht, bringt in Wasser und versetzt mit Cadmiumacetat und Essigsäure. Aus den bei der Schmelze entstandenem Kaliumcyanid entsteht Blausäure, die mit einem mit Kupferbenzidinacetat getränkten Filtrierpapierfleckchen nachgewiesen wird. Eine Blaufärbung weist auf Blausäure, somit auf Stickstoff. In der gleichen Probe weist man Schwefel nach, indem man mit Jodacidreagens versetzt: Bei Gegenwart von Schwefel entwickeln sich Gasblasen, die aus elementarem Stickstoff bestehen. Die Probe auf Stickstoff kann, wenn sie allein durchgeführt wird, auch so erfolgen, daß man die Schmelze nach dem Versetzen mit Kalium mit Wasser mit Ferro- und Ferrieisensalzen versetzt und dann mit Salzsäure ansäuert. Bei Gegenwart von Stickstoff bildet sich Berlinerblau.

Auf Halogene wird in der Weise geprüft, daß man eine Spur Substanz auf einen ausgeglühten und daher mit Kupferoxyd überzogenen Kupferdraht oder kleine Kupferspatel bringt und in der nicht leuchtenden Bunsenflamme verbrennt. Halogenhaltige Substanzen färben die Flamme grün. Über Löslichkeitsbestimmungen und Farbreaktionen mit Eisenchlorid war schon bei den Vorproben die Rede. Geprüft kann auch mit *Neßlers* Reagens werden. Eine Anzahl von Alkaloiden und Nichtalkaloiden bewirken eine Trübung oder einen Niederschlag. Eine gewisse Übersicht über die Substanzgruppen geben folgende beiden Reaktionen:

*Indophenolreaktion:* Man kocht mit konzentrierter Salzsäure, kühlt dann ab, setzt Wasser zu, dann Carbolsäure und frisch bereitete Chlorkalklösung. Es tritt dann eine schmutzigrotviolette Farbe auf. Nach Zusatz von Ammoniak entsteht nach einiger Zeit eine Blau- bis Grünfärbung. Diese Reaktion ist in erster Linie an die Gegenwart freier aromatischer Amidogruppen gebunden, wobei die Parastellung der Amidogruppe unbesetzt sein muß.

*Diazofarbstoffreaktion* wird folgendermaßen ausgeführt: Man kocht mit Salzsäure, kühlt auf 0° ab, diazotiert mit Kaliumnitritlösung, alkalisiert mit Natronlauge und überschichtet mit alkalischer Betanaphthollösung. Es bildet sich ein roter Oxyazofarbstoff. Diese Reaktion geht auch auf primäre aromatische Amine und tritt auch bei solchen Substanzen ein, die die Indeophenolreaktion nicht geben.

### ·IV. Biologischer Giftnachweis.

Die giftigen Substanzen werden in diesem Fall mit Hilfe pflanzlicher oder tierischer Objekte geprüft. Das biologische Objekt dient als lebendes Reagens. Anorganische Gifte kommen bei solchen Untersuchungen kaum in Frage. In Betracht kommen also nur organische Gifte, die sich teils auf chemischem Wege nicht eindeutig kennzeichnen lassen, teils in so geringer Menge vorkommen, daß sie sich dem chemischen Nachweis entziehen. Der Großteil der biologischen Proben ist empfindlicher als der chemische Nachweis. Wertvoll für den Analytiker ist, daß die Reinigung der biologisch zu prüfenden Objekte in gewisser Hinsicht nicht so rigoros vorgenommen werden braucht, als bei der chemischen Reindarstellung einer Substanz.

Der biologische Giftnachweis dient daher einerseits als Vorprobe, andererseits zur Erhöhung der Sicherheit des chemischen Befundes bei der Identifizierung. Zur Erzielung bestimmter Giftwirkungen am lebenden Objekt ist in erster Linie dieses der zu prüfenden bzw. vermuteten Substanz anzupassen, ferner die richtige Applikationsart zu wählen. Die Wirkung ist natürlich verschieden, ob die Injektion intravenös, subcutan oder per os erfolgt. Im folgenden seien die zur Untersuchung dienenden biologischen Materialien der Reihe nach abgehandelt und die daran zu prüfenden Gifte erwähnt.

*Pilze. Schimmelpilze* sind imstande, aus geringsten Mengen *Arsen* intensiv knoblauchartig riechende Verbindungen abzuspalten. Man bringt das Material mit dem Penicillium brevicaule zusammen, als Substrat wählt man Brotbrei. Nach 2—3 Tagen prüft man den Geruch. Entwicklungshemmende Substanzen, wie Chloroform und Sublimat, müssen abwesend sein. Dieser Arsennachweis spielt jetzt eine geringere Rolle, da genügend empfindliche und eindeutige chemische Proben vorhanden sind.

*Blut.* Defibriniertes Blut ist sehr beliebt als Reagens wegen seiner einfachen Handhabung. Im wesentlichen beschränken sich hier die Proben auf Hämolyse und Agglutination. Mit Hilfe der *Hämolyse* lassen sich in erster Linie Saponine nachweisen. Auch einige andere Substanzen, wie Agaricinsäure, wirken hämolytisch. Gerade bei den Saponinen ist die Anwendung eines biologischen Reagens dringend nötig, da der chemische Nachweis oft im Stiche läßt und bei weitem nicht so empfindlich ist. Vor dem Ansetzen des Hämolyseversuches sind alle verwendeten Lösungen blutisotonisch zu machen und ist die Wasserstoffionenkonzentration zu bestimmen, so daß nicht zu saure und nicht zu alkalische Lösungen mit Blutkörperchen in Berührung gebracht werden. Ohne Gefahr der Laugen- und Säurehämolyse kann man im Gebiet zwischen $p_H = 6$ und $p_H = 9,5$ arbeiten. Mit Hilfe von Reihenversuchen mit fallenden Konzentrationen ermittelt man den hämolytischen Index, das ist die Konzentration, in der die vorliegende Substanz eben noch totale Hämolyse bewirkt, d. h. imstande ist, alle Blutkörperchen aufzulösen. Aus dem bei einer bestimmten Wasserstoffionenkonzentration erhaltenen hämolytischen Index lassen sich Schlüsse ziehen auf die Natur des vorliegenden Hämolyticums.

*Solanin* kann auf diese Weise von den Saponinen unterschieden werden. Beim Auswerten der Versuchsergebnisse ist allerdings noch die Blutart — es hat sich ergeben, daß verschiedene Blutarten gegen ein und dasselbe Hämolyticum verschiedene Empfindlichkeit aufweisen — zu berücksichtigen und zu beachten, ob gewaschene oder ungewaschene Blutkörperchen Verwendung finden. Bei einer Gruppe von Hämolyticis, den Saponinen, ist auf die Aufhebung der Hämolysewirkung durch Cholesterin zu achten. Die Hämolyseprobe läßt sich auch unter dem Mikroskop mit *Blutgelatine* durchführen. Die Empfindlichkeit dieser Probe ist wesentlich größer als beim gewöhnlichen Hämolyseversuch.

Eine Anzahl von Pflanzenstoffen wirken *agglutinierend.* Sie ballen die Blutkörperchen zusammen. Diese setzen sich rasch auf den Boden des vorliegenden Gefäßes und lassen sich durch Filtration von der überstehenden Flüssigkeit leicht trennen. Man erhält ein klares farbloses Filtrat, während bei intakten, nicht agglutinierten Blutkörperchen das nicht möglich ist, da die einzelnen Blutkörperchen durch das Filter laufen und das Filtrat rötlich trüben. Die Konzentration, in der eben alle Blutkörperchen — im Rahmen eines Reihenversuchs — agglutiniert sind, nennt man den Agglutinationswert. Verwendung findet dieses Verfahren erstens beim Nachweis von Toxalbuminen, wie *Ricin, Abrin, Crotin, Phasin.* Man extrahiert das vorliegende Material, z. B. Ricinuspreßkuchen mit physiologischer Kochsalzlösung und bestimmt den Agglutinationswert. Dieser liegt beim Ricin zwischen 40 000 und 160 000 je nach Blutsorte. Das Abrin aus Abrus precatorius wirkt ähnlich. Das Crotin aus Croton Tiglium agglutiniert Rinderblutkörperchen, die von Meerschweinchen jedoch nicht. Hingegen werden Kaninchenblutkörperchen hämolysiert. Phasine, die besonders in Bohnen vorkommen, können auf diesem Wege auch nachgewiesen werden. Sie rufen bei peroraler Verabreichung erhebliche Magendarmbeschwerden und Vergiftungserscheinungen hervor. Die genannten Stoffe wirken auch bei intravenöser Injektion giftig. Bei diesen Proben ist jedoch zu berücksichtigen, daß andere Pflanzenstoffe, die Gerbstoffe, ebenfalls stark agglutinierend wirken, jedoch ungiftig sind.

Zum Nachweis von *Kohlenoxyd* in der Luft wird diese durch verdünntes Blut geleitet. Es entsteht Kohlenoxydhämoglobin, das dann spektroskopisch nachgewiesen wird.

*Blutegel.* Aus der Mitte eines Blutegels schneidet man ein längliches Stück heraus und verbindet es in üblicher Weise mit einem Schreibhebel und einem Kymographion. Das Präparat taucht in eine *Ringerlösung.*

Wird *Nicotin* in Form eines löslichen Salzes (annähernd neutrale Reaktion ist jedoch Bedingung) in die Flüssigkeit gebracht, in der sich der Muskel befindet, dann kontrahiert er sich stark, was im Kymographion verfolgt werden kann. Eben noch feststellbare Kontraktionen erfolgen bei einer Verdünnung von 1:4,000 000. Es lassen sich auf diese Weise noch Mengen bis 5 $\gamma$ nachweisen. Strychnin und Curare hemmen diese Kontraktion. Durch diesen Antagonismus kann die Kontraktion noch genauer als Nicotinwirkung charakterisiert werden.

*Physostigmin* läßt sich ebenfalls am Muskelpräparat des Blutegels herab bis zu 0,2 $\gamma$ nachweisen, wenn man das Präparat vorher mit Acetylcholin behandelt. Die genannte Substanz erhöht die Wirkung des Physostigmins außerordentlich stark. Die beiden Substanzen wirken also synergistisch. Auch bei dieser Probe erhält man eine Kontraktion des Muskels.

*Fische.* Fische zeigen gegenüber den Saponinen und Pikrotoxin eine hohe Empfindlichkeit. Die Versuchsanordnung ist einfach. Fische werden in Leitungswasser gesetzt, das die zu untersuchenden Substanzen enthält. Anfänglich beobachtet man häufig Erregungsstadium, dann Seitenlage und schließlich Ende der Kiemenbewegung und Eintritt des Todes. Verwendung finden kleine Fische, meist Phoxinus-Arten. Es wird die eben wirksame Verdünnung festgestellt. *Saponine* wirken bis 1:500 000. Auch Agaricinsäure ist wirksam. Ferner *Rotenon* aus Derris elliptica, das zur Insektenvertilgung Verwendung findet.

*Frosch.* Von vornherein muß man unterscheiden zwischen Prüfung am ganzen Tier oder am überlebenden Organ.

*1. Ganzes Tier:* Es gibt Gras- und Wasserfrösche, die gegen die einzelnen Gifte verschiedene Empfindlichkeit an den Tag legen. Dies ist nicht nur für quantitative, sondern auch für qualitative Proben zu beachten. Einen Frosch bringt man die zu untersuchende Substanz meist durch Injektion in den Brustlymphsack, seltener durch perorale Applikation bei. Auch das Gewicht des Frosches ist zu berücksichtigen. Die im folgenden angegebenen Grenzwerte gelten für mittlere Frösche von 50 bis 80 g.

*Strychnin* erzeugt typische Streckkrämpfe und in kleineren Dosen bis zu 10 $\gamma$ sog. gesteigerte Reflexerregbarkeit. Diese äußert sich am Zusammenzucken bei Berührung oder beim Klopfen auf die Unterlage. Man kann auch dem Frosch vorher Gehirn und Rückenmark zerstören. Auf diese Weise erhält man einen Reflexfrosch, an dem die Reaktion mit Strychnin genau so gut, wenn nicht besser, wie am intakten Frosch auszuführen ist. Auch andere Alkaloide, z. B. Brucin, rufen diese Reaktion hervor, jedoch erst in viel größeren Mengen. Eine Erhöhung der Empfindlichkeit erhält man durch direkte Injektion in das Rückenmark.

*Pikrotoxin und Cicutoxin:* Beide Substanzen bewirken am Frosch Kontraktion und Krämpfe der Beugemuskulatur der Extremitäten und Dehnung der Schwimmhäute bei geblähtem Thorax. Beginn der Wirkung bei 200 $\gamma$ Pikrotoxin. Von 1 mg aufwärts beobachtet man den sog. Pikrotoxinschrei, der durch Ausstoßung der Luft aus dem maximal geblähten Thorax entsteht. Daneben treten Krämpfe auf.

*Nicotin:* bewirkt speziell bei Wasserfröschen neben unregelmäßiger Atmung eine typische Beinstellung: Die Hinterbeine werden über den Rücken emporgezogen, so daß die Gelenke übereinander zu liegen kommen. Dieses Symptom beginnt bei Mengen von etwa 200 $\gamma$.

*Coniin und Cytisin,* die beim Ausmittelungsverfahren ebenfalls erhalten werden, rufen diese Wirkung nicht hervor.

*Colchicin:* Charakteristisch ist hier die zentrale Lähmung, die nach Injektion bei Fröschen eintritt, jedoch nur dann, wenn man die Tiere auf etwa 30° erwärmt. In diesem Falle wirken Dosen von 200 $\gamma$ an. Beim Abkühlen des Frosches verschwindet die Wirkung, und er wird wieder beweglich. Eine Wirkung ist beim normalen Frosch dann erst wieder mit der hundertfachen Dosis zu erreichen. Durch diesen Mechanismus ist die Colchicinlähmung besonders gut charakterisiert.

*Veratrin:* Bei 10 $\gamma$ beobachtet man, daß der ruhig sitzende Frosch auf eine Reizung hin das erstemal recht unbeholfen springt, speziell das Wiedereinziehen der gestreckten Beine geht langsam vor sich. Die nächstfolgenden Sprünge sind dann meist wieder normal. Nach einigem Ausruhen läßt sich der „unbeholfene Sprung" wieder reproduzieren.

*Stoffe mit Curarewirkung: Curare, Coniin, Cytisin:* Man beobachtet vor allem Lähmung, die peripher bedingt ist. Bei Curarin beginnend bei 0,15 $\gamma$. Das Anfangsstadium der Lähmung erkennt man daran, daß der Frosch auf den Rücken gelegt, sich langsam und unbeholfen aufrichtet.

*Digitalisstoffe:* Man beobachtet systolischen Herzstillstand. Um diesen besser beobachten zu können, legt man einige Zeit nach der Injektion das Herz frei. Wirksam sind bereits Dosen von etwa 10 $\gamma$ Strophanthin. Das isolierte Herz des Frosches ist gegen Digitalisstoffe zwar empfindlicher, in toxikologischen Fällen ist es jedoch besser, den ganzen Frosch zu verwenden, da beim Arbeiten mit isolierten Organen viel eher unkontrollierbare Fehlerquellen zu erwarten sind.

*Aconitin:* Beginnend bei 10 $\gamma$ stellt sich am Frosch die typische Herzwirkung, die sog. Herzperistaltik ein. Auch in diesem Falle ist es zweckmäßig, nach der Injektion, wenn man die Wirkung vermutet, das Herz freizulegen: das im Herz vorhandene Blut wird nicht entleert, sondern unter wurmförmiger Bewegung im Herzen hin- und hergeschoben. Es muß allerdings betont werden, daß diese typische Reaktion, die an sich sehr charakteristisch ist, nur bei bestimmten Dosen eintritt, und man bei unbekannter Konzentration des Ausgangsmaterials (Rückstand der Ausschüttelung) verschiedene Verdünnungsverhältnisse versuchen muß, um obige Wirkung zu erhalten.

*2. Nachweis von Giften an isolierten Organen.* Prüfung am überlebenden Muskel: Der Gastrocnemius des Frosches wird in Ringerlösung mit einem Schreibhebel verbunden. *Nicotin* wirkt in einer Verdünnung von 1:100 000 kontrahierend, was am Kymographion leicht erkannt werden kann. Antagonistisch wirken Strychnin, Curare, Physostigmin, Cocain. Diese Substanzen neutralisieren die Kontraktion. *Veratrin* erzeugt an einem solchen Muskel, der in gewissen Abständen mit dem elektrischen Strom gereizt wird, dicrote (zweigipfelige) Zuckungen auf dem Kymographion, und zwar noch bei 20 γ Veratrin und bei einer Verdünnung von 1:1,000 000.

Prüfung am überlebenden Froschherz (*Straub*sches Herz): Man fertigt ein Herzpräparat an: Dem durch Köpfen getöteten Frosch wird das Herz freigelegt und nach dem Unterbinden der wichtigsten Blutgefäße eine entsprechend passende Glaskanüle durch die Aorta in die Herzkammer eingeführt und durch eine Ligatur in dieser Stellung festgehalten. Dann wird das Herz völlig herausgenommen und in einer feuchten Kammer fixiert und die Herzkammer durch eine Klammer mit dem Schreibhebel verbunden. Der Zusatz der zu prüfenden Flüssigkeit erfolgt durch Kanüle, nachdem das im Herzen vorhandene Blut durch Ringerlösung ersetzt wurde. Bei der Prüfung am isolierten Herzen ist besonders zu beachten, daß die unrichtige Mischung der Elektrolyte oder Substanzen, die Elektrolyte ausfällen, sehr störend wirken können. Erwähnt seien hierbei Kalium- und Bariumsalze, Oxalate und Oxydationsmittel, wie Kaliumpermanganat und eine Reihe anderer. Solche Substanzen wirken insofern störend, als sie unter Umständen Reaktionen vortäuschen können. In dieser Hinsicht ist bei solchen Versuchen größte Vorsicht geboten.

*Digitalisstoffe* und *Strophanthin* bewirken systolischen Herzstillstand, und zwar noch in einer Menge von 2 γ. Die Wirkung tritt dann nach etwa einer Stunde ein. Auch bei größeren Dosen verstreicht zwischen Applikation und Wirkung etwa ¼ Stunde. Saponine, die beim Ausmittelungsgang in die zu prüfende Lösung gelangt sind, wirken qualitativ in ähnlicher Richtung, jedoch setzt die Wirkung rasch ein und wird durch Cholesterin gehemmt.

*Aconitin* läßt sich in einer Menge von 1 γ nachweisen. Man beobachtet, wie oben am ganzen Tier erwähnt, Herzperistaltik und diastolischen Herzstillstand.

*Muscarin* zeigt in Verdünnungen von 1:100 000 noch Verlängerung der Pulshöhe, bei 1:50 000 diastolischen Herzstillstand. Die Wirkung kann, und das ist charakteristisch, durch Atropin wieder aufgehoben werden.

*Prüfung am Gefäßpräparat* (gefäßverengende Stoffe): Ein Frosch wird so präpariert, daß nach Entfernung der Baucheingeweide ein Flüssigkeitsstrom aus Ringerlösung durch eine Kanüle in die Bauchaorta geleitet, das ganze Gefäßsystem der beiden Beine durchfließt und mit einer Glascapillare durch die Bauchvene abtropft. Man zählt mit einer elektrischen Einrichtung, die in der Minute ablaufenden Tropfen, die auf dem Kymographion eingezeichnet werden. Gefäßverengende Stoffe verringern die Tropfenzahl. Die Abstände zwischen den einzelnen Tropfen bzw. Strichen auf dem Kymographion werden größer. Auf diese Weise läßt sich *Adrenalin* noch in einer Verdünnung von 1:10 000 000 am Gefäßpräparat nachweisen. Am überlebenden Auge des Frosches bewirkt Adrenalin in ähnlichen Konzentrationen noch deutliche Erweiterung der Pupille.

*Weiße Maus:* Versuche am ganzen Tier (Normalgewicht um 20 g): *Morphin* erzeugt bei Mäusen nach subcutaner Injektion beginnend mit etwa 100 γ eine charakteristische Stellung des Schwanzes. Dieser wird

über den Rücken S-förmig starr emporgekrümmt. Das Tier zeigt sonst keine Symptome. Gegen *Strychnin* sind weiße Mäuse noch empfindlicher als Frösche. Es treten Krämpfe schon nach Dosen von 2 γ auf, falls man ganz junge Mäuse von 4 g Gewicht verwendet. Im Auge der weißen Maus lassen sich auch Myotica und Mydriatica prüfen.

*Kaninchen: Ricin* wirkt nach intravenöser Injektion bei etwa 100 γ pro Kilogramm Tier tödlich.

*Katze:* Man verwendet das ganze Tier und beobachtet die Wirkung auf das Auge bei folgenden Substanzen: ½ γ *Atropin* bewirkt noch Pupillenerweiterung, ebenso *Scopolamin*, und zwar in einer Menge von 0,05 γ. *Physostigmin* bewirkt Verengung bei 2 γ.

*Prüfung am Menschen:* Die Pupillenreaktion bei Atropin und Pilocarpin kann am menschlichen Auge leicht beobachtet werden. Bei der Herstellung der Lösung ist darauf zu achten, daß keinesfalls saure, möglichst neutrale oder schwach alkalische Lösungen appliziert werden. Hautreizende Mittel, wie Cantharidin, werden an der Haut des Unterarmes geprüft. Noch 15 γ bewirken gelöst in einem Tropfen Öl eine deutliche Rötung, größere Dosen Blasenbildung.

Die Geschmacksprüfung ist in manchen Fällen von Erfolg begleitet. Lokalanaesthetica wirken vertaubend auf die Zungenspitze. Alkaloide bitter; Chinin und Strychnin wirken nicht an allen Stellen der Zunge gleich bitter, Chinin deutlicher am Vorderteil der Zunge, Strychnin deutlicher am rückwärtigen Teil. *Aconitin* weist einen charakteristischen Geschmack auf, zuerst brennend scharf, dann pelzig, vertaubend.

### B. Besonderer Teil.
### I. Flüchtige organische und anorganische Gifte.

Die flüchtigen Gifte werden durch Destillation isoliert, und zwar arbeitet man meist in schwachsaurer Lösung. Auf diese Weise können die meisten flüchtigen Gifte überdestilliert werden. Ätherische Öle bzw. Terpene und Campher benötigen nicht unbedingt saure Reaktionen. Bei alkalischer Reaktion gehen nur wenige Basen über.

*Weißer Phosphor:* Vorprobe: Zwei Papierstreifen, einer mit Silbernitrat, der andere mit Bleiessig behandelt, werden bei etwa 50° mit dem Untersuchungsmaterial in einem geschlossenen Gefäß zusammengebracht, bzw. darin aufgehängt. Eine Schwärzung des Silbernitratpapiers deutet auf Phosphor. Das Bleipapier darf nicht geschwärzt werden, da sonst Schwefelwasserstoff zugegen ist, der auch mit Silber reagiert. Auch ein Zusatz von Cadmiumsulfat zum Untersuchungsmaterial bindet den Schwefelwasserstoff. Man benötigt dann nur noch den Silbernitratstreifen. Diese Reaktion soll nur als Hinweis gelten und ist nicht völlig eindeutig.

Nachweis nach *Mitscherlich:* Das Untersuchungsmaterial wird in einen Kolben gebracht, der mit einem langen, zweimal rechtwinkelig gebogenen Rohr und einem absteigenden Kühler verbunden ist. Nach dem Ansäuern wird im verdunkelten Zimmer zum Kochen erhitzt. Man deckt die Flamme ab und destilliert. Bei Gegenwart von Phosphor entsteht im Kühler ein Leuchten, das auf der Oxydation des Phosphors mit dem Luftsauerstoff beruht. Es tritt ein charakteristischer Geruch auf. Im Destillat weist man den Phosphor nach, indem man Bromwasser zusetzt, das ganze abdampft und dann mit salpetersaurem Ammonmolybdat prüft. Die entstandene Phosphorsäure gibt eine gelbe Fällung. Das Leuchten des Phosphors wird von einigen Substanzen, wie Äther, Alkohol, Benzin und Terpentinöl verhindert. Letzteres ist besonders zu beachten, da bei Phosphorvergiftungen Terpentinöl als Gegenmittel gegeben wird!

Im Gegensatz dazu kann das ungiftige Phosphorsesquisulfid geringe Mengen weißen Phosphor abspalten, wenn man bis zum Kochen erhitzt. Es muß deshalb bei positivem Ausfall der beschriebenen Probe noch weiter untersucht werden, und zwar bedient man sich des Verfahrens von *Schenck* und *Scharff*. Phosphor hat die Fähigkeit, die Luft zu ionisieren, es wird dies nachgewiesen durch Entladung eines geladenen Elektroskops. Man bringt das Untersuchungsmaterial mit Wasser zu einem dünnen Brei verrieben in eine Waschflasche, die einerseits mit einem Handgebläse, anderseits mit dem Elektroskop verbunden ist. Man erwärmt auf 50° (etwa vorhandenes Phosphorsesquisulfid spaltet noch keinen weißen Phosphor ab) und bläst einen langsamen Luftstrom durch den Brei. Ist Phosphor vorhanden, dann bewirkt dieser in der Ionisationskammer Abfall der Spannung, die sich am Zusammenfallen der Plättchen des Elektroskops äußert.

Ist der Phosphor in den Leichenteilen schon oxydiert, dann läßt sich nur mehr phosphorige und unterphosphorige Säure nachweisen. Diese beiden Säuren werden durch Zusatz von Zink und Schwefelsäure reduziert. Es entsteht Phosphorwasserstoff. Das Gas wird mit Kalilauge gewaschen, um den Schwefelwasserstoff zurückzuhalten und dann in eine neutrale 3%ige Silberacetatlösung oder kaltgesättigte Silbersulfatlösung eingeleitet. Es fallen Plättchen von Phosphorsilber. Dieses wird zur Identifizierung in Phosphorwasserstoff übergeführt, indem man erhitzt und Wasserstoff darüber leitet. Der Phosphorwasserstoff wird dann an einer Platinspitze entzündet und brennt mit grüner Farbe, die bei spektroskopischer Untersuchung dreigrüne Linien zeigt, die rechts von der Natrium-D-Linie liegen (Verfahren von *Dusart-Blondot*).

*Phosphorwasserstoff* entsteht auch beim Feuchtwerden von Calciumcarbid und Ferrosilicium infolge Gehalt an Calciumphosphid. Phosphorwasserstoff in Luft wird 1. mit Silbernitratpapier nachgewiesen, Farbe schwarzbraun bei 1:1.
2. Ein mit Quecksilbercadmiumjodid getränktes Papier wird mit Essigsäureanhydrid befeuchtet: Es färbt sich bei 10 γ PH$_3$ im Liter deutlich gelb. Arsenwasserstoff färbt hellbräunlich.

*Blausäure:* Vorprobe: Das Untersuchungsmaterial wird in einem geschlossenen Gefäß mit einem Papierstreifen, der mit Guajacharz-Kupfersulfat oder mit Kupfer-Benzidinacetat getränkt ist, zusammengebracht. Das Papier färbt sich in Blausäureatmosphäre blau. Schon durch den Geruch läßt sich Blausäure noch in hohen Verdünnungen nachweisen. Blausäure ist sehr flüchtig und siedet wasserfrei bei 26°, ist löslich in Äther, Wasser, Alkohol. Das zerkleinerte, mit Weinsäure angesäuerte Material wird bei kräftiger Kühlung im Kohlensäurestrom der Destillation unterworfen. Man destilliert bei 50—60°. Die Vorlage ist mit Eis gekühlt und zweckmäßiger wird noch ein Röhrchen mit Silbernitratlösung an die Vorlage angeschlossen, um Verluste sicher zu vermeiden. In der Vorlage enthaltene Blausäure wird als Silbercyanid gefällt. Die Kristalle können zur besseren Sichtbarmachung mit einer Spur Methylenblau angefärbt werden.

Berlinerblaureaktion: Man versetzt mit Lauge, dann mit Ferroeisen, erwärmt ein wenig, setzt dann Ferrieisen zu, erwärmt nochmals und säuert dann mit Salzsäure an. Blaugrünfärbung oder blauer Niederschlag deuten auf Blausäure. Überführung in Rhodan: Versetzen mit Lauge und Ammonsulfid, Einengen am Wasserbad, Rückstand mit Salzsäure und Eisenchlorid versetzen: Rote Farbe von Eisenrhodanid.

Geruch nach bitteren Mandeln. Kann, abgesehen von Blausäure, auch bei Gegenwart von Benzaldehyd und Nitrobenzol auftreten. Bei Vergiftungen mit Bittermandelöl tritt neben Blausäure noch Benzaldehyd auf. Riecht das Destillat nach Zusatz von Silbernitrat noch nach bitteren Mandeln, dann kann Banzaldehyd und Nitrobenzol vorliegen. Verschwindet der Geruch nach Zusatz von Semicarbazid oder Nitrophenylhydracin, dann war Benzaldehyd vorhanden. Der Nachweis des Benzaldehyds erfolgt durch das para-Nitrobenzhydrazon. Bei 262° schmelzende gelbe Nadeln.

Der Nachweis von *Cyanid neben Rhodanid:* Man destilliert mit 1% Borsäure. Rhodanide werden nicht zersetzt. *Cyanid neben komplexem Cyanid* (gelbem oder rotem Blutlaugensalz): Man versetzt mit Natriumcarbonat und destilliert bei 50—60° unter Durchleiten von Kohlensäure. Nachweis wie oben. Falls Quecksilbercyanid vorhanden ist, setzt man Schwefelwasserstoffwasser zum Destillat. Quecksilbercyanid wird zersetzt und Blausäure frei, die überdestilliert. Komplexe Cyanide werden nicht angegriffen.

Das Vorhandensein von Rhodaniden, von komplexen Ferro- und Ferricyaniden wird durch Zusatz von Salzsäure und Ferri- bzw. Ferroeisen nachgewiesen. Rot- bzw. Blaufärbung. Im Blut wird Blausäure auch spektroskopisch nachgewiesen.

*Nachweis von halogenhaltigen flüchtigen Verbindungen* (nach *Vitali*). Mit Hilfe von Wasserstoff wird die flüchtige Substanz aus ihrer wässerigen Lösung unter leichtem Erwärmen ausgetrieben und der Wasserstoff entzündet. Die Flamme berührt ein Kupferoxydstäbchen, das zum Glühen kommt und bei Gegenwart von Halogen eine charakteristische Grünfärbung zeigt. Chlor und Brom färbt die Flamme bläulichgrün, Jod grün (bei Schwefelkohlenstoff ist die Flamme auch unterhalb des Kupferstäbchens bläulich). Man kann auch mit Alkohol extrahieren und die gebildeten Halogen-Äthylverbindungen nach fraktionierter Destillation nach *Vitali* nachweisen.

*Schwefelkohlenstoff:* Siedepunkt 46°, mit Wasserdämpfen flüchtig. Isolierung durch Destillation. Auftreten von stark lichtbrechenden Tröpfchen im Destillat. Reaktionen: Rhodanprobe: Man erwärmt mit Ammoniak und Alkohol und dampft bis auf ein geringes Volumen ein, versetzt mit Wasser, Salzsäure und verdünnter Eisenchloridlösung. Rote Färbung von Eisenrhodanid. Schütteln mit Bleiacetatlösung (diese darf nicht dunkel werden, da sonst Schwefelwasserstoff vorhanden, der stört), Zusatz von Kalilauge und Erhitzen: Dunkelfärbung deutet auf Schwefelkohlenstoff. Jodacidlösung entwickelt mit Spuren von Schwefelkohlenstoff in großer Menge elementaren Stickstoff (Aufsteigen von Gasblasen).

*Nachweis von Vergiftungen mit Halogenen und Ammoniak:* Der Nachweis dieser Verbindungen als solcher dürfte in Leichenteilen kaum gelingen, da Halogene so wie auch Ammoniak starke Affinitäten gegenüber organischem Material besitzen.

*Chlor:* Die bei Chlorvergiftungen entstehende unterchlorige Säure kann durch Destillation mit Kohlensäure übergetrieben werden. Im Destillat wird nach Zusatz von Salzsäure Chlor frei, das Jodkaliumstärkepapier blau färbt.

*Brom:* Kann als körperfremdes Element direkt nachgewiesen werden. Das Material wird mit Natriumcarbonat eingedampft, verkohlt, mit Salpetersäure erhitzt, das entstehende Blausäure vertrieben und die Lösung mit Silbernitrat gefällt. Es entsteht Bromsilber, das im Ammoniak schwer löslich ist. Durch Einleiten von Chlor und Zusatz von Chloroform färbt sich dasselbe braun.

*Jod:* Freies Jod könnte durch Durchleiten eines Luftstromes in das erwärmte Untersuchungsmaterial und Einleitung in Chloroform festgestellt werden. Violette Färbung, mit Stärkelösung blau. Ist das Jod bereits gebunden, dann verfährt man wie beim Brom-Nachweis.

*Ammoniak.* Der Nachweis von freiem Ammoniak wird wohl kaum gelingen. Ammoniumsalze werden nach Zusatz von Magnesiumoxyd nachgewiesen. Das Magnesiumoxyd macht Ammoniak frei, und dieser wird nach Zusatz von Alkohol abdestilliert. Alkohol verwendet man deshalb, um das Material nicht zu stark zu erhitzen und vielleicht aus anderen Verbindungen Ammoniak entstehen zu lassen. Identifizierung im Destillat mit *Nesslers* Reagens als Chlorplatinat, Ammonmagnesiumphosphat, Dinitro-α-naphtholammonium und als Ammoniumpikrat. Farbenreaktionen: Sulfanilsäure, ferner Benzidin auf feuchten Filtrierpapierstreifen ergibt gelbe bzw. rosa Färbungen. Qualitativer Nachweis genügt nicht, es muß die Menge des Ammoniaks bestimmt werden, da auch normalerweise gewisse Mengen von Ammoniumsalzen vorkommen. Wägung als Chloroplatinat.

*Ozon:* Nachweis in der Luft mit Reagenspapier, das mit einer alkoholischen Lösung von Tetramethyldiaminodiphenylmethan getränkt ist: Violettfärbung. Stickstoffdioxyd färbt strohgelb; Chlor und Brom tiefblau. Wasserstoffsuperoxyd nicht. Ein Streifen mit Phenylendiamin und Kaliumacetat wird grün, dann braun gefärbt.

*Nitrose Gase:* Nachweis in Auswurf und Erbrochenem: Nach Versetzen mit Essigsäure Destillation: Das Destillat bläut Jodzinkstärke.

In der Luft: Blaufärbung von Jodkalistärkepapier, eindeutig bei Abwesenheit von Ozon und Chlor. Sulfanilsäure Naphthylamin-Reagens färbt sich rot; ist auch als Tüpfelreaktion auszuführen.

*Acetylen:* Das zu untersuchende Material (z. B. Blut) wird mit Aceton digeriert und dann das Aceton abdestilliert. Mit ammoniakalischer Kupferchlorürlösung entsteht ein explosiver Niederschlag von Acetylenkupfer.

*Schwefelwasserstoff:* Über das Objekt läßt man einen Luftstrom streichen und prüft diesen mit alkalischer Bleilösung. Braunschwarzfärbung. Im Blut spektroskopisch. In Wasser: Versetzen mit Salzsäure und Zusatz von wenig p-Amidodimethylanilin und Eisenchloridlösung: Blaufärbung. Jodacidprobe positiv.

*Chloroform:* Farblose, süßlich riechende Flüssigkeit, schwerer als Wasser, darin etwas löslich, Siedepunkt 60—62°, mit Wasserdämpfen flüchtig.

Reaktionen: Mit alkoholischer Lauge und Anilin erwärmen: charakteristischer Isonitrilgeruch. Versetzen mit Ammonchlorid und alkoholischer Kalilauge. Einschmelzen in Glasrohr und Erhitzen am Wasserbad. Es bildet sich Blausäure, die wie oben als Berlinerblau oder mit Kupferbenzidinacetat nachgewiesen wird.

*Methylenchlorid, Tetrachlorkohlenstoff, Äthylenchlorid* zeigen wechselndes Verhalten gegenüber der Isonitrilreaktion. Halogenreaktion nach *Vitali* überall positiv.

*Jodoform:* Gelbe, hexagonale Kristalle, Schmelzpunkt 120°, sublimierbar, in Wasser unlöslich. Typischer Geruch. Aus dem Destillat mit Äther extrahierbar. Der Rückstand des Äthers kann der Sublimation unterworfen werden. Durch Erhitzen mit Phenol und einigen Tropfen alkoholischer Lauge bildet sich im Reagens ein roter Beschlag, der in Alkohol mit karminroter Farbe löslich ist (Reaktion nach *Lustgarten*).

*Chloralhydrat:* Schmelzpunkt 57°, farblose, sehr leicht in Wasser lösliche Kristalle von brennendem Geschmack. Es besteht geringe Aussicht, in Leichenteilen noch unverändertes Chloralhydrat aufzufinden. Chloralhydrat ist aus schwachsaurer Lösung mit Wasserdämpfen flüchtig und kann im Destillat nachgewiesen werden.

Reaktionen: Mit Paranitrophenylhydracin Drusen und Nadeln. Beim Kochen mit Magnesiumoxyd bildet sich Ameisensäure und Chloroform. Nachweis des letzteren siehe oben. Im Harn findet sich nach Chloralhydratvergiftungen die Urochloralsäure. Die Isolierung aus Harn ist ziemlich kompliziert und hat nur bei großen Dosen Aussicht auf Erfolg. Nachweis neben Chloroform: Überführung des Chlorals mit Zink und Schwefelsäure in Acetaldehyd. Nachweis siehe dort.

*Avertin:* Tribromäthylalkohol. Schmelzpunkt 80°. Schwerlöslich in kaltem Wasser, leichtlöslich in Alkohol und Äther. Nachweis im Destillat durch Zusatz von Paranitrophenylhydrazin, Essigsäure und Natriumacetat als Glyoxalparanitrophenylhydrazon. Schmelzpunkt 310°.

*Methanol* (Methylalkohol): Siedepunkt 66—67°. Geruch- und farblos. Aus Leichenteilen erfolgt die Isolierung durch Destillation nach Zusatz von Kochsalz und Phosphorsäure im Ölbad bei 150°. Nachher nochmalige Destillation der mit Natriumcarbonat neutralisierten und mit Kochsalz versetzten Flüssigkeit. (Falls im ersten Destillat Formaldehyd vorhanden war, destilliert man die ursprüngliche Flüssigkeit nochmals unter Zusatz von Alkali und Silbernitrat zur Zerstörung der Aldehyde und des Glycerins.) Im Destillat wird der Methylalkohol folgendermaßen nachgewiesen: Durch Oxydation zu Formaldehyd. Diese erfolgt mit Permanganat und Schwefelsäure oder mit Chromsäure. Den bei geringem Erwärmen entweichenden Formaldehyd weist man mit Dimedon (Kristalle: Schmelzpunkt 189°) oder mit Fuchsinbisulfit: Rotfärbung, oder Morphinschwefelsäure: Violettfärbung nach. Bei Gegenwart von viel Äthylalkohol wird nach der Oxydation Chlorammonium zugesetzt. Es entsteht Hexamethylentetramin. Durch Erhitzen wird der Acetaldehyd vertrieben und im Rückstand nach Zusatz von Schwefelsäure der Formaldehyd nachgewiesen. Will man den Methylalkohol als solchen fassen, dann wird das erhaltene Destillat fraktioniert und zur Entfernung des noch vorhandenen Wassers mit Calciumoxyd am Rückflußkühler gekocht. Dann wird Siedepunkt und spezifisches Gewicht und Brechungsindex mit Hilfe von Mikromethoden bestimmt.

*Formaldehyd:* Leicht flüchtiges Gas. Löst sich sehr leicht in Wasser. Isolierbar durch Wasserdampfdestillation. Reaktionen im Destillat: Alkalische Phoroglucinlösung liefert eine rosarote Färbung, die 12 Minuten anhält. Empfindlichkeit 1:900 000. Die Farbe bleibt einige Minuten bestehen und schlägt dann in Gelb und später in Blau um. Versetzt man mit Phloroglucin und 38%iger Salzsäure und erhitzt, dann scheiden sich Flocken ab.

Morphinschwefelsäurereaktion: Versetzen mit Schwefelsäure unter Kühlung und Zusatz einer Lösung von Morphinhydrochlorid in konz. Schwefelsäure. Eine Violettfärbung, die zum Schluß in Rot übergeht, deutet auf Formaldehyd.

Mit Phenylhydracin, Salzsäure und Nitroprussidnatrium entsteht nach Zusatz von Natronlauge eine Blaufärbung. Später tritt Rotfärbung ein, die allein jedoch nicht charakteristisch ist. Auch eine Lösung von Phenylhydracin und Ferricyankali in Salzsäure färbt rot.

Dimedon gibt mit Formaldehyd Kristalle. Hohe Empfindlichkeit. Nachweis mit Hilfe dieses Reagens in verunreinigten Lösungen: Auf einen Filterpapierstreifen wird eine Barriere von Dimedon durch Auftropfenlassen einer alkoholischen Lösung hergestellt. Dann capillarisiert man die zu untersuchende Flüssigkeit, wäscht den Streifen mit Wasser nach und unterwirft die herausgeschnittene Barriere der Mikrosublimation. Man erhält ein Sublimat vom Mikroschmelzpunkt 189° (Formyldimedon).

*Acetaldehyd:* Siedepunkt 21°, wirkt narkotisch, bildet Methämoglobin. Als Paraldehyd (Siedepunkt 125° in Wasser löslich) verwendet. Ausmittelung durch Destillation mit verdünnter Schwefelsäure, wodurch Paraldehyd in Acetaldehyd gespalten wird. Im Destillat allgemeine Aldehydreagenzien: p-Nitrophenylhadrazon, Schmelzpunkt 127 bis 128°.

*Metaldehyd* (Metal): Polymerisierter Acetaldehyd. Weiße Kristalle bei 100° sublimierbar und sich z. T. in Acetaldehyd spaltend. Unlöslich in Wasser. Mit verdünnter Schwefelsäure entsteht Acetaldehyd. Nachweis siehe oben.

*Äther:* Siedepunkt 34°. Sein Nachweis ist auf chemischem Wege infolge der leichten Flüchtigkeit kaum möglich. Wenn ja, so nur kurze Zeit nach der Vergiftung durch vorsichtige Destillation und Rectifizierung über Calciumoxyd.

*Phenol* (Carbolsäure): Siedepunkt 180°. Mit Wasserdämpfen flüchtig. Im Organismus gepaart mit Schwefelsäure als Phenolschwefelsäure und auch als Phenolglucuronsäure. Spuren von Phenol werden auch bei der Fäulnis von Eiweißstoffen gebildet. Die Destillation erfolgt im Wasserdampfstrom unter Zusatz von Schwefelsäure (insgesamt 2%). Auf diese Weise werden vorhandene Phenolschwefelsäuren gespalten. Bromwasser gibt mit Phenol, das sich z. T. im Destillationswasser löst, noch in hohen Verdünnungen eine Trübung oder einen Niederschlag von Tribromphenolbrom, Schmelzpunkt 131—133°[1]. Durch Nitrieren, Kochen mit konz. Salpetersäure und etwas konz. Schwefelsäure am Rückfluß entsteht Trinitrophenol (Pikrinsäure). Diese wird nachgewiesen durch echte Anfärbung eines Wollfadens. Ein daneben gelegter Baumwollfaden bleibt ungefärbt. Oder durch die Isopurpursäurereaktion: Erwärmen mit gesättigter wässeriger Kaliumcyanidlösung: tiefrote Farbe. Bei Phenolvergiftungen findet sich im Harn mehr präformierte oder Ätherschwefelsäure als Sulfatschwefelsäure. Die Sulfatschwefelsäure wird durch Fällung mit Bariumchlorid und verdünnter Essigsäure gewonnen. Die Ätherschwefelsäure muß vorher durch Kochen mit Salzsäure gespalten werden und ist erst dann mit Barium fällbar.

*Chlorphenole:* Chlorkresol, Chlorxylenol, Chlorthymol schwerlöslich in Wasser, leicht in Äther, Petroläther und Natronlauge. Sie können durch Wasserdampfdestillation abgetrennt werden. Diazoreaktion und Indophenolreaktion positiv. Eisenchlorid färbt unmittelbar nur Chlorkresol. *Millons* Reagens färbt alle außer Chlorthymol beim Erwärmen rot.

*Kresole und Lysol:* Methylphenole. Diese kommen im Rohkresol vor und sind nach Zusatz von Schwefelsäure mit Wasserdämpfen flüchtig. Das Destillat wird zur Entfernung etwaiger Kohlenwasserstoffe durch Ausschütteln mit Petroläther bei alkalischer Reaktion gereinigt. Dann wird angesäuert und die Kresole mit Äther extrahiert. Der Rückstand vom Ätherextrakt wird mit Ammoniak erwärmt und Chlorkalk zugesetzt, blaue bis blaugrüne Färbung. Eisenchlorid färbt blauviolett bis grünblau. Bestimmung der Sulfat- und Ätherschwefelsäure wie bei Phenol.

*Kreosot:* Stellt im wesentlichen ein Gemisch von Guajacol und Kreosol mit anderen substituierten Phenolen dar. Verwendung in Form wasserunlöslicher Ester, die im Darm gespalten werden. Ausscheidung als Ätherschwefelsäure. Nachweis derselben im Harn nach Spaltung durch Kochen mit Salzsäure.

*Kreosol:* Siedepunkt 205—210°. Monomethyläther des Homobrenzcatechins. Schwerlöslich in Wasser.

*Guajacol* (Brenzcatechinmonomethyläther): In Wasser 1:200 löslich. Schmelzpunkt 33°. Leichtlöslich in Petroläther. Mit *Millons* Reagens Rotfärbung, desgleichen mit Acetaldehyd-Schwefelsäure. Mit p-Nitrosodimethylanilin: Rosetten und federförmige Kristalle.

*Thymol* (Methylisopropylphenol): Schmelzpunkt 50°. Kristalle. In verschiedenen ätherischen Ölen. Besonders im Thymian und Quendelöl. *Millons* Reagens bewirkt Abscheidung von roten Flocken. Konzentrierte Schwefelsäure löst in der Kälte farblos. Bei Überschichten mit verdünnter Zuckerlösung intensiv violetter Ring. Erwärmen mit konzentrierter Kalilauge und Zusatz von wenig Chloroform Violettfärbung. Ist auch sublimierbar. p-Nitrosodimethylanilin und Natriumacetat erzeugt feine Nadeln.

*Carvacrol* (Oxycymol): Siedepunkt 223°. Vorkommen wie Thymol, in alkoholischer Lösung mit Eisenchlorid Grünfärbung. Mit *Millons* Reagens Rotfärbung.

*α- und β-Naphthol* (Oxynaphthalin): α-Schmelzpunkt 195°, β-Schmelzpunkt 123°. Mit Wasserdämpfen flüchtig. α giftiger. Im Harn an Glukuronsäure gebunden. Naphtholester sind nicht flüchtig, sondern müssen durch Extraktion ausgemittelt werden. Nachweis im Harn. Mit Chlorkalk und Salzsäure entsteht eine gelbe Farbe. Der gelbe Ätherextrakt gibt mit Resorcin in wässeriger Lösung beim Unterschichten einen roten Ring. α-Naphthol gibt so wie Thymol nach dem Lösen in Schwefelsäure und Überschichten mit Zuckerlösung einen rotvioletten Ring. Sublimation bei 70—90°. Diazobenzolsulfosäure gibt in alkalischer Lösung einen roten Farbstoff.

*Säuren: Ameisensäure:* Schmelzpunkt 8°, Siedepunkt 101°. Stechender Geruch. Isolierung durch Destillation mit Phosphorsäure. Wirkt stark reduzierend: In Silbernitratlösung Abscheidung eines Silberspiegels. Nachweis: Reduktion mit Schwefelsäure und Magnesium. Es entsteht Formaldehyd, der wie oben nachgewiesen wird.

*Essigsäure:* Schmelzpunkt 16°, Siedepunkt 118°. Isolierung durch Destillation mit konzentrierter Schwefelsäure und Alkohol. Geruch nach Essigäther.

Reaktionen: Wirkt nicht reduzierend, wie Ameisensäure. Nach dem Neutralisieren mit Eisenchlorid tiefrote Färbung.

Kakodylreaktion: Nach dem Neutralisieren und Eindampfen Erhitzen mit Arsenik. Typischer Geruch nach Kakodyl.

*Trichloressigsäure:* Schmelzpunkt 56°, leichtlöslich in Äther und Wasser. Mit Mercuronitrat Nadeln. Beim Erhitzen mit Lauge entsteht Chloroform, das abdestilliert werden kann.

*Benzoesäure:* Schmelzpunkt 121—122°. Leicht löslich in Äther, Alkohol und Chloroform. Mit Wasserdämpfen flüchtig, allerdings nicht quantitativ. Die Säure kann auch durch Äther oder Chloroformextraktion nachgewiesen werden. Nach dem Verdunsten des aus dem Destillat oder durch Extraktion gewonnenen Äthers wird der Rückstand bei 60° sublimiert. Ziemlich charakteristische Kristalle.

Reaktionen: Mercuriacetat in wässeriger Lösung Abscheidung von Nadeln. Durch Reduktion der

---

[1] Mit Eisensalzen Blauviolettfärbung, nur in wässeriger Lösun (Salicylsäure färbt sich auch in alkoholischer!), *Millons* Reagens gibt beim Erwärmen Rotfärbung.

Benzoesäure im Mikrobecher mit Natriumamalgam entsteht Benzaldehyd, der im Hängetropfen als p-Nitrophenylhydrazon, Schmelzpunkt 192°, oder als Semicarbazon, Schmelzpunkt 214°, nachgewiesen wird.

*Chlorbenzoesäuren* (p-Schmelzpunkt 236°; o-Schmelzpunkt 142°): Leichtlöslich in Äther, schwer in Wasser. Leicht sublimierbar unter 100°. Isolierung durch Wasserdampfdestillation. Ausäthern des Destillats. Sublimation. Silbernitrat erzeugt Blättchen und Spieße, die ortho-Verbindung weniger empfindlich. Bei der Reduktion mit Natriumamalgam entsteht Chlorbenzaldehyd. Nachweis desselben mit Aldehydreagenzien.

*Salicylsäure* (Orthooxybenzoesäure): Schmelzpunkt 57°. Schwerlöslich in kaltem Wasser, leicht in Äther und Chloroform. Mit Wasserdämpfen flüchtig aus saurer Lösung. Kann jedoch auch durch Extraktion erhalten werden. Im Destillat Reaktion mit verdünnter Eisenchloridlösung: Violettfärbung. Sehr empfindlich. Die Reaktion wird jedoch durch einige organische Säuren gehemmt. Ausäthern des Destillates und Mikrosublimation des Rückstandes bei 80—90°. Die wässerige Lösung gibt mit Bromwasser einen Niederschlag von Tribromphenolbrom. Ausscheidung im Harn sehr rasch in der Hauptmenge unverändert, zum geringen Teil gebunden als Ätherschwefelsäure oder als Glucuronsäure.

*Cantharidin:* Schmelzpunkt 128°. In Wasser sehr schwer löslich. Leicht in Öl und organischen Lösungsmitteln, außer Petrolbenzin, in dem es völlig unlöslich ist. Mit Wasserdämpfen flüchtig. Isolierung durch Wasserdampfdestillation. Einleiten eines kräftigen Dampfstromes notwendig, um quantitative Ausbeute zu erzielen. Man destilliert eine größere Menge ab. Am besten dieselbe Menge der Ausgangsflüssigkeit. Das Destillat wird alkalisch gemacht, am Wasserbad eingeengt und dann zur Aufspaltung des Lactonringes mit Phosphorsäure am Rückflußkühler erhitzt. Nach dem Erkalten wird mit Chloroform extrahiert und der Rückstand der Mikrosublimation unterworfen. Sollte der Rückstand irgendwie verunreinigt sein, dann behandelt man ihn in wässeriger Lösung mit Permanganat und Schwefelsäure, klärt mit Wasserstoffsuperoxyd und schüttelt nochmals mit Chloroform aus. Rückstand wird wieder sublimiert, und zwar bei 120°. Bei Verunreinigung kann man, ohne Verluste befürchten zu müssen, mit Petrolbenzin reinigen.

Reaktionen: Behandelt man die Kristalle mit Kalk oder Barytwasser, dann entstehen die entsprechenden Salze in Form feinster Nadeln. Physiologischer Versuch: Das erhaltene Sublimat wird in einem kleinen Tropfen Öl gelöst, und auf die Innenseite des Unterarmes gebracht. Bereits 15γ rufen eine Rötung, größere Mengen Blasenbildung hervor.

*Ester: Amylnitrit:* Siedepunkt 97—99°, leicht flüchtig, bei der Destillation zu erhalten. Bewirkt in großen Dosen Methämoglobinbildung. Charakteristischer Geruch des Destillats. Nach Verseifung mit Kalilauge entsteht Kaliumnitrit, das man mit Jodzinkstärke nachweist.

*Urethan* (Methylurethan): Schmelzpunkt 50—51°, ist sublimierbar. Ausmittelung durch Destillation, gibt mit Jod und Alkali Jodoform, das wie oben erkannt wird.

*Ätherische Öle: Sabinol* (Oleum Sabinae): Siedepunkt 208°, kommt frei und verestert vor. Im Oleum Sabinae aus den Zweigspitzen des Sadebaumes. Isolierung durch Destillation und Extraktion des Destillats mit Pentan oder leichtsiedendem Petroläther. Bei großen Gaben kommt im Harn die Sabinolglucuronsäure vor, die als Strychninsalz nachgewiesen werden kann. Dieser Nachweis wird jedoch selten möglich sein. Die Gegenwart im Destillat erkennt man

schon an dem charakteristischen Geruch. Erwärmen mit verd. Schwefelsäure und Milchsäure, Schütteln mit Benzol. Bläuliche Farbe und grüne Fluorescenz. Vermutet man eine Vergiftung mit Sabina, dann darf die mikroskopische Untersuchung auf Zweigfragmente nicht verabsäumt werden.

*Senföl:* Allylisocyanid. Siedepunkt 150°. Unlöslich in Wasser, wirkt stark reizend. Mit Wasserdämpfen flüchtig. Das erhaltene Destillat wird ammoniakalisch gemacht und eingedampft. Es bleibt Thiosinamin mit Schmelzpunkt 78° zurück. Ätherische Eisenchloridlösung färbt das Destillat rot von Rhodaneisen. Phenylhydracin-Base gibt mit Senföl Nadeln und Plättchen.

*Campher:* Schmelzpunkt 176,5°, Siedepunkt 204°. Schon bei Zimmertemperatur flüchtig. Schwerlöslich in Wasser. Im Destillat in fester Form abgeschieden. Läßt sich daraus mit Äther oder Chloroform extrahieren. Identifizierung als Semicarbazon, Schmelzpunkt 236—238°, und als Oxim, Schmelzpunkt 120°. Im Harn als Glucuronsäurepaarling, durch Spaltung mit Salzsäure und anschließende Destillation zu isolieren. Campher ist in der Kälte gegen Permanganat beständig.

*Thujon:* Vorkommen im Thujaöl, Reinfarnöl, Absynth und in geringer Menge im Salbeiöl. Isolierung durch Wasserdampfdestillation, im Destillat als Orthonitrobenzhydrazon mit Schmelzpunkt 183° und als Paranitrobenzhydrazon mit Schmelzpunkt 166—167° erkennbar. Der ebenfalls giftige Thujylalkohol (Thujol) kann nach der Chromsäureoxydation im Mikrobecher als Thujon nachgewiesen werden.

*Cineol:* Zu etwa 30 % im Rosmarinöl, wird durch seinen charakteristischen Geruch erkannt. Siedepunkt 176°. Trockene Bromwasserstoffsäure ergibt kristallisierte Verbindung, Schmelzpunkt 156—157°. Rosmarinöl selbst s = um 0,90, löslich in 80 %igem Alkohol.

*Pulegon:* Siedepunkt 222—223°. Mentholartiger Geruch. Vorkommen in Menthaarten. Dreht den Lichtstrahl nach rechts. Nachweis als Semicarbazon, Schmelzpunkt 172°.

*Menthol:* Schön kristallisiert, Schmelzpunkt 42°. Im Pfefferminzöl enthalten. Durch Destillation zu gewinnen, charakteristischer Geruch. In Wasser unlöslich. Löslich jedoch in organischen Lösungsmitteln. Nachweis nach Oxydation mit Chromsäure zu Menthon als Semicarbazon. Schmelzpunkt 184°. Menthol als solches kann auch durch Mikrosublimation nachgewiesen werden.

*Ascaridol:* Im Chenopodiumöl. Siedepunkt 83° bei 5 mm Hg. Leicht zersetzlich. Explodiert zuweilen beim Erhitzen. Hat Peroxydcharakter. Färbt sich an der Luft dunkel. Ist schwerer als Wasser. Läßt sich durch Destillation isolieren, zersetzt sich aber dabei teilweise. Der Nachweis dürfte wegen seiner Zersetzlichkeit in der Leiche wenig Aussicht auf Erfolg haben. Reaktion: Mit Luminol Leuchten im Dunkel (Peroxyd!). Guajacprobe positiv.

*Apiol:* Schmelzpunkt 30°, Siedepunkt 294° im Petersilienöl, im Wasserdampfdestillat. Mit Brom-Eisessig in der Kälte fällt: Tribromapiol, Schmelzpunkt 88—89°. Nach Zusatz von Cl-Wasser und Ammoniak entsteht eine rote Färbung. Apiol als solches wenig giftig. Sehr giftig ist hingegen das zuweilen beigemengte *Trikresylphosphat* (ortho-Verbindung). Unlöslich in Wasser, im Harn zum Teil unverändert, zum Teil Kresol abgespalten (bzw. Kresol als Phenoläthersäure), letzteres wird durch Destillation mit Phosphorsäure isoliert. Im Destillat *Millons* Probe auf Phenol positiv. Nach Kuppeln mit p-Nitrobenzoldiazoniumchlorid unlöslicher roter Farbstoff. Unverändertes Trikresylphosphat: Der Harn wird 36 Stunden mit 15 %iger Natronlauge gekocht und so die Verbindung in Phosphorsäure und Kresol gespalten und das Kresol wie oben nachgewiesen. Anderes Untersuchungsmaterial (Organe und Blut) werden mit Alkohol extrahiert, worin sich das Trikresylphosphat und das Phenol löst. Trikresylphosphat zeigt im Ultraviolettlicht intensiv blaue Fluorescenz.

*Petroleum, Ligroin, Benzin, Petroläther:* Stellen verschiedene Fraktionen des Erdöls dar und enthalten die Kohlenwasserstoffe Pentan bis Oktan. Die Wirkung der leichtflüchtigen Benzine ist ähnlich wie die des Äthers narkotisch. Alle lassen sich mit Wasserdämpfen übertreiben und sind in Wasser unlöslich, ebenso in 90%igem Alkohol. Mit Lauge nicht verseifbar und nicht nitrierbar. Überhaupt gegen chemische Agenzien außerordentlich beständig. „Paraffine". Nachweis durch den Geruch. Da sie Gemische darstellen, ist auch die Siedepunktbestimmung wertlos. Petroleum fluoresciert im Ultraviolettlicht stark blauviolett (Erkennung von Mineralölen in Fetten). Benzin enthält zuweilen als Beimischung Tetraäthylblei.

*Tetraäthylblei:* Siedepunkt 152°, unlöslich in Wasser, mit Wasserdämpfen flüchtig. Dient als Zusatz zu Benzin und wird bei Berührung mit der Haut resorbiert (siehe anorganischer Teil unter Blei). Nachweis im Benzin: Das Benzin wird in einem Spirituslämpchen verbrannt und in die Flamme eine mit Wasser gefüllte Eprouvette gehalten. Der sich bildende Beschlag wird nach dem Lösen in Essigsäure mit Schwefelwasserstoff geprüft. Dunkler Niederschlag deutet auf Blei. Oder man behandelt den Beschlag an der Eprouvette mit einer Lösung der *Arnold*schen Base in Essigsäure. Tiefblaue Färbung.

*Benzol:* Siedepunkt 80°. Läßt sich noch längere Zeit im Organismus nachweisen. Destillation mit Wasserdampf nach Zusatz von Schwefelsäure. Das Destillat wird in Tetrachlorkohlenstoff aufgefangen und dann durch Schütteln mit konzentrierter Salpetersäure und Schwefelsäure nitriert. Nach dem Abdunsten des Tetrachlorkohlenstoffes wird mit Äther extrahiert und nach dem Verdunsten des Äthers das gebildete Metadinitrobenzol durch Überschichten der Lösung in Lauge mit Aceton an der violetten Färbung erkannt. Nach Alkoholzusatz wird das ganze blutrot. Nachweis durch Bestimmung der Absorptionskurve im Ultraviolett-Spektograph nach Isolierung des Benzols durch Alkoholdampfdestillation.

*Paradichlorbenzol* (Globol): Siedepunkt 172°. Kristalle, Schmelzpunkt 53°. Sieht aus wie Campher und ist sehr leicht schon bei Zimmertemperatur flüchtig. Sublimierbar. Isolierung durch Destillation. Nachweis von Halogen nach *Vitali.*

*Toluol und Xylol:* Siedepunkt 110° bzw. 140°. Die Benzole werden durch Destillation isoliert, nitriert und die Polynitroverbindungen durch Farbreaktionen nachgewiesen. Nachweis im U-V-Spektrograph wie bei Benzol. Toluol gibt Dinitrotoluol, Schmelzpunkt 70°. Toluol und Xylol geben mit Antimonpentachlorid in Chloroform eine Rotfärbung.

*Organische Basen: Anilin, Aminobenzol:* Siedepunkt 184°, schwache Base. Durch Dampfdestillation aus stark alkalischer Lösung jedoch auch aus saurer Lösung isolierbar. In Wasser löslich 1:30. Aus dem Destillat durch Ausäthern zu erhalten. Mit Bromwasser entsteht eine Trübung oder Fällung. Nach Zusatz von Schwefelsäure wird ein eingetauchter Fichtenspan gelbrot gefärbt. Bei Vergiftungen ist Methämoglobinbildung feststellbar.

*Toluidin und methylierte Aniline:* Sind etwas giftiger und lassen sich in derselben Weise isolieren.

*Nitrobenzol:* Siedepunkt 210°. Gelbes Öl mit charakteristischem Geruch nach bitteren Mandeln. In Wasser fast unlöslich. Löslich in organischen Lösungsmitteln. Ist im Destillat schon häufig am Geruch feststellbar. Zum Nachweis wird das Destillat ausgeäthert und der Rückstand mit Zink und Salzsäure reduziert. Es entsteht Anilin, das wie oben nachgewiesen wird. Die Abwesenheit von Benzaldehyd und Blausäure erkennt man am Fehlen der Reaktion mit para-Nitrobenzhydrazid und mit Benzidinkupferacetat. Benzaldehyd verschwindet nach Oxydation mit Permanganat und Schwefelsäure (Geruch!).

*Flüchtige Basen: Coniin:* Siedepunkt 166°. Aus stark alkalischer Lösung mit Wasserdämpfen flüchtig. Das Destillat wird alkalisch gemacht und mit Petroläther extrahiert. Nachweis des Coniins im Rückstand (im Mikrobecher) als Pikrolonat. Schmelzpunkt um 190°. Durch Einengen des Destillates unter Zusatz von Salzsäure erhält man Coniinhydrochlorid. Die Lösung wird in einem Mikroschälchen verdunstet und das Coniinhydrochlorid der Mikrosublimation unterworfen. Kristalle Schmelzpunkt 215°. Der Nachweis des Coniins kann auch direkt durch Räuchern erfolgen, indem man die zu untersuchende Lösung in einen *Erlenmeyer*-Kolben füllt und den Hals mit einem Glasplättchen bedeckt, das als Hängetropfen eine wässerige Pikrolonsäurelösung trägt. Nach entsprechendem Erwärmen wird das Coniin flüchtig, und es scheidet sich im Probetropfen das Coniinpikrolonat ab.

*Nicotin:* Siedepunkt 246°, löslich in Wasser und Säuren. Es wird in derselben Weise nachgewiesen wie das Coniin. Das Dipikrat schmilzt bei 218°. Auch mit Dinitro-α-Naphthol entsteht eine Verbindung vom Schmelzpunkt.

*Pyridin:* Siedepunkt 115°. Farblose Flüssigkeit von unangenehmem Geruch. In Wasser in der Hitze schwer, in der Kälte leicht löslich. Salze ebenfalls wasserlöslich. Mit Wasserdämpfen nur aus schwach saurer Lösung flüchtig. Mit Quecksilberchlorid + Salzsäure Nadeln und Prismen. Chlorplatinat Schmelzpunkt 240°.

### II. Anorganische Gifte, die durch Extraktion und Dialyse nachgewiesen werden.

Es handelt sich in der Hauptsache um Säuren, Alkalien und Salze. Man muß hierbei, sofern es sich um Anionen oder Kationen handelt, die normalerweise im menschlichen Körper vorkommen, Vorsicht walten lassen und ihre Menge berücksichtigen. Nur bei Auffindung größerer Mengen darf auf eine Vergiftung geschlossen werden. Zur Dialyse verwendet man zweckmäßig Pergamenthülsen von *Schleicher* und *Schüll*. Man füllt sie mit dem Material und hängt sie in ein nicht zu großes Becherglas, gefüllt mit destilliertem Wasser und wechselt dasselbe öfter. Die vereinigten Dialysate werden eingedampft.

*1. Säuren: Schwefelige Säure* läßt sich als solche kaum mehr nachweisen. Sie ist meist zu Schwefelsäure oxydiert. In der Luft Nachweis mit Jodkali-Stärkepapier: Blaufärbung.

*Schwefelsäure* besitzt starke Ätzwirkung (Sektion). Der Mageninhalt wird der Dialyse unterworfen. Schwefelsäure dialysiert rasch in das Außengefäß und kann nach dem Neutralisieren mit Lauge und Veraschen, Lösen der Asche in Salzsäure und Fällen der Flüssigkeit mit Bariumchlorid als Bariumsulfat nachgewiesen und bestimmt werden.

*Salpetersäure* wird vom Eiweiß der Schleimhaut als Xanthoprotein gebunden und entzieht sich so dem Nachweis.

*2. Salze:* Isolierung erfolgt durch Dialyse.

*Bromide:* Das Dialysat wird mit Silbernitrat gefällt. Ausfallendes Bromsilber ist schwerlöslich in Ammoniak. Nach Zugabe von Chloroform und Chlorwasser löst sich das Brom im Chloroform mit brauner Farbe.

*Jodide:* werden als Jodsilber, das in Ammoniak unlöslich ist, gefällt. Auf Zusatz von Chlorwasser und Chloroform färbt sich das Chloroform violett.

*Fluoride:* Das Dialysat wird mit Kalkmilch verrieben, das ganze abgedampft und der Rückstand geglüht. Das Material kann auch als ganzes mit Kalkmilch und Cuprisulfatlösung vermengt und im Nickeltiegel verascht werden.

*Ätzprobe:* Der Glührückstand wird im Platintiegel mit Schwefelsäure versetzt und mit einem Uhrglas bedeckt, das mit Paraffin überzogen ist. Das Paraffin ist an ein paar Stellen durch Striche mit einer Nadel entfernt. Beim Erhitzen des Platintiegels entsteht Fluorwasserstoffsäure, die die nicht vom Paraffin bedeckten Stellen des Uhrglases anätzt, wodurch die Gegenwart von Fluoriden sichergestellt ist.

Salze der *Kieselfluorwasserstoffsäure* werden mit 50%igem Alkohol extrahiert. Der Verdunstungsrückstand wird im Platintiegel mit Schwefelsäure versetzt. Das entweichende Siliciumtetrafluorid trübt einen an einem Glasstab befindlichen Wassertropfen durch Abscheidung von Metakieselsäure [1].

*Chlorate:* Können infolge rascher Reduktion, die sie in den Organen und im Blut erleiden, nur noch wenige Tage nach erfolgter Vergiftung als solche ermittelt werden. Der Nachweis erfolgt durch Dialyse. Man arbeitet mit einem flachen Dialysiergefäß und dünner Schichte des Untersuchungsmaterials. Das Dialysat wird auf ein kleines Volumen eingeengt, filtriert und mit Silbernitrat versetzt, das ausfallende Chlorsilber wird abfiltriert, das Filtrat mit wenig schwefeliger Säure versetzt. Entsteht abermals ein Niederschlag von Chlorsilber, unlöslich in verdünnter Salpetersäure, dann ist Chlorat nachgewiesen.

*Borate:* Diese reagieren meist stark alkalisch. Der wässerige Extrakt wird eingedampft, mit Salzsäure versetzt und mit Alkohol die freie Borsäure extrahiert. Nachweis mit Curcumapapier: Das mit der Probelösung befeuchtete Papier wird nach dem Trocknen rot und nach Behandlung mit Ammoniak schwarz.

*Borsäure:* Nachweis im Harn: Nach dem Alkalisieren eindampfen, veraschen, Ansäuern mit Schwefelsäure und Auslaugen der Borsäure mit Methanol. Dieser brennt mit grüngesäumter Flamme. Spektroskopisch Linien in Gelb, Grün und Blaugrün.

*Nitrate:* Diese werden rasch resorbiert. Nachweis gelingt im Harn durch Versetzen mit Nitron (organisches Reagens). Es bildet sich schwerlösliches Nitronnitrat, das nach 24 Stunden abfiltriert wird. Die Kristalle färben sich mit Diphenylaminschwefelsäure tiefblau.

*Nitrite:* Das Dialysat wird mit Essigsäure destilliert. Das Destillat gibt mit Schwefelsäure und Jodzinkstärke eine blaue Farbe. Diazoreaktion: Zusatz von Sulfanilsäure-α-Naphthylaminreagens ergibt Rotfärbung (empfindlich und spezifisch).

*3. Alkalien:* Kalium- und Natriumhydroxyd und deren Carbonate. Sie röten Phenolphthalein-Papier. Sind nur Kohlensäure-Alkalien vorhanden, dann verschwindet auf Zusatz von Bariumchlorid die Rotfärbung, bei fixen Alkalien bleibt die Rotfärbung bestehen.

Die Extraktion der Hydroxyde erfolgt mit Alkohol. Carbonate werden durch Dialyse gewonnen. Nach dem Abdampfen werden Alkalicarbonat und Hydroxyd durch Titration bestimmt.

*Alkalipolysulfide* reagieren alkalisch und entwickeln auf Zusatz von Säure Schwefelwasserstoff, der durch Einbringen von Bleiacetat-Papier zum

Untersuchungsmaterial aufgefunden wird. Nur durchführbar bei frischen Leichen, wenn keine Fäulnis eingetreten ist.

*Permanganate und Manganate* sind als solche nicht mehr vorhanden. Das gebildete Mangansuperoxyd wird das Material braun färben. Selbst in Wasser unlöslich, wird es jedoch mit Salzsäure extrahiert werden können. Nachweis von Mangan im salzsauren Auszug s. S. 308.

### III. Anorganische Gifte, die nach Mineralisierung nachgewiesen werden.

Das Untersuchungsmaterial muß, sofern es sich um organische Stoffe handelt, in den meisten Fällen vorher mineralisiert werden. Es existieren eine Anzahl von Zerstörungsmethoden. Allgemein anwendbar ist das Verfahren nach *Fresenius* und *Babo:* Die Organteile werden zerkleinert oder durch eine Fleischmaschine gepreßt oder im Mörser zerrieben. Das ganze wird mit Wasser zu einer Brühe angerührt und in einen Kolben gebracht. Nach Zusatz von konz. Salzsäure und wenig Kaliumchlorat läßt man stehen und erhitzt dann am Wasserbad, wobei auf den Kolben ein Rückflußkühler aufgesetzt wird. Unter Erwärmen setzt man weiter durch einen Scheidetrichter eine konzentrierte wässerige Kaliumchloratlösung tropfenweise zu und schüttelt um. Auch Salzsäure wird nach Bedarf nachgefüllt, falls die Chlorentwicklung nachgelassen und die Substanz noch nicht entsprechend aufgelöst ist. Eine solche Zerstörung dauert meist drei Stunden. Schließlich ist die Flüssigkeit hellgelb geworden, und oben schwimmen noch Fett und Fettsäuren, die bei diesem Verfahren nicht völlig zerstört werden. Die Zerstörung mit Kaliumchloratsalzsäure läßt sich auch in der Weise durchführen, daß man das Material mit konzentrierter Salzsäure versetzt, diese eine Zeitlang einwirken läßt und dann Kaliumchlorattabletten zusetzt, die eine langsamere Entwicklung des Chlors bedingen als der Zusatz einer Lösung, jedoch gewisse Gefahrmomente (Explosion) in sich bergen. Man filtriert nun ab und kocht das Fett mit verdünnter Salpetersäure aus, wobei geringe Mengen von Zinn und Quecksilber entfernt werden.

Andere Zerstörungsverfahren arbeiten primär ebenfalls mit Kaliumchlorat und Salzsäure und setzen später Salpetersäure und zur Entfärbung und Klärung Ammoniumpersulfat zu. Das Verfahren nach *Orfila* arbeitet mit Salpetersäure. Man dampft ein, bis keine Dämpfe mehr entweichen. Auch in diesem Falle werden Reste von Fett nicht zerstört. Zur vollständigen Veraschung versetzt man mit Schwefelsäure und gibt tropfenweise Salpetersäure zu; schließlich erhitzt man, vertreibt die Salpetersäure und beendigt die Oxydation, wenn nötig, mit Perhydrol. Es gibt dann noch einige Verfahren, die speziell auf den Nachweis irgendeines Metalles, z. B. des Arsens eingestellt sind, jedoch für Quecksilber nicht brauchbar sind (*Denigès*). Zur Zerstörung von Knochen werden diese mit konzentrierter Salzsäure und Kaliumchlorat im Einschmelzrohr bei 100° behandelt.

Bei der Zerstörung der organischen Substanz mit Kaliumchlorat-Salzsäure kann ein geringer Rückstand (B) bleiben, der noch Blei, Barium, Strontium als Sulfate und vor allem Chlorsilber enthalten kann. Der Rückstand wird entfettet und mit Soda und Salpeter geschmolzen. In der Schmelze findet sich metallisches *Silber*, das nach dem Lösen der Schmelze in Wasser zurückbleibt. Dieses wird in Salpetersäure gelöst. Nach dem Abdampfen bleibt Silbernitrat übrig, mit dem folgende Reaktionen durchgeführt werden: Salzsäure fällt Chlorsilber, löslich in Ammoniak, daraus kristallisierend in Tetraedern. Die Lösung gibt beim Erhitzen mit Formaldehyd einen

---

[1] Die Kieselfluorwasserstoffsäure läßt sich nach Extraktion und Reinigung auch als Bariumsalz fällen, dieses ist in Salzsäure löslich und gibt die Tetrafluoridprobe.

Silberspiegel. Jodkali fällt in Ammoniak unlösliches Jodsilber, das in Thiosulfat und auch Cyankali unlöslich ist. Kaliumbichromat gibt in salpetersaurer Lösung blutrote Kristalle von Silberbichromat. Ein Tropfen einer Silberlösung wird auf einem Filterpapier mit Bromkalium behandelt; es bildet sich Bromsilber, das durch Behandeln mit einem Metolentwickler als braunschwarzer Fleck sichtbar gemacht wird.

Zur Vorbereitung für die Analyse wird nach Abtrennung des Rückstandes das Chlor aus der Zerstörungsflüssigkeit (A) durch Einleiten von Kohlensäure vertrieben, die überschüssige Säure mit Natriumcarbonat vorsichtig abgestumpft und in die salzsaure Lösung arsenfreier Schwefelwasserstoff eingeleitet. Es ist hierbei zu beachten, daß die Lösung wirklich mineralsauer ist und nicht vielleicht die saure Reaktion von der Oxalsäure herrührt. Es könnte auf diese Weise eine Trennung der Metalle verhindert werden. Nachdem man Schwefelwasserstoff zuerst in der Kälte und dann in der Wärme eingeleitet hat, läßt man den Kolben noch einige Stunden in Schwefelwasserstoffatmosphäre stehen und filtriert dann.

Der Rückstand auf dem Filter, der die Metalle, Arsen, Antimon, Zinn, Blei, Silber, Wismut, Kupfer, Cadmium, Quecksilber enthält wird zur Abtrennung der ersten drei Metalle in der Wärme mit Ammoniak und Ammonsulfid digeriert.

*I a*: Arsen, Antimon und Zinn werden als Sulfosalze gelöst, während die übrigen I b-Metalle unverändert bleiben. Das erhaltene Filtrat wird mit einem Tropfen Salpetersäure versetzt und eingedampft. Der gelbe Rückstand wird nun mit Soda und Natronsalpeter vermengt, getrocknet und nach Zusatz von weiteren Mengen Natronsalpeter geschmolzen (*Meyer*sche Schmelze). Hernach löst man in Wasser und leitet Kohlensäure ein. Es fallen Zinnoxyd und Natriumpyroantimoniat. Natriumarsenat bleibt in Lösung. Diese Lösung wird für die Arsenprobe vorbereitet, indem man sie mit Schwefelsäure versetzt und zur völligen Entfernung der Salpetersäure eindampft. Die schwefelsaure Lösung wird auf Arsen geprüft.

*Arsen:* Als Vorprobe führt man die *Gutzeit*sche Arsenreaktion durch. Die schwefelsaure Lösung (in vielen Fällen kann auch das unzerstörte Material Verwendung finden) versetzt man mit Zink. Falls ionisiertes Arsen oder eine leicht spaltbare organische Verbindung vorliegt, bildet sich Arsenwasserstoff. Dieser bräunt ein mit Silbernitrat getränktes Filtrierpapier, das in den Gasstrom gebracht wird. Den freigemachten Arsenwasserstoff läßt man noch, bevor er mit dem Reagens zusammentrifft, durch eine Röhre mit Bleiacetatwatte und durch eine weitere mit Bimssteinstückchen, die mit salzsaurer Kupferchlorürwatte getränkt sind, streichen. Auf diese Weise wird Schwefelwasserstoff, Selen und Tellurwasserstoff, Phosphorwasserstoff und Antimonwasserstoff, die unter Umständen eine ähnliche Reaktion mit dem Silbernitratpapier geben würden, abgefangen. An Stelle dieses Reagenspapiers kann festes Silbernitrat verwendet werden, das gelb wird, oder Quecksilberbromid, das eine Bräunung erleidet. In dieser modifizierten Form ist die Reaktion trotz ihrer Einfachheit ziemlich eindeutig.

Als klassische Methode kann die *Marsh*sche und *Lockemann*sche Probe angesehen werden. In beiden Fällen wird der erzeugte Arsenwasserstoff durch Erhitzen gespalten und dann als metallisches Arsen niedergeschlagen. In einen Kolben gibt man das Untersuchungsmaterial mit absolut arsenfreiem Zink und verdünnter Schwefelsäure. Die Lösung muß frei von Quecksilber und Salpetersäure sein. Das entstehende Gas wird getrocknet und dann durch ein horizontal liegendes, an drei Stellen verengtes, schwer

schmelzbares Rohr geleitet, das am Ende zu einer Spitze ausgezogen ist. Die nicht verengten Teile des Rohres werden durch Bunsenbrenner stark erhitzt. In den verengten, nicht erhitzten, evtl. mit Wasser gekühlten Teilen des Rohres scheidet sich metallisches Arsen als dunkler Belag ab. Das an der Spitze des Rohres austretende Gas zeigt bei Gegenwart von Arsenwasserstoff eine blaue Flamme und gibt auf einem kalten Porzellantiegel einen sog. Arsenfleck. Dieser glänzend schwarze Fleck sowie die Abscheidung im Rohr wird mit Hilfe einiger Reaktionen weiter geprüft, da Antimon unter diesen Versuchsbedingungen einen zwar mehr samtartigen Fleck und eine ähnliche Abscheidung im Rohr gibt. Man verfolgt das Verhalten der Flecke beim Erhitzen, beim Glühen im Luftstrom, beim Befeuchten mit Natriumhypochloritlösung u. a. Reagenzien. Ist Arsen vorhanden, dann bildet sich durch Oxydation an der Luft Arsentrioxyd. Bei Gegenwart von Quecksilber bleibt die Wasserstoffentwicklung aus. Zur Abhilfe wird die Oberfläche des Zinks vergrößert und daß Reaktionsgefäß erwärmt.

*Einzelreaktionen: Bettendorf*s Reagens (Zinnchlorürsalzsäure) ruft in arsenhaltigen Lösungen beim Erwärmen eine braune bis schwarze Färbung oder Fällung hervor. Reagens nach *Thiele-Bougault:* Eine Lösung von unterphosphoriger Säure in Salzsäure. Man erhitzt eine Viertelstunde am kochenden Wasserbad. Es entsteht eine Braunfärbung oder ein dunkler Niederschlag. *Reinsche* Probe: In die mit Salzsäure versetzte Lösung bringt man einen Streifen Kupferblech und erhitzt eine Viertelstunde zum Kochen. Auf dem Kupfer bildet sich ein Beschlag. Das Kupferblech wird nach dem Waschen im Glühröhrchen erhitzt. Man erhält ein Sublimat von Arsentrioxyd in Form von Oktaedern. Antimon kristallisiert nicht.

Arsen läßt sich auch auf spektralanalytischem Wege nachweisen. *Arsenwasserstoff* in Luft: Man leitet die Luft durch ein Gefäß mit salzsaurer Kupferchlorürlösung zur Entfernung von Schwefel- und Phosphorwasserstoff und richtet dann den Gasstrom auf ein mit Quecksilberbromid imprägniertes Papier: Bräunung.

In einfacher Weise läßt sich Arsen in Lebensmitteln und in anderem Material, das nicht voluminös ist, nachweisen: Im Porzellantiegel versetzt man mit Salpetersäure und Magnesiumoxyd, dampft ein und glüht, bis die Masse weiß geworden ist. Der Rückstand wird mit Schwefelsäure und Wasser aufgenommen und nach *Marsh* oder *Gutzeit* geprüft.

Nachweis in Graberde: Diese wird nach Entnahme entsprechender Proben mit Wasser ausgekocht und das Filtrat — es kann sich beim Hineinwandern von Arsen in die Leiche nur um lösliche Verbindungen handeln — mit Kaliumchlorat und Salzsäure zerstört und dann nach *Gutzeit* geprüft. In derselben Weise werden auch Auszüge mit Ammoncarbonat aus der Erde hergestellt und diese direkt auf Arsen untersucht.

Arsen kann in Form von Arsenik oder löslichen Arseniten in Form von Farben als Scheeles- und Schweinfurter-Grün, als Realgar und Auripigment, ferner als Arsensäure und Arseniat vorkommen. Arsenwasserstoff selbst kann bei der Fabrikation von Ferrosilicium durch unvorsichtiges Hantieren entstehen.

*Organische Arsen-Verbindungen.* Das nach der Zerstörung von Leichenteilen gefundene Arsen kann auch von therapeutischen Dosen arsenhaltiger Arzneimittel herrühren. Es müssen daher auch solche Substanzen berücksichtigt werden. Ein Teil ist gegen Kaliumchloratsalzsäure nicht beständig, wie Atoxyl und Salvarsan. Beständig hingegen sind Äthylarsinsäureverbindungen. Atoxyl und Arsacetin: Die Organteile werden zum Nachweis mit Alkohol extrahiert, mit Schwefelsäure angesäuert, eingedampft, wieder mit Alkohol versetzt, der Alkohol weggedampft und mit Wasser aufgenommen. Nach dem Zusatz von Natriumnitrit und Salzsäure entsteht mit α-Naphthylamin eine rote Verbindung (Zusatz von Harnstoff empfehlenswert). Arsacetin gibt diese Reaktion erst nach Spaltung mit Mineralsäure.

*Salvarsane* werden im Körper sehr rasch zersetzt oder in Oxyaminophenylarsinsäuren umgewandelt, die im Harn erscheinen. Der Nachweis dieser Verbindungen kann dort mit Nitrit und Resorcin erfolgen. Rote Färbung.

*Methylarsinsäure*, Arrhenal, Kakodylsäure: Diese werden durch Kaliumchloratsalzsäure nicht zerstört. Der Nachweis erfolgt durch direkte Extraktion mit Alkohol unter Säurezusatz. Die wässerige Lösung gibt auf Zusatz von phosphoriger Säure charakteristischen Kakodylgeruch. Zur Mineralisierung dieser Verbindungen erhitzt man mit Schwefelsäure-Salpetersäure im *Kjeldahl*-Kolben und weist das Arsen dann in bekannter Weise nach.

Die meisten organischen Arsenverbindungen kann man auch ohne vorherige Zerstörung mit der einfachen *Gutzeit*schen Probe untersuchen. Wasserstoff in statu nascendi macht in allen Fällen Verbindungen frei, die mit Silber- oder Quecksilbersalzen dunkle Flecke geben. Es handelt sich jedoch nicht in allen Fällen um Arsenwasserstoff.

Der auf dem Filter zurückbleibende Niederschlag kann Zinn und Antimon enthalten. Man verascht und schmilzt mit Kaliumcyanid, löst in Wasser und filtriert. Der Rückstand wird mit Salzsäure gelöst, Zinn geht in Lösung und Antimon bleibt ungelöst zurück.

*Antimon:* Zum Nachweis des Antimons wird der Rückstand in Königswasser gelöst, abgedampft und nach dem Lösen in wässeriger Salzsäure mit Schwefelwasserstoff behandelt. Es fällt Antimonpentasulfid, löslich in gelbem Schwefelammonium. Durch Zink wird Antimon aus salzsaurer Lösung in metallischer Form ausgefällt. Ebenso schlägt es sich auf Kupferblech nieder, das in die salzsaure Lösung gebracht wird. Antimon gibt die *Gutzeit*sche Probe, wenn man den entstehenden Antimonwasserstoff direkt, ohne irgendein zwischengeschaltetes Reagens auf Silbernitrat- oder Quecksilberbromidpapier einwirken läßt.

Probe nach *Reinsch:* Das auf dem Kupferblech abgeschiedene Antimon gibt beim Erhitzen an der Luft keine Oktaeder wie das Arsen, sondern nur eine amorphe, schwerflüchtige Masse von Antimonoxyd. Bei der *Marsh*schen Probe bildet sich ein schwarzer samtiger Niederschlag, der durch eine Anzahl von Reaktionen besonders durch die Unlöslichkeit in Hypochlorid vom glänzendschwarzen Arsenspiegel unterschieden werden kann.

Eine Vergiftung mit Antimon kann erfolgen durch Antimonoxyd infolge seiner Leichtlöslichkeit im Organismus, ferner durch andere lösliche Salze wie Brechweinstein, Fluor und Bleisalze, ferner Antimonwasserstoff und organische Antimonverbindungen. Antimon gibt grünblaue Luminiscenz beim Verbrennen als Antimonwasserstoff.

In die Lösung des Zinns mit Salzsäure wird Schwefelwasserstoff eingeleitet. Es fällt braunschwarzes Zinnsulfür, das in Ammoncarbonat und Ammonsulfid unlöslich ist. In Ammoniumpolysulfid löst es sich jedoch auf.

*Zinn:* Die salzsaure Lösung gibt mit Quecksilberchlorid einen Niederschlag von Kalomel, der beim Überschuß von Zinnlösung durch Abscheidung von Quecksilber schwarz wird. Stanni-Verbindungen geben mit Rubidiumchlorid Oktaeder und Te-

traeder. Nach Reduktion mit Aluminium und Salzsäure entstehen Stanni-Verbindungen, die sich mit Kakothelin violettrot färben. Phosphormolybdänsaures Ammonium gibt eine Blaufärbung von Molybdänblau. Bei Vergiftungen kommt Zinnchlorür oder Pinksalz in Frage, das in der Färberei verwendet wird.

*I b. Untersuchung des in Ammoniumsulfid unlöslichen Teils.* Die Sulfide des Blei, Silber, Kupfer, Cadmium, Quecksilber und Wismut, die beim Behandeln mit Ammonsulfid auf dem Filter zurückgeblieben sind, enthalten noch organische Substanz, die nochmals mit Kaliumchlorat und Salzsäure zerstört wird. Der durch Einleiten von Schwefelwasserstoff erhaltene Niederschlag wird mit verdünnter Salpetersäure übergossen. Ungelöst bleibt Quecksilber zurück. Dieses wird in Königswasser oder in Salpetersäure gelöst und nach dem Abdampfen die wässerige Lösung zu folgenden Proben verwendet:

*Quecksilber:* Ein Tropfen einer Lösung scheidet auf einem Kupferblech metallisches Quecksilber ab. Das Kupferblech wird mit Wasser gewaschen, getrocknet und in einem Glühröhrchen zusammen mit einem Körnchen Jod erhitzt. Es bildet sich ein teils rotes, teils gelbes Sublimat von Quecksilberjodid. Der Niederschlag des Quecksilbers auf dem Kupferblech kann auch in der nach der Zerstörung erhaltenen Flüssigkeit direkt erhalten werden, nachdem das überschüssige Chlor entfernt wurde. Dithizon in Tetrachlorkohlenstoff gibt beim Schütteln mit quecksilberhaltigen Lösungen eine Orangefärbung. In der Luft kann Quecksilber nach dem Durchströmen eines mit Silicagel gefüllten Rohres und Auswaschen desselben mit Salpetersäure und Diphenylcarbazon nachgewiesen werden (blauviolette Färbung). Beim Nachweis geringster Mengen von Quecksilber nach *Stock* im Harn und Speichel wird die organische Substanz durch Einleiten von Chlor zerstört, das Chlor entfernt und nach Zusatz von wenig Kupfer dieses samt dem vorhandenen Quecksilber mit Schwefelwasserstoff gefällt. Nach Zusatz von Ammonoxalat wird ein Kupferdraht in die Lösung gebracht. Nach Waschen und Trocknen desselben bringt man ihn in ein in der Mitte verengtes Glasröhrchen, erhitzt zum Glühen und kühlt den verengten Teil mit Wasser. Das abdestillierende Quecksilber sammelt sich an der gekühlten Stelle und wird dort in der üblichen Weise entweder als Jodid oder mit Diphenylcarbazon nachgewiesen. Die Abscheidung des Quecksilbers kann in der gereinigten Lösung auch durch Elektrolyse erfolgen. Zum Nachweis und zur Bestimmung sehr kleiner Mengen bis zu 0,01 γ wird in derselben Weise verfahren, der erhaltene Quecksilberbeschlag wird dann durch Zentrifugieren zu einem Kügelchen vereinigt und dieses unter dem Mikroskop gemessen (*Stock*).

Quecksilber kann durch Einatmen von Dämpfen und aus Zahnamalgamplomben in den Körper gelangen. Ferner kommen in Frage alle in Wasser und Säure löslichen Verbindungen wie Sublimat, Quecksilbercyanid, Quecksilberrhodanid u. a. Ungefährlich sind unlösliche Verbindungen, wie Zinnober und Kalomel.

Die Lösung, die Blei, Silber, Wismut, Kupfer und Cadmium enthält, wird nach dem Zusatz von Schwefelsäure eingedampft und solange erhitzt, bis keine Salpetersäuredämpfe mehr entweichen. Dann setzt man Wasser und Alkohol zu: Ungelöst bleibt Bleisulfat. Dieses ist zum Unterschied von Bariumsulfat in Kali- und Natronlauge und Ammonacetat löslich.

*Blei:* Reaktionen: Nach Zusatz von Kupferacetat, Kaliumnitrit und Ammonacetat entstehen nach dem Eindampfen schwarze Würfel von Kaliumkupferbleinitrit. *Arnold*sche Base (Tetramethyldiaminodiphenylmethan) gibt in Eisessiglösung Blaufärbung. Auf diese Weise kann elektrolytisch abgeschiedenes Blei (Bleibaum) noch in sehr geringen Mengen nachgewiesen werden. Der Nachweis des Bleis kann auch auf spektroskopischem Wege erfolgen.

Nachweis von Blei in Harn: Eindampfen mit Salpetersäure, Glühen, Lösen in Wasser, Zusatz von Kaliumcyanid und Ammoniak. Schütteln dieser Lösung mit einer Lösung von Dithizon in Tetrachlorkohlenstoff: Rotfärbung des Tetrachlorkohlenstoffs. Der Nachweis im Harn kann verfeinert werden, indem man nach Zusatz von Chlorcalcium mit Kaliumoxalat fällt. Das ausfallende Calciumoxalat reißt alles Blei mit. Die Fällung wird dann verascht, in Salpetersäure gelöst und nach Zusatz von Kupfer mit Schwefelwasserstoff gefällt.

Organe werden ebenso mit Salpetersäure behandelt und geglüht. Man löst nochmals in Säure und dampft ein, löst in Wasser und fällt nach Zusatz von wenig Kupfer mit Schwefelwasserstoff. Der Niederschlag wird in Salpetersäure gelöst und zu weiteren Reaktionen verwendet.

Giftig wirken vor allem in Wasser und verdünnten Säuren lösliche Salze, wie Bleioxyd, Menninge, Bleichromat-Acetat-Carbonat, die in der Technik Verwendung finden. Zu erwähnen ist auch das als Antiklopfmittel dem Benzin zugemischte *Tetraäthylblei*, das infolge seiner Flüchtigkeit auch durch die Haut aufgenommen wird und resorptive Bleivergiftungen hervorzurufen imstande ist. Nachweis der Verbindungen selbst siehe flüchtige Gifte.

Das Filtrat von Bleiniederschlag (Bleisulfat) wird mit Salzsäure versetzt, es fällt Chlorsilber. Reaktionen des Silbers s. S. 304. Das Filtrat vom Chlorsilberniederschlag wird erhitzt, mit Ammoniak versetzt, das Wismut wird als Wismuthydroxyd abgeschieden, während Kupfer und Cadmium als komplexe Salze in Lösung gehen. Die Wismutfällung wird nach der Filtration in verdünnter Säure gelöst.

*Wismut:* Die schwach salzsaure Lösung gibt folgende Reaktionen: Schwefelwasserstoff fällt das Sulfid, unlöslich in Schwefelammon, löslich in Salzsäure. Orthooxychinolin und Jodkali liefern orangefarbene Stäbchen und Sterne. Nach Zusatz von Kaliumcyanid und Ammonchlorid und Schütteln mit einer Lösung von Dithizon in Tetrachlorkohlenstoff färbt sich letzterer orange. Im organischen Material wird Wismut in folgender Weise ausgemittelt: Versetzen mit Salpetersäure, Erwärmen, Veraschen, Lösen in verdünnter Salpetersäure und Einleiten von Schwefelwasserstoff nach Zusatz von wenig Cadmiumsulfat. Die Fällung wird nach dem Waschen mit Salpetersäure abgedampft und nach dem Lösen mit wenig Chininsulfat-Jodkali auf einem Filtrierpapier zusammengebracht: Orangefärbung [1]. Von Wismutsalzen finden Nitrat und Carbonat medizinische Verwendung, auch einzelne organische Wismutverbindungen.

Die ammonialkalische Lösung, die noch Kupfer und Cadmium enthalten kann und die bei Anwesenheit von Kupfer blaugefärbt ist, wird mit Kaliumcyanid versetzt und Schwefelwasserstoff eingeleitet. Cadmium fällt als Sulfid, Kupfer bleibt in Lösung. Das Cadmiumsulfid wird in verdünnter Säure gelöst.

*Cadmium:* Die eingedampfte Lösung gibt mit Rubidiumchlorid Rhomboeder und Sechsecke. Nach dem Versetzen mit alkalischer Seignettesalzlösung und Dithizon in Tetrachlorkohlenstoff Rotfärbung der Tetrachlorkohlenstoffschicht. Ist gleichzeitig Zink vorhanden, dann färbt sich die wässerige Flüssigkeit auch rot. Schwefelwasserstoff zerstört die Rotfärbung, die durch Cadmium in der Dithizon-

lösung hervorgerufen wurde. Cadmium kommt als Malerfarbe und als Überzug von Eisengeräten vor. Vergiftungen im allgemeinen selten.

Die Cyankalium enthaltende Lösung wird mit Salzsäure versetzt und dann Schwefelwasserstoff eingeleitet. Kupfer fällt als Sulfid. Dieses wird in Salpetersäure gelöst und die Lösung zu weiteren Proben verwendet.

*Kupfer:* Auf Zusatz von Ammoniak entsteht eine von Komplexsalzen herrührende blaue Färbung. Ferrocyankali bildet rotbraunes Ferrocyankupfer. Metallisches Eisen überzieht sich mit einer Schicht von metallischem Kupfer. Mit einer Lösung von Dithizon entstehen in saurem Milieu violette, in ammoniakalischem gelbbraune Färbungen. Mit Bleiacetat, Kaliumnitrit und Essigsäure fällt Kaliumkupferbleinitrit. Rubeanwasserstoffsäure gibt bei Gegenwart von Ammoniak einen dunklen Niederschlag. Kupfersalze dienen als Schädlingsbekämpfungsmittel. Giftige Kupferarsenfarben siehe S. 305.

Im Filtrat (II) von Schwefelwasserstoffniederschlag (I) (siehe S. 287) findet sich noch Zink, Chrom und Barium. Das Filtrat wird eingedampft und bei Bedarf nochmals mit Kaliumchloratsalzsäure behandelt. Man engt ein und versetzt mit Schwefelsäure. Es fällt Bariumsulfat. Dieses wird nach der Filtration mit Soda und Pottasche geschmolzen. Der in Wasser unlösliche Teil ist Bariumcarbonat und wird in verdünnter Salzsäure gelöst.

*Barium:* Mit Kaliumbichromat entsteht ein gelber Niederschlag von Bariumchromat. Der mit einer Lösung von Strontiumsulfat erzeugte Niederschlag von Bariumsulfat ist unlöslich in Säuren und Alkalien. Natriumrhodizonat gibt einen roten Niederschlag, löslich in Salzsäure mit scharlachroter Färbung. Natriumwolframat gibt Oktaeder. Die Flammenfärbung ist grün und besitzt eine charakteristische Linie im sichtbaren Spektrum bei E (siehe II b 5). Auch mit Ultraviolettspektroskopie läßt sich Barium nachweisen (z. B. in Knochenasche). Die in Wasser und Säure löslichen Bariumverbindungen dienen zur Ungeziefervertilgung und wirken giftig. Das unlösliche Bariumsulfat ist ungiftig.

Die schwefelsaure Lösung, in der die Fällung des Bariumsulfats erfolgte, wird mit Ammoniak und Essigsäure versetzt und Schwefelwasserstoff eingeleitet. Es fällt Zinksulfid, das zuweilen durch Eisensulfid dunkel gefärbt ist. Das Zinksulfid kann in Säure gelöst werden.

*Zink:* Die Zinklösung wird mit Kobaltnitrat auf einen Filtrierpapierstreifen gebracht, verbrannt und geglüht. Es hinterbleibt eine grüne Asche (*Rinmanns* Grün). Auf Zusatz von Natronlauge und Natriumcarbonat entstehen Tetraeder von Natriumzinkcarbonat. Pyridin und Kaliumbromid geben dünne Nadeln. Zum Nachweis in Lebensmitteln werden diese in konzentrierter Schwefelsäure und Salpetersäure verkohlt, verascht und dann das Zink mit Schwefelwasserstoff gefällt. Als Malerfarben kommen Zinkweiß und Zinkoxyd in Frage. Alle in Wasser und verdünnten Säuren löslichen Salze sind giftig.

Die vom Zinksulfid durch Filtration befreite Lösung wird eingedampft und mit Soda und Salpeter geschmolzen. Chrom färbt die Schmelze gelb. Diese wird in Wasser gelöst.

*Chrom:* Die erhaltene Lösung wird mit Essigsäure versetzt und mit einem Bariumsalz gefällt. Es fällt gelbes Bariumchromat.

Bleinitrat fällt gelbes Bleichromat, löslich in Lauge. Chromate färben in schwefelsaurer Lösung auf Zusatz von Schwefelsäure beim Schütteln mit Äther diesen blau, Silbernitrat liefert tiefrote Kristalle von Silberchromat. Benzidinsalzsäure gibt mit neutralen Chromatlösungen Nadeln von violetter

---

[1] Harn wird mit Tricalciumphosphat gefällt, der Niederschlag in Salzsäure gelöst und dann mit Jodkali versetzt: Orange Niederschlag.

bis blaugrüner Farbe. Chromsalze finden in der Technik und Medizin Anwendung. Dreiwertige Chromsalze haben geringere, Chromate und Bichromate stärkere Giftwirkung.

Der bei der Zerstörung unlösliche Rückstand (B) enthält noch Blei, Barium, Strontium als Sulfat und Silber als Chlorid. Die Trennung des Silbers siehe S. 304. Das Filtrat der wässerigen Lösung der Soda-Salpeter-Schmelze wird angesäuert und daraus mit Schwefelwasserstoff das Blei gefällt. Blei siehe S. 306. Im Filtrat bleibt Barium und Strontium, das durch Flammenfärbung erkannt und nach S. 293 weiter untersucht wird.

Im folgenden seien noch einige Metalle erwähnt, die nicht im allgemeinen Gang angeführt wurden.

*Thallium:* Wird in den letzten Jahren viel als Schädlingsbekämpfungsmittel, vornehmlich Rattengift, verwendet und hat daher eine größere Bedeutung erlangt. Nach der Zerstörung mit Kaliumchloratsalzsäure kann Thallium mit Ammoniumsulfid als schwarzes Thallo-Sulfid gefällt werden. Der Niederschlag wird mit Schwefelkohlenstoff und Ammoniak erwärmt: Rote Färbung. Das Sulfid wird in Salpetersäure gelöst und elektrolysiert. Das auf dem Platin niedergeschlagene Metall wird nach Lösen in verdünnter Schwefelsäure mit Kaliumjodid gefällt: Gelbe Fällung, sehr empfindlich. Salzsäure oder Chloride fällen Thalliumchlorid in Form von Rosetten und Würfeln. Thionalid fällt in alkalischer tartarat- und cyanidhaltiger Lösung Thallium noch in hohen Verdünnungen.

*Uran:* In der Technik der Glasfärberei. Lösliche Salze stark giftig. Nach der Mineralisierung erfolgt Fällung mit Schwefelammon. Diese ist in Ammoncarbonat löslich. Thallonitrat fällt in dieser Lösung Thallouranylcarbonat in Rauten und Sechsecken. Natriumuranylacetat entsteht nach Zusatz von Natriumacetat und Verdunsten zur Trockene. Charakteristische Kristalle. Spuren von Uran zeigen nach dem Schmelzen mit Natriumfluorid eine zitronengelbe Fluorescenz, wenn man mit einer Strahlung von 330—350 m$\mu$ anregt.

*Strontium:* Die Salze finden Verwendung in der Zuckerindustrie und zu Feuerwerkkörpern. Analytisches Verhalten ähnlich dem Barium. Vergiftung selten. Isolierung wie Barium. Mit Gipswasser fällt Strontiumsulfat. Dieses läßt sich zum Unterschied von Bariumsulfat mit konzentrierter Salzsäure umkristallisieren. Jodsäure bildet Doppelpyramiden von Strontiumjodat. Natriumrhodizonat bildet einen in Salzsäure löslichen Niederschlag zum Unterschied vom Barium, der unlöslich ist. Flammenfärbung rot, spektroskopischer Nachweis.

*Mangan:* Mangan wird in pflanzlicher und tierischer Nahrung sowie auch in Form von Arzneimitteln dem menschlichen Körper zugeführt. Beim Mangan sind sowohl die Kationen als auch die sauerstoffhaltigen Anionen der Mangan- und Übermangansäure giftig. Besonders Mangansulfat und Kaliumpermanganat. Sie wirken ätzend und oxydierend. Permanganate bilden im Körper Mangansuperoxydhydrat, das sich durch seine braune Farbe im Untersuchungsmaterial kenntlich machen würde. Nach Zerstörung mit Kaliumchloratsalzsäure fällt man mit Ammoniumsulfid und schmilzt das Sulfid mit Soda und Salpeter. Eine dunkelgrüne Schmelze zeigt eine größere Menge von Mangan. Die charakteristische grüne Schmelze erhält man auch beim Schmelzen mit Natriumperoxyd. Manganlösungen geben mit Oxalsäure oder Kaliumbioxalat Fällungen von Manganoxalat.

*Selen:* Nach Zerstörung der organischen Substanz liegt Selen als Selensäure vor. Eindampfen mit Salzsäure ist wegen der Flüchtigkeit der Selenverbindungen zu vermeiden. Schwefelwasserstoff fällt als Sulfid. Dieses wird nach der Oxydation mit Salpetersäure mit Schwefelsäure aufgenommen. Mit Phenylhydracinhydrochlorid erfolgt Rotfärbung. Nach Zusatz von Codein in Substanz entsteht eine grüne bis grünblaue Färbung. Die *Gutzeit*sche Arsenreaktion fällt positiv aus, wenn man das durch Zink und Schwefelsäure entstehende Gas direkt auf das Silbernitratpapier einwirken läßt. *Rein*sche Probe: Ein in die Lösung von Selensalzen gebrachter Kupferblechstreifen erhält einen schwarzen Beschlag. Beim Überleiten von Sauerstoff bildet sich Selendioxyd in Form prismatischer, zerfließlicher Kristalle. Trennung von Arsen: Ammoncarbonat löst Arsensulfid, während Selensulfid ungelöst bleibt.

*Nickel:* Nach erfolgter Zerstörung und Fällung mit Schwefelwasserstoff wird das Filtrat mit Ammoniak versetzt. Es fallen Eisen, Kobalt, Nickel. Man versetzt mit Salzsäure, dampft ab und löst in Wasser. Nach Zusatz von Ammoniak und Natriumacetat fällt Dimethylglyoxim rote Nadeln von Nickeldimethylglyoxim, sehr empfindlich. Quantitativ durch Wägung des Niederschlags. Nachweis auch durch Elektrolyse und Tüpfel auf Dimethylglyoximpapier.

*Nickelcarbonyl*, Flüssigkeit, Siedepunkt 44°, leicht flüchtig, gibt zu Vergiftungen Anlaß. Nachweis des Nickels in den Organen.

## IV. Organische Gifte, die durch Extraktion erhalten werden.

*a) Alkaloide.* Zum Nachweis der Alkaloide stehen eine große Zahl von sog. *allgemeinen Alkaloidreaktionen* zur Verfügung. Man unterscheidet dabei Fällungs- und Farbreaktionen.

Als *Fällungsreagenzien* werden unter anderem verwendet Lösungen von Pikrinsäure, Pikrolonsäure, Gerbsäure, Jodkaliumquecksilberchlorid (*Mayer*s Reagens), Jodjodkalium, Brombromkalium, Phosphorwolframsäure, Kieselwolframsäure, Phosphormolybdänsäure, Goldchlorid, Platinchlorid. Die Reaktionen werden durch Zusammenbringen der Reagenslösung mit der Lösung der zu prüfenden Substanz durchgeführt. Bei ausreichender Menge Untersuchungsmaterial kann dies im Reagensglas geschehen, bei geringen Mengen wird die Reaktion auf einem Uhrglas oder auf einem Objektträger mit je einem Tropfen Untersuchungsflüssigkeit und Reagenslösung durchgeführt.

Die Empfindlichkeit der verschiedenen Reagenzien gegen die einzelnen Alkaloide ist ungleich. Schon aus diesem Grunde begnügt man sich nicht mit einem einzigen Reagens. Denn es kann bei geringen Alkaloidmengen vorkommen, daß ein Reagens keinen Niederschlag hervorruft, während ein anderes Reagens, das gegen das vorliegende Alkaloid empfindlicher ist, noch einen Niederschlag erzeugt. Leider sind die aufgezählten und die anderen allgemeinen Alkaloidfällungsreaktionen nicht eindeutig für Alkaloide, denn sie reagieren auch mit anderen Stoffen beispielsweise mit Eiweiß. Es kann daher nicht ohne weiteres in Auszügen aus Leichenteilen oder Darminhalt auf Alkaloide geprüft werden, sondern es muß der Anwendung dieser Reagenzien eine Isolierung und möglichst weitgehende Reinigung der Alkaloide vorausgehen.

Für *Farbreaktionen* auf Alkaloide stehen ebenfalls eine große Zahl von Reagenzien zur Verfügung. Am häufigsten wird konzentrierte Schwefelsäure in reinem Zustande oder mit verschiedenen Zusätzen verwendet. Diese Zusätze sind Salpetersäure (*Erdmann*s Reagens), selenige Säure (*Meckes*ches Reagens), Molybdänsäure (*Fröhde*s Reagens), Formaldehyd, p-Dimethylaminobenzaldehyd (*Wasicky*s Reagens) usw. Zur Durchführung der Farbreaktionen wird die zu prüfende Substanz in festem Zustand in ein Porzellanschälchen oder auf einen Objektträger gebracht. Liegt die Substanz in Lösung vor, so werden ein paar Tropfen der eingeengten Lösung in dem Porzellanschälchen abgedampft. Den Rückstand versetzt man mit einem Tropfen der Reagenslösung. Bei positivem Ausfall treten entweder sofort oder nach einiger Zeit oder erst beim Erwärmen Färbungen auf, wobei oft mehrere Farben der Reihe nach ineinander übergehen. Auch die Farbreaktionen verlangen, wenn sie eine gewisse diagnostische Sicherheit bieten sollen, weitgehend gereinigte Alkaloide.

Durch das übliche, später zu beschreibende Isolierungs- und Reinigungsverfahren kann man Eiweißstoffe mit Sicherheit von den Alkaloiden abtrennen, so daß von dieser Seite bei sorgfältigem Arbeiten keine Gefahr droht. Eine größere Gefahr für Irrtümer bringen die in faulenden Leichenteilen auftretenden *Ptomaine*, die man wegen ihrer alkaloidähnlichen Eigenschaften auch als Leichenalkaloide bezeichnet. Diese Stoffe sind ebenfalls basischer Natur, haben ähnliche Löslichkeitsverhältnisse und sind daher nur schwer von den Alkaloiden abzutrennen. Da die Ptomaine außerdem mit vielen von den oben genannten allgemeinen Reagenzien ähnlich wie die Alkaloide reagieren und da auch ihr Verhalten im Tierversuch Ähnlichkeit mit manchen Alkaloiden aufweist, so kann ihr Auftreten im Untersuchungsmaterial Veranlassung zu Irrtümern geben. Auch verschiedene Amine können unter Umständen Alkaloide vortäuschen.

Die *Isolierung* und Reinigung der Alkaloide aus Speisen, Leichenteilen, Darminhalt usw. ist eine sehr schwierige Aufgabe, die große Erfahrung erfordert. Denn bei Alkaloidvergiftungen handelt es sich häufig um sehr geringe Mengen, oft nur Milligramme oder Bruchteile davon, die aus einer großen Menge Untersuchungsmaterial extrahiert werden sollen. Zudem sind manche Alkaloide, z. B. Aconitin oder Morphin, von geringer Beständigkeit und erleiden im menschlichen Organismus, in den Leichenteilen und bei dem Versuch ihrer Isolierung Zersetzungen.

Das in der Regel zur Isolierung benutzte Verfahren beruht auf den verschiedenen Löslichkeitsverhältnissen der Alkaloidbasen und ihrer Salze. Die Alkaloidsalze sind in der Regel in Wasser und in verdünnten Säuren leicht löslich, nicht dagegen löslich in Äther, Chloroform oder den meisten organischen Lösungsmitteln. Man kann also wässerigen Alkaloidsalzlösungen durch Schütteln mit organischen Lösungsmitteln Farbstoffe, Fette und andere Verunreinigungen entziehen. Nachdem dies geschehen, versetzt man die wässerigen Alkaloidsalzlösungen mit Natronlauge oder Natriumcarbonatlösung. Dadurch werden die Alkaloide in Freiheit gesetzt und können nun der wässerigen Flüssigkeit durch Schütteln mit organischen Lösungsmitteln entzogen werden. Nun wird das organische Lösungsmittel abgedampft, worauf sich das Alkaloid in mehr oder weniger reinem Zustande im Rückstand findet. Eine weitere Reinigung kann dadurch erzielt werden, daß man den Rückstand in säurehältigem Wasser löst und nach der Filtration das Verfahren wiederholt.

Auf diesem Prinzip beruhen die allermeisten der in der Literatur beschriebenen Isolierungsverfahren. Am häufigsten wird die Arbeitsweise von *Stas* in der von *Otto* verbesserten Form angewendet. Man spricht kurz vom *Stas-Otto*-Gang. Danach wird das zerkleinerte Untersuchungsmaterial, z. B. Leichenteile oder Mageninhalt, mit weinsaurem Alkohol in der Wärme ausgezogen; der filtrierte Auszug wird bei einer Temperatur zwischen 30 und 40° eingeengt und schließlich im Exsiccator zur Extraktkonsistenz

eingedampft. Der Rückstand wird allmählich mit so viel absolutem Alkohol versetzt, bis ein weiterer Zusatz keinen neuen Niederschlag mehr erzeugt. Hierauf wird filtriert, abgedampft und der Rückstand mit wenig Wasser aufgenommen. Die Lösung wird in einem Scheidetrichter wiederholt mit Äther ausgeschüttelt.

In diese sog. *saure Ätherausschüttelung* geht von Alkaloiden nur Colchicin und etwas Coffein über. Auch evtl. vorhandenes Cantharidin wird vom Äther aufgenommen.

Die durch Ausschütteln mit Äther von Colchicin usw. befreite saure Alkaloidsalzlösung wird mit Natronlauge alkalisch gemacht und hierzu mit Äther ausgeschüttelt. In diese *alkalische Ätherausschüttelung* gehen nun die allermeisten Alkaloide über. Falls sie noch zu wenig rein sind, wird nach dem Abdampfen des Äthers der Rückstand nochmals mit saurem Wasser aufgenommen und in der angegebenen Weise gereinigt. Die zum Schluß erhaltene ätherische Lösung der Alkaloidbasen läßt man am besten verdunsten, und zwar am besten in kleinen Portionen in Porzellan- oder Uhrschälchen, wo man dann mehrere der oben angegebenen allgemeinen Alkaloidreaktionen anstellt.

Einige wenige Alkaloide werden durch Äther der natronalkalischen wässerigen Lösung nicht entzogen. Von wichtigen Alkaloiden sind dies vor allem Morphin, Narcein und Apomorphin. Um diese Alkaloide ausschütteln zu können, wird die alkalisch mit Äther ausgeschüttelte wässerige Flüssigkeit durch gelindes Erwärmen vom Äther befreit, mit Salzsäure schwach angesäuert, mit Natriumbicarbonat alkalisch gemacht und mit Chloroform, das 10 % Alkohol enthält, ausgeschüttelt.

In dieser Weise geht man vor, wenn man keinen Anhaltspunkt dafür hat, welches Alkaloid vorliegen könnte. Wenn die Frage auf ein bestimmtes Alkaloid lautet, so vereinfacht sich der *Stas-Otto*-Gang; für die meisten Alkaloide ist es dann nur notwendig, die alkalisch gemachte wässerige Lösung mit Äther auszuschütteln; die Ätherausschüttelung der sauren und die Chloroformausschüttelung der alkalischen wässerigen Lösung kann man sich ersparen[1].

Die Abdampfrückstände der ätherischen Lösung werden nun mit den oben angegebenen allgemeinen Alkaloidreaktionen geprüft. Der Rückstand in den Porzellanschälchen oder Uhrschälchen wird in einem Tropfen salzsäurehältigem Wasser aufgelöst und mit einem Tropfen der Reagenslösung versetzt. Zur Anstellung der Farbenreaktionen wird dem trockenen Rückstand ein Tropfen des Reagens zugesetzt.

Diese Reaktionen dienen zunächst zur Feststellung, *ob ein Alkaloid* vorliegt. Wie schon erwähnt, ist in vielen Fällen diese Feststellung schwierig und erfordert große Sorgfalt und Erfahrung. Noch schwieriger und in manchen Fällen unmöglich zu beantworten ist die Frage nach der *Natur des* betreffenden *Alkaloids*. Denn gerade der Umstand, daß die allgemeinen Alkaloidfällungsreaktionen mit den allermeisten Alkaloiden reagieren, macht diese Fällungen zur Unterscheidung der einzelnen Alkaloide wenig brauchbar.

Zur Identifizierung der Alkaloide wird unter anderem auch die *Mikrosublimation* herangezogen. Die einzelnen Alkaloide verhalten sich bei der Mikrosublimation verschieden, manche liefern sehr schön ausgebildete Kristalle von verschiedenem Aussehen,

---

[1] Zur Reinigung der Alkaloide fällt man die salzsaure wässerige Lösung mit *Mayers* Reagens. Die gefällten Quecksilberverbindungen der Alkaloide sind im Gegensatz zu den Schmieren in Aceton löslich. Der Acetonextrakt wird dann — nach Abscheidung der Schmieren — mit Wasser und Alkali versetzt und mit Äther extrahiert. Darin finden sich die Alkaloide, die noch weiter über die wässerige Phase gereinigt werden können (*Pregl-Yllner*).

andere nur Tröpfchen. Auch die Temperatur, bei der die Sublimation erfolgt, kann zur Unterscheidung der Alkaloide benutzt werden. Die kristallinischen Sublimate lassen sich mit Sicherheit an ihren kristalloptischen Konstanten unterscheiden, wozu jedoch große Erfahrung erforderlich ist. Einfacher ist die Unterscheidung durch die Bestimmung des Mikroschmelzpunktes der Sublimate. In geeigneten Fällen kann man die nach dem Verdampfen der Ätherausschüttelungen zurückbleibenden Alkaloide oder die daraus hergestellten Salze aus Lösungsmitteln *zur Kristallisation* bringen und diese Kristalle dann durch ihre optischen Konstanten und ihre Mikroschmelzpunkte und die Lichtbrechnug der Schmelze identifizieren. Dieses Vorgehen ermöglicht nach dem von *Kofler* ausgearbeiteten Arbeitsgang in manchen Fällen eine sichere Diagnose.

Am häufigsten werden aber zur Unterscheidung der Alkaloide die schon oben erwähnten Farbreaktionen herangezogen. Es finden sich in der Literatur Tabellen dieser Farbreaktionen, die das Auffinden der Alkaloide erleichtern. Wenn keine anderen Anhaltspunkte zur Verfügung stehen, führen die Farbreaktionen in vielen Fällen nicht zum gewünschten Ziel.

Man versucht infolgedessen auch die allgemeinen Alkaloidfällungsreaktionen für diesen Zweck heranzuziehen, indem die erzeugten Niederschläge unter dem Mikroskop betrachtet werden. *Amelink* stellte ein „Schema zur mikrochemischen Identifikation von Alkaloiden" auf, das sich im wesentlichen auf das mikroskopische Aussehen der mit mehreren Reagenzien erhaltenen Fällungen stützt. Allein schon die vergleichende Betrachtung der im Schrifttum veröffentlichten Bilder und Beschreibungen verrät, wie wenig kennzeichnend derartige Kristalle oft sind, und die Nachprüfung ergibt, daß die Fällungen sogar bei ein und derselben Herstellungsart oft recht verschieden ausfallen. Besser als durch ihr Aussehen unterscheiden sich die mit manchen Alkaloidfällungsmitteln erhaltenen Niederschläge durch ihre *Schmelztemperaturen*, die man unter dem Mikroskop zwischen Objektträger und Deckglas auf einem Mikroschmelzpunktapparat feststellen kann. Man benutzt hierzu Tabellen, welche nach der Höhe der Schmelzpunkte der Pikrate, Pikrolonate und Styphnate der Alkaloide geordnet sind (*Kofler* und *Müller*).

Das bisher Gesagte bezieht sich auf jene Fälle, wo durch die allgemeinen Reaktionen die Anwesenheit eines Alkaloids festgestellt wurde, und wo es sich nun darum handelt, dieses Alkaloid zu identifizieren. Diese Fälle bereiten, wie nochmals zusammengefaßt betont werden soll, große Schwierigkeiten. Wesentlich einfacher gestaltet sich die Untersuchung, wenn die Frage von Anfang an nur auf ein bestimmtes Alkaloid lautet. Der Gerichtschemiker zieht in einem solchen Falle nicht irgendwelche Alkaloidreagenzien heran, sondern wählt ganz bestimmte aus, die für das betreffende Alkaloid besonders empfindlich und charakteristisch sind. In der toxikologischen Literatur nimmt die Beschreibung der einzelnen Alkaloide und ihrer besonders typischen Reaktionen einen breiten Raum ein.

Noch schwieriger als der Nachweis von Alkaloiden ist ihre *quantitative Bestimmung*. Für manche Zwecke gibt es gut ausgearbeitete Methoden zur quantitativen Bestimmung von Alkaloiden, namentlich schreiben die offiziellen Arzneibücher bei einer größeren Anzahl von Drogen, z. B. Opium, Strychnossamen, Belladonna, eine quantitative Alkaloidbestimmung vor. Dabei handelt es sich um verhältnismäßig große Mengen und um einen Alkaloidgehalt, der innerhalb bestimmter, ziemlich genau bekannter Grenzen schwankt. In toxikologischen Fällen dagegen ist die vorhandene Alkaloidmenge meist sehr viel geringer, das Untersuchungsmaterial von stets wechselnder Zusammensetzung, so daß hier keine ausgearbeiteten Methoden zur Verfügung stehen. Das sei deshalb besonders betont, weil an den Gerichtschemiker nicht selten die Forderung nach einer quantitativen Alkaloidbestimmung gestellt wird, wo eine solche undurchführbar ist. Es seien nur kurz die Prinzipien angegeben, nach denen in geeigneten Fällen eine Alkaloidbestimmung vorgenommen wird. Die Alkaloide können nach ihrer Isolierung aus dem Untersuchungsmaterial entweder als freie Basen oder als Salze zur Wägung gebracht werden. Zur Wägung der freien Basen werden die Alkaloide zum Schluß mit Äther ausgeschüttelt, abgedampft, getrocknet und gewogen; bisweilen bringt man auch die salzsauren Alkaloidsalze zur Wägung. Diese gravimetrische Bestimmung setzt jedoch voraus, daß die Alkaloide in völlig reinem Zustand isolierbar sind, eine Forderung, die häufig nur schwer zu erfüllen ist. Auch die Fällung und Wägung als schwerlösliche Verbindungen, z. B. mit Pikrinsäure, Kieselwolframsäure usw., wird mitunter benützt. Am häufigsten werden quantitative Alkaloidbestimmungen auf titrimetrischem Wege durchgeführt. Hierzu müssen die Basen frei von jeder Spur Alkali oder Säure sein. Auch auf colorimetrischem und nephelometrischem Wege werden bisweilen quantitative Alkaloidbestimmungen durchgeführt. In toxikologischen Fällen läßt sich mitunter zur ungefähren Schätzung der vorhandenen Alkaloidmenge der biologische Versuch heranziehen.

Neben den chemischen zieht man häufig auch *biologische Methoden* zum Alkaloidnachweis heran. Zunächst kann die hohe Giftigkeit kleiner Substanzmengen den Verdacht ganz allgemein auf Alkaloide lenken. Außerdem sind einzelne Alkaloide durch ganz bestimmte biologische Reaktionen ausgezeichnet. Diesbezügliche Hinweise sind bei Besprechung der einzelnen Alkaloide gegeben.

Wenn die Vergiftung durch Alkaloid*pflanzen* erfolgte, z. B. durch Mutterkorn, Tollkirschen, Stechapfel- oder Herbstzeitlosensamen, so führt unter Umständen die mikroskopische Untersuchung von Darminhalt oder Stuhl rasch zum Ziel.

Die Pflanzen enthalten selten ein einziges, sondern in der Regel mehrere Alkaloide nebeneinander. Von den einzelnen Alkaloiden einer Pflanze überragt häufig eines die anderen an Menge und Bedeutung. Die Nebenalkaloide sind in ihrem chemischen Bau dem Hauptalkaloid oft sehr ähnlich. Beim Nachweis einer Vergiftung durch eine Alkaloidpflanze begnügt man sich in der Regel mit dem Nachweis des Hauptalkaloids.

Im folgenden sind die allerwichtigsten Reaktionen jener Alkaloide angegeben, die am häufigsten zu Vergiftungen führen. Dabei dürfen zur Beurteilung der einzelnen Alkaloide die vorstehenden allgemeinen Angaben über die Alkaloide nicht vernachlässigt werden.

*Aconitin und Pseudoaconitin:* Diese Alkaloide zersetzen sich sehr leicht unter Abspaltung von Säuregruppen. Die im Handel befindlichen Aconitinpräparate sind je nach der Ausgangspflanze und der Art der Darstellung verschieden zusammengesetzt. Wegen der leichten Zersetzlichkeit ist bei der Isolierung dieser Alkaloide aus dem Untersuchungsmaterial besondere Vorsicht notwendig, es dürfen keine starken Basen und Säuren und keine höheren Temperaturen angewendet werden. Eindeutige chemische Identitätsreaktionen auf Aconitin und Pseudoaconitin sind nicht bekannt. Man versucht mikrochemische Kristallfällungen mit Kaliumjodid und einige Farbreaktionen. Bei Vergiftungen mit der Pflanze ist der mikroskopische Nachweis wertvoll. Zum biologischen Nachweis benutzt man die eigenartige Wirkung auf das Froschherz, wobei es zu einer sog. Herzperistaltik kommt. Der brennende Geschmack des Aconitins kann als Vorprobe gewertet werden.

*Atropin und Hyoscyamin:* sind isomer; Atropin ist optisch inaktiv, das in den Pflanzen vorkommende Hyoscyamin ist linksdrehend. In der Tollkirsche und anderen Solanaceen überwiegt ursprünglich das Hyoscyamin, das aber bei der Verarbeitung teilweise oder ganz in Atropin übergeht. Die meisten chemischen Reaktionen sind für beide Alkaloide, dieselben, die biologischen Wirkungen sind qualitativ gleich, quantitativ wirkt das l-Hyoscyamin ungefähr doppelt so stark wie das Atropin. Beim Nachweis einer Belladonnavergiftung begnügt man sich in der Regel mit dem Nachweis des Atropins, ohne eine genauere Unterscheidung von etwa vorhandenem Hyoscyamin anzustreben. Bei Vergiftungen mit Tollkirschen oder Stechapfelsamen kann der Nachweis im Darminhalt oder Stuhl an den charakteristischen Zellen der Samenschale mikroskopisch geführt werden. Zum chemischen Nachweis des Atropins und Hyoscyamins dient neben Fällungsreaktionen u. a. die *Vitali*sche Reaktion, eine Farbreaktion mit Salpetersäure und Kalilauge. Beim Erwärmen von Atropin unter Zusatz von Schwefelsäure tritt Geruch nach Schlehenblüten auf. Vgl. auch Scopolamin. Zum biologischen Nachweis des Atropins und Hyoscyamins dient die bekannte pupillenerweiternde Wirkung.

*Heroin* wird aus Morphin durch Acetylierung hergestellt und als Hydrochlorid in den Handel gebracht. Bei Behandlung nach dem *Stas-Otto*-Gang wird es durch Abspaltung der Acetylgruppen leicht in Morphin zurückverwandelt. Die meisten Farbreaktionen des Heroins sind ähnlich denen des Morphins. Zur Unterscheidung wird u. a. eine Farbreaktion mit konzentrierter Salpetersäure und der negative Ausfall der Eisenchloridreaktion verwertet. Auch mikrochemische Fällungsreaktionen werden verwendet.

*Codein,* ein im Opium in viel geringerer Menge als das Morphin vorkommendes Alkaloid, ist der Monomethyläther des Morphins. Da das Codein im Gegensatz zum Morphin keinen Phenolcharakter besitzt, gibt es mit Eisenchlorid keine Färbung und zeigt andere Löslichkeitsverhältnisse als das Morphin (siehe unten). Fällungsmitteln gegenüber verhält sich das Codein sehr ähnlich dem Morphin.

*Cocain* ist gegen manche Fällungsmittel, insbesondere gegen Phosphorwolframsäure sehr empfindlich. Zur Identifizierung werden unter anderem mikrochemische Fällungen mit Goldchlorid und Natriumbromid, mit Platinbromid usw. benützt. Zum Nachweis wird auch die Mikrosublimation herangezogen, und zwar kann man bei geeigneter Arbeitsweise Kristalle von unzersetztem Cocain oder, durch Zusatz von Schwefelsäure, ein Spaltungsprodukt des Cocains, Benzoesäure erhalten. Die pupillenerweiternde Wirkung und die Hervorrufung von Gefühlslosigkeit auf der Zungenspitze wird bisweilen zur Unterstützung der Diagnose herangezogen.

*Colchicin,* das Hauptalkaloid der Herbstzeitlose bildet mit Säuren keine Salze und geht daher beim *Stas-Otto*-Gang schon aus saurer Lösung in Chloroform oder Äther über. Die Lösung in Säuren ist gelb gefärbt und bildet bei längerem Stehen besonders in der Wärme unter Abspaltung von Methylalkohol Colchicein. Colchicin ist amorph, Colchicein kristallisiert; Colchicein ist weniger giftig; beide geben dieselben Reaktionen. Von Platinchlorwasserstoffsäure, Pikrinsäure, Pikrolonsäure und Styphninsäure wird Colchicin nicht gefällt. Zum Nachweis werden u. a. Farbreaktionen mit Schwefelsäure, Salpeter und Natron-

lauge, mit konz. Salpetersäure, mit Salzsäure und Eisenchlorid usw. verwendet. Auch einige mikrochemische Kristallfällungen werden empfohlen. Bei Vergiftungen mit der Pflanze selbst können im Darm und im Stuhl mikroskopisch Samenbestandteile oder Stücke der Knollen nachgewiesen werden. Zur Unterstützung der Diagnose kann der, allerdings nicht eindeutige, Nachweis herangezogen werden, der darauf beruht, daß die Giftigkeit des Colchicins mit steigender Temperatur außerordentlich zunimmt.

*Coniin,* das Hauptalkaloid des gefleckten Schierlings, Conium maculatum, ist eines der wenigen sauerstofffreien Alkaloide. In freiem Zustande ist es eine farblose, alkalisch reagierende, nach Mäuseharn riechende Flüssigkeit. Die Eigenschaft des Coniins, mit Wasserdämpfen flüchtig zu sein, wird zu seiner Reinigung ausgenützt. Als Fällungsreaktionen werden u. a. Jodjodkalium, Kaliumwismutjodid, Phosphormolybdänsäure, Phosphorwolframsäure und einige Nitrokörper herangezogen. Die Farbreaktionen sind hier wenig spezifisch. Intralymphatische Injektion des Hydrochlorids am Frosch bewirkt eine Lähmung ähnlich der durch Curare.

*Morphin,* das Hauptalkaloid des Opiums, zeigt einige von der Mehrzahl der Alkaloide abweichende Löslichkeitsverhältnisse, die für seine Isolierung von Bedeutung sind. Das Morphin kann sowohl aus stark natronlaugealkalischen, wie auch aus sauren Lösungen nicht ausgeschüttelt werden. Dadurch ist eine weitgehende Reinigung von anderen Stoffen und anderen Alkaloiden möglich.

Morphin gibt mit den allgemeinen Reagenzien Fällungen, mit Gerbsäure nur eine Trübung. Zur Unterscheidung von anderen Alkaloiden werden vor allem Farbreaktionen benützt. Mit Eisenchlorid gibt Morphin (zum Unterschied von Codein) eine Blaufärbung. Zum biologischen Nachweis können weiße Mäuse herangezogen werden, die unter der Wirkung dieses Alkaloids eine eigentümliche Haltung des Schwanzes zeigen.

Der Nachweis von Morphin allein ist kein Beweis für das Vorhandensein von *Opium.* Dazu gehört noch der Nachweis von Mekonsäure. Opium in Substanz kann auch mikroskopisch erkannt werden.

*Mutterkornalkaloide.* Im Mutterkorn kennt man fünf Paare von isomeren Alkaloiden, von denen jedesmal das eine Isomere (z. B. Ergotoxin, Ergotamin, Ergometrin) linksdrehend und stark wirksam, das andere Isomere (z. B. Ergotinin, Ergotaminin, Ergometrinin) rechtsdrehend und wenig wirksam sind. Die Alkaloide eines Isomerenpaares können ineinander übergehen. Eine gemeinsame Reaktion der Mutterkornalkaloide ist folgende: beim Unterschichten einer Lösung dieser Alkaloide in Essigester mit eisenchloridhaltiger Essigsäure entsteht eine kornblumenblaue Zone. Die einzelnen Alkaloide lassen sich nach *A. Kofler* mikroskopisch durch ihre Kritallformen und Mikroschmelzpunkte unterscheiden. Zum biologischen Nachweis kann die uteruskontrahierende Wirkung und die gangränerzeugende Wirkung und (außer beim Ergometrin und seinem Isomeren) die vasomotorische Umkehrwirkung herangezogen werden. Die meisten Mutterkornvergiftungen erfolgen nicht durch die reinen Alkaloide, sondern durch den Pilz selbst. In diesen Fällen bietet die mikroskopische Untersuchung von Stuhl und Darminhalt die sicherste Nachweismöglichkeit. Dies gilt auch für den Nachweis des Mutterkorns im Mehl und Brot. Für diesen Zweck wird auch der chemische bzw. spektroskopische Nachweis des Sklererythrins, des Farbstoffes der Randschichte des Mutterkorns, herangezogen.

*Nicotin,* das Hauptalkaloid der Tabakpflanze ist in freiem Zustande eine farblose, an der Luft sich bräunende Flüssigkeit, die mit Wasserdämpfen flüchtig ist. Von den Fällungsreaktionen sind empfindlich die mit Phosphorwolframsäure, Silicowolframsäure, Kaliumwismutjodid, Phosphormolybdänsäure. Jod erzeugt in ätherischer Lösung eine rote Kristallfällung (*Roussins*-Kristalle). Formaldehyd und konzentrierte Salpetersäure erzeugen eine dunkelrote Färbung (*Schindelmeier*sche Reaktion). Die allgemeinen Farbreagenzien sind nicht brauchbar. Nicotin ist ein sehr starkes Gift, das Warmblüter fast ebenso rasch tötet wie Bläusäure. Auch Frösche sind empfindlich und zeigen ein auffallendes, für Nicotin eindeutiges Vergiftungssymptom. Schon wenige Minuten nach der Injektion einer Nicotinlösung zieht der Frosch in sitzender Stellung die Hinterbeine über den Rücken in die Höhe, so daß die Fersen sich einander nähern, sich berühren oder sich sogar über dem Rücken kreuzen. Als Vorprobe wird auch die noch in großen Verdünnungen auftretende kontrahierende Wirkung auf ein Blutegel- oder auf ein Froschmuskelpräparat herangezogen.

*Physostigmin* (= Eserin) ist verhältnismäßig leicht zersetzlich, seine Salzlösungen färben sich durch Luft und Licht rötlich, besonders beim Erhitzen. Die leichte Zersetzlichkeit erfordert besondere Vorsicht bei der Isolierung nach dem *Stas-Otto*-Gang. Physostigmin reagiert mit mehreren Fällungsreagenzien, auch mit einigen Nitrokörpern, es gibt aber keine Fällung mit Pikrolonsäure und Styphninsäure. Zum mikrochemischen Nachweis werden u. a. die Kristallfällungen mit Goldbromid und alizarinsulfosaurem Natrium empfohlen. Auch mehrere Farbreaktionen, z. B. mit Salpetersäure, werden verwendet. Zum biologischen Nachweis dient durch Physostigmin bewirkte Verengung der Pupille. Empfindlicher als die Reaktion am Auge ist der Physostigminnachweis am Blutegelpräparat, der auf dem synergistischen Verhalten von Acetylcholin und Physostigmin beruht.

*Scopolamin* findet sich in mehreren Solanaceen neben Atropin und Hyoscyamin und ist diesen beiden Alkaloiden in seiner chemischen Konstitution, seinen Reaktionen und Wirkungen ähnlich; es gibt ebenfalls die *Vitali*sche und die Schlehenblütenduft-Reaktion. Zur Unterscheidung können einige mikrochemische Fällungsreaktionen herangezogen werden.

*Strychnin.* Die meisten Alkaloidfällungsmittel liefern mit Strychninsalzen Niederschläge, besonders empfindlich reagieren Phosphorwolframsäure, Kaliumwismutjodid und Silicowolframsäure. Zum mikrochemischen Nachweis eignen sich u. a. die Kristallfällungen mit Kaliumferrocyanid, Quecksilberchlorid und Jodkalium. Strychnin liefert auch einige wichtige Farbreaktionen. Von konzentrierter Schwefelsäure wird es farblos gelöst; auf Zusatz von Oxydationsmitteln zur schwefelsauren Lösung entstehen blaue bis blauviolette Färbungen. Hierzu dienen u. a. Kaliumbichromat, Kaliumpermanganat und Bleisuperoxyd. Zur Unterscheidung von Brucin wird das Verhalten gegen konz. Salpetersäure benützt, Strychnin löst sich mit gelber, Brucin mit roter Farbe. Vergiftungen mit Strychnos-Samen können im Darminhalt oder Stuhl mikroskopisch an den kennzeichnenden Samenteilen erkannt werden. Als Vorprobe auf Strychnin dient auch die Geschmacksprüfung, da das Strychnin eine der am stärksten bitter schmeckenden Substanzen ist. Zum biologischen Nachweis verwertet man die Streckkrämpfe, die das Strychnin bei Fröschen und Mäusen noch in sehr kleinen Dosen hervorruft. Allerdings bewirken auch einige andere Alkaloide (Brucin, Thebain, Morphin, Hydrastin und Coffein) in größeren Dosen bei Fröschen ähnliche Krämpfe.

*Veratrin.* Das käufliche, in den meisten Arzneibüchern offizinelle „Veratrin" ist in der Hauptsache ein Gemisch der beiden isomorphen Alkaloide Veratridin und Cevadin aus den Sabadillsamen. In Veratrum album, der weißen Nießwurz, sind andere, aber ähnlich gebaute und sehr ähnlich wirkende Alkaloide vorhanden, vor allem das Protoveratrin. Der toxikologische Nachweis nimmt in der Praxis meist keine Rücksicht auf die zusammengesetzte Natur des Veratrins, da es sich bei Vergiftungen fast ausschließlich um das käufliche „Veratrin" handelt.

Beim Kochen von „Veratrin" mit Salzsäure entsteht eine sehr beständige rote Lösung. Auch einige, allerdings wenig charakteristische Fällungsreaktionen, werden herangezogen. Bei der Mikrosublimation bei hohen Temperaturen entstehen Kristalle von Veratrumsäure, eines Zersetzungsproduktes des Veratrins. Kleinste Mengen Veratrin oder gepulverte Droge erzeugen in Staubform in der Nase heftige Reizerscheinungen und Niesen, im Auge intensiven Schmerz und Tränenfluß. Abgesehen von diesen Wirkungen wird für den biologischen Nachweis die eigenartige Umkehrwirkung der sog. „Veratrineffekt" am Frosch benützt.

*b) Amid-Stickstoff-haltige Gifte. Anilinderivate*, die als Arzneimittel verwendet werden: Die Ausmittelung dieser Substanzen, die vorwiegend Antipyretica sind, erfolgt nach dem *Stas-Otto*-Gang, der etwas modifiziert wird. Das Material wird mit Schwefelsäure angesäuert und nach dem Versetzen mit Alkohol digeriert. Dann wird abfiltriert und die Flüssigkeit eingedunstet. Der wässerige Rückstand wird nun nicht mehr filtriert (wie im normalen *Stas-Otto*-Gang), da eine Anzahl von Stoffen, die hier zu behandeln sind, in Wasser schwerlöslich ist, sondern wird direkt mit Äther ausgeschüttelt. Die meisten der vorkommenden Substanzen geben die *Indophenol*- und *Azofarbstoff*-Reaktion (siehe Allgem. Teil III).

*Antifebrin, Acetanilid:* Ruft eine Hämoglobinurie hervor. Schmelzpunkt 113—114°, schwerlöslich in kaltem Wasser, leicht in Äther und Chloroform, mit Kalilauge entsteht Anilin. Nach dem Zusatz von Chloroform und nochmaligem Erwärmen Isonitrilgeruch. Beim Erhitzen mit Schwefelsäure und Alkohol Geruch nach Essigester. Nach dem Kochen mit Salzsäure, Indophenol- und Azofarbstoff-Reaktion positiv.

*Phenacetin, para-Acetylphenetidin:* Schmelzpunkt 134—135° (instabile Modifikation 128°). Schwerlöslich in kaltem Wasser, leicht in Äther und Chloroform. Im Harn z. T. unzersetzt, z. T. als Phenetidin an Schwefel- oder Glucuronsäure gebunden. Der Rückstand des ätherischen Extraktes kristallisiert sofort. Nachweis durch Mikrosublimation. Sublimationstemperatur 100—120°. Die Indophenol- und Azofarbstoffreaktion ist im Harn direkt positiv. Nach dem Erwärmen mit verdünnter Salpetersäure kristallisiert beim Erkalten Nitrophenacetin, Schmelzpunkt 103°. Phenacetin gibt keine Isonitrilreaktion im Gegensatz zu Acetanilid.

*Lactophenin:* Schmelzpunkt 118° und

*Phenocoll:* sind Phenetidinverbindungen, die ähnliche Reaktionen zeigen.

*Salophen* (Acetylamidophenolsalicylsäureester): Schmelzpunkt 187—188°. Schwerlöslich in Wasser, gibt Indophenol- und Azofarbstoffreaktion nach dem Kochen mit Salzsäure. Die alkoholische Lösung färbt sich mit Eisenchlorid violett (Salicylsäure).

*Phenylhydracinderivate:* Sind starke Blutgifte und bilden Methämoglobin. Spektroskopischer Nachweis des Methämoglobins. Alle Substanzen reduzieren stark *Fehling*- und Silbernitratlösung. Sie färben sich blau mit Phosphormolybdänsäure. Azofarbstoffreaktion nach dem Kochen mit Salzsäure positiv. Indophenolreaktion bleibt aus.

*Phenylhydracin:* Ölige Flüssigkeit, das salzsaure Salz stellt schöne Kristalle dar. Diese sind leicht-löslich in Wasser. Identifizierung als Glucosazon. Man versetzt mit einer geringen Menge Zucker, Essigsäure und Natriumacetat und erwärmt durch einige Minuten. Es fallen gelbe Nadeln, Mikro-schmelzpunkt 224°.

*Maretin* (Carbaminsäuretolylhydrazid): Schmelz-punkt 103—104°. Leichtlöslich in heißem, schwer in kaltem Wasser. Unlöslich in Äther. Der Harn besitzt nach der Einnahme von Maretin reduzierende Wirkung gegen *Fehling*sche Lösung.

*Hexamethylentetramin:* Sublimiert beim vor-sichtigen Erhitzen, löslich in Wasser, Alkohol, Chloroform. Aus alkalischer Lösung ausschüttelbar. Harn wird mit Natriumsulfat eingedunstet, mit Chloroform extrahiert. Rückstand im Mikrobecher mit Schwefelsäure versetzen: Beim Erwärmen ent-steht Formaldehyd, der als Formyldimedon, Schmelz-punkt 189°, nachgewiesen wird. Urotropin gibt mit Sublimat kristallisierte Fällung (1:500 000).

*Paraphenylendiamin:* Kristalle durch Luftoxy-dation meist braun. Schmelzpunkt um 140°, subli-mierbar. Leicht löslich in Alkohol und Äther, in Wasser weniger. Wird als Haarfärbemittel für Pelze verwendet. Kann nach Versetzen mit Schwefel-ammon und Extraktion mit Äther durch Sublima-tion gewonnen werden. Nach Zusatz von Kalium-nitritlösung gelb. Auf Zusatz von Natronlauge braunrot. Mit Anilin und Eisenchlorid bei Erwär-men blau (Indaminreaktion). Mit Superoxyd und Peroxydasen blau.

*Piperacin:* (Diäthylendiamin). Zerfließliche, leicht in Wasser lösliche Kristalle, in Äther und Chloroform schwerer löslich. Schmelzpunkt 104°. Niederschläge gegen Wismutjodidjodkalium, *Ness-lers* Reagens, Pikrinsäure u. a. Alkaloidreagenzien. Im Harn leicht mit obigen Reagenzien nachzuweisen.

*Orexin* (Phenyldihydrochinazolin): Wird als Tannat verwendet. Isolierung der freien Base durch Extraktion der alkalischen Flüssigkeit mit Äther. Schmelzpunkt 195°. Alkaloidfällungsmittel erzeugen starke Niederschläge. Mit Zinkstaub erhitzt entsteht Isonitrilgeruch. Der salzsaure Auszug färbt sich mit Chlorkalk blauviolett.

*Chinosol* (o-Oxychinolinsulfat): Schmelzpunkt 175—177°, Base 75°. Unschädliches Desinficiens. Im Harn an Glukuronsäure gepaart. Ausschüttelbar aus ammoniakalischer Lösung mit Äther. Die Base ist mit Wasserdämpfen flüchtig und sublimierbar. Pikrat, Schmelzpunkt 203—204°. Eisenchlorid färbt grün.

*Plasmochin* (Diäthylaminoisopentylaminome-thoxychinolin): Schwerlöslich in Wasser, leicht in Äther. Harn wird nach starker Alkalisierung mit Lauge mit Äther extrahiert, dieser gewaschen und die Substanz dem Äther mit essigsaurem Wasser entzogen. Nach dem Kochen mit wenig Chloranil entsteht eine Blaugrünfärbung. Der Farbstoff läßt sich nach dem Alkalisieren mit Äther ausschütteln. Plasmochin fällt mit allen Alkaloidreagenzien (*Mayer* 1:100 000).

*Pyridium* (Phenylazodiaminopyridin): Löslich in Wasser und Alkohol, weniger in Äther. Extrahier-bar aus alkalischer Flüssigkeit mit Äther, Jod und Bromkali geben Drusen und Nadeln, Natriumper-chlorat Sterne und Büschel. Die üblichen Alkaloid-fällungsmittel erzeugen amorphe Fällungen.

*Cardiazol* (Pentamethylentetrazol): Schmelz-punkt 58°, Ausschüttelbar aus wässeriger Lösung und Zusatz von Ammonsulfat mit Äther oder nach Zusatz von Natronlauge mit Chloroform kristalli-sierte Verbindung. Cadmiumchlorid und Cadmium-jodid liefern unlösliches Komplexsalz. Mit Cupro-

chlorid und Salzsäure entstehen noch in einer Ver-dünnung von 1:4000 charakteristische Kristalle. Nachweis in Organen: *Stas-Otto-*Gang. Extrak-tion der natronalkalischen Lösung mit Chloroform. Mit Quecksilberchlorid Kristalle. Schmelzpunkt 175 bis 176°.

*Coramin:* Diäthylamid der β-Pyridinkarbon-säure. Aus alkalischer Flüssigkeit mit Äther extra-hierbar. Fällung mit Alkaloidreagenzien: *Mayer*, Quecksilberchlorid. Abspaltung des Diäthylamins durch Erhitzen mit Lauge und Abdestillieren: Im Destillat Blaufärbung mit Acetaldehyd und Nitro-prussidnatrium (sek. Amine).

*Optochin* (Äthyldihydrocuprein): Verhält sich bei der Ausmittelung wie ein Alkaloid. Lösung in Schwefelsäure fluoresciert. Mit Tetranitrodiamino-kobaltikalium: Drusen. Alkaloidreagenzien amorphe Fällung.

*Acridinfarbstoffe:* Trypaflavin und Rivanol, Argo-flavin. Diese Farbstoffe zeigen in wässeriger oder alkoholischer neutraler Lösung noch in hoher Ver-dünnung eine gelbgrüne Fluorescenz. Auf Zusatz von Salzsäure und Nitrit entsteht bei allen eine rote bis violettrote Färbung. Die als Desinfektionsmittel verwendeten Substanzen sensibilisieren die Haut gegenüber Licht (UV.-Einwirkung). Ausmittlung aus ammoniakalischer Lösung mit Chloroform. Base in Wasser schwerlöslich.

*Antipyrin und Derivate:* Antipyrin (Phe-nyldimethylpyrazolon): Leichtlöslich in Wasser, Alkohol, Chloroform. Schwache Base. Schmelz-punkt 113°. Extraktion geringer Mengen auch aus weinsaurer Lösung mit Äther. Die Hauptmenge jedoch aus alkalischer Flüssigkeit mit Chloroform. Eisenchlorid färbt rot, rauchende Salpetersäure grün. Niederschläge mit vielen Alkaloidfällungs-mitteln. Pikrat Schmelzpunkt 188°.

*Isopropylantipyrin:* Schmelzpunkt 99°, schwer-löslich in Wasser. Es kann aus saurer Lösung aus-geäthert werden. Die Lösung in verdünnter Salz-säure wird mit Eisenchlorid himbeerrot. Salpetrige Säure färbt nicht im Gegensatz zu Antipyrin. Ka-liumdichromat liefert Nadeln und Spieße.

*Pyramidon* (Dimethylamido-Antipyrin): Leicht-löslich in heißem Wasser und Chloroform. Schmelz-punkt 108°. Im Harn findet sich Rubazonsäure und kein unverändertes Pyramidon. Durch Essigester erhält man die Rubazonsäure als rote Verbindung. Nachweis der Pyramidonumwandlungsprodukte im Harn: Überschichten mit 1%iger bis ½%iger Jod-lösung: Es entsteht ein violetter Ring. Das Pyra-midon findet sich bei der toxikologischen Ausmitte-lung in der ätherischen Ausschüttelung der alkali-schen Flüssigkeit. Pyramidon ist auch sublimier-bar, Silbernitrat färbt in wässeriger Lösung blau.

Andere Derivate des Antipyrins, wie *Salipyrin*, *Acetopyrin*, geben mit Eisenchlorid starke Fär-bungen. Ebenso mit salpetriger Säure.

*Lokalanaesthetica:* Diese werden im *Stas-Otto-*Gang aus ätzalkalischer Lösung mit Äther als freie Basen erhalten. Den Rückstand löst man in einer Spur Salzsäure. Die Lösung wirkt auf die Zunge anästhesierend. Mit Hilfe von Fällungsmitteln lassen sich 13 Lokalanaesthetica unterscheiden und nach-weisen (*Fischer*). Die in einem Probetropfen gelöste Substanz wird in fünf Teile geteilt und nacheinander mit fünf Reagenzien behandelt. Die bei der Fällung entstehenden Kristalle werden mit Wasser oder 20%-igem Alkohol gewaschen, getrocknet, der Mikro-schmelzpunktbestimmung unterzogen und dadurch identifiziert. Mit *Trinitroresorcin* fallen *Panto-cain* (Kristalle und Prismen), *Stovain* (polygonale flache Plättchen), *Larocain* (kantige, verwachsene Kristalle), *Novocain* (quadratische und rechteckige, dendritische, flache Kristalle), *Cocain* (schöne lange, dünne Nadeln), *Tutocain* (kurze, dicke, prismatische Kristalle), *Alypin* (kurze Nadeln und rechteckige Plättchen), *Eucain* (kurze kleine Nadeln).

Mit *Trinitrobenzoesäure* fallen *Percain* (lange Nadeln und Drusen [Reiben zweckmäßig!]), *Psicain neu* (Tropfen, feinste Nadeln und Drusen), *Panthesin* (Drusen und feine Nadeln, zuerst Tropfen), *Pantocain* (Nadeln und flache gelbe Blättchen).

Mit *Platinchlorid* fallen *Psicain neu* (Nadeln und Sterne), *Percain* (Nadeln und Einzelkristalle), *Holocain* (Sterne aus kleinen kurzen Nädelchen), *Larocain* (flache, prismatische Kristalle, Sphärokristalle), *Cocain* (schöne Kristalle mit spitzen Winkeln).

Mit *Pikrinsäure* fallen *Pantocain* (lange, tiefbraune Nadeln und rechtwinkelige Kristalle), *Stovain* (schöne Nadeln), *Novocain* (stengelige, prismatische Kristalle), *Cocain* (feinste, lange Nadeln), *Larocain* (meist flache, oft sternförmig angeordnete viereckige Blättchen, seltener Nadeln), *Alypin* (kleine wenig gut ausgebildete Kristalle), *Eucain* (grobe Nadeln).

Einige Lokalanaesthetica, wie Laroacin, Novocain, Percain, Pantocain, Psicain und Tutocain lassen sich durch Fällung mit Sodalösung, durch Diazoreaktion, nach Zusatz von Salpetersäure, nach Unterschichtung mit ferrisulfathaltiger Schwefelsäure und durch die Jodoformreaktion, schließlich mit ätherischer Oxalsäurelösung unterscheiden.

*Novocain* (Amidobenzoyldiäthylaminoäthanolhydrochlorid): Schmelzpunkt 155°, leichtlöslich in Wasser. Geschmack bitter, dann Unempfindlichkeit. Das Hydrochlorid selbst sublimiert knapp vor dem Schmelzpunkt. Die freie Base läßt sich mit Äther aus dem Untersuchungsmaterial isolieren. Schmelzpunkt 62°, schwerlöslich in Wasser. Der in Salzsäure gelöste Verdunstungsrückstand gibt folgende Reaktion: Nach Zusatz von Natriumnitrit und Schwefelsäure erhält man mit Natronlauge und β-Naphthol (auch α-Naphthol) einen roten Niederschlag. Fällungen entstehen mit Bromwasser (Büschel von Kristallen), mit Natriumchlorat (Rosetten und Prismen), *Reinecke*-Salz (kleine Spieße). Im Ultraviolettlicht starke Luminescenz im Blauviolett bei 4670 AE. Cocain und Stovain fluorescieren nicht.

*Panthesin* (Aminobenzoyldiäthyllencinolmethansulfonat): Schmelzpunkt 158—160° und 170 bis 172°. Gemisch von zwei Formen. Die freie Base mit Äther extrahierbar. Diazoreaktion positiv.

*Pantocain* (Butylaminobenzoyldimethylaminoäthanolhydrochlorid): Schmelzpunkt 149—150°. Die Base schmilzt bei 42—43°, ist schwer kristallisierbar. Fällungen ergibt außer den Nitrokörpern Kaliumdichromat, Kaliumferricyanid und Kaliumpermanganat. Pikrat: Schmelzpunkt 110, 120°.

*Tutocain* (Aminobenzoyldimethylaminonmethylbutanolhydrochlorid): Schmelzpunkt 213—215°. Leichtlöslich in Wasser. Fällungen ergibt Chinizarinsulfosäure, *Reinecke*-Salz und Kaliumbromid. Diazoreaktion positiv. Pikrolonat: Schmelzpunkt 193°.

*Larocain* (Aminobenzoyldimethyldiäthylaminopropanolhydrochlorid): Schmelzpunkt 196—197°. Base schwer in Wasser löslich, leicht in Äther und Chloroform. *Reinecke*-Salz: Büschel verzweigter gebogener Federn. Styphnat Schmelzpunkt 149 bis 150°. Pikrat: Schmelzpunkt 166°, gibt die Diazoreaktion.

*Anästhesin* (Amidobenzoesäureäthylester): Schmelzpunkt 92°, unlöslich in Wasser, löslich in Äther, Alkohol, Chloroform und verdünnten Säuren. Isolierung durch Ausschütteln mit Äther aus alkalischem Medium. Sublimation bei 80° im Vakuum, bei 60° liefert rechteckige Platten. Azofarbstoffreaktion positiv. Lösung in Eisessig wird mit Bleisuperoxyd rot, Vertaubung auf der Zunge hervorrufend. Pikrat: Schmelzpunkt 129—130°.

*Orthoform* (Amidooxybenzoesäuremethylester): Schmelzpunkt 142°, metastabile Modifikation 110 bis 111°, unlöslich in Wasser, löslich in Säuren und Laugen und Chloroform, nicht vertaubend auf der Zunge! Extraktion aus Natriumbicarbonat alkal. Flüssigkeit mit Äther. Sublimationstemperatur um 100°. Azofarbstoffreaktion positiv, Eisessig mit Bleisuperoxyd grüne Farbe.

*Eucain B* (Methyldimethylbenzoyloxypiperidinhydrochlorid): Schmelzpunkt 268°, löslich in Wasser, freie Base, Schmelzpunkt 91°, unlöslich in Wasser, löslich in Äther. Mit Äther aus alkalischer Lösung extrahierbar. Reaktionen: Pikrat: Schmelzpunkt 230—232°. Ist im Gegensatz zu Cocain von Permanganat rasch unter Braunfärbung oxydiert, schmeckt vertaubend.

*Alypin* (Benzoyltetramethyldiamidoäthylisopropylalkohol): Schmelzpunkt 173°, Base ölig, aus alkalischer Flüssigkeit mit Äther isolierbar, schmeckt vertaubend. Jodkalilösung gibt weißen Niederschlag. Pikrat: Schmelzpunkt 195—197°.

*Stovain* (Benzoyldimethylamidoäthylisopropylalkohol-hydrochl.): Schmelzpunkt 175—176°, freie Base ölig, mit Äther aus alkalischer Lösung extrahierbar. Permanganat oxydiert langsam, Jodkali fällt nicht, schmeckt vertaubend. Pikrat: Schmelzpunkt 115—116°.

*Schlafmittel:* Als solche haben hauptsächlich Barbitursäurederivate, ferner zwei Sulfone, Harnstoffderivate und Amide, letztere in geringerem Maß toxikologischer Bedeutung. Alle diese Substanzen lassen sich aus saurer Lösung mit Äther extrahieren. Die Reinigung und Isolierung der Schlafmittel erfolgt durch Sublimation, die Identifizierung vorwiegend durch physikalische Methoden.

Bezüglich des Untersuchungsmaterials ist folgendes zu sagen: Organe, Mageninhalt und Darminhalt werden in üblicher Weise durch Extraktion nach dem *Stas-Otto*-Gang mit saurem Alkohol behandelt. Blut wird nach dem Hämolysieren mit der sechsfachen Menge eines Puffers von $p_H = 3{,}5$ bis 4 versetzt. Diese Acidität genügt für die Extraktion aller Schlafmittel. Man vermeidet auf diese Weise das Ausfallen von Eiweiß, das die Extraktion im Perforator stören würde. Liquor cerebrospinalis wird nach dem Ansäuern direkt mit Äther extrahiert. Harn wird meist nach Fällen mit Bleiacetat und Entfernung des Bleis mit Äther extrahiert. Auf diese Weise erhält man sämtliche Schlafmittel sowohl die stark sauren, als auch die neutralen Körper. Eine Trennung erfolgt durch Schütteln mit alkalihaltigem Wasser. Die Barbitursäurederivate und Nirvanol gehen in die wässerige Phase (Gruppe A). Die übrigen bleiben im Äther (Gruppe B). Gruppe A wird hernach aus der wässerigen Flüssigkeit nach Zusatz von Säure wiederum mit Äther erhalten. Bei Verarbeitung von diesen Extrakten ist es zu empfehlen, dieselbe mit Natriumsulfat oder Chlorcalcium zu trocknen und durch Zusatz von Aktivkohle und Magnesiumcarbonat zu reinigen. Durch diese Maßnahme werden Hippursäure und Bernsteinsäure und andere Verunreinigungen zurückgehalten. Liegen Veronal, Prominal, Luminal und die übrigen nicht gegen Permanganat empfindlichen Stoffe vor, dann werden sie durch Kochen mit schwefelsaurer Permanganatlösung, wenn nötig, weiter gereinigt. Den Braunstein entfernt man mit Superoxyd und schüttelt nochmals mit Äther aus. Der Ätherextrakt wird in der auf S. 289 unter AT II a beschriebenen Weise verdunstet und auf dem Sublimationsapparat der Mikrosublimation unterworfen. Zur Identifizierung benötigt man Mikroschmelzpunkt, Sublimationstemperatur, einige kristalloptische Konstanten und den Brechungsindex.

Folgende Substanzen können unter Umständen bei der Ausmittelung von Barbitursäurederivaten gefunden werden. Phenyläthylacetylharnstoff, das Abbauprodukt des Luminals, Schmelzpunkt 146 bis 147°, Sublimationstemperatur 105—110°, feinste Nadeln und Spieße, zum Teil garbenförmig verwachsen. *Hippursäure*, Schmelzpunkt 188°, Sublimationstemperatur 160—170°, Tropfen und Nadeln, gebogen zu Garben vereinigt.

*Bernsteinsäure:* Schmelzpunkt 185—186°, Sublimationstemperatur 150—160°, Nadeln und körnige Kristalle, quadratische Platten.

Äthylcyclohexenonylbarbitursäure: Abbauprodukt des Phanodorms. Schmelzpunkt 220—222°.

Schlafmittel, die durch Kaliumpermanganat unter Zusatz verdünnter Schwefelsäure nicht oder praktisch nicht angegriffen werden, sind: Veronal, Prominal, Luminal, Nirvanol, Diogenal, Amytal, Proponal, Acetylnivanol, Trional, Sulfonal, Bromural, Adalin Rutonal, Ipral, Nembutal, Soneryl, Abbauprodukt des Luminals, ferner Bernsteinsäure und Hippursäure. Durch Permanganat angegriffen werden: Phanodorm, Noctal, Sandoptal, Pernocton, Evipan, Dial, Numal, Sedormid und Novonal. Saudoptal, Dormovit, Dormin, Eldoral, Idobutal, Eunarcon, Allylphenylbarbitursäure.

Gruppenreaktionen der Barbitursäurederivate: Mit *Denigès*-Reagens weiße amorphe Fällung.

*Kobaltnitrat* in Methylalkohol mit einer Base (Barium- oder Lithiumhydroxyd) erzeugt noch in hohen Verdünnungen eine blaue Farbe. Diese ermöglicht Schätzung des Barbitursäuregehalts im Harn. Mit *Xanthydrol* tritt in essigsaurem Medium die Kondensation zu Dixanthylbarbitursäuren ein. In verdünntem Alkali gelöst fallen nach Zusatz von festem Ammonphosphat mehr oder weniger charakteristische Kristalle aus. Im folgenden sind einige wichtigere Substanzen genauer besprochen:

*Veronal:* Existiert in drei Modifikationen. Vor dem Schmelzen sind sehr charakteristische Umwandlungen zu beobachten. Bei der Mikrosublimation entstehen schmale prismatische Kristalle, Nadeln oder kürzere, körnige Kristalle mit bipyramidalen Enden oder quadratische Plättchen. Mit Ammonphosphat viereckige Tafeln mit schiefen Endflächen und Platten mit unregelmäßiger Begrenzung. Mit Kupferpyridinlösung violette Rauten, Prismen und Drusen. Thalliumacetat erzeugt Rauten und Prismen. Ammoniakalische Silberlösung: Sphärokristalle.

*Luminal:* Kommt in drei Modifikationen vor. In den Sublimaten finden sich Nadeln, ferner Aggregate aus rechteckigen, abgedachten Kristallen und rautenförmige, rhomboidische Plättchen. Xanthydrolverbindung, Schmelzpunkt 219°. Ammonphosphat erzeugt Kugeln und feine Nädelchen, Thalliumacetat Kugeln und Büschel feinster Nadeln.

Das Abbauprodukt des Luminals wird durch Perforation der natronalkalischen Lösung (aus Harn) mit Äther oder Aether aceticus erhalten.

*Phanodorm:* Xanthydrolverbindung, Schmelzpunkt 257°. Sublimiert primär in Tropfen, die nach dem Reiben spitze, prismatische leistenförmige Nadeln geben. Ammonphosphat erzeugt Rosetten aus Stäben oder spatelartige Gebilde, Thalliumacetat Drusen und Garben, Kupferpyridinlösung violette Färbung und Abscheidung von drusenartigen Gebilden.

*Prominal:* Bei der Sublimation sechseckige Plättchen, trapezförmig mit rhomboidischem Umriß. Ammonphosphat erzeugt kleine sechseckige Tafeln, Barytwasser Nadeln, büschelförmig angeordnet.

*Dial:* Sublimation: dicke plastische Kristalle mit rhombischem Umriß. Xanthydrolverbindung, Schmelzpunkt 242,5°. Ammonphosphat erzeugt Sechsecke und Spieße, Barytwasser kleine Stäbe in Büscheln, Bromkali bald farblose Kristalle.

*Noctal:* Bei der Sublimation große, prismatische, zugespitzte Nadeln. Ammonphosphat gibt ebenso wie Thalliumacetat Büscheln und Garben von Nadeln, Barytwasser kleine Nädelchen.

*Pernocton:* Primär Tropfen. Nach dem Abkühlen und Kratzen Büscheln und Garben aus spitzen Nadeln, Thalliumacetat fällt Sphärokristalle und Nadelbüschel, Barytwasser feine Nädelchen.

*Numal:* Existiert in zwei Modifikationen. Man erhält plastische prismatische Kristalle, Kristalle mit rhombischem Umriß, oft leistenförmig zugespitzt und zu Aggregaten verwachsen. Xanthydrolverbindung, Schmelzpunkt 226,5°. Ammonphosphat und Thalliumphosphat erzeugt Nadeln und Prismen, Kupferpyridinlösung blaue Drusen.

*Adalin:* Bei der Sublimation dünne Nadeln und Prismen, auch viereckige Plättchen. Mit *Nesslers* Reagens überziehen sich die Kristalle mit einer rotbraunen Schicht. Erhitzen mit Lauge ergibt Blausäure. Nachweis in der Mikrogaskammer.

*Sulfonal:* Bei der Sublimation prismatische Kristalle mit schiefen Endflächen, auch rechteckige Plättchen. Nachweis von Schwefel in organischer Substanz siehe S. 296 AT III. Auch durch Schmelzen des Sulfonals mit Eisenpulver wird Eisensulfid gebildet, das sich mit Jodacid nachweisen läßt.

*c) Amid-Stickstoff-freie Gifte.* Nitroglycerin: Ölige Flüssigkeit, explosibel. Nachweis: Das angesäuerte Untersuchungsmaterial wird mit Alkohol extrahiert und der Extrakt nach dem Vertreiben des Alkohols mit Äther ausgeschüttelt. Im Rückstand des Äthers wird das Nitroglycerin durch Alkohol vom Fett getrennt. Die alkoholische Lösung hinterläßt ölige Tröpfchen. Zur Erkennung bringt man eine Spur in einer Capillare in die Flamme eines Bunsenbrenners: Heftiger Knall.

*Fette Öle:* Crotonöl wirkt außerordentlich stark reizend. Das durch Extraktion mit Alkohol isolierte Öl (Crotonöl und Ricinusöl sind im Gegensatz zu anderen pflanzlichen Ölen in Alkohol leicht löslich, in Petrolbenzin jedoch schwerlöslich) prüft man im Tierversuch durch Einspritzen unter die Haut. Starke Reizwirkung.

*Toxalbumine: Ricin, Abrin, Crotin, Phasin.* Ersteres in den Preßkuchen der Ricinussamen, abfallend bei der Ölpressung. Physiologische Prüfung: Extraktion mit physiologischer Kochsalzlösung unter Zusatz eines Tropfens Chloroform durch 24—48 Stunden. Fällung mit Alkohol, Waschen des Niederschlages mit Äther. Der Niederschlag wird wieder mit physiologischer Kochsalzlösung angesetzt und dann auf seine agglutinierende Wirkung gegenüber Blutkörperchen geprüft. Ricin wirkt giftig auf Kaninchen (siehe S. 298 A T IV).

*Nichtflüchtige Phenole: Brenzcatechin:* Schmelzpunkt 104°, sublimierbar. Löslich in Wasser, Alkohol, Äther. Perforieren mit Äther und Sublimation des Ätherextrakts bei etwa 90°. Mit Paranitrosodimethylanilin und Natriumacetat Stäbchen und Zwillinge. Die alkalische Lösung färbt sich bei Luftzutritt grün bis schwarz.

*Resorcin:* Schmelzpunkt 110°. Leicht löslich in Wasser, unlöslich in Chloroform. Im Harn Resorcinschwefelsäure. Nachweis derselben: Eindampfen des Harns, Kochen mit Schwefelsäure, Ausschütteln mit Äther. Der Rückstand des Ätherextrakts wird mit Wasser, Bariumcarbonat und etwas Tierkohle gekocht. Im Rückstand Resorcin. Identifizierung des im Äther vorhandenen Resorcins durch Mikrosublimation bei 80—90°. Paranitrosodimethylanilinnitrat und Natriumacetat ergibt Prismen.

*Hydrochinon:* Schmelzpunkt 172°, löslich in Wasser und Äther. Extraktion mit Äther und Nachweis durch Sublimation bei 110—120°. Mit Chinon entstehen violette Kristalle vonChinhydron, mit Paranitrosodimethylanilinnitrat und Natriumacetat gelbe Rosetten. Ammoniakalische Silberlösung wird in der Kälte reduziert.

*Pyrogallol:* Schmelzpunkt 131°. Sehr leicht löslich in Wasser und Äther, schwer in Benzol. Die Ausmittelung erfolgt nach der Extraktion der sauren wässerigen Lösung mit Benzol zur Entfernung des Fettes mit Äther. Reinigung durch Sublimation bei 110—120°. Paranitrosodimethylanilinnitrat und Natriumacetat geben sternförmige Kristalle. Reduziert Gold-, Silber- und Quecksilbersalzlösungen. Mit Formalinsalzsäure rubinrot. Bildet Methämoglobin.

*Phloroglucin:* Spaltprodukt der wirksamen Bestandteile von Filix mas, Koso, Kamala. Schmelzpunkt 119—120° (wasserfrei). Leicht löslich in Äther, etwas schwerer in Wasser. Sublimierbar.

*Filix mas* (Filixsäure): Der Nachweis von Farnkrautvergiftung beruht auf der Isolierung von Filixsäure. Die getrockneten Organteile werden mit Äther-Alkohol ausgezogen. Der eingedampfte Rückstand wird mit Kalkwasser behandelt. Die Kalkwasserauszüge werden angesäuert und mit Schwefelkohlenstoff ausgeschüttelt. Der Rückstand des Schwefelkohlenstoffs enthält die Filixsäure.

Mit Rücksicht auf die Schwierigkeit der Ausmittelung auf chemischem Wege sei erwähnt, daß die mikroskopische Untersuchung bei Wurmmittelvergiftungen mehr Aussicht auf Erfolg besitzt. In Frage kommen Filix mas, Flores Koso, Kamala (siehe A T II b 7), sofern die Ganzdroge verwendet wurde. Bei Extrakten läßt auch diese Art der Untersuchung im Stich. *Filmaron* ist weitgehend ungiftig.

*Säuren: Oxalsäure:* Schmelzpunkt 102°, wasserfrei 189°. Für den chemischen Nachweis der Oxalsäurevergiftung ist wesentlich, daß die Oxalsäure einerseits ein normales Stoffwechselprodukt ist, andererseits unter pathologischen Verhältnissen auftreten kann und daß viele vegetabilische Nahrungsmittel oxalsäurehaltig sind. Man wird daher meist eine quantitative Bestimmung durchführen müssen.

Nachweis freier Oxalsäure: Geringe Aussicht auf Erfolg, da die Oxalsäure im Organismus zumeist in das unlösliche Calciumoxalat übergeführt wurde. Man extrahiert daher zum Nachweis von Oxalaten mit stark salzsaurem Wasser, indem man längere Zeit damit digeriert. Der Salzsäureauszug wird zur Abscheidung der Eiweiß gekocht, filtriert, eingedampft und mit Soda gekocht. Im Filtrat wird die Oxalsäure mit Chlorcalcium als Calciumoxalat gefällt. Zur Reinigung löst man nochmals in Soda und fällt dann als Bleioxalat, das dann mit Schwefelwasserstoff zerlegt wird [1].

Reaktionen: Cadmiumsulfat fällt viereckige Täfelchen, Rauten und Rosetten. Silbernitrat fällt bei Gegenwart von Salpetersäure Stäbchen und Drusen. Fällungsreaktionen sind mit Ausnahme des Calciumsalzes nicht sehr empfindlich. Goldchloridchlorwasserstoffsäure wird zu metallischem Gold reduziert. Permanganatlösung wird entfärbt. Die quantitative Bestimmung des dargestellten Calciumoxalats erfolgt durch Glühen. Das gebildete Calciumoxyd wird gewogen.

*p-Oxybenzoesäure:* Schmelzpunkt 213—214°, leichtlöslich in Äther, schwer in Wasser, kann durch Extraktion mit Äther aus saurem Medium erhalten werden. Nach Reinigung über alkalisches Wasser

Sublimation bei 130—140°. *Millons* Reagens färbt beim Erwärmen rot.

*p-Oxybenzoesäure-Benzylester:* Schmelzpunkt118°. Isolierung durch Extraktion mit saurem Äther. Rückstand spalten durch Erhitzen mit Lauge. Die entstandene p-Oxybenzoesäure wird wie oben nachgewiesen.

Die übrigen Ester der p-Oxybenzoesäure siehe S. 314. Sie können auch durch Extraktion aus saurer Lösung mit Äther ebenso wie Salicyl- und Benzoesäure erhalten und durch Sublimation gereinigt werden. Aspirin und Salophen spalten im menschlichen Körper und mit Alkalien Salicylsäure ab; siehe diese.

*Zimtsäure:* Schmelzpunkt 133°. Leichtlöslich in Äther, schwer in Wasser. Aus saurer Lösung ausschüttelbar mit Äther. Sublimation bei etwa 90°. Bei Behandlung mit Brom in Schwefelkohlenstoff entsteht Dibromzimtsäure. Schmelzpunkt 201°. Kaliumpermaganat oxydiert zu Benzaldehyd, der als p-Nitrophenylhydrazon Schmelzpunkt 191° nachgewiesen wird.

*Mekonsäure* (Oxypyrondicarbonsäure): Schmelzpunkt 150°. Ungiftig. Der Nachweis ist von Bedeutung bei Opiumvergiftungen: Extraktion mit saurem Alkohol, Einengen, Entfernen von Fett mit Benzol, Kochen mit Magnesiumoxyd. Filtrat, angesäuert mit Salzsäure, färbt sich mit Eisenchlorid rot. Die Färbung bleibt beim Erhitzen bestehen; Goldchlorid wird reduziert.

*Nitrokörper:* Allgemeine Reaktionen: Die mit Dämpfen von Nitrokörpern beladene Luft leitet man in eine auf 130° erhitzte Lösung einer Spur Diphenylamin in konzentrierte Schwefelsäure. Blaufärbung tritt ein bei allen Nitrogruppen enthaltenden Körpern.

Abspaltung der Nitrogruppe als Nitrit: Kalilauge zersetzt aliphatische Nitrokörper in der Kälte, aromatische in der Hitze. Die Flüssigkeit wird dann angesäuert und mit Sulfanilsäure und α-Naphthylamin versetzt. Rosarote Färbung.

*Pikrinsäure* (Trinitrophenol): Schmelzpunkt 122,5°. Leicht löslich in Äther und heißem Wasser, schwerer in kaltem. Die Ausmittelung erfolgt durch Extraktion mit Alkohol aus dem schwefelsaurem Untersuchungsmaterial durch Digerieren bei 60°. Nach Abdestillieren des Alkohols wird mit Äther extrahiert. Der Rückstand wird zu den Reaktionen verwendet. Dieser ist geblich gefärbt. Wollprobe: Ein weißer Woll- und ein Baumwollfaden werden in die Lösung eingelegt. Nach einigen Stunden ist der Wollfaden gelb gefärbt, während der Baumwollfaden ungefärbt ist. Isopurpursäurereaktion: Die Flüssigkeit wird mit Ammoniak und Kaliumcyanid eingedampft. Der Rückstand ist blutrot, in Wasser löslich. Ammoniakalische Cuprisulfatlösung erzeugt sargdeckelartige Kristalle und Prismen. Das Ammoniumsalz ist leicht sublimierbar (bei etwa 210 bis 220°). Schmelzpunkt der in Chloroform unlöslichen Verbindung 265°.

Überführung durch Reduktion in Pikraminsäure: Eindampfen mit Natronlauge und etwas Traubenzucker oder Schwefelammonium: Rotfärbung. Pikraminsäure findet sich in geringen Mengen als Pikraminätherschwefelsäure im Harn nach Verabreichung von Pikrinsäure. Nachweis derselben durch Extraktion mit Chloroform nach Ausfällung der Harnverunreinigungen mit Bleiacetat. Der Rückstand des Chloroforms wird mit Schwefelsäure, Natriumnitrit und mit β-Naphthol versetzt: Purpurviolettfärbung.

*α-Dinitrophenol:* Hat, als Entfettungsmittel verwendet, schon zu Vergiftungen Anlaß gegeben. Schmelzpunkt 113—114°, sublimierbar, leicht löslich in organischen Lösungsmitteln. Extraktion der mit

---

[1] Man kann auch den die Oxalsäure enthaltenden salzsauren Auszug nach dem Einengen und Filtrieren gründlich (im Perforator) mit Äther extrahieren und im Rückstand des Ätherextraktes die Oxalsäure nachweisen.

konzentrierter Schwefelsäure zerstörten Organe mit Petroläther. Dieser wird verdunstet und der Rückstand sublimiert. Purpursäurereaktion positiv.

*Dinitrobenzol:* Schmelzpunkt 90°. Extraktion mit Alkohol. Der Rückstand wird nach Entfernung des Fettes mit Zink- und Salzsäure reduziert und nach Alkalisierung das entstandene Phenylendiamin ausgeäthert. Der Rückstand färbt sich mit Schwefelsäure und Nitrit gelb. Dinitrobenzol selbst färbt sich nach Zusatz von Kalilauge und Lävulose nach dem Eindampfen violett.

*Dinitrokresol* (Viktoriagelb): Nachweis: Extraktion mit Alkohol aus saurem Medium. Vertreiben des Alkohols. Vor dem Filtrieren ist es zweckmäßig, mit Ammoniak zu alkalisieren. Dann wird angesäuert, mit Äther ausgeschüttelt, der Rückstand ist gelb und schmeckt im Gegensatz zur Pikrinsäure nicht bitter.

*Dinitro-α-Naphthol:* Schmelzpunkt 138°. Löslich in Chloroform, unlöslich in Wasser. Ausmittelung wie vorher. Schmeckt nicht bitter. Das Ammoniumsalz ist intensiv gelb und bei 130—140° sublimierbar. Schmelzpunkt 178—180°.

*Lactone: Cicutoxin:* Zähflüssiges Harz im Wasserschierling. Außerdem noch Umbelliferon vorhanden, das an sich ungiftig ist, jedoch infolge seiner Fluorescenz zum Nachweis des Wasserschierlings verwendet werden kann. Der wässerige oder alkoholische Auszug fluoresciert nach Versetzen mit einer geringen Menge Alkali. Zur Isolierung des eigentlichen Giftes dient die physiologische Prüfung des mit Äther ausgezogenen alkoholischen Extraktes am Frosch. Siehe spektroskopischer Nachweis S. 293.

*Pikrotoxin:* In den Kockelskörnern. Schmelzpunkt 199—200°. Löslich in Chloroform, schwerlöslich in kaltem Wasser, unlöslich in Petroläther.

Ausmittelung: Durch Ausschütteln der sauren Flüssigkeit mit Chloroform. Reinigung durch Auflösen in heißem Wasser und Entfetten mit Petroläther, der 10% Alkohol enthält. Isolierung durch Mikrosublimation im Vakuum bei 150—160°.

Farbreaktionen: Benzaldehydalkoholgemisch und konzentrierte Schwefelsäure färben rot. Physiologischer Nachweis: Prüfung an Fischen. Man löst in Brunnenwasser und setzt Fische ein. Sie verlieren die Fähigkeit, in normaler Lage zu schwimmen und legen sich auf die Seite. In Bier und Harn erfolgt der Nachweis durch Eindampfen bei saurer Reaktion. Der Sirup wird mit Alkohol gefällt und das Filtrat nach dem Eindampfen mit Chloroform ausgezogen. Weiter wie oben.

*Santonin:* In Flores Cinae. Schmelzpunkt 170°. Unlöslich in kaltem Wasser, leicht in organischen Lösungsmitteln. Die Ausmittelung aus Erbrochenem, Magen- und Darminhalt hat nur kurze Zeit nach stattgehabter Vergiftung Aussicht auf Erfolg: Erwärmen mit Kalkmilch, Filtrat Reinigen mit Benzol, nach dem Ansäuern Ausschütteln mit Chloroform. Nach dem Verdunsten des Chloroforms bleibt noch unreines Santonin zurück, das mit Dinitrophenylhydracin in 10% Schwefelsäure versetzt wird. Es bildet sich das schwerlösliche Santonindinitrophenylhydrazon, Schmelzpunkt 267°. Santonin als solches kann auch durch Mikrosublimation bei 130—140° nachgewiesen werden. Primär entstehen tröpfchenförmige Sublimate, die erst nach dem Kratzen Kristalle bilden.

Farbreaktionen: Beim Erhitzen mit Cyankalium dunkelrot, in Alkalien löslich zu fluorescierender Flüssigkeit. Erhitzen mit Furfurolschwefelsäure purpurrot. Nach Einnahme von Santonin findet sich im Harn das sog. Santoninrot, ein Umwandlungsprodukt des Santonins. Die rote Substanz läßt sich aus alkalischer Lösung mit Chloroform ausziehen im

Gegensatz zu den Oxymethylanathrachinonen, die sich auch mit Lauge rot färben. Nachweis spektroskopisch.

*Cantharidin:* In den spanischen Fliegen. Schmelzpunkt 218°. Wurde bereits unter den flüchtigen Giften behandelt. Es läßt sich aber auch durch Extraktion leicht nachweisen. Das angesäuerte Material wird nach vorherigem Homogenisieren mit Lauge und anschließendem Kochen mit Schwefelsäure (zur Aufspaltung des Lactonringes) mit Chloroform ausgeschüttelt. Der Rückstand des Chloroformauszugs wird mit Petrolbenzin entfettet und zur weiteren Reinigung mit Kaliumpermanganat und Schwefelsäure am Rückflußkühler erhitzt. Nach Klärung mit Perhydrol wird die Flüssigkeit mit Chloroform extrahiert und der Rückstand der Mikrosublimation bei 100—120° unterworfen. Identifizierung mit Barytwasser und durch den physiologischen Versuch.

*Rotenon:* In Derris elliptica. Insektenvertilgungsmittel. Mit Chloroform, Aceton, Benzol extrahierbar, unlöslich in Wasser. Stark giftig gegenüber Fischen und Warmblütern. Nach Extraktion biologischer Versuch.

*Protoanemonin:* In Ranunculaceen. Stark reizend, läßt sich durch Destillation mit Wasserdampf isolieren (Mageninhalt). Im Destillat enthält das unwirksame, jedoch kristallisierte Polymere Anemonin. Stark reizend wirken *Cardol* und *Toxicodendrol.* Nach Ätherextraktion physiologische Prüfung wie Cantharidin.

*Anthrachinonderivate:* In Frage kommen Chrysarobin, Emodine (in Rheum, Senna und Rhamnus-Arten), ferner Aloine in Aloe. *Bornträger*sche Reaktion auf Emodine: Die mit Benzol erhaltene Lösung oder der mit saurem Äther erhaltene Extrakt wird mit Ammoniak geschüttelt. Dieser färbt sich schön rot. Das Untersuchungsmaterial wird mit Säure eingedampft und mit Alkohol ausgekocht. Eine Probe dieses Auszuges wird mit Natronlauge alkalisiert. Rotfärbung deutet auf oben genannte Substanzen und außerdem noch auf Phenolphthalein.

Trennung der *Emodine* von *Phenolphthalein:* Versetzen der alkalischen Lösung mit Jod in der Kälte. Es fällt Tetrajodphenolphthalein aus. Nach Zusatz von Sulfit erhält man mit Chloroform die Emodine und ähnliche synthetische Körper, wie: *Isticin* und *Exodin.*

Unterscheidung der Substanzen im Harn: Der Ätherextrakt wird durch Zusatz von Lauge bei Oxymethylanthrachinonen und Phenolphthalein rot gefärbt (bei Santonin bleibt er farblos). Barytwasser erzeugt bei Oxymethylanthrachinonen einen rötlichen Niederschlag und ein farbloses Filtrat. Bei Phenolphthalein und Santonin einen farblosen Niederschlag und ein violettrotes Filtrat. Durch Capillarisation des Alkohol- oder Chloroformextraktes kann eine Trennung erfolgen. Nach dem Trocknen des Streifens wird dieser mit Ammoniak befeuchtet. Das Phenolphthalein steigt am höchsten und färbt sich fuchsinrot. Die Oxymethylanthrachinone befinden sich in den unteren und mittleren Partien.

*Isacen:* Diacetylbioxyphenylisatin. Schmelzpunkt 242°. Sublimierbar, unlöslich in Wasser, mit Thiophen (käuflichem Benzol) und konzentrierter Schwefelsäure dunkelblau. Im Harn nicht nachweisbar. Im Darm dürfte sich das Bioxyphenylisatin nachweisen lassen.

*Drastica:* Der alkoholische Extrakt aus dem Material wird eingengt und mit Wasser verdünnt. Aus dieser Flüssigkeit extrahiert Petroläther *Euphorbium.* Dieser wird mit salpetersaurer Schwefelsäure unterschichtet: roter Ring. Bei Extraktion der Flüssigkeit mit saurem Äther erhält man *Gummi*

*Gutti*, mit Lauge orangerote Färbung und Podophylloquercetin, das neben *Podophyllotoxin* in Podophyllin vorkommt und durch Sublimation nachgewiesen werden kann. Mit alkoholhaltigem Chloroform erhält man Podophyllotoxin und *Colocynthin.*

*G l y k o s i d e :* Ätherartige Verbindungen mit Zukkern. Das Aglykon, der zuckerfreie Spaltling, gehört den verschiedensten Körperklassen an. Spaltung erfolgt durch Säure und Enzyme. Die Glykoside sind meist schwer ausschüttelbar, in Wasser leicht löslich. Zur Isolierung benützt man ihr Verhalten gegen Bleiacetat. Bei der Fällung bleiben einige im Filtrat, einige finden sich im Niederschlag. Tannin fällt Glykoside. Aus diesem Niederschlag kann mit Zinkoxyd das Glykosid regeneriert werden. Glykoside adsorbieren sich leicht an Kohle, Aluminiumoxyd und andere Adsorptionsmittel. Die Reinigung erfolgt häufig durch Fällung der die Glykoside enthaltenden wässerigen Lösung, so daß die Glykoside schließlich in reiner wässeriger Lösung vorliegen.

Von den giftigen Glykosiden sind in erster Linie die herzwirksamen der *Digitalisgruppe* zu nennen. Eine Isolierung dieser Stoffe aus Organen ist von vornherein unmöglich. Aus Erbrochenem und Mageninhalt kann der Nachweis versucht werden. Es kommt praktisch nur das kristallisierte Digitoxin oder Lanata-Glykoside in Frage. Das schwachsaure Material wird in 50%igem Alkohol extrahiert, die Eiweißstoffe nach dem Einengen durch Fällen mit Alkohol entfernt und mit Chloroform ausgezogen. Dieses wird mit Äther und Petroläther gefällt: Man erhält die Glykoside.

Farbreaktionen: Lösen in eisenhaltigem Eisessig und Unterschichten mit eisenhaltiger konzentrierter Schwefelsäure. Blauer Ring (*Keller-Kiliani*). Wichtiger ist noch der physiologische Versuch am isolierten Froschherzen: systolischer Herzstillstand.

*Strophanthine:* Von Strophanthus gratus, Combé, Hispidus. Die Extraktion erfolgt mit schwach alkalischem Alkohol. Nach dem Verdunsten wird mit Petroläther entfettet und die wässerige Lösung durch Bleifällung gereinigt. Dann Aussalzen mit Ammonsulfat. Die abgeschiedene Substanz in Alkohol lösen und mit Äther fällen. Konzentrierte Schwefelsäure färbt grün. Physiologische Prüfung wie oben.

Andere Herzglykoside enthaltende Pflanzen: *Nerium Oleander*, Blätter und Rinde giftig, Isolierung der Glykoside wie oben und mikroskopische Untersuchung. AT II b 9.

*Helleborus-Arten:* Helleborein in der Wurzel. Hämolytisch wirkend, stark reizend. Nach Spaltung mit Salzsäure blaues Helleboretin, löslich in Schwefelsäure in violetter Farbe.

*Scilla maritima:* Herzglykoside. Mikroskopischer Nachweis der zelligen Elemente.

*S a p o n i n e :* Saponine sind im allgemeinen per os unschädlich und als solche nicht resorbierbar. In Organen kommt daher die Ausmittelung nicht in Frage. Höchstens im Mageninhalt oder im Erbrochenen. Parenteral sind sie außerordentlich giftig. Ein Nachweis auf chemischem Wege ist kaum möglich. Es kann sich also im wesentlichen nur darum handeln, Saponine in schäumenden Getränken und technischen Produkten nachzuweisen *( Kofler, Fischer, Newesely)*. Die zu untersuchende wässerige Lösung wird capillarisiert: Auf einem Filterpapierstreifen wird eine Schranke von Cholesterin erzeugt — 3 cm vom unteren Ende — und zwar durch Auftropfen einer alkoholischen Cholesterinlösung. Die zu untersuchende Flüssigkeit läßt man im Streifen aufsteigen. In der Schranke wird das gesamte Saponin an Cholesterin gebunden und zurückgehalten. Durch Erhitzen mit Xylol wird die Verbindung wieder gespalten und das Saponin im Streifen durch Einlegen in Blutgelatine nachgewiesen. Es bildet

sich um das Filtrierpapierstückchen ein durchsichtiger hämolytischer Hof, der sich von der übrigen undurchsichtigen Blutgelatine deutlich abhebt und für Saponin beweisend ist.

Nach demselben Verfahren kann das relativ stark wirksame *Kornradesaponin* im Mehl und Brot nachgewiesen werden, indem man wässerige Extrakte herstellt und capillarisiert. Kornrade kann auch mikroskopisch im Mehl nachgewiesen werden (siehe S. 295). Man kann auch die Hämolysewirkung des enthaltenen Saponins direkt zum Nachweis benützen, indem man Mehl mit Blutgelatine mischt und in dünner Schichte beobachtet. Dort, wo sich Kornradeteilchen finden, entsteht ein deutlich sichtbarer hämolytischer Hof.

Das Saponin der Digitalissamen, das *Digitonin* läßt sich mit Hilfe der Capillaranalyse nachweisen. Man capillarisiert mit Cholesterinschranke, wie oben beschrieben und sublimiert aus der Schranke bei 240°—250° das Digitogenin, das Aglykon des Digitonins in feinen Nadeln. Mikroschmelzpunkt 272°.

*Solanin:* Schmelzpunkt 245°. Ein Glucoalkaloid, spaltet sich in Zucker und Solanidin. Solanidin ist ein Alkaloid. Schmelzpunkt 218°. Das Solanin findet sich im *Stas-Otto*-Gang an derselben Stelle wie das Morphin. Die Isolierung des Solanins erfolgt durch Extraktion mit Wasser oder verdünntem Alkohol als schwach essigsaurem Medium. Nach dem Neutralisieren mit Magnesiumoxyd wird mit Petroläther entfettet. Die Lösung wird eingedampft und der Rückstand mit Alkohol ausgekocht. Er kann Solanin und Solanidin enthalten. Solanin selbst zeigt die charakteristischen Eigenschaften der Saponine und kann mit der Capillaranalyse (siehe oben) nachgewiesen werden. Charakteristisch ist die Hämolysewirkung: Bei $p_H = 10$ ist sie außerordentlich stark und sinkt nach der sauren Seite fast auf 0 ab. Damit läßt sich das Solanin von den übrigen Saponinen unterscheiden. Solanin und Solanidin geben beim Abdampfen mit Salzsäure Solanidinhydrochlorid, das bei 210—220° in charakteristischen spindelförmigen Kristallen sublimiert, die um 300° schmelzen. Farbreaktion: Rotfärbung mit Selenschwefelsäure.

*d) Ultragifte (Kampfstoffe).* Als Untersuchungsobjekt kommen abgesehen von der Luft noch Objekte wie Nahrungsmittel und Kleider in Frage. Im menschlichen Körper selbst ist der Nachweis infolge der geringen Mengen, in denen diese Stoffe wirken, nicht möglich. Bei der Untersuchung auf Kampfstoffe scheiden praktisch diejenigen Substanzen aus, die sehr stark reizend (Stoffe der Weißkreuzgruppe) wirken oder die sich durch große Flüchtigkeit auszeichnen. Die Augenreizstoffe werden durch Reizung des menschlichen Auges bereits in derartig geringen Konzentrationen bemerkt, daß sich häufig eine chemische Reaktion erübrigt. Abgesehen davon haben gerade diese Weiß- und auch ein Teil der Blaukreuzstoffe ein hohes Tödlichkeitsprodukt und eine hohe Gefährlichkeitszahl. Sie sind relativ ungefährlich, und man kann von dem Giftstoff die vielfache der eben als reizend erkannten Dosis ohne Vergiftungserscheinungen vertragen. Im folgenden seien einige Hinweise für die Ausmittelung solcher Stoffe gegeben.

*G r ü n k r e u z s t o f f e :* Phosgen: Kohlenoxychlorid, Siedepunkt 8°. Mit Wasser zersetzt es sich in die Kohlensäure und Salzsäure. In feuchter Luft relativ beständig. Beim Nachweis kann es sich meist nur darum handeln, Phosgen an der Oberfläche von Körpern oder in der Luft festzustellen. Die zu untersuchenden Gegenstände bringt man in einem Gefäß mit Filterpapier zusammen, das vorher mit einer Lösung von 5%igem para-Dimethylamidobenzaldehyd und 5%igem Diphenylamin

in Alkohol getränkt und dann im Kohlensäurestrom getrocknet wurde. Das weiße oder schwach
gelbe Papier färbt sich bei Gegenwart von Spuren
Phosgen (1 : 1 000 000) orangegelb. Die Aufbewahrung des Papiers erfolgt licht- und luftgeschützt.

*Perstoff:* Im wesentlichen Chlorameisensäure-
trichlormethylester. Siedepunkt 128°. Ölige Flüssigkeit, nicht mischbar mit Wasser. Sie spaltet sich
schon bei gewöhnlicher Temperatur in geringem
Maße in zwei Moleküle Phosgen. Beim Erwärmen
und bei Kontakt mit porösen Substanzen (Eisenoxyd) tritt die Aufspaltung rascher und vollständiger
ein. Der Perstoff selbst besitzt keine sehr empfindlichen Reaktionen. Beim Nachweis wird man versuchen, den Perstoff durch Überleiten über Eisenoxyd zu spalten und das gebildete Phosgen mit
obiger Reaktion nachzuweisen. Phosgen und Perstoff geben noch eine Reaktion mit kristallisiertem
Endprodukt, die allerdings unempfindlicher ist als
die oben angeführte: Einleiten der Dämpfe oder der
zu untersuchenden Luft in wässerige 3%ige Anilin-
lösung. Es bildet sich Diphenylharnstoff, farblose
Nadeln, Schmelzpunkt 236° (1 : 100 000).

*Chlorcyan, Bromcyan, Cyanide:* Nachweis wie
bei Blausäure mit Kupferbenzidin-Papier.

*Chlorpikrin:* Siedepunkt 112—113°, wirkt
schwach augenreizend, ölige Flüssigkeit gegen
Feuchtigkeit, Säuren und Laugen sehr beständig.
Isolierung durch Wasserdampfdestillation. Löslich
in organischen Lösungsmitteln. Chlorpikrinhaltige
Luft färbt ein mit Dimethylanilin getränktes Papier gelb bis braun. Nachweis von Halogen durch
Pyrolyse: Beim Durchleiten der verdächtigen Luft
durch ein auf Rotglut erhitztes Rohr entsteht Chlor,
das nach dem Abkühlen durch Einleiten in Jodkali-
stärkelösung an der Blaufärbung erkannt wird.

*Gelbkreuzstoffe:* Lost, *Dichlordiäthylsulfid:*
Siedepunkt 217°. Ölige Flüssigkeit, unlöslich in Wasser, mit charakteristischem Geruch nach Meerrettich.
Relativ schwer flüchtig. Das Untersuchungsmaterial
wird erwärmt und ein Luftstrom darübergeleitet.
Diesen schickt man durch ein mit Kieselsäuregel gefülltes Rohr. Das Kieselsäuregel, das den Kampfstoff
absorbiert hat, befeuchtet man mit einer stark verdünnten Goldchloridlösung: es entsteht eine intensive Gelbfärbung infolge Bindung eines Komplex-
salzes. Durch Einleiten gelbkreuzhaltiger Luft in
Kupferchlorürlösung entsteht eine Additionsverbin-
dung aus farblosen Kristallen. Beim Einleiten in
Natriumjodidkupfersulfatlösung, die etwas Gummi
arabicum enthält, fällt kolloidales noch in hoher Verdünnung sichtbares Dijoddiäthylsulfid.

*Dimethylsulfat:* Siedepunkt 188°. Hautgift. Lokal ätzend, ist leicht verseifbar, zerfällt in Methylalkohol und Schwefelsäure. Kann nicht durch Wasserdampfdestillation isoliert werden. Es ist zu versuchen, den Methylalkohol nachzuweisen.

*Blaukreuzstoffe:* Arsine: Aliphatische Arsine sind ziemlich leicht flüchtig und lassen sich in
der Luft dadurch nachweisen, daß man sie über
Kieselsäuregel leitet und das Kieselsäuregel dann
nach *Marsh* oder *Gutzeit* auf Arsen untersucht
(siehe anorganischer Gang). Aromatische Arsine
(Phenarsacinchlorid u. a.) sind schwer flüchtig und
könnten sich in Form von Staub auf dem Untersuchungsmaterial finden. Nachweis von Arsin nach
Zerstörung möglich.

*Adamsit:* Schmelzpunkt 194°. Bei gewöhnlicher
Temperatur praktisch nicht flüchtig. Wirkt als
Aerosol stark nasenrachenreizend. Löslich in Äther,
Chloroform, Benzol. Durch Mikrosublimation nach-
weisbar. Sublimationstemperatur 130—150°.

*Weißkreuzstoffe* sind z. T. aliphatische
und aromatische Ketone und lassen sich durch sub-
stituierte Hydracine nachweisen. Chloracetophenon gibt mit Semicarbacid Kristalle. Schmelzpunkt
157—159°.

*Schrifttum.*

*Amelink:* Schema zur mikrochemischen Identifikation von
Alkaloiden. Amsterdam 1934. — *Autenrieth:* Die Auffindung der
Gifte. Tübingen 1923. — *Ekkert:* Erkennung organischer Verbin-
dungen im besonderen von Arzneimitteln. Stuttgart 1933. — *Fi-
scher:* Der toxikologische Nachweis von Schlafmitteln. Arch. d.
Pharm. **277**, 305 (1939). — *Fischer:* Zum Nachweis organischer
Konservierungsmittel und künstlicher Süßstoffe in Lebensmitteln.
Z. Unters. Lebensmitt. **67**, 161 (1934). — *Fischer:* Zum Nachweis
der Lokalanästhetika. Arch. Pharmaz. **271**, 466 (1933). — *Führer:*
Nachweis von Giften auf pharmakologischem Wege. Handb. der
biologischen Arbeitsmethoden, herausgegeben von *Abderhalden.* Abt.
IV, Tl. 7/C/1. Berlin und Wien 1933. — *Führer-Wielands:* Samm-
lung von Vergiftungsfällen. Berlin 1930 bis 1938. — *Gadamer:* Lehr-
buch der Chemischen Toxikologie und Anleitung zur Ausmittelung
der Gifte. 2. Aufl. Göttingen 1924. — *Gronover:* Ausmittelung der
Gifte in Handb. der Lebensmittelchemie, herausgegeben von *Bömer,
Juckenack* und *Tillmans.* **II**, 2. Tl., 1321. Berlin 1935. — *Kofler:*
Mikroskopische Methoden in der Mikrochemie. Wien u. Berlin 1936.
— *Kofler:* Mikroskopische Methoden zur Identifizierung organischer
Substanzen. Berlin 1940, Beiheft Nr. 36 zu den Zeitschriften
des Vereins Deutscher Chemiker. — *Kofler:* Biologische Methoden der Analyse in Handb. der Pflanzenanalyse, herausgegeben
von *Klein,* **IV/2**, 1109 (1933). — *Kofler, Fischer* und *Newesely:* Über
den Nachweis von Saponinen in Arzneimitteln und Lebensmitteln.
Arch. Pharmaz. **267**, 685 (1929). — *Kofler* und *Müller:* Mikrochemische Unterscheidung von Alkaloiden auf Grund der Schmelztemperaturen ihrer Pikrate, Pikrolonate und Styphnate. Mikrochemie **12**,
43 (1937). — *Lieb:* Der gerichtlich-chemische Nachweis von Giften.
Handb. der biolog. Arbeitsmethoden von *Abderhalden.* Abt. IV,
Teil 12/I, 1301. — *Löwe:* Optische Messungen des Mediziners. Technische Fortschrittsberichte **VI**, Dresden 1933. — *Rosenthaler:* Toxikologische Mikroanalyse. Berlin 1935. — *Rosenthaler:* Der Nachweis
organischer Verbindungen. Stuttgart 1923. — *Schmidt:* Ausführliches
Lehrbuch der Pharmazeut. Chemie. **II**, 2. Abt. Braunschweig 1923. —
*Seka:* Alkaloide in Handb. der Pflanzenanalyse, herausgegeben von
*Klein,* **IV/1**, 476.    **R. Fischer**
ausgenommen Abschnitt IV a
des Besond. Teiles (S. 308—312),
der von *L. Kofler* stammt.

## Giftpflanzen mit digitalisartiger Wirkung.

(Vgl. auch Art.: Digitalis und andere herzaktive
Glykoside.)

*Coronilla varia,* Giftwicke, bunte Kronwicke
(Leguminose), Mitteleuropa. Enthält ein Glykosid
*Coronillin* mit digitalisartiger Wirkung. Führte mehr-
fach zu Vergiftungen unter Übelkeit, Magenschmer-
zen, Koma, tonischen und klonischen Krämpfen.
Tod in wenigen Stunden.

*Pathologisch-anatomischer Befund:* Hämorrhagische Gastritis, Duodenitis.

*Coronilla scorpioides,* Ackerunkraut des Mittelmeers. Enthält im Samen ebenfalls das herzaktive
Glykosid *Coronillin.* Therapeutisch wie Digitalis verwendet. Erzeugt wie auch Blätter der Pflanze Gastroenteritis.

*Crataegus oxyacantha,* Weißdorn (Rosaceae), Europa, auch viel in Gärten (Weiß- und Rotdorn). In
Wurzelrinde, auch in Blüten ein Glykosid *Oxyacan-
thin,* dem digitalisartige Wirkung zugeschrieben
wird. Therapeutisch in den verschiedensten galenischen Präparaten häufig im Gebrauch (namentlich
in Frankreich und Westschweiz), toxikologisch wegen minimaler Wirksamkeit von geringer Bedeutung.

*Periploca graeca* (Asclepiadeae), Süditalien und
östliches Mittelmeergebiet. Windender Kletter-
strauch (auch in Gärten). Enthält in Samen und
Kraut, namentlich in Rinde das digitalisartig wirkende Glykosid *Periplocin. Semen Periplocae graecae*
auch therapeutisch verwendet.

*Ilex aquifolium,* Stechpalme (Aquifoliaceae), im
atlantischen Gebiet Europas bis Norwegen, England, Frankreich, West- und Süddeutschland,
Schweiz, Mittelmeergebiet. Soll digitalisartiges Glykosid enthalten. Bei Knaben nach Genuß von 30
Beeren Tod unter gastroenteritischen Erscheinungen.

*Evonymus Europaeus*, Pfaffenhütchen (Celastraceae), Europa, Asien. Enthält in Wurzelrinde, auch in Rinde der Zweige und in Früchten das digitalisartig wirkende Glykosid *Evonymin*. Todesfall nach Genuß der Beeren bei Erwachsenen unter Koliken, Durchfall, Ohnmacht, Krämpfen.

*Schrifttum.*

*Herrmann, G.:* Extraction des principes actives de Periploca graeca. C. r. Soc. Biol., Paris **102**, 965 (1929). — *Levi, A.:* Periploca greca d'Italia. Boll. Soc. Ital. Biol. sper. **6**, 111 (1931). — *Prevost, J. L.:* Etudes pharmacologiques sur la coronilline. Rev. méd. Suisse rom. **1896**, 14. — *Waud, R. A.:* Further studies on extracts made from holly. Proc. Soc. exp. Biol.a Med. **30**, 393 (1932). *H. Fischer.*

## Giftpflanzen mit strophanthinähnlicher Wirkung. (Vgl. auch Art.: Strophanthin und Strophanthusdrogen.)

*Apocynum cannabinum* (Apocynaceae), *canadischer Hanf* (Nordamerika), enthält im Milchsaft des Wurzelstockes das krist., herzwirksame Glykosid *Cymarin*. In USA. als Fluidextrakt therapeutisch wie Digitalis verwendet, auch in Europa als Herzmittel, meist als reines Cymarin.

*Wirkung:* Strophanthinähnlich, peroral wirksam. Dosierung: 0,0003 g per os, 0,0005 g in Suppositorien, 0,0003—0,0005 g i. v. s. c. u. i. m. sehr stark reizend. Hat stark diuretische Wirkung. *Toxikologisch* wie Strophanthin zu beurteilen.

*Thevetia neriifolia*, „gelber Oleander" (Apocynaceae) (vgl. d. Art.: Oleander). *Vorkommen:* Südamerika, Westindien, Hawai. Enthält in Samen die sehr stark herzwirksamen Glykoside *Thevetin* und *Thevetotoxin*. In Indien als Abortivum und als Pfeilgift verwendet, in Brasilien als Fischgift und zu Giftmorden. Neuerdings wird Thevetin auch klinisch versucht.

*Wirkung:* strophanthinähnlich. Ein Same tötete dreijähriges Kind unter tetanischen Erscheinungen.

*Calotropis procera* (Asclepiaceae). *Vorkommen:* Ostafrika, Indien. Enthält im Milchsaft stark *digitalisartig* wirkende Glykoside (*Calotropin* usw.), daneben stark reizende Stoffe. Als Giftpflanze gefürchtet, auch als menschentötendes Pfeil- und Lanzengift. In Indien häufig zu Kindsmord und Selbstmord. Milchsaft der Pflanze behält Wirksamkeit lange Zeit unverändert.

*Antiaris toxicaria*, *javanischer Giftbaum* (Moraceae). *Vorkommen:* Sumatra, Java, Borneo. Liefert in dem berüchtigten, aus dem Milchsaft der Rinde bereiteten Pfeilgift *Upas antiar = Ipoh* das bedeutend stärker wie Digitoxin wirkende Glykosid *Antiarin*. Menschen sterben durch Giftpfeile in einer Viertelstunde. Antiarin bewirkt mit großer Schnelligkeit Herzlähmung, daneben curareartige Lähmung. Frischer Milchsaft des Baumes macht Dermatitis.

*Schrifttum.*

*Arnold, H. L., W. S. Middleton* u. *K. K. Chen:* The action of thevetin, a cardiac glucosid, and its clinical application. Amer. J. med. Sci. **189**, 193 (1935). — *Bhatia, B. B.* u. *S. Lal:* Die pharmakologische Wirkung von Thevetoxin: ein zweites Glucosid von Thevetia neriifolia. Indian J. med. Res. **21**, 605 (1934). — *Chen, K. K.* u. *A. L. Chen:* The glucosides of be-still nuts, Thevetia neriifolia, and their pharmacological action. J. of Pharmacol. **48**, 270 (1933). — *Chopra, R. N.* u. *B. Mukerjee:* The pharmacological action of „thevetin", a glucoside occuring in Thevetia neriifolia (Jellow oleander). Indian J. med. Res. **20**, 903 (1933). — *Fehsenfeld, K.:* Kasuistischer Beitrag zur Wirkung der kanadischen Hanfwurzel bei chronischer Herzinsuffizienz. Münch. med. Wschr. **1911**, 141. — *Hesse, G.* u. *F. Reicheneder:* Über das afrikanische Pfeilgift Calotropin. Liebigs Ann. **526**, 252 (1936). — *Hesse, G., F. Reicheneder* u. *Eysenfeld, H.:* Die Herzgifte im Calotropis-Milchsaft. *Liebigs* Ann. **537**, 67 (1939). — *Impens, E.:* Über Cymarin. Pflügers Arch. **153**, 239 (1913). — *Lewin, L.* Die Pfeilgifte. 90 u. 241. Leipzig 1923. — *Santesson, C. G.:* Pfeilgiftstudien. XII. Skand. Arch. Physiol. **72**, 92 (1935). *H. Fischer.*

**Giftpilze** siehe *Pilzvergiftungen.*

**Giftreizker** siehe *Pilzvergiftungen.*

**Glaubersalz** siehe *Natrium und Natriumverbindungen.*

**Gliom** siehe *Geschwulst und Trauma.*

**Globol** siehe *Schädlingsbekämpfungsmittel.*

**Glomerulonephritis** siehe *Plötzlicher Tod aus natürlicher Ursache.*

**Glottisödem** siehe *Plötzlicher Tod aus natürlicher Ursache.*

**Glycerin** (= G.).

Aliphatischer dreiwertiger Alkohol, siruppartig, süßlich, neutral reagierend, mischbar mit Wasser und Alkohol, nicht kratzend. G. zeigt eine leichte Reizwirkung auf Haut und Schleimhäute, hauptsächlich durch Wasserentzug. Nach Resorption zeigt es eine geringe narkotische Wirkung und gleichzeitig eine schädigende Wirkung auf die Nieren. Symptome: Erbrechen, Durchfall (evtl. blutig), Kopfschmerzen, Benommenheit, Cyanose. Urin meist bluthaltig, selten methämoglobinhaltig.

Vergiftungen sind heute kaum mehr zu erwarten; man beobachtete sie früher, als G. mit andern Medikamenten zusammen subcutan oder gar intravenös eingespritzt wurde. Per os verträgt der Mensch (im Gegensatz zum Tier) sehr hohe Dosen. Vergiftungen schwererer Art sieht man erst nach Einnahme von 100 g. Das G. wird vom Organismus fast vollständig abgebaut; es erscheint erst nach hohen Dosen im Urin.

Vergiftungen werden heute nur noch zu erwarten sein bei intrauteriner Einspritzung zur Einleitung eines Abortes (früher auch als ärztliche Methode angewandt). Das G. wirkt dabei mechanisch schädigend, chemisch reizend und führt gleichzeitig zu osmotischen Störungen. Die bei solchen Einspritzungen beobachteten Symptome, die rasch eintreten, decken sich mit den Symptomen, die sich nach Zufuhr per os einstellen.

Gewerbliche Schädigungen sind nicht bekanntgeworden.

*Schrifttum.*

*Erben:* Vergiftungen, klinischer Teil. 2. Hälfte. Wien u. Leipzig 1910. — *Lehmann* u. *Flury:* Toxikologie und Hygiene der technischen Lösungsmittel. Berlin 1938. — *Lewin:* Die Fruchtabtreibung durch Gifte und andere Mittel. Berlin 1922. *Schwarz.*

## Glykogenprobe.

Unter dem Namen „*Docimasie hépatique*" hatten *Lacassagne* und *Martin* eine verhältnismäßig einfache Probe empfohlen, um in ungefähr 100 g Leber Glykogen und Zucker qualitativ nachzuweisen. Die Gegenwart beider Stoffe spräche für einen raschen Tod, der Mangel beider für einen langsamen, erschöpfenden Todeskampf. Diese Ergebnisse wurden bei zahlreichen Nachprüfungen in ihren Hauptzügen bestätigt, wegen Widersprüchen im einzelnen aber vielfach verworfen. *Meixner* gelangte auf Grund histologischer Untersuchung von Lebern, wobei er hauptsächlich die *Best*sche Carminfärbung anwandte, zum Schluß, daß das Glykogen am reichlichsten vom Beginn der groben, zum Tode führenden Störung bis zum Stillstand des Kreislaufes abgebaut wird. Sein Bestand wird auch durch erstickende Einflüsse, durch schweren Blutverlust und durch Herzschwäche stark angegriffen, durch eine Reihe von Giften sogar in ganz kurzer Zeit aufgezehrt. Bei den meisten Giften genügen ein paar Stunden vor dem Tode, um das Leberglykogen ganz oder bis auf Spuren verschwinden zu lassen. Bei lebhaftem Abbau fand *Meixner* das Glykogen in Lebern, die mehr davon enthielten, reichlich auch in Lymphspalten und in den kleinen Gefäßen. Er mißt dieser Verteilung insofern Bedeutung bei, als die Beschränkung des Glykogens auf die Leberzellen oder eine sehr geringe

Ausschwemmung für einen besonders raschen Tod spräche. *Sjövall* dagegen hat der Lagerung des Glykogens außerhalb der Zellen jede Bedeutung abgesprochen und für sie rein postmortale, von dem Geschehen vor dem Tode völlig unabhängige Vorgänge verantwortlich gemacht, während *Hofmeister* der Auffassung *Meixner*s beitrat. *Burghard* und *Paffrath* verlangen, daß wegen des postmortalen Glykogenabbaus der Gesamtkohlehydratgehalt der Leber bestimmt werde, den sie nach dem Tode 38 Stunden lang beständig fanden. Entgegen *Sjövall*, der der Todesart nicht einmal den ersten Rang unter den Ursachen des Glykogengehaltes der Leichenleber einräumen wollte, halten *Burghard* und *Paffrath* diesen für hauptsächlich durch die Dauer des Sterbens bedingt. An ihm zehrten außer einem längeren Todeskampf am stärksten Krämpfe vor dem Tode und Cyanose. *Paderi* fand bei mit Arsenik vergifteten Kaninchen das Leberglykogen vollständig oder bis auf Spuren verbraucht. Wie so viele andere Proben ist auch die Glykogenprobe nur beschränkt und nicht ohne Bedacht auf andere Aufschlüsse verwertbar.

*Schrifttum.*

*Burghard* u. *Paffrath:* Untersuchung über den Glykogengehalt der Leber. II. Mitt. Untersuchung über den Glykogengehalt der Menschenleber im Moment des Todes. Z. Kinderheilk. **45**, 78 (1927). — *Hofmeister:* Der Kohlehydratstoffwechsel der Leber. Slg. der von der Nothnagelstiftung veranstalteten Vorträge. Wien 1913. — *Lacassagne* et *Martin:* La fonction glycogénique du foie dans ses rapports avec les expertises médico-légales. Arch. d'Anthrop. crimin. **12**, 446 (1899). — *Meixner:* Das Glykogen der Leber bei verschiedenen Todesarten. Beitr. gerichtl. Med. **1**, 222 (1911). — *Paderi:* Sul contenuto in glicogeno del fegato e dei muscoli nell'avvelenamento per arsenico. Arch. Farmacol. sper. **41**, H. 2, 47, H. 3, 49 (1926); Ref. Dtsch. Z. gerichtl. Med. **9**, 232 — *Sjövall:* Leberglykogen und gerichtl. Medizin. Vjschr. gerichtl. Med., III. Folge, **43**, 28 u. 289 (1912). ***Meixner.***

**Glykol** siehe *Flüchtige organische Gifte*.

### Gold.

Metallisches Gold (Goldplomben oder Beschäftigung mit Goldpräparaten beim Vergolden) hat zu keinen bekannten Schädigungen geführt. An Haut und Schleimhäuten entstehen durch technisch in der Photographie verwendete ätzende Goldsalze, wie *Natriumgoldchlorid* seltener *Cyan-* und *Brom-Gold*, Ätzungen. Mit Einsetzen der für die Tuberkulosetherapie nutzbar gemachten Goldverbindungen hat die Frage nach der toxikologischen Bedeutung der Goldsalze erneut Interesse erweckt. Während von einzelnen Forschern in Gleichsetzung mit sonstigen Schwermetallvergiftungen der Begriff der chronischen Goldintoxikation aufgestellt wurde, ist von anderer Seite jeder resorptive und damit therapeutische Einfluß des Goldes abgelehnt worden. Es kann aber heute nicht mehr in Abrede gestellt werden, daß gewisse, nach Goldaufnahme aufgetretene Symptome unverkennbare Übereinstimmungen mit verschiedenen subakut oder chronisch verlaufenden Schwermetallvergiftungen aufweisen. Zu Heilzwecken wurde vorzugsweise *Sanokrysin* benutzt, dessen Wirkung auf die Abspaltung von Gold bezogen wurde. Gold und ebenso Platin wird als vorzugsweises Capillargift angesehen, doch sind praktisch wichtige Vergiftungen bisher nicht bekannt geworden. Als akute Symptome der Allgemeinvergiftung wurden in erster Linie an der Haut urticarielle, masern-, scharlach- und pityriasisähnliche Ausschläge beschrieben, nach deren Abklingen häufig Keratosen zurückgeblieben sind.

*Schrifttum.*

*Erben:* Vergiftungen. In: *Dittrich*s Handb. d. gerichtl. Sachverständigentätigkeit **VII**, I. Wien 1909. — *Petri:* Pathologische Anatomie und Histologie der Vergiftungen. Handb. d. spez. path. Anatomie und Histologie. Herausgegeben von *Henke-Lubarsch*. **X**. Berlin 1930. — *Starkenstein-Rost-Pohl:* Toxikologie. Berlin u. Wien 1929. ***Szekely.***

**Goldregen** siehe *Cytisin und Goldregenvergiftung*.

**Goltzscher Klopfversuch** (= G. K.). (Vgl. auch Art.: Shocktod.)

Beim G. K. (Klopfen auf die Bauchwand oder die freigelegten Gedärme des Frosches) sind zwei verschiedene physiologische Vorgänge zu beobachten: 1. Durch den Schlag wird ein Reflex (= Aufnahme des Reizes durch zentripetalleitende, afferente Nervenfasern, Übertragung des Reizes im Grau des Rückenmarks, d. i. im übertragenden Zentrum auf motorische, zentrifugalleitende, efferente Nervenfasern) ausgelöst, dessen afferente Bahnen im Sympathicus (Plexus coeliacus, auch Plexus solaris oder Cerebrum abdominale genannt) verlaufen. Die efferenten Schenkel dieses Reflexbogens werden durch den Vagus gebildet. Der übernommene Reiz wird durch den Vagus weitergeleitet und bewirkt je nach der Stärke entweder eine Herabsetzung der Zahl und Stärke der Herzschläge (negativ chronotrope und negativ inotrope Wirkung) oder einen Herzstillstand in der Diastole. Es handelt sich demnach um eine reflektorische Vaguswirkung. Das Reflexzentrum (Herzhemmungszentrum im dorsalen Vaguskern) befindet sich in der Medulla oblongata und kann hier auch unmittelbar erregt werden. Der gleiche Reflex tritt beim Zug am Mesenterium, bei Reizung des Magens und bei unmittelbarer Reizung des Plexus coeliacus (z. B. Nervus splanchnicus) auf. 2. Gleichzeitig mit der reflektorischen Vaguswirkung findet eine Erweiterung der Abdominalvenen, die dabei das Sechzehnfache ihres früheren Blutinhaltes aufnehmen können, statt. Dieses Phänomen stellt eine direkte Wirkung auf die genannten Gefäße dar und wird durch den Verlust ihres eigenen selbständigen Tonus bedingt. Bei intaktem Zentralnervensystem stellt sich der Tonus nach einiger Zeit wieder her, bei zerstörtem bleibt die Erweiterung der ihres Tonus beraubten Splanchnicus-Gefäße bestehen. Der Zustand dieser Blutbewegung gleicht unter solchen Verhältnissen demjenigen nach ausgiebigen Blutverlusten. Hinzu kommt, daß bei Aufrichtung des Versuchstieres das Blut dem Einfluß der Schwere unterworfen wird und sich in noch größerer Menge im genannten Gefäßgebiet ansammeln. Schließlich hat auch die tonische Beschaffenheit der vorderen Bauchwand insofern eine Bedeutung, als ihr abnormes Nachgeben die Wirkung der Schwerkraft auf die Gefäßwände begünstigt.

„Der Klopfversuch findet auch beim Menschen seine z. T. gewollte Anwendung: Der Schlag des Boxers auf den Solarplexus wird von diesem besonders geübt und ruft bei richtiger Ausführung die sofortige Kampfunfähigkeit des Gegners hervor. Die durch den Schlag, der in die Gegend zwischen Manubrium sterni und Bauchnabel zu landen hat, bewirkte Blutdrucksenkung hat meist eine vorübergehende Ohnmacht zur Folge. Auch bei nicht richtig ausgeführten Kopfsprüngen von Schwimmern in das Wasser kann es beim Aufprall des Bauches auf das Wasser zu einer reflektorischen Vagusreizung kommen" (*Schilf*).

Die *gerichtlich-medizinische* Bedeutung dieses Ereignisses beim Menschen geht aus obigem Zitat deutlich hervor. Es sind mehrfach Fälle von stumpfer Gewalteinwirkung auf den Leib (z. B. Schlag, Fußtritt, Quetschung zwischen Puffern zweier Eisenbahnwagen, dagegen nicht bei anderen traumatischen Schädigungen der Baucheingeweide [*Reichardt*]) beobachtet worden, die entweder eine vorübergehende Ohnmacht oder den plötzlichen Tod zur Folge hatten. Die zu erwartenden Befunde (auffallende Erweiterung und Blutüberfüllung der Abdominalvenen bei hochgradiger Anämie des Gehirns) sind jedoch bei der Leichenöffnung meist nicht gefunden worden. Eine Erklärung dafür würde die

Annahme geben, daß in Fällen von plötzlichem Tod durch reflektorischen Herzstillstand in der Diastole die Blutüberfüllung der Splanchnicusgefäße nicht so im Vordergrund steht, wie in Fällen mit allmählichem Todeseintritt.

*Schrifttum.*

*v. Hofmann-Haberda:* Lehrbuch der gerichtl. Medizin. Berlin u. Wien 1927. — *Kauffmann:* Einfluß des hydrostatischen Druckes auf die Blutbewegung, Anpassung der Gefäße. Handb. der normalen und pathologischen Physiologie. **VII/2.** Berlin 1927. — *Landois-Rosemann:* Lehrbuch der Physiologie des Menschen. Berlin u. Wien 1935. — *Rauber-Kopsch:* Lehrbuch der Anatomie **5.** Leipzig 1920. — *Reichardt:* Hirndruck, Hirnerschütterung, Schock. Handb. d. normalen und pathologischen Physiologie. **X.** Berlin 1927. — *Schilf:* Reflexe von der Haut und den inneren Organen auf Herz und Gefäße. Handb. d. normalen und pathologischen Physiologie. **XVI/2.** Berlin 1931. — *Tannenberg* u. *Fischer-Wasels:* Die lokalen Kreislaufstörungen. Handb. d. normalen und pathologischen Physiologie. **X.** Berlin 1927. *Matzdorff.*

**Gonokokken** siehe *Bakteriologische Untersuchungen in der gerichtlichen Medizin.*

**Gonorrhoe** (= Go.). (Vgl. auch Art.: Bakteriologische Untersuchungen in der gerichtlichen Medizin; Geschlechtskrankheiten in foro).

*1. Diagnose:* Unter den diagnostischen Mitteln zur Erkennung der Go. steht der Erregernachweis unbestritten an erster Stelle. Die *Komplementbindungsreaktion* hat längst nicht dieselbe Bedeutung wie etwa die *Wassermann*sche Reaktion für die Erkennung der Syphilis. Bei der frischen Erkrankung leistet sie nur geringe Dienste, da hier der klinische Befund und der Erregernachweis ausreichen und da die Komplementbindungsreaktion vielfach trotz vorhandener Go. negativ ausfällt (in den ersten zwei bis drei Wochen allgemein, bei einfachen Fällen mitunter dauernd, seltener bei Komplikationen). Für ältere Fälle und bei ungeklärten Beschwerden, für die eine Go. als Ursache in Betracht kommt, kann die Reaktion die Diagnose ermöglichen. Der *Erregernachweis* geschieht heute noch überwiegend mikroskopisch mit Hilfe eines der anerkannten Färbeverfahren (s. d. Art.: Bakteriologische Untersuchungen in der gerichtlichen Medizin). Hier sei nur hervorgehoben, daß neuerdings der kulturelle Nachweis der Gonokokken durch *Neumann* wesentlich verbessert worden ist. Es ist ihm gelungen, das Gedeihen der Kultur von der Güte des Nährbodens unabhängiger zu machen, so daß alle Kliniken und Institute mit gleich zuverlässigen Ergebnissen rechnen können. Manche bei der mikroskopischen Untersuchung negativ befundenen Fälle erweisen sich in der Kultur als positiv, zumal bei Frauen. Die ersten bei Go.verdacht hergestellten positiven Präparate sind für Schlüsse auf den Zeitpunkt der Ansteckung besonders wichtig.

Sitz der gonorrhoischen Entzündung ist beim frischen Tripper des Mannes stets die vordere Harnröhre. Oft greift die Go. auf die hintere Harnröhre über und gefährdet dann auch Vorsteherdrüse, Samenblasen, Nebenhoden, Samenstrang und Blase. Bei der erwachsenen Frau werden Scheide und Blase nur ausnahmsweise befallen. Am häufigsten ist bei ihnen der Tripper der Harnröhre, der Cervix, der *Bartholin*schen Drüse und des Rectums. Die Vulvovaginitis gonorrhoica kleiner Mädchen spielt sich in der Harnröhre, Scheide und oft im Rectum ab. Als *Differentialdiagnosen* (auszuschließen durch Erregernachweis!) sind beim Manne die nichtgonorrhoischen Harnröhrenentzündungen und -ausflüsse zu beachten, die hervorgerufen sein können durch chemische Reizung (z. B. Prophylaxe, empfängnisverhütende Mittel), Einführen von Fremdkörpern, Ernährungsfehler, übermäßigen Geschlechtsverkehr, Coitus interruptus, Masturbation, Motorradfahren, andere Krankheitserreger (sonstige Diplokokken, ferner

Staphylokokken, Streptokokken), Erkältung u. dgl. Bei der Frau steht der außerordentlich häufige nichtgonorrhoische Fluor verschiedenster Herkunft im Vordergrund der zu berücksichtigenden Differentialdiagnosen. Adnexbeschwerden können außer auf Go. auch auf Blinddarmentzündung, Tubenschwangerschaft und anderen Ursachen beruhen. Nichtgonorrhoische Vulvovaginitis kleiner Mädchen kann zurückgehen auf andere Bakterien (Streptokokken, Pneumokokken, Diphtherie-, Kolibacillen), Masern, Scharlach, Windpocken, Anämie, mechanische Reizung, Oxyuren usw.

Als nicht mehr *ansteckungsgefährlich (Werr)* kann die *behandelte Go.* des Mannes gelten, wenn nach Aussetzen der Behandlung etwa drei Monate lang bei wöchentlich einmaliger Untersuchung in den Absonderungen der Harnröhre, in den Fäden des Harns und im Prostatasaft Gonokokken nicht gefunden worden sind. Die Go. der Frau gilt als nicht mehr ansteckungsgefährlich, wenn nach Aussetzen der Behandlung drei Monate lang bei wöchentlich einmaliger Untersuchung in den Absonderungen der Harnröhre, der Cervix, der *Bartholin*schen Drüsen sowie des Rectums Gonokokken nicht gefunden worden sind. In beiden Fällen muß während der Beobachtungszeit eine Provokation nach einem wissenschaftlich anerkannten Verfahren vorgenommen werden. Auf Grund wissenschaftlicher Erfahrungen kann die Ansteckungsgefahr schon nach kürzerer Zeit als beseitigt gelten, insbesondere beim Manne. Bei *Go.verdacht im Hinblick auf eine erfolgte Ansteckung* wird man sich mit einmaligem, negativem Befund unter keinen Umständen zufrieden geben dürfen. Sicherheit gewährt auch hier nur eine Provokation gefolgt von Untersuchungen an wenigstens 3 Tagen. Der erste positive Befund tritt mitunter sogar erst nach 7—10 Tagen auf. Als wissenschaftlich anerkannte *Provokationsverfahren* sind zur Zeit anzusehen: 1. allgemeine Reizung durch intramuskuläre, intravenöse oder cutane Injektionen spezifischer oder unspezifischer Mittel; 2. örtliche Reizung durch chemische Mittel (z. B. *Lugol*sche Lösung, Silberpräparate), mechanische Reizung (z. B. Dehnung, Massage), Wärmereizung (z. B. Heizsonde, Diathermie, Kurzwellen). Die Provokation soll die Gonokokken aus ihren Schlupfwinkeln hervorlocken. Der Ansicht von *Haberda*, daß Provokation in der Gerichtspraxis nicht zulässig sei, kann nicht beigepflichtet werden. Jede glaubwürdig als Ansteckungsquelle angegebene Person muß sich einer Provokation unterwerfen. Man vergesse nicht, daß auch der Beischlaf eine Art von Reizung darstellt. Das gleiche gilt übrigens für die Frau auch von der Menstruation. Abstriche während oder nach der Menstruation führen häufig zu positiven Ergebnissen bei sonst negativem Befund. Eine besondere Reizung wird durch einen negativen Menstruationsabstrich nicht überflüssig.

*2. Entstehungsweise:* Go. entsteht bei *erwachsenen* Personen noch überwiegender durch Geschlechtsverkehr als die Syphilis. Die Ursache hierfür liegt darin, daß die Gonokokken sich nur auf der Schleimhaut entwickeln, und zwar auch nicht auf jeder Schleimhaut, sondern mit Ausnahme des Auges fast nur auf der Schleimhaut der Harnröhre und mancher Geschlechtsorgane. Die Schleimhäute der Mundhöhle und der Nase sind z. B. kaum empfänglich. Eine mittelbare Übertragung der Go. kommt zwar auch bei Erwachsenen gelegentlich vor, doch sind derartige Behauptungen mit größter Zurückhaltung aufzunehmen. Die durch Erkältung zugezogene Go. gehört völlig in das Reich der Fabel. Daß die Krankheit auf der Toilette erworben wird, ist selbst für Frauen unwahrscheinlich. Eher ist die Übertragung durch gemeinsamen Gebrauch von Irrigatoren, Vaginalspritzen, Schwämmen u. dgl. denkbar, wenngleich die glaubhaft nachgewiesenen Fälle selten sind. Rectal-Go. des Mannes kann durch widernatürlichen Verkehr, aber auch durch den Durchbruch eines gonorrhoischen Abscesses der Prostata oder Samenblasen herbeigeführt werden. Bei der Frau wird die Go. häufig durch Überfließen des Sekretes in das Rectum verschleppt. Ärzte und sonstige Pflegepersonen können sich bei der Pflege gonorrhoekranker Personen eine Blennorrhoe des Auges zuziehen, z. B. bei Operationen, wie der Spaltung von Abscessen der *Bartholin*schen Drüsen. Eine überstandene Go. schützt in keiner Weise gegen erneute Ansteckung. Rezidive und Neuansteckungen sind mitunter sehr schwer zu unterscheiden. Auch eine Superinfektion ist möglich. Die zweite und die weiteren Ansteckungen pflegen weniger stürmisch, dafür aber oft hartnäckiger zu verlaufen. Die *Inkubationszeit* bis zum Auftreten von Ausfluß beträgt 3—5 Tage.

Die *Vulvovaginitis gonorrhoica* kleiner Mädchen wird in der Mehrzahl der Fälle außergeschlechtlich erworben. Aus einer neueren Arbeit (*Daubach*) entnehmen wir folgende Angaben: Von 130 Kindern, bei denen die Entstehungsweise der Krankheit geklärt werden konnte, wurden angesteckt: 73,8 % zu Hause durch gonorrhoekranke Familienangehörige, 9,2 % in Erziehungsheimen, 5,5 % zu Hause auf Aborten, 4,8 % in der Schule, 3,1 % in Krankenhäusern, 3,1 % durch Sittlichkeitsverbrechen, 0,7 % durch Beischlaf. Schwämme, Waschlappen, Handtücher, Badewasser, Toilettendeckel, Spiel- und Turngeräte, Fieberthermometer, gemeinsames Schlafen können die Ansteckung vermitteln. Auch unmittelbare Ansteckung von Kind zu Kind durch beschmutzte Finger kommt vor. Die Tatsache einer Kindergonorrhoe ist daher als Beweismittel für ein Sittlichkeitsverbrechen oder als verschärfender Umstand bei einem erwiesenen Verbrechen mit einer gewissen Vorsicht zu werten. Alle naheliegenden Möglichkeiten einer außergeschlechtlichen Ansteckung sind auszuschließen. Die unmittelbare geschlechtliche Ansteckung braucht nicht notwendig durch Beischlaf verursacht zu sein (*Reuter*). Bei frischem Tripper mit starkem Ausfluß kann die Krankheit auch durch Beischlafversuch oder erotische Berührungen übertragen werden, was bei einer chronischen Go. nicht möglich sein dürfte.

*3. Verschulden:* Wer sich wegen Go. in ärztlicher Behandlung befindet und über die Natur des Leidens sowie die Ansteckungsgefahr unterrichtet worden ist, handelt vorsätzlich, wenn er trotzdem den Beischlaf ausübt. Eine vorläufige Entlassung durch den Arzt, wie sie bei der Syphilis zwischen den einzelnen Kuren stattfindet, kommt bei der Go. kaum vor. Die Nachbeobachtung pflegt sich unmittelbar an das Ende der Behandlung anzuschließen. Selbstverständlich ist ein Irrtum des Arztes über das Ende der Ansteckungsgefahr oder eine ungenügende Belehrung dem Kranken nicht zur Last zu legen. Auch ohne ärztliche Behandlung und Aufklärung wird man von einem Manne mit frischer Go. und starkem Ausfluß erwarten müssen, daß er wenigstens den Verdacht auf eine Geschlechtskrankheit schöpft und sich dementsprechend verhält. Meist ist es aber aus naheliegenden Gründen so, daß bei der Wiederaufnahme des Verkehrs die stürmischen Erscheinungen bereits abgeklungen sind. Die nicht ausgeheilte Krankheit kann als chronische Go. ohne nennenswerte klinische Erscheinungen weiter bestehen und auf Jahre hinaus ansteckungsgefährlich bleiben oder plötzlich durch besondere Umstände (z. B. gegenüber einer bestimmten Partnerin) wieder ansteckend werden. Noch ungünstiger sind die Verhältnisse bei der Frau. Es ist eine allgemeine ärztliche Erfahrung, daß tripper-

kranke Frauen verhältnismäßig selten aus eigenem Antrieb zum Arzt kommen, also weil sie sich krank fühlen, sondern verhältnismäßig oft auf eine Meldung als Ansteckungsquelle hin. In demselben Sinne betrugen bei der Reichszählung der Geschlechtskranken 1934 die weiblichen Tripperfälle nur 44 % der männlichen, während sich die Syphilis gleich stark auf beide Geschlechter verteilt. In der Natur der beiden Krankheiten ist eine Erklärung für einen so großen Unterschied nicht zu finden. Von den behandelten Go.fällen waren bei den Männern 4,6 % chronisch, bei den Frauen 18 %. Die Anfangserscheinungen machen der Frau geringere Beschwerden als dem Manne und werden häufig falsch gedeutet.

In Haftpflichtprozessen wegen außergeschlechtlicher Übertragung handelt es sich meist um kleine Mädchen, die sich in einem Heim oder Krankenhaus eine Vulvovaginitis zugezogen haben sollen. Natürlich hieße es die Sorgfaltspflicht und die rechtlichen Möglichkeiten der Krankenhausleitung oder des leitenden Arztes überschätzen, wollte man von ihnen verlangen, daß sie ihr weibliches Pflegepersonal dauernd auf Go. überwachen, um jede Ansteckung der Kinder von vornherein auszuschließen. Es muß aber auf dieses sehr häufige Leiden bei den Kindern geachtet und in jedem vorkommenden Falle die Ansteckungsquelle und die Verbreitung der Krankheit unter den Kindern festgestellt werden. Ansteckungen erwachsener Kranker durch ungenügend desinfizierte Instrumente sind möglich, aber nur selten beobachtet worden.

*4. Verlauf und Folgen:* Eine unkompliziert verlaufene Go. braucht bei beiden Geschlechtern keine dauernden gesundheitlichen Nachteile zur Folge zu haben. Beim Manne bleibt die Go. in der Mehrzahl der Fälle auf die vordere Harnröhre beschränkt. Die häufigsten Komplikationen des Trippers der hinteren Harnröhre beim Manne sind: Prostatitis, Epididymitis, Spermatocystitis, Cystitis. Die akute gonorrhoische Prostatitis kann in eine chronische Prostatitis auslaufen und sexuelle Neurasthenie nach sich ziehen. Die Zeugungsfähigkeit ist oft beeinträchtigt, wenn auch nicht so häufig wie nach einer Epididymitis, zumal einer beiderseitigen. Nach größeren Erhebungen ist mit wenigstens 7 % (bei klinischem Material mehr) Nebenhodenentzündungen bei männlichem Tripper zu rechnen, wovon $1/5$ beiderseitig ist (*Bühlmann*). Die doppelseitige Erkrankung führt nach den neuesten Ergebnissen in rund der Hälfte der Fälle zu Azoospermie, wodurch die Go. zur Unfruchtbarkeit des Mannes einen erheblichen Beitrag stiftet. Bei der Frau kann die chronische Entzündung der *Bartholin*schen Drüsen auf Jahre hinaus anhalten und operative Abhilfe erfordern. Eine sehr ernste Erkrankung ist die Cervix-Go. der Frau, die immer die Gefahr einer Ascension in sich schließt. Etwa jede zehnte weibliche Go. verursacht eine Adnexentzündung, und hiervon pflegen wieder 85 % mit Unfruchtbarkeit zu enden (*Habbe*). Hinzu kommt noch die Einkindsterilität, das heißt die Unfruchtbarkeit nach der ersten Geburt oder Fehlgeburt, wovon die Go. ebenfalls einen wesentlichen Teil verschuldet. Bei beiden Geschlechtern zusammen dürfte etwa $1/4$ der gesamten ungewollten Kinderlosigkeit auf Go. zurückgehen. Der so verursachte Geburtenausfall ist auf 40—50000 im Jahr geschätzt worden (*Gottschalk*). Tripperrheumatismus (Arthritis gonorrhoica), der das Kniegelenk bevorzugt, wird in etwa 2 % der klinisch behandelten Fälle beobachtet. Noch seltener sind die Endokarditis gonorrhoica und die Gonokokkensepsis. Die Vulvovaginitis der Mädchen pflegt mild, aber äußerst hartnäckig zu verlaufen. Ein Aufsteigen und spätere Unfruchtbarkeit sind kaum zu befürchten. Da die Augenbindehaut der Erwachsenen für Gonokokken nicht allzu empfänglich ist, stellt die Conjunctivitis gonorrhoica bei ihnen eine Ausnahme dar. Bei den Neugeborenen ist sie durch die Pflichtprophylaxe fast ganz verschwunden. 1934 kamen 764 Personen wegen Blennorrhoe erstmalig in ärztliche Behandlung, davon 660 im 1. Lebensjahr und weitere 60 im Alter von 1—14 Jahren.

Daß schwere körperliche Arbeit, zumal wenn sie mit Erschütterung verbunden ist, eine *Verschlimmerung* der Go. herbeiführen kann, ist eine anerkannte Tatsache. Kraftfahrer, Reiter, Pflasterer, Wäscherinnen und Angehörige ähnlicher Berufe sind daher besonders gefährdet. Solange es sich hierbei jedoch nicht um ganz außergewöhnliche Anstrengungen handelt, liegt kein Unfall vor, sondern eine Schädigung im Rahmen der normalen Berufsarbeit. Aus diesem Grunde und weil die Folgen meist nicht das Leben und auf die Dauer auch nicht die Arbeitsfähigkeit des Kranken bedrohen, beschäftigen derartige Fälle kaum jemals die Gerichte. Bezüglich der *Unfälle* ist im Weltkrieg bei der Go. dieselbe Beobachtung gemacht worden wie bei der Syphilis, nämlich daß eine auffällige Zunahme der Komplikationen im Zusammenhang mit traumatischen Verletzungen nicht festgestellt worden ist. Es müssen ganz besondere Umstände vorliegen, um die Annahme einer Verschlimmerung durch Unfall zu rechtfertigen. Ein Zusammenhang zwischen Endokarditis und Unfall ist abzulehnen. Es finden sich im Schrifttum (*Heller*) einzelne Hinweise auf die Entstehung einer gonorrhoischen Arthritis und auf Verschlechterung einer gonorrhoischen Hydrocele durch Unfall.

*Schrifttum.*
Vgl. d. Art.: Geschlechtskrankheiten vor Gericht.
**Werr** und **Gottschalk.**

**Gralit** siehe *Schädlingsbekämpfungsmittel.*

**Graphologie** siehe *Gerichtliche Schriftuntersuchung.*

**Grasflecke** (= G.F.). (Vgl. auch Art.: Erdspuren an Stiefeln und Kleidern; Mekonium.)

G.F. können an Kleidern oder Werkzeugen kriminalistisch von Bedeutung werden. Besonders lehrreich ist ein Beispiel, die Beobachtung von *Gross*, die auch *Locard* anführt: An einem Kaffeehausgarten ging ein Betrunkener vorbei. Ein Dragoner, der im Garten saß, fühlte sich durch ihn gestört und spaltete dem Betrunkenen mit einem wuchtigen Säbelhieb den Kopf. Am andern Morgen wurde von allen Dragonern der Garnison, welche Tags zuvor Ausgang hatten, die Säbel gesammelt und zur Untersuchung gebracht. An keinem Säbel ließ sich Blut nachweisen. An einem aber fand sich eine Scharte und in dieser eingeklemmt ein Grashalmstückchen, das auch bei der mikroskopischen Untersuchung sich als solches erwies. Es war noch ganz frisch, und dies Grasteilchen wurde zum Beweis. Es wurde vermutet, daß der Mann den Säbel mit Gras abgeputzt hatte und daß von dieser Reinigung noch das verräterische Grasteilchen hängen blieb. So verhielt es sich, wie der Soldat nunmehr gestand. Er hatte tatsächlich nach der Tat den Säbel mit Gras und dann mit einem Lappen sorgfältig vom Blut gereinigt, so gründlich, daß auch wirklich kein Blut mehr nachweisbar war. Das winzige Grasteilchen in der Scharte hatte er übersehen.

G.F. in Kleidern oder auf Gegenständen können noch einzelne Grasteilchen erkennen lassen. Oft aber sind die Spuren auffallend dünn, so daß nur bei mikroskopischer Untersuchung noch einzelne pflanzliche Teile zu erkennen und von einem Botaniker zu bestimmen sind. G.F. können gelegentlich mit Mekoniumflecken verwechselt werden und umgekehrt, worauf besonders *Olbrycht* hinweist. Zur Entscheidung, ob ein G.F. vorliegt, dient die mikroskopische Untersuchung auf Pflanzenbestandteile, der Nachweis von Blattgrün, Chlorophyllkörnern und großen polygonalen, stark lichtbrechenden pflanzlichen Zellen sowie die spektroskopische Untersuchung des abgekratzten und ausgelaugten Fleckes. Die G.F. sind gewöhnlich auffallend dünn, während Mekoniumflecken doch häufiger eine dickere Auflagerung erkennen lassen und beim Aufweichen quellen. Das Chlorophyll zeichnet sich auch durch Fluorescenz seiner ätherischen Lösung aus, die im durchfallenden Tageslicht bei stärkerem Gehalt grün, im auffallenden Licht rot erscheint. Im ultravioletten Licht leuchten auch stark verdünnte Lösungen leuchtend rot! Diese Reaktion wird zur Untersuchung auf Blattgrün sehr empfohlen (*Kraft*).

Auch Spuren von Heu, Moos usw. können durch botanische Untersuchung wichtige Beweise ergeben, wie *Popp* an mehreren Kriminalfällen nachwies.

*Schrifttum.*
*Fraenckel, P.:* In *Lochte*s: Gerichtsärztliche u. Polizeiärztliche Technik. Wiesbaden 1914. — *Gross:* Handb. für Untersuchungsrichter. 7. Aufl. München 1922. — *Kraft, B.:* Arch. Kriminol. **84**, 211 (1929). — *Locard:* Arch. Kriminol. **93**, 141 (1933). — *Olbrycht, I.:* Beitr. gerichtl. Med. **8**, 39. Wien 1928. — *Popp, G.:* Botanische Spuren und Mikroorganismen im Kriminalverfahren. Arch. f. Kriminol. **104**, 231 (1939). — *Reuter, K.:* Naturwissenschaftlich-Kriminalistische Untersuchungen menschlicher Ausscheidungen. *Abderhalden*s Handb. der biologischen Arbeitsmethoden. **394**, 366. Berlin u. Wien 1932. **Holzer.**

**Grossesse nerveuse** siehe *Eingebildete und simulierte Schwangerschaft.*

**Grünkreuzgruppe** siehe *Kampfgase.*

**Grünspan** siehe *Kupfer.*

**Guajacol.**

Monomethyläther des Brenzcatechins, wesentlicher Bestandteil des Kreosots (60—90%). Angenehm riechende rhombische Prismen, Schmelzpunkt 28,3°, Siedepunkt 205°. Gewonnen aus Holzteer, heute in großem Umfang synthetisch hergestellt. Die beobachteten Vergiftungen sind medizinaler Art (Überdosierung, Verwechslung mit andern Medikamenten). Normaldosis 0,2; für Pinselung, Einreibung in 10%iger Lösung.

Symptome: Brennen im Mund, Rötung im Rachen, Erbrechen, Durchfall, sogar blutig. Resorptionswirkung weniger stark als beim Phenol. Narkotische Wirkung gering; durch den Eintritt von Hydroxylgruppen in den Benzolkern erhöht sich zwar im allgemeinen die Giftigkeit, die narkotische Wirkung nimmt aber ab. Motorische Reizerscheinungen ähnlich wie beim Phenol nicht ausgeprägt. Herztätigkeit schlecht, Cyanose. Bei länger dauernder Vergiftung Albuminurie, Cylindrurie, bei schwerer Vergiftung Hämoglobinurie, hämorrhagische Nephritis. Magen-Darmstörungen treten schon ein bei täglichen Dosen von 0,3.

Hautreizung gering; gelegentlich sieht man Erytheme, Exantheme, Bläschen. Hautresorption prompt.

Tödliche Vergiftung bei einem 9jährigen Mädchen durch 5 ccm verlief unter Cyanose, Benommenheit. Es bestand Temperaturerniedrigung, dauerndes Erbrechen, Milz- und Leberschwellung. Allmählich Blutaustritte an den Extremitäten, Albuminurie, Hämoglobinurie, Ikterus. Blut dunkel, hämolysiert, zeigte Poikilocytose, Zerstörung der roten, Vermehrung der weißen Blutkörperchen. Tod drei Tage nach Giftaufnahme unter Koma und Dyspnoe. Sektion: Gastroenteritis, Ekchymosen in den serösen Häuten und im Endokard, Milz schwarzbraun.

Ausscheidung durch Lungen (Geruch), hauptsächlich durch Urin, an Schwefel- und Glucuronsäure gebunden. Beim Stehen nimmt der Urin dunkle Färbung an. Offenbar wird Guajacol wie das Phenol im Organismus teilweise zu dreiwertigen Phenolen oxydiert.

Zu Heilzwecken (Erkältungskrankheiten, Katarrhe der Luftwege usw.) bestehen zahlreiche Derivate, meist Ester, z. B. Styracol, Eucol, Thiocol, Eugenol, Veratrol, Monotal, Duotal, Guajamar.

*Schrifttum.*

*Anders:* Pathologisch-histologische Befunde bei der Guajakolnephritis. Bericht über die Tagung der Deutschen Gesellschaft für gerichtliche und soziale Medizin. Z. gerichtl. Med. **11**, 412 (1928). — *Petri:* Pathologische Anatomie und Histologie der Vergiftungen. Berlin 1930. — Weitere Literatur s. d. Art.: Kreosot.

**Schwarz.**

**Guajactinkturvorprobe** siehe *Forensische Blutuntersuchung.*

**Gucasa** siehe *Schädlingsbekämpfungsmittel.*

**Gummi arabicum** siehe *Klebstoffe.*

**Gusisa** siehe *Schädlingsbekämpfungsmittel.*

**Gutachten** (= G.).

Unter einem G. verstehen wir die über Auftrag vorgenommene wissenschaftlich begründete Auswertung und Beurteilung eines bereits vorliegenden Tatsachenmaterials durch einen Sachverständigen im Hinblick auf bestimmte, vom Auftraggeber gestellte Fragen. Ist der Sachverständige Gerichtsarzt und geht die Aufforderung zur G.erstattung von einer Gerichtsbehörde aus, so sprechen wir von einem gerichtsärztlichen G. Das Tatsachenmaterial, das der Begutachtung unterzogen werden soll, kann vom Gutachter auf Grund eigener Wahrnehmung (Untersuchung) gewonnen sein oder sich aus Akten ergeben. Die Abgabe des G. selbst hat in Abhängigkeit vom Wunsche des Auftraggebers mündlich oder schriftlich zu erfolgen. Stets muß die im G. vertretene Meinung und Auffassung der Dinge eingehend und zwingend begründet sein, damit sich die Behörde von der Richtigkeit der Beweisführung zu überzeugen und die Schlußfolgerungen des Gutachters wirklich „zu eigen" zu machen vermag. Denn die Verantwortung für die rechtlichen Folgen, die die Begutachtung auslöst, trägt vor dem Gesetze ausschließlich das Gericht, ihm muß daher die Möglichkeit gegeben sein, die Ausführungen des Sachverständigen verstehend zu erfassen und auf ihre Gültigkeit einzuschätzen.

Die *äußere* Form, die man dem G. zu geben hat, ist dem ärztlichen Sachverständigen eigentlich nur für einige wenige besondere Fälle (in Deutschland z. B. für das Erbgesundheitsverfahren) und da dann gewöhnlich durch die Verpflichtung zur Benutzung eines bestimmten Vordruckes vorgeschrieben. In der Regel ist er hinsichtlich des Aufbaues an irgendwelche amtlichen Bestimmungen nicht gebunden. Trotzdem halte ich mich an die unten angegebene, weitgehend psychologisch begründete Grundform und weiche von ihr nicht willkürlich, sondern lediglich im Zwange der Verhältnisse ab. Der Rechtsbeamte setzt nämlich diese Grundform voraus, er will das G. auf sie eingestellt wissen (*Zangger*).

*Schema des Aufbaues eines G.: I. Einleitung:* Bezeichnung der auftraggebenden Behörde mit Angabe der Aktenzahl und des Datums des Dienststückes, das den Auftrag zur Begutachtung erteilte. Bezeichnung der Rechtssache, in der das G. erstattet werden soll. Kennzeichnung des Gegenstandes, der der Untersuchung und Begutachtung unterworfen werden soll. Fragestellung der Behörde im Wortlaute. Kurze Angabe des Materiales, auf das sich die Begutachtung stützt, wie Akten (Aktenzahl!) und Untersuchungen (Ort und Zeit dieser!).

*II. Materialsammlung* (Befund): *A. Auszug aus den Akten:* Schilderung der zum Prozeß Anlaß gebenden Ereignisse und deren Folgen in ihrem zeitlichen Ablaufe auf Grund der Ergebnisse der richterlichen Behandlung des Falles unter Angabe der Quellen (Aktenzahl, Blattzahl), aus denen diese Einsicht gewonnen wurde. Dabei besondere Rücksichtnahme auf Verhöre, Zeugenaussagen, dienstliche Meldungen, ärztliche Berichte und G., die für die Zwecke der Begutachtung von Bedeutung sind. Im Zusammenhang mit der Schilderung der Aktenlage Herausarbeitung und Darstellung der Momente, welche die Veranlassung zur Begutachtung gebildet haben.

*B. Eigene Feststellungen: a)* Angaben des Untersuchten dem Gutachter gegenüber, sofern eine lebende Person Gegenstand der Begutachtung ist und der Gutachter selbst ihre Untersuchung vornimmt.

b) Der Untersuchungsbefund:

1. Bei lebenden Personen, die der Gutachter anläßlich der Begutachtung untersucht hat, Beschreibung des allgemeinen Zustandes des Untersuchten in körperlicher und seelischer Beziehung.

2. Befunde, die für die speziellen Zwecke der Begutachtung von Bedeutung sind.

3. Veränderungen des Befundes während der Beobachtung.

*III. Diskussion des Materials* (G. im eigentlichen Sinne des Wortes): Zusammenfassung der Feststellungen. Sodann sachverständige Wertung und Deutung der Gesamtfeststellung in einer für den Auftraggeber verständlichen Weise mit Bezug auf die von der Behörde gestellten Fragen unter Heranziehung allgemeiner Erfahrungssätze und Erkenntnisse.

*IV. Schluß:* Zusammenfassung der ärztlichen Ausführungen in kurzen und dezidierten Antworten auf die von der Behörde gestellten Fragen (am besten im Wortlaute der Fragestellung oder der Gesetzesnorm, die der richterlichen Beurteilung zugrunde gelegt wird).

Datum (evtl. Amtssiegel). Unterschrift.

Ein nach obigem Schema aufgebautes G. wird der Form nach dem Auftraggeber zweifellos genügen. Um dem G. auch in *inhaltlicher* Beziehung einen gewissen Erfolg zu sichern, seien noch folgende allgemein gültige Momente zur Beachtung empfohlen: 1. Im G. beantwortet der Arzt die ihm vom Gericht zur Aufklärung des Falles gestellten Fragen. Dabei wird er in der Regel nicht nur die spezifisch medizinischen Feststellungen, sondern auch die Ergebnisse, die die gerichtliche Behandlung *neben* der ärztlichen Untersuchung zu Tage geschafft hat, zu berücksichtigen haben. Darum ist stets der Akteninhalt, soweit er für die Beurteilung von Belang ist, auszugsweise wiederzugeben, muß doch der Behörde gezeigt werden, daß der Gutachter die Rechtslage, deren Entscheidung durch die Begutachtung gefördert werden soll, richtig erfaßt und die Ergebnisse der richterlichen Untersuchung tatsächlich der sachverständigen Würdigung unterstellt hat. 2. Erfolgt die Begutachtung nicht lediglich auf Grund der Aktenlage, sondern ist sie mit einer Untersuchung verbunden, so müssen die dabei erzielten Ermittlungen *ausführlich* und dem medizinischen Laien *verständlich* geschildert werden. Genau so wie beim Zeugnis empfiehlt es sich, die Beschreibung erforderlichenfalls durch eine bildliche Darstellung zu ergänzen. Insbesondere sind alle jene Befunde, die sich der direkten Wahrnehmung entziehen oder die sich voraussichtlich im Laufe der Zeit verändern werden, neben der Beschreibung durch die Beigabe von Zeichnungen, Photographien, Röntgenbildern usw. in ihrer augenblicklichen Erscheinungsform festzuhalten. Bei der Begutachtung lebender Personen sind endlich die Angaben des Untersuchten von objektiv wahrnehmbaren Merkmalen an seiner Person scharf zu trennen und als solche kenntlich zu machen. 3. Anläßlich der *sachverständigen Deutung*, die sich an die Aufführung des zu beurteilenden Tatsachenmaterials anschließt, achte man immer darauf, die Fühlung mit den Rechtsnormen, die der Entscheidung des konkreten Falles zugrunde gelegt werden sollen, nicht zu verlieren, und werte die Sachlage wirklich im Hinblick auf eben diese gesetzlichen Bestimmungen; ist doch das G. bei der gleichen Sachlage inhaltlich sofort ganz anders zu gestalten, wenn sich die rechtlichen Zwecke verschieben. 4. Beim G. handelt es sich in der Regel um die Urteilsbildung über *Kausalzusammenhänge*, die sich entweder schon realisiert haben und daher zu rekonstruieren sind oder die sich erst realisieren sollen. Im ersteren Falle hat sich unser Urteil auf Vorgänge in der Vergangenheit, im zweiten auf Entwicklungen in die Zukunft zu erstrecken. Selbstverständlich wird die Sicherheit, mit der wir im einen oder im anderen Falle unsere Schlußfolgerungen ziehen, schon mit Rücksicht darauf ganz unabhängig von der übrigen Sachlage verschieden groß sein. Hat man bereits der Vergangenheit angehörige, d. h. also abgelaufene Geschehnisse in ihrer ursächlichen Verknüpfung zu beurteilen, so kann unser Rückschluß den behaupteten Kausalzusammenhang je nach der Wertigkeit unserer Beweismittel als „gewiß", als „wahrscheinlich" oder als „möglich" hinstellen. Dahingegen sind Entwicklungen in die Zukunft lediglich als „möglich" oder „wahrscheinlich" zu erachten, eine Gewißheit ist da grundsätzlich ausgeschlossen. 5. Wenn man im G. von *Wahrscheinlichkeiten* zu sprechen genötigt ist, so bemühe man sich nach Möglichkeit, auch ihren Grad (in Prozenten) anzugeben. Dabei halte man sich zweckmäßigerweise an die folgenden von *Mueller* vorgeschlagenen Grenzwerte: Ein Ereignis, bei dem die Wahrscheinlichkeit zu seiner Realisierung unter 50 % liegt, gilt uns als „möglich". Besteht für zwei Eventualitäten annähernd die gleiche Möglichkeit, so benennen wir jede Eventualität als „wahrscheinlich" und setzen die Wahrscheinlichkeit mit 50 % an. Unter einer „überwiegenden" Wahrscheinlichkeit ist eine solche mit 60—70 % zu verstehen. Eine „hohe" oder „große" Wahrscheinlichkeit beziffert sich mit 80 %, eine „sehr hohe" mit 90 % und eine „an Sicherheit grenzende" mit 99 %. 6. Sollten einmal im besonderen Falle *mehrere* Erklärungen oder Deutungen der Sachlage zulässig sein, so wäre es falsch, diese dem Gerichte zu verschweigen. Man führe sie vielmehr alle einzeln im G. auf und wäge sie hinsichtlich ihres Wertes, des Grades der ihnen innewohnenden Schlußsicherheit gegeneinander ab (*Zangger*). 7. Weder im mündlichen, noch im schriftlichen G. soll sich der Sachverständige durch die gestellten Fragen beschränken lassen, sondern stets alles sagen, was ihm bei Kenntnis der Beweislage nach seinem Fachwissen von Bedeutung erscheint. Nicht nur im Strafverfahren, wo ja die Wahrheitsfindung letztes Ziel ist, sondern auch im Zivilverfahren lasse er sich nicht abhalten, auf wichtige bisher unbeachtet gebliebene Umstände zu verweisen, selbst wenn dies über die gestellten Fragen oder Anträge hinausgeht (*Meixner*). Einzelne Verfahrensvorschriften, wie z. B. die lettländische Strafprozeßordnung und die badische Dienstvorschrift für die Gerichtsärzte und den gerichtsärztlichen Ausschuß vom 11. 12. 1928, machen ihm übrigens ein solches Verhalten ausdrücklich zur Pflicht. 8. Man vermeide im G. grundsätzlich jede Polemik und enthalte sich persönlicher Auseinandersetzungen. Eine Berufung auf das einschlägige Schrifttum erfolge nur insoweit, als es zur Begründung der eigenen Auffassung *unerläßlich* erscheint. 9. Schließlich sei noch kurz auf die Begriffe des „*vorläufigen*" und des „*begründeten*" G. eingegangen, wie sie in den preußischen und bayerischen Vorschriften über das Verfahren der Gerichtsärzte bei der gerichtlichen Untersuchung menschlicher Leichen Verwendung gefunden haben. Diesen Bestimmungen zufolge sollen die Obduzenten den Leichenbefundbericht, die sog. Niederschrift, mit einem den Fall zusammenfassenden *vorläufigen* G. ohne nähere Begründung abschließen. Dabei haben sie, sofern ihnen aus den Akten oder aus einer anderen Quelle gewisse Tatsachen bekannt wurden, die auf das G. Einfluß haben, auch diese kurz anzuführen. Hat der Richter den Ärzten besondere Fragen vorgelegt, so ist im G. ersichtlich zu machen, daß die Beantwortung „auf Befragen des Richters" erfolgt. Auf jeden Fall hat sich das vorläufige G. über die Todesursache (s. d.) zu äußern. Konnte diese nicht mit einwandfreier Sicherheit ermittelt werden, so muß dies eigens gesagt werden. Dabei ist auch anzugeben, welche Todesursachen etwa in Betracht kämen und was für Untersuchungen (histologische, chemische, kriminalistische) oder Maßnahmen allenfalls noch zur weiteren Klärung beitragen könnten. Wenn über die Todesursache oder andere wichtige Fragen aus dem Leichenbefund Zweifel bestehen, so ist die Entscheidung einem begründeten G. vorzubehalten. Dies gilt insbesondere für jene Fälle, in denen weitere technische Untersuchungen erforderlich sind oder in denen die vom Arzte erhobenen Befunde auf Grund späterer Ermittlungen oder anderer zur Zeit noch nicht bekannter Beweismittel weitergehende Schlüsse versprechen oder eine andere Deutung erfahren könnten. Niemals darf sich das vorläufige G. auf einen Befund beziehen, der nicht ausdrücklich im Leichenprotokolle niedergelegt ist. Wird von den Obduzenten außer dem vorläufigen G. noch ein *begründetes* G. gefordert, so ist mit einer gedrängten, aber genauen Darstellung des Sachverhaltes, wenn und soweit sie auf Grund der Erhebungen möglich ist, unter Angabe der Aktenblätter zu beginnen. Ferner ist der für die Beurteilung der Sache wesentliche Leichenbefund durch Berufung auf die entsprechenden Nummern der Niederschrift kurz zu bezeichnen. Die Fassung des begründeten G. muß bündig und deutlich und die Begründung so entwickelt sein, daß sie auch für den Nichtarzt verständlich und überzeugend ist. Der Gebrauch von Fremdwörtern hat tunlichst zu unterbleiben. Vom Richter vorgelegte Fragen sind vollständig und möglichst im Anschluß an den Wortlaut der Fragen zu beantworten. Jedes erforderliche G. soll spätestens innerhalb von vier Wochen eingereicht werden, falls nicht die beantragten fachwissenschaftlichen Untersuchungen eine längere Zeit in Anspruch nehmen.

*Schrifttum.*

Bekanntmachung über das Verfahren bei der gerichtlichen Untersuchung von Leichen. Gesetz- und Verordnungsblatt für den Freistaat Bayern vom 30. 7. 1930. — *Meixner:* Fehlwirkungen ärztlicher Gutachten und ihre Ursachen. Ärztl. Sachverst.ztg. **1930**, Nr. 7. — *Mueller:* Ärztliche Gesetzeskunde einschl. der Versicherungsmedizin. München u. Berlin 1938. – *v. Neureiter:* Die gerichtlich-medizinischen Wirkungsmittel — das ärztliche Zeugnis und das Gutachten — in formaler Beziehung. Handb. der biol. Arbeitsmethoden. Herausgegeben von *E. Abderhalden*, Abt. IV, Teil 12, 1. Hälfte. Berlin u. Wien 1927. — Vorschriften über das Verfahren der Gerichtsärzte bei der gerichtl. Untersuchungen menschlicher Leichen vom 31. 5. 1922. Volkswohlf. **III.**, Nr. 12. — Vorschriften für den gerichtsärztlichen Dienst. Slg. der Dienstvorschriften der badischen Justizverwaltung. **XIV.** Karlsruhe 1928. — *Zangger:* Medizin und Recht. Zürich 1920. — *Zangger:* Leitfaden zu den Sommervorlesungen. 9. Aufl. Zürich o. J.       *v. Neureiter.*

**Gynandrie** siehe *Homosexualität.*

**Gynergen** siehe *Mutterkorn und Mutterkornalkaloide.*

# H.

## Haare.

### 1. Das menschliche Haar.

Es ist zu unterscheiden: das Lanugohaarkleid, das Haarkleid des Neugeborenen, das Pubertäts- und Terminalhaarkleid. Das *Lanugohaarkleid* bedeckt den größten Teil des kindlichen Körpers ist im siebenten Foetalmonat besonders gut entwickelt, beginnt aber im achten Monat der Schwangerschaft wieder auszufallen. Die Haarlänge beträgt 0,1—1 cm, die Breite des Haares 0,014—0,027 mm. Es ist marklos, farblos oder gelblich bis bräunlich pigmentiert. Querschnitt kreisförmig.

Der Befund im Mekonium läßt auf einen Foetus vom achten Schwangerschaftsmonat und mehr oder auf ein neugeborenes Kind schließen.

Die Cuticulasäume der foetalen Haare und derjenigen des Neugeborenen verlaufen glatt. Zähnelung erfolgt allmählich zunehmend in den ersten Lebenswochen.

Das *Haarkleid des Neugeborenen* umfaßt das Kopfhaar, Augenbrauen und Wimpern, die Reste des primären Lanugohaarkleides und das neu hervortretende sekundäre Lanugohaar.

Das *Kopfhaar* ist bis 7 cm lang (*Dietrich*), fällt aber vor oder nach der Geburt aus (physiologischer Haarwechsel). Die Schaftbreite erreichte

bei einem ½jährigen Kinde = 0,051 mm
„ „ ¾jährigen „ = 0,065 „
„ „ 1jährigen „ = 0,08 „ .

*Schranz* fand bei 36 reifen Neugeborenen kein Mark im Kopfhaar, bei 27 reifen Neugeborenen in den Wimperhaaren Mark (S. 328).

Ich selbst fand einzelne langgestreckte Markzellen in den hellen starken Haaren im Kopfhaar des Neugeborenen, aber keinen fortlaufenden Markstrang.

Die Cilien erreichen im Alter von drei bis fünf Jahren dieselbe Länge wie beim Erwachsenen. Die Markentwicklung in den Wimpern des Neugeborenen berechtigt nicht ohne weiteres zu der Annahme, daß das Kind gelebt hat (*Schranz*), weil die erblichen Verhältnisse bei der Entwicklung des Haarmarkes eine Rolle spielen.

Das Lanugohaar reift am langsamsten. Bis 20 mm Länge am Unterschenkel eines 13jährigen Mädchens gefunden. Schaftbreite 0,073—0,094 mm.

Jede Haarpapille produziert in mehrfachem Wechsel Haare allmählich zunehmender Länge und Stärke, mit der zunehmenden Länge des Haares verlangsamt sich der Haarwechsel.

Zu dem *Pubertätshaar* gehören die Achsel-, Bart- und Schamhaare, das Kopfhaar erlangt seine volle Länge und Dicke.

Haare mit einer größeren Breite als 0,08 mm sind wahrscheinlich keine Kopfhaare und solche, die unter 0,08 m an ihrer breitesten Stelle messen, wahrscheinlich keine Bart- oder Schamhaare (*Waldeyer*).

Das Kopfhaar kann straffhaarig, schlichthaarig, wellig, lockig oder kraus sein, rundlicher Querschnitt bei straffem und schlichtem Haar. Bei krausem Haar ovaler bis länglich-elliptischer Querschnitt. Das Pubertätshaar (Achsel, Bart, Pubes) ist gewellt. Querschnitt oval nierenförmig oder mehreckig oder abgeplattet.

Das Haar in Ohr und Nasenöffnung kann in höherem Alter bartähnlichen Charakter annehmen. Auch das Lanugohaar des Stammes und der Extremitäten kann bis in das Alter an Länge und Dicke weiter zunehmen. Vom 20. bis 30. Jahre an erhält es den Charakter des Pubertätshaares und erreicht Längen von 2—3 cm und darüber (*Terminalhaar*).

Man unterscheidet am einzelnen Haar: Haar-

wurzel, *Haarschaft* und *Haarspitze*. Das spontan ausgefallene Haar zeigt eine trockene kolbenartige, verhornte Wurzel, über der Wurzel keinen Markstrang. Der Wurzelteil hat ein streifiges Aussehen durch das Vorhandensein zahlreicher kleinster längsgestellter Lufträume (Kolbenhaar). Dem ausgerissenen Haar haften Teile der Wurzelscheiden an, die Wurzel ist infolgedessen feucht, sie ist unten ausgehöhlt, da das Haar kappenartig der Papille aufsitzt, häufig ist sie angelhakenartig gekrümmt (Papillenhaar). Nach Epilation erfolgt die Regeneration des Haares nach 41 bis 72 Tagen (*Danforth* S. 196). *Der Haarschaft* ist ein langgestreckter, oft spindelförmiger Gestalt. Die Achselhaare sind bei mangelnder Hautpflege oft mit einem Pilzrasen bedeckt (Trichomycosis palmellina). Es kommen solche Haare aber auch in der Umgebung des Afters und an den Geschlechtsteilen vor.

Die *Haarspitze* ist stets unversehrt bei foetalem Haar und wohl auch bei eben neugebildeten (nachwachsenden) bzw. neu auftretenden Haarspitzen (Pubertätshaar), sonst meist rundlich abgescheuert durch die Kleidung oder abgebrochen oder mehr oder minder pinselförmig aufgefasert.

Die *Wachstumsgeschwindigkeit* der Haare eines Haarkreises ist nicht gleichzeitig an allen Haaren dieselbe. Das Wachstum erfolgt schubweise der Reihe nach bei den einzelnen Haaren eines Haarkreises. In einem Monat beträgt die Wachstumsgeschwindigkeit 6,8—13,2 mm. Nach *Trotter* beim

Achselhaar pro Woche 2,4—3,6 mm,
Kopfhaar „ „ 2,5—3,5 „
Unterschenkel „ „ 0,7—2,4 „
Vorderarm „ „ 0,8—2,5 „ ,

so daß also die dickeren Haare schneller wachsen als die dünneren.

Die Lebensdauer des Haares ist verschieden, je nach der Länge des Haares. Sie wird bei Wimpern und Augenbrauen auf 112—150 Tage geschätzt (*Maehly*), beim weiblichen Kopfhaar auf zwei bis vier Jahre.

Das Haarwachstum steht unter dem Einfluß der endokrinen Drüsen, insbesondere der Geschlechtsdrüsen, aber auch der Schilddrüse, der Hypophyse, der Zirbeldrüse und der Nebennieren. Tumoren der Nebennieren können zu frühzeitiger Geschlechtsreife und frühzeitigem Wachstum von Bart- und Schamhaaren Anlaß geben.

Am einzelnen Haare unterscheidet man das *Oberhäutchen (Cuticula)*, die *Rindensubstanz* und den *Markstrang*.

Die *Cuticula* bedeckt das Haar von der Spitze bis zur Wurzel. An diesen Stellen endet die Cuticula in ein- bis zweifacher Zellage. In der Mitte des Haarschaftes sind sieben Zellagen dachziegelförmig angeordnet, der freie Rand weist nach der Spitze des Haares.

Die Cuticulasäume liegen enger in der Mitte des Haarschaftes (0,005 mm), weiter entfernt voneinander an den Enden des Haares (bis 0,013 mm, *Lochte:* Cuticulastudien). Die Cuticulasäume des foetalen Haares sind nicht gezähnt. Nach der Geburt sind nur die Wurzelteile des Haares ungezähnt. Die Zähnelung ist bedingt durch die Eintrocknung des Haares und mechanische Momente (Waschen, Bürsten, Kämmen, Berührungen, Scheuern der Kleidung usw.).

Die *Rindensubstanz* besteht aus spindelförmigen Plättchen, die an den Enden kammartig gespalten sind, in die Spalten greifen die Zacken der benachbarten Zellen ein. Es entstehen auf diese Weise Reihen oder Ketten langgestreckter verhornter

Zellen. Die Länge der Rindenzellen beträgt nach *Kölliker* 54—68 $\mu$, die Breite 4—11 $\mu$, die Dicke 3—3,6 $\mu$.

Die Rindenzellen sind die Träger des Pigmentes. Zwischen den Rindenzellen liegen feinste Luftspalten.

Die Haarfarbe wird durch die Oberflächenbeschaffenheit des Haares, durch das Pigment und durch die Lufträume der Rinde und des Haarmarkes bedingt. Es ist zu unterscheiden, 1. das körnige Pigment, das von grauer bis echt schwarzer, von gelber, brauner bis schwarzbrauner Farbe oder von roter Farbe sein kann, und 2. das diffuse Pigment, das meist eine gelblich-rötliche Farbe aufweist. Die Cuticula ist meist pigmentfrei. Hauptträger des Pigmentes sind die Rindenzellen. Die Markzellen zeigen nur bei dunkelhäutigen Rassen Pigment. Man nimmt an, daß cyclische Eiweißspaltprodukte, insbesondere das 3,4 Dioxyphenylalanin die Ausgangsprodukte des Pigmentes darstellen. Nach *Stery* liegen den Pigmenten verschiedene Keratine zugrunde, die durch kalte verdünnte Lauge getrennt werden können. Bei sorgfältiger Betrachtung mit bloßem Auge zeigt nicht nur das Kopfhaar am Scheitel, Schläfen, Nacken verschiedene Farbtönung, sondern auch die oberflächlichen und tieferen Lagen des Haares und schließlich auch bei Betrachtung mit der Lupe das einzelne Haar an der Spitze, in der Mitte und am Wurzelteil. Auch an den einzelnen Teilen des Körpers ist die Haarfarbe keineswegs überall dieselbe. Nach *J. K. Mayer* waren die Achselhaare die hellsten, dann folgten die Barthaare und Kopfhaare, die Brauenhaare und Schamhaare waren die dunkelsten. Das helle kindliche Haar dunkelt zumeist später nach. Für die Haarfarbe des einzelnen Individuums sind Erbfaktoren von weitgehender Bedeutung. Allgemein bekannt ist es, daß einzelne angeborene helle oder weiße oder tiefschwarze Haarbüschel im Kopfhaar vorkommen und sich vererben können.

Auch äußere Einflüsse können zu einer Änderung der Haarfarbe führen. So kommt eine Bleichung der Haare bei Arbeitern in Chlorfabriken vor, Gelb- und Bronzefärbung durch Einwirkung der Pikrinsäure bei Munitionsarbeitern, bei Kupferarbeitern Grünfärbung, Blaufärbung bei Arbeitern in Kobaltminen und in Indigowerken. Öfter wurde ein periodischer Wechsel der Haarfarbe beobachtet. Die Erklärung dieser Fälle ist noch nicht in befriedigender Weise gelungen.

Ein *Markstrang* findet sich vor allem in den dickeren Haaren, Wimpern, Augenbrauen und im Pubertätshaar. Seine Breite beträgt im allgemeinen nicht über ein Drittel der Schaftbreite. Diese Grenze wird nur selten um ein geringes überschritten. Nach *Rabl* liegen die Markzellen zu zwei bis höchstens fünf Zellen nebeneinander. Sie sind granuliert und lassen häufig noch einen Kern, besonders im basalen Teil des Haares erkennen.

Im weiteren Verlauf des Markes bilden sich Lufträume inner- und außerhalb der Markzellen. Da aus demselben Follikel zwei oder mehr Haare hervorsprießen können, kann es zur Verschmelzung von zwei Haaren und dadurch zu Haaren mit doppeltem Markstrang kommen.

Von Interesse ist noch das Vorkommen einer Hypertrichose, die entweder als Persistenz des Lanugohaarkleides oder nach dem Haarwechsel als gröberes Pubertätshaar bzw. Terminalhaar in die Erscheinung treten kann. Gelegentlich ist die Hypertrichosis nur eine lokale (Haarentwicklung besonders in der Lumbal- oder Sakralgegend bei Spina bifida). Das Gegenbild der Hypertrichosis ist die Hypotrichosis, der Haarmangel, der gelegentlich bis zur Haarlosigkeit gesteigert sein kann. Neben der angeborenen Hypotrichose bzw. Atrichie gibt es Fälle von akuten und chronischen Krankheiten, die Haarausfall (Alopecie) zur Folge haben können. Eine enthaarende Wirkung kommt besonders dem Thallium aceticum und Th. sulf. zu.

Mit höherem Alter des Individuums, jenseits des 45. Lebensjahres, findet ein allmählich zunehmendes Ergrauen der Kopf- und Barthaare, später auch des übrigen Haarkleides statt. Augenbrauen und Wimpern ergrauen zumeist erst im höchsten Alter (jenseits des 70. Jahres). Dem Ergrauen geht ein vermehrter Luftgehalt des Haares und eine Verminderung bzw. ein Verlust des Haarpigments parallel.

Das Haar ist ein elastisches Gebilde. Es verkürzt sich in trockener und verlängert sich in feuchter Luft um etwa 1—1,5 % seiner Länge, da es hygroskopisch ist. Die physikalischen Verhältnisse des Haares (Elastizität, Dehnung) sind noch nicht endgültig geklärt (*Meschede, Marchionini, Basler, Cajkovac, W. J. Schmidt*).

*Spezielle gerichtliche Haaruntersuchung.* Es sei hier auf die Angaben im Atlas der menschlichen und tierischen Haare (Verlag *P. Schoeps*, Leipzig) hingewiesen. Im einzelnen sei folgendes bemerkt:

1. Der *Nachweis* von Haaren *in Mekoniumflecken* erfordert nur das Aufweichen der Krusten in etwa 5 % Natronlauge. Das gleiche gilt von Vernix caseosa-Flecken. Die Lanugohaare sind schon bei schwacher Vergrößerung (80fach) erkennbar. Länge und Maße siehe oben.

2. Die *Identitätsbestimmung* von menschlichen Kopfhaaren beginnt mit der Untersuchung, ob eine künstliche Haarfärbung vorliegt, im ultravioletten Lichte nach *Boller.*

I. Liegt ein Haar oder einige wenige Haare vor, so kann nur festgestellt werden, ob solche Haare nach Länge, Dicke, Haarform und Haarfarbe im Vergleichshaar vorkommen. Der Vergleich ist makroskopisch und mikroskopisch durchzuführen. Er erfordert die mikrometrische Messung und Beschreibung des Haarschaftes und des Haarmarkes, insbesondere eine genaue Untersuchung des körnigen und diffusen Pigmentes an dünnen Stellen des Haares (Haarspitze) oder an Längs- und Querschnitten im Tageslicht und Fluorescenzlichte. Wichtig ist die Art und der Grad der Verschmutzung des Haares. Evtl. spektralanalytische Untersuchung des Haares im Emissionsspektrum.

II. Liegt dagegen ein größeres Büschel von Haaren vor, so kann man ein Bild von der Dicke des Haares gewinnen, wenn man die Schaftbreite der einzelnen Haare in eine Tabelle einträgt, in der sie nach 60, 70, 80, 90—100 $\mu$ Dicke usw. geordnet sind. Ähnlich ist mit der Farbe und dem Markgehalt der Haare (fortlaufendes Mark, unterbrochenes Mark, fehlendes Mark) zu verfahren. Das Pigment bedarf derselben Untersuchung wie bei I. Schwarze Haare sind von braunschwarzen ev. zu unterscheiden durch die Behandlung mit alkal. 10 %igen $H_2O_2$ bei 37° C, unter halbstündiger Kontrolle (Unterscheidung der Farbstoffe nach *Stary*. Es empfiehlt sich die Untersuchung des Pigmentes in unverletzten Haarspitzen im Terpentinpräparat).

Sorgfältige vergleichende Untersuchungen am Pubertätshaar liegen noch nicht vor, ebensowenig solche an Rassenhaaren (vgl. *Desoille* und *Grienfeder*).

3. *Nachweis von Haarfärbemitteln.* Als solche kommen nach *Boller* in Betracht: I. rein vegetabilische Haarfärbemittel: Hierher gehören Henna, evtl. mit Indigo, grüne Nußschalen, Kamillenblüten, Rhabarber, Blauholz, Torf usw. II. Chemische Haarfärbemittel: a) anorganische Verbindungen, hauptsächlich Metallsalze, Silber, Wismut, Nickel, Kobalt, Eisen, Mangan, geben gefärbte Niederschläge, dringen

wenig oder gar nicht in die Haarsubstanz ein. Blei und Kupfer ist in seinen Salzen in Deutschland als Haarfärbemittel verboten. Durch Zinn und Cadmiumsalze erzielt man blonde Färbungen (Sulfide), durch Nickelsalze Schwarzfärbungen (*Truttwin*); b) organische Verbindungen: Pyrogallol, Paraphenylendiamin (giftig), Sulfoparaphenylendiamin usw. in „Eugatol", „Aureol". Farblackbildung. Eindringungsvermögen größer als bei anorganischen Stoffen; c) gemischte Haarfarben rein chemischer Natur. Kombinierte Wismutsilberlösung, Kobalt, Nickel. Mehr Auflagerungen; d) Küpenfarbstoffe. Es werden Leukoverbindungen aufgetragen, die dann durch künstliche Oxydation zur Farbe oxydiert werden; e) progressive Haarfärbemittel. Wie bei d). Langsames allmähliches Nachdunkeln an der Luft infolge Oxydation durch den Luftsauerstoff. III. Chemisch modifizierte vegetabilische Haarfarben: Rastiks, Hennarastik mit Eisen, Silber, Kobalt usw.

Liegt die künstliche Haarfärbung einige Zeit zurück, so ist das Haar in natürlicher Farbe nachgewachsen. Der basale natürlich gefärbte Teil unterscheidet sich dann von dem distalen Teile des Haares durch den Farbton. Durch Metallsalzfärbung wird die Fluorescenz der Cuticula im ultravioletten Lichte verhindert. Die Metallfärbungen sind dem Haare aufgelagert. Das gilt besonders vom Silbernitrat. Der Nachweis des Metalles gelingt auf mikrochemischem Wege (vgl. dazu die Lehrbücher der Mikrochemie) oder noch besser durch die Emissionsspektroanalyse. Es werden sich dabei aber Kontrolluntersuchungen an nicht gefärbten Haaren derselben Person nicht umgehen lassen.

Vegetabilische oder organische Substanzen dringen in die Hornsubstanz mehr oder minder tief ein. Sehr gut ist die Tiefe des Eindringens der färbenden Substanz mit Hilfe des ultravioletten Lichtes an Haarquerschnitten zu erkennen (*Boller*). Bis zu einem gewissen Grade ist es möglich, die Art der angewendeten künstlichen Färbung durch die Fluorescenzmethode zu unterscheiden. Die färbende Substanz ist aber nur selten eindeutig zu ermitteln. Für Infrarot sind schwarzbraune bzw. schwarze Haare durchlässig.

Anilinfarbstoffe werden mit angesäuertem Wasser ausgezogen. Das Paraphenylendiamin (dem freien Handel in Deutschland seit dem 1. 2. 1906 entzogen) gibt mit Coniferenholzextrakt eine tief rote Farbe (*Nobuhide Baba*).

(Bezüglich der künstlichen Färbung von Tierhaaren und speziell Rinderhaaren vgl. die Dissertation von *Curscheller* 1933.)

Das Bleichen der Haare beim Lebenden erfolgt zumeist durch 3%ige Wasserstoffsuperoxydlösung. Um den Ammoniak aus dem Perhydrol zu entfernen, wird vom Friseur das Haar mit Essigwasser oder Citrone nachgewaschen.

Genauere Angaben über die Erkennung der Bleichung liegen in der Literatur nicht vor. Wiederholtes Bleichen führt zu Elastizitätseinbuße, zur Brüchigkeit des Haares und wohl auch zur Schädigung der Cuticula, die abblättert (*Čajkovac*).

Bei einmaliger Bleichung würde darauf zu achten sein, ob das Haar in seiner ganzen Länge den gleichen Farbton zeigt, oder ob auffallende Differenzen in der Tönung der Farbe vorliegen, die sich von den natürlichen Farbdifferenzen unterscheiden.

Bei Schädigungen der Cuticula ist daran zu denken, daß auch durch die Brennschere eine oberflächliche Schädigung des Haares eintreten kann.

4. Die *Verletzungen des Haares bei starkem Kämmen* bestehen in Abtrennungen des Haares von der Papille oder in Querrissen in diese, in Durchreißung der Epithelkappe der Papille oder in Längsrissen im innersten Teile des Haarbalges (*Schulin* S. 392). Das Haar wird stets beim Kämmen etwas gedehnt.

5. Bei *durchrissenem weiblichen Kopfhaar* findet man feine Wellung der durchrissenen Haarenden. Da das Haar vor dem Durchreißen stark gedehnt wird, ergeben sich Stellen, an denen die Cuticulasäume relativ weit voneinander entfernt liegen, und abgebrochene Cuticulazellen. Schließlich findet man oberflächliche Einrisse, die teils nur die Cuticula betreffen, teils mehr oder minder tief in die Rindenschicht hineinreichen. Die Rißstellen klaffen.

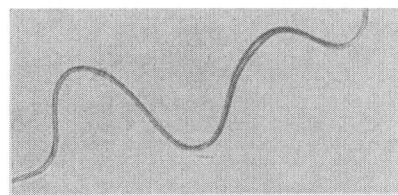

Abb. 1. Gewelltes Ende eines zerrissenen Kopfhaares.

Abb. 2. Einriß der Cuticula und Rinde eines durchrissenen Kopfhaares.

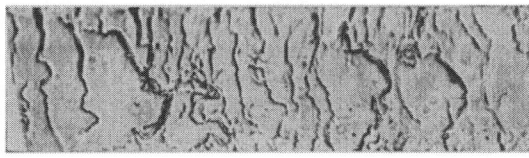

Abb. 3. Gelatineabdruck eines durchrissenen Haarendes. Zerreißungen der Cuticula.

Das einzelne Frauenkopfhaar erträgt im allgemeinen eine Belastung von 60—70 g, ehe es reißt. Das Ende eines frisch durchrissenen Haares zeigt bei Wasserzusatz keine Verlängerung sondern eine *Verkürzung*; im Mikroskop noch kenntlich, selbst an kleinen Haarstücken, innerhalb $\frac{1}{2}$—$\frac{3}{4}$ Minute nach dem Wasserzusatz (Vergrößerung etwa 370mal; sog. Gleit- oder Verkürzungsphänomen der Cuticula). Gleichzeitig tritt Verbreiterung des Haarstückes ein durch Quellung. Damit ist ein neuer Gleichgewichtszustand erreicht (vgl. *H. Bongards*: Feuchtigkeitsmessung. S. 253, 258, 281, 289. Berlin-München 1926 und ein demnächst erscheinender Aufsatz des *Verf.*)

6. *Schnittverletzungen* des Haares. Die Beschaffenheit der freien Schnittenden hängt einerseits von der Dicke des Haares, andererseits von der Schärfe des schneidenden Instrumentes ab. Sehr scharfe Instrumente (Rasiermesser) können glattrandige, quere, gelegentlich auch glattrandige Lappenschnitte hervorrufen. Bei weniger scharfen Instrumenten, Taschenmesser und Scheren findet man die Schnittflächen mehr oder minder gezackt (vgl. *Österlen*, in Handb. der gerichtl. Medizin von *Maschka*).

7. Haarverletzungen durch *stumpfe Gewalt*. Bei unverletzter Kopfschwarte erleiden die Haare keine oder nur geringfügige Verletzungen (ausgenommen, wenn die Haare auf Metallteilen, Haarnadeln, Spangen aufliegen). Liegt das Haar bei penetrierenden Verletzungen der Kopfschwarte direkt dem Knochen auf, so ergeben sich bei breit auftreffenden

Instrumenten mit gewölbter Fläche (rundliche Keule) kurze spindelförmige Verbreiterungen. Scharfkantige Werkzeuge (Axt, kantige Keule) führen zu Knickungen des Haares (*Puppe, Heinecker*).

8. *In Schädelfissuren eingeklemmte Haare* beweisen, daß eine Weichteilverletzung der Knochenfissur und der Einklemmung vorangegangen sein muß.

9. *Überfahrene Haare* bieten verschiedene Bilder. Überfahrung durch die Eisenbahn: erhebliche Verbreiterung des Haarschaftes mit eingepreßtem Staub. Überfahren mit Lastwagen, Automobilen auf Asphaltstraßenpflaster: mehr oder minder starke Verbreiterung, Fissuren, Knickungen, Splitterungen. Bei Überfahren durch Droschken auf Asphalt: wellige oder korkzieherähnliche Formen (*Hische, Fehsenfeld*).

10. *Alma Stetzer* untersuchte die *Veränderungen von Haaren*, die bis zu zehn Wochen in neutralem Wasser bei Zimmertemperatur, in *alkal. Flüssigkeit* von $p_H$ 9, *in saurer Lösung* von $p_H$ 5 (Phosphatpuffer), in fließendem Neckarwasser, in Jauche, in nasser und trockener Gartenerde, in trockenem Sandboden, in Lehmboden und Kalkerde gelegen hatten. An der Cuticula fanden sich Einrisse im zirkulären Verlaufe, stellenweise Loslösung von der Rinde. Am deutlichsten waren diese Veränderungen, wenn die Haare in fließendem Neckarwasser oder in Jauche gelegen hatten.

11. *Haarveränderungen bei Verbrennungen.* Bei der Erhitzung von Haaren tritt zunächst ein Wasserverlust ein, der zur Faltenbildung der Cuticula führen kann. Die Doppelbrechung der Cuticula und Rinde sinkt mit steigender Temperatur bis auf Null herab. Bei 140°C Gelbfärbung weißer Haare, bei 180°C Rotwerden der Haare nach 10—15 Minuten, schneller bei höheren Temperaturen. Bei etwa 190°C beginnt die Gasbildung im Haar. Sie nimmt ihren Ausgang vom Mark des Haares (Untersuchungen am weißen menschlichen Barthaar) und in dessen Umgebung. Das diffuse Pigment wird durch Rotwerden des Haares verdeckt. Das Melanin ist noch bis 220°C zu erkennen, auch nach Quellung in 17%iger Kalilauge. Das rote körnige Pigment blaßt bei Einlegen in Kalilauge und in konzentrierter Schwefelsäure sehr schnell ab, deshalb Untersuchung in Wasser notwendig. Sofortige Kräuselung des Haares bei 240—250°C, Verkohlung bei 300—400°C. Die Cuticula ist der widerstandsfähigste Teil des Haares. Sie unterliegt nicht der Gasbildung und gestattet unter Umständen die Unterscheidung von Menschen- und Tierhaaren. Starke Erhitzung führt zu winkelförmigen Einrissen der Cuticula. Nach Wasseraufnahme kann die Zähnelung der Cuticula verlorengehen. Die Markscheiben der Tierhaare sind schwer darstellbar, die Lufträume geschädigt.

12. Bei *Naheschüssen* kommt es bei Verwendung von Schwarzpulver zu Verbrennungserscheinungen, insbesondere Kräuselung des Haares. Bei Verwendung von rauchschwachem Pulver sind die Verbrennungserscheinungen sehr gering oder fehlen völlig. Nichtverbrannte Pulverteilchen sowie Ascheteile können zu Haarverletzungen führen (*Lochte*). Naheschußverletzungen von Haaren bei Verwendung von Sinoxidmunition sind bislang nicht festgestellt worden. Der Nachweis von Blei erfolgt mit Hilfe von Dithizon (*Holsten*). Dabei ist die Feststellung von Wichtigkeit, daß weiter entfernt liegende Haare kein Blei erkennen lassen. Nickelnachweis mit Hilfe des Diacetylglyoxims nach *Tschugaeff*. Bei Verwendung von Flobertmunition kann bei Naheschüssen das Knallquecksilber am Haar nachgewiesen werden durch Erhitzen des Haares mit einer Spur metallischen Jodes unter dem Deckglas über der Sparflamme des Bunsenbrenners. Es treten die rubinroten Kristalle des Quecksilberjodids auf. Über den Kupfernachweis im Schußfeld vgl. *K. Erhardt*.

13. *Elektrische Zerreißung der Haarwurzeln* wurde von *G. Schrader* bei Versuchen am Meerschweinchen festgestellt.

14. Bei *Vergiftungen* ist besonders wichtig der Nachweis des Arsens in den Haaren mit Hilfe des Arsenspiegels (vgl. *A. Heffter*). Auch am Nagelband kann die Arsenvergiftung erkannt werden (vgl. *Wigand*).

Der Thalliumnachweis in Haaren (auch der des Kupfers, Bleies, Silbers) gelingt mit Hilfe der Emissionsspektralanalyse (*Gerlach*).

Auch in Alimentationsprozessen spielt das Haar eine Rolle und zwar sowohl die Haarform, wie die Haarfarbe; die charakteristischen Eigentümlichkeiten sind beim Neugeborenen noch nicht voll erkennbar. Sie werden erst in den folgenden Lebensmonaten und Jahren in steigendem Maße deutlich.

Bezüglich der Wirbelbildung des Kopfhaares vgl. *Nehse*; Wirbelbildung in den Augenbrauen: *H. Virchow*. Über Raezelbildung (über der Nase confluierende Augenbrauen) vgl. *v. Luschan*.

Die Rassenfrage spielte eine Rolle in dem Falle von *B. Mueller*, in dem ein Neger als Erzeuger eines weißen, blauäugigen Kindes mit schlichtem Kopfhaar abgelehnt wurde.

Zu den erblichen Haarkrankheiten gehören Monilethrix und Pili annulati.

*Schrifttum.*

*Baba, Nobuhide:* Koniferenholzspäne-Extrakt zum Nachweis des Paraphenylendiamins. Dtsch. Z. gerichtl. Med. **26**, 166 (1936). — *Boller, W.:* Vorschlag einer neuen forensischen Haaruntersuchungsmethode. Die Mikrofluoreszenz in Haaren. Arch. Kriminol. 100 (1937). — *Brüning, A.* u. *Schnetka:* Arch. Kriminol. **101**. — *Curscheller:* Künstl. Färbung von Tierhaaren. Inaug.-Diss. Zürich 1933. — *Danforth:* Studies on hair. Arch. of Dermat. and Syph. **12** (1925). — *Dietrich:* Länge des Kopfhaares des Neugeborenen. *Halban-Seitz* **VI**, 169. — *Desoille, Henri* u. *Grinfeder:* Sur l'identification des poils provenant des sujets de race noire. Ann. Méd. lég. etc. **18**, 306—312 (1938). — *Erhardt, K.:* Der Kupfernachweis im Schußfeld und seine Bedeutung für die Schußentfernungsbestimmung. Dtsch. Z. f. d. ges. ger. Med. **XXX**, 235—242. — *Fehsenfeld, G.:* Über Haarverletzungen durch Überfahren. Med. Klin. **1915**, Nr. 12. — *Gerlach, W.:* Fortschritte in der spektralanalytischen Untersuchungstechnik med. Präparate. *Virchow*s Arch. **301** (1938). — *Heffter, A.:* Über die Ablagerung des Arsens in den Haaren. Vjschr. gerichtl. Med. **49**, 194 (1915). — *Heinecker, E.:* Frage der Spezifität der Haarverletzungen durch scharfe und stumpfe Gewalt. Inaug.-Diss. Königsberg 1906. — *Hische, Fr.:* Zur Haarverletzungen durch Überfahren. Inaug.-Diss. Göttingen 1912. — *Holsten, K.:* Zur Frage der Schußentfernungsbestimmung bei Verwendung von Sinoxydmunition. Dtsch. Z. gerichtl. Med. **26** (1936). — *Holzer, Fr. J.:* Haften von Kopfhaaren an Schädelnähten durch Fettwachsbildung. Demonstr. auf der Tagung der Dtsch. Ges. f. gerichtl. Med. Dresden 1936. — *Kölliker, A.:* Handb. der Gewebelehre. 223. Leipzig 1889. — *Lochte, Th.:* Haarverletzungen durch Überfahren. Vjschr. gerichtl. Med. 3. Folge, **45**, Suppl. I. — *Lochte, Th.:* Über Verletzungen der Haare bei Nahschüssen mit rauchschwachem Pulver. Verh. d. VI. Tagung der Dtsch. Ges. f. gerichtl. Med. **41**, Suppl. 3. Folge (1911). Königsberg 1910. — *Lochte* u. *Fiedler:* Ergebnisse der chem. Analyse von Schußspuren. Vjschr. gerichtl. Med. III. Folge, **47**, 68 ff. (1914). — *Lochte, Th.:* Das menschl. und tierische Haar in kriminalistischer Beziehung. Referat I. internat. gerichtl. med. Kongreß 1938. — *Lochte Th.:* Atlas der menschl. u. tierischen Haare. Leipzig 1938, u. Cuticulastudien am menschl. Haare. Leipzig 1938. — *v. Luschan:* Räzelbildung auf Kreta. Z. Ethnol. **1913**. — *Maehly, A.:* Beiträge zur Anatomie der Cilien. Med. Inaug.-Diss. Basel 1879. — *Mayer, I. K.:* Münch. med. Wschr. **1924**, 578. — *Minakow, P.:* Über die Veränderung der Haare durch die Hitze. Vjschr. gerichtl. Med. **1896**, 105. — *Mueller, B.:* Untersuchungen über die Erblichkeit der Augenfarbe, der Haarfarbe und der Haarform vom gerichtl. med. Standpunkte aus. Dtsch. Z. gerichtl. Med. **20** (1933 und 1935). — *Nehse:* Beiträge zur Morphologie und Vererbung der menschl. Kopfbehaarung. Z. Morph. u. Anthrop. **1936**. — *Österlen, O.:* Das menschl. Haar und seine gerichtsärztliche Bedeutung. Tübingen 1874. — *Österlen, O.:* Plötzliches Haarergrauen nach psychischem Insult. Med. Welt **1927**, Nr. 39 und **1931**, Nr. 33. — *Opitz, Herm.:* Über Haarausfall bei Neugeborenen und Säuglingen. Inaug.-Diss. Frankfurt a. M. 1930. — *Piédelièvre* et *Zebouni:* Les brulûres des poils. Ann. Méd. lég. etc. **13**, 297—308 (1933). — *Piédelièvre* u. *Dérobert:* Recherches sur la carbonisation des poils. Dtsch. Z.

gerichtl. Med. **25**, 109 (1935). — *Puppe, G.:* Über Verletzungen der Haare durch stumpfe Gewalt. Z. Med.beamte **1897**. — *Rabl, H.:* Anatomie des menschl. Haares. Handb. d. Hautkrankheiten Mracek I, 47 ff. Wien 1902. — *Richter, R.* u. *Stape:* Haarfarbe und Haarfarbstoffe. Arch. of Dermat. **178** (1939); *Hoppe. Seylers* Z. physiolog. Chemie **253** (1938). — *Schlemmer:* Wien. med. Presse **1876**, Nr. 9—12. — *Scholz:* Nachweis des Arsens mit Hilfe von Penicillium brevicaule. Berl. klin. Wschr. **36**, 913. — *Schrader, G.:* Experiment. Untersuchungen zur Histopathologie elektrischer Hautschädigungen durch niedergespannten Gleich- und Wechselstrom. Jena 1932. — *Schranz:* Dtsch. Z. gerichtl. Med. **24** (1935). — *Schulin, K.:* Z. Anat. **II**, 392 (1877). — *Schwarzacher, W.:* Über Thalliumvergiftung. Münch. med. Wschr. **1930**, 1430. — *Schwarzacher, W.:* Abderhaldens Handb. der biol. Arbeitsmethoden. Lieferung **370**, 172 (1931). — *Stein, R.: O.:* Abschnitt Haar. Handb. der Hautkrankheiten von *Arzt* u. *Zieler* III, 852 ff. — *Stetzer, Alma:* Veränderungen abgeschnittener menschlicher Haare unter äußeren Einwirkungen. Inaug.-Diss. Heidelberg 1935. — *Straßmann, G.:* Beobachtungen über elektrische Todesfälle mit besonderer Berücksichtigung der Haut- und Haarveränderungen. Dtsch. Z. gerichtl. Med. **9**, 699 (1927). — *Trotter, Mildred:* The resistance of hair to certain supported. Growth Stimulents. Arch. of Dermat. and Syph. **7**, 93 ff. (1923). — *Truttwin, Hans:* Grundriß der kosm. Chemie. Braunschweig 1930. Ferner *Astbury, W. T.* u. *H. J. Woods:* Studies of the Structure of Hair and plated Fibres. Philosoph. Transactios of the royal Society of London. A. Vol. **232** (1934). — *Waldeyer, W.:* Atlas des menschlichen und tierischen Haares. Lahr 1884.

Über die physikal. Verhältnisse des Haares:

*Basler, A.:* Pflügers Arch. **208** u. **212**. — *Čajkovac, P.:* Physik. Verhalten nach kosmet. Schädigungen d. Haares. Dermat. Z. **77** (1983) — *Schmidt, W. J.:* Polar. optische Analyse. Handb. von *Abderhalden* Abt. V, Teil 10. **1938**, 585 Anm. 1 a. S. 591. — *Menschl, H.:* Arch. f. exper. Path. **110**. — *Macchionini* u. *Aretz:* Dermat. Wschr. **99**, Nr. 40.

**II. Das tierische Haar.** Zunächst handelt es sich darum, festzustellen, ob ein Tier- oder Menschenhaar vorliegt. Das Vorhandensein einer gut erhaltenen, lang ausgezogenen feinen Spitze eines kräftigen Haares spricht im allgemeinen für ein Tierhaar, ebenso ein schroffer Wechsel der Haarfarbe, eine sägeförmige oder gefiederte Cuticula, ferner ein breiter Markstrang, der ein Drittel der Schaftbreite wesentlich übersteigt, und eine ungewöhnliche Zeichnung des Markes z. B. Leitersprossenmark.

Bestehen Zweifel, so ist es notwendig, das Cuticulabild von der Wurzel bis zur Spitze — namentlich bis zur Granne — zu untersuchen. Blattförmige oder polygonale Zellen sowie zungenförmige Zellen der Cuticula beweisen das Vorliegen eines Tierhaares.

Die Darstellung von Markscheiben gelingt nicht beim Menschenhaar, wohl aber bei Tierhaaren. Frische Haare müssen vorher bei 50—60° C getrocknet oder 1—2 Stunden in absoluten Alkohol eingelegt werden. Schließlich lassen sich Tier- und Menschenhaare durch das Luftbild des Markes unterscheiden, vorausgesetzt, daß letzteres hinreichend entwickelt ist.

Das Haarkleid des Tieres setzt sich nach *Toldt* aus drei Haarsorten zusammen: aus Wollhaaren, Grannenhaaren und Leithaaren. Diese drei Haarsorten sind gut ausgeprägt vorhanden bei Hasen und vielen Kaninchenrassen, bei der Katze, der Ratte, Eichhörnchen und Fuchs. Das *Wollhaar* ist die kürzeste der Haarformen, gewellt, zart und dünn, relativ dicht stehend, annähernd gleichmäßig entwickelt. Es bietet verhältnismäßig wenig Merkmale für die Erkennung der Tierspezies. Für gerichtliche Untersuchungen sind die Grannen- und Leithaare besonders geeignet. Die *Grannenhaare* sind länger als die Wollhaare, reichlich entwickelt, mehr oder weniger basal gewellt, im apikalen Drittel verstärkt, gelegentlich abgebogen, hier zur eigentlichen Granne entwickelt.

Die *Leithaare* sind die längsten Haare, ziemlich steif oder nur schwach gebogen. Zwischen den Woll- und Grannenhaaren und zwischen Grannen- und Leithaaren gibt es Übergangsformen. Die sog. Behanghaare — Mähne und Schweif — und ebenso die Sinneshaare bedürfen besonderer Bearbeitung.

Rhythmisch wiederkehrende Dicken- und Breitenschwankungen kommen an den Zickzackhaaren der Insektenfresser (Spitzmaus und Maulwurf) vor. Längsfurchenbildung des Haarschaftes kommt u. a. bei der Spitzmaus, beim Meerschweinchen und bei Rattenhaaren vor. Auf beiden Seiten gedellt ist der Grannenteil des Haares vom Eichhörnchen, Kaninchen und Hasen.

Ein weiteres diagnostisches Hilfsmittel der Tierspezies bieten die sog. Agutihaare, so genannt nach dem Haar eines südamerikanischen Nagers. Diese Haare bieten einen gelblich rotbraunen Ring unterhalb der Spitze. Unter den einheimischen Wildsäugern ist der Agutiring besonders deutlich am Grannenhaar des Fuchses ausgeprägt. Bei den Haussäugetieren kommen nur ausnahmsweise Agutihaare vor und nur dann, wenn sich solche bei den wilden Stammformen finden (nach *Toldt* bei manchen Hauskaninchen, Katzen und einigen Hunderassen).

Im Bau des Tierhaares unterscheidet man: 1. *Die Cuticula.* Die Zähnelung entwickelt sich im Laufe der ersten Wochen und Monate nach der Geburt des Tieres und zwar in der peripheren Hälfte des Haares. Das foetale Haar und der basale Teil des fertigen Haarkleides zeigt immer glatte Cuticulasäume.

Die Entfernung der Säume voneinander ist in der Mitte des Haarschaftes und beim Grannenteil häufig eng. Sehr eng ist die Zeichnung bei den Borsten mancher Schweinerassen. Bei einer 250 $\mu$ starken Schweinsborste lagen die Cuticulazellen in 8—10-facher Schicht übereinander (*Theodoreanu, N. J.:* Die Schweinsborste als Rassemerkmal. Dissert. Tierärztl. Hochschule Hannover 1922).

Lange zungenförmige Zellen finden sich beim Hamster, der Ratte, besonders deutlich bei den Mardern, Hermelin, Iltis, Wiesel, Nerz, bei Wolf und Fuchs und auch beim Hunde. Die längsten Cuticulazellen zeigen die basalen Teile des Grannenhaares des Kaninchen und Hasen.

Eine mehr blattähnliche oder polygonale Zeichnung findet sich u. a. bei der Ratte, dem Meerschweinchen, der Katze, dem Edelmarder, aber auch beim Hundehaar.

Feine parallele Längsstrichelung findet sich in einzelnen Cuticulaschuppen bei den Cerviden und bei der Ziege.

Ein sägeförmiges oder gefiedertes Aussehen zeigen die Längsränder der Wollhaare vieler Tiere.

2. *Die Rinde und das Pigment.* Die Rindenzellen sind durch feine kammartige Fortsätze in der Längsachse miteinander verbunden, nach Eintritt der Verhornung kernlos, doppelt lichtbrechend, zwischen den Rindenzellen feinste Luftspalten.

Die Rinde ist besonders dick beim Dachs, Hund und Bär, dünner bei den Marderarten, dem Fuchs und bei der Katze, sehr dünn beim Reh.

Die Rindenzellen und Markzellen sind die Träger des Pigments. Die Grundfarbe der Pigmentkörnchen ist braun, mit Abweichungen nach gelb, rot und grau bis schwarz. Die verschiedenen Farbtöne sind durch die verschiedene Lage und Menge des körnigen Pigmentes in Rinde und Mark, durch das diffuse Pigment und den Luftgehalt der Rinde und des Markes bedingt.

Die chemische und spektralanalytische Untersuchung des Pigmentes hat bis jetzt keine Resultate ergeben, die für die Haardiagnostik von Bedeutung wären.

3. *Das Mark.* Das Fehlen desselben beraubt den Gutachter wichtiger diagnostischer Merkmale. Diagnostische Bedeutung gewinnt das Mark durch die Darstellung der Markscheiben und durch den Bau des Markes nach Aufhellung in Terpentinöl sowie durch die Darstellung der Lufträume evtl. nach Vorbehandlung im Hochvakuum.

*Die Markscheiben* wiederholen die Gestalt des Haarschaftes im Querschnittsbild. Sie sind rund beim Reh, Rothirsch, Damhirsch, Renntier, die Markzellen bei reifen Haaren lufthaltig. Fein granulierte runde Markscheiben beobachtet man beim Hund und bei der Katze, ovale beim Rind. Der zellige Aufbau der ovalen Markscheiben ist erkennbar beim Pferde, Esel, Ziege, ferner bei den Mardern. Bei vielen Tieren findet sich an den Markscheiben ein fein gestrichelter Randsaum verschiedener Breite. Nierenförmige Markscheiben kommen beim Eichhörnchen, bei der Hausratte, dem Meerschweinchen vor. Sie sind aus großen epithelialen Zellen aufgebaut.

An dem *aufgehellten Markstrang* ergibt sich eine charakteristische Zeichnung bei den Marderhaaren in Gestalt größerer und kleinerer quergestellter länglicher Lufträume. Große rundliche Lufträume bei Dachs und Skunk, auch bei den Bären, größere z. T. sackartige und kleinere unregelmäßige Lufträume beim Biber.

Sehr charakteristisch ist der leiterförmige, mehrreihige Aufbau des Markes beim Eichhörnchen, die einzelnen Leitern gegeneinander verschoben. Das Hamster-, Ratten-, Mäusehaar und Nerzhaar ist durch querverlaufende pigmentierte Zellreihen ausgezeichnet. Verwendet man sehr kurze Haarstücke (1—2 mm Länge), so gelingt es, die Lufträume gut zur Darstellung zu bringen. Sehr charakteristisch ist das aufgehellte Markbild des Hasen- bzw. Kaninchenhaares. Man verwende zu diesen Untersuchungen weiße oder jedenfalls helle Haare.

Die Darstellung der Lufträume des granulierten Markes gelingt am sichersten nach Vorbehandlung der Haare im Hochvakuum ($10^{-5}$ cm Hg) und zwar an weißen oder jedenfalls hellen Haaren.

Danach gehört zu einer vollständigen Untersuchung des Tierhaares die makroskopische Beschreibung der Haarlänge, die Feststellung des Vorhandenseins oder Fehlens von Wurzel und Spitze, die Feststellung der Haarform und der Haarfarbe, die Messung der Schaft- und Markbreite, das Cuticulabild im Verlauf des ganzen Haares, das Markbild in Terpentinöl, die Markscheiben und das Luftbild des Haarmarkes evtl. unter Zuhilfenahme des Hochvakuums. Dem Sachverständigen ist der Sachverhalt und das bisherige Ergebnis der richterlichen Ermittlungen stets mitzuteilen. Vereinfacht wird die Untersuchung, wenn dem Sachverständigen die Frage vorgelegt wird, ob es sich nach Lage der Sache um das Haar eines bestimmten Tieres handelt (Haustier oder Wildsäuger und welches).

Befund bei dem Haar der Haustiere [1]: *Pferdehaar:* backsteinartiger Bau der Cuticulasäume. Markbreite etwa vier Fünftel der Schaftbreite. Nach Aufhellung in Terpentinöl (evtl. mit Indophenol) an 1—2 mm langen Haarstücken, quergestellte ovale, an den Enden zugespitzte Lufträume. Markscheiben oval, Rand fein gestrichelt, granuliert, zelliger Aufbau eben erkennbar.

Rassen: Beim Araber liegen die Cuticulaschuppen (nach *Lodemann*) wie die eines Tannenzapfens übereinander (Übergänge hierzu auch bei anderen Rassen, stets eine größere Zahl von Haaren untersuchen).

Die charakteristischen Unterschiede sind nur am Schwanz und Mähnenhaar vorhanden. Die Stuten haben einen stärkeren Markstrang als die Hengste. Die Ausbildung des Markstranges beim Wallach steht zwischen dem bei Stute und Hengst.

*Rinderhaar:* Leichte Wellung der Cuticulasäume. Markbreite ein Drittel der Schaftbreite. Nach Aufhellung in Terpentinöl tritt eine feine unregelmäßige netzförmige Zeichnung im Mark auf, die mikrophotographisch kaum zu fixieren ist. Die Markscheiben sind fein granuliert, oval. Zellgrenzen kaum erkennbar. Besonders im Hochvakuumbild zahlreiche größere und kleinere quergestellte ovale Lufträume.

Rassen: Der Abstand der Cuticulasäume voneinander kann zur Unterscheidung der Rassen nicht verwendet werden, da die individuellen Schwankungen zu groß sind. Der Markstrang der Bullenhaare ist kleiner als der der Kuhhaare. Den größten Markstrang hat das oberbadische Fleckvieh (1 : 1,73), den kleinsten das Pinzgauer Rind (1 : 2,63).

*Ziege:* größte Breite des Haares unterhalb der Spitze. Unterhalb der Cuticula liegt ein Luftmantel der aus △förmigen Räumen gebildet ist, der offene Bogen nach der Haarspitze zu gerichtet. Das eigentliche Mark ist △ angeordnet. Der Winkel ist wurzelwärts offen. Markscheiben basal rund, peripher oval granuliert und aus großen kubischen oder zylindrischen Zellen aufgebaut.

Rassen: bei der Harzer Rasse langer markloser Wurzelteil des Haarschaftes, kürzer bei der Saanenziege, dem Rehhaare ähnlich, die Rinde aber breiter. Bei der Saanenziege einzelne dornartige Fortsätze in den Lufträumen. Die Markscheiben entsprechen dem Ziegenhaar. Das Haar der Saanenziege ist aber brüchig wie das Rehhaar, deshalb genaue Durchuntersuchung erforderlich.

*Schaf:* Die Erkennung der Wollhaare macht im allgemeinen keine Schwierigkeiten. Die Wollkunde hat sich zu einer Spezialwissenschaft entwickelt. Literatur besonders: *Kronacher, C.* und *Lodemann, G. Fröhlich, Spöttel* und *Tänzer* und *W. v. Nathusius* u. a.

*Schwein:* Die Borsten an den aufgefaserten Enden erkennbar. Schwierigkeiten der Diagnose bereiten nur die dünneren Borsten, die in ihren Maßen den Barthaaren des Menschen entsprechen können, sie zeigen aber nicht die gewellte Form des Barthaares, sondern sie sind gerade und straffer. Am engsten liegen die Cuticulasäume beim bayrischen Landschwein, daran ist die Schweinsborste erkennbar, ebenso an der verästelten Zeichnung des Markquerschnittes.

*Hund:* Länge der Haare sehr verschieden je nach der Rasse. Länge beim Kurzhaar 4—12 mm. Beim Normalhaar 17—40 mm. Beim Langhaar 75 bis 90 mm. Auch die Feinheit des Haares ist verschieden. Haar grob gewellt.

Cuticulazeichnung der des Pferdes und Rindes ähnlich, doch kommt auch blattähnliche und zungenförmige Zeichnung vor. Das Mark beginnt im Wurzelteil mit feiner langer Spitze. Nach Aufhellung im Terpentinöl erkennt man im Mark dünnerer Haare, sofern noch keine Umwandlung in Lufträume erfolgt ist, eine feine mosaikartige Zeichnung, die durch die Konturen der einzelnen Zellen bedingt ist. Die Luftentwicklung beginnt in den einzelnen Zellen. Die größeren Lufträume entstehen durch Confluenz kleinerer Markscheiben kreisrund oder oval, granuliert. Nach Entlüftung im Hochvakuum in groben Haaren dicht gedrängte ovale und rundliche Lufträume. Eine ausreichende Bearbeitung der Rassenhaare liegt noch nicht vor (vgl. *Gair* und *Roether*).

*Katze:* Leithaare 41 mm. Grannenhaare 37 mm

---

[1] Die beigegebenen Bilder ergänzen das Bildmaterial des Atlas. Da in der Praxis die Darstellung des Markbildes mit Hilfe des Hochvakuum auf Schwierigkeiten stößt, wurde versucht, in einigen Fällen das Markbild ohne Hochvakuum an 1—2 mm langen Haarstücken darzustellen und zwar aus der Markspitze, an der es leichter gelingt, gute mikrophotographische Aufnahmen zu gewinnen als aus der dickeren Granne des Haares. Es zeigte sich aber, daß in einer Reihe von Fällen das Luftbild der Markspitze seine charakteristischen Merkmale verliert (vgl. das Bild von der Fischotter auf S. 333); auch das Ziegenhaarmark verliert in der Spitze das charakteristische Aussehen. Pferd- und Rinderhaar lassen sich in der Haarspitze aber noch unterscheiden.

lang. Schuppenförmige Zeichnung der Leit- und Grannenhaare mit Beginn des Markes im Fußteil des Haares (*Hofer*) (Abb. 4). Im übrigen leicht gewellte Querlinien.

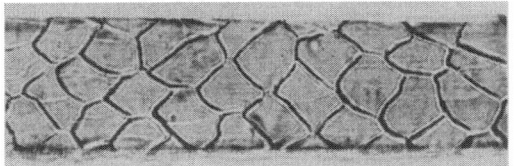

Abb. 4. Katze. Schuppenförmige Cuticulazeichnung.

Markstrang $^4/_5$—$^5/_6$ der Haarbreite. Rand des Markstranges bogig (Abb. 5). Markscheiben rund oder oval, fein granuliert mit peripherer Randstrichelung. Nach Entlüftung im Hochvakuum: ovale größere und kleinere Lufträume teils oberflächlich, teils zwischen den Markscheiben.

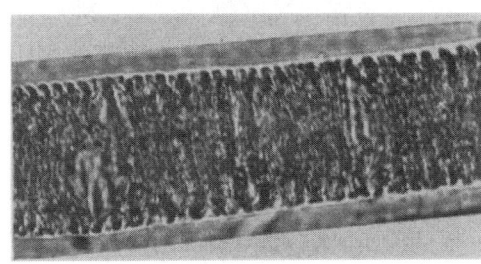

Abb. 5. Katze. Randeinstellung der Markscheiben. Entlüftetes Haar.

*Kaninchen:* Die Cuticulazellen der Leithaare unterhalb der Mitte des Haarschaftes bis in die Nähe der Haarwurzel in der Längsachse des Haares angeordnet, von weidenblattförmiger Gestalt auch in den entsprechenden Teilen der Grannenhaare längsorientierte Zellen von z. T. spindelförmigem Aussehen. Das Mark in charakteristischen Säulenreihen angeordnet, deren Randsäulen rechteckige bis quadratische Form oberhalb der Mitte des Haares zeigen.

Rassen: Es gibt mehr als etwa 60 verschiedene Kaninchenrassen, von denen nur wenige genauer auf die Eigentümlichkeiten der Haare durchuntersucht sind (*Schwarte, Aurin, Hundt*). Infolgedessen stößt die Erkennung der Kaninchenrasse z. Z. auf größte Schwierigkeiten.

*Meerschweinchen:* Grannenhaare 27—30 mm lang. Cuticula quer gebändert. An einem dünneren Haare blattähnliche Zeichnung. Markscheiben nierenförmig, aus großen kubischen Zellen aufgebaut. Markscheiben aus dem Fußteil oval.

Der Luftmantel des Markes läßt eine regelmäßige maschenförmige Zeichnung erkennen. Die einzelnen Maschen von ovaler Form, zur Längsachse des Haares quergestellt (Hochvakuum).

Spezialarbeiten über Rassen liegen meines Wissens bis jetzt nicht vor.

Die morphologischen Befunde am Haarkleide der Wildsäuger wurden im Atlas des menschlichen und tierischen Haares niedergelegt. Es wird hier darauf verwiesen. Von den *Raubtieren* seien erwähnt: Das Haar des *Marder* (Mustela) ist durch die langen zungenförmigen basalen Cuticulazellen gekennzeichnet, durch das Luftbild (Mark) und durch die längsovalen, aus großen epithelischen Zellen aufgebauten Markscheiben.

*Fischotter* (Lutra lutra): Basal zungenförmige, dann mehr schuppenförmige, rhombische Zeichnung der Cuticula. Im Grannenteil feine Querbänderung. Charakteristisch sind im Terpentinölbild (1—2 mm lange Haarstücke) die pfeilerartigen Zellen mit gegabelten Enden (Abb. 6). Dazwischen breite Luft-

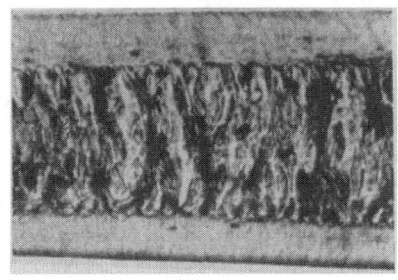

Abb. 6. Fischotter. Zwischen den pigmentierten Pfeilern sind die Lufträume erkennbar.

räume. Gegen die Spitze des Haares hin überwiegen die Lufträume; das Mark endet mit einzelnen nicht charakteristischen Lufträumen und breiter Rinde (Abb. 7). Markscheiben lang elliptisch.

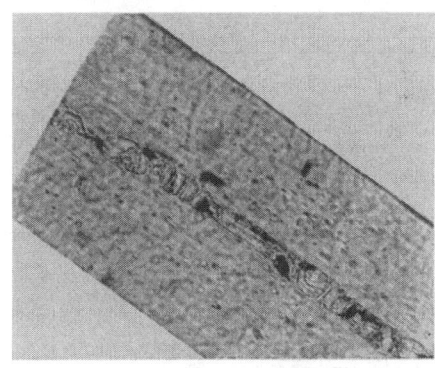

Abb. 7. Fischotter. Haarspitze. Im Mark Pigmentklumpen. Darstellung der Lufträume.

Das *Fuchshaar* (Vulpes vulpes) zeigt ebenfalls zungenförmige basale Zellen, aber von anderer Form, insofern sich tiefe bogenförmige Einsenkungen neben den Zungen zeigen, z. T. haben die Cuticulazellen zwei zungenförmige Fortsätze. Die Markscheiben rund bis oval sind granuliert. Der Luftmantel des Markes zeigt ovoide, quergestellte, dicht gedrängte Lufträume. Makroskopisch: der Agutiring (über Blaufuchs, Weißfuchs usw. vgl. *Pustet*).

Das Haar des *Wolfes* und des *Schakals* und die Unterscheidungsmerkmale vom Hundehaar bedürfen noch genauerer Untersuchung (Abb. 8).

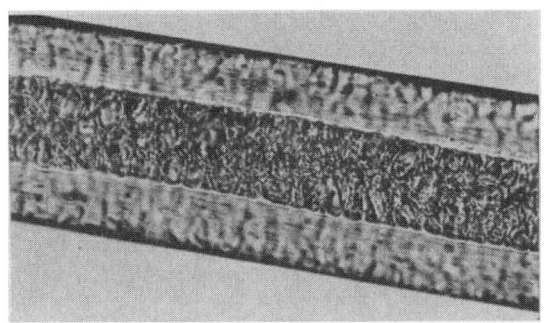

Abb. 8. Wolf. Darstellung der Lufträume.

Die Bilder vom Haar der Nager zeigen große Mannigfaltigkeit.

*Eichhörnchen* (Sciurus vulgaris): Im basalen Teile schmale *und* breitere zungenförmig auslaufende Cuticulazellen. Im Grannenteil quergebänderte Cuticulasäume. Im Mark leiterförmige Zellreihen, die gegeneinander verschoben sind. Die Markscheiben basal oval, im Grannenteil große biskuitförmige Markscheiben, aus großen epithelialen Zellen auch bohnen- oder nierenförmige Markscheiben aufgebaut.

*Murmeltier* (Marmota marmota): Horizontal verlaufende Cuticulasäume. Nach Aufhellung im Terpentinöl unregelmäßiges Maschenwerk, zur Längsachse des Haares quergestellt (Abb. 9), elliptische Markscheiben, aus großen epithelialen Zellen aufgebaut.

*Haus- und Wanderratte* (Epimys): Basal polygonale Cuticulazellen, die allmählich in tannenzapfenähnliche Zeichnung übergeht. Markscheiben basal oval, in der Granne nierenförmig, peripher band- oder wurstförmig, aus großen epithelialen Zellen bestehend. Mark: quer verlaufende Zellreihen mit quergestellten wurstförmigen Lufträumen (Abb. 10, 11, 12).

*Hausmaus* (Mus musculus): Dicht unter der Spitze oft eine gelbe Binde, die Cuticulazeichnung von der der Ratte abweichend. Die Cuticulazeichnung des *Hamsterhaares* (Cricetus) zeigt im basalen Teile blattförmige Zeichnung mit Neigung zur Spitzenbildung. Das Luftbild des Hamsterhaarmarkes zeigt sichelförmige Lufträume in mehrreihiger Anordnung (Abb. 13).

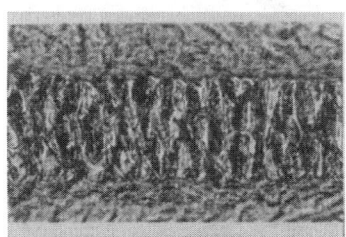

Abb. 9. Murmeltier. Kein Hochvakuum. Merkbild.

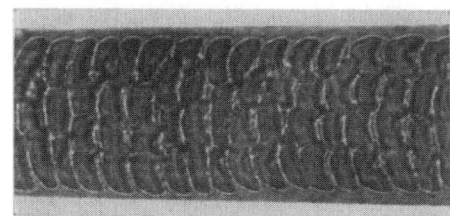

Abb. 13. Hamsterhaar. Sichelförmige Lufträume ohne Hochvakuum. Etwa 480 ×.

Beim *Biber* (Castor fiber) ist das Luftbild des Markes mit großen und kleinen, unregelmäßigen, z.T. sackartigen Lufträumen charakteristisch (Abb. 14). Am Flaumhaar sind die Cuticularänder z. T. bogenförmig gesäumt.

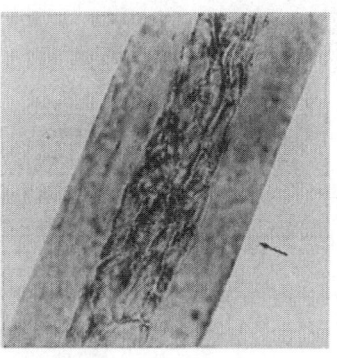

Abb. 10. Wanderratte. Lang gestreckte Zellen im Spitzenteil des Markes. Das Pigment ist schwarz.

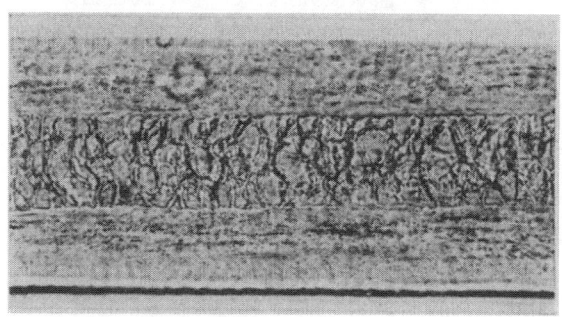

Abb. 14. Biber. Hochvakuum. Darstellung der Lufträume. Etwa 400 ×.

Das Haar des *Feldhasen* (Lepus timidus) ist dem des Kaninchens im mikroskopischen Bau sehr ähnlich. Die feineren Unterschiede vom Kaninchenhaar sind, soweit sie bis jetzt herausgearbeitet sind, im Haaratlas angegeben. Da aber nicht sämtliche Kaninchenrassen untersucht sind, fehlt es bei der Entscheidung, ob im Einzelfalle Kaninchen- oder Hasenhaare vorliegen, an der erforderlichen Sicherheit.

Abb. 11. Hausratte. Lufträume des Haares.

Das Haar der *Cerviden* ist steifwellig, leicht einzuknicken. Letztere Eigenschaft beruht auf der Umwandlung der Markräume in Luftmaschen. Die Markscheiben lassen die Lufträume gut erkennen.

*Rehhaare* (Capreolus capreolus): Die Wurzel ist walzenförmig. Der Wurzelhals etwa 250 $\mu$ lang. Die Rinde kaum erkennbar. Die Cuticulazeichnung des Winterfelles zeigt in der Mitte des Haares schuppenartigen Bau. Die Markräume des Winterhaares sind größer als die des Sommerhaares.

*Edel- oder Rothirsch* (Cervus elaphus): Cuticula im Spitzenteil des Haares ziemlich eng. Markmaschen

Abb. 12. Weißes Ratten-Rückenhaar. Kein Hochvakuum.

nicht so regelmäßig wie beim Reh, die Maschenwände gelegentlich von gedrehtem Aussehen.

*Handelspelze:* Das *Zobelhaar* stimmt weitgehend mit dem des Edelmarders überein (*Pustet*).

*Nerz* (Mustela lutreola), ein marderartiges Raubtier: Cuticula basal auf eine kurze Strecke von blattartigem Bau, dann langgestreckte, zungenförmige Zellen, in der Granne enge, fein gezähnte Cuticulazeichnung. Im Terpentinölpräparat quergestellte bandartige Zellbänder, nicht ganz regelmäßig X- und Y-formen bildend. Das Bild im Atlas wird hier ergänzt durch die Darstellung der Lufträume nach Entlüftung im Hochvakuum ($10^{-5}$ cm Hg, Vergr. 550. Abb. 15). Man erkennt auf der Photographie in den quergestellten sackförmigen Lufträumen die quer verlaufenden dunkleren Zellbänder.

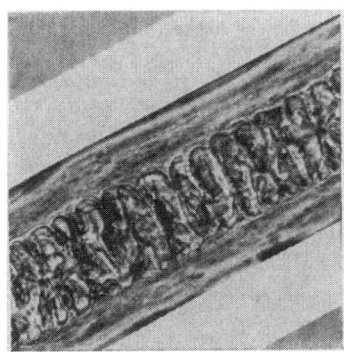

Abb. 15. Nerz. Gebleichtes und entlüftetes Haar. Etwa 550 ×.

Markscheiben länglich elliptisch, aus großen epithelialen Zellen aufgebaut, aber schwer darstellbar.

Der *Skunk* (Mephitis mephitis), zu den Dachsen gehörig: Schwarzbraunes feines Haar, auf dem Rücken zwei weiße, breite Streifen (sog. Skunkgabel). Basal weite, wellig verlaufende, glatte Cuticulasäume, nach der Mitte und Spitze zu enger werdend und gezähnt. Der feingewellte Markstrang läßt nach Aufhellung in Terpentinöl große rundliche und ovale Lufträume erkennen.

Der *Dachs* (Meles meles): langes straffes, fast borstenartiges Haar. Basal gelblich weiß, dann folgt ein etwa 3 cm langer, schwarz bis schwarzbraun pigmentierter Teil, peripheres Ende wieder weiß. Die langen Haare zeigen querverlaufende Cuticulasäume. Bei einem gewellten dünnen Haare wurden basal zugespitzte Zellen und polygonale Cuticulazellen gefunden. Das Mark ist feinkörnig. Nach Aufhellung in Indophenolterpentinöl tritt eine quere Linienzeichnung auf, die maschenförmige größere und kleinere rundliche oder ovale Räume umschließt. (Markscheiben schwer darstellbar.) Bei weiß gefleckten Rindern kommen an den Ohren, der Stirnkante und an der Schwanzquaste makroskopisch ähnliche Haare vor (*Bethke*).

Die *Bisamratte* (Fiber Zibethicus): Fell von brauner, bisweilen gelblicher Färbung. Cuticulasäume quer verlaufend. An einem kürzeren Haar basal auch blattähnliche Zeichnung gefunden. Das Mark zeigt nach Aufhellung im Terpentinöl querliegende, reihenartig angeordnete, halbpigmentierte Zellen. Z. T. sitzen die Markzellen breit der Innenwand des Markkanales auf. Die Lufträume haben etwa die Breite der Markzellen. Die Flaumhaare zeigen z. T. lange löffelförmige Zellen.

Der *Sumpfbiber,* Coypus (Nutria): Rückenhaar kastanienbraun, Unterseite schwarzbraun. Das Cuticulabild ist dem der Bisamratte ähnlich. Das

Mark zeigt nach Aufhellung in Terpentinöl querverlaufende, vielfach miteinander kommunizierende Lufträume, die wohl etwas schmäler sind als bei der Bisamratte (Abb. 16 u. 17). Das Flaumhaar zeigt vorwiegend quer zur Längsachse liegende Cuticulasäume. Das Mark des Flaumhaares zeigt z. T. langgestreckte Zellen, die von dem Leitersprossenmark der Bisamratte wohl unterschieden werden können.

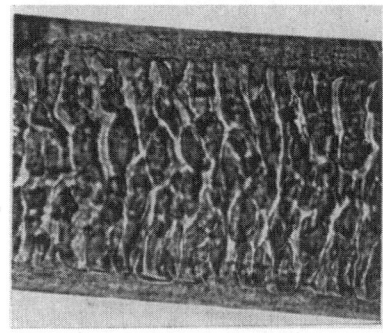

Abb. 16. Nutria. Gebleichtes und entlüftetes Haar. Etwa 550 ×.

Abb. 17. Nutria. Gebleichtes und entlüftetes Haar. Spitzenteil. 550 ×.

Zu den Beuteltieren gehört: Das *Opossum.* Das australische Opossum zeigt im Wollhaar zungenförmige Zellen, die mit mehr blattähnlichen abwechseln. Dadurch ist es vom amerikanischen Opossum zu unterscheiden, dessen Wollhaar nur horizontale Cuticulasäume aufweist.

*Robbe* (Phoca vitulina): Haarlänge 12—14 mm. Haar gerade oder schwach gebogen, Spitze fein auslaufend. Farbe im allgemeinen gelblich, Grannenteil schwarz. Einige Haare zeigen zwei 2 mm breite dunkle Ringe, zwischen denen sich ein eben so breiter heller Ring befindet. Haare abgeplattet. Größter Durchmesser im Grannenteil 0,032 mm, oberhalb der Wurzel 0,013 mm. Markkanal nicht erkennbar.

*Kamelhaar.* Vgl. Abbildung und Beschreibung bei *Pax* und *Arndt* 1932 II, 1045 (Abb. 18). Die zarten Zellgrenzen des Markes sind zur photographischen Wiedergabe nicht geeignet.

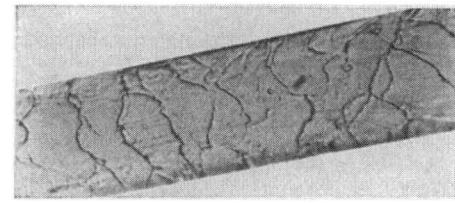

Abb. 18. Kamel. Cuticula mit weiten zarten, wenig gezähnten Säumen. Etwa 480 ×.

Aus den vorstehenden Befunden ergibt sich, daß sich im allgemeinen wohl die Tiergruppe angeben läßt, in die der Träger eines bestimmten Haares gehört, wenn man dabei von den Haaren der Affen und Halbaffen und von exotischen Säugern absieht.

Die Unterscheidung verwandter Arten (Pferd-Esel, Maultier-Maulesel, Hund-Schakal-Wolf, Hase-Kaninchen, Stein- oder Edelmarder, Reh-Rothirsch) stößt aber noch auf Schwierigkeiten. Die notwendigen Vorarbeiten sind hier erst z. T. geleistet.

Die Technik der Haaruntersuchung sollte, bevor man an einen gerichtlichen Fall herangeht, erst an einer Reihe von Menschen- und Tierhaarproben eingeübt werden. Zu diesem Zweck empfiehlt sich die Anlage einer Haarsammlung, die mottensicher aufzubewahren ist. Zum Studium besonders geeignet sind Rinder- und Pferdehaare.

Bezüglich der Darstellung der Cuticula sei auf die Dissertation von *Adalbert Schröder* verwiesen.

Die Darstellung der Markscheiben erfolgt am besten mit 17 %iger Kalilauge unter Erwärmung über der Sparflamme des Bunsenbrenners. Je nach der Dicke des Haares, insbesondere der Rinde, muß man längere oder kürzere Zeit erhitzen. Wenn der Markstrang zerfällt, ist das Erhitzen sofort zu unterbrechen.

Vorsichtiges Auflegen des Deckgläschens, um die Markscheiben nicht zu zertrümmern. Es empfiehlt sich, frische Haare vorher in Alkohol zu härten. Das Luftbild des Markes kann man an weißen oder wenig pigmentierten Haaren, am besten an kleinen Haarstücken (1—2 mm lang) in einem Tropfen Terpentinöl (evtl. mit Indophenolzusatz) erkennen. Man kann dann leicht alle Stadien der Füllung der Lufträume beobachten.

Der sicherste, aber umständliche Weg der Untersuchung der Lufträme des Haares ist derjenige mittels des Hochvakuums.

Schwarze Haare müssen zwecks Untersuchung der Lufträume entfärbt werden. Am besten ist dazu wohl das Diaphanol geeignet. Möglichst *kurzer* Aufenthalt des Haares in dem Bleichmittel. Stöpsel einfetten, damit das Chlor nicht entweicht.

*Schrifttum.*

*Aurin, Wilhelm:* Unterscheidung von Hasen- u. Kaninchenhaaren. Dtsch. Z. gerichtl. Med. **20** (1933). — *Bethke, Fr.:* Das Haarkleid des Rindes. Inaug.-Diss. Dresden 1917. — *Brummund, Fr.:* Die Haare der jagdbaren Wildarten Deutschlands mit besonderer Berücksichtigung der Cuticula. Arch. Kriminol. **100** (1937). — *Duill, H.:* Vgl. makroskop. u. mikroskop. Untersuchung der Haare von Rind und Ziege. Vet.-med. Inaug.-Diss. Berlin 1924. — *Enneker, G.:* Vergleichende mikroskopische Untersuchung der Haare von Pferd, Rind, Hund u. Katze. Vet.-med. Inaug.-Diss. Hannover 1919. — *Frölich, Spoettel* u. *Taenzer:* Wollkunde. Berlin 1929. — *Gair, H.:* Die Wuchsformen des Haarkleides bei Haustieren nach Untersuchungen beim Hunde. Z. Tierzucht u. Züchtungsbiologie **11**, 57—88. — *Giebel:* Unterschied der Reh- und Ziegenhaare. Z. f. d. gesamt. Naturwissenschaft. Berlin 1879. — *Göttrup, I. H.:* Vergleichende histologische Untersuchungen der Haare von Ziege, Reh und Hirsch. Vet.-med. Inaug.-Diss. Hannover 1920. — *Hanausek, T. F.:* Lehrbuch der techn. Mikroskopie. Stuttgart 1901. — *Hassack, K.:* Beiträge zur Kenntnis der Pelzwaren. Nahrungsmittel-Untersuchung, Hygiene u. Warenkunde **VII** (1893). — *Hausman, L. A.:* The microscopical Identification of commercial Fur Hairs. The scientific Monthly. **X.** (1920.) — *Hausman, L. A.:* Structurel Characteristics of the hair of Mammaliens. Amer. Naturalist **54** (1920). — *Hausman, L. A.:* The microscopical Identification of mammal hairs used in the Textile Industry. The scientific American **21 II** (1920). — *Hofer, H.:* Das Katzenhaar. Arch. mikrosk. Anat. München 1914. — *Hundt, M.:* Wildhaarstudien. Dtsch. Jägerztg. 1. 1. 1932. **98**, Nr. 1 u. 5. — *Hundt, M.:* Ist eine sichere Unterscheidung von Hasen- und Kaninchenhaaren möglich? Dtsch. Jagd. **1934**, Nr. 34, 682—683. — *Köttnitz, R.:* Erkennungsmerkmale der Haare heimischer Wildarten. Jahrb. f. Jagdkunde **6**, 1. Neudamm 1922 und Arch. Kriminalistik. **76**, 54. — *Kronacher, C.* und *G. Lodemann:* Technik der Haar- und Wolluntersuchung. *Abderhaldens* Handb. Lieferg. 316, Abs. 7, Tl. 2, Heft 1 (1930). — *Lambardt, Hans:* Ein Beitrag zur Erkennung der Haare unserer Haussäugetiere und verschiedener Wildarten. Vet.-med. Inaug.-Diss. Gießen 1921. — *Lambert* u. *Balthazard:* Le poil de l'homme et des animaux. Atlas. Paris 1910. — *Landauer, W.:* Die Vererbung von Haar- und Hautmerkmalen. Z. induktive Abstammungs- u. Vererbungslehre **42** (1926) und **50**, 356 ff. (1929). — *Lingk, Joh.:* Das Ziegenhaar als Rassenmerkmal. Inaug.-Diss. Hannover 1922. — *Litterscheid* u. *Hans Lambardt:* Die Erkennung der Haare unserer Haussäugetiere und einiger Wildarten. Hamm 1921. — *Litterscheid* u. *C. Abeler:* Über den Bau und die Erkennung von Tierhaaren mit besonderer Berücksichtigung der Handelsfelle und -pelze. Zoolog. Jb. Abt. für Systematik, Geographie u. Biologie **50**, 377—450. Jena 1925. — *Lochte, Th.:* Die Unterscheidung der Menschenhaare von den Haaren der Haustiere. Kriminal. Mh. 7 (1933). — *Lochte, Th.:* Dtsch. Z. gerichtl. Med. **1934**. — *Lochte, Th.:* Untersuchungen an erhitzten menschlichen und tierischen Haaren (bis 200° C). Leipzig 1940. — *Lomüller, L.:* Reconnaissance méthodique à l'aide de microscope des poils d'un certain nombre de mammifères. Essai de leur classification. Bull. Sci. pharmacol. **1924**, Nr. 10 u. 11, 497 u. 567. — *Lomüller, L.:* Contribution à l'étude de la Structure histologique des poils des fourrures. Thèse, Nancy 1924. — *Lodemann, G.:* Das Pferdehaar. Z. Tierzüchter **9** (1927). — *Lühring:* Das Haarkleid von Sciurus vulgaris L. und die Verteilung seiner Farbvarianten in Deutschland. Z. Morph. u. Ökol. der Tiere **11** (1928). — *Moeller, J.:* Mikroskop. Beschreibung der Tierhaare. Arch. Kriminalanthrop von *H. Größ* **2**, 177—211 (1899). — *v. Nathusius, W.:* Das Wollhaar des Schafes in histologischer und technischer Beziehung mit vergleichender Berücksichtigung anderer Haare und der Haut. Berlin 1866. — *Pax* u. *Arndt:* Die Rohstoffe des Tierreiches. 2 Bände. Berlin 1932. — *Pustet, Aug.:* Über Pigmentierung, Bau und Formen des Haares von Pelztieren. Inaug.-Diss. München 1921. (Aus dem zoolog. Institut — in Schreibmaschinenschrift.) — *Roether, A.:* Vgl. mikroskop. Untersuchungen der Haare von verschiedenen Hunderassen. Vet.-med. Inaug.-Diss. Hannover 1921. — *Rutz, Friedr.:* Bestimmungsschlüssel für Haare der Haussäugetiere, des heimischen Wildes und der in Deutschland gezogenen Pelztiere. Diss. Berlin 1933. — *Schmid, J.:* Das Verhalten der Haare im polarisierten Lichte. Diss. Jena 1926. — *Schmidt, W. J.:* Die Bausteine des Tierkörpers im polarisierten Lichte. Bonn 1924. — *Schröder, Adalbert:* Ist die Unterscheidung der Menschen- und Tierhaare durch die Untersuchung der Cuticula möglich? Dtsch. Z. gerichtl. Med. **15** (1930). — *Schwarte, W.:* Vergleichende mikroskopische Untersuchungen der Haare von Reh und Ziege, sowie Hase und Kaninchen. Vet.-med. Inaug.-Diss. Hannover 1921. — *Stroh, G.:* Das Haarkleid und der Haarwechsel der Gemse. Jb. f. Jagdkunde **5**. Neudamm 1921. — *Stroh, G.:* Der Gamsbart. Jb. f. Jagdkunde **7**. Neudamm 1923. — *Toldt, K.:* Aufbau und natürliche Färbung des Haarkleides der Wildsäugetiere. Leipzig 1935. **Lochte.**

**Haarfärbemittel** siehe *Haare*.

**Hämatoma epidurale** siehe *Hirndruck*; *Leichenverbrennung*.

**Hämatoma intrameningeale** siehe *Hirndruck*.

**Hämatoma subdurale** siehe *Hirndruck*.

**Hämatomyelie** siehe *Nervenkrankheiten und Trauma*.

**Hämatoporphyrinnachweis** siehe *Forensische Blutuntersuchung*.

**Häminkristalle** siehe *Forensische Blutuntersuchung*.

**Hämochromogenkristalle** siehe *Forensische Blutuntersuchung*.

**Hämoglobinkristalle** siehe *Forensische Blutuntersuchung*.

**Hämoperikard** siehe *Plötzlicher Tod aus natürlicher Ursache*.

**Hämophilie** siehe *Hämorrhagische Diathesen*.

**Hämorrhagische Diathesen** (= h. D.). (Vgl. auch Art.: Ekchymosen; Verletzungen durch stumpfe Gewalt.)

H. D. sind Krankheitszustände, bei denen meist mit Bevorzugung bestimmter Organe vorwiegend kleine Blutungen zugleich oder schrittweise, häufig in wiederholten Schüben auftreten. Treffend kennzeichnet *Hueck* den Begriff mit folgenden Worten: „Das Gebiet der h. D. . . . . ist durch unsere Unkenntnis von den letzten Ursachen dieser Blutungsneigung ausgezeichnet. Das soll nicht heißen, daß wir über die Bedingungen gar nichts wissen. Es ist sicher, daß sowohl Veränderungen im Blut (Veränderung der Gerinnungsfaktoren, Blutplättchen usw.; s. Krankheiten wie Hämophilie, Purpura, Thrombopenie oder Morb. *Werlhof*; vielleicht auch Anämien) oder auch Veränderungen der Gefäßwand (im Sinne einer Gefügelockerung, Schädigung der Endothelien usw.; s. Skorbut, *Schoenlein-Henoch*sche Krankheit) sie erzeugen können. Auch kennen wir bestimmte Gifte (Phosphor, Arsen usw.), mit denen sich die Neigung zur Blutung erzeugen läßt; das gleiche gilt von Vitaminmangel (Skorbut und *Moeller-Barlow*sche Krankheit = kindlicher Skorbut) und der Einwirkung von Hormonen. Auch kann man für bestimmte Formen der Blutungsneigung bestimmte Gefäßnervenerregbarkeit feststellen und andererseits kolloidchemische Änderungen des Blutes und der Gefäßwand bemerken. Doch sind alle Einzelkenntnisse noch nicht so weit, daß sie sich in allgemeine Regeln zusammenfassen lassen." Verschiedene Namen, wie Purpura oder Morbus maculosus knüpfen ebenso wie die allgemeinere Bezeichnung h. D. nur an die auffallendste Erscheinung an, ohne über die Ursache etwas zu besagen. Viele Formen sind wohl die Erscheinungen infektiös-toxischer Gefäßschädigung. Hierher gehören vielleicht auch die Blutungen bei den stürmisch verlaufenden Leukämien, die vielfach als infektiöse Erkrankungen angesehen werden. Durch die Neigung zu Blutungen sind gekennzeichnet kachektische Zustände, bestimmte Zustände schwerer chronischer Blutarmut (Leukämien wie die perniziöse Anämie), weiter Mangelkrankheiten (Avitaminosen), in erster Linie der Skorbut und der sog. kindliche Skorbut, die *Möller-Barlow*sche Krankheit. Während letztere hauptsächlich durch Blutungen unter die Beinhaut der langen Röhrenknochen gekennzeichnet ist, sind sonst die Lieblingssitze der Blutungen Haut, Schleimhäute und besonders das Zahnfleisch, das mächtig anschwellen und ausgedehnt geschwürig zerfallen kann. Aus Schleimhäuten, besonders wieder dem Zahnfleisch, kann sehr reichlich Blut nach der Oberfläche durchsickern.

Bei der meist auf ererbter Anlage beruhenden Bluterkrankheit (*Hämophilie*) treten Blutungen entweder ohne erkennbaren Anlaß auf, oder es führen kleine Wunden oder unbedeutende Quetschungen zu unstillbaren, lebensgefährlichen, mitunter tödlichen Blutungen nach außen oder in die Gewebe, mit Vorliebe auch in die Gelenke. *Fahr* hat bei einem 21jährigen Bluter mit bezeichnender Vorgeschichte, der sich nach einem Zusammenstoß beim Ballspiel binnen sechs Wochen allmählich in die Muskulatur eines Oberschenkels verblutet hat, innerhalb der Adduktoren ungefähr 2 Liter flüssiges Blutes gefunden, überdies als Folgen älterer Blutungen Knochenmarkcysten und metaplastische Knochenbildung im Bereich des linken Ellbogens. Ungefähr vom 30. Lebensjahr an nimmt die Gefährlichkeit des Zustandes ab (*Naegeli*). Die Hämophilie beruht auf einer Störung der Blutgerinnung (*Abderhalden*), über deren Ursache es reichlich Theorien gibt (Siehe *Fonio* [größtes Literaturverzeichnis] und *Fujii Omoshi*). Nach *Sahli* bietet das Blut abgesehen von einer mäßigen relativen Lymphocytose, die auch *Fonio* bestätigt, und einer Vermehrung der Eosinophilen und der Mastzellen weder morphologisch noch chemisch etwas Besonderes. Doch ist seine Gerinnung in den blutungsfreien Zeiten sehr stark verzögert, während im Laufe einer längeren Blutung die Gerinnbarkeit des *entleerten* Blutes zuletzt regelrecht wird oder sogar erhöht ist. Die Bluterkrankheit wird

geschlechtsgebunden recessiv vererbt, und zwar wird sie von kranken Männern (niemals von gesunden) über deren gesunde Töchter oder Enkelinnen oder selbst über eine noch größere Anzahl von Generationen in weiblicher Linie (Konduktoren) restlos (*Fonio*)verdeckt auf die kranken männlichen Abkömmlinge übertragen. Ob eine gelegentlich auch bei Frauen vorkommende Hämophilie mit erblicher Bluterkrankheit etwas zu tun hat, ist fraglich (*v. Verschuer*).

Die Bedeutung der h. D. für die gerichtliche Medizin liegt vor allem darin, daß zur Erkrankung gehörige Blutungen für Folgen einer Verletzung gehalten werden können. Solche Verwechslungen kommen besonders dann vor, wenn wir es mit einzelnen größeren Blutaustritten zu tun haben, denen man nicht unmittelbar ansehen kann, daß sie durch Zusammenfließen dichtstehender kleinster Sickerblutungen entstanden sind.

Am größten ist die Gefahr einer Mißdeutung von Blutungen bei der *Möller-Barlow*schen Krankheit der Kinder. Sie ist eine durch unzweckmäßige Ernährung, vielleicht auch durch Verdauungsstörungen hervorgerufene, seltene Mangelkrankheit, die auf Zufuhr von Vitamin C gewöhnlich rasch heilt und auch als kindlicher Skorbut bezeichnet wird (*Weiß, E. Kaufmann*). Sie befällt hauptsächlich Kinder in der zweiten Hälfte des ersten Lebensjahres, kommt aber ausnahmsweise auch bei älteren Kindern bis zum 8. Lebensjahr vor. Bei dieser Krankheit sitzen die Blutungen hauptsächlich unter der Beinhaut der Knochen, können aber auch in anderen Geweben auftreten. Am häufigsten betroffen sind die Oberschenkel und die Schienbeine, dann die Rippen und der Schädel. Die Beinhaut wird durch mächtige Blutergüsse oft weit abgehoben, die Röhrenknochen spindelförmig mächtig aufgetrieben. Solche Auftreibungen, die nicht selten auch mit Schwellung der Weichteile verbunden sind, haben schon zu Verwechslung mit Osteomyelitis und mit bösartigen Geschwülsten Anlaß gegeben. Am Schädel entstehen Anschwellungen, die sich wie die Kephalhämatome begrenzen. Einmal wurde, vom Oberkiefer ausgehend, ein mächtiger Bluterguß in einer Wange beobachtet (*Weiß*). Eine zweite Veränderung, welche die Krankheit kennzeichnet, sind von selbst auftretende, vollständige und unvollständige Knochenbrüche, die an den Knorpelknochengrenzen der Röhrenknochen und an den Brustbeinenden der Rippen sitzen. Sie führen oft zur Epiphysenlösung. Die Brüchigkeit der Knochen beruht auf einer schweren Veränderung des Knochenmarkes, durch die die Neubildung von Knochengewebe aussetzt, während der Abbau weitergeht. Das Knochenmark ist an den Knorpelknochengrenzen in ein zell- und gefäßarmes „Gerüstmark" umgewandelt und ist, ebenso wie die Beinhaut, der Sitz von Blutungen. Am mächtigsten sind diese Blutergüsse bei Epiphysenlösung. In diesen Fällen umhüllen sie oft mantelförmig den größten Teil des Mittelstückes der betreffenden Knochen. *Bahrdt* und *Edelstein* fanden bei *Barlow*scher Krankheit die Trockensubstanz der Knochen auf die Hälfte vermindert, auch ihren Aschengehalt vermindert. Der Kalkgehalt betrug nur $\frac{1}{5}$ bis $\frac{1}{3}$ der regelrechten Werte (auf frischen Knochen bezogen), der Phosphorgehalt nur $\frac{1}{5}$ bis $\frac{1}{4}$, eine ähnliche Zusammensetzung wie bei Rachitis.

Sowohl die Blutergüsse wie die Knochenbrüche können für Folgen von Mißhandlungen gehalten werden. Bei der Heilung können Gestaltveränderungen der Knochen zurückbleiben. Die *Möller-Barlow*sche Krankheit ist nicht selten mit der gleichfalls auf Ernährungsschäden beruhenden *Rachitis* vergesellschaftet, ist aber nach überwiegender Auffassung eine selbständige Erkrankung. Weniger leicht werden *hämophile Blutungen* verkannt, doch kann ihr Zusammenhang mit einer Gewalteinwirkung strittig sein. Gegen einen Gutachter, der einen, in Schüben tödlich gewordenen Bluterguß bei einem Bluter ursächlich auf einen Unfall zurückgeführt hat, wendet sich *Benassi*. Ebenso wurde in der Aussprache zu einem Vortrag von *Fauquez* die Auffassung hämophiler Blutungen als Unfallfolge überwiegend abgelehnt. *C. Kaufmann* mahnt, Bluter nicht in unfallreiche Betriebe einzustellen. Schließlich können Ärzte für Eingriffe bei Blutern haftbar gemacht werden. Der häufigste Anlaß hierzu sind unstillbare Blutungen nach Entfernung von Zähnen. Bei der Begutachtung der Zusammenhänge wird darauf zu achten sein, ob es sich wirklich um eine Bluterkrankheit gehandelt hat und ob der Zustand für den Arzt bei der gebotenen Aufmerksamkeit erkennbar war. Wo es sich um Unfallsfolgen dreht, wird man einerseits die Art der Verletzung, anderseits die Vorgeschichte des betreffenden Bluters berücksichtigen, unter anderm darauf achten müssen, ob schon früher schwere Blutungen aus geringfügigen Anlässen oder ohne erkennbare äußere Ursache aufgetreten sind.

*Schrifttum.*

*Abderhalden:* Lehrbuch der Physiologie, II. Teil, **21**. Berlin u. Wien 1925. — *Bahrdt* u. *Edelstein:* Organanalysen bei *Barlow*scher Krankheit. Z. Kinderheilk. **9**, 415 (1913). — *Benassi:* Di un ematoma mortale in emofiliaco: Malattia o infortunio ? Giorn. Clin. med. **6**, 601 (1925); Angabe nach Dtsch. Z. gerichtl. Med. **8**, 495 (1926). —*Fahr:* Verblutung in die Muskulatur bei einem Hämophilen. Dtsch. Z. Chir. **248**, 208 (1937). — *Fauquez:* Hémophilie et accident de travail. Ann. Méd. lég. etc. **7**, Nr. 5, 237 (1927); Ber. Dtsch. Z. gerichtl. Med. **10**, 694. — *Fonio:* Die Hämophilie. Erg. inn. Med. **51**, 443—530 (1936). — *Fujii Omoshi:* Studien über Hämophilie. 4 Mitteilungen. Jap. J. med. Sci., Trans., VIII. Int. Med. etc. **1936**, 71, 91, 129, 165; Angabe nach Dtsch. Z. gerichtl. Med. **28**, 253, 254 — *Hueck:* Morphologische Pathologie. Leipzig 1937. 166. — *Kaufmann, C.:* Handb. d. Unfallheilkunde. 4. Aufl., **I**, 208. Stuttgart 1919. — *Kaufmann E.:* Lehrb. d. spez. path. Anatomie. 7. u. 8. Aufl. **I**, 910. Berlin u. Leipzig 1922. — *Naegeli:* In *Merings* Lehrbuch der inneren Medizin. 15. Aufl. **II**, 126 (1925). — *Sahli:* Weitere Beiträge zur Lehre von der Hämophilie. Dtsch. Arch. klin. Med. **99**, 518 (1910). — *v. Verschuer:* Erbpathologie. 21. Dresden u. Leipzig 1934. — *Weiß:* Arch. Kinderheilk. **41**, 43 (1905) (reichliche Literaturnachweise).

*Meixner.*

**Haftax** siehe *Chlorierte Naphthaline.*

**Halbwassergas** siehe *Kohlenoxyd.*

**Halsabschneiden** siehe *Tod und Gesundheitsbeschädigung infolge Verletzung durch Schnitt.*

**Handlungsfähigkeit** (= H.F.). (Vgl. auch Art.: Konkurrenz der Todesursachen; Priorität des Todes.) Tödlich Verletzte können oft noch gewisse Handlungen ausüben, sie schreien oder werfen beispielsweise Waffen weg oder stecken sie ein. Solche Handlungen verlaufen an der Schwelle des Bewußtseins, sie sind nicht zielbewußt, es handelt sich um sog. Automatismus. Von ihnen soll hier keine Rede sein, sie sind ohne Bedeutung ebenso wie diejenigen tödlich Verletzter, bei denen der Tod erst im Lauf von Stunden, Tagen oder Wochen eintritt. Zur Erörterung stehen nur solche bei absolut tödlichen Verletzungen, von denen man in der Regel annimmt, daß sie ein zielklares, bewußtes Handeln nicht mehr gestatten, und bei denen trotzdem noch zielvolle, bewußte, aktive Handlungen, beispielsweise Gegenwehr oder Flucht ausgeführt werden. Diese H.F. ist in hohem Maße an das Erhaltensein des Bewußtseins gebunden. Somit ist praktisch handlungsunfähig der Bewußtlose, weiterhin derjenige, der an einer motorischen Lähmung oder Schwäche, sei es durch Zerstörung motorischer Gehirnzentren, sei es durch Shock oder durch allgemeine Schwäche infolge von Blutverlust leidet. *Walcher* nennt als gelegentliche Ursache von Handlungsunfähigkeit

sodann noch Blendung, Störung des Gleichgewichtsorgans, Erstickungsgefahr, schwerste Übelkeit mit Erbrechen, intensive Schmerzempfindung, Schreck und Angst.

Zwei Arten von Verletzungen stehen im Vordergrunde unserer Betrachtungen, die Schädelverletzungen verbunden mit Hirnschädigung und die Herz- oder Gefäßverletzungen. Bei der Betrachtung der H. F. bei *Verletzungen des Schädels* durch stumpfe Gewalt, zu denen insbesondere die schweren Kopfschußverletzungen gehören, müssen wir beachten, daß ein Geschoß, das den Schädel und seinen Inhalt verletzt, zunächst eine Erschütterung des Schädels im ganzen herbeiführt. Diese Erschütterung geht auf das Gehirn über, zu der sich sodann die direkte Verletzung gesellt. Außer dieser Hauptstoßkraft des Geschosses müssen wir noch die indirekte Beeinflussung durch die Seitenstoßkraft des Schädels berücksichtigen. So sind die Schußverletzungen anders zu beurteilen, als die Verletzungen beispielsweise durch einen Hammer oder ein Beil. Wir haben also bei der Schußverletzung nicht allein die Herdsymptome zu berücksichtigen, sondern auch die allgemeinen Symptome, und hier ist das wichtigste die Bewußtlosigkeit. Allerdings kann auch eine solche Bewußtlosigkeit, wie *Küpper* und *Breslauer* ausführen, als ein Herdsymptom aufgefaßt werden. H. F. ist leicht auszuschließen, wenn es sich um die Zerstörung lebenswichtiger Zentren, z. B. der Brücke oder des verlängerten Markes, handelt, ferner, wenn Gehirnschenkel, innere Kapsel und vordere Zentralwindung zerstört sind. Auch die Verletzungen der Art. fossae Sylvii und der Art. corporis callosi sollen nach *Borchardt* sofort tödlich sein. Dagegen gibt es zahlreiche sog. stumme Hirnpartien, deren Zertrümmerung oft mit nur geringen Störungen verbunden ist. Für die H. F. ist somit das Funktionieren der lebenswichtigen Gehirnzentren erforderlich. Außerdem wird man bei schwerster Schädel- und Gehirnzertrümmerung in der Regel Bewußtlosigkeit und damit Handlungsunfähigkeit annehmen, obwohl *Rooks* in einem Fall von hochgradiger Gehirnerschütterung und weitgehender Zertrümmerung des Hirnes keine Bewußtseinstrübung feststellte. Auch *Förster* entsinnt sich eines Falles, bei dem es sich um einen Längsschuß durch die linke Gehirnhälfte handelte. Der Mann war zwar infolge der ausgedehnten Hirnzerstörung rechts gelähmt, in der Umgebung des Schußkanals waren reichliche Blutungen. Er überlebte den Schuß bei vollem Bewußtsein 14 Tage. Wir haben somit für die Bewußtlosigkeit oft, wie auch schon *Goroncy* ausführte, kein anatomisches Merkmal, obwohl man bei Schädelfrakturen mit Kontusionsherden, großen Hirnrissen, Blutungen, Petechien am Boden des dritten und vierten Ventrikels unmittelbare Bewußtlosigkeit in der Regel annehmen muß. *Walcher* legt bei der Beantwortung der Frage der H.F. Kopfverletzter, bei denen insbesondere Blutungen in den Nasenrachenraum eintreten können, auf das Verschlucken von Blut in den Magen Wert. Er steht auf dem Standpunkt, daß man wenigstens in der Mehrzahl der Fälle hieraus den Schluß ziehen kann, daß der Mensch bei Bewußtsein und somit handlungsfähig gewesen ist. *Meixner* meint, daß bei der Wertung des Befundes von verschlucktem Blut zu bedenken ist, daß Schlucken schon in einem Zustand möglich sei, der von Bewußtsein und H.F. noch recht weit entfernt ist, und daß bei Menschen, die an schweren Kopfverletzungen nicht gleich sterben, die Bewußtseinsstörung sehr oft auch vorübergehend seichter würde. Immerhin kann man sagen, daß der negative Befund von Blut im Magen bei vorhandener Blutaspiration in die Luftwege jedenfalls beweiskräftiger für ununterbrochene Bewußtlosigkeit ist, als es der positive für die Wiederkehr des Bewußtseins ist, eine Tatsache, auf die auch schon *Bade* hingewiesen hat. Wenn man die Kasuistik durchschaut, so muß man ebenfalls sagen, daß eine H.F. Kopfverletzter, wenn nicht gerade lebenswichtige Gehirnzentren oder motorische Regionen zerstört sind, nicht unter allen Umständen ausgeschlossen werden kann. Ein Mensch kann sich mehrere Kopfschüsse beibringen, oder es kann jemand durch einen Kopfschuß getötet werden, seine H.F. aber nach dem Kopfschuß noch ausreichen, um seinen Mörder ebenfalls zu töten. Das gleiche gilt auch für andersartige stumpfe Gewaltverletzungen. So berichtet *Kratter* von einem Mann, der nach einer Rauferei tot im Hause aufgefunden wurde, der einen Schlag mit einem 40 cm langen, runden Eisenstück mit schwerster Schädelverletzung, Hirnschädigung und epiduralem Hämatom erhalten hatte und nach dem Schlag noch klar gesprochen hatte trotzdem eine Halbseitenlähmung bestand. In einem andern Fall erlitt ein Mann einen Schädelbruch, es wurde ein ausgedehntes Hämatom mit Hirndruck bei der Obduktion festgestellt. Die Frage war zu klären, ob der Mann die tödliche Verletzung bei der ersten oder bei der zweiten Rauferei bekommen hatte. Nach der ersten ging er hin, um ein Beil zu holen und Rache zu nehmen. Er wurde entwaffnet. *Kratter* steht mit Recht auf dem Standpunkt, daß der Mann den tödlichen Schlag bei der ersten Rauferei bekommen hatte. Wenn wir zusammenfassen, so müssen wir sagen, daß es im allgemeinen als berechtigt gilt, eine Bewußtlosigkeit und damit eine Handlungsunfähigkeit anzunehmen, wenn in der Gehirnrinde zahlreiche Kontusionsblutungen, Blutungen in den Hirnhäuten und ausgedehnte Knochenverletzungen vorgefunden werden. Bei der Beantwortung der Frage der H.F. bei *Verletzung der Gefäße* spielen insbesondere die Verletzungen der großen Halsgefäße bei Durchschneidung des Vorderhalses eine Rolle. Hier kann der Tod durch Verbluten, durch Luftembolie, durch Erstickung oder auch durch Shock eintreten. Von Bedeutung sind hier die tiefen Halsschnittwunden, bei denen die Blutversorgung des Gehirnes Schaden leidet. *Meixner* sagt, die Tatsache, daß bei den tiefen Halsschnittwunden die Blutungsquelle, der Nullpunkt des Druckgefälles, so nahe dem Gehirn liege, sei wohl als Grund dafür anzusehen, daß der Blutverlust sich hier viel rascher auswirke; d. h. daß hier die Bewußtlosigkeit und der Tod sehr schnell eintreten, viel schneller, als bei der Eröffnung großer Gefäße in anderen Körpergegenden. Augenblicklich kann der Tod eintreten, wenn Luft in die Venen gelangt. Sie wird angesaugt, sie dehnt den rechten Ventrikel des Herzens ballonartig aus, und so wird der Tod durch Verbluten abgekürzt. Es ist selbstverständlich, daß ein Mensch durch Einfließen des Blutes in die Luftröhre ersticken kann, aber hier wird vor dem Eintritt des Todes noch eine gewisse H.F. möglich sein. *Ziemke* beobachtete sodann noch die Fälle, bei denen die Menschen durch Shock verstarben, also durch plötzlichen Stillstand der Atmung und Herzbewegung. Ein solcher Tod wurde nicht nur nach großen, sondern auch nach kleinen, aber schmerzhaften Verletzungen festgestellt. Die Kasuistik lehrt, daß ein Mensch mit einer schweren Halsschnittverletzung in der Lage sein kann, eine größere Wegstrecke zurückzulegen. Er kann auch noch das Werkzeug, mit dem er sich die tödliche Halsschnittverletzung beibrachte, beseitigen. Das gilt dann, wenn die tiefen Halsgefäße, die Carotiden, nicht verletzt sind. Bei der Verletzung der Carotiden beiderseits bzw. bei ihrer Durchschneidung kann man in der Regel eine H.F. ausschließen, obwohl auch hier zu beachten ist, daß sich die durchschnittenen Enden der Gefäße zurück

ziehen können und dadurch die Blutung wenn auch nicht zum Stehen gebracht, so doch verlangsamt wird. Betrachten wir nun die Handlungsfähigkeit bei *Verletzungen, die das Herz eröffnen*, so ist auch hier die Frage oft strittig. *Geringer* hat 72 Fälle in dieser Richtung bearbeitet, und er fand unter seinen Fällen nur zwei, wo der Tod ohne H.F. an Ort und Stelle eingetreten war. Er sagt somit, daß die H.F. durch einen oder mehrere Herzstiche nicht immer gleich aufgehoben sei. Herzstichwunden von 1,5 cm und darüber führen allerdings infolge des rasch eintretenden Blutverlustes verbunden mit Anämie und Bewußtlosigkeit rasch zur Handlungsunfähigkeit. Verletzungen des linken Herzens sind günstiger, als die des rechten. *Richter* fand, daß Wunden des linken Herzens die größte Lebensdauer aufwiesen. Der längere Wundkanal des linken Herzens disponiert leicht zu Gerinnselbildung, andererseits aber gerinnt das Blut im rechten Ventrikel wegen der Anwesenheit von Kohlensäure schneller als im linken. Verletzungen der Herzscheidewand im oberen und mittleren Drittel heben die H.F. rasch auf und führen schnell zum Tode. In einer Anzahl von Todesfällen erfolgt der Tod ganz plötzlich, wenn das Reizleitungssystem getroffen ist. Die Verletzungen der Klappen führen oft nicht zur Handlungsunfähigkeit, obwohl die gleichzeitige Klappenverletzung vermuten läßt, daß der Tod viel rascher als bei alleiniger Verletzung der Wand eintritt. So beschreibt *Geringer* acht Fälle, wo der Tod sofort ohne H.F. eintrat. In einem Fall dauerte das bewußtlose Leben 1½ Stunde an. *Fischer* gibt an, daß Verletzungen der rechten Kammer in 22% der Fälle und Verletzungen der linken in 80% sofort tödlich waren. *Meixner* meint, daß die Wunden bis zu einer Größe von 2 cm keinen Einfluß auf die H.F. ausüben brauchten, von mehr als 2—3½ cm müsse man Handlungsunfähigkeit annehmen. Die Gefäßverletzungen nahe des Herzens und auch die Verletzungen der Coronargefäße schließen eine H.F. nicht aus. Tritt nun zu der Herzverletzung eine Lungenverletzung, und tritt der Pleuraraum mit der Außenluft in Verbindung, so entsteht der Pneumothorax, der ohne Zweifel beschleunigend auf den Eintritt des Todes wirkt, und man wird in solchen Fällen keine oder nur geringe H.F. erwarten. Die Herzschußverletzungen verhalten sich etwas anders. *Meixner* sagt, daß ein Schuß durch das Herz einen Menschen sofort hinstreckt im Gegensatz zur Wirkung beim Tier, vor allem beim jagdbaren Wild. *Kratter* geht sogar noch weiter und sagt, daß ihm kein einziger Fall von bewußter Handlung von einem Menschen mit tödlicher Herzschußwunde bekannt sei. Man kann sagen, daß die Schußwunden rascher zur Handlungsunfähigkeit führen, als die Stichwunden. Die H.F. ist allerdings nicht immer gleich aufgehoben. Immerhin kann sie nie so groß sein, daß komplizierte Leistungen, die größerer Kraftanstrengung bedürfen, ausgeführt werden können. *Ziemke* ließ aus seinem Institut durch *Bade* zwei Fälle von Schußverletzungen des Herzens mit erhaltener Handlungsfähigkeit mitteilen. In dem einen Fall war die rechte Kammer an der Spitze zertrümmert, in dem anderen waren nahe der Herzspitze infolge Schrotverletzung mehrere gut erbsengroße Durchlöcherungen der Herzwand sowohl des linken als auch des rechten Ventrikels. Es sind auch genügende Fälle von Selbstmördern bekannt, die sich mehrere Male in das Herz schossen. Wird das blutgefüllte Herz, in der Diastole getroffen, so haben wir auch bei kleineren Kalibern bei Schuß von vorn oft starke Zerstörung der Hinterwand, während das zusammengezogene, in der Systole getroffene Herz nur kleine Schußlöcher zeigt. Hieraus ist zu folgern, daß wir bei den größeren Zerreißungen, also bei den

22*

in der Diastole getroffenen Herzen in der Regel die H.F. ausschließen müssen, während in den übrigen Fällen wohl H.F. möglich ist, wenn auch die Menschen augenblicklich niedergestreckt werden. Bei den übrigen *Verletzungen*, sei es *der Lungen* oder *der Leber*, wird man immerhin H.F. annehmen können, wenn auch in Einzelfällen diese sehr beschränkt sein mag.

Wir können somit bei der Beantwortung der Frage nach der H.F. nicht für alle Fälle bestimmte Regeln aufstellen, wir müssen vielmehr von Fall zu Fall auf Grund der Erfahrung und an Hand der erhobenen Befunde die Entscheidung treffen.

*Schrifttum.*

*Bade, Wilh.:* Beitrag zur Handlungsfähigkeit tödlich Verletzter. Diss. Kiel 1935. — *Becker, K.:* Die gerichtlich-medizinische Würdigung der Gehirnverletzungen. *Friedreichs* Bl. **1897**, 299. — *Casper-Liman:* Handb. der gerichtl. Medizin **1882**, 274. — *Geringer, J.:* Über Stichverletzung des Herzens mit besonderer Berücksichtigung der Handlungsfähigkeit. Beitr. gerichtl. Med. **3**, 1 (1919). — *Goroncy, C.:* Handlungsfähigkeit Kopfschußverletzter. Dtsch. Z. gerichtl. Med. **4**, 145 (1924). — *Goroncy, C.:* Zur Genese der Aortenrupturen, insbesondere indirekter bei Schußverletzungen. Dtsch. Z. gerichtl. Med. **10**, 235 (1927). — *Goroncy, C.:* Zur Handlungsfähigkeit nach schwerer Kopfverletzung. Dtsch. Z. gerichtl. Med. **15**, 239 (1930). — *v.Hofmann-Haberda:* Lehrb. der gerichtl. Medizin. **1927**, 559. — *Huismans, L.:* Ein Fall von schwerem, perforierendem Herzschuß. Münch. med. Wschr. **1916**, 993. — *Kortzle:* Herzblock und Herzschuß. Münch. med. Wschr. **1914**, 2064. — *Kratter, J.:* Über Handlungsfähigkeit tödlich Verletzter. Dtsch. Z. gerichtl. Med. **5**, 30 (1925). — *Leschmann, W.:* Über einen Fall von Dissimulation einer schweren Kopfschußverletzung. Dtsch. Z. gerichtl. Med. **19**, 82 (1932). — *Lubenau:* Beitrag zur Überlebensdauer und Handlungsfähigkeit nach tödlicher Verletzung der Aorta ascendens. Z. Med.beamte **1927**, 251. — *Lochte, Th.:* Über die Bewegungs- und Handlungsfähigkeit schwerverletzter Personen. Wien. med. Wschr. **1911**, Nr. 15. — *Meixner, K.:* Bemerkungen zu der Mitteilung „Tötung auf Verlangen" von Dr. *Peiper.* Z. Med.beamte **1928**, 261. — *Meixner, K.:* Ungewöhnlich langes Überleben der Zerstörung des Schädels durch Schuß. Z. gerichtl. Med. **20**, 324 (1933). — *Meixner, K.:* Gerichtsärztl. zum Halsmannprozeß. Dtsch. Z. gerichtl. Med. **17**, 144 (1931). — *Müller-Heß* u. *Hallermann:* Die Beurteilung der Handlungsfähigkeit auf Grund der Blutalkoholbestimmung. Jkurse ärztl. Fortbildg. **27**, 1/16 (1936). — *Naegeli, O.:* Zwei perforierende Hirnschüsse. Mord oder Selbstmord? Vjschr. gerichtl. Med. **41**, 231 (1884). — *Pfeifer, H.:* Beiträge zur Kenntnis der Herztamponade. Vjschr. gerichtl. Med. **1906**, 55. — *Richter, M.:* Über den Eintritt des Todes nach Stichverletzungen des Herzens. Vjschr. gerichtl. Med. **11**, 16 (1896). — *Richter, M.:* Zur Kenntnis der Herzbeuteltamponade. Vjschr. gerichtl. Med. **24**, 108 (1902). — *Ritter, Ad.:* Die Folgezustände der Gehirnverletzungen mit Vorherrschen der Allgemeinsymptome, ihre Ursachen und ihre Begutachtung. Mschr. Unfallheilk. **30**, 1, 25, 49 (1923). — *Rooks, G.:* Zur Handlungsfähigkeit Kopfschußverletzter. Dtsch. Z. gerichtl. Med. **20**, 201 (1933). — *Rothfuchs:* Die Schuß- und Stichverletzungen des Herzens. Dtsch. Z. gerichtl. Med. **8**, 151 (1926). — *Schackwitz, A.:* Selbstmordursachen. Dtsch. Z. gerichtl. Med. **10**, 312 (1927). — *Sterba, O.:* Der Selbstmordversuch eines Geistes. Bemerkenswerte Erscheinungen eines Kopfschusses. *Haberda,* Beitr. gerichtl. Med. **6**, 106 (1924). — *Stolper, P.:* Über Kehlkopffrakturen. Vjschr. gerichtl. Med. **27**, 93 (1904). — *Strassmann, Gg.:* Über Lebensdauer und Handlungsfähigkeit Schwerverletzter. Dtsch. Z. gerichtl. Med. **24**, 393 (1935). — *Szigeti, Hch.:* Ein Fall von Selbstmord durch Autoexstirpation des Kehlkopfes. Vjschr. gerichtl. Med. **12**, 345 (1896). — *Thomas:* Beitrag zur Kasuistik der Herzverletzungen. Vjschr. gerichtl. Med. **40**, 52 (1910). — *Walcher, K.:* Über Bewußtlosigkeit und Handlungsfähigkeit. Dtsch. Z. gerichtl. Med. **13**, 313 (1929). — *Walcher, K.:* Über Aspiration und Verschlucken von Gehirnstücken als Zeichen intravitaler Entstehung schwerer Verletzungen. Dtsch. Z. gerichtl. Med. **15**, 399 (1930). — *Weimann, W.:* Zur Frage der Handlungsfähigkeit Kopfverletzter. Arch. Kriminol. **82**, 178 (1928).      **Förster.**

## Handschriftensammlung (= H.S.).

Die Identifizierungshilfsmittel des modernen Erkennungsdienstes hat *Schneickert* im Jahre 1909 um ein neues bereichert, indem er als erster Verbrecherhandschriften nach *graphischen* Merkmalen einteilte und zum Zwecke der Identifizierung klassifizierte. Die Weitergestaltung der heute in voller Blüte stehenden H.S. der Reichserkennungsdienstzentrale brachte es bis Ende 1937 bereits auf über 13 000 Schriftproben, die auch zu zahlreichen Erfolgen

jährlich beitragen. *Schneickert* verdanken wir aber auch den Vorschlag zur Einrichtung von H.S., die nicht polizeilichen Zwecken, sondern Zwecken wissenschaftlicher Forschung, namentlich der pathologischen Schriftformen dienen sollen. Viel und oft wird, auch von den Schriftsachverständigen, von pathologischen Schriftmerkmalen gesprochen, ohne daß solche Schriften wissenschaftlich genau erforscht worden sind. Erst recht fehlt es an fachmännisch versorgten H.S., die den Schriftsachverständigen als Grundlage wirklicher Studien und richtiger Begutachtungen dienen könnten. Für die Einrichtung und Verwaltung solcher H.S. kommen in erster Linie die gerichtsärztlichen Universitätsinstitute in Frage, die sich jetzt schon vielfach mit Handschriftforschung und -begutachtung befassen. Vermöge ihrer Beziehungen zu Kliniken und Heilanstalten jeder Art wird es ihnen nicht schwer fallen, von Schreibstörungsfällen typischer Art Kenntnis zu erhalten, die sich zur Sammlung von Schriftproben eignen. Es sind bereits folgende Haupt- und Untergruppen einer solchen H.S. von *Schneickert* vorgeschlagen worden:

*I. Endogene und seelisch bedingte Schreibstörungen.* A. *Tremor und Ataxie.* 1. Alter; 2. Krankheit, wenn möglich untergeteilt nach der Krankheitsart; 3. Alkoholismus: a) akuter Rauschzustand, b) chronischer Alkoholismus, c) sonstige, durch Reizmittel oder Gifte (Narkotica) verursachte Schreibstörungen; 4. Gemütserregungen, Schreck- und Shockwirkungen; 5. Ermüdungs- und Erschöpfungszustände, z. B. notwendig gewordene Handstützung und Handführung bei körperlich geschwächten oder todkranken Menschen; 6. Schreibkrampf; 7. Schreiben mit der linken Hand, mit Mund oder Fuß, geübt oder ungeübt; 8. Schreiben im hypnotischen Zustand; 9. Selbstmörderbriefe.

*B. Sonstige Ursachen und Erscheinungen von Schreibstörung.* 1. Unterbrechnungen innerhalb einer einheitlichen Schreibbewegung; 2. Auslassung von Grundstrichen, Buchstabenteilen, ganzen Buchstaben und Wörtern; 3. Verdoppelung von Grundstrichen, Buchstaben und Wörtern; 4. Auffälligkeiten in der Raumeinteilung, in der Rand- und Zeilenbildung, wie z. B. quadratische Raumfreilassung im Text, Figurenbildung in der Textanordnung u. dgl.; 5. Schriftnachahmung: a) nach Vorlage der Fremdschrift, b) nach dem Erinnerungsbild, und zwar mit und ohne Vorübungen; 6. Schreibversuche der Analphabeten; 7. Typische Schriften Geisteskranker.

*II. Exogene und physikalisch bedingte Schreibstörungen.* 1. Behinderung der schreibenden Hand und Finger (Verwundung, verbundene Finger oder Hand, Frostwirkung u. dgl.); 2. Behinderung durch ungewohntes und ungeeignetes Schreibmaterial und Schreibwerkzeuge oder durch unglatte oder schwankende Schreibunterlage; 3. Behinderung des Augenlichts (Dunkelheit, Augenverletzung, verbundene Augen, fehlendes oder unpassendes Augenglas, Schreiben mit verdeckter Hand).

*III. Schriftkuriosa.* Hierher gehören alle, nicht zu den obigen Gruppen gehörigen Schreibstörungen und Schreibextravaganzen.

Was die *Selbstmörderbriefe* anbelangt, so sind die wegen des Verlustes des seelischen Gleichgewichtes und des vielfach vorherrschenden Verzweifelungszustandes besonders wertvoll in psychologischer und schreibtechnischer Hinsicht, um als Studienmaterial ausgewertet zu werden. Übrigens war es wiederum *Schneickert,* der zum ersten Male die Forderung aufstellte, daß jeder hinterlassene Selbstmörderbrief auf seine Echtheit von Schriftsachverständigen untersucht werden müßte, weil die Kriminalgeschichte schon Fälle genug aufzuweisen hat, daß zur Glaubhaftmachung eines fingierten Selbstmordes und Verdeckung des wirklichen Mordes auch der gefälschte Selbstmörderbrief in den objektiven Tatbestand hineingeschmuggelt worden ist.

*Schrifttum.*

*Schneickert, H.:* Polizeiliche Handschriftensammlungen. Arch. gerichtl. Schriftuntersuchungen u. verwandte Gebiete. 361—387. Leipzig 1909. Ferner in *Groß'* Arch: **39**, 144—178; **45**, 8 ff. — *Schneickert, H.:* Kriminaltaktik u. Kriminaltechnik. 4. Aufl. 322 ff. Lübeck 1933. — *Schneickert, H.:* Polizeiliche Handschriftensammlungen. *Groß'* Arch. **92**, 125 ff. — *Schneickert, H.:* Selbstmörderbriefe. *Groß'* Arch. Kriminol. **101**, 65 ff. **Schneickert.**

**Hanffaser** siehe *Faserstoffe.*

**Harnflecke** siehe *Urin und Urinflecken.*

## Haschisch.

*Wirksamer Bestandteil:* im harzigen Sekret aus den Drüsenhaaren der weiblichen Blüten von *Cannabis sativa* (Moraceae). Daraus ein Produkt *Cannabinol* mit anscheinend konstantem Sp. von 215°, welches als Hauptträger der Wirkung zu betrachten ist. Neue Versuche mit Cannabinol sind durchaus im Sinne der typischen Haschischwirkung ausgefallen (*Gayer, Walton* u. a.). Am reichsten an wirksamer Substanz ist der in Vorderindien kultivierte sog. indische Hanf (besondere Kulturrasse); aber auch in gemäßigten Zonen (Deutschland, England, USA.) gezogener Hanf vermag rauschartig wirkende Harze zu produzieren (vgl. *W. Straub, Baker Bates* u. a.). 4 mg des gereinigten Öles sind bei Aufnahme durch Zigarettenrauch im Sinne der Haschischwirkung wirksam.

*Offizinell: Herba Cannabis, Extractum Cannabis, Tinctura Cannabis* in verschiedenen Pharmakopoen, namentlich in Frankreich relativ häufig verwendet. In Deutschland als angeblich lokal reizmildernd wirkender Zusatz zu Hühneraugenpflastern usw. (Im Tierversuch führt Cannabisextrakt bei parenteraler Applikation zu Anästhesie, auch Cornealanästhesie.)

*Haschischgenuß:* Hauptsächlich im Orient (Vorderasien) verbreitet; in Griechenland, Türkei und Persien nur noch vereinzelt, im großen dagegen in Syrien, Palästina, Arabien, Nordafrika, Afghanistan, bestimmten Gebieten von Britisch-Indien, Turkestan. Der Haschischgenuß hat sich in enger Beziehung mit der Ausbreitung des Mohammedanismus entwickelt.

*Einnahme:* Wird als Extrakt in verschiedensten Formen und Zubereitungen gegessen oder getrunken; per os tritt wegen sehr langsamer Resorption Wirkung erst nach vielen Stunden ein. Resorption wird wahrscheinlich beschleunigt durch die im Orient gebräuchliche Beigabe von Süßstoffen, Sirupen usw., die als Lösungsvehikel dienen. Am häufigsten wird Droge geraucht; für *Rauchzwecke* werden verwendet:

1. *Bhang* oder *Bheng* (in Tunis „Takruri") = Spitzen der weiblichen Pflanzen und Blätter, zerrieben und zerschnitten; wenig harzreiches Produkt. 2. *Ganja* (arabisch Quinnab), viel harzreicher, fast ohne Blätter. 3. *Charas,* fast reines Harz der weiblichen Blüten. Die harzreichen Präparate werden meist mit Tabak gemischt. Durch Rauchen hauptsächlich mit Wasserpfeife, in Nordafrika häufig auch mit gewöhnlicher Pfeife, wird narkotisch rauschartige Wirkung des Haschisch verstärkt.

*Wirkung:* Im ganzen überwiegen beim Haschischgenuß die anregenden Wirkungen auf Sinnesempfindungen. Besonders stark entwickelt sind, wie bei Mescalin, Licht- und Farbenvisionen und Illusionen, seltener starke Gehörsempfindungen, die aber selbst überstark, wie Kanonendonner, sein können. Trotz typischer Rauschwirkung glaubt Individuum bei vollem, ja gesteigertem Bewußtsein und gesteigerter Leistungsfähigkeit sich zu befinden. Charakteristisch für Haschischrausch ist Fehlen des Zeitgefühls: Leute glauben, tage- und wochenlang andauernd in dem angenehmen Rauschzustand verbracht zu haben. Sexuelle Funktionen werden meist nicht angeregt, trotz der oft stark erotischen Vorstellungen; Potenz nimmt eher ab. Eine gewisse Herabsetzung der Sensibilität scheint im Rauschzustand vorhanden zu sein (Selbstkasteiung der Derwische unter Haschischwirkung).

An Rausch schließt sich Stadium der Depression an, das übergehen kann in Schlaf, aber oft Grund zu neuer Giftzufuhr bildet. Rauschzustand kann sich aber auch über einige Tage fortsetzen und direkt in nächsten Haschischrausch übergehen, so daß tatsächlich Rauschzustände von sehr langer Dauer resultieren, welche wie echte Psychosen (mit Visionen u. a. Illusionen) aussehen.

*Chronischer Gebrauch* des Haschisch führt zu suchtmäßiger Abhängigkeit von dem Gift. Nach einiger Zeit tritt Nervosität, erhöhte Reizbarkeit, Gedächtnisschwäche auf mit Übergang in ausgesprochene Psychosen, schließlich *Demenz.* Infolge erhöhter Impulsivität kann unter Haschischwirkung Anreiz zu verbrecherischen Handlungen verstärkt sein. Erregungszustände, die an Cocaindelirien erinnern, kommen bei wenig oder nicht Gewöhnten vor. *Akute Psychosen* haben meist den Charakter von delirösen Zuständen ohne Ataxie mit optischen Halluzinationen, die einige Tage dauern können.

Im weiteren Verlauf der Haschischsucht kommt es zu *subchronischen Zuständen* von Verfolgungswahn mit schreckhaften Halluzinationen (wie bei Cocain) und manischer Erregtheit, die monatelang anhalten kann, eine kriminell besonders gefährliche Phase der Haschischsucht, analog etwa dem Cocain-Korsakow. Schließlich führt Haschischgenuß zu organischer Demenz mit manischer Erregtheit, bei neuer Giftzufuhr mit oft schwer agressiven Tendenzen und sexueller Hemmungslosigkeit. Außerdem kommen nach Haschischmißbrauch chronische Psychosen vor, die sich von schizophrenen Krankheitsbildern kaum unterscheiden lassen (*Stringaris*).

*Verbreitung des Haschischmißbrauchs:* In Vorderasien viele Millionen, wohl mehr wie Opiomane in China. Hanfprodukte werden als *Marihuana* auch in Südamerika in Zigaretten häufig geraucht; Einfluß auf Kriminalität dabei nicht sicher bekannt (vgl. *Bromberg* u. *Stanley*).

*Bekämpfung der Haschischsucht: Auf Grund der Bestimmungen der internationalen Konventionen der Opiumkommission des Völkerbundes.* Der Kontrolle unterstehen alle narkotisch wirkenden Bestandteile und Präparationen aus indischem Hanf. Hauptschmuggelgebiete für Haschisch: Afghanistan, Turkestan, Syrien (große Vorräte), Palästina, Ägypten. Hanfkultur in Syrien vollständig verboten, Anbau kommt aber immer wieder vor.

*Schrifttum.*

*Bates, B.:* Ein Fall von Cannabis indica-Vergiftung. Slg. Verg.-Fälle A **611** — *Beringer, K., W. v. Baeyer* u. *H. Marx:* Zur Klinik des Haschischrausches. Nervenarzt **5**, 337 (1932). — *Bonhöffer, G.:* Zur Frage der fortschreitenden und stationären Wahnbildung bei narkotischen Dauervergiftungen. Allg. Z. Psychiatr. **84** (1926). — *Bouquet, J., Gobert et Perronel:* Le cannabisme en Tunisie. Arch. Inst. Pasteur Tunis **1925**. — *Bumke, O.* u. *F. Kant:* Rausch- und Genußgifte. Giftsuchten. *Bumke-Foerster,* Handb. Neurol. **13** (1936). — *zum Busch, J. P.* Marihuana. Ref. Schweiz. med. Wschr. **1940**, 110. — *Bromberg, W.:* A clinnical study of cannabis sativa intoxication. Amer. J. Psychiatry **91**, 303 (1934). — *Cloetta, M.:* Haschisch. In: *Flury-Zangger:* Lehrbuch der Toxikologie. 302. Berlin 1928. — *Conos, B.:* Trois cas de cannabisme avec psychose consécutive. Bull. de la Soc. de Path. exot. **18**, 788 (1925). — *Dontas, S.* u. *P. Zis:* Recherches expérimentales sur l'action du haschisch. Arch. internat. Pharmacodynamie **35**, 30 (1928). — *Fränkel, F.* u. *E. Joel:* Beiträge zu einer experimentellen Psychopathologie. Der Haschischrausch. Z. Neur. **111**, 84 (1927). — *Gayer H.:* Pharmakologische Wertbestimmung von orientalischem Haschisch und Herba Cannabis indicae. Arch. of. exper. Path. **129**, 312(1928). — *Hartwich, C.:* Die menschlichen Genußmittel. 221. Leipzig 1911. — *Joel, E. u. F. Fraenkel:* Der Haschischrausch. Klin. Wschr. **1926**, 1707. — *Kant, F. u. E. Krapf:* Über Selbstversuche mit Haschisch. Arch. f. exper. Path. **129**, 319 (1928). — *Stanley:* Marihuana as developper of criminals. Amer. J. Police Sci. **1931** (zit. n. *Stringaris*). — *Straub, W.:* Bayerischer Haschisch. Münch. med. Wschr. **1928**, 49. — *Stringaris, M. G.:* Zur Klinik der Haschischpsychosen. (Nach Studien in Griechenland.) Arch. Psychiatr. **100**, 522 (1933). — *Stringaris, M. G.:* Die Haschischsucht. Psychopathologie. Klinik. Soziologie, Kriminologie. Berlin 1939. (Literatur.) — *Walton, R. P.:* Marihuana. J. B. Lippincott, New York 1938. — *Walton, R. P., L. F. Martin* u. *J. H. Keller:* The relative activity of various purified products obtained from American grown hashish. J. of Pharmacol **62**, 239 (1938). **H. Fischer.**

**Hautabschürfung** siehe *Verletzungen durch stumpfe Gewalt.*

**Hedonal** siehe *Schlafmittel.*

### Helleborusglykoside.

*Helleborus niger,* schwarze Nieswurz, Christrose (Ranunculaceae). Vorkommen: Südeuropa bis Norditalien, auch Südschweiz; sehr verbreitet als Zierpflanze in Gärten. Alle Teile der Pflanze sind giftig und enthalten besonders reichlich in der früher offizinellen Wurzel (Radix Hellebori nigri) *digitalisartige Glykoside,* das sog. *Helleborein,* außerdem lokal reizende Saponine und wahrscheinlich noch weitere Stoffe mit starker lokaler Reizwirkung.

*Vergiftungserscheinungen durch Wurzel und Wurzelpräparate:* Kratzen im Mund und Rachen, Speichelfluß, Schlingbeschwerden, Übelkeit, Erbrechen, Magenschmerz, Kolik, Durchfälle (evtl. blutig). Puls stark verlangsamt, dann unregelmäßig, Herzschwäche, Atemnot, Schwindel, Ohrensausen, Mydriasis, Sehstörungen. Auch Aufregungszustände und Krämpfe. Tod im Kollaps oder im Krampfanfall. Bewußtsein kann fast bis zuletzt erhalten bleiben. *Prognose* bei schwerer Vergiftung ungünstig.

*Dosis medicinalis:* Helborsid (Reinpräparat) i. v. 0,2—0,5 mg (in der Wirkung strophanthinähnlich, aber stabiler, deshalb auch peroral wirksam); per os zu 0,3—0,4 mg in Tabletten.

*Dosis toxica:* 1,2 g des Wurzelpulvers wirkte schwer vergiftend. Nach 0,3—0,7 g der Samen Erscheinungen der resorptiven Digitalisvergift. Dabei scharfer pfefferartiger Geschmack, Brennen auf Zunge, Kratzen und Würgen im Schlund.

*Dosis letalis:* 2 g des wässerigen Auszuges der Wurzel waren tödlich.

*Vorkommen und Häufigkeit der Vergiftung:* Früher häufiger, heute eher selten. — Absichtliche, lokale Applikation der pulverisierten Wurzel am Auge durch Militärpflichtigen machte schwere trachomartige Conjunctivitis, auf Haut Blasenbildung und Eiterung (*Blatt*).

*Zufällige Vergiftungen:* Durch Genuß unreifer Samen beim Kind heftige lokale Reizwirkungen; an Zungenspitze, Zahnfleisch, Gaumen große, gelbliche Blasen (*Reinhardt*). Auch ulceröse Gastroenteritis mit Blutungen wurde beobachtet.

*Medizinale Vergiftungen:* Früher als Brech- und Abführmittel (ausleerende Therapie) auch als Wurmmittel. Drogenpräparate sind als Volksmittel ziemlich verbreitet (gegen Wassersucht usw.), deshalb Vergiftungen möglich. Selten als Abortivum. Neuerdings Reinpräparate therapeutisch im Gebrauch (Helborsid).

*Helleborus foetidus,* stinkende Nieswurz (Süd- und Mitteleuropa). *Toxikologisch* wie Helleborus niger.

*Helleborus viridis,* grüne Nieswurz (West- und Mitteleuropa), enthält dieselben herzaktiven Glykoside wie Helleborus niger usw., außerdem im Wurzelstock eine Anzahl stark toxisch wirkender Alkaloide: *Sprintillin, Sprintillamin* und *Celliamin,* welche toxikologisch dem Aconitin nahe stehen.

*Wirkung der Alkaloide:* Veratrin- und aconitinähnlich; führen im Tierversuch durch zentrale Atemlähmung zum Tode.

*Vergiftung durch Helleborus viridis:* Ähnlich wie bei Helleborus niger mit stärkerem Hervortreten der gastrointestinalen Erscheinungen und geringeren Herzwirkungen.

*Helleborus odorus:* Wohlriechende Nieswurz (Südosteuropa, besonders Ungarn), in vielen Spielarten in Gärten kultiviert. *Toxikologisch* wie Helleborus niger.

*Schrifttum.*

*Blatt:* Pannus arteficialis, erzeugt durch Helleborus odorus. Graefes Arch. **120**, 742 (1928). — *Franzen:* Die pharmakologischen Eigenschaften der Helleborusalkaloide. Jena 1933. — *Löffler, W.:* Helborsid als Herzmittel. Barrelfestschr. 69. Basel 1936. — *Reinhardt:* Vergiftung mit unreifen Nieswurzsamen. Münch. med. Wschr. **1909**, 2056. **H. Fischer.**

**Helvella esculenta** siehe *Pilzvergiftungen.*

**Herbstzeitlose** siehe *Colchicin.*

**Hercynol** siehe *Schädlingsbekämpfungsmittel.*

**Hermaphroditismus** siehe *Zweifelhafte Geschlechtszugehörigkeit.*

**Hernie** ( = H.) **und Trauma** ( = T.). (Vgl. auch Art.: Trauma; Verletzungen durch stumpfe Gewalt.)

H.n sind mit Eingeweiden angefüllte Bauchfellausstülpungen, die beim Austreten aus der Bauchhöhle sackförmig von Bruchhüllen (Haut, Fascien usw.) umgeben werden. Am Bruch unterscheidet man: 1. die Bruchpforte, 2. den Bruchsack mit Hals, Körper und Grund, 3. den Bruchinhalt (zumeist Dünndarm und Netz, seltener Dickdarm [Gleitbruch], Appendix, Adnexe usw.). Mit Eingeweidebrüchen werden häufig Eingeweidevorfälle verwechselt, denen das Charakteristikum des Bruches, die Peritonealhülle fehlt.

Prädisponiert zum Durchbruch von H.n sind die Durchtrittsstellen des Samenstranges, des Nabels und der Gefäße. Anatomisch vorgebildete schwache Stellen der Bauchwand sind demnach der Leisten- und Schenkelkanal, die Nabelgegend und Linea alba, besonders im Bereich des Oberbauches. Außerdem stellt jede Narbe des Abdomens einen locus minoris resistentiae dar.

Die Entwicklung von Eingeweidebrüchen an den genannten typischen und atypischen Stellen wird noch begünstigt, wenn die Widerstandskraft der Bauchdecken durch häufige Schwangerschaften, Abdominal-Tumoren, Ascites, durch Fettleibigkeit einerseits oder starke Abmagerung andererseits herabgemindert wurde. *Kongenitale* Brüche (Brüche mit präformierter Bruchanlage) sind u. a. Leisten-, Nabel-, Zwerchfell-H.n. Die Bildung der gewöhnlichen erworbenen Eingeweidebrüche geschieht in der Regel langsam und allmählich, sie kann sich über Monate oder Jahre erstrecken. Sie geschieht in der Weise, daß bei immer wiederkehrender intraabdomineller Drucksteigerung, z. B. durch chronischen Husten (Emphysem, chron. Bronchitis, Tbc. usw.), durch Pressen, insbesondere bei chron. Obstipation, durch erschwerte Miktion wie bei Prostatahypertrophie oder auch durch chronische Berufsschädigung bei Bläsern, Sängern, durch schweres Heben, Lastentragen u. a. m. Eingeweide das Bauchfell an Stellen geringeren Widerstandes taschenartig vorbuchten, bis schließlich die komplette äußere H. entstanden ist.

Nach *Orator* haben *chronische* äußere Berufstraumen (so bei Schustern, Klempnern usw.) an den Bruchpfortengegenden keine wesentliche praktische Bedeutung für die Entstehung von Brüchen.

In außerordentlich seltenen Fällen können *akute* T.n die Entstehung von H.n verursachen oder zu einer wesentlichen Verschlimmerung des Bruchleidens beitragen.

1. T.n führen zur direkten Entstehung eines echten Verletzungsbruches durch unmittelbare Gewalteinwirkung: a) an typ. Stellen, d. h. in der Gegend der Bruchpforten, b) an atyp. Stellen, d. h. an beliebigen örtlich umschriebenen Partien des Abdomens. Prädisponiert sind Narben der Bauchwand.

Die Verletzungen können durch spitze oder kantige Gegenstände gesetzt werden (Kuhhornstoß, Hufschlag, Aufschlagen auf Kanten, Stoß mit Maschinenhebel u. a.). Durch die Schwere der äußeren Gewalteinwirkung kommt es zu erheblichen Weichteilverletzungen mit Zerreißungen oder Zerfetzungen der subcutanen Schichten, der Muskeln und Fascien, mit Schwellung und Hämatombildung. Die Schmerzen des Betroffenen sind erheblich, häufig werden Kollapserscheinungen beobachtet.

Bei schwersten Bauchverletzungen tritt der Bruch zuweilen deswegen nicht sofort in Erscheinung, wie *Thiem* hervorhebt, weil sich die Verunglückten infolge des ernsten Krankheitszustandes sofort zu Bett legen müssen. Der frische Bruch kann u. U. auch übersehen werden, wenn erhebliche Verletzungen anderer Organe, die heftige Schmerzen verursachen, im Vordergrunde stehen.

2. Häufiger als der echte Verletzungsbruch ist der Kausalzusammenhang bei vorhandener Bruchsackanlage. Dabei können geeignete Traumen, die eine plötzliche Erhöhung der Bauchpresse und des intraabdominellen Druckes hervorrufen, durch indirekte Gewalteinwirkungen das Bruchleiden maßgebend beeinflussen. Bei der traumatischen Entstehung von H.n durch mittelbare Gewalt ist also in jedem Falle ein präformierter Bruchsack Voraussetzung. Daß eine einmalige außergewöhnliche Anstrengung ohne vorbestehende Bruchsackanlage zum spontanen Austreten eines kompletten frischen Eingeweidebruches geführt hat, ist einwandfrei in keinem Fall in der Literatur erwiesen worden.

T.n können verursachen: a) die Füllung eines präformierten Bruchsackes, b) das Austreten des bereits vorgebildeten Bruches, c) die plötzliche Vergrößerung eines bereits erkannten Bruches, d) Bruchverletzungen.

In jedem Falle ist bei der Beurteilung des Kausalzusammenhanges zwischen T. und H. äußerste Skepsis angebracht. Häufig wird das Hervortreten eines bis dahin unbemerkten Bruches, das oft mit Schmerzen verbunden ist, von den Kranken auf einen Unfall bezogen. Es muß der Nachweis erbracht werden, daß ein geeigneter Unfall überhaupt stattgehabt hat, zumindest, daß eine über das Maß des Betriebsüblichen hinausgehende Überanstrengung vorgelegen hat. Als geeignete T. sind nur diejenigen anzuerkennen, die eine plötzliche und wesentliche Erhöhung der Bauchpresse und des intraabdominellen Druckes hervorrufen (wie z. B Abfangen oder Abwehren schwerer Gegenstände, Hinfallen, Werfen, Tragen, Heben schwerer Lasten, Ausgleiten, besonders bei rückwärts geneigtem Körper usw.).

Aufgabe des Untersuchers ist zunächst, festzustellen, ob nicht schon vor dem angeschuldigten Ereignis ein Bruch vorhanden gewesen war. Beginnende Brüche können auch bei größter Aufmerksamkeit dem Untersuchenden entgehen. Bei vorgebildetem Bruch genügt andererseits die geringfügigste Steigerung des intraabd. Druckes, um das spontane Austreten zu bewirken. Er kann jederzeit nach vorgenommener ärztlicher Untersuchung zum Vorschein gekommen sein (*Thiem*).

Es kann zuweilen beobachtet werden, daß Brüche von selbst wieder zurückgehen und erst nach längerem Intervall erneut in Erscheinung treten. Andere Brüche wiederum treten überhaupt nur einmalig aus und zwar unter mehr oder minder starken Einklemmungserscheinungen und verursachen nach Reposition nie wieder Beschwerden.

Wesentlich ist die Feststellung, ob bei der ersten Untersuchung nach einem angeblichen Unfall ein frischer oder alter Bruch vorliegt.

*Zeichen, die für einen alten Bruch sprechen:* 1. Der Nachweis, daß ein Bruchband getragen wird. 2. Größere Brüche sprechen fast immer für ein älteres Leiden. 3. Der Inhalt alter Brüche besteht aus Darm und Netz, das knotig verdickt und zumeist mit dem Bruchinhalt und Bruchsack verwachsen ist. 4. Es fehlen die anfallsweisen Einklemmungserscheinungen. 5. Ein alter Bruch ist in den meisten Fällen nicht völlig zu reponieren, da der Bruchsack mit der Umgebung verwachsen ist. Andererseits kann er infolge der schlaffen und weiten Bruchpforte besonders leicht zurückzudrängen sein (*Thiem*). 6. In der allergrößten Mehrzahl schließt doppelseitige bzw. mehrfache Bruchbildung die traumatische Entstehung aus. 7. Nach *Kocher* finden sich als Zeichen alter Leistenbrüche bei der Operation querverlaufende, übereinanderliegende Verdickungen und Einschnürungen des Bruchsackes, die man sich durch das Größenwachstum des Bruches zu verschiedenen Zeiten entstanden denkt.

*Der frische traumatische Bruch:* 1. darf nur klein sein (nach *Bier* nicht über Hühnereigröße betragen). 2. Der traumatische Bruch entsteht unter heftigsten Schmerzen, sehr häufig mit Einklemmungserscheinungen. Die Beschwerden des Betroffenen sind so erheblich, daß er sofort gezwungen ist, die Arbeit niederzulegen und möglichst umgehend ärztliche Hilfe aufsucht. Es ist zu verlangen, daß der Verunglückte in den ersten drei Tagen nach dem Unfall den Arzt aufgesucht hat. 3. Der traumatisch entstandene Bruch ist irreponibel bzw. nur mit Schwierigkeit zurückzubringen. Die Bruchgegend ist außerordentlich druckschmerzhaft. 4. Das gewaltsam spontane Einpressen von Eingeweiden durch die verhältnismäßig enge Bruchpforte führt zu Gewebszerreißungen und Läsionen der Ränder der Bruchpforte unter Blutung und mehr oder minder starker Schwellung des Gewebes. In vielen Fällen kann der Bluterguß erst durch den anatomischen Befund aufgedeckt werden (Op., Sectio). 5. Der Bruchsack ist dünn und schwer abzugrenzen, die Bruchpforte eng, für den palpierenden Finger kaum durchgängig.

*Der Leistenbruch:* zu unterscheiden ist der äußere indirekte vom inneren direkten Leistenbruch.

*Der indirekte Bruch:* kommt bei weitem am häufigsten von allen Brüchen vor und ist vorwiegend eine Erkrankung des männlichen Geschlechts. Ätiologisch ist in der allergrößten Mehrzahl das Persistieren des Processus vaginalis peritonei Ursache des Leidens. In zweiter Linie spielt die schwere Berufsarbeit der Männer bei der Entstehung eine Rolle. Treten Eingeweide in den kongenital angelegten Bruchsack ein, so bildet sich aus der Bruchanlage der fertige Bruch, der innerhalb des Leistenkanals als H. interstitialis oder Kanalbruch und außerhalb des Leistenringes als H. completa bezeichnet wird.

Der Leistenbruch nimmt verständlicherweise auch unter den entschädigungspflichtigen Bruchleiden die erste Stelle ein, die traumatische Leisten-H. ist die allerhäufigste.

Er tritt auf: 1. als eigentlicher traumatischer Leistenbruch (echter Verletzungsbruch), der durch unmittelbare Gewalteinwirkung auf die Bruchpfortengegend entsteht und mit subcutanen Gewebszerreißungen und Hämatombildung einhergeht. Bei völlig

Gesunden kommt es dadurch zur spontanen Bruch-
sackbildung und Füllung desselben bis zur Bildung
des vollständigen äußeren Leistenbruches, bei Persistieren des Scheidenfortsatzes zum gewaltsamen
Austreten des Bruches, da sich der präformierte
Bruchsack durch den mangelnden Widerstand infolge Läsion des Leistenkanals und des Leistenringes
ungehindert füllen kann. Die traumatische Leisten-H. ist selten über gänseeigroß und reponierbar.
Durch die Schwere der Gewalteinwirkung kommt
es zu ernsten Erscheinungen des Betroffenen und zu
starken Schmerzäußerungen; 2. durch außergewöhnliche Überanstrengung bei der Betriebsarbeit
bzw. durch einen Betriebsunfall, wenn dadurch eine
plötzliche und erhebliche Erhöhung der Bauchpresse
hervorgerufen wird; d. h. es entsteht die traumatische Leisten-H. durch indirekte mittelbare Gewalt.

Es sind nach *Kaufmann* zwei Unfallfolgen denkbar:
a) der plötzliche Austritt eines kompletten äußeren
Leistenbruches bei kongenitaler Bruchsackanlage.
Er stellt dies als Entstehung der H. dar; b) das
plötzliche Herauspressen einer bereits vorhandenen
H. interstitialis, die sich bis dahin auf kongeni-
taler Grundlage allmählich entwickelte oder im
Laufe der Zeit erworben wurde.

Der Austritt geschieht stets unter Einklemmungserscheinungen. *Kaufmann* sieht diese Möglichkeit
als Verschlimmerung des Bruchleidens an. Auch in
diesem Falle sind Verletzungen und Unterblutung
des Gewebes an der Bruchgegend zu erwarten, die
mit starken spontanen und palpatorischen Schmerzen verbunden sind.

*Der direkte Leistenbruch:* entwickelt sich hauptsächlich im höheren Lebensalter und unterscheidet
sich differentialdiagnostisch vom äußeren Leistenbruch im wesentlichen dadurch, daß er nicht die
Tendenz hat, sich in den Hodensack hinein zu vergrößern. Für gewöhnlich entwickelt er sich langsam
und allmählich durch chronische Schädigung, die zu
wieder holter Verstärkung der Bauchpresse führt.

Daß ein direkter Leistenbruch durch einmalige
Gewalteinwirkung plötzlich zum Austreten kommt,
wird allgemein abgelehnt. Er ist daher nicht entschädigungspflichtig.

*Der Schenkelbruch:* kommt häufiger beim weiblichen als beim männlichen Geschlecht vor, was
durch das weitere Becken erklärt wird. Er tritt
unterhalb des Lig. inguinale durch die Lacuna
vasorum aus. Die Schenkel-H. ist niemals angeboren. In der Mehrzahl der Fälle zeigt der Bruch
eine über lange Zeit sich erstreckende Entwicklung.
Zuweilen ist der Bruchsack vorgebildet und wird
durch plötzliche intraabdominelle Drucksteigerung
gefüllt und nach außen gepreßt. Relativ häufig
geschieht dies unter Einklemmungserscheinungen.
Die traumatische Entstehung der Schenkel-H. ist
wohl möglich, sie kommt jedoch sehr selten vor.

Zu unterscheiden ist auch hier wiederum:
1. die durch unmittelbare Verletzung der Bruchpfortengegend entstandene H. Ursächlich handelt
es sich zumeist um spitzstumpfe Verletzungen. Auch
Läsionen der Region unterhalb des Leistenbandes
und Knochenfrakturen ihrer Umgebung werden in
der Literatur in Kausalzusammenhang mit der Entwicklung der H. gebracht;
2. das Auftreten einer frischen Schenkel-H. durch
einen Betriebsunfall oder eine abnorme Überanstrengung bei der Arbeit, die mit Erhöhung der Bauchpresse einhergegangen ist. Angeschuldigt werden bes.
Unfälle, bei denen eine starke Rückwärts- oder Vor-
wärtsbeugung des Körpers stattgefunden hat.

Sehr häufig handelt es sich bei den mittelbaren
Verletzungen um die Füllung des bereits angelegten
Bruchsackes. Der frische traumatische Schenkel-

bruch ist in der Großzahl eingeklemmt und verursacht erhebliche Schmerzen.

*H. epigastrica:* Die traumatische Entstehung ist
zu bejahen, wenn es sich um schwere, örtlich begrenzte, zumeist stumpfe Traumen handelt, die
im Bereich zwischen Nabel und Proc. xyphoideus eingewirkt haben. Sie können stärkere subcutane Verletzungen mit Schwellung und Gewebsunterblutung
und rißartige Läsionen der Linea alba zur Folge
haben, durch die der Bruch nach außen tritt. Der
Betroffene zeigt sofort recht schwere Krankheitserscheinungen und unterbricht spontan die Arbeit.

Der frisch entstandene Bruch wird entweder sofort bei der ersten Untersuchung entdeckt oder kann
u. U. erst nach Abschwellung des Gewebes zum Vorschein kommen.

Die Entstehung der H. epigastrica durch indirekte
Gewalt, z. B. durch Verheben, wie so oft angegeben
wird, kann nicht anerkannt werden. Nach *Kaufmann* ist jedoch die Verschlimmerung eines bis dahin
symptomlos gebliebenen epig. Bruches durch einen
geeigneten Unfall bzw. eine Überanstrengung möglich.

*Der Nabelbruch:* Der Nabel kann als foetale Narbe
aufgefaßt werden, die durch Zunahme des Leibes-
umfanges sich dehnen kann und bei immer wiederkehrender Drucksteigerung im Abdomen besonders
zur Bruchbildung disponiert. Häufiger aber ist die
Ursache des Nabelbruches der mangelhafte Verschluß des Nabelringes. Durch diesen locus minoris
resistentiae drängt sich eine Peritonealtasche insbesondere dann, wenn durch Größenzunahme des
Leibes wiederum (durch Abdominaltumoren, Ascites,
Schwangerschaft, Fettleibigkeit usw.) die Lücke
gedehnt wird. Füllt sich der Bruchsack mit Eingeweiden, so wird der Bruch manifest. Die Bruchbildung vollzieht sich über längere Zeit allmählich
und beschwerdefrei.

Es besteht die Möglichkeit, daß die Füllung des
vorgebildeten Bruchsackes auch einmal plötzlich
durch unfallsweise, überraschende Steigerung der
Bauchpresse stattfindet. Die traumatische Entstehung muß besonders dann anerkannt werden, wenn
nach einem nachweislich geeigneten Unfall ein kleiner
eingeklemmter Bruch ausgetreten ist.

Die Neubildung der Nabel-H. durch T. ist eine
große Seltenheit und kommt daher für die Begutachtung kaum in Frage. Etwas häufiger wird die
unfallsweise Verschlimmerung einer bereits vorhandenen Nabel-H. beobachtet.

Die Entstehung eines echten Verletzungsbruches
des Nabels ist denkbar (*Liniger:* durch Fall auf
kantige Gegenstände, Tritt, Hufschlag), ist jedoch
durch sichere Fälle in der Literatur nicht erwiesen.

*Zwerchfellbruch:* In den meisten Fällen liegt eine
H. spuria vor; ein Prolabieren von Eingeweiden
in die freie Brusthöhle, und zwar zumeist links, da
rechts die Leber einen Schutzwall bildet. Die
Zwerchfellücke ist entweder angeboren oder durch
schwere Unfälle durch percutane oder subcutane
Verletzungen des Zwerchfelles erworben.

Die echte, gewöhnliche H. diaphragmatica entsteht an anatomisch schwachen Stellen des Zwerchfelles, an denen Eingeweide das Peritoneum und
die darüberliegende Pleura als Bruchsack in die
Brusthöhle vorbuchten. Von den traumatischen H.n
sind nur etwa 10% echte, der Rest sind unechte
Brüche (*Kaufmann*).

Die Verletzungen des Zwerchfells kommen durch
schwerste T.n zustande. Die *percutanen* Verletzungen entstehen durch Stich, Schuß, Pfählung, die
*subcutanen* durch Verschüttung, Sturz, Motorrad-
und Kraftwagenunfälle und Pufferverletzungen. Dabei entsteht der Zwerchfellriß durch starke Bauch-
kompression durch direkte Druckwirkung (*Kehl*).

Diese schweren T.n führen häufig gleichzeitig zu Verletzungen anderer Organe, wodurch ein Zwerchfellriß infolge der Schwere der anderen Erscheinungen übersehen werden kann. Die Entstehung des Eingeweidevorfalles bzw. der echten Zwerchfell-H. kann im Anschluß daran ganz allmählich vor sich gehen.

Die Zwerchfellbrüche zeigen ausgesprochene Neigung zur Einklemmung. Tritt diese während der Betriebsarbeit ein, so ist die Verschlimmerung des Leidens — gleichgültig ob es sich um einen angeborenen oder durch Unfall erworbenen Bruch handelt — als Unfallfolge zu bewerten, wenn festgestellt werden kann, daß eine über das Maß der betriebsüblichen Anstrengung vorgelegen hat.

*Der traumatische Bauchwandbruch:* kann sich an beliebiger Stelle des Abdomens ausbilden, er wurde jedoch am häufigsten als seitlicher Bauchwandbruch beobachtet.

Er entsteht in erster Linie durch direkte Gewalteinwirkung auf den Leib, z. B. durch Schlag, Stoß gegen die Bauchwand, Aufschlagen auf Kanten usw. Hierdurch kommt es zu Muskelzerreißungen, Bauchwandnervenläsionen und Einrissen der Fascien. Der Bruch kann sofort im Anschluß an das T. manifest werden. Kommt es zur Verheilung der Unfallverletzung, so bildet sich u. U. im Laufe der Zeit an der pathologisch veränderten Bauchwand (Atrophie der Bauchmuskulatur durch Nervenläsionen, Narbenbildung) durch abdominelle Drucksteigerung eine Bruchgeschwulst aus, die auch dann als traumatische H. aufzufassen ist.

*Der Narbenbruch:* entsteht für gewöhnlich nach eiternden Bauchoperationen, wenn die prima Intentio fehlt.

Er ist als Unfallfolge entschädigungspflichtig, wenn er im Anschluß an eine traumatische Verletzung durch langsame Dehnung der Verletzungsnarbe bzw. der wegen penetrierender T.n gesetzten Operationsnarben entstanden ist.

Der Narbenbruch kann aber auch direkte traumatische H. sein, a) wenn er durch unmittelbare Gewalteinwirkung mit typischen Verletzungserscheinungen auftritt, b) wenn es durch Unfall zur plötzlichen Dehnung der Narbe und Bildung einer kompletten H. kommt.

Es ist dabei gleichgültig, ob die Narbe Unfallfolge war, oder ob das T. eine gewöhnliche Bauchnarbe getroffen hat.

*Verschlimmerung alter Brüche:* durch plötzliche überraschende Erhöhung der Bauchpresse und des intraabdominellen Druckes durch geeignete T.n ist nicht so selten. Es wird zuweilen eine erhebliche, plötzliche Vergrößerung der H. beobachtet. Der Kausalzusammenhang ist zwar zu bejahen, die Verschlimmerung spielt in diesem Sinne jedoch für die Begutachtung keine wesentliche Rolle, weil ein erheblicher Schaden dadurch nicht erwächst.

*Die Brucheinklemmung:* während der Betriebsarbeit ist bei älteren Brüchen nur dann zu entschädigen, wenn eine übergroße Anstrengung bzw. ein Betriebsunfall nachzuweisen ist (*Kaufmann*).

*Bruchverletzungen:* Es werden von *Thiem* folgende Möglichkeiten der Bruchverletzung durch äußere Gewalteinwirkung aufgeführt: 1. einfache Entzündungen des Bruchsackes mit Vermehrung des Bruchwassers; 2. Einklemmungserscheinungen durch Quetschung; 3. Riß der Bruchsackwandung durch Quetschung; 4. Darmverletzungen aller Art. Durch unmittelbare Quetschung des Bruchsackes oder Einpressung von Eingeweiden kommt es zur Berstung einer Darmschlinge mit nachfolgender Perforationsperitonitis. 5. Durch Zug bedingte Abreißung des Darmes am Gekröse. Hierbei sowie bei der Entstehung von Querrissen des Bruchdarmes spielt

die herabgeminderte Beweglichkeit des Darmes durch Verwachsungen eine wesentliche Rolle.

Nach *Partsch* kann es auch durch abnorme Überanstrengung, die Steigerung der Bauchpresse auslöst, zu Darmzerreißungen und Einrissen der Bruchsackhüllen kommen. Bruchverletzungen kommen im allgemeinen sehr selten zur Beobachtung.

*Schrifttum.*

*Arthold:* Bauchwandhernie mit traum. Ruptur und Dünndarmprolaps. Zbl. Chir. **1936**, 37—38. — *Brandtner:* Über einen Fall von traum. Bauchdeckenhernie. Arch. orthop. Chir. **33**, 219—221. — *Breitkopf:* Traum. Zwerchfellhernie. Zbl. Chir. **1935**, 1889. — *v. d. Burg, H.:* Über akute traum. Zwerchfellhernien. **1936**. — *Ewald, F.:* Die subkutane Zwerchfellzerreißung. Mschr. Unfallheilk. **1932**, Nr. 6, 247. — *Gelpke* und *Schlatter:* Unfallkunde für Ärzte und Juristen, sowie Versicherungsbeamte. — *Kaufmann:* Handb. der Unfallmedizin. II. Stuttgart 1925. — *Kehl:* Zwerchfellverletzungen und Folgen. Im Handb. d. ges. Unfallheilkunde. Von *F. König* und *C. Magnus.* 4 Bd. — *Liniger:* Handb. der ärztlichen Begutachtung. Leipzig 1931. — *Middeldropf:* Über subkutane Zwerchfellverletzungen und ihre Begutachtung. — *Müller, S.:* Über einen Fall von chron traum. H.diaphrag. spuria. Med. Klin. **1934** II, 1526—1528. — *Partsch, F.:* Bauchwandhernien. Handb. d. ges. Unfallheilkunde **4** (1934). — *Reichard:* Lehrbuch der Unfallbegutachtung. Jena 1921. — *Rostock:* Unfallbegutachtung. **1935**. — *Rütz, A.:* Traum. Zwerchfellbrüche. — *Schnitzler, H.:* Die Wandlungen der ärztlichen Auffassung über die Entstehung von Brüchen nach Unfall. Mschr. Unfallheilk. **44**, 669 bis 677. — *Thiem. C.:* Handb. der Unfallerkrankungen. II **2**. (1910). — *Veer, A.:* Ausgedehnter Zwerchfellbruch nach Unfall. Klin. Wschr. **1934**, 1859. **Beck.**

**Heroin** siehe *Opiumalkaloide und verwandte Stoffe.*

**Herzbeuteltamponade** siehe *Plötzlicher Tod aus natürlicher Ursache.*

**Herzruptur** siehe *Plötzlicher Tod aus natürlicher Ursache.*

**Hexa-Motten-Salz** siehe *Schädlingsbekämpfungsmittel.*

**Hexenmilch** siehe *Colostrum.*

**Hexenpilz** siehe *Pilzvergiftungen.*

**Hexeton** siehe *Campher.*

**Hiebverletzungen** (= H.V.). (Vgl. auch Art.: Tod und Gesundheitsbeschädigung infolge Verletzungen durch Hieb.)

Wunden, die durch scharfe schneidende Hiebwaffen (Säbel, Mensurschläger, Schwert, Haubajonett) oder durch schneidende Hiebwerkzeuge des täglichen Gebrauches (Hacke, Beil, Axt, Haumesser, Handwerkzeug verschiedener Formen u. dgl.) verursacht werden, sind im Grunde genommen den Schnittwunden (s. d.Art.: Schnittverletzungen) gleichzustellen. Sie entstehen aber nicht in gleicher Weise, denn die Schneide des Werkzeuges wird nicht in der Längsrichtung durch das Gewebe gezogen, sondern dringt mehr minder senkrecht zu ihrer Längsrichtung in das Gewebe ein. Bei aller Ähnlichkeit mit den Schnittwunden, mit denen die Hiebwunden durch scharfe Werkzeuge die glatten Ränder, die gerade Spaltform, die ebenen, glatten Flächen, das geringere oder stärkere Klaffen des Wundspaltes, den keilförmigen Querschnitt des Wundbettes gemeinsam haben, bestehen doch auch erhebliche Unterschiede, die vor allem dadurch bedingt sind, daß das Hiebwerkzeug in kraftvollem Schwung, also mit großer Wucht in den Körper eingetrieben wird. Es wird dadurch ein Druck senkrecht zur Schneidenrichtung ausgeübt, der beim Schnitt niemals erzielt werden kann. Die Verletzungen durch scharfe Hiebwerkzeuge erreichen daher in der Regel bedeutend größere Tiefen als die Schnittwunden. Es ist selbstverständlich, daß ein schneidendes Hiebwerkzeug — abgesehen von der Größe der Kraftanwendung — um so tiefer in die Gewebe eindringt, je schärfer die

Schneide und je spitzwinkeliger, schlanker der Keil ist, der an seiner Kante die Schneide trägt. Das Beil, das zum Spalten des Holzes verwendet wird, stellt im Querschnitt einen ziemlich groben Keil dar: seine Schneidenwirkung ist gering im Vergleich zu der einer Zimmermannsaxt mit breitem dünnen Blatt, mit dem die runden Stämme zum Vierkant geformt werden, oder etwa im Vergleich zur Schneidenwirkung des scharfen Säbels. Manche Beile zeigen so plumpe Keilform und so wenig vollkommene Schneiden, daß diese schlechthin nicht anders denn als Kanten wirken: es entstehen dann keine schnittähnlichen Wunden, sondern reine Rißquetschwunden. Besitzt aber das Hiebwerkzeug eine sehr scharfe Schneide und ist es wegen der geringen Kraft des Hiebes oder aus irgendeinem anderen Grunde nicht tief eingedrungen, so daß kein Knochen angeschlagen wurde, dann kann es unter Umständen unmöglich sein, aus der Beschaffenheit der Verletzung zu erkennen, ob die Wunde durch einen Schnitt oder durch den Hieb mit einem schneidenden Hiebwerkzeug verursacht ist. Bei schräger Hiebführung (seitlicher Neigung des Werkzeuges) können tiefe *Lappenwunden*, unter Umständen auch vollständige *Abkappungen*, Abhiebe entstehen. Mit scharfen Schneiden versehene Hiebwerkzeuge und Hiebwaffen vermögen auch sehr tief in Knochen einzudringen, wobei das Knochengewebe glatt durchschnitten wird. Die Schwammschicht (Diploë) fühlt sich auf der Hiebfläche auffallend glatt an, die tabula externa des Schädeldaches — weitaus die meisten dieser Verletzungen betreffen das Schädeldach — wird so glatt durchschnitten, daß die Schnittfläche einen deutlichen Glanz zeigt, als ob sie poliert worden wäre. Da aber der Querschnitt des Werkzeuges keilförmig ist, wirkt er auch keilend: es wird bei schräger Lage des Werkzeuges an der Seite des Knochenspaltes, der einen zugeschärften Rand aufweist, ein Stück Knochen „lappenförmig" abgesprengt, ausgekeilt. Von den Winkeln des Knochenspaltes aus ziehen feine Bruchlinien ungefähr in der Fortsetzung des Spaltes mehr oder minder weit in den Knochen hinein, ähnlich wie bei den Stichverletzungen des Knochens. Diese *Sprengungsbrüche* sieht man häufig im Schädeldach, wie denn überhaupt das Schädeldach zumeist das Ziel solcher Gewalteinwirkungen ist. Bei sehr starker Keilwirkung können förmliche Spaltungen des Schädels bis auf den Schädelgrund zustande kommen. Wenn Abhiebe des Schädeldaches ausheilen, bleiben in der Regel Lücken an der verletzten Stelle zurück, weil das Schädeldach bei der Heilung nur Callus bildet. Die Ränder der Knochenverletzung erscheinen dann abgerundet (Gewebseinschmelzung). Je stumpfer die Schneide, je gröber die Keilwirkung, um so stärker die Splitterung. Wenn an beiden Rändern größere Splitter in reichlichem Maße ausgebrochen sind, kann die Bruchlücke nichts von der Schneidenwirkung zeigen. Man unterlasse es aber nicht, die Bruchstücke wieder aneinanderzufügen: nicht selten kann auf diese Weise die geradlinige Einwirkung der Schneide auf das Schädeldach wieder zur Darstellung gebracht werden. Daß H.V. mit scharfen Werkzeugen auch dann, wenn sie das Schädeldach nicht durchdrungen haben, recht große Splitter der Innentafel in den Schädelraum und in das Gehirn vortreiben können, soll hier nur erwähnt werden, um auf die Notwendigkeit hinzuweisen, solche Verletzungen in nicht tödlichen Fällen einer Röntgenuntersuchung zu unterziehen.

*Schrifttum.*

*Dittrich:* Handb. der ärztlichen Sachverständigentätigkeit **III**, 42, 51. Wien 1906. — *Haberda: v. Hofmanns* Lehrbuch der gerichtl. Medizin. 11. Aufl. 282. Wien 1927. — *Kratter:* Lehrbuch der gerichtl. Medizin. **1**, 306, 308, 309. Stuttgart 1912. — *Kratter:* Gerichtsärztliche Praxis. Lehrbuch der gerichtl. Medizin **2**, 226. Stuttgart 1919. — *Merkel* u. *Walcher:* Gerichtsärztliche Diagnostik und Technik. 59. Leipzig 1936. — *Paltauf, A.:* Über die Gestalt der Schädelverletzungen. Vjschr. gerichtl. Med.N. F. **48**, 332 (1888). — *Puppe, G.:* Schmidtmanns Handb. der gerichtl. Medizin. 9. Aufl. **2**, 89. Berlin 1907. — *Puppe, G.:* Atlas und Grundriß der gerichtl. Medizin. 266. München 1908. **Werkgartner.**

## Hinrichtung.

Die Todesstrafe pflegt vollstreckt zu werden; durch *Enthauptung* (z. B. in Deutschland, Frankreich), durch *Erhängen* (z. B. in England, in den Balkanländern), durch *Erschießen* (im Kriege) und durch Einwirkung des *elektrischen Stromes* (Eletrokution), neuerdings in einigen Staaten durch Einleitung eines *Giftgases* in die Zelle des Verurteilten. Die *Enthauptung* geschieht entweder mittels des Handbeiles oder durch das Fallbeil. Bei der Enthauptung durch das *Handbeil* wird der Verurteilte durch die Gehilfen des Scharfrichters mit gefesselten Händen auf ein Holzgestell gelegt, der Kopf wird von einem anderen Gehilfen des Scharfrichters festgehalten, dann schlägt der Scharfrichter mit dem mit Quecksilber gefüllten Handbeil zu. Bei der Hinrichtung durch das *Fallbeil* (Guillotine), die jetzt im Gebiet des Deutschen Reiches allgemein eingeführt ist, wird der Verurteilte stehend auf ein Brett geschnallt, das durch ein Scharniergelenk in die Horizontale umgelegt werden kann. Das Brett wird unter das abgeschrägte Fallbeil geschoben, der Scharfrichter löst das Beil aus, so daß der Kopf abgetrennt wird. Am abgetrennten Kopf können noch Bewegungen der Gesichtsmuskulatur beobachtet werden, aus den durchtrennten Carotiden sprudelt das Blut manchmal unter Zischen noch kurze Zeit heraus, es kommt auch vor, daß der Körper des Enthaupteten noch einige Sekunden zuckt. Nach Durchschneidung des Halsmarkes und der Carotiden ist natürlich sofortige Bewußtlosigkeit eingetreten.

Bei der Hinrichtung durch den *Strang* wird der Verurteilte meist auf ein Podest gestellt, nach Umlegung der Schlinge werden die Bretter, auf denen er steht, entfernt, so daß er manchmal mehrere Meter tief abstürzt (dabei mitunter Fraktur des Epistropheus). Es tritt infolge der Hirnanämie sofortige Bewußtlosigkeit ein, die Krämpfe sind meist nur kurz und nicht so auffällig, wie man es sich im Volke vorstellt. Das Herz schlägt unter Umständen noch minutenlang. Manchmal ist es auch üblich, daß der Verurteilte von den Gehilfen des Scharfrichters hochgehoben wird, daß man ihm dann die Schlinge um den Hals legt, und daß die Gehilfen dann den bereits hängenden Körper noch stark nach unten ziehen. Das Einbinden von Knoten in das Strangwerkzeug, um eine bessere Abschnürung zu gewährleisten, das Ziehen an den Beinen des bereits Aufgehängten sind an sich, nach allem, was wir jetzt über den Mechanismus des Erhängungstodes wissen, gänzlich überflüssig. Das gleiche gilt auch für ein Quetschen der Testes; dies geschah wohl, um dem Verurteilten einen mit dem Erhängungstod angeblich verbundenen Orgasmus zu nehmen; wir wissen jetzt, daß er tatsächlich nicht eintritt. Notwendig ist jedoch, daß der Verurteilte bis zum wirklichen Herzstillstand in der Schlinge bleibt, andernfalls ist, wie Erfahrungen gezeigt haben, ein Wiederaufleben nicht unmöglich. Die Todesstrafe durch *Erschießen* (meist im Kriege) wird gewöhnlich durch eine Gruppe von Soldaten durchgeführt. Es ist Sitte, dem Verurteilten vorher die Augen zu verbinden. Auch wenn der Verurteilte von einer größeren Anzahl von Schüssen in den Kopf getroffen wurde, kommt es noch vor, daß der Körper kurze Zeit zuckt. Die Einschußöffnungen sind infolge der kurzen Entfernung und der großen Rasanz der Geschosse aus Militärgewehren (Explosivwirkung) manchmal sehr groß, so daß ungerechtfertigt der Verdacht entstehen kann, daß die Gerichteten mit dem Gewehrkolben geschlagen seien. In Sowjetrußland geschieht die Hinrichtung durch Nackenschuß. Bei der *Elektrokution* wird der Verurteilte auf einen Stuhl geschnallt, die nackten Füße werden an Elektroden gebunden, welche angefeuchtet sind, die andere Elektrode, die ungefähr die Gestalt einer Mütze hat, wird auf den Kopf gestülpt, es wird zunächst Hochspannungsstrom durchgelassen, um einen augenblicklichen Herzstillstand zu veranlassen, dann wird der Strom niedriger geschaltet, um das tödliche Herzflimmern hervorzurufen. Über den Vollzug der Todesstrafe durch Einleiten von *Giftgas* in die Zelle des Verurteilten liegen Erfahrungen, die der Allgemeinheit zugänglich sind, nicht vor. In Frage kommen CO und HCN. Wahrscheinlich gibt man den Verurteilten vorher ein Schlafmittel. Vom ärztlichen Standpunkt aus erscheint diese Art des Strafvollzuges die ungünstigste.

Dem Verurteilten wird der Vollzug der Todesstrafe vorher mitgeteilt (in Deutschland z. Zt. 12 Stunden vorher). Es ist üblich, etwaige Wünsche nach einer letzten guten Mahlzeit zu erfüllen. In Deutschland und in den meisten anderen Staaten darf die Todesstrafe an *Schwangeren* und *Geisteskranken* nicht vollstreckt werden (§ 453, Abs. 2 StPO). Die Staatsanwaltschaft verlangt meist vom zuständigen Gerichts- oder Gefängnisarzt eine einschlägige Bescheinigung; es ist weder notwendig noch zweckmäßig, die Verurteilte auf Vorliegen einer Schwangerschaft besonders zu untersuchen, es wird genügen, wenn der Arzt sich in der Zeit vorher durch die Beamtin des Gefängnisses die Menstruationswäsche zeigen läßt. Diese Anordnung muß natürlich getroffen werden vor Bestätigung des Todesurteils durch das Staatsoberhaupt. Als Geisteskrankheiten, die den Vollzug der Todesstrafe hemmen, gelten nur die regelrechten Psychosen, natürlich nicht psychogen bedingte Störungen, sonst hätte es ja der Verurteilte in der Hand, auf diese Weise der Todesstrafe zu entgehen. Daß der Verurteilte von den Angehörigen Abschied nimmt, stellt für beide Seiten eine unnötige Qual dar und ist vom ärztlichen Standpunkt aus, wenn nicht ganz besondere Umstände vorliegen, *nicht* zu befürworten. Die *Gegenwart des Arztes* bei der Hinrichtung ist meist nicht gesetzlich vorgeschrieben (auch in Deutschland nicht), es entspricht aber allgemeinem Brauch, daß der Arzt zugezogen wird. Der Hergang spielt sich im allgemeinen so ab, daß der Staatsanwalt durch Befragen des Wachtmeisters die Identität des Verurteilten feststellt, daß er dann die Urteilsformel verliest und nach der Frage an den Verurteilten, ob er noch eine Erklärung abzugeben habe, den Scharfrichter anweist, die Todesstrafe zu vollziehen. Das weitere spielt sich dann (bei Enthauptung) in wenigen Sekunden ab; der Staatsanwalt läßt nachher durch den anwesenden Arzt noch formell den Tod feststellen; über den Hergang nimmt ein Urkundsbeamter ein Protokoll auf. Das deutsche Gesetz (§ 454 StPO) schreibt vor, daß außer dem Staatsanwalt und dem Urkundsbeamten noch zwei Richter des erkennenden Gerichts und ein Gefängnisbeamter zugegen sind. Gestattet ist weiterhin außer der Anwesenheit des Verteidigers und des Geistlichen sowie anderer, von der Staatsanwaltschaft zu benennender Personen die Zuziehung von zwölf Persönlichkeiten aus der Stadt auf Vorschlag des Bürgermeisters; doch sieht der Bürgermeister von der Hinzuziehung dieser Persönlichkeiten in der Praxis immer ab. Vielfach wird dem Arzt auch nahegelegt, sich in der Nacht vor dem Vollzuge der Strafe bereit zu halten, falls der Verurteilte besondere Hilfe braucht; es ist aber im allgemeinen nicht üblich, dem Verurteilten

Schlafmittel oder andere Medikamente verabreichen zu lassen; die Hilfe des Arztes wird manchmal auch für die mehr oder minder aufgeregte Umgebung des Delinquenten gebraucht.

*Schrifttum.*

*Haberda:* Über die Art des Vollzugs der Todesstrafe. Arch. Kriminol. **10**, 230 (1903). — *Kalle:* Beobachtungen über den Tod bei Hinrichtungen mit dem Strang. Dtsch. Z. gerichtl. Med. **22**, 193 (1933). — *Puppe:* Über den Vollzug der Todesstrafe. Vjschr.gerichtl. Med. **41**, 2, (1911). — *Schrader:* Die Todesstrafe. Münch. med. Wschr. **1934**, Teil II, 605. *Mueller.*

## Hirnabsceß (= H.).

Beim H., d. h. bei einer mit Eiter gefüllten, nicht vorgebildeten Höhle in der Hirnsubstanz, brauchen keine *klinischen* Symptome vorhanden zu sein. Andernfalls fühlen sich die Patienten häufig matt und elend und klagen über Kopfschmerzen, Schwindel und Erbrechen (besonders beim Kleinhirnabsceß). Objektiv kann eine Verlangsamung des Pulses und der Atmung, aber auch eine abnorm hohe Pulsfrequenz und ein Druckpuls vorhanden sein. Die Zunge ist häufig belegt, und es besteht mitunter eine hartnäckige, spatistische Obstipation. Im Blutbild ist manchmal Leukocytose nachweisbar. Eine Temperaturerhöhung nach Abklingen des akuten Stadiums fehlt meistens. Der Liquorbefund ist häufig normal. Die Lokalsymptome sind je nach dem Sitz des H. verschieden und können hier nicht alle aufgeführt werden. Erwähnt seien: Neuritis nervi optici (häufiger als Stauungspapille), Mydriasis, Nystagmus, häufig Abducenslähmung (meist auf der Absceßseite), motorische Aphasie (häufig als erstes Symptom eines Stirnhirnlappenabscesses, wobei Dysarthrie vorhergehen kann), sensorische Aphasie (als führendes Lokalsymptom des Schläfenlappens), selten Krämpfe (am meisten noch bei Kindern zu beobachten). Der H. stellt als eitrige, mit Colliquation des Gewebes einhergehende Einschmelzung den Endzustand einer eitrigen Encephalitis dar und ist auf das Eindringen von Eitererregern zurückzuführen. Diese können im Anschluß an ein Trauma von einem benachbarten Herd fortgeleitet oder metastatisch auf dem Blutwege von einem entfernten Eiterherd in das Gehirn gelangt sein. Danach unterscheidet man: 1. *Traumatischer H.* Dieser hat oft jauchigen Charakter (durch Mitbeteiligung von Anaerobiern) und entsteht durch direktes Eindringen der Bakterien, oft zugleich mit einem Fremdkörper durch eine offene Wunde des knöchernen Schädels (= direkter traumatischer H.). Nicht selten gelangen die Erreger aber von Wunden der Schädelweichteile aus auf dem Lymphwege in das Gehirn. Schließlich können auch stumpfe Schädeltraumen ohne äußere Verletzung zur Bildung eines H. Veranlassung geben. Hierbei gelangen virulente, in den pneumatischen Höhlen des Schädels vorhandene und mobil gemachte Bakterien in das Gehirn. 2. *Fortgeleiteter H.* Er entsteht meist im Anschluß an cariöse Knochenprozesse, vor allem nach chronischen Eiterungen des Mittelohrs mit folgender Caries des Felsenbeins, wie dies besonders nach Vereiterung von Cholesteatommassen unter Bildung polypöser Granulationen zu beobachten ist. Ein Drittel aller H. ist otitischen Ursprungs. Die Fortleitung in die Hirnsubstanz kann vom Kuppelraum der Paukenhöhle (Schläfenlappenabsceß) oder von den Cellulae mastoideae aus (meist Kleinhirnabscesse) erfolgen und geschieht (wahrscheinlich) auf dem Wege perivasculärer und perineuraler Lymphscheiden. Im Stirnhirn sind die Abscesse häufig rhinogen, seltener orbitogen. Auch durch lymphogene Fortleitung von den Schädelweichteilen aus (nach Erysipel, Phlegmone) können H. entstehen. 3. *Die metastatischen H.* sind oft multipel und liegen meist im Hirnmantel, selten im Hirnstamm und in der Medulla oblongata.

Sie kommen am häufigsten bei pyämischen Infektionen vor und bevorzugen in erster Linie das Versorgungsgebiet der linken Arteria fossae Sylvii. Besonders häufig treten metastatische H. bei eitrigen und jauchigen Lungen- und Bronchialerkrankungen (besonders Bronchiektasien), bei Pleuraempyem sowie bei eitriger Lymphadenitis der pulmonalen und peribronchialen Lymphknoten auf. Sie können aber auch durch Bakterienverschleppung von anderen Körperteilen her entstehen. Hier und da wird übrigens auch ein metastatischer H. bei Soor und bei Aktinomykose beobachtet. Von Bakterien kommen Staphylococcus und Streptococcus pyogenes, Diplococcus pneumoniae, Typhusbacillen u. a. sowie viele Arten von Anaerobiern vor. Bezüglich der *pathologischen Anatomie* ist zu sagen, daß die H. je nach dem Alter ein verschiedenes Aussehen haben. Der frische H. besteht aus einer mit flüssigem, hellgrünen oder schwefelgelben, geruchlosen oder stark fötid riechenden (Anaerobier) Inhalt gefüllten Höhle, deren Wandung zerklüftet, fetzig oder mehr glatt ist. Dunklere Grün- oder Schwarzfärbung beruht auf Schwefeleisenbildung. Die Umgebung des Abscesses ist ödematös, entzündlich (manchmal hämorrhagisch-entzündlich) erweicht. Der ältere größere H. hat meist eine rundliche oder eiförmige Gestalt und ist gewöhnlich solitär, da multiple Abscesse meist rasch zum Tode führen. Wenn der H. sich vorwölbt, werden die darüber liegenden Windungen abgeplattet. Später schließt sich die Eiterhöhle durch eine zunächst zarte, weiche, grau-rötliche Hülle (Granulationsmembran) gegen die Umgebung ab. Die Ausbildung einer derartigen Membran, an der sich anfangs mesenchymales Bindegewebe und Gliagewebe gleichmäßig beteiligen, später aber die Bindegewebsproduktion unter Zugrundegehen der Gliafasern überwiegt, dauert etwa einen Monat, kann aber gelegentlich bereits nach 14 Tagen erfolgt sein. In etwa 2—3 Monaten ist die Membran dicker, fester und außen fibrös, gefäß- und fibroblastenreich, während die inneren Schichten oft noch von weichem, grauem Granulationsgewebe gebildet werden, das, solange es noch Eiter liefert, pyogene Membran genannt wird. Später wird diese Balgkapsel noch derber, die Innenfläche ist glatt wie die einer Cyste. Den abgesackten Absceß kann man zuweilen in toto herausheben, oder er fällt bei der Sektion aus der encephalitisch erweichten Umgebung heraus. Ausgesprochene pyogene Membranen finden sich meist bei Staphylokokken; bei Colibakterien und Anaerobiern ist häufig keine Kapselbildung vorhanden. Die Größe der Abscesse schwankt zwischen der einer Erbse und einer Faust. Im Großhirn werden sie naturgemäß am größten. Wie eingangs erwähnt, kann der H. viele Jahre oder dauernd stationär (latent) bleiben, ohne die Hirnfunktion wesentlich zu beeinträchtigen. Der Inhalt kann dann nach Sistieren der Eiterung durch Verkalkung fester und krümelig werden. Dehnt sich ein Absceß aus, was auch bei einem fibrös abgekapselten spontan oder durch ein Trauma bewirkt werden kann, so kann es unter fortschreitender Einschmelzung und Eiterung des Hirngewebes schließlich zum Durchbruch nach außen mit folgender eitriger Meningitis oder häufiger zum Durchbruch in die Ventrikel (besonders Seitenventrikel) kommen, wobei dem Eiter die Faserrichtung des Stabkranzes als Leitbahn dient. Es kommt dann zum Pyocephalus internus.

Von *gerichtlich-medizinischer* Bedeutung sind vor allem H., die auf Grund eines Schädeltraumas (Schlag, Schuß, Osteomyelitis des Schädelknochens nach elektrischen Unfällen) direkt oder durch Fortleitung aus der Umgebung oder aber nach Verletzungen anderer Körperteile (insbesondere der Lunge) metastatisch entstanden sind. Bei den von

Schädelweichteilwunden durch Fortleitung entstandenen H. ist es sehr wichtig zu wissen, daß die äußere Wunde ganz geringfügig sein und glatt heilen kann, während sich im Gehirn allmählich ein immer größer werdender Absceß entwickelt, der sich nach Wochen, Monaten, zuweilen auch erst nach vielen (10—20) Jahren plötzlich oder allmählich durch schwerste Symptome bemerkbar macht. Die Eingangspforte kann dann längst nicht mehr nachweisbar sein. Weiterhin sei auf das unter traumatischem H. Gesagte hingewiesen. In *versicherungsrechtlicher* Hinsicht ist z. B. die metastatische Entstehung von H. im Anschluß an Bronchiektasien von Bedeutung, wie sie auf Grund von chronischen Entzündungen der Bronchien und der Lunge durch Einatmung giftiger Gase sowie flüssiger und staubförmiger Substanzen (salpetrige Säure, Schwefelwasserstoff, Thomasphosphatmehl, Chlorkalkstaub, Steinstaub) bei verschiedenen gewerblichen Betrieben und bei Kampfstofferkrankungen (insbesondere durch Phosgen) auftreten können.

*Schrifttum.*

*Hiller:* Organische Nervenkrankheiten. Im Lehrbuch der inneren Medizin, von *Aßmann, v. Bergmann, Bohnenkamp, Doerr, Ettlinger, Grafe, Hiller, Katsch, Morawitz, Schittenhelm, Siebeck, Staehelin, Stepp, Straub.* Berlin 1936. — *Kaufmann:* Lehrbuch der speziellen pathologischen Anatomie. Berlin u. Leipzig 1928. — *Wartenberg:* Hirnabszeß. Handb. der Neurologie. Herausgegeben von *Bumke* und *Förster.* **XIV.** Berlin 1936. **Matzdorff.**

**Hirnblutung** siehe *Nervenkrankheiten und Trauma; Plötzlicher Tod aus natürlicher Ursache.*

## Hirndruck.

Hirndruck ist die Äußerung eines krankhaften Mißverhältnisses zwischen verfügbarem Schädelinnenraum und den in ihm eingeschlossenen festen und flüssigen Substanzen. Diese klinischen Bedürfnissen Rechnung tragende Definition entspricht auch vollkommen dem morphologischen Standpunkt, da sowohl akut wie chronisch raumbeengende Prozesse der Schädelhöhle charakteristische anatomische Veränderungen teils am Gehirn, teils an den Meningen, teils auch an der knöchernen Schädelkapsel setzen. Diese weitgefaßte Definition des Hirndruckes erfaßt ätiologisch recht verschiedene Krankheitsbilder, denen der Symptomenkomplex: Mißverhältnis von Schädelkapsel und Schädelinhalt gemeinsam ist. Je nach dem zeitlichen Ablauf, in dem sich das Mißverhältnis von Hirnvolumen und verfügbarem Schädelinnenraum entwickelt, werden wir von *akutem* oder *chronischem Hirndruck* sprechen. Der Hirndruck kann das ganze Gehirn gleichmäßig betreffen (*allgemeiner Hirndruck*) oder nur auf eine umschriebene Hirnpartie beschränkt bleiben (*lokaler Hirndruck*). Bleibt chronischer Hirndruck kompensiert, somit klinisch symptomlos, bezeichnen wir ihn als *latent*, versagen die Kompensationseinrichtungen, so wird latenter Hirndruck *manifest.* Kompensationsmöglichkeiten für physiologische und bis zu einem gewissen Grade auch pathologische Volumsänderungen des Gehirnes sind dadurch gegeben, daß das Gehirn den ihm zur Verfügung stehenden Schädelinnenraum nicht gänzlich ausfüllt, sondern nach *Reichhardt* 10—14 % volumskleiner als der Schädelinnenraum ist. Bei Jugendlichen scheint diese Differenz etwas geringer zu sein. Einen weiteren sehr wichtigen Kompensationsraum stellt der elastische, den Wirbelkanal nicht ganz erfüllende, durch Venenplexus unterpolsterte Duralsack des Rückenmarkes dar, der beträchtlicher Dehnung fähig ist, wobei er große, aus der Schädelkapsel verdrängte Liquormengen aufnehmen kann. Sind die Kompensationsräume der Schädelkapsel etwa auf die Hälfte ihres Volumen verringert, so treten klinisch auch meist schon deutlich Symptome des Hirndruckes auf. Dabei muß aber bemerkt werden, daß das Gehirn auf akute raumbeschränkende Prozesse viel früher und ausgiebiger reagiert, als auf allmählich sich steigernden chronischen Hirndruck. Wir wollen uns zuerst mit den Veränderungen des akuten Hirndruckes mit besonderer Berücksichtigung des durch Trauma bedingten auseinandersetzen.

*I. Akuter Hirndruck.* Im Ablauf der klinischen Symptome des akuten Hirndruckes beobachtet man zwei Phasen: zu Beginn die Reizphase, die mit Kopfschmerzen, Erbrechen, motorischer Unruhe, selbst psychischer Erregung, Pupillenenge, akuter Stauungspapille, Blutdrucksteigerung und Pulsverlangsamung einhergeht. Ist nun die Blutzirkulation im Gehirn infolge Druckzunahme beträchtlich behindert, tritt die zweite Phase, nämlich die der Lähmung ein, die unter Bewußtlosigkeit, Pulsbeschleunigung, Abfallen des Blutdruckes, *Cheyne-Stokes*scher Atmung abläuft und schließlich durch Atemlähmung zum Tode führt.

Eine häufige Ursache des akuten traumatischen Hirndruckes ist das *epidurale* (auch *extradurale*) *Hämatom*. Quelle der Blutung ist Zerreißung der äußeren Wand einer der Arteriae meningeae, wobei vorwiegend die Arteria meningea media betroffen wird. Ursache ist in den meisten Fällen ein stumpfes Schädeltrauma. Zum Zustandekommen einer epiduralen Blutung sind aber gewisse Voraussetzungen notwendig. Die Schädelverletzung darf nicht so hochgradig sein, daß die Blutung Abfluß nach außen gewinnt. Die Dura darf nicht allzufest mit dem Knochen verwachsen sein (da bei Kindern sehr feste Verwachsung der Dura mit dem Knochen besteht, beobachtet man im Kleinkindesalter niemals und bei erwachseneren Kindern nur sehr selten epidurale Hämatome). Schließlich darf nur die äußere Wand des Gefäßes lädiert sein, da sich bei Mitläsion der Innenwand die Blutung in den Subduralraum, der Richtung des geringeren Widerstandes hin, ausbreitet. Die Fraktur des Schädels selbst ist oft geringe, gelegentlich beobachtet man lediglich eine Splitterung der Lamina interna des Schädels, die die äußere Wandzirkumferenz des Gefäßes zerreißt. Nach *Krönlein* unterscheidet man diffuse epidurale Hämatome von oft bedeutender Ausdehnung, die sich selbst bis auf die Schädelbasis ausbreiten können, und circumscripte kleinere. Letztere kann man nach ihren Sitz in 1. Haematoma frontotemporale, 2. Haematoma temporoparietale und 3. Haematoma parietooccipitale einteilen. Meist in der Einzahl vorhanden kann man aber auch gelegentlich multiple epidurale Hämatome beobachten. Fast ausnahmslos finden sich diese an der Seite der Gewalteinwirkung, selten nur an der Seite des Gegenstoßes (*Melchior*). Durch die Blutung wird die Dura vom Knochen abgehoben, das Gehirn an der Stelle der Blutung abgeflacht, selbst oft beträchtlich eingedellt und stark nach der Gegenseite verdrängt, wobei auch die Ventrikel meist gänzlich verstreichen. Bei der Obduktion wird man bei entsprechend vorsichtigem Vorgehen nach Ausräumen der Blutung fast immer die Gefäßläsion der Meningealarterie feststellen können.

Da sich das epidurale Hämatom allmählich unter Abhebung der Dura vom Knochen entwickelt, werden auch die klinischen Symptome allmählich auftreten. Bestand keine gröbere Hirnläsion, die Bewußtlosigkeit zur Folge hatte, beobachtet man das für dieses Krankheitsbild charakteristische *freie Intervall*, an welches sich erst allmählich zunehmende Hirndruckerscheinungen anschließen. Neben den Symptomen des allgemeinen Hirndruckes kann man bei entsprechender Lokalisation des Hämatomes (besonders bei temporoparietaler Lokalisation durch Druck auf die Gegend der vorderen Zentralwindung)

Symptome des lokalen Hirndruckes beobachten. Es treten im Reizstadium jaksonepileptiforme Anfälle, Krämpfe oder Zuckungen der kollateralen Körperhälfte auf, die im Lähmungszustand in kollaterale Hemiplegie übergehen. Rechtzeitiges Erkennen und operative Ausräumung des Hämatoms erhält in vielen Fällen das Leben. Manchmal verleitet das freie Intervall, das meist nie länger als 24 Stunden, nur ganz selten bis zwei Tage beträgt, zur sorgloseren Beurteilung, die dann den Tod des Patienten zur Folge haben kann, woraus für den Arzt rechtliche Folgen entstehen können. Es sind Fälle bekannt, in welchen nach Wirtshausschlägereien die Initialsymptome mit Berauschung verwechselt wurden, der Arzt daher eine weitere Beobachtung unterließ und der Patient schließlich der epiduralen Blutung erlag. Aus den genannten Gründen ist die klinische Beobachtung auch symptomarmer oder symptomloser Schädelverletzter immer angezeigt. Unterlassung einer solchen kann dem Arzt natürlich als Kunstfehler gewertet werden.

Auch Spontanheilungen von epiduralen Hämatomen werden gelegentlich beobachtet. Da die Resorptionsmöglichkeiten der Dura ungünstig sind, entwickelt sich fast ausnahmslos eine epidurale Cyste, die wieder chronisch latenten Hirndruck bedingt. Dem Träger einer solchen kann dann eine geringgradige Hirnschwellung deletär werden.

Weit häufiger als epidurale Blutungen und fast nie bei Schädelverletzungen fehlend sind die *subduralen* und *intrameningealen* Hämatome. *Meixner* hat darauf hingewiesen, daß in vielen Fällen von Kopfverletzung diese hirndrucksteigernden meningealen Blutungen die Todesursache darstellen. Meist sind es Zerreißungen pialer Venen. Besonders die in den Sinus sagittalis superior einmündenden und daselbst fixierten Venen können durch plötzliche Gewalteinwirkung auf den Schädel zum Abreißen gebracht werden (*Werkgartner*). Entsprechend dem präformierten Subdural- und Subarachnoidalraum breiten sich die Blutungen meist diffus bis in den Spinalsack hinein aus. Intrameningeale Blutungen können gelegentlich lokalisierter bleiben, wobei die Blutansammlung besonders in den basalen Cysternen und längs der Sulci des Gehirnes erfolgt. Klinisch ist das Bild der subduralen oder intrameningealen Blutung aus begreiflichen Gründen meist nicht so charakteristisch, wie das des epiduralen Hämatoms. Meist besteht auch ein Intervall, falls das Bild nicht primär von Kontusions- oder Kommotions-Symptomen beherrscht wird. Es entwickeln sich allmählich steigernd Allgemeinhirndrucksymptome, die dann zum Tode führen. Bei intrameningealen peribulbären Blutungen kommt es fast ausnahmslos zum Eintritt von Blut in die IV. Hirnkammer, ein Umstand, der meist rasch zur Lähmung des Atemzentrums führt. Oft können subdurale Blutungen beträchtliche Ausdehnung und Dicke erlangen, wodurch die betroffene Hirnhemisphäre beträchtlich komprimiert wird. Ausheilungszustände subduraler Blutungen können zur circumscripten oder diffusen Pachymeningitis haemorrhagica interna und somit zu lokalem oder mehr diffusem chronischen Hirndruck führen. In das lockere Granulationsgewebe dieses Prozesses kommt es sehr häufig zu Nachblutungen, wodurch sich die pachymeningitischen Auflagerungen der Dura beträchtlich verstärken können. Selbst schwere tödliche Blutungen können bei Pachymeningitis haemorrhagica interna beobachtet werden.

In vielen Fällen von Schädelverletzungen kann auch die gesteigerte Liquorproduktion zu örtlichem oder allgemeinem akuten Hirndruck führen. *Payr* hat für dieses Krankheitsbild die Bezeichnung *Meningitis serosa traumatica* geprägt. Besonders bei

Arachnoidalzerreißungen kann es zu beträchtlicher Steigerung der Liquorproduktion kommen. Ebenso können auch die Ventrikel durch gesteigerte Liquorproduktion beträchtlich erweitert werden (Meningitis serosa interna). Der Liquordruck ist gesteigert (200—400 mm), die Zellzahl meist nicht vermehrt, der Eiweißgehalt, falls der Prozeß nicht durch Blutung kompliziert ist, normal. Ursache des Prozesses kann einerseits eine Schädigung der den Wasserhaushalt regulierenden Zentren in Mittel- und Zwischenhirn sein, aber auch direkte Plexusläsion und Schädigung der subependymären Zonen (*Gierlich*) kann gesteigerte Liquorproduktion verursachen.

Große Bedeutung kommt auch der posttraumatischen Hirnschwellung zu (s. d. Art.: Hirnödem und Hirnschwellung). Klinisch ist die Abgrenzung der Symptome des Hirntraumas im engeren Sinne und der Symptome der posttraumatischen Hirnschwellung nicht immer leicht. Die Hirnschwellung kann sich manchmal lokal im Bereiche größerer Kontusionsherde entwickeln, aber auch das Gehirn in seiner Gänze betreffen. Ursache des lokalen Hirnschwellung oder des lokalen Hirnödems sind in lokalen, traumatisch bedingten Zirkulationsstörungen oder lokalen, entzündlichen Prozessen an der Stelle des Gewebsunterganges zu suchen. Die allgemeine posttraumatische Hirnschwellung dagegen läßt sich sicher nur durch traumatisch bedingte Schädigungen der vegetativen Zentren in Mittel-, Zwischen- und Rautenhirn erklären. *Payr* und *Foerster* machen darauf aufmerksam, daß derartige Hirndruckzustände nach Schädeltraumen auch noch längere Zeit bestehen können, daß sie gelegentlich, selbst intermittierend, sich wiederholen, manchmal auch mit epileptiformen Anfällen vergemeinschaftet einhergehen können.

Von großer Bedeutung ist der *geburtstraumatische Hirndruck* bei Neugeborenen. Liegen doch hier die Verhältnisse am Schädel und Gehirn für das Zustandekommen des Hirndruckes besonders günstig. Die Kompensationsräume sind beim Neugeborenen besonders klein. Auch der elastische, in seinen Nähten nicht geschlossene Schädel bietet dem Geburtsinsult keinen Widerstand. Die Konfigurationsmöglichkeit des kindlichen Schädels ist um so größer, je weiter Fontanellen und Nahtmembranen sind. Gerade der letzte Umstand gewährt leichten Geburtsverlauf, gefährdet aber das Kind, da die Hirnkompression vorzeitige Atembewegungen mit nachfolgender Fruchtwasseraspiration zur Folge hat, der das Kind dann erliegt. Sehr häufig sind Kinder durch geburtstraumatische Falx- und Tentoriumrisse gefährdet, die zu intrakraniellen Blutungen Veranlassung geben, welche durch Raumbeschränkung im Schädel unter zunehmender Asphyxie zum Tode des Kindes führen.

Weitere Ursachen akuter Hirnschwellung und somit akuten Hirndruckes, die für den Gerichtsarzt Bedeutung haben, sind endogene und exogene Toxikosen.

Beim Spättod durch Verbrennung, der ja als endogene Toxikose letzten Endes aufzufassen ist, spielt die akute Hirnschwellung eine ganz besondere Rolle. Schon *Haberda* vertrat die Ansicht, daß der Spättod nach Verbrennung als akuter Hirntod aufzufassen ist. Auch *Kreibich* vertritt auf Grund einer Beobachtung diese Ansicht. Auch eigene Beobachtungen bestätigen die Häufigkeit dieser Befunde (*Neugebauer*). Besonders bei Kindern scheint tödliche Hirnschwellung nach oft nicht allzu ausgebreiteten Verbrennungen häufiger vorzukommen.

Im Kindesalter können oft endogene Toxine, die sich im Verlauf von akuten Gastroenteritiden bilden, zur akuten Hirnschwellung und somit zum akuten Hirndrucktod führen. Das Kleinkindergehirn ist oft gegen geringgradige endogene Toxikosen besonders empfindlich (*Kolisko*).

Auch bei exogenen Toxikosen kann man häufig starke Hirnschwellung beobachten, so bei der Kohlenoxydgasvergiftung, besonders bei Spättodesfällen, aber auch bei Alkohol-, Äther-, Chloroform- und Schlafmittelvergiftungen. Von Ätzgiften sind es Carbolsäure und Lysol, bei denen schon nach Aufnahme geringer Mengen die cerebralen Symptome das Krankheitsbild beherrschen (*Haberda*) und die Erscheinungen der Vergiftung manchmal ganz überdecken, so daß die klinische Diagnose dieser Vergiftungen sehr erschwert sein kann.

Auf die entzündlichen Ursachen des akuten Hirndruckes sei hier nur kurz hingewiesen. Meningitiden und Encephalitiden kommen als Ätiologie in erster Linie in Betracht.

*II. Chronischer Hirndruck.* Anatomisch ist der chronische Hirndruck leichter als der akute zu erfassen, da er sowohl am Schädel als auch an seinem Inhalt charakteristische Veränderungen setzt. Der Schädel erscheint bei chronischem Hirndruck häufig verdünnt. Die Rarefikation tritt herdförmig in der tabula interna auf, wodurch es zur Ausbildung tiefer Impressiones digitatae und vorspringender Juga cerebralia kommt. Größere Usuren der tabula interna, besonders in der Frontalgegend, Usuren an der Schädelbasis, besonders im Bereiche der mittleren Schädelgruben, Vertiefung, Verbreiterung und Usurierung der Sella turcica, selbst gänzlicher Schwund des Sellabodens sind häufige Befunde. Infolge der starken Duraspannung können in dieser Dehiscenzbildungen vorkommen, durch die Leptomeningen vortreten (Duralhernien nach *Kolisko*). Infolge Druckatrophie und Abbau des Knochens kommt es nicht selten in Dura, gelegentlich auch in Leptomeningen zu umschriebenen Kalkablagerungen. Befund an Leptomeningen und Gehirn hängt in erster Linie vom Grundleiden ab, das zum chronischen Hirndruck führte.

Eine Ursache des chronischen Hirndruckes, die für den Gerichtsarzt von Bedeutung ist, sind die *prämaturen Nahtsynostosen.* Die Lehre der prämaturen Nahtsynostosen insbesondere ihre Bedeutung für den Eintritt des plötzlichen Todes ist vielfach überschätzt, vielfach aber wieder gänzlich abgelehnt worden. Neue pathologische Erkenntnisse (*Materna*) haben uns gelehrt, prämature Nahtsynostosen des Schädels auch richtig zu beurteilen. Wir wissen heute, daß sich das wachsende Gehirn die Schädelform bildet. Besteht ein Nahtverschluß bereits z. Zt. der Geburt, oder entwickelt sich dieser in den ersten Lebensmonaten, so erfährt der Schädel, wie *Virchow* bereits zeigte, eine Verkürzung senkrecht zur verschlossenen Naht, wobei sich aber eine Verlängerung im Sinne der verschlossenen Naht entwickelt. Dadurch schafft sich das Gehirn den nötigen Schädelinnenraum. Solche Schädel sind zwar auffällig verbildet (turri-, scapho-, klinocephalal u. a.), sind aber für das Gehirn ausreichend (kompensiert) und weisen niemals Zeichen chronischen Hirndruckes auf. Da der Nahtverschluß sich intrauterin oder bald nach der Geburt entwickelte, spricht man von *frühprämaturen* Nahtsynostosen. Entwickelt sich aber die Nahtsynostose später (nach *Materna* besonders zwischen dem 1. und 4. Lebensjahr), so ist der Schädel kompensatorischer Verbildung nicht mehr oder nur geringgradig fähig, wodurch dem wachsenden Gehirn nicht mehr der nötige Schädelinnenraum zur Verfügung steht, so daß sich als notwendige Folge chronischer Hirndruck entwickelt. Aus dem Gesagten erscheint es verständlich, daß sich bei diesen *spätprämaturen* Nahtsynostosen zwar keine verbildeten, jedoch unkompenisierte Schädel entwickeln. Rachitis ist nach *Materna* die häufigste Ursache der spätprämaturen Nahtsynostose. Träger solcher Veränderungen sind Kranke mit latentem Hirndruck — sehr häufig sogar Epileptiker —, der oft aus geringgradigen Ursachen heraus manifest werden und zum plötzlichen Tode führen kann. Diese Fälle sind auch unfallsrechtlich von großer Bedeutung, da Träger unkompensierter Synostosenschädel häufig unter leichten Schüben manifesten Hirndruckes leiden, die sich in Schwindel, Benommenheit, Ohnmachten u. a. äußern (siehe Beobachtungen von *Materna* und *Neugebauer*).

Wir kennen aber auch chronische Hirndruckformen, bei denen wir autoptisch schwere Hirndruckveränderungen am knöchernen Schädel finden, ohne daß aber weder am Gehirn noch am Schädel eine Ursache dieses Mißverhältnisses aufgefunden werden kann. Auch klinisch sind solche Fälle bekannt, die Krankheitsbilder eines Hirntumors boten, ohne daß ein solcher trotz genauester Autopsie gefunden werden konnte. *Nonne* prägte für dieses Krankheitsbild die Bezeichnung *Pseudotumor cerebri*. Die Kenntnis dieser Tatsache ist für die Beurteilung plötzlicher Todesfälle von Bedeutung. Träger eines solchen pathologischen Zustandes sind analog wie beim unkompensierten Synostosenschädel besonders unfallgefährdet (*Neugebauer*).

Chronischer Hirndruck bei Hirntumoren ist vorwiegend von klinischem Interesse. Für den Gerichtsarzt von Bedeutung sind jene kleinen intracerebralgelegenen Tumoren, die an den Engpässen der Liquorzirkulation gelegen sind, die klinisch oft lange keine oder recht uncharakteristische Hirndrucksymptome setzen und gelegentlich zum plötzlichen Tode führen können. Bedingt der Tumor durch Behinderung der Liquorzirkulation chronischen Hirndruck auf Grund des sich entwickelnden Hydrocephalus internus, so bedingt ein plötzlicher kompletter Verschluß momentanen Eintritt des Todes. Das gleiche gilt auch für Cysticercen der Hirnkammern. Bei Hydrocephalus internus, sei es, daß er durch Hirntumor, Ventrikelcysticercen bedingt ist, sei es, daß ein idiopathischer Hydrocephalus internus vorliegt, besteht, wie auch schon *Kolisko* betonte, eine besondere Ödem-, besser vielleicht Schwellungsbereitschaft der Hirnsubstanz, wobei eine oft geringgradige auslösende Ursache zum manifesten tödlichen Hirndruck führen kann.

Schwierig hinsichtlich einer Erklärung für das Zustandekommen des am Schädel feststellbaren chronischen Hirndruckes sind jene Fälle von plötzlichem Tod, in welchen kleine extracerebrale intrakranielle Tumoren, die nach ihrer Lokalisation den Liquorabfluß nicht behindern konnten, gefunden werden. Für diese Fälle nimmt *Reichardt* ebenfalls gesteigerte Schwellungsbereitschaft der Hirnsubstanz an.

Zum Schluß sei noch auf eine gerichtlich-medizinisch sicher bemerkenswerte Tatsache hingewiesen, man findet nämlich nicht so selten bei Selbstmördern am Schädel Zeichen schweren chronischen Hirndruckes. Man muß sich allerdings, worauf schon *Haberda* hinwies, vor Überschätzung derartiger Befunde wohl hüten, doch ist diese Tatsache sicher weiterer Beobachtungen wert.

*Schrifttum.*
*Haberda:* Lehrbuch der gerichtl. Medizin . **1927**, 458. — *Kolisko:* Der plötzliche Tod aus natürlicher Ursache. *Dittrich* Handb. **II.** — *Kreibich:* Zum Verbrennungstod. Arch. Dermat. **166**. — *Krönlein:* Hirnchirurgische Mitteilungen. Arch. klin. Chir. **81 I**. — *Materna:* Rachitis und vorzeitige Nahtverknöcherung. Med. Klin. **1933**, Nr. 45 und Verh. dtsch. path. Ges. **21**, 1926. — *Meixner:* Die Rolle der Hirnerschütterung bei tödlichen Schädelverletzungen. Dtsch. Z. gerichtl. Med. **VI.** — *Melchior:* Die Verletzung der intracraniellen Blutgefäße. Neue dtsch. Chir. **XVIII 2.** — *Neugebauer:* Hirndruck und seine gerichtl. med. Bedeutung. Dtsch. Z. gerichtl. Med. **29.** — *Nonne:* Der Pseudotumor cerebri. Neue dtsch. Chir. **XI** (1914). —

*Payr:* Meningitis serosa bei und nach Schädelverletzungen. Med. Klin. **1916**. — *Reichardt:* Hirndruck, Hirnerschütterung, Schock. Handb. neur. u. path. Physiologie (*Bethe, Bergmann, Ellinger*) **X.** — *Schück:* Der Hirndruck. Erg. Chir. **17** (1924). — *Werkgartner:* Beitr. gerichtl. Med. **IV** (1922). *Neugebauer.*

**Hirnerschütterung** siehe *Commotio und Contusio cerebri.*

**Hirngeschwulst** siehe *Geschwulst und Trauma; Plötzlicher Tod aus natürlicher Ursache.*

**Hirnkontusion** siehe *Commotio und Contusio cerebri.*

**Hirnödem und Hirnschwellung.** (Vgl. auch Art.: Hirndruck.)

Diesen beiden Hirnveränderungen ist Volumszunahme des Gehirnes gemeinsam. Bei *Hirnödem* besteht eine mehr oder weniger gleichmäßige seröse Durchfeuchtung des Gehirnes. Das Gehirn ist schwer, die Konsistenz des Gewebes weich. Bei Schneiden mit trockenem Messer zerfließen die Blutpunkte (durchschnittene Gefäße) rasch, da sich die Ödemflüssigkeit mit dem ausfließenden Blute vermengt. Der Blutgehalt des ödematösen Gehirnes ist vom Alter und von der Intensität des Ödemes abhängig. In ganz akut verlaufenden Fällen ist das Gehirn meist diffus hyperämisch, bald aber kommt es zur lokalen Druckischämie der der Schädelkapsel unmittelbar aufliegenden Hirnteile, so daß die Kuppen der Windungen oft recht bald hochgradig anämisch werden, manchmal in solchem Maße, daß makroskopisch eine Abgrenzung gegen die Marksubstanz gänzlich unmöglich wird. Im weiteren Verlaufe wird das Gehirn allmählich anämisch und zwar herdförmig. Schließlich beobachtet man eine diffuse, wenn auch nicht immer gleichmäßige Hirnanämie. Durch den durch Volumszunahme bedingten Druck des Gehirnes gegen die Schädelkapsel kommt es zu starker Abflachung der Hirnwindungen und völligen Verstreichen der Furchen. Infolge Weichheit des ödematösen Gehirnes ist beim reinen Hirnödem nach Herausnahme des Gehirnes die Quellung der Kleinhirntonsillen und des Vermis superior cerebelli nicht immer so eindrucksvoll wie bei reiner Hirnschwellung. Ursachen des Hirnödems sind in erster Linie Entzündungen des Gehirnes und seiner Häute, weiter eine allgemeine Ödembereitschaft oder Kreislaufstörungen, häufig auch endogene oder exogene Toxikosen. Hirnödem kann auch bei langer Agone auftreten. Bei autolytisch veränderten Gehirnen muß man mit der anatomischen Diagnose des Hirnödems recht vorsichtig sein. Meist ist sie in solchen Fällen mit Sicherheit nicht zu stellen. Wesentlich vom Ödem verschieden erscheint anatomisch die *Hirnschwellung.* Das voluminöse schwere Gehirn, das ebenfalls starke Abflachung der Windungen und Verstreichen der Furchen zeigt, ist von auffallend zäher, fester Konsistenz, die Schnittflächen zeigen keine Durchfeuchtung, wie wir dies bei reinem Ödem finden, auch bleibt das eingeschnittene Gehirn in seiner Form auffallend gut erhalten, so daß es manchmal den Eindruck eines anfixierten Gehirnes erweckt. In diesen Fällen ist das Vorspringen der Kleinhirntonsillen und des Vermis superior des Kleinhirnes besonders auffallend. Bei der reinen Hirnschwellung, deren Wesen noch nicht ganz klar ist, scheint es sich, soweit die Schwellung nicht durch Auftreten amöboider Glia bedingt ist, um eine auf kolloidchemischem Wege bedingte Wasserbindung des Gehirnes zu handeln. Dieses anatomisch verschiedene Aussehen des Gehirnes bei akutem Ödem einerseits und Schwellung anderseits ist jedoch nur an Leichen Erwachsener festzustellen. Bei Kleinkindern ist eine Abgrenzung von Ödem und Hirnschwellung oft recht schwierig. Entsprechend den beschriebenen Unterschieden im anatomischen Aussehen zwischen Hirnödem und Hirnschwellung zeigt die Durchblutung des Gehirnes bei reiner Schwellung weitgehende Analogie zu den bei Ödem besprochenen Durchblutungsverhältnissen. Im Prinzip setzen beide Prozesse eine Raumbeengung des Gehirnes in der Schädelkapsel, somit klinisch Hirndrucksymptome.

*Schrifttum.*

Siehe bei Art.: Hirndruck. **Neugebauer.**

**Hirnquetschung** siehe *Commotio und Contusio cerebri.*

**Hirschhornsalz** siehe *Ammoniak.*

**Histaminshock** siehe *Plötzlicher Tod aus natürlicher Ursache; Shocktod.*

**Histochemie** siehe *Mikrochemie.*

**Hitzschlag** (= H.). (Vgl. auch Art.: Sonnenstich.)

Unter H. verstehen wir die durch hohe Temperatur der umgebenden Medien erzeugte Hyperthermie (*Marchand*). Der H. ist von der hohen Lufttemperatur, dem großen Feuchtigkeitsgehalt der Luft, welche zur Wärmestauung führt, von der Windstille und schließlich von der Bestrahlung der Sonne abhängig. Aber auch die Kleidung spielt eine Rolle, durch sie kann die Wärmeabgabe des Körpers gehindert werden. *Hiller* kam auf Grund seiner Erfahrungen zu dem Ergebnis, daß längerdauernde Muskelruhe, ungenügender Schlaf, Mangel an Nahrungsaufnahme, Erkrankung der Verdauungsorgane, übermäßiger und gewohnheitsmäßiger Alkoholgenuß und übermäßiger Geschlechtsverkehr zum H. disponieren. Aber auch ausgedehnte Verwachsungen der Lunge mit der Brustwand, die ein wesentliches Hindernis für den Gasaustausch sind, können zum Verhängnis werden. In der gleichen Richtung sind Verwachsungen der Leber mit dem Zwerchfell zu bewerten sowie chronischer Bronchialkatarrh mit Emphysem beider Lungen, Erkrankung des Herzens und Fettleibigkeit. Gehen wir auf die Entstehungsart des H. ein, so kann man verschiedene Formen unterscheiden. Bei den Körperleistungen beispielsweise unserer Soldaten kann es zur Ermüdung der angestrengt arbeitenden Atemmuskeln und des Herzmuskels kommen, denn die eingeatmete Luftmenge und der Sauerstoffverbrauch sind bei den anstrengenden Märschen um das 5fache des Ruhewertes gesteigert (*Zuntz* u. *Schumburg*). Gesellt sich der erschlaffende Einfluß höherer Luftwärme, gesteigerte Eigenwärme oder gar anatomische Atmungsbehinderung hinzu, dann haben wir das typische Bild des „Schlaffwerdens auf dem Marsche". Es sind die ersten Stadien oder die Vorboten des H.s Allmählich folgt die Herzschwäche, die Arterien werden weniger gefüllt, das Blut staut sich in den Venen, und es kommt zur Blutüberfüllung der Lungen, zur Erschwerung der Atmung, die Menschen werden blaß, die Lippen werden bläulich. Schwindelgefühl, ohnmachtartige Schwäche in den Muskeln, Erlöschen der Schweißsekretion, Trockenwerden der Haut, schnelles Ansteigen der Körperwärme sind die Symptome, die wir mit *H.asphyxie* bezeichnen. Im Vordergrunde steht die Ermüdung von Herz und Atmung. Bei dieser Art des H.s kann die Anurie eine Rolle spielen. Wir wissen, daß auf langen Märschen mit starker Schweißabsonderung allmählich, sehr wahrscheinlich infolge der Absonderung der Flüssigkeit, die Harnentleerung aufhören kann. Bei diesen Menschen kann es zu einer urämischen Intoxikation kommen. Eine andere und zwar die richtige Form des H. haben wir durch *Lähmung der Wärmeregu-*

*lierung*, welche einerseits durch ungewöhnlich hohe Steigerung der Wärmeeinnahme, andererseits durch geringe oder gar verminderte Wärmeabgabe hervorgerufen wird, Fälle, welche bei schwerer körperlicher Arbeit, bei Aufenthalt in hoher Luftwärme, vielleicht noch verbunden mit Bestrahlung der Sonne oder durch Hitzebestrahlung, z. B. von Hochöfen, auftreten. Solche Art des H.s finden wir z. B. in den Tropen und bei Heizern auf Dampfschiffen. Die Körpertemperatur erreicht in kurzer Zeit Höhen von 43—44°, die Sinne schwinden, enorme Puls- und Atembeschleunigung ist die Folge, der Mensch wird cyanotisch, die Haut ist heiß und trocken, Zuckungen treten auf, und der Mensch stürzt schlagartig zusammen. Als Ausgang der H.erkrankung haben wir Lungen- und Hirnödem sowie nervöse Lähmungen. *Hiller* unterscheidet die Marschohnmacht, die H.asphyxie, die urämische und hämostatische Form des H.s, unter letzterer versteht er das Auftreten des Lungen- und Hirnödems, und die thermische Form des H., hierunter versteht er den H. in den Tropen. *Lambert*, dem ich durchaus beistimme, unterscheidet dagegen drei Grade von H., welche dem Erscheinungsbild besonders gerecht werden. Nach ihm haben wir als erste Form die Erschöpfung durch Hitze, als zweite den asphyktischen H. und als dritte den hyperpyretischen H., welcher der thermischen Form *Hillers* entspricht. Seine Ergebnisse stimmen im wesentlichen mit denen *Hillers* überein, so fand er bei den Hitzeerschöpften u. a. heftige Kopfschmerzen, Schmerzen im Rücken, in den Beinen und im Epigastrium. Die Menschen sind noch bei Bewußtsein, die Temperatur kann normal sein, oft ist sie bis 40,5° gesteigert. Der Puls ist sehr verschieden. Die asphyktische Form tritt nach seinen Beobachtungen oft schnell, hin und wieder nach vorausgehender heftiger Dyspnoe mit Bewußtlosigkeit auf. Bei der hyperpyretischen Form konnte er auch Erscheinungen 4—7 Tage vorher feststellen, so Schwäche, Appetitlosigkeit, große Reizbarkeit, Unruhe, Schlaflosigkeit, Übelkeit, Diarrhoen oder Obstipationen. Kurz vor dem Verlust des Bewußtseins trat starke Schweißsekretion auf und intensives Hitzegefühl. Der Kopf war zum Springen schmerzhaft und das Sehvermögen gestört. Nach Verlust des Bewußtseins war die Haut trocken, heiß und gedunsen oder auch kühl, blaß, livide oder cyanotisch, die Atmung beklommen, die Augen blutunterlaufen und starrend, die Pupillen erweitert, verengt oder normal, die Atmung wechselnd, die Muskulatur schlaff oder in Konvulsionen, der Puls klein und schnell oder voll und hart, in manchen Fällen nicht fühlbar. Heftige Delirien und Tobsucht konnten auftreten. Auch *P. Schmidt* sah derartige Erscheinungen, die hauptsächlich auf eine Reizung des Gehirns zurückzuführen sind. *Marchand* ist mit Recht der Ansicht, daß man bei diesen Formen nur von hyperpyretischem H. sprechen sollte. Hier hat die Hitze längere Zeit gewirkt, die Wärmeregulierung reicht nicht aus, und so kommt es zu dem H.anfall. Dieser akute Schlaganfall ist der eigentliche H. Er beruht auf einem Versagen der lebenswichtigen Zentren, der Medulla oblongata, dem ein Stadium der Reizung vorausgeht. Der anfänglichen Wärmestauung durch Insuffizienz der Regulierungsvorgänge kann eine hyperpyretische Steigerung zentralen Ursprunges folgen. In den *Sektionsberichten* der an H. Verstorbenen finden wir die verschiedensten Feststellungen, so daß es einen pathognomonischen Leichenbefund nicht gibt. Charakteristisch ist das frühzeitige Vorhandensein von Totenstarre. So kann man an Leichen, die innerhalb der ersten fünf Stunden an der Krankheit verstorben sind und spätestens 15 Stunden nach dem Tod obduziert werden, lebhafte Muskelstarre, verbunden mit lebhaften Totenflecken auf der Haut schon eine Stunde nach dem Tod feststellen. Auch eine postmortale Steigerung der Körperwärme bis zu 45° bis zur dritten Stunde nach dem Tod wurde beobachtet. Charakteristisch ist auch der schnelle Eintritt von Fäulnis. Bei der inneren Besichtigung der Leichen haben wir einen Befund ähnlich dem bei Erstickten oder auch hin und wieder dem bei Kohlenoxydvergifteten. Das Blut gerinnt nicht, es besteht starke Blutüberfüllung im ganzen Blutadersystem, hochgradige Blutfülle in den Lungen und starke Blutfülle des Gehirnes. Insbesondere bei Menschen, die Konvulsionen hatten, findet man in der Leiche auf den Lungen und auf dem Herzen reichlich Blutungen. Das Lungenödem soll nach *Hiller* erst dann gefunden werden, wenn der Tod später als acht Stunden nach der Erkrankung eintritt.

*Schrifttum.*

*Hiller:* Hitzschlag u. Sonnenstich. Leipzig 1917. — *Krehl:* Handb. der allg. Pathologie. Leipzig 1924. — *Lambert, A. L.:* Zitiert nach *Krehl-Marchand*, 805 Fälle von Hitzschlag. — *Marchand:* Handb. der allg. Pathologie. Leipzig 1908. — *Schmidt, P.:* Arch. Schiffs- u. Tropenhyg. **5** (1901). — *Schumburg* u. *Zuntz:* Studium zur Physiologie des Marsches. Bibl. v. *Coler* **6** (1901).       **Förster.**

**Höhenkrankheit der Flieger** siehe *Tod und Gesundheitsbeschädigung durch abnorm hohen und abnorm niedrigen Luftdruck.*

**Holocain** siehe *Lokalanaesthetica außer Cocain.*

**Holoptische Präparate** siehe *Konservierung anatomischer Präparate.*

**Holz** (= H.).

Unter H. versteht man das Gewebe der Stämme, Äste und Wurzeln von ausdauernden Pflanzen, also Bäumen und Sträuchern. Es gibt also Stamm-H., Ast-H. und Wurzel-H. Diese drei H.arten unterscheiden sich auch bei ein und derselben Pflanze oft merklich voneinander, da häufig wesentliche Unterschiede in der einen oder anderen Eigenschaft vorhanden sind, welche für die Verwendung von Bedeutung sind.

Die Hölzer gliedern sich nach ihrer Herkunft zwanglos in drei große Gruppen, die auch ihrer botanischen Verwandtschaft nach zusammengehören. Da die Hölzer ein und derselben Gruppe zahlreiche übereinstimmende Eigenschaften aufweisen, so ist diese Einteilung auch praktisch begründet. Man unterscheidet *Nadelhölzer* (Coniferenhölzer), *Laubhölzer* (H. der Dikotylen) und *Hölzer der Monokotylen.* Letztere Gruppe ist die am wenigsten bedeutende.

### Bau der Hölzer.

Um die verschiedenen Hölzer auseinanderhalten zu können, ist es notwendig, auf den Bau derselben näher einzugehen. Es sollen daher im folgenden zunächst die einzelnen, für die Charakterisierung wichtigen Bausteine der Elementarorgane des H.körpers besprochen werden.

*a) Gefäße (Tracheen).* Echte Tracheen kommen *nur* bei Laubhölzern vor. Sie sind Röhren, welche den H.körper lotrecht durchziehen. Sie können mehrere Zentimeter oder sogar 3—5 m lang sein. Da sie durch Zellfusion entstanden sind, bestehen sie aus übereinander gelagerten Gefäßgliedern, deren gemeinsame Querwände charakteristisch durchbrochen sind. Die Durchbrechungen (Perforationen) der Querwände, die durch Wachstumsvorgänge oft sehr schief, also in steilem Winkel zur Längsachse stehen können, verbinden die Hohlräume der übereinanderstehenden Gefäßglieder miteinander. Die Art der Durchbrechung der Endflächen der Gefäßglieder ist für die Charakterisierung einer H.art von besonderer Wichtigkeit. Die *Perforation der Endflächen* der Gefäßglieder kann eine *„einfache"*

sein, d. h. von der ursprünglichen Querwand bleibt nur ein schmaler Ringwulst stehen, so daß eine große mehr oder minder rundliche Öffnung entsteht (Abb. 1 *a*). Die Perforation kann *„leiterförmig"* sein. Dabei bleiben von der Endfläche parallele Leisten erhalten, so daß eine größere oder kleinere Anzahl von „Spangen" stehenbleibt, welche die Kommunikation der beiden aufeinanderfolgenden Gefäßglieder leiterförmig unterteilen (Abb. 1 *b*). Die leiterförmig durchbrochenen Endflächen sind ausnahmslos der radialen Längsfläche im H.körper zugekehrt. Die dritte Form der Gefäßperforationen ist die *„gitterförmige".* Bei dieser Art der Durchbrechung bleiben neben den Querleisten auch Längsleisten stehen, so daß die Verbindung zwischen zwei Gefäßgliedern durch ein Leistengitter fensterförmig unterteilt ist (Abb. 1 *c*). Am selben

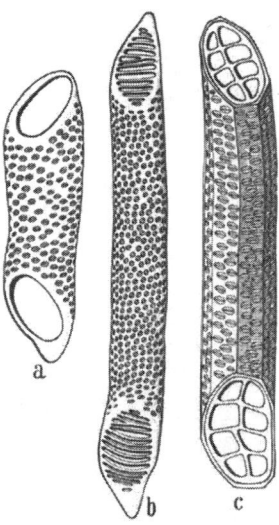

Abb. 1. *a* Einfache Durchbrechung (Silberpappel), *b* leiterförmige Durchbrechung (Buche), *c* Gitterförmige Durchbrechung (Tulpenbaum).

H. zeigen die Gefäße in der Regel nur die eine oder andere Art der Perforation. Oft kommen aber auch zwei Arten von Durchbrechung nebeneinander vor, dann herrscht aber in der Regel die eine vor.

Ein wichtiges Merkmal für die Erkennung der Hölzer ist die *Weite*, die Lumengröße der Gefäße. Da die Weite der Gefäße innerhalb desselben H.-körpers sehr schwankt, so kommen als Charakteristicum für ein H. nur die maximalen Weiten in Frage. Der Querdurchmesser der Gefäße kann zwischen 20 $\mu$ und 500 $\mu$ betragen. Die Gefäßweite kann schon zur Erkennung der Hölzer mit freiem Auge beitragen. Sehr weite Gefäße mit 200—300 $\mu$ Durchmesser sind auf dem H.querschnitt als deutliche Poren zu erkennen. Tracheen von 100 $\mu$ Breite sind am Querschnitt mit freiem Auge unkenntlich, aber auf dem Längsschnitt als deutliche Rinnen zu sehen. Unter 50 $\mu$ weite Gefäße sind auch im Längsschnitt unkenntlich.

Die *Ausgestaltung der Gefäßwand* ist charakteristisch. Alle Tracheen sind „getüpfelt" (Tüpfelgefäße). Damit wird die eigentümliche Ausgestaltung der Gefäßwand bezeichnet, bei welcher dünne Wandstellen von rundlicher, elliptischer oder schlitzförmiger Gestalt, eben die Tüpfel, ausgespart bleiben. Fast immer sind die Tüpfel *„behöft"* (Hoftüpfel), d. h. die dicke Wand ist über den Rand der dünngebliebenen Stellen vorgewölbt, so daß sich eine flache Kuppe über den dünngebliebenen Wandstellen bildet, welche durch die „Tüpfelpore" durchbrochen ist (Abb. 2 *a*).

Die hauptsächlichsten Tüpfelungen, welche an den Elementen des H. vorkommen können, sollen gleich hier im Zusammenhang besprochen werden. Die schönsten, größten und deutlichsten *Hoftüpfel* weisen die Coniferenhölzer auf in ihren gefäßähnlichen Tracheiden. Das gemeinsame dünne kreisförmige Wandstück, das die beiden nebeneinanderliegenden gefäßähnlichen Tracheiden voneinander trennt, ist in seinem mittleren Teil verstärkt. Diese Scheibe wird als „Torus" bzw. „Schließhaut" bezeichnet (Abb. 2, *a*, *t*). Sie kann im Querschnitt linsenförmig beim Herbst-H., stäbchenförmig beim Frühjahrs-H. sein. Die „*Tüpfelpore*" (Abb. 2 *a*, 1 *p*) ist häufig eine kreisförmige Öffnung, oder sie ist linsenförmig oder auch schlitzförmig. Die Längsachsen der Poren beiderseits der Schließhaut können dieselbe Richtung haben (Abb. 2 *a*, 2), oder sie stehen über Kreuz (Abb. 2 *a*, 3). In diesem Falle entsteht in der Flächenansicht eine kreuzförmige Figur, von welcher ein Arm deutlicher erscheint als der andere, da sie ja in verschiedenen Ebenen liegen. Die meisten

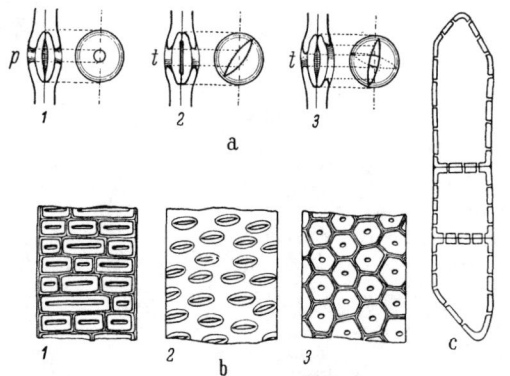

Abb. 2. *a* Hoftüpfel der Nadelhölzer, *b* Hoftüpfel der Laubhölzer *1.* Tulpenbaum, *2.* Birke, *3.* Bergahorn, *c* Holzparenchymzelle mit einfacher Tüpfelung.

Hoftüpfel haben von der Fläche gesehen einen kreisförmigen Umriß. Die meist sehr kleinen Tüpfel der Gefäße der Laubhölzer zeigen einen elliptischen Umfang (Abb. 2 *b*, 2) oder sie platten sich gegenseitig polygonal ab wie in Abb. 2 *b*, 3. Selten sind sie langgestreckt, abgerundet oder rechteckig wie in Abb. 2 *b*, 1.

Echte Gefäße zeigen oft neben der Tüpfelbildung auch noch eine *Aussteifung der Wände* durch Leisten, welche schraubig auf der Innenseite der Gefäßwände entlanglaufen.

In den älteren Teilen des Holzes, im Kernholz und Reifholz kommt es oft zur Ausbildung von „*Füllzellen*" oder „*Thyllen*". Die Schließhäute der Hoftüpfel wölben sich blasenförmig in das Innere der Gefäße und füllen den ganzen Hohlraum der Tracheen aus. In der Regel sind die Thyllen dünnwandig, selten sehr dickwandig, steinzellenartig ausgebildet.

*b) Gefäßähnliche Tracheïden.* In der Wandstruktur stimmen sie mit den echten Tracheen ziemlich überein. Sie stellen aber eine einzige ringsumschlossene Zelle dar, die bei den Coniferen mehrere Millimeter lang werden kann. Bei den Laubhölzern sind sie meist nicht länger als 1 mm. Die Tracheïden sind wesentlich enger als die Gefäße. Bei den Coniferen besteht das ganze tragende und wasserleitende System aus gefäßähnlichen Tracheïden. Letztere haben die größten Hoftüpfel mit einem Hofdurchmesser bis 27 $\mu$ und einem Porendurchmesser bis 7 $\mu$. Die gefäßähnlichen Tracheïden der Laubhölzer zeigen häufig neben einer schraubenförmigen Leistenverdickumg der Wand auch noch kleine Hoftüpfel.

*c) Fasertracheïden.* Fasertracheïden oder faserförmige Tracheïden sind langgestreckte, dickwandige getüpfelte, an ihren Enden zugespitzte oder keilförmig abgestutzte Zellen, die oft etwas verbogen erscheinen.

*d) H.parenchym.* Das H.parenchym ist im lebenden H.körper das Organ für den Stoffwechsel und die Speicherung der Reservestoffe. Die Laubhölzer, vor allem die Harthölzer, speichern in den Parenchymzellen Stärke während der Winterruhe, die Coniferen und weichen Laubhölzer in der Regel fettes Öl. Die Parenchymzellen sind meist mehr oder minder rechteckige Zellen mit dünner oder dickerer Wand, die einfach getüpfelt ist, d. h. der die Wand durchsetzende Tüpfelkanal ist zylindrisch, wobei der Tüpfelquerschnitt rund oder elliptisch sein kann (Abb. 2 *c*). Oft sind die Parenchymzellen an den Enden stumpf zugespitzt bzw. abgeschrägt, da sie auch länger. Sie heißen „Ersatzzellen". Die kurzen Parenchymzellen sind im H. in der Regel in Längsreihen angeordnet. Daneben kommen oft sog. „Parenchymfasern" vor, Zellen mit lang ausgezogenen |Enden und einer meist schlitzförmigen und schiefgestellten Tüpfelung der Wand. Manchmal sind diese Fasern durch zarte Querwände unterteilt, gefächert. „Ersatzfasern" oder „H.parenchymersatzfasern" gleichen in Form und Inhalt genau den Parenchymfasern, so daß sie für die Zwecke dieses Buches nicht eigens unterschieden werden brauchen.

*e) Sklerenchymfasern, echte Libriformfasern.* Sklerenchymfasern sind 0,3—1,3 und mehr Millimeter lange beiderseits zugespitzte Zellen mit mehr oder minder dicker Wand, die meist spärlich mit winzigen schiefgestellten Tüpfeln versehen sind. Das sehr enge oft nur strichförmige Lumen führt Luft, selten Plasmareste. Manche Libridiformfasern zeigen Querfächerung. Da sie das vornehmste Festigungsgewebe im H.körper darstellen, bilden sie oft die Hauptmenge der Elementarorgane, aus denen sich das H. vieler Laubbäume zusammensetzt.

### Struktur des Holzes.

Die voraus beschriebenen Bausteine sind im H.körper zu Gewebegruppen zusammengefaßt, die den einzelnen Hölzern ihren Charakter, ihre Struktur geben. Oft kommen durch die Anordnung der Elemente augenfällige Gruppierungen zustande, welche schon mit freiem Auge bzw. mit der Lupe erkannt werden. Alles das, was man mit freiem Auge bzw. mit der Lupe an Eigenschaften des Holzes auf glatten Flächen erkennen kann, bezeichnet man als „*äußere Struktur*" des Holzes. Je weniger differenziert, je gleichmäßiger das H. erscheint, desto „feiner", „feinfaseriger", „feinkörniger" ist es.

An der Hand schematischer Darstellung eines keilförmigen H.stückes aus einem dreijährigen Stamm, der während der Winterruhe entnommen gedacht ist, wird die Struktur des Holzes am klarsten werden (siehe Abb. 3). Die Fläche *a e f* stellt die *Querschnittsfläche* durch den Stamm oder die „*Hirnfläche*", das „*Hirn*", wie die Technik sagt. Die Fläche *a b c f* ist der *radiäre Längsschnitt* oder die „*Spiegelfläche*", der „*Spiegel*". Die Fläche *e f c d* ist der *tangentiale Längsschnitt*. Hirnfläche und Spiegel sind für die Beurteilung und Erkennung des vor allem makroskopisch Sichtbaren, also für die äußere Struktur des Holzes von besonderer Wichtigkeit. Die am Querschnitt mehr oder minder deutlichen konzentrischen Ringe *J, J* sind die Jahresringe, welche dadurch entstehen, daß nach der Winterruhe vor allem weitlumige Elemente, welche der Leitung dienen, angelegt werden, in der weiter fortgeschrittenen Jahreszeit, in den Sommermonaten, werden vor allem dickwandige, englumige Festigungselemente gebildet. Die Neubildung von H.elementen geht in unseren Breiten mit dem Spätsommer zu Ende. Im nächsten Frühjahr werden wieder weitlumige Organe angelagert. Die dadurch entstehenden Grenzen sind die Jahresringe. Im H.zuwachs einer Vegetationsperiode können also zwei aufeinanderfolgende Teile unterschieden werden, das „*Frühjahrs-H.*", (Abb. 3 *F*) und das „*Herbst-H.*" besser „*Spät-H.*" (Abb. 3 *H*) genannt. Die Jahresringbildung ist am deutlichsten bei den Coniferenhölzern. Bei den Laubhölzern ist sie sehr verschieden. Die mehr oder minder große Deutlichkeit kann zur Charakterisierung des Holzes herangezogen werden. Meist sind die Jahresringe konzentrische Kreise, oft aber spitzbogig, rund- oder spitzwellig, ersteres bei vielen zypressenartigen Coniferenhölzern, letzteres z. B. bei den Hikoryhölzern. Bei Ast- und Wurzel-H. ist die Anordnung der Jahresringe eine exzentrische, d. h. sie sind mehr oder minder elliptisch und annähernd um einen Brennpunkt gruppiert. Folgen auf die weitlumigen Gefäße des Frühjahrsholzes ohne allmählichen Übergang sofort die englumigen Elemente des Herbstholzes, wie z. B. in Abb. 10, so spricht man von *ringporigen* Hölzern. Ist keine deutliche Grenze zwischen dem Zuwachs des Frühjahrs- und Herbstholzes, nehmen also die Gefäßweiten von Frühjahr zum Herbst gleichmäßig ab, so sind die Hölzer „*zerstreutporig*".

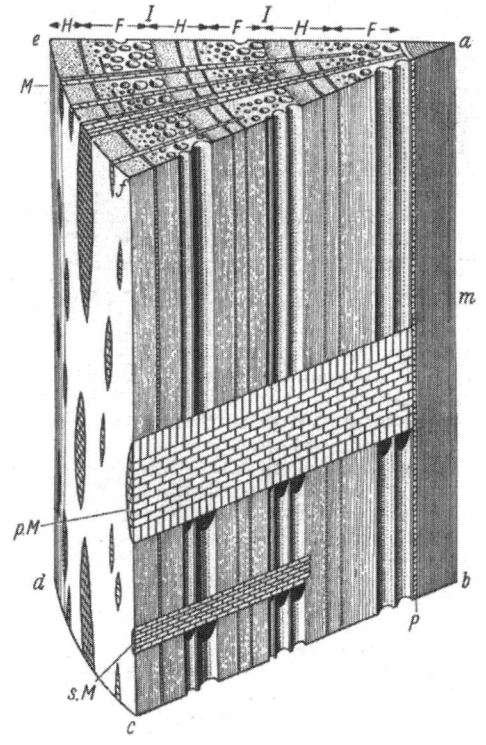

Abb. 3. Erklärung im Text.

Oft sind die Gefäße auf der Hirnfläche gesehen in Gruppen oder Reihen angeordnet, die sich immer wiederholen, so daß auf dunklem Grunde hellere Zeichnungen entstehen. Diese Hölzer werden als „*geflammt*" bezeichnet. Das Steckenbleiben von Anlagen seitlicher Organe, also Ästen und Zweigen, die vom zuwachsenden H. umwallt werden, führt zu starken Unregelmäßigkeiten im Aufbau des Holzes, wodurch die „*gemaserten*" Hölzer entstehen. Auf der Hirnfläche vieler Hölzer sind radiär verlaufende Streifen oder Striche sichtbar, welche die Jahresringe senkrecht durchsetzen, die „*Markstrahlen*" (Abb. 3 *M*). Anordnung, Zahl und Breite der Markstrahlen sind wichtige Merkmale für die Charakterisierung des Holzes. Sind die Markstrahlen auf dem Querschnitt (nur dieser ist maßgebend) mit freiem Auge sichtbar, so nennt man sie kenntlich, im anderen Falle unkenntlich. Die Markstrahlen sind in der weitaus größten Mehrzahl aus Parenchymzellen von ziegelsteinähnlicher oder quaderförmiger Form aufgebaut. Auch der Zellverband ist quaderförmig (Abb. 3 *M*). Die Markstrahlen sind ungleich

lang, die *primären* Markstrahlen (Abb. 3 *p. M*) durchsetzen den gesamten H.körper vom Mark (m) bis zur Rinde, die *sekundären* Markstrahlen (*s. M*) sind später angelegt, also kürzer. Betrachtet man die Markstrahlen auf der Spiegelfläche, so erscheinen sie als mehr oder minder breite Bänder, welche den H.körper waagrecht durchziehen (Abb. 3 *p. M*, *s. M*). Die Markstrahlzellen sind gewöhnlich in waagrechter Richtung gestreckt. Diese Zellen werden als „*liegende Markstrahlzellen*" bezeichnet im Gegensatz zu den „*Kantenzellen*", „*stehenden Markstrahlzellen*" oder „*Markstrahlpallisaden*", welche höher als breit sind. Entweder kommt nur die eine oder andere Art vor. Sind beide nebeneinander ausgebildet, so wird der mittlere Hauptteil des Markstrahls von liegenden Markstrahlzellen gebildet, während seine obere und untere Begrenzung aus stehenden Markstrahlzellen besteht (Abb. 3 *p. M*). Am tangentialen Längsschnitt erscheinen die Markstrahlen linsenförmig oder strichförmig (Abb. 3 *M*). Die Maße für die Breite der Markstrahlen auf der Hirnfläche können bei ein und demselben H. sehr verschieden sein. Die breitesten sind aber für das betreffende H. charakteristisch. Die mächtigsten Markstrahlen sind 1 mm breit, z. B. bei Eiche, die zartesten nur 15 μ breit, z. B. bei Buchsbaum und Roßkastanie. Liegen unkenntliche Markstrahlen so nahe beisammen, daß sie für das freie Auge zusammenfließen und einen breiten Markstrahl vortäuschen, so spricht man von einem „*falschen*" oder „*unechten*" Markstrahl.

Der innerste zentrale Teil des H.körpers ist das „*Mark*" (Abb. 3 *m*). Dasselbe ist in der Regel nur 1—2, selten bis 12 mm breit und spielt für die Diagnose keine Rolle.

Im Querschnitt zeigen die meisten Hölzer eine Zweiteilung, einen schmaleren helleren äußeren Teil, den „*Splint*", und einen inneren, also älteren dunkeleren Teil, den „*Kern*". Der Kern hat nur noch mechanische Funktionen als Traggerüst zu erfüllen. Er ist also substanzreicher, schwerer, dichter, fester, härter, dunkler und in frischem Zustand wasserärmer als der Splint, was auf Einlagerungen von Harzen, Balsamen, Gummi, Gummiharzen, Ölen, Fetten, Farbstoffen usw. zurückzuführen ist. Der Kern ist oft der allein genutzte Teil des Holzes. Man unterscheidet also „*Kernhölzer*" und „*Splinthölzer*". Bei letzteren hat der ganze Stammquerschnitt einheitliches Aussehen, er ist immer weißlich-gelb, weitlumig in den Elementen, locker im Gefüge, weich und meist technisch minderwertig. In ganz seltenen Fällen zeigt auch der Splint auffällige Färbung, er ist z. B. citronengelb beim Sauerdorn.

Die eigentlichen Kernhölzer sind intensiv, meist braun gefärbt in allen möglichen Schattierungen oder tiefschwarz wie Eben-H., goldgrün wie Fiset-H., schwärzlich-grün wie Pock-H., grünlich wie Tulpenbaum-H., gelbbraun wie die Gelbhölzer, rot wie Sandel-H., Rosen-H., rotviolett wie Amarant-H., das erst bei Zutritt von Licht und Luft seine schöne Färbung bekommt. Wenn der Kern nicht gleichmäßig gefärbt ist, sondern hellere mit dunkleren Zonen abwechseln, so spricht man von einem „*gewässerten*" Kern, so bei Oliven-, Rosen- und Nuß-H. Entstehen im H.körper durch Verwundung, Raupenfraß u. ä. Hohlräume, die von der Pflanze mit Wundgewebe verschlossen oder durch Einlagerung von Gummi, Gummiharzen u. ä. umgefärbt werden, so wird ein „*Scheinkern*", ein „*falscher Kern*" vorgetäuscht, der schon an seiner unregelmäßigen Ausbildung als solcher erkannt werden kann.

Neben der Farbe spielt auch der „*Eigenglanz*" eine wichtige Rolle zur Beurteilung der Hölzer. Die meisten Hölzer haben auf dem Spiegel einen mehr oder minder ausgesprochenen Glanz. Andere Hölzer sind glanzlos oder beinahe glanzlos.

Viele Hölzer haben einen eigentümlichen, oft sehr charakteristischen *Duft* oder *Geruch*. Die Coniferenhölzer haben einen meist typischen Harzduft, das tropische Veilchen-H., die Rosenhölzer haben ihren Namen vom Geruch. Die Stinkhölzer riechen unangenehm.

Der „*Geschmack*" ist selten zur Charakterisierung des Holzes zu verwenden. Manche Nadelhölzer, Cedrella-H. schmecken bitter, rotes Sandel-H., Blau-H. fadsüß, Süß-H. schmeckt ausgesprochen süß. Große Bedeutung für die Charakterisierung des Holzes und für seine Verwendung haben folgende Eigenschaften: Spezifisches Gewicht, Härte, Spaltbarkeit.

*Spez. Gewicht und Härte* gehen miteinander Hand in Hand. Je schwerer ein H. ist, desto härter ist es. Das spez. Gewicht ein und desselben Holzes ist variabel je nach den Lebensbedingungen, unter denen es herangewachsen ist. Auch an ein und derselben Pflanze ist das H. verschieden schwer. Wurzel-H. ist in der Regel leichter als Stamm-H., dieses wieder leichter als Ast-H. Das geringste spez. Gewicht haben im lufttrockenen Zustand die „Korkhölzer" mit 0,21—0,25. *Leichte* Hölzer mit einem spez. Gewicht von 0,33—0,49 sind viele unserer Weichhölzer wie Zirbe, Weymouthkiefer, Fichte, Tanne, Weide, Silberpappel, Schwarzpappel, Weißerle, Linde. *Schwere* Hölzer mit einem spez. Gewicht von 0,81—0,95 sind Ölbaum, Flieder, Liguster, Weiß- und Schwarzdorn. *Schwerste* Hölzer mit einem spez. Gewicht um und über 1,0 sind Steineiche, Kermeseiche, Buchsbaum, buchsbaumförmige Erica. Noch schwerer sind manche tropische Laubhölzer, von denen das Pock-H. mit 1,29 zu den schwersten gehört.

Unter *Härte* des Holzes versteht man in der Praxis den Widerstand, den eine H.art der Bearbeitung entgegensetzt. Er ist bedingt durch die Struktur des Holzes. Man unterscheidet: *Sehr harte* Hölzer, wie Pock-H., Eben-H., Buchsbaum, Steineiche, Weißdorn, Flieder. *Harte* Hölzer, wie Mahagoni-, Hikory-, Robinien-, Weißbuchen-, Ölbaum-, Rotbuchen-, Stieleichen-, Zerreichen-, Ahorn-, Eschen-, Apfel-, Birnbaum-, Nuß-, Eiben-H. *Mittelharte* Hölzer, wie Teakholz, Pitschpine-, Ulmen-, Platanen-, Edelkastanien-, Vogelbeerbaum-, Götterbaum- und Latschen-H. *Weiche* Hölzer, wie Lärche, Kiefer, Fichte, Tanne, Birke, Erle, Hasel, Roßkastanie. *Sehr weiche* Hölzer, wie Weymouthkiefer, Zirbe, Weide, Pappel, Linde.

Unter „*Spaltbarkeit*" ist der Widerstand zu verstehen, den die betreffende H.art der Teilung in der Längsrichtung entgegensetzt. Es gibt *leicht spaltbare*, *schwer spaltbare* und *höchst unvollkommen spaltbare* Hölzer. Durch die anatomischen Verhältnisse bedingt ist auch das *Aussehen der Spaltflächen*, welche *glatt, schuppig*, d. h. *uneben, faserig* oder *splitterig* sein können. In verschiedenen Richtungen des Holzkörpers pflegt die Spaltbarkeit ungleich zu sein. In der Regel ist sie am größten in Richtung des Spiegels.

### Diagnose der H.art.

In sehr vielen Fällen in der kriminalistischen Praxis wird man vor die Aufgabe gestellt, aus kleinsten Teilchen feststellen zu müssen, was für eine H.art vorliegt. Sehr häufig ist das vorliegende H.-material schon weitgehend verändert. Oft liegt es nur noch in Form von H.kohle vor, wie z. B. bei Brandstiftungen. Auch in diesen Fällen ist es möglich, die H.art zu bestimmen, allerdings nur auf mikroskopischem Wege. Da in solchen Fällen viele der makroskopischen und mikroskopischen Merkmale zerstört sind, kann man sich bei der Diagnose nur auf einzelne der erhaltenen stützen. Das setzt

also wieder voraus, daß möglichst alle Charakteristica einer H.art angegeben werden, damit gegebenenfalls auf das eine oder andere Kennzeichen verzichtet werden kann.

Um die Zuordnung einer H.probe zu einer bestimmten Stammpflanze, also die *Bestimmung des Holzes* zu erleichtern, soll versucht werden, die H.-arten in einen Bestimmungsschlüssel einzureihen. Dabei ist zu bedenken, daß sich die H.arten selbst oft weitgehend schon unter dem Einfluß der verschiedenen Umweltbedingungen, unter denen sie herangewachsen sind, abändern. Der *Bestimmungsschlüssel* ist also mehr als Führer, als Wegweiser zu betrachten, welcher den Untersucher durch die Fülle der Hölzer hindurchsteuern soll. Unumgänglich notwendig ist eine Überprüfung der vorliegenden H.probe auf die Übereinstimmung der Merkmale mit jenen, welche in der Diagnose der betreffenden H.art angegeben sind. Besonders zu empfehlen ist auch ein Vergleich mit einer H.probe der im Bestimmungsschlüssel gefundenen Art. Stimmt die Diagnose des gefundenen Holzes nicht genau mit den Eigenschaften der vorliegenden Probe überein, so empfiehlt es sich, die Beschreibung der verwandten Hölzer mit der Probe zu vergleichen. Mit einiger Geduld und Übung wird man in den meisten Fällen zum Ziele kommen. Außerdem geben auch die Verwendungsmöglichkeiten des Holzes einige Fingerzeige für die Bestimmung. Der Bestimmungsschlüssel ist in Anlehnung an jenen von *R. Hartig* aufgestellt.

*Bestimmungsschlüssel der wichtigsten Hölzer.*

A. H.stränge nur aus Tracheïden . . . . *Coniferae* (Gegensatz B s. S. 360)

  I. Ohne Harzgänge oder mit sehr vereinzelten Harzgängen:

    a) Kein dunkelgefärbtes Kern-H. *Abies* (1) (s. auch Cupressus)

    b) mit deutlichem Kern-H.

      α) Tracheïden stets spiralig verdickt, Höhe der Markstrahlen 220 μ, Kern braunrot bis fast bläulichschwarz . *Taxus* (2)

      β) Tracheïden nur mit Hoftüpfel, keine Leistenverdickung. Markstrahlen meist nieder, bis 130 μ.

        *Nur 1 Hoftüpfel auf die Breite der H.strangtracheïden.

        †H. weiß oder mit lichtgelbbraunem Kern . . . . . . . . . *Cupressus* (3)

        ††Kern ausgeprägt, dunkel, braun bis braunrot

        0 Markstrahlzellen auf dem Tangentialschnitt (Fladerschnitt) gezählt pro 1 qmm etwa 230 . . . *Juniperus* (4)

        00 Markstrahlzellen pro 1 qmm etwa 160 . . . . . . . . . *Thuja* (5)

        **Mehrere Hoftüpfel auf die Breite der H.strangtracheïden.

    1. Längstracheïden im Tangentialschnitt 2 bis 4 Hoftüpfel nebeneinander mit rundem Hof und runder Pore . . . *Taxodium* (6)

    2. Längstracheïden mit meist 1—2, selten 3 Hoftüpfel nebeneinander, die sich oft berühren und gegenseitig abflachen. Tüpfelpore schräg spaltenförmig . . *Agathis* (7)

  II. Mit Harzgängen:

    a) H.querschnitt gleichmäßig hell *Picea* (8)

    b) Mit dunkelgefärbtem Kern-H.

      α) Längstracheïden nur mit Hoftüpfel

        0 Zweierlei Markstrahlzellen, Kantenzellen mit zickzackförmigen Verdickungen, die mittleren, parenchymatischen Zellreihen des Markstrahls mit augenlidförmigen Tüpfeln zu den Längstracheïden . . . . *Pinus* (9)

00 Zweierlei Markstrahlzellen, Quertracheïden gehöftbetüpfelt, wie bei Picea, die mittleren Zellreihen des Markstrahls einfach getüpfelt
*Larix* (10)

β) Längstracheïden des Frühholzes neben Hoftüpfeln spiralige Verdickungsleisten . . . . . . *Pseudotsuga* (11)

1. *Abies alba* Miller, *A. pectinata* DC., Tanne, Weißtanne, Edeltanne, Silbertanne: H. gelblich bis rötlich-weiß, Herbst-H.zonen deutlich abgegrenzt mit oft gelbroter Färbung, weich, leicht, sehr leicht und glatt spaltbar, sehr elastisch, aber wenig biegsam und leicht splitternd.

*Anatomie:* Hirn: *Keine* Harzgänge (Unterschied gegenüber Fichte!), nur *einschichtige* Markstrahlen. Spiegel: Die 1—40, meist über 10 Zellreihen hohen Markstrahlen bestehen *nur* aus Parenchymzellen mit dicht einfach getüpfelten Wänden. Die H.strangtracheïden bilden gegen die Markstrahlzellen vor allem im Spät-H.deutliche kleine Hoftüpfel mit schief gestellter schlitzförmiger Pore aus, denen auf seiten der Markstrahlzelle ein gleichgroßer gegenübersteht (Abietineen-Tüpfelung).

*Verwendung:* Im Gruben- und Wasserbau, als Mast-H., für Flußkähne, im Hausbau wie Fichten-H., in der Böttcherei, Schreinerei, zu Möbel- und Blind-H., Zündhölzer und H.draht.

Ausländische Tannenhölzer wie „Sibirische Pechtanne" (*Abies pichta* Forb.), die „Nordmanns-Tanne" (*A. Nordmannia* Spach.), das „Momi-H." (*A. Firma* Sieb. et. Zucc.) können anatomisch von *A. alba* nicht unterschieden werden.

2. *Taxus baccata* L., Gemeine Eibe: H. mit schmalem, weißem bis gelblichem Splint. Kern anfangs tiefrot, an Luft und Licht rötlichbraun oder orangebraun, oft ins bläuliche spielend und feinjährig, d. h. die Jahresringe sehr schmal, sehr schwer, sehr dicht, hart, wenig glänzend, sehr zäh, elastisch, biegsam, gut politurfähig, schwer spaltig, bitter schmeckend.

*Anatomie:* Spiegel: Alle H.tracheïden zeigen neben Hoftüpfeln schraubig angeordnete Verdickungsleisten auf der Innenseite der Wand. H.-parenchym und Harzgänge fehlen. Markstrahlen sind alle einschichtig und nur aus Parenchymzellen bestehend.

*Verwendung:* Tischlerei, Drechslerei, für Luxusmöbel, Pfeifenrohre, Spazierstöcke, Faßhähne usw. Schwarz gebeiztes Eiben-H. ist oft als Ersatz für Eben-H. als „Deutsches Eben-H." verwendet.

3. *Cupressus sempervirens* L., Gemeine Zypresse: H. mit grobwelligen Jahresringen, breitem gelblich oder rötlich-weißem Splint und weißem oder lichtgelbbraunem, oft rötlich geadertem Kern und starkem, eigenartig aromatischem Duft. Das H. ist schwer, hart, dicht, sehr fest, ziemlich leichtspaltig und dauerhaft.

*Anatomie:* Siehe *Juniperus communis* L., dem die anatomischen Verhältnisse gleichen mit dem Unterschied, daß die Markstrahlzellen größer, vor allem breiter sind (im Tangentialschnitt durchschnittlich 16,5 μ hoch und 13,5 μ breit, gegenüber 11 μ und 5,5 μ bei J. communis). Die Markstrahlen sind einschichtig, oft 10 Zellreihen, selten bis 20 Zellreihen hoch. Vereinzelte sind stellenweise zweischichtig. Die Hoftüpfel der H.strangtracheïden gegen die Markstrahlzellen sind kleiner. Die schiefe spaltenförmige Tüpfelpore ist 4,5 μ lang und 1,3 μ breit, der Tüpfelhof hat 7,7 μ Durchmesser. H.parenchym- und Markstrahlzellen enthalten oft lebhaft gelb bis rotbraun gefärbte kugelige, eiförmige, glänzende Ballen bildende Inhaltsstoffe, daneben farbloses bis gelbliches Harz, das sich auch in den Tracheïden findet.

*Verwendung:* Bau-, Tischler-, Drechsler-H., auch zu Weinpfählen.

4. *Juniperus*, Wacholder:
a) *Juniperus communis* L., Gemeiner Wacholder, Machangel, Macholder, Kranawit: H. mit schmalem hellgelben oder rötlich-weißem Splint und gelbbraunem oft rötlichem oder blaßviolettem Kern. Jahresringe grobwellig, engringig und durch das schmale Spät-H. sehr deutlich. Es ist mittelschwer, schwach glänzend, schwerspaltig, biegsam, aber wenig elastisch, feinfaserig, weich, zähe und sehr fest. Der Duft ist angenehm campherartig.

*Anatomie:* Keine Harzgänge, vereinzelte H.-parenchymstränge meist im Spät-H. Markstrahlen nur aus Parenchymzellen, 2—10 Zellreihen hoch, die Zellwände der Markstrahlzellen untereinander sind glatt oder nur spärlich seicht getüpfelt. (Die Querwände der Markstrahlzellen des Tannenholzes sind deutlich und dicht getüpfelt). Die Tüpfelung der H.strangtracheïden gegen die Markstrahlzellen sind deutlich behöfte Hoftüpfel (1—4 pro Tracheïde). Im Früh-H. sind die durchschnittlichen Maße 8,1 μ als größter Tüpfelhofdurchmesser, 6,6 μ als Länge der schiefgestellten schlitzförmigen Tüpfelpore und 3,2 μ als ihre Breite. Markstrahlzellen sind im Mittel 11 μ hoch und 5,5 μ breit auf dem Tangentialschnitt.

*Verwendung:* In der Drechslerei zu Pfeifen, Spazierstöcken, in der Kunsttischlerei zu Einlegearbeiten. Zur Destillation von ätherischem Öl und zum Räuchern von Fleisch.

b) *Juniperus virginiana* L., Virginischer Wacholder, Virginische Ceder, Rote Ceder (Abb. 4): H.

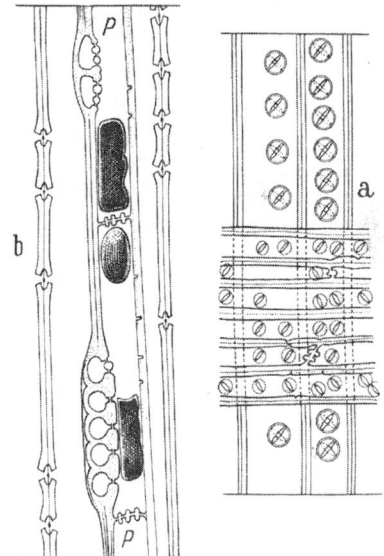

Abb. 4. Virginisches Wachholder. *a* radialer, *b* tangentialer Längsschnitt.

mit schmalem, weißem oder gelblichem Splint und gelblichrotem, dunkelrotem oder bläulichrotem Kern. Jahresringe wellig und deutlich, aber Früh-H. und Spät-H. wenig voneinander verschieden. Das H. ist leicht, weich, sehr leicht spaltbar, dichtfaserig, dauerhaft, gut zu bearbeiten. Es hat einen intensiven, sehr aromatischen Geruch nach Cederncampher, der auf frischer Schnittfläche wieder neu erscheint.

*Anatomie:* Die Anatomie entspricht jener von *Juniperus communis*. Die Tüpfel der H.strangtracheïden gegen die angrenzenden Markstrahlzellen sind aber durchschnittlich kleiner. Der größte Hofdurchmesser ist 6,0 $\mu$, die Tüpfelporenlänge 5 $\mu$ und die Porenbreite 2,1 $\mu$. Alle Zellwände im Kern-H. sind rötlichgelb. Die Markstrahlenzellen haben roten bis bläulichroten Inhalt. Die H.parenchymzellen führen gelbroten bis purpurroten Inhalt. Harzgänge fehlen.

*Verwendung:* Unübertreffliches Bleistift-H., Zigarrenkisten-H., seltener in der Bau-, Kunst- und Möbeltischlerei für wertvollere Zwecke. Sägespäne oft zu Riechkissenfüllungen.

5. *Thuja occidentalis* L., Lebensbaum, weiße Ceder: H. mit schmalem, gelblichweißem Splint und dunkelgelbem bis hellbraunem Kern, der dunklere und hellere ringförmige Zonen aufweist. Jahresringe grobwellig. Markstrahlen sehr fein, aber deutlicher als bei *Juniperus*. Das H. ist sehr leicht, weich, schwer spaltig, fast glanzlos, sehr dauerhaft.

*Anatomie:* Dem Wacholder-H. sehr ähnlich. Die Tüpfel der Früh-H.tracheïden gegen die angrenzenden Markstrahlzellen sind in der Regel schwach behöft. Sie sind durchschnittlich 6,2 $\mu$ lang und 4,6 $\mu$ breit. Das H.parenchym ist stellenweise seltener als bei Juniperus. Im Kern-H. ist der Inhalt der H.-parenchymzellen gelblichbraun, jener der Markstrahlzellen gelblich und teilweise harzig.

*Verwendung:* Im östlichen Nordamerika zu Pfosten, Eisenbahnschwellen, Telegraphenstangen, Zaunpfählen, auch im Haus- und Bootsbau; in Deutschland gelegentlich zu feinen Tischlerarbeiten.

6. *Taxodium distichum* Rich., Sumpfzypresse: H. mit schmalem, 4 cm breitem, hellem Splint und einem mehr oder minder dunklen Kern, bei dessen Farbe aber keine ausgesprochen rötlichen Töne vorkommen, sonst ist die Farbe sehr veränderlich, so gelbbraun, bernsteinfarben, hellorangebraun, tiefbraun, schokoladenfarbig. Das H. wird auch als weiße, gelbe, rote, schwarze Zypresse bezeichnet. Das meist leichte, weiche, nicht feste, aber sehr tragfähige, elastische und außerordentlich dauerhafte H. ist oft auch so schwer, daß es im Wasser untersinkt.

*Anatomie:* Keine Harzgänge. Die Spät-H.zonen sind beiderseits scharf abgegrenzt, die Spät-H.-tracheïden sind auffallend dickwandig mit sehr zahlreichen Hoftüpfeln auch auf den tangentialen Längs-

Reihen von H.parenchymzellen mit gelbbraunem oder rotem gerbstoffhaltigem Inhalt häufig. Markstrahlen bestehen *nur* aus Parenchymzellen, die gegen die H.strangtracheïden mit ansehnlichen Tüpfeln versehen sind. Im Kern-H. findet sich reichliche Harzausscheidung, die auch in die Hohlräume der Tüpfel eindringt.

*Verwendung:* Als Bau- und Werkholz zu Eisenbahnschwellen, Brunnenbauten, Gewächshäusern, Weinfässern usw., auch als Papier-H. (Das sehr poröse und sehr leichte Holz der Wurzelkniee [*Pneumatophoren*] ist oft leichter als Kork und dient zu Schwimmern von Fischnetzen u. a., auch als Papier-H. ausgezeichnet.)

7. *Agathis australis* Salisb., Kaurifichte: H. weißlich-bräunlich mit etwas rötlichem Ton mit deutlich konzentrischen Jahresringen, im radialen Längsschnitt ist es auffallend querstreifig und glänzend. Es ist leicht, elastisch, ziemlich hart, fein- und geradfaserig, sehr fest und dauerhaft, äußerst schwer zu trocknen, schwindet wenig.

*Anatomie:* Harzgänge fehlen. Allmählicher Übergang vom Früh-H. zum Spät-H., letzteres nach außen deutlich, aber wenig scharf abgegrenzt. H.-strangtracheïden zeigen auf den Radialwänden auf ihre Breite ein, meist zwei, seltener drei Hoftüpfel nebeneinander. Die nebeneinanderliegenden Hoftüpfel berühren sich stets und platten sich gegenseitig ab, so daß der Umfang des Hofes polyedrisch wird. Die Tüpfelporen sind schräg spaltenförmig und gekreuzt. H.parenchym in radialen Zellreihen ist vorhanden. Die Markstrahlen sind einschichtig, 1—8 pro Millimeter. Sie bestehen in der Regel aus 2—9 Reihen von Parenchymzellen. Letztere sind 16—36 $\mu$ hoch, dünnwandig, gegenseitig ohne Tüpfel. Die H.strangtracheïden zeigen gegen die benachbarten Markstrahlparemchymzellen auf die Tracheïdenbreite 2—8 schiefgestellte schlitzförmige Tüpfel ohne deutlichen Hof. In den Markstrahlen gelbbrauner Inhalt.

*Verwendung:* Als Werk-, Tischler-, Masten-H., Deck-H. für Schiffe, Fournier-H.

8. *Picea excelsa* Link, Fichte, Rottanne: H. gelblichweiß, oft mit einem Stich ins Gelblichbräunliche, heller als Tannen-H., das etwas rötlich

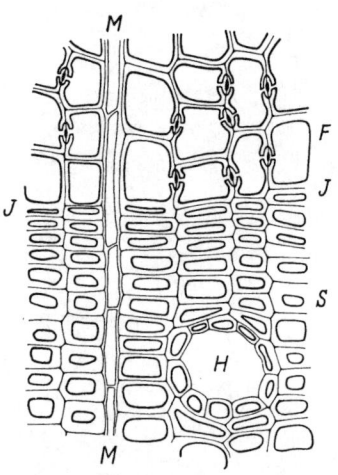

Abb. 5. Fichtenholz, Querschnitt, *J* Jahresring, *F* Frühjahrsholz, *S* Herbstholz, *H* Harzgang.

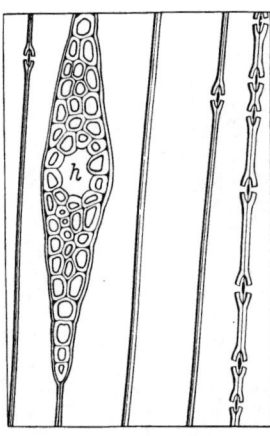

Abb. 6. Fichtenholz, tangentialer Längsschnitt.

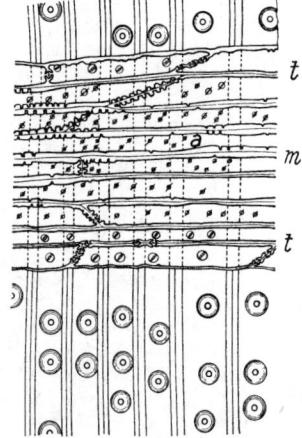

Abb. 7. Fichtenholz, radialer Längsschnitt.

wänden. Die Früh-H.tracheïden sind ausnehmend breit und sehr dünnwandig, so daß auf den radialen Längswänden oft zwei oder drei, oft vier Längsreihen von Hoftüpfeln sich nebeneinander auf die Breite einer Tracheïde finden. Im Spät-H. sind

erscheint, ohne dunkleren Kern. Jahresringe deutlich und kreisförmig. Die „Haselfichte" oder „Zargenfichte", eine Bergform der Fichte, hat tief eingebuchtete Jahresringe. Die genau ineinanderpassenden Einbuchtungen der aufeinanderfolgenden

Jahresringe täuschen oft Markstrahlen vor. Das H. ist leicht, sehr leicht spaltbar, ziemlich elastisch, mittelhart, leicht zu bearbeiten. Fichte schwindet wenig und vergraut an der Luft nicht so leicht wie Tanne.

*Anatomie:* Deutliche Jahresringe (Abb. 5), *J* in den H.strängen. Harzgänge von vorwiegend derb- bis dickwandigen Zellen umgeben (Abb. 5 *H* u. 6 *h*). Markstrahlen meist einschichtig, doch immer einzelne mehrschichtige vorhanden. Die Markstrahlen bestehen aus zweierlei Elementen, einem mittleren Band von Parenchymzellen, das oben und unten selten nur auf einer Seite von Quertracheïden eingesäumt wird (Abb. 7 *m, t*). Diese Quertracheïden (*t*) haben typische Hoftüpfel, während die Parenchymzellen (*m*) einfache Tüpfelung aufweisen. Sehr niedrigere 1—4reihige Markstrahlen bestehen oft nur aus Quertracheïden. Die Wandfläche der Markstrahlparenchymzellen, die an H.strangtracheïden grenzen, hat auch auf der Markstrahlseite einfache Tüpfelung. Von seiten der Tracheïde aus ist aber ein gleichgroßer Hoftüpfel vorhanden, so daß der Flächeneindruck des Tüpfels der eines Hoftüpfels mit schiefstehender schlitzförmiger Pore ist (Abietineentüpfelung). Die mehrschichtigen Markstrahlen führen einen, selten zwei Harzgänge mit dickwandigen Zellen.

*Verwendung:* Billigstes allseitig verwendetes Nutz-H., Papier-H., Ausgangsmaterial für Zellstoff, Kunstfaser, Kunstseide, Zellwolle, für die H.verzuckerung, wichtiges Bau-, Möbel-, Schreiner-, Tischler-, Wagner-H., Zünd-H., Kisten-H., als H.wolle in Leichtbauplatten (Heraklith u. a.). Sägespäne in künstlichen Bodenbelagen. Haselfichten als Resonanzböden.

9. *Pinus:* a) *Pinus silvestris* L., Gemeine Kiefer, Föhre, Weißföhre, Weißkiefer, Rotkiefer: H. mit 5—10 cm breitem, gelblichem oder leicht rötlichem Splint und einem erst an Luft und Licht hervortretendem bräunlichrotem Kern. Früh-H. und Spät-H. sind deutlich und scharf voneinander abgesetzt, die Jahresringe also sehr deutlich und meist etwas wellig. Die Harzgänge sind auf der Hirnfläche als deutliche, helle Pünktchen, auf dem Längsschnitt als Längsstreifchen zu erkennen. Da die Kiefer nur Astquirle ausbildet, sind auf Brettern die Astspuren stockwerkartig angeordnet. (Bei der Lärche sind sie unregelmäßig verteilt.) Das H. ist leicht weich, elastisch, wenig zäh. Die Spaltbarkeit ist geringer als bei Fichte und Tanne. Es schwindet wenig.

*Anatomie:* Sehr deutliche Jahresringe, viele Harzgänge, die von zahlreichen, dünnwandigen Parenchymzellen umgeben sind, von denen der innerste Zellenring, die eigentlichen Epithelzellen, nur aus 4—5 Zellen besteht. Neben einschichtigen auch mehrschichtige Markstrahlen. Die oft sehr breiten Markstrahlen zeigen auf dem radialen Längsschnitt eine Dreiteilung, die oberen und unteren Zellreihen sind Quertracheïden mit mächtiger, meist sehr zackiger Wandverdickung (Abb. 8 *T*). Das mittlere Band besteht aus einer oder mehreren Reihen von dünnwandigen Parenchymzellen. Diese sind gegen die vorbeistreichenden H.strangtracheïden mit breiten, die ganze Weite der Tracheïden einnehmenden augenlidartigen Tüpfeln versehen. Besonders schön zeigt sich diese Tüpfelung im Frühjahrs-H. Im Spät-H. sind es große behöfte Tüpfel mit einer schiefgestellten, schlitzförmigen Pore.

*Verwendung:* Gute Sorten geschätztes Bau-H., auch zu Bahnschwellen, Pfählen, Röhren, Mast-H. Vielfach Material für Bodenbelag, wie Parkett-H. und Riemenböden. Zur Gewinnung von Terpentin und Terpentinöl, Kolophonium, Kienruß.

b) *Pinus montana* Miller, Latsche, Legföhre,

Bergkiefer: Von *Pinus silvestris* unterscheidet sich das H. der Latsche nur durch die viel schmäleren und engeren Jahresringe, wodurch das H. ein sehr gleichmäßiges Aussehen bekommt. Damit steht auch im Zusammenhang die sehr große Härte und der große Harzreichtum und vor allem die sehr große Schwere dieses Holzes, das lufttrocken ein spez. Gewicht von 0,83 aufweist. Es ist auch schwer spaltbar. Wirtschaftlich ist das H. ohne Bedeutung, gelegentlich zu Schnitz- und Drechslerarbeiten in den Alpenländern.

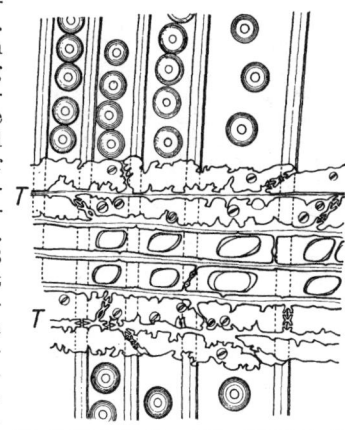

Abb. 8. Kiefernholz, radialer Längsschnitt

c) *Pinus laricio* Poiret var. *austriaca* Endlicher = *P. austriaca* Höss., Schwarzkiefer, Österreichische Kiefer: Das H. entspricht dem von *P. silvestris*, unterscheidet sich von ihm durch den breiten Splint, dessen Mächtigkeit ½ bis ²/₃ des Radius ausmachen kann. Außerdem hat es H. zahlreichere Harzgänge. Es ist weich, elastisch, fest, etwas schwerspaltig und harzreich.

*Anatomie:* Gleich jener von *P. silvestris*. Der Markstrahl-Koeffizient, d. h. das Verhältnis zwischen der Zahl (a) der äußeren, aus Tracheïden bestehenden Zellreihen und der Menge (i) der inneren parenchymatischen Zellreihen der Markstrahlen, ist für Markstrahlen mit 4—13 Zellreihen bei der Schwarzkiefer meist größer als 1 (im Mittel 1,47), bei der gemeinen Kiefer kleiner als 1 (im Mittel 0,87).

*Verwendung:* Wie *P. silvestris*, vor allem für Erd- und Wasserbau.

d) *Pinus cembra* L., Zirbelkiefer, Zirbe, Zürbe, Arve: H. mit schmalem gelblichem Splint und anfangs sehr hellem, rötlichem, an Luft und Licht schnell nachdunkelndem Kern. Jahresringe gleichmäßig und eng. Eingewachsene Äste sind schön rot bis rotbraun. Das H. ist sehr weich, leicht, ziemlich leichtspaltig, wenig fest und elastisch, sehr dauerhaft und angenehm harzig riechend.

*Anatomie:* Das Früh-H. geht allmählich in das Spät-H. über, letzteres ist in schmalen Jahresringen schwach entwickelt. Es sind zahlreiche große Harzgänge vorhanden. Die Tangantialwände der englumigen Spät-H.tracheïden zeigen zahlreiche Hoftüpfel. Die den Markstrahl oben und unten begrenzenden Quertracheïden zeigen keine zackigen Wände. Das mittlere Band der Markstrahlen besteht aus Parenchymzellen, die gegen die vorbeistreichenden H.strangtracheïden auf deren Breite einen, meist aber zwei, manchmal auch drei augenlidähnliche Tüpfel von verschiedener Größe aufweisen. Im Kern-H. findet sich oft farbloses oder gelbliches Harz.

*Verwendung:* Die schön gezeichneten, gemaserten Bretter sind beliebte Vertäfelungen, sonst begehrt für die Schnitzerei, H.bildhauerei, Kunsttischlerei und den Möbelbau.

e) *Pinus palustris* Miller, Parkettkiefer, Pitschpine, Sumpfkiefer, Besenkiefer: H. mit mehr oder minder dickem, hellem Splint und gelbrotem bis rotbraunem Kern. Die Spät-H.schichten dunkel und deutlich abgegrenzt. Es ist schwer, weich bis hart, sehr zäh und fest, schwer zu bearbeiten, oft stark verkient, gut zu polieren und angenehm nach Harz duftend. Es wirft sich nicht.

*Anatomie:* Die Quertracheïden des Markstrahls zeigen in ihren Wänden zahlreiche Zacken, die oft in schmale, oben abgerundete Fortsätze verlängert sind. Gegenüberliegende Zacken stehen oft durch zarte Verbindungsleistchen miteinander in Zusammenhang. Die Wände der Markstrahlparenchymzellen sind gegen die H.strangtracheïden mit ein bis vier, in der Regel mit drei großen linsenförmigen, meist undeutlich behöften Tüpfeln auf die Breite der Langtracheïden bestanden. Die in der Regel kleinen Harzgänge sind ungleich verteilt, hauptsächlich in der mittleren Jahresringzone, oft stehen sie zu dreien. Markstrahlparenchymzellen und Längstracheïden führen vor allem im Kern-H. oft Harz.

*Verwendung:* Im Schiffsbau, Gewächshausbau, zu Eisenbahnwagen, in der Kunst- und Möbeltischlerei, vor allem in gemaserten Stücken.

*f) Pinus Strobus* L., Weymouthkiefer, Strobe: H. mit schmalem, gelblichweißem Splint und gelbrotem bis braunem Kern, dessen Färbung in der Mitte heller ist als in den Randzonen des Kernholzes, was das H. von dem der *P. cembra* unterscheidet. Außerdem sind die Jahresringe breiter als bei der Zirbe. Die Harzgänge sind groß und sehr zahlreich. Das leichte H. ist sehr weich, leicht spaltig, leicht zu bearbeiten. Gefirnißt bekommt das Kern-H. ein schönes Mahagonibraun mit starkem Seidenglanz.

*Anatomie:* Dem H. von *Pinus cembra* (d) sehr ähnlich. Markstrahlen zahlreich, 9—14 auf 1 mm. Harzzüge sehr zahlreich, im rötlichen H. weißlich herausleuchtend.

*Verwendung:* Bau-, Masten-, Kisten-H. in der Möbeltischlerei und zur H.wollfabrikation, auch zur Zellstoffgewinnung.

*10. Larix europaea* D. C., Gemeine Lärche: H. mit schmalem, 1,5—3 cm breitem, gelblichem, oft rötlichweißem Splint und braunrotem, oft hellkarminrotem Kern. Das Späth-H. ist auf beiden Seiten scharf abgegrenzt und dunkel gefärbt. Es ist mittelschwer, weich, gut und leicht spaltbar, elastisch, sehr fest, außerordentlich haltbar und schwindet wenig.

*Anatomie:* Ähnelt sehr stark dem Fichten-H. Die Harzgänge sind ziemlich spärlich, die Radialwände der Früh-H.tracheïden zeigen häufig „Zwillingstüpfel", d. h. auf die Breite der Tracheïde zwei Tüpfel nebeneinander. Die Markstrahltracheïden sind meist allseits glattwandig, höchstens auf der Innenseite gezähnelt.

Unterscheidung von „*Fichte*" und „*Lärche*" nach *Burgerstein.*

I. Zwillingstüpfel sind nicht vorhanden.
  A. Radialer Durchmesser der Früh-H.tracheïden: 20—40 μ; mittlere Höhe der Markstrahlen (im Tangentialschnitt der H.körper): 7 bis 11 Zellen.
    a) Höhe der Markstrahlzellen: 17—20 μ; etwa 20% aller Markstrahlen sind über 10 Zellen hoch: *Stamm-H.* der *Fichte.*
    b) Höhe der Markstrahlzellen: 20—24 μ.
      1. Querdurchmesser der Hoftüpfel der H.strangtracheïden meist 21—26 μ; größte Markstrahlhöhe 30 Zellen: *Wurzel-H.* der *Fichte.*
      2. Querdurchmesser der Hoftüpfel der H.strangtracheïden meist nur 14 bis 22 μ. Parenchymzellen der Markstrahlen im Kern-H. mit Harz gefüllt: *Stamm-H.* der *Lärche.*

  B. Radialer Durchmesser der Früh-H.tracheïden: 15—30 μ; mittlere Höhe der Markstrahlen nur 4,5—7 Zellen, größte 20 Zellen: *Fichten- oder Lärchen-Ast-H.*

II. Zwillingstüpfel sind vorhanden:
  A. Radialer Durchmesser der Früh-H.tracheïden 20—40 μ; Markstrahlparenchym meist harzfrei.
    a) Höhe der Markstrahlzellen: 17—20 μ; Querdurchmesser der Hoftüpfel der H.-strangtracheïden auch kleiner als 19 μ Zwillingstüpfel meist vereinzelt: *Stamm-H. der Fichte.*
    b) Höhe der Markstrahlzellen: 20—26 μ; Querdurchmesser der Hoftüpfel der H.-strangtracheïden nicht unter 19 μ herabsinkend; Zwillingstüpfel vereinzelt bis zahlreich: *Wurzel-H. der Fichte.*
  B. Radialer Durchmesser der Früh-H.tracheïden 40—60 μ; Parenchymzellen der Markstrahlen im Kern-H., meist mit Harz gefüllt.
    a) Höhe der Markstrahlzellen: 20—23 μ; mittlere Höhe der Markstrahlen: 9—13 Zellen. Querdurchmesser der Hoftüpfel der H.strangtracheïden auch kleiner als 20 μ: *Stamm-H. der Lärche.*
    b) Höhe der Markstrahlzellen: 24—30 μ; mittlere Höhe der Markstrahlen 7—9, größte 30 Zellen; Querdurchmesser der Hoftüpfel der H.strangtracheïden nicht kleiner als 20 μ: *Wurzel-H. der Lärche.*

*11. Pseudotsuga Douglasii* Carr., Douglastanne: H. mit nicht über 5 cm breitem, weißem Splint und anfangs gelblichem bis hellbraunem Kern, der an Luft und Licht schnell nachdunkelt und lärchenartig wird. Die bis 8 mm breiten Jahresringe sind deutlich abgesetzt, der Spät-H.anteil ist groß. Das H. ist ziemlich schwer und hart, sehr fest und elastisch, schwindet stark.

*Anatomie:* Harzgänge vorhanden. Die Grenze zwischen dem sehr mächtigen, dickwandigen Spät-H. und dem dünnwandigen, großlumigen Früh-H. ist sehr auffällig. Die äußersten Zellen des Spätholzes sind vereinzelt Parenchymzellen mit dünneren Wänden, plasmatischem, manchmal körnigem Inhalt. Alle Früh-H.tracheïden, teilweise auch jene des Spätholzes, weisen zarte, schraubige Verdickungsleistchen auf der inneren Wandseite auf. Auf den großen Hoftüpfeln der Frühjahrstracheïden ist manchmal eine radiär angeordnete Strichzeichnung zu erkennen. Markstrahlen haben eine obere und untere Kante von Quertracheïden, die auch äußerst zarte schraubig verlaufende Leistchen auf der Innenseite der Wände zeigen. Der mittlere Teil des Markstrahles besteht aus einfach getüpfelten Parenchymzellen. Die mehrschichtigen Markstrahlen führen in der Regel einen zentralen Harzgang.

  B. Neben Tracheïden sind Tracheen (echte Gefäße) und H.fasern (Libriform) vorhanden.
    I. Das H. umschließt ein zentrales Mark: *Dikotyledonae* (Laubhölzer).
    II. Leitbündel im Grundgewebe zerstreut: *Monokotyledonae.*

## Laubhölzer.

A. *Ringporige Laubhölzer.*
Jeder Jahresring beginnt mit einer oft scharf hervortretenden Zone weiter Tracheen, die im Querschnitt meist mit freiem Auge (seltener erst unter der Lupe) als deutliche Poren unterscheidbar sind. In Längsschnitten bilden die Tracheen auffällige Längsfurchen, welche das H. zonenweise grob „nadelrissig" erscheinen lassen. Die übrigen Gefäße sind mehr oder weniger unvermittelt

enger, im Querschnitt mit freiem Auge nicht mehr als Poren erkennbar, regellos zerstreut oder stellenweise zusammengedrängt. Im letzteren Falle zeigt das H. im Querschnitt helle, in jedem Jahresring bzw. in gewissen Abständen sich wiederholende Zeichnungen. Zuweilen sind diese erst mit der Lupe wahrnehmbar.

a) Zwischen den Porenzonen helle nach außen zu (gegen die Rinde) oft verbreiterte Radialstreifchen, zu den Markstrahlen parallel oder schräg verlaufend, mitunter verzweigt, eine zierliche, „geflammte Zeichnung" bewirkend: Edelkastanie (*Castanea*), ringporige Eichen (*Quercus*), Weinrebe (*Vitis*).

b) Zwischen den Porenzonen helle, zuweilen unterbrochene Querstreifchen: Ulme, (*Ulmus*), Zürgelbaum (*Celtis*), Götterbaum (*Ailanthus*), Judasbaum (*Cercis*), Goldregen (*Cytisus*).

c) Zwischen den Porenzonen helle Pünktchen, zuweilen im Spät-H. der Jahresringe zu kurzen Quer- und Schrägstreifchen zusammenfließend oder keine auffällige Zeichnung bildend.

α) Ringporigkeit schon mit freiem Auge oder doch bei mäßiger Lupenvergrößerung auffällig.

*1. H. hell splintfarben, oft etwas gelblich oder rötlich: Hickory (*Carya*), Götterbaum (*Ailanthus*), gemeine Esche (*Fraxinus*), Blumenesche (*Fraxinus*).

*2. H. hellgrau bis hellbraun oder gelbbraun bis dunkelbraun: Hickory (*Carya*), Maulbeere (*Morus*), Goldregen (*Cytisus*), Schotendorn (*Robinia*), Teak-H. (*Tectonia*), Kiri-H. (*Paulownia*), Sassafras.

*3. H. zimtbraun: Cedrela-H.

*4. H. goldgrün: Judasbaum-H. (*Cercis*), Fiset-H. (*Cotinus coccygria = Rhus cotinus*).

*5. H. rosenrot: Brasilianisches Rosen-H. (*Physocalymma scaberimum* Pohl).

*6. H. hell- bis tief-rötlichbraun: Prunushölzer.

*7. H. hellviolett bis violettbraun: „Palisander-H." z. T. „*Jacaranda cabiuna*", Brasilianisches Rosen-H. (*Dahlbergia nigra*); Ostindisches Palisander-H. (*Dahlbergia*?).

β) Ringporigkeit erst bei starker Lupenvergrößerung festzustellen.

† Breite der Markstrahlen größer als die Weite der Früh-H.gefäße, H. gelb: Sauerdorn-H. (*Berberis vulgaris*).

†† Breite der Markstrahlen der Weite der Früh-H.gefäße gleich oder schmäler:

* Kern-H. fehlend oder hellbraun: Rainweiden-H. (*Ligustrum vulgare*), Bein-H. (*Lonicera xylosteum* L.).

** Kern-H. hellviolett: Flieder (*Syringa vulgaris* L.).

*** Kern-H. rot: Faulbaum-H. (*Rhamnus frangula* L.).

B. *Zerstreutporige Laubhölzer.*
Die Weite und meist auch die Zahl der Gefäße nehmen innerhalb des Jahresringes vom Früh-H. zum Spät-H. allmählich ab; besonders dann, wenn die Jahresringe undeutlich oder überhaupt nicht kenntlich sind, sind Weite und Zahl der Gefäße nur wenig oder nicht verschieden im Früh- und Spät-H. Die Gefäße können gleichmäßig verteilt oder in Reihen oder Gruppen geordnet sein. Im letzteren Falle entstehen mehr oder weniger auffällige Zeichnungen.

Die Gefäße sind bei manchen Hölzern als deutliche Poren sichtbar, bei anderen erst unter der Lupe kenntlich. Eine scharfe Grenze zwischen „ringporigen" und „zerstreutporigen" Laubhölzern besteht in der Natur nicht, so daß es sich in manchen Fällen empfiehlt, sowohl in Abteilung A wie B nachzusehen.

I. Alle oder doch viele Markstrahlen im Querschnitt des Holzes breiter als der Querdurchmesser der meisten Gefäße und hier oft schon mit freiem Auge sichtbar, zuweilen sehr auffällig.

a) Markstrahlen ungefähr gleich breit und nahe beisammen; Abstände zwischen ihnen wenig ungleich.

α) Gefäße auf bogig verlaufende helle Querzonen beschränkt: *Proteaceen*-hölzer.

β) Gefäße nicht auf Querzonen beschränkt, doch in den Jahresringen im Früh-H. meist zahlreicher. H. gelblich bis hellbraun.

* Im Querschnitt auffällig gezeichnet
† für das freie Auge sichtbar: Zerstreutporige Eichenhölzer (*Quercus*).

†† Erst unter der Lupe sichtbar: Kasuarinahölzer (*Casuarina* L.).

** Im Querschnitt nicht auffällig gezeichnet
† Markstrahlen derb, auf allen Schnitten in die Augen fallend: Platanen-H. (*Platanus orientalis* L. und *P. occidentalis* L.).

†† Markstrahlen feiner, zuweilen erst mit der Lupe sichtbar:

1. H. hell splintfarben, dabei etwas gelblich oder rötlich: Stechpalmen-H. (*Ilex aquifolium* L.), Pimpernuß (*Staphylea pinnata* L.) Ahorn-H. (*Acer* L.), Buma-H. (Kapok) (*Ceiba pentandra* [L.] Gärtn.), Barringtonia-H. (*Barringtonia spec.* Forst.), Hartriegel-H. (*Cornus* L.).

2. H. gelblich bis ockergelb: Westindisches Seiden-H. (*Fagara flava* [Vahl] Krug et Urb.), Ostindisches Seiden-H. (*Chloroxylon Swietenia* A.D.C.), Hollunder-H. (*Sambucus nigra* L.).

3. H. hellbraun: Traubenkirschen-H. (*Prunus Padus* L.).

4. H. hell rötlichgelb oder heller bis tiefer rötlichbraun: Zwetschgen-H. (*Prunus domestica* L.), Vogelkirschen-H. (*Prunus avium* L.), Bosambi-H. (*Uapaca Staudtii* Pax.), Baumheiden-H. (*Erica arborea* L.).

5. H. kupferrot, Markstrahlen oft weißlich: Bosé-H. (*Staudtia Kamerunensis* (Warb.).

6. H. dunkelbraun und schwarz geadert: Ziricota-H.

b) Breite, schon dem freien Auge sichtbare Markstrahlen nicht nahe beisammen, sondern um ungleiche, bis 0,5 cm messende oder auch breitere Abstände voneinander entfernt. In den Zwischenräumen schmale, erst mit der Lupe sichtbare Markstrahlen.

α) Breite Markstrahlen scharf hervortretend, unter der Lupe von gleichmäßig dichtem Gefüge: Casuarina-H. (*Casuarina* L.), Rotbuchen-H. (*Fagus silvatica* L.).

β) Breite Markstrahlen oft weniger auffallend, unter der Lupe in schmale Parallelstreifchen sich auflösend: Erlen-H. (*Alnus*), Gemeines Hasel-H. (*Corylus avellana* L.), Baumhasel-H. (*Corylus colurna* L.), Weißbuchen-H. (*Carpinus betulus* L.).

II. Markstrahlen schmäler oder doch nicht breiter als die Gefäße, im Quer- wie im Tangentialschnitt des Holzes mit freiem Auge zuweilen noch wahrnehmbar, meist aber unkenntlich, oft äußerst fein, bei manchen ausländischen Hölzern auf der Tangentialfläche in Querzonen geordnet und hier (unter der Lupe) eine feine Querstreifung bewirkend.

a) Die Querschnittsfläche zierlich „geflammt", zeigt helle radiale, oft flammenartig verzweigte Streifchen, gewöhnlich auch konzentrische, das Früh-H. der Jahresringe bezeichnende helle Querzonen: Kreuzdorn-H. (*Rhamnus cathartica* L.), Hopfenbuchen-H. (*Ostrya carpinifolia* Scop.).

b) Die Querschnittsfläche zeigt schon dem freien Auge oder doch unter der Lupe zahlreiche gröbere oder äußerst feine, oft wellige und einander sehr genäherte Querstreifchen, meist auf längere Strecken hin ununterbrochen verlaufend, seltener stellenweise nur kurz oder in Punktreihen aufgelöst, meist hell auf dunklem Grund (seltener umgekehrt) und an Gefäße sich ansetzend oder solche einschließend; im Längsschnitt bei kräftiger Ausbildung schmale Längsstreifen oder unregelmäßige, oft zackig verlaufende Querbinden bildend. Gefäße mitunter durch Kernstoff verstopft.

α) H. hell splintfarben, dabei etwas gelblich, grünlich, rötlich oder bräunlich.
　† Querstreifchen sehr zart: Casuarina-H., Nußbaum-H. (*Albizza*), Bosav-H. (*Pachylobus edulis* Don.), Kaukas. Flügelnuß-H. (*Pterocarya fraxinifolia* Spach.), Bokuka-H. *Alstonia congensis* Engl.), Nukonja-H. (*Terminalia superba* Engl. et Diels).
　†† Querstreifchen derber, schon mit freiem Auge sichtbar.
　　* Hirnfläche sehr auffällig gezeichnet, einem lockeren, weißlichen Fadengewebe ähnlich: Bongele-H. (*Sterculia oblonga* Mart.).
　　** Hirnfläche anders gezeichnet: Bonjanga-H., Sisako-H.

β) H. heller oder dunkler gelb bis rötlichgelb oder satt gelbbraun.
　† Markstrahlen auf der Hirnfläche scharf hervortretend, mit den Querstreifchen ein sehr auffälliges System einander kreuzender weißlicher Linien bildend: Bongele-H. (*Sterculia oblonga* Mart.).
　†† Markstrahlen wenig hervortretend bis unkenntlich: Echtes Gelb-H. (*Chlorophora tinctoria* Gaudich), Wulée-H. (*Coula edulis* Baill.), Odumbaum-H. (*Chlorophora ex-*

*celsa* (Welw.) Benth. und Hook.). Erundu-H. (*Piptadenia africana* Hook. fil.), Kombolo-H. (*Pentaclethra macrophylla* Benth.), Bongongi-H. (*Fillaeopsis discophora* Harms), Afzelia-bijuga-H., Afrikanisches Grenadille-H. (*Diospyros*), Gelbes Mahagoni-H., Irvingia-H. (*Irvingia gabonensis* Boillon), Sisako-H., Afrikanisches Seiden-H., Lapacholhölzer (*Tecoma ipé* Mart.).

γ) H. auf frischen Schnittflächen heller oder dunkler rot, mitunter längsstreifig.
　† Markstrahlen sehr fein, im Tangentialschnitt in Querreihen: Afrikanisches Rot-H. (*Baphia nitida* Afzel.), Rotes Sandel-H. (*Pterocarpus santalinus* L.), Muenge-H. (*Pterocarpus Soyauxii* Taub.), Afrikanisches Rosen-H. (*Pterocarpus erinaceus* Poir.), Rotviolettes Königs-H.
　†† Markstrahlen im Tangentialschnitt nicht in Querzonen: Blau-H. (*Haematoxylon campechianum* L.).

δ) H. heller oder dunkler rötlichbraun (mahagonifarben), hell bis tief violettbraun oder fast kupferrot bis tief rotbraun.
　† Markstrahlen im Tangentialschnitt in Querreihen: Padoukhölzer (*Pterocarpus*-Arten), Palisander-H. (*Dalbergia nigra*), Rebhuhn-H. (*Andira inermis* Kunth.).
　†† Markstrahlen im Tangentialschnitt nicht in Querreihen:
　　* Querstreifen der Hirnfläche schmäler als die Gefäße weit.
　　　0 Querstreifen äußerst zart, nur mit stark vergrößernder Lupe sichtbar: Pferdefleisch-H. (*Swartzia tomentosa* D.C.).
　　　00 Querstreifchen gröber, oft schon mit freiem Auge deutlich:
　　　　: Gefäßinhalt weiß: Bongosi-H. (*Lophira alata* Banks.)
　　　　:: Gefäßinhalt dunkelrot bis schwarz: Rolo Mahagoni (*Dysoxylon fraserianum* Benth.).
　　　　::: Gefäßinhalt nicht auffällig: Calophyllum-H.
　　** Querstreifen der Hirnfläche breiter als die Gefäße weit, vielfach unterbrochen: Cachon-

ε) H. bzw. Kern-H. tief rotviolett oder dunkel braunviolett bis schwarzviolett, Gefäße mitunter durch Kernstoff verstopft: Machaerium-H. (*Machaerium violaceum* Vogel), Afrikanisches Grenadille-H. (*Diospyros*arten), Rebhuhn-H. (*Andira inermis* Kunth), Königs-H. von Madagaskar.

ζ) H. bzw. Kern-H. rein braun.
　† H. gleichmäßig gefärbt, Querstreifchen derb: Odumbaum-H. (*Chlorophora excelsa* (Welw.) Benth. et Hook fil.).

†† H. abwechselnd heller und dunkler gezont, Querstreifchen sehr zart, Gefäße meist durch Kernstoff verstopft: Westindisches Grenadille-H. (*Brya ebenus* D.C.), Nußbaum-H. (*Albizzia*), Schwarznuß-H. (*Juglans nigra* L.), Ebenhölzer (*Diospyros*-Arten u. a.).

η) H. durchaus oder überwiegend schwarz, Querstreifung der Hirnfläche wenig deutlich: Ebenhölzer (*Diospyros*-Arten).

c) Auf der Hirnfläche des Holzes sind meist schon mit freiem Auge oder doch mit der Lupe feine bis derbe, die Gefäße einschließende, helle Pünktchen bzw. hell behöfte Poren sichtbar, mitunter in kurze Queroder Schrägzeilen geordnet oder zu solchen verbunden; außerdem nicht selten einzelne helle konzentrische Querlinien in wechselnden, oft weiten Abständen und ungleichmäßiger Verteilung.

α) Die hellen Pünktchen oder Streifchen ziemlich gleichmäßig über die Querschnittsfläche verteilt oder zonenweise spärlicher; Schrägstreifchen überwiegen nicht.

† H. im Längsschnitt nicht auffallend dunkel (schwärzlich) gestreift (,,geadert'') oder gefleckt:

1. H. hell splintfarben oder schwach gelblich, grünlich, rötlich oder bräunlich: Schirmbaum-H. (*Musanga Smithii* R. Brown), Lorbeerbaum-H. (*Laurus nobilis* L.), echtes Quassia-H. (*Quassia amara* L.), Quassia-H. von Jamaika (*Picrasma excelsa* [Swartz.] Planch.), Orangenbaum-H. (*Citrus aurantium* L.), Elangobaum-H.

2. H. stellenweise gelblich mit rötlichgrauem oder grünlichem Tone: Sisako-H.

3. H. lichtgelb, grünlichgelb bis sattgelb: Erundu-H. (*Piptadenia africana* Hook. fil.), Kombolo-H. (*Pentaclethra macrophylla* Benth.), Bongongi-H. (*Fillaeopsis discophora* Harms.), Boco-H. (*Inocarpus edulis* Aubl.), Maracaibo-Gelb-H., Gelbes Mahagoni-H., Ostindisches Seiden-H. (*Chloroxylon Swietenia* A.D.C.), Westindisches Seiden-H. (*Fagara flava* [Wahl.] Krug et Urb.), Buchshölzer (*Buxus*), Moa-H. (*Flindersia australis* R. Br.).

4. H. hellbraun bis asphaltbraun: Grünherz-H. (*Nectandra Rodioei* [Schomb.] Hook.), Lorbeerbaum-H. (*Laurus nobilis* L.), Mkweo-H. (*Tylostemon Kweo* Mildbr.).

5. H. grünlichbraun bis heller oder tiefer gelbbraun: Grünherz-H., (*Nectandra Rodioei* [Schomb.] Hook.), Afzelia bijuga-H., Boémbe-H., Grünes Eben-H. (*Diospyros chloroxylon* Roxb.), Lapacholhölzer (*Tecoma ipé* Mart.).

6. H. rötlichgelb: Orange-H., Westafrikanisches Gelb-H. (*Enantia chlorantha* Oliv.).

7. H. rötlich-grau bis heller oder tiefer rötlichbraun: Adenanthera-H. (*Adenanthera pavonina* L.), Borneo-H., Afzelia bijuga-H., Guara-H., Java-H., Olea-H., Oleovermello-H.

8. H. hellrötlich (lachsfarben) bis licht schokoladebraun: Wula-H. (*Coula edulis* Baill.), Borneo-H., Tanda-H. (*Rhizophora mangle* L.), Katappenbaum-H. (*Terminalia catappa* L.).

9. H. rosenrot (Kern-H.): Bobai-H. (*Albizzia Weltwitschii* Oliv.).

10. H. fleischrot bis tief blutrot: Rotes Quebracho-H. (*Schinopsis balansae* Engl.).

11. H. tief gelbrot bis kupferrot (auf frischer Schnittfläche): Pernambuk-H. (*Caesalpinia echinata* Lam.), Westindische Rothölzer (*Caesalpinia*), Sappan-H. (*Caesalpinia sappan* L.), Bopande-H. (*Uvaria Büsgenii* Diels), Bopé-H.

12. H. lebhaft rotbraun (nach ,,Veilchenwurzel'' duftend): Veilchen-H. (*Acacia homalophylla* A. Cunn).

13. H. violett (auf frischer Schnittfläche bräunlich): Amarant-H. (*Copaifera bracteata* Benth.), Blauviolettes Königs-H.

14. H. schokoladebraun bis schwarzbraun: Ostindisches Nußbaum-H. (*Albizzia*), Vacapon-H. (*Andira excelsa* H.B. et K.).

15. H. olivenbraun bis dunkelschwarzgrün (Kern-H.): Pock-H. (*Guajacum officinale*) u. a.

†† H. der Länge nach auffallend dunkel bis schwarz gestreift (,,geadert''):

1. H. lichtbraun (gelblich oder rötlich): Zebra-H. (*Centrolobium robustrum* Mart.), Oliven-H. (*Olea europaea* L.).

2. H. gelb: Palmyra-H.

3. H. grünlich- bis rötlichgelb, violett nachdunkelnd: Brasilianisches Gold-H. I.

4. H. gelbrot, Gefäße z. T. durch Kernstoff verstopft: Cocobolo-H. (*Lecythis costaricensis* Pithier).

5. H. mattes oder lebhaftes Braun:
   * Gefäße meist durch Kernstoff verstopft: Westindisches Grenadille-H. (*Brya ebenus* A.D.C.).
   ** Gefäße immer offen: Barsino-H.

6. H. dunkelzimtbraun: Zebra- oder Tigerhölzer (*Centrolobium robustum* Mart.)

7. H. hell bis dunkel violettbraun oder tief rötlichbraun: Dalbergia nigra-H., Palisanderhölzer, Cocobolo-H. (*Lecythis costaricensis* Pithier).

††† H. im Längsschnitt durch breite dunkle Querstreifen auffallend gescheckt, etwa an eine Schlangenhaut erinnernd, rötlichbraun: Lettern-H. (*Brosimum Aublettii* Poepp.).

β) H. im Querschnitt eigenartig „geflammt", durch meist schon dem freien Auge sehr auffällig helle, die Gefäße enthaltende Pünktchen, die vorwiegend in schräge Reihen geordnet sind und deren Richtung in den nämlichen oder in aufeinanderfolgenden Querzonen häufig wechselt. Diese Querzonen sind außerdem meist durch dunkle Grenzzonen geschieden, die durch spärliches Vorkommen oder vollständiges Fehlen der hellen Pünktchen entstehen.

† Markstrahlen auf der Tangentialfläche nicht in Querreihen: Eucalyptushölzer (*Eucalyptus* L.Herit. und Verwandte), Erundu-H. (*Piptadenia africana* Hook fil.), Kombolo-H. (*Pentaclethra macrophylla* Benth.), Bobai-H. (*Albizzia Welwitschii* Oliv.), Orange-H., Dschungel-H.

†† Markstrahlen auf der Tangentialfläche quer gereiht, diese daher fein querstreifig: Vera-H. (*Bulnesia arborea* Engl.).

d) H. auf der glattgeschnittenen Querschnittfläche zwischen den Markstrahlen weder für das freie Auge noch bei Lupenbetrachtung mit hellen Pünktchen oder Streifchen. In jedem Falle erscheinen die Gefäße als unbehöfte gröbere oder feinere (selten verstopfte) Poren. Nur bei Herstellung oder Glättung der Hirnfläche mit nicht hinlänglich scharfem Messer oder Hobel sowie bei Anwendung der Feile können auch hier helle Zeichnungen entstehen, besonders bei härteren Hölzern.

α) Gefäße auf der glatten Hirnfläche des Holzes schon mit freiem Auge als deutliche Poren unterscheidbar. Längsschnittflächen meist sehr auffällig „nadelrissig".

†1. H. hell splintfarben oder etwas gelblich, grünlich oder bräunlich: Entandrophragmahölzer (*Entandrophragma*-Arten), Elangomba-H., Narrata-H., Buma-H., Kapok-H. (*Ceiba pentandra* [L] Gärtn.), Campherbaum-H. (*Cinnamomum camphora* [L] Nees e Eberm.).

†2. H. hell gelbbraun bis ockerbraun: Para-Nuß-H., Mukonja-H. (*Terminalia superba* Engl. et Diels.), Campherbaum-H. (*Cinnamomum camphora* [L] Nees e Eberm.).

†3. H. sattgelb bis orangegelb: Brasilianisches Gold-H. II, Vinhatico-H. (*Enerolobium ellipticum* Benth.).

†4. H. hellgrau oder rötlichgrau bis heller oder tiefer braun: Nußbaum-H., Schwarznuß-H. (*Juglans nigra* L.), Kombo-H. auch Bokondaholz (*Pycanthus Kombo* [Baill.] Warb.), Amber-H. (*Liquidambar styracifluum* L.), Adenanthera-H. (*Adenanthera pavonina* L.), Bosambi-H. (*Upaca Staudtii* Pax.), Jamaika-Nuß-H. auch Ubita-H.,

Njabi-H. (*Mimusops djave* [Laness] Engl.).

†5. H. hell rötlich, lichter oder dunkler zimtbraun oder gelbrot bis kupferfarben: Bopande-H. (*Uvaria Büsgenii* Diels.), Kombo-, auch Bokonda-H. (*Pycanthus Kombo* [Baill.] Warb.), Adenanthera-H. (*Adenanthera pavonina* L.), Bosipi-H. (*Oxystigma Mannii* Harms), Okumé-H. (*Aucoumea Kleineana* Pierre), Gambia - Mahagoni (*Khaya*-Arten), Sapele-Mahagoni (*Entandrophragma*-Arten), Amerikanisches Mahagoni, Afrikanisches Mahagoni, Bombé-H., Nduku-H., Timbamundi-H., Afrikanisches Birn-H.

β) Gefäße auf der glatten Hirnfläche des Holzes meist erst unter der Lupe als deutliche Poren unterscheidbar, zuweilen äußerst eng (in letzterem Falle die Längsschnittfächen für das freie Auge nicht oder kaum „nadelrissig").

†1. H. von heller Splintfärbung, dabei oft etwas gelblich, rötlich, bräunlich:

* Breite der Markstrahlen auf der Hirnfläche größer als die Weite der meisten Gefäße: Hülsenbaum-H. (*Ilex aquifolium* L.), Pimpernuß-H. (*Staphylea pinnata* L.), Ahorn-H. (*Acer*-Arten), Prunushölzer (Splint-H.).

** Breite der Markstrahlen auf der Hirnfläche der Gefäßweite ungefähr gleich:

0 Markstrahlen nur mehrere Gefäßweiten voneinander entfernt: Weißes Sandel-H. (*Santalum album* L.), Ostafrikanisches Sandel-H. (*Osyris tenuifolia* Engl.), Linden-H. (*Tilia*-Arten), Kornelkirschen-H. (*Cornus mas.* L.), Rotes Hartriegel-H. (*Cornus sanguinea* L.), Blumenhartriegel-H. (*Cornus florida* L.), Splint-H.

00 Markstrahlen sämtlich oder doch zum großen Teil einander sehr genähert und sehr fein, Gefäße sehr eng: Spindelbaum (*Evonymus europaea* L.), Roßkastanien-H. (*Aesculus hippocastaneum* L.), Splint-H. von Birnbaum (*Pirus communis*), Apfelbaum (*Malus communis* Lam.), Elsbeerbaum (*Sorbus torminalis* Crantz), Vogelbeerbaum (*Sorbus aucuparia* L.), Weißdorn (*Crataegus oxyacantha* L.), Gemeines Schneeball-H. (*Viburnum opulus* L.), Wollig. Schneeball-H. (*Viburnum lantana* L.) Bein-H. (*Lonicera xylosteum* L.).

*** Breite der Markstrahlen auf der Hirnfläche kleiner als die Weite der meisten Gefäße: Weidenhölzer (*Salix*-Arten),

Pappelhölzer (*Populus*-Arten), Erlenhölzer (*Alnus*-Arten), Birken-H. (*Betulus*-Arten), Tupelo-H. und andere Nyssa-Arten (*Nyssa silvatica* Marsh.), Dinjongo-H. (*Kickxia elastica* Preuss.).

†2. H. im Kern grünlich bis hell grünlichbraun: Pappel-H. (*Populus*), Tulpenbaum-H. (*Liriodendron tulipifera* L.).

†3. H. im Kern lichter oder tiefer gelb, im Längsschnitt glanzlos, sehr fein bis nicht nadelrissig, Gefäße eng bis sehr eng: Spindelbaum-H. (*Evonymus europaea* L.), Buchsbaum-H. (*Buxus sempervierns.*), Westindisches Buchs-H. (*Aspidosperma Vargasii* D. C.), Afrikanisches Buchs-H. (*Buxus Macowani* Oliv.).

†4. H. im Kern ockergelb, im Längsschnitt glänzend, deutlich nadelrissig: Primavera-H. (*Tabebuia Donnel-Smithii* Rose).

†5. H. im Kern hell bis dunkel rötlichgelb: Pappel-H. (*Populus*), Mbiapinja-H., Westafrikanisches Gelb-H. (*Enantia chlorantha* Oliv.).

†6. H. im Kern rötlich (hautfarben) bis bräunlich, im Längsschnitt fein bis kaum nadelrissig:
* Ohne oder fast ohne Glanz: Birnbaum-H. (*Pirus communis* L.), Apfelbaum-H. (*Malus communis* Lamark), Elsbeerbaum-H. (*Sorbus torminalis* Crantz.), Vogelbeerbaum-H. (*Sorbus aucuparia* L.), Weißdorn-H. (*Crataegus oxyacantha* L.), Splint-H.
** Lebhaft glänzend: Katsura-H. (*Cercidiphyllum japonicum* Lieb. et Zucc.).

†7. H. im Kern hellrot bis gelbrot:
* Im Längsschnitt deutlich nadelrissig: Weiden-H. (*Salix*).
** Im Längsschnitt kaum nadelrissig: Vikado-H., Rosa paraguata-H.

†8. H. im Kern hellbraun bis asphaltbraun: Pfeffer-H., Gelbes Sandel-H. (*Santalum album* L.).

†9 H. im Kern mattbraun bis licht graurötlich: Jamaika Nuß-H. auch Ubila-H., Amber-H. (*Liquidambar styracifluum* L.).

†10. H. im Kern licht gelbbraun, schwach glänzend: Vogelbeerbaum-Kern-H. (*Sorbus aucuparia* L.), Traubenkirschen-H. (*Prunus Padus* L.).

†11. H. im Kern heller oder tiefer rötlichgrau oder rötlichbraun bis tief rotbraun: Kornelkirschen-kern-H. (*Cornus mas.* L.), Apfelbaum-H. (*Malus communis* Lamark.), Coccoloba-H. (*Coccoloba uvifera* L.), Mbondo-H., Elsbeerbaum-Kern-H. (*Sorbus torminalis* Crantz.).

†12. H. im Kern dunkelrot oder rotviolett bis schwarzviolett; Gefäße zum Teil mit Kernstoff verstopft: Afrikanisches Grenadille-H. (*Dio-*

*spyros*), Australisches Gold-H., Königs-H. von Madagaskar.

†13. H. im Kern heller oder dunkler braun mit schmäleren oder breiteren, unregelmäßig oder ziemlich parallel verlaufenden schwarzen Zonen oder überwiegend bis ganz schwarz: Ebenhölzer (*Diospyros*-Arten vor allem).

### Einheimische Laubhölzer.

**Weidenhölzer.** Stammpflanzen: Baumweiden, vor allem Silberweide, Weißweide (*Salix alba* L.), Bruchweide, Knackweide (*Salix fragilis* L.), Salweide (*Salix caprea*). Das H. ist leicht (spez. Gewicht 0,43—0,63), sehr weich, grobfaserig, meist zähe und biegsam. Der Splint ist hell, der Kern hellrot oder mehr bräunlich.

*Anatomie:* Querschnitt: Das zerstreutporige H. besteht in seiner Hauptmasse aus derbwandigen und weitlumigen H.fasern und zeigt meist einzeln liegende zahlreiche Gefäße, die seltener zu zwei oder drei in Radialreihen angeordnet sind. Ihre Weite schwankt zwischen 80 und 120 $\mu$. Fast alle Markstrahlen einschichtig! Spiegel: Die Gefäßwände sind dicht mit sechsseitig abgeplatteten kleinen Hoftüpfeln bedeckt, die Gefäßgliedenden haben eine einfache Durchbrechung. Die Markstrahlen sind 10—20 Zellreihen hoch, die mittleren Reihen sind „liegende" Parenchymzellen, die obere und untere Reihe, die Kantenzellen, aber „stehende" Parenchymzellen, also 2—4mal so hoch als breit. Ihre an die Gefäße grenzenden Wände sind mit zahlreichen großen Tüpfeln versehen, die den Maschen eines zierlichen Netzes gleichen. Im äußersten Spät-H. des Jahresringes finden sich H.parenchymreihen.

*Verwendung:* Zu Kisten-H., Blind-H., Zündhölzern, zum Bau von Flußkähnen, zu Zäunen und Weinbergpfählen, Sensen-, Harkenstielen, Kricketschlägern u. ä. Weiden-H.kohle zu Zeichenkohle und zu Schwarzpulver. Wichtig als gutes Ausgangsmaterial für Zellstoff und Papiermasse. Wichtig ist die Verwendungsmöglichkeit einzelner Weiden als Korb- oder Flechtweiden. Als solche sind vor allem zu nennen die Korb- oder Hanfweide (*Salix viminalis* L.), die Purpur- oder Steinweide (*S. purpurea* L.), die Silberweide (*S. alba* L.), die Reifweide (*S. daphnoides* Vill.), die Mandelweide (*L. triandra* L.) und ihre Abkömmlinge. Die einjährigen, oft bis 3 m langen Flechtruten zeigen die anatomischen Merkmale des Weidenholzes.

**Pappelhölzer.** Stammpflanzen: Pappeln und zwar die „Silberpappel", „Weißpappel" (*Populus alba* L.), die „Schwarzpappel" (*Populus nigra* L.), die „Zitterpappel", „Aspe", „Espe" (*P. tremula* L.) und die „Pyramidenpappel" (*P. pyramidalis* Roz.). Alle Pappelhölzer sind zerstreutporige Weichhölzer mit deutlichen Jahresringen und unkenntlichen Markstrahlen. Der Splint ist immer weiß bis gelblichweiß, der Kern entweder weiß bei der Zitterpappel oder gelbbraun bis braun bei der Silberpappel und Pyramidenpappel, oft hellgrünlichbraun bei der Schwarzpappel. Das H.gefüge ist bei allen Pappeln ziemlich grob und langfaserig. Das H. ist sehr weich und glattspaltig und sehr leicht bis leicht. Das durchschnittliche spez. Gewicht im lufttrockenen Zustand schwankt zwischen 0,41 bei der Pyramidenpappel, 0,45 bei der Schwarzpappel, 0,48 bei der Silberpappel und der schwersten der Zitterpappel mit 0,51. Am Spiegel zeigen die Hölzer mehr oder minder starken Glanz. Das Silberpappel-H. ist nicht fest und nur wenig biegsam, dafür aber ziemlich elastisch. Auch das Schwarzpappel-H. und das der Pyramidenpappel ist wenig biegsam, aber auch weniger elastisch als das Weißpappel-H. Das

Zitterpappel-H. zeichnet sich durch Festigkeit, Elastizität und ziemlich große Biegsamkeit aus.

*Anatomie:* Die anatomischen Verhältnisse entsprechen ganz jenen bei den Weidenhölzern. Als in die Augen fallende Unterschiede gegenüber letzteren sind das häufige Zusammenliegen von zwei bis drei, oft auch mehreren Gefäßen in Radialreihen zu nennen und auf der Spiegelfläche betrachtet die geringe Höhe der Kantenzellen der Markstrahlen, die jene der mittleren Zellreihen des Markstrahls nicht oder nur unwesentlich übertrifft. Junges, vor allem Ast-H. gleicht in anatomischer Hinsicht vor allem in bezug auf den Bau der Markstrahlen ganz dem Weiden-H.

*Verwendung:* Zu Blind-H., Innenausstattung von Eisenbahnwagen, Reißbretter, Zündhölzer, Spanschachteln, Zigarrenkisten, Kisten, Packfässer für trockenen Inhalt oder Pech, grobe Schnitzarbeiten wie H.schuhe, Mulden, Schüsseln, H.stifte, Furniere, Sperr-H., Spulen, Rollen, H.pfropfen. Ausgezeichneter Rohstoff für Zellstoff und Papier.

**Hainbuchen.-H., Weißbuchen-H.** Stammpflanze: „Hainbuche", „Weißbuche", „Hornbaum", „Hagebuche" (*Carpinus betulus*). Der an warmen Lagen über fast ganz Europa, die Kaukasusländer, Kleinasien, Nordpersien verbreitete 6—25 m hohe Baum hat keinen dunkleren Kern. Das grauweiße oder gelblichweiße (daher Weißbuche) zerstreutporige Hartholz zeigt undeutlich wellig ausgebuchtete, grobwellige Jahresringe. Die Markstrahlen sind unkenntlich, oft viele beisammenliegend, so daß bis zu 0,5 mm breite „Scheinstrahlen" entstehen. Das schwere und harte H. hat ein mittleres spez.Gewicht von 0,74 im lufttrockenen Zustand. Es ist sehr schwerspaltig, zäh, feinfaserig und fest, aber nicht sehr dauerhaft.

*Anatomie:* Hirnfläche: Die Gefäße liegen teils einzeln, teils zu zwei oder mehreren in radialen Reihen und haben eine Weite von 16—80 $\mu$. Die meisten Markstrahlen sind eins- bis zweischichtig, in den „Scheinstrahlen" auch drei- bis vierschichtig. H.-parenchym ist in einschichtigen Querzonen vorhanden. Spiegelfläche: Gefäßdurchbrechungen sind einfach. Die engeren Gefäße zeigen an den Radialwänden zarte Schraubenleistchen. Die Höhe der Markstrahlen ist bis zu 0,80 mm, die der einzelnen dickwandigen Markstrahlzelle 6 bis 17 $\mu$. Tangentialer Längsschnitt: Die mehrschichtigen Markstrahlen sind oft nur in der Mitte mehrschichtig und dann in dem oberen und unteren Teil einschichtig, oder seltener in der Mitte einschichtig und oben und unten mehrschichtig.

*Verwendung:* Werk-H. zu Hammer-, Axtstielen, H.schrauben, Walzen, Schuhstiften, Schuhleisten, Zapfenlagern, Kammrädern, ausgezeichnetes Brenn-H. und gute H.kohle, kein Bau-H.

**Birkenhölzer.** Stammpflanzen: „Gemeine Birke" „Weißbirke", „Harzbirke", „Hängebirke" (*Betula verrucosa* Ehrh.) und die „Moorbirke", „Haarbirke" (*Betula pubescens* Ehrh.). Birken-H. ist ein Weich-H. von gelblicher oder rötlich weißer Farbe mit einem besonderen Kern mit meist deutlichen Jahresringen. Oft finden sich sog. „Markflecke" oder „Zellgänge", dunklere Stellen im H., die Fraßgänge von Fliegenlarven darstellen, die nachträglich mit Wundparenchym ausgefüllt wurden. Das mittelschwere H. hat im lufttrockenen Zustand ein spez. Gewicht von durchschnittlich 0,65, es ist ziemlich fein, langfaserig, weich, sehr schwer spaltig, sehr fest, zäh und elastisch. Die Moorbirke übertrifft die gemeine Birke noch an Schwerspaltigkeit und Zähigkeit. Es hat im frischen Zustand große Neigung zum Schwinden, es kann bis 7 % des Frischvolumens einbüßen. Im Freien ist es wenig haltbar.

*Anatomie:* Hirnfläche: Die Gefäße liegen einzeln oder zu zwei und drei in Radialreihen, seltener sind Gruppen von vier bis sieben. Ihre Weite wechselt zwischen 30 und 130 $\mu$. Die Markstrahlen sind ein- bis vierschichtig. Spiegelfläche: Die Gefäßgliedernden sind leiterförmig durchbrochen, die Gefäßdurchbrechung zeigt 10—20 etwa 3 $\mu$ dicke Sprossen, die etwa 5—9 $\mu$ voneinander entfernt sind. Die Markstrahlen sind bis 0,4 mm hoch, die dickwandigen Markstrahlen 6—14 $\mu$ hoch, oft aber nur 3 $\mu$ breit. Die H.fasern sind meist dickwandig und spärlich getüpfelt. H.parenchymzellen sind spärlich. Tangentialer Längsschnitt: Die Gefäßwände sind dicht mit winzigen etwa 3 $\mu$ großen Hoftüpfeln bedeckt, die auch auf der Radialseite sich finden, wenn die Gefäße an Markstrahlzellen grenzen. Die Markstrahlen sind schlank spindelförmig.

*Verwendung:* Kein Bau-H., aber Möbel- und Furnier-H. — Birkenmaser ist oft als „Japanisches Muskatholz" bezeichnet — und zu Deichseln, Felgen, Kummethörnern, Radzähnen, Leitern, Gewehrschäften, Trögen, Mulden, Löffeln, Kellen, H.schuhen, Faßreifen, Reisigbesen. Birkenruß zu Druckerschwärze, Kupferdruckschwärze, Malerfarbe. Rohstoff für Zellstoff und Papier.

**Erlenhölzer.** Stammpflanzen: Schwarzerle, Rot-Erle (*Alnus glutinosa* Gaertner), Weiß-Erle, Grau-Erle (*Alnus incana* Moench). Das rötlichweiße bis gelbrote H. bildet keinen gefärbten Kern aus, die Jahresringe sind oft schwachwellig ausgebildet. Die „unechten Markstrahlen" (Scheinstrahlen) zeigen auf der Spiegelfläche mehr oder minder starken Glanz, auf dem tangentialen Längsschnitt dunklere bis spanlange Streifen. Das ziemlich leichte H. hat lufttrocken ein spez. Gewicht von durchschnittlich 0,53. Schwarzerlen-H. ist weich, sehr leichtspaltig, aber von geringer Tragfähigkeit und Elastizität, aber immer noch fester als das Weißerlen-H., letzteres schwindet auch stärker. Das grobfaserige Weißerlen-H. ist biegsamer und elastischer, auch hat es einen schwachen Glanz. Ein besonderer Vorteil des Erlenholzes ist seine Dauerhaftigkeit unter Wasser.

*Anatomie:* Die Anatomie ähnelt sehr jener vom Birken-H. (s. S. 366). Der auffälligste Unterschied ist in den Gefäßdurchbrechungen zu sehen. Sie sind ebenfalls leiterförmig. Die Sprossen sind aber dünner, durchschnittlich 1 $\mu$ dick, und der Abstand voneinander geringer, etwa 4 $\mu$. Die Zahl der Sprossen wechselt zwischen 12 und 25. Die Hoftüpfel der Gefäßwandungen sind elliptisch und etwas größer, 6 $\mu$ breit und 4 $\mu$ hoch. H.parenchymzellen sind häufig.

*Verwendung:* Gerne im Berg-, Erd- und Wasserbau, die Schwarzerle für grobe Schnitzereien, H.-schuhe u. ä., bestes einheimisches Zigarrenkisten-H. Weißerlen-H. zu Sperr- und Blind-H., durch entsprechende Behandlung in der Möbelschreinerei zum Bau von „Mahagoni-, Palisander- und Eben-H.-möbeln", in der Leistenfabrikation, im Klavierbau und als Rohstoff für Zellstoff und Papier.

**Haselnuß-H.** Stammpflanze: Haselnuß (*Corylus Avellana* L.). Das rötlichweiße, kernlose H. zeigt deutliche, scharfbegrenzte, oft sehr vorgewölbte Jahresringe mit manchmal erkennbaren unechten Markstrahlen. Das mittelschwere H. hat ein spez. Gewicht von 0,63, ist ziemlich weich, gut spaltbar, außerdem gut biegsam, aber nicht sehr dauerhaft.

*Anatomie:* Die H.anatomie ist vom Typus der Birke und Erle. Das Hasel-H. unterscheidet sich durch folgende Merkmale: Die Gefäße sind durchschnittlich enger, zwischen 16 und 48 $\mu$ breit. Die Gefäßdurchbrechungen sind leiterförmig und haben bei den weiteren Gefäßen etwa fünf, bei den engeren bis zu zehn Sprossen. Letztere sind um 3 $\mu$ dick und 6—20 $\mu$ voneinander entfernt. Die Gefäßwände auf den Radialseiten zeigen manchmal zarte Schraubenleistchen. Die zahlreichen Hoftüpfel auf den Gefäßwänden sind 6—8 $\mu$ breit, ihr Spalt geht quer über den ganzen Tüpfel. Die ein- bis zweischichtigen, in den „Scheinstrahlen" oft mehrschichtigen Markstrahlen sind 240—320 $\mu$ hoch, die einzelne Markstrahlzelle 6—23, meist 11 $\mu$. Derb- bis dickwandige H.fasern sind zahlreich, H.parenchymzellen häufig vorhanden.

*Verwendung:* Klärspäne in der Bierbrauerei und Essigfabrikation, zu Spazierstöcken, Zahnstochern, H.sieben, Faschinen, Faßreifen u. a. In neuerer Zeit auch in der Flugzeugindustrie.

**Buchen-H.** Stammpflanze: Buche, Rotbuche (*Fagus silvatica* L.). Das H. ist auf der Querschnittfläche (Hirn) gelblichweiß mit einem Stich ins Rötliche, ohne dunkleren Kern. Die Gefäße (Poren) sind mit freiem Auge nicht sichtbar, also unkenntlich. Die Markstrahlen haben sehr verschiedene Breiten. Die meisten sind unkenntlich, andere sehr breit und scharf abgesetzt, so daß auf dem Querschnitt im Abstand von ungefähr 1 cm ein breiter deutlicher Markstrahl erscheint. Die Jahresringe sind sehr deutlich, da der an den Jahresring grenzende Teil des Spätholzes dunkler gefärbt ist. Sie sind schön gleichmäßig, kreisförmig mit leichten Vorwölbungen zwischen den breiten Markstrahlen. Am radialen Längsschnitt (Spiegel) zeigen sich die breiten Markstrahlen als seidenglänzende, dunklere Querstreifen. Auf dem tangentialen Längsschnitt erscheinen sie als etwa 2 mm hohe, oft spindelförmige dunklere Striche, die für Buchen-H. sehr charakteristisch sind. Das H. ist schwer. In frischem Zustand, mit einem ungefähren Wassergehalt von 45 %, hat es ein spez. Gewicht von 0,99, lufttrocken mit 10—15 % Wassergehalt 0,74 und bei 110° gedarrt etwa 0,57. Es ist mittelhart, sehr tragfest und leicht spaltbar. Es ist wenig elastisch, dafür aber leicht zu bearbeiten und bildet viel „Spiegel".

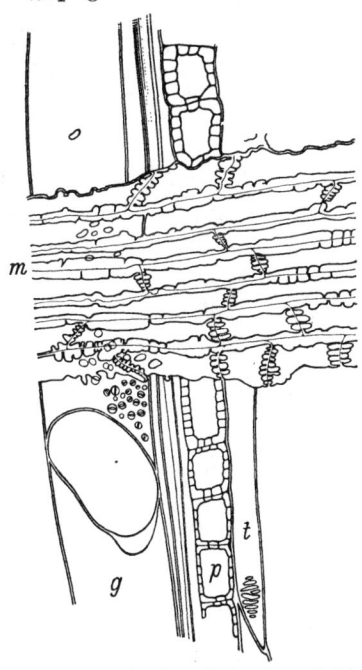

Abb. 9. Buchenholz, radialer Querschnitt.

*Anatomie:* Hirnschnitt: Die zahlreichen Gefäße sind einzeln oder zu 2—3 nebeneinander und

ziemlich gleichmäßig verteilt, 16—18 $\mu$ breit. In den Gefäßen finden sich oft Füllzellen (Thyllen) mit gelbbrauner Wand. Markstrahlen ein- bis zehn- und mehrschichtig, oft bis 160 $\mu$ breit, im toten H. regelmäßig gelb bis braun gefärbt. Die Hauptmasse des Holzes sind dickwandige H.fasern und Fasertracheïden mit rundem bis punktförmigem Lumen und bis 25 $\mu$ Durchmesser. Spiegelfläche: Die weiten Gefäße sind einfach durchbrochen (Abb. 9 g), die engen Gefäße im Spät-H. zeigen leiterförmige Durchbrechung mit 10—20 Sprossen, die 1—3 $\mu$ dick und etwa 1—6 $\mu$ voneinander entfernt sind (Abb. 9 t). Die Gefäße sind nur wieder gegen Gefäße und Markstrahlzellen reichlich getüpfelt. Die Markstrahlen sind oft bis 2 mm hoch, die einzelnen Markstrahlzellen dickwandig, oft mit unregelmäßigem Lumen, 3—14 $\mu$ hoch, die Kantenzellen bis 28 $\mu$ hoch und bis 10 $\mu$ breit. In den großen Markstrahlen finden sich viele Zellen mit wetzsteinförmigen Enden. In diesen Zellen finden sich vereinzelt Kristalle von Calcium-Oxalat. H.parenchym ist reichlich vorhanden.

*Verwendung:* Brenn-H., neuerdings auch bei uns Rohstoff für Zellstoff und Papier, als Bohlen- und Schwellen-H., im Schiffsbau zu Kielen, als Bodenbelag (Parkettriemen), Stiegen-H., Faß-H., im Klavierbau und Möbelbau, Radfelgen, Radschuhe, Schlittenkufen, Pflüge, Kummethölzer, Futterkrippen, Schaufeln, Rechen, Flintenschäfte, H.schuhe, Stiefelhölzer, Schuhmacherleisten, Bürstenböden, Teller, Schüsseln, Hackbretter, Kochlöffel, Wäscheklammern, Vorhangstangen, chemische Bedarfsartikel wie Reagensglasgestelle. Auch zu medizinisch gebrauchter H.kohle, Carbo ligni pulveratus.

**Eichenhölzer.** Stammpflanzen: „Stiel - Eiche", „Sommer-Eiche" (*Quereus Robur* L. = *Q. pedunculata* Ehrh.) und „Stein-Eiche", „Trauben-Eiche", „Winter-Eiche" (*Quereus sessiliflora* Salisb.). Die über fast ganz Europa verbreitete *Stieleiche* hat einen schmalen, gelblichweißen Splint und einen gelbbraunen Kern. Die Jahresringe sind deutlich, vor allem wegen der Ringporigkeit des Holzes, denn in jedem Früh-H. findet sich ein ununterbrochener Ring von großen Gefäßen, dem dann gegen das Spät-H. zu sehr kleine unkenntliche Gefäße folgen. Das H. ist schwer, es weist im lufttrockenen Zustand ein spez. Gewicht von 0,69—1,03 auf. Es ist dicht, hart, gut und leicht spaltbar, es ist sehr dauerhaft und haltbar, außerdem das festeste und elastischste und tragkräftigste einheimische H. Ganz besonders dauerhaft ist Eichen-H. im Wasser, wo es im Laufe der Jahre steinhart wird. Aber auch an der Luft und gegen den Wechsel von Trocken und Naß ist es außerordentlich widerstandsfähig. Eine wertvolle Eigenschaft ist in der sehr geringen Neigung zum Schwinden und Werfen zu erblicken. Der hohe Gerbstoffgehalt läßt das Holz beim Liegen in eisenhaltigem Wasser allmählich durch Tintenbildung schwärzen. Das H. der *Trauben-Eiche* ist jenem der Stiel-Eiche sehr ähnlich, nur etwas weniger hart.

*Anatomie:* Hirnfläche: Der breite hellbraune bis braune, gern nachdunkelnde Kern ist von einem schmalen weißlichen oder gelblichweißen 1—3 cm dicken Splint umgeben. Die Jahresringe sind deutlich, in ihnen ist das Früh-H. heller als das Spät-H. Ist das H. sehr engringig, so verwischt sich dieser Unterschied. Neben sehr deutlichen 500—700 $\mu$ breiten Markstrahlen gibt es auch kenntliche, also viel schmälere und unkenntliche, also mit freiem Auge unsichtbare Markstrahlen. Das Eichen-H. ist deutlich ringporig, im Früh-H. finden sich weitlumige Gefäße einzeln oder zu zweien in radialer Richtung hintereinander. Sie sind 200—300 $\mu$ breit, also mit freiem Auge sehr deutlich. Auf diese

Zone der weiten Gefäße folgen im Spät-H. zahlreiche dünnwandige, eckige bis runde, enge Gefäße von 24—70 $\mu$ Weite, die in radialen Reihen, die sich oft gabeln, angeordnet sind. Außerhalb des Frühholzes findet sich eine hellere Streifung parallel zur Jahresringgrenze, die durch eingelagertes H.parenchym hervorgerufen wird. Die Grundmasse des Holzes sind dickwandige H.fasern mit punktförmigem Lumen (s. Abb. 10). Spiegelfläche: Die breiten, schon mit freiem Auge sichtbaren Rillen sind die Längsschnitte der weiten Gefäße des Frühholzes. Ihr eigentümlicher Glanz ist auf die blasigen Füll

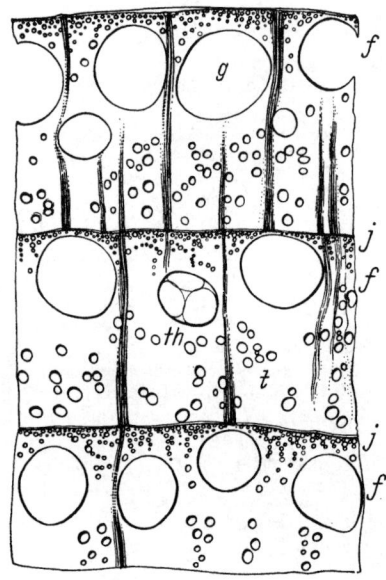

Abb. 10. Eichenholz, Querschnitt.

zellen (Thyllen) zurückzuführen (Abb. 10 *th*), mit denen sie im Kern-H. ausgefüllt sind. Die Gefäßdurchbrechungen sind ringförmig. Die Markstrahlen erscheinen als breite Bänder. Tangentialer Längsschnitt: Die Markstrahlen zeigen sich als lange, dunkle, in der Mitte dickere, bis 5 cm lange Linien. Auf 15 qmm kommen durchschnittlich 16 Markstrahlen, die 0,5 bis 1 mm breit sind. Die Spessarteiche zeigt auf 15 qmm etwa 11 Markstrahlen von 1—1,5 mm Breite, die 2—4 mm voneinander entfernt sind.

*Verwendung:* Zu Unterwasser-, Erdbauten, Eisenbahnschwellen, Parkettböden, Vertäfelungen, Deckenverkleidungen, Treppenkonstruktionen, Türen, als bestes Faß-H., Möbel und Möbelfurniere, Schiffsbau-H.

**Ulmen-H.** Stammpflanze: „Ulme", „Rüster", „Feld-Ulme", „Rot-Rüster" (*Ulmus campestris* L.). Das ringporige H. hat einen rötlichbraunen oder lebhaft schokoladebraunen Kern, der von einem ziemlich breiten, 10—20 Jahresringe umfassenden, in frischem Zustand gelblichen Splint umgeben ist. Das schwere H. hat im lufttrockenen Zustand ein mittleres spez. Gewicht von 0,74. Es ist ziemlich hart, fest und elastisch, sehr schwerspaltig und dauerhaft. Außerdem ist es lang- und grobfaserig und läßt sich gut polieren.

*Anatomie:* Hirnschnitt: Das Frühjahrs-H. enthält zahlreiche 130—340 $\mu$ breite Gefäße mit einfacher Durchbrechung, die zu eins bis zwei radial angeordnet sind. Das Spät-H. führt zahlreiche in Reihen angeordnete enge, 40—60 $\mu$ weite Gefäße, die meist in welligen, zuweilen unterbrochenen Querstreifchen verlaufen. Die drei bis sechs Zellen brei

ten Markstrahlen sind schmal, kaum sichtbar, immer schmäler als die Gefäße. Die Gefäßwände zeigen spaltenförmige Hoftüpfel. In den Gefäßen finden sich oft dünnwandige Füllzellen (Thyllen). Spiegelfläche: Die Gefäße des Frühholzes bilden breite Rillen, in denen oft Füllzellen sich finden. Die Durchbrechungen sind einfach. Die Poren der benachbarten Hoftüpfel an den Wänden benachbarter weiter Gefäße vereinigen sich oft zu langen Querspalten. Die engen Gefäße sind ebenfalls einfach durchbrochen und zeigen neben Hoftüpfeln Schraubenleistchen. H.parenchym begleitet die Gefäße. Die Markstrahlen sind 15—20 Zellen hohe Bänder, daneben finden sich auch kleinere. Die Markstrahlzellen sind derbwandig, nur 8—12 $\mu$ hoch aber oft 150 $\mu$ lang. Derb- bis dickwandige H.fasern, die einfach getüpfelt sind, bilden die Grundmasse des Holzes. H.parenchym- und Markstrahlzellen führen im Kern-H. gelb- bis rotbraunen Inhalt. Auch die H.fasern sind meist gebräunt. Tangentialer Längsschnitt: Die Früh-H.gefäße bilden grobe Längsfurchen, die Markstrahlen feine kurze Striche. Wenn die Markstrahlen glänzen, entsteht oft zierlicher Flader.

Noch zwei Ulmenarten spielen in Deutschland eine, wenn auch weniger bedeutende Rolle als die Gemeine Ulme, das ist die „Flatter-Ulme", „Bast-Ulme", „Weißrüster" (*Ulmus effusa* Willd.). Das sehr hellbraune Kern-H. nimmt nur etwa ein Drittel des Stammdurchmessers ein, ist also von einem sehr breiten, gelblichweißen Splint (Weißrüster) umgeben. Das im Vergleich mit der Feldulme weniger dichte aber schwerer spaltbare H. ist sehr grob und langfaserig, glänzend, hart, biegsam, aber wenig elastisch. Es ist weniger dauerhaft und minderwertiger als Feldulmen-H. Flatterulmen-H. ist das am wenigsten geschätzte Ulmen-H., das ähnlich wie Feldulmen-H. genutzt wird. Vor allem die Wagnerei gebraucht es.

Das der Feldulme ähnliche, aber im Kern heller braune H. der „Bergulme", „Haselulme", „Weißulme" (*Ulmus montana* Withering) ist sehr grob und langfaserig, glänzend, hart, fest, biegsam, ziemlich elastisch, mäßig schwindend und sehr dauerhaft. Es ist leichter spaltig als Feldulmen-H. Das Bergulmen-H. erreicht im allgemeinen die Güte des Feldulmenholzes nicht, ist als Wagner- und Drechsler-H. viel verwendet. Im übrigen wird es wie das Feldulmen-H. genutzt.

**Berberitzen-H.** Stammpflanze: „Sauerdorn", „Berberitzenstrauch" (*Berberis vulgaris* L.). Das auf frischem Schnitt mehr oder weniger lebhaft gelbgefärbte, durch sehr deutliche Markstrahlen ausgezeichnete Stamm-H. zeigt in der Mitte ein 3 bis 5 mm dickes Mark. Bei älteren Stämmen tritt eine braune bis bräunlichrote Verkernung ein. Es wird gelegentlich zu Einlege- und Drechslerarbeiten verwendet, da es auch gut polierfähig ist.

Wichtiger ist das Wurzel-H., das zu Färbezwecken, vor allem für Schafwolle, Leder und Seide, aber auch zum Färben von Baumwolle und H. dient.

Da dem Berberitzen-Färbe-H. oft Stamm-H. bzw. andere Wurzelhölzer unterschoben bzw. beigemischt werden, sollen hier die anatomischen Verhältnisse, so weit sie zur Erkennung wichtig sind, geschildert werden.

*Anatomie:* Die Gefäßgliederden des Stammholzes sind einfach durchbrochen. Die Gefäße des Frühholzes sind 50—80 $\mu$ breit, meist einreihig angeordnet, jene des Spätholzes 17—25 $\mu$ weit und liegen in radialen Reihen oder in Gruppen, die schräg tangential angeordnet sind. Diese engeren Gefäße zeigen feine Schraubenleistchen. Die Gefäße sind begleitet von Tracheïden sowohl im Früh-H. wie auch im Herbst-H. bis an dessen Grenze. Auch sie zeigen Schraubenleistchen. Die meist deutlichen Markstrahlen sind groß und 30—130 $\mu$ breit, 3—10-zellreihig und 0,5—2,5 und mehr mm hoch, daneben kommen vereinzelte kleinere, einschichtige Markstrahlen vor. Die ziemlich dickwandigen Markstrahlzellen sind 4—6 $\mu$ hoch. Nur die Kantenzellen der Markstrahlen sind 11—20 $\mu$ hoch. Die 8—11 $\mu$ weiten dickwandigen H.fasern haben kleine Tüpfel mit schiefgestellten, schlitzförmigen Poren und führen im Winter Stärke. H.parenchym ist nicht vorhanden. Für das Wurzel-H. gilt folgendes: Die Gefäße des Frühholzes sind größer, 80—130 $\mu$ weit, ein bis mehrreihig, die unregelmäßig zerstreut liegenden Gefäße des Spätholzes haben meist 17—50 $\mu$ Weite. Die Markstrahlen sind 30—80 $\mu$ breit und 0,3—1,7 mm hoch. Die Markstrahlzellen sind höher, 8—11 $\mu$ bzw. 19—30 $\mu$ hoch. Die dickwandigen H.fasern werden bis 14 $\mu$ breit.

*Verwendung:* Zu Einlege- und Drechslerarbeiten, Wurzelholz zum Färben, zur Darstellung von Berberin.

**Birnbaum-H.** Stammpflanze: Birnbaum (*Pirus communis* L.), sowohl als Wildform, „Wilder Birnbaum", „H.-Birne", wie auch als Kulturform, „Kultivierter Birnbaum". Das zerstreutporige Birnbaum-H. ist im Splint und Kern gleichmäßig rötlich, also ohne dunkler gefärbten Kern. Kleine Markflecken sind jedoch häufig. Das sehr gleichmäßige, dichte, mittelschwere H. mit einem durchschnittlichen spez. Gewicht von 0,71—0,73 im lufttrockenen Zustand ist ziemlich hart, schwer spaltig, ziemlich biegsam, aber wenig elastisch und gut zu bearbeiten und sehr schön politurfähig.

*Anatomie:* Die Grundmasse des Holzes bilden dickwandige Fasertracheïden. Zahlreiche H.parenchymzellen durchsetzen die Grundmasse. Die zahlreichen Gefäße liegen meist einzeln und sind ziemlich gleichmäßig über den Querschnitt verteilt, ihre Weite variiert zwischen 30 und 80 $\mu$, meist um 50 $\mu$. Die Gefäßdurchbrechungen sind einfach. Die unkenntlichen Markstrahlen sind zahlreich, etwa 13—14 auf dem Millimeter. Sie sind selten ein-, meist zwei- bis dreischichtig und meist 170—500 $\mu$ hoch. Die Markstrahlzellen haben eine Durchschnittshöhe von 13—15 $\mu$. Sie sind mit den angrenzenden Gefäßen durch zahlreiche Tüpfel verbunden.

*Verwendung:* Zu Furnieren, Möbeln, H.bildhauereien und Schnitzereien, Maßstäben, Reißschienen, Winkeln, Maschinenteilen, Druckformen, Werkzeugen, H.schrauben, Einlegearbeiten. Birnbaum-H. ist schwarz gebeizt und zwar durchgefärbt Ersatz für eingeführtes Eben-H.

**H. des wilden Apfelbaumes.** Stammpflanze: „Wildapfel", H.-apfel" (*Malus communis* Lam.). Das zerstreutporige H. mit einem rötlichweißen Splint und einem schönen rotbraunen, meist mit vielen Markflecken durchsetzten Kern zeigt deutliche Jahresringbildung, hervorgerufen durch die oft auffallend dunklen Spät-H.zonen. Das ziemlich schwere, im lufttrockenen Zustand ein durchschnittliches spez. Gewicht von 0,76 zeigende H. ist ziemlich hart und fest, schwerspaltig, biegsam, aber wenig elastisch und schön zu polieren. Es ist wenig dauerhaft und schwindet stark.

*Anatomie:* Sie gleicht sehr derjenigen des Birnbaumholzes. Die Zahl der Markstrahlen auf den Millimeter Querschnitt ist geringer, etwa 10—13. Die Höhe der Markstrahlzellen beträgt im Mittel 13—17 $\mu$. Im Gegensatz zum Birnbaum-H. sind die Gefäße auch im Früh-H. oft zonenartig gehäuft.

*Verwendung:* In der Tischlerei, Drechslerei, Schnitzerei, zu Spielwaren, Faßpipen, Pfeifenrohren.

**H. des Elsbeerbaumes.** Stammpflanze: „Elsbeere", „Ruhrbirne", „Atlasbeerbaum" (*Sorbus torminalis* Crantz.). Der rötlichweiße, bald nachdunkelnde Splint umgibt einen rotbraunen Kern, der oft auch in der Farbe vom Splint nicht unterschieden ist. Markflecken sind häufig. Die Jahresringe sind oft verwischt. Das mittelschwere H. mit einem mittleren spez. Gewicht von 0,77 im lufttrockenen Zustand ist sehr fest, ziemlich hart und biegsam, auch sehr elastisch, aber schwer mit muscheligem Bruche spaltbar.

*Anatomie:* Die einfach durchbrochenen Gefäße sind einzeln und gleichmäßig verteilt. Ihre Weite beträgt 30—50 $\mu$, die Wände zeigen zarte Schraubenleistchen. Von den zwei, seltener drei Zellen breiten Markstrahlen kommen 9—12 auf den Millimeter im Hirnschnitt. Die Markstrahlzellen sind durchschnittlich 14—17 $\mu$ hoch. Die Grundmasse des Holzes besteht aus deutlich mit Hoftüpfeln versehenen Fasertracheïden, deren Wand oft auch schwer kenntliche Schraubenleistchen aufweist. Zwischen den Fasertracheïden finden sich H.parenchymzellen. Markstrahlzellen, H.parenchymzellen und die Gefäße im Kern zeigen braunen Inhalt.

*Verwendung:* In der Wagnerei, Tischlerei, Drechslerei, im Musikinstrumentenbau (Flöten), zu Wäschemangel-Rollen, Kegeln, H.schrauben, Maßstäben u. a.

**H. des Mehlbeerbaumes.** Stammpflanze: Mehlbeerbaum, Silberbaum, Weißbaum (*Sorbus aria* Crantz.). Das H. hat einen gelblichweißen oder rötlichen Splint und einen rotbraunen, meist hell rotbraunen Kern, der gelegentlich braun gewässert ist und auch Markfleckchen zeigt. Die Jahresringe sind meist etwas wellig und scharf abgegrenzt. Das schwere H. hat lufttrocken ein spez. Gewicht von 0,88. Es ist hart, sehr zähe und feinfaserig.

*Anatomie:* Die anatomischen Verhältnisse gleichen ganz jenen des Elsbeerbaumholzes (s. oben).

*Verwendung:* In der Tischlerei, Drechslerei, Instrumentenfabrikation, Formschneiderei, Xylographie.

**H. des Vogelbeerbaumes.** Stammpflanze: „Vogelbeerbaum", „Gemeine Eberesche" (*Sorbus aucuparia* L.). Das im Splint sehr hellrötliche, im Kern lichtbraune, mit Markfleckchen durchsetzte H. mit deutlichen, schön gerundeten Jahresringen ist gleichmäßig dicht. Es ist mittelschwer, mit einem spez. Gewicht von 0,64 im lufttrockenen Zustand, ziemlich hart und feinfaserig, fest, ziemlich elastisch und biegsam, aber äußerst schwer mit muscheligem Bruch spaltbar.

*Anatomie:* Sie entspricht derjenigen der übrigen Sorbusarten mit dem Unterschied, daß die zahlreicheren Gefäße in ihrer Weite von 30—70 $\mu$ variieren. Die Markstrahlen sind in der Regel zweischichtig, seltener einschichtig, die Markstrahlzellen meist 5,6—8 $\mu$ hoch. Markstrahlzellen und Kern-H.gefäße führen braunen Inhalt.

*Verwendung:* In der Wagnerei, Tischlerei, Drechslerei, Holzschnitzerei, das Wurzel-H. zu Spazierstöcken.

**H. der Traubenkirsche.** Stammpflanze: Traubenkirsche, Faulbaum, Ahlkirsche (*Prunus Padus* L.). Das H. hat einen gelblichen oder rötlichweißen, breiten Splint und hellbraunen Kern. Die Jahresringe treten als feine Linien hervor. Das auf dem Längsschnitt glänzende, vor allem im radiären Längsschnitt auffallend spiegelnde H. zeigt im frischen Zustand einen bittermandelähnlichen Geruch. Es ist mittelschwer mit einem spez. Gewicht von 0,61 im lufttrockenen Zustand, ziemlich weich, leichtspaltig, ziemlich feinfaserig, leicht biegsam, elastisch und glänzend.

*Anatomie:* Das zerstreutporige H. stimmt in seinem anatomischen Bau mit jenem der Zwetschge und der Vogelkirsche überein.

*Verwendung:* Für Wagner-, Tischler-, Drechslerarbeiten und im Instrumentenbau, für Fenstergesimse, Schlittenfüße, Spazierstöcke, Stiele von Gartengeräten und Werkzeugen usw. Die jungen Stockausschläge können zu Faßreifen, Bindwieden verwendet werden. Aus den Zweigen werden manchmal „echte Weichselrohre" gemacht.

**Linden-H.** Stammpflanzen: Winterlinde, Steinlinde, kleinblättrige, ulmenblättrige oder rüsterblättrige Linde (*Tilia ulmifolia* Scopoli), Sommerlinde, Wasserlinde, groß- oder breitblättrige Linde (*Tilia platyphyllos* Scopoli). Das H. beider Lindenarten ist äußerlich sehr ähnlich. Das H. ist von gleichmäßiger Farbe, hat keinen dunkleren Kern und ist meist hellgelblich, oft mit einem leicht bräunlichen oder rötlichen Stich. Die Jahresringe sind wenig auffällig, die Gefäße unkenntlich, die Markstrahlen auf der Hirnfläche sehr fein und zahlreich. Das sehr leichte H. der *Sommerlinde* hat ein spez. Gewicht im lufttrockenen Zustand von 0,32—0,59, ist sehr weich, wenig tragfähig, aber ziemlich elastisch, dagegen wenig biegsam, leicht spaltbar und sehr gleichmäßig im Gefüge. Die Dauerhaftigkeit des Holzes ist eine geringe, es schwindet mäßig. Das H. der *Winterlinde* ist durchschnittlich etwas schwerer, damit auch dichter und fester. Die Biegsamkeit ist größer. Das Gefüge ist ein gleichmäßiges, das H. ist leicht und gut schneidbar, überhaupt leicht zu bearbeiten, aber nicht glatt.

*Anatomie:* Hirnfläche: Das zerstreutporige H. zeigt zahlreiche, 25—90 $\mu$ weite Gefäße, die einzeln oder zu zweien und mehreren in Gruppen oder radialen Reihen liegen. Die Markstrahlen sind meist zwei- bis vierschichtig, selten einschichtig oder fünfschichtig. H.fasern bilden die Grundmasse. Spiegelfläche: Die Gefäßgliedenden sind einfach durchbrochen. Die Gefäßwände gegen Gefäße und gegen Tracheïden sind dicht mit meist sechsseitigen, 5 $\mu$ breiten Hoftüpfeln besetzt, die einen quer oder schrägsitzenden Torus aufweisen. Außerdem zeigen die Wände 3 $\mu$ breite Schraubenleistchen, die durchschnittlich 11 $\mu$ voneinander entfernt sind. Die Markstrahlen sind 320 $\mu$ bis mehrere Millimeter hoch, die einzelnen starkgetüpfelten Markstrahlzellen sind meist 15 $\mu$ (8—24 $\mu$) hoch und meist um 30 $\mu$ breit. Die weitlumigen bis mäßig dickwandigen, bis 27 $\mu$ breiten H.fasern sind spärlich getüpfelt. H.parenchym aus 60—110 $\mu$ langen und bis 24 $\mu$ breiten Zellen ist reichlich vorhanden.

*Verwendung:* In der H.bildhauerei und Schnitzerei, in der Drechslerei und Tischlerei, vor allem als Blind-H., zu Tischplatten, Küchenmöbeln. Im Klavier-, Orgel-, überhaupt im Instrumentenbau, in der Wagnerei und Schreinerei (Kisten-H.), zu sehr schöner gleichmäßiger H.wolle, als Rohstoff für sehr weißen H.stoff und für Papier, zu H.kohle, vor allem Zeichenkohle.

**Roßkastanien-H., Kastanien-H.** Stammpflanze: Roßkastanie (*Aesculus hippocastanus* L.). Das zerstreutporige H. zeigt deutliche Jahresringe, aber keinen Unterschied zwischen Splint und Kern, die Markstrahlen sind unkenntlich. Das feinfaserige, weiche, leichte, sehr gleichmäßige H. hat ein spez. Lufttrockengewicht von 0,53, es ist leicht spaltbar, aber wenig elastisch, wenig dauerhaft und wenig schwindend. Im frischen Zustand hat das H. einen eigentümlichen, an geriebene Kartoffel erinnernden Geruch.

*Anatomie:* Die Grundmasse des Holzes bilden die mäßig dickwandigen, meist in Radialreihen angeordneten Sklerenchymfasern, welche spärliche

kleine Tüpfel aufweisen. Die einzelnen oder in Radialreihen zu zwei bis sieben angeordneten Gefäße sind 30—60 $\mu$ weit und einfach durchbrochen. Die Gefäßwand zeigt 5 $\mu$ breite schlitzförmige Hoftüpfel und Schraubenleistchen. Alle Markstrahlen sind einschichtig, die Zellen durchschnittlich 10—19 $\mu$ hoch und 5—11 $\mu$ breit und dickwandig. H.parenchym ist an den Spät-H.grenzen vorhanden.

*Verwendung:* Häufig zu Schnitzarbeiten, in der Drechslerei, als Blindholz, beliebtes Kistenholz.

**Ahornhölzer.** Stammpflanzen: Feldahorn, Maßholder (*Acer campestre* L.), Spitzahorn, Leinbaum (*Acer platanoides* L.), Bergahorn, Weißer Ahorn (*Acer pseudoplatanus* L.). Die Ahornhölzer ähneln einander sehr, auch die Hölzer der hier nicht behandelten amerikanischen, asiatischen und südeuropäischen Arten gleichen in ihrem H. den einheimischen Ahornen. Der bis 20 m hoch werdende, in Mitteleuropa heimische *Feldahorn* hat ein rötlichweißes oder hellbraunes H., das mittelschwer ist. Sein mittleres spez. Gewicht in lufttrockenem Zustand ist 0,67. Das H. ist sehr hart, zäh, sehr schwerspaltig und wenig biegsam, aber sehr elastisch und fest. Es schwindet mäßig und ist nur im Trockenen dauerhaft. Die Jahresringe zeigen auf der Hirnfläche einen leicht welligen Verlauf. Das Feldahorn-H. neigt zur Maserbildung. Die sehr geschätzte „Vogelaugenmaser" beim Ahorn entsteht dadurch, daß ruhende Knospen unentwickelt bleiben, von dem sich neubildenden H. umwachsen, überwallt werden, wodurch die abenteuerlichen Zeichnungen des in Bretter, Furniere usw. zerteilten Holzes entstehen. Der über ganz Europa verbreitete, bis 21 m hohe *Spitzahorn* hat ein rötlichweißes helleres Kern-H. als der Feldahorn, das ziemlich feinfaserig, aber noch grobfaseriger als jenes vom Bergahorn ist. Das schwere H. (spez. Gewicht ist lufttrocken im Mittel 0,74) ist sehr hart, sehr fest, schwer spaltig, ziemlich biegsam, elastisch und glänzend. Das mäßig schwindende H. läßt sich leicht bearbeiten und gut polieren. Das wertvollste einheimische Ahorn-H. stammt von dem *Bergahorn*, der bis 32 m hoch werden kann. Sein H. ist sehr hell, gelblichweiß. Die schon mit freiem Auge kenntlichen Markstrahlen auf Hirn und Spiegel lassen das H. atlasglänzend erscheinen, wodurch es vom ähnlichen Linden-H. unterschieden werden kann. Das mittelschwere H. hat lufttrocken ein spez. Gewicht von 0,53—0,79, ist ziemlich fein aber kurzfaserig, sehr hart, fest, schwer und geradspaltig, ziemlich biegsam und elastisch. Es schwindet mäßig, aber es wirft sich leicht und neigt zur Rißbildung. Es ist leicht zu bearbeiten und polieren. Gegen Insektenfraß ist es ziemlich widerstandsfähig. Nur trocken ist es sehr dauerhaft.

*Anatomie:* Die spärlichen Gefäße sind einzeln oder zu zwei bis fünf angeordnet und 30—110 $\mu$ weit. Die Gefäßgliedenden sind einfach durchbrochen. Die Wandungen zwischen den Gefäßen sind mit großen, 18 $\mu$ breiten polygonal abgeflachten Hoftüpfeln mit runder oder querspaltiger Pore versehen (Abb. 2 *b*, 3). Die zwei- bis achtschichtigen Markstrahlen haben gleichförmige, ziemlich dickwandige Markstrahlzellen. Die Grundmasse des Holzes bilden H.fasern, deren Wände kleingetüpfelt sind und die in ziemlich regelmäßigen radialen Reihen angeordnet sind. H.parenchym ist spärlich vorhanden, vor allem im äußersten Spät-H., wo es plattenförmig und dickwandig ausgebildet ist, wodurch die scharf hervortretenden Jahresringgrenzen bedingt sind.

*Verwendung:* Die Maserstücke des Feldahorns sind ein besonders geschätztes Furnier-H. für Möbel, Vertäfelungen. Das Feldahorn-H. spielt ebenso wie das Spitzahorn-H. in der Tischlerei und Drechs-

lerei für Kegelkugeln, Peitschenstiele, Pfeifen-
köpfe u. a. eine Rolle, aber auch im Musikinstrumentenbau und gelegentlich zur Herstellung von
Gewehrschäften, Radkämmen und auch viel zum
Bau landwirtschaftlicher Geräte wird es gebraucht.

Bergahorn-H. ist ein viel verwendetes Werk-H.
für Parkettriemen, Furniere, Vertäfelungen, in der
Möbelschreinerei und -Tischlerei zu Tischplatten und
ganzen Möbeln. Die Wagnerei, Drechslerei und
Schnitzerei gebraucht Bergahorn-H. vielseitig
z. B. zu Wagenteilen, Werkzeuggriffen, Gewehrschäften, Tellern, Mulden, Schuhleisten, Schuhstiften usw. Auch im Musikinstrumentenbau vor allem
für Streichinstrumente und Klaviere, zu feineren
Maßstäben usw. wird es gebraucht. Der Brennwert
des Holzes ist groß. Es gibt eine gute H.kohle wie
auch gute Pottasche. Letztere Verwendungsmöglichkeiten werden heute kaum mehr geübt.

**Faulbaum-H., Pulver-H.** Stammpflanze: Faulbaum (*Rhamnus frangula* L.). Der schmale Splint
ist gelblich und umschließt den schön hellroten Kern.
Gefäße und Markstrahlen sind meist unkenntlich.
Das weiche, ziemlich leichte H. hat ein spez. Gewicht
im lufttrockenen Zustand von 0,57—0,61. Es ist
grobfaserig und leicht spaltig. Die Wände aller
Elemente im Kern-H. sind rot gefärbt. Das Kern-H.
ist gerbstoffreich.

*Anatomie:* Die ziemlich weitlumigen, mäßig
dickwandigen, in Radialreihen angeordneten H.-
fasern bilden die Grundmasse. Die Gefäße wechseln
in Größe und Anordnung sehr. Zuweilen ist die Anordnung fast ringporig. Ihre Weite schwankt zwischen 38—100 $\mu$. Die Gefäßglieder sind einfach
durchbrochen. Die Gefäßwände zeigen große, 8 $\mu$
breite polygonale Hoftüpfel und Schraubenleistchen.
Die Markstrahlen sind ein-, zwei- bis dreischichtig.
Die dickwandigen Markstrahlzellen 20—38 $\mu$ hoch,
die mittleren in der Regel 10—14 hoch. Ziemlich
kurze, gegen die Gefäße reichlich getüpfelte H.-
parenchymzellen begleiten die Gefäße.

*Verwendung:* Das H. dient zu kleinen Drechsler-
und Tischlerwaren. Es liefert die beste H.kohle für
Schießpulver (Pulver-H.). Die Rinde (*Cortex Frangulae*) ist ein wichtiges Heilmittel.

**Kreuzdorn-H.** Stammpflanze: Gemeiner Kreuzdorn (*Rhamnus cathartica* L.). Der schmale gelbliche
Splint umgibt einen gelbroten bis roten Kern. Die
ganz unregelmäßige gruppenweise Anordnung der
Gefäße ruft eine zierliche Flammung im H. hervor.
Das H. hat ein spez. Gewicht von 0,62—0,8 im lufttrockenen Zustand, es ist also ziemlich schwer,
hart, schwerspaltig, grobfaserig und sehr haltbar.
Die rote Farbe des Holzes rührt von den rotgefärb-
ten Wänden her. Auch in den Gefäßen findet man
manchmal rote oder braune Kernsubstanzen. Das
H. ist gerbstoffhaltig.

*Anatomie:* Die dickwandigen H.fasern bilden die
Grundmasse. Die ungleich verteilten Gefäße sind
25—70 $\mu$ weit. Die Gefäßgruppen verlaufen sehr
unregelmäßig, auch schräg, wodurch die geflammte
Zeichnung entsteht. Die Gefäßglieder sind einfach
durchbrochen. Die Gefäßwände haben Hoftüpfel
mit deutlich verdickter Schließhaut und Schraubenleistchen. Die Markstrahlen sind meist zweischichtig.

*Verwendung:* Schön gemaserte Stücke ,,Haar-H.'',
sind in der Möbelschreinerei und in der Galanterie-
warenindustrie für kleine Gegenstände beliebt. Auch
Tabakspfeifen, Pfeifenrohre u. ä. werden daraus
gefertigt.

**Kornelkirschen-H.** Stammpflanze: Gelber Hartriegel, Kornelkirsche (*Cornus mas* L.). Das H. hat rötlichweißen Splint und einen scharf abgesetzten, tief-

rotbraunen Kern, der am Querschnitt weder Jahresringgrenzen noch Gefäße noch Markstrahlen deutlich zeigt. Das H. ist schwer, hat ein spez. Gewicht
von 0,88—1,03 im lufttrockenen Zustand, es ist sehr
hart und sehr fest, auch sehr schwer spaltbar, poliert sich gut, schwindet aber leicht. Alle Wände der
Kern-H.elemente sind braun, die Hohlräume führen
oft braunen Inhalt.

*Anatomie:* Die Grundmasse des Holzes sind bis
22 $\mu$ breite, dickwandige Fasertracheïden. Die
meist einzeln liegenden, sehr zahlreichen Gefäße
sind 25—100 $\mu$ weit. Die schräggestellten Glied-
enden sind leiterförmig durchbrochen, sie zeigen
bis 40 oft gegabelte Spangen. Die einschichtigen,
oft in der Mitte zwei- bis dreischichtigen Markstrahlen bestehen aus dickwandigen, auf der Tangentialfläche dicht getüpfelten Zellen. H.parenchym-
zellen begleiten die Gefäße und sind in der Grundmasse des Holzes verstreut, sie erreichen eine Länge
von 130 $\mu$ und eine Weite von 14 $\mu$.

*Verwendung:* Zu Drechslerwaren, Radkämmen,
Schuhstiften usw. H. für ,,Ziegenhainer'' (Spazierstöcke).

**Rotes Hartriegel-H.** Stammpflanze: Roter Hartriegel (*Cornus sanguinea* L.). Cornus hat ein rötlichweißes H. ohne gefärbten Kern mit deutlichen, durch
dunkle Spät-H.zonen abgesetzten Jahresringen. Das
H. ist leichter als jenes der Kornelkirsche (spez. Gew.
in lufttrockenem Zustand 0,77—0,81) und auch weniger dicht, aber sehr hart, fest, zäh, äußerst schwer
spaltbar und stark schwindend.

*Anatomie:* Sie ist jener der Kornelkirsche sehr
ähnlich, die mehrschichtigen bis vier Zellschichten
breiten Markstrahlen sind zahlreicher. Die Elemente sind meist ungefärbt. Das H. enthält Gerbstoff.

*Verwendung:* Wie das H. der Kornelkirsche.

**Eschen-H.** Stammpflanze: Gemeine Esche (*Fraxinus excelsior* L.). Das im Querschnitt deutlich ringporige H. zeigt nur bei älteren über 40 Jahre alten
Bäumen einen deutlichen, dann hellbraunen Kern.
Das schwere H. hat lufttrocken ein spez. Gewicht
von 0,57—0,94, im Mittel 0,75. Es ist ziemlich fein
und langfaserig. Das auf Spaltflächen glänzende H.
verfärbt nach einiger Zeit in ein leichtes Violett. Es
ist ziemlich hart, elastisch, sehr tragfähig, schwer,
aber gerade spaltig und läßt sich leicht polieren.

*Anatomie:* Die ,,Ringporen'', die Gefäße des
Frühholzes sind 120—350 $\mu$ weit, sind zu zweit oder
dritt in radialen Reihen angeordnet, die übrigen viel
engeren Gefäße stehen einzeln oder in Gruppen. Sie
sind dickwandig und einfach durchbrochen, meist
mit geneigten Endflächen der Gefäßglieder. Die
Gefäßwände sind mit kleinen 5 $\mu$ breiten Hoftüpfeln mit schlitzförmigen Poren besetzt, die oft zu
mehreren in Furchen der Gefäßinnenwand münden.
Die Markstrahlen sind meist zwei- bis fünfschichtig.
Die Markstrahlzellen sind 8—19 $\mu$ hoch und breit,
ziemlich dickwandig und gleichförmig. Auf dem
Tangentialabschnitt treten innerhalb der Markstrahlen dreieckige Interzellularräume auffällig in
die Erscheinung. Dickwandige, kleingetüpfelte, bis
27 $\mu$ breite Sklerenchymfasern sind sehr zahlreich,
sie bilden die Grundmasse des Holzes. Die H.-
parenchymzellen sind zahlreich vorhanden. Sie
umgeben die Gefäße und bilden Bänder an der
Spät-H.grenze mit dickwandigen, bis 32 $\mu$ breiten
Zellen, deren Wände eine zahlreiche einfache Tüpfelung aufweisen.

*Verwendung:* Wagner- und Werkzeug-H., zu
Stielen, Handgriffen, Maschinenteilen, als Möbel-H.;
in der Präzisionsmechanik zu Maßstäben, zu Skiern,
Sport- und Turngeräten, in der Flugzeugindustrie.

24*

**Liguster-H.** Stammpflanze: Rainweide (*Ligustrum vulgare* L.). Das H. hat ein lichtgelb bis braunes Kern-H., das schwer (spez. Gewicht lufttrocken 0,92—0,95), sehr hart, fein und dichtgefügt ist.

**Holunder-H.** Stammpflanze: Holler, Schwarzer Hollunder (*Sambucus nigra* L.). Der Holler hat ein gelblichweißes H. mit einem wenig auffälligen gelblichgrauen Kern. In der Mitte findet sich ein bis 11 mm breites weißes Mark. Der H.querschnitt zeigt deutliche wellige Jahresringe, in denen die hellen Frühjahrszonen hervortreten. Das mittelschwere H. hat lufttrocken ein spez. Gewicht von 0,53—0,76, es ist hart und zäh, leicht spaltbar, aber stark schwindend und auch wenig dauerhaft. Das mächtige Mark besteht aus gleichmäßigen, dünnwandigen, großen, mit Luft gefüllten Parenchymzellen.

**Schneeballhölzer.** Stammpflanzen: Gemeiner Schneeball, Wasserholder (*Viburnum opulus* L.) und Wolliger Schneeball (*Viburnum lantana* L.). Der *gemeine Schneeball* hat ein gelbbraunes Kern-H. mit undeutlichen Jahresringen. Es ist schwer (lufttrocken spez. Gewicht 0,89), schwerspaltig, aber gut zu drechseln. Das H. des *wolligen Schneeballs* hat einen lebhaft rötlich-gelbbraunen Kern. Das H. ist schwer (0,84 spez. Gewicht lufttrocken), hart, schwerspaltig, gut zu drechseln.
*Verwendung:* Pfeifenrohre, Spazierstöcke, kleine Drechslerarbeiten.

**Bein-H.** Stammpflanze: Gemeine Heckenkirsche (*Lonicera xylosteum* L.). Der Strauch hat ein H. mit einem weißlichen Splint und gelbbraunem Kern mit deutlichen, durch feine, scharfe, helle Grenzlinien abgesetzten Jahresringen. Das schwere H. hat lufttrocken ein spez. Gewicht von 0,90 und ist sehr dicht, ziemlich schwer spaltbar und sehr dauerhaft. Das Bein-H. ist das zäheste unserer Hölzer. Es wird zu kleinen Drechslerarbeiten, Pfeifenröhren, Spazierstöcken u. ä. verwendet.

*Schrifttum.*

*Burgerstein:* Vergleich.-anatom. Unters. des Fichten- und Lärchenholzes. Denkschr. d. math. naturw. Klasse d. K. Akad. d. Wiss. Wien **LX** (1893). — *Gistl, R.:* Naturgeschichtl. pflanzl. Rohstoffe. München 1938. — *Hartig, R.:* Die anatom. Unterscheidungsmerkmale der wichtigeren in Deutschland wachsenden Hölzer. 4. Aufl. München 1898. — *Hartig, R.:* Holzuntersuchungen. Berlin 1901. — *Wilhelm:* In v. Wiesner, J.: Die Rohstoffe des Pflanzenreichs. 4. Aufl. Leipzig 1927. **Gistl.**

**Holzkohlengasvergiftung** siehe *Kohlenoxyd.*

**Holzschliff** siehe *Papier.*

**Homosexualität.** (Vgl. auch Art.: Sittlichkeitsverbrechen.)

Nach *Hartwich* ist die Homosexualität angeboren. „Ausschlaggebend ist die Veranlagung." Entscheidend ist die „perverse Empfindung gegenüber dem eigenen Geschlecht". Er legt also entscheidenden Wert auf die Empfindungsrichtung, nicht auf die Triebhandlung. — *Hartwich* unterscheidet die bloße Neigung zum eigenen Geschlecht, die Effemination, das weibische Wesen des Mannes und die *Viraginität*, d. h. das männliche Wesen der Frau, und endlich den Zustand, daß „sich die Körperform derjenigen nähert, welcher die abnorme Geschlechtsempfindung entspricht" (Androgynie, Gynandrie). Das Geschlechtsleben der Homosexuellen ist nach *Hartwich* sehr früh und abnorm stark entwickelt. Die geistige Liebe ist oft „schwärmerisch gesteigert". *Placzek* bezeichnet als Homosexualität „die erotische Neigung zu Personen des gleichen Geschlechtes". Er führt nicht mit Unrecht aus, daß der Ausdruck „*Liebe* zu Personen gleichen Geschlechtes" eine zu unbestimmte Bezeichnung sei, weil es, solange keine

geschlechtlichen Handlungen vorkämen, „auch kein sicheres Merkmal gebe, ... das den geschlechtlichen Charakter einer Liebe ... mit Sicherheit erkennen lasse". Er legt dar, daß durch die homosexuelle Triebrichtung „sehr häufig die Berufswahl bestimmt werde". Die Homosexualität komme „auffallend häufig unter Dichtern und Künstlern" bei beiden Geschlechtern vor. — Für die Erklärung der Homosexualität bleibt nach *Placzek* vorläufig nur die Annahme einer primären angeborenen Anlage. „Welcher Art der konstitutionelle Faktor ist, bleibt noch ungeklärt". *Placzek* stellt sich auf den Standpunkt, daß es bedenklich sei, „die Homosexualität einseitig unter dem Gesichtspunkt der ... Keimdrüsenanomalie ... anzusehen". — Von besonderer Bedeutung ist die folgende Stellungnahme *Placzeks:* „Mit der vorläufigen Annahme einer angeborenen Anlage ... ist aber keineswegs ausgeschlossen, daß zu irgendeiner Zeit der geschlechtlichen Entwicklung, solange die Triebrichtung noch undifferenziert ist, äußere Einflüsse richtunggebend wirken". Diese Auffassung *Placzeks* erscheint sehr überzeugend. Sie begegnet sich mit der Ansicht *Maranons,* der sagt, daß der Jugendliche in der Pubertät unter den Einfluß von Erlebnissen gerate, welche die schon vorhandene krankhafte Anlage fördern oder das ursprünglich Gesunde überwuchern. *Maranon* steht hier (im Gegensatz zu *Freud*) auf dem Standpunkt, daß die echte Homosexualität im Pubertätsalter selten sei. Die Mehrzahl der Fälle von wirklicher Homosexualität, denen man in diesem Lebensalter begegne, seien Fälle, in denen die Homosexualität durch die Verführung anderer herangewachsener oder alter Homosexueller hervorgerufen worden sei. Die Fälle von kongenitaler Homosexualität sind nach *Maranon* sehr selten. Bei diesen seltenen kongenitalen Fällen besteht eine organische Prädisposition zur Homosexualität. Aber auch bei diesen Fällen fand *Maranon* Einflüsse des Umgangs, der Verführung oder der verkehrten Erziehung. Auf der anderen Seite glaubt *Maranon,* daß trotz der ungünstigen Anlage eine geeignete Führung durch Arzt, Erzieher oder Eltern eine Bahnung der Libido zur normalen Triebrichtung bewirken kann. Absonderliche Äußerungen der Libido dürfen nicht von vornherein als homosexuelle Triebrichtung gedeutet werden. Sie können vielmehr nach *Maranons* Ausführungen übersteigerte Kundgebungen einer normalen Entwicklungsphase sein. Das ist z. B. der Fall bei leidenschaftlichen, aber idealen Freundschaften junger Leute desselben Geschlechts. Hier ist es schwer abzugrenzen, wo das Normale aufhört und die Freundschaft eine homosexuellgeschlechtliche Form annimmt. In dieser Phase kann ein schroffes Verhalten des Erziehers durch seinen Widerstand die Entwicklung sehr ungünstig beeinflussen. Nach den Erfahrungen des *Verf.* dürfte die kongenitale Homosexualität nicht so selten sein, wie *Maranon* annimmt. Allerdings wurde bei Jugendlichen häufig beobachtet, daß während der Pubertätszeit infolge von Verführungen passagere homosexuelle Triebrichtungen gezüchtet werden, die freilich nicht als echte homosexuelle Triebrichtungen anzusehen sein dürften. Die echte homosexuelle Triebrichtung ist nach den Erfahrungen des Verfassers vielmehr kongenital. Ein Beispiel für eine passagere homosexuelle Triebrichtung ist der nachfolgende Fall, in dem der Betroffene nach Wegfall ungünstiger Einflüsse später wieder zur Norm des heterosexuellen Geschlechtslebens zurückgekehrt ist (Pseudohomosexualität):

Ein Vater hatte seinem 16½jährigen Sohn einen Hauslehrer beigegeben. Dieser Hauslehrer war ein echter Homosexueller. Eines Tages verschwand er mit seinem Schüler aus dem Elternhaus. Nach langem, vergeblichem Suchen ergaben die polizeilichen Ermittlungen, daß der Junge von seinem Lehrer in ein Knabenpensionat gebracht worden war, in dem homosexuelle Lehrer nackt unterrichteten und die Schüler planmäßig verführten. Man fand bei dem Jungen zahlreiche Briefe des ehemaligen Hauslehrers, in denen sich Gedichte mit dem Refrain fanden: „O du schöner Götterknabe!", während der Junge seinen Lehrer mit: „Mein heißgeliebter Onkel!" anredete. Der Jugendliche wurde durch energischen Zugriff aus dieser homosexuellen Atmosphäre herausgerissen. Jedoch löste die Sehnsucht nach seinem Lehrer vorübergehend eine reaktive Seelenstörung aus. Er überwand aber seine passagere homosexuelle Triebrichtung und ist nach zuverlässigen Mitteilungen ein gesunder Ehemann geworden, der in einer durchaus glücklichen und harmonischen Ehe lebt und gesunde Kinder gezeugt hat.

Eine passagere Triebrichtung eben geschilderter Art ist nicht der Ausdruck einer echten Homosexualität. Für eine echte Homosexualität ist nach den Erfahrungen des Verfassers, die sich mit denen *Placzeks* decken, die konstitutionelle Anlage entscheidend. Beweisend für eine solche Auffassung von der konstitutionellen Bedeutung der Homosexualität ist der nachfolgende Fall eigener Beobachtung:

Der Betreffende spielte als Junge gern mit männlichen Puppen, legte sie in sein Bett, umarmte sie und erbat sich als Weihnachtsgeschenk eine Puppe, die männlich sein mußte. Er besuchte das Gymnasium und wurde später, nachdem er die mittlere Reife erhalten hatte, in den Verwaltungsdienst übernommen. Mit jungen Mädchen zusammengebracht, damit eine Verlobung zustandekomme, klagte er über furchtbare Beengung im Halse, fing in ungewöhnlicher Weise an, am Kopf und im Gesicht zu schwitzen, sprang auf und verließ die gastliche Stätte, weil er es nach seiner Angabe vor Angst nicht habe aushalten können. Zum Stadtsekretär aufgerückt, stellte er in der Verwaltung bei einigen Beamten Unterschleife fest und erreichte eine Säuberungsaktion und die Entlassung einiger Beamter, die dadurch naturgemäß seine persönlichen Feinde wurden. Sie überwachten durch Spitzel sein Privatleben und stellten fest, daß er einen Teil der Jugend der betreffenden Stadt zu Gastmählern einlud; sämtliche Teilnehmer saßen nackt an der gastlichen Tafel. Der Gastgeber las dabei deutsche Übersetzungen der Oden des Horaz vor und zwar namentlich Trinkoden, bei deren Lektüre sich die Mitglieder der Gesellschaft die weinfeuchten Schläfen bekränzten, Nackttänze aufführten und auf besonders hergerichteten Lagern homosexuelle Handlungen vornahmen. Eines Tages wurde die ganze Gesellschaft durch die Kriminalpolizei ausgehoben. Nach einiger Zeit wurde der Gastgeber verhaftet und erzählte mit tiefer Reue dem Unterzeichneten bei dessen Besuch im Untersuchungsgefängnis die Tragik seines homosexuellen Werdeganges. Die Homosexualität war nach dem Ergebnis der Untersuchung erwachsen auf dem Boden einer psychopathischen Konstitution.

Es gibt unter den Homosexuellen anständige Persönlichkeiten, die unter ihrem Triebe ethisch leiden. Leider gibt es aber auch unter ihnen sehr oft schlechte Charaktere und gefährliche Patrone, die ihren Geschlechtspartner in übler Weise nach stattgehabtem Sexualverkehr ausnutzen und mit Erpressungen bedrohen. Ein krasses Beispiel dafür ist der nachfolgende Fall:

K., geb. 24. 2. 1906, entstammte einer neurasthenischen Familie. Als Primaner verließ er die Schule und wurde Kellner, setzte aber in seiner Halt- und Interesselosigkeit die Lehre nicht fort. Er zog planlos im Lande umher, betätigte sich als Musiker, Hotelpage, Falschspieler. 1924 hielt er sich in Berlin auf und war der dortigen Polizei als Strichjunge bekannt. In Hamburg verkehrte er in Unterweltkreisen, suchte seinen Erwerb im Falschspiel und in der Prostitution. Cocain und andere Rauschgifte raubten ihm die letzte Nervenkraft. Später verlegte er seine Erwerbstätigkeit auf die Erpressung seiner homosexuellen Partner, die aus Angst vor öffentlicher Diffamierung anfangs willig zahlten, dann aber Strafantrag gegen ihn stellten. Eines seiner Opfer beging aus Verzweiflung vor den frechen Erpressungen Selbstmord. Als männlicher Prostituierter machte sich K. aufdringlich an seine Opfer heran und erpreßte von ihnen Geld nach dem gleichgeschlechtlichen Verkehr mit allen Mitteln, die ihm zu Gebote standen. Er war z. Zt. der zuletzt begangenen Straftat kaum 20 Jahr alt. Die primär schon geringen sittlichen Hemmungen sind durch die Rauschgiftsucht vollends gefallen. — Diagnose: Hysterischer Psychopath.

Die Homosexualität kommt bei Männern und Frauen vor; bei Frauen wird sie „lesbische Liebe" genannt. Was die *Häufigkeit* der Homosexualität anlangt, so liegen in der Literatur verschiedene Schätzungen vor. *Placzek* gibt der Meinung Ausdruck, es müsse dahingestellt bleiben, ob sie tatsächlich 2,3 % der Bevölkerung betrage. Kommt es bei einem Homosexuellen zu einer „Einführung des Penis inter femora oder in axillam oder in os oder in anum alius", so spricht man von Päderastie. Beispiele für Päderastie sind die nachfolgenden Fälle:

1. J., geb. 27. 11. 1897, sprach in einem Kino einen 15jährigen Jungen an, besuchte mit ihm mehrere Wirtschaften und nahm dann den unter den Einfluß des Alkohols geratenen Jungen mit nach Hause. — In seiner Wohnung zog J. sein Opfer nackt aus und legte sich ebenfalls nackt zu ihm ins Bett. Zuerst onanierte er bis zum Samenerguß bei dem Jungen. Dadurch trat bei J. eine Erektion ein. Zur Befriedigung seines gesteigerten Geschlechtstriebes kam es zum Coitus in anum: Der Junge mußte sich auf den Bauch legen, während der Angeklagte sein steifes Glied in den After des Jungen einführte und bis zum Samenerguß beischlafsähnliche Bewegungen machte. Ein zweites Mal gelang ihm der Afterverkehr nicht. Deshalb rieb er unter schüttelnder Bewegung seinen Geschlechtsteil in der Afterspalte des Jungen bis zum völligen Orgasmus. Während dieses Mißbrauchs schlief der Junge ein und ging am nächsten Morgen, von J. nicht weiter belästigt, nach Hause. — Strafe: 2 Jahre Zuchthaus und 5 Jahre Ehrverlust. Psychische Störungen konnten bei J. nicht nachgewiesen werden. —

2. X., geb. 29. 4. 1900. Er war Führer eines 7köpfigen homosexuellen Kreises, in dem jahrelang in hemmungsloser Weise widernatürliche Unzucht getrieben wurde. Zwischen ihm und seinem Hauswirt bildete sich bald ein homosexuelles Hörigkeitsverhältnis heraus. Keiner aus dem Kreise des Verurteilten ging einer geregelten Arbeit nach. Schon seit dem 12. Lebensjahr ist dem Verurteilten seine homosexuelle Veranlagung bekannt. Verschiedentlich hat er in Kinos seinem Nachbarn den Geschlechtsteil aus der Hose gezogen und daran gespielt. Auch trieb er mit Altersgenossen, gelegentlich auch mit einem „Lustknaben", mutuelle Onanie und Mundcoitus. Dem Geschlechtspartner gegenüber war der Verurteilte der aktive Teil. Im Anschluß an seine Strafverbüßung wurde Sicherheitsverwahrung angeordnet. — Diagnose: Schizothymer Psychopath.

Homosexuelle Neigung zu Kindern wird mitunter bei Lehrern festgestellt. Homosexuelle Handlungen zwischen Männern werden in Deutschland strafrechtlich nach dem neuen § 175 RStGB. geahndet.

Weibliche Homosexualität wird nicht bestraft. Handelt es sich darum, daß jemand sowohl homosexuelle wie auch heterosexuelle Neigungen betätigt, so spricht man von *Bisexualität*. Die strafbare Neigung zum gleichen Geschlechte muß entgegen der in manchen Lehrbüchern befindlichen irrtümlichen Bezeichnung als *Sodomie* bezeichnet werden, während die sexuelle Neigung zum Tier *Zoophilie* (s. d.) oder *Bestialität* genannt werden muß.

*Schrifttum.*
*Krafft-Ebing:* Psychopathia sexualis. Neubearb. von *Alex. Hartwich.* 263. Zürich u. Leipzig o. J. — *Maranon:* In: La puberté. Masson et Cie, éditeurs, libraires de l'Académie de médecine. 40—42. — *Placzek:* Das Geschlechtsleben des Menschen. Leipzig 1926.
**Többen.**

**Hoppe-Seyler-Probe** siehe *Kohlenoxyd.*

**Hora-Räucherverfahren** siehe *Schädlingsbekämpfungsmittel.*

**Hornissenstichvergiftung** siehe *Insektenstichvergiftung.*

**Hüttenkrätze** siehe *Arsen.*

**Hufschlag.**
Der Hufschlag (des Pferdes) ist eine stumpf angreifende, oft sehr wuchtige Gewalteinwirkung und erzeugt Verletzungen, die sich im allgemeinen von den Verletzungen durch stumpf einwirkende Gewalten (s. d. Art.: Verletzungen durch stumpfe Gewalt) nicht unterscheiden. Äußerlich finden sich die Spuren schwerer Weichteilquetschung, gelegentlich auch Lappen-Rißwunden. An inneren Verletzungen sind vor allem die Schädelbrüche und die schweren Eingeweidezerreißungen im Bereiche der Leibeshöhlen und die mannigfachen Knochenbrüche zu erwähnen. Charakteristische Wundformen entstehen durch den Hufschlag in der Regel nicht, da der Pferdehuf meist keine ausgeprägten Kanten und Formen aufweist. Das Hufeisen trägt allerdings an drei Stellen mehr minder stark vorragende Teile: am Vorderrand (in der Mitte) den sog. „Griff" und an den beiden Enden die „Stollen". Das Pferd bewegt beim Ausschlagen (Auskeilen) das Bein so, daß in einer bestimmten Bewegungsphase die Unterfläche des Hufes, das Hufeisen also, in einer senkrechten Ebene eingestellt ist. Griff und Stollen können somit einen Menschen in aufrechter Stellung gleichzeitig treffen und an drei Stellen Verletzungen (Rißwunden und Quetschungen) erzeugen, die in ihrer Lage und in ihren Entfernungen voneinander den drei Angriffspunkten des Hufeisens entsprechen müssen. Durch Aufdeckung dieser Beziehungen konnte *Werkgartner* in einem anfangs sehr rätselhaften Fall von Mordverdacht im Zusammenhang mit den übrigen Ergebnissen der Leichenöffnung und unter Berücksichtigung der sonstigen Umstände des Falles den Nachweis eines tödlichen Unfalles durch einen Pferdehufschlag erbringen. Am gerichtlich-medizinischen Institut in Wien ist von *F. Reuter* ein Fall begutachtet worden, in welchem ursprünglich angenommen worden war, daß der Tod durch einen Hufschlag verursacht worden wäre. Einige der Blutspuren an der Wand sprachen aber wegen ihrer Lage gegen diese Annahme, und die weiteren Untersuchungen deckten einen Mord durch Erschlagen auf.

*Schrifttum.*
*Vidakovits, C.:* Der Hufschlag als Unfall. Mschr. ung. Mediziner **2**, 273 (1928). — *Werkgartner:* Hufschlag oder Mord ? Beitr. gerichtl. Med. **XIII**, 5 (1935). **Werkgartner.**

**Hummelstichvergiftung** siehe *Insektenstichvergiftung.*

**Hundspetersilie.** (Vgl. auch Art.: Coniin und Schierlingsvergiftung.)
*Aethusa Cynapium* gilt allgemein, im Gegensatz zur Petersilie (*Petroselinum sativum*), als giftig. Aus

früheren Jahrzehnten sind verschiedene Vergiftungsfälle, z. T. Massenvergiftungen, mitgeteilt. Offenbar wechselt die Giftigkeit der Pflanze je nach Standort, Entwicklungsstadium usw.; nach Versuchen von *Lewin* riefen große Dosen von Pflanzensaft beim Menschen keine Vergiftungserscheinungen hervor. Aus dem Jahre 1930 wurde erneut eine Familienvergiftung gemeldet (*Seltmann*).
Symptome: Übelkeit, Erbrechen, Stuhldrang, blutige Durchfälle, daneben Speichelfluß. Zentrale Symptome bestehen in Kopfschmerzen, erhöhtem Muskeltonus, fibrillären Zuckungen. Von seiten der Niere Albuminurie, Cylindrurie, Hämoglobinurie.
Die Stuhlentleerungen zeigen aashaften Gestank.
Giftigkeit wohl geringer als die des Fleckschierlings oder des Wasserschierlings. Wirksamer Bestandteil ein Stoff, der ähnliche Symptome auslöst wie das Coniin. Die meisten Vergiftungen erfolgen durch Verwechslung mit der Gartenpetersilie. Der Unterschied zwischen diesen beiden Pflanzen ist augenfällig: Hundspetersilie zeigt beim Verreiben widerlichen Knoblauchgeruch, wächst viel rascher und höher, die Doldenblüten sind weiß (bei der Gartenpetersilie gelbgrün).

*Schrifttum.*
*Erben:* Vergiftungen, klinischer Teil, 2. Hälfte. Wien und Leipzig 1910. — *Lewin:* Gifte und Vergiftungen. Berlin 1929. — *Seltmann:* Hundspetersilievergiftung. Slg. Verg.-Fälle **2**, 133 A (1931) und Med. Klin. **1931**, 281. **Schwarz.**

**Hungertod** siehe *Tod und Gesundheitsbeschädigung durch Entzug der Nahrung.*

**Hydragyrum** siehe *Quecksilber.*

**Hydrastin** siehe *Papaveraceenalkaloide.*

**Hydrierte Naphthaline.**
Wichtigste Vertreter: Cyclohexan, Tetrahydronaphthalin (Tetralin) und Dekahydronaphthalin (Dekalin). Gute Lösungsmittel für Farben, Lacke, Wachse. Kommen vor in Abbeizmitteln, in Bohnermassen, in Reinigungs- und Entfettungsmitteln.
Vergiftungen meist nur gewerblich (Kopfschmerzen, Übelkeit, Erbrechen, Reizung der Bindehäute, Hautschädigungen). Selten zufällige Vergiftung von Kindern im Haushalt durch Bohnermassen.
Dekahydronaphthalin praktisch ungiftig.
Ausscheidung durch Urin, der bei Tetralin oft grünlich verfärbt ist.

*Schrifttum.*
*Lehmann-Flury:* Toxikologie und Hygiene der technischen Lösungsmittel. Berlin 1938. **Schwarz.**

**Hydrochinon.**
1,4 Dioxybenzol ($C_6H_4(OH)_2$), Schmelzpunkt 172°. Giftigstes der Isomeren. Wirkt stark reduzierend (Entwickler). Früher gelegentlich gebraucht für Urethrainjektionen, 1 %ig.
In der forensischen Toxikologie von geringer Bedeutung. Einnahme von 0,5—1,0 g erzeugen Erbrechen, grünlichen Durchfall. Bei höheren Dosen Ohrensausen, Schwindel, evtl. Kollaps. Wird als Hydrochinon-Schwefelsäure, teilweise auch als unverändertes Chinon ausgeschieden. Urin blaugrün. Entsteht bei der Benzolvergiftung im Organismus neben Brenzcatechin als Oxydationsprodukt und wirkt als zweiwertiges Phenol dann insbesondere auf das Blut. Forensisch interessant ist der Bericht über einen Selbstmordversuch: Einnahme von 12 g Hydrochinon durch einen 36jährigen Mann. Symptome: Würgen, Ohrensausen, Schwellung der Zunge, Schläfrigkeit, Unfähigkeit, Bewegungen zu machen. Gesicht blaugrün, Urin schwarz. Rasche Erholung; nach drei Tagen zeigte der Urin keine Phenolreaktionen mehr.

*Schrifttum.*

Handb. d. Lebensmittelchemie. **I**. Berlin 1933. — *Rémond u. Colombies:* Intoxication par l'hydroquinone. Ann. Méd. lég. etc. **VII**, 79 (1927). — *Taeger:* Pyrazolon- und Barbitursäurederivate als Ursache prim. Agranulocytose? Slg. Verg.-Fälle **5**, 61 C. (1934). **Schwarz.**

**Hydrophobie** siehe *Lyssa.*

**Hymen** siehe *Notzucht.*

**Hyoscyamin** siehe *Tropaalkaloide und tropaalkaloidhaltige Pflanzen, Drogen und Präparate.*

**Hyperemesis gravidarum** siehe *Medizinische Indikationen zur Schwangerschaftsunterbrechung; Plötzlicher Tod in Schwangerschaft, Geburt und Wochenbett.*

**Hypernephrom** siehe *Geschwulst und Trauma.*

**Hyperthermie** siehe *Hitzschlag.*

**Hypholoma fasciculare** siehe *Pilzvergiftungen.*

## Hypnose.

Die Hypnose ist ein durch suggestive Maßnahmen bei disponierten Persönlichkeiten hervorgerufener Zustand von Bewußtseinsstörung oder von Bewußtlosigkeit. *Michel* bezeichnet die Hypnose als „einen auf dem Wege der Suggestion herbeigeführten Teilschlaf, dessen Tiefe variieren kann vom eingeengten Bewußtsein bis zum Tiefschlaf". Das Seelenleben ist aber, wie sich *Kretschmer* in seiner bildhaften Sprache bezeichnend ausdrückt, „nicht ringsum abgeschlossen von der Außenwelt, es ist nur stark abgeblendet. Ein kleines Fenster bleibt offen gegen den Hypnotiseur, der allein noch mit der Psyche des Hypnotisierten Rapport hat, Befehle und Antworten geben kann". Die Bemerkung *Michels:* „Ein gesunder Mensch mit normaler Widerstandskraft kann nicht hypnotisiert werden", muß der Verf. aus eigenen Erfahrungen bestätigen. — Die Hypnose unterscheidet sich von der Wachsuggestion dadurch, daß im Gegensatz zu der letzteren bei ihr Bewußtseinsstörungen vorliegen, während bei der Wachsuggestion Bewußtseinshelle der Suggerierten besteht.

Es ist eine bekannte Tatsache, daß man an hypnotisierten Persönlichkeiten *Verbrechen* begehen und auch hypnotisierte Persönlichkeiten durch suggestive Befehle zu Verbrechen anstiften kann. Des weiteren können dem Therapeuten bei Behandlung von Patienten sittliche Entgleisungen unterlaufen. Er kann auch in die Netze eines hysterischen Charakters geraten und von ihm verführt werden. Schließlich können Hypnosen vorgetäuscht werden, um das Publikum zu betrügen.

Vor einigen Jahren hat ein sehr energischer, mit stark suggestiven Fähigkeiten ausgestatteter Verbrecher ein stark suggestibles, aber wenig intelligentes Ehepaar in einen Zustand von Hypnose versetzt und es in diesem Zustande überredet, sein immobiles Vermögen und auch seine Mobilien zu verkaufen. In der Hypnose wurde dann das Ehepaar seines Geldes beraubt und befand sich eines Tages, nachdem der verbrecherische Hypnotiseur sich aus dem Staube gemacht hatte, dem Nichts gegenüber. Die spielerischen Fähigkeiten des raffinierten und routinierten Verbrechers waren bewundernswert. Er verfügte über eine ganz ungewöhnlich starke suggestive Kraft, der das stark suggestible Ehepaar völlig erlag. Es kann nicht der mindeste Zweifel darüber bestehen, daß das Ehepaar ihm im Zustande der Hypnose völlig willig und blindlings gehorchte und alle seine Anordnungen als kategorische Befehle ansah. — Meistens ist es in derartigen Fällen so, daß der willensstarke, hypnotisierende Verbrecher wesentlich intelligenter und aktiver ist als das wenig begabte, willensschwache und stark suggestible Opfer. Die suggestive Kraft des Verbrechers und die Suggestibilität des Opfers stehen gewissermaßen in einem wechselseitigen Verhältnis.

Erfahrungsgemäß kann die Hypnose zum Zwecke der Anstellung von Sittlichkeitsverbrechen durchgeführt werden. Hinsichtlich der Bestrafung derartiger verbrecherischer, mit Hilfe der Hypnose ausgeführter Sittlichkeitsdelikte sind folgende Paragraphen des deutschen Strafgesetzbuches einschlägig:

1. § 176 RStGB. Abs. 2. Hier kommt in Frage eine Zuchthausstrafe für den Mißbrauch einer in einem willenlosen oder bewußtlosen Zustande befindlichen oder geisteskranken Frauensperson. Kritisch ist zur Anwendung dieses Paragraphen folgendes zu sagen: Der Nachweis, daß der Täter sein Opfer in einen willenlosen Zustand versetzt habe, ist sehr schwer zu erbringen. Für die Erkennung dieses wichtigen Tatbestandes können keine allgemeinen Regeln aufgestellt werden, da jeder Fall völlig verschieden ist. Die gebotene Vorsicht und Zurückhaltung bei einschlägigen Gutachten ist besonders deshalb am Platze, weil der außerordentlich wichtige Satz der Kriminalistik zu berücksichtigen ist: „Non omnes dormiunt, qui clausos habent oculos." Handelt es sich darum, daß der Täter eine geisteskranke Frauensperson mit Hilfe der Hypnose gegen ihren Willen geschlechtlich gebraucht hat, so ist es außerordentlich schwer, den Einwand des Täters zu widerlegen, er habe den Zustand des Opfers nicht erkannt und überhaupt nicht gewußt, daß er es mit einer Geisteskranken zu tun habe. Die Widerlegung einer solchen Behauptung ist um so schwerer, weil Geisteskranke einmal erfahrungsgemäß nicht selten ihre Geistesstörung dissimulieren, und weil anderseits manche Psychosen, wie z. B. eine ohne Intelligenzverfall verlaufene Paranoia, von einem Laien sehr leicht verkannt werden können.

2. Nach § 176 Abs. 3 wird mit Zuchthaus bis zu 10 Jahren bestraft, wer mit Personen unter 14 Jahren unzüchtige Handlungen vornimmt oder dieselben zur Verübung oder Duldung unzüchtiger Handlungen verleitet. Die Ausübung der Hypnose zum Zwecke der Verführung der Jugendlichen kann selbstverständlich vorkommen; häufiger sind jedoch erfahrungsgemäß wachsuggestive Maßnahmen, die zur Verführung der Jugendlichen führen.

3. Aus § 177 ist die letzte Hälfte einschlägig: Mit Zuchthaus wird bestraft, wer eine Frauensperson zum außerehelichen Beischlaf mißbraucht, nachdem er sie zu diesem Zweck in einen willenlosen oder bewußtlosen Zustand versetzt hat. Vorwiegend wird es sich um willenslabile, hysterische Persönlichkeiten handeln, die derartigen Hypnotisierungen zugänglich sind. Daß die Behauptung der Versetzung in einen willenlosen Zustand wahrheitswidrig im Sinne einer falschen Anschuldigung erfolgen kann, wird später erörtert werden.

Sehr häufig wird von Verbrechern die Behauptung aufgestellt, daß sie bei Ausübung eines Verbrechens unter dem hypnotischen Befehl eines anderen gestanden hätten. Diese Behauptung wurde dem Verf. gegenüber von einem Mörder gemacht, der immer wieder von der früheren Frau seines Opfers angestiftet wurde, den Mann zu erschießen, bis er eines Tages derartigen Einflüssen erlag und die Tat ausführte. Es handelte sich zwar um dämonische, immer mit gesteigerter Heftigkeit sich wiederholende Einflüsse eines gegen das Opfer mit Haß erfüllten Weibes; der Nachweis jedoch, daß der Täter in einem hypnotischen Zustand gehandelt hätte, konnte nicht erbracht werden; vielmehr mußten sehr heftige wachsuggestive Einflüsse, die von dämonischer Kraft waren, angenommen werden. — Ähnlich gelagert war ein Fall, bei dem ein verhältnismäßig junger Bursche unter die Hörigkeit eines Weibes geriet, das über sehr aktive verbrecherische Anlagen verfügte und ihn immer wieder verführte, mit ihr im Lande umherzuziehen und Gelegenheitsdiebstähle auszuführen. Eine nähere Betrachtung der Psychologie dieses Falles ergab jedoch einwandfrei, daß auch hier nicht eine echte Hypnose, sondern wachsuggestive Einflüsse von ungewöhnlicher Kraft in Frage kamen.

Ein anderer Fall, der die verderblichen suggestiven Einflüsse eines satanischen Weibes auf einen jüngeren Mann noch viel eindeutiger in ihrer kriminoplastischen Wirkung aufzeigt, ist der folgende:

Mr., geb. 20. 3. 1904. Beide Großeltern vs. an Altersschwäche gestorben. Familie steht in bestem Ruf. Vater und Mutter ruhige Menschen, aber bei Mißgeschicken außer Fassung. In der Schule war Mr. Durchschnittsschüler. In der Jugend gr. Sportinteresse, galt als zutraulich, heiter und lebhaft. Wollte Schlosser werden, wurde jedoch aus unbekannten Gründen schon bald von seinem Meister entlassen. Er arbeitete an verschiedenen Stellen, gab seinen Beruf wegen Arbeitsmangels auf. Mit 18 Jahren 1. Coitus. Als er in das Erwachsenenalter kam, zeigte er ein starkes Selbstbewußtsein. 1923 wurde Mr. wegen Diebstahls und gewinnsüchtiger Urkundenfälschung das erstemal bestraft, später wegen Mordes in Tateinheit mit Raub zum Tode verurteilt, aber zu 15 Jahren Zuchthaus begnadigt. Ein früherer Arbeitgeber stellte ihm ein gutes Führungszeugnis aus und bekundete seinen Fleiß und seine Anstelligkeit.

Mr. lernte Ende 1923 die L. dadurch kennen, daß sie bei zwei benachbarten Landwirten in Stellung waren. Als die L. den Mr. zum erstenmal sah, sagte sie: „Den mußt du haben." Sie hat dann bald mit ihm angeknüpft und seit dieser Zeit einen unheilvollen Einfluß auf ihn ausgeübt, was ihr um so eher gelang, als sie ihm geistig bei weitem überlegen war und er selbst eine sehr nachgiebige und willensschwache Natur hatte. Sie regte ihn zum Geschlechtsverkehr an, besuchte ihn oft nächtelang oder ließ sich von ihm in ihrem Zimmer besuchen. Durch diesen Verkehr, der ihn körperlich und geistig aufrieb, kam er völlig in die Abhängigkeit von der L. Unter ihrem Einfluß gab er seine Stelle auf und führte mit ihr ein wahres Nomadenleben. Sie bestimmte die Reiseziele und war Führerin des Unternehmens. Mr., der durch seine geschlechtlichen Ausschweifungen in die sexuelle Hörigkeit der L. geriet, fügte sich auch sonst ihren Anordnungen und Wünschen. Die L. hatte es verstanden, den Mr. für die Folgezeit durch die Gewährung des Beischlafs hemmungslos dem Sexualleben auszuliefern und als willenloses Werkeug in der Hand zu haben. Unter ihrer Anstiftung ist er zum Mörder geworden, da durch seine groben ethischen Defekte keine antikriminellen Obervorstellungen mehr Platz griffen. Als sie auf ihren planlosen Wanderungen mittellos dastanden, kam die L. auf den Gedanken, ihre Tante um Unterstützung anzugehen. Nur widerstrebend nahm die Tante der L. die beiden auf. Da die unwillkommenen Gäste angeblich am nächsten Morgen wieder weiterziehen wollten, richtete ihnen die alte Frau den Kaffee her. Während die Tante in Abwesenheit der L. und des Mr. in der Küche sich betätigte, entdeckte die L. in der Nähe der Hoftür eine Axt. Durch Handbewegungen gab sie dem Mr. zu verstehen, mit der Axt die Tante zu erschlagen. Erst nach mehr als zehnmaliger Aufforderung erlag Mr. dem suggestiven Einfluß der ihn beherrschenden L., ergriff die Axt und tötete die sich gerade bückende Frau. Mit allen Wertsachen der Ermordeten, die die L. schon zusammengetragen hatte, flüchtete das saubere Paar.

Auch hier konnte deutlich erwiesen werden, daß der Täter nicht unter Hypnose, sondern lediglich unter Wachsuggestion gehandelt hatte. Hier ist für den Sachverständigen ein wichtiges und ergiebiges Arbeitsfeld, indem er diese Unterschiede durch genaue Kenntnis der klinischen Verhältnisse während der Hypnose herausmeißelt. *Seelig* gibt der Meinung Ausdruck, daß es „noch immer strittig" sei, „ob die Benützung eines Hypnotisierten oder in einem... hypnoseähnlichen Zustande Befindlichen als schuldloses Werkzeug für die Ausübung eines Verbrechens möglich sei". Einwandfrei beobachtete Fälle dieser Art liegen nicht vor. Die herrschende psychiatrische Literatur lehnt mit *Seelig* die Möglichkeit ab. Bekanntlich sind am meisten psychopathische und unter ihnen wieder hysterische weibliche Persönlichkeiten hypnotischen Einflüssen zugänglich. Daß allerdings auch bei Männern Hypnose zum Erfolg führen kann, haben die glänzenden hypnotischen Behandlungsergebnisse bei Kriegsbeschädigten gezeigt, die deutsche Ärzte, und unter ihnen besonders *Nonne*, während des Weltkrieges durch Beseitigung von seelisch bedingten Lähmungen und Aphonien erzielten. Bei *Behandlung* weiblicher Patienten besteht eine gewisse Gefahr darin, daß der Hypnotiseur in einen sehr engen psychischen Kontakt mit seinem Behandlungsobjekt kommt, und daß unter diesen Patientinnen sich sehr häufig solche befinden, die stark erotisch veranlagt und dementsprechend exogenen sexuellen Einflüssen sehr zugänglich sind. Hier kann ein Therapeut, der nicht über das nötige Abstandsgefühl verfügt und einen haltlosen Augenblick erlebt, durch seine Unbeherrschtheit sich gegen die Sittlichkeit verfehlen und dadurch in bedenkliche Situationen hineinschlittern. Eine solche Schwäche wird erfahrungsgemäß von dämonischen hysterischen Charakteren ausgenutzt, indem sie den Arzt völlig in ihre Netze ziehen und ihn dann hinterher in der übelsten Weise vor der Öffentlichkeit an den Pranger stellen, nachdem sie ihn vorher durch Erpresserbriefe und auch durch anonyme Schreiben derselben Tendenz in die Enge getrieben haben. Es ist deshalb für jeden Therapeuten unbedingt notwendig, daß er Personen mit hysterischen *Reaktionen*, bei denen seelische Vorgänge ins körperliche Gebiet hinüberstrahlen und auf seelischem Wege körperliche Verbindungen hervorrufen, von hysterischen *Charakteren* zu unterscheiden weiß. Die ärztliche Erfahrung hat gezeigt, daß derartige hysterische Kanaillen während einer hypnotischen Sitzung in einzelnen Fällen den Hypnotiseur auf raffinierte Art verführen und hinterher die Behauptung wagen, sie selbst seien die unschuldigen Opfer. Für diese vielleicht nicht allzu häufigen Fälle gilt das Wort: Ceterum censeo, mulieri non esse credendum. Der Arzt kann sich einer derartigen Gefahr gegenüber nur dadurch schützen, daß er die hypotechnischen Behandlungen in Gegenwart einer Krankenschwester durchführt. Den Ausdruck „hysterischer Charakter" halte ich gegenüber entgegenstehenden Bestrebungen bewußt und ausdrücklich aufrecht. Für die Technik der Hypnose ist das Buch von *Ludwig Mayer*-Heidelberg maßgebend.

Schließlich sei noch folgende Beziehung zwischen Hypnose und Kriminalität hervorgehoben. In der Zeit unmittelbar nach dem Kriege spielten der Okkultismus und die Parapsychologie eine große Rolle. Es lag nahe, daß Verbrecher, die unter der Maske des Hypnotiseurs oder der Hypnotisierten auftraten, raffinierte Betrugsmanöver als Hypnosewirkungen dem getäuschten Publikum hinstellten und ihren betrügerischen Gewinn dafür einheimsten.

*Schrifttum.*
*Mayer, Ludwig:* Die Technik der Hypnose. München u. Berlin 1934. — *Michel:* Lehrbuch der forensischen Psychiatrie. 86. Wien u. Berlin 1931. — *Seelig:* Suggestion. In: Handwörterbuch der Kriminologie. 757. Berlin u. Leipzig 1936.          *Többen.*

## Hypoglykämie siehe *Insulin.*

## Hypophysenhinterlappenhormon. (Vgl. auch Art.: Hypophysenvorderlappenhormon.)

Extrakte aus dem Hypophysenhinterlappen (= H.H.L.) enthalten drei Komponenten: eine den Uterus erregende, eine Blutdruck steigernde und die Darmperistaltik anregende, endlich eine Diurese hemmende Fraktion, die schon weitgehend voneinander abgetrennt sind. Die Chemie dieser Substanzen ist unbekannt. H.H.L.-Extrakte (= H.H. L.E.) sind bei $p_H$ 5 nur begrenzt haltbar, gegenüber Sauerstoff und alkalischer Reaktion sehr empfindlich, ähnlich wie Suprarenin. H.H.L.E. des Handels wirken blutdrucksteigernd, bei Zersetzung senkend, wenn sie parenteral verabreicht werden. Es kommt nur subcutane, intramuskuläre, in seltenen Fällen einmal intravenöse Injektion in Betracht. Die intravenös hervorgerufene Blutdrucksteigerung infolge der Gefäßverengerung kann bei Menschen mit Hochdruck gelegentlich durch Apoplexiebegünstigung gefährlich werden. Diese Capillarkontraktion führt zur Blässe der Haut, die Gesichtszüge treten schärfer hervor. Aussehen erinnert an beginnenden Kollaps. Bei der intravenösen Injektion höherer Gaben kann auch ein Krampf der Coronargefäße des Herzens ausgelöst werden. Diese Injektionsart kann überhaupt nur dann verantwortet werden, wenn Gefahr im Verzug ist und besonders rasche und kräftige Wirkung in der Geburtshilfe erwünscht ist. Dabei dürfen nur 0,5—1,0 V.E. verabfolgt werden. 1 Vögtlin-Einheit (= V.E.) entspricht 0,5 mg H.H.L.-Trockenpulver.

Der Gerichtsarzt hat sein Augenmerk vor allem auf richtige Indikationsstellung und normale Dosierung zu richten. Die gravide Gebärmutter spricht auf H.H.L.E. nicht an. (Schutzwirkung durch „Progesteron" = „Proluton".) Nur die Austreibungsperiode ist der richtige und geeignete Zeitabschnitt für die Verwendung von H.H.L.E. Mutter und Kind können Schaden leiden. Durch Dauerkontraktion des Uterus kann das Kind an Asphyxie zugrunde gehen. Das schlimmste Ereignis für die Gebärende ist die Uterusruptur. Nach intravenöser Zufuhr treten meist sehr heftige Wehen ein. Oft erfolgt nach der ersten Kontraktion die Ruptur. Dann setzt Unwohlsein ein, Singultus, Erbrechen, fortschreitende Schwäche infolge starker Blutungen und eintretender Anämie. Der Puls steigt auf 120—140. Manchmal ist der Leib aufgetrieben. Kindliche Herztöne nicht zu hören (*A. v. Prebstner, A. Jores*). Der Arzt soll stets die Wirkung des Medikamentes bei der Kreißenden abwarten. Eklampsie, Herz- und Nierenkrankheiten sind Contraindikationen, ebenso Mißverhältnis zwischen Kopf: Becken, auch Querlage (*Junghans*). Individuell und je nach der Geburtsphase ist die Wirkung von H.H.L.E. sehr verschieden. Die therapeutische Breite zwischen Nutzen und Schaden ist klein. Deswegen möglichst niedrige, aber optimale Dosierung (*H. Fuchs*). Sowohl in der Eröffnungs-, wie in der Austreibungsperiode sollen nicht mehr wie höchstens 1—3 V.E. innerhalb von drei Stunden injiziert werden. Nur nach Placentaausstoßung sind 5—10 V.E. zu verantworten. Bei Eklampsie und Nephropathia gravidarum mit erhöhtem Blutdruck und Diureseminderung ist der vasopressorische Anteil im H.H.L.E. kontraindiziert. Deswegen erscheint das „Orasthin" — „Oxytocin" oder „Pitocin" gefahrloser zu sein. Der Diabetes insipidus ist das Hauptanwendungsgebiet

für die antidiuretische Komponente des H.H.L.E. Dieses wird nasal als Schnupfpulver oder subcutan gegeben. Überdosierungen machen Schwindel, Kopfschmerz, allgemeine Unruhe und sehr unangenehme Sensationen. Bedrohliche Zustände sind selten. Nach längerem Gebrauch kann sich Überempfindlichkeit einstellen: Urticaria, asthmatische Anfälle, Gesichtsödem, Cyanose und ein bedrohliches, allgemeines Krankheitsbild, durch Sensibilisierung. Alle Schädigungen müssen fast immer der Unvorsichtigkeit des Arztes zur Last gelegt werden!

*Schrifttum.*
*Fuchs, H.:* Gefahren und Schädigungen bei der medikamentösen Geburtslenkung mit Hypophysenextrakten. Fortschr. Ther. **1934**, 219. — *Jores, A.:* Fortschritte der Hormontherapie, III. Teil mit Hypophysenpräparaten. Fortschr. Ther **1937**, 383. — *v. Probstner, A.:* Hypophysenextrakt-Todesfälle. Slg. Verg.-Fälle **3**, 19 (1932). — *Trendelenburg, P.:* Die Hormone, ihre Physiologie u. Pharmakologie. I (1929). Berlin 1932.          *Schübel.*

## Hypophysenvorderlappenhormon. (Vgl. auch Art.: Hypophysenhinterlappenhormon.)

Hypophysenvorderlappen-Präparate sollen 13 verschiedene Komponenten enthalten. Der Wirkungswert kann in erster Linie klinisch beurteilt werden. Aus Schwangernharn hergestellte, gonadotropes Hormon enthaltende Präparate sollen gelegentlich bei Überdosierung zu Dauerbrunst und sogar zur Bildung großer, cystisch degenerierter Ovarien Anlaß geben können. Auch Keimschädigung und mangelnde Fruchtbarkeit sollen sich einstellen (*Wolff, Jores*). Hormonpräparate aus Schwangerenharn dürfen nur mit größter Vorsicht angewendet werden. Es ist zulängliche Kenntnis der Hormone und Hormonwirkung von seiten des behandelnden Arztes zu fordern.

*Schrifttum.*
*Jores, A.:* Fortschr. d. Hormontherapie. III. Teil mit Hypophysenpräparaten. Fortschr. Ther. **1937**, 337. — *Wolff, F. u. Marg. Wolff:* Schwere Erbschädigung der weißen Maus durch Hypophysenvorderlappenhormon. II. Mitt. Z. Gynäk. **114**, 36 (1936). *Schübel.*

## Hypoplasie des Gefäßsystems (= Hpl. d. Gsyst.).

Die Hpl. d. Gsyst. — vornehmlich durch eine regelwidrige Enge des Aortensystems (sog. Aorta angusta) verbunden mit Kleinheit des Herzens und dünnen, zarten, sehr elastischen peripheren Gefäßen charakterisiert — wurde lange Zeit von vielen Autoren als „ein in einer anormalen Konstitution wurzelnder Zustand" (*J. Bauer*) angesehen, der für seinen Träger gewisse Gefahren bedinge. Vor allem glaubte man in dieser Körperverfassung für sich allein oder in Verbindung mit einem Status thymicolymphaticus (s. d.) eine Disposition zum plötzlichen Versagen des Kreislaufs nach körperlichen Anstrengungen, ja sogar zum plötzlichen Tode „nach minimalen äußeren oder inneren Gelegenheitsursachen" (*Kolisko*) erblicken zu dürfen. Erst die gründlichen Untersuchungen von *Kaufmann,* die zeigten, daß auch die Hpl. d. Gsyst. bzw. eine Enge der Aorta auch an den Leichen von Individuen finde, die vorher gesund und so kräftig waren, daß sie den Strapazen eines Feldzuges ohne weiteres gewachsen waren, bis sie einer mehr oder weniger schweren akut verlaufenden Verletzung oder einer chronischen, durch sie hervorgerufenen Infektion erlagen, ließen derartige Ansichten als unbegründet erscheinen und entzogen der Bewertung der Hpl. d. Gsyst. als Konstitutionsanomalie die Berechtigung. Wir werden daher heute, selbst wenn die ermittelten Maßzahlen der Aorta im speziellen Falle wirklich einmal (was übrigens für viele seinerzeit gern zitierte Belegfälle aus dem Schrifttum keineswegs zutrifft) *unter* den aus zahlreichen Beobachtungen errechneten Mittelwerten liegen, aus diesem Befunde ebensowenig wie aus dem besonders zarter Gefäße den Schluß auf eine gesteigerte Vulnerabilität des Merkmalträgers oder gar auf eine erhöhte Anfälligkeit an einen plötzlichen Tod ziehen, sondern die besagten Feststellungen lediglich als den Ausdruck einer belanglosen Abweichung von der Norm (im Sinne des Durchschnittes) gelten lassen.

*Schrifttum.*

*Bauer, J.:* Die konstitutionellen Dispositionen zu inneren Krankheiten. 3. Aufl. Berlin 1924. — *Kaufmann, L.:* Zur Frage der Aorta angusta. Jena 1919. — *Kolisko:* Plötzlicher Tod aus natürlicher Ursache im 2. Bd. d. Handb. der ärztlichen Sachverständigentätigkeit, herausgegeben von *Dittrich.* Wien u. Leipzig 1913. — *v. Neureiter:* Konstitutionslehre und gerichtl. Medizin. Arch. Frauenkde. **X** (1924). **v. Neureiter.**

**Hypospadie** siehe *Zweifelhafte Fortpflanzungsfähigkeit beim Manne und beim Weibe.*

**Hypostasen** siehe *Leichenerscheinungen.*

# I.

**Identifizierung von Fußspuren** siehe *Fußspuren.*

**Identitätsfeststellung an Leichen.** (Vgl. auch Art.: Berufsmerkmale; Leichenzerstückelung.)

Die Bemühungen des Gerichtsarztes bei der *Identitätsfeststellung eines Verstorbenen* hat, sofern sich an der Leiche noch Kleidungsstücke finden, mit der Untersuchung und Beschreibung dieser zu beginnen. Proben von den *Kleidungsstücken* werden auf sog. Kleiderbogen aufgeklebt. Aus den Taschen werden die „Effekten" entleert. Besonders ist auf Monogramme in der Wäsche, auf Größe und Firmenstempel der Fußbekleidung, auf das Vorhandensein eines Melde- oder Führerscheines, bei Selbstmördern auf Abschiedsbriefe zu achten. Das Trocknen von Papier aus der Kleidung von Wasserleichen empfiehlt sich am elektrischen Ofen, nicht am offenen Feuer vorzunehmen. An Schmuckstücken (Ohrringe, Fingerringe, Medaillons, Amuletts) ist alles aufzuheben. Findet sich in der Kleidung eine Uhr, so ist nachzusehen, wann sie stehengeblieben ist; ferner ist nach Photographien und Zeitungsausschnitten bzw. Adressenangaben, die in der Uhr verborgen gehalten sein können, zu fahnden.

Bei *frischen* Leichen ist es für die Agnoszierung besonders wichtig, die Gesichtszüge des Verstorbenen im Lichtbilde festzuhalten. Ihnen kann das ursprüngliche Aussehen durch Einspritzung von Formalin unter die Haut und Verteilung des Eingespritzten durch Massage wiedergegeben werden. Eingesunkenen Augäpfeln kann man durch Injektion von verdünntem Glycerin die Spannung wiedergeben. Zur Verhinderung des Herabgleitens der Oberlider können die Bindehäute mit einem Alaunstift eingerieben oder Xeroform eingestreut oder die Augenlider durch Nähte bzw. feine Stecknadeln befestigt werden. Die Augen erhalten ein lebensvolles Aussehen, wenn auf die geöffneten Lider feuchte Tupfer gelegt werden. Das Niedersinken des Unterkiefers kann durch Verknüpfen der Zahnreihen mittels eines Bindfadens verhindert werden (Leichentoilette). Von den Zähnen ist nach Möglichkeit ein Abguß anzufertigen. Zur Feststellung des Berufes ist auf Berufsmerkmale (s. d.) zu achten. Bei der Suche nach Schwielen ist aber zu bedenken, daß die Oberhaut abgelöst sein kann. Die Identitätsbestimmung durch die Feststellung der Blutgruppenzugehörigkeit hat eine sehr beschränkte Bedeutung.

Ist eine *Leiche* bis zur Unkenntlichkeit durch Fäulnis verändert, so hat eine möglichst eingehende Beschreibung unter Angabe der wichtigsten Maße und aller Eigentümlichkeiten zu erfolgen, nach denen ein Erkennen später möglich sein kann. Hierzu gehören Angaben über Größe, Körperform, Knochenbau, Haarfarbe, Haarlänge, evtl. vorhandene besondere Kennzeichen (s. d.) wie Narben, Tätowierungen (s. d.), Mißbildungen. Bei der Beschreibung der Farbe der Regenbogenhaut (Iris) ist zu beachten daß bei Wasserleichen eine braune Verfärbung durch Diffusion des Blutfarbstoffes eintreten kann (*Schrader*).

Die Wiederzusammenfügung einzelner Teile bei zerstückelten Leichen setzt besondere Fachkenntnisse voraus. Es empfiehlt sich daher, die Leichenteile an ein Gerichtsärztliches Institut zur Agnoszierung zu überweisen.

*Schrifttum.*

*v. Hofmann-Haberda:* Lehrbuch der gerichtl. Medizin. 11. Aufl. Berlin u. Wien 1927. **Ponsold.**

**Identitätsfeststellung von lebenden Personen.** (Vgl. auch Art.: Berufsmerkmale.)

Die *Identität* einer Person kann an Hand von photographischen Aufnahmen, mit Hilfe der Daktyloskopie, mit Hilfe von Hand- und Fußabdrücken sowie mit Hilfe der Bertillonage festgestellt werden. Im einzelnen ist dazu zu bemerken: Die *Photographie* ist für die Identitätsfeststellung von großem Nutzen, hat aber auch ihre Nachteile, denn nach Ablauf von wenigen Jahren kann sich eine Person in ihrem Aussehen so stark verändert haben, daß sie auf Grund eines früheren Bildes nicht mehr zu erkennen ist. Andererseits können verschiedene Personen große Ähnlichkeit (Doppelgänger) aufweisen. Die Person kann aber auch absichtlich Veränderungen an sich zur Erschwerung der Erkennung vorgenommen haben: wie einen falschen Bart, eine andere Haartracht, eine kosmetische Operation am Gesicht. Ferner können Männer in Frauenkleidern und Frauen in Männerkleidern auftreten. Wegen der *Daktyloskopie* und der *Hand- und Fußspuren* siehe die Art.: Daktyloskopie; Fußspuren. Die *Bertillonage* besteht darin, daß zum Zwecke des Erkennungsdienstes eine bestimmte Anzahl von Körpermaßen, und zwar insgesamt 11, erhoben wird. Das sind die Körpergröße, Sitzhöhe, Armspannweite, Kopflänge, Kopfbreite, Jochbogenbreite, Länge des rechten Ohres, des linken Unterarmes, Länge des linken Mittelfingers, Länge des linken kleinen Fingers, Länge des linken Fußes sowie die verschiedenen Augenklassen, wie pigmentlos, gelblich, gelbrot, nußbraun, kastanienbraun, schwarzbraun, himmelblau, veilchenblau, schieferblau. *Bertillon* ging davon aus, daß sich die Körperteile eines erwachsenen Menschen nicht mehr verändern, und daß es nicht zwei Menschen gibt, die sich in den einzelnen Körperteilen so gleichen, daß eine Verwechslung möglich ist. Die Bertillonage kann also bei jugendlichen Personen nicht angewandt werden. Zum Messen der einzelnen Glieder benutzte *Bertillon* den Zirkel (für Kopflänge, Kopf- und Jochbeinbreite), das große Schiebemaß (für Länge des Unterarmes, Fußes, Mittel- und Kleinfingers), das kleine Schiebemaß (für Ohrlänge) und das Kreuzmaß zur Feststellung der Körperlänge und Armspannweite. Die *Bertillonsche* Körpermessung wurde 1896 von der Berliner Kriminalpolizei versuchsweise eingeführt und bis 1915 als brauchbare Identifizierungsmethode angewandt. Mittlerweile ist jedoch an Stelle der Körpermessung ein anderes Identifizierungssystem, nämlich die Daktyloskopie getreten (seit 1902), durch welche die Bertillonage im Laufe der Zeit völlig verdrängt wurde. Somit hat heute die *Bertillon*sche Körpermessung nur noch historisches Interesse.

*Schrifttum.*

*Bertillon:* Das anthropometrische Signalement. Deutsche Ausgabe von Dr. *Sury*, Bern. — *Klatt, O.:* Körpermessung der Verbrecher nach *Bertillon.* Berlin 1902. — *Schneickert, Hans:* Die Signalementslehre. 2. Aufl. 1923. — *Vogel, O.:* Die Personenbeschreibung. Berlin 1931. **Ponsold.**

**Idiosynkrasie.** (Vgl. auch Art.: Tod und Gesundheitsbeschädigung durch Gift im allgemeinen.) Idiosynkrasie oder Überempfindlichkeit ist als Begriff in der Giftlehre entstanden und bildet das Gegenstück zur Giftimmunität, der Angewöhnung und der Unempfindlichkeit (Mithridatismus). Man verstand darunter nur die besondere Empfindlichkeit ohne jede Differenzierung. Heute kann man innerhalb dieser Form gesteigerter Reaktion folgende Untergruppen abtrennen: 1. Die *angeborene* bzw. die *familiäre Überempfindlichkeit.* Sie scheint gegenüber fast allen Stoffgruppen zu bestehen: auf Chinin, auf Morphium, auf Veratrin, auf Luminal, Nirvanol, wie besonders auf organische Fluor-Chlor-Nitrokörper, aber auch auf Quecksilber, Jod, Jodverbindungen, Jodoform. Rechtlich sind Überempfindlichkeiten oft Objekt in der Fragestellung: „Kunstfehler" wegen Nichtbeachtung der Überempfindlichkeit, wegen zu großer Dosen, falscher Mittelkombinationen oder Verwechslungen. (Beispiel: Abgabe von Quecksilberpräcipitatsalbe gegen Ekzem durch einen Apotheker ohne Rezept. Schwerste Reaktion. Der Patient wußte, daß er quecksilberüberempfindlich sei, und sagte es dem Apotheker. Der Apotheker orientierte sich nicht über die Zusammensetzung einer Ekzemsalbe, die unter einem Phantasienamen im Handel war.)

Viele organische und anorganische Stoffe erzeugen Hautreaktionen (Testverfahren bei gewerblichen Ekzemen), aber nur eine viel kleinere Zahl, meist nur organische Stoffe, bewirken — innerlich genommen — außergewöhnlich schwere Reaktionen, sei es Hautrötungen, Urticaria, Ödeme des Gesichtes, Purpura, Conjunctivitis, Schnupfen, Asthma; z. B. Chlornitrokörper, aber auch viele andere besonders komplizierte Verbindungen: Gefäßreaktionen, Blutungen z. B. im Gehirn wie z. B. Stickoxyd; andere erzeugen schwere Shockzustände, Agranulocytose. Bei Todesfällen, die als Folgen von geringen Mengen eintreten, muß man nach solchen Übergangssymptomen suchen. (Beispiel: Allergische Hautreaktion nach Luminal. Weil der Name ganz anders ist, wird Nirvanol gegeben, es erfolgen daraufhin noch viel stärkere, in Purpura übergehende Hautreaktionen, offenbar mit Hirnpurpura, mehrere Tage dauernde Aufregung, Verwirrungszustand, komaähnlicher Zustand.)

Fragen nach Verwechslungen, zu großen Dosen oder Überempfindlichkeit spielen bei vielen medizinalen Vergiftungen eine Rolle, besonders auch bei den neuerdings wieder häufiger verwandten, komplizierten Teegemischen. Um eine der Idiosynkrasie nahestehende, erhöhte Empfindlichkeit handelt es sich z. B. bei der Morphiumwirkung auf alte Männer mit Neigung zu Urinstörungen und ganz besonders auf kleine Kinder nach kleinen Dosen von Pulvis Doveri und anderen opiathaltigen Hustenmitteln.

2. Die *Allergie.* Sie ist als Begriff primär im Gebiet der Eiweißimmunität und der Serumtherapie entstanden und dehnt sich als Begriff immer mehr auf die bekannten chemischen körperfremden Stoffe inkl. Industriegifte aus. Die spezifische Allergie umfaßt heute hauptsächlich shockähnliche Zustände mit gleichartigem Symptomenbild als Reaktion auf sehr verschiedene chemische Stoffe. Diese Empfindlichkeit ist aber nicht angeboren, sondern in der Regel eine Folge von früher fast symptomenlos ertragenen Einwirkungen, die „allergische Überempfindlichkeit" nach Wochen und Monaten zur Folge hatten und zwar nur auf die bestimmten Stoffe. (Eiweißkörper können z. B. durch Diazotierung so verändert werden, daß eine Allergie nur bei den dem diazotierten Eiweißkörper nahe verwandten Stoffen entsteht, und daß die Tierspezifität aufgehoben wird.) Die Allergie spielt im Berufsleben oft eine fatale Rolle: Bei Pferdemetzgern ist die Überempfindlichkeit auf Ascaridengeruch häufig so stark, daß Berufswechsel notwendig wird. Ferner findet sich eine Überempfindlichkeit in Form von Asthma oder Ekzemen bei der Bearbeitung von Haaren, von frischen Federn, von bestimmten Holzarten und Staubarten. In einzelnen Fällen kann es zu starken Gefäßreaktionen bis zum *Reynault*schen Symptom, zu Durchfällen und zu Herz- und Sehstörungen kommen. Je nach der Landesgesetzgebung über die Berufskrankheiten sind die rechtlichen Wirkungen und damit die Gutachteraufgaben verschieden. Asthmatische Zustände können durch recht verschiedene flüchtige Gifte und Staubarten ausgelöst werden und dann als Disposition meist unspezifischer Art zurückbleiben. Jahrelange asthmatische Zustände entstehen gelegentlich nach Dimethylsulfateinwirkung, Oxalylchlorid, nach akuten Schwefelwasserstoffvergiftungen oder nach unbekannten Gemischen (Säurechloriden, Phosgen). Steigerung der Hautempfindlichkeit ist besonders bei Chlornitrokörpern beobachtet, auch im Gewerbe. Für eine große Zahl von experimentell sehr interessanten Allergieversuchen mit chemischen Stoffen durch endovenöse Injektion sind bis jetzt in der gerichtlichen Medizin wohl keine Anwendungsgebiete bekannt geworden.

*Idiosynkrasie als Disposition:* Bei Verwendung des Begriffes „Überempfindlichkeit" in Gutachten ist es rechtlich oft von Bedeutung, sich Rechenschaft zu geben, ob diese Überempfindlichkeit 1. eine familiäre oder vererbte ist, ob 2. Folge oder Nachwirkung einer Erkrankung, ob 3. Folge von unsachlicher Ernährung (besonders Vitaminmangel) oder aber ob 4. Folge von früheren Einwirkungen gleicher chemischer Stoffe, die eine spezifische Überempfindlichkeit erzeugten, oder ob 5. Folge einer akuten oder latenten Infektion. Manche Vergiftung verändert die Empfindlichkeit auch auf Medikamente: bei Benzinvergiftungen kann Adrenalin katastrophal wirken, wie z. B. Morphium bei Aufregungen durch Cocain, Kohlenoxyd usw. (Überempfindlichkeiten hereditärer, alimentärer und chemischer Art sind relativ häufig wesentliche *Mitursache* von Todesfällen; die Anteile der Heredität, der Disposition und der so oft der Menge nach nicht bekannten Giftdosis sind häufig unmöglich auseinanderzuhalten, zumal die Präjudizurteile entweder von überwiegender Ursache, rechtlich relevanter Ursache oder auch Äquipotenz der Ursachen sprechen.) *Zangger.*

**Ignatiusbohnen** siehe *Strychnin und Brechnußvergiftung.*

**Imbibition** siehe *Fäulnis.*

**Immisio penis** siehe *Beischlaf.*

**Impfencephalitis** siehe *Nervenkrankheiten und Trauma.*

**Impotentia coëundi** siehe *Zweifelhafte Fortpflanzungsfähigkeit beim Manne und beim Weibe.*

**Impotentia concipiendi** siehe *Zweifelhafte Fortpflanzungsfähigkeit beim Manne und beim Weibe.*

**Impotentia generandi** siehe *Zweifelhafte Fortpflanzungsfähigkeit beim Manne und beim Weibe.*

**Impotentia gestandi** siehe *Zweifelhafte Fortpflanzungsfähigkeit beim Manne und beim Weibe.*

**Impotentia parturiendi** siehe *Zweifelhafte Fortpflanzungsfähigkeit beim Manne und beim Weibe.*

**Indische Giftblasen** siehe *Schädlingsbekämpfungsmittel.*

**Individualität des Blutes** siehe *Blutgruppen und Blutfaktoren.*

**Influenza** siehe *Bakteriologische Untersuchungen in der gerichtlichen Medizin.*

**Infrarotphotographie** siehe *Photographie.*

**Inocybe lateraria** siehe *Pilzvergiftungen.*

**Insektenstichvergiftung.**

*1. Bienenstichvergiftung. Stich durch Apis mellifica (Honigbiene):* Das Bienengift ist eine den Eiweißstoffen nahestehende Substanz und ist als „Komplexgift" analog den Schlangengiften mit neurotoxischer, hämolytischer und cytotoxischer Komponente aufzufassen. Gereinigtes Bienengift ist hochwirksam und besitzt alle Eigenschaften des nativen Bienengiftes. Im Tierversuch schützt Bienengift gegen Viperngift.

Mehr oder weniger gereinigte Bienengiftpräparate wie *Forapin, Apicur, Apicosan, Immenin* usw. sind heute vielfach *therapeutisch* verwendet, namentlich bei Arthritiden, Neuralgien usw.

Die beim Stich austretende Giftflüssigkeit ist die ameisensaure Lösung des Giftes. Reines Bienengift ist sauer, schmeckt sehr scharf und etwas bitter und wirkt schon in Bruchteilen eines mg auf Zunge adstringierend. Natives Bienengift besteht aus zwei Komponenten, einer basischen und einer sauren, die zwei verschiedenen Giftdrüsen entstammen, wovon eine ein hitzezerstörbares, dem Vipernneurotoxin ähnliches „Toxin" darstellt (*Hahn*).

*Wirkung des Bienenstiches:* Der Stachel der Biene bleibt meist in der Wunde zurück. Die durch den einzelnen Bienenstich dem menschlichen Organismus zugeführte Giftmenge (0,4—0,5 mg) ist zu gering, um dem gesunden erwachsenen Organismus gefährlich werden zu können, wenn nicht besondere Stichlokalisation oder Überempfindlichkeit vorliegen. Bei etwa 2 % aller Bienenstiche treten Allgemeinerscheinungen auf. Bei allergischen Reaktionen auf den Stich kann vermehrte Histaminproduktion im Organismus analog wie bei Schlangengiften eine Rolle spielen (*Kellaway* und *Feldberg*). Natives Bienengift ist in geringem Maße histaminhaltig.

*Giftwirkung:* Das Bienengift wirkt lokal heftig schmerz- und entzündungerregend. Als Komplikation: Phlegmone und Sepsis, dadurch Todesfälle. Bei Stich in Mund-, Rachen- oder Kehlkopfschleimhaut lebensgefährliche Schwellungen; Tod durch Ersticken. Bekannt sind die rüsselförmigen Schwellungen der Lippen nach Bienenstich, die selten gefährlich sind. Bei Stich in Augenlid oder Auge Ophthalmie mit milchweißer Trübung der Hornhaut, Hornhautgeschwür, Iritis, Hypopyon, Linsentrübung mit oft bleibenden Sehstörungen.

Bei Stich in Blutgefäß treten Resorptiverscheinungen oft blitzschnell auf, während lokale Reaktion minimal: Fieber, Ohnmacht, Nausea, Krämpfe, auch schwere Atem- und Kreislaufschädigung. Ähnliche Erscheinungen auch bei besonderer Überempfindlichkeit und bei zahlreichen Stichen auf einmal. 500 Bienenstiche sollen Maximum der für den Erwachsenen erträglichen Giftwirkung sein (etwa 0,1 g Gift, also Giftmenge wie bei schwerem Kreuzotterbiß).

Wiederholt Tod durch einen einzigen Bienen- oder Wespenstich; meist in sehr kurzer Zeit, wohl frühestens innert 10 Minuten. Stiche im Gesicht gelten allgemein als gefährlicher. Kind in Schläfe gestochen, starb an Meningitis. Schwer Herzkranke sind auch stärker gefährdet durch Bienenstich.

Beim Menschen gibt es natürliche (angeborene) und erworbene Immunität unter Bildung von Antitoxinen. Imker und mit Bienengift behandelte Individuen sind oft weitgehend immun. Daneben kommt aber auch angeborene oder erworbene Überempfindlichkeit, z. B. bei Verarbeiten von Bienengiftmaterial, aber auch bei Imkern vor (schwere allergische Erscheinungen).

Abnorm starke Reaktionen wurden nach Stich seitlich in Hals beobachtet: lokal keine Erscheinungen; kurz nach Stich Brustbeklemmung, Atemnot, Cyanose, Angstgefühl, Tod unter dyspnoischen Erscheinungen innerhalb 20 Minuten.

*Pathologisch-anatomischer Befund dieses Falles:* Hochgradiges Ödem und starke Cyanose des Racheneingangs, Ödem des weichen Gaumens und Kehlkopfs, Lungenödem des Oberlappens, starke Hyperämie des Gehirns und der Gehirnhäute sowie der inneren Organe, flüssiges, dunkles Blut, Blutungen in Magen- und Duodenalschleimhaut (*Wegelin*).

Ähnlich schwere Erscheinungen bei Stich in Vena jugularis unter Mydriasis, Trachealrasseln und kaum fühlbarem Puls (*Karsai*).

Todesfall nach Stich ins Bein (Vene?) unter Lungenödem bei vorhandener großer Empfindlichkeit auf Bienengift.

*2. Wespenstichvergiftung. Stich durch Vespa vulgaris, Wespe:* Im Prinzip gleich zu beurteilen wie Bienenstich. Atypische Vergiftungserscheinungen im allgemeinen wohl häufiger wie bei Bienenstich. Neigung zu sekundärer Infektion größer, da Wespen häufig an faulendem Material, Fleisch usw. nagen, Bienen nie. Wespenstiche gelten als gefährlicher, besonders weil Wespe mehrmals stechen kann, ohne Stachel zu verlieren. Im wesentlichen sind aber die Erscheinungen und Gefahren dieselben wie beim Bienenstich.

*Tödliche Wespenstichvergiftung* (atypischer Vergiftungsfall): Stiche durch mindestens 15 Wespen darunter Stiche in Kopf- und Kehlkopfgegend. Tod in etwa 48 Stunden unter langsam sich entwickelnden Hirnsymptomen: Benommenheit, Kopfdruck, Ohnmacht, Unruhe, Schlaflosigkeit, Erbrechen, Muskelkrämpfe. Zuletzt Herzlähmung. *Sektion:* Starke Hyperämie der Hirnhäute und inneren Organe. Daß Todeseintritt nicht immer rasch, sondern noch im Verlauf von ein bis mehreren Tagen eintreten kann, vgl. *Flury* und *Roch.* — Schwere Vergiftung mit Lungenödem nach Überfall durch Wespenschwarm vgl. *Heilbronn.* — Stich in Fingerkuppe kann erhebliche resorptive Erscheinungen (Übelkeit, Herzbeklemmung, Lähmungsgefühl) machen. Schwerere Lymphangitis und Lymphadenitis ist bei Wespenstich wohl häufiger wie bei Bienenstich. Auch bei Wespenstich kommen allergische Reaktionen vor, z. B. allergisches Glottisödem, Lippenschwellung und Lidödem nach Stich in Hand!

*3. Hornissenstichvergiftung. Stich durch Vespa crabro, Hornisse:* Ein einziger Hornissenstich kann schwere Erscheinungen machen mit ausgedehntem Erythem, Fieber, Übelkeit, Erbrechen, Durchfall, Ohnmacht, Puls- und Atembeschleunigung, Mydriasis; selbst Delirien, Krämpfe, Trismus und Tetanus, schweren Kollaps, Lungenödem, Koma. Daß zwei Hornissenstiche einen Menschen töten können, ist alte, aber nicht bewiesene Überlieferung. Schwerstes Glottisödem nach Hornissenstich in Hals (*Gerlach*).

*4. Hummelstichvergiftung. Stich durch Bombus*

*hortorum, Hummel:* Gleich zu beurteilen wie Bienenstichvergiftung.

Über *Insektenstiche als Unfall* vgl. *Nietlisbach* und *Fischer.*

*Gifthonig:* Vergiftungen durch giftigen Honig sind selten. Honig bekommt Giftqualitäten, wenn aus Blüten von gewissen Giftpflanzen wie Digitalis, Akonit, Nerium Oleander usw. vorwiegend stammend. Pontischer Honig, wenn aus Blüten von *Rhododendron ponticum* gesammelt, kann Nausea, Erbrechen, Durchfall, rauschartige Betäubung, Gesichtsverdunklung, Delirien, Konvulsionen hervorrufen infolge Gehaltes an dem hochtoxischen *Andromedotoxin.* Bei „Honigvergiftung" ist aber in erster Linie an die Beibringung dosierter Gifte in Honig zu denken.

*Schrifttum.*

*Beck, B. F.:* Bee venom therapy. New York and London 1935. — *Bühler-Steiner, L.:* Über die Gefährlichkeit des Bienenstiches. Schweiz. med. Wschr. **1934**, 474. — *Chevalier, R.:* Oedème gastrique fugace par allergie au venin d'abeille. C. r. Soc. Biol., Paris **119**, 203 bis 204 (1935). — *Feldberg, W.* u. *C. H. Kellaway:* Liberation of histamine from the perfused lung of the guinea-pig by bee venom. J. of Physiol. **91**, 2—3 (1937). — *Feldberg, W.* u. *C. H. Kellaway:* Liberation of histamine and its rôle in the symptomatology of bee venom poisoning. Austral. J. exper. Biol. a. med. Sci. **15**, 461—489 (1937). — *Fischer, A.:* Infektionen von Mückenstichen ausgehend als Unfälle. Diss. Basel 1937. — *Flury, F.:* Wespenstich-Vergiftung. Gutachten über den Todesfall des Dr. F. in P. Slg. Verg.-Fälle B **30**, 23. — *Flury, F.:* Der Bienenstich. Naturwiss. **1923**, 345. — *Gerlach, P.:* Insektenstich-Vergiftung (Glottisödem). Slg. Verg.-Fälle A **243**, 161. — *Hahn, G.* u. *H. Ostermayer:* Über das Bienengift. Ber. dtsch. chem. Ges. **69**, 2407 (1936). — *Hahn, G.* u. *H. Leditschke:*. Über das Bienengift. Zerlegung des Giftes in zwei Komponenten Ber. dtsch. chem. Ges. **70**, 681 (1937). — *Hahn, G.* u. *H. Leditschke:* Gewinnung beider Giftkomponenten durch Dialyse. Ber. dtsch. chem. Ges. **70**, 1637 (1937). — *Halperin, L.:* Über die tödliche Wirkung der Bienen- und Wespenstiche. Diss. Basel 1936. — *Hansen, A.:* Todesfall nach Bienenstich am Bein. Ugeskr. Laeg. (dän.) **83**, 1268 (1921). — *Heilbronn, S.:* Wespenstich-Vergiftungen. Kasuistik. Slg. Verg.-Fälle A **466**, 199. — *Henssge, E.:* Rheuma- und Neuritisbehandlung mit Bienengiftiontophorese. Z. Neur. **151**, 370 (1934). — *Karsai, D.:* Schwere Folgen des in die Blutbahn gelangten Bienengiftes. Therapia **3**, 2 (1924). — *Nietlisbach, W.:* Insektenstich und Unfall. Diss. Zürich 1925. — *Perrin, M.* u. *A. Cuénot:* L'Hypersensibilité au venin d'abeilles. Presse méd. **1932 I**, 1014. — *Phisalix, M.:* Action vaccinante réciproque des venins d'abeille et de vipère d'aspic. C. r. Acad. Sci., Paris **194**, 2086 (1932). — *Reinert, M.:* Zur Kenntnis des Bienengiftes. Festschr. *E. C. Barrel* (Basel) **1936**, 407. — *Roch, M.:* Les piqûres d'abeilles. Verh. schweiz. Naturforscherversammlung **1936**, 208. — *Schwab, R.:* Bienengift als Heilmittel. Fortschr. Ther. **13**, 560—615 u. 666. (1937.) — *Wegelin, C.:* Tod durch Bienenstich. Schweiz. med. Wschr. **1933**, 786. — *Zimmermann, W.:* Bienen- und Wespenstich-Vergiftungen. Slg. Verg.-Fälle A **430**, 91. — *Zurukzoglu, St.* u. *W. Stalder:* Über die Antikörperbildung und den Immunitätszustand gegen Bienengift. C. r. Soc. Biol., Paris **123**, 1101 (1936).                **H. Fischer.**

**Insolation** siehe *Sonnenstich.*

**Insulin** (= I.).

I., das Hormon der Bauchspeicheldrüse, wurde zuerst 1926 von *J. J. Abel* (*Heffter, Trendelenburg*) krystallinisch hergestellt. Es gibt die Reaktionen der typischen Eiweißkörper, wie Biuret-, Xanthoprotein- und Millons-Reaktion. I. schmilzt scharf bei 233°. Es ist in verdünnten Säuren und in Alkali sowie in Alkohol löslich. In organischen Lösungsmitteln ist es sonst unlöslich. Durch starke Säuren und durch Kochen wird es zerstört. I. ist schwefelhaltig.

Die physiologische und toxikologische Wirkung bei Überdosierung des I. ist auf den Zuckerstoffwechsel des Organismus gerichtet. Selbst vorsichtige Dosierung läßt gelegentlich unerwünschte Wirkungen bei kranken Menschen nicht ausschließen. Doch läßt sich eine solche I.-Reaktion leicht vermeiden und wieder aufheben. Bekanntlich kann das I. nur parenteral, subcutan, intramuskulär oder intravenös injiziert werden, da es peroral durch Verdauung unwirksam gemacht wird. Es setzt den Blutzucker-

spiegel herunter und kann infolgedessen bei starker Überdosierung gefährlich werden. Doch kann das Auftreten dieser oder jener hypoglykämischer Erscheinungen auf keinen Fall zu einer bestimmten Blutzuckerhöhe in Beziehung gesetzt werden. Der normale Blutzuckergehalt beträgt rd. 100 mg %. Manche Kranke haben schon bei 80—90 mg % subjektive Erscheinungen, andere bei 50 mg % noch keine Symptome. Andrerseits können wieder bei normalen und selbst leicht erhöhten Blutzuckerwerten gelegentlich hypoglykämische Störungen auftreten (*E. Wiechmann*). Unter 70 mg % sind hypoglykämische Erscheinungen häufig, bei 35 mg % tritt Bewußtlosigkeit ein. Die Schnelligkeit und die Stärke des Blutzuckersturzes sind von maßgebender Bedeutung. Der Blutzuckerwert kann niedrig sein und die Symptome längst verschwunden, während umgekehrt bei wieder normalem oder sogar etwas erhöhtem Blutzucker (= B.Z.) die Symptome fortdauern. Für den Gerichtsarzt ist einmal von Wichtigkeit, daß die Zeit zwischen der I.-Injektion und dem Auftreten der ersten *hypoglykämischen* Erscheinungen 3—5 Stunden beträgt, daß ferner Unterernährung, Hunger, Erschöpfungszustände, Durchfälle, anstrengende körperliche Arbeit, endlich diffuse, schwere Lebererkrankungen die I.-Empfindlichkeit steigern. Vegetativ labile Menschen neigen leicht zu Hypoglykämie. Die ersten Symptome der *Hypoglykämie* sind das Gefühl von Müdigkeit und Schläfrigkeit, Unfähigkeit zu körperlicher und geistiger Arbeit, Schwindelgefühl, Herzklopfen mit abnormem Schlagrhythmus, Zittern am ganzen Körper, ungewöhnlicher Hunger und Schweißausbruch. Hemd, Laken und Matratze können durchnäßt werden. Puls ist beschleunigt und unregelmäßig. Die Haut, besonders des Gesichts ist abwechselnd rot und blaß. Die Körperwärme sinkt bis auf 32°. Störungen von seiten des Zentralnervensystems, insbesondere *psychische Störungen*, sind sehr häufig (*Reinwein*). Die Kranken lassen Stuhl und Urin unter sich. Es folgen Krämpfe und Kollaps, endlich das „hypoglykämische" Koma, wenn nicht therapeutisch eingegriffen wird. Aus diesem Koma durch Traubenzuckerinjektion erweckt, sind die Kranken meist noch einige Stunden schlapp und matt. Selbst bei ein und demselben Individuum kann die hypoglykämische Reaktion außerordentlich vielgestaltig verlaufen. Mitunter wird retrograde Amnesie beobachtet. Die Zahl der Todesfälle ist im Vergleich mit den zahlreichen, behandelten Diabetesfällen relativ gering. Bis 1934 wurden etwa 30 Todesfälle durch I. gezählt. *H. Hirsch-Kauffmann* berichtet über medizinale Vergiftungen mit I. Eine I.-Einheit entspricht 2 g Glucose. Diese Zahl ist außerordentlich wichtig, denn sie muß nach Feststellung des B.Z. in Rechnung gezogen werden, um durch richtige Dosierung unangenehme Sensationen zu vermeiden. Die „Nebenerscheinungen" (*Boller, Bonem, Hallermann, Kaufmann* u. a.) können sich nach Injektion von I. gelegentlich in juckender Urticaria mit talergroßen Quaddeln, Gesichts- und Lidödem, also mit allergischen oder anaphylaktischen Erscheinungen äußern, ähnlich wie bei Antitoxineinspritzungen, der „Serumkrankheit" (vgl. d. Art.: Antitoxine). Die örtlichen Wirkungen an der Injektionsstelle, sind relativ selten, wurden früher auf Eiweißgehalt der Präparate zurückgeführt. Es zeigen sich mehr oder weniger starke Infiltration und Entzündungserscheinungen der Haut und des Unterhautzellgewebes. Leichte Druckschmerzhaftigkeit, dann schmerzhafte Infiltrate mit Hautrötung von phlegmonösem Aussehen kommen zur Beobachtung, ferner Nekrosen und Abscesse. Von besonderem Interesse ist die bei Dauerbehandlung bei einem kleinen Teil der männlichen und weiblichen

Kranken auftretenden I.-Lipodystrophie (*Boller*). Durch lokalen Fettschwund können Vertiefungen, grubenförmige Dellen mit schweren kosmetischen Schädigungen am Ort der Injektion oder auch fernab, ja völliger Verlust des subcutanen Fettgewebes, auftreten (Endogener oder konstitutioneller Faktor!). Neben dem vasomotorischen Haut- und Schleimhautkomplex kann Wasserretention mit Ascites und Ödembildung auftreten, die bei Diabetes und Herzinsuffizienz mit allgemeiner Wassersucht bedrohlich werden können. Bei krankem Myokard und bei veränderten Coronargefäßen ist bei I.-Verabfolgung Vorsicht geboten. Auch hemiplegische Zwischenfälle können vorkommen. In neuerer Zeit werden bekanntlich bei Anwendung der *Sakel*kur bei schizophrenen, narkotomanen und manischdepressiven Kranken chronisch eine Reihe ,,I.-Shocks", also fortgesetzt schwere I.-Vergiftung erzeugt (*Hesse*). Diese Zustände können bei nicht genügender Vorsicht natürlich, besonders wenn das hypoglykämische Koma zu lange Zeit (1½—2 Std.) ausgedehnt wird, unangenehme Folgeerscheinungen zeitigen (*Sakel, G. W. Kastein, G. Franke, H. Salm*). Bei dieser Therapie werden absichtlich hohe I.-Dosen verabreicht, 80, 100, 140 und mehr, bis 250 Einheiten I. Dabei kann es vorkommen, daß die Kranken sich nicht oder nur allmählich und schwer vom Shock erholen. Trotz reichlicher Glucoseverabreichung vermittels Nasensonde kann auch der Tod eintreten (*G. Franke*). Oft dauert das Koma lange Zeit weiter. Auffallende Hyperkinesie, Inkontinenz, Quadruplegie, aphasische und flüchtige bulbärparalytische Störungen treten auf. Tiefste apoplektische Verblödung durch toxisches Geschehen im Gehirn mit mehrfachen Blutungsstellen wurden festgestellt. Andrerseits wurde nach der *Sakel*kur mit I. anhaltende Benommenheit, Antriebslosigkeit, Schläfrigkeit, Erbrechen, hin und wieder Fieber bis 40° sowie Anfälle trotz reichlicher Traubenzuckergaben gesehen. Nach 80 I.-Einheiten traten trotz reichl. B.Z. Herzschwäche, Streckkrämpfe, Hyperkinesie und Erbrechen, sowie 11tägige Benommenheit auf. Degeneration von Nervenzellen durch Störungen der Vaskularisation sowohl durch I. wie durch Hypoglykämie kommen in Frage. Vielleicht Lähmung der oxydativen Prozesse und damit Asphyxie im Gehirn! Der Gerichtsarzt muß wissen, daß sich solche Zwischenfälle nicht voraussehen lassen und ihr Ausgang nicht vorausgesagt werden kann. Ferner ist oft die Diagnose: Diabetisches oder hypogly-kämisches Koma oder Trunkenheit bei vorliegender Bewußtlosigkeit von größter Bedeutung! Ein Coma diabeticum, kann bei falscher Behandlung durch zuviel I. in ein Coma hypopglykaemicum übergehen. Die Untersuchung des Katheterharns ist hier unerläßlich. Doch werden Hautbeschaffenheit, Atmung, Puls und Augendruck auf die richtige Fährte führen. Der hypoglykämische, aus heiterem Himmel kommende I.-Shock kann ger. med. auch für den Autolenker (Diabetiker) von Bedeutung sein. Trotz aller Vergiftungserscheinungen, die bei I.-Überdosierung auftreten können, darf jedoch beim Diabetiker niemals die nötige I.-Darreichung unterbrochen werden.

*Schrifttum.*

*Boller, R.:* Behandlung der Insulin-Lipodystrophie. Klin. Wschr. **1930**, Nr. 52, 2433. — *Franke, G.:* Ein geretteter Fall von schwerster Insulinvergiftung. Dtsch. med. Wschr. **1937**, Nr. 46, 1728. — *Heffter:* Handb. der exper Pharmakol. **V.** Insulin. 197. Berlin 1937. — *Hallermann, A.:* Nebenerscheinungen bei der Insulin-Anwendung. Dtsch. med. Wschr. **1930**, Nr. 38, 1611. Dasselbe von *E. Kauffmann* Nr. 46, 1955. — *Hesse, H.:* Die Insulinbehandlung der Schizophrenie. Fortschr. Ther. **1937**, 257. — *Hirsch-Kaufmann:* Insulinvergiftungen, medizinale. Slg. Verg.-Fälle **3**, 15 (1932) u. Ther. Gegenw. **1930**, Nr. 6. 259. — *Kastein, G. W.:* Ein Fall von Insulinvergiftung mit bleibenden neurologischen Erscheinungen. Slg. Verg.-Fälle **9**, 51 (1932). — *Sakel:* Neue Behandlungsmethode der Schizophrenie. Wien 1935. — *Salm, H.:* Benommenheitszustände im Anschluß an die Insulinschockbehandlung von Schizophrenen. Münch. med. Wschr. **1937**, Nr. 27, 1046. — *Trendelenburg, P.:* Die Hormone. Berlin 1934. — *Wiechmann, E.:* Gefahren und Schädigungen bei Insulinanwendung. Fortschr. Ther. **1934**, 468. — *Reinwein:* Beobachtungen über den hypoglykämischen Symptomenkomplex. Dtsch. med. Wschr. **1931**, Nr. 14, 571. *Schübel.*

**Interferometrie** siehe *Giftnachweis; Refraktometrie.*

**Interruptin** siehe *Fruchtabtreibung.*

**Intrakardiale Injektion** siehe *Endokardiale. Injektion.*

**Intrameningeales Hämatom** siehe *Hirndruck.*

**Intrauterine Asphyxie** siehe *Kindestötung.*

**Intrauterinpessar** siehe *Fruchtabtreibung.*

**Invalidität** siehe *Erwerbsunfähigkeit.*

**Inzest** siehe *Blutschande.*

**Ipecacuanha-Vergiftung** siehe *Emetin und Ipecacuanha-Vergiftung.*

**Irrumination** siehe *Cunnilingus.*

**Isthmus-Stenose der Aorta** siehe *Plötzlicher Tod aus natürlicher Ursache.*

# J.

**Jaborandin** siehe *Pilocarpin.*

**Jod und Jodsalze.**

*Jod* bildet metallisch glänzende, grauschwarze Kristalle, die sich leicht in Jodkalium (*Lugol*sche Lösung), Alkohol (Jodtinktur) Äther, Chloroform u. a. aber nur schwer in Wasser lösen und schon bei gewöhnlicher Temperatur violett gefärbte, reizende Dämpfe abgeben. Jod entfaltet eine Reiz- und Ätzwirkung ähnlich wie Chlor und Brom, doch sind Jodvergiftungen relativ selten; Selbstmorde, Vergiftungen durch Joddämpfe in chemischen Betrieben, Schädigungen bei medizinalen Pinselungen von Haut und Schleimhäuten sowie durch Injektionen von Jodtinktur in Körperhöhlen und Tumoren kommen vor. Zufälliges oder absichtliches Trinken von Jodlösungen kann zu schweren akuten, ja selbst tödlichen Vergiftungen führen. Die letale Dosis beträgt ungefähr 3 g. Die *Symptome* der Jodvergiftungen sind: Magenschmerzen, Erbrechen brauner Massen, Durchfälle, Erregungszustände und Krämpfe sowie braune Verfärbung und Verätzung der Schleimhaut. Das Bewußtsein bleibt meist erhalten. Bei längerem Jodgebrauch kann, wie bei den Jodsalzen, Jodismus auftreten.

Eine ähnliche Wirkung kommt allen Jod abspaltenden Verbindungen zu, wie Jodschwefel, Chlorjod, Bromjod, Jodcyan, Jodsäure und ihren Salzen, *Jodtrichlorid* ätzt und reizt ebenfalls die Schleimhäute der Luftwege und der Bindehäute.

Die *Jodsalze* [Jodkalium (JK), Jodnatrium (JNa), Jodmamonium (NH$_4$J) u. a.] werden in der Medizin vielfach verwendet (jodhaltige Präparate z. B. bei der röntgenographischen Darstellung von Hohlräumen) und führen durch unrichtige Dosierung, manchmal auch durch Verwechselungen zu Vergiftungen. Im allgemeinen treten die Erscheinungen des sog. Jodismus erst nach längerem täglichen Gebrauch von 5—10 g Jodsalzen auf. Sie sind jedoch nicht nur von der Menge und Dauer der Zufuhr, sondern auch stark von individuellen Eigenschaften abhängig. Bei manchen Personen, besonders bei Nephritikern ist eine Überempfindlichkeit (Idiosynkrasie) gegen Jod zu beobachten, durch die es schon bei kleinen Dosen zu Todesfällen kommen kann. So berichtet *Polland* über einen Fall, in dem bereits 1 g Jodnatrium von einem Nephritiker durch zehn Tage hindurch genommen letal wirkte. — Die Jodschädigungen zeigen sich in entzündlichen Erscheinungen an den Atmungsorganen (Jodschnupfen und Jodhusten), Conjunctivitis mit Tränenfluß und Entzündungen der Rachengebilde. An der Haut entstehen Jodacne bzw. ausgedehnte blasige, pemphigusartige Ausschläge; gelegentlich äußert sich die Einwirkung auf das zentrale Nervensystem durch Schwindel, Schwäche, Angstzustände, Unruhe, Zittern, Parästhesien, und in seltenen Fällen kann es auch zu Jodkachexie mit sehr starker Abmagerung und Anämie kommen. *O. Roth* beschrieb Fälle von Jodbasedow nach übermäßigem Gebrauch von Jod. An der Leiche Jodvergifteter sind Herz- und Leberverfettung sowie Nierenentzündungen zu konstatieren. Verbindungen von Jod mit Schwermetallen (Jodarsen, Jodquecksilber, Jodeisen) führen weniger zu Jod- als zu den entsprechenden Metallvergiftungen.

*Schrifttum.*
*Polland:* Fall von Jodpemphigus m. Beteilig. d. Magenschleimh. Wien. klin. Wschr. **1905**, 300. — *Roth:* Todesfall d. Jodhyperthyreoidismus. Dtsch. Arch. klin. Med. **144**, 177 (1924). *Weyrich.*

**Joressches Verfahren** siehe *Konservierung anatomischer Präparate.*

**Jungfernhäutchen** siehe *Notzucht.*

**Juniperus communis** siehe *Terpentinöl.*

**Juniperus Sabina.**
Der wirksame Bestandteil beim Sadebaum ist ein ätherisches Öl, das zu etwa einem Viertel Terpene, etwa zur Hälfte einen ungesättigten Alkohol, das Sabinol, enthält. Juniperus Sabina findet Verwendung als menstruationsförderndes Mittel, besonders aber als Abortivum, wobei hauptsächlich Abkochungen der Zweigspitzen (Summitates Sabinae) genossen werden. Reines Öl (Sadebaumöl), das bereits in Mengen von 6 Tropfen toxisch wirken kann, steht praktisch kaum zur Verfügung.

Symptome der Vergiftung: Brennen im Mund (das reine Öl macht auf der Haut Rötung, evtl. Blasenbildung), Erbrechen, Leibschmerzen, Durchfall, oft blutig. Nach Resorption Kopfschmerzen, bei höheren Dosen Bewußtseinsstörungen, Konvulsionen, Krämpfe, evtl. Tod durch Atemlähmung. Todeseintritt meist nach ein bis zwei Tagen. Von seiten der Nieren Hämaturie, Dysurie; bei längerem Gebrauch Gesichtsschwellungen, Netzhautblutungen, Schwellungen der Sehpapille mit Sehstörungen, evtl. Erblindung.

Eine spezifische Uteruswirkung besitzt Juniperus Sabina nicht, so wenig wie die andern ätherischen Öle. Die beobachteten Uterusblutungen kommen rein reflektorisch zustande. In vielen Fällen tritt der gewünschte Erfolg nach Tagen, selten erst nach Wochen trotzdem ein. Der Tod der Mutter an akuter Juniperusvergiftung ist häufig. *Lewin* erwähnt 21 Fälle mit Fruchtabgang, wovon in 9 Fällen Tod der Mutter, neben 11 Fällen ohne Reaktion von seiten des Uterus mit 4 Todesfällen.

Ausscheidung des Giftes durch Lungen und Nieren. Typischer, unangenehmer Geruch der Exspirationsluft und des Urins.

Toxische Dosen nicht bestimmbar, da meist Abkochungen von Zweigen verwendet werden.

Sektion: starke Blutzufuhr in den Bauch- und Beckenorganen bei dunklem, flüssigem Blut. Gastritis und Enteritis haemorrhagica, oft mit fibrinösem Belag des Peritonealüberzuges, Blutungen in die serösen Häute, ins Nierenbecken, in die Harnblase. Evtl. Metrorrhagien. Hyperämie der Lungen, hämorrhagisches Lungenödem.

Das ätherische Öl von Juniperus communis ist viel ungiftiger als das Öl des Sadebaumes resp. anderer Juniperusarten; es wirkt dem Terpentinöl ähnlich, findet sich in Schnäpsen und Gewürzen.

*Schrifttum.*
*Brandino:* Todesfall durch Vergiftung mit Sabina. Arch. di Antrop. crimin. **57**, 285 (1937). — *Erben:* Vergiftungen, klinischer Teil, 2. Hälfte. Wien u. Leipzig 1910. — *Lewin:* Die Fruchtabtreibung durch Gifte und andere Mittel. Berlin 1922. — *Lewin:* Gifte und Vergiftungen. Berlin 1929. — *Weisenberg* und *Willimzik:* Erblindung nach Sadebaumvergiftung. Klin. Mbl. Augenheilk. **73**, 476 (1924). — *Zörnig:* Die vergleichende Pflanzenanatomie im Dienste der Untersuchung von Arzneidrogen auf Verfälschungen. Arch. Pharmaz. **1924**, 137 (1924). *Schwarz.*

**Jute** siehe *Faserstoffe.*

# K.

**Käsige Schmiere** siehe *Vernix caseosa.*

**Kaffee** siehe *Coffein und Purinkörper.*

**Kaiserlingsches Verfahren** siehe *Konservierung anatomischer Präparate.*

**Kakodylsäure** siehe *Arsen.*

**Kaliumpermanganat** siehe *Mangan.*

**Kalium und Kaliumverbindungen.** (Vgl. auch Art.: Laugenvergiftung.)
*Kalium* (K), ein weiches, glänzendes Alkalimetall (spez. Gewicht 0,86, Siedepunkt 757,5°), gehört zu den unerläßlichsten Grundstoffen der Pflanzenernährung und wird in Form von Kalisalzen dem Boden zugeführt. Die Darstellung erfolgt durch Glühen von Kaliumcarbonat mit Kohle oder durch Elektrolyse von geschmolzenem Kali. Kalium wirkt lähmend auf Mittelhirn und besonders Herz (Störung der Isoionie), spielt aber im allgemeinen in der Pathologie der Vergiftungen keine allzugroße Rolle.

Nach *Zangger* ist eine Giftwirkung hauptsächlich bei protrahierter Medikation mit Kalisalzen (KJ, KBr usw.) zu beobachten.

*Kalisalpeter* ($KNO_3$) wird in der chemischen Industrie, der Feuerwerkerei, bei der Schwarzpulverbereitung sowie zur Konservierung von Fleisch und Düngung vielfach verwendet. Akute Vergiftungen sind sehr selten; meist kommen sie zufällig durch Verwechselung mit Abführsalzen oder bei der Anwendung als Abortivum und als Konservierungsmittel für Fleisch zustande. *Lesser, Merkel, Zangger* u. a. beschreiben tödliche Vergiftungen per os, bei denen im Magen und Duodenum akut katarrhalische Entzündungen mit umschriebenen Ätzungen aufgetreten waren. Konzentrierte Lösungen rufen Störungen von seiten des Herzens, des Zentralnervensystems und des Verdauungstraktes (Magenschmerzen, Brechen und Durchfälle) sowie Nierenreizung hervor. Nach *Zangger* sind die Krankheitserscheinungen auf gemeinsame Kali- und Nitratwirkung zu beziehen, wozu vielleicht noch der Einfluß des im Körper neu gebildeten Nitrits kommt. Die tödliche Dosis per os wird mit 25 und mehr Gramm angegeben. Nach den bisher gemachten Beobachtungen tritt der Tod nach 30—60 g in 2—60 Stunden ein. Chronische Salpetervergiftungen sind in der älteren Literatur beschrieben (*Erben*).

*Chlorkalium* (KCl), ferner *Kaliumsulfat* ($K_2SO_4$) und *Kaliumacetat* spielen toxikologisch nur eine untergeordnete Rolle. *Kaliumcarbonat, Kohlensaures Kali, Pottasche* ($K_2CO_3$), ein wasserlösliches, weißes Salz, wurde früher durch Auslaugen von Holzasche gewonnen, heute stellt man es vorwiegend durch Elektrolyse von Chlorkalium und Sättigung mit Kohlensäure her. Kaliumcarbonat wird in der Farbenindustrie und in Bleichereien bei der Herstellung von Glas, Seifen, Ätzkali u. a. verwendet. Schädigungen mit Kaliumcarbonat entstehen meist in gewerblichen Betrieben oder zufällig durch Verwechselung, sind aber im allgemeinen selten. Vereinzelt wurden auch Selbstmorde beobachtet. In fester Form oder gesättigter Lösung übt kohlensaures Kali eine starke Ätzwirkung aus, wobei es zu tiefgreifenden Nekrosen kommen kann, welche nach Geschwürsbildung unter Hinterlassung von Narben und Strikturen ausheilen (vgl. d. Art.: Laugenvergiftung).

Bei der Verabreichung per os ist außer der Verätzung auch eine spezifische Wirkung auf Herz- und Gefäßapparat durch das resorbierte Kalium zu beobachten. Der Tod kann plötzlich unter den Erscheinungen eines Kollapses erfolgen. Die letale Dosis beträgt etwa 15 g.

Das *doppelkohlensaure Kalium, Kalium bicarbonicum* ($K HCO_3$) besitzt eine wesentlich geringere Ätzwirkung als die Pottasche und ist toxikologisch kaum von Bedeutung.

*Kaliumchlorat, Kalium chloricum* ($KClO_3$), das Kalisalz der Chlorsäure (chlorsaures Kali), bildet farblose, glänzende Kristalle, die in heißem Wasser leicht löslich sind und bei starkem Erhitzen Sauerstoff abgeben. Chlorsaures Kali wird vorwiegend gewerblich, so in der Sprengstoff- und Zündholzindustrie, als Oxydationsmittel in Beizen, aber auch medizinisch in Gurgelwassern und als Zusatz zu Zahnpasten verwendet. Schwere, selbst tödliche Vergiftungen durch Verwechselungen, Überdosierungen usw. wurden früher häufig beobachtet; Kaliumchloratlösungen standen nämlich medizinisch für interne Verordnungen stark in Gebrauch, so lange man ihre Gefährlichkeit nicht kannte. Heute kommen sie nur mehr selten vor. Meist ist es die falsche Anwendung von Gurgelwässern, die zu Todesfällen führt. Vereinzelt diente Kaliumchlorat auch als Mittel zu Mord und Selbstmord sowie zu Fruchtabtreibungen. Die letale Dosis für Erwachsene beträgt im allgemeinen 10—15 g; doch genügen für empfindliche Personen, wie Nierenkranke, stark Fiebernde und für Kinder schon 5—10 g und noch weniger, um den Tod herbeizuführen. Es sind aber auch Fälle bekannt, in denen mehr als 20 g ohne Schädigung vertragen wurden.

Kalium chloricum ist ein ausgesprochenes Blutgift mit noch nicht restlos geklärtem Wirkungsmechanismus. Die roten Blutkörperchen werden unter seiner Einwirkung geschädigt, aufgelöst, verklumpt und das Hämoglobin in Methämoglobin überführt. Das Blut wird hierbei eigentümlich dickflüssig und graubraun verfärbt. Nach Einnahme großer Dosen oder konzentrierter Lösungen treten rasch Erbrechen und Durchfälle auf, denen in wenigen Stunden allgemeine schwere Störungen folgen, wie Atemnot, Kopfschmerzen, Fieber, Schweißausbrüche, Schwindel, Schlaflosigkeit, Ikterus, später Nephritis mit Eiweißausscheidung oder Methämoglobinurie bzw. Anurie. Die Haut, besonders

an Stirne, Nasenflügeln und Lippen, sowie die Schleimhäute verfärben sich typisch blaugrün bis blaugrau; der Harn ist braun. Der Tod erfolgt in manchen schweren Fällen ganz akut schon nach wenigen Stunden infolge innerlicher Erstickung unter Krämpfen im urämischen Koma. In der Regel kommt es aber erst einige Tage nach der Einverleibung des Giftes zum Exitus letalis. *Hofmeier* und *Wegscheider* beobachteten Fälle, in denen der Tod an den Folgen der sich durch das Gift im Blute bildenden Thrombosen und Embolien erst nach etwa 14 Tagen eintrat. Bei der *Obduktion* sind meist die Zeichen einer Magen-Darmreizung kaum mehr festzustellen, doch fällt besonders eine ausgesprochen graubraune bis schokoladenbraune Farbe und gallertige Beschaffenheit des Leichenblutes sowie graue bis grauviolette Verfärbung der Totenflecke auf. Die ganze Leiche sieht eigentümlich grau aus, auch die blutreichen Organe, besonders Gehirn und seine Häute sind grau bis braun gefärbt. Diese Erscheinung ist auf die Bildung von Methämoglobin im Blute zurückzuführen und läßt sich spektroskopisch ohne Schwierigkeiten nachweisen. Vorwiegend in protrahiert verlaufenen Fällen findet man als Ausdruck des Blutzerfalles einen Ikterus sowie einen Milztumor und eine besonders hochgradige Infarzierung der Harnkanälchen der Nieren mit braunen Blutgerinnseln. Die Pyramiden sehen deutlich braungestreift aus. Herz, Leber und Nieren zeigen degenerative Veränderungen verschiedenen Grades; *Haberda* erwähnt das Vorkommen von kleinen Nekrosen in der Leber wie bei Eklampsie. Da das Gift sehr rasch resorbiert und durch den Harn sowie durch den Speichel auch rasch wieder ausgeschieden wird, so ist der chemische Giftnachweis nur in frischen Fällen besonders aus Mageninhalt und Harn erfolgreich.

Ähnliche Vergiftungserscheinungen wie das chlorsaure Kali verursacht auch das chlorsaure Natrium.

*Schrifttum.*

*Erben:* Vergiftungen. *Dittrichs* Handb. **7/1**. Wien 1909. — *v. Hofmann-Haberda:* Lehrbuch der gerichtl. Medizin. Berlin u. Wien 1927. — *Hofmeier* u. *Wegscheider:* zit. nach *Haberda*, Lehrbuch. — *Lesser:* Anat. Veränderungen des Verdauungskanales der Ätzgifte. Virchows Arch. **83**, 193 (1881). — *Merkel:* Die Magenverätzungen. Handb. v. *Henke-Lubarsch* **4**, 1, 219 (1926). Berlin 1926. — *Zangger* u. *Flury:* Toxikologie. Berlin 1926. **Weyrich.**

**Kalkmilch** siehe *Calcium*.

**Kalomel** siehe *Quecksilber*.

**Kampfgase.** (Vgl. auch Art.: Giftnachweis.) Gehen wir bei den Kampfgasen zunächst auf die *Reizstoffe* ein, so sind hier die Augenreizstoffe, die sog. *Tränenstoffe* zu berücksichtigen und zwar das Chloracetophenon, Chloraceton, Bromaceton, Benzylbromid, Xylylbromid, Brombenzylcyanid und Bromessigester. Unter diesen Augenreizstoffen interessiert besonders das *Bromaceton*, $Br\ CH_2COCH_3$, ein Stoff, der deutscherseits auch als *B-Stoff* und französischerseits mit *Martonit* bezeichnet wurde; letzteres stellt ein Gemisch von Chlor- und Bromaceton dar. Bromaceton diente nur kurze Zeit zur Füllung von Geschossen, zur Prüfung von Gasmasken hat es bis heute eine gewisse Bedeutung behalten. Vorherrschend ist die Reizwirkung auf das Auge. Es besteht ein unwiderstehlicher Drang, das Auge zu schließen. In der Luft verschwindet die Reizwirkung sofort, ohne eine Schädigung zu hinterlassen. Flüssiges Bromaceton greift die Haut an und bewirkt eine vorübergehende Blasenbildung. Gelegentlich haben wir hier auch Erblindung. Viel bedeutungsvoller sind die Nasen- und Rachenreizstoffe, die sog. *Blaukreuzgruppe*. Zu ihnen gehören Diphenylarsinchlorid, Diphenylarsincyanid, Diphenylaminarsinchlorid, Methyl- und Äthylarsindichlorid, von denen die beiden erstgenannten Bedeutung erlangt haben. *Diphenylarsinchlorid*, $(C_6H_5)_2AsCl_2$, wurde deutscherseits mit *Clark I* bezeichnet. Die Dämpfe bewirken nach *Flury* eine außerordentlich starke Reizung der Nase, des Rachens und der tieferen Atemwege. Dieser Stoff wurde mit den Granaten verschossen. Hervorzuheben sind hier auch der starke Husten, die hochgradige Steigerung der Nasensekretion, Speichelabsonderung und Absonderung von Bronchialsekret. Die Menschen klagen über Schmerzen in der Stirngegend, haben ein Druckgefühl im ganzen Kopf, unangenehme Druckempfindung in den Ohren infolge Tubenschwellung, Schmerzen in den Kiefern und Zähnen, bei tiefer Atmung Druckgefühl in den oberen Atemwegen, heftigen Schmerz in der Gegend des Brustbeines, starke Atemnot, Gefühl von Angst und Beklemmung, frühzeitig tritt Brechreiz auf, wir haben Würgbewegungen, denen ein langandauerndes Erbrechen folgt. Der Höhepunkt all dieser Erscheinungen liegt nach 6—12 Minuten, Gesamtdauer ½—2 Stunden. Je nach der Konzentration treten die Erscheinungen erst nach Minuten oder schon nach Sekunden auf. Alle Symptome können ohne Spätfolgen verschwinden. Die hohe Konzentration kann oft schwere Schäden der oberen Luftwege und lebensbedrohliche Lungenerscheinungen herbeiführen. An der Haut kommt es lediglich zu Rötung und Schwellung mit lästigen Empfindungen, wie Gefühl des Brennens und der Spannung. Von seiten des Nervensystems können wir infolge der resorptiven Wirkung des Giftes motorische Störungen, unsicheren Gang, Schwanken beim Stehen, Unfähigkeit zu sehen, heftige Schmerzen in Gliedern und Gelenken vorfinden. Bei Einatmung sehr hoher Konzentrationen finden wir Benommenheit, Ohnmachtsanfälle, Bewußtlosigkeit, Stoffwechselstörungen mit auffallend starker Abmagerung. Im Zusammenhang mit diesem Kampfstoff ist auch das *Diphenylarsindiamid* zu erwähnen, das als *Clark II* verschossen wurde und eines der besten Kampfstoffe der Blaukreuzgruppe ist. Die Giftwirkung ist im allgemeinen die gleiche, die Reizwirkung tritt jedoch erheblich stärker auf, und die Nachwirkungen sind anhaltender. Es ist der stärkste Reizstoff aller organischen Arsenverbindungen. Pathologisch-anatomisch haben wir der Wirkung dieser Kampfgase entsprechend Entzündung und Nekrose des Gewebes, unter Umständen Dermatitis und Nekrosen mit blutiger Durchtränkung. Im allgemeinen sind diese Gifte nicht tödlich.

Kommen wir nun zu den *erstickenden Kampfstoffen*, zu der sog. *Grünkreuzgruppe*, so haben wir hier Chlor, Phosgen, Perchlorameisensäuremethylester (*Perstoff*) und Chlorpikrin zu berücksichtigen. Das Chlor übt einen Reiz auf die Respirationswege aus, der zu starkem Hustenreiz, dem sog. Chlorhusten, und zu reichlicher Absonderung zähen Schleimes, den sog. weißen Pseudomembranen, führt. Schließlich führen chronische Vergiftungen als Folge der Ausscheidungen der giftigen Chlorverbindungen zu Chloracne. Bei der forensischen Beurteilung der Vergiftungen ist auf Reiz- und Ätzspuren zu fahnden, also auf Bindehaut- und Lidentzündungen, oder auf die Anätzung der Hornhaut. Wir finden eine starke Schädigung des Kehlkopfes und der Luftröhrenschleimhaut, ein hochgradiges Lungenödem und -Emphysem. Bei dem akuten Vergiftungstod haben wir bei der sofortigen Obduktion nach Eröffnung der Schädelhöhle Chlorgeruch, gelegentlich finden wir diesen auch bei der Eröffnung der Bauch- und Brusthöhle. Hält man in das entweichende Chlorgas blaues Lakmuspapier, so wird es im Augenblick entfärbt, denn das Chlor hat die Fähigkeit, Farbstoffe pflanzlichen Ursprungs zu

zerstören und damit zu bleichen. Sektionen, die längere Zeit nach dem Tod ausgeführt werden, lassen das Gas nicht mehr nachweisen. Chlor ($Cl_2$) ist heute noch eine der wichtigsten Grundlagen für die Darstellung anderer chemischer Kampfstoffe. Man kann fast sagen, daß ein Krieg mit chemischen Kampfmitteln ohne Chlor und seine Verbindungen nicht möglich ist. Zu diesen Chlorverbindungen gehört insbesondere das *Phosgen*, eine Verbindung des Chlors mit Kohlenoxyd, $CO\,Cl_2$. Es wirkt äußerst giftig. Es ist ungefähr 15mal so giftig wie Chlor, in verdünntem Zustand ist die Reizwirkung nur gering. Hierbei werden die Geschmacksnerven schon beeinflußt und die feineren Geschmacksempfindungen für längere Zeit vernichtet. Die konzentrierteren Luftgemische führen zu starken direkten Reizwirkungen auf die Atmungsorgane und damit in ganz kurzer Zeit zum Tode. Wir haben hier eine Vergiftung, die mit einer hochgradigen Verätzung der Lungen, mit einem Bronchialmuskelkrampf und mit starker Behinderung des Lungenkreislaufes einhergeht. Vorzüglich haben wir ein hochgradiges Lungenödem. Der Tod ist zu Beginn der Vergiftung demnach eine Erstickung, übersteht der Kranke die ersten Tage, so tritt der Tod durch Kreislaufstörungen infolge Versagens des Herzens ein, z. T. bedingt durch eine erhöhte Viscosität des Blutes und z. T. dadurch, daß etwa $^1/_3$ des Blutes sich in den Lungen als Ödem sammelt. Insbesondere spielt aber bei dem Tod durch Kreislaufstörung die Alveolarschädigung sowie die Einwirkung des Giftes auf die Gefäßnerven eine Rolle. Der Blutdruck sinkt vom Beginn der Vergiftung ab, das Hämoglobin kann zu Hämatin abgebaut werden, das Blut sieht hierdurch teerfarben und schokoladeartig aus und gerinnt sofort außerhalb des Gefäßes. Ausgedehnte Entzündungen des gesamten Respirationsapparates folgen den ersten Schädigungen der Organe. Schließlich sind in den Spätstadien Embolien und Embolusverschleppungen, Sekundärinfektionen, Pneumonien und neben Ringblutungen im Gehirn schwere degenerative Veränderungen von Bedeutung. Bei den Leichenöffnungen finden wir außer den genannten Schädigungen auffallende Blutüberfüllung nicht nur der Lungen, sondern auch der Unterleibsorgane, kleine Blutungen auf den serösen Häuten infolge der allgemeinen Stauung. Eine weitere beachtenswerte Verbindung des Chlors ist *Perchlorameisensäuremethylester*, $Cl.COOCCl_3$, ein deutscher Grünkreuzkampfstoff, der als *Perstoff* bezeichnet wurde, französisch Surpalite, amerikanisch Superpalit, englisch Diphosgen. Dieser Grünkreuzstoff wurde den Artilleriegeschossen beigefügt. Es handelt sich hier um ein gefährliches, heimtückisches Gas, das stark erstickend auf die Atmungsorgane wirkt. Das Krankheitsbild entspricht im übrigen in seinen Grundzügen vollständig dem der Phosgenvergiftungen, auch hier machen sich bei geringen Perstoffkonzentrationen zuerst keine Beschwerden bemerkbar, bis dann schließlich Anzeichen einer schweren Vergiftung mit weit vorgeschrittenen Veränderungen auftreten. Ein anderer Kampfstoff der Grünkreuzgruppe ist das *Chlorpikrin*, $C\,Cl_3 \cdot NO_2$, eine Verbindung des Chlors, die im Gaskampfe eine sehr große Bedeutung erlangt hat. Wir haben hier einen der wichtigsten und wirksamsten der chemischen Kampfstoffe. Auch diese Vergiftung stimmt weitgehend mit der Vergiftung durch kleine Phosgenmengen überein. Nur scheint der Hustenreiz infolge eintretender Bronchitis heftiger zu sein. Charakteristisch sind starke Reizerscheinungen, die besonders an der Augenbindehaut länger bestehende Entzündungen auslösen können. Der Stoff ist viermal giftiger als Chlor, er bleibt aber hinter der Wirkung des Phosgens und des Perstoffes zurück. Seine Reizwirkung auf die äußeren Schleimhäute dagegen übertrifft die des Perstoffs und Phosgens erheblich. Auffallend ist die hohe Reaktionsgeschwindigkeit zwischen Chlorpikrin und Hämoglobin, mit welchem Methämoglobin gebildet wird. Im Vordergrund steht, wie auch bei den Vergiftungen durch die übrigen Chlorverbindungen, das Lungenödem.

Steht bei den erstickenden Kampfstoffen die Erschwerung der Atmung infolge des Lungenödems mehr im Vordergrund, so haben wir bei den jetzt zu besprechenden Kampfstoffen vorwiegend eine Ätzwirkung. Bei diesen *ätzenden Kampfstoffen*, die zu der *Gelbkreuzgruppe* gerechnet werden, spielen insbesondere das Dichloräthylsulfid, β-Chlorvinylarsindichlorid, Methyl- und Äthylarsindichlorid eine Rolle. Unter ihnen ist das *Dichlordiäthylsulfid*, $S(CH_2CH_2Cl)_2$, deutsch *Lost*, französisch Yperite, englisch mustard-gas, von Bedeutung. Dieses Gift wurde mit den Granaten verschossen und ist ein sehr gefährlicher Kampfstoff, denn es ist schwer flüchtig und verseucht längere Zeit die Gegend. Der ätzenden Wirkung entsprechend schädigt auch das Gift zunächst die Hautzellen, schließlich auch alle Zellen, mit denen es in Berührung kommt, also auch die Zellen der Schleimhaut des Mundes, die Epithelien der Atmungswege und endlich auch die Zellen des Verdauungstraktus. Gelangt das Gift in das Auge, so kommt es sehr oft zur Erblindung. Neben der Schädigung der Epidermiszellen der Haut finden wir auch solche der Capillaren und des Papillarkörpers, die sich in ihrer Erweiterung und Durchlässigkeit zeigt, so entsteht die Hautrötung. Infolge der Durchlässigkeit der Gefäße tritt Exsudat aus, wodurch die Anschwellung bedingt wird, der die Blasenbildung folgt. Auf den Schleimhäuten haben wir Pseudomembranen der oberen und tieferen Luftwege. Auffallend ist, daß im Anschluß an diese Schädigungen leicht Entzündungen auftreten, die zu Nekrosen mit geringer Neigung zur Heilung führen. Wir kennen bei diesem Gift auch resorptive Wirkungen, denn der Stoff gelangt durch die geschädigten Gewebselemente in das Blut und damit in die übrigen Organe. Es schädigt die roten Blutkörperchen, wir haben Zerfall und finden in Milz und Leber Hämosiderose. Vor allem zeigen sich aber auch Kreislaufstörungen, und schließlich führen die Veränderungen zu einem allgemeinen toxischen Zerfall, es tritt starker Schwund des Fettgewebes ein und schließlich das Bild einer hochgradigen Atrophie. Es ist selbstverständlich, daß das nekrotische Gewebe auch einen guten Nährboden für Krankheitserreger aller Art bietet und so zu den schwersten Komplikationen führen kann. In den Lungen finden wir keine direkte Wirkung des Gases, aber die Gefahr liegt vor allem in den Sekundärerkrankungen. *Aschoff* unterscheidet auf Grund der Wirkung auf die Atemwege vier Stadien der Erkrankung: Am 1. Tage das katarrhalische Stadium, am 2. Tage das Stadium der pseudomembranösen Tracheitis und vom 4. Tage an das Stadium der descendierenden Tracheitis und Bronchopneumonie. Schließlich kann vom 10. Tage an das Stadium des Abscesses und der Gangränbildung in der Lunge folgen. Der Wirkungsart entsprechend sind auch die Befunde an der Leiche. Außer den ausgedehnten Blasenbildungen und Ulcerationen kennen wir auch Bindehautblutungen, Hornhauttrübungen, Lidrandekzeme; außerdem haben wir Hämosiderose in Milz und Leber. Ferner fällt die dunkelblaurote Verfärbung der Bauchorgane auf, wir finden kleine Blutaustritte in Leber, Niere, Milz und Magen, Muskelhämatome vorkommen, diphtherisch nekrotisierende Tracheobronchitis wurde beobachtet. Von *Walkhoff* wurde bei den Leichenöffnungen Bronchusnekrose festgestellt. Oft findet man auch massige regeneratorische Wuche-

rungen des Bronchialepithels. Erwähnenswert ist in dieser Gruppe noch das *β-Chlorvinylarsindichlorid*, $ClHC:CH \cdot AsCl_2$, das die Amerikaner herstellten und mit *Lewisit* bezeichneten. Sie setzen auf dieses Gift große Hoffnungen, allerdings ist es im Weltkriege nicht mehr erprobt worden. Das Gift wirkt auf die Schleimhäute der Augen und der Nase und erzeugt heftiges Niesen. Es hat ebenfalls eine blasenziehende Wirkung, die sich auf der Haut nach kurzer Zeit zeigt. Die Amerikaner glauben, daß die Wirkung dieses Stoffes gleich der des Lost ist. Darüber hinaus ist Lewisit ein starkes Lungengift von schneller, erstickender Wirkung.

*Schrifttum.*
*Büscher, H.:* Giftgas! Und wir? Leipzig 1937. — *Gillert, E.:* Die Kampfstofferkrankungen. Berlin u. Wien 1938. — *Lubarsch:* Handb. der spez. patholog. Anatomie u. Histologie. **X.** Berlin 1930. — *Meyer, J.:* Der Gaskampf und die chemischen Kampfstoffe. Leipzig 1938. **Förster.**

## Kampfsportverletzungen (= K.). (Vgl. auch Art.: Amnesie als Verletzungsfolge; Bewußtlosigkeit als Verletzungsfolge; Commotio und Contusio cerebri; Hirndruck; Shocktod; Tod im Boxkampf; Verletzung als Todesursache.)

Zu den Kampfsportarten gehören: 1. Boxen; 2. Fechten; 3. Ringen; 4. Jiu-Jitsu.

*Historisches (Schüllenbach):* 1. Der Zweikampf mit geballter Faust wurde 688 v. Chr. als Wettkampf in Olympia eingeführt. Als Nationalsport wird Boxen seit Anfang des 18. Jahrhunderts in England betrieben; in Deutschland ist es erst nach dem Kriege volkstümlich geworden. 2. Das Fechten beruht auf dem altgermanischen Ehrbegriff. Mitte des 19. Jahrhunderts wurde es durch die studentische Bestimmungsmensur zum Kampfsport. Neben der Hiebfechtschule (Säbel, Korb- und Glockenschläger) besteht die Stichfechtschule (Florett). 3. In den olympischen Spielen 700 v. Chr. beschloß das Ringen den Fünfkampf. In Deutschland gewann das Ringen als Kampfsport seit dem Mittelalter größere Bedeutung. 4. Von Japan kommend wurde besonders nach dem Kriege die Kunst der Selbstverteidigung gelehrt und u. a. bei Polizeiverbänden als Kampfsport geübt.

*Zweck der einzelnen Kampfsportarten:* 1. Der Boxer soll seinen Gegner unter geringem Aufwand von Kraft zur Erreichung größtmöglicher Wirkung, bei Beachtung sportlicher Regeln, durch Schläge mit der durch Handschuhe gepolsterten Faust kampfunfähig machen und sich vor Angriffen des Gegners schützen. 2. Der Fechter soll den Gegner durch Beibringung von scharfen Verletzungen kampfunfähig machen. Beide Gegner sind dabei durch besondere Vorkehrungen vor lebensgefährlichen Verletzungen zu schützen. 3. Der Ringer soll seinen Gegner durch Anwendung von Kunstgriffen zu Boden zwingen, so daß beide Schultern den Erdboden gleichzeitig berühren. 4. Beim Jiu-Jitsu soll der Gegner mit geringer Kraft unter Anwendung von Kunstgriffen abgewehrt und kampfunfähig gemacht werden.

Da die Kraftanwendung bei den einzelnen Kampfsportarten nach bestimmten Regeln den jeweilig gleichen Angriffspunkt hat und die gleiche Abwehr erfährt, muß es bei den einzelnen Kampfsportarten zu typischen Verletzungen kommen. Der Gerichtsarzt muß diese charakteristischen K. kennen, um u. U. vorgetäuschte K. zu erkennen.

1. Beim Boxen ist die Hand das Angriffsorgan, der Kopf in der Hauptsache das angegriffene Organ. Beide sind also besonderen Verletzungen ausgesetzt.

A. *Verletzungen der oberen Extremitäten, insbesondere der Hände:* a) Am häufigsten ist die *Bennet*sche Fraktur. Das V. metacarpale bricht, wenn aktiv oder passiv die Ulnarkante der Hand den Anprall eines Schlages zu ertragen hat (*H. Wölk*). b) Frakturen und Luxationen im Metakarpophalangealgelenk des Daumens. Fingerfrakturen sind bei genügender Polsterung selten. c) Parierfrakturen im Bereich der Ulna. d) Bei starkem Hieb gegen Oberarm oder Fall auf den Boden Luxation des Schultergelenkes. e) Distorsionen der Gelenke der Hand. f) Kontusionen der Hand. g) Typische Veränderungen des Ellbogengelenkes durch Gelenkflächeninkongruenz, Osteophytenbildung, Randwülste und freie Körper. h) Knochenwucherungen an den Handwurzelknochen.

*B. Verletzungen am Kopf, besonders an Nase, Ohr, Kiefer und Augen:* a) Nasenbluten, Verletzungen einer Nebenhöhle hat Hautemphysen zur Folge. b) Frakturen des Nasenbeins (Sattel- oder Boxernase). c) Deviationen der Nasenscheidewand. d) Excoriationen am Ohr. e) Einreißung des Ohres durch tangential wirkenden Schlag. f) Othämatome, die aus subperichondralen Blut- und Lymphergüssen bestehen. g) Knickung des Ohrknorpels. h) Beim „uppercut" wird der Schlag von unten an das Kinn geführt. Es kommt zum Zusammenprall beider Kiefer mit Zahnverletzung. Beim Schlag von der Seite wird der Unterkiefer zur Gegenseite gerissen und Bänderrisse oder Luxationen im Kiefergelenk gesetzt. i) Mandibularfrakturen. j) Zungenbisse, Schleimhautverletzungen mit Infektionsgefahr. k) Schlag gegen das Kinn wird fortgeleitet über Unterkieferast, Kiefergelenk und Felsenbein und führt zu Erschütterungen der Bogengänge im Labyrinth, die auf dem Wege der Knochenleitung reflektorische Einflüsse auf das verlängerte Mark, Klein- und Großhirn haben. Es kommt zu Gehörsensationen, Übelkeit, Schwindel, Bewußtlosigkeit, schlaffen Lähmungen. l) Schläge gegen den Kopf („Stoppstoß", wenn der angreifende Boxer noch dem Stoß des Gegners entgegenrennt) können Hirnblutungen zur Folge haben. Hier ist die Schwere der Blutung abhängig von der Härte des Kampfes durch die Erhöhung des Gefäßdruckes als Folge vermehrter Atemtätigkeit. m) Knochenverletzungen bei auffallend dünnen Schädelknochen. n) Augenverletzungen und zwar Quetschungen, zuweilen Frakturen des Arcus superciliaris, Verletzungen der Augenlider mit Blutergüssen, Affektionen der Augenbindehäute, Verletzungen der Hornhaut, Verletzungen der vorderen Augenkammer, der Iris und des Kristallkörpers, Ablösung der Netzhaut und Verletzungen der Augenmuskulatur. o) Hämatome und Platzwunden an allen prominenten Stellen des Gesichtes (Jochbein, Lippen usw.).

*C. Anderweitige Verletzungen:* a) Schlag auf den Sinus caroticus und Trauma der oberen seitlichen Halspartie ergibt reflektorische Hemmung der Herztätigkeit und Dilatation von Gefäßen. Es kann Bewußtlosigkeit durch vorübergehende Gehirnanämie eintreten. b) Ähnliche Wirkungen haben Bauchstöße durch Vagusreiz zur Folge. c) Durch verbotene Schläge entstehen Rupturen der Nieren, der Vena cava und des Darmes. *Schlöffel* beobachtete einen Abriß der Spina iliaca ant. sup. d) Indirekte Verletzungen, insbesondere Schädelbrüche, entstehen durch Sturz, und Contre-coup-Wirkung kann meningo-encephalitische Prozesse zur Folge haben.

*H. Schneider* macht aufmerksam, „daß die Schwere der Gewalteinwirkung häufig nicht ausschlaggebend ist, vielmehr im ‚coup de surprise' und in der topischen, anatomischen und statischen Eigenart der Bauchorgane für die Verletzlichkeit wirksame Faktoren liegen".

Für den Gerichtsarzt ist neben dem Auftreten von retrograder auch anterograde Amnesie als Verletzungsfolge ein Zustand, den der Boxer „Groggy" nennt, von besonderer Bedeutung. Beim Verletzten liegt eine Trübung der freien Willensbestimmung vor, er kämpft mechanisch weiter, ohne zu wissen, was er tut. Hier finden die unmotivierten Angriffe auf Ringrichter, Trainer oder Publikum ihre Erklärung (*H. Wölk*).

2. Beim Fechten sind besonders der Arm als ausführendes und der Kopf als angegriffenes Organ Verletzungen ausgesetzt (*Timm*). Die benutzten Schläger und Säbel sind keine tödlichen Waffen, wenn die vorgeschriebenen Bandagen und andere Vorsichtsmaßregeln (Anwesenheit eines Arztes) benützt werden (Gutachten der Deutschen Gesellschaft für Chirurgie). Es sind direkte und indirekte Verletzungen zu unterscheiden. *Direkte Verletzungen:* Kopfschwartenschmisse, Substanzverlust von Haut- und Weichteilen (selten Nasen- und Ohrdefekte), Durchschlagen der Arteria temporalis, Facialisdurchtrennung mit Lähmung, Parotisfisteln bei Wangenhieb, Gebißschädigungen, Knochensplitterungen, Durchschlagen des Knochens mit Verletzungen der Dura, Sehnen-, Nerven-, Gefäßverletzungen, Rippenknorpel- und u. U. Lungenverletzungen bei Bruststreichen. *Indirekte Verletzungen* (bei gepolstertem Arm): Tendovaginitis, Distorsionen im Handgelenk, Luxationen im Schultergelenk, Ulnarfrakturen (als Folge eines unscharfen Hiebes auf den in Paradestellung stehenden Unterarm [*Timm*]). Besonders schwere Verletzungen kommen durch Unglücksfälle zustande. Der Fechter strauchelt und rennt in die Speerspitze seines Gegners (Herzstoß). *E. Schüllenbach* berichtet über 14 Todesfälle seit 1860 bei einer Gesamtzahl von 380 000 Mensuren. Als Todesursache werden in der Hauptsache Blutvergiftungen durch unsachgemäß behandelte Hiebwunden festgestellt.

Während früher das Reichsgericht die Schlägermensur als Zweikampf mit tödlichen Waffen im Sinne des § 201 StGB. bezeichnet, heißt es in der Neufassung durch Gesetz vom 26. 5. 1933, RGBl. I 295 § 210 a (und 226): „Zweikampf mit Schlägern unter Vorkehrungen, die bestimmt und geeignet sind, gegen Lebensgefahr zu schützen, sowie die Herausforderung zu einem solchen Zweikampf und dessen Annahme sind straflos."

3. Die Verletzungen beim Ringen kommen durch die Gewalteinwirkung der Hände am Körper des Gegners und durch Fall bzw. Schleudern, Rutschen und Schleifen zustande.

Im wesentlichen kommen nach *Schüllenbach* folgende Griffe in Anwendung:

„Kopfschwung" (der Gegner wird beim Genick gefaßt und über den eigenen Körper nach vorn geworfen), „Doppelnelson" (die Hände werden unter den Achseln des Gegners durch dessen Nacken angelegt und durch starkes Niederdrücken ein Überschlagen nach vorn erreicht), „Ausheber" (der Gegner wird in die Luft gehoben und auf den Kopf gestellt), „Stranguliergriff" (Kopfschwung und Drehung), „Krawatte" und „Bauchschraube" (Bedrücken des liegenden Gegners mit dem eigenen Körpergewicht).

Entsprechend der Gewalteinwirkung kommen folgende Verletzungen vor: Frakturen und Luxationen der Halswirbelsäule durch den Fall auf den Kopf, der Brustwirbelsäule durch den Fall auf den Rücken, der Lendenwirbelsäule durch Fall auf die unteren Extremitäten. Die meisten dieser Verletzungen gehen mit Rückenmarksverletzungen einher. Es sind totale oder inkomplette Querschnittsläsionen beobachtet worden. *Bernstein* beschreibt einen Fall von Luxation mit Fraktur des Epistropheus und Lähmung beider Nn. radiales.

Durch das Umgreifen und Zusammenpressen des Brustkorbes entstehen Rippenbrüche. Clavicularfraktur kommt durch Sturz auf die Schulter und Belastung durch den Gegner zustande. Frakturen sind an den Extremitäten selten, im Vordergrund stehen Luxationen und Distorsionen an einzelnen Fingern. *Leuenburger* beobachtete eine traumatische Epiphysenlösung. An Weichteilverletzungen kommen fast regelmäßig das Ringerohr (Othämatom) und Hautabschürfungen vor. Seltener sind Muskelrisse, Nervenschädigungen und Schleimbeutelentzündungen. Bei Entzündungen des Periosts kommt es zu starker periostaler Callusbildung. Keine eigentliche Sportverletzung, sondern eine direkte Folge des Ringens ist die Furunkulose (*Wölk*). *v. Bramann* beschreibt vier Todesfälle beim Ringen durch Genickbruch und andere Wirbelsäulenverletzung.

4. Jiu-Jitsu ist kein Kampfsport im eigentlichen Sinne, sondern eine Verteidigungsmethode mit dem Ziel, den Gegner blitzschnell durch schwere Verletzungen zu bezwingen. Der Angreifer soll besonders durch Verlust seiner Sehkraft außer Gefecht gesetzt werden. Mit besonderen Griffen können folgende Verletzungen der Augen 1. Luxatio bulbi, 2. Verletzungen der Augenhöhlenknochen, 3. Luxatio lentis in den Glaskörper bewirkt werden (*Thies*). Im Vordergrund stehen Frakturen der Hand, der Arme, insbesondere des Ellenbogens, des Schlüsselbeins und der Halswirbelsäule (letztere entstehen durch Schläge gegen den Nacken oder Zurückdrängen des Kinns). Besonders harte Schläge gegen Nervenstämme erzielen Lähmungen. Schließlich spielen Verletzungen der Genitalien durch Kniestoß eine Rolle. Im Prinzip, nur viel häufiger, finden sich beim Jiu-Jitsu dieselben Verletzungen wie beim Ringen.

K. können nicht als Körperverletzungen im Sinne des StGB. gewertet werden. Die Aufgabe des Gerichtsarztes und des Sportarztes ist es, in jedem Falle genau zu prüfen, ob die erforderlichen Schutzmaßnahmen und die Beachtung sportlicher Regeln erfolgt waren.

*Schrifttum.*

*Altrock, A.:* Kleine Sportkunde. 1928. — *Baetzner, W.:* Sportschäden am Bewegungsapparat. — *Bange:* Sportverletzungen des Bauches. Ref. Klin. Wschr. **1935**, 324. — *Brack, E.:* Plötzlicher Sporttod. Med. Welt **1934**, 1923. — *v. Bramann, C.:* Lebensgefahr im Kampfsport. Münch. med. Wschr. **1927**, 1, 634. — *Braine et Ravina:* Die Verletzungen der Boxer. Dtsch. Z. gerichtl. Med. **4**, 79 (1924). — *Breitner, B.:* Sportschäden und Sportverletzungen. — *Birkheimer, W.:* Über Sportverletzungen der Zähne usw. Diss. **1937**. — *Conzette:* Tennis- u. Fechter-Ellenbogen. Ref. Z.org. Chir. **54**, 791. — *Denk, H. W.:* Sportverletzungen. Ref. Wien. klin. Wschr. **479** (1934). — *Domanig, E.:* Typische Sportverletzungen. Wien. klin. Wschr. **1543** (1934). — *Eitel, M.:* Sportschäden. Dipl.-Arb. d. D. H. f. L. Berlin 1931. — *Erb, K. H.* und *Hahn:* Aneurysma der Arteria temp. nach Mensurverletzungen. Zbl. Chir. **1931**, 2610. — *Esser:* Gesichtsverletzungen bei antikem Faustkampf. Klin. Mbl. Augenheilk. **89**, 807. — *Fliege, H.:* Mensurverletzungen von Zwischenkiefer und Frontzähnen. Dtsch. Mschr. Zahnheilk. **49**, 49. — *Guggisberg:* Unterleibserkrankungen im Sport. Dtsch. med. Wschr. **1931**, 2064. — *Hartwich, A.:* Praktikum der kleinen Sportverletzungen 1935. — *Heise, K.:* Gehirnerschütterung und knock-out. Med. Welt **1930**, 1705. — *Herzog, K.:* Sportliche Bewegungsabläufe und Gelenke. Ätiologie der Sportschäden bei Boxern. Diss. Berlin 1931. — *Hellgren, E. G.:* Unbekannte Handgelenksverletzungen, Boxer. Ref. Zbl. Chir. **1933**, 285. — *Herxheimer:* Entstehung knock-out bei Boxen. Z. ärztl. Fortbildg. **1932**, 640. — *Jokl:* Zusammenbrüche beim Sport. **1936**. — *Jokl:* Trauma und Sport. Klin. Wschr. **1934**, 1472. — *Jokl:* Bewußtseinsverlust, Sport. Ref. Med. Klin. **1933**, 861. — *Jenkel:* Sportverletzungen. Ref. Zbl. Chir. **1929**, 1017. — *Knoflach, J. G.:* Sportverletzungen. Med. Welt **1934**, 916. — *Kraus, H.:* Seltene Sportverletzungen. Wien. klin. Wschr. **44**, 34. — *Lloyd-Williams, J. H.:* Boxerdaumen. Ref. Z.org. Chir. **51**, 583. — *Martland, H. S.:* Neue Boxerkrankheit. Med. Welt **1929**, 3. — *Micheli, E.:* Boxverletzungen. Ref. Z.org. Chir **67**, 165. — *Mandl, F.:* Kniegelenk, Sport. Med. Welt **1934**, 1005. — *Mayer, F. O.:* Handverletzungen, Boxen. Arch. orthop. Chir. **32**, 245. — *Minař, F.:* Sportverletzungen. Ref. Z.org. Chir. **44**, 9. — *Muck, O.:* Lebensgefährdung durch studentische Schlägermensur. Münch. med. Wschr. **1930**, 271. — *Müller:* Sportverletzungen. Fortschr. Med. **1931**, 755. — *Rohrschneider, W.:* Sportschädigungen und Verletzungen der Augen. Z. ärztl. Fortbildg. **1933**, 464. — *Saar, G.:* Die Sportverletzungen. — *Schlöffel, W.:* Abriß der Spina iliaca ant. sup. als Sportverletzung. Diss. **1933**. — *Schneider, H.:* Stumpfe Bauchverletzungen beim Sport. Diss. **1937**. —
*Schulze, W.:* „Groggy"-Zustand des Boxers und freie Willensbestimmung. Leibesübgn. **1931**, 615. — *Schüllenbach, E.:* Die Gefährdung der Gesundheit durch die studentische Mensur im Vergleich zu anderen Sportarten. — *Sédan, J.:* Irislähmung bei Boxern. Bull. Soc. Ophtalm. Paris **1934**, Nr. 2, 89. — *Strauch, E.:* Lebensgefahr durch studentische Mensuren. Leibesübgn. **1931**, 341. — *Thies, O.:* Jiu-Jitsu-Verletzungen des Auges. Leibesübgn. **1927**, 89. — *Timm, R.:* Die chirurgischen Sportverletzungen in den letzten drei Jahren an der Chirurgischen Universitätsklinik zu Königsberg. Diss. **1936**. — *Wachsmuth, W.:* Über Sportunfälle und Sportschäden. **1935**. — *Wolff, K.:* Boxsport und Boxverletzungen. Dtsch. Z. Chir. **208**, 379. — *Wölk, H.:* Typische Sportverletzungen. Diss. **1936**. — *Worringen, K. A.:* Lebensgefahr durch studentische Schlägermensur. Leibesübgn. **1931**, 248.

**Beck.**

**Kapok** siehe *Faserstoffe.*

**Kartoffelbovist** siehe *Solanin.*

**Kartoffelvergiftung** siehe *Solanin.*

## Kastration von Sittlichkeitsverbrechern.

Die Kastration, die *Entmannung* gefährlicher Sittlichkeitsverbrecher ist die zwangsmäßige operative Entfernung der Hoden, die das Gericht neben der Strafe wegen eines bestimmten Sittlichkeitsverbrechens nach den Bestimmungen des § 42k StGB. in Verbindung mit § 246a StPO. und dem Art. 2 des Gesetzes vom 24. 11. 1933 als Maßregel der Sicherung anordnen kann. Gesetzlich ist vorgeschrieben, daß der Täter zur Zeit der Entscheidung das 21. Lebensjahr vollendet haben muß. Es ist weiter vorgeschrieben, daß er entweder wegen eines Sittlichkeitsvergehens oder -verbrechens bestimmter Art, nämlich eines Verbrechens der Nötigung zur Unzucht, der Schändung, der Unzucht mit Kindern oder der Notzucht (§§ 176—178) oder wegen eines zur Erregung oder Befriedigung des Geschlechtstriebes begangenen Vergehens oder Verbrechens der öffentlichen Vornahme unzüchtiger Handlungen oder der Körperverletzung (§§ 183, 223—226) zu Freiheitsstrafe von mindestens sechs Monaten verurteilt wird, nachdem er schon einmal wegen einer solchen Tat zu Freiheitsstrafe rechtskräftig verurteilt worden ist. Das gleiche gilt, wenn er ohne vorherige entsprechende Verurteilung wegen mindestens zweier derartiger Taten zu mindestens einem Jahr verurteilt wird. Es muß außerdem in beiden Fällen festgestellt werden, daß er ein *gefährlicher Sittlichkeitsverbrecher* ist. Hat der Täter zur Erregung oder Befriedigung des Geschlechtstriebes einen Mord oder einen Totschlag begangen, so bedarf es der letzteren Feststellung nicht.

Die Vorschrift, daß die Entmannung *nicht vor Vollendung des 21. Lebensjahres* ausgeführt werden darf, ist damit begründet, daß in den Hoden vor Abschluß der Pubertät neben den Samenzellen und Sexualhormonen weitere Hormone gebildet werden, die an der innersekretorischen Steuerung der Entwicklung und des Wachstums beteiligt sind. Bei vorzeitiger Entmannung würden deshalb die bekannten Kastrationsfolgen der Jugendlichen auftreten, die nicht im Sicherungszweck liegen.

Unter den Sittlichkeitsverbrechen, die im § 42k zusammengestellt sind und eine Entmannung zur Folge haben können, sind die gleichgeschlechtlichen, homosexuellen Handlungen zwischen Männern nicht erwähnt. Der Gesetzgeber war der Ansicht, daß bei Homosexuellen eine Änderung der Triebrichtung durch die Entmannung nicht zu erwarten sei. Nach gerichtsärztlichen Erfahrungen und nach den bis jetzt vorliegenden Ergebnissen bereits ausgeführter Entmannungen ist diese Ansicht nur z. T. richtig. Bei zahlreichen Kinderschändern mit homosexueller Triebrichtung ist die Entmannung nachweisbar erfolgreich gewesen.

Bei Blutschande und bei allen Unzuchtshandlungen, die unter Ausnutzung eines Abhängigkeitsverhältnisses begangen wurden, ist die Sicherungsmaßnahme der Entmannung nicht vorgesehen. Diese strafbaren Handlungen sind nicht durch einen übermäßig starken oder abwegigen Geschlechtstrieb verursacht, sondern durch moralische Minderwertigkeiten und Hemmungslosigkeiten, die durch eine Entmannung nicht beeinflußt werden können.

Der Sicherungsmaßnahme der Entmannung liegen die Beobachtungen über *Kastrationsfolgen* bei Männern zugrunde, die so alt sind wie die Menschheitsgeschichte. Durch die Entfernung der Hoden wird nicht nur die Fortpflanzungsfähigkeit beseitigt, sondern der Geschlechtstrieb und die Beischlafsfähigkeit geschwächt bis aufgehoben. Außerdem treten als Kastrationsfolgen eine Reihe bekannter geistiger und körperlicher Veränderungen ein, die sich in vollendeter Form bei den echten Eunuchen finden. Diese Veränderungen treten weitgehend zurück, wenn die Kastration erst nach Erreichung der vollen Mannbarkeit vorgenommen wurde. Es bleiben neben geringfügigen körperlichen und seelischen Veränderungen im wesentlichen als Folgen die Schwächung bis Aufhebung des Geschlechtstriebes, soweit er von den Sexualhormonen bedingt ist, zurück. Außerdem ist allgemein ein Nachlassen geschlechtlicher Aktivität festzustellen, besonders zur Befriedigung von etwa zurückgebliebenen, seelisch bedingten geschlechtlichen Trieben.

Schon im Altertum wurden bei Sittlichkeitsverbrechern Kastrationen meistens durch Abschneiden der äußeren Geschlechtsteile vorgenommen. In den letzten Jahrzehnten haben nach dem Vorgang der Vereinigten Staaten die Schweiz und Dänemark als Straf- und Sicherungsmaßnahmen an Sittlichkeitsverbrechern mit deren Einwilligung Kastrationen vorgenommen und hiermit günstige Ergebnisse erzielt. Über diese Operationen liegen wissenschaftliche Berichte vor, die in großer Ausführlichkeit unter Berücksichtigung der Vorgeschichte die Folgen auf körperlichem und geistigem Gebiet bei den Entmannten schildern und insbesondere darüber berichten, daß nur vereinzelt Rückfälligkeit vorkommt. Durch diese Berichte waren dem deutschen Gesetzgeber wertvolle Unterlagen für die Einführung der Entmannung gegeben.

In Deutschland selber standen zur Beurteilung der möglichen Folgen bei Entmannung die Berichte über die Entmannungsfolgen bei Kriegsbeschädigten in großer Zahl zur Verfügung. Die körperlichen und seelischen Veränderungen von Kriegsteilnehmern, die durch Schußverletzungen ihre Hoden verloren hatten, sind in Gutachten der Versorgungsakten zusammengestellt. Die Ergebnisse können nicht eindeutig sein, weil die Verletzten aus verschiedenen Altersklassen stammen und z. T. noch nicht die volle Mannbarkeit bei der Verletzung erreicht hatten. Weiter leidet die Eindeutigkeit der Beurteilung an der Vielzahl der Untersucher und den subjektiven Beurteilungen der Kastrationsfolgen durch die Rentenempfänger selber, die in den Gutachten mitbenutzt werden mußten. Trotzdem sind im allgemeinen verhältnismäßig nur geringfügige Schäden als Kastrationsfolgen festgestellt worden, die dem Gesetzgeber keine Veranlassung geben konnten, deshalb mit dieser notwendigen Maßnahme gegen die rückfälligen Sittlichkeitsverbrecher zurückzuhalten, um so weniger als die gerichtlichen Mediziner seit Jahrzehnten mit zahlreichen Beispielen darauf hingewiesen hatten, daß Sittlichkeitsverbrecher durch zeitlich begrenzte Bestrafungen niemals davon abgehalten würden, aufs neue Sittlichkeitsverbrechen an unseren Frauen und Kindern zu begehen.

Eine Entmannung soll nur angeordnet werden, wenn festgestellt ist, daß es sich um einen gefährlichen Sittlichkeitsverbrecher handelt und wenn nach sorgfältiger Prüfung eine gewisse Aussicht dafür besteht, daß beim Täter durch die Entmannung der übersteigerte und entartete Geschlechtstrieb zum Erlöschen gebracht wird und so die Allgemeinheit voraussichtlich vor weiteren Taten verschont bleibt. Um diese Feststellungen treffen zu können, muß das Gericht sich auf ein ausführlich begründetes gerichtlich-medizinisches Gutachten über den Täter stützen können.

Zur Erstattung eines derartigen Gutachtens ist neben der eingehenden Untersuchung des körperlichen und geistigen Zustandes des Täters eine Aufnahme seiner Vorgeschichte erforderlich, insbesondere über die Entwicklung seines Geschlechtslebens und der Eigenart seiner geschlechtlichen Veranlagung, welche die Tat verursachte. Unter Berücksichtigung unserer Kenntnisse aus der allerdings nur unzureichend durchforschten Sexualwissenschaft, insbesondere der Sexualpsychopathologie, muß in jedem einzelnen Fall versucht werden festzustellen, ob es sich bei der vorliegenden verbrecherischen geschlechtlichen Betätigung um die Wirkung sexueller Hormone der Geschlechtsdrüsen handelt oder um rein psychisch bedingte geschlechtliche Abwegigkeiten. Im letzteren Falle würde eine Entmannung zwar unter Umständen infolge der suggestiven Wirkung ebenfalls Erfolg haben können, aber der Gesetzgeber lehnt eine Entmannung unter diesen Voraussetzungen ab. Es muß festgestellt werden, daß die in Frage kommende Tat ursächlich zu den von den Hoden erzeugten Sexualhormonen in Beziehung steht.

Um dem Gericht Unterlagen dafür zu geben, daß es sich um einen *gefährlichen Sittlichkeitsverbrecher* handelt, der zum Schutz der Allgemeinheit unschädlich gemacht werden soll, muß im Gutachten eine Beurteilung der vorliegenden Umweltverhältnisse enthalten sein. Wenn die Tat mittelbar damit zusammenhängt, daß der Täter infolge unglücklicher Eheverhältnisse keine geschlechtliche Befriedigung fand, wenn er einer an ihn herangetretenen Verführung unterlag, wenn er unter Alkoholwirkung stand oder seine Pubertätsentwicklung noch nicht abgeschlossen war, so sind Möglichkeiten vorhanden, daß es sich um eine einmalige Entgleisung handelte, deren Wiederkehr nach einer Bestrafung bei Veränderung der Verhältnisse nicht zu erwarten ist. Andererseits muß in dem Gutachten ausgeführt werden, weshalb unter Umständen nach dem Untersuchungsergebnis und den gerichtlich-medizinischen Erfahrungen erneute Sittlichkeitsverbrechen von dem betreffenden Täter zu erwarten sind.

Da die bisher vorgenommenen Entmannungen nach einer Verfügung des Reichsjustizministers vom 10. 10. 36 in ihren Auswirkungen durch sehr eingehende Nachuntersuchungen der Entmannten überprüft werden, ist zu erwarten, daß in einigen Jahren ein zuverlässigeres Material über die Erfolgsaussichten der in Frage kommenden Entmannungen zur Verfügung steht, als zur Zeit.

Schon heute weiß man, daß die Erfolgsaussichten bei den vielfach senilen und präsenilen Kinderschändern für eine Entmannung gering sind. Bei diesen Sittlichkeitsverbrechern ist deshalb als Sicherungsmaßnahme Anstaltsverwahrung oder Sicherungsverwahrung anzuwenden, wenn Rückfälligkeit zu erwarten ist. In gleicher Weise sind die in der Entwicklung zurückgebliebenen Männer zu beurteilen, bei denen trotz organisch bedingter Triebschwäche seelisch ausgelöste geschlechtliche Perversionen vorhanden sind, die vor allem Sittlichkeitsverbrechen gegen Kinder zur Folge haben. Auch dysplastische und eunuchoide Körperverfassungen bieten für Entmannungen ungünstige Erfolgsaussichten. Weiter kommen diejenigen Sittlichkeitsverbrecher für eine

Entmannung nicht in Frage, die ihre unsittlichen Handlungen nur unter dem Einfluß von Alkohol begehen, weil hier der Alkoholmißbrauch die Ursache ist, der durch andere Maßnahmen bekämpft werden kann. Auch in den Fällen, in denen noch nicht die volle Mannbarkeit eingetreten war, ist von einer Entmannung abzusehen, weil die Annahme berechtigt ist, daß mit zunehmendem Alter gegebenenfalls durch Familiengründung die abwegige Triebrichtung des Täters beseitigt wird.

Gute Erfolge hat die Entmannung nachweislich bei den Tätern, die einen übersteigerten Geschlechtstrieb haben und Neigungen, diesem übersteigerten Trieb hemmungslos nachzugeben. Vielfach handelt es sich um kräftig gebaute, körperlich gesunde Männer, die in ihrem ganzen Vorgehen zur Erreichung geschlechtlicher Beziehungen brutal und rücksichtslos sind und keine moralischen und sozialen Hemmungen in sich aufkommen lassen. Auch Schwachsinnige und epileptoide Männer, die körperlich kräftig entwickelt sind, zeigen vielfach einen ungewöhnlichen Geschlechtstrieb, den sie in ihrem Schwachsinn hemmungslos zu befriedigen wissen und deshalb leicht zu Notzuchtshandlungen schreiten. Da in diesen Fällen der übersteigerte Geschlechtstrieb auf vermehrte Bildung von Sexualhormonen zurückzuführen ist, können durch Entmannungen die geschlechtlichen Triebe bei diesen Tätern beseitigt werden.

Abgesehen von der im StGB. § 42 k angeführten Entmannung gefährlicher Sittlichkeitsverbrecher ist gemäß § 14, 1 des Gesetzes zur Verhütung erbkranken Nachwuchses in der Fassung vom 25. 6. 1935 eine Entfernung der Keimdrüsen nur dann zulässig, wenn ein Arzt sie nach den Regeln der ärztlichen Kunst zur Abwendung einer ernsten Gefahr für das Leben oder die Gesundheit desjenigen, an dem er sie vornimmt, und mit dessen Einwilligung vollzieht. Außerdem darf auf Grund von § 14 Abs. 2 desselben Gesetzes eine *Entfernung der Keimdrüsen beim Manne mit seiner Einwilligung* auch dann vorgenommen werden, wenn sie nach amts- oder gerichtsärztlichem Gutachten erforderlich ist, um ihn von einem entarteten Geschlechtstrieb zu befreien, der die Begehung weiterer *Verfehlungen* im Sinne der §§ 175 bis 178, 183, 223—226 des StGB. befürchten läßt.

*Schrifttum.*

*Boeters:* Ein dreißigmal bestrafter Exhibitionist. Mschr. Kriminalpsychol. **24**, 418—422 (1933). — *Dohrn:* Die Beeinflussung des Exhibitionismus durch Kastration. Z. Med.beamte **46**, 269—271 (1931). — *Finke, H.:* Kastration von Sexualverbrechern. Bl. Gefängnisk. **64**, 130—165 (1933). — *Frommer:* Zusammenstellung der Untersuchungsergebnisse von 100 Entmannten. Dtsch. Justiz **27**, 1063 ff. (1938). — *Gütt:* Zur Ausführungsverordnung des Gesetzes zur Verhütung erbkranken Nachwuchses und zum Gesetz gegen gefährliche Gewohnheitsverbrecher. Z. Med.beamte **46**, 597—605 (1933); Dtsch. Ärztebl. **1933 II**, 716—718. — *Hackfield:* Über die Kastration bei 40 sexuell Abnormen. Mschr. Psychiatr. **87**, 1—31 (1933). — *Kapp:* Weitere Gesichtspunkte zur Frage der Entmannung gefährlicher Sittlichkeitsverbrecher. Dtsch. Z. gerichtl. Med. **23 IV**, 402 (1936). — *Lange:* Die Folgen der Entmannung Erwachsener. An Hand der Kriegserfahrungen dargestellt. Arb. u. Gesdh. **24** (1934). — *Ludwig:* Kasuistischer Beitrag zur Kastrationsfrage. Psychiatr.-neur. Wschr. **1932**, 550—553. — *Mallow:* Beitrag zur Kastration von Sexualverbrechern. Z. Neur. **148**, 501—528 (1933). — *v. Neureiter:* Zwei Versager nach Entmannung aus kriminalpolitischer Anzeige. Mschr. Kriminalpsychol. **9/10**, 476 ff. (1938). — *Nitsche:* Zur Indikationsstellung für die therapeutische Beeinflussung sexueller Anomalien durch Kastration. Allg. Z. Psychiatr. **97**, 168—188 (1932). — *Rodewald:* Entmannung und Entmannungsuntersuchungen. Mschr. Kriminalpsychol. **1**, 2 ff. (1937). — *Schlegel:* Die Kastration und ihre gesetzliche Bindung. Med. Welt **1933**, 641—643 u. 678—679. — *Wiethold:* Zur Frage der Entmannung gemeingefährlicher Sittlichkeitsverbrecher. Dtsch. Z. gerichtl. Med. **24 II**, 136 (1935). — *Wolf:* Die Kastration bei sexuellen Perversionen und Sittlichkeitsverbrechen des Mannes. Basel 1934. **Schackwitz.**

**Kataleptische Totenstarre** siehe *Leichenerscheinungen.*

## Kausalzusammenhang.

Jedes Geschehen im Leben wird durch Bedingungen ausgelöst. Man unterscheidet Bedingungen, bei deren Fehlen das zur Erörterung stehende Ereignis nicht zustande gekommen wäre, und man kennt Bedingungen, die die Entstehung dieses Ereignisses begünstigten, die aber zur Not auch fehlen können. Man spricht im ersten Falle von einer *Conditio sine qua non*, im zweiten Falle von *mitwirkenden* Bedingungen.

*Beispiel:* Eine schlecht genährte Schwangere, in deren Ascendenz Tuberkulose vorkam, erkrankt selbst an Tuberkulose. Die schlechte Ernährung, die Schwangerschaft, wohl auch das Auftreten der Tuberkulose in der Ascendenz sind mitwirkende Bedingungen (ins Medizinische übertragen: Dispositionen), die Ursache, die nicht fehlen darf, die Conditio sine qua non ist das Eindringen des Tuberkelbacillus in den Organismus.

Wenn das fragliche Ereignis eine Conditio sine qua non für das Zustandekommen des Erfolges ist, so ist vom medizinisch-naturwissenschaftlichen Standpunkt aus ursächlicher Zusammenhang gegeben, sonst nicht. Im Ablauf des Geschehens haben wir meist nur eine einzige Conditio sine qua non, bei komplizierten Vorgängen jedoch, wie sie der Gerichtsarzt nicht selten zu begutachten hat, viele.

*Beispiel:* In hochgradigem Zorn versetzt ein Mann einem anderen eine Ohrfeige. Hierbei entsteht ein kleiner Kratzer an der Wange. Auf dem Wege nach Hause wird der Leichtverletzte von einem Kraftwagen leicht angefahren, er stolpert und stürzt zu Boden. Er fällt infolge der bei ihm bestehenden Fettleibigkeit sehr ungeschickt und kommt mit dem Gesicht in den Straßenschmutz. Verletzungen trägt er durch das Anfahren nicht davon. Einige Tage später beginnen bei ihm die Erscheinungen des Wundstarrkrampfes, der hinzugezogene Arzt verkennt die Diagnose zuerst, erst einige Tage später erkennt er die Krankheit und leitet die notwendige Terapie ein (Tetanusserum, Schlafmittel usw.). Der Kranke stirbt.

Hier sind nebeneinander Conditiones sine quabus non: die Ohrfeige, der hierdurch entstandene Kratzer an der Wange, das Anfahren durch den Kraftfahrer, das Stürzen, das Hineingeraten von Straßenschmutz in die Verletzung beim Niederfallen, das Vorhandensein von Tetanusbacillen im Straßenschmutz und die Infektion der Wunde. Als mitwirkende Ursachen kommen in Betracht: die hochgradige Erregung des Gegners des Verstorbenen (sonst wäre wohl nicht zugeschlagen worden), die durch die Fettleibigkeit bedingte Schwerfälligkeit (andernfalls wäre er vielleicht nicht so unglücklich gefallen, daß das Gesicht mit dem Straßenschmutz in Berührung kam), die anfängliche Verkennung der Diagnose durch den Arzt (bei frühzeitiger einschlägiger Behandlung wäre der Verletzte vielleicht am Leben geblieben). Fehlt eine der oben erwähnten Conditiones sine quabus non, dann wäre der Tod nach menschlichem Ermessen nicht eingetreten, fehlt eine der mitwirkenden Ursachen, so hätte trotzdem der Tod eintreten können.

Die in Frage kommende Conditio sine qua non kann so sein, daß der Erfolg von Anfang an zu erwarten war (*adäquate* Verursachung), sie kann aber auch sehr geringfügig sein und hat den Tod bzw. das sonst zu beurteilende Ereignis nur infolge ganz besonderer unglücklicher Nebenumstände verursacht. Man spricht dann von *inadäquater* Verursachung. Eine derartige inadäquate Verursachung liegt in dem letzt erwähnten Beispiel vor. Eine Ohrfeige führt im allgemeinen nicht den Tod herbei, ebensowenig ein leichtes Anfahren einer Person mit einem Kraftwagen, ebensowenig ein an sich harmloser Fall in den Straßenschmutz.

Ein Kausalzusammenhang (im Sinne der Conditio sine qua non) kann mit *Sicherheit* zu beweisen sein, manchmal aber auch nur mit höheren oder geringeren *Wahrscheinlichkeitsgraden.*

*Beispiel:* Wenn ein Mann unvorsichtig mit einer Schußwaffe hantiert, der Schuß losgeht und eine der in der Nähe befindlichen Personen tödlich getroffen wird, so kann an einem Kausalzusammenhang zwischen dem Losgehen des Schusses und dem Tode nicht gezweifelt werden. Wenn ein Arzt sich entschließt, einem Kranken, der an einer ziemlich ausgedehnten Pneumonie leidet, 10 ccm Campher intraglutäal zu injizieren, und wenn die Schwester aus Versehen statt Campher eine Laudaninlösung aufzieht und auch der Arzt dies nicht merkt, sondern versehentlich Laudanin injiziert und der Patient alsbald stirbt, so ist der Kausalzusammenhang zwischen dem Versehen der Schwester und des Arztes und dem Tode zwar wahrscheinlich, vielleicht auch sehr wahrscheinlich, er ist aber nicht sicher und auch nicht mit an Sicherheit grenzender Wahrscheinlichkeit zu beweisen, denn man weiß ja nicht genau, ob der an Pneumonie Erkrankte an sich durchgekommen wäre. Wenn ein Arzt zur Einrichtung eines an sich harmlosen Knochenbruches eine Narkose durchführt, und er hat vergessen, den Patienten zu fragen, ob er vorher gegessen hat, und unterläßt die Magenspülung, und wenn der Patient, der schlecht gekaut hat, dann erbricht und im Magen vorhandene große Brocken infolge Aspiration einen Erstickungstod veranlassen, so scheint im ersten Augenblick der Kausalzusammenhang zwischen der Unterlassung des Arztes und dem Tode ganz sicher zu sein, tatsächlich ist er aber nicht sicher zu beweisen; denn man weiß ja nicht, ob die großen Speisebrocken sich tatsächlich bei vorangegangener Magenspülung entleert hätten.

Bei gutachtlicher Beurteilung des Kausalzusammenhanges hat der Arzt zunächst einmal nach streng naturwissenschaftlichen Gesichtspunkten von der Conditio sine qua non auszugehen. Er hat weiterhin festzustellen, ob der Kausalzusammenhang mit Sicherheit oder an Sicherheit grenzender Wahrscheinlichkeit oder nur mit höherem Wahrscheinlichkeitsgrade zu beweisen ist. Erst in einem zweiten Absatz des Gutachtens ist gegebenenfalls darzustellen, ob es sich um eine adäquate oder um eine in hohem Grade inadäquate Ursache handelt, bei der der Erfolg nur infolge gänzlich unvorhersehbaren Komplikationen eingetreten ist. Der Arzt lasse sich nicht verführen, die Kausalität in einem für eine Berufsgenossenschaft ausgestellten Zeugnis anders zu beurteilen, als in einem Gutachten für die Staatsanwaltschaft, etwa aus dem Bestreben heraus, bei der ersten Begutachtung den Angehörigen zu einer Rente zu verhelfen, und bei der zweiten Begutachtung aus dem Bestreben heraus, den Beschuldigten vor einer Strafe zu bewahren. Es ist bereits durch die Rechtsnormen dafür gesorgt worden, daß nach menschlichem Ermessen eine ungerechte Beurteilung nicht stattfindet. Im *Strafrecht* muß nämlich der Kausalzusammenhang mit an Sicherheit grenzender Wahrscheinlichkeit bewiesen werden. Es ist außerdem erforderlich, daß der Enderfolg bis zu einem gewissen Grade *voraussehbar* war, dagegen unterbricht fahrlässiges Verhalten des Verletzten selbst den Kausalzusammenhang nicht, ebensowenig die Fahrlässigkeit eines anderen. Im *bürgerlichen Rechtsstreit* bei Entschädigungsansprüchen wird gleichfalls für die Annahme eines Kausalzusammenhanges Nachweis mit an Sicherheit grenzender Wahrscheinlichkeit verlangt. Es gilt weiterhin nur die adäquate Verursachung (also nicht die inadäquate). Im *Versicherungsrecht*, also bei der Beurteilung eines Kausalzusammenhanges von Beschädigungen mit einem Betriebsunfall, gilt Inadäquanz in weitestem Maße, auch braucht der Zusammenhang nicht mit an Sicherheit grenzender Wahrscheinlichkeit, sondern nur mit *überwiegender* Wahrscheinlichkeit nachgewiesen werden. Bei der Begutachtung für die *private* Unfallversicherung gibt es bei unklaren Fällen eine Art *Teilung* der Kausalität (Normativ-Bedingungen für die private Unfallversicherung). War z. B. der Tod (oder die sonstige Beschädigung) nicht allein durch den Unfall, sondern auch durch krankhafte Zustände bedingt, so wird die Versicherungssumme entsprechend gekürzt. Die Kürzung unterbleibt jedoch, wenn der Anteil der Krankheitserscheinungen weniger als 25 % beträgt.

*Beispiel:* Ein 65jähriger Mann wird auf dem Wege zum Betrieb von einem Kraftwagen angefahren. Er wird zu Boden geschleudert, versucht aufzustehen, fällt aber sofort wieder hin und stirbt. Bei der Leichenöffnung wird ein hochgradiges Schwielenherz vorgefunden, an einer Stelle hat sich ein Aneurysma der linken Herzkammer vorgefunden, die Wand ist dünn geworden, an dieser Stelle war das Herz rupturiert.

Im Gutachten wird man sich ungefähr so auslassen, daß der Verstorbene an sich jederzeit infolge seiner Krankheit sterben konnte, daß er aber sehr wahrscheinlich ohne den Unfall noch einige Zeit (vielleicht einige Monate) gelebt hätte. Der Kausalzusammenhang mit dem Unfall ist zwar recht wahrscheinlich, aber mit an Sicherheit grenzender Wahrscheinlichkeit nicht zu beweisen. Das Strafverfahren würde so ausgehen, daß der Kraftfahrer wohl nur wegen fahrlässiger Körperverletzung, nicht wegen fahrlässiger Tötung bestraft werden würde, sofern ihm überhaupt Fahrlässigkeit zur Last gelegt werden kann. Etwaige Haftpflichtansprüche der Angehörigen würden im bürgerlichen Rechtsstreit wahrscheinlich gleichfalls abgelehnt werden. Im Versicherungsrecht genügt dagegen zum Nachweis des Kausalzusammenhanges überwiegende Wahrscheinlichkeit. Auch ist hochgradige Inadäquanz kein Grund, den Kausalzusammenhang zu verneinen; die Familie würde also wohl die volle Unfallrente erhalten. Bei der privaten Unfallversicherung würde jedoch entweder gar keine Versicherungssumme oder nur ein kleiner Teil dieser Summe gezahlt werden, weil das gefährliche körperliche Leiden hier den Tod entscheidend mitveranlaßt hat.

*Schrifttum.*

*v. Kries:* Über den Begriff der objektiven Möglichkeit. Vjschr. f. wissensch. Philosophie **12**, 179 (1888). — *Mezger:* Deutsches Strafrecht. München u. Leipzig 1935. — *Mueller, B.:* Ärztliche Gesetzeskunde. 81 ff. München u. Berlin 1938. — *Mueller, B.:* Der Begriff des ursächlichen Zusammenhanges in Medizin und Recht. Münch. med. Wschr. **1933**, 500; hier weiteres Schrifttum. — *Siegert:* Grundzüge des Strafrechts im neuen Staate. Tübingen 1934.

*Mueller.*

**Kerzenreste** siehe *Brandstiftung.*

**Kettenbriefe** (= Kb.).

Eine kriminalistisch beachtenswerte Sondergruppe der „anonymen Briefe" (s. d.) stellen die sog. Kb. dar, die sachlich völlig zwecklos sind, aber dem Aberglauben Vorschub leisten. Um sich den Inhalt eines solchen Kettenbriefes vorstellen zu können, sei der Wortlaut einer im Krieg 1939/40 entstandenen „Flandrischen Glückskette" wiedergegeben:

„Die Flandrische Glückskette ist mir von einer Freundin zugesandt worden. Ich sende sie Ihnen, um sie nicht zu unterbrechen. Schreiben Sie diesen Brief auch ab und senden Sie ihn innerhalb 24 Stunden an vier Personen, denen Sie Glück wünschen. Diese Kette ist von einem flandrischen Offizier begonnen worden und soll dreimal um die Erde gehen. Wer diese Kette unterbricht, wird Unglück haben. Es ist merkwürdig, wie sich die Prophezeiung erfüllt. So schreiben Sie diesen Brief und beachten Sie, was sich in vier Tagen ereignet; denn in vier Tagen werden Sie Glück haben, wenn Sie diesen Brief und drei andere mit diesem Inhalt absenden. Sie behalten nichts als Glück!"

Die Verbreitung solcher Kb. ist in Deutschland nach § 360, Ziff. 11 RStGB. als „grober Unfug" strafbar. Zu Kriegszeiten können auf Grund besonderer Bestimmungen noch strengere Strafen ausgesprochen werden, was auch schon der Fall war, weil die Förderung des Aberglaubens ein die Öffentlichkeit beunruhigender Faktor ist, der energisch bekämpft und unterdrückt werden muß. *Schneickert.*

### Kieselfluorwasserstoffsäure siehe *Fluor und Fluorverbindungen.*

### Kindesmißhandlung. (Vgl. auch Art.: Lynchen; Verletzungen durch stumpfe Gewalt.)

Auf sehr verschiedene Art und Weise können Kinder mißhandelt werden und zwar sowohl körperlich als auch seelisch. Bei Säuglingen und kleinen Kindern, die vielfach, soweit sie unehelich sind, zu Pflegeeltern oder Pflegemüttern gebracht werden (Ziehkinder), besteht die Gefahr, daß mit oder ohne Einvernehmen der Pflegeeltern oder Pflegemutter mit der unehelichen Mutter auf den Tod des unerwünschten Kindes hingewirkt wird. In Oberbayern nennt man das Engelmacherei. Die Staatsanwaltschaften richten vielfach ihr Augenmerk auf diese Verbrechen, bzw. diese Gefahr, wobei erfahrene Ärzte viel erreichen können, indem sie bei den Staatsanwaltschaften durchsetzen, daß die sog. Ziehkinder, wenn möglich, bei Todesfällen alle gerichtlich seziert werden. Bei raffiniertem Vorgehen ist der Nachweis der absichtlichen Schädigung schwer zu erbringen, da Zustände von Unterernährung bekanntlich auch auf andere, endogene Ursachen zurückzuführen sein können, und da z. B. absichtliche Erkältungen nur durch Geständnisse oder Zeugenaussagen festzustellen sind. Durch Vernachlässigung der Pflege hinsichtlich der Reinlichkeit können ebenfalls absichtliche Schädigungen, schwere Hautausschläge, Wirkung von Ungeziefer eintreten. Bei der Mißhandlung im engeren Sinne handelt es sich in erster Linie um mechanische Einwirkungen, insbesondere um Schläge. Sowohl bei Verwendung der Hand oder der Faust, wie auch von stumpfen oder stumpfkantigen Gegenständen, Riemen u. dgl. anderem, entstehen einerseits kleinere und größere, rundliche oder streifige Blutunterlaufungen oder auch Striemen (vgl. d.Art.: Lynchen). Als Schutzbehauptung wird in solchen Fällen häufig vorgebracht, daß es sich um wiederholtes Hinfallen des Kindes gehandelt habe. Bei klarem Blick und genügender Erfahrung können aber solche Erklärungsversuche in der Regel zurückgewiesen werden, besonders wenn nicht hauptsächlich solche Stellen betroffen sind, die wirklich beim Hinfallen am häufigsten beschädigt werden (Knie, auch Ellbogen, seltener schon das Gesicht). In typischen Fällen zeigen die Blutunterlaufungen alle möglichen Färbungen, gelblich, grünlich und bräunlich, infolge der Umwandlung des ausgetretenen Blutes mit Bildung von Blutfarbstoff; das sind Erscheinungen, die auf das verschiedene zeitliche Entstehen der einzelnen Blutunterlaufungen hinweisen. Bei tödlichen Fällen ist es eine sehr wichtige Aufgabe des Leichenschauers, den ganzen entkleideten Körper des Kindes zu besichtigen und sich nicht nur mit der Besichtigung der Bauchseite zu begnügen, sonst können die wichtigsten Befunde übersehen werden. Wenn zahlreiche Schläge besonders das Gesäß getroffen haben, so findet man außer massenhaften, z. T. zusammengelaufenen Blutunterlaufungen und Striemen meist auch Excoriationen infolge Platzung der Haut oder Abschürfungen der Oberhaut, zumal wenn auf die nackte Haut geschlagen wurde. Differential-diagnostisch ist bei solchen Wirkungen an Hautausschläge, Ekzeme zu denken, die besonders in der Umgebung des Afters und am Gesäß, in der unteren Rückengegend, oft an der Hinterseite der Oberschenkel zu finden sind, also an den gleichen Stellen, an denen sich meist die schwersten Spuren von der Mißhandlung finden. Bei Einschnitten kann man meist in der Regel die verschiedene Entstehungsart der Hautveränderungen erkennen, da bei Hautausschlägen Blutunterlaufungen fehlen. Natürlich kommen Kombinationen vor: Wirkung von Schlägen mit ausgedehntem Ekzem infolge von Verunreinigung und nachlässiger Pflege. Aus inneren Befunden können alle möglichen Wirkungen stumpfer Gewalt nachgewiesen werden, bei gröbster Einwirkung Verletzungen der Bauchorgane, Zerreißung des Gekröses u. dgl. Ebenso können Schädelbrüche und intrakranielle Blutungen extradural, viel häufiger aber subdural, vorkommen. Beim Befund einer Pachymeningitis haemorrhagica interna ist daran zu denken, daß dieselbe keineswegs in der Regel eine traumatische Entstehungsursache hat, besonders bei doppelseitiger Entwicklung, sondern daß es im Anschluß an alle möglichen Schädigungen, insbesondere Infektionskrankheiten, zu dieser Erkrankung kommen kann, durch Nachblutung aus den oft pigmentreichen Membranen kommt es dabei nicht selten zum Tode an Hirndrucklähmung (s.d. Art.: Verletzungen durch stumpfe Gewalt). Besondere Mißhandlungsarten gibt es in den verschiedenen Gegenden, z. B. das sog. „Scheitlesknien": darunter versteht man in Südbayern z. B. den Vorgang, daß das Kind, soweit möglich, mit nackten Knien längere oder kürzere Zeit auf einem kantigen Holzscheit knien muß, wodurch Abschürfungen, parallel-streifige oder flächenhafte, in der Gegend unterhalb der Kniescheibe entstehen. Bei Fesselungen kommt es zu entsprechenden Abschürfungen oder auch Blutunterlaufungen an den Fesselungsstellen der Beine oder der Arme. Schwere Mißhandlung kann auch in psychischen Einwirkungen liegen, die von manchen Strafgesetzbüchern ebenfalls als Tatbestand der Kindesmißhandlung angesehen werden. Als Beispiel sei hier erwähnt, daß einem Kinde sein Häschen von dem Vater an der Wand zerschmettert wurde und das Kind gezwungen wurde, das tote Tier die Nacht über in seinem Bett zu behalten. Eine schwere nervöse Störung des Kindes war die Folge. In anderen Fällen sind schwere Drohungen die Ursache von körperlichen oder neurotischen Krankheitserscheinungen der betreffenden Kinder gewesen. Auch Überlastung mit körperlicher Arbeit kann eine Mißhandlungsart darstellen.

*Schrifttum.*
*Ziemke:* Über Kindesmißhandlungen und ihre rechtliche und soziale Bedeutung. Dtsch. Z. gerichtl. Med. **13**, 159 (1929). *Walcher.*

### Kindesmord siehe *Kindestötung.*

### Kindestötung (= K.).

*A. Geschichtliches:* Im Laufe der Jahrhunderte hat sich die strafrechtliche Beurteilung der K. vielfach gewandelt. Beobachtet man die Entwicklung innerhalb der germanischen Völker, so ergeben sich selbst da Verschiedenheiten in der Auffassung der Schwere des Deliktes. Im salischen und ripuarischen Gesetz sind schon Strafbestimmungen für K. enthalten. Diese bestanden in der Regel in einem Reuegeld (Buße). Bei den Westgoten wurde in der ersten Hälfte des 7. Jahrhunderts Todesstrafe oder

Blendung der Kindesmörderin eingeführt. In der Carolina, dem Strafgesetzbuch Karls V. (1532), fanden sich die schwersten Strafbestimmungen für K. (Lebendigbegraben und Pfählen), gnadenweise Ertränkung, u. U. nach vorhergehender Zerreißung mit glühender Zange.

Im 19. Jahrhundert wurde die Todesstrafe für K. in den deutschen Landesgesetzen nach und nach abgeschafft (Österreich 1803, Bayern 1813, Preußen 1851). Ausschlaggebend hierfür war die Erkenntnis, daß sich eine unehelich Gebärende in abnormem seelischen Zustand befindet. Berücksichtigt wurde auch der Einfluß von Vorurteilen, mangelnder Fürsorge, körperlichen Schmerzen, sozialer Notlage.

*B. Juristisches:* Für die richtige Behandlung des Delikts der K. ist in erster Linie der jeweilige bevölkerungspolitische Standpunkt des Staates ausschlaggebend, den er dem Verbrechen der Abtreibung (s. d. Art.: Fruchtabtreibung) gegenüber einnimmt. Denn die Abtreibung ist, kriminalpolitisch betrachtet, ein Vorstadium der K. Entweder haben die angewendeten Abtreibungsmittel versagt, oder der verbrecherische Entschluß war in diesem Vorstadium noch nicht ausgereift und hat sich erst unmittelbar vor oder bei oder gleich nach der Geburt zur Tatausführung gesteigert.

Nach dem heute noch geltenden RStGB. vom Jahre 1871 findet sich in § 217 folgende Strafbestimmung:

„Eine Mutter, welche ihr uneheliches Kind in oder gleich nach der Geburt vorsätzlich tötet, wird mit Zuchthaus nicht unter drei Jahren bestraft.

Sind mildernde Umstände vorhanden, so tritt Gefängnisstrafe nicht unter zwei Jahren ein."

Täterin kann nur die Mutter selbst sein. Hierbei kann es sich entweder um eine unverheiratete Mutter handeln oder um eine verheiratete Frau, die ein uneheliches, z. B. im Ehebruch erzeugtes Kind zur Welt bringt. Dritte Personen, die als Mittäter oder Teilnehmer in Frage kommen, werden nach den Bestimmungen über Mord und Totschlag (§§ 211, 212) bestraft. Der Nachweis der Unehelichkeit muß nach den Regeln des Strafrechts geführt werden. Ein weiteres wichtiges Tatbestandsmerkmal ist die Zeitbestimmung „in oder gleich nach der Geburt". Die Auffassung des Reichsgerichts geht dahin, daß für die Zeitbestimmung „in der Geburt" Abschluß des Entwicklungsvorganges und Beginn der Ausstoßung (Wehen) verlangt werden. Der Zeitpunkt „gleich nach der Geburt" ist nicht näher bestimmt. Vom medizinisch-psychologischen Standpunkt ist dem beizustimmen, daß der Zustand der Erregtheit und erhebliche körperliche Beeinträchtigung bei der Gebärenden noch bestanden haben müssen. Bestraft wird nur die Kindesmutter, die vorsätzlich handelt. Die Vorsätzlichkeit kann auch darin bestehen, daß der notwendige Beistand unterlassen wird. Fahrlässige Tötung eines unehelichen Kindes durch seine Mutter wird nach den Bestimmungen über fahrlässige Tötung (§ 222) bestraft. Die Strafandrohung von drei Jahren Zuchthaus wird durch die im Absatz 2 des § 217 zugelassenen „mildernden Umstände" auf zwei Jahre Gefängnis herabgesetzt. Von der Verteidigung wird vielfach, aber zu Unrecht, auf mildernde Umstände plädiert lediglich auf Grund der Umstände, die bereits zur Schaffung dieses Sonderdelikts geführt haben (Erregung und soziale Notlage). Im neuen nationalsozialistischen Strafgesetzentwurf ist die K. kein privilegiertes Delikt mehr, sondern fällt unter die allgemeinen Bestimmungen über Tötung.

*C. Methoden der Kindestötung:*

I. Ersticken: Im Vordergrund der Arten der Kindestötung steht die gewaltsame mechanische Erstickung. Aus den Geständnissen der Kindesmörderin geht in vielen Fällen hervor, daß zu allererst versucht wird, das Schreien des Kindes zu verhindern, um die Geburt verheimlichen zu können. Der Verschluß der Respirationsöffnung bzw. Respirationswege wird so lange bewirkt, bis das Neugeborene keinen Laut mehr von sich gibt und nicht mehr atmet. Die Schwierigkeit der Diagnose einer gewaltsamen Erstickung liegt in dem Nachweis der erstickenden Ursache, denn die path.-anatom. Zeichen der Erstickung bei Neugeborenen (vornehmlich starke Ekchymosenbildung, akutes alveolares Emphysem der Lungen, hämorrhagisches Lungenödem, flüssiger Aggregatzustand des Blutes usw.) sind in keinem Falle allein beweisend. Die erstickende Ursache kann manchmal mit völliger Sicherheit nicht nachgewiesen werden, so daß nur durch das Geständnis der Kindesmutter die Tat offenbar wird. Der Sachverständige soll daher in solchen Fällen der Ermittlungsbehörde Hinweise auf die Möglichkeit und die Art des Vorliegens einer sog. „raffinierten" Erstickung geben.

1. Erdrosseln: hier ist das Auffinden eines Drosselwerkzeuges (Nabelbinde u. a.) mit den gesetzten vitalen Verletzungen in der Halshaut, im Unterhautgewebe, Muskulatur, Gefäßen und Respirationswegen eindeutig.

2. Erwürgen: ein Auflegen der ganzen Hand auf den Hals braucht keine Spuren zu hinterlassen. Beweisend sind hier umschriebene Blutungen in der Halsmuskulatur, im Bereich des Unterhautgewebes der Wangen durch umschriebenen Fingerdruck und oberflächliche Hautverletzungen mannigfaltiger Formen durch Fingernägel. (Vorsicht vor Verwechselung von Eindrücken eines Hemdbündchens mit Strangulationsmarken.)

3. Verschluß der Respirationsöffnungen bzw. Wege durch:

a) Einführen eines Gegenstandes, Knebels oder Fingers in den Mund und Rachen. Die genaueste Untersuchung der Mundhöhle, des Rachenringes und Schlundkopfes ergibt dann immer Verletzungen der Schleimhäute (Rachenzerreißungen unter Blutungen usw.), wenn nicht von vornherein ein Fremdkörper, Papier, Lappen o. a. gefunden wird.

b) Bedecken mit weichen Gegenständen, Kissen, Decken, angefeuchtetem Seidenpapier (Yanamatsu Okamoto, in Japan häufig). Hier können wirkliche Spuren fehlen. Es empfiehlt sich aber in allen Fällen, Abstriche aus der Mundhöhle und den Atemwegen zum Nachweis von eingeatmeten Wollfasern, Papierfasern usw. zu machen.

c) Thoraxkompression. Auftretende Blutungen in der Brust- und Zwischenrippenmuskulatur können dann nicht als eindeutiges Zeichen gewertet werden, wenn später eine künstliche Atmung durchgeführt worden sein soll.

d) Erdrücken. Hier kann es sich um ein absichtliches oder zufälliges Erdrücken handeln, wenn das Kind mit der Kindesmutter in einem Bett liegt. Der Behauptung, das Neugeborene sei zufällig erdrückt worden, muß mit äußerster Skepsis entgegengetreten werden.

II. Ertränken: Für die forensischen Beurteilungen, ob der Tod durch Ertrinken eingetreten ist, ist der Nachweis von dem Ertrinkungsmedium durch die mikroskopische Untersuchung des Lungensaftes unerläßlich (s. d. Art.: Tod durch Ertrinken). Ein Ertränken in stehenden und fließenden Gewässern ist selten, es sei denn, daß die Kindesmutter unmittelbar am Ufer entbindet. Es handelt sich hierbei hauptsächlich um Beseitigung eines anders gewaltsam getöteten Neugeborenen. Häufig ist hingegen das Ertränken in einem Eimer, indem die Kindesmutter die Geburt auf einem absichtlich mit Wasser gefüllten Eimer vollzieht. (Inhalt des Eimers ist genau auf Menge und Art, Fassungsvermögen usw. auch mikroskopisch zu prüfen.) Auch nach dem Auffinden von Neugeborenen in Jauchegruben kann u. U. ein Ertränkungstod nachgewiesen werden. Hier werden die Ermittlungen vor allem zu klären haben, ob das Neugeborene lebend in die Grube geworfen worden ist oder aber — was besonders auf dem Lande vorkommt — in den Abort, der in direkter Verbindung mit der Jauchegrube liegt, hineingeboren worden ist.

III. Stumpfe Gewalteinwirkung: Der Ort der Gewalteinwirkung ist fast ausschließlich der Kopf, und zwar wird die Tötung durch Schläge mit stumpfen und kantigen Werkzeugen oder Aufschlagen des Kopfes gegen harte Gegenstände bewirkt. In letzterem Falle wird man mitunter Blutungen im Muskelfleisch der Gliedmaßen finden können, wenn von der Kindesmutter das Neugeborene an den Beinen gefaßt und dann z. B. gegen die Wand geschleudert worden ist. Die gesetzten Verletzungen sind Knochenbrüche verschiedenster Art und Lokalisation. Wichtig ist in jedem Falle der Nachweis von Blutungen besonders nach dem Schädelinneren. Es finden sich weiterhin Zerreißung der Knochenhaut, der Hirnhäute und Hirnzertrümmerungen. Eine Verwechselung von Ossifikationsdefekten, angeborenen Spaltbildungen besonders in den Scheitelbeinen, akzessorischen Fontanellen und Impressionen z. B. vom Steißbein (Promontorium) am Kopf mit stumpfer Gewalteinwirkung ist wiederholt vorgekommen. Zu berücksichtigen sind ferner Knochenverletzungen als Folge von Aufschlagen bei Sturzgeburten. An der Kopfhaut finden sich meistens keine Verletzungen, und Blutungen in der Kopfschwarte können durch die zumeist gleichzeitig bestehende Kopfgeschwulst nicht verwertet werden. Gewalteinwirkung durch Fausthiebe auf den Kopf eines Neugeborenen beobachtete Schmidt und zwar durch Faustschläge auf den gerade ausgetretenen Schädel.

IV. Durch blanke Waffen: Die Anwendung von Schnitt-, Hieb- und Stichwaffen lassen die absichtliche K. am ehesten erkennen. Abgesehen von vollkommener Zerstückelung des Neugeborenen ist es verhältnismäßig leicht, aus der Summe der Verletzungen Rückschlüsse auf Todesursache und Gewalteinwirkung und auch auf das psychische Verhalten der Kindesmutter zu ziehen. Die Waffengewalt wird vornehmlich am Kopf, in der Herzgegend und am Hals angesetzt. Im Vergleich zu den anderen Kindestötungsarten sind diejenigen durch Schneiden oder Stechen sehr selten.

1. Halsschnittverletzungen: Die Kindesmutter schneidet in der Regel mit einem Messer (Küchenmesser) den Kopf des Neugeborenen ab. Einzelne Halsschnitte ohne andere Verletzungen wie Bruststich sind im Schrifttum ganz vereinzelt verzeichnet.

2. Hiebverletzungen: Tödliche Verletzungen sind durch gegen den Hals geführte Beilhiebe und mit einer Axt durchgeführte Enthauptung vorgekommen.

3. Stichverletzungen: F. Reuter erwähnt, daß nach Berichten französischer Autoren eine Hebamme in etwa 40 Fällen Neugeborene durch Einstich einer Nadel in die große Fontanelle getötet habe. Daß Kindesmörderinnen gelegentlich mit feinen Nadeln aller Art durch Einstiche in Kopf, Mund und Siebbein den Tod des Neugeborenen herbeiführen, ist besonders in der älteren Literatur angegeben. Der Nachweis derartiger Stichverletzungen ist schwierig und nur eindeutig durch den mikroskopisch nachgewiesenen Stichkanal. Voraussetzung des Gelingens eines solchen Nachweises ist eine besonders sorgfältige Obduktion (s. u.). Bemerkenswert

ist ein Fall, den Ucke publizierte, wo der Tod eines Neugeborenen durch Sepsis als Folge von Nadelstichen eintrat. Am häufigsten unter den Stichverletzungen sind Brust- und Herzstiche bei Neugeborenen mit den verschiedensten spitzen Werkzeugen (Messer, Schere, Feile u. a.).

V. Verbrennungen: Es kann vorkommen, daß ein Neugeborenes noch lebend verbrannt wird. Den Nachweis der K. aus den verkohlten Resten zu führen, ist in jedem Falle kompliziert. In der Hauptsache kommt es wohl auf die Untersuchung der Asche auf Reste eines neugeborenen menschlichen Körpers an. Schrader weist darauf hin, daß durch den Verbrennungsvorgang erhebliche Schrumpfungsprozesse eintreten können und zwar in der Länge gemessen von 5—10 cm. An aufgefundenen verbrannten Knochen können noch Vergleichsbestimmungen durchgeführt werden.

VI. Kälteeinwirkung (insbesondere Aussetzung): Wird ein Neugeborenes von der Kindesmutter ausgesetzt, dann kann es unter den gegebenen Umständen durch Entziehung der erforderlichen Wärme zugrunde gehen. Den Nachweis der absichtlichen Unterkühlung, so z. B. durch fließendes Leitungswasser, Baden in eiskaltem Wasser, zu führen, gelingt nicht, ebensowenig kann aus dem Obduktionsbefund etwas Sicheres über fremdes Verschulden gesagt werden, wenn ein Kind nachts nackt ans offene Fenster gestellt worden ist. Wird ein Neugeborenes ausgesetzt, dann sind u. U. auch die Voraussetzungen für ein Verhungern gegeben.

VII. Vergiftung: Dittrich weist in seiner Abhandlung über den Kindesmord darauf hin, daß die Fälle akuter Vergiftung Neugeborener äußerst spärlich sind. Er zitiert die von Schmidtmann (Gerichtliche Medizin 9. Aufl. 2, 571) angeführten Fälle und zwar Vergiftung mit Phosphor und Arsen (Kratter), mit Krähenaugenpulver (Führer), mit Salpetersäure (Tardieu), mit Spiritus (Fritsch), mit Arsenik und Grünspan (Slingenberg) und mit einer ätzenden Kupferverbindung (Ungar). Ibus-Määr gibt Fälle von KCN- und CO-Vergiftung an. Zu überprüfen ist schließlich, inwieweit Einflößen starker Alkoholica, z. B. Rum, um angeblich die Lebensgeister des Kindes zu wecken, in der Absicht geschehen sein kann, eine Tötung zu vollziehen (Blutalkoholbestimmung!).

VIII. Sonderfälle: Weiß beschreibt einen Fall von K. durch starkes Verdrehen des Kopfes nach der Seite. Straßmann berichtet über einen Fall von gewaltsamem Herunterreißen des Unterkiefers durch die Kindesmutter. Das Neugeborene wurde noch in die Klinik gebracht, die Verletzungen genäht, der Tod trat kurze Zeit später an den Folgen der schweren Verletzungen ein.

IX. K. und postmortale Verletzungen: Die Unterscheidung vitaler und postmortaler Verletzungen ist besonders bei Beurteilung von Leichen Neugeborener bedeutungsvoll.

Haberda weist in seinem Lehrbuch besonders darauf hin, daß durch die Art der Beseitigung von Leichen Neugeborener (Werfen in den Abort, Einzwängen in enge Verstecke, Vergraben usw.) Gelegenheit zur Entstehung postmortaler Verletzungen geboten ist. Abgesehen von schweren Schiffsschraubenverletzungen, können die mannigfaltigsten postmortalen Verletzungen durch Treiben im Wasser entstehen. Tierfraß durch Ratten, Katzen, Vögel setzt postmortale Verletzungen, die genau zu unterscheiden sind. Chemisch wirkende Sekrete von Ameisen u. a. sind für Verätzungen gehalten worden, und schließlich gibt unsachgemäße Behandlung des Leichnams vor und während der Sektion Anlaß zu Mißdeutungen.

D. Biologische Voraussetzungen des § 217: Die

Voraussetzung der Anwendung des § 217 StGB. ist das Vorliegen eines „neugeborenen" Kindes. Nach § 90 d. StPO. ist bei der Leichenöffnung eines Neugeborenen festzustellen, ob es nach oder während der Geburt gelebt habe, und ob es reif oder wenigstens fähig gewesen sei, das Leben außerhalb des Mutterleibes fortzusetzen.

I. Zeichen des Neugeborenseins: Das sicherste Zeichen ist ein Nabelschnurrest. Ist die Nabelschnur abgefallen und ein Nabel gebildet, dann ist das Kind nicht mehr „neugeboren". (Eintrocknung des Nabelschnurrestes kann auch postmortal erfolgen. Mikroskopischer Nachweis der Demarkationslinie.) Ist das Kind noch nicht gereinigt — geschieht aber häufig nach dem Tode —, so finden sich an der äußeren Decke Blut, Kindspech und vornehmlich käsige Schmiere (Vernix caseosa). Letztere läßt sich selbst bei Leichen Neugeborener, die tagelang im Wasser gelegen haben, noch in den natürlichen Hautfalten nachweisen. Die Kopfgeschwulst — soweit sie nicht schon stärker zurückgebildet — läßt Schlüsse auf das Neugeborensein zu.

II. Reifezeichen: sind vornehmlich in Größe und Körpergewicht gegeben. Für den Gerichtsarzt sind folgende Durchschnittszahlen wesentlich. Der Hauptwert ist auf die Körperlänge zu legen. Sie beträgt 48—52 cm und das Gewicht 3000 g. (Normalerweise starke Schwankung. Beachte auch Gewichtsverlust durch starke Austrocknug.) Weiterhin müssen berücksichtigt werden: der Kopfumfang 34—35 cm; von den Kopfdurchmessern der quere (biparietale) 9,2 cm und der gerade (Stirn — Hinterhaupt) 10,5 cm; die Schulterbreite 12,5 cm und die Hüftbreite 8 cm. Der Nabel steht etwa in der Mitte von Schambein und Brustbeinschwertfortsatz. Die Nabelschnur ist im Mittel 50 cm lang. Die Placenta wiegt etwa 500 g (*Kratter*). Nasen- und Ohrenknorpel sind ausgeprägt. Hoden im Hodensack. Große Schamlippen bedecken die kleinen. Ausfall der Wollbehaarung mit Ausnahme des Schulterbezirkes. Knochenkern (5 mm) im unteren Knorpelansatz des Oberschenkels entwickelt. Die Nägel überragen die Kuppen der Finger und erreichen die Kuppen der Zehen. Die Begriffe: „reif" und „ausgetragen" dürfen nicht verwechselt werden.

III. Frage der Lebensfähigkeit: Die Grenze der Lebensfähigkeit liegt etwa in der 28. Schwangerschaftswoche. Die Länge beträgt dann etwa 40 cm und das Gewicht 1500—2000 g. Derartig unreife Kinder sind jedoch nur bedingt lebensfähig. Sie sterben meist trotz bester Pflege. Während der Schwangerschaft erworbene Krankheiten können die Lebensfähigkeit beeinträchtigen. Nicht lebensfähig sind natürlich Früchte mit schwersten Mißbildungen, so z. B. Acranii, Acardiacii, Anencephali, Acephali.

IV. Frage des Gelebthabens und der Lebensdauer: Hat das Neugeborene geatmet, dann hat es gelebt. Mit dem ersten Atemzug dringt Luft in die Lungen und bei Weiteratmen in den Magen und Darm ein. Dadurch ändert sich das Volumen, die Farbe und die Konsistenz der Lungen. 1. Die foetale Lunge sieht weiß oder grauweißrosa aus. Sie ist klein, derb wie eine Leber. Bei Abstreifen auf dem Schnitt kein Schaum, sehr wenig Blut. 2. Die asphyktische Lunge Neugeborener (nicht beatmet, aber nach Umschaltung des Kreislaufes) ist blutreich, aber reichlich Blut. 3. Die luftgefüllte beatmete Lunge ist ganz hellrosa, marmoriert, luftkissenartig, knisternd und die Endbläschen sind zu sehen, auf dem Schnitt Schaum. Es gibt Übergangsformen zwischen 2. und 3. und zwar geringe Luftfüllung: marmorierte hellrosa Partien (beatmet) und blaurote (nicht beatmete) wechseln. Auf dem Schnitt z. T. schaumig abstreifbar, z. T. nur blutig. In jedem

Falle ist trotz des makroskopischen Befundes der Nachweis durch die Lungenschwimmprobe und die Magen- und Darmschwimmprobe durchzuführen. (Über Ausführung und kritische Bewertung der Lebensproben s. u. „*M*"). Wenn das Neugeborene nicht kurz nach der Geburt getötet wird, ergibt sich die Frage, wie lange hat das Kind überhaupt gelebt? Hinweise erhält der Sachverständige in der Hauptsache durch den Grad der Entfaltung der Lungen und den Füllungszustand des Magens bzw. Dünndarms und Dickdarms mit Luft, dem Vorhandensein von Nahrung im Magen und Darmkanal (Muttermilch) und Heilungsvorgängen an etwa vorhandenen äußeren Verletzungen sowie aus der bereits erwähnten Demarkationslinie.

*E. Natürlicher Tod des Kindes:* Der Sachverständige muß bei der Obduktion Neugeborener immer an die Möglichkeit eines Todes aus natürlicher Ursache denken. *Kratter* gibt in seiner gerichtl. Medizin 1921, 290ff. eine umfassende und klare Übersicht über den natürlichen Tod des Kindes *vor, während* oder *nach* der Geburt.

1. Tod des Kindes vor der Geburt: Durch Erkrankung der Mutter, der Leibesfrucht oder der Placenta kann es zu einem Absterben der Frucht im Uterus kommen. Die toten Früchte bleiben zunächst im Mutterleib und macerieren. (Keine Fäulnis innerhalb der geschlossenen Eihüllen!) Schwere Verletzungen der kindlichen Organe können durch Stoß, Schlag, Quetschung des Bauches der Kindesmutter und durch Erschütterungen entstehen (vgl. d. Art.: Fruchtabtreibung). In vielen Fällen führt die Lues (Pneumonie alba, ein Gumma in den Organen, vorwiegend Leber usw.) zum intrauterinen Tod.

2. Tod des Kindes in der Geburt (Geburtsschädigungen): Der Tod des Kindes unter der Geburt kann erfolgen durch a) vorzeitige Unterbrechung der Placentaratmung, b) durch den Druck auf den kindlichen Kopf und c) durch Verbluten.

a) Die vorzeitige Unterbrechung der Placentaratmung durch Nabelschnurvorfall, Umschlingen der Nabelschnur, vorzeitige Lösung des Fruchtkuchens, durch die Wehentätigkeit führt zur foetalen Erstickung, d. h. das Kind aspiriert Fruchtwasser, Kindspech und Blut.

b) Der beim Geburtsakt herrschende starke Druck auf den kindlichen Kopf führt zumeist zu Tentoriumrissen oder zu Gefäßzerreißungen mit intrakraniellen Blutungen. (Über den Nachweis von Tentoriumrissen: Henkelkorbschnitt!). Allein es genügt schon, durch einen Hirndruck die Herztätigkeit zu beeinflussen.

c) Bei allzu kurzer Nabelschnur und Abreißen derselben während der Geburt kann das Kind verbluten. Die gleiche Gefahr besteht bei Insertio velamentosa und gemeinsamer Placenta von Zwillingen.

3. Der Tod des Kindes nach der Geburt kann Folge von „Lebensunfähigkeit aus Unreife" und „Lebensunfähigkeit aus pathologischen Ursachen" sein. Wird ein Kind mit einer die Atemöffnungen bedeckenden „Glückshaube" geboren, so erstickt es, wenn nicht rechtzeitig die Eihäute entfernt werden. Kommt das Kind asphyktisch zur Welt und wird es nicht rechtzeitig zur Atmung gebracht, so tritt ebenfalls verhältnismäßig rasch der Tod ein.

*F. Besondere Umstände, die den Tod des Kindes nach der Geburt bewirken können:* I. Gebärselbsthilfe: Kommt hauptsächlich bei Geburten, die ohne fremde Hilfe vor sich gehen, vor. Die Gebärende zerrt am ausgetretenen Kopf und versucht, durch Einhaken eines Fingers in die kindliche Mundhöhle das Austreten des ganzen Körpers zu bewirken. Hierbei können tödliche Verletzungen unabsichtlich gesetzt werden (vgl. Schutzbehauptung der Kindesmutter).

Die Lage dieser Verletzungen unterscheidet sich aber von den Verletzungen beim gewaltsamen Ersticken durch Einführen eines Fingers.

II. Sturzgeburt: Davon sprechen wir, wenn das Kind bei der Geburt aus den Geschlechtsteilen der Mutter stürzt. Dieses Ereignis ist nicht mit der „überstürzten Geburt", dem partus praecipitatus der Geburtshilfe zu verwechseln. Bei Sturzgeburten folgt häufig die Nachgeburt unmittelbar dem Kinde. Unter Umständen kann die Nabelschnur abreißen. Es sind Fälle beschrieben worden, wo das Neugeborene z. B. während des Laufens auf die Straße aus den Geburtswegen stürzte und Knochenbrüche mit vitaler Reaktion entstanden.

III. Geburt auf Abort und Eimer als besonderer Fall einer Sturzgeburt kommt *unabsichtlich* in der Regel nur bei Erstgebärenden, vor allem Jugendlichen, vor, die den Beginn der Wehen verkennen, dieselben als Stuhldrang ansehen und den Abort aufsuchen oder sich auf einen Eimer setzen. Es kommt dann in den meisten Fällen zum Ertrinkungstod des Kindes.

*G. Verheimlichung der Schwangerschaft und der Geburt:* ist besonders bei robusten Frauen beobachtet worden, die durch rücksichtsloses Schnüren die Schwangerschaft erfolgreich verheimlichten, und die oft unmittelbar nach der Entbindung ihrer Arbeit wieder nachgingen. Die Absicht wird erleichtert, wenn nur wenig Fruchtwasser vorhanden ist. Die Tatsache einer Verheimlichung von Schwangerschaft und Geburt schließt nahezu ausnahmslos den Verdacht der vorsätzlichen K. ein. Die Motive zu diesem Vorsatz können verschiedener Art sein, so u. a. die Furcht vor Schande, Furcht vor den Eltern oder Furcht, die Arbeitsstelle zu verlieren. Die früher besonders aufgeführten Gründe des sozialen Notstandes, in den die uneheliche Kindesmutter gerät, haben ihre Bedeutung im nationalsozialistischen Deutschland, wo der Staat die Fürsorge für uneheliche Kinder gegebenenfalls übernimmt, verloren.

*H. Feststellung des objektiven Tatbestandes:* I. Ermittlung der Beschuldigten: Bei Auffindung einer Leiche eines Neugeborenen müssen unverzüglich die Ermittelungen nach der Kindesmutter aufgenommen werden. In der Praxis führen ja meistens Anzeigen Dritter, anonyme Schreiben u. a. zur Auffindung von Kindesleichen und sehr bald zur Feststellung der Kindesmutter. (Man denke auch an plötzliches Schlankwerden einer Frauensperson.)

II. Vernehmung der Beschuldigten: soll sobald als möglich unter Zuziehung eines Gerichtsarztes erfolgen. Einmal wird dadurch von vornherein einer immer wiederkehrenden Behauptung der Verteidigung entgegengetreten, die vernehmenden Beamten hätten unter Verkennung des kranken oder durch die Geburt geschwächten Zustandes der Kindesmutter ein Geständnis „erpreßt", zum anderen aber kann nur der sachverständige Arzt die Richtigkeit der Angaben der Kindesmutter über ihre Schwangerschaft (Empfängniszeit, Tragezeit usw.) und über den Geburtshergang beurteilen. Das sofortige Hinzuziehen eines Gerichtsarztes ist insofern auch noch erforderlich, weil dieser die psychische Verfassung der Kindesmutter kennenlernt, insbesondere um später im Gutachten die Frage nach den körperlichen und psychischen Einwirkungen durch die stattgehabte Geburt zu beantworten.

III. Ärztliche Untersuchung der Beschuldigten: ist besonders zur Überprüfung der Schutzbehauptungen von seiten der Kindesmutter so z. B., sie habe eine Sturzgeburt oder starken Blutverlust durch Dammriß gehabt, erforderlich. In den Fällen, wo eine Kindesleiche erst u. U. Wochen nach der Tat aufgefunden wird und der Verdacht sich auf eine Person lenkt, muß durch eine ärztliche Untersuchung der Nachweis, daß sie geboren hat, erbracht werden. Nicht in allen Fällen ist die Laktation ein sicheres Zeichen dafür.

IV. Schutzbehauptungen der Beschuldigten: 1. Versuch, die K. als natürlichen Tod hinzustellen. In erster Linie wird die Kindesmörderin behaupten, das Kind sei überhaupt tot zur Welt gekommen. Es hätte nicht geatmet, nicht geschrien und sich nicht bewegt. Dieser Einlassung steht an sich meistens die Tatsache des Versuches der Kindesleichenbeseitigung entgegen, ist es doch mit gewissen Ausnahmen nicht einzusehen, daß dann die Totgeburt verheimlicht bzw. beseitigt worden ist. Das gleiche gilt für die Behauptung, das Kind sei kurze Zeit nach der Geburt ohne Zutun wieder gestorben.

2. Sturzgeburt: Besonders in den Fällen, wo das Kind in der Jauchegrube oder auch in dem Wassereimer ertränkt worden ist, wird von seiten der Beschuldigten behauptet, es handele sich um eine Sturzgeburt, sie sei während des Geburtsvorganges körperlich nicht mehr in der Lage gewesen, das Neugeborene aus dem Wasser zu nehmen. Hier ist es verhältnismäßig leicht, auf Grund des ärztlichen Untersuchungsbefundes der Kindesmutter und der Kindesleiche und des Nachweises von zweckhaften und zielstrebigen Handlungen, z. B. Durchschneiden der Nabelschnur, diese Schutzbehauptung zu widerlegen.

3. Ohnmacht bei der Geburt wird von den meisten heimlich Gebärenden als Schutzbehauptung aufgestellt. Die Schwierigkeit der Beurteilung eines solchen Falles liegt in der Tatsache, daß zwar außerordentlich selten, aber doch vereinzelt eine Ohnmacht bei normal verlaufenden Geburten vorgekommen ist. Hier muß eine geschickte Exploration durch den Sachverständigen diese Behauptung widerlegen. Die Kindesmutter wird sich an Einzelheiten des Geburtsvorganges sehr gut erinnern, und dadurch wird die Annahme einer Ohnmacht unwahrscheinlich.

4. Geburtslage: Wiederholt behauptet die Kindesmutter, daß durch eine ungewöhnliche Geburtslage und dadurch bedingte schwere Geburt der Tod des Kindes eingetreten sei. Hier sprechen die ärztlichen Erfahrungen an sich schon dagegen, denn schwierige Geburtslagen werden es ohne ärztlichen Beistand oder Hilfe der Hebamme kaum zur Spontangeburt kommen lassen.

5. Vorzeitige Geburt, d. h. vor dem erwarteten Termin: Hier wird in den meisten Fällen diese Schutzbehauptung der Kindesmutter durch den bei der Obduktion festgestellten Reifegrad des Neugeborenen widerlegt. Man muß allerdings berücksichtigen, daß in seltenen Ausnahmefällen „reife" Kinder bei einer Tragezeit von 234—240 Tagen geboren werden können.

6. Unerreichbarkeit jeglicher Hilfe: Diese Schutzbehauptung kommt relativ häufig vor. Sie ist in Deutschland seit neuester Zeit insofern bedeutungslos, da die Kindesmutter nach den neuesten Bestimmungen verpflichtet ist, eine Hebamme oder einen Arzt hinzuzuziehen und da die Verheimlichung einer Geburt unter Strafe gestellt ist. Es ist in jedem Falle aber diese Behauptung der Kindesmutter durch Zeugenaussagen aus der nächsten Nachbarschaft zu kontrollieren und ihre eigenen Angaben über die Geburt zu überprüfen.

7. Verbluten aus der nicht abgebundenen Nabelschnur wird höchstens bei asphyktischen Kindern vorkommen. Derartige Einwände können aus dem Sektionsbefund widerlegt werden.

V. Tatortschau: Zur objektiven Tatbestandsfeststellung ist die genaue Besichtigung des angeblichen Geburtsortes unerläßlich. Auch hier werden schon von vornherein eine Reihe der Schutzbehauptungen widerlegt werden können. Für den Nachweis der K. ist das Auffinden von Blutspuren (am Fußboden, an Gegenständen usw.) von unermeßlichem Wert.

*I. Motive der Kindestötung:* Als Motive der K. kommen hauptsächlich folgende in Frage: Einmal nach dem Gesichtspunkt des Ehrgefühls (Verstoßung durch die Eltern, gesellschaftliche Rücksichten, Minderung der Heiratsaussichten), dann der sozialen Notlage (Verlust der Stellung, Erschwerung des beruflichen Fortkommens, Sorge um Unterhalt und Unterbringung des Kindes); schließlich nach dem Gesichtspunkt der Unklarheit über die Vaterschaft (Abstreiten des Schwängerers, Mehrverkehr, unbekannter Vater).

Daneben können die Motive sich auch aus einer Geistesstörung ergeben. Hierbei ist überhaupt zu berücksichtigen, daß die psychischen und körperlichen Ausnahmezustände, soweit nicht krankhafte Einflüsse eine Rolle spielen, vom Gesetzgeber bei Abgrenzung der Tatbestandsmerkmale des Sonderdelikts der K. schon berücksichtigt worden sind. Es geht also nicht an, aus einem gewissen Erregungs- oder körperlichen Zustand der Gebärenden allein Milderungsgründe, insbesondere im Sinne einer verminderten Zurechnungsfähigkeit, herzuleiten.

*K.* Für die *psychiatrische Beurteilung* spielen dagegen eine Rolle:
1. Schwere psychopathische und Schwachsinnszustände.
2. Psychosen, insbesondere Geistesstörungen, die durch Schwangerschaft und Geburt verursacht worden sind.

*L. Fahrlässige Tötung von Neugeborenen:* kann durch unabsichtliche falsche Handlungen oder aber durch Unterlassung des erforderlichen Beistandes gegeben sein; z. B. wenn ein asphyktisches Kind nicht rechtzeitig zur Atmung angeregt wird, wie dies z. B. durch die klassischen *Schultze*schen Schwingungen leicht erreicht werden kann. Als weitere Beispiele werden Unterkühlung, Verblutung aus der Nabelschnur erwähnt.

*M. Untersuchungsmethoden:* Bei der Kindesleichenöffnung (§ 90 StPO.) darf man nicht vergessen, Einschnitte auch in die Extremitäten und das Gesicht (besonders Mundumgebung) zum Nachweis von Blutungen vorzunehmen. Es empfiehlt sich auch, in allen Fällen eine Rückenmarksektion vorzunehmen. Darüber hinaus sind bei der Leichenschau und -öffnung folgende Gesichtspunkte zu beachten: Außer der Kindesleiche muß auch die Nachgeburt genau untersucht werden (Vollständigkeit, Gewicht), die Gesamtlänge der Nabelschnur muß bestimmt werden. Vor allem ist es jedoch wichtig, auch der Verpackung und Umhüllung der Kindesleiche ein besonderes Augenmerk zu widmen, da sich hieraus oft Hinweise auf die Kindesmutter ergeben (Stoffmuster, seltene Zeitungen, Packpapier mit Anschriften und Aufklebezetteln). Weiter können sich hieraus Hinweise auf das Alter der Leiche ebenso ergeben wie aus der Leichenschau und -öffnung.

Zur Aufklärung der Todesursache darf nie unterlassen werden, Abstriche aus der Mundhöhle, der Luftröhre und von den Schnittflächen der Lunge herzustellen und diese mit oder ohne Färbeverfahren mikroskopisch zu untersuchen. Grundsätzlich ist es auch notwendig, Blutproben zur Blutgruppenbestimmung zu entnehmen, da diese für die Frage der Straftat von ausschlaggebender Bedeutung sein kann (außereheliche Geburt von Ehefrauen).

Vor der gedankenlos verwendeten *Lungenschwimmprobe* muß gewarnt werden; sie ist zwar vorgeschrieben und muß deshalb auch ausgeführt werden. Sie kann zum Beweis dienen, daß das Kind geatmet hat; das gesamte Brustorgan wird zu diedem Zweck in ein größeres Gefäß mit klarem kalten Wasser gelegt. Die Lungenschwimmprobe beruht darauf, daß das spezifische Gewicht der beatmeten Lunge geringer ist als Wasser. Lungen, die geatmet haben, schwimmen also in der Regel. Man muß sich jedoch vor dem Kurzschluß hüten, daß der positive Ausfall der Lungenschwimmprobe in jedem Falle Atmung beweise. Luftgehalt kann durch in der Lunge enthaltene Fäulnisgase vorgetäuscht werden. Dann schwimmen die Lungen, obwohl sie nicht geatmet haben. Andererseits kann trotz Atmung keine Luft in die Lunge geraten sein, wenn nämlich die Geburt nicht in freier Atmosphäre erfolgt, sondern das Kind vor dem ersten Atemzug in eine Flüssigkeit geraten ist. Dann wird mit dem ersten Atemzug statt der Luft z. B. Abort- oder Kübelflüssigkeit eingeatmet. Das Kind hat gelebt, aber keine Luft geatmet, so daß die Lungenschwimmprobe dann negativ ausfällt. Auch bei nur geringer Atmung kann die Lungenschwimmprobe versagen, da nur Luftgehalt in den Zentralpartien vorhanden ist. Die Lungen können auch durch postmortale Luftresorption bis zu einem gewissen Grade wieder luftleer werden; daher beweist ein geringer Luftbefund nicht unbedingt eine geringe Atmung.

Die Magen- und Darmschwimmprobe kann u. U. zuverlässiger sein, da bei Verlegung der Luftröhre durch Schleim oder andere Hindernisse sogar reichliche Luft im Magen und sogar im obersten Teil des Dünndarms vorhanden sein kann.

Es ist geradezu als Kunstfehler anzusehen, wenn man bei der Beurteilung einer K. die mikroskopische Untersuchung der Lungen im gefärbten und eingebetteten Präparat unterläßt. Hierdurch ergeben sich erst brauchbare Anhaltspunkte für die Entfaltung der Lungenendbläschen, der Anordnung und Form der elastischen Fasern, Blutgehalt der Lungen und Blutungen in den Lungen. Nur bei mikroskopischer Untersuchung im eingebetteten Präparat kann man Sicherheit über Einatmung von Fremdkörpern, ihrer Art, Verteilung und Stärke gewinnen (Serienschnitte!). Es kommt darauf an, ob in einer Lunge nur Fruchtwasserbestandteile vorhanden sind oder andere tierische, pflanzliche, mineralische Fremdkörper.

*Schrifttum.*

*Dittrich:* Der Kindesmord. Berlin u. Wien 1935. — *v. Hofmann-Haberda:* Lehrbuch der gerichtl. Medizin. X. Aufl. Berlin u. Wien 1923. — *Kratter:* Lehrbuch der gerichtl. Medizin. I. Stuttgart 1921. — *Lochte:* Gerichts- u. polizeiärztl. Technik. Wiesbaden 1914. — *Merkel* u. *Walcher:* Gerichtsärztl. Diagnostik u. Technik. Leipzig 1936. — *Mueller* u. *Walcher:* Gerichtl. u. soziale Medizin. München u. Berlin 1938. — *Rehfeldt-Schneickert:* Tatbestandsfeststellung. Leipzig 1927. — *Reuter, F.:* Lehrbuch der gerichtl. Medizin. Berlin u. Wien 1933. — *Straßmann, F.:* Lehrbuch der gerichtl. Medizin. 2. Aufl. Stuttgart 1931. — *Ucke:* Ein außergewöhnlicher Fall von Kindesmord. Dtsch. Z. gerichtl. Med. **19**, 508 (1932). *Buhtz* und *Beck.*

## Kindesunterschiebung und -verwechslung.

(Vgl. auch Art.: Verbrecherische Unterdrückung bzw. Verletzung des Personenstandes.)

Fälle von *Kindesunterschiebung* sind verhältnismäßig selten. Im Oktober 1903 erregte ein Strafprozeß wegen vorsätzlicher Kindesunterschiebung (*Kwielecki*) Aufsehen, in dem die Ehelichkeit eines Majoratserben von den Verwandten bestritten wurde mit der Anzeige, die in langjähriger Ehe unfruchtbar gebliebene Gattin des Großgrundbesitzers habe Schwangerschaft und Entbindung vorgetäuscht und unter Beihilfe einer Hebamme das Kind eines Bahnwärterehepaares als von ihr geboren ausgegeben. Eine *Kindesverwechslung* kann absichtlich und unbeabsichtigt in Gebäranstalten vorkommen. Zur Verhütung der letzteren Möglichkeit wurde empfohlen, von Neugeborenen Fußsohlenabdrücke zu nehmen (s. d. Art.: Markierung von Neugeborenen). Zur Richtigstellung des Personenstandes angeblich verwechselter oder ausgetauschter Kinder hat sich die Blutgruppenuntersuchung bereits bewährt, und wird der weitere Ausbau des erbbiologisch-anthropologischen Vaterschaftsnachweises (s. d. Art.: Vaterschaftsnachweis und -ausschluß) in analoger Anwendung auf die Mütterseite noch erheblich mehr leisten können.

*Schrifttum.*

*Friedländer:* Interessante Kriminalprozesse. Berlin 1910. — *Schneickert:* Signalementslehre. 3. Aufl. München 1937. — *Weidemann:* Die Blutgruppenuntersuchung als entscheidendes Beweismittel in einem Falle von Kindesverwechselung. Dtsch. Z. gerichtl. Med. **25**, 79 (1935). **Schütt.**

**Kindesverwechslung** siehe *Kindesunterschiebung und -verwechslung.*

**Kindspech** siehe *Meconium.*

**Kitt** siehe *Klebstoffe.*

**Klebstoffe.**
Forensische Bedeutung erlangen Klebstoffe bei den Fragen nach Fälschung oder Wiederverwendung von Marken aller Art, widerrechtlichen Manipulationen an Briefsachen und Paketen, Herstellung oder Lösung von indizienmäßig bedeutsamen Verbindungen zwischen irgend zwei Schichten usw. *Klebstoffe* sind Zubereitungen, die Kraft ihres Adhäsionsvermögens unter Erhärtung zwei Flächen gleicher oder verschiedener Art dauernd zusammenfügen. Im weiteren Sinne gehören hierher auch die Kitte, bei welchen es sich meist um feste Materialien handelt, die erst mehr oder weniger kurz vor dem Gebrauch zu zähen Massen zubereitet werden und mit denen vor allem Füllungen größerer Zwischenräume zwischen den zu verbindenden Schichten erfolgen können. In großen Zügen können die Klebmittel in folgende Gruppen eingeteilt werden, die auch chemische Reaktionsunterschiede aufweisen:
1. Klebstoffe tierischer Herkunft (Leime);
2. Pflanzengummiarten;
3. Kohlenhydratklebstoffe;
4. Kunststoffe, Kautschuk- und Harzzubereitungen;
5. Kitte.
Die kriminaltechnische Untersuchung kann sich teilweise auf Gruppenverschiedenheiten stützen, oft jedoch wird nur eingehende Fahndung nach fabrikatorisch oder zufällig dem Klebstoff beigefügten Zusätzen Erfolge bringen. Bei den einzelnen Klebstoffen wird deshalb besonders darauf hingewiesen werden.
Die *tierischen Klebstoffe,* die Leime, sind chemisch Eiweißstoffe, deren Hauptbestandteil das Glutin ist. Gewonnen werden sie aus Häuten, Horn, Klauen, Knochen oder aus Fischabfällen. Je nach Herstellungsart und Reinheit werden etwa 15 wichtigere Handelssorten unterschieden (Einzelheiten darüber siehe bei *C. Breuer*). Leime besonderer Reinheit sind die Gelatine und Hühnereiweiß. Schließlich gehören auch die Kaseïnleime, die aus Magermilch hergestellt werden, hierher. Tierische Leime weisen, aufgestrichen und getrocknet, meist eine unebene, brüchige, jedoch glänzende Oberfläche auf. Die Reaktion gegen Lakmus ist sauer, bei Kaseïnleimen alkalisch, vorausgesetzt, daß nicht durch übermäßige Zusätze Änderungen hervorgerufen worden sind. Die Stärke der sauren bzw. alkalischen Reaktion kann schon Unterscheidungen ergeben. Tierischer Leim gibt mit Gerbstoff, auch mit den Alkaloidfällungsreagenzien, Fällungen. Beim Erhitzen auf dem Platinblech tritt der typische „Leim"geruch auf. Eine eindeutige Erkennung ist durch die beim Kochen mit Triketohydrinen entstehende Blaufär-

bung (Ninhydrinreaktion) möglich. Hühnereiweiß gibt in essigsaurer Lösung mit Kaliumferricyanid eine starke Fällung, bei Leimen aus Knochen usw. ist diese Fällung schwächer. Den Leimen werden die verschiedensten Chemikalien beigegeben, einerseits zur Qualitätssteigerung und Verflüssigung, andererseits zur Desinfektion. Solche Stoffe, die bei der kriminalistisch-chemischen Differenzierung eine Rolle spielen können, sind: Salzsäure, Salpetersäure, Essigsäure, Oxalsäure, Ameisensäure, Citronensäure, Borsäure, Calciumchlorid, Calciumnitrat, Magnesiumchlorid, Natriumverbindungen, Zinkverbindungen, Rhodanverbindungen, Alaun, Aluminiumsulfat, Chromalaun, Natriumsalicylat, Chloralhydrat, Tannin, Formalin. Der Nachweis solcher Verbindungen erfolgt am zweckmäßigsten nach den Regeln der mikrochemischen Analyse.

An der Spitze der *Pflanzengummiprodukte* steht das Gummi arabicum. Die getrocknete Oberfläche ist glänzend und wird leicht rissig. Es reagiert sauer. *O. Harder* und *A. Brüning* erhitzen zur Untersuchung kleine Mengen auf dem Platinblech. Die weiße Asche reagiert alkalisch und gibt mit Säuren Kohlendioxydentwicklung. Die Asche enthält Calcium. *Fehling*sche Lösung oder Jodlösung geben keine Reaktionen. *W. Heeß* und *S. Fetscher* geben zu einer mit Salzsäure hydrolisierten Gummi-arabicum-Lösung eine gesättigte Lösung von Phloroglucin in Eisessig und erhalten eine kirschrote Färbung. Manchmal sollen Gummi-arabicum-Zubereitungen Kupfer enthalten, wenn die Fabrikation in Kupferkesseln erfolgt ist (*H. Schäfer*). Tragant, Agar-Agar, Kirschgummi usw. haben nur untergeordnete Bedeutung.

Bei den *Kohlehydratklebstoffen* gibt es von den einfachen „Mehl- und Stärkekleistern", die fast glanzlos antrocknen und — ohne Zusätze — neutral reagieren, angefangen, alle möglichen Zwischenstufen eines mehr oder weniger großen chemischen Aufschlusses des Stärkekorns bis zu den Dextrinen, die stark glänzende rauhe Oberflächen bilden und meist saure Reaktion zeigen. Mehlbrei, Mehlkleister usw. geben stets schöne mikroskopische Bilder der verwendeten Stärkeart (Mais, Weizen, Hafer, Kartoffel u. a.). Auch in den chemisch aufgeschlossenen „Pflanzenleimen" ist das mikroskopische Bild noch einigermaßen klar. Diese Leime können Alkalien, Calciumchlorid, Magnesiumchlorid enthalten, aber auch Salzsäure, Schwefelsäure, Salpetersäure, Wasserglaszusätze und Zinkverbindungen, Phenole, Salicylsäure und Borsäure als Konservierungsmittel. In „Dextrinen" sind die Stärken soweit verändert, daß nur selten mikroskopische Erkennung möglich ist. Sie sind charakterisiert durch eine geringe Reduktion *Fehling*scher Lösung und Rotbraunfärbung durch Jodlösung. *H. Stadlinger* gibt folgende Tabelle, in der natürlich sämtliche Übergänge möglich sind:

| Bezeichnung | Verhalten zu Jod-Jodkalium | Verhalten zu *Fehling*scher Lösung |
|---|---|---|
| Stärkekorn | Blaufärbung | keine Reduktion |
| Stärkekleister | ,, | ,, ,, |
| lösl. Stärke (Amylodextrine) | blaue bis violette Färbung | ,, ,, |
| Dextrin (Erythrodextrine) | rote bis rotbraune Färbung | geringes Reduktionsvermögen |
| Achroodextrine | keine Färbung | stärker reduzierend |
| Maltose | ,, ,, | stark reduzierend |

Die neben Gummi arabicum zur Gummierung von Etiketten und Marken verwendeten Dextrinzubereitungen werden infolge des schlechten Geschmackes mit Bergamotte- oder ähnlichen Ölen parfümiert und auch mit Süßstoff versetzt.

Die *künstlichen Klebstoffe* finden mehr technische Anwendung. Sie dürften vor allem durch die meist vorhandene Wasserunlöslichkeit auffallen. Es handelt sich um konz. Lösungen von Celluloid oder Acetylcellulose oder auch anderen Celluloseestern in Aceton, Essigester u. ä. Mitteln. Ähnlich verhält es sich mit Kautschuk und Guttaperchalösungen und mit harzhaltigen Klebmitteln (Kolophonium-, Schellack-, Mastixbereitungen). Hinsichtlich Siegellack s. d. Art.: Siegellack.

Die *Kitte* haben kriminalistisch nur selten Bedeutung. Es gibt ihrer unzählige, je nach dem beabsichtigten Verwendungszweck. Da die Zusammensetzungen außerordentlich verschieden sind, sind sie analytisch verhältnismäßig einfach zu fassen. Beispiele sind: Glaserkitt (Kreide und Leinöl), Marmorkitt (gemahlener Marmor, Bleiglätte, Leinölfirnis), Kalkkitt für Glas und Porzellan (Hühnereiweiß, gelöschter Kalk, gebr. Alabastergips, wasserfester Zementkitt (Portlandzement, Schlämmkreide, feiner Sand), Universalgipskitt (Alabastergips, Gummi arabicum, Boraxlösung), Sorelzement (Magnesit, Magnesiumchloridlösung, Sägespäne oder Korkschrot) usw. Eine ausführliche Rezeptfolge und damit indirekte Hinweise auf analytische Differenzierungsmöglichkeiten gibt *C. Breuer.*

Ein bestimmtes Schema zur Untersuchung von Klebstoffen und Klebstoffresten kann nur begrenzt gegeben werden. In jedem Falle beginnt die Prüfung mit dem Vergleich des Erscheinungsbildes. Das Aufeinander- oder Nebeneinanderliegen verschiedener Klebstoffe (z. B. bei der Wiederverwendung von Marken) wird meist mit bloßem Auge erkannt. Häufig gibt die Quarzlampe deutliche Fluorescenzunterschiede. Je nach Art des Materials ist eine Geschmacksprobe einzuschalten. Löslichkeits- und Reaktionprüfung schließen sich an. Eingehende mikroskopische Untersuchung ist in jedem Falle empfehlenswert, besonders wird auf „zufällige" Verunreinigungen zu achten sein. Zum Schluß sind die chemischen Reaktionen anzustellen, die durch die vorhergehenden Prüfungen zweifellos schon in eine gewisse Richtung gewiesen werden (vgl. d. Art.: Briefumschläge).

*Schrifttum.*

*Breuer, C.:* Kitte und Klebstoffe. Leipzig 1938. — *Harder, O.* u. *A. Brüning:* Die Kriminalität bei der Post. 52 ff. Berlin 1924. — *Heeß, W.* u. *S. Fetscher:* Die Kriminalität auf dem Gebiete der Invalidenversicherung und ihre Bekämpfung. Arch. Kriminol. **102,** 1 (1938). — *Locard, E.:* Die Untersuchung falscher Briefmarken. Kriminal. Mh. **3,** 241 u. 271 (1930). — *Lochte, Th.* u. *E. Danziger:* Die Untersuchung von verschiedenen Klebstoffen. *Groß'* Arch. **61,** 295 (1915). — *Micksch, K.:* Wasserlösl. Klebstoffe ohne Getreidemehl. Chem. Ztg. **61,** 373 u. 396 (1937). — *Schäfer, H.:* Eine kriminalistisch-chemische Untersuchung von Klebstoffen. *Groß'* Arch. **34,** 251 (1909). — *Stadlinger, H.:* Klebstoffe aus Stärkeerzeugnissen. Berlin 1932. — *Ullmann:* Gelatine u. Leim. Enzyklopädie der techn. Chemie **V,** 577 (1932). — *Ullmann:* Kitte. Enzyklopädie der techn. Chemie **VI,** 551 (1932). — *Ullmann:* Klebmittel. Enzyklopädie der techn. Chemie **VI,** 556 (1932). **Künkele.**

**Kleesäure** siehe *Oxalsäure.*

**Kleister** siehe *Klebstoffe.*

**Klimatischer Bubo** siehe *Lymphogranuloma inguinale.*

**Kloakengas** siehe *Schwefelwasserstoff.*

**Klopfödem** siehe *Selbstbeschädigung.*

**Klopfversuch nach Goltz** siehe *Goltzscher Klopfversuch.*

**Knabber** siehe *Einbruchswerkzeuge.*

**Knebelung** siehe *Tod und Gesundheitsbeschädigung durch gewaltsame Erstickung.*

**Kniespuren** siehe *Fußspuren.*

**Knochen.**

*Altersbestimmung:* Die Größe des Knochenkernes am distalen Ende des Oberschenkels ist bei *Neugeborenen* 4 mm breit. Ein Knochenkern von 8 mm Durchmesser läßt mit Wahrscheinlichkeit, ein solcher über 9 mm mit Gewißheit darauf schließen, daß das Kind nach der Geburt längere Zeit gelebt hat. Aber ganz sichere Schlüsse lassen sich hieraus auf das Alter des Kindes nicht ziehen, da die Knochenkerne in ihrer Größe Schwankungen unterliegen können. Der Kern im Oberarmkopf tritt zwar regelmäßig bei 11—12 Wochen alten Kindern auf, aber auch schon am Ende des letzten Schwangerschaftsmonates. Für Altersbestimmungen innerhalb der Periode von der Geburt bis zum vollendeten Wachstum ist die Körperlänge (Höhe des ganzen Skelettes) heranzuziehen. Die Länge des neugeborenen Kindes beträgt 50 cm (genau: 51,36 cm), die des 5jährigen das Doppelte (= 100 cm) und im 15. Lebensjahr das Dreifache (= 150 cm). Im 1. Jahr wachsen die Knochen am schnellsten. Der Schluß auf das Alter aus den Ausmaßen einzelner Knochen ist ein unsicherer. Je jünger ein Individuum ist, um so besser läßt sich das Alter bestimmen. Die Verknöcherung des Skelettes ist beim weiblichen Geschlecht früher vollendet als beim männlichen und beim kleingewachsenen Menschen früher als beim hochgewachsenen. Die feste Substanz der Knochen wird mit dem Alter geringer, der Flüssigkeitsgehalt nimmt zu. In der Zeit vom 20. bis zum 40. Lebensjahr treten keine wesentlichen Veränderungen am Skelett auf, die für die Altersschätzung verwertbar sind. In dieser Altersperiode ist der Grad der Abnutzung der Zähne der Anhaltspunkt für Altersbestimmungen. Die abnorme Brüchigkeit der Knochen durch Altersschwund, z. B. Rippenbrüche bei künstlicher Atmung, spielt eine Rolle bei der Beurteilung des tödlichen Ausganges nach auffallend leichten Verletzungen. Im Laufe des 1. Lebensjahres beginnt die Verschmelzung der beiden Stirnbeinhälften, im Laufe des 2. Jahres ist die Stirnnaht vollständig verknöchert. Die Verschließung der Vorderhauptslücke (große Fontanelle) ist am Ende des 2. Jahres beendet. Die Verknöcherung der Pfeil- und Kranznaht kann schon im 20. Lebensjahr beginnen, doch findet sie im allgemeinen im höheren Alter (5. Lebensjahrzehnt) statt, und zwar zuerst in der Pfeilnaht, dann in der Kranz- und Hinterhauptsnaht. Die höchsten Altersstufen werden durch den fortschreitenden Altersschwund der Knochen (Osteoporose des Greisenalters) gekennzeichnet. Dieser Schwund tritt am deutlichsten an den Schädelknochen in Erscheinung. Diese werden dünner, leichter und brüchiger, besonders an den Scheitelbeinhöckern, den Augenhöhlendächern, dem Siebbein und dem Keilbein. Die radiäre Furchung der Wirbelkörper (*Merkel*) ist gegen Ende des 3. Lebensjahrzehntes nur noch andeutungsweise vorhanden, jenseits dieser Grenze nicht mehr. Das Kleinerwerden der Wirbelsäule mit dem Alter ist die Folge des Schwundes der Zwischenwirbelknorpel, die übrigens verknöchern. Die Verknöcherung der Rippenknorpel beginnt im 5. Jahrzehnt, an der 1. Rippe schon in den dreißiger Jahren. Als Merkmal am Oberarmknochen dient die Verknöcherung der Epiphysenlinie. Diese ist vollendet bei Frauen zwischen dem 17. und 18., bei Männern zwischen dem 19. und 20. Jahr. Ist die Epiphysennarbe deutlich zu erkennen, so hat der Knochen eine stark funktionelle Beanspruchung erfahren. Die Epiphysennarbe (Wachstumslinie) stellt eine Knochenleiste dar. Diese ist an einem Knochen im frischen Zustande, wo die Sägefläche mit Wasser abgespült wird, nur bis zum 30. Jahr zu erkennen, am macerierten (!) Knochen das ganze Leben über (*Schranz*). Außer der Epiphysenlinie dient zur Altersbestimmung die Markhöhle. Diese ist zunächst kurz und wird mit dem Alter länger. Im Kindesalter entspricht die Länge der Markhöhle einem Drittel der Knochenlänge, bei Erwachsenen zwei Dritteln. Das collum chirurgicum wird von der Höhle um das 30. Jahr erreicht, die Knochenleiste (Epiphysenlinie) um das 40. Jahr beim Weibe, um das 50. Jahr beim Manne.

*Geschlechtsbestimmung:* Die auf Qualität beruhenden Geschlechtsunterschiede sind nur bedingt zu verwerten: der Oberarm z. B. einer hochgewachsenen Frau kann länger sein als der eines untersetzt gebauten Mannes, obgleich die Frau im allgemeinen kleiner ist. Höcker- und Muskelleisten sind bei Männern besser ausgebildet, bei Frauen niedriger und flacher. Vorhandensein eines Adamsapfel am Schildknorpel spricht für männliches Geschlecht. Kleinheit des Schädels, insbesondere der Gesichtsknochen, sind Eigenarten des weiblichen Schädels, ebenso ein deutlich erhaltenes puerperales Osteophyt. Kinnbacken sind beim Manne entwickelter als bei der Frau. Beim Manne sind die Kiefer höckriger, die aufsteigenden Unterkiefer stehen mehr senkrecht als bei der Frau. Beim Manne sind die Alveolarbögen stärker, die Zähne größer. Bei der Frau besteht kaum ein Unterschied zwischen mittlerem und seitlichem Schneidezahn, die Frontzähne wirken also gleichmäßiger. Im großen und ganzen ist die Geschlechtsbestimmung aus dem Schädel sehr schwierig und unsicher (*B. Mueller*). Die Schlüsselbeine sind bei der Frau weniger, beim Manne stärker gekrümmt. Die Dicke des Oberarmknochens ist nicht verwendbar, weil der Oberarm eines dickknochigen Weibes stärker sein kann als derjenige eines dünnknochigen Mannes. Die durchschnittliche Länge des Oberarmknochens beträgt beim Manne 327 mm, beim Weibe 298 mm. Ein Oberarmknochen, der in frischem Zustande schwerer ist als 275 g, in maceriertem Zustande schwerer als 135 g, ist männlicher Herkunft. Ein Oberarmknochen, der in frischem Zustande leichter ist als 205 g, in maceriertem Zustande leichter als 85 g, stammt von einem Weibe (*Schranz*). Das weibliche Becken steht zur Wirbelsäule horizontal, das männliche ist steilstehend. Das weibliche Becken ist breiter und weiter (Schambogen), infolge der starken Ausladung nach oben auch niedriger als das männliche (Schamwinkel). Der Beckeneingang ist beim Weibe querelliptisch, beim Manne kartenherzförmig, weil das Promontorium des Kreuzbeines beim Manne stärker vorspringt. Die unteren Gliedmaßen sind bei der Frau kürzer als beim Manne. Der Oberschenkelhals steht bei der Frau mehr waagerecht, beim Manne mehr senkrecht. Der untere Teil des Oberschenkels ist bei der Frau nach innen gedreht. Bei der Frau steht der große Rollhügel (Trochanter major) mit dem Gelenkkopf etwa in gleicher Höhe.

*Identifikationsmerkmale:* Die Knochenabnormitäten gehören zu den „Besonderen Kennzeichen" (s. d.) bei der Identifizierung. Als solche kommen in Frage z. B. Deformationen von Knochen, wie der Turmschädel, oder mit Deformierung geheilte Knochenbrüche oder Wirbelsäulenverkrümmungen; ferner gedeckte und ungedeckte Defekte am Schädel und schließlich gröbere Gelenkveränderungen. Am Brustkorb kommen die verschiedenen, insbesondere rachitische Verbildungen in Frage. An den Gliedmaßen sind als „Besondere Kennzeichen" das Fehlen einzelner Glieder, Verkrümmungen und Verkürzungen sowie Versteifungen zu nennen. Die Röhrenknochen der Rechtshänder sind am rechten Arm

etwas länger als bei Linkshändern. Die Körpergröße läßt sich beim Vorliegen des Skelettes, wenn noch einige Zentimeter für die Weichteile hinzugerechnet werden, bestimmen. Sind jedoch nur einige Knochen vorhanden, dann kann nur gesagt werden, ob es sich um eine große, mittelgroße oder kleine Person handelt. Die Ermittelung der Körpergröße aus der Multiplikation der Länge einzelner Knochen mit einem Index, z. B. Humeruslänge $\times$ 5 = Gesamtlänge, ist zu ungenau, um verwertbar zu sein (*Pietrusky*).

Unter den *Knochenverletzungen* kommen in Frage solche durch Stich und Hieb, solche durch Schuß und schließlich die durch stumpfe Gewalt. Bei den Stichverletzungen kann u. U. aus der Form der Verletzung auf die Art des Werkzeuges geschlossen werden. Bei Schußverletzungen platter Knochen, z. B. an denen des Schädeldaches, des Schulterblattes oder des Brustbeins und des Hüftbeines, werden durch das Projektil charakteristische Veränderungen gesetzt und zwar in der Heraussprengung eines kegelförmigen Knochenstückes, wobei die Spitze des Kegels gegen die Einschußöffnung bzw. die Abschrägung gegen den Ausschuß hin gerichtet ist. Der Ausschuß am Knochen weist in der Regel einen größeren Durchmesser auf als der Einschuß. Bei Hiebverletzung sind zur Identifizierung des benutzten Werkzeuges die an diesem etwa vorhandenen Scharten nach besonderen Methoden zu untersuchen. Das Ergebnis der Schartenspuren am Instrument kann mit denen am Knochen, z. B. Schädel, verglichen werden. Alte Knochenbrüche geben wertvolle Identitätshinweise. Einklemmung von Haaren in Schädelbrüchen beweist zum mindesten, daß z. Zt. der Verletzung der Kopf noch nicht skelettiert war. Scharten an der vorderen Seite der Halswirbelsäule sprechen für Tod durch Halsschnitt u. z. von fremder Hand.

Zur Identifizierung von Knochen gehört auch die Feststellung, ob sie *menschlicher oder tierischer Herkunft* sind. Als Unterscheidungsmöglichkeiten kommen die vergleichend-anatomische, die serologische und die mikro-anatomische in Frage. Wenn z. B. ein der Länge des Oberschenkelknochens eines Neugeborenen oder Säuglings entsprechender Oberarmknochen der Beurteilung unterliegt, an welchem die Gelenkenden mit der Diaphyse vereinigt sind, dann ist die tierische Abstammung sicher, denn beim Menschen liegt noch eine Knorpelfuge vor. Knochenverwechselungen sind aber dem Aussehen nach möglich, z. B. von Kinder- und Marderknochen oder von Erwachsenenhandknochen und Knochen einer Löwentatze. Die serologische Unterscheidung gelingt, solange der Knochen Eiweiß enthält, also evtl. auch am angebrannten bzw. am in Verwesung begriffenen Knochen. Zur Anstellung der *Uhlenhuth*schen Reaktion wird der Knochen in einen Schraubstock eingespannt und mittels einer großen Feile Knochenmehl hergestellt. Bei der mikroskopischen Untersuchung von Knochen ist daran zu denken, daß die *Haver*sschen Kanälchen beim Menschen größer sind als beim Tier. Die Breite der *Haver*sschen Kanälchen beträgt beim Menschen im Durchschnitt 80 $\mu$. Eine Unterscheidung ist jedoch nur gelegentlich möglich, weil das histologische Bild nicht eindeutig ist. Diese Untersuchungsmethode ist also nicht absolut zuverlässig (*Hey*). Sind Leichen bis auf *Knochenreste* zerstört, z. B. durch Feuer, so kann an diesen die Bestimmung, ob es sich um menschliche oder tierische Knochen handelt, evtl. auch die des Alters u. U. doch noch durchgeführt werden. Sind die Knochenstücke so weit zerfallen, daß ihre Form nicht mehr zu erkennen ist, so kann an evtl. vorhandenen Knochenhaut- und Muskelresten noch die biologische Untersuchungsmethode durchgeführt werden. Diese gelingt auch an frischen Knochen ohne Weichteile, nicht aber an Knochen ohne Eiweißsubstanzen, also an ausgekochten, verkohlten oder verfaulten Knochen. *Tierbenagung*, wie sie gewöhnlich an Weichteilen zu erkennen ist, kann auch an Knochen vorkommen (*Weyrich*). Nagetiere z. B. erzeugen schartenartige Einkerbungen in der Form von Doppelrillen durch paarweise gestellte Schneidezähne.

Sind Reste von Weichteilen (Knorpel, Bänder, Sehnen) noch vorhanden, so sind bei einem Erdgrab mit trockenem Boden oder beim Aufenthalt an der Luft 3—4—5 Jahre und bei einem Erdgrab mit feuchtem Boden höchstens 10 Jahre vergangen. Im allgemeinen kann man damit rechnen, daß nach 5 Jahren das Knorpelgewebe zerstört ist und daß sich nach 7—10 Jahren nur noch das Skelett vorfindet. Bei Kinderleichen erfolgt die Skelettierung erheblich früher. Fettdurchtränkung der Knochen, die zustandekommt durch Austritt von Fett aus dem Knochenmark, bedeutet eine Liegedauer von 10 bis 15 Jahren (Erdgrab); Austrocknung, d. h. völlige Fettfreiheit dagegen eine solche von 15—20 Jahren. Ein geringer Wassergehalt bzw. eine große Zerbrechlichkeit bedeutet eine Liegedauer von 30 und mehr Jahren. Fehlt jede organische Substanz, sind also die Knochen morsch und brüchig, so können 100 Jahre vergangen sein.

*Schrifttum.*
*Hey:* Die histologische Identifizierung von menschlichen und tierischen Knochen. Dtsch. Z. gerichtl. Med. **4**, 566—576 (1924). — *Merkel, H.:* Zur Beurteilung des Lebensalters aus Skelettbefunden. Dtsch. Z. gerichtl. Med. **10** (1927). — *Mueller, B.:* Gerichtsärztliche Tätigkeit. Der Arzt des öffentl. Gesundheitsdienstes 1933. — *Nippe:* Die kriminalistischen Gesichtspunkte der gerichtl. Sektion. Dtsch. Z. gerichtl. Med. **18** (1932). — *Pietrusky:* Gerichtliche Medizin. Handb. für den öffentl. Gesundheitsdienst. **15.** Berlin 1938. — *Schütt, Ed.:* Ein Knochenfund mit geglückter Identifizierung. Dtsch. Z. gerichtl. Med. **15** (1930). — *Schrader, G.:* Untersuchungen zur Altersbestimmung an Knochen verbrannter Neugeborener und Frühgeburten. Dtsch. Z. gerichtl. Med. **29** (1938). — *Schranz, D.:* Der Oberarmknochen und seine gerichtlich-medizinische Bedeutung aus dem Gesichtspunkt der Identität. Dtsch. Z. gerichtl. Med. **22** (1933). — *Walcher, K.:* Gerichtsärztliche Untersuchung von Skelettteilen. *Abderhaldens* Handb. der biologischen Arbeitsmethoden, Abt. IV, 12, Lieferg. 360. — *Weyrich, G.:* Über die Entstehung von Verletzungen an menschlichen Knochen durch Tierbenagung. Dtsch. Z. gerichtl. Med. **19** (1932). **Ponsold.**

**Knochenbrüche** siehe *Schädelbrüche; Verletzungen durch stumpfe Gewalt.*

**Knollenblätterschwamm** siehe *Pilzvergiftungen.*

## Kobalt.

Die Verwendung von Kobalt und Kobalterzen ist heute sehr groß in der Blaufarbenindustrie. Toxikologisch wirkt es so wie Eisen oder Nickel. Eine große praktische Bedeutung kommt den Vergiftungen mit Kobalt nicht zu. Nur in den Bergwerken von Schneeberg sind schon längere Zeit in einem merkwürdig hohen Prozentsatz als sekundär ungeklärte Folgen der Kobalterzeinwirkung (Arsenkobaltverbindungen) Lungentumore lymphosarkomatöser Art aufgetreten. Diese Erkrankungen fallen unter die deutsche Verordnung vom 12. 5. 1925 über die Gleichstellung einiger Berufskrankheiten mit Unfällen (*Schneeberger Lungenkrebs*). Nach *Margain* finden sich bei Kobalterzwäschern drei verschiedene Hauterkrankungen: 1. Allgemeine Handtellerhyperkerotose, 2. Siebförmige Beschaffenheit der Haut und 3. Oberflächengeschwüre.

Die chronische Einwirkung (in gewerblichen Betrieben) des Kobalt steht der des Nickels sehr nahe (*Oppenheim*). Viele früher als Kobaltvergiftungen beschriebene Fälle sind aber zweifellos auf Beimengungen anderer giftiger Metalle (Blei und insbes. Arsen) zu beziehen.

*Schrifttum.*
*Flury-Zangger:* Toxikologie. Berlin 1928. — *Margain:* Kobalt. Brit. J. Dermat. **16**, 395 (1904) — *Oppenheim:* Schädigungen der Haut durch Beruf und Arbeit. Handb. d. soz. Hyg. Berlin 1926. — *Oppenheim:* Gewerbl. Hautkrankheit. Wien. klin. Wschr. **63** (1914). — *Starkenstein-Rost-Pohl:* Toxikologie. Berlin u. Wien 1931.
*Szekely.*

**Kohlendioxyd** siehe *Kohlensäure.*

**Kohlendunstvergiftung** siehe *Kohlenoxyd.*

**Kohlenoxyd** (= CO).

Die Vergiftung durch CO-haltige Gase gewinnt mit der Ausbreitung der Technik und vor allem des Leuchtgases immer mehr an Bedeutung und hat nach der allgemeinen Erfahrung unter den Vergiftungen die erste Stelle erreicht. Dabei überwiegen bei weitem die Fälle von Selbstmord. Ihnen schließen sich die Unfälle an, während die Mordfälle verhältnismäßig selten sind. Großen Schwierigkeiten begegnet die Begutachtung der gewerblichen Vergiftungen, die zur „chronischen" CO-Vergiftung führen sollen, deren Zustandekommen aber von einer großen Zahl von Forschern abgelehnt wird.

CO entsteht vor allem durch die unvollständige Verbrennung bei ungenügender Luftzufuhr (die Bildung von CO bei chemischen Reaktionen in Laboratorien hat praktisch keine Bedeutung). CO ist demnach in den Rauchgasen bei Bränden sowie in den Rauchabzugsgasen von Heizanlagen und Dampfmaschinen vorhanden. In einer Reihe von in der Technik verwendeten Gasen kommt CO als wichtiger Bestandteil vor, so im Generatorgas ($CO + N_2$), im Wassergas ($CO + H_2$), im Halbwasser- oder *Dowson*gas ($CO + H_2 + N_2$) und im Leuchtgas, das je nach der Herstellungsart neben anderen Gasen CO in verschiedener Menge enthält. Während um die Jahrhundertwende das Leuchtgas etwa 9 % CO enthielt, wird jetzt in den Großstädten nicht mehr reines Steinkohlengas, sondern „Normgas", d. h. ein Gemisch von Steinkohlengas und Wasser- oder Generatorgas mit einem CO-Gehalt von 16—17 % verwendet, dessen chemische Zusammensetzung z. B. in Wien derzeit folgende ist: $CO_2$—2,3 %; $C_n H_m$—2,2 %; $O_2$—0,5 %; CO—13 %; $H_2$—43,2 % und $N_2$—19 %.

Weiter entsteht CO bei Explosionen und wird als *Auspuffgas* von Benzin- und Benzolmotoren (Automobilen, Flugzeugen und Motorbooten) abgeschieden. Viele Fälle von „*Limousinenkrankheit*" sind auf solche CO-Vergiftungen zurückzuführen. Eine andere Quelle, die nicht allgemein bekannt ist, stellen die Petroleum-Koch- und -Heizapparate dar, die wegen ihrer Ausbreitung gerade in den ärmeren Bevölkerungsschichten bei Verwendung in oftmals zu kleinen Räumen eine beträchtliche Gefahr für diese Menschen bilden. Schließlich sei noch auf die Unglücksfälle durch die Koksöfen zum Austrocknen von Neubauten, auf die Kohlenbügeleisen sowie auf die Unglücksfälle in Bergwerken und auf Koksschutthalden von Hüttenwerken hingewiesen.

Auch der Tabakrauch enthält CO, und manche Forscher glauben, daß darin eine ebenso große Schädlichkeit liegt, wie in der Einwirkung des Nicotins.

*Physikalische Eigenschaften des CO:* Das Gas ist in Wasser nur wenig löslich, ist farb- und geruchlos und hat ein spezifisches Gewicht von 0,967 (Luft = 1). Es mischt sich leicht mit der Raumluft, worin im Zusammenhalte mit der Geruchlosigkeit die besondere Vergiftungsgefahr liegt. Es verbrennt mit bläulicher Flamme zu $CO_2$. *Leuchtgas* hat hingegen ein spezifisches Gewicht von 0,4—0,5 (in Wien 0,530). Ihm sind absichtlich Geruchstoffe (Mercaptane) beigemengt, um die Menschen vor austretendem Gas zu warnen. Der Zündschlagbereich liegt beim Wiener Stadtgas zwischen 8 und 19 %, was von Bedeutung ist, weil bei teilweisem

26

Brennen mehrflammiger Brenner Leuchtgas in die Raumluft ausströmen und zur Vergiftung führen kann, ohne daß es bereits zur Explosion kommen mußte. Ein in dieser Richtung ungewöhnlicher Fall ereignete sich vor kurzem in Wien. Ein Mann hatte Selbstmord durch Aufdrehen eines Gashahnes verübt. Als morgens die Bedienerin wie gewöhnlich an der Wohnungstür läutete, erfolgte eine schwere Explosion, die großen Schaden anrichtete. Der Mann wurde mit CO-Vergiftung tot aufgefunden. Das Gas-Luftgemisch war durch den Unterbrecherfunken der elektrischen Klingel zur Entzündung gekommen.

Daß beim Aufsuchen von Gasrohrgebrechen kein offenes Feuer verwendet werden darf, ist zwar allgemein bekannt, doch wird das Verbot immer wieder übertreten.

*Quellen der Kohlendunst- und Leuchtgasausströmung*: Außer dem schon besprochenen Vorkommen des CO sind in kriminalistischer Hinsicht nachfolgende Quellen besonders bemerkenswert: Das CO kann oft einen weiten Weg durch Kaminritzen, entlang von glimmenden Balken noch vor Ausbruch eines Brandes oder entlang von Kanalisationsrohren im Erdreich bei Gasrohrbrüchen zurücklegen, so daß die Quelle manchmal sehr schwer nachzuweisen ist.

Die Kohlendunstvergiftungen sind besonders im Frühjahr bei den Witterungsumschlägen und Wechsel in der Windrichtung häufig. Dabei können die Abzugsgase durch die Heizanlage in den Raum zurückgedrückt werden, sie können aber auch durch ein in den gleichen Kamin mündendes Rauchabzugsrohr einer Heizstelle der Nebenwohnung in diese gelangen, vor allem wenn diese ungeheizt war. Eine große Gefahr bringt in dieser Richtung die Aufstellung von Koksdauerbrandöfen mit sich, weshalb die Kaminanlage vorher genau überprüft werden muß. Außerdem ist es bei Neubauten verboten, daß Ofenabzugsrohre verschiedener Stockwerke in den gleichen Kamin münden.

Beim Leuchtgas kommt die Vergiftung, abgesehen von der absichtlichen Öffnung eines oder mehrerer Gashähne, sehr häufig durch undichte Gasschläuche zustande, wenn nur der Gashahn des Gerätes abgedreht wird, der Wandhahn aber offen bleibt. Das gleiche tritt ein, wenn der Gasschlauch zufällig abgleitet. Eine weitere Quelle stellen ganz oder teilweise durch Überkochen oder durch Zugluft verlöschte Gasflammen der Koch- und Heizapparate dar, schließlich kann es durch vorzeitiges Abdrehen des Haupthahnes, ehe noch alle peripheren Hähne geschlossen sind, und neuerlichem Öffnen des Haupthahnes zur Vergiftung kommen.

Eine besondere Gefahr stellt das Sickergas nach Gasrohrbrüchen dar, da das Gas beim Durchstreichen durch das Erdreich infolge Absorption der zugesetzten Riechstoffe seinen Geruch verliert und daher unbemerkt in ebenerdige, meist nicht unterkellerte Räume aufsteigen kann.

Begünstigt wird dieser Vorgang durch die Temperaturunterschiede zwischen Wohnraum und Außenluft, da die Gasrohrbrüche mit Eintritt des Tauwetters gehäuft auftreten und durch die warme Luft der geheizten oder durch Anwesenheit mehrerer Personen erwärmten Wohnräume die Bodengase in die Räume eingesaugt werden. Dabei kommt es meist nachts zur Vergiftung, da einerseits der Gasdruck höher ist und andererseits die Menschen lange Zeit ohne Lüftung in dem Raume verbleiben.

*Ursache und Vorgang der Vergiftung*: Die Ursache, daß schon bei geringer Beimischung von CO zur Atemluft eine CO-Vergiftung zustande kommt, liegt in der 200—300mal größeren Affinität des Hämoglobins zum CO im Vergleich zum $O_2$. Daraus

ergibt sich, daß schon ein Gehalt von 0,5 % CO (bzw. von 4 % Leuchtgas mit 13 % CO-Gehalt) in der Luft in kurzer Zeit, von 0,2—0,4 % CO (2,5—3 % Leuchtgas) nach etwa zwei Stunden zum Tode führt, doch bringt auch schon ein Gehalt von 0,15 % CO (1 % Leuchtgas) Vergiftungserscheinungen hervor. Das CO ist somit ein Blutfarbstoffgift, und die Wirkung hängt vom Partialdruck der Gase ab. Daneben sind namhafte Forscher der Ansicht, daß es außerdem ein Zell- und Gefäßgift darstellt. Nach unserer Erfahrung ist es aber bei den nicht tödlichen Vergiftungen keineswegs gleichgültig, ob höhere Konzentrationen kurze Zeit oder niedrige Konzentrationen längere Zeit auf den Körper einwirken. In letzterem Falle sind schwerere Veränderungen der Eingeweide, vor allem des Gehirnes nachzuweisen. Die *Haber*sche Formel der Giftwirkung $S = c \cdot t$ hat also auf die CO-Vergiftung nur eingeschränkte Gültigkeit. In der Praxis findet man demnach bei Sickergas, undichten Kaminen, nur wenig geöffneten Gashähnen oder Leuchtgasausströmung bei offenen Fenstern schwerere Nachkrankheiten und Hirnveränderungen als bei Vergiftung durch große Gasmengen in kurzer Zeit.

Es können daher umgekehrt aus den Organveränderungen und dem Verlauf der Erkrankung Rückschlüsse auf die Art der Vergiftung in kriminalistischer Richtung gezogen werden.

Der Grund, daß es bei dem starken Geruch des Leuchtgases dennoch zu Unfallvergiftungen kommt, liegt im „Einschleichen" des Gases. Obwohl Leuchtgas beim Betreten von Räumen schon in einer Konzentration von 0,01 % am deutlichen Geruche wahrgenommen werden kann, ist der Geruch bei allmählichem Ansteigen der Konzentration für Personen, die sich vom Anfang des Ausströmens an in dem betreffenden Raum ständig aufhalten, nicht zu verspüren, da die Reizschwelle allmählich höher rückt und der Geruch vielfach erst dann wahrgenommen wird, wenn die Vergiftung schon so weit vorgeschritten ist, daß eine Selbstrettung nicht mehr gelingt.

*Klinische Erscheinungen*: Die Vergiftung beginnt mit Kopfschmerzen, Hämmern in den Schläfen, Schwindel, Ohrensausen, Augenflimmern, Herzklopfen, also den allgemeinen Zeichen einer Blutdrucksteigerung. (Wir haben in einem Fall von Hirn-Blutung bei gleichzeitiger CO-Vergiftung die Entstehung der Hirnblutung bei einer hierzu veranlagten Frau auf die Blutdrucksteigerung als auslösende Ursache zurückgeführt.) Diesen Erscheinungen entspricht ein CO-Gehalt im Blute von rund 25 %. Es kommt dann zu Übelkeiten, Erbrechen, und es können manische Erregungszustände auftreten, in denen der Vergiftete kriminelle Handlungen begehen kann, über die eine Erinnerungslücke nach erfolgter Rettung besteht. Dann kommt es zu Müdigkeit, Gliederschmerzen und ataktischen Bewegungen, wodurch eine Selbstrettung in diesem Zustande nicht mehr gelingt. Dazu kommt noch, daß bei Bewegungen ein erhöhter $O_2$-Verbrauch stattfindet und dadurch infolge des gesteigerten $O_2$-Mangels die Bewußtlosigkeit rascher eintritt. Beim Sturz können sich die Vergifteten Verletzungen oder auch Brandwunden zuziehen. Werden die Vergifteten in diesem Zustand aufgefunden und in frische Luft gebracht, so scheiden sie das CO in 10—24 Stunden wieder aus und erholen sich auch bald, vorausgesetzt, daß die Vergiftung in einer kurzen Zeitspanne verlaufen ist. Die Bewußtlosigkeit tritt im allgemeinen bei einem Gehalt von rund 50 % CO-Hb ein, und die Geretteten erwachen aus der Bewußtlosigkeit, wenn sie das CO bis auf 50 % wieder ausgeschieden haben, also je nach der Höhe des Prozentgehaltes nach 1—3 Stunden. Die Bewußtlosigkeit kann aber auch länger dauern, trotzdem der CO-Gehalt schon bis auf geringe Spuren abgesunken ist, wenn der Vergiftete lange Zeit in einer CO-Athmosphäre mit langsamem Ansteigen der Konzentration gelegen hat.

Je länger die Bewußtlosigkeit dauert, desto geringer sind die Aussichten, den Vergifteten am Leben zu erhalten. Bei der Auffindung der Vergifteten fällt die eigentümliche hellrote Farbe und die Dunsung der Gesichtshaut auf. Auch die Fingernägel und die sichtbaren Schleimhäute sind hellrot gefärbt. Der Blutdruck ist um so niedriger, je schwerer die Vergiftung ist und kann nach unseren eigenen Beobachtungen bis auf 98,45 mm Hg nach R.R. absinken. Der Puls ist bis auf 120 Schläge in der Minute erhöht, klein, mitunter kaum tastbar. Die Atmung kann in schweren Fällen stark beschleunigt und oberflächlich (z. B. 68 Atemzüge in der Minute) sein, meist ist sie jedoch eher verlangsamt, tief, schnarchend, manchmal vom *Cheyne-Stokes*chem Typus. Es kann in solchen Fällen die Anlegung des Biomotors in Frage kommen. In leichteren Fällen besteht nach dem Erwachen aus der Bewußtlosigkeit starkes Kältegefühl mit Schütteln des Körpers. Als Zeichen der Hirnschädigung findet sich eine Erinnerungslücke, durch die die Aufklärung des Geschehens oftmals unmöglich wird. In schwereren Fällen kommt es in der Bewußtlosigkeit zu tonisch-klonischen Krämpfen, zu Schweißausbrüchen und häufigem Erbrechen mit Gefahr der Aspiration. In ganz schweren Fällen tritt der Tod trotz vollständiger Ausscheidung des CO nach Stunden bis Tagen ein. Wurde der Vergiftete nicht rechtzeitig aufgefunden, so kommt es in der Bewußtlosigkeit zum Harn- und Stuhlabgang und schließlich zum Tod an Hirnlähmung. Bei *Überlebenden* finden wir nach schwereren Vergiftungen Folgeerscheinungen wie Blasenbildung an Hautstellen, z. B. am Fußrücken, die keinem Drucke ausgesetzt sind, oder Druckgeschwüre in der Haut über dem Kreuzbein, am Gesäß, an den Fersen. Diese Hautveränderungen können sogar bei unbekannten Sickergas- oder Rauchgasvergiftungen den richtigen Weg zur Diagnose weisen. Weiters finden wir Glykosurie und die verschiedenen Schädigungen des Gehirn- und Nervensystemes mit Lähmungen oder Geistesstörungen. Es besteht die Möglichkeit einer Ausheilung, vielfach bleibt aber ein immerwährendes Siechtum zurück. Schließlich kann es infolge der Bewußtlosigkeit noch zur Aspirationspneumonie kommen, die häufig zum Tod führt.

Als Folge- und Nachkrankheiten können Hautblutungen und -nekrosen bis zur Gangrän von Gliedmaßen, Myositis und Muskelatrophie, Myokarditis, Polyneuritis, periphere Lähmungen, Sehnervenatrophie, Zerreißung kleiner Hirngefäße infolge Degeneration der Gefäßwand, Thrombenbildung im Gehirn und Herzfleisch, periphere Blutstauungen, Blutungen in der Magenschleimhaut und bei den „chronischen" Vergiftungen angeblich Nagelausfall oder Querfurchung der Fingernägel, Zahnausfall, perniziöse Anämie und schlechtes Allgemeinbefinden entstehen.

Tritt der Tod in der CO-Atmosphäre ein, so kann es zur „kataleptischen Totenstarre" (s. d. Art.: Leichenerscheinungen) kommen. Eine besondere Widerstandsfähigkeit von Leichen CO-Vergifteter gegen Fäulnis ist uns nicht aufgefallen.

Bemerkenswert ist die erhöhte Empfindlichkeit von Kleinkindern dem CO gegenüber im Vergleiche zum Erwachsenen. Daher kommt es bei Familienselbstmorden häufig vor, daß das Kind bereits tot ist, während die Eltern gerettet und dann wegen Mord vor Gericht gestellt werden. So kommt es auch, daß bei CO-Vergiftung Schwangerer das über

die Placenta auf die Frucht übergehende CO die Frucht töten kann, während die Schwangere gerettet wird. In einem uns von *Fritz* übersendeten Fall konnte daher im Blute der Totgeburt CO nachgewiesen werden, während dies im Blute der Überlebenden, daher CO ausscheidenden Schwangeren nicht mehr der Fall war. Es konnte auf diese Weise der Beweis einer durchgemachten CO-Vergiftung der Mutter erbracht werden. Geht das Kind im Mutterleibe nicht zugrunde, dann können schwere Hirnveränderungen den Tod des Neugeborenen bedingen und als Zeichen einer stattgehabten CO-Vergiftung der Mutter bei der Leichenöffnung gefunden werden.

*Behandlung:* Die beste *Behandlung* CO-Vergifteter beruht in der Zufuhr frischer Luft oder eines Gemisches von $O_2 + CO_2$ (Oxymix) und Erzielung einer guten Atmung, dann wird das CO rasch ausgeschieden. Dazu kommt noch die Unterstützung des Kreislaufes, wobei in schweren Fällen bei der Anwendung krämpfeerzeugender Mittel besondere Vorsicht geboten erscheint. Wir konnten uns am Krankenbett selbst überzeugen, daß die viel gepriesenen Methylenblaupräparate (Chromosmon) den Vergiftungsverlauf nicht wesentlich beeinflussen, und eine Reihe von Untersuchern hat sogar eine schädliche Bildung von Methämoglobin, das für die Atmung unbrauchbar ist, nachgewiesen.

In Selbstmordfällen kommt es nun häufig vor, daß neben der CO-Vergiftung eine Schlafmittelvergiftung besteht, die eine andere Behandlung erfordert. Durch quantitative Bestimmung des CO-Gehaltes im Blute ist es möglich, die Bewußtlosigkeit durch den CO-Wert zu erklären. Wo dies nicht der Fall ist, besteht dann der Verdacht, daß die Bewußtlosigkeit durch ein Schlafmittel bedingt ist, wonach sich dann die Behandlung zu richten hat.

*Leichenbefund:* Der *Leichenbefund* ist verschieden, je nachdem der Betreffende in der CO-Atmosphäre umgekommen ist oder nach verschieden langer Zeit nach der Auffindung an der Vergiftung oder einer Folgekrankheit gestorben ist.

In ersteren Fällen finden wir eine auffallende, allerdings bei schlechtem Licht auch übersehbare, hellrote Farbe der Totenflecke, des Blutes und damit aller Eingeweide, vor allem der Muskeln. Diese Tatsache schützt vor Verwechslungen mit hellroten Totenflecken bei Leichen, die lange Zeit in der Kälte gelegen sind, denn bei diesen sind die Muskeln beim Einschneiden braunrot, das gleiche gilt bei der Cyangasvergiftung, bei der die Totenflecke ausnahmsweise hellrot sein können.

Liegt eine Vergiftung durch Kohlendunst oder Brandgase vor, dann findet sich Rußablagerung um Mund- und Nasenöffnungen, auf der Schleimhaut von Rachen und Kehlkopf bis in die Luftröhre und deren Verzweigungen.

Die hellrote Farbe des Blutes und damit der Totenflecke ist abhängig von dem CO-Gehalt des Blutes. In der Mehrzahl der Fälle tritt der Tod bei einem Gehalt von mehr als 60 % CO-Hb ein, wobei die häufigsten Werte bei 70—80 % CO-Hb liegen. In einzelnen Fällen, besonders wenn krankhafte Veränderungen des Herzens vorliegen, kann aber schon ein Gehalt von 50 % zum Tode führen. In diesen Fällen ist dann die hellrote Farbe der Totenflecke nicht so deutlich ausgeprägt, und man wird erst durch die verhältnismäßig hellrote Farbe des Blutes und der Muskulatur auf die Möglichkeit einer CO-Vergiftung hingewiesen.

Da, wie schon erwähnt, bei Überlebenden unabhängig von der Schwere der Krankheitserscheinungen das CO in durchschnittlich 17 Stunden aus dem Körper wieder ausgeschieden wird, aber schon nach 3 Stunden bis auf etwa 25 % CO-Hb abgesunken ist, fehlt in diesen Fällen die für die CO-Vergiftung charakteristische Farbveränderung des Blutes. Außer es findet sich am Körper irgendwoein Blutaustritt. Dieses Blut ist aus dem Kreislauf ausgeschaltet, kann daher das CO durch die Atmung nicht abgeben und weist bei der quantitativen Bestimmung jene Menge von CO-Hb auf, die im kreisenden Blut im Körper vorhanden war, als der Blutaustritt entstanden ist. Der Beweis einer stattgehabten CO-Vergiftung kann sonst innerhalb des ersten Tages nur durch Nachweis kleiner CO-Mengen im Blute erbracht werden, nach 24 Stunden hingegen nur, wenn Veränderungen am Gehirn aufgetreten sind. Dies ist dann der Fall, wenn der Gerettete die Vergiftung 2—3 Tage überlebt hat (*Meixner*), obwohl wir einerseits auch schon nach 12stündigem Überleben die kennzeichnenden symmetrischen Erweichungsherde in den Linsenkernen gesehen haben, während andererseits diese bei zwei- oder mehrtägigem Überleben fehlen können.

Wir sind daher auf Grund unserer Untersuchungen der Meinung, daß diese Erweichungsherde eher eine Folge lang dauernder Gifteinwirkung bei langsamer Konzentrationszunahme, wie z. B. bei Kohlendunstvergiftungen, sind und die Zeit des Überlebens eine untergeordnete Rolle spielt. Auf den Entstehungsvorgang und den Grund für diese Lokalisation kann nicht näher eingegangen werden. Es können aber auch an anderen Stellen des Gehirnes, sowohl in der Rinde als auch im Marklager, weiße oder rote Erweichungsherde auftreten, wobei durch genaue Untersuchung der basalen Hirngefäße die Entstehung etwa durch eine Thrombose einer Schlagader ausgeschlossen werden muß. Die schon erwähnten Hautveränderungen oder der Nachweis von Zucker im Harn würde die Diagnose einer CO-Vergiftung unterstützen. Natürlich müßte erwiesen sein, daß nicht schon vor der Vergiftung Zuckerharnruhr bestand. Die Untersuchung des Harnes soll sich auch in der Richtung des Schlafmittelnachweises erstrecken, um eine solche Vergiftung auszuschließen, was für die Beantwortung der Frage „Unfall oder Selbstmord" von Wichtigkeit sein kann. Bei an Folgekrankheit Verstorbenen findet sich meist eine Aspirationspneumonie und als Zeichen der dem Tode vorausgegangenen lange dauernden Bewußtlosigkeit eine stark gefüllte Harnblase.

*Der Nachweis des* CO *im Blute*: Bietet auch die hellrote Farbe bei tödlichen CO-Vergiftungen gewisse Anhaltspunkte für diese Annahme, so ist doch der Nachweis des CO im Blute unbedingt notwendig. Nach unserer Erfahrung ist aber nicht nur der qualitative Nachweis, sondern auch der quantitative zu fordern. Der Nachweis gelingt auch an begrabenen und bereits durch Fäulnis stark veränderten Leichen nach Monaten noch. Unter den Verfahren zum qualitativen Nachweis haben wir zwei Gruppen zu unterscheiden: a) die chemischen Reaktionen, die auf Farbunterschieden der gebildeten Niederschläge zwischen CO-Blut und CO-freiem Blute beruhen, und b) den spektroskopischen Nachweis, der in einem verschiedenen spektralen Verhalten des Blutfarbstoffes gegenüber einem Reduktionsmittel liegt. Diese Proben sind aber nur bis zu einem Gehalt von 25 % CO-Hb verläßlich. Unter dieser Menge werden die Proben derart unsicher, daß sie für gerichtliche Gutachten unbrauchbar sind, obwohl bei der Probe von *Kunkel* oder *Wachholz-Sieradski* behauptet wird, daß die Proben im Vergleich zu einer durch Mischen verschiedener Mengen von 100 %igem CO-Blut mit verschiedenen Mengen CO-freien Blutes empirisch hergestellte Farbenskala noch einen Gehalt von 5 % CO-Hb anzeigen sollen. In der Herstellung dieser Farbenreihe liegt schon eine Fehlerquelle, da in dem mittels

Leuchtgasdurchströmung 100 %ig gemachten CO-Blut auch CO physikalisch gelöst wird, das sich bei Mischung mit CO-freiem Blute ebenfalls mit dem Blutfarbstoff verbindet, so daß höherperzentige Lösungen entstehen. Im folgenden sei aus der Unzahl chemischer Proben nur eine kleine Auswahl herausgegriffen.

*Zu a*) 1. Die älteste Probe ist die nach *Hoppe-Seyler mit 30 %iger Natron- oder Kalilauge*. Einige Tropfen des CO-Blutes werden in einer weißen Schale (Teller) mit der gleichen Menge der Natronlauge durch Umschwenken gemischt. Das gleiche muß mit sicher CO-freiem Blute (Leichen- oder Tierblut) vorgenommen werden. Beim CO-Blut bildet sich ein schmieriges Gerinnsel von hellroter Farbe, während das Gerinnsel beim CO-freien Blut braun, in den dünnen Randschichten grün gefärbt ist (alkalisches Hämatin). Sehr schön ist der Farbunterschied zur Ansicht zu bringen, wenn man von den beiden Proben einige Tropfen in klares Wasser fallen läßt. Die Tropfen des CO-Blutes erzeugen eine rote, die des CO-freien Blutes eine grünliche Verfärbung des Wassers.

2. Eine der besten Proben ist die *Kunkel*sche *Tanninprobe*. In Probierröhrchen wird CO-Blut bzw. CO-freies Blut *drei*fach mit Wasser verdünnt und mit der *drei*fachen Menge einer *3* %igen Tanninlösung (Acid. tannicum) versetzt. Bei Anwesenheit von CO entsteht eine hell- bis dunkelrote Fällung, die bei Abwesenheit von CO zuerst dunkelrot, alsbald aber graubraun wird ($\frac{1}{2}$ bis 24 Stunden).

3. Allen Proben, so auch der *Kunkel*schen Probe, haften Fehlerquellen an, einerseits weil nicht immer Kontrollblut zur Hand ist und andererseits, weil das Kontrollblut meist eine verschiedene Zusammensetzung im Vergleich zu dem durch Absetzung veränderten Leichenblute aufweist. Dadurch kommt es schon zu verschiedener Farbe der Niederschläge. Diesem Übelstand will die *Probe von Wachholz-Sieradski* dadurch abhelfen, daß bei dieser Probe auch zur Kontrolle das gleiche Blut, das durch Ausschütteln vom CO befreit wurde, verwendet wird. Die Probe ist schwierig und gelingt nur dem sehr Geübten. Das Blut wird fünffach verdünnt und die Lösung in zwei Teile geteilt. Zu beiden Teilen setzt man 20 Tropfen einer 10 %igen Ferri-Cyankaliumlösung zu, wodurch Methämoglobin gebildet wird, und das CO physikalisch gelöst in der Lösung verbleibt. Wird nun die eine Probe längere Zeit kräftig geschüttelt, so entweicht das CO, und diese Lösung wird als Kontrollösung weiter verwendet. Es werden nun beiden Proben 1—2 Tropfen gelbes Schwefelammonium als Reduktionsmittel zugesetzt, wodurch reduziertes Hämoglobin entsteht, das sofort in der einen Lösung das noch vorhandene physikalisch gelöste CO bindet und in CO-Hb übergeht. Nunmehr setzt man beiden Proben die gleiche Menge einer 10-(bis 20-) %igen Tanninlösung zugesetzt und die Proben kräftig durchschüttelt, wie dies auch bei der *Kunkel*schen Probe notwendig ist. Das Ergebnis ist bei CO-Blut ein dunkelroter Niederschlag, während in dem durch Schütteln vom CO befreiten Blute der Niederschlag grau ist. Es ist das ein weiterer Vorteil gegenüber der *Kunkel*schen Probe, da die Reaktion sofort auftritt und nicht erst mehrere bis 24 Stunden zugewartet werden muß, bis der Farbumschlag vollkommen ist.

4. Eine sehr einfache und auch für den Praktiker leicht durchführbare Probe ist die Formalinprobe. Blut und Kontrollblut wird im Probierröhrchen mit der gleichen Menge einer 40 %igen *Formalinlösung* versetzt und einmal kräftig durchgeschüttelt. Es entsteht eine starre Masse, die beim CO-Blut dunkelrot, bei der Abwesenheit von CO braun ist.

*Zu b*): Am verläßlichsten von allen Proben ist

die *spektroskopische* Untersuchung des Blutes. Sie beruht auf dem verschiedenen Verhalten des CO-Hb und $O_2$-Hb gegenüber einem Reduktionsmittel (z. B. gelbem Schwefelammonium). Während die Spektren dieser beiden Blutfarbstoffarten sonst annähernd gleich, beim CO-Hb nur etwas gegen das violette Ende verschoben sind, ist nach Reduktion ein deutlicher Unterschied wahrzunehmen. Vor Zusatz des Reduktionsmittels zeigen beide Blutlösungen zwei Verdunklungsstreifen: einen dichteren und schmäleren an der D-Linie, also im gelbem Anteil des Spektrums, und einen zweiten breiteren, etwas verwascheneren zwischen den Linien D und E im gelbgrünen Anteil des Spektrums. Nach Zusatz des Reduktionsmittels verschwinden die beiden Streifen in der $O_2$-Hb-Lösung, und an ihre Stelle tritt eine breite Verschattung, das Spektrum des reduzierten Hämoglobins. In der CO-Hb-Lösung bleiben die Streifen bestehen, da CO-Hb nicht reduziert wird. Es ist nur möglich, daß zwischen den Streifen des CO-Hb eine leichte Verschattung auftritt, da das in der Blutlösung enthaltene restliche $O_2$-Hb reduziert wird, zumal wir wissen, daß der Tod schon bei einem Gehalte von 70—80 % CO-Hb eintritt. Hat der Betreffende aber die Vergiftung auch nur kurze Zeit überlebt, so hat er mittlerweile soviel CO ausgeschieden, daß die Verschattung des reduzierten Hämoglobins die CO-Streifen unkenntlich macht, was bei einem CO-Gehalt von etwa 25 % der Fall ist. Die Kontrollblutlösung bei der spektroskopischen Probe ist nur dazu da, um die Reduktionsfähigkeit des Reagens zu überprüfen. Die Probe wird in der Weise vorgenommen, daß etwa 2—5 Tropfen CO-Blut und CO-freies Blut im Probierröhrchen durch Auffüllen mit Wasser zu einer rosaroten Lösung verdünnt werden. Es tritt alsbald Hämolyse ein, und die Spektren werden klar sichtbar. Nun werden beiden Lösungen einige Tropfen gelben Schwefelammoniums zugesetzt, durch Umschwenken in der Lösung verteilt und neuerlich spektroskopiert. Nach einigen Minuten ist die Reduktion des Kontrollblutes eingetreten, worauf die zu untersuchende Lösung geprüft wird. Am besten ist dazu ein Handspektroskop für zwei Probierröhrchen geeignet, weil dann beide Lösungen gleichzeitig beobachtet werden können, und so das verschiedene Verhalten deutlich wird.

Aus dem bisher Gesagten geht hervor, daß unter einem Gehalt von 25 % CO-Hb der Nachweis schwierig und unsicher wird. Diese Lücke wurde durch das *spektrophotometrische* Untersuchungsverfahren ausgefüllt, welches die *quantitative* Bestimmung jeder Menge von CO-Hb bis herunter zu 2 % CO-Hb erlaubt. Es sind auch eine andere Reihe quantitativer Verfahren angegeben, doch sind die in erster Linie nur für Blut Lebender verwertbar. So vor allem das *gasanalytische* Verfahren nach *van Slyke*. Dieses Verfahren ist am Leichenblut unbrauchbar. Ein weiteres gasanalytisches Verfahren ist die von *Fischinger* modifizierte *Jodpentoxydmethode* nach *Nicloux*, bei der sich bei faulem Leichenblut ebenfalls Schwierigkeiten ergeben können. Unbrauchbar für diese Zwecke ist die *Palladiumchlorürmethode*, die außerdem zu empfindlich ist. Sie ist nur zur Untersuchung der Raumluft von Wert. Hierfür kommen aber vor allem die *Dräger*-Apparate in Frage, während die Gasprüfer der Gaswerke nicht das CO, sondern den $H_2$ des Leuchtgases feststellen.

Unter den *optischen* Verfahren scheint sich das *spektrometrische* Verfahren von *Balthazard* nicht durchzusetzen, während ein in letzter Zeit von *May* angegebenes Verfahren unter Benützung eines Stufenphotometers (*Zeiss*) und einer Quecksilberdampflampe dem spektrophotometrischen Verfahren nahezukommen scheint. Da die Anschaffung des kostspieligen Spektrophotometers nach *König-Martens*

(Fa. *Schmidt* u. *Hensch*, Berlin) entfällt und Stufenphotometer verschiedener Firmen billiger oder schon vorhanden sind, hat dieses Verfahren, das wir noch nicht nachprüfen konnten, Aussicht auf allgemeine Einführung. Aus diesem Grunde erscheint mir auch in diesem Rahmen der Hinweis auf die besondere Bedeutung der quantitativen CO-Bestimmung gerechtfertigt.

Auf die Technik der Untersuchung einzugehen, würde uns zu weit führen. Das Grundprinzip bei der Spektrophotometrie ist die Messung der tiefsten Verschattung der Absorptionsstreifen, des CO-Hb (Maxima) einerseits und die Messung des Minimums zwischen den beiden Streifen anderseits. Da die CO-Hb-Streifen etwas gegen das violette Ende verschoben sind, ergeben sich an den kritischen Stellen des Spektrums durch Division je eines Maximums durch das Minimum Quotienten, denen empirisch gefundene CO-Hb-Werte entsprechen, die in einer Tabelle abgelesen werden können. Die Untersuchung dauert mit allen Kontrollen und der Berechnung etwa fünf Minuten. Die Fehlergrenze beträgt bei höheren Werten $\pm$ 4 %, bei niederen Werten $\pm$ 2 %, die Methode ist also für die gerichtsmedizinische Praxis vollkommen ausreichend. Die nötige Blutmenge wird durch Einstich aus der Fingerbeere gewonnen. Während es damit möglich ist, nach Tabakrauchen CO-Hb im Blute nachzuweisen, ist dies bei angeblich „chronischen" CO-Vergiftungen bisher nicht gelungen. Das Verfahren von *May*, das gegenüber unserem gewiß umständlicher ist, beruht in einer Ausmessung der fraglichen CO-Hb-Lösung gegenüber einer 100 %igen CO-Hb-Lösung unter Beleuchtung mit einer Quecksilberdampflampe als monochromatischer Lichtquelle unter Vorschaltung des Filters Hg 578.

*Kriminalistische Bedeutung des quantitativen* CO-*Nachweises:* Wird diese Untersuchung bei Überlebenden durchgeführt, die unabhängig von der Schwere der Krankheitserscheinungen das CO innerhalb 10—24 Stunden ausscheiden, so kann man bei

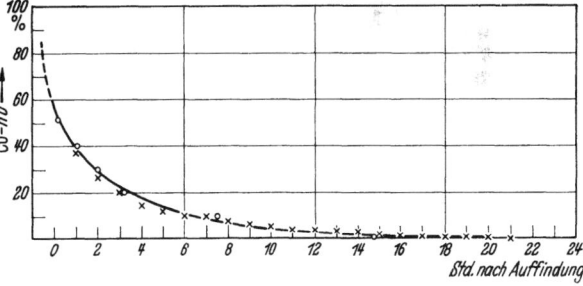

Abb. 1. Kurve der CO-Konzentration im Blute in Abhängigkeit von der Zeit.

bekannter Auffindungszeit aus dem bei der Untersuchung gefundenen Wert aus beigefügter Kurve jene Mengen von CO-Hb ermitteln, die zur Zeit der Auffindung erreicht war. Daraus kann der Zeitpunkt der Öffnung des Gashahnes bei bekannter Ausströmungsgeschwindigkeit unter Berücksichtigung der Größe des Raums und der natürlichen Durchlüftung errechnet werden. Weiter können die Krankheitserscheinungen, vor allem die Bewußtlosigkeit, die bei etwa 50 % CO-Hb eintritt, erklärt werden, wenn dies nicht möglich ist, muß die Bewußtlosigkeit durch ein anderes Gift hervorgerufen worden sein, oder aber sie war aus irgendwelchen Gründen Laien gegenüber nur vorgetäuscht. Ist in Fällen schwerer Bewußtlosigkeit unter Ausschluß eines anderen Giftes CO nicht mehr nachzuweisen, dann kann mit Vorsicht der Schluß gezogen werden, daß die CO-Vergiftung unter langsamen Ansteigen der Konzentration (halb geöffneter Gashahn spricht für Unfall) oder wieder fallender Konzentration (Sickergas, nach Behebung des Schadens = Unfall; Becken mit Holzkohlen = Selbstmord) lange gedauert· hat. Es ist möglich, den Zeitpunkt der Maximalkonzentration zu ermitteln und daraus die Tat zu rekonstruieren. Je länger die Bewußtlosigkeit dauert, desto größer ist die Lebensgefahr und um so mehr sind Veränderungen im Gehirn (symmetrische Erweichung der Linsenkerne) zu erwarten und zu finden. Dies geschieht am besten durch Abkappen des Gehirnes in der Sägeschnittebene des Schädels. Der Tod tritt bei 60—80% CO-Hb ein. Wird nur eine geringe Menge gefunden, so kann man daraus schließen, daß vielleicht ein plötzlicher Tod aus natürlicher Ursache vorliegt und bei dem vorausgegangenen Unwohlsein oder z. B. beim Teekochen durch das Hinstürzen der Gasschlauch abgerissen worden war und der Betreffende erst im sterbenden Zustande das Leuchtgas eingeatmet hat. Bei Unfällen im Bade beweist das Vorhandensein von etwa 50% CO-Hb den Eintritt der Bewußtlosigkeit mit Untersinken unter die Wasseroberfläche und Tod durch Ertrinken. Leichen sind besonders auf Blutaustritte zu untersuchen, da in diesen entweder kein CO zum Unterschied vom übrigen Blut nachzuweisen ist, dann ist dieser Blutaustritt vor der Vergiftung entstanden, oder aber es ist nur im Blutaustritt, nicht aber im Körperblut CO vorhanden, dann hat der Betreffende die Vergiftung mehrere Stunden überlebt, sie ist aber dadurch noch nachzuweisen. Schließlich sei noch darauf hingewiesen, daß auch nach dem Tode CO durch die Leichenhaut in die oberflächlichen Hautblutadern aufgenommen werden kann, wodurch die Totenflecke hellrot werden. Da das Gas aber nicht tiefer als etwa 1 cm unter die Körperoberfläche eindringt, bleibt das tiefe Körperblut CO-frei. Im Körper eines an CO-Vergiftung Verstorbenen finden sich nach unseren an 300 Leichen vorgenommenen Untersuchungen keine auffallenden Mengenunterschiede zwischen zentralem und peripherem Blut, wie dies *Schwarzacher* angegeben hat. Demnach können wir auch seine damals gezogenen Schlußfolgerungen nicht bestätigen. Auch tritt eine merkliche Abgabe von CO durch die Leichenhaut bei längerem Liegen der Leiche an der Luft nicht auf. Im Leichenexperiment ist dies jedoch der Fall, und es scheint dies mit den Veränderungen des Blutes nach dem Tode zusammenzuhängen. In jedem Falle ist die Vornahme eines Lokalaugenscheines angezeigt. Nur so kann die technische Seite des Falles überprüft werden.

*Schrifttum.*

*Breitenecker:* Über die Ausscheidungsgeschwindigkeit des CO. Beitr. gerichtl. Med. **14**, 98 (1938). — *Breitenecker:* Zur Frage der Entstehung der Linsenkernerweichungen bei CO-Vergiftung. Dtsch. Z. gerichtl. Med. **30**, 299 (1938). — *Breitenecker:* Über die kriminalistische Bedeutung der quantitativen CO-Bestimmung in Blutaustritten. Verhandlungsber. des I. Intern. Kongresses f. gerichtl. u. soz. Med. Bonn 1938. — *Breitenecker:* Hirnblutung und CO-Vergiftung. Wien. klin. Wschr. **1938**. — *Fischinger:* Bestimmung kleiner CO-Mengen im Blutgasen mittels der Jodpentoxydmethode. Abh. Hyg. **22**, 131 (1936). — *Graßberger:* Abh. Hyg. **6**, 1 (1929); **8**, 1 (1932). **13** (1933); **18** (1935); **19** (1935); **21** (1936). — *Heilmeyer:* Medizinische Spektrophotometrie. Jena 1933. — *Holzer-Lawes:* Über Mord mit Leuchtgas. (Der Strafprozeß Marich.). Beitr. gerichtl. Med. **14**, 171 (1938). — *May:* Arch. Gewerbepath. u. Gewerbehyg. **8**, 21 (1937). — *Meixner:* Hirnbefunde bei Kohlenoxydgasvergiftung. Beitr. gerichtl. Med. **6**, 55 (1924). — *Petri:* In Handb. der spez. path. Anat. u. Histol. **X**, 189. Berlin 1930. — *Reuter, Fritz:* Methode zur forensischen Beurteilung von Vergiftungen. In Handb. der biol. Arb.-Meth. Abt. IV, Teil 12, 5, 1167 ff., 1173 ff. (1938). **Breitenecker.**

## Kohlensäure.

*Kohlensäure, Kohlendioxyd* ($CO_2$) ist ein farbloses, geruchloses Gas, schwerer als Luft (spez. Gewicht 1,526), das bei allen Verbrennungen entsteht, u. a.

auch im Stoffwechsel als Atmungsprodukt, und in geschlossenen Räumen, in denen organische Stoffe faulen oder gären (Senkgruben, Bier- und Weinkeller). Kohlensäure kommt ferner in Quellen vor („Säuerlinge") und kann im Boden, insbesondere vulkanischen Ursprungs, in Gruben, Tunnelbauten usw. auftreten.

Die Kohlensäurevergiftung ist meist eine gewerbliche oder zufällige. Vor allem sind Todesfälle durch Einbrüche von Kohlensäure in Bergwerke (Kaligruben) und anschließend an Schlagwetter und Grubenbrände vorgekommen. Auch Arbeiter, die in Gärkellern und sonstigen unterirdischen Räumen tätig sind, können ebenso wie in engen Räumen eingeschlossene Personen (Kisten, Koffer, Schränke usw.) Kohlensäurevergiftungen ausgesetzt sein.

Selbstmorde kommen äußerst selten vor, doch sind solche Fälle bekannt (*Baudelin, Reuter* u. a.). Kohlensäure ist nur in einer bestimmten Mischung mit Sauerstoff gefährlich. Bei Fäulnisprozessen und Grubengasen spielen neben Kohlendioxyd auch Ammoniak sowie giftige Schwefelverbindungen und Kohlenwasserstoffe eine bedeutende Rolle. Atmungsluft mit einem Gehalt von 2% Kohlensäure ist schon gesundheitsschädlich. Gewöhnung ist bis zu einem Gehalt von 5% möglich; deutliche Vergiftungserscheinungen ruft erst ein Gehalt von etwa 6% hervor. Eine Konzentration von über 8%, bei der bereits brennendes, offenes Licht erlischt, ist mit Bewußtseinsstörungen und Lebensgefahr verbunden. Kohlensäure wirkt zuerst reizend und dann lähmend auf die lebenswichtigen Zentren. Die Vergiftungserscheinungen sind die gleichen, wie bei der langsamen Erstickung; es treten Ohrensausen, Schwere und Schwindelgefühl, Kopf- und Brustschmerzen, Erregung, beschleunigte Atmung, Bewußtlosigkeit ein. Der Tod erfolgt bei Einatmung einer Luft mit hohem Kohlensäuregehalt manchmal blitzartig schnell. In den meisten Todesfällen handelt es sich nicht um eine Kohlensäurevergiftung allein, sondern weit mehr um eine Erstickung infolge Sauerstoffmangel, da Kohlensäure den Sauerstoff verdrängt. Der *anatomische* Befund ist uncharakteristisch; er gleicht dem beim Erstickungstod. Die Erhebungen des Lokalaugenscheines müssen zur Sicherung der Diagnose mit verwertet werden. Nicht selten versterben nämlich Personen erst nach Zufügung von Verletzungen, die zu Ohnmacht führen, in die durch ihr hohes spez. Gewicht am Boden lagernde Kohlensäure und gehen darin zugrunde.

Spritzflüssige Kohlensäure (Kohlensäureschnee), insbesondere beim Platzen von Zylindern (in denen sie in den Handel kommt) auf die Haut, so erzeugt sie schwere Erfrierungen.

*Schrifttum.*

*Baudelin:* zit. nach *F. Reuter:* Meth. d. Forens. Beurteilg. v. Vergiftg. Handb. biol. Arbeitsmeth. **4**, Teil 12, 5 (1938). — *Reuter, K.:* Kohlensäurevergiftung. Friedreichs Bl. **65**, 101 (1914). **Weyrich.**

**Kohlenwasserstoffe** siehe *Flüchtige organische Gifte.*

**Kohlepapier** siehe *Tinte und Tintenschriften.*

**Kokosfaser** siehe *Faserstoffe.*

**Kollaps** siehe *Shocktod.*

## Koloquinthen.

Cucurbitacee. Offizinell ist die Frucht (wirksam ist das Fruchtfleisch, nicht der Samen) als Fructus colocynthidis und die Tinctura colocynthidis, letztere per os 0,5, Maximaldosis 1,0, größte Tagesdosis 3,0. Der wirksame Bestandteil ist das Colocynthin, ein bitteres, wasserlösliches Glykosid. Medizinale Verwendung als Drasticum, von ähnlicher Wirkung wie Aloe.

Symptome: verstärkte Darmsekretion, Flüssigkeitserguß in den Dünndarm, Beschleunigung der Peristaltik, kolikähnliche Bauchschmerzen, oft ohne Stuhlentleerung. Auch Erbrechen kann fehlen. Bei größeren Dosen blutig-schleimige Durchfälle, Zeichen der Bauchfellreizung. Als Resorptionssymptome beobachtet man Kollaps, Delirien, Bewußtseinsstörungen und von seiten der Nieren Polyurie bis Dysurie, Albuminurie, Ödeme.

Vergiftungen hauptsächlich bei Verwendung als Abortivum (ohne Erfolg). Zu Verbrechenszwecken sind die Koloquinthen ungeeignet. Gewerbliche Vergiftungen beobachtet man bei der Verarbeitung der Früchte; ganz selten Selbstmordversuche. Tödliche Dosis 3 g der Früchte; bei Kindern können ein paar Früchte für die tödliche Vergiftung ausreichen. Von gesunden Erwachsenen wurden schon 15 g und mehr überstanden.

Sektion: Starke Hyperämie der Becken- und Bauchorgane, hämorrhagische Gastroenteritis unter Beteiligung des Dünn- und Dickdarmes, seltenerweise Geschwürsbildungen, evtl. sogar Perforationen mit sekundären Verwachsungen. Entzündungen in den Harnwegen, besonders in der Harnblase.

*Schrifttum.*

*Erben:* Vergiftungen, klinischer Teil, 2. Hälfte. Wien u. Leipzig 1910. — *Gjertz:* Koloquinthenvergiftung. Sv. Läkartidn. **23**, 562 (1926). — *Leschke:* Koloquinthenvergiftung. Slg. Verg.-Fälle **3**, 246 A (1932). — *Lewin:* Die Fruchtabtreibung durch Gifte und andere Mittel. Berlin 1922. — *Lewin:* Gifte und Vergiftungen. Berlin 1929.

*Schwarz.*

## Kombinierter Selbstmord siehe *Selbstmord.*

## Kommotionspsychose siehe *Commotio und Contusio cerebri; Psychose und Trauma.*

## Konkurrenz der Todesursachen. (Vgl. auch Art.: Priorität des Todes; Todesursache.)

Die letzte Todesursache im medizinischen Sinne ist stets der Stillstand der Atmung und des Herzens. Im praktischen Leben wird allerdings nicht nach dieser letzten Todesursache, sondern nach jenen Ursachen gefragt, die zum Aufhören der Atmung und des Herzschlages geführt haben. Es muß somit festgestellt werden, ob diese Ursachen geeignet waren, den Tod zu bewirken, d. h. ob sie tödlich waren. Die Entscheidung darüber, was tödlich oder nicht, muß individuell getroffen werden und ist nicht zu verallgemeinern. Ist es in der pathologischen Anatomie oft schon schwierig, bei den Obduktionen eine einzige Todesursache aus dem Befunde zu erkennen, so mehren sich diese Schwierigkeiten, wenn wir mehrere als tödlich in Frage kommende Einwirkungen von außen durch fremde oder eigene Hand bei einer Leiche feststellen. Solche Fälle, bei denen wir von *Konkurrenz der Todesursachen* sprechen, sind zunächst in *strafrechtlicher* Beziehung insofern von Bedeutung, als es meist darauf ankommt, festzustellen, durch welche von mehreren mechanischen Schädigungen, die den Körper trafen, der Tod herbeigeführt worden ist. Bei einem Raubmord, der mit verschiedenem Werkzeug durchgeführt wurde, stellte *Förster* fest, daß zunächst einmal der Schädel durch mehrere Schläge zertrümmert war. Außerdem fand er, daß der Hals durchschnitten war, das Messer lag auf der Lache geronnenen Blutes, das sich neben der Leiche auf dem Boden in reichlicher Menge ergossen hatte. Hier haben wir eine Konkurrenz der Todesursachen. Die Schläge genügten ohne weiteres, den Tod herbeizuführen, denn die Stirn war zertrümmert, das Gehirn war weitgehend verletzt, und auch auf dem Scheitelbein fand sich ein typischer Tangentialbruch mit ausgedehnter Verletzung des Gehirns. Aber auch die Schnittverletzung, die den Hals durchschnitten hatte, war eine tödliche, denn die eine Carotis war

durchtrennt, so daß Verblutung eingetreten war. Die Frage lautete auch hier wie so oft in derartigen Fällen, welche von den Verletzungen war zuerst zugefügt worden (s. d. Art.: Bestimmung der Reihenfolge von Verletzungen)? In diesem Fall war die Beantwortung verhältnismäßig leicht, denn die erste Verletzung war die Zertrümmerung des Schädels, die zur sofortigen Bewußtlosigkeit geführt hatte, im Anschluß daran wurde der Hals durchschnitten, um Selbstmord vorzutäuschen, ein vorsätzlich mit Überlegung ausgeführter Mord lag vor. Eine große Bedeutung können solche Verletzungen dann erhalten, wenn sie nicht von einem, sondern von mehreren Tätern herrühren. So fragt es sich z. B. bei einer Rauferei, bei der Schläge auf den Kopf versetzt wurden und außerdem auch gestochen wurde, wenn beide Verletzungen tödlich waren, wer hat die tödliche Verletzung gesetzt? Die Beantwortung dieser Frage ist äußerst schwer, und oft müssen die Begleitumstände berücksichtigt werden. Bei der Konkurrenz von Todesursachen haben wir entweder zwei und mehr medizinisch wichtige Ursachen oder zwei und mehr gerichtlich-medizinisch wichtige Todesursachen. In dieser Richtung sammelte *Fischer* 100 Fälle. Die erste Gruppe dieser Fälle interessiert forensisch-medizinisch nicht so sehr, allerdings ist sie nicht ganz belanglos. Weitaus wichtiger sind die tödlichen Verletzungen, welche verschiedenartig durch Hieb, Stich oder Schuß gesetzt werden. *Fischer* berücksichtigt an dieser Stelle auch solche Fälle, bei denen eine Verletzung allein niemals tödlich gewirkt hätte, bei denen aber durch das Zusammenwirken sämtlicher Verletzungen der Tod erfolgt war. Bei der Entscheidung, welche der Verletzungen zuerst gesetzt wurde, ist nach seiner Ansicht auf die vitalen Reaktionen zu achten, d. h. auf die Stärke der aus den Verletzungen nach außen oder in das Gewebe erfolgten Blutungen. Dabei ist allerdings zu berücksichtigen, daß eine früher beigebrachte tödliche Verletzung stärker bluten kann, als eine spätere. Auch die Suffusion der Wundränder bringt keine Klarheit, da diese in ihrer Stärke wohl von der Höhe des im Körper noch vorhandenen Blutdruckes abhängig sein kann, aber nicht muß. Sie ist abhängig von dem Blutreichtum der geschädigten Gewebe und der Intensität der Quetschung. Besonders Selbstmörder versuchen oft auf die verschiedensten Arten, sich das Leben zu nehmen, durch Schüsse in den Kopf, in das Herz, durch Halsdurchschneidung oder Erhängen. Vor kurzem sah *Förster* einen Selbstmörder, der sich mit einem Bajonett mehrere Stiche in die Herzgegend beigebracht und sich dann erhängt hatte. Bei der Frage, ob Mord oder Selbstmord vorliegt, muß man zunächst entscheiden, ob diese oder jene tödliche Verletzung noch Handlungsfähigkeit (s. d.) zuließ. Die durch richterliche Erhebungen festgestellten Begleitumstände des Falles können in vielen Fällen ausschlaggebend sein.

Schwierigkeiten in der Beurteilung bieten oft die Fälle, in denen sowohl eine Krankheit als auch eine Vergiftung vorliegen kann. In einem Dorf des Emslandes war vor einigen Jahren in zwei Familien je ein Ehepartner gestorben. Die Frau hatte sich nach einer Geburt, in deren Verlauf Kindbettfieber auftrat, nicht wieder recht erholt; eines Tages trat der Tod ein. Der Mann in der anderen Familie war kriegsbeschädigt und litt unter starken atherosklerotischen Veränderungen; er starb kurze Zeit nach dem Tode der Frau X. Hiernach heirateten die beiden übrig gebliebenen Ehepartner. Die Bevölkerung war der Ansicht, daß hier die beiden Personen gewaltsam beseitigt worden waren. Eine Leichenschau hatte nicht stattgefunden. Erst nach Jahren verdichteten sich die Gerüchte, und es wurde

Anzeige erstattet. Nach der von *Förster* vorgenommenen Ausgrabung der Leichen wurden in den Knochenresten und in den Haaren Arsen gefunden, die genügten, den Tod zu bewirken. Nach den Erhebungen, die angestellt wurden, mußte man zum Schluß kommen, daß die beiden vergiftet waren, aber immerhin konnte auch ein Tod infolge Krankheit, sei es infolge des Kindbettfiebers oder sei es infolge der Atherosklerose in Frage kommen; vielleicht hatte das Arsen den Tod nur beschleunigt. Die beiden Täter wurden zu zehn Jahren Zuchthaus verurteilt.

Aber nicht allein in Strafsachen spielen konkurrierende Todesursachen eine Rolle, sondern auch bei *zivilrechtlichen* Ansprüchen, wenn z. B. kürzere oder längere Zeit vor dem Tode eine Verletzung stattgefunden hat und nun bei der Sektion krankhafte Organveränderungen auf Grund dieser Verletzung gefunden werden, es aber zweifelhaft ist, ob sie an und für sich und unabhängig von der Verletzung den Tod herbeigeführt hätten. Hier kann die Entscheidung nur von Fall zu Fall erfolgen.

*Schrifttum.*

*Blumenstock, L.: Maschka*, Handb. der gerichtl. Medizin **1**, 166. Tübingen 1881. — *Casper-Liman:* Die Priorität der Todesart. Handb. der gerichtl. Medizin **2**, 55 (1882). — *Fischer, H.:* Über Konkurrenz der Todesursachen. Dtsch. Z. gerichtl. Med. **2**, 48 (1923). — *v. Hofmann-Haberda:* Lehrbuch der gerichtl. Medizin. 444. Berlin u. Wien 1927. — *Lochte, Th.:* Über Todesfälle mit geringem oder negativem Obduktionsbefunde und deren Deutung. Vjschr. gerichtl. Med. **39**, 327 (1910). — *Maschka, J.:* Handb. der gerichtl. Medizin **1**, 556 u. 171. Tübingen 1881. — *Mathias, E.:* Über die Konkurrenz dreier Todesursachen. Dtsch. Z. gerichtl. Med. **4**, 56 (1924). — *Schmidtmann, A.:* Handb. der gerichtl. Medizin 701. Berlin 1905. **Förster.**

## Konservierung anatomischer Präparate.

(Vgl. auch Art.: Versendung von Untersuchungsmaterial.)

Für forensische Zwecke werden zur Konservierung anatomischer Präparate in erster Linie jene Verfahren in Frage kommen, welche technisch nicht allzu schwierig und zeitraubend sind, dabei die Objekte möglichst naturgetreu erhalten. Darum sollen die komplizierteren speziellen Präparations- und Konservierungsverfahren, Korrosions- und Injektionsmethoden, Aufhellungstechnik usw., wie sie namentlich in der normalen Anatomie Anwendung finden, hier nicht besprochen werden. Fallweise wäre die eingehende Darstellung von *Pernkopf* heranzuziehen. Praktisch wichtig sind: I. Konservierung durch Kälte, II. durch Austrocknung, III. feuchte Aufbewahrung möglichst unter Erhaltung der natürlichen Farben, IV. Paraffinierung der Objekte, V. Erhaltung von Skeletteilen durch Maceration.

Ad I. *Kälte* wird nicht nur in Form besonderer für diese Zwecke konstruierter Kühlanlagen zur tagelangen Aufbewahrung ganzer Leichen oder größerer Leichenteile an gerichtsmedizinischen und anderen Instituten, sondern gelegentlich auch für den *Versand von Material* dienen. Für letzteren verwendet man, wenn der Transport nicht länger als etwa 24 Stunden beansprucht, bei kleineren Objekten eine doppelwandige Kühlbüchse, deren Mantelraum mit einer Kältemischung aus Eis und Kochsalz beschickt wird. Die Büchse kann selbstverständlich improvisiert werden, z. B. aus einer Blechschachtel, welche mit der Kältemischung gefüllt wird, in die dann das in luftdicht schließendem Glase (Konservenglas mit Gummiringdichtung, mit Pergamentpapier überbunden) versorgte Material einzubringen ist. Zur besseren Isolierung kann die Blechschachtel dann in einem Kistchen mit Holzwolle, Zellstoff usw. verpackt werden. Um größere Organe oder Körperteile vor dem unmittelbaren Kontakt mit der Kältemischung zu schützen, genügt es übrigens, sie in mit Paraffinum liquidum getränkte Tücher einzuhüllen, welche bei entsprechender Sorgfalt einen vollkommen luftdichten Abschluß gewährleisten. Das so versorgte Material wird dann, allenfalls noch in Billroth-Battist verpackt, direkt in den Behälter mit der Kältemischung gelegt. Als solcher kann, wenn vorhanden, auch eine sog. Kochkiste verwendet werden, welche sehr gute Wärmeisolierung gibt.

Ad II. *Austrocknung* kann durch einfaches Mumifizierenlassen der frischen Objekte (allenfalls unter warmem trockenen Luftstrom) erzielt werden oder — zweckmäßiger — nach vorhergehender Fixation bzw. Härtung dieser in einem der gebräuchlichen Mittel, besonders Formalin (vgl. Absatz III), da sonst Schrumpfung der Weichteile das Bild stark beeinträchtigt. Material von Verbrennungen schweren Grades wird z. B. so behandelt werden können. Unter allen Umständen ist geboten, die Präparate nach dem Trocknen durch Bestreichen mit wässeriger oder alkoholischer Natrium-arsenicosum-Lösung zum Schutze vor Insektenfraß zu vergiften und dann möglichst noch mit einem farblosen Lack zu überziehen. Hohlorgane (Lunge, Darm) können mit Luft aufgeblasen oder mit Rindertalg gefüllt werden, welcher nach erfolgter Mumifizierung wieder durch Wärme verflüssigt und entleert wird. Die fertigen Objekte sind auf Holzbrettchen oder in Glaskästchen (im Notfalle aus selbst zugeschnittenen Glasplatten, die mit sog. Diapositiv-Klebestreifen entsprechend verbunden werden, leicht herzustellen), auch Pappschachteln mit Fenster aus Gelatinefolie oder durchsichtigem Cellon (Cellophan) zu montieren.

Ad III. *Feuchte Konservierung.* Früher wurde hierzu in erster Linie *Alkohol* (50—70%) verwendet, welcher, als meist leicht erhältlich und behelfsmäßig durch Brennspiritus oder Schnaps zu ersetzen, auch heute noch mitunter, um Fäulnis bei Materialversand zu verhindern, gebraucht werden kann. Kleine Objekte (Abgänge aus dem Uterus usw.) können ohne weiteres so behandelt werden. Doch wird, wenn irgend möglich, auch für solche Zwecke *Formalin* vorzuziehen sein. Die Einführung des letzteren in die Konservierungstechnik hat gezeigt, daß es zur Erhaltung möglichster Naturtreue das geeignetste Mittel ist. Es beeinträchtigt die Eigenfarbe der Organe kaum und ermöglicht bei entsprechender Methodik (s. u.) die Erhaltung der Blutfarbe. In schwacher Lösung (5—10%, durch Verdünnung aus dem käuflichen 40% Formaldehydum solutum herzustellen) wirkt es bereits eiweißfällend, fixierend und härtend und demgemäß fäulnisverhindernd bzw. -unterbrechend. Bei dauerndem Aufenthalt in Formol werden die Präparate durch Veränderung des Blutfarbstoffes unansehnlich, doch gelingt es, die Blutfarbe durch Einwirkung von Alkohol wiederherzustellen. Zur Aufbewahrung empfiehlt sich nach der letzteren Einlegen in Glycerinlösung, in welcher die natürliche Transparenz der Gewebe wiedereintritt. Zu dieser *Konservierung in natürlichen Farben* dienen folgende Methoden:

1. *Verfahren nach Kaiserling:* a) Fixation der Objekte in folgender Lösung:

| | |
|---|---|
| Formalin 40% . . . | 200,0 ccm |
| Wasser . . . . . . | 1000,0 ccm |
| Kalium nitricum . . | 15,0 g |
| Kalium aceticum . . | 30,0 g. |

b) Übertragen des Materials in 80—95% Alkohol bis zum Wiederhervortreten der Blutfarbe (etwa zwei bis zwölf Stunden je nach Größe und Blutgehalt). c) Aufbewahrung in einer Lösung von

| | |
|---|---|
| Wasser . . . . . . | 2000,0 ccm |
| Kalium aceticum . . . | 200,0 g |
| Glycerin . . . . . . | 400,0 ccm. |

Die Modifikationen anderer Autoren zeigen gewisse kleine Abweichungen in der Zusammensetzung der

Lösungen a und c. — Verf. verwendet folgende Zusammensetzung:

a) Wasser . . . . . . 7760,0 ccm
Formalin 40 % . . . . 2000,0 ccm
Kalium nitricum . . . 80,0 g
Kalium aceticum
solut. 50 % . . . . 480,0 ccm

c) Wasser . . . . . . 5400,0 ccm
Glycerin . . . . . . 2700,0 ccm
Natrium aceticum
solut 50 % . . . . . 2700,0 ccm.

Das Essigsäuresalz wird gelöst vorrätig gehalten, um die Mischungen jederzeit rasch herstellen zu können.

Der durch die Formolbehandlung in der Lösung a angenommene schmutzigbraune Farbenton (saures Hämatin) geht bei der Einbringung der Objekte in Alkohol ziemlich bald in den lebhaft roten Ton des Blutfarbstoffes (kein Oxyhämoglobin, sondern alkalisches Hämatin) über. Die Organe schrumpfen in der Formol-Salzlösung kaum und behalten ihre Form sowie Eigenfarbe. Durch die definitive Lösung c erhöht sich die Gewebetransparenz sowie die Lebhaftigkeit des Farbtones. — L. Pick nimmt als Lösung a eine Mischung von 5 % Formollösung mit 5 Gewichtsteilen künstlichen Karlsbader Salzes. Letzteres scheint durch den hohen Gehalt an Natrium bicarbonicum die Bildung des alkalischen Hämatins besonders zu begünstigen.

Die Objekte werden zunächst in die Lösung a gebracht, wobei entsprechende Gefäße (runde Glasgefäße mit Deckelscheibe oder Glas- bzw. Emailwannen mit Sperrholzdeckel, für größere Präparate etwa 70:50:30 cm groß) zu verwenden sind. Sollen mehrere Objekte in demselben Gefäß aufbewahrt werden, dann sind sie, um Verwechslungen zu vermeiden, entsprechend zu signieren (Pappeetiketten an Bindfaden befestigen und unter dem Deckel herausleiten!). Da die Härtung in Formol sehr rasch erfolgt, sind die Objekte nach Entfernung des Blutüberschusses oder von Sekreten usw. durch Abspülen mit Wasser in eine reichliche Menge der Lösung a (zweckmäßig sofort nach Entnahme aus der Leiche bzw. entsprechender Untersuchung und Beschreibung) in jener Stellung einzubringen, welche sie später besitzen sollen. Dabei sind Hohlräume an den Organen (Herzhöhlen bzw. Klappentaschen — Luftröhre — Schußkanäle — Fistelöffnungen usw.) mit Brunsscher (nicht geleimter!) Watte locker auszulegen oder mit Haarsonden zu versehen, ebenso Zusammenhangstrennungen oder künstlich gesetzte Schnittflächen durch Wattelagen zu decken. Die Watte ist vor Verwendung mit der Lösung a zu befeuchten. Organscheiben oder -teile legt man zunächst auf mit der Lösung getränkte Watte und bringt sie auf dieser Unterlage in das Konservierungsgefäß, wo sie dann auch mit einer dünnen Lage Watte zu bedecken sind. (Gaze oder Filtrierpapier sind wegen Druckspuren zu vermeiden!) Größere Objekte sind nach entsprechendem Auslegen der Hohlräume bzw. Flächen am besten gleich in mit Lösung a angefeuchtete Watte zu hüllen, ehe sie in das Gefäß eingebracht werden, da auf diese Weise keine Formveränderungen entstehen. Ein Anliegen der Objekte an der Gefäßwand ist zu vermeiden, ebenso bei schwimmenden (luft- oder fetthaltigen) Präparaten stets die Oberfläche mit angefeuchteter Wattelage zu bedecken, um Vertrocknung hintanzuhalten. Der Aufenthalt in Lösung a ist der Größe der Objekte anzupassen (flächenhafte Gebilde — Darm, Gehirnhäute usw. — 1 Tag, sonst im Mittel 4—8 Tage). Zu langes Verweilen in der Lösung hat tunlichst zu unterbleiben. Revision der Präparate nach 1 bis 2 Tagen, wo dann auch die Watteeinlagen ent-

fernt werden können. Etwa erforderliche Schnittflächen sind erst nach erfolgter Härtung anzulegen. Hingegen ist ratsam, notwendige Präparationen (z. B. Blutgefäße) schon am frischen Objekt vorzunehmen, oder, wenn nicht mehr möglich, erst vor der definitiven Aufstellung für Demonstrations- oder Sammlungszwecke. An faulem Material gelingt die Umwandlung des Blutfarbstoffes schlecht oder überhaupt nicht mehr, wenn dieser bereits zersetzt ist. — Vor dem Einbringen in Alkohol (b) sind die Präparate zweckmäßig kurz abzuspülen (Leitungswasser), wobei wenige Minuten genügen. Ein zu langes Verweilen im Alkohol kann unangenehme Schrumpfung bedingen, weshalb es zweckmäßig ist, das Auftreten des richtigen Farbentones zeitweise zu kontrollieren. Der Alkohol kann ebenso wie die Lösung a wiederholt verwendet werden, doch soll seine Konzentration nicht unter 70 % herabgehen. (Gelegentlich frischen Alkohol nachfüllen! Bodensatz abfiltrieren!) Nach Abtropfen des Alkohols wird das Material in Lösung c gebracht, und, da es in der Regel schwimmt, mit in der Lösung getränkter Watte bedeckt. Da häufig Diffusion von Blutfarbstoff auch jetzt noch in die Lösung erfolgt, sind die Objekte nicht sofort definitiv museal aufzustellen, sondern einige Zeit (1 bis mehrere Wochen) namentlich bei hohem Blutgehalte in einem Sammelgefäß mit Lösung c zu belassen. (Signaturen anbringen!) Trübe Lösung kann durch Filtrieren (auch über Tierkohle und Watte) wieder geklärt bzw. entfärbt werden. — Ist der Blutfarbstoff bereits zerstört, oder handelt es sich um Präparate, bei denen die Erhaltung der Farben keine wesentliche Rolle spielt, so ist die weit billigere Methode der Konservierung und dauernden Aufbewahrung in 5—10 % Formol vorzuziehen. — Für ikterische Organe empfiehlt Verf., nach möglichst kurzem Aufenthalt in den drei Flüssigkeiten des Kaiserlingschen Verfahrens, die Präparte nach Abtrocknen der Lösung c in Paraffinum liquidum aufzustellen. In letzteres Dauermedium (welches auch sonst vollkommen unverändert bleibt) erfolgt keine Diffusion des Gallenfarbstoffes.

2. Verfahren nach Jores (ohne Alkohol): Einbringen in folgende Lösung:

1000 Teile destilliertes Wasser,
50 g künstliches Karlsbadersalz,
50 Teile Formalin 40 %,
50 Teile konzentrierter Chloralhydratlösung in destilliertem Wasser.

Die natürliche Blutfarbe ist zunächst erhalten, schwindet aber nach einiger Zeit, weshalb zu langes Liegen in der Lösung unterbleiben muß. Zeitdauer der Fixation bzw. Härtung ähnlich wie bei Verfahren 1. Hernach gründliches Wässern in fließendem Leitungswasser, dann Übertragen in die Natriumaceticum-Glycerinmischung wie bei dem Kaiserlingschen Verfahren.

In solcher Weise behandeltes Material bleibt bei beiden Methoden auch für spätere mikroskopische Untersuchung vollkommen brauchbar (Gefrier- und Einbettungsmethoden. Vor Anfertigung von Gefrierschnitten Wässern!). Zur dauernden Aufstellung der Präparate wird die Lösung c verwendet. Es gelingt zwar, nach einer der beiden geschilderten Methoden vorbehandelte Objekte trocken in luftdicht geschlossenen Glasgefäßen aufzubewahren, doch fehlt ihnen dann das natürliche Aussehen und die Transparenz der Oberfläche. Einschluß in Glyceringelatine ist bestenfalls für dünne Organscheiben brauchbar, ein Eindringen von Luftblasen trotz sorgsamster Abdichtung des Holz- oder Glasrahmens mit Kitt kaum zu vermeiden (über die Herstellung der Rahmen siehe Talalajeff und Vermes).

Die feuchte Aufstellung in der Glycerin-Natriumacetatlösung geschieht in den bekannten ovalen oder (zweckmäßiger, um Verzeichnung zu vermeiden) vierseitigen Gläsern aus Preßglas, welche in ihrer Größe dem Objekt anzupassen sind. Zylindergläser dienen nur für lange Gebilde, Rückenmark, Oesophagus, Darm usw. Die Präparate werden mit dünnen Seidenfäden im Glase tunlichst in Rahmengestellen montiert, welche man bedarfsweise aus dünnen Glasstäben (3—6 mm dick) zurechtbiegt. Meist genügt ein umgekehrt U-förmiger, also nach unten offener dreiteiliger Bügel, und nur selten wird es notwendig, ihn, um größere Festigkeit zu erzielen, nach unten abzuschließen. Ist es erforderlich, das Objekt auch unten zu befestigen, dann geschieht dies zweckmäßig an einem nahe den unteren Bügelenden quer gespannten dünnen Seidenfaden. Flache Organe oder Scheiben kann man auch an gewöhnliche Glasplatten mit Fäden oder durch Aufkleben mit Gelatine (Abreiben der zu fixierenden Flächen mit Alkohol, 30% flüssige Gelatine zum Befestigen, Einlegen des Objektes nach Erhärten der Gelatine auf kurze Zeit in 10% Formollösung, Abspülen in Wasser vor Einbringen in die definitive Lösung) montieren; unter Umständen sind weiße „Beinglasplatten" oder schwarze Platten zu benützen. Solchen sind Cellonfolien (durchsichtig-farblose oder schwarze) vorzuziehen, weil sie eine Befestigung durch Fäden in mit einer glühenden Nadel vorgebohrten Löchern ermöglichen. Platten und Glasbügel sind in ihrer Größe dem Gefäß möglichst anzupassen, die Glasbügel im Bedarfsfalle unten als Spreizen abzubiegen. Fremdkörper, Geschosse usw. sind an der entsprechenden Stelle des Präparates in der erwähnten Weise mit Gelatine anzukleben oder mit dünnem Seidenfaden zu fixieren. Druckspuren durch Anliegen am Glase sind unbedingt zu meiden.

Zum *Verschließen der Gläser* eignet sich gewöhnlicher Glaserkitt oder weißer Ölkitt weniger gut, da beide im Laufe der Zeit, namentlich bei wiederholtem Hantieren mit den Gläsern, von der Glycerin-Natriumacetatlösung angegriffen werden und unschöne Ränder oberhalb der Objekte erzeugen. Bewährt hat sich der sog. *Mendelejeffsche* Kitt bzw. dessen von der Firma „*Syngala*", Wien, als „Wiener Präparateneinschlußmasse" in den Handel gebrachte Modifikation. Der Kitt wird in einem Blechgefäß geliefert und zum Gebrauche in diesem von oben durch Darübergehen mit der Bunsenflamme teilweise verflüssigt, dann mittels Pinsel oder Metallspatel auf den mit Wasser und Alkohol gereinigten trockenen Rand des Präparatenglases in entsprechender Schicht aufgetragen. Verwendet man runde oder ovale Gläser mit breiterem Rande, dann wird die Masse durch Erwärmen mit dem Bunsenbrenner flüssig erhalten, wobei ein Einlaufen in das Glas zu vermeiden ist, und der gleich dem Glasrande vorher sorgfältig mit Wasser und Alkohol gereinigte trockene Deckel aufgedrückt. Bei schmalrandigen viereckigen Gläsern läßt man den Kitt zunächst erstarren, paßt den Deckel richtig darüber und umfährt nun mit der Flamme den Glasrand, wodurch der Kitt sich wieder verflüssigt; der Deckel wird nunmehr entsprechend fest angedrückt. Noch vorhandene Lücken in der Kittlinie werden durch Aufbringen von flüssigem Kitt mittels Pinsel oder Holzstäbchen (abgebranntes Streichholz) und nochmaliges Erhitzen ausgefüllt. Nach Erstarren wird der Überschuß an Kitt mit einem alten Messer abgekratzt bzw. mit Xylol entfernt. Bei einigermaßen sauberem Vorgehen erübrigt sich ein Überstreichen der Kittlinien oder der Deckel, doch kann zu letzterem der gleiche braune Kitt verwendet werden (flüssig auftragen, durch Darübergehen mit der Bunsenflamme verteilen). Dieses Vorgehen ermöglicht es, die Gläser jederzeit wieder leicht zu öffnen, da bei vorsichtigem Erhitzen weder Glas noch Deckel Schaden nehmen.

Signaturen an den Präparaten werden zweckmäßig seitlich (Nummern) oder vorne oben angebracht, da sie auf dem Deckel leicht verstauben, und in der üblichen Weise mit Kolloidium und Lack überstrichen.

Die Farben der nach den geschilderten Verfahren konservierten Objekte sind lichtbeständig, doch empfiehlt es sich, allzu große Temperaturschwankungen zu vermeiden, da Deckel und Gläser sonst reißen. Bei entsprechender Reinlichkeit während der Aufstellung ist ein desinfizierender Zusatz (Campher, Thymol), welcher Schimmelpilzbildung an der Oberfläche verhüten soll, überflüssig, da die Gläser luftdicht abgeschlossen sind. — Gelegentlich ist es bei Verwendung weiter Zylindergläser zweckmäßig, in dem Kittrande eine feine Lücke zu lassen, um durch Temperaturschwankungen bedingte Spannungsunterschiede zu vermeiden. Dies gilt aber nur für in Formol dauernd aufbewahrte Objekte. Bei solchen weiten Gläsern kann auch statt der Glasplatte als Deckel eine Sperrholzplatte verwendet werden, welche in der erwähnten Weise mit dem braunen Kitt zu überziehen ist. Öfters dürfte sich empfehlen, Organe oder ganze Extremitäten usw. durch *Injektion* zu konservieren, wenn es sich um Erhaltung topischer Beziehungen (Schußkanäle am Gehirn u. ä.) handelt. Hierzu verwendet man entweder 10% Formollösung oder — wenn man später in Glycerinlösung aufbewahren will — eine der erwähnten Formolsalzlösungen.

In der gerichtsärztlichen Praxis wird die Herstellung sog. „*holoptischer Präparate*" nur selten in Frage kommen, da das Verfahren längere Zeit beansprucht und namentlich bei Verletzungen kaum einen Vorteil bedeutet, so durch Zerstörung größerer Gefäßgebiete eine einwandfreie Injektion unter Umständen kaum gelingt. Will man solche Schnittpräparate anfertigen, dann kann die ganze Leiche bzw. das entsprechende Körpergebiet (um Flüssigkeit zu sparen, nach Ausschaltung des übrigen Körpers durch Gefäßligaturen) mit einer Formol- oder Formolsalzlösung injiziert werden, oder, wenn man gleichzeitig eine Entkalkung der Skeletteile wünscht, mit einer solchen unter Zusatz von etwa 5% Salzsäure. Im letzteren Falle hat man die zu verwendende trockene Metallspritze zum Schutze vor der Säure zunächst mit Paraffinum liquidum zu durchspülen, ebenso die Kanülen. Soll die Untersuchung auf den Schädel beschränkt werden, dann wird von den Carotiden bzw. dem Aortenbogen aus injiziert, bis die Bulbi hart werden, Ohren und Nase starrer zu werden beginnen. Der Überschuß an Flüssigkeit bzw. das in den Venen sich anstauende Blut kann durch die eröffneten Drosselblutadern teilweise entleert werden. Handelt es sich um Extremitäten, dann erfolgt die Injektion ebenfalls von den Arterien aus bei Eröffnung der Begleitvenen, an vorher abgesetzten solchen von den Gefäßenden (Arterien und Vene). Sollen die Rumpforgane dargestellt werden, so ligiert man zunächst die Femoralgefäße auf beiden Körperseiten und die Oberarmgefäße einer Seite. Auf der anderen wird dann die Flüssigkeit (etwa 1½ Liter) in Schlag- und Blutader eingespritzt. Die Injektion erfolgt auch hier zweckmäßiger mit der Spritze (und nicht mit Irrigator!) unter leichtem Druck und ist in etwa zehn Minuten beendet, wenn aus Nasen- und Mundöffnung schaumige Flüssigkeit auszutreten beginnt. Nach etwa zwölfstündigem Liegen kann an der Leiche von dem gewöhnlichen Medianschnitt aus die Haut abpräpariert werden; die Schlüsselbeine werden mit dem Schultergürtel nach Durchtrennung der Muskulatur abgelöst, Halsorgane und Wirbelsäule in entsprechender Höhe durchtrennt. Soll auch das Abdomen mit in Schnitte zerlegt werden, dann sind die unteren Extremitäten im Hüftgelenk auszulösen, die äußeren Geschlechtsteile und der Anus zu umschneiden und am Becken zu belassen. Sonst wird die Bauchhöhle bis auf die Leber und Milz exenteriert, allenfalls ein querer Schnitt durch die ganze Bauchwand und die Organe geführt und in diesem die Lendenwirbelsäule durchsägt. Das so gewonnene Objekt wird in einem Holzbottich oder geräumigen Glase in der gleichen Konservierungsflüssigkeit (mit oder ohne Zusatz von Salzsäure) bis zur Anfertigung der Schnitte aufbewahrt. Die Entkalkung ist bei Anwendung von Säure in der erwähnten Weise in längstens drei Wochen beendet. Nunmehr können die Frontalschnitte angelegt werden, zu welchen man ein breites dünnes vorne abgerundetes (sog. ,,Salami"-)Messer benutzt. Mit einem solchen wohlfeilen Wurstmesser von etwa 35 cm Länge und 4—5 cm Klingenbreite findet man völlig das Auslangen. Die Schnitte sind entsprechend der Besonderheit des Falles transversal oder frontal bzw. sagittal zu führen. Ist das Objekt nicht entkalkt, dann wird die Thoraxwand mit einer feinen Blattsäge, wie sie zur Eröffnung des Schädels dient, angesägt. Die Schnittrichtung kann vorher am Objekt mit Tintenstift markiert werden. Bei Frontalschnitten wird der erste Sägeschnitt oben knapp hinter dem Brustbeinhandgriff und unten etwas hinter der Rippenknorpelknochengrenze angelegt. Hierauf werden die Weichteile in Höhe des Sägeschnittes mit dem erwähnten Messer in kraniocaudaler Richtung durchschnitten einschließlich der am Objekt belassenen Leber (allenfalls samt Magen und Milz), um die Topik des Zwerchfells mit zu erhalten. Die weiteren Schnitte sind parallel zu dem ersten entsprechend dorsal zu führen. Die so gewonnenen Scheiben werden durch Entfernen der Blutgerinnsel aus den großen Gefäßen und Herzhöhlen sauber geputzt; Exsudate in den Leibeshöhlen sind — wenn geronnen — ebenfalls im Bedarfsfalle zu entfernen. Nach gründlichem Abspülen mit Wasser (bei Verwendung von Säurezusatz Auswässern durch ein bis zwei Tage!) können die Schnitte entweder in geeigneten küvettenähnlichen Glaskammern mit Holz- oder Glasrahmen (Vermes), auf Cellonfolien aufgenäht, in Glycerinlösung dauernd verwahrt werden, nötigenfalls unter vorheriger Alkoholeinwirkung wie bei dem Kaiserling-Verfahren. Oder aber man beschränkt sich darauf, die Schnitte von beiden Flächen zu photographieren, und kann sie dann, bei nicht entkalktem, sofort (24 Stunden nach Injektion) untersuchtem Material, auch in die Leiche zurückbringen und mit dieser der Beerdigung zuführen. Auch in Gelatine können solche Scheiben in Holzrahmen zwischen Glasplatten dauernd montiert werden, doch ist hier auch bei bestmöglicher Abdichtung mit Kitt immer mit einem Eindringen von Luftblasen zu rechnen.

Ad IV. Bei der Paraffinierung von Organen oder Leichenteilen werden Schrumpfungsvorgänge fast völlig vermieden. Das Verfahren, welches im Prinzip ähnlich der Paraffineinbettung von Material für histologische Zwecke ist, bietet überdies den Vorteil, daß solcherart behandelte Objekte dauernd an der Luft ohne besonderen Schutz aufbewahrt werden können. Schmeidel empfiehlt diese Methode namentlich dann, wenn es besonders auf Erhaltung der äußeren Form ankommt. Da sie aber bei größeren Stücken zeitraubend ist, wird sie für gerichtsmedizinische Zwecke nur dann in Frage kommen, wenn keine besondere Dringlichkeit vorliegt. Doch können die Objekte in ähnlicher Weise zunächst wie bei den geschilderten Formolmethoden vorbehandelt und erst später zur dauernden Aufbewahrung der Paraffinierung zugeführt werden. Der Vorgang ist folgender:

1. Fixieren des Materials in einem der gebräuchlichen Mittel (in erster Linie Formol, Formol-Alkohol nach Schaffer oder Chlorzinkformol nach Hochstetter) oder zum Zwecke der Erhaltung der natürlichen Farben in Kaiserling-Flüssigkeit mit entsprechender Weiterbehandlung. Beim Einbringen in die Flüssigkeit ist darauf zu achten, daß alle Objektteile in möglichst naturgetreuer Stellung sich befinden, also ähnlich vorzugehen, wie bei den S. 409 geschilderten feuchten Methoden (Auslegen mit Watte usw.). Bei großen Objekten (Extremitäten) wird Injektion von den Gefäßen aus unter Umständen nicht zu umgehen sein (Benutzung eines Irrigators und selbstgefertigter Glaskanülen aus Glasröhren entsprechender Stärke, welche Metallkanülen vorzuziehen sind).

2. Entwässern durch Einbringen in Alkohol von steigender Konzentration (70 % bis absoluter Alkohol, mehrmals zu wechseln, namentlich bei größeren Objekten), evtl. bei schon mit dem Fixationsmittel injiziertem Material, Nachinjizieren von Alkohol zur Beschleunigung des Härtungsvorganges. (Prüfen der Alkoholkonzentration wiederholt mit kleinem Alkoholometer, welches neben dem Präparat eingebracht wird.)

3. Einbringen des entwässerten Objektes in ein paraffinlösendes Vorharz (Benzol, Xylol, evtl. zuerst Karbolxylol wegen geringerer Empfindlichkeit bei unvollkommener Entwässerung) je nach Größe auf mehrere Stunden bis Tage.

4. Übertragen in ein Paraffinbad bei 60—62°. Zunächst altes, schon xylolhaltiges oder sog. ,,weiches" Paraffin (Schmelzpunkt 45°) verwenden, welches später durch frisches ,,hartes" Paraffin (Schmelzpunkt 54 °) zu ersetzen ist. Von dem Vorharz soll im Präparat nichts zurückbleiben, da dieses später abdunsten und Luft eindringen würde. Kleine Objekte sind in wenigen Tagen vollkommen durchtränkt, bei größeren ist entsprechend längere Zeit (mehrere Wochen!) notwendig. — Entnahme des Materials aus dem Paraffinbade, Abrinnenlassen des Paraffinüberschusses auf Zellstofflage im Thermostaten. Erkaltenlassen bei Zimmertemperatur.

Das Verfahren ist nach Schmeidel auch für zoologische und botanische Präparate brauchbar. Haare behalten ihre Weichheit und Isolierbarkeit. Nachträgliches Bemalen der Oberfläche mit den entsprechenden Farben ist möglich. Ebenso können die Gefäße auch mit Injektionsmassen (z. B. Teichmannsche Masse) vor Beginn der Härtung gefüllt werden. Durch Wegfall einer definitiven Konservierungsflüssigkeit sowie entsprechender Glasgefäße erscheint das Verfahren nur wenig teurer als die sog. ,,feuchten" Methoden. Auch ist es möglich, im Laufe der Zeit solche unansehnlich gewordene Trockenpräparate durch neuerliches kurzes Einlegen in geschmolzenes Paraffin wieder aufzufrischen. Ein wesentlicher Vorteil des Verfahrens ist die direkte Betrachtung ohne störende Einschlußmedien. Die Objekte sind gegen Einwirkung von Wärme bis zu Temperaturen von etwa 50° vollkommen unempfindlich.

Ad V. Der Herstellung von Macerationspräparaten der Skeletteile kommt in der gerichtlichen Medizin eine besondere Bedeutung zu, da oft nur am vollkommen von den Weichteilen befreiten, calcinierten Knochen die Art einer Verletzung eindeutig feststellbar ist. Vor behelfsmäßigen Einrichtungen (s. u.) zu diesem Verfahren ist zu warnen, da einwandfreie Objekte nur in einer eigenen geeigneten Anlage zu erzielen sind. Praktisch wird in erster Linie die Fäulnismaceration (durch Bakterienwirkung) mit nachfolgender Entfettung und Bleichung der Knochen in Frage kommen, während die sog. Schnellmaceration (Einwirkung chemischer

Agenzien, z. B. Aufkochen in Sodalösung und nachfolgende Behandlung mit Kalilauge, Antiformin usw.) wegen Gefahr der Schädigung der Knochenstrukturen selbst weniger zu empfehlen ist.

Für die Macerationsanlage benötigt man: 1. Einen entsprechenden *Kessel* mit etwa 15 cm dicker, einen guten Wärmeschutz gebender Wand (Steinzeug, Korkstein usw.), welcher innen eine Kupferblechwanne hat und mit einem Fußbodenablauf versehen ist. Der letztere trägt ein aushebbares, bis nahe dem oberen Trograde reichendes Rohr, dessen oberes Ende den Wasserüberlauf darstellt und welches — im Falle gründlicher Reinigung der Innenwanne — aus dem Bodenloch gehoben wird. Der Wasserzulauf erfolgt durch ein enges (1 cm weites) Rohr, welches an die Warmwasserleitung bzw. einen entsprechenden Warmwasserapparat angeschlossen ist und durch eine passende Öffnung des Kesseldeckels bis auf den Wannenboden herabreicht, so daß das Wasser (Temperatur etwa 40° C) zunächst an den Boden gelangt. Das Wasser soll langsam und beständig fließen. Die Größe des Macerationstroges ist so zu wählen, daß der Kupferblecheinsatz etwa 88 cm lang, 50 cm breit und ebenso tief ist. Der Deckel soll zur Abdichtung wegen Geruchsbelästigung mit seinem Rande in eine am oberen Umfang des Troges befindliche mit Wasser zu füllende Rinne eintauchen. Ist kein fließendes Warmwasser zur Verfügung, dann muß der Trog nach Art eines Thermostaten durch Erwärmen von außen (Gasflammen, Dampfheizung) unter konstanter Temperatur zu halten sein. In diesem Falle soll das Wasser nicht zu oft erneuert werden; die an der Oberfläche sich bildende Fettschicht ist wiederholt zu entfernen, ihr Überhandnehmen wird bei Anwendung fließenden Wassers vermieden. Die zu macerierenden Knochen werden von den gröberen anhaftenden Weichteilen zunächst befreit (Vorsicht bei Gelenksflächen usw.!), in Gaze eingehüllt und mit einem Bindfaden zum Herausheben armiert, welcher unter dem Deckel des Troges herausgeleitet und am anderen Ende mit einer entsprechenden Signatur versehen wird. Durch den ständigen langsamen Wasserlauf wird die Bildung der erwähnten Schicht aus Fett und Weichteilresten an der Oberfläche verhindert und die sonst starke Geruchsbelästigung vermieden. Die von den Knochen abmacerierten Weichteilpartikel können durch die Gazemaschen hindurchgelangen, insbesondere, wenn man zur Kontrolle des Fortschreitens der Maceration die Gazebeutel wiederholt hochhebt. Große Knochen (Oberschenkel usw.) sind bei einer gut eingearbeiteten Anlage in 8—14 Tagen durchmaceriert. Ein längeres Verweilen in dieser schadet gelegentlich, die Knochen werden dann „kalkig" (weißlicher Belag durch schwer entfernbare Kalkseifen), besonders, wenn kein ständiger Wasserwechsel möglich und die Flüssigkeit schon alt ist. Sollen Knochen von mit Alkohol oder Formol fixiertem Material nachträglich maceriert werden, dann sind sie zunächst ausgiebig im fließenden kalten Wasser zu halten (einige Tage bis Wochen) und hierauf erst in den Trog einzubringen. — Nach dem Durchmacerieren sollen die Knochen von dem in ihnen noch gelösten Leim befreit werden, damit die Entfettungsmedien besser eindringen können. Ein solches *Entleimen der Knochen* ist namentlich bei den Entfettungsflüssigkeiten mit niedrigerem Siedepunkt (Benzin, Äther) notwendig und geschieht zweckmäßig in einem geräumigen Wasserleitungsbecken. In dieses werden die Knochen zunächst in warmes Wasser mit Zusatz einer handvoll Soda gebracht und etwa eine Viertelstunde liegen gelassen. Dann läßt man langsam Wasser zufließen, damit die Sodalösung entfernt wird. Gesamtdauer des Vorganges

etwa eine Stunde. Nun können die Knochen getrocknet werden. Hierzu dient 2. ein *Trockenschrank* aus Holz mit doppeltem Metallblechboden, unter welchem die Heizung (Bunsenbrenner) angebracht ist. Der zweckmäßig mit Eternit verkleidete Schrank soll eine innere Breite von etwa 56, eine innere Höhe von 77 cm und eine Tiefe von 44 cm besitzen und in der Mitte durch ein entfernbares Querfach unterteilt sein. Ist das Trocknen beendet, dann kommen die Knochen 3. in den *Entfetter*, einen hinreichend großen Metallkessel (Innenhöhe ohne Einsatz für die Knochen 70 cm, mit Einsatz 64 cm; innere Weite 42 cm), welcher mittels Gasbrenners vom Boden aus oder zweckmäßiger von einer Dampfheizung, wenn solche vorhanden ist, angewärmt werden kann. In dem Kesselraum befindet sich ein aushebbarer Siebeinsatz mit geradem Boden, welcher die Knochen aufnimmt. Der muldenförmige Boden des Kessels selbst ist mit einem Ablauf versehen und zur Aufnahme des Entfettungsmittels bestimmt. Durch die Erwärmung verdampft dieses und kondensiert an dem luftdicht (Verschraubungen!) schließenden Deckel. Der letztere hat an seiner Unterfläche zweckmäßig zahlreiche etwa linsengroße Vorwölbungen, von welchen die kondensierte Entfettungsflüssigkeit wieder auf die Knochen herabtropft, eindringt und das Fett löst, auf den Kesselboden zurücksinkt und unter Hinterlassung des Fettrückstandes neuerlich verdampft usw. Die Kondensation des Entfettungsmediums wird durch Abkühlen des Deckels von außen her besorgt. Zu diesem Zwecke ist der Deckel außen mit einem etwa 15 cm hohen Rande versehen, wodurch ein schüsselförmiger Raum gebildet ist, in welchen von der Wasserleitung her kaltes Wasser geleitet wird. Ein an ihm vorgesehener Überlauf leitet das verbrauchte Wasser um eine seitlich am Kessel angebrachte Kühlschlange, durch welche die überschüssigen, nicht zur Kondensation gelangenden Dämpfe des Entfettungsmediums aus dem Kessel selbst unterhalb von dessen Deckel entweichen, um hier wieder verflüssigt zu werden. Die so gewonnene Flüssigkeit kann entweder neuerlich in den Entfettungsraum zurückgeleitet oder in einem Gefäß aufgefangen werden. Ersteres empfiehlt sich bei Benzin oder Äther, macht aber eine kompliziertere Apparatur mit eigener Rückflußkühlung notwendig (z. B. Entfetter nach *L. Pick*). Letzteres ist ohne weiteres möglich, wenn man als Medium Trichloräthylen verwendet, wofür Verf. auf Grund eigener mehr als jahrzehntelanger Erfahrung besonders warm eintreten möchte. Trichloräthylen (Handelsbezeichnung „Tri") hat einen bedeutend höheren Siedepunkt als Benzin und ist darum weit weniger feuergefährlich, so daß es z. B. in einer unter die seitlich am Entfetter angebrachte Kühlschlange gestellten Glasflasche ruhig ohne Gefahr der Explosion aufgefangen werden kann, während fast unmittelbar daneben die Bunsenflammen zur Erwärmung des Kessels brennen. Auch ist die entfettende Kraft des „Tri" wesentlich größer als bei Benzin, und dringt es darum in nicht entleimte Knochen weit besser ein. Zudem ist es schwerer als Fett, sodaß es sich beim Abkühlen am Boden des Entfetters unter dem aus den Knochen gelösten Fett ansammelt und samt diesem bei dem Ablaufhahn ausgelassen werden kann. Weiter kann es mindestens zweimal gebraucht werden, wobei allenfalls mit reinem „Tri" nachentfettet werden kann. Poröse Knochen sind in etwa zwei Stunden vollkommen entfettet, kompakte in drei bis vier Stunden. Der Entfetter ist nach Entleeren und Abkühlen jedesmal mit Sodalösung zu reinigen. (NB. Der Kessel hat entleert zu werden, solange der Apparat noch warm ist. Den Einsatz mit den Knochen, welche nunmehr fast völlig trocken und frei von dem Fettlösungsmittel sind, hebt man später heraus.) Nun sind die Knochen zum *Bleichen* fertig. Dies erfolgt in 4. einer *Kupferblechwanne* von etwa 60 : 40 : 20 cm Größe, wenn eine größere Menge von Knochen auf einmal zu behandeln ist. Wenn nur ein Röhrenknochen oder zahlreiche kleine Knochen gebleicht werden sollen, dann benutzt man aus Gründen der Sparsamkeit am besten ein Zylinderglas oder ein niedrigeres rundes Gefäß (Blechkübel usw.). Das Gefäß wird zur Aufnahme der Knochen mit Wasserstoffsuperoxydlösung gefüllt (ein Teil auf 20 Teile Wasser mit etwas Sodazusatz, oder Hydrogen. hyperoxydat. 30 Gew.-% ein Teil auf neun Teile Wasser). Man läßt die Knochen über Nacht in der Lösung und wässert nachher gründlich in Leitungswasser. Hernach Trocknen im Trockenschrank. Die Bleichlösung ist wiederholt brauchbar.

Will man Skeletteile im Zusammenhange mit dem Bandapparat erhalten, so empfiehlt sich, sie durch Präparation von den Weichteilen zu befreien (auch foetale Skelette) und nur kurz in kaltem Wasser zu macerieren, ehe sie auseinanderfallen, dann ebenfalls kürzere Zeit zu entfetten, hernach in der geschilderten Weise zu bleichen und langsam zu trocknen. Brustbein samt Rippenknorpeln können über einem als Modell angefertigten Gipsblock getrocknet und in ihrer Form erhalten werden. Die einzelnen Bruchstücke von Knochen (Schußfrakturen, Berstungsbrüche des Schädels) sind mit Messingdraht nach Anbringen entsprechender Bohrlöcher (Drillbohrer mit Handbogenantrieb) zusammenzuhängen, was manchmal zweckmäßig unter Belassung eines mehrere Millimeter breiten Zwischenraumes geschieht. Bandscheiben an der Wirbelsäule können bei vollkommen durchmacerierten Skeletten entweder künstlich (Filzstücke usw.) ersetzt oder überhaupt weggelassen werden, wobei die einzelnen Wirbelkörper entsprechend den Facetten der Gelenkfortsätze auch bei Fassung ganzer Skelette mit Messingdraht (Bohrlöcher!) aneinander zu befestigen sind. Die Aufstellung hat dann so zu erfolgen, daß ein entsprechender Zwischenraum zwischen den Wirbelkörpern frei bleibt und die physiologische bzw. pathologische Krümmung der Wirbelsäule erhalten wird. Für Montage ganzer Skelette oder eines Thorax sind nach der Wirbelsäulenkrümmung gebogene Gestelle aus starkem Eisendraht (zwei parallele Drähte, seitlich den Dornfortsätzen ziehend) mit Drahtstützen für das Becken, auf einer einfachen Eisenstütze mit Dreifuß montiert, zu bevorzugen. Becken und Wirbelsäule werden an den Stützen mit einigen Messingdrähten befestigt. Das Skelett ist dann jederzeit leicht von dem Träger abzunehmen. Die Stützdrähte der Wirbelsäule tragen am oberen Ende in entsprechender Höhe eine Metallplatte, auf welcher das Hinterhauptsbein des Schädels mit dem Rande des Foramen magnum aufruht. Von der Schädelhöhle her ist dieses durch eine zweite entsprechend gebogene Platte oder ein metallenes Kreuzstück mittels Schraubenmutter auf der erwähnten Stützplatte befestigt. Eine Montage einzelner Knochen auf Gestellen wird, wenn es sich nicht um besondere Schauobjekte handelt, kaum nötig sein. Im Bedarfsfalle sind solche aus Eisen- und Messingdraht leicht anzufertigen und auf passendem Holzbrett zu befestigen. (Die oben geschilderte Macerationseinrichtung, insbesondere der sehr empfehlenswerte Entfetter für Benutzung von Trichloräthylen wird von der Firma *J. Odelga*, Wien, geliefert.)

Nachtrag:

*Behelfsmäßig* kann man, wenn eine geeignete Anlage nicht zur Verfügung steht, folgendermaßen vorgehen: Einbringen des von den Weichteilen befreiten Objektes zur Auslaugung des Blutfarbstoffes

in (fließendes oder öfters zu wechselndes) Wasser. Maceration in verschlossenem Glasgefäß (Geruch!) mit kaltem. weichem Wasser etwa 3—8 Tage. Entleimung und teilweise Entfettung in warmer (nicht kochender!) 5 %iger Sodalösung durch 1 Stunde. Auswässern (mehrere Stunden), dann trocknen. Weitere Entfettung bei Zimmertemperatur in verschlossenem Metallgefäß mit Benzin, welches das Objekt bedecken muß und einmal zu wechseln ist. Bleichen mit Wasserstoffsuperoxyd, ebenfalls in verschlossenem Gefäß oder durch vorsichtige Einwirkung von Sonnenlicht (Achtung vor Rissen und Sprüngen!).

*Schrifttum.*

*Pernkopf, E.:* Technik der Herstellung anatomischer Präparate. Methodik der wissenschaftl. Biologie, herausge. von *T. Péterfi.* Berlin. **I**, 1154 (ausführliche Literatur). — *Pick, L.:* Konservierung und Aufstellung des Sektionsmaterials. In *Nauwerck,* Sektionstechnik. Jena 1921. — *Schmeidel, G.:* Methoden zur Konservierung von Organen und ganzen Organismen. Handb. d. biol. Arbeitsmeth. Abt. VII, Teil 2, 427. ***Priesel.***

## Konservierung breiiger, flüssiger und winziger Stoffe. (Vgl. auch Art.: Konservierung anatomischer Präparate; Versendung von Untersuchungsmaterial.)

Sichere und einwandfreie Ergebnisse bei Untersuchungen von eingesandtem Material hängen meist von der Art der Konservierung und Sicherstellung des zu untersuchenden Materials ab. Von größter Wichtigkeit ist dabei, daß die Sicherstellung eines Objektes so erfolgt, daß dessen ursprünglicher Zustand hinsichtlich Konsistenz, Farbe und Geruch möglichst vollkommen erhalten bleibt. Die geringfügigsten Kleinigkeiten können dabei von ausschlaggebender Bedeutung sein. *Flüssige* Untersuchungsstoffe, wie z. B. Urin, Speichel u.a., werden am besten in saubere Reagensgläser oder Gläser gefüllt und gut verkorkt. Der flüssige Inhalt von verdächtigen Gefäßen (Nachtgeschirren, Waschbecken, Spüleimern, Speigläsern, Klosettschüsseln) muß unter Umständen restlos geborgen und jeder dieser Funde in den Originalgefäßen oder einzeln für sich gesondert in vorher gereinigten, völlig dicht verschließbaren Gläsern aufgehoben und genau bezeichnet werden. Ein Zusatz irgendeines Konservierungsmittels ist zu unterlassen. Das bei Sektionen zurückbehaltene Blut für die verschiedenen Untersuchungszwecke ist ebenfalls in Gläser zu füllen. Bei Blausäure- und Kohlenoxydvergiftung ist darauf zu achten, daß die Flaschen oder Gläser bis an den Hals gefüllt werden. Die bayrischen Vorschriften über das Verfahren bei der gerichtlichen Untersuchung von Leichen verlangen bei einer Kohlenoxydvergiftung die Untersuchung von Blutproben aus dem Herzen, aus einer größeren Vene und auch aus einem Gehirnblutleiter. Zusätze von Konservierungsmitteln sind auch hier unzulässig. Für die Blutalkoholbestimmung wird die Entnahme von Blut am besten mittels Venüle vorgenommen. Dabei muß beachtet werden, daß zur Desinfektion der Einstichstelle kein Alkohol, Äther oder sonstige reduzierende Stoffe verwendet werden. Sehr geeignet ist die *Koller*venüle, bei der das Desinfiziens mitgeliefert wird. Muß mangels Venüle zur Blutentnahme eine Spritze benutzt werden, so darf diese vor der Entnahme ebenfalls nicht mit Alkohol, Äther oder anderen, reduzierend wirkenden Stoffen in Berührung kommen. *Breiige* Untersuchungsstoffe, wie Kot, Erbrochenes, Speisereste u.a., werden am besten in geeigneten Glasgefäßen mit weitem Halse sichergestellt. Es sei erwähnt, daß bei der Asservierung von Speiseresten und Erbrochenem darauf zu achten ist, daß aus den Gefäßen, in denen diese vorgefunden werden, keine Gifte als Verunreinigung in das vorher evtl. giftfreie Material hineingelangt sind (Kupferkessel). Da alle sog. Konservierungsmittel den Nachweis wirklich vorhandener Gifte erschweren, wenn nicht unmöglich machen, schützt man das Material, wenn dieses nicht schnell an die Untersuchungsstelle eingeliefert werden kann, vor Zersetzung durch Eiskühlung.

Handelt es sich um die Sicherstellung *winziger* Untersuchungsstoffe, so ist mit besonderer Sorgfalt und Aufmerksamkeit zu arbeiten. Bei der Aufklärung von Verbrechen kann die Diagnostizierung von Staub verschiedenster Art von größter Wichtigkeit sein. Das Sammeln solcher Staubpartikel aus Kleidungsstücken und ähnlichen kann durch Klopfen in starken Papierbeuteln von außen her geschehen. Nicht bürsten, da ein Aufwirbeln vermieden werden muß. Zum Auflesen von Staubteilchen werden auch feine Präpariernadeln aus Stahl oder Glas und feine, gut in Seifenwasser, Alkohol und Äther gereinigte Pinsel unbenetzt oder feucht (dest. Wasser oder wässrige Glycerinlösung 1 + 1) verwendet. Sehr bequem ist das von *Heindl* vorgeschlagene Verfahren, wonach die Staubpartikeln von einem durch Reiben elektrisch gemachten Hartgummistab (Füllfederhalter) oder einer Siegellackstange angezogen werden und sich leicht in eine Schale abstreifen lassen. Sehr geeignet, wenn auch etwas kostspielig in der Anschaffung sind natürlich Spezialstaubsauger. Magnetische Teilchen (Eisen, Nickel) werden mit kleinen Stabmagneten oder Elektromagneten ausgelesen. Zur Aufbewahrung werden Staubpartikelchen in Umschläge aus möglichst glattem Papier (Glanzpapier) gebracht, die in mittelgroßen Pulvergläsern verschlossen werden. Glasdosen allein sind weniger geeignet, da es oft schwer ist, Partikelchen im Winkel zwischen dem Boden und den Seitenwänden wieder zu entfernen. Sehr vorteilhaft sind Doppeluhrgläser, die mit einer Klammer zusammengehalten werden.

Die Asservierung von *Haaren* erfordert ebenfalls peinliches Arbeiten, um Verlust, Beschädigung oder Verunreinigung derselben zu vermeiden. Man nimmt die vorgefundenen Haare mit den Fingern (nicht mit der Pinzette) vorsichtig ab, verwahrt sie in doppelten Papierumschlägen aus glattem, weißem Schreibpapier gefaltet, wie die Pulverkapseln der Apotheker und bezeichnet sie genau. Sehr wichtig ist, die ursprüngliche Lage und Beziehung zur Umgebung durch eine einfache Skizze und auch gegebenenfalls Vergleichshaare von der Leiche mit einzusenden.

Oft sind menschliche Ausscheidungen in geringer Menge am Tatort eine wichtige Spur und peinlichst zu asservieren. Kleinere Spermamengen werden gleich auf Objektträger gebracht und mit Deckgläschen bedeckt. Handelt es sich um Blutspuren, die an festen Gegenständen (Boden, Wandbelägen usw.) angetrocknet sind, so werden von der Oberfläche der verdächtigen Stelle kleine Partikelchen abgekratzt. Liegen Kleider, Wäschegegenstände vor, welche die Blutflüssigkeit aufgesogen haben, so schneidet man kleine Stückchen aus dem Stoffgewebe aus oder asserviert am besten, wenn möglich, die ganzen Kleidungs- und Wäschestücke.

Bei Schußverletzungen kann der Pulverschmauch durch Abwischen mit einem Gaze- oder Wattebausch asserviert werden, der in einem Schälchen aufbewahrt wird.

In Anbetracht der Wichtigkeit all dieser Asservate für die Aufklärung von Verbrechen empfiehlt es sich, nach Möglichkeit einen Sachverständigen zuzuziehen.

#### Schrifttum.

*Buhtz* u. *Schwarzacher:* Sicherstellung von Kleiderstaub. Arch. Kriminol. **1935**, 65. — *Heindl:* Eine billigere Methode, kriminalistisch bedeutsamen Staub zu sammeln. Arch. Kriminol. **93**, 169. — *Locard, Södermann* u. *Heindl:* Beiträge zur kriminalistischen Staubuntersuchung. Arch. f. Kriminol. **92**, **93**. — *Pie-trusky:* Vorschläge für die Änderung über das Verfahren bei der gerichtlichen Untersuchung von Leichen. Dtsch. Z. gerichtl. Med. **21**, 103. — *Reuter:* Naturwissenschaftlich-kriminalistische Untersuchungen menschlicher Ausscheidungen. Handb. der biol. Arbeitsmethoden (1932), Liefg. 394. — *Reuter:* Gerichtliche Medizin. Berlin u. Wien 1933. *Paulus.*

**Konservierung der Organe bei Vergiftungen** siehe *Tod und Gesundheitsbeschädigung durch Gift im allgemeinen.*

**Kontusionssaum** siehe *Schußverletzungen.*

**Kopierstifte** siehe *Bleistifte und Farbstifte.*

**Kopierstiftverletzung** siehe *Künstliche organische Farbstoffe.*

**Korallen** siehe *Edelsteinbetrug und Verwandtes.*

### Kosmetische Mittel und Eingriffe.

Schädigungen des Organismus können durch Cosmetica, wie Puder, Schminken, Färbemittel, Haarpflegemittel erfolgen: Eine Verantwortung kann hierbei den Arzt nur treffen, wenn durch von ihm selbst magistraliter unrichtig verschriebene Cosmetica wirkliche Schädigungen eintraten, denn der weitaus größte Teil von Nebenerscheinungen und evtl. Schädigungen wird durch die Überempfindlichkeit des Behandelten erklärt werden können. Fertige, fabriksmäßig erzeugte Cosmetica werden bei Schadensstiftung den betreffenden Erzeuger zur Verantwortung heranziehen lassen. Die entsprechende chemische Untersuchung des Cosmeticums wird vielleicht feststellen, ob tatsächlich eine Substanz vorliegt, die an sich eine Schädigung bedingte. Im folgenden seien die durch Gebrauch von Cosmetica und bei kosmetischen Eingriffen möglichen Schädigungen dargelegt. 1. Schädigungen durch *Puder* und *Schminken.* Bei Zusatz von *Bleioxyd* wurden Welk- und Grauwerden der Haut, Pigmentierungen, Dermatitiden, uncharakteristische Allgemeinsymptome bis zu den ausgeprägten Anzeichen einer schweren Bleivergiftung beobachtet. Bei Brustkindern von Müttern, die bleihaltige Cosmetica gebrauchten, sind in Japan Meningitiden gesehen worden. Zinkstereat in Pudern kann schwere Bronchitis, akute Toxämie und partielle Asphyxie bedingen; auch Exitus wurde beobachtet. Andere Toxikodermien durch Puder oder Schminken sind auf Überempfindlichkeit zurückzuführen. So durch *Iriswurzel* (Ekzeme, Heufieber, Asthma); durch Puder „*Mousson hellgelb flachkompakt*", hochgradige Ekzeme mit Ödemen und regionärer Drüsenschwellung, hier wie in anderen Fällen oft durch das für das Pressen mitverwendete Bindemittel ausgelöst; ebenso nach Puder „*Prejur*", nach Puder „*4711*" und nach *Auxolinpuder* (evtl. durch das Parfum *Jonon*). Auch *flüssige* Puder sind oft die Ursache von Dermatitiden, möglicherweise durch erfolgte chemische Umsetzungen oder durch hierbei verwendete Emulgenda. *Schminkekzeme* sind seltener, häufiger sieht man Follikulitiden durch Verstopfung der Talgdrüsen (Vaselin usw.); Lippenentzündungen und ekzematöse oder bullöse Dermatitis durch Lippenstifte sind im Verhältnis zum ungewöhnlich großen Verbrauch ziemlich selten. 2. Schädigungen durch *Seifen* können, außer durch schlechte Fett-Urprodukte, mangelhafte Raffination, auch durch Alkaliüberschuß bedingt werden, wobei der starke Fettentzug das Rissigwerden und die Sensibilisierung der Haut begünstigt; je neutraler die Seife und je edler die Ausgangsstoffe, wie z. B. Öl oder Stearin, sind, desto geringer ist die Schädigungsmöglichkeit. Überfettete Seifen werden im allgemeinen besser vertragen, weil sie den Fettentzug ausgleichen. Bei bestehendem Ekzem oder Neigung zur Ekzembildung kann Seife besonders unangenehm werden. Oft reizen die der Seife zugesetzten Parfumstoffe. Zusatz von Kölnischwasser kann wie dieses selbst Berloque-Dermatitis bedingen, Medizinalseifen vermögen durch die zugesetzten Stoffe, die oft auch den Seifenkörper selbst mit der Zeit verändern, zu reizen, so Hg., Formalin, Acid. carbolicum, Resorcin, Teer, Terpentin, Bor, Salicylsäure, auch Glycerin und Farben usw. 3. Schädigungen durch *Badezusätze*. Hautreizungen (Erytheme, Ekzeme) wurden nach Zusatz von terpentinhaltigen Mitteln oder Lysoform beobachtet. 4. Schädigungen durch *Parfums*. Bei der komplizierten Zusammensetzung der Parfums ist es unmöglich, sie auf den überempfindlich machenden Anteil zu analysieren. Kölnischwasser kann durch seinen Gehalt an Bergamottöl die sog. Berloque-Dermatitis hervorrufen, die an der Einwirkungsstelle zumeist im Gesicht, an Hals und Brust mit oder ohne entzündliches oder urticarielles Vorstadium in Form besonders intensiver tropfen- oder streifenförmiger Pigmentationen, letztere manchmal auch einen weißen Streifen umschließend, unter Sonnenwirkung entsteht. Langsame Rückbildung, evtl. unter Schuppung. 5. Schädigungen durch *Cremes*. Es sind dies Salben mit viel Fett oder fettähnlichen Stoffen (Vaselin, Paraffin), aber auch oft mit viel Wasser. Sie können reizen durch die eben genannten Grundstoffe, aber auch durch das zugesetzte Wachs, den etwa verwendeten Pflanzenschleim, Gelatine, Glycerin, ihre alkalische Beschaffenheit (Seifen-Creme-Zusatz von Ammoniak usw.) oder ihre saure Eigenschaft (Pottasche usw.). Auch neuere patentierte Salbengrundlagen sind oft nachteilig. Manchmal ist das Parfum schädlich, vielfach das beigefügte Medikament, wie z. B. das Hg, das zur Sommersprossenbehandlung zugesetzt wird. Hg praecipitatum album ist bis zu einem halben Perzent zuzusetzen gestattet. Auch die in letzter Zeit gebrauchten „organischen" Inkorporationen können, besonders wenn sie zersetzt sind, schaden, wie Eiweiß-, Milch-, Hormon-, Vitamin-Präparate usw. 6. Schädigungen durch *Haarmittel*. Toxikodermien können durch alle drei bei der Haarpflege verwendeten Gruppen von Mitteln hervorgerufen werden, als welche *R. L. Mayer* unterscheidet: a) Haartonica, b) Befestigungsmittel und c) Färbemittel. Bei den *Haartonica* reizt die Grundsubstanz wie Alkohol, Wasser, Glycerin, Medikament und Parfüm (mit Ausnahme von Petroleum, Tetrachlorkohlenstoff) im allgemeinen weniger, wohl aber die zugesetzten Tonica, wie Arnica, Chinin, Campher, Cantharidentinktur, Menthol, Perubalsam (oder ein Ersatz), Resorcin, Salicylsäure, Arsenik, Sublimat, Jod. Jede dieser Substanzen kann Reizzustände bedingen, so Chinin heftige Dermatitiden, die auch auf den übrigen Körper übergreifen und sensibilisierend wirken können; Sublimat-Erytheme (Nierenschäden!), Campher-, Canthariden-, Salicylsäure-, Resorcin-(Niere!)-Entzündungen. Die *Haarwaschmittel*, die Soda, Pottasche, Borax, Magnesiumcarbonat, Seife, Saponine, Peroxyde, letztere gleichzeitig als Bleichmittel, enthalten, können besonders bei langem und häufigem Gebrauch das Haar trocken und brüchig machen; die Shampoons bedingen nicht selten ein auffallendes Schütterwerden dichten Haarwuchses vornehmlich bei Frauen. Manche Personen sind überempfindlich auf das Waschmittel Kamillentee! Die *Befestigungsmittel* (Pomaden, Brillantine mit Zusatz von Eiweiß, Zucker, Salicylsäure) machen im allgemeinen seltener Schädigungen, doch evtl. Follikulitiden. Von den *Haarfärbemitteln* ist die echte Henna als in der Regel unschädlich und harmlos zu bezeichnen. Sehr gefährlich sind alle Stoffe der Paraphenylendiamingruppe; hierher gehören die Ursole, Furrole, Nakofarben usw., die Haarausfall,

Ekzeme, Bindehautentzündungen, ja Hornhautgeschwüre, weiters Asthma, Urticaria und schwere Allgemeinvergiftungen erzeugen können. Denn das Paraphenylendiamin ist ein schweres Blutgift. Das sulfurierte Amine enthaltende Eugatol ist auch nicht ganz ungefährlich, allerdings nicht so wie das die gleichen Amine in nicht sulfurierter Form enthaltende Aureol. Wenn Entzündungen durch aminhaltige Haarfärbemittel einmal gesetzt, aber auch zur Abheilung gebracht wurden, sind zur neuerlichen Haarfärbung nur die echten, nicht verunreinigten Hennafarben zu empfehlen; aber auch hier ist vorher eine Testprobe hinsichtlich Verträglichkeit mit der zur Anwendung kommenden Hennamischung angebracht. Wie Henna sind auch reine, echte Wallnußschalenextrakte und Nußfarben unschädlich, dagegen alle Phenole und Amidokörper, wie arsen-, kupfer- und bleihaltigen Farben, gefährlich. Auch Pyrogallus ist nicht gleichgültig. Zur Gold- und Silberimprägnation verwendete Metallemulsionen in Chloroform können heftige Dermatitiden (Chrysiasis, Argyrose) und Narkotisierung bedingen. Zu reichliche Föhntrocknung kann Sprödigkeit und Brüchigkeit des Haares herbeiführen. Ondulieren kann Dermatitiden, Dauerwellen Haarverfärbungen und Haarausfall bringen. Depilatorien, die Thalliumacetat, Sulfide von Barium, Calcium, Strontium, Kalium, Natrium, Arsentrisulfid und Wasserstoffsuperoxyd enthalten, erweichen und entfernen das Haar, greifen aber auch die Hornschicht der Haut an und können besonders bei öfterem Gebrauch Entzündungen, Follikulitiden und sogar Abscesse bedingen. Auch Bimssteinabreibungen vermögen Reizzustände auszulösen. 7. Schädigungen durch *Zahnpflegemittel*. Bei jeder *Stomatitis* und *Dermatitis* in den Mundwinkeln, sowie auf den Lippen soll man auf das Mundwasser, die Zahn-Creme oder das Zahnpulver achten. Am meisten reizend wirkt Odol (Salolzusatz!). Auch Rathaniagerbsäure kann Stomatitis und Ekzeme um den Mund verursachen. 8. Schädigungen bei der *Nagelpflege*. Collodium enthaltende Nagellacke können Verdickung und Brüchigkeit bis zum völligen Abbröckeln und Verlust des Nagels bedingen. Mani- und Pediküreinstrumente sollen exakt desinfiziert und die Pflegeprozedur erst nach erweichendem Bad vorgenommen werden. Verletzungen bedingen leicht Onychien, Paronychien, Panaritien und Phlegmonen. 9. Schädigungen bei der Behandlung von *Pigmentationen* und *Depigmentationen* und von *Hauttumoren*. Die *Entfernung* von Pigmentationen durch Schälung mit Hg. = Sublimatlösung 1—5 auf 1000 kann reizen, Dermatitis erzeugen und durch ungleichmäßige Ätzung Verunstaltungen, wenn auch zumeist vorübergehend, verursachen. Sie ist daher nicht anzuraten. Bleichung mit Perhydrolsalben oder mit der *Unna*schen Natriumsuperoxydseife sind nicht von nachhaltiger Wirkung. Ätzungen mit Trichloressigsäure oder Carbolsäure oder gar Salpetersäure usw. sind schwer abgrenzbar nach der Fläche und Tiefe, daher oft auffällige Atrophie, ja sogar Narbenbildung. Verschorfung mit Kohlensäureschnee muß ziemlich energisch erfolgen, da mittlere Dosen sogar Pigmentverstärkung bedingen können; exakteste Abgrenzung mit dem Kryokauter von *Vignat*. Sicherer wirkt die Ignipunktur mit dem *Unna*schen Mikrobrenner, einem elektrischen Glühkauter mit feiner Spitze, oder mit dem aus Platin hergestellten spiraligen Nadelbrenner. Ferner der diathermische „Kaltkauter". Diese Therapie hinterläßt in der Regel nur kleinste, nicht störende Narben. (Immerhin bei zartem Teint Testung empfehlenswert!) Elektrolyse ist in der Wirkung unsicher. Laugen sind als häßliche Narben bildend abzulehnen. Pigmentflecke, kleine Naevi können auch mit dem *Kromayer*schen

Instrument, einer kleinen elektrischen Fräse unter Lokalanästhesie mit Chloräthyl (nicht bei Hitze- bzw. Funkenentwicklung, sonst schwere Explosionsgefahr!) oder nach Novocaininfiltration abgeraspelt werden. Die Behandlung der Vitiligo mit parenteraler Zufuhr von Acridinpräparaten ist wegen der Gefahr von Toxikodermien abzulehnen. *Naevi, Lentigenes* können zumeist mit Hilfe von Kaltkaustik oder Elektrolyse beinahe narbenlos entfernt werden. Doch auch hier bei zartem Teint Testung notwendig. Thermo- oder Elektrokaustik, Kohlensäureschnee machen manchmal unschöne Narben, selbst Keloide, ebenso Säure- oder Laugenätzung. Haare in den Naevi sollen immer kaltkaustisch oder elektrolytisch entfernt werden. Größere, weiche wie harte Naevi (besonders blaue) sind im Gesunden zu excidieren, vornehmlich bei Verdacht auf Malignität (Anschwellung, tiefere Bräunung, Blutung). In diesem Fall ist die Excision nicht in Lokalanästhesie, sondern in Narkose durchzuführen, am besten mit dem elektrischen Messer. Im Gesicht Achtung auf mögliche Nervenverletzung (namentlich bei blutigem Schneiden!). Bei Behandlung mit Elektrolyse muß diese von ein bis zwei Zonen im Gesunden beginnen und gegen den Tumor fortschreiten. Die Entfernung von *Warzen, Fibromen* ist oft mit dem scharfen Löffel möglich, besser mit Kaltkaustik, Elektrolyse oder der elektrischen Schlinge. Rezidive und Ausbreitung nach Eingriff kommen vor, daher gründliches Vorgehen (unter Rücksichtnahme auf die Möglichkeit der Narbenbildung!). Oft ist aber nur Röntgen- oder besser Radiumbehandlung, namentlich bei Nagelfalzwarzen erfolgreich, zuweilen nach gründlicher Excision. Kleine oberflächliche *Gefäßmäler* bei Kindern sind am besten mit Radium zu behandeln, das besonders im ersten Lebensjahr die schönsten Erfolge gibt, aber auch später immer noch das beste Mittel darstellt. Tiefe Angiome müssen gründlich behandelt werden, da sie leicht maligne werden: Am besten Radium oder Plastik weit im Gesunden. Zuweilen hilft verödende Varicocid-Injektion. Keloide sind nicht chirurgisch anzugehen, sondern mit einer entsprechenden Radiumbestrahlung zu behandeln, Ganglien chirurgisch zu entfernen oder nach Extraktion des Inhalts zu veröden, Atherome in toto oder von der Trepanationsstelle aus auszuschälen. *Hypertrichosis* soll möglichst nicht mit Röntgen behandelt werden, da selbst nach Jahren noch schwere Schädigung (bis zur Malignität) beobachtet wurde. Auch Kaltkaustik, noch mehr Elektrolyse (besonders bei verkehrter Polung: unveränderbare „Pigmentierung") kann bei ungeschickter Arbeit (zu starker Strom usw.) und nachteiliger Veranlagung zu unschöner Narbenbildung führen. Röntgenbestrahlung von *Lymphomen* können zu dauernden Entstellungen führen (Pigmentverschiebungen, Gefäßneubildungen, Hautatrophien und -Hypertrophien). Quarzbestrahlung der Haut, übermäßig und dauernd, kann eben mehr oder minder schwere Verbrennungen mit Narbenbildung auch Malignität (Seemannshaut) bedingen! 10. Schädigungen bei plastischen Eingriffen. *Plastiken* mit Hilfe von Paraffin-(Öl-)Injektionen sind völlig abzulehnen, da Wandern des Injektates und namentlich schwerentstellende Paraffinome auftreten können. Auch unrichtig ausgeführte Fettinjektionen können nachteilig sein, besonders wenn Fettmassen intraarteriell injiziert werden (lokale und allgemeine Embolien). Fettgewebstransplantationen sind wertlos, da sie bald aufgesaugt werden. Gesichtsoperationen können in sichtbaren Teilen Keloide, gedehnte Narben, Facialislähmungen und Gewebshypertrophien (bei Nasenkorrekturen!) nach sich ziehen (Exostosen, Enchondrosen). Bei einer Nasenkorrektur wurde schon die

Lamina cribrosa durchstoßen. Offene Nasenkorrekturen (nach *Lexer*) führen gern zu unschönen Narbenbildungen. Unsaubere Ohrenoperationen brachten langdauernde Eiterungen mit Verkrüppelungen des Ohrknorpels. Ohrenstechen zeitigte in einem Fall eine lupöse Erkrankung. Nach Brustkorrekturen waren nicht allein Mamilla-Nekrosen, sondern sogar ganze Mamma-Nekrosen und in nicht wenig Fällen Exitus festzustellen (genaue Allgemeinuntersuchung vor der Operation!). Schwere Keloidbildungen sind häufig. Einen gewissen Schutz davor bietet vorherige Röntgenbestrahlung. Fettbauchoperationen sind nicht selten unbefriedigend (Narbenstrikturen, dadurch Beugehaltung) und lebensbedrohend ausgegangen. Nach Gesäßverkleinerung ist es zu Narbensprengung mit anschließendem langem Krankenlager gekommen. Unterschenkeloperation zwecks Umfangverringerung brachte schon Nekrose und Absetzen des Beines.

*Schrifttum.*

*Buschke, A., A. Joseph* und *W. Birkenfeld:* Leitfaden der Kosmetik. Berlin 1932. — *Mayer, R. L., L. Kleeberg, E. Kaufmann:* Toxikodermien. Im Handb. der Haut- und Geschlechtskrankheiten, herausgeg. von *J. Jadassohn.* 4. Berlin 1910. — *Oppenheim, M.:* Schäden der Kosmetik. Wien med. Wschr. **1936**, Nr. 17 u. 18.
*Scherber.*

**Kotflecken** siehe *Faeces.*

**Krähenaugen** siehe *Strychnin und Brechnußvergiftung.*

## Krampfgifte zu diagnostischen und therapeutischen Zwecken.

Verschiedene Krampfgifte vom Typus der medullären Krampfgifte sind in der Psychiatrie zur Diagnose der Epilepsie und zur Behandlung der Schizophrenie versucht worden, u. a. Pikrotoxin, Cardiazol und Triazol. Ist z. B. eine pathologisch erhöhte Krampfbereitschaft im Sinne der Krampfepilepsie vorhanden, dann tritt nach Normaldosen von Cardiazol ein Anfall auf. Ein solch künstlich ausgelöster Anfall läßt sich als Symptom (neben andern Indizien) einer Epilepsie verwerten. Erregte Schizophrene zeigen nach Cardiazolbehandlung oft eine Remission, d. h. der Eintritt der Remission wird befördert. Bei Katatonien beobachtet man eine Lösung und Lockerung des Zustandsbildes. Statt Cardiazol wird neuerdings Triazol (Azoman) empfohlen. Die Krämpfe sind dabei meist weniger heftig, die Injektion kann intramuskulär (beim Cardiazol immer intravenös) ausgeführt werden, doch ist die Dosierung schwieriger.

Für den Gerichtsarzt ist nach solchen therapeutischen Injektionen oft die Frage zu beurteilen, ob nicht etwa eine latente Epilepsie durch Cardiazol oder Triazol manifest geworden sei, eine Gefahr, mit der man rechnen muß. Nicht selten beobachtet man bei solchen Injektionen Knochenbrüche, Knochenabrisse, Wirbelfrakturen (auch tödliche), Luxationen usw. im Krampfanfall (auch normale Knochen können frakturieren). Auch aus diesem Grund wird sich der Gerichtsarzt gelegentlich mit solchen Fällen zu befassen haben. Solche therapeutischen Eingriffe sollten nur in geschlossenen Kliniken im Einverständnis mit dem Kranken, seinen Angehörigen oder seinem Vormund durchgeführt werden. *Schwarz.*

**Kranzadernverkalkung** siehe *Plötzlicher Tod aus natürlicher Ursache.*

**Krebs** siehe *Geschwulst und Trauma.*

**Kreolin** siehe *Kresole.*

## Kreosot.

Ölige Flüssigkeit von brennendem Geschmack und rauchartigem Geruch, durch Destillation des Buchenholzteers (Fraktion 205—220°) gewonnen, besteht hauptsächlich aus Guajacol (60—90%) und Kresol. Die Vergiftung entspricht in Symptomatologie und Verlauf der Guajacolvergiftung (s. d. Art.: Guajacol). Am häufigsten sind medizinale Vergiftungen durch Überdosierung oder durch Verwechslung mit andern Medikamenten, evtl. percutan bei Applikation von Salben, Anstrichen. Gemeldet sind ferner Morde und Mordversuche (nur bei kleinen Kindern), Selbstmorde, gewerbliche Vergiftungen durch kreosothaltige Ersatzschmieröle. Ätzwirkung geringer als beim Kresol.

Die medizinale Anwendung ist heute seltener geworden (Husten-, Bronchitismittel); früher häufig verordnetes Tuberkuloseheilmittel in Form von „Kreosotphosphat" und „Kreosotphosphit", zwei schweren Nervengiften, die Polyneuritiden der Füße, Unterschenkel und Hände verursachten (s. d. Art.: Trikresylphosphat).

Diagnose der akuten Vergiftung in der Regel leicht zu stellen aus dem typischen Geruch der Atmungsluft und des Urins, der schwärzlich verfärbt ist.

Schwere akute Vergiftungen beobachtet man schon nach Einnahme weniger Gramme. Gewerbliche Schädigungen äußern sich hauptsächlich in Hautveränderungen (Acne, Follikulitis, Ekzeme). Bei chronischem Gebrauch u. a. allgemeiner Zerfall, ähnlich dem „Marasme phénique".

*Schrifttum.*

*Fraenckel:* Referat über eine Kreosotvergiftung. Dtsch. Z. gerichtl. Med. **2**, 567 (1923). — *Heffter:* Handb. der experimentellen Pharmakologie. **1**. Berlin 1923. — *Lewin:* Gifte und Vergiftungen. Berlin 1929. — *Thorling:* Ein Fall von Kreosotvergiftung bei einem Säugling. Upsala Läk.för. Förh. **26** (1921); Ref. Dtsch. Z. gerichtl. Med. **1**, 124 (1922). *Schwarz.*

### Kresole. (Vgl. auch Art.: Lysol.)

Monomethylsubstitutionsprodukte des Phenols, $C_6H_4(CH_3)OH$. Vorkommen im Holz- und Steinkohlenteer, im Rauch. Spielen große Rolle beim Räucherungsprozeß. p-Kresol tritt auf bei Eiweißfäulnis (Tyrosinzersetzung). Verwendung zur Konservierung, zur Imprägnierung. Zahlreiche Antiseptica und Desinfektionsmittel enthalten Kresole.

Toxikologisch besteht weitgehende Übereinstimmung mit dem Phenol; Giftigkeit der Kresole aber etwas geringer. Vergiftungen kommen vor durch Verwechslung, irrtümliche Einnahme, bei Einnahme in selbstmörderischer Absicht, bei Spülungen, intrauterinen Einspritzungen zur Unterbrechung der Schwangerschaft. Hautschädigungen bei Umschlägen usw.

*Saprol* ist ein Gemisch von Kresolkupferverbindungen und Kohlenwasserstoffen. *Carbolineum* besteht aus Phenolen, Kresolen und Pyridinbasen. *Kreolin* setzt sich zusammen aus Rohkresolen und Harzseife. Mit allen diesen Mitteln sind Vergiftungen erfolgt (Selbstmorde, Verwechslung, gewerbliche Vergiftungen mit Hautschädigungen, Tiervergiftungen bei Verwendung als Desinfektionsmittel). *Schwarz.*

### Kreuzotterbißvergiftung siehe *Schlangenbißvergiftung und Schlangengifte.*

### Kriebelkrankheit siehe *Mutterkorn und Mutterkornalkaloide.*

### Kriminalistische Leitelemente siehe *Lehm und Lehmflecken; Staub.*

### Kriminelle Leichenzerstückelung siehe *Leichenzerstückelung.*

### Krötenvergiftung siehe *Amphibiengifte.*

### Kropftod siehe *Plötzlicher Tod aus natürlicher Ursache.*

### Kryogenin siehe *Phenylhydrazin.*

### Kryoskopie siehe *Tod durch Ertrinken.*

### Kryptorchismus siehe *Zweifelhafte Fortpflanzungsfähigkeit beim Manne und beim Weibe.*

### Künstliche Atmung (= k.A.). (Vgl. auch Art.: Scheintod; Wiederbelebungsversuche.)

Die k.A. bezweckt nicht nur die Wiederanregung des Sauerstoffaustausches, sondern gleichzeitig auch eine reflektorische Erregung des Herzens bzw. eine Anregung der Blutströmung durch Veränderung des Gefäßdruckes. Ein vollständiger Blutkreislauf kann jedoch durch k.A. allein nicht erzielt werden, es kommt lediglich zu einem Hin- und Herfluten der Blutwelle. Die wichtigsten Methoden der k.A. wurden angegeben von *Silvester*, von *Howard* und *Hasselt-Schüller*. *Silvester* gab folgende Technik an: Zusammengerolltes Kleidungsstück unter die Schultern, Herausziehen und Festhalten der Zunge, die Arme werden nach oben und etwas seitwärts gezogen, dadurch Dehnung der Brustmuskeln: „Einatmung"; hierauf Herunterholen der Arme und Anpressen derselben an den Brustkorb: „Ausatmung". Diese Bewegungen werden im Rhythmus der normalen Atmung. d. i. 12mal in der Minute wiederholt. Die *Silvester*sche Atmung kann auch mit einem Apparat (Inhabad) ausgeführt werden, wodurch man Helfer erspart. Bei der *Howard*schen Methode wird der Verunglückte gleichfalls auf den Rücken gelagert, die Arme kommen nach oben, ein Helfer preßt mit beiden Händen seitlich den Brustkorb zusammen; die *Howard*sche Methode hat nur dann einen Wert, wenn die Arme in die *Silvester*sche Einatmungsstellung gebracht werden, da sonst die Durchlüftung zu gering ist. Um die bei der *Howard*schen Methode nicht seltenen Verletzungen und das Zurücksinken der Zunge zu vermeiden, lagert *Schäfer* die Verunglückten auf den Bauch, der Kopf wird seitlich gedreht. Die Brust wird wie bei der *Howard*schen Methode seitlich zusammengepreßt. Nach *Hasselt-Schüller* wird der Brustkorb des Verunglückten durch Einhaken der Finger am Rippenbogen und Hochziehen desselben gedehnt: „Einatmung". Die „Ausatmung" geschieht mit dem *Howard*schen Handgriff. Neuerdings werden immer häufiger Apparate, welche die Atmungsbewegungen durch Luftdruckschwankungen erzeugen, verwendet. Das Vorbild dieser „Eisernen Lunge" dürfte der Spirophor von *Woillez* oder der Apparat von *Eisenmenger* sein. Frühzeitig schon wurde eine k.A. durch Einblasen von Luft versucht, die Einblasung erfolgte ursprünglich von Mund zu Mund, man verwendete dann einen Blasebalg oder ließ aus Bomben Sauerstoff mittels Trachealkatheter langsam einströmen. Bei allen Einblasungsmethoden werden die physiologischen Verhältnisse umgekehrt, d. h. bei der Einblasung kein Unterdruck in der Lunge, sondern ein Überdruck des einströmenden Gases. Der Blasebalg hat den Vorteil, daß die Lufteinblasung rhythmisch erfolgt; der gebräuchlichste dieser Einblasungsapparate ist heute der Pulmotor der *Dräger*werke. Der Hauptvorteil des Pulmotors besteht darin, daß eine Verlegung der Luftwege sofort bemerkt wird. Ein Gasaustausch ist nur dann möglich, wenn die Luftwege frei sind, es müssen deshalb vor Ingangsetzung der k.A. aus den Luftwegen Fremdkörper, welche diese verlegen können, entfernt werden, z. B. Wasser, Erbrochenes. Unbedingt nötig ist ferner das Vorziehen der Zunge, da mit der Erschlaffung der Muskulatur die Zunge zurücksinkt und die Luftröhre abschließt; gleichzeitig sinkt der Unterkiefer nach hinten. Da die Abwehrreaktionen, wie der Hustenreflex, fehlen, kann leicht aus der Speiseröhre Mageninhalt in die Luftröhre einströmen. Mehrfach wird zur Freihaltung der Luftröhre die Intubation empfohlen, d. i. das Einführen einer Metallröhre in die Luftröhre. Bei den Einblasungsmethoden wird neben gewöhnlicher Luft auch reiner Sauerstoff eingeblasen mit dem Vorteil, daß durch Diffusion der Herzmuskel bald mit Sauerstoff angereichert wird. Mehrfach wird auch $CO_2$ zugesetzt, da das Atemzentrum auf eine $CO_2$-Anreicherung mit Vermehrung und Vertiefung der Atemzüge reagiert. Gesondert muß noch die k. A. beim Neugeborenen besprochen werden. Die Neugeborenen kommen häufig in einem Zustand des Scheintodes zur Welt (Asphyxie). Neben anderen Wiederbelegungsmaßnahmen werden hier zur k. A. die sog. *Schultze*schen Schwingungen angewendet. Das Neugeborene wird mit beiden Händen unter den Schultern angefaßt und kräftig nach aufwärts geschwungen, so daß die Beine gegen den Bauch oder gegen den Brustkorb fallen, der Körper ist nach vorne gebeugt = Ausatmung, durch Abwärtsschwingen fallen die Beine wieder nach unten, der Körper ist wieder ausgestreckt = Einatmung. Besonders wichtig ist auch hier das Freimachen der Luftwege, die diese häufig durch Schleim, evtl. auch durch Fruchtwasser verlegt sind. Man bedient sich hier des sog. Trachealkatheters, der in die Luftröhre eingeführt wird und mit welchem man dann die Fremdkörper absaugt.

Bei der k. A. entstehen nicht selten Verletzungen, da sich ja der scheintote Verunglückte völlig passiv verhält. Die Hilfsmaßnahmen dürfen deshalb nicht zu roh oder zu energisch durchgeführt werden. Zu den häufigsten Folgezuständen gehören Rippenbrüche, die natürlich bei älteren Individuen mit weniger elastischen Rippen leichter auftreten als bei jungen. Am wenigsten gefährlich dürfte nach *Bruns* und *Thiel* noch die *Silvester*sche Methode sein. Bei der *Howard*schen Methode sind die Bewegungen ruckartig, weshalb hier die Gefahrenquelle etwas größer ist, neben Rippenbrüchen können hier auch Zerreißungen der Leber verursacht werden. Besonders gefährlich ist die *Howard*sche Methode dann, wenn die Druckbewegungen von einem ungeübten Helfer nicht auf die Brust, sondern auf die ungeschützte Oberbauchgegend ausgeübt werden. Bei der *Schäfer*schen Methode können sich gleichfalls Rippenbrüche sowie Verletzungen der Leber ereignen. Die Verletzungen, welche durch k. A. hervorgerufen wurden, sind u. U. daran erkennbar, daß Zeichen vitaler Reaktionen (s. d.) völlig fehlen oder nur schwach ausgeprägt sind. Bei den Einblasungsmethoden vermag der Überdruck in den Lungen so groß zu werden, daß die Lungenbläschen zerreißen und Luft in das Lungenstützgewebe eintritt; es kann deshalb eine akute Lungenblähung oder ein interstitielles Emphysem bei einer nachfolgenden Leichenöffnung gefunden werden. Zur Vermeidung einer irrigen Deutung bei der Leichenöffnung ist es darum mitunter wichtig zu ermitteln, ob k. A. angewendet wurde. Vielfach sind die Verletzungsmöglichkeiten durch *Schultze*sche Schwingungen an Neugeborenen. Bei intrakraniellen Blutungen, die als Geburtsverletzungen auftreten, kommt es durch die Schwingungen zu einer bedeutenden Druckerhöhung. Durch die Geburt gebrochene Gliedmaßen können durch Schwingungen bedeutende Lageveränderungen erfahren (*Naujoks*). Leberkapselrisse, Leberzerreißungen, Nebennierenblutungen, Nierenblutungen, Wirbelsäulenverletzungen, Armlähmungen durch Druck des Fingers in die Achselhöhle wurden nach *Schultze*schen Schwingungen beobachtet. Einblasen der Luft kann auch hier zum Platzen der Lungenendbläschen führen. Die *Schultze*schen Schwingungen werden deshalb von vielen Geburtshelfern abgelehnt. Beim Freimachen der Luftwege durch den Trachealkatheter kann sowohl durch den Finger, als auch durch den Katheter eine Ver-

letzung, meist in der Art einer oberflächlichen Epithelverletzung (allerdings mit Möglichkeit der Infektion) gesetzt werden. Von gerichts-medizinischer Bedeutung ist es ferner, daß durch *Schultze*sche Schwingungen nicht beatmete Lungen lufthaltig werden können. Auch in den Magen vermag bei den Schwingungen Luft einzudringen und so ein Gelebthaben vorzutäuschen (*Sommer*).

*Schrifttum.*
*Bruns* u. *Thiel:* Die Wiederbelebung. Berlin u. Wien 1931. — *Naujoks:* Der künstliche Abort. Stuttgart 1932. — *Sommer:* Asphyxiebehandlung des Neugeborenen. Zbl. Gynäk. **54 III** (1930).

## Künstliche Fasern siehe *Faserstoffe.*

## Künstliche organische Farbstoffe. (Vgl. auch Art.: Pikrinsäure.)

Die künstlichen organischen Farbstoffe bilden weder chemisch noch toxikologisch eine einheitliche Gruppe; auch ihre therapeutische Wirkung ist deshalb ganz verschiedenartig. Ihnen ist lediglich ein zufälliges, elektives Absorptionsvermögen für die Wellenlängen im sichtbaren Licht gemeinsam. In der forensischen Toxikologie spielen sie eine unbedeutende Rolle. Vergiftungen sind selten und kommen praktisch in erster Linie vor als gewerbliche Vergiftungen bei der Herstellung und Verarbeitung künstlicher Farbstoffe und als medizinale Vergiftungen bei ihrer Verwendung zu diagnostischen und therapeutischen Zwecken. Diagnostische Anwendung finden sie hauptsächlich zur Prüfung der Nieren- und Leberfunktion; das Gebiet ist sicher noch ausbaufähig. Vermutlich wird in den nächsten Jahren die funktionelle Prüfung des Magens (Ausscheidungsfähigkeit für Farbstoffe), vielleicht auch die Durchlässigkeitsprüfung am Gehirn diagnostisch versucht werden. Das therapeutische Anwendungsgebiet (Chemotherapie) ist heute bereits sehr ausgedehnt. Farbstoffe werden z. B. verwendet zur Behandlung von Nervenkrankheiten, Infektionskrankheiten, parasitären Erkrankungen (Tropenkrankheiten), Geschwulstkrankheiten, Hautkrankheiten, Vergiftungen usw. Sowohl die diagnostische wie therapeutische Verwendung künstlicher organischer Farbstoffe, namentlich neuer Präparate, sollte nur mit Kritik und Zurückhaltung, auf Grund wissenschaftlicher Überlegungen und Erfahrungen, erfolgen. Die Gefahr ist vorhanden, daß bei der großen Auswahl der zur Verfügung stehenden Verbindungen in kritikloser Weise, unter Heranziehung irreführender oder wertloser Tierversuche, solche Stoffe neu in die Medizin eingeführt werden. Durch unüberlegte Anwendung kann es zu überraschenden, für Arzt und Patient unangenehmen Zwischenfällen, ja sogar zu Todesfällen kommen. Nach solchen Vorkommnissen ist mit Einleitung eines Straf- oder Haftpflichtprozesses gegen den Arzt zu rechnen. Darin liegt wohl die Hauptbedeutung der organischen Farbstoffe für die forensische Toxikologie bzw. Begutachtung.

Zum Selbstmord oder gar zu verbrecherischen Zwecken sind künstliche Farbstoffe ungeeignet. Ihre Beibringung kann nicht unauffällig erfolgen, die vergiftenden Dosen sind groß, dazu sehr variabel (Idiosynkrasien). Die Wirkung ist zudem unsicher, nicht im voraus zu berechnen. Vergiftungen beim Genuß gefärbter Lebensmittel kommen bei der strengen Gesetzgebung in den modernen Kulturstaaten kaum mehr vor. Auch zufällige Vergiftungen (ökonomische Vergiftungen) sind außerordentlich selten; in Betracht kommt lediglich die Methylviolettvergiftung durch den Farbstoff des Tintenstiftes. Viele Vergiftungen, die als Farbstoffvergiftungen diagnostiziert werden, sind übrigens nicht auf die Wirkung von reinen Farbstoffen zurückzuführen, sondern auf die Wirkung von Ausgangs- und Zwischenprodukten bei der Herstellung oder von Verunreinigungen, evtl. auch auf die Wirkung von Lösungsmitteln, in welchen Farbstoffe gelöst sind. Als Verunreinigung komm, in Betracht das Zinkchlorid, früher auch das Arsen.

Alle künstlichen Farbstoffe sind Abkömmlinge des Benzols, stellen also aromatische Verbindungen dar, die gleichzeitig ungesättigt und deshalb farbig sind, und werden wegen des Ausgangsmaterials auch Teerfarbstoffe genannt. Der aromatische Grundcharakter kommt gelegentlich bei der akuten Vergiftung zum Ausdruck: Wirkung auf das Zentralnervensystem, Lähmung motorischer Funktionsgebiete des Mittelhirns und des verlängerten Markes. Viele Farbstoffe haben gleichzeitig eine allgemein schädigende Wirkung auf das Protoplasma (antiseptische, bactericide Wirkung, spezifische Wirkung auf Protozoen und Parasiten). In das gleiche Gebiet gehört die Eigenschaft gewisser Farbstoffe, bestimmte Gewebe, entsprechend einer spezifischen Affinität, vital oder postmortal zu färben (z. B. Methylenblau).

Beim Menschen beobachtet man an Vergiftungserscheinungen Magen-Darmstörungen, allgemeine Gesundheitsschädigung, bei hohen Dosen Lähmungen, Bewegungsstörungen, Atemnot, Atemstillstand. Chronische Wirkung kann zu Hautschädigungen, Neubildungen, zu allgemeinen allergischen Reaktionen führen. Saure Farbstoffe, d. h. Farbstoffe, die Carboxyl-, Sulfon- oder Hydroxylgruppen besitzen, sind im allgemeinen weniger giftig als basische; letztere haben eine stärkere Allgemeinwirkung auf das Protoplasma. Die Ausscheidung erfolgt hauptsächlich durch Leber und Nieren, teilweise auch durch Speiseröhre, Magen und Drüsen. Gewisse Farbstoffe können in die Gelenkhöhlen und in die Höhlen des Zentralnervensystems übertreten und dort nachgewiesen werden.

Ein gesetzmäßiger Zusammenhang zwischen Konstitution und Wirkung ist nicht abzuleiten; die Diffusionsfähigkeit spielt für die Giftwirkung offenbar keine Rolle. Nach *Matsuo* sind Azorubin S, Azocochenille, Ponceau 3 R, Kongorot, Eosin A und Erythrosin B viel weniger giftig als die andern klinisch angewandten Farbstoffe oder höchstens gleich giftig. Von den für die Leberfunktionsprüfung verwendeten Farbstoffen ist Azorubin weniger giftig als Methylenblau und als Phenoltetrachlorphthalein, und von den für die Nierenuntersuchung in Betracht kommenden Stoffen ist nach *Matsuo* Azocochenille harmloser als Indigocarmin, Phenolsulfonphthalein oder gar Methylenblau.

In der folgenden Zusammenstellung seien ein paar der wichtigsten Vertreter, die schon Vergiftungen verursacht haben oder die ausnahmsweise auch in Zukunft den Arzt als Begutachter beschäftigen können, aufgeführt. Es ist selbstverständlich ausgeschlossen, im Rahmen dieser knappen Übersicht alle jene Stoffe zu erwähnen, die z. B. medizinisch schon irgendwie Verwendung fanden und dabei zu Vergiftungen führten.

*Methylviolett:* Gehört in die Gruppe der Di- und Triphenylmethanfarbstoffe, ist chemisch ein Gemisch methylierter Fuchsine, löslich in Wasser, Alkohol, unlöslich in Äther. In Europa medizinisch heute als Antisepticum nur noch selten gebraucht (Pyoktanin, Gentianaviolett), dagegen in Amerika immer noch ausgedehnt in Kombination mit Brillantgrün verwendet, dem Trypaflavin sogar vorgezogen. Die Wirkung des Methylvioletts ist lokal reizend (es hat eine besondere Affinität zum Zellkern), nekrotisierend. Eiterungen werden bei diesen Nekrosen infolge der antiseptischen Wirkung nicht beobachtet. Anfänglich bestehen bei dieser Lokalwirkung nur wenig Schmerzen; in der Umgebung kommt es zu

Ödemen, Entzündungserscheinungen. Solche intensiven Lokalreaktionen beobachtet man hauptsächlich bei Tintenstiftverletzungen mit Zurückbleiben von Farbe in der Wunde. Gelangt Methylviolett in den Magen, beobachtet man Verdauungsstörungen in Form von Erbrechen, Schleimhautnekrosen mit Geschwürbildung (Magengeschwüre). Nach Resorption Kopfschmerzen, Fieber, Herzstörungen (ähnliche Wirkung wie Digitalin), Zerstörung der roten Blutkörperchen, Methämoglobinbildung (Beziehung zur Anilin- und Nitrobenzolvergiftung).

*Methylenblau:* Gehört in die Gruppe der Chinonimidfarbstoffe. In der Medizin früher als schmerzstillend empfohlen, namentlich bei Affektionen der Muskeln, der Gelenke, bei neuritischen Prozessen. Diagnostisch heute durch weniger giftige Farbstoffe verdrängt. Argochrom ist eine Doppelverbindung des Methylenblaus mit Silbernitrat, wurde versucht zur Bekämpfung von Infektionen. In unkritischer Weise wird Methylenblau therapeutisch immer wieder empfohlen zur Behandlung der verschiedensten akuten Vergiftungen, z. B. Kohlenoxyd, Blausäure. Symptome der akuten Methylenblauvergiftung: Nausea, Erbrechen, Harndrang; bei rascher Resorption Kollaps, Blaufärbung des ganzen Körpers, Atemnot, Leberstörungen, akute gelbe Leberatrophie (Argochrom).

*Acridinfarbstoffe:* Hier finden wir verschiedene Vertreter, die therapeutisch wegen ihrer bactericiden oder wachstumshemmenden Wirkung Verwendung finden, so z. B. Rivanol, Trypaflavin (Proflavin, Gonacrin), Argoflavin, Septacrol, Atebrin. Als Mittel gegen die Trypanosomen sind die Acridinfarbstoffe durch das weit zuverlässigere Germanin verdrängt worden. Die Wirkung ist nicht an das Acridingerüst gebunden (vgl. Wirkung des Plasmochins), wie ja überhaupt anzunehmen ist, daß bei den chemotherapeutischen Präparaten meist nicht das zentrale Gerüst, sondern die Nebensubstituenten des Moleküls den therapeutischen Effekt ausmachen. Acridinderivate wirken in großen Dosen hauptsächlich zentral und führen zu einer fortschreitenden Lähmung bei gleichzeitiger Kreislaufschwäche. Tod durch Atemstillstand. Daneben sind es allgemeine Protoplasmagifte mit gleichzeitiger Wirkung auf Leber und Nieren. Medizinale Vergiftungen sind immerhin seltener geworden. Tödliche Dosen ähnlich wie beim Chinin.

Unter den *Azofarbstoffen* sind die Sulfonamide als Verursacher schwerer, sogar tödlicher medizinaler Vergiftungen, namentlich in Amerika, bekannt geworden. Sulfonamide sind in verschiedener Form unter den verschiedensten Phantasienamen im Handel (Rubiazol, Prontosil, Uliron). Sie werden insbesondere empfohlen zur Bekämpfung von Streptokokkeninfektionen, Uliron hauptsächlich zur oralen Behandlung der Gonorrhoe.

An Vergiftungssymptomen beobachtet man Nausea, Anorexie, Durchfälle, Erbrechen, Kopf- und Leibschmerzen, Mattigkeit und Schwindelgefühl. Objektiv: Verminderung des Kohlensäurebindungsvermögens und der Sauerstoffkapazität des Blutes, hämolytische Anämien, Agranulocytose, Hautveränderungen, andere allergische Reaktionen. Seltener sind schwere, irreparable Leberschädigungen (akute gelbe Leberatrophie). Nach Uliron gelegentlich Polyneuritiden, meist beginnend mit Wadenschmerzen. Eine Kontraindikation bilden Nieren- und Lebererkrankungen; die gleichzeitige Verabreichung von Sulfaten ist gefährlich. Jede therapeutische Verwendung von Sulfonamiden und ähnlichen Verbindungen erfordert überlegte Indikation, vorsichtige Dosierung, fortlaufende Überwachung während der Anwendung, evtl. sofortige

Sistierung des Mittels. Die Gefahr einer Überdosierung durch den Patienten ist vorhanden.

*Phenolphthalein:* Wird als Abführmittel gebraucht. Tetrabromphenolphthalein (Nosophen) ist ein Jodoformersatz und ein Darmantisepticum (s. d. Art.: Phenolphthalein.)

*Mercurochrom* = Quecksilberverbindung des Dibromfluoresceins, hat in Amerika ausgedehnte Verwendung als Desinfiziens gefunden (Ersatz der Jodtinktur). In letzter Zeit ist der Verbrauch zugunsten des Jod zurückgegangen, offenbar wegen unerwünschter Nebenwirkungen.

Über die *Pikrinsäure* s. d. Art.: Pikrinsäure.

*Schrifttum.*

*Alpert* u. *Forwes:* Granulozytopenie und Hyperleukocytose nach Sulfanilamidtherapie. Slg. Verg.-Fälle **10**, 25 A (1939). — *Bull:* Kopierstiftverletzungen. Ref. Dtsch. Z. gerichtl. Med. **3**, 192 (1924). — *Cline:* Akute gelbe Leberatrophie nach Sulfanilamidbehandlung. Slg. Verg.-Fälle **10**, 21 A (1939). — *Dalquen:* Tintenstiftverletzungen. Slg. Verg.-Fälle **6**, 153 A (1935); Ref. aus Diss. Gießen 1934. — *Depuoz:* Über chemisch bedingte Gewebsschädigungen, speziell Tintenstiftnekrosen, in ihrer klinischen und unfallmedizinischen Bedeutung. Schweiz. med. Wschr. **1933**, Nr. 44. — *Essen:* Polyneuritis nach Ulirongebrauch. Slg. Verg.-Fälle **9**, 61 A (1938). — *Fierz:* Künstliche organische Farbstoffe. Berlin 1926 und Ergänzungsband 1935. — *Frei:* Anilinfarben als Ursache von Kopfekzem. Slg. Verg.-Fälle **4**, 37 A (1933). — *Führner:* Die Gruppe der organischen Farbstoffe. Handb. der exper. Pharmakol. **1**. Berlin 1923. — *Garvin:* Toxische Hepatitis durch Sulfanilamid. Slg. Verg.-Fälle **10**, 17 A (1939). — *Gierlich:* Tintenstiftvergiftung. Slg. Verg.-Fälle **6**, 189 A (1935) u. Dtsch. Z. gerichtl. Med. **25**, 156 (1935). — *Halberkann* und *Lenhartz:* Tödliche Vergiftung durch Argochrom. Zbl. inn. Med. **1934**, Nr. 5. — Handbuch der Lebensmittelchemie. **1**. Berlin 1933. — *Ilkoff:* Methylviolettvergiftung. Slg. Verg.-Fälle **2**, 163 A (1931) u. Dtsch. med. Wschr. **1930**, Nr. 27, 1132. — *Kartagener* und *Ramel:* Über eine tödliche Trypaflavinvergiftung unter dem Bilde der nekrotisierenden Nephrose. Klin. Wschr. **1932**, 1273. — *Lenz:* Zur Toxikologie des Trypaflavins. Schweiz. med. Wschr. **1929**, Nr. 38. — *Liengme:* Die Giftigkeit des Trypaflavins. Schweiz. med. Wschr. **1929**, Nr. 38. — *Matsuo* und *Schüler:* Biologische Untersuchungen über Farbstoffe. 2 Bände. Kyoto 1934. — *Medanić:* Kopierstiftverletzungen. Ref. Dtsch. Z. gerichtl. Med. **5**, 207 (1925). — *Meier:* Anilinöl- bzw. Anilinfarbenvergiftung als Ursache von Methämoglobinaemie. Slg. Verg.-Fälle **5**, 99 A (1934). — *Rosenau:* Thrombosen und Tod nach Phenoltetrachlorphthalein. J. amer. med. Assoc. **85**, 2017 (1925). — *Rosenstein:* Methylenblauspülung des Pleuraraumes mit tödlichem Ausgang. Dt. med. Wschr. **51**, Nr. 22, 908 (1925). — *Taeger:* Schädigungen durch p-Aminophenylsulfonamid (Prontosil und verwandte Verbindungen). Sammelbericht. Slg. Verg.-Fälle **9**, 49 A (1938). — *van Valkenburg* und *Kreuzwendedich von dem Borne:* Polyneuritis nach Ulironbehandlung. Slg. Verg.-Fälle **10**, 27 A (1939). — *Wigton* und *Johnson III:* 4 Fälle von peripherer Neuritis nach Sulfanilylsulfanilamid (Disulfanilamid). Slg. Verg.-Fälle **10**, 29 A (1939).    *Schwarz.*

## Künstliche Schrift (= k.Sch.). (Vgl. auch Art.: Gerichtliche Schriftuntersuchung.)

Jede nicht mit der Hand hergestellte Schrift sowie handschriftlich ausgeführte Schriftzeichen, die nicht die natürliche und gewohnte Handschrift erkennen lassen, bezeichnen wir als k.Sch. Sie spielt bei Herstellung krimineller Schriftstücke jeder Art eine besondere Rolle. Zur ersten Gruppe gehören: Schreibmaschinenschriften, Stempelschriften und zwar außer den geschnittenen, gegossenen und gravierten Namen-, Firmen- oder Dienststempeln vor allem auch die zusammensetzbaren Gummistempel, ferner Schablonenschriften unter Anwendung von aufgepinselter Farbe, wie beim Wäschezeichnen üblich. Zu erwähnen ist hier auch die nicht selten geübte Herstellung krimineller Schriftstücke durch Aufkleben von Buchstaben, Silben, Wörtern und ganzen Sätzen, die Tageszeitungen und anderen Druckwerken entnommen wurden, auf Briefpapier und Umschläge. Zur zweiten Gruppe gehört die Anwendung der Druckbuchstaben eines bestimmten Schriftsystems, z. B. Antiquadruckschrift (oder Blockschrift bezeichnet), Frakturschrift, ferner die Rundschrift und verwandte Schriftarten der gewerblichen Kunstschriften, Schablonenschrift, hergestellt durch Nachfahren der aus dünnem Kupferblech herausgeschnittenen Großbuchstaben (mit oder ohne Verzierungen) mittels eines Bleistiftes. Eine verwandte, aber in der Praxis kaum zu beobachtende Schriftherstellung ist die mit dem Pantographen oder Storchschnabel hergestellte Schrift. Dieser Zeichenapparat dient bekanntlich zum Vergrößern oder Verkleinern von Zeichnungen oder Abbildungen, kann aber ebensogut zur Nachahmung jeder gezeichneten oder gemalten Schrift, also z. B. auch der Blockschrift eines Dritten in gleicher Schriftgröße verwendet werden. In einem Strafverfahren war seitens der Verteidigung Nachahmung einer unverstellten Kurrentschrift mittels dieses Apparates behauptet worden, was aber nach der Schriftuntersuchung als unrichtig abzulehnen war. Der Pantograph eignet sich zwar zum Nachzeichnen, nicht aber zur Nachahmung einer flüssig entstandenen Handschrift, da er schreibstörend wirkt. Kriminalistisch interessiert die k. Sch. vom Gesichtspunkt ihrer Identifizierbarkeit. Dabei sind folgende Hinweise zu geben:

1. Die Identifizierung handschriftlich hergestellter Druckbuchstaben, sog. Blockschrift, Frakturschrift, Rundschrift, setzt Schriftproben in gleicher Weise voraus. 2. Mechanisch hergestellte Schrift, wozu vor allem die Schreibmaschinenschrift (s. d. Art.: Maschinenschrift) sowie Stempelschriften zu zählen sind, werden auf identifizierbare, der Gruppe der Schartenspuren und Abnutzungsfehler angehörende Merkmale geprüft. 3. Bei der mit Bleistift hergestellten Schablonenschrift ist auf die an der Bleistiftspitze entstehenden Einritzspuren zu achten, die durch das Entlangfahren des Bleistiftes an den scharfen Rändern der Schablonenbuchstabenlöcher verursacht werden. 4. Bei Feststellung der Herkunft von Buchstaben, Silben und Wörtern aus Zeitungen und Druckwerken anderer Art ist vor allem auf entsprechend ausgeschnittene Zeitungen und Bücher usw. bei der Durchsuchung der Wohnung des Beschuldigten zu achten und rechtzeitig darauf hinzuweisen. Wenn ein bestimmtes Buch, z. B. nach einem herausgerissenen Blatt, das von Wilderern zu Patronenpfropfen verwendet wurde, ermittelt werden soll, dann wende man sich an die „Deutsche Bücherei" in Leipzig. Sie stellt die Satztype fest, ermittelt aus anderen Büchern mit gleicher Satztype die Druckerei, in der diese Type gebraucht wurde; dann den Verlag, der in dieser Druckerei seine Bücher drucken ließ. Auf diese Weise ist schon manches gesuchte Buch ermittelt worden, so daß die Auskunftsstelle der „Deutschen Bücherei" in Leipzig gelegentlich auch zu kriminalistischen Zwecken zur Mithilfe herangezogen werden kann.    *Schneickert.*

## Kunklprobe siehe *Kohlenoxyd.*

## Kunstfehler siehe *Ärztlicher Kunstfehler.*

## Kunstwerkfälschung.

*I. Arten der Problemstellung.* Wenn es bei einem heute neu auftauchenden Kunstwerk, das angeblich einer bestimmten Zeit entstammt oder sogar von einem bestimmten alten Künstler herrühren soll, festzustellen gilt, ob es echt sei oder nicht, so ist stets zwischen drei Möglichkeiten zu entscheiden: 1. die behauptete Urheberschaft hinsichtlich Zeit oder Autor ist richtig; 2. es liegt eine der Gegenwart entstammende Fälschung vor, die die Merkmale jener Zeitepoche oder jenes Künstlers nachzuahmen sucht; 3. es liegt ein die Merkmale jener Zeitepoche oder jenes Künstlers nachahmendes Erzeugnis aus der Zwischenzeit oder sogar auch aus der Zeit jenes Künstlers vor. Diese letztere Möglichkeit (tatsächlich alte und doch falsche Werke!) erschwert die Problemstellung sehr; sie erklärt sich aus der historischen Tatsache, daß zu allen Zeiten, bis zurück ins

Altertum, Werke berühmter Meister oder angesehener Zeitepochen nachgeahmt wurden. Diese Nachbildungen waren nur zum Teil in Fälschungsabsicht erzeugt; teils waren es harmlose Schülerarbeiten, die den Meister zu kopieren suchten, teils Werke, die aus Begeisterung und Einfühlungsvermögen für das Kunstschaffen einer bestimmten Zeit oder eines bestimmten Künstlers entsprangen und oft erst später vom Zwischenhandel als angebliche Erzeugnisse jener Zeit oder jenes Künstlers ausgegeben wurden. *Beispiele aus der Geschichte der Plastik:* Eine Amorstatue, die *Michelangelo* als Zwanzigjähriger (1495/96) im Geiste der Antike schuf, wurde von ihm auf Rat des *Lorenzo de Medici* so hergerichtet, als ob sie lange in der Erde gelegen sei. *Lorenzo* verkaufte den nach Rom gebrachten Amor einem Kardinal als antikes Kunstwerk um 200 Dukaten, während *Michelangelo* hierfür nur 30 Dukaten erhielt; der Schwindel kam aber auf, *Michelangolo* erhielt die Statue und der Kardinal sein Geld zurück. Im 19. Jahrhundert entstanden zahlreiche Nachahmungen alter Meister, so auch in Deutschland Skulpturen im Stil des *Tilmann Riemenschneider* (1460—1531, siehe die Lindenholzstatuette „Adam", Abb. 1). In der Zeit von 1830—1866 hat der Florenzer Bildhauer *Bastianini* zahlreiche Skulpturen in der Art der italienischen Renaissance geschaffen, die dann von Zwischenhändlern als alte Werke ausgegeben wurden; sogar der Pariser Louvre erwarb 1866 eine Terrakottabüste, die angeblich den Dichter *Benivieni* darstellte und dem 15. Jh. zugeschrieben wurde, aber eine Arbeit *Bastianinis* war, die dieser

tung und die künstliche Patina von der Absicht zeugen, Werke zu schaffen, die als alte Skulpturen gelten könnten.

Auf alle diese und viele ähnliche Möglichkeiten ist somit Bedacht zu nehmen, wenn etwa heute in Italien eine angebliche Skulptur der italienischen Renaissance oder noch früherer Zeit auftaucht. Unabhängig von der Entstehungszeit der Fälschung ist ferner zu unterscheiden zwischen Erzeugnissen, die nur *im Stile* einer bestimmten Zeit oder eines bestimmten Meisters gearbeitet sind, und solchen, die ein *konkretes, tatsächlich existierendes* Kunstwerk möglichst getreu nachzubilden suchen. In *beiden* Fällen sind wieder jene Fälschungen, in denen das nachahmende Erzeugnis *an sich* hinsichtlich Material und dabei aufgewendeter künstlerischer Arbeit (abgesehen von der Einfühlungs- oder Nachbildungsabsicht) hochwertig ist, auseinanderzuhalten von solchen Erzeugnissen, die infolge Verwendung minderwertigen Materials oder mangels selbständiger künstlerischer Arbeit schon *an sich* als *minderwertig* anzusprechen sind.

*Beispiele der sich daraus ergebenden vier Gruppen:* a) An sich wertvolle Nachahmungen im Stile bestimmter Zeitepochen oder Meister: Alle früher erwähnten Beispiele aus der Plastik; ferner aus der Malerei: Der Maler *Luca Giordano* in Neapel (1632—1705) malte in der Manier verschiedener berühmter Meister, wie *Lukas von Leyden, Dürer* und *Raffael*, und versah die Arbeiten oft auch mit der Signatur des betreffenden Künstlers (z. B. das

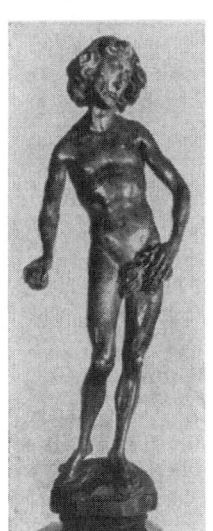  

Abb. 1. „Adam", angeblich ein *Riemenschneider* (um 1500), Fälschung aus 1830 bis 1850.

Abb. 2. „Madonna" (scheinbar aus der Frührenaissance) von *Dossena* (1925).

Abb. 3. „Minerva", links Original (um 1600). rechts die Fälschung (um 1870).

auf Bestellung eines Kunsthändlers nach einem lebenden Modell gearbeitet hatte. In den Jahren 1921 bis 1926 tauchten in verschiedenen Ländern wunderbar gearbeitete Skulpturen in Marmor, dann auch in Holz und Ton auf, die als wertvolle Kunstwerke des 13., 14. und 15. Jahrhunderts gehandelt und von berühmten Sachverständigen sogar bestimmten Künstlern, wie *Donatello, Simone Martini* und *Mino da Fiesole*, zugeschrieben wurden (Abb. 2). Sie stellten sich als Werke des Bildhauers *Dossena* in Rom heraus, der nachweisen konnte, daß er alle Skulpturen als eigene Werke zu normalen Preisen an Händler abgegeben hatte, wenn auch die Art der Bearbei-

mit *Lukas von Leyden* signierte Gemälde „Würfelnde Soldaten", derzeit im Kaiser-Friedrich-Museum in Berlin).

b) An sich wertvolle Nachbildungen eines konkreten Kunstwerkes: 1525 wurde ein *Raffael* (den Papst *Leo* darstellend), der im Hause *Medici* in Florenz verwahrt wurde und als Geschenk des Papstes *Clemens* dem Herzog *Friedrich II.* nach Mantua übersandt werden sollte, im Auftrag des *Ottaviano de Medici* (der Florenz dieses Kunstwerkes nicht beraubt wissen wollte) vom Maler *Andrea del Sarto* kopiert; diese Kopie glich dem Original bis auf die Schmutzflecke und die von einem Schüler *Raffaels* gezogenen Hilfslinien so genau, daß sie an Stelle des Originals nach Mantua gesandt werden konnte und dort sogar von jenem Schüler *Raffaels* für das Original *Raffaels* gehalten wurde. Um 1870 erzeugte der Wiener Bildhauer *Weininger* zahlreiche Bronzestatuetten nach Werken des 15. und 16. Jahrhunderts, z. B. eine Minerva nach dem Original des *Tiziano Aspetti* (s. Abb. 3).

c) Minderwertige Nachahmungen im Stile einer bestimmten Zeit oder eines bestimmten Künstlers: Übermalungen wertloser alter Bilder in der Art eines berühmten Malers jener Zeit, so daß der Leinwandhintergrund als „echt" erscheint, während der Malerei selbst durch künstliche Altersmerkmale der Schein eines alten Bildes gegeben wird (von solchen Fälscherkünsten berichtet bereits ein Brief des Grafen *Algarotti* 1751). Noch plumper ist das Marouflage-

Verfahren, bei dem die auf neue Leinwand gemalte Fälschung auf ein altes wertloses Bild einfach aufgeleimt wird. Oder: eine Holzplastik „Heiliger Georg", die eine Tiroler Arbeit aus dem 15. Jahrhundert vortäuschen soll, wurde anfangs des 20. Jahrhunderts primitiv geschnitzt und bemalt, wobei aber die rote Grundierfarbe, die bei solchen alten Arbeiten stellenweise *unter* dem abfallenden Gold zum Vorschein kommt, als Altersmerkmal einfach *aufgetragen* worden war (s. Abb. 4).

d) Minderwertige Erzeugnisse, die ein konkretes Kunstwerk nachzubilden suchen: Mittels des erwähnten Marouflage-Verfahrens kann auch eine minderwertige Kopie eines bestimmten Gemäldes als altes Originalwerk ausgegeben werden. In jüngerer Zeit kamen sogar Fälschungen vor, bei denen eine

Abb. 4. „Heiliger Georg" (etwa 1905), der eine Tiroler Arbeit des 15. Jh. vortäuschen soll.

der im deutschen Kunsthandel üblichen chromolithographischen Reproduktionen alter Meister, die auf grundierter Leinwand hergestellt werden, auf eine „echte" alte Leinwand aufgeleimt wurden. Hierher gehören aber auch frei gearbeitete Kopien von Bildern gegenwärtiger oder in jüngerer Zeit verstorbener Meister, die als Originalwerke ausgegeben werden, was besonders dann von Erfolg sein kann, wenn der betreffende Meister tatsächlich von seinen Werken öfters „Wiederholungen" herzustellen pflegte (so die von *Otto Wacker* 1927 in Berlin in den Handel gebrachten Fälschungen von Werken *van Goghs*).

Grundsätzlich die gleichen Möglichkeiten bestehen auch im weiteren Gebiet des *Kunstgewerbes*. Gebrauchsgegenstände aller Art, angefangen von primitiven Werkzeugen der Steinzeit und antiken Tongefäßen bis zu den Möbeln der Biedermeierzeit, kurz alle Gegenstände, für die infolge der Nachfrage der Kunst- und Raritätensammler entsprechende Liebhaberpreise erzielt werden können, waren in der Vergangenheit und sind auch in der Gegenwart Gegenstand von Nachahmungen, die sich wiederum auf Nachbildung eines konkreten Originalwerkes oder auf bloße Nachahmungen eines bestimmten Stiles erstrecken und teils an sich hochwertige Arbeiten aus edlem Material oder aber minderwertige Ersatzarbeiten sind. Auch auf diesem Gebiet wurden angesehene Sachverständige getäuscht, so erwarb z. B. 1896 der Pariser Louvre um 200 000 Frs. eine Tiara des *Saitaphernes* aus etwa 200 v. Chr., die angeblich am Schwarzen Meer gefunden worden war; sie entpuppte sich 1903 als eine nach Zeichnungen und Büchern eines Auftraggebers hergestellte Goldschmiedearbeit aus Odessa. Die kunsthistorischen Sammlungen des österreichischen Kaiserhauses erwarben 1905 einen wunderbaren Prunkschrank des Prinz *Eugen* (schwarz poliertes Birnholz mit reichen Verzierungen, Silber- und Schildpattauflagen, allegorischen Silberstatuetten und einer Prinz-Eugen-Büste), angeblich eine Arbeit des Augsburger Goldschmiedes *J. A. Thelot*, die *Karl VI.* dem Prinzen als Geschenk überreicht habe; sie stellte sich als eine Wiener Fälschung aus dem Ende des 19. Jahrhunderts heraus, ein Beispiel einer selbständigen, an sich wertvollen kunstgewerblichen Arbeit. Bei vielen Gegenständen dieser Gruppe kommt noch die Möglichkeit der Verfälschung echter Arbeiten hinzu, indem Teile (z. B. einzelne Holzteile von Möbeln, Teile von Altargeräten usw.) ausgetauscht, durch Nachbildungen ersetzt und aus den so gewonnenen echten Bestandteilen in Verbindung mit nachgebildeten Ergänzungen weitere „echte" Gegenstände erzeugt werden. So gelingt es unschwer, aus vier echten Rokokosesseln sechs Stück zu machen, die einer sachverständigen Prüfung nur allzuleicht standhalten, wenn die Untersuchung nicht bei jedem Stück auf *alle* seine Teile ausgedehnt wird.

*II. Methodik der Kunstwerkuntersuchung.* a) *Allgemeine Grundsätze:* Die häufig vorgekommenen Fehlgutachten angesehener Kunsthistoriker, die sich durch Fälschungen täuschen ließen, führten zu einem Mißtrauen gegenüber der rein kunsthistorisch-kritischen Kunstwerkbeurteilung. Als in den letzten Jahrzehnten die Möglichkeit naturwissenschaftlicher Untersuchungsmethoden, die der Kriminalistik zufallen, auftauchte, sahen viele in diesen „objektiven" Verfahren das Allheilmittel gegen den Kunstwerkbetrug. In der Tat konnten in einzelnen Fällen Streitfragen über die Echtheit eines Werkes nunmehr mit Sicherheit gelöst werden; aber bald zeigte sich, daß die Fragestellungen, die durch die naturwissenschaftliche Kriminalistik gelöst werden können, wie z. B. die Verwendung eines bestimmten Farbstoffes in einem Gemälde oder der Nachweis einer Übermalung, nur Zwischenerkenntnisse in der Beweiskette sind, deren Bedeutung meist nur in Verbindung mit der kunsthistorischen Kritik richtig gewürdigt werden kann. Gerade der verantwortungsbewußte naturwissenschaftliche Kriminalist wird daher bei schwierigen Entscheidungen über die Echtheit eines fraglichen Werkes die Zusammenarbeit mit dem Kunsthistoriker verlangen; denn die gegenseitige Unterstützung und Ergänzung dieser beiden Betrachtungsweisen zeitigt oft überraschende Erfolge. Am deutlichsten läßt sich dies auf dem Gebiet der Gemäldeuntersuchung zeigen, deren Methoden am weitesten ausgebildet sind.

b) *Die Methoden der Gemäldeuntersuchung:* 1. Die *Nadelprobe*, auch im Kunsthandel vielfach angewendet, dient zur Differentialdiagnose alter und junger Ölfarbschichten: beim senkrechten Einstich einer spitzen Nadel in die Malerei (in einer Ecke des Bildes vorgenommen) entsteht beim neuen Bild ein glattes, rundes Loch, während bei alten Bildern die Farbschicht um den Einstich herum abspringt. Dieses Ausspringen der Einstichränder kann aber auch bei neuen Bildern eintreten, wenn den Farben viel Sikkativ beigemengt oder über die Bildoberfläche eine dünne Leimschichte gelegt wurde, was manche Fälscher tun. Auch die Zeitgrenze, bei der — abgesehen von den letzterwähnten Fällen — die positive Reaktion beginnt, etwa 80 Jahre, hängt von der Zusammensetzung der Farbe und des verwendeten Firnisses ab. Oft kann das Abspringen kleiner Farbstoffteilchen nur unter der Lupe erkannt werden. 2. Die *Alkoholprobe:* Auch schon von älteren Kunstkritikern vielfach empfohlen, wird am besten mit Hilfe eines feinen Pinsels an unwichtigeren Stellen vorgenommen und der Pinsel hierauf auf dem Papier ausgestrichen. Die Untersuchung des Ausstriches, allenfalls unter Lupe oder Mikroskop, zeigt, ob sich Farbschichtteilchen gelöst haben. Die Malschichte alter Temperabilder, wie sie während des Mittelalters gemalt wurden, widersteht auch tatsächlich 96%-Alkohol; wurde sie aber nachträglich gefirnißt, und enthält der Firnis Harz, der sich in Alkohol löst, so können mit der Lösung der Firnisschichte auch Farbteilchen weggeschwemmt werden. Vorsichtsweise beginne man zunächst mit etwa 30%-Lösungen und gehe langsam zu stärkeren Lösungen über. Die Reaktion fällt aber auch bei jungen Gemälden negativ aus, wenn der Fälschertrick gebraucht wurde, das Bild mit einer Leimlösung zu überziehen. 3. Die Untersuchung auf *Leim*, teils zum Nachweis des eben erwähnten Fälschertricks, teils zum Nachweis einer vorgenommenen Marouflage (s. oben unter *I*), geschieht mit einem in warmes Wasser getauchten Pinsel: in positivem Falle bilden sich kolloide Leimlösungen in Form von Aufquellungen, die mit einem frischen Pinsel aufgesaugt und in einem Probierglas in Wasser ausgewaschen werden. Bei der Überschichtung mit Alkohol bildet sich an der Berührungsstelle ein milchig weißer Ring; oder man versetzt die fragliche Lösung mit Gerbsäure, wobei sich eine positive Reaktion durch eintretende Trübung zeigt. 4. Untersuchung auf *künstliche Altersmerkmale:* Tritt bei Abwaschen des Bildes mit Wasser eine beträchtliche Aufhellung ein, so besteht Verdacht, daß die Oberfläche mit Kaffee oder Tee beschmiert war, was sich oft schon am Geschmack des Wasserrückstandes erkennen läßt. Verdampfung des Wasserrückstandes zeigt unter dem Mikroskop mitunter auch Asche und Rußteilchen, die zur künstlichen Verschmutzung verwendet werden. Wurde das Bild zur Erzeugung einer entsprechend dunklen „Galeriefarbe" mit gefärbtem Firnis überzogen, so kann eine mittels der Alkoholprobe davon gewonnene Lösung auf dem Wasserbade verdampft werden; es scheiden sich dann Ruß, Asphalt, Safran und ähnliche Zusätze aus. Scheinbarer Fliegenschmutz, der von Fälschern häufig durch Aufspritzen gefärbter Gummilösungen nachgeahmt wird, löst sich in Wasser ohne weiteres, während natürlicher Fliegenschmutz sehr fest haftet. Auch Schimmelbildungen, die, um den Eindruck hohen Alters zu verstärken, künstlich erzeugt werden, können als solche oft durch den Nachweis einer Zuckerlösung erkannt werden, die meist als Nährboden solcher künstlicher Schimmelbildungen verwendet wird. Eine von der Stelle abgenommene Wasserlösung, mit Zusatz eines Tropfens HCl gekocht, wendet bei Zuckergehalt polarisierte Lichtstrahlen nach rechts. 5. Die Untersuchung vorhandener *Sprünge*, die — ebenfalls als Merkmale alter Malerei — vielfach durch künstliches, scharfes Trocknen, oft in einem Ofen, oder durch reichlichen Sikkativzusatz zu den Farben auch bei jungen Gemälden erzeugt werden, bedarf besonderer Sorgfalt. Auch die echte „Craquelure" hat verschiedene Ursachen und dadurch auch mannigfältige Erscheinungsformen. Sprünge infolge Verziehungen des Maluntergrundes (Leinwand, Holz) sehen oft anders aus als solche, die durch verschiedene Spannungsverhältnisse in der Grundierung und Farbschicht entstehen. Die Risse in den alten Tem-

perabildern sind gewöhnlich tiefer als die in den späteren Ölbildern. Kreisförmige Sprünge können auch durch Stöße entstehen, denen das Bild ausgesetzt war. Jüngere Maler aus der Zeit des Aufkommens der Sikkative haben oft für bestimmte Farben zuviel Sikkativ verwendet, wodurch ebenfalls Sprünge entstanden (z. B. im „Flötenkonzert" von *Menzel*, „Der arme Poet" von *Spitzweg*), die den absichtlich durch Sikkativzusätze erzeugten Sprüngen von Fälschungen ähnlich sind. Mitunter kommen bei Fälschungen auch aufgemalte oder mit einer Nadel eingeritzte „Sprünge" vor; die letzteren lassen sich auch durch die Beschaffenheit der Farbschichtränder erkennen, die nicht durch Platzen der Schichte, sondern durch Auseinanderdrängen infolge der Einwirkung der Nadel entstanden sind und entsprechende Aufwulstungen unter dem Mikroskop zeigen. Auch findet man an solchen Rändern oft den feinen Staub der tieferen Malereischichte, die beim Einkratzen der scheinbaren Sprünge mitgerissen wurde und allenfalls eine Übermalung oder eine Marouflage erkennen läßt. 6. Die *optische* Untersuchung des Oberflächenbildes kann unter Verwendung polarisierten Lichtes, ultravioletten Lichtes, von Infrarotphotographie und Mikrophotographie erfolgen. *Lambert* hat eine Beobachtungseinrichtung für polarisiertes Licht zusammengestellt, bei der kondensierte Lichtstrahlen durch ein *Nikol*sches Prisma divergent auf das Bild gesendet werden und dieses selbst durch ein *Nikol*sches Prisma betrachtet wird; durch Drehen der Nikols können nur diejenigen Lichtstrahlen, die in unpolarisiertem Zustand von der tieferen Farbschichte reflektiert werden, durchgelassen und jene unterdrückt werden, deren Reflexion von den oberflächlichen Schichten aus stattfindet. Dadurch ist es, besonders bei dünner Übermalung und glasurhafter Behandlung der oberen Schicht, möglich, das übermalte frühere Bild in seinen natürlichen Farben zu erkennen. Die Betrachtung im gefilterten Uviollicht der Analysenquarzlampe hat nicht die Erfolge gezeigt, die man davon erwartete. Farbunterschiede in der Fluorescenz treten meist nur dort hervor, wo auch die Farben im gewöhnlichen Licht unterschiedlich sind. Ausnahmen bilden Bleiweiß und Zinkweiß, von denen das erstgenannte im Uviollicht weiß, das zweitgenannte hellgelb erscheint, meist aber werden bei gefirnißten Ölgemälden durch die starke Fluorescenz der Firnisschichte alle zarten Fluorescenzunterschiede der Farbschichte überstrahlt (hingegen können Ausbesserungen und Retouchen in der Firnisschichte mitunter erkannt werden — wichtig für die übermalten Signaturen!). Durch Infrarotbestrahlung und -Photographie gelingt es mitunter ebenfalls, tieferliegende Bildschichten auf die Platte zu bekommen; Abschließendes läßt sich derzeit darüber noch nicht berichten. Auch die Mikrophotographie in gewöhnlichem Licht (mit schwachen Vergrößerungen) läßt mitunter deutlich die Einzelheiten des Farbauftrages erkennen. Nach *A. P. Laurie* kann auf diese Weise bei Anlegen von Sammlungen derartiger Mikrophotographien aus Bildwerken der einzelnen Künstler die individuelle Eigenart der Pinseltechnik objektiv festgehalten werden; auch scheinbar gut gelungene Fälschungen zeigen im Mikrophotogramm eine abweichende Pinseltechnik, da der Kopist nur den makroskopischen Gesamteindruck, nicht aber die Art des Farbenauftrages nachahmt. 7. Die *mikrochemische* Untersuchung der verwendeten Farbstoffe kann oft von entscheidender Bedeutung sein. Dieses erstmals von *Raehlmann* durchgeführte und später von anderen, insbesondere von *de Wild*, ausgebaute Verfahren besteht darin, daß von mehreren Teilen des Gemäldes kleinste Farbstoffteilchen (teilweise auch aus den unter dem

Falz des Rahmens gelegenen Rändern, die sicher ursprüngliche Malerei enthalten) mittels einer Stahlnadel oder kleinen Stahlharpune, die vorher mit Canadabalsam klebrig gemacht wurde, entnommen werden. Die auf einen Objektträger gelegte Farbprobe wird am besten sofort mikroskopisch untersucht, wobei zunächst durch Auswaschen in Xylol der anhaftende Canadabalsam entfernt und nach Trocknen durch Waschung mit Alkohol auch Rückstände der Firnisschicht, insbesondere kleine Harzteilchen, beseitigt werden. Durch Zusatz eines Tropfen Wassers und eines kleinen Tropfens verdünnten Alkalis löst sich bei gleichzeitiger Mikrobeobachtung die Probe in ihre physikalischen Bestandteile auf, die Farbstoffkörner werden sichtbar. Nach Absaugen der Alkalilösung, Waschung und Trocknung des Präparates erfolgt die Untersuchung auf die einzelnen, in Betracht kommenden Farbstoffe, die man meistens mit der Feststellung des Brechungsindexes beginnt, z. B. unter Xylol (Brechungsindex 1,49), und so vergleichsweise fortfahrend mit anderen Flüssigkeiten. Die weiteren mikrochemischen Reaktionen für die einzelnen Farbstoffe sind bei *de Wild* nachzulesen. Die kriminalistische Bedeutung dieses Verfahrens liegt vor allem darin, daß die Anwesenheit bestimmter Farbstoffe, die erst in späterer Zeit entdeckt wurden oder in Verwendung kamen, die Entstehung des Bildes aus älterer Zeit (mindestens in bezug auf die betreffende Farbschicht) mit Sicherheit ausschließen läßt. Unter den blauen Farben kommt z. B. bei alten holländischen Meistern des 15. und 16. Jahrhunderts nur natürliches Ultramarin und Azurit vor, in Bildern des 17. Jahrhunderts Smalte und Indigo. Hingegen wird das synthetische Ultramarin (heute einer der billigsten Farbstoffe) erst seit 1831 erzeugt. Auch Kobaltblau wurde erst 1802 entdeckt und setzte sich erst etwas später in der Malerei durch. Berlinerblau wurde zu Beginn des 18. Jahrhunderts bekannt und seit 1724 in England hergestellt. Unter den weißen Farben wurde von den alten Meistern fast nur Bleiweiß verwendet. Zinkweiß wurde erstmals 1834 in London als ,,Chinesisches Weiß" und seit 1849 auch auf dem Kontinent in den Handel gebracht. Für die Grundierung verwendeten die alten Meister fast durchwegs Schlämmkreide, manchmal unter Zusatz von Bleiweiß; Gips setzte sich als Grundiermittel erst viel später durch. Unter den gelben Farben wurden von alten Meistern nur Bleigelb und Ocker verwendet. Neapelgelb wurde erst im 18. Jahrhundert, Chromgelb und Cadmiumgelb erst im 19. Jahrhundert auf den Markt gebracht. Unter den Grünfarben wurden im 16. und 17. Jahrhundert nur Malachit, Grüne Erde und Grünspan verwendet, während Scheeles Grün, Schweinfurtergrün und Zinkgrün erst um die Wende des 18. Jahrhunderts zum 19. Jahrhundert aufkamen. Der Nachweis solcher neuer Farben kann oft der sicherste Nachweis einer Fälschung sein. Aber auch wenn Bilder eines bestimmten Künstlers jüngerer Zeit zu prüfen sind, kann diese Methode angewendet werden, wenn sicher echte Bilder aus der betreffenden Schaffensperiode des Künstlers zu Vergleichszwecken zur Verfügung stehen und durch deren Untersuchung festgestellt werden kann, daß der betreffende Künstler für bestimmte Farbtöne immer die gleichen Farben zu verwenden pflegte, während etwa das fragliche Bild den Farbton durch eine andere Farbenmischung darstellt. 8. Die *röntgenographische* Untersuchung, heute ein in den Museumslaboratorien vielgeübtes Verfahren, vermag ebenfalls über die Verwendung bestimmter Farben, ferner aber auch über die Pinselführung, die Grundierung, über tiefere Bildschichten, Ausbesserungen des Malhintergrundes usw. Aufschluß zu geben. Für die Durchleuchtung

mit gleichzeitiger Filmaufnahme bestehen heute handliche Apparate. Die Verwendung weicherer Strahlen und entsprechend längerer Expositionszeiten führt zu besseren Resultaten. Das Verfahren beruht darauf, daß bestimmte Farben, insbesondere die hellen Farben (vor allem Bleiweiß) Röntgenstrahlen viel stärker absorbieren als andere Farben (bei einer Wellenlänge von 0,708 AE betragen die Absorptionszahlen von Bleiweiß 72,7, hingegen von Kobalt nur 7,0, von Ocker 4,6 und für den in schwarzen Farben meist enthaltenen Kohlenstoff nur 0,7). Dadurch ist das unmittelbar entstandene Negativbild des Filmes für die Betrachtung im durchscheinenden Licht ähnlich dem Positivbild des Gemäldes. Nur wenn z. B. lichte Farbtöne nicht durch Deckung mit Bleiweiß, sondern durch Aussparung und Verwendung des weißen Gipsgrundes gebildet wurden, erscheinen sie im Film dunkel, weil die Absorptionsfähigkeit von Gips gering ist; ebenso auch, wenn einzelne organische Farbstoffe mit geringer Absorptionsfähigkeit (z. B. Indisch-Gelb) verwendet werden. Zu beachten ist dabei auch die Dicke des Farbauftrages und der Umstand, daß der Röntgenfilm stets die Summe aller vorhandenen Bildschichten zeigt. Oft gelang es dadurch, bei ganzen Übermalungen das ursprüngliche Bild im Röntgenogramm zu erkennen, ebenso auch die Pinseltechnik, falls Farbtöne durch Aufeinandermalen von weißen und anderen Farben erzeugt wurden. 9. Die *daktyloskopische* Methode, auf die vielfach übertriebene Hoffnungen gesetzt wurden, führt nur dann zum Erfolg, wenn sich auf dem fraglichen Bild ein Fingerabdruck in der Farbschicht findet und dieser mit einem Fingerabdruck übereinstimmt, der zweifellos von dem betreffenden Meister herrührt. Das ist aber nur ein seltener Glücksfall. Nichtübereinstimmung liefert hingegen keinen Beweis der Unechtheit des Bildes, weil ja der fragliche Fingerabdruck auch von anderen Personen auf die Malerei gekommen sein kann. Die Sichtbarmachung und Sicherstellung alter Fingerabdrücke kann nur durch Photoaufnahme, unterstützt durch schrägen Lichteinfall, erfolgen, während das in der Daktyloskopie (s. d.) übliche Einstaubverfahren sowie die Joddampfmethode (bei Abdrücken auf Papieren) naturgemäß nicht verwendbar sind, da beide Methoden das Vorhandensein einer relativ frischen Hautsekretablagerung voraussetzen.

*c) Die sonstigen Methoden der Kunstwerkuntersuchung*: Bei den mannigfaltigen Gruppen von Kunstwerken, die nicht Gemälde sind, gilt ebenfalls, daß meist die Kombination kunsthistorisch-kritischer und naturwissenschaftlich-kriminalistischer Methoden am erfolgreichsten ist. Erst der Einzelfall entscheidet über den zweckmäßigsten Untersuchungsvorgang. Dies kann hier nur beispielsweise näher dargestellt werden. Eine heute bereits 100 Jahre alte *Holzstatuette*, die eine Arbeit aus noch älterer Zeit nachahmt (wie der ,,Adam", oben Abb.1), kann regelmäßig nicht durch naturwissenschaftliche Altersuntersuchung als Fälschung erkannt werden, während hier die kunsthistorische Kritik große Erfolgsaussichten hat (im obigen Beispiel entspricht weder die Ausführungstechnik, insbesondere die Messerführung, noch der Stil des Lockenfalles der Schule *Riemenschneiders*). Hingegen ist bei der oben beschriebenen, im 20. Jahrhundert hergestellten Fälschung einer alten Tiroler Holzplastik (Abb. 4) schon durch Lupenuntersuchung des Farbauftrages, allenfalls unterstützt durch die Entnahme einiger Farbstoffteilchen von Rot und vom Gold, zu erkennen, daß dieses Rot nicht als Grundierfarbe unter dem Gold liegt. Bei anderen falschen Kunstwerken oder kunstgewerblichen Arbeiten aus Holz kann eine künstliche Dunkeltönung, die durch Einwirkenlassen einer Kaliumpermanganatlösung erzeugt wurde, nachgewiesen werden (eine Probe solchen Holzes hinterläßt bei Verbrennung und Durchglühen keine rote, sondern eine schwärzliche Asche, und bei Weiterglühen unter Boraxzusatz entsteht eine amethystfarbene Perle). Künstlich erzeugter Wurmstich (z. B. durch Schrotschüsse) ist an dem geraden Verlauf der Gänge zu erkennen; nimmt der Fälscher aber ein bereits wurmstichiges, altes Holz, so werden die Bohrkanäle bei der Bearbeitung oft in verräterischer Weise der Länge nach aufgeschnitten. Bei *Bronzen*, die nach einem bestimmten, vorhandenen Vorbild gearbeitet wurden, läßt sich durch eine von Detail zu Detail fortschreitende Vergleichung unschwer der Nachweis der Nachahmung erbringen, wenn die Nachformung durch freie Bearbeitung erfolgte; geringe Abweichungen, insbesondere in den relativen Lagebeziehungen einzelner Details zueinander, sind dann stets anzutreffen. Bei Nachgüssen hingegen vermag schon eine Präzisionsmessung der Größenausdehnungen diesen Nachweis zu erbringen, weil der Nachguß nach einem im Abformverfahren hergestellten Gipsnegativ infolge des beim Erkalten des Metalls eintretenden Schwundes stets um ein geringes kleiner ist als das Original; regelmäßig erscheint auch die Oberflächenbearbeitung weniger lebendig und ausdruckshaft („müder Guß"). Für die Untersuchung angeblich antiker oder prähistorischer Bronzen kommen als weitere Methoden in Betracht: die Dickenmessung der Bronzeschicht bei Hohlgüssen, bzw. — bei geschlossenem Hohlguß — die Feststellung des absoluten Gewichtes, die einen Rückschluß auf die Dicke der Bronzeschicht zuläßt (im Altertum wurde besonders dünn gegossen!); die metallographische Untersuchung durch Mikroskopie bzw. Mikrophotographie der (an einer unwichtigen Stelle angeschliffenen oder mit Salpetersäure angeätzten) Metalloberfläche in polarisiertem Auflicht (stets vergleichsweise bei einer unzweifelhaft echten Bronze der angeblichen Zeit auszuführen!); mikrochemische Analyse der vorliegenden Legierung, wozu die Entnahme von 0,2 g an einer unwichtigen Stelle genügt (Zink findet sich z. B. nur in römischen und späteren Bronzen, nicht dagegen in prähistorischen und altgriechischen); mikrochemische Analyse der Patina (die grüne Patina antiker Bronzen besteht aus verschiedenen basisch-kohlensauren Kupferoxyden, künstliche, durch Einlegen der Bronze in Essigsäure gebildete Patina hingegen aus essigsauren Kupferverbindungen). Bei kunstgewerblichen Gegenständen aus *Edelmetall* führt bei Nachgüssen nach einem vorhandenen Original wiederum der Feststellung eines Schwundes zum Erfolg, der sich durch Nachmessen mittels Dickenmikrometer ermitteln läßt. Die mikroskopische Untersuchung der Bearbeitungsspuren läßt mitunter ein Nachziselieren der Marken und Stempel erkennen, die sich beim Nachguß nicht genügend scharf ausgeprägt haben. Bei galvanoplastischen Nachbildungen zeigt die Oberfläche schon bei starker Lupenvergrößerung ein körniges, traubenähnliches Gefüge. Bei großem zeitlichen Unterschied zwischen Fälschung und angeblicher Entstehungszeit kommt noch die Prüfung des Feingehaltes bzw. die mikrochemische Analyse in Betracht (antike Goldarbeiten enthalten z. B. stets noch Silber, während der moderne Fälscher die Goldsorten des Handels, also eine Gold-Kupferlegierung, verwendet). Ähnliches gilt für den Nachweis von Fälschungen alter *Zinngegenstände* (neues Zinn ist fast chemisch rein, altes hingegen meist durch Blei, Antimon, Eisen, Kupfer, Wismut und Arsen verunreinigt). Hier bietet auch der Umstand Anhaltspunkte, daß in den Städten des Mittelalters für die Herstellungen von Zinngegenständen besondere

Zunftordnungen bestanden, so daß aus den am Gegenstand angebrachten Zunftzeichen (Stadtwappen, Zinngießerzeichen und Beschauzeichen der Innung) ermittelt werden kann, wie bei Echtheit die Zusammensetzung des Zinnes sein müßte. Ebenso kann aber auch die Untersuchung von *Marmorplastiken* durch naturwissenschaftliche Methoden wesentlich gefördert werden: jahrhundertealter Marmor, besonders wenn er in der Erde gelegen ist, zeigt unter dem Mikroskop Kristalle, deren Rhomboedergestalt unscharfe, oft gerundete Kanten aufweist, eine Wirkung der in der Erde als auch in der Luft vorhandenen Säuren; bei neuerem Marmor sind die Kristallformen noch unbeschädigt. Die künstliche Patina solcher Fälschungen (oft nur durch Kaffee- oder Teeabgüsse erzeugt) läßt sich meist durch Waschungen mit Wasser, Alkohol oder Terpentin nachweisen. Bei *Wachsplastiken* wird, sofern unzweifelhaft echtes Vergleichsmaterial vorliegt, die mikrochemische Untersuchung der verwendeten Farben (ähnlich wie bei der Gemäldeuntersuchung, s. o.) zum Erfolg führen. Auch kann hier mitunter die mikroskopische Feststellung bestimmter Beimengungen im Wachs (Pilzfäden, Blütenpollen) einen Schluß auf das Alter und den Entstehungsort des Wachses zulassen. Für die Untersuchung angeblich alter *Keramiken, Porzellan-, Glas-* und *Email*gegenstände kommen ebenfalls ähnliche Methoden in Betracht. Das Abwaschen mit heißem Wasser, Alkohol und Terpentin bringt bereits oft Pseudoglasuren und die darauf angebrachten Malereien zur Lösung. Besteht der Verdacht auf Nachguß aus Gips, so ist mit Härteuntersuchung und Feststellung des spezifischen Gewichtes vorzugehen. Weggeschliffene oder durch eine Paste ausgefüllte Marken sind meist durch mikroskopische Untersuchung feststellbar, auch ist das Lichtbrechungsvermögen dieser Stellen gewöhnlich anders. Bei farbigen Glasuren, die der Prüfung mit heißem Wasser und Alkohol standgehalten haben, kann mitunter die Untersuchung im ultravioletten Licht eine Unterscheidung alter echter Färbungen und nachgeahmter Färbungen ermöglichen. Für das weite Gebiet der *auf Papier hergestellten Kunstwerke und Sammelgegenstände* (Stiche aller Art, Holzschnitte, alte Handschriften, seltene Drucke usw.) kommen insbesondere die Methoden zum Nachweis der Urkundenfälschung (s. d. Art.: Gerichtliche Schriftuntersuchung) in Betracht. Eine besondere Rolle spielt hier die Untersuchung des Papiers, da die Fälscher oft echtes, altes Papier zu verwenden suchen. Ist dieses vorher schon mit Schrift bedeckt gewesen, so kann insbesondere durch Fluoreszenzphotographie im ultravioletten Licht die alte Schrift sichtbar gemacht werden (sog. „Palimpsestphotographie", s. d.), die besonders bei den mittelalterlichen Palimpsesten, bei denen die Mönche infolge des Pergamentmangels die alte Schrift abschabten, zum Erfolg führt, aber auch bei modernen Fälschungen aussichtsreich ist. Bei angeblich alten Papieren läßt eine chemische Untersuchung auf Holzschliff (Betupfung mit einer angesäuerten, alkoholischen Lösung von Phloroglucin) bei positiver Reaktion (Rotfärbung) erkennen, daß das Papier erst seit Aufkommen des Holzschliffes (1840) entstanden sein kann. Auch der Nachweis von Harzleimung kann — da bis zum Jahre 1806 nur tierische Leime bekannt waren — mitunter einen sicheren Nachweis der Fälschung darstellen (z. B. kann ein *Dürer*scher Holzschnitt auf harzgeleimtem Papier kein Originalabzug des Meisters sein).

*Schrifttum.*

*Beissel*, St.: Gefälschte Kunstwerke. Freiburg i. B. 1909. — *Eudel*, P.: Die Fälscherkünste. Deutsch von *Rößler*. Leipzig 1909. — *Groß*, H.: Raritätenbetrug. Berlin 1901. — *Groß-Seelig*: Handb. der Kriminalistik. 8. Aufl. d. Handb. f. Untersuchungsrichter. Berlin

1941. — *Hagemann, M.:* Die Fälschungen von Kunstwerken. Kriminal. Mh. **1932.** — *Neuburger, A.:* Echt oder Fälschung? Leipzig 1924. — *Raehlmann:* Über die Farbstoffe in der Malerei in den verschiedenen Kunstperioden nach mikroskopischen Untersuchungen. Leipzig 1914. — *Sommerfeld* u. *Hagemann:* Gefälschte Kunstwerke. Kriminalistik **1938.** — *Wild, M. de:* Naturwissenschaftliche Gemäldeuntersuchung. München 1931. — *Wolters, Chr.:* Die Bedeutung der Gemäldedurchleuchtung mit Röntgenstrahlen für die Kunstgeschichte. Frankfurt a. Main 1938. **Seelig.**

## Kunstwolle siehe *Faserstoffe*.

## Kupfer.

Kupfer ist als ständiger Begleiter des Zinks weit verbreitet. Metallisches Kupfer gilt als ungiftig und auch die Kupfersalze sind praktisch in toxikologischer Beziehung von geringer Bedeutung; allenfalls toxikologisch in Betracht kommende Verbindungen sind: *Kupfervitriol* ($CuSO_4$) und die verschiedenen Formen des *Grünspans*, d. s. einfach und zweifach basische *Kupferacetate*, sowie edler Grünspan, *Kupfercarbonat* (Patina). Die Verwendung von Kupfer zur Erhaltung der grünen Gemüsefarbe der konservierten Gemüse ist heute in den meisten Staaten in bestimmten Grenzen gesetzlich erlaubt; da sich im grünen Gemüse ziemlich unlösliche Verbindungen bilden, wirkt das Kupfer nicht und wird nicht resorbiert. Das Kupfern wird namentlich in Frankreich vielfach betrieben, ohne daß bei richtiger Ausführung Gesundheitsstörungen vorgekommen sind. Es ist übrigens zu bemerken, daß auch unter normalen Verhältnissen verschiedene pflanzliche Nahrungsmittel mehr als Spuren von Kupfer enthalten (Weizen, Gerste, Kartoffel, Weinmost), Wein aber aus in *richtiger* Weise gespritzten Reben jedoch keine gesundheitsschädlichen Mengen.

Im 19. Jahrhundert kamen in Frankreich kriminelle Kupfervergiftungen häufig vor, wobei es sich zumeist um Mordversuche gehandelt hat, da schon nicht letale Mengen von löslichen Kupfersalzen, welche Speisen und Getränken beigemischt werden, denselben einen unleidlichen Geschmack verleihen. Es ist aber sehr fraglich, ob diese Vergiftungen allein durch Kupfer oder, was viel wahrscheinlicher ist, durch Beimengungen der giftigen Metalle Blei und Arsen verursacht wurden. *Mord* durch Kupferpräparate ist jedenfalls sehr selten. Das gleiche gilt vom *Selbstmord*; Kupfervitriol wurde gelegentlich aus Versehen genossen. *Gewerbliche Vergiftungen* durch Kupfer kommen nicht vor, wohl aber liegen Beschreibungen über Fälle von Erkrankungen nach Einatmen von Kupferdampf, ganz ähnlich dem Gießfieber (s. d. Art.: Zink), mit vollkommen gleichem Verlauf vor. Als gewerbliche Schädigung ist die Verkupferung der Hornhäute durch Eindringen feinster Kupfersplitter zu nennen, wodurch das Hornhautepithel braun oder grünlich verfärbt erscheint. *Ökonomische Vergiftungen* können nur vorkommen durch stärker kupferhältige Nahrungsmittel; solche können unter Umständen zu *leichteren* Gesundheitsstörungen führen, kaum zu schwereren oder gar letalen Vergiftungen, da die Kupfermengen, wie sie in unseren Speisen vorkommen können, ohne daß man beim Genusse derselben etwas davon merkte, nicht mehr als 120—300 mg, höchstens 500 mg Cu pro die betragen dürften (*Lehmann*). Bei den früher sehr berüchtigten „Grünspanvergiftungen" hat es sich in den allermeisten Fällen um falsche Interpretation bei eigentlichen Fleischvergiftungen auf bakterieller Grundlage gehandelt; desgl. deutet man heute die nach Genuß von in kupfernen Gefäßen gekochten Speisen früher häufig beobachteten Vergiftungserscheinungen dahin, daß sie nicht auf Kupfer, sondern auf die ständige Verunreinigung dieses Metalles mit Arsen und Blei zurückzuführen seien. *Medizinische* letale Vergiftungen sind unbekannt. Wohl aber kann zu starkes Touchieren der Conjunctiva mit Kupfersulfat zu Ulcerationen mit Narbenbildung und ihren Folgen Anlaß geben. Interne Anwendung der Kupfersalze kann zu Gastroenteritis führen.

Bei oraler Aufnahme von einigen Dezigrammen löslicher Kupfersalze erfolgt Erbrechen (was schon an sich das Entstehen resorptiver Kupfervergiftungen erschwert); nach Aufnahme von einigen Grammen äußern sich Magen-Darmsymptome, blutige Darmentleerungen, Tenesmus, allgemeines Schwächegefühl, und schließlich kann Kollaps erfolgen.

Wiederholte Aufnahme kleiner Kupfermengen ist unschädlich, eine kumulierende Wirkung derselben bisher nicht beobachtet. Deshalb wird von vielen Autoren das Vorkommen einer chronischen Kupfervergiftung bestritten. Was als *chronische Kupfervergiftung* bezeichnet wurde, beruht z. T. auf der Wirkung fremder Metalle, z. T. handelt es sich offenbar um sich öfter wiederholende akute Vergiftungen oder um die mechanische Wirkung des Kupferstaubes. An Arbeitern in Kupferbetrieben findet man häufig einen blauen „Kupfersaum" am Zahnfleisch, fast bronziert aussehende Zähne, blaugrüne Verfärbung der Haare, der Nägel und der Haut, ohne daß eigentlich Vergiftungserscheinungen nachzuweisen wären.

Nach subcutaner Anwendung von Lekutyl (Verbindung von zimtsaurem Kupfer und Lecithin) finden sich an der Einverleibungsstelle gelegentlich Infiltrate und Nekrosen.

Die tödliche Dosis der ätzenden Kupfersalze wird auf etwa 10 g geschätzt, wobei aber zu bemerken ist, daß auch 30 g und mehr des öfteren nur zu schwerer Erkrankung geführt haben. Dosen von 1—2 g rufen Erbrechen evtl. Durchfall hervor; 0,5 g erzeugen nur ausnahmsweise Erbrechen, meist sind sie wirkungslos.

Bei tödlicher peroraler Vergiftung kann man die Schleimhaut der Speiseröhre und des Magens in schwereren Fällen zufolge Verätzung verdickt und die vom Gifte berührten Schleimhäute und Schorfe bei Vitriolvergiftung merkmalsmäßig hellgrünblau, bei essigsaurem Kupfer mehr dunkelgrünblau gefärbt finden.

*Schrifttum.*

*Flury-Zangger:* Lehrbuch der Toxikologie. Berlin 1928. — *Flury-Zernik:* Schädliche Gase. Berlin 1931. — *Lewin:* Untersuchungen an Kupferarbeitern. Dtsch. med. Wschr. **26**, 689 (1900). — *Rost, E.* u. *Weitzel:* Vorkommen von Zink (Kupfer) in Lebensmitteln. Arb. d. Reichsgesundheitsamtes **51**, 494 (1919). — *Starkenstein-Rost-Pohl:* Toxikologie. Berlin u. Wien 1929. **Szekely.**

## Kurpfuscherei.

Das Gesetz über die gewerbsmäßige Ausübung der Heilkunde ohne Bestallung (Heilpraktikergesetz vom 17. 2. 1939) knüpft die Ausübung der Heilkunde, ohne als Arzt bestallt zu sein, für das deutsche Reichsgebiet an eine Erlaubnis. Es versteht unter Ausübung der Heilkunde jede berufs- oder gewerbsmäßig vorgenommene Tätigkeit zur Feststellung, Heilung oder Linderung von Krankheiten, Leiden oder Körperschäden beim Menschen, auch wenn sie im Dienste von anderen ausgeübt wird, und bezeichnet Personen, die dies tun, als Heilpraktiker. Damit ist die Tätigkeit des Heilpraktikers in Anlehnung an die bisherige Kurierfreiheit unter eine straffe Aufsicht gestellt; in seinen Kreisen werden unsaubere und unlautere Elemente nicht geduldet. Die Zulassung der Heilpraktiker zu den Krankenkassen ist bisher aus bestimmten Gründen nicht geregelt (*Blome*). Damit ist für das deutsche Reichsgebiet eine einheitliche Regelung geschaffen, d. h. ein *ausdrückliches Verbot der Kurpfuscherei* Gesetz geworden, wie es bisher im Lande Österreich und den sudetendeutschen Gebieten schon der Fall war.

Die unbeschränkte Kurierfreiheit, wie sie seit dem Inkrafttreten der Gewerbeordnung (1869) bestand, hat aufgehört. Grundsätzlich sollen Kranke in Zukunft von dem ausgebildeten Arzte behandelt werden, jedoch können die zur Zeit tätigen Heilbehandler ohne Bestallung unter bestimmten Bedingungen als Heilpraktiker tätig werden (*Falkenberg*).

Damit ist nicht gesagt, daß nicht auch in Zukunft trotz der im Gesetz enthaltenen Strafandrohungen ohne Erlaubnis von Personen die Kurpfuscherei an Menschen ausgeübt wird, die sich hierzu berechtigt und imstande glauben. Dieses ergibt sich aus zwei Gesichtspunkten:

1. aus der Tatsache, daß mancher, der sich bisher kurpfuscherisch betätigt hat, aus gewissen Gründen nicht als Heilpraktiker anerkannt werden kann oder von sich aus diese Anerkenntnis nicht wünscht, um in Zukunft ohne straffe Aufsicht und gegen das Gesetz als Kurpfuscher tätig sein zu können;

2. wird eine gewisse Menge von Kurpfuschern wegen ihrer Vorstrafen, die sie erlitten haben, nicht als Heilpraktiker anerkannt werden können, bzw. weil sie solche Persönlichkeiten sind, die durch eine gewisse Reihe von Vorstrafen gekennzeichnet wurden und von sich aus nicht den Wunsch haben, in eine straffe Organisation, die ihre heilbehandlerische Tätigkeit überwachen wird, einzutreten.

Die *Deutsche Gesellschaft zur Bekämpfung von Mißständen im Gesundheitswesen* hat nämlich listenmäßig etwa 11 000 ,,sonstige Heil- und Pflegepersonen" erfaßt, eine Zahl, die der amtlichen Statistik vom 1. 1. 1936 mit 12 936 Personen oder der amtlichen Statistik vom 1. 1. 1938 mit 10 035 Personen annähernd entspricht, während nach Angabe des Heilpraktikerbundes an diesem Tage nur 5500 Heilpraktiker im Hauptberufe und etwa 600 im Nebenberuf tätig waren.

Über etwa 2500 dieser Heilgewerbetreibenden ist bekannt, daß unter diesen in den Jahren 1933 bis 1938 im ganzen 370 Personen bestraft worden sind, und zwar wegen fahrlässiger Tötung und Körperverletzung, Betruges, Abtreibung, Sittlichkeitsdelikten, Vergehen gegen das Gesetz zur Bekämpfung der Geschlechtskrankheiten, Wuchers u. ä. Aus der Höhe der Strafen, die bis zu vier Jahren Zuchthaus reichten, ergibt sich, daß es sich nicht um Kleinigkeiten handelte. Von 169 wegen Betruges Verurteilten mußten 87 wegen rückfälligen oder fortgesetzten Betruges bestraft werden; Berufsverbot wurde ausgesprochen in 31 Fällen, Ehrverlust in 46 Fällen, Sicherungsverwahrung in 5 Fällen und Polizeiaufsicht in zwei Fällen. In 148 Fällen von 370 Verurteilungen innerhalb der fünf Jahre wurde eine Freiheitsstrafe von mehr als einem Jahr Gefängnis ausgesprochen. Unter den Verurteilten waren Personen, die bis 27 mal vorbestraft sind. Unter den 370 Verurteilten hatten sich nur 36 Mitglieder des Heilpraktikerbundes befunden. Da die übrigen, sowohl die Verurteilten als die ähnlich veranlagten Personen in Zukunft bestimmt nicht dem Heilpraktikerbund angehören werden können, ihrer Veranlagung aber weiter nachgeben werden und sich immer wieder Personen finden werden, die sich ihnen anvertrauen, so ist auch in Zukunft mit Kurpfuscherei zu rechnen.

Der Gesichtspunkt, unter dem diese zukünftige Art der Kurpfuscherei betrachtet werden muß, ist ein anderer als der bisherige. Bisher handelte es sich bei der Kurpfuscherei an sich um etwas Erlaubtes. Unerlaubt wurde sie nur in ihren Auswüchsen und offensichtlichen Verstößen gegen Gesetz und Rechtsprechung. In Zukunft bezieht sich der Kurpfuschereibegriff nur auf die oben gekennzeichneten, nach ihrer Persönlichkeit außenstehenden Personen,

deren Handlungen dann nicht den Charakter anerkannter Betätigung genießen können, sondern in erster Linie von dem Gesichtspunkte zu beurteilen sind, daß es sich um unerlaubte und daher unerwünschte, weil gefährliche Betätigung handelt.

Das Reichsgericht führte am 31. 5. 1894 aus, der Betrieb der Heilkunde sei ein freies Gewerbe, das jedermann ohne Rücksicht auf Kenntnisse, Vorbildung, Erfahrung, Geschick, Verleihung usw. offenstehe; den Beruf hierfür besitze jeder, der sich selbst diesen Beruf zugestehe (*Gütt*). Aus der ersten Durchführungsverordnung zum Heilpraktikergesetz ergibt sich, daß in Zukunft nur die *berufsmäßige* Ausübung der Heilkunde ohne Bestallung von der gesetzlichen Regelung erfaßt werden soll, nicht dagegen eine gelegentliche und unentgeltliche (*Gütt*). Nach der bisherigen Definition wurde als Kurpfuscher bezeichnet, wer — ohne approbiert zu sein — Kranke behandle (*Graacks, Ebermayer*). Diese Definition ist deshalb nicht zutreffend, weil der Stand des Heilbehandlers nicht verboten war und daher nicht mit einer auf gesetzliche Unlauterkeit hinweisenden Benennung bedacht werden konnte. *Stier-Somlo* definierte als Kurpfuscher denjenigen Nicht-Arzt, der eine auf Heilung oder Linderung des Krankheitszustandes gerichtete Tätigkeit gewerbsmäßig oder gewohnheitsmäßig ausübt und hierbei gegen die anerkannten Regeln der Heilkunde nach dem derzeitigen Stand der Wissenschaft verfehlt. Der derzeitige Stand der medizinischen Wissenschaft mit seinen anerkannten Regeln greift in seiner Bedeutung nicht über einen augenblicklich anerkannten Höhepunkt der Wissenschaft hinaus. Er garantiert mithin nicht die Haltung und Anwendung *sämtlicher* brauchbaren und bewährten, der ganzen medizinischen Wissenschaft bekannten und immer anzuerkennenden Heilmethoden, sondern er begründet nur die Anwendung tatsächlich bewährter Heilverfahren und Methoden. So erklärt sich die Möglichkeit der Duldung eines Kreises von nichtärztlichen Heilkundigen, welche wirklich zu helfen verstehen. Während bei dem Durchschnitts*arzt* die wissenschaftliche und praktische Durchbildung des ihm dargebotenen Stoffes das Wesentliche der Befähigung zu seinem Berufe ist, muß der freie Heilkundige, um nicht dem Pfuschertum anheimzufallen, Persönlichkeit und ein geborener Krankenbehandler sein. So ist *der Sinn der Kurierfreiheit*, wie sie bestand, die Existenz einer Heilwissenschaft, die zahlreiche Anregungen aus nichtärztlichen und nichtmedizinischen Kreisen erfahren hat, eine Heilwissenschaft erschöpfenden Charakters, welche die jeweilige Schulmedizin in wechselnder Breite und Tiefe durchzieht. Diese geschützte freie Heilkunde ist auf das genaueste von ihren *Entartungserscheinungen*, wie sie in der Kurpfuscherei gelegen sind, zu trennen. Die gemeinschädlichen Elemente der Kurpfuscher, die aus Unfähigkeit zur Selbsteinschätzung oder in bewußter Unlauterkeit ihr sog. Heilgewerbe betreiben, konnte man deshalb bei gerechter Beurteilung auch bisher schon nicht mit anerkennenswerten Heilbehandlern gleichsetzen und wird es in Zukunft ebensowenig tun. Dann ist *in Zukunft Kurpfuscher der Nicht-Arzt oder Nicht-Heilpraktiker, welcher eine auf Behandlung eines Krankheitszustandes gerichtete Tätigkeit ausübt, ohne irgendwie imstande zu sein, mit den ihm zu Gebote stehenden und von ihm angewandten Mitteln einen Heilerfolg herbeizuführen.*

Die verschiedenen *Formen der Kurpfuscherei* sind so mannigfaltig, daß eine vollständige Aufzählung nicht möglich ist. Von den bloßen *diagnostischen Verfahren*, denen sich eine weniger eigentümliche Behandlungsweise in Form naturgemäßer oder homöopathischer Ratschläge anschließt, sind die regelrechten *Heilmaßnahmen* zu unterscheiden. Unter den ersteren steht an der Spitze nach ihrer Häufigkeit die Iris-Diagnose; in einigem Abstand folgt die Uroskopie, dann die Diagnose von Krankheiten aus den Nackenhaaren und diejenige aus den Handlinien; dann die Anwendung des siderischen Pendels, schließlich die in letzter Zeit auch auf kurpfuscherischem Gebiete aktuell gewordene Astrologie. Im Heilverfahren führt die Homöopathie bzw. die von den Kurpfuschern sog. Homöopathie. Es folgt die sog. Allgemeine Naturheilkunde (Anwendung von Luft-, Licht-, Sonnenbädern, Lehmpackungen, naturgemäße Diät usw.), die Anwendung von Erdsalzen und ihren Lösungen, die Biochemie und die von ihr abgeleitete Komplex-Biochemie, das Kräuterheilverfahren, die Licht-, Strahlen- und Elektro-Therapie, der Magnetismus, die Massage, Hypnose, Suggestion, die in neuerer Zeit sehr zurückgegangenen Wasser-Heilverfahren, das Gesundbeten, der Okkultismus und die sog. Sympathie (*Melies*).

Die *Bekämpfung der Kurpfuscherei* liegt, abgesehen von der schon von vornherein zu geringem Erfolg verurteilten Aufklärung hauptsächlich auf *strafrechtlichem Gebiet*. So kann der Kurpfuscher Übertretungen begehen, wie Vergehen und Verbrechen.

Von vornherein ist der Kurpfuscher ausgeschlossen bei der *Behandlung der Geschlechtskrankheiten* (R.Gesetz vom 18. 2. 1927). Auch das wesentliche Behelfsmittel der *Wassermann*schen Reaktion ist dem heiltätigen Laien grundsätzlich versagt. (Bekanntm. betr. Vorschriften über die Arbeit mit Krankheitserregern vom 21. 11. 1917 und Erlaß vom 4. 10. 1920 und 5. 7. 1921, wonach lediglich Ärzten die Vornahme der Reaktion gestattet ist.) Die Vorschriften des Reichsgesetzes, besonders § 7, werden häufig umgangen, wie sich schon aus der vorher angeführten hohen Anzahl von Bestrafungen ergibt. Nach § 7 des Gesetzes ist dem Kurpfuscher nicht nur die eigentliche Heilbehandlung, sondern auch die darauf gerichtete *Untersuchung* verboten. Das Gesetz will unter allen Umständen die Gefährdung der Volksgesundheit durch unzweckmäßige Behandlung unterbinden.

Krankheiten oder Leiden der Geschlechtsorgane i. S. des § 7 sind auch die gewöhnlichen sog. Frauenleiden, wie Blutungen und Ausfluß aus der Scheide, ferner Erkrankungen und Mißbildungen der Gebärmutter, selbst wenn sie nicht auf Geschlechtskrankheiten im engeren Sinne beruhen (RG. 28. 2. 1936). Es genügt hiernach für den Vorsatz nach § 7 Abs. 2, wenn der Täter zwar nicht bestimmt weiß, daß es sich um eine Krankheit oder ein Leiden der Geschlechtsorgane handelt, aber ernstlich damit rechnet und sich auch durch diese Vorstellung nicht davon abhalten läßt, die Behandlung zu übernehmen oder fortzusetzen.

Besonders häufig zu begutachten sind Handlungen von Kurpfuschern, die den Tatbestand der *fahrlässigen Tötung* (§ 230 StGB.) und der *fahrlässigen Körperverletzung* (§ 222 StGB.) erfüllen sollen. Die am häufigsten vorgebrachte Schutzbehauptung ist diejenige der mangelnden *Kausalität*; insbesondere bei Fällen nach § 230 StGB. wird immer wieder vorgetragen, der Tod wäre sowieso eingetreten. Häufig wird dies von den Beschuldigten auch darauf zurückgeführt, daß der Kranke ihre Anweisungen nicht befolgt habe, daß er störrisch gewesen sei o. ä.

Die Einwilligung des Patienten in eine lebensgefährdende Behandlung schließt die Widerrechtlichkeit der kurpfuscherischen Betätigung nicht aus (RG. in DJZ. **1908**, 1172). Den endgültigen Ausschlag aber gibt immer erst die Schuldfrage beim Kurpfuscher. Es wird gefragt, ob der Kurpfuscher mit seiner Handlung oder pflichtwidrigen Unterlassung die ursächliche Bedingung für den Erfolg gesetzt hat.

Am 26. 10. 1893 (Goltdammers Arch. **41**, 395) erklärte das RG.: ,,Aus dem Umstand, daß jemand die Heilkunde ohne jede wissenschaftliche Vorbildung ausübt, folgt nicht ohne weiteres fahrlässiges Handeln." Danach sollte eine Bestrafung nur erfolgen, wenn 1. der Beschuldigte nach dem Maß seiner Kenntnisse und nach seiner sonstigen Einsicht und Erfahrung bei Anwendung gehöriger Sorgfalt die schädlichen Folgen hätte voraussehen können, 2. wenn für ihn aus dem besonderen Verlauf des Krankheitsfalles die Verpflichtung vorlag, vor dem Beginn einer Kur einen Arzt zuzuziehen. In der Entscheidung Bd. **50**, 37 erklärte das RG., die Berücksichtigung der konkreten Umstände und persönlichen Verhältnisse dürfe nicht dahin führen, daß der Arzt oder Kurpfuscher durch Berufung auf mangelnde Kenntnisse und Fähigkeiten ohne weiteres straffrei werden könnte. Die Rechtsprechung habe einen derartigen Einwand zwar vereinzelt anerkannt, im allgemeinen aber gehe sie dahin, daß der Heilbehandler, der eine Behandlung übernimmt, obwohl er wissen muß, daß ihm die nötigen Kenntnisse fehlen, sich schon durch die Übernahme der Behandlung einer Fahrlässigkeit schuldig mache.

Nach anderen Entscheidungen (Jur. Wschr. **1915**, 45, **1926**, 1735) macht der Kurpfuscher sich dann strafbar, wenn er eine Behandlung übernimmt, obgleich er wissen muß, daß ihm die nötigen Kenntnisse und Fähigkeiten fehlen, und wenn er sich im übrigen noch so redlich bemüht haben mag, eine Heilung herbeizuführen. Niemals darf daher der Kurpfuscher der Zuziehung eines Arztes im Wege stehen, auch wenn beispielsweise der Kranke erklärt, er wolle lieber sterben, als einen Arzt ins Haus nehmen (LG. Zwickau vom 24. 11. 1911 bei *Melies* 45). Der Kurpfuscher bleibt solange verantwortlich, als seine Einwirkung auf den Kranken entscheidend ist. In diesem Sinne führt das RG. (50, 41) aus, daß der Kranke für seine Person zwar sich behandeln lassen darf, wie er will und durch wen er will, daß sich indessen der Kurpfuscher auf dieses Selbstbestimmungsrecht des Kranken nicht berufen könne.

Bis dahin also findet sich in der Rechtsprechung des RG. eine *gewisse Gleichstellung von Arzt und nicht approbierten und nicht bestallten Heilkundigen*. Noch am 10. 5. 1935 entscheidet das RG., die gebotene Nichtzuziehung eines Arztes könne auch dann fahrlässig sein, wenn der Kranke den Arzt nicht habe haben wollen (Dt. Justiz **1935**, 1591), ferner auch, daß in der Übernahme einer Krankenbehandlung durch Gesundbeten eine Fahrlässigkeit liege, wenn hierdurch der notwendige ärztliche Beistand ferngehalten werde (Dt. Richter-Ztg. **21**, Nr. 791).

Damit war dem Kurpfuscher die volle *Verantwortlichkeit* aufgeladen. Er mußte prüfen, ob seine Heilkenntnisse ebensogut bzw. wirklich besser und größer seien, als die eines Arztes. Hatte er als Ergebnis seiner unzureichenden Pflege auch nur eine Verzögerung des Heilfortschritts aufzuweisen, so kam er mit dem Gesetz in Konflikt. In der Beschleunigung des Todes durch Kurpfuscherei kann fahrlässige Tötung auch dann gefunden werden, wenn der tödliche Ausgang der Krankheit unabwendbar war (RG.Entscheidungen in Strafsachen **10**, 493).

Diese strengere Auffassung, bei der insbesondere auch die Kausalität des Geschehens abhängig war davon, daß der Beschuldigte auch nach seinen persönlichen Verhältnissen ohne weiteres einem Arzt gleichgestellt wurde, d. h. alle ärztlichen Methoden beherrschen und anwenden mußte, hat in letzter Zeit wieder einer *milderen Auffassung* Platz gemacht, wie sich z. B. in den Frankfurter und Wuppertaler

Prozessen in der Diphtheriefrage äußerte, welche v. Bormann veranlaßten, ein altes Wort von *Siegert* zu zitieren: „Ein Naturheilkundiger ist ein Mann, der von der Natur keine Ahnung und von der Heilung keine Kunde hat." Es handelte sich um zwei Fälle, in denen zwei Naturheilkundige durch eine absichtliche Unterlassung der Serum-Therapie den Tod ihrer Kranken — in einem Falle zweier Kinder und ihrer Mutter, in einem anderen Falle eines 17jährigen Mädchens — verschuldet haben sollten. In den Prozessen waren auch Serum-gegnerische Ärzte als Sachverständige geladen, auf Grund deren Ausführungen die Juristen, wie v. Bormann ausführte, gleich den verstorbenen Kranken Opfer der Serumgegner geworden sind. Das Grundsätzliche dieser beiden Urteile liegt darin, daß die Strafgerichte die *persönliche Meinung* zweier Beschuldigter als durchschlagend anerkannten, obgleich sie von der sonst einhelligen und in diesem Falle amtlichen Meinung über die Bedeutung der Serumbehandlung der Diphtherie abwich.

Diese *Hervorkehrung des persönlichen Moments*, auf welches sich auch in Zukunft der Kurpfuscher wieder berufen kann, *ist zweifellos eine große Gefahr*, weil der Kurpfuscher immer wieder vorbringen wird, daß er nach seinen persönlichen Eigenschaften nicht anders gekonnt habe und nach persönlichen Erfahrungen an die Wirksamkeit seiner Mittel geglaubt habe. So wirkt sich seine Überzeugung in der Richtung aus, daß sie ihn von einer Schuld im strafrechtlichen Sinne befreien kann. Eine Ausnahme machen vielleicht nur die gemeingefährlichen Krankheiten, die äußerlich erkennbar sind, und bei denen der Kurpfuscher den Ernst der Situation einfach nicht übersehen kann. Immerhin wird man in Zukunft es bei eigentlichen Kurpfuscher mit solchen Personen zu tun haben, die sich durch die Oberflächlichkeit und Unwissenschaftlichkeit ihrer Diagnosestellung wie auch die Haltlosigkeit ihrer therapeutischen Maßnahmen so exponieren, daß ihre *gefährlichen Verfehlungen* auch strafrechtlich erfaßt werden können. Gerade in der Diphtheriefrage hat das RG. noch am 8. 7. 1930 (*Schläger*, Med. Klinik **1931**, 1198) ein bemerkenswertes Urteil gefällt. Ein Kurpfuscher (*Maurer*) hatte bei einem 7jährigen Knaben, der an Diphtherie litt, homöopathische Mittel angewandt mit dem Erfolg, daß das Kind starb. Das RG. hatte in seinem Urteil ausgeführt, daß das Kind bei Serum-Behandlung mit einer an Sicherheit grenzenden Wahrscheinlichkeit am Leben geblieben wäre, und sich allgemein dahin ausgesprochen, *daß der Arzt und der Heilbehandler verpflichtet seien, in jedem Falle die ihnen als wirksam bekannten Heilmittel anzuwenden*. Das RG. hielt damals diese Ansicht nur bedingt für richtig und führte schon aus, eine Verpflichtung, eine bestimmte Heilweise anzuwenden, könne nicht gefordert werden, wenn der Heilbehandler aus *wohlerwogenen* Gründen von der Anwendung Abstand nehme. Danach blieb es aber unklar, ob der Angeklagte sich bei der Ablehnung der Serumbehandlung auf sein eigenes unzulängliches Wissen oder auf Gründe gestützt hatte, die auch von wissenschaftlich gebildeten Ärzten vertreten werden. „Mag nun ein Heilbehandler von der Richtigkeit seiner Methode immerhin überzeugt sein, so hätte er doch die Zuziehung eines Arztes veranlassen müssen, als er infolge fortgesetzter Verschlimmerung erkennen mußte, daß seine Methode versagte. Wenn trotzdem die Behandlung in gleicher Weise fortgeführt wird, liegt ein schuldhaftes Handeln vor."

Im Urteil vom 1. 12. 1931 Bd. **67,** S. 12 befaßt sich das RG. mit der Behandlung einer *Blinddarmentzündung* durch einen Heilbehandler. Dieser behandelte eine Frau mit homöopathischen Mitteln und kalten, später mit heißen Umschlägen. Die Frau starb nach verspäteter Operation. Das RG. führte in den Entscheidungsgründen aus, der Täter müsse die ursächliche Bedeutung seines pflichtwidrigen Verhaltens für den Erfolg haben voraussehen können. Wer sich amtlich, beruflich oder gewerblich betätigt, sei besonders verpflichtet, die für seinen Amts-, Berufs- oder Gewerbekreis geltenden Richtsätze und Verkehrsgepflogenheiten zu beachten. Im Gebiete des Strafrechts sei innerhalb der Grenzen jenes objektiven Maßstabes auch noch die Berücksichtigung der persönlichen Fähigkeiten und Kenntnisse des Täters geboten, und zwar sowohl hinsichtlich der Möglichkeit der Erfüllung der Sorgfaltspflicht, als auch der Voraussehbarkeit des Erfolges. Dabei sei es zu beachten, daß schon die Übernahme einer Tätigkeit den Vorwurf einer für den Erfolg ursächlichen Fahrlässigkeit begründen könne, wenn der Täter nach seinen persönlichen Fähigkeiten und Kenntnissen hätte erkennen können, daß er den mit der übernommenen Tätigkeit verbundenen besonderen Anforderungen an Wissen und Können nicht gewachsen sei, und daß seine Tätigkeit eben wegen dieses Mangels den in Frage stehenden Erfolg herbeiführen werde. *Die rechtliche Anerkennung der Kurierfreiheit begründe keine Freiheit für Gewissenlosigkeit.* Die im Verkehr erforderliche Sorgfalt müsse auch von nichtärztlichen Heilbehandlern beobachtet werden. Für den nichtärztlichen Heilbehandler bestehe ebenso wie für den Arzt eine Ausbildungs- und Fortbildungspflicht. Für den nichtärztlichen Heilbehandler werde nicht dasselbe Maß von Ausbildung und Fortbildung verlangt wie vom Arzt, es bestehe aber für jeden die Pflicht zur Prüfung, ob seine Fähigkeiten und Kenntnisse im gegebenen Falle zur Feststellung der Krankheit und zu ihrer erfolgreichen Behandlung genügen. Ein Heilkundiger, der bewußt ein anderes als das von der ärztlichen Wissenschaft weitaus überwiegend anerkannte Untersuchungs- oder Heilverfahren anwenden will, sei zum mindesten verpflichtet, den Kranken oder einen Angehörigen auf eine Frage, ob nicht ein anderes Verfahren geboten sei oder ein Arzt zugezogen werden müßte, dahin aufzuklären, daß das von ihm beabsichtigte oder angewendete Verfahren von den Vertretern der ärztlichen Wissenschaft weitaus überwiegend abgelehnt werde.

Bei der Heilbehandlung müsse der Heilkundige zum mindesten die für ähnliche Fälle anerkannten Grundsätze der Heilkunde beachten, so etwa bei fieberhaften Erkrankungen Fiebermessungen vornehmen und beim Hervortreten bedrohlicher Anzeichen für einen Mißerfolg seiner Behandlungsweise diese aufgeben, die Behandlung ändern oder einen Arzt oder Facharzt hinzuziehen.

Wir haben allerdings kürzlich in einem ganz ähnlich gelegenen Falle, in welchem anderer Überzeugung nach ein Heilkundiger in höchst fahrlässiger Weise den Tod eines jungen Mädchens an Blinddarmentzündung mit Perforation und Bauchfellentzündung verschuldete, vor Gericht anhören müssen, daß ein als Sachverständiger von einer Strafkammer geladener Heilpraktiker, der in der Hauptverhandlung aus Lehrbüchern einen Vortrag über Blinddarmentzündung hielt, erklärte, es sei überhaupt überflüssig, bei Verdacht auf Blinddarmentzündung Fieber zu messen. Es käme ja auch Blinddarmentzündung ohne Fieber vor. Für seine Vorstellung vom Krankheitsbild sprach allerdings, daß er weiter erklärte, bei der Bauchfellentzündung bilde sich nicht der Eiter auf dem Bauchfell, sondern er laufe nur immer aus dem Loch im Blinddarm nach. Das auf Grund unseres Gutachtens verurteilende Erkenntnis der Strafkammer wurde vom Reichsgericht aufgehoben und die Sache an ein anderes Landgericht verwiesen. Dieses verurteilte wieder.

Im Urteil vom 28. 5. 1936 — III D 6/36 — führte das RG. entsprechend aus, ein nichtärztlicher Heilbehandler, der seine unwirksame Behandlungsweise fortsetze, statt den Kranken an den Arzt zu verweisen, handle fahrlässig, wenn er weiß oder bei pflichtgemäßer Sorgfalt und Aufmerksamkeit erkennen kann, daß seine Fähigkeiten und Kenntnisse zur Behandlung der Krankheit nicht ausreichen. Das RG. führte hier weiter aus: ,,Für den ursächlichen Zusammenhang zwischen dem pflichtwidrigen Verhalten und dem rechtswidrigen Erfolg ist nicht die größere oder geringere Wahrscheinlichkeit, sondern die richterliche Überzeugung maßgebend.''

Wir pflegen uns als *Gutachter* regelmäßig so zu verhalten, daß wir es ablehnen, bezüglich des Kausalzusammenhanges klinische Statistiken vorzutragen und dem Gericht darzulegen, welche in Prozenten ausgedrückte Erfolgsaussicht ein bestimmtes, besonders ärztliches Heilverfahren gehabt haben würde, hingegen die Frage der Kausalität auf die Lebenserfahrung abstellen und dem Richter die Verantwortung überlassen zu entscheiden, ob ein konkreter Fall nicht doch günstiger ausgegangen wäre, wenn eine von Ärzten überwiegend ausgeübte Behandlungsweise (Frühoperation bei der Appendicitis, Serumbehandlung der Diphtherie, Frühoperation des Primär-Carcinoms) angewendet worden wäre.

Aus dem Gebiete der *Vermögensdelikte* kommen die Vorschriften über den *Betrug* in Frage. Sie setzen voraus eine Täuschungshandlung, eine Irrtumserregung, eine Vermögensdisposition, einen Vermögensschaden und die Absicht, sich einen rechtswidrigen Vorteil zu verschaffen. Der Kurpfuscher täuscht vor, er verfüge über die erforderlichen Kenntnisse zur Feststellung und Behandlung von Krankheiten, und er täuscht diese vor durch sein bloßes Auftreten als Heilperson, mit dem er einem mehr oder weniger begrenzten Kreis von Personen anzeigt, daß er praktiziert und ein Mittel gegen bestimmte Krankheiten wisse. Fast regelmäßig beruft er sich darauf, daß sein Verfahren oder das von ihm in Verkehr gebrachte Mittel ihm tauglich erschienen sei und ihm jede Absicht, zu unrechtmäßigem Gewinn zu kommen, ferngelegen habe.

Dem aber ist fast regelmäßig entgegenzuhalten, daß ihm auf die Dauer die Mängel seiner Leistungen bekannt werden müssen. Es genügt nach der Rechtsprechung des RG. (Entscheidungen **55**, 257), wenn der Täter bei seinem gewinnsüchtigen Handeln von der Vorstellung begleitet wird, daß der Vermögensvorteil, den er erstrebt, dem Rechte zuwiderläuft, oder daß er wenigstens mit einer solchen Möglichkeit rechnet.

Die Gerichte haben sich gelegentlich selbst von dem *diagnostischen Können der Kurpfuscher* überzeugt. So in dem bekanntgewordenen Prozeß *Buchholz*, der in Berlin und Hamburg auf Grund seiner Nackenhaar-Diagnose arbeitete. Er sollte seine Fähigkeiten an Krankenhaus-Insassen beweisen und hatte einen so großen Prozentsatz falscher Diagnosen, daß das LG. Hamburg ihn wegen Betruges mit Gefängnis und Geldstrafe belegte. Es war der Ansicht (*Melies* 56), daß seine Patienten eine zuverlässige Diagnose erwarteten, die er nicht geben konnte, und daß er daher im Bewußtsein seiner Unfähigkeit seine Patienten vorsätzlich getäuscht habe.

Weiter kommt in Betracht die Bestrafung wegen *Sachwuchers*, die allerdings die Gewerbs- und Gewohnheitsmäßigkeit eines Tuns voraussetzt, und die Bestrafung gemäß den Vorschriften des Reichsgesetzes gegen den *unlauteren Wettbewerb* vom 27. 5. 1896 in der Fassung vom 7. 6. 1909 zu § 4 des Gesetzes, wonach es verboten ist, in der Absicht, den Anschein eines besonders günstigen Angebots zu erwecken, in öffentlichen Bekanntmachungen oder Mitteilungen, die für einen großen Personenkreis bestimmt sind, wesentlich unwahre Angaben zu machen. Zum äußeren Tatbestand gehört hiernach, daß es sich um unwahre Tatsachen handelt (Heilkraft des angepriesenen Mittels, Danksagungen, die angeblich eingegangen sind). Das Bewußtsein der Irreführung liegt schon vor, wenn der Täter das Hervorrufen unrichtiger Vorstellungen in Betracht gezogen hat (RG. **47**, 163. Jur. Wschr. **1907**, 565). Das Gesetz wird in erster Linie im Kampf gegen das Heilmittelwesen, insbesondere den Anzeigenschwindel angewendet.

So werden immer wieder Mittel angekündigt, denen eine Wunder-Heilkraft in prahlerischer Weise beigelegt wird.

Wucherisch überteuerte Waren werden auch heute täglich unter ungesetzlichen falschen Anpreisungen und unter der verbotenen Ausübung der Heilkunde an arme und leichtgläubige Personen abgesetzt, denen nur in den seltensten Fällen objektiv Heilung oder Besserung gebracht wird.

Aus dem Kreis der Ordnungsdelikte kann der Kurpfuscher sich strafbar machen, insbesondere wegen der unbefugten *Führung eines arztähnlichen Titels* (§ 360, 8 StGB.). Der Nichtarzt darf sich hiernach nicht den Schein einer ärztlichen Eigenschaft beilegen. Das Publikum muß wissen, daß es seine Gesundheit einem Nichtbestallten anvertraut, der keine wissenschaftliche Vorbildung genossen hat. In Anlehnung daran bestimmt die Gewerbeordnung (§ 147), daß mit Geldstrafe oder Haft bestraft wird, wer — ohne bestallt zu sein — sich als Arzt bezeichnet oder einen ähnlichen Titel sich beilegt, durch den der Eindruck erweckt wird, der Inhaber sei eine geprüfte Medizinal-Person. Welche Bezeichnungen als geeignet anzusehen sind, darüber liegt eine ausgedehnte Kasuistik in der Rechtsprechung vor. Titel im engeren Sinne sind nur Bezeichnungen, die vom Staate verliehen werden oder mit einer öffentlich-rechtlichen Stellung verknüpft sind. In § 147 RGO. wird aber das Wort in einem weiteren Sinne gebraucht, so daß auch alle Benennungen darunter fallen, die ein Heilkundiger sich beilegt, um zum Ausdruck zu bringen, daß er die Heilkunde ausübt. Die angewandte Bezeichnung muß ein arztähnlicher Titel sein (OLG. Dresden, Urt. vom 5. 1. 1932. Z. Med.beamte, **45**, 41, [1932]). So sind in den entsprechenden Entscheidungen als arztähnliche Titel angesehen: Ärztlich geprüfte Masseuse und Naturheilkundige, Assistent des berühmten Dr. med. X., Biologe, cand. med., Chemiker, Dentist-Spezialist für Zahnersatz, Heilpraktikant, Homöopath (der Zusatz des Wortes ,,Homöopathie'' zum Familiennamen jedoch gestattet, OLG. Hamm vom 14. 4. 1927. Goltdammers Arch. **72**, 112), Iridologe, Magnetopath, Mitglied des Deutschen Naturarztbundes, Naturheil-Spezialist für Lungentuberkulose amtlich eingetragen, Operationsassistent, praktischer Magnetopath und Naturheilkunder, Praktiker der Naturheilkunde, Praktischer Naturheilkundiger (dagegen nicht praktischer Heilmagnetiseur, OLG. Dresden 28. 4. 1911), Schüler von Dr. med. X, Spezialist für .... (Bayr. Oberstes LG. 9. 5. 1924). Verneint wurde das Vorliegen eines arztähnlichen Titels beispielsweise für: Homöopathische Behandlung (LG. Plauen 24. 4. 1913), Institut für physiologische Therapie (OLG. Frankfurt/M. 5. 6. 1903), NN. Homöopathische Kuren (RG. 24. 5. 1898), Spezialberatung in der homöopathischen Heilmethode (Bayr. OLG. 25. 1. 1902).

*Ausländische Arzttitel* dürfen nicht geführt werden. Der typische bildliche Hinweis auf eine Heiltätigkeit in Form des auf Reklameschildern angebrachten *roten Kreuzes* auf weißem Felde ist als Benutzung des geschützten Genfer Neutralitätszeichens dem Laienbehandler verboten. Das Reichsgesetz vom 22. 5. 1902 macht die Führung von einer Erlaubnis der Behörde abhängig. Begründet wird dies mit dem Schutz des Publikums, das keiner Täuschung unterliegen solle.

Aus dem Kreis der Ordnungsdelikte sind als wichtig noch zu erwähnen das *Verbot der Heilkunde im Umherziehen*, die *Untersagung nicht zweckmäßiger Privatkrankenanstalten*, die *Aufsichtsbestimmungen über das gesamte Arzneimittel- und Reklamewesen.*

Dem gewerbetreibenden Kurpfuscher ist die *Ausübung der Heilkunde im Umherziehen* untersagt (§ 56a pp. RGO.). Umherziehen zu solchen Zwecken bedeutet jedes Wirken dieser Art an anderen Plätzen als dem gewöhnlichen Wohn- oder Arbeitssitz. Dem steht nicht entgegen, daß die Heilperson an mehreren Orten berufliche Niederlassungen begründet. Erforderlich ist nur, daß jede die Voraussetzungen der üblichen einen Niederlassung erfüllt. So bleibt es dem Behandler unbenommen, nach Eingang auswärtiger Bestellungen seinen Wohnsitz zu verlassen und im Nachbarort die Früchte seiner Werbungen (Empfehlungsschreiben und Reklame) zu ernten.

Die *Erfüllung von Aufträgen* aber, die erst auf das persönliche Erscheinen oder spätere Werbemittel hin erfolgen, ist verboten (Goltdammers Archiv **37**, 457).

Bis 1932 wurden von den Gerichten *Bestellungen*, die *im Anschluß an Vorträge* aufgegeben wurden, meist als vorgängige Bestellungen angesehen und daher als erlaubt. Mehrere neuere Entscheidungen des KG. (*Kramer*) haben den Begriff der vorgängigen Bestellung jetzt anders aufgefaßt. Der Hausierhandel mit elektrischen Apparaten, Arzneimitteln usw. wurde als Ausübung der Heilkunde im Umherziehen bestraft. Ein Kurpfuscher, welcher das biochemische Mittel Biosana vertreiben wollte, hatte den Antrag auf Erteilung des *Wandergewerbescheins*

gestellt. Der Bezirksausschuß lehnte unter Beruf auf § 56 RGO. ab. Der Antragsteller pflege beim Verkauf die Käufer zu fragen, ob sie gesundheitlich auf der Höhe seien, um ihnen dann sein Mittel zur Blutreinigung zu empfehlen. Darin wurde eine Ausübung der Heilkunde im Umherziehen erblickt (Urteil OVG. IIIc 28/31. Münch. med. Wschr. **1931**, 1729).

Jede Einrichtung einer Privat-Kranken-, Entbindungs- oder -Irrenanstalt ist nach § 30 RGO. von der Konzession der höheren Verwaltungsbehörde abhängig. Diese Bestimmung ist nicht besonders gegen die Kurpfuscherei gerichtet, sondern mehr allgemein polizeilicher und verwaltungsrechtlicher Natur.

Verboten sind auf dem *Gebiete des Reklamewesens:* Öffentliche Ankündigungen gewerbsmäßig handelnder, nicht approbierter Personen, die über Vorbildung, Befähigung oder Erfolge dieser Personen zu täuschen geeignet sind oder prahlerische Versprechungen enthalten (KG. 28. 6. 1903, Goltdammers Arch. **35**, 209, Dtsch. med. Wschr. **1928**, 2, 67).

*Schrifttum.*

*Blome:* Die Aufhebung der Kurierfreiheit. Ärztebl. Rheinland **1939**. — *v. Bormann:* Serumbehandlung der Diphtherie. Med. Welt **13**, 259 (1939). — *v. Bormann:* Serumgegner und Serumbehandlung der Diphtherie. Med. Welt **13**, 367 (1939). — *Ebermayer:* Die notwendige Bekämpfung der Kurpfuscherei. II. Aufl. Leipzig 1927. — *Ebermayer, Kramer, H. Fischer:* Über die Mißstände auf dem Gebiet der Kurpfuscherei. Veröff. Med.verw. **25**, 189 (1927). — *Gütt:* Gesetz über die berufsmäßige Ausübung der Heilkunde ohne Bestallung (Heilpraktikergesetz vom 17. 2. 1939). Öff. Gesundheitsdienst **4**, 929 (1939). — *Kramer:* Der Hausierhandel als Ausübung der Heilkunde im Umherziehen. Z. Med.beamte **45**, 597 (1932). — *Kramer:* Das Kurpfuschertum. Handbücher f. Staatsmedizin **5** u. **6** (1928). — *Melies:* Die strafrechtliche Behandlung der Kurpfuscherei. Diss. Köln 1929. — *Schopohl:* Kurpfuscherei — rechtliche Bestimmungen. Veröff. Med.verw. **26**, 1 (1926). — *Schrader:* Krebsbekämpfung und Kurpfuschertum. Dtsch. med. Wschr. II, 1618 (1930). — *Stier-Somlo:* Analen d. Deutschen Reiches **41**, 403 (1908) **Böhmer.**

**Kurznarkotica** siehe *Schlafmittel.*

# L.

**Laburnum vulgare** siehe *Cytisin und Goldregenvergiftung.*

**Lactarius piperatus** siehe *Pilzvergiftungen.*

**Lactophenin** siehe *Anilinderivate.*

**Lärchenschwamm** siehe *Pilzvergiftungen.*

**Lanugohaar** siehe *Haare; Vernix caseosa.*

**Larocain** siehe *Lokalanaesthetica außer Cocain.*

**Laudanon** siehe *Opiumalkaloide und verwandte Stoffe.*

**Laudanosin** siehe *Papaveraceenalkaloide.*

**Laugenvergiftungen.** (Vgl. auch Art.: Ammoniak; Calcium; Kalium und Kaliumverbindungen; Natrium und Natriumverbindungen; Schwefel; Seifenvergiftung; Strontium; Vergiftungen im Haushalt.)

Laugen sind bekanntlich die wässrigen Lösungen der Alkalihydroxyde NaOH und KOH (Alkalilaugen). Der feste *Laugenstein*, die farblose *Laugenessenz* (beides Gemenge von Natrium und Kaliumhydroxyd, die im Handel frei erhältlich sind), das *Ätzkali* (KOH, eine weiße, zerfließende Masse) und das *Ätznatron* (weiße feste Stücke mit 89% NaOH) werden vielfach im Haushalt bzw. in gewerblichen Betrieben (Färberei, Bleicherei) sowie in der Textil-

industrie verwendet, wo sie zu schweren Ätzschäden führen können. Auch zufällige Verwechselungen, böswillige Begießung des Gesichtes aus Eifersucht (Laugenattentate), Selbstbeschädigungen und Unglücksfälle durch Hineinstürzen in Ätzlauge kommen vor und verursachen bei Einwirkung konzentrierter Lösungen schwere, in die Tiefe greifende Geschwüre und Narbenbildungen. Besonders ist das Auge gefährdet, an dem durch Hineinspritzen flüssiger oder Hineinfliegen fester Laugenteilchen ausgedehnte Vereiterungen entstehen können. Tödliche Vergiftungen durch Trinken von Laugenessenz in selbstmörderischer Absicht waren in früherer Zeit besonders bei Frauen recht häufig, jetzt kommen sie hauptsächlich infolge Verwechselung mit Getränken und Medizinen (besonders durch Kinder) vor. Mordfälle wurden wegen des brennenden, laugenhaften Geschmackes nur bei Kindern und wehrlosen Personen beobachtet (*v. Hofmann* u. a.). Über Laugeneinspritzungen in die Vagina zum Zwecke der Fruchtabtreibung, die oft schwere Stenosen und Atresien am Genitale hinterlassen, berichtet u. a. *Reuter*. Laugen wirken bereits in 1%igen Lösungen ätzend auf Haut und Schleimhäute durch Zerstörung der Zellen und Auflösung ihrer Struktur. Sie greifen rasch in die Tiefe. Lösungen von über 5% können bereits den Tod bedingen. Heiße Laugen sind besonders gefährlich. Im allgemeinen gelten 100 bis

200 ccm Laugenessenz bzw. 10—20 g KOH oder NaOH als tödliche Dosis.

Die *klinischen* Symptome bei oraler Zufuhr sind zunächst heftiges Würgen, Spucken, dann Leibschmerzen, andauerndes Erbrechen alkalischer, durch Blutbeimengung oft braun gefärbter, seifenähnlicher Massen, Durst, Speichelfluß und nach einiger Zeit Diarrhöen (selten blutig) und spärlicher, alkalischer Urin. Unter zunehmender Schwäche, Ohnmacht und Krämpfe tritt gewöhnlich am zweiten oder dritten Tage der Tod infolge Kollaps ein. Häufig aber gehen die Betreffenden nach Überstehen der ersten akuten Erscheinungen oft noch nach Monaten an den sehr gefürchteten Folgeerscheinungen jämmerlich zugrunde (wie eitrige Pneumo-Pleuritiden, Mediastinitis, Phlegmonen des Magens mit Perforations-Peritonitis und an Inanition). Die Mortalität bei Laugenvergiftungen beträgt 70—80 %. Das *anatomische Bild* ist dem der Säurevergiftung ähnlich, nur sind die Laugenschorfe als Zeichen einer Colliquationsnekrose von anderer Beschaffenheit (differential-diagnostisch sehr wichtig!). Berührt die Lauge nur flüchtig das Gewebe wie z. B. an den oberen Speisewegen, so sieht man das sog. primäre Ätzbild mit blaßgelblichen, schmierig weichen, glasig gequollenen und sich seifig anfühlenden Schorfen. Diese werden an Stellen, wo die Lauge längere Zeit einwirken kann, also vorwiegend im Magen, durch Imbibition mit gelöstem und durch die Lauge in alkalisches Hämatin umgewandelten Blutfarbstoff diffus schwarzbraun verfärbt (sog. sekundäres Ätzbild). Der Magen ist außerdem zusammengezogen, in seinen Schichten verdickt, besonders sind die Schleimhautfalten wulstig gequollen; er enthält blutig-schleimige, gelatinöse, stark alkalisch reagierende Massen von schwarzbrauner Farbe und laugenartigem Geruche. Ab und zu können an der Leiche auch Magenwandperforationen gefunden werden. Meist sind Ätzspuren, außer an den Luftwegen nach Aspiration erbrochener Massen, auch noch im oberen Dünndarm zu beobachten, während die unteren Dünndarmabschnitte in der Regel nur eine gequollene, hyperämisierte Schleimhaut aufweisen. Bei laugenvergifteten Kindern wurden vereinzelt Acetonurie und scharlachartige Exantheme festgestellt (*v. Ganzler* bzw. *Szontagh, v. Petheö, Baginsky* u. a.). Nach protrahiert verlaufenen Laugenvergiftungen können degenerative Veränderungen an den parenchymatösen Organen gefunden werden. *H. Albrecht* beschrieb kleine Nekrosen an der Leber. Zur Sicherung der Diagnose einer peroralen Laugenvergiftung sind vor allem das Erbrochene und die etwa am Tatort gefundene Flüssigkeit sowie der verätzte Magen samt Inhalt zu reservieren. Außer den bereits erwähnten, oft noch nach Monaten zum Tode führenden Folgeerscheinungen sind beim Überleben einer Laugenvergiftung die narbigen Strikturen vorwiegend der Speisewege und die chronischen Magen-Darmstörungen infolge Atrophie der Schleimhaut und Schrumpfmagens besonders gefürchtet. Die Heilungsaussichten sind auch nach Überstehen der ersten, selbst nur unbedeutenden Vergiftungserscheinungen gering.

*Schrifttum.*

*Albrecht:* zit. nach *Reuter. — v. Ganzler:* Jb. Kinderheilk. **51**, 101 u. **1923**, 87. — *v. Hofmann-Haberda:* Lehrbuch der gerichtl. Medizin. 11. Aufl. Berlin u. Wien 1927. — *Reuter:* Meth. d. forens. Beurteilg. v. Vergiftungen. Handb. d. biol. Arbeitsmethoden Abt. 4, Teil 12, 1. Hälfte (1938). — *Szontagh, Baginsky, v. Petheö:* Jb. Kinderheilk. **51**, 101 u. **1923**, 197. ***Weyrich.***

**Lebensbaum** siehe *Thuja occidentalis.*

**Lebensfähigkeit** siehe *Kindestötung.*

**Lebensmittelvergiftung** siehe *Nahrungsmittelvergiftung.*

**Lebensproben** siehe *Kindestötung.*

**Leder** (= L.).

Ausgangsmaterial der L.herstellung ist die tierische Haut, die, soweit es sich um Säugetiere handelt, einen im großen und ganzen übereinstimmenden Bau mit der menschlichen Haut aufweist. Gleichwie jedoch schon bei der menschlichen Haut je nach der Funktionsbeanspruchung der Bau an verschiedenen Körperstellen in weitgehendem Maße abweicht — die Rückenhaut z. B. setzt sich fast ausschließlich aus derbem, faserigem Bindegewebe zusammen und ist nahezu haarlos, die Kopfhaut dagegen enthält reichlich Fettgewebe und nur sehr wenig Bindegewebe —, so treffen wir nicht nur bei verschiedenen Tiergattungen, sondern auch bei einem und demselben Tiere an verschiedenen Körperstellen weitgehende histologische Unterschiede an, die von ausschlaggebender Bedeutung für die Qualität des Leders sind.

Was nun den feinen Gewebsaufbau der Haut anlangt, so unterscheiden wir in zweckmäßiger Weise mehrere Schichten:

1. Die gefäß- und nervenlose *Epidermis* — die Oberhaut im engeren Sinne —, die nur einen un-

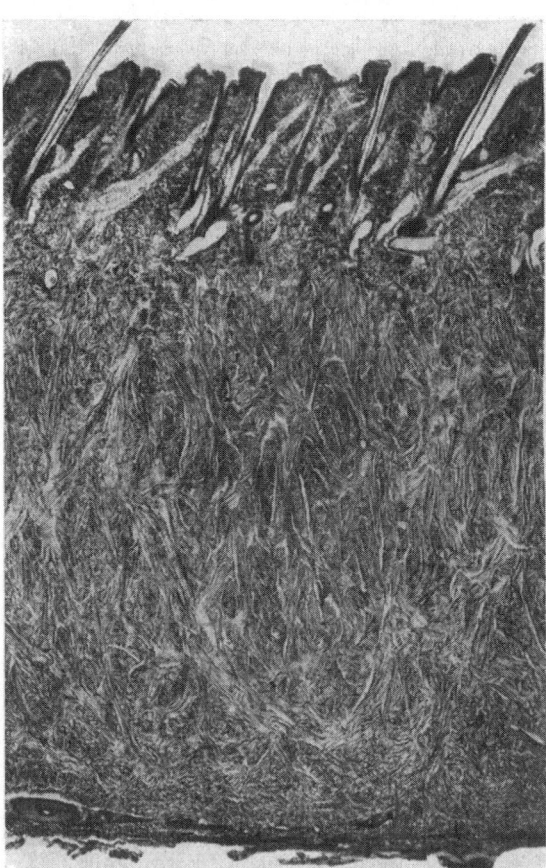

Abb. 1. Vertikalschnitt durch eine Kuhhaut. Stelle der Entnahme-Schild. (Nach *Wilson-Stather-Gierth:* Die Chemie der Lederfabrikation.)

bedeutenden Bruchteil der Hautdicke überhaupt einnimmt (etwa 1—5 %) und lediglich aus Epithelzellen besteht. Dabei sind die äußeren, sich stets abstoßenden oder abschilfernden Zellschichten (stratum corneum) verhornt, während die tieferen Zelllagen (stratum *Malpighii* oder Keimschicht), von denen die Neubildung der Zellen ausgeht, unverhornt und kernhaltig sind. Zwischen den beiden Schichten liegen die die Verhornung einleitenden Zellen, das stratum granulosum mit den Keratohyalinkörnchen und darüber meist noch eine auffallend glänzende Schicht, das stratum lucidum. Die Anhangsgebilde der Haut, wie also die Schweißdrüsen, Talgdrüsen, Haare, Nägel, Hufe, Klauen, Federn und z. T. auch die Schuppen werden von solchen Epithelzellen und zwar meist nur während der Foetalentwicklung gebildet.

Dieses ganze Epidermissystem — Oberhaut samt Anhangsgebilden — muß nun bei der L.bereitung und zwar schon vorbereitend in einer ebenso gründlichen, wie andererseits schonenden Weise von der Haut entfernt werden, damit die darunter liegende L.schicht (Corium) keinerlei Bechädigung erleidet, die man ja sonst am fertigen L. erkennen würde.

2. Unter der Epidermis liegt die aus derben

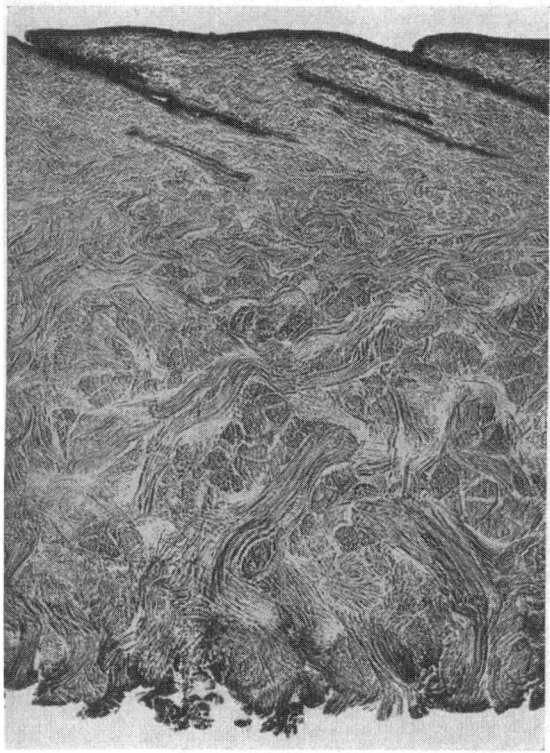

Abb. 2. Vertikalschnitt durch Rindsnarbenspalt mit intakten Narben. Stelle der Entnahme: Schild. (Nach *Wilson-Stather-Gierth:* Die Chemie der Lederfabrikation.)

Bindegewebsfaserzügen bestehende *L.haut*, die einzig und allein zur L.herstellung verwendet wird. Der wichtigste Bestandteil ist das Kollagen, die leimgebende Proteinsubstanz des Bindegewebes. Je nach der Körpergegend wird nun diese Schicht — abgesehen von Drüsen, Blutgefäßen und Nerven — fast ausschließlich von Bindegewebsfasern gebildet, oder aber es sind dazwischen mehr oder weniger reichlich Fettzellen eingebettet. Eine Haut mit reichlich eingelagertem Fettgewebe gibt ein schwammiges L., da durch Zerstörung der Fettzellen im Vorbereitungsprozeß unausgefüllte Zwischenräume entstehen. Die Bindegewebszüge selbst verlaufen nun keineswegs nur in einer Richtung, vielmehr überkreuzen sich die Bündel und bilden so ein eng- oder weitmaschiges, verfilztes Netzwerk, dessen Struktur

selbst noch am fertigen L. deutlich zu erkennen ist (Abb. 1 u. 2).

Die Verbindung zwischen der Epidermis und der L.haut wird durch eine dünne Schicht lockeren Bindegewebes hergestellt, das auch die hohen Papillen in die Epidermis hinein erstreckt, in denen ja bekanntlich Blutgefäße und Nerven liegen. Diese, gelegentlich durch eine strukturlose Membran von der Epidermis abgegrenzte Schicht wird als *Narbenschicht* bezeichnet. Sie ist es auch, die dem fertigen L. das bezeichnende Aussehen gibt, weshalb es bei der L.bereitung von Wichtigkeit ist, gerade diese Schicht beim Entfernen der Epidermis nicht zu beschädigen. Nach der Beschaffenheit der Narbenoberfläche gegerbter Häute kann man auch die Tiergattung leicht wiedererkennen (Abb. 3), da die Zeichnung ja für jede Tierart charakteristisch ist. Aus der Größe oder Feinheit der Musterung sollen sich sogar Schlüsse auf das Alter des betreffenden Tieres ziehen lassen. Unter dem zersetzenden Bakterieneinfluß kann die Narbenoberfläche geschädigt werden und ein getipptes Aussehen erhalten, wodurch das fertige L. minderwertig wird.

3. *Das Unterhautgewebe* (Subcutis) ist mit der L.haut durch gleichfalls locker angeordnetes Bindegewebe nur lose verbunden und enthält meist eine reichliche Menge von Fettgewebe (Unterhautfettgewebe). Dieses Gewebe wird von den Gerbern als „Fleisch" bezeichnet, obwohl es eigentlich gar keine Spur von Muskelgewebe enthält. Es muß vor dem Gerben entfernt werden, da es sonst den Gerbprozeß hemmt und hindert („Entfleischen"). Eine Haut ist nur dann zweckmäßig entfleischt, wenn die unterhalb des Coriums gelegene Schicht so sorgfältig entfernt wird, daß die L.haut dabei selbst keine Verletzung erleidet.

Die *Umwandlung von Haut in L.* besteht nun in der Hauptsache aus zweierlei Vorgängen und zwar der Entfernung gewisser Proteine (Mucine, Albumine, Globuline, Melanine, Keratine) aus der Haut durch Alkalien und der Weiterbehandlung mit gerbenden Stoffen, Fetten, Beizen, Farbstoffen usw. Während der zahlreichen Arbeitsgänge muß die Struktur der Haut sorgfältig erhalten werden; es bedarf hierzu einer hochentwickelten Technik, um dem fertigen L. schließlich ganz bestimmte Eigenschaften zu geben. Dieses Ziel zu erreichen, ist Aufgabe des Gerbereichemikers, der in eigenen Gerbereilaboratorien und Forschungsinstituten — z. B. Kaiser-Wilhelm-Institut für Lederforschung in Dresden — ständig neue Erkenntnisse zum Fortschritt der L.industrie sammelt.

Die gerichtsmedizinische und kriminalistische Bedeutung des Leders liegt nun in der außerordentlichen Widerstandsfähigkeit gegenüber den Einflüssen verschiedenster Art, wie ja schon aus den jahrtausendealten L.funden hervorgeht. So könnte aus dem Vorhandensein von L.sachen bei aufgefundenen Leichen oder Leichenresten, an denen eine Identifizierung sonst gar nicht mehr möglich wäre, unter Umständen auch noch nach vielen Jahren ein Rückschluß auf den Träger gemacht werden. Eine weitere kriminalistische Bedeutung wäre darin zu erblicken, daß sich, ähnlich wie bei anderen formbaren und festen Materialien, die Einwirkungen gewisser Gewalten, wie z. B. Stiche, Schnitte, Schüsse usw., im L. abzeichnen und dadurch die Formgestaltung des Werkzeuges wiedergeben. Gerade bei Messerstichen durch L. kann, wie dies ja auch bei Stichen durch Knochen der Fall ist, aus der deutlich abgezeichneten Wiedergabe von Schneide und Rücken auf die Messerhaltung geschlossen werden. Derartige Befunde würden auch nach vielen Jahren und Jahrzehnten in annähernd gleicher Beschaffenheit erhalten bleiben, wenn diesbezügliche Befunde an der

Leiche längst zerstört sind. Selbst die Einwirkung des elektrischen Stromes zeichnet sich an L.schuhen in ganz bezeichnender Weise in Form einer siebartigen Durchlöcherung oder in Gestalt kleiner, durchgebrannter Löcher ab, wie wir an einigen Fällen beobachten konnten. Gleichwie auf der Haut

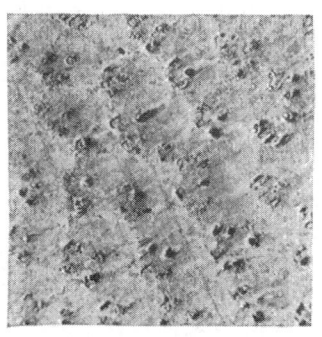

Kamel.

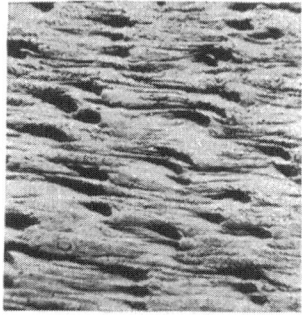

Bär.

Meerschwein.

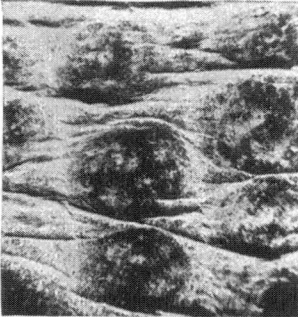

Schildkröte.

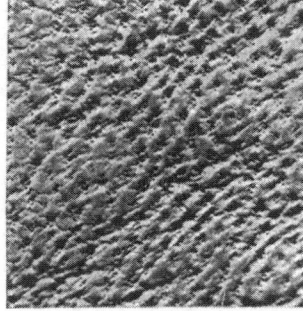

Albinoratte.

Lachs.

Abb. 3. Narbenoberflächen gegerbter Häute. (Aus *Wilson-Stather-Gierth*: Die Chemie der Lederfabrikation.)

und auf Textilstoffen schlägt sich auch auf L. Pulverschmauch nieder, wobei gerade im L. die nur teilweise oder gar nicht verbrannten Pulverkörnchen und Pulverblättchen sich sehr leicht einspießen und daher auch noch nach sehr langer Zeit nachgewiesen werden können. Bei der außerordentlichen Beliebtheit und Verbreitung, die das L. als Bekleidungsstück gerade für Kraftfahrer gewonnen hat, wäre bei Verkehrsunfällen in dem Nachweis von L.fasern an Fahrzeugen und der genauen Feststellung der Beschädigung an der Bekleidung auch noch ein wichtiger Hinweis gegeben für den Ablauf des Unfallgeschehens und für die Identifizierung des Tatfahrzeuges.

Gelegentlich könnte auch die Frage aufgeworfen werden, ob der zu untersuchende Gegenstand überhaupt L. ist und gegebenenfalls von welchem Tier es gewonnen wurde, oder ob es sich etwa lediglich um Kunst-L. oder einen anderen Werkstoff handelt. Aus der Narbenbeschaffenheit allein kann diese Entscheidung nicht mit voller Sicherheit getroffen werden, da die Oberflächengestaltung von Werkstoffen die äußerliche Nachahmung von natürlichem L. bereits auf das vollkommenste erreicht hat. In solchen zweifelhaften Fällen führt die mikroskopische Untersuchung der in Paraffin oder Celloidin eingebetteten L.-proben am gefärbten Dünnschnitt zum Ziel. Erkennt man doch auch am L. noch die ursprüngliche Faserstruktur der L.-haut meist deutlichwieder, wobei gelegentlich sogar ein Rückschluß auf die Gerbart und unter äußerst günstigen Bedingungen sogar auf die Tierart möglich wäre.

Unter Umständen könnte die chemische Untersuchung des Leders herangezogen werden zur Bestimmung der Gerbart, und zwar ganz besonders in denjenigen Fällen, in denen es darauf ankäme, festzustellen, ob ein aufgefundenes L.stück von einem anderen abgetrennt wurde (Treibriemendiebstahl usw.). Allerdings wäre bei der Bewertung des chemischen Untersuchungsbefundes ganz besondere Vorsicht geboten, da ja die chemische Zusammensetzung des Leders sowohl an verschiedenen Stellen einer und derselben L.haut als auch bei zunehmender Tiefe unter der Narbenoberfläche wechselt. Man wird auch in Verbindung mit der mikroskopischen Untersuchung meines Erachtens nach über einen meist wohl nur sehr geringen Grad der Übereinstimmungsmöglichkeit nicht hinauskommen. In der Regel dürfte wohl die einwandfreie Feststellung, daß es sich *überhaupt* um L. handelt und nicht etwa um einen L.ersatz usw., genügen.

Unter *Kunst-L.* verstehen wir ein billiges L.ersatzprodukt, das durch Zusammenpressen von Textilfasern oder von L.abfällen u. a. m. unter Verwendung geeigneter Bindemittel — meist Celluloid, Kollodium usw. — hergestellt wird, und das auch das Aussehen von L. in weitgehendem Maße zeigt, wenn in ihm auch die hervorragenden Eigenschaften des Naturledersselbst nicht in vollem Umfange erreicht sind. Je mehr L.abfälle dem Kunst-L. beigegeben sind, um so schwieriger dürfte die rein äußerliche Unterscheidung und der Unterschied in den Eigenschaften sein. Die regelmäßige Faserstruktur des Naturleders ist dagegen im Kunst-L. naturgemäß gar nicht zu erwarten und daher schon aus diesem Grunde, abgesehen von der chemischen Beschaffenheit, die Unterscheidung wohl leicht möglich. Derartige Vergleichsuntersuchungen sind allerdings, soweit ich das kriminalistische Schrifttum überblicke, noch niemals Gegenstand oder Unterlage eines Strafverfahrens geworden.

*Schrifttum.*

*Wilson-Stahter-Gierth:* Die Chemie der Lederfabrikation. Wien 1930 u. 1931. *Fritz.*

**Lehm** (= L.) **und Lehmflecke** (= L.F.). (Vgl. auch Art.: Erdspuren an Stiefeln und Kleidern; Staub.)

L. ist ein durch Glimmerplättchen, Sand, Kalk,

Si $O_2$ und Eisen verunreinigter Ton, der je nach dem Eisengehalt hellere oder dunklere Färbung zeigt. Neben L. und Ton haben auch Erdspuren, Schmutzteilchen, Pflanzenreste und Straßenschlamm, mit Flüssigkeit vermischter aufgeschwemmter Staub kriminalistische Bedeutung. Auch alle möglichen Staubarten sind aus demselben Grunde, selbst wenn sie noch so gering und unansehnlich erscheinen mögen, vom Kriminalisten und Sachverständigen zu beachten. *Brüning* faßt all diese und ähnliche Spuren unter dem Begriff *kriminaltechnische* bzw. *kriminalistische Leitelemente* zusammen, da solche kleinste Teilchen an Gegenständen, Kleidern und Werkzeugen den Sachverständigen und Kriminalisten auf die richtige Fährte leiten können. In diesem Rahmen kann die unendliche Fülle der Möglichkeiten nur angedeutet werden. Die Untersuchung auf einzelne Erd- und L.arten, Sand und Schmutzteilchen ist sehr verschieden und hängt wohl jeweils von den Verhältnissen des Falles ab. Lupenbetrachtung, mikroskopische Untersuchung, Sedimentieren mit Chloroform oder Acetylentetrabromid (*Brüning*), die Betrachtung unter der Analysenquarzlampe, Glühen auf dem Platinblech und schließlich die chemische, oft recht schwierige und mühsame Untersuchung sind die gangbaren Wege, welche zumeist nur gewiegten Fachleuten vorbehalten sind. Von größter Bedeutung ist hier der Hinweis auf die Wichtigkeit, solche Spuren richtig zu sichern. Hier kann jeder, ob Kriminalbeamter, Richter, Arzt oder Sachverständiger eingreifen und dafür sorgen, daß die Spuren nicht verwischt, sondern sorgsam und zweckmäßig womöglich mit ihrer Unterlage gesammelt werden. Bei den meisten derartigen Untersuchungen kommt es auch sehr darauf an, Vergleichsmaterial zu sichern und zweckmäßig, getrennt verpackt, einzusenden. Was solche Untersuchungen alles leisten und aufdecken können, mögen einige Beispiele zeigen. Neben *Groß* (Handb. für Untersuchungsrichter IV, I., 193) hat *G. Popp* (Arch. f. Kriminol. **70**, 149 [1918]) auf die Untersuchung von L.F., Schmutzflecken und Beschmierung an Kleidern und Schuhen hingewiesen und dafür aus seiner Praxis zwei treffende Belege mitgeteilt. Im einen Fall (*Laubach aus dem Jahr 1904*) wurden an den Hosen des Beschuldigten graugelbe L.F. gefunden, welche nach den darin enthaltenen Quarzkörnern, den Hornblendenkristallen und den Pflanzendetritus vollkommen mit der am Tatort entnommenen L.probe übereinstimmten. Es fand sich auch Schlamm, welcher nach der Lage später auf die Hose gekommen war und nach der Beschaffenheit dem Schlamm auf dem Weg vom Tatort zur Behausung des Beschuldigten entsprach. Diese mikroskopischen Befunde an den Flecken trugen wesentlich zur Überführung des Täters bei. Noch lehrreicher ist der zweite Fall (*Schliche*), in dem *Popp* unter Zuziehung eines Geologen den Schmutz von der Stiefelsohle eines Mordes Beschuldigten untersuchte und dabei, obgleich die Stiefel schon geputzt auf dem Schrank standen, aus den Befunden der einzelnen Schmutzschichten an der Sohle die wichtigsten Beweise für die Täterschaft des Verdächtigen erbrachte. Es ließ sich nicht allein der Nachweis erbringen, daß der Beschuldigte am Tatort war, sondern sogar der Weg feststellen, den er zum und vom Tatort genommen hatte. Der Befund von Mauermörtel, Ziegelbröckchen und Holzkohle in einer Schicht wies die Untersucher sogar auf das Schuttfeld einer in der Nähe befindlichen Ruine, und bei Untersuchung dieses Platzes fand sich in der Ruine in einem Versteck das Wilderergewehr mit Patronen und eine blutige Hose des Beschuldigten. Die Verurteilung erfolgte auf Grund eines Indizienbeweises, und nach erfolgter Begnadigung schritt der Täter

zum Geständnis. *Locard* gelang es, in Versuchen nach Spaziergängen bei nassen Wegen aus dem Staub und Schlamm an den Schuhsohlen den Weg zu rekonstruieren. Staub an Stiefeln wurde wiederholt dem Verbrecher zum Verhängnis. So gelang es *Brüning*, die Aschenprobe an der Stiefelsohle eines Einbrechers mit einer aus dem erbrochenen Geldschrank an Kieselskeletten von Pflanzenzellen als identisch nachzuweisen und damit einen sicheren Beweis der Täterschaft zu erbringen. In einem Fall wurden von *Brüning* bei Einbruchverdacht in ein Telegraphenbüro jenseits eines Sumpfes am Täter Algen aus dem Tümpel nachgewiesen. In einem weiteren von *Thiénard*, den ebenso wie den vorigen *Locard* in seiner Arbeit erwähnt, war an den Tätern ebenfalls Schlamm aus einem Sumpf nachgewiesen. Ein 15jähriges Kind war in einem wassererfüllten Graben ertrunken aufgefunden worden. An der Hose des Bauern und am Kleid seiner Tochter konnte reichlich Schlamm aus dem Graben nachgewiesen werden. Die beiden Täter hatten das Kind in den Graben gestoßen und darin ertränkt, wobei sie selbst vom Ufer abgerutscht und ihre Kleider mit Schlamm verunreinigt hatten. Auch Schmieröl, Fette und die verschiedensten Beschmutzungen von Kleidern können von großer kriminalistischer Bedeutung werden, ebenso Mauerstaub u. dgl. mehr. Zum Schluß sei die Aufdeckung von Postdiebstählen durch Leitelemente erwähnt. *Locard* beschreibt, wie in Lyon ein findiger Postbeamter auf den Gedanken kam, den Missetäter von Postdiebstählen in einem Klosett durch ein kleines Loch von der Decke herab zu beobachten. Richtig sahen die Beobachter auch einen Postbeamten auf dem Klosett sitzend Briefe öffnen und nach Geld untersuchen. Da sie ihn aber von oben nicht erkennen konnten, klopften sie von oben etwas Verputz auf den im Abort Sitzenden herunter. Durch Untersuchung des Rockes gelang es, an der bezeichneten Stelle reichlich schwefelsauren Kalk nachzuweisen und so den Mann zu überführen. Welch kleine Spuren mitunter Aufschluß geben, beweist der Nachweis von Bleiweißkörnchen an einem Messer, mit welchem der Täter in einem Gemälde die Perücke des großen Kurfürsten zerschnitten hatte, wie *Brüning* 1938 vor einer Versammlung Berliner und Märkischer Chemiker erklärte.

*Schrifttum.*

*Beetham, M.:* Erdspuren vom Tatort an den Stiefeln des Verdächtigen. Gewebsfasern vom Rock der Überfallenen an den Hosen des Verdächtigen. Verurteilung des Verdächtigen wegen Mordversuches auf Grund der Mikroanalyse. Arch. Kriminol. **100**, 134. — *Brüning, A.:* Beiträge zur Überführung von Verbrechern durch den Nachweis von Leitelementen an ihrem Körper und an ihren Kleidern. Arch. Kriminol. **75**, 266 (1923). — *Brüning* und *Miermeister:* Zur Bedeutung der kriminalistischen Leitelemente. Arch. Kriminol. **94**, 195 (1934). — *Giesecke, K.:* Über den Staub in den Kleidungsstücken und seine Bedeutung für die Kriminaluntersuchung. Arch. Kriminol. **75**, 14 (1923). — *Gross:* Handb. für Untersuchungsrichter. IV **1**, 193. München 1922. — *Heindl:* Eine billige Methode, kriminalistisch bedeutsamen Staub zu sammeln. Arch. Kriminol. **93**, 169 (1933). — *van Ledden-Hulsebosch, C. J.:* Visitieren. Arch. Kriminol. **71**, 215 (1919). — *Locard:* Beiträge zur Kriminalistischen Staubuntersuchung. Arch. Kriminol. **93**, 141 (1933). — *Lochte, Th.:* Über die kriminalistische Bedeutung von Glasstaub. Dtsch. Z. gerichtl. Med. **18**, 416 (1932). — *Mezger, O.:* Arch. Kriminol. **81**, 249 (1927). — *Popp, G.:* Die Mikroskopie im Dienste der Kriminaluntersuchung. Arch. Kriminol. **70**, 149 (1918). — *Södermann, H.:* Zur Frage des kriminalistischen Staubsaugerverfahrens. Entstaubung kleiner Flächen. Arch. Kriminol. **93**, 156 (1933). **Holzer.**

**Leichenalkaloide** siehe *Giftnachweis; Nahrungsmittelvergiftung.*

**Leichenerscheinungen.** (Vgl. auch Art.: Exhumation von Leichen.)
Man versteht unter Leichenerscheinungen die Summe aller optischen, morphologischen, chemischen, in gewissem Sinne auch biologischen sowie auch physikalischen, thermischen Zustandsände-

rungen des menschlichen Leichnams. Man kann sie auch als sichere Zeichen des eingetretenen Todes ansehen (s.d. Art.: Scheintod). Da diese Erscheinungen in Abhängigkeit von den inneren und äußeren Bedingungen, unter denen sich der Leichnam befindet, von einem ersten Anfang fortschreiten bis zum völligen Zerfall, können sie auch für die Todeszeitbestimmung (s. d.) verwertet werden.

Blutsenkung und auch Abkühlung nehmen ihren Anfang freilich schon manchmal in der Agone (s. d. Art.: Agonie). Die *Abkühlung* beginnt unter gewöhnlichen Bedingungen (Rückenlage z. B. im Bett) an den „gipfelnden" Teilen. Dazu gehören die Nasenspitze, schließlich das Gesicht, gegebenenfalls Finger und Zehen. Die Schnelligkeit der Temperaturabnahme hängt sehr von den äußeren Umständen, wie Bekleidung, Bedeckung, Außentemperatur, aber auch von der Konstitution (Fettreichtum) ab. Neugeborene und kleine Kinder zeigen rascheres Sinken der Temperatur. Man nahm in der Regel eine Abnahme der Temperatur an der Haut um 1° C für jede Stunde an. Ausnahmen bestätigen die Regel. Die postmortalen Temperatursteigerungen können hier vernachlässigt werden. Die inneren Teile kühlen sich naturgemäß langsamer ab als die äußeren, die aufliegende Unterfläche langsamer als die freiliegende Oberfläche. Der Leichenschauer soll nicht nur an unbekleideten, sondern auch an bekleideten Stellen sowie auch an versteckten Stellen, wie Achselhöhle, die Temperatur prüfen (*H. Merkel*). Die Prüfung der Mastdarmtemperatur (*B. Müller*) ergibt gleichmäßigeres Absinken. Die schließlich erreichte Temperatur der Haut ist etwas tiefer als die der umgebenden Luft, das hängt von der Verdunstung aus dem Körper durch die Haut ab (Verdunstungskälte). Die *Blutsenkung* (Hypostase) kommt dadurch zustande, daß das Blut nach dem endgültigen Aufhören des Kreislaufes dem Gesetz der Schwere unterliegt und sich innerhalb des Gefäßsystems soweit wie möglich senkt. Auf die Entmischung des Blutes, die dadurch eintritt, daß die Blutkörperchen schwerer sind als das Serum, komme ich später noch zu sprechen. Außerordentlich wichtig sind die Wirkungen der Blutsenkung insofern, als zunächst die „gipfelnden" Teile blaß werden, später auch die nach oben liegende Seite des Leichnams, während die nach unten liegenden Teile sich blaurot färben. Der Beginn der Blutsenkung ist in seltenen Fällen schon agonal beobachtet worden, in der Regel werden die *Totenflecken* (Livores) etwa eine halbe bis eine Stunde nach dem Tode unter günstigen Beobachtungsbedingungen sichtbar. Wie die meisten Leichenerscheinungen nehmen die Totenflecken von ihrem Anfangsstadium bis zu ihrer maximalen Ausdehnung fortwährend an Intensität zu, um dann schließlich durch weitere Veränderungen abgelöst bzw. verwischt zu werden. Die Intensität hängt von verschiedenen Faktoren ab, zunächst von der Blutmenge: bei starker Ausblutung treten die Totenflecken nur schwach auf, ein Ausbleiben ihres Auftretens kommt kaum vor, wenn auch ein diesbezüglicher Fall berichtet wurde. Die Fäulnisanämie (s. u.) darf nicht mit dieser Verblutungsanämie verwechselt werden. Gerade so, wie bei raschem Blutverlust der Tod schon früher eintritt, d. h. nach Verlust einer schon geringeren Menge als bei langsamem Ausbluten, so sind auch die Totenflecken bei langsamem Ausbluten viel schwächer ausgeprägt als etwa nach dem raschen Verblutungstod infolge eines Aortenstiches. Überall dort, wo der Leichnam einer Unterlage mehr oder weniger fest aufliegt, bleiben die Totenflecken weg, da schon ein verhältnismäßig geringer Druck auf das Capillarnetz der Lederhaut genügt, um das dort befindliche Blut zu verdrängen, denn dieses Capillar-

blut stellt die äußerlich sichtbaren Totenflecken dar. Man sieht demnach bei Rückenlage eines Verstorbenen Aussparungen der Totenflecken, besonders an den Schultern, am Gesäß und an den Waden. Auch Einzelheiten der Unterlage, wie Kleiderfalten oder bei im Freien liegenden Leichen unterliegendes Laub z. B., kann eine feine Musterung durch Abblassen der mehr gedrückten Stellen hervorrufen. Intensivere Streifung der Totenflecken kann bei weniger Kundigen eine Verwechslung mit Striemen hervorrufen. Am intensivsten trat mir ein solcher Fall entgegen bei einem Gefangenen, der sich in halb hockender Stellung erhängt hatte. Durch die Faltenbildung des Bettuches bzw. der Kleider war es innerhalb der am Gesäß sehr stark ausgebildeten Totenflecken zu einer intensiven Streifenbildung gekommen, so daß der Verdacht stärkster Mißhandlung durch das Gefangenenpersonal entstanden war. Eine Unterscheidung von Blutungen und Blutunterlaufungen kann in der Regel durch Einschnitt in das Gewebe getroffen werden! Wenn es sich lediglich um Totenflecke handelt, tritt das Blut an der Schnittfläche in kleineren oder größeren Tropfen aus den durchschnittenen Gefäßen hervor; durch Druck läßt sich das austretende und in den benachbarten Gefäßen und Capillaren befindliche Blut mehr oder weniger verdrängen und wegdrücken, so daß blasses Gewebe zutage tritt. Blutunterlaufungen lassen sich nicht wegdrücken; schwieriger ist die Unterscheidung dann, wenn Hämolyse eingetreten ist, diese beginnt nach neueren Untersuchungen sehr frühzeitig, wird aber im ganzen doch erst *frühestens* nach einem halben oder ganzen Tag so stark, daß dadurch eine gleichmäßig düsterrote Verfärbung der Weichteile im Bereich der Totenflecken eintritt. Der Vorgang ist folgender: Der Blutfarbstoff, das Hämoglobin, tritt aus den roten Blutkörperchen aus, färbt das Blutserum und tritt mit demselben durch die Gefäßwand hindurch in das umgebende Gewebe; ein wichtiger Unterschied besteht zwischen lebender und toter Zelle und Zellwand insofern, als die Zell- und Kernmembranen nach dem Tode durchlässig werden, während sie vor dem Tode nach heutiger Anschauung als semipermeable (halbdurchlässige) Membranen zu gelten haben. Eine erhebliche praktische Bedeutung hat der Eintritt der Hämolyse für die Todeszeitbestimmung (s. d.) insofern, als nach Eintritt der hämolytischen Verfärbungen und Durchtränkung der Weichteile die Totenflecken nicht mehr wegdrückbar sind. Diese Wegdrückbarkeit kann einfach durch Fingerdruck geprüft werden und bildet für den Leichenschauer einen gewissen Anhaltspunkt für die Beurteilung der Todeszeit bei tot Aufgefundenen. Andererseits liegt eine kriminalistische Bedeutung darin, daß in der ersten Zeit nach dem Tode bei Umdrehung des Leichnams die in Ausbildung befindlichen Totenflecken der ursprünglich untenliegenden Seite mehr oder weniger abblassen und sich auf der nunmehr unten liegenden Seite neu bilden können. Genaue Zeitangaben für diesen Vorgang sind nicht zu machen, man hat Durchschnittszeiten angegeben, aber all diese Zeiten hängen in hohem Maße von den äußeren Bedingungen ab, denen die Leiche unterliegt. Unter Umständen, die die Hämolyse begünstigen, sind die Zeiten viel kürzer als unter gegenteiligen Bedingungen: Hitze, Schwüle, infektiöse Prozesse im Körper beschleunigen alle Leichenveränderungen.

Die Intensität der Totenflecken kann auch noch durch starke Gerinnselbildung und Gerinnung des Blutes beeinflußt werden: bei plötzlichen Todesfällen, nicht nur bei Erstickung bleibt das Blut in der Regel flüssig und senkt sich intensiver und vollkommener als bei Todesfällen nach zehrenden Krankheiten, bei denen oft starke Gerinnselbildung die

Senkung etwas beeinträchtigt. Eine kriminalistische Bedeutung der Totenflecken liegt auch darin, daß z. B. bei hängenden Leichen die Totenflecken dort auftreten, wo schnürende Kleidungsstücke oder das Strangwerkzeug liegen; so findet man oberhalb der Strangfurche am Halse eine bläulich-rötliche Zone, die von Unkundigen als vitale Einwirkung oder als Beginn einer reaktiven Gefäßerweiterung angesehen wird. Natürlich kommt diese Blutsenkung nur bei etwas längerem Hängen des Leichnams zustande, gleichgültig, ob der Tod durch Erhängen eintrat oder ob der Leichnam erst nach dem Tode aufgehängt wurde; so bilden sich die Totenflecken besonders an den Beinen und Füßen sowie an Armen und Händen stark aus. Diese Erscheinungen können mehr oder weniger vollständig zurückgehen, wenn der Leichnam abgenommen und in Rückenlage gebracht wird. Eine außerordentlich häufige Begleiterscheinung der Totenflecken sind postmortale Capillarblutungen: Die stark gedehnten Capillarschlingen lassen Blut in unveränderter Form oder wenigstens rote Blutkörperchen austreten, diese sammeln sich in der Umgebung und erscheinen in der Haut als Ekchymosen (Vibices). Sie stellen nadelspitzgroße, auch stecknadelkopfgroße, manchmal noch etwas größere Blutungen in verschiedenen Ebenen der Haut dar, so daß sie teils mehr rötlich, teils mehr bläulich-rötlich erscheinen. Nach neueren Untersuchungen handelt es sich, mindestens teilweise, um Capillarberstungen infolge Überdehnung der Capillarwände. Diese postmortalen Blutungen treten meist dann auf, wenn kein Blutverlust vorhanden war und das Blut völlig flüssig bleibt. Die Unterscheidung von intravitalen Blutungen, wie sie zum Teil als *Perthes*sche Stauungsblutungen im Bereich der oberen Hohlvene auftreten, ist in der Regel ganz einfach dadurch gegeben, daß postmortale Capillarblutungen nur im Bereich der Totenflecken liegen und überall dort fehlen, wo abgeblaßte Stellen vorliegen.

Auch an den inneren Organen kann es durch Blutsenkung zu Blutaustritten kommen, zum mindesten können vorhandene Blutaustritte durch postmortale Blutsenkung vergrößert werden, z. B. Pleura-Ekchymosen besonders bei Neugeborenen. Das ist durch experimentelle Untersuchungen von *Haberda* einwandfrei nachgewiesen, und wir sehen ja auch sehr häufig an den unten liegenden Seiten der Organe (Lungen, Herz) viel größere und zahlreichere Ekchymosen als oben. Als innere Hypostase ist die Blutfülle der hinten bzw. unten liegenden Organe anzusehen. Das Kleinhirn, die Weichteile des Rückens, die hinteren Teile der Lunge, die hintere Brustwand, auch die Nieren und die Beckenorgane zeigen diese Erscheinung; weiterhin die in das kleine Becken hinab hängenden Darmschlingen. Bei intensiver Blutsenkung kommt es an letzteren zu dunkel-rötlichen Verfärbungen der Wand und schließlich zu blutig gefärbtem Inhalt, eine Unterscheidung von hämorrhagischer Verfärbung des Darmes durch intravitale Vorgänge ist leicht möglich, da dunkelrote und ganz helle Stellen ziemlich unvermittelt miteinander abwechseln und da jede weitere Veränderung, wie Fibrinbeläge u. dgl., fehlen.

Die Farbe der Totenflecken ist bei intensiver Ausbildung blau-grau, während die rötliche Komponente wenig ausgeprägt ist. Sehr häufig kommt es nachträglich zu einer hellen, mehr rötlichen Verfärbung der Totenflecken, nämlich dann, wenn Gelegenheit zu postmortaler Sauerstoffaufnahme durch die Haut hindurch gegeben ist. Das ist der Fall, wenn die Leiche feucht und womöglich in feuchter Kälte liegt; sehr häufig sind dabei die sonst blauroten Totenflecken hellrot umsäumt, aber es können auch die ganzen Totenflecken ziemlich hellrot aussehen, so daß man an Kohlenoxydvergiftung denken muß. Übrigens kann auch bei einer ziemlich intensiven Kohlenoxydatmosphäre CO nach dem Tode auf demselben Wege in das Capillarblut aufgenommen werden und eindringen. Bei solchen Fällen klärt ein Einschnitt in die tiefen Weichteile, besonders in die Muskulatur, die Sachlage alsbald, da diese dunkelrot oder graurot, bei älteren Leuten mehr braunrot, aussieht, nicht hellrot wie bei der CO-Vergiftung durch Einatmen des Gases. Eine mehr bräunliche Verfärbung der Totenflecken wird bei Methämoglobinbildung des Blutes beobachtet, z. B. bei Vergiftung mit Kalium chloricum und bei manchen Pilzvergiftungen. Bei Cyankalivergiftungen sind die Totenflecken in der Regel nicht wesentlich anders gefärbt als bei gewöhnlicher Todesart, ganz im Gegensatz zur Kohlenoxydvergiftung (s. unten). Ganz frühzeitig beginnen *autolytische Prozesse* in der Leiche; wir verstehen darunter fermentative Prozesse, die zu Veränderungen der Struktur oder zu chemischen Vorgängen führen. Die ersten Anzeichen dieser Autolyse, die ohne Mitwirkung von Bakterien vor sich geht, kann man makroskopisch und mikroskopisch z. B. an der Niere sehen. Jedes Leichenorgan sieht schließlich anders aus als ein lebendes. Die Nierenrinde wird etwas trüber, und mikroskopisch findet man Strukturveränderungen des Protoplasmas, des Zelleibes ganz frühzeitig, z. B. an den gewundenen Harnkanälchen treten Körnchen auf und frühzeitig verändern sich auch die Kerne der gleichen Zellen, sie werden schwer färbbar. Die neueren Untersuchungen haben gezeigt, daß der $p_H$-Gehalt sich mehr nach der saueren Seite hin verändert, daß auch die iso-elektrischen Punkte im gleichen Sinn sich verändern (*Laves*). Auffallende makroskopische Erscheinungen der Autolyse sind die frühzeitigen Erweichungen des Nebennierenmarkes, die man schon zwei Stunden nach dem Tode beobachten kann, so daß von der Nebenniere nur ihre Rinde mit dem Lipoidgehalt erhalten bleibt und sich innen eine flache Höhle mit bräunlich schmierigem Inhalt bildet. Auch an anderen Organen bewirkt die Autolyse Veränderungen, die oft mikroskopisch am ehesten erkennbar sind, die sich aber auch dem Geübteren als Änderung der Konsistenz, der Festigkeit der inneren Organe, aber auch der Muskulatur, vielleicht auch des Bindegewebes andeuten. Zu bedenken ist dabei nur, daß die Straffheit des Mesenchyms bei verschiedenen Menschen konstitutionell sehr verschieden ist. Im weiteren Sinne gehört zur Autolyse auch die postmortale Magenverdauung, wobei es einerseits zu einer gewissen Weiterverdauung des Mageninhalts, andererseits zu einer An- und Verdauung der Magenwand, sehr selten der Wand des Zwölffingerdarmes kommen kann. Anatomisch wichtig ist besonders die Verdauung der Magenwand, die sich frühzeitig schon als Andauung der Magenschleimhaut zeigt mit mangelnder Färbbarkeit; makroskopisch in Gestalt von verschiedenen Färbungen, besonders im Magengrund, bei höheren Graden wird die ganze Magenwand mißfarben, stark verfärbt, durchscheinend und schließlich durchlässig mit Bildung größerer oder kleinerer, einzelner oder mehrerer frischer Defekte, deren Ränder schleimig und zundrig erweicht erscheinen, der Mageninhalt kann sich dabei ganz entleeren. In anderen Fällen kommt es zur Andauung der Speiseröhre sowie zum Eintritt des Mageninhalts in die Pleurahöhlen, meist nach links. Aber auch durch die linke Zwerchfellhälfte kommt es nach hinten zur Aufweichung und Durchlässigkeit. Die Hinterfläche der Lunge wird in diesen Fällen angedaut, die Pleura wird fetzig aufgelockert, und es treten an vielen Stellen ekchymosenähnliche Blutungen auf, die für den Unkundigen das Bild irgendeiner entzündlichen Veränderung oder von Stauungsblutungen hervorrufen können. In der Pleurahöhle kann sich ein größerer mißfarbener Erguß ansammeln, auf dem vielfach Fettaugen schwimmen; die Reaktion ist intensiv sauer. In anderen Fällen kommt es zum Eindringen von saurem Mageninhalt (besonders Flüssigkeit) durch die Speiseröhre in den Kehlkopf und in die Luftwege, man spricht dann von saurer Erweichung der Lungen. Das Gewebe ist mißfarben, zundrig, und es kann durch sekundären Durchtritt dieses Mageninhaltes durch das Lungengewebe zur Diffusion der Flüssigkeit in die Pleurahöhle kommen.

Die Schleimhaut der Speiseröhre wird durch diesen Vorgang sofort intensiv maceriert, an den Schleimhautfalten des Kehlkopfes tritt bei Berührung mit dem sauren Mageninhalt eine intensive Quellung, das sog. falsche Glottisödem auf, derselbe Vorgang findet bei Wasserleichen statt. Als Ursache ist die verschiedene Ionenkonzentration der Gewebsflüssigkeit und der bespülenden Flüssigkeit anzusehen.

Eine praktisch und kriminalistisch besonders wichtige Leichenerscheinung ist die *Totenstarre* (Leichenstarre, rigor mortis). Es handelt sich um einen chemisch-physikalischen Vorgang, der in erster Linie in einer Anhäufung von Milchsäure in den nicht mehr dem Stoffwechsel unterliegenden Muskeln besteht, wodurch sie zur Quellung kommen; die Folge ist ein Starrwerden, eine Volumsvergrößerung und gegebenenfalls auch eine Verkürzung, falls nicht, wie es die Regel bildet, durch die gleichzeitige Anspannung der Antagonisten die Verkürzung des Muskels und die dadurch eigentlich zu erwartende Bewegung der Gliedmaßen verhindert wird. Die kontrahierten Muskeln springen bei mageren Menschen (Leichen) intensiv vor, die ganze Leiche wird steif in allen Gelenken, und es gehört oft eine beträchtliche Kraftanwendung dazu, um den Widerstand, besonders der Bicepsmuskulatur zu brechen. Es kann dabei zu postmortalen Muskelzerreißungen kommen. Auch die glatte Muskulatur, z. B. des Darmes und auch der Geschlechtsorgane, wird totenstarr; auch die sog. musculi arrectores pilorum werden starr, verkürzen sich, wobei auch die bekannte Gänsehaut sehr häufig am Leichnam auftritt, die freilich auch durch mechanische Erregung durch supravitale Erscheinungen hervorgerufen werden kann. Eine praktische Bedeutung besitzt aber diese Gänsehaut nicht, insbesondere darf man sie nicht bei Wasserleichen etwa mit der Todesursache in Verbindung bringen. In zeitlicher Hinsicht ist zu sagen, daß der Herzmuskel wohl als erster starr wird, *Aschoff* und *Meixner* haben bei Frühsektionen gefallener Kriegsteilnehmer nach einer Stunde, ja schon nach einer halben Stunde beginnende Totenstarre der linken Kammerwand gefunden.

Die Skelettmuskulatur beginnt unter gewöhnlichen Umständen und Verhältnissen nach einigen Stunden (im Durchschnitt nach 4—5 Stunden) starr zu werden, es werden in der Regel nicht alle Muskeln gleichzeitig starr, sondern eine gewisse Reihenfolge ist zu beobachten, besonders der sog. absteigende Typus, zunächst die Kaumuskulatur, dann die Hals-, Arm-, Brust- und Bauch- und Schlüsselbeinmuskulatur, nicht selten werden aber die Beine vor den Armen starr. Die Dauer der Starre hängt von den äußeren Umständen, besonders von der Temperatur und von den Bedingungen zur Fäulnisbildung ab. Je schneller Fäulnis eintritt, um so rascher löst sich die Starre. Der Herzmuskel wird manchmal schon nach 12, oft aber erst nach 24 Stunden und noch wesentlich später wieder schlaff. Daß die linke Kammer sich durch die Starre zusammenzieht, ist durch die

Versuche von *F. Straßmann* erwiesen: Eine durch die Brustwand in das Herz eingestochene Nadel bewegt sich während der Ausbildung der Starre. Häufig findet man als letzten Rest der Starre die Starre in den Sprunggelenken. Eine Vortäuschung der Totenstarre kann stattfinden durch Gelenkversteifungen oder aber durch intensive Vertrocknung von Weichteilen, schließlich auch für den Unkundigen durch intensive Gasbildung in den Weichteilen. Die Dauer der Starre der Skelettmuskulatur ist im allgemeinen etwa 2—3 Tage, die Lösung erfolgt häufig in der gleichen Reihenfolge wie die Ausbildung. Unter *kataleptischer* Totenstarre versteht man eine Starre, die im Augenblick des Todes eintritt und die momentane Haltung der Gliedmaßen festhält. Aus früheren Kriegen sind viele solche Fälle berichtet, doch haben Nachprüfungen aus dem Weltkrieg erwiesen, daß sehr wenig Fälle einer Kritik standhalten, am häufigsten wurden Irrtümer durch Herumdrehen totenstarrer Soldatenleichen bei Durchsuchungen, gelegentlich der Aufräumungsarbeiten des Schlachtfeldes bewirkt, später Dazukommende fanden einzelne Gliedmaßen entgegen der Schwere in starrer Haltung. Am ehesten erscheint die kataleptische Totenstarre bei momentan eintretendem Tod infolge Zertrümmerung des Hirnstammes und andererseits bei Tod nach vorhergegangener stärkster Muskelanstrengung.

Die Sammelforschungen von *Lochte* haben die große Seltenheit dieser Erscheinung erwiesen, so daß man sagen kann, sie spielt praktisch keine Rolle. Kriminalistisch wichtig ist noch die Tatsache, daß die Starre sich nicht mehr ausbildet, wenn sie *nach* maximaler Ausbildung gelöst wird, daß sie sich aber erneut bildet, wenn sie *während* ihrer Ausbildung künstlich gelöst wird. Am Leichentisch finden die sezierenden Ärzte häufig die Arme beweglich bei starrem übrigen Körper, das kommt von der gewaltsamen Lösung der Totenstarre der Arme infolge Entkleidung des Leichnams durch den Sektionsdiener. Das Umkleiden des Leichnams, das kriminalistisch bedeutsam sein kann zur Verdeckung etwa einer Schußverletzung an der Kleidung, geht leicht bei schlaffem Körper, schwer oder gar nicht bei totenstarrem Körper. Dahingegen ist der Transport einer Leiche im schlaffen Zustand sehr schwer, im totenstarren Zustand aber sehr erleichtert. *Vertrocknungen* haben als Leichenerscheinungen eine erhebliche kriminalistische Bedeutung. Diese Erscheinungen beobachtet man sowohl an unveränderten Hautstellen, wie an krankhaft veränderten. In erster Linie sind es zarte Hautstellen oder Schleimhäute, die der Luft ausgesetzt sind, dabei in erster Linie die Lippen, auch die Lidränder; besonders bei Neugeborenen und kleinen Kindern vertrocknen die Lippen frühzeitig und sehen dann bräunlich oder schwarzbraun aus. Verhängnisvolle Verwechslungen mit Verätzungen sind vorgekommen. Weiterhin vertrocknen auch frühzeitig Hautstellen, die häufig feucht und deshalb maceriert sind, besonders das Scrotum, weiterhin überhaupt die äußeren Genitalien. Von krankhaften Hautveränderungen sind besonders Abschürfungen zu nennen, die frühzeitig eintrocknen, und zwar je nachdem eine Blutung stattgefunden hat oder nicht, mit gelblicher, gelbbrauner oder braun-rötlicher Farbe. Auch durch die Hypostase wird eine dunkelbraunrote Farbe solcher Abschürfungen bewirkt (über Unterscheidung intravitaler und postmortaler Abschürfungen vgl. d. Art.: Vitale Reaktionen). Eine wichtige Rolle spielt die Vertrocknung an den sog. Schürf- oder Schmutzsäumen, den wichtigsten Einschußzeichen; diese Säume werden in der Regel erst durch Vertrocknung recht deutlich, dasselbe gilt für die Strangfurche am Halse, die im ganz frischen Zustande die stattgehabte Abschürfung oder Aufrauhung der Oberhaut nur schwer erkennen läßt, während durch die Eintrocknung der ganze Verlauf und die ganze Ausdehnung der Furche sichtbar wird. Diese Vertrocknung an abgeschürften Stellen beruht auf der Tatsache, daß bei unversehrter Haut die Hornschicht der Epidermis Schutz gegenüber der Austrocknung gibt, welcher wegfällt, wenn die Hornschicht abgeschürft oder auch nur aufgerauht ist.

Die *späteren Leichenveränderungen* gehören in erster Linie der *Fäulnis* an, dieselbe beruht auf der Wirkung von Bakterien auf die Eiweiß- und Kohlehydratstoffe. Die Bakterien stammen teils aus dem Darm, teils von der Hautoberfläche oder aus den oberen Luftwegen, von wo aus sie sich, besonders auf dem Blutweg, aber auch in den Gewebs- und Saftspalten, auf alle Organe verbreiten. Es sind hauptsächlich gram-positive Stäbchen, während die Kokken nur in der allerersten Zeit eine größere Rolle spielen. Späterhin treten die Kokken stark oder völlig zurück, auch wenn es sich um pathogene Formen handelt. Die Wirkung beruht in einer Zersetzung der Eiweißkörper und der Kohlehydrate. Dabei entstehen stinkende, meist saure Kohlenwasserstoffe und Ammoniakverbindungen; zur Voraussetzung haben diese Vorgänge das Vorhandensein von genügend viel Flüssigkeit im Körper oder in seiner Umgebung. Fehlt es daran, wie in trockenen Erdgräbern, so kommt es nach einiger Zeit zu einer Umkehr der chemischen Vorgänge. Aus den reduktiven Prozessen werden oxydative, nämlich dann, wenn mehr Sauerstoff als Wasser vorhanden ist. Diese Umkehr zur *Verwesung* ist im allgemeinen vom Standpunkt der Bestattungshygiene aus erwünscht. Künstlich kann die Fäulnis unterhalten werden und zwar auf unbegrenzt lange Jahre in luftdicht schließenden Särgen oder Grüften; bei deren Öffnung hat man nach vielen Jahren noch Fäulnisstadien angetroffen wie in den ersten Tagen oder Wochen nach dem Tode. Wenn Leichen an der Luft liegen, so können sie verschiedene Veränderungen eingehen; in der warmen Jahreszeit werden sie hauptsächlich von Insekten befallen (s. d. Art.: Leichenfauna), es erfolgt alsbald an feuchten Hautstellen (Körperöffnungen) wie auch an Wunden die Eiablage mancher Fliegenarten; die nach kurzer Zeit ausschlüpfenden Maden führen zu einer hochgradigen Zerstörung der Weichteile, so daß schließlich nur derbere Teile wie Sehnen, Bänder und Haut, besonders Rückenhaut übrig bleiben. Bei größerer Trockenheit kommt es auch an der Luft zur *Mumifikation*. Die Mumien haben aber in der Regel nicht bloß Wasser, sondern auch Eiweiß- und Salzlösungen verloren und zwar in dem Fäulnisstadium, welches meistens auch der Mumifikation vorangeht. Dadurch ist die hochgradige Gewichtsabnahme der Mumien zu erklären.

Bei Überschuß von Wasser und mangelndem Sauerstoff kommt es umgekehrt zur *Leichenwachsbildung* (Adipocire). Das Fett wird ranzig, es zerlegt sich in lösliche und unlösliche Fettsäuren, von denen die löslichen verlorengehen, insbesondere die bei gewöhnlicher Temperatur flüssige Ölsäure, während die höheren Fettsäuren in Kristalldrusen umgebildet zurückbleiben und sich mit Kalk und Magnesia verseifen. Das Flüssigwerden des Fettes kann man oft frühzeitig, besonders im Bauchraum erkennen, wo es sich löffelweise bei fettreichem Gekröse ausschöpfen läßt. Die Frage, ob bei der Fäulnis beziehungsweise Fettwachsbildung sich Fett aus Eiweiß bilden kann, ist noch nicht einheitlich entschieden, die Mehrzahl besonders derjenigen Forscher, die mit faulen und Fettwachsleichen praktisch zu tun haben, ist der Meinung, daß es infolge der

Wanderung der verflüssigten Fettbestandteile zu einer Imprägnierung der Muskulatur und anderer, hauptsächlich aus Eiweißsubstanzen bestehender Gewebe komme. Dadurch träte dann schließlich Fettwachs im Bereich von Geweben und Organen auf, die ursprünglich kein oder fast kein Fett enthielten (vgl. d. Art.: Tod durch Ertrinken). Die Fettwanderung ist sowohl im Gefäßsystem, wie auch in den Pleurahöhlen und, wie schon bemerkt, im Bauchraum festgestellt worden. Auch histologisch wurde Fettdurchtränkung der Weichteile, der Lederhaut und anderer Gebilde beobachtet (*Nippe, Walcher*). Auch in der Leber wurde Verdrängung des Fettes der Leberzellen durch zunehmenden Gasdruck beobachtet. Der Gasdruck ist in erster Linie für die Fettwanderung im Körper verantwortlich zu machen. Bemerkenswerterweise kommt es zur Fortbewegung des Fettes ja auch im Gefäßsystem und sogar zum Transport in die Lungenarterien, teilweise sogar in feinere Verzweigungen derselben. So hat man von postmortaler *Fettembolie* (besser Fettverdrängung) in die Lungen gesprochen. Experimentell ist durch *v. Neureiter* und *G. Straßmann* erwiesen, daß ein Druckgefälle von der Bauchhöhle nach dem Herzen, von da in die Lungen und von da aus an die Außenluft besteht. So dürfte auch die Fettwanderung in die Lungenblutgefäße zu erklären sein. Manchmal findet man übrigens auch bei Verbrannten fettige und blutige Massen in den Blutgefäßen der Lungen, Vorgänge, bei denen ebenfalls Druckschwankungen während des Verbrennungsprozesses die Hauptrolle spielen.

Die sichtbaren *morphologischen Veränderungen*, welche die Fäulnis bewirkt, sind außerordentlich mannigfaltige. Bei Überwiegen der Gasbildung kommt es frühzeitig zu gigantischer Auftreibung der Leiche, wobei das Gas in sämtlichen Geweben und Organen sich rasch vermehrt. Am stärksten ist das bei Todesfällen infolge Gasbrandes der Fall, die hauptsächlichsten Veränderungen bei Gasbrandleichen treten erst postmortal ein; aber auch ohne Gasbrand kommt diese hochgradige Gasbildung frühzeitig vor, ohne daß wir mit Bestimmtheit sagen können, woran das im Einzelfall gelegen ist. Die inneren Organe werden dabei zu „*Schaumorganen*", besonders die Leber, aber auch Milz und Nieren sowie der Herzmuskel und das Gehirn. Solange die Gasbläschen klein sind, können sie von Unkundigen mißdeutet werden; im Herzmuskel entstehen kleine helle Fleckchen infolge Entfärbung der Muskulatur, nur bei genauer Beobachtung erkennt man im Zentrum der Flecken ein kleines Bläschen. Auch in der Nierenrinde sehen solche Veränderungen ähnlich wie kleine Abscesse aus. Die Rinde der Niere wird durch Gasbildung und ebenso durch die colliquative Fäulnis viel schneller fast breiig erweicht, als die Marksubstanz; diese Erweichung geht oft parallel mit der Gasbildung, zum Beispiel auch besonders am puerperalen Uterus, in anderen Fällen tritt die Gasbildung zurück gegenüber der Erweichung, bei welcher sich übrigens die Wirkung der Autolyse von derjenigen der Fäulnis nicht trennen läßt, so wünschenswert das auch wäre. Mehrfach tritt Gasbildung frühzeitig in den Hautvenen auf ohne sonstige rasche Fäulnisentwicklung, dann sind besonders bei mageren Leichen die Gesichtsvenen stark vorspringend sichtbar, aber völlig blaß. Praktisch wichtig ist die Bildung von Fäulnisgas auch im Herzen, weil hierdurch Luftembolien des Herzens vorgetäuscht werden können; immerhin ist die Menge des gebildeten Fäulnisgases in den ersten Tagen doch nicht so stark in der Regel, daß ausgesprochene Fälle von Luftembolie damit verwechselt werden könnten. Nach *Jankovich* sind es bis zum dritten Tage etwa 20—36 % der Fälle, in denen nicht unerhebliche Gasmengen nachgewiesen wurden. Andere Erscheinungen der Fäulnis, insbesondere Hämolyse und hämolytische Imbibition des Endokards zumal im Bereich des rechten Herzens und besonders auch der Herzklappen, fehlen bei nennenswerter Gasbildung in den Herzhöhlen kaum jemals. Außer Gasbildung und Erweichung, welch letztere besonders an der Milz oft zu völlig breiigem Zustand des Kapselinhaltes führt, sind es Verfärbungen, die die Fäulnis begleiten. Sie hängen hauptsächlich mit der Umwandlung des Blutfarbstoffes zusammen; je nach Blutgehalt der betreffenden Gewebe sind zuerst düster-rote Töne, bei Blässe der Organe frühzeitig grünliche und graugrüne Tönung zu sehen. Die düster-roten Farben gehen in schmutzig-graurote und schwarz-graue Töne über, ohne daß eine Regelmäßigkeit bestünde. Die Kapseln der Bauchorgane, besonders der Leber werden frühzeitig schwärzlich infolge Schwefeleisenbildung, die Verfärbung dehnt sich bald auf das ganze Organgewebe aus. Eine Reihenfolge der Schnelligkeit der fauligen Veränderungen in den einzelnen Organen hat man oft aufgestellt. Makroskopische und mikroskopische Befunde gehen hier nicht immer parallel. Mikroskopisch leiden die Darmschleimhaut und die Magenschleimhaut besonders schnell, aber auch die Schleimhaut der Luftröhre mit ihrem Bakteriengehalt wird schnell mißfarben. Die Lungen verändern ihr Aussehen durch Hypostase frühzeitig. Die Milz erweicht oft sehr schnell, wenn auch meist nicht so rasch wie die Nebennieren, deren Mark durch autolytische Vorgänge schon nach zwei Stunden völlig verflüssigt sein kann. Histologisch sind die gewundenen Harnkanälchen besonders frühzeitig als verändert zu erkennen mit Trübung, Körnchenbildung, Kernschwund in verschiedenen Formen. Schleimhautepithelien und seröse Endothelien schilfern oft frühzeitig ab, zum Beispiel in den Luftwegen und am Bauchfell. Ebenso lösen sich die Gefäß-Endothelien oft sehr frühzeitig ab, auch die Ganglienzellen blassen frühzeitig ab, wie überhaupt das Zentralnervensystem für feinere histologische Untersuchungen und Feststellungen sehr rasch unbrauchbar wird. Groß ist das Interesse daran, daß man trotz Fäulnisveränderungen noch anatomische Befunde erheben kann, welche Rückschlüsse auf die Todesursache, beziehungsweise auf die überstandene Krankheit gestatten. Ganz allgemein ist zu sagen, daß die Art der Aufbewahrung der Leiche für die Schnelligkeit der Veränderungen eine große Rolle spielt (vgl. d. Art.: Todeszeitbestimmung). Die *Caspersche* Regel, wonach eine Leiche, die *eine* Woche an der Luft lag, ähnliche Veränderungen zeigt wie eine solche, die *zwei* Wochen im Wasser oder *acht* Wochen in der Erde lag, ist zwar nur mit Vorsicht im einzelnen Falle anzuwenden, hauptsächlich vom Geübten, immerhin ist für die Praxis anzuraten, die Frage, ob eine Exhumierung einer Leiche noch praktisch-diagnostische Aussichten biete, in der Regel zu bejahen, denn die Erfahrung lehrt, daß in der Mehrzahl solcher Fälle, soweit nicht Skelettierung zu erwarten ist, doch noch irgendwelche verwertbaren Befunde erhoben werden können. Natürlich sind Veränderungen an Knochen (Frakturen, Callusbildung) oft viele Jahre noch zu erkennen, aber auch sklerosierende Prozesse am Gefäßsystem, an den Herzklappen oder auch an den Nieren sind nicht selten nicht nur nach Monaten, sondern auch noch nach Jahren zu erkennen, z. B. auch hyaline Glomeruli in der Nierenrinde. Derbe Verwachsungen mit oder ohne Kalkeinlagerungen können sich ebenfalls lange erhalten, doch kann zunehmende Austrocknung zu Verklebungen der Organe führen, zum Beispiel zwischen Lunge und Brustwand, Lunge und Herzbeutel, Herzbeutel und Herz, wodurch Ver-

wachsungen vorgetäuscht werden können. Die Antrocknungen der Lungen an den Herzbeutel können allerdings schon am ersten oder zweiten Tage nach dem Tode eine Verwachsung vortäuschen. Bindegewebereiche Geschwülste erhalten sich ebenfalls grob anatomisch lange Zeit, während die zelligen Bestandteile naturgemäß rascher zugrunde gehen. Andererseits ist von mehreren Untersuchern festgestellt worden, daß in nicht wenigen Fällen sich entzündliche Prozesse der Lunge, z. B. eine massive Pneumonie, noch nach Wochen und Monaten im Erdgrab nachweisen ließen, freilich gehört zur richtigen Diagnostik große Erfahrung, um die Wirkung der postmortalen Abschilferung der Alveolarepithelien vom entzündlichen zelligen Alveoleninhalt mit Sicherheit zu unterscheiden. Auch die Oxydasereaktion kann hier nach Wochen und Monaten noch Wertvolles leisten (*Walcher*). Gewisse Pigmente sind ebenfalls gegenüber der Fäulnis sehr dauerhaft, zum Beispiel das bei Paralyse in den Gefäßwänden enthaltene eisenhaltige Pigment (*Schrader*). Cirrhotische Prozesse der Lungen halten sich ebenfalls längere Zeit, freilich erschwert der zunehmende Kollaps gerade der Lungen die Diagnostik. In späteren Stadien liegen die Lungen als schlaffe, sogar bandartig aussehende Gebilde der hinteren Brustwand an und zeigen bei histologischen Untersuchungen nur noch ein flach gestaltetes Netzwerk mit oder ohne Zellschollen oder Trümmer von solchen zwischen den Maschen. Das elastische Gewebe geht viel früher zugrunde oder wird wenigstens für unsere gewöhnlichen Färbemethoden unzugänglich, während das fibrilläre Bindegewebe so dauerhaft ist, daß es nach Jahren noch nachgewiesen werden kann. Während das elastische Gewebe Erweichungen zeigt (Auslaufen der elastischen Substanz nach *Pentmann*) und färberisches Verschwinden, zeigt das Bindegewebe hauptsächlich zunehmenden Kollaps und schließlich innige Durchflechtung mit langen, fadenartigen Bacillen, schließlich krystallinische und halbkrystallinische Umwandlung, Homogenisierung und Vakuolenbildung. Pathogene Bakterien sind mehrfach nach längerer Zeit nachgewiesen worden. *Nippe* wies Paratyphusbacillen nach wochenlangem Erdgrab durch sofortige Verimpfung bei der Sektion auf Nährplatten nach. *Raestrup* fand säurefeste Bacillen in verdächtigen Lungenstellen nach elf Monate dauerndem Erdgrab. Die pathogenen Kokken verschwinden verhältnismäßig frühzeitig, sie sind färberisch weder im Ausstrich, noch im histologischen Schnitt nach einiger Zeit mehr nachweisbar, anscheinend werden sie biologisch von den Fäulnisstäbchen überwuchert und gehen zugrunde. Daher kommt es offenbar, daß septische Leichen nach Wochen für den Obduzenten viel weniger gefährlich sind bei Fingerverletzungen, als wenn sie bald nach dem Tode seziert werden. Die Zell- und Kernmembranen, die nach dem Tode der Zellen ihre Eigenschaft als semipermeable Membranen (vgl. oben S. 36) verlieren und durchlässig werden, halten das Vordringen der Bakterien oft nach Wochen und Monaten noch auf, was man besonders an den Ganglienzellen, aber auch an anderen sehen kann. Je nach dem Zustand der Fäulnis können andere tödliche Prozesse, wie etwa ein Hämoperikard oder eine Verblutung aus einer geplatzten Eileiterschwangerschaft noch nach vielen Monaten erkannt werden, freilich ist meistens das ergossene Blut in den Körperhöhlen hochgradig eingedickt und dadurch an Volumen sehr stark vermindert. Verletzungen, insbesondere Schußverletzungen sind natürlich in späteren Stadien vorwiegend nur noch an Knochen oder Knorpeln zu erkennen; weil der zunehmende Kollaps, besonders im Erdgrab die Öffnungen und die Kanäle der Verletzungen unkenntlich macht. Bestehende Schwangerschaft ist oft lange Zeit noch zu erkennen, sowohl an der Veränderung der Gebärmutter, wie durch den Nachweis von Skeletteilen des Foetus. Abtreibungsverletzungen bereiten dagegen dem Nachweis schon nach kurzer Zeit größere Schwierigkeiten, wenn sie nicht ganz besonders schwere sind. Durch langwierige Eiterung veränderte Knochenoberflächen (Rauhigkeiten) geben mehrfach noch Hinweise auf krankhafte Vorgänge, auch wenn die Eiterung schon lange nicht mehr nachweisbar ist. Durch Fäulnisprozesse können naturgemäß sehr leicht krankhafte Veränderungen vorgetäuscht werden, darauf ist oben schon mehrfach hingewiesen. Zu nennen sind hier noch die sogenannten Kalkseifenknötchen und ähnliche kristallinische Gebilde, wie sie am Endokard, auf der Intima der Venen, aber auch, wenn auch selten, an der Hautoberfläche zu erkennen sind (*Nippe*, *Klauer* und *Walcher*). Sonstige kristallinische Gebilde, insbesondere Leucin und Tyrosin und Margarinekristalle, die oft die Leberkapsel, den Darmüberzug bedecken, sind kaum zu mißdeuten. Die Verklebung der Darmschlingen, die dadurch manchmal eintritt, ist auch in ihrer Natur nicht zu verkennen. Wichtig ist es noch, daß auch die Lungen, sowohl von Erwachsenen wie von Neugeborenen teilweise, ja ganz, luftleer werden, wenn die Leiche lange genug, besonders im Erdgrab gelegen hat. Zu bemerken ist noch die sog. *Sarggeburt*. Man versteht darunter den Vorgang, daß besonders bei nicht ausgetragener Schwangerschaft, wenn unter irgendwelchen Umständen der Tod der Schwangeren eintritt, nach dem Tode durch den Gasdruck im Bauchraum die Frucht ausgetrieben werden kann. Das kann um so mehr geschehen, je mehr die Geburtswege schon im Moment des Todes erweitert waren, also besonders, wenn eine Früh- oder Fehlgeburt schon eingesetzt hatte. Nicht zu verwechseln mit Fäulnis ist die *Maceration*, besonders des Neugeborenen. Es handelt sich dabei um Autolyse und gleichzeitig um die macerierenden Einwirkungen des Fruchtwassers auf die äußere Haut. Wenn keine Fäulnisbakterien eingewandert sind, zeigen die Neugeborenenleichen keine Fäulnisgerüche, und auch die Verfärbungen beschränken sich auf die Farbveränderungen, wie sie der Hämolyse eigen sind (s. d. Art.: Macerierte Frucht).

*Schrifttum.*

*Aschoff:* Über die Totenstarre des Herzens. Beitr. path. Anat. **63** (1916). — *Chiari:* Leichenveränderungen. *Dittrichs* Handb. der Ärztl. Sachverständigentätigkeit **2**. — *v. Hofmann-Haberda:* Lehrbuch der gerichtl. Medizin. 11. Aufl., Wien 1927. — *Jankovich:* Die Gasbildung im Leichenherzen. Dtsch. Z. gerichtl. Med. **6** (1926). — *Laves, W.:* Histologische Untersuchungen mit gepufferten Farblösungen zum postmortalen Abbau der Kernchromatine und des Plasmas der Leberzellen. *Virchow*s Arch. **279**. — *Lochte:* Sammelforschung von kataleptischer Totenstarre. Dtsch. Z. gerichtl. Med. **1** (1922). — *Meixner, K.:* Die Totenstarre beim Menschen. Dtsch. Z. gerichtl. Med. **2** (1923). — *Merkel, Specht* u. *Walcher:* Die Leichenveränderungen. Erg. Path. **33** (1937). — *Mueller, B.:* Mastdarmtemperatur der Leiche und Todeszeit. Dtsch. Z. gerichtl. Med. **28**, 172 (1937) — *v. Neureiter* u. *G. Straßmann:* Über die postmortale Fettembolie der Lungen. Ebenda **1**, 204 (1922). — *Nippe:* Studien über Leichenzersetzung. Vjschr. gerichtl. Med. III, **46** (1916). — *Nippe:* Zu der Frage der Fettwanderung nach dem Tode. Verhandlungen des 1. Internationalen Kongresses für gerichtliche und soziale Medizin 1938 und Dtsch. Z. gerichtl. Med. **3** (1924). — *Pentmann:* Der Verlauf postmortal auftretender Veränderungen der Struktur und Kontraktilität der Arterien. *Virchow*s Arch. **259** (1926). — *Pietrusky* u. *Leo:* Über Aasfresser. Z. Desinf. **21** (1929). — *Raestrup:* Über Exhumierungen. Dtsch. Z. gerichtl. Med. **6** (1926). — *Schrader:* Experimentelle Untersuchungen zum Paralysennachweis an faulenden Gehirnen. Dtsch. Z. gerichtl. Med. **14** (1930). — *Straßmann, F.:* Über die Totenstarre des Herzens. Vjschr. gerichtl. Med. **50** (1889), Supplement **12** (1896). — *Straßmann, F.:* Über Sarggeburt. Wien. klin. Wschr. **1922**. — *Walcher:* Studien über die Leichenfäulnis mit besonderer Berücksichtigung der Histologie derselben. *Virchow*s Arch. **268**. — *Weimann:* Histologische Hirnbefunde bei Exhumierungen. Dstch. Z. gerichtl. Med. **11** (1928). **Walcher.**

**Leichenfauna** (= L.F.). (Vgl. auch Art.: Leichenerscheinungen; Leichenflora; Todeszeitbestimmung; Verletzungen durch stumpfe Gewalt.)

Zur L.F. rechnet man diejenigen Tiere, die die Gewohnheit und den Trieb haben, Tier- und Menschenleichen zu befressen oder aufzufressen (*Leichenverzehrer*). Sie können bei der Zerstörung der menschlichen Leiche über der Erde und auch in der Erde unter den verschiedensten Bedingungen eine wesentliche und wichtige Rolle spielen. Die außereuropäischen Tiergattungen, die zur L.F. gehören, sind zwar z. T. wissenschaftlich-biologisch besonders interessant, haben aber praktisch für unsere Verhältnisse keine Bedeutung. Von den zur L.F. gehörenden Tieren sind in unseren Breiten die *Insekten* bei weitem am wichtigsten, in erster Linie die *Fliegen* (Dipteren), und zwar hauptsächlich ihre Larven, die Fliegenmaden, besonders die der Stubenfliege (Musca domestica und corvina) an Leichen in Wohnungen oder ihrer Nähe — finden sich ihre Maden an einer Leiche entfernt von Wohnungen, kann man gegebenfalls darauf schließen, daß Fund- und Tatort nicht der gleiche sind (*Pietrusky*) —, der Schmeißfliege (Lucilia Cäsar) und anderer Arten (Calliphoren und Sarkophagen, die lebendige kleine Larven ausstoßen). Im Sommer kann eine Leiche im Freien schon einige Minuten nach dem Tode von Fliegen bedeckt sein, die ihre Eier auf ihr ablegen; häufig geschieht das auch schon in der Agone. Auch in die Wunden Lebender kann die Eiablage vor allem von der Schmeißfliege erfolgen. Die Maden halten sich dann jedoch nur im Bereich des nekrotischen Gewebes auf, da das lebende auf sie toxisch wirkende Abwehrstoffe produziert. Die Eier der Fliegen, über 1 mm lange, schmale ovale Gebilde, werden meist in Paketen zusammengeklebt an bestimmten Prädilektionsstellen, vor allem auf den Schleimhäuten der Körperöffnungen, Augen, Nasenlöchern, Mundwinkeln, der Harnröhrenmündung und dem After abgelegt, außerdem besonders auch in Wunden und auf feuchten blutenden Hautpartien. Die Eiablage kann in so großen Mengen erfolgen, daß die Leiche und ihre Kleidung wie beschneit aussehen (eig. Beobachtung), und auch in der Dunkelheit vor sich gehen. An der Leiche eines Selbstmörders, der sich im Walde um 10 Uhr abends die Pulsadern durchschnitten hatte und noch vor der Morgendämmerung aufgefunden wurde, fanden sich in den Lidspalten der Augen unter der Brille und in den Nasenöffnungen derartige Mengen von Fliegeneiern, daß die Augenlider durch sie von den Augäpfeln abgehoben waren (*Walcher*), und die Polizei glaubte, er habe sich Wattebäusche in die Nasenlöcher gestopft. Auch zu verborgenen oder oberflächlich vergrabenen Leichen können die Fliegen, offenbar angelockt durch den Fäulnisgeruch, vordringen und ihre Eier ablegen, so daß derartige Leichen hierdurch oder infolge der vorher erfolgten Eiablage später oft einen ganz erheblichen Madenfraß aufweisen. Aus den Eiern kriechen nach 1—2 Tagen die Maden, die sich je nach Außentemperatur, Fliegenart und klimatischen Verhältnissen entwickeln. Im allgemeinen verpuppen sie sich nach 10—14 Tagen, und aus den Puppen schlüpfen dann nach 12—14 Tagen die Fliegen aus, die etwa nach zwei Wochen wieder fortpflanzungsfähig sein sollen, so daß sich im Sommer von ihnen an der Leiche bis zu 10 Generationen entwickeln können. Dieser Prozeß kann durch die klimatischen Verhältnisse bis auf die Hälfte abgekürzt und besonders durch kühles Wetter um Wochen verlängert werden, so daß bei Todeszeitbestimmungen, die gegebenenfalls durch Beobachtungen der Weiterentwicklung von der Leiche abgenommenen Maden und Puppen vorzunehmen sind, Vorsicht am Platze ist. Eine Leiche kann im Hochsommer in 2—3 Tagen von Maden derart wimmeln, daß sie einen wogenden und rauschenden Madenhaufen darstellt, aus dem in schwüler feuchter Waldluft dichte Nebel aufsteigen. Die Maden dringen besonders durch die natürlichen Körperöffnungen in die Leiche ein und können auch so die inneren Organe weitgehend zerstören. Besonders gelangen sie aber sehr rasch durch Wunden, z. B. Hieb- und Stichverletzungen des Brustkorbes, Schädelschuß- und Halsschnittwunden oder postmortal durch Fäulnis entstandene Gewebsdefekte in die Tiefe des Körpers und können dann ganz unglaubliche Zerstörungen der inneren Organe machen. Bei Kopfschußleichen, die im Freien liegen, sieht man oft bei der Schädelöffnung die ganze Schädelhöhle von Maden angefüllt, die ihren Inhalt völlig zerstört haben. *Hauser* beobachtete bei einem Mädchen eine fast völlige Zerstörung der inneren Genitalien durch Maden, die durch ein Loch der Scheide in die Bauchhöhle eingedrungen waren, und konnte das gleiche Ergebnis an einer Leiche erzielen, in deren Scheide er künstlich Fliegeneier brachte. Auch beide Augäpfel der Leiche können, wie *ich* das mehrfach sah, von den Maden völlig zerstört werden. *Walcher* beobachtete sogar an einer Waldleiche 100 Tage nach dem Tode ein Eindringen der Maden in das Mark der Röhrenknochen, offenbar auf dem Wege der Foramina nutritia. Wo Maden viel über die Haut der Leiche laufen, entstehen dunkelbraune Hautverfärbungen, nach *Meixner* durch die Wirkung eines proteolytischen Fermentes ihrer Speicheldrüsen, mit dem sie die Haut erweichen. Die Maden können auch bei Kindern mit zarter Haut, oder wenn die Epidermis durch Fäulnis maceriert ist, die Haut aktiv, und zwar von außen nach innen oder umgekehrt durchbohren und in das Körperinnere gelangen, so daß siebartig durchlöcherte Hautbezirke entstehen, unter denen es dann von Maden wimmelt. Die menschliche Leiche kann in kurzer Zeit, besonders wenn sie Verletzungen aufweist, wie zahlreiche Beispiele zeigen, völlig skelettiert werden. Nach *Hesse-Doflein* und *Kishigami* wirken die Fliegenmaden bedeutend schneller und intensiver wie die Fäulnisbakterien und sind auch viel widerstandsfähiger gegen Temperatureinflüsse als diese. Skelettierungen Erwachsener sind nach 2—4 Wochen und solche von Kindern und Neugeborenen in Kellern, auf Düngerhaufen oder in Abtrittgruben schon nach einer Woche beobachtet worden, wobei natürlich oft auch andere Leichenverzehrer mitwirken. *Puppe* sah die Leiche eines 78jährigen in einer Villa durch Maden der Lucilia regina zum größten Teil bis auf die bloßen Knochen zerstört, *Neumann* die Skelettierung einer in einer Holzkiste begrabenen Kinderleiche in 6 Tagen, *Meixner* die Zerstörung der Leiche eines Erwachsenen in einem Düngerhaufen in sieben Tagen, *Straub* die restlose Skelettierung einer Waldleiche in zwölf Tagen und *Schneider* beschreibt einen Fall, wo die Leiche einer 52jährigen Frau in einem Gebüsch ebenfalls in höchstens 10 Tagen durch Maden weitgehend zerstört wurde. Ähnliche Fälle sind übrigens auch im Weltkrieg beobachtet. Gewöhnlich liegen bei ihnen jedoch durch die ganze Situation, die mangelnde Bekleidung der Leiche, ihre besondere Zugänglichkeit für Fliegen und die heiße Jahreszeit besondere Verhältnisse vor. Sie können zu falschen Schlüssen auf die Todeszeit führen und dadurch die Ermittlungstätigkeit der Polizei in falsche Bahnen lenken. Besonders lehrreich ist auch ein von *Merkel* beobachteter Fall, wo bei fast gleichzeitig eingetretenem Tode eines durch den Sohn ermordeten Ehepaares, das drei Wochen lang in dem gleichen Zimmer gelegen hatte, die eine Leiche, und zwar die der Frau, wegen der festschließenden Kleidung und einer sehr kleinen Ein-

schußwunde von den Maden kaum zerstört war, während die Leiche des Mannes wegen seiner leichten Kleidung und mehrerer großer klaffender Stichwunden an Brust und Rücken von den Maden weitgehend aufgezehrt war. Übrigens können auch trotz erheblichem Madenfraß an solchen Leichen oft noch wichtige gerichtsärztliche Befunde erhoben werden. So konnte *Walcher* an der Leiche eines 7jährigen Mädchens, das ermordet, gefesselt und stupriert war, trotz starkem Madenfraß eine schwere bei der Tötung entstandene Verletzung der äußeren Genitalien feststellen, deren noch frischrote Wände von dem Gewebe der Umgebung, das durch den Madenfraß mehr bräunlich-mißfarben erschien, deutlich abhoben.

Neben den verschiedenen Fliegensorten treten die übrigen *Aasinsekten* in den Hintergrund, und zwar sowohl an der Luft wie im Erdgrab. Es kommen hier vor allem Vertreter der Coleopteren, Lepidopteren, Akarinen, Anthrenen, seltener der Arachniden und Myreopoden in Betracht. *Mégnin* u. a. haben versucht, unter diesen Aasinsekten eine bestimmte Reihenfolge der Besiedlung der Leiche nachzuweisen und *Mégnin* hat dementsprechend vier Perioden der Insektenbesiedlung: die Periode sarkophagienne, dermestienne, sylphienne und acarienne unterschieden. Neuere Untersucher, besonders *Strauch*, *Hunziker*, *Pietrusky* und *Leo* haben jedoch gezeigt, daß die Ergebnisse *Mégnins* einer Nachprüfung in dieser Form nicht standhalten und sich durch die verschiedensten äußeren, besonders meteorologischen Einflüsse stark verändern können, wenn auch zweifellos die verschiedenen Insektentypen nicht regellos über eine Leiche herfallen, sondern in einer ganz bestimmten Reihenfolge und je nach Fäulnis- und Verwesungsgrad die eine Insektenform auftritt, verschwindet und einer anderen Platz macht. Nach *Strauch* ist vor allem die Biologie der einzelnen Insektengruppen vielfach noch zu wenig bekannt, um aus ihnen sichere Schlüsse auf das Leichenalter, die Todeszeit usw. ziehen zu können. An Waldleichen sieht man neben Mistkäfern besonders Totengräber und ihre Larven und kann aus ihren verschiedenen Entwicklungsstadien, den leeren Puppenhülsen usw. oft gewisse Schlüsse auf die Todeszeit ziehen. An den Leichen Exhumierter finden sich häufig zahlreiche kleine flinke Fliegen aus der Gruppe der Phoriden (Ph. Atterina), die sich an der Leiche im Erdgrab in zahlreichen Generationen fortpflanzen und die *Strauch* sogar im Moder einer 250 Jahre alten Mumie feststellen konnte; an schmierkäseartig erweichten Erdleichen kommen kleine, sich lebhaft bewegende Nematoden (Pelodera) vor, die aus der feuchten Erde stammen. An den Leichen von Neugeborenen und Erwachsenen, auch wenn sie oberflächlich vergraben sind, finden sich manchmal zahlreiche lebende und tote Ameisen. Sie erzeugen oberflächliche, unregelmäßige linsen- oder streifenförmige Hautvertrocknungen und Hautdefekte von braunschwarzer Farbe, manchmal im Gesicht um Mund- und Nasenöffnungen herum, die insofern eine historische Bedeutung haben, als sie von Unerfahrenen mit Schwefelsäureverätzungen (Fälle von *Maschka* und *Skrzeka*, Justizirrtum Bahnwärter *Haarbaum*) verwechselt worden sind. Es ist gelungen, in ihnen chemisch kleine Mengen Ameisensäure nachzuweisen und sie so zu identifizieren. Ganz ähnlich aber intensiver und schärfer begrenzt sind die Hautvertrocknungen, die Küchenschaben auf der Haut von Wohnungsleichen erzeugen. Sie sind meist braungelb, unregelmäßig, erbsen- bis kirschengroß und können, wie ich bei einem Erhängten sah, außerordentlich ausgedehnt sein. Übrigens haben sie auch schon zu Verwechslungen mit Schwefelsäureverätzungen

(*Klingelhöfer*) geführt. *Kenyeres* beobachtete an einem Neugeborenen eigenartige, wohl durch Ohrwürmer erzeugte rosettenförmige Verletzungen. Mumifizierte Leichen zeigen vielfach einen intensiven Mottenfraß und können durch ihn schließlich in Staub zerfallen. Erwähnt sei schließlich noch, daß das Vorhandensein von lebenden Flöhen auf Wasserleichen und in ihrer Kleidung gewisse Anhaltspunkte für die Todeszeitbestimmung geben kann.

Unter den höheren Tieren haben in unseren Breiten als Aasfresser, die auch an die menschliche Leiche herabgehen, vor allem die Nagetiere, Katzen, Füchse, Hunde und Vögel praktische Bedeutung. Am häufigsten sind oft sehr ausgiebige Zerstörungen der menschlichen Leiche durch Ratten, und zwar sowohl im Wasser wie auf der Erde. Die Ratten fressen mit Vorliebe zuerst an vorspringenden Körperteilen, Ohren, Nase, Finger, Zehen, aber auch anderswo und können auch die Leichen Erwachsener erheblich beschädigen und ganze Körperteile skelettieren. Ihre Freßstellen können auf den ersten Blick mit vitalen Verletzungen, die Kratzeffekte ihrer Krallen einmal mit Würgespuren verwechselt werden. Bis zu einem gewissen Grade typisch für den Rattenfraß sind die infolge der Nagezähne bogenförmig eingekerbten, wie angenagten „languettenartigen" Hautränder der Verletzungen, in deren Umgebung man manchmal auch die Abdrücke der Nagezähne sieht. Wasserratten sind besonders gefräßig. Wasserleichen zeigen oft sehr große durch sie herausgefressene Weichteildefekte am Rücken, Nacken und Gesäß dadurch, daß die Tiere hauptsächlich an den aus dem Wasser ragenden Körperteilen der mit dem Rücken nach oben schwimmenden Leichen fressen. Mäuse gehen viel seltener an die menschliche Leiche und erzeugen naturgemäß nie so schwere Zerstörungen wie die Ratten, die man übrigens nach *Böhmer* u. a. an dem in der Umgebung der Freßstellen herumliegenden Mäusekot erkennt. In den Wäldern werden Leichen besonders von Füchsen und Wildschweinen angefressen. Die Verletzungen sind gewöhnlich uncharakteristisch. Die Füchse haben die unangenehme Eigenschaft, Teile der Leiche, auch wenn sie eingegraben ist, besonders Knochen oder Stücke der Gliedmaßen, oft mehrere 100 m weit zu verschleppen, was uns mehrfach in den letzten Jahren bei der Aufklärung von Kriminalfällen besondere Schwierigkeiten gemacht hat. Bei einem Fall von ihnen war die Armbanduhr einer Waldleiche abgerissen und ebenfalls verschleppt worden (*Quoos*). Man dachte zuerst daran, daß ein Mord vorlag und sie im Kampf vom Arm gerissen war. Der zerrissene Lederriemen zeigte jedoch keine deutliche Zahnabdrücke des betreffenden Tieres. Daß Hunde an menschlichen Leichen fressen, kommt sehr selten vor, es sei denn, daß die betreffenden Personen von ihnen vorher getötet sind. Auch *Strauch* besitzt in seiner Sammlung keinen einwandfreien derartigen Fall. Bekannt ist, daß in außereuropäischen Ländern, besonders in Tibet und der Mongolei, der Hund, der hier wild lebt und eine mehr wolfsartige Entwicklung zeigt, als rituell und religiös anerkannter Leichenzerstörer dient. Das Anfressen menschlicher Leichen durch Hausschweine ist offenbar ebenfalls eine Rarität. Häufiger soll es nach Pressenotizen durch Wildschweine vorkommen. Dagegen pflegen Katzen unter bestimmten Umständen gar nicht so selten an menschliche Leichen heranzugehen (vier eigene Beobachtungen). Bei einem von *Böhmer* als Vogelfraß (Neugeborenes) gedeuteten Fall scheint es sich nach der Beschreibung ebenfalls um Katzenfraß zu handeln. Eingehende Untersuchungen von *Strauch* haben gezeigt, daß Katzen an menschlichen Leichen im allgemeinen erst dann fressen, wenn bei ihnen ein Hungergefühl

stärkeren Grades besteht, auch wenn die Leiche schon beginnende oder vorgeschrittene Fäulnis zeigt. Die Befressungsstellen an der Leiche sind so charakteristisch, daß man sie gewöhnlich sofort als solche erkennt. Die Wundränder, wenn sie auch im großen und ganzen unregelmäßig verlaufen, zeigen infolge der besonderen Gebißstruktur der Katze im einzelnen glatte Trennungsflächen infolge der scherenartigen Wirkung der Backzähne der Katze, besonders auch an den Knochen. Vor allem charakteristisch und, wenn sie vorkommen, beweisend für Katzenfraß sind jedoch in Reihen angeordnete stichwundenähnliche Hautverletzungen, die parallel der Fraßlinie einige Millimeter von ihr entfernt liegen und von dem Festhalten der Beute durch die spitzen und langen Eckzähne (Fangzähne) der Katze herrühren. Oberflächliche Vertrocknungen an den Leichen mit Katzenfraß entstehen an zarten Hautstellen dadurch, daß sie die Katzen mit ihrer rauhen hornigen Zunge belecken.

Von den Vögeln kommen bei uns außer Geiern als Leichenzerstörer wohl hauptsächlich die Rabenvögel, an den Küsten Möwen und Sturmvögel in Frage. Nach *Strauch* können dabei die Krähen und Raben die Leichenteile verschleppen und verändern. Einen einzigartigen Befund stellt die von *Puppe* beschriebene und abgebildete, in einer Taxushecke aufgefundene Kindesleiche mit zahlreichen 0,5 bis 1,5 cm langen scharfrandigen, z. T. bis in die Muskulatur und in den Kniekehlen bis an die Gefäße reichenden, in ihrer Richtung entsprechend der Spaltbarkeit der Haut orientierten Stichöffnungen dar, die man wohl mit *Puppe* auf Schnabelhiebe von Raben, Krähen oder anderen Vögeln zurückführen muß. Von *Strauch* ist allerdings diese Deutung mit der Begründung bestritten worden, daß in unseren Breiten spitzschnablige Vögel niemals an Leichen herangehen.

Im Wasser kann die menschliche Leiche hauptsächlich neben den schon erwähnten Ratten von Krebstieren, Wasserkäfern, Würmern, Weichtieren, Hummern usw. beschädigt werden. Es entstehen dadurch entweder am ganzen Körper oder an einzelnen Körperstellen kleinere oder größere unregelmäßige Hautdefekte und Vertrocknungen, die eine Feststellung der in Frage kommenden Tierart, wenn man diese nicht direkt an der Leiche findet, nicht zulassen. Fische fressen nach *Strauch* wahrscheinlich auch an Leichen, Aale dagegen benutzen die in Auflösung begriffenen Kadaver als Schlupfwinkel, scheinen aber nicht wesentlich an ihnen zu fressen. Die Wasserleichen unserer Gewässer zeigen oft in den Haaren und in den Taschen der Kleider zahlreiche Flußkrebse. Wie weit diese auch an den Leichen fressen, ist noch nicht geklärt. Dasselbe gilt für die Teich- und Flußschnecken. *Ziemke* sah an einer Leiche aus der Nordsee, die mit zahlreichen Seesternen bedeckt geborgen wurde, an den Stellen, wo diese saßen, Rötungen, Hautvertrocknungen und z. T. auch oberflächliche postmortale Blutungen, die die Gestalt der Seesterne deutlich erkennen ließen. Tauchen Wasserleichen auf oder werden sie angetrieben, so verfallen sie im Sommer gewöhnlich einem besonders verheerenden Madenfraß.

*Schrifttum.*

*Böhmer:* Postmortale Zerstörung durch Tiere und Rattenbiß am Lebenden. Z. Med.beamte **1925**, 1. — *v. Hofmann-Haberda:* Lehrbuch der gerichtl. Medizin. 11. Aufl. Berlin u. Wien 1927. — *Hildebrand:* Leichenerscheinungen. Arch. Kriminol. **82**, 1. — *Hildebrand:* Gerichtliche Medizin. Berlin 1927. — *Kratter:* Lehrbuch der gerichtlichen Medizin. Stuttgart 1921. 67. — *Meixner:* Leichenzerstörung durch Fliegenmaden. Z. Med.beamte **1922**, 407. — *Merkel:* Todeszeitbestimmungen an menschlichen Leichen. Dtsch. Z. gerichtl. Med. **15**, 285, mit weiteren Literaturangaben. — *Neumann:* Schnelle Skelettierung einer Kinderleiche durch Maden. Z. Med.beamte **1920**, 373. — *Pietrusky* u. *Leo:* Aasfresser und ihre gerichtsärztliche Bedeutung. Z. Desinf. **1929**, 1/2. — *Puppe*, Gerichtliche Medizin. Lehmanns medizinische Handatlanten. München 1908. — *Quoos:* Ein besonderer Schußfall. Kriminal. Mh. **1933**, 2. — *Schneider:* Leichenzerstörung durch Madenfraß. Arch. Kriminol. **98**, 217. — *Strauch:* Fauna der Leichen. Vjschr. gerichtl. Med. 3 F. 2. Supl. 44 (1912). Mit Diskussionsbemerkungen von *Ziemke* und *Zangger* u. a. — *Strauch:* Anfressen von Leichen durch Katzen. Dtsch. Z. gerichtl. Med. **10**, 457.

*Weimann.*

### Leichenflecke siehe *Leichenerscheinungen*.

### Leichenflora. (Vgl. auch Art.: Leichenerscheinungen; Leichenfauna; Todeszeitbestimmung.)

Ebenso wie tierische, spielen auch pflanzliche Organismen eine wichtige und wesentliche Rolle bei der Zerstörung der menschlichen Leiche. In der Hauptsache handelt es sich um niedrige Organismen, die bei den verschiedenen Formen der Leichenzersetzung, besonders der Fäulnis (Saprophyten) auftreten. Neben diesen Organismen, die von dem Begriff der Leichenzersetzung nicht zu trennen sind, können sich aber auch andere Pflanzen niederer und höherer Gattungen an der Leichenzerstörung beteiligen. Bei der Leichenzersetzung im Erdgrab, dem Verwesungsprozeß spielen Schimmelpilze eine sehr erhebliche Rolle und bilden sich gewöhnlich erst nach 2—3 Jahren Grabesruh wieder zurück. *Hunziker* unterscheidet unter ihnen drei Gruppen, die Schimmelflora der faulen, der trockenen und fettig zerfallenden Leiche bis etwa ein Jahr nach dem Tode und die der Knochen. Die Schimmelpilze, die man auf exhumierten Leichen trifft, sind weiß oder gelb, seltener rot. Sie können ebenso wie an Leichen, die im Keller und an sonstigen feuchten Orten lagern, so stark sein, daß sie eine dicke Schimmelschicht bilden, so daß man die Körperformen der Leiche nicht mehr erkennen kann. Wenn die Pilze dann abgestorben sind, hinterlassen sie schwärzliche Flecke, so daß die Oberfläche der Leiche und auch ihre Kleidung ein getigertes Aussehen bekommen können.

Liegen Leichen längere Zeit im Freien oder sind sie ohne Sarg besonders dicht unter der Erdoberfläche begraben, so können Pflanzen und Wurzeln in sie hineinwachsen. *Ich* habe mehrfach derartige Leichen gesehen, die jahrelang unter dem Waldboden vergraben lagen und bei denen die Weichteile durch ein allmählich in sie hineingewachsenes dichtes Wurzelwerk so vollkommen ersetzt waren, daß die äußere Form der Leiche dadurch noch weitgehend erkennbar war. Die Wurzeln wachsen dann oft auch in die Knochenhöhlen hinein. Bei einem derartigen Fall (eig. Beobachtung) war eine fast kleinfingerdicke Wurzel durch den ganzen Wirbelkanal hindurchgewachsen und auch die Schädelkapsel mit einem dichten Wurzelwerk angefüllt. Nur kurz erwähnt sei die Bedeutung der Pflanzenveränderungen unter einer im Freien auf bewachsenem Boden liegenden Leiche, besonders das beschleunigte Wachstum von Gräsern bei Chlorophyllmangel unter der Leiche („Etiolieren", *Merkel*), das schon nach acht Tagen unter einer auf Grasboden liegenden Leiche vorkommt, die Wachstumshemmung bestimmter Pflanzen unter der Leiche im Vergleich zur Umgebung (*Werkgartner*) und das Hindurchwachsen kleiner Waldpflanzen durch die Kleidung von Waldleichen, aus dem *Merkel* bei einem entsprechenden Fall in Zusammenarbeit mit einem Botaniker ziemlich genau die Liegedauer der Leiche auf 1½ Jahre schätzen konnte. Es liegt auf der Hand, welche Bedeutung derartige Feststellungen für die Todeszeitbestimmung (s. d.) haben können.

Leichen, die längere Zeit im Wasser gelegen haben, können nach *Haberda* auch im Winter von einer dicken schlammähnlichen Schicht überzogen sein, die aus einem dichten Rasen fädiger Algen und Algenpilze, hauptsächlich Phykomyceten besteht, die sich, wie Versuche ergeben, im fließenden Wasser besonders auf der Hautoberfläche und Kleidung von Leichen festsetzen und lebhaft wuchern. Werden derartige Leichen aus dem Wasser gezogen, so kollabieren die Algenrasen, sehen wie nasse Watte aus und täuschen eine den Körper bedeckende Schlammschicht vor. Eine Leiche eines Neugeborenen kann schon in fließendem Hochquellwasser nach 14 Tagen in einen dicken Algenpelz gehüllt sein, der dann bei der Fruktifikation kollabiert, um nach 8 Tagen erneut zu wuchern, woraus sich gewisse Anhaltspunkte für die Bestimmung der Liegezeit im Wasser ergeben. Je nach der Algenflora der verschiedenen Flüsse wechselt auch die Intensität des Typus der Algenwucherung auf den Wasserleichen. Nach *Haberda* ist an 2—3 Wochen alten Donauleichen der Befund des Algenpilzrasens ein ganz gewöhnlicher. Auch Schleimpilze (Lycogale) können sich in Form farbiger bis linsengroßer Flecke auf den Leichen ansiedeln.

*Schrifttum.*

*v. Hofmann-Haberda:* Lehrbuch der gerichtlichen Medizin. 11. Aufl. Berlin u. Wien 1927. — *Merkel:* Todeszeitbestimmungen an menschlichen Leichen. Dtsch. Z. gerichtl. Med. **15**, 285. Mit weiteren Literaturangaben. — *Puppe:* Gerichtliche Medizin. *Lehmanns* medizinische Handatlanten. München 1908. — *Werkgartner:* Todeszeitbestimmung aus dem Pflanzenwuchs an der Leichenfundstelle. Beitr. gerichtl. Med. **9** (1929).

*Weimann.*

### Leichenöffnung siehe *Obduktion*.

### Leichenschändung siehe *Sadismus*.

### Leichenschau (= L.).

Unter L. versteht man die äußere Besichtigung, nicht die innere Untersuchung der Leiche. Die L. soll der einwandfreien Feststellung des Totseins und der Todesursache dienen. Bei den polizeilichen und richterlichen Besichtigungen der Leichen wird der Hauptzweck verfolgt, strafbare Handlungen, durch die der Tod herbeigeführt sein kann, aufzudecken und alles, was diesem Zwecke dient, genau und vollständig zu erheben. Im übrigen kann es bei der L. darauf ankommen, aus der Klarstellung der Todesursache abzuleiten, ob ein zivilrechtlicher Anspruch gegen den, der den Tod möglicherweise verursacht hat, besteht oder nicht besteht. Es gelingt aber nur höchst selten, durch eine L. einen fraglichen Fall restlos zu klären. Häufig verläuft eine solche Untersuchung ergebnislos. Selbst wenn bei der L. die Todesursache erkannt wird, ist noch keineswegs die Frage beantwortet, ob der Tod infolge Selbstmordes oder Unfalles oder aus innerer Ursache oder durch fremde Hand hervorgerufen worden ist. Um dies festzustellen, bedarf es zumindest noch der Leichenöffnung. Der L. kann für die Frage des Rechtsschutzes überhaupt nur dann eine nennenswerte Bedeutung zugesprochen werden, wenn sie durch einen Arzt erfolgt und für alle Verstorbenen gilt. Diese von gerichtlichen Medizinern und pathologischen Anatomen immer wieder gestellte Forderung ist in Deutschland noch keineswegs erfüllt. Es besteht keine reichsgesetzlich geregelte L. In einigen Teilen Deutschlands sind sogar noch Laien als Leichenschauer tätig. Die Untersuchung menschlicher Leichen, die der *Feuerbestattung* übergeben werden sollen, ist in Deutschland von einem beamteten Arzt oder einem zur L. bei Feuerbestattung zugelassenen Arzt, der aber an der Behandlung des Verstorbenen nicht beteiligt gewesen sein darf, vorzunehmen. Die *richterliche* L. wird in der Regel unter Zuziehung eines Arztes vorgenommen. Die Zuziehung eines solchen kann jedoch unterbleiben, wenn sie nach dem Ermessen des Richters entbehrlich ist. Dasselbe gilt für *militärrichterliche* L. Dem Arzt, der den Verstorbenen in der dem Tode unmittelbar vorausgegangenen Krankheit behandelt hat, ist die Leichenschau nicht zu übertragen. Er kann ihr aber beiwohnen, wenn er dazu aufgefordert wird und aus der Krankengeschichte Auskünfte geben soll. Der zur richterlichen L. hinzugezogene Arzt hat den Sachverhalt festzustellen und darüber Auskunft zu geben, welche Spuren oder Merkmale gefehlt haben, deren Vorhandensein nach der besonderen Beschaffenheit des Falles hätte vermutet werden können. Von dem Ergebnis der richterlichen L. hängt es ab, ob eine eingehende anatomische Untersuchung der Leiche verfügt wird oder nicht. Behufs Besichtigung einer schon beerdigten Leiche ist ihre Ausgrabung statthaft.

*Schrifttum.*

Der Amtsarzt. Ein Nachschlagewerk für Medizinal- und Verwaltungsbeamte. Jena 1936. — *v. Gütt* u. *Moebius:* Der öffentliche Gesundheitsdienst. Berlin 1935. — *v. Hofmann-Haberda:* Lehrbuch der gerichtlichen Medizin. Wien u. Berlin 1919. — *Merkel:* Über die Notwendigkeit der Einführung von Verwaltungssektionen und deren Durchführbarkeit. Dtsch. Z. gerichtl. Med. **28**, 1 (1907). — *Petersen:* Die Medizinische Welt. **1936**, 1269. — Strafprozeßordnung. — *Schaetz* u. *Frh. v. Schwerin:* Reichsgesetz über die Vereinheitlichung des Gesundheitswesens. München u. Berlin. — Die Leichenschau im Kapitel „Die gerichtliche Sektion". Handb. der biologischen Arbeitsmethoden von *Abderhalden.* Wien u. Berlin 1923. — Leichenschau und Leichensektion — ein Grenzgebiet zwischen Medizin und Recht. **Raestrup.**

**Leichenstarre** siehe *Leichenerscheinungen.*

**Leichenverbrennung.** (Vgl. auch Art.: Tod und Gesundheitsbeschädigung durch Verbrennung und Verbrühung.)

In mehrfacher Hinsicht interessiert die Leichenverbrennung Ärzte und Kriminalisten: 1. wenn sie zur Beseitigung von Leichen dienen soll; 2. wenn durch Brand Leichname hochgradig zerstört sind, wie bei den Gebäudebränden, auch bei Mordbränden, und schließlich noch 3. wenn es sich um Feuerbestattung handelt.

Die Unterscheidung, ob eine Brandwirkung den lebenden oder toten Körper getroffen hat, ist dann einfach, wenn deutliche Zeichen der vitalen Reaktion vorhanden sind (s. d. Art.: Tod und Gesundheitsbeschädigung durch Verbrennung und Verbrühung; Vitale Reaktionen). Praktisch-kriminalistisch am wichtigsten ist die Untersuchung mehr oder weniger verkohlter Leichen und speziell die Frage, wie und in welcher Zeit kann eine Leiche bis auf calcinierte Knochenreste verbrannt werden. Ausgedehnte Verkohlungen von Gliedmaßen sind meistens erst nach dem Tode entstanden, wenn der Tod vorher durch mechanische oder sonstige Gewalteinwirkung oder durch Rauch- bzw. Kohlenoxydvergiftung bei Gebäudebränden eingetreten ist. Bei solchen Verkohlungen des Körpers oder auch der Gliedmaßen pflegt die Haut, wenn sie durchgebrannt ist, gelegentlich auch schon vorher zu platzen, so daß die Muskulatur wie präpariert frei liegt. Das siedende Fett unter der Haut kann für sich die Verbrennung unterhalten. Besonders bemerkenswert sind die Platzungen der äußeren Weichteile bei weiblichen Leichen, die gelegentlich auch erst nachträglich dann eintreten, wenn etwa von polizeilicher Seite mehr oder weniger verkohlten weiblichen Leichen die Beine gespreizt werden, um nach Spuren eines Sittlichkeitsverbrechens zu fahnden. Da die Weichteile durch Hitzewirkung völlig starr geworden sein können, tritt dabei nicht selten eine Zerreißung in der Gegend des Dammes auf, so daß nachträglich die manchmal sehr schwierige Frage zu beantworten ist, ob hier vor oder nach dem Tode in der geschilderten Weise eine Beschädigung stattgefunden hat.

Durch Brandwirkung können an den Leichen ganze Gliedmaßen wegbrennen (Selbstamputation nach *Harbitz*), dann pflegen die Knochenstümpfe aus den stark geschrumpften Weichteilmassen blank hervorzutreten, vom Periost entblößt, so daß es zweifelhaft erscheinen kann, ob die Knochen durch stumpfe Gewalteinwirkung oder durch Brandwirkung defekt geworden sind. Es gilt als ein Zeichen der Brandwirkung, wenn in der Nähe des Knochenstumpfes keine Knochensprünge vorhanden sind, die bei intravitalen Brüchen häufig zu sehen sind. Wichtig für die Frage der Identifizierung sind besonders die hochgradigen Schrumpfungen, denen der Körper bei Verkohlung unterliegt, und zwar können sämtliche Teile so hochgradig schrumpfen, daß die Leiche eines kräftigen Mannes der Größe nach der eines halbwüchsigen jungen Menschen gleicht. Auch die äußeren Geschlechtsteile unterliegen bei Verkohlung dieser hochgradigen Schrumpfung. Am Kopf entsteht durch Hitzewirkung nicht selten eine kriminalistisch wichtige Erscheinung, nämlich das sog. Brandhämatom. Man versteht darunter eine Ansammlung von bröckeligen, meist ziegelroten, fettigen Massen zwischen Knochen und harter Hirnhaut. Die Lage dieses Gebildes ist eine ähnliche wie beim epiduralen Hämatom. Die Gefahr einer Verwechslung ist um so größer, als nicht selten die Knochen über dieser Ansammlung infolge Hitzewirkung Sprünge zeigen, wie sie beim epiduralen Hämatom fast regelmäßig zu finden sind. Freilich ist in der Regel eine intensive Brandwirkung am Knochen in der Umgebung der Sprünge festzustellen in Gestalt von Verkohlung oder Calcinierung. Man nimmt an, daß diese blutig-fettigen Massen durch Hitzewirkung aus der schwammigen Substanz der Schädelknochen einerseits, aus den Blutleitern (*Fr. Reuter*) andererseits herstammen. Bei der Auffindung hochgradig verbrannter Leichen fällt oft eine besondere Haltung der Gliedmaßen auf, die mehr oder weniger stark gekrümmt sind. Es wäre ein Fehler, daraus auf die Haltung des Körpers während der Verbrennung oder bei Beginn derselben schließen zu wollen. Diese, als Fechterstellung der Leiche bezeichnete Haltung rührt davon her, daß bei Verbrennung von Menschen in der Regel die Hitzewirkung am Rumpf und an den Gliedmaßen an der einen Seite stärker ist als an der anderen, insbesondere der aufliegenden Seite; dadurch werden besonders häufig einseitig die betreffenden Muskelgruppen durch Schrumpfung verkürzt, so daß die Gliedmaßen sich krümmen.

Zur *Beseitigung besonders der Opfer von Verbrechen* dient nicht selten die Verbrennung der ganzen oder der zerstückelten Leiche. Im allgemeinen werden die Schwierigkeiten, auf diese Weise einen Leichnam zu beseitigen, erheblich unterschätzt. Die Schnelligkeit des Erfolges hängt in erster Linie von der Größe des Körpers, dann von der Feuerstelle, insbesondere von der Ausdehnung des Feuers und der Höchsttemperatur ab. Am häufigsten werden neugeborene Kinder verbrannt. In gewöhnlichen Zimmeröfen pflegt der Versuch zu mißlingen oder höchstens dann zu gelingen, wenn einzelne Körperteile dem Feuer ausgesetzt werden. Weit häufiger kommen aber aus näherliegenden Gründen größere Herdstellen und besonders auch Zentralfeuerungen in Betracht. Nach *Haberda* wurden bei eigenen Versuchen Leichen von Neugeborenen und Säuglingen in einem gut geheizten und gut ziehenden, mit Holz geheizten Zimmerofen oder auch in einem gemauerten oder eisernen Küchenherd im Verlauf von einer Stunde in der Flamme und im Verlauf einer weiteren Stunde in der Kohlenglut bis auf die calcinierten (ausgeglühten) Knochen verbrannt, ebenso war der Erfolg bei Verbrennung einzelner Gliedmaßen und Körperteile von Leichen Erwachsener. Je weniger unversehrte Haut an den Leichenteilen vorhanden ist, um so schneller geht die Verbrennung vor sich. Man kann natürlich nur grobe

Durchschnittszeiten für die völlige Verbrennung von Leichen angeben, da die Verhältnisse in jedem einzelnen Fall verschieden sind. Nach *Harbitz* kann der Leichnam eines Erwachsenen bei größter Hitze in einer halben Stunde verkohlen, was aber nicht gleichbedeutend ist mit der erstrebten völligen Verbrennung. Nur dann, wenn die Leiche durch Brandwirkung in ausgeglühte Knochenreste verwandelt ist, kann der Zweck der Beseitigung als erzielt angesehen werden, falls es gelingt, auch noch diese Reste wegzubringen. Häufig sind aber durch diese Reste Identifikationen möglich geworden. Die Untersuchung von Ofenasche auf Reste eines Neugeborenen bildet eine verhältnismäßig häufige Aufgabe für gerichtlich-medizinische Institute. Praktisch wichtig ist noch die Tatsache, daß selbst Knochen durch die Hitzewirkung schrumpfen können und zwar besonders die Knochen von neugeborenen Kindern. Das ist deshalb wichtig, weil aus solchen Knochenbefunden dann auf ein zu frühes Entwicklungsstadium des Kindes geschlossen werden kann, so daß die so häufige Schutzbehauptung der Kindesmutter, daß sie die Geburt noch lange nicht erwartet habe, irrtümlich gestützt erscheint. Versuche von *Schrader* haben ergeben, daß die Schrumpfungen der Knochen von Neugeborenen so stark sein können, daß die Entwicklungszeit bei einem tatsächlich reifen Kind (Neugeborenen) um 1—2 Monate verkürzt erscheint. Man muß deshalb bei einer Untersuchung solcher Fälle diese experimentell gesicherten Ergebnisse verwerten.

Die Verbrennung von Leichen *als Ersatz für das Erdgrab* ist bekanntlich zu allen Zeiten mehr oder weniger allgemein durchgeführt worden. Bei der Verbrennung von Leichen Erwachsener im Freien hat man von jeher sehr große Holzstöße für nötig befunden, wobei es immer noch meist Stunden gedauert hat, bis der Körper zu Asche oder wenigstens bis auf calcinierte oder verkohlte Knochenreste zerfallen war. In modernen Krematorien dagegen wird durch entsprechend hohe Hitzegrade erreicht, daß der Körper, auch Erwachsener in einer Stunde, ja bei besonders leistungsfähigen Anlagen schon wesentlich früher schon so hochgradig verbrannt wird, daß nur ausgeglühte (calcinierte) bröckelige Knochenreste im Gewicht von 1 Kilo oder auch weniger übrigblieben. Die Schnelligkeit der Verbrennung ist bei verschiedener Konstitution tatsächlich verschieden. Die Behauptung, daß die Leichen von an Krebs oder Tuberkulose Verstorbenen besonders langsam verbrennen würden, hat vielleicht eine tatsächliche Unterlage darin, daß solche Leichen gewöhnlich sehr abgezehrt und fettarm sind und deshalb erfahrungsgemäß längere Zeit zur völligen Zerstörung durch die Flammen brauchen, während reichlicher Fettgehalt, selbst bei starkem Säftereichtum, nach Verdunstung der letzteren durch das selbsttätige Brennen des Fettes die Verbrennung der ganzen Leiche offenbar doch wesentlich beschleunigt. Die bei Laien vielfach vertretene Meinung, daß es auch bei dieser Art der Bestattung zu ähnlichen Erscheinungen wie beim Verbrennen von Leichen in Gebäuden, zur Fechterstellung (siehe oben) und also zu mehr oder weniger ausgiebigen Bewegungen der Gliedmaßen während des Verbrennungsprozesses komme, trifft deswegen nicht zu, weil in den Krematoriumsöfen die Hitze ja nicht einseitig, sondern allseitig und gleichmäßig einwirkt, so daß die anfänglichen Schrumpfungen alle Gruppen von Muskeln an den Gliedmaßen gleichmäßig betreffen. Bei mangelhaften Anlagen erscheint freilich eine solche Möglichkeit gegeben. In der Leichenasche, bei den calcinierten Knochenresten findet man in der Regel auch Reste der Schmelzkappen der Zähne, selten aber ganze Zähne, um so seltener, je höher

die erreichte Hitzewirkung war; auch Zahnersatz und Zahnfüllungsmaterial kann je nach seiner Natur erhalten bleiben, besonders Porzellan, aber auch manche Metalle. Zur Identifizierung der übrigbleibenden Reste fügt man signierte Marken aus feuerfestem Material bei, die dann auch mit den übrigen gesammelten Resten den Urnen beigegeben werden. Die Untersuchungen von Leichenresten aus Krematorien auf Gifte betreffen in erster Linie das Arsen. Tatsächlich ist in den Resten gelegentlich Arsen nachgewiesen worden, doch bereitet es meistens große Schwierigkeiten trotz des Befundes, im Verdachtsfalle zu sicheren Schlüssen auf stattgehabte Vergiftung zu kommen. Das hängt in erster Linie von der Menge des nachgewiesenen Arsens ab und von dem Grad der Sicherheit, mit dem die Beimengung arsenhaltigen Materials (Leichenschmuck, Sarg) ausgeschlossen werden kann. In allen Ländern, in denen Feuerbestattung als Bestattungsart zugelassen ist, bestehen Vorschriften über das Freisein des Sarges und Sargschmuckes von Arsen u. dgl. Die Särge für Feuerbestattungsleichen werden meistens aus viel dünnerem Holz hergestellt als diejenigen für die Erdbestattungsleichen und sind deshalb meist viel billiger. In den meisten Ländern wird die Leichenschau für die Feuerbestattung besonders streng gehandhabt. In Bayern z. B. war früher außer dem gewöhnlichen Totenschein auch noch ein Feuerbestattungsattest durch einen Landgerichtsarzt notwendig. Neuerdings genügt das Attest eines Amtsarztes, außerdem müssen noch eine ganze Reihe von anderen Nachweisen schriftlich vorliegen, ehe die zuständige Behörde die Erlaubnis zur Einäscherung erteilt. Die Vorschriften darüber sind natürlich in den verschiedenen Ländern wesentlich verschieden. Da in kriminalistischer Hinsicht die Feuerbestattung meist Bedenken erregt, sind die Amtsärzte verpflichtet, in Zweifelsfällen vorher Leichenöffnungen durchzuführen, davon wird freilich in zahlenmäßiger Hinsicht ein außerordentlich verschiedener Gebrauch gemacht. Weitaus am meisten wird von denjenigen Amtsärzten, jedenfalls in Deutschland, zum Zwecke der Feuerbestattung seziert, in denen der Amtsarzt gleichzeitig Gerichtsmediziner ist und über die Einrichtung eines Institutes verfügt. In größeren Städten, wie z. B. in Halle a. S., werden in der Regel etwa 10 % der Feuerbestattungsleichen vorher einer Leichenöffnung unterzogen.

*Schrifttum.*

*v. Hofmann-Haberda:* Lehrbuch der gerichtlichen Medizin XI. Aufl. Berlin und Wien 1927. — *Harbitz:* Lit. bei Haberda. — *Reuter, F.:* Kasuistische, experimentelle und kritische Beiträge zur Lehre von der Entstehung der epiduralen Blutextravasate in verkohlten Leichen. Beiträge zur gerichtl. Medizin. **3**, 123 (1919). — *Schrader:* Untersuchungen zur Altersbestimmung an Knochen verbrannter Neugeborener und Frühgeburten. Dtsch. Z. gerichtl. Med., **29** (1938).
**Walcher.**

**Leichenwachs** siehe *Leichenerscheinungen; Tod durch Ertrinken.*

**Leichenzerstückelung** (= L. Z.). (Vgl. auch Art.: Agonale Verletzungen; Lustmord; Vitale Reaktionen.)

Wir kennen eine natürliche, eine zufällige, eine nichtkriminelle und eine kriminelle L. Z. Eine *natürliche* L. Z. kann durch Fäulnis, natürliche mechanische Gewalteinwirkungen, z. B. durch Fortschwemmung und Sturz in reißendem Wasser, ferner durch Maschinen, z. B. Schiffsschrauben, Schiffs- und Mühlräder, durch zufällige Einwirkung andrer kräftiger äußerer Gewalten, z. B. bei nicht beabsichtigten Explosionen, Überfahrungen und Bränden, und schließlich durch Tiere zustande kommen.

Zufolge hochgradiger Fäulnis kann sich bei Erhängten durch Mitwirkung der Schwerkraft Kopf und Rumpf voneinander trennen und dann im Freien an einem Abhange fortrollen. Beim Treiben in fließendem Wasser und durch Berührung mit Mühl- und Schiffsrädern, Schiffsschrauben kann eine schwere Z. (Abreißung ganzer Körperteile) besonders dann entstehen, wenn die Leiche sonstwo oder in Wasser lange Zeit gelegen hat, und die Gewebe zufolge der Fäulnis schon stark gelockert, teils zersetzt sind. Charakteristisch für eine solche Z. ist die Ablösung der Gliedmaßenknochen in den Gelenkverbindungen und den Epiphysenfugen (*Ziemke*).

Schiffsschrauben erzeugen oft mehrere parallel gerichtete Verletzungen (Hiebwunden) von abgestufter Schwere. Bei Eisenbahnüberfahrungen können einzelne abgetrennte Körperteile zufolge Hängenbleiben an weit auseinander liegende Orte verschleppt oder abgeworfen werden. Bei Bränden können unverbrannt gebliebene Körperteile eine L. Z. vortäuschen, andernteils kann ein Einsturz oder ein unvorsichtiges Bergen der Leiche tatsächlich eine Z. der brüchig und morsch gewordenen Leiche oder Leichenreste herbeiführen.

Ein Auseinanderfallen in den Gelenkverbindungen, also eine natürliche Z. kann außer bei ungewöhnlich starken äußeren Gewalteinwirkungen nur dann stattfinden, wenn die Weichteile zum größten Teile zufolge Fäulnis oder Verbrennung zerfallen sind und nicht mehr an den Knochen haften.

Die Fäulnis fördernde oder hindernde Bedingungen beeinflussen bekanntlich den zeitlichen Verlauf des Zerfallens sehr wesentlich. Der gleiche Grad der Lockerung und Zerreißbarkeit kann sich unter Umständen das eine Mal in Tagen, das andre Mal in Monaten einstellen. Ergebnisse von Versuchen, wie sie u. a. *Fraenkel* und *Straßmann* angestellt haben, können nur für ganz gleiche natürliche Verhältnisse forensische Anwendung finden. Eine für die Fäulnis nicht geeignete oder optimale Temperatur oder Wasserzusammensetzung und besonders die Art und Menge der einwirkenden Bakterien spielen eine sehr wesentliche Rolle. Ohne entsprechende Bakterienflora schreitet die Fäulnis unter sonst günstigen Verhältnissen Monate hindurch kaum vorwärts und kann sogar in Leichenwachsbildung übergehen.

Z.n von Leichen durch Tiere (s. d. Art.: Leichenfauna) können allerdings vorkommen, wie z. B. zwei oder mehrere Schweine an Kindesleichen herumzerren. Doch in der Mehrzahl handelt es sich nicht um eine eigentliche Z., sondern um eine Verstümmelung oder teilweises oder völliges Auffressen durch Tiere. Eine Beschädigung der Leiche wird durch Fliegenmaden, Insekten (Wespen, Ameisen, carnivore Coleopteren, hauptsächlich Wasserkäfer und Karabiden), Vögel (Krähen, Dohlen, Geier) und Säuger (Mäuse, Ratten, Katzen, Hunde, Füchse, Schweine) beobachtet. Madenfraß bewirkt eigentlich eine Z. der Weichteile, dies kann aber auch eine natürliche Z. bedingen. Maden können im Sommer im Freien schon in vier Tagen die Skelettierung eines Körperteils, z. B. des Kopfes und des Halses, herbeiführen. Über die geeigneten Angriffspunkte der Maden berichtete *Merkel*. Ameisen fressen hauptsächlich den Inhalt der Talgdrüsen heraus und erzeugen der Lage der Talgdrüsen entsprechende punktförmige oder zickzackartige Epitheldefekte, an denen man Ameisensäure mit Lackmuspapier und chemisch nachweisen kann. Wasserkäfer und Karabiden fressen gerne die Ränder der Augenlider, der Nasenlöcher und der Ohrmuscheln oder die Kämme der kleineren Augenlid- und Lippenfältchen ab, was besonders an abhängigen Körperteilen den Eindruck von feinen Rißwunden hervorrufen kann. Vögel und Säuger bringen oft charakteristische Fraßspuren hervor. Leicht erkennbar sind die doppelten Bißstellen der Schneidezähne der Nager, ferner auch die Spuren ihrer Füße, wenn diese von Ruß oder Staub beschmutzt waren. Die Fraßspuren der Hauskatze und der Tiere im allgemeinen studierte *Strauch* auch experimentell.

*Nichtkriminelle*, jedoch absichtliche L. Z.n können von Zurechnungsfähigen und von Geisteskranken vollführt sein. In letzterem Falle kann die L. Z. den Anschein einer kriminellen erwecken. Zur nichtkriminellen L. Z. kann man auch die Fälle rechnen, in welchen die Leiche eines Menschen, der eines natürlichen oder eines strafrechtlich nicht verdächtigen Todes verstorben ist, bloß aus einem als Übertretung qualifizierbaren Beweggrunde zerstückelt oder evtl. vernichtet wurde.

Leichen werden bekanntlich in anatomischen Instituten zerstückelt, und Leichenteile können von dort durch Diener, Studierende zu Studienzwecken oder eines „Spaßes" halber fortgeschafft und nachher in sorgloser Weise weggeworfen werden. Auch Katzen und Hunde vermögen solche Teile zu verschleppen und auf diese Weise zum Verdachte einer L. Z. beizutragen. Nichtkriminelle L. Z. kommt in seltenen Fällen auch zwecks Ersparung der Begräbniskosten, also aus ökonomischer Veranlassung vor (*Casper*).

L. Z. und Beseitigung oder Vernichtung einer Leiche kann in der Absicht geschehen, einer vermuteten Beschuldigung vorzubeugen. Es werden auch L. Z.n ausschließlich aus dem Grunde vorgenommen, um die Leiche in einem an sich zu kleinen Sarg oder in einer Kiste unterbringen und beerdigen zu können.

Auch aus Aberglauben kommen bei manchen Völkern L. Z.n vor, wobei es sich um den uralten Vampyrglauben handeln kann (*Weimann*). Es sind Eingriffe, wie das Herausschneiden des Herzens und das Abhacken des Kopfes oder der Extremitäten und auch eine ganze Z. der Leiche beschrieben worden. Geisteskranke führen L. Z.n auch aus sexuellen Motiven oder unter dem Zwange einer Wahnvorstellung oder -Idee aus. Ein sehr interessantes Beispiel der L. Z. durch einen Geisteskranken beschrieb *Haranghy*: Ein 32jähriger katatonisch Dementer erschlug seine Eltern und zerlegte nachher mit Beil und Küchenmesser ihre Leichname innerhalb 10—13 Stunden bis zu haselnuß-erbsenkleinen Stückchen, damit sie „nicht weiter sein mögen". Obwohl der Täter an der Beendigung seines Vorhabens verhindert wurde, fanden sich doch schon 3930 gesonderte Weichteil- und Knochenstückchen vor. — Auch Kinder wurden von geisteskranken Müttern zerstückelt. Im Falle von *Frauendorfer* war die Leiche eines in einer Zigarrenkiste aufgefundenen Neugeborenen in etwa 420 kleinere und größere Teile zerstückelt. Die Zerkleinerung ging weit über das hinaus, was erforderlich gewesen wäre, um das Kind in dem Kistchen unterzubringen. Auch die getrennte Ausschneidung der äußeren Geschlechtsteile war zu sonderbar ausgeführt worden, um nur als bloßer Zufall zu erscheinen.

*Kriminelle* L. Z.: Darunter verstehen wir die Z. einer getöteten Person in verbrecherischer Absicht. Je nach dem Motive unterscheidet man eine *defensive* und eine *offensive* L. Z. Eine *defensive* L. Z. wird zu dem Zwecke vorgenommen, um durch die in Stücken leichter mögliche Beseitigung des Leichnams die Spuren der Tat zu verwischen oder die Feststellung der Identität des Opfers unmöglich zu machen, ferner um irgendeine Todesursache vorzutäuschen bzw. die wahre zu verdecken. Bei der viel selteneren *offensiven* L. Z. bildet die Z. ein wesentliches Moment für die Entladung der von Zorn, Haß, Rache, sexueller Lust oder geistiger Störung bedingten leidenschaftlichen Erregung.

Defensive L. Z. kommt besonders häufig in Großstädten vor, wo die geheime Beseitigung einer ganzen Leiche aus dem Hause sozusagen unmöglich ist. Deshalb ist die defensive L. Z. oft mit Vernichtung, Verbrennung, Indenabortwerfen, Verbergen im Keller oder auf dem Hausboden einzelner Leichenteile, z. B. der Eingeweide, verbunden.

Für die offensive L. Z. lassen sich nach *Ziemke* drei Hauptmerkmale aufstellen: 1. die völlig zweck- und regellose Verstümmelung der einzelnen Körperteile, 2. die Verstreuung der Teile in der Nähe des Tatortes ohne die Tendenz, sie zu verbergen, und 3. das Fortnehmen von Leichenteilen. Sind die Geschlechtsteile besonders betroffen, so ist sexueller Beweggrund, und ist der Körper ganz sinnlos und übertrieben zerstückelt, so ist Geisteskrankheit des Täters wahrscheinlich.

Bei der kriminellen L. Z. überhaupt sind bestimmte allgemeine oder besonders gegebene Fragen zu beantworten, die namentlich in den *Gross*schen sieben Fragen: quid, quis, ubi, quibus auxiliis, cur, quomodo, quando inbegriffen sind. Die im allgemeinen zu stellenden Hauptfragen und Aufgaben sind:

1. Handelt es sich überhaupt um eine L. Z., insbesondere um eine kriminelle Z.?

2. Ist es möglich, die Leichenteile bzw. die Person zu identifizieren?

3. Was war die Todesursache?

4. Wo hat der Tod und wo die Z. stattgefunden?

5. Handelt es sich um eine defensive oder um eine offensive Z. und überhaupt, was war der Beweggrund der Z.?

6. Welche Zeit ist seit dem Tode und seit der Z. vergangen?

7. In welcher Umgebung befanden sich die Leiche oder einzelne Teile vorher?

8. Erfolgte die eigentliche Z., abgesehen von evtl. vitalen Verletzungen, zu Lebzeiten oder nach dem Tode?

9. Wie ist die Z. ausgeführt worden, auf welche Weise, mit welchen Mitteln und mit welcher Gewandtheit?

10. Wie sind die einzelnen Teile verschleppt, aufbewahrt oder vernichtet worden?

11. Wer ist der Täter?

Es mögen diese Fragestellungen in der Folge einzeln besprochen werden.

Zu 1. Oft ist die Diagnose der L. Z. klar. Werden aber bloß einzelne oder hochgradig veränderte oder zersetzte Teile aufgefunden, so ist die Feststellung, namentlich ob es sich um eine natürliche oder um irgendeine Art absichtlicher Z. handelt, mit Schwierigkeiten verbunden.

Zu 2. Der Identifizierung der Leichenteile und der Person (s. d. Art.: Identitätsfeststellung an Leichen) stehen bei übertriebener Zerkleinerung, hochgradiger Fäulnis oder nach chemischen und thermischen Einwirkungen bedeutende Schwierigkeiten entgegen. Vor allem ist festzustellen: a) ob es sich um menschliche Körperteile handelt, b) ob die getrennt aufgefundenen Teile zusammenpassen, zueinander gehören, ob es sich um eine oder mehrere Personen handelt. Des weiteren sind c) das Geschlecht, d) das Alter, e) die Größe und die übrigen Körpermaße, f) der Beruf und der Stand, g) die individuellen Stigmen und Identitätszeichen zu bestimmen.

Zu a) Fehlen die Haut und die charakteristischen Teile der Körperoberfläche (Haare, Gesichtsteile und Geschlechtsorgane), so können auch die Eingeweide und besonders das Skelett, ja sogar einzelne Knochen Aufschluß geben. Ein einzelnes Knochenstück kann die Feststellung, ob Mensch oder Tier, mit Sicherheit ermöglichen. Stehen bloß Knochenstückchen oder verbrannte Knochenreste zur Ver-

fügung, so kann immer noch die sachgemäße mikroskopische Untersuchung der Knochen zum Ziele führen (*Mátyás*). Ist die Fäulnis nicht zu stark fortgeschritten, dann kann noch die serologisch-biologische Untersuchung entscheiden, ob es sich um menschliches Eiweiß handelt (vgl. d. Art.: Knochen).

Wie schwere Irrtümer seitens gerichtsärztlich nicht geschulter Ärzte vorkommen können, beweist der Fall von *Rószahegy* (Slovakei), wo eine aus dem Flusse gezogene geschundene Bärenleiche gerichtlich obduziert und begutachtet wurde.

Zu b) Die tatsächliche oder auf Folgerung und Berechnung beruhende Rekonstruktion der Leiche (s. d. Art.: Rekonstruktion des Gesichtes). Es stehen entweder alle oder nur einige Teile oder nur Reste von solchen zur Verfügung. Läßt sich die Leiche ganz zusammenstellen, so ist die Körpergröße direkt meßbar. Wenn nur Teile vorhanden sind, so müssen aus den erhebbaren Maßen und Tatsachen, aus der Form, Länge, Dicke, den Ossifikationsverhältnissen der Knochen, dem Zustande der Schädelnähte, der Kiefer und Zähne, der Rippenknorpel, des Brustbeins, der Kehlkopfknorpel usw. Schlüsse auf die Körpergröße, das Geschlecht, Alter und die Person gezogen werden. Es stehen hierfür bekannte Tabellen und Arbeiten zur Verfügung, z. B. von *Lacassagne, Dwight, Langer, Vierordt, Toldt*.

Die Zusammenpassung der getrennten Teile kann durch den Zustand, die Werkzeugspuren der Trennungsflächen, der Knochen und Gelenksflächen erleichtert werden. Beil-, Säge- und Zangenspuren sind auch an gebrannten (verkohlten oder calcinierten) Knochen zu erkennen. Mitunter ist das Wiedererkennen trotz Vorhandenseins des Kopfes schwierig, namentlich wenn die Gesichtszüge durch Fäulnis, Auftreibung, Verkohlung, Einschrumpfung oder Verletzungen und Defekte stark verändert sind. Zur Rekonstruktion des Gesichts sind verschiedene Methoden in Anwendung gebracht worden, z. B. Auswässern in fließendem kalten Wasser, Belassen in alkoholischer Alaun-, Salpeter-, Sublimat- oder wässeriger Chlorzink-, Lysoform-, Glycerin-Formol- und Formalinlösung. Die Wunden des Gesichts sollen mit feiner (chirurgischer) Naht vereinigt, die geschrumpften Augäpfel durch Injektion von Wasser mit einer Pravaz-Spritze gefüllt, oder, falls sie schon zerstört sind, durch Glasaugen, die fehlenden Haare durch eine Perücke oder Kopfbedeckung ersetzt werden. Bei völligem Mangel einer Zahnreihe versuche man zwecks Erkennung auch das Einsetzen einer Prothese.

Zu c) Bei Vorhandensein der Sexualorgane läßt sich das Geschlecht leicht bestimmen. Den entscheidenden Beweis liefern die äußeren und inneren Geschlechtsorgane und die sekundären Geschlechtsmerkmale (auch an Hermaphroditismus ist zu denken). Falls diese Teile fehlen, so sind die Formunterschiede und Größenverhältnisse des ganzen Skeletts, die Form und Maße des Beckens, des Sternums, der Kehlkopfknorpel, der Bartes, Durchlöcherung der Ohrläppchen, Fettpolster, Zähne, Hände und auch Kleidung in Betracht zu ziehen.

Vom Skelett ist für die Geschlechtsbestimmung der Oberschenkel und das Becken von Wichtigkeit. Am weiblichen Oberschenkelknochen ist der Hals mehr horizontal gestellt, die Diaphyse stärker nach vorn gekrümmt und die untere Epiphyse mehr nach innen gedreht. Am weiblichen Becken sind die Dimensionen geräumiger, die Darmbeine flacher gestellt, der Schamfugenwinkel stumpfer und der Beckenkanal zylinderförmig.

Zu d) Die Anhaltspunkte für die Altersbestimmung (s. d. Art.: Altersbestimmung an Leichen) sind die äußeren Merkmale: Körperform, Haut, Haare, Gesicht, Zähne, Brüste usw. und bei fortgeschrittener Fäulnis das Knochensystem: Schädelnähte, Schädeldach, Kiefer, Zähne, Rippenknorpel, Schwertfortsatz, Sägelängsschnitt des Oberarmknochens usw. Vor beendetem Wachstum kann die Abschätzung mit ziemlicher Genauigkeit, später nur mit Spielräumen von fünf bis zehn oder gar 20 Jahren geschehen. Leicht ist die Altersbestimmung auf Grund der Ossifikationszentren am Foetus und Neugeborenen (*Nobiling, Demeter*). Für die Zeit vom ersten bis zum sechsten Jahre geben die Wachstumsverhältnisse der Knochen, die man an Hand der Tabellen von *Vierordt* und *Toldt* kontrollieren kann, Aufschluß. — Im Alter von zwei bis drei Jahren sind alle 20 Milchzähne durchbrochen. Im sechsten Jahre sitzen in den Kiefern, Milch- und bleibende Zähne inbegriffen, 48 Zähne. Das Vorhandensein der dritten Molaren spricht für ein Alter von 19—25 Jahren. Findet sich an der Grenze der oberen Epiphyse des Humerus noch eine ununterbrochene Knorpelleiste, so ist das Individuum noch nicht 16jährig. Ist die Knorpelleiste nur in Resten vorhanden, so kommt ein Alter von nicht über 17—18 Jahren in Frage, und völliger Ersatz durch eine Knochenleiste spricht für 23—24 Jahre. Im hohen Alter (über 65—70 Jahre) steigt die Markhöhle des Humerus bis zur Epiphysengrenze hinauf (*Wachholz*).

Nach dem 40.—45. Jahre bieten die Verknöcherung der Schädelnähte, die Verwachsung der Teile des Sternums und die Verknöcherung des Schwertfortsatzes, das Gelbwerden und die Verkalkung der Kehlkopf- und Rippenknorpel, die Abnutzung der Zähne Anhaltspunkte für die Altersbestimmung. Im Greisenalter verknöchern die Rippen- und Kehlkopfknorpel und die Zwischenwirbelscheiben mehr oder weniger, ferner tritt die Atrophie (Scheitelbein) und die senile Osteoporose (hauptsächlich an den Rippen) in Erscheinung.

Zu e) Aus der Länge der zur Verfügung stehenden Skeletteile (s. d. Art.: Knochen) kann mit Hilfe der *Langer*schen Zahlen die *Gesamtgröße* der Person bestimmt werden. Man multipliziert die Wirbelsäule mit 2,8, den Oberarmknochen mit 5, die Armspeiche mit 7, den Oberschenkelknochen mit 3,8, das Schienbein mit 4,6, den Fuß mit 9,7 und zählt noch 3,5 bis 5 cm für die Weichteile hinzu.

Zu f) Der Beruf, die gesellschaftliche Stellung des oder der Zerstückelten kann aus den Kleidern oder deren Resten, aus Zeichen der äußeren Körperpflege (Haare, Nägel der Hände und Füße), aus der Beschaffenheit der Oberhaut der Handflächen und Fußsohlen, der Zahnpflege gefolgert werden. Lokalisierte Abnutzung und Metallsäume der Zähne, Schwielen, Verfärbung der Hände und Nägel, Induration der Lungen und gewisser Lymphknoten durch eingeatmete oder durch die Haut oder den Darm eingedrungene Staubarten (Kohlen-, Stein-, Eisen-, Holzstaub; Anthrakose, Silikose, Siderose) können wichtige Berufsmerkmale (s. d.) sein.

Zu g) *Individuelle Stigmen und Identitätszeichen.* Große Bedeutung haben auch pathologische Besonderheiten: Entwicklungsfehler, Deformitäten, Skelettanomalien, Knochenerkrankungen und geheilte Brüche; das Vorhandensein von Hautaffektionen, Warzen, Schwielen, Narben, Tätowierungen usw. Tätowierungen stellen Monogramme, Geburtsjahr, Liebes- und Beschäftigungszeichen, militärische, religiöse, obszön-erotische Embleme und Inschriften dar. Der Befund der regionären Lymphknoten kann durch Fäulnis verwischte Tätowierungen bestätigen.

Auf Grund des Gebisses (s. d. Art.: Zähne) war bei L. Z. schon öfter ein entscheidender Identitätsnachweis auch bei hochgradig verbrannten Leichen möglich. Dies namentlich bei zahnärztlich behandelten und registrierten Personen.

Das Daktylogramm (s. d. Art.: Daktyloskopie) kann in gewissen Fällen auch Aufschluß geben, wenn nämlich ein zu Lebzeiten hergestelltes zur Verfügung steht. Schrumpfung der Fingerbeeren, Fältelung ihrer Haut kann durch subcutane Injektion von Wasser, Öl oder Glycerin beseitigt werden. Ausguß der abgelösten Fingerhaut mit Zinkleim kann brauchbare Daktylogramme ergeben (*Reuter*).

Zu 3. Die Todesursache besteht in Fällen von L. Z. meist in gewaltsamer Erstickung, Erwürgung und Erdrosselung, Schädelzertrümmerung, Halsschnitt, Stiche in den Hals oder die Brust und Schußverletzungen.

Zerstückelung eines Lebenden ist bisher nicht bekanntgeworden. Die Z. war immer nur Mittel zum Zweck (*Michel*), die Todesursache ist somit immer zu ermitteln. Fehlen größere Körperteile, z. B. Kopf und Rumpf oder die Eingeweide, so können evtl. vitale Verletzungen und hochgradige Ausblutung die Bestimmung der Todesursache noch ermöglichen. Beim Fehlen solcher ist die Todesursache unbestimmbar oder kann nur mit gewisser Wahrscheinlichkeit vermutet werden. Bei zerstückelten Neugeborenen ist die Entscheidung, ob extrauterines Leben bestanden hat, von Wichtigkeit.

Wie strittig die Frage einer Verblutung bei L. Z. sein kann beweist der Fall *Winter* in Konitz (*Friedlaender*), in welchem der eine Sachverständige Verblutung zu Lebzeiten, der andere aber Erstickung als Todesursache annahm.

Zu 4. Die Frage wo der Tod und wo die Z. stattgefunden haben, kann außer der Berücksichtigung aller andern Umstände durch Erforschung sämtlicher am vermuteten oder festgestellten Tatorte und dem Fundorte, ferner aus den Spuren aller Kategorien (stofflichen, Zustands- und Vorgangsspuren, *Orsós*), die an der Leiche und deren Umhüllungen vorhanden waren, beantwortet werden. Vom ganzen Arsenale der naturwissenschaftlichen (objektiven und subjektiven) Kriminalistik muß Gebrauch gemacht werden. Stößt man z. B. auf Leichenteile irgendwo im Binnenlande und sind an der Haut, den Haaren, in den Lungen und dem Magen Vertreter des Salzwassers-Planktons entdeckbar oder Bestandteile, Reste von Pflanzen oder Stoffen, die am Fundorte gänzlich vermißt werden, so erhält dadurch die Erhebung eine positive Richtung.

Zu 5. Als Beweggrund der L. Z. kommt Befriedigung perversen geschlechtlichen Triebes selten vor. In solchen Fällen spielen die Geschlechtsorgane, Bauch und Brüste namentlich weiblicher Leichen eine besondere Rolle, und meist handelt es sich zugleich um einen Lustmord (s. d.) (*Schackwitz*). Über eine L. Z. nach vorgetäuschter Notzucht bzw. Lustmord berichtet *Kuschelew*: Eine Mutter erwürgte ihr sechsjähriges Mädchen und setzte mit einer Konservenbüchse Stich- und Rißwunden am Schamhügel, an Hymen und Scheide und beschuldigte nachher andere. — Mehrfach, hauptsächlich durch Fleischsucht bewirkt, aber teils auch sexuell bedingt scheinen die berüchtigten L. Z.n von *Denke* gewesen zu sein (*Pietrusky, Polke*). Es ist dies vielleicht der einzige Fall in der zivilisierten Welt, in dem die Weichteile der Getöteten größtenteils vom Täter verzehrt wurden.

Zu 6. Die Bestimmung, welche Zeit seit dem Tode und seit der L. Z. verstrichen sein mag, ist für die Feststellung des Zeitpunktes der Tat und überhaupt für die Klärung des ganzen Tatbestandes von Wichtigkeit (s. d. Art.: Todeszeitbestimmung).

Wesentlich ist der Grad der Fäulnis, doch sind die Fäulnis hindernden und beschleunigenden Faktoren: Hochgradigkeit der Z., Temperatur und Feuchtigkeitsgrad der Luft, der Erde, Temperatur des Wassers, das umgebende Medium, Liegen in Abortgruben, Kanälen, Mist- oder Düngerhaufen weitgehend zu berücksichtigen. Behandlung mit konservierenden, desinfizierenden Stoffen können die Fäulnis hemmen.

Zu 7. In welcher Umgebung (Milieu) sich die Leiche oder deren Teile vorher befunden haben, läßt sich außer aus den übrigen Umständen und Tatsachen der Erhebung auf Grund des allgemeinen Zustandes (Fäulnis, Maceration, Einschrumpfung, Vertrocknung, Leichenwachsbildung, teilweise Verkohlung) der Teile und der an denselben haftenden oder irgendwie beobachtbaren Spuren enträtseln. Die möglichen Gegebenheiten sind zahllos und stellen hohe Anforderungen an die Sachkenntnis der Kriminalbeamten und Gerichtsärzte. Ohne vielseitige Erfahrung in der naturwissenschaftlichen Kriminalistik können leicht Irrtümer unterlaufen.

An Leichenteilen, die aus dem Wasser herausgezogen wurden, zeigen sich Veränderungen, die von der Zeitdauer der Wasserwirkung abhängen und mit ziemlicher Genauigkeit ermöglichen, die Zeit des Todes oder die des Liegens im Wasser zu bestimmen (s. d. Art.: Tod durch Ertrinken).

Zu 8. Alle bisher bekannten L. Z.n sind erst nach dem Tode und nicht allsogleich nach diesem ausgeführt worden, somit ist das Hauptmerkmal der L. Z. das Fehlen der vitalen Zeichen, Reaktionen und Erscheinungen. Diese Erfahrung bezieht sich aber hauptsächlich auf die makroskopischen vitalen Reaktionen, denn Spuren der mikroskopischen vitalen Reaktionen treten bei Verletzungen, folglich auch bei L. Z. in dem sog. intermediären Leben, in der sog. période d'incertitude doch noch auf. Nur vom Eintritt der Leichenstarre an sind die Verletzungen ganz reaktionslos. Ist somit als Todesursache eine natürliche Erkrankung oder ein von der Z. unabhängiger gewaltsamer Tod festgestellt worden, so bleibt noch zu beantworten, wann die Z. ausgeführt wurde, namentlich ob in der Agonie während des intermediären Lebens der Gewebe, während oder nach der Totenstarre. Diese Frage ist auf Grund der mikroskopischen vitalen Reaktionen und der Begleitumstände zu beantworten (s. d. Art.: Vitale Reaktionen). Man muß darauf bedacht sein, daß die Durchtrennungen der Z. die vitalen Verletzungen verdecken können.

Zu 9. Die Kasuistik zeigt, daß es häufiger typische und seltener atypische L. Z.n gibt. Am häufigsten ist die den einzelnen Körperteilen entsprechende Zergliederung, der sich die Vernichtung der für die Identifizierung wichtigen Teile anschließen kann. Die einzelnen Teile können verstreut, vergraben, ins Wasser geworfen, zerkocht, skelettiert, verbrannt, eingemauert werden. Als atypisch kann das Zerhacken in kleinste Stücke, die Konservierung, die Zersetzung durch chemische Stoffe und schließlich die Verzehrung (Fall Denke) gelten. Je nach den Gelegenheiten der Verschleppung und der Vernichtung wie auch des ursprünglichen Motivs der Z. können sich die genannten Handlungen miteinander auch kombinieren.

Die feinere Beschaffenheit der Trennungsflächen hängt von der Art und Schärfe des gebrauchten Werkzeugs sowie von der Kraft und Übung des Täters ab. Wiederholt ist es möglich gewesen, die entsprechenden Trennungsflächen aneinander zu passen, besonders wenn durchsägte oder gebrochene Knochen die Anpassung erleichterten. Oft wird das Gesicht zur Unkenntlichkeit entstellt, oder abgetrennte Teile desselben durch Zerhacken, Einäschern oder Zerkochen vernichtet oder besonders vergraben. Lehrreich und gewissermaßen typisch

ist der Fall des Massenlustmörders *Großmann* (*Fraenkel-Straßmann*). Zu Lebzeiten wurde eine große Zerreißung des Mastdarms, ein Riß der Scheide, Verletzungen der Genitalien durch stumpfe Gewalt gesetzt. Nachher wurden die Glieder in den Gelenken abgetrennt, die Eingeweide herausgenommen und in kleine Stücke zerschnitten, dann in den Abtritt geworfen, die Kopfhaut abgezogen und verbrannt, schließlich die übrigen zerstückelten Teile ins Wasser geworfen.

Es wird nicht schwer sein, die kriminelle von der natürlichen L. Z., wie Zermalmung durch Lokomotiven oder durch Explosion zu unterscheiden. Die vitale oder postmortale Z. ist in letzteren Fällen auf Grund der vitalen Reaktionen zu entscheiden.

Zu 10. Der Nachweis dessen, wie die einzelnen Leichenteile aufbewahrt, verschleppt oder vernichtet wurden, ist in der Hauptsache Aufgabe der Kriminalbeamten. Da hierbei aber auch Zustände und Veränderungen von Leichenteilen in Frage kommen, ist sehr oft auch die Mitwirkung des Gerichtsarztes unentbehrlich. Die zu befolgenden Prinzipien, zu beobachtenden Spuren und Veränderungen sind bei den übrigen Fragepunkten bereits berührt.

Zu 11. Der Täter. Unzweckmäßige, unlogische, übertriebene Z.n weisen auf die Tat eines Geisteskranken hin. Eine besonders auf die primären und sekundären Geschlechtsorgane gerichtete Verletzung, Auslösung oder Z. spricht für Lustmord oder zumindest für geschlechtliche Perversion.

Aus der Art, wie die Z. ausgeführt worden ist, kann manchmal mit Wahrscheinlichkeit auf den Beruf des Täters geschlossen werden. Mit großer Gewandtheit, Treffsicherheit oder Sachkenntnis ausgeführte Eröffnung der Gelenke und Ausschneidung der Weichteile erwecken den berechtigten Verdacht, daß ein Schlächter, Metzger oder ein im Zergliedern Erfahrener z. B. ein Anatomiediener oder Arzt der Täter war. Auch die gebrauchten Werkzeuge, Geräte oder die Spuren solcher können die Feststellung des Täters ermöglichen. Nach Kindesmord erfolgt die Z. nicht selten ganz kunstgerecht so, wie Geflügel zerlegt wird. Es werden z. B. die Arme mit den Schulterblättern und dem Brustfleische ausgelöst (*Haberda*).

Alle Fälle von L. Z. haben große gerichtsmedizinische, namentlich kriminalistische Bedeutung. Auch die natürlichen und nicht kriminellen Formen erwecken meist den Verdacht krimineller Z. In kriminellen Fällen kann die Z. die Ermittelung des Tatbestandes sehr erschweren, ja sogar vereiteln. Andrerseits kann unter Umständen gerade die Tatsache der Z. und die Art und Weise ihrer Ausführung die Ermittelung der Tat und des Täters ermöglichen. Die Verschleppung der Leichenteile an mehrere Stellen kann z. B. zur Entdeckung beitragen. Auch die Widersprüche zwischen den objektiven Befunden, den sachlichen Beweisen und den Aussagen der Verdächtigten und Zeugen können die Überführung ermöglichen.

*Schrifttum.*

*Casper:* Wasserleiche eines Neugeborenen mit abgesägtem Schädel. Ökonomische Veranlassung der Beseitigung. Praktisches Handbuch der gerichtl. Medizin 2. Berlin 1860 — *Demeter, G.:* Die Bestimmung des Alters auf Grund der Ermittlung des Knochensystems (ungarisch). Eger 1908. — *Dwight, Th.:* Methods festimating the height from parts of the skeleton. Medical Record **1894**. — *Fraenkel, P.* u. *Straßmann, G.:* Studien über Leichenzerstückelung. Dtsch. Z. gerichtl. Med. **1924,** 3. — *Frauendorfer, O.:* Ein besondrer Fall von Zerstückelung eines Neugeborenen. Dtsch. Z. gerichtl. Med. **1922,** 1. — *Friedlaender, H.:* Interessante Kriminalprozesse. Berlin 1911. — *Groß, H.:* Handb. für Untersuchungsrichter. München 1922. — *Haberda, A.:* Untersuchung zerstückelter Leichen. *Dittrich*-Handbuch **2,** 659. — *Haberda:* Zur Lehre vom Kindesmorde. Beitr. gerichtl. Med. **1911,** 1. — *Haranghy, L.:* Zwei interessante Fälle von Leichenzerstückelung (ungarisch). Orvosi Hetilap **1936**, 1. — *v. Hofmann-Haberda:* Lehrbuch der gerichtlichen Medizin. 10. Aufl. Berlin-Wien 1923. — *Kuschelew, V. P.:* Ein Fall simulierter Notzucht. Dstch. Z. gerichtl. Med. **1933**, Orig. 22. — *Lacassagne, A.:* De la mensuration des diffrentes parties du corps dans les cas de dépaçage criminel. Arch. d'Anthropol. crim. **3**. — *Lacassagne:* Du dépaçage criminel. Arch. d'Anthropol. crim **1888**. — *Mátyás:* Kenyeres-Festschrift. Budapest 1935. — *Merkel, H.:* Die Bedeutung der Art der Tötung für die Leichenzerstörung durch Madenfraß. Dstch. Z. gerichtl. Med. **1925**, 5. — *Michel, E.:* Über kriminelle Leichenzerstückelung. Vjschr. gerichtl. Med. **1895**, III, F. 9. — *Nobiling:* Über die Entwicklung einzelner Verknöcherungskerne in unreifen und reifen Früchten. Friedreichs Bl. gerichtl. Med. **1899**. — *Olbrycht, J.:* Ein Fall von krimineller Leichenzerstückelung. Beitr. gerichtl. Med. **1932**, 12. — *Orsós, F.:* Die vitalen Reaktionen und ihre gerichtsmedizinische Bedeutung. Beitr. path. Anat. **1935**, 95. — *Orsós:* Die Bedeutung der Spurenkunde in der gerichtlichen Medizin. Orvosképzés, Budapest 1938. — *Peter, K.; S. Wetzel u. Fr. Heiderich:* Handbuch der Anatomie des Kindes. München 1927/1928. — *Pietrusky, F.:* Über kriminelle Leichenzerstückelung. Der Fall Denke. Dtsch. Z. gerichtl. Med. **1926**, 8. — *Polke:* Der Massenmörder Denke und der Fall Trautmann. Ein Justizirrtum. Arch. Kriminal. **1934**, 95. — *Ravoux, L.:* Du dépaçage criminel au point de vue anthropologique et medico-judiciaire, Thèse Lyon 1888. — *Reuter, K.:* Über Leichendaktyloskopie. Arch. Kriminalanthrop. **1905**, 21. — *Schackwitz, A.:* Seltenheiten aus der gerichtsärztlichen Praxis. Lustmord vortäuschende Leichenzerstückelung. Dtsch. Z. gerichtl. Med. **1927**, 10. — *Schneider, Ph.:* Leichenzerstörung durch Madenfraß. Arch. Kriminal. **1936**, 98. — *Strauch:* Über Anfressen von Leichen durch Hauskatzen. Dtsch. Z. gerichtl. Med. **1927**, 10. — *Toldt, C.:* Die Knochen in gerichtlicher Beziehung. Maschkas Handb. d. gerichtl. Med. **3**. Tübingen 1882. — *Vierordt, H.:* Anatomische, physiologische und physikalische Daten und Tabellen. Jena 1893. — *Wachholz:* Über die Altersbestimmung an Leichen auf Grund des Ossifikationsprozesses im oberen Humerusende. *Friedreichs* Bl. gerichtl. Med. **1894**. — *Weimann, W.:* Leichenzerstückelung aus Aberglauben. Arch. Krimal. **1935**, 96. — *Ziemke, E.:* Über die kriminelle Zerstückelung von Leichen und die Sicherstellung ihrer Identität. Vjschr. gerichtl. Med. **1918**, III., F. 55. **Orsós.**

**Leim** siehe *Klebstoffe*.

**Leinfaser** siehe *Faserstoffe*.

**Leistenhernie** siehe *Hernie und Trauma*.

**Lepit-Gasverfahren** siehe *Schädlingsbekämpfungsmittel*.

**Lepit-Giftkörner** siehe *Schädlingsbekämpfungsmittel*.

**Lepra** siehe *Bakteriologische Untersuchungen in der gerichtlichen Medizin*.

**Letolin-Giftgasröhrchen** siehe *Schädlingsbekämpfungsmittel*.

**Leuchtgas** siehe *Kohlenoxyd*.

**Lewisit** siehe *Kampfgase*.

**Libido** siehe *Beischlaf*.

**Lichtbild** siehe *Photographie*.

**Limousinenkrankheit** siehe *Kohlenoxyd*.

## Linkshändigkeit.

Zur Agnoszierung und zur Entscheidung der Frage, ob sich jemand eine Verletzung selbst zugefügt hat, kann es von Bedeutung sein, zu erfahren, ob Rechts- oder Linkshändigkeit vorgelegen hat. Hierzu ist der Umfang der Ober- und Unterarme zu messen und zwar an symmetrischen Stellen, ferner die Größe der Hände und die Lokalisation von Schwielen zu bestimmen. Auch die Länge der Knochen ist festzustellen, denn diese sind am Arm von Rechtshändern in der Regel länger. Die Längenunterschiede können bis zu 2 cm betragen. Bei Linkshändern sollen die Fingernägel der linken Hand breiter und stärker abgeplattet sein als die der rechten. Die Arbeitshypertrophie des Knochens ist an der *Leiche* am ehesten durch das Gewicht des Knochens, und zwar des Knochens in frischem Zustande, zu erkennen (*Schranz*). Neben den Gewichts- und Längenunterschieden beider Oberarmknochen sind die Unterschiede in der Muskelentwicklung und in der Entwicklung der Blutadern zu beachten. Auf Linkshändigkeit ist zu schließen, wenn am weniger entwickelten rechten Oberarmknochen das Foramen olecrani an der distalen Epiphyse zu finden ist (*Pfitzner*).

*Schrifttum.*

*Brisard, Ch.:* Wie kann man einen „Linkser" erkennen und entschädigen? Ann. Méd. lég. etc. **14** (1934), ref. Dtsch. Z. gerichtl. Med. **25** (1935). — *Ganter, Rudolf:* Linkshändigkeit bei Epileptischen und Schwachsinnigen. Allg. Z. Psych. **101** (1933). — *Siemens, H. W.:* Über Linkshändigkeit. Virchows Arch. **252**, 1—24 (1924). — *Schranz:* Dtsch. Z. gerichtl. Med. **22** (1933). — *Pfitzner:* Zit. nach Schranz. **Ponsold.**

**Linsenkernerweichung** siehe *Kohlenoxyd*.

**Liquor amnii** siehe *Fruchtwasser*.

## Lithopädion.

Wird eine Extrauteringravidität fast oder ganz ausgetragen, was heutzutage als große Seltenheit angesehen werden muß, so daß auch große Kliniken kaum mehr über größere Erfahrungen verfügen, so stirbt die Frucht ab, wenn sie nicht aus ihrem Gefängnis operativ befreit wird (*Höhne*). Die Kindsleiche wird in der Bauchhöhle als Fremdkörper behandelt und mit einer bindegewebigen Hülle umgeben, wobei das Netz eine große Rolle spielt. Es kommt dann zur Mumifikation, welcher Vorgang einen Entwässerungs- und Eintrocknungsprozeß darstellt. Werden solche mumifizierte Früchte jahre- oder sogar jahrzehntelang getragen, so kommt es unter Vermittlung des in den toten Körper eingedrungenen Bindegewebes oder des Netzes zur Ablagerung von kohlensaurem und phosphorsaurem Kalke, und es tritt die Verkalkung oder Petrifikation ein. Die Mumie wird dann allmählich in ein *Steinkind* oder *Lithopädion* umgewandelt. Die Versteinerung betrifft meist zunächst nur die Hülle, man spricht dann von einem Lithokelyphos (versteinerte Eischale). Hat auch die Kindsleiche an der Versteinerung teil, so entsteht das Lithokelyphopädion. Die bekanntesten Beispiele dieser Art sind das Steinkind von Leinzell (*Kieser*), dasjenige von Weißbach (*E. Vogt*), das 35 Jahre getragen wurde, dasjenige der Frauenklinik in Halle a. d. S. und der Fall *Fastenau*. Manchmal tritt trotz langen Tragens keine Verkalkung ein, und es bleibt bei der Mumifikation, wie in der Beobachtung von *Kramer*, wo die Frucht sich sieben Jahre in der Bauchhöhle der Mutter befand.

Daß solche Steinkinder eine forensische Rolle gespielt hätten, darüber ist in der Literatur nichts bekannt geworden. Hingegen wäre es wohl denkbar, daß einmal die Frage des kriminellen Abortes oder sogar des Kindsmordes auftauchen könnte. Anonyme Anzeige könnte evtl. erfolgen, weil man die betr. Frau als schwanger taxiert hatte, obwohl sie sich selbst auch schwanger glaubte und trotzdem nie eine Geburt erfolgte. Es wird dann natürlich zu einer Expertise kommen und bei Anlaß der Untersuchung die wahre Sachlage erkannt werden, vielleicht auch erst anläßlich einer Laparotomie, die man vornehmen wird, wenn der Tumor im Bauche gefunden wird, der wohl nicht stets als abgestorbene Extrauteringravidität erkannt wird. Unter Zuhilfenahme der Röntgenstrahlen wird man unter Umständen viel leichter zur richtigen Diagnose gelangen, weil die verkalkte Frucht natürlich im Röntgenbilde sehr gut sichtbar wird. Aber auch dann wird es unter Umständen noch Schwierigkeiten geben können, da eine Verwechslung mit einem verkalkten Tumor (Myom) durchaus möglich wäre.

Immerhin wird sich doch in den meisten Fällen das Skelett einigermaßen abzeichnen, so daß aus diesem Befunde auf eine abgestorbene verkalkte Frucht geschlossen werden könnte.

*Schrifttum.*

*Fastenau:* Ein Fall von Lithokelyphopädien. Frankf. Z. Path. **1925**, 200. — *Höhne:* Die Ektopische Gravidität. Handb. *Halban-Seitz* **VII/2.** — *Kieser:* Das Steinkind von Leinzell. Diss. Stuttgart 1854. — *Küchenmeister:* Über Lithopädien. Arch. Gynäk. **1881.** — *Vogt, E.:* Das Steinkind von Weißbach. Arch. Gynäk. **115.** *Hüssy.*

**Livores** siehe *Leichenerscheinungen.*

### Lobelin und Lobelia.

*I. Lobelin,* $C_{22}H_{27}NO_2$, breite farblose Nadeln. F. = 130—131°. Sehr schwer löslich in Wasser und Petroläther, leicht in Chloroform, heißem Alkohol und Benzol. $[\alpha]$ D 15 = — 42,85 in Alkohol., Salze sind wasserlöslich, am leichtesten HCl-Salz; F. = 182°.

*II. Vorkommen:* Lobelin ist das Hauptalkaloid verschiedener Lobeliaarten, namentlich von *Lobelia inflata,* ferner von *Lobelia sessiliflora* (Campanulaceae). Auch als Zierpflanzen verbreitete Arten wie *Lobelia splendens* sind giftig. Am giftigsten soll *Lobelia nicotianaefolia* sein. Das Kraut der in Canada und Virginien verbreiteten Lobelia inflata enthält etwa 0,25% Alkaloide, und zwar mindestens zehn verschiedene, von denen fünf mit dem Lobelin nahe verwandte genauer bekannt sind.

*Offizinell: Herba Lobeliae:* nach Ph. Helv. V. mit Alkaloidgehalt von mindestens 0,3%; gegen Asthma usw. Herba Lobeliae schmeckt kratzend und scharf, reizt Schleimhäute. Nebenwirkungen: Erbrechen, Pulsverlangsamung.

*Tinctura Lobeliae:* Nach Ph. Helv. V. mit 0,05% Alkaloidgehalt.

*Lobelin - HCl* und *Lobelinsulfat;* letzteres in Dosen von 8 mg als Tabakentwöhnungsmittel empfohlen, führte zu schweren Gesundheitsschädigungen (*Dorsey*).

Weitere Lobeliapräparate: Lobelin-Camphersulfosäure; *Lobesym,* 1 ccm = 0,015 g Lobelin-HCl (racem.) und 0,1 g Sympatol. phosphoricum, als Analepticum.

*III. Wirkung des Lobelins:* Erregung des Atemzentrums; auch durch gewisse Lobelinnebenbasen, durch diese aber schwächer.

*Vergiftungsbild. a) Lobelin. Toxische Nebenwirkungen* schon bei therapeutischen Gaben: Pulsverlangsamung und Blutdrucksenkung (bei Herzschwäche gefährlich) durch Reizung des Vaguszentrums; bei Überdosierung Atemlähmung. Medizinale Vergiftungen durch *reine* Lobelinpräparate sollen kaum vorgekommen sein (*Berger,* vgl. dagegen in Amerika *Council*). Vereinzelte Todesfälle bei Neugeborenen durch Lobelin mit strychninartiger tetanischer Nebenwirkung im Beginn der Lobelinfabrikation (*Ingelheim*) (vgl. *Lang, Mennet* und *Pfeilsticker*).

*b) Drogenpräparate aus Lobelia* (Extrakte, Tinkturen usw.). Die Blätterpräparate der Lobelia haben zum Teil atropinartige Wirkung, deshalb Anwendung bei Asthma, aber auch nicotinartige periphere Nebenwirkungen (Kraut wird von Indianern geraucht).

*Vergiftungserscheinungen:* Trockenheit im Schlund, Nausea, heftiges Erbrechen, Leibschmerzen, Durchfall, Brennen in den Harnwegen, Mydriasis, Kopfschmerz, Schwindel, Angstgefühl, Schlafsucht, Betäubung, Parästhesien, Schwächegefühl, Pulsschwäche, Kollaps, zuletzt Miosis und Konvulsionen. Tod durch Atemlähmung.

*IV. Dosis medicinalis: Lobelinsalze* 0,003—0,01 g parenteral. *Herba Lobeliae* 0,05—0,1 g, *Tinctura Lobeliae* 0,2—0,5 g.

*Dosis toxica:* Bei Lobelin können Nebenwir-kungen beginnen von etwa 10 mg an, bei Blätterpulver etwa von 0,6—1,0 g an. *Lobeliasamen* zeichnen sich durch hohe Giftigkeit aus.

*Dosis letalis:* Bei nicht reinem Lobelin mit Strychninnebenwirkung: für Neugeborene einige Milligramm. Für *reines* Lobelin Dosis letalis unbekannt. *Blätterpulver:* 3,6 g haben einen Erwachsenen in 36 Std. getötet, ein Teelöffel voll schon in fünf bis sechs Stunden.

*V. Pathologisch-anatomischer Befund:* Bei reiner Lobelinvergiftung unbekannt, bei Drogenvergiftung mit Herba Lobeliae Hyperämie der Magenschleimhaut.

*VI. Vorkommen der Vergiftung:* Vergiftungen mit reinem Lobelin sind sehr selten. Bei Herba Lobeliae und Präparaten, auch aus Lobeliasamen, hauptsächlich medizinale und durch Kurpfuscher, darunter auch tödliche, namentlich in England und Amerika.

*Schrifttum.*

*Berger, E.:* Med. Welt **1929,** 64. -- *Council* on *Pharmacy* and *Chemistry:* J. amer. med. Assoc. **1927,** 693. — *Dorsey:* Ann. int. Med. **10,** 628 (1936) (*Merck* 1938). — *Erben, F.:* Vergiftungen **2 II,** 517. Wien 1910. — *Lewin, L.:* Gifte und Vergiftungen. 167. Berlin 1929. — *Lang, O.:* Über eine Nebenwirkung von Lobelin-Ingelheim. Zbl. Gynäk. **1925,** 1853. — *Mennet:* Über bedrohliche Erscheinungen bei Anwendung von Lobelin-Ingelheim zur Bekämpfung von Asphyxiezuständen des Neugeborenen. Zbl. Gynäk. **1925,** 2703. — *Mennet:* Nochmals zur Gefährlichkeit des Lobelins für Neugeborene. Zbl. Gynäk. **1926,** 23. — *Pfeilsticker:* Ist Lobelin ungefährlich? Med. Korresp.bl. Württemberg **1927,** 1. — *Taylor, A. S.:* Die Gifte. **3,** 731. Köln 1862/63. — *Trier, G.:* Die Alkaloide. 2. Aufl. 650. Berlin 1931. — *Walbaum, M.:* Zur Beurteilung des Lobelin. hydrochloric. crist. Ingelheim. Arch. f. exper Path. **116,** 1 (1926). *H. Fischer.*

**Loccypiral** siehe *Schädlingsbekämpfungsmittel.*

**Lochbruch** siehe *Schädelbrüche.*

**Lochien** siehe *Scheidensekret.*

### Lokalanaesthetica außer Cocain. (Vgl. auch Art.: Cocain.)

Vergiftungen durch Lokalanaesthetica (außer Cocain) sind naturgemäß fast ausschließlich *medizinale* bei Verwendung zur örtlichen Schmerzbetäubung oder zur Unterdrückung lokaler Muskelkrämpfe (lokaler Tetanus). Entscheidend für den Eintritt einer Vergiftung ist häufig nicht die Natur des angewandten Stoffes, sondern die Art der Durchführung der lokalen Schmerzausschaltung, ihre spezielle Topographie, die individuell sehr verschiedene Empfindlichkeit des Patienten usw. Die Lumbalanästhesie nimmt wegen der erhöhten Gefahr lebensbedrohlicher Zwischenfälle und dem Auftreten mehr oder weniger typischer Nachwirkungen und sekundärer Schädigungen eine gewisse Sonderstellung ein (s. u.).

Was die Toxizität der zur Verwendung gelangenden Stoffe anbetrifft, so weist ihre Giftigkeit quantitativ nicht unerhebliche Unterschiede auf, während qualitativ die Mehrzahl der Lokalanaesthetica gleichartige Vergiftungserscheinungen hervorruft. Insbesondere gilt dies für die Lokalanaesthetica vom Typus der Benzoesäure- und p-Aminobenzoesäureester, welche die überwiegende Zahl der Lokalanaesthetica überhaupt ausmachen.

*Wirkungscharakter der Lokalanaesthetica:* reversible Lähmung der sensiblen Nervenendigungen, wobei die Empfindungsqualitäten in der Reihenfolge: Schmerzempfindung, Kälte- und Wärmegefühl, Druckempfindlichkeit ausgeschaltet werden. Bei Leitungsanästhesie Ausschaltung der sensiblen, bei höheren Anaestheticumkonzentrationen auch der motorischen Leitung. Auf das Muskelplasma bei direkter Applikation ebenfalls lähmend wirkend. Für das Zentralnervensystem sind die meisten Lokalanaesthetica qualitativ ähnlich toxisch wie Cocain, d. h. im Sinne von Krampfgiften mit Lähmung der medullären Zentren.

*Vergiftungserscheinungen:* lokal bei manchen Anaesthetica Reizerscheinungen, Hyperämie (s. u.); wenn Nekrose, Gangrän usw., ist wohl Adrenalin vorwiegend für die Entstehung verantwortlich. *Resorptiv* bei leichten Fällen Übelkeitsgefühl, Schwindel, Erbrechen, evtl. Schläfrigkeit, bei schwereren Vergiftungen alle Stadien des Kollapses neben cerebralen Reizerscheinungen wie Muskelzuckungen, Muskelstarre, epileptiformen Krämpfen; ferner: Atemstörungen, auch langdauernde Atemstillstände, Bewußtlosigkeit, Tod an Atemlähmung.

Der Eintritt einer resorptiven Vergiftung ist, abgesehen von Dosis, Adrenalinzusatz und individueller Enpfindlichkeit, wesentlich abhängig vom Entgiftungsvermögen des betreffenden Organismus (Leber und Niere) und der Resistenz des Zentralnervensystems auf Lokalanaesthetica. Epileptiker scheinen nicht besonders empfindlich zu sein. Der Faktor der Entgiftung ist ausschlaggebend: solange die Zufuhr eines Lokalanaestheticums zum Blut nicht größer ist als die Entgiftung durch Abbau in der Leber und Ausscheidung in der Niere, ist dessen Anwendung gefahrlos. Sobald Störungen in der Abbautätigkeit der Leber und in der Ausscheidung der Niere, droht resorptive Vergiftungsgefahr. Sie ist besonders groß nach vorausgehenden Narkosen mit der immer damit verbundenen großen funktionellen Belastung von Niere und Leber. Deshalb wirken Lokalanaesthetica im allgemeinen toxischer nach vorausgehender Narkose, was z. T. vielleicht bedingt durch Resorptionsbegünstigung, namentlich bei Inhalationsnarkose (Chloroform, Äther). Die Widerstandsfähigkeit der Narkotisierten den Lokalanaesthetica gegenüber wird aber individuell sehr verschieden beeinflußt.

*Ursachen der Zwischenfälle bei Lokalanästhesie:*

1. Überdosierung des Lokalanaestheticums oder des Adrenalins bzw. unzweckmäßige Zusammensetzung der Lokalanaestheticum-Adrenalinmischung, evtl. Verwendung von zersetzten Lokalanaestheticum-Adrenalinlösungen.

2. Besondere toxische Wirkung der Lokalanaestheticum-Adrenalin-Kombination infolge gegenseitiger Toxizitätssteigerung (vgl. *H. Zangecker*).

3. Mangelnde Vorsicht in der Anwendung, insbesondere zu wenig genaue Dosierung bei Schleimhautanästhesien (Verwendung von Spray, Pasten, tropfenden Pinseln und Wattebäuschen), Verwendung zu hoher Konzentrationen und Mengen für Schleimhaut- und Infiltrationsanästhesie.

4. Injektion in Vene oder in Gewebe, von welchem aus sehr rasch Resorption erfolgt, namentlich bei Nichtbeachtung lokal entzündlicher Prozesse.

5. Fehlender oder zu geringer Adrenalinzusatz, wodurch Resorption des Lokalanaestheticums begünstigt und beschleunigt wird.

6. Überempfindlichkeit des Patienten (neurovegetative Überempfindlichkeit, Basedow usw.); größere Empfindlichkeit gegen Lokalanästhesie während Menstruation, wohl auch während Schwangerschaft. Hautüberempfindlichkeit vgl. *Goodman*.

7. Latent gebliebene Parenchymschädigungen von Herz (Myodegeneratio) und von Leber und Niere und dadurch bedingte Abbau- und Ausscheidungsstörungen.

8. Gefahren durch besondere Topographie: Zwischenfälle bei Rachen- und Tonsillenanästhesie (auch Nase und Larynx), wo schwere Vergiftungen und Todesfälle ungleich häufiger als bei anders lokalisierten Infiltrationsanästhesien mit oft viel größerem Lokalanaestheticum-Adrenalinverbrauch. — Leitungsanästhesie im Gebiet des N. glossopharyngeus scheint ebenfalls besonders gefährliches Gebiet zu sein. Ebenso: Harnröhren- und Harnblasenanästhesie, namentlich bei Verwendung höherer Anaestheticumkonzentrationen. (Über Lumbalanästhesie s. u.).

9. Status thymico-lymphaticus (s. d.); Nach statistischen Erfahrungen, wenn überhaupt, von geringer Bedeutung, außer bei gleichzeitigem Hyperthyreoidismus. Viel eher sind allergisierende Momente zu beachten, namentlich entzündliche Prozesse, die lokal zu Resorptionsbegünstigung, aber auch zu allgemeiner Empfindlichkeitssteigerung führen können (chronische Infekte, Arthritis usw.).

Bei den Schleimhautanästhesien sind, namentlich im Nasen- und Rachen-Kehlkopfgebiet, primäre Shock- und Kollapswirkungen ähnlich bedrohlicher Art möglich wie bei Cocain. Bei diesen an sich seltenen Todesfällen kommt es meist noch vor Beginn der Operation, wenige Minuten nach Applikation des Anaestheticums, zu Krämpfen und tödlichem Atemstillstand.

Da Cocain bis jetzt das einzige praktisch verwendete Lokalanaestheticum mit lokal anämisierender, gefäßkontrahierender Wirkung, wird den Lokalanaesthetica zur Resorptionsverhinderung in der Regel Adrenalin oder ein Adrenalinersatzmittel (Corbasil usw.) zugesetzt, so daß häufig mit kombinierten Vergiftungen durch zwei toxikologisch sehr ungleiche Partner zu rechnen ist, wobei dem Adrenalin oft die ausschlaggebende Rolle zufällt.

*Lumbalanästhesie.* a) *Akute Vergiftungserscheinungen:* sind bei Lumbalanästhesie dieselben wie bei den andern Anästhesieformen, aber infolge der besonderen topographischen Verhältnisse häufig schwerer Natur (Atemstillstand, Versagen des Kreislaufs). Schwere Vergiftungsfälle sind, von individuellen Faktoren abgesehen (Überempfindlichkeit, Organschäden, Arteriosclerosis cerebri usw.), in der Mehrzahl der Fälle durch Überdosierung des Lokalanaestheticums oder durch mangelnde Sorgfalt bei der Lagerung des Patienten während und nach der Anästhesie bedingt, welche ein Hinaufsteigen des Lokalanaestheticums bis ins Oblongatagebiet ermöglicht. Die hohe Anästhesie (für Operationen über dem Nabel) bietet naturgemäß ungleich größere Gefahren, die neuerdings durch das Verfahren von *Jones* (s. u. Percainanästhesie) wesentlich verringer worden sind.

b) *Allen Lokalanaesthetica gemeinsame toxische Nachwirkungen bei Lumbalanästhesie:* Kopfschmerz von oft sehr langer Dauer (tage- bis wochenlang), Abducenslähmung, selten unmittelbar nach Lumbalanästhesie, meist erst einige Tage bis zwei Wochen später, häufiger einseitig, aber auch doppelseitig; nach einigen Monaten spontane Heilung. (Abducenslähmung bei 0,5—1 % der Lumbalanästhesie, bei Luetikern anscheinend häufiger (*Terrien.*) Seltener sind Störungen im Gebiet des Trochlearis, Occulomotorius, Opticus und Acusticus. Ferner: Inkontinenz von Blase und Mastdarm, Retentio urinae, Paresen und Paralysen der unteren Extremitäten; Erbrechen, Kollaps, Atembeklemmung, Fieber, auch subnormale Temperatur, Tachykardie.

c) *Spätschädigungen:* Lähmungen $1\frac{1}{2}$—$2\frac{1}{2}$ Monate nach Lumbalanästhesie, namentlich Paresen und Parästhesien in den Beinen. Ursache: toxische Abbauprodukte der Lokalanaesthetica (?), eher bakterielle Reize (*Weigeldt*).

*Übersicht über die einzelnen Lokalanaesthetica außer Cocain.*

I. *Lokalanaesthetica der Benzoesäureestergruppe.* 1. *Novocain* (Procain), HCl-Salz des p-Aminobenzoyldiäthylaminoäthanols. Kleine farblose Krist., in Wasser 1:1, in Alkohol 1:8, in Glycerin bis zu 20 % löslich. Auch als *Novocainum basicum* in öliger Lösung. Eignet sich für Infiltrations- und Leitungsanästhesie, nicht für Schleimhautanästhesie wegen zu geringer Resorptionsfähigkeit. Zeichnet sich durch geringe Toxizität bei s. c. Applikation und fehlende Reizwirkung bei gutem Anästhesierungsvermögen und guter Kombinationsfähigkeit mit Adrenalin aus. Bei i. v. Injektion ist Novocain stark toxisch, erzeugt Krämpfe usw. Abbau durch Leber, wie bei Cocain, bei welchem aber Abbau rascher.

*Dosierung* für Infiltrationsanästhesie: 0,5—2 %ige Lösung und höchstens 1 mg Adrenalin pro 1 g Novocain. Für Lumbalanästhesie 10 ccm 1—1,5 % ige Lösung. 100—200 ccm 1 % Novocainlösung für Infiltrationsanästhesie sollten nicht überschritten werden. Individuelle Toleranz sehr verschieden.

*Vergiftung:* 1. *Lokale Schädigungen:* Bei Zahnfleischinfiltration mit Novocain-Suprarenin selten, wohl meist durch Überdosierung des Adrenalins, Ödem und Nekrose. — Haut- und Muskelnekrose nach Infiltrationsanästhesie mit Novocain-Adrenalin (Laparatomie) wohl auch infolge Adrenalinüberdosierung (*Koch*). Ähnlich: Gangrän eines Hautlappens und der Fascie nach Infiltrationsanästhesie mit ½ %iger Novocain-Adrenalinlösung bei Patellarfraktur (*Boerner*). — Schwere gangränöse Schädigung der Bauchwandschichten mit Beteiligung des Bauchfelles und Darmlähmung bei Infiltrationsanästhesie mit 120 ccm 0,5 %iger Novocain-Adrenalinlösung für Leistenbruchoperation (*Gebele*).

2. *Resorptive Vergiftung:* In leichten Fällen Übelkeit, Erbrechen, Schwindel, Herzklopfen, Schläfrigkeit; bei schwerer Vergiftung Cyanose, Atemstörungen, Kollaps, Muskelzuckungen, Krämpfe.

*Typische Vergiftungsfälle: a) bei Rachenanästhesie.* Bei Anästhesie zur doppelseitigen Tonsillektomie bei 20jährigem gesunden Mädchen nach 8 ccm 2 %igem Novocain und 1 ccm Adrenalin 1 %ig (also viel zu hohe Adrenalindosis) schwerster Kollaps innerhalb fünf Minuten, Atemstillstand; kurz darauf irreversibler Herzstillstand (*Mayoux*).

Epileptiforme Anfälle bei Tonsillaranästhesie mit 0,5 %iger Novocain-Adrenalinlösung (*Behrmann*). Ähnlich nach Tonsillaranästhesie mit 2 %iger Lösung bei 14jährigem Mädchen: schwerster Kollaps mit Bewußtlosigkeit, Cyanose (*Neumann*). Vergiftung wahrscheinlich durch Injektion in Vene. Tödliche, 8 Stunden dauernde Atemlähmung nach Novocain-Adrenalinanästhesie zur Tonsillektomie bei 17jährigem Mädchen (*Donatelli*). Tödliches Larynxödem 14 Stunden nach Novocain-Corbasilanästhesie zur Zahnextraktion (Mandibularanästhesie bei Status menstruationis) (*Boller*).

Bei Cocain - Schleimhaut, - Novocain - Adrenalin-Infiltrationsanästhesie der Nase heftigste Dyspnoe, Cyanose, Lungenödem. Ausgang in Heilung. Ob Adrenalin überdosiert, nicht bekannt (*van den Bosche*).

Bei der häufig angewandten kombinierten Cocain - Schleimhaut - Novocaininfiltrationsanästhesie des Rachens zur Tonsillektomie wiederholt schwere Vergiftungen mit Krämpfen, auch tetanieähnliche Symptome. Ursache wohl meist unkontrollierbare Einspritzung in Vene, evtl. Cocainüberempfindlichkeit.

*b) bei Lumbalanästhesie* mit 0,1—0,15 g Novocain in 10 %iger Lösung Kopfschmerzen, Schwindel, Übelkeit, Erbrechen, Kollaps, epileptiforme Krämpfe. Kopfschmerzen sind oft von sehr langer Dauer und hoher Intensität, stärker wie bei Cocain, dabei auch heftige Nackenschmerzen. Selten Parästhesien und Augenmuskellähmungen, Inkontinenz von Blase und Mastdarm. Ausnahmsweise Schlafzustände von tagelanger Dauer.

3. *Gewerbliche Vergiftung:* Ekzemartige gewerbliche Dermatose der Zahnärzte an den Händen mit Verhärtung der Haut und Bildung schmerzhafter

Schrunden. Typisch: Gewebsschwellung unter den Fingernägeln.

*2. Larocain:* HCl-Salz des p-Aminobenzoyl-α-diäthylamino - β - dimethyläthanol (Dimethylnovocain). Leicht lösl. in Wasser, in Äther und Fetten als Salz unlöslich. Weniger toxisch wie Cocain. Gutes Infiltrations- und Schleimhautanaestheticum. Mit Adrenalin kombiniert zu verwenden. Für Larynx- und Rachenanästhesie 5 bis 10 %, Ophthalmologie 2—5 %, Urologie 0,5—0,75 %, Infiltrations- und Leitungsanästhesie 0,25—2 %.

*3. Tutocain:* HCl-Salz des p-Aminobenzoyl-α-dimethylamino-β-methyl-γ-butanol. Gutes Oberflächen- und Infiltrationsanaestheticum, wesentlich stärker wie Novocain, auch stärker toxisch. Mit Adrenalin gut kombinierbar, gut sterilisierbar, erweitert aber Gefäße etwas. Eignet sich für Lumbalanästhesie. Toxische Nebenwirkungen bei Verwendung von Konzentrationen über 0,25 % als Infiltrationsanaestheticum.

*Vergiftungsfälle:* Nach Pinseln mit 10 %igen Tutocain-Suprareninlösung und Einspritzen von 20 ccm 0,5 %iger Tutocainlösung + 1 Tropfen 1⁰/₀₀ Suprarenin pro Kubikzentimeter Lösung zur Anästhesie für Tonsillektomie bei 18jährigem, gesundem Mädchen: Erbrechen, schwerster tödlicher Kollaps innerhalb fünf Minuten (wohl infolge Überdosierung).

Bei Einspritzung von 8 ccm einer 2 %igen Tutocainlösung in Harnröhre für Cystoskopie nach zehn Minuten epileptiformer Anfall mit starren, weiten Pupillen, Zungenbiß; dann tiefer Schlaf. Nach einer Reihe weiterer Anfälle zunehmend Atemnot, Cyanose, Pulsschwäche. 40 Minuten nach Injektion Tod durch Atemlähmung. Sektion: Status thymico-lymphaticus, kolossale Blutfüllung der inneren Organe (*Schwarz*).

*4. Pantocain:* HCl-Salz des p-Butylaminobenzoy-dimethyl-aminoäthanol. Weißes krist. Pulver. In Wasser leicht löslich, sehr stabil, gut sterilisierbar. Wirkt 10mal stärker anästhesisch, ist aber auch entsprechend toxischer wie Novocain. Anästhesie von relativ kurzer Dauer; mit Adrenalin kombinierbar. In ½⁰/₀₀ iger Lösung gutes Infiltrationsanaestheticum, in 1 %iger Lösung als Oberflächenanaestheticum. Auf Hornhaut macht ein Tropfen 1 %iger Lösung starkes Brennen, dann Anästhesie.

*Toxizität:* Ähnlich groß wie bei Percain. Vergiftungsgefahr wegen sehr rascher Resorption besonders groß. Herzschädigungen ähnlich wie bei Percain.

*Vergiftungsfälle:* a) Nach Injektion von etwa 50 ccm einer 1 %igen (!) Pantocainlösung in Schulterblattgegend zur Beseitigung eines Lipoms Bewußtlosigkeit, dann heftige Krämpfe. Tod in 20 Minuten.

b) Bei Applikation von 8 ccm 2 %iger Pantocainlösung in Harnröhre für Cystoskopie nach 3 ½ Stunden Muskelzuckungen. Da Cystoskopie nicht geht, am folgenden Tag nochmals 6 ccm 2 %ige Pantocainlösung trotz leichten Blutabganges aus Harnröhre am Vortag. Kurz nach Applikation epileptischer Anfall, Cyanose, weite, lichtstarre Pupillen, unfühlbarer Puls, Todeseintritt. Sektion: subpleurale und subepikardiale Blutungen.

c) Nach Applikation von 2 ccm 2 %iger Pantocainlösung (ohne Adrenalin!) als Spray für Bronchialanästhesie und Applikation eines mit 2 ccm 2 %iger Pantocainlösung getränkten Gazepfropfes in Rachen und Larynx und weiterer Applikation von 10 ccm einer 1 %igen Lösung zur Injektion, wenige Sekunden nach Anästhesiebeendigung schwerste Konvulsionen, Bewußtlosigkeit, gehäufte Anfälle, Aussetzen der Atmung. Tod unter Atemlähmung innerhalb 30 Minuten (typische Überdosierung!).

*5. Panthesin:* Methansulfonat des p-Aminobenzoyl-N-diäthyllencinolesters. Weißes krist. Pulver, gut wasserlöslich, gut sterilisierbar.

Als Infiltrationsanaestheticum wegen hyperämisierender Wirkung, die durch Adrenalin nicht voll beseitigt werden kann, nicht geeignet, dagegen als Oberflächenanaestheticum, am besten für Lumbalanästhesie. Nebenwirkungen dieselben wie bei den anderen Localanaesthetica, Erbrechen, Blutdrucksenkung, gelegentlich schwerster Kollaps mit Atemstillstand.

*6. Stovain:* HCl-Salz des Benzoyl-Dimethylaminopentanols. Weißes, krist. Pulver, gut wasserlöslich, durch Hitze sterilisierbar. Hat intensive lokalanästhetische, aber gleichzeitig gefäßerweiternde Wirkung. Bei Injektion lokal Hyperämie, fast Entzündung, also Gewebsreizung. Mit Adrenalin nicht kombinierbar. Anwendung nur für Lumbalanästhesie. Gewöhnliche Dosis 0,05 g.

Bei Applikation am Auge: Starke Reizwirkung, Lidkrampf, Injektion, Mydriasis. Bei s. c. Applikation in 2 %iger Lösung Ödem, selbst Nekrose und Gangrän.

*Nebenwirkungen bei Lumbalanästhesie:* Am häufigsten Erbrechen, Schwindel, Kopfschmerzen, seltener starke Pulsverlangsamung, Pulsirregularität und -Schwäche, Kollaps, Dyspnoe, Cyanose, Todesangst, Atemstillstand resp. Atemlähmung von langer Dauer. In einem Fall tödliche Atemlähmung nach 0,06 g Stovain schon innert sieben Minuten. In anderem Fall tödliche Atemlähmung noch 12 Stunden nach Anästhesie.

Selten: Aufregungszustände, epileptiforme Krämpfe, Lähmungen im Gebiet der unteren und oberen Extremitäten, Blasen- und Mastdarmlähmung. Häufig ist Albuminurie. Schwangere sollen gegen Stovain besonders empfindlich sein. Bei Diabetikern gelegentlich schwere Acidose.

*Nachwirkungen:* Kopfschmerzen viel heftiger wie bei Tropacocain, selbst länger und heftiger wie bei Cocain und Novocain. Nicht ganz selten Nackenstarre und Nackenschmerzen (Meningismus); Schlaflosigkeit, Erbrechen, Parästhesien, Ischias; selten Paraplegie, Muskelatrophien, Reflexsteigerung. Am häufigsten sind auch hier Abducenslähmungen.

*7. Alypin:* HCl-Salz des Benzoyltetramethyldiaminoäthylisopropylalkohol (N-Dimethylstovain). Weißes krist. Pulver, gut wasserlöslich, gut sterilisierbar. Etwas weniger giftig wie Cocain; wird sehr rasch resorbiert. Stark anästhetisch wirkend. Lokal auf Gewebe stark reizend, starke Hyperämie. Verwendung zur Lumbalanästhesie; Nebenwirkungen wie bei Stovain.

*Vergiftungsfälle:* Tödliche Vergiftung nach 0,05 g Alypin (= übliche Dosis) zur Lumbalanästhesie (mit Adrenalin): Kollaps, 4stündige Atemlähmung, Todeseintritt.

Irrtümliche i. v. Injektion von 7 ccm 3 %iger Alypinlösung (= 0,21 g Alypin) mit je einem Tropfen Suprarenin pro Kubikzentimeter: klonischer Krampfanfall mit Bewußtlosigkeit, anschließend wiederholt klonische Zuckungen, Kopfschmerzen noch während mehreren Tagen (*Bonin*). Tödliche Vergiftung von Harnröhre aus bei Applikation einer 5 %igen Alypinlösung.

*8. Eucain-B:* HCl-Salz des Benzoyltrimethyloxypiperidins. Weiße Krist., gut wasserlöslich, gut sterilisierbar. Macht bei Infiltrationsanästhesie geringe Hyperämie. Mit Adrenalin kombinierbar. Gutes Infiltrations- und Oberflächenanaestheticum. Etwa viermal weniger giftig wie Cocain. Wirkt gut, aber kürzer anästhetisch wie dieses, macht keine Mydriasis.

*Vergiftung:* Nach s. c. Applikation Schwindel, Nebelsehen, Ohnmacht, Angstgefühl. Nach urethraler Applikation hochgradige psychische Erregung, Verwirrung, motorische Unruhe, epileptiforme und tetanische Krämpfe. Als Lumbalanaestheticum die gleichen Nebenwirkungen wie Tropacocain.

*9. Tropacocain:* HCl-Salz des Benzoylpseudotropin, $C_{15}H_{19}NO_2$. Natürlich in javanischen Cocablättern vorkommend und synthetisch hergestellt. Krist. in Nadeln, F. = 49°, unlöslich in Wasser, löslich in Alkohol und Äther, medizinisch nur als Tropacocain-HCl; weißes krist. Pulver, in Wasser leicht, in kaltem Alkohol schwer löslich. F. = 271°, reagiert neutral. Lösungen hitzesterilisierbar, Lösungen halten sich monatelang. Macht geringe Mydriasis ohne Akkommodationsstörung. Auf Conjunctiva wirkt 10 %ige Lösung manchmal örtlich reizend und gefäßerweiternd. Ist etwa dreimal weniger toxisch wie Cocain bei etwa gleich intensiver, aber flüchtiger lokalanästhetischer Wirksamkeit. Lokal etwas hyperämisch wirkend deshalb mit Adrenalin nicht gut kombinierbar. Hauptsächlich als Lumbalanaestheticum zu 0,05 g (diese Dosis soll nicht überschritten werden). Schwerster Kollaps schon nach 2 ccm 2 %iger Lösung (0,04 g Tropacocain). Relativ häufig wird 1,5 ccm 5 %ige (0,0758) Lösung verwendet, wobei eine Anzahl schwerer Kollapse.

*Nebenwirkungen bei Lumbalanästhesie:* Erregung, Angstgefühl, Blässe, Schweiß, Übelkeit, Erbrechen, Pulsbeschleunigung, Kollaps; selten Schüttelfrost, Fieber, Cyanose, Atemlähmung. Als Spätschädigung langdauernde Kopfschmerzen, Abducenslähmung usw. Schwerster Kollaps bei Arteriosklerose der Gehirn- und Coronargefäße (*Willi*).

*Dosis toxica:* Je nach Empfindlichkeit und Applikationsart verschieden. Epileptiforme Anfälle nach 0,07 g; nach 0,8 g Schüttelfrost, tiefe Cyanose, unfühlbarer Puls; Ausgang in Heilung.

*Dosis letalis:* Unter besonderen Umständen können schon 0,05 g letal wirken. Nach Lumbalanästhesie mit 0,05 g Tropacocain bei Nephritiker einige Stunden nach Anästhesie Schüttelfrost, Fieber, unfühlbarer Puls, Cyanose, Delirien, tödlicher Kollaps. In anderem Fall nach 0,06 g Paraplegie, Dyspnoe, Tod unter Lungenödem.

*10. Psicain:* Saures weinsaures Salz des d-ψ-Cocains (d-Pseudococain), $C_{17}H_{21}NO_4$, isomer mit Cocain. In Wasser leicht, in Alkohol etwas schwerer löslich, gut hitzesterilisierbar. Keine Mydriasis, keine euphorisierende Wirkung wie bei Cocain, deshalb keine Suchtgefahr. Dosierung wie bei Cocain. Wirkt etwas stärker lokalanästhetisch wie dieses, hat aber keine gefäßkontrahierende Wirkung, deshalb mit Adrenalin zu kombinieren. Wird im Organismus anscheinend weitgehender abgebaut wie Cocain. Bei i. v. Applikation ist Psicain ebenso giftig wie Cocain.

*Resorptive Giftwirkungen:* Zentrale Erregung, Krämpfe usw. Wird nur als Schleimhautanaestheticum in 0,5—10 %iger Lösung verwendet, da für Infiltrationsanästhesie zu toxisch.

*Psicain-N* = 4 %ige Lösung des Natriumsalzes für Hornhautanästhesie (reizlos).

*Psicain-Neu* = HCl-Salz des d-Benzoyl-Ekgoninpropylesters: Giftigkeit doppelt so groß wie bei Psicain, dabei fünf- bis zehnmal stärker lokalanästhetisch wirkend. Gut sterilisierbar und mit Adrenalin kombinierbar. Für Oberflächenanästhesie in 0,1—2 %iger Lösung.

*11. Wasserunlösliche Lokalanaesthetica der Benzoesäureestergruppe:* Sehr geringe resorptive Toxizität zeigen ganz allgemein wegen ihrer fast absoluten Wasserunlöslichkeit die auch in Wundsekreten sich nur sehr langsam lösenden Benzoesäureester *Orthoform*, p-Amino-m-Oxybenzoesäuremethylester, $C_6H_3 \cdot NH_2 \cdot OH \cdot COOCH_3$, *Orthoform-Neu*, p-Oxy-m-Aminobenzoesäuremethylester, $C_6H_3 \cdot OH \cdot NH_2COOCH_3$, und *Anästhesin*, p-Aminobenzoesäureäthylester,

$C_6H_4 \cdot NH_2 \cdot COOC_2H_5$. Anästhesin ist zu 1 Teil in 6 Teilen abs. Alkohol löslich; in Mandelöl bis 2%.

Während Orthoform und Orthoform-Neu infolge ihres Phenolcharakters zu lokalen Schädigungen: Nekrosen, Geschwüren, Gangrän, Ödem usw. gelegentlich Veranlassung geben, insbesondere bei Verwendung auf schlecht ernährten Geweben (z. B. bei Ulcus varicosum), hat Anästhesin weder lokal noch resorptiv trotz extensivster Anwendung kaum jemals zu Schädigungen geführt. Auch Orthoform ist resorptiv außerordentlich wenig toxisch. Über resorptive Orthoformexantheme vgl. *Dubreuilh.* Bei besonderer Empfindlichkeit kommt es unter Orthoformapplikation von der Applikationsstelle aus zu generalisiertem Erythem, sehr selten zu bläschenförmigem Ausschlag. Eine (fragliche) Anästhesinvergiftung führte bei einem Säugling angeblich zu Cyanose, Kollaps, Krämpfen, Temperatursteigerung auf 40°, Methämoglobinbildung (letztere im Tierversuch bestätigt).

*II. Holocain.* Salzsaures p-Diäthoxyäthenyl-diphenylamidin. Farblose Kristalle, in 50 Teilen Wasser löslich. Nur am Auge als Lokalanaestheticum in 1%iger Lösung: führte zu Hornhauttrübung, sehr selten zu Geschwür. Hat s. c. starke Reizwirkung, deshalb als Infiltrationsanaestheticum unbrauchbar. Resorptive Toxizität so groß oder größer wie die des Cocains. Macht im Tierversuch Krämpfe.

*III. Localanaestetica der Chinolingruppe und Chininderivate.* Gewisse Chininderivate zeichnen sich durch hohe lokalanästhetische Wirksamkeit von langer Dauer namentlich auf Schleimhäuten aus, die aber gleichzeitig infolge des typischen Protoplasmagiftcharakters dieser Stoffe mit der Eigenschaft lokaler Gewebsschädigung behaftet ist. Von chininähnlichen Lokalanaesthetica mit geichzeitig stark antiseptischer Wirkung werden gelegentlich die mit Optochin nahe verwandten Alkaloide *Vucin* und *Eucupin* verwendet.

*Vucin*, Isooctylhydrocuprein: Führte bei Lumbalanästhesie zu Obliteration des Rückenmarksackes (*Weigeldt*). In der Wundbehandlung als Antisepticum verwendet, hat es zu Gewebsschädigung und Hemmung der Granulationsbildung Veranlassung gegeben.

*Eucupin*, Isoamylhydrocuprein: Als Harnblasenanaestheticum und Desinficiens verwendet. Wirkt bei $1^0/_{00}$iger Lösung schon lokal toxisch, während bei $0,5^0/_{00}$ die anästhetische Wirkung meist zu schwach. Bei Verwendung als Grippeantisepticum vereinzelt schwere Augenschädigungen, Opticusatrophien analog Optochin (*Franke* und *Hegler*).

*Percain*, HCl-Salz des 2-Butyloxy-4-Chinolincarbonsäurediäthylaminoäthylamids: Farblose Kristalle, sehr leicht wasserlöslich, in alkalifreiem Glas hitzesterilisierbar. Ausgezeichnetes Oberflächen- und Injektionsanaestheticum mit Anästhesie von sehr langer Dauer, ist aber auch von großer Toxizität. Mit Adrenalin gut kombinierbar. Als Infiltrationsanaestheticum in $0,5^0/_{00}$iger Lösung, wobei Gesamtmenge von 0,02 g Percain nicht überschritten werden soll. Kombination mit Adrenalin wichtig. Für Schleimhautanästhesie 0,5%ig (Rachen, Conjunctiva), für Harnblase usw. $0,5-1^0/_0$. Als Percainsalbe 1%. Für Lumbalanästhesie $0,75^0/_{00}$.

*Ausscheidung:* Wird sehr langsam aus Kreislauf eliminiert, deshalb besonders genaue Dosierung notwendig.

*Dosis toxica:* Beginnt schon unter 0,06 g Percain, bei Lumbalanästhesie schon unter 0,02 g.

*Dosis letalis:* Tödliche Vergiftung schon mit 0,13 g, bei Lumbalanästhesie schon durch 0,01 g Percain. Im Beginn der Percainanästhesie wiederholt schwerste, z. T. tödliche Vergiftungen, fast ausnahmslos infolge Überdosierung. Auch jetzt sind schwerste Vergiftungsfälle nicht ganz selten, bei denen Überdosierung, oft aus Unkenntnis der erlaubten Dosis, Hauptursache der Vergiftung darstellt, wie die folgenden Vergiftungsfälle zeigen:

a) Bei Infiltrationsanästhesie mit 110 ccm $1^0/_{00}$iger Lösung (= 0,11 g Percain) in Gegend der Kniekehle nach kurzer Zeit Übelkeit, Erbrechen, Krampfanfall mit Cyanose, Atemstillstand, Bewußtlosigkeit, gehäufte epileptiforme Anfälle. Tod eine Stunde nach Injektion (*Kühnel*).

b) Nach Injektion von 50 ccm $4^0/_{00}$iger Percainlösung (= 0,2 g Percain) zur Infiltrationsanästhesie bei Appendektomie nach kurzer Zeit Krämpfe, nach wenigen Stunden erneut Krämpfe und Tod.

c) Nach Verwendung von 55 ccm einer $1^0/_0$igen statt $1^0/_{00}$igen Percainlösung (= 0,55 g Percain) zur Strumektomie tödlicher Kollaps bei Basedow und Status thymico-lymphaticus, so daß neben Überdosierung Überempfindlichkeit wohl mit eine Rolle spielte.

Bei schwerer Vergiftung gelegentlich narkoseartiger Zustand, in welchem operiert wurde! Percain hat neben der zentraltoxischen Wirkung auch schädigende Wirkung auf das Herz.

*Vergiftungen bei Lumbalanästhesie:* a) Nach Anwendung von 2 ccm einer 0,4%igen Lösung kam es neun Tage nach Anästhesie zu Beinlähmung mit Parästhesien, später Pachymeningitis chronica fibrosa und Markerweichung (*Zeckel*).

b) Zwei tödlich verlaufene Lumbalanäthesien: in einem Fall schlaffe Lähmung beider Beine; eine Woche nach Anästhesie Decubitus, Tod innerhalb drei Wochen. Sektion: Verwachsung der Rückenmarkshäute mit Obliteration und Markerweichung. Im anderen Fall Paraplegie, Erweichungen im Gebiet der Cauda und des Lumbalmarkes. Tod 36 Stunden nach Anästhesie (*Behr* und *Zeckel*).

c) In anderem Fall führte Lumbalanästhesie mit 2,0 ccm 0,5%iger Lösung zu tödlichem Kollaps. Von *Henschen* angenommene Maximaldosis von 200 mg für Lumbalanästhesie ist sicher viel zu hoch.

Wesentliche Herabsetzung der Vergiftungsgefahr seit Einführung der Lumbalanästhesie nach *Jones* resp. *Jones* und *Sebrechts* unter Verwendung hypobarer (spezifisch leichterer) Lösungen, wie nur mit Percain möglich, da übrige Lokalanaestheticalösungen mit höherer Konzentration spezifisch zu schwer. Volle Anästhesie schon durch 5—10 bis höchstens 18 mg Percain durch Verwendung von Percain 1:1500 in 0,5%iger NaCl-Lösung, welche mit 1,003 spez. Gewicht leichter wie Liquor, so daß durch geeignete Lagerung (Beckenhochlagerung) Aufsteigen der Lösung verhindert wird. Seit Einführung dieser Anästhesieart nur noch geringe Nebenwirkungen außer bei fehlerhafter Technik, namentlich bei zu rascher Injektion oder zu wenig sorgfältiger Lagerung. In seltenen Fällen resorptiver Kollaps mit Atem- und Herzstillstand, vorübergehender Abducensparese, allgemeinen Muskelzuckungen, Bewußtlosigkeit, Cyanose usw. Als Nachwirkungen sind Kopfschmerzen von einigen Stunden bis Tagen bei einem Teil der Fälle unvermeidlich.

*IV. Erythrophlein.* Alkaloid von *Erythrophleum guinense* (Leguminose), als Pfeilgift und „Gottesgericht" bei vielen Negerstämmen Afrikas in Gebrauch. Kommt als *Sassyrinde* in den Handel, neuerdings auch als *Erythrophleinum sulfuricum.* In Erythrophleum noch eine ganze Anzahl weiterer Alkaloide (*Faltis*). Erythrophlein ist wahrscheinlich unvollständig gereinigtes *Cassain.* Es wirkt in 0,5- bis $2^0/_{00}$iger Lösung sehr stark lokalanästhetisch, oft nach primärer lokaler Reizwirkung. Außerdem hat Erythrophlein digitalisartige Wirkung auf das Herz.

Verwendung in der *Zahnheilkunde*, namentlich in Form des „Geheimmittels" *Nervocidin*, einem nicht völlig gereinigten oder mit Zusätzen versehenen, aus der als „Gasu Basu" bezeichneten Sassyrinde gewonnenen Erythrophlein. Als Pulpa- und Dentinanaestheticum brauchbar, als Leitungsanaestheticum gefährlich wegen lokaler Schädigung. Ist stärkstes Schleimhautanaestheticum, welches das Cocain im Tierversuch um das 30fache übertrifft. Nervocidin ist ein schwach gelblich gefärbtes, hygroskopisches Pulver. Sehr leicht wasserlöslich, schwerer in Alkohol und Äther. Ruft auf Mundschleimhaut gelegentlich herpetiforme Bläschen hervor. Aus Unachtsamkeit ins Auge gelangt, macht es sehr schmerzhafte Keratitis ulcerosa mit Lichtscheu, später völlige, über Tage anhaltende Anästhesie. Meist Heilung in zwei bis drei Tagen. $0,5^0/_{00}$ige Lösung bewirkt am Auge brennendes Gefühl, nach 20 Minuten Anästhesie von fünf Stunden Dauer. $1^0/_{00}$ige Lösung auf Wangenschleimhaut gebracht, bewirkt ebenfalls Anaesthesia dolorosa. Bei zu langer Einwirkung des Nervocidins auf Zahnpulpa tritt Pulpaschädigung (Thrombosen, Blutungen), analog wie bei Arsen, evtl. Periodontitis auf. Resorptive Vergiftungswirkungen beim Menschen: Brechreiz, Übelkeit, Speichelfluß, Kopfweh, Schwindel, Kollaps.

### Pathologisch-anatomischer Befund bei Vergiftungen durch Localanaesthetica.

Bei allen Todesfällen durch die gebräuchlichen Lokalanaesthetica ist Befund ganz uncharakteristisch, bei raschem Todeseintritt auch völlig negativ; evtl. Hyperämie der Bauchorgane. Relativ häufig Erstickungsbefund: flüssiges Blut, subendokardiale und subpleurale Blutungen, starke Gehirnhyperämie und Blutfülle der inneren Organe. Status thymico-lymphaticus ist auch in den ganz plötzlichen Anästhesietodesfällen ein seltener Befund (*Mayer*). Status menstruationis, Gravidität, adenomatöse Struma, Myodegeneratio cordis, Coronarveränderungen (besonders wegen Adrenalin), Leber- und Nierenschädigungen, septische Prozesse sind bei Beurteilung von Vergiftungsfällen speziell zu berücksichtigen, ebenso entzündliche Veränderungen im Anästhesiegebiet, die schon vor der Anästhesie bestanden und zu wenig beachtet wurden, aber auch solche, die durch Lokalanaestheticum ausgelöst werden.

*Lokal:* Auf Haut und Schleimhäuten oder an Infiltrationsstellen selten Hyperämie, Nekrosen, Gangrän; auf Haut selten lokale Erytheme, Urticaria, vesiculöse Ausschläge, noch seltener generalisiert; am Auge Hornhauttrübungen, trophische Störungen, sehr selten Gangrän.

#### Schrifttum.

*Ach:* Augenmuskellähmung nach Lumbalanästhesie. Münch. med. Wschr. **1907**, 613. — *Banzet, S.:* Syncope au cours d'une anesthésie rachidienne traitée par l'adrénaline intracardiaque, accidents cérébraux, mort au bout de quarante-huit heures. Bull. Soc. nat. Chir. Paris **54**, 980 (1928). — *Behr, E.* u. *A. Zeckel:* Zwei tödlich verlaufene Fälle von Lumbalanästhesie mit Percain. Nederl. Tijdschr. Geneesk. **1933**, 3465. — *Behrman, W.:* Unglücksfall bei Lokalbetäubung zur Tonsillektomie. Sv. Läkartidn. **1930 II**, 661. — *Biondi, I. G.:* Ricerche sperimentali sugli avvelenamenti da percaina. Avvelenamento acuto e responsabilità del chirurgo. Arch. di Antrop. crimin. **55**, 564 (1935). — *Blum, W.:* Über einen Fall schwerer, medizinaler Percain-Vergiftung. Slg. Verg.-Fälle A **700**, 173. — *Boerner, E.:* Lokalanästhesie mit ½proz. Novocain-Suprareninlösung und tödliche Gewebsschädigung. Zbl. Chir. **1932**, 272. — *Boller, W.:* Larynxödem nach Zahnextraktion in statu mentruationis. Festschrift *Zangger*, 77, 1935. — *Bonin, H.:* Zur Kasuistik der Alypinvergiftung. Münch. med. Wschr. **1925**, 1427. — *van den Bosche, P.:* A propos d'un oedème aigu du poumon survenu au cours d'une anesthésie locale pour déviation de la cloison nasale. Ann. Mal. Oreille **49**, 983 (1930). — *Braun, H.* u. *A. Läwen:* Die örtliche Betäubung. 8. Aufl. Leipzig 1933. — *Dalma, G.:* Einiges über Nervocidin und dessen Anwendungsbereich. Zahnärztl. Rdsch. **1925**, Nr. 1 (Okt.). — *Dalma, G.:* Neue Alkaloide aus Erythrophleum

guinense. Ann. Chim. applicata **25**, 569 (1935). — *Deetz:* Erfahrungen an 360 Lumbalanästhesien mit Stovain-Adrenalin. Münch. med. Wschr. **1906**, 1343. — *Donatelli, L.* u. *R. Abbate:* Über einen interessanten Todesfall durch Anästhesie mit Novocain-Adrenalin. Slg. Verg.-Fälle A **693**, 147. — *Dubreuilh:* Orthoformexantheme. Ther. Mh. **16**, 107 (1902). — *Düttmann, G.:* Weitere Erfahrungen mit Tutocain. Münch. med. Wschr. **1926**, 1885. — *Engelhard, L. J. B.:* Lähmung der Beine nach Lumbalanästhesie. Nederl. Tijdschr. Verloskde **35**, 91 (1932). — *Epstein, B.* u. *F. Hendrych:* Anästhesinvergiftung im Säuglingsalter. Mschr. Kinderheilk. **58**, 358 (1933). — *Erben, F.:* Vergiftungen **2 II**, 639. Wien 1910. — *Faltis, F.* u. *L. Holzinger:* Beiträge zur Konstitution des Cassains (aus Erythrophleum guiense). Ber. dtsch. chem. Ges. **72**, 1443 (1935) — *Faltis, F.* u. *L. Holzinger:* Beiträge zur Konstitution des Cassains und eine Partialsynthese des Alkaloids. Ber. dtsch. chem. Ges. **72**, 1443 (1939). — *Fischer, G :* Heutiger Stand der Lokalanästhesie. Zahnärztl. Rdsch. **1934**, 823. — *Franke* u. *Hegler:* Opticusschädigungen durch Eucupin. Med. Klin. **1920**, 628. — *Franke, M.:* Über Dauerschädigungen nach Lumbalanästhesie mit Novocain-Suprareninlösung. Dtsch. Z. Chir. **202**, 262 (1927). — *Franken, H.:* Klinische und experimentelle Untersuchungen zur Lumbalanästhesie nach *Jones*. Klin. Wschr. **1933**, 644. — *Gebele:* Lokalanästhesie mit ½proz. Novocain-Suprareninlösung und tödliche Gewebsschädigung. Zbl. Chir. **1931**, 2655. — *Goodman, M. H.:* Hautüberempfindlichkeit bei Procainanästhesie. J. invest. Dermat. **2**, 53 (1939). — *Hesse, E.:* Über das Nervocidin. Arch. f. exper. Path. **119**, 259 (1927). — *Hirsch, L.:* Tetanie nach Lokalanästhesie. Klin. Wschr. **1929 I**, 744. — *Jones, W. H.:* Nouvelle méthode d'anesthésie rachidienne par la percaine. Lyon chir. **27**, 579 (1930). — *Jordan:* Über Novocainekzeme. Dermat. Wschr. **1927**, 977. — *Kelmann, H.* u. *G. A. Abbot:* Toxische Myelopathie nach Procainhydrochlorid. Ann. Surg. **108**, 1001 (1938). — *Keysser:* Eucupin und Vuzin in der Wundbehandlung. Dtsch. Z. Chir. **162**, 94 (1921). — *Koenen, O.:* Fragliche tödliche Vergiftung mit Pantocain L bei der Lumbalanästhesie. Slg. Verg.-Fälle A **753**, 133. — *Koster, H.* and *M. Weintrob:* Complications of spinal anaesthesia. Amer. J. Surg. **8**, 1165 (1930) (Literatur). — *Koster, H.* and *M. Weintrob:* Spinal anaesthesia: Fatalities. Amer. J. Surg. **9**, 234 (1930). — *Langecker, H.:* Über die Verwendbarkeit von Novokain-Adrenalinlösungen für die Lokalanästhesie. Dtsch. med. Wschr. **1927**, Nr. 45. — *Langecker, H.:* Über eine Reaktion des Adrenalins mit Novokain. Arch. f. exper. Path. **129**, 202 (1928). — *Lewin, L.:* Gifte und Vergiftungen. 553, 574, 580 u. 710. Berlin 1929. — *Lewin, L.* u. *H. Guillery:* Die Wirkungen von Arzneimitteln auf das Auge. 2. Aufl. **1**, 137, 140, 144. Berlin 1913. — *di Marzio, A.:* Sulle paralisi oculari consecutive alla rachianestesia ed alla rachicentesi. Riv. otol. ecc. **7**, 1—18 (1930). — *Masing, E.:* Tödliche Vergiftung bei Anästhesie der Harnröhre mit Pantocain. Slg. Verg.-Fälle A **631**, 165. — *Mayer, E.:* The toxic effects following the use of local anesthetics. An analysis of the reports of forty-three deaths submitted to the committee for the study of toxic effects of the local anesthetics of the American medical association and the recommendations of the committee. J. amer. med. Assoc. **82**, 876 (1924). — *Mayer, E.:* A further study of the toxic effects of local anesthesia. Trans. amer. Acad. Ophthalm. a. Otol. **1924**, 303—318. — *Mayer, E.:* Fatalities from local anesthetics. J. amer. med. Assoc. **90**, 1290 (1928). — *Mayoux, R.:* Mort subite par injection de novocaine-adrénaline dans la région amygdalienne. Ann. Mal. Oreille **47**, 577 (1928). — *Meyenburg, H. von:* Über Todesfälle bei Percainanästhesie. *Zangger*-Festschrift S. 88, Zürich 1935. — *Michelsen, J.:* Spätschädigungen des Rückenmarks nach Lumbalanästhesie und ihre Verhütung. Münch. med. Wschr. **1932 II**, 1148. — *Neumann, H.:* Über das Auftreten eines epileptiformen Zustandsbildes bei der Lokalanästhesie zur Tonsillektomie. Mschr. Ohrenheilk. **63**, 703 (1929). — *Neuschüler, I.:* Oftalmoplegia esterna completa e bilaterale da rachianestesia. (Considerazioni patogenetiche.) Riv. otol. ecc. **11**, 255 (1934). — *Nünlist, A.:* Über die Anästhesierungsmethode des Dentins und der Pulpa durch Nervocidin. Diss. Zürich 1928. — *Panse, R.:* Gefahren der örtlichen Betäubung. Arch. Ohr- usw. Heilk. **124**, 1—3 (1929). — *Petri, E.:* Anatomie und Histologie der Vergiftungen. In Handb. spez. Path. u. Histol. **10**, 388, Berlin 1930. — *Poulsson, E.:* Cocainersatzmittel, in *Heffter* Handb. exper. Pharm. **2**, 1, 147 (1920). — *Riechen, F.:* Zwei Vergiftungsfälle mit Percain. Z. Unters. Lebensmitt. **63**, 557 (1932). — *Riva, G.:* Paralisi dell'abducens da rachianestesia tropacocainica. Ann. Med. nav. e colon. **1**, 39 (1926). — *Schepelmann, E.:* Über üble Zufälle bei Lumbalanästhesie. Dtsch. med. Wschr. **1924**, 1475. — *Schmidt, F.:* Nervocidin als Dentinanaestheticum. Dtsch. Mschr. Zahnheilk. **1929**, 559. — *Schoen, F.:* Tödliche Pantocain-Vergiftung im Anschluß an Schleimhautanästhesie zwecks Vornahme einer Bronchographie. Slg. Verg.-Fälle B **94**, 9. — *Schoen, F.:* Tödliche medizinale Vergiftungen durch Pantocain. Wien. kl. W. **1939**, 953. — *Schwarz:* Erfahrungen über 100 medulläre Tropakokainanästhesien. Münch. med. Wschr. **1902**, 129. — *Schwarz, O. A.:* Über einen Todesfall nach Anästhesie der Harnröhre mit Tutocain. Münch. med. Wschr. **1924**, 1507. — *Sebrechts, M.:* Note au sujet de la rachianesthésie. Bull. Acad. Méd. Belg. **1930**, 543. — *Seeger, Th.:* Über Todesfälle durch örtliche Betäubung mit Novocain. Arch. Ohr- usw. Heilk. **132**, 49 (1932). —

*Snapp, C. F.:* A fatality following the injection of a local anesthetic. Ann. of Otol. **37**, 974 (1928). — *Terrien, F.:* Les accidents oculaires tardifs de la rachianesthésie. Bull. med. **37**, 147 (1923). — *Thiel, G.:* Über Wirkung und Nebenwirkungen der Kokain-Ersatzpräparate. Diss. Würzburg 1918. — *Voß:* Über Narkoselähmungen, insbesondere im Gebiet des Lenden-Kreuzbeingeflechts. Dtsch. med. Wschr. **1931 II**, 1701. — *Wagner, J.:* Lokalanästhesie mit ½proz. Novocain-Suprareninlösung und tödliche Gewebsschädigung. Zbl. Chir. **1932**, 1228. — *Weigeldt, W.:* Rückenmarksschädigungen nach Lumbalanästhesien und Vuzininjektion (Obliteration des Subarachnoidealraumes) Dtsch.Z. Nervenheilk. **84**, 121 (1925). — *Willi, F.:* Die Lumbalanästhesie unter bes. Berücksichtigung der *Jones*schen Methode mit Percain. Diss. Zürich 1934. — *Wiślański, K.:* Über die Lumbalanästhesie mit Tropacocain und die in Verbindung mit ihr auftretenden Komplikationen. Polska Gaz. lek. **1929 II**, 657. — *Zeckel, A.* u. *E. Behr:* Pachymeningitis und Myelumerweichung nach Lumbalanästhesie mit Percain. Psychiatr. Bl. **37**, 57 (1933).

*H. Fischer.*

## Lokalaugenschein (= L.).

Sachliche Beweise werden in der strafrechtlichen Praxis an Personen, an Dingen, an Örtlichkeiten mittels einer Befundaufnahme erworben. Die Befundaufnahme wird entweder durch richterliche Organe oder durch Organe der Polizei (Gendarmerie) erledigt und mit dem Namen der Beschau bezeichnet. Dementsprechend kann eine polizeiliche und eine richterliche Beschau unterschieden werden. Wenn sich die Befundaufnahme auf den Zustand einer Örtlichkeit bezieht, nennt man die Amtshandlung „L.aufnahme". Diese kann sich auf eine einzige Lokalität beschränken oder sich auf mehrere erstrecken, wenn die einzelnen Teile eines Begebnisses an verschiedenen Stellen verliefen. Im obigen Sinne soll auch das Wort „Tatort" gedeutet werden, also nicht nur auf den Raum, in dem der Täter seine Absicht verwirklicht hat, beschränkt bleiben, sondern auf alle Lokalitäten ausgedehnt werden, in denen Teilhandlungen verliefen (Ort des Verbergens, des Zerstückelns der Leiche, Weg, an dem der Täter sein Opfer erreicht und verlassen hat, usw.). Da die Feststellungen des L.s berufen sind, entscheidende Beweise zu liefern, sollte eigentlich im Geiste moderner Gesetze auch diese Amtshandlung beständig in der Form einer richterlichen Beschau, also durch Organe des Gerichts vorgenommen werden. Tatsächlich geschieht dies aber — da die Forderungen des Lebens selbst die Kraft der Gesetze bezwingen — nur in einer kleinen Zahl der Fälle. Meistens wird der L. durch Polizei oder Gendarmerie vollzogen, hiermit auch das Los des Falles zumeist endgültig entschieden. Daran ist, unter den heute obwaltenden Verhältnissen um so weniger etwas auszusetzen, als die Polizei für die Vornahme des L.s entsprechend eingerichtet und auch verpflichtet ist, beim Sammeln der Beweise die in der Strafprozeßordnung vorgesehenen Kautelen zu beachten. Ein wesentlicher Unterschied zwischen einem polizeilichen und einem richterlichen L. besteht allerdings in der Beiziehung von Sachverständigen. Im Polizeiverfahren werden als Sachverständige — wenn die Mitwirkung solcher unerläßlich erscheint — irgendwelche frei praktizierenden Ärzte oder Polizeiärzte in Anspruch genommen, der Untersuchungsrichter pflegt dagegen den ständigen Arzt des Gerichtes zuzuziehen. Der Aufgabenkreis ist im großen und ganzen in beiden Fällen der gleiche. Bei der Klärung von Todesfällen setzt das amtliche Verfahren zumeist mit der Befundaufnahme am Lagerungsort der Leiche, also mit einem L., in dessen Rahmen auch eine Leichenbesichtigung vorgenommen wird, ein. Der L. ist in erster Reihe berufen, einen natürlichen und einen gewaltsamen Tod, dann, wenn letzterer festgestellt wird, Mord (Tötung), Selbstmord, Unvorsichtigkeit, Fahrlässigkeit, Unfall und Zufall zu unterscheiden (s. d. Art.: Leichenschau; Todesursache).

Mit der Feststellung einer Todesursache, die mit einer strafrechtlichen Verantwortung nicht einhergeht, ist in der Strafrechtspflege der L. zumeist beendet. Wenn ein fremdes Verschulden oder der begründete Verdacht desselben obliegt, wird der L. entweder im Wirkungskreis der Polizei oder im Wirkungskreis untersuchender Richter mit der Aufgabe, den Täter zu bezeichnen, seine Tat, wenigstens insoweit als es zur Erhebung der Anklage nötig ist, zu beleuchten, schließlich auch seine Festnahme zu befördern, fortgesetzt. Zur Erfüllung aller dieser wichtigen Aufgaben will die naturwissenschaftliche Kriminalistik der Strafrechtspflege ihre Hilfe leihen. Im konkreten Fall hängt der Erfolg natürlich nicht nur vom Wert des Angebotes, sondern auch von dessen Annahme und auch vom Maße der Ausnutzung ab. Ihre ganz große Bedeutung kann sich nur im verständnisvollen, zielbewußten Zusammenwirken eines kriminalistisch ausgebildeten Sachverständigen mit einem Kriminalbeamten (Mitglieder des Richterstandes einbegriffen), der von der Wichtigkeit der naturwissenschaftlichen Hilfe überzeugt ist und daher ihre Betätigung zu fördern sucht, offenbaren. Falls in der Person des Kriminalbeamten und in der Person des Sachverständigen sich gleichwertige und mit gleichem Eifer beseelte Kräfte vereinigt vorfinden, löst sich auch die Frage der Verteilung der Rollen von selbst, indem ein jeder von der gemeinsamen Arbeit denjenigen Teil übernimmt, dem seine Kräfte am besten gewachsen sind. Hauptsache ist, die Aufgabe gut zu erledigen, Nebensache, wem die Erledigung zukommt.

Da in einem Todesfall eine Leiche im Mittelpunkt der Angelegenheit steht, dieselbe mit ihrer Umgebung eng zusammenhängt und die Beziehungen nur mit gründlichen naturwissenschaftlichen Kenntnissen beleuchtet werden können, sollte in Todesfällen dem entsprechend vorgebildeten Arzt auch beim L. ein möglichst weiter Wirkungskreis eingeräumt werden. Hauptperson bleibt jedenfalls als Leiter des Verfahrens der Kriminalbeamte. Ihm allein steht auch die unmittelbare Entscheidung zu, und der Arzt soll sich hüten, eine Verantwortung, die ihm nicht zusteht, z. B. mit der Feststellung eines Selbstmordes zu übernehmen.

Als Leistungen, die im Falle irgendeines Deliktes beim L. mit vereinten Kräften erledigt werden müssen, sind hervorzuheben: 1. Die Feststellung der Zustände des besichtigten Ortes und der dort vorhandenen Objekte. 2. Die Aufnahme sich darbietender und das Aufsuchen verborgener Beweise. 3. Die Feststellung ihrer Herkunft, die Klarlegung ihrer Zusammenhänge, der Vergleich mit den Ermittelungen. 4. Das Sichern der Beweise entweder in ihrer ursprünglichen Form oder in Nachbildungen für erkennende Richter und andere Teilnehmer des Strafprozesses. 5. Die Hinterlegung von Objekten, die eine weitere Untersuchung bedürfen.

Da mehrere der oben erwähnten Leistungen zu ihrer Durchführung verschiedener Hilfsmittel (Werkzeuge, Instrumente, Chemikalien usw.) bedürfen, dabei die Aufnahme des L.s, um dem absichtlichen Erzeugen sowie auch dem unbeabsichtigten, einfach durch den Zeitverlauf bedingten Entstehen von Veränderungen vorzubeugen, möglichst rasch in Angriff genommen werden soll, ist das Bereithalten einer entsprechenden Ausrüstung erwünscht. In idealer Weise wird diese Forderung in den großen Polizeizentralen von Hauptstädten in Form eines „Mordautos", das zumeist auch mit dem Einsetzen einer beständigen Mordkommission einhergeht, zu verwirklichen versucht. Den in den polizeilichen Zeitschriften erschienenen Beschreibungen nach soll das „Mordauto" mit allen erdenkbaren Einrichtungen, mit Telephon, mit Rundfunk, sogar mit einem Zelt, einer Dunkelkammer und einem Fahrrad ausgestattet sein.

Allerdings kann eine derartig vollständige Ausrüstung den Lokalbehörden der Provinz nicht zugestanden werden. Deshalb sucht man die wichtige Frage derart zu lösen, daß den Lokalbehörden auf Wunsch Kriminalbeamte, die in der Vornahme eines L.s ausgebildet sind und auch die nötige Ausrüstung mit sich führen, von Fall zu Fall zur Verfügung gestellt werden. Als unbedingt erwünscht sind in einer Ausrüstung für L.: eine photographische Einrichtung mit verschiedenen Objektiven (auch ein Weitwinkel und eine Einrichtung für Blitzlicht), eine Einrichtung für das Verwerten von Fingerabdrücken, ein verläßlicher Beleuchtungsapparat, feinere Meßinstrumente und überhaupt Sachen, die an Ort und Stelle nicht aufzutreiben sind, zu bezeichnen. In der Ausrüstung des Arztes sollte — außer einem einfachen ärztlichen Etui mit Pinzetten zum Auflesen winziger Gegenstände — eine Lupe, ein Taschenspektroskop mit Zubehör, auch ein Mikrometer-Instrument zum Feststellen des Durchmessers von Projektilen vorhanden sein. Alles andere kann zumeist aus Werkstätten, Kaufläden, Apotheken herbeigeschafft oder durch Improvisationen ersetzt werden (Ausheben einer Fensterscheibe, Durchsichtigmachen von Papier mit Petroleum zum Zwecke des Zeichnens usw.).

Es ist auch angezeigt, daß ein Arzt, der bei L.-Aufnahmen beständig mitwirkt, seine Notizen beim L. nicht losen Blättern anvertraut, sondern in einfachen Heften (Schulheften) vermerkt, da diese entsprechend bezeichnet und mit den späteren Daten des Falles ergänzt einer Sammlung eingereiht werden können, die weitere Studien und hiermit das Verwerten der Erfahrungen ermöglicht.

Zu den Vorbereitungen gehört auch das Anlegen eines Planes. Wenn im konkreten Falle nichts anderes als die anscheinliche Ursache des Todeseintrittes bekannt ist, kann der Plan des Vorschreitens auf Grund erworbener Kenntnisse und gesammelter Erfahrungen wenigstens in großen Zügen angelegt werden.

Schablonen für alle Fälle und für alle Einzelheiten können natürlich nicht aufgestellt werden, doch hat die Erfahrung zu Verhaltungsmaßregeln geführt, die in allen Fällen eine ernste Berücksichtigung verdienen. Leider bleiben dieselben trotz ihrer großen Wichtigkeit recht oft unbeachtet, werden recht oft auch gar nicht geahnt. Diese Umstände begründen ein ausführliches Aufzählen. Dieses will ich für das Verfahren bei der Untersuchung von Todesfällen unter Verwertung der Erfahrungen, die ich besonders während meiner Dienstzeit in Kolozsvár als ständiger Begleiter der Untersuchungsrichter an einer großen Zahl von L.en sammeln konnte, im folgenden versuchen:

1. Die zuständige Ortsbehörde soll vor dem Aufbruch der Kommission vom Termin des L.s mit der Aufforderung, alles in unverändertem Zustand zu erhalten, Zeugen und Hilfskräfte zu stellen und Hilfsmittel zu besorgen, verständigt werden.

2. Das Beobachten soll schon beginnen, wenn man sich dem Orte der Besichtigung nähert.

3. In der Nähe der Leiche, an der Schwelle des gesperrten Raumes soll Halt gemacht werden, um beim Überblicken der Lage der Dinge den im Bewußtsein schwebenden Plan des Vorgehens zu ergänzen.

4. Unbefugte sollen vom Orte des L.s unbedingt ferngehalten werden. Möglichst wenige sollen teilnehmen. Es ist angezeigt, das zuerst ein einziges Mitglied der Kommission (zumeist der sachverständige Arzt) die Umgebung der Leiche flüchtig abschreitet. Dann soll ein gemeinsames Abschreiten mit dem Besprechen der Einzelheiten des weiteren Vorgehens folgen. Hierbei soll auch die Anfertigung von photographischen Aufnahmen erwogen werden.

5. Immer soll *zuerst* mit den Augen und *zuletzt* mit den Händen untersucht werden.

6. Die Reihenfolge der Untersuchungen soll derart festgelegt werden, daß eine vorangehende den Erfolg einer späteren nicht beeinträchtigt. Es wäre fehlerhaft, im Falle einer Schußverletzung Schießversuche behufs Erforschung, ob der Knall in einem Nachbarraum gehört wird, zu unternehmen, bevor die Untersuchung auf Überreste des Tatschusses erledigt ist. Untersuchungen, die mit einem Verändern des ursprünglichen Zustandes einhergehen können, sollen an das Ende des L.s verschoben, solche, die an Ort und Stelle ausgeführt sichere Resultate nicht ergeben und dabei das Untersuchungsmaterial vernichten, dürfen überhaupt nicht unternommen werden.

7. Eingriffe, die Spuren vernichten oder neue Spuren setzen, müssen unterbleiben. Spuren am Fußboden können durch Überdecken geschützt werden. Dem Vernichten und auch dem Setzen von Fingerabdrücken kann durch den Gebrauch von Handschuhen vorgebeugt werden. Abdrücke der eigenen Füße können durch Umbinden der Fußbekleidung mit einer Schnur, deren Abdruck an der Fußspur zurückbleibt, kenntlich gemacht werden. Das Zimmer, dessen Besichtigung bevorsteht, soll nicht zur Ablage von Kleidungsstücken, Gepäck benützt, vor dem Erledigen des L.s nicht zu einer Schreibstube, in der Protokolle aufgenommen werden, ernannt, auch nicht als Obduktionsraum benützt werden. Das Rauchen soll unterbleiben, die Benützung einer Waschgelegenheit an das Ende des L.s verschoben werden. Wenn dies nicht möglich ist, soll die Reinigung in einem Nebenraum vorgenommen werden.

8. Nicht nur Positives, sondern auch Negatives, also auch Fehlendes soll festgestellt werden. Wenn Blutspuren vorhanden sind, soll das Fehlen von Blut an Händen und Füßen, im Falle einer Schußverletzung das Fehlen des Rauchbeschlages an den Händen der Leiche festgestellt werden. Da in der Hauptverhandlung ziemlich oft eine Verletzung einem Sturz zugeschrieben wird, sollte beim L. festgelegt werden, daß hierzu geeignete Gegenstände oder Spuren eines Anschlagens nicht vorhanden sind.

9. Im Laufe des L.s sollen Notizen gemacht werden und immer und immer wieder das Aufnehmen von Photographien erwogen werden.

10. Das Verwerten der Befunde soll durch ständiges Beachten der sieben goldenen „W"s: Wer? Was? Wo? Womit? Warum? Wie? Wann? gesichert werden.

11. Mit der größten Sorgfalt sollen die Befunde gesichtet, wesentliche und unwesentliche, wahrhaftige und falsche Spuren unterschieden werden. Wichtig ist das Erkennen zufällig entstandener und absichtlich zum Zweck des Täuschens gesetzter Veränderungen und Spuren (Trugspuren und vorgetäuschte Spuren, *Anuschat*). Besonders gefährlich sind letztere beim Mitwirken eines gewiegten Sachverständigen zumeist allerdings nicht, da der Täter entweder zu wenig oder zu viel ausführt. Gründliches Wissen, eine gesunde Folgerungsfähigkeit, auch der durch Erfahrung erworbene Instinkt spielen beim Erkennen eine große Rolle. Diese Fähigkeiten sichern auch das Auseinanderhalten wichtiger und nicht wichtiger Befunde. Kerzentropfen am Fußboden eines dunklen Kellers sind ohne Bedeutung, an den Teilen einer zerstückelten Leiche aber von großer Wichtigkeit. Ebenso haben Pulverreste in einem Schießstand keine Bedeutung. Derselbe Befund am Brett eines durchschossenen Fensters kann im Falle einer Schußverletzung einen entscheidenden Beweis ergeben.

12. Das Fehlen von Gegenständen, die offenbar oder nach dem Ergebnisse der Verhöre am Tatort vorhanden sein sollten (Kleidungsstücke, Brieftasche, ein Ring, dessen Abdruck am Finger der Leiche sichtbar ist, auch vom Verstorbenen herstammende Spuren) sowie das Vorhandensein von Gegenständen, die dem Tatort nicht angehören (fremder Knopf, fremde Waffe, auch Spuren, die vom Verstorbenen nicht herstammen), sollen erforscht und verwertet werden.

13. Zur Deutung der Befunde sollen in erster Reihe alltägliche, naheliegende Erklärungen in Betracht gezogen werden. Solange das Entstehen von Veränderungen und Spuren durch Zufall oder durch die Tätigkeit des Verstorbenen nicht ausgeschlossen ist, sollen dieselben im ärztlichen Gutachten als Beweise eines fremden Verschuldens nicht in Anspruch genommen werden.

14. Planmäßig, mit der größten Vorsicht soll auch die Besichtigung der Leiche ausgeführt werden. Wenn nur möglich, sollte die Untersuchung an das Ende des L.s verlegt werden. Ihre Grenzen sollen den Umständen gemäß gesteckt werden. Wenn eine Obduktion bevorsteht, müssen dieselben enger, wenn nicht, dürfen sie weiter bemessen werden. Dieses kann auch davon abhängig gemacht werden, ob die Obduktion dem Sachverständigen des L.s anvertraut oder durch einen fremden erledigt wird. Alles, was die Interessen der Obduktion beeinträchtigt, die Lage der Obduzenten erschwert, sollte — wenn nicht unumgänglich nötig — unterlassen oder verschoben werden. Wenn etwas unumgänglich nötig war und ausgeführt wurde, soll dieses auf das pünktlichste protokolliert werden. Das Entfernen eines Knäuels aus dem Rachen, das Ablösen eines Strangulationsbandes, auch das Abwaschen und Entkleiden der Leiche, wenn eine Obduktion bevorsteht, soll dieser überlassen werden. Dies gilt auch für die Abnahme von Fingerabdrücken. Denn, wenn dieses anfangs geschieht, können die Hände der Leiche durch Druckerschwärze derart besudelt werden, daß nach einen Rauchbeschlag nicht mehr gesucht werden kann.

15. Die Leichenschau (s. d.) sollte eigentlich am Tatort als eine selbständige Handlung betrachtet und dementsprechend mit Befolgen der allgemeinen Regeln, auch mit dem Beachten der sieben Fragen erledigt werden. Auch hier gelte der Satz: zuerst mit den Augen, dann mit anderen Sinnen und zuletzt mit den Händen. Als Fragen, die sich entsprechend nur beim L. beantworten lassen, steht die Frage im Vordergrund: wann der Tod eingetreten und ob er am Fundort erfolgt ist? In dieser Hinsicht sind in der langen Reihe der Beweise, die alle nicht aufgezählt werden können, die Leichenerscheinungen (s. d.) von großem Wert. Auch die Frage, ob die Veränderungen und Spuren in der Umgebung der Leiche mit der Tätigkeit des Verstorbenen erklärt werden können, läßt sich mit entsprechender Sicherheit nur beim L. beantworten. Als Ausgangspunkt dient die Feststellung der Handlungsfähigkeit (s. d.). Wenn das Bestehen derselben für einen gewissen Zeitraum zuzugeben ist, folgt der Vergleich der Spuren mit dem Zustand der Leiche und ihrer einzelnen Teile.

16. Nach Beendigung der Leichenschau sollen, um evtl. Versäumtes (Besichtigung von Nebenräumen, Aufsuchen von Fingerabdrücken usw.) nachzuholen, die sieben Fragen nochmals gründlich durchgangen werden. Hierbei soll auch das Verfertigen von Zeichnungen, Photographien, Abgüssen, das Hinterlegen von Objekten usw. nochmals erwogen, auch ausgeführt, schließlich auch das weitere Schicksal der Leiche entschieden werden. Wenn sich ein begründeter Verdacht nicht ergeben hat, kann die Leiche zur Bestattung freigegeben, wenn eine Obduktion bevorsteht, soll sie entsprechend aufbewahrt werden. Das Abführen ist zu beaufsichtigen. Evtl. soll die Leiche durch Verpacken gegen äußere Einwirkungen geschützt werden (*Pfreimbter*).

17. In dazu geeigneten Fällen soll das Suchen nach Veränderungen und Spuren mit der Entleerung von Behältnissen, mit der Entfernung der Möbel und dem Auffegen des Fußbodens ergänzt werden.

Neben den oben angeführten allgemeinen Verhaltungsmaßregeln bestehen für gewisse Todesfälle noch spezielle Regeln. Aus der Reihe derselben können als solche, die recht oft außer acht bleiben, nachstehende kurz zusammengefaßt werden.

18. Wenn eine Leiche in einem geschlossenen Raum gefunden wird, soll man es nicht unterlassen, an eine CO-Vergiftung zu denken. Einige Tropfen Blut zur Untersuchung mit dem Taschenspektroskop kann man sich aus dem Gebiete der Blutsenkung (Totenflecke) leicht beschaffen.

19. Im Falle einer Schußverletzung soll ein Steck- und ein Durchschuß unterschieden werden. Im Falle eines Durchschußes — wenn auch an hintereinander folgenden Objekten des Tatortes Spuren des Schusses vorhanden sind — soll man, indem man den Schußkanal der Leiche in die festgesetzte Bahn des Projektiles einfügt, die Richtung der Schußabgabe, die Stellung des Verstorbenen und des Täters feststellen. Das Projektil muß solange gesucht werden, bis es gefunden oder sein Fehlen erklärt wird. Wenn im Falle einer Schußverletzung die Waffe nicht bekannt ist, sollte die Ausräumung des Zimmers und das Ausfegen des Fußbodens nicht unterbleiben, da hierbei die Hülse der Patrone, evtl. auch ein Projektil zum Vorschein kommen kann. Wenn die Schußwaffe vorliegt, soll soweit als möglich festgestellt werden, ob die Verletzung von derselben herrühren kann. Schußwaffen sollen mit der größten Sorgfalt behandelt, nach der Besichtigung im ursprünglichen Zustand, ohne sie zu entladen, aufbewahrt und, im Falle eine weitere Untersuchung nötig ist, dieser sobald als möglich zugeführt werden.

20. Im Falle eines Erhängens ist in erster Reihe festzustellen, ob der Verstorbene mit eigenen Füßen an den Fundort gelangt ist. Besonders wichtig sind auch hierfür die Leichenflecke und die Leichenstarre. Leichenflecke an der Vorder- oder Rückenseite, der erhobene Arm, die in Beugestellung fixierte untere Extremität einer freihängenden Leiche liefern entscheidende Beweise für ein fremdes Handeln. Wichtig ist auch der Vergleich der Strangfurche mit der Lage des Strangulationsbandes. Nebenbei soll auch erwähnt werden, daß das Strangulationsband im Falle einer Obduktion möglichst im ursprünglichen Zustand am Hals gelassen oder behutsam ohne Lösen des Knotens entfernt werden soll. Verletzungen sollen mit der Frage, ob sie vor, beim oder nach dem Erhängen entstanden sind, bewertet werden.

21. Wenn die Leiche in einem Brunnen liegt, soll dieselbe nicht vor der genauen Untersuchung des Brunnens und dessen Umgebung hervorgeholt werden, sonst ist die Beantwortung der Frage, ob Verletzungen und Spuren vor oder beim Sturz entstanden sind, unmöglich.

22. Im Falle eines Kindesmordes soll beim Einlangen der Meldung das Mitführen einer Waage erwogen werden. Der Ort der Geburt ist festzustellen. Sugillationen am Hals bei unverletzter Oberhaut weisen auf eine Rachenverletzung durch Einführen von Fingern hin. Es soll auch nicht vergessen werden, daß der Erfolg des Beklopfens der Brust und des Bauches einer frischen Leiche zum Beweis des Luftgehaltes verwertet werden kann.

23. Wenn nun bei einem L. alles erledigt ist,

sollen die Geschehnisse mit dem Vergleich aller Feststellungen rekonstruiert und das Protokoll unter Beachtung der amtlichen Vorschriften auf Grund der gesammelten Notizen den durch Wissen und Erfahrung gezeitigten Sätzen gemäß aufgenommen werden.

Da das Protokoll berufen ist, den im Strafprozeß interessierten Personen, die beim L. nicht zugegen waren, den Zustand des besichtigten Ortes und aller dort vorhandenen Objekte im treuen Bilde vorzuführen, stellt dessen Aufnahme an den Verfasser Anforderungen, denen wenige gewachsen sind. Jedermann kann sich eben nicht in die Lage des Lesers und Zuhörers versetzen. Eine zu lang gestreckte Beschreibung mit Anhäufungen von Feststellungen wirkt ermüdend und verwirrend. Beim Verlesen eines derartigen Protokolles in der Hauptverhandlung erlahmt gar bald die Aufmerksamkeit, so daß schließlich auch die wichtigsten Feststellungen nicht erfaßt werden. Zum Sichern der Vollständigkeit sollte der Plan der Beschreibung schon im Verlauf der Feststellungen — wenigstens im Unterbewußtsein — ausgebaut werden. Die Übersichtlichkeit wird durch eine entsprechende Gruppierung der einzelnen Wahrnehmungen gesichert. Allgemeines soll den Einzelheiten vorausgehen. Zuerst das Zimmer, dann dessen Inhalt, dann die einzelnen Befunde (soweit als möglich auch ihrer Natur entsprechend gruppiert) sollen folgen. Soweit als möglich sollte der Leser auf dem Wege, der vom Untersucher beschritten wurde, geführt werden. Dabei ist das Bezeichnen mit Weltrichtungen nicht zweckmäßig und sollte mit den Worten „rechts", „links", „vor", „hinter" usw. ersetzt werden. Wichtiges soll hervorgehoben, Unwichtiges in den Hintergrund gestellt werden. Die Verständlichkeit kann durch die Beigabe von Zeichnungen, Photographien, die mit entsprechender Berufung zum Teil auch die Beschreibung ersetzen und hiermit das Protokoll abkürzen können, erhöht werden. Immer sollte das Protokoll noch vor dem Verlassen des Ortes der Besichtigung fertiggestellt werden. Wenn dies z. B. wegen ungünstiger Witterungseinflüsse absolut unmöglich ist, sollen ausführliche Notizen gemacht und diese dann dem Protokoll beigeschlossen werden. Die Pflicht der Protokollaufnahme fällt dem Leiter des L.s zu, doch sollte der Arzt die eigenen Wahrnehmungen selbst diktieren oder in einer speziellen Beilage niederlegen.

Die verschiedenen Verfahren des Zeichnens und Photographierens (s. d. Art.: Photographie) sind in kriminalistischen Werken allgemeinen Inhaltes, auch in speziellen Werken für kriminalistische Photographie ausführlich bearbeitet. Oft genügen einfache Freihandzeichnungen. Zur Darstellung der Leichenbefunde dienen verschiedene Schemata, auch Stampiglien zum Abdrücken von Schemata, die im Handel erhältlich sind. Besonders zweckmäßig erscheint bei der Aufnahme geschlossener Räumlichkeiten das Zeichnen in Kreuzprojektion auf Millimeter-Papier. Bei diesem werden die Seitenwände des Zimmers an den Grundplan des Zimmers angeschlossen. Am Grundplan wird der Stand der einzelnen Möbel, die

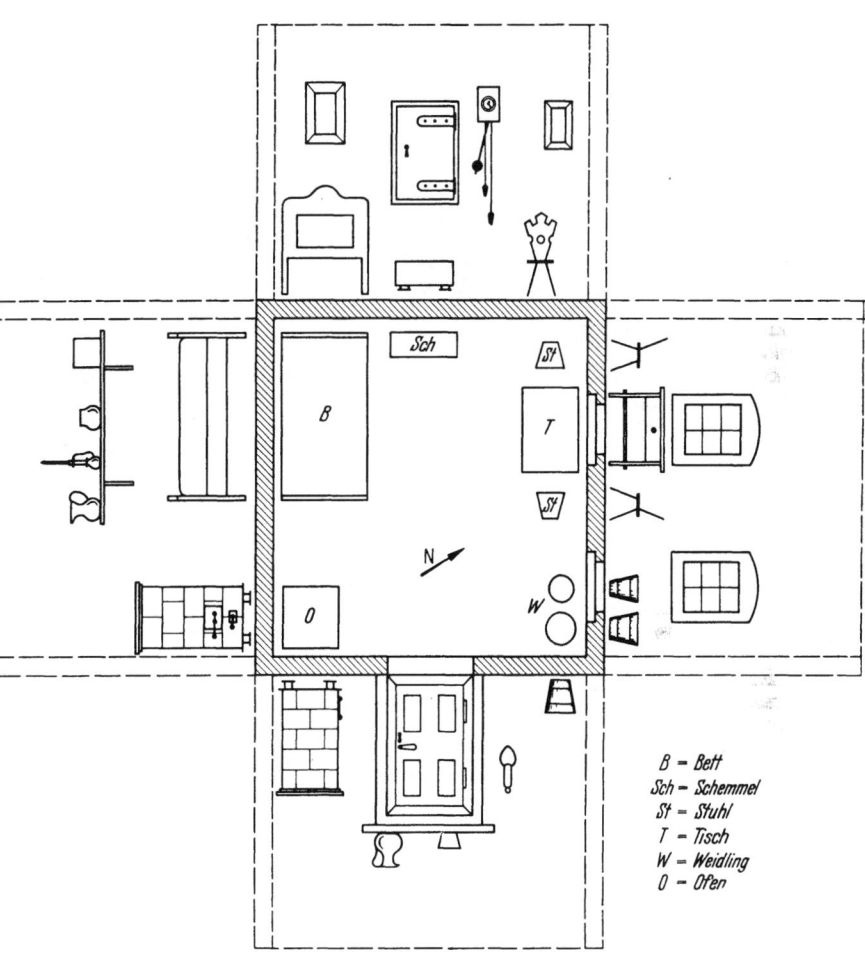

Abb. 1.

Lage der Leiche und der Spuren angegeben, an den Seitenwänden sollen Fenster und Türen sowie in Projektion die an die Wand gestellten Objekte dargestellt werden. Weiters sollten am Grundplan die einzelnen Gegenstände mit Zahlen, noch besser mit den Anfangsbuchstaben ihres Namens, deren Bedeutung am Rande der Zeichnung angegeben ist, bezeichnet, an den Seitenwänden womöglich mit dem Abzeichnen der Umrisse wiedergegeben werden. Nach dem Aufkleben auf Karton kann man durch Ausschneiden und Aufstellen der Seitenwände ein oben offenstehendes Modell, an dem alles Wichtige ersichtlich ist, herstellen (s. Abb. 1).

In dieser Weise kann eine ganze Wohnung, auch ein ganzes Haus mit geringen Kosten dargestellt werden (*Kenyeres*). Auch andere Arten des Modellierens stehen zur Verfügung (*Wartenberg*), diese kommen aber wegen ihrer Kostspieligkeit in der strafrechtlichen Praxis nur in beschränktem Maße zur Anwendung.

Da leider sowohl beim Anlegen von Zeichnungen und beim Herstellen von Modellen die subjektive Auffassung mitspielt, können dieselben einen Verdacht in betreff der Treue der Wiedergabe erwecken.

Der große Vorteil photographischer Aufnahmen — die Objektivität — wird leider auch durch eine Anzahl von Mängeln aufgewogen. Gegenstände des Vordergrundes erscheinen auf der Photographie in einem vergrößerten Maßstab und verdecken die Objekte des Hintergrundes. Große Schwierigkeiten sind auch durch den Umstand bedingt, daß sehr viele Leute Photographien nicht entsprechend zu lesen und zu beurteilen verstehen. Leicht entstehen Mißverständnisse. Vielfacher Erfahrung nach besteht auch die Möglichkeit eines absichtlichen Mißdeutens. Deshalb soll nicht photographiert werden, um zu photographieren, sondern nur, wenn die Aufnahme begründet ist. Wenn Zweifel in betreff des Deutens bestehen, also die Möglichkeit eines Mißverstehens oder eines Mißdeutens vorausgesetzt werden kann, sollten sogar auch gut gelungene Aufnahmen unterdrückt werden. In erster Reihe sollte eine Übersichtsaufnahme verfertigt und in einer zweiten Aufnahme Lage und Haltung der Leiche dargestellt werden. Das früher wiederholt empfohlene Benützen eines Leiterstatives bei der Aufnahme der Leiche ist nicht nur beschwerlich, sondern auch unbegründet, da Menschen nicht gewöhnt sind, Dinge aus der Vogelperspektive zu betrachten. Heute findet das Verfahren in der Praxis kaum Verwendung. Dagegen ist es zu bedauern, daß die Stereophotographie, trotzdem sie seit einem halben Jahrhundert wiederholt empfohlen wurde, in der Praxis keinen rechten Eingang fand.

Besonders zweckmäßig erscheint erfahrungsgemäß das Verfertigen zweier Aufnahmen desselben Gegenstandes im Format 13×18 mit Verschieben der Kamera, da sich aus diesen zwei Aufnahmen beliebige Teile durch Herausschneiden zu Doppelbildern vereinigen, also mehrere Stereobilder herstellen lassen.

Um das Herausfallen der photographischen Aufnahmen aus dem Aktenbündel zu verhindern, ist es angezeigt, die Kopien im Format des gewöhnlichen Amtspapieres auf Kopierpapier von Kartonstärke zu verfertigen. An der Rückseite der Kopien können die erwünschten Erklärungen angebracht werden. Evtl. können mit Durchpausen an einem Fenster die wichtigsten Befunde in ihren Umrissen hervorgehoben werden.

Das Hinterlegen und auch das Verpacken von Objekten in ihrem ursprünglichen Zustand ist in verschiedenen kriminalistischen Werken (*Groß, Locard, Kenyeres*) ausführlich erörtert (vgl. d. Art.: Konservierung breiiger, flüssiger und winziger Stoffe; Versendung von Untersuchungsmaterial).

*Schrifttum.*

*Anuschat:* Wissenschaftliche Spurenkunde. Berlin 1933. — *Bertillon:* La photographie judiciaire. Paris 1900. — *Bertillon:* Gerichtliche Photographie. Halle 1896. — *Coutagne-Florence:* Les empreintes dans les expertises judiciaires. Arch. Anthropol. **1889.** — *Ehmer:* Das Skizzieren auf Millimeterpapier. Arch. Kriminalanthrop. **1897.** — *Groß:* Handb. für Untersuchungsrichter. 5. Aufl. Leipzig 1908. — *Groß:* Kriminalistische Tätigkeit und Stellung des Arztes. Wien 1908. — *Groß:* Das Erforschen von strafbaren Handlungen. München 1912. — *Jeserich:* Die Chemie und Photographie in der Verbrechensaufklärung. Berlin 1930. — *Kenyeres:* Das Sammeln des Lehr- und Beweismateriales in der gerichtlichen Medizin. Arch. Kriminalanthrop. **22.** — *Kenyeres:* Törvényszéki Orvostan. 3 Bde. Budapest 1909—1912. — *Kenyeres:* A törvényszéki orvostan tankönyve. Budapest 1925—26. — *Kenyeres:* A fényképezés és röntgenezés jelentősége. Budapest 1901. — *Kenyeres:* Sachliche Beweise bei der Klärung von Todesfällen. Berlin 1935. — *Locard:* Die kriminalistische Untersuchung und ihre Methoden. Berlin 1930. — *Locard:* Manuel de technique policiaire. Paris 1932. — *Locard:* Traité de criminalistique. 4 Bde. — *Lochte:* Gerichtsärztliche und polizeiärztliche Technik. Wiesbaden 1914. — *Loock:* Chemie und Photographie. Düsseldorf 1932. — *Minovici:* Manuel techn. Bukarest 1907. — *Niceforo:* Kriminalpolizei und ihre Hilfswissenschaften. Groß-Lichterfelde 1909. — *Olchváry-Ridegh:* Bünügyi nyomozástan. Budapest 1938. — *Orsós:* Bedeutung der Spurenkunde in der Gerichtlichen Medizin. Budapest 1938. — *Paul:* Handb. der krim. Photographie. Berlin 1900. — *Paul:* Bedeutung und Anwendung der Photographie in Strafverfahren. Olmütz 1895. — *Polzer:* Praktischer Leitfaden für krim. Tatbestandsaufnahmen. Berlin 1921. — *Reiß:* Manuel de police scientifique. Lausanne 1911. — *Reiß:* La photogr. judicière. Paris 1913. — *Schneikert:* Einführung in die krim. Technik. Berlin 1921. — *Schneikert:* Krim. Spurensicherung. Berlin 1925. — *Stieber:* Prakt. Lehrbuch der Kriminalpolizei. Berlin 1921. **Kenyeres.**

**Lolium temulentum** siehe *Taumellolch.*

**Lorchelvergiftung** siehe *Pilzvergiftungen.*

**Lost** siehe *Kampfgase.*

**Lues** siehe *Geschlechtskrankheiten vor Gericht; Syphilis.*

**Luftembolie** (= L.).

Unter L. verstehen wir die Verstopfung von Blutgefäßen durch in die Blutbahn eingedrungene Luft. Ihre Erscheinungen können auch durch andere Gase (z. B. Stickstoff, Wasserstoff, sogar durch reinen Sauerstoff) hervorgerufen werden. Tritt Luft in Blutadern des großen Kreislaufes ein, um im zuführenden Schenkel des kleinen Kreislaufes steckenzubleiben, so sprechen wir von *venöser L.*; dagegen von *arterieller* oder *L. im großen Kreislauf*, wenn die Luft von Lungenvenen aus in den großen Kreislauf kommt. Gelangt sie von Venen des großen Kreislaufes unter Umgehung des kleinen in Schlagaderverzweigungen des großen Kreislaufes, so wird dies gewöhnlich als *paradoxe* oder *gekreuzte L.* bezeichnet. Die L. ist die Hauptgefahr bei Eingriffen am Hals und beim künstlichen Pneumothorax und ist häufig die Ursache tödlichen Ausganges von Fruchtabtreibungen. Auch bei Eingriffen am Hirnschädel (Sinus) und in der Lungenchirurgie wird sie häufiger beobachtet. Bei frisch Entbundenen und im Wochenbett kennt man sie als Ursache natürlichen Todes.

*Venöse Luftembolie.* Der Chirurg bemerkt den Eintritt der Luft oft unmittelbar an einem schlürfenden Geräusch in der Operationswunde. In der Herzgegend hört man gleich darauf, mitunter bis zur Entfernung einiger Meter, bei jedem Herzschlag ein lautes, schmatzendes oder brodelndes Geräusch, das sogenannte Mühlengeräusch, das nur im rechten Herzen entsteht ·(*Gundermann* nach *Frey*, 146). Nichtbetäubte werden bei Eintritt einer massigen L. von Angst und Atemnot befallen. Sie werden blau im Gesicht, setzen sich, wenn sie gelegen sind, auf oder springen auf, um entweder sofort oder nach ein paar Schritten zusammenzusinken. Nach der Erfahrung der Chirurgen wird bei tödlicher venöser L. der Puls klein, beschleunigt, unregelmäßig, verschwindet mitunter vollständig, die Sehlöcher werden weit und reaktionslos. Der Tod tritt entweder rasch unter Krämpfen ein, mitunter aber erst nach länger dauerndem Kollaps (*Ilyin*). Sind nur kleinere Luftmengen eingedrungen, so erholen sich die Befallenen oft binnen kurzer Zeit, manchmal schon nach Minuten von den Erscheinungen der venösen L. Auch den rasch vorübergehenden Schwäche- und Ohnmachtsanfällen, über die Frauen nach fruchtabtreibenden Einspritzungen in die Gebärmutter mitunter berichten, dürfte öfters eine L. zugrunde liegen. Nicht so selten kommen, besonders bei ärztlichen Eingriffen, Fälle gekreuzter L. zur Beobachtung, die sich durch die Hirnerscheinungen verraten. Wenn aber der Kranke davonkommt, gehen selbst Lähmungen und Erblindungen meist vollständig zurück. Bei den sofort Gestorbenen findet man im rechten Herzen und in der Lungenschlagader Luft. Das rechte Herz ist meist ausgedehnt. Seine Vergrößerung ist häufig schon durch den Herzbeutel hindurch wahrzunehmen. Beim Beklopfen hört man Gasschall. Schaumblasen findet man bei nicht ganz kurz nach dem Tode ausgeführten *Leichenöffnungen* meist nur noch an den Wänden der rechten Herzhöhlen und zwischen den Fleischbalken. Die Blutadern unter dem Herzfell führen bis in die feinsten Verzweigungen Gas, das in sie ebenso wie in die großen Venen in Herznähe beim erfolglosen Ankämpfen des Herzens gegen das Hindernis rückläufig hineingetrieben wird. Häufig führen auch die Blutadern auf dem ganzen Weg bis zur Eintrittspforte Gas. Bei offenem Foramen ovale kann man auch in den Schlagadern Gas in kleinen Blasen oder längeren Säulen sehen; bei *weit* offenem Foramen ovale ausnahmsweise bloß in den Schlagadern, während der venöse Schenkel des großen Kreislaufes nur Blut führt (*Fritz*). Um eine L. an der Leiche sicherzustellen, ist bei deren Untersuchung ein besonderes Vorgehen notwendig, das von *M. Richter* angegeben wurde (s. auch *Merkel* und *Walcher*). Vor allem müssen vor Freilegung des Herzens größere Venen geschont werden. Der Blutleiter wegen ist bei Verdacht auf L. der Schädel erst nachher zu eröffnen. Der Längsschnitt an der Vorderseite des Rumpfes darf erst unterhalb der Drosselgrube beginnen. Bei Eröffnung des Brustkorbes werden die Knorpel der zweiten und ersten Rippe zunächst nicht durchschnitten, das Brustbein wird sauber, ohne groben Zug abgelöst und unter dem Ansatz der zweiten Rippen durchsägt. Dann wird die Ausdehnung des Herzbeutels festgestellt oder das Herz durch diesen hindurch abgeklopft. Die Lungen dürfen zunächst nicht hervorgeholt werden, doch tut man gut, schon jetzt schonend nachzusehen, ob die Brusthöhlen Flüssigkeit enthalten. Sodann eröffnet man den Herzbeutel in der Mittellinie, bei Erwachsenen etwa drei Fingerbreiten über dem vorderen Zwerchfellansatz, mit einem Scherenschlag auf eine Länge von 3 bis 4 cm, faßt die Ränder mit Pinzetten oder Gefäßklemmen, zieht sie nach vorne hoch und füllt den Herzbeutel mit Wasser. Schwimmt das Herz, so muß man es niederhalten. Hierauf sticht man unter Wasser die rechte Kammer, am besten unter der Basis des Lungenschlagadertrichters, mit einem Skalpell an, was wegen der verschiedenen Lage des Herzens einige Achtsamkeit erfordert, dreht das Messer in der Wunde etwas, um sie zu spreizen, und sieht zu, ob durch das Wasser Gasblasen aufsteigen, in welcher Menge und von welcher Größe, und achtet auf deren Geruch. Vor dem Anstechen des Herzens soll man sich überzeugen, ob nicht im Herzbeutel vom Füllen her Luftblasen sitzen, indem man mit dem Skalpellgriff oder einem anderen Stiel in den mit Wasser gefüllten Herzbeutel eingeht und ihn schonend ausstreift. Tritt aus dem Herzstich nur sehr wenig Luft oder nur Blut aus, so drückt man mit dem Messergriff noch auf mehrere Stellen der rechten Kammer, auf den Vorhof und die Lungenschlagader. Mitunter kommen dann noch Gasblasen zum Vorschein, oder man sticht, gemäß den bayrischen Vorschriften, auch noch an diesen Stellen ein. In gleicher Weise wird das linke Herz auf Gas untersucht. Handelt es sich hier um Luft, so müssen sich auch in den Kranzschlagadern Luftblasen finden. Dann entfernt man durch Aufdrücken des Schwammes und Austupfen das Wasser aus dem Herzbeutel, eröffnet ihn breit und besichtigt sorgfältig das Herz auch an seiner Rückseite. Gas in den Kranzgefäßen unter dem Herzfell erkennt man am leichtesten, wenn man durch Entlangstreifen mit dem Messer-

griff die Blasen verschiebt. Auch Fäulnisgase können dieses Bild erzeugen, vor allem in den Venen. Sodann sieht man sogleich nach den Blutadern, durch welche die Luft vermutlich eingedrungen ist. Bei L. von der Gebärmutter her ist häufig die Vena ovarica auf einer, manchmal auch auf beiden Seiten als dicker, gasgefüllter Strang schon durch das Bauchfell der hinteren Bauchwand hindurch zu erkennen. Auch hier sammeln sich gerne Fäulnisgase an. Nun wird das Herz noch in der Leiche vorsichtig eröffnet, auf Gasblasen im Blut und auf Schaum geachtet. Das Foramen ovale soll gleich noch in der Leiche auf seine Durchgängigkeit geprüft werden, damit man später nicht darauf vergesse. Scheint es verschlossen, so versäume man nicht, es am herausgenommenen Herzen mit einer dünneren Sonde, nötigenfalls von beiden Vorhöfen her, nochmals zu untersuchen, wobei man oft noch auf eine durchgängige Stelle kommt. Schließlich lege man auch noch ein paar nicht zu dickwandige Schlagadern frei, am besten am Arm. Fäulnisgas findet man in den Schlagadern der Gliedmaßen ohne deutliche allgemeine Fäulniserscheinung fast nie. Hingegen tritt beim Herausnehmen des Gehirns in die größeren Hirngefäße leicht Luft ein. In den Blutadern der weichen Hirnhaut sieht man sie sehr häufig, nicht aber in den Adergeflechten des Gehirns (*Schmidt*). An Gas in diesen Gefäßen kann man nach *Schmidt*, wenn die Leiche nicht sehr faul ist, eine frische L. im großen Kreislauf leicht erkennen. Man schneidet dazu die Geflechte heraus, breitet sie aus und durchmustert sie unter schwacher Vergrößerung. Für die Feststellung der rasch tödlich gewordenen venösen L. liegt die größte Schwierigkeit in der Unterscheidung von Fäulnisgas. Bei Zeichen von Fäulnis gestattet der bloße Gasgehalt des Herzens, besonders wenn nur wenig Gas da ist, kein Urteil mehr. Ja selbst ohne allgemeine Fäulniserscheinungen findet man in Herz und großen Blutadern häufig etwas Gas (*Meixner*). Besonders von äußeren Wunden mit Eröffnung größerer Gefäße oder von einer Geburtswunde her ist auch für gasbildende Bakterien der Weg offen. Bekannt ist ja das rasche Faulen von Leichen mit großen Schädelwunden, namentlich bei eröffnetem Sinus. Zur Unterscheidung von der vom Darm her vordringenden Fäulnis ist es, wenn sie nicht schon weit vorgeschritten ist, zweckmäßig, gemäß dem Vorschlag von *Kolisko* gleich nach dem Einstich ins Herz, noch bevor die Eingeweide mehr bewegt wurden, einen tiefen Schnitt durch beide Lappen der in ihrer Lage belassenen Leber zu führen. Sind die Fäulniskeime vom Darm her vorgedrungen, so enthalten die Pfortaderäste entweder allein Gas oder mehr davon als die Lebervenen. Ist es umgekehrt, so spricht das zugunsten von L. Auch die bakteriologische Untersuchung von Blut aus dem rechten Herzen, das man aber zuerst durch Punktion entnehmen muß, kann wertvoll sein.

Es wurde auch eine Reihe von *Apparaten* angegeben, um das Gas ohne Verlust aus dem Herzen zu entnehmen, seine Menge zu bestimmen und es dann einer chemischen Untersuchung auf Sauerstoff zuzuführen, und zwar von *Dyrenfurth*, von *Schmidt*, von *Werkgartner* und von *Meixner*, der den Nachweis vom Stickstoff der Luft im Auge hatte. Nach *Schmidt*, dessen Entnahmegerät nur Gasproben zur chemischen Untersuchung sichern soll, und nach *Dyrenfurth* käme Sauerstoff in Fäulnisgasen nicht vor, würde also auch bei Fäulnis für L. sprechen. Im Gegensatz zu *Dyrenfurth* und *Böhmer* finden wir auch bei faulen Leichen mitunter sehr große Mengen von Gas im Herzen, ja es kann rechts so aufgetrieben sein, wie es bei reiner L. gar nicht vorkommt (*Meixner*). Wenn eine L. auch nur um Stunden überlebt ist,

ist die Luft verschwunden. *Wolf* fand nach 20 bis 30 Minuten nur mehr wenige Luftblasen im rechten Herzen, *Ilyin* bei Hunden, denen im Laufe einer Stunde ungeheuere Mengen von Luft in eine Vene eingeführt worden waren, drei Stunden danach im rechten Herzen nur noch einzelne kleine Gasbläschen, nach sechs Stunden gar kein Gas mehr. Die Luft verschwindet zunächst wohl hauptsächlich durch Resorption, teilweise auch durch Austritt in die Atemwege (*Ilyin* fand eingespritzten Wasserstoff und eingespritztes Acetylen in der Ausatmungsluft wieder, was aber nicht ausschließt, daß die Gase vorher resorbiert waren).

Über die Mindestmengen von Luft, die von den Venen ernste Störungen hervorrufen oder tödlich werden, lauten die Angaben recht verschieden. Für Pferde wurde die tödliche Luftmenge von *Kitt* (nach *Ceelen*) mit 8 l angegeben, von *Hertwich* (nach *Ilyin*) mit 10 Kubikzoll (160—170 ccm); für Kaninchen übereinstimmend mit einigen Kubikzentimetern. Für Hunde sind nach *Richardson, Coles* and *Hall*, gleichfalls in ziemlicher Übereinstimmung mit anderen, erst 100 ccm Luft in 20—30 Sekunden eingespritzt tödlich. *Volkmann* (nach *Ceelen*) hält bei Menschen 40 ccm, binnen 30 Sekunden einverleibt, nicht für lebensgefährlich. *Nemec* hat sich selbst mehrmals bis zu 10 ccm Luft in eine Vene eingespritzt und nur vorübergehend leichte Unruhe und im Druckgefühl verspürt. Nach *Ilyin* spielt neben der Zeit und der Menge, in der Luft ins Blut eintritt, der Druck, unter dem sie eintritt, eine entscheidende Rolle. Erst ein Überdruck von mehr als 10 mm Quecksilber erwies sich für den Hund als gefährlich. Bei geringerem Druck überstanden die Hunde die Einbringung von 2 l Luft binnen zwei Stunden und boten am nächsten Tage nichts Auffallendes. Je näher dem Herzen die Luft eindringt (*Bielinski*) und je höher die betreffende Gefäßwunde liegt (Jugularis, Beckenhochlagerung, z. B. bei Eingriffen an den inneren Geschlechtsteilen), um so größer ist die Gefahr. Zweifellos spielt auch die jeweilige Allgemeinverfassung, das Zusammentreffen mit anderen Schädlichkeiten, wie es bei Operierten oft der Fall sein dürfte, eine Rolle.

Als seltene Gelegenheitsursachen von L. seien erwähnt: Punktion und Spülung der Nebenhöhlen (Fälle bei *Walcher* 335 und *Frey* 142), Cystoskopie und andere Eingriffe an der Harnblase (*Nicolich* nach *Walcher* 320), Kontrasteinlauf in den Mastdarm mit Verletzung eines Venenknotens durch das gläserne Mastdarmrohr (*Sjövall*), Eröffnung der Milzvene in einem Magengeschwür (*Jürgensen*), Abnahme der Spitze von der in der Blutader gebliebenen Hohlnadel bei Krampfaderverödung (*Szekely*). Auch seit der Einführung der Eileiterdurchblasung werden öfter Zwischenfälle durch L. mitgeteilt. Über die L. bei Fruchtabtreibung s. d. Art.: Fruchtabtreibung. Wegen ihrer grundsätzlichen Bedeutung ist jedoch auf die verspätete L. von den Geschlechtsteilen her hinzuweisen (*Walcher* 338). Bei Frauen, die Stunden nach einem fruchtabtreibenden Eingriff plötzlich in Gegenwart von Zeugen starben, wurde mehrmals L. festgestellt und auf einen Luftvorrat zurückgeführt, der in der Gebärmutterhöhle von einer Einspritzung zurückgeblieben wäre und erst später in die Venen aufgenommen wurde. Mehrfach wurde auch an ein längeres Verweilen aufgenommener Luft in den mächtigen, besonders in der Schwangerschaft sehr weiten Blutadergeflechten des Beckens gedacht, wohin Luft nach *Amreich* (ausführliche Beschreibung dieser Venengeflechte) unter bestimmten Bedingungen im Zuge von geburtshilflichen Eingriffen leicht eingesaugt werden kann, um bei neuerlicher Druckerhöhung herzwärts zu wandern. Gegen die

ursächliche Bedeutung einer L. von kleinsten Gefäßen aus sind jedoch, wenn die Erscheinungen oder der Leichenbefund nicht eindeutig waren, Bedenken am Platz. Man muß sich gegenwärtig halten, daß wir auch bei unzweifelhaft natürlichen plötzlichen Todesfällen die Todesursache durchaus nicht immer aufklären können. Oft ist die venöse L. auch nur ein Nebenbefund. Man findet sie sehr häufig bei aus einer äußeren Wunde, namentlich Halsschnittwunden oder einer Geburtswunde Verbluteten (*Kolisko, Katz, Frey*). Nach *Kolisko* würde sie durch die Atemnot während der Verblutung begünstigt. Auch bei Thrombenembolie im Wochenbett wurde sie mehrmals gefunden (*Richter, Katz*) und gleichfalls auf die großen Druckschwankungen in der Atemnot bezogen. Bei Verblutenden wird Luft auch durch große Schlagadern vom schlagenden Herzen rückläufig eingesaugt und in den Schlagadern überall verteilt, wie *Meixner* mehrmals, darunter auch bei einem Enthaupteten mit geschlossenem Foramen ovale sah. Über die *Wirkungsweise* der venösen L. gehen die Meinungen auseinander. Jedenfalls wird durch größere Mengen von Luft der Lungenkreislauf unterbrochen. Die Sauerstoffverarmung aller Gewebe führt rasch zum Tod (*Kreisinger*). Das Verhängnis liegt wohl in ihrer Wirkung auf das Herz (*Dudits*). Es ist aber mit Ausnahme der Fälle von arterieller L. weder die unmittelbare Verstopfung der Kranzschlagadern durch eingedrungene Luft, ebensowenig Verstopfung von Hirngefäßen, noch ist es das Erlahmen des rechten Herzens infolge seiner Überanstrengung im Kampf gegen das Hindernis. Bei allen Versuchen hat sich gezeigt, daß das Herz auf das Eindringen von Luft mit verstärkter Tätigkeit antwortet, daß es die Luft in die Lungenschlagaderverzweigungen hineintreibt und daß diese dort steckenbleibt. Das wurde auch durch Röntgenuntersuchungen dargetan (*Haselhorst, Frey*). Freilich bedeutet die Luft auch schon im Herzen ein Hindernis, vielleicht weil sie die Zipfelklappen nicht zu stellen vermag (*Linka*). Es dauert 5—6 Sekunden, bis auf dem Röntgenschirm eine nicht zu große Gasblase im rechten Herzen kleiner wird, und eine Minute, bis sie verschwindet. Nach *Freys* Versuchen an Hunden bleibt aber erst von 50—100 ccm Luft etwas im rechten Herzen zurück. Gewiß ist Schaum, in dessen Bildung *Pfanner* das Haupthindernis sieht, auch durch zylindrische Röhren von der Weite mittlerer und selbst größerer Gefäße viel schwieriger durchzudrücken als Luft allein, auch viel schwieriger als flüssiges Fett. Doch ist der Schaum im Herzen, wie man bei Tierversuchen sieht, gar nicht so feinblasig (*Frey* und andere). Es können aber auch Luftblasen Gabelungen kleinerer Gefäße ohne übermäßigen Druck nicht überwinden. Gegen die in die engeren Lichtungen der Gabel hineinreichenden Fortsätze der Luftblasen wirkt die an sie angrenzende Flüssigkeit vom kleineren Querschnitt her mit der stärkeren Capillarität entgegen der Stromrichtung (*Lenggenhager*, Meniscuswirkung — *Zangger*). *Walcher* hat mikroskopisch auch in Lungencapillaren Luft nachgewiesen. Durch den großen Kreislauf geht Luft, wie zahlreiche Versuche gezeigt haben (*Wolf, Ilyin*), leicht hindurch, vielfach wohl auf dem Weg der erst in jüngerer Zeit mehr beachteten arteriovenösen Anastomosen (so auch *Frey* 116). Aber auch die kleinsten Gefäße des großen Kreislaufes bedeuten, wie *Wevers* Untersuchungen mit dem Augenspiegel (in der Aderhaut sind sie verhältnismäßig weit) gezeigt haben, für Luft kein starres Hindernis. Die dehnbaren Haargefäße der Lunge aber sind nach den jüngeren Anschauungen (*Wolf, Ilyin, Haselhorst, Frey*) von Luft nicht zu überwinden, wenigstens nicht bei Hunden, Katzen und Kaninchen (*Frey* 121). Erst wenn der Druck auf 60 mm Hg gestiegen ist (gegenüber 15—20 mm als Regel), würde der Lungenkreislauf auch für Luft durchgängig (*Frey* 122). In Übereinstimmung mit den ärztlichen Beobachtungen sinkt mit dem Eindringen der Luft in die Lungenschlagader der Blutdruck bis zum Verschwinden des Pulses, während er im zuführenden Schenkel des kleinen Kreislaufes bis zum Drei- bis Vierfachen der Regel ansteigt. Beim Menschen fand sich in tödlichen Fällen gekreuzter L. das Foramen ovale immer offen.

*L. im großen Kreislauf. Im großen Kreislauf* wirkt Luft verhängnisvoller und zwar schon in geringeren Mengen als im kleinen. Die arterielle L. wird wegen ihrer Haupterscheinungen auch als *cerebrale L.* bezeichnet. Beim künstlichen Pneumothorax kommt sie dadurch zustande, daß die Kanüle entweder unmittelbar in ein Gefäß eindringt oder daß durch die Spannung im Brustraum Brücken zerreißen und Gefäße eröffnet werden. Dazu kommt, daß in Schwarten eingebettete Blutadern oft klaffen. Von den Lungenvenen gelangt die Luft unmittelbar in den großen Kreislauf. Von den Bronchialvenen dagegen münden die hinteren rechts in die Vena azygos, links gewöhnlich in den oberen Intercostalvenenstamm (*Gundermann* nach *Frey* 116), also ins rechte Herz. Hirnerscheinungen stellen sich immer gleich (im Gegensatz zur Fettembolie) ohne freies Intervall ein, werden allerdings mitunter erst nach dem Erwachen aus einer Bewußtlosigkeit (Narkose) erkannt. Sie verraten sich durch Unruhe, Zuckungen, Erblindung, Bewußtlosigkeit, klonische Krämpfe, Lähmungen, häufig Halbseitenlähmung, Ablenkung der Augen, blasse Hautstellen, blasse Bezirke im vorderen Teil der Zunge (*Liebermeister*), bläuliche Marmorierung der Haut. Mit dem Augenspiegel können wandernde Luftblasen in den Netzhautgefäßen beobachtet werden. Wo die Erscheinungen nicht für L. bezeichnend sind, wird man bei Pneumothoraxzwischenfällen auch an Pleurashock, an dem *Capps* festhält, denken müssen. Die Nervenerscheinungen sind sehr verschieden, je nachdem, wohin die Luft gerät. Sie sind meist flüchtig. Nur ausnahmsweise halten sie länger als Tage an (*Burgerhout, Steindl*). Bei tödlichem Ausgang, dessen unmittelbare Ursache meist eine Lungenentzündung ist, können sich Veränderungen im Gehirn und im Herzfleisch in Gestalt von Nekrosen und Blutungen (*Lukas, Gold*) finden. Im Gehirn sind sie meist nur histologisch erkennbar und zwar nach *Spielmeyers* Tierversuchen frühest nach 15 Stunden. Bei Tier und Mensch erscheinen in kleinen Herden zunächst nur die Ganglienzellen in verschiedenem Grade bis zum Absterben geschädigt. Gliawucherung kommt erst später (*Spielmeyer*), wurde bis zum dritten Tag vermißt (*Neubürger*). Steht ein Tod durch L. des Gehirns in Frage, so wird dieses am besten einem Institut für Hirnforschung zur Untersuchung übergeben. Die Ähnlichkeit der histologischen Veränderung im Gehirn nach L. und bei Epilepsie (Randgliose) verleitet *Kohlhaas*, die Epilepsie als anfallsweise L. des Gehirns aufzufassen, wobei die Luft von irgendeiner Schleimhaut oder von den Lufträumen der Lunge eintrete. Ähnlich führt *Neubürger* die Eklampsie bei Keuchhusten auf cerebrale L. zurück. Von seiten anderer Organe als dem Zentralnervensystem, dem Auge und dem Herzen wurden bei L. im großen Kreislauf niemals Erscheinungen beobachtet. Bei Einblasen von Luft in die Luftwege, bei Atmung unter Überdruck, aber auch bei angestrengter Atmung, künstlicher Atmung und bei Quetschung der Brust (*Walcher*), kurz bei allen Gelegenheiten, bei denen es zu einer Drucksteigerung in der Lunge kommt, kann Luft in die Lungengefäße eindringen (*Pfanner*), womit das Auftreten von interstitiellem Emphysem in Einklang steht. Ob aber dadurch Embolieerscheinungen verursacht werden können, ist mehr als fraglich. Eine L. gelegentlich eines ärztlichen Eingriffes wird bei der Unberechenbarkeit dieses Geschehens im allgemeinen als unglücklicher Zufall aufgefaßt werden müssen, es sei denn, daß ein Arzt ohne die erforderliche Sonderausbildung und ohne die notwendigen Vorkehrungen zu dem Eingriff geschritten ist.

*Schrifttum.*

*Amreich:* Zur Aetiologie der von den Uterusvenen ausgehenden Luftembolie. Zbl. Gynäk. **48**, 521 (1924). — *Bieliński* (Polnisch): Experimentelle Untersuchungen über Luftembolien. Polska gaz. lek. **1935**, 849, 871. Ref. Dtsch. Z. gerichtl. Med. **27**, 140 (1937). — *Böhmer:* Luftembolie bei oberflächlichem Halsschnitt. Dtsch. Z. gerichtl. Med. **7**, 350 (1926). — *Burgerhout* (Holländisch): Luftembolie im Gehirn durch Fruchtabtreibung. Nederlandsch tidschr. v. geneesk. **70** II, 925 (1926). Ref. Dtsch. Z. gerichtl. Med. **9** 512 (1927). — *Capps:* Luftembolie oder Pleuralreflex als die Ursache von Pleuralshock. Ref. Dtsch. Z. gerichtl. Med. **29**, 584 (1938). — *Ceelen:* Luftembolie. Handb. spez. path. Anatomie u. Histologie, herausgegeben von *Henke* u. *Lubarsch* 3, III, 119—125 (1933). — *Dudits:* Über Luftembolie. Ref. Dtsch. Z. gerichtl. Med. **21**, 278 (1933). — *Dyrenfurth:* Über die Quantität der Fäulnisgase im Herzen und ihre Bedeutung für die Feststellung des Todes durch Luftembolie. Dtsch. Z. gerichtl. Med. **4**, 562 (1924). — *Dyrenfurth:* Ein chemischer Nachweis der Luftembolie an Leichenblut. Dtsch. Z. gerichtl. Med. **8**, 727 (1926). — *Dyrenfurth:* Über die Anwendbarkeit des NO zur Feststellung der Luftembolie usw. Dtsch. Z. gerichtl. Med. **20**, 391 (1935). — *Frey:* Die Luftembolie. Erg. Chir. **22**, 95—161 (1929). (Geschichte und sehr großes Quellenverzeichnis.) — *Fritz:* Zur Wirkung in die Gebärmutter eingespritzter Flüssigkeiten im Kreislauf (Ein Beitrag zur Luftembolie). Dtsch. Z. gerichtl. Med. **15**, 165 (1930). — *Gold:* Ependymon am Boden der Rautengrube und zerebrale Luftembolie mit protrahiertem Verlauf. Arb. neur. Inst. Wien **25**, 2/3 (1924). — *Gundermann:* nach *Frey* 116, 140. — *Haselhorst:* Experimentelle Untersuchungen über venöse Luftembolie. Arch. Gynäk. **122**, 632 (1924). — *Hertwich:* nach *Ilyin.* — *Ilyin:* Die Luftembolie in der Geburtshilfe. Arch. Gynäk. **101**, 273 (1914). (Geschichte, aber keine Literaturangaben.) — *Jürgensen* u. *Schüppel:* Luft im Blute. Dtsch. Arch. klin. Med. **1882**. — *Katz:* Über den plötzlichen natürlichen Tod in Schwangerschaft, Geburt und Wochenbett. Arch. Gynäk. **115**, 283 (1921). — *Kitt:* nach *Ceelen.* — *Kohlhaas:* Die Bedeutung der zerebralen Luftembolie für die Erklärung der echten Epilepsie, der Eklampsie und des echten Schocks. Münch. med. Wschr. **1918**, I., 233. — *Kolisko:* Plötzlicher Tod aus natürlicher Ursache. *Dittrichs* Handb. d. gerichtl. Med. **II**, 1010, Berlin-Wien 1913. — *Kreisinger* (Tschechisch). Todesursache bei Luftembolie. Casopsis lek. cesk. **65**, 541 (1926). Ref. Dtsch. Z. gerichtl. Med. **9**, 328 (1927). — *Lenggenhager:* Wirkungsweise der Luft- und Fettembolie. Schweiz. med. Wschr. **1934** I, 146. — *Liebermeister:* Modellversuche zur Frage der arteriellen Luftembolie. Ref. Dtsch. Z. gerichtl. Med. **17**, 54 (1931). — *Linka:* Über die Todesursache bei Luftembolie, Bemerkungen zur gleichnamigen Arbeit *Pfanners.* Münch. med. Wschr. **1936**, II, 1099. — *Lukas, Marieliese:* Luftembolie der Herzkranzarterien bei Pneumothoraxnachfüllung. Ref. Dtsch. Z. gerichtl. Med. **29**, 149 (1938). — *Meixner:* Beiträge zum Gegenstand Luftembolie. Wien. klin. Wschr. **1939** I, 499. — *Merkel* u. *Walcher:* Gerichtsärztliche Diagnostik und Technik. Leipzig 1936. — *Nemec:* Selbstversuche über Luftemboliegefahr bei intravenösen Injektionen. Klin. Wschr. **1935** I, 55. — *Neubürger:* Zerebrale Luftembolie. Zbl. Neur. **38**, 480 (1924). — *Neubürger:* Über zerebrale Fett- und Luftembolie. Z. Neur. **95**, 278 (1925). — *Neubürger:* Über die Pathogenese der Keuchhustenklampsie. Klin. Wschr. **1925**, 113. — *Nicolich:* nach *Walcher* S. 320 — *Pfanner:* Über die Todesursache bei Luftembolie. Münch med. Wschr. **1936** I, 591. — *Pfanner:* Über den intrapulmonalen Überdruck und die Überdruckluftembolie. Münch. med. Wschr. **1936** II, 1266. — *Richardson, Coles* u. *Hall:* Experimental gas embolism: I. Intravenous air embolism. Ref. Dtsch. Z. gerichtl. Med. **29**, 322 (1938). — *Richter, M.:* Gerichtsärztliche Diagnostik und Technik. S. 177. Leipzig 1905. — *Richter, M.:* Sitzungsbericht der Gesellschaft der Ärzte in Wien. Wien. klin. Wschr. **1906**, 685. — *Richter, M.:* Über Luftembolie bei kimineller Fruchtabtreibung. Mschr. Geburtsh. **39**, 620 (1914). — *Schmidt:* Zum Nachweis zerebraler Luft- und Fettembolie. Dtsch. Z. gerichtl. Med. **13**, 231 (1929). — *Schmidt:* Luftbefunde im Kreislauf bei stumpfer Gewalt gegen den Brustkorb. Dtsch. Z. gerichtl. Med. **15**, 174 (1930). — *Sjövall:* Über tödliche Luftembolie. (Schwedisch.) Ref. Dtsch. Z. gerichtl. Med. **18**, 242 (1932). — *Spielmeyer:* Über anat. Folgen der Luftembolie im Gehirn. Verh. deutsch. Kongreß für innere Medizin, 30. Kongreß. Wiesbaden 1913 (nach *Walcher*). — *Steindl:* Luftembolie auf paradoxem Wege. Wien. klin. Wschr. **1924**, 206. — *Szekely:* Luftembolie bei Krampfaderveröndung. Dtsch. Z. gerichtl. Med. **25**, 82 (1935). — *Volkmann:* nach *Ceelen.* — *Walcher:* Über die gerichtlich-medizin. Beurteilung der Luftembolie im kleinen und großen Kreislauf mit besonderer Berücksichtigung der zerebralen Luftembolie. Dtsch. Z. gerichtl. Med. **5**, 561 (1925). — *Walcher:* Über die Luftembolie. Mitt. Grenzgeb. Med. u. Chir. **39**, 314—352 (1926). — *Walcher:* Beobachtungen bei Fettembolie im großen und bei Luftembolie im kleinen Kreislauf. Dtsch. Z. gerichtl. Med. **25**, 31 (1935). — *Werkgartner:* Ein einfaches Gerät zur Messung der Luftmengen beim Nachweis der Lufteinschwemmung an der Leiche. Wien. klin. Wschr. **1937**, 1017. — *Wever:* Zerebrale Luftembolie. Beitr. Klin. Tbk. **31**, 159 (1914). — *Wolf:* Experimentelle Studien über Luftembolie. *Virchows* Arch. **173**, 454 (1903). (Geschichte und reiche Quellenangaben.) — *Zangger:* nach *Lenggenhager.*                    **Meixner.**

## Luftzug, Wind und Flugfeuer als Brandursachen. (Vgl. auch Art.: Brandursachen.)

Die Feststellung der Windrichtung ist in jedem Brandfall, vor allem bei Gebäudebränden, unerläßlich, denn die Entwicklung und Übertragung eines Feuers ist häufig von Richtung und Stärke des Windes maßgeblich beeinflußt. Auf die bekannten Feststellungen von Windstärke, -druck und -richtung wird verwiesen. Man lege aber auch jeweils den Zeitpunkt fest, an dem die Messungen erfolgten, da sich während des Brandablaufes an und über der Brandstelle sowie in deren Umgebung Wind-, Auftriebs-, Sog- und Druckverhältnisse in kurzen Zeitabständen wesentlich ändern können. Es wird darauf hingewiesen, daß an einer Brandstelle meist nur die in Höhe des brennenden Gebäudes herrschenden Windverhältnisse von allgemeiner Bedeutung sind (Bodenwind). Durch die Lage der Brandstelle (Tal, Talkessel, Berghöhe u. dgl.) können aber die allgemeinen Luftzug- und Windverhältnisse ebenso wie durch Hitze- und Flammenauftrieb grundsätzlich beeinflußt werden. Die Richtung abziehender Rauch- (und oft auch Flammen-)Schwaden entspricht den wahren Windzugverhältnissen, die auch bei der Überprüfung der Möglichkeit von Flugfeuerübertragung auf Nachbargebäude zu berücksichtigen sind. Oft vermitteln Brandspuren und Ansengungen an benachbarten Bäumen, Baumgruppen, Hecken, Lattenzäunen, Giebeln usw. Kenntnis von der tatsächlich stattgehabten Windrichtung während des Geschehens. Ungeschützte Brandglut und Funken können durch Luftzug infolge Sauerstoffzufuhr und mechanischer Auflockerung der Glutnester angefacht werden (hervorlodernde und Stichflammen, Funkenflug). Funkensteigen und -flug kann aber auch allein schon durch natürlichen Hitze- und Flammenauftrieb beim Vorliegen geeigneten Brandmaterials ausgelöst werden. Man unterscheidet je nach Größe, Zahl und Energieinhalt: Flug-, Sprüh- und Schleuderfunken. Vereinzelt aufgewirbelte sehr kleine Teilchen werden als Flugfunken massenweise von einem glimmenden Kern auf-, stiebende Partikel als Sprühfunken und herausgeschleuderte kleine Teile wie größere Stücke (z. B. bei Explosionen, aber auch bei Scheunenbränden, bis faust- und kopfgroße Heu- und Strohbrandklumpen wurden beobachtet) als Schleuderfunken bezeichnet (*Tramm*). Funkenflugrichtung und -stärke sind wesentlich mit von den vorhandenen meteorologischen Verhältnissen abhängig. Durch Fallwind können Flugfunken — ebenso wie giftige Rauchgase (CO) — aus einem undichten Schlot in Räume zurückgedrückt werden und dort möglichenfalls zünden. Schleuderfunken können je nach Struktur und Windstärke über Häuserfronten und Straßenzüge hinweg fortgetrieben werden und den Brand in abseits liegende Bereiche übertragen, es sei denn, die Herausschleuderung erfolge unter gegebenen Umständen — bei Explosionen — unabhängig vom oder nur geringfügig beeinflußt durch den Wind. Dann finden sich die Schleuderstücke rings des Brand- oder Explosionsherdes oder vorwiegend in der Auswirkungsrichtung der Explosionswelle vor. Voraussetzungen für Flugfunken- oder

Flugfeuerzündung sind vorhandene günstige Zündmöglichkeiten (leichtentzündliche Stoffe hinter Durchtrittsöffnungen an Dächern und offenen Fenstern, Dachkästen an Scheunen, Fehlen solcher, Diemen usw.), trockene Witterung, ausreichende Zündwärme und Brenndauer der Funken. Flug- und Sprühfunken besitzen meist einen nur geringen Energieinhalt; als solche können sie bei geringer Flugweite und Auftreffen auf geeignetes Material wohl noch zündfähig sein, meist aber verlöschen sie bereits infolge schneller Verbrennung auf dem Flugwege. Der Energieinhalt von Schleuderfunken ist gemeinhin erheblich größer. Ihr Glühkern wird auf dem Flugweg angefacht. Beim Auftreffen auf trockene und brennbare Unterlagen (Stroh, Heu, Betten usw.) kann ohne weiteres eine Erwärmung dieser Stoffe bis über den Selbstentzündungspunkt und demzufolge deren Inbrandsetzung erfolgen. Wird die Entstehung eines Brandes auf Flugfeuerzündung zurückgeführt, so überprüfe man die Angaben peinlichst durch Inaugenscheinnahme des Zündortes und Abwägung der theoretischen wie praktischen Möglichkeiten. Man suche die Umgebung auf Vorhandensein weiterer Flugartikel (verkohlte Stroh-, Heu-, Holzteilchen) oder auf Brandspuren an umherliegenden Papierresten usw. ab, die durch gleichermaßen abgetriebene Funken entstanden sein könnten. Denn es ist schon vorgekommen, daß die Möglichkeit einer Brandentstehung durch Flugfeuer von vorsätzlichen Brandstifter ausgenutzt wurde! Die Stelle der Zündung liegt in der Flugfunken-(Wind-)Richtung. Die Brandausbruchszeit muß schließlich mit dem Hauptbrand, der den Funkenflug auslöste, oder mit der Benutzungszeit von Feuerstätten, die gleichermaßen Funkenquellen darstellen können, in Beziehung zu bringen sein. Man berücksichtige in diesem Zusammenhang aber auch, daß der Funke primär nur ein Glimmfeuer hervorzurufen braucht, das sich je nach den örtlichen und räumlichen Verhältnissen schneller oder verzögert schwelend entwickelt, um erst dann unter günstigen Luft- und Zugverhältnissen in flammende Verbrennung überzugehen. Der irrigen Auffassung, Schweißfunken seien nicht zündfähig, ist entgegenzutreten. Die Art dieser Funken und vor allem die beim Schweißen entstehenden Funkensprühkegel können infolge kontinuierlichen Auftreffens auf leichtentzündliches, durch den Vorgang zumeist vorgewärmtes Material dieses nachweislich in Brand setzen.

*Schrifttum.*

Siehe d. Art.: Brandursachen.                    **Specht.**

**Lumbalanästhesie** siehe *Lokalanaesthetica außer Cocain.*

**Luminal** siehe *Schlafmittel.*

**Luminiscenzanalyse** siehe *Ultraviolett-Licht.*

**Lungenprobe** siehe *Kindestötung.*

**Lungenschwimmprobe** siehe *Kindestötung.*

**Lunges Reagens** siehe *Schußverletzungen.*

**Lupinin** siehe *Spartein- und Lupinenalkaloide.*

**Lustmord.** (Vgl. auch Art.: Leichenzerstückelung; Sadismus.)

*Lustmord i. e. S.* ist die Tötung eines Menschen, um hierdurch die eigene Geschlechtslust in abwegiger Form zu befriedigen. Allgemein werden bei Lustmorden gewisse Tötungsarten bevorzugt und mit gewaltmäßigen Grausamkeitshandlungen verbunden, um dem Opfer Schmerzen und Qualen zuzufügen, durch welche die eigene Wollust gesteigert wird. Vielfach schließen sich den Tötungen Verstümmelungen und Zerstückelungen der Leiche des

Opfers (s. d. Art.: Leichenzerstückelung) zur weiteren Befriedigung der abwegigen Geschlechtslust bzw. zwecks bequemerer Beseitigung der Leiche an. Nur in seltenen Fällen wird die Geschlechtslust ausschließlich durch Grausamkeitshandlungen und Tötung befriedigt. In den meisten Fällen wird an dem gequälten, verletzten oder sterbenden Opfer gewaltsam der Beischlaf ausgeübt oder auszuüben versucht. In einzelnen Fällen erfolgt auch ein Beischlaf oder eine beischlafsähnliche Handlung an der Leiche, sogar in Körperöffnungen, die durch Verletzungen bei der Tat gesetzt wurden.

Dieses *Vorgehen beim Lustmord i. e. S.* erklärt sich aus der Entartung der geistigen und seelischen Verfassung der Täter. Die Sucht, eine auftauchende geschlechtliche Lust bei perverser Triebhaftigkeit auf jeden Fall zu befriedigen, kennt bei derartigen Tätern keine moralischen oder verstandesmäßigen Bedenken. Bei der Gefühlskälte und hemmungslosen Gier werden die meist psychopathischen, schwachsinnigen, epileptoiden, schizoiden oder auch geisteskranken Täter beim Anblick eines ihnen geeignet erscheinenden Opfers sowohl bei gesteigerter, wie bei herabgesetzter Potenz in einen rauschartigen, das Bewußtsein trübenden Erregungszustand versetzt. In diesem Zustand kommt es zu den schweren Schnittverletzungen, durch die das Körperinnere des Opfers offen gelegt wird und die vom Täter ausgeführt werden, um durch ein tieferes Eindringen in den Körper des Opfers, bzw. um durch ein weiteres Besitzergreifen desselben als beim normalen Beischlaf den Orgasmus zu erzwingen.

*Lustmord i. w. S.* ist

1. die Tötung eines Menschen nach vollzogenem, meistens mit Gewalt ausgeführtem Beischlaf bzw. nach einer Nötigung oder Notzucht (s. d.), um zu verhindern, daß eine Anzeige erstattet wird, bzw. um den einzigen Tatzeugen zu beseitigen. Bei diesen Tötungen werden ebenfalls bestimmte Tötungsarten bevorzugt, die sich aus der Situation ergeben;

2. die unbeabsichtigte Tötung eines Menschen gelegentlich der Anwendung von Gewalttätigkeiten, die zur Erzwingung eines verweigerten Beischlafes vorgenommen werden. Auch hierbei werden bestimmte Tötungsarten bevorzugt vorkommen, die gleichsam die Erweiterung der Gewalttätigkeiten darstellen, die zur Niederkämpfung des Widerstandes des Opfers notwendig waren.

Es ist die *Aufgabe des* an den Tatort gerufenen gerichtlich-medizinischen *Sachverständigen*, aus den vorgefundenen Verhältnissen am Tatort, aus der Besichtigung der Leiche, aus ihrer Lage und den Veränderungen an der Kleidung und am Körper sowie aus den Ergebnissen der nachfolgenden Leichenöffnung den kriminellen Tatbestand nach Art und Verlauf weitgehend zu rekonstruieren. Der gerichtlich-medizinische Sachverständige muß die vorgefundenen Verhältnisse mit seinen eigenen Erfahrungen bei der Begutachtung früher vorgekommener Lustmorde und mit den in der Fachliteratur zahlreich zusammengestellten charakteristischen Leichenbefunden bei Lustmorden aus älterer und neuerer Zeit vergleichen. Er muß versuchen festzustellen, ob es sich im vorliegenden Fall um einen Lustmord i. e. S. oder um einen Lustmord i. w. S. handelt, oder ob durch die Lage der Leiche und die Art der vorgefundenen Verhältnisse der Schluß zulässig ist, daß ein Lustmord beabsichtigt oder unbeabsichtigt nur vorgetäuscht wurde. Die Entscheidung hierüber bietet auch dem Erfahrenen oft erhebliche Schwierigkeiten, weshalb besonders am Tatort eine Zurückhaltung bei der Begutachtung zu empfehlen ist. Die gerichtlich-medizinischen Feststellungen sind für die strafverfolgenden Behörden, für die Kriminalpolizei und für die Staatsanwalt-

schaft deshalb von besonderer Bedeutung, weil ganz allgemein aus der Art der Ausführung eines bestimmten Verbrechens Schlüsse auf einen vermutlichen Täter möglich sind, bzw. auf einen Personenkreis, aus welchem der Täter stammen kann. Darüber hinaus bietet der sorgfältig erhobene objektive Tatbestand mit seiner gutachtlichen Beurteilung die Möglichkeit, das bei derartigen Verbrechen sehr wenig zuverlässige Geständnis des Täters auf seinen Wahrheitswert nachzuprüfen.

Bei den Lustmorden i. e. S. finden sich an den Leichen der Frauen und Mädchen *charakteristische Verletzungen*. Am auffallendsten sind *große Schnittwunden*, die vom Rippenwinkel bis zur Schamfuge, oft bis in die Scheide reichen. Die Bauchhöhle wird hierdurch weit geöffnet, und Darmschlingen sind ausgetreten. Aus Verletzungen der Eingeweide erkennt man die Wucht der Schnittführung; oft sind Därme und andere Eingeweide, darunter auch die inneren Geschlechtsteile herausgerissen. Man nimmt an, daß diese sinnlos großen Verletzungen, das Herumwühlen in den Eingeweiden sich aus einer Wut über einen unbefriedigten oder unvollkommenen Geschlechtsakt erklärt und aus einem Bestreben, durch tieferes Sich-Hineinwühlen in den Körper des Opfers die geschlechtliche Erregung zu befriedigen.

Als typisch kann man auch *Würgespuren* am Halse und im Gesicht des Opfers ansehen, die von kräftigen Würgegriffen des Täters herrühren, um das sich sträubende Opfer am Schreien zu verhindern und um sich selber an dem bei der Würgung angsterfüllten aufgedunsenen blaugewordenen Gesicht des Opfers geschlechtlich weiter zu erregen.

Die eigentliche Tötung erfolgt vielfach durch einen tiefen *Halsschnitt* mit Durchschneidung der Halsschlagader und Schartenspuren an der Vorderseite der Wirbelkörper der Halswirbelsäule. Diese Tötungsart wählt der Täter nicht nur aus der gegebenen Situation heraus, um zu töten, sondern vielmehr vornehmlich, um sich durch das herausströmende warme Blut des Opfers geschlechtliche Lust zu verschaffen. Auch wenn die Tötung durch *Stiche in den Hals* und in *die Brust* verursacht wird, kann man aus den zahlreichen tiefen Stichen erkennen, daß neben der Tötungsabsicht die Aufpeitschung der geschlechtlichen Lust gesucht wurde. Auch *Zertrümmerungen des Schädels* mit Stöcken oder Steinen, die aus der Nähe des Tatortes während des Kampfes mit dem Opfer aufgegriffen wurden, oder mit mitgenommenen Werkzeugen werden beobachtet. Auch bei dieser Tötungsart werden so zahlreiche und schwere Verletzungen gesetzt, wie sie für die Tötung an und für sich nicht notwendig sind.

Von *Verstümmelungen* findet man abgeschnittene Brüste, nicht selten mit Stich- und Bißwunden, die durch ihren Gebißabdruck zur Identifizierung des Täters dienen können. Gelegentlich fehlen die abgeschnittenen Brüste und die herausgeschnittenen äußeren Geschlechtsteile, weil sie der Täter mitgenommen hatte, um sich weiterhin an diesen Leichenteilen durch Ansehen oder Berühren geschlechtlich zu erregen. An den Leichen finden sich häufig Spuren von Fesselungen und Stockschlägen, die auf entsprechende besondere sadistische Veranlagung des Täters hindeuten.

Die Leichen der Opfer werden häufig mit der *gewaltsam aufgerissenen* und *zurückgeschlagenen Kleidung* bei gespreizten Beinen und teilweise entblößtem Körper gefunden. Insbesondere sind die äußeren Geschlechtsteile freigelegt. Der Täter dürfte sich in derartigen Fällen an dem Anblick der in dieser Lage verlassenen Leiche sinnlich erregt und versucht haben, durch den Gedanken geschlechtliche Erregung zu finden, daß bei Auffindung der Leiche Schrecken und Abscheu erzeugt wird.

30*

In Einzelfällen kommen Abweichungen von diesen charakteristischen Befunden vor, und andere Tötungs- und Verletzungsarten werden angewandt.

Bei *Zerstückelungen* der Leiche (s. d. Art.: Leichenzerstückelung) durch Abtrennen der Gliedmaßen und des Kopfes wird es sich wie bei anderen Morden vielfach um die Vorbereitungen zu einer bequemeren Beseitigung der Leiche handeln. Man wird im Unterschied zu anderen Mordtaten bei Lustmorden an den einzelnen Leichenteilen Spuren der oben zusammengestellten Gewalttätigkeiten und Tötungsarten finden, die außerhalb der für die Abtrennung notwendigen Schnitte liegen. Es kommt aber nachweisbar bei Lustmorden auch zu Zerstückelungen, die lediglich, wie die übrigen Gewaltakte, der geschlechtlichen Lustbefriedigung dienen sollen. Man erkennt dies aus übermäßig großen und häufig angesetzten Schnitten, wie sie für die einfache Abtrennung der Glieder nicht erforderlich sind. Werden nur Knochenteile von den Opfern gefunden, so können unter günstigen Umständen Schartenspuren an den Knochen entdeckt werden, die Schlüsse auf die Benutzung bestimmter Instrumente zulassen. Im allgemeinen erlauben die Knochen nur ungefähre Alters- und Geschlechtsbestimmungen.

Handelt es sich in den selteneren Lustmordfällen bei den *Opfern um Männer und Jünglinge*, so kommen homosexuell veranlagte Täter in Frage. Bei diesen Leichen finden sich seltener charakteristische Verletzungen. An den Geschlechtsteilen ist gelegentlich der Hodensack aufgeschlitzt, und die Hoden sind herausgerissen. Bei stattgehabtem Geschlechtsverkehr findet sich am After und zwischen den Schenkeln Samen. Als Tötungsart wird Erwürgen, Halsschnitt und Erstechen bevorzugt. Bei dem Massenmörder *Haarmann* mußte Tötung durch Kehlkopfbiß angenommen werden.

*Kindliche Opfer* werden von Tätern mit herabgesetzter Potenz und mit pädophiler Veranlagung bevorzugt. Die Opfer sind meistens unreife Mädchen, es kommen aber auch Tötungen von Knaben vor, ohne daß es sich in diesen Fällen stets um homosexuelle Täter zu handeln braucht. Kinder sind trotz aller Verwarnungen und Belehrungen überaus leicht zu gewinnende Opfer und lassen sich, auch wenn sie vollsinnig sind, mit nichtssagenden Versprechungen bestimmen, nach einsamen Orten mitzugehen. In ihrer geschlechtlichen Unentwickeltheit und Unreife bieten sie für die in dieser Richtung pervers eingestellten Täter einen besonderen Anreiz.

Als auffallendste Verletzung finden sich wie bei den erwachsenen Frauen und Mädchen große Leibschnitte, die oft nicht nur die Bauchhöhle bei Freilegung der Därme geöffnet haben, sondern auch die Brusthöhle. Die Schnitte reichen dann vom Halse bis zu den Geschlechtsteilen. Da die kindliche Scheide für ein männliches Glied nicht zugänglich ist, wird sie vom Täter brutal durch Schnitt oder Riß erweitert. Nicht selten finden sich Spuren von Fesselungen, Stockschlägen und anderen Gewalttätigkeiten. Am Halse sind Würgespuren, im Gesicht Ausstopfungen des Mundes mit Taschentüchern oder Kleidungsstücken. Wie bei den Frauen werden durch Würgegriffe des Täters die Opfer am Schreien verhindert, andererseits steigert sich der Täter seine Lust durch die Bereitung von Qualen, die er mit diesen Würgegriffen dem Opfer zufügt. Die eigentlichen Tötungen erfolgen durch tiefen Halsschnitt oder vielfache Stichwunden, die auf den Blutrausch des Täters hinweisen. Wenn Knaben die Opfer kindlicher Lustmorde sind, finden sich gleichartige Verletzungen, aber seltener die großen Bauchschnitte. Die äußeren Geschlechtsteile sind gelegentlich abgeschnitten, um durch nachträglichen Einschnitt eine künstliche Scheide herzustellen.

Bei den Lustmorden an Kindern kommt ein Geschlechtsakt meistens nicht zustande bzw. nicht zu Ende. Nur selten wird der Geschlechtsakt an der Leiche vollendet und dann wahllos in irgendeine künstliche Leibesöffnung der Samen ergossen. In den meisten Fällen befriedigen sich die perversen Täter durch Masturbation an ihrem Geschlechtsteil in Gegenwart des Opfers, während sie sich durch den Anblick des meist mit gespreizten Beinen daliegenden, oft entblößten und mit blutigen Wunden bedeckten Opfers geschlechtliche Lust und Erregung verschaffen.

Bei Lustmorden findet man am *Tatort* nicht selten Kampfspuren in der Umgebung der Leiche und an deren Kleidung. Hierbei vorgefundene Fußabdrücke und abgerissene Teile der Kleidung des Täters sowie von ihm verlorene oder zurückgelassene Gegenstände sind für seine Identifizierung von besonderem Wert und nach gerichtlich-medizinisch bzw. naturwissenschaftlich-kriminalistischen Gesichtspunkten sicherzustellen. Die vorgefundenen Verletzungsfolgen lassen nach Art, Umfang und Blutunterlaufung in der Umgebung die Art der benutzten Werkzeuge, die Art der Ausführung sowie Zeitfolge der einzelnen Verletzung unter günstigen Umständen erkennen. Samenspuren können sich in den Geschlechtsteilen des Opfers, aber auch an anderen Körperteilen finden, ebenso an der Kleidung des Opfers und am Tatort. Wie bei allen Kapitalverbrechen sind sowohl von Blut des Opfers wie von Blutflecken in der Umgebung und an der Kleidung des Opfers, die sowohl vom Opfer wie vom Täter stammen können, Proben zur Bestimmung der Blutgruppe sicherzustellen.

Bei den *Lustmorden i. w. S.* fehlen fast durchweg die großen Leibschnitte und Verstümmelungen an den Brüsten und den Geschlechtsteilen. Die bei derartigen Tötungen, die sich den Notzuchtshandlungen anschließen, üblichen Tötungsarten ergeben sich aus der Situation und sind ähnlicher Art wie bei den Lustmorden i. e. S. Es finden sich deshalb Halsschnitte, Brustschnitte, Schädelzertrümmerungen, Würgespuren, die die Täter nach Beendigung des Beischlafes der Genotzüchtigten zufügt, ohne hierbei irgendwie bei sich geschlechtliche Lust zu erregen oder zu befriedigen, sondern lediglich zum Zwecke der Tötung, meistens noch während der Täter auf dem Opfer liegt.

Bei den *zufälligen Tötungen*, die bei Gewaltanwendung zur Brechung eines Widerstandes, um den Beischlaf bei einer sich weigernden Frauensperson zu erzwingen, vorkommen, spielt ebenfalls das Erwürgen eine Rolle, weil der Würgegriff zur Verhinderung des Schreiens und zur schnellen Kampfunfähigmachung angewandt wird. Auch Faustschläge gegen den Kopf, gegen Hals und Brust, um das Opfer zu überwältigen, sowie das gewaltsame Hinwerfen des Opfers zur Vergewaltigung kann ungewollt die verschiedensten Todesarten verursachen. Auch ein Herzstillstand durch psychischen Shock bzw. durch Angst kann bei derartigen Gewalthandlungen vorkommen.

*Schrifttum.*

*Berg:* Der Sadist. Ger.-ärztl. und Krim.-psych. zu den Taten des Düsseldorfer Mörders. Dtsch. Z. gerichtl. Med. **17**, 247 ff. (1931).— *v. Hofmann-Haberda:* Lehrbuch der gerichtlichen Med. **XI** A. 155 ff. Berlin u. Wien 1927. — *Ilberg:* Über Lustmord und Lustmörder. Mschr. Kriminalpsychol. **II**, 596 (1905/06). — *Schackwitz:* Lustmord vortäuschende Leichenzerstückelung. Dtsch. Z. gerichtl. Med. **10**, 45 ff. (1927). — *Senf:* Zur Psychologie des Lustmordes. Mschr. Kriminalpsychol. **8**, 299 ff. (1911). — *Walter:* Über den Lustmord, insbesondere an Kindern, vom gerichtsärztlichen Standpunkt. Mschr. Kriminalpsychol. **6**, 691 (1910). — *Weimann:* Zur Psychologie des Lustmordes. Ärztl. Sachverst.ztg. **28**, Nr. 17, 191 ff. (1922).

*Schackwitz.*

**Luxationen** siehe *Verletzungen durch stumpfe Gewalt.*

**Lymphogranuloma inguinale** (= L. i.). (Vgl. auch Art.: Bakteriologische Untersuchungen in der gerichtlichen Medizin; Geschlechtskrankheiten vor Gericht.)

*1. Diagnose:* Das L. i. wird heute als die gleiche Krankheit betrachtet wie der in den Tropen vorkommende klimatische Bubo und scheint um die Mitte des vorigen Jahrhunderts zuerst nach Frankreich eingeschleppt zu sein. Die Hauptverbreitungsgebiete sind Niederländisch-Indien, China und Ostafrika. Inzwischen ist die Krankheit, die 1913

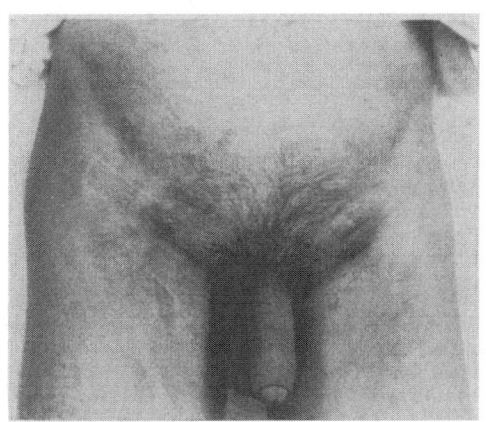

Abb. 1. Lymphogranuloma inguinale (*H. Ruge* phot.).

von *Durand, Nicolas* und *Favre* genau beschrieben worden ist, in den meisten Ländern Europas beobachtet worden. Trotz des ähnlichen Namens ist sie streng zu trennen von der Lymphogranulumatose und ebenso auch von dem Granuloma venereum, einer auch heute noch fast rein tropischen Geschlechtskrankheit. Die frühzeitige Erkennung des L. i. wird dadurch erschwert, daß der „*lymphomatöse Primäraffekt*" nur in harmlos aussehenden kleinen Erosionen oder Geschwürchen besteht und nach ein paar Tagen von selbst wieder abheilt, ehe es zu der Schwellung der Lymphknoten gekommen ist, die den Kranken zum Arzt treibt. Der sichere (mittelbare) Erregernachweis im Primäraffekt ist außerordentlich schwierig. Die *Frei*sche Reaktion, die im weiteren Verlauf sehr sichere Ergebnisse liefert, fällt im Anfang noch negativ aus. Differentialdiagnosen sind: Herpes genitalis, Balanitis, oberflächlicher weicher oder harter Schanker. Die Erscheinungen, denen die Krankheit ihren Namen verdankt, betreffen die *Lymphknoten der Leiste.* Meist

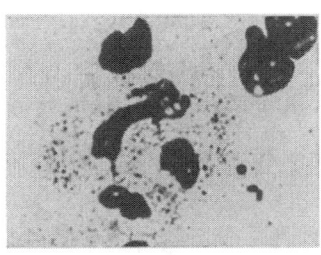

Abb. 2. Erreger (Virus) im Ausstrich aus dem Primäraffekt. (*H. Ruge* phot.)

spielt sich die Erkrankung nur auf einer Seite ab. Im Gegensatz zu den Bubonen des weichen Schan-

kers befällt das L. i. nicht nur die oberflächlichen Lymphknoten, sondern auch die tieferen. Diese

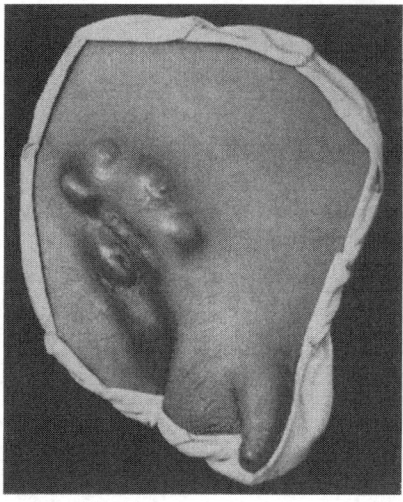

Abb. 3. Lymphogranuloma inguinale. (Nach *Erich Hoffmann.*)

bleiben als feste Gebilde von Nußgröße tastbar und schmelzen nicht ein, während die mehr oberflächlichen Lymphknoten ähnlich wie beim weichen Schanker verschmelzen und die blaurot verfärbte Haut zu durchbrechen pflegen. Außer mit weichem Schanker ist eine Verwechslung möglich mit Lymphknotenschwellungen infolge von Herpes genitalis (schneller Rückgang) oder Gonorrhoe (Erregernachweis) oder Infektion mit Staphylokokken oder Streptokokken, sowie im Anfang mit syphilitisch verhärteten Lymphknoten (Spirochätennachweis).

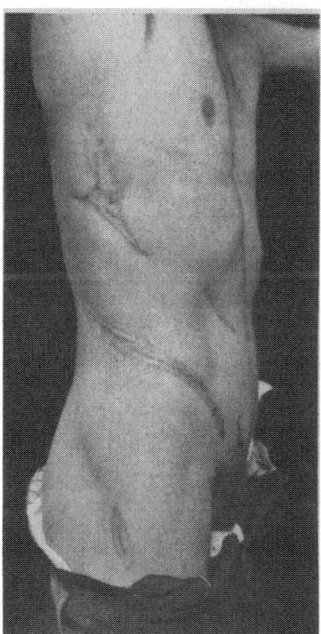

Abb. 4. Folgen nach Lymphogranuloma inguinale. (*H. Ruge-Plett* phot.)

Auszuschließen sind ferner: Tuberkulose, Pilzerkrankungen, Aktinomykose, Sarkom, Carcinom

Rheumatische Schmerzen und wechselndes Fieber sind häufige Begleiterscheinungen.

Für die Diagnose des L. i. war es ein ungeheurer Fortschritt, als *W. Frei* im Jahre 1925 eine spezifische Hautreaktion fand (*Freische Reaktion*). 0,1 ccm des Antigens werden intracutan an zwei etwa 6 cm voneinander entfernten Stellen des Oberarms eingespritzt. Infolge der Überempfindlichkeit eines Kranken gegen den in dem Krankheitsstoff enthaltenen (noch nicht unmittelbar nachgewiesenen Erreger) zeigt sich nach zweimal 24 Stunden ein entzündliches Infiltrat, das positiven Ausfall bedeutet. Die Probe kann bis zum Beginn der Lymphknotenschwellung negativ sein, ist aber danach mit sehr geringem Fehler positiv. Selbst viele Jahre nach dem Ende der klinischen Erscheinungen kann die Haut eines krank Gewesenen noch positive Reaktion aufweisen. Durch eine gleichzeitig bestehende Syphilis kann die Reaktion bis zu einer antisyphilitischen Behandlung negativ bleiben. Die Ansteckungsgefahr dauert bis zum Ende der klinischen Erscheinungen. Die Krankheit kommt bei Männern viel häufiger vor als bei Frauen, während die Späterscheinungen besonders das weibliche Geschlecht befallen.

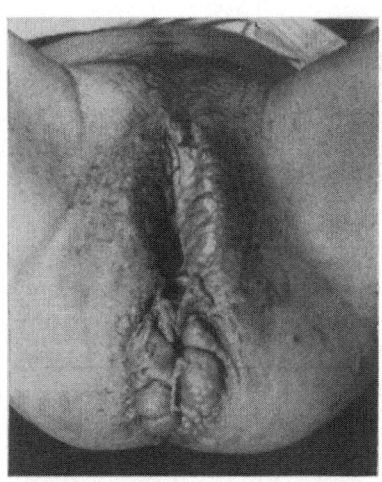

Abb. 5. Esthiomène nach *Kollartis*.

*2. Entstehungsart:* Das L. i. wird, von seltenen Ausnahmen abgesehen, durch Geschlechtsverkehr erworben. Bei Ärzten, die sich während der Operation von Leistendrüsen angesteckt hatten, erkrankte der Lymphknoten in der Achselhöhle. Die Inkubationszeit beträgt für den lymphomatösen Primäraffekt ½—3 Wochen. Die Lymphknotenschwellung kann noch einige weitere Wochen auf sich warten lassen.

*3. Verschulden:* Das unscheinbare, schnell wieder von selbst verschwindende Anfangsgeschwür erweckt selbst beim Manne längst nicht so leicht den Verdacht einer Geschlechtskrankheit wie etwa ein harter oder weicher Schanker oder der Ausfluß beim frischen Tripper. Die Erscheinungen an den Lymphknoten betreffen zwar nicht die Geschlechtsteile selbst, führen aber die Kranken in aller Regel schon wegen der erheblichen Beschwerden zum Arzt, der sie über die Natur und Ansteckungsgefahr ihres Leidens zu unterrichten hat.

*4. Verlauf und Folgen:* Kennzeichnend für das L. i. ist sein außerordentlich unterschiedlicher Verlauf. Es gibt leichte Fälle, die mit oder sogar ohne Behandlung in einigen Wochen abheilen, und andere, die den Kranken auf ein oder zwei Jahre arbeits-

unfähig machen. Die durchschnittliche Dauer bei den behandelten Fällen wird auf ein bis drei Monate angegeben. Todesfälle sind selten beobachtet worden. Die gefürchteten Späterscheinungen (*Elephantiasis genito-ano-rectalis*) beruhen darauf, daß die befallenen Lymphknoten zerstört werden, die Lymphgefäße geschädigt werden und daß infolge der Stauungen hartnäckige Geschwüre und Verdickungen an den genannten Körperstellen zustandekommen. Für die Behandlung des L. i. kommen je nach Lage des Falles in Betracht: operative Eingriffe, Chemotherapie durch intramuskuläre oder intravenöse Einspritzungen von Antimon und anderen Präparaten oder von L. i.-Antigen, Röntgenstrahlen. Die Spätfolgen sind durch rechtzeitige Behandlung mit großer Wahrscheinlichkeit zu verhüten.

*Schrifttum.*

Vgl. den Art.: Geschlechtskrankheiten vor Gericht, insbesondere *Löhe-Schlossberger.* **Werr** und **Gottschalk.**

## Lynchen (= L.).

Unter L. versteht man die Mißhandlung eines Menschen in solchem Ausmaße, daß er unmittelbar oder in kurzer Zeit nach der Mißhandlung stirbt. Die Gewaltanwendungen können verschieden sein; in erster Linie kommt in Betracht die Anwendung der bloßen Fäuste, weiterhin die Verwendung von stumpfen oder stumpfkantigen Werkzeugen, insbesondere aber die Verwendung von Prügeln, Ruten, Stöcken u. dgl. Als Todesursache kommt bei zahlreichen Weichteilverletzungen mit Blutunterlaufungen, um die es sich dabei in erster Linie handelt, Shock in Betracht infolge der ungeheuren Nervenreizung. In zweiter Linie Fettembolie infolge Zertrümmerung des subcutanen Fettgewebes an vielen Stellen mit Einschwemmung von Fett in die Blutbahn des kleinen oder großen Kreislaufes oder beider zusammen. Bei schwerkranken Menschen, insbesondere bei Herzkranken, kann natürlich auch eine Herzlähmung während der Mißhandlung zum raschen Tod führen. Die Erkennung der Art der Gewalteinwirkung und damit der Todesart durch L. setzt eine sehr genaue Besichtigung des Leichnams voraus und eine nachfolgende Leichenöffnung, womöglich unter Verwertung der behördlichen Ermittlungen, bzw. der Vorgeschichte. Wenn es sich um Mißhandlung mit den Fäusten handelt, was bei schwächeren Menschen durch einen an Körperkraft stark überlegenen Gegner auch einmal zum Tode führen kann —in anderen Fällen sind häufig mehrere Täter beteiligt —, findet man an allen möglichen Körperstellen kleinere oder größere Blutunterlaufungen, deren Farbe, wenn es sich nicht gleichzeitig um ältere Gewalteinwirkungen handelt, bläulich-rötlich erscheint, je nach dem Sitz, insbesondere der Tiefe der Blutunterlaufung. Durch längeres Lagern des Leichnams kommt es zur postmortalen Hämolyse und zur hämolytischen Durchtränkung auch der Lederhaut, wodurch die Blutunterlaufungen mehr rötlich als blaurot aussehen. Bei längerem Überleben kann ein ähnlicher Vorgang in Gestalt des Abbaues des Blutfarbstoffes aus den Blutgefäßen stattfinden, außerdem kann sich dadurch der ursprüngliche Sitz der Blutung durch Senkung des Blutes im Gewebe verlagern, besonders entsprechend der Schwerkraft. Die Blutunterlaufungen bei solchen Mißhandlungen sitzen häufig wahllos am Körper verteilt, und es sind nicht nur vorwiegend Knochenvorsprünge bzw. die darüberliegenden Weichteile betroffen, wodurch sie sich von der Wirkung eines Sturzes gelegentlich unterscheiden lassen, denn bei Abstürzenden, etwa vom Tennenboden oder von einer Treppe oder vom Gerüst, findet man, je nach der aufschlagenden Körperseite, über den Knochenvorsprüngen dieser Seite besonders regelmäßig Blutunterlaufungen. Die Haut und die Lederhaut sind über solchen Blutunterlaufungen meist nicht verletzt oder aber nur stellenweise die Oberhaut eingerissen oder abgeschürft und dann meist nachträglich vertrocknet. Bei der Obduktion sind außer der Beschreibung Zeichnungen und Skizzen und Lichtbilder anzufertigen, nachher sind die Stellen auch einzuschneiden, um die Ausdehnung der Blutungen festzustellen. Man schneidet auch an solchen Stellen ein, an denen äußerlich keine Blutungen durchschimmern, weil auch tiefersitzende Hämatome bei solchen Mißhandlungen vorkommen können. Auf Besonderheiten der Anordnung der Blutungen hinsichtlich ihrer Lage wird man achten, um auch, wenn möglich, zur Klärung der Frage beizutragen, in welcher Lage der Gemißhandelte vorwiegend getroffen wurde. Wenn es sich gleichzeitig um Hinwerfen und Schleudern gegen eine Wand handelt, können natürlich auch Knochenbrüche, insbesondere der Rippen, aber auch des Schädels vorkommen. Manchmal ist auch die Wirkung des Stoßens, insbesondere mit beschuhten Füßen zu untersuchen; wenn bekleidete Körperstellen dadurch getroffen werden, ist die Blutunterlaufung nicht wesentlich anders als bei Stoßen und Schlagen mit den Fäusten. Rippenbrüche entstehen bei dieser Art der Mißhandlung besonders leicht, aber auch Verletzungen der inneren Organe, sowohl der Bauch- wie auch der Brusthöhle. Beim Stoßen mit den beschuhten Füßen gegen den Kopf das Gesicht sind streifige oder parallel-streifige, flächenhafte Abschürfungen mit Blutunterlaufungen darunter beobachtet worden. Am Schädel, besonders wenn es sich um dünnere Knochen, zumal bei Jugendlichen handelt, kann gelegentlich die Form der Bruchsysteme im Zusammenhalt mit den Weichteilverletzungen einen Schluß auf die Entstehung durch Stoßen oder Treten mit den Schuhen möglich machen (*Schrader*). Wenn die Seitenwand der Schädelkapsel getroffen ist, kann ein annähernd ovaler Biegungsbruch mit oder ohne Berstungsbrüche die Wirkung andeuten. Bei Stoßen mit dem Fuß oder auch mit den Schuhen gegen den Bauch können Zerreißungen des Mesenteriums, aber auch Perforationen des Darmes sowie Rupturen der Leber und Milz, selten anderer Organe eintreten. Schwerere Faustschläge gegen die Nierengegend können sowohl die Nieren zerreißen sowie auch einmal größere, besonders venöse Blutgefäße zur Berstung bringen. Bei genauer Untersuchung der Hämatome unter der Haut durch Einschnitt kann man nicht selten die Zertrümmerung des Fettgewebes erkennen, wobei kleinere oder größere fetzige Höhlen mit mehr oder weniger isolierten Fetzen von Fettgewebe, aber auch freies Fett infolge der Zertrümmerung der Fettzellen, vorliegen können. Die Untersuchung der Lunge oder der Organe des großen Kreislaufes, besonders des Gehirns und Rückenmarkes, aber auch der Niere auf Fettembolie geschieht nach den Regeln der histologischen Technik (s. d. Art.: Fettembolie).

Bei schweren wiederholten Faustschlägen gegen den Kopf findet man gelegentlich teilweise oder vollständige blutige Zertrümmerung der Schläfenmuskeln (Kaumuskeln), die dann einen blutigen Brei darstellen. Diese verhältnismäßig bindegewebsarmen Muskeln können zwischen der Faust oder dem stumpfen Werkzeug einerseits und dem Schädelknochen andererseits völlig zerquetscht werden.

Werden Stöcke oder Ruten od. dgl. zur Mißhandlung verwendet, so findet man Striemen an diesen Stellen; besonders wenn es sich um Schläge mit nicht allzu dickem Werkzeug auf die nackte Haut handelt, findet man in der Regel Doppelstreifen darunter, d. h. durch einen einzigen kräftigen Schlag werden zwei rote Striemen erzeugt, die z. B. bei der Verwendung eines gewöhnlichen spanischen Rohres in einem

Abstand von der Dicke dieses Rohres zwei etwa fingerdicke rote Streifen darstellen. Diese Streifen sind je nach der getroffenen Hautstelle und deren Wölbung mehr oder weniger lang, manchmal sind sie an einem oder beiden Enden durch eine rote Zwischenzone miteinander verbunden, gelegentlich in Pfeilspitzenform. Es ist anzunehmen, daß die Rötung durch vasomotorische Einflüsse, Gefäßlähmungen mit oder ohne Blutaustritt gerade dort entsteht, wo die vom Schlag getroffene Stelle, die nach dem Körperinneren eingedrückt wird, von der in Ruhe bleibenden Randpartie der Haut weggezerrt wird. So ist wohl auch der erwähnte Befund am Ende der Doppelstreifen zu erklären. Diese Striemen können naturgemäß kreuz und quer am Körper verlaufen; wenn sie sehr gehäuft an einer Körpergegend, etwa am Rücken und besonders am Gesäß, vorhanden sind, kann der Befund undeutlicher werden, es kommt dann zu mehr flächenhaften Rötungen, bei denen Platzungen der Oberhaut mit nachträglicher Vertrocknung nicht zu fehlen pflegen. In der Tiefe kann bei Schlägen mit dünnen Rohren oder Stöcken oder Prügeln das Gewebe stark blutdurchtränkt werden, das Fettgewebe zertrümmert, auch die Skelettmuskulatur teilweise blutdurchtränkt oder teilweise sogar, besonders bei zarteren Individuen, stellenweise zertrümmert erscheinen, besonders bei sehr fettarmen Individuen.

*Schrifttum.*

*Dittrich:* Die ärztliche Sachverständigentätigkeit bei der Untersuchung und Begutachtung von Verletzungen zu forensischen Zwecken. In *Dittrich*s Handbuch der ärztlichen Sachverständigentätigkeit, **III**, 1906. — *Schrader:* Tödliche Schädelverletzung durch Fußtritte. Archiv für Kriminologie. **92** (1933). — *Walcher:* Über die örtliche Wirkung von Schlägen mit Stöcken, Ruten u. dgl., mit besonderer Berücksichtigung des Auftretens von Doppelstreifen. Beitr. gerichtl. Med., **12** (1932). — *Ziemke:* Tod durch Shock nach körperlicher Mißhandlung. Vjschr. gerichtl. Med. **45**, Suppl., (1913). — *Ziemke:* Über Kindermißhandlungen und ihre rechtliche und soziale Bedeutung. Dtsch. Z. gerichtl. Med., **13** (1929).

*Walcher.*

## Lysol.

*Lysol* ist eine Kresolseife (Cresolum saponatum), bestehend aus Rohkresol in Kaliseife gelöst (vgl. d. Art.: Kresole; Phenol). Ölige, rotbraune Flüssigkeit mit typischem Kresolgeruch, in jedem Verhältnis mischbar mit Wasser, Glycerin, Alkohol usw. Zahlreiche Handelspräparate von ähnlicher Zusammensetzung (Bazillol, Kresin, Phobrol, Saprol, Solutol, Solveol).

Findet heute immer noch ausgedehnte Verwendung zu Desinfektionszwecken (Landwirtschaft), auch als Putz- und Reinigungsmittel. Vergiftungen sind deshalb viel häufiger als bei andern Vertretern der gleichen chemischen Gruppe. In der Regel sind es Selbstmorde oder dann Vergiftungen durch Verwechslung, meist mit Medikamenten. Als Mordmittel wegen des auffälligen Geruches, wegen des unangenehmen Geschmackes und wegen der Ätzwirkung ungeeignet, es kam lediglich zu Mordversuchen an Kindern. Denkbar ist die Vergiftung wehrloser Personen zur Vortäuschung eines Selbstmordes. Die Ätzwirkungen des Lysols sind wegen der Mitwirkung der Seife tiefer und ausgedehnter als beim Phenol; Ätzschorfe meist fetzig, schlüpfrig-schmierig, bräunlich. Gelangen Spritzer ins Auge, können Dauerschädigungen zurückbleiben.

Toxikologisch bestehen enge Beziehungen zur Kresol- und Phenolwirkung. Eintritt der Resorptivsymptome stark abhängig von Menge und Art der Magenfüllung (wie beim Phenol). Zentrale Störungen können sehr rasch eintreten, wobei motorische Reizerscheinungen im Hintergrund bleiben. Diese Störungen werden durch die histologischen Befunde am Gehirn objektiviert. Fast regelmäßig sind Störungen von seiten der Nieren vorhanden (toxische Nephritis) mit braunem Urin, Albuminurie, Cylindrurie, Hämoglobinurie. Rasches Absinken des Hämoglobingehaltes, Verminderung der roten, Vermehrung der weißen Blutkörperchen. Bei schweren Vergiftungen Blutzucker, Rest-N und Bilirubin im Blut oft vermehrt.

Die Atmungswege sind noch häufiger betroffen als beim Phenol (Schädigung durch Aspiration oder durch chemische Reizwirkung bei der Ausscheidung durch die Lungen). Spättodesfälle erfolgen in der Regel durch komplizierende Erkrankungen der Atemwege (Abscesse, Bronchopneumonien) oder durch Narbenbildung, Strikturen, Stenosen.

Hautschädigungen wie beim Phenol. Percutane Resorption prompt, z. B. bei Umschlägen, Wundbehandlung. Nicht selten findet man Lysolvergiftungen im Anschluß an Laieneingriffe zur Unterbrechung der Schwangerschaft, sei es daß Lysol in die schwangere Gebärmutter eingespritzt wird, sei es durch nachträgliche Spülungen.

Toxische Dosen einige Gramm, tödliche Dosen, wie beim Phenol, sehr variabel. Minimal tödliche Dosis beim Kind ein Kaffeelöffel, beim Erwachsenen ein Eßlöffel. In der Regel werden aber bedeutend höhere Dosen (100 g) überstanden; oft werden durch initiales Erbrechen große Giftmengen entfernt.

Sektion: prinzipiell gleich wie bei der Phenolvergiftung. In der Leber fand man u. a. Verfettung mit Nekroseherdchen, Glykogenschwund; Nieren groß, schmutzigbraun, mit Epithelnekrosen; Fettspeicherung im Herzen; degenerative Veränderungen des Nervenparenchyms und der Gehirngefäße, Verfettung der Ganglienzellen. Geruch nur bei raschem Verlauf der Vergiftung feststellbar.

*Schrifttum.*

*Arneth* u. *Albacht:* Über quantitative Blutbefunde bei Lysolvergiftung. Zbl. Gewerbehyg., N. F. **4**, 225 (1927). — *Burg:* Lysolvergiftung (Selbstmordversuch). Slg. Verg.-Fälle **1**, 179 A (1930) und Med. Klin. **1929**, Nr. 29, 1134. — *Dellal:* Akute Pancreatitis nach Lysolvergiftung. Lancet **1931**, 407. — *Goldberger:* Ein Fall von schwerer Lysolvergiftung, durch Lobelin gerettet. Med. Klin. **1928**, 1168. — *Gordon:* Lysolvergiftung eines Kindes mit Wiederherstellung. Slg. Verg.-Fälle **2**, 73 A (1931). — *Incze:* Beiträge zu den hirnhistologischen Veränderungen der akuten Lysolvergiftung. Orvosképzés (ung.) **23**, 149 (1933). — *Krasso:* Die Lysolvergiftung. Erg. inn. Med. **39**, 153 (1931). — *Kraupa-Runk:* Über Lysolverätzung des Auges. Klin. Mbl. Augenheilk. **76**, 698 (1926). — *Nerlich:* Über zwei Fälle von Vergiftungen. Psychiatr.-neur. Wschr. **27**, 301 (1925). — *Reeb:* Krimineller Abort durch Einspritzung von konzentriertem Lysol; Perforation der hintern Scheidenwand; großes subperitoneales Hämatom, akute toxische Nephritis, Tod. Bull. Soc. Obstétr. Paris **12**, 567 (1923). — *Reuter:* Über Giftmordversuch. Dtsch. Z. gerichtl. Med. **9**, 433 (1927). — *Stengel:* Blutzucker, Reststickstoff und Bilirubin im Blute von Lysolvergifteten. Wien. Klin. Wschr. **1932**, 1252. — *Thon:* Lysolvergiftung (Spätfolgen eines Selbstmordversuches). Slg. Verg.-Fälle **1**, 181 A (1930). — *Zeynek* u. *Haurowitz:* Lysolvergiftung (Giftmord?). Slg. Verg.-Fälle **2**, 75 A (1931). ***Schwarz.***

**Lyssa.** (Vgl. auch Art.: Bakteriologische Untersuchungen in der gerichtlichen Medizin.)

Die Lyssa (Wutkrankheit oder Tollwut) hat gerichtsärztlich und kriminalistisch Interesse insofern, als diese Infektionskrankheit eine Folge einer Bißverletzung durch ein Tier, höchst selten auch einmal durch einen Menschen ist. Die Übertragung geschieht besonders durch Hunde, bei denen sowohl der Speichel, wie auch andere Sekrete infektiös sind. Die Krankheitserscheinungen, die beim Menschen selbst nach einer sehr langen Inkubationszeit (bis zu vielen Monaten) auftreten können, bestehen zunächst in allgemeinem Unwohlsein, unangenehmen Empfindungen an den gebissenen Stellen, Schlafstörungen, Depressionen. Nach diesen Prodromalerscheinungen folgen erhöhte Erregbarkeit und gesteigerte Reflexe; besonders groß ist die Steigerung der Reflexerregbarkeit der Schling- und Atmungsmuskulatur, bei Einführung eines Bissens in die Rachenhöhle erfolgt ein Krampf, dessen Folge Krampfzustände der Atmungsmuskulatur, Brechbewegungen und heftige inspiratorische Dyspnoe (*Dexler*) sind. Die Angst vor diesen quälenden Krampfzuständen wird schon durch den Anblick von Wasser hervorgerufen und anschließend dann auch tatsächlich die Krämpfe, ähnlich wirken intensive Sinneswahrnehmungen der verschiedensten Art. Von dieser Wasserangst stammt auch der Name ,,Hydrophobie''. Die psychische Erregung führt häufig zu einer akuten geistigen Störung mit Halluzinationen, Schwindelanfällen und Tobsuchtsanfällen; es kommen freie Intervalle vor. Der Tod erfolgt häufig während eines Anfalls. Es besteht Temperatursteigerung mit weiterer Steigerung direkt nach dem Tode. In differential-diagnostischer Hinsicht ist die Tatsache wichtig, daß das Krankheitsbild mit Tetanus und auch mit Strychninvergiftung sowie mit anderen Nervenkrankheiten und Geisteskrankheiten verwechselt werden kann. Die Erkennung ist oft dadurch erschwert, daß die ursprünglich vorhandene Bißwunde längst abgeheilt sein kann und daß die Kranken dieselbe gar nicht mehr angeben.

Der makroskopische Befund an der Leiche ist uncharakteristisch, der Körper ist oft sehr abgemagert. Die sichere Erkennung erfolgt durch den Impfversuch nach *Pasteur*; mikroskopisch sind die *Negri*schen Körperchen, runde bis elliptische Einschlußkörperchen in den Ganglienzellen des Ammonshornes zu finden. Zum Nachweis beim Tier ist der Kopf des kranken Tieres, in Sublimattücher eingeschlagen, in Zellstoff oder Holzwolle (Sägemehl) zu packen und an ein *Pasteur*-Institut (in Deutschland z. B. an das Institut *Robert Koch*, Berlin N, Föhrerstraße oder an das Hygienische Institut der Universität Breslau) oder an ein tierhygienisches Institut einer tierärztlichen Hochschule oder Fakultät einzusenden. Von der menschlichen Leiche ist der Hirnstamm mit dem verlängerten Mark und der Brücke in Glycerin an eine Lyssa-Schutz-Impfanstalt zu übersenden. An diesen Instituten wird an Tieren nach Trepanation subdural mit dem Material die Impfung vollzogen. Auch faules Material eignet sich noch zu dem Versuch (*Haberda*). Bei Fällen von Wut kann die strafrechtliche Verantwortlichkeit des Tierhalters in Betracht kommen sowie für den Arzt und insbesondere den Amtsarzt Verstöße gegen die amtlichen Bestimmungen über die Behandlung von wutverdächtigen Tieren, wuterkrankten Menschen und über Maßnahmen zur Isolierung der Kranken.

*Schrifttum.*

*v. Hofmann-Haberda:* Lehrbuch der gerichtlichen Medizin. Wien u. Berlin 1927. — *Houtrow:* Über die gerichtlich-medizinische Würdigung von Bißverletzungen durch Mensch und Tier. Dtsch. Z. f. gerichtl. Med. **16** (1931). — *Schaffer*, K.: Im Handbuch der Neurologie, herausgeg. von *Lewandowski*. ***Walcher.***

# M.

**Maceration** siehe *Leichenerscheinungen.*

**Macerationspräparate von Skeletteilen** siehe *Konservierung anatomischer Präparate.*

**Macerierte Frucht** (= m. F.). (Vgl. auch Art.: Kindestötung; Leichenerscheinungen; Lithopädion.)

Stirbt die F. im Mutterleibe während der Schwangerschaft bei uneröffneter Eiblase ab, so wird sie nur selten gleich nach dem Tode ausgestoßen, sondern bleibt in der Regel noch einige Zeit in der Gebärmutter liegen. Während dieser Zeit wirkt einerseits das Fruchtwasser auf den Körper ein, andererseits kommen im Foetus autolytische Prozesse zur Entwicklung. Beide Vorgänge zusammen rufen das Bild der m. oder *faultoten* F. hervor, dessen Kenntnis für den Gerichtsarzt von großer Bedeutung ist, weil es ihm mit absoluter Sicherheit anzeigt, daß das Kind bereits im Mutterleibe vor einiger Zeit abgestorben war und daher nicht erst bei oder nach der Geburt getötet sein konnte. Der Grad der Maceration ist nicht nur von der Zeit abhängig, die die abgestorbene Frucht im Fruchtsacke verweilt hat; auch die Größe der F. spielt dabei eine Rolle: je kleiner die F., um so rascher erfolgt im allgemeinen die Maceration und Verflüssigung der Weichteile; ja, junge Früchte können schon in ein bis zwei Wochen völlig skelettiert sein. Daher ist es auch selbst dem Erfahrenen nicht möglich, aus dem Grade der autolytischen Veränderungen die Zeit einigermaßen genau abzuschätzen, die seit dem Fruchttode vergangen ist (*Haberda*). Sind mehrere Tage oder gar Wochen verstrichen, bis die F. aus dem Mutterleibe ausgestoßen wurde, so läßt sich an der F. nach der treffenden Beschreibung *Haberdas* folgender Befund erheben: „Der ganze Körper ist matsch, in sich selbst zusammengesunken, in den Gelenken auffallend leicht biegsam. Die Oberhaut ist entweder in großen Strecken abgängig oder leicht fetzig abzulösen. Das Corium ist schlüpfrig, schmutzigbraunrot imbibiert, welche Farbe in verschiedenen Nuancen meist ziemlich gleichmäßig über den ganzen Körper verbreitet und auch an allen inneren Organen zu sehen ist. Der Kopf ist wie plattgedrückt, die Schädeldecken sackartig schlaff, durch sie sind die verschiebbaren, schließlich aus ihren Nähten gelösten Schädelknochen zu fühlen. An den Bulbis färbt sich einige Tage nach dem Fruchttode zuerst der Glaskörper, dann, und zwar zentripetal, die Linse. Letztere zeigt nach drei Wochen regelmäßig einen roten Farbenton. Auch die Bindehäute sind blutig imbibiert. Der Hals ist schlaff, der Unterleib seitlich überhängend, schwappend, die Nabelschnur braunrot imbibiert. Auch die inneren Organe und Gewebe, selbst die Knorpel sind blutig imbibiert und alles von gleichmäßig schmutzig-rotbrauner Farbe. Blutig-seröse Transsudate finden sich in allen serösen Säcken, besonders im Pleura- und im Peritonealsack; die Lungen sind klein, luftleer und schlaff, zeigen mitunter verwaschene Ekchymosen an der Pleura".

*Schrifttum.*

*v. Hofmann-Haberda:* Lehrbuch der gerichtl. Medizin. 11. Aufl. Berlin u. Wien 1927. — *Straßmann, G.:* Über Leichenveränderungen, autolytische, Fäulnis- und Verwesensvorgänge. Dtsch. Z. gerichtl. Med. 3, 259 ff. (1924). *v. Neureiter.*

**Magen-Darmschwimmprobe** siehe *Kindestötung.*

**Mageninhalt**( = M.) **in kriminalistischer Beziehung.** (Vgl. auch Art.: Tod und Gesundheitsbeschädigung durch Gift im allgemeinen; Todeszeitbestimmung.)

M. hat für den Kriminalisten, Gerichtsmediziner und für den praktischen Arzt in mehrfacher Hinsicht Bedeutung und zwar: 1. M. zur Ermittlung von Vergiftungen. 2. Eingeatmeter M. als Todesursache. 3. M. als Anhaltspunkt für die Todeszeitbestimmung. 4. M. in Fragen der Identifizierung. 5. M. in Beziehung zu krankhaften Veränderungen.

Am bekanntesten ist die Wichtigkeit der Sicherung von M. und Erbrochenem für die chemische Untersuchung bei *Vergiftungsverdacht.* Trotzdem wird immer wieder Erbrochenes und M. nach Ausheberungen vom praktischen Arzt wie vom Personal der Krankenhäuser weggeschüttet und geht auf diese Weise in vielen Fällen als wichtiges Beweismaterial für die chemische und mikroskopische Untersuchung verloren. Im M. und Erbrochenem verraten sich manche Stoffe schon durch den auffallenden Geruch, so die Blausäure, Nitrobenzol, Mirbanöl, Phenole, Kresole und Lysol, Chloroform, Essigsäure, Petroleum, Alkohol usw., oder lassen sich flüchtige Stoffe durch einfache Reaktionen verhältnismäßig leicht nachweisen, wie beispielsweise die Blausäure (s. d. Art.: Flüchtige organische Gifte) durch die *Schönbein*sche Probe oder durch die von *v. Neureiter* empfohlene Silbernitratprobe. Auch gelingt es nicht selten, bei Vergiftungen im M. und Erbrochenem noch Kristalle und Pulverreste nachzuweisen, die für eine spätere chemische Untersuchung und Bestimmung sehr wertvoll sind. Bei faulen Leichen muß man sich allerdings hüten, sandige weißliche Auflagerungen von Tyrosinkristallen und Tripelphosphaten, phosphorsaure Ammoniakmagnesia für beigebrachte Pulver zu halten. Giftpflanzen (Juniperus sabina, Mutterkorn, Giftpilze, Tollkirschen usw.) können durch mikroskopische Untersuchung erfaßt werden. Schließlich kann auch die Farbe des M. Anhaltspunkte bieten, wie das Arsengrün, die blaue Farbe des Kupfervitriols, Eosinfarbe von aufgelösten Sublimatpastillen u. dgl. mehr. Daß man im M. auch stets die Reaktion, ob sauer oder alkalisch prüfen soll, ist allbekannt.

Mit Annahme des Einatmens von Erbrochenem als *Todesursache* muß man sehr vorsichtig und zurückhaltend sein, da auch nach dem Tod durch entsprechende Lagerung der Leiche und durch Fäulnisdruck M. nach oben gelangt und in die Luftröhre und ihre Äste fließen und eine Aspiration vortäuschen kann. *Merkel* und *Walcher* verweisen besonders auf eine solche Möglichkeit bei künstlicher Atmung und mahnen in jedem Fall zu einer genauen Erhebung der Vorgeschichte, ehe eine aktive Aspiration als Todesursache angenommen wird. Zur Feststellung einer Einatmung von M., die als Todesursache in Betracht kommt, wird andererseits, namentlich von *Karl Reuter* auf die histologische Lungenuntersuchung verschiedener Lungenstellen hingewiesen, wobei es auf den Nachweis der Fremdkörper in den kleinsten Verzweigungen der Luftwege und in den Alveolen ankommt. Insbesondere ist hierbei auf den Nachweis von Stärkekörnern in den Lungenbläschen zu achten. Die Beurteilung der *Todeszeit* aus dem Verdauungszustand des M. ist nicht sehr leicht und gebietet Zurückhaltung. Es ist bekannt, daß auch nach dem Tod die Verdauung noch eine Zeitlang weiterläuft. Andererseits weiß man, daß schwere Bewußtseinsstörung und Shock, namentlich bei schweren Schädelverletzungen, die Verdauung verlangsamen und zum Stillstand bringen können, wie auch der Alkoholabbau im Blut bei Shockwirkung und schwerer Bewußtlosigkeit gehemmt wird. Für die Frage, wann die letzte Mahlzeit vor dem Tode eingenommen wurde, und zur *Identifizierung* einer Leiche kann die Art und Zusammensetzung des Mageninhalts mit herangezogen werden. Dabei wird man in erster Linie auf die einzelnen Bestandteile der aufgenommenen Nahrung, auf bestimmte pflanzliche und tierische Nahrungsmittel zu untersuchen haben, wobei noch zu berücksichtigen ist, daß die betreffenden Teile durch Zubereitung wie Kochen, Braten verändert werden. Dabei wird man sich im einzelnen durch Vergleichsuntersuchungen Erfahrungen sammeln müssen. In zweifelhaften oder schwierigen Fällen ist unbedingt geraten, einen Fachmann, etwa einen Botaniker, einen Pharmakologen oder Zoologen zu Rate zu ziehen. Daß man durch Untersuchung des Mageninhalts auch für die Identifizierung einer unbekannten Leiche Ergebnisse erzielen kann, möge folgendes Beispiel zeigen, das mir selbst vor einigen Jahren unterkam:

Im September war im Inn bei Innsbruck die Leiche eines etwa 15 Jahre alten Knaben in hochgradig faulem Zustand angeschwemmt worden. Sie war nur mit einer schwarzen Badehose ohne Kennzeichen bekleidet, im übrigen vollständig unkenntlich. Vermißt waren in jener Zeit zwei Knaben, beide laut Ausschreibung am selben Tage, am 15. August, beim Baden verunglückt, der eine wenige Ortschaften oberhalb Innsbruck, der andere viel weiter im Oberlauf des Flusses. Schon die geringen Scheuerverletzungen an der Leiche sprachen für den Knaben aus der Umgebung von Innsbruck. Vorsichtig sicherte ich den M., untersuchte ihn und stellte eine Mehlspeise mit Johannisbeeren fest. Darauf ließ ich die Eltern des in der Nähe vermißten Knaben kommen und fragte, was der Knabe zuletzt gegessen hätte, und bekam zur Antwort, daß ihm die Mutter am 15. August mittags kurz bevor er zum Baden wegging noch Omeletten gemacht und mit Johannisbeeren gefüllt habe. Damit war nun die Identität vollauf gesichert.

Schließlich sei noch erwähnt, daß M. und Erbrochenes auch zur *Feststellung krankhafter Veränderungen* am Magen vom Arzt und Kliniker untersucht werden. Auch an eingetrocknetem Erbrochenem können solche Untersuchungen noch zweckmäßig sein. So hatten wir kürzlich in einem Fall zu beantworten, ob Flecken an einem Leintuch Erbrochenes sein könne und ob in der untersuchten Spur auch Blut vorhanden wäre, das aus dem Magen stammt. Die Untersuchung der Flecken ergab auch tatsächlich Blut und zwar durch den Magensaft in Hämatin umgewandelt.

Wie bei fast allen Ausscheidungen, so könnte man im eingetrockneten M. und im Erbrochenen bei zweifelhafter Herkunft von einer Person auch im Bindungs- oder Hemmungsversuch die Blutgruppensubstanzen ermitteln, wenn die betreffende Spur von einem sog. Ausscheider stammt. Gerade im Magen werden Gruppensubstanzen sehr reichlich ausgeschieden. Daß auch eingetrocknete Flecken von Erbrochenem in fraglichen Vergiftungsfällen mit Aussicht auf Erfolg chemisch auf Gifte zu untersuchen sind, sei hier abschließend noch hervorgehoben.

*Schrifttum.*
*v. Hofmann-Haberda:* Lehrbuch der gerichtl. Medizin. 11. Aufl. 781. Wien u. Berlin 1927. — Holzer, F. J.: Untersuchungen über die gerichtlich-medizinische Verwertbarkeit der Ausscheidungen von Blutgruppensubstanzen. Dtsch. Z. gerichtl. Med. **28**, 235 (1937). — *Merkel* u. *Walcher:* Gerichtsärztliche Diagnostik und Technik. **1936**. — v. Neureiter, F.: Nachweis der Blausäure bei Vergiftungen. Dtsch. Z. gerichtl Med. **2**, 313 (1923). — Reuter, K.: Naturwissenschaftlich-kriminalistische Untersuchungen menschlicher Ausscheidungen. Handb. d. biol. Arbeitsmethoden. **IV**, 12/2. Berlin u. Wien 1934.
*Holzer.*

## Magnesium.

*Magnesium* (Mg), ein silberweißes Leichtmetall, kommt in der Natur in Form seiner Verbindungen vielfach vor und dient vor allem zur Blitzlichtherstellung und Darstellung von Leichtmetallegierungen. Peroral eingenommen haben Magnesiumsalze im allgemeinen keine nennenswerte Giftwirkung, da sie kaum resorbiert werden. Vereinzelte Todesfälle sind lediglich nach der Einnahme von mehr als 60 g *Magnesiumsulfat* ($MgSO_4$) bekannt geworden, das unter dem Namen *Bittersalz* in der inneren Medizin als Abführmittel in Verwendung steht (*Erben*). Bei Einspritzungen (Magnesiumnarkose) besteht die Gefahr einer Herabsetzung der Herztätigkeit und einer Respirationslähmung.

*Schrifttum*
*Erben:* Vergiftungen. *Dittrichs* Handb. **7**, 1. Wien 1909.
*Weyrich.*

**Malachitgrünvorprobe** siehe *Forensische Blutuntersuchung.*

**Malignes Ödem** siehe *Gasbrand.*

**Mandragoravergiftung** siehe *Tropaalkaloide und tropaalkaloidhaltige Pflanzen, Drogen und Präparate.*

## Mangan.

Mangan bildet Oxyd- und Oxydulsalze sowie Säuren. Die gleichen toxischen Verhältnisse wie beim Eisen finden sich auch beim Mangan, dessen Manganoverbindungen gleiche toxische Erscheinungen wie die Ferrosalze hervorrufen, während die Manganiverbindungen nur lokale Ätzwirkungen aber keinerlei resorptive Vergiftungserscheinungen erzeugen. Die Resorption des Mangans aus verdünnten Lösungen von Permanganat ist so gering, daß es zu resorptiver Wirkung nicht kommt. Vergiftungserscheinungen stellen sich demnach erst nach vorheriger örtlicher Ätzung ein. Für die toxikologische Betrachtung von Bedeutung ist zuvörderst das *Kaliumpermanganat*, welches wegen seiner auf oxydativer Wirkung beruhenden desinfizierenden und desodorierenden Eigenschaft vielfach zu Spülflüssigkeit verwendet wird und von jedermann leicht erlangt werden kann. Es wirkt schon in 1%iger Lösung ätzend, nach Abgabe von Sauerstoff schlägt sich Manganoxydul am Orte der Reduktion als braune Masse nieder; an der Haut können ungelöste Körnchen der Substanz Nekrosen hervorrufen.

Wegen seiner ziemlich intensiven Ätzwirkung hat Kaliumpermanganat schon *Selbstmorde* (Trinken von gesättigter mit Kristallen vermengter Lösung) mit tödlichem Ausgang veranlaßt.

Auch *medizinische* Vergiftungen sind vorgekommen.

Als *gewerbliches* Gift hat Mangan einige Bedeutung erlangt. Die gewerbliche Manganvergiftung ist eine chronische. Vergiftungsmöglichkeiten bieten sich überall, wo Braunstein in der Industrie verwendet wird, also in Braunsteinmühlen, bei der Herstellung von Permanganat, Manganbraun u. a., und soll der an Manganverbindungen reiche Staub besonders gefährlich sein. Der allgemeine Charakter dieser chronischen Vergiftung zeigt im wesentlichen nervöse Erscheinungen, die oft unter dem Bild der multiplen Sklerose verlaufen. Manchmal gehen den schweren Vergiftungssymptomen Erregungserscheinungen voraus: unmotivierte Lustigkeit oder Depression, psychische Labilität, Zwangslachen oder -weinen; dann stellen sich Schwächegefühl, Kribbeln in Armen und Beinen, Sprachstörungen, auch Zittern, vor allem aber charakteristische Gangstörungen („Hahnenschritt", *v. Jakschs* Symptom) ein. Die Erscheinungen dieses „Manganismus" treten frühestens nach drei Monate langer Arbeit in Manganbetrieben auf. Ihr Verlauf ist außerordentlich langwierig, die Gangstörungen bleiben lange bestehen.

Tritt in schweren Fällen nach jahrelangem Siechtum unter Kräfteverfall der Tod ein, so ist der pathologisch-anatomische Befund unbefriedigend.

Beachtliche Veränderungen finden sich — bei peroraler Einnahme von Kaliumpermanganat in fester Form oder konzentrierter Lösung — in den oberen Abschnitten des Verdauungsschlauches: Mund- und Zungenschleimhaut, Gaumen und Rachenring sind oft violett verfärbt, die Magenschleimhaut mit Blutungen durchsetzt und braunschwarz inkrustiert.

Der Nachweis wird geführt im Harn, Galle und Mageninhalt.

*Schrifttum.*
*Clop:* Über chronische Manganvergiftung. Med. Diss. Jena 1913. — v. Jaksch: Chron. Mangantoxikosen. *Dittrichs* Handb. Wien 1909. — v. Jaksch: Über Mangantoxikosen und Manganophobie. Münch. med. Wschr. **1901**, 6124; **1907**, 696. — Schwartz: Erkrankungen durch Verbindungen des Mangans. Ärztl. Merkbl. über Berufserkrankungen. 30. Berlin 1930.
*Szekely.*

**Mannkopf-Rumpfsches Zeichen** siehe *Schmerz und gerichtliche Medizin.*

## Markenfälschungen.

Fälschungen von Marken schädigen infolge unbefugter Herstellung oder durch Wiederverwendung bereits entwertet gewesener Marken entweder die ausgebenden Stellen oder sie erfolgen, soweit es sich um Briefmarken handelt, zur Täuschung der Sammler. Man unterscheidet zwischen Ganzfälschungen und Teilfälschungen. Bei ersteren werden die Marken vom Fälscher vollständig neu hergestellt, während bei letzteren unlautere Veränderungen an den Originalmarken vorgenommen werden. Da die Objekte und Umstände zu verschieden sind, können für die Untersuchungen von Markenfälschungen naturgemäß nur allgemeine Anhaltspunkte gegeben werden. Grundbedingungen bei der Aufklärung von Markenfälschungen sind Kenntnisse der Herstellungsverfahren und der technischen Abweichungsmöglichkeiten, wie solche besonders bei großen Auflagen von Marken vorkommen. Zweifelsfrei echte Vergleichsstücke sind in jedem Falle herbeizuziehen. Was die Aufklärung von Briefmarkenfälschungen anbelangt, die zum Nachteil der Sammler ausgeführt wurden, so ist natürlich eine philatelistische Sachkenntnis unumgänglich notwendig. Es werden deshalb in vielen Fällen nur Spezialprüfer philatelistischer Vereinigungen Aufklärung herbeiführen können.

*1. Untersuchungen bei Ganzfälschungen.* Es versteht sich von selbst, daß bei wenig Beweismaterial oder bei Sammlermarken zuerst sämtliche optischen Hilfsmittel zu erschöpfen sind. Im einzelnen wird auf Folgendes besonders zu achten sein: a) *Anachronismen:* Es ist zu prüfen, ob die technische Ausführung (Farbe, Druck, Papier) überhaupt zur Ursprungszeit der Marke bereits bekannt war. Erwähnt sei, daß die sog. ,,Neudrucke" von alten Briefmarkenausgaben, die meist offiziösen Charakter haben, wohl vielfach von alten Platten, aber meist mit modernen Farben gedruckt werden. b) *Drucktechnik:* Nicht immer stehen dem Fälscher dieselben drucktechnischen Möglichkeiten zur Verfügung, wie sie am Originalherstellungsort vorhanden sind. Hinsichtlich der Erkennung der einzelnen Druckverfahren muß auf das Originalschrifttum (*A. Crackow*) verwiesen werden. c) *Farben:* Bei gewöhnlichem Licht scheinbar übereinstimmende Farben weisen unter der Quarzlampe charakteristische Unterschiede auf. d) *Papier:* Es ist auf das Vorhandensein evtl. Wasserzeichen zu achten. Bei größeren Mengen von Fälschungsmaterial kann die Bestimmung des Papiergewichtes und die mikroskopische und chemische Papieruntersuchung (s. d. Art.: Papier) weiterhelfen. e) *Gummierung:* Beobachtung im Ultraviolett kann über vorliegende Verschiedenheiten orientieren. Hinsichtlich der chemischen Untersuchungsmöglichkeiten s. d. Art.: Klebstoffe. f) *Zähnung:* Die größte Klippe für den Fälscher ist die sachgemäße Herstellung der Zähnung. Da der Fälscher, von ganz seltenen Fällen abgesehen, besonders bei kleinen Mengen oder gar bei Herstellung von Einzelstücken zuerst durchlaufend in der einen und dann in der dazu senkrechten Richtung perforiert, liegen die Löcher meist nicht ganz gleichmäßig und geben vielfach Überschneidungen an den Ecken. (Bei einer ganzen Reihe von Briefmarkenausgaben sind jedoch schon die Originalmarken derartig perforiert.) Außerdem wird auf die Anzahl der Zähne pro Längeneinheit zu achten sein. Zu diesbezüglichen orientierenden Ausmessungen ist der ,,Zähnungsschlüssel" der Briefmarkensammler geeignet.

Ergänzend sei darauf hingewiesen, daß besonders bei größeren Auflagen Schwankungen im Farbton, im Papier, in der Gummierung durchaus vorkommen können. Was Briefmarken anbelangt, so sind solche Fälle meistens in den einschlägigen Katalogen verzeichnet, bei anderen Marken müßten gegebenenfalls entsprechende Nachforschungen angestellt werden.

*2. Untersuchungen bei Teilfälschungen und mißbräuchlicher Verwendung.* a) *Briefmarken:* Die Wiederverwendung gebrauchter Briefmarken spielt keine allzu große Rolle, da die geringen Werte für den Fälscher meist die Arbeit nicht lohnen. Trotzdem mag es vorkommen, daß bei nur leicht entwerteten Marken versucht wird, die Stempelreste zu entfernen, doch werden Spuren, vor allem unter der Quarzlampe, immer zu erkennen sein. Häufiger ist das Zusammensetzen nicht vom Entwertungsstempel getroffener Teile gebrauchter Marken zu einer neuen. Die mikroskopische Feststellung auch dieses Mißbrauchs wird sich jedoch immer erbringen lassen, sei die Trennungslinie gerissen oder geschnitten. Um bei flüchtiger Prüfung eine natürliche Erklärung zu erleichtern, dürfte das Reißen häufiger sein. Das Ablösen der Marken von der evtl. Unterlage kann nach der optischen Untersuchung erfolgen. Zu beachten ist dabei, daß manche Postverwaltungen, teilweise aus Gründen der Erschwerung einer Wiederverwendung, ihre Marken entweder mit wasserlöslichen Farben oder auf eine auf das Papier gebrachte lösliche Schicht drucken, die in Lösungsmitteln dann mit dem Farbbild abschwimmt. Im Normalfall erfolgt die Ablösung am besten durch Anblasen des vorher erwärmten Objektes mit Wasserdampf. Die Gummierung soll auf keinen Fall weggewaschen werden. Anschließend wird, mit der gummierten Seite nach oben, getrocknet. Bei Verwendung nicht wasserlöslicher Klebmittel (Gummilösung usw.) muß mit organischen Lösungsmitteln nachgeholfen werden. Die Untersuchungen zielen auf Feststellung fremden Klebstoffes, auf Auffindung von Papierspaltteilen der vorherigen Unterlage bzw. von Druckabklatschen, die sich beispielsweise mit dem evtl. Vordruck der derzeitigen Markenunterlage gemäß dem innegehabten Platz der Marke nicht in Deckung bringen lassen. Selbstverständlich haben solche Feststellungen nur in Verbindung mit anderen Indizien einigen ergänzenden Wert. Erheblich gefährlicher sind die Fälschungen zur Täuschung der Sammler. Das ,,Reparieren" verletzter oder unschöner wertvoller Marken ist an sich handelsüblich, und es können solche Marken unter entsprechender Deklaration jederzeit weitergegeben werden. Meist sind reparierte Stellen schon mit einer guten Lupe sichtbar, immer werden sie jedoch beim Einlegen in Wasser oder Benzin (Vorsicht wegen des Farbstoffs!) sich dadurch zu erkennen geben, daß zunächst das Lösungsmittel den bearbeiteten Stellen ausweicht, daß aber dann die Risse wieder auftreten oder die in die Löcher hineingebrachte Papiermasse herausgelöst wird. Die gefährlichsten Fälschungen kommen bei den Marken vor, die aus irgendeinem Grunde einen Auf- oder Überdruck erhalten haben. Meist sind dabei alltägliche Buchstaben oder Zahlentypen verwendet, was die Nachahmung natürlich wesentlich erleichtert. Wenn es sich gar um Handstempelaufdrucke handelt, ist die mögliche Schwankungsbreite so groß, daß mit absoluter Sicherheit einigermaßen geschickte Fälschungen überhaupt nicht erkannt werden können. Der Versuch des Fälschungsnachweises erfolgt durch genaueste Nachmessung der Größenverhältnisse, durch Vergleich von Stärke, Farbton und Glanz des Aufdruckes. Doch wird auch hier vielfach die Ansicht des philatelistischen Spezialprüfers ausschlaggebend sein. Noch schwieriger werden die Feststellungen bei gefälschten Stempelabdrücken. Ist der Stempel an sich schon falsch, so liegen die Verhältnisse wie bei der Aufdruckfälschung. Ist aber ein Originalstempel verwendet, jedoch zu einer späteren Zeit, da die Marke keine Postgültigkeit mehr hatte, so kann das Datum natürlich Anhaltspunkte geben. Der Abdruck desselben kann aber auf der Marke vermieden sein, oder eine Zurückdatierung kann stattgefunden haben. In diesem Falle bleibt lediglich die Prüfung eventueller Abnutzungserscheinungen: Nach längerem Gebrauch mag der Stempel kleine Fehlerstellen aufweisen, die gemäß vorhandenem Vergleichsmaterial zur ursprünglichen Zeit noch nicht zu sehen waren (s. d. Art.: Stempeluntersuchungen). Hinsichtlich der nachträglichen Aufbringung neuen Klebstoffes siehe oben. Vorkommen kann auch eine Veränderung der Zähnung, doch wird dies mikroskopisch zu erweisen sein, desgleichen, wenn aus ungezähnten Marken gezähnte hergestellt werden. Wenn umgekehrt die Zähnung abgeschnitten wird, um vielleicht wertvollere „geschnittene" Marken herzustellen, so wird der Markenrand doch meist zu klein, um vollwertige Stücke zu erzielen.

*b) Versicherungsmarken u. ä.* (nach *W. Heess* und *G. Fetscher*): Versicherungsmarken werden in Karten geklebt und dort handschriftlich oder durch Stempel entwertet. Mißbrauch erfolgt auf die Weise, daß bereits gebrauchte Marken aus alten Karten herausgelöst werden und unter Überschreibung oder Entfernung der früheren Entwertung nochmals Verwendung finden. Daß Überführung eines Täters nur durch eine Vielzahl von Beanstandungen möglich sein wird, versteht sich von selbst. Dicke und klecksige Entwertungen sowie uneinheitliche Entwertungsbilder sind von vornherein verdächtig. Auffällig muß auch die angebliche Entwertung der Marken *vor* dem Einkleben sein. Nachweisbar wird dies dadurch, daß auf der Marke nur Teile des Stempels oder der Schrift sind und die dazugehörigen Ergänzungen auf der Karte fehlen. Die Feststellung von Überschreibungen alter Entwertungen muß zunächst mikroskopisch versucht werden. Um die Eigenfarbe der Marke auszuschalten, leisten vielfach farbige Lichtfilter gute Dienste. Gegebenenfalls können Ultraviolett- oder Infrarot-Aufnahmen weiterhelfen. Besonders chemische Radierungen sind im Ultraviolett zu erkennen. Das Ablösen muß mit größter Vorsicht geschehen, und die Anordnung der Marken ist (am besten durch Photographie) genau festzuhalten. Klebstoffuntersuchungen ergeben weitere Hinweise. Von größtem Beweiswert sind aber die Kartonspaltteile und Druckabklatsche von früheren Karten, insbesondere wenn man festgestellt werden kann, daß die Kartenaufdrucke auf den Markenfeldern zu bestimmten Zeiten gewechselt haben. Die Entfernung von Überschreibungen und Leserlichmachung der ursprünglichen Entwertung ist nicht ganz einfach. Einzelheiten sind der Originalarbeit zu entnehmen (vgl. d. Art.: Tinten und Tintenschriften.) Im Prinzip handelt es sich darum, zunächst zu versuchen, mit ganz verdünntem Ammoniak die obenliegende Schrift zu entfernen. Auch schon durch Behandlung in kochendem Wasser kann sich bei Eisengallustinten die obere Schrift, da sie jünger ist, wesentlich mehr lösen und die ältere hervortreten lassen. Enthält die untere Tintenschrift erheblich größere Eisenmengen, so bleicht man mit Natriumhypochlorit gänzlich aus und führt in Berlinerblau über oder behandelt mit Rhodanwasserstoff. Besteht die ursprüngliche Entwertung aus kohlenstoffhaltiger Substanz, so genügt Ausbleichung und kurze Behandlung mit Essigsäure allein, um selbst starke darüberliegende Eisengallusschrift zu entfernen. Erwähnt sei noch die Möglichkeit einer Tintenaltersbestimmung (s. d. Art.: Tinten und Tintenschriften).

*Schrifttum.*

*Crackow, A.:* Die Herstellungsverfahren der Postwertzeichen von 1840—1935. Sammler-Post **10**, 85 ff. (1935). — *Heess, W.* u. *G. Fetscher:* Die Kriminalität auf dem Gebiet der Invalidenversicherung und ihre Bekämpfung. Arch. Kriminol. **102**, 1 (1938). — *Herzog, A.:* Mikrochemische Papieruntersuchung. Berlin 1935. — *van Ledden-Hulsebosch, C. J.:* Wie der Urheber einer falschen Quittung entlarvt wurde (betrifft Papierspaltteile). Arch. Kriminol. **103**, 209 (1938). — *Lindekam, O.:* Die Briefmarkenfälschung. Arch. Kriminol. **72**, 59 (1920). — *Locard, E.:* Die Untersuchung falscher Briefmarken. Kriminal. Mh. **3**, 241 u. 271 (1929). — *Mueller, B.:* Mißbräuchliche Wiederverwendung bereits entwerteter Gerichtskostenmarken. Arch. Kriminol. **87**, 103 (1930). — *Schach den Fälschungen:* (Betrifft gefälschte Briefmarken.) Bad Buckow 1935. ***Künkele.***

## Markierung von Neugeborenen (= M.v.N.).

In Geburtskliniken hat sich aus Zweckmäßigkeitsgründen schon seit langem der Brauch herausgebildet, jeden Neugeborenen mit Kennzeichen zu versehen, damit jede Verwechselungsgefahr beseitigt wird. Da nach § 169 des deutschen StrGB. nur die *vorsätzliche* Verletzung des Personenstandes, also hier die *vorsätzliche Kindesverwechselung* unter Strafe gestellt wird, muß um so mehr Wert auf eine zuverlässige M.v.N. gelegt werden. Der von *Weidemann* aus Riga berichtete Fall von Kindesverwechselung, wie der beim Landgericht M.-Gladbach durchgeführte Prozeß, in dem mit Urteil vom 28. 6. 1932 die Verwechselung zweier Neugeborener in einem städtischen Wöchnerinnenheim nach kostspieligen, umständlichen wissenschaftlichen und erbbiologischen Nachprüfungen festgestellt wurde, sind lehrreich genug, daß bei der M.v.N. nichts versäumt werden darf. Es kommt nur darauf an, das richtige Verfahren anzuwenden. Als solche kommen die folgenden in Betracht: 1. Befestigung eines mit Aufschrift versehenen Klebestreifens auf Rücken, Brust oder Handgelenk des Kindes; 2. Bandmarken um Hals oder Handgelenk; 3. Markierung mit chemischen Schreibmitteln; 4. Physikalisches Verfahren der Markierung unter Anwendung der ultravioletten Bestrahlung (Einstrahlung von Namen und Zahlen mit Hilfe von Schablonen); 5. Das Finger- und Fußabdruckverfahren (Daktyloskopie und Podoskopie). Das letztgenannte Verfahren ist zuerst in der größten amerikanischen Geburtsklinik (Lying-In-Hospital in *Chicago*) im Jahre 1915 eingeführt worden und wird seitdem dort ständig weiter angewendet. Seit mehreren Jahren wird auch in den städtischen Geburtskliniken *Wiens* davon Gebrauch gemacht. Wenn *Henkel* (Jena) meint, daß jede geburtshilfliche Klinik heute durch die Gewichts-, Ernährungs- und Stoffwechselkurven, die geführt werden, sichere Anhaltspunkte habe, so daß jede Verwechselungsgefahr ausgeschlossen sei, mag das bis zu einem gewissen Grade auch richtig sein. Doch darf gleichwohl nicht auf äußerliche, schnell und leicht erkennbare Markierungen verzichtet werden, die auch von den Müttern selbst verstanden werden und auf sie überzeugend wirken. Schließlich darf nicht übersehen werden, daß die in den Geburtskliniken angewendeten Markierungs-Verfahren nur vorübergehender Natur sind, also nicht mehr stichhaltig sind und sein können, wenn Mutter und Kind die Klinik oder das Wöchnerinnenheim verlassen haben. Daher muß auch an Markierungs-Verfahren gedacht werden, die von *dauerndem* Wert sind, wenn sie auch etwas umständlicher sein mögen. Als solche kommt nur die *Daktyloskopie* (s. d.) und die *Podoskopie* (s. d. Art.: Daktyloskopie) in Frage, damit auch bei späteren Beschwerden und Einwendungen jederzeit der sichere Nachweis der Personenidentität erbracht werden kann. Da die Papillarlinien der Finger eines Neugeborenen noch nicht so kräftig entwickelt sind, daß gleich bei der Geburt Fingerabdrücke genommen werden können, hat man sich auf die *Fußabdrücke* beschränkt, die genügend gute und brauchbare Abdrücke liefern. Wenn auf dasselbe Blatt Papier auch noch ein Fingerabdruck der Mutter und ihr Namenszug gesetzt werden, dann ist damit eine Grundlage für einen sicheren und dauernden Identitätsnachweis von Mutter und Kind geschaffen, wie er nicht besser gedacht werden kann. Diese Urkunde wird in den Geburtsakten der Klinik aufbewahrt, ein Duplikat kann der Mutter beim Verlassen der Klinik ausgehändigt werden, wie dies auch in einigen Kliniken in Amerika der Fall ist, wo das ausgestellte Geburtszeugnis ebenfalls mit dem Fußabdruck des Kindes versehen wird. Auch vom Gesichtspunkt der heute stark betonten Familien- und Blutszugehörigkeit ist einer solchen beweiskräftigen M.v.N. der Vorzug zu geben.

*Schrifttum.*

*Castellano, J.:* Proceedings of the seventh annual convention der „International Association for Identification". 214—220 (1931). — *Henkel* im Zbl. Gynäk. **1928**, Nr. 52, 548. — *Schneickert, H.:* Signalementslehre. 3. Aufl. 137 ff. München 1937. — *Weidemann:* Die Blutgruppenuntersuchung als entscheidendes Beweismittel in einem Falle von Kindesverwechselung. Dtsch. Z. gerichtl. Med. **25**, 78 (1935). — *Wentworth, Bert:* Personal Identification. 359 ff. Boston 1918    ***Schneickert.***

**Marouflage** siehe *Kunstwerkfälschung.*

**Martonit** siehe *Kampfgase.*

**Maschinenschrift.**

Die mit Schreibmaschine hergestellte Schrift gehört in das Gebiet der *mechanisch* entstandenen Schriften. Hier interessiert sie uns nur vom Gesichtspunkt ihrer *Identifizierung,* so daß ihre wesentlichsten Grundsätze hier aufgezeichnet werden sollen. Bei der großen Anzahl von Fabrikmarken ist die Frage der Feststellung der zu einem — der Herkunft nach festzustellenden — Schriftstück verwendeten Schreibmaschine ihrem System nach in den Hintergrund getreten. Nur gewisse, leichter feststellbare Systeme nach deutlich hervortretenden Merkmalen, z. B. Maschinen mit gleitenden, fliegenden Typen oder mit Typenrad, Volltastatur- und Umschaltungsmaschinen, Farbbandmaschinen (indirekte Färbung) oder Maschinen mit Farbkissen oder Farbrollen (direkte Färbung), geben sichere Anhaltspunkte für die Feststellung, welchem System die verwendete Schreibmaschine angehört. Erfahrene Schreibmaschinenhändler mit Reparaturwerkstätten, die sich mit allen möglichen Systemen beschäftigen und sich daher weitgehende Kenntnisse nach dieser Richtung verschaffen können, wissen darüber oft viel besser Bescheid, als Schriftsachverständige, deren Tätigkeit sich weniger auf die Identifizierung des Maschinenmodells, als deren Schrifterzeugnisse erstreckt. Diese Art der Tätigkeit soll daher hier besonders berücksichtigt werden. Wenn eine fabrikneue, ungebrauchte Schreibmaschine gewissermaßen eine neutrale Schrift ohne besondere Merkmale herstellt, so wird sie um so eher solche Merkmale aufweisen, je länger sie gebraucht und je weniger sie gepflegt wird. Auf solche Maschinen kommt es daher hauptsächlich an; an ihren Fehlern wird sie erkannt und wiedererkannt. Diese Fehler unterscheiden sich in wesentliche und unwesentliche oder primäre und sekundäre Merkmale, wobei die unwesentlichen oder sekundären jene sind, die für sich allein niemals für die Feststellung einer Identität entscheidend sein können, weil sie auch bei anderen Maschinenschriften nicht selten in Erscheinung treten, vielfach auch mit dem — subjektiv bedingten — Typenanschlag und der Schreibfertigkeit in Zusammenhang stehen, z. B. die Höher- oder Tieferstellung mancher Großbuchstaben, oder weil sie vom Zustand des Farbbandes oder der Papierbeschaffenheit abhängig sind, so bei Beurteilung von heller oder dunkler ausgefallenen

Typenabdrücken wichtig. Das Schloddern der Typenhebel verursacht feine Doppelabdrücke links oder rechts vom Hauptgrundstrich u. dgl. Solche Fehler haben daher nur einen unterstützenden Beweiswert. Wesentlich oder primär sind solche Merkmale, die einzeln oder im Zusammentreffen mit weiteren gleichartigen Merkmalen nur bei einer bestimmten Maschine vorkommen und daher von entscheidendem Beweiswert sind. Dahin gehören vor allem *Typenverletzungen* und *-verschiebungen,* die teilweise auch als Fabrikfehler schon auftreten, aber noch mehr durch die Abnutzung der Schreibmaschine. Es handelt sich meistens um fehlende, weil weg- oder breitgeschlagene Typenquerstriche. Solche Fehler müssen sich bei jeder Typenabdruckwiederholung zeigen, sie gehören in das Identifizierungsgebiet der Schartenspuren. Das Aufsuchen, Feststellen und Identifizieren solcher primären und sekundären Merkmale erfordert Vorsicht und Erfahrung, weil bei unrichtiger Bewertung der auftretenden Merkmale — besonders durch Überschätzung der Beweiskraft — irrtümliche Begutachtungen unausbleiblich sind.

Wie bei der Handschriftenvergleichung ist auch hier auf sorgfältige und zuverlässige Beschaffung ausreichender *Vergleichsschriftproben* zu achten. Sie sind nach dem Prinzip zu beschaffen, daß möglichst die gleichen Schreibumstände zu berücksichtigen sind, wie sie bei Entstehung des fraglichen Schriftstückes vorhanden waren. Empfehlenswert sind die von *Limmer* aufgestellten Richtlinien, die ich hier, zweckmäßig ergänzt, wiedergebe: 1. Die Schriftproben müssen genau bezeichnet werden, und zwar nach Fabriknummer, System, Modell, Eigentümer, Zeit, Ort und Hersteller der Schriftproben. 2. Die Schriftproben sollen auf einem nach Farbe, Oberflächenbeschaffenheit und Stärke dem Papier des fraglichen Schriftstückes gleichen oder ähnlichen Papier aufgenommen werden; ebenso mit Farbband gleicher Farbe und Farbgehalts. 3. Schriftproben müssen Originale, keine Durchschläge sein; diese sind nur auf besonderes Verlangen herzustellen. 4. Die Schriftproben müssen die Worte des fraglichen Schriftstückes enthalten. Auch sollen vorhandene Korrekturen in gleicher Weise ausgeführt werden, ebenso Schreib- und Tippfehler, gleiche Zeilenlänge und -abstände. 5. Die Schriftproben sollen sämtliche Zeichen der Tastatur enthalten. 6. Die Schriftproben müssen aus früheren Beständen beschafft werden, wenn das fragliche Schriftstück älteren Datums ist, dem die zu beschaffenden Schriftproben zeitlich möglichst nahekommen müssen. 7. Die Schriftproben müssen von demjenigen hergestellt werden, der die Maschine gewöhnlich schreibt, wenn ein Beschuldigter oder Verdächtiger nicht da ist, der diese Aufgabe zu übernehmen hätte. 8. Es ist festzustellen, ob die betreffende Maschine nach der sicheren oder vermutlichen Entstehungszeit des fraglichen Schriftstückes ausgebessert oder gereinigt worden ist und auf welche Typen und sonstigen Bestandteile sich die Ausbesserung erstreckt hat. 9. Je umfangreicher das Vergleichungsmaterial ist, desto besser, so daß neben den nach Diktat entstandenen auch *unbefangen* geschriebene Schriftstücke aus der in Frage stehenden Zeit beschafft und zu den Akten gebracht werden sollen. Sie sind lose in einem in die Akten gehefteten Umschlag aufzubewahren und einzeln ihrer Herkunft nach zu bezeichnen. —

Die unter 5. erwähnten Schriftproben mit allen in der Tastatur enthaltenen Zeichen sind vor allem dann vorteilhaft, wenn aus einer größeren Zahl von Schriftproben verschiedener Maschinen jene sofort ausgeschieden werden sollen, die bestimmt nicht identisch sind, weil sie in bestimmten Zeichen oder

Zahlen oder Buchstaben offensichtlich abweichend sind. Die zweitnächste Aufgabe ist außer der Formenähnlichkeit oder -abweichung die Feststellung der Schriftgröße und -weite, die mit Hilfe eines durchsichtigen, kleine Rechtecke aufweisenden Rasters oder eines Zirkels festzustellen ist, da ja die Zahnstange millimetergenaue Buchstabenabstände zur Folge hat. Und wo die Typen aus der Senkrechten fallen, zeigen sich die verwertbaren Merkmale, aber auch hinsichtlich anderer Verdrehungen, die ein absolut paralleles Auftreffen auf die runde Gummiwalze verhindern und schwächere Abdrücke nach einer der vier Seiten der Type verursachen. Wo bei Untersuchungen der Merkmale einer Schreibmaschine diese selbst zur Verfügung steht, sollte nicht versäumt werden, die in der Schrift auftretenden Typenbeschädigungen mit der Lupe auch an der Metalltype selbst zu betrachten und zu beurteilen. Schließlich können auch manchmal *individuelle Schreibgewohnheiten* des Schreibers selbst zur Beweisführung mit herangezogen werden, so außer Schreibfehlern die Raum- und Zeileneinteilung im Text, der Art der Anschrift, die Bevorzugung gewisser Typen, z. B. bei Unterstreichungen und Trennungszeichen, Randbildung und -lücken, Anwendung der Zwischenraumtaste nach einem Punkt oder Komma, Form der Ausbesserungen, die manchmal auch handschriftlich vorgenommen werden und dann durch Handschriftenvergleichung vielleicht weitere unterstützende Beweise liefern können.

*Schrifttum.*

*Limmer:* Richtlinien in der Deutschen Strafrechtszeitung. Berlin 1921. — *Osborn, Albert S.:* Schreibmaschinenschrift als Beweismittel. Arch. f. gerichtl. Schriftuntersuchungen u. verwandte Gebiete. 388 ff. Leipzig 1909. — *Osborn, Albert S.:* Questioned Documents. 1. Aufl. 437—465. Rochester USA. 1910. (Deutsche Ausgabe von *Hans Schneickert:* Der technische Nachweis von Schriftfälschungen. 237—252. Halle a. S. 1921.) — *Osborn, Albert S.:* Questioned Documents. 2. Aufl. 581—608. Albany USA. 1929. — *Streicher, Hubert:* Die kriminologische Verwertung der Maschinenschrift. Graz 1919. — *Ujlaki, Bela:* Über gerichtl. Schreibmaschinen-Untersuchung. Z. f. gerichtl. Schriftuntersuchungen. 23 (1931).
**Schneickert.**

**Masochismus** (= Ma.). (Vgl. auch Art.: Sadismus.)

Den Ma. möchte der Verfasser als die Umkehrung des Sadismus, d. h. als passive Schmerzgeilheit bezeichnen. Hier besteht die „pathologische Eigentümlichkeit" im Sinne *Bleulers* darin, daß „ihre Träger im ... Schmerzerleiden das einzige oder doch notwendige Mittel zur Befriedigung sehen". *Bleuler* weist darauf hin, daß beide Abnormitäten, der Sadismus und Ma., „sich selten isoliert finden" und „sich gewöhnlich bei dem nämlichen Individuum verbinden". *Placzek* bezeichnet als charakteristisch für den Ma. einen „Drang zur Unterwürfigkeit unter den Machtbereich des anderen Geschlechtspartners, einschränkungslos bis zur Selbstaufgabe der eigenen Persönlichkeit, ja bis zur tiefstdenkbaren Erniedrigung in ihren grotesken Formen; und dieser Drang weckt Lust schon in der Vorstellung seiner Erfüllung". Nach *Krafft-Ebing* ist „das Entscheidende beim Ma. die Begierde nach schrankenloser Unterwerfung unter den Willen der Person des anderen Geschlechtes ... und zwar unter Wahrung und Begleitung von mit Lust betonten sexuellen Gefühlen bis zur Entstehung von Orgasmus". *Seelig* macht die interessante Bemerkung, daß „beim Masochisten nicht die Schmerzempfindung selbst Lustquelle" sei, „sondern das Bewußtsein, durch das eigene Sexualobjekt Schmerz zu erleiden". Er erkennt im Ma. „einen Spezialfall der psychosexuellen Gefühlsambivalenz" und gibt damit eine beachtliche Erklärung dieser Perversion, bei der Fürchten und Wünschen miteinander verschmelzen. Nach *Moll* führt der Ma. ver-

hältnismäßig selten zu strafbaren Handlungen. Der nachfolgende Schulfall beweist übrigens mit aller Deutlichkeit, daß der Ma. sehr wohl auch isoliert vorkommen kann:

Karl Wilhelm, geb. 15. 10. 1889. Von frühester Jugend trunksüchtig. Außer schwerer Trunksucht in der Ascendenz väterlicherseits waren keine Anomalien in der Familie festzustellen. Gewohnheitstrinker. Egoistisch und brutal. Seit 1915 verheiratet, zwei Kinder. Wegen seiner Trunksucht und seiner perversen Veranlagung ist die Ehe zerrüttet. 1925 wegen Exhibitionierens bestraft. In der Folgezeit machten sich bei ihm unerträgliche sexuelle Erregungen bemerkbar. Im Rauschzustand und auch sonst faßte er seine Frau unsittlich an, so daß die Kinder sich schämten. Bei Ernüchterung ließ er sich von seiner Frau mit gespreizten Beinen an den Tisch binden. Zur Befriedigung seines abnormen Triebes mußte ihn seine Frau mit Brennesseln schlagen und mit Nadeln stechen. Außerdem verlangte er von seiner Frau, daß sie ihm Brennesseln in die Unterhose nähte. Diese präparierte Unterhose zog er so an, daß die Brennesseln sein Geschlechtsteil berührten. Damit legte er sich zu Bett bis zum nächsten Morgen. Ferner mußte ihm seine Frau mit einer starken Schnur den Geschlechtsteil einklemmen und das Glied blutig reiben. Damit nicht genug, ließ er sich Bier nach Hause holen und trank es mit Urin vermischt, und nachdem er seinen Geschlechtsteil in das Bier getaucht hatte. Er verlangte ferner von seiner Frau, daß sie auf seinen Körper defäzierte und aß dann von seinem eigenen Kot. Er legte Kartoffeln, Fleisch, Gemüse und Zigaretten in die Scheide seiner Frau und verzehrte dann diese Gegenstände. Er leckte sie richtig ab. Zur Reizsteigerung mußte ihm seine Frau einen kleinen Eimer mit Wasser oder ein Bügeleisen an seinen Geschlechtsteil binden. Dazu mußte sie ihm den Mund mit Klammern verschließen und seinen Penis mit Klammern einengen. Abends kam ihm seine Frau als Herrin mit der Aktentasche entgegen. Dann sammelte er Brennesseln und trug sie in der Tasche nach Hause. Seiner Frau sagte er einmal, sie solle kein Papier mit zur Toilette nehmen, er wolle den Kot ablecken. Ein anderes Mal äußerte er: „Ich möchte nackt in eine Folterkammer gesperrt werden. Sieben nackte Mädel müßten mich auslachen". Bei dem Untersuchten handelt es sich um einen ausgesprochenen Psychopathen. Die Trunksucht war auf der Basis der psychopathischen Konstitution erwachsen.

*Schrifttum.*

*Bleuler:* Lehrbuch der Psychiatrie. 2. Aufl. 434. Berlin 1918. — *Krafft-Ebing:* Psychopathia sexualis. Neu herausg. von *A. Hartwich.* 223. Zürich u. Leipzig 1900. — *Moll:* Handb. der Sexualwissenschaft. 810. Leipzig 1926. — *Placzek:* Das Geschlechtsleben des Menschen. 185/186. Leipzig 1926. — *Seelig:* Die Ambivalenz der Gefühle im Zuge des Sexualerlebens. Z. angew. Psychol. **36**, 145 (1930).
**Többen.**

**Maulstange** siehe *Einbruchswerkzeuge.*

**Mausex** siehe *Schädlingsbekämpfungsmittel.*

**Mechanische Gifte.** (Vgl. auch Art.: Tod und Gesundheitsbeschädigung durch Gift im allgemeinen.)

Solange man mit *Logan* (1783) und anderen für das entscheidende Merkmal der Gifte „ihre deprimierende Einwirkung auf die Vitalität des Organismus" hielt, konnte man sich durch die Erfahrung, daß die Einverleibung von zerstoßenem Glase, Diamantpulver, kleinen spitzen Nägeln u. dgl. vergiftungsähnliche Erscheinungen hervorzurufen imstande ist, veranlaßt sehen, Stoffe der genannten Art als *mechanische Gifte* zu bezeichnen. Dieser Begriff mußte allerdings wieder fallengelassen werden, als man in besserer Erkenntnis des Wesens der Gifte dazu übergegangen war, sich zu ihrer Charakterisierung auf ihre *chemische* Wirkungsweise zu berufen, vermögen doch die erwähnten Stoffe, wenn sie verschluckt werden, im Körper nicht auf *chemischem* Wege, sondern lediglich *mechanisch*, d. h. „nicht anders als Degen und Dolche" (*Roose*) einen Schaden zu stiften.

*Schrifttum.*

*Henke, A.:* Beiträge zu der Lehre von der gerichtlich-medizinischen Beurteilung der Vergiftungen. In den Abhandlungen aus dem Gebiete der gerichtlichen Medizin von *A. Henke.* 2. Aufl. **3**. Leipzig 1824. — *Logan, G.:* Versuch über die Gifte. St. Petersburg 1783. — *Roose, Th. G. A.:* Grundriß medizinisch gerichtl. Vorlesungen. Frankfurt a. M. 1802.      *v. Neureiter.*

## Meconium (= M.). (Vgl. auch Art.: Faeces Kindestötung.)

M. oder Kindspech, der Dickdarminhalt der menschlichen Frucht und des Neugeborenen, vom fünften Schwangerschaftsmonat an mit der bezeichnenden, durch die Galle bedingten grünen Farbe, kann im oberen Teil des Dickdarmes auch gelegentlich braungelb sein und einen Milchstuhl vortäuschen (*Haberda*). Eine auffallende, offenbar durch Fäulnisvorgänge hervorgerufene Gelbfärbung des M. fand *G. Straßmann* wiederholt bei exhumierten Leichen Neugeborener und warnt vor Verwechslung mit Milchstühlen. Vor Abgang des M. ist der After durch einen Schleimpfropf erfüllt, ein wichtiger Befund, welcher nach *Merkel* und *Walcher* darauf hinweist, daß noch kein M. abgegangen ist. Die Entleerung des M. erfolgt bei reifen Neugeborenen in den ersten zwei Tagen nach der Geburt. Wegen der ursprünglichen Keimfreiheit widersteht es in der Leiche lange der Fäulnis. Der Befund von M. in der Kindesleiche ist als Zeichen des Neugeborenseins und die Beachtung, wie weit das M. schon entleert ist, bei der Frage Kindesmord wichtig. Durch die Entleerung des M. werden Unterlagen, Wäsche usw., oft auch die Gebärende beschmiert, und solche M.-Spuren haben in kriminalistischer Hinsicht Bedeutung bei Kindesmord und Geburtsverheimlichung. Eingetrocknete M.-Flecken haben den Glanz des frischen Kindspeches verloren und sehen im Gegensatz zu Blutkrusten auffallend matt aus, können mitunter Grasflecken ähneln (vgl. d. Art.: Grasflecke). Der M.-Nachweis *in Flecken* erfolgt mikroskopisch durch Feststellen der körperlichen Bestandteile. Im hellen M. finden sich hauptsächlich Platten- und Zylinderepithelien, wobei die ersteren mit dem verschluckten Fruchtwasser in den Darm gelangt sind, die Zylinderepithelien stammen von der Darmschleimhaut. Im dunklen M. überwiegen die grünlichgelben M.-Körperchen, gleichmäßig glatte, meist kreisrunde oder ovale Schollen, oft auch mit Rissen und Sprüngen. Die Größe dieser M.-Körperchen schwankt von einigen bis zu 40 µ, etwa bis zur Größe der Froschblutkörperchen. Ihre Herkunft war bisher noch nicht ganz geklärt, *F. C. Th. Schmidt* nimmt an, daß sie aus Epidermis- und Darmepithelien durch Eindickung im Darm entstehen, worauf auch das Verschwinden der Epithelien in den unteren

Darmabschnitten hinweist. An Neugeborenen mit Dünndarmatresie wies kürzlich *Camerer* nach, daß die Bildung der M.-Körperchen vom Verschlucken des Fruchtwassers unabhängig ist und daß es hyalinisierte, abgestoßene Epithelien des Magendarmkanales sind, die sich bei der hochgradigen Gallenkonzentration grün färben. Durch Maceration lassen sich selbst aus alten eingetrockneten Flecken M.-Körperchen isolieren. Auch läßt sich in diesen Körperchen der Gallenfarbstoff durch die *Gmelin*sche Reaktion unter Zusatz von konzentrierter Salpetersäure, welche nur wenig salpetrige Säure enthält, am Farbumschlag in ein tiefes Grün oder Violett nachweisen, eine Probe, die sich auch unter dem Deckglas auf dem Objektträger anstellen läßt. Die M.-Körperchen färben sich leicht mit Eosin, besonders aber mit Methylenblau und Carbolfuchsin, nicht aber oder nur sehr schwach mit Hämatoxylin. Neben den Kindspechkörperchen finden sich im M. regelmäßig auch noch Wollhaare, die ebenso wie die Epidermiszellen mit dem verschluckten Fruchtwasser in den Darm gelangen. Auch Schollen von Fett dürften zum Großteil von der verschluckten käsigen Schmiere stammen. Weiter enthält das M. Cholesterin in tafelförmigen Kristallen und Gallen-

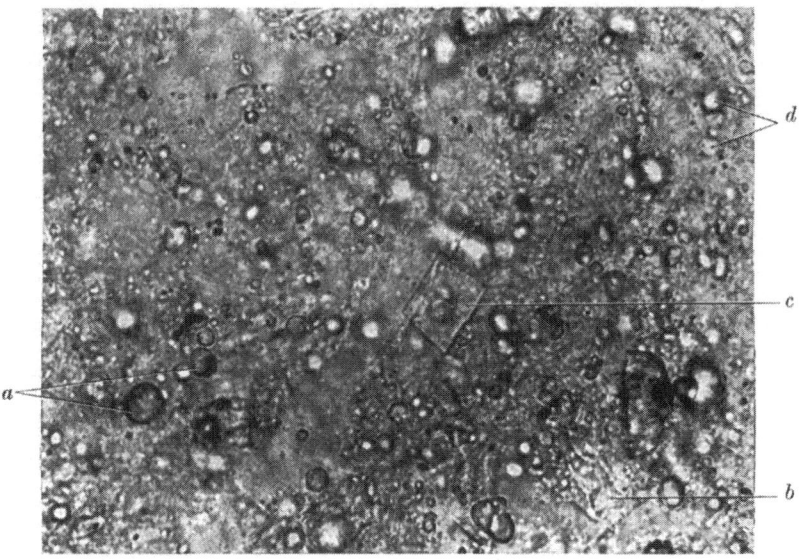

Abb. 1. Ungefärbtes Nativpräparat. Kindspech eines reifen Neugeborenen. *a* verschieden geformte und verschieden große Kindspechkörperchen, *b* zusammengeknitterte Vernixzellen, *c* Cholesterintafel, *d* Fetttröpfchen und Fettkügelchen.

pigment, welches die einzelnen körperlichen Bestandteile gleichmäßig färbt, oder in Körnchen und leuchtend roten Rhomben oder Täfelchen als Bilirubinkristalle erscheint. Getrocknet hält sich M. unbegrenzt. Bei Zutritt von Feuchtigkeit quillt es, durch Bakterienwirkung bei Fäulnis unter ungünstigen Bedingungen schwinden die körperlichen Bestandteile bis auf Kristalle und Wollhärchen. Bei der Untersuchung werden die M.-Spuren zum Quellen gebracht, wobei sich die Zusatzflüssigkeit grün verfärbt. Bei älteren, schwer löslichen Flecken empfiehlt sich Zerzupfen in 33%iger Kalilauge. Für die mikroskopische Untersuchung lassen sich auch Dauerpräparate herstellen, sei es mit Glycerin unter Umrandung des Deckglases oder durch Einschluß des lufttrockenen, dünnen Ausstriches in Canadabalsam. Zur *Unterscheidung der Herkunft von Mensch oder Tier* können mikroskopisch die

Lanugohaare dienen, andere Unterscheidungsmöglichkeiten bieten die biologischen Verfahren. Der biologische Nachweis durch die Präcipitinreaktion wurde von *Sohma* und *Wilenko*, ferner von *Brezina* und *Ranzi* versucht und dabei ein M.-Präcipitin erhalten. Zu ähnlichen Ergebnissen gelangten auch *Leclercq* und *Lefebvre*, die M. noch in 50facher Verdünnung zu erkennen vermochten. *Olbrycht* gelang es nicht, Präcipitine von höherem Wert als 1 : 20 zu erhalten. Zudem ist auch das Herstellen klarer Extrakte, wie sie für die Präcipitinproben gefordert werden, aus M. schwer. Noch unsicherer als die biologische Präcipitinprobe scheint der Anaphylaxieversuch. *Olbrycht*, der sich eingehend mit solchen Fragen befaßte, empfiehlt auf Grund seiner Untersuchungsergebnisse die Komplementbindungsreaktion mit gewöhnlichem Menschenpräcipitin, eine Methode, welche auf Behandlung der Kaninchen mit M. verzichtet, zudem wesentlich empfindlicher ist. Schließlich kann im M. und in M.flecken auch der Nachweis der Blutgruppenzugehörigkeit versucht werden. Bekanntlich kommen Gruppensubstanzen nicht nur in den Blutkörperchen, sondern auch in verschiedenen Körperflüssigkeiten vor (vgl. d. Art.: Blutgruppen und Blutfaktoren). Gruppensubstanzen werden auch im Magen- und Darmtrakt ausgeschieden. Allerdings werden im Darmtrakt auch Gruppensubstanzen durch ein Ferment (*Schiff* und *Weiler*) wieder zerstört. Nach den Untersuchungen von *Holzer* fanden sich im Dünndarminhalt bei Früchten reichlich agglutinable Substanzen, was die Annahme von *Witebsky* und *Satoh* bestätigt, daß sich das Abbauferment erst in den ersten Lebensmonaten bildet. Der Versuch, im M. Gruppenstoffe nachzuweisen und dadurch die Blutgruppe der Frucht zu ermitteln, ist durchaus nicht aussichtslos und in praktischen Fällen zu versuchen, zumal die Übereinstimmung oder Nichtübereinstimmung für die Beweisführung von großer Bedeutung sein kann. Der M.- und N.-Nachweis in M. ist uns bisher nicht gelungen. Die Blutgruppenstoffe A und B hingegen lassen sich nicht allzuschwer nachweisen, nur kann das starke Quellen und die schleimige Beschaffenheit die Technik stören, worauf zu achten ist. Die Bestimmung des Alters der Frucht oder des Neugeborenen aus M.spuren ist nur mit großem Vorbehalt möglich, namentlich wenn Epidermiszellen und Wollhärchen fehlen, worauf auch *Olbrycht* besonders verweist. Da Schluckbewegungen erst im achten Monat einsetzen, sprechen reichliche Vernixzellen und Wollhärchen im M. für ein Fruchtalter von acht bis zehn Monaten. Sehr viel Fetttröpfchen im frischen M. sprechen mit hoher Wahrscheinlichkeit dafür, daß das Neugeborene schon Milch bekommen hat.

### Schrifttum.

*Brezina* und *Ranzi:* Z. Immun.forschg. **IV**, 375 (1910). — *Camerer, J.:* Über die Herkunft und Natur der sogenannten Meconiumkörperchen. Dtsch. Z. gerichtl. Med. **32**, 175 (1939). — *Fraenckel, P.:* Der Nachweis von Mekoniumspuren. *Lochtes* Handb. gerichtsärztl. und polizeiärztl. Technik. 239. Wiesbaden 1914. — *Haberda:* Beitr. gerichtl. Med. **1**, 67. Wien u. Leipzig 1911. — v. *Hofmann-Haberda:* Lehrbuch der gerichtl. Medizin. 976. Berlin u. Wien 1927. — *Holzer, F. J.:* Untersuchungen über die gerichtlichmedizinische Verwertbarkeit der Ausscheidung von Gruppensubstanzen. Dtsch. Z. gerichtl. Med. **28**, 246 (1937). — *Huber, J. Ch.:* Zur forensisch medizinischen Würdigung des Meconiums. Friedreichs Bl. **1884**, 24. — *Leclercq* und *Lefebvre:* Rev. de méd. lég. Febr. 1911, zit. nach *P. Fraenckel* in *Lochtes* Handb.: Gerichts- und polizeiärztl. Technik. 255. Wiesbaden 1914. — *Merkel* und *Walcher:* Gerichtsärztl. Diagnostik und Technik. 155. Leipzig 1936. — *Olbrycht, J.:* Forensische Untersuchungsmethoden von Mekoniumspuren. Beitr. gerichtl. Med. **8**, 39 (1928). — *Reuter, K.:* Naturwissenschaftlichkriminalistische Untersuchungen menschlicher Ausscheidungen. *Abderhaldens* Handb. d. biol. Arbeitsmethoden. **394** (1932). — *Schiff* und *Weiler:* Biochem. Z. **235**, 454; **239**, 489 (1931). — *Schmidt, F. C. Th.:* Beiträge zur Kenntnis des Mekoniums. Vjschr. gerichtl. Med.
3. Folge, **13**, 320 (1897). — *Sohma* und *Wilenko:* Über Mekoniumpräzipitine. Z. Immunforschg, Orig. **1909 III**, 1. — *Straßmann:* Beobachtungen bei Exhumierungen Neugeborener. Beitr. gerichtl. Med. **11**, 36 (1931). — *Witebsky* und *Satoh:* Klin. Wschr. **1933**, Nr. 24.

*Holzer.*

**Medinal** siehe *Schlafmittel.*

### Medizinische Indikationen zur Schwangerschaftsunterbrechung. (Vgl. auch Art.: Fruchtabtreibung.)

Da in diesen Fragen die Ansichten noch recht weit auseinandergehen, sowohl bei den Ärzten selbst als auch in der Gesetzgebung, so ist es recht schwierig, den momentanen Stand dieses Problems klar zu umreißen. Es spielen nicht nur ärztliche, sondern auch politische und religiöse Motive in dieses Gebiet hinein, die es verständlich machen, daß ein einheitlicher Standpunkt der Wissenschaft nicht vertreten werden kann. Man wird sich daher am besten leiten lassen von den eigenen Erfahrungen und vom Großteil der Schriften, die sehr zahlreich über das Thema erschienen sind, von denen am bekanntesten diejenigen von *Winter* und seinen Schülern sein dürften. Währenddem *Walthard* in der Indikationsstellung sehr weit gegangen ist, sind die meisten andern Gynäkologen eher zurückhaltend. Es herrscht im allgemeinen die Ansicht vor, daß eine Gravidität nur dann unterbrochen werden dürfe, wenn ihre Fortdauer voraussichtlich den Tod oder doch eine schwere Schädigung der Gesundheit der betreffenden Frau nach sich ziehen würde. Diese Stellungnahme ist z. B. durch das neue Strafgesetz der Schweiz, das vom Volke angenommen wurde, unbedingt gegeben. Es ist auch selbstverständlich, daß es nicht angeht, wenn ein Arzt allein die Indikation stellt, sondern es müssen zum mindesten zwei sich über die Vornahme eines artefiziellen Abortes aussprechen. Einesteils sind dadurch Täuschungen besser auszuschließen, und dann kann es weniger vorkommen, daß nur der Patientin zuliebe oder, was noch weit schlimmer wäre, aus gewinnsüchtigen Motiven der Eingriff gemacht wird. Die meisten Kliniken gehen wohl so vor, daß sie bei der Entscheidung den Rat einer Fachklinik, es kommt meist die medizinische in Betracht, anrufen. Dieses Vorgehen wäre auch den praktischen Ärzten, die einen solchen Eingriff vornehmen wollen, sehr zu empfehlen, weil sie einesteils dadurch gedeckt wären und über jeglichem Verdachte stünden. Bei der Gefährlichkeit der Schwangerschaftsunterbrechung ist es allerdings wünschenswert, wenn die Operation nur in gut eingerichteten Krankenhäusern gemacht wird. Es passieren manchmal so scheußliche Verletzungen bei einem solchen Eingriffe in der Sprechstunde oder in einer Privatwohnung, daß man es unbedingt ablehnen sollte, ohne Hospitalisierung diese Operationen vorzunehmen. *Walthard* hat die Forderung aufgestellt, daß eine Interruptio graviditatis überhaupt nur in einer Klinik gemacht werden dürfe. Das ist wohl etwas weit gegangen, aber sein Vorschlag ist begrüßenswert. Es sei übrigens darauf hingewiesen, daß seinerzeit, als der künstliche Abort in Rußland freigegeben war, der Eingriff nur in einer Anstalt ausgeführt werden durfte. Damit wurden die Unglücksfälle auf ein Minimum herabgedrückt. Es ist daher den Hausärzten dringend anzuraten, solche Operationen nicht selbst zu machen, sondern die betr. Frauen einer Klinik zu überweisen. Hierzu zwingen kann man sie aber in den meisten Ländern noch nicht. Unter allen Umständen ist der Eingriff in der Sprechstunde zu verpönen. Es ist geradezu als Kunstfehler anzusprechen, wenn so etwas gemacht wird. *Hammerschlag, Philipp, Dettling* haben in dieser Beziehung erschütternde Beispiele mitgeteilt.

Harmlos ist übrigens, entgegen der Meinung des Publikums, eine Interruptio niemals, selbst nicht einmal in gut geleiteten Anstalten. Man muß nach *Anderes* mit einer Mortalität von etwas über 1% rechnen. Währenddem Methoden, wie Röntgenbestrahlung, Tamponade, Eihautstich, Bougie, sowie Injektionen ins Uteruscavum und Körpergifte unsicher und zum mindesten nur langsam wirken, so muß als das ungefährlichste Verfahren das chirurgische Vorgehen angesehen werden, das aber natürlich von vorneherein eine gewisse Erfahrung erfordert. Bis zum zweiten Monate wird der Cervicalkanal am besten mit Hegarstiften eröffnet, nachher kommt die Hysterotomia ant. vaginalis in Betracht, welche eine sehr gute Erweiterung gibt und nicht schwer auszuführen ist, allerdings eine geschulte Assistenz notwendig macht. Nach dem zweiten Monate sollte man unbedingt auf die Curettage verzichten und nur noch die instrumentelle Ausräumung vornehmen, die aber nur nach genügender Erweiterung des Halskanales durchführbar ist. Die meisten Fehler werden damit begangen, daß eine genügende Eröffnung nicht abgewartet wird und daß dann durch die eingeführten Instrumente falsche Wege gebohrt werden. Mit *Anderes*, *Walthard* und *Labhardt* muß man unbedingt die Ansicht vertreten, daß mit wenigen Ausnahmen die künstliche Unterbrechung einer Gravidität auch die gleichzeitige Tubensterilisation notwendig macht. Beide Operationen können in der gleichen Sitzung per laparotomiam durchgeführt werden. Dieser Eingriff ist im allgemeinen recht ungefährlich, muß aber in Narkose oder in einer intravenösen Narkose (Eunarcon, Evipan, Pernocton) ausgeführt werden. Lokalanästesie, wie sie von *Walthard* propagiert worden ist, genügt m. E. nicht, und auch *Anderes* ist dieser Meinung.

Wie *Löffler* richtig betont hat, ist die ärztliche Indikation zur Schwangerschaftsunterbrechung die einzige gesetzlich zulässige. Eine rein soziale Anzeige zu diesem schwerwiegenden Eingriffe gibt es nicht. Gegen soziale Unzulänglichkeiten ist auf einem andern Wege Abhilfe zu schaffen.

Stets wenn eine Interruptio graviditatis vorgenommen werden soll, so muß der ausführende Gynäkologe, der die Hauptverantwortung übernimmt, wie *Anderes* richtig betont hat, nicht nur das Gutachten einer Fachklinik oder eines Fachkollegen verlangen, sondern auch die Ansicht des Hausarztes eingehend berücksichtigen, der meist viel besser über die Gesundheitsverhältnisse und die Zustände in einer Familie orientiert ist, als alle andern in Betracht fallenden Personen. Es wäre durchaus falsch, wollte man nicht in erster Linie mit dem behandelnden Hausarzte Fühlung nehmen. Seine Meinung ist oft wichtiger als das längste, ausführlichste Zeugnis einer Klinik. In vielen Fällen wird auch nicht eine einmalige Untersuchung schon die gewünschte Aufklärung bringen, sondern es ist oft eine längere Beobachtungszeit, insbesondere auf einer internen Abteilung notwendig, bevor man sich über das einzuschlagende Vorgehen im klaren ist. Nie soll, wie *Doederlein* ausdrücklich bemerkt, den Frauen, die für eine Interruptio in Frage kommen, ein solcher Eingriff in sichere Aussicht gestellt werden, da sich sonst nach Ablehnung der Operation schwere Unstimmigkeiten ergeben können, was wohl jeder Leiter einer gynäkologischen Klinik erlebt hat. In sehr vielen Fällen ist eben nach genauer Untersuchung die Unterbrechung nicht indiziert. *Doederlein* mußte unter 538 Frauen 65% abweisen, da sich keine genügende Indikation fand. Auch *Winter* und *Naujoks* fanden in der Literatur diese Zahlen bestätigt, indem die meisten Gynäkologen in nur etwa 20—30% dazu gelangen, die Interruptio als berechtigt anzusehen.

Wenn wir nun dazu übergehen, die *Indikationen* zu einer Unterbrechung der Gravidität der Reihe nach zu besprechen, so sei ausdrücklich bemerkt, daß ganz feststehende Regeln heutzutage noch nicht bestehen und wohl auch nie bestehen werden. Man ist also, wie gesagt, stark auf die eigene Ansicht und Erfahrung angewiesen bei der Beurteilung dieser Fragen. Natürlich ist die Literatur weitgehend berücksichtigt, vor allem die schweizerische und dann die Richtlinien, die von *Stadler* von der deutschen Reichsärztekammer herausgegeben wurden und von namhaften Gelehrten bearbeitet worden sind. Des ferneren wurde besonderer Wert auf die Schriften von *Winter* und seinen Schülern gelegt, welche in äußerst klarer Weise versucht haben, die Indikationen zur Unterbrechung der Schwangerschaft einigermaßen zu umreißen. Trotz allem tauchen natürlich immer wieder Divergenzen auf, die aber in der Natur der Sache liegen und nicht zu umgehen sind. Im allgemeinen wird man aber sagen können, ein artefizieller Abort sei dann begründet, wenn sowohl der Hausarzt als die beauftragte Fachklinik sowie der schließlich ausführende Gynäkologe mit der Vornahme des Eingriffes einverstanden sind. Daß noch ein Amtsarzt zugezogen werden soll, wie das häufig verlangt wird, scheint nicht unbedingt notwendig zu sein, da dieser meist nicht über die genügende Erfahrung verfügt und dann seine Entscheidung doch auch nur nach den Gutachten der untersuchenden Ärzte treffen müßte.

*I. Gynäkologisch-geburtshilfliche Erkrankungen.* Währenddem früher die Anzeige zur Interruptio graviditatis in nicht seltenen Fällen von *gynäkologischen resp. geburtshilflichen Krankheiten* ausging, so sind diese Indikationen heutzutage fast ganz verschwunden. Insbesondere hat das enge Becken in dieser Beziehung jegliche Bedeutung eingebüßt, da der Kaiserschnitt seine Schrecken verloren hat und mit dieser Operation, wenn sie rechtzeitig ausgeführt und technisch einwandfrei durchgeführt wird, jede Mutter und auch das Kind gerettet werden können. Die Mortalität der Sectio caesarea ist zur Zeit auf ein Minimum herabgesunken und beträgt nur noch etwa 0,5%, vorausgesetzt, daß ihre Vornahme durch einen einwandfreien Gynäkologen erfolgt. *Hüssy* hat darauf aufmerksam gemacht, daß die reinen Fälle (nichtuntersucht, stehende Fruchtblase) ganz ausgezeichnete Ergebnisse haben und daß die Todesfälle erst dann sich häufen, wenn eine unrichtige Indikation gestellt wird, resp. die Frauen zu spät dem Kaiserschnitte zugeführt werden. Aus diesen Gründen fällt die Indikation „enges Becken" für die Unterbrechung einer Gravidität heutzutage weg. Kommt bei einer Frau der Kaiserschnitt aus gesundheitlichen Gründen nicht in Frage, so tritt die betreffende Krankheit als Anzeige in Betracht und nicht das enge Becken als solches. Genitaltumoren, wie Ovarialcystome, Myome etc., sind ebenfalls keine strikte Indikation zur Interruptio einer gleichzeitig bestehenden Gravidität. Man kann sie operativ entfernen, wenigstens in den meisten Fällen, ohne daß durch den Eingriff die Schwangerschaft unbedingt gefährdet sein müßte. In der Mehrzahl der Fälle kann man übrigens ohne weiteres zuwarten, ohne Komplikationen befürchten zu müssen, vor allem bei den Myomen. Natürlich wird die Sachlage eine andere, wenn von solchen Geschwülsten lebensbedrohliche Erscheinungen ausgehen, die aber im allgemeinen selten sein dürften, auch dann aber kommt nicht stets die Unterbrechung der Gravidität in Betracht, sondern die Entfernung des störenden Tumors. Eine Retroflexio uteri gravidi incarcerata ist keine Indikation zur Unterbrechung, da sich dieser allerdings gefährliche Zustand (Ischuria paradoxa) leicht durch die

Aufrichtung in Narkose beheben läßt. Eine Ausnahme würde einzig und allein eine stark verwachsene Gebärmutter, also eine Retroflexio fixata machen, aber bei dieser Erkrankung kommt es fast nie zu einer Schwangerschaft. Kann aber der Uterus nicht reponiert werden, dann wird man mit *Winter* der Ansicht sein müssen, daß nur eine Interruptio in Frage kommt, wenn man schweres Unheil verhüten will. Wie gesagt, kommen aber solche Beobachtungen glücklicherweise nur ausnahmsweise vor. Eine besondere Beurteilung erfordern die Carcinome und zwar nicht nur die Genitalcarcinome, bei welch letzteren man wohl ohne Rücksicht auf das Kind möglichst rasch das Heilverfahren einleiten muß, das noch Erfolg verspricht, also Radikaloperation oder Strahlenbehandlung. Ob durch eine Gravidität eine Verschlimmerung des Krebses im allgemeinen eintritt oder nicht, ist noch nicht mit Sicherheit erwiesen, doch scheint es im allgemeinen so zu sein, daß mit einer Verschlechterung gerechnet werden muß und daß die Kranken rascher verfallen als außerhalb der Schwangerschaft. Das scheint vor allem für das Mammacarcinom Geltung zu haben, bei welchem *Wagner* die Unterbrechung empfiehlt, ebenso bei Knochensarkomen. Da solche Komplikationen in einer Gravidität selten sind, so hat der Einzelne nur wenig Erfahrung. Man wird aber wohl den Standpunkt einnehmen müssen, daß man dann die Schwangerschaft beseitigen soll, wenn noch Hoffnung auf eine Heilung der Mutter besteht. Ist das nicht der Fall, so wird man wenigstens versuchen müssen, das Kind am Leben zu erhalten. Eine unbedingte Anzeige zur Interruptio graviditatis bildet also das Carcinom an sich nicht, sondern es muß jeder Fall individuell beleuchtet werden. Bei gewissen Prolapsoperationen (Exohysteropexie nach *Kocher*, Interpositio vesicovaginalis nach *Wertheim*, *Kielland*sche Operation) muß unter allen Umständen eine Tubensterilisation vorgenommen werden, um weitere Schwangerschaften zu verhüten, was ein um so leichterer Entschluß sein dürfte, als es sich ja meist um schon ältere Frauen handelt. Tritt aber trotzdem eine Gravidität ein, so muß diese unbedingt unterbrochen werden, da sich sonst höchst gefährliche Komplikationen einstellen würden, wie auch *Doederlein* und *Bach* bemerken. Entzündungen der Genitalien geben kaum Anlaß zur Interruptio, da bei solchen Krankheitszuständen eine Schwangerschaft nahezu sicher ausgeschlossen ist. Kommt es trotzdem zur Konzeption, so ist nicht viel zu befürchten, im Gegenteil, es kann dann die Erkrankung als im wesentlichen abgeheilt gelten. Wenn in der Literatur vereinzelte Fälle von Adnextumoren während einer Gravidität beschrieben sind, so sind sie so selten, daß sie praktisch gar nicht in Frage kommen.

Vorfälle und Senkungen der Scheide und des Uterus kommen für eine Interruption niemals in Betracht, selbst dann nicht, wenn schwere Decubitalulcera vorhanden sind, die zwar eine nicht unbeträchtliche Infektionsgefahr bedeuten, durch rechtzeitige Behandlung und insbesondere Bettruhe vor der Geburt aber zur Abheilung gebracht werden können. Im äußersten Notfalle käme ein *Porro*scher Kaiserschnitt in Frage, um von vornherein die Infektionsquelle auszuschalten. Schwieriger zu beurteilen sind die *Graviditätstoxikosen*, vor allem die *Hyperemesis*. Wir müssen hier unterschieden zwischen den leichten, vermutlich nicht toxischen Formen, die manchmal einfach auf einem Desiderium abortandi beruhen, und denjenigen, die als wirkliche Intoxikation anzusprechen sind. Immer, bevor man sich zu einer Unterbrechung der Schwangerschaft entschließt, muß eine Beobachtungszeit eingeschoben und eine energische, auch psychische Therapie durchgeführt werden. Erst bei Versagen derselben

und rascher Zunahme der bedrohlichen Symptome wird man die Indikation stellen dürfen. Der toxische Symptomenkomplex besteht nach *Winter* und *Doederlein* in folgendem: 1. Beschleunigung und Ahythmie des Pulses. 2. Temperatursteigerungen bis 40° und darüber. 3. Schwere psychische Alterationen mit Apathie, Benommenheit, evtl. Koma und Krämpfen. 4. Körperlicher Verfall und rapide Gewichtsabnahme, Foetor ex ore. 5. Verminderung der Diurese, zunehmender Speichelfluß. 6. Albuminurie und Cylindrurie. 7. Acetonämie und Bilirubinämie. Als einfache Kontrolle zur Beurteilung des Zustandes hat sich *Doederlein* und *Bach* die Gewichtskurve bewährt. Sinkt sie in beängstigender Weise trotz aller therapeutischer Maßnahmen ab, dann ist der Zeitpunkt gekommen, wo nicht mehr natürlich tet werden darf, da sonst die Mutter, aber zugewarauch das Kind, verloren sind. Es macht den Eindruck, als hätten in letzter Zeit solche Fälle von toxischer Hyperemesis zugenommen. Gewiß sind sie auch zur Zeit noch selten, sie sind aber zweifellos häufiger als früher, was auch *Philipp* betont. 1933 hat *Hüssy* einige Fälle bekanntgegeben, in denen alle Frauen bis auf eine verstorben sind. Daß auch scheinbar leichtes Erbrechen das erste Anzeichen einer schweren Toxikose sein kann, darauf haben *Seitz* und *Rosenlöcher* hingewiesen. *Hüssy* hat ebenfalls ähnliche Beobachtungen machen können. Er hat aber auch die Wahrnehmung machen müssen, daß eine Unterbrechung der Gravidität gar nichts nützt, wenn der richtige Moment verpaßt ist. Dann hat der Eingriff nicht den geringsten Effekt mehr. Diesen Zeitpunkt zu erfassen und nicht zu viele Interruptionen zu machen, aber auch die bedrohten Frauen noch zu retten, das ist meist außerordentlich schwer. Man wird sich an die oben angegebenen Richtlinien strikte halten müssen. Im allgemeinen soll man es aber nicht zu schweren psychischen Alterationen kommen lassen und vorher eingreifen, etwa dann, wenn Leberschädigungen offenkundig werden und ein rapider Verfall einsetzt. Es hat gar keinen Zweck, allzu lange warten zu wollen, hinwiederum wird man sich aber auch davor hüten müssen, einzugreifen, wenn hierzu nicht eine absolute Indikation besteht. Der Ptyalismus, der übermäßige Speichelfluß, wenn er allein oder verbunden mit einer nur leichten Hyperemesis, vorhanden ist, gibt dagegen nie die Indikation zu einer Interruptio ab, so unangenehm auch der Zustand manchmal ist. Er hört auch häufig bald wieder auf oder ist durch eine entsprechende Medikation zu bessern und einzuschränken. In gewissen Fällen ist er einfach der Ausdruck eines Parkinsonismus, und es wäre dann zu prüfen, ob wegen dieser Erkrankung eine Unterbrechung in Betracht kommt oder nicht. Daß sich gelegentlich auf eine Pyelitis oder Pyelonephritis in der Gravidität eine schwere Toxikose aufpfropfen kann, das hat uns *Philipp* gezeigt. Er hat über vier Todesfälle berichtet, die beweisen, daß die Pyelitis in eine irreparable Nierenschädigung übergehen kann, wenn nicht beizeiten die Beseitigung der Schwangerschaft erfolgt. Neben dem klinischen Bilde spielt bei der Indikationsstellung namentlich folgende Symptomentrias eine Rolle: Absinken der Harnmenge, Erhöhung des Reststickstoffes im Blute und das Auftreten von Leucin und Tyrosin im Harn. Sind diese Zeichen vorhanden, dann zögere man nicht lange mit dem Eingriffe, er ist dann dringend angezeigt und von Erfolg begleitet, wie eine weitere Beobachtung von *Philipp* lehrt. Es ist also auch die Schwangerschaftspyelitis nicht stets so harmlos, wie man bisher geneigt war zu glauben. Es gibt da, wenn auch nur vereinzelt, Fälle, bei denen der Abbruch einer Gravidität nicht zu umgehen sein wird, wenn man nicht den Tod der betr. Frau und damit auch des

Kindes riskieren will. Blutungen in der Schwangerschaft rufen nur dann nach einer Interruptio, wenn mit Sicherheit eine Blasenmole vorliegt oder wenn es sich um einen Abort handelt, der doch nicht mehr aufzuhalten wäre, oder wo der Foetus bereits abgestorben ist. Dann aber kann von einem artefiziellen Aborte nicht mehr gesprochen werden. Es handelt sich dann einfach um die Vollendung der bereits im Gange befindlichen Fehlgeburt. Die toxischen Darmerkrankungen, wie starke Stuhlverstopfung oder idiopathische Diarrhoen oder schließlich die Colitis ulcerosa haben noch nie die Ursache zu einer Abbrechung der Gravidität gegeben, da sie meist nicht bedrohliche Zustände darstellen, so daß mit einer zweckentsprechenden Behandlung abgewartet werden kann (*Seitz*). Lebererkrankungen erfordern in einer Schwangerschaft immer eine sehr genaue Überwachung. Jeder in der Gravidität auftretende Ikterus ist mit Mißtrauen zu betrachten, muß aber keineswegs stets die Veranlassung zu einer Intervention sein. Sind Gallensteine oder Cholecystitis auszuschließen, so ist die Gelbsucht der Ausdruck einer toxischen Leberschädigung, die sich häufig bei den schweren und schwersten Formen der Hyperemesis findet, aber auch sonst, namentlich in den späteren Monaten der Schwangerschaft auftreten kann. Manchmal hilft sich die Natur selbst und der Foet stirbt ab. In anderen Fällen aber geht das Krankheitsbild langsam und schleichend oder auch ganz plötzlich und unvermittelt in das gefürchtete Stadium der akuten gelben Leberatrophie über, die immerhin sehr selten vorkommt, aber dann die unmittelbare Veranlassung zu einer sofortigen Beseitigung des Eies sein muß. Man wird allerdings in der Mehrzahl der Beobachtungen zu spät kommen, und die Frauen sind nicht mehr zu retten, namentlich dann, wenn die Erkrankung überraschend eintritt. Hauterkrankungen toxischer Natur (Schwangerschaftsdermatosen) sind in der Gravidität nicht selten, führen aber selten zum Entschlusse einer Interruptio, mit Ausnahme der Impetigo herpetiformis, welche nach *Naujoks* und *Seitz* unbedingt die Indikation zur Unterbrechung abgibt, da sonst die Kranken an Erschöpfung und Sepsis zugrunde gehen können. Einwandfreie Erfolge der Beseitigung der Gravidität sind allerdings bislang nicht bekanntgeworden (*Naujoks*). Auch beim Pemphigus vulgaris kann die Interrupio nicht immer vermieden werden, währenddem der Herpes einer andern Therapie (Gravidenserum) besser zugänglich ist. Das Ekzem ist bis dahin nur in Ausnahmefällen die Ursache zu einer Unterbrechung geworden, wobei diese Behandlungsweise noch die Gefahr der nachfolgenden Sepsis in sich schließt, also besser nicht zu verwenden ist. Der Lupus vulgaris ist keine durch die Schwangerschaft hervorgerufene Hautkrankheit, kann aber durch den Gestationszustand eine Verschlimmerung erfahren, so daß unter Umständen in besonders gelegenen Fällen eine Unterbrechung indiziert erscheinen könnte, namentlich wenn ein erfahrener Dermatologe sich in diesem Sinne ausspricht. *Blutkrankheiten* in der Schwangerschaft sind ebenfalls nicht so selten. Entweder handelt es sich um schwere sekundäre Anämien, oft unbekannter Ursache (Toxikose?) oder um die sog. perniciosaartige Graviditätsanämie oder dann um das infauste Krankheitsbild der akuten Myeloblastenleukämie, währenddem chronische Leukämien nicht als Folge der Gestation anzusehen sind, sondern schon vorher bestanden haben und gewöhnlich durch die Gravidität in keiner Weise beeinflußt werden. Bei der Leukämie ist eine Beseitigung des Eies von ungünstiger Wirkung, so daß man stets von einer Interruptio absehen muß und nur versuchen kann, das Kind zu

retten. *Hüssy* hat einige solche, sehr seltene Beobachtungen beschreiben können. Bei den andern Bluterkrankungen kommt eine Unterbrechung meistens auch nicht in Frage, wenn nicht eine bedrohliche Verschlimmerung einsetzt, die dann nach *Seitz* uns doch verpflichten würde, einzugreifen. Es ist dies aber nur in der Minderzahl notwendig und zwar nur bei den perniciosaartigen Anämien, die auf eine andere Behandlung nicht ansprechen. Die *Schwangerschaftsosteo- und -arthropathien* sind niemals so ernster Natur, daß sie eine Entfernung des Eies notwendig machen würden, darin ist *Seitz* ohne weiteres zuzustimmen. Es gibt in dieser Beziehung nur eine einzige Störung, die bedenklichen Charakter annehmen könnte, nämlich die Osteomalacie. Diese Krankheit ist aber in der jüngsten Zeit bedeutend seltener und auch milder geworden als früher. Es gelingt daher bedeutend häufiger eine Besserung oder sogar Heilung mit andern Mitteln herbeizuführen. Tritt trotz allem eine auffallende Verschlechterung des Zustandes ein, so muß evtl. die Interruptio in Frage gezogen werden. Vor allem kommt das in Betracht, wenn zu den typischen Symptomen der Osteomalacie oder Knochenerweichung noch andere toxische Erscheinungen hinzutreten, insbesondere Lähmungen. *Hüssy* hat vor kurzem einen solchen Fall gesehen, bei dem zwar die osteomalacischen Störungen nicht sehr hochgradig waren, wo aber rasch zunehmende Lähmungserscheinungen sich einstellten, die einen bedrohlichen Charakter annahmen und schließlich das Bild der aufsteigenden *Landry*schen Lähmung zeigten. Nach längerer konservativen Therapie mußte man sich schlußendlich mit der Unterbrechung der Gravidität abfinden, welche das sehr bedrohliche Krankheitsbild schlagartig zu bessern vermochte, ein Zeichen dafür, daß es sich tatsächlich um eine Schwangerschaftsintoxikation gehandelt hatte. Ähnlich verhält es sich bei den *Neuropathien*, hervorgerufen durch den Gestationszustand. Die ziemlich häufig auftretenden Neuralgien und Neuritiden, wenn sie auch quälenden Charakter annehmen können, sind doch niemals derart, daß man deswegen in die Lage kommen würde, an eine Interruptio zu denken. Eine Ausnahme bildet nur die sehr selten im Gefolge einer Hyperemesis auftretende Cerebropathia toxica gravidarum, die *Siemerling* zuerst beschrieben hat. Die Autopsie ergibt bei diesen Erkrankungen eine hämorrhagische Encephalitis. Erkennt man das schwere Symptomenbild beizeiten, so bleibt dann allerdings nichts anderes übrig, als die sofortige Abbrechung der Gravidität. Dann können die Erscheinungen unter Umständen wieder völlig zurückgehen. Die Geisteskrankheiten, sowie die sog. ,,psychiatrische" Indikation werden später besprochen werden. Von größerer Wichtigkeit ist der *ödemo-nephrotische* und *eklamptische Symptomenkomplex*. Ödeme sind in der Schwangerschaft sehr häufig und kommen bei etwa 90% aller Frauen vor. Sie beschränken sich aber gewöhnlich auf die Fußknöchel oder doch die Unterschenkel und Füße. Kommt es zum Bilde des allgemeinen Hydrops, dann ist allerdings die Sachlage eine andere. Leichte Ödeme sind soweit bedeutungslos, wenn sie auch das erste Stadium der eklamptischen Erkrankung darstellen. Zunehmende wassersüchtige Anschwellungen, vor allem Ödeme der äußern Genitalien sind dagegen nicht stets harmlos, nicht nur deswegen, weil sie unmittelbar zu einer Eklampsie führen könnten, sondern auch deswegen, weil sie eine Gefahr für die Geburt bedeuten. In den allermeisten Fällen können aber durch Bettruhe und die *Volhard*sche Ernährung die Gefahren beseitigt werden. Im übrigen treten die schweren Störungen gewöhnlich erst in der zweiten Hälfte der Gravidität auf, so daß mit einem Abortus arteficialis nicht mehr gerechnet werden muß und man warten kann, bis das Kind lebensfähig ist und durch Kaiserschnitt entbunden werden kann. Hochgradige Formen des Hydrops und auch der Nephropathie, der Schwangerschaftsniere, die keinen entzündlichen Charakter hat und als eine Art Nephrose bezeichnet werden darf, sind in der ersten Zeit einer Schwangerschaft außerordentlich selten. Sie zeigen sich häufig an durch das Eintreten von leichteren Veränderungen, die man heutzutage wirksam bekämpfen kann, sofern die schwangern Frauen gut überwacht werden. Eine große Rolle spielt hierbei die genaue Kontrolle des Blutdruckes. Steigt er langsam aber stetig an, so ist das ein Symptom der drohenden Gefahr, aber auch dann kommt ein Interruptio noch keinesfalls zur Diskussion. Eklampsie in der ersten Hälfte der Schwangerschaft darf als eine Rarität bezeichnet werden, und diese Früheklampsien haben zudem noch eine weit günstigere Prognose als diejenigen gegen Ende der Gravidität oder unter der Geburt. Nicht einmal beim Auftreten dieses Ereignisses in den ersten Monaten ist eine Unterbrechung strikte indiziert. Man kann zunächst abwarten und konservativ behandeln. Es kann der eklamptische Symptomenkomplex zur Abheilung gelangen und das Kind ausgetragen werden. Bei ausgesprochener Präeklampsie, die sich in starkem Hydrops universalis, in ausgeprägter Nephropathie mit sehr viel Eiweiß, Cylindern im Urin und Oligurie manifestiert, und wenn der Blutdruck erheblich erhöht ist (über 150 R R), wo Kopfschmerzen und ähnliche Symptome hinzutreten, ist prophylaktisch die Unterbrechung indiziert, aber nur bei bereits lebensfähigem Kinde. Eine artefizielle Wegnahme des Eies rechtfertigt sich dagegen nicht. In dieser Beziehung ist also der eklamptische Symptomenkomplex als günstig zu werten, weil er das kindliche Leben gewöhnlich nicht bedroht, mit Ausnahme von denjenigen Fällen, wo eine vorzeitige Placentarlösung oder sogar eine Apoplexia uteri vorhanden ist resp. plötzlich eintritt. Dann stirbt der Foetus gewöhnlich ab, bevor die Hilfe einsetzen kann. Ein prognostisch ungünstiges Zeichen bei der drohenden Eklampsie ist die Anurie, die in den allermeisten Fällen eine sofortige Entleerung des Uterus erfordert, will man nicht den Tod der Mutter und des Kindes riskieren, aber auch dieses Symptom tritt fast immer erst dann ein, wenn das Kind bereits soweit entwickelt ist, daß es extrauterin leben kann. Im Gegensatz zu den andern Graviditätstoxikosen ist also der eklamptische Symptomenkomplex eine Erscheinung der letzten Monate der Schwangerschaft, so daß die Erwägung des künstlichen Abortes nur äußerst selten in Erwägung gezogen werden muß. Immerhin sind diejenigen Frauen, bei denen dieses Ereignis drohen könnte, sehr sorgfältig ärztlich zu überwachen. Wegen einer Albuminurie eine Gravidität unterbrechen zu wollen, das ist eine Forderung, die durch nichts begründet ist und abgewiesen werden muß. Es wäre geradezu verbrecherisch, deswegen ein kindliches Leben opfern zu wollen, und es ist durchaus unverständlich, daß es noch Ärzte gibt, welche nur wegen dieser Erscheinung, die in einem hohen Prozentsatz vorkommt, überhaupt nur an den artefiziellen Abort denken.

*II. Herzkrankheiten.* Die Beurteilung, ob ein organisch krankes Herz zur Veranlassung einer Unterbrechung der Schwangerschaft werden kann, richtet sich nach *Lange* fast völlig nach der Leistungsfähigkeit des kranken Herzens, weniger nach der Art des Herzfehlers. Besonders gefürchtet ist immerhin, wie auch *Löffler* betont, die Mitralstenose. *v. Jaschke* hat zwar immer, so auch wieder am Gynäkologenkongreß in Berlin 1937, die Ansicht vertreten, es komme diesem Klappenfehler keine Son-

derstellung zu. *Zinsstag* hat auf Veranlassung von *Hüssy* aber darauf hingewiesen, daß nahezu alle Frauen, die während oder kurz nach einer Gravidität ihrer Herzerkrankung zum Opfer fielen, an Mitralstenose gelitten hatten, allerdings gelegentlich kombiniert mit andern organischen Herzfehlern. Zweifellos ist immerhin *v. Jaschke* beizustimmen, daß ein zu starker Pessimismus bei den Herzerkrankungen in der Gestationszeit nicht mehr berechtigt ist. Früher wurden allzuhäufig Klappenfehler diagnostiziert, die gar keine waren, denn Geräusche kommen in einer Schwangerschaft recht häufig vor, sind aber meist bedeutungslos und nur durch die Querstellung des Herzens bedingt, wie *Fromme* bereits am deutschen Gynäkologentag in Halle a. S. 1913 mit Recht betont hat. Nur in 10—15 % ist bei Klappenfehlern mit einer gleichzeitigen Erkrankung des Herzmuskels zu rechnen, und *v. Jaschke* rechnet damit, daß eine Interruptio nur in 2 % notwendig sei. Er ist allerdings derjenige Gynäkologe, der einem besonders starken Optimismus in diesen Fragen huldigt, und es fragt sich, ob man seiner Meinung ohne weiteres beitreten darf. Sicher ist aber, daß nur dann eine Abbrechung der Gravidität indiziert erscheint, wenn eine ganz genaue Untersuchung und Beobachtung der betr. Frau vorgenommen worden ist. Daß manchmal auch schwer erkrankte Herzen noch erstaunlich viel aushalten können, ist bekannt.

Es besteht also nicht etwa bei jeder Mitralstenose die Indikation zur Interruptio, aber man wird dem Kreislaufe bei diesem Klappenfehler ganz besondere Aufmerksamkeit widmen müssen (*Lange*). Die Kompensationsmöglichkeiten bei der Mitralstenose sind eben doch geringer als bei andern Klappenfehlern. Das muß unbedingt mit berücksichtigt werden (*Löffler*). Es geht nicht an, die Mitralstenose einfach als Bagatelle hinzustellen, sondern man muß daran denken, daß sie derjenige Klappenfehler ist, der am unberechenbarsten ist und die meisten Überraschungen zeitigt. Will man sich aber vor solch unliebsamen Erfahrungen schützen, dann hat man ganz besonders diesen Herzfehlern sein Augenmerk zuzuwenden und sie besonders gut zu überwachen. Dabei stimmt man wohl *Lange* ohne weiteres bei, wenn er sagt, der alleinige Befund einer Mitralstenose indiziere noch keine Interruptio. *Löffler* macht auch darauf aufmerksam, daß eine schwere Aorteninsuffizienz manchmal eine größere Gefahr darstellen könne, als eine Mitralstenose. Das bildet aber seiner Meinung nach keinen Widerspruch zur Erfahrung der meisten Geburtshelfer, die in der Regel Schwierigkeiten von seiten der Mitralstenose sehen, handelt es sich doch um einen häufigen und exquisit weiblichen Herzfehler. Mitralfehler sind jedenfalls die häufigsten, die zur Beobachtung gelangen, und die größte Zahl der zu begutachtenden Fälle betrifft nach *Lange* Mitralinsuffizienzen und -Stenosen. Herzmuskelerkrankungen sind in erster Linie nach dem Grade der Herzerweiterung festzustellen (Orthodiagraphie und Fernaufnahme). Der perkutorische Befund allein könnte in der Gravidität täuschen und ist deshalb mit Vorsicht aufzunehmen. Heutzutage wird man natürlich auch nicht auf das Elektrokardiogramm verzichten wollen, das in Zweifelsfällen eine sichere Entscheidung ermöglichen kann. Eine arterielle Hypertonie ist bei dem meist noch jugendlichen Alter der schwangeren Frauen nur selten anzutreffen. Bei angeborenen oder früh erworbenen Herzfehlern kommt es meist nicht zu einer Schwangerschaft, da bei solchen Personen die Entwicklung gehemmt ist. In der Tat bekommt man kaum einmal einen solchen Fall zu Gesicht. Nicht zu vergessen sind auch diejenigen Fälle, die von *Lewis* als „Effort syndrom" bezeichnet worden sind. Es ist darunter ein Versagen des Herzens bei Anstrengungen zu verstehen, die für den Gesunden nicht die geringste Bedeutung haben (*Löffler*). Die allgemeine Ansicht über die Frage der Unterbrechung der Gravidität bei einem Herzleiden kann wohl dahin zusammengefaßt werden, daß 1. unkomplizierte Klappenfehler, auch Mitralstenosen nicht zu einer Interruptio die Veranlassung sein können, da diese Herzen durchaus imstande sind, eine Schwangerschaft und Geburt zu überwinden. Solche Erfahrungen hat jeder Geburtshelfer gemacht. Vor allem muß man sich davor hüten, aus einfachen Geräuschen auf das Vorhandensein eines Klappenfehlers zu schließen, was leider auch heutzutage noch ab und zu geschehen dürfte. Natürlich ist aber auch bei kompensierten Herzklappenfehlern eine sehr genaue Überwachung der betr. Frau durchaus angezeigt, um jederzeit den Bestand der Kompensation sichern zu können; 2. bei Dekompensation mäßigen Grades eine Unterbrechung ebenfalls nicht ohne weiteres in Betracht gezogen werden muß, insbesondere wenn es sich nicht um eine Mitralstenose handelt. Sind aber die Dekompensationserscheinungen durch eine geeignete Therapie (Bettruhe und Digitalisierung) nicht bald zum Verschwinden zu bringen, dann wird man sich schließlich doch noch für eine Beseitigung des Eies entscheiden müssen, vor allem dann, wenn noch Komplikationen da sind, die das Herz belasten, wie Fettsucht, Kyphoskoliose, Nierenerkrankungen u. ä. Die sog. soziale Indikation darf dagegen in die ärztlichen Überlegungen nicht mit hereingezogen werden, wie richtig von *Lange* vermerkt wird, es sei denn, es ließen sich die ungünstigen Verhältnisse auf keine Art und Weise beseitigen, was bei den heutigen Fürsorgebestrebungen aber kaum denkbar ist. Soziale Fragen gehören in die Hand dieser Institutionen, die es sich zur Pflicht machen müssen, solchen schwangern Frauen mit Rat und Tat beizustehen; 3. bei schwerer Dekompensation die Unterbrechung der Gravidität dagegen strikte indiziert ist. Ausgesprochene Cyanose, Dyspnoe, Stauungserscheinungen, Ödeme lassen ein Zuwarten nicht mehr als opportun erscheinen. Es würde das mit absoluter Sicherheit den Tod der Frau schon während der Schwangerschaft oder dann kurz nach der Geburt resp. während derselben zur Folge haben, gleichzeitig mit dem Tode des Kindes, das wohl in den meisten Fällen ebenfalls nicht zu retten wäre. Aus diesem Grunde wird man sich viel leichteren Herzens zur Beseitigung des Eies entschließen können; 4. die Schwangerschaftsunterbrechung schon in den ersten drei Monaten ausgeführt werden muß, da sonst der Eingriff als solcher schon zu eingreifend und gefährlich wird, so daß mit einem guten Erfolge nicht mehr gerechnet werden könnte. Jenseits des dritten Monats sind auch bei schweren dekompensierten Herzfehlern solche Operationen im allgemeinen abzulehnen, da sie doch nichts mehr nützen.

Nach *Winter* und *Naujoks* ist eine Unterbrechung unbedingt angezeigt bei Reizleitungsstörungen mit totalem Herzblock, obgleich auch in dieser Beziehung Fälle bekannt sind, die ohne diesen Eingriff gut ausgegangen sind. Dasselbe gilt für die frische Endokarditis. Nach *Henkel* ist die Myokarditis resp. die Herzmuskelinsuffizienz die notwendigste Indikation zur Interruptio. *Fraenkel, Sellheim* sowie besonders *Walthard* haben sich dahin ausgesprochen, daß man bei Herzerkrankungen die Entscheidung gänzlich dem Internisten überlassen soll und daß der Geburtshelfer nur der ausführende Teil sei. Diesem Standpunkte ist im allgemeinen zuzustimmen, allerdings mit der Einschränkung, daß eben doch derjenige Arzt die Hauptverantwortung zu tragen hat, welcher die Operation schließlich ausführt. Es ist aber meist dem Geburtshelfer gar nicht möglich, die Sachlage so zu überblicken, daß er das ausschlaggebende Wort sprechen könnte. Er ist in großem Maße auf die Mitwirkung der andern Fachkliniken angewiesen.

*III. Varicen, Thrombosen, Embolien.* Eine einfache Varicosis, wenn sie auch noch so ausgedehnt ist, gibt im allgemeinen keinen Grund, um eine Schwangerschaft zu opfern, wenn sie nicht verbunden ist mit der Gefahr der Thrombose und Embolie, die doch ein äußerst großes Gefahrenmoment darstellt. Bekanntlich ist die puerperale Phlebitis ein sehr langwieriges Leiden, das ein langes Krankenlager involviert und zudem noch die betr. Frauen in Lebensgefahr bringt durch die stets drohende Embolie. Wiederholen sich die Thrombosen in den verschiedenen Wochenbetten, dann wird man sich der Angst der betr. Frauen nicht verschließen dürfen, da eine wirksame Prophylaxe oder gar Therapie dieser Zustände trotz aller Bemühungen noch nicht gefunden worden ist, und da auch nach ganz leichten Spontangeburten, wohl zufolge einer besonderen Konstitution diese schwerwiegenden Erscheinungen auftreten können. Es ist allerdings zu betonen, daß im allgemeinen eine Thrombose nicht rezidiviert und auch Embolien sich nicht zu wiederholen brauchen. Manchmal besteht eine gewisse Immunität, wenn eine schwere doppelseitige Thrombose vorangegangen ist. *Hüssy* konnte das schon öfters beobachten und konnte sich daher nicht zu einer Interruptio entschließen, weil einmal im Wochenbette sich eine Thrombose bemerkbar gemacht hat. Man erlebt es doch sehr oft, daß in späteren Wochenbetten nicht mehr die geringsten Störungen von dieser Seite her auftreten. Dagegen muß mit *Naujoks* bei der rezidierenden schweren puerperalen Thrombophlebitis eine relative Indikation zur Interruptio unbedingt gesehen werden.

*IV. Tuberkulose.* Während verschiedene Autoren den Standpunkt vertreten, daß die *Tuberkulose* der schwangeren Frau in der Regel so verlaufe, wie außerhalb der Gravidität (*Schultze - Rhonhof, Hansen*), so hat neuerdings *Bräuning* darauf hingewiesen, daß sogar in einem erheblichen Prozentsatz der Fälle bei vielen schwangeren Frauen sogar ein auffallend günstiger Verlauf der Erkrankung zu beobachten sei. Nach *Löffler*, der jedenfalls eine sehr große Erfahrung besitzt, ist diese Chance aber nicht groß. Sie ist zwar theoretisch gegeben und kommt sicherlich ab und zu vor, aber darauf kann man sich meistens nicht verlassen. Er ist der Ansicht, es sei bei der floriden Tuberkulose unbedingt die Schwangerschaft zu unterbrechen, gelegentlich mit gleichzeitiger Tubensterilisation, aber das letztere ist bei der weitgehenden Besserungsfähigkeit der Tuberkulose außerhalb der Gravidität doch nicht immer angezeigt. Die Erfahrung lehrt eben doch, daß einige Jahre nach Abklingen eines Schubes die Frau wieder so weit hergestellt sein kann, daß eine Schwangerschaft gewagt werden kann. Nach *Lydtin* gilt einmal der Grundsatz, daß nur bis spätestens zum Ende des vierten Monates einer Gravidität die Opferung der Schwangerschaft vorgenommen werden darf, da nachher der Eingriff in keinem Verhältnisse mehr steht zum erzielbaren Nutzen. Weiterhin ist prinzipiell am Grundsatze festzuhalten, daß eine Unterbrechung nur dann berechtigt ist, wenn dem Allgemeinzustande und dem örtlichen Befunde nach eine tuberkulöse Erkrankung sicher vorliegt und wenn bei der Art der Erkrankung noch mit einer Heilung zu rechnen ist. Diesen prinzipiellen Erwägungen wird man sich ohne weiteres anschließen müssen, und es ist darauf hinzuweisen, daß italienische Tuberkuloseforscher sogar die Forderung aufgestellt haben, es sei nach dem Ende des zweiten Monates schon eine Interruptio als inopportun anzusehen.

Als weiteres wichtiges Postulat ist selbstredend eine ganz genaue Untersuchung, inklusive Röntgenbild zu verlangen. Nur so kann man sich möglichst vor Fehldiagnosen schützen, die dazu führen würden, daß Kinder umsonst geopfert würden. Auf das Desiderium abortandi darf hier ebensowenig Rücksicht genommen werden, wie bei andern Erkrankungen, hingegen spielt wohl bei der Tuberkulose das soziale Moment doch eine etwas größere Rolle, als das sonst der Fall ist. Es muß natürlich auch Rücksicht genommen werden auf evtl. bereits vorhandene Kinder. Es entsteht die große Frage, wann man bei einer Lungentuberkulose eine Interruptio anraten soll und wann nicht. Es steht auf jeden Fall fest, daß lediglich physikalisch und röntgenologisch nachweisbare Spitzenherde in der Gravidität nicht exacerbieren (*Schultze-Rhonhof*, *Hansen*, *Beckmann* und *Kirch*) und daher für eine Unterbrechung nicht in Frage kommen (*Lydtin*). Es sind das die sog. „latenten" Formen der Lungentuberkulose, bei denen von nahezu allen Autoren die Indikation abgelehnt wird (*Winter*, *Naujoks*, *Romberg*, *Klemperer* und viele andere).

Die allgemeine Erfahrung geht dahin, daß der ganz überwiegende Teil der Spitzenherde auch während der Gravidität belanglose Narben bleiben. Es kann daher die von den einen mehr, von den andern weniger gefürchtete Möglichkeit der Entwicklung einer akuten Erkrankung ein Maßstab für das ärztliche Handeln sein. *Lydtin* erwähnt einen Fall, wo eine Frau trotz doppelseitiger Spitzenherde und Schwarten mit dreimal auftretender Hämoptoe fünf Schwangerschaften ohne Schaden ausgetragen hat. Nur wenn bei Spitzentuberkulose in wiederholten Untersuchungen Tuberkelbacillen im Auswurf gefunden werden oder wenn sich innerhalb der Herde Kavernen ausgebildet haben, welche den unmittelbaren Anlaß zu einer Streuung bieten könnten, besteht die Indikation zur Beseitigung des Eies. Daß Bacillenauswurf als ernstes Symptom zu deuten ist, wurde namentlich auch von *Jost* hervorgehoben. Es ist das jedenfalls das Zeichen für eine Aktivität des Prozesses. Daß aber bei solchen Befunden die Interruptio nicht umgangen werden kann, das wird ferner von *Winter*, *Pankow* u. a. audrücklich betont. Auch bei ausgedehnten alten Spitzenstreuungen ist die Sachlage nicht so, daß eine Unterbrechung ernstlich in Betracht kommt, trotzdem hier häufiger Exacerbationen zu beobachten sind. Die Entscheidung ist aber meist nur durch eine mehrtägige stationäre Beobachtung möglich. Tritt Fieber auf und Hämoptoe, dann ist eine aktive Form zu vermuten, bei der man die Unterbrechung nicht ohne weiteres verweigern kann. Wünscht aber die betr. Frau unbedingt das Kind auszutragen, so kann evtl. zugewartet werden (*Lydtin*). Ganz unbedingt angezeigt ist aber die Interruptio beim Frühinfiltrat, wobei aber natürlich die exakte diagnostische Sicherstellung ein absolutes Erfordernis darstellt. Nicht nur *Lydtin*, sondern auch *Naujoks*, *Winter*, *Romberg*, *Klemperer*, *v. Franqué* sind in diesem Punkte absolut einig. Ist die Gravidität nicht über den dritten bis vierten Monat vorgeschritten, so ist sie zu entfernen. Gleichzeitig muß aber die entsprechende Behandlung einsetzen, wobei die Anlegung eines Pneumothorax die Methode der Wahl darstellen dürfte. Es kommen noch die sog. Spätformen in Frage, die ausgebildeten chronischen Lungentuberkulosen. Nur dann, wenn noch mit einer Heilung zu rechnen ist, wird man bei solchen Frauen an die Interruptio herantreten, sonst hat ja die Opferung des kindlichen Lebens keinen Sinn. Ausgedehnte exsudative Formen haben eine trostlose Prognose, so daß eigentlich nur die cirrhotisch-proliferativen in Betracht kommen. Man wird

aber auch bei diesen Formen von Fall zu Fall entscheiden müssen, was zu geschehen hat. Ist die Gravidität über den vierten Monat vorgeschritten, so wird man den Eingriff auch hier unterlassen müssen. Bei Tuberkulose-Gefährdeten, also bei Frauen, die zwar momentan keine floride Tuberkulose mehr aufweisen, aber vor kurzem einen aktiven Schub durchgemacht haben, wird man nicht selten eine dringende Gefahr annehmen können, wie *Löffler* bemerkt. Dies gilt besonders nach Pleuritiden, aber auch nach einem Erythema nodosum, dann bei solchen Frauen, die aus dem sekundär allergischen Zustand nicht herauskommen, ferner nach Iridocyclitis, Rheumatismus *Poncet* usw. Auch subfebrile Temperaturen berechtigen zu einer gewissen Reserve. Die Frage der Beseitigung des Eies wird bei solchen Beobachtungen oft bejaht werden müssen und zwar immer dort, wo sich Zeichen des Aufflackerns eines Prozesses bemerkbar machen. Ökonomische Rücksichten sind hier in Betracht zu ziehen (Möglichkeit zu Kuren usw.), aber auch der Wunsch nach einem Kinde (*Löffler*). *Lydtin* ist ebenfalls der Meinung, daß noch einige Jahre nach geheilter Lungentuberkulose eine gewisse Gefährdung bestehen dürfte. Erst nach fünf Jahren darf mit einer definitiven Heilung gerechnet werden. Fällt in die Gefahrzone eine Gravidität, so muß zum mindesten die Frage aufgeworfen werden, ob nicht eine Unterbrechung angezeigt sei. Voraussetzung ist allerdings, daß die frühere tuberkulöse Erkrankung durch einen eingehenden ärztlichen Bericht und durch das frühere Röntgenbild belegt werden kann. Die Tuberkulinbehandlung hat nur wenig Erfolge, dagegen ist die moderne Heilstättenbehandlung mit ihren neuzeitlichen Methoden geeignet, eine Menge von artifiziellen Aborten überflüssig zu machen.

Bei der *Kehlkopftuberkulose* sind wohl alle Autoren für ein aktives Vorgehen, wenn auch Schwierigkeit der Diagnose nach *Wagner* stark ins Gewicht fällt. Ist sie aber einwandfrei erwiesen, dann darf wohl mit der Interruptio nicht zugewartet werden. *Neumayer* weist aber darauf hin, daß der Eingriff nur in den allerersten Monaten der Schwangerschaft vorgenommen werden soll, daß ferner nur solche Frauen in Frage kommen, bei denen noch einige Aussicht auf Heilung vorhanden ist und die meist nur dann Hoffnung auf Rettung haben können, wenn keine ausgedehnte Lungentuberkulose mit im Spiele ist, was recht häufig der Fall sein dürfte. Ist die Kehlkopfaffektion nur geringfügig und der Allgemeinzustand ein guter, sind die tuberkulösen Veränderungen gut lokalisiert, so ist nicht ohne weiteres die Unterbrechung vorzunehmen. Immerhin müssen solche Frauen sorgfältig überwacht werden. Während also im allgemeinen die Gynäkologen fast einstimmig der Ansicht huldigen, es sei bei einer Larynxaffektion tuberkulöser Natur stets und sofort die Gravidität zu entfernen, so stehen offenbar die Laryngologen (*Neumayer*) auf einem etwas andern Standpunkte und bringen gewisse Einschränkungen vor, denen man sich kaum verschließen kann. Wie auch bei andern Erkrankungen, so werden sich auch hier die Gynäkologen vor der Ansicht der Fachkollegen zu beugen haben.

*Asthma bronchiale* und *Pneumonien* indizieren nur selten eine Interruptio, die erstere Erkrankung dann, wenn sich die Anfälle in der Gravidität stark häufen sollten, die Lungenentzündung, wenn das Herz entlastet werden muß. Man wird allerdings meist nur wenig Erfolge erleben, da einer an Pneumonie erkrankten Frau meist kaum noch ein operativer Eingriff zugemutet werden kann. Im übrigen hat sich bei der Grippeepidemie anno 1918 gezeigt, daß die Beseitigung der Schwangerschaft gar nicht immer eine gute Wirkung gehabt hat, oft trat sogar das Gegenteil und ein rascher Verfall ein, insbesondere nach spontanen Fehl- und Frühgeburten. Es muß daher wohl bei solchen Fällen vor der Interruptio gewarnt werden.

Die *Nierentuberkulose*, die öfters in ihrem Beginne sehr schwer festzustellen ist, erfährt nach den Beobachtungen verschiedener Autoren, wie *Seitz*, *Pankow*, *Dosza*, *Israel*, wohl meist eine Verschlimmerung durch die Gravidität, wie auch *Naujoks* und *Winter* hervorheben. Demgegenüber konnte allerdings *Wildbolz* über einige günstig verlaufene Fälle berichten. Nicht immer bringt die Schwangerschaft die Wendung zum schlechteren, sondern erst das Wochenbett. Bei einseitiger Erkrankung kommt natürlich die baldmöglichste Nephrektomie in Frage, währenddem der Abortus arteficialis zwecklos wäre, da er nicht zu einer Heilung des Nierenleidens führen würde. Bei doppelseitiger Nierentuberkulose ist hingegen nach *Winter* und *Naujoks* der Versuch der Interruptio unter Umständen zu unternehmen, obwohl die Aussichten selbstredend keine guten sind. Man wird sich aber mit Recht auch fragen dürfen, ob es nicht besser ist, in solchen sowieso verlorenen Fällen wenigstens das kindliche Leben zu retten und die Gravidität austragen zu lassen. *Schittenhelm* ist aber ebenfalls der Ansicht, es sei bei doppelseitiger Erkrankung wegen Gefahr der rapiden Verschlimmerung des Prozesses die Schwangerschaft möglichst frühzeitig zu beseitigen. Bei Einnierigkeit, insbesondere nach früher ausgeführter Nephrektomie ist dagegen die Indikation zur Unterbrechung kaum einmal gegeben, selbst wenn noch Komplikationen, wie Nephropathie, Pyelitis usw. hinzutreten. Die zurückgebliebene gesunde Niere tritt vollkommen kompensatorisch für die weggefallene ein und kann auch den Mehranforderungen während einer Gravidität ohne weiteres genügen (*Naujoks*). *Cova* berichtet über 13 günstig verlaufene Fälle, *Suter* über 17 nephrektomierte Frauen, die wieder schwanger wurden und von denen 14 die Gravidität austrugen, während es dreimal zur Interruptio kam. *Kümmel* und *Matthews* verfügen sogar noch über weit höhere Zahlen, woraus hervorgeht, daß die Einnierigkeit in den allermeisten Beobachtungen zu keinem Bedenken Anlaß gibt, wenn eine Schwangerschaft eintreten sollte. Immerhin darf bei schwerwiegenden Komplikationen mit dem Eingriffe nicht stets zugewartet werden, vor allem bei neuerlicher Tuberkuloseerkrankung der zurückgebliebenen Niere, bei schwerer Colipyelitis und evtl. bei drohender Eklampsie und Nephrolithiasis. Alles in allem ist aber die Einnierigkeit keine gefährliche Komplikation einer Gravidität, wenn die zurückgebliebene Niere gesund bleibt und wenn nicht andere Nierenkrankheiten hinzutreten.

*V. Nierenkrankheiten.* Ein Teil der Nierenkrankheiten ist bereits unter den Toxikosen und bei der Tuberkulose besprochen worden. Die Nephropathie, die gewöhnliche Pyelitis und auch die Einnierigkeit geben gewöhnlich keinen Anlaß zur Unterbrechung einer Gravidität, wogegen die akute und chronische Nephritis noch genauer beurteilt werden sollen. Die Meinungen über die akute hämorrhagischen Nephritis sind noch geteilt. Währenddem *Schittenhelm* eine Interruptio nur in extremen Ausnahmefällen, bei sehr schwerem Verlaufe, befürwortet und *Naujoks* ebenfalls eine ähnliche Ansicht äußert, so nimmt *Heynemann* einen aktiveren Standpunkt ein und *Schlayer* tritt für den Abortus arteficialis ein, wenn Ödeme und Blutdrucksteigerungen sich zeigen und trotz entsprechender Therapie nicht verschwinden wollen. Im ganzen sind immerhin solche Beobachtungen Seltenheiten, so daß man nur ausnahmsweise vor die Frage gestellt wird, ob bei akuter Glomerulonephritis die Schwan-

gerschaft zu beseitigen sei oder nicht. *Sachs* konnte sechs Fälle mitteilen, wobei stets die Gravidität ohne Schaden ausgetragen wurde. Man wird also wohl sagen dürfen, daß eine künstliche Fehlgeburt nur dann in Betracht fallen kann, wenn der Verlauf der akuten Nephritis ein außergewöhnlich schwerer ist und wenn die Befürchtung besteht, es könnte evtl. das akute in das chronische Stadium übergehen. Bedeutend häufiger hat man es mit der chronischen Nephritis zu tun, die von außerhalb der Schwangerschaft in diese übernommen wurde. Die chronische Glomerulonephritis, die sekundäre Schrumpfniere und die maligne Nephrosklerose sind nicht allzu seltene Komplikationen einer Gravidität. Nach *Schittenhelm* steht es fest, daß die Schwangerschaft in der Regel einen ungünstigen Einfluß erwarten läßt, worin ihm *Hüssy* nur beipflichten kann, hat er doch eine ganze Anzahl von solchen Fällen schlecht ausgehen sehen. Es kommt meist schon frühzeitig in der Schwangerschaft zu Dekompensationserscheinungen seitens der Niere, auch dann, wenn vorher scheinbar nicht die geringsten Störungen vorgelegen hatten. Sehr bald kann das Stadium der drohenden Urämie erreicht werden, oder es machen sich schwerste Augenstörungen bemerkbar. *Volhard* ist der Meinung, es sei die Frage der Unterbrechung der Schwangerschaft bei chronischer diffuser Nephritis generell zu bejahen und keine individuellen Unterschiede zu machen. *Naujoks* scheint allerdings gegenteiliger Ansicht zu sein und legt augenscheinlich großen Wert gerade auf die Beurteilung des einzelnen Falles. Er berichtet über eine Serie von 22 einschlägigen Fällen, von welchen 10 spontan vorzeitig, fünf rechtzeitig niederkamen und fünfmal der künstliche Abort eingeleitet werden mußte. Zwei Frauen wurden intern behandelt und nachher gebessert entlassen. Von diesen 22 Frauen starben fünf, eine nach Geburt am Termin, eine nach spontaner Frühgeburt und drei nach Abortus arteficialis. *Sachs* hat eine weitere Statistik über 25 Fälle veröffentlicht. In direkter Folge des Gestationsprozesses starben vier, innerhalb der nächsten vier Jahre fünf Frauen. Eine wesentliche Verschlimmerung zeigte eine Patientin, währenddem neun ohne schwere Krankheitserscheinungen blieben und sechs sich trotz hochgradiger Nephritis wohl befanden. *Hüssy* fand bei 15 nierenkranken Frauen eine unmittelbare Mortalität im Anschlusse an die Geburt resp. Schwangerschaft von 20 % und eine erhebliche Verschlimmerung ebenfalls in 20 %. Ohne wesentliche Beschwerden wurde die Gravidität von 48 % der Frauen überstanden. *Löffler* findet, es sei bei der chronischen Nephritis eine so offenkundige Verschlimmerung durch eine Schwangerschaft zu konstatieren, daß stets die Interruptio befürwortet werden müsse. Treten die Zeichen einer drohenden Urämie (dauerndes Erbrechen, starke Kopfschmerzen, Somnolenz) auf, dann ist natürlich schnellstens die Unterbrechung vorzunehmen, obgleich auch dann keineswegs immer der letale Ausgang noch zu beschwören ist. Ist die Urämie schon ausgebrochen, dann ist die Prognose in jedem Falle sehr schlecht, wenn es auch schon gelungen ist, selbst dann noch durch sofortige Beseitigung des Eies den letalen Ausgang aufzuhalten. Sehr ernst zu nehmen ist nach *Naujoks* und *Winter* die Komplikation mit einem Herzfehler. Dann ist fast immer die Indikation zur Interruption gegeben, zum mindesten beim ersten Auftreten von Kompensationsstörungen. Augenhintergrundsveränderungen sind zwar in graviditate etwas weniger gefährlich als außerhalb der Schwangerschaft, sind aber immer das Zeichen einer ganz schweren Nierenerkrankung und beeinträchtigen dazu noch das Sehvermögen. Man wird sich daher mit *Naujoks* denjenigen Ophthalmologen anschließen müssen, die in diesem Ereignis eine strikte Indikation zum Abortus arteficialis erblicken (*Krückmann, Heyne, Adam, Silex*). Wenn auch ab und zu die Erfahrungen nicht gar so ungünstige sind (*Schiötz, Fink*), so wird man doch vorsichtiger handeln, wenn man in diesen Fällen auf eine rasche künstliche Fehlgeburt dringt. So wie die Retinitis albuminurica, so verlangen auch die Ablatio retinae und die Retinablutungen bei chronischer Nephritis ein rasches Eingreifen. Eine Diskussion ist hier durchaus unangebracht. Ganz anders sind dagegen gelegentlich vorkommende Augenhintergrundsveränderungen bei der Schwangerschaftsnephropathie zu beurteilen, die kaum einmal die Indikation zu einer Interruptio abgeben werden. Allerdings ist die Differentialdiagnose nicht stets ganz leicht zu stellen. Die vorzeitige Placentarlösung verlangt ebenfalls ein rasches Handeln, um so mehr als die Frucht meist bereits abgestorben ist. Sie ist allerdings fast immer ein Ereignis, das erst in der zweiten Hälfte der Schwangerschaft auftritt, so daß dann von einem Abortus arteficialis eigentlich nicht mehr gesprochen werden kann. Ob bei einer deutlichen Verschlimmerung einer Nephritis chronica während einer Gravidität immer die Schwangerschaft beseitigt werden soll, ist recht schwer zu beurteilen, jedoch wird man doch meistens um diesen Eingriff nicht herumkommen können. Jedenfalls ist die Indikation gegeben, wenn trotz sachgemäßer Therapie keine rasche Besserung eintritt. Man darf auf keinen Fall solange warten, bis sich die Erscheinungen der Urämie bemerkbar machen, sonst kommt man fast immer zu spät. Eine Unterbrechung der Gravidität bei chronischer Nephritis wird um so mehr in Betracht kommen, als die Prognose für das Kind sowieso eine schlechte ist und mehr als die Hälfte schon intrauterin absterben, nach *Sachs* in 56 % der Fälle. Nur 25 % der Früchte werden ausgetragen und lebend geboren. Man wird also sehr häufig damit rechnen müssen, daß das Kind doch nicht zu retten sein wird. Aus diesem Grund ist man verpflichtet, sein Augenmerk dahin zu richten, daß wenigstens die Mutter, wenn immer möglich, der Erkrankung nicht zum Opfer fällt.

Die sog. *essentiellen Hämaturien* sind zufolge der verbesserten Diagnostik immer seltener geworden, sie scheinen aber doch noch ab und zu vorzukommen und werden von *Seitz* als Toxikosen aufgefaßt. Die Prognose scheint keine schlechte zu sein, so daß eine Interruptio nur dann in Betracht kommen könnte, wenn die Blutungen sehr intensiv sind und ständig rezidivieren.

*VI. Blutkrankheiten.* Schon bei den Toxikosen wurde auf einige Blutkrankheiten hingewiesen und darauf aufmerksam gemacht, daß bei solchen Krankheiten eigentlich kaum einmal der Abortus arteficialis in Betracht gezogen werden muß, da die Unterbrechung der Gravidität sich meist nicht günstig auswirkt, im Gegenteil sogar in der großen Mehrzahl der Fälle eine akute Verschlimmerung herbeiführen könnte. Das gilt insbesondere für die akuten Myeloblastenleukämien. Man wird sich besser mit einer modernen internen Therapie zu behelfen suchen. Die chronische Leukämie wird durch den Gestationszustand meist gar nicht beeinflußt und verläuft in gleicher Weise weiter, wie außerhalb desselben. Ob bei längerem Bestehen der Erkrankung der Eingriff vorgenommen werden soll, ist fraglich. Von gewisser Seite wird das befürwortet (*Sänger, Schroeder, Neumann, Naujoks*), aber es bleibt fraglich, ob man damit der Frau noch nützen kann. Perniziöse Anämie und perniciosaartige Graviditätsanämie erfordern nur dann den künstlichen Abort, wenn eine Verschlimmerung des Zustandes trotz intensiver und sachgemäßer Behandlung fest-

zustellen ist. Der allerdings sehr seltene Morbus *Werlhofi* (essentielle Thrombopenie) ist eine so gefährliche Komplikation, daß man *Schittenhelm* unbedingt beipflichten muß, wenn er bei ihr die Interruptio verlangt.

*VII. Ohren- und Halskrankheiten.* Hier kommt vor allem die Otosklerose in Betracht. Da diese Erkrankung vererbbar ist und eine Verschlechterung des Gehörs durch wiederholte Graviditäten eintreten kann, so sollten die an der Krankheit Leidenden auf diese Punkte aufmerksam gemacht werden, trotzdem nach *Neumayer* eine Indikation zur Unterbrechung der Schwangerschaft an sich nicht besteht. Immerhin ist eine Interruptio dann in Frage zu ziehen, wenn gleich zu Beginn der Gravidität die Erkrankung beiderseits und zusammen mit Labyrinthstörungen einsetzt. Auch in dem Falle, wo auf eine Schwangerschaft mit schwerer Gehörschädigung bald wieder eine nachfolgt, muß der Abortus arteficialis zum mindesten ernstlich erwogen werden. Ebenso ist die künstliche Fehlgeburt dann zu erwägen, wenn bei Otosklerose eine hereditäre Disposition zu Psychosen vorhanden ist, namentlich dann, wenn sich diese Komplikationen schon bei früheren Graviditäten zeigten. Das gleiche gilt, wenn zur Otosklerose innersekretorische Störungen oder Schwangerschaftstoxikosen hinzutreten. Nach *Haike* ist auch dann die Indikation zur Interruptio gegeben, wenn bei eintretender Gravidität schon hochgradige Schwerhörigkeit besteht, die durch vorangegangene Schwangerschaften in steigendem Maße verschlimmert worden ist, so daß der Eintritt der Taubheit sich befürchten ließe. Hingegen ist bei schon fast völliger Taubheit der Eingriff zu unterlassen, da er doch nichts mehr bessern könnte. Führen die oft sehr quälenden Ohrgeräusche zu schweren Gemütsdepressionen und sogar Suicidversuchen, dann ist natürlich ebenfalls die Interruptio in den meisten Fällen dringend angezeigt (*Haike*). Es geht also aus den Überlegungen der Otologen hervor, daß die Otosklerose, wenigstens die leichten Fälle, an sich keine Indikation zur Schwangerschaftsunterbrechung abgibt, daß aber bei den erwähnten Komplikationen unter allen Umständen der Abortus arteficialis in Betracht gezogen werden muß. Wenn auch Verschlimmerungen von chronischer und akuter Otitis media durch eine Gravidität bekannt sind und mehrmals beschrieben wurden (*Haike, Heermann*), so besteht doch in diesen Fällen keine Indikation zur Interruptio, nicht einmal bei einer tuberkulösen Erkrankung. Es hat vielmehr die entsprechende ohrenärztliche Behandlung einzusetzen. Darin sind sich alle Otologen einig. Die toxische Ertaubung in einer Gravidität (Neuritis acustica) ist im allgemeinen ebenfalls keine Indikation zur Unterbrechung. Sie kann es aber dann werden, wenn die immerhin sehr seltene Erkrankung schon in der allerersten Zeit der Schwangerschaft einsetzt, ferner wenn noch andere schwerwiegende Toxikosen hinzutreten oder wenn nach früherer Ertaubung des einen Ohres das Gehör der andern Seite durch die Neuritis gefährdet ist.

Lupus vulgaris des Kehlkopfes kann in der Schwangerschaft eine gefährliche Ausbreitung erfahren, so daß bei auffallender Verschlimmerung des Leidens eine schleunige Interruptio unbedingt angezeigt ist (*Neumayer*). Auch bei Sklerom, das auf Kehlkopf und Luftröhre übergreift, ist die Unterbrechung indiziert, ferner bei malignen Tumoren, die inoperabel sind und rasches Wachstum und Zerfall zeigen. Dagegen kommt bei chronischen Stenosen der obern Luftwege, die durch Traumen, Narben oder Lähmung der Glottiserweiterer hervorgerufen werden, nur die entsprechende Operation oder die Tracheotomie in Frage.

*VIII. Augenkrankheiten.* Ein Teil dieser Erkrankungen wurde bereits oben besprochen, insbesondere die Retinitis albuminurica. Ganz allgemein ist mit *Salzer* zu betonen, daß Gravitäten, die das Sehvermögen und damit die Erwerbsfähigkeit der Mutter auf beiden Augen ernstlich bedrohen, zu unterbrechen sind, auch dann, wenn der ungünstige Ausgang nicht mit Sicherheit aufzuhalten ist. Die unkomplizierte Myopie gibt an sich noch keinen Anlaß zur Interruptio, doch können Netzhautablösung oder retinale Blutungen doch dazu führen, daß dieser Eingriff nicht umgangen werden kann (*Naujoks, Salzer, Adam* u. a.). Leichtere Augenkrankheiten, wie Hemeralopie, Flimmerskotome, Bindehautbeschwerden usw. erfordern selbstredend nie einen Abortus arteficialis, ebenso gilt das für Hornhautgeschwüre, Keratokonus, Katarakt, ältere Chorioiditis, Exophthalmus pulsans, seröse Uveitis und leichte tuberkulöse Veränderungen. Die toxischen Schädigungen der Augen sind nach dem jeweiligen Grundzustande der Patientin zu beurteilen und nach dem Stande der Gravidität. Ist das Kind bereits lebensfähig, so wird man sich natürlich viel leichter dazu entschließen können, die Frühgeburt einzuleiten, als in denjenigen Fällen, wo das Kind geopfert werden müßte. Das gilt ganz für diejenigen Augenerkrankungen, die mit einer Eklampsie oder drohenden Eklampsie im Zusammenhange stehen (Amaurose, Augenmuskellähmungen, halbseitige Paresen, Skotome). Demgegenüber haben wir aber mit einer ganzen Reihe von Krankheiten des Sehorgans zu rechnen, bei denen eine unbedingte Indikation zur Unterbrechung der Gravidität besteht. Bereits erwähnt wurde die Myopie, kompliziert mit Ablatio retinae oder Retinablutungen. Die Netzhautablösung bildet auch dann eine dringende Anzeige zur künstlichen Fehlgeburt, wenn sie ohne Myopie vorkommt. Schwere Fälle von doppelseitiger tuberkulöser oder aus anderer Ursache entstandener Uveitis, namentlich bei gleichzeitig vorhandenen Glaskörperblutungen sind ebenfalls als Indikation zur Interruptio zu werten. Daß die bei chronischer Nephritis etwa vorhandenen Augenkomplikationen eine Anzeige zum Abortus arteficialis ergeben, wurde bereits bei den Nierenkrankheiten erwähnt. Dagegen wird es bei Nephropathie (Schwangerschaftsniere) nur selten so schwere Augensymptome geben, daß ernstlich eine Beseitigung des Eies erwogen werden müßte, um so mehr als diese Erscheinungen fast immer erst gegen Ende einer Schwangerschaft auftreten. Syphilitische und diabetische Erkrankungen des Auges können, wenn sie schwerer Natur sind, die Unterbrechung erfordern, ebenso Fälle von Sehnervenatrophie durch Druck der Hypophyse oder Carotis.

*IX. Haut- und Geschlechtskrankheiten.* Bei dem heutigen Stande der Wissenschaft kommt eine Unterbrechung der Schwangerschaft bei *Syphilis* und *Gonorrhoe* kaum je in Frage, da diese Leiden anders behandelt werden können und auch das Leben des Kindes gerettet werden kann. *Bettmann* ist ebenfalls dieser Ansicht. Gerade bei der Lues wird man unter allen Umständen versuchen müssen, der modernen hochentwickelten Therapie entsprechend, das gefährdete Kind von den Gefahren zu befreien, die ihm drohen. Nur in denjenigen Fällen, wo eine absolute Idiosynkrasie gegen Salvarsan und ähnliche Präparate besteht, könnte evtl. einmal die Interruptio in Erwägung gezogen werden. Was nun die *Hautkrankheiten* anbetrifft, so muß unterschieden werden zwischen den typischen Schwangerschaftsdermatosen, bei welchen ein Zusammenhang mit dem Gestationszustande sichergestellt ist, und denjenigen Erkrankungen, bei welchen ein Kausalnexus nicht vorhanden oder unwahrscheinlich ist, deren Verlauf aber durch die Gravidität eine gefährdende Verschärfung erfährt (*Mayr*). Was die ersterwähnten Formen anbetrifft, so kommt in erster Linie das Krankheitsbild der Impetigo herpetiformis in Frage, die zu sehr schweren Zuständen führen kann. Es kommt daher bei dieser Erkrankung bei Multiparen unter allen Umständen in Betracht, die Gravidität zu beseitigen, wenn die Ausdehnung des septischen Hautbefundes nicht schon zu weit vorgeschritten ist, daß ein ungünstiger Ausgang des Eingriffes befürchtet werden müßte. Hingegen hat der Herpes gestationis nicht als Grund zur Interruptio zu gelten, wenn auch festgestellt werden muß, daß im allgemeinen die Eruptionen mit steigender Geburtenzahl zunehmen und ein Teil der Kinder nach der Geburt zugrunde geht (*Mayr*). Evtl. käme deswegen nach einigen Geburten die Tubensterilisation in Frage (s. auch bei den Toxikosen).

Hautkrankheiten, welche nicht durch eine Gravidität veranlaßt werden, können gleichfalls ab und zu die Anzeige zur künstlichen Fehlgeburt sein. Vor allem käme hier die schwere Form des akuten Lupus erythematodes in Betracht, namentlich, wenn gleichzeitig noch Komplikationen von seiten innerer Organe zu konstatieren sind. Pemphigus vulgaris und Mycosis fungoides dürften dagegen nur sehr selten die Veranlassung zu einem Abortus arteficialis sein, dann, wenn eine weitgehende Beeinträchtigung des Allgemeinbefindens eintreten sollte. Dasselbe gilt für die Sklerodermie. Die malignen Tumoren der Haut bleiben für das Problem der Schwangerschaftsunterbrechung bedeutungslos, ebenso der Lupus vulgaris, wenn er nicht eine rapide Ausbreitung aufweist.

*X. Erkrankungen der innersekretorischen Drüsen.* Beim Morbus Basedowii (Hyperthyreoidismus) ist der Einfluß der Schwangerschaft ein durchaus ungleicher, wie aus der Literatur einwandfrei hervorgeht. In vielen Fällen verläuft die Gravidität ohne Störungen, in manchen ist sogar eine günstige Beeinflussung unverkennbar, wie z. B. *Bircher* betont und schon früher *Basedow* selbst sowie *Charcot* hervorgehoben haben. Daneben ist aber auch eine ungünstige Beeinflussung möglich und zwar in einem großen Prozentsatz der Fälle, der von *Seitz* auf 60 % veranschlagt wird. Die rein mechanischen Störungen treten nach *Naujoks* stark zurück hinter den thyreotoxischen und den Herzbeschwerden (Insuffizienz des Kropfherzens). Unter Umständen kann die Verschlimmerung so hochgradig werden, daß mit dem Tode der betreffenden Patientin gerechnet werden muß. Intensive interne Behandlung hilft aber nach *Schittenhelm* fast immer, so daß weder Strumektomie noch Interruptio in Betracht fallen. Reagiert ein rasch progredienter Fall auf die eingeschlagene Therapie nicht genügend, so muß aber doch der Abortus arteficialis in Erwägung gezogen werden, namentlich auch dann, wenn aus irgendwelchen Gründen eine Operation nicht tunlich erscheint. Wie gesagt, sind solche Beobachtungen aber selten, und mit wenigen Ausnahmen wird es auch ohne Unterbrechung der Gravidität gelingen, sowohl die Mutter als das Kind zu retten. Die partielle Strumektomie ergibt manchmal ausgezeichnete Resultate, wie *Seitz, Thaler* u. a. beobachten konnten. Sie scheint momentan doch noch der rein internen Behandlung überlegen zu sein, trotz der gegenteiligen Versicherungen *Schittenhelms*. Die gewöhnliche Struma bietet jedenfalls bedeutend weniger Gefahren als der Basedowkropf, da die toxischen Symptome fehlen. Schwerere Komplikationen in der Gravidität wurden nur in 1,8 % der Fälle einer großen Sammelstatistik beobachtet (*Naujoks*). Allerdings können sehr große Tumoren zu Kompressionserscheinungen der Trachea führen mit Erstickungsgefahr. Dann hilft aber selbstverständlich nur die sofortige Strumektomie oder Tracheotomie, währenddem die Interruptio wirkungslos bleiben müßte und daher gar nicht in Erwägung gezogen werden kann. Kropfoperationen werden in einer Gravidität gut überstanden und sind nur in einem kleinen Prozentsatze die Veranlassung zu einem Aborte, wie *Naujoks* mit Recht betont. Bei Hypothyreosen, Myxödem, Kretinismus kommt nur in allerschwersten Fällen unter Umständen die Unterbrechung in Frage, da bei diesen Erkrankungen die Substitutionstherapie meist vorzügliche Dienste leistet. Im übrigen bessern sich die Symptome fast immer nach Beendigung der Schwangerschaft. Die Tetanie kann durch eine Schwangerschaft bedingt (Maternitätstetanie) oder von ihr unabhängig sein. Die erstere hat die weit schlechtere Prognose und kann zu lebensbedrohlichen Störungen die Veranlassung sein. *Seitz* hat unter 83 genau beobachteten Fällen 7% Todesfälle zählen können. Die Anfälle können sich sehr häufig wiederholen, sich auf Muskelgebiete ausdehnen, die sonst verschont bleiben, und schließlich gehen die betreffenden Patientinnen mit Cyanose und Glottiskrampf zugrunde. Dieser bedrohliche Zustand muß und kann durch die rechtzeitige Interruptio vermieden werden, die sofort dann auszuführen ist, wenn sich die Krämpfe auf den ganzen Rumpf ausdehnen und insbesondere auch die Kehlkopf- und Schlundmuskulatur ergreifen. *Schittenhelm* glaubt allerdings, durch eine rechtzeitig und richtig durchgeführte Substitutionstherapie den Eingriff auf ein Minimum beschränken zu können, ist aber doch auch der Meinung, daß bei bedrohlichen Zuständen dann doch nichts anderes mehr übrig bleibt als die künstliche Fehlgeburt. Die Akromegalie, die ja in vielen Graviditäten angedeutet vorkommt, aber doch nur äußerst selten höhere Grade annimmt, wird wohl kaum einmal den Grund zur Interruptio abgeben, da lebensbedrohliche Erscheinungen von dieser Erkrankung zunächst nicht ausgehen. Bildet sich nach Ablauf der Schwangerschaft die Akromegalie weiter aus, so ist sie nach den heutigen Anschauungen zu behandeln. Dasselbe gilt für diejenigen Formen, die während der Gravidität schon bestehen resp. bereits vorher bestanden haben. Solche Beobachtungen gehören aber zu den Raritäten. Macht die Vergrößerung der Hypophyse schwerere Augenerscheinungen mit zunehmender Abnahme des Sehvermögens, so ist immerhin der Abortus arteficialis zu erwägen, wenn man nicht mit einer völligen Erblindung rechnen will. Es dürfte aber nur wenige Autoren geben, die sich mit diesem Probleme zu befassen hatten. Die *Addison*sche Krankheit rechtfertigt den Versuch der Unterbrechung der Gravidität, wenn auch bei der Seltenheit der einschlägigen Beobachtungen keine Erfahrungen über den Nutzen des Eingriffes bekannt geworden sind. Jedenfalls wird diese tuberkulöse Erkrankung durch eine Schwangerschaft ausnahmslos verschlechtert. Ob die Substitutionstherapie Nutzen bringen könnte, ist zur Zeit noch nicht mit Sicherheit zu sagen (*Schittenhelm*). Der Diabetes mellitus ist früher ein wichtiges und vielumstrittenes Krankheitsbild in Hinsicht auf die Schwangerschaftsunterbrechung gewesen, aber die enormen Fortschritte in der Behandlung, vor allem die Einführung des Insulins haben die Ansichten völlig gewandelt. Verschiedene Autoren, namentlich auch italienische Ärzte, stehen auf dem Standpunkte, daß heutzutage diese Frage eigentlich gar nicht mehr zur Diskussion stehe. Bei leichten und mittelschweren Fällen zum mindesten wird man mit Diät-Insulinkur ohne weiteres zum Ziele gelangen und auf den künstlichen Abort verzichten können. *Schittenhelm* tritt mit Recht für diese Auffassung ein. Nur bei denjenigen schweren Fällen, wo trotz sachgemäßer Therapie die Acidose (Aceton, Acetessigsäure, Oxybuttersäure) zunimmt und bei denen, wo noch andere Komplikationen vorhanden sind, wie Nephrose (*Naujoks*) oder Lungentuberkulose (*Schittenhelm*), kann die Interruptio in Frage gezogen werden. Mit *Naujoks* muß allerdings bemerkt werden, daß die Diagnose eines Diabetes in der Gravidität sehr großen Schwierigkeiten begegnen kann, wenn er nicht schon vor der Schwangerschaft vorhanden und erkannt war. Nicht selten wird das Bild des echten Diabetes durch die alimentären Formen der Glykosurie, durch die erhöhte Durchlässigkeit der Nieren für Zucker (renale Form), kurz durch eine sog. Schwangerschaftsglykosurie vorgetäuscht, die meist ganz harmlos und unbedenklich ist. Nur durch genaueste Untersuchung wird es schließlich gelingen, zu einer sicheren Differentialdiagnose zu gelangen. Es ist aber jedem Geburtshelfer bekannt, daß vor allem gegen Ende der Gravidität in einem großen Prozentsatz der Fälle Zucker im Urin nachgewiesen werden kann, ohne daß das die geringste Bedeutung hätte. Nur daraufhin eine Unterbrechung vornehmen zu wollen, das wäre ebenso verfehlt und unangebracht, wie ein Abortus arteficialis bei gewöhnlicher komplikationsloser Albuminurie, die bei fast 50% aller Graviden zu finden ist. Heutzutage ist aber auch der wahre Diabetes mellitus keine Indikation mehr zur Interruptio, trotz all seiner großen Gefahren für Mutter und Kind. In früheren Zeiten kamen recht viele Kinder maceriert zur Welt, und die Mütter fielen dem Koma zum Opfer. Das kann, wie gesagt, mit der modernen Therapie verhindert werden. Nur in Ausnahmefällen wird daher auch jetzt noch die Interruptio in Erwägung gezogen werden müssen. Das allein ist ein gewaltiger Fortschritt der leider so oft geschmähten Schulmedizin, ist er doch imstande, eine Menge von Müttern und Kindern zu retten, die sonst rettungslos verloren gewesen wären.

*XI. Chirurgische Krankheiten.* Hier gilt im allgemeinen der Grundsatz, den *Lexer* und *Eymer* vertreten, daß dringliche Operationen so durchgeführt werden müssen, wie außerhalb einer Schwangerschaft und daß alle Tumoren, seien sie auch noch so groß, zu operieren sind, *ohne* daß eine Unterbrechung der evtl. bestehenden Gravidität in Betracht gezogen werden müßte. Selbst Carcinome machen in dieser Hinsicht nicht immer eine Ausnahme. Bei gewissen Formen der Krebse, z. B. Blasen- und Rectumcarcinom, kann allerdings die Vernichtung der Gravidität nicht immer umgangen werden. Vor der Strahlenbehandlung von Krebsen, die in der Nähe der schwangern Gebärmutter liegen, muß wegen der Möglichkeit der Fruchtschädigung dringend gewarnt werden. Es wird daher unter Umständen die Frucht geopfert werden müssen, wenn der Tumor nur der Strahlentherapie zugänglich sein sollte. Bei weit vorgeschrittenen Tumoren, die keiner Behandlung mehr fähig sind, wird gegebenenfalls von dem Abortus arteficialis abgesehen werden müssen, weil man versuchen muß, wenigstens das Kind dem Leben zu erhalten, wenn die Mutter doch verloren ist. Ganz strenge Richtlinien lassen sich aber nicht aufstellen, und es muß hier von Fall zu Fall entschieden werden. Strikte Indikationen gehören aber auf chirurgischem Gebiete zu den Seltenheiten. Eine gewisse Ausnahme bilden nur die Knochen- und Gelenktuberkulosen, die sich trotz chirurgischer und klimatischer Behandlung rasch verschlimmern.

Die Bemerkung von *Lexer* und *Eymer*, es sei wohl kaum jemals wegen einer Fraktur die Gravidität unterbrochen worden, ist nicht stichhaltig, denn sowohl *Naujoks* als *Hüssy* haben je einen Fall publiziert, wo wegen absolut mangelnder Callusbildung vom Chirurgen der artefizielle Abort verlangt wurde, nach welchem Eingriffe sich dann sofort die Heilungstendenz wesentlich besserte. Ileus in der Schwangerschaft, der nicht so selten auftritt und manchmal direkt auf den Gestationszustand zurückzuführen ist, muß sofort operativ angegangen werden, wobei in den allermeisten Fällen die Interruptio nicht vermieden werden kann. Chirurgische Nierenerkrankungen, wie Nephrolitiasis und einseitige Nierentuberkulose, sind nach *Lexer* zu behandeln wie außerhalb der Gravidität und indizieren keine künstliche Fehlgeburt. Das gleiche ist auch zu sagen bei der Cholelithiasis und natürlich bei Hernien, welch letztere niemals zu einer Vernichtung der Schwangerschaft Anlaß geben dürften. Schwere Funktionsstörungen beider Beine oder sogar das Fehlen der unteren Gliedmaßen dürften unter Umständen die Interruptio nahelegen, wobei rein menschliche Überlegungen mit herangezogen werden können, ohne daß von einer sozialen Indikation gesprochen werden müßte (*Lexer* und *Eymer*). Das Fehlen nur eines Beines dagegen gibt an sich noch keine Anzeige zum künstlichen Aborte wie auch die Myositis ossificans, die mehr eine Indikation für den Kaiserschnitt darstellen dürfte. Beckendeformitäten und Beckentumoren ergeben heutzutage, bei den ausgezeichneten Ergebnissen der Sectio caesarea, keinesfalls mehr einen Grund, um das befruchtete Ei zu beseitigen, was auch von der Kyphoskoliose zu sagen wäre, wenn sie nicht mit andern schwerwiegenden Erkrankungen vergesellschaftet sind. Hier kann der Kaiserschnitt am Ende der Gravidität die notwendige Hilfe bringen.

*XII. Nerven- und Geisteskrankheiten.* Bei *neurologischen Erkrankungen* kommt die Unterbrechung einer Gravidität ab und zu einmal ernstlich in Frage, so z. B. bei der Epilepsie, wenn die Anfälle sich in beängstigender Weise häufen, so daß schließlich mit dem Tode im Status epilepticus gerechnet werden muß (*Bumke*). Dabei ist aber nicht zu vergessen, daß es auch Beobachtungen gibt, wo sich die Krankheit während des Gestationszustandes bessert, so daß sich dann die betreffenden Patientinnen viel wohler befinden als außerhalb der Schwangerschaft. Darauf weisen auch *Winter* und *Naujoks* hin. Die eigentliche Graviditätschorea ist eine Erkrankung, die nach dem Urteil der meisten Autoren eine sofortige künstliche Fehlgeburt dringend indiziert, da sehr rasch lebensbedrohliche Erscheinungen auftreten können. Handelt es sich aber um das Rezidiv einer *Sydenham*schen Chorea infantum, dann muß die Entscheidung nach *Bumke* von Fall zu Fall getroffen werden. Jedenfalls ist dann die Prognose wesentlich besser als bei der Chorea der Schwangerschaft. Auch die multiple Sklerose gibt gelegentlich eine Indikation für die Interruptio ab, weil manchmal eine auffallend starke Verschlimmerung während der Gravidität eintritt, die wohl sicher mit dem Gestationszustande im Zusammenhange stehen dürfte. Hingegen sind solche Fälle ebenfalls große Seltenheiten. Genaueste Überwachung und neurologische Untersuchung wird dringend notwendig sein, bevor man sich zu einem Eingriffe entschließt. Ob diese schwere Erkrankung durch eine Schwangerschaft direkt ausgelöst werden kann, ist fraglich, aber verschiedene Autoren haben sich doch für diese Möglichkeit ausgesprochen (*Naujoks*). Mit *Bumke* und andern Neurologen und Gynäkologen wird man wohl der Ansicht sein müssen, daß in gewissen Fällen die künstliche Frühgeburt angezeigt ist. *Heidler* unterbrach die Gravidität viermal, *Kraul* sechsmal und *Puppel* zweimal wegen multipler Sklerose. *Wagner-Jauregg* empfiehlt den operativen Eingriff namentlich bei frischen Fällen,

weil dann oft noch jahrelanges erträgliches Dasein ermöglicht wird, ohne daß natürlich eine Heilung eintritt. Die Diagnose ist aber nicht immer eine leichte, und Fehldeutungen sind nicht selten. Nach *Naujoks* soll also in denjenigen Fällen unterbrochen werden, wo 1. die ersten Symptome sich in der Schwangerschaft bemerkbar machen; 2. eine starke Verschlimmerung während der Gestation zu konstatieren ist (z. B. eine progrediente Opticusatrophie). Daß die Interruptio öfters einen recht guten Einfluß auszuüben imstande ist, das ist in der Literatur mehrfach niedergelegt worden (*Puppel* u. a.). Da die Tabes dorsalis im allgemeinen während der Gravidität keine Verschlimmerung erfährt oder gar nicht sichtbar beeinflußt wird, so stellt sie auch keine strikte Indikation zum Aborturs arteficialis dar. Trotzdem sind aber im Schrifttum einzelne Beobachtungen vermerkt, wo trotzdem die Unterbrechung vorgenommen wurde, weil die tabischen Symptome sich rasch verschlimmerten und die Schwindelanfälle sich häuften. *Naujoks* war in zwei Fällen gezwungen, den Eingriff auf Rat des Neurologen vorzunehmen, auch *Kraul* berichtet über zwei einschlägige Fälle. Die Erkrankung als solche wird aber dadurch natürlich nicht aufgehalten oder gar gebessert. Immerhin können die beängstigenden Symptome sich unter Umständen nach dem Wegfall der Gravidität mildern. *Bumke* ist ebenfalls der Ansicht, daß es in ganz seltenen Fällen, wo schwere Krisen und Marasmus das Leben der Frau akut bedrohen, erlaubt sei, einen Versuch mit der Unterbrechung zu machen, ohne daß man sich aber davon allzuviel versprechen sollte. Bei gewissen sehr schweren Formen von Polyneuritis und Encephalitis epidemica wird man gelegentlich ebenfalls in die Lage kommen, eine Schwangerschaft zu opfern. Ob der Parkinsonismus eine Indikation darstellt, ist schwer zu sagen. Jedenfalls käme der Eingriff nur dann in Frage, wenn die Symptome sich katastrophal steigern würden und damit die Frau in einen unhaltbaren Zustand käme. *Hüssy* sah einige Fälle, die durch die Gravidität unbeeinflußt blieben. Die Myelitis, eine Erkrankung des Zentralnervensystems, die entweder nur das Rückenmark befällt oder aufsteigenden Charakter zeigt und zu lebensbedrohenden Bulbärsymptomen führen kann, steht in engem Zusammenhang mit der Gravidität und ist wohl vielfach toxischen Ursprungs. Ihre Abgrenzung gegenüber der multiplen Sklerose begegnet nicht selten recht großen Schwierigkeiten. Der Verlauf ist fast immer ein schwerer und bei aufsteigender Tendenz sogar tödlich, weswegen nach *Naujoks, Krupp, Hofmeier* u. a. in allen ausgesprochenen Fällen, namentlich beim Befallensein höherer Rückenmarksabschnitte und bei Gefährdung der Atemmuskulatur der Abortus arteficialis dringend angezeigt erscheint. Daß der Eingriff oft unmittelbar einen günstigen Einfluß haben kann, das hat *Hüssy* vor kurzem erlebt, auch *Krupp* hat das gleiche gesehen bei einer Beobachtung aus der Frauenklinik in Basel. Ebenso muß natürlich bei der *Landry*schen Paralyse vorgegangen werden, deren Prognose eine ganz besonders ernste ist. Durch den rechtzeitigen Eingriff kann aber die Patientin gerettet werden, wie *Caffier* z. B. gezeigt hat. Bei der in der Schwangerschaft recht seltenen Poliomyelitis acuta ist dagegen ein günstiges Ergebnis viel weniger zu erwarten, aber auch hier ist die künstliche Fehlgeburt sofort einzuleiten, wenn man nicht die Frau zugrunde gehen lassen will (*Hornung* u. a.). Bei der Polyneuritis gravidarum ist nach *Naujoks* und *Winter* dann zu unterbrechen, wenn sehr ausgedehnte Nervengebiete frühzeitig betroffen sind, wenn andere toxische Erscheinungen daneben vorhanden und wenn Vagus und Phrenicus befallen sind. Gehirntumoren scheinen ebenfalls in einer nicht geringen Zahl durch eine Gravidität ungünstig beeinflußt zu werden. Ob eine wachstumsfördernde Wirkung besteht, ist allerdings nicht mit Sicherheit bewiesen, um so mehr als der Verlauf bei diesen Erkrankungen sowieso ein unberechenbarer ist (*Novak*). Falls eine operative Behandlung möglich sein sollte, so müßte diese eingeleitet werden, wobei allerdings die Prognose eine recht düstere ist. Eine gewisse Sonderstellung nehmen die Geschwülste der Hypophyse ein, bei denen die Notwendigkeit der Interruptio nicht immer von der Hand gewiesen werden kann. Apoplexien ergeben dann eine Indikation zur Unterbrechung, wenn in früheren Graviditäten ein Insult aufgetreten ist. Es handelt sich dann also gewissermaßen um eine prophylaktische Maßnahme, die ihre Berechtigung aber darin findet, daß dadurch eine große Gefahr beizeiten abgewendet werden kann. Im übrigen werden die apoplektischen Erscheinungen an sich durch den Gestationszustand nicht beeinflußt. Die sog. Schwangerschaftsapoplexie (Eklampsie) tritt meist erst ganz gegen Ende einer Schwangerschaft auf, so daß wegen ihr eine Interruptio nicht mehr in Betracht fällt. Bei schweren Fällen von akuter Encephalitis ist die Indikation zur Unterbrechung einer Schwangerschaft als gegeben anzusehen, bei chronischer nur dann, wenn eine offensichtliche Verschlimmerung eintritt.

In bezug auf die *Geisteskrankheiten* besteht nach *Bumke* schon lange Einigkeit unter den Psychiatern Deutschlands, daß selbst bei ausgesprochener Erkrankung so gut wie niemals die Indikation zur Interruptio gegeben sei. Sowohl bei angeborenen Schwachsinn als bei der Schizophrenie bestehe eine Gefahr für das Leben der Mutter nicht, eine Verschlechterung des Krankheitszustandes sei nicht zu erwarten. Manisch-Depressive, die an Melancholie leiden und deswegen unter Suicidgefahr stehen, gehören nach *Bumke* in eine Anstalt, ob sie schwanger sind oder nicht. Bei den reaktiven Depressionen warnt er ebenfalls eindringlich vor der Unterbrechung der Gravidität, die nach seinem Ermessen nicht gerechtfertigt sein soll. Er gibt allerdings zu, daß es sehr selten einmal Fälle geben könne bei konstitutionell schwächlichen Frauen, wo der Eingriff in Erwägung gezogen werden müsse. Er selbst hat allerdings nur ein einziges Mal zur Interruptio die Zustimmung gegeben, und nachher stellte es sich heraus, daß die Frau gar nicht schwanger war. Was die Paralyse angeht, so kam bis vor kurzer Zeit die künstliche Fehlgeburt auch bei dieser Krankheit nicht in Frage, aber durch die moderne Therapie hat sich eine gewisse Wandlung angebahnt. Es wird sich nämlich fragen, ob eine schwangere Frau in der Lage wäre, Gravidität und Malariabehandlung zugleich zu ertragen oder ob es nicht notwendig werden könnte, die Frucht zu opfern, um die Malariatherapie überhaupt zu ermöglichen. Das ist eigentlich der einzige Punkt, wo *Bumke* eine Konzession macht. Er steht auf einem gegenüber der Interruptio absolut abweisenden Standpunkt und will auch soziale und eugenische Momente ausschalten. Demgegenüber gibt es aber Psychiater, die ganz anderer Meinung sind, insbesondere der bekannte schweizerische *H. W. Maier*. Die Gynäkologen stehen jedenfalls auch nicht einhellig zu der Meinung *Bumkes*, die sehr schroff anmutet und schon deswegen nicht ganz verständlich ist, weil bei der Tubensterilisation heutzutage das eugenische Moment eine überragende Rolle spielt. *Naujoks* äußert sich folgendermaßen: „Bei psychopathischer Konstitution, aber auch bei ganz Gesunden, kann unter Umständen die Schwangerschaft zu schwerer depressiver Verstimmung führen. Den Vorstellungsinhalt bei diesen Depressionen bildet die Gravidität mit ihren verschiedenen Begleit- und Folgeerscheinungen". Er

erwähnt nach *E. Meyer* geradezu einen „Schwangerschaftskomplex", der besonders auch Frauen mit psychopathischer Konstitution schwer treffen kann. Die Selbstmordgefahr ist bei diesen Erscheinungen der weitaus wichtigste Punkt, von dem unser Handeln abhängig gemacht werden muß. Ist sie wirklich ernst, was allerdings nur ein absolut erfahrener Psychiater feststellen kann, kann sie auf andere Art und Weise nicht abgewendet werden, dann muß die Frucht geopfert werden. *E. Meyer* hat über 31 solche Fälle berichtet, von denen zehn mit dem Abortus arteficialis erfolgreich behandelt wurden. *H. W. Maier*, einer der besten Kenner dieser Probleme, ist der Ansicht, daß es auch bei der psychiatrischen Indikation darauf ankomme, medizinische Tatbestände genau festzulegen, so wie bei körperlichen Krankheitszuständen. Es ist dabei nur noch größere Vorsicht notwendig, weil die Symptome oft schwerer objektiv festzulegen sind. Es kommt auf die Beurteilung des psychischen Gesamtzustandes der Frau an, wobei man sich nicht mit einer gefühlsmäßigen Erfassung begnügen darf, sondern die pathologischen Züge klar herausarbeiten muß. Daß dies eine große Erfahrung erfordert, die wohl nur dem Facharzte eigen ist, das dürfte ohne weiteres klar sein. Es können leicht Irreführungen zustande kommen durch Übertreibungen und Vortäuschungen seitens der Patientinnen und ihrer Umgebung. Auch bei diesen Fragen muß eine Gefährdung des Lebens oder eine dauernde wesentliche Beeinträchtigung der Gesundheit unbedingt festgestellt werden. Leichtere Depressionszustände am Anfange einer Gravidität kommen auch bei gesunden Frauen recht häufig vor und sollen nicht überschätzt werden. Andrerseits sind in der Regel melancholische Zustände aus dem Gebiete des zirkulären Irreseins keine Indikation zur Unterbrechung der Schwangerschaft, weil sie erfahrungsgemäß durch diesen Eingriff nicht günstig beeinflußt werden (*H. W. Maier, Bumke*). Daneben gibt es aber, wie bereits angedeutet, auch echte Graviditätsdepressionen, die aber nur ein ganz erfahrener Psychiater von den andern Formen unterscheiden kann. Bloße Selbstmorddrohungen oder hysteriforme Erscheinungen und Neurosen dürfen nicht als Gründe für eine Interruptio gelten, außer wenn sie bei einer an sich schon schwer psychopathischen Persönlichkeit geäußert werden und daraus eine ausgesprochene Gefährdung resultiert, die sich auf anderem Wege, wie vorübergehende Internierung oder Fürsorgemaßnahmen, nicht beheben läßt. Auch die bloße Diagnose einer endogenen Störung, wie einer Schizophrenie oder Epilepsie allein ist keinesfalls eine Indikation zum Abortus arteficialis, wenn nicht ein ungünstiger Einfluß der Fortdauer einer Gravidität auf das Leiden anzunehmen ist, was durchaus nicht immer zutrifft. Bevor man sich in psychiatrischen Fällen zu einer Interruptio entschließt, ist stets eine längere Beobachtung notwendig, oder es sind verschiedene Untersuchungen vorzunehmen.

*Schrifttum.*

*Anderes:* Die Technik der künstlichen Unterbrechung der Schwangerschaft. Helvet. med. Acta 2. — *Brunner:* Die Schwangerschaftsunterbrechung nach psychiatrischer Indikation. Helvet. med. Acta 4. — *Fellner:* Herz und Schwangerschaft. Mschr. Geburtsh. 47. — *Frey, W.:* Herz und Schwangerschaft. Leipzig 1923. — *Fromme:* Die Beziehungen der Erkrankungen des Herzens zur Schwangerschaft. 15. Tagung der dtsch. Ges. f. Gynäk. Halle a. S. 1913. — *Hüssy:* Frühe Schwangerschaftstoxikosen. Zbl. Gynäk. 1933, Nr. 9. — *Hüssy:* Leukaemie und Schwangerschaft. Schweiz. med. Wschr. 1934, Nr. 27. — *Hüssy:* Die Nierenerkrankungen in der Schwangerschaft. Schweiz. med. Wschr. 1921, Nr. 37. — *Hüssy:* Die Schwangerschaft in ihren Beziehungen zu den andern Gebieten der Medizin. Stuttgart 1923. (S. dort auch *Bircher* und *Jost*.) — *v. Jaschke:* Die Beziehungen zwischen Herz, Gefäßapparat und weibl. Genitalsystem. Die Erkrankungen der weibl. Genitalien in Beziehung zur innern Medizin. 1. Wien 1913. — *v. Jaschke:* Herzkrankheiten und Gestation. 25. Tagung der dtsch. Ges. f. Gynäk. Berlin 1937. — *Kautsky:* Schwangerschaft und Mitralstenose. Diss. Berlin 1916. — *Lienhard:* Affections cardiaques et grossesse. Genf 1916. — *Löffler:* Die Indikationsstellung zur künstlichen Unterbrechung der Schwangerschaft vom international-medizinischen Standpunkte aus. Helvet. med. Acta **2.** — *Maier, H. W.:* Die ärztliche Indikationsstellung zur künstlichen Unterbrechung der Schwangerschaft und ihre Durchführung. Helvet. med. Acta **2.** — *Philipp:* Die Indikation zur Schwangerschaftsunterbrechung bei Pyelonephritis und Toxikose. Zbl. Gynäk. **1937,** Nr. 31 u. 44. — *Placzek:* Künstliche Fehlgeburt. Leipzig 1918. (S. dort auch *Martius, Henkel, Strohmayer, Adam, Haike, Bettmann, Krohne.*) — *Stadler:* Richtlinien für Schwangerschaftsunterbrechung und Unfruchtbarmachung aus gesundheitlichen Gründen. München 1936. (S. dort auch *Seitz, Lange, Lydtin, Doederlein* und *Bach, Weltz, Bumke, Neumayer, Lexer* und *Eymer, Salzer, Mayr, Albrecht.*) — *Suter:* Die Therapie von Schwangerschaft und Geburt bei schwerstem Herzleiden. Diss. Basel 1916. — *Winter:* Der künstliche Abort. Stuttgart 1926. — *Winter* und *Naujoks:* Der künstliche Abort. Stuttgart 1932. — *Zinsstag:* Schwangerschaft und Mitralstenose. Mschr. Geburtsh. **75,** 498.        ***Hüssy.***

**Medizinische Kriminalistik** siehe *Gerichtliche Medizin.*

**Meerzwiebel** siehe *Schädlingsbekämpfungsmittel; Scillaglykoside.*

**Mees'sches Nagelband** (= M. Nbd.). (Vgl. auch Art.: Arsen; Thallium.)

*Mees* beobachtete als erster bei Arsenvergiftungen einen etwa 1 mm breiten, mattgrauen, in der Nagelsubstanz gelegenen, gleichmäßig bandförmig verlaufenden Streifen, der die ganze Breite des Nagels einnahm und mit dem Wachstum des Nagels peripher vorrückte. Diese streifenförmige Veränderung an den Nägeln, die sich in den von *Mees* beschriebenen Fällen etwa 1 Monat nach dem Auftreten einer Arsenpolyneuritis gezeigt hatte, bezeichnet man als M. Nbd., sie ist für die untertödliche Arsenvergiftung mit einmaliger großer Giftaufnahme charakteristisch (*Wigand*) und besitzt daher eine gewisse diagnostische Bedeutung. Einen ähnlichen queren Streifen am Nagel hat man auch bei der Thalliumvergiftung gefunden (*Greving* und *Gagel*). Von der Leukonychie, jenen weißlichen Fleckchen, die im Volksmunde ,,Glücksflecken" heißen, ist das M. Nbd. durchaus verschieden, denn die Leukonychie ist nie bandförmig, sondern tritt ausschließlich in Form (meist) zahlreicher, kleiner, unregelmäßig begrenzter, weißlich gefärbter Pünktchen auf. Nach den Untersuchungen *Wigands* ist das M. Nbd. nicht etwa als eine unter dem Einfluß der Polyneuritis zustandegekommene degenerative bzw. trophische Nagelsubstanzschädigung anzusehen. Es ist vielmehr ein Arsendepot und weist auf die Nägel als Giftausscheidungsgewebe hin, enthält doch die bandtragende Nagelsubstanz etwa 10mal soviel Arsen wie die bandfreie. Bei akuten *tödlich* endigenden Arsenvergiftungen wird das M. Nbd., da es erst etwa acht Wochen nach der Vergiftung in Erscheinung tritt, begreiflicherweise vermißt. Daß die Nagelveränderung bei der Thalliumvergiftung ihrem Wesen nach etwas anderes ist als das M. Nbd. bei der Arsenvergiftung, beweist vor allem die Mitteilung *Klemperers,* derzufolge es bei einer schweren rezidivierenden Thalliumpolyneuritis nicht gelungen war, in der Nagelsubstanz Thallium nachzuweisen, obwohl sich dem M. Nbd. ähnliche Streifen an den Nägeln entwickelt hatten. Aber auch auf die Beobachtung *Böhmers* ist hier zu verweisen, der bei einer Thalliumvergiftung im Nagel ein grauweißes *Längsband,* das seinen Ausgang von einer linsengroßen blassen Stelle am Ansatz des Fingernagels genommen hatte, gesehen hat. Er urteilt sicherlich zu Recht, wenn er behauptet, daß es sich bei der von ihm beobachteten Veränderung nur um den Ausdruck einer trophisch-neurotischen Störung in der Versorgung des Fingernagels und nicht um ein Giftdepot gehandelt

haben kann, zumal das Band nicht mit dem Nagelwachstum quer vorgerückt war, sondern sich in der Längsrichtung vom geschädigten Nagelbett aus entwickelt hatte.

*Schrifttum.*

*Böhmer:* Neuere Beobachtungen bei Thalliumvergiftungen. Dtsch. Z. gerichtl. Med. **30,** 270 (1938). — *Greving* u. *Gagel:* Polyneuritis nach akuter Thalliumvergiftung. Klin. Wschr. **1928,** 1323. — *Klemperer:* Die Natur des *Mees*schen Nagelbandes bei Thalliumpolyneuritis. Dtsch. Z. gerichtl. Med. **23,** 192 (1934). — *Mees:* Nederl. Tijdschr. Geneesk. **1919 I,** Nr. 5. — *Wigand:* Die Natur des *Mees*schen Nagelbandes bei Arsenikpolyneuritis. Dtsch. Z. gerichtl. Med. **20,** 207 (1933).        ***v. Neureiter.***

**Mehl** (= M.).

Unter M. im engeren Sinne versteht man die im Müllereibetrieb feingepulverten, von Fruchtschalen, Samenschalen und Kleberschicht mehr oder minder sorgfältig befreiten Früchte von Getreidearten. Man spricht aber auch von Mehlen bei Mehlprodukten aus allen möglichen Pflanzenteilen, welche viel Stärke führen z. B. bei Kartoffeln, Hülsenfrüchten. Letztere Mehle treten manchmal als Streckungs- oder Verfälschungsmittel in den eigentlichen Mehlen auf, so daß auch auf sie kurz eingegangen werden muß. Das *mikroskopische* Bild der Mehle ist abhängig von der Mahlweise. Das nach dem älteren Verfahren, der Flachmüllerei, hergestellte M. enthält viele sehr kleine Kleieteilchen. Die auf dem Wege der modernen Hochmüllerei bereiteten Mehle haben nur sehr wenig, dafür aber oft größere Kleieteilchen. Unter Kleie sind alle Bestandteile des Mehles zu verstehen, welche nicht dem reinen M.-körper des Kornes angehören, also vor allem die Aleuronschicht, auch Kleberschicht genannt, die Elemente der Samenschale, jene der Fruchtschale und evtl. auch Spelzenbestandteile. Letztere kommen nur bei Hafer, Gerste und Reis in Frage. Die Kleiebestandteile des Mehles geben die sichersten und eindeutigsten mikroskopischen Merkmale für die Bestimmung der Mehle nach ihrer Herkunft, nach dem Rohstoff, aus dem sie stammen. Der Anteil an Kleiebestandteilen in den Mehlen ist je nach dem Ausmahlungsgrad ein sehr verschiedener. Sehr feine Mehle, Nr. 00, auch Nr. 0 (man bezeichnet die Feinheit des Mehles vor allem beim Weizen nach Nr. also 00, 0, 1 usw.), enthalten sehr wenig Kleie. Aber auch in den feinsten Mehlen sind immer noch so viele Kleieteilchen vorhanden, daß mit deren Hilfe eine eindeutige mikroskopische Herkunftsbestimmung möglich ist, um so mehr als man ja außerdem noch Form und Größe der Stärkekörner zur Erkennung heranzieht.

Zur *M.-Untersuchung* wird eine kleine Probe auf dem Objektträger in einem Tropfen Wasser sorgfältig verteilt und nach dem Bedecken mit einem Deckglas sorgfältig durchgemustert. Im Wasserpräparat achtet man vor allem auf Form und Ausbildung der Stärke. Ist die Stärke gleichmäßig in Form und Größe, oder sind neben Großkörnern auch Kleinkörner vorhanden, sind sie kugelig, kantig, linsenförmig oder anders gestaltet? Kommen neben einfachen auch zusammengesetzte Körner vor? Ist in allen oder in einem Teil der Körner eine Schichtung zu erblicken, oder finden sich im Korn Kernspalten?

Oft wird man schon an Hand der Stärke allein die Art des Mehles bestimmen können. Zur Sicherung der Diagnose wird man aber immer noch die *Kleiebestandteile* aufsuchen. Dazu ist das Wasserpräparat ungeeignet, weil die Stärkemassen die Gewebselemente in der Regel verdecken. Um Kleiebestandteile im M. sichtbar zu machen bzw. um sie im Präparat anzureichern, gibt es eine ganze Menge von Vorschriften, nach denen mehr oder minder gut zu arbeiten ist. Aus langjähriger Erfahrung heraus kann ich sagen, daß diese meist umständlichen Methoden in den allermeisten Fällen entbehrt werden können. Es genügt auch bei feinen und feinsten Mehlen folgende Arbeitsweise: Man fertigt ein mikroskopisches Präparat an, bei dem man als Einschlußmittel für das M. eine Chloralhydratlösung (8 Gew.-T. Chloralhydrat, 5 Gew.-T. H₂O) benützt. Man nimmt etwas mehr M. als zum Wasserpräparat. Nach dem Auflegen des Deckglases zieht man den Objektträger vorsichtig durch die Bunsenflamme, so lange bis mäßige Gasentwicklung auftritt. Nach kurzer Zeit verkleistern die Stärkekörner, das Präparat wird klar. Zurück bleiben, wenn auch etwas gequollen die Gewebselemente. Ein allzu langes Erhitzen ist zu vermeiden. Bei sorgfältigem Durchmustern wird man schon im ersten Präparat das eine oder andere Kleiestückchen finden, das eine Zuordnung des Mehles gestattet. Bei Mischmehlen kommt dem Chloralhydrat besondere Bedeutung zu, weil oft aus der Stärke allein das Gemisch schwer erkannt wird. So ist an der Ausgestaltung der Großkörner ein Roggen-M.zusatz im Weizen-M. zu erkennen. Umgekehrt ist aber ein Weizen-M.zusatz zum Roggen-M. nur an Hand der Stärke kaum zu finden, da alle beim Weizen vorkommenden Stärkeformen auch beim Roggen beobachtet werden können.

Auch der annähernde *Ausmahlungsgrad* des Mehles kann durch Auszählen der Kleiestückchen im Präparat festgestellt werden. Allerdings gehört dazu große Übung, um annähernd richtige Werte zu bekommen. Außerdem müssen dabei zahlreiche Präparate durchgezählt werden. Oft läßt sich aber

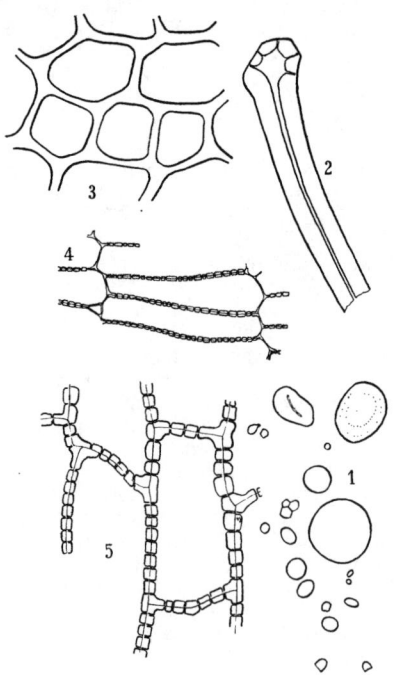

Abb. 1. Weizen-M. *1* Stärke, *2* Haarbruchstück, *3* Aleuronschicht, *4* Querzellen, *5* Längszellenschicht d. Fruchtschale.

diese Arbeit nicht umgehen, z. B. dann, wenn es sich darum handelt, die Möglichkeit der Übereinstimmung von Mehlen nachzuweisen, von denen die eine Probe sauber, die andere verschmutzt ist. Dieser Fall ist dann gegeben, wenn der Nachweis geliefert werden soll, ob ein M., das aus Kleidern herausgebürstet worden ist, übereinstimmen kann mit einer Probe aus einer Handlung, einer Müllerei usw. In diesem Fall versagt die Methode des „Pekarisierens". Diese beruht im Vergleichen der Farbe des Mehles,

dessen Oberfläche mit einer Glasplatte geglättet wurde, mit Typenmustern.

Die wichtigsten *M.spender* sind Weizen (*Triticum sativum* Lam. und andere *Triticum*-Arten) und Roggen (*Secale cereale* L.). Daneben spielen aber auch Gersten.-M von *Hordeum vulgare* L. und Hafer-M. von *Avena sativa* L. eine Rolle. Auch Mais-M. von *Zea Mays* L. und Reis-M. von *Oryza sativa* sind in unseren Gegenden Zusatzmehle. In südlichen und tropischen Ländern sind letztere Hauptträger der Ernährung. Weniger Bedeutung haben bei uns Hirsemehle von *Sorghum vulgare* Pers. bzw. von *Panicum*- und *Setaria*arten. In manchen Gegenden spielt auch das Buchweizen-M. aus den Früchten des zu den Polygonaceen gehörigen Buchweizens (*Fagopyrum esculentum* Moener) eine Rolle.

Im folgenden sollen die verschiedenen Mehle nur so weit besprochen werden, als es zur eindeutigen Erkennung notwendig ist.

*Weizen-M.* Die mikroskopische Untersuchung eines Wasserpräparates zeigt vor allem die Stärke (Abb.1, *1*). Es finden sich neben Großkörnern zahlreiche Kleinkörner. Übergänge in bezug auf die Größe zwischen Großkörnern und Kleinkörnern fehlen oder sind sehr selten. Die Großkörner sind nicht kugelig, sondern linsenförmig und höchstens bis 40 μ groß. Unter den Kleinkörnern, die rundlich bzw. kantig sein können, finden sich vereinzelt auch zusammengesetzte Körner. Die Großkörner zeigen normalerweise keine zentralen Hohlräume oder Spalten, außerdem ist nur selten und dann nur sehr zart eine konzentrische Schichtung zu sehen. Neben den Stärkekörnern finden sich im Weizen-M. sehr kleine Kleberkörnchen (1—3 μ), welche durch Reiben des Deckglases im Wasserpräparat zu strangartigen Eiweißmassen vereinigt werden können, die sich mit Jod gelb färben. Im Chloralhydratpräparat, in dem durch Erwärmen die Stärke verkleistert wurde, sucht man nach den Gewebselementen der Frucht- und Samenschale und jenen der Aleuronschicht. Am häufigsten findet man Haare oder deren Bruchstücke. Sie stammen vom oberen Ende des Kornes. Die mehr oder minder langen Haare sind einzellig, spitz, der Fußteil des Haares ist in der Regel kopfig aufgetrieben und die Wand hier getüpfelt. Im Längsverlauf des Haares ist das Lumen enger als die Wanddicke, das Haar also sehr dickwandig (Abb. 1,*2*). Die äußersten Schichten der Fruchtwand, die Längszellen — weil ihre Längsausdehnung mit der Längsrichtung des Kornes zusammenfällt —, zeigen stark verdickte und deutlich getüpfelte Längswände. Die Verdickungen der Wand sind im optischen Querschnitt kantig (Abb. 1,*5*). Quer zur Richtung der Längszellen streichen die Querzellen, so genannt weil ihre Längsausdehnung in der Querrichtung des Kornes verläuft. Die Querzellen sind eines der besten Merkmale im Weizen-M. Sie dürfen aber im M. nicht mit Fragmenten der ähnlichen Längszellen verwechselt werden. Die Querzellen unterscheiden sich von den Längszellen dadurch, daß sie viel schmäler sind, und vor allem dadurch, daß ihre Schmalseiten, also die kurzen Endwände, in Reihen angeordnet sind. Die Querwände sind also nicht gegeneinander versetzt. Das für Weizen Charakteristische an den Querzellen ist zu sehen in den dicken, stark getüpfelten Längswänden und in der Dünnwandigkeit der Wände an den Schmalseiten, die außerdem in der Regel dachig zugespitzt sind (Abb. 1,*4*). Außerdem wird man ab und zu dickwandige, ungetüpfelte, sehr regelmäßig polygonale, lückenlos zusammenschließende Zellen stoßen, welche der Aleuronschicht angehören (Abb. 1,*3*).

*Roggen-M.* Im Wasserpräparat findet sich Stärke, die aus Großkörnern und Kleinkörnern besteht. Außerdem finden sich unter den Stärkekörnern in bezug auf Größe alle Übergänge von den

Großkörnern bis zu den Kleinkörnern. Die Groß-körner sind linsenförmig und bis 50 μ und darüber groß. Vereinzelte bis zahlreiche Großkörner zeigen auf der Flachseite einen zentralen, kreuzförmigen oder 3—5strahligen sternförmigen Spalt. Bei den Großkörnern des Roggens ist oft eine schöne kon-zentrische Schichtung sichtbar. Unter den Klein-körnern finden sich selten zusammengesetzte Kör-

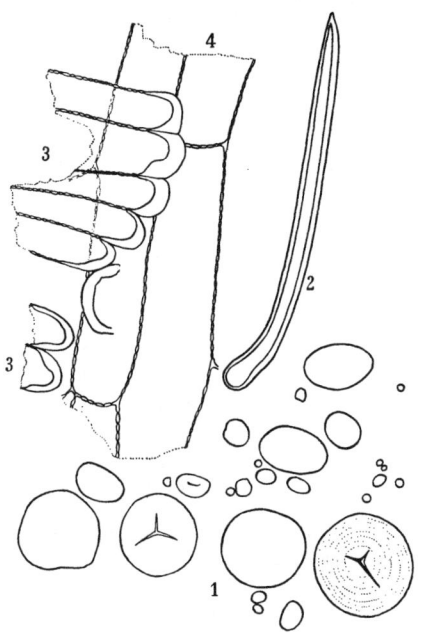

Abb. 2. Roggen-M. *1* Stärke, *2* Haar, *3* Quer-, *4* Längszellen aus der Fruchtwand.

ner (Abb. 2, *1*). Kleberkörnchen fehlen oder sind sehr selten. Im Chloralhydratpräparat, in dem die Stärke durch Erwärmen verkleistert wurde, finden sich die Kleiebestandteile, die in Roggenmehlen leichter als im Weizen-M. gefunden werden, da sie in der Regel weiter ausgemahlen sind. Die vom obe-ren Ende des Kornes stammenden Haare oder ihre Bruchstücke sind einzellig, ihr Fußende ist in der Regel abgerundet, nicht kopfig aufgetrieben, auch länger als die Weizenhaare. Im Längsverlauf des Haares ist die Zellwand schmäler, dünner als das Zellumen (Abb. 2, *2*). Die Längszellen sind schlank, dünnwandig und im optischen Querschnitt undeut-lich und dann perlschnurartig getüpfelt. Die dazu senkrecht verlaufenden schmäleren Querzellen, deren Schmalseiten wieder in Reihen angeordnet sind, sind ausgezeichnet durch dünnwandige, perlschnur-artig getüpfelte Längswände und durch abgerundete, halbmondförmig verdickte Querwände (Abb. 2, *3*). Die Aleuronschicht gleicht völlig der des Weizens. Weizen- und Roggen-M. kann also an folgenden Merkmalen auseinandergehalten werden (siehe nach-stehende Tabelle 1).

*Gersten-M.* Die Gerstenfrucht bleibt bei der Reife von der Spelze umgeben, die mit den äußeren Schich-ten der Fruchtwand verklebt ist. Aus diesem Grunde findet man in den Mahlprodukten der Gerste auch Spelzenstückchen, wenn auch das Gerstenkorn vor dem Vermahlen entspelzt wird. Im Wasserpräparat zeigt sich die Stärke (Abb. 3, *1*), welche der Wei-zenstärke nicht unähnlich ist. Sie besteht aus Groß- und Kleinkörnern. Zwischengrößen sind selten. Die Großkörner messen bis 30 μ, selten darüber, sind also kleiner als die des Weizens. Neben linsen-förmigen Körnern finden sich viele unregelmäßige, die nierenförmig oder einseitig gebuckelt erscheinen.

Tab. 1. *Unterscheidungsmerkmale von Weizen-M. und Roggen-M.*

| | Weizen-M. | Roggen-M. |
|---|---|---|
| Stärke | Großkörner bis 40 μ, keine zen-tralen Spalten, kei-ne oder undeut-liche Schichtung. Keine Übergänge von Groß- zu Klein-körnern. | Großkörner 50 μ und darüber, stern-förmige Kernspal-ten, oft deutliche Schichtung. Zahl-reiche Zwischen-größen von Groß-zu Kleinkörnern. |
| Haare | Wand dicker als die Lumenbreite, Fuß kopfig aufge-trieben. | Wand dünner als die Lumenbreite, Fuß nur abgerun-det. |
| Längs-zellen | dickwandig, stark getüpfelt, Zell-wandteile kantig. | schmaler, dünn-wandig, undeutlich getüpfelt, perl-schnurartig ver-dickt. |
| Quer-zellen | dickwandig, stark getüpfelt, Quer-wände dünnwan-dig, dachig zuge-spitzt | dünnwandig, perl-schnurartig getüp-felt, Querwände halbmondförmig verdickt. |

Eine konzentrische Schichtung und auch Kern-spalten sind, wenn auch selten, vor allem in der Flä-chenansicht der Großkörner zu sehen. Die winzigen Kleinkörner sind mehr oder minder rundlich, da zu-sammengesetzte Körner selten sind. Zwischen den Stärkekörnern finden sich Klebermassen, ähnlich wie beim Weizen. Im Chloralhydratpräparat nach Verkleisterung der Stärke findet man die Gewebs-elemente der Spelze, der Frucht- und Samenschale und der Aleuronschicht. Besonders charakteristisch ist die äußere Epidermis der Spelze. Es wechseln in Reihen gestellte Längszellen mit Kurzzellen ab.

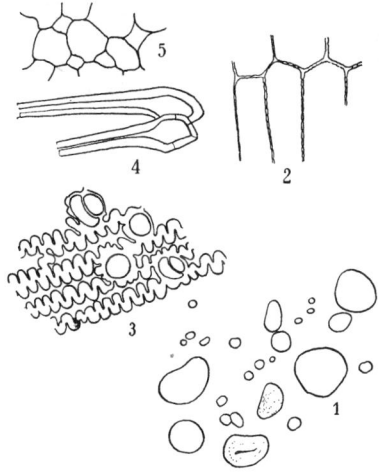

Abb. 3. Gersten-M. *1* Stärke, *2* Fruchtwandepidermis, *3* Epider-mis d. Spelze, *4* Spelzenhaare, *5* Schwammparenchym d. Spelze.

Erstere sind englumig und haben stark gewundene, dicke Längswände. Die Vorwölbungen sind nicht kopfig aufgetrieben. Die Dicke der enggewundenen Wand ist überall annähernd gleich. Zwischen die Längszellen sind Kurzzellen eingeschaltet, die entweder einzeln oder zu zweit beisammenliegen. Im letzteren Falle hat die eine ein rundlich-ovales Lumen, die andere umfaßt die erstere halb mit einem halbmondförmigen Lumen (Abb. 3, *3*). Oft erblickt man ein Stückchen vom Schwammparenchym der Spelze, das aus dünnwandigen Parenchymzellen mit rundlich-elliptischen Interzellularräumen besteht (Abb. 3, 5). Die derbwandigen Haare mit dem stark verbreiterten Basalteil (Abb. 3, 4) stammen von der inneren Epidermis der Spelze, die aus dünnwandigen langgestreckten Zellen besteht, zwischen denen in Reihen angeordnet sich Spaltöffnungen finden, die lineale Schließzellen aufweisen. Frucht- und Samenschale bestehen durchwegs aus dünnwandigen Elementen, welche für die Diagnose unnötig sind. Abb. 3, 2 stellt die Längszellenschicht der Fruchtwand dar. Charakteristisch ist wieder die Aleuronschicht, welche bei der Gerste mehrschichtig, meist dreischichtig ist. Die Mehrschichtigkeit kann nicht nur am Querschnitt, sondern auch in der Flächenansicht erkannt werden, wenn man den Tubus des Mikroskops etwas hebt und senkt.

*Hafer-M.* Auch die Haferfrüchte sind von Spelzen eingehüllt, die aber nicht mit der Fruchtwand verklebt sind, so daß die Körner leicht entspelzt werden können. Trotzdem kann man aber in allen

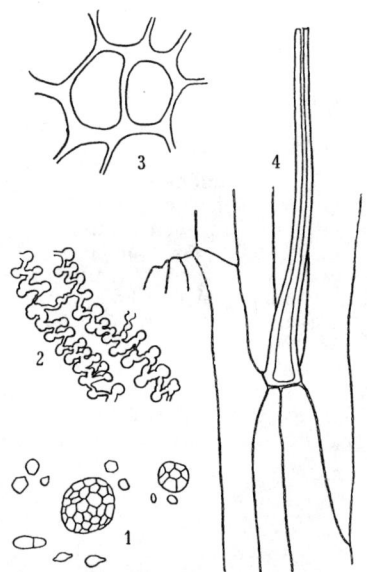

Abb. 4. Hafer-M. *1* Stärke, *2* Epidermis d. Spelze, *3* Aleuronschicht, *4* Epidermis d. Fruchtwand.

Mahlprodukten aus Hafer Spelzenbestandteile finden, wenn sie auch in der Regel seltener sind als bei Gerstenderivaten. Das Wasserpräparat zeigt die Stärke (Abb. 4, 1). Sie besteht in der Hauptsache aus zusammengesetzten Körnern. Die bis 50 μ und mehr messenden Großkörner sind kugelig oder eiförmig und oft aus mehreren hundert polyedrischen Teilkörnern aufgebaut. Daneben finden sich kleinere, aus weniger Teilkörnern zusammengesetzte Großkörner und auch solche, die nur aus zwei oder drei Teilkörnern bestehen. Oft sind im Hafer-M. ein großer Teil der Großkörner in Teilkörner zerfallen, die dann kantig erscheinen und etwa 7 μ Durchmesser aufweisen. Daneben finden sich kleine einfache Körner, die Füllstärke, welche in den Zellen die Zwischenräume zwischen den Großkörnern ausgefüllt haben. Diese Füllkörner, die kugelig, eiförmig, vor allem aber auch spindel- oder tränenförmig sein können, sind für die Haferstärke sehr charakteristisch und gestatten die Unterscheidung der Haferstärke von der sehr ähnlichen Reisstärke, wo sie fehlen. In manchen Hafererzeugnissen ist die Stärke etwas aufgeschlossen, verquollen, aber auch dann sind die Charakteristica derselben noch gut zu erkennen. Im Chloralhydratpräparat findet man die

Kleiebestandteile, wenn die Stärke durch Erwärmen verkleistert wurde. Sehr charakteristisch sind die Zellen der äußeren Epidermis der Spelze. Die in Reihen angeordneten Längszellen wechseln mit Kurzzellen ab, ähnlich wie bei der Gerste. Die Längswände der Längszellen zeigen eine starke Wellung und Faltung, wobei die Stellen stärkster Krümmung kopfig aufgetrieben sind (Abb. 4, 2). Die Wand zeigt außerdem zackige Ausbuchtungen und ist ungleich dick. Die Kurzzellen liegen einzeln oder zu zweit, wobei dann eine ein rundliches, die andere ein halbmondförmiges Lumen hat. Oft findet man ein deutliches oft sternförmiges Schwammparenchym mit gegenüber der Gerste etwas größeren Intercellularräumen. Wichtig weil häufiger zu finden und recht charakteristisch ist die äußerste Schicht der Fruchtwand, die Längszellenschicht, welche aus langgestreckten, dünnwandigen, zart getüpfelten Zellen besteht, welche an den Ansatzstellen der Haare zusammengezogen sind, und zusammenneigen (Abb. 4, 4). Die Haare stehen oft paarweise oder zu dritt beisammen. Sie sind sehr ungleich, oft bis 2 mm lang, dickwandig am Fußende verbreitert, oft in der Mitte etwas aufgeblasen, so daß sie nach dem Grund zu wieder schmäler werden. Die Aleuronschicht ist etwas dünnwandiger als bei den anderen Getreidearten und einschichtig (Abb. 4, 3).

*Reis-M.* Die Reisfrucht bleibt bei der Reife von zwei dicken, stark verkieselten Spelzen umschlossen. Alle Mahlprodukte werden aus geschältem Reis hergestellt, so daß die Spelzenbestandteile entweder völlig fehlen oder sehr selten sind. Oft findet man auch die Elemente der Frucht- und Samenschale und der Aleuronschicht (Silberhäutchen) sehr schwer. Das Wasserpräparat zeigt die Stärke (Abb. 5, 1). Handelt es sich um Reisstärke, so besteht das ganze Material nur oder fast nur aus kleinen, ziemlich gleichmäßig großen Teilkörnern, die meist einen Durchmesser von 4—6 μ haben. Sie sind stets polyedrisch

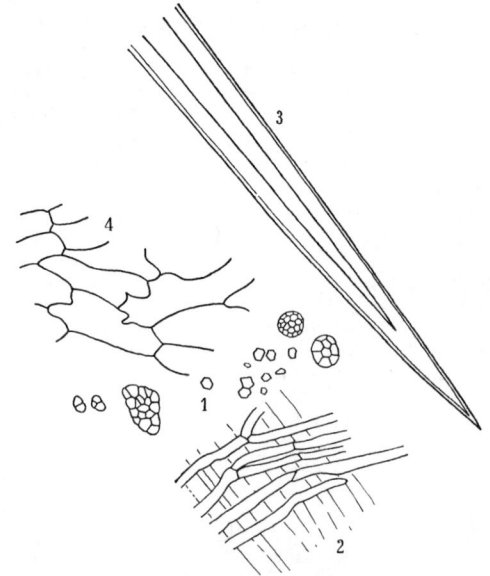

Abb. 5. Reis-M. *1* Stärke, *2* Schlauchzellenschicht, *3* Haar, *4* Fruchtrandepidermis.

und scharfkantig, oft sind sie splitterförmig. Im Reis-M. finden sich auch viele intakte, in ihrer Form oft unregelmäßige Großkörner, die ihre Zusammensetzung aus zahlreichen kleinen Teilkörnern in der Regel deutlich erkennen lassen. Daneben kommen auch Einzelkörner (Füllstärke) vor. Diese entsprechen in Form und Größe den Teilkörnern, sind also auch scharfkantig, polyedrisch. Runde oder spindelförmige oder tropfenförmige Körner, wie sie für das Hafer-M. charakteristisch sind, fehlen. Reis-M. enthält keine Eiweißbestandteile, so daß mit wässriger Jodlösung keine gelbgefärbten Schlieren und Körnchen sichtbar werden. Im Chloralhydrat können ab und zu Elemente des Silberhäutchens gefunden werden, so vor allem die Schlauchzellen aus der Fruchtschale (Abb. 5, 2) und auch die äußerste Schicht der Fruchtwand, das Epikarp (Abb. 5, 4), welches sehr charakteristisch ist und aus quergestreckten, an den Kurzseiten oft gewellten Zellen aufgebaut ist. Gelegentlich finden sich auch Aleuronzellen vor. Das *Reisfutter-M.* besteht aus der beim Polieren des Reises abfallenden Kleie. Es enthält dieselben Elemente wie das Reis-M., nur ist die quantitative Zusammensetzung eine andere. Es herrschen die Elemente der Frucht- und Samenschale und der Aleuronschicht vor. Oft finden sich auch Teilchen von Reisspelzen im Futter-M, die aber, weil für die Ernährung wertlos, nicht zahlreich sein sollen. Die Spelzen werden erkannt an dem mächtigen, dickwandigen Oberhautzellen mit tiefgebuchteten Seitenwänden und den dickwandigen, sehr spitzen stark verkieselten Haaren (Abb. 5, 3).

*Mais-M.* Die Mahlprodukte des Maises, vor allem also Mais-M. und Maisstärke, werden aus geschältem Mais gewonnen, während Maisgries oder Polenta aus Maisschrot bestehen. Die Produkte sehen je nach der Herkunft des Maises etwas verschieden aus, je nach der Varietätengruppe, zu welcher der Mais gehörte, aus dem das Mahlprodukt hergestellt wurde. Die Hartmaissorten bilden in ihren Früchten ein horniges Nährgewebe aus. Die Pferdezahnmaissorten haben außen horniges, im Innern mehliges Endosperm, während die Weichmaissorten hauptsächlich mehliges Nährgewebe führen. Von der Endospermausbildung ist die Form der Stärke abhängig. Im Wasserpräparat von Mais-M., das aus Hartmaissorten oder Pferdezahnmais stammt, findet man viele kantig-polyedrische Stärkekörner (Abb. 6, 1), welche durch einen strahligen zentralen Spalt oder durch eine helle Kernhöhle ausgezeichnet sind. In M.maissorten und im mehligen Teil der Pferdezahnmaissorten finden sich mehr rundliche, unregelmäßig kugelige Stärkekörner. Eine Schichtung ist in der Regel nicht wahrnehmbar. Die Körner sind ziemlich gleichmäßig groß und schwanken zwischen 10 und 22 μ. Selten sind sie größer. Im Mais-M. finden sich neben den Stärkekörnern bzw. den ganzen Endospermzellen auch Teile der Aleuronschicht (Abb. 6, 4) und oft auch die Längszellen der Fruchtwand (Abb. 6, 3), welche entfernt an die Endospermzellen mancher Palmsamen (Dattelpalme) erinnern. Wegen des fehlenden Klebergehaltes kann Mais-M. allein zu Backwaren, z. B. Brot nicht verwendet werden. In neuerer Zeit wird es aber als Zusatz-M. zur Streckung des Brotmehles verwendet. Ein Maismehlzusatz in Brotmehlen ist aber an Hand der obigen Merkmale sicher zu ermitteln.

*Buchweizen-M.* In manchen Gegenden werden

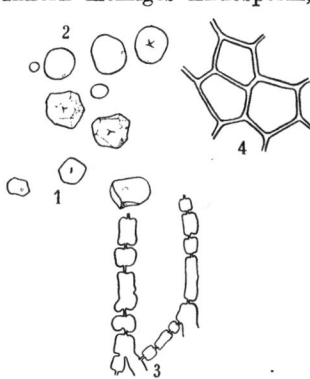

Abb. 6. Mais-M. *1* und *2* Stärke, *3* Längszellen der Fruchtschale, *4* Aleuronschicht.

die Samen des Buchweizens (*Fagopyrum esculentum* Moench), der nicht zu den Gräsern wie die übrigen Brot-M.spender gehört, sondern den Polygonaceae zuzurechnen ist, zu Brot-M. verwendet. Da sich die Samen leicht aus der Fruchtschale lösen, findet man im M. nur die Samenbestandteile. Immer enthält Buchweizen-M. viele Teilchen der Samenschale, welche mit dem Endosperm innig verbunden ist. Die Stärkekörner sind zwischen drei und 20 μ groß, in der Regel stumpf-polyedrisch oder rundlich. Sehr charakteristisch sind die stabförmigen geraden oder schwach gekrümmten, aus nur wenig Teilkörnern bestehenden Aggregate. Außerdem fällt im M. die große Masse von Stärkepaketen auf, welche die Umrisse ganzer Endospermzellen oder von größeren Teilen davon haben (Abb. 7, 1). Wenn auch eine entfernte Ähnlichkeit im Aussehen mit Reis- oder Haferstärke vorliegt, so ist eine Verwechslung wegen der stets reichlich vorhandenen

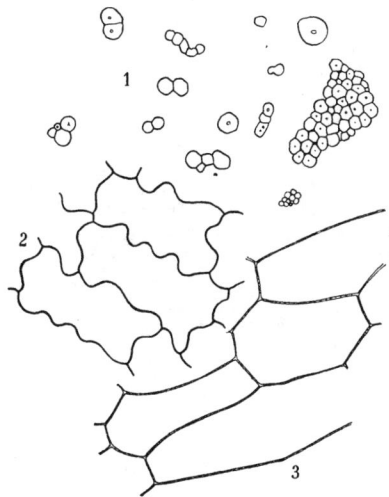

Abb. 7. Buchweizen-M. *1* Stärke, *2* äußere, *3* innere Epidermis der Samenschale.

Bestandteile der Samenschale nicht leicht möglich. Von der Samenschale findet man die äußere Epidermis (Abb. 7, 2), welche aus rechteckigen bzw. fast quadratischen Zellen mit deutlich welligen, dünnen Wänden besteht. Die innere Epidermis zeigt langgestreckte dünnwandige Zellen (Abb. 7, 3) mit geraden, dünnen, leichtgetüpfelten Wänden. Das Innere der Samenschale wird durch ein Schwammparenchym gebildet, das aus verschieden gestalteten, oft sternförmigen Zellen besteht, welche ihrerseits zahlreiche große, meist rundliche Intercellularräume einschließen. Die äußerste Schicht des Endosperm ist eine stärkefreie Aleuronschicht. In manchen Gegenden spielt Buchweizen in Form von Buchweizengrütze als Volksnahrungsmittel eine Rolle. Sie ist an denselben Merkmalen wie das M. zu erkennen.

*Brot* und *Gebäck.* In der kriminalistischen Praxis stößt man oft auf Fälle, in denen es notwendig erscheint, die Krümel, welche sich am Grunde von Taschen, Ärmelumschlägen usw. finden, auf ihre Herkunft zu untersuchen. Dabei spielen Brotkrumen, Semmelbrösel und andere Reste von Backwerk eine Rolle. Darum soll kurz auf ihre Untersuchung eingegangen werden. Man geht ähnlich vor wie bei der M.untersuchung. Auf dem Objektträger verteilt man ein kleines Stückchen Brotkrume mit Wasser, es darf nur ein ganz dünner Brei werden und bedeckt mit einem Deckglas. Die Betrachtung zeigt, daß der größte Teil der Stärke stark verquollen, deformiert und oft verklumpt ist. Aber stets findet man

Stärkekörner, welche nur wenig oder gar nicht verändert sind. In dem Falle kann man also schon aus
der Form der Stärke einen Schluß auf die Herkunft
des Brotes ziehen. Diese Diagnose muß aber noch
gesichert werden durch die Untersuchung der Kleiebestandteile. Handelt es sich um dunkle kleiereiche
Brote, um Schwarz- oder Graubrote, so genügt es
meist schon, auf dem Objektträger ein Quetsch-
präparat mit reichlich Chloralhydratlösung zu
machen, das man nach Auflegen des Deckglases
zum Zwecke der völligen Verkleisterung der Stärke
vorsichtig erwärmt. Beim Mikroskopieren zeigen
sich dann die Kleieelemente, die nach den bei den
Mehlen gemachten Angaben erkannt werden können.
Helle Brote, Weißbrote und Backwerk sind kleie-
arm. Es empfiehlt sich eine Anreicherung der Kleiebestandteile. Dazu vermahlt man eine kleine Probe
(2—5 g) und rührt mit etwa 1 % Salz- oder Schwefelsäure einen dünnen Brei an, den man mit der betreffenden Säure auf etwa 100 ccm verdünnt. Hierauf kocht man einige Minuten. Hierauf filtriert man.
Die Kleiebestandteile bleiben auf dem Filter oder
dem Filtertuch. Der Rückstand wird in ein Gläschen
gebracht und mit wenig Chloralhydratlösung zu
einem dünnen Brei verrührt. Nun kann er mikroskopiert werden. In Brot und Backwaren können
gelegentlich außer den vorher aufgeführten Mehlen
auch Produkte von anderen stärkehaltigen Pflanzenteilen gefunden werden. Die Hauptrolle unter den
Brotstreckungsmitteln spielt die Kartoffel in Form
von Kartoffelstärke, Kartoffelflocken, Kartoffel-
walz-M. evtl. auch als gekochte Kartoffeln. Ist
*Kartoffelstärke-M.* zugesetzt, so finden sich im
Wasserpräparat verquollene Kartoffelstärkekörner,
die schon an ihrer Größe und den unregelmäßigen
Formen erkannt werden können. Sind Kartoffelflocken, Walz-M. oder gekochte Kartoffeln zugesetzt,
so sind keine einzelnen Stärkekörner mehr kenntlich.
Diese Beimengungen sind charakterisiert durch die
rundlichen, mehr oder minder ovalen großen Kleister-
zellen, die einen Durchmesser von 100—300 $\mu$ aufweisen. In dem Anreicherungsrückstand, der mit
Chloralhydratlösung aufgenommen wurde, können
die geformten Elemente der Kartoffel, wie Kork,
Spiral-, Ring- und Netzgefäße, daneben auch die
dickwandigen Zellen der Rindenschicht gefunden
werden. Fehlt der Kork, so wurden geschälte Kartoffeln verwendet. Bei der Untersuchung von Brot
und Brotkrumen ist zu beachten, daß auf der unteren
Außenseite des Brotes sich *Streu-M.* befindet, das
verhindern soll, daß der Brotteig beim Backen an der
Unterlage festklebt. Hat man zur Untersuchung zufällig Brotkrumen verwenden müssen, welche von
der unteren Brotrinde stammen, so kann ein erheblicher Prozentsatz der Bestandteile im Chloralhydratpräparat vom Streu-M. stammen und eine
Beimengung vortäuschen, die gar nicht im Brot
selbst vorhanden ist. Als Streu-M. wird gewöhnlich *Holz-M.*, Sägespäne verwendet (s. d. Art.:
Holz). In der Regel ist es Nadelholz-M., vor
allem Fichtenholz-M. Auch *Spelzstreu-M.* wird gelegentlich verwendet, das aus den beim Dreschen
und Entspelzen von Getreide anfallenden Spelzen
durch Vermahlen gewonnen wird. Spelzstreu-M.
wird erkannt an der charakteristischen Ausgestaltung der äußeren Epidermis, die bei der vorhergehenden Besprechung der Mehle (Gersten-, Hafer-,
Reis-M.) geschildert worden ist. Gelegentlich werden
auch andere Materialien als Streu-M. verwendet, wie
Stroh-M. (s. d. Art.: Papier), Schilf-M., Steinnuß-M.,
Cocosnußschalen-M.

*Schrifttum.*

*Gassner, G.:* Mikrosk. Unters. pflanzl. Nahrungs- u. Genußm.
Jena 1931. — *Gistl, R.:* Naturgeschichte pflanzl. Rohstoffe. München 1938. — *Moeller-Griebel:* Mikroskopie d. Nahrungs- u. Genußm. aus d. Pflanzenreich. Berlin 1928. **Gistl.**

**Melan** siehe *Schädlingsbekämpfungsmittel.*

**Melubrin** siehe *Pyrazolonderivate.*

**Meningitis epidemica cerebrospinalis** siehe
*Bakteriologische Untersuchungen in der gerichtlichen
Medizin; Nervenkrankheiten und Trauma.*

**Meningitis puruleuta** siehe *Nervenkrankheiten und Trauma; Plötzlicher Tod aus natürlicher Ursache.*

**Meningitis serosa traumatica** siehe *Hirndruck;
Nervenkrankheiten und Trauma.*

**Menschenblutnachweis** siehe *Forensische Blutuntersuchung.*

**Menschenhaar** siehe *Haare.*

**Meustrualblutnachweis** siehe *Forensische Blutuntersuchung.*

### Menstruationsblutungen und Trauma.

Mit traumatischen Störungen der Menstruationsblutung hat man es in der heutigen Zeit wohl häufiger
zu tun, als allgemein angenommen wird, aber trotzdem ist darüber nur wenig bekannt geworden. Allerdings hat *Walthard* schon vor verschiedenen Jahren
darauf hingewiesen, daß insbesondere das psychische
Trauma recht intensive Einwirkungen nach sich
ziehen kann. Es kann einesteils zu plötzlicher vorzeitiger Blutung kurz vor der rechtzeitigen Menstruation kommen und andrerseits zu einem unvermittelten Sistieren einer zur Zeit bestehenden
Periode. Das hat sich während des Weltkrieges bei
Anlaß einer Explosion in einer Pulverfabrik gezeigt,
in der Frauen beschäftigt waren. Schließlich können
auch im Anschluß an einen vorzeitigen Follikelsprung Zyklusstörungen auftreten. Auch die Auswirkung einer traumatischen Erschütterung des
Unterleibes kann sich nach *Mayer*, der bis jetzt als
einziger diesem Thema eine längere Abhandlung gewidmet hat, in dreifacher Form äußern: 1. Verlängerung oder Verstärkung der Regelblutung durch
eine Zerreißung des Endometriums kurz vor oder
während der Periode. 2. Verlängerung oder Verstärkung der rechtzeitigen Menstruation durch eine
traumatische Entwicklung eines Hämatoms im
Corpus luteum gerade vor oder zur Zeit der Periode.
3. Vorzeitige Blutung infolge von vorzeitigem
Follikelsprung mit nachfolgender Störung des zyklischen Wechsels zwischen Follikel- und Corpus-
luteum-Herrschaft.

Die gegen eine traumatische Störung besonders
empfindlichen Phasen des menstruellen Zyklus sind
die Zeit der Menstruation selbst, die letzten Tage
des Prämenstruums und die Zeit des Follikelsprungs
(14.—16. Tag des Zyklus bei regelmäßiger Menses).
Ihrer Form nach sind die Menstruationsstörungen
folgende: a) Plötzliches und unzeitiges Eintreten
einer Blutung; b) plötzliches vorzeitiges Aufhören
einer rechtzeitigen Periode; c) Verlängerung oder
Verstärkung einer rechtzeitigen Blutung; d) zeitlich
unregelmäßige Blutungen mit Störungen des bisherigen Zyklus.

Über die Einwirkung von Schädeltraumen und
Hirnerschütterung ist in der Literatur nur wenig
bekannt. *Stier* berichtet über 12 Frauen, die während der Menstruation einen solchen Unfall erlitten.
Recht häufig hörte die Periode sofort dauernd oder
vorübergehend auf und kam in der überwiegenden
Mehrzahl erst nach einer verlängerten Zwischen-
pause wieder. Spätestens nach 3—4 Wochon war
der Zyklus wieder normal, und ein Dauerschaden
war nie festzustellen. In einem Falle von *Kretschmar* blieb die Menstruation nach einem Schädel-
bruche im Bereiche des Stirnhirns 5 Monate lang aus,
in einem weiteren von *Schultheiß* sogar 8 Monate.

Hier hatte das 23jährige Mädchen während der Menses einen Schlag in die Rücken- und Nackengegend bekommen. *A. Mayer* erwähnt drei eigene Beobachtungen. In der ersten kam die Periode nach einer Hirnerschütterung infolge Sturz vom Fahrrade 12 Tage verspätet, in der zweiten verlängerten sich im Anschlusse an den Fall auf den Hinterkopf bei einer Krankenschwester die Zwischenpausen immer mehr, und die Periode blieb schließlich bis zu 6 Monaten aus. In diesem letzteren Falle war der Unfall 10—12 Tage nach der Periode erfolgt. Zwei Tage darauf trat eine leichte Genitalblutung ein, und die nächste Menstruation erfolgte zur richtigen Zeit. In der dritten Beobachtung handelte es sich um einen schweren Autounfall mit Hirnerschütterung, Clavicularfraktur und Stauungsbruch des VII. Brustwirbels. Seither Amenorrhoe bei der 30jährigen Nullipara. Demnach muß die Frage, ob eine Hirnerschütterung zu Amenorrhoe führen kann, bejaht werden. Die Erklärung ist allerdings nicht immer ganz leicht. Vielleicht spielen ab und zu seelische Traumen die größere Rolle als körperliche. Das kann aber nur dann zutreffen, wenn keine Bewußtlosigkeit eintritt. Ist diese vorhanden, so muß an Störungen im Zwischenhirn gedacht werden.

*Schrifttum.*

*Aschner:* Die Blutdrüsenerkrankungen des Weibes usw. 1918. — *Kretschmar:* Eklampsieforme Krämpfe bei eitriger Meningitis. Zbl. Gynäk. **1933**, 1586. — *Mayer, A.:* Menstruationsblutungen und Trauma. Zbl. Gynäk. **1938/47**, 2578. — *Mayer, A.:* Die Unfallerkrankungen in der Geburtshilfe und Gynäkologie. Stuttgart 1917. — *Mayer, A.:* Über psychogene Ursachen körperlicher Symptome in der Geburtshilfe und Gynäkologie. Zbl. Gynäk. **1925**, 15. — *Mayer, A.:* Die Menstruation in ihrer Beziehung zu Lebensführung usw. Münch. med. Wschr. **1935**, 373. — *Schultheiß:* Amenorrhoe und Trauma. Schweiz. med. Wschr. **1932**, 335. — *Stier:* Kopftrauma und Hirnstamm. Arch. Psychiatr. **106**, 389 (1937). — *Walthard:* Die Bedeutung der Notfallfunktionen usw. Schweiz. med. Wschr. **1929**, 541. ***Hüssy.***

### Mentha Pulegium.

Ätherisches Öl der Poleiminze (Mentha Pulegium), auch im Majoran enthalten. Der wirksame Bestandteil ist das Pulegon, ein alicyclisches Keton der Campherreihe. *Pulegon* ist sehr toxisch, reizt in erster Linie den Verdauungstraktus. Nach Resorption starkes Gift für Fettstoffwechsel und Leber. Es hat in seiner Wirkung Beziehung zum Phosphor und führt zu Fettspeicherung in Leber, Nieren, Herz und Pankreas. Als weitere resorptive Symptome beobachtet man ferner Kältegefühl, schwache unregelmäßige Herztätigkeit, Koma, Kollaps. Tod durch zentrale Atmungslähmung.

Seine forensische Bedeutung ist sehr gering; erwähnenswert ist es lediglich als Laienabortivum, das allerdings sehr selten Anwendung findet. ***Schwarz.***

**Meridol** siehe *Schädlingsbekämpfungsmittel.*

**Meritol** siehe *Schädlingsbekämpfungsmittel.*

**Mesaortitis luetica** siehe *Plötzlicher Tod aus natürlicher Ursache.*

### Mescalin.

*Mescalin,* $C_{11}H_{17}NO_3$, stark alkalisch reagierendes Öl oder weiße Kristalle. F. = 151°. In Wasser, Alkohol, Chloroform löslich, wenig in Äther. Mescalinsulfat: glänzende Prismen, F. = 183—186°. *Vorkommen:* Wichtigstes Alkaloid der „Mescal buttons" genannten Stiele und Blütenköpfe von *Anhalonium Lewinii* (Cactaceae) und anderer im südlichen Texas und nördlichen Grenzgebiet von Mexiko vorkommenden Anhaloniumarten, wie *Anhalonium Williamsii* und *Anhalonium Jourdanianum.* Außerdem enthalten diese und andere Anhaloniumarten die weiteren Alkaloide *Anhalamin, Anhalonidin, Anhalonin, Pellotin* und *Lophophorin.*

*Pellotin,* $C_{13}H_{19}NO_3$, krist. in Tafeln, F. = 111°; in Wasser kaum löslich, dagegen in organischen Lösungsmitteln; sehr bitter. Pellotin wirkt vorwiegend narkotisch; nach 0,02—0,4 g s. c.: Schwindel, Pulsverlangsamung, Übelkeit, Ohrensausen, Kollaps. *Anhalonin* und *Lophophorin* haben strychninähnliche Eigenschaften, wirken aber sekundär lähmend auf das Zentralnervensystem. „Mescal buttons" aus den genannten Anhaloniumarten enthalten etwa 6% Mescalin, 5% Anhalonidin, 3,5% Pellotin, 0,5% Lophophorin (sehr toxisch). 1—2 „Mescal buttons" sollen zur Erzeugung eines narkoseähnlichen Zustandes genügen.

Name Pellotin von „Pellote", einem narkotischen Getränk der mexikanischen Indianer; Droge selbst heißt in Mexiko „Peyotl". Von Indianerstämmen der südlichen Indianerterritorien der Vereinigten Staaten und des nördlichen Mexiko wird „Peyotl" als Berauschungsmittel bei nächtlichen religiösen Zusammenkünften verwendet. Beibringung durch Kauen der Kakteenköpfe, Essen derselben oder als alkoholisches Getränk „Pellote", wodurch ein durch intensive Farbenvisionen ausgezeichneter „visionärer" Zustand hervorgerufen wird. Ähnlich: christliche Peyotlsekte von *Hensley* (1910) bei Winebagoindianern (vgl. *Beringer*).

*Wirkung des Mescalins:* Im Vordergrund stehen beim reinen Mescalin, wie auch bei Genuß von Mescal buttons, nach Einnahme von 0,2—0,5 g des Alkaloides optische Halluzinationen, prachtvolle Farbenvisionen von seltener Schönheit, verbunden mit dem Gefühl der Entrücktheit. Weniger häufig sind Halluzinationen des Gehörs, Geruchs oder Geschmacks. Dabei ist das Bewußtsein ganz klar und die Gedankenkonzentration gut (im Gegensatz zu Haschisch und Cocain). Herumgehen, orientiertes Aufsuchen eines bestimmten Punktes ist ohne weiteres möglich. Dagegen wird das normale Zeitgefühl aufgehoben — man erlebt in einer Stunde ungeheuer lange Zeiträume. Dieser Zustand wird als sehr angenehm empfunden: Leben in einer wunderbaren Welt, unter Aufhebung des Gefühls, einen Körper zu besitzen, eigenartige Raumempfindungen, (seltener) herrliche Musik. Im weiteren Verlauf bei höheren Dosen Trismus, Zähneknirschen; als Nachwirkungen: Kopfschmerzen, oft von tagelanger Dauer, schmerzhafte Muskelempfindungen, Übelkeit.

*Differentialdiagnose:* In Frage kommen namentlich Haschisch- und Cocaingenuß, Scopolaminvergiftung. Bei Mescalin sind die Sinnestäuschungen viel einheitlicher und phantasievoller wie bei Cocain. Auch fehlen im Gegensatz zum Cocain und Haschisch die nach außen gerichteten psychischen und motorischen Erregungen. Mescalin macht nicht kriminell oder nur in Kombination mit anderen Suchtgiften (Cocain, Haschisch, Alkohol).

Akute schwere Vergiftungsfälle durch reines Mescalin sind sehr selten. Als toxische Wirkungen fast immer Mydriasis von stundenlanger Dauer, Nausea, Erbrechen, seltener Atemstörungen, paroxysmale Herzschmerzen, Todesangst. — Nach Peyotlgenuß sind plötzliche Todesfälle vorgekommen; Tod durch Atemlähmung.

Injektionspräparat aus Gesamtalkaloiden entspricht etwa der Wirkung von reinem Mescalin. Wirkung des synthetischen Mescalins ist identisch mit natürlichem. S. c. und i. m. Mescalininjektion ist schmerzhaft. 0,2—0,5 g Mescalin sollen vom Menschen durchschnittlich ohne Gefahr ertragen werden. Wirkung setzt 1—2 Stunden nach Injektion ein und kann 4—6 Stunden andauern.

In der Psychiatrie spielt Mescalin diagnostisch, psychoanalytisch und therapeutisch eine gewisse Rolle. Gerichtlich-medizinisch ist Mescalin für sich allein kaum von Bedeutung, dagegen in Kombination mit echten Suchtgiften, namentlich Cocain und Haschisch (Mescalin ist im Drogenhandel frei erhältlich). Mescalin ruft evtl. Steigerung der Cocaineuphorie unter Herabsetzung des psychischen Widerstandes, speziell bei Sexualdelikten hervor.

*Schrifttum.*

*Beringer, K.:* Experimentelle Psychosen durch Mescalin. Z. Neur. **84**, 426 (1923). — *Beringer, K.:* Der Meskalinrausch. Berlin 1927. — *Buchanan, D. N.:* Meskalinrausch. Brit. J. med. Psychol. **9**, 67 (1929). — *Claude, H.* u. *H. Ey:* La mescaline substance hallucinogène. C. r. Soc. Biol. Paris **115**, 838 (1934). — *Guttmann, E.:* Durch Mescalin erzeugte künstliche Geistesstörungen. J. ment. Sci. **82**, 203 (1936). — *Joachimoglu, G.* u. *E. Keeser:* Kakteenalkaloide. In: *Heffter,* Handb. d. exp. Pharmakologie **2**, 2, 1104. Berlin 1924. — *Lewin, L.:* Phantastica. 2. Aufl. 1927. — *Lewin, L.:* Gifte und Vergiftungen. 723. Berlin 1929. — *Marinesco, G.:* Recherches sur l'action de la mescaline. Presse méd. **1933 II**, 1433. — *Marshall, C. R.:* An enquiry into the cases of mescal visions. J. of Neur. **17**, 289 (1937). — *Mayer-Groß* u. *Stein:* Über einige Abänderungen der Sinnestätigkeit im Meskalinrausch. Z. Neur. **101**, 354 (1926). — *Palmieri, V. M.:* Anatomische und histopathologische Veränderungen bei der tödlichen Mescalinvergiftung. Verh. Int. Kongr. gerichtl. u. soz. Med. **1938**, 540. — *Slotta, K. H.* u. *J. Müller:* Über den Abbau des Mescalins und mescalinähnlicher Stoffe im Organismus. *Hoppe-Seylers* Z. **238**, 14 (1936). — *Trier, G.:* Die Alkaloide. 2. Aufl. 136 u. 474. Berlin 1931. **H. Fischer.**

**Methan** siehe *Flüchtige organische Gifte.*

**Methylalkohol** siehe *Flüchtige organische Gifte; Tropaalkaloide und tropaalkaloidhaltige Pflanzen, Drogen und Präparate.*

**Methylbromid** siehe *Flüchtige organische Gifte; Schädlingsbekämpfungsmittel.*

**Methylchlorid** siehe *Flüchtige organische Gifte.*

**Methylenblau** siehe *Künstliche organische Farbstoffe.*

**Methylsalicylat** siehe *Salicylsäure.*

**Methylviolett** siehe *Künstliche organische Farbstoffe.*

**M-Faktor** siehe *Blutgruppen und Blutfaktoren.*

**Migränin** siehe *Pyrazolonderivate.*

**Mikrobinsäure** siehe *Benzoesäure.*

**Mikrochemie** (= M.).
Für den gerichtlichen Mediziner und den Gerichtsarzt sind vorzugsweise die qualitativen mikrochemischen (= m.) Nachweismethoden, die nahezu immer mit Hilfe des Mikroskops durchgeführt werden, bedeutungsvoll, während die quantitativen Mikrobestimmungsverfahren, abgesehen von einzelnen zur quantitativen Bestimmung von Giften (s. d. Art.: Alkoholbestimmung im Blut; Giftnachweis), vorwiegend in der physiologischen Chemie und in der Klinik zur Bestimmung normaler und krankhafter Bestandteile des Blutes, der Säfte, der Sekrete und Exkrete verwendet werden. Präparative Mikromethoden kommen nur insoweit in Betracht, als sie zur Identifizierung und Reindarstellung von Substanzen für den Nachweis von Bedeutung sind. Die Vorteile der m. Arbeitsweise liegen in Ersparnis von Material, Zeit und Reagenzien, in der im allgemeinen einfachen und leicht behelfsmäßig herstellbaren Apparatur sowie in der überaus hohen Empfindlichkeit und Sicherheit der Reaktionen begründet, die überhaupt erst Erfassung und Nachweis von Spuren möglich machen. Nach theoretischen Überlegungen müßte es möglich sein, eine Substanz durch eine mikroskopisch eben noch körperlich wahrnehmbare Menge Reaktionsprodukt, d. i. ein Körnchen von $1\,\mu$ Durchmesser, sicher nachzuweisen. Das Gewicht eines solchen Körnchens beträgt einige Billiontelgramm ($\digamma$ Digamma $= 10^{-12}$ g).

Praktisch sind aber erst erheblich größere Mengen sicher zu erfassen. Die Substanzmenge, die unter günstigsten Umständen noch nachweisbar ist, stellt die Erfassungsgrenze dar. Sie liegt bei mikrochemischen Reaktionen zwischen $10\,\gamma$ und $0,001\,\gamma$ ($1\,\gamma = 10^{-6}$ g $=$ Milliontelgramm). Die praktisch erreichbare Erfassungsgrenze und die theoretische liegen somit um mehrere Zehnerpotenzen auseinander. Die Nachweisbarkeit in Lösungen wird weiterhin beeinflußt durch die Löslichkeit des Reaktionsproduktes im Lösungsmittel, falls es nicht möglich ist, das Lösungsmittel größtenteils oder gänzlich abzudunsten, sie ist weiterhin abhängig von der Gegenwart von Lösungsgenossen, insbesondere von Stoffen, die zu Komplexbildungen führen oder ähnlich reagieren, wie die gesuchte Substanz. In den einschlägigen Schriften sind daher bei den einzelnen mikrochemischen Nachweisreaktionen neben der Erfassungsgrenze noch die Grenzkonzentration (in $\gamma$/ccm oder in $\gamma$/Tropfen) und das Grenzverhältnis für die Nachweisbarkeit des Stoffes X bei Gegenwart des Stoffes A angegeben. Hier finden sich auch eingehende Darstellungen über m. Technik und m. Hilfsapparate, auf die verwiesen werden muß. Die M. verwendet vielfach Verfahren aus der Makrochemie, die durch Anpassung an die Bedingungen der M., durch Verkleinerung der Apparatur entwickelt worden sind, sie verfügt aber auch über ihr eigene, selbständige Methoden, vor allem die Mikrokristalloskopie. Der m. Nachweis gründet sich hier auf die Erzeugung von Reaktionsprodukten mit hervorragendem Kristallisationsvermögen und prägnanten, vom Milieu und den Entstehungsbedingungen möglichst unabhängigen Kristallformen. Der mikrokristalloskopische Nachweis wird somit geführt durch das chemische Verhalten der Substanz, die Form und die optischen Eigenschaften des Reaktionsproduktes, wobei zur weiteren Feststellung der optischen Eigenschaften u. U. kristallographische Untersuchungen, Feststellung der Brechung und Doppelbrechung usw. mit Hilfe des Polarisationsmikroskops vorzunehmen sind. Hierzu sei als Beispiel die erste mikrokristalloskopische Reaktion, die *Teichmann*sche Probe, die 1853 beschriebene Herstellungsweise der Häminkristalle genannt, deren Erfassungsgrenze bei 0,005 mg (5 $\gamma$) Blut liegt. Im Laufe der in den letzten Jahrzehnten schnell fortgeschrittenen Entwicklung der M. sind für alle anorganischen Substanzen, ebenso wie für die Heilmittel und Gifte, sichere und spezifische, hochempfindliche kristalloskopische Reaktionen entwickelt worden. Weitere Identifizierungsmöglichkeiten und Trennungen, insbesondere bei homologen organischen Substanzen, die chemisch und vielfach auch optisch überaus ähnlich sich verhalten, bieten die Mikrosublimation, die Mikroschmelzpunkt-, Mikrosiedepunkt- und Mikromolekulargewichtsbestimmung. Trennungen von Flüssigkeiten sind durch Mikrodestillation erreichbar, Niederschläge werden in der M. vorzugsweise durch Zentrifugieren abgetrennt.

Für mikrospektroskopische Untersuchungen stehen geeignete Mikrospektroskope (Spektralokulare *Abbe-Zeiss*) zur Verfügung. Der Nachweis anorganischer Verbindung, insbesondere der Metalle wird in steigendem Umfang in neuerer Zeit durch die *Emissionsspektralanalyse* geführt. Jedem Metall sind in Dampfform besondere, vorwiegend im ultravioletten Gebiet gelegene Linien eigen, die photographisch nach spektraler Zerlegung des von Metalldampf ausgehenden Lichtes (Verdampfung des Metalls im Flammenbogen [Bogenspektrum] oder im elektrischen Funken [Funkenspektrum]) aufgenommen werden. Unter diesen Spektrallinien finden sich einzelne, die sog. letzten Linien, die noch bei Anwesenheit geringster Spuren des Metalls auftreten und für sie spezifisch sind. Spektralanalytisch-photographisch erfaßbar sind Mengen von 1 γ—0,001 γ. Die Erfassungsgrenze bei der Emissionsspektralanalyse liegt somit in derselben Größenordnung wie die der m. Reaktionen. Die Spektralanalyse bietet aber gegenüber der Mikroanalyse zahlreiche Vorteile. Mit einer Aufnahme des Untersuchungsmaterials ist der Nachweis aller darin enthaltenen Metalle erreicht. Der Materialbedarf ist verschwindend gering, der Untersuchungsbefund ist ein für allemal festgelegt und jederzeit vorweisbar. Bei Untersuchungsmaterial, das große Mengen organischer Substanzen enthält wie Blut, Exkrete, Gewebe, ist eine umständliche und zeitraubende Zerstörung der organischen Massen unnötig. Das Untersuchungsmaterial kann direkt verfunkt werden, um die vorhandenen Metalle zu erfassen. Das Verfahren ist somit besonders geeignet, in kürzester Zeit in menschlichen und tierischen Geweben Metallspuren nachzuweisen, wie dies häufig bei der Beurteilung von gewerblichen Metallvergiftungen nötig wird. Es gelingt auch annähernd, aus der Zahl und der Intensität der Spektrallinien auf die quantitative Verteilung zu schließen. Zur Feststellung des feineren Verbleibs, der Beziehung zu feingeweblichen Veränderungen und zur Zelle, also der Lokalisation des Metalls im Gewebe, ist die Erfassungsgrenze der Spektralanalyse ebensowenig ausreichend wie die der M., insbesondere auch die der Mikrokristalloskopie. Die Anwendung m. Reaktionen zum Nachweis von Substanzen in pflanzlichen und tierischen Geweben ist Aufgabe der *Histochemie*, die somit im allgemeinen nur das Vorhandensein einer Substanz, nicht aber ihre Lokalisation im Gewebe feststellen kann. Nur einzelne dem Arzt aus der Histologie bekannte Verfahren besitzen eine ausreichende Erfassungsgrenze, so z. B. der färberische Nachweis von Fett, Glykogen, Eisen, Kalk, Pigmenten, überhaupt aller geformten oder an ein festes Substrat gebundenen Substanzen. Vielfach reicht aber hier das Auflösungsvermögen des Mikroskops zur Erkennung im Hellfeld nicht mehr aus, dann kann Dunkelfelduntersuchung „optisch leerer" Schnitte noch Ablagerungen, vor allem bei Schwermetallvergiftungen (*Timm*), erschließen. Der lokalisierte Nachweis gelöster Zellinhaltsstoffe, auch der anorganischen Salze, ist bisher nicht möglich, auch nicht mit Hilfe von „Aschenbildern" (*Policard*), die aber wertvolle Hinweise für die Identifizierung von Drogen u. a. m. bieten können. Die gerichtliche Medizin bedient sich beim Spurennachweis vielfach mikrochemischer Reaktionen.

*Schrifttum.*
*Behrens-Kley:* Mikrochemische Analyse. Leipzig 1921. — *Behrens-Kley:* Organ. mikrochem. Analyse. Leipzig 1922. — *Böttger:* Qualitative Analyse. Leipzig 1925. — *Emich:* Lehrbuch der Mikrochemie. München 1926. — *Emich:* Mikrochem. Praktikum 1931. — *Feigl:* Tüpfelanalyse. Leipzig 1931. — *Fischer:* Die physikalische Chemie in der gerichtlichen Medizin und in der Toxikologie mit spez. Berücksichtigung der Spektrographie und der Fluoreszenzmethoden. Zürich 1925. — *Gerlach* u. *Schweizer:* Die chem. Emissionsspektralanalyse. Leipzig 1930. — *Klein:* Praktikum der Histochemie. Wien 1929. — *Klein* u. *Strebinger:* Fortschritte der Mikrochemie. Leipzig 1928. — *Kramer:* Mikroanalytische Nachweise anorganischer Ionen. Leipzig 1937. — *Mayrhofer:* Mikrochemie der Arzneimittel und Gifte. I (1923), II (1928). Berlin u. Wien. — *Pinkussen:* Mikromethodik. Leipzig 1930. — *Pregl:* Quantitative organische Mikroanalyse. Berlin 1930. — *Policard:* La minéralisation des coupes histologiques par calcination et son interêt comme méthode histochimique générale. C. r. Acad. Sci., Paris **176** (1923). — *Policard:* La microincinération et son interêt dans les recherches histochimiques. Bull. Histol. appl. **1** (1924). — *Ries:* Grundriß der Histophysiologie. Leipzig 1938. — *Rinne:* Kristallographische Formenlehre. Leipzig 1923. — *Romeis:* Taschenbuch der mikroskopischen Technik. Berlin 1932. — *Rosenthaler:* Nachweis organischer Verbindungen. (Sammlung Margosches.) Stuttgart 1923. — *Rosenthaler:* Toxikologische Mikroanalyse. Berlin 1935. — *Timm:* Zellmikrochemie der Schwermetallgifte. Leipzig 1932.                                   ***Timm.***

**Mikroschmelzpunktbestimmung** siehe *Giftnachweis.*

**Mikroskopischer Giftnachweis** siehe *Giftnachweis.*

**Mikrospektroskopie** siehe *Forensische Blutuntersuchung.*

**Milchflecke** siehe *Frauenmilch.*

**Milchsäure.**
Gärungsmilchsäure, alpha-Oxypropionssäure ($CH_3 \cdot CHOH \cdot COOH$). Kommt normalerweise in verschiedenen Nahrungs- und Genußmitteln vor, z. B. in Sauerkraut, Joghurt, Bier, Wein usw. Wurde früher zur Anregung der Verdauung ärztlich verordnet. Neuerdings findet sie wieder Verwendung in der Lebensmittel- und Konservierungsindustrie, bei der Limonadebereitung. Die in Betracht kommenden Konzentrationen sind vollkommen unschädlich. Medizinische Verwendung als Ätzmittel (50%ig), zur Vaginalspülung (0,5%ig). Normaldosis per so 0,5 g (90%ige Säure).
Vergiftungen sind nur ganz ausnahmsweise gemeldet worden, meist infolge Verwechslung. Durch Erbrechen wird der größte Teil der Säure wieder aus dem Körper entfernt. Ein Todesfall ist beschrieben worden von *Fühner*: Applikation von 100 ccm einer 33%igen Milchsäurelösung anläßlich einer Duodenalsondierung durch Verwechslung mit Magnesiumsulfatlösung. Die 27jährige Patientin erbrach. Puls klein, frequent, weich, kalter Schweiß, Schmerzen im Oberbauch. Hämoglobinurie, einzelne Cylinder. 12 Stunden später Tod unter Zirkulationslähmung (Cyanose, schlechter Puls, Kollaps). Die Sektion zeigte hämorrhagische Gastritis und Enteritis. Im Jejunum nekrotisierende Entzündung, bräunliche Schorfbildung. Mikroskopisch zeigte die Darmschleimhaut Thrombose, leukocytäre Infiltration, Blutüberfüllung, kleine Nekrosen.

*Schrifttum.*
*Fühner:* Tödliche medizinale Milchsäurevergiftung. Slg. Verg.-Fälle **3.** 71, A (1932), — Handb. der Lebensmittelchemie I. Berlin 1933.                                   ***Schwarz.***

**Milzbrand** siehe *Bakteriologische Untersuchungen in der gerichtlichen Medizin; Plötzlicher Tod aus natürlicher Ursache.*

**Mirbanöl** siehe *Nitrobenzol.*

**Missed abortion** siehe *Abort und Unfall.*

**Mithridatismus** siehe *Idiosynkrasie.*

**Möller-Barlowsche Krankheit** siehe *Hämorrhagische Diathesen.*

**Mohnsamen** siehe *Opiumalkaloide und verwandte Stoffe.*

**Mononitrophenole** siehe *Dinitrophenol.*

**Montanin** siehe *Fluor und Fluorverbindungen; Schädlingsbekämpfungsmittel.*

**Moorleichen.**
Unter Moorleichen verstehen wir Leichen, welche in Torfmooren gefunden worden sind. Es handelt sich darum, daß durch den langen Aufenthalt insbesondere menschlicher Leichen in den Torfmooren so gut wie keine Fäulnis und Verwesung, sondern fast nur konservierende Leichenveränderungen eintreten: die Hauptveränderungen bestehen dabei einerseits in einer Art Gerbung der Gewebe und andererseits in einer Entkalkung der Knochen. Wie alle sog. konservierenden Leichenveränderungen — auch Fettwachsbildung und Mumifikation — kennzeichnen sich die Moorleichen durch eine weitgehende Erhaltung der Form des Körpers,

wodurch nach Jahrzehnten noch eine Erkennung der Leiche nach Alter und Geschlecht und evtl. auch der Nachweis von Verbrechen möglich ist. Moorleichen sind bis jetzt nur in sog. *Hochmooren* gefunden worden. Diese Hochmoore sind entstanden auf armen, nie von fruchtbarem Wasser getränkten Bodenarten aus den Resten anspruchsloser Pflanzen (Heidekraut, Wollgras, Torfmoos usw.). Sie bilden sich auf einem *über* dem gewöhnlichen Grundwasserspiegel gelegenen Boden. Während fast alle früheren Moorleichenfunde — weit über 50 bisher — ihre Fundstellen in Norddeutschland und Skandinavien hatten, wurde in Südbayern das erstemal im Juni 1927 eine solche menschliche Leiche im Torfmoor angetroffen (*Gabriel*) und zwar in der Nähe des Kurortes Kolbermoor.

Über die Geschichte der Moorleichenforschung gibt eine Reihe von Veröffentlichungen Auskunft. 1871 hat das erstemal *Johanna Mestorf* einen zusammenfassenden Bericht über die in Holstein und anderwärts gefundenen Moorleichen herausgegeben und diesen in weiteren Arbeiten 1900 und 1907 noch ergänzt. Die erste Veröffentlichung von *Mestorf* hatte *Handelmann* und *Pansch* (1873) zur Mitteilung von Moorleichenfunden in Schleswig-Holstein Veranlassung gegeben. Bis 1907 waren ungefähr 52 Moorleichenfunde in den Mooren von *Dänemark*, *Holland* und *Nordwestdeutschland* bekannt gewesen, dann kamen auch Funde aus der Gegend von *Hannover* (*Ellermann* 1913) und als letzte Veröffentlichung vor der Mitteilung von *Gabriel* eine sehr eingehende Untersuchung von *Aichel* (1926) über einen Fund von *Röst* in Dithmarschen. Unter all diesen Funden befinden sich Leichen von Männern, Frauen und — seltener — von Kindern. Gerade der letzterwähnte Fund von *Röst* betraf nach der eindeutigen Untersuchung von *Aichel* die Leiche eines 2½-jährigen Mädchens, nachdem früher *J. Martin* die Moorleiche von *Kayhausen* als diejenige eines 8- bis 9jährigen Knaben festgestellt hatte.

Der *Erhaltungszustand* der Moorleichen ist kein einheitlicher; offenbar hängt dies zusammen mit den örtlichen und chemischen Verschiedenheiten der Moore und dem dadurch bedingten mehr oder weniger raschen Luftabschluß. Finden sich doch gegenüber solchen gut erhaltenen Körperformen mit fast völlig entkalkten Knochen andererseits auch reine Skelettfunde (z. B. Moorleiche im *Meerhuser* Moor in der Nähe des Klosters Bernuthsfeld). In der ersten interessantesten Gruppe tritt uns bei der Zutageförderung eine mumienartige Veränderung entgegen, von der man annimmt, daß sie sekundär durch Freilegung der Leiche und Lufttrocknung zustandekommt. In der Regel stellen die vorgefundenen Leichen Körper dar, die eine bis auf wenige Zentimeter zusammengedrückte platte Masse sind, was offensichtlich durch den Druck der die Leiche überlagernden Moorschichten verursacht ist. In der Mehrzahl der Fälle ist die Haut der Leichen, soweit sie überhaupt vorhanden ist, von dunkelbrauner Farbe. Im frischen Zustand feucht, wird sie an der Luft mehr oder weniger brüchig, schrumpft zusammen und gleicht dann gegerbtem Leder. Die Knochen der Moorleichen sind dunkelbraun bis schwarz gefärbt, von eigenartiger elastischer, fast gummiknüppelartiger Konsistenz, mit dem Messer schneidbar, außerordentlich leicht und zeigen — zweifellos infolge ihrer Biegsamkeit — mitunter eine starke, sicher erst postmortal eingetretene Deformierung. Die Entkalkung der Knochen hängt mit den im Moor vorhandenen Säuren zusammen und ist dementsprechend bei den einzelnen Moorleichen verschieden stark entwickelt. Der Knorpel ist nicht verfault, sondern gut konserviert und ist wie die Knochen von brauner Farbe, auch die Zähne sind

in den meisten Funden noch vorhanden, liegen aber vielfach lose in den Kieferalveolen und haben ihre Härte verloren. Das Zahnbein zeigt die Farbe des Moors, nicht aber der Schmelz. Mitunter sind die Nägel noch vorhanden, aber auch geschrumpft. Muskulatur und Fett sind in der Regel fast völlig verschwunden, die Sehnen und Fascien sind als platte Stränge erkennbar. Von den inneren Organen finden sich meist nur Reste in der Form einer schmierigen Masse, die Eingeweide, so auch in dem Fall von *Gabriel*, bis zur Unkenntlichkeit zusammengeschrumpft. In einigen Fällen (*Martin*) war der Verdauungstraktus noch erhalten, aber — offenbar auch durch den Druck der die Leiche überlagernden Torfmassen — völlig plattgedrückt, so daß er wie gebügelt aussah. In der Schädelhöhle findet sich natürlich meist nur der Rest einer gelben bis braunen Masse. Die Kopfhaare sind in der Regel — auch mikroskopisch — gut erhalten, von braunschwarzer, roter bzw. fuchsiger Farbe, was natürlich auch durch die Einwirkung der Huminsäuren bedingt ist. *Aichel* und *Hansen* konnten bei der *mikroskopischen Untersuchung* der von ihnen beschriebenen Moorleichen von der Muskulatur z. T. nur noch Sarkolemm und Bindegewebe nachweisen, ähnlich auch *Gabriel*, *Hansen* allerdings auch noch angedeutete Querstreifung, die aber bei Wasserzusatz verschwand. *Aichel* konnte sogar noch die Nervenstämme — wenigstens an ihren bindegewebigen Teilen und Hüllen — erkennen. Das Fettgewebe zeigt nur leere Zellmembranen, das Knochengewebe erscheint als frisch entkalkter Knochen, der hyaline Knorpel ist natürlich frei von Knorpelzellen. Die Oberhaut (*Ellermann* und *Gabriel*) fehlt völlig, von der Lederhaut sind nur die kollagenen Fibrillen erhalten. Was die *Altersbestimmung der Moorleichen* anbetrifft, so wissen wir zunächst noch nicht, wie lange es dauert, bis die im Moor versenkten Leichen diesen eigentümlichen Veränderungszustand erleiden; aus der Feststellung, wie tief die betreffende Leiche im Moor gebettet gefunden wird, könnte man ferner dann gewisse Schlüsse ziehen, wenn an der Fundstelle keine Schichtenstörung vorgelegen hat, und wenn man aus wissenschaftlichen Untersuchungen ungefähr weiß, wie schnell an der Fundstelle das Moor ungefähr wächst. Hinwiederum bieten wesentliche und genauere Anhaltspunkte für die Altersschätzung einerseits Schmuck- und Gebrauchsgegenstände, die an und bei den Moorleichen gefunden wurden, und andererseits die Kleiderfunde. Aus den bei der Leiche z. B. gefundenen Silberkapseln, einer Bronzefibel, ferner von Perlen, hat man die gefundenen Moorleichen schon auf die Zeit um 200—300 n. Chr. Geburt datiert. Andere wieder sind zweifellos bedeutend jüngeren Datums, z. B. die von *Gabriel* beschriebene etwa 200—150 Jahre alt. Einer der wichtigsten Anhaltspunkte ist ferner die Bekleidungsgegenstände der Leichen, die z. B. aus Wolle, Tierfellen und Leder bestanden, merkwürdigerweise wurde Leinen niemals angetroffen, man vermutet, daß das Leinen von den Moorsäuren im Lauf der Jahrhunderte aufgelöst wurde; denn bei den Kleidungsstücken, die aus zusammengesetzten und zweifellos genähten Stoffen bestanden, fand man niemals mehr Nähfäden, wohl aber u. U. noch deutlich die Stichöffnungen der früher vorhandenen Fäden! Auch in unserem Leichenfund (*Gabriel*), der, wie oben erwähnt, den ersten Leichenfund in einem Hochmoor Süddeutschlands darstellt, fanden wir nur lose Schnittteile der Kleider, aber keine Nahtfäden mehr. Unser Leichenfund stellte einen älteren Mann dar, eine Hose befand sich nicht bei den Kleidungsstücken, vielleicht hatte sie aus Leinen bestanden und war daher der Auflösung anheimgefallen. Die Leiche trug noch einen großen breit-

krempigen Hut aus dickem steifen Filz, einen gelbbraunen Lodenmantel und gleichfarbige Joppe, eine
Weste von rotbrauner Farbe, einen Brustbeutel
aus braunem Leder. Bemerkenswerterweise fanden
sich Leder-Hosenträger mit roten Filzunterlagen
(Hosenträger sollen am Anfang des 18. Jahrhunderts
erst auftauchen), ferner wurden Lederstücke zu
einem Paar brauner genähter Halbschuhe festgestellt und endlich als einziger Gebrauchsgegenstand
ein Holzgriff — zweifellos von einem vollständig durch
Rost zu Verlust gegangenen Messer. Unsere Kleiderfunde befinden sich im Nationalmuseum von
München; die Leiche selbst konnten wir in halb-
trockenem Zustand in der Sammlung des gerichtlich-medizinischen Instituts aufbewahren; die Verschimmelung des Präparats wird dadurch verhindert, daß man die gefährdeten Stellen von Zeit zu
Zeit mit wäßriger arseniger Säure, der Glycerin zugesetzt ist, bepinselt. Für die *Altersabschätzung* ist
es daher sehr empfehlenswert, Trachtensachverstän-
dige heranzuziehen; außerdem hat uns die Unter-
suchungskommission für die Textilindustrie an der
Preuß. Höheren Fachschule in *Kottbus* mit ihrem
Gutachten über die Kleiderstoffe und deren Webart
erhebliche und dankenswerte Unterlagen für die
Altersschätzung der Leiche gebracht.

Was endlich die jeweilige *Feststellung der Todesursache* anbetrifft, so handelt es sich natürlich in
erster Linie um die Frage, wie diese Menschen ins
Moor gerieten, insbesondere ob eine absichtliche
Versenkung (eine Bestattung, Ermordung, ein Strafverfahren) oder aber ob ein Unglücksfall vorliegt.
Die Kayhausener Moorleiche zeigte bekanntlich
am Halse noch drei dicht nebeneinanderliegende
Stichwunden und eine weitere Stichverletzung am
linken Oberarm, Hände und Füße waren gefesselt,
aus den Kleidern war eine Art Tragvorrichtung hergestellt, mit deren Hilfe vielleicht (*J. Martin*) der
Mörder den Getöteten zum Moor schleifte. In anderen Fällen wieder finden sich eingetriebene Pfähle
mit Holzhaken oder auch Beschwerung mit Steinen,
Bedecken mit Baumzweigen (wie im Fall *Gabriel*) —
offenbar um die Leiche im Moor niederzuhalten. Wir
glaubten bei unserem Fund, daß es sich lediglich um
die Bestattung eines vielleicht natürlich Verstorbenen handeln könnte. *Mestorf* ihrerseits denkt
an den Vollzug von Strafverfahren (Versenkung von
Ehebrecherinnen, Ehebrechern, Feiglingen usw. im
Sumpf- oder Moorwasser, was bekanntlich schon
*Tacitus* in seiner „Germania" erwähnt). Möglicherweise können auch solche Moorleichenfunde auf Unglücksfälle zurückzuführen sein, wie es für die von
ihr beschriebene männliche Leiche vom Vehner-
Moor *J. Mestorf* annimmt; aufgefunden werden
solche Moorleichen gelegentlich von Kultivierungs-
arbeiten oder bei der Torfgewinnung (*Gabriel*) usw. Da
vielfach die Leichen bei solchen Gelegenheiten gefunden und von den Arbeitern nicht immer sofort erkannt
werden, so können auch selbstverständlich beim Antreffen, Ausgraben und bei der Bergung Verletzungen
noch vorkommen, die nicht mit Tötungsstichen verwechselt werden dürfen. Besonders die scharfen, vorne
zugespitzten Torfspaten erzeugen Stich-Schnittver-
letzungen der Kleidungsstücke und der Leichen, die
nicht falsch gedeutet werden dürfen (*Gabriel*).

Will man solche Moorleichen, die Ganzleichen
oder Leichenteile als Musealpräparat erhalten, so
sind dieselben in dichtschließenden Glaskästen aufzuheben und — wie erwähnt — die der Verschimmelung ausgesetzten Teile von Zeit zu Zeit mit einer
wäßrigen Lösung von arseniger Säure (Vorsicht —
Gift!) unter Zusatz von Glycerin zu bepinseln.

*Schrifttum.*
*Aichel*, O.: Über Moorleichen, nebst Mitteilung eines neuen
Falles. Verh. Ges. phys. Anthrop. **2**, 57—73. Stuttgart 1927. —
*Ellermann:* Eine eigentümliche Veränderung von Leichen in Torf-
mooren. Aus dem Univ.-Inst. für gerichtl. Medizin Kopenhagen
Vjschr. gerichtl. Med. **III**, 53 (1917). — *Gabriel:* Die bisherigen Ergeb-
nisse der Moorleichenforschung und Mitteilung eines neuen Fundes
einer Moorleiche. Dtsch. Z. gerichtl. Med. **15** (1930). — *Handelmann*,
H. u. A. *Pansch:* Moorleichenfunde in Schleswig-Holstein. Kiel 1873.
— *Hansen, Fr. V. C.:* Anthropologia medico-historica groenlandiae
antiquae I Herjolfsnes. In Meddelelser om Groenland **67**, 333—342.
Kopenhagen 1924. — *Martin:* Beiträge zur Moorleichenforschung.
Manus **16**, 240—259; Z. f. Vorgeschichte **1924**. — *Mestorf, Johanna:*
Über die in Holstein und anderwärts gefundenen Moorleichen.
„Globus" Z. für Länder und Völkerkunde **20**, Nr. 9 (1871). —
*Mestorf, J.:* 42. Bericht des Schleswig-Holsteinischen Museums
vaterl. Altertümer. Kiel 1900. — *Mestorf, J.:* 44. Bericht des Schles-
wig-Holsteinischen Museums vaterl. Altertümer. Kiel 1907. — *Moor-
leichen:* Frankfurter Zeitung 1. Morgenblatt Nr. 223, 3. 27. 3. 1928.
                 ***Merkel.***

**Morchella esculenta** siehe *Pilzvergiftungen.*

**Mordpilz** siehe *Pilzvergiftungen.*

**Morphin** siehe *Opiumalkaloide und verwandte
Stoffe.*

**Mors e bolo** siehe *Tod und Gesundheitsbeschädigung durch gewaltsame Erstickung.*

**Motalin** siehe *Eisen.*

**Motorradunfall** siehe *Verkehrsunfall.*

**Mottenhexe** siehe *Schädlingsbekämpfungsmittel.*

## Münzfälschung.

Unter den Begriff der Münzfälschung fallen vier
verschiedene Gruppen kriminalistisch bedeutsamer
Erzeugnisse: 1. Nachahmungen gegenwärtig gül-
tiger Münzen, um sie in den Umlauf zu setzen;
2. gegenwärtige Nachahmungen alter Münzen, deren
Liebhaberwert als Sammlungsgegenstand verwertet
werden soll; 3. alte Nachahmungen von (zur Zeit
ihrer Erzeugung) gültigen Münzen, um sie damals in
Umlauf zu setzen; 4. alte Nachahmungen von Münzen noch früherer Zeitepochen zur Verwertung ihres
Liebhaberwertes, da alte Münzen schon seit Jahr-
hunderten gesammelt werden. Die erste Gruppe, die
Erzeugnisse der modernen Falschmünzerei, sind
nicht Gegenstand der folgenden Darstellung, da ihre
Untersuchung heute in staatlichen Spezialinstituten
erfolgt und sie daher nicht zur Begutachtung seitens des allgemeinen naturwissenschaftlichen Kriminalisten gelangen. Für die Untersuchung *alter*
Münzen aber, die hier behandelt werden soll (zweite
bis vierte Gruppe), gilt methodisch vielfach das Analoge wie für die Untersuchung der Kunstwerkfälschung (s. d.), insbesondere falscher Bronzen; nur
wird als Mitarbeiter hier an Stelle des Kunsthisto-
rikers der Numismatiker heranzuziehen sein.

Ähnlich den modernen Münzfälschern arbeitet
auch der Hersteller falscher alter Münzen hauptsächlich mittels *Nachguß* oder mittels *Prägung*, und
auch der Münzfälscher der Vergangenheit bediente
sich der grundsätzlich gleichen Methoden. Das
*Nachgußverfahren* ist das primitivere: schon die
Falschmünzerei des Altertums arbeitete in der Weise,
daß die Vorder- und die Rückseite der nachzubil-
denden echten Münzen auf zwei vorher genau aufeinander abgepaßte Tonscheiben abgedrückt wurden,
die mit einem dreieckigen Einschnitt versehen worden
waren. Die dann gebrannten und aufeinander gelegten Lehmformen wurden mit unedlem Metall ausgegossen, wobei die durch den dreieckigen Einschnitt entstehende Öffnung zum Einguß diente.
Nach dem Erkalten mußte das gegossene Falschgeld
bearbeitet werden (Entfernung des Gußzapfens bei
der Eingußstelle, Glättung und Bearbeitung der
Ränder usw.). In neuerer Zeit nimmt man Gips
statt Lehm, wodurch der durch das Trocknen und
Brennen des Lehms entstandene Schwund vermieden
wird; doch der weitere durch Erkalten des ein-

gegossenen Metalls entstehende Schwund bleibt auch bei solchen Nachgüssen bestehen, weshalb sich nachgegossene Münzen stets bei vorgenommener Präzisionsmessung durch ihren geringeren Durchmesser verraten. Zum *Prägen* falscher Münzen ist die Herstellung zweier Prägestempel für die Vorder- und Rückseite erforderlich, die durch Handarbeit geschnitten werden; gutes Gelingen setzt künstlerische oder doch kunstgewerbliche Fähigkeiten voraus. Die genaue Vergleichung der Detailzeichnungen, besonders bei starker Vergrößerung, zeigt aber auch dann fast stets kleine Abweichungen. Als Fälscher dieser Methode wurde im 16. Jahrhundert *G. Cavino* in *Padua* berühmt, der ausgezeichnete Nachahmungen römischer Kaisermedaillen herstellte, so daß bis ins 17. Jahrhundert im Münzhandel die „Paduaner Münzen" eine besondere Klasse bildeten. Schüler *Cavinos* haben auch „antike" Phantasiemünzen geschnitten, wobei sie als Vorlage alte Gemmen benützten. Ähnlich brachte es im 19. Jahrhundert *C. W. Becker* in Offenbach, der auch über ein großes numismatisches Wissen verfügte, zu einer hervorragenden Kunstfertigkeit im Schneiden alter Münzstempel. Um scheinbar besondere Raritäten vorzutäuschen, wurden auf diese Weise auch Münzen hergestellt, deren Vorder- und Rückseite verschiedenen echten Münzen entsprechen. Als dritte Möglichkeit neben Nachguß und Prägung kommt das *galvanoplastische* Verfahren in Betracht, durch das in neuerer Zeit auch alte Münzen nachgebildet wurden. Schließlich kommen neben falschen Münzen auch noch *verfälschte* echte Münzen vor, bei denen z. B. zur Erhöhung des Sammelwertes die Jahreszahl auf eine frühere Zeit abgeändert wurde.

Zur Prüfung alter Münzen dienen — außer der bereits erwähnten Präzisionsnachmessung zur Erkennung von Nachgüssen und der vergleichenden Detailuntersuchung zur Erkennung von Nachprägungen — noch mehrere Erkennungsmethoden der naturwissenschaftlichen Kriminalistik. Durch *mikroskopische Oberflächenuntersuchung* können mitunter Bearbeitungsspuren festgestellt werden, da sowohl bei Nachgüssen (wegen der hierbei zu beobachtenden Verschwommenheit der Zeichnung) als auch bei Nachprägungen dem Fälscher die Oberfläche oft noch verbesserungsbedürftig erscheint. Solche Metallbearbeitungen lassen regelmäßig mikroskopisch erkennbare, typische Spuren des verwendeten Werkzeuges (Nadel, Feile) zurück; das gilt auch für die erwähnten (wenn auch selten vorkommenden) Verfälschungen echter Münzen. Besonderer Beachtung bedarf der Rand der Münzen (Spuren der Abfeilung des Gußzapfens, nachträgliche Herstellung oder Verbesserung der Zahnung, die weder bei Guß noch bei Prägung auf der Randfläche selbst gut ausfällt, Einstanzen von Randschriften). Durch *Dickenmessung* (mittels Präzisionsdickenmikrometers) kann bei geprägten Münzen oft eine Abnahme der Dicke gegen die Mitte festgestellt werden, weil die Fälscher vielfach ungewalztes Metall verwenden, das sich bei der Prägung in der Mitte etwas flacher zusammendrückt, während ungefähr seit Mitte des 16. Jahrhunderts das für echte Münzen verwendete Metallstück aus Zainen ausgestanzt wird, die aus Metallklötzen oder Metallplatten ausgewalzt werden. Gewiegte Fälscher walzen deshalb die Metallegierung vor der Prägung. Umgekehrt kann aber die Verwendung gewalzten Metalls und dadurch das Fehlen der erwähnten Verdünnung gegen die Mitte auch ein Fälschungsmerkmal sein, wenn nämlich antike Münzen auf diese Weise nachgebildet werden, da im Altertum mangels des Walzverfahrens die echten Münzen jene Verdünnung aufweisen. Ob gewalztes, gehämmertes, gegossenes oder galvanoplastisch geformtes Metall vorliegt, läßt sich auch

durch die *metallographische* Methode der Mikroskopie im polarisierten Auflicht (an einer angeschliffenen oder angeätzten Stelle) feststellen. Mitunter führt auch die Feststellung des absoluten und des spezifischen Gewichtes (am einfachsten mittels der *Mohr*schen hydrostatischen Waage), die Untersuchung einer allfälligen künstlichen Patina und schließlich die *mikrochemische Analyse* des verwendeten Metalls zum Erfolg (wie bei der Kunstwerkfälschung, s. d.).

*Schrifttum.*

*Eudel, P.:* Die Fälscherkünste. Deutsch von *Rößler.* Leipzig 1909. — *Neuburger, A.:* Echt oder Fälschung? Leipzig 1924. — Vgl. auch die Schrifttumsangabe beim Art. „Kunstwerkfälschung". — Über die moderne Falschmünzerei orientiert *v. Liebermann:* Art. „Geldfälschung" im Handwb. der Kriminologie, Berlin 1933, und die daselbst verzeichnete Literatur. **Seelig.**

**Multiple Sklerose** siehe *Nervenkrankheiten und Trauma.*

**Mumifikation** siehe *Leichenerscheinungen.*

**Munition** siehe *Schußwaffen und Munition.*

**Muscarinvergiftung** siehe *Pilzvergiftungen.*

**Muschelvergiftung.** (Vgl. auch Art.: Nahrungsmittelvergiftung.)

Durch die an Küsten lebenden Meermuscheln: *Mytilus edulis,* Miesmuschel, und *Mytilus californianus* u. a. kommen Vergiftungen vor. Giftige Muscheln sind jedoch nicht immer giftig. In Kalifornien kommen Vergiftungen nur vom Mai bis Oktober vor. Aus Mytilus californianus wurde ein stickstoffhaltiger basischer Giftstoff isoliert, der keine Alkaloidreaktion gibt und im Tierversuch bedeutend giftiger ist wie Aconitin. Nach der Wirkung vermutlich quaternäre Ammoniumbase.

*Vorkommen der Muschelvergiftung* (sog. Mytilismus): Massenvergiftung in Kalifornien und an der Westküste Nordamerikas mit zahlreichen Todesfällen unter Symptomen der 1. *paralytischen Form der Muschelvergiftung.* Gekochte Tiere waren gleichgiftig wie rohe. Von kalifornischer Muschel genügen wenige Stücke, um beim Menschen tödliche Vergiftung herbeizuführen. Tod innerhalb zwei bis drei Stunden. Gift wirkt direkt lähmend auf Zentralnervensystem, namentlich Vasomotoren- und Atemzentrum. Daneben curareartige motorische und sensible Lähmung. Muschelgift ist zentral und peripher wirkendes Neurotoxin und direkt muskellähmendes Gift; der Wirkung nach offenbar nahe verwandt mit dem Fugugift oder Tetrodotoxin. Diese paralytische Form der Muschelvergiftung, wie sie analog schon von *Virchow* 1885 bei Vergiftungen durch *Mytilus edulis* beobachtet worden war, beginnt meist mit Parästhesien, Kriebeln in den Fingern; dann Erregungszustände, Ataxie, Schwindel, Sprachstörungen, Lähmungen. Tod innert 3—12 Stunden. *Gastrointestinale Erscheinungen fehlen!* Symptome können sehr ähnlich sein wie bei paralytischem Ichthysmus (vgl. *Lewin* S. 998).

*Differentialdiagnostisch* kommen außerdem in Frage: *Botulismus, Fleischvergiftung, Curarevergiftung, Fuguvergiftung, Schierlingsvergiftung* (s. d. Art.: Coniin und Schierlingsvergiftung; Curare; Nahrungsmittelvergiftung).

2. Neben der weitaus gefährlichsten paralytischen Form der Muschelvergiftung gibt es eine *gastrointestinale* mit rasch im Verlauf weniger Stunden auftretender Übelkeit, Erbrechen, choleraartigen Symptomen analog der Fischvergiftung.

3. Am harmlosesten sind die *allergischen,* mit Hitze, Urticaria, Angina, Dyspnoe einhergehenden Formen der Muschelvergiftung.

In gerichtlich-medizinischer Hinsicht ist zu beachten, daß Muscheln (wie Pilze) als Träger dosierter

Gifte in krimineller Absicht verwendet werden können. (Asservierung zur chemischen Analyse!)

*Schrifttum.*

*Ebright, G. E.:* Clam and mussel poisoning. California Med. **32**, 382 (1930). — *Gibbard, J., F. C. Collier u. E. F. Whyte:* Mussel poisoning. Canad. Publ. Health J. **30**, 193 (1939). — *Hock, R.:* Über Muschelvergiftung. Tierärztl. Rdschr. **1930** I, 254. — *Kellaway, C. H.:* The action of mussel poison on the nervous system. Austral. J. exper. Biol. a. med. Sci. **13**, 79 (1935). — *Koch, H. I.:* Lähmung nach Muschelvergiftung. Arch. méd. soc. d'Hyg. **1**, 796 (1938). — *Meyer, K. F., H. Sommer u. P. Schoenholz:* Mussel poisoning. J. prevent. Med. **2**, 365 (1928). — *Monnier, R. P.:* Versuche zur Isolierung eines in Mytilus californianus enthaltenen Giftes. Diss. Zürich 1938. — *Müller, H.:* The chemistry and toxicity of mussel poison. J. of Pharmacol. **53**, 67 (1935). — *Prinzmetal, M., H. Sommer u. C. D. Leake:* The pharmacological action of „Mussel poison". J. of Pharmacol. **46**, 63 (1932). — *Thesen, J.:* Studien über die paralytische Form von Vergiftung durch Muscheln (Mytilus edulis). Arch. exp. Path. u. Pharm. **47**, 311 (1902). — *Virchow, R.:* Über die Vergiftung durch Miesmuscheln in Wilhelmshaven. Berl. Klin. Wschr. **1885**. *H. Fischer*

**Mustard-Gas** siehe *Kampfgase.*

## Mutterkorn und Mutterkornalkaloide.

*Mutterkorn, Secale cornutum* = Dauermycelium des auf Roggen und anderen Getreidearten parasitierenden Pilzes *Claviceps purpurea (Ascomyceten).* Der Zusammensetzung nach hinsichtlich Alkaloiden und Aminen je nach Standort, Jahreszeit, Wirtspflanze, Alter der Sklerotien außerordentlich veränderlich.

*Chemie:* Mutterkorn enthält neben den Aminen Tyramin und Histamin eine größere Anzahl von Alkaloiden, von denen *Ergotamin,* $C_{33}H_{35}O_5N_5$, und *Ergotoxin,* $C_{35}H_{39}O_5N_5$, am besten bekannt sind. Dem Ergotoxin sehr nahe stehend sind die weiteren Alkaloide *Sensibamin* und *Ergoclavin.* Alle diese Alkaloide bewirken tetanische Uteruskontraktion. Außerdem enthält Mutterkorn ein gut wasserlösliches nicht tetanisch wirkendes, wehenerregendes Alkaloid *Ergometrin = Ergobasin = Ergotocin = Ergostetrin = Ergonovin,* $C_{19}H_{23}O_2N_3$.

*Wirkungscharakter der Mutterkornvergiftung:* Erzeugt tetanische Krämpfe des Uterus, Blutdrucksteigerung, Gangrän, cerebrale Krämpfe.

*a) Klinische Erscheinungen bei akuter Vergiftung:* Übelkeit, Erbrechen, Speichelfluß, Schlingbeschwerden, Durst, Präkordialangst, Kolik, Schweißausbruch; dann Schwindel, Kopfschmerz, Mydriasis, selten Miosis, Augenflimmern; Parästhesien, namentlich Kältegefühl und Kriebeln, später Anästhesie. Im weiteren Verlauf große Hinfälligkeit, Bradykardie, in schweren Fällen auch Sehschwäche, Hörstörungen, vorübergehend Aphasie; Muskelzuckungen, Muskelstarre, epileptische Krämpfe, Lähmungen, Delirien, Koma. Tod im Kollaps bei kleinem, irregulärem Puls unter Herzschwäche.

Bei Schwangeren Menorrhagien, schmerzhafte Uteruskontraktionen, Tetanus uteri, Abort, Uterusruptur. Nach Überstehen der akuten Symptome evtl. Gangrän.

*Atypische Vergiftungserscheinungen:* Hämaturie, Ikterus, Hauthämorrhagien, Nasenbluten (Vergiftungsbild wie bei Phosphorvergiftung).

*b) Subakute und chronische Vergiftung:* 1. *Mutterkornvergiftung.* Als Ergotismus spasmodicus und gangränosus, früher epidemieartig nach Genuß infizierten Brotgetreides. Heute sind Massenvergiftungen selten (Ungarn); meist nur vereinzelte Fälle (*Barger*).

*Ergotismus spasmodicus* (= convulsivus), Kriebelkrankheit: Gefühl von Taubheit an Fingern und Händen, das sich über den ganzen Körper verbreitet. Dann Magen-Darmstörungen, Brechdurchfälle und schließlich typische Krämpfe. Dieselben bestehen in anfallsweisem Auftreten sehr schmerzhafter tonischer Kontraktionen, besonders in den Flexoren (Trismus, Opistotonus, Nackenstarre), die zu typischen Kontrakturen führen. Dazu kommen klonische Krämpfe epileptiformen Charakters, die stundenlang dauern können. Kontrakturen bleiben schließlich dauernd bestehen. Nicht selten blitzartige Schmerzen, Koordinationsstörungen, fehlende Patellarreflexe, also tabesähnliche Symptomatologie; Ausgang in Verblödung und Marasmus. Augenstörungen: Im Krampfanfall meist Miosis, in schweren Fällen Diplopie, Nystagmus, Augenmuskelkrämpfe, Akkommodationskrampf, Sehschwäche bis Amaurose; Starbildung als Nachkrankheit, auch Taubheit.

*Ergotismus gangraenosus* (Ignis sacer): Beginn oft auch mit Kriebeln in den Fingern, Erbrechen und Durchfall. Nach einigen Tagen typische Erscheinungen der Gangrän: Haut bekommt bläulich livide Flecken, schließlich blauschwarze Verfärbung, Abheben der Epidermis, trockener Brand. Bevorzugte Stellen: Finger, Zehen, Nase, Ohren, Mamma. Entwicklung und Abgrenzung der Gangrän unter heftigsten Schmerzen, später völlige Gefühllosigkeit. Ursache der Gangrän: Veränderung der Gefäßintima, welche zu Thrombosierung und Ernährungsstörung in endarteritischen Gefäßgebieten führt. Tod seltener durch unstillbare Diarrhöen und Marasmus, häufiger durch Folgeerscheinungen der Gangrän, namentlich Sepsis.

Beide Vergiftungstypen sind nicht immer scharf getrennt. Ursache der Verschiedenheit der Vergiftungserscheinungen auch heute trotz Kenntnis der Alkaloide nicht bekannt. Möglicherweise spielt beim Zustandekommen der konvulsivischen Formen A-Avitaminose eine gewisse Rolle (vgl. *Mellanby*).

2. *Vergiftungserscheinungen durch Gebrauch reiner Mutterkornalkaloide.* Vergiftungen nach Ergotamin-, Ergotoxingebrauch usw. verlaufen nach dem Bilde der *gangränösen* Mutterkornvergiftung: Kriebelgefühl, Ameisenlaufen, Gangrän. Daneben Müdigkeit, Depression, Muskelschmerzen, Nausea, Erbrechen und psychische Erscheinungen, namentlich Benommenheit.

*Pathologisch-anatomischer Befund:* Bei *akuter Vergiftung* ganz uncharakteristisch, evtl. Hyperämie aller Organe, Blutaustritte in seröse Häute und parenchymatöse Organe. Bei *subakuter Vergiftung* typischer Gangränbefund, evtl. Starbildung. Bei *Ergotismus convulsivus* Muskelschwund, Kontrakturen. Zentralnervensystem: Degeneration in Hintersträngen wie bei Tabes, hauptsächlich im Brustmark mit Übergreifen der Nervendegeneration und Gliawucherung auf hintere Wurzeln. Als Vernarbungsprodukt gliöse Sklerose. Ferner vacuoläre Entartung in grauen Vorderhörnern, Blutaustritte, Erweichungsherde. An peripheren Nerven evtl. Befunde wie bei Polyneuritis.

*Dosis medicinalis: Secale cornutum:* 0,5—1,0 g; *Extract. secalis corn.* (fester Extrakt: 0,1—0,5 g). *Extract. secalis corn. fluid.:* 0,5 g. *Ergotinin:* 0,01 g. *Gynergen* = Ergotamintartrat: ½—1 ccm s. c. oder i. m. (1 ccm = 0,5 mg), per os in Tabletten (1 Tabl. = 0,001 g). *Neo-Gynergen* (1 ccm = 0,125 mg Ergobasin und 0,25 mg Ergotamintartrat): ½—1 ccm s. c. Mutterkornpräparate werden außer in der Gynäkologie häufig als Migränemittel verwendet, auch zusammen mit Tropaalkaloiden, z. B. als *Bellergal.*

*Dosis toxica: Secale cornutum:* Wegen großen Gehaltsschwankungen toxische Dose schwer bestimmbar. Toxisch wirkten schon 1,5 g; sicher akut toxisch wirken 4—5 g des frischen, voll wirksamen Mutterkorns. Subakute Vergiftungen schon durch 1,0 g Secale corn. oder Extrakt, wenn längere Zeit genommen. *Gynergen:* Gangrän schon nach täglich 1,5—2 mg über längere Zeit bei besonderer Gefäßempfindlichkeit.

*Dosis letalis:* von Mutterkornpräparaten schwer

bestimmbar wegen rascher Abnahme der Wirksamkeit. Akut tödlich können 10—20 g frischen Mutterkorns sein.

*Vorkommen und Häufigkeit der Vergiftung:* Tödliche Vergiftung sehr selten; Tod meist an Vergiftungsfolgen, z. B. durch septische Gangrän.

Wiederholte Einnahme von Mutterkorn- und -Präparaten als *Abortivum* führte nicht selten zu Abort, aber ebenso häufig zu schwerer Vergiftung der Mutter mit Gangrän.

*Selbstmord:* Selbstmordversuch mit 15 mg Ergotamin führte zu erythromelalgieähnlichem Zustand (*Nielsen*).

*Medizinale Vergiftungen:* Eine Secale-Vergiftung als Extrauterinschwangerschaft operiert (!) vgl. *Junghans.* Nicht ganz selten sind Vergiftungen mit Reinpräparaten bei Applikation zu hoher Dosen über längere Zeit und bei Überempfindlichkeit der Gefäße. Bei dieser führte Applikation von 1 mg Ergotamin während vier Tagen zu Gangrän. In anderem Fall trat nach oraler Applikation von 2—8 mg Ergotamin innerhalb vier Tagen Gangrän an Fingern und Zehen auf. Nach täglich 0,25—0,75 mg Gynergen s. c., total 22 mg in 24 Tagen, drohende Gangrän bei 16jährigem, hyperthyreotischen Mädchen. Ausschlaggebend für Giftwirkung ist Zustand der Gefäße: bei 64jährigem arteriosklerotischen Manne führten 1,5 mg Ergotamin pro die s. c. während sieben Tagen schon vom zweiten Tag an zu typischen Vergiftungserscheinungen mit ausgebildeter Gangrän beider Füße am 13. Tag. Angina pectoris durch Ergotamin mit Hervorrufung schwerster stenokardischer Anfälle und Hemiplegie nach drei Injektionen von je 0,5 mg Ergotamin (*Labbé*). Tödlicher Status anginosus nach 1 ccm Gynergen i. m. bei bisher subjektiv symptomloser Coronarstenose (*Zimmermann*).

*Ökonomische Vergiftungen* durch infiziertes Brot und Mehl gehören heute zu den Seltenheiten. Epidemischer Ergotismus in Rußland 1926/27, mehr sporadisch in Ungarn 1906. Toxisch wirken schon Beimengungen von 1% Mutterkorn (früher kamen bis 6—10% im Mehl vor mit entsprechend schweren Erscheinungen des endemischen Ergotismus).

*Schrifttum.*

*Barger G.:* Ergot and Ergotism. A Monograph Gurney a. Jackson. London 1931. — *Barger, G.:* The alkaloids of ergot. In: *Heffter-Heubner:* Handb. exper. Pharmakol. Erg.werk **6**, 84 (1938). — *Cushny, A. R.:* Mutterkorn. In: *Heffter:* Handb. der exper. Pharmakologie **2**, 1297 (1924). — *Custer, R. P.:* The experimental pathology of ergotism. Amer. J. Med. Sci. **195**, 452 (1938). — *Dale, H.:* Die Pharmakologie des Mutterkorns. Schweiz. med. W. **1935**, 885. — *Erben, F.:* Vergiftungen **2 II**, 732. Wien 1910. — *Glaessner, K.:* Über Ergotismus nach Genuß von sekalhaltigem Mehl. Wien. klin. Wschr. **1919**, 168. — *Guggisbrg, H.:* Beitrag zur Frage der wirksamen Mutterkornsubstanz. Helvet. med. Acta **4**, 13 (1937). — *Junghans, E.:* Ein Fall von Sekale-Vergiftung. Slg. Verg.-Fälle A **601**, 83. — *Kobert, R.:* Lehrbuch der Intoxikationen. 2. Aufl. **2**, 598. Stuttgart 1906. — *Lewin, L.:* Gifte und Vergiftungen. 919. Berlin 1929. — *Mellanby, E.:* Nutrition and Disease. Edinburgh 1934. — *Müller, K.:* Zur Frage der Behandlung des Morbus Basedowii mit Ergotamin. Münch. med. Wschr. **1933**, 1784. — *Nielsen, L.:* Suicidversuch mit Gynergen als Ursache der Erythromelalgie. Münch. med. Wschr. **1928**, 736 u. Slg. Verg.-Fälle A **540**. — *Perlow, S.* u. *L. Bloch,* Ergotamintartratvergiftung. Slg. Verg.-Fälle A **710**, 213. — *Petri, E.:* Anatomie und Histologie der Vergiftungen. 389. Berlin 1930. In Handb. der spez. Pathol. und Histol. **10**. — *Platt, R.:* Über die Behandlung des Morbus Basedowii mit Ergotamin. Klin. Wschr. **1930**, 258. — *Speck, W.:* Ergotamin-(Gynergen-)Vergiftung, medizinale. Med. Klin. **41**, 1521 (1930) u. Slg. Verg.-Fälle **3**, A 199. — *Stoll, A.:* Die Alkaloide des Mutterkorns. Wien. Klin. Wschr. **1936**, 1513 u. 1552. — *Stoll, A.:* Über Ergobasin und seine Beziehung zu den Alkaloiden der Ergotamin-Ergotoxingruppe. Münch. med. Wschr. **1937**, 322. — *Stoll, A.:* Die wirksamen Stoffe des Mutterkorns. Bull. fédérat. int. Pharmaceut. **18**, 115 (1937). — *Thieme, P.:* Über Mutterkorn im Getreide, Mehl und Brot, seinen Nachweis und die Verhütung von Mutterkornvergiftungen. Veröff. Med-verw. **23**. Berlin 1930. — *Zimmermann, O.:* Störung des Coronardurchblutung durch Ergotamin Klin. Wschr. **1935**, 500. **H. Fischer.**

**Myelitis** siehe *Nervenkrankheiten und Trauma.*

**Myom** siehe *Geschwulst und Trauma.*

**Myomalacia cordis** siehe *Plötzlicher Tod aus natürlicher Ursache.*

**Myristicin** siehe *Apiol.*

**Myrrhen.**

Verwendet wird das Gummiharz, das aus Wunden des Baumes fließt (*Commiphora Myrrhae* Engl.). Enthält Kohlenwasserstoffe, Pinen, Dipenten usw. Offizinell Tinct. Myrrhae 20%ig zur Schleimhautpinselung, 0,2%ig für Mundspülungen.

Gelegentlich medizinale Vergiftung durch unvorsichtige Anwendung, Verwechslung. Selten als Laienabortivum, ohne Wirkung. Ist im Interruptin als ätherisches Öl enthalten. Vergiftungssymptome: Hämaturie, Dysurie, selten Durchfälle oder Erbrechen. Keine schwereren Vergiftungen oder Todesfälle beobachtet. **Schwarz.**

**Mytilismus** siehe *Muschelvergiftung.*

# N.

**Nabelbruch** siehe *Hernie und Trauma.*

**Nabelschnur** siehe *Kindestötung.*

**Nachempfängnis** siehe *Schwangerschaftsdauer.*

**Nagelschmutz** siehe *Fingernagelschmutz.*

**Nahrungsmittelvergiftung** (= N.V.). (Vgl. auch Art.: Bakteriologische Untersuchungen in der gerichtlichen Medizin; Muschelvergiftung.)

*A. Die Vergiftungen durch verdorbene Nahrungsmittel.* Die N.V. hat schon von jeher als ätiologischer Faktor für viele, zumeist akut (Vergiftung!) auftretende und mit Magen-Darmsymptomen einhergehende Erkrankungen eine große Rolle gespielt. Bevor durch eingehende bakteriologische Untersuchungen auf diesem Gebiet weitgehend Klarheit geschaffen wurde, war man zumeist auf Mutmaßungen angewiesen. Während man zunächst Giftstoffe, die beim Aufbewahren und Zubereiten der Nahrung aus den entsprechenden Behältern in die Speisen übergehen sollten, für derartige Erkrankungen verantwortlich machte, nahm man später an, daß durch Zersetzung in den Nahrungsmitteln entstehende Giftstoffe ursächlich für derartige Erkrankungen in Betracht kämen. Erst mit dem Einsetzen und Verfeinern der bakteriologisch-serologischen Diagnostik gelang es, einen großen Teil dieser Erkrankungsfälle zu klären. Trotzdem sind wir noch weit davon entfernt, alle hier vorkommenden Fragen eindeutig beantworten zu können. Es bleiben immer noch eine Reihe von z. T. tödlichen Erkrankungsfällen, die sich weder der einen noch der anderen Gruppe einordnen lassen. Wenn in den letztvergangenen Jahren über derartige Fälle auch im Schrifttum nicht viel veröffentlicht wurde, so kann das nicht dahin ausgelegt werden, daß derartige nicht mit unseren pathologisch-anatomischen und bakteriologisch-serologischen Mitteln zu klärende Erkrankungen überhaupt nicht vorkommen. Es muß dahingestellt bleiben, ob diese Fälle dank der

Aufklärung der Bevölkerung und der modernen Hygiene tatsächlich heute zu den Seltenheiten gehören oder ob über diese Erkrankungen, da sie weder auf die eine noch andere Weise zu deuten sind, nichts veröffentlicht wird.

Generell muß bei jedem Fall einer verdächtigen N.V. die sofortige Beschlagnahmung und Untersuchung des betreffenden Nahrungsmittels gefordert werden. Handelt es sich um einen ungeklärten Todesfall, so sind abgebundene und uneröffnete Dünn- und Dickdarmabschnitte, Milz, Gallenblase sowie Blut bzw. sonstwie verdächtige Eiterungen u. ä. unverzüglich an ein zuständiges Institut zur Untersuchung einzusenden. Außerdem müssen von allen Organen Teile, unter Umständen das gesamte Gehirn, zur mikroskopischen Untersuchung in geeigneten Fixierungsflüssigkeiten aufbewahrt werden.

Bei Gesundheitsschädigung oder Tod eines Menschen durch die Beschaffenheit eines Lebensmittels ist sofort der zuständige Amtsarzt zu benachrichtigen, ebenso, wenn die Gefahr einer gesundheitlichen Schädigung anzunehmen ist.

Unter Würdigung des gesamten Sachverhaltes (Erreger, Intoxikationsmodus u. a.) können die Nahrungsmittelvergiftungen in drei Gruppen eingeteilt werden: 1. in die durch *Fäulnisgifte* (Leichenalkaloide, Ptomaine) bedingten Vergiftungsfälle, 2. in die durch die *Paratyphus - Gärtner-Gruppe* verursachten toxisch-infektiösen Erkrankungen, an die, wenn es an sich auch nicht ganz sachgemäß ist, die *Trichinose* angegliedert werden kann, und 3. in die durch das Toxin des *Bac. botul.* bedingten rein bakteriellen Intoxikationen.

1. Die „*Fäulnisvergiftungen*", worunter die Vergiftungen zu verstehen sind, welche durch die in den Nahrungsmitteln (Fleisch, Wurst, Fisch, Muscheln u. a.) entstehenden Fäulnisprodukte bedingt sind.

Auf das Wesen der Fäulnis näher einzugehen, würde zu weit gehen. Tatsache ist, daß der jeweilige Grad der Fäulnis für die Giftwirkung von ausschlaggebender Bedeutung ist. Es wurde nämlich einwandfrei nachgewiesen, daß die bei der Fäulnis auftretenden Produkte sich nur kurze Zeit als stark giftig erweisen, mit fortschreitender Zersetzung an Toxizität verlieren und schließlich völlig ungiftig werden.

Daß fauliges Eiweiß giftig wirken kann, ist seit Jahrtausenden bekannt. Abhängig dürfte die Art und Giftwirkung des entstehenden Stoffes in erster Linie von der Menge und Art des ursprünglich vorhandenen Eiweißes und den Zersetzungsbedingungen (Luft, Licht, Wärme usw., wobei Bakterien wie Proteus, Coli u. a. eine ausschlaggebende Rolle spielen mögen) sein. Grundlegende Kenntnisse hierüber mangeln uns bis heute. Zahlreiche Untersuchungsergebnisse über die bei der Fäulnis auftretenden Stoffe liegen vor. Schon *Panum* wies in faulendem Fleisch ein Gift nach, das durch Kochen und Behandeln mit kochendem Alkohol seine Giftigkeit nicht verlor. *Von Bergmann* und *Schmiedeberg* sowie *Faust* isolierten aus fauler Bierhefe, *Zuelzer* und *Sonnenschein* aus faulem Fleisch einen stickstoffhaltigen kristallinischen Körper, der die charakteristischen Eigenschaften des Ausgangsmaterials zeigt und atropinähnliche Wirkung entfalten soll. *Von Bergmann* und *Schmiedeberg* benannten ihn Sepsin. *Brieger*, der die Fäulnisprodukte eingehend studierte und untersuchte, isolierte eine große Zahl zur Gruppe der Amine und Diamine gehörige Substanzen, von denen sich jedoch nur ein kleiner Teil dem tierischen Organismus gegenüber giftig verhält. Von den bis jetzt bekannten, in ihrem Aufbau nur z. T. erforschten Giftstoffen seien hier nur das Sepsin (aus fauler Hefe), das Saprin und Mydalein (Leichenfäulnis), das Gadinin (aus faulen Dorschen),

das Kolledin (Gelatinefäulnis), das Parvolin (aus faulem Makrelenfleisch), die giftigen Di- und Trimethylamin und Di- und Triäthylamin (aus Hefe, Leim- und Eiweißfäulnis), das Äthylidendiamin, das Tetramethylendiamin (Putrescin), das Pentamethylendiamin (Kadaverin), das Mydatoxin, Neurin und Leichenmuscarin (alles Produkte der Leichenfäulnis) genannt.

Daß mit diesen bis jetzt bekannten und z. T. genau definierten Stoffen das Wesen der Fäulnis geklärt ist, kann nicht angenommen werden. Die Forschungsergebnisse lassen jedoch den Schluß zu, daß Fleisch-, Wurst-, Fisch-, Muschelvergiftungen und andere, sofern letzteren nicht ein „Eigengift" zukommt, nicht grundsätzlich verschiedene Vergiftungen darstellen, sondern lediglich durch die jeweils gebildeten Fäulnisstoffe bedingt sind, womöglich auch von Bakterienwirkungen beeinflußt werden.

In Betracht kommen für die „Fäulnisvergiftung" Fleisch, insbesondere von kranken und mit putriden Infektionen behafteten Tieren, Fisch, Muscheln, Krebse u. a., sowie alle sonstigen, vor allem eiweiß- (purinkörper-)reichen Nahrungsmittel.

Wenn schon unser Wissen über die bei der eigentlichen Fleischvergiftung zur Wirkung gelangenden Giftstoffe sehr lückenhaft ist, so sind unsere Kenntnisse über klinischen Verlauf, Prognose, pathologische Anatomie und Giftnachweis noch unvollkommener.

Zumeist verläuft die *Erkrankung* unter den Erscheinungen eines akuten, nur z. T. von Fieber begleiteten Magen-Darmkatarrhs, der etwa 4—24 Stunden nach dem Genuß des betreffenden Nahrungsmittels auftritt. Übelkeit, Kopfschmerzen, Erbrechen und Leibschmerzen sind die ersten Krankheitserscheinungen, kurze Zeit später treten häufige, meist übelriechende und dünnflüssige Stuhlentleerungen auf, die teilweise auch mit Blut vermischt sein können. Schwächezustände, Gliederschmerzen sowie hin und wieder Hauterscheinungen der verschiedensten Art vervollständigen das Krankheitsbild. Bei schweren Erkrankungen, wobei Disposition, Allgemeinzustand, Magensekretion, Zubereitung des Nahrungsmittels usw. (*Erben*) nicht unwichtig sein sollen, wurden Trockenheit und Rötung im Hals, Brennen in der Mundhöhle und im Schlund, Durst, bisweilen Kollaps, sowie eine Reihe nervöser Störungen, wie Ohnmachtsanfälle, Verwirrung, Delirien, Koma, Konvulsionen und Trismus beobachtet. Nicht selten sollen außerdem Schlingbeschwerden bis zur gänzlichen Schlingunfähigkeit, Augenstörungen, wie Mydriasis, seltener Amblyopie, Diplopie und Akkommodationsparesen auftreten, dagegen nie Ptosis und Muskellähmungen.

Über den Krankheitsverlauf läßt sich nach den wenigen einwandfreien Mitteilungen nur angeben, daß er anscheinend weitgehend von dem augenblicklichen Gesundheitszustand, der Disposition und der Menge des aufgenommenen Giftes sowie von dessen Verweildauer im Magen- Darmkanal abhängt. Ob die tödlich verlaufenen mitgeteilten Erkrankungsfälle durch eine Fäulnisvergiftung bedingt waren, muß dahingestellt bleiben, ist jedoch nicht unwahrscheinlich.

*Differentialdiagnostisch* kommen in erster Linie Botulismus und Vergiftungen durch die Gruppe der Fleischvergifter in Betracht. Weiterhin auch alle die bei diesen Vergiftungen in Erwägung zu ziehenden Gifte und Erkrankungen, wie Atropin, Hyosciamin, Hyoscin, Pilzvergiftung, Arsen, Phosphor u. a.

Die *Diagnose* ist nur dann zu stellen, wenn von den in Frage kommenden Nahrungsmitteln noch Reste untersucht werden können. Ein Giftnachweis aus dem Magen-Darminhalt oder aus der Leiche ist unmöglich.

*Pathologisch-anatomisch* ist die „Fäulnisvergiftung" nicht näher erforscht. Nach den bekanntgewordenen Untersuchungen soll im Vordergrund ein zumeist geringer Katarrh der Darmschleimhaut stehen. Hunde, die durch intravenöse Injektionen von Sepsin vergiftet wurden, erkrankten an Erbrechen, blutigem Durchfall und gingen innerhalb von vier Stunden ein. Pathologisch-anatomisch fanden sich „eine deutliche Färbung und samtartige Schwellung der Magen-Darmschleimhaut ohne Beteiligung der *Payer*schen Plaques sowie Blutaustritte in den einzelnen Organen, die sich mikroskopisch als Capillarhyperämien darstellten" (*Flury-Zangger*).

2. *Die Vergiftungen durch die Erreger der Paratyphus-B—Enteritisgruppe.* Die Kenntnis von der bakteriellen Ätiologie vieler, vielleicht der meisten Nahrungsmittelvergiftungen, ist noch verhältnismäßig jungen Datums. Erst durch die Entdeckung der Paratyphus-Enteritisbakterien (Bac. enterit. *Gärtner* 1888, Bac. paratyph. B *Schottmüller* 1900), einer weit verbreiteten Gruppe von Krankheitserregern (Salmonellagruppe), konnte bis zu einem gewissen Grade Klarheit geschaffen werden. Eine große Reihe von Stämmen und Untergruppen wurden im Laufe der Zeit bekannt (Bac. *Aertryck*, Bac. *Meierlbeck*, Bac. *Breslau*, Bac. *Flügge-Känsche* u. a.), die nur z. T. für den Menschen pathogen sind, während andere nur hin und wieder beim Menschen kleinere Epidemien hervorgerufen haben sollen und im allgemeinen nur tierpathogen sind (Hogcholerabacillus, Bac. suipestifer u. a.).

Alle, mindestens die menschenpathogenen Krankheitserreger dieser Bakteriengruppe verhalten sich morphologisch und kulturell gleich. Sie bilden sowohl in der Kultur, als auch auf Nahrungsmitteln ein Toxin, das die gleichen Eigenschaften hat, hitzebeständig, akut wirksam und löslich ist. In neuester Zeit wird, da gewisse Unterschiede sowohl im Krankheitsverlauf als ganz besonders in der Agglutinierbarkeit einwandfrei vorhanden sind, von der Kieler Schule eine Trennung in zwei Gruppen gefordert. *Selter* trennt durch Agglutinationsprüfung mit hochwertigen monovalenten Seren die tierpathogenen Stämme der sog. Hogcholeragruppe (Schweinepest, Mäusepest, Psittakose, Rattentyphus u. a.) von dem vom Menschen gezüchteten Paratyphus B und der Fleischvergiftung. Nach seiner Ansicht müssen ferner die menschenpathogenen Krankheitserreger, abgesehen vom Paratyphus A und vom Gärtnerbacillus, wiederum in „mindestens zwei selbständige Gruppen aufgelöst werden", wobei die Paratyphus-Hamburgensis (*Schottmüller*) und die Paratyphus-Breslauensis-Gruppe zu trennen sind. Letztere (Bac. coli Breslau, Bac. enterit. Breslau - *Flügge-Känsche*) und Bac. *Gärtner* stellen die Gruppe der eigentlichen Enteritisbakterien (Fleischvergifter) dar und bedingen die akute Enteritis bzw. cholerieforme Krankheitsbilder. Die „echten" Paratyphus B-Bacillen bewirken dagegen Paratyphusinfektionen von typhusartigem Charakter. Ob und inwieweit diese Trennung, die zweifellos sehr zu begrüßen wäre und die Frage Fleischvergifter-Infektion wesentlich klären dürfte, berechtigt ist, ist Sache der Bakteriologen. Wesentlich ist hier einstweilen noch die Tatsache, daß die Enteritis-Bakterien nur dann pathogen sind, wenn sie toxisch sind, die Paratyphusbacillen dagegen pathogen im Rahmen der Disposition und nur evtl. toxisch (*Linden*).

Die Paratyphus-B und Enteritisbakterien sind weit verbreitet. Man konnte sie im Darm der Haustiere, vor allem der Schlachttiere, im Fleisch geschlachteter Rinder und Schweine, in Wurstwaren, in Milch, Käse, Mehlspeisen, Süßspeisen, Konditorwaren, Muscheln, Austern, auf Gemüse und Obst, in Konserven und selbst in Eiern (Enteneiern), wo-

bei der Nachweis von *Gärtner*-Bacillen im Darm direkt für Enteneier als Ursache der Erkrankung spricht (*Linden*), nachweisen. Selbst im an sich gesunden menschlichen Körper, in den sie wahrscheinlich alimentär gelangen, wurden sie gefunden. Ob damit ihre „Ubiquität" erwiesen ist (*Uhlenhuth-Hübner*), oder ob es sich nur um ein sporadisch gehäuftes Auftreten (*Löhe-Sobernheim*) handelt, ist unwichtig. Auf alle Fälle ist ihre weite Verbreitung erwiesen. In die Nahrungsmittel gelangen die Keime entweder unmittelbar (fleischkranke Schlachttiere, Enteneier) oder mittelbar durch Beschmutzung.

Der *klinische Verlauf* der Erkrankung ist sehr unterschiedlich, was nach dem morphologischen Verhalten (Toxität) nicht weiter verwunderlich ist. Eine gastro-intestinale Form und eine typhöse stellen die beiden Hauptverlaufsarten dar.

Nach ganz kurzer Inkubation, meist weniger als 24 Stunden (Minimum 1—2 Stunden, Maximum mehrere Tage?), beginnt die Erkrankung plötzlich mit Übelkeit und mehr oder weniger starken Leibschmerzen. Es kommt zu nicht selten mehrmaligem Erbrechen; Durchfälle, anfangs breiig, später wässrig, zuweilen sogar stark bluthaltig, schließen sich an. Die Temperatur steigt rasch, manchmal sogar unter Schüttelfrost auf 39° und höher. Der Puls ist beschleunigt, der Blutdruck kann tief sinken, wobei allerdings sehr kleiner Puls ein bedenkliches Zeichen darstellt. In schwereren Fällen finden sich eine blasse Cyanose, eingefallene Züge, tiefliegende Augen, spitze und bläuliche Nase (Facies abdominalis). Die Zunge ist trocken, rissig, meist stark belegt, Appetit fehlt. Meist besteht erhebliches Schwächegefühl mit Kopfschmerzen und Schwindelanfällen. Häufig ist ein quälender Durst infolge des starken Wasserverlustes. Die Harnausscheidung ist spärlich, oft tagelang aufgehoben. Recht oft findet sich eine Herpes labialis. Seltener werden urticarielle, masern- oder scharlachartige Exantheme, ganz selten Rosseolen beobachtet. Die Schleimhäute der oberen Luftwege sind fast stets gereizt, Conjunctivitis, Rhinitis, selbst Angina und Laryngitis sind beobachtet worden. Außer Schlaflosigkeit und Unruhe treten bisweilen Benommenheit, sogar Delirien auf. Häufiger sind Neuralgien einzelner Nervenstämme, recht selten Krämpfe und Koma. Der Leib ist teils aufgetrieben, teils auch eingezogen und druckempfindlich. Milz und Leber sind nicht vergrößert, letztere jedoch mäßig druckschmerzhaft. Fälle von Ikterus kommen vor. Im Urin finden sich meist Eiweiß, oft Cylinder, selten zellige Beimengungen. Die Diazoreaktion ist mitunter positiv. Das Blutbild ist nicht kennzeichnend, die Leukocyten können sowohl vermehrt, als auch vermindert sein.

Nach 2—3tägiger Krankheitsdauer sinkt die Temperatur meist rasch ab, die Schmerzen lassen nach. Die Durchfälle, anfänglich bis zu 20 und mehr Entleerungen täglich, lassen erst etwas später nach. Fälle, in denen schwere Symptome 1—2 Wochen und länger bestehen, kommen jedoch ebenfalls vor. Die *Diagnose* kann durch die bakteriologische Untersuchung von Stuhl und Blut am besten zu Beginn der Erkrankung gestellt werden (Bakteriennachweis, Agglutination). Die Züchtung von Bakterien aus dem Blut gelingt jedoch, besonders bei Enteritisfällen, recht selten. Die Agglutination bleibt oft während des ganzen Krankheitsverlaufes negativ. *Differentialdiagnostisch* kommen alle unklaren sonstigen Gastroenteritiden in Betracht. Außerdem ist an Arsen- und Phosphor- sowie an verschiedene Pilzvergiftungen (s. d.) zu denken, ebenso an Vergiftungen durch Ätzgifte (Sublimat u. a.). Fieber spricht weder für noch gegen. Ruhr und Cholera asiatica können ebenfalls ähnliche Krankheitsbilder hervorrufen.

Die *Prognose* ist meist günstig. Am verhängnisvollsten können die gastrointestinalen Formen werden. Die Mortalität ist auf etwa 1—2 % zu schätzen. Dauerausscheider scheinen bei Enteritiserkrankungen nicht oder nur selten vorzukommen, häufiger dagegen bei Paratyphusfällen.

Der *pathologisch-anatomische Befund* ist im Gegensatz zu der Schwere der Erkrankungen recht spärlich. Am häufigsten bestehen noch am Darm auffallende Veränderungen. Es finden sich akuter Schleimhautkatarrh, Hyperplasie (markige Schwellung) des lymphatischen Apparates, Blutungen sowie mehr oder weniger ausgesprochene Entzündungen, die auch mit Geschwürsbildungen oder Verschorfungen einhergehen können. Dabei fällt allgemein auf, daß die Veränderungen bei der gastroenteritischen Erkrankungsform wesentlich geringer sind, als bei der typhösen. An den obersten Abschnitten des Verdauungsschlauches findet sich gelegentlich aphthöser Zungenbelag, anginaähnliche, auch ulceröse Erscheinungen können im Bereich des Rachens vorkommen. Die Gekröselymphknoten sind meist unverändert, können jedoch auch geschwollen sein. Eine Pulpahyperplasie der Milz kommt vor, ebenso wie völliges Fehlen jeglicher krankhafter Veränderungen. Leber und Nieren bieten keine verwertbaren Erscheinungen. Nur vereinzelt wird über entzündliche Veränderungen an den Nieren berichtet. Bei der Inspektion der Körperhöhlen fällt zumeist eine allgemeine Blässe auf (*Petri*), ebenso kommt jedoch eine mehr oder weniger starke Gefäßfüllung vor. Selbst bis linsengroße Blutungen in den serösen Häuten (Darm, Lungen, Herz, Haut) kommen zur Beobachtung. Fettige Degeneration der Bauchmuskulatur soll ebenso wie beim Typhus vorkommen.

Über Blutaustritte im Gehirn (*Vagedes*) und Netzhautblutungen beim Hunde (*Fröhner*) wird berichtet. Im allgemeinen beschränken sich jedoch die Befunde am Zentralnervensystem auf Hyperämie bzw. Ödem.

Der Nachweis in der *Leiche* ist nur durch den Nachweis der Krankheitserreger zu führen, wobei für die Untersuchung das gleiche gilt, wie für alle anderen Nahrungsmittelvergiftungen.

*Die Trichinose.* Das Vorkommen der zur Klasse der Rundwürmer (Nematoden) gehörigen Trichina s. Trichinella spiralis in den Muskeln des Menschen und vor allem gewisser Tiere ist schon seit langer Zeit bekannt. Trotzdem wurde erst im Jahre 1860 durch *Zenker* nachgewiesen, daß die Trichinen eine schwere, nicht selten lebensgefährliche Krankheit beim Menschen hervorrufen können. Zahlreiche Fälle und größere Epidemien von Trichinose sind seitdem bekannt geworden, und *Virchow, Leukart* u. a. haben die anatomischen und entwicklungsgeschichtlichen Verhältnisse dieses Parasiten eingehend aufgeklärt. In zwei Formen kommt die Trichine zur Beobachtung und zwar im Darm als geschlechtsreifes Tier, als Darmtrichine, und in der quergestreiften Muskulatur deren Larven und zwar desselben Wirtes, als Muskeltrichinellen. Die Darmtrichinen sind kleine, weiße, mit bloßem Auge sichtbare Würmchen, die Weibchen 3—4 mm, die Männchen etwa 1,5 mm lang. Die Muskeltrichinellen sind etwa 0,7—1 mm lange, haarähnliche Würmchen. Sie werden spiralig aufgerollt, von einer eigenartig hyalinen, oft mit Kalksalzen imprägnierten Kapsel umgeben, in den Muskelfasern gefunden. Als Muskeltrichinellen gelangen sie nach Genuß von infiziertem Fleisch usw. in den Magen des Menschen. Dort findet eine Auflösung der Kapsel statt, und in 2—3 Tagen wachsen die Trichinellen zu geschlechtsreifen Trichinen. Im Uterus des Weibchens entwickeln sich nach der Begattung aus den Eiern die Embryonen, die lebendig geboren werden. Etwa sieben Tage nach Aufnahme der Muskeltrichinellen beginnt die Geburt, wobei eine einzige Trichine über tausend Junge gebären soll. Dabei dringt das Muttertier bis zur Muscularis mucosa in die Darmwand ein und setzt die Embryonen unmittelbar in die Chylusgefäße ab (nur die wenigsten Embryonen werden in die Darmlichtung geboren). Durch die Lymphgefäße wandern die Jungtrichinellen in den Blutstrom und gelangen auf diesem Wege in die Skelettmuskulatur und bohren sich hier aus den Capillaren in die Muskelbündel ein, wachsen schnell innerhalb von 14 Tagen zu den größeren Muskeltrichinellen, rollen sich zusammen und umgeben sich mit der oben erwähnten Kapsel. Einmal eingekapselt haben die Trichinellen eine sehr lange Lebensdauer, meist bis zum Tode des Wirtes. Am reichlichsten findet man sie in der Muskulatur des Zwerchfells, in der Intercostal-, Kehlkopf-Halsmuskulatur, jedoch auch in allen sonstigen quergestreiften Muskeln.

Als häufigste *Infektionsquelle* kommt beim Menschen der Genuß rohen, ungenügend gekochten, geräucherten oder eingesalzenen infizierten Fleisches in Betracht. Als Wirtstiere kommen in erster Linie Schweine, sowohl Haus- als Wildschweine, Hunde, Katzen, Bären, Füchse und Dachse in Frage, wobei sich wieder diese Tiere durch das Fressen infizierten Fleisches (Fleischteile, Ratten, Mäuse u. a.) anstecken.

Die ersten *Krankheitserscheinungen* sind Symptome von seiten des Magen-Darmkanals, wobei der Krankheitsablauf sich meist an die einzelnen Entwicklungsstadien hält. Zu Beginn stellen sich Übelkeit, Magendrücken, Erbrechen, später Durchfälle, die selbst einen choleraartigen Charakter annehmen können, ein. Fälle von Verstopfung kommen jedoch ebenso wie solche, bei denen die Magen-Darmerscheinungen weit in den Hintergrund treten, vor. Schon zu Beginn der Erkrankung können Muskelschmerzen und Muskelsteifigkeit beobachtet werden, eine Erscheinung, die wahrscheinlich weniger auf Trichineneinwanderung als auf giftige Stoffwechselprodukte der Parasiten hinweisen dürfte. In der zweiten Krankheitswoche treten dann die eigentlichen schweren Muskelerscheinungen, bedingt durch die Einwanderung der Trichinellen, und die dadurch bedingten entzündlichen Vorgänge, auf. Die Stärke der Beschwerden hängt von der Schwere der Erkrankung ab. Es ist ebenso möglich, daß nur geringfügige Schmerzen auftreten, wie daß es zu schweren und quälenden Erscheinungen kommt. In schweren und schwersten Fällen schwellen die Muskeln an, werden hart und auf Druck und auch spontan äußerst schmerzhaft. Vor allem Bewegungen bereiten dem Kranken stärkste Beschwerden. Je nach dem Befallensein entsprechender Muskelgruppen stellen sich Kaubeschwerden, Schlingbeschwerden, Heiserkeit und Augenschmerzen ein. Erkrankung der Zwerchfell-, Intercostal- und Augenmuskulatur bedingen quälende Atembeschwerden, Dyspnoe und mangelhafte Sekretentleerung aus den Bronchien sowie Sehstörungen. Gegen Ende der ersten Krankheitswoche treten außerdem Ödeme, zuerst an den Augenlidern und dann auch an den oberen und unteren Extremitäten auf. Hauterscheinungen, wie Herpes, Urticaria, kleine Blutungen, Exantheme u.a. gehören ebensowenig zu den Seltenheiten, wie das Auftreten von Miliaria infolge der oft sogar sehr starken Schweißabsonderung. Die Temperatur kann auf 40° und höher ansteigen, bleibt jedoch nur selten längere Zeit hoch, sondern zeigt meist tiefe Remissionen. Kopfschmerzen, Schlaflosigkeit und Benommenheit vervollständigen das Krankheitsbild. An den inneren Organen findet sich nicht selten eine

Milzschwellung. Die Patellarsehnenreflexe erlöschen fast immer. Bei der elektrischen Prüfung findet sich eine Herabsetzung der galvanischen und faradischen Muskelerregbarkeit mit ungewöhnlich langer Nachdauer der Kontraktion (*Eisenlohr*). Die Diazoreaktion ist im Urin häufig positiv, ebenso finden sich spärlich Eiweiß und hyaline Cylinder. Es sind jedoch auch Fälle echter Nephritis beobachtet worden. Im Blut besteht eine ausgesprochene Leukocytose bei einer auffallend starken Vermehrung der eosinophilen Zellen auf 60—70% (aller weißen Zellen). In der späteren Krankheitszeit kann auch eine Vermehrung der Lymphocyten auftreten. Die *Diagnose* kann, wenn dies überhaupt bei den recht auffallenden Symptomen noch notwendig ist, oft erhärtet werden durch den Nachweis der Jungtrichinellen im strömenden Blut, der hin und wieder gelingt. Ebenso ist es möglich, in späteren Stadien durch Probeexcision einzelner Stückchen aus der Muskulatur des musculus deltoideus die Diagnose zu sichern. Die serologische Diagnostik der Trichinose durch die Komplementablenkungsreaktion hat sich nicht als zuverlässig erwiesen. *Differentialdiagnostisch* dürfte die Trichinose keine besonderen Schwierigkeiten bereiten. Ähnliche Symptome finden sich nur noch bei einer seltenen Krankheit, der primären akuten Polymyositis. Das bei Trichinose fast immer mehr oder weniger gehäufte Auftreten von Erkrankungsfällen nach Genuß entsprechender Nahrungsmittel sowie die initialen Magen-Darmerscheinungen finden sich hier jedoch nicht. Andere Erkrankungen, wie die multiple Neuritis oder akuter Gelenkrheumatismus lassen sich ebenfalls durch eine genaue Beobachtung und vor allem Untersuchung (Eosinophilie) leicht ausschließen. Die *Prognose* ist ziemlich ungünstig. Bei schweren Epidemien beträgt die Mortalität bis zu 30%, wobei die Sterblichkeit am größten in der vierten bis sechsten Krankheitswoche ist. Bei den leichtesten Fällen tritt Heilung bereits nach zwei bis drei Wochen ein. Im Durchschnitt bleiben die Symptome jedoch sechs bis acht Wochen und länger bestehen. Auch bei günstigem Allgemeinverlauf geht die endgültige Genesung nur sehr langsam vonstatten.

Der *pathologisch-anatomische Befund* ist wenig charakteristisch. Im Dünndarm finden sich die Zeichen eines Katarrhs, bisweilen hämorrhagischer Art. Schwellung der Darmfollikel wird häufig angetroffen. Es besteht weiter ein mäßiger Milztumor sowie sehr häufig eine ausgesprochene Fettleber.

Die Trichinen findet man in der Muskulatur von der fünften Woche an. Sie sind als kleine weiße Pünktchen schon mit dem bloßen Auge zu erkennen. Mikroskopisch sind die erkrankten Fasern in eine feinkörnige Masse umgewandelt. In der Umgebung der Trichinellenkapsel finden sich entzündliche Reaktionen. Vom fünften bis achten Krankheitsmonat an beginnt eine von den Polen der hyalinen Kapsel ausgehende Verkalkung. Scholliger Zerfall, wachsartige Degeneration, Vakuolenbildung sind an den erkrankten Muskeln nachweisbar. Im interstitiellen Gewebe finden sich entzündliche Veränderungen, an denen das Vorherrschen eosinophiler Zellelemente auffällt. Der Tod erfolgt meist durch Herz- und Atemlähmung bzw. an sekundären Lungenentzündungen. Der Nachweis der Trichinose an der Leiche ist zum Teil der gleiche wie am Lebenden. Von Bedeutung ist hierbei, daß noch nach mehrwöchiger Krankheitsdauer Trichinen im Darm gefunden werden können.

*3. Der Botulismus.* Seit langem sind Vergiftungen, die zumeist nach Genuß von Wurst, Schinken, Bohnen, Konserven usw. auftreten und durch einen ganz bestimmten Symptomenkomplex gekennzeichnet sind, bekannt. Der erste, der einen hier einschlägigen Fall veröffentlichte, dürfte *Justinus Kerner* (1817) gewesen sein. Wegen ihrer relativen Häufigkeit nach Wurstgenuß hat man diese Erkrankung *Botulismus* (Allantiasis) genannt. Als erster hat *van Ermengen* im Jahre 1897 den für diese Vergiftungsform verantwortlichen Erreger, den Bacillus botulinus (Clostridium botulinum), entdeckt und beschrieben.

Der *Bac. botul.* ist ein ziemlich großes, etwa 4—6 $\mu$ langes und 1 $\mu$ breites, mit feinen Geiseln versehenes und an den Ecken abgerundetes Stäbchen, das nur schwache Eigenbewegung zeigt. Nach *Gram* färbt es sich positiv. Seit der ersten Entdeckung wurde eine Reihe von Stämmen bekannt, die sich nicht nur in ihrem bakteriologischen Verhalten, sondern auch in der Giftigkeit ihres Toxines unterschieden.

Der *Bac. botul.* ist streng anaerob. Sein bestes Wachstum zeigt er bei einer Temperatur zwischen 25 und 30°. Bei höheren Temperaturen ist das Wachstum gehemmt, und es bilden sich schnell Involutionsformen, wobei keine Gifterzeugung stattfindet.

Der Bacillus selbst ist weder für Mensch noch Tier pathogen. Auf toten, vor allem alkalischen Nährböden bildet er ein Toxin, das sich in physiologischer Hinsicht ähnlich dem Diphtherie- und Tetanustoxin verhält. Das Toxin ist nicht hitzebeständig. Schon viertelstündliches Erwärmen auf 80° zerstört das Gift im allgemeinen. Widerstandsfähiger ist das Gift auf pflanzlichen Nährböden gewachsener Stämme, jedoch wird es durch viertelstündliches Kochen fast durchwegs ebenfalls zerstört. Es soll jedoch auch hin und wieder hitzebeständiges Toxin bekanntgeworden sein. Temperaturen zwischen 70 und 80° unter Zusatz 3%iger Sodalösung oder 10%iger Natriumcarbonatlösung zerstören das Gift rasch, Lichteinwirkung schwächt es ab. Durch Alkohol, Tannin- und Natriumsalze ist es fällbar (*van Ermengen*). Im trockenen Zustand, im Dunkeln aufbewahrt, ist es jahrelang haltbar und wirksam. In faulen Stoffen soll es sich unverändert halten, durch verdünnte Säuren wird es angegriffen.

Die starke Giftwirkung des Toxines erhellt sich daraus, daß bereits ein kleiner Eßlöffel Pastete (*Cohn*) bzw. eine Gabel Bohnensalat (Darmstädter Vergiftung) zu schweren Erkrankungen führte.

Der Bac. botul. kommt überall teils häufiger, stellenweise weniger häufig im Boden vor und gelangt durch Verunreinigung in die Nahrungsmittel. Besonders geeignete Nährböden sind alle Fleischwaren, gleichgültig ob roh oder gekocht bzw. geräuchert, Wurst, Schinken und ebenso Konserven u. ä. Es ist dabei absolut nicht Vorbedingung, daß Lebensmittel unter Luftabschluß aufbewahrt sind, da ja bekanntermaßen auch durch irgendwelche anderen Aerobier die Vorbedingung für das Wachstum der Anaerobier geschaffen werden können. Die Vergiftung selbst ist leicht möglich, da die Anwesenheit des Bac. botul. bzw. des Toxines nicht durch auffälliges, schlechtes Aussehen gekennzeichnet ist oder sein braucht. Höchstens ist ein „ranziger" Geruch (Buttersäure) wahrnehmbar, oder die Büchsenkonserven bieten ein aufgetriebenes (bombiertes) Aussehen.

Die *Patho-Physiologie* des Toxines ist bis jetzt noch nicht völlig geklärt. Es handelt sich hierbei zweifellos um eine „elektive" Giftwirkung unter Angriff des Giftes auf den peripher-nervösen Apparat. Wo der eigentliche Angriffspunkt des Giftes ist, ist nicht näher bekannt.

Die *klinischen Erscheinungen* sind von denen durch Fleischvergiftungsbakterien der Paratyphus-*Gärtner*gruppe gänzlich verschieden und mit diesen kaum zu verwechseln. Dagegen bestehen gewisse

Ähnlichkeiten zu den durch die reine Fäulnisvergiftung verursachten Krankheitsbildern („Ptomatropinismus"). Die Vergiftungserscheinungen treten beim Menschen nach einer Inkubationszeit von 12 bis 24 Stunden, manchmal auch kürzerer Zeit (*Kraatzer* berichtet über das erste Auftreten von Symptomen eine halbe Stunde nach Genuß der betreffenden Speise), recht selten erst später (*Müller* und *Böhm* beobachteten den Ausbruch der Erkrankung neun [?!] Tage nach der in Frage kommenden Nahrungsaufnahme) auf. Nach uncharakteristischen Prodromalerscheinungen, wie Unwohlsein, Kopfschmerzen, Mattigkeit, Schwindelgefühl, Magen-Darmerscheinungen, die jedoch ebenso wie Erbrechen nach manchen Berichterstattern völlig fehlen sollen, kommt es bald zum Ausbruch der kennzeichnenden Symptome der Vergiftung, die vorwiegendermaßen in Augenstörungen, bulbären Muskelerscheinungen und sekretorischen Störungen bestehen und als Ausdruck dafür anzusehen sind, daß es hierbei zu einem Befall der motorischen und vegetativen Nervenelemente kommt.

Als besonders kennzeichnendes und für die Vergiftung sprechendes Symptom ist das völlige Fehlen von Fieber, wenn es nicht durch anderweitige sekundäre Entzündungen bedingt ist.

Infolge der Akkommodationsstörung kommt es zu einer Reaktionslosigkeit der enorm erweiterten Pupillen, als deren Folgen über Nebelsehen, undeutliches Sehen, Funkensehen geklagt wird. Allerdings kommen auch Ausnahmen, wie die Darmstädter Fälle zeigen (*Fischer*), vor, bei denen die mittelweiten Pupillen reagierten. Infolge Abducens- und Trochlearisstörung kommt es zu Bewegungseinschränkungen, Nystagmus und Strabismus mit Doppeltsehen und häufig zu Ptosis. Auch völlige Ophthalmoplegie und Amaurose sind beobachtet worden. Am Augenhintergrund findet sich zuweilen eine Hyperämie der Papille. Fälle von Retinitis sind von *Ruge, Corbus, Wells* u. a. und Neuritis optica und retrobulbäre Neuritis von *Bär* beschrieben worden.

Bei schweren Erkrankungsfällen kommt es ferner zu Hörstörungen und unter Umständen zu völliger Taubheit.

Als weiteres wichtiges Symptom für Botulismus ist nach *Erben* die Dysphagie als Ausdruck der Glossopharyngeusschädigung. Die Stimme ist tonlos und heiser. Im Laufe der Erkrankung kann es zu Aphagie kommen, als Zeichen, daß zur Lähmung der Pharynx- und Oesophagusmuskulatur noch eine Lähmung des Choananverschlusses und des Musculus mylohyoideus getreten ist. Stomatits und diphtherische Beläge sind nicht selten.

Als Ausdruck der Erkrankung des vegetativen Nervensystems sind die Trockenheit der Schleimhäute — quälender Durst! —, Versiegen der Tränensekretion und der Speichelabscheidung, seltener der allgemeinen Schweißabsonderung anzusehen. Hin und wieder werden Lähmungen der Nacken- und Gesichtsmuskulatur sowie der Zungenmuskeln beobachtet. Selten dagegen kommt es zu Lähmung der Extremitäten (*Fischer* u. a.) und zu Blasenlähmung (*van Ermengen, Pelzl*). Hartnäckige Obstipation und Urinretention kommen ebenfalls vor.

Nie kommt es zu Krämpfen oder Sensibilitätsstörungen. Das Bewußtsein ist selbst in den schwersten Fällen bis zuletzt völlig erhalten und klar. Im Vordergrund der Erkrankung steht eine auffallende Herzschwäche bei kleinem Puls und frequenter Atmung. Die Temperatur ist, wie bereits erwähnt, nicht erhöht, meist sogar subnormal. Kälte der abnorm trockenen Haut, Schlaflosigkeit und zeitweilig Delirien vervollständigen das Krankheitsbild. Ganz ungewöhnlich sind Reflexsteigerungen und

Babinski (*Whiteman* und *Wilkinson*). Eher kommt es zu einem Erlöschen der Eigenreflexe.

Der Tod kann schon in den ersten Krankheitstagen infolge Atemlähmung eintreten. Meist sterben die Kranken jedoch in der zweiten und dritten Woche unter zunehmender Schwäche und Erschöpfung oder an Aspirationspneumonie.

*Differentialdiagnostisch* kommen in erster Linie Atropin-, Hyoscyamin- und Hyoscinvergiftung in Betracht und außerdem die in den letzten Jahren viel umstrittene Ptomainvergiftung. Als wichtiges Unterscheidungsmerkmal vor allem gegen die Alkaloidvergiftung müssen das völlige Fehlen jeglicher Störungen des sensorischen Apparates, die vollkommen mangelnde Bewußtseinsstörung und das Fehlen von Delirien, Halluzinationen, Manie erachtet werden. Bei der Methylalkoholvergiftung (s. d. Art.: Flüchtige organische Gifte), die ebenfalls differentialdiagnostisch in Betracht zu ziehen ist, sind Doppelsehen, Strabismus, Ptosis selten, während Amblyopie und Amaurose, die hier recht häufig vorkommen, wiederum beim Botulismus zu den Ausnahmen gehören. Auf alle Fälle lassen Bewußtlosigkeit und Krämpfe einen Botulismus ausschließen.

Gesichert kann die Diagnose werden durch den Tierversuch, da das Gift im Blut nachweisbar ist. Citratblut einem Meerschweinchen oder einer Maus intraperitoneal eingespritzt, ruft in kurzer Zeit typische Erscheinungsbilder hervor. Ebenso kann die Diagnose der Erkrankung dadurch gesichert werden, daß man in der in Frage kommenden Nahrung, wenn sie überhaupt noch vorhanden ist, den Bac. botul. und sicherer noch das Toxin nachweist, da Vorhandensein des Bacillus selbst noch nicht beweisend für die Gegenwart des Toxines ist.

Aus Stuhl oder Urin des Erkrankten Botulinus züchten zu wollen, ist nicht möglich.

Die *Mortalität* ist außerordentlich hoch und war es besonders früher, als noch keine geeignete Therapie möglich war. So starben (zit. nach *Flury-Zangger*) in Chicago sieben von vierzehn im Anschluß an den Genuß verdorbener Oliven Erkrankten und *Stricker* teilt einen Fall mit, in dem sämtliche zwölf Personen, die durch infizierte Bohnen vergiftet wurden, starben. Nach den neuesten Erhebungen wird die Mortalität vorsichtigerweise mit 15 % angegeben.

Die *Rekonvaleszenz* geht selbst in leichten Fällen nur sehr langsam vonstatten. Dauerschäden sind jedoch selten.

Die *pathologisch-anatomischen Veränderungen* sind noch wenig erforscht und anscheinend auch wenig kennzeichnend. Als äußeres Merkmal mag vielleicht die pergamentartig trockene Haut erwähnt werden. Hin und wieder finden sich, wenn auch recht selten, Mitteilungen über Ikterus. Die inneren Organe sind blutüberfüllt. Im Bereich des Verdauungsschlauches vor allem und im Gegensatz zur Fleischvergiftung an den oberen Abschnitten finden sich eine Reihe auffallender Veränderungen, Aphthen auf der Mundschleimhaut, Epitheldefekte und Drucknekrosen an der geschwollenen Zunge (*Dorendorf*), grauweiße ausgedehnte Beläge, ähnlich denen, die sich bei Diphtherie finden, sowie Geschwürsbildungen im Bereich der geröteten und aufgelockerten Rachenwand und der Gaumenmandeln (*Husemann, Lauk* u. a.). Die Befunde am Magen-Darmkanal treten dem gegenüber in den Hintergrund. Hier bestehen lediglich hin und wieder eine Injektion der Schleimhaut, seltener auch Ekchymosen und oberflächlicher Schleimhautzerfall. In der blutreichen Leber finden sich nach Mitteilungen von *L. Bürger* und *Dorendorf* ausgedehnte Verfettung und kleine Nekrosen, Befunde, wie sie im Tierversuch gesichert sind (*Broß, Komotzki* u. a.). In den Nieren fällt lediglich ein mehr oder weniger starker Fettgehalt auf, ohne sonstige nennenswerte Veränderungen. Am Zentralnervensystem, an dem nach dem ganzen Krankheitsgeschehen der Hauptangriffspunkt des Giftes zu suchen ist, findet sich bei einer großen Reihe von Fällen, wenigstens nach längerer Krankheitsdauer, eine Reihe von pathologisch-anatomischen Veränderungen. Makroskopisch fallen eine wäßrige Durchtränkung des Gehirnes und seiner Häute sowie kleinere Blutaustritte auf. Bei der histologischen Untersuchung finden sich in Vierhügel, Brücke, Vorderhörnern, in den Vagus-Oculomotorius- und Abducenskernen starke Gefäßfüllung und perivasculäre Zellansammlungen, Verfettung von Ganglien-, Glia- und Gefäßwandzellen, degenerative Veränderungen an den nervösen Elementen, Faserzerfall in den Pyramidenseitensträngen (*Bürger, Dorendorf, Semerau* und *Noack, Paulus* u. a.), so daß ein Bild, ähnlich der *Wernicke*schen Polioencephalitis haemorrhagica superior (*Paulus*) sich bietet. Die Ganglienzellen erscheinen wie zerfressen oder besenreiserförmig aufgefasert (*Bitter, Dorendorf* u. a.). Tierversuche, wobei das Gift entweder eingespritzt oder verfüttert wurde, bestätigen diese Befunde im Wesen und in der räumlichen Anordnung (*Kempner* und *Pollack, Marinesco* u. a.). Wenn diese Befunde an und für sich auch nicht spezifisch sind — sie finden sich auch bei vielen anderen Vergiftungen und Krankheiten (Diphtherie, Tetanus usw.) —, so sind jedoch Stärke und Ausdehnung der Zerstörung und das vorzugsweise Befallensein der Augenmuskelkerne kennzeichnend für Botulismus (*Petri*).

Von einem *Toxinnachweis in der Leiche*, sei es aus Leichenblut, sei es aus dem Darminhalt oder Gehirn (*Starkenstein-Rost-Pohl*), dürfte kaum etwas zu erhoffen sein, da einerseits kaum anzunehmen ist, daß in dem verhältnismäßig langen Zeitraum zwischen Intoxikation und Tod noch Giftstoffe nachweisbar vorhanden sind, und auf der anderen Seite selbst bei rasch erfolgtem Tod wohl kaum so schnell eine Leichenöffnung vorgenommen werden kann, daß nicht die sich dann bildenden Leichenalkaloide die Diagnose unmöglich machen. Auch ein positiver Bacillennachweis, wenn er wirklich glücken sollte, darf nicht als einwandfrei positives Ergebnis gewertet werden, da es bei der Verbreitung des Bacillus und bei seiner Apathogenität gegenüber dem lebenden Organismus immerhin möglich ist, daß derartige Keime irgendwie sonst in den Körper gelangt sein können.

*B. Die Vergiftungen durch verfälschte Nahrungsmittel.* Selbst leichte Vergiftungen durch verfälschte Nahrungsmittel dürften seit Einführung des Nahrungsmittelgesetzes (1879) in Deutschland zu den großen Seltenheiten gehören. Über ernstere oder tödliche Erkrankungen ist nichts bekanntgeworden. Unmöglich ist es jedoch nicht, daß unter Umständen Vergiftungen vorkommen können.

Ein selbständiges Gebiet stellen diese Arten von Vergiftungen nicht dar. Als Gifte kommen alle anorganischen und organischen Giftstoffe in Frage. Einen Hinweis können hier lediglich die bei den einzelnen Nahrungsmitteln ausdrücklich verbotenen Zusätze, sei es als Konservierungs-, Beschwerungs-, Färbemittel, bilden. Möglicherweise ist dabei auch noch an mehr oder weniger absichtliche Verunreinigungen, wie Blei und bleihaltige Stoffe, Mutterkorn u. a. zu denken.

Von derartigen Stoffen seien hier nur einige, wie Borsäure und deren Salze, Formaldehyd, Alkaliund Erdalkalihydroxyde, schweflige Säure und deren Salze, Salicylsäure, Benzoesäure, Abrastol u. a. als Konservierungsmittel, Curcuma, Safran, Carotin u. a. als Färbemittel, genannt.

Sollte der Verdacht einer durch verfälschte Nah-

rungsmittel bedingten Vergiftung bestehen, so ist einerseits dem zuständigen Amtsarzt sofort Mitteilung zu machen. Die verdächtigen Nahrungsmittel sind unverzüglich zu beschlagnahmen und einer Untersuchung zuzuleiten. Bei dem Erkrankten sind alle erreichbaren, für eine Giftuntersuchung zweckdienlichen *Ausscheidungen* zu asservieren und gegebenenfalls auf das in dem Nahrungsmittel festgestellte Gift zu untersuchen. Handelt es sich um einen Todesfall, so ist genau wie bei einer sonstigen Giftsektion zu verfahren, wobei allerdings auch Wert auf die bakteriologisch-serologische Untersuchung der Leichenteile zu legen ist (s. d. Art.: Tod und Gesundheitsbeschädigung durch Gift im allgemeinen).

*Schrifttum.*

*v. Bergmann* u. *Schmiedeberg:* Über das schwefelsaure Sepsin, das Gift faulender Substanzen. Z. med. Wissensch. **6**, 497 (1868). — *Brieger:* zit. nach *Erben.* — *Broß:* Experimentelle Studien über Leberveränderungen bei Vergiftungen mit Botulismus. Now. Lek. **35** (1923); Ref. Zbl. Path. **36**, 68 (1925). — *Bumke-Krapf:* Handb. der Neurologie von *Bumke-Förster.* **II**, 792. — *Bürger:* Über Botulismus. Med. Klin. **1913**, 1846. — *Bürger:* Vergiftungen durch Botulinus. Z. Med.beamte **27**, 1 (1914). — *Dorendorf:* Über Botulismus. Dtsch. med. Wschr. **1917**, 1531. — *Eisenlohr:* zit. nach *Strümpell.* — *Erben:* Vergiftungen. **II**, 755. (Weiteres Schrifttum.) — *van Ermengen:* Handb. der pathog. Mikroorganismen. **4**, 910. — *Faust:* Über das Fäulnisgift Sepsin. Arch. f. exper. Path. **51**, 248 (1904). — *Fischer:* Über eine Massenerkrankung an Botulinus. Z. klin. Med. **59**, 58 (1906). — *Flury-Zangger:* Lehrbuch der Toxikologie. 459. Berlin 1929. — *Kaazer:* Über Vergiftung durch Wurstgift. Dtsch. med. Wschr. **1881**, 73. — *Kempner* u. *Pollak:* zit. nach *Erben.* — *Komotzki:* zit. nach *Petri.* — *Lauk:* Acht Fälle von Wurstvergiftung. Münch. med. Wschr. **1900**, 1345. — *Lewin:* Gifte und Vergiftungen. 1016. Berlin 1929. — *Linden:* Fortschritte auf dem Gebiete der Nahrungsmittelvergiftungen. Dtsch. med. Wschr. **1931**, Nr. 13, 542. — *Panum:* zit. nach *Erben.* — *Paulus:* Polioencephalomyelitis bei Botulismus. J. Psychol. u. Neur. **21**, 201, 915. — *Petri:* Handb. der spez. Path., Anatomie und Histologie. *Henke-Lubarsch.* **10**, 473. (Weiteres Schrifttum.) — *Pelzl:* Über Botulismus. Wien. Klin. Wschr. **17**, 864 (1904). — *Schottmüller:* Die typhösen Erkrankungen. Handb. der inneren Erkrankungen *Mohr-Staehelin*, Infektionskrankheiten **II**, 992. — *Semann* u. *Noak:* Mitteilungen über Botulismus. Dtsch. med. Wschr. **1917**, 1312. — *Staehelin:* Handb. der inneren Medizin. **I**, 930. — *Strümpell-Seyfarth:* Lehrbuch der Path. und Therapie der inneren Krankheiten. **I**, 38 u. 226. — *Whiteman* u. *Wilkinson:* zit. nach *Bumke-Krapf.* **Saar.**

**Nahschuß** siehe *Schußverletzungen.*

## Naphthalin.

$C_{10}H_8$ wird aus Anteilen des Steinkohlenteers, die zwischen 180—220° übergehen, gewonnen. Blättchenförmige, schwerlösliche Kristalle mit typischem Geruch. Schmelzpunkt 80°. Vergiftungen gewerblich, medizinal oder durch Verwechslung. Aufnahme als Dampf im Gewerbe, percutan bei Salbenapplikation (Krätzesalbe 10 %ig). Innerlich heute selten als Wurmmittel (1,0); als Excitans, Antisepticum und Harndesinfiziens verlassen. Im Haushalt Mottenmittel, Parasitenmittel, Desodorierungsmittel unter Phantasienamen, oft gemischt mit andern Stoffen. Dabei besteht die Gefahr der Kindervergiftungen.

Akute Vergiftung: Gastroenteritis als lokaler Reiz (ins Auge gebracht: Conjunctivitis, Hornhauttrübungen). Durch Erbrechen und Durchfälle werden die Hauptmengen des Giftes gewöhnlich rasch entfernt (das Gift ist im Stuhl sichtbar). Resorption wegen Schwerlöslichkeit gering. Resorptionssymptome: Schweißausbruch, Temperatursenkung, Methämoglobinbildung, Hämoglobin- und Methämoglobinurie, Bewußtseinsstörungen. Seltener sind Ikterus, Neuritiden, Linsentrübungen. Gewerbliche Schädigungen (z. B. durch verunreinigtes Schmieröl) äußern sich vorwiegend in Hautkrankheiten, evtl. Blasengeschwülste.

Toxische Dosis 1 g, gelegentlich kleiner. Tödliche Dosis schon von wenigen Gramm ab. Ausscheidung durch Urin (gepaart); Harn dunkel, grünlich bis rötlich.

Sektion: Bei der akuten Vergiftung ist das Blut bräunlich, die Muskulatur trübe. Milz vergrößert. Die Leiche zeigt typischen Naphthalingeruch.

*Schrifttum.*

*Eisner:* Über Hautentzündungen infolge naphthalinhaltigen Schmieröles. Zbl. Gewerbehyg. **1**, 20 (1924). — *Heffter:* Handb. der exper. Pharmakologie. **1**. Berlin 1923. — *Lewin:* Gifte und Vergiftungen. Berlin 1929. — *Meyer:* Komplexe Vergiftung bei einem Gasfabrikarbeiter. Slg. Verg.-Fälle **7**, 31 B (1936). — *Petri:* Pathologische Anatomie und Histologie der Vergiftungen. Berlin 1930. — Weitere Literatur: Slg. Verg.-Fälle **7**, 80 C (1936) und **8**, 92 C (1937). **Schwarz.**

**Naphthaline** siehe *Chlorierte Naphthaline; Hydrierte Naphthaline; Nitronaphthaline.*

## Naphthol.

Oxynaphthalin, $C_{10}H_7OH$, im Steinkohlenteer enthalten (in der als Anthracenöl bezeichneten Fraktion). Gewerbliche Vergiftungen durch Einatmen des Staubes, medizinale Vergiftungen bei Einnahme als Wurmmittel (0,3), durch Pinselungen (2%ig), durch Salbe (5%ig). Appliziert bei verschiedenen Hautkrankheiten, hauptsächlich Scabies und Psoriasis. Schwere Vergiftungen beobachtete man bei der Einpinselung von Kindern; es genügen wegen der guten Hautresorption wenige Gramm einer 2%igen Salbe. Dinitronaphthol wurde vorübergehend versucht zur Entfettung (Wirkung wie Dinitrophenol).

Symptome: Leibschmerzen, blutiges Erbrechen, Durchfälle. Bei Resorption Methämoglobinbildung, Hämaturie, schwere Nierenschädigungen (urämische Symptome); daneben zentrale Störungen (Bewußtseinsverlust). Seltener sind Linsentrübungen, Hautschädigungen, Blasengeschwülste (bei gewerblichen Schädigungen).

Ausscheidung durch Nieren als Ätherschwefelsäuren, hauptsächlich als gepaarte Glucuronsäure. Urin dunkel.

Sektion: Trübe Schwellung und Verfettung der Organe, Degenerationserscheinungen in den Nieren; in den Harnkanälchen oft hämosiderinhaltige Massen. In der Leber selten Nekroseherdchen. Hirnrinde gelb, gedunsen.

*Schrifttum.*

*Gumpert:* Ein Todesfall nach Beta-Naphthol bei Scabiesbehandlung. Med. Klin. **21**, 131 (1925). — *Heffter:* Handb. der exper. Pharmakologie. **1**. Berlin 1923. — *Lewin:* Gifte und Vergiftungen. Berlin 1929. — *Petri:* Pathologische Anatomie und Histologie der Vergiftungen. Berlin 1930. **Schwarz.**

**Narbenbruch** siehe *Hernie und Trauma.*

**Narcein** siehe *Papaveraceenalkaloide.*

**Narcounmal** siehe *Schlafmittel.*

**Narcotin** siehe *Papaveraceenalkaloide.*

## Narkolepsie (= N.).

Die N., die als eine seltene Erkrankung zu gelten hat, ist 1. durch Anfälle von mehrmals täglich auftretendem, kurzem, unbezwinglichem Schlaf (Schlafanfälle) und 2. durch Anfälle von plötzlichem, meist mehrere Sekunden dauerndem Erschlaffen der gesamten Skelettmuskulatur bei voll erhaltenem Bewußtsein als Reaktion auf freudige oder traurige Emotionen (Anfälle von affektivem Tonusverlust oder kataplektische Anfälle genannt) gekennzeichnet. Das Leiden ist chronischer Natur und kommt bei Männern häufiger als bei Frauen vor (auf 79 Männer 21 Frauen). Die Schlafanfälle dauern durchschnittlich 5—15 Minuten und können sich bis 200mal am Tage wiederholen. In der Regel werden drei bis sechs Anfälle täglich beobachtet. Beim affektiven Tonusverlust ist nicht das Affektleben, sondern die Reaktion des Muskelsystems auf Affekte gestört. Die Erkrankung verläuft ohne erkennbare pathologisch-anatomische Veränderungen und zeitigt auch bei der körperlichen Untersuchung gewöhnlich einen negativen Befund. Nur Fettsucht, verbunden mit einer Herabsetzung des Grundumsatzes und Lymphocytose werden manchmal beobachtet. Über die Ursachen sind wir nur ungenügend unterrichtet. Nach den bisherigen Erfahrungen können außer Schädeltraumen Störungen endokriner Drüsen (besonders der Hypophyse und der Genitaldrüsen) und gewisse Erkrankungen, wie z. B. eine Encephalitis lethargica, eine Hirngeschwulst, eine Lues, eine Polycythämie das Leiden nach sich ziehen (*symptomatische* N.). Daneben gibt es aber auch eine sog. idiopathische Form, für die wir eine Ursache nicht namhaft zu machen vermögen. In einzelnen Fällen scheint die Vererbung eine Rolle zu spielen.

Die gerichtlich-medizinische Bedeutung der N. ist in folgendem gelegen: 1. Der Narkoleptiker macht sich im Anfalle oft einer Vernachlässigung seiner Pflichten oder einer Gefährdung seiner Umgebung schuldig (z. B. als Bahnwärter, Wachposten, Lokomotivführer, Kraftwagenlenker). Allerdings ist er dafür nicht zu bestrafen, es sei denn, er hätte die Aufgaben, bei denen es zu den Verstößen gegen die Rechtsordnung gekommen war, in Kenntnis seines Leidens wider besseres Wissen übernommen. 2. Der Narkoleptiker selbst ist durch das Leiden in seiner körperlichen Unversehrtheit schwer gefährdet. Denn die Schlafanfälle und ganz besonders die Anfälle von affektivem Tonusverlust können für den Narkoleptiker leicht mehr oder weniger schwerwiegende Körperbeschädigungen, ja selbst einen tödlichen Unfall zur Folge haben. 3. Die N. kann, wie einzelne sichere Beobachtungen lehren, durch ein Kopftrauma verursacht sein. Allerdings wird ein kausaler Zusammenhang zwischen Verletzung und Erkrankung nur anzunehmen sein, wenn alle anderen Ursachen für das Leiden ausgeschlossen wurden und die Schlafanfälle in unmittelbarem zeitlichen Zusammenhang mit dem Trauma oder im Verlauf der objektiv feststellbaren direkten Unfallsfolgen aufgetreten sind, wenn im freien Intervall Brückensymptome wie allgemeine Mattigkeit oder Schläfrigkeit, gesteigerte Ermüdbarkeit und herabgesetzte Arbeitsfähigkeit beobachtet wurden oder wenn sich Nachbarschaftssymptome wie z. B. ein Diabetis insipidus eingestellt haben. Die Herabminderung der Arbeits- bzw. Erwerbsfähigkeit ist bei der N. je nach der Schwere des Falles mit 30 bis 50% zu bewerten, wobei zu berücksichtigen ist, daß die narkoleptischen Anfälle wegen der aus ihnen sich ergebenden Gefahr für das eigene Leben und für die Umgebung für eine große Zahl von Berufen Berufsinvalidität bedingen. Schließlich sei noch zur Vermeidung von Fehlbeurteilungen bei klinischer Beobachtung bemerkt, daß sich die narkoleptischen Anfälle beim Eintreten ins Spital des öfteren so stark verringern, daß man Schwierigkeiten mit dem Nachweis des Leidens hat.

*Schrifttum.*

*Penta:* La Narcolessia. Napoli 1935. — *Rosenthal:* Zur Pathogenese, Ätiologie und versorgungsrechtlichen Bedeutung der „genuinen" und posttraumatischen echten Narkolepsie. Arch. Psychiatr. **96**, 572. (1932). — *Thiele* u. *Bernhardt:* Beiträge zur Kenntnis der Narkolepsie. Berlin 1933. — *Wilder:* Narkolepsie. Im Handb. der Neurologie, herausgegeben von *Bumke* u. *Foerster.* **XVII**. Berlin 1935. **v. Neureiter.**

## Narkosetod.

Todesfälle während und in kürzerer Frist nach Narkosen sind bei jeder Narkoseart beobachtet worden. Es bedarf keiner ausführlichen Begründung, daß Narkosetodesfälle in den Anfängen der Narkose als Schmerzbetäubungsverfahren bei Operationen ebenso wie bei Einführung neuer Narkosemittel gehäuft vorgekommen sind. Der Tod wird herbeigeführt durch Zwischenfälle während der Narkose die vermeidbar sind oder behoben werden können, oder durch die Giftwirkung des Narkoticums, er kann in jedem Stadium der Narkose zu Beginn, während des Excitationsstadiums, während der tiefen Narkose und nach der Narkose eintreten. Zweifelsohne sind zahlreiche Todesfälle in der Narkose nicht auf die Giftwirkung des Narkosemittels allein zurückzuführen, häufig sind der körperliche und seelische Zustand des Patienten von ausschlaggebend mitwirkendem Einfluß. Der Narkosetod erfolgt entweder durch Atemlähmung, Herzlähmung oder beides zugleich. Auch andere Ursachen, Embolien, Hirnblutung, Shock, Aufregung und Angstzustände, Herzlähmung infolge bestehenden Herzleidens können zu Todeseintritt während der Narkose führen. Eine Verantwortlichkeit des Arztes ist nur gegeben, wenn der Tod nachweisbar ein Narkosetod ist und ein Kunstfehler vorliegt, fahrlässiges Handeln oder Unterlassen nachweisbar und gerade hierdurch der Tod herbeigeführt worden ist. Vermeidbare oder behebbare Narkosezufälle, die zu Erstickung führen können, sind gegeben in Kompression oder Knickung der Trachea (Lagerung), in Verlegung der Luftwege durch Schleim, Blut, Erbrochenes oder Fremdkörper (Gebiß). Während des Excitationsstadiums können Krampf der Atmungsmuskulatur oder Verlegung des Rachens durch die angepreßte Zunge, im Stadium der tiefen Narkose Zurücksinken des Unterkiefers mit Verlegung des Kehlkopfeinganges durch die zurückgesunkene Zunge und Kehldeckel zu bedrohlichen Atemstörungen führen. Zunehmende Cyanose bei gutem Puls, Zustände von Atemstillstand, Aufhören der Atmungsbewegungen können zu Beginn der Narkose infolge aktiven Anhaltens des Atems, sodann reflektorisch durch Reizung der Nasenschleimhaut (Pupillenreaktion erhalten, Puls gut) und endlich in tiefer Narkose infolge Überdosierung eintreten.

Störungen von seiten des Herzens: Herzstillstand, fehlender Puls, blasse Gesichtsfarbe, weite, starre Pupillen, flache, aussetzende Atmung (überwiegend bei Chloroformnarkosen, hochkonzentrierter Chloroformdampfzufuhr). Solche Erscheinungen können bereits nach den ersten Atemzügen zu Beginn der Narkose auftreten, vor allem bei Jugendlichen (Status thymico-lymphaticus), psychischer Erregung, Anämie, später während des Erregungsstadiums bei Herzerkrankungen (Myokarditis), in tiefer Narkose reflektorisch bei starkem Blutverlust, eingreifenden Bauchoperationen oder bei Überdosierung vielfach zugleich mit Atemlähmung durch toxische Schädigung des Herzmuskels.

Spättodesfälle kommen als Herztod, vorwiegend nach Chloroformnarkosen infolge toxischer Schädigung — degenerativ verfettende Prozesse — des Herzens, der Leber und Nieren vor nach vorangegangenem unstillbaren Erbrechen, Ikterus, Harnverminderung, Albuminurie, frequentem, kleinem Puls, Delirium, Koma.

Spättodesfälle von seiten der Lunge: Bronchitis, Pneumonie und Lungengangrän sind Folgen der lokalen Reizwirkung (Äther) oder der Aspiration von Speichel, infektiösen Massen, Mageninhalt oder der Behinderung der Durchlüftung der Lungen oder einer postoperativen Thrombose (Embolie).

Spättodesfälle von seiten des Magen-Darmkanals: postnarkotische Magen-Darmlähmung, unstillbares Erbrechen infolge Verschluckens narkosemittelhaltigen Speichels. Die Häufigkeit von Todesfällen ist bei der Chloroformnarkose ungleich größer als bei der Äthernarkose. Verwendung von Chloroform ist nicht angezeigt bei unkompensierten Herzfehlern, Herzmuskelerkrankungen, Coronarsklerose, Leber- und Nierenleiden, Anämie, Kachexie. Der Leichenbefund ist bei den echten Narkosetodes-

fällen in der Regel negativ bis auf den Geruch nach Äther bzw. Chloroform, bei Spättodesfällen nach Chloroform findet man Verfettungen der inneren Organe, vor allem auch des Herzmuskels, sonst den voranstehend aufgeführten Spätnarkosefolgen entsprechende Befunde.

*Schrifttum.*

*Dittrich:* Handb. der ärztlichen Sachverständigentätigkeit. Wien 1900. — *Flury-Zernick:* Schädliche Gase. Berlin 1931. — *Heffter-Heubner:* Handb. der exper. Pharmakologie. Berlin 1900. — *v. Hofmann-Haberda:* Lehrbuch der gerichtl. Medizin. Berlin u. Wien 1927. — *Poulssen:* Lehrbuch der Pharmakologie. Leipzig 1928.
*Timm.*

**Narzismus** siehe *Autosexualismus.*

**Natrium und Natriumverbindungen.** (Vgl. auch Art.: Laugenvergiftungen; Seifenvergiftung.)

*Natrium* (Na) ist ein Alkalimetall (spez. Gewicht 0,971), das in seinen Verbindungen vielfach in der Natur vorkommt und durch Elektrolyse aus Natriumhydroxyd gewonnen wird. Das Natriumion besitzt im Unterschied zum Kaliumion kaum eine schädliche Wirkung auf den Körper. Eine seiner wichtigsten Verbindungen ist das *Kochsalz, Natriumchlorid* (NaCl), ein für den menschlichen Organismus unentbehrlicher Stoff, der im allgemeinen ungiftig ist und höchstens bei der Einnahme in zu großen Mengen schädlich wirken kann. Nach *Kobert* u. a. sollen größere Mengen Kochsalz durch Wasserentziehung eine Magen-Darmentzündung bzw. tödlich endende Verätzungen der Schleimhäute erzeugen können. *Poulsson* berichtet, daß in China das Kochsalz zum Zwecke des Selbstmordes benützt wird. Ganz vereinzelt sind Todesfälle durch subcutane Einspritzung einer gesättigten statt der sog. physiologischen Kochsalzlösung bekannt geworden (*Combs*). Nach Injektionen von nicht entgiftetem Kochsalz kann das sog. Kochsalzfieber auftreten. Langdauernder Mißbrauch von Kochsalz soll nach *Lewin* eine skorbutähnliche Dyskrasie und einen Herztod bedingen können. Auch gewerbliche Schädigungen in Form von Handekzemen durch Hantieren mit Kochsalz, z. B. in Heringssalzereien werden beobachtet.

*Natronlauge, Laugenessenz* wirkt ähnlich wie Kalilauge und wird daher mit ihr eingehend besprochen (vgl. d. Art.: Laugenvergiftungen). Das *schwefelsaure Natrium* (Na$_2$SO$_4$) ist als *Glaubersalz* ein bekanntes Abführmittel, das bei längerem Gebrauch Verdauungsstörungen bewirken kann. *Kohlensaures Natrium, Soda* (Na$_2$CO$_3$), wurde früher zu ärztlichen Einspritzungen unter die Haut verwendet, wobei mitunter Nekrosen und Gangrän des Gewebes an der Injektionsstelle auftraten. Auch Vergiftungen in selbstmörderischer Absicht sowie infolge Verwechslungen sind bekannt. Konzentrierte Lösungen ätzen in viel geringerem Maß als die Laugen Haut oder Schleimhäute. Augenentzündungen und Verdauungsstörungen kommen auch bei Arbeitern in Betrieben vor, die sich mit der Aufarbeitung von Sodarückständen und der Kunstseidenfabrikation befassen. *Doppelt kohlensaures Natron* (NaHCO$_3$), *Speisesoda, Natriumphosphat, Natriumacetat* und *Natron- oder Chilesalpeter* (NaNO$_3$), ein Konservierungs- und Düngemittel, haben keine wesentliche toxikologische Bedeutung.

*Schrifttum.*

*Combs:* Tödliche Vergiftung mit Kochsalz. Wien. klin. Wschr. **1905**, 1125. — *Kobert:* Lehrbuch der Intoxikationen. Stuttgart 1893. — *Lewin:* zit. nach *Petri,* Vergiftungen. Berlin 1930. — *Poulsson:* zit. nach *Petri,* Vergiftungen. Berlin 1930. *Weyrich.*

**Natronlaugenprobe** siehe *Kohlenoxyd.*

**Natürlicher Tod** siehe *Todesursache.*

**Naturwissenschaftliche Kriminalistik** (= NwK.). (Vgl. auch Art.: Gerichtliche Medizin.)

NwK. ist die Anwendung naturwissenschaftlicher

Kenntnisse für die Aufklärung einer wirklichen oder vermeintlichen Straftat. Die Arbeit der Kriminalpolizei muß häufig ergänzt werden durch Sachverständige. Als solche kommen naturwissenschaftlich vorgebildete Personen, in erster Linie Mediziner und Chemiker, unter Umständen aber auch Zoologen, Botaniker und andere in Frage. Ihre Aufgabe ist es, durch Untersuchung verdächtiger Spuren der Polizei Unterlagen für die weitere Bearbeitung des Kriminalfalles zu geben. Sie müssen sich darüber klar sein, daß es nicht ihnen obliegt, den Verbrecher zu fangen; sie werden deshalb auch anders als die Polizei zu arbeiten haben. Diese wird aus ihrer Kenntnis der Psyche des Verbrechers, aus den Veränderungen am Tatort wie aus Erfahrung ähnlicher Fälle allein auf den Verdacht hin zur Festnahme von Personen schreiten. Der sichere Beweis der Täterschaft wird späteren Ermittlungen überlassen. Der Sachverständige ist ihr Helfer, der ihr u. U. schon am Tatort wesentlichen Beistand leisten kann. Er soll vor allem Tatsachen, also sichere Beweise für die Beantwortung dieser oder jener Frage geben. Kann er es nicht, dann hat er nicht nur das seiner Meinung nach Wahrscheinlichste mitzuteilen, sondern muß auf alle Möglichkeiten, die in Betracht kommen, eingehen, um nicht von vornherein die Polizei auf falsche Fährte zu leiten. Wie der Kriminalbeamte am Tatort, so muß der Kriminalist an der Leiche arbeiten. Mit der Feststellung der Todesursache ist oft nicht viel Neues in Kriminalfällen gesagt. Es müssen objektive Unterlagen für die Rekonstruktion des Tatvorganges herbeigeschafft werden. Der Kriminalist muß sich schon am Tatort, bei der Leichenöffnung oder der Untersuchung von Gegenständen überlegen, wie die Tat geschah, wie sie nicht vor sich gegangen sein kann, muß für das Für und Wider etwaiger Einwände eines Beschuldigten oder der Zeugen die Beweise sammeln. Zu den Fragen, die zu beantworten Aufgabe der Kriminalpolizei ist, muß und kann auch er wesentliches Material liefern. Die „7 *Goldenen W des Kriminalbeamten*" in bezug auf Tat und Täter hat er zu beachten, nämlich Wo? Was? Wann? Wie? Womit? Warum? Wer? D. h.: Wo ist der Tatort? Was liegt vor? Wann, wie, womit, warum geschah die Tat? Wer ist der Täter? (vgl. d. Art.: Lokalaugenschein). In den meisten Fällen wird es nicht möglich sein, sofort bestimmte Antworten darauf zu geben. Wie man sich nicht vor Obduktion wenigstens der drei Körperhöhlen über die Todesursache äußern soll, so soll der Kriminalist auch erst das Ergebnis der mikroskopischen und anderer Untersuchungen abwarten, bevor er etwas *Sicheres* aussagt, mag der Fall von vornherein scheinbar noch so klar liegen. Er hat die Spuren zu asservieren und sie später zu begutachten. Daß solche Untersuchungen nur in besonders dafür eingerichteten Laboratorien erfolgen können, liegt auf der Hand. Für manche von ihnen sind Spezialapparate, z. B. für abgeschossene Patronenhülsen, Geschosse, Schartenspuren, erforderlich. Auch soll ein solches Laboratorium das entsprechende Material, z. B. Antiseren für den biologischen Blutnachweis usw., bereit haben.

Die verschiedenen Teilgebiete der NwK. (Medizin, Chemie, Mineralogie, Botanik, Zoologie usw.) stehen gleichwertig nebeneinander. Sie sollen aber nicht nebeneinander, sondern miteinander arbeiten. Eine scharfe Grenzziehung zwischen ihnen ist nicht möglich. Die bei der Aufklärung eines Verbrechens zu beantwortenden Fragen greifen so ineinander, daß es ein Unding wäre, sie einzeln ohne gegenseitige Fühlungnahme von den verschiedenen Sachverständigen bearbeiten zu lassen. Einen Erfolg verspricht nur Zusammenarbeit unter einer Führung. Die *Universitätsinstitute für gerichtliche Medizin und*

*Nw.K.*, an denen Mediziner und Fachchemiker angestellt sind und die gegebenen Falles auch andere Sachverständige zuziehen, gewährleisten die einheitliche Bearbeitung eines Kriminalfalles in dieser Richtung. Die Führung bei der Begutachtung des einzelnen Falles wird je nach der Fragestellung einmal der Mediziner, das andere Mal der Chemiker oder Mineraloge usw. haben.

*Schrifttum.*
*Pietrusky:* Gerichtschemiker — Gerichtsmediziner? Chemiker Ztg. **1939.** *Pietrusky.*

**Nebennierenmarkgeschwülste** siehe *Plötzlicher Tod aus natürlicher Ursache.*

**Nebenschilddrüsen-Hormon oder Parathormon** (= P.H.).

Das von *Collip* entdeckte P.H. (*Collip*-Hormon) reguliert den Kalkstoffwechsel, steigert den Blutcalciumspiegel und vermindert den Blutphosphor. Wenn unter dem Einfluß des P.H. peroral nicht genügend Ca zugeführt wird, muß letzteres aus dem Knochenreservoir mobilisiert werden. P.H. ist peroral unwirksam, kann also nur parenteral verabfolgt werden. Die Wirkung beginnt erst nach zwei Stunden und dauert bis zu 20 Stunden. Überdosierung führt zu abnormer Kalkablagerung in inneren Organen nach exzessiver Vermehrung des Blutkalks (Hypercalcämie!). Blässe, Erbrechen, Apathie, Somnolenz, ferner Nierenstörung, Bewußtseinstrübung und Exitus wurden beobachtet. P.H. findet heute jedoch therapeutisch keine ausgedehnte Anwendung, da durch A.T. 10 verdrängt, was auch peroral wirkt. Das Epithelkörperchenhormon ist kein indifferentes Arzneimittel, seine Darreichung mit Gefahren verbunden. Pathologisch-anatomisch ließen sich neben vielen Kalkeinlagerungen sklerotische Veränderungen an Niere, Magen, Herzmuskulatur und Arterien beim Hund auffinden. Als Heilmittel bei Tetanie mit schweren Anfällen, insbesondere bei latenter Tetanie, bei tuberkulöser Hämoptoe, bei Blei- und Radiumvergiftung erfordert P.H. unbedingt einerseits Bestimmung des Serumkalkgehaltes und damit andrerseits Anpassung an die richtige P.H.-Dosis, die täglich 70—100 Einh. betragen soll. Deswegen dürfen nur biologisch, am Hund ausgewertete P.H.präparate in der Heilkunde Verwendung finden. Allerdings versagt bei manchen Menschen auch das P.H. in seiner Wirkung.

*Schrifttum.*
Epithelkörperchenhormon. Handb. der normalen und pathol. Physiologie. **XVIII** 2, 1590—95 (1931). — *Jores, A.:* Fortschritte der Hormontherapie. V. Therapie mit Parathormon, Thymus- und Epiphysenextrakt. Fortschr. Ther. **1937,** 503. *Schübel.*

**Nekrophilie** siehe *Sadismus.*

**Nekrospermie** siehe *Zweifelhafte Fortpflanzungsfähigkeit beim Manne und beim Weibe.*

**Nembutal** siehe *Schlafmittel.*
**Neodorm** siehe *Schlafmittel.*

**Nervenkrankheiten** (= Nk.) **und Trauma** (= Tr.). (Vgl. auch Art.: Amnesie als Verletzungsfolge; Aphasie als Verletzungsfolge; Aphonie als Verletzungsfolge; Betriebsunfall; Commotio und Contusio cerebri; Hiebverletzungen; Hirnabsceß; Hirndruck; Hirnödem und Hirnschwellung; Lyssa; Pachymeningitis haemorrhagica interna; Psychische und nervöse Störungen nach Hirnverletzungen; Psychose und Trauma; Schädelbrüche; Schnittverletzungen; Stichverletzungen; Tetanus; Trauma; Verletzungen durch stumpfe Gewalt.)

Die Fragestellung, welche an den auf versicherungsmedizinischem, zivilrechtlichem oder strafrechtlichem Gebiet tätigen Sachverständigen gelegentlich immer wieder herantritt, ist durch obigen

Titel hinreichend gekennzeichnet. In der Regel wird es sich im Einzelfall darum handeln, den Einfluß eines Traumas auf eine schon bestehende Nervenkrankheit oder für das Neuauftreten einer Nervenkrankheit im früheren oder späteren Anschluß an dasselbe abzuwägen und zu begutachten. Es sind mit anderen Worten die Fragen zu beurteilen, ob bei Feststehen einer Nervenkrankheit 1. eine *traumatisch bedingte wesentliche Verschlimmerung* oder gar 2. eine *traumatische Entstehung* vorliegt, oder umgekehrt 3. eine schon bestehende Nervenkrankheit den eigentlichen *Anlaß* zum Erleiden des Traumas abgegeben hat. Gerade die letzte Frage, welche erfahrungsgemäß nicht selten übersehen wird, muß in der Untersuchung des Kausalzusammenhangs durch den Sachverständigen besonders beachtet werden, da naturgemäß das Tr. als mehr oder weniger plötzliches Ereignis gewöhnlich im Vordergrund der Betrachtung steht, oft überwertet wird und nicht selten erst auf eine bis dahin vielleicht unbemerkt vorhandene Nervenkrankheit aufmerksam werden läßt. Die kritische Stellungnahme zu den drei aufgezählten Fragestellungen schließt schon die selbstverständliche Prüfung der Frage in sich ein, ob im einzelnen Begutachtungsfall *überhaupt* eine Wechselbeziehung zwischen Nk. und Tr. anzunehmen ist.

Im vorliegenden Kapitel wird der Begriff „Nervenkrankheiten" sowohl auf die Erkrankungen des Zentralnervensystems (Gehirn und Rückenmark nebst Häuten) als auch auf jene des peripheren Nervensystems erstreckt. Der Kreis der Betrachtung findet dadurch seine begründete Begrenzung, daß gewisse Erkrankungen und Beschädigungen des Nervensystems in besonderen Kapiteln behandelt werden (s. dort!). Zur Abhandlung kommen hier im wesentlichen die Nk., welche auch im natürlichen Ablauf des menschlichen Lebens und zwar auch *ohne* daß ein Tr. dabei im Spiele sein muß, auftreten können.

Die eigentlichen Psychosen und echten traumatischen Geistesstörungen scheiden hier von der Erörterung aus, ebenso die psychischen und nervösen Störungen nach Hirnverletzungen, die Unfallsneurosen sowie die durch Traumen unmittelbar hervorgerufenen Verletzungen oder unmittelbaren Verletzungsfolgen.

In der *Gutachterpraxis* sind grundsätzlich dieselben Grundregeln einzuhalten wie bei der Begutachtung anderer Erkrankungen. Es ist jedoch besonders darauf hinzuweisen, daß die Beurteilung der Nk. und noch viel mehr der Zusammenhangsfrage mit zu den schwierigsten der Gutachtertätigkeit zählen. Die Schwierigkeiten ergeben sich vor allem aus der Kompliziertheit der neurologischen Diagnostik (klinisch und pathologisch-anatomisch), welche nicht selten unklare oder mindestens zunächst widerspruchsvolle Ergebnisse liefert. Die Verhältnisse werden häufig dadurch noch verwickelter, daß der Sachverständige zunächst auf rein subjektive Angaben des Untersuchten angewiesen ist (Schwindel, Schmerzen u. a.) und die Ausfallserscheinungen psychogen bedingt oder überlagert sein können. Es braucht wohl nicht besonders hervorgehoben zu werden, daß die erfolgreiche Begutachtung eine gute Beherrschung der Diagnostik voraussetzt und daß es hier ganz besonders auf die Gesamtbetrachtung und Analyse der Persönlichkeit, auf die Beurteilung der konstitutionellen und konditionellen Faktoren, auf die Würdigung der Vorgeschichte u. a. m. ankommt. Untersuchungsbefunde wenn möglich aus der unmittelbar *vor* dem Tr. liegenden Zeit sowie möglichst bald an das Tr. anknüpfende und nicht zu früh abgebrochene Beobachtung des Probanden oder im Todesfall die Leichenöffnung sind natürlich von unersetzbarem Wert, jedoch in praxi nicht immer gegeben.

Im einzelnen seien folgende am häufigsten in Fragestellungen auftauchenden Nk. besprochen (nähere Einzelheiten und seltenere Krankheiten sind in den einschlägigen Abhandlungen nachzulesen):

*A. Erkrankungen des Gehirns und seiner Häute.* Die *Pachymeningitis haemorrhagica interna* = P.h.i. (s. d.), bekanntlich eine meist mit organischen Hirnleiden, Alkoholismus, Syphilis, Tuberkulose u. a. in Zusammenhang gebrachte blutige Entzündung an der Innenfläche der harten Hirnhaut, ist durch Neubildung von Gefäßen, oft durch Auftreten von Blutungen und Organisierung derselben gekennzeichnet. *Eine traumatische Entstehung* dieses Leidens oder evtl. einer tödlichen Blutung kann nach *Liniger* und *Molineus* nur angenommen werden, wenn 1. der Nachweis erbracht wird, daß der Kranke nicht schon vor dem Unfalle erheblich kopfkrank und nicht in der Arbeitsfähigkeit wesentlich beeinträchtigt war; 2. ein erheblicher Unfall den Kopf betroffen hat; 3. die Symptome des Leidens sich alsbald nach dem Unfalle entwickelt und sich ständig wesentlich verschlimmert haben. Relativ häufiger als eine traumatische Entstehung ist eine *Verschlimmerung* einer vorbestandenen P.h.i. in Erwägung zu ziehen.

Die *Entzündungen der weichen Hirnhaut* gehen auf verschiedenste Ursachen zurück. Die praktisch wichtigsten sind a) die eitrige Leptomeningitis, kurz Meningitis purulenta; b) die Meningokokkenmeningitis (Meningitis epidemica cerebrospinalis); c) die seröse Meningitis (Meningitis serosa traumatica); d) die tuberkulöse Meningitis (s. d. Art.: Tuberkulose und Trauma). Gutachtlich kommt wohl nie die Frage einer Verschlimmerung, sondern nur die Frage der traumatischen *Entstehung* in Erwägung.

Zu a): Für die eitrige Meningitis kommen grundsätzlich folgende Entstehungsmöglichkeiten in Betracht:

I. Im Anschluß an *Schädeltraumen:* 1. Direkte Entstehung durch *perforierende Verletzungen* (Schuß, Hieb u. dgl.). Hierher gehört auch die glücklicherweise seltene, jedoch wichtige gelegentliche Entwicklung einer Meningitis nach ärztlichen Eingriffen (Zisternenpunktion u. dgl.) (Haftpflichtansprüche, fahrlässige Tötung!), 2. bei *gedeckten Schädelknochenbrüchen* (meist Grundfläche) mit Eröffnung von Nebenhöhlen; 3. nach gröberen stumpfen Kopftraumen (*ohne* oder *mit* gedeckter Fraktur der knöchernen Schädelkapsel) durch *Ansiedlung von Eitererregern an der Stelle traumatischer Hirnrindenläsionen*, welche zuweilen einen guten Nährboden für schon im Körper vorhandene Keime liefern (z. B. Pneumokokken aus Luftwegen, Eitererreger aus chron. Mittelohrentzündung); 4. *fortgeleitet* von traumatisch bedingten, in der Nachbarschaft der Hirnhäute ablaufenden entzündlichen Prozessen.

Für die bisher genannten Formen kommt grundsätzlich auch ein „verspätetes" Auftreten („Spätmeningitis") in Betracht.

II. Metastatisch auf dem Blut- oder Lymphwege im Anschluß an ein sonstiges, eine beliebige Körperstelle treffendes Tr. (*ohne direktes Schädel-Tr.*): 1. nach traumatischer eitriger Entzündung, 2. durch Mobilisierung eines schon vorhandenen Eiterherdes (z. B. chron. Osteomyelitis) durch *direkt* den Herd treffendes Tr. Für die Klärung der Zusammenhangsfrage in allen fraglichen Fällen ist als Grundforderung zur Annahme einer solchen festzustellen, ob einerseits die *Gewalteinwirkung* nach dem Grad ihrer Erheblichkeit und Lokalisation *geeignet* war, zu einem derartigen Endergebnis zu führen, und ob andererseits der *Verlauf* der Erkrankung vom Zeitpunkt des Traumas bis zum Auftritt der Meningitis *ein charakteristischer* war.

Zu b): In seltenen Fällen ist eine Entstehung

einer Meningokokkenmeningitis (epidemische Genickstarre) Folge eines Traumas (u. U. plötzliche Abkühlung). Die Infektion erfolgt aus dem Nasen-Rachenraum. Nach wissenschaftlicher Erfahrung beträgt die Inkubationsfrist mindestens vier Tage.

Zu c): Die seröse Meningitis kann u. U. auch nach geringfügigen Traumen des Kopfes oder auch nur Erschütterungen akut oder subakut mit mehr oder weniger deutlich ausgeprägten meningealen Erscheinungen auftreten. Sie ist so gut wie nie tödlich, kann aber eine Erwerbsminderung hinterlassen.

Die *traumatische Hirnblutung* (Apoplexia cerebri) macht häufig hinsichtlich der Differentialdiagnose zur nichttraumatischen Hirnblutung gutachtliche Schwierigkeiten, insbesondere dann, wenn eine Leichenöffnung nicht durchgeführt werden kann. Es handelt sich hier oft um die Berstung der Wandung einer erkrankten Hirnschlagader. Arteriosklerose, Syphilis, Nierenkrankheiten u. dgl. spielen häufig eine Rolle. Hier muß besonders gewarnt werden vor einer bedenkenlosen Annahme eines Kausalzusammenhanges nur wegen des Umstandes, weil eine zeitliche Aufeinanderfolge zwischen Tr. und Eintritt der Hirnblutung vorhanden ist. Es kommen sowohl *direkte Schädelverletzungen* als auch in besonders seltenen Fällen *unfallähnliche, zu einer plötzlichen Blutdrucksteigerung führende* und dadurch einen Schlaganfall u. U. auslösende *Ereignisse* in Betracht. Für die erstere Eventualität muß zur Anerkennung des Kausalzusammenhanges, insbesondere bei gesunden Gefäßen, eine gewisse Erheblichkeit der traumatischen Schädelverletzung gefordert werden. Für die letztere wird der Zusammenhang mit dem zur Blutdrucksteigerung führenden Ereignis um so unwahrscheinlicher, je später nach demselben der Anfall auftritt. Ein Verstreichen von mehr als zwei Stunden bis zur Hirnblutung macht einen Zusammenhang äußerst unwahrscheinlich.

Endlich sind noch gelegentlich *Spätapoplexien* beobachtet worden. Hier ist besonders kritische Beurteilung der Zusammenhangsfrage am Platze. Für die Annahme des Zusammenhanges gelten folgende Voraussetzungen: 1. Das Tr. muß den Kopf getroffen haben und so schwer gewesen sein, daß eine Verschiebung, Verdrängung, Zertrümmerung des Schädelinhaltes erwartet werden könnte. 2. Der Patient muß bez. seines Gefäßsystems vor dem Unfall gesund gewesen sein. Arteriosklerose, Lues, Nephritis, Bleiintoxikation muß ausgeschlossen werden. 3. Nach dem Unfall müssen Kommotionserscheinungen vorhanden gewesen sein, die bis zum Eintritt der Apoplexie anhalten. 4. Die klinisch objektivierbaren Hirnerscheinungen (Lähmung) müssen plötzlich eingetreten sein, nicht schleichend. 5. Das Intervall zwischen Tr. und Apoplexie darf nicht kleiner als ein Tag, nicht größer als acht Wochen sein.

Die *Sklerose der Hirnarterien* ergibt nur selten einen eindeutigen Zusammenhang mit einem vorangegangenen Tr. Eine Entstehung bzw. Verschlimmerung einer schon bestehenden Arteriosklerose kann nur dann angenommen werden, wenn sich eine unaufhaltsam fortschreitende Arteriosklerose eines bis dahin gefäßgesunden Menschen im Anschluß an ein erhebliches Kopftr. entwickelt, oder wenn im Anschluß an ein erhebliches Tr. eine ganz wesentliche Verschlechterung einer Hirnarteriosklerose feststeht.

*Paralysis agitans, Schüttellähmung* ist relativ selten Gegenstand gutachtlicher Beurteilung. Ein Zusammenhang zwischen Paralysis agitans und einem Tr. kann nur dann angenommen werden, wenn das Tr. heftig war und geeignet, Veränderungen im Bereich der *Stammganglien* des Gehirns, dem Sitz dieser Erkrankung, hervorzurufen. Das Leiden

muß sich auch spätestens innerhalb einiger Wochen an den Unfall anschließen. Die früher geltend gemachten peripheren Traumata und psychischen Traumata scheiden nach *Reichardt* als ursächliche Momente aus. Differentialdiagnostisch kommt eine hysterische Schüttellähmung in Betracht.

*B. Erkrankungen des Rückenmarkes und der peripheren Nerven.* Im allgemeinen spielt bei den Rückenmarkserkrankungen die Verschlimmerung durch Tr. eine größere Rolle als die traumatische Entstehung. Es muß in fraglichen Fällen immer wieder geprüft werden, ob nicht nur ein zeitlicher Zusammenhang besteht, oder ob eine bis dahin latente oder unbeachtete Erkrankung nicht durch das Tr. erst zur Beobachtung gekommen und manifest geworden ist. Auch hier haben die Kriegserfahrungen einen nicht zu unterschätzenden Beitrag zur Ansicht geliefert, daß die Traumata als ursächliche Faktoren für Rückenmarkserkrankungen früher überschätzt worden sind.

Bei der *Tabes dorsalis* läßt sich nach *Liniger* und *Molineus* nur in äußerst seltenen Ausnahmefällen ein Zusammenhang mit einem vorangegangenen Tr. annehmen. Das Tr. muß schwer gewesen sein und das Rückenmark getroffen haben. Außerdem dürfen vor dem Unfall keine Tabessymptome bestanden haben und müssen nach dem Unfall akute Erscheinungen einer Rückenmarksschädigung vorgelegen haben. Ein enger zeitlicher Zusammenhang zwischen Tr. und auftretender Erkrankung muß gegeben sein. Eine Reihe von maßgeblichen Gutachtern geht sogar soweit, dem Tr. für die Entstehung einer Tabes dorsalis jede Bedeutung abzusprechen. Für die Annahme einer Verschlimmerung sind ähnlich strenge Maßstäbe anzulegen. Periphere und psychische Traumen spielen bei der Entwicklung der Erkrankung keine Rolle.

Die *amyotrophische Lateralsklerose,* die *spastische Spinalparalyse,* die *spinale progressive Muskelatrophie* und die *myopathische progressive Muskelatrophie* sind an sich seltene Krankheiten. Sie sind grundsätzlich nach ähnlichen Gesichtspunkten zu beurteilen, wie sie von *Liniger* und *Molineus* für die Tabes dorsalis gefordert werden.

Die *multiple Sklerose* (Sclerosis multiplex), deren Ätiologie auch heute noch nicht eindeutig feststeht, und welche bekanntlich nicht nur das Rückenmark sondern auch das Gehirn befällt, wird nur in seltenen Ausnahmefällen als durch ein Tr. ausgelöst angesehen werden dürfen. Auch hier kommt nur ein erhebliches, Gehirn oder Rückenmark treffendes Tr. als wesentlich für eine Entstehung oder eine Verschlimmerung in Betracht. Von einiger Bedeutung sind vielleicht auch noch erhebliche Durchnässungen und Erkältungen des ganzen Körpers. Es ist jedoch in Rechnung zu stellen, daß eine multiple Sklerose einerseits jahrelang latent verlaufen kann und andererseits spontane, plötzlich einsetzende Verschlimmerungen darbieten kann.

Die *Hämatomyelie* kann nach ganz schweren Rückenmarkstraumen entstehen. Die mit meist schweren klinischen Erscheinungen einhergehende Erkrankung setzt sofort oder wenige Stunden nach dem Unfall ein. Im allgemeinen ist zu sagen, daß die Hämatomyelie viel zu häufig diagnoziert wird.

Die *Syringomyelie* ist bisher noch niemals eindeutig als Folgeerkrankung eines Traumas beobachtet worden. Von einiger Bedeutung sind Fälle von Syringomelie, bei denen es infolge der nervösen Ausfallserscheinungen an den Extremitäten (Gefühllosigkeit, Paresen u. dgl.) zu Läsionen und nachfolgenden Eiterungen oder Gelenksleiden gekommen ist. Hier sind zwar die lokalen Veränderungen gegebenenfalls als Unfallfolge, nicht aber das Grundleiden anzuerkennen.

Die *Meningomyelitis purulenta* und die *Myelitis* (ohne Beteiligung der Rückenmarkshäute) sind an sich außerordentlich selten. Ein Zusammenhang ist dann anzunehmen: 1. wenn eine perforierende Verletzung vorliegt oder vorlag, von der aus sich die Eiterung entwickelt; 2. wenn es sich um eine Eiterung handelt, die von einem in der Nähe der Rückenmarkshäute ablaufenden traumatisch bedingten entzündlichen Prozeß (z. B. traumatische Wirbelosteomyelitis) fortgeleitet ist; 3. wenn die Eiterung als Metastase eines irgendwo im Körper verlaufenden traumatisch bedingten entzündlichen Prozesses anzusehen ist. Ob auch wie bei dem Hirnabsceß die Ansiedlung im Blute kreisender Infektionserreger im Rückenmark durch ein das Rückenmark schädigendes Tr. bedingt werden kann, ist nicht zu entscheiden. Darüber fehlen noch alle Erfahrungen.

Die *spinale Kinderlähmung* (Poliomyelitis anterieor acuta, *Heine-Medin*sche Krankheit), bekanntlich eine akute Infektionskrankheit, wird bez. der Möglichkeit eines Zusammenhangs zwischen Tr. und ihrem Auftreten verschieden beurteilt. *Kaufmann* verweist auf einzelne nach einem das Rückenmark treffenden Tr. aufgetretene Krankheitsfälle, in denen ein Zusammenhang angenommen wurde.

Die Ursache von *Polyneuritiden* ist nicht traumatisch, sondern toxisch-infektiös, wobei die Infektion oder Intoxikation natürlich von *einer* Stelle ausgehen kann. Ein isoliertes stumpfes peripheres Tr. kommt als Ursache nicht in Betracht. Erkältungen und Überanstrengungen spielen eine große Rolle. Die *Neuritis* hat annähernd dieselben Ursachen wie die Polyneuritis.

Die *Neurofibromatose* ist nie unfallbedingt. Solitäre *Neurome* sind dann Folge eines Traumas, wenn dieses die Stelle des Neuroms betroffen hat, und wenn es geeignet war, eine vollständige oder auch unvollständige Kontinuitätstrennung des Nerven herbeizuführen.

*Anhang.* Von einer gewissen *forensischen* Bedeutung sind noch Krankheiten des Nervensystems, welche im Anschluß an *ärztliche Eingriffe* auftreten. (Von den reinen Verletzungen des Nervensystems kann hier abgesehen werden.) Es dreht sich im wesentlichen um Erkrankungen im Anschluß an *Impfungen* und *Injektionen.* Nach Schutzpockenimpfung tritt in äußerst seltenen Fällen eine *Impfencephalitis* auf. Die Inkubationszeit beträgt durchschnittlich zehn Tage. Nach prophylaktischen Seruminjektionen (z. B. Tetanus) wurde gelegentlich eine *Polyneuritis* mit entsprechenden Ausfallserscheinungen beobachtet. Die Zusammenhangsfrage zwischen diesen ärztlichen „Traumen" und der Entstehung der genannten Erkrankungen kann also durchaus zu bejahen sein. Ein ärztliches Verschulden wird aber dann wohl immer abzulehnen sein, wenn die Eingriffe aus richtiger Indikationsstellung und unter den sonst üblichen Vorsichtsmaßregeln vorgenommen worden sind.

*Schrifttum.*

*Geelvink:* Die endogenen organischen Erkrankungen des Zentralnervensystems. In *Liniger-Weichbrodt-Fischer, A. W.:* Handb. der ärztl. Begutachtung. **II**, 211. Leipzig 1931. — *Jahnel:* Die Infektionen des Nervensystems. In *Liniger-Weichbrodt-Fischer, A. W.,* Handb. der ärztl. Begutachtung. **II**, 310. Leipzig 1931. — *Kaufmann, C.:* Handb. der Unfallmedizin. **I** u. **II**. Stuttgart 1932 u. 1925. — *Kramer:* Der Einfluß des Krieges auf organische Nervenkrankheiten. In *Bonhoeffer,* Geistes- und Nervenkrankheiten. **I**, 333. Leipzig 1922. — *Liniger* u. *Molineus:* Der Unfallmann. Leipzig 1934. — *Liniger* u. *Molineus:* Der Rentenmann. Leipzig 1938. — *Reichardt:* Nerven- und Geistesstörungen nach Hirnverletzungen. In *König-Magnus,* Handb. der ges. Unfallheilkunde. **IV**, 128. Stuttgart 1934. — *Rostock:* Schädel, Hirn und Hirnhäute. In *König-Magnus,* Handb. der ges. Unfallheilkunde. **IV**, 93. Stuttgart 1934. — *Rostock:* Entscheidungen des Reichsversicherungsamtes über den Zusammenhang zwischen Unfall und Erkrankungen. Stuttgart 1931. — *Schloeßmann:* Unfall und periphere Nerven. In *König-Magnus,* Handb. der ges.

Unfallheilkunde. **IV**, 67. Stuttgart 1934. — *Schloeßmann:* Unfall und Rückenmark. In *König-Magnus,* Handb. der ges. Unfallheilkunde **IV**, 47. Stuttgart 1934. — *Strauß, H.:* Traumatische Erkrankungen des Gehirns und seiner Häute. In *Liniger-Weichbrodt-Fischer, A. W.:* Handb. der ärztl. Begutachtung. **II**, 226. Leipzig 1931. — *Strauß, H.:* Traumatische Erkrankungen des Rückenmarks, seiner Wurzeln und Häute. In *Liniger-Weichbrodt-Fischer, A. W.,* Handb. der ärztl. Begutachtung. **II**, 253. **Hausbrandt.**

## Nesseltiervergiftung.

Verschiedene Nesseltiere (*Cuidaria*) wie *Aurelia aurita,* die *Ohrenqualle* der Nord- und Ostsee werden für den Menschen kaum gefährlich, da ihr „Stich" meist nur schwaches Brennen hervorruft. Andere Nesselquallen wie *Cyaena capillata, gelbe Haar-*(*Brenn- oder Feuer-*)*qualle* (Nord- und Ostsee), wie die Ohrenqualle in allen Meeren verbreitet, im arktischen Gebiet als *Cyaena arctica* mit bis 2 m Durchmesser, können durch ihre starke Nesselwirkung auch für den Menschen gefährlich werden. Die Vergiftung führt bei Berührung mit den Tentakeln zu stark brennenden, mit heftigem Juckreiz einhergehenden Schmerzen und Auftreten von großen Blasen (wie Brandblasen). 10 bis 15 Minuten später Resorptivwirkungen: Mattigkeit, Muskelkrämpfe (auch Atemmuskulatur), hochgradige Dyspnoe, Angst, Schädigung der Herztätigkeit, Kopfschmerzen, Erbrechen, Durchfälle, starke Schleimhautrötung der oberen Luftwege und Augen (Husten, Niesen, Tränen). In schweren Fällen Kollaps evtl. Bewußtlosigkeit. Erscheinungen gehen meist in drei bis vier Stunden vorüber.

Neuerdings einige sicher beobachtete Todesfälle mit Sektionsbefund (*Wade*) (blutiges Zungenödem) durch tropische Quallen *Dactylometra quinquecirra.*

Andere Nesselquallen der Nord- und Ostsee wie *Actinia equina,* die *Pferdequalle,* machen toxische Dermatitis mit lokalem Ödem und Infiltratbildung.

Nesselquallen des Mittelmeers, wie besonders *Rhizostoma pulmo, die Wurzelmundqualle,* und der wärmeren Länder, namentlich *Physalien, Physalia physalis, Staats-*(*Blasen-*)*qualle,* ferner: *Dactylometra quinquecirra* und *Chiropalmus quadrigatus,* und japanische *Hydromedusen* sind weit giftiger und machen nicht nur toxische Dermatitis, sondern auch allgemeine, u. U. sehr schwere Vergiftungserscheinungen (wie oben).

Danach ist Nesselung durch Quallen, abgesehen von den häufigen harmlosen Brennwirkungen mit urticariellen Erscheinungen an den Stellen der Tentakel-„stiche", als *direkte oder indirekte Ursache des Ertrinkungstodes* bei der rasch einsetzenden Resorptivvergiftung (wenn die Symptome noch während des Schwimmens eintreten) oder auch infolge Angst- und Schwächegefühls, ferner durch Schmerz und Schreck (z. B. beim Hineingeraten in einen Quallenschwarm) in gerichtlich-medizinischer Hinsicht zu beachten. Bei der sehr verbreiteten *Staatsqualle* wurden als Resorptiverscheinungen Dyspnoe, Erstickungsgefühl, Krampfanfälle, lokal zahlreiche blutunterlaufene Quaddeln beobachtet. Nach 1 Stunde waren die Resorptivsymptome vorbei. (*Allmut.*)

*Schrifttum.*

*Allnut, B. E.:* The effects of a sting by a poisonous coelenterate. J. Roy. Army Med. Corps, London **46**, 211 (1926). — *Colard, A.:* La mort subite des baigneurs. Brux. Méd. **13**, 1366 (1933). — *Portier, P.* et *Ch. Richet:* Sur les effets physiologiques du poison des filaments pécheurs et des tentacules des coelentérés. C. r. Acad. Sci., Paris **154**, 247 (1902). — *Richet, Ch.:* Notizen über Thalassin. Pflügers Arch. **108**, 369 (1905). — *Schreiber, G.:* Une jeune fille „médusée". Presse Med. **1933**, 2121. — *Sonderhoff, R.:* Über das Gift der Seeanemonen. 1. Ein Beitrag zur Kenntnis der Nesselgifte. Liebigs Ann. Chem. **525**, 138 (1936). — *Thiel, M. E.:* Über die Wirkung des Nesselgiftes der Quallen auf den Menschen. Erg. Zool. **8**, 1—35 (1935). — *Wade, H. W.:* Post-mortem findings in acute jelly-fish poisoning with sudden death in status lymphaticus. Amer. J. trop. Med. **8**, 233 (1928). — *Weismann, R.:* Accidents gráves consécutifs aux piqûres des méduses. Intervention de l'anaphylaxie. C. r. Soc. Biol., Paris **78**, 391 (1915). **H. Fischer.**

**Neuronal** siehe *Schlafmittel*.

**N-Faktor** siehe *Blutgruppen und Blutfaktoren*.

### Nickel.

Vergiftungen durch *Nickel*verbindungen spielen in der Menschenpathologie keine nennenswerte Rolle. Die Wirkung des Nickels bzw. seiner Salze ist der des Eisens und Kobalts gleichzusetzen. Nickelverbindungen in Mengen, wie sie beim Gebrauch von Reinnickelgeschirren in den Speisen sich finden, haben auf den gesunden Organismus keine Einwirkung; ihrer Resorption geht ihre Ausscheidung parallel. Auch jahrelanger Gebrauch hat zu keiner Schädigung geführt, nur kann der eigentümliche Geschmack und die Verfärbung der Speisen (Kartoffel und Milch werden bläulich, grüne Gemüse mißfarben) unangenehm werden.

Große Mengen der Nickelsalze (z. B. 0,2 g Sulfat oder Chlorür) erzeugen Übelkeit, Erbrechen und Durchfall. Resorptive Wirkungen beim Menschen sind nicht bekannt.

In gewerblichen Betrieben treten vereinzelt anatomisch nachweisbare Schäden in Erscheinung: An der Haut entwickelt sich bei Hantieren mit Nickelsulfat ein Ekzem (Nickelkrätze), für dessen Entstehung man aber möglicherweise nicht so sehr das Nickel selbst, als die beim Verarbeiten verbrauchten Chemikalien (Benzin, Petroleum) anschuldigen darf. Bei der Nickelgewinnung (Nickel aus calcinierten Erzen mittels Kohlenoxyd) entwickelt sich das sehr flüchtige *Nickelcarbonyl* = $Ni(CO)_4$, das eingeatmet eine Erkrankung verursacht, die bis zu einem gewissen Grade an das sog. Gießfieber (s. d. Art.: Zink) erinnert. Nickelcarbonyl wirkt vermutlich zuerst als ganzes Molekül und scheidet in der Lunge und in anderen Geweben kolloidales Nickel ab, das in den Blutkreislauf übergeht. Schon verhältnismäßig kleine Mengen Nickelcarbonyl verursachen Reizung der Lungen, nach Einatmung höherer Konzentrationen zeigen sich auch Symptome von Atemnot, die zu Lungenödem oder Lungenentzündung und nach mehreren Tagen zum Tode führen können. Neben dieser Wirkung besteht anfänglich vorübergehend Fieber und Mattigkeit, auch Krämpfe und Delirien wurden beobachtet.

Bei der Sektion wurden Blutüberfüllung von Lunge und Magendarmkanal, fettige Entartung des Herzens, bisweilen auch schwere Veränderungen am Gehirn, in einzelnen Fällen Gefäßendothelverfettung und capillare Blutungen aufgefunden.

*Schrifttum.*
*Erben: Dittrichs* Handb. der gerichtl.-ärztl. Sachverständigentätigkeit. Wien 1909.—*Flury-Zernik:* Schädliche Gase. Berlin 1931. — *Mittasch:* Arch. f. exper. Path. **49**, 367 (1903). — *Starkenstein-Rost-Pohl:* Toxikologie. Berlin u. Wien 1929. — *Vahlen:* Arch. f. exper. Path. **48**, 117 (1902). *Szekely.*

### Nicotin. (Vgl. auch Art.: Schädlingsbekämpfungsmittel.)

*I. l-Nicotin,* l-α-Pyridyl-β-N-methylpyrrolidin, $C_{10}N_{14}H_2$. Farblose, „ölige", stark alkalisch reagierende, unangenehm riechende Flüssigkeit. An der Luft bräunt sich Nicotin leicht und nimmt charakteristischen Tabakgeruch an. Geschmack scharf und brennend. Mit Wasser unterhalb 60° in allen Verhältnissen mischbar (Hydratbildung). Sp. = 247°; unzersetzt mit Wasserdämpfen oder im Vakuum flüchtig. [α] D 20 = —168,2°. Salze sind in Lösung rechtsdrehend, leichtwasserlöslich.

*d-Nicotin* ist höchstens halb so giftig wie l-Nicotin.

*II. Vorkommen des Nicotins und verwandter Alkaloide.* Nicotin ist Hauptalkaloid verschiedener Nicotianaarten (Solanaceae). Ursprünglich einheimisch in vielen Arten im westlichen Südamerika, sind sie heute fast auf der ganzen Erde,

auch in den meisten Ländern Europas, kultiviert. Alle Teile der Pflanze sind giftig resp. nicotinhaltig. Nicotingehalt der Blätter 0,6—8%, durchschnittlich 2%; Nicotin darin an Apfel- oder Citronensäure gebunden. Durch Züchtung können auch nicotinfreie Sorten erhalten werden. Für Kultur wichtigste Arten: *Nicotiana tabacum* (Virginiatabak) *Nicotiana macrophylla = latissima* (Marylandtabak) und *Nicotiana rustica* (Bauerntabak resp. türkischer Tabak), aus Mexiko stammend.

Nicotinhaltig sind auch die als Zierpflanzen verbreiteten *Nicotiana Sanderae, Nicotiana tomentosa* u. a. *Nicotiana glauca* (Nordafrika) enthält zu etwa 1% Anabasin, nur Spuren Nicotin.

Die Blätter erhalten die Eigenschaften des *Rauchtabaks* (Aroma) beim Trocknen, indem sie unter Abbau der Eiweißsubstanzen einen Fermentationsprozeß durchmachen. Dabei geht gleichzeitig ein beträchtlicher Teil des Nicotins verloren. Trockene Tabakblätter enthalten 0,6—5% Nicotin, fertige Rauchware im Mittel 2% (1—5%). Als *nicotinarm* werden Tabake mit weniger als 0,5% Nicotin bezeichnet.

Tabakalkaloide, welche nur in verschwindender Menge in Tabakpflanzen vorkommen, deshalb toxikologisch von geringer Bedeutung sind: *Nicotimin, Nicotellin*, $C_{10}H_6N_2$, *Nicotyrin* und als Abbauprodukte *Pyrrolidin*, $C_4H_9N$, und *Methyl-Pyrrolin*, $C_5H_9N$.

Weitere Tabakalkaloide: das früher als *Nicotein* bezeichnete Nebenalkaloid besteht nach *Ehrenstein* aus den wohl charakterisierten beiden Alkaloiden *Nornicotin*, $C_9H_{12}N_2$, und *Anabasin*, $C_{10}H_{14}N_2$, (β Pyridyl-α-piperidin). Anabasin, ein flüssiges, mit Wasser mischbares Alkaloid, Sp. = 280—281°, findet sich als Hauptalkaloid in der Chenopodiacee *Anabasis aphylla* (Asien) neben *Lupinin*. Alkaloidgehalt dieser Pflanze etwa 2%. Anabasin ist toxikologisch wie Nicotin zu beurteilen. In Amerika (USA.) in Form von Anabasinsulfat als Schädlingsbekämpfungsmittel im Gebrauch.

*Nicotiana suaveolens* (Australien) enthält ein nicotinähnliches Gift, welches bei Pferden zu Nachtblindheit, schließlich zu bleibender Erblindung mit typischer Opticusatrophie, zuweilen auch zu Lähmung der Hinterbeine führte.

Die australische Solanacee *Duboisia Hopwoodii* liefert das als Genußgift von den Eingeborenen Australiens sehr geschätzte, aus Blättern und Zweigen der Pflanze hergestellte, rauschartig wirkende Kaumittel *Pituri*. Das in den Blättern der Pflanze enthaltene, früher als Piturin bezeichnete Alkaloid ist nach *Späth* und *St. Hicks d-Nornicotin*, $C_9H_{12}N_2$, eine farblose, ölige, in Wasser lösliche Flüssigkeit; Sp. 266° [α] D 24 = + 86,3°. d-Nornicotin wirkt im Tierversuch nicotinähnlich.

*III. Häufigkeit der Vergiftung.* Akute Nicotinvergiftungen früher selten, heute wegen stark zunehmender Verbreitung des Nicotins, das in riesigsten Mengen in der Schädlingsbekämpfung Verwendung findet, größere Zahl schwerer, auch tödlicher Vergiftungen. Im übrigen spielen chronische Vergiftungen durch Tabakmißbrauch und bei der gewerblichen Herstellung des Tabaks und der Tabakprodukte die allgemein bekannte große Rolle.

*IV. Eigenschaften des Nicotins.* Nicotin geht durch die intakte Haut und sehr leicht durch alle Schleimhäute hindurch. Die Resorption erfolgt von Zunge, Auge und Mastdarm aus in wenigen Sekunden, vom Magen aus etwas langsamer. Außerdem hat Nicotin eine typische, lokale Reizwirkung. Im Organismus wird ein Teil des Nicotins durch die Leber zerstört. Die Ausscheidung erfolgt rasch durch den Urin. Nach 6—12 Stunden ist sie meist beendigt. Gewöhnte und Nichtgewöhnte scheiden Nicotin gleich rasch aus.

*V. Charakter der resorptiven Giftwirkung.* Nicotin ist ein primär reizendes, sekundär lähmendes Nervengift, sowohl für das Zentralnervensystem (auch medullär), wie insbesondere für das vegetative Nervensystem. Seine spezifische, durch *Langley* erforschte Wirkung beruht auf der anfänglichen Reizung, dann Lähmung der vegetativen, sympathischen und parasympathischen intermediären Ganglienzellen (vegetativen Synapsen). Infolge dieser Eigenschaft kommt es unter Nicotin primär zu Krampf der glatten Muskulatur, besonders im Magen-Darmkanal, ferner zur Erregung sämtlicher Sekretionen, namentlich der Schweiß- und Speichelsekretion, ferner zu Miosis, Akkommodationskrampf, namentlich aber zu Gefäßkonstriktion im Arteriolengebiet. Letztere ist wohl im wesentlichen bedingt durch vermehrte Adrenalinausschüttung aus der Nebenniere, welche häufig gleichzeitig zu Hyperglykämie, seltener zu Glykosurie führt.

Bei der *chronischen Vergiftung* stehen die *Folgeerscheinungen* der spastischen (und sklerotischen) Gefäßveränderungen im Mittelpunkt des Vergiftungsbildes.

*1. Akute Vergiftung. a) Reine Nicotinvergiftung:* Nicotin ist ein sehr starkes, in seiner Gefährlichkeit oft unterschätztes Gift, welches schon in Mengen von 1—4 mg typische, oft sehr schwere Vergiftungserscheinungen macht (*Schroff*): Brennen im Mund, Kratzen im Rachen, vermehrte Speichelsekretion, vom Magen ausgehend Wärmegefühl, das sich über den ganzen Körper ausbreitet. Nach einiger Zeit Aufregung, Kopfschmerz, Schwindel, Lichtscheu, undeutliches Sehen und Hören, Trockenheit im Munde, Kältegefühl in den Extremitäten. Nausea, Erbrechen, Stuhldrang. Die Atmung wird beschleunigt und angestrengt; dazu Pulsbeschleunigung, später Abnahme; dann Ohnmacht, klonische Krämpfe von langer Dauer, besonders auch der Atemmuskeln, Zittern und Schüttelkrämpfe der Extremitäten. Erholung unter starker Abgeschlagenheit, Schläfrigkeit und Depression.

*b) Akute Vergiftungserscheinungen des Rauchens beim Nichtgewöhnten:* Blässe (Gefäßkonstruktion), Ansteigen des Blutdruckes, Herzklopfen. Schweißausbruch, dann vermehrte Speichelsekretion, Übelkeit, Erbrechen, Durchfall, Muskelschwäche. Absinken des Blutdruckes, kollapsähnlicher Zustand mit relativ rascher Erholung.

*c) Akute Vergiftungserscheinungen durch Kautabak und Verschlucken von Schnupftabak:* Übelkeit, Erbrechen, Magenschmerzen, heftigste, selbst blutige Durchfälle, Krämpfe; Tod kann in wenigen Stunden erfolgen. Akute Erscheinungen sind hier besonders heftig.

*d) Akute Vergiftung durch Tabakbrühe und nicotinhaltige Schädlingsmittel und bei großen Nicotindosen im allgemeinen:* Im Vordergrund stehen neben Miosis, später Mydriasis (seltener Nystagmus) und Ohrensausen Konvulsionen, Delirien, Stupor, allgemeine Lähmung, auch Atemlähmung, ohne daß irgendwelche für Nicotin charakteristische Erscheinungen vorauszugehen brauchen. Der Tod kann sehr rasch, schon nach 10—30 Minuten eintreten.

Bei Vergiftung durch nicotinhaltige Schädlingsmittel wurden ferner beobachtet: vorübergehende Blutdrucksteigerung, Hyperglykämie, Glykosurie, Leukocytose mit Linksverschiebung, Erhöhung des Serumcalciums (also Erscheinungen wie bei vermehrter Adrenalinausschüttung oder Adrenalinapplikation); weiterhin sehr starke Bradykardie, Extrasystolen.

*Differentialdiagnose:* Cytisinvergiftung (s. d. Art.: Cytisin und Goldregenvergiftung) Anabasinvergiftung. Bei Erholung von schwerer akuter Vergiftung bleiben als Störungen oft über Wochen zurück:

Schwindel, Kopfschmerzen, Zittern, großes Schwächegefühl. Häufig schließt sich an die akute Vergiftung eine länger, oft monate- bis jahrelang bestehende, hochgradige Überempfindlichkeit gegen Nicotin an.

*e) Chronische Nicotinvergiftung (Tabakrauchvergiftung, Nicotinismus):* Trotz Gewöhnung an gewisse Mengen Nicotin kommt es vielfach zu Vergiftungserscheinungen analog wie bei akuter Nicotinvergiftung. Daneben machen sich aber immer mehr die ganz andersartigen Symptome der chronischen Nicotinvergiftung geltend. In der Fähigkeit zur Angewöhnung an den Tabakgenuß bestehen individuell außerordentlich große Unterschiede. Maßgebend ist wohl die Empfindlichkeit des vegetativen Nervensystems; deshalb sind Jugendliche und Frauen besonders empfindlich gegen Nicotingenuß. Die Toleranzgrenze ist auch bei stärksten Rauchern bei Aufnahme von etwa 20 mg Nicotin pro Stunde erreicht (Kettenraucher). Die gleiche für den Nichtgewöhnten u. U. schon letale Nicotinmenge per os auf einmal wird auch bei hochgradiger Gewöhnung nicht ohne mindestens leichtere Vergiftungserscheinungen ertragen.

*Symptome:* Bräunung der Zähne, chronische Rachen- und Kehlkopfkatarrhe, evtl. übergreifend auf die Tuben und das Mittelohr, Reizung der Magenschleimhaut. Bei gleichzeitigem Alkoholismus chronicus sind Alkohol- und Nicotinfolgen oft schwer zu trennen. Als spezifisches Reizgift für das Epithel Auftreten von Leukoplakien der Mundschleimhaut, selten Wucherungen mit malignem Charakter (wohl nur bei vorhandener Disposition), Epithelkrebs der Unterlippe, evtl. der Zunge, Herabsetzung der Geruchs- und Geschmacksempfindung. Sehstörungen: Herabsetzung der Farbenempfindlichkeit, namentlich rot/grün, zentrale Farbenskotome, Amblyopie, Neuritis retrobulbaris. Seltener sind Hörstörungen mit Ohrensausen, Ohrgeräuschen; vereinzelt Menière, Neuritis des N. acusticus und vestibularis.

Der Blutdruck reagiert mit starkem Anstieg von langer Dauer. Mit der Zeit erhöhte Bereitschaft zu Gefäßkonstriktion namentlich der Augen-, Kranz-, Beingefäße. Führt zu Zuständen erhöhter Krampfbereitschaft in diesen, aber auch in anderen Gefäßgebieten. Die Erscheinungen des Nicotinismus beruhen danach neben den temporären, vegetativ bedingten, mehr subakuten Vergiftungssymptomen vorwiegend auf Funktionsstörungen, welche durch lokale Gefäßspasmen bedingt sind, mit der Tendenz, in anatomische, bleibende Schäden überzugehen wie Opticusatrophie, isolierte Amaurose bei sonst intaktem Gefäßapparat, Coronarsklerose (über Nicotin-Angina pectoris, vgl. *Lippmann, Plenge*), Dysbasia (A. tibialis), *selten* Gangrän; auch Sklerose der Mesenterialgefäße mit abdominellen Gefäßkrisen (Symptome wie bei Ulcus ventriculi oder bei Gallen- oder Nierensteinkolik, evtl. Appendicitis.). Vorübergehende vasospastische Hemiplegien sind selten, kommen aber gerade bei jugendlichen Individuen vor (*Külbs*).

Bei manchen Individuen bedingt Nicotinismus Potenzschwäche, bei Frauen Abort.

Nicotin ist primär kein Herzgift im Sinne eines Protoplasmagiftes. Schädigung der Herzfunktion durch Ernährungsstörung infolge Coronarspasmen- und -Sklerose.

Schwerste Vergiftungserscheinungen zeigen die *Tabakkauer*, wo eigentliche *Tabakpsychosen* mit neurasthenieartigen Zuständen, Schlaflosigkeit, Depression, in einem weiteren Stadium Halluzinationen, maniakalische Zustände, auffällige Euphorie neben großer Reizbarkeit vorkommen. Dabei leiden Auffassung und Gedächtnis.

Polyneuritiden sind bei Nicotinismus eher selten, jedenfalls viel weniger häufig wie bei chronischem Alkoholismus.

Andere beim Rauchprozeß regelmäßig auftretende flüchtige Gifte außer dem Nicotin, wie die im Tabakrauch (Hauptstrom) enthaltenen Destillations- und Verbrennungsprodukte: Kohlenoxyd, Blausäure, Pyridin, Collidin usw. dürften am Zustandekommen resorptiver Giftwirkungen kaum beteiligt sein. Fraglich muß auch bleiben, ob der aus dem Holzteil des Tabaks überdestillierende Methylalkohol für etwa auftretende Sehstörungen verantwortlich gemacht werden kann (*C. Neuberg, Neumann, Loschkina*). Vielleicht ist ein Teil der lokalen Reizwirkungen an den Schleimhäuten des Rachens usw. (sog. Raucherkatarrh) auf den namentlich bei Zigarren nicht geringen Ammoniakgehalt des Rauches zurückzuführen. CO und $CO_2$ können in rauchgeschwängerten, dicht besetzten und schlecht belüfteten Lokalen bei längerem Aufenthalt als toxische Agenzien eine gewisse Rolle spielen. Jedenfalls ist die Nicotinverträglichkeit beim Rauchen im Freien allgemein größer.

Nach *Wenusch* geht ein Drittel bis ein Fünftel des im Rauchzeug vorhandenen Nicotins unverändert in den Rauch über. Sehr giftig durch seinen hohen Nicotingehalt ist der in der Pfeife als sog. Schmergel sich ansammelnde Rückstand. Orientalische Rauchwaren können neben dem im vorderen Orient und in Nordafrika ziemlich verbreiteten Haschisch auch noch andere, mehr rauschartig wirkende Beimischungen wie Opium, hyoscyamin- und scopolaminhaltige Solanaceenbestandteile, südamerikanische Schnupf- und Kautabake neben Cocain auch Rhododendronblätter, Nieswurz usw. enthalten.

*f) Chronische gewerbliche Vergiftungen:* Nach jahrelangem Einatmen von Nicotindämpfen wurde Ausbildung einer Nicotinepilepsie beobachtet. Allgemein treten bei Tabakarbeitern und -arbeiterinnen hauptsächlich nervöse Symptome auf, wie Kopfschmerzen, Schwindel, Herzklopfen, Tremor, Reflexsteigerungen, Gastralgie, Zuckungen in Extremitäten (*Genkin*). Auch kann sich eine Überempfindlichkeit ausbilden (*Karrenberg*) mit Hauterscheinungen von ekzemartigem Typus, ferner chronische Gingivitis (*Sulzberger*). Über Tabakallergie vgl. *Harkavy*.

In einem Fall entstand beim Verlöten von Büchsen mit Tabakextrakt durch aufsteigende Nicotindämpfe und Nicotinresorption durch Hände und Kleider nach zwei Jahren schwere Polyneuritis mit Ataxie und Dysarthrie bei 25 jährigem, gesundem Mann (*Kepp*). Es ist heute mit Sicherheit anzunehmen, daß eine schwere Nicotinamblyopie sowohl durch Einatmung von Tabaksdämpfen wie durch Nicotinresorption von der Haut aus entstehen kann.

*VI. Dosis medicinalis:* Therapeutisch nicht mehr im Gebrauch. Früher zu (reizenden) Klistieren. In Tierheilkunde gelegentlich äußerlich (Tabakblätter).

*Dosis toxica:* Typische Giftwirkungen beim Nichtgewöhnten schon durch 1—2 mg Nicotin. 3 mg machen schon schwerste Vergiftung. Eine einzige Zigarre kann eine peroral tödliche Dosis Nicotin enthalten.

Angewöhnung: individuell sehr verschieden. Der intermittierende Vergiftungsprozeß ermöglicht immer wieder eine gewisse Entgiftung.

*Dosis letalis:* Reines Nicotin 0,01—0,05 g. Ein Tropfen Nicotin genügt also, um den erwachsenen Menschen zu töten. Bei zersetztem Nicotin (Oxydationsprodukte) sind je nach Beschaffenheit etwa 0,3 bis 0,5 g letal.

*VII. Pathologische Anatomie. a) Akute Vergiftung:* Nicotingeruch aller Organe bei sehr rasch tödlicher Vergiftung. Bei Vergiftung durch Magen hochgradige Hyperämie bis kleine Blutungen; bei Vergiftung mit reinem Nicotin sind Ätzwirkungen an Lippen, Zunge und Mundschleimhaut anscheinend möglich. Darm bei frischem Befund kontrahiert, evtl. mit blutigem Schleim bedeckt.

Hyperämie der Meningen des Gehirns und Rückenmarks, ferner Hyperämie von Lunge, Leber, Milz und Niere (keine konstanten Befunde). Ekchymosen unter Pleura, Epikard und Peritoneum, dunkles, flüssiges Blut (Erstickungsbefund). Sektionsbefund abgesehen von Nicotingeruch und Darmkontraktion uncharakteristisch. Wenn Todeseintritt sehr rasch unter tetanischen Krämpfen, *früher* Eintritt der Leichenstarre.

*Histologisch* haben auch die zahlreichen, akut tödlichen gewerblichen Vergiftungsfälle keine charakteristischen Befunde ergeben. Dies trifft auch für entsprechende Tierversuche zu. Nicotin ist kein Protoplasmagift.

*b) Chronische Vergiftung:* Braunfärbung der Zähne, Leucoplacia buccalis, Tracheolaryngitis granulosa, Gastritis chronica.

Augenbefund: Opticusatrophie und Schädigung der retinalen Elemente unter Schwund der Ganglienzellen, Zerfall der Nervenfasern mit reparativer Gliawucherung kann auch als interstitielle Neuritis beginnen, verbunden mit ischämischen Schädigungen und sekundärer Gefäßwucherung. Befunde beim Menschen meist herdförmig.

Nicotinsklerose der Gefäße, namentlich herdförmige Intimaverfettung ohne Verkalkung, in Kranzgefäßen, Carotiden, Mesenterial- und Beingefäßen (*Stief*).

Anatomische Schädigung der Genitalorgane ist umstritten: angeblich cystische, atretische Follikel bei starken Raucherinnen; angeblicher Schwund der Samenkanälchen ist entgegen *Hoffstetter* und *Unbehaun* nach *Schinz* und *Slodopolski* und nach *Staemmler* nicht wahrscheinlich. Nicotin scheint keine direkten keimschädigenden Wirkungen hervorzurufen, was auch der langdauernde Tierversuch zu beweisen scheint.

*VIII. Vorkommen der Nicotinvergiftung und gerichtlich-medizinische Beurteilung.* Als Mordmittel sehr selten verwendet, trotzdem dazu nach hoher Toxizität, leichter Zugänglichkeit und Beibringung geeignet. Da Leichenbefund ganz uncharakteristisch oder negativ, kann bei plötzlichem Nicotintod die beliebte Diagnose „Herzschlag" gestellt werden! Zugänglichkeit des Giftes in beliebiger Menge fast unbeschränkt, sogar ohne Giftschein in Form der meist hochprozentig nicotinhaltigen Schädlingsbekämpfungsmittel.

Einziger, sicher bekannter Giftmord (Fall *Bocarmé*, 1850) durch gewaltsames Einflößen von Nicotin, was Todeseintritt in fünf Minuten zur Folge hatte (*Schauenstein*).

Selbstmorde sind ebenfalls selten. Nach Trinken von Nicotin erfolgte Hinstürzen und Tod in drei bis fünf Minuten (*Taylor*). Weitere Fälle bei *Schauenstein*. 4 g reines Nicotin suicidal führte zu schwerster Vergiftung mit brennendem Schmerz in Mund und Rachen, blitzschnellen Zuckungen in allen Extremitäten, Krämpfen usw. Trotz enorm hoher Dosis Rettung wegen rasch eintretenden und dauernden Erbrechens (*Schmidt*). Verwendung als Abortivum führte vereinzelt zu tödlicher Vergiftung an Mutter und Kind. Für diesen Zweck auch Verwendung von Pfeifenrückstand. Als toxisches Abortivum ist Nicotin geeignet, aber nicht ohne schwerste Vergiftung der Mutter.

*Zufällige Vergiftungen:* Tod eines dreijährigen Mädchens nach versehentlicher Einnahme eines Schluckes einer 9 %igen Nicotinlösung (*Lami*). Schwerste Vergiftungen an zwei 10 und 12 Jahre

alten Schwestern, deren Kopfhaut zur Ungezieferbekämpfung mit Nicotinlösung eingerieben wurde
(Cyanose und Methämoglobin, kein Anilin!) (*Weill*).

*Medizinale Vergiftungen:* früher durch Tabak-
klistiere, auch tödliche. Ferner schwerste Vergiftungen durch äußerliche Verwendung von Tabak-
abkochungen als Parasitenmittel und durch Auflegen
von Tabakblättern auf Wunden usw. Einreiben
von Nicotinsalben gegen Krätze und Favus, Umschläge mit Tabakinfus. Infuse gegen Ileus; Verwendung des Pfeifenrückstandes als Wurmmittel.
Nicotin (0,001—0,003) gegen Strychninvergiftung wegen angeblich curareartiger Wirkung.

*Gewerbliche Vergiftungen:* In zunehmendem
Maße, seit 1919 in USA., seit 1922 in Europa, spielt
Nicotin als gewerbliches Gift eine Rolle, was mit
seiner ungeheuren Verbreitung als Schädlingsbekämpfungsmittel zusammenhängt (vgl. *Esser* und
*Kühn*). Parallel damit zeigt auch die Verwendung
von Nicotinprodukten als Suicidmittel eine auffällige
Zunahme. Schwerste Vergiftungen, darunter zahlreiche tödliche sind aus Unachtsamkeit, besonders
auch wegen mangelnder Warnung vor Vergiftungsgefahr, namentlich aus Unkenntnis der percutanen
Resorption und Aufnahme durch die Lunge bei
Versprayung nicotinhaltiger Schädlingsmittel vorgekommen, die häufig unter Phantasienamen
(DaScha, Vomasol, Parasitol usw.) oder als Nico-
tinbrühe, Tabakextrakt, Rohnicotin mit 2 bis 96%
Nicotingehalt in den Handel gebracht werden. Unter
18 bis 1932 bekannt gewordenen akuten Nicotinvergiftungen durch Gebrauch von Schädlingsbekämpfungsmitteln in Gärtnerei und Landwirtschaft verliefen
11 tödlich. Seither hat sich die Zahl der tödlichen
Nicotinvergiftungen durch derartige Parasitenmittel
noch beträchtlich erhöht. Die alljährlich in Deutschland allein zur Rebschädlingsbekämpfung verwendete Menge Nicotin wird schätzungsweise mit
100 Tonnen angegeben! Die gesamte in Deutschland zur Schädlingsbekämpfung jährlich verwendete
Menge dürfte aber noch bedeutend größer sein. In
andern Ländern mit Weinbau und Obstkultur
(Frankreich, Schweiz) liegen die Verhältnisse ähnlich.

*Schrifttum.*

*I. Toxikologie des Nicotins, Allgemeines.*
*Cloetta, M.:* in *Flury* u. *Zangger:* Vergiftungen. 290. Berlin
1926. — *Dixon, W. H.:* In *Hefters* Handb. der exper. Pharmakologie
**2**, 2, 656. Berlin 1924. — *Erben, F.:* Vergiftungen **2**, 2. Tl., 562.
Wien 1910. — *Kobert, R.:* Lehrbuch der Intoxikationen. 2. Aufl. Stuttgart 1906. **2**, 1060. — *Lami, Luciano:* Un caso di avvelenamento acuto
mortale per ingestione di nicotina. Giorn. Clin. med. **13**, 365 (1932).
—*Lewin, L.:* Gifte und Vergiftungen. 823. Berlin 1929. — *Lewin, L.*
u. *H. Guillery:* Die Wirkungen von Arzneimitteln auf das Auge. 2. Aufl.
Berlin 1913. **1**, 331. — *Moller, K. O.* u. *M. Simesen:* Tödliche Nico-
tinvergiftung. Dtsch. Z. gerichtl. Med. **32**, 55 (1939). — *Petri, E.:*
Anatomie und Histologie der Vergiftungen. Berlin 1930. Handb. d.
spez. Pathol. u. Histol. **10**, 373. — *Price, J. P.* u. *M. D. Florence:*
Akute Nicotinvergiftung bei einem Kind. J. Dis. Childr. **1939**, 102. —
*Schmidt, M.:* Nikotin-Vergiftung. (Selbstmordversuch.) Slg.-Verg.-
Fälle A **92**. — *Stief, A.* u. *St. Huszak:* Tierexperimentelle Untersuchungen über die Nicotinschäden des Zentralnervensystems. Mschr.
Psychiatr. **95**, 36 (1937). — *Taylor, A. S.:* Die Gifte. 3 Bde. **3**, 247.
Köln 1862/63. — *Thelin, H.* u. *S. Wehrlin:* Tödliche Nicotinvergif-
tung. Amer. Med. leg. **1938**, 333. — *Trier, G.:* Die Alkaloide. 2. Aufl.
335. Berlin 1931. — *Weill, Dufourt* et *P. Delore:* Deux cas d'intoxication aigue par la nicotine. Lyon Méd. **133**, 415 (1924).

*II. Tabakkultur und -Chemie, Tabakrauch.*
*Ehrenstein, Max:* Zur Kenntnis der Alkaloide des Tabaks. Arch.
Pharmaz. **269**, 627 (1931). — *Ehrismann, O.* u. *G. Abel:* Über den Koh-
lenoxydgehalt des Tabakrauches. Z. Hyg. **116**, 4 (1934). — *Hanson,
H. B.* u. *A. B. Hastings:* The effect of smoking on the carbon mo-
noxide content of blood. J. amer. med. Assoc. **100**, 1481 (1933). —
*Lehmann, K. B.:* Chemische und toxikologische Studien über Tabak, Tabakrauch und das Tabakrauchen. Arch. Hyp. **68**, 319 (1900). —
*König, P.* u. *W. Dörr:* Über Tabakchemie. I. Biochem. Z. **263**, 295
(1933). — *Nagy, Vitez Ladislaus* u. *Ladislaus Barta:* Wieviel Nicotin geht in den Zigarren- und Pfeifenrauch über? Angew. Chem. **1934**,
214. — *Thales, B., Andreadis* u. *Ernst J. Toole:* Über die Verteilung
des Nicotins im Rohtabak. Z. Unters. Lebensmitt. **68**, 431 (1934).

— *Waser, E.* u. *M. Stähli:* Untersuchungen am Tabakrauch.
Z. Unters. Lebensmittel **64**, 569 (1932. — *Wenusch, Adolf:* Theo-
retische Grundlagen zur Kenntnis der Nicotinverteilung beim
Rauchen von Zigaretten. Z. Unters. Lebensmitt. **68**, 412 (1934).
— *Wenusch, Adolf:* Über das Auftreten von Nicotyrin im Tabak.
Biochem. Z. **275**, 361 (1935). — *Wenusch, Adolf:* Über das
Auftreten von Harzen im Tabakrauch. Z. Unters. Lebensmitt. **69**,
81 (1935). — *Wenusch, Adolf:* Über die Harze des Zigarrenrauches.
Z. Unters. Lebensmitt. **73**, 189 (1937). — *Wenusch, Adolf:* Über die
Menge der festen Tabakrauchbestandteile und die Löslichkeit ihrer
Nicotinsalze in verschiedenen Lösungsmitteln. Z. Unters. Lebens-
mitt. **74**, 43 (1937). — *Wenusch, Adolf* u. *Rudolf Schöller:* Zusammensetzung und Eigenschaften des gasförmigen Anteiles (der disper-
gierenden Phase) des Tabakrauches. Z. Unters. Lebensmitt. **75**,
346 (1938).

*III. Tabak als menschliches Genußmittel.*
*Assmann, H.,* Über Nicotinschäden. Münch. med. Wschr. **1939**, 457.
— *Barac, G.:* Chron. Tabakvergiftung. Slg. Verg.-Fälle A **612**. — *Clo-
etta, M.:* Über den Tabak und vom Rauchen. Neujahrsblatt Waisen-
hausstift, Zürich 1928 — *Conte Corti, E. C.:* Die trockene Trunkenheit.
Leipzig 1930. — *Euzière, J., R. Castagné, R. Lafon* u. *A. J. Benedit-
tini:* Die angio-kardio-sympathischen Wirkungen des Tabaks auf den
Menschen. Bull. Acad. Méd. Paris, III. s. **116**, 615 (1936). — *Friedrich, R.:* Das Nicotin in der Aetiologie und in der postoperativen
Nachbehandlung der Ulcuskrankheit. Arch. klin. Chir. **179**, 9 (1934).
— *Harkavy, Joseph:* Skin reactions to tobacco antigen in smokers
and nonsmokers. J. Allergy **5**, 131 (1934). — *Hartwich, C.:* Die
menschlichen Genußmittel. 27. Leipzig 1911. — *Kißling, R.:* Handb.
der Tabakkunde. 5. Aufl. Berlin 1925. — *Krainz, W.* u. *L. Kumer:*
Über eine Raucherleukokeratose des Gaumens. Arch. f. Dermat.
**168**, 224 (1933). — *Külbs, F.:* Über vorübergehende Hemiplegien
durch Nicotin. Klin. Wschr. **1931**, 2159. — *Lickint, Fritz:* Tabak-
Schädigungen des Gehörorganes. Slg. Verg.-Fälle A. 146. — *Lickint,
Fritz:* Tabak und Organismus. Handb. der gesamten medizin. Tabakkunde. Stuttgart 1939. — *Lippmann, A.:* Tabakrauch-Vergif-
tungen, chronische. Slg. Verg.-Fälle A. **144**. — *Lokschina S.:* Tabak-
toxikosen. Sovet. Vestn. Oftalm. **8**, 464 (1936). (Ref. Ber. Physiol.
**95**, 521 (1936). — *Neuberg, Carl* u. *B. Ottenstein:* Übertritt von Me-
thylalcohol in den Tabakrauch. Biochem. Z. **188**, 217 (1927). — *Neu-
mann-Wender:* Eine neue Gefahr für den Raucher. Münch. med.
Wschr. **1933**, 737. — *Pearl, R.:* Tobacco smoking and longevity.
Science (N. Y.) **1938** 216. — *Plenge, K.:* Tabak-Mißbrauch und
Koronarsklerose. Slg. Verg.-Fälle A. **145**. — *Reiter, H.:* Alcohol- u.
Nicotinmißbrauch. Reichsgesundhbl. **1937**, 842. — *Schinz, H. R.* u.
*Slódopolski:* Bemerkungen über Entwicklung und Pathologie des
Hodens. Virchows A. **253**, 413 (1924). — *Schönberg, S.:* Plötzlicher
Tod bei starkem Zigarettenrauchen. Dtsch. Z. ger. Med. **24**, 401 (1935).
— *Schönemann, H.:* Rauchgewohnheit, Nicotinsucht und Abstinenz-
erscheinungen. Med. Klin. **1934**, 1417. — *Short, J., H, J. Johnson*
a. *H. A. Ley, jr.:* The effects of tobacco smoking on healt. J. Labor. a.
chin. Med. **24**, 586 (1939). — *Strauß, L. H.:* Nicotinwirkungen und
-schädigungen. Erg. inn. Med. **52**, 375 (1937). — *Strooman, G.:* Über
die Wirkungen und Nebenwirkungen des Nicotins. Klin. Wschr.
**1934**, 821. — *Sulzberger, M. B.:* Studies in tobacco hypersensitivity.
I. A comparison between reactions to nicotine and to denicotinized
tobacco extract. (Prelim. rep.) J. of Immun. **24**, 85 (1933). — *Sulzberger, M. B.:* Studies in tobacco hypersensitivity. II. Thrombo-
angiitis obliterans with positive urticarial skin reactions and negative
reagin findings. J. of Immun. **24**, 425 (1933).

*IV. Gewerbliche Nicotinvergiftung durch Schädlingsbekämpfungs-
mittel und in Tabakbetrieben (Fabrikation).*
*Cords, R.:* in *A. Gottstein:* Handb. der sozialen Hygiene **2**, 558
Berlin 1926. — *Esser, A.* u. *A. Kühn:* Die tödlichen Nicotinvergif-
tungen und ihre Zunahme seit Einführung nicotinhaltiger Schäd-
lingsbekämpfungsmittel. Z. gerichtl. Med. **21**, 305 (1933). — *Esser,
A.* u. *A. Kühn:* Nicotin-Vergiftungen, akute. Slg. Verg.-Fälle C **13**. —
*Faulkner, James, M.:* Nicotine poisoning by absorption through the
skin. J. amer. med. Assoc. **100**, 1664 (1933). — *Fretwurst, F.* u. *A.
Hertz:* Akute Nicotinvergiftung. Z. klin. Med. **122**, 641 (1932). —
*Genkin, S., D. Piskarew, B. Serebrjanik* u. *S. Braun:* Klinik und Pathogenese der Nicotinvergiftung. Dtsch. Arch. klin. Med. **177**, 642
(1935). — *Hertz, A.:* Nikotin-Vergiftung, akute, mit besonderem
Herzbefunde bei einem Gärtner. Slg. Verg.-Fälle A **297**. — *Hof-
stätter:* Experimentelle Studien über die Einwirkung des Nicotins
auf die Keimdrüsen. Virchows Arch. **244**, 183 (1923). — *Joos, G.* u.
*H. J. Wolf:* Akute Nicotinvergiftung durch Parasitenvertilgungs-
mittel (Parasitol). Dtsch. med. Wschr. **1933**, 773 und Slg.
Fälle A **521**. — *Karrenberg, C. L.:* Nikotin-Überempfindlichkeit der
Haut bei einer Tabakarbeiterin. Slg. Verg.-Fälle A **24**. — *Kepp,
F. R. V.:* Nikotin-Polyneuritis. Slg. Verg.-Fälle A **748**. — *Kobro,
M. S.:* Akute Nikotin-Vergiftung. Slg. Verg.-Fälle A **747**. — *Koelsch,
F.:* Handb. der Berufskrankheiten. 133, 455, 869, 1158. Berlin 1937.
— *Kratz, B.:* Tödliche Nicotinvergiftung durch Schädlingsbekämp-
fungsmittel. Münch. med. Wschr. **1935**, 19. — *Kratz, B.:* Tödliche
Nikotinvergiftung (Landwirtschaftlicher Berufsunfall). Slg. Verg.-
Fälle A **482**. — *Regenbogen, E.:* Nikotin-Vergiftung, akute, durch

Vomasol beim Vertilgen von Pflanzenschädlingen. Slg. Verg.-Fälle A **227**. — *Regenbogen, E.:* Nikotin-Vergiftung, akute, durch „Da-Scha", ein Insektenvertilgungsmittel. Slg. Verg.-Fälle A **267**. — *Staemmler, M.:* Die chronische Vergiftung mit Nicotin. *Virchows* Arch. **295**, 366 (1935). — *Staemmler, M.:* Nicotin und Keimdrüsen. Münch. med. Wschr. **1936**, 658. — *Unbehaun, G.:* Untersuchungen über die Frage der gewerblichen Schädigungen der Genitalfunktionen bei Tabakarbeiterinnen. Arch. Frauenkde u. Konstit.forschg **14**, 344 (1928). — *Wilson, Douglas J. B.:* Nicotine poisoning by absorption through the skin. Brit. med. J. **3640**, 601 (1930). — *Zillig, Hermann:* Tödliche Nicotinvergiftung durch Schädlingsbekämpfungsmittel. Münch. med. Wschr. **1935**, 879.

*V. Duboisia Hopwoodii, Nor-nicotin und Anabasin.*

*Anitchkov, S. V.:* Das Anabasin, ein Gangliengift. Arch.internat. Pharmacodynamie **51**, 367 (1935). — *Baryschnikow, I. A.:* Die Wirkung des Anabasinsulfat auf den tierischen Organismus. J. Physiol. USSR. (russ.: Fisiologitscheski Shurnal SSSR.) **20**, 79 (1936). — *Haag, H. B.:* Ein Beitrag zur Pharmakologie des Anabasins. J. Pharmacol. **48**, 95 (1933). — *Hicks, C. Stanton:* Weitere Bemerkungen über die Chemie des d-Nor-nicotins. Ein Alkaloid der Duboisia Hopwoodii. Austral. J. exper. Biol. a. med. Sci. **14**, 39 (1934). — *Hicks C. Stanton* u. *H. Le Mussurier:* Vorläufige Beobachtungen über die Chemie und Pharmakologie der Alkaloide von Duboisia Hopwoodii. Austral. J. exper. Biol. a. med. Sci. **13**, 175 (1935). — *Orechoff, A.* u. *G. Menschikoff:* Über die Alkaloide von Anabasis aphylla L. (I. Mitt.) Ber. dtsch. chem. Ges. **64**, 266 (1931). — *Späth, Ernst, C. Stanton Hicks* u. *Emil Zajic:* Über d-Nor-nicotin, ein Alkaloid von Duboisia Hopwoodii F. v. Muell. Ber. dtsch. chem. Ges. **68**, 1388 (1935). — *Späth, Ernst, C. Stanton Hicks* u. *Emil Zajic:* Über das d-Nor-nicotin. Ber. dtsch. chem. Ges. **69**, 250 (1936). — *Wenusch, Adolf* u. *Gerhard Bilowitzki:* Über die quantitative Bestimmung des Anabasins. Biochem. Z. **270**, 15 (1934). **H. Fischer.**

**Nicuran** siehe *Schädlingsbekämpfungsmittel.*

**Niederlandsche Probe** siehe *Sperma und Spermaflecken.*

**Nikopren** siehe *Schädlingsbekämpfungsmittel.*

**Nirvanol** siehe *Schlafmittel.*

**Nitrite.** (Vgl. auch Art.: Flüchtige organische Gifte; Nitrose Gase.)

Vergiftungen durch *Nitrite* (Kalium- und Natrium nitrosum, $KNO_2$ bzw. $NaNO_2$) kommen verhältnismäßig selten vor, hauptsächlich medizinal bei Überdosierung oder durch Verwechslung mit Kochsalz, dem die Salze gleich sehen, bzw. mit Salpeter, das als Konservierungsmittel für Fleisch dient. Sie können aber auch bei Gärungsvorgängen im Organismus durch Umwandelung von Nitraten zu Nitriten entstehen (Bismutum subnitricum-Vergiftung). Die Nitrite sind ebenso wie die organischen Nitroverbindungen schwere Blutgifte. Bereits die perorale Zufuhr von mehr als 1 g erzeugt infolge Gefäßlähmung Unruhe, Beklemmungsgefühle, Schwindel, Schweißausbrüche, Klopfen der Schläfen, ferner Erbrechen, Diarrhöen und infolge Methämoglobinbildung im Blute Blaufärbung der Haut sowie verlangsamte Atmung, auch Geh- und Sehstörungen und Schlafsucht. *Loeschke, Molitoris* beobachteten u. a. an der Leiche entzündliche Infiltrate und Blutaustritte in der Wand des Magen-Darmes sowie Gelbfärbung des Inhaltes und Verschorfungen der obersten Schichten der blutüberfüllten Magenwand.

*Schrifttum.*

*Loeschke:* Beiträge zur Histol. und Pathogen. der Nitritvergiftung. Beitr. path. Anat. **49**, 457 (1910). — *Molitoris:* Über Nitritvergiftung. Vjschr. gerichtl. Med. **43**, 289 (1912). **Weyrich.**

**Nitrobenzol.** (Vgl. auch Art.: Dinitrobenzol.)

*Nitrobenzol,* $C_6H_5NO_2$, (Mirbanöl) ist eine hellgelbe Flüssigkeit von typischem Mandelgeruch, der für den Kenner vom Blausäuregeruch jedoch leicht zu unterscheiden ist. Wird als Ersatz des Bittermandelöls (Benzaldehyd) verwendet. Siedepunkt 209°. Infolge mannigfaltiger Verwendung ergeben sich verschiedenartige Vergiftungsmöglichkeiten. Wird u. a. benützt zur Ungeziefer- und Insektenbekämpfung, zur Desodorierung, als Zusatz zu Seifen, Kopfwaschpulvern, Wäschetinten, Stempelfarben, Lederlacken, Schuhschwärzmitteln. In der Industrie Ausgangsprodukt für Anilinfarben- und Sprengstoffabrikation. Früher verwendet als Zusatz zu Likören und zu Konditoreiwaren.

Vergiftungen hauptsächlich bei Selbstmordversuchen, bei Abortversuchen (als Abortivum unwirksam), seltener durch Verwechslung, durch zufällige Einatmung. Morde sind keine bekannt geworden. Schlecht genährte Personen sind besonders empfindlich; durch Alkohol tritt eine Potenzierung der Wirkung ein. Aufnahme meist per os, selten percutan oder als Dampf. Ausscheidung unverändert durch Lungen, hauptsächlich aber durch Urin als Paraminophenol. Ursache der Giftwirkung sind vermutlich Umwandlungsprodukte des Nitrobenzols, hauptsächlich Phenylhydroxylamin. Führend für die Diagnose ist der typische Geruch der Ausatmungsluft, der tagelang vorhanden sein kann (im Gegensatz zur Blausäure). Der Geruch haftet auch lange und intensiv in den Kleidern des Vergifteten. Symptome: Bei kleinen Dosen Übelkeit, Erbrechen, Bauchschmerzen, Brennen im Mund. Größere Mengen verursachen in erster Linie Blutveränderungen, ähnlich dem Anilin, die nur bei ganz akuten Vergiftungen fehlen werden. Wir beobachten Blutfarbstoffzersetzung (hauptsächlich Methämoglobinbildung) mit Graufärbung der Haut, der Schleimhäute, der Bindehäute (auch der Totenflecke), Cyanose, später Veränderungen ähnlich wie bei der perniziösen Anämie (Poikilocytose, basophile Tüpfelung, Mikro- und Makroblasten, Leukocytose). Durch die Zerstörung des Blutfarbstoffes kommt es zur Störung in der Sauerstoffübertragung; zahlreiche Symptome der Nitrobenzolvergiftung, teilweise auch die zentralen Symptome, lassen sich durch Sauerstoffmangel erklären.

Bevor die Blutveränderungen deutlich ausgesprochen sind, beobachtet man gewöhnlich zentrale Störungen: Kopfweh, Schwindel, Koordinationsstörungen, schwankenden Gang, Parsäthesien, allgemeine Muskelsteifigkeit, Krämpfe, tetanische Zustände. Sehstörungen sind seltener als bei der Anilinvergiftung; der Augenhintergrund ist wegen der Methämoglobinbildung dunkel. Daneben Ikterus, Fieber. Im Urin Hämoglobin, Methämoglobin. Urinfarbe dunkelbraun bis schwarz, Urin zeigt oft deutlichen Nitrobenzolgeruch.

Tod meist unter dem Bild der Atemlähmung. Bei der chronischen Vergiftung (gewerbliche Vergiftung) hauptsächlich Blutveränderungen, oft Anisokorie, Einengung des Gesichtsfeldes. Haare dabei gelblich-rötlich, trocken, glanzlos.

Sektion: Befunde wechselnd, je nach Dauer der Vergiftung. Man findet graue Totenflecken, venöse Hyperämie, Erythrocytenanschoppung der Lungen, Blutaustritte im Magen, Duodenum, Oesophagus, unter die Haut, in die serösen Häute. Bei starker Methämoglobinbildung ist das Blut dunkelbraun, zäh, schwer gerinnbar. In den Organen Fettspeicherung, besonders Leberverfettung. Milz vergrößert, dunkelbraunrot, Nierenepithelien hämosiderinhaltig, oft leicht verfettet. Kleine Erweichungsherde im Pallidum (Sauerstoffmangel).

Toxische Dosen sehr verschieden. Vergiftungen sieht man bereits nach einigen Tropfen. Tödliche Dosis 1 g bis einige Gramm, verschiedentlich wurden aber schon größere Mengen überstanden. Durch Erbrechen wird oft ein guter Teil des Giftes entfernt. Genesung sehr langsam; Rückfälle häufig.

*Schrifttum.*

*Adler:* Nitrobenzolvergiftungen. Slg. Verg.-Fälle **6**, 195 A (1935). — *Bjerre:* Drei Fälle von Nitrobenzolvergiftung. Ugeskr. Laeg.(dän.) **1932**, 733. — *Borinski:* Gesundheitsschädliche Stempelfarben. Dtsch. med. Wschr. **47**, 1526 (1921). — *Flury-Zernik:* Schädliche Gase.

Berlin 1931. — *Frossard:* Fall von Nitrobenzolvergiftung bei einem Kinde. J. Pharmacie **117**, 478 (1925). — Handb. der Lebensmittel- chemie. **I.** Berlin 1933. — *Heubner* u. *Meier:* Zur Theorie der Blut- wirkung des Nitrobenzols und des Anilins. Zbl. Gewerbehyg., N. F. **1**, 39 (1924). — *Lewin:* Die Fruchtabtreibung durch Gifte und andere Mittel. Berlin 1922. — *Lewin:* Gifte und Vergiftungen. Berlin 1929. — *Nobécourt* u. *Pichon:* Über einen Fall von Nitrobenzolvergiftung bei einem 14jährigen Kinde. Paris méd. **14**, 380 (1924). — *Rabino- witsch:* Klinische Beobachtungen über die chronische professionelle Vergiftung durch Nitrobenzol. Vrač. Delo **17**, 317 (1934); Ref. Dtsch. Z. gerichtl. Med. **25**, 25 (1935). — *Schulze:* Nitrobenzol-Vergiftung (Abtreibungsversuch). Slg. Verg.-Fälle **1**, 7 A (1930). — *Shinabery:* Bericht über einen Fall von Vergiftung durch Schuhfarbe. J. Indiana State med. Assoc. **20**, 296 (1927). — *Stevens:* Cyanose durch Nitro- benzol bei Kindern. J. amer. med. Assoc. **90**, 116 (1928). — *Thomas:* Ein Fall von tödlicher Nitrobenzolvergiftung. Indian med. Gaz. **61**, 229 (1926). — *Ullmann:* Anilin- und Nitrobenzolvergiftungen durch Schuhschwärzmittel. Dtsch. med. Wschr. **52**, 998 (1926); vgl. auch Ärztl. Sachverst.ztg. **32**, 85 (1926). — *Voll:* Ein geheilter Fall von schwerer akuter Nitrobenzolvergiftung. Slg. Verg.-Fälle **7**, 125 A (1936). — *Wright-Smith:* Vergiftung durch Nitrobenzol oder Mirbanöl mit Wiederherstellung. Med. J. Austral. **1929**, 867; Ref. Dtsch. Z. gerichtl. Med. **14**, 183 (1930). **Schwarz.**

### Nitrochlorbenzol und Verwandte. (Vgl. auch Art.: Dinitrobenzol.)

Para- und Orthoverbindung, beide kristallinisch, erzeugen ganz ähnliche Vergiftungssymptome wie das Nitrobenzol (s. d.). Verwendung in der chemischen Industrie und bei der Sprengstoffabrikation. Die meisten Vergiftungen sind gewerblicher Art; einmal beobachtete man die Vergiftung eines Kindes nach zufälligem Genuß einiger Kristalle.

*Dinitrochlorbenzol* zeigt analoge Wirkung neben starker Reizwirkung auf Haut und Schleimhäute. Es hat, wie Dinitrodichlorbenzol und Nitrobrom- benzol nur gewerbetoxikologische Bedeutung. Für Dinitrochlorbenzol ist eine Sensibilisierung der Haut nachgewiesen.

*Schrifttum.*

*Flury-Zernik:* Schädliche Gase. Berlin 1931. — *Gerbis:* Gewerb- liche Nitrochlorbenzolvergiftung. Slg. Verg.-Fälle **3**, 125 A (1932). — Handb. der sozialen Hygiene. Band 2: Gewerbehygiene und Ge- werbekrankheiten. Berlin 1926. — *Lewin:* Gifte und Vergiftungen. Berlin 1929. — *Wedroff:* Zur Frage der Sensibilisierung der Haut: Die Sensibilisierung für Dinitrochlorbenzol unter Gewerbebedin- gungen. Arch. Gewerbepath. **3**, 509 (1932). **Schwarz.**

### Nitroglycerin.

$C_3H_5(O \cdot NO_2)_3$ ist eine farblose, ölige, in Wasser unlösliche Flüssigkeit von süßlich-brennendem Ge- schmack. Verbrennt ohne Explosion, explodiert aber bei raschem Erhitzen sehr heftig (Sprengöl). In Kieselgur aufgesaugt (3:1) bildet es den Dyna- mit; eine gummiartige Mischung mit Collodium- wolle ist die Sprenggelatine. Kommt auch in zahl- reichen andern Sprengstoffen vor.

Vergiftungen medizinal durch Überdosierung, ferner durch Verwechseln (Trinken von Sprengöl), durch zufälligen Genuß von Sprengstoffen. Ge- meldet sind ferner vereinzelte Giftmorde. Gewerb- liche Vergiftungen durch Einatmen von Dämpfen, per os und durch Hautresorption.

Symptome: Hitzegefühl im Hals, in der Kehle, Klopfen in den Halsarterien, rotes Gesicht, Schweiß. Puls beschleunigt, Blutdruck gesenkt, Gefäße er- weitert, heftige langanhaltende Kopfschmerzen (auch bei Einatmung von Dämpfen im Labo- ratorium). Bei größeren Dosen Erbrechen, Koliken, Tenesmen, Schweißausbrüche. Haut und Schleim- häute blau bis blaugrau, sinkende Herz- und Atem- tätigkeit. Zentrale Störungen: Benommenheit, Ko- ma, Delirien, weite Pupillen. Methämoglobinbil- dung tritt nicht so rasch ein wie beim Amylnitrit. Urin braun bei sonst normalen Befunden.

Chronische Aufnahme (gewerbliche Vergiftun- gen): Conjunctivitis, Ekzeme, geschwürige Ver- änderungen an den Fingerspitzen und andern Kon- taktstellen, Anämie. Bei Arbeitern beobachtet man

Toleranzsteigerung, andererseits aber auch Zunahme der Empfindlichkeit.

Sektion: Gastroenteritis, Quellung der Magen- schleimhaut, Reizerscheinungen an den obern Luft- wegen, Lungenödem.

Medizinale Dosen 1—2 mg (wird offizinell in 1%iger Lösung abgegeben). Bei 50 mg beobachtet man bereits hartnäckige Kopfschmerzen. Toxische Dosen ab 1 g, tödliche Dosen mehrere Gramm; *Le- win* schätzt die tödliche Dosis auf etwa 10 g. Aus- reichende Erfahrungen fehlen.

*Schrifttum.*

*Heffter:* Handb. der exper. Pharmokologie. **1.** Berlin 1923. — *Heitz:* Über den Zustand des Herzens und des Kreislaufs bei Nitro- glycerinarbeitern. Arch. Mal. Cœur **17**, 578 (1924). — *Lewin:* Gifte und Vergiftungen. Berlin 1929. — *Signorino:* Zehn Fälle von Nitro- glycerinvergiftung. Slg. Verg.-Fälle **7**, 81 A (1936). **Schwarz.**

### Nitronaphthaline.

Zahlreiche Verbindungen bekannt, gelbliche, feste Körper. Trotz ausgiebiger Verwendung in der Far- benindustrie, bei der Sprengstoffabrikation usw. sind Vergiftungen (außer geringfügigen Reizerscheinun- gen) nicht beobachtet worden.

*Schrifttum.*

*Flury-Zernik:* Schädliche Gase. Berlin 1931. **Schwarz.**

### Nitropulver siehe *Schußverletzungen; Schußwaf- fen und Munition.*

### Nitrose Gase. (Vgl. auch Art.: Nitrite; Salpe- tersäure.)

*Nitrose Gase* sind häufig auftretende, noch viel zu wenig beachtete, sehr gefährliche braunrote Dämpfe, die Gemische von Stickoxyd (NO), Unter- salpetersäure ($NO_2$) und salpetriger Säure ($HNO_2$) darstellen. Sie bilden sich bei der Reduktion von Salpetersäure, aber auch in der rauchenden Salpeter- säure (Einatmung ihrer Dämpfe ist sehr gefährlich).

Zu Vergiftungen kommt es hauptsächlich in chemischen aber auch handwerklichen Betrieben, in denen Salpetersäure dargestellt bzw. verarbeitet wird und auf organische Substanzen (Holz, Stroh, Leder usw.) oder auf Metalle (Gelbbrennen, Ätzun- gen usw.) einwirkt, ferner in der Teerfarben-, Kunst- dünger- und Sprengstoffindustrie sowie bei zu- fälligem Platzen von Ballons mit Salpetersäure oder Verschütten derselben und bei Entzündungen salpe- terhaltiger organischer Massen (Löschmannschaf- ten sind sehr gefährdet). Gewerbliche Massenver- giftungen beschreiben *Kühne, Pott, Loeschke* u. a.

Die nitrosen Gase werden durch die Respirations- organe aufgenommen und reizen lokal deren Schleim- häute; nach Resorption schädigen sie das Blut in- folge Methämoglobinbildung, beeinträchtigen die Zellatmung und wirken lähmend auf das Zentral- nervensystem. Bei ständiger Einwirkung geringer Mengen nitroser Gase kommt es zu Kachexie und gelber Verfärbung der Kopf- und Nasenhaare, des Zahnfleisches sowie zu gelben Flecken an den Hän- den. Die *Empfindlichkeit* gegen die nitrosen Gase ist individuell sehr verschieden. Manche Personen reagieren bei geringen Konzentrationen bereits außerordentlich schnell und stark und tragen jahre- lang bestehende gesundheitliche Schäden davon. Im allgemeinen verträgt der Mensch ohne weiteres eine halbe bis eine Stunde dauernde Einatmung einer Luft mit einem Litergehalt von etwa 0,4 mg Gasen, geht aber bereits durch 0,1 mg mehr oder weniger rasch zugrunde. Nach *O. Schultz-Brauns* erfolgt in über 50% der akut tödlichen Vergiftungsfälle der Tod bereits in den ersten 24 Stunden und nur in einem kleinen Teile erst nach mehr als drei Tagen.

Die *klinischen Erscheinungen* hängen sowohl mit der Konzentration als auch Dauer der Einwirkung zusammen. Die Einatmung eines hochkonzentrierten Luftgemisches (kommt praktisch jedoch selten vor) bedingt oft schon nach wenigen Minuten Bluthusten und schnellen Eintritt eines lebensgefährlichen Lungenödems. Werden verdünnte Dämpfe eingeatmet, so erfolgen meist durch längere Zeit hindurch keine oder erst allmählich und dann nur so geringe Beschwerden, wie stechendes Gefühl im Rachen, Hustenreiz, manchmal auch Kopfschmerzen und Erbrechen usw., daß die bereits unbewußt Gefährdeten ihnen keine Bedeutung beimessen. Diese ersten Erscheinungen verschwinden meist wieder, besonders nach der Entfernung des Betroffenen aus der giftigen Atmosphäre, und es folgt in der Regel ein charakteristisches und forensisch wichtiges, beschwerdefreies Intervall, das bis acht Stunden dauern kann. Nachher aber setzen allmählich oder auch plötzlich schwerste lebensbedrohende Vergiftungssymptome ein, wie Brustschmerzen, starke Hustenanfälle mit Erstickungsgefühl, großer Durst und Cyanose. Es werden zuerst citronengelbe, später mehr braunrot gefärbte, mit Blut durchsetzte, schleimige, schaumige Massen expektoriert; die Vergifteten verfallen dann rasch, und unter den Erscheinungen von Herzschwäche und Lungenödem tritt der Tod ein (1—3 Tage). Die Mortalität ist bei schweren Vergiftungen sehr groß. Die protahiert verlaufende Vergiftung führt häufig zu obliterierender Bronchiolitis oder hämorrhagischer Pneumonie. Bei der *Leichenöffnung* zeigen die Organe, vorwiegend des Bauches und des Gehirns (Purpura cerebri), eine hochgradige Hyperämie. Das Blut ist meist flüssig, schwarzrot bis schokoladebraun gefärbt und je nach dem Zeitpunkt des erfolgten Todes mehr oder weniger stark methämoglobinhältig (*Kockel* u. a.). An den Luftwegen sieht man schwere, schleimigeitrige bis pseudomembranöse Veränderungen mit Ödem und Hämorrhagien; *Werthemann* spricht von einem „grippeartigen Bilde". Die Lungen sind oft eigenartig braun verfärbt, hochgradig gedunsen und ödematös durchtränkt sowie von kleinen Blutungen und einem interstitiellen Emphysem durchsetzt. *Bauer* u. a. beobachteten Thrombosen der Lungengefäße, die man als derbe Stränge ohne weiteres tasten kann. Über Blutungen und Nekrosen im Herzmuskel berichtet *Werthemann*.

*Schrifttum.*

*Bauer:* Über die Einwirkung der Dämpfe der niederen Oxydstufen des Stickstoffs auf die Atmungsorgane. Festschrift 177. Düsseldorf 1895. — *Kockel:* Über das Verhalten menschlicher und tierischer Organismen gegen die Dämpfe der salpetrigen und untersalpetrigen Säure. Vjschr. gerichtl. Med. N. F. **15**, 1 (1898). — *Kühne:* Massenvergiftung durch Dämpfe der rauchenden Salpetersäure. Dtsch. med. Wschr. **23**, 414 (1897). — *Loeschke:* Beitr. zur Histol. und Pathogen. der Nitritvergiftung. Beitr. path. Anat. **49**, 457 (1910). — *Molitoris:* Toxikologische Mitteilungen. Vjschr. gerichtl. Med. 3. F., **33**, 289 (1912). — *Pott:* Eine Massenvergiftung durch salpetrigsaure Dämpfe. Dtsch. med. Wschr. **10**, 451 (1884). — *Schultz-Brauns:* Gefahr tödlicher Vergiftung durch sog. Nitrogase bei Arbeiten mit Salpetersäure. Dtsch. med. Wschr. **1930**, 166; Virchows Arch. **277**, 174 (1930). — *Werthemann:* Nitrosegasvergiftung. Klin. Wschr. **1930**, 182. — *Zangger-Flury:* Toxikologie. Berlin 1919.

*Weyrich.*

## Nitrotoluole.

Zahlreiche Verbindungen, flüssig und fest, die jedoch nur gewerbetoxikologisch eine Rolle spielen (namentlich Sprengstoffherstellung). Als Nitroverbindungen wirken sie besonders auf schwächliche, schlecht genährte Personen, auf Jugendliche, Blutarme, Herz-, Nieren- und Zuckerkranke, Alkoholiker.

Fast alle wirken zerstörend auf das Blut bzw. die blutbildenden Organe (Methämoglobinbildung, Anisocytose, Megalocytose, Lymphocytose). Daneben bestehen Leber- und Nierenstörungen (in schweren Fällen Leberatrophie). Als Ausdruck

lokaler Reizerscheinungen Katarrhe der Luftwege, Brechneigung. Sehr häufig Toxikodermien. Führend für die Diagnose gelbbraune Verfärbung der Hände, der Haare. Schleimhäute oft aschgrau.

*Schrifttum.*

*Flury-Zernik:* Schädliche Gase. Berlin 1931. **Schwarz.**

**Noctal** siehe *Schlafmittel.*

**Nosperal** siehe *Schädlingsbekämpfungsmittel.*

**Nosperit** siehe *Schädlingsbekämpfungsmittel.*

**Nosprasen** siehe *Schädlingsbekämpfungsmittel.*

## Notzucht.

*Notzucht i. w. S.* ist der geschlechtliche Mißbrauch einer weiblichen Person gegen deren Willen. Es werden unterschieden:

1. die „*Nötigung*", „*Manustupration*", deren krimineller Tatbestand erfüllt ist, wenn an einer Frauensperson mit Gewalt unzüchtige Handlungen vorgenommen werden oder wenn dieselbe durch Drohung mit gegenwärtiger Gefahr für Leib oder Leben zur Duldung unzüchtiger Handlungen genötigt wird (§ 176 Abs. 1 StrGB.).

Gewalt ist die unter Anwendung einer körperlichen Kraft erfolgende Einwirkung. Unzüchtige Handlungen sind solche, die objektiv nach gesunder Volksanschauung das Scham- und Sittlichkeitsgefühl in geschlechtlicher Beziehung verletzen und subjektiv durch wollüstige Absicht oder Geilheit hervorgerufen werden (s. d. Art.: Unzucht). Die Drohung mit gegenwärtiger Gefahr für Leib und Leben muß zur Anwendung eines wirklich geleisteten Widerstandes erfolgt und von dem Opfer als ernstlich aufgefaßt werden, das deshalb den Widerstand aufgibt. Vis haud ingrata genügt nicht zur Erfüllung des Tatbestandes. Es ist belanglos, ob es sich bei dem Opfer um eine bescholtene oder unbescholtene Frau handelt. Auch eine Straßendirne ist gegen nichtgewollte, gewaltsam gegen sie ausgeführte unzüchtige Handlungen geschützt;

2. die „*Schändung*", auch „*Schwächung*" genannt, die einen Mißbrauch einer in einem willenlosen oder bewußtlosen Zustande befindlichen oder einer geisteskranken Person zum außerehelichen Beischlaf darstellt (§ 176, Abs. 2 StrGB.). Die Ausnutzung der in diesem Falle vorliegenden Widerstandslosigkeit wird dem Brechen eines Widerstandes gleichgesetzt. Als willenlos ist eine Frau anzusehen, wenn sie aus psychischen oder physischen Gründen keinen Willen hat oder ihn nicht zu äußern vermag. Willenlosigkeit liegt auch vor, wenn eine Frau ihren Willen zwar äußern, aber wegen Zwangsmaßnahmen, z. B. Gefesseltsein, nicht geltend machen kann.

Ein Zustand der Bewußtlosigkeit liegt bei Folgen der Trunkenheit, der Narkose, beim Schlaf, bei der Ohnmacht und unter Umständen in der Hypnose vor.

Als „geisteskrank" gelten auch geistesschwache Frauen, die wegen ihrer „Geistesschwäche" außerstande sind, zwischen einer dem Sittengesetz entsprechenden und einer ihm widerstrebenden Befriedigung des Geschlechtstriebs zu unterscheiden. Bei ausgesprochen geisteskranken Frauen bedarf es des Nachweises des Fehlens dieses Unterscheidungsvermögens nicht. Bei der „Schändung" muß ein Beischlaf (s. d.) im strafrechtlichen Sinne stattgefunden haben. Unzüchtige Handlungen erfüllen den Tatbestand des § 176, Abs. 2 nicht. Das Vorliegen der Geisteskrankheit bei der geschädigten Frauensperson muß von dem Täter erkannt worden sein.

3. Die „*Notzucht*" i. e. S. ist die Nötigung einer Frauensperson zur Duldung des außerehelichen Beischlafs durch Gewalt oder durch Drohung mit ge-

genwärtiger Gefahr für Leib oder Leben oder der Mißbrauch einer Frauensperson zum außerehelichen Beischlaf, nachdem der Täter sie zu diesem Zweck in einen willenlosen oder bewußtlosen Zustand versetzt hat (§ 177 StrGB.). Wie bei allen strafrechtlichen Bestimmungen ist der Tatbestand des Beischlafes schon bei Eindringen des Gliedes in den Scheidenvorhof ohne Einriß des Hymens und ohne Samenerguß erfüllt. Der eheliche Beischlaf wird durch diese Gesetzesbestimmung nicht erfaßt. Auch wenn ein Ehemann seine Frau mit Gewalt oder durch Drohung gegen ihre berechtigte Weigerung zum Beischlaf nötigt, sind die Bedingungen des § 177 nicht erfüllt. Es könnte nur eine Bestrafung nach § 240 StrGB. (Nötigung im allgemeinen) erfolgen. Die über den normalen Beischlaf hinausgehenden etwa erfolgten unzüchtigen Handlungen an der Ehefrau, besonders abwegige, geschlechtlich perverse Handlungen, werden bei Gewaltanwendung und Drohung durch die Bestimmungen des § 176 Abs. 1, „Nötigung i. e. S." erfaßt. Ein freiwillig aufgegebener Notzuchtsversuch kann als „Nötigung" bestraft werden.

Bei allen Notzuchtsdelikten erfordert die *gerichtlich-medizinische Untersuchung* zur Rekonstruktion des kriminellen Tatbestandes und zu seiner Begutachtung besondere Fachkenntnisse und Erfahrungen. Wenn auch letzten Endes die Untersuchung des Opfers und des Täters nach den allgemein üblichen klinischen Methoden erfolgt, so müssen doch eine Reihe von Besonderheiten Berücksichtigung finden, die für derartige Sittlichkeitsverbrechen charakteristisch sind. In den Fällen, in denen das *Opfer* gleich nach der Tat dem gerichtlich-medizinischen Sachverständigen zugeführt wird, liegen die Vorbedingungen für eine objektive Tatbestandsfeststellung am günstigsten. Das Opfer zeigt noch die frischen Spuren des Verbrechens, der Gewalteinwirkungen und Beschmutzungen an der Kleidung und am Körper und ermöglicht aus seiner geistigen und seelischen Verfassung Rückschlüsse auf den Zustand während der Tat selber. Besonders wichtig ist die Feststellung der Größe der geschädigten weiblichen Person und ihrer Knochen- und Muskelentwicklung, um ein Bild von der ihr möglichen Widerstandskraft zu gewinnen.

Die Untersuchung des *Täters* ist bei Notzuchtverbrechen für eine richtige Begutachtung der Tatvorgänge notwendig. Die *körperliche Untersuchung* ermöglicht Vergleiche der Größen- und Kräfteverhältnisse zwischen Opfer und Täter. Weiter können Spuren von etwaigen Abwehrverletzungen festgestellt werden, die sich besonders an Händen und im Gesicht als Kratz- und Bißwunden finden können. Die Untersuchung gibt auch Aufschluß über etwaige Anomalien oder Krankheitszustände an den äußeren Geschlechtsteilen, die gegebenenfalls bei einem Beischlaf hinderlich sein können oder eine ansteckungsfähige Geschlechtskrankheit erkennen lassen. Ab- und Einrisse an den Kleidern des Täters sind als Kampfspuren oder als Spuren von Abwehrverletzungen zu werten.

Neben der körperlichen Begutachtung ist die *Untersuchung* auf den *Geisteszustand* erforderlich. Es finden sich unter den Tätern ausgesprochen geisteskranke Personen. In der Mehrzahl der Fälle handelt es sich um geistig minderwertige, schwachsinnige, epileptoide, schizoide oder psychopathische Persönlichkeiten mit einer ausgesprochenen Gleichgültigkeit gegen die Grundlagen der Sittlichkeit und mit einer brutalen Rücksichtslosigkeit gegen die Interessen der Mitmenschen, wenn es sich um die Befriedigung ihrer oft gesteigerten Geschlechtstriebe handelt, die nicht selten vorher durch Alkohol aufgepeitscht wurden. Auch Männer mit sadistischer Veranlagung kommen zu Notzuchtsverbrechen, weil sie durch die Ausübung der Gewalttätigkeiten und das Ansehen der Schmerzen und der Angst des Opfers in ihrer geschlechtlichen Lust angeregt werden.

Den *Angaben des Opfers* über die Vorgänge bei der Tat ist um so weniger Glauben zu schenken, je längere Zeit nach der Tat sie erstmalig gemacht werden. Am wertvollsten sind Beschreibungen, die unmittelbar nach der Tat gemacht werden, bevor polizeiliche Vernehmungen und Befragungen von Angehörigen und Bekannten stattgefunden haben. Eine genotzüchtigte weibliche Person wird sich einem Arzt, der über die möglichen Vorkommnisse bei derartigen Verbrechen unterrichtet ist, am liebsten anvertrauen und ihm den Tatbestand so schildern, wie er sich wirklich zugetragen hat. Die Gegenwart anderer Personen ist durchaus unerwünscht, weil sie eine freie Aussprache der geschädigten weiblichen Person aus Scham hindert. Auch weibliche Hilfskräfte sollten erst bei der sich anschließenden körperlichen Untersuchung hinzugezogen werden.

Der begutachtende gerichtlich-medizinische Sachverständige muß bei der Aufnahme der Vorgeschichte daran denken, daß auf keinem Gebiet soviel *Unrichtiges behauptet* und soviel zusammenphantasiert wird, wie auf dem Gebiete des Geschlechtslebens. Nicht selten erfolgen Anzeigen über angeblich erlittene Notzuchtsattentate aus Rachsucht oder zur Verdeckung eines Fehltritts. Beim Vortäuschen angeblich erlittener geschlechtlicher Überfälle wird nicht davor zurückgeschreckt, entsprechende Spuren von Gewalteinwirkungen, Fesselungen, Zerreißen von Kleidungsstücken, Zerzausen des Haares, Kratzwunden u. dgl. an sich beizubringen. Häufig sind psychisch krankhafte oder psychopathische Zustände der Frauen und Mädchen die Quelle erdachter oder entstellter Vorgänge bei behaupteten geschlechtlichen Angriffen, bis zum Vortragen von Illusionen, Halluzinationen und Traumerlebnissen als Tatsachen. Bekannt sind die Anzeigen wegen geschlechtlicher Angriffe, die von Ärzten und Zahnärzten bei und nach einer Narkose begangen sein sollen, weil die in der Narkose aufgetretenen geschlechtlichen Erregungen und ärztliche Untersuchungsmethoden als Notzuchtsakte gedeutet wurden. Besonders hysterisch veranlagte Frauen beteiligen sich an derartigen Anzeigen und sollten alle Ärzte veranlassen, Narkosen nur in Gegenwart von dritten Personen vorzunehmen.

Aus den Berichten über den angeblichen Hergang der Tat mit seinen Einzelheiten ist es unter Umständen schon unter Berücksichtigung der vorgefundenen Verhältnisse, der Zustände an der Kleidung und an dem Körper des Opfers möglich, das Unmögliche der behaupteten Vorgänge zu erkennen. Dagegen sollte niemals das absurd und ungewöhnlich Erscheinende eines beschriebenen geschlechtlichen Vorganges allein Veranlassung geben, an dem Wahrheitswert des Geschilderten zu zweifeln. Bei der Befriedigung geschlechtlicher Lust ist ganz abgesehen von den ausgesprochenen Perversionen auch das scheinbar Unmögliche durchaus möglich.

Die bei den verschiedenen *Notzuchtsakten mit Gewalt* ausgeführten Handlungen, um den Widerstand der weiblichen Person zu überwinden, hinterlassen fast *stets Spuren*, die bei der gerichtlich-medizinischen Untersuchung erkennbar und nach ihrem Ursprung deutbar sind. Es kommen grobe Gewaltakte vor, wie das Niederstoßen und Niederschlagen mit Fäusten oder Schlagwerkzeugen, das Umdrehen der Hände und Arme in den Gelenken, das Würgen am Halse, das Zuhalten des Mundes, das Hineinstopfen von Taschentüchern und Teilen der Kleidung in den Mund, das Beibringen von Biß- und Stichwunden und dergleichen mehr. Aus den hierbei zurückbleibenden Abschürfungen, Blutunterlaufungen, Schwellungen, Wunden und Blutungen, die nach Größe, Form und Lage genau aufzuzeichnen sind, können Schlüsse auf Art der Verletzungen, auf benutzte Werkzeuge und auf ihre Aufeinanderfolge gemacht werden. Die Verletzungsspuren lassen es auch zu, die Angaben des Opfers und des Täters über die angeblichen Vorgänge bei der Tat nachzuprüfen. Manche Angaben des Opfers über angeblich gleichzeitig ausgeführte Gewaltakte des Täters, wie Mundzuhalten, Halsumfassen, Griffe an oder in die Geschlechtsteile, Abwehr der Arme, lassen sich schon dadurch als Übertreibung erkennen, daß dem Täter stets nur zwei Hände zur Verfügung stehen.

*Charakteristische Verletzungen* finden sich an der Innenseite der Oberschenkel, wenn der Täter nach Brechung des ersten Widerstandes die Beine durch kräftiges Zupacken auseinander gebogen hat und hierbei durch Druck mit den Fingern, besonders mit den Daumenenden blutunterlaufene, bläulich durchschimmernde Druckflecke erzeugte.

Bei anderen der hier in Frage kommenden Gewaltanwendungen handelt es sich um eine plötzliche Überwältigung, bei der das Opfer nach schnellem Zupacken hingeworfen wird. Der Täter kann sich so auf das Opfer werfen und macht es gegen weitere Angriffe mehr oder weniger wehrlos. In diesen Fällen findet man besonders Beschmutzungen der Kleider an der Rückseite und blutunterlaufene Stellen, die durch den Fall am Hinterkopf, an den Schultern, an den Ellenbogen und am Gesäß entstehen.

Das Fehlen von Verletzungsspuren spricht nicht unbedingt gegen eine stattgehabte Vergewaltigung. Es gibt kräftige Männer, denen es ohne Erzeugung besonderer Verletzungen gelingt, ein weibliches Wesen niederzuzwingen und gegen ihren Willen geschlechtlich zu gebrauchen.

Die bei der Nötigung vorkommenden *unzüchtigen Handlungen* selber brauchen *keinerlei Spuren* zu hinterlassen. Das Berühren oder Anfassen der äußeren Geschlechtsteile oder erogener Körperzonen, das Küssen mit der Zunge, das Belecken der Geschlechtsteile und anderer Körpergegenden läßt keine Spuren zurück. Nur wenn gewaltsam mit dem Finger oder mit Gegenständen in die Geschlechtsteile gestoßen wurde, wenn sadistische Handlungen mit Schlägen, Bissen, Stichen, Saugungen vorgenommen wurden, bleiben entsprechende charakteristische Verletzungsspuren zurück.

Gelingt bei der Schändung und bei der Notzucht ein Geschlechtsakt, so gilt dieser nach dem Gesetz schon dann als Beischlaf, wenn das Glied nur in den Scheidenvorhof gelangte. Von einem derartigen Beischlaf braucht keine Spur zurückzubleiben, außer wenn Samenerguß erfolgte. Dann bleiben Samentropfen oder -Flecke im Vorhof oder in dessen Umgebung sowie an den Schamhaaren zurück. Diese Samenspuren sind chemisch und mikroskopisch als solche erkennbar (s. d. Art.: Sperma und Spermaflecken). In den meisten Fällen gelingt bei Notzuchtsakten ein vollendeter Beischlaf, der bei den Frauen, die bereits geschlechtlich verkehrten oder geboren hatten, keine Spuren außer etwaige Samenreste zurückläßt.

In seltenen Fällen kann es zu *Verletzungen in der Scheide* kommen, besonders bei infantil entwickelter kurzer Scheide und bei atrophischer Scheide älterer Frauen. Auch ein außergewöhnliches Mißverhältnis zwischen der Größe des männlichen Gliedes und der Kleinheit der Scheide kann als Scheidenrißursache in Frage kommen, schon weil in solchem Falle erhöhte Gewalt Anwendung finden muß. Es ist auch daran

zu denken, daß eine zunächst durch den Finger oder irgendein Werkzeug gesetzte kleine Verletzung beim Einstoßen des Gliedes weiterreißt. Die frühere Annahme, daß größere Einrisse in die Scheide gesunder junger Mädchen und Frauen nur durch den bohrenden Finger erzeugt sein können, hat sich als falsch erwiesen. Die Einrisse können zu schweren Blutungen und aufsteigenden Infektionen Veranlassung geben. Derartige Scheidenrisse sind keine Beweise für Notzuchtsakte, weil sie auch bei Beischlafshandlungen vorkommen, die mit Einwilligung der Frau erfolgen.

Handelt es sich wie bei vielen Notzuchtsakten um den *ersten Geschlechtsverkehr*, so reißt beim vollendeten Beischlaf durch das Eindringen des erigierten Gliedes in die Scheide *das Hymen* (Scheidenklappe, Jungfernhäutchen) ein (Entjungferung, Defloration). Der Einriß erfolgt — bedingt durch den Bau des Hymens — meist in der unteren Hälfte desselben schräg nach einer oder beiden Seiten zu. Mit dem Einriß sind kurz dauernde geringe Schmerzen und meistens eine unerhebliche Blutung verbunden. Der Einriß gilt als objektiver Beweis für einen stattgehabten Beischlaf mit vollem Eindringen des Gliedes. Es ist Aufgabe des gerichtlich-medizinischen Gutachters, diesen Beweis zu sichern. Erfolgt die Untersuchung unmittelbar nach der Vergewaltigung, so bereitet die Feststellung eines frischen Einrisses keine großen Schwierigkeiten. Schon wenige Tage später ist der Nachweis überaus schwierig bis unmöglich. Das Fehlen von Einrissen an einem unversehrt gebliebenen Hymen nach behaupteter Vergewaltigung mit vollendetem Beischlaf ist kein voller Gegenbeweis. Es ist unter Umständen möglich, einen Beischlaf ohne Einriß des Hymens auszuführen. Der Beischlaf müßte in derartigen Fällen allerdings mit einer gewissen Vorsicht ausgeführt worden sein, was bei Notzuchtshandlungen wohl nur selten der Fall sein dürfte. Es müßte weiter ein besonders weiter Scheideneingang mit zartem, leicht dehnbarem, saumförmig angeordnetem Hymen mit weiter Öffnung vorhanden sein. In anderen Fällen ist ein vollendeter Beischlaf ohne Hymeneinriß nicht möglich.

Die *Untersuchung des Hymens* auf *Verletzungen* oder *Unversehrtheit* sollte nur von erfahrenen Sachverständigen vorgenommen werden. Ein besonderes Interesse an den Verletzungen, die durch Beischlafshandlungen am Hymen eintreten, hat trotz des kulturhistorischen Interesses dieser Verletzungen und trotz des jahrtausendelangen Bekanntseins derselben nur der gerichtlich-medizinisch interessierte Arzt. Er hat zu berücksichtigen, daß diese eigenartige Schleimhautduplikatur am Scheideneingang, die entwicklungsgeschichtlich einen Rest der *Müller*schen Gänge darstellt, nach Größe, Form, Festigkeit und Lage überaus verschieden ist und diese Verschiedenheiten aus den wenigen undeutlichen Abbildungen in den Lehrbüchern der gerichtlichen Medizin ebenso wenig studiert werden können, wie aus den sehr umfangreichen Beschreibungen aller möglichen Hymenformen mit den Versuchen, diese Formenmenge in eine Reihe von Klassen einzuordnen. Man muß zahlreiche verletzte und unverletzte Hymen gesehen bzw. untersucht haben, um richtige Urteile abgeben zu können. In den Grundformen stellt das Hymen eine ringförmige zarte, wenig gefäßreiche Schleimhautplatte dar mit einer etwas nach vorn gelegenen ovalen Öffnung in der Mitte. Durch diese Lage der Öffnung ist der hintere Teil des Ringes meistens etwas breiter als der vordere Teil. Bei stärkerer Ausprägung dieses Verhältnisses entsteht eine Halbmondform. Die Weite der Öffnung schwankt meistens zwischen einem und zwei Zentimetern, ist aber oft kleiner und kann bis punktförmig sein. In anderen Fällen ist die Öffnung so weit, daß man ohne Verletzung einen Finger in die Scheide einführen kann. In derartigen Fällen besteht das Hymen nur aus einem schmalen Saum, so daß für den Nichtkundigen das Fehlen des Hymens oder sein vollkommenes Herausgerissensein vorgetäuscht wird. Auch bei einem derartigen schmalen, saumförmigen Hymen würde bei einem Beischlaf mit einem erigierten Glied, das durchweg erheblich umfangreicher ist als ein Finger, wenn es bei Notzuchtsakten schnell und kraftvoll vorgestoßen wird, ein Einriß entstehen, der sorgfältiger Untersuchung nicht entgehen darf. Der glatte Innenrand des Hymens, der in einfacher ovaler Linie verlaufen kann, zeigt in vielen Fällen die verschiedensten Formen von Lappungen und Einkerbungen. Diese Einkerbungen werden immer wieder mit Einrißfolgen verwechselt, ebenso werden etwa neben der eigentlichen mittleren Öffnung des Hymens bestehende weitere kleine Öffnungen des Hymens als Verletzungsfolgen gedeutet. Auch Überbrückungen der Öffnung unterliegen dieser Fehlbeurteilung, während es sich in Wirklichkeit um natürlich vorkommende verschiedenartige Formen des Hymens handelt. Als weitere Verschiedenheit findet man gelegentlich eine Besetzung des Hymenrandes mit zottenartigen Gebilden (Fimbrien). Etwaige Einrisse, die stets vom inneren Rand ausgehen, neigen zu schneller Verheilung, und zwar erfolgt diese Heilung am Rande des Risses ohne besondere Narbenbildung. Es wächst das untere und obere Schleimhautblatt zusammen, während die durch den Einriß auseinander klaffenden Ränder nicht wieder zusammenwachsen und der Einriß gleichsam bestehen bleibt. Da die nach wenigen Tagen verheilten Einrißränder ebenso aussehen, wie der normale Hymenrand, sind Einrißverletzungen nach ihrer Verheilung nur dann als solche erkennbar, wenn sie bis auf den Ansatzrand des Hymens gehen, weil hierbei die Scheidenwand selbst verletzt wird und an dieser Stelle eine kleine Narbenbildung zurückbleibt. Geschieht der Einriß an einem mit Fimbrien besetzten Innenrand, so ist ein derartiger Einriß ebenfalls nach der Verheilung wiederzuerkennen, weil auf den Einrißrändern sich keine Fimbrien bilden. Wird ein Geschlechtsverkehr nach dem ersten Einriß des Hymens wiederholt, so treten im allgemeinen keine weiteren Einrisse ein. Bei einer festgestellten Einrißverletzung kann man deshalb nicht nachweisen, wann sie erfolgte und ob und wie häufig bzw. in welchen Zeitfolgen nach dem ersten Beischlaf weitere Geschlechtsakte erfolgten. Auch durch eine Fehlgeburt in den ersten Monaten kann das Hymen in dem Zustand bleiben, den es nach dem ersten Geschlechtsverkehr hatte. Erst nach einer Geburt eines ausgetragenen Kindes wird das Hymen so weitgehend zerstört, daß nur ein Kranz warziger Vorsprünge zurückbleibt (Carunculae myrtiformes).

*Einrisse des Hymens* können auch durch den *Finger* oder durch *Gegenstände* verursacht werden, ohne daß dieses an den Verletzungen festgestellt werden könnte. Die Annahme, daß vielfach durch eigene masturbatorische Handlungen Hymeneinrisse entstehen, ist bis auf Ausnahmefälle falsch. Masturbatorische Akte werden nicht durch Einstoßen des Fingers in die Scheide, sondern durch reibende Bewegungen in der Schamspalte bzw. am Kitzler, durch Zupfen an den Nymphen (kleine Schamlippen) oder durch rhythmisches Zusammenpressen der Oberschenkel vorgenommen. Das Einstoßen des Fingers in die Scheide bei unverletztem Hymen wird wegen der entstehenden Schmerzen unterlassen. Erst nach vorhergegangenem Geschlechtsverkehr wird eine derartige Geschlechtsbefriedigung ausgeführt.

Bei Notzuchtsakten kommen auch *Verletzungen* im Scheidenvorhof, besonders in der Gegend des Harnröhrenausganges vor, sowohl durch Hinfassen mit den Händen, wie durch Beischlafsversuche.

Die *Untersuchung des Scheideneinganges* und *des Hymens* muß bei genügender Beleuchtung in der Weise erfolgen, daß die weibliche Person in Rückenlage die hochgezogenen Beine weit spreizt. Am zweckmäßigsten ist es, daß die zu Untersuchenden selber mit ihren Händen die Knie auseinanderdrücken. In dieser Lage entfaltet sich das Hymen so vollkommen, daß es übersehen werden kann, wenn der Untersucher die Schamlippen zurücklegt. Die anempfohlene Benutzung von Instrumenten und besonderen Vorrichtungen zur Entfaltung des Hymenalrandes ist in den meisten Fällen nicht nur überflüssig, sondern wegen der leicht verursachten Verletzungen unzweckmäßig. Berücksichtigt man, daß nur die bis an den Ansatzrand gehenden Einkerbungen als Beischlafsverletzungsfolgen entscheidende Bedeutung haben können und daß Einkerbungen der Randzone, selbst wenn sie von Beischlafsverletzungen herrühren, als solche nicht immer erkennbar sind, so ergibt sich, daß eine instrumentelle Entfaltung des Hymeninnenrandes längere Zeit nach der Tat keine Unterlagen für eine eindeutige Begutachtung liefern kann. Unmittelbar nach der Tat, wenn noch Blutungen oder Schwellungen vorhanden sind, erübrigen sich die instrumentellen Methoden ebenfalls, weil die Verletzungen ohne sie zu erkennen sind. Die eindeutige Begutachtung, daß in einem gegebenen Fall kein Beischlaf stattgefunden haben kann, ist bei Frauen, die bereits geschlechtlich verkehrt haben, aus dem Zustande des Scheideneinganges auch kurze Zeit nach der Tat ohne aufgefundene frische Samenreste nicht möglich. Auch bei erhaltenem Hymen ist bei sehr weiter Scheide und weiter Öffnung eines dehnbaren Hymens die Möglichkeit eines stattgehabten Geschlechtsverkehrs nicht sicher auszuschließen. Bei älteren Mädchen kann das Hymen so derb und sehnig werden, daß der Einriß beim normalen Geschlechtsakt nicht gelingt. In derartigen Fällen kommt es bei Beischlafsversuchen leicht zu Verletzungen der Umgebung.

Man hat früher angenommen, daß die *Vergewaltigung* eines gesunden kräftigen Mädchens *nicht möglich* ist, weil es selbst nach einem Hingeworfenwordensein und nachdem es dem Täter gelungen ist, sich auf das Mädchen zu legen, die Einführung des Gliedes durch entsprechende Bewegungen des Beckens und der Beine erfolgreich verhindern kann. Die Erfahrung lehrt, daß diese frühere auch von gerichtsärztlichen Sachverständigen vertretene Annahme nicht allgemein gültig ist. Auch ein gesundes kräftiges Mädchen, das bei derartigen Angriffen nicht ihre Besinnung verliert, erlahmt nach längerer Zeit in ihrem Widerstand und wird in ihrem Kräftezustand mit der Zeit so geschwächt, daß es nicht mehr in der Lage ist, Widerstand zu leisten. Erfolgt der Überfall in einer abgelegenen Gegend, so verhallt alles Schreien nutzlos. Dem Täter gelingt es, unter Umständen den Mund zuzuhalten oder gar zu verstopfen. Es kommen die Wirkungen der Schmerzen von zugefügten Verletzungen hinzu und der lähmende Einfluß der Angst und des Schrecken vor noch zu erwartenden weiteren Gewalttakten. Die Kräfte und der Widerstand können unter Umständen so weit versagen, daß ein ohnmachtähnlicher Zustand eintritt, der dem Täter eine oft von ihm behauptete schließliche Einwilligung vortäuscht.

Es muß auch stets daran gedacht werden, daß *nicht jede Gewalthandlung* den in Frage kommenden Frauen und Mädchen *unerwünscht* zu sein braucht, wenn dies auch später behauptet wird. Es kann bei vorher gezeigtem Entgegenkommen ein Scheinwiderstand vorgelegen haben, dessen Brechung von dem weiblichen Wesen angenehm empfunden wird. Bei einem gleichsam gewollten Spiel mit dem Feuer kann auch ein normal geschlechtlich empfindender Mann in eine derartige geschlechtliche Erregung kommen, daß er den gezeigten Widerstand nicht mehr als ernst ansieht und deshalb bestimmt wird, sein Begehren, den Widerstand zu brechen, nicht aufzugeben. Deshalb sind oft die Grenzen zwischen einem echten Notzuchtsakt und einem gewöhnlichen nicht strafbaren außerehelichen Geschlechtsakt fließend.

*Drohungen* mit gegenwärtiger unmittelbar bevorstehender Gefahr für Leib und Leben, die vom Täter nicht ernstlich beabsichtigt zu sein brauchen, aber von dem Opfer für ernst genommen wurden und zur Aufgabe des Widerstandes Veranlassung gaben, entziehen sich objektiver medizinischer Beurteilung. Nur gelegentlich ist aus Resten von Angst und Verwirrtheitszuständen das bei einer Drohung eingetretene Schreckerlebnis glaubhaft gemacht.

Im Gegensatz zu den direkten Gewalthandlungen zur Überwindung eines gezeigten Widerstandes wird bei der *Versetzung* in einen *willenlosen oder bewußtlosen Zustand* oder bei Benutzung eines schon vorhandenen derartigen Zustandes nicht offen sondern heimtückisch vorgegangen.

Die Feststellung einer vorhanden gewesenen *Willenlosigkeit* muß nach psychiatrischen und psychologischen Grundsätzen erfolgen, wenn nicht mechanisch durch Fesselung trotz vorhandener Willensfähigkeit des Opfers seine Willensentschlüsse nicht zur Auswirkung kommen konnten. Eine Willenslosigkeit kann auch durch Hypnose (s. d.) des Opfers erzielt werden und wird vielfach behauptet. Wenn eine Hypnose auch unter besonderen Umständen, wie in neuerer Zeit in dem Heidelberger Hypnoseprozeß festgestellt werden konnte, derartige Erfolge haben kann, so hat doch allgemein eine hypnotische Beeinflussung ihre bestimmten Grenzen. Fast durchweg sind die Angaben der geschändeten Frauen über die ausgeführte Hypnotisierung unrichtig. Selbst wenn hypnotische Beeinflussungen stattfanden und hypnotische Zustände erzielt wurden, werden Frauen und Mädchen, die sich innerlich gegen einen derartigen unsittlichen Angriff einstellen, bei der schließlichen Ausführung des Aktes erheblichen Widerstand leisten.

Eine *Bewußtlosigkeit*, deren gewesenes Vorhandensein ebenfalls nach psychiatrischen Grundsätzen zu prüfen ist, kann bei dem Opfer durch mechanische oder durch narkotische Mittel herbeigeführt worden sein. Schläge gegen den Kopf mit Fäusten oder Werkzeugen, Hingeworfenwerden mit Aufschlagen des Kopfes, festes Zupacken am Halse, Würgedrucke sowie Folgen schwerer Verletzungen mit Schmerz- und Shockwirkungen können Ohnmachten und Zustände von Bewußtlosigkeiten zur Folge haben. Die Bewußtlosigkeit braucht nicht so vollkommen zu sein, daß jede Aufnahmefähigkeit von äußeren Eindrücken fehlt. Es genügt ein Grad der Betäubung, in dem die klare Beurteilung der Vorgänge infolge einer Trübung des Bewußtseins unmöglich geworden ist. Auch beim natürlichen *Schlaf* ist ein Zustand von Bewußtlosigkeit im Sinne dieser Strafbestimmung vorhanden. Bei einer versuchten Vergewaltigung wird dieser Schlaf schon bei den Vorbereitungen zu dieser Handlung so weitgehend gestört, daß eine Vollziehung des Beischlafes oder unzüchtiger Handlungen gegen den Willen der schlafend angegriffenen Person unmöglich sind. Möglich ist nur, daß ein Mädchen im festen Schlaf soweit überrumpelt wird, daß der Täter bei Ausnutzung des Unbekleidetseins des Opfers ohne Widerstand eine Lage auf dem

Opfer einnehmen kann, die für die gewaltsame Vollziehung geschlechtlicher Akte überaus günstig ist.

Wird von der schlafenden Person bei halbem Erwachen die Person des Täters verkannt und angenommen, daß es der Ehemann oder der Liebhaber ist, so wird die Ausführung des Beischlafes im Sinne des § 179 StrGB. möglich und nach dieser Strafbestimmung als *Erschleichung* des Beischlafes bestraft.

In den meisten Fällen wird die Bewußtlosigkeit oder Bewußtseinstrübung durch *alkoholische Getränke* erzielt. Besonders jugendliche weibliche Personen, die an Alkoholgenuß nicht gewöhnt sind, können nach verhältnismäßig geringen Alkoholmengen in einen Zustand so erheblicher Trunkenheit geraten, daß praktisch eine völlige Willenlosigkeit und Bewußtlosigkeit eintritt. Nicht jede Betrunkenheit ist gleich zu werten. Bei Frauen und Mädchen mit Erfahrungen über Alkoholwirkungen beseitigt ein Trunkenheitszustand zwar Hemmungen und macht sie geneigter, dem geschlechtlichen Verlangen eines Mannes entgegenzukommen, aber ein Zustand von Bewußtlosigkeit im Sinne des Gesetzes liegt dann nicht vor. Nicht selten werden stark alkoholhaltige Getränke in einer Form gegeben, die den Alkoholgehalt nicht erkennen lassen, so daß die betreffenden Frauen und Mädchen ungewollt und unerkannt in einen Zustand der Willenlosigkeit oder Bewußtlosigkeit gebracht werden.

Auch hysterische und epileptische Dämmerzustände sind als Bewußtlosigkeiten im Sinne dieses Paragraphen anzusprechen.

Bewußtlosigkeiten und Zustände, die ihnen nahestehen, werden auch durch Rauschgifte wie Opium, Morphium und Cocain erzielt, besonders aber durch narkotisch wirkende Mittel. Es ist bereits auf die besonderen Gefahren hingewiesen, die Narkotiseuren daraus erwachsen, daß die verschiedenen narkotischen Gifte neben der Betäubung geschlechtliche Erregungen auslösen, die falsch gedeutet werden.

Es sind aber auch sehr oft narkotische Mittel benutzt worden, um Bewußtlosigkeitszustände bei Frauen zu erzielen, die einen unsittlichen Angriff ohne Widerstand ermöglichten. Derartige Narkosen sind aber nicht so leicht ausführbar, wie dies in Kinodramen gezeigt oder in Kriminalgeschichten behauptet wird. Das kurze Vorhalten eines mit Äther oder Chloroform getränkten Taschentuches vor die Atemöffnungen des Opfers genügt nicht zur Erzielung einer Narkose. Es ist zwar experimentell nachgewiesen, daß es möglich ist, einen schlafenden Menschen durch geschicktes Vorgehen mit narkotischen Mitteln in einen Narkosezustand zu versetzen. Praktisch sind Notzuchtsfälle mit derartigen Einleitungen bisher nicht bekanntgeworden. Der Nachweis des stattgehabten übermäßigen Alkoholgenusses ist kurz nach der Tat durch die Alkoholbestimmung im Blut (s. d.) nach der Methode von *Widmark* möglich. Auch sonstige narkotisch wirkende Mittel können unter günstigen Umständen unmittelbar nach der Tat objektiv nachgewiesen werden. Im allgemeinen entziehen sich diese Mittel einige Zeit nach der Tat dem chemischen Nachweis (s. d. Art.: Giftnachweis), und man ist lediglich auf die Angaben der geschädigten Frauensperson angewiesen.

Eine bei der Schändung vorhanden gewesene geistige Störung des Opfers, das im Sinne der gesetzlichen Bestimmung des § 176, 2 (s. o.) als „geisteskrank" bezeichnet werden muß, ist durch die gerichtlich-medizinische Untersuchung nach psychiatrischen Gesichtspunkten zu begutachten. Es ist hierbei zu berücksichtigen, daß ausgesprochene geistige Störungen bei bestimmten Geisteskrankheiten wie beim manisch-depressiven Irresein und bei der Schizophrenie periodisch auftreten können und nach Abklingen der eigentlichen Störungen kaum als Geisteskrankheit erkennbar sind. Oft liegt bei Schwachsinnigen, Manischen, Schizophrenen eine so gesteigerte geschlechtliche Erregbarkeit und Hemmungslosigkeit vor, daß die betreffenden Frauen und Mädchen sich entgegen ihrem sonstigen Verhalten, ihrer Bildung und Moral schamlos fremden Männern zum Geschlechtsverkehr anbieten. In allen Fällen ist sachverständig zu prüfen, ob dem Täter nach seinem Bildungsgrad und nach seiner Verfassung bei der Tat zugemutet werden kann, den geisteskranken Zustand der betreffenden Frauensperson erkannt zu haben. Oft werden von Laien selbst schwere geistige Störungen nicht erkannt. Weiß der Täter, daß es sich um eine Anstaltsinsassin handelt, oder erfuhr er von anderer Seite, daß es sich um eine Geisteskranke handelt, so dürfte das Gericht kaum die Entschuldigung gelten lassen, daß der Täter sich von einem geisteskranken Zustand des Opfers nicht habe überzeugen können. Ebenso wird man von geistig gesunden Tätern verlangen können, daß sie

einen ausgesprochenen Verblödungszustand und krankhafte Verwirrtheitszustände als solche erkennen.

*Schrifttum.*

*v. Hofmann-Haberda:* Lehrbuch der gerichtl. Medizin. 11. Aufl., 30 ff. Wien u. Berlin 1927. — *v. Neureiter* u. *Strassmann:* Die gerichts-ärztliche Untersuchung des gesunden und kranken Menschen. Handb. d. biol. Arbeitsmethoden Abt. IV, Teil 12. Berlin u. Wien 1927. — *Schackwitz, A.:* Unmöglichkeit der Notzucht wegen krankhaft verbildeten Geschlechtsteils. Dtsch. Z. gerichtl. Med. **16**, 384 ff. (1931).

*Schackwitz.*

**Novalgin** siehe *Pyrazolonderivate.*

**Novocain** siehe *Lokalanaesthetica außer Cocain.*

**Novonal** siehe *Schlafmittel.*

**Numismatische Fälschungen** siehe *Münzfälschung.*

**Nux vomica** siehe *Strychnin und Brechnußvergiftung.*

**Nymphomanie** siehe *Satyriasis und Nymphomanie.*

# O.

**Obduktion** (= O.). (Vgl. auch Art.: Exhumation von Leichen.)

Die Zahl der Sektionen in Deutschland wächst von Jahr zu Jahr. Das beruht einmal darauf, daß sich einmal der Kreis der offiziellen Interessenten für die Klärung der Todesursachen ständig vergrößert, und daß andermal bei der breiten Öffentlichkeit die Scheu vor der Sektion immer mehr im Schwinden begriffen ist. Es bricht sich zunehmend die Erkenntnis Bahn, daß eine Sektion grundlegend etwas anderes ist, als eine Anatomierung, und daß jene früher mit Unrecht mit dem Makel der Herzlosigkeit behaftet worden ist.

Die Leichenöffnungen werden in der Regel von gerichtlichen Medizinern oder pathologischen Anatomen vorgenommen. Man unterscheidet sog. pathologisch-anatomische Sektionen von behördlich angeordneten Leichenöffnungen. Diese können in gerichtliche, versicherungsrechtliche und sanitätspolizeiliche Leichenöffnungen eingeteilt werden. Die rechtlich belangreiche Todesursache, deren Klärung dem gerichtlichen Mediziner obliegt, deckt sich nur zum Teil mit dem, was der pathologische Anatom unter der Klärung der Todesursache versteht. Während in der pathologischen Anatomie vorzugsweise die zum Tode führenden Veränderungen und die Nebenbefunde ermittelt werden, bezieht sich die Tätigkeit des gerichtlichen Mediziners in erster Linie auf die den Juristen interessierende Ergründung der Ursache eines fraglichen kriminellen oder versicherungsmäßig bedeutsamen, tödlich ausgelaufenen Geschehnisses in seinem gesamten kausalen Ablauf und auf den Vergleich des Geschehnisses mit den Aussagen der Zeugen, des Beschuldigten, der Hinterbliebenen usw. Über die Beurteilung der den pathologischen Anatomen interessierenden Frage nach dem sog. inneren Kausalzusammenhang hinaus ist die wichtige, den gerichtlichen Mediziner, Juristen und Versicherungsfachmann interessierende Frage nach dem sog. äußeren Kausalzusammenhang zu beantworten. Es ist also zu erörtern, welche Spuren medizinischer und kriminalistischer Art an oder im menschlichen Körper vom verletzenden Werkzeug und von einer verletzenden Person, und umgekehrt, welche vom verletzten Körper und seiner Kleidung an derartigen Gegenständen oder Personen als häufig im Verborgenen

liegende und schwer auffindbare, aber besonders wichtige Glieder, die zur restlosen Herstellung der Kausalitätskette dienen, vorhanden sind. Überaus häufig kommt solchen Beweismitteln für die Beurteilung eines fraglichen Falles von Unfall, Selbstmord, Mord und Tod aus innerer Ursache die ausschlaggebende Rolle zu. Zu alledem sind die weiteren Fragen nach Identität, Alter der Leiche, Beschaffenheit des Tatortes, Spuren zum und vom Tatort, Tatwerkzeuge unter vielen anderen mehr zu beantworten. Schließlich sind innerhalb des Stadiums der Tatsachenerhebung sobald als möglich die Ergebnisse der Untersuchung der objektiven Tatseite im Verhältnis zu den Erhebungen über die subjektive Tatseite, also zu den Angaben der Zeugen und des Verdächtigten und zu den Gründen und Motiven, zu beurteilen.

Da also ganz im allgemeinen gesehen der Leichenöffnung in der gerichtlichen Medizin eine wesentlich andere Stellung und Bedeutung zukommt als in der pathologischen Anatomie, so sind auch an die Kenntnisse und Erfahrungen der gerichtlichen Mediziner ganz andere Forderungen zu stellen als an die der pathologischen Anatomen: Es muß ein fragliches Geschehnis, das zum Tode eines Menschen geführt hat, vom gerichtlichen Mediziner als komplexer Vorgang auf Ursache und Wirkung in allen seinen Einzelheiten untersucht und beurteilt werden, wobei den Ergebnissen der Leichenöffnungen die jeweils gebührende Bedeutung in der zu schaffenden Kausalitätskette zuzumessen ist.

Die kunstgerecht auszuführende Leichenöffnung und die übrigen zur Klärung eines fraglichen Todesfalles zu treffenden Feststellungen verlangen einen gerichts-medizinisch möglichst gut ausgebildeten Untersucher. Dazu ist es notwendig, daß er geeignete Untersuchungsbedingungen erhält. Während dem pathologischen Anatomen für die Durchführung seiner Leichenöffnungen stets bequeme Sektionsräume und Sektionstische und gute Reinigungs- und Beleuchtungsmöglichkeiten zur Verfügung stehen, muß der gerichtliche Mediziner sehr häufig unter primitiven Verhältnissen, z. B. in engen Zimmern, Scheunen, Ställen, im Freien usw., die Sektion vornehmen. Selbstverständlich ist es, daß der Obduzent hier trotz all dieser großen Nachteile seinen häufig überaus schwierigen Aufgaben gerecht wird und sämtliche medizinisch und kriminalistisch einwandfreien Befunde erhebt und sichert. Zur Erfüllung seiner Obliegenheiten und Sorgfaltspflichten muß ihm eine fachlich bestens ausgebildete Hilfskraft zur Verfügung stehen, damit nicht in Ermanglung einer solchen die rasche Durchführbarkeit der gerichtsmedizinischen Untersuchungen und damit auch die Rechtssicherheit leiden.

Die Ausführung der Leichenöffnung für gerichtliche Zwecke hat in Deutschland nach den §§ 87—91 der StPO. zu erfolgen.

§ 87. (1) Die richterliche Leichenschau wird unter Zuziehung eines Arztes, die Leichenöffnung im Beisein des Richters von zwei Ärzten, unter denen sich ein Gerichtsarzt befinden muß, vorgenommen. Dem Arzt, welcher den Verstorbenen in der dem Tode unmittelbar vorausgegangenen Krankheit behandelt hat, ist die Leichenöffnung nicht zu übertragen. Er kann jedoch aufgefordert werden, der Leichenöffnung beizuwohnen, um aus der Krankheitsgeschichte Aufschlüsse zu geben.

(2) —

(3) Behufs der Besichtigung oder Öffnung einer schon beerdigten Leiche ist ihre Ausgrabung statthaft.

Ist dem jeweils zuständigen Oberstaatsanwalt durch die Polizei oder von privater oder anderer Seite zur Kenntnis gebracht worden, daß ein Verbrechen oder Vergehen wider das Leben erfolgt oder eine Körperverletzung tödlich ausgegangen oder eine Person vergiftet worden ist, oder daß der Verdacht auf eine kriminelle Todesursache besteht, so prüft er den Sachverhalt und beantragt gegebenenfalls beim zuständigen Amtsgericht die gerichtliche Leichenöffnung. Dieses beschließt über den Antrag, dem in der Regel stattgegeben wird, und beraumt nach Vereinbarung mit den obduzierenden Ärzten den Termin zur gerichtlichen Sektion an. Diese muß unter Beisein des Richters und des Urkundsbeamten von den beiden Ärzten vorgenommen werden. Als Gerichtsarzt hat der Leiter des zuständigen staatlichen oder staatlich-kommunalen oder kommunalen Gesundheitsamtes oder dessen beamteter Stellvertreter mitzuwirken. Der zweite Arzt soll möglichst ebenfalls ein beamteter Arzt sein. Es kann aber auch ein praktischer Arzt nach § 75 StPO. verpflichtet werden, der Ernennung zum zweiten Arzt bei einer gerichtlichen Leichenöffnung Folge zu leisten. Denn es werden bei jedem Arzt nach seiner wissenschaftlichen und praktischen Vorbildung die zur Sektion erforderlichen Kenntnisse vorausgesetzt. Im allgemeinen ist es aber so, daß als zweite Obduzenten in erster Linie gerichtliche Mediziner oder pathologische Anatomen oder sonst in der pathologischen Anatomie erfahrene Ärzte herangezogen werden. Nach den verwaltungsrechtlichen Bestimmungen hat der Gerichtsarzt als erster Obduzent das Protokoll zu diktieren, für die sachgemäße Erledigung des richterlichen Auftrages zu sorgen und den Richter in geeigneter Weise zu beraten. Dem anderen Arzt kommt als zweiten Obduzenten die Aufgabe des Sezierens zu. Eine Leichenöffnung darf nicht abgelehnt werden, wenn die Leiche in Fäulnis übergegangen ist. Die nicht selten geäußerten Zweifel, daß an oder in verfaulten Leichen, besonders nach deren Eingrabung, etwas Sicheres und Wesentliches nicht mehr festgestellt werden könne und Sektionen daher zwecklos seien, sind irrig und unbegründet. Denn es ist gerichtsmedizinisch allgemein bekannt, daß selbst bei weit vorgeschrittener Fäulnis für die Beurteilung eines fraglichen Falles stets noch überaus wichtige Merkmale festgestellt werden können. Ist eine zur gerichtlichen Untersuchung kommende Leiche schon begraben, so hat bei ihrer gerichtlichen Ausgrabung mindestens einer

der die Leichenöffnung vornehmenden Ärzte anwesend zu sein. Im Einvernehmen mit dem Richter hat dieser Arzt auch dafür Sorge zu tragen, daß die Freilegung, die Hebung und Öffnung des Sarges so vorsichtig als möglich geschehen und daß unter Umständen, namentlich bei Vergiftungen, sachgemäß Teile von der Erde, dem Sargschmuck und dem Sarge sowie die Kleidungsstücke entnommen werden. Der behandelnde Arzt kann ebenfalls der Leichenausgrabung und der darauf folgenden Leichenöffnung beiwohnen, darf sie aber auch in diesem Falle selbst nicht vornehmen. Ist die Leiche gefroren, so muß sie vorsichtig in einem mäßig geheizten Raum so weit aufgetaut werden, daß die Sektion und die Erhebung der Befunde einwandfrei vonstatten gehen kann. Die Anwendung warmen Wassers und sonst umschrieben wirkender warmer Gegenstände zur Beschleunigung des Auftauens ist unzulässig.

Die Feststellungen bei der Leichenöffnung (bei exhumierten Leichen auch die vor und nach der Eröffnung des Sarges) sind sogleich und eingehend zu Protokoll zu geben.

Vor Beginn der Sektion muß die Leiche nach § 88 StPO. identifiziert werden.

§ 88 StPO.: Vor der Leichenöffnung ist, wenn nicht besondere Hindernisse entgegenstehen, die Persönlichkeit des Verstorbenen, insbesondere durch Befragung von Personen, welche den Verstorbenen gekannt haben, festzustellen. Ist ein Beschuldigter vorhanden, so ist ihm die Leiche zur Anerkennung vorzuzeigen.

Auch bei einer exhumierten Leiche ist die Identifizierung durchzuführen. Dafür kommt in erster Linie ein Vertreter der Friedhofsverwaltung in Betracht, der bestätigen kann, daß nach den ihm zur Verfügung stehenden dienstlichen Unterlagen der Sarg aus dem Grabe stammt, in das die zu sezierende Leiche beigesetzt worden ist.

Wichtig ist die Bestimmung, daß dem Beschuldigten die Leiche zur Anerkennung vorzuzeigen ist, namentlich bei Kapitalfällen hat man fast immer die Möglichkeit, aus dem Verhalten und aus den Äußerungen des Beschuldigten wichtige Anhaltspunkte für die Schuldfrage zu gewinnen. Nicht selten kommt es vor, daß der bisher hartnäckig leugnende Täter beim Anblick seines Opfers zusammenbricht und seine Tat gesteht.

Die Sektion hat sich nach § 89 StPO. stets auf die Öffnung der Kopf-, Brust- und Bauchhöhle zu erstrecken. Hier sei darauf hingewiesen, daß der Inhalt dieses Paragraphen nur eine *Mindestforderung* darstellen kann. Es ist selbstverständlich, daß gegebenenfalls auch die Muskulatur und das Bindegewebe, die Sehnen, Bänder und Knochen und nicht zuletzt der Wirbelkanal mitsamt dem Rückenmark und seinen Häuten der genauesten Untersuchung unterzogen werden müssen, einmal um Verletzungen und krankhafte Veränderungen frischen und alten Datums in ihrer Gesamtheit festzustellen und andermal beim Fehlen irgendwelcher Veränderungen die Möglichkeit in die Hand zu bekommen, darzutun, daß weitere Verletzungsspuren und krankhafte Veränderungen nicht nachweisbar gewesen sind. Diese zuletzt genannte sog. negative Beweisführung spielt straf- und versicherungsrechtlich gar nicht so selten eine überaus bedeutsame Rolle bei der Beurteilung später erhobener Einwürfe, die auf eine Unterbrechung der Kausalitätskette hinzielen.

Bei der technischen Durchführung der Sektion haben sich die zu sezierenden Ärzte stets vor Augen zu halten, daß die Sektion nicht lediglich die Aufdeckung der Todesursache bezweckt, sondern daß sie dem Nachweis des gesamten Tatablaufs in kausaler, zeitlicher und örtlicher Beziehung zu dienen hat. Es ist dabei notwendig, nochmals und ausdrücklich zu betonen, daß an und in der Leiche die etwa vorhandenen medizinischen und nichtmedizinischen Spuren als wichtige Glieder in der Beweiskette nicht übersehen werden dürfen, und daß die Defekte an der Leiche zwecks Identifizierung von Leichenteilen, die an Verdächtigten oder deren Werkzeugen gefunden wurden, genauestens festgelegt werden müssen. Nach diesen Zielen hat sich die Technik bei der Leichenöffnung zu richten, damit für die Beurteilung der Täterschaft und der Schuldfrage ein umfassendes und durchschlagendes Beweismaterial gewonnen wird. Es ist selbstverständlich, daß der sezierende Arzt die Sektionstechnik spielend beherrschen und auf pathologisch-anatomischem und gerichtsmedizinischem Gebiet bestens beschlagen sein muß.

Die Befunde bei der Leichenöffnung sind sogleich eingehend und vollständig zu Protokoll zu geben. Hierüber sind Ausführungsbestimmungen erlassen worden. In Preußen gelten solche aus dem Jahre 1922, in Sachsen aus dem Jahre 1923 und in Bayern aus dem Jahre 1930. Sie enthalten dazu Vorschriften über die Technik und die Anfertigung der Niederschriften. Im allgemeinen geht aus ihnen zunächst hervor, daß die Niederschrift mit arabischen Nummern fortlaufend zu versehen ist, von denen die einzelne einen gewissen Körperabschnitt, ein Organ, ein geschlossenes Gewebssystem und gegebenenfalls einen besonderen Befund betreffen soll. Dazu hat man eine Einteilung in folgende Hauptabschnitte vorzunehmen:

A. Äußere Besichtigung. B. Innere Besichtigung: I. Brust- und Bauchhöhle: a) Brusthöhle, b) Bauchhöhle. II. Kopfhöhle. III. Rückenmarkshöhle.

Die gerichtliche Sektion beginnt mit der äußeren Beschreibung, in der Alter, Geschlecht, Größe, Körperbau, Fettpolster, Haut, Behaarung, Zähne, Totenstarre, Totenflecke, Verletzungsspuren und krankhafte Veränderungen und Spuren sonstiger Art genauestens anzugeben sind. Sämtliche Befunde müssen möglichst entsprechend und umfassend dargestellt werden. Nicht selten handelt es sich bei den zu sezierenden Leichen um solche unbekannter Personen, deren Identifizierung unter Mithilfe des Sektionsberichtes durchgeführt werden muß. Namentlich sind aber sämtliche Verletzungen der Haut und der tieferen Weichteile zu beschreiben, wobei immer wieder zu bedenken ist, daß häufig den kleinen und kleinsten, klinisch nicht beachteten Verletzungen bei der Würdigung des Tatherganges eine ausschlaggebende Bedeutung zukommt. Sie müssen daher nach Sitz, Art, Größe, Beschaffenheit und Verteilung einer besonders genauen Beachtung unterzogen werden, deren Ergebnisse eingehend in der Niederschrift zu behandeln sind.

Stets sind Angaben über den vorhandenen und nicht vorhandenen Inhalt der natürlichen Körperöffnungen in die Niederschrift aufzunehmen. Bei der inneren Besichtigung beginnt die Beschreibung mit den allgemeinen Verhältnissen in der Bauchhöhle. Es folgen dann die der Brusthöhle und darauf die der einzelnen Organe, nämlich innere Brustdrüse, Zunge, Schlundkopf, Kehlkopf, Gaumenmandeln, Speiseröhre, Schilddrüse, Lymphdrüsen, Herzbeutel, Herz, Hauptschlagader des Körpers, Lungenschlagadern und -venen und die übrigen Gefäße, Lungen und Luftröhre, Mittelfell der Brust sowie Muskeln und Nerven des Halses. Darauf kommt es zum Diktat der Befunde an Milz, Leber, Gallenblase, Bauchspeicheldrüse, Nebennieren, Nieren, abführenden Harnwegen, Geschlechtsorganen, Magen und Darm, Gekröse, Gefäßen, namentlich der des kleinen Beckens und der Oberschenkel, des Skelettes des Stammes und dessen umgebende Weichteile.

Bei der Beschreibung der Kopfhöhle sind weiche Kopfbedeckungen, Schädeldach, Hirnhäute, Groß- und Kleinhirn, Hirnschenkel, Brücke, verlängertes Mark, Hirnanhang, Arterien und Venen, knöcherner Schädelgrund, Trommelfelle, Paukenhöhlen, Keilbeinhöhle, Stirnhöhlen, gegebenenfalls auch die übrigen Nebenhöhlen der Nase zu behandeln. Schließlich kommt die Beschreibung der Rückenmarkshöhle an die Reihe, bei der die weichen Rückenbedeckungen, die Dornfortsätze und das Rückenmark mit seinen Häuten zu berücksichtigen sind.

Bei der Niederschrift sollen nur deutsche Bezeichnungen oder allgemein verständliche Umschreibungen verwendet werden. Es bleibt jedoch in besonderen Fällen zwecks Vermeidung späterer Unklarheiten unbenommen, hinter diesen Beschreibungen die Kunstausdrücke zu setzen. Im übrigen ist bei der sachgemäßen Beschreibung der einzelnen Organe nach den pathalogisch-anatomischen Kenntnissen und Erfahrungen und den Vorschriften für das Verfahren bei gerichtlichen Untersuchungen vorzugehen.

Der gerichtsärztliche Sektionsbericht schließt mit dem vorläufigen Gutachten, das von beiden an der Leichenöffnung beteiligten Ärzten erstattet und unterschrieben wird. Falls sich bei der Sektion eine Todesursache nicht ergeben hat oder die Befunde nicht eindeutig sind oder ein nach einer bestimmten Richtung hin geäußerter Verdacht noch aufzuklären ist, muß im vorläufigen Gutachten auf die Durchführung weiterer Untersuchungen hingewiesen werden. Diese können mikroskopisch-histologischer, chemischer und sonst irgendwie kriminalistischer Art sein. Wichtig ist ferner für die sezierenden Ärzte, dafür zu sorgen, daß die als Beweisobjekt in Betracht kommenden Veränderungen und Eigentümlichkeiten gesichert und von den Leichen Material für weitere in Betracht kommende Untersuchungen in geeigneter Weise und in derartiger Menge entnommen wird, so daß später die Möglichkeit besteht, etwa auftauchende Fragen nach jeder Richtung hin noch beweiskräftig zu beantworten (vgl. d. Art.: Gutachten).

Nach der Sektion ist die Leiche kunstgerecht und derartig wieder herzurichten, daß die Spuren der Sektion ohne besondere Untersuchung der Leiche nicht wahrgenommen werden können und daß das Pietätsgefühl der Hinterbliebenen bei der Besichtigung der aufgebahrten Leiche nicht verletzt wird.

Der Sektionsbericht bleibt bei den Gerichtsakten. Die Überprüfung der Niederschrift erfolgt in Deutschland nicht einheitlich. Zum Beispiel geht in Preußen ein Durchschlag den Medizinalabteilungen der Provinz zu. In Sachsen werden die Gerichtsakten dem Innenministerium zugeführt. An diesen Stellen wird der Inhalt der Protokolle auf Unklarheiten und Fehler geprüft. Sämtliche Berichte werden in Preußen schließlich dem Landesgesundheitsrat unterbreitet.

In der deutschen Strafprozeßordnung sind für die Untersuchung der Leichen Neugeborener und solcher Personen, bei denen der Verdacht einer Vergiftung auftritt, noch besondere Vorschriften erlassen, deren Berücksichtigung für die Beurteilung der fraglichen Fälle von größter Bedeutung sind. Nach § 90 ist bei der Öffnung der Leiche eines neugeborenen Kindes die Untersuchung insbesondere auch darauf zu richten, ob es nach oder während der Geburt gelebt hat und ob es reif oder wenigstens fähig gewesen ist, das Leben außerhalb des Mutterleibes fortzusetzen. Um den Vorschriften dieses Gesetzes zu genügen, muß das Augenmerk auf die Merkmale des Neugeborenen, des Reifegrades, der Lebensfähigkeit, des Gelebthabens und der Dauer desselben, der Todesursache und der Beschaffenheit der Nabelschnur und des Mutterkuchens gerichtet werden. Dazu muß die für diese Feststellungen wichtige Technik unbedingt berücksichtigt werden. Hinsichtlich der Lebensproben ist vor Beginn der allgemeinen Sektion die Halsluftröhre freizulegen, in der Gegend der Drosselgrube zu unterbinden, oberhalb der Unterbindungsstelle in der Längsrichtung aufzuschneiden und ihr Inhalt festzustellen. Durch die Unterbindung wird weiter vermieden, daß bei der Anstellung der übrigen Lebensproben Wasser in die Luftwege gelangt. Zwecks Ausführung der Magen- und Darmprobe müssen Magen und Darm an Ort und Stelle unterbunden und erst dann herausgetrennt und in Wasser gebracht werden. Schließlich sei noch die sog. Henkkelkorb-Methode bei der Eröffnung der Kopfhöhle erwähnt, bei der besonders gut die Feststellung der häufig vorkommenden Verletzungen der Sichel und des Zeltes getroffen werden kann (vgl. d. Art.: Kindestötung).

Durch § 91 der Strafprozeßordnung sind die Vorschriften für das Verfahren der obduzierenden Ärzte bei Vergiftungsverdacht gegeben. Er ist darauf abgestellt, daß die für den chemischen Nachweis erforderlichen Leichenteile besonders entnommen und aufbewahrt werden (s. d. Art.: Tod und Gesundheitsbeschädigung durch Gift im allgemeinen).

*Schrifttum.*

*Kockel, R.:* Handb. der biologischen Arbeitsmethoden, Abt. IV. Angewandte chemische und physikalische Methoden. **12,** 1—104. Leipzig 1922. — *Kockel, R.:* Arch. Kriminol. **5,** 126 (1900). — *Merkel, H.:* Dtsch. Z. gerichtl. Med. **12,** 137 (1928). — *Merkel, H.:* Dtsch. Z. gerichtl. Med. **10,** 256 (1927). — *Merkel, H.:* Dtsch. Z. gerichtl. Med. **28,** 1 (1937). — *Mueller, B.:* In: Der Arzt des öffentl. Gesundheitsdienstes. 385. Leipzig 1937. — *Nippe, M.:* Dtsch. Z. gerichtl. Med. **18,** 103—120 (1932). — *Petersen, W.:* Med. Welt **1936,** 1269. — *Olbrycht, J.:* Dtsch. Z. gerichtl. Med. **9,** 529 (1927). — *Pietrusky, F.:* Dtsch. Z. gerichtl. Med. **21,** 103—111 (1933). — *Pietrusky, F.:* Dtsch. Z. gerichtl. Med **26,** 16—26 (1936). — *Puppe, G.:* Dtsch. med. Wschr. **1913,** Nr. 29. — *Raestrup, G.:* Dtsch. Z. gerichtl. Med **26,** 26—33 (1936). — *Straßmann, G.:* Beitr. gerichtl. Med. **5,** 157—188 (1922). — *Walcher, K.:* Dtsch. Z. gerichtl. Med. **8,** 430 (1926). **Raestrup.**

**Odontoskopie** siehe *Zähne.*

**Offensive Leichenzerstückelung** siehe *Leichenzerstückelung.*

**Ohnmacht bei der Geburt** siehe *Kindestötung.*

**Ohrverletzungen** siehe *Forensische Otologie.*

## Okkultismus und gerichtliche Medizin.

Als okkulte (paranormale, para- oder metapsychische) Phänomenen gelten uns gewisse Sachverhalte aus dem Natur- und Seelenleben, die sich durch die uns derzeit bekannten Naturgesetze nicht erklären lassen. Je nachdem, ob sie (vorwiegend oder ganz) seelischer oder körperlicher Art sind, sprechen wir von *parapsychischen* (mentalen) oder *paraphysischen* Erscheinungen. Zur ersten Gruppe zählen (oder — besser gesagt — würden zählen, wenn sie alle in ihrer Tatsächlichkeit gesichert wären) Telepathie, Gedankenlesen, Psychometrie, Prophetie und Hellsehen, zur zweiten: Telekinese, Materialisation, direkte Stimmen, Apporte, Spuk (*Driesch*). Allen diesen Erscheinungen ist außer ihrer Unerklärbarkeit durch die uns bekannten Normen gemeinsam, daß sie sich nicht in gesetzmäßiger Weise und nicht von selbst auswirken, sondern in ihrem Auftreten an bestimmte Personen, sog. Medien oder Metagnomen, gebunden sind. Das gerichtlich-medizinische Interesse an ihnen beruht vor allem auf der Tatsache, daß die intensive Beschäftigung mit okkulten Dingen Störungen in der seelischen Gesundheit hervorzurufen imstande ist, die Gegenstand eines Straf- oder Zivilverfahrens bilden können. Im Schrifttume ist allerdings bisher erst *ein* Fall und zwar von *Jacobi* mitgeteilt worden, in dem ein neu-

ropathisch veranlagter Mann, der einer im Anschluß an spiritistische Sitzungen ausgebrochenen hysterischen Psychose halber in einer Irrenanstalt hatte interniert werden müssen, nach seiner Entlassung aus der Klinik einen Strafprozeß „wegen gemeinschaftlicher und vorsätzlicher, zum mindesten fahrlässiger Körperverletzung" angestrengt hat. Die Klage wurde in zwei Instanzen abgewiesen. Der Sachverständige hatte erklärt, daß die Sitzungen bei dem neuropathisch veranlagten Kläger zwar die Geisteskrankheit ausgelöst hätten, jedoch nicht als direkte Ursache anzusprechen seien. Auch hätten die Angeklagten nicht wissen können, daß der Kläger krankhaft veranlagt sei und daß nach spiritistischen Sitzungen Geistesstörungen auftreten können.

Fragen wir uns nach den Beziehungen, die zwischen Okkultismus und abartiger Geistesverfassung im allgemeinen bestehen, so sind folgende *vier* Möglichkeiten herauszustellen: 1. Unter den Anhängern und Verkündern okkulter Lehren finden sich Personen mit angeborener und erworbener geistiger Schwäche und Psychopathen in großer Zahl. 2. Begeisterung für den Okkultismus und kritiklose Hingabe an ihn kann Initialsymptom einer Prozeßpsychose im Sinne einer Schizophrenie, Paraphrenie oder senilen Demenz sein (*Henneberg*). 3. Das Erleben auf okkultem Gebiet vermag einem seelischen Leiden, das selbst auf andere Ursachen zurückzuführen ist, in seiner Symptomgestaltung eine besondere Färbung zu verleihen. 4. Die intensive Beschäftigung mit paranormalen Problemen kann eine echte Geistesstörung hervorrufen (*v. Wagner-Jauregg*). Von diesen vier Eventualitäten bedarf nur die letzte näherer Ausführung. So ist darauf hinzuweisen, daß es sich in der überwiegenden Mehrzahl der Fälle von Geistesstörung infolge Okkultismus um hysterische Psychosen, Dämmerzustände und Delirien handelt (*Pilcz*). *Kehrer* beobachtete bei alleinstehenden Frauen im Rückbildungsalter nach lange und eifrig betriebenem „Geistschreiben" (Psychographieren) eigenartige Ausnahmezustände akuter und subakuter Art, die neben variablen psychogenen Symptomen durch szenenhafte Trugstimmenerlebnisse gekennzeichnet waren. Besonders in ihrem Nervensystem labile Naturen erscheinen durch die Befassung mit okkulten Problemen gefährdet, was *v. Wagner-Jauregg* in einem dem österreichischen obersten Sanitätsrate im Jahre 1925 erstatteten Gutachten ausdrücklich hervorgehoben hat.

Neben der unbestreitbaren Tatsache, daß sich bei der Beschäftigung auf paranormalem Gebiete Gesundheitsstörungen zutragen können, hat der Okkultismus für die gerichtliche Medizin aber noch in anderer Hinsicht Bedeutung, als es vorkommt, ja vor nicht allzulanger Zeit selbst noch in Deutschland vorgekommen ist (*Hellwig*), daß sich Kriminalpolizeibehörden zur Aufdeckung von Verbrechen der Mithilfe von Telepathen bedienen oder Staatsanwälte den Behauptungen von angeblichen Hellsehern, die sich erboten haben, an der Aufklärung eines Verbrechens mitzuwirken, tatsächlich nachgehen. Zu diesem Brauche sei folgendes zu bemerken: Man mag über die Telepathie und das Hellsehen denken, was man will. Jedenfalls steht fest, daß sich okkulte Praktiken für kriminalistische Zwecke absolut nicht eignen und daher keine Verwendung finden sollten. Bis heute liegt kein einziger nur halbwegs glaubwürdiger Bericht vor, der von Erfolgen eines Hellsehers oder Telepathen auf kriminalistischem Gebiet erzählen könnte; dafür sind uns aber leider etliche Fälle bekannt, in denen Unschuldige fälschlicherweise von spiritistisch-hellseherischer Seite einer schweren strafbaren Handlung bezichtigt wurden (*Vorkastner*). Vor einer Heranziehung okkulter Kreise zur Verbrechensaufklärung muß daher dringend gewarnt werden.

*Schrifttum.*

*Bender:* Zum Problem der außersinnlichen Wahrnehmung. Z. Psychol. **135**, 20 (1935). — *Bender:* Psychische Automatismen. Leipzig 1936. — *Driesch:* Parapsychologie. Die Wissenschaft von den okkulten Erscheinungen. Methodik und Theorie. München 1932. — *Driesch:* Die wissenschaftliche Parapsychologie der Gegenwart. In: *de Geymüller:* Swedenborg und die übersinnliche Welt. Stuttgart u. Berlin o. J. — *Hellwig:* Telepathie und Kriminalistik. Z. Kriminalpsychol. usw. **14**, 200 (1923). — *Hellwig:* Okkultismus und Verbrechen. Berlin 1929. — *Henneberg:* Über die Beziehungen zwischen Spiritismus und Geistesstörung. Berlin 1902. — *Jacobi:* Beitrag zur forensisch-psychiatrischen Beurteilung von Geistesstörungen nach spiritistischen Sitzungen. Dtsch. Z. gerichtl. Med. **6**, 248 (1925). — *Jacob* u. *Meyer:* Über Spiritismus und Psychose. Arch. Psychiatr. **72** (1924). — *Kehrer:* Über Spiritismus, Hypnotismus und Seelenstörung. Arch. Psychiatr. **66**, 381 (1922). — *Messer:* Wissenschaftlicher Okkultismus. Leipzig 1927. — *Moser:* Okkultismus. Täuschungen und Tatsachen. **2.** München 1935. — *v. Neureiter:* Wissen um fremdes Wissen auf unbekanntem Wege erworben. Gotha 1935. — *Pilcz:* Okkultismus und Rechtspflege. Abh. jur.-med. Grenzgeb. Wien 1927. — *Tartaruga:* Kriminaltelepathie und -retroskopie. Telepathie und Hellsehen im Dienste der Kriminalistik. Leipzig 1922. — *Vorkastner:* Zum Kapitel der Verwendung hellseherischer Medien im Strafprozeß. Ärztl. Sachverst.ztg. **30**, 211 (1924). — *v. Wagner-Jauregg:* Drei Gutachten des Obersten Sanitätsrates, betreffend die Demonstrationsvorträge auf dem Gebiete des Hypnotismus, der Metapsychologie und der Parapsychologie. Wien. klin. Wschr. **1925**, Nr. 43, 1163. — *v. Winterstein:* Telepathie und Hellsehen im Lichte der wissenschaftlichen Kritik. Amsterdam, Leipzig u. Wien 1937.

*v. Neureiter.*

### Oleander.

*Oleander (Nerium Oleander)*, Zierpflanze, hauptsächlich in südlichen Ländern vorkommend. Wirksame Gifte sind Glucoside, das *Neriin* und *Oleandrin*. Hauptsächliche Wirkung auf Herzmuskel (digitalisähnlich) und auf Skelettmuskulatur im Sinne einer Adynamie (curare-ähnlich). Vergiftungen in der älteren Literatur nicht selten gemeldet, und zwar Selbstmorde, Selbstmordversuche, absichtliche Einnahme zur Täuschung des Arztes, zur Dienstbefreiung. Daneben zufällige Vergiftungen, z. B. durch Oleanderblütenhonig, durch Fleisch, das auf Oleanderholz aufgespießt worden war. Heute sind Vergiftungen selten; man beobachtet sie hauptsächlich bei Einnahme als Emmenagogum und Abortivum in südlichen Ländern. Gewöhnlich werden Abkochungen von Blüten und Blättern dazu benützt.

Alarmierende Symptome: Durchfall, Magen-Darmbeschwerden, unstillbares, langanhaltendes Erbrechen. Bei schweren Vergiftungen Herzstörungen (langsamer schlechter Puls, arhythmische Herztätigkeit, Herzgeräusche, Cyanose). Temperatur gewöhnlich erniedrigt, Extremitäten kühl; man fand aber auch Vergiftungen mit Temperatursteigerungen und Schweißausbrüchen. Pupillen meist weit (auch enge Pupillen sind gefunden worden). Die Skelettmuskulatur erweist sich als außerordentlich schwach. Bei schweren Vergiftungen fibrilläre Muskelzuckungen, ja sogar Krämpfe tetanischer Art. Tod unter Zeichen der Herzschwäche und der Atemlähmung (Lähmung der Atemmuskulatur).

Sektionsbefunde ganz atypisch. Flüssiges dunkles Blut, akute Stauungserscheinungen.

Toxische Dosen unbestimmt, da gewöhnlich Abkochungen von Pflanzenteilen genossen werden.

*Schrifttum.*

*Coronedi:* Oleandervergiftungen. Slg. Verg.-Fälle **4**, 55 A (1933). — *Lewin:* Gifte und Vergiftungen. Berlin 1929. — *Profilo:* Oleanderblättervergiftungen, tödliche. Slg. Verg.-Fälle **5**, 71 A (1934). — *Marri:* Eine Vergiftung mit Nerium Oleander. Slg. Verg.-Fälle **8**, 177 A (1937); hier auch weitere Literatur. *Schwarz.*

### Oleum Chenopodii anthelmintici.

*Chenopodiumöl* ist ein farbloses oder gelbliches, campherartig riechendes Öl, gewonnen durch Wasserdampfdestillation aus Chenopodium ambrosioides (Chenopodiacee). Ätherisches Öl; wirksames Prinzip das *Ascaridol* (Peroxyd), als Wurmmittel, speziell bei Ascariden und Anchylostomum von ausgezeichnetem Effekt. Normale Dosis 0,3 (Abführen!), Maximaldosis 0,5, größte Tagesdosis 1,0 g. In Deutschland ist der Verkauf an Apotheken gebunden, nur gegen Rezept gestattet (Separandum). Die zahlreichen schweren Vergiftungen und Todesfälle (Mortalität 74 %) bei Wurmkuren erfordern vom Arzt sorgfältige Auswahl der Fälle, exakte Dosierung, gewissenhafte Überwachung der Kur, eingehende Aufklärung der Eltern. Jede Resorption des Giftes muß verhindert werden; bei Wiederholung der Kur ist ganz besondere Vorsicht am Platze. Am zweckmäßigsten wäre, wenn eine Chenopodiumkur nur unter klinischen Bedingungen durchgeführt würde. Gegen Ärzte und Apotheker sind zahlreiche Prozesse (mit Verurteilungen) wegen fahrlässiger Körperverletzung oder Tötung oder wegen Kunstfehler bei der Durchführung einer Chenopodiumkur anhängig gemacht worden. Andere Vergiftungsgelegenheiten kommen nicht vor.

Symptome: Erbrechen, Übelkeit, Mattigkeit, evtl. Durchfälle. Resorptionssymptome: Kopfschmerzen, Ohrenrauschen, Schwindel, taumelnder Gang (Chenopodium hebt Otolithenreflexe auf, verstärkt Reaktionen der Bogengänge). In schweren Fällen Benommenheit, Schlafsucht, Bewußtlosigkeit bei weiten Pupillen. Häufig, namentlich bei Kindern, erhöhter Muskeltonus, Zuckungen, Krämpfe, meningitische Symptome (Meningitis serosa). Nicht selten Gehörstörungen und Sehstörungen (Opticusatrophie). In extremis zeigt die Atmung *Cheyne-Stokes*schen Typus. Tod unter Atemlähmung.

Als Nachkrankheit beobachtet man Paresen, Hörstörungen, postencephalitische Zustandsbilder.

Neuerdings wird eine Emulsion des Chenopodiumöls zu Umschlägen beim Erysipel empfohlen.

Sektion: hämorrhagische Gastroenteritis (einmal Enterocolitis pseudomembranacea), extreme Stauung, Lungenblähung, trübe Schwellung der Organe, Fettspeicherung in Leber und Niere, Gehirnödem. Mikroskopisch Degeneration der *Kupffer*schen Sternzellen, glomerulo-tubuläre Degeneration der Nieren mit Epithelabstoßung. Die Sektion kann aber auch völlig negative Resultate liefern.

Toxische Dosis 1—2 g, tödliche Dosis schon wenige Gramm. Säuglinge können schon nach 12 Tropfen resp. bei wiederholten Dosen von wenigen Tropfen sterben. Vermutlich ist mit Idiosynkrasien zu rechnen. Verschiedene Todesfälle sind wohl nicht auf fehlerhafte Durchführung der Kur, sondern auf inkonstante Zusammensetzung der Handelspräparate zurückzuführen. Trotz der Giftigkeit des Mittels existieren zahlreiche Fertigpräparate, u. a. ,,Gockelinperlen", ,,Ascaridol. aromat. Koch", ,,Chenopin-Wurmtabletten", ,,Chenopodiol", ,,Chenoposan", ,,Chenosan", ,,Chenoscarin", ,,Chenoscarol". Alle diese Präparate sind überflüssig; am sichersten ist eine Kur mit reinem Öl, lege artis, nach den bestehenden Vorschriften durchgeführt. Einzelheiten siehe *Esser*.

*Schrifttum.*

*Aiazzi:* Chenopodiumöl in der Pharmakologie, Klinik und Toxikologie. Riv. Clin. pediatr. **31**, 1281 (1933). — *Biesin:* Medizinale Chenopodiumöl-Vergiftungen. Slg. Verg.-Fälle **1**, 187 A (1930). — *Braun:* Tödliche Vergiftung durch Chenopodiumöl. Münch. med. Wschr. **72**, 810 (1925). — *Buhtz:* Chenopodiumölvergiftung, tödliche, eines 3½jährigen Kindes. Slg. Verg.-Fälle **4**, 113 A (1933). — *Ebrus:* Tödlicher Vergiftungsfall durch Oleum Chenopodii. Dtsch. Z. gerichtl. Med. **20**, 158 (1933). — *Esser:* Chenopodiumölvergiftungen, Sammelbericht. Slg. Verg.-Fälle **4**, 9 C (1933). — *Esser:* Tödliche Vergiftung mit Oleum Chenopodii. Klin. Wschr. **5**, 511 (1926). — *Hillenbrand:* Schwerhörigkeit nach Vergiftung mit Oleum Chenopodii. Slg. Verg.-

Fälle **6**, 115 A (1935) und Münch. med. Wschr. **1932**, 1152. — *Kissinger:* Vergiftung durch Oleum Chenopodii? Wien. med. Wschr. **1930**, 1231. — *Korsch* u. *Strauß:* Das Bild der Chenoposanvergiftung bei einem 6jährigen Kind. Nervenarzt **4**, 545 (1931). — *Liebenstein:* Ein Fall von Vergiftung mit Oleum Chenopodii. Med. Klin. **20**, 642 (1924). — *Meihuizen:* Ein Fall von Oleum Chenopodii-Vergiftung mit tödlichem Ausgang. Geneesk. Tijdschr. Nederl.-Indie **67**, 312 (1927). — *Neumann:* Vergiftung mit Oleum Chenopodii. Slg. Verg.-Fälle **8**, 59 A (1937). — *Niemeyer:* Über Chenopodiumölvergiftung. Dtsch. med. Wschr. **50**, 1145 (1924). — *Pobol:* Die Vergiftung mit Oleum Chenopodii. Ref. Dtsch. Z. gerichtl. Med. **19**, 355 (1932). — *Reiman:* Vergiftung durch Oleum Chenopodii. Ref. Dtsch. Z. gerichtl. Med. **19**, 170 (1932). — *Schrader:* Tödliche medizinale Chenopodiumölvergiftung. Slg. Verg.-Fälle **3**, 79 A (1932). — *Suchanka:* Vergiftung und Tod nach einer Wurmkur mit Oelum Chenopodii. Wien. klin. Wschr. **39**, 160 (1926). **Schwarz.**

**Oleum Pulegii** siehe *Flüchtige organische Gifte.*

**Oleum salbiae** siehe *Salbeiöl.*

**Oligospermie** siehe *Zweifelhafte Fortpflanzungsfähigkeit beim Manne und beim Weibe.*

**Opak-Illuminator** siehe *Forensische Blutuntersuchung.*

**Opiumalkaloide und verwandte Stoffe.** (Vgl. auch Art.: Papaveraceenalkaloide.)

*I. Opium:* eingetrockneter Milchsaft, der aus den unreifen Fruchtkapseln verschiedener Varietäten des *Schlafmohns, Papaver somniferum* (Papaveraceae), gewonnen wird. In Deutschland, Frankreich, Schweiz usw. Mohnanbau zur Ölgewinnung aus den im Reifezustand praktisch alkaloidfreien Samen. *Fructus Papaveris,* von Samen befreite, getrocknete Mohnköpfe von unbestimmt geringem Morphingehalt sind auch heute noch offizinell. Neuerdings Verwertung des Mohnstrohs zur Morphingewinnung.

Milchsaft von *Papaver Rhoeas, Klatschmohn,* überall verbreitetes Ackerunkraut (Europa, Asien), sowie Pflanze überhaupt ist morphinfrei. Enthält ein Alkaloid *Rhoeaedin* der Isochinolingruppe (*Awe*). Der in Gärten in verschiedenen Spielarten häufig gezogene *Papaver orientale, Riesenmohn,* enthält Morphin, Thebain, Fumarin, kann infolgedessen zu Vergiftungen Veranlassung geben. Wurzel von *Sinomenium acutum (Menispermaceae). Verbreitung:* Japan, China, enthält einige dem Morphin resp. Thebain nahestehende Alkaloide, wie *Sinomenin* $C_{19}H_{23}NO_4$, *Dehydrosinomenin* $C_{19}H_{21}NO_4$, welche als Ausgangsmaterial für die Herstellung von suchtfähigen Morphinderivaten in Frage kommen. Dicodid läßt sich relativ einfach aus Dehydrosinomenin herstellen (*Goto*). Sinomenin ist als krist. Alkaloid im japanischen Drogenhandel zugänglich.

*Rohopium* enthält etwa 20 % Alkaloide, davon etwa 10—12 % (also etwa die Hälfte) Morphin. Indisches Opium ist bedeutend morphinärmer, enthält entsprechend mehr Codein (bis etwa 4 %). Alkaloide sind an Mekon-Äpfel- und Schwefelsäure gebunden.

*Wichtigste Opiumalkaloide* (im ganzen etwa 20): Morphin 10—12 % (2—20 %), Narcotin 5—6 % (1—11 %), Papaverin 0,8—1 %, Codein 0,2—4 %, meist 0,3 %, Thebain und Narcein je 0,2—1 % (s. a. Art.: Papaveraceenalkaloide).

*Medizinalopium* ist auf einen Morphingehalt von 10 % wasserfreien Morphins eingestellt.

*Klinische Erscheinungen der akuten Vergiftung durch Opium und Opiate. Allgemeiner Wirkungscharakter des Opiums.* Das Vergiftungsbild ist weitgehend dasjenige des Morphins (s. später) mit meist ausgesprochener Darmträgheit; Blasensphincterkrampf scheint seltener zu sein (Opiumgesamtalkaloide *ohne* Morphin sind sehr wenig toxisch, vgl. d. Art.: Papaveraceenalkaloide). Wirkungseintritt bei gewöhnlich oraler Aufnahme des Opiums gegenüber der s. c. Morphinzufuhr entsprechend langsamer.

*Nebenwirkungen bei medizinalen Opiumdosen:* wie bei Morphin bei dazu Disponierten lokalisierte und allgemeine Ausschläge, selten auch auf Schleimhäuten. Scharlachähnliche Erytheme mit kleienförmiger Abschuppung nach etwa 10 Tagen. Oft heftiges Hautjucken. Gleiche Erscheinungen auch nach Pulvis Doveri.

Bei übermäßiger Empfindlichkeit, besonders bei Kindern, Aufregung, Zittern, klonische Zuckungen, Trismus bis Tetanus.

*Dosis medicinalis: Opium pulveratum:* (Morphingehalt 10 %) 0,1—0,2 g. *Extractum Opii:* (Morphingehalt 20 %) 0,05—0,1 g. *Tinctura Opii simplex* und *Tinctura opii crocata:* nach Ph. Helv. V. und D.A.B. 6 mit 1 % Morphingehalt: 20—30 Tropfen = etwa 0,005—0,0075 g Morphin. *Tinctura opii benzoica* n.D.A.B. 6 u. Ph. Helv. V. mit 0,05 % Morphin: 25 Tropfen = etwa 0,007 g Morphin. *Pulvis Ipecacuanhae opiatus* (Pulvis Doveri) mit 10 % Opium (1 % Morphin): 0,3 bis 1,0 g.

*Dosis toxica: Opium:* Von 0,2—0,3 g an, selten darunter, z. B. schon 0,02—0,03 g bei Erwachsenen. 37 g bei Nichtgewöhntem wurden überstanden. *Extractum opii:* von 0,1—0,2 g an. 1,5 g per Klysma wurden überstanden. *Tinctura opii:* von 2,0 bis 3,0 g an. 25—30 g, selbst 60—90 g wurden überstanden.

*Dosis letalis: Fructus papaveris:* 30 g *Sirupus papaveris,* hergestellt aus getrockneten Mohnköpfen, waren für Greis als Klysma tödlich. Fructus papaveris enthalten bis 0,5 % Morphin, das fast vollständig in Mohnsirup übergehen kann! Zwei Teelöffel Mohnsirup (Morphingehalt bis etwa 1 mg Morphin) können Tod eines Säuglings bewirken. Abkochung eines halben bis ganzen Mohnkopfes war für Kleinkinder tödlich. Auch Abkochungen von (unreifen) Mohnsamen haben bei Kindern letal gewirkt. Morphingehalt der unreifen Mohnsamen bis 0,01 %. Reife Samen sind ungiftig. Mohnsamenvergiftung bei Kindern und Erwachsenen auch durch Mohnkuchen (Übelkeit, Erbrechen. Darmlähmung). *Opium:* beim Erwachsenen 2,0—4,0 g. Kinder: Kleinste letale Dosis 0,75 mg bei vierwöchigem Kind. Todesfall nach 0,07 g Opium bei siebenmonatigem Kind. *Extractum opii:* 1,5—3,0 g, *Tinctura opii:* 20—30 g; in einem Fall 5,0 g.

*Opiumkonzentrate* und *gereinigte Opiumpräparate* sind nach ihrem Morphingehalt zu beurteilen. Wirkung morphinähnlich, verstärkt durch Nebenalkaloide (Papaverin usw.) durch diese gleichzeitig darm- und blasenlähmende Wirkung. *Opium concentratum* n. D.A.B. 6 mit 50 % Morphin, *Dosis medicinalis:* 0,01—0,04g. *Pantopon* = gereinigte Gesamtalkaloide des Opiums als Tartrate. Morphingehalt = 50 %. *Dosis medicinalis:* ½—1 ccm s. c. (1 ccm = 0,02 g Pantopon = 0,01 g Morphin). *Pantoponlösung* 2 %ig: 10—20—30 Tropfen. *Dosis toxica:* entsprechend seinem Morphingehalt von 0,02—0,04 g an. *Dosis letalis:* von etwa 0,4—0,6 g an. Ein Todesfall nach 0,02g Pantopon s.c. bei besonderer Empfindlichkeit.

*Pavon:* Morphingehalt = 20 %. 1 ccm = 0,02 g Pavon = 0,01 g Morphin.

*Holopon pulv.:* enthält Gesamtalkaloide im Verhältnis des Opiums: Morphingehalt = 20 %; 1 Tabl. entspricht 0,05 g Opium pulv.; Amp. zu 1 ccm entspricht 0,1 g Opium pulv.

*Laudanon* mit 50 % Morphin, 30 % Narcotin, 5 % Codein, 10 % Papaverin, 2,5 % Thebain, 2,5 % Narcein. Wirkt analog Pantopon stärker wie Morphin. *Dosis:* 0,01—0,04 g; Tabl. zu 0,01 und 0,03; Amp. zu 0,02 und 0,04. Auch andere, als *Laudanum* bezeichnete Zusammensetzungen sind gebräuchlich und nach ihrem Morphingehalt zu beurteilen.

*Laudopan:* Gesamtalkaloide des Opiums mit 50 % Morphin. 1 ccm = 0,02g Laudopan = 0,01g Morphin.

*Narcophin:* enthält Morphin, Narcotin und Mekonsäure in äquimolarem Verhältnis. 0,03 g Narcophin entspricht 0,02 g Morphin. Tabl. zu 0,015 g und 3% Narcophinlösung. 15—20 Tr. per os od. 1 ccm 3% Lösung s. c. Soll anhaltender narkotisch wirken wie Morphin.

*Chronische Opiumvergiftung:* Die *Opiomanie* spielt in China, Mandschukuo, Korea, Indochina, Siam, Niederländisch-Indien, Burma, Malaienstaaten, Britisch-Indien und Persien (Iran) als Genußgift eine gewaltige Rolle. Sonst nur vereinzelt, wo Chinesen hinkommen (Kalifornien, Südafrika, auropäische und amerikanische Hafenstädte). In Europa ist Opiomanie selten, dann meist in Form der *Opiophagie.* In Britisch-Indien fast ausschließlich Opiumesser, in den übrigen Ländern des näheren und fernen Orients fast ausschließlich *Opiumraucher.* Für Rauchzwecke wird das Opium durch besonderen Fermentations- und Röstprozeß fabrikmäßig präpariert, wobei der Morphingehalt des Rauchopiums (Tschandu) auf etwa 20% ansteigt, während Nebenalkaloide zum größten Teil zugrunde gehen. Beim Rauchen entstehen Morphinzersetzungsprodukte, welche Morphinwirkung etwas modifizieren im Sinne stärkerer Rauschwirkungen. Bei Opiumrauchern ist psychischer und physischer Zerfall ausgesprochener und tritt rascher ein als beim Morphinisten: fahle Hautfarbe, tief eingesunkene Augen. Der Opiumraucher verliert Schärfe der Sinne, Verdauungs- und Zeugungsfähigkeit; aber auch Pflichtbewußtsein, Tatkraft und sittliches Empfinden gehen vollständig verloren. Nachkommenschaft häufig degeneriert. Meist Angewöhnung an große Dosen (60—80 Pfeifen, entsprechend etwa 10—12 g Opium = etwa 2 g Morphin).

Bei Kindern von Müttern, die zur Zeit der Geburt an Opium gewöhnt sind, treten schon wenige Stunden nach der Geburt Abstinenzerscheinungen auf (Schweißausbruch, Schlaflosigkeit, Entkräftung usw.), denen die Mütter durch Einblasen von Opiumrauch begegnen.

*Hauptproduktionsländer des Opiums:* China, Mandschukuo, Jehol, schätzungsweise 12 Millionen Kilogramm pro Jahr, d. h. etwa 12—15mal mehr, als dem jährlichen Weltbedarf an Opium, Morphin, Codein usw. für Medizinalzwecke entspricht. Die gesamte Produktion dient Genußzwecken, entweder als Rauchopium oder nach Gewinnung des Morphins, oder nach dessen Umwandlung in Heroin, wofür Hunderte von illegalen Rauschgiftfabriken zur Verfügung stehen. Opiumgroßproduzenten sind ferner: Britisch-Indien, Afghanistan, Persien, Türkei, Jugoslawien, Bulgarien, Ungarn.

*II. Phenanthrenderivate des Opiums.* 1. *Morphin* $C_{17}H_{19}NO_3$. Krist. aus Alkohol in Prismen. F. = 254° wasserfrei. Sehr wenig löslich in Wasser, leicht in Alkalien, sehr wenig in den meisten organischen Solventien, am besten in kochendem Alkohol. $[\alpha]$ D 23 = —131° in Methanol. Lösungen schmecken bitter, reagieren alkalisch.

*Morphin*-HCl, Nadeln, leicht löslich in Wasser und Alkohol, o. a. l. Lösungen sind neutral. Morphin und Morphinsalze und -lösungen sind an Luft und Licht beständig. Morphinbase ist starkes Reduktionsmittel. Durch Oxydation entsteht *Pseudomorphin* $C_{34}H_{36}N_2O_6 = Oxydimorphin$; unlöslich in Wasser und organischen Lösungsmitteln. Geschmacklos und ungiftig, o. a. linksdrehend.

In Leichenteilen bleibt Morphin lange beständig.

*Morphinaufnahme:* Morphin wird per os, rectal, vaginal und parenteral rasch resorbiert. Im Blut ist Morphin nicht oder nur ganz vorübergehend nachweisbar. Ob im Organismus Morphin rasch in Oxydimorphin umgewandelt wird, wie früher angenommen, ist fraglich.

*Ausscheidung:* In Magenschleimhaut, evtl. Rück-
resorption im Darm. Bei Nichtgewöhnten Ausscheidung durch Kot, nur ein kleinerer Teil durch Urin, z. T. an Glucuronsäure gepaart (positive Zuckerprobe nach Säurehydrolyse in der Hitze). Morphinausscheidung auch durch Milch (Vergiftung der auf Morphin hochgradig überempfindlichen Säuglinge durch morphinomane Mütter und Ammen oder infolge therapeutischen Opium- und Morphingebrauchs).

*Wirkungscharakter des Morphins:* Zentrale Ausschaltung der Schmerzempfindung, sedative und lähmende Beeinflussung des Husten- und Atemzentrums. Narkotisch lähmende Wirkung auf Zentralnervensystem unter weitgehender Schonung der Kreislaufzentren.

*Klinische Erscheinungen der akuten Morphinvergiftung:* Beginn mit geistiger Anregung, wie bei Alkohol unter Hautrötung im Gesicht, Wärmeempfindung, leichtem Schweiß. Gefühl großer Behaglichkeit (nicht bei allen Individuen). Überempfindlichkeit gegen Licht und Schall, dann Abnahme der Sinnesschärfe, Schläfrigkeit, rauschartiger Zustand, Miosis, vorausgehend nicht selten Mydriasis.

An Stelle der beruhigenden Wirkung, besonders häufig bei Kindern, eigentliche Aufregungszustände, erhöhte Reflexerregbarkeit, Trismus, tetanische Krämpfe, Opisthotonus, seltener auch Koma, Kollaps.

Fast nie Erbrechen, nur bei therapeutischen Dosen! Meist Ruhigstellung des Darmes, aber auch Kolik. Puls etwas verlangsamt, aber relativ gut gefüllt (im Gegensatz zur akuten Schlafmittelvergiftung ist Morphin weder für Herz noch für Gefäße ein Zirkulationsgift). Erhöhter Blasensphinctertonus führt zu spastischer Anurie, nicht selten auch zu Stuhlverhaltung.

Bei schwerer Vergiftung wird der Schlaf immer tiefer und geht in Koma über mit hochgradigster Cyanose, *Cheyne-Stokes*scher oder ganz unregelmäßiger Atmung mit beängstigend langen Atempausen (nur drei bis vier Atemzüge pro Minute), Areflexie, Muskelerschlaffung, Untertemperatur. Der Puls bleibt lange kräftig, aber meist besteht ausgesprochene Bradykardie. Das Bewußtsein ist in der Regel nicht absolut aufgehoben, doch ist ein schwer Morphinvergifteter durch starke Hautreize selten weckbar. Im Stadium der Asphyxie Mydriasis und Lichtstarre. Tod durch zunehmende Atemlähmung, meist innerhalb sechs bis acht Stunden oder an Lungenkomplikationen (Bronchopneumonie) am zweiten bis dritten Tag.

*Prognose* der akuten, schweren Morphinvergiftung: ernst, aber auch bei schwerster Atemlähmung noch Rettung möglich. Bei günstigem Ausgang 24—36 Stunden Schlaf.

Als *Nachwirkungen:* Kopfweh, Magenschmerzen, hartnäckige Obstipation, Harndrang mit Harnverhaltung, Albuminurie, Glykosurie, Schlafsucht, Mattigkeit, Schwäche in den Beinen; Hautjucken.

*Morphinnebenwirkungen bei therapeutischen Dosen:* Unerträgliches Hautjucken, Schweißausbruch, scharlach- und masernähnliches Exanthem, Urticaria, Gesichtsschwellung, auch vesiculöse und papulöse Ausschläge, Herpes. Trockenheit im Mund, Übelkeit, Erbrechen, selten Koliken. Bei hochgradiger Überempfindlichkeit (meist Kinder, Frauen) Kopfschmerz, Schwindel, rauschartiger Zustand bis tiefes Koma, Konvulsionen, Blasentenesmus, Sphincterkrampf, Cyanose, Kollaps.

*Pathologisch-anatomischer Befund bei akuter Morphinvergiftung:* Nicht charakteristisch. Hyperämie und Diapedesisblutungen des Gehirns und der Meningen, Hirnschwellung, Blutaustritte in Herzbeutel und Endokard, Blutüberfüllung der Lunge, Ekchymosen in Lungenfell, flüssiges Blut, also ancharakteristischer Erstickungsbefund.

Bei Morphinspättod fünf Wochen nach akuter Vergiftung doppelseitige Linsenkernerweichung. Befund wie bei CO-Vergiftung (*Weimann*).

*Dosis medicinalis:* Morphin und -Salze: 0,005 bis 0,03 g per os, 0,0005—0,02 g s. c. für Erwachsene.

*Dosis toxica:* Morphin und -Salze: von 0,03 bis 0,04 g an. Bei besonders Empfindlichen (häufig bei Frauen) schon Nebenwirkungen, Erbrechen usw. bei 0,01—0,02 g subcutan, ganz ausnahmsweise bei 0,003 g. Gelegentlich durch 0,01 g schon sehr schwere Symptome mit Konvulsionen, Koma, *Cheyne-Stokes*scher Atmung. Besonders empfindlich sind Herzpatienten und Kachektische. Physiologisch überempfindlich sind Kinder, namentlich Kleinkinder. Für diese beginnt toxische Dosis unter 0,0005 g. Rettung eines zweijährigen Kindes nach 0,02 g, eines siebenmonatigen nach 0,06 g trotz schwerster Vergiftung.

Abnorme Toleranz bei Melancholie, hochgradiger psychomotorischer Aufregung, Tetanus, Strychninvergiftung, auch bei Atropinvergiftung.

Ausnahmsweise wurden 1,0—3,0 g Morphin bei Nichtgewöhnten überstanden.

*Dosis letalis:* Morphin und -Salze: Für Erwachsene 0,3—0,4 g per os, 0,2—0,25 g s. c. Unter besonderen Umständen (Herzinsuffizienz, Kachexie, Greisenalter) Todesfälle schon von 0,05—0,1 g an. Letaldosis für Kleinkinder: von 0,0005 g Morphin an.

*Vorkommen und Häufigkeit der akuten Vergiftung durch Opiate und Morphin: Morde* durch Opiate und Morphin an Erwachsenen sind selten, in Amerika anscheinend etwas häufiger wie in Europa (*Auerbach, Troeger*). Früher waren Morde an kleinen Kindern, namentlich durch Dekokte von Mohnkapseln, nicht ganz selten. Für Suicidzwecke wird Morphin, oft in Kombination mit anderen narkotischen Giften, auch in parenteraler Applikation, relativ häufig verwendet. Wiederholt Doppelselbstmorde durch Morphininjektionen und sonstige Einnahme von Morphin und Opiaten, evtl. kombiniert mit anderen Rauschgiften, Cocain usw., auch mit Schlafmitteln.

Sehr selten Verwendung als *Abortivum.* In einem Fall Vergiftung der Mutter mit tödlichem Ausgang (*Bichler*).

*Absichtliche Beibringung* zu Betäubungszwecken in krimineller Absicht, namentlich auch bei Sexualdelikten. Zu diesem Zweck meist Alkaloidkombinationen, z. B. mit Scopolamin, Atropin, Cocain und mit Likören und Schlafmitteln.

*Selbstmorde:* Früher relativ häufig, seit Einführung der internationalen Opiumkontrolle in Europa ziemlich stark im Rückgang. Am verbreitetsten bei Ärzten und Pflegepersonal wegen Zugänglichkeit und Kenntnis der Eigenschaften. Auch häufig kombiniert mit Schlafmitteln und Scopolamin. Dadurch wesentliche Modifikation der Vergiftungssymptome: namentlich auffallende Pulsverschlechterung bei Kombination mit Schlafmitteln. Schwere suicidale Morphin-Atropin-Strychninvergiftung zeigte extreme Mydriasis, Lichtstarre, Cyanose, schnarchende Atmung, Bewußtlosigkeit, später Delirien. Atropinwirkung hielt einige Tage an, erkennbar an weiter Pupille, Trockenheit im Rachen usw. Die nicht seltene suicidale Morphin-Scopolaminvergiftung (Beibringung meist s. c.) zeichnet sich durch besonders schwere Atemlähmung und extreme Cyanose aus (zwei bis vier Atemzüge in der Minute). Pupillen können maximal weit und lichtstarr sein, öfter sind sie eng (z. B. in einem Fall von s. c. Beibringung von 0,6 g Morphin und 0,04 g Scopolamin: Ausgang in Heilung).

*Medizinale Vergiftungen* sind weitaus am häufigsten durch Dosierungsfehler und Nichteinhaltung der ärztlichen Vorschriften, z. B. tödliche Morphinvergiftung nach irrtümlicher Einnahme von 0,5 g Morphin. Vergiftungen auch durch Fehler in der Zubereitung von Injektionslösungen. Vergiftungen durch Verwechslung galenischer Zubereitungen, z. B. tödliche Vergiftung mehrerer Kinder infolge Bereitung eines Ipecacuanhasirups mit Tinctura Opii statt Tinctura Ipecacuanhae (*Schlagdenhaufen*). Letale Überdosierungen, besonders bei Kindern; schwerstes Koma nach 0,01 g Morphin. Vergiftungen Erwachsener bei besonderer Empfindlichkeit, namentlich bei schweren Herz- und Kreislaufkranken, Coronarsklerose. Schwerste Vergiftungen und Tod nach 0,05—0,1 g Morphin. Gefährlich auch bei Atembehinderung durch raumbeengende intrathorakale Prozesse, bei Pneumothorax, schwerer Tuberkulose usw., ferner bei atembehinderndem Thoraxbau. Besonders empfindlich sind auch Kachektische und Greise. Abnorme Symptomatologie mit hochgradiger Aufregung usw. relativ häufig bei Geisteskranken. Morphinüberdosierung bei Behandlung einer angeblichen Belladonnavergiftung (*Gessner*).

Schwerste, auch tödliche Vergiftungen durch *Morphin-Scopolaminnarkose:* Erregung, fliegender Puls, Tachypnoe, Kollaps, Herzschwäche, Tod.

*Zufällige Vergiftungen:* Vergiftung von Kindern durch Abkochungen von Mohnköpfen als Beruhigungsmittel (*Ledden, Köhl*).

*Chronische Morphinvergiftung (Morphinismus).* Grundlage der Morphinangewöhnung ist die neben der Herabsetzung der Schmerzempfindung durch Morphin bei manchen Individuen hervorgerufene *Euphorie,* die in ausgesprochenem Maße in der Regel nur bei parenteraler Zufuhr des Morphins eintritt, aber auch bei oraler Einnahme zustandekommen kann.

*Morphinwirkung bei Morphinismus:* Stadium der Anregung ist gegenüber einmaliger Injektion stark verlängert, die Atmung wird nicht mehr depressiv verändert. Für die Zirkulation des Morphinisten ist Morphin direkt ein Excitans. Pupillen sind andauernd verengt.

*Typische Erscheinungen des chronischen Morphinismus:* Abmagerung, z. T. durch Abstumpfung des Hungergefühls. Haut wird welk, trocken, Haare fallen aus, frühzeitiges Ergrauen, Zunge meist belegt. Auf der Haut zahlreiche Injektionsstellen, evtl. Abscesse, Pigmentierungen. Bei i. v. Injektion rosenkranzartige Verdickungen längs der Venen. Erschlaffung der Körpermuskulatur, hauptsächlich psychogen, Sensibilität herabgesetzt; Potenzstörungen und Störungen der Periode. Zunehmende psychische Veränderungen im Sinne neurasthenisch-hysterischer Charakterveränderung unter Abnahme spontaner Willensimpulse außer zur Morphingewinnung. Dabei behält der Morphinist dauernd ein gutes Gedächtnis. —Viele Morphinisten bieten den Zustand völliger äußerer Verwahrlosung in Kleidung und Umgebung.

*Charakterveränderung durch den Morphinismus:* Typisch egozentrisch (isolierend) wirkendes Genußgift, weshalb der Morphinsüchtige selten kriminell wird. Der Morphinist schließt sich in eine Traumwelt ab, in welcher er völlig ungestört in einer Art passiven Glücksgefühls dahinlebt, weil es durch die Morphininjektion zur Fernhaltung aller unangenehmen Sensationen physischer und psychischer Art kommt, jedes Gefühl von körperlichem Unwohlsein und physischer Unlust wird durch Morphin auf Stunden ausgeschaltet. Schließlich verlangen aber die in ihrer Lebensenergie toxisch geschwächten giftgewöhnten Zellen nach neuen Anreizen, weil sie ohne diesen Reiz überhaupt nicht mehr funktionsfähig sind. Die Erscheinungen depressiver Art bei Morphinmangel sind so furchtbarer Art und für den körperlich und geistig, namentlich in seiner Willenskraft geschwächten Organismus so imperativ, daß die Morphinzufuhr wie ein unausweichlicher Zwang mit allen Mitteln gesucht wird. Dabei kann der Morphinist, aber nur in bezug auf Morphingewinnung kriminell werden (Morphindiebstahl, Rezeptfälschungen usw.). Auch sind die dem Arzt gemachten Angaben über den täglichen Morphinbedarf absolut unzuverlässig, meist stark übersetzt.

Gewöhnung bis auf Tagesdosen von 1,0—3,0 g Morphin und mehr sind nicht selten.

*Ausscheidung des Morphins:* Beim Gewöhnten wird fast alles Morphin im Organismus, hauptsächlich in der Muskulatur, zurückgehalten und zerstört. Durch Morphingewöhnung erfolgt Umstellung des Chemismus im Stoffwechsel; es entstehen bestimmte Körper, die nach Sättigung verlangen durch Morphin. Abstinenzerscheinungen sind teils durch den Ausfall dieser Morphinstoffwechselprodukte bedingt, teils durch Organschädigungen, z. B. der Leber. Störungen im Kohlehydratstoffwechsel sind häufig. Abstinenzerscheinungen psychischer und physischer Art können sehr bedrohlich sein: lebensgefährliche Herzschwächen, die auf Herzmittel kaum reagieren, dagegen sofort auf Morphinzufuhr. Bei 4,0 g Tagesdosis kann tödlicher Kollaps jederzeit eintreten.

*Besondere Formen der Morphiumsucht: intravenöser Morphinismus:* Euphorische Wirkung tritt schon während Injektion ein und ist viel stärker Dabei im ganzen geringerer Morphinverbrauch. Injektion ist aber lebensgefährlich: schwere akute Kollapszustände mit Todesangst. Nebenerscheinungen im Sinne akuter Vergiftung treten bei i. v. Morphinismus fast regelmäßig ein. Unmittelbar im Anschluß an die Injektion starker Schwindel, Erstickungsgefühl, Trismus, *Cheyne-Stokes*sche Atmung. Plötzlicher Todeseintritt innert 5—10 Minuten. Bei überraschendem plötzlichen Todesfall bei Morphinisten ist an diese Vergiftungsform zu denken.

*Morphinismus beim Neugeborenen bei Morphinsucht der Mutter:* Durch plötzlichen Morphinentzug infolge Geburt kommt es zu typischen Abstinenzerscheinungen, namentlich Ernährungsstörungen und profusen Diarrhöen. Heilung bei langsamer Entwöhnung. Tod eines Säuglings infolge plötzlichen Entziehung durch Geburt. In anderem Fall schwerer Kollaps nach Geburt, der durch 0,02 g Morphin sofort behoben wurde. Heilung durch langsame Entwöhnung (am besten mit Tinctura Opii) in einem Monat.

*Pathologisch-anatomischer Befund bei Morphinismus:* Injektionsnarben, evtl. Abscesse, Pigmentation, streifenförmig angeordnete Verdickungen längs der Venen (i. v. Morphinismus), Blutarmut, Schwund der Fettpolster und Muskulatur, Parenchymverfettung einzelner Organe, Fettspeicherung in Ganglien-, Glia- und Gefäßwandzellen des Zentralnervensystems, auch infarktartige Verödungsherde, besonders in der Rinde.

*Frage der Zurechnungsfähigkeit bei Betäubungsmittelsüchtigen der Morphingruppe:* Morphinisten usw. sind nur unter ganz besonderen Verhältnissen als nicht zurechnungsfähig zu betrachten. So kann Zurechnungsunfähigkeit bei Handlungen bestehen, die als Ausdruck der Sucht, namentlich bedingt durch den triebhaften Hunger nach Morphin, aufgefaßt werden müssen (Morphindiebstahl usw.). Ausnahmezustände (Depressionen, hochgradige Angst oder Aufregung) sind in der Abstinenz möglich. Es kann Suicidgefahr während der Morphinentziehung bestehen. Echte Psychosen kommen aber bei Entziehung ebensowenig vor wie bei chronischem Morphinismus, außer in Form der kachektischen Demenz im Endstadium der Opiumraucher usw. Auch bei plötzlicher Entziehung ist mit dem Eintritt von Psychosen nicht zu rechnen (*Bonhoeffer*). Echte Delirien sind nur bei Komplikationen mit Alkoholismus, chronischer Schlafmittelvergiftung, Cocainismus oder mit infektiösen und kachektischen Erschöpfungszuständen beobachtet.

*Ursache und Verbreitung des Morphinismus:* Für die Verbreitung des Morphinismus und der analogen Rauschgiftsuchten ist neben unerträglichen Schmerzen und abnormer psychischer und charakterlicher Veranlagung die Zugänglichkeit und Kenntnis der Morphinwirkungen (Euphorie) ausschlaggebend. Deshalb die starke Verbreitung des Morphinismus usw. bei Ärzten, Krankenschwestern, Pflegepersonal, Hebammen, Zahn- und Tierärzten (vgl. *Pohlisch*).

Die hohe Rückfälligkeit nach Entziehung und Entwöhnung ist durch die psychische Veranlagung, sekundär auch durch die morphinbedingten Charakterveränderungen weitgehend verursacht. Kleinste Morphindosen können den früher Süchtigen wieder zum schweren Morphinisten machen. Die Zahl der Rückfälligen beträgt wohl mindestens 30—40 %.

Viele sog. Morphinentwöhnungsmittel enthalten unsinnigerweise Opium, Morphin, Morphinderivate, Cocain usw. und führen zum erneuten Rauschgiftmißbrauch, sind also unnütz und gefährlich. Als „Entwöhnungsmittel" wurden sogar empfohlen: *Trivalin* (enthält Morphin, Cocain! und Coffein), „Modiscop", ein „Morphinpräparat zur oralen Aufnahme" (vgl. *Wolff*); ferner Eucodal, Acedicon; „Eumecon" mit Morphingehalt von 2 % als „Morphinersatz"!

*Kriminalistische Rauschgiftbekämpfung: Grundlage:* Haager Konvention von 1912, Opiumkonventionen des Völkerbundes von 1925, 1931 und 1936 mit verbindlichen Strafartikeln, namentlich in der „Konvention zur Bekämpfung des illegalen Rauschgifthandels" von 1936, speziell zur Erfassung der internationalen Rauschgiftverbrecher mit gegenseitiger Verpflichtung der Konventionsstaaten zur Auslieferung bei internationalen Rauschgiftdelikten. Praktische Durchführung auf dem Wege administrativer, polizeirechtlicher und strafrechtlicher Gesetzgebung zur Kontrolle des Handels, der Fabrikation usw. der Rauschgifte. In den Konventionsstaaten auch spezialistisch ausgebildete Kriminalpolizei. Ferner: ständige internationale Kriminalpolizeikommission (Bundessitz in Wien) mit eigenen Publikationsorganen (vgl. dazu *Schultz, Zangger, Fischer* u. a.). Umfassendes Material über den internationalen Stand der Rauschgiftproduktion, des illegalen Handels und der Fabrikation in den periodischen Veröffentlichungen der Opiumkommission des Völkerbundes.

Die internationalen Opiumkonventionen umfassen Bestimmungen über die Kontrolle der Produktion, des Handels, der Abgabe durch Medizinalpersonen usw. hinsichtlich Opium in jeder Form, Morphin und der synthetischen Morphinderivate so insbesondere: Acedicon, Dicodid, Dilaudid, Eucodal, Genomorphin, Heroin, Paramorphan sowie auch der Morphinäther Codein, Dionin, Peronin, Paracodin und des Thebains (letzteres als Ausgangsprodukt für die Herstellung suchtfähiger Rauschgifte vom Morphintypus); ferner Cocain und Derivate (s. d. Art.: Cocain) und Produkte des indischen Hanfes (s. d. Art.: Haschisch). Generell sind auch *alle* Morphinester und Morphinderivate, die jetzt und künftig fabriziert werden, derselben Kontrolle unterworfen wie das Morphin, da sich aus Morphinestern (Mono- und Diacetylmorphin, Propionylmorphin, Benzoylmorphin usw.) mit sehr einfachen Mitteln und Einrichtungen Morphin zurückgewinnen läßt. Dipropionylmorphin als „Dionyl" war eine Zeitlang im illegalen Rauschgifthandel erhältlich. Aber selbst aus den stabileren Morphinäthern, namentlich dem Benzylmorphin, welches schon beim Kochen mit verdünnter Säure in Benzylchlorid und Morphin zerfällt, läßt sich Morphin zurückgewinnen. Benzylmorphin wurde eine Zeitlang im illegalen Rauschgifthandel mit „Rückgewinnungsrezept" verkauft (*Emde*).

2. *Codein*, Methylmorphin $C_{18}H_{21}NO_3$, krist. aus Wasser in Oktaedern. F. = 155°, [α] D = —137,7°. In kaltem Wasser ziemlich schwer (etwa 1:100), bei 100° gut löslich, leicht löslich in Alkohol, Äther und Chloroform. Lösungen reagieren alkalisch und schmecken stark bitter. Schwer löslich in Alkali. Codeinsalze reagieren neutral, sind gut wasserlöslich. Offizinell: *Codeinum, Codeinum phosphoricum, Codeinum hydrochloricum. Dosis medicinalis*: 0,02 bis 0,06 g.

*Akute Vergiftung:* Von etwa 0,1—0,2 g an Miosis, Übelkeit, Koliken, verlangsamte Atmung, Schlafneigung, rauschartige Wirkungen, Muskelzuckungen; bei Eintritt von Krämpfen Mydriasis. Ausscheidung des Codeins durch Darm, geht auch in Milch über. Codeinexantheme sind sehr selten (*Scheer*). Kinder sind gegen Codein sehr viel weniger empfindlich wie gegen Morphin: 0,1 g im Verlauf von vier Stunden verabreicht, wurde von zweijährigem Kind ertragen.

*Chronische Codeinvergiftung, Codeinismus:* In der Regel findet keine Angewöhnung statt, Codein hat keine euphorische Wirkung; nur in ganz seltenen Fällen kommt es bei individueller Disposition zur Codeinsucht. Nach Angewöhnung typische Abstinenzerscheinungen wie bei Morphin (*Bonhoeffer*). Neuerdings größere Zahl von Fällen von echtem Codeinismus durch *parenterale* Codeinzufuhr in großen Dosen, namentlich in Canada (*Wolff*).

*Gewöhnung:* Steigerung auf 2—3 g Codein täglich führte zu Abmagerung, Schwäche, Sprachstörungen, Zittern. Bei Aussetzen Durchfälle und Niesen, Angstgefühl, schlechter Schlaf, auch Verstimmung, Reizbarkeit.

3. *Thebain:* $C_{19}H_{21}NO_3$, krist. aus Alkohol in dünnen Blättchen. F. = 193° [α] D = —218°. Unlöslich in Wasser und Alkalien, wenig in Äther, leicht in Alkohol und Chloroform.

*Vergiftung:* Am Tier strychninartig wirkendes Krampfgift. Beim Menschen hat Thebain geringe hypnotische Wirkung bei gleichzeitiger Steigerung von Atem- und Pulsfrequenz. Toxizität gering. Wichtig als Ausgangsprodukt für die Herstellung von suchtfähigen Morphin- resp. Codeinderivaten (Eucodal usw.).

*III. Teilsynthetische Morphin-, Codein- und Thebainderivate mit codein- und morphinähnlicher Wirkung:*

*a) Codeinähnlich wirkende Derivate: im allgemeinen (außer Dicodid) ohne Suchtgefahr:*

1. *Dionin*, Acethylmorphinum hydrochloricum = salzsaures Äthylmorphin $C_{19}H_{23}NO_3HCl$, weißes, schwach bitteres Pulver; in Wasser leicht löslich. F = 125°. Dionin wirkt codeinähnlich, etwas stärker.

*Dosis medicinalis:* 0,02—0,04 g als hustenstillendes Mittel. Analgetische Wirkung fehlend oder gering. Sehr selten Euphorie und Sucht.

*Vergiftung:* Nach 0,0015 g Dionin Erbrechen, Erregungszustände, Ataxie, Diplopie, tiefer Schlaf bei zehnjährigem Knaben (*Charlone*). Tödliche Vergiftung bei vierjährigem Kind durch 0,006 g Dionin (*Kersten*), also anscheinend analoge Überempfindlichkeit des Kindes wie gegen Morphin. Tödliche Dioninvergiftung eines 2½jährigen Kindes durch 0,2 g Dionin als Suppositorium, irrtümlicherweise statt Anästhesin appliziert. — In 10—20% Lösung oder in Substanz als Pulver in Conjunctiva gebracht, macht Dionin heftigste Reizwirkung mit Chemosis.

Fälle von *Dioninmißbrauch* mit suchtähnlicher Wirkung sind selten, kommen aber ähnlich wie bei Codein vor.

2. *Peronin*, salzsaures Benzylmorphin $C_{24}H_{25}NO_3$ ·HCl, krist. in Prismen; schwer löslich in Wasser, Alkohol und Chloroform, etwas leichter in Methanol. In der Wirkung wie Codein und Dionin, etwas stärker wie beide.

*Dosis medicinalis:* Als hustenstillendes Mittel 0,01—0,03 g. Keine oder geringe analgetische Wirkung, keine Euphorie. Macht bei Überdosierung Übelkeit, Obstipation; conjunctival in Substanz appliziert Chemosis. Aus Benzylmorphin kann relativ leicht Morphin zurückgewonnen werden (vgl. *Emde*).

3. *Dicodid*, Dihydrocodeinon $C_{18}H_{21}NO_3$. F = 193—194°. Als Salz (Bitartrat: F. = 146—148°) gut wasserlöslich. Hat schmerz- und hustenstillende Wirkung, aber schwächer wie bei Morphin. Euphorie und Suchtgefahr vorhanden. Steht der Wirkung nach zwischen Morphin und Codein, wirkt aber mehr morphinähnlich.

*Dosis medicinalis:* 0,005—0,01 g. Auch Amp. zu 0,015 g Dicodid·HCl. Kinder bis zwei Jahre höchstens 0,0005 g.

*Dosis toxica:* Beginnt für Erwachsene bei 0,02—0,03 g. Nach 0,03—0,1 g bis drei Tage anhaltender, tiefer Schlaf; nach 0,06 g Benommenheit, Taumeln, Übelkeit. Auch bei therapeutischer Dosierung können Übelkeit, Erbrechen und Erregungszustände bei besonderer Empfindlichkeit auftreten.

*Dosis letalis:* Tod nach 0,25 g Dicodid (25 Tabletten zu 0,01) an Atemlähmung und Kreislaufschwäche bei Lungentuberkulose (Suicid). Tod eines zweijährigen, herzkranken Kindes nach 0,005 g Dicodid. Bei vierjährigem Kind Kollaps nach 0,0037 g. Beim Säugling und Kleinkind besteht hohe Überempfindlichkeit analog wie bei Morphin.

*Dicodidismus:* Suchtfälle sind selten. Gewöhnung an hohe Dosen wie bei Morphin (z. B. täglich 0,2—0,25 g in Form von Tabletten). Abstinenzerscheinungen: Husten, Niesanfälle, Schweißausbrüche, starker Durst.

4. *Paracodin*, salzsaures Dihydrocodein, $C_{18}H_{23}$-NO_3·HCl. Salze gut wasserlöslich. Für Base F = 110° (wasserfrei). Wirkt stärker sedativ auf Atem- und Hustenzentrum wie Codein, aber auch stärker analgetisch und etwas narkotisch. Suchtfälle sind nicht bekannt.

*Dosis medicinalis:* 0,01—0,03 g in Tabletten als Bitartrat (F. = 189,5°), in gleicher Dosis in Ampullen als Chlorhydrat.

*Vergiftung:* Einnahme von mindestens 0,8 g Paracodin führte zu lebensbedrohlichem Atemstillstand. Tod nach 36 Stunden an Pneumonie (*Führer*). Über Paracodeinismus ist anscheinend nichts bekannt.

*b) Morphin-Codein- und Thebainderivate mit ausgesprochener Suchtgiftgefahr:*

5. *Heroin*, Diacetylmorphin $C_{17}H_{17}NO(OCO$—$CH_3)_2$: Krist. in glänzenden Prismen, F. = 173°. In Wasser fast unlöslich, ziemlich löslich in Alkohol und Methanol, leichter in Chloroform und Benzol. Heroin-HCl offizinell als *Diacetylmorphinum hydrochloricum*: weißes krist. Pulver von bitterem Geschmack und neutraler Reaktion löst sich sehr leicht in Wasser; F. 230—231°. In Lösungen rasch zersetzlich (Desacetylierung), wandelt sich auch in lichtgeschützten Ampullen in Monacetylmorphin und Morphin um, so daß es als Heroin nach einiger Zeit überhaupt nicht mehr nachweisbar (*Rizotti*).

Heroin wird leicht von Schleimhäuten resorbiert, kann durch Schnupfen beigebracht werden; bei Heroinismus Schleimhautgeschwüre und Septumdefekte der Nase wie bei Cocainismus. Hat sehr starke Euphoriewirkung, deshalb als Suchtgift gefährlicher wie Morphin. Als solches in USA. trotz völligem Herstellungsverbot ziemlich verbreitet. Therapeutisch absolut entbehrlich.

*Dosis medicinalis:* 0,002—0,003 g.
*Dosis toxica:* von 0,01 g an und weniger.
*Dosis letalis:* Bei Nichtgewöhnten von 0,07 g an. Mittlere letale Dosis 0,1—0,2 g.
*Akute Vergiftung:* Wie Morphin, aber mindestens doppelt so toxisch. Bei Empfindlichen können schon 0,007—0,01 g schwere Vergiftungserscheinungen mit bedrohlichen Atemstillständen hervorrufen.

*Chronische Heroinvergiftung (Heroinismus):* Erscheinungen im wesentlichen wie bei Morphinismus, aber davon unterschieden durch die oft stark aggressiven Tendenzen, den ausgesprochenen Betätigungsdrang, welcher bei Morphinismus in der Regel völlig fehlt. Bei Heroinisten überwiegt im Beginn ,,Heldenbewußtsein". In dieser Beziehung besteht gewisse Verwandtschaft in der Wirkung mit Cocain, welches relativ häufig mit Heroin zusammen als Suchtgift genossen wird. Im weiteren Verlauf der Heroinsucht kommt es mehr zur fatalistischen Euphorie wie bei Morphinismus. Im ersten Stadium der Heroinsucht kann es zu Impulsivhandlungen schwer krimineller Art, wie Mord- und Totschlagversuchen und Beraubungen kommen, auch zur Vornahme von Sexualdelikten (nicht selten Homosexuelle). Als Suchtgift besonders gefährlich wegen der leichten Beibringung durch Schnupfen und wegen der starken und rascher wie bei Morphinismus eintretenden degenerativen Wirkung. Heroin führt zu hochgradiger Körperschwäche, Dyspepsien, Obstipation. Körperlicher und psychischer Verfall meist in 2—3 Jahren sehr weit fortgeschritten wie kaum bei schwerem Morphinismus. Akut gefährlich sind die durch Herzschwäche bedingten Kollapsanfälle. Auch bei Entziehung schwerer Kollaps und Atemstillstände, Erstickungsanfälle und schwere Schlaflosigkeit. Bei intravenösem Heroinismus besteht akute Lebensgefahr während und nach Injektion; wie bei i. v. Morphinismus plötzliche Todesfälle! Auch bei Heroin kommt es zu erstaunlicher Gewöhnung, z. B. 3,6 g Tagesdosis bei Schnupfen des Heroins, 2,0 g Tagesdosis bei intravenöser Zufuhr.

Die Entwöhnung des Heroinisten ist sehr schwierig; sehr häufig Rückfälle. Noch schwieriger, wenn kombiniert, wie nicht selten, mit Cocainismus.

Eine besondere Form des Heroinismus bildet das im Fernen Orient, namentlich in China stark verbreitete *Rauchen von Heroinpillen* mit Opiumpfeife an Stelle von Opium. Die degenerative Wirkung des Heroins ist anscheinend noch stärker ausgeprägt. Die tonnenweise fabrizierten Heroinpillen enthalten neben Heroin meist Morphin, Coffein, Strychnin, Chinin und werden in Packungen von 1000 bis 10000 Stück unter Marke (,,Tigre Brand", ,,Golden Dragon" usw.) verkauft.

*Illegale Verbreitung des Heroins:* Heute hauptsächlich von China aus durch die riesige illegale Heroinfabrikation. Heroinschmuggel auf Schiffen nach Ägypten, im Transit nach Europa, Verschleppung in Hafenstädte, Schmuggeltransporte nach USA. Vermehrte Gefahr der Heroinverbreitung besteht heute zweifellos (*Fischer*).

6. *Acedicon,* Acetyldihydrocodeinon $C_{20}H_{25}NO_4$, synthetisches Thebainderivat. Wirkt ähnlich analgetisch wie Morphin, macht Euphorie bei dazu disponierten Individuen. Sucht mit Gewöhnungsgefahr analog wie bei Morphin.

*Dosis medicinalis:* 0,01—0,03 g s. c. als analgetische Dosis; 0,0025 g per os als Husten stillende Dosis. Tabl. zu 0,005 u. 0,01 g.

*Dosis toxica:* Im Prinzip gleich wie bei Morphin mit wohl gleicher Überempfindlichkeit im Kindesalter. 10 Tabletten wurden von 3½ jährigem Kind nach intensiver therapeutischer Behandlung überstanden; bei vierjährigem Kind nach sechs Tabletten zu 0,03 g nur nervöse Übererregbarkeit (*Behrens*).

*Acediconsucht:* Wie Morphinismus (vgl. *Bieling* und *Unverricht*). Bei Entziehung wurden neuritische Erscheinungen, quälende klonische Zuckungen und Krampferscheinungen von stundenlanger Dauer, ferner schwere Depression beobachtet.

*Gewöhnung:* Fall von Acediconismus mit täglicher Einnahme von 250 Tabletten zu 0,005 g = 1,25 g Tagesdosis (*F. M. Meyer*).

7. *Eucodal,* Chlorhydrat des Dihydrooxycodeinons $C_{18}H_{21}NO_4 \cdot HCl$, gelblich-weißes, krist. Pulver von etwas bitterem Geschmack, F. = 270°. In Wasser 1:10 löslich. Wirkt ähnlich analgetisch wie Morphin in den gleichen Dosen von 0,005—0,02 g s. c. Auch Euphorie und Suchtgefahr scheinen dieselben zu sein, vielleicht etwas geringer. Schwere toxische Nebenwirkungen wurden schon nach 0,0075—0,005 g s. c. (bei Frauen) beobachtet. Hinsichtlich akuter Toxizität und als Suchtgift im ganzen wie Morphin zu beurteilen.

*Gewöhnung:* Ein Fall von Eucodalismus mit täglicher Einnahme von 160—180 Tabletten zu 0,005 g = 0,8—0,9 g Tagesdosis (*Berliner*). Als Suchtgift macht Eucodal nicht selten neben Euphorie starke Unruhe, Reizbarkeit, Aufbrausen. Auftreten von Angina pectoris bei Entzug wurde mehrfach beobachtet (*Menninger*); das kommt auch bei Morphinismus vor. Eucodal wird im Organismus weitgehend zerstört.

8. *Dilaudid,* salzsaures Dihydromorphinon $C_{17}H_{19}NO_3 \cdot HCl$. In Wasser und Alkohol leicht löslich. F. für Base = 264—265°. Etwa fünfmal stärker analgetisch wirkend wie Morphin (0,002 g wirken in 10—15 Minuten schmerzstillend etwa wie 0,01 g Morphin). Dementsprechend besteht auch erhöhte Toxizität für Atmung: Lähmende Beeinflussung des Atemzentrums beginnt schon mit Dosen von 0,005 g an. Dilaudid macht typische Euphorie, es besteht analoge Suchtgefahr wie bei Morphin. *Gewöhnung:* ein Fall von Dilaudid sucht mit Gewöhnung an Tagesdosis von 0,1 g. Kann wie Morphin und die suchtfähigen Morphinderivate überhaupt bei geistig Anormalen schwere Erregungszustände, Tobsucht usw. hervorrufen. In einem Fall Todesdrohung und Selbstgefährdung bei schwerem Psychopathen (*Menninger-Lärchenthal*).

9. *Paramorfan,* salzsaures Dihydromorphin $C_{17}H_{21}NO_3 \cdot HCl$.

Wird nur parenteral appliziert, weil per os Erbrechen. Zu 0,02 g als Analgeticum wie Morphin. *Euphorie,* Sucht- und Gewöhnungsgefahr wie bei diesem.

10. *Genomorphin,* Aminoxyd des Morphins $C_{17}H_{19}O_4N$. Wirkt bedeutend weniger analgetisch wie Morphin. Analgetische Dosis etwa 0,1 g. Es besteht aber trotzdem die Möglichkeit der Euphorieerzeugung und Suchtgefahr. Praktisch von geringer Bedeutung.

*IV. Apomorphin* $C_{17}H_{17}NO_2$: offizinell als *Apomorphinum hydrochloricum.*

Aus Morphin durch Behandlung mit starker Säure gewonnenes Umwandlungsprodukt des Morphins. Kristallisierte, meist grau bis grünlich-weiß verfärbte, selten rein weiße Substanz. F. = 210°. Etwas löslich in Wasser, löslich in Alkohol, Äther und Chloroform. *Apomorphin*-HCl: löslich in 59 Teilen Wasser und 50 Teilen Alkohol, unlöslich in Äther und Chloroform. Lösung verfärbt sich an der Luft relativ rasch smaragdgrün bis tief dunkelgrün, behält aber trotz Verfärbung ihre emetische Wirksamkeit.

*Wirkung:* Elektiv zentral Brechen erregend, bei Überdosierung lähmend auf Atemzentrum. Vermehrt Bronchialsekretion schon in kleinen Dosen.

*Dosis medicinalis:* 0,01—0,02 g s. c. als Emeticum, bei Kindern 0,001 g. Per os 0,002—0,003 g als Expectorans.

*Dosis toxica:* Von 0,03 g an. Kinder sind empfindlich: Vergiftung schon bei 0,002 g.
*Dosis letalis:* Etwa von 0,1—0,2 g an.
*Vergiftung:* Bei Ausbleiben des Erbrechens und irrtümlich zu hohen Dosen. *Vergiftungserscheinungen:* Ohnmacht, Kollaps, Pulsschwäche, Mydriasis, Schwindel, kalter Schweiß, auch tetanische Krämpfe. Conjunctival in 1—2% Lösung appliziert: Anästhesie und Mydriasis, resorptiv Erbrechen.

### Schrifttum.

*1. Akute Vergiftung durch Opium, Morphin und Derivate.*

*Auerbach:* Der Tod durch Morphinvergiftung in gerichtlich-medizinischer Beziehung. Vjschr. gerichtl. Med. **11**, 253 (1896). — *Awe, W.:* Über die Inhaltsstoffe des Klatschmohns (Papaver Rhoeas). Arch. Pharmaz. **274**, 439 (1936). — *Balázs, J.:* Morphin-Vergiftungen, subkutane. (Selbstmordversuche.) Slg. Verg.-Fälle A **292**. — *Balázs, J.:* Morphin-Chloralhydrat-Vergiftung. (Selbstmordversuch.) Slg. Verg.-Fälle A **419**. — *Berglund, F.:* Ein Fall von akuter Morphinvergiftung. Sv. Läkartidn. **23**, 401 (1926) (schwedisch). — *Biehler:* Ein Fall von tödlicher Opiumvergiftung. Dtsch. Arch. klin. Med. **66**, 483 (1900). — *Blume, W.* u. *M. Bürger:* Dilaudid-Vergiftung, medizinale, angebliche und Apoplexie bei Lues. Slg. Verg.-Fälle B **60**. — *Bumke, O.* u. *E. Krapf:* Vergiftungen durch anorganische und organische sowie durch pflanzliche, tierische und bakterielle Gifte. In: *Bumke-Foerster:* Handb. der Neurologie **13**, Spezielle Neurologie **V.** Infektionen und Intoxikationen. 694. Berlin 1936. — *Charlone, R.:* Über einen Fall von Dioninvergiftung. Arch. lat.-amer. Pediatr. **23**, 927 (1929). — *Eibuschitz, R.:* Vorsicht mit Eukodal. Wien. klin. Wschr. **40**. 1231 (1927). — *Erben, F.:* Vergiftungen **2**, 650. Wien 1910. — *Esser, A.* u. *A. Kühn:* Dionin-Vergiftung, tödliche, medizinale. Slg. Verg.-Fälle A **293**. — *Geßner, O.:* Morphin-Vergiftung, medizinale. Slg. Verg.-Fälle A **90**. — *Goto, K.:* Sinomenin und Dehydrosinomenin. Proc. imp. Acad. Tokyo **2**, 7 (1925); Ref.: Chem. Zbl. **1926 II**, 2308. — *Goto, K.:* Dihydrokodeinon aus Sinomenin. Liebigs Ann. **489**, 86 (1931). — *Gottschalk:* Akute Morphiumintoxikation. Dtsch. med. Wschr. **52**, 1432 (1926). — *Hangleiter, H.:* Dicodid-Veramon und Dicodid-Vergiftung. (Selbstmord.) Slg. Verg.-Fälle A **759**. — *Hansen, K.:* Morphin-Vergiftung, medizinale. Slg. Verg.-Fälle A **163**. — *van Itallie, L.* u. *A. J. Steenhauer:* Fructus Papaveris und Sirupus Papaveris in Beziehung zu Vergiftungen. Arch. Pharmaz. **265**, 698 (1927). — *Kaczander, P.:* Morphin-Vergiftung, tödliche (Selbstmord). Slg. Verg.-Fälle A **162**. — *Kersten, H. E.:* Über Vergiftung mit Morphin. Ärztl. Sachverst.ztg **31**, 213 (1925). — *Kohberg, L.* u. *G. Beck:* Tödliche Heroin-Vergiftung. Slg. Verg.-Fälle A **560**. — *Köhl:* Ein Fall von Vergiftung mit Schlafmec mit tödlichem Ausgang. Münch. med. Wschr. **1904**, 1346. — *Krause, G. M.:* Morphin-Skopolamin-Vergiftung. Slg. Verg.-Fälle A **535**. — *Ledden-Hulsebosch:* Die Vergiftung mit Mohnfrüchten. Arch. Kriminalanthrop. **8**, 317 (1902). — *Leschke, E.:* Morphin-Scopolamin-Vergiftungen. (Selbstmord und Selbstmordversuch.) Slg. Verg.-Fälle A **88** u. **89**. — *Leschke, E.:* Mohnsamen-Vergiftung. Slg. Verg.-Fälle A **248**. — *Leulier, A.* u. *B. Drevon:* Note sur l'oxydimorphine. Bull. Soc. Chim. biol. Paris **14**, 520 (1932). — *Levin-Nielsen, A.:* Morphium-Vergiftung (Behandlung im *Krogh*schen Respirator). Slg. Verg.-Fälle A **610**. — *Mosczytz, N.:* Selbstmordversuch mit Paracodin. Dtsch. med. Wschr. **53**, 1859 (1927). — *Rizzotti, G.:* Composizione chimica e azione farmacologica delle soluzioni di eroina del commercio. Atti Soc. med.-chir. Padova ecc. **13**, 21 (1935). — *Scheer, M.* u. *H. Keil:* Hauteruption durch Codein. J. amer. med. Assoc. **102**, 908 (1934). — *Schlagdenhaufen* et *Garnier:* Intoxication par un extrait d'opium. Ann. Hyg. publ. **40**, 494 (1901). — *Schroeder, C.:* Morphin-Überempfindlichkeit bei Wirbelsäulenverkrümmung. Slg. Verg.-Fälle A **25**. — *Starkenstein:* Opiumalkaloide. In: *Heffter,* Handb. der exper. Pharmakologie **2**, 2, 821. Berlin 1924. — *Starkenstein, E.:* Opium- und Morphinvergiftung. In: *Starkenstein, Rost, Pohl,* Toxikologie. Berlin u. Wien 1929. — *Theiß, W.:* Untersuchungen über Genomorphin. Diss. Gießen 1934. — *Trier, G.:* Die Alkaloide. 2. Aufl. 479. Berlin 1931. — *Troeger:* Die akute Morphinvergiftung in gerichtlich-medizinischer Beziehung. Friedreichs Bl. **52**, 268, 379, 461 (1901); **53**, 62 (1902). — *Varga, P.:* Subkutane Morphin-Vergiftung (Selbstmordversuch). Slg. Verg.-Fälle A **632**. — *Weimann, W.:* Gehirnveränderungen bei akuter und chronischer Morphinvergiftung. Z. Neur. **105**, 704 (1926). — *Weimann* u. *Mahrenholz:* Doppelseitige Linsenkernerweichung, nach akuter Morphinvergiftung. Z. gerichtl. Med. **12**, 297 (1928). — *Wilkoewitz, K.:* Über eine kombinierte Morphium-Atropin-Strychnin-Vergiftung. Slg. Verg.-Fälle A **558**. — *Woolf, A. E. M.:* The use of heroin after abdominal operations: A warning. Brit. med. J. Nr. **3558**, 499 (1929). — *Zain, H.:* Ein Fall von Selbstmord durch Paracodin. Slg. Verg.-Fälle A **676**.

*2. Opium- und Morphinvergiftungen usw. bei Kindern.*

*Alexandre, L.:* Morphinismus bei zwei Neugeborenen. An. Acad. méd.-quir. espan. **13**, 646 (926) (Spanisch) und Med. ibera **20**, 750 (1926). — *Behrens, B.:* Zwei Fälle von Acedicon-Vergiftung im Kindesalter. Slg. Verg.-Fälle A **577**. — *Erlendsson, V.:* Ernste Morphinvergiftung bei einem 5 Wochen alten Kinde. Ugeskr. Laeg. (dän.) **84**, 190 (1922. — *Hagen, K.:* Vergiftung eines zweijährigen Kindes mit Tinctura Opii simplex. Slg. Verg.-Fälle A **531**. — *Heubner, W.:* Welche Morphindosis ist gefährlich für Säuglinge? Slg. Verg.-Fälle B **62**. — *Langstein, L.:* Morphinsüchtige Frauen. Das Schicksal ihrer neugeborenen Kinder. Slg. Verg.-Fälle A **252**. — *Pohlisch, K.:* Die Kinder männlicher und weiblicher Morphinisten. Leipzig 1934. — *Schloßmann, H.:* Die wichtigsten Vergiftungen im Kindesalter. In: Handb. der Kinderheilkunde. Herausgegeben von *M. v. Pfaundler* u. *A. Schloßmann.* 4. Aufl. **3**, 565. Berlin 1931. — *Straub, W.:* Opiatwirkung oder fahrlässige Kindestötung? Slg. Verg.-Fälle A **337**. — *To* u. *J. Oh:* Über die Vergiftungen der von Geburt an Opium gewöhnten Menschen. Jap. J. med. Sci., Trans., Pharmacol. **8**, 100 (1934). — *Weiß, R. F.:* Über die Behandlung der Neugeborenen morphiumsüchtiger Frauen. Med. Klin. **1930 II**, 1192.

*3. Opiomanie und Morphinismus.*

*Adams, E. W.:* Drug addiction. Oxford Univ. Press. London 1936. — *Anselmico, O.:* Das Opiumgesetz und seine Ausführungsbestimmungen. Berlin 1924. — *Bailey, S. H.:* The Anti-Drug campaign. London 1936. — *Balázs, J.:* Morphinismus. Intravenöse Vergiftung. Slg. Verg.-Fälle A **254**. — *Bonhoeffer, K.:* Über Verbreitung und Bekämpfung des Morphinismus und Cocainismus. Allg. Z. Psychiatr. **83**, 228 (1926). — *Bumke, O.* u. *F. Kant:* Rausch- und Genußgifte. Giftsuchten. In: *Bumke-Foerster,* Handb. der Neurologie. **13 V**, 828. Berlin 1936. — *Chopra, R. N.* u. *G. S. Chopra:* Opium habit in India. Indian J. med. Res. **23**, 359 (1935). — *Creutzfeldt, H. G.:* Histologischer Befund bei Morphinismus mit Morphin- und Veronalvergiftung. Z. Neur. **101**, 97 (1926). — *Dansauer* u. *Rieth:* Über Morphinismus bei Kriegsbeschädigten. Berlin 1931. — *Dupouy, R.:* Les opiomanes, mangeurs, buveurs et fumeurs d'opium. Paris 1911. — *Emde, H.:* Morphinester und Morphinäther als Rauschgifte. Dtsch. med. Wschr. **57**, 2184 (1931). — *Emde, H.:* Aufspaltung von Benzylmorphin zu Morphin. Ap. Ztg. **1932**, 23. — *d'Erlanger, H.:* The last plague of Egypt. London 1936. — *Erlenmeyer, A.:* Zur Theorie und Therapie des Morphinismus. Z. Neur. **103**, 705 (1926). — *Fischer, H.:* Die Rauschgiftbekämpfung und die Opiumkonventionen. *Zangger*-Festschr. 542. Zürich 1934. — *Fischer, H.:* Bedrohung Europas durch die illegale Rauschgiftfabrikation des fernen Ostens. Schweiz. med. Wschr. **1937**, 905. — *Fraeb, W. M.* u. *P. Wolff:* Die straf- und zivilrechtliche Stellungnahme gegen den Rauschgiftmißbrauch. Leipzig 1927. — *Gelma, E.:* Diagnostic de l'intoxication morphinique chronique par une réaction dermique aux sels de morphine. Ann. Méd. lég. etc. **5**, 426 (1925). — *Gerfeldt:* Die gerichtsärztliche Beurteilung der Morphiumvergiftung. Allg. Z. Psychiatr. **85**, 309 (1926). — *Hahn, E.:* Die Morphin-Erkrankungen. Heidelberg 1927. — *Hartwich, C:* Die menschlichen Genußmittel. 143. Leipzig 1911. — *Ilberg:* Über Morphinismus und seine forensische Bedeutung. Allg. Z. Psychiatr. **79**, 435 u. 442 (1923). — *Karr, W. G,* u. *A. B. Light* u. *E. G. Torrance:* Opium addiction. IV. The blood of the human addict during the administration of morphine. Arch. int. Med. **43**, 684 (1929). — *Keßler, A.:* Experimentelle Betrachtungen über den Effekt des Opiumrauchens. Tung-Chi Kongr.-H. **1936**, 65. — *Kroner, K.:* Arzt und Morphinismus. Med. Klin. **24**, 896 (1928). — *Langelüddeke, A.:* Zur gesetzlichen Behandlung Rauschgiftsüchtiger. Z. gerichtl. Med. **27**, 290 (1937). — *Leschke, E.:* Morphinismus. Intravenöse Vergiftung. Slg. Verg.-Fälle A **253**. — *Light, A. B.* u. *E. G. Torrance:* Opium addiction. II. Physical characteristics and physical fitness of addicts during administration of morphine. Arch. int. Med. **43**, 326 (1929). — *Light, A. B.* u. *E. G. Torrance:* Opium addiction. III. The circulation and respiration of human addicts during the administration of morphine. Arch. int. Med. **43**, 556 (1929). — *Light, A. B.* u. *E. G. Torrance:* Opium addiction. V. Miscellaneous observations on human addicts during the administration of morphine. Arch. int. Med. **43**, 878 (1929). — *Light, A. B.* u. *E. G. Torrance:* Opium addiction. VI. The effects of abrupt withdrawal followed by readministration of morphine in human addicts, with special reference to the composition of the blood, the circulation and the metabolism. Arch. int. Med. **44**, 1 (1929). — *Light, A. B.* u. *E. G. Torrance:* Opium addiction. VII. A comprehensive study of effects of the scopolamine treatment for morphine addiction. Arch. int. Med. **44**, 193 (1929). — *Light A. B.* u. *E. G. Torrance:* Opium addiction. VIII. The effects of intramuscular and intravenous administration of large doses of morphine to human addicts. Arch. int. Med. **44**, 376 (1929). — *Light, A. B.* u. *E. G. Torrance:* Opium addiction. IX. Water balance studies during the administration and the withdrawal of morphine. Arch. int. Med. **44**, 693 (1929). — *Maier, H. W.:* Über die Biologie der Toxikomanen. Schweiz. med. Wschr. **1935**, 1021. — *Meggendorfer:* Intoxicationspsychosen. In: *Bumke,* Handb. der Geisteskrankheiten. **7**, Spez. Teil III (Literatur). Berlin 1928. — *Menninger-Lerchenthal, E.:* Intravenöser Morphinismus. Z. Neur. **149**, 514 (1934). — *Meyer, E.:* Arzt und Süchte. Dtsch. med. Wschr. **53**, 1978 (1927). — *Meyer, E.:* Die forensische Bedeutung des Morphinismus. Arch.

Psychiatr. **81**, 500 (1927). — *Meyer, F. M.:* Über einige seltener vorkommende Formen von Rauschgiftsucht. Münch. med. Wschr. **1933 I**, 735. — *Möllenhoff, F.:* Über den Stand der Suchtenbehandlung. Fortschr. Ther. **1935** 275. — *Müller-Heß* u. *Wiethold:* Gerichtsärztliche Erfahrungen und Erwägungen zum Opiumgesetz. Jkurse ärztl. Fortbildg. **24**, 44 (1933). — *Nebe:* Kriminalpolizei und Rauschgifte. Kriminal. Mh. **81**, 3 (1929). — *Nebe:* Aus der Praxis der polizeilichen Bekämpfung des Rauschgiftmißbrauches. Fortschr. Med. **49**, Nr. 4 (1931).— *Pohlisch, K.:* Die Verbreitung des chronischen Opiatmißbrauchs in Deutschland, ermittelt auf Grund eines vom Reichsgesundheitsamt zusammengestellten und geprüften Materials. Mschr. Psychiatr. **79**, 1 (1931). — *Redlich, F.:* Rauschgifte und Suchten. Bonn 1929.— *Riechert, T.:* Die Prognose der Rauschgiftsuchten. Arch. Psychiatr. **95**, 103 (1931).— *Richtlinien* für die Anwendung von Betäubungsmitteln in der ärztl. Praxis. Dtsch. Ärztebl. **1939**, No. 10. — *Rosenthal, R.:* Ein seltener Fall von Morphinismus. Wien. med. Wschr. **1929 I**, 216. — *Roubinovitch, J.:* Médecine légale des toxicomanes. Bull. méd. **38**, 1197 (1924). — *Schultze, E.:* Morphinismus und Opiumgesetz. Münch. med. Wschr. **75**, 731 u. 777 (1928). — *Schulz, B.:* Weitere Beiträge zur Rauschgiftfrage. Int. Kriminalpoliz. Kommission. Rom 1932. — *Schwarz, H.:* Über die Prognose des Morphinismus. Mh. Psychiatr. **63**, 180 (1927). — *Sirks, A. H.:* Die Rauschgiftfrage. Int. Kriminalpoliz. Kommission. Rom 1932. — *Sprengel, C.:* Entziehungskuren von Morphin- und anderen Alkaloiden. Psychiatr.-neur. Wschr. **32**, Nr. 8/9 (1931).— *Soubigou:* La cachexie des opiomanes. Arch. Méd. suce. **124**, 304 (1934). — *Staehelin, J. E.:* Über Entstehung und Behandlung der Süchte. Schweiz. med. Wschr. **1932**, 893. — *Steinmann, W.:* Morphinismus als Kriegsdienstbeschädigung. Münch. med. Wschr. **74**, 719 (1927). — *Terry, Ch. E.* u. *M. Pellens:* The opium problem. New York 1928.— *Thomas, W.:* Kriminalpolizeiliche Maßnahmen zur Bekämpfung des Mißbrauchs von Betäubungsmitteln. Z. psych. Hygiene **12**, 88 (1939). — *Wolff, P.:* Die Suchten und ihre Bekämpfung. Apotheker-Ztg. **1927**, Nr. 17/20. — *Wolff, P.:* Zur Behandlung und Bekämpfung der Alkaloidsuchten (Morphinismus, Cocainismus usw.). Leipzig 1928. — *Wolff, P.:* Wann ist die Verschreibung von Opiaten ärztlich begründet? Dtsch. med. Wschr. **1931**, Nr. 4—8. — *Wolff, P.:* Über die Bewertung von Diacetylmorphin (Heroin) bei der Genfer Konventions-Konferenz und über die Sucht in Aegypten. Dtsch. med. Wschr. **1931**, Nr. 37/38. — *Wolff, P.:* Morphinismus und verwandte Alkaloidsuchten. Neue dtsch. Klin. **7**, 509 (1931).— *Wolff, P.:* Drug addiction — a world-wide problem. J. amer. med. Assoc. **98**, 2175 (1932). — *Wolff, P.:* Prohibition und Alkaloidsuchten in den Vereinigten Staaten. Dtsch. med. Wschr. **1933**, 22. — *Woods, A.:* Dangerous drugs. The world fight against illicit trade in narcotics. New Haven 1931. — *Wuth, O.:* Zur Erbanlage der Süchtigen. (Kombinierte Süchtigkeit.) Z. Neur. **153**, 495 (1935). — *Zangger, H.:* Über die Rauschmittel und die strafrechtlichen Untersuchungen bei Rauschmittelvergehen in der Schweiz. Schweiz. Z. Strafrecht **42**, 83 (1929). — *Zangger, H.:* Über Erfahrungen und Resultate in der Bekämpfung des Rauschgiftschmuggels in der Schweiz. Int. Kriminalpoliz. Kommission. 9. Tagung. Rom 1932. — *Zollikofer, R.:* Die eidgen. Betäubungsmittelgesetzgebung. Diss. Zürich 1932. — *Zutt, J.:* Morphinismus. Med. Welt **1939**, 443.

*4. Giftsuchten durch Morphinderivate.*

*Anton, G., W. Theiß* u. *H. Weissig:* Über die Frage der Gewöhnung und der praktischen Anwendung des Genomorphins als Narkotikum. Dtsch. med. Wschr. **61**, 1195 (1935). — *Bonhoeffer, K.* u. *H. Schwarz:* Zur Frage des chronischen Codeinmißbrauchs. Dtsch. med. Wschr. **1930**, 1043. — *Berliner, M.:* Über Eukodalismus. Wien. klin. Wschr. **39**, 1045 (1926). — *Bieling, K.:* Ein Fall von Acediconismus. Dtsch. med. Wschr. **1931 I**, 232 u. Slg. Verg.-Fälle A **164**. — *Biggam, A. G., M. A. Arafa* u. *Af Ragab:* Heroin addiction in Egypt and its treatment during the withdrawal period. Lancet **1932 I**, 922 — *Dupouy, R.* u. *M. Pichard:* Toxicomanie intraveineuse. Ann. méd.-psychol. **90 I**, 551 (1932). — *Frensdorf:* Über Eukodalismus. Münch. med. Wschr. **71**, 751 (1924). — *Himmelsbach, C. K.:* The addiction liability of codeine. J. amer. med. Assoc. **103**, 1420 (1934). — *Menninger-Lerchenthal, E.:* Dilaudid-Vergiftung, chronische. (Dilaudidismus.) Slg. Verg.-Fälle A **294**. — *Menninger-Lerchenthal, E.:* Eukodalismus. Jb. Psychiatr. **47**, 177 (1930) u. Slg. Verg.-Fälle A **249**. — *Menninger-Lerchenthal, E.:* Rauschgiftgesetz und Suchtkrankheit (Dicodidismus). Wien. med. Wschr. **1931 I**, 431 u. Slg. Verg.-Fälle A **250**.— *Meyer, F. M.:* Über einige seltener vorkommende Formen von Rauschgiftsucht. Münch. med. Wschr. **80**, 732 (1933).— *Meyer, M.:* Über Eukodalismus. Münch. med. Wschr. **71**, 133 (1924). — *Römmelt, W.:* Über die Beeinflussung der Seelenlebens durch Dicodid und Dilaudid. Psychol. Arb. **9**, 435 (1928). — *Rost, E.:* Die Stellung des Kodeins und Äthylmorphins (Dionin) im neuen Opiumgesetz. Dtsch. Ärztebl. **1934 I**, 204.— *Sametinger, E.:* Dicodid-Vergiftungen. Slg. Verg.-Fälle A **578**. — *Schwarz, H.:* Fälle von Kodeinismus. Dtsch. med. Wschr. **1930 I**, 8 u. Slg. Verg.-Fälle A **87**. — *Stringaris, M. G.:* Zur Frage des Heroinismus und seiner Verbreitung. Nervenarzt **7**, 235 (1934). — *Unverricht:* Ein weiterer Fall von Acediconismus. Dtsch. med. Wschr. **1931 I**, 496. — *Wenger, E.:* Un cas d'acédicomanie. Schweiz. med. Wschr. **1931**, 277. — *Wolff, P.:*

L'importance de la codéine en tant qu'agent de toxicomanie. Bull. Organisat. Hyg. Soc. Nat. **7**, 589 (1938). — *Wolff, P.:* Bedeutung des Codeins als Suchtgift. Dtsch. Z. ger. Med. **32**, 45 (1939).

*H. Fischer.*

**Optochin** siehe *Chinin und Chinidin.*

**Opturator** siehe *Fruchtabtreibung.*

**Organrupturen** siehe *Verletzungen durch stumpfe Gewalt.*

**Orthin** siehe *Phenylhydrazin.*

**Orthoform** siehe *Lokalanaesthetica außer Cocain.*

**Orwin** siehe *Schädlingsbekämpfungsmittel.*

## Osteomyelitis (= O.) und Trauma.

In älteren Mitteilungen (*Garré, Gebele, Pfenningsdorf, Ploos van Amstel* usw.) wurde vielfach für den Ausbruch der O. außer der Infektion nach einem lokal disponierenden Faktor gesucht. Sie werden neben den *Lexer*schen Tierexperimenten gelegentlich noch als Beweis für die relative Häufigkeit der traumatischen Entstehung herangezogen. Gesteigertes Interesse unter dem Einfluß der Unfallversicherung und strengere Kritik haben zum Standpunkt geführt, daß die traumatische Entstehung einer O. ein äußerst seltenes Ereignis ist. Gleichwohl ist die Möglichkeit der pyogenen Infektion eines Knochens in allen seinen anatomischen Teilen infolge einer Gewalteinwirkung zu bejahen. So können 1. Krankheitskeime von außen her direkt in den Knochen implantiert werden, z. B. bei komplizierten Frakturen, bei Schußfrakturen, wobei es sich meist um Mischinfektionen handelt. Obgleich durch die Grundsätze der modernen Wundbehandlung die Gefahren weitgehend vermindert worden sind, wird sich das ungünstige Ereignis nicht immer vermeiden lassen, sei es, daß die Verletzten verspätet in ärztliche Behandlung kamen oder die Therapie ungeeignet war, sei es, daß Art und Virulenz der Erreger, Wundverhältnisse oder individuelle Disposition die Infektion begünstigten. Die Beurteilung der Zusammenhangsfrage bereitet dabei keine Schwierigkeiten, falls erwiesen ist, daß die komplizierte Fraktur durch einen versicherungspflichtigen Unfall entstanden ist. Besondere Empfänglichkeit des Verletzten, Versehen bei der Behandlung usw. als mitwirkende Teilursachen haben für die Bewertung der Zusammenhangsfrage in der Regel keine ausschlaggebende Bedeutung.

2. Eine Weichteilinfektion in der Umgebung kann durch unmittelbares Weiterschreiten oder auf dem Lymphwege eine Knochenentzündung bedingen. An allen Körperstellen sind Abscesse und Phlegmonen, hervorgerufen durch Erreger verschiedenster Art, in der Lage, benachbarte Knochenpartien zu infizieren und eine mehr oder weniger ausgedehnte O. zu erwirken. Abgesehen von den Fingern (Panaritium ossale!) tritt die Knocheninfektion auf dieser Basis wesentlich seltener ein als bei Eröffnung der Markhöhle durch offene Knochenbrüche. Ausschlaggebend ist die Versehrtheit oder Unversehrtheit des Periosts, das offenbar einen gewissen Schutz gegen eindringende Infektionserreger darstellt (*Magnus*). Die Erörterung der unfallchirurgischen Fragen dürfte im allgemeinen kein Anlaß zu Meinungsverschiedenheiten sein. Die Tatsache einer versicherungspflichtigen perforierenden Hautverletzung, an die sich in ununterbrochenem zeitlichen Zusammenhang eine Weichteilinfektion und weiterhin eine Affektion des Knochens angeschlossen hat, muß zur Bejahung der ursächlichen Beziehung führen. Strenge Kritik ist unter Umständen bei der Anerkennung der O. von Fingerknochen am Platze. In gleicher Weise wie beim Weichteilpanaritium muß die unfallweise Infektion zum min-

desten wahrscheinlich gemacht werden bzw. eine
besondere berufliche Gefährdung vorliegen, welche
bei an sich gleicher Möglichkeit betrieblicher und
außerbetrieblicher Entstehung der Infektion eine
Verletzung im Beruf wahrscheinlicher erscheinen
läßt als außerhalb desselben.

3. Am meisten interessiert die Entstehung der
O. auf hämatogenem Wege, weil hierbei wie bei
kaum einer anderen Infektionskrankheit die traumatische Entstehung unberechtigterweise vermutet
wird.

Die akute O. ist eine Allgemeininfektion, die
durch den Staphylococcus pyogenes aureus, seltener
durch Streptokokken und andere Erreger verursacht
wird. Mit Vorliebe siedeln sich die Keime in der
Metaphysengegend der langen Röhrenknochen an,
anscheinend infolge eigenartiger Blutgefäß- und Zir-
kulationsverhältnisse. Nach statistischen Untersuchungen werden in der Reihenfolge nacheinander
abnehmend am häufigsten das untere Ende des
Oberschenkels, dann das obere Ende des Unterschenkels, das des Oberschenkels und die Unterarm-
knochen ergriffen (*Reischauer, Rosenburg*). An den
anderen Knochen wird die Erkrankung seltener
manifest. Warum die Ansiedlung der Keime hier
oder dort erfolgt, läßt sich fast nie nur mit Wahrscheinlichkeit belegen. Besonders anfällig ist das
jugendliche Alter in und am Ende der Wachstumsperiode. Nach *Garré, Haehner* und *Liniger* u. a.
fallen auf das 8.—17. Lebensjahr 94,4—96% aller
Krankheitsfälle. Die Erkrankung setzt den Einbruch
der Keime in die Blutbahn voraus, ausgehend von
primären Herden, z. B. Furunkeln, Phlegmonen,
Dermatitiden, Anginen usw., ja sogar von normalen Darmschleimhäuten (*Sobernheim*). Gar nicht
selten sind die Eintrittspforten unbekannt. Die frühere Annahme eines gewaltsam geschaffenen „locus
minoris resistentiae“ für die Manifestation der im
Blute kreisenden Erreger im Knochen hat an Bedeutung verloren dadurch, daß die experimentellen
Grundlagen hierfür auf Grund exakter Nachprüfungen nicht mehr unbedingt als stichhaltig gelten
und genaue klinische Beobachtungen andere Gesichtspunkte erbracht haben. Die *Lexer*schen Tierversuche haben ihre Geltung behalten insofern, als
sie erwiesen haben, daß beim jugendlichen Organismus durch Injektion von Staphylokokken und anderen Erregern eine tödliche metastasierende Allgemeininfektion zu erzeugen ist, daß die Bedingung
für die Ansiedlung von Keimen in den Wachstums-
zonen der langen Röhrenknochen besonders gut sind.
Gegen die Verallgemeinerung eines „locus minoris
resistentiae“ als letzte Ursache spricht indes, daß
die Markphlegmone beim Versuchstier nur entsteht,
wenn das Knochenmark durch die vorherige Infektion mittels anderer Erreger prädisponiert wurde.
Wenn dann ein Knochen durch Schlag oder Fraktur beschädigt wurde, entstand eine Knochenmarks-
eiterung an der Verletzungsstelle, aber auch an
nicht verletzten Knochenpartien (*Liniger, Molineus, Rosenburg, Schmidt*). Von seiten der Kliniker
wird eingewandt, daß erfahrungsgemäß die Sekundärinfektion selbst schwerer Gewebsverletzungen,
vorausgesetzt, daß die Hautdecke nicht durchbrochen war, sehr selten beobachtet wird. Obwohl
heutzutage dauernd schwerste Schädigungen der
subcutanen Weichteile mit nachfolgenden Blut-
ergüßen sich ereignen, stellen die Sekundärinfektionen derartiger Läsionen Ausnahmen dar. Noch
schwerere „Orte verminderten Widerstandes“ müßten die Knochenbrüche abgeben, bei welchen umfangreiche Blutergüsse, Weichteilquetschungen und
Markzerreißungen üblich sind. *Magnus* hat betont,
daß er selbst bei Vorliegen verschmutzter, mit Keimen aller Art besetzter peripherer Gewebswunden

kaum je eine echte O. eines geschlossenen Bruches
gesehen hat. Mit Recht wird daraus gefolgert, daß
die Keimeinschwemmung aus dem Blut bei geringfügigen Quetschungen und Erschütterungen von
Knochen, die nicht einmal zu sichtbaren Blutaustritten führen, um so unwahrscheinlicher ist, wenn
nicht einmal schwere Verletzungen dazu imstande
sind. Wiederholte Entscheidungen des Reichsversicherungsamtes (RVA.) haben diese Ansicht geteilt. Da immerhin Beobachtungen vorliegen, nach
welchen tieferliegende Blutergüsse vom Blute aus
sich infiziert haben, ohne daß klinische Anhaltspunkte für das Kreisen von Eitererregern im Blut
zu finden waren, verlangt das RVA., daß in jedem
Fall von O., in welchem ein Trauma Entstehungsursache sein soll, über den sonst geforderten Wahr-
scheinlichkeitsbeweis hinausgegangen und die Gegebenheiten mit besonderer Kritik überprüft werden.
*Rostock* hat eine Reihe derartiger Urteile des RVA.
angeführt (Ia 6742/27/5 v. 29. 9. 28, Ia 4661/28/7
v. 13. 2. 29, Ia 3778/28/8 v. 22. 11. 29, Ia 2992/27/2
v. 2. 6. 28). Weitere Hinweise finden sich bei *Haehner* und *Liniger* (Ia 2661/17 v. 12. 2. 17, Ia 6742/27[5]
u. a.). Diese und spätere Urteile bewegen sich in der
Richtung der Mitteilungen *Linigers* über die Seltenheit der traumatischen O., Feststellungen, die von
einer großen Zahl anderer Autoren (*Magnus, Molineus, Stich* u. a.) bestätigt sind. Prozentzahlen von
20—40% traumatischer Genese (*Garré, Kaufmann, Thiem*) dürften zu hoch gegriffen sein. Der
Wahrheit am nächsten kommen etwa die Errech-
nungen von *Haehner* und *Liniger, Molineus* u. a.,
die in etwa 7% wirklich eine traumatische Entstehung fanden.

Wenn für eine O. der Unfallzusammenhang bejaht werden soll, ist daher auf jeden Fall zu fordern,
daß folgende drei Voraussetzungen lückenlos erfüllt sind: a) *Ein erheblicher Unfall muß einwandfrei feststehen.* Während der Nachweis der Tatsache
eines Unfalls in der Regel dem Juristen obliegt, ist
die Bewertung der Erheblichkeit Sache des Arztes.
Unsichere Darstellung des Unfallherganges, Angaben
über mehrere „Unfälle“, leichte Kontusionen und
Distorsionen, wie sie den Körper tagtäglich treffen,
Fortsetzung der Tätigkeit, Versäumung ärztlicher
Konsultation, verspätete Unfallanzeige, nachdem
das Leiden erst einen ernsten Verlauf angenommen
hat, sind dazu angetan, stärkste Zweifel zu erwecken.
Verletzungszeichen, z. B. Blutergüsse unter die Haut,
Hautquetschungen, nicht entzündliche örtliche
Schwellungen u. ä., röntgenologisch sichtbare Knochenabrisse oder Knochenfissuren sind ernstlich zu
beachten. Weichteilveränderungen allein beweisen
aber keinesfalls den Zusammenhang mit dem Trauma. Sie verlieren an Gewicht, wenn sie an Stellen
gefunden werden, wo ein dickes subcutanes Gewebe als Polster über dem Skelett eingeschaltet ist.
Wesentlich ist ja, daß der Knochen wirksam erreicht worden ist. Die Einwirkung muß mindestens
so stark gewesen sein, daß sie im Knochen durch Zerreißung kleinster Blutgefäße Hämatome setzen
konnte. Falls nicht bei der Operation beweisende
Verletzungsspuren im Knochen selbst gefunden wurden, ist der Wahrscheinlichkeitsschluß hinsichtlich
für und Wider nur nach schärfster Überprüfung
aller Gegebenheiten zu treffen. b) *Der Ort der Erkrankung muß mit der Verletzungsstelle übereinstimmen.* So selbstverständlich dies erscheint, so
wenig wird es gelegentlich beachtet. Einwirkungen
auf ferner liegende Körperregionen, Abkühlungen
ganzer Glieder, ja Überanstrengungen und diffuse
Körpererschütterungen werden nicht selten beschuldigt, Erscheinungen, die niemals einen örtlichen Schaden im Sinne eines „locus minoris
resistentiae“ zu schaffen vermögen. Besondere

Kritik ist angezeigt, wenn bei jugendlichen Individuen die Erkrankung an Knochenabschnitten ausbricht, die an sich spontan bevorzugt befallen werden. *c) Die Erkrankung muß im engen Anschluß an den Unfall auftreten.* Die Entwicklung der klinischen Entzündungssymptome ist abhängig von Menge, Art und Virulenz der abgelagerten Erreger und der individuellen Immunitätslage. Das erklärt zwar eine gewisse Schwankung im zeitlichen Ablauf der Infektion, begrenzt aber auch die Frist, die zwischen Schädigung und Ausbruch möglich ist. Nach klinischen Beobachtungen und Experimenten ist es unvorstellbar, daß sofort oder wenige Stunden nach dem Trauma bereits das schwere Bild der akuten O. bestehen könnte, weil die Einschwemmung und Vermehrung der Keime bis zu einem Grade, wo die allgemeine Körperreaktion beeinflußt wird, eine gewisse Zeit benötigt. In solchen Fällen muß ein im Zeitpunkt des Unfalls bereits vorhandener Krankheitszustand unterstellt werden. Andererseits dürfte es ausgeschlossen sein, daß Erreger erst nach zwei bis drei Wochen sich entfalten, weil bekanntlich eingedrungene Bakterien im Blut schnell vernichtet werden. Die meisten Autoren vertreten daher den Standpunkt, daß mindestens mehrere Stunden, höchstens einige Tage verstrichen sein dürfen. *Magnus* gibt 24—72 Stunden an. *Garré* schätzt die Latenzzeit zwischen Trauma und akuter O. auf sechs Stunden bis einige Tage. Zwei bis drei Wochen kommen nach ihm nur ausnahmsweise bei wenig virulenten Erregern in Betracht. *Liniger* hat bei traumatisch verursachten Knochenmarkseiterungen in etwa 91 % den Beginn innerhalb der ersten sechs Tage vermerkt (kürzeste Zeit sechs Stunden, längste zwölf Tage). Andere (*Jost, Koelsch, Molineus, Rosenburg, Stich* usw.) kommen zu ähnlichen Ergebnissen. Jedenfalls dürften in der Regel sechs bis sieben Tage nach dem Unfall die oberste Grenze sein. Übereinstimmend wird betont, je größer der Zwischenraum zwischen Verletzung und Krankheitsausbruch ist, desto klarere Brückensymptome müssen gegeben sein, desto unwahrscheinlicher ist der Zusammenhang. Längere Fristen gestatten die Bejahung des Unfallzusammenhanges nur dann, wenn die übrigen Punkte einwandfrei für den Zusammenhang sprechen.

Nicht einfacher ist die Bewertung einer hämatogen entstandenen O., wenn durch ein Trauma äußere Verletzungen hervorgerufen waren, die sich infizierten, weil die lokale Wundreaktion keineswegs Schlüsse auf die Allgemeinreaktion erlaubt, abgesehen davon, daß eine nachweisbare örtliche Infektion fern vom Knochenherd nicht unbedingt der Ausgangspunkt für die Keimeinschwemmung zu sein braucht. Die Einbruchsmöglichkeit von Keimen durch einen derartigen Primärinfekt ist allerdings gegeben. Der Nachweis atypischer Erreger, etwa von Streptokokken, Pneumokokken usw. im vereiterten Knochen, die obendrein in der Wunde gefunden werden, besitzt hohe Beweiskraft. Der Ausbruch der Erkrankung nach solchen Schäden im an sich weniger gefährdeten höheren Lebensalter ist verdächtig. Selbst bei Erkrankung besonders gefährdeter Röhrenknochen Jugendlicher wird die Bejahung der Zusammenhangsfrage dann nicht zu umgehen sein, wenn die O. ausbricht, so lange die unfallweise entstandene Wunde nicht restlos verheilt ist. Ungeachtet theoretischer Überlegungen stellt eine solche Infektionsquelle am Körper ein größeres Wahrscheinlichkeitsmoment für eine Bakterieninvasion dar als eine andere nicht zu beweisende Möglichkeiten. Sehr heikel kann mitunter die zeitliche Zusammenhangsfrage werden. Zum wenigsten müssen zwischen Verwundung und Ausbruch der O. mehrere Stunden vergangen sein. Nach den Feststellungen

von *Schöne, Policard* und *Phélip* u. a. pflegen mindestens 9—24 Stunden zu verstreichen, bis die eingedrungenen pathogenen Bakterien und Kokken sich an den Nährboden in der Wunde anpassen, entkeimen und sich vermehren. Da sie im Blute tagelang latent bleiben können, braucht sich die O. keineswegs direkt anzuschließen. Man darf es indes als Ausnahme bezeichnen, daß sich eine O. auf der besprochenen Basis nach vollkommen reaktionsloser Wundheilung noch einstellt, es sei denn, daß allgemeine Zeichen einer Infektion im Körper nicht abgeklungen sind oder besondere Narbenverhältnisse (tiefgehende Narben, Einheilung von Fremdkörpern u. ä.) vorliegen, die abgekapselte Erregerherde enthalten können (*Doerr, Waegner*).

4. Relativ selten wird die Frage vorgelegt, ob ein sog. latenter Herd eines Knochens durch eine Gewalteinwirkung gesprengt oder eine alte O. verschlimmert worden ist. Das Problem wird dadurch erschwert, daß spontane Rückfälle alter Infektionen nicht selten sind. Neuerkrankungen im Gebiet alter Osteomyelitiden sind jahre- und jahrzehntelang nach der ersten Erkrankung beobachtet worden (*Garré, Katzenstein, Schnitzler, Stürmer, Thiem* u. a.), weil Krankheitskeime ohne Krankheitserscheinungen lange lebend an Ort und Stelle ruhen können, um plötzlich wieder aufzuflackern. Gewiß sind spontane Rückfälle unvergleichlich häufiger als traumatisch bedingte. Es ist aber nicht zu leugnen, daß Gewalten einen solchen Rückfall auszulösen vermögen. Entweder geht die Infektion von dem alten Krankheitsherd aus, oder es dringen durch eine Wunde neue Erreger ein, die an der alten „weniger widerstandsfähigen" Stelle eine frische Entzündung verursachen. Wegen der relativen Häufigkeit des Spontanrezidivs gegenüber der traumatischen Entstehung ist nur bei eindeutiger Beweisführung hinsichtlich der Erheblichkeit des Traumas unmittelbar auf die fragliche Stelle und des unmittelbaren Anschlusses an den Unfall die Bejahung der Zusammenhangsfrage berechtigt. Hinsichtlich des zeitlichen Zusammenhangs sind vielleicht die Grenzen noch enger zu ziehen als bei der frisch traumatisch entstandenen Form. Nachdem bei alten Osteomyelitiden wahrscheinlich eine Anpassung der Keime an den Nährboden längst erfolgt ist, dürfte die Entwicklung des klinischen Zustandsbildes besonders schnell erfolgen, d. h. sofort bis wenige Stunden nach dem Ereignis, während ein Einsetzen später als einige Tage nur bei besonders günstiger Immunitätslage denkbar ist. Auf jeden Fall müssen schlüssige Brückensymptome zu finden sein.

Ist eine O. als traumatisch bedingt anerkannt, sind alle Folgen wie Fistelbildungen, Sequestrierung, Spontanfrakturen, Deformierungen, Weichteilveränderungen, Thrombosen mit ihren Auswirkungen, Amyloidosen usw. als Unfallweiterungen zu betrachten. Spätere Spontanrezidive gehen begreiflicherweise auf die erste Erkrankung zurück. Genaue Richtpunkte für die Einschätzung der entstandenen Schäden sind kaum zu geben, da das Zustandsbild der Folgen äußerst variiert. Neben praktisch restloser Ausheilung nach dem ersten Schub stehen alle Grade der Verstümmelung zur Debatte, so daß die Beurteilung jeweils vom gegebenen speziellen Befund auszugehen hat. Bei dauerndem Wechsel von Fistelverschluß und Fistelaufbruch und damit vom Grad der Behinderung wird zweckmäßigerweise oft keine andere Lösung bleiben als „Durchschnittsrenten" festzusetzen, die den Wechsel von Besserung und Verschlechterung berücksichtigen.

*Schrifttum.*
*Doerr: Zangger*-Festschrift. Zürich 1934. — *Garré:* Über besondere Formen und Folgezustände der akuten infekt. Osteomyelitis.

Beitr. klin. Chir. **10**, 241 (1893). — *Gebele:* Über die Ätiologie der akuten spontanen Osteomyelitis und ihren Zusammenhang mit Traumen. Diss. München 1896. — *Haehner* u. *Liniger:* Osteomyelitis und Unfall. Handb. der ärztl. Begutachtung I von *Liniger-Weichbrodt-Fischer.* Leipzig 1931. — *Jost:* Osteomyelitis und Trauma. Basel 1936. — *Katzenstein:* Die Berücksichtigung der ruhenden Infektion bei der Operation Kriegsbeschädigter. Dtsch. med. Wschr. **42**, 1536 (1916). — *Kaufmann:* Osteomyelitis und Trauma. Handb. der Unfallmedizin. Stuttgart 1925. — *Koelsch:* Handb. der Berufskrankheiten. Jena 1935. — *Lexer:* Zur exper. Erregung osteomyelitischer Herde. Arch. klin. Chir. **48**, 181 (1894). — *Lexer:* Experimente über Osteomyelitis. Arch. klin. Chir. **53**, 266 (1896). — *Liniger:* Osteomyelitis und Unfall. 5. Internat. Unfallkongr. **1925**. — *Liniger:* Technik in der Begutachtung der Unfallverletzungen, über Zusammenhangsfragen, besonders von Tuberkulose und Osteomyelitis. Zbl. Chir. **56**, 25 (1929). — *Magnus:* Osteomyelitis. Handb. der gesamten Unfallheilkunde I von *König-Magnus.* Stuttgart 1932. — *Molineus:* Osteomyelitis und Unfall. Chirurg **1**, 1048 (1929). — *Pfenningsdorf:* Über den Zusammenhang von akuter Osteomyelitis und Trauma. Diss. Halle 1905. — *Ploos van Amstel:* Osteomyelitis und Trauma. Mschr. Unfallheilk. **34**, 25, 49, 73, 97, 146 (1927). — *Policard* u. *Phélip:* Les prem. stades de l'évolution des lésions dans des blessures etc. C. r. Acad. Sci., Paris **1915**, 161. — *Reischauer:* Trauma und haematogene Knocheninfektion. Beitr. klin. Chir. **156**, 411 (1932). — *Rosenburg:* Osteomyelitis und Unfall. Arch. orthop. Chir. **21**, 595 (1923). — *Rostock:* Entscheidungen des RVA. über Zusammenhang zwischen Unfall und Erkrankungen. Stuttgart 1931. — *Schmidt:* Osteomyelitis und Unfall. Beitr. klin. Chir. **133**, 144 (1925). — *Schnitzler:* Über den Befund virulenter Staphylokokken in einem seit 35 Jahren geschlossenen osteomyelitischen Herd. Zbl. Bakter. **15**, 270 (1894). — *Schöne:* Über den Zeitpunkt des Ausbruchs der Wundinfektion nach Schußverletzungen usw. Dtsch. Z. Chir. **143**, 1 (1918). — *Sobernheim:* Ätiologie der Osteomyelitis. Schweiz. med. Wschr. **9**, 121 (1928). — *Stich:* Osteomyelitis und Trauma. Med. Welt **14**, 469 (1933). — *Stürmer:* Zur Frage der traumatischen und recidiven Osteomyelitis. Arch. orthop. Chir. **38**, 386 (1938). — *Thiem:* Osteomyelitis. Handb. der Unfallerkrankungen. Stuttgart 1910. — *Waegner:* Spätrecidive und Spätmetastasen n. akuter Osteomyelitis. Med. Welt **5**, 448 (1931). **Derra.**

**Ovotestis** siehe *Zweifelhafte Geschlechtszugehörigkeit.*

## Oxalsäure.

*Oxalsäure* (Kleesäure) ist eine mehrwertige Fettsäure ($C_2H_2O_4$), deren biologisch wichtigste Eigenschaft das hohe Bindungsvermögen für alkalische Erden (Calcium, Magnesium) ist; die Giftigkeit läßt sich aber mit dem hohen Bindungsvermögen für Calcium nur teilweise erklären. Vergiftungen kommen zustande durch die feste, stark sauer schmeckende Säure selbst, hauptsächlich aber durch das saure Kaliumsalz (Sauerkleesalz), das leicht zugänglich ist und z. B. im Haushalt als Putzmittel, Bleichmittel, zur Entfernung von Tinten- und Rostflecken usw. Verwendung findet. Auch in verschiedenen Fertigpräparaten, z. B. im Sidol, sind Oxalate enthalten.

Bei der akuten Oxalsäurevergiftung handelt es sich vorwiegend um Selbstmorde, wobei das Gift gewöhnlich in Wein, Branntwein, Milch oder Wasser gelöst resp. aufgeschwemmt verschluckt wird. Bei genügenden Dosen und günstigen Resorptionsbedingungen kann der Tod in kürzester Zeit, binnen wenigen Minuten, eintreten. Meist wird es aber bis zum Todeseintritt länger dauern, Stunden, Tage oder sogar Wochen, wobei wir bei rascherem Verlauf Zirkulationsstörungen, bei langsamerem Verlauf Nierenstörungen im Vordergrund des Symptomenbildes finden. Viel seltener als Selbstmorde sind zufällige Vergiftungen durch Verwechslung, z. B. mit einem Arzneimittel (Bittersalz), noch seltener durch übermäßigen Genuß oxalsäurehaltiger Pflanzen (Sauerampfer, Rhabarber). Immerhin wurden in den Kriegsjahren aus der Schweiz und aus England Vergiftungen, ja sogar Kindertodesfälle durch Genuß oxalsäurehaltiger Blattgemüse gemeldet. Zu kriminellen Zwecken ist die Oxalsäure resp. das Sauerkleesalz wegen des stark sauren Geschmackes ungeeignet, doch können Kinder und wehrlose Personen z. B. durch Beibringen in saurer Milch, in sauren Speisen vergiftet werden.

Erste Symptome: Als Ausdruck der Säureätzung, die schwächer ist als bei Mineralsäuren, beobachtet man Brechreiz (das Erbrechen bringt oft die Rettung), Salivation, Magen- und Bauchschmerzen, tonlose Stimme, Durchfälle. Die Ätzwirkung ist bei der reinen Säure stärker als bei den sauren Salzen. Das Erbrochene ist oft schwärzlich-blutig, auch der Stuhl kann blutig sein. Besonders intensive Ätzwirkung beobachtet man, wenn das Gift nicht in Lösung, sondern in Substanz resp. in Aufschwemmung genommen wurde und wenn Partikelchen davon in den Schleimhautfalten liegenbleiben. In solchen Fällen kann es zu Perforationen im Bereich der Speiseröhre, evtl. des Magens kommen.

Rasch stellen sich die Resorptionssymptome ein: Kleiner, schlechter Puls (Calciumentzug), anfänglich beschleunigt, später oft, aber nicht immer, verlangsamt. Daneben Hyper- und Parästhesien, fibrilläre Muskelzuckungen, Krämpfe, Blässe, kühle Haut, Untertemperaturen, Hautblutungen (wegen Herabsetzung der Gerinnungsfähigkeit). Die Zirkulation ist schlecht, oft Kollaps bei weiten Pupillen. Tod in dieser Phase unter dem Bild der Herz- und Gefäßlähmung häufig.

In der Regel sind die Nieren mitbeteiligt. Urin meist schwärzlich, enthält Eiweiß, rote Blutkörperchen, Cylinder, fettigen Detritus bei anfänglicher Anurie oder Oligurie, die später in Polyurie übergehen kann. Im Blut Erhöhung des Reststickstoffes, des Kreatinins, Retention von Indican und aromatischen Substanzen, Verminderung der Alkalireserve verbunden mit urämischen Symptomen. Spättodesfälle erfolgen meist unter dem Bild der Niereninsuffizienz.

Kristalle des Calciumoxalates (Drusen- und Wetzsteinformen, Rosetten, Büschel, Oktaeder) finden sich als diagnostisch bedeutsame Elemente im Urin, können aber anfänglich fehlen. Neben der Ausscheidung durch die Nieren erfolgt auch Ausscheidung durch Speichel, Magen und Darm. Die Eliminierung geht langsam vor sich, nimmt Tage und Wochen in Anspruch. Eine Oxydation findet nicht statt.

Toxische Dosen sehr wechselnd. Art der Lösung, Art und Reaktion der Magen-Darmfüllung spielen für die Resorption und damit für die Giftwirkung eine große Rolle. Schwere Vergiftungen können bereits nach Genuß einiger Gramm der Säure oder eines sauren Salzes eintreten. Tödliche Dosen ebenfalls stark schwankend, liegen durchschnittlich zwischen 15 und 20 g, wobei der Tod gewöhnlich rasch eintritt. Bei kleineren Dosen ist mit Spättodesfällen zu rechnen.

Sektion: Flüssiges Blut, Hautblutungen im Bereich der oft roten Totenflecken, Blutungen in die serösen Häute, Hyperämie aller Organe, akutes Lungenödem. Lokal: Verätzungen der Lippen, der Zunge, des Rachens, der Speiseröhre, oft mit pseudomembranösem Aussehen. Verätzungen des Magens meist geringfügiger. Hämorrhagische Gastroenteritis, parenchymatöse Degeneration der Nieren (Nekrosen, Infiltrate). Man achte auf Kristallanhäufungen unter der Schleimhaut des Magendarmkanals, namentlich aber in den Nieren, makroskopisch als Streifung oder Felderung wahrnehmbar. Mikroskopisch liegen die Kristalle neben Detritus und Zelltrümmern in den Harnkanälchen; sie werden durch Zusatz von Kalilauge deutlicher.

Die Sektionsbefunde sind stark abhängig von den eingenommenen Mengen resp. von der Dauer der Vergiftung.

Chronische Vergiftungen, denen forensische Bedeutung zukäme, sind außerordentlich selten. Im Gewerbe findet Oxalsäure Verwendung in der Färberei, chemischen Wäscherei, Strohindustrie,

Metallputzerei; hier Vergiftungen gelegentlich durch Staubeinatmung resp. -ablagerung.

*Schrifttum.*

*Balázs:* Oxalsäure-Vergiftungstypen (Selbstmorde). Kasuistik, Verlauf der einzelnen Vergiftungstypen. Slg. Verg.-Fälle **5**, 79 A (1934). — *Balázs:* Oxalsäurevergiftungen (Selbstmorde). Slg. Verg.-Fälle **5**, 31 C (1934). — *Brown* u. *Gettler:* Studie über Oxalsäurevergiftung. Proc. Soc. exper. Biol. a. Med. **19**, 204 (1922). — *Burk:* Kleesalzvergiftung bei vierjährigem Kind. Med.Korresp.bl.Württemberg **93**, 11 (1923). — *Gies* u. *Polstorff:* Kaliumoxalatvergiftungen. Slg. Verg.-Fälle **3**, 151 A (1932). — Handb. der Lebensmittelchemie. **1.** Berlin 1933. — *Hájek:* Oxalatvergiftungen. Čas. lék. česk. **1929**, 613. — *Hulst:* Tödliche Kleesalzvergiftung. Nederl. Tijdschr. Geneesk. **69**, 753 (1925). — *Ikebe* u. *Kaneko:* Ein Fall von Oxalsäure-vergiftung. Nagasaki Igakkai Zassi **10**, 880 (1932); Ref.: Dtsch. Z. gerichtl. Med. **21**, 22 (1933). — *Koch:* Niereninsuffizienz durch Oxalsäurevergiftung. Dtsch. Arch. klin. Med. **169**, 100 (1930). — *Koch:* Kaliumoxalatvergiftungen. Slg. Verg.-Fälle **2**, 167 A (1931). — *Kogler:* Statistische Zusammenstellung der in den Jahren 1914—1936 am gerichtlich-medizinischen Institut München sezierten Vergiftungstodesfälle. Slg. Verg.-Fälle **9**, 1 C (1938). — *Köhler:* Vier Fälle von Kleesalzvergiftung. Zbl. inn. Med. **46**, 625 (1925). — *Leschke:* Kaliumoxalatvergiftungen. Slg. Verg.-Fälle **3**, 155 A (1932). — *Müller:* Sidolvergiftung (Mordversuch). Slg. Verg.-Fälle **4**, 139 A (1933). — *Olbrycht:* Zur Kasuistik der selteneren Vergiftungsarten. Dtsch. Z. gerichtl. Med. **4**, 259 (1924). — *Scheidegger:* Kaliumoxalatvergiftung (Selbstmord). Slg. Verg.-Fälle **8**, 153 A (1937). — *Többen:* Zur Frage der Nierenschädigung bei Oxalsäurevergiftung. *Virchows* Arch. **302**, 246 (1938). *Schwarz.*

# P.

**Pachymeningitis haemorrhagica interna** (= P.h.i.). (Vgl. auch Art.: Nervenkrankheiten und Trauma.)

Die P. h. i. verläuft *klinisch* nicht ganz selten symptomlos. Charakteristisch für diese Erkrankung ist das Schwanken der klinischen Erscheinungen, so daß für die Diagnose nicht das Augenblicksbild, sondern der Verlauf entscheidend ist. Es treten demnach anfangs gewöhnlich nicht eine plötzliche Bewußtlosigkeit, sondern allgemeine cerebrale Symptome (Kopfschmerz, Schwindel, Brechen) auf. Allmählich können dann psychomotorische Unruhe (häufig Beschäftigungsdelir), Druckpuls, Respirationsstörungen, bisweilen auch Augensymptome (häufig Anisokorie, eingeschränkte Reaktion auf Licht und Konvergenz, Zwangsstellung der Augen, bei längerem Bestehen der Erkrankung auch Stauungspapille) beobachtet werden. Schließlich kommt ein immer tiefer werdendes Koma auf. Im einzelnen hängen die neurologischen Symptome natürlich von der Schwere und Lokalisation des Prozesses ab. Wenn auch der Liquorbefund uncharakteristisch ist, so kann doch differentialdiagnostisch gegenüber einer subarachnoidealen Blutung die stärkere Vermehrung des Eiweißgehaltes (positiver Nonne I) bei kaum vermehrter Zellzahl neben einer bei beiden Erkrankungen vorhandenen Xanthochromie Verwertung finden. Bei Kindern, deren Schädel noch dehnungsfähig ist, kann als erstes objektives Zeichen eine langsam im Verlauf von Wochen entstehende Vorwölbung auftreten. Von den Kinderärzten wird großer differentialdiagnostischer Wert auf das Bestehen von Retinalhämorrhagien gelegt. Die *patho-logisch-anatomischen* Veränderungen können im Anfangsstadium leicht übersehen werden. Bei genauer Prüfung finden sich an der Durainnenfläche, besonders an der Konvexität und oft nur einseitig, seltener an der Schädelbasis und dann besonders in der hinteren und mittleren Schädelgrube, schleierartige, leicht abziehbare Gewebsauflagerungen, deren Farbe zwischen gelb und braunrot sowie rostbraun schwankt. Meist sind diese Membranen von Blutpunkten und -streifen durchsetzt. Diese Auflagerungen können sich in späteren Stadien durch Bildung neuer Membranen und Auftreten größerer Blutungen verdicken. Über die *Pathogenese* herrschen noch verschiedene Ansichten: 1. Einige Autoren glauben, daß diese Membranen im jüngsten Stadium fibrinöse, wenig Leukocyten enthaltende Häutchen darstellen, die in späterer Zeit durch Einwanderung von Granulationsgewebe aus dem subendothelialen Gewebe der Dura organisiert werden. 2. Andere wieder halten für das Primäre eine Blutung aus krankhaft brüchigen oder abnorm durchlässigen Gefäßen mit folgender Organisation der Blutgerinnsel. Traumatische Blutungen genügen aber im allgemeinen bei sonst gesunden Menschen nicht, um die Entstehung einer P. h. i. zu bewirken. 3. Schließlich nehmen manche Forscher an, daß es sich bei der P. h. i. um eine primäre Wucherung (Hyperplasie) der subendothelialen Capillarschicht, wahrscheinlich nach einer vorhergehenden Endothelschädigung handelt. Aus diesen zartwandigen Gefäßen kommt es zu Blutungen, die organisiert werden. *Mikroskopisch* findet man bei der P. h. i. im ausgebildeten Zustand hauptsächlich zahlreiche auffallend weite und variköse Capillaren (Riesencapillaren), die aus der Dura mater stammen und z. B. bei Kongestionen zu Blutungen neigen. Diese haben im allgemeinen eine nur geringe Ausdehnung und bewirken eine weitere Wucherung der Gefäßendothelien. Daneben werden die Membranen aus Bindegewebszellen gebildet, die meist mit scholligem gelben Pigment (Hämosiderin) gefüllt sind. Auch in den Endothelzellen und in den außerdem noch vorhandenen Rundzellen ist Pigment abgelagert (Makrophagen), das von den Blutungen herstammt, die im übrigen allmählich resorbiert werden. Das junge zellreiche Granulationsgewebe geht später in kernarmes Narbengewebe über. Da es sich um einen progredienten Vorgang handelt, werden die tieferen Schichten der Membranen aus altem Narbengewebe gebildet, während die jüngst aufgelagerten Schichten das oben geschilderte Aussehen frischen Granulationsgewebes haben. Wenn es zu größeren Blutungen in den Membranen kommt, so entsteht das sog. *Hämatom der dura mater*. Hierbei kann es durch Eindellung des Gehirns klinisch zu apoplektiformen Insulten kommen. Derartige größere, länger bestehende Blutergüsse können noch resorbiert werden und zur Entstehung von z. T. umfangreichen, oft mehrkammerigen Cysten mit an Dicke wechselnder Wandung Anlaß geben. Diese mit gelblich-serösem Inhalt gefüllten Cysten werden als Hygroma durae matris bezeichnet. Bei Verschwartung ihrer Wände können Kalkablagerungen und Verknöcherungen auftreten. Kalkkonkremente (sog. Psammomkörper) werden auch an anderen Stellen der Membranen zum Teil in zahlreicher Menge beobachtet. *Ätiologisch* spielen mehrere Faktoren eine Rolle. Die P. h. i. wird bei verschiedenen Infektionskrankheiten (Masern, Scharlach, Variola, Typhus, Keuchhusten, Milzbrand, Sepsis, Lues, Tuberkulose), bei Blutkrankheiten (Perniciosa, Leukämien), bei Avitaminosen (Skorbut, *Möller-Barlow*sche Krankheit), bei chronischer Stauung infolge Herzfehler, bei Urämie, aber auch bei Schrumpfungsvorgängen im Gehirn (Atrophie) und bei intrakranieller Druckerhöhung (Gewächse) gefunden. Häufig kann sie auch bei Potatoren nachgewiesen werden, wobei der Alkohol wohl nur als prädisponierendes Moment angesehen werden muß. Schließlich können auch mechanische Traumen die Ursache sein, wie sie vor allem durch Geburtsschädigungen zustandekommen.

Von *gerichtlich-medizinischer* Bedeutung ist die P. h. i. insofern, als es bei ihr bereits bei geringen Erschütterungen des Kopfes zu erneuten Blutungen mit ihren Folgeerscheinungen im Bereich vorhandener Membranen kommen kann. Die Entscheidung, ob es sich um eine zufällige spontane Blutung oder eine Folge des Traumas bei eigentümlicher Leibesbeschaffenheit handelt, kann sehr schwierig sein (vgl. d. Art.: Nervenkrankheiten und Trauma).

*Schrifttum.*

*v. Hofmann-Haberda:* Lehrbuch der gerichtl. Medizin. Berlin u. Wien 1927. — *Kaufmann:* Lehrbuch der speziellen pathologischen Anatomie. Berlin u. Leipzig 1929. — *Pette:* Erkrankungen der Hüllen des Zentralnervensystems. Handb. der Neurologie, herausgegeben von *Bumke* und *Förster.* **X.** Berlin 1936. — *Schmid, B.:* Zur Diagnostik, Entstehung und Operationsindikation des subduralen Hämatoms. Arch. klin. Chir. **194** (1939).     *Matzdorff.*

**Päderastie** siehe *Sittlichkeitsverbrechen; Unzucht.*

**Paedicatio** siehe *Cunnilingus; Unzucht.*

**Paedophilia erotica.** (Vgl. auch Art.: Sittlichkeitsverbrechen.)

Bei der *Paedophilia erotica* handelt es sich um eine sexuelle Neigung zu Kindern. Es erscheint begreiflich, daß wegen der Gefahren des Milieus Lehrer nicht selten Unzucht mit Kindern treiben. Zu erwähnen ist die mangelhafte Erfahrung mancher Junglehrer, denen es in Ausnahmefällen an der nötigen Zurückhaltung den Kindern gegenüber fehlt.

Ein Beispiel ist das folgende: Ein Lehrer reiste nach Florenz, um sich dort in der alten Kunst umzusehen. Er kam mit zahlreichen Bildern, welche Nuditäten darstellten, zurück, zeigte den Kindern diese Bilder und fand einen Gefallen daran, ihnen die Genitalien zu schildern. In abstoßender Weise klärte er die beiden Geschlechter über sexuelle Fragen auf, bestellte sich in den Pausen auf sein Zimmer Schulmädchen, die ihm nach seiner Angabe bei der Durchsicht der Hefte helfen sollten, und verging sich an ihnen. Er nahm eine sog. „Aufklärung der Jugend" vor, indem er ein entkleidetes Mädchen und einen entkleideten Knaben gegenüberstellte und den Kindern die Genitalien des andern Geschlechts zeigte. Auch zeigte er den Mädchen die Spermatozoen, die er durch Friktion bei den Knaben gewonnen hatte. Durch sein gemeingefährliches Verhalten vergiftete er die Moral der ihm anvertrauten Jugend, was zum Teil darin zum Ausdruck kam, daß in der Gemeinde, in der seine Schule war, sehr häufig Geschlechtsverkehr zwischen Knaben und Mädchen vorkam. Auch wurden mehrere Fälle der Schwängerung von Mädchen durch die Knaben berichtet.

Als besonders drastisch und grauenhaft wird das Verhalten eines Lehrers geschildert, der eine große Anzahl von Kindern zur Befriedigung seiner Geschlechtslust mißbrauchte: H., geboren am 6. 12. 1893. Eineiiger Zwilling. Jüngstes Kind unter acht Geschwistern. Er ist im Körperbau zurückgeblieben und nur 1,44 m groß. Genitalien sind im Stadium der Pubertät stehengeblieben. Nach Besuch der Volksschule machte er 1918 sein erstes Lehrerexamen. Wegen seines Mindermaßes wurde er kein Soldat. Bis zu seiner Festnahme war er Lehrer. Ehe kinderlos. Durch die Wucht der anfangs zögernden Aussagen der von ihm mißbrauchten Kinder sah sich H. zu einem freimütigen Geständnis veranlaßt. Hiernach hat er schon im jugendlichen Alter große Freude an schön gewachsenen Kindern gezeigt. Im Alter von 13—14 Jahren begann H. zu onanieren. Auf der Präparandie betätigte er sich mit Altersgenossen gleichgeschlechtlich. In W. mißbrauchte

er im Laufe von 14 Jahren etwa 120 Kinder zur Befriedigung seiner Geschlechtslust. Regelmäßig ging er dabei so vor, daß er in den ersten Schuljahren den Kindern die Brust und den bedeckten Geschlechtsteil abtastete, nachdem er sie zu diesem Zwecke in die hintersten Bänke gesetzt hatte. Auf diese Weise versuchte er vorzufühlen, welche Kinder seinem Treiben geneigt waren. Die Kinder, an denen der H. Gefallen hatte und die ihm zu diesem Zwecke geeignet und willig erschienen, bearbeitete er dann planmäßig weiter. Er bestellte sie unter irgendeinem Vorwand in seine Wohnung, begann dort mit aufklärenden Redensarten, zeigte ihnen Bilder nackter Körper und anatomische Zeichnungen, wie Geschlechtsteile und Uterus der Frau, um so die Kinder geschlechtlich zu erregen. Dann verführte er die Kinder zu Unzuchtshandlungen. Dem H. kam es weniger auf das Geschlecht der Kinder an, als darauf, daß es nette, gutgewachsene, im Pubertätsalter stehende Kinder waren. Zum Teil kam der H. bei seinen Unzuchtshandlungen zu einer Art Geschlechtsverkehr, der bei seinem mangelhaften Körperbau aber nicht zum regelrechten Beischlaf führte. Dieser ist ihm auch nicht einmal bei seiner Ehefrau gelungen, was zum Teil auf den Körperbau seiner Frau geschoben wurde. Der H. hat zwar wiederholt sein Glied in die Scheide der Mädchen gesteckt und beischlafähnliche Bewegungen dabei vorgenommen; jedoch war diese Betätigung nur eine Art des Onanierens. Alle möglichsten Arten widerlichster Perversitäten erdachte sich der Angeklagte, die er dann mit seinen Opfern ausführte. Daneben war er immer noch auf Erhaltung und Stärkung seiner Potenz und geschlechtlichen Erregungsfähigkeit bedacht und kaufte sich zu diesem Zweck elektrische Apparate, mit denen er sein Glied und seine Hoden massierte. In manchen Fällen der Unzuchtshandlungen zog sich H. völlig aus, badete sich und sein Opfer, erregte die Kinder durch Reiben an deren Geschlechtsteil und ließ seinen Geschlechtsteil von den Kindern ablutschen, nachdem er ihn zuvor mit Marmelade, Zucker oder Schokolade bestreut hatte. Auch nahm er den Geschlechtsteil der Kinder in den Mund und lutschte an Brüsten und Scheiden der Mädchen. In fast allen Fällen solcher oder ähnlicher Unzuchtshandlungen kam es bei dem H. zum Samenerguß, mit dem er auch noch seine Opfer auf dem nackten Leib oder auf den Schenkeln besudelte. Zuweilen kam es auch vor, daß er den Mädchen Brüste und Scheide beleckte, die Mädchen nackt photographierte und mit ihnen Nackttänze aufführte und von den Mädchen seinen mit Süßigkeiten präparierten Geschlechtsteil lutschen ließ. Es kam immer dabei zum Samenerguß. H. war weder geisteskrank noch geistesschwach, sondern vielmehr intellektuell überbegabt. Er verfügt über ein ausgezeichnetes Gedächtnis. Die Einzelheiten seines Lebens und seiner teuflischen Handlungen weiß er mit einer geradezu minutiösen Genauigkeit zu berichten. Seine ihm eigene Willenskraft benutzte er nicht zur Bekämpfung seines abnormen Triebes, sondern ließ sich im Laufe der Jahre immer hemmungsloser von ihm treiben. Wenn er auch infolge seiner abnormen körperlichen Verfassung als körperlich infantil angesehen werden muß, so ist dennoch sein Intellekt normal. Er war stets in der Lage, das Ungesetzliche seiner Handlungen zu erkennen und seinen Willen dementsprechend zu bestimmen. Da der H. seine Stellung als Erzieher und Lehrer dazu mißbrauchte, die ihm anvertraute Schuljugend seit über 14 Jahren sich sexuell hörig zu machen und zwar unter Ausnutzung der Autorität und der langsamen Gewöhnung der Kinder an seine Scheußlichkeiten, wurde er zur höchstzulässigen Strafe von 15 Jahren Zuchthaus verurteilt. Die bürgerlichen

Ehrenrechte wurden ihm auf zehn Jahre aberkannt. Unter Berücksichtigung seiner überstarken sexuellen Aktivität hielt das Gericht seine Entmannung für notwendig, weil dadurch nach menschlicher Voraussicht der Geschlechtstrieb des H. ausgerottet werden würde. Besonders erschwerend war die Tatsache, daß ihn auch nicht die Furcht vor Entdeckung von seinen Scheußlichkeiten abhielt. Ihm war die Sittenverderbnis, die er über seine Opfer brachte, gleichgültig. Er war zu einem Gewohnheits- und Sittlichkeitsverbrecher geworden, dessen Hang zu Unzuchtshandlungen so stark war, daß er eine große Gefahr für die menschliche Gesellschaft darstellte.

Bei der Paedophilia erotica handelt es sich häufig um Vergehen alter Leute, die an cerebraler Arteriosklerose oder an seniler Seelenstörung leiden. Sie werden in späteren Jahren kriminell, nachdem sie bisher ein völlig straffreies Leben geführt hatten. So lernte der Verfasser einen alten, sehr hohen Offizier kennen, der im Alter von 75 Jahren erstmalig mit dem Strafgesetz in Konflikt kam. Er hatte sich nach einem tadellosen Leben an Knaben und Mädchen vergangen. Die Untersuchung ergab einwandfrei eine senile Seelenstörung, die zur Exkulpierung gemäß § 51 Abs. 1 führte. Kurze Zeit später fand die Sektion statt, nachdem der Offizier an den Folgen eines Schlaganfalles gestorben war. Große Zurückhaltung ist dagegen hinsichtlich der Begutachtung derjenigen Leuten geboten, die in späteren Lebensjahren zur Anklage kommen, nachdem sie schon viele Jahre vorher einschlägig bestraft waren. Hier ist also weniger das hohe Alter mit seinen körperlichen und seelischen Erscheinungen zu berücksichtigen, als die Tatsache, daß diese Leute offenbar einen Hang zum Verbrechen haben.

Strafrechtlich kommt in Frage § 176 Abs. 3: Mit Zuchthaus bis zu zehn Jahren wird bestraft, wer an Personen unter 14 Jahren unzüchtige Handlungen vornimmt oder dieselben zur Ausübung oder Erduldung unzüchtiger Handlungen verleitet.

Zu erwähnen ist auch § 174. Dieser Paragraph behandelt die Unzucht mit minderjährigen Pflegebefohlenen unter Mißbrauch eines Vertrauensverhältnisses: So werden mit Zuchthaus bis zu fünf Jahren bestraft: 1. Vormünder, welche mit ihren Pflegebefohlenen, Adoptiv- und Pflegeeltern, welche mit ihren Kindern, Geistliche, Lehrer und Erzieher, welche mit ihren minderjährigen Schülern oder Zöglingen unzüchtige Handlungen vornehmen. 2. Beamte, die mit Personen, gegen welche sie eine Untersuchung zu führen haben oder welche ihrer Obhut anvertraut sind, unzüchtige Handlungen vornehmen. 3. Beamte, Ärzte oder andere Medizinalbeamte, welche in Gefängnissen oder in öffentlichen, zur Pflege von Kranken, Armen oder anderen Hilflosen bestimmten Anstalten beschäftigt oder angestellt sind, wenn sie mit den in das Gefängnis oder in die Anstalt aufgenommenen Personen unzüchtige Handlungen vornehmen.

Sehr leicht können solche Persönlichkeiten unter Anklage gestellt werden, welche als Ärzte oder auch als Erzieher nicht das nötige Abstandsgefühl gegenüber ihren Zöglingen wahren. Handelt es sich um Beschuldigungen von Erziehern in Fürsorgeerziehungsanstalten, so ist es dringend geraten, bei dem bekannten Mangel an Aussagetreue der Fürsorgezöglinge in der gutachtlichen Kritik vorsichtig zu sein. Man hüte sich, den Fürsorgezöglingen in Bausch und Bogen Mangel an Aussagetreue zu bescheinigen, obwohl sich erfahrungsgemäß unter den Fürsorgezöglingen sehr viele Psychopathen befinden. Die Entscheidung, ob ad hoc der in Frage kommende Zeuge unter den Fürsorgezöglingen glaubwürdig ist oder nicht, mag der Richter treffen. Der Arzt kann ihm nur die nötigen Unterlagen für seine Beurteilung der Glaubwürdigkeit der Zeugen geben. In einem Prozeß, in dem Erzieher beschuldigt wurden, gab der Verfasser auf die Frage, ob verschiedene Zeugen unglaubwürdig seien, zur Antwort, es handele sich bei den Zeugen um Psychopathen, die häufig einen Mangel an Aussagetreue darböten. Die Frage, ob sie ad hoc glaubwürdig seien, müsse dem Ermessen des Gerichts überlassen werden. Im Verlaufe des Prozesses stellte sich das bemerkenswerte Ergebnis heraus, daß während der Aussage dieser jugendlichen Zeugen zwei beschuldigte Erzieher überraschenderweise ein Geständnis ablegten und damit die Aussage der Zeugen bestätigten. *Többen.*

## Palimpsest-Photographie. (Vgl. auch Art.: Photographie.)

Der Begriff „Palimpsest" stammt aus dem Griechischen und bedeutet „wiederabgekratzt". Man verwendet ihn für alte Pergamenthandschriften, bei denen — sei es wegen der Knappheit des Materials oder aus anderen Gründen — die ursprüngliche Schrift durch Abschaben oder Abscheuern entfernt und ein- oder mehrmals durch neue Schriftzeichen ersetzt worden ist. Die Palimpsestforschung ergründet die Art und den Inhalt der früheren getilgten Schriften. Die Erfolgsaussichten hängen zunächst von dem Alter der Palimpseste und der Art der benutzten Tinten ab. Die älteren (aus der Zeit vom vierten bis neunten Jahrhundert) sind nicht so intensiv getilgt wie die späteren. Da die ältesten Tinten Pflanzentinten waren und somit Eigenschaften von Wasserfarben besaßen, konnten sie bereits durch einen feuchten Schwamm abgewaschen oder nach Aufweichen des Pergaments in Lauge durch Reiben mit Bimsstein entfernt werden. Später erfolgte eine intensivere Behandlung durch Abschaben mit einem Messer, weil die Tinten durch Zusatz von Galläpfelsäure haltbarer geworden waren und intensiver in das Pergament eindrangen. Es ist auch von Bedeutung, ob es sich um feineres oder gröberes Pergament handelt und insbesondere, ob es auf der Haarseite oder der Innenseite beschriftet worden ist. Ursprünglich wurden Schaf- und Ziegenfelle, später auch Kalbfelle verarbeitet. Dieses Pergament ist also nicht identisch mit dem heutigen, das aus Vegetabilien hergestellt wird. Die Sichtbarmachung getilgter Schriften auf der Hautinnenseite ist erheblich schwieriger, weil hier die Fasern des Pergaments durch die mechanische Behandlung mehr angegriffen werden. Die seit Ende des 18. Jahrhunderts einsetzende Palimpsestforschung bediente sich zur Lesbarmachung zunächst chemischer Reagenzien: Gallustinktur, Schwefelammonium, Giobertitinktur (Ferri- bzw. Ferrocyankalium mit Salzsäure), Schwefelcyankalium (mit Wasser und Salzsäure) u. a. Durch diese Mittel wurde zwar viel Text gewonnen, andererseits aber auch zerstört, sei es, daß bei mangelndem Erfolg die Reagenzien zu oft aufgetragen oder daß verschiedene Reagenzien nacheinander angewandt wurden. Schädigungen von Handschriften sind früher insbesondere durch Gallustinktur verursacht worden, womit dann auch die Erfolgsaussichten für die neueren Methoden zur Lesbarmachung, nämlich die photographischen, meist verringert sind. Grundsätzlich dürften daher chemische Reagenzien in der Palimpsestforschung zu vermeiden sein. Die ältesten photographischen Verfahren sind keine Spezialverfahren. Sie beruhen auf der Tatsache, daß durch intensive Beleuchtung, sei es mit auffallendem oder durchfallendem Licht, durch Beleuchtung unter verschiedenen Winkeln usw. größere Kontraste erzielt werden können. Auf diese Weise wurden und werden insbesondere Palimpseste mit sichtbar erhaltener Erstschrift analysiert. Als Lichtquelle kommen Bogenlampen in Frage oder Quecksilberdampflicht. Filter vor dem Glasobjektiv der Kamera erhöhen die Kontraste, wenn ihre Farbe für den Einzelfall passend ausgewählt bzw. ausprobiert wird. Für die Wiedergabe von Handschriften, die in sichtbaren oder unsichtbaren Flecken chemischer Reagenzien liegen, werden geeignete Filter stets notwendig sein. Bei der Auswahl der Platten kann man sich meist auf orthochromatische beschränken.

*Kögel* hat als erster mit größtem Erfolg die ultraviolette Beleuchtung für die Entzifferung von Palimpsesten herangezogen und dabei zwei Wege beschritten: a) die photographische Wiedergabe der Effekte, die entstehen, wenn man mit kurzwelligem Ultraviolettlicht bestrahlt, wobei diese Strahlung reflektiert bzw. teilweise absorbiert wird. Auch hier ist als Lichtquelle die Quarzlampe sehr geeignet. *Kögel* empfiehlt immer wieder Aufnahmen mit Strahlen von 366 oder 313 m$\mu$. Im ersteren Falle wird als Filter eine Blauviolglascuvette dicht vor oder hinter einer gebräuchlichen Glasoptik eingeschaltet. Dadurch werden die sichtbaren Strahlen, auch etwa vorhandene Fluorescenz, von der Platte abgehalten. Die Aufnahmen im Bereich der Strahlen von 313 m$\mu$ bzw. der nächst kürzeren erfordern Quarzoptik und z. B. ein Silberfilter (*Zeiss*-Jena). b) Das zweite von *Kögel* vorgeschlagene Verfahren bedeutet die eigentliche *Palimpsest-Photographie*. Sie beruht auf der Erzeugung und photographischen Wiedergabe der Fluorescenz von Objekten, wobei es auf den Unterschied der Fluorescenz der Schrift und des Pergaments ankommt. An sich ist es gleichgültig, *wie* die Fluorescenz erzeugt wird. Mancherlei Versuche liegen vor, die Fluorescenz mit Röntgen-, Tesla- und anderen Strahlen hervorzurufen. Am einfachsten ist jedoch wiederum die Quecksilberlampe. *Kögel* fordert auch hier möglichst spektralreines Ultraviolett der Wellenlänge 366 oder 313 m$\mu$. Es eignen sich als Filter vor der Analysenlampe Farblösungen z. B. 15%ige Kupfersulfatlösung oder ultraviolettdurchlässige Gläser wie Blauviolglas oder Uviolglas. Die Fluorescenz wird meist visuell zu beobachten sein und mit gewöhnlicher Glasoptik photographiert. Reflektierte ultraviolette Strahlen sind für die Aufnahmen unerwünscht, da sie ein zweites verzerrtes Bild auf der Platte hervorrufen und das Fluorescenzbild verschleiern. Sie werden durch Filter z. B. in Form einer Glascuvette mit einer Triphenylmethanlösung (0,5 g in 70 ccm abs. Alkohol bei 5 mm Schichtdicke) nach *Kögel* oder durch Glasfilter z. B. das Filter GG 4 2 mm von *Schott u. Gen.* von der Kamera ferngehalten. Die Aufnahmezeit dauert gewöhnlich Stunden, weil die Fluorescenzstrahlung wegen der geringen Intensität nur schwach auf die Photoplatte wirkt.

Die von *Kögel* in seiner Monographie: „Die äquimensurale Ultraviolett- und Fluorescenzphotographie" beschriebene Apparatur und Aufnahmetechnik für die naturgroße oder fast naturgroße Darstellung von Objekten, die nicht mit mikroskopischen Mitteln betrachtet werden, ist wissenschaftlich ausgezeichnet fundiert und liefert hervorragende Ergebnisse. Die Anwendung dieses Verfahrens bei Fragestellungen, die an den praktischen Kriminalisten herantreten, dürfte aber selten sein, schon weil die Apparatur sehr kompliziert und teuer ist.

Auf den Erfahrungen der Palimpsest-Photographie fußend und durch Ausbau eigener Methoden hat die Kriminalistik seit Jahren mit einfacheren Mitteln nach den vorher geschilderten Gesichtspunkten die ultravioletten Strahlen und andere Strahlengebiete ihren Zwecken dienstbar gemacht (s. d. Art.: Photographie).

*Schrifttum.*

*Danckwortt, P. W.:* Lumineszenz-Analyse. Leipzig 1928. — *Kögel, P. R.:* Die Palimpsestphotographie. Halle 1920. — *Kögel,*

*P. R.:* Die äquimensurale Ultraviolett- und Fluorescenzphotographie. *Abderhalden*s Handb. der biol. Arbeitsmethoden. **2.** Berlin u. Wien 1928. — *Mayer, R. M.:* Die gerichtliche Schriftuntersuchung. *Abderhalden*s Handb. der biol. Arbeitsmethoden. **12 II.** Berlin u. Wien 1933. **Goroncy.**

**Palladiumchlorürmethode** siehe *Kohlenoxyd.*

**Paltaufsche Flecken** siehe *Tod durch Ertrinken.*

**Pankreatitis haemorrhagica** siehe *Plötzlicher Tod aus natürlicher Ursache.*

**Pánthesin** siehe *Lokalanaesthetica außer Cocain.*

**Pantocain** siehe *Lokalanaesthetica außer Cocain.*

**Pantopon** siehe *Opiumalkaloide und verwandte Stoffe.*

**Papageienkrankheit** siehe *Bakteriologische Untersuchungen in der gerichtlichen Medizin.*

### Papaveraceenalkaloide.

Bei den Papaveraceenalkaloiden haben wir zu unterscheiden: a) die *Isochinolinbasen des Opiums:* Papaverin, Narcotin, Narcein, Cryptopin, Laudanosin; b) die *Chelidoniumalkaloide:* Chelidonin, Chelerythrin; c) die mit den Papaveraceenalkaloiden chemisch sehr nahe verwandten *Corydalisalkaloide:* Corydalin, Bulbocapnin, Protopin, Corytuberin; d) das *Berberin* und die *Hydrastisalkaloide:* Berberin, Hydrastin, Hydrastinin (Cotarnin).

Zu a) *Isochinolinbasen des Opiums:*

Über Vergiftungen mit einzelnen Alkaloiden ist wenig Zuverlässiges bekannt. Frühere toxikologische Erfahrungen sind vorsichtig zu bewerten, da die Präparate meist mit narkotisch oder tetanisch wirkenden Opiumbasen (Morphin, Thebain) verunreinigt waren. Die Giftigkeit dieser Alkaloide scheint bedeutend geringer zu sein wie früher angenommen.

*1. Papaverin:* $C_{20}H_{21}NO_4$; krist. in Prismen, F. = 147°, unlöslich in Wasser, schwer in Äther und Benzol, leicht in warmem Alkohol. Geschmacklos, reagiert neutral. Zu etwa 1% im natürlichen und medizinalen Opium. *Offizinell Papaverinum hydrochloricum.*

*Wirkungscharakter:* Lähmt glatte Muskulatur, wirkt außerdem lokalanästhetisch. Verwendung als Spasmolyticum, auch bei Hypertonie, ferner zu Abortverhütung usw. Wird im Organismus fast völlig zersetzt; im Urin nur Spuren.

*Vergiftung:* Nach 0,2—0,4 g Mattigkeit, Muskelschwäche, Tachykardie, später Bradykardie, tiefer, anhaltender Schlaf.

*Dosis medicinalis:* Papaverinsalze zu 0,02—0,06 g per os, s. c. und i. m. Auch in vielen Kombinationspräparaten wie *Papavydrin, Eupaco* usw. Auch synthetische Derivate von papaverinartiger Wirkung und ähnlich geringer Toxizität: *Eupaverin, Perparin* zu 0,02—0,04 g als Spasmolyticum.

*Dosis toxica:* Nicht genauer bestimmbar. Toxische Wirkungen wohl erst von einigen Dezigrammen an.

*2. Narcotin:* $C_{22}H_{23}NO_7$; krist. in Nadeln, F. = 174—176°. Fast unlöslich in kaltem, schwer in heißem Wasser und in Äther, leichter in Alkohol; Base ist linksdrehend, reagiert nicht alkalisch, schmeckt bitter. Lösungen der Salze sind beständig. Narcotin findet sich zu 4—6% im Opium.

*Wirkung:* Nicht narkotisch! Ist sehr wenig toxisch für den Menschen; therapeutisch als Antineuralgicum zu 0,05 g s. c.

*Vergiftung:* Nach 0,07—0,15 g Kopfschmerzen, Gesichtsrötung, Pupillenerweiterung, Schwitzen, Wärmegefühl, dann Mattigkeit, Schläfrigkeit.

*3. Narcein:* $C_{23}H_{22}NO_8$. Krist. in Prismen oder Nadeln, F. = 170°. Wenig löslich in kaltem, löslicher in warmem Wasser und Alkohol. Optisch inaktiv. Zu weniger als 1% im Opium. Nach neueren Erfahrungen wenig toxisch. Therapeutisch zu 0,05 g als Antineuralgicum.

*Vergiftung*: Nach 0,1 g Trockenheit im Mund, Kopfweh, Schwitzen, Benommenheit, Erbrechen, Pulsverlangsamung, Dysurie. Junge Individuen sollen auf Narcein empfindlicher sein.

*4. Cryptopin*: $C_{21}H_{23}NO_5$; krist. in Prismen, F. = 218°. Kaum löslich in Wasser, Äther und Benzol, löslich in warmem Alkohol. Zu 0,3 % im indischen Opium. Kann zu mehreren Prozent in nicht völlig gereinigtem Papaverin enthalten sein. Wirkt lokalanästhetisch.

*Vergiftung*: Atembeschleunigung, Mydriasis, Schlaf. Im Tierversuch wirkt Cryptopin erregend auf glatte Muskulatur, namentlich Uterus.

*5. Laudanosin*: $C_{21}H_{27}NO_4$; krist. in Nadeln, F. = 89°. Unlöslich in Wasser, löslich in organischen Solventien. $[\alpha] D = +103°$. Reagiert alkalisch und schmeckt bitter.

*Wirkung*: Laudanosin ist wie die ihm isomeren Opiumalkaloide *Laudanin*, *Laudanidin* (= Tritopin) und *Codamin* ein tetanisch wirkendes Krampfgift von thebainähnlicher Wirkung.

Zu b) *Chelidonin- und Schöllkrautvergiftung* (*Chelidonium majus*):

*Chelidonin*: $C_{20}H_{19}NO_5$; kristallisiert in monoklinen Tafeln. F. = 136°; unlöslich in Wasser, löslich in Alkohol und Äther. $[\alpha] D = +115°$. Kristalle zeigen Triboluminiscenz. Reagiert alkalisch und schmeckt schwach bitter.

*Chelerythrin*: $C_{21}H_{17}NO_4 \cdot H_2O$; farblose Prismen, F. = 207°. Leicht in Chloroform, schwer in Alkohol und Äther löslich; bildet gelbe Salze, die violett fluoreszieren; Base ist optisch inaktiv.

*Vorkommen des Chelidonins und Chelerythrins*: Hauptalkaloide neben mindestens 10 anderen verwandten Basen, darunter dem mit Cheldonin isomeren *Homocheldonin*, ferner dem *Sanguinarin* und *Chelidoxanthin* (= Berberin), im gelben Milchsaft und in der Wurzel, hier am reichlichsten, von *Cheldonium majus*, *Schöllkraut* (Papaveraceae) (Europa, Asien).

*Giftwirkung*:

*1. Chelidonin und Homochelidonin*: Schwach morphinähnlich narkotisch, lokalanästhetisch und lähmend auf quergestreifte Muskulatur. Soll auch papaverinähnlich spasmolytisch wirken. Toxisch von etwa 0,05 g an. 0,1 g Chelidonin bewirkte stundenlange Salivation, Nausea und Schwäche in den Gliedern.

*2. Chelerythrin*: Wirkt lokal stark reizend, ist ein Krampfgift, bedingt Muskelstarre. Sekundär wirkt es zentral lähmend; Tod an Atemlähmung (Tierversuch).

*3. Sanguinarin*: Wirkt resorptiv stark narkotisch, dann strychninartig tetanisch; lokal erst reizend, dann lokalanästhetisch. Sanguinarin ist Hauptalkaloid der Wurzel von *Sanguinaria canadensis*, *Blutwurz* (Nordamerika, auch in Gärten kultiviert), darin bis zu 6,5 % neben Chelerythrin. Salze sind kupferrot. Als Tinktur in USA. offizinell (Expectorans und Emeticum). *Toxisch*: Erbrechen, Durchfall, Kolik, Bradykardie, Lähmung, Kollaps.

*Vergiftungserscheinungen durch Schöllkraut*: Bei äußerlicher Applikation Hautreizung bis Blasenbildung (Chelerythrin und Harze), innerlich Schwellung im Mund, Kratzen und Brennen im Rachen, Übelkeit, Erbrechen, Magenschmerzen, Koliken, Durchfälle, auch wässerig-blutig, Harndrang, Nasenbluten, Hämaturie; Mydriasis, Kollaps, Bradykardie, Somnolenz; Tod an Atemlähmung. Auf Haut auch papulöse und knötchenförmige Ausschläge.

*Vorkommen und Häufigkeit der Vergiftung*: Selten. Als Volksmittel ist der orangegelbe Milchsaft äußerlich gegen Warzen und innerlich gegen Krebs u. a. sehr verbreitet. Auch *medizinale Vergiftungen* durch galenische Präparate. Ein Todesfall nach s. c. Injektion von 0,33 g *Extractum Chelidonii* gegen Carcinom (heftigste Schmerzen, Aufregung, Fieber, Koma, Tod an Atemlähmung). Ähnlich wirkt der frische Milchsaft des einheimischen Hornmohns, *Glaucium corniculatum*.

Tödlicher Vergiftungsfall nach Genuß von *Schöllkraut* bei 4jährigem Knaben unter Kopfschmerzen, Erbrechen, schleimig-blutigem Durchfall, Benommenheit, Fieber bis 40°. Tod unter Versagen des Kreislaufs.

*Pathologisch-anatomischer Befund*: Nekrotisierende Colitis, Hyperämie der inneren Organe, trübe Schwellung der Nieren, feinkörnige fettige Degeneration der Leberzellen, Gehirnödem.

Zu c) *Corydalisalkaloide*:

*1. Corydalin*: $C_{22}H_{27}NO_4$; krist. in Prismen, F. = 134—135°. $[\alpha] D = +300°$. Mit Berberin sehr nahe verwandt. Unlöslich in Wasser, löslich in warmem Alkohol und Äther. Reagiert alkalisch.

*2. Bulbocapnin*: $C_{19}H_1NO_4$; krist. in rhombischen Nadeln, F. = 199°, optisch aktiv rechtsdrehend. In Wasser unlöslich, löslich in Chloroform.

*Vorkommen*: Hauptalkaloide von *Corydalis cava* = *Corydalis tuberosa*, Lärchensporn, Hohlwurz, und von *Corydalis solida*, gefingerter Lärchensporn (Fumariaceae); Europa, in Laubwäldern und als Unkraut in Gärten oft massenhaft. Wurzelknolle enthält 6 % und mehr den Papaveraceenalkaloiden sehr nahe verwandte Basen, an Fumar- und Apfelsäure gebunden, von denen etwa 15 gut bekannt sind. Gleiche und ähnliche Alkaloide in geringerer Menge auch im Kraut der Pflanzen. Corydalin ferner in *Corydalis fabacea* (Mitteleuropa) sowie in den als Zierpflanzen eingeführten *Corydalis nobilis* und *Corydalis lutea* (Südeuropa).

*Vergiftungen* mit Lärchenspornknollen sind bisher nicht bekannt. Toxikologisches Interesse haben die weiteren Corydalis alkaloide *Protopin* und *Corytuberin*.

*Eigenschaften*: Corydaliswurzeln im Mittelalter sehr verbreitet als Mittel gegen Lähmungen, Gliederzittern usw. (Bulbocapninwirkung). *Corydalin* und verwandte Alkaloide haben schwach narkotische Wirkung und beeinflussen die nervösen Apparate des Herzens; dadurch erst Tachykardie, dann Bradykardie und Blutdrucksenkung.

*Bulbocapnin*: Medizinisch im Gebrauch als Mittel gegen Paralysis agitans, Chorea minor, Tremorkrankheiten und motorische Erregungszustände. Bulbocapnin macht am Tier an Katalepsie erinnernde Aufhebung der willkürlichen und reflektorischen Bewegungen bei erhaltenem Tonus und ungestörter Statik der Muskulatur.

*Vergiftungserscheinungen*: beim Menschen Schwindel, Nausea, Erbrechen, oberflächliche, frequente Atmung, Tachykardie, Steigerung der Stellungs- und Haltungsreflexe. Nach intravenöser Applikation von 0,1 g Erregungszustände, nachher Schwäche und Somnolenz.

Neben katalepsieartiger Wirkung auch Schädigung der Herztätigkeit (ähnlich Corydalin) und der Atmung.

*Dosis medicinalis*: 0,1—0,15 g per os und s. c.; macht in dieser Dosis gelegentlich Somnolenz.

*3. Corytuberin*. Das mit Bulbocapnin chemisch nahe verwandte Corydalisalkaloid *Corytuberin* ist ein strychninartig wirkendes Krampfgift. Auch sonst finden sich in der Lärchenspornwurzel noch Krampfgifte mit sekundär lähmender Wirkung auf das Zentralnervensystem.

*4. Protopin*: $C_{20}H_{19}NO_5$; krist. in Prismen, F = 208°. Unlöslich in Wasser, schwer in Alkohol und

Äther, leicht in Chloroform. *Vorkommen*: außer in Corydalisarten auch in anderen Fumariaceen wie *Fumaria officinalis*, Erdrauch; in Europa als Unkraut sehr verbreitet, früher offizinell. Darin als Hauptalkaloid das hier *Fumarin* genannte *Protopin*. Dieses ferner in verschiedenen Papaveraceen, wie *Chelidonium majus*, *Dicentra-Arten* (*Dicentra = Diclytra spectabilis;* häufig in Gärten); diese enthält in der Wurzel 1% Protopin; ferner in *Eschholtzia californica* (verbreitete einjährige Gartenpflanze). In dieser neben *Chelerythrin* und dem am Menschen narkotisch wirkenden Alkaloid *Sanguinarin*. Protopin findet sich auch in *Glaucium luteum*, Hornmohn (Mittelmeer) neben dem Alkaloid *Glaucin*.

*Giftwirkung*: auf Darm lähmend; ist außerdem ein Herzmuskelgift.

Zu d) *Berberin und Hydrastisalkaloide*:

1. *Berberin* (= Chelidoxanthin): $C_{20}H_{19}NO_5$. F. = 144°. Sehr unbeständige Ammoniumbase. Chlorid krist. in orangegelben Nadeln. Wie diesem ähnliches Berberinsulfat in kaltem Wasser schwer löslich; schmeckt bitter.

*Vorkommen*: Hauptalkaloid von *Berberis vulgaris*, Berberitze, Sauerdorn (*Berberidaceae*) Europa, Asien. In Stamm und Wurzeln bis zu 1,3% Berberin. Auch in vielen asiatischen Berberidaceen wie *Berberis aristata, nepalensis* u. a. Ferner in Wurzel und Stamm von *Mahonia aquifolium* (Nordamerika; in ganz Europa häufig in Gärten). Ferner als Hauptalkaloid im Rhizom und in ganzer Pflanze von *Hydrastis canadensis*, kanadisches Wasserkraut, „Golden Seal" (Ranunculaceae), Nordamerika; Pflanze enthält außerdem das Alkaloid *Hydrastin*.

*Therapeutisch* als Stomachicum und Tonicum; s. c. als Specificum bei Orientbeule und Darmleishmaniosen in 2%iger Lösung.

*Vergiftung*: von 1,0 g Berberin an ist mit ernsteren Symptomen, wie Benommenheit, Kollaps zu rechnen. Nach arzneilichen Gaben leichte Benommenheit, Erbrechen, Nasenbluten, Durchfälle. Ausscheidung nach Aufnahme per os rasch durch Urin in beträchtlicher Menge.

*Dosis medicinalis*: Berberin-HCl und -Sulfat zu 0,05 bis 0,1 g per os, zu 0,02 g s. c.

*Dosis toxica*: von 0,1—0,2 g an aber nur bei längerem Gebrauch. Wirkt offenbar, wie Emetin, kumulativ.

2. *Hydrastin*: $C_{21}H_{21}NO_6$; krist. in rhombischen Prismen. F. = 132°. [α] D = —50° in abs. Alkohol. Fast unlöslich in Wasser, löslich in heißem Alkohol, in Chloroform und Benzol. Lösungen schmecken bitter und sind alkalisch. Chemisch dem Narcotin sehr nahe verwandt.

*Vorkommen*: im Rhizom von *Hydrastis canadensis* zu 0,5—2,5% neben dem im Wurzelstock zu 3—4% vorhandenen Berberin, aus welchem es auch synthetisch gewonnen wird.

*Wirkung*: als Haemostypticum des Uterus und als Sedativum bei Dysmenorrhöe. Wirkt nicht narkotisch; ist tetanisches Krampfgift wie Strychnin und Herzgift (Tierversuch). Beim Menschen wenig toxisch, macht Blutdrucksteigerung.

*Vergiftung*: Nach längerem Gebrauch von Extract. Hydrastidis Erregung, Halluzinationen, Delirien, Bewußtlosigkeit, Pulsschwäche. Bei Herzkrankem nach 40 Tropfen Fluidextrakt Herzschwäche, Stauung, Lungenödem. Nach 9 g Fluidextrakt Zirkulationsschwäche, Dyspnoe, Cyanose; ferner Mydriasis, Kopfschmerzen, Schwindel, Ohnmacht; auch Übelkeit, Erbrechen, Durchfall. Auslösung von stenokardischen Anfällen soll bei dazu Disponierten vorgekommen sein.

3. *Hydrastinin*: $C_{11}H_{13}NO_3$. Farblose Nadeln, F. = 116—117°, optisch inaktiv. Wenig löslich in Wasser, leicht in organischen Solventien. Base ist

stark alkalisch. Wird aus Hydrastin durch oxydative Spaltung künstlich gewonnen. Der therapeutischen Wirkung nach mit Hydrastin identisch, aber stärker wirkend. Offizinell: *Hydrastininium chloratum*.

*Vergiftungen*: Kein Herzgift wie Hydrastin, lähmt Atemzentrum (Tierversuch). Beim Menschen wenig toxisch, meist nur Übelkeit, Erbrechen. *Medizinale* Vergiftungen und durch willkürliche Überdosierung. Nach 0,4 g Hauthyperästhesie, Ermüdung, leichte Lähmungserscheinungen. Ausscheidung durch Urin, zum Teil unverändert, auch durch Speichel, Galle, Darm.

*Dosis medicinalis*: *Rhizoma Hydrastidis*: 0,5 g, *Extr. Hydrastidis sicc.*: 0,05 g, *Extr. Hydrastidis fluid.*: 0,3 g, *Hydrastinum*: 0,03 g, *Hydrastininium chloratum*: 0,02 g.

4. *Cotarninium chloratum* (= Stypticin): blaßgelbes Pulver, optisch inaktiv. Leichtlöslich in Wasser und Alkohol. Wird aus Narcotin durch oxydative Spaltung gewonnen. *Dosis medicinalis*: per os und s. c. zu 0,1 g. Als phthalsaures Salz = *Styptol* zu 0,03 g. Wenig toxisch, ähnlich Hydrastinin.

*Schrifttum*

*Alkan:* Die Wirkung der Alkaloide von Chelidonum majus auf den Magendarmkanal. Arch. Verdgskrkh. **43**, 46 (1928). — *Chopra, R. N., B. B. Dikshit* u. *J. S. Chowhan:* Pharmacological action of berberine. Indian J. med. Res. **19**, 1193 (1932). — *Chopra, R. N.:* Narcotine, its pharmacological action and therapeutic uses. Indian J. med. Res. **18**, 35 (1930). — *Cooper, N.* u. *R. Hatcher:* A contribution to the pharmacology of narcotine. J. of Pharmacol. **51**, 411 (1934). — *Erben, F.:* Vergiftungen. **2** II, 392 u. 518. Wien 1910. — *Gadamer, J.:* Über die Chemie der Chelidoniumalkaloide. Arch. Pharmacie **257**, 298 (1919); **258**, 148 (1920); **262**, 249 u. 452 (1924). — *Geßner, O.:* Die Gift- und Arzneipflanzen von Mitteleuropa. 44 u. 47. Heidelberg 1931. — *De Giacomo, U.:* Sul comportamento del tono muscolare nella sindroma da bulbocapnina. Boll. Soc. Biol. sper. **6**, 974 (1931). — *Guth:* Über die Wirkung des Chelidonins. Ther. Mh. **10**, 516 (1897). — *Gutsmuths:* Über einen Todesfall nach einer subkutanen Einspritzung von Extractum Chelidonii majoris. Z. Med.-beamte **11**, 66 (1898). — *Joachimoglu, G.* u. *E. Keeser:* Hydrastisalkaloide. In: *Heffter:* Handb. der exper. Pharmakologie. **2**, 1120. Berlin 1924. — *Kobert, R.:* Lehrbuch der Intoxikationen. 2. Aufl. **2**, 1101. Stuttgart 1906. — *Koopmann, H.:* Tödliche Schöllkraut-Vergiftung (Chelidonium majus). Slg. Verg.-Fälle A **682**. — *Lewin, L.:* Gifte und Vergiftungen. 595 u. 640. Berlin 1929. — *Luduena, F. P.:* Action pharmacodynamique de la Cryptopine. C. r. Soc. Biol. Paris **129**, 1214 (1938). — *Meco, O.:* Azione fisiologica e terapeutica della bulbocapnina nell'uomo. Riv. Pat. nerv. **42**, 706 (1933). — *Mercks Jahresbericht:* Über Papaverin. **31** u. **32** (1919). — *Schroeder, W. v.:* Untersuchungen über die pharmakologische Gruppe des Morphins. Arch. f. exper. Path. **17**, 138 (1883). — *Sichting:* Therapeutische Wirkungen des Papaverins und Narceins. Diss. Bonn 1869. — *Starkenstein, E.:* Papaveraceenalkaloide. In: *Heffter:* Handb. der exper. Pharmakologie. **2**, 817, 992 u. 1094. Berlin 1924. — *Trier, G.:* Die Alkaloide. 2. Aufl. 429, 524, 569, 575, 593, 629. Berlin 1931. **H. Fischer.**

**Papaverin** siehe *Papaveraceenalkaloide*.

**Papier** (= P.).

Unter P. soll hier nicht nur Schreib-P. zu verstehen sein. Es sollen hier auch Pack-P., Einwickel-P., Zeitungs-P., Druck-P., Zeichen-P., Karton, Pappe usw. behandelt werden. Eine eingehende Behandlung sämtlicher heute auf der Erde hergestellter und verwendeter Papiere würde den möglichen Umfang dieses Werkes sprengen. Es muß also bei der Besprechung von P. weitgehend auf die Artikel „Faserstoffe" (s. d.) und „Holz" (s. d.) zurückgegriffen werden. Alle P.rohstoffe, welche in diesen Abschnitten näher besprochen wurden und bei denen auch die mikroskopischen Charakteristica angegeben wurden, sollen dort aufgesucht werden.

Für die Beurteilung und die Analyse eines Papieres ist es nicht nur wichtig festzustellen aus welchen Fasern oder Fasergemischen das P. besteht. Es spielt auch die Art der Leimung, Füllung, Beschwerung usw. eine Rolle. Gerade bei dem Identitätsnachweis eines Papieres mit einem anderen kann leicht der Fall eintreten, daß beide Papiere aus demselben pflanzlichen Rohstoff aufgebaut sind und trotzdem verschiedener Herkunft sein können. In diesem Falle können die Begleitmaterialen oft zur Klärung herangezogen werden.

In neuerer Zeit hat sich die Zahl der Ausgangsmaterialien zur P.bereitung ungeheuer gesteigert. Fast alle als Spinn-, Flecht-, und Polstermaterial besprochenen Fasern sind zugleich P.rohstoffe. Außerdem findet eine sehr große Anzahl von Hölzern Verwendung als Ausgangsmaterial zur P.fabrikation. Neben diesen Rohstoffen spielen vor allem die Fasern von Stroh der Getreidearten und von anderen Gräsern eine große Rolle. Es gibt auch Fasern, die nur oder fast ausschließlich zu P. verarbeitet werden. Diese sollen hier näher beschrieben werden. Im Anschluß daran soll kurz auf alte Papiere eingegangen werden.

Mit der Erfindung der sog. „*gefilzten Papiere*", die aus mehr oder minder feinen Fasern zusammengesetzt sind, verschwanden nach und nach alle anderen Beschreibstoffe. Die gefilzten Papiere stehen heute in der ganzen zivilisierten Welt in ausschließlicher Verwendung.

*Untersuchungsmethoden:* Man wird eine Probe des zu untersuchenden Papieres zuerst immer mit Phloroglucin-Salzsäure behandeln. Holzpapiere, Strohpapiere, welche aus verholzten Fasern bestehen, werden sich mehr oder minder deutlich rot färben. Auch Mischpapiere aus verholzten und nicht verholzten Komponenten geben eine rötliche bis rote Färbung. Papiere aus unverholzten Rohstoffen behalten ihre Eigenfarbe, auf alle Fälle färben sie sich nicht in rot um. Damit ist schon eine Zweiteilung der Rohstoffe getroffen. Dabei muß man sich aber immer dessen bewußt bleiben, daß in seltenen Fällen an und für sich verholzte Rohstoffe vor ihrer Verwendung des Ligningehaltes beraubt worden sein können. In diesem Falle gibt das daraus hergestellte P. keine Holzreaktion mehr. Ein anderer Teil der P.probe wird auf einen Objektträger mit der Spitze in einen Tropfen Wasser gelegt und nach kurzer Zeit durch gelindes Streichen mit der Schneide eines Skalpells oder Messers sorgfältig in die Einzelfasern zerlegt, zerfasert. Dabei ist darauf zu achten, vor allem bei dicken Papieren, daß man tatsächlich bei der Zerfaserung durch die ganze Dicke des Papieres kommt, da es Papiere gibt, deren Oberflächenlamellen andere Zusammensetzung haben als der Kern des Papiers. Lassen sich bei Pappen, Kartons usw. die Lamellen leicht voneinander trennen, so ist es zweckmäßig, sie vorher zu trennen und die einzelnen Lamellen für sich zu zerfasern und zu untersuchen. Das zerfaserte Material wird im Wasser gleichmäßig verteilt, mit einem Deckglas bedeckt und mikroskopiert. Man darf nicht erwarten, daß die Elemente, aus denen sich der verwendete P.rohstoff aufbaut, sich nun im mikroskopischen Präparat unverändert präsentieren. Durch die starke mechanische Beanspruchung des Ausgangsmaterials beim Holzschliff z. B., bei der oft vorgenommenen chemischen Aufschließung werden die Elemente großenteils weitgehend verändert, zerbrochen, zerrissen, geknickt, verknäuelt usw. Oft sind die Wände der Zellenelemente stark gequollen, die Wandstrukturen, die Zeichnungen undeutlich geworden. Bei einiger Übung und Geduld ist es aber immer möglich, einzelne Elemente zu finden, welche die Diagnose eindeutig gestatten. Oft empfiehlt es sich, die P.fasern zu färben, da durch die Farbstoffaufnahme die Strukturen der Zellwände oft deutlicher erscheinen. Als Farbstoffe ist Methylenblaulösung 1:1000 oder alkoholische Safraninlösung (1%) oder Fuchsinlösung zu empfehlen. Auch Chlorzinkjodlösung eignet sich zur P.untersuchung recht gut.

*Holz-P. und Holzcellulose:* Der in der neuesten Zeit wichtigste Rohstoff für P. ist Holz geworden. Sind früher zur P.bereitung nur wenige Holzarten verwendet worden, jene Arten, deren Holz langfaserig, wenig gefärbt, weich und ziemlich frei von Kernstoffen und Harzen war, so hat man in der neuesten Zeit fast alle Hölzer zur P.- und Zellstoffbereitung herangezogen, die im Erzeugungsgebiet in so großer Menge vorhanden sind, daß die Belieferung der Fabriken mit dem Rohstoff sichergestellt ist. Man muß also bei der P.untersuchung mit fast allen Hölzern rechnen, die bestandsbildend auftreten. Ausgenommen sind eigentlich nur die wertvollen Hölzer, die Edelhölzer, welche ihrer besonderen Eigenschaften wegen als Bau-, Möbel-, Schiffsholz usw. eine besondere Rolle spielen. Heute werden so ziemlich alle in großen Beständen, also waldbildend auftretenden Nadelhölzer, gleich ob europäischen oder amerikanischen Ursprungs, zu P. verarbeitet. Das gleiche gilt auch von den Laubhölzern, welche nicht allzuviel dunkle Kernstoffe führen (s. d. Art.: Holz). Beim Holz-P. sind zwei Herstellungsweisen zu unterscheiden, die sich auch im mikroskopischen Bild auswirken, einmal die Gewinnung des Holzstoffes auf rein mechanischem Wege durch bloße Zerkleinerung, Zerfaserung, welche den *Holzschliff* ergibt, und anderseits die Zerlegung des Holzes auf chemischem Weg, eine Maceration, wodurch die *Holzcellulose, Holzzellstoff* oder *Cellulose* schlechtweg entsteht.

*Holzschliff:* Bei Papieren, welche durch Schleifen des Holzes hergestellt worden sind, handelt es sich um vollkommen unverändertes Holz, das nur in kleinste Teilchen zerlegt worden ist. Aus diesem Grunde findet man in Papieren aus Holzschliff alle anatomischen Elemente, aus denen sich das als Rohstoff benützte Holz aufbaute. Diese Papiere geben auch alle Ligninreaktionen, färben sich also mit Phloroglucin-Salzsäure rot, mit Anilinsulfatlösung citronengelb. Im mikroskopischen Bild ist P. aus Holzschliff auch daran zu erkennen, daß sich zahlreiche Elemente des Holzes noch in ihrem natürlichen Verband finden, wenn auch meist einzelne Zellen und Faserzellen zerbrochen sind. Die meisten Zeitungs-, Einwickel- und Packpapiere, Pappen usw. sind Holzschliffpapiere. Daran stellen die Papiere aus Nadelhölzern wiederum die weitaus größte Menge. Coniferenholz-P. ist sofort an der Gleichmäßigkeit der das P. zusammensetzenden Elemente zu erkennen. Es kommen neben weiteren und engeren dickwandigeren Tracheïden nur noch Markstrahlelemente in Frage. Außerdem sind die typischen Coniferen-Hoftüpfel mit ihrem großen Hof (Abb. 1, 2, 4) sehr charakteristisch und leicht aufzufinden. Abb. 1 zeigt den Aufbau eines deutschen Zeitungspapiers. Es ist Fichten-Holzschliff-P., also reines Fichtenholz-P. Wie man aus den gezeichneten Stücken, welche die P. zusammensetzen, ersehen kann, ist die Struktur der Elemente gut erhalten, so daß man den Aufbau des Holzes gut rekonstruieren kann. Auch die Elemente der Markstrahlen sind erhalten. An dem Stückchen *1* in Abb. 1 sieht man, daß der Markstrahl aus zweierlei Elementen zusammengesetzt ist, aus Quertracheïden (*t*) mit Hoftüpfeln und aus Parenchymzellen (*p*) mit einfacher Tüpfelung. Das Teilchen *2* zeigt Längstracheïden mit zweierlei Hoftüpfeln einmal große Hoftüpfel, welche der typischen Tüpfelung der gemeinsamen Wand zweier nebeneinander verlaufenden Längstracheïden angehören. Die kleinen Hoftüpfel von links zeigen an die Stelle, an der diese Längstracheïde an einen Markstrahl grenzte; *3* ist eine weitlumige Tracheïde aus dem Frühjahrsholz. Dieselbe ist bei dem Schleifen flachgequetscht worden, so daß die Vorder- und Rückwand in eine

Ebene kamen. Dadurch erscheint sie ausnehmend breit, und scheinbar sind dann auf der radialen Seitenwand zwei Längsreihen von Hoftüpfeln. Das darf nicht dazu verleiten, eine Beimengung von Holzschliff anderer Coniferen, bei denen zwei und mehr

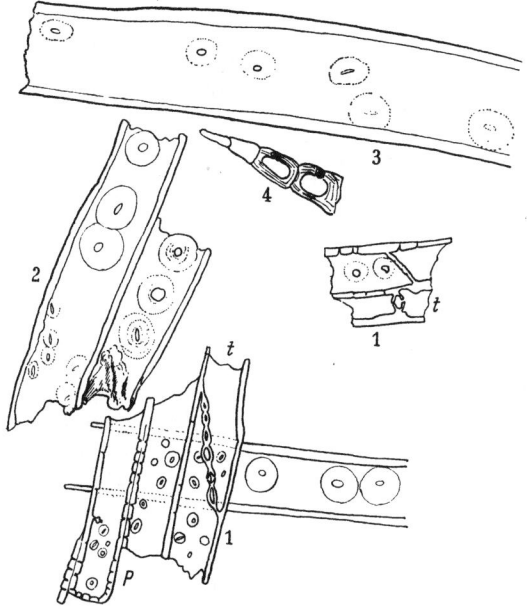

Abb. 1. Deutsches Zeitungspapier. Reiner Fichten-Holzschliff.

Reihen von Hoftüpfeln auf einer Wand sich finden, zu vermuten. Die Papiere müssen also sorgfältig mikroskopiert werden; *4* ist ein Stück eines Markstrahls in tangentialer Ansicht. Auf diese Weise können aus jedem Zupfpräparat aus P. die Holzelemente mit ihren Eigenschaften festgestellt werden (s. d. Art.: Holz). Zu Holzschliff werden fast alle Coniferenhölzer verwendet, also neben Fichte auch Tanne, Lärche, Kiefer usw. Manchmal besteht er nicht nur aus einem Holz, sondern stellt ein Gemisch von zwei, selten mehr Hölzern dar. Neben Coniferenholz findet auch Laubholz als Rohstoff Verwendung, vor allem Pappel, Weide, Birke, aber auch Buche u. a. Die Unterscheidung von Laubholzpapieren vom Nadelholz-P. gelingt in der Regel im mikroskopischen Präparat auf den ersten Blick. Laubholz-P. ist in seinem Aufbau vielgestaltiger. Die Hauptmenge des Laubholzpapiers wird in der Regel gebildet von langen, dickwandigen Holzfasern mit meist sehr dicker Wand und engem Lumen. Daneben finden sich die Glieder von echten Gefäßen, Tracheen. Außerdem treten auch Tracheïden auf. Im Holzschliff finden sich dann auch immer noch Parenchymzellen der Markstrahlen, oft auch solche von Holzparenchym, wenn eben die betreffende Holzart überhaupt Holzparenchym ausbildet. Die Perforationen der Gefäßglieder (s. S. 353) sind für die Erkennung des Holzes, aus dem das P. gewonnen wurde, von besonderer Wichtigkeit. Im Artikel: „Holz" wird bei den einzelnen Arten immer auf die Form der Durchbrechungen hingewiesen. Oft wird das Holz vor der Verarbeitung zu Holzschliff gedämpft, wodurch der „braune Holzschliff" entsteht. In dem aus diesem Schliff bereiteten P. ist die Lockerung der Gewebselemente eine weitergehende, so daß viel mehr Einzelelemente im P. nachgewiesen werden können.

*Holzcellulose:* Dieser P.stoff, auch Zellstoff oder kurz Cellulose genannt, wird durch chemische Einwirkung auf das Holz gewonnen (Sulfitcellulose, Natroncellulose usw.). Dadurch bekommt das daraus gewonnene P. andere Eigenschaften als das Schliff-P. Durch die Behandlung wird aus dem Holz alles herausgelöst, was nicht Cellulose ist. Infolgedessen gibt weder Zellstoff noch das daraus gewonnene P. irgendeine Holzreaktion. Rotfärbung durch Phloroglucin-Salzsäure, Gelbfärbung durch Anilinsalzlösungen unterbleiben. Auch das mikroskopische Bild ist ein anderes. In den Cellulosen sind die Hölzer in ihre Einzelelemente aufgelöst. Zellverbände fehlen. Durch das Waschen der Cellulose werden alle oder fast alle nichtfaserigen Elemente entfernt, so daß man bei der Untersuchung nur die fibrösen Elemente aber fast keine Parenchymzellen mehr findet. Die Zeichnungen der Wände, Tüpfelung usw. sind undeutlicher, die Wände selber machen einen gequollenen Eindruck. Infolgedessen ist die Feststellung der Stammart des Holzes, von welcher die Cellulose bzw. das P. stammt, schwieriger, weil man nur auf die Ausgestaltung der Fasern, Tracheen und Tracheïden angewiesen ist. Immer ist es einfach festzustellen, ob Nadelholz- oder Laubholzcellulose vorliegt. Die Holzart wird manchmal überhaupt nicht mehr ermittelt werden können, vor allem bei Coniferen-Cellulose, wenn nicht, was häufig der Fall ist, der Zufall zu Hilfe kommt, insofern als doch nach längerem Suchen das eine oder andere Teilchen von Markstrahlzellen u. ä. gefunden werden kann. Außerdem ist es vom kriminalistischen Standpunkt aus nicht immer nötig, die botanische Art oder die Arten, von welchen das P. sich herleitet, festzustellen. Es genügt oft die Gleichheit, die Identität zweier Papiere nachzuweisen. Zu diesem Zweck genügt es festzustellen, daß sich beide Papiere aus denselben Elementen aufbauen und daß der prozentuale Anteil der einzelnen Elemente am P.aufbau in beiden Fällen der gleiche ist. Aus dem Aufbau des Papieres ist oft auch auf die geographische Herkunft mit Sicherheit zu schließen. Dabei ist die Heimat der Stammpflanze ausschlaggebend. Bei Arten, die nicht nur in ihrer Heimat bestandbildend vorkommen, sondern auch in anderen Gegenden in großem Maßstab angebaut werden, ist bei Schlußfolgerungen über die Herkunft des Papiers Vorsicht am Platze. Sowohl Holzschliff wie Holzcellulose werden für P. zu bestimmten Verwendungszwecken mit Fasern anderer Herkunft, z. B. Baumwolle, Flachswerg und vielem anderen gemischt. Die Charakteristica dieser Beimengungen sind aus dem Artikel: „Faserstoffe" zu entnehmen.

*Stroh-P.:* Alle in großen Mengen anfallenden Strohsorten unserer Getreidearten, vor allem Roggen- und Weizenstroh aber auch Gersten- und Haferstroh werden auf P. verarbeitet. Auch Maisstroh und davon vor allem die Maislieschen, also die Hüllblätter des Maiskolbens, und in den Subtropen und Tropen auch Reisstroh und Hirsestroh bilden P.rohstoffe. Aus Stroh werden sowohl Stroh-P. wie Strohzellstoff hergestellt. Man bereitet aus den verschiedenen Stroharten sowohl Pappen und ganz ordinäre ungebleichte spröde Papiere wie auch Druck- und Schreib-P. von großer Festigkeit und schöner Weiße.

Stroh-P. und Strohcellulose sind im *mikroskopischen Präparat* sofort als Strohabkömmlinge zu erkennen (Abb. 2). Der Aufbau der Papiere aus den verschiedenen Getreidestroharten ist so ähnlich, daß sie gemeinsam beschrieben werden können. Die Hauptmenge des Papiers wird von Bastfaserzellen gebildet (Abb. 2, *F*). Die Bastfaserzellen zeigen nicht sehr viel Charakteristisches. Sie stimmen in den Querdimensionen annähernd mit der Flachsfaserzelle überein. Die Spuren mechanischer Einwirkung sind in der Regel sehr stark. Die Wanddicke ist gewöhnlich geringer als jene der Flachszelle. Auch wechselt die Lumenbreite innerhalb einer Zelle oft stark. Die Strohbastfaser ist ungleich kürzer als die Flachsfaser. Die morphologischen Charaktere der Fasern stimmen bei den vier Stroharten so gut überein, daß darauf eine Unterscheidung der Stroharten nicht gegründet werden kann. Stets finden sich neben den Fasern in größerer Anzahl Epidermiszellen (Abb. 2, *E*) vor, welche von der Stengelepidermis, der Epidermis der Blattscheide bzw. der

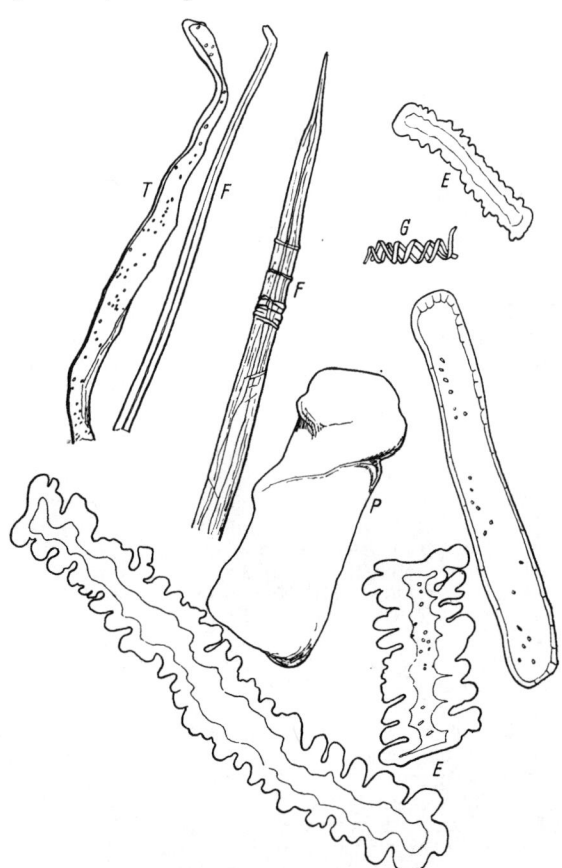

Abb. 2. Papier eines farbigen Plakats. Strohpapier-Strohcellulose.

Blattspreite stammen können. Auch Bruchstücke von Tracheen mit ring-, spiral- und netzartiger Verdickung, aus den Leitbündeln des Strohs stammend, finden sich nicht selten. Ebenso kann man Tracheïden (Abb. 2, *T*) nachweisen. Auch aus den Gefäßen herausgerissene Spiralen (Abb. 2, *G*) sind manchmal zu sehen. Große, leere, sackförmige oder etwas dickwandigere, deutlich getüpfelte Parenchymzellen findet man vor allem in ordinären Papieren. Im Strohschliff sind, wie beim Holzschliff, noch Zellen oder Zellfragmente miteinander in Zusammenhang. In der Strohcellulose finden sich fast nur Einzelzellen. So zeigt Abb. 2 ein P. aus Strohcellulose. In der Strohcellulose ist die Ausgestaltung der Wände durch Quellungserscheinungen eine undeutlichere. Die Wände sind dicker, die Tüpfelkanäle oft geschlossen, so daß an und für sich wohlgegliederte Längs- und Querwände ein mehr oder minder ungegliedertes Band darstellen, wie das die Epidermiszellen *E* in Abb. 2 zeigen. Soll festgestellt werden, ob es sich bei einem Stroh-P. um Roggen-, Weizen-, Hafer-, oder Gersten-P. handelt oder um ein Strohmisch-P., so ist man einzig und allein auf die aufzufindenden Epidermiszellen angewiesen, welche sich in den einzelnen Getreidearten morphologisch unterscheiden. Immer wechseln mehr langgestreckte mit kurzen, ovalen, rundlichen oder

mehr quadratischen oder rechteckigen Zellen ab, den Kurzzellen oder Kieselzellen, welche auch in der Asche des Papiers gefunden werden können. Die Hauptschwierigkeit in der Diagnostizierung besteht darin, daß Form und Größe der Epidermiszellen an ein und demselben Getreide sehr wechseln. Am Halm selbst sind die Epidermiszellen langgestreckt, über den Leitbündeln geradliniger begrenzt als zwischen den Rippen. Die Epidermiszellen der Blattscheiden und vor allem der Blattspreite sind meist mehr gebuchtet. Es bleibt also bei der P.untersuchung nichts anderes übrig als so lange zu mikroskopieren, bis die verschiedenen Typen von Epidermiszellen, die sich im P. finden, festgestellt sind. Dann wird man entscheiden können, aus welcher Strohart das P. gewonnen wurde.

Die Epidermiszellen des *Roggenstengels* sind lang, verhältnismäßig gerade und dünnwandig (Abb. 3, *1*), jene des *Weizenstengels* dickwandig, deutlicher getüpfelt (Abb. 3, *2*). Die *Stengel*epidermiszellen *des Hafers* ähneln jenen des Roggens, nur sind sie dickwandiger und deutlicher getüpfelt. Die Kurzzellen des Roggens sind deutlich rechteckig bis quadratisch. *Sorghumstengel* haben die schmalsten Epidermiszellen von allen hier besprochenen Gramineen (Abb. 3, *4*). Die Wandungen sind mehr oder min-

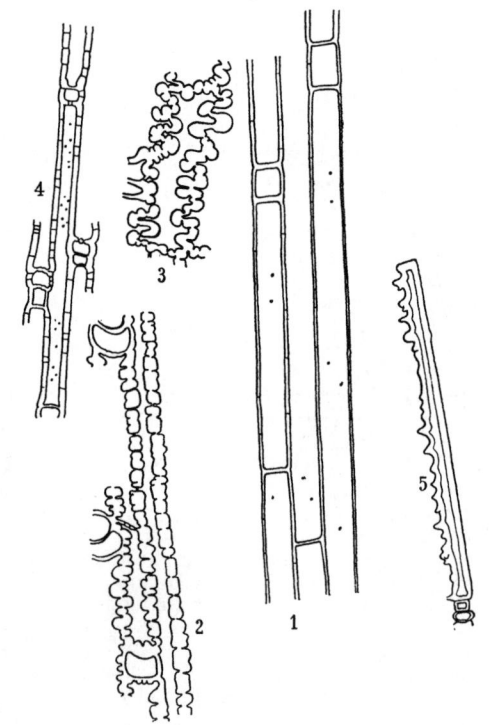

Abb. 3. Epidermiszellen von *1* Roggen-, *2* Weizen-Stengel, *3* Mais-Liesche, *4* Sorghum-, *5* Reis-Stengel.

der geradwandig und reichgetüpfelt. Kurzzellen sind sehr häufig und einzeln oder noch häufiger zu zweit in die Zellzüge eingebaut. Die *Gerstenstengel* haben verhältnismäßig schmale, lange, dünnwandige Epidermiszellen, welche über den Rippen geradwandig, zwischen den Rippen leicht gewellt sind (Abb. 4, *2*). Die Kurzzellen sind rechteckig bis fast quadratisch.

Die Epidermiszellen der *Blattspreite* und *Blattscheide* unterscheiden sich weitgehender voneinander, sind also zur Herkunftsbestimmung des Papieres wertvoller. Die Epidermiszellen von Blatt und Blattscheide des Roggens (Abb. 4, *3*) haben gewellte Wände, zwischen die Langzellen sind Kurzzellen paarweise eingeschaltet, von denen eine ein halbmondförmiges, die andere ein mehr rundliches Lumen hat. Ab und zu ist nur eine Kurzzelle allein. Das *Weizenblatt* hat eine stark gewellte Epidermis. Die Wandverdickungen sind stärker und unregelmäßiger als beim Roggen. Die Kurzzellen, vor allem jene mit rundlichem Lumen, sind größer, wie überhaupt alle Zellen etwas breiter erscheinen als beim Roggen. Das *Gerstenblatt* hat langgestreckte Epidermiszellen, die über der Rippe fast geradwandig, zwischen den Rippen leicht gewellt erscheinen.

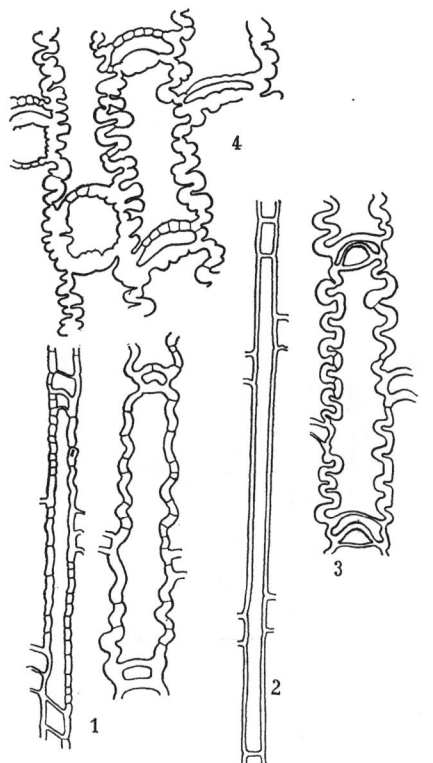

Abb. 4. Epidermiszellen von Gerste: *1* Blattscheide, *2* Stengel, *3* Roggen-Blattscheide, *4* Weizen-Blatt.

Die verhältnismäßig dicke Zellwand ist gleichmäßig dick und reich getüpfelt (Abb. 4, *1*). Die Kurzzellen sind zu zweit oder einzeln zwischen die Längszellen eingeschaltet und haben ein rechteckiges oder ovales Lumen. Das *Haferblatt* hat eine gewellte, dickwandige Epidermis, deren Zellen etwas größer sind als jene der Gerste. Die Wandung ist unregelmäßiger in ihrer Dicke. Die Kurzzellen liegen meist einzeln und haben ein ovales Lumen (Abb. 5, *2*).

*Reisstroh* läßt sich leichter erkennen. Vor allem die Epidermiszellen sind sehr charakteristisch. Sie sind klein und auf ihrer Oberseite mit warzenförmigen Erhebungen versehen. Viele von den Epidermiszellen des Stengels sind seitlich zusammengedrückt. Sie erscheinen im Mikroskop vom Profil gesehen auf einer Seite geradlinig oder nur wenig ausgebogen, auf der anderen wellig konturiert (Abb. 3, *5*). Die Kurzzellen sind sehr klein, meist zu zweit angeordnet, rechteckig oder oval im Lumen. Auch die Schließzellen der Stomata haben warzenförmige Erhabenheiten. Die Hauptmenge des Reisstrohs besteht aus Bastfasern, welche schmaler sind als jene der einheimischen Getreidearten. Auch zarte Netzgefäße finden sich nicht selten. *Maisstroh*-P. wird in der Regel nur aus den Lieschen, den Hüllblättern der Kolben, bereitet. In P. und P.halbzeug findet man nur die Elemente der Leitbündel und die

Epidermiszellen der Unterseite, alle übrigen Bestandteile der Lieschen gehen bei der P.bereitung zugrunde. Die Hauptmasse des Papieres besteht aus Bastfasern, welche durch eine ziemlich große Breite (bis 82 $\mu$) und eine für Bastfasern verhältnis-

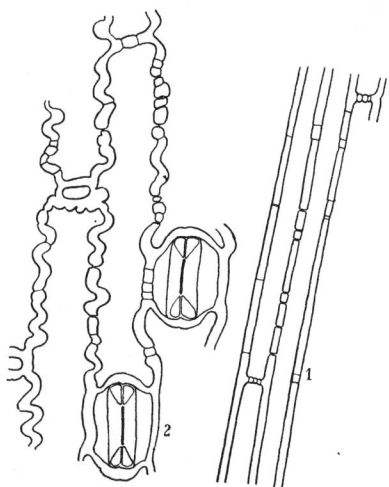

Abb. 5. Hafer-Epidermis. *1* vom Stengel, *2* von der Blattunterseite.

mäßig dünne Wand ausgezeichnet sind, so daß das Lumen $^2/_3$—$^4/_5$ der Gesamtbreite ausmacht. Die Bastfaserenden sind oft gegabelt. Sie zeigen eine oder zwei Reihen von schiefgestellten schlitzförmigen Tüpfeln. Die je nach der Stelle, der sie entstammen, langgestreckten oder nur wenig länger als breit ausgebildeten Epidermiszellen zeichnen sich durch eine sehr unregelmäßige Wanddickung und stark welligen Umriß aus. Auch Tüpfel können beobachtet werden (Abb. 3, *3*). Sie werden 100—250 $\mu$ lang und 36—90 $\mu$ breit. Die kleinen Kurzzellen sind rechteckig bis oval. Außerdem findet man noch Reste von Ring-, Spiral- und Netzgefäßen.

Zu den Strohpapieren wäre auch das *Esparto-, Alfa-* oder *Halfa*-P. zu rechnen, das aus den Blättern

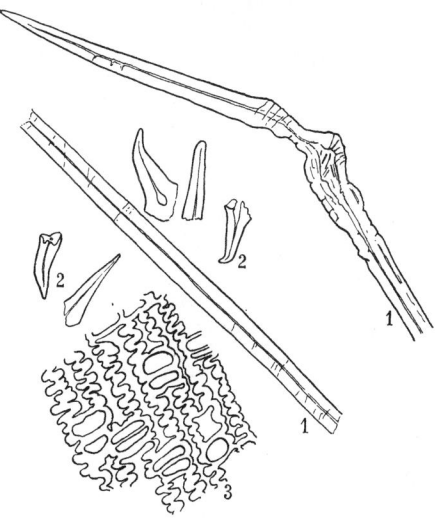

Abb. 6. Halfagras-P.

von *Stipa tenacissima* gewonnen wird. Oft ist es aber auch aus der Graminee *Lygeum Spartum* hergestellt, oder beide Rohstoffe sind gemischt. Das P. ist gut charakterisiert. Die Hauptmenge besteht aus Bastfasern (Abb. 6, *1*), welche in ihrem Aufbau ganz den Flachsfasern ähneln, wenn man von der Länge absieht. Die Espartobastfasern sind kurz, bei schwacher Vergrößerung kann die Faser der ganzen Länge nach im Gesichtsfeld erscheinen. Außerdem finden sich einzeln oder in größerem Verband die kleinen, dickwandigen, stark welligen Epidermiszellen, welche mit paarweise eingebauten, breit ovalen, gleichlangen Kurzzellen, Kieselzellen abwechseln (Abb. 6, *3*). Sehr zahlreich sind die einzelligen Haare der Blattoberseite in Papieren, welche spitz, häufig hakig gebogen und sehr englumig sind (Abb. 6, *2*). Diese Merkmale gelten für das eigentliche Esparto-P. von *Stipa tenacissima*. P. aus *Lygeum spartum* unterscheidet sich vor allem durch die Haare, welche gerade, oben breitabgerundet und weitlumig sind. Die Kurzzellen sind ineinandergeschachtelt, so daß eine rechteckig-halbmondförmige eine mehr oder minder halbkugelige Kurzzelle umgibt. Die Epidermiszellen sind auffallend größer als jene von Stipa.

*Maulbeer*-P. aus dem Bast von *Broussonetia papyrifera* und anderen *Broussonetia*-Arten ist ein sehr feines, zähes, dünnes, dichtes, gewebeartig biegsames P., das bei uns als Seiden-P., feinstes Paus-P. verwendet wird. Fabriziert wird es hauptsächlich in Japan. Seine Eigenschaften verdankt es den langen 1—2 cm messenden Faserzellen des P.maulbeerbaumes. Es ist charakterisiert durch die 7—25 mm langen und höchstens 36 $\mu$ dicken Faserzellen, deren Wandung geschichtet erscheint. Die Fasern sind oft stark abgeplattet, die Enden sind meist zugespitzt, selten abgerundet. Die stark abgeplatteten Fasern sind meist dünnwandig und dann bandartig gedreht, ähnlich der Baumwollfaser. Neben den Fasern finden sich Parenchymzellen, in denen oft 20—30 $\mu$ lange, schief prismatische Kristalle von Calciumoxalat sich finden. Manchmal können auch Reste von Milchsaftschläuchen, welche aus der Rinde stammen, im P. gefunden werden.

*Bambus-Papiere:* Vor allem in China werden Papiere hergesteilt, deren Rohstoff verschiedene *Bambusa*-Arten sind. Auch diese Papiere bestehen in der Hauptsache aus Bastfasern. Es kommen zweierlei Bastfasern nebeneinander vor, einmal zylindrische Fasern mit zugespitzten Enden und bandförmige Fasern, die häufig wie die Baumwolle gedreht erscheinen. Daneben kann man alle Gewebselemente finden, aus denen sich das Internodium des Bambusstengels aufbaut, also dickwandige Parenchymzellen des Grundgewebes und vor allem die Epidermiszellen. Wie bei den meisten Gramineen gibt es auch hier Längszellen mit gewellten Wänden und sehr zahlreiche Kurzzellen, die paarweise angeordnet sind. Eine Kurzzelle erscheint leer, die andere enthält einen Kieselkörper, der entweder massiv erscheint oder im Inneren einen schmalen Hohlraum aufweist.

*Zuckerrohr*-P. aus den Stengeln von *Saccharum officinarum* ist charakterisiert durch zahlreiche große, feingetüpfelte Parenchymzellen, sehr verschieden geformten Sclereïden. Diese Sclerenchymfasern sind entweder sehr stark verdickte bis 25 $\mu$ breite, deutlich getüpfelte lange Fasern oder gleichbreite kurze Faserzellen mit dünnerer Wandausbildung. Außerdem kommen noch dünne 10—14 $\mu$ breite, sehr dickwandige, langzugespitzte Fasern vor, welche an eine Flachsfaserzelle erinnern. Neben den dünnwandigen Parenchymzellen finden sich auch noch Steinzellen, Sclerenchymzellen von verschiedener Gestalt mit sehr dicken Wänden und starker Tüpfelung. Auch Gefäßfragmente findet man.

*Torf-P.:* In neuerer Zeit wird Torf in ziemlichem Maße zur P.bereitung herangezogen, vor allem zu Fließpapieren, also zu Papieren ohne Leimung, aber auch zu Pappen. Sind Torfpapiere aus ungebleich-

ten Fasern hergestellt, so erkennt man sie schon makroskopisch leicht an der Torffarbe. Außerdem ergeben sie mit konz. Sodalösung gekocht eine schwarzbraune Lösung, aus der durch Salzsäure die Huminsubstanzen als rotbrauner flockiger, voluminöser Niederschlag herausgefällt werden können. Im Mikroskop findet man immer große Mengen von Resten von *Sphagnum*-Blättern (Abb. 8, S.200), die sehr charakteristisch sind. Daneben sind die Bastzellen von *Eriophorum*arten vorherrschend. Auch Epidermisfragmente von Eriophorum finden sich neben Stengelteilen von *Calluna vulgaris*. In der Regel ist Torf-P. ein Misch-P., in dem sich noch irgendein Zellstoff, in der Regel Sulfitcellulose aus Coniferen (Fichte), findet.

Stößt man bei der P.- oder Zellstoffuntersuchung auf Bestandteile, welche in den hier beschriebenen Papieren *nicht* vorkommen, so ist festzustellen, ob es sich um einen Holzschliff oder um eine Holzcellulose handelt. Ist das der Fall, dann wird man leicht erkennen, ob Coniferenholz oder Laubholz vorliegt. Zur genaueren Feststellung des Rohstoffes s. d. Art.: Holz (unter den Nadelhölzern bzw. Laubhölzern) bzw., wenn kein Holz-P. vorliegt, d. Art.: Faserstoffe.

*Schrifttum.*

*Hanausek, T. F.*: Lehrbuch der technischen Mikroskopie. Stuttgart 1900. — *Hanausek, T. F.*: Beiträge zur mikroskopischen Untersuchung der Papierfasern. Wien 1901. — *Hanausek, T. F.*: Über einige besondere Papierbestandteile. Papierfabrikant **1910**. — *Hanausek, T. F.*: Zur Mikroskopie einiger Papierstoffe. Papierfabrikant **1911, 1912**. — *Wiesner, v. J.*: Die Rohstoffe des Pflanzenreichs. 4. Aufl. Leipzig 1927. **Gistl.**

**Papillarlinien** siehe *Daktyloskopie*.

**Paraffin.**

Reines Paraffin (Paraffinöl, Vaseline, Hartparaffine) ist praktisch ungiftig. Paraffinöl wird als Abführmittel zu 10 g und mehr eingenommen. Vergiftungen rühren von Verunreinigungen her (hauptsächlich aromatische Kohlenwasserstoffe). Die häufigsten Gesundheitsschädigungen inkl. Hauterkrankungen sehen wir in Gewerbe und Industrie (Erdölindustrie). Massenvergiftungen beobachtete man in Kriegszeiten, als Paraffinöl Konserven zugesetzt oder als Salatölersatz gebraucht wurde. Giftverbrechen mit Paraffin sind nicht bekannt; dagegen wird sich der Gerichtsarzt des öfteren mit Schädigungen durch Paraffininjektionen zu kosmetischen Zwecken (s. d. Art.: Kosmetische Mittel und Eingriffe) beschäftigen müssen (Haftpflichtprozesse, Kunstfehler).

Hautschädigungen (vorwiegend gewerblicher Natur): Erkrankung des Follikelapparates, Acne (Paraffinkrätze), Papillome, Hyperkeratosen, Übergang in Carcinome.

Als Ausdruck einer Schleimhautreizung (Einatmung von zerstäubtem Paraffin) findet man Pharyngitis, chronische Halskatarrhe, Störungen des Geruchsinnes, auch Conjunctivitis.

Symptome erzeugt durch perorale Aufnahme von Paraffin: Durchfälle, Erbrechen, Leibschmerzen, ferner Schwindel, Abgeschlagenheit, Kollaps, Blutveränderungen (Methämoglobin). Die Symptome können stark wechseln, je nach Art der Verunreinigungen.

Paraffin unter die Haut gespritzt, wirkt als Fremdkörper. Es entstehen reaktive Entzündungsherde in Form knorpelharter Gewebsauftreibungen in der Cutis und Subcutis (Paraffingranulome, Paraffinome). Diese Herde verursachen oft unerträgliche Schmerzen, phlegmonöse Entzündungserscheinungen. Selten Übergang in Carcinome. Bei Arbeitern der Erdölindustrie beobachtet man gelegentlich Paraffinablagerungen in Haut- und Schleimhautgefäßen mit Bildung von Geschwüren und Cysten als Folge einer Darmresorption.

Paraffinaspiration in die Lungen führt zu Narbenbildungen und Lungenschrumpfung, vorkommend nach lange dauernder Einführung von Paraffinöl in die Nase zu therapeutischen Zwecken (s. d. Art.: Schnupfenmittel).

*Schrifttum.*

*Bodmer* u. *Kallós:* Paraffinölaspiration verursacht Lungenschrumpfung. Slg. Verg.-Fälle **5,** 7 A (1934) und Dtsch. med. Wschr. **1933,** 847. — *Brenner* u. *Urban:* Zur Kenntnis der Paraffinlunge. Wien. klin. Wschr. **1937,** 1248. — *Brons:* Die Ausdehnung der Unfallversicherung auf gewerbliche Augenkrankheiten. Klin. Mbl. Augenheilk. **77,** 840 (1926). — *Fischer-Wasels:* Mentho-Paraffinöl verursacht tödliche Lungenschrumpfung. Slg. Verg.-Fälle **5,** 5 A (1934) und Frankf. Z. Path. **44,** 412 (1933). — *Gaertner:* Über Paraffingranulome der Lunge. Frankf. Z. Path. **51,** 98 (1937). — *Montgomery, Douglaß* u. *Culver:* Paraffinoma. J. amer. med. Assoc. **86,** 92 (1926). — *Nadel:* Über eine seltene, durch Paraffininjektion hervorgerufene Selbstbeschädigung. Dermat. Wschr. **80,** 543 (1925). — *Rose:* Gefährliche Spätfolgen von Paraffininjektionen. *Bruns'* Beitr. **134,** 244 (1925). *Schwarz.*

## Paraffinierung von Organen siehe *Konservierung anatomischer Präparate.*

## Paraldehyd. (Vgl. auch Art.: Schlafmittel.)

Das von *Cervello* 1883 in den Arzneischatz eingeführte *Paraldehyd* ($C_2H_4O)_3$ ist eine klare, bei 124° unzersetzt siedende Flüssigkeit von eigentümlich unangenehmem Geruch und brennendem Geschmack, die in Alkohol, Äther und Wasser (1 : 8 bei 13°) gut löslich ist. Es wird verhältnismäßig rasch resorbiert und wirkt daher schon 10—15 Minuten nach der Aufnahme. Paraldehyd gilt als gutes Schlafmittel, das bei Anwendung innerhalb der zulässigen Grenzen keine schädigenden Nebenwirkungen auf Atmung, Kreislauf und Stoffwechsel entfaltet. Seine Ausscheidung erfolgt unverändert verhältnismäßig langsam durch die Lungen, weshalb die Atemluft auch noch am Tage nach dem Gebrauch den für Paraldehyd charakteristischen campherartigen Geruch aufweist.

In der Heilkunde werden im allgemeinen Dosen von 3—5 g (maximal 5 g [!] pro dosi und 10 g [!] pro die) verwendet, jedoch sind auch schon weit größere Gaben, selbst solche von 30—60 g, ohne Schaden vertragen worden. Die letale Dosis dürfte zwischen 50—100 g liegen (*Zangger*).

Die *akute Vergiftung* ist im wesentlichen durch Bewußtlosigkeit, starke Cyanose, oberflächliche Atmung, unregelmäßigen, schwachen Puls und oft starken Schweißausbruch gekennzeichnet. Der längere Gebrauch des Stoffes führt leicht zur Sucht, die dann ihrerseits eine *chronische Vergiftung,* charakterisiert durch Abmagerung, Anämie, Albuminurie, Cylindrurie, Pulsunregelmäßigkeiten, Parästhesien, Muskelschwäche, Sprachstörungen und delirante Verwirrtheitszustände mit Gesichts- und Gehörshalluzinationen, bedingt.

An der *Leiche* verrät sich die Vergiftung durch den fuseligen und leicht stechenden Geruch, der den Körperhöhlen, den Eingeweiden und dem Blute entströmt. Eine ausgesprochen ätzende und schorfbildende Wirkung, welche schon makroskopisch auffiele, kommt dem Gifte, wie *Ph. Schneider* gezeigt hat, nicht zu. Dahingegen gelang *Schneider* einmal der spektroskopische Nachweis von Methämoglobin im Blute.

Vergiftungen mit Paraldehyd sind in der Regel durch Überdosierung bei medizinalem Gebrauch bedingt. Jedoch sind auch Selbstmorde bekannt geworden (*Balázs*). Im allgemeinen spielt aber das Paraldehyd in der gerichtsärztlichen Praxis keine große Rolle, da es im Arzneischatz des Heilarztes und damit auch in der Hand des Laien fast ganz durch die Mittel von der Art des Veronals und Lumi-

nals (s. d. Art.: Schlafmittel) verdrängt wurde. Lediglich in den Heil- und Pflegeanstalten wird es noch gerne wegen seiner relativen Ungefährlichkeit und wegen seines billigen Preises verabfolgt. Daher ist auch dort noch am ehesten die Gelegenheit zu Vergiftungen gegeben (s. z. B. den Bericht von *Bau*).

*Schrifttum.*

*Balázs:* Paraldehydvergiftung, tödliche (Selbstmord ?). Slg. Verg.-Fälle **II,** A 151 (1931). — *Bau:* Über Paraldehydvergiftung. Dtsch. Z. gerichtl. Med. **13,** 337 (1929). — *Cervello:* Arch. f. exper. Path. **16,** 265. — *Meyer-Gottlieb:* Exper. Pharmakologie. 3. Aufl. Berlin u. Wien 1914. — *Petri:* Pathologische Anatomie und Histologie der Vergiftungen. In: Handb. d. spez. path. Anatomie und Histologie. Herausgegeben von *Henke-Lubarsch.* **10.** Berlin 1930. — *Schneider, Ph.:* Einiges über Paraldehydvergiftung. Wien. klin. Wschr. **1929,** 357. — *Schneider, Ph.:* Beeinflussung der Magenschleimhaut bei Paraldehydvergiftung. Dtsch. Z. gerichtl. Med. **28,** 256 (1937). — *Zangger:* In: *Flury-Zangger,* Lehrbuch der Toxikologie. Berlin 1928. *v. Neureiter.*

## Paralysis agitans siehe *Nervenkrankheiten und Trauma.*

## Paraphenylendiamin.

*Paraphenylendiamin* (p - Diaminobenzol) $C_6H_4$ $(NH_2)_2$, krist. in rhombischen Blättchen, F = 140°, Sp. = 267°. Leicht löslich in Alkohol und Äther, etwas weniger in Wasser. Wird von Oxydationsmitteln sehr leicht angegriffen. In der Färberei als Ursol, Ursol-D, Ursol-P bezeichnet (über die verschiedene Wirkung der einzelnen Ursole vgl. *Forker*). Gibt mit oxydierenden Substanzen wie $H_2O_2$ dunkelblauschwarze Färbung von Thionin (Chinondiamin).

Verwendung zum Färben von Pelzwerk und Federn (Ursolfärberei), auch als Gemisch von p- und m-Diaminobenzol. Als Haarfärbemittel in den verschiedensten Präparaten mit Phantasienamen. Schon nach einmaliger Applikation oft schwere Hauterkrankungen, juckende Erytheme, papulöse Exantheme, Pustel- und Geschwürsbildung, akute papulöse Dermatitis, Urticaria. Schwerste Fälle führen zu allgemeiner Erythrodermie (*Brocq*). Besonders charakteristisch sind: Hautschwellungen im Gesicht mit Lidschwellung, Chemosis, Tränenfluß, Exophthalmus, Schwellung der Submaxillargegend, Rachen- und Larynxschwellungen, welche meist mit charakteristischer Latenz von 4—12 Stunden auftreten. Bei Färbung von Augenbrauen und Lidern Lidekzeme, Conjunctivitis, Chemosis, Hornhautgeschwüre.

Bei schweren akuten Vergiftungsfällen Bewußtlosigkeit, Delirien, Halluzinationen; auch Lippencyanose, Gelenkschmerzen, Hämaturie. In vereinzelten Fällen: Neuritis retrobulbaris, Diplopie, zentrales Skotom (*Berger*).

Bei disponierten Individuen asthmaähnliche Zustände mit Eosinophilie. Auf allergische Natur des Ursolasthmas weist positive Intracutanreaktion hin (vgl. *Curschmann, Straub, Storm van Leeuwen*). Ausbruch der Dermatitiden oft erst nach jahrelangem Arbeiten mit Ursol.

In anderen Fällen Magenstörungen: Magenschmerzen, Erbrechen, Anorexie, Mattigkeit, Abmagerung, auch Nierenschädigungen: Nephritis, Albuminurie, Hämoglobinurie. In einem Fall subakute Leberatrophie mit tödlichem Ausgang (*Israëls*); ob nur durch Phenylendiamin bedingt, ist fraglich. Tödliche Vergiftung unter dem Bild schwerster Anämie und Leukopenie mit Nasen- und Genitalblutungen, Schleimhautblutungen, Niereninsuffizienz und Albuminurie, Cyanose, Benommenheit (*Merlo*).

Die Vergiftungserscheinungen sind wahrscheinlich auf Entstehung von Oxydationsprodukten wie Chinondiamin $C_6H_4(NH)_2$ zurückzuführen. Deshalb Begünstigung der Vergiftungserscheinungen durch Nachwaschen der Hände mit $H_2O_2$, Chlorkalk usw.

*Chinondiamin* hat als solches heftige lokale Wirkungen, macht Ekzem, Hautulceration, Schwellung der Zunge, Salivation, Exophthalmus, Ödem am Hals. — Überempfindlichkeit gegen weitere chinonartige Verbindungen, d. h. gegen Zwischen- und Endprodukte des Färbeprozesses vgl. *Pernice*.

*Vergiftungsgelegenheiten:* Zahlreiche gewerbliche Vergiftungen in der Ursolfärberei und beim Verarbeiten mit Ursol gefärbter Felle, Federn usw., ebenso beim Tragen von mit Ursol gefärbtem Pelzwerk, wobei sich bei besonderer Überempfindlichkeit schwerste akute Hautentzündungen mit Blasenbildung entwickeln können mit Ausgang in praktisch unheilbares, chronisches Ekzem. Ferner gewerbliche und ökonomische Vergiftungen im Coiffeurgewerbe bei Haarfärberinnen, in Schönheitsinstituten, wobei trotz Gummischutz der Hände Vergiftungserscheinungen auftreten können, namentlich wenn Nachwaschen der gefärbten Haare, wie häufig, mit ungeschützten Händen geschieht.

*Suicidale Vergiftungen:* schwerste akute, auch tödliche Vergiftungen durch orale Einnahme von Haarfärbemitteln spielen, namentlich in Japan, eine zunehmende Rolle.

*Vergiftungsfall:* Tödliche Vergiftung durch orale Einnahme von ,,Ruriha", einem japanischen Haarfärbemittel auf Ursolbasis. Nach zwei Stunden Erbrechen, Beklemmungsgefühl, Lähmung der Extremitäten, nach 10 Stunden Dyspnoe, Anschwellung und Schmerzen der Submaxillargegend und Mundhöhle. Tod durch Atemlähmung in zwölf Stunden.

Bei s. c. Zufuhr erzeugt Paraphenylendiamin Unruhe und erhöhte Erregbarkeit, Steigerung der Atem- und Pulsfrequenz, später Ödem der Submaxillargegend; bei größeren Dosen klonisch-tonische Krämpfe ohne Ödem. Tod durch Atemlähmung. In dieser Form appliziert, ist Paraphenyldiamin ein typisches Krampfgift.

*Pathologisch-anatomischer Befund:* In einem Fall Leberatrophie mit Bindegewebswucherung, schwerster Leberzellnekrose, stellenweise Blutungen (*Israëls*). Dieser Befund scheint für p-Phenylendiamin nicht absolut charakteristisch. Dagegen macht *Metaphenylendiamin* Ikterus und tödliche Leberdegeneration (*Zangger*).

*Dimethylparaphenylendiamin* machte bei Arbeitern Hautentzündung, Ekzeme.

*Chinondiamin* bildet sich durch Oxydation des Paraphenylendiamin mit $H_2O_2$, Chlorkalk usw. an den Händen der Arbeiter und führt zu hochgradigen örtlichen Reizwirkungen an Haut und Schleimhäuten; Conjunctivitis, Schleimhautentzündungen bis in tiefere Atemwege.

Ähnlich wie Paraphenylendiamin wirken: *p-Toluylendiamin, p-Aminodiphenylamin, p-Aminodiphenyltolylamin, 1-2-Naphthyldiamin,* während *m-Toluylendiamin* $C_6H_3CH_3(NH_2)_2$ ein heftiges Blutgift darstellt, welches Methämoglobinurie, Ikterus, akute gelbe Leberatrophie, Lähmung, Koma hervorruft.

Das zur Chlorbindung in Gasmasken verwendete *Äthylendiamin* führte bei damit beschäftigten Arbeitern zu Erbrechen, Kopfschmerzen, Schwindelgefühl, Bewußtlosigkeit (*Mauss*).

Dermatitiden machen auch Anilinfarbstoffe vom Phenylendiamintypus, wie z. B. auch das als Ungeziefervertilgungsmittel, vor allem aber als Sprengstoff verwendete *Kaisergelb* (Aurantin) = Hexanitrophenylamin (*Hoffmann*).

*Schrifttum.*

*Baba, N.:* Pharmakologische und pathologische Untersuchungen über das Phenylendiamin. J. med. Assoc. Formosa **37 I**, 278 (1938).

— *Berger:* Sehstörung infolge der Anwendung eines anilinhaltigen Haarfärbemittels. Arch. Augenheilk. **50**, 299 (1904). — *Brocq, L.:* Les éruptions causées par les teintures à base de chlorhydrate de paraphénylène diamine et de diamidophénol. Presse méd. **1928 II**, 1115. — *Buzzo, A., R. E. Carratalà* u. *C. Martinez:* II. Akute Vergiftungen durch Paraphenylendiamin. Riv. Criminologia etc. **18**, 427 (1931). — *Erben, F.:* Vergiftungen. **2 II**, 349. Wien 1910. — *Ezoe, T.:* Dyspnose verursacht durch akute perorale Vergiftung mit dem japanischen Haarfärbemittel ,,Ruriha". Otologia (Fukuoka) **1**, 188 (1928). — *Forker, H.:* Über die biologisch verschiedene Wirksamkeit der einzelnen Ursole. Arch. Gewerbepathol. **6**, 275 (1935), — *Haurowitz, F.:* Schädigung durch Haarfärbemittel. Slg. Verg.-Fälle A **592**. — *Hoffmann, H.:* Hexanitrodiphenylamindermatitis. Med. Klin. **21**, 18 (1925). — *Jacobsen:* Über Hautleiden durch mit Ursol gefärbtes Pelzwerk (Paraphenylendiamin). Ugeskr. Laeg. (dän.) **85**, 699 (1923). — *Joachimoglu, G.:* Phenylendiamine. In: *Heffter:* Handb. exp. Pharmakol. **1**, 1093. Berlin 1923. — *Israëls, M. C. G.* u. *W. Susman:* Systemic poisoning by phenylenediamine. With report of a fatal case. Lancet **1934 I**, 508 u. Slg. Verg.-Fälle A **486**. — *Keeser, E.:* Zur Frage der Gesundheitsschädlichkeit eines Haarfärbemittels. Slg. Verg.-Fälle B **63**. — *Koelsch, F.:* Diamine. In: *Gottstein, Schloßmann, Teleky:* Handb. der sozialen Hygiene. **2**, 385. Berlin 1926. — *Lewin, L.:* Gifte und Vergiftungen. 543. Berlin 1929. — *Mauß, W.:* Erkrankungen beim Arbeiten mit Aethylendiamin. Mschr. Unfallheilk. **42**, 74 (1935). — *Merló, C.:* Sopra un raro caso di intossicazione mortale da applicazione di tintura per capelli. Gazz. Osp. **1928 II**, 1207. — *Michel, P. J.:* Dermite eczématiforme du cuir chevelu, de la face et du cou due à une application de teinture à la paraphénylènediamine. Bull. Soc. franç. Dermat. **40**, 1607 (1933). — *Nogucchi, M.:* Über die perorale Vergiftung (Glossitis acuta und Glottisödem) durch das japanische Haarfärbemittel ,,Ruriha". Otologia (Fukuoka) **5**, 21 (1932). — *Pernice, H.:* Gesundheitsschädigungen durch gefärbte Pelze. Med. Welt **5**, 375 (1931). — *Petri, E.:* Anatomie und Histologie der Vergiftungen. In Handb. der spez. Pathol. und Histol. **10**, 254. Berlin 1930. — *Reichel, H.:* Ursol-Dermatitis nach diagnostischer Hauttestung mit Ursol. Slg. Verg.-Fälle A 403. — *Ritter, H.* u. *C. L. Karrenberg:* Pelz-Überempfindlichkeit der Haut. Slg. Verg.-Fälle A **23**. — *Schoen,* Ursol-Dermatitis nach diagnostischer Hauttestung mit Ursol. Slg. Verg.-Fälle A **403**, 21. — *Storm van Leeuwen, W.:* Allergische Krankheiten. Berlin 1924. — *Straube, G.:* Ursol-Überempfindlichkeit. Münch. med. Wschr. **1932**, 745 u. Slg. Verg.-Fälle A **313**. — *Viziano, A.:* Avvelenamento letale da parafenilendiamina provocato dall'uso di una tintura per capelli. Med. Lav. **16**, 81 (1925). **H. Fischer.**

**Parasitol** siehe *Schädlingsbekämpfungsmittel.*

**Paratyphus** siehe *Bakteriologische Untersuchungen in der gerichtlichen Medizin; Nahrungsmittelvergiftung.*

**Parazid** siehe *Schädlingsbekämpfungsmittel.*

**Parrotsches Zeichen** siehe *Schmerz und gerichtliche Medizin.*

**Partielle Amnesie** siehe *Amnesie als Verletzungsfolge.*

**Partus praecipitatus** siehe *Kindestötung.*

**Paternitätsnachweis** siehe *Vaterschaftsnachweis und -ausschluß.*

**Pathologie der Schrift** siehe *Gerichtliche Schriftuntersuchung.*

**Pathologischer Rausch** siehe *Äthylalkohol.*

**Percain** siehe *Lokalanaesthetica außer Cocain.*

**Perhydrol** siehe *Wasserstoffsuperoxyd.*

**Perlen** siehe *Edelsteinbetrug und Verwandtes.*

**Perna** siehe *Chlorierte Naphthaline.*

**Pernocton** siehe *Schlafmittel.*

**Persistierender Thymus** siehe *Status thymicolymphaticus.*

**Personenstand** siehe *Verbrecherische Unterdrückung bzw. Verletzung des Personenstandes.*

**Perstoff** siehe *Kampfgase.*

## Perversion und Perversität.

Die sexualpathologischen Handlungen hat man seit Jahren einzuteilen versucht und im allgemeinen, der Begriffsbestimmung *Krafft-Ebings* folgend, Perversion und Perversität voneinander unterschieden. Unter *Perversion* verstand *Krafft-Ebing* eine „Parästhesie", bei der „Vorstellungen, die sonst sexuell gleichgültig oder sogar mit Unlust verbunden sind, lustbetont auftreten"; unter *Perversität* dagegen eine „entsprechende Tathandlung" oder eine „Kette von Tathandlungen". — Dagegen scheint die Zeit zu einer systematischen Einteilung von pathologischen Triebrichtungen und Triebhandlungen noch nicht gekommen, zumal die Grenzen sehr fließend sind und auch bei im übrigen gesunden Personen vorübergehend perverse Triebrichtungen und auch perverse Triebhandlungen vorkommen können. Sehr beachtlich ist der Standpunkt *Weygandts*, der darauf hinweist, daß „die einzelnen Kulturkreise selbst in ihrer Stellung zum Sexualproblem außerordentlich voneinander abweichen". Auch behauptet *Weygandt* gewiß mit Recht, daß es sehr schwer ist, zu entscheiden, inwieweit die „Abweichungen" von dem betreffenden Kulturkreis durch „krankhafte Neigungen" oder durch „ein Laster oder eine Entgleisung" bedingt sind. Das umfangreiche Material, welches zur Zeit in den „kriminalbiologischen Untersuchungs- und Sammelstellen" Deutschlands zusammenläuft, bedarf nach dieser Richtung hin einer kritischen Sichtung. Die Aufgabe der Zukunft wird es sein, bei den krankhaften Eigenarten im Sinne *Weygandts* sorgfältig das Zusammenspiel von genotypischen und paratypischen Einflüssen analytisch nach Einzelfällen zu untersuchen und dann synthetisch unter großen Gesichtspunkten zusammenzufügen. — Da dieses Material gerade in der letzten Zeit mehr als früher in diagnostisch greifbarer Form zutage getreten ist und uns die tragischen Konflikte offenbar wurden, in die der Geschlechtstrieb viele Menschen mit sich selbst und der Gesellschaft gebracht hat, so ist es fraglos eine dankenswerte Zukunftsaufgabe, unter Heranziehung aller ärztlichen und charakterologischen Hilfsmittel diejenigen „Parafunktionen" des Willens, welche sich, um ein Wort *Bleulers* zu gebrauchen, an das anknüpfen, was man „Triebe nennt", zu untersuchen.

*Schrifttum.*

*Bleuler:* Lehrbuch der Psychiatrie. 2. Aufl. 111. Berlin 1918. — *Krafft-Ebing:* Psychopathia sexualis. Neu bearbeitet von *A. Hartwich*, 47. Zürich u. Leipzig 1931. — *Weygandt:* Lehrbuch der Nerven- und Geisteskrankheiten. 634. Halle 1935. ***Többen.***

## Petroleum.

Spielt in der forensischen Toxikologie eine geringe Rolle. Vergiftungen kommen gelegentlich vor durch Verwechslung, durch therapeutische Einreibungen, durch Einnahme in selbstmörderischer Absicht (oft kombiniert mit Verbrennung, vorwiegend bei Geisteskranken). In Amerika sind Kindervergiftungen relativ häufig. Hauptbedeutung liegt auf gewerbetoxikologischem Gebiet.

Gut gereinigtes Petrol, wie es heute in den Handel kommt, ist sehr wenig giftig. Große Dosen per os, 100 g und mehr, bleiben beim Erwachsenen in der Regel ohne Folgen. Je reiner das Petrol ist, desto geringer sind die toxischen Schädigungen; hochsiedende Fraktionen machen vorwiegend gastrische, niedrig siedende auch cerebrale Symptome (Siedepunkt je nach Ursprung, Reinheit; im allgemeinen siedet Petrol zwischen 140 und 300°).

Rohpetrol ist ein Gemisch flüssiger Kohlenwasserstoffe der Methan- und Äthylenreihe, welche gasförmige und feste Kohlenwasserstoffe in Lösung halten. Kaukasuspetrole besitzen einen größeren Anteil an cyclischen Verbindungen und wirken deshalb auch auf das Blut und die blutbildenden Organe.

Symptome der akuten Vergiftung: Brennen, Magenschmerzen, Salivation, Übelkeit, Erbrechen. Nach Resorption beobachtet man rauschartige Zustände, Excitation, Delirien, Koma. In solchen Fällen oft Todeseintritt durch Lähmung des Atemzentrums.

Sehr häufig kommt bei der akuten Vergiftung eine Reizung der Atemwege mit bronchopneumonischen Herden zustande, wohl vorwiegend durch direkte Aspiration, vielleicht auch durch Ausscheidung. Die Prognose der Vergiftung ist unter Umständen direkt abhängig von der Menge des aspirierten Petrols.

Chronische Wirkung im Gewerbe: Reizung der Bindehäute, Husten, Bronchitis, Appetitlosigkeit, Mattigkeit. Daneben verschiedenartige Hautschädigungen, ähnlich wie bei der Teerwirkung (s. d. Art.: Teer). Gelegentlich benutzt zur Herstellung einer artefiziellen Phlegmone.

Seltene Erscheinungsformen der Vergiftung: Cystitis und Hämaturie bei Einspritzungen in die Blase (Laienbehandlung der Gonorrhoe); Einspritzungen mit Verätzungen in der Gebärmutter zur Auslösung eines Abortes. Petrolsucht sehr selten.

Ausscheidung durch Lungen (Diagnose der Vergiftung durch den Geruch), Nieren, Schweißdrüsen, Darm resp. Stuhl.

Sektionsbefunde: hämorrhagische Gastroenteritis, evtl. Verätzungen der Speiseröhre, des Magens bei hohen Dosen. Lippenverätzungen ganz ausnahmsweise. Reizung, evtl. Verätzung der Bronchialschleimhaut, Bronchopneumonien (sehr oft Todesursache). Leberverfettung, meist keine Nierenveränderungen.

*Schrifttum.*

*Antonibon:* Experimentelle Untersuchungen über die Giftwirkung des Petroleums. Arch. di Antrop. crimin. **44**, 495 (1924). — *Hamet* u. *Guilloux:* Ein Fall von Vergiftung durch Trinken von Petroleum. Arch. Méd. nav. **1924**, 289. — *Lehmann* u. *Flury:* Toxikologie und Hygiene der technischen Lösungsmittel. Berlin 1938. — *Nunn* u. *Martin:* Gasolin- und Kerosinvergiftungen bei Kindern. Slg. Verg.-Fälle **5**, 183 A (1934). — *Petri:* Pathologische Anatomie und Histologie der Vergiftungen. Berlin 1930. — *Price:* Petroleumvergiftungen bei Kindern. Slg. Verg.-Fälle **4**, 245 A (1933). — *Roth:* Tödliche Petroleumvergiftung bei einer 52jährigen Frau. Slg. Verg.-Fälle **7**, 1 A (1936). — *Simonin:* Toxikologische und gerichtsmedizinische Betrachtungen über die gewerbliche Benzol- und Petrolvergiftung. Paris méd. **1934**, 408. ***Schwarz.***

**Petschaftsfälschung** siehe *Stempeluntersuchungen.*

## Pfählungsverletzungen.

Die Bezeichnung „Pfählungsverletzungen" wurde von *Madelung* in das Schrifttum eingeführt. Wir verstehen darunter solche Verletzungen, bei welchen ein Pfahl oder pfahlähnliches Werkzeug in den Körper eindringt, wie z. B. Zaunlatten, Stäbe, Stöcke, Stiele von Werkzeugen u. a. *Madelung* spricht in seiner Einteilung von passiven und aktiven Pfählungsverletzungen.

Zur Gruppe der passiven Pfählungsverletzungen zählt man diejenigen Verletzungen, bei welchen der Körper durch Sturz oder Fall auf ein spitzes Werkzeug beschädigt wird. Dabei ist Körpergewicht und Fallhöhe für die Schwere der Verletzung entscheidend. Durch den Aufschlag dringt das Instrument in den Körper ein, wobei der Kontinuitätstrennung eine mehr weniger starke Gewebsquetschung vorangeht. Kompliziert sind Pfählungsverletzungen auch noch dadurch, daß neben dem Eindringen des Pfählungsinstrumentes in den sich in Bewegung befindlichen Körper oft beträchtliche Zugkomponenten dem umgebenden Gewebe mitgeteilt werden, wobei häufig ausgedehnte Gewebszerreißungen entstehen.

Wohl in der Mehrzahl der Fälle dringt das Pfählungsinstrument in die Perinealgegend ein, so daß der Pfählungskanal der Längsrichtung des Körpers entspricht. Die Bauchhöhle kann dabei mit eröffnet werden, dann ist natürlich die Verletzung durch die unvermeidliche Mitbeschädigung der Bauchorgane besonders kompliziert. Aber auch bei kurzen Pfählungskanälen, die die freie Bauchhöhle nicht erreichen, sind die Wundverhältnisse nicht günstig, da die ohnehin stark gequetschte und gerissene Wunde durch Mitverletzung von Ampulle, Blase oder Scheide mischinfiziert wird.

Gelegentlich kommen auch Pfählungsverletzungen der Brust vor. Diesen sind die gelegentlich beobachteten Unfälle von Motorradfahrern zuzuzählen, die durch Anfahren an eine nicht gesicherte Wagendeichsel oder an nicht gesicherte Langholzfuhrwerke zustandekommen.

Der Gruppe der aktiven Pfählungsverletzungen sind diejenigen zuzuzählen, bei welchen in Bewegung befindliche pfahlförmige Gegenstände in den ruhenden Körper eindringen, wie fallende Stäbe, Zinken von Heu- und Mistgabeln.

Eigenbeobachtungen betrafen einen Arbeiter, der auf einem Bau von einer fallenden, etwa 1 m langen bleistiftstarken Eisenstange getroffen wurde, die ihm mit dem Ende auf die Fossa jugularis traf, Mediastinum, Aorta, Herz und Zwerchfell durchschlug und selbst noch die Leber mitverletzte. In einem zweiten Fall sprang ein kleinerer Eisenstab beim Arbeiten mit dem elektrischen Hammer einem Arbeiter ab, traf diesen, drang in die rechte Brustseite ein, durchstieß die Lunge und eröffnete am Hilus rechts den Hauptast der Pulmonalis.

Im allgemeinen kommt den Pfählungsverletzungen wegen ihrer verhältnismäßigen Seltenheit vom gerichtlich-medizinischen Standpunkte nur untergeordnete Bedeutung zu.

*Schrifttum.*

*Madelung:* Arch. klin. Chir. **137** (1925). — *Stiassny:* Beitr. klin. Chir. **28** (1898). **Neugebauer.**

### Pfeilgifte siehe *Curare.*

### Pflanzenwohl-Spritzlösung siehe *Schädlingsbekämpfungsmittel.*

### Phanodorm siehe *Schlafmittel.*

### Phenacetin siehe *Anilinderivate.*

### Phenatidin siehe *Anilinderivate.*

### Phenol.

$C_6H_5OH$ ist ein Destillationsprodukt der Steinkohle, des Holzes, der Knochen; es entsteht bei Eiweißfäulnis (auch Carbolsäure genannt). Bildet farblose oder schwachrosa gefärbte Kristalle mit einem Erstarrungspunkt von 39—41°. Geruch typisch, für die Diagnose der akuten Vergiftung oft wegleitend. Gut löslich in Fettlösungsmitteln, schlecht in Wasser (1:15). Verflüssigtes Phenol besteht aus 85 Teilen Phenol und 15 Teilen Wasser (Acidum carbolicum liquefactum).

Frühere medizinale Bedeutung als antiseptisches und desinfizierendes Mittel außerordentlich stark zurückgegangen; entsprechend diesem Rückgang sind auch die medizinalen Vergiftungen selten geworden. Gelegentlich ereignen sich heute noch Selbstmorde, aber auch hier starker Rückgang feststellbar. Als Mordmittel wegen des intensiven Geruches und der lokalen Reizerscheinungen ungeeignet. Immer noch von Bedeutung sind die gewerblichen Vergiftungen (chemisch-organische Industrie, Kunstharzfabrikation). Selten findet man Phenol in Markiertinten (neben Anilin, Nitrobenzol).

Giftaufnahme in der Regel peroral, seltener percutan oder als Dampf, ausnahmsweise rectal oder durch die Geschlechtswege (Scheiden- und Uterusspülungen); Laieneingriffe mit Carbolsäurelösungen zur Unterbrechung der Schwangerschaft.

Akute Vergiftungen schwerer Art bereits nach wenigen Grammen. Tödliche Dosis in der Regel 3—40 g, in einem Fall sogar 1,5 g. Für die Wirkung spielt Resorptionsgeschwindigkeit, resp. Menge und Art der Magenfüllung, eine große Rolle. 0,1—0,5 g täglich verursachen auch bei längerer Darreichung noch keine nennenswerten Störungen außer Sinken des Pulses, Sinken der Temperatur, besonders bei Fiebernden (als allgemeine Wirkung der Benzolderivate).

Bei Aufnahme der konzentrierten Säure durch den Mund bilden sich stets weißliche Schorfe an Lippen, Zunge, im Rachen, evtl. Glottisödem. Erste Symptome: Bauchschmerzen, Übelkeit, Erbrechen, Aufstoßen, Durchfälle. Bei großen Dosen oder guten Resorptionsverhältnissen, resp. wenn freies Phenol in größeren Mengen ins Blut übertritt, setzen rasch zentrale Symptome ein: Bewußtseinsstörungen, Delirien, Krämpfe (namentlich bei Kindern), Koma, Kollaps, evtl. Todeseintritt. Bei kleinen Dosen oder langsamer Resorption mit fortlaufender Paarung des freien Phenols können zentrale Störungen vollkommen ausbleiben. Herztätigkeit meist schlecht, Cyanose, Temperatursteigerung. Von seiten der Nieren Albuminurie, seltener Hämoglobinurie und Cylindrurie; Urin dunkelbraun.

Fast regelmäßig sind die Atemwege mitbeteiligt: Bronchitis, bronchopneumonische Herde, offenbar als Folge der Giftausscheidung durch die Atemwege. Bei langsamerem Verlauf der Vergiftung ist die Todesursache meist eine Lungenkomplikation, kombiniert mit Nierenschädigung. Auf der Haut typische weiße, anästhetische Schorfe, Übergang in Gangrän (Carbolwasserumschläge).

Sektion: Geruch meist unverkennbar, besonders intensiv in der Bauchhöhle, kann aber bei langsamem Verlauf der Vergiftung fehlen. Ätzschorfe an Lippen, Zunge, im Rachen, im Magen. Durch Diffusion des Giftes können auch Nachbarorgane angeätzt sein. Daneben degenerative Veränderungen an den Nieren, evtl. hämorrhagische Nephritis, Entzündungserscheinungen der Luftwege. Selten Schädigung der roten Blutkörperchen, Ikterus, Thrombenbildung.

Chronische Vergiftung früher häufig bei Ärzten, heute nur noch gewerblich, meist durch Aufnahme als Dampf. Symptome: Kopfschmerzen, Übelkeit, Mattigkeit (Carbolmarasmus), Husten, Magen-Darmstörungen, Anämie. Auf der Haut neben Ausschlägen der verschiedensten Art Pigmentierung (bläulich oder bräunlich). Ähnliche Verfärbungen beobachtet man an den Skleren, Knorpeln und Sehnen (Carbolochronose).

Entgiftung durch Paarung mit Schwefel- und Glucoronsäure. Ausscheidung im Urin, der an der Luft nachdunkelt, teilweise als Alkalisalz dieser Säuren oder als Hydrochinon-Schwefelsäure. Eisenchloridreaktion.

Beispiel für typischen Fall einer subakut verlaufenen Vergiftung (*Barac*): Trinken von 10 ccm Acidum carbolicum liquefactum in selbstmörderischer Absicht. Klinikaufnahme 27 Stunden später, dabei klares Bewußtsein, heftige Schmerzen in Mund und Rachen, Cyanose der Ohren, Nase und Lippen. Ätzspuren an Kinn, Lippen, Zunge und Rachen, kein Phenolgeruch. Temperatur 38,5°. Atmung und Puls beschleunigt. Blutdruck 150/90. Über beiden Lungen bronchopneumonische Herde. Urin: Albumen 25‰, im Sediment Leukocyten, einige körnige Cylinder. Keine Eisenchloridreaktion. Blut: Harnstoffverhaltung, starke Acidosis.

Tod 36 Stunden nach Gifteinnahme (mäßige Nephritis mit Harnstoffverhaltung, starke Acidosis,

Bronchopneumonie). Nie Bewußtseinsstörungen oder Krämpfe.

*Schrifttum.*

*Barac:* Tödliche Phenolvergiftung (Selbstmord). Slg. Verg.-Fälle **6**, 133 A (1935). — *Becher* u. *Litzner:* Beobachtungen über Phenolvergiftung beim Menschen. Klin. Wschr. **5**, 1373 (1926). — *Biebl:* Die pathologische Anatomie der akuten, subakuten, chronischen und latenten Intoxikation durch die Phenol-Indolkörper im Tierexperiment. Beitr. path. Anat. **84**, 257 (1930). — *Heffter:* Handb. der exper. Pharmakologie. **1.** Berlin 1923. — *Kredba:* Gefahren des Phenols. Ref. Dtsch. Z. gerichtl. Med. **27**, 286 (1937). — *Laux:* Chronische Phenolvergiftung durch Einatmung von Kresoldämpfen am Kaninchen. Beobachtungen am Blutbild. Zbl. Chir. **1934**, 2848. — *Lewin:* Gifte und Vergiftungen. Berlin 1929. — *McCord* u. *Minster:* Phenolvergiftung durch Tinte. J. amer. med. Assoc. **83**, 843 (1924). — *Petri:* Pathologische Anatomie und Histologie der Vergiftungen. Berlin 1930. *Schwarz.*

### Phenoläther.

Die Äther einwertiger Phenole spielen toxikologisch keine Rolle. Anisol (Methyläther) ist etwa zehnmal weniger giftig als Phenol, zeigt geringe lokale Reizwirkung. Wird empfohlen zur Ungezieferbekämpfung. Phenetol (Äthyläther) zeigt ähnliches Verhalten wie Anisol. Anethol (Methyläther des p-Propenylphenols) bildet den Hauptbestandteil des Anisöls (neben geringen Mengen eines Terpens). Große Dosen davon werden wochenlang ohne Beschwerden ertragen. Therapeutisch Oleum Anisi 0,1, Hautsalbe 10%ig.

*Schrifttum.*

*Heffter:* Handb. der exper. Pharmakologie. **1.** Berlin 1923. *Schwarz.*

### Phenolphthalein.

Kristallinisch, geschmacklos, Schmelzpunkt 250 bis 254°. Brauchbares, verbreitetes, jedoch nicht indifferentes Abführmittel, das auf kurze Zeit meist gut ertragen wird. Normaldosis 0,1, Wirkung nach vier bis sechs Stunden; in der Regel werden 2 g vom Erwachsenen ohne Vergiftungserscheinungen toleriert. Vor längerem Gebrauch zu warnen. Wurde auch verwendet zur latenten Kenntlichmachung bestimmter Weine, zur Färbung von Tortengüssen, Konfekt (USA.).

Akute Vergiftungen bei Überdosierung, besonders aber nach Schlecken von phenolphthaleinhaltigem Konfekt durch Kinder (Exlax, Purgen, Laxinkonfekt u. a. m.). Dabei wurden an Symptomen heftige Durchfälle, Delirien, Krämpfe, Lähmungen, Hautblutungen beobachtet. Sektionsbefunde atypisch: hämorrhagische Gastroenteritis, Blutaustritte im Herzen, in der Leber, in den Nieren, Milzschwellung.

Bei längerem Gebrauch entstehen verschiedenartige Gesundheitsstörungen: Gesichtsrötung, Blutschädigungen (hämolytische Wirkung), Nierenreizung (Albuminurie, Hämoglobinurie), zentrale Symptome, besonders bei Kindern. Auf der Haut toxische Exantheme, ähnlich dem Antipyrin- und Salvarsanexanthem. Solche Ausschläge bevorzugen pigmentierte Hautstellen und können jahrelang bestehen; brünette Personen sind dafür anfälliger. Selten Stomatitis, Blutungen in die Bindehautsäcke, häufiger Magen- und Darmbeschwerden, Herzklopfen, Hinfälligkeit, blasse fahle Gesichtsfarbe. Idiosynkrasien kommen vor.

Der größte Teil des Giftes (etwa 85 %) wird durch den Darm ausgeschieden, der kleinere Teil als gepaarte Glucuronsäure durch den Urin.

Natriumsalze des Tetrajodphenolphthaleins (früher auch die Chlor- und Bromverbindungen) werden u. a. in der Röntgenologie als Kontrastmittel zur Darstellung der Gallenwege gebraucht (Tetragnost). Verschiedene Vergiftungsfälle und vereinzelte Todesfälle mahnen zur Zurückhaltung in der Anwendung dieser Salze zu diagnostischen Zwecken s.d. Art.: Jod und Jodsalze). Beobachtete Symptome (intravenös oder peroral): lokale Entzündungen, hämorrhagische Entzündung des ganzen Magen-Darmtraktus, Stomatitis, Hautentzündungen, Epithelnekrosen der Nieren, Leberschädigungen. Direkt nach Verabreichung stellten sich Kollaps, Angstgefühl, Cyanose ein. Das beobachtete Glottisödem wird als Jodwirkung aufgefaßt.

*Schrifttum.*

*Beyreis:* Ein Beitrag zur gerichtlich-medizinischen Beurteilung der Vergiftung mit Tetrajodphenolphthalein-Natrium. Dtsch. Z. gerichtl. Med. **10**, 156 (1927). — *Buzzo* u. *Carratala:* Über Vergiftung mit Phenolphthalein. Ref. Dtsch. Z. gerichtl. Med. **27**, 150 (1937). — *Cazzaniga:* Tetrajodphenolphthalein-Vergiftung. Slg. Verg.-Fälle **6**, 25 B (1935). — *Cleeves:* Vergiftung durch „Exlax"-Tabletten. J. amer. med. Assoc. **99**, 654 (1932). — *Dyas:* Tod im Anschluß an orale Verabreichung von Tetrajodphenolphthalein-Natrium. Brit. J. Radiol. (Arch. of Radiol.) **1**, 97 (1928). — *Holtmann:* Ein Fall von schwerstem Kollaps nach Injektion von Tetrajodphenolphthalein „Merck" zur Röntgendarstellung der Gallenblase. Münch. med. Wschr. **73**, 851 (1926). — *Nelson:* Wahrscheinliche Vergiftung mit Phenolphthalein. J. amer. med. Assoc. **101**, 121 (1933). — *Newman:* Phenolphthaleinvergiftung. J. amer. med. Assoc. **101**, 761 (1933). — *Ottenberg* u. *Abramson:* Erzeugung von Lebernekrosen durch Tetrachlor- und Tetrabromphenolphthalein. J. amer. med. Assoc. **84**, 800 (1925). — *Rosenau:* Gefahren bei Verwendung einiger halogenhaltiger Phthaleine zur Funktionsprüfung. J. amer. med. Assoc. **85**, 2017 (1925). — *Villa:* Giftigkeit des Tetrajodphenolphthaleins. Clin. med. ital. **57**, 308 (1926). — *Wise* u. *Abramowitz:* Phenolphthaleinexantheme. Arch.Dermat. **5**, 297 (1922). — Weitere Literatur siehe Slg. Verg.-Fälle **7**, 80 C (1936). *Schwarz.*

**Phenylchinolincarbonsäure** siehe *Atophan*.

### Phenylhydrazin.

Die von dem flüchtigen, Salze bildenden *Hydrazin*, $H_2N$-$NH_2$ abzuleitenden Hydrazinderivate sind infolge ihrer starken Reduktionswirkung Blutgifte (Methämoglobinbildner) und gleichzeitig Nervengifte. *Phenylhydrazin* $C_6H_5$-$NH$-$NH_2$, tafelförmige Kristalle, F. = 23°, Sp. = 241°; verändert sich an der Luft allmählich. Mit Wasserdämpfen etwas schwerer flüchtig wie Anilin; schwer löslich in kaltem, etwas leichter in heißem Wasser. Mit Alkohol, Äther, Chloroform, Benzol in jedem Verhältnis mischbar. Wird von Oxydationsmitteln äußerst leicht zerstört. Häufige Verwendung in der synthetisch-pharmazeutischen und chemischen Industrie (als gelbliche, ölige Flüssigkeit von scharfem Geruch), außerdem als Harnreagens. Phenylhydrazin macht auf Haut juckenden Ausschlag mit Bläschenbildung. Wird von intakter Haut resorbiert (Laboratoriums- und gewerbliche Vergiftungen). — Medizinale Vergiftungen durch Verwendung von *Phenylhydrazinum hydrochloricum* gegen Polycythämie *(Levi)* und Morbus Werlhof *(Jacobson)*.

*Akute Vergiftung:* Krankheitsgefühl, Appetitlosigkeit, Durchfälle, Methämoglobinbildung. Wenn diese hochgradig: typische, livid-grünliche „Cyanose" und Atemnot, Hämoglobinämie, Hämoglobinurie, Poryphyrinurie, Nierenreizung mit Albuminurie und Cylindern.

*Chronische gewerbliche Vergiftung:* Müdigkeit, Kopfweh, Schwindel, Nystagmus, Atemnot, allenfalls „Cyanose", Anämie. Infolge des starken Blutabbaues kann es zu Milzschwellung kommen. Nach gewerblicher Phenylhydrazinvergiftung mit schwerer Anämie oft lange Zeit erhöhter Färbeindex. Phenylhydrazinvergiftung ist ausgezeichnet durch sehr rasche, fast stürmische Regeneration des roten Blutbildes infolge intensiver Reizwirkung auf das Knochenmark (Reticulocytenvermehrung).

Ähnlich wie Phenylhydrazin wirken *Methyl-* und *Tolylhydrazin*. Toxikologisch gleich zu beurteilen sind auch die *Semicarbazide* (Semicarbazid: $NH_2CO$-$HN$-$NH_2$). Von diesen leiten sich einige als Antipyretica früher verwendete Stoffe ab, wie *Pyrodin, Agathin, Orthin* usw. Heute wohl nur noch, namentlich in Frankreich, der *Kryogenin* genannte Stoff = *m-Benzaminosemicarbazid* als Antipyreticum im Gebrauch. Macht ähnliche Nebenwirkungen und Vergiftungserscheinungen wie Phenylhydrazin. Bei längerer Behandlung mit Kryogenin außer Methämoglobinbildung auch schwere und rasch verlaufende Anämien mit rascher Regenerationsfähigkeit. — Als Nebenwirkungen wurden bei Kryogeningebrauch ferner beobachtet: Kollaps, Neigung zu Hämoptoe, Exantheme, nach großen Dosen Bradykardie.

*Schrifttum.*

*Bonzanigo, V.:* Über Spätfolgen nach gewerblichen Vergiftungen mit Anilin und ähnlichen Substanzen. Dtsch. Z. gerichtl. Med. **16**, 242 (1931). — *Erben, F.:* Vergiftungen. **2 II**, 352. Wien 1910. — *Feil, A.:* L'anilisme professionel dans la fabrication de l'aniline et de certains de ses dérivés. Presse méd. **34**, 74 (1926). — *Hesse, E., H. Franke* u. *H. Hering:* Die Entgiftung des Phenylhydrazins. Klin. Wschr. **1935**, 1425. — *Hueper, W. C.:* Pathologische Studien über die Wirkung verschiedener Hydrazinderivate auf die Organe. J. industr. Hyg. a. Toxicol. **18**, 17 (1936). — *Jacobson, E.:* Weitere Erfahrungen mit Phenylhydrazinum hydrochloricum beim Morbus Werlhof. Klin. Wschr. **12**, 1583 (1933). — *Kobert, R.:* Lehrbuch der Intoxikationen. 2. Aufl. **2**, 782. Stuttgart 1906. — *Koubareff, M.:* Gewerbliche Hauterkrankungen durch Einwirkung von Phenylhydrazin. Zbl. Gew.-hyg. **9**, 231 (1939). — *Levi, P.:* Considerazioni sulle variazioni qualitative e quantitative sanguigne e sul ricambio dell'emoglobina in seguito a trattamento fenilidrazinico nei sogetti normali e policitemici. Osp. Magg. (Milano) **24**, 445 (1936). — *v. Oettingen, W. F.* u. *W. Deichmann-Gruebler:* Über Beziehungen zwischen chemischer Konstitution und pharmakologischer Wirkung von Phenylhydrazinderivaten. J. industr. Hyg. a. Toxicol. **18**, 1 (1936). — *Roch, Tissot* u. *Mayer:* Korresp.bl. Schweiz. Ärzte **1917**, 1704.          **H. Fischer.**

**Phloroglucin** siehe *Pyrogallol.*

**Phosgen** siehe *Kampfgase.*

**Phosphin** siehe *Phosphor und Phosphorverbindungen.*

## Phosphor und Phosphorverbindungen.

*Phosphor* (P) kommt in der Natur nur in den Phosphaten vor und wird durch Glühen derselben mit Quarzsand und Kohle dargestellt. Er ist in zwei Modifikationen als gelber (auch weißer Phosphor genannt) und roter Phosphor bekannt. Letzterer, der durch Erhitzen des gelben Phosphors bis nahe an den Siedepunkt entsteht, kann als praktisch ungiftig gelten. Einzig bei den Arbeitern in Zündholzfabriken sind nach längerdauernder Einatmung von rotem Phosphorstaub Anämien und Kachexien beobachtet worden (*Zangger*). Der gelbe Phosphor, der im Gegensatz zu dem roten eine sehr starke Giftwirkung besitzt, ist ein wachsweicher, bei 44° schmelzender, gelblich weißer Körper, der sich in Wasser überhaupt nicht, in Alkohol und Äther nur wenig, in Schwefelkohlenstoff, Fetten, Ölen und Galle jedoch leicht löst. An feuchter Luft gibt er schon bei gewöhnlicher Temperatur eigenartig widerlich riechende und im Dunkeln leuchtende Dämpfe ab. Bei 40° entzündet er sich, weswegen er in früherer Zeit zur Herstellung der Zündhölzer diente. In Form von Phosphorlatwergen steht der gelbe Phosphor zur Vertilgung von Ratten, Mäusen, Füchsen und medizinisch u. a. als Oleum phosphoratum (0,1 g Phosphor auf 100 g Mandelöl) und zur Herstellung von Phosphorpillen im Gebrauch.

Vergiftungen waren bis zum Verbot der Verwendung gelben Phosphors für die Zündhölzchenherstellung sehr häufig. Sie kamen nicht nur bei den mit seiner Verarbeitung beschäftigten Arbeitern vor, sondern auch dadurch, daß Phosphor als Mittel zum Selbstmord, zur Fruchtabtreibung, vereinzelt auch trotz des auffallenden Geruches und Geschmackes zum Mord Anwendung fand. Heute gehören Phosphorvergiftungen zu den Seltenheiten und kommen nur gelegentlich durch Verwechslung oder bei der Durchführung von Kuren mit Phosphorlebertran sowie in Fällen von Fruchtabtreibung zur Beobachtung.

Schwere Vergiftungserscheinungen treten schon bei 0,1 g auf. Die letale Dosis ist im allgemeinen 0,2—0,5 g, doch sind Fälle bekannt, in denen auch schon kleinere Mengen tödlich wirkten bzw. größere Mengen vertragen wurden. Da das Köpfchen eines Phosphorzündholzes durchschnittlich 1 mg Phosphor enthält, so können 50—100 Zündhölzchen bereits den Tod eines Erwachsenen herbeiführen. Bei der Begutachtung ist zu berücksichtigen, daß gleichzeitig mit dem Phosphor genossene Milch sowie fett- und ölhaltige Speisen die Lösung und Aufnahme des Giftes erleichtern.

Die Vergiftungen beim Menschen — wir kennen akute, subakute und chronische — erfolgen fast ausschließlich per os. Phosphor ist ein besonders starkes Stoffwechselgift, das nach Art eines Fermentes hemmend auf die Oxydationsvorgänge im Körper wirkt und zur Verfettung der parenchymatösen Organe, der Körper- und Gefäßmuskulatur führt. An der Haut erzeugt Phosphor sehr schlecht heilende Brandwunden. Die *akute* Vergiftung wird nur sehr selten (besonders bei Kindern) und zwar hauptsächlich dann beobachtet, wenn plötzlich große Mengen Phosphor in den Organismus gelangen; nach heftigem Erbrechen und Diarrhöen kann der Tod innerhalb einiger Stunden unter schweren Konvulsionen und Koma durch Herzlähmung erfolgen. In der Mehrzahl der Fälle verläuft die Vergiftung *subakut* und beginnt nach *Jaksch* meist mit Übelkeiten, Magen- und Kopfschmerzen, Erbrechen von im Dunkeln leuchtender, kaffeebrauner Massen mit knoblauchartigem Geruch. In diesem Stadium kann es noch zur Heilung kommen. Viel häufiger folgen jedoch nach einem ein bis zwei Tage dauernden scheinbaren Wohlbefinden schwere Krankheitserscheinungen (Prostration, schlechte Herztätigkeit, Leberschmerzen, Muskelschwäche, nervöse Aufregungen, Blut im Stuhl und Harn, schwerer Ikterus usw.). Vereinzelt wurden tödliche Blutungen in die Körperhöhlen, im Magen, Darm sowie in die nicht schwangere Gebärmutter beobachtet. Auch Hautblutungen und symmetrisch angeordnete, umschriebene Gangränbildungen peripherer Körperteile können in seltenen Fällen auftreten. Die Körpertemperatur ist gewöhnlich erhöht, vor dem Eintritt des Todes jedoch meist subnormal. Somnolenz und Delirien sowie Depression gehen häufig dem Tode voran. Im Durchschnitt erfolgt dieser nach acht bis zehn Tagen, manchmal aber auch schon früher (vier bis sechs Tage). Die Mortalität beträgt nach den Beobachtungen von *Jaksch* 25,6 %.

Bei der *Obduktion* akut Vergifteter findet man zwar noch keine Zeichen der Resorption, wohl aber geringe Reizerscheinungen im Verdauungstrakt und mehr oder weniger reichliche Mengen von noch nicht resorbiertem Phosphor, der leicht chemisch nachzuweisen ist.

Die subakute Phosphorvergiftung zeichnet sich meist durch einen schweren Ikterus, durch Verfettung von Leber, Herz und Nieren und — eine Folge der Gefäßwandverfettung — durch Blutaustritte in den verschiedensten Organen aus. Vor allem werden die erbsengroße Blutungen im Gekröse des Dünndarmes, im Mediastinum, subserös und in der Körpermuskulatur, namentlich des Rückens und des Gesäßes beobachtet. Die Totenstarre ist meist nur sehr schwach ausgebildet; die Totenflecke zeigen eine dunkelschwarzrote Farbe. In den Speisewegen und im Magen sind oft schwarzbraune, schleimige Massen mit typischem Geruch zu finden. Der Darm enthält acholischen, blutigen Brei. Die Muskulatur des Herzens ist schlaff, brüchig und lehmfarbig. Die Verfettung und die gleichzeitig vorhandene Gelbsucht verleihen der Leber und den Nieren eine auffallende, schwefelgelbe Farbe. Der Befund an der Leber hängt mit der Vergiftungsdauer zusammen; in den ersten Tagen ist dieses Organ plump, stark vergrößert und trotz der starken Verfettung von fester Konsistenz. Erst nach dem vierten Tage verkleinert sich die Leber allmählich, und es tritt ein Granulationsgewebe auf, das sich narbig verändert. Die Konsistenz nimmt immer mehr ab, die Zeichnung wird undeutlich, und die Leber zeigt ein ähnliches Bild wie bei der akuten gelben Leberatrophie. Eine Differentialdiagnose ist nur im Frühstadium der Phosphorvergiftung ohne weiteres möglich. Meist erleichtern jedoch die Umstände des Falles, der Geruch und der übrige anatomische Befund die Diagnose. Es ist zu beachten, daß die Phosphorvergiftung auch große Ähnlichkeit mit Vergiftungen durch Pilze, vorwiegend durch den Knollenblätterschwamm und den Fliegenpilz, aufweist, in der Regel sich aber von diesen durch den starken Ikterus und das Fehlen von akuten Magen-Darmentzündungen unterscheidet (vgl. *Reuter*).

Bezüglich der *chemischen Leichenuntersuchung* muß darauf hingewiesen werden, daß der Phosphor sehr rasch oxydiert wird und daher nur in Fällen, in denen der Tod bis zum zweiten Tage nach der Gifteinnahme erfolgte, ein verwertbares Resultat zu erwarten ist. Erbrochene Massen sowie Magen- und Darminhalt sollen für die chemische Untersuchung in gut verschlossenen, wenig Luft enthaltenden Gläsern aufbewahrt werden.

Die *chronische* Phosphorvergiftung ist heutigen Tages sehr selten geworden. Sie kommt bei Arbeitern vor, die gewerblich mit gelbem Phosphor zu tun haben und schadhafte Zähne besitzen. Es treten am Kiefer Fistelbildungen und periostale Wucherungen mit nekrotischen Prozessen auf, die ein typisches Krankheitsbild (Phosphornekrose) darstellen. Ferner kommt es zu Störungen des Allgemeinbefindens, zu Anämien und schweren Kachexien. Auch Neigung zu Abortus wird beobachtet.

*Phosphorwasserstoff, Phosphin* (PH₃), ein Gas mit knoblauchartigem Geruch, bildet sich in kleinen Mengen bei der Umwandlung des gelben Phosphors in roten sowie beim Feuchtwerden von Ferrosilicium und kommt meist mit Arsenwasserstoff zusammen als Verunreinigung des Acetylens vor. Phosphorwasserstoff besitzt eine überaus große Giftigkeit, die sich schon in einer Konzentration von 0,001% bemerkbar macht. Nach *Schulz* tötet Luft mit 0,2% PH₃ in kurzer Zeit Warmblüter. Kleine Mengen bedingen Bronchitis. Bei größeren Gaben tritt schnell Bewußtlosigkeit ein; der Tod erfolgt durch Atem- und Herzlähmung. Der Obduktionsbefund ähnelt dem der Kohlenoxydvergiftung (flüssiges, kirschrot gefärbtes Blut); ferner werden Lungenödem, allgemeine Organverfettung und im Blute sehr kleine, stark lichtbrechende Körnchen gefunden (*Zangger*).

*Phosphortrichlorid* wirkt ähnlich wie Phosgen als ein auf die Atemwege stark reizendes Gas und führt zu Nekrosen, Pleuritis und Pneumonien. Auch Todesfälle durch Einatmung von Phosphortrichlorid sind vorgekommen.

*Phosphorsäure* (H₃PO₄) ist kein spezifisches Gift und führt nur in hohen Konzentrationen zu Ätzschädigungen. Vor allem werden pemphigusartige Hautausschläge, entzündliche Magen-Darmerkrankungen sowie Lungenblutungen beobachtet. Die Phosphorsäure wurde früher bei Knochenerkrankungen und Knochenbrüchen medizinisch verwendet. Auch durch Meta- (HPO₃), Pyro- (H₄P₂O₇) und die Unterphosphorsäure (H₂PO₃) sowie die phosphorige Säure (H₃PO₃) und durch deren Salze sind Schädigungen bekannt geworden.

*Schrifttum.*
*Jaksch:* Die Vergiftungen in *Nothnagels* Spezielle Pathologie und Therapie. Wien 1900. — *Reuter, Fr.:* Methoden der forensischen Beurteilung von Vergiftungen. *Abderhalden*, Handb. der biolog. Arbeitsmethoden. Berlin und Wien 1938. — *Zangger* u. *Flury:* Toxikologie. Berlin 1929. **Weyrich.**

**Photographie.** (Vgl. auch Art.: Palimpsest-Photographie, Ultraviolett-Licht.)

Seit der Erfindung der Daguerrotypie, der Schwarz-Weiß-Photographie im engeren Sinne durch *Daguerre* im Jahre 1839 — *Niepce* hatte allerdings bereits im Jahre 1822 die ersten Bilder in einer Kamera auf polierten, mit einer empfindlichen Asphaltschicht überzogenen Zinnplatten erzeugt —, hat die Weiterentwicklung der photographischen Technik im Laufe der Jahrzehnte Riesenfortschritte gemacht. Schon 1841 konnte *Talbot* vom ersterstandenen Negativ beliebig viele positive Papierbilder herstellen, so daß er eigentlich neben *Daguerre* als Entdecker der photographischen Hervorrufung und des photographischen Kopierprozesses angesprochen werden darf. Aus der Kamera obscura, der einfachen Lochkamera, die bereits vor Erfindung der Photographie vorhanden war, entstanden im Laufe der Jahre die mannigfachsten Modelle, meist und selbst bis in die letzten Jahre des vorigen Jahrhunderts noch von ungeheurer Größe, die dann unter Verwendung von Spezialobjektiven z. B. von *Petzwal* 1840, von *Steinheil* 1865, von *Zeiss* usw. die Belichtungszeiten von Stunden auf Minuten und Bruchteile von Minuten bzw. Sekunden herabsetzten und es daher auch ermöglichten, Momentaufnahmen selbst bewegter Objekte zu machen. Es würde zu weit führen, wollte man die einzelnen technischen Vervollkommnungen einzeln aufzählen, doch muß wenigstens die zweifellos wichtigste Erfindung auf photographischem Gebiete durch *Hermann Vogel* hervorgehoben werden, dem es 1873 gelang, durch geeignete Sensibilisatoren außer der blau empfindlichen Negativschicht auch eine Empfindlichkeit für grüne und gelbe Strahlen zu erzielen, die dann von *König* und *Homolka* auch auf orangerote und rote Strahlen, 1920 von englischen und amerikanischen Forschungslaboratorien sogar bis ins Infrarote ausgedehnt wurde.

Schon zu einer Zeit, in der die photographische Technik noch höchst unvollkommen war, wurde die Bedeutung der Photographie für die Medizin und insbesondere auch für die gerichtlich-medizinische Forschung erkannt und gewürdigt. Bereits im Jahre 1854 ließ der Untersuchungsrichter von Lausanne einen Dieb photographieren, dessen Persönlichkeit nicht festgestellt wurde. Und schon in den nächsten Jahren konnte die Person eines Verbrechers durch Verbreitung von Lichtbildern ermittelt werden. Der erste Gerichtsarzt, der in der Photographie mit das wichtigste Hilfsmittel zur Feststellung der Identität sah, war *Tourdes*, der schon 1862 anführte, daß die Photographie bei Fragen der Identität mit Erfolg angewendet habe. Seit 1860 gab es in den Landeshauptstädten sogar bereits Verbrecheralben.

*Tourdes* war es auch, der schon 1864 die Photographie mit Erfolg dazu anwandte, um „das Bild interessanter und seltener Studien zu erhalten".

Über die Bedeutung der Lichtbildnerei in der gerichtlichen Medizin unserer Zeit viele Worte zu verlieren, wäre ein müßiges Unterfangen. Gibt es doch kaum ein Zweiggebiet der gerichtlichen Medizin und der Kriminalistik, in dem die Photographie nicht mit Erfolg angewendet werden könnte und auch tatsächlich angewendet wird. Wenn es in diesem Rahmen auch nicht möglich ist, sämtliche Anwendungsbereiche der Photographie erschöpfend zu behandeln, so sollen doch wenigstens die allerwichtigsten Zweige erfolgversprechender Bildwiedergabe zum mindest gestreift werden.

Bereits in der Aufnahme des Lokalaugenscheines (s. d.) und des Tatortes ist die Bedeutung und der unschätzbare Wert des Lichtbildes zu erkennen. Man wird eine Situation stets dann photographieren, wenn dieselbe überhaupt so wichtig ist, daß sie der erkennende Richter wenigstens im Bilde sehen soll, da er ja nur in den seltensten Fällen in die Lage kommt, an der Tatortbesichtigung und der ersten Augenscheinsbefunderhebung persönlich teilzunehmen. In seiner Naturgetreue ist das Lichtbild weder durch die ausführlichste Beschreibung, noch durch die detaillierteste Zeichnung zu erreichen, geschweige denn zu ersetzen. Allerdings soll nicht nur photographiert werden, damit eben gerade eine Aufnahme gemacht ist, vielmehr soll das Lichtbild in der Tat nur kriminalistisch wichtige und verwertbare Einzelheiten aufzeigen. Zur Erfüllung dieser Forderung ist es daher vielfach angezeigt, nicht nur eine Aufnahme von einem einzigen Standpunkt aus anzufertigen, vielmehr empfiehlt es sich, möglichst viele Bilder von verschiedenen Gesichtspunkten herzustellen, da man ja von vorne herein nie weiß, welche Ansicht derjenigen Situation am meisten entspricht, die bei der Tatbegehung die maßgebende gewesen sein dürfte. Gerade bei solchen Augenscheinsaufnahmen, bei denen es sich ja in der Regel um Aufnahmen im freien Gelände handelt oder aber um Aufnahmen in Räumen, bei denen die Lage der einzelnen Gegenstände zueinander und deren Abstand voneinander eine große Rolle spielt, empfiehlt sich ganz besonders die stereoskopische Aufnahme oder die Photogrammetrie, da ja Abmessungen allein und die danach angefertigten Zeichnungen kaum jemals imstande sein dürften, die Lage der Gegenstände so zu fixieren und so klar zur Darstellung zu bringen, daß sich auch der Laienrichter ein vollständiges Bild des Tatortes und des Tatgeschehens machen kann. Dabei hat es sich als nützlich und zweckmäßig erwiesen, die Lagestellen der wichtigsten Befunde und Funde durch eingesteckte weiße Fähnchen usw. zu markieren. Da derartige Situationsbilder vom Tatorte später nie mehr in der ursprünglichen Wirklichkeit erhalten werden können und bei Mißlingen der Aufnahme unter Umständen sogar das Verfahren beeinträchtigt werden kann, sind stets mehrere Aufnahmen und zwar meist unter verschiedenen Belichtungszeiten anzufertigen, wenn auch die heute üblichen elektrischen Belichtungsmesser, deren es ja bereits eine große Zahl gibt, meist die Gewähr einer richtigen Belichtung bieten. Kann es ja doch selbst dem gewiegtesten Photographen einmal durch irgendein Mißgeschick oder durch ein Mißverständnis unterlaufen, daß er eine Platte doppelt belichtet und damit gleichzeitig zwei unersetzliche und beweiskräftige Aufnahmen vernichtet. Zudem muß man sich ja bei ungünstigen Lichtverhältnissen nicht so selten des Kunstlichtes bedienen. Als oberster Grundsatz solcher Aufnahmen wird stets der Satz zu gelten haben: Lieber eine Aufnahme zu viel, als eine unersetzbare zu wenig!

Außer der Lichtbildaufnahme bei der Tatortbesichtigung, die besonders auch bei Verkehrsunfällen dem Richter ein nicht zu unterschätzendes und durch nichts zu ersetzendes Beweismittel in die Hand gibt, wird der Gerichtsarzt das Lichtbild vor allem zur „Fixierung" von Wunden, die an Verletzten oder Leichen festgestellt wurden, als unentbehrliches Hilfsmittel heranziehen. Keine noch so genaue Beschreibung einer Wunde z. B. kann die durch das Lichtbild festgehaltene Wiedergabe ersetzen, zumal dann, wenn die Aufnahme noch dazu in natürlichen Farben hergestellt wird. Das Lichtbild besitzt ja überdies den großen Vorteil, daß es einem großen Kreis und zwar gleichzeitig, z. B. in einer Schwurgerichtsverhandlung durch Projektion, vor Augen geführt werden kann, wobei der Sachverständige dann an Hand des Lichtbildes seine Aus-

führungen stützen, erhobene Befunde erklären und auf Besonderheiten hinweisen kann. Aus dem gesprochenen Worte kann sich der Laie nur in den allerseltensten Fällen von der Beschaffenheit einer Wunde die richtige Vorstellung machen, er wird sich jedoch an Hand eines Lichtbildes leicht überzeugen lassen.

Zahlreiche Leichenbefunde lassen sich überdies fast nur im Lichtbilde festhalten und zwar besonders wegen der durch die Leichenzersetzung bedingten Vergänglichkeit oder der Unmöglichkeit, sie aus einem anderen Grunde zu erhalten. Außer der Gesamtaufnahme einer Leiche empfiehlt es sich für jene Fälle, in denen ein geringfügig erscheinender oder in der Ausdehnung nicht sehr erheblicher Befund vorliegt — dieser Befund im Gesamtbild der Leiche jedoch nicht zur Geltung kommen würde —, außerdem noch Großaufnahmen der betreffenden Stelle zu machen, der zweckmäßigerweise dann auch ein Maßstab beigelegt wird, so daß man sich hernach im Lichtbild jederzeit über die Ausdehnung und die Größenverhältnisse der Verletzung unterrichten kann. Unterläßt man diese Vorsichtsmaßregel, dann kann selbst die bestgelungene Aufnahme eben wegen ihrer Unzweckmäßigkeit geradezu unbrauchbar oder doch nur beschränkt verwertbar werden. An Hand von Bilderserien, wie dies z. B. *Beil* und *Breitenecker* gezeigt haben und wie dies ja wohl auch in jedem anderen gerichtsmedizinischen Institut gehandhabt werden dürfte, läßt sich z. B. der ganze Verlauf eines Stichganges oder eines Schußkanals durch die verschiedenen Gewebsschichten und Organe hindurch in zweckmäßiger und anschaulicher Weise darlegen.

Zur Beseitigung der störenden Reflexe an frischen und feuchten anatomischen Präparaten, die ohne Kunstgriffe eine brauchbare photographische Aufnahme oft unmöglich machen, legt *Brigge* die Organe in Wasser oder Konservierungsflüssigkeit und photographiert von oben. *Werkgartner* empfiehlt hierzu Glycerin und flüssiges Paraffin und erzielte damit nahezu reflexlose Bilder. Der Wert einer solchen Einbettungsmethode liegt außer in der Beseitigung der sonst störenden Reflexe noch besonders darin, feine Objekte in der Schwebe zu erhalten bzw. sie vor dem Zusammensinken zu bewahren. Der Untergrund soll natürlich etwas abstechen! Bereits in Gläsern aufgestellte Objekte und Präparate werden am zweckmäßigsten in ein zweites mit Wasser gefülltes Glasgefäß gestellt, durch dessen eine der planparallel geschliffenen Glasscheiben hindurch aufgenommen wird. In neuester Zeit werden zur Auslöschung störender Reflexe bei Aufnahmen in schrägem Winkel gegen spiegelnde Flächen. Polarisationsfolien verwendet, die vor das Kameraobjektiv vorgeschaltet werden, wobei deren beste Wirkung durch Drehen einer mit dem Objektivfilter gekoppelten Augenfolie direkt beobachtet werden kann. *Panning* empfiehlt zur deutlichen Kennbarmachung und zur photographischen Darstellung von Verletzungen an faulen Leichen, bei denen diese Befunde durch die Mißfärbung und durch die Spiegelung der matschig feuchten Gewebe (bei Exhumierungen z. B.) recht undeutlich sind, Puderung der Umgebung der Verletzungen mit gewöhnlichem Reispuder.

Zur Aufnahme ganzer, am Tatorte aufgefundener Leichen sind — in früheren Jahren wenigstens — besonders hergestellte und äußerst kompliziert gebaute Stative empfohlen worden. Durch die Anwendung kurzbrennweitiger Objektive sind derartige unförmige Gestelle nahezu entbehrlich geworden. Gerade die Einführung der Kleinbildkamera hat in dieser Richtung grundlegenden Wandel geschaffen. Mit einfachen Stativen wird man in der Regel schon das Auslangen finden können, falls überhaupt eine

Zeitaufnahme erforderlich sein sollte. Meist gewährleistet die hohe Lichtstärke der Objektive noch genügend durchbelichtete Aufnahmen aus freier Hand. *Holzer* hat nun gerade für die Kleinkamera ein sehr brauchbares und auch den strengsten und vielseitigsten Anforderungen entsprechendes Stativ konstruiert, über dessen Leistungsfähigkeit bei einfachster Handhabung sich der Verfasser bei seinen zahlreichen Aufnahmen, die selbst unter den ungünstigsten Verhältnissen hergestellt werden mußten, überzeugen konnte.

Ein breites Arbeitsgebiet der Photographie nimmt auch die Aufnahme von „Corpora delicti" ein. Ähnlich wie bei der Aufnahme anatomischer Präparate wird man auch bei der Aufnahme von Tatwerkzeugen, Tatspuren, Blutspritzern, Kleidern, Samenflecken, Fingerabdrücken usw. vorzugehen haben, wobei das Mitphotographieren eines Vergleichsmaßstabes zur Wiedergabe der Größenverhältnisse unerläßlich ist. Sehr häufig wird man sich neben einem panchromatischen, d. h. für alle Farben empfindlichen Filmmaterial auch noch geeigneter Farbfilter zur besten Wiedergabe der Farbwerte bzw. der Tonwerte bedienen, wenn man nicht von vornherein die Aufnahme in natürlichen Farben herstellen will. Für Blutspuren bzw. die Abbildung feinster Hautblutungen hat sich die Verwenduug eines für Rot wenig oder gar nicht empfindlichen Filmmaterials bewährt, allerdings kann man hierzu auch Panmaterial unter Vorschaltung eines geeigneten Filters, z. B. eines Grünfilters verwenden. Das für den jeweiligen Zweck brauchbarste Filmmaterial dürfte man sich wohl am besten durch eigene Versuche ermitteln.

Zur Darstellung feinster Unebenheiten und Niveaudifferenzen (Schartenspuren, Hülsenboden usw.) wird man sich· zweckmäßigerweise seitlicher Beleuchtung bedienen. Die neuzeitlichen Beleuchtungsgeräte von *Zeiss* und *Leitz* z. B. gestatten jede beliebige Lichtwirkung. Da man nur in den seltensten Fällen zur Darstellung der „Feinheiten" mit der gewöhnlichen Kameraoptik das Auslangen finden dürfte — selbst die Verwendung kurzbrennweitiger Objektive reicht bei der Begrenzung des Balgauszuges nicht mehr aus —, wird man zu mikrophotographischen Zusatzgeräten greifen müssen. Allerdings gelingt es heutzutage, mit Hilfe der Kleinkamera unter Verwendung von Zwischenringen verschiedenster Länge oder Vorschaltung geeigneter Vorsatzlinsen selbst im Kleinbild bis zu 10fache Vergrößerungen herzustellen. Über diese Vergrößerung hinaus wird man auch bei der Kleinkamera zu besonderen Mikroapparaten greifen müssen, deren es ja bereits zahlreiche, allen Anforderungen entsprechende Modelle gibt, die keiner besonderen Fertigkeit in der Bedienung mehr bedürfen.

Ein außerordentlich weites Anwendungsgebiet steht der Photographie im Schriftvergleich und dem Nachweis der Schriftfälschung usw. offen. Die praktische Lösung der einzelnen hierher gehörigen Fragestellungen wäre im Art.: Gerichtliche Schriftuntersuchung nachzusehen, es soll in diesem Zusammenhang nur auf die besondere Bedeutung der Ultraviolettphotographie und der Photographie im Infrarot hingewiesen werden.

Beide Arten dieser Photographie im unsichtbaren Strahlenbereich — bei Ultraviolett unter 390 mμ, bei Infrarot über 770 mμ — haben im letzten Jahrzehnt ein weites Anwendungsgebiet gerade auch in der gerichtlichen Medizin und Kriminalistik gefunden. Beide Verfahren kommen auf wesentlich anderem Wege zustande. Die Untersuchung bzw. Photographie mit ultravioletten Strahlen benutzt die Eigenschaft verschiedener Stoffe und Körper, bei Bestrahlung mit Ultraviolett ( Quarzlampe usw.)

verschieden zu fluorescieren, wobei diese Fluorescenz auf einer panchromatischen Platte meist ohne Vorschaltung von Filtern aufgenommen wird, während bei Infrarotaufnahmen besonders sensibilisierte Platten (z. B. Agfa Infrarotplatten 700 — 1050, *Eastmann* Spektroscopic Plate U, N, K, P, R, Q mit einem wirksamen Sensibilisierungsbereich von 680—1000 mμ und darüber, *Ilford* Infrarotplatten 640 — 880 mμ usw.) unter Vorschaltung geeigneter Rot- und Schwarzfilter verwendet werden. Das Anwendungsgebiet der Infrarotphotographie liegt nun keineswegs allein nur im Nachweis der Schriftfälschungen, es wurde auch, wie besonders die Untersuchungen von *Schwarz*, *Elbel* und *Manczarski* gezeigt haben, mit Erfolg auf den Nachweis von Pulverschmauch auf schwarzen Stoffen ausgedehnt. Selbst an vertrockneten Hautschüssen tritt der Schmutzsaum durch die Infrarotphotographie deutlich in Erscheinung. *Helmich* hat das gesamte Anwendungsgebiet der Infrarotphotographie in einer zusammenfassenden Darstellung aus dem Jahre 1937 nahezu erschöpfend zusammengestellt.

Vor dem Weltkriege und auch noch viele Jahre nachher wurden photographische Aufnahmen nahezu ausschließlich auf Großformat, mindestens jedoch auf der Größe 9 × 12 cm hergestellt. Als nun um die Jahreswende 1924/25 von der Firma *Ernst Leitz*, Wetzlar, durch *Oskar Barnack* die „Leika" als erste Kleinkamera für das Bildformat 24 × 36 mm auf Kinofilm in den Handel kam, begegnete man ihr in Fachkreisen mit großem Mißtrauen, ja mit Ablehnung, da in der dermaligen Zeit sogar das noch viel größere Format 9 × 12 cm für ernste und besonders auch für wissenschaftliche Aufnahmen und Zwecke noch zu klein erschien. Der große Erfolg, den jedoch die Leika schon in kurzer Zeit erringen konnte, ließ sehr bald auch noch von anderen Firmen derartige Kleinkameras herausbringen, von denen neben der Leika die Kontax der Firma *Zeiss* besonders zu erwähnen wäre. Die verschiedentlichen Zusatzgeräte zu diesen Kleinapparaten und die Anwendung auswechselbarer Objektive gestatten die Möglichkeit, nicht nur Aufnahmen in vergrößertem Maßstabe, Fernaufnahmen, Reproduktionen usw. herzustellen, sondern auch Mikrophotographien in ungeahnter Schärfe anzufertigen. Zur Scharfeinstellung dienen dabei eigene Mattscheibengeräte, bei der Kontax z. B. der Plattenadapter, bei der Leika der Einstellrevolver. Die Kontax gestattet überdies durch den Plattenadapter auch die Verwendung von Einzelplatten, was besonders für die Infrarotphotographie von besonderer Bedeutung ist. Doch liegt der Vorzug noch in der Verwendung anderer Emulsionen, die derzeit nur auf Platten, nicht aber auf Kinofilm erzeugt werden, ein Vorzug, der besonders auch bei der Mikrophotographie durch die Verwendung der *Perutz*-Silbereosinplatte usw. klar zutage tritt.

Der unschätzbare Wert der *Kleinbildphotographie* liegt nun außer in der Wirtschaftlichkeit — das einzelne Bild kostet selbst bei Verwendung des besten Filmmaterials nur wenige Pfennige — auch in der raschen Aufnahmebereitschaft, in der Verwendung von Objektiven verschiedener Brennweite oder der Anwendung von Zusatzgeräten zur Anfertigung von Großaufnahmen. Gerade der Gerichtsmediziner, der doch soviel mit der Lupe arbeitet, hat von jeher getrachtet, sein Gutachten mit beweiskräftigen Großaufnahmen zu belegen und zu bekräftigen. Und gerade in dieser Hinsicht leisten die Kleinkameras mit den Lupengeräten geradezu Erstaunliches. Wohl konnte man auch früher mit besonderen Spezialapparaten, die sich jedoch nicht einmal jedes größere Institut leisten konnte und die ein besonders geschultes Bedienungspersonal voraussetzten, derartige Aufnahmen machen; die Handhabung der Kleinkameralupengeräte dagegen ist so einfach, daß man auch ohne besondere Schulung die besten Ergebnisse erzielt. Jedes größere Universitäts- und Forschungsinstitut dürfte sich heute bereits auf die Kleinbildphotographie umgestellt haben. Zahlreiche Veröffentlichungen auf diesem Gebiete haben die Brauchbarkeit und Überlegenheit gegenüber dem Großformat zur Genüge bewiesen. Es würde zu weit führen, die zahlreichen Arbeiten im einzelnen anzuführen, es sei nur auf die Zeitschrift Photographie und Forschung (die Kontaxphotographie in der Wissenschaft) und die Leika-Zeitschrift als die wichtigsten hingewiesen.

Die von der Kleinkamera gewonnenen Negative lassen sich ja auch auf jede beliebige Bildgröße vergrößern, ohne daß die Schärfe merklich leiden würde. Übrigens eignen sich Kontaktdiapositive unter Verwendung besonderer Projektionsapparate in hervorragender Weise zur Bildprojektion, und auch bei Anfertigung vergrößerter Diapositive auf 8 ½ × 10 oder 9 × 12 cm leidet die Bildschärfe, wie wir uns selbst überzeugen konnten, kaum, wenn auch die Projektion von Kontaktdiapositiven erfahrungsgemäß die besten Ergebnisse erzielen läßt.

Neben der Schwarz-Weiß-Photographie ist die Aufnahme in natürlichen Farben (s. weiter unten Farbenphotographie) mit der Kleinkamera nicht ermöglicht, sondern durch Verwendung des Agfa-Color-Films (Tageslicht oder Kunstlicht) zu ungeahnter Naturgetreue gediehen.

Wenn auch durch die vorangeführten Darlegungen das Anwendungsgebiet der Photographie keineswegs erschöpfend behandelt werden konnte, so wurde doch wenigstens der Versuch unternommen, in groben Zügen die Bedeutung des Lichtbildes für gerichtliche Medizin und Kriminalistik zu umreißen. Einzelheiten über Aufnahmetechnik usw. sind den einschlägigen Lehr- und Handbüchern und den ungezählten Veröffentlichungen zu entnehmen.

*Farbenphotographie.* Der Anfang der Farbenphotographie liegt fast 30 Jahre vor der Schwarz-Weiß-Photographie, der Daguerrotypie (1839); dennoch hat die technische Vervollkommnung der Farbenphotographie keineswegs gleichen Schritt gehalten, ist vielmehr vorerst weit hinter zurückgeblieben und eigentlich erst in den letzten Jahren durch das Agfa-Color-Verfahren zu voller Blüte gediehen. Schon 1810 fand *Seebeck*, Professor an der Universität Jena, daß sich frisch gefälltes Chlorsilber unter dem Einfluß von Spektralfarben verfärbt. Abgesehen von der geringen Empfindlichkeit war es jedoch nicht möglich, die erreichte Farbe auch zu fixieren und haltbar zu gestalten. Auch das von *Lippmann* im Jahre 1891 geschaffene Interferenzverfahren, das zwar herrliche Bilder lieferte, krankte an der Schwierigkeit der Ausführung.

Größere Bedeutung erlangte erst die indirekte Farbenphotographie, die sich auch für die Praxis allein bewährte. Sie beruht auf der Tatsache, daß sich alle Farben durch entsprechende Mischung dreier Grundfarben erzeugen lassen, wie *Newton* nach einer Reihe von Versuchen, die er 1666 begann, gezeigt hat und wie vor ihm bereits *Le Blond*, ein in Deutschland geborener Maler (gestorben 1841) ausgesprochen hat. *Le Blond*, der durch übereinandergedruckte Teilbilder in den Farben Rot, Gelb und Blau farbige Kupferstiche herstellte, kann und muß als der Begründer des Dreifarbendruckes angesehen werden.

Je nachdem, ob die Farbmischung durch Lichtstrahlen oder durch Substanzmischung erfolgt, unterscheidet man eine additive oder subtraktive Farbmischung. Bei ersterer summieren sich die Strahlen zu Weiß, d. h. je mehr verschiedenfarbige Strahlen

ich etwa durch Projektionsapparate auf eine Leinwand werfe, desto heller wird die Bildfläche werden, während bei letzterer die Farbmischung der Körperfarben Schwarz ergibt. Grün- und Rot summieren sich z. B. bei der Strahlenmischung zu Gelb, mischt man jedoch Grün und Rot als Malerfarbe, dann entsteht ein dunkler Brau- oder Grünton als Mischungskomponente. *Maxwell* hat als erster bereits 1855 Versuche nach der Additionsmethode angestellt, indem er durch Summation mittels dreier Projektionsapparate farbige Bilder zu erzeugen trachtete. Er stellte drei Aufnahmen mit vorgeschalteten Rot-, Grün- und Blaugläsern her, fertigte von den Negativen Positive an und projizierte diese drei Teildiapositive mittels dreier Projektionsapparate unter neuerlicher Vorschaltung der vorerwähnten Farbfilter, worauf sich das Bild auf der Leinwand in natürlichen Farben ergab. Da jedoch die damaligen Photoplatten fast nur blauempfindlich waren, konnten die erzielten Ergebnisse nicht sehr befriedigen. Erst nach Entdeckung der Sensibilisatoren durch *H. W. Vogel* im Jahre 1873 war es möglich, nach der obenerwähnten Methode brauchbare Farbenbilder zu projizieren, die selbst größeren Anforderungen genügten. Trotz einer von *Miethe* konstruierten Projektionskamera mit drei übereinandergestellten Objektiven konnte sich dieses Verfahren wegen der Kompliziertheit der Aufnahme nicht vollends durchsetzen.

Die Gebrüder *Lumière* brachten dann im Jahre 1904, aufbauend auf den Versuchen von *Ducos du Houron*, eine Rasterplatte auf den Photomarkt, bei der feinste, gefärbte Stärkekörnchen in den Farben Orangerot, Grün und Violett nebeneinanderlagen. Unter dem Mikroskop betrachtet, liegen die einzelnen Körnchen, deren Größe nur etwa 0,012 mm beträgt, vollkommen exakt nebeneinander, da ja ein Überdecken verschiedenfarbiger Körnchen sofort eine subtraktive Farbmischung und damit eine Fehlfarbenwiedergabe zur Folge hätte. Auf einer 9 × 12 cm Platte sind etwa 70 Millionen Farbkörnchen aufgetragen. Das durch einen einfachen Umkehrungsprozeß in ein Positiv umgewandelte Farbenbild, das sich wohl durch Farbenpracht auszeichnete, bedurfte aber zur Projektion einer besonders starken Lichtquelle.

Die Agfa-Farbenplatte, deren Farbkörnchen aus Harz bestanden, war in der Emulsion so vervollkommnet, die Empfindlichkeit verschiedenen Lichten und Farben gegenüber so ausgeglichen, daß man bei Tageslicht auch Aufnahmen ohne Filter und noch dazu Momentaufnahmen mit genügender Durchbelichtung herstellen konnte.

In den letzten Jahren ist noch ein weiteres additives Verfahren auf den Markt gekommen, das vorerst nur für den Schmalfilm Anwendung fand, doch später auch für Normalkinofilm (Kleinbildkamera) herausgegeben wurde, das sog. Linsenrasterverfahren. Bei diesem Verfahren wird das Licht mittels eines vor das Objektiv vorgesteckten drei- oder mehrgeteilten Filters in den Farben Rot, Grün und Blau gefiltert. Vor der lichtempfindlichen Schichte des Films ist ein lichtbrechendes System feiner Zylinderlinsen eingewalzt, wobei dann jede dieser Zylinderlinsen das Bild des dreigeteilten Filters auf die lichtempfindliche Schichte wirft, also dann ähnlich wirkt wie das Rasterfilter. Zur Projektion muß ein gleichgeteiltes Filter vorgeschaltet werden. Die Aufnahmen konnten nur bei offener Blende und einer Lichtstärke der Optik von etwa 2,5 gemacht werden.

Diesen additiven Verfahren stehen zwei subtraktive gegenüber. So hat *Traube* im Jahre 1905 ein Verfahren für durchscheinende Diapositive herausgegeben und dieses Verfahren Uvachromie genannt. Es müssen gleichfalls drei Teilbilder nach vorgeschalteten Filtern aufgenommen, von den Negativen Diapositive hergestellt werden, das Silber in Ferrocyankupfer umgewandelt, die Teilbilder dann in den Komplimentärfarben eingefärbt und schließlich das Kupfersilber herausgelöst werden. Nach sorgfältiger Deckung der drei Teilbilder in den Farben Rot, Gelb und Blau ergeben sich vollkommen transparente und für Projektion bestens geeignete Farbbilder. Der Vorteil dieses Verfahrens besteht darin, daß man außer beliebig vielen Farbbildern auch noch nach den Teilnegativen Schwarz-Weiß-Bilder und -Abzüge herstellen kann. Der Nachteil liegt im komplizierten Arbeitsgang und dem Umstande, daß nur unbewegte Objekte aufgenommen werden können, wenn man nicht im Besitze eines äußerst komplizierten Aufnahmeapparates ist, der die Belichtung sämtlicher dreier Teilbilder in einer einzigen Aufnahme gestattet.

Im Jahre 1935 ist nun von zwei Mitgliedern des Kodak-Forschungslaboratoriums und gleichzeitig von der Agfa ein Farbenfilm auf den Photomarkt gekommen, der eine Umwälzung auf dem Gebiete der Farbenphotographie gebracht hat. Es handelt sich bei diesen Kodachrom- bzw. Agfa-Colorfilmen je um einen mehrschichtigen Film nach dem Prinzip des subtraktiven Verfahrens. Der Film besteht aus drei farbenempfindlichen Schichten und zwei Filterschichten, wobei sämtliche Schichten so außerordentlich dünn sind, daß die Filmdicke nur um ein geringes größer ist als diejenige eines gewöhnlichen Films. In komplizierten Entwicklungsgängen, die vorerst noch in eigenen Entwicklungsanstalten vorgenommen werden, resultiert das projektionsfertige Farbenbild, das sich durch Transparenz und Farbenpracht auszeichnet. Die hohe Empfindlichkeit von 15/10 DIN ermöglicht Momentaufnahmen. Außer einem Tageslichtfilm gibt es auch einen solchen Farbenfilm für Kunstlicht, so daß man unabhängig vom Sonnenlicht und den dadurch bedingten Lichtschwankungen stets unter denselben Lichtverhältnissen arbeiten kann. Die nach diesem Verfahren hergestellten Farbenbilder stellen — man darf dies wohl ohne Übertreibung sagen — die Vervollkommnung der Farbenphotographie dar. Endlich ist jetzt das Ziel, dessen Vorarbeit längst vor der Schwarz-Weiß-Photographie geleistet wurde, in meisterhafter Weise erreicht! Die Tatsache, daß derartige Filme vorerst nur auf Kinofilm hergestellt werden, darf nicht etwa entmutigen, da ja die Kleinkamera auf einem so hohen Entwicklungsstande ist, daß sie allen, auch den strengsten Anforderungen gerecht wird. Mit modernen Kleinbildprojektoren können diese Farbbilder, gleich wie die Schwarz-Weiß-Diapositive, auf jede Bildgröße gebracht werden, ohne an Klarheit der Farben oder an Schärfe einzubüßen.

Die Bedeutung der Farbenphotographie in der Medizin überhaupt, nicht zuletzt in der gerichtlichen Medizin und Kriminalistik liegt besonders darin, daß dadurch z. B. erst Hautveränderungen, die im Schwarz-Weißbilde unansehnlich oder gar übertrieben wirken, erst zur richtigen Geltung und Erscheinung gebracht werden können. Von unersetzlichem Werte ist die Farbenphotographie aber für Lehrzwecke, da man dadurch jederzeit in der Lage ist, das in seinen Farben nur allzu vergängliche Naturobjekt jederzeit in seinem ursprünglichen Farbenzustande zu zeigen. Selbst im Gerichtssaale kann die Farbenwiedergabe von Blutspuren usw. von größter Bedeutung sein.

*Schrifttum.*

*Beil:* Das Lupenaufnahmegerät in der gerichtlichen Medizin. Photographie und Forschung **1937**. — *Beil:* Die Infrarotphotographie in der gerichtlichen Medizin und Kriminalistik. Arch.

Kriminol. **100** (Literatur). — *Bettmannu-Lutz:* Zur Anwendung der Dermatophotographie. Arch. Kriminol. **81**. — *Breitenecker:* Verwendbarkeit und Vorteile der Kleinbildphotographie in der gerichtlichen Medizin. Photographie und Forschung **1935**. — *Brigge:* Photographie feuchter und glänzender Organe. Z. Inf.krkh. Haustiere **26**. — *Brüning:* Eine einfache Tatort- und Stereokamera. Arch. Kriminol. **85**. — *Brüning:* Eine neue photographische Darstellung des Geschoßmantels. Arch. Kriminol. **88**. — *David:* Ratgeber im Photographieren. Halle a. d. S. 1932. — *David:* Photographisches Praktikum. Halle a. d. S. 1924. — *Eggert:* Neuer Nachweis von Kohlenoxydvergiftung mit Hilfe der Infrarotphotographie. Arch. Kriminol. 97. — *Elbel:* Experimentelle Untersuchungen über den Schmutzsaum bei Schußverletzungen. Dtsch. Z. gerichtl. Med. 28. — *Fagerholm:* Die Photogrammetrie in der Kriminaltechnik. Nord. Kriminaltekn. Tidskr. **1936**. — *Gerngroß:* Ultraviolett als Erkennungsmittel. Arch. Kriminol. 81. — *Glimm-Schoeder:* Nachweis von Banknotenfälschungen durch ultraviolette Strahlen. Arch. Kriminol. **83**. — *Goodman:* Gerichtlich-medizinische Anwendung mit gefiltertem Ultraviolett- oder unsichtbarem Licht. Amer. J. physic. Ther. 7. — Handb. der Photographie. Halle a. d. S. 1921. — *Hay-Huger-Hoff:* Handb. der angewandten und wissenschaftlichen Photographie (Photogrammetrie). Berlin 1930. — *Heindl:* Chemie und Photographie im Dienste der Verbrechensaufklärung. Arch. Kriminol. **88**. — *Heindl:* Das Photographieren und Abformen von Pneumatikspuren. Arch. Kriminol. **91**. — *Helmich:* Die Infrarotphotographie und ihre Anwendungsgebiete. Harzburg 1937. (Mit Literatur.) — *Hesselink:* Photographische Verwertung von Schädelverletzungen. Arch. Kriminol. **84**. — *Holleben:* Farbenphotographie mit Agfa Color. Harzburg 1937. — *Holzer:* Ein Universalstativ für wissenschaftliche Photographie. Dtsch. Z. gerichtl. Med. 28. — *v. Hübl:* Die photographischen Lichtfilter. Halle a. d. S. 1927. — *v. Hübl:* Theorie und Praxis der Farbenphotographie mit Autochrom und anderen Rasterfarbplatten. Halle a. d. S. 1921. — *v. Hübl:* Die Dreifarbenphotographie. Halle a. d. S. 1933. — *Jürgens:* Photographische Aufnahmen im Ultraviolett und Ultrarot. Kriminal. Mh. **5** (1931). — *Karsten:* Neue Methoden der Mikrophotographie im Dienste der Kriminalistik. Arch. Kriminol. **101**. — *Kenyeres:* Das Sammeln des Lehr- und Beweismaterials in der gerichtlichen Medizin. Arch. Kriminol. **22**. — *Kögel:* Typen der Fluorescenz- und Ultraviolettphotographie. Arch. Krim. **80**. — *Kögel:* Die Anwendung der Palimpsestphotographie auf forensischem Gebiete. Arch. Kriminol. **71**. — *Kögel:* Ultraviolettphotographie mit schiefer Beleuchtung. Arch. Kriminol. **79**. — *Kühn:* Technik der Lichtbildnerei. Halle a. d. S. 1928. (Mit Literatur.) — *Langenbruch:* Die Technik der Ultraviolett-Reflex-Mikrophotographie. Arch. Kriminol. **99** u. **102**. — *Ledden-Hulsebosch:* Haarscharfes Einstellen beim Photographieren. Arch. Kriminol. **87**. — Die *Leika.* Hannover ab 1930. — *Lerch:* Farbenphotographie. Himmel u. Erde, naturwissenschaftl. Monatsschrift. — *Manczarski:* Über die Anwendung der Infrarotphotographie zur Unterscheidung des Ein- und Ausschusses bei Fernschüssen. Dtsch. Z. gerichtl. Med. 28. — *Merkelbach:* Infrarot Absorption und Photographie des normalen und des mit CO vergifteten Blutes. Schweiz. med. Wschr. **1935**. — *Mezger-Haßlacher-Heeß:* Photographie im reflektierten Ultraviolett. Arch. Kriminol. **85** (1929). — *Müller:* Praktische polizeiliche Erfahrungen mit der Photogrammetrie bei Tatbestandsaufnahmen. Arch. Kriminol. **98**. — *Panning:* Puderung als Hilfsmittel bei der photographischen Wiedergabe der Wunden an faulen Leichen. Dtsch. Z. gerichtl. Med. **33** (1940). — *Paul:* Die Kriminalistische Photographie. Arch. Kriminol. **36**. — *Photographische* Rundschau und Mitteilungen. Halle a. d. S. ab 1900. — *Poschl:* Einführung in die Lichtbildkunst. Stuttgart 1931. — *Preuß:* Eine neue Quecksilberdampflampe für kriminalistische Untersuchungen. Arch. Kriminol. **84**. — *Reuter:* Die Photographie im Dienste der gerichtlichen Medizin. In *Lochte,* Gerichtsärztliche und polizeiärztliche Technik. Wiesbaden 1914. (Mit Literatur.) — *Rüchhardt:* Sichtbares und unsichtbares Licht. Band 35 der Sammlung „Verständliche Wissenschaft". Berlin 1938. — *Schwarz-Boller:* Eine neue Methode, um Schmauchspuren auf dunklen Unterlagen sichtbar zu machen. Arch. Kriminol. **95**. — *Weinbach:* Untersuchungen von Haemoglobinverbindungen mit Hilfe der Infrarotphotographie. Z. exper. Med. **101** (1937). — *Werkgartner:* Die Photographie in der gerichtlichen Medizin. Zbl. Path. **1931**, 50. Berlin 1930. — *Windisch:* Die neue Fotoschule. Harzburg 1938. — *Zeiss:* Nachrichten. Photographie und Forschung.

*Fritz:*

**Photometer.** (Vgl. auch Art.: Colorimetrie.)

Photometer sind optische Instrumente, die dazu dienen, Lichtintensitäten zu messen. Es lassen sich mit ihnen somit alle die Messungen von Eigenschaften der verschiedensten Stoffe ausführen, bei denen die Lichtintensität eine Rolle spielt, wie die Bestimmung der Durchlässigkeit bzw. Absorption von Lösungen gefärbter Stoffe (Colorimetrie), Trübungsmessungen (Nephelometrie), Glanzmessungen, Messungen der Durchlässigkeit bzw. Absorption durchscheinender fester Körper, Schwärzungsmessungen an Platten und Filmen, Fluorescenzmessungen, Farbmessungen und anderes.

Hier sollen nur die wichtigsten Instrumente besprochen werden, die für den praktischen Gebrauch im Laboratorium von Bedeutung sind. Das bekannteste Instrument dieser Art ist das Stufenphotometer oder, wie es jetzt allgemein heißt, das *Pulfrich*-Photometer der Firma *Carl Zeiss*, Jena. Es wurde von *Pulfrich* entwickelt und erhielt von ihm den Namen Stufenphotometer, da es dazu dienen sollte, die einzelnen Stufen der *Ostwald*schen Graureihe, die zur Messung der Helligkeit von Textilstoffen diente, eindeutiger zu bestimmen und auch die dazwischen liegenden Werte zu messen. Es wurde allmählich zu einem Universalinstrument aus-

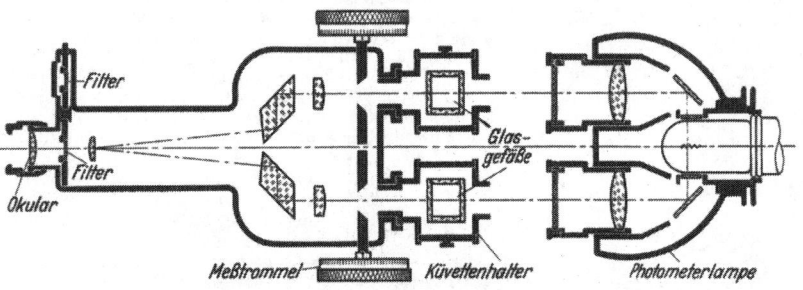

Abb. 1. Pulfrich-Photometer.

gebaut, das sich für Untersuchungen der verschiedensten Art bewährt hat. Die optische Einrichtung des *Pulfrich*-Photometers entspricht zwei parallel angeordneten Fernrohren mit gemeinsamem Okular (s. Abb. 1). Hinter dem Okular befindet sich eine Vorrichtung, die eine Reihe verschiedener Farbfilter in den Strahlengang einzuschalten gestattet. Das Gesichtsfeld wird durch eine senkrechte Trennungslinie in zwei halbkreisförmige Teile ge-

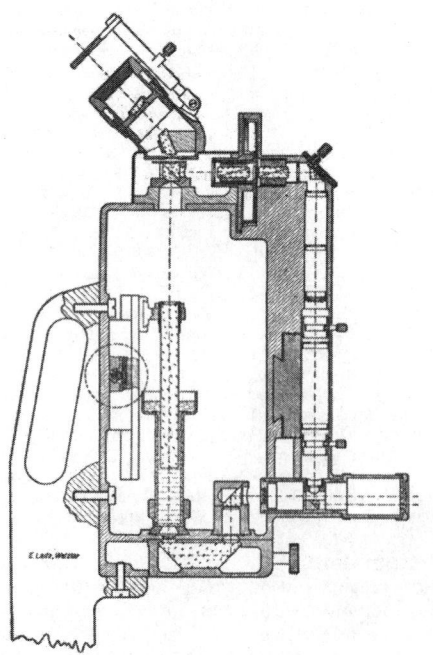

Abb. 2. Photometer „Leifo".

trennt, deren jeder einem der Fernrohre entspricht. Die Meßvorrichtung besteht aus zwei gleichen, an den Fernrohröffnungen angebrachten Meßtrommeln,

mit denen sich die Blendenöffnung und damit die Helligkeit in jedem der Halbfelder meßbar verändern läßt. Die Teilung an der Trommel ist so eingerichtet, daß die prozentige Genauigkeit der Ablesung für stark und schwach absorbierende Flüssigkeiten annähernd die gleiche ist.

Der abgelesene Wert entspricht unmittelbar der Helligkeit in Prozenten derjenigen bei voller Blendenöffnung. Neben der prozentigen Teilung ist auf den Trommeln mancher Instrumente eine Einteilung in Extinktionskoeffizienten für die Schichtdicke 1 cm angebracht. Wo dies nicht der Fall ist, läßt sich der Extinktionskoeffizient (Extinktionsmodul) an Hand einer Tabelle leicht berechnen. Der Extinktionskoeffizient steht mit der Durchlässigkeit in folgender Beziehung:

$$k = \frac{l}{s} \log \frac{l}{D_s}.$$

Hierin bedeutet $k$ den Extinktionskoeffizienten, $s$ die Schichtdicke der untersuchten Lösung in cm und $D_s$ die bei der Messung an der Trommel abgelesene prozentige Durchlässigkeit, bezogen auf die Schichtdicke $s$.

Da die Extinktion gefärbter Stoffe in Lösung, die dem *Beer*schen Gesetz gehorchen, in linearer Beziehung zur Konzentration bei konstanter Schichtdicke steht, benötigt man bei Konzentrationsmessungen derartiger Stoffe (Colorimetrie) keine Vergleichslösungen, sondern es genügt die einmalige Aufstellung einer Eichkurve für eine bestimmte Schichtdicke. Hierdurch werden die colorimetrischen Messungen wesentlich vereinfacht. Der optische und mechanische Aufbau des *Photometers* der Firma *Ernst Leitz*, Wetzlar, „*Leifo*" zeigt gegenüber dem *Pulfrich*-Photometer wesentliche Unterschiede, wie aus der Abbildung 2 zu ersehen ist, die die Zusammenstellung für colorimetrische Messungen darstellt. Durch den vertikalen Aufbau des Instruments besteht die Möglichkeit der Variation in der Schichtdicke der Untersuchungslösung mit Hilfe eines Eintauchstabes bis zu 6 cm, während beim *Pulfrich*-Photometer Cuvetten bestimmter Schichtdicke verwandt werden. Die meßbare Schwächung des Lichts geschieht hier durch Drehung eines Polarisationsprismas. Der Extinktionskoeffizient wird aus der gemessenen Drehung des Polarisationsprismas an Hand einer Tabelle berechnet.

Einzelheiten über den Aufbau, die Wirkungsweise, Anwendungsmöglichkeiten und Ausführungen von Messungen müssen in den entsprechenden Druckschriften der beiden Firmen nachgelesen werden.

*Klauer.*

## Physostigmin und Vergiftung durch Calabarbohnen.

*I. Physostigmin = Eserin* $C_{18}H_{21}N_3O_2$ (Indolderivat) kristallisiert in Prismen, F. = 105—106°, schwer löslich in Wasser, leicht in Alkohol, Äther, Chloroform. $[\alpha]$ D $= —75,8°$ in Chloroform.

Wässerige Physostigminlösung nimmt bei langem Stehen tiefblaue Farbe an (*Eserinblau* $C_{17}H_{23}N_3O_2$). Lösungen der Salze verfärben sich unter Bildung des unwirksamen *Rubeserin* $C_{13}H_{16}N_2O_2 \cdot H_2O$; tiefrote Nadeln. F. = 152°.

*Offizinell: Physostigminum salycilicum:* farblose Kristalle, F. = 186—187° und *Physostigminum sulfuricum.* Lösungen verlieren unter Verfärbung rasch ihre Wirksamkeit. Verwendung vor allem in Ophthalmologie, bei Darmlähmung, Meteorismus.

In Tierheilkunde häufig subcutan als Abführmittel. Neuerdings vermehrt im Gebrauch bei Myasthenia gravis usw.

*II. Vorkommen:* Physostigmin ist Hauptalkaloid der *Calabarbohne* aus den schotenartigen Früchten von *Physostigma venenosum* (Leguminose) und verwandter Arten, z. B. *Physostigma cylindrospermum. Vorkommen:* Westafrika, Guinea, tropisches Afrika. In der Heimat von Eingeborenen als „Gottesgerichtsbohne" verwendet. In der Schale der Bohnen schwach emetisch wirkende Substanz, welche bei „Gottesgericht" ausschlaggebende Rolle spielt.

*Nebenalkaloide: Geneserin* $C_{15}H_{21}N_3O_3$. F. = 128—129°, $[\alpha]$ D = —175°. Therapeutisch wie Physostigmin verwendet; ist viel weniger toxisch wie dieses, aber auch sehr schwaches Mioticum. Regt Peristaltik an. *Eseridin:* Im Tierversuch etwa zehnmal weniger toxisch wie Physostigmin. Ist nach *Merck* mit Geneserin identisch. *Eseramin:* = *Physovenin,* anscheinend ebenso giftig wie Physostigmin. *Isophysostigmin:* qualitativ gleich, quantitativ etwas stärker wirkend wie Eserin. *Prostigmin:* = Methylsulfat des Dimethyl-Carbaminoyl-Phenyltrimethylammonium $C_{12}H_{19}N_2O_2SO_4CH_3$. Synthetisches Alkaloid von physostigminartiger Wirkung zur Behandlung des postoperativen Ileus, Meteorismus, der Blasenatonie, parenteral in Dosen von 0,5—1 ccm der 0,5⁰/₀₀igen Lösung (1 ccm = 0,0005 g Prostigmin). In hohen Dosen wurde es, bis 30 mg pro die, peroral bei Myasthenia gravis gegeben (nicht ungefährlich).

*III. Charakter der Giftwirkung:* Gehört zu den giftigsten Alkaloiden. Ist parasympathisches Erregungsgift, welches die Empfindlichkeit der parasympathischen Endigungen auf Reize steigert (Systemgift). Im ganzen mehr Muskel- wie Drüsengift im Gegensatz zu Pilocarpin. Parasympathische Sensibilisierung wahrscheinlich durch Hemmung der Esterasespaltung des Acetylcholins. Antagonist des Atropins, welches, anders wie bei Pilocarpin, nicht alle Physostigminwirkungen zu verhindern oder beheben vermag. Ist außerdem ein Gift für das Zentralnervensystem, welches primär Atem- und Kreislaufzentren erregt (nicht immer), sekundär lähmt; darin liegt seine hohe Gefährlichkeit.

*Resorption:* Wird außerordentlich rasch von Schleimhäuten namentlich von Conjunctiva aus resorbiert, quantitativ vom Tränenkanal aus, dessen Zudrücken bei Physostigminapplikation am Auge häufig vergessen wird! Auch rasche Aufnahme durch Nasenschleimhaut, so daß schwere Vergiftungssymptome schon innert zehn Minuten auftreten können. Wird im Organismus z. T. zersetzt. *Ausscheidung:* rasch im Urin, zum geringen Teil auch in Milch, Speichel, Galle.

*A. Klinisches Bild der akuten Vergiftung: a) Calabarbohnen:* Schwindel, Nausea, Erbrechen, Gastralgie, Dyspnoe, Salivation, Kolik, Durchfall, Miosis (nicht konstant), Kollaps, Kältegefühl, Muskelschwäche, die sehr hochgradig und von langer Dauer sein kann, keine Krämpfe. Tod durch Atemlähmung.

*Differentialdiagnose:* Cholera nostras.

*b) Vergiftungen durch reines Physostigmin:* Miosis und Akkommodationskrampf (selten maximale Mydriasis und Lichtstarre), Druckabnahme im Bulbus, Nystagmus, Doppeltsehen, selten Amaurose. Daneben Conjunctivitis und Iritis. Augenerscheinungen treten nicht in allen Fällen auf, selbst nach hoch toxischen Dosen, wenn nicht lokal am Auge appliziert. Anderseits kann aber auch bei peroraler, noch häufiger bei subcutaner Applikation, Pupille miotisch werden. Seltener Tränen, Speichelfluß, Schwitzen, weniger ausgiebig wie bei Pilocarpin.

Bei schwerster Vergiftung profuse Bronchialsekretion, Rasseln, Bronchialkrampf, Lungenödem, Cyanose, Pulsverlangsamung, Herzschwäche, Kollaps, Angstgefühl, Leibschmerzen, Koliken, Durchfall (nicht regelmäßig, aber selbst blutiger Durchfall wurde beobachtet), ferner Untertemperatur, Harnverhaltung, Uteruskontraktion.

In vereinzelten Fällen kommt es zu primärer zentraler Erregung unter Unruhe, Aufregung, maniakalischem Zustand, sekundär zu Lähmung, namentlich des Atemzentrums, Steifheit der Glieder, Muskelzuckungen, klonische Krämpfe, Trismus kommen vor. Tod in der Regel durch zentrale Atemlähmung, evtl. in Verbindung mit Lungenödem und Bronchialkrampf.

*Nachwirkungen nach Überstehen der Vergiftung:* Stärkere katarrhalische Störungen im Gebiet des Magen-Darmkanals.

*c) Prostigminvergiftung:* Nach 45 mg Prostigmin per os eine Stunde später Speichelfluß, nach drei Stunden schwere Vergiftungserscheinungen mit Zuckungen in der Skelettmuskulatur, auch im Gesicht, an Lippen und Zunge, Schwächegefühl, Gefühl von Eiseskälte, kalter Schweiß, erschöpfende Krämpfe, Miosis, Atem- und Pulsschwäche, Bradykardie und Blutdruckabfall, heftigste Darmperistaltik, Stuhldrang, Durchfall. Über 24 Stunden anhaltende fibrilläre Muskelzuckungen. Ausgang in Heilung.

*Differentialdiagnose: Physostigmin-* und *Prostigminvergiftung* sind symptomatologisch nicht zu unterscheiden.

*Pilocarpinvergiftung:* selten Krämpfe, aber auch bei schwerer Physostigminvergiftung keineswegs konstant (s. d. Art.: Pilocarpin).

*Arecolinvergiftung:* s. d. Art.: Arecolin und Arecanußvergiftung.

*Kasuistik:*

*1. Vergiftung durch Verwechslung:* Vier russische Kinoartisten schnupfen eine weiße Substanz, angeblich Cocain. Bei allen Übelkeit, bei einem bedrohlicher Schwächezustand, Zusammenstürzen, Tod in allerkürzester Zeit, Pupillen maximal verengt. *Sektion:* Im Herzen nur flüssiges Blut, Blutungen unter Epikard, Pleura und Serosa der Leber (Erstickungsbefund). Rachen- und Luftröhre mit Schleim bedeckt, Schleimhäute stark gerötet, Lungenvolumen vergrößert, Magenschleimhaut mit Blutaustritten. Todesursache: zentrale Atemlähmung neben Bronchialkonstriktion, Lungenblähung und reichlicher Sekretion in den Luftwegen (*Rooks*).

*2. Tödliche medizinale Vergiftung:* Infolge subcutaner Applikation von 100 mg *Eserin sulf. pro usu veterinario* nach 1—2 Minuten Krämpfe in Beinen und Armen, Muskelzuckungen im Gesicht, schwerste Cyanose, tödliche Atemlähmung trotz künstlicher Atmung etwa ½ Stunde nach Applikation (*Diemitrijevic*).

*B. Chronische Physostigminvergiftung:* Conjunctivitis, Ausschläge an Lidrändern, Pigmentniederschläge auf Descemetscher Membran.

*IV. Patholog. anatom. Befund:* Uncharakteristisch: Hyperämie und Reizzustand des Magen-Darmkanals, Entzündung, Blutungen, evtl. kontrahierter Darm. Miosis bleibt oft lange nach Todeseintritt bestehen (*Kratter, Rooks, Franco*). Hyperämie des Gehirns und der Gehirnhäute, seröse Durchtränkung des Gehirns. Seröse Häute und Epikard mit zahlreichen Blutaustritten, Blutungen in parenchymatöse Organe, flüssiges Blut, Schleimhautschwellung und Rötung im Gebiet der Atemwege, evtl. Lungenödem.

*V. Dosis medicinalis: Physostigmin. salicyl.* und *Physostigmin. sulf.* 0,0003—0,0005—0,001 g s. c. bei Darmlähmung, auch gegen Anfälle von Tachykardie.

Am Auge ½—1%ig, oft zusammen mit Pilocarpin. Zu 0,0005—0,001 g s. c. bei Myasthenia gravis.

*Dosis toxica: Physostigmin:* Beginnt schon bei therapeutischen Dosen von 0,0005—0,0015 g (Nausea, Erbrechen, Schwindel). Selbst 0,0005 g subcutan wirkten toxisch bei neunjährigem Mädchen unter Bradykardie, filiformem Puls, Herzschwäche. *Calabarbohnen:* schon ½ Bohne = etwa 0,3 g kann Vergiftungserscheinungen machen.

*Dosis letalis:* Beginnt für *Physostigmin* bei 0,01 g. Einige Zentigramm sind wohl immer tödlich (etwa 60 mg wirkten in einem Fall letal). *Calabarbohnen:* Kind starb an sechs Bohnen = etwa 3,6 g.

*VI. Vorkommen und Häufigkeit der Vergiftung:* Physostigminvergiftungen sind im ganzen selten, medizinale spielen Hauptrolle; meist nach Einträufeln von 0,5—1%igen Lösungen in Conjunctiva, auch bei nasaler Applikation gegen Heuschnupfen oder intern. Schwere Vergiftung durch irrtümlich interne Einnahme von fünf Tropfen eines ½%igen Collyriums, ferner durch irrtümliche Applikation der zehnfachen Maximaldosis am Auge (*Olsen*). Schwere medizinale Vergiftung trotz vorausgehender Atropinapplikation (vgl. *Mader*).

*Suicidale Vergiftungen* sind mehrfach vorgekommen, im ganzen aber sehr selten. Bei zwei Selbstmordversuchen mit je 0,05 g Physostigmin. sulf. war Rettung möglich (*Leibholz*).

*Zufällige Vergiftungen* durch Verwechseln mit Cocain (*Rooks, Franco*). *Massenvergiftung* durch Calabarbohnen in Liverpool an 46 Personen, hauptsächlich Kindern, dabei nur ein Todesfall (*Cameron und Evans*).

*Schrifttum.*

*Cameron u. Evans:* The recent cases of poisoning by calabar bean. Med. Tim. **1864**, 406. — *Dimitrijević, Il. N.:* Physostigmin-(Eserin-) Vergiftung, medizinale. Slg. Verg.-Fälle A **93**. — *Dixon, W. E.* u. *F. Ransom:* Physostigmin. In: *Heffter*, Handb. der exper. Pharmakologie. **2**, 786. Berlin 1924. — *Erben, F.:* Vergiftungen. **2 II**, 554. Wien 1910. — *Franco, E. E.:* Sull'avvelenamento acuto da fisostigmina. Torino 1930 u. Slg. Verg.-Fälle A **165**. — *Gernhardt, A.:* Zur Kasuistik der Physostigminvergiftung. Klin. Wschr. **1927**, 1433. — *Goodman, L. S.* u. *W. J. Bruckner:* Prostigmin-Vergiftung. Slg. Verg.-Fälle A **709**. — *Heathcote, R. St.:* The pharmacological action of eseridine. J. Pharmacol. **46**, 375 (1932). — *Kobert, R.:* Lehrbuch der Intoxikationen. 2. Aufl. **2**, 1086. Stuttgart 1906. — *Kratter, J.:* Tödliche Selbstvergiftung mit Physostigmin. Chem. Ztg. **1911**, 1107. — *Leibholz:* Zwei Physostigminvergiftungen. Vjschr. gerichtl. Med. **3**, 284 (1892). — *Lewin, L.:* Gifte und Vergiftungen. 700. Berlin 1929. — *Lewin, L.* u. *H. Guillery:* Die Wirkungen von Arzneimitteln auf das Auge. 2. Aufl. **1**, 379. Berlin 1913. — *Mader, E.:* Eserin-Vergiftung (Selbstbeobachtung). Slg. Verg.-Fälle A **566**. — *Merck, E.:* Jber. **37**, 39 (1924). — *v. Neureiter:* Ein Fall von tödlicher Physostigminvergiftung. Dtsch. Z. gerichtl. Med. **1**, 517 (1922). — *Olsen, Oluf:* Physostigminvergiftung durch 10fache Maximaldosis. Ugeskr. Laeg. (dän.) **85**, 342 (1923). — *Petri:* Anatomie und Histologie der Vergiftungen. In Handb. der spez. Pathol. und Histol. **10**, 363. Berlin 1930. — *Rooks, G.:* Tödliche Physostigminvergiftung. Dtsch. Z. gerichtl. Med. **10**, 479 (1927) u. Slg. Verg.-Fälle A **567**. — *Trier, G.:* Die Alkaloide. 2. Aufl. 383. Berlin 1931.     *H. Fischer.*

**Phytonal** siehe *Schädlingsbekämpfungsmittel.*

**Pikrinsäure.**

Die *Pikrinsäure (Trinitrophenol,* $C_6H_2(OH)(NO_2)_3$) ist ein citronengelbes kristallinisches Pulver von bitterem Geschmack. Schmelzpunkt 122°. Wasserlöslichkeit gering, bessere Löslichkeit in Alkohol, Äther. Vergiftungen hauptsächlich in Industrie und Gewerbe (Sprengstofffabrikation, Holzbeizerei), meist durch Verschlucken oder Einatmen von Staub, seltener durch Dampfwirkung, ganz ausnahmsweise durch Hautresorption. Wegen des bittern Geschmackes als Mittel zum Verbrechen ungeeignet; die Literatur berichtet lediglich über einen Mordversuch an einem Kind. Gelegentlich Vergiftungen durch Verwechslung, ausnahmsweise medizinale Vergiftung bei äußerlicher Anwendung zur Behandlung von Brandwunden (10%ige alkoholische Lösungen). Bekannt sind Vergiftungen durch absichtliche Einnahme zur Erzeugung künstlicher Gelbsucht bei Strafgefangenen, Soldaten. Dazu genügen 0,5—1 g per os. In solchen Fällen wurden insgesamt während längerer Zeit 30—40 g ohne Dauerschaden eingenommen. Als Farbstoffzusatz für Lebensmittel verboten. Zum Selbstmord und zum Abort ungeeignet; vereinzelt Selbstmordversuche gemeldet.

Toxische Wirkung hauptsächlich durch die Nitrogruppen (lokal reizend, eiweißfällend, blutschädigend). Als Ausdruck der örtlichen Reizwirkung beobachtet man Rhinitis, Pharyngitis, Bronchitis, Bluthusten, Magenstörungen, Hautreizungen (Ekzeme, Toxikodermien). Resorption gering, nur bei hohen Dosen oder bei gleichzeitigem Genuß von Alkohol beobachtet. Resorptionssymptome: Mattigkeit, Elendsgefühl, bitterer Mundgeschmack, Brechreiz, Kopfschmerzen. Später Xanthopsie, erhöhter Muskeltonus, Neuritiden, Schmerzen im ganzen Körper, Temperatursteigerungen, Verminderung der Erythrocyten, des Hämoglobins, Menstruationsstörungen. Anfänglich oft Oligurie, Hämaturie, während Albuminurie oft fehlt. Urin gelbrot bis braunrot während Tagen.

Führend für die Diagnose ist die gelbe Verfärbung der Schleimhäute und der Haut (cave Verwechslung mit nitrosen Gasen!), der Haare, der Fingernägel, teilweise ins Grüngelbliche hinüberspielend. Ausscheidung durch Urin, z. T. als Pikraminsäure (Oxydationsprodukt). In der Wäsche dadurch gelbe Flecken. Methämoglobinbildung nur nach hohen Dosen nachweisbar. In tödlichen Fällen tritt der Tod unter dem Bild der Herzschwäche ein.

Sektionsbefunde fehlen am Menschen. Im Tierversuch Enteritis, Darmgeschwüre, Nephritis wie nach Cantharidenvergiftung.

Toxische Wirkung schon nach einigen Gramm per os. Tödliche Dosis bei etwa 20 g einmaliger Aufnahme.

Der „Pikrinikterus" zeigt kein Bilirubin im Serum. Das Kalisalz der Pikrinsäure fand früher als Wurmmittel Verwendung.

*Schrifttum.*

*Flury-Zernik:* Schädliche Gase. Berlin 1931. — *Leschke:* Pikrinsäurevergiftung. Slg. Verg.-Fälle **3**, 246 A (1932). — *Lewin:* Gifte und Vergiftungen. Berlin 1929. — *Matussewitsch:* Zur Frage über die Wirkung der Pikrinsäure auf den menschlichen Organismus. Z. Hyg. **108**, 392 (1928). — *Pack:* Die therapeutische Verwendung und die Giftigkeit der Pikrinsäure. J. ind. Hyg. **4**, 501 (1923). *Schwarz.*

**Pikrotoxin.**

Typisches Krampfgift mit vorwiegender Wirkung auf die Medulla oblongata, erregt Vagus- und Vasomotorenzentrum, teilweise auch die Zentren des autonomen Nervensystems. Besitzt Antagonismus zu den Narkotica (s. d. Art.: Cardiazol). Das Gift ist enthalten in den Samen von *Anamirta Cocculus,* Kockelskörner, auch Fisch- oder Läusekörner genannt. Früher gebraucht zum Töten von Fischen (heute verboten), ferner als Hopfensurrogat in der Brauerei (England). Pikrotoxin schmeckt noch bitter in einer Verdünnung von 1:80000. Vergiftungen sind sehr selten. Man beobachtete medizinale Vergiftungen beim Gebrauch als Abführmittel, nach Injektionen gegen Nachtschweiße, nach Applikation eines Dekoktes gegen Läuse. Vielleicht werden medizinale Vergiftungen in den nächsten Jahren wieder häufiger, wenn versucht werden sollte, Pikrotoxin als „Weckmittel" gegen Narkotica und als krampferzeugendes Mittel in der Psychiatrie einzuführen (s. d. Art.: Krampfgifte zu diagnostischen und therapeutischen Zwecken). Nicht-medizinale Vergiftungen sind selten. Man beobachtete solche durch Verwechslung, nach Genuß vergifteter Fische. Vereinzelt werden

Vergiftungen bei Selbstmord, bei Mordversuchen, Morden, nach Einnahme des Giftes zu Abortivzwecken in der Literatur beschrieben. Der bittere Geschmack macht Pikrotoxin als Mordmittel nur unter bestimmten Umständen geeignet (Einnahme mit Bier, Sauerkraut usw.).

Symptome: Initial Brennen im Mund, Speichelfluß, dann Erbrechen, Leibschmerzen, dünne Entleerungen. Das Gesicht ist meist blaß, Atmung gejagt, Pupillen weit. Temperatur in der Regel herabgesetzt, der Blutdruck steigt an, unabhängig von den Krämpfen. Haut mit kaltem Schweiß bedeckt, Durstgefühl. Führend für die Diagnose sind die Krämpfe, meist von epileptiformem Charakter. Dazu tonisch-klonische Zuckungen, Steifheit. Epileptiker resp. Menschen mit pathologisch erhöhter Krampfbereitschaft reagieren schon bei außerordentlich kleinen Dosen. Die Krämpfe sind offenbar nicht reflektorisch auslösbar wie beim Strychnin, Brucin, Cicutoxin. Die Erscheinungen können tagelang anhalten; Todeseintritt entweder im Krampf oder zwischen den Krämpfen unter dem Bild allgemeiner Lähmungserscheinungen. Todeseintritt noch nach Tagen möglich (bis 19 Tage).

Toxische Dosis 0,02 g reines Pikrotoxin, entsprechend etwa zwei Kockelskörnern oder etwa 0,24 g gepulverten Samens. Tödliche Dosis ungefähr zehnmal höher.

Das Gift geht in den Harn über. Bei Einnahme zu Abortivzwecken trat der gewünschte Erfolg nicht ein, man beobachtete lediglich eine schwere Vergiftung der Mutter.

Sektionsbefund atypisch, evtl. Verfettung der Organe, geringe Veränderungen im Verdauungsschlauch (Rötung, kleine Blutungen).

*Schrifttum.*
*Erben:* Vergiftungen, klinischer Teil, 2. Hälfte. Wien u. Leipzig 1910. — Handb. der exper. Pharmakologie. **2.** Berlin 1924. — Handb. der Lebensmittelchemie. **I.** Berlin 1933. — *Lewin:* Gifte und Vergiftungen. Berlin 1929. — *Petri:* Pathologische Anatomie und Histologie der Vergiftungen. Berlin 1930. **Schwarz.**

## Pilocarpin.

*I. Pilocarpin* $C_{11}H_{16}N_2O_2$, Imidazolderivat; kristallisiert in Nadeln, F. = 34°. Meist als Öl erhältlich, das in Wasser und Alkohol leicht löslich. [α] D = + 100,5°. *Pilocarpin*-HCl in Prismen kristallisierend, F. = 204°. *Pilocarpin*-HNO₃, Prismen, F. = 178°.

*Offizinell: Pilocarpinum hydrochloricum* und *nitricum.*

*II. Herkunft:* Hauptalkaloid aus den Blättern von *Pilocarpus pennatifolius* (Rutaceae), Brasilien, und *Pilocarpus microphyllus*, welche neben Pilocarpin und Isopilocarpin das wenig giftige Nebenalkaloid *Pilosin* enthalten. Jaborandiblätter haben etwa 0,2—1% Alkaloide; außer Pilocarpin: *Isopilocarpin*, von ähnlicher Wirkung wie jenes, und die flüchtige Base *Pilocarpidin* $C_{10}H_{14}N_2O_2$. Weitere Nebenalkaloide, wie *Jaborin, Pseudopilocarpin, Pseudojaborin, Jaborandin* sind noch nicht genauer erforscht, darunter auch solche, die atropinartig wirken sollen.

*Offizinell: Folia Jaborandi:* Schmecken beim Kauen scharf und erhöhen die Speichelsekretion. Nur wenig mehr im Gebrauch (Infus) wegen sehr schwankendem Alkaloidgehalt. In Südamerika, namentlich Brasilien, seit langem als schweißtreibendes Mittel verbreitet.

*III. Wirkungscharakter des Pilocarpins:* Parasympathisch erregendes Systemgift mit peripherem Angriffspunkt. Alle Wirkungen des Pilocarpins am Parasympathicus können durch Atropin verhindert oder unterdrückt werden. Für das Zentralnervensystem ist Pilocarpin in toxischen Dosen ein Lähmungsgift, namentlich für Atem- und Kreislaufzentren.

Wird von Schleimhäuten sehr rasch resorbiert, auch von intakter Kopfhaut aus in alkoholischer Lösung, insbesondere bei gleichzeitiger Anwendung eines Hautreizmittels. Wird zum größten Teil im Organismus durch Oxydation zerstört.

*a) Klinische Erscheinungen der akuten Vergiftung:* Schon therapeutische Dosen von 0,01—0,02 g können Vergiftungen machen. Besonders empfindlich sind Herzkranke wegen depressiver Kreislaufwirkung, Kachektische, Kranke mit Magen-Darmgeschwüren (Resorption!), Kinder mit Pleuritis, Diphtherie (Kollaps) und Eklamptische wegen Gefahr des Lungenödems.

*Vergiftungsbild:* Speichelfluß, selten Schwellung der Speicheldrüsen, profuse Schweißsekretion, Tränen, Miosis, Akkommodationskrampf, Nebelsehen, Flimmern, selten Linsentrübung. Ohrensausen, Kopfdruck, Kopfschmerzen, Schwindel. Frequenter, weicher Puls, Abnahme des Blutdruckes, Atembeschwerden infolge profuser Bronchotrachealsekretion und durch Bronchialkrampf, Hustenanfälle, Erstickungsgefühl, Cyanose, Trachealrasseln, Lungenödem mit häufigem Auswurf (namentlich bei Kindern und Herzkranken). Ferner Übelkeit, Erbrechen, Magenschmerzen, Kolik, Tenesmus, Durchfälle, Harndrang (mit Inkontinenz), Schmerzen in Harnröhre; Albuminurie, Hyperglykämie, aber keine Glykosurie, Uteruskontraktionen und Abort. Im Endstadium Konvulsionen, Krämpfe einzelner Muskeln, Koma. Tod durch zentrale Kreislauf- und Atemlähmung neben Erstickung durch Lungenödem und Bronchialkonstriktion. Tödlicher Kollaps kann ganz plötzlich eintreten.

Miosis und Akkommodationskrampf treten bei oraler Aufnahme häufig, aber keineswegs regelmäßig auf, selbst nicht bei subcutaner Applikation des Pilocarpins; dafür regelmäßig bei Applikation am Auge. Akkommodationskrampf wurde bei oraler Einnahme eines Jaborandiaufgusses beobachtet.

*b) Chronische Vergiftung:* Nach zehnjährigem Gebrauch gegen Glaukom: Reizbarkeit, unruhiger Schlaf, Erbrechen. Nach fünfmonatigem Gebrauch als Haarwasser (Pilocarpin soll Haarwuchs befördern und Haare dunkler werden lassen) schlechtes Allgemeinbefinden, unangenehme Sensationen in der Herzgegend, Bradykardie, Durchfälle, Abnahme der körperlichen Leistungsfähigkeit, Ohnmachtsanfälle, Erythrocytenvermehrung, enge Pupillen (*Milka*). Ob Linsentrübungen und Katarakte nach längerem Pilocarpingebrauch auftreten können, erscheint nach neueren Erfahrungen fraglich. Im Tierversuch Leukocytose und Eosinophilie, ferner Magen- und Darmgeschwüre (*Underhill*).

*IV. Pathologisch-anatomischer Befund:* Beim Menschen unbekannt. Im Tierversuch nach wiederholter Applikation peptische Ulcera.

*V. Dosis medicinalis:*

Pilocarpin-HCl ⎰ 0,005—0,02 g per os als Diaphoreticum. Äußerlich am Auge in
Pilocarpin-HNO₃ ⎱ 1—2%iger Lösung allein oder mit Physostigmin bei Glaukom.

Folia Jaborandi 1,0 g.

*Dosis toxica:* Je nach Disposition schon von 0,02 g an. Injektion einer 40%igen statt 4%igen Lösung wurde überstanden, ebenso Einnahme von 0,25 g Pilocarpin.

*Dosis letalis:* unbekannt.

*VI. Vergiftungsgelegenheiten:* Hauptsächlich medizinale Vergiftungen, auch tödliche. Schwere Vergiftungen sind selten. Conjunctivale Applikation hat im Gegensatz zu Physostigmin noch kaum zu akuten Resorptivvergiftungen Veranlassung gegeben. Chronische Vergiftungen bei conjunctivaler Anwendung gegen Glaukom und zur Einreibung in spirituösen Haarwässern mit ½—2% Pilocarpin als Haarwuchsmittel.

Vergiftung infolge Beimengung eines atropinartigen Stoffes (vielleicht Nebenalkaloid aus Jaborandiblättern) zu Pilocarpin führte zu Verschlechterung eines glaukomatösen Augenbefundes (*Kipphan*).

*Schrifttum.*

*Dixon, W. E.* u. *F. Ransom:* Philocarpin. In: *Heffter*, Handb. der exper. Pharmakologie. **2**, 2746. Berlin 1924. — *Erben, F.:* Vergiftungen. **2 II**, 558. Wien 1910. — *Kipphan, E. A.:* Philokarpin, verunreinigtes, verursacht medizinale Vergiftung. Slg. Verg.-Fälle A 200). — *Lewin, L.:* Gifte und Vergiftungen. 674. Berlin 1929. — *Lewin, L.* u. *H. Guillery:* Die Wirkungen von Arzneimitteln auf das Auge. 2. Aufl. **1**, 394. Berlin 1913. — *Milko, A.:* Ein Fall chronischer Pilocarpinvergiftung. Zugleich ein Beitrag zur Pharmakologie des Pilocarpins. Klin. Wschr. **1930**, 170 u. Slg. Verg.-Fälle A 94. — *Platz, O.:* Über die Wirkung des Pilocarpins. Z. exper. Med. **30**, 189 (1922). — *Trier, G.:* Die Alkaloide. 2. Aufl. 191. Berlin 1931. — *Underhill, Franck* u. *Freiheit:* Effect of pilocarpine in the production of specific lesions in the stomach of rabbits. Arch. Path. a. Labor. Med. **5**, Nr. 3 (1928) (*E. Petri*). **H. Fischer.**

## Pilzvergiftungen.

Kriminelle und absichtliche Selbstvergiftungen durch Pilze sind sehr selten, um so häufiger zufällige Vergiftungen. Eine sichere Diagnose ohne botanischen Befund (Pilzreste, Aufsuchen des Standortes der Pilze) bietet oft unüberwindliche Schwierigkeiten. Bei unklaren Erkrankungsfällen mit choleraähnlichen Erscheinungen ist in erster Linie an Knollenblätterschwammvergiftung zu denken. Ebenso treten Knollenblätterschwammvergiftung und Phosphorvergiftung symptomatologisch miteinander in Konkurrenz. Diagnostisch schwer deutbare Befunde können sich bei Leberschädigungen durch Pilze (z. B. durch die Speiselorchel) ergeben. Mit Krankheitsbildern, wie sie die Pilocarpin- und Physostigminvergiftung, aber auch die Atropinvergiftung als typisch ergeben, haben Fliegenpilzvergiftungen sowie Vergiftungen durch Rißpilze (verschiedene Inocybearten) große Ähnlichkeit. Hämolytische Erscheinungen sind bei Pilzvergiftung beim Menschen selten. Tierexperimentelle Prüfungen ergeben gerade in dieser Hinsicht oft stark abweichende Befunde. Ohne ausreichende Erfahrung, namentlich in botanischer Hinsicht, kann die toxikologisch-forensische Analyse einer Pilzvergiftung nicht sichergestellt werden. Pilze als Vehikel für dosierte Gifte gehören zu den raffiniertesten Vergiftungsarten.

Auch ungiftige Pilze können durch bakterielle Verderbnis giftig werden (vgl. d. Art.: Nahrungsmittelvergiftung). Eßbare Pilze enthalten häufig geringe, meist praktisch unschädliche Mengen typischer Pilzgifte (*Steidle*). Vergiftungen durch getrocknete Pilze sind im allgemeinen seltener, weil ein Teil der Giftpilze durch Aufbewahrung von ihrer Giftigkeit verliert (*Olmer* und *Lop*). Das gilt aber gerade nicht für den gefährlichsten Knollenblätterschwamm. Vergiftungen durch Pilzkonserven, evtl. bakterieller Art (Botulismus), kommen gelegentlich vor.

Systematische Darstellungen der Giftpilze in botanisch-toxikologischer Hinsicht bieten *Faust* und *Ford*. Nach den gegenwärtigen Kenntnissen gibt es 70—80 für den Menschen giftige Pilzarten. Im folgenden werden nur die toxikologisch wichtigsten Hutpilze kurz charakterisiert. Vergiftungen mit Blätter- (Lamellen-) Pilzen, hauptsächlich Agaricaceen sind weitaus häufiger als mit Röhrenpilzen (Boletus). Eine toxikologisch befriedigende Klassifikation nach Symptomen ist bei der großen Variabilität in der Giftigkeit der einzelnen Pilzarten und der Symptome kaum zu geben.

*I. Pilze, die vorwiegend gastrointestinale Symptome machen:*

*1. Scleroderma vulgare*, Kartoffelbovist, Schweinetrüffel (Sklerodermataceae) (Europa, Nordafrika, Nordamerika, Australien). Fruchtkörper gleicht der Kartoffelknolle, von Walnuß- bis Faustgröße. Stiel fehlt. Hülle dick, lederartig. *Vergiftungen:* Verwechslung mit Trüffeln; auch zum Verfälschen von Trüffeln benutzt. *Vergiftungsbild:* Rein gastrointestinale Symptome. Ähnlich zu bewerten: *Scleroderma verrucosum* = dünnschaliger Kartoffelbovist.

*2. Entoloma lividum*, Verbogener Rötling (Agaricaceae) (Europa). Hut meist verbogen, am Rande eingerollt, später gelappt, zuletzt aufwärts gebogen, 5—17 cm breit, erst gelblichweiß, dann lederfarben bräunlich. Blätter (Lamellen) erst weißlich, später fleischrot, sehr breit. Stiel zylindrisch, ½—2 cm dick, häufig verbogen, weiß bis bräunlich. Fleisch weiß, schmeckt manchmal nußartig süß, aber etwas widerlich. *Vergiftung:* erzeugt nach kurzer Zeit heftiges Erbrechen, starken Durchfall, Magen- und Kopfschmerzen, außerordentliche Mattigkeit. Kann zu schwerem Wasser- und Chlorverlust führen. Schwere, auch tödliche Vergiftungen vor allem in Westschweiz und Frankreich.

*3. Hypholoma fasciculare*, Büscheliger Schwefelkopf (Agaricaceae) (Europa, Nordamerika, Südafrika, Australien). In Büscheln gesellig wachsender Pilz mit dünnem, röhrig-hohlem Stiel und erst glockigem, später flachem oder gebuckeltem Hut und angewachsenen Blättern. Stiel und Hut, auch Fleisch schwefelgelb. Schmeckt widerlich bitter. Vorkommen: an Baumstümpfen und -wurzeln. *Hypholoma xanthum*, Stark riechender Schwefelkopf. Im Jugendzustand in seidig weißer Hülle. *Vergiftungen* durch beide Pilze durch Verwechslung mit dem eßbaren Buchenschwämmchen = *Pholiota mutabilis*, das auch an Baumstämmen gesellig wächst, aber meist rötlich bis bräunlich gefärbt ist. Riecht und schmeckt angenehm, ist niemals schwefelgelb. *Giftwirkung:* Gastrointestinale Symptome stehen ganz im Vordergrund. Prognose günstiger wie beim Satanspilz (s. u.), aber tödliche Vergiftungen sind vorgekommen.

*II. Pilze mit gastrointestinalen und häufig daneben cerebralen Symptomen:*

*1. Boletus satanas*, Satanspilz (Polyporaceae) (Nord- und Mitteleuropa, Nordamerika). Sehr veränderlich in Form, Größe und Farbe. Gleicht dem Steinpilz. Stiel scharlach- bis zinnoberrot, später gelb mit roter Netzzeichung. Hut hell ockergelb. Röhren an der Mündung blut- bis orangerot, sonst gelb. Auf Druck sofort blau oder grün anlaufend. Fleisch gelbweiß, beim Brechen rötlich, dann violett, blaufleckig. Geruch angenehm, Geschmack mild, nußartig. *Vergiftung* durch Verwechslung mit dem sehr vielgestaltigen, als eßbar geltenden, aber oft ebenfalls giftigen *Boletus luridus*, Hexenpilz (Europa) und durch Verwechslung des eßbaren Gauklerpilzes (*Boletus praestigiator*) mit dem Satans- und Hexenpilz. *Vergiftungsbild:* Schon nach 1—2 Stunden sehr heftige gastrointestinale Symptome, ähnlich wie bei Colchicinvergiftung, aber rascher auftretend. Bei schwerer Vergiftung Krämpfe, Kollaps, Tod im Koma.

Prognose bei frühzeitiger Behandlung wesentlich günstiger wie bei Knollenblätterschwammvergiftung; enthält kein Lebergift. Der Pilz soll durch Kochen seine Giftigkeit verlieren, wenn das Kochwasser weggeschüttet wird.

*2. Boletus pachypus*, Dickfußröhrling (Europa, Nordasien). Gleicht dem Satanspilz. Röhren auch an der Mündung gelb, Fleisch sofort hellblau anlaufend, unangenehm riechend, Geschmack säuerlich, dann bitter. Gilt für annähernd gleich giftig wie der Satanspilz.

*3. Lactarius torminosus* = *Agaricus torminosus*, Giftreizker, Birkenreizker (Agaricaceae) (Europa, Nordasien Nordamerika). Blätterpilz mit säulenförmigem, hohlem, fleischrotem Stiel. Hut bräunlich oder fleischrot, am Rande zottig behaart. Blätter gelblich-weiß; weiße, reichlich fließende Milch von pfefferartig brennendem, scharf-bitterem Geschmack. Verwechslungen mit dem eßbaren Edelreizker (*Lactarius deliciosus*); von diesem leicht zu unterscheiden, da er orangeroten Milchsaft führt. Hutrand bei diesem nie behaart, oft grünfleckig, im ganzen mehr ziegelrot. *Giftwirkung* ähnlich wie beim Satanspilz. Sehr heftige gastrointestinale Symptome. Wenn es zu Krämpfen und Lähmung kommt, Prognose sehr ernst. Tod im Kollaps. Vergiftungen, auch tödliche, nicht ganz selten.

Der Pilz kann nach Abkochen und Entfernen des Kochwassers ohne Schaden gegessen werden. Toxikologisch ähnlich zu beurteilen: *Lactarius turpis*, Olivbrauner Milchling, „Mordpilz“, *Lactarius piperatus*, Pfeffermilchling, und etwa acht weitere *Lactarius*-Arten.

*4. Russula emetica = Agaricus emeticus*, Speiteufel (Agaricaceae) (Europa, Nordamerika, Australien). Leicht zu verwechseln mit dem eßbaren Ledertäubling (*Russula alutacea*). Russula emetica schmeckt brennend scharf; beim Kochen geht zwar brennender Bestandteil mit Kochwasser fort, wodurch aber Pilz nicht entgiftet wird. Enthält ein Capillargift, ferner Muscarin und einen Stoff von atropinähnlicher Wirkung. *Vergiftungserscheinungen* ähnlich wie beim Satanspilz: heftige gastrointestinale Symptome, namentlich heftigstes Erbrechen, daneben je nach Muscaringehalt usw. ähnliche Symptome wie bei Fliegenpilzvergiftung (siehe diese).

*Schrifttum* (Allgemeines über Pilzvergiftung und zu Gruppe I u. II). *Audeoud, R.:* Empoisonnement par l'entolome livide. Déshydratation et déchloruration. Schweiz. med. Wschr. **1932**, 770. — *Cloetta, M.:* Vergiftungen durch Pilze. In: *Flury* und *Zangger*, Lehrbuch der Toxikologie 306 Berlin 1928. — *Faust, St. E.:* Pilzgifte. In: *Heffter*, **2**, 2, 1677. Berlin 1924. — *Ford, W. W.:* Poisonous mushrooms. In: *Peterson-Haines*, Textbook of Legal Medicine. New York 1922. — *Ford, W. W.:* A new classification of mycetismus (mushroom poisoning). J. Pharmacol. **29**, 305 (1926). — *Harmsen, E.:* Über Pilzvergiftungen. Z. ärztl. Fortbildg. **19**, Nr. 10, 293 und Nr. 11, 335 (1922). — *Hauer, A. R.:* Über Pilzvergiftungen. Wien. klin. Wschr. **39**, 1281 (1926). — *Heim, L.:* Lorcheln, Knollenblätter-, Fliegenpilze und einige andere Wulstlinge. Eine Übersicht. Kurse ärztl. Fortbildg. **25**, 15—35 (1934). — *Klor, G.:* Über Pilzvergiftungen u. ihre Therapie. Dtsche. m. W. **1939**, 916. — *Kunow:* Kritik der sogenannten Pilzvergiftungen vom gerichtsärztlichen Standpunkt. Friedreichs Bl. **60**, 344 u. 424 (1909). — *Lop:* Des champignons secs; leur danger. Ann. Méd. lég. etc. **8**, 20 (1928). — *Lop:* Empoisonnement par les champignons secs. Ann. Méd. lég. etc. **10**, 49 (1930). — *Michael, E. u. R. Schulz:* Führer für Pilzfreunde. 3 Bände. Leipzig 1927. — *Olmer, D.:* Empoisonnements par les champignons secs. Gaz. Hôp. **100**, 1218 (1927). — *Pilzmerkblatt.* Bearbeitet im Reichsgesundheitsamt. Berlin 1928. — *Pohl, E.:* Pilzvergiftungen. In: *Starkenstein, Rost, Pohl.* Toxikologie. Berlin u. Wien 1929. — *Ricken, A.:* Die Blätterpilze (Agaricaceae) Deutschlands und der angrenzenden Länder, bes. Österreichs und der Schweiz. Leipzig 1915. — *Rost, E.:* Giftpilze. In: *Kraus-Brugsch*, Spezielle Pathologie und Therapie. **91 II**, 1266 u. 1271 (1923). — *Schnyder, K.:* Über Hirnödem bei Pilzvergiftungen. Vjschr. gerichtl. Med. **54**, 1, 191. — *Steidle, H.:* Beiträge zur Toxikologie der höheren Pilze. I. Mitt.: Lactarius torminosus (Birkenreizker, Giftreizker). Arch. exp. Path. u. Pharm. **151**, 232 (1930). — *Steidle, H.:* Beiträge zur Toxikologie der höheren Pilze. II. Mitt.: Vergleichende Untersuchungen von Hymenomyceten und Gastromyceten. Arch. exper. Path. u. Pharm. **159** (1931). — *Steidle, H.:* Gifte in Speisepilzen. Arch. f. exper. Path. **167**, 91 (1932). — *Vollmer, P.:* Die Vergiftung durch Pilze vom gerichtsärztlichen Standpunkt. Vjschr. gerichtl. Med. **49**, 1 (1915).

*III. Pilze, die in der Regel Ikterus erzeugen:*

*Lorchelvergiftung. Helvella esculenta* (Helvellaceae). Die häufig als Morcheln bezeichneten Lorcheln sind weder als ungiftig noch als eigentlich giftig zu bezeichnen. Schwankungen ihrer Giftigkeit nach Jahr und Lokalität sind eindeutig nachgewiesen. Durch Kochen geben die Lorcheln ihr Gift rasch an das Wasser ab. Wird die Brühe nach mindestens fünfminutigem Kochen sorgfältig abgegossen, ist der Genuß der Speiselorchel in der Regel gefahrlos.

Giftig sind also in erster Linie frische Pilze und Pilzbrühe. Getrocknete Lorcheln scheinen an Giftigkeit relativ rasch abzunehmen. Ob es lorchelresistente Individuen gibt, was Unterschiede in der Wirkung z. T. erklären könnte, ist noch nicht abgeklärt.

*Giftstoffe der Lorchel:* Helvellasäure, welche durch kochendes Wasser extrahiert werden kann (aber auch *schwere* Vergiftung trotz Extraktion! vgl. *Kochmann, Umber*). Daneben wohl noch andere Giftstoffe, auch ein flüchtiges Alkaloid (*Aye*). Die Helvellasäure ist ein ausgesprochenes *Lebergift*.

*Klinische Erscheinungen der Vergiftung:* Nach Latenz von 4—8 Stunden Erbrechen und heftiges Würgen, nicht immer Durchfälle. Am zweiten bis dritten Tag Ikterus und Leberschwellung. In der Regel keine Hämolyse (wie im Tierversuch), enthält also für den Menschen anscheinend kein resorptiv wirksames hämolytisches Gift wie früher angenommen. Bei schwerer Vergiftung meist hepatotoxischer Ikterus und cerebrale Erscheinungen, meningitisartig, starke Erregung, Zuckungen, Tetanus, auch Delirien. Fälle mit cerebralen Erscheinungen haben schlechte Prognose, Tod schon nach 36—40 Stunden. Cerebrale Erscheinungen ohne Leberbefund sind selten. Tod im Koma. Nicht selten Albuminurie.

*Differentialdiagnose: Knollenblätterschwammvergiftung:* bei Helvella kürzere Latenz, stärkerer Ikterus, geringerer Wasserverlust, kein choleraartiger Verlauf. Gegen *Vergiftungen durch andere Lebergifte* (Toluylendiamin, Tetrachloräthan usw.): nur anamnestisch und durch Nachweis von Pilzresten.

*Vergiftungen:* durch unzweckmäßige Zubereitung der Lorcheln und infolge Verwechslung der gänzlich ungiftigen, ohne Abbrühen gefahrlos eßbaren Morcheln (*Morchella esculenta, Morchella conica, Morchella elata* usw.) mit der Lorchel.

Toxikologisch gleich zu beurteilen wie Helvella esculenta (Speiselorchel): *Helvella gigas* (Riesenlorchel).

*Schrifttum.*
*Bernstein:* Lorchel-(Morchel-)Vergiftung. Slg. Verg.-Fälle A **52**, 117. — *Gutzeit:* Über Morchel- und Lorchelvergiftungen. Dtsch. med. Wschr. **1929**, 1342. — *Hinrichs:* Zur Klinik der Lorchelvergiftung. Dtsch. med. Wschr. **1931**, 444. — *Kärber:* Lorchel (Helvella esculenta)-Vergiftung. Slg. Verg.-Fälle C **7**, 1. (Sammelbericht.) — *Kochmann:* Lorchel-Vergiftung. Slg. Verg.-Fälle A **150**, 149. — *Manger:* Ein Beitrag zur Toxikologie der Speiselorchel (Helvella esculenta). Med. Klin. **1930**, 960. — *Nissen:* Beiträge zur Morchelvergiftung. Med. Klin. **1933**, 1208. — *Stahr:* Über tödliche Lorchelvergiftungen. Dtsch. med. Wschr. **1930**, 1993. — *Umber:* Akute gelbe Leberatrophie durch Lorchelvergiftung. Med. Klin. **1930**, 947. — *Welsmann:* Über die Giftigkeit der Frühjahrs-Lorchel (Helvella esculenta). (Die Lorchelvergiftungen des Jahres 1930.) Med. Klin. **1931**, 809.

*IV. Pilze, die schwere gastrointestinale Symptome und Leberschädigung* (ähnlich Phosphorvergiftung) *machen:*

*Knollenblätterschwammvergiftung: Amanita phalloides*, Grüner Knollenblätterschwamm (Agaricaceae) (Europa, Nordamerika). Pilz von meist angenehmem Geschmack, riecht aber, wenigstens in bestimmten Entwicklungsstadien, süßlich-widerlich. Gefährlichster aller Giftpilze. Für Giftwirkung kommt praktisch nur das *Amanitatoxin* in Frage, vielleicht ein Alkaloid, während das hämolytische Gift *Phallin* vom Magen-Darmkanal aus (wie die Saponine) unwirksam bleibt. Ferner enthält der Knollenblätterschwamm ein *Krampfgift* und in sehr geringen Mengen *Muscarin*.

*Giftwirkung des Knollenblätterschwammes:* Capillarschädigung, Stoffwechselgift (Parenchymschädigung), zentrale Reizwirkung.

*Klinische Erscheinungen der akuten Vergiftung:* Nach typischer Latenz von 10—12, selbst bis 20 Stunden (wie bei Phosphorvergiftung) plötzlich Übelkeit, Magenschmerzen, explosionsartiges Er-

brechen, heftige Koliken und Tenesmen, reiswasser-
ähnliche Entleerungen. Häufiges Erbrechen und
Durchfälle führen zu völliger Wasserverarmung des
Körpers und Bluteindickung. Patienten sehen ver-
fallen aus wie bei Cholera. Kreislaufschädigung,
Kollaps, Cyanose. Kräfteverfall, Schmerzen in den
Wadenmuskeln (wie bei Colchicin). Am zweiten Tag
Bewußtseinstrübung, fortschreitende Pulsschwäche.
Schon in diesem Stadium kann der Tod eintreten.
Am dritten Tag Lebervergrößerung (wie bei Phos-
phorvergiftung), Leber ist stark druckempfindlich,
Ikterus fehlt meist. Durchfälle können blutig sein.
Im weiteren Verlauf Benommenheit, Zuckungen im
Facialisgebiet, auch Strabismus, klonische Kon-
vulsionen und tetanische Krampfanfälle. Tod an
Erstickung im Anfall oder infolge Herzschwäche
und Stoffwechselschädigung.

*Prognose* immer sehr ernst; bei Überstehen des
fünften Tages günstig. Schwächezustand dauert
noch längere Zeit, Diarrhöen noch tagelang, manchmal Ikterus, auch Herzschädigung. Häufiger bei
Kindern, aber auch bei Erwachsenen können tetanische Krämpfe u. a. cerebrale Erscheinungen
schon am 1. Tag auftreten, wodurch Prognose noch
ungünstiger. $^2/_3$—$^3/_4$ aller schweren Vergiftungen
enden tödlich.

*Differentialdiagnose: Cholera asiatica, Colchicin-
vergiftung* (gleiche Latenz, choleraartige Durchfälle,
aber selten cerebrale Reizerscheinungen und keine
Lebersymptome). *Phosphorvergiftung:* symptomatologisch sehr ähnlich, auch gleiche Latenz. Schleimhautblutungen auch bei Amanitavergiftung. Diagnose nur durch Anamnese und Nachweis der Pilzreste.

*Pathologisch-anatomischer Befund:* Follikelschwellung des Darmes und der abdominalen Lymphdrüsen, entzündliche Veränderung der Schleimhaut des Magen-Darmkanales. Sehr starke Leberverfettung (50—70 % Fettgehalt) wie ähnlich nur
bei Phosphorvergiftung. Bild der akuten, gelben
Leberatrophie und zentrale Läppchennekrose, hochgradiger Glykogenschwund. Verfettung und Zerfall
des Herzmuskels, Zerfall der quergestreiften Muskelfasern, wie bei Phosphorvergiftung. Auch Nierenverfettung und Epithelverfettung der Lungen-
alveolen. Haut-, Schleimhaut- und Serosablutungen,
oft auch Blutungen fast in allen Körpergeweben,
auch in Muskulatur. Degenerative Veränderungen
im Gehirn, Nekrobiose und Verfettung der Ganglienzellen. Hämolytische Erscheinungen beim Menschen selten (*M. B. Schmidt*).

*Dosis toxica:* Giftgehalt des Pilzes wechselnd.
Schon einige Gramm frisches Pilzmaterial können
Vergiftungen machen. Am giftigsten scheinen frische Pilze zu sein, aber auch schwere Vergiftungen
durch gekochte. Alte, getrocknete Pilze behalten
ihre Giftigkeit.

*Dosis letalis:* Tödlich wirkte ein Viertel Hut
eines mittelgroßen Pilzes bei zwölfjährigem Kind.

*Häufigkeit der Vergiftung:* Vergiftungen nicht
selten, aber durch Pilzkontrolle und Aufklärung weniger häufig wie früher. In erster Linie durch *Verwechslung* mit *Psalliota campestris = Agaricus campestris* (Feldchampignon). Bei Amanita phalloides
Lamellen stets weiß, bei Psalliota campestris weiß
im Jugendstadium, später rotweiß bis braunrot. Ju-
gendformen beider Pilze können sehr ähnlich sein.
Stiel des Knollenblätterschwammes zeigt über dem
Boden knollige Auftreibung, welche dem Champignon fehlt. Außerdem ist die Haut des Hutes vom
Feldchampignon glatt und schwach seidenglänzend,
die des Knollenblätterschwammes meist, aber nicht
immer, mit weißen Fetzen belegt.

Verwechslung auch mit der eßbaren *Russula
virescens*, dem grünschuppigen Täubling.

Eine Massenvergiftung (19 Personen) vgl. *Veress*;
acht Fälle verliefen letal. Bei Massenvergiftung von
13 Knaben starben elf (*Lewin*). Über sehr seltene
kriminelle Vergiftungen berichtet *Dujarric de la
Rivière*. Die toxikologisch sichere Erkennung der
Amanita-Vergiftung ist mit außerordentlichen
Schwierigkeiten verknüpft und ohne *botanischen*
Nachweis kaum sicher möglich, was übrigens für
alle Pilzvergiftungen gilt. Kriminalistisch eines der
schwierigsten Gebiete.

*Vergiftung durch Amanita verna*, Weißer oder Früh-
lingsknollenblätterschwamm (Europa). Amanita
sehr ähnlich, aber etwas kleiner und in allen Teilen
weiß. Fleisch fast rettichartig riechend, zuweilen
geruchlos; Geschmack erst mild, dann kratzend.
Wirksame Stoffe wie bei Amanita phalloides, auch
Vergiftungsbild. Der weiße Knollenblätterschwamm
ist ebenso giftig wie der grüne. Vergiftungen nicht
selten, da die Jugendform dem Champignon noch ähnlicher. Zwei tödliche Vergiftungen bei *Wieser*.

Gleich zu beurteilen wie Amanita verna ist auch
*Amanita mappa = Amanita citrina*, Gelber Knollenblätterschwamm.

*Schrifttum.*

*Butterwieser* u. *Bodenheimer:* Über den Übertritt des Knollen-
blätterschwammgiftes in die Brustmilch. Dtsch. med. Wschr. **1924**,
607. — *Dessy, G.* e *M. Fancioli:* Le amanite falloide e verna ed i
eoro veleni. Boll. Ist. sieroter. milan. **17**, 779 (1938). — *Dujarric
de la Rivière, R.:* Le poison des amanites mortelles. 230. Masson, Paris 1933. — *Erben, F.:* Vergiftungen. **2 II**, 594. Wien 1910.
(Hier ältere Literatur.) — *Hegi, G.:* Über Pilzvergiftungen. Dtsch.
Arch. klin. Med. **65**, 385 (1900). — *Hymann, A. S.:* The heart in
mushroom poisoning. Bull. Hopkins Hosp. **42**, 8 (1928). — *Laux,
F.-J.:* Ein Beitrag zur Pathogenese der Knollenblätterschwammvergiftung. Virchows Arch. **264**, 11 (1927). und: Slg. Verg.-Fälle **A 54**,
121. — *Marcovitz, E.* u. *B. J. Alpers:* The central nervous system in
mushroom poisoning. Report of two cases with toxic encephalitis.
Arch. of Neur. **33**, 53 (1935). — *Müller:* Ähnlichkeit des Befundes
bei Phosphor- und Schwammvergiftungen. Vjschr. gerichtl. Med.
**53**, 66 191. — *Petri, E.:* Anatomie und Histologie der Vergiftungen.
In Handb. der spez. Pathol. und Histol. **10**, 401. Berlin 1930. —
*Raab, H. A.:* Beiträge zur Kenntnis des Giftstoffs der Knollenblätter-
pilze. Hoppe-Seylers Z. **207**, 157 (1932). — *Raab, H. A.* u. *J. Renz:*
Beiträge zur Kenntnis der Giftstoffe der Amanitaarten. Hoppe-
Seylers Z. **216**, 224 (1933). — *Renz, J.:* Über das Amanitatoxin.
Hoppe-Seylers Z. **230**, 245—258 (1934). — *Schmidt, M. B.:* Über die
pathologisch-anatomischen Veränderungen nach Pilzvergift. Z.
angew. Anat. **3**, 146 (1918). — *Stark, Th.:* Ein Fall von Pilzvergiftung (Knollenblätterschwamm?) Slg. Verg.-Fälle **A 832**, 29. — *Stein-
brink* u. *Münch:* Über Knollenblätterschwammvergiftung. Z. klin.
Med. **103**, 408 (1926). — *Vereß, J.:* Massenvergiftungen mit Amanita phalloides in der Gemeinde Bük, Komitat Sopron (Ungarn).
Orv. Hetil. (ung.) **1932**, 795; Ref.: Dtsche Z. gerichtl. Med. **20**, 176
(1933). — *Vogt, M.:* Pharmakologische Untersuchung des krist. Alkaloides Phalloidin. Arch. exp. Path. u. Pharm. **190**, 406 (1938). —
*Welsmann, L.:* Vergiftung mit Amanita phalloides Fr. Dtsch. Arch.
klin. Med. **145**, 151 (1924). — *Wieser, St.:* Bericht über 2 Fälle von
Vergiftung durch Amanita verna (Bulliard). Schweiz. med. Wschr.
**1924**, 505.

*V. Pilze mit muscarin- oder muscarin-atropin-
artiger Wirkung:*

*1. Fliegenpilzvergiftung: Amanita muscaria*, Fliegenpilz (Agaricaceae) enthält mindestens drei wirksame Stoffe, von welchen 1. das *Muscarin* eine einfache, wohl cholinartig gebaute Base von hoher
Toxizität darstellt. Muscaringehalt des Pilzes sehr
verschieden, Muscarin kann auch fehlen. Hauptmenge angeblich in der Haut des Hutes, was aber
keineswegs sichersteht. Nach *Harmsen* ist Giftver-
teilung in Haut und Fleisch ungefähr gleichmäßig.
Auch enthäutete Pilze haben zu schweren Vergiftungen geführt.

2. Giftstoff von atropinähnlicher Wirkung =
*Muscaridin:* kann Vergiftungsbild völlig modifizieren.

3. Giftstoff ist ein chemisch unbekanntes „Toxin".

Ein flüchtiger Stoff, welcher toxikologisch für

den Menschen anscheinend nicht von Bedeutung ist, spielt als Fliegengift die Hauptrolle.

Muscarinbasen enthalten auch die nahe verwandten Pilzarten *Amanita muscaria ssp. umbrina*, *Amanita pantherina*, *Amanita phalloides* (sehr wenig) und viele *Clitocybearten*; ebenso sollen *Boletus satanas* und *Boletus luridus* muscarinhaltig sein. Von Boletus satanas enthält 1 kg frischer Pilze nach *King* 0,015 g Muscarin, während der Fliegenpilz nach *Harmsen* etwa dieselbe Menge in 100 g enthält. Auch getrockneter Fliegenpilz ist giftig. Für die Giftwirkung maßgebend sind das Muscarin und das atropinartig wirkende, „Muscaridin" genannte Gift.

*Muscarin* ist ein parasympathisches Reizgift; reiner Antagonist des Atropins; regt Drüsentätigkeit und Funktionen der glatten Muskulatur maximal an.

*Klinische Erscheinungen der Fliegenpilzvergiftung: a) Muscarin-„Atropin"-Typ:* Symptome setzen meist rasch und heftig innerhalb ¼—2 Stunden nach Genuß des Pilzes ein. Beginn mit Rausch, Aufregung, Verwirrung, Delirien, Tobsuchtsanfällen, choreatischen Bewegungen, Mydriasis, seltener Miosis. Vergiftungsbild im Beginn also wie Tollkirschenvergiftung. Im weiteren Verlauf Akkommodationskrampf, Speichelfluß, Schlingkrampf, heftiger Durst, Erbrechen, Koliken, stärkste Diarrhöen, selten blutig. Dann Pulsverlangsamung, Brustbeklemmung, Atemnot, Bronchialkrampf, Herzlähmung. Tod meist an Atemlähmung mit oder ohne Lungenödem oder im Erschöpfungsstadium nach vorausgehenden Krämpfen 6—12 Stunden nach Vergiftungsbeginn. Bei Überstehen der Vergiftung Schlaf, beim Erwachen evtl. erneut Krämpfe. Atemnot, Darmsymptome, auch Erbrechen können völlig fehlen, es stehen dann die rauschartigen und sonstigen cerebralen Symptome ganz im Vordergrund, dabei häufig Mydriasis, von Atropinvergiftung nur durch Speichelfluß evtl. Pulsverlangsamung unterschieden.

*b) Muscarintyp der Fliegenpilzvergiftung:* Dieser seltenere Vergiftungstyp verläuft mit Miosis, sehr langsamem Puls, kolikartigen Schmerzen, gefolgt von schleimigen Entleerungen, Prostration mit leichter Benommenheit, aber ohne die genannten cerebralen Erregungssymptome.

*Prognose:* Bei allen Formen von Fliegenpilzvergiftung ernst. Durch Atropingabe können die Muscarinsymptome und damit auch die akute Gefahr schlagartig beseitigt werden. Dagegen bleiben die cerebralen Erregungssymptome unbeeinflußt oder werden durch Atropin sogar verstärkt.

*Diagnose:* Unsicher; kommt im Vergiftungsbild der Atropinvergiftung oft sehr nahe. Nachweis der Pilzreste. Differentialdiagnostisch kommen auch Pilocarpin- und Physostigminvergiftung in Frage.

*c) Reine Muscarinvergiftung:* 1—5 mg reines Muscarin s. c. erzeugen beim Menschen profuse Salivation, Kongestionen zum Kopf, Tachykardie, Schwindel, Angstgefühl, Kolik, Miosis, Akkommodationskrampf, Schweiß. Bei größeren Dosen Pulsverlangsamung, Erbrechen, Durchfälle, Koma. Muscarin wird z. T. im Harn ausgeschieden.

*Pathologisch-anatomischer Befund:* Uncharakteristisch, oft völlig negativ (Pilzreste). Entzündung im Magen-Darmkanal, Lungenödem.

*Dosis toxica:* Schon zwei Pilze (durchschnittliches Pilzgewicht 30—50 g) führten bei Erwachsenen zu schwerer Vergiftung.

*Dosis letalis:* Bei zehnjährigem Kind nach Genuß von ½ Pilz, bei Erwachsenen nach Genuß einer Abkochung von vier Schwämmen.

*Vergiftungen:* relativ selten, da Aussehen des Pilzes sehr auffällig und Giftigkeit wohlbekannt. Häufiger durch Amanita pantherina. Selten infolge Verwechslung mit dem eßbaren, im Habitus

nicht unähnlichen Kaiserpilz (*Amanita caesarea*). Es ist aber zu beachten, daß die auffällige Gestalt und Farbe des Fliegenpilzes in den mehr braunen und gelben Varietäten fast völlig verlorengehen und dadurch zu Vergiftungen Veranlassung geben kann. Braune Varietäten: *Amanita umbrina* und *euumbrina*; gelbe Varietät: *Amanita formosa*.

Der Fliegenpilz spielt als *berauschendes Genußmittel* in Rußland und Sibirien eine gewisse Rolle: frische oder gekochte Schwämme werden gekaut und gegessen oder in Abkochungen mit Tee usw. genossen. Auftreten typischer Erregungssymptome unter Zittern mit starken Halluzinationen des Gehörs und Gesichts, Makropsie. Anschließend tiefer Schlaf mit lebhaften Träumen. Nach Erwachen oft Zuckungen und Krämpfe. Gelegentlich Todesfälle in der an den Aufregungszustand sich anschließenden Erschöpfung (Herztod). Giftigkeit der Pilze wohl wesentlich kleiner als in Mitteleuropa.

*2. Vergiftung durch Amanita pantherina,* Pantherpilz (Agaricaceae) (Europa, Nordamerika). Dem Fliegenpilz sehr ähnlich. Hautfarbe wechselnd, braun, olivebraun, bräunlichgelb und heller bis weißlich.

Giftiger Stoff hauptsächlich *Muscarin*, durchschnittlich in geringerer Menge wie im Fliegenpilz; ist aber im Giftgehalt sehr schwankend, kann schwere Vergiftungen, selbst mit enthäuteten Pilzen, hervorrufen (*Ervenich*).

*Vergiftung* wie bei Fliegenpilz: Nach zwei bis drei Stunden Durst, Brechneigung, Schwächegefühl, Schwindel, kleiner, langsamer Puls, Miosis, klonische Zuckungen, Halluzinationen, Irrereden, Delirien, Tobsuchtsanfälle, tiefe Bewußtlosigkeit, Koma.

Ein *Giftmord* durch Amanita pantherina vgl. *Inoko*.

*Schrifttum.*

*Böhm:* Beiträge zur Kenntnis der Hutpilze in chemischer und toxikologischer Beziehung. Arch. f. exper. Path. **19**, 78 (1885). — *Erben, F.:* Vergiftungen. **2 II**, 727. Wien 1910. (Hier ältere Literatur.) — *Ervenich, P.:* Die erfolgreiche Behandlung schwerer Pilzvergiftungen mit hohen Coramindosen; zugleich ein Beitrag zur Behandlung häufiger Vergiftungen. Med. Klin. **1934 II**, 1332. — *Harmsen, E.:* Zur Toxikologie des Fliegenschwammes. Arch. f. exper. Path. **50**, 361 (1903). — *Hartwich, C.:* Die menschlichen Genußmittel. 255. Leipzig 1911. — *Inoko, Y.:* Über die Giftwirkung des japanischen Pantherschwammes. Arch. f. exper Path. **27**, 297 (1890). — *King, H.:* Die Isolierung des Muscarins, des wirksamen Prinzips von Amanita muscaria. J. chem. Soc. Lond. **122**, 1743 (1922). — *Lanyar, F.:* Pantherpilzvergiftungen. Wien. kl. W. **1939**, 953. — *Lewin, L.:* Gifte und Vergiftungen. 912. Berlin 1929. — *Lewin, L. u. H. Guillery:* Die Wirkungen von Arzneimitteln auf das Auge. 2. Aufl. **2**, 686. Berlin 1913. — *Nencki:* Über die therapeutische Anwendung des Fliegenschwammes in Sibirien. Korresp.bl. Schweiz. Ärzte **1886**, 361. — *Petri, E.:* Anatomie und Histologie der Vergiftungen. In: Handb. der. spez. Pathol. und Histol. **10**, 421. Berlin 1930. — *Schmiedeberg, O.:* Bemerkungen über die Muscarinwirkung. Arch. f. exper. Path. **14**, 376 (1881). — *Schmiedeberg, O. u. Koppe:* Das Muscarin, das giftige Alkaloid des Fliegenpilzes. Leipzig 1861. — *Steidle, H.:* Ist beim Fliegenpilz (Amanita muscarin L.) und beim Pantherpilz (Amanita pantherina D. C.) nur die Oberhaut giftig? Dtsch. med. Wschr. **1938 I**, 323. — *Steidle, H.:* Über den Pantherpilz (Amanita pantherina D. C.). Med. Welt **12** (1938).

*3. Vergiftung durch Inocybearten* (Agaricaceae), Rißpilze, Faserkopf. Viele Inocybearten sind stark giftig, wohl ausschließlich durch ihren oft hohen *Muscarin*gehalt. Vergiftungen durch Verwechslung mit Feldchampignon und mit eßbaren Tricholomaarten (*Tricholoma gambosum*, Hufritterling u. a.). Als giftig kommen vor allem in Betracht: *Inocybe lateraria = Inocybe Patouillardi*, Ziegelroter Faserkopf, *Inocybe napipes* und *Inocybe fastigiata*. Als giftig werden aber auch die artlich nicht immer eindeutig charakterisierbaren Inocybearten angegeben: *Inocybe frumentacea*, *Inocybe sambucina*, *Inocybe infida*, *Inocybe repanda*. Muscarinhaltig sind wohl mehr wie 20 Arten (*Loup*).

Die Vergiftungserscheinungen sind diejenigen

des Fliegenpilzes, haben besonders starke Ähnlichkeit mit der Pilocarpinvergiftung.

*Vergiftung durch Inocybe lateraria,* Ziegelroter Rißpilz: Schon 15—20 Minuten nach Einnahme starkes Schwitzen, dabei Kältegefühl und Frösteln. Puls verlangsamt, später frequent. Miosis, Akkommodationskrampf; aber auch Mydriasis. Sehschärfe oft beeinträchtigt. Bei schwerer Vergiftung Salivation, Erbrechen und Durchfälle, Druckgefühl auf Brust, heftige Schweißausbrüche, wobei unter zunehmender Herzschwäche innerhalb 24 Stunden der Tod eintreten kann. Prognose ernst. Mortalität wird mit 60 % angegeben.

Der Muscaringehalt des Pilzes kann sehr hoch sein: nach *Fahrig* bis 20fache Menge wie im Fliegenpilz (0,36 g auf 100 g Frischpilz).

*Schrifttum.*

*Fahrig, C.:* Über Vergiftung durch Pilze der Gattung Inocybe. Arch. f. exper. Path. **88**, 227 (1920). — *Loup, C.:* Contribution à l'étude toxicologique de trente-trois Inocybe de la région de Genève. Thèse Genève **1938**. — *Mecke, W.:* Muscarinvergiftung mit dem ziegelroten Rißpilz. Arch. exp. Path. u. Pharm. **175**, 23 (1934. — *Port, F.:* Über Rißpilzvergiftung. Münch. med. Wschr. **1921**, 905. — *Roch, M.* et *A. Cramer:* Trois cas d'empoisonnement par les champignons (Inocybe lateraria Ricken). Le syndrome muscarinien. Rev. méd. Suisse rom. **44**, 557 (1924). — *Wiki, B.:* De la toxicité des champignons du genre Inocybe. Rev. méd. Suisse rom. **58**, 441 (1938). — *Wiki, B.* et *M. Roch:* Deux cas d'empoisonnement par des ,,mousserons'' (Clitocybe rivulosa). Rev. méd. Suisse rom. **1935**, 896.

*VI. Pilze mit lokaler Reizwirkung:*

*Polyporus officinalis,* Lärchenschwamm (Polyporaceae) (Europa, Nordasien). Der Staub des Lärchenschwammes verursacht Niesen, Husten, Reizerscheinungen am Auge. Enthält *Agaricin* bzw. die als schweißhemmendes Mittel zu 0,005—0,01 g therapeutisch verwendete, ebenfalls lokal reizend wirkende *Agaricinsäure* $C_{22}H_{40}O_7$. Außerdem ist im Pilz ein stark abführend wirkendes Harz, was zu therapeutischer Verwendung des Pilzes als Drasticum Veranlassung gab. Die *Vergiftung* ist gekennzeichnet durch lokale Reizwirkung an Schleimhäuten und gastrointestinale Symptome.

*Schrifttum.*

. *Magnus, R.* u. *St. E. Faust:* Pilzgifte. In: *Heffter,* Handb. der exper. Pharmakologie. **2**, 2, 1674 u. 1699. Berlin 1924.

**H. Fischer.**

**Plagin** siehe *Schädlingsbekämpfungsmittel.*

**Plankton** siehe *Tod durch Ertrinken.*

**Plasmochin** siehe *Chinin und Chinidin.*

**Platzwunden** siehe *Verletzungen durch stumpfe Gewalt.*

**Plötzlicher Tod** (= pl. T.) **aus natürlicher Ursache.** (Vgl. auch Art.: Plötzlicher Tod in Schwangerschaft, Geburt und Wochenbett.)

Der *plötzliche T. aus natürlicher Ursache,* dessen Kenntnis nicht nur für die gerichtliche Medizin und die gerichtsärztliche Tätigkeit, sondern auch für die allgemeine medizinische Gutachtertätigkeit (Unfall oder natürlicher Tod?) eine außerordentlich große Bedeutung besitzt (*Kolisko, Bronardel* u. a.), bewirkt durch die *Plötzlichkeit des Eintrittes* leicht den Verdacht, daß sich unter der zum Tod führenden Erkrankung ein unnatürlicher, i. e. gewaltsamer Tod verbirgt. Dabei faßt man den Begriff: pl. T. nicht so eng, daß es sich hier nur um ein in wenigen Sekunden oder Minuten abspielendes Drama (fulminante Lungenembolie, Herztod durch Kammerflimmern u. a.) handelt, sondern man spricht auch dann von plötzlichem T., wenn in relativ kurzer Zeit, sei es aus vollständiger Gesundheit heraus oder auch bei einem latenten oder langsam verlaufenden Leiden, überraschend die Endkatastrophe eintritt. Auch dann spricht man noch von plötzlichem T., wenn sich die zum Tod führende End-

krankheit mit ihren alarmierenden Erscheinungen über viele Stunden erstreckt hat. — Beim plötzlichen T. spielen sehr häufig die *eigenartigen Nebenumstände* des jeweiligen Falles eine besondere Rolle, weil gerade sie den Verdacht fremder Schuld, d. h. fahrlässiger oder vorsätzlicher Tötung erwecken. Hier ist zu erinnern an den plötzlichen T. vor und bei den allerverschiedensten Arten von ärztlichen Eingriffen (*v. Sury,* Lit.), nicht nur bei blutigen chirurgischen Behandlungen, sondern auch vor solchen, bei und vor Einleitung einer Narkose usw. (Schrecktod, *Passauer*). Ferner spielen verdächtige Nebenumstände im Privatleben eine Rolle, z. B. wenn der schwer Erkrankte bzw. Verstorbene kurz vor dem Beginn der Krankheitserscheinungen noch Nahrung zu sich genommen hat, so daß dadurch und aus den klinischen Symptomen (Erbrechen, Leibschmerzen, Durchfälle, Kollaps usw.) der Verdacht einer Vergiftung entstehen könnte, ferner wenn vorher Streit in der Familie oder im Wirtshaus stattgefunden hatte usw. Berechtigter Verdacht ergibt sich auch bei den mancherlei Beziehungen des plötzlichen Todes zum Sexualleben, so beim Tod in der Geburt (*Saenger, Ziemke, Weidinger*), ferner wenn jüngere, noch fortpflanzungsfähige Frauenspersonen, von denen bekannt ist oder vermutet wird, daß sie schwanger sind, plötzlich sterben (Verdacht auf Luftembolie bei Abtreibungsversuch), zudem beim Vorhandensein eines Blutabgangs aus den Geschlechtsteilen (Leichenschau!), der — möglicherweise unverdächtig, weil durch Menstruation bedingt — gleichfalls einen derartigen Verdacht berechtigt. Es ist sicher kein Zufall, daß *Koopmann* unter 764 plötzlichen Todesfällen 24mal menstruierende Frauen (seelisch-körperliche Labilität!) antraf. Auch Fälle von plötzlichem T. beim oder nach dem vollzogenen ehelichen oder außerehelichen, sei es normalen oder perversen Geschlechtsverkehr gehören hierher (s. d. Art.: Tod im Beischlaf), ebenso wie auch Beobachtungen, daß durch sonstige plötzliche übergroße seelische Affekte wie Schrecken oder Freude (Lit. bei *Passauer*) Todesfälle zustande kommen (s. d. Art.: Tod und Gesundheitsbeschädigung durch psychisches Trauma).

Die Zahlen über das Vorkommen solcher Fälle plötzlichen Todes aus natürlicher Ursache, die meist ärztlich nicht betreute Menschen betreffen, schwanken außerordentlich je nach den gerichtl.-medizinischen Instituten und je nach den verschiedenen Stadt- und Landbezirken (*Meixner*), z. T. liegt dies wohl in der verschiedenen ärztlichen Versorgung der Bevölkerung begründet. Besonders merkwürdig ist das gehäufte Auftreten von solchen plötzlichen Todesfällen; so beobachtete *von Neureiter* zwei sichergestellte gleichzeitige Todesfälle von zwei Freunden (50 und 56 Jahre alt) im Kaffeehaus, *Max Richter* plötzliche Todesfälle bei Zwillingen. *Crozer-Griffith* berichtet über eine Familie, in welcher sieben derartige plötzliche Todesfälle unter Kindern eingetreten sein sollen, nach *Harbitz* bei drei Geschwistern einer Familie, auch bei *Hedinger* waren drei Geschwister betroffen.

Die Aufklärung aller solcher plötzlicher Todesfälle ist natürlich, wenn überhaupt, dann nur durch Sektion möglich, nicht durch eine noch so sorgfältige Leichenschau; um so mehr ist die Klärung notwendig, wenn man bedenkt, daß diese ohne Sektion unbestimmbaren und unbestimmten Todesursachen immerhin einen bemerkenswerten Prozentsatz aller Gesamttodesfällen ausmachen. In *Österreich* waren bekanntlich schon seit der Mitte des vorigen Jahrhunderts die sanitätspolizeilichen Sektionen gesetzlich eingeführt worden, um solche plötzlichen Todesfälle zu klären; ihre Klärung ist in der Tat für unser gesamtes ärztliches Wissen und auch im Interesse der Rechtssicherheit (Feuerbestattungsleichen!) von großer Wichtigkeit.

Das Ergebnis aller bisherigen ungeheuer umfassenden Sektionserfahrungen der zentraleuropäischen Länder über plötzliche Todesfälle aus natürlicher Ursache läßt sich dahin zusammenfassen, daß die plötzlich Verstorbenen weitaus in der Mehrzahl mit Organerkrankungen behaftet gewesen sind oder aber eine abnorme krankhafte Konstitution aufwiesen, ohne daß davon zuweilen weder der Patient noch seine Umgebung eine Ahnung hatte.

Die Sektionsbefunde zerfallen im allgemeinen in drei Gruppen (*Max Richter*): 1. Todesfälle mit schweren, grob anatomischen Veränderungen, die mit dem Leben nicht mehr vereinbar waren und an lebenswichtigen Organen und Organsystemen durch die Sektion mit Sicherheit nachzuweisen gewesen sind. Die 2. Gruppe umfaßt mehr oder weniger ausgesprochene krankhafte Veränderungen des menschlichen Körpers und seiner Organe, die erfahrungsgemäß zum plötzlichen Todeseintritt führen können. Zur 3. Gruppe gehören die Fälle, bei denen wir trotz sorgfältig durchgeführter Leichenöffnung und histologischer, chemischer und bakteriologischer Untersuchung immer noch einen völlig negativen Obduktionsbefund feststellen können und müssen, m. a. W. wo auch die Sektion eine Ursache des plötzlichen Todes mit Eindeutigkeit nicht erkennen läßt — gerade in den 20er und 30er Lebensjahren finden wir erfahrungsgemäß immer wieder derartige Fälle.

Freilich darf nicht vergessen werden, daß es mitunter auch unbefriedigende, ja negative Befunde bei *gewaltsamem Tod* gibt, und es sei ferner daran erinnert, daß auch andererseits bei einwandfrei natürlichem plötzlichen T. u. U. mechanisch-physikalische Verletzungen vorgefunden werden können, z. B. Wirbelbrüche bei Tetanus, ferner Verletzungen (Schürf- und Quetschwunden, Wirbelsäulenbrüche, ja Schädelfissuren usw.), die beim Zusammenstürzen des Sterbenden zustandekommen (*F. Straßmann, Ziemke* u. a.). Nicht zu vergessen ist, daß auch Wiederbelebungsversuche (künstliche Atmung, Herzmassage usw.) an solchen plötzlich Erkrankten oder Gestorbenen von ärztlicher und Laienhand durchgeführte schuldhafte gewaltsame äußere Einwirkungen vortäuschen können (*Frauendorfer*). Endlich noch ein sehr kurzer Hinweis: mitunter kommt eine sog. ,,Konkurrenz der Todesursachen'' (s. d.) in Betracht, und dabei kann die Frage: ,,liegt ein gewaltsamer oder ein natürlicher Tod vor?'' große Schwierigkeiten bereiten (Fall von *Wachholz* und *Olbrycht*: Abschneiden der äußeren männlichen Geschlechtsteile durch eine zu mehrfachen Geschlechtsverkehr genötigte Frauensperson beim Geschlechtsverkehr, wobei neben der Verblutung nach außen bei der Sektion gleichzeitig eine intraperikardial gelegene spontane Aortenruptur mit Hämoperikard bei dem betreffenden Mann festgestellt wurde [s. d. Art.: Tod im Beischlaf]). Erfahrungsgemäß werden die plötzlichen Todesfälle verschiedener Altersklassen, so des Säuglings- und Kindesalters, ferner solcher auf der Höhe des Lebens stehenden und endlich der im Greisenalter befindlichen Menschen, durch ganz bestimmte, für die jeweilige Altersgruppe zum mindesten sehr häufige Organerkrankungen bedingt! Gegenüber den von klinischer Seite mitgeteilten Zusammenstellungen über die Ursachen akuter plötzlicher Todesfälle interessiert noch vielmehr das objektiv zuverlässigere gewaltige Sektionsmaterial insonderheit aus den österreichischen Instituten. Weitaus das größte hat in kritischfundamentaler Weise bekanntlich *Kolisko* (*Dittrichs* Handbuch **2**) aus dem Wiener Institut zusammengestellt, und neuerdings berichtete *Weyrich* (unter *F. Reuter*) über plötzlich Verstorbene auf Grund

von 3690 Sektionsprotokollen (1022 Kinder und 2668 Erwachsene). Einer kurzen Übersicht über die Gruppierung der zu plötzlichem Tode führenden Krankheiten seien folgende statistische Zusammenstellungen vorausgeschickt: unter den *Geschlechtern* überwiegt das männliche Geschlecht mit 76 bis 71 % der plötzlichen Todesfälle über das weibliche, nur in den Kriegsjahren (Material von *Weyrich*) hatten wir eine relativ stärkere Beteiligung der Frauen (44,6 %) gegenüber den Männern (55,4 %), was seine Erklärung einerseits in der veränderten Zusammensetzung der Bevölkerung nach Geschlechtern (Einziehung der Männer zum Kriegsdienst) und andererseits in der stärkeren Beanspruchung der Frauen für schwere früher ungewohnte Männerarbeit findet.

Was die Verteilung der einzelnen *Altersstufen* beim männlichen und weiblichen Geschlecht hinsichtlich der plötzlichen Todesfälle anbetrifft, so ist sie weitgehend verschieden (*Weyrich*). Die Sterblichkeit der Männer nimmt vom 21. Lebensjahre an konstant und rasch zu, erreicht im 6. Dezennium ihren Höhepunkt und sinkt hierauf wieder stark ab. Zwischen dem 21. bis 30. Lebensjahr sind die plötzlichen Todesfälle der Frau fast ebenso groß und vom 31.—40. Lebensjahr sogar um ein geringeres größer als die der Männer (Generationsvorgänge!). Dagegen kann im 5. und im 6. Dezennium eine weitaus größere Sterblichkeit des männlichen Geschlechts gegenüber dem weiblichen festgestellt werden. Im 5. und 6. Dezennium finden wir 50,5 % aller plötzlichen Todesfälle der Männer, die weiblichen dagegen sind in dieser Altersspanne nur mit 35,2 % vertreten. Daraus ergibt sich, daß das männliche Geschlecht offenbar schon in einem relativ früheren Lebensalter als das weibliche zum plötzlichen T. disponiert ist (*Weyrich*). Daß das *Klima* auch eine erhebliche Rolle spielt bei den plötzlichen Todesfällen insofern, als die kalten und rauhen Monate im Spätherbst, Winter und Vorfrühling ein gehäuftes Auftreten bedingen im Gegensatz zu den Zahlen der wärmeren Jahreszeit — wenigstens für Mitteleuropa —, hat *Weyrich* berechnet, *Radestock* weist auf die Bedeutung der Föhnlage hin.

Was die *Verteilung* der zum plötzlichen Tode führenden *Grundkrankheiten* anbetrifft, so herrscht darüber im ganzen Schrifttum eine weitgehende Übereinstimmung insofern, als weitaus an erster Stelle bei den plötzlichen Todesfällen aus natürlicher Ursache die Erkrankungen des Herzens sowie der Gefäße und zumal der Aorta stehen (= 41,83%). In zweiter Linie kommen die Erkrankungen des Respirationsapparates (= 23,36 %), darauf folgen diejenigen der Verdauungs- und Urogenitalapparats (= 12,85 %) und daran erst schließen sich die plötzlichen Todesfälle durch Erkrankungen des Gehirns und seiner Hüllen (= 8,88 %), während die übrigen nicht gruppenmäßig zusammenfaßbaren Erkrankungen mit 13,08 % zu bemessen sein dürften.

Unser eigenes Münchner Material, das von mir überblickt werden kann und allerdings nur 678 Sektionen pl. Todesfälle enthält, weist ein etwas abweichendes Zahlenverhältnis auf insofern, als wir wohl auch 318 Fälle von Erkrankungen des Herzens und Blutgefäßapparates (= 46,8 %) gesehen haben, dagegen cerebral bedingte Todesfälle 107 (= 15 %), Respirationsorgane 84 Fälle (= 12,2 %), Verdauungsorgane und Urogenitalapparat 69 Fälle (= 10,1 %), lymphatisches System und endokrine Drüsen 21 (= 3,9 %) und die übrigen Todesursachen 64 (= 12,2 %). Die hier überwiegende Zahl der cerebralen Todesfälle, besonders die zahlreichen Apoplexien könnten vielleicht mit dem größeren Bierkonsum der Bayern und dem dadurch vermehrt bedingten Bierherzen und Schrumpfnieren in Zu-

37

sammenhang stehen. Auch die Mitteilungen von *Haarbitz* sind für uns insofern überraschend, als er eine auffallend hohe Zahl von jugendlichen Männern zwischen 15 und 19 Jahren unter seinen plötzlichen Todesfällen vorfand.

Im allgemeinen läßt sich sagen, daß es kaum eine akute oder chronische Erkrankung gibt, die man nicht gelegentlich bei der Sektion eines plötzlich verstorbenen Menschen als Todesursache findet (*Haberda*).

Beginnen wir mit den plötzlichen Todesfällen bei *cerebralen Erkrankungen*, so wäre in erster Linie, weil am schwierigsten festzustellen, der Tod durch *akuten Hirndruck* (s. d. Art.: Hirndruck) zu nennen. Es handelt sich darum, daß unter Umständen ein Mißverhältnis zwischen Hirngewicht, Hirnvolumen, und Schädelkapazität besteht (*Rudolph, Reichardt* u. a.), so daß gewissermaßen das Gehirn bei Volumenschwankungen eine zu geringe Ausdehnungsmöglichkeit besitzt. Dies kann besonders leicht bei Kindern im Säuglings- und im schulpflichtigen Alter vorkommen, wo z. B. im Initialstadium einer akuten Infektionskrankheit (Pneumonie Scharlach, Masern usw.), aber auch sonst bei Intoxikationen (Gastroenteritis usw.) durch akute Hirnschwellung unter Krämpfen ein rascher Tod eintreten kann, während im späteren Jugendalter eventuell (*M. Richter* u. a.) eine frühzeitige Nahtsynostose (s. d. Art.: Hirndruck) als Ursache für solche Todesfälle angeschuldigt wird. Jedenfalls wären bei der Sektion Anzeichen für chronischen Hirndruck zu erblicken in einer abnorm dünnen Dura, starker Modellierung der Schädeldachinnenfläche und besonders in einer abnorm starken Entwicklung der zapfenförmigen Fortsätze des Kleinhirns. *Böhmig* und *Neugebauer* (Lit.) haben unlängst auf die Wichtigkeit des Hirndruckes für akute Todesfälle aufmerksam gemacht und letzterer hat darauf hingewiesen, daß in vielen Fällen weniger die Raumbeschränkung des Totalgehirns als vielmehr eben durch Hirnabdrängung des Kleinhirns in das foramen magnum des Wirbelkanals (zapfenförmige Fortsätze des Kleinhirns!) eine Blockade lebenswichtiger Zentren an den Engpässen der Cerebrospinalräume eine Rolle spielt. Auch bei Tod durch *Urämie* (chronische Nephritis, Nephrose, Schrumpfniere usw.) sowie bei Tod im *Coma diabeticum* (ausgesprochener Geruch nach Aceton sowohl im Gehirn wie in den übrigen Leibeshöhlen) findet sich (*Neugebauer*) die akute Hirnschwellung. Sie dürfte auch in vielen Fällen die falsche oder wenigstens vorschnelle Diagnose: Tod im Status thymico-lymphaticus (s. d. Art.: Status thymico-lymphaticus) zu ersetzen haben (*Hugo Spatz*).

Entzündlich encephalitische Befunde sind neuerdings bei der mikroskopischen Untersuchung in solchen Fällen von *Welz, Böhmig, Konschegg* u. a. festgestellt worden.

Ferner kann nicht nur im Kindesalter, sondern auch in allen späteren Lebensdezennien — am seltensten erfahrungsgemäß im Greisenalter — eine akute *eitrige Meningitis* gleichfalls als Ursache plötzlichen Todes (klinisch: Kopfschmerzen, Erbrechen— Verdacht einer Vergiftung bei vorheriger Nahrungsaufnahme!) festgestellt werden. Stets muß der Versuch gemacht werden, den Ausgangspunkt derselben zu finden, sie kann von Eiterungsprozessen der Nebenhöhlen (Eröffnung und Untersuchung bei der Sektion!) ausgehen, ferner die Begleiterscheinung einer Pneumokokkeninfektion der Lunge (Grippe, croupöse Pneumonie) darstellen, kann aber auch isoliert vorkommen. Während die traumatische eitrige Meningitis durch die Vielheit der Eitererreger ausgezeichnet zu sein pflegt, findet man bei der Pneumokokkenmeningitis meist nur

die genannten Diplokokken; bei der epidemischen Meningitis, die auch sehr rasch (binnen 24 und 48 Stunden) zum Tod führen kann, sieht man oft sehr wenig Eiter und bezeichnenderweise bakterioskopisch in demselben nur ganz wenige gramnegative intracellulär gelagerte Diplokokken — oft in vielen Gesichtsfeldern nur ganz vereinzelte. Die *tuberkulöse Meningitis*, bei Kindern und Erwachsenen vorkommend und meist metastatisch (Lungenspitzen, Halslymphdrüsen!) entstanden — selten durch einen Solitärtuberkel des Groß- oder Kleinhirns bedingt —, unterscheidet sich für den Geübten sehr leicht von anderen Formen durch ihre Lokalisation des sulzigen Exsudats an der Basis und durch das Vorhandensein der tautröpfchenförmigen Tuberkelknötchen, die besonders bei schräg auffallendem Licht auf der Dura über dem Keilbeinkörper und den Keilbeinflügeln deutlich sichtbar sind; auch diese Form haben wir — obwohl sich doch oft die klinischen Erscheinungen wochenlang hinziehen — bei scheinbar plötzlichen Todesfällen angetroffen. Endlich wäre auch noch die *akute Encephalitis* zu nennen, die wir evtl. kombiniert mit *Poliomyelitis* als Einzelfälle bei Epidemien von Kinderlähmung bei Kindern und bei Jugendlichen bis zum 20. Lebensjahr — rapid zum Tod führend — angetroffen haben, ebenso auch die *Grippe-Encephalitis*. Bei Tod im *epileptischen Anfall* (eigene Beobachtung: Tod in der Badewanne) kann man keine charakteristischen Veränderungen am Hirn erwarten; neben der hochgradigen Hyperämie und dem Erstickungsbefund der ganzen inneren Organe wird man hauptsächlich nach alten und frischen Zungenbissen zu suchen haben und evtl. nach oberflächlichen posttraumatischen Gehirnnarben (eigene Beobachtung). Meist hilft hier die Anamnese (nachgewiesene epileptische Anfälle) mit zur Festigung der Diagnose. Während anämische oder hämorrhagische *Erweichungsherde* des Groß- und Kleinhirns, die abgesehen von Gehirnarteriosklerose (sklerotischer Verschluß oder Thrombose) auch durch embolische Prozesse zustandekommen (Endokarditis, Herzthromben usw.), selten zum plötzlichen T. führen werden, ist die Embolie oder Thrombose der Art. basilaris dagegen ein meist zu plötzlichem T. führendes Ereignis — zuweilen ohne daß noch Zeit zur Ausbildung eines ausgesprochenen Erweichungsherdes gegeben wäre; man muß also dieses Gefäß genauestens (Leichengerinnsel oder Thrombus!) durchsuchen. — Was die *nicht traumatischen Blutungen* anbelangt, die innerhalb der Schädelkapsel — also *subdural, intermeningeal* oder *intracerebral* — den plötzlichen T. verursachen können, so sei an die subduralen Massenblutungen bei alter oder meist doppelseitiger, meist auch auf die Basis etwas übergehender Pachymeningitis hämorrhagica interna (s.d.) (Ätiologie: Alkoholismus, Schrumpfniere, Lues u. a.) erinnert, wobei oft das klinische Bild einer Hemiplegie mit rasch tödlichem Verfall beobachtet wird. Subdurale und intermeningeale Blutungen als plötzliche Todesursache finden wir bei *Rupturen von Aneurysmen der Basis* seltener der *Plexusarterien*; charakteristisch ist dafür die enorme, gerade an der Basis in- und außerhalb der weichen Häute lokalisierte Blutung, die von da aus in den weichen Häuten noch etwas nach der Konvexität zu aufsteigen kann. Sehr schwierig und meist nur dem im Präparieren Geübten möglich ist die Auffindung eines solchen Aneurysmas besonders dann, wenn dasselbe (häufig!) unter Erbsengröße aufweist. Die Art. communicans anterior sowie die Art. fossae Sylvii, seltener eine Art. communicans posterior, Art. basilaris oder vertebralis ist der Sitz der Aneurysmen. Die Frage einer traumatischen Entstehung ist jeweils sehr schwierig zu entscheiden (*Ortmann* u. a.). Sie kommen meist, wenn auch nicht ausschließlich bei Männern im jugendlichen Alter und auf der Höhe des Lebens aber fast nie im Greisenalter (trotz Atherosklerose!) vor (*Jungmichel, Walcher Hedinger* u. a.). Nur bei *Luft* (25 Fälle) finden wir das weibliche Geschlecht (16 Fälle) bevorzugt gegenüber dem männlichen (9 Fälle), und als Durchschnittsalter für die Männer 45 Jahre, für die Frauen 52,5 Jahre angegeben; er meint, daß weniger Embolie, Sklerose oder Lues als vielmehr eine *angeborene* (oder durch Infektion erworbene — *Ortmann* bei sechsjährigem Mädchen) *Wandschwäche* oder *Wanddefekte* an den Verzweigungsstellen der Basisschlagadern eine Rolle spielten. Da manchmal — besonders im Bereich der Art. communicans anterior oder der Art. corp. callosi — das Aneurysma in einen der beiden Stirnlappen durchbricht, so kann gleichzeitig neben der Basisblutung auch ein Einbruch der Blutmassen in eines der beiden Vorderhörner und von da in die anderen Hirnhöhlen zustande kommen.

Häufiger sehen wir letzteres bei den *gewöhnlichen zentralen Apoplexien*, die bei Personen beiderlei Geschlechts jenseits der 50er Jahre in den grauen Stammknoten des Großhirns auftreten und zuweilen unter Bildung mächtiger blutiger Zerstörungsherde in die Gehirnkammern durchbrechen können und unter diesen Umständen das Leben raschestens beenden; sonst führen bekanntlich solche Schlaganfälle unter Bewußtlosigkeit erst nach vielen Stunden zum Tode. Zentrale arteriosklerotische oder embolische Erweichungen werden oft überlebt und als Zufallsbefund später erhoben. Früher nahm man eine Zerreißung größerer oder kleinerer sklerotisch veränderter Äste der Art. strio-lenticularis als Ursache solcher zentraler Massenblutungen an und maß auch den sog. miliaren Aneurysmen *Charcots* (intermurale Blutungen) eine besondere Bedeutung zu. Jetzt betrachtet man die letzteren nicht als Ursache sondern als Begleiterscheinung der apoplektischen Massenblutung und führt die Grundlage der letzteren auf ausgebreitete, aber gerade im zentralen Grau sich abspielende degenerative Veränderungen der *kleinsten* Hirngefäße zurück, die allerdings in der Mehrzahl der Fälle durch Hypertonie usw. bedingt sind. Auf dieser krankhaften Grundlage kommt es dann durch allgemeine Kreislaufstörungen oder durch örtliche vasomotorische Einflüsse zu Stase, Diapedese, Rhexis (*Lindemann* u. a.). Die Deutung solcher zentralen Hirnblutungen ist meist für den Gerichtsarzt bei der Sektion leicht, da die begleitenden sonstigen Gefäßveränderungen des Schlagadersystems, Herzhypertrophie und chronische Nierenerkrankung (meist Schrumpfniere) usw. sowie die oft im Leben festgestellte (nicht immer!) Hypertonie den Fall restlos als Spontanblutung klären. Allerdings findet man auch zuweilen (*Neubürger, Rosenblath*, eigene Beobachtung) schon solche tödliche zentrale Massenblutungen in jungen Jahren sogar vor und nach dem 20. Lebensjahr als Folge von jugendlichen Nierenerkrankungen (Scharlach, Schrumpfnieren usw.), die dann aber auch meist mit den oben bezeichneten Begleitbefunden verbunden sind. Solche spontane Gehirnembolien, wie auch thrombotische Erweichungen, sowie Blutungen können dann sekundär zu *scheinbaren* Verkehrsunfällen, Abstürzen von einer Leiter, Betriebsunfällen usw. führen; hier kann nur für den Gerichtsarzt eine genaue Sektion unter Berücksichtigung des Gesamtbefundes und aller anamnestischen Daten die restlose Klärung bringen (*F. Reuter*, Sturz von der Leiter oder natürlicher Tod?). Solitäre Blutungen im zentralen Nervengrau oder in der Brücke oder im Kleinhirn sollten immer in erster Linie den Verdacht auf spontane Entstehung (gesamtes Sektionsbild!) erwecken, auch wenn noch gleichzeitig Spuren von Trauma (Quetsch-

wunden, Schädelfissur usw. durch sekundären Sturz!) festgestellt werden. Endlich sei noch erinnert an Fälle von fortgeschrittener juveniler Sklerose evtl. mit tödlicher Hirnapoplexie, die mitunter in Zusammenhang stehen mit gleichzeitig vorgefundenen Nebennierentumoren (*M. Richter* u. a., s. später).

Mit solchen zentralen Blutungen (Apoplexien) vergesellschaftet kommen — offenbar sekundär bedingt — noch gleichzeitig zuweilen auch als Spontanapoplexien kleinere oder größere streifen- oder kugelförmige *Ponsblutungen* zur Beobachtung; andererseits sind primäre Ponsblutungen auf Grund der genannten Organsystemerkrankungen dadurch charakterisiert, daß sie nur relativ klein (haselnuß- oder walnußgroß) zu sein brauchen und doch wegen ihrer Lokalisation (keine Hemiplegie!) sehr rasch zum Tode führen (*Georgieff*). Auch hierbei haben wir schon öfter die fälschliche klinische Diagnose ,,Vergiftung" angetroffen.

Differentialdiagnostisch schwierig sind von den Spontanblutungen die Fälle von sog. ,,*Bollinger*"scher *traumatischer Spätapoplexie* (s. d. Art.: Nervenkrankheiten und Trauma) abzugrenzen, die in der Umgebung der Hirnhöhlen, zuweilen in der Wand des IV. Ventrikels ihren Sitz haben (*Matthes, Walcher* u. *Israel* stellen die Kriterien für diese Blutungsformen auf) und Tage oder Wochen nach dem Kopftrauma erst zum plötzlichen T. führen können. Endlich seien noch die selteneren und offenbar mehr bei Jugendlichen vorkommenden *Kleinhirnapoplexien* erwähnt, deren Ätiologie noch unklar ist (*Zimmermann*).

Die hämorrhagisch-seröse *Milzbrand-Meningitis* (*Risel*), wo der Infektionsherd meist in der Schleimhaut der Nase gelegen ist, muß auch hier erwähnt werden; sie ist nach der Ausbreitung an der Konvexität charakteristisch und begleitet von einer, wenn auch geringen hämorrhagischen Milzschwellung. Im Ausstrich aus den Meningen finden sich — wie auch sonst in den Organblutungsherden — massenhaft die plumpen Milzbrandbacillen. Auch an die *Hirnabscesse* sei erinnert, die — zumal im Stirnhirn — lange latent sein können und schließlich infolge Durchbruchs entweder zur diffusen Meningitis (Mittelohr!) oder aber bei Einbruch in die Hirnkammern zu sehr raschem Tod führen. Hirnabscesse sind nicht nur traumatisch bedingt (alter Schädelbruch, Schuß usw.), sie können auch metastatisch zustande kommen, z. B. bei Bronchiektasien und foetider Bronchitis. Endlich sei noch der, wenn auch seltenen Todesursache durch im Groß- oder im Kleinhirn lokalisierte tierische *Parasiten* gedacht: *Echinokokken* (in der Form solitärer Echinokokken-Cysten oder als Echinococcus multilocularis) in der Hirnsubstanz (*Schneider*), letztere — mehr geschwulstartig erscheinend — sind äußerst selten, die Cysticercen dagegen kommen als Zufallsbefund manchmal in größerer Anzahl in den weichen Häuten verstreut vor. Der solitäre Cysticercus cellulosae kann lebend oder abgestorben (*Versé*) in einer der Gehirnkammern als kirschkern- bis haselnußgroße Blase lokalisiert sein, kann, besonders wenn er im IV. Ventrikel seinen Sitz hat (Entstehung: Infektion mit Bandwurmeiern, hämatogene Einschwemmung in den Plexus und dort Entwicklung zur Finne), zu paroxymalen Kopfschmerzen, Bradykardie, vorübergehender Bewußtlosigkeit und zum plötzlichen T. in einem solchen Anfall (cerebrales Erbrechen! Vergiftungsverdacht!) führen. Stets findet sich bei den intraventrikulär gelagerten Cysticercen ein Hydrocephalus internus und eine chronische feingranulierte Verdickung der Innenauskleidung der Hirnkammern (*Herzog*, Ependymitis granularis) oft von beträchtlichem Ausmaß. Auch bei der anderen

Form des Gehirn-Cysticercus, dem verzweigten *blasigen* — von *Zenker* zuerst beobachteten — *C. racemosus*, der sich meist an der Gehirnbasis vorfindet, ist pl. T. beobachtet. *Kugelige Ependym-Cysten* (*Böhmer*) sollen sich aus dem Kammer- oder Plexus-Ependym-Epithel entwickeln, sie sollen angeblich auch frei werden können und die gleichen klinischen Erscheinungen und den plötzlichen T. wie der Cysticercus cellulosae hervorrufen können (Verwechslung der beiden liegt äußerst nahe!). Zunächst ganz ungewöhnlich und doch in jedem größeren Sektionsmaterial der plötzlichen Todesfälle vorkommend, bedürfen auch *Hirngeschwülste* einer kurzen Erwähnung, sowohl Gliome wie Gliosarkome wie auch Meningeome usw. können sich so langsam entwickeln — nicht nur in der stummen Region der Stirnlappen —, daß sie besonders für Laien so gut wie gar keine Erscheinungen machen, schließlich aber doch zum plötzlichen T. unter Hirndruckerscheinungen, Erbrechen, Bewußtlosigkeit, Pulsverlangsamung usw. führen; verursacht sind dann solche Katastrophen letzten Endes durch Blutungen oder Erweichungen im Tumorzentrum mit sekundärer akuter Raumbeschränkung innerhalb der Schädelkapsel.

Bei den *plötzlichen Todesfällen durch Erkrankungsprozesse des Atmungsapparats* sei kurz auf den Erstickungstod durch akute Erkrankungsprozesse des Nasen-Rachenraums und des Kehlkopfeingangs hingewiesen. Stillkinder können an einem eitrigen Nasen-Rachenkatarrh mit starker Schleimhautschwellung bekanntlich ersticken (*Prein* u. a.). Akutes Glottisödem als rasch zum Erstickungstod führendes Ereignis kommt zustande, z. B. als entzündliches Ödem, durch einen *Retropharyngealabsceß* (peritonsillären Ursprungs) oder infolge einer durch *Fremdkörperverletzung* (Knochenstück usw.) bedingten Phlegmone evtl. auch als akut toxisch infektiös verursacht bei *Wespenstich* in den Rachen. Ferner tritt es auch auf als Ursache tödlicher Erstickung bei subakuten und akuten Nephrosen (nicht aber bei Schrumpfniere), viel seltener bei Herzinsuffizienz oder vasomotorisch bedingt (*Quinckesches Ödem*; *Kassierer*). Wichtig ist, sich dann vor der Fehldiagnose eines Glottisödems zu hüten (*Max Richter*), wenn durch nach oben getretenen sauren (Reaktion!) Mageninhalt eine postmortale Quellung des Kehlkopfeingangs zustande kommt, andererseits sinkt bei Spätsektion das Glottisödem postmortal durch Diffusion zusammen und ist dann meist nur noch durch die enorme Schleimhautfaltung erkennbar. Neben den autoptisch einwandfrei festgestellten croupösen und diphtherischen Entzündungsprozessen als Todesursache — zumal bei kleinen Kindern (verkannter Diphtheriefall!) — haben wir auch Kehlkopfflues sowie intra-laryngeale Tumoren akut zum Erstickungstod führen sehen (*Frensel*: intratracheale accessorische Struma, ferner Durchbrüche von Schilddrüsenabscessen in die Luftwege, auch große circuläre Strumen (Säbelscheidentrachea!) können mitunter (Kropfherzveränderungen!) zum plötzlichen Erstickungstod führen. Ich übergehe den sog. Bolustod und den akuten Erstickungstod der Kleinkinder durch Fremdkörperaspiration oder -verschluckung mit Einklemmung des betreffenden Fremdkörper entweder in den großen Luftwegen oder in der Speiseröhre (!), da es sich dabei doch um einen gewaltsamen, nicht natürlichen Tod handelt (s. d. Art.: Tod und Gesundheitsbeschädigung durch gewaltsame Erstickung).

*Erstickung im Brechakt* und *durch Bluteinatmung* (Blutaspiration) wäre gleichfalls gerichtsärztlich wichtig und hier deren Zustandekommen zu besprechen; bei ersteren Fällen ist charakteristisch die Dunsung der Lungen und der Befund von Speisemassen (saure

Reaktion!) in den oberen Luftwegen, den Bronchien und evtl. auch in den Bronchiolen. Dabei sieht man sehr häufig die saure gallertige Erweichung in den Unterlappen und den abhängigen Teilen der Oberlappen. Freilich ist in letzterem Fall nicht immer ohne weiteres makroskopisch zu entscheiden, ob es sich nicht um einen postmortalen Vorgang im Lungengewebe (vitale Reaktion mikroskopisch?) handelt. Sehr zu hüten hat man sich überhaupt bei der Deutung des Befundes von Erbrochenem in den Luftwegen vor falscher Diagnose, wissen wir doch, daß sehr häufig bei übervollem Magen durch Wiederbelebungsversuche, die bei Scheintoten oder Toten, d. h. eben Verstorbenen, zu brüsk und unzweckmäßig durchgeführt worden sind, eine Nach-Oben-Drängung des Mageninhalts in den Rachenraum mit folgender künstlicher Einsaugung bis weit hinein in die Luftwege zustande kommen kann. Man sieht das hauptsächlich bei Wiederbelebungen Ertrunkener, vom elektrischen Strom Niedergeworfener, bei in Lawinen verunglückten Skifahrern (*Kolisko*, *Frauendorfer* u. a.) usw. Wirklicher Erstickungstod im Brechakt kann vorkommen bei hilflosen Säuglingen, wenn sie mit übervollem Magen bei gleichzeitiger Gasblähung ins Bettchen gelegt werden und erbrechen. Im späteren Alter kommt eigentlich der Erstickungstod im Brechakt nur im Zustand der Bewußtlosigkeit vor — lediglich *B. Meyer* erwähnt ein solches Vorkommnis ohne Bewußtseinstrübung bei einem 15jährigen Mädchen, das an akuter Gastroenteritis erkrankt war und direkt im Brechakt erstickt ist (!). Sonst finden wir bei Erwachsenen dies Vorkommnis bei Ohnmachten verschiedenster Art, bei Ertrunkenen (Vorsicht, Wiederbelebungsversuche!?), im Zustand der Gehirnerschütterung, bei Narkosen, wenn sie ohne dringende Notwendigkeit (!) bei übervollem Magen vorgenommen worden sind (ärztliche Fahrlässigkeit!?). Ferner bei verschiedenen Vergiftungen, nämlich bei schwerstem Alkoholrausch, bei Schlafmittelvergiftung und endlich, was besonders wichtig erscheint, bei der CO-Vergiftung verschiedenster Herkuft (Ofengase, Leuchtgas, Garagentod usw.). Freilich kann auch Erbrechen und Aspirationstod, wie schon mehrfach erwähnt, cerebral bedingt sein, auch (s. später) bei Angina pectoris vorkommen, aber es kommt hierbei kaum jemals zu einem Todesfall durch Erstickung (Aspirationspneumonie als Spättod nach solchen Zuständen der Bewußtlosigkeit!). — Findet der Gerichtsarzt bei der Sektion *Tod durch Blutaspiration* (Lungendunsung und rote Fleckung der Oberfläche!), d. h. zähflüssige, schleimvermengte Blutmassen in den oberen Luftwegen, in den Bronchien und auf den Durchschnitten die charakteristische fleckige, dunkelrote Durchsetzung des Lungengewebes (in den vorderen, meist blasseren Lungenlappenteilen oft besonders charakteristisch zu sehen, in den abhängigen Teilen oft durch Zusammenfließen der Herde wenig charakteristisch) vor, so fragt sich: Woher kommt das Blut? Sehen wir von den hier nicht abzuhandelnden schweren Schädelbasisbrüchen ab, so kann (*M. Richter*: Diagnostik) eine Varixberstung im Nasen-Rachenraum die Ursache sein, oder aber es kann die Blutung aspiriert sein aus der Speiseröhre bei einem Varix (Lebercirrhose), Speiseröhrencarcinom, Aneurysmadurchbruch in die Speise- oder Luftröhre oder aus einer Massenblutung in den Magen bei Carcinom oder Ulcus. Ferner kann eine Kommunikation eines Pulmonalarterienastes mit einem Bronchus zustande kommen und direkt zur Erstickung in aspiriertem Blut führen, wenn vereiterte oder verkäste und eingeschmolzene Lymphdrüsen zwischen Blutgefäß und Bronchus eine Kommunikation geschaffen haben. Ein in den Bronchus oder in die Trachea durchgebrochenes Aortenaneurysma hat gleichfalls den plötzlichen Erstik-kungstod zur Folge, schwieriger ist schon die Fest-stellung eines kleinen, oft kaum pfefferkorngroßen geborstenen Kavernenaneurysmas (sog. Arosions-aneurysma) bei Lungentuberkulose oder endlich ein zerfallender primärer oder sekundärer Geschwulst-knoten (Carcinom oder Sarkom oder Chorionepi-theliom) mit Arrosion eines Pulmonalvenen- oder Arterienastes bei gleichzeitiger Verbindung mit einem Endbronchus. Es bedarf also in jedem Fall bei Erwägung dieser genannten Möglichkeiten einer genauen Untersuchung der Luftwege, wobei man besonders die am stärksten mit Blut gefüllten Bron-chialverzweigungen zu eröffnen und zu untersuchen hat.

Erstickung kann auch als Ursache plötzlichen Todes zustande kommen durch doppelseitigen oder — bei schwerer Erkrankungsinsuffizienz der anderen Lunge — auch bei einseitigem *Pneumothorax*, z. B. bei Tuberkulose, bei abscedierender Pneumonie (Pyopneumothorax) usw. Sehen wir hier vom trau-matischen Pneumothorax ab, so können — wie kli-nische Beobachtungen zeigen — immer wieder Fälle festgestellt werden, bei denen ein sog. interstitielles Lungenemphysem oder ein sog. blasiges Spitzen-emphysem unter gewissen Umständen (bei Husten, Sportleistungen usw.) zur Ruptur und damit zum Pneumothorax führt. Wird auch nach klinischen Beobachtungen in der Mehrzahl der Fälle ein solcher Pneumothorax, wenn die geborstene Pleura-Lungen-rißstelle wieder verklebt — zumal bei Kindern —, rasch zur Resorption kommen, so kann doch auch einmal unter den oben genannten Umständen der plötzliche Tod durch Erstickung zustande kommen, besonders in den Fällen, wo sich ein sog. Ventil-Pneumothorax ausbildet. Bei der Sektion achte man nach Wegnahme der Brustweichteile und Er-öffnung der Bauchhöhle auf die Vorwölbung der Intercostalräume wie auch der einen oder der bei-den Zwerchfellhälften nach der Bauchhöhle zu (Perkussion!) und stelle dann nach den bekannten Methoden durch Einstechen in einen Zwischenrippen-raum unterhalb des Wasserspiegels innerhalb der mit Wasser gefüllten Brustwandtasche den Luftüber-druck im Pleuraraum fest!

Ein weiterer Fall von plötzlichem T. ist bekannt-lich dann gegeben, wenn bei *sehr großem Pleura-erguß* (Exsudat oder Transsudat) rechts oder links durch Abdrängung des Herzens nach der entgegen-gesetzten Seite eine Abklemmung der unteren Hohlvene an der Eintrittsstelle in den Herzbeutel zustande kommt und so der plötzliche T. als Herztod durch Leerpumpen des Herzens eintreten kann. Es ist andererseits erstaunlich, wie man bei plötzlich verstorbenen Herzfehlerkranken mitunter große Stauungstranssudate in den Pleurahöhlen und im Herzbeutel antrifft!

Kommen wir nunmehr auf die *entzündlichen Pro-zesse im Lungengewebe* selbst zu sprechen, so muß an erster Stelle der häufige Befund einer ausgedehnten, manchmal rein schleimig-zelligen (*Walcher*), manch-mal aber auch einer deutlich katarrhalisch-eitrigen Bronchiolitis — auch Aspirationspneumonie nach Brechakt (mikrosk. Nachweis!) — erwähnt werden bei plötzlichen Todesfällen im frühesten Kindes-alter. Charakteristisch ist, daß solche Kinder unter Umständen keine oder kaum auffallende klinische Erscheinungen, wie Cyanose, Husten usw. darboten; auch katarrhalisch-pneumonische Prozesse zuweilen in durchaus nicht großer Ausdehnung — teils peribron-chial, teils deszendierend bronchogen, teils sekundär hervorgegangen aus Kollapsatelektasen bei schlei-miger Bronchitis — werden zufällig bei Kleinkindern und Säuglingen als völlig verständliche eindeutige Todesursache gefunden. Erstaunlicher ist, daß man

mitunter sogar bei Erwachsenen, die z. T. noch bis zuletzt beruflich tätig waren, plötzlichen T. vorfindet bei schwerer akuter croupöser Pneumonie (sog. Pneumonia ambulatoria) im Stadium der grauen Hepatisation — also direkt vor der Lösung. *Marko-vin* hat unter 406 plötzlichen Todesfällen nicht we-niger als 20mal eine ausgesprochene croupöse Pneu-monie feststellen können (*Hornhardt*, 60 Fälle pl. T. durch Lungenentzündungen gesammelt)!

Wenn wir uns nun zu den plötzlichen Todesfällen, die *durch Erkrankung des Herz- und Gefäßapparates* bedingt sind, wenden, die — wie wir oben bemerkt haben — beinahe die Hälfte aller plötzlichen Todes-fälle ausmachen (worüber völlige Einstimmigkeit besteht), so ist hier eine ungeheure Vielheit der Er-krankungsprozesse festzustellen, m. a. W.: der Herz-tod steht bei den plötzlichen Todesfällen an domi-nierender Stelle! Sehen wir ab von den mannig-faltigen schweren angeborenen Herzfehlern (Herz-mißbildungen), die beim Neugeborenen oft rasch nach der Geburt zum Tod führen können (unter Cyanose), so wäre beim heranwachsenden Jugend-lichen als eine konstitutionelle Anomalie zu nennen die *Hypoplasie des Gefäßsystems* (s. d.) — Status hypoplasticus — (*Wiesel, Barthel, v. Neureiter* u. a.), die wir gar nicht so selten bei plötzlichen Todesfällen Jugendlicher vorfinden, die sich in einer auffallenden Zartheit und Enge des ganzen Aortensystems kund-tut und vielfach mit einfacher Herzhypertrophie und evtl. mit Status lymphaticus (s. d. Art.: Status thymico-lymphaitcus) verbunden ist (*Böhmig*). Dieser Zustand fand sich vielfach u. a. auch bei den zahl-reichen plötzlichen Todesfällen (zwischen 15 und 30 Jahren), die *Harbitz* beschreibt und bei denen er noch dazu dem im Gang befindlichen *Status dige-stionis* (s. später) eine wesentliche Mitbedeutung bei-mißt. Bei geringen körperlichen Anstrengungen und bei seelischer Erregung können solche konstituionell offenbar minderwertigen Jugendlichen rasch ster-ben, mit oder ohne begleitendes Lungenödem als Sektionsbefund (eigene Beobachtungen bei Jugend-lichen). Ferner wäre zu nennen die höchst wichtige angeborene *Isthmus-Stenose* und *Isthmus-Atresie* der Aorta, die in der einschlägigen Literatur das ihr ge-bührende Interesse findet (*Kolisko, G. Straßmann, Meixner* u. a.). Es handelt sich hier darum, daß beim Übergang des Aortenbogens jenseits der Ab-gangsstelle der großen Gefäße — also hinter der Narbe des Ductus Botalli — eine hochgradige, mit-unter bis zum völligen Verschluß (Isthmus-Atresie!) gehende Verengerung der Aorta vorhanden ist, die zu einer meist kompensatorischen Erweiterung des *aufsteigenden* Aortenbogens führt; gleichzeitig ist mit diesen Fällen gewöhnlich eine linksseitige Herz-hypertrophie verbunden. Solche Befunde am Aor-tenisthmus kann man sehr leicht übersehen, wenn man nicht nach der *Zenker-Hauser*schen Sektionstechnik (*Merkel* u. *Walcher*) die ganzen Brust- und Hals-organe im Zusammenhang auslöst, sondern wenn nach der *Virchow*schen Methode das Herz aus der Leiche geschnitten und außerhalb derselben se-ziert wird, weil dann oft erfahrungsgemäß gerade die verengte Stelle in der Leiche zurückbleibt oder durch-schnitten wird und die Feststellung der Isthmus-Stenose dem Sekanten entgeht. In den Fällen von hochgradiger Isthmus-Stenose und ganz besonders in denjenigen von Isthmus-Atresie finden sich sehr interessante, kompensatorisch erweiterte Kolla-teralbahnen der Art. mammaria, der Bronchial- und Intercostalarterien usw., — Verhältnisse auf die hier nicht näher eingegangen werden soll. Wichtiger ist, daß die Todesfälle bei Isthmus-Stenose und Isthmus-Atresie rasch entweder durch Herzlähmung erfolgen können oder aber durch eine Ruptur im aufsteigenden Aortenbogen (*Meixner, Einhauser,*

*Kolisko, Straßmann* u. a.). Es handelt sich hier meistens um kleine Kinder oder um junge Leute bis zum 25. Lebensjahr — bei *Einhauser* um einen 33jähr. Mann —, nur ein Fall von *Straßmann* betraf eine 56jähr. Frau (Zufallsbefund bei Tod unter Herzinsuffizienz). Die Rupturen sind entweder einfache Rißberstungen der Aorta, die meist innerhalb des Herzbeutels gelegen sind (s. später), oder aber es bildet sich ein sog. „Aneurysma dissecans", bei welchem die zunächst inkomplette, oberhalb der Aortenklappen gelegene Intimaruptur zu einer Einwühlung des Blutes und zu einer Ablösung des Intimarohres im Bereich der Media führt, wobei gewöhnlich dann noch sekundär der Durchbruch, sei es in das zentrale Rohr, sei es nach außen durch die Adventitia in den Herzbeutel (Hämoperikard) erfolgt.

Verlassen wir diese, letzten Endes doch durch *angeborene Anomalien* bedingten plötzlichen Todesfälle, dann wäre kurz noch darauf hinzuweisen, daß auch das sog. *Fettherz*, d. h. die hochgradige Fettbewachsung und Durchwachsung (rechte Herzkammer!) des Herzmuskels bei an sich bedeutungslosen Gelegenheitsursachen zum akuten Versagen führen kann (seelischer Affekt, geringfügiges Trauma oder körperliche Überanstrengung u. a., z. B. *Schmid* Fall III). Weiter wären die plötzlichen Todesfälle bei *Herzklappenfehlern*, die in jugendlichem Alter oder im späteren Leben erworben sind, zu nennen. Sie bilden ein ziemlich großes Kontingent bei den auch wieder oft durch akute momentane Überlastung hervorgerufenen Fällen von Herztod. Am häufigsten findet man noch (*Jaffé*) hierbei schwere Mitral- und Aortenfehler oder beide kombiniert und zwar sowohl bei Jugendlichen wie auch bei alten Leuten. Im fortgeschrittenen Lebensalter können sich durch sklerotische Altersverkalkung bereits früher vorhandene Herzklappenfehler bekanntlich ganz außerordentlich verschlechtern, und bei Überbeanspruchung kann ein solches Herz plötzlich versagen. Andererseits kann auch lediglich durch Atherosklerose im Greisenalter eine Aorteninsuffizienz (und -stenose) entstehen mit dem gleichen Endausgang. Es ist oft erstaunlich, wie schwere Herzklappenfehler ohne klinische Erscheinungen und ohne berufliche Störungen, selbst bei starker körperlicher Beanspruchung (unsere Kriegsbeobachtungen!) vertragen werden, so daß man sich bei der Sektion zuweilen mehr darüber wundern muß, daß der Verstorbene *so lange* berufs- und leistungsfähig war, als darüber, daß das Herz bei einer geforderten stärkeren Herzbelastung (Berufsleistung, Sportübung, Gepäckmarsch usw.) plötzlich versagt hat! Wenn wir noch einmal auf die Herztodesfälle Jugendlicher zurückkommen, so wäre kurz zu erinnern an den sog. *plötzlichen Ekzemtod der Kinder*, bei welchem man, zufolge der einschlägigen Literatur, nicht selten mikroskopisch eine weitgehende akute Myokarditis vorfindet. Ein wichtiges Kapitel des plötzlichen Todes im Kindesalter (*Merkel*) stellt *der plötzliche Herztod bei* bzw. *nach Diphtherie* dar. Wir sehen ihn nicht nur auf der Höhe der Diphtherieerkrankung (toxisch bedingt), sondern auch, was besonders wichtig ist, nach völligem Verschwinden der lokalen Entzündungserscheinungen — d. h. im Genesungsstadium — auftreten. Wichtig für den Gerichtsarzt ist die Feststellung (*Donnerstag*), daß das gleiche Kontingent an solchen plötzlichen Herz-Todesfällen bei und nach Diphtherie sowohl die mit Serum gespritzten wie auch die nicht gespritzten Kinder darstellen, so daß also solche Todesfälle keinesfalls als Beweis für die Giftigkeit der Serumbehandlung angeführt werden können, wie das oft kritiklos behauptet wird! Nach der Zusammenstellung von *Donnerstag* (Lit.) über 33 Herztodesfälle bei Diphtherie (20 Mädchen, 13 Knaben)

verteilen sich diese katastrophalen Vorkommnisse von Diphtherieherztod hinsichtlich der *Krankheitszeit* in folgender Weise:

| | | | |
|---|---|---|---|
| 3.—4. Krankheitstag | . . . . . . . . | 5 | Fälle |
| 5.—7. „ | . . . . . . . . . | 13 | „ |
| 8.—14. „ | . . . . . . . . | 5 | „ |
| 15.—22. „ | . . . . . . . . . | 5 | „ . |

Einmal (*Camerer*) trat der pl. T. bei einem achtjährigen klinisch völlig genesenen Knaben am 29. Tag nach Krankheitsbeginn ein!

Hinsichtlich des *Lebensalters* waren betroffen: im Alter von

| | | | |
|---|---|---|---|
| 1—12 Monaten | . . . . . . . . . . | 1 | Kind |
| 1—5 Jahren | . . . . . . . . . . . | 11 | Kinder |
| 6—10 „ | . . . . . . . . . . | 15 | Fälle |
| 10—13 „ | . . . . . . . . . . | 3 | „ |

Wichtig ist für die Beurteilung solcher plötzlichen Todesfälle die anamnestische Erhebung der überstandenen Diphtherieerkrankung, kaum jemals wird dieselbe unerkannt oder ärztlich nicht behandelt verlaufen sein (?). Um so wichtiger ist der makroskopische und mikroskopische Herzbefund: in 18% aller Fälle fand sich makroskopisch eine Dilatation des Herzens, bei Frühtodesfällen makroskopisch und mikroskopisch oft erstaunlich wenig; denn hier liegt vermutlich eine toxisch bedingte Vasomotorenlähmung vor. Bei Spättodesfällen dagegen sah man neben der Dilatation auch eine Hypertrophie und oft eine eigentümlich fleckige Beschaffenheit des Herzmuskels makroskopisch bei Quer- und Längsschnitten, mikroskopisch erklärt das oft blitzartig katastrophale Versagen des Herzens (*Camerer* u. a.): 1. die Verfettung der Herzmuskelfasern, 2. der hyalin-schollige Zerfall (Myolyse) und 3. die oft sehr schwere primäre und sekundäre interstitielle Entzündung. Eine derartige Myokarditis trifft man meist erst ab 10. Tag nach Beginn der Diphtherie. Abgesehen von den Todesfällen bei abgelaufener Diphtherie sollte man überhaupt bei akuten Herztodesfällen im Kindesalter (*Singer*) stets eine mikroskopische Untersuchung des Herzmuskels vornehmen, auch wenn derselbe — besonders für den Ungeübten — nicht auffallend verändert erscheint. Man ist oft erstaunt über zweifellos toxisch bedingte Befunde von diffuser degenerativer interstitieller Myokarditis (*Camerer*), von subakuter granulierender Myokarditis (*Singer* u. a.) usw.

Unter all den plötzlichen Todesfällen von seiten des Herzens ist — man kann wohl sagen der imponierendste Befund! — der *Tod durch Hämoperikard* (Herzbeuteltamponade), wobei der Todeseintritt mechanisch-physikalisch zu erklären ist dadurch, daß infolge des in der Perikardhöhle auftretenden, unter Druck stehenden Blutes die Herztätigkeit direkt abgestoppt wird und insbesondere die Vorhöfe sich nicht mehr diastolisch erweitern können; man spricht von einem „Leerpumpen des Herzens", weil dem Herzen kein bzw. zu wenig Blut zugeführt wird! In jedem einzelnen Fall von Hämoperikard, das nach der Menge des ergossenen Blutes in weiten Grenzen schwankt zwischen 250 und 500, ja 900 ccm (eigne Beob.) beträgt, muß sich der Gerichtsarzt die Frage vorlegen: „Wodurch ist im vorliegenden Fall das Hämoperikard zustande gekommen; ist es traumatischer oder spontaner Natur?"

Für die uns hier allein interessierende Frage der spontanen Entstehung kommen folgende Möglichkeiten in Betracht: Ruptur des Aortenbogens in den Herzbeutel — Durchbruch eines Aortenaneurysmas — spontane Herzruptur (durch lokale Ernährungsstörung oder auf infektiöser Basis) — Zerreißung einer Kranzarterie.

Die intraperikardiale Aortenruptur kommt vor als sog. spontane Ruptur, wobei die scheinbar makroskopisch intakte Aorta, sei es direkt durch einen perforierenden Riß — meist direkt oberhalb der Klappentaschen — berstet oder über den Weg eines sekundär durchbrechenden Aneurysma dissecans. Bemerkenswert ist, daß solche Spontanrupturen der makroskopisch intakt erscheinenden Aorta zuweilen vorkommen können bei Jugendlichen (*Oppenheimer* sogar bei 9jähr. Mädchen, *Wasastjerna* bei einem 13jähr. Knaben u. a.), ferner wie schon oben erwähnt bei Isthmus-Stenose und Isthmus-Atresie (*Meixner*, Lit.), dann aber auch im späteren Leben bei schweren krankhaften Veränderungen des Aortenbogens, sei es atherosklerotischer Natur oder durch Syphilis bedingt (s. später). In beiden Fällen kann die Ruptur der kranken Aorta auf dem Weg eines *Aneurysmas* des Aortenbogens zustande kommen oder aber auch ohne ein solches Zwischenstadium (*Schächtelin*: 9 Fälle = 5 Männer, 4 Frauen im Alter von 47—87 Jahren; davon zwischen 40 bis 50 Jahren = 1, zwischen 51—60 = 6; 61—70 = 0, über 71 = 2 Fälle. Darunter sind sieben Fälle allein durch Hämoperikard gestorben!). Bedeutend interessanter — und rätselhafter zunächst — sind die *Spontanrupturen bei scheinbar normaler Beschaffenheit der Aorta*. Gerade diese Fälle haben durch die neuerlichen Untersuchungen von *Cellina, Lewinsohn, Loeschke, Wolff* (Lit.) u. a. eine völlige Aufklärung erfahren insofern, als sich gezeigt hat, daß selbst dann, wenn diese Aorten auch makroskopisch vollständig normal erscheinen, doch bei der mikroskopischen Untersuchung Erkrankungsprozesse festgestellt worden sind, welche von den genannten Autoren nach *Erdheim* und *Gsell* als „Medio-Nekrosis idiopathica" bezeichnet worden sind. Es handelt sich um nur mikroskopisch feststellbare herdförmige Medianekrosen mit mukoider Entartung, und auf dieser krankhaften Veränderung beruht die bei irgendeiner Gelegenheitsursache erfolgte plötzliche Ruptur. Da von der primären Rupturstelle aus der Riß noch weit ins Gesunde hineingehen kann, so muß sich die histologische Untersuchung solcher Fälle auch auf die weitere *Umgebung* der Rißstelle erstrecken.

Abgesehen davon wissen wir (*Lewinson*), daß auch bei septischen Prozessen u. U. durch eitrig-embolische Entzündung der Media und Adventitia (Thromben-Kokkenembolie) eine tödliche Aortenzerreißung zustande kommt, die evtl. auch im Bereich des intraperikardial gelegenen Teiles erfolgen kann (Hämoperikard). Gerade die Reihenuntersuchungen *Cellinas* an beliebigen Greisen (von 72—95 Jahren) haben gezeigt, daß außerdem noch eine sog. Medianekrosis disseminata über die ganze Aorta verstreut vorgefunden werden kann und daß infolgedessen an sich auch sonst bei alten Leuten die Rupturbereitschaft gegeben ist (*Gelhaar*).

Eine weitere Ursache für Hämoperikard infolge von Aortenrupturen ist ein z. T. noch intraperikardial gelegenes Aneurysma des aufsteigenden Bogens, das gelegentlich in den Herzbeutel perforiert — an oft sehr verdeckter kleinster Stelle (eig. Beob.)! —, ohne daß das Aneurysma vorher wesentliche klinische Erscheinungen gemacht hätte. Es kann sich um ein wahres oder falsches (oft kugelförmiges) Aneurysma (Ursache Atherosklerose oder Lues) oder aber um die bereits genannte Form des Aneurysma dissecans gehandelt haben. Als weitere Quelle des spontanen Hämoperikards käme in Betracht die *Herzruptur durch Myomalacia cordis* (s. später). Dieselbe ist fast immer (s. unten) durch Zirkulationsstörungen, meist im Sinne einer Coronarsklerose oder -thrombose bedingt, sie führt durch Entstehung eines *akuten Herzaneurysmas* im Bereich des von der Ernährung mehr oder weniger ausgeschalteten Bezirks (Anoxämie) zur *allmählichen Ruptur*, kann aber auch — u. U. rezidivierend — durch Vernarbungs-

vorgänge des nekrotischen Bezirks zu dem schwieligen fibrösen *chronischen Herzaneurysma* führen, das dann später, wenn auch selten sekundär, in den Herzbeutel durchbrechen kann. Meist handelt es sich um ältere Individuen — jedenfalls jenseits der 50er Jahre, aber auffallend ist, daß in dem Material von *Terzani* auch junge Leute von 20—30 Jahren genannt werden, die einer solchen myomalacischen Herzruptur mit Hämoperikard zum Opfer gefallen sein sollen! Selten wird einmal (*Lewin*,) eine maligne Endokarditis von den Aortenklappen aus zerstörend auf das Myokard übergehen, so daß dadurch eine Ruptur mit Hämoperikard die Folge ist. Wenn wir weiter die Ursachen des spontanen Hämoperikards betrachten, so kommen als Gelegenheitsursachen *Rupturen einer Kranzarterie* in Betracht und zwar entweder, daß eine sklerotisch veränderte Kranzarterie in den Herzbeutel berstet (*Kowalczykowa*) oder aber, daß sich im Verlauf einer größeren Kranzarterie ein kleines luetisches Aneurysma entwickelt (*Seydel*), das in den Herzbeutel durchbricht. Endlich sei noch zweier seltener Entstehungsmöglichkeiten gedacht, nämlich, daß durch einen embolisch-metastatischen Abszeß ein Hämoperikard entstehen kann oder aber einmal auch im Verlauf einer tuberkulösen Myokarditis. Vielleicht verdient noch der eine Fall von *Tschermak* um deswillen eine besondere Erwähnung, weil hier der 52jähr. Mann, der längere Zeit schon über Kurzatmigkeit geklagt hatte, plötzlich gestorben war und bei der Sektion ein Aneurysma dissecans aufwies, das sich bis zum Epikard hindurchgewühlt hatte und zu einer *Abreißung der Abgangsstelle der rechten Kranzarterie* und so sekundär auch wieder zu Hämoperikard geführt hatte.

Eine wichtige Rolle spielen eben überhaupt beim plötzlichen T. *die Aortenaneurysmen* in erster Linie im aufsteigenden Bogen, aber dann auch im absteigenden Brustteil — und auch im Bereich der Bauchschlagader. Wie bereits erwähnt unterscheiden wir das atherosklerotische, das kahnförmige diffuse (sog. wahre) Aneurysma des Aortenbogens (seltener im absteigenden Brustteil), weiter die kugeligen (meist sog. falschen) Aneurysmen, die entweder durch Atherosklerose oder aber durch Syphilis bedingt sind, und das Aneurysma dissecans (s. oben). Die kugeligen Aneurysmen kommen mitunter in verschiedener Größe ev. gleichzeitig in der Mehrzahl im Aortenbogen oder in der Brust- und Bauchaorta zur Beobachtung; von den in solchen Aneurysmen entstandenen Thromben aus können periphere Embolien im Gehirn, in Milz, Nieren, Mesenterialgefäßen usw. erfolgen. Große Brust-Aortenaneurysmen des Bogens können lange Zeit getragen werden; sie begegnen uns zuweilen — bei Verkehrsunfällen z. B. (eig. Beob.) — als Zufallsbefund bei der Sektion; der Patient kann schon dadurch eines plötzlichen Todes sterben, daß die durch das Aortenaneurysma meist verursachte Herzhypertrophie und -dilatation (lk. Ventrikel!) bei irgendeiner Gelegenheit (körperliche oder seelische Überbeanspruchung) versagt. Die anderen Ausgänge sind die der *Aneurysma-Perforation*, die bei der Sektion ein ganz klares eindeutiges Bild darbietet: Hier haben wir schon die erwähnte Perforation in den Herzbeutel mit Hämoperikard besprochen, ferner kommen aber auch je nach Lage der oder der Aneurysmen die Durchbrüche in den Brustraum (meist links — innere Verblutung), weiter solche in die Lunge oder in die Luftwege (Erstickung durch Blutaspiration) oder in die Speiseröhre (Verblutung mach außen oder sekundäre Erstickung durch Bluteinatmung) vor. Eine weitere Komplikation stellt der Durchbruch des Aortenaneurysmas in die Pulmonalarterie dar (eig. Beob. u. a.), bei welchem Ereignis der Herztod natürlich binnen kurzer Zeit durch enorme Überbelastung des kleinen Kreislaufs zustande kommt, und endlich haben wir den seltenen Durchbruch in den r. Vorhof oder die obere Hohlvene (*Neugebauer*, Lit.), wo ebenfalls durch Druck-Überdehnung des oberen Hohlvenensystems und des rechten Herzens ein pl. T. durch Kreislaufstörung die Folge ist; es kann dabei wie im Fall *Neugebauer* sogar ein zweifacher Durchbruch vorhanden sein!

In all diesen Fällen könnte auch sehr wohl eine geringfügige direkte oder indirekte Gewalt, z. B. Überanstrengung oder Stoß gegen die Brust oder Defäkation, Geschlechtsverkehr, psychisches Trauma usw. (*Dobreff* spricht von einer sog. „Katastrophen-Hypertonie") die Perforation letzten Endes verursachen. Für die gerichtsärztliche und versicherungsrechtliche (*Hallermann*) Beurteilung ist aber dabei in Betracht zu ziehen, daß auch ohne das Trauma und ohne den letztgenannten Anlaß sicher über kurz oder lang die Katastrophe eingetreten wäre. (Die Frage der Lebenserwartung ist hier wichtig!) Bemerkenswert ist freilich, daß gar nicht so selten auch — ebenso wie bei der spontanen Herzruptur, so auch bei der Aortenruptur — der Tod im Schlaf zustande kommen kann und mehrfach beobachtet ist (*Schächtelin*; Erklärung bei *Kroetz*).

Wir kommen nunmehr zu der sehr wichtigen Bewertung der *Aortensyphilis für die plötzlichen Todesfälle*. Das Bild der schwieligen Mesaortitis luica mit gleichmäßiger Erweiterung des Aortenbogens und evtl. auch der absteigenden Brustschlagader darf als bekannt vorausgesetzt werden. Es ist charakterisiert durch die bereits *im* Bereich und über den Aortenklappen beginnende schwielige sog. „supravalvuläre" Mesaortitis, welche in Form von weißlichen porzellanartigen Intima- und Mediaverdikkungen, z. T. von ausgesprochen strahlig-narbigem Charakter aufzutreten pflegt. Kann eine solche, erfahrungsgemäß fast immer nur höchstens bis zum Zwerchfelldurchtritt sich erstreckende, oft aber den Aortenbogen nicht überschreitende Aortenerkrankung bei längerem Bestehen auch schon durch die Überbelastung (Wegfall der Windkesselwirkung der Aorta) des hypertrophischen und dilatierten Herzens zum plötzlichen T. führen, so besteht eine besondere Komplikation der Aortenlues noch darin, daß — zumal bei der supravalvulären Form — eine mehr und mehr sich verstärkende *Einengung* der *Abgangsstellen der Kranzarterien* eintritt, ja es kann zu einem einseitigen, vollständigen Verschluß kommen, während das andere Ostium auch hochgradig verengt ist. Unter derartigen Umständen sterben bekanntlich zwischen dem 40. und 50. Lebensjahr doppelt so viele Männer wie Frauen! In solchen Fällen vermissen wir (s. später) charakteristischerweise fast stets Schwielenbildung im Herzmuskel, dagegen kann es unter diesen Umständen bei irgendeiner Gelegenheit zum plötzlichen Versagen des Herzens kommen; hier sei neben den anderen oben genannten Umständen (seelisches oder körperliches Trauma, Geschlechtsverkehr usw.) auch ganz besonders der *stark gefüllte Magen* als Gefahrenmoment genannt, der zweifellos in vielen Fällen das Versagen des Herzens infolge des Hochdrückens des schlecht blutdurchströmten Herzens verursacht (abgesehen von der durch den Verdauungsvorgang bedingten Blutdrucksteigerung!).

Endlich kämen wir zu dem außerordentlich wichtigen Abschnitt des *plötzlichen Todes bei Kranzarterien-Erkrankung* (Coronarsklerose). Sehen wir von den eben genannten Fällen ab, wo meistens die Kranzarterien selbst nicht erkrankt sind, sondern nur die Abgangsstellen stenosiert oder verschlossen sind, so handelt es sich beim Tod durch Coronarsklerose um ganz verschiedene, kaum voneinander

scharf trennbare Vorkommnisse, welche wenigstens kurz gestreift werden müssen. Isolierte sklerotische Prozesse mit z. T. erheblicher aber ganz umschriebener (ram. desc. sinister!) Verengerung der Lichtung der Hauptäste finden wir oft, ohne daß eine gleichzeitige allgemeine Arteriosklerose höheren Grades nachweisbar wäre, und zwar relativ häufig schon bei Jugendlichen (20—30 Jahre); ob nicht doch das vielgeschmähte Nicotin (Zigaretten!) und der Alkohol hier eine ursächliche Rolle spielen, möchte ich nicht entscheiden, da wir Fälle kennen, wo auch völlig abstinente Nichtraucher solche Krankheitsprozesse — allerdings in späteren Jahren — aufweisen und ihnen erliegen! In anderen Fällen — häufiger — wieder kann die Sklerose und Atherosklerose der Kranzarterien eine *Teilerscheinung einer allgemeinen* durch *Alter*, *Abnützung* oder *Gifte* (Blei usw.) bedingte *Arteriosklerose* darstellen. Wenn es auch keinem Zweifel unterliegen kann, daß wir oft z. B. bei tödlichen Verkehrsunfällen zufällig schwere und schwerste Coronarsklerosen finden, die klinisch und anatomisch — auch katamnestisch erhoben — keine Erscheinungen gemacht haben, also die Herzfunktion auch bei Schwerarbeitern nicht beeinträchtigt haben, so treten doch andererseits in der Mehrzahl der Fälle wohl Krankheitszustände während des Lebens auf oder zum mindesten im letzten Stadium bei dem vielleicht über Viertelstunden oder Stunden sich hinziehenden Todeskampf, die wir als „Stenokardie" oder als „Angina pectoris" bezeichnen, auf deren klinische Seite wir hier natürlich nicht eingehen können. Viel spricht für die Annahme, daß auch manchmal nur wenig erkrankte oder fast ganz normale Kranzarterien durch spastische Zustände, lokale Zirkulationsstörungen (Anoxämie) und dadurch diese furchtbar schmerzhaften Anfälle auslösen können (*Jaffé*, *Oberndorfer* u. a.). Weitaus in der Mehrzahl aber sehen wir durch Sklerose und Atherosklerose bedingte Erkrankungen der Kranzarterien, die sich besonders verhängnisvoll an der linken Kranzarterie (ram. desc. sinister und ram. circumflexus) auswirken können. Durch Atherosklerose allein kann zweifellos ein allmählich sich anbahnender vollständiger Verschluß — evtl. noch sub finem mit lokalem Plättchenthrombus — zustande kommen. Weshalb in einem solchen Falle mitunter weder ein myomalacischer Herd, noch Schwielenbildungen entstehen, hat wahrscheinlich darin seinen Grund, daß gerade dieses Herz besonders stark entwickelte präformierte Anastomosen (*Jamin* und *Merkel*) schon von der Anlage aus besaß, die, sei es durch das Herzseptum hindurch oder über die Vorhöfe hinweg, zwischen rechter und linker Kranzarterie bestehen, und daß diese Anostomosen sich im Lauf der *langsamen Abdrosselung* des Hauptstammes zu vollständig genügenden Ausweichbahnen entwickeln konnten. Immerhin sehen wir, wie solche schweren stenosierenden oder verschließenden Kranzarterien-Sklerosen, zumal im linken vorderen Ast, aber auch im linken ram. circumflex. bei momentaner Überbelastung des Kreislaufs zum plötzlichen T. führen können. Die oft gefundenen größeren oder auch kleineren Herzschwielen (fibrosis myocardii) müssen zweifellos nicht in allen Fällen durch Coronarsklerose bedingt sein; es ist ganz sicher, daß sie auch durch rezidivierende Myokarditis im Verlauf von Infektionskrankheiten (wie vermutlich in einem Fall von *Jaffé*) zustande kommen können, aber in der Tat sehen wir doch sehr häufig disseminierte Schwielenbildung im Septum und in der linken Kammerwand durch Sklerose mittlerer und kleinerer Äste eintreten. Der frische Verschluß eines größeren Herzschlagaderastes (besonders links) führt entweder zum sofortigen Tod durch Herzlähmung, ohne daß in diesen Fällen noch Zeit besteht zum Eintritt einer richtigen Myomalacie, oder aber es kommt zu diesem auch als „Herzinfarkt" angesprochenen und bei der Sektion nachweisbaren anatomischen Bild der umschriebenen Nekrobiose: im Bereich einer solchen Herzmuskelnekrose können wir entweder gelbliche, zackig begrenzte lehmfarbige Herde finden oder aber — was häufiger ist — eine richtige Muskelerweichung, d. h. Nekrose (mikroskopisch am Rand mit Verfettung), wobei der nekrotische Herzmuskel durch Ausfall der Kontraktionsfähigkeit allmählich zerfasert und einreißt und im Verlauf der Herzaktion zur Ruptur und damit zur Kommunikation zwischen Kammerlichtung und Herzbeutel führt. So kommt es dann zu dem obengenannten Hämoperikard, dem in *solchen Fällen stets eine Ruptur der Kammerwand zugrunde liegt.* Nach allen Erfahrungen, die auch wir teilen, ist weitaus am häufigsten oder fast ausschließlich die *linke Herzkammerwand* vorne, seitlich oder hinten an solchen myomalacischen Rupturen (d. h. die linke Kranzarterie und deren Verzweigungsgebiet) beteiligt, meistens ist es *ein größerer Bezirk,* in dessen Mitte die perforierende Zerreißung festgestellt werden kann, manchmal sind es in *einem Herd sogar zwei Durchbruchsstellen (Breitenecker* bei einem 56jähr. Mann), in seltenen Fällen sind zwei isolierte Infarkte vorhanden mit je einer Ruptur *(Breitenecker:* 69jähr. Mann). Rechtsseitige myomalacisch bedingte Rupturen sind extreme Seltenheiten. Die Bedeutung der funktionellen Gefäßkrämpfe *(Jaffé* und *Nadler)* für die Entstehung der Angina pectoris und in seltenen Fällen auch für das Zustandekommen von kleinen Schwielen soll nicht geleugnet werden, niemals habe ich aber, wie es einmal u. a. *Jaffé* gesehen haben will, eine *Herzruptur ohne Coronarsklerose* gefunden. Daß man in *jedem* einzelnen Fall in dem zur Rupturstelle gehörigen Arterienast nun in der Tat auch einen Thrombus finden müßte, ist nicht gesagt; es genügt sicher auch, wenn ein sklerotisch hochgradig verengtes Gefäß durch einen funktionellen Gefäßkrampf zum völligen Verschluß gebracht wird, um — wie in den Fällen von *Nadler* — zu einer Ruptur (74jähr. Mann, 61jähr. Frau) zu führen.

Bemerkenswert ist die von verschiedenen Autoren gebrachte Tatsache, daß nicht nur die Berstung von Aortenaneurysmen (wie erwähnt), sondern auch diese Herzrupturen gar nicht so selten beim Erwachsenen im Schlaf zustande kommen *(Büchner* und *Jaffé).* Man kann sich das wohl ohne Zwang damit erklären, daß eben im Schlaf eine Blutdrucksenkung eintritt, die zu geringerer Durchströmung und zur Thrombose und zur krankhaft veränderten Gefäßwand führt *(Kroetz).* Zum Schluß sei noch der seltenen Möglichkeit gedacht, daß auch einmal ein solcher myomalacischer Herd im Kammerseptum liegen und durch Unterbrechung des Reizleitungssystems zum Tod führen kann *(Oberndorfer).*

Zusammenfassend läßt sich also sagen, daß man — wohl von seltenen Ausnahmen abgesehen — beim plötzlichen Herztod durch Coronarerkrankung entweder eine Herzruptur mit Hämoperikard finden wird — als die Ursache des letzteren in der weitaus überwiegenden Mehrzahl der Fälle einen myomalacischen Herd —, oder aber man stellt lediglich frische, verschieden lokalisierte und verschieden große myomalacische Herde fest, wobei es noch nicht zur Herzruptur kam; es gibt aber auch, wie erwähnt, Fälle von stenosierender Atherosklerose, bei denen, ohne daß es zum myomalacischen Herd oder zur Ruptur käme, der Tod durch eine Gelegenheitsursache oder ohne eine solche (weshalb?) eintritt, und endlich sehen wir, wie es oben bei der Embolie der Art. bas. des Gehirns geschildert wurde, daß eine Embolie oder frische Thrombose in einem erkrankten oder nichterkrankten Hauptgefäß eintreten kann,

die den Herztod verursacht hat, wobei wir wegen der weitgehenden plötzlichen Ausschaltung der Blutzirkulation des Herzmuskels noch keine Ernährungsstörungen erwarten können. Es bedarf also in jedem einzelnen Fall von solchen „Fällen von Herzschlag" einer *ganz genauen anatomischen Untersuchung* der beiden Kranzarterien, insbesondere der linken und deren Äste, wenn solche plötzlichen Herztodesfälle einigermaßen befriedigend geklärt werden sollen, dazu gehört natürlich eine genaue Kenntnis der anatomischen Verhältnisse. Gerade weil diese spontanen Herzrupturen, wir können wohl sagen ausschließlich oder mit verschwindenden Ausnahmen durch fortgeschrittene Coronarsklerose bedingt sind, finden wir sie, wie alle bisher mitgeteilten Statistiken übereinstimmend ergeben, *hauptsächlich im höheren Lebensalter* und besonders bekanntlich bei Geistesarbeitern. Jedenfalls sind Fälle von *Herzruptur* infolge umschriebener Herzmuskelerkrankung im Kindesalter eine ungeheure Seltenheit (*Monier* bei einem 19 Monate alten Kind, *Cnopf* bei einem 9½jähr. Mädchen, *Benda* bei einem 13jähr. Mädchen). Äußerst interessant sind die schon in den ersten Lebensmonaten beobachteten ausgedehnten Herzmuskelschwielenbildungen (und z. T. mit Herzaneurysma), wenn durch eine Entwicklungsstörung die linke Kranzarterie — seltener die rechte — aus der Pulmonalarterie ihren Ursprung nahm; diese Patienten starben z. T. ziemlich rasch unter Blausucht — auch einige Beobachtungen gleicher Art sind bei Erwachsenen gesehen worden (*Dietrich,* Lit.). Zuweilen sieht man bei älteren Leuten, die plötzlich gestorben sind, auch Endausgänge schwerer durchoronarsklerose bedingter Folgezustände am Herzen in der Form des durch ausgedehnte Schwielenbildung (rezidivierende Prozesse?) zustande gekommenen *chronischen Herzaneurysmas,* das meistens auch wieder dem Ausbreitungsgebiet der linken Kranzarterie (Vorderast) entsprechend an der Herzspitze und an den angrenzenden Teilen der Kammerscheidewand entwickelt ist; dabei ist schon eine deutlich von außen sichtbare Vorwölbung der fibrös veränderten gedehnten Kammerwand (evtl. mit Perikardverwachsung!) einerseits nach vorne und beim queren Durchschneiden durch das Herz auch eine Vorwölbung nach der rechten Kammerlichtung hin festzustellen. In der Regel sind in diesen chronischen Herzaneurysmen an der schwieligen (evtl. verkalkten!) Innenwand mehr oder weniger ausgedehnte, oft schalenförmige Thrombenbildungen zustande gekommen, von denen aus Embolien nach dem Gehirn und sonst in die Peripherie (Milz, Nieren Extremitäten usw.) eintreten können. Wie schon erwähnt, werden Fälle beschrieben, wo innerhalb solcher chronischer fibröser Herzaneurysmen sekundäre Rupturen mit Hämoperikard vorkommen (ich selbst habe eine solche noch nie gesehen).

Extreme Seltenheiten sind Herztodesfälle, bedingt durch *tierische Parasiten* (so bei *Dürck:* Durchbruch eines Cysticercus racemosus in die linke Herzkammer bei einem 39jähr. Manne, ferner *Stoenescu* [zit. bei *Ehrenroth*]): mandarinengroße Echinokokkenblase im linken Ventrikel eines 15jähr. plötzlich verstorbenen Knaben).

Die plötzlichen Todesfälle, welche durch *Erkrankungen oder krankhafte Veränderungen im Bereich der Bauchhöhle* verursacht sind, erfordern zunächst die Besprechung der vom Magen-Darmkanal ausgehenden und in Betracht kommenden Krankheitsprozesse. Hier ist hinzuweisen auf die nichtseltenen, an *akuter Enteritis* erfolgten plötzlichen Todesfälle bei Säuglingen und kleinen dürftig genährten Kindern, bei welchen sich (*M. Richter* u. a.) bei der Sektion oft lediglich ein schleimig-dünnflüssiger Inhalt des Dünn- und Dickdarms ergibt, blasse, vielleicht etwas gequollene

Schleimhaut des Magen-Darmkanals, sonst kein Befund; vielleicht sind diese zweifellos durch Intoxikation erfolgenden Todesfälle z. T. auf das Konto einer toxischen Gehirnschwellung (s. oben) zu setzen. Bei den übrigen, im späteren Alter erfolgenden Todesfällen gilt das schon mehrfach Gesagte, daß nämlich die plötzlich einsetzenden Krankheitserscheinungen sehr oft den *Vergiftungsverdacht* bei dem Patienten selbst — der vielleicht kurz nach einer Nahrungsaufnahme erkrankte — und bei seiner Umgebung hervorrufen, weshalb die Leichenöffnung zur Klärung dieses Verdachts angeordnet und durchgeführt wird. Ich erinnere ferner an das anatomisch typische Bild der hämorrhagischen *Darminfarcierung* mit umschriebener diffuser serös-blutiger Peritonitis, die bekanntlich durch embolischen (Herzfehler!) oder thrombotischen (Atherosklerose der abdominalen Gefäße) Verschluß im Gebiet der Arteria mesent. superior entstehen kann; letztere ist bekanntlich eine sog. Endarterie im Gegensatz zur Art. mesent. inferior (*Merkel*). Die dabei vorgefundenen Bilder dürfen nicht mit den bei Spätsektionen beobachteten postmortalen, im kleinen Becken gelegenen Hypostasen einzelner hämolytisch infiltrierter Dünndarmschlingen (mit blutigem Inhalt!) verwechselt werden (*Merkel*). Noch eindringlicher ist das anatomische Bild beim *Volvulus des Dünndarms*, der besonders dann bei Kindern und bei Erwachsenen vorkommt, wenn ein abnorm langes Mesenterium vorhanden ist oder ein als angeborene Anomalie zu bezeichnendes sog. ,,Mesenterium commune''; in diesen Fällen führt die freie Beweglichkeit des die zuführenden und abführenden Blutgefäße einschließenden Gekröses, besonders der Mesenterialwurzel, durch Achsendrehung um 180 oder 360° zur Stase und hämorrhagischen Infarcierung größerer und kleinerer Darmabschnitte, die unter dem fulminanten Bild des Darmverschlusses bei bis dahin völlig gesunden Personen rasch zum Tod führen können (Vergiftungsverdacht! Mehrfache eigene Beobachtungen). Auch des *Volvulus* der flex. sigm. sei hier gedacht, den wir bei Kindern und bei Erwachsenen dann besonders sehen, wenn das oft abnorm große Sigmoideum sehr nahe beieinanderliegende Fußpunkte aufweist, welche bei Gasblähung oder bei Kotretention die Achsendrehung begünstigen. Auf die übrigen, z. B. durch Adhäsions-Strangverbindungen teils angeborener (Reste des Ductus omphalomesentericus) oder erworbener Art (nach Appendicitis usw. -Operationen) hervorgerufenen Fälle von *Strangulations-Ileus* brauche ich nicht weiter hinzuweisen. Auch *innere Einklemmungen*, sowohl der bekannten Leisten-, Schenkel- und Nabelbrüche, wie auch der seltener vorkommenden Dünndarm-Einklemmungen in den Recessus (R. duodenojejunalis, ileocoecalis usw.) der hinteren Bauchwand sollen hier wenigstens kurz genannt sein. Was die oft stürmisch verlaufenden, auch wieder evtl. in Verbindung mit Nahrungsaufnahme auftretenden *Perforationen im Bereich des Magens und Zwölffingerdarms* betrifft, die u. U. sehr rasch zum Tod an diffuser akuter Peritonitis führen können, so sind die Verhältnisse bei der Sektion sehr leicht (gallig eitrig-fibrinöse Peritonitis) zu klären, schwierig könnte nur erfahrungsgemäß die oft versteckte Lage (Hinterwand!) des perforierten Zwölffingerdarmgeschwüres aufzuklären sein. Auch die akute Wurmfortsatzperforation sei nur der Vollständigkeit halber genannt, sie ist schon bei Säuglingen (*Hilbert*: 6½ Wochen altes Kind) und bei Kleinkindern besonders gefürchtet. Der überraschende Befund einer Geschwürsperforation meist im untersten Ileum bei einem klinisch latenten sog. Typhus ambulatorius mit dadurch bedingter akuter Peritonitis sei gleichfalls erwähnt, ebenso wie die u. U. ungeheuer

stürmisch — bei geschwächten älteren Leuten zuweilen rapid tödlich — verlaufenden Fälle von Gastroenteritis (Paratyphus B *Breslau*, Bacillus Enteritidis *Gärtner* usw.), bei denen differentialdiagnostisch bekanntlich zum mindesten nach dem klinischen Krankheitsbild in Betracht kommt. Bei Kindern finden sich mehrfach in der Literatur beschriebene akute Darmverschlüsse durch massenhafte Askaridenansammlung, was nur kurz registriert sei, da die Fälle in Heilung ausgingen (*Winocoroff*). Nicht immer gelingt es uns übrigens — trotz sorgfältiger Sektion —, einwandfrei den Ausgangspunkt einer stürmisch zum Tod führenden *akuten Peritonitis* nachzuweisen, die mitunter durch Streptokokken und Diplokokken verursacht (intestinal?) sein kann. Endlich sei noch an zweierlei erinnert, nämlich an die bei Kindern und bei Erwachsenen vorgefundenen und zum Tod führenden *Invaginationen*, wobei ganz besonders die Invaginatio ileo-coecalis genannt sei. Die schweren, durch Stauung und Nekrose der Darmwand bedingten Veränderungen am Invaginatum sind so eindeutig, daß sie nicht übersehen werden können. Anders verhält es sich mit den vielfach bei Kindersektionen vorgefundenen, z. T. mehrfachen Dünndarminvaginationen — teils magen-, teils afterwärts gerichtet —, welche zweifellos in der Agone oder nach dem Tod erst eintreten und völlig bedeutungslos sind (*Merkel*); sie mögen durch zeitlich verschiedenes Absterben einzelner Darmteile verursacht sein. Ein kurzer Hinweis auf die *Darmrupturen* bei Neugeborenen scheint mir noch notwendig: Wir sehen sie in der Form der sog. *Meconiumperitonitis* schon intrauterin ausgesprochen, wobei das typische Bild einer diffusen Fremdkörperperitonitis (Einheilung des ausgetretenen aseptischen Meconiums) uns bei der Sektion entgegentritt. Solche spontane Dickdarmrupturen bei Neugeborenen sind von *Paltauf, v. Sury, Asthausen* (Lit.) u. a. beschrieben worden; nach der Geburt kommt durch Einwanderung von Bakterien per anum zu der aseptischen Peritonitis dann oft noch eine richtige sekundäre Infektionsperitonitis hinzu.

Die akute *Pankreatitis haemorrhagica*, die bekanntlich wie eine Magenperforation verlaufen kann (Vergiftungsverdacht!), führt unter den anatomischen Erscheinungen des Pankreaszerfalls und der disseminierten Fettgewebsnekrose (im Netz, Mesenterium und subcutanen Fettgewebe) bei gleichzeitiger hämorrhagisch-seröser Peritonitis zum Tod. (Zusammenhang mit Cholelithiasis bei fettleibigen Menschen! Selbstverdauung durch den Pankreassaft oder Einfließen von Galle in den Ductus pankreaticus als Ursache vermutet.) Oben wurde schon einmal kurz auf das *Coma diabeticum* (bei Gehirnschwellung) hingewiesen; hier sei darauf aufmerksam gemacht, daß der charakteristische Geruch nach Aceton zu bemerken ist, ferner die Atrophie bzw. cirrhotische Schrumpfung der Bauchspeicheldrüse evtl. mit Verkalkung (mikroskopisch Schwund oder Verringerung der sog. Pankreasinseln). Als diagnostisches Hilfsmoment wäre noch für den plötzlichen T. im Coma diabeticum zu erwähnen die meist vorhandene Lipämie, sowie die hochgradige Fettniere (Untersuchung des Urins auf Zucker, ferner anamnestische Daten über bestehende Zuckerkrankheit!).

Pl. T. *durch innere Verblutung* kann auch zustande kommen bei oft mächtigen Blutergüssen in den Magen-Darmkanal; die Ursache derselben können sein große chronische Magengeschwüre, die ev. in die Vena lienalis oder renalis durchgebrochen sind, ferner schwere Blutungen bei Cholämie oder solche aus blutreichen Tumoren des Zwölffingerdarms (eig. Beob.) sowie Arrosionsblutungen im Bereich der Leberpforte, die in den Ductus choledochus und von da in den Darm sich ergießen. Nicht immer ist die Quelle oft mächtiger Blutergüsse in den Darm so leicht bei der Sektion festzustellen.

*Verblutungen in die freie Bauchhöhle* — ohne vorhergegangenes Trauma — kommen vor bei geplatztem Milztumor, sei er durch Malaria oder durch Typhus bedingt (*Necheles, Plume, Vorwerk*), oder durch Milzberstung bei ulceröser Endokarditis (*Krokiewicz*), ferner auch bei spontaner Milzschlagaderzerreißung (*Kolisko:* 39 jährige hochschwangere Frau, *Breitenecker:* 44jähr. Mann). Bemerkenswerte Fälle sind Massenblutungen aus Geschwülsten im Bereich des Bauchraums (*Breitenecker:* durchgebrochener hämorrhagischer Leberkrebs, 50jähr. Mann; Magenwandsarkom bei 38jähr. Mann, Leberendotheliom bei 74jähr. Mann). Bei Hämophilie haben *Kolisko* und *Breitenecker* je einen Fall von Verblutung ins retroperitoneale Gewebe gesehen. Endlich beschreibt noch *Breitenecker* den tödlichen Durchbruch eines Echinococcus multilocularis der Leber in die Bauchhöhle bei einer 33jähr. Frau (E. hydatidosus bricht öfter durch). Was die häufigste Ursache für *intraabdomineller Verblutung* anbetrifft, so geht dieselbe bekanntlich von den weiblichen inneren Geschlechtsorganen aus; wenn wir von den spontanen Uterusrupturen (in der Gravidität und in der Geburt) absehen, dann sind es hauptsächlich *Extrauterinschwangerschaften*, die bei ärztlicherseits nicht gestellter Diagnose, sei es durch Tubarabort, sei es durch Berstung der schwangeren Tube, zum Verblutungstod führen können. Als Merkwürdigkeit sei eine eigene Beobachtung beigefügt, wo wir eine tödliche Blutung im kleinen Becken als lediglich durch Berstung eines Menstruationsfollikels verursacht (keine Eierstockschwangerschaft!) feststellen konnten. Im Zusammenhang mit diesen Fällen erinnern wir uns auch an die Todesfälle am Ende der Schwangerschaft und während der Geburt (*Ziemke* u. a.), die aber an anderer Stelle eingehende Bearbeitung erfahren (s. d. Art.: Plötzlicher Tod in Schwangerschaft, Geburt und Wochenbett). *Weidinger* nimmt neuerdings an, daß diese oft unter den Erscheinungen des Lungenödems zustande kommenden Krankheits- und Todesfälle auf einen *Histamin-Shock* zurückzuführen sind, da Histamin bekanntlich in großen Mengen in der Placenta nachgewiesen werden konnte. Auf die akuten Todesfälle im Endstadium einer chronischen Nierenerkrankung (Urämie bei Schrumpfniere usw.) sei nur kurz hingewiesen, ferner verdient Erwähnung der plötzliche T. durch akute *Glomerulonephritis* (Beob. von *Eck* bei 36jähr. Mann, tot aufgefunden neben seinem Motorrad) schon um deswillen, weil der makroskopische Befund fast völlig versagt und nur die histologische Untersuchung in einem solchen Fall Aufklärung bringt.

Im letzten Abschnitt der plötzlichen Todesfälle aus natürlicher Ursache seien diejenigen genannt, welche durch *Veränderungen der sog. endokrinen Organe* — im weiteren Sinne — zustande kommen. Zunächst ein Wort über den *Status lymphaticus und thymolymphaticus* (*Paltauf*) (s. d. Art.: Status thymicolymphaticus) — ein Kapitel, über das eine recht widerspruchsvolle, unübersehbare deutsche und ausländische Literatur existiert! Wenn es auch seltene Fälle gibt, in denen wirklich eine angeborene isolierte Vergrößerung (nach Gewicht und Volumen: *Klose, Perez-Montant* u. a.) der Thymus evtl. unter „stridor thymicus" zum Erstickungstod führt (*Klose* berichtet unter 23 Fällen von 19 operativen Heilungen) , so hat dies mit dem Status thymicolymphaticus doch nicht das Geringste zu tun; analog kommen ja auch ebensolche Erstickungstodesfälle bei angeborener hochgradiger Struma (*Walcher*) und bei Kombination beider Krankheitsvorgänge (*Hedinger*) vor. Dieser 1889 von *Paltauf* erstmals

geschilderte anatomische Symptomenkomplex spielte als Grundlage des plötzlichen Todes im Kindesalter und auch bei Erwachsenen der ersten drei Dezennien eine Zeitlang eine große, zunächst sicher überschätzte Rolle (*M. Richter*); später ist dann noch durch *Wiesel* der Begriff des *Status hypoplasticus* hinzugekommen. *Paltauf* verstand unter dem Status thymico-lymphaticus Kinder mit blasser Haut, großem, auffallend hellem Fettpolster, einer Hyperplasie des ganzen lymphatischen Apparates, des Rachenrings, sowie des Verdauungstraktus einschl. der Milz (Follikelhyperplasie), oft auch dabei eine vergrößerte Thymus. *Wiesel* bezeichnet als Status hypoplasticus den Zustand einer Unterentwicklung des ganzen chromaffinen Systems einschl. des Nebennierenmarks, wobei meist gleichzeitig eine Hypoplasie des Aortensystems („Aorta angusta" s. oben) vorhanden ist. Beides kommt gleichzeitig miteinander vor. Daß Kleinkinder und Jugendliche, die eines plötzlichen Todes gestorben sind, oft diese lymphatisch-hypoplastische Konstitution aufweisen, darüber darf wohl kein Zweifel sein (*Wachholz, Paltauf, Kolisko, Stölzner*). Endlich sei daran erinnert, daß dieses Zustandsbild, das wir wohl als eine angeborene (*Schridde*) Konstitutionsanomalie auffassen dürfen, häufig mit Rachitis und Spasmophilie vergesellschaftet ist. Alle Autoren, die sich mit diesem sehr verwickelten und durchaus noch nicht geklärten Problem beschäftigt haben, stehen auf dem Standpunkt, daß außer dem genannten Status lymphaticus und hypoplasticus in jedem solchen akuten Todesfall nach anderen Organerkrankungen gefahndet werden müßte (*M. Richter, Haberda* u. a.), insbesondere ist bei solchen Todesfällen in den ersten Lebensjahren, wie sie ganz ohne äußere Veranlassung, aber auch oft bei geringfügigen Ursachen (plötzlicher Schrecken [*Richter*], bei Narkose, Tonsillektomie, bei bzw. vor der Schutzpockenimpfung [*Neumann*, Lit.].) beobachtet werden, auf Bronchiolitis und Myokarditis zu achten, sowie auf akute Hirnschwellung. *Paltauf* und *Stölzner* fassen solche Todesfälle als Herztod auf — mit oder ohne Krämpfe (vielleicht durch Herzkammerflimmern, *Hering*). In neuerer Zeit hat auch wieder *Harbitz* eine größere Anzahl von plötzlichen Todesfällen Heranwachsender vom 15., sogar bis zum 25. Lebensjahr beschrieben, bei denen er ein besonderes Gewicht neben dem Status lymphaticus auf den auffallend oft festgestellten „*Status digestionis*" legen zu müssen glaubt, indem wenigstens bei seinen mitgeteilten Fällen plötzlichen Todes junger Leute dieser Zustand in einer größeren Anzahl angetroffen worden ist. Selbst ein so kritischer Beobachter wie *Roeßle* (l. c. S. 79/80) will den Befund der Thymus und des Status thymico-lymphaticus nicht für so bedeutungslos eingeschätzt wissen, wie das von vielen Seiten in der Neuzeit geschehen ist. Auf der anderen Seite kann man sich auf Grund eines großen Sektionsmaterials plötzlich verstorbener Kinder und Jugendlicher doch des Eindrucks nicht erwehren, daß diese genannte Konstitutionsanomalie zum mindesten der Ausdruck einer individuellen Minderwertigkeit gegenüber irgendwelchen äußeren oder inneren psychischen oder somatischen Einwirkungen sei. Die Maße und Gewichte, welche die verschiedensten Autoren (s. bei *Roeßle* und *Roulet*) für die Thymus angegeben haben, variieren in so ungeheuren Grenzen, daß es schwer ist, hier Durchschnittszahlen anzugeben: *Hart* nimmt als Norm vom zweiten Lebensjahr bis zur Pubertät 25 g an, dabei im Beginn etwas darunter, dann ansteigend und mit vollendeter Pubertät wieder abfallend (auch Abhängigkeit von jeweiligem Ernährungszustand!). *Schridde* hat bei großen pastösen Kindern Gewichte von 19—26 g gefunden, das größte von ihm beobachtete Gewicht war 112 g (bei einem zwölfjähr. Knaben, der nach kleinem operativen Eingriff plötzlich starb).

Auf viel besserer Grundlage stehen die zahlreichen Arbeiten über die Beziehungen krankhafter, teils akuter, teils chronischer *Nebennierenveränderungen* zum plötzlichen T. Bereits im jugendlichen Alter (*Kempf*) kommen spontane Blutungen in den Nebennieren als Ursache plötzlicher Todesfälle in Betracht, bei denen auch wieder klinisch einer Vergiftung ähnliche Krankheitserscheinungen erhoben worden sind. Bekannt ist dabei Entwicklungs- und Erscheinungsreihe: Blutungen, Thrombosierungen der Nebennierenvenen sowie hämorrhagische Infarktbildung bis zur totalen blutigen Erweichung bei Neugeborenen (*Dörner, Dieck, Basting, Kempf* u. a.). Bei Bei letzteren können solche Veränderungen durch die Geburt zustande kommen und die Todesursache darstellen, aber auch im späteren Leben, besonders als Begleiterscheinung von Pneumonien, Streptokokkeninfektionen, Sepsis, Diphtherie usw. (*Paul, Simpson*), kommen — durch Kokkenembolien? — solche Veränderungen und Funktionsstörungen der Nebennieren zur Beobachtung. Ein nicht seltener Befund bei solchen offensichtlich durch endokrine Störung bedingten Todesfällen sind einfache aber hochgradige Atrophien, ferner Verkalkungen (*Olbrycht*, Fall 2) und die käsige Nebennierentuberkulose; auch hier gilt, was oben beim Herztodesfall bei schwerem Klappenfehler gesagt wurde, daß man sich oft darüber wundert, daß solche Menschen so lange noch trotz dieser schweren Veränderungen so lebenswichtiger Organe gelebt haben! In seltenen Fällen können auch Geschwulstmetastasen die Störungen und den plötzlichen T. verursachen. In den letzten Jahren haben weiterhin die aus dem chromaffinen System hervorgegangenen *Nebennierenmark-Geschwülste* (Phaeochromocytome und -cytoblastome) ein besonderes klinisches Interesse erregt dadurch, daß offenbar durch sie bedingt wechselnde Ausschwemmungen von Adrenalin in den Kreislauf gelangten, die ihrerseits erhebliche, evtl. zum plötzlichen T. führende Krankheitserscheinungen hervorrufen, so abdominelle Störungen: Übelsein und Erbrechen; nervöse Beschwerden: Unruhe, Kopf- und Rückenschmerzen sowie vasomotorische Störungen: akute hypertonische Zustände, Herzklopfen, Herzinsuffizienz, Lungenödem. Diese Komplikationen von Nebennierenmarkgeschwülsten sind bei Personen verschiedenen Alters (27—48 Jahre, *Schneider, Tillmann* und *Neußer*, zit. bei *Tillmann*, neuerdings auch von *Wickenhäuser*) beschrieben und scheinen besonders durch Blutungen und Erweichungen innerhalb der Geschwulst verursacht zu sein. Endlich sei auch noch der schon früher erwähnten Tatsache gedacht, daß offenbar in der Auswirkung derartiger krankhafter paroxysmaler Adrenalinausschüttungen Hirnblutungen als letzte Todesursache in relativ frühen Jahren beobachtet worden sind (*Richter, Neußer, Biebel-Wichels* und *Hick*, zit. bei *Tillmann* und bei *Dietrich* und *Siegmund* in Handb. *Henke-Lubarsch* Bd. VIII).

In den vorliegenden Abschnitten wären die wichtigsten für den Gerichtsarzt in Betracht kommenden Möglichkeiten plötzlicher Todesfälle aus inneren Ursachen besprochen. Es soll aber, wie schon eingangs bemerkt, nicht verschwiegen werden, daß es immer wieder Fälle geben wird, besonders im Säuglingsalter und dann wieder im kräftigsten Mannesalter, bei denen der plötzliche T. scheinbar als Herztod eintritt, ohne daß es uns aber gelingt durch die Sektion sowie durch mikroskopische, bakteriologische oder chemische Untersuchung die Ursache des Herztodes zu ergründen.

### Schrifttum.

*Asthausen:* Zur Kasuistik der intrauterinen, vermutlich traumatischen Mekoniumperitonitis. Inaug.-Diss. München 1934. —

*Basting:* Über Nebennierenblutungen als Todesursache bei Neugeborenen. Inaug.-Diss. Bonn 1934. — *Bartel:* Status-thymico-lymphaticus und Status hypoplasticus. Leipzig u. Wien 1912. — *Benda:* Über einen Fall von schwerer infantiler Koronarsklerose als Todesursache. Virchows Arch. **254** (1925). — *Bernheim-Karrer* Ein Beitrag zur Kenntnis der Ekzemtodesfälle. Jb. Kinderheilk. **62**, 769. — *Böhmer, K.:* Ependym-Cysten als Ursache plötzlichen Todes. Dtsch. Z. gerichtl. Med. **30**, 59 (1938). — *Böhmig:* Pl. T.fälle bei Jugendlichen der Wehrmacht und des RA.-Dienstes. Med. Klin. **1940** Nr. 8. — *Brack:* Nierenerkrankungen als Ursache plötzlichen und unerwarteten Todes. Dtsch. Z. gerichtl. Med. **12** (1928); **13** (1930); Zbl. inn. Med. **1920**, 785. — *Breitenecker:* Innere Verblutung aus seltenen natürlichen Ursachen. Wiener Beiträge **XIII**, 110 (1935). — *Brouardel:* La mort et la mort subit. 1895. — *Camerer:* Beitrag zur Kenntnis der Spättodesfälle nach Diphtherie. Mschr. Kinderheilk. **79** (1939). — *Cellina:* Medianekrosis disseminale aortae. Virchows Arch. **280** (1931). — *Cnopf:* Die spontane Ruptur des Herzens. Festschrift zur Feier des 50jähr. Bestehens des ärztl. Vereins zu Nürnberg 1902. — *Dieck:* Über Blutungen in den Nebennieren. Inaug.-Diss. Bonn 1919. — *Dietrich:* Ursprung der vorderen Kranzarterie aus der Lungenschlagader mit ungewöhnlichen Veränderungen des Herzmuskels und der Gefäßwände. Virchows Arch. **303** (1939). — *Dobreff:* Über affektive Veränderungen im Blutdruck. Schweiz. med. Wschr. **1938**, 1075. — *Dörner:* Über Nebennierenblutungen der Neugeborenen. Vjschr. gerichtl. Med. **26**. — *Donnerstag:* Herzveränderungen nach Diphtherie. Virchows Arch. **287**, 421 ff. (1933). — *Dürck, H.:* Über path. anat. Grundlagen plötzlicher Todesfälle. Münch. med. Wschr. **1931**, 627. — *Eck, H.:* Unfall oder Tod aus natürlicher Ursache. Dtsch. Z. gerichtl. Med. **29** (1938). — *Ehrenrodh:* Der plötzliche Tod durch Herzlähmung. Berlin 1904. — *Einhauser, M.:* Über Spontanzerreißung der aufsteigenden Aorta bei Isthmusstenose. Z. Kreislaufforschg. **27** (1935). (Literatur.) — *Feer:* Über plötzl. Todesfälle im Kindesalter insbesondere über den Ekzemtod. Korresbl. Schweiz. Ärzte **1** u. **2** (1902). — *Frauendorfer, O.:* Unfall oder plötzl. Tod aus natürlicher Ursache. Wiener Beiträge VI (1928). — *Frensel:* Zur Kenntnis von plötzl. bei krankhafter Veränderung der Schilddrüse erfolgten Todesfälle. (Intratracheale Struma.) Inaug.-Diss. München 1924. — *Gelhaar:* Zur Kasuistik der plötzl. Todesfälle aus natürlicher Ursache (intraperikardiale Aortenruptur). Inaug.-Diss. München 1930. — *Georgieff, P.:* Zur Kenntnis der primären und sekundären Ponsblutungen. Inaug.-Diss. München 1928. — *Gsell:* Wandnekrose der Aorta als selbständige Erkrankung und ihre Beziehung zur Spontanruptur. Virchows Arch. **270** (1928). — *Erdheim:* Medioneurosis aortac idiopathica. V. Aufl. **273** (1929) u. **276** (1930). — *Haberda:* Lehrbuch der gerichtl. Medizin. XI. Aufl. **1927**. Kapitel: Der plötzl. Tod aus natürlicher Ursache. — *Hallermann:* Versicherungsrechtl. Bedeutung der Aortenruptur: Ärztl. Sachverst.ztg. Nr. 1/33. — *Hallermann:* Der pl. Herztod bei Kranzgefäßerkrankungen. Stuttgart 1939. — *Harbitz, Fr.:* Über plötzl. Tod mit natürl. (d. h. nicht gewaltsamer) Todesursache, insbes. bei jungen Leuten. Die Beurteilung derartiger Fälle in der gerichtl. Medizin. Skrifter Utgitt av Det Norske Videns-Kaps-Akademie i. Oslo. I. Nat. Naturv. Klasse **5** (1938). — *Hedinger:* Familiäres Vorkommen plötzl. Todesfälle. Dtsch. Arch. klin. Med. **86**. — *Hedinger:* Die Bedeutung der indirekten Traumas für die Entstehung der Aneurysmen der basalen Hirnarterien. Korresp.bl. Schweiz. Ärzte **42** (1917). — *Hering:* Über plötzl. Tod durch Herzkammerflimmern (gleichzeitig ein Beitrag zur Erklärung plötzl. Todesfälle bei Status thymo-lymphaticus). Münch. med. Wschr. **12** (1912). — *Herzog:* Über einen Rautengrubencysticercus. Zieglers Beiträge **56** (1913). — *Hick:* Hirnblutung bei Nebennierentumor. Arch. of Path. **15** (1933) (zit. bei *Tillmann*). — *Hilbert:* Peritonitis nach Appendixperforation bei einem 6½ Wochen alten Kind. J. Kinderheilk. **65**, 254 (1907). — *Hornhardt:* Über 60 Fälle von plötzl. Tod an Lungenentzündung. Inaug.-Diss. Kiel 1896. — *Hornowski:* Veränderungen im Chromaffinsystem bei unaufgeklärten post operativen Todesfällen. Virchows Arch. **198** (1909). — *Hübschmann:* Über Myocarditis und andere pathol. anat. Beobachtungen bei Diphtherie. Münch. med. Wschr. **3** (1917). — *Jaffé, R.:* Über plötzl. Todesfälle und ihre Pathogenese. Dtsch. med. Wschr. **48** (1928). — *Ilkoff:* Über plötzl. Tod bei Struma und Jodmedikation. Deutsch. med. Wschr. **47**, 1971 (1929). — *Israel:* Zur Frage der Spätapoplexie. Vjschr. gerichtl. Med. **26** (III. F.) (1903). — *Jungmichel:* Aneurysma einer basalen Gehirnarterie nach Trauma. Dtsch. Z. gerichtl. Med. **19** (1932). — *Kassierer:* Die vasomotorische trophische Neurose (Monographie). Berlin 1912. — *Katz:* Über den plötzl. Tod in Schwangerschaft, Geburt und Wochenbett. Arch. Gynäk. **115**, 283 (1922). — *Kempf:* Über die Bedeutung der Nebennierenblutungen für den plötzl. Tod. Inaug.-Diss. Leipzig 1918. — *Klose:* Neuere Thymusforschungen und ihre Bedeutung für die Kinderheilkunde. Arch. Kinderheilk. **55** (1910). — *Kolisko:* Isthmus-Stenose und 5000 san.-poliz. Sektionen. — *Kolisko:* Plötzl. Tod an natürlicher Ursache. *Dittrich*, Handb. der ärztl. Sachverst.tätigkeit **2** (1913). — *Konschegg:* Münch. med. Wschr. **1940** Nr. 17. — *Kowalczykowa:* Tödliche Herzbeutelblutung infolge Ruptur eines Kranzschlagaderzweiges. Virchows Arch. **293**, 464 (1934). — *Koopmann:* Über den plötzl. Tod aus natürl. Ursache. Dtsch. Z. gerichtl. Med. **VIII**, 91 ff. (1926). — *Kroetz:* Münch. med. Wschr. **1940**, 284. — *Krokiewicz:* Spontanruptur der Milz bei Endocarditis ulcerosa aortica. *Virchows* Arch. **262**, 328 (1926). — *Leers:* Zur Ätiologie plötzl. Todesfälle im Kindesalter in gerichtsärztl. Beziehung. Z. Med.beamte **18** (1906). — *Lesser:* Die wichtigsten Sektionsergebnisse in 171 Fällen plötzl. Todes. Vjschr. gerichtl. Med. N. F. **48** (1888). — *Lewinson, B.:* Über tödl. Aortenzerreißungen aus geringer Ursache. *Virchows* Arch. **282**, 1 (1931). — *Lewin:* Der Tod durch Herzbeuteltamponade in versicherungsrechtl. und gerichtsärztl. Beziehung. Dtsch. Z. gerichtl. Med. **21** (1933) (Lit.). — *Lochte:* Über Todesfälle mit geringen oder negativen Obduktionsbefunden. Vjschr. gerichtl. Med. **39** (III. F.), 327 ff. (1910). — *Lochte:* Beob. über den plötzl. Tod aus inn. Ursachen. Vjschr. gerichtl. Med. **27** (III. F.), 1 ff. (1904). — *Löschke:* Spontane Aortenruptur. Frankf. Z. Path. **36** (1928). — *Löwenthal:* Die makroskopische Diagnose eines status thymicolymphaticus an der Leiche und ihr Wert für die Beurteilung von plötzl. Todesfällen. Vjschr. gerichtl. Med. **59** (1920). — *Luft, Rudolf:* Meningealblutungen entstanden durch Aneurysmen-Ruptur der basalen Hirnarterien. Hygiea (Stockh.) **100** (1938); Ref. Dtsch. Z. gerichtl. Med. **30**, 349. — *Markovin:* Zur Frage des plötzl. Todes. Dtsch. Z. gerichtl. Med. **14**, 241 (1930). — *Matthes:* Spätblutungen ins Hirn nach Kopfverletzungen, ihre Diagnose und gerichtsärztliche Beurteilung. Slg. klin. Vortr. **322** (1901). — *Meixner:* Berstung der aufsteigenden Körperschlagader bei Verschluß am Ende des Bogens. (Lit.) Wien. Beitr. V, 72 (1922). — *Merkel:* Leichen- und Fäulniserscheinungen an menschlichen Leichen. *Lubarsch-Ostertags* Ergebnisse **30** (1937). — *Merkel:* Über Verschluß der Mesenterialarterien und dessen Folgen. Münch. med. Wschr. **49** (1911). — *Merkel* u. *Walcher:* Gerichtsärztl. Diagnostik und Technik. Leipzig 1936. — *Mayr, Eduard:* Ein Fall von Perforation eines klinisch latent metastatischen Schilddrüsenabszesses in die Trachea mit akuter Erstickung. Inaug.-Diss. München 1920. — *Meyer, Berthold:* Beitrag zur Kenntnis plötzl. Todesfälle durch Erstickung. Vjschr. gerichtl. Med. **60** (1920). — *Mendelsohn:* Pulskurven intra coitum. Dtsch. med. Wschr. **1896**, 384. — *Merkel:* Gerichtsärztl. Gesichtspunkte und Verfahren bei der Beurteilung der Leichen von Neugeborenen und Kindern. Handb. der allgem. Pathol. und path. Anatomie des Kindesalters von *Brüning* und *Schwalbe*. I, 2 Abt. 956, 1914. — *Nadler, R.:* Zur Frage der spontanen Herzruptur. Z. Kreislaufforschg. **27** (1935). — *Necheles:* Über spontane Milzruptur bei Unterleibstyphus. *Virchows* Arch. **233**, 372 (1921) (Lit.). — *Neubürger:* Sektionsbefunde bei plötzl. und unklaren Todesfällen Geisteskranker. Z. Neur. **150** (1934). — *Neubürger:* Über apoplektische Hirnblutungen bei Jugendlichen. Z. Kreislaufforschg. **20**. — *Neugebauer:* 2. Fall von Perforation eines Aortenaneurysmas in die Vena cava superior. Zbl. Path. **58** (1933). — *Neugebauer:* Der Hirndruck und seine gerichtl.-medizinische Bedeutung. Dtsch. Z. gerichtl. Med. **29** (1938). — *Neugebauer:* Durchbruch eines verjauchten Echinococcus alveolaris in die Bauchhöhle als Ursache des plötzl. Todes. Zbl. Path. **58** (1933). — *Neumann:* Der plötzl. Tod im Kindesalter. (Referat.) *Friedreichs* Bl. **59**, 303 ff. (1908). — *v. Neureiter:* Vergiftung oder plötzl. Tod. Wien. Beitr. **XI**, 32 (1931). — *Oberndorfer:* Herztod einer 60jähr. Frau mit Gallenblasenempyem und Glomerulinephritis durch ausgedehnte Blutung in die Wand des Septum und in den Cavatrichter des r. Vorhofs. Münch. med. Wschr. **1931**, 652. — *Olbrycht:* Beiträge zum Problem plötzl. Tod und endokrine Organe. Wien. Beitr. **XI** (1931). — *Oppenheimer:* Über Aortenruptur und Arteriosklerose im Kindesalter. *Virchows* Arch. **181**, 1905. — *Ortmann:* Intrakranielles Aneurysma bei einem 6jähr. Mädchen. Dtsch. Z. gerichtl. Med. **18** (1932). — *Paltauf:* Über die Beziehungen des Thymus zum plötzl. Tod. Wien. klin. Wschr. **46** (1889) u. **9** (1890). — *Paltauf:* Die spontane Dickdarmruptur der Neugeborenen. *Virchows* Arch. **111**, 461. — *Passauer:* Über Herztod durch seelische Erregung. Inaug.-Diss. München 1939. — *Paul:* Die krankhafte Funktion der Nebenniere und ihr gestaltlicher Ausdruck. *Virchows* Arch. **282** (1931). — *Perez-Montant:* Über Thymustod bei kleinen Kindern. Frankf. Z. Path. **XIII** (1913). — *Plume:* Spontanruptur der Milz bei Typhus abdominalis. *Virchows* Arch. **246**, 505 (1923). — *Prein:* Ein Beitrag zur Ätiologie des plötzlichen Todes im Säuglingsalter. Inaug.-Diss. Kiel 1906/07. — *Radestock:* Luftdruckschwankungen als Ursache plötzlicher Todesfälle. Z. soz. Med. **V**, Nr. 4. — *Rehn:* Diffuses Ekzem — Herztod. Jb. Kinderheilk. **63**, 496. — *Reuter, F.:* Über zentrale traumatische Hirnblutungen. Dtsch. Z. Chir. **207** (1927). — *Reuter, F.:* Tödl. Unfall durch Sturz von der Leiter oder natürlicher Tod. Dtsch. Z. gerichtl. Med. **5** (1925). — *Reuter, F.:* Über den plötzl. Herztod und dessen Nachweis an der Leiche. Wien. klin. Wschr. **38** (1926); Wien. klin. Wschr. **39**, Nr. 21 (1926). — *Richter, M.:* Plötzl. Todesfälle im Kindesalter. Ref. 74. Naturforschervers. Karlsbad 1902. — *Richter, M.:* Gerichtsärztl. Diagnostik und Technik. Leipzig 1905. — *Richter, M.:* Untersuchungen bei plötzl. Todesfällen. In: *Lochte*, Gerichtsärztl. und polizeiärztl. Technik. 296 ff. Wiesbaden 1914. — *Rintelen:* Herzruptur (Kammerscheidewandzerreißung). Z. Kreislaufforschg. **24**, 375 (1932). — *Risel:* Zur Pathologie des Milzbrandes. Verh. dtsch. path. Ges. **1902** u. Z. Hyg. **42** (1903). — *Roessle* u. *Roull:* Maß und

Zahl in der Pathologie. Bd. V der Sammlung: Pathologie und Klinik. Berlin 1932. — *Rudolph:* Untersuchungen über Hirngewicht, Hirnvolumen und Schädelkapazität. *Zieglers* Beitr. **58**. — *Saenger:* Über plötzl. klinisch rätselhafte Todesursache während oder kurz nach der Geburt. Münch. med. Wschr. **1913**, 1321. — *Schächtelin:* Plötzl. Todesfälle durch spontane Aortenruptur. Dtsch. Z. gerichtl. Med. **V**, 532 (1925). — *Schmid, M.:* Unfall oder Tod aus natürlicher Ursache? Inaug.-Diss. München 1936. — *Schneider, L.:* Zwei Fälle von solitärer Echinococcencyste im Gehirn (Großhirn). Inaug.- Diss. Erlangen 1909. — *Schneider, Ph.:* Ein Beitrag zur gerichtsärztl. Bedeutung von Blutungen in Markgeschwülste der Nebennieren. Wien. Beitr. **XIV**, 51 (1938). — *Schrader:* Zur Pathologie des plötzl. natürlichen Todes. Dtsch. Z. gerichtl. Med. **18** (1932) (Lit.). — *Schridde:* Die thymische Konstitution. Münch. med. Wschr. **48** (1924). — *Schridde:* Die angeborene thymische Konstitution. Münch. med. Wschr. **44** (1924). — *Schuler:* Über partiellen Spontanpneumothorax beim Neugeborenen. Arch. Kinderheilk. **113** (1938). — *Sella:* Aortenruptur und Aortenaneurysma bei Aortenstenose am Isthmus. *Zieglers* Beitr. **49** (1911). — *Seydel:* Ruptur eines luetischen Coronaraneurysmas. Z. Kreislaufforsch **27**, 265 (1935). — *Sigl:* Ein Beitrag zur Kenntnis der plötzl. Todesfälle aus innerer Ursache beim Feldheer. Inaug.-Diss. München 1919. — *Simpson, C. K.:* Die Pathologie der Nebennieren bei plötzl. Todesfällen. Lancet **1937**; Ref. Münch. med. Wschr. **1937**, 1510. — *Spatz, Hugo:* Disk. Bem. Münch. med. Wschr. **1931**, 653. — *Strassmann, Gg.:* Plötzl. Tod bei Stenose des Isthmus aortae. Wien. Beitr. **5**, 91 (1922). — *Strassmann, Gg.* u. *Ziemke:* Agonale Verletzungen der Halswirbelsäule und des Kehlkopfgerüstes bei natürl. plötzl. Tod inf. v. Herzlähmung. Wien. Beitr. **VI**, 89 ff. (1928). — *Stoelzner, W.:* Pathologie der Thymusdrüse. Handb. der Kinderheilkunde von *Pfaundler-Schlossmann*. I, 1037 ff. — *von Sury:* Die spontane Darmruptur beim Neugeborenen. Vjschr. gerichtl. Med. N. F. **43** (1911). — *v. Sury:* Über die fragl. Beziehungen der sog. Mors thymica zu den plötzl. Todesfällen im Kindesalter. Vjschr. gerichtl. Med. **36** (III. F.) (1908). — *v. Sury:* Plötzl. Tod nach ärztl. Eingriffen. Wien. Beitr. **VI** (1924). — *Terzani:* Delle roture spontanee del cuore. Riv. Clin. med. **30** (1929); Ref. Dtsch. Z. gerichtl. Med. **19**, 242 (1930). — *Tillmann, O.:* Chromaffiner Tumor als Todesursache. *Zieglers* Beitr. **95** (1935). — *Versé:* Über Cysticercen im IV. Ventrikel als Ursache plötzl. Todes. Münch. med. Wschr. **11** (1907). — *Virwerk:* Subcutane Zerreißungen der gesunden und kranken Milz. Dtsch. Z. Chir. **111**, 125 (1911). — *Wachholz:* Über sensationelle Fälle plötzl. Todes aus natürlicher Ursache. Wien. Beitr. **IX** (1925). — *Walcher:* Struma congenita und natürl. Tod des Neugeborenen. Dtsch. Gynäk. **26** (1932). — *Walcher:* Über zentrale traumatische Hirnblutung mit Spätapoplexie (*Bollinger*). Mschr. Unfallheilk. **36** (1929). — *Wasastjerna:* Ein Fall von Aortenruptur nach Schlittschuhlaufen bei einem scheinbar gesunden 13jährigen Knaben. Z. klin. Med. **49**. — *Weidinger, A.:* Akutes Lungenödem während der Geburt und Geburtsshock. Inaug.-Diss. München 1939. — *Welz:* Virchows Arch. **302** und **305** (1939). — *Weyrich, G.:* Statistische Untersuchungen über den plötzl. Tod aus natürlicher Ursache bei Erwachsenen. Wien. Beitr. **XII**, 146 ff. (1932) (Lit.). — *Wickenhäuser:* Der plötzliche oder ziemlich plötzliche Tod bei Nebennierentumoren und seine Bedeutung für die gerichtl. Med. *Stoelzner*, Dtsch. Z. gerichtl. Med. **31** (1939). — *Wiesel, J.:* Pathologie der Thymus. *Lubarsch-Ostertags* Ergebnisse **XV** 2 (1912) (Lit. *Schridde*). — *Wietrich:* Plötzl. Tod infolge seelischer Erregung. Dtsch. Z. gerichtl. Med. **19**; 243. — *Willson* u. *Marcy:* Berstung eines Aortenaneurysma bei einem 4jähr. Kind. Ref. Jb. Kinderheilk. **67**, 503. — *Winocoroff:* Ein Fall von Darmverschluß durch Ascaris lumbricoides bei einem 6jähr. Mädchen. Jb. Kinderheilk. **67**, 504. — *Wolff, K.:* Ursachen der sog. spontanen Aortenzerreißungen. *Virchows* Arch. **289** (1933). — *Wolff, K.:* Unbekannte Erkrankung der Säuglingsaorta mit Schwund des elastischen Gewebes. *Virchows* Arch. **285** (1932). — *Ziemke:* Über plötzl. Todesfälle bei Schwangerschaft und Geburt. Dtsch. Z. gerichtl. Med. **IX**, 129 (1927). — *Zimmermann:* Über spontane tödliche Kleinhirnblutungen bei einer Jugendlichen. Inaug.-Diss. München 1939. *Merkel.*

**Plötzlicher Tod im Wasser** siehe *Tod durch Ertrinken.*

**Plötzlicher Tod in Schwangerschaft, Geburt und Wochenbett.** (Vgl. auch Art.: Geburt und gerichtliche Medizin; Plötzlicher Tod aus natürlicher Ursache.)

Ein plötzlich und unerwartet eintretender Tod kann in der Gestationszeit ab und zu einmal vorkommen. In vielen Fällen wird die eigentliche Ursache dieses zumeist sehr bedauerlichen Ereignisses erst durch die Obduktion aufgedeckt. Es ist daher ein dringendes Erfordernis, bei solchen erschütternden Vorkommnissen unbedingt die Vornahme einer Sektion zu beantragen. Durch diese wird nicht nur der Geburtshelfer entlastet, sondern fast immer auch die Familie beruhigt, zugleich aber auch allen Vermutungen die Spitze abgebrochen. Daß selbstverständlich gewisse Todesursachen, die zu einem plötzlichen Exitus letalis in der Gestationsperiode führen, auch sonst vorkommen können, liegt auf der Hand. Im folgenden sollen vor allem diejenigen Todesursachen besprochen werden, die in einem engeren oder weiteren Zusammenhang mit der Schwangerschaft, der Geburt oder dem Wochenbette stehen, während dem die anderen nur gestreift werden, weil sie an sich keine Besonderheiten bieten. Schon im Artikel über die medizinischen Indikationen zur Schwangerschaftsunterbrechung (s. d.) sind diese Fragen berührt worden, so daß es sich erübrigt, auch in diesem Abschnitt eingehender auf sie einzugehen. Außer Betracht bleiben die gewaltsamen plötzlichen Todesursachen durch kriminelle Eingriffe (s. d. Art.: Fruchtabtreibung), Unfälle und Vergiftungen.

### I. Die mit der Gestationszeit als solcher in Zusammenhang stehenden Ursachen eines plötzlichen Todes.

A. *Die Eklampsie*: Die Eklampsie ist bekanntlich eine Schwangerschaftstoxikose, deren eigentliches Wesen allerdings auch heutzutage noch nicht genau bekannt ist. Sie äußert sich in unvermittelt eintretenden tonisch-klonischen Krampfzuständen, die mit Bewußtlosigkeit verlaufen und sich in mehr oder weniger langen Abständen folgen können. Für den Kundigen gehen immerhin meist gewisse Erscheinungen voraus, die an den Ausbruch einer Eklampsie denken lassen, wie Hydrops, Nephropathie und Hypertonie. Durch geeignete Maßnahmen und eine planvolle Schwangernfürsorge, insbesondere eine entsprechende Diät lassen sich in vielen Fällen die Prodromalerscheinungen bessern, und es kann die Eklampsie verhindert werden. Bei einer ausgesprochenen drohenden Eklampsie empfiehlt sich in der Mehrzahl der Beobachtungen die Einleitung der Geburt, vor allem der prophylaktische Kaiserschnitt, der nahezu immer den Eintritt der Krämpfe hintanzuhalten vermag. Die Eklampsie kann in der Gravidität (fast immer 2. Hälfte, nur sehr selten 1. Hälfte), unter der Geburt und post partum auftreten. Die der Eklampsie unmittelbar vorangehenden Symptome sind Kopfschmerzen, Augenstörungen und Sopor, manchmal auch ausgesprochene Magenkrämpfe (Leberschmerzen?). Treten solche Erscheinungen auf, dann soll die Entbindung beschleunigt werden. Bei einmal ausgebrochener Eklampsie verschlechtert sich die Prognose sofort. Schnell- und Frühentbindung ist daher das beste Mittel, um entweder die Eklampsie zu verhindern oder doch die Krämpfe rasch zum Verschwinden zu bringen. Die konservative Behandlung mit Aderlaß und *Stroganoff*therapie oder Pernocton ist weniger anzuraten, kann aber als Hilfsmittel für die aktive Behandlung in Betracht gezogen werden. Während die typische Eklampsie der Diagnose keine großen Schwierigkeiten bereiten dürfte, so ist das etwas anderes bei der sogenannten Eklampsie ohne Krämpfe, wo meist erst die Obduktion den wahren Sachverhalt aufzudecken vermag. Es ist selten, daß bei der Krampfeklampsie der Tod ganz plötzlich eintritt, immerhin kommt es vor, daß also ein einziger, manchmal sogar leichter Anfall den sofortigen Tod zur Folge hat. *Hüssy* hat einige solche Beobachtungen machen können, einmal bei einer älteren Mehrgebärenden, die eben Zwillinge geboren hatte. Sie bekam kurz nach der Geburt einen ganz leichten, fast abortiven eklamptischen Anfall und starb wenige Minuten darauf. Die Sektion ergab eine schwere Blutung an der Basis des Gehirnes mit Zerreißung mehrerer Gefäße. Überhaupt ist der Tod bei Eklampsie nicht selten auf ausgedehnte Blutungen im

Schädelraume zurückzuführen, die wohl eine Folge des unvermittelt ansteigenden Blutdruckes sind.

Aus allen Beobachtungen geht zur Evidenz hervor, wie außerordentlich wichtig die Leichenöffnung ist, da man sonst oft vor einem absoluten Rätsel steht, denn diese Todesfälle können so urplötzlich auftreten, daß man weder Zeit für eine Diagnose noch natürlich für eine Therapie hat. Es könnte wohl auch einmal der Fall eintreten, daß eine solche Frau auf der Straße von einem Anfalle befallen wird und dann tot zusammenbricht. Dann wird natürlich ohne weiteres behördlicherseits eine gerichtliche Sektion angeordnet, um ein evtl. Verbrechen ausschließen zu können. *Hüssy* ist eine dahingehende Beobachtung bekanntgeworden. Nicht immer ist es das Schwangerschaftstoxin oder die Hirnblutung, die zum Tode führt, sondern es kann unter Umständen einmal auch ein akut eintretendes Hirnödem die Ursache des Exitus letalis sein, wenn immerhin solche Beobachtungen recht selten sein dürften. *Kolisko* hat einen einschlägigen Fall bei einer 27-jährigen Frau beschrieben, die etwa eine halbe Stunde nach ganz normaler Entbindung verschied. Die Obduktion deckte erst den wahren Sachverhalt auf und enthüllte das toxisch entstandene Hirnödem. Wenn auch bei Eklampsie Uterusatonien, im Gegensatze zur Meinung *Knauers*, selten sind, so gibt es doch ab und zu trotzdem ein solches Vorkommnis. Unter sieben Todesfällen von *Brütt*, die wegen atonischer Nachblutung erfolgten, befanden sich zwei Fälle von Eklampsie, unter 138 Eklampsien der Grazer Frauenklinik 15 schwere Nachgeburtsblutungen. Wie gesagt, scheint aber dieser kausale Zusammenhang zwischen Atonie und Eklampsie nicht überall festgestellt worden zu sein. Man hat bei Eklampsie im Gegenteil sehr oft den Eindruck, der Uterus kontrahiere sich sehr gut, was man vor allem bei Anlaß von Kaiserschnitten beobachten kann. Das wäre auch leicht begreiflich, wenn man annehmen wollte, es seien wehenerzeugende Stoffe die Ursache des Ausbruches einer Eklampsie. Immerhin hat auch *Hüssy* kürzlich eine Beobachtung gemacht, wo nach einer normalen Geburt die Frau einen eklamptischen Anfall bekam und nachher einer unstillbaren Atonie zum Opfer fiel. Die Sektion bestätigte die Diagnose auf Eklampsie ohne weiteres. Ob das in letzter Zeit ab und zu einmal beschriebene akute Lungenödem ohne weitere Krankheitssymptome ebenfalls zum Bilde der Eklampsie gehört, wie *Westphal* meint, ist schwer zu sagen, aber nicht unwahrscheinlich. *Gremme* schließt sich dieser Ansicht an, und *Hüssy*, der eine Beobachtung mitteilen konnte, ist gleichfalls der Meinung, daß es sich dabei wohl um eine Sondererscheinung der Graviditätstoxikose handeln müsse. *Hesse* beschrieb drei Fälle und glaubt, der Symptomenkomplex entspreche vollkommen dem Bilde des sogenannten toxischen Shockes. In der Literatur liegen ferner einige vereinzelte Beobachtungen vor, bei denen zufolge der eklamptischen Konvulsionen Uterusrupturen eingetreten sein sollen (*Scanzoni, Zweifel, Hamilton* usw.). Diese Mitteilungen stammen aber aus dem älteren Schrifttum und sind jedenfalls mit Vorsicht aufzunehmen, wenigstens ist in neuerer Zeit nichts Derartiges mehr bekanntgeworden.

Daß zwischen vorzeitiger Placentarlösung (Apoplexia uteri) und Eklampsie ein inniger Zusammenhang besteht, ist allgemein anerkannt (*Ahlbeck, Essen-Möller, Lieven, Knauer*), resp. die Sachlage ist so, daß beide Krankheitsbilder zum Gebiete der Schwangerschaftstoxikose gehören und nebeneinander vorkommen können, so daß man dann die typischen Veränderungen der Leber und Nieren bei der Autopsie findet. Der Tod tritt aber gewöhnlich zufolge Verblutung ein und zwar manchmal sehr rasch, so daß eine wirksame Hilfe nicht mehr möglich ist. Gewöhnlich findet der Blutverlust fast ausschließlich in den Uterus hinein statt, und es fließt nur wenig Blut durch die Scheide nach außen ab. Es bildet sich ein riesiges Hämatom hinter der meist total abgelösten Placenta. Aus diesem Grunde stirbt auch das Kind stets rasch ab. Die meisten Lösungen der normal sitzenden Placenta treten gegen Ende der Schwangerschaft auf, nur selten während des Partus. In vereinzelten Fällen von Eklampsie ist der Exitus letalis auch durch Kapselrisse in der Leber verursacht worden. Es sind aber nur sehr wenige solche Beobachtungen bekanntgeworden (*Kolisko, Herz* und *Kolosoff*).

B. *Andere Schwangerschaftstoxikosen*: Nicht nur die Eklampsie, sondern auch andere Schwangerschaftstoxikosen können den raschen Tod in der Schwangerschaft herbeiführen. Es sei vor allem an die toxische *Hyperemesis* erinnert, die in kurzer Zeit zum Exitus letalis führen kann, wenn nicht sofort die Gravidität unterbrochen wird (vgl. d. Art.: Medizinische Indikationen zur Schwangerschaftsunterbrechung). *Hüssy* hat einige einschlägige Beobachtungen mitgeteilt, und auch *Philipp* hat neuerdings auf solche Fälle hingewiesen. In einem Falle *Hüssys* erfolgte der Tod unmittelbar im Anschlusse an die Curettage, die in ganz leichter Narkose rasch durchgeführt worden war, in einem andern trat der Exitus ein, bevor überhaupt etwas gemacht werden konnte. Es sei darauf hingewiesen, daß das Erbrechen nicht stets ein ausgesprochen starkes zu sein braucht, worauf auch *Seitz* aufmerksam macht, ebenso dessen Schüler *Rosenlöcher*. Scheinbar ganz leichte Fälle können ab und zu ganz unvermittelt einen bösartigen Charakter annehmen und führen meist den Tod herbei, selbst dann, wenn man sofort die Schwangerschaft abbricht. Ganz gefährlich, aber glücklicherweise selten ist die *akute gelbe Leberatrophie*. *Hüssy* sah seinerzeit einen solchen Fall, in dem eine junge Frau in hochgradig ikterischem Zustande ganz zu Beginn der ersten Gravidität in die Anstalt eingeliefert wurde und dort nach kurzer Zeit verstarb, ohne daß Zeit gefunden wurde, irgendwelchen Eingriff vorzunehmen. Äußerst selten ereignet sich in der Schwangerschaft ein Todesfall wegen aufsteigender *Myelitis* toxischer Natur, aber auch solche Beobachtungen sind bekannt geworden. Sie erinnern ganz an die *Landry*sche Lähmung. Kommt man mit dem Abortus arteficialis noch rechtzeitig, so kann sich die Erkrankung in kürzester Frist wieder bessern, aber bei zu spätem Eingreifen stirbt die Patientin an Atemlähmung. In den meisten Fällen der Literatur gelang allerdings die Rettung der betr. Patientinnen, da die Gefahr rechtzeitig erkannt worden war.

C. *Die äußere oder innere Verblutung:* Beim *Spontanaborte* ist ein letaler Ausgang durch akute Verblutung im allgemeinen selten, wie auch *Knauer* und *Kehrer* betonen. Kommt er vor, so muß evtl. an eine *Placenta praevia* oder unter Umständen auch an einen *kriminellen Eingriff* gedacht werden, aber auch sonst ist dieses Ereignis im Bereiche der Möglichkeit. *Unterberger* berichtet allerdings, daß während eines Zeitraumes von 24 Jahren in Mecklenburg-Schwerin bei 600 000 Einwohnern kein Verblutungstod bei Abort festgestellt werden konnte. Nach *Kehrer* sind aber bis heute 24 solcher Beobachtungen in der Literatur publiziert worden, wozu noch ein neuer Fall der Marburger Klinik hinzutritt. *Oing* hat seinerzeit bereits 12 Fälle zusammenstellen können, und auch *Heynemann* fand eine ganze Anzahl, so daß nicht daran gezweifelt werden kann, daß tatsächlich ein Verblutungstod beim Spontanaborte vorkommen kann. *Hüssy* hat auch zwei solche Beobachtungen machen können, die aber bisher nicht publiziert worden sind. Der eine Fall betraf allerdings einen künstlichen Abort wegen schwerer Epilepsie und Idiotie, wo die Placentarblutung durch keine Maßnahme zum Stillstand gebracht werden konnte. Mehrere Bluttransfusionen führten nicht zum Ziele, und als man sich zur Entfernung des Uterus entschloß, war es bereits zu spät. Daß natürlich das Vorhandensein einer *Blasenmole* die Blutungs- und Verblutungsgefahr wesentlich erhöht, ist klar und allgemein bekannt, so daß bei dieser Komplikation unbedingt mit einem letalen Ausgang gerechnet werden muß. Nach *Kehrer* besteht gelegentlich auch die Möglichkeit einer intraperitonealen Blutung, indem die Zotten die Uteruswand durchwachsen können. In einer solchen einschlägigen Beobachtung wurde die Diagnose auf Extrauteringravidität gestellt und laparotomiert. Dadurch konnte die betr. Frau gerettet werden (*Krellenstein*). Auch die *Blutmole* und *missed abortion* kann zu lebensbedrohlichen Blutungen die Veranlassung sein, und *Hüssy* sah sich eine Frau deswegen verbluten. Es ist geradezu auffallend, wie wenig Erfolg in solchen Fällen manchmal die Bluttransfusion hat, ein noch immer nicht ganz geklärtes Rätsel. Über die intraperitoneale Blutung bei *ektopischer Gravidität* braucht nicht viel gesagt zu werden, sie ist allgemein bekannt. Daß eine Tubarruptur durch einen leichten Unfall hervorgerufen werden könnte, ist nicht wohl denkbar, und es ist dabei stets zu bedenken, daß dieses Ereignis über kurz oder lang sowieso eingetreten wäre. Außerdem handelt es sich wohl meist nur um ein zufälliges Zusammentreffen.

Daß bei kriminellen Eingriffen ab und zu statt einer intrauterinen eine extrauterine Gravidität vorhanden sein kann, liegt auf der Hand, denn den Abtreibern ist eine genaue Diagnose nicht möglich, die im übrigen oft sehr schwer zu stellen ist, namentlich dann, wenn das Ei noch intakt ist. Es wird daher bei Todesfällen nach kriminellen Handlungen eine gerichtliche Sektion angeordnet werden müssen, um absolute Klarheit zu schaffen. Es gibt auch Fälle, wo neben der intrauterinen noch eine ektopische Schwangerschaft vorhanden ist. Jedermann ist ferner die Verblutungsgefahr bei *Placenta isthmica* und *cervicalis* bekannt. Von *Magid* und *Naujoks* wurde bei dieser Komplikation über Verblutungstod schon in den ersten Monaten der Gravidität berichtet. Fast immer zeigt sich die Gefahr aber erst in der zweiten Hälfte der Gravidität oder unter der Geburt. Immerhin ist aber mit *Knauer* darauf hinzuweisen, daß es sich nur selten um einen unerwarteten und plötzlichen Tod handelt, da sich die Blutungen meist über längere Zeit hinausziehen. Trotzdem gibt es aber auch Beobachtungen eines überaus schnellen letalen Ausganges. Jedenfalls ist die Placenta praevia, namentlich die totale und cervicale eine äußerst gefürchtete Komplikation, deren Gefahren allerdings heutzutage glücklicherweise durch den baldigen Kaiserschnitt gebannt werden können. Jedem Geburtshelfer sind die sog. *Atonien* in der Nachgeburtsperiode bekannt, bei welchen die Kontraktion der Uterusmuskulatur ausbleibt und damit das „Einscheren der Muskelfasern" verunmöglicht wird, das allein eine wirksame Komprimierung der offenstehenden Gefäße an der Placentarhaftstelle zustande bringt. Über die Ursachen dieser Atonien sich hier zu verbreiten, erübrigt sich schon deshalb, weil die Akten darüber noch nicht völlig geschlossen sind. In einer Großzahl der Fälle spielt aber sicher die Komplikation mit andern Krankheiten eine große Rolle, Herzkrankheiten, Nephritis, Toxikosen, um hier zu nennen, ferner konstitutionelle Veränderungen und Blutkrankheiten, wie Morbus Werlhofi usw. In einschlägigen Fällen ist daher genau auf solche Zustände zu achten, was bei einer evtl. Obduktion von Bedeutung ist. *E. Martin* sah die Uteruswand einer an atonischer Nachblutung Verstorbenen an einer Stelle der Placentarinsertion papierdünn und sprach die Insuffizienz der Muskulatur als Ursache der Atonie an, *Labhardt* fand ein Mißverhältnis zwischen Muskulatur und Bindegewebe, was eine wirksame Kompression der Gefäße seiner Ansicht nach verhinderte, *Kworostansky* sah eine hyaline Degeneration der Muskulatur und der Gefäßwandungen. *Ahlfeld* glaubte seinerzeit, es handle sich um eine besondere Beschaffenheit des Blutes, durch welche die Thrombose verhindert werde, eine Ansicht, die aber wohl heutzutage für die meisten Fälle überholt ist, *Kannegießer* machte eine Endarteriitis verantwortlich und andere Autoren, wie *Vogt* und *Wagner*, eine Hypoplasie des Adrenalsystems. Ganz besonders gefährlich sind Lähmungen der Placentarhaftstelle, die auch noch im Wochenbette auftreten können und zwar auch dann, wenn keine Placentarstücke oder Eihäute zurückgeblieben sind. Eine dadurch hervorgerufene Blutung (Thrombenlösung) kann so stark sein, daß sie den unmittelbaren Exitus letalis zur Folge hat. In diesem Zusammenhang ist daran zu denken, daß besonders bei latenter Sepsis solche Vorkommnisse recht häufig sind. Eine sehr bedrohliche Angelegenheit ist ferner die *Placenta accreta*, bei welchem Vorkommnis zwar zunächst nicht die geringste Blutung eintritt, die aber zum Verblutungstode führen kann, wenn man die manuelle Placentarlösung versucht. *Labhardt* hat daher, wohl mit Recht, angeraten, in solchen Fällen den Uterus supravaginal zu amputieren, um von vornherein die Blutung zu beschwören. *Hüssy* sah zwei solche Beobachtungen letal ausgehen. Allerdings kommt der Tod nicht unerwartet, aber immerhin ziemlich plötzlich. Daß auch *tiefe Cervixrisse* zu tödlichen Blutungen die Veranlassung sein können, ist verständlich und bekannt. Glücklicherweise sind sie selten und kommen fast ausschließlich bei operativen Geburten, Zangen oder Steißextraktionen vor, wo der Arzt nicht abwartet, bis der Muttermund vollständig eröffnet ist. Früher waren sie häufig bei Placenta praevia, namentlich dann, wenn der kombinierten Wendung nach *Braxton-Hicks* sofort die Extraktion angeschlossen wurde, was allgemein als Kunstfehler galt. Da heutzutage, wie betont, bei vorliegendem Fruchtkuchen fast stets der Kaiserschnitt gemacht wird, so sind solche schwerwiegenden Ereignisse selten geworden. *Uterusrupturen*, namentlich violente, wie sie etwa bei unsachgemäßen Wendungen oder Placentarlösungen entstehen können, führen manchmal infolge innerer Blutung sehr rasch zum Tode. Es muß aber darauf aufmerksam gemacht werden, daß spontane Rupturen ohne die geringsten Symptome ab und zu einmal eintreten können, die dann meist nicht sofort bedrohliche Erscheinungen hervorrufen, aber im Wochenbette unvermittelt den Tod zur Folge haben können, der aber dann nicht durch die Blutung herbeigeführt worden ist, sondern durch eine Peritonitis. Leider sind solche Fälle nicht so selten, wie man im allgemeinen glaubt, und ihre eigentliche Ätiologie ist öfters sehr schwer zu eruieren und wird auch durch eine Autopsie nicht stets restlos geklärt. Nicht selten entstehen sie in alten Narben, heutzutage nahezu immer in früheren Kaiserschnittnarben, die schlecht verheilt sind. Durch die cervicale Schnittführung sind sie seltener geworden, aber noch nicht ganz verschwunden. Vor allem nach Sectio caesarea infolge Placenta praevia treten sie relativ gerne auf. *Walthard* hat daher den Rat gegeben, bei vorliegendem Fruchtkuchen nicht den cervicalen, sondern den korporealen Schnitt zu machen, ein Vorschlag, der allerdings nicht von allen Geburtshelfern befolgt wird, hauptsächlich deswegen, weil die Schnittsetzung im Corpus uteri schon an sich zur Ruptur bei einer späteren Geburt disponiert. Am besten scheint es zu sein, wenn man, dem Rate *Doerflers* folgend, den queren Schnitt im untern Uterinsegment vornimmt. Auf diese Weise können spätere Uterusrupturen mit fast absoluter Sicherheit vermieden werden, wenn die Technik und Asepsis eine einwandfreie ist. Die symptomlosen Uterusrupturen sind ganz besonders perfid, weil sie eben nicht die Veranlassung zu einem rechtzeitigen Eingriffe abgeben. Erst bei der gewöhnlich plötzlich eintretenden Verschlimmerung des Befindens im Wochenbett wird man dann auf schwerwiegende Störungen aufmerksam, und dann ist es meistens zu spät, indem eine Operation die bereits beginnende Peritonitis kaum mehr zu beheben vermag. In der Literatur sind verschiedene Fälle von spontaner Uterusruptur bei Uterusmißbildungen bekannt geworden, vor allem bei Uterus bicornis (*Kehrer*). *Hüssy* hat eine ähnliche Beobachtung machen können, die bis anhin aber nicht veröffentlicht wurde. Nicht immer handelt es sich um eine einfache Zerreißung, sondern um eine Abreißung im wahrsten Sinne des Wortes (Colpaporrhexis). Tritt so etwas ein, dann erfolgt natürlich in kürzester Zeit die Verblutung, wenn nicht sofort laparotomiert wird. Die Operation vermag allerdings nur in etwa 50 % der Fälle eine Heilung zu bringen. Uterusrupturen lassen sich also, wie aus dem Gesagten hervorgeht, durchaus nicht immer verhindern, und es wäre ein schwerer Fehler, wollte man deswegen stets den Arzt verantwortlich machen. Das darf nur dann geschehen, wenn offenkundige Kunstfehler sich nachweisen lassen, z. B. brutale Ausführung einer Wendung ohne Narkose (s. d. Art.: Geburt und gerichtl. Medizin). Gerade die nicht so seltenen Uterusrupturen ohne Symptome zeigen, daß eine Beurteilung des Einzelfalles, wenn er gerichtlich werden sollte, manchmal mit großen Schwierigkeiten verknüpft ist. Über die Verblutungsmöglichkeit bei der vorzeitigen Placentarlösung und die evtl. Gefahr der Atonie bei Eklampsie wurde bereits im ersten Abschnitte gesprochen. Eine weitere Ursache des plötzlichen Todes kann eine *komplette Uterusinversion* sein, die zwar in der Jetztzeit recht selten geworden ist, aber ebenfalls noch ab und zu einmal vorkommen kann. Sie ist allerdings fast immer auf eine unrichtige Behandlung der Nachgeburtsperiode zurückzuführen, insbesondere auf Zug an der Nabelschnur, der unter allen Umständen zu unterlassen ist, und auf gewaltsamen *Credé*schen Handgriff, insbesondere wenn er am nicht gut kontrahierten Uterus ausgeübt wird. Der plötzliche letale Ausgang in diesen Fällen ist wohl weniger auf die Blutung als auf den peritonealen Shock zu beziehen. *Varixblutungen* sind im ganzen erfreulicherweise selten, sind aber, wenn sie eintreten, von allergrößter Gefahr, indem sich die betr. Frauen in kürzester Zeit, meist bevor überhaupt Hilfe einsetzen könnte, verblutet haben. Von 18 Fällen, über die *Budin* und *Wüllner* berichtet haben, konnten nur zwei am Leben erhalten werden. In einer Beobachtung von *Dützmann* kam es zum letalen Ausgang beim Vorhandensein von Varicen am Damme, bevor nur die Dammnaht hätte gemacht werden können. Alle Versuche der Blutstillung blieben machtlos. Manchmal bilden sich nur *Hämatome*, die aber platzen können und dann zur tödlichen Verblutung die Veranlassung sind. Solche Beobachtungen sind u. a. von *Keilmann*, *Leopold* und *Känzig* mitgeteilt worden. *Teller* beschrieb einen Fall, wo während der Geburt ein Hämatom im Ligamentum latum entstand, das nachher in die Bauchhöhle durchbrach und zur tödlichen Hämorrhagie führte.

An dieser Stelle wäre noch eines, zwar seltenen

Ereignisses zu gedenken, das allerdings nicht das Leben der Mutter, wohl aber dasjenige des Kindes bedroht, die *Insertio velamentosa* der Nabelschnur, wo die Nabelschnurgefäße teilweise über die Eihäute verlaufen. Liegen sie im Bereiche des Blasensprungs, so kann es zu einer so starken Blutung kommen, daß die Frucht bald abstirbt. Eine Diagnose ist nur äußerst schwer zu stellen. Es muß an dieses Vorkommnis dann gedacht werden, wenn sofort nach Blasensprung eine mehr oder minder starke Blutung einsetzt, wenn die Mutter dadurch in keiner Weise berührt wird und wenn die Herztöne des Kindes daraufhin schlecht werden und in Kürze überhaupt verschwinden. Es hat dann eben eine Verblutung des Foetus aus den Nabelschnurgefäßen stattgefunden. Eine rechtzeitige Hilfe wird kaum stets möglich sein, es sei denn, der Kopf wäre bereits tief ins Becken eingetreten und die Anlegung der Zange läge im Bereiche der Möglichkeit. Ähnlich ist die Sachlage beim *Nabelschnurvorfall*, der immerhin bedeutend leichter zu erkennen ist, bei dem aber ebenfalls eine wirksame Intervention nicht immer möglich sein dürfte.

D. *Schwangerschaftsileus:* Es kommt ein *Ileus* in der Gravidität vor, der allein durch den Gestationszustand bedingt ist, ganz abgesehen von denjenigen Fällen, die auch außerhalb desselben zu beobachten sind und die meist bedingt sind durch Adhäsionen (Bridenbildung, Volvulus), Tumoren oder lange Mesenterien. Nur selten ist immerhin die schwangere oder puerperale Gebärmutter der direkte Anlaß zu einem Ileus. Als besonders kritisch sind nach *Knauer* drei Zeitpunkte anzusehen: Der vierte Monat, wenn der Uterus aus dem kleinen Becken in die Bauchhöhle hinaufsteigt, das Eintreten des Kindskopfes am Ende der Gravidität und endlich das plötzliche Kleinerwerden des Uterus nach der Geburt. Daß auch eine eingeklemmte, retroflektierte Gebärmutter zu einem Ileus führen kann, genau wie zu einer Ischuria paradoxa mit ihren gefährlichen Folgen, liegt auf der Hand. Es kann zu Darmgangrän, Darmabknickung und schließlich zur Peritonitis kommen. Solche Beobachtungen sind gewiß selten, sie sind es aber nur deswegen, weil eben doch meist die Grundursache der Störung, die Retroflexio uteri incarcerata, bei zeiten entdeckt und sachgemäß behandelt wird.

E. *Luftembolie:* Zu den plötzlichen Todesursachen, die mit dem Gestationszustande in unmittelbarem Zusammenhange stehen, gehört auch die Luftembolie (s. d.), die allerdings vorwiegend bei kriminellen Eingriffen vorkommt, seltener spontan oder nach geburtshilflichen Eingriffen eintritt. In der Schwangerschaft selbst ist dieses Ereignis jedenfalls eine große Seltenheit, wenn es überhaupt vorkommt, ausgenommen natürlich die eben erwähnten Abtreibungshandlungen, in bezug auf welche auf den Artikel: Fruchtabtreibung verwiesen sei. Bei gewissen geburtshilflichen Operationen, wie den Wendungen und namentlich den manuellen Placentarlösungen kann Luft in die Gebärmutterhöhle gelangen und dann von den offenstehenden Venen angesaugt werden. *Hüssy* hat einen solchen Fall nach Ausführung der Placentarlösung durch einen Assistenten gesehen, der den Fehler gemacht hatte, die operierende Hand nicht langsam und ruhig, sondern mit Pumpbewegungen in den Uterus einzuführen. Die Frau war nicht mehr zu retten und starb kurze Zeit nachher. Die Obduktion bestätigte den Verdacht auf Luftembolie. Daß auch bei Kaiserschnitten gelegentlich solche unliebsamen Ereignisse passieren, wurde u. a. von *Meyer* mitgeteilt. *Hüssy* sah sogar einmal eine Luftembolie bei der Operation einer vorgeschrittenen Extrauteringravidität auftreten. Der sehr seltene Fall wurde von *Frei* publi-

ziert. Lufteinsaugung oder Lufteinpressung sind demnach die Ursachen des unheilvollen Vorkommnisses, das stets in kürzester Zeit zum Exitus letalis führt und gegen das momentan noch keine sichere Behandlungsweise bekannt ist. Man streitet sich sogar noch darüber, ob Flachlagerung oder Aufsetzen der Patientin besser sei. Nur durch eine sehr exakte Obduktion kann man die Existenz einer Luftembolie mit Sicherheit nachweisen, was unter Umständen forensisch von großer Wichtigkeit sein kann. Es muß daher in diesen Fällen der Obduzent immer auf die Möglichkeit eines solchen Ereignisses aufmerksam gemacht werden, damit er sich entsprechend verhält. Zu der Zeit, als der „*Nassauer*sche Sikkator" zur Pulverbehandlung der Kolpitis im Gebrauche war, hat *Hamm* nach Anwendung des Instrumentes eine tödliche Luftembolie bei einer Gravida am Ende der Schwangerschaft erlebt, weswegen dann mit Recht diese Methode bei schwangeren Frauen verlassen wurde. Über ein ähnliches Ereignis berichtete seinerzeit *Köhler* nach Ausführung der von *Warnekros* empfohlenen Ätherdampfbehandlung des febrilen Abortes. In der älteren Literatur findet sich eine Beobachtung *Scanzonis*, wo sich beim Versuche der Einleitung einer Frühgeburt mittels Kohlensäure eine Luftembolie ereignete. Vor der Beckenhochlagerung bei geburtshilflichen Operationen hat vor allem *Opitz* gewarnt, weil er darin eine Begünstigung zum Eintritte von Luft in evtl. geöffnete Venen erblickte. Dieser Autor machte auch darauf aufmerksam, daß beim *v. Winckel*schen Handgriffe, bei dem bekanntlich zur Beantwortung der Frage der erfolgten oder nicht eingetretenen Placentarlösung der Uterus durch Eindrücken der Hand oberhalb der Symphyse hochgeschoben wird, Luft, gelegentlich mit hörbarem Geräusche, in die Scheide eindringen kann und dann bei Expression des Fruchtkuchens möglicherweise in die Beckenvenen gelangt. *Haselhorst* und *Amreich* sind diejenigen Autoren, die experimentell und klinisch den Mechanismus der Luftembolie vor allem genau studiert haben. Seltener als die plötzlich einsetzende tödliche Embolie ist die protrahierte, die meist auch zu einem ungünstigen Ausgange führt und häufiger nach kriminellen Eingriffen als nach Geburten zur Beobachtung gelangt. In den Fällen von *Zorn*, *Hübl* und *Lesser* sowie *Fink* handelte es sich um Wendungen bei Placenta praevia, und der Tod erfolgte jeweils erst 6—8 Stunden nach dem operativen Eingriffe. Eine cerebrale Luftembolie wurde sehr selten bei Wendung zufolge Placenta praevia beobachtet (*Esch, Lesser, Neidhardt, Walcher*) und nach Abtreibung (*Neller*).

Ein akut tödlich endendes Krankheitsbild, das demjenigen der Luftembolie recht ähnlich sieht, kann durch die *Gasbacillensepsis* hervorgerufen werden, immerhin auch Fälle, die zu den allergrößten Seltenheiten gehören. In einer Beobachtung von *Scheidler-Engelmann* waren keine Zeichen einer spezifischen Infektion vorhanden. Wendung und Extraktion bei einer von der Hebamme mehrfach vaginal untersuchten IX-Para. Atonie. Drei Stunden p.p. plötzlicher Tod unter dyspnoischen Erscheinungen. Erst bei der Sektion konnte die wahre Ursache, eine Gasbacillensepsis, aufgedeckt werden. *Naujoks* sah ein *malignes Ödem* bei einem Aborte, wo ebenfalls der Exitus letalis recht rasch eintrat.

F. *Sepsis:* Plötzliche Todesfälle an Sepsis sind im allgemeinen während des Gestationszustandes nicht häufig, werden aber doch ab und zu einmal beobachtet. Sie können sich bei hochvirulenten Infektionen mit rapider Metastasenbildung ereignen, z. B. bei Lokalisation im Endokard und an den Herzklappen. Dasselbe kann gesagt werden bei Perforationsperitonitis infolge Ruptur eines Eiterherdes oder eines infizierten Tumors resp. Zerreißung eines Darmstückes. Es kann zufolge Sepsis auch zum Verblutungstode kommen, weil dann alle Mittel der Blutstillung, selbst der operative Eingriff mit Bluttransfusion versagen müssen. In dieses Kapitel würde auch der unerwartet eintretende Tod bei einer septischen Thrombenlösung gehören. Dagegen können die Todesfälle bei Puerperalfieber nicht hierher gerechnet werden, da sie zwar manchmal recht rasch und unvermittelt, aber doch wohl kaum unerwartet einsetzen.

*II. Die mit dem Gestationszustande in mittelbarem Zusammenhange stehenden Ursachen eines plötzlichen Todes.*

A. *Gehirnveränderungen: Hirnblutungen* sind, vor allem während und nach der Geburt nicht sehr seltene Ereignisse. Sie können die Folge einer Eklampsie sein óder mit Nieren- resp. Herzerkrankungen im Zusammenhange stehen. Das gleiche gilt für die *Hirngliome. Knauer, Leisewitz* und *E. Vogt* konnten Fälle publizieren, wo es infolge dieser Tumoren zum plötzlichen Tode in der Schwangerschaft oder im Wochenbette gekommen war. Ab und zu kann ein *Gehirnödem* die Ursache des unerwarteten Exitus letalis sein, entweder das akute toxische oder das kongestive bei chronischer Bleivergiftung oder das im epileptischen Anfalle auftretende akute. Die Komplikation mit Schwangerschaft oder Geburt kann in all diesen Fällen die Veranlassung zur ungünstigen Wendung darstellen. Nach *Knauer* sind bislang folgende Fälle bekanntgeworden: *Dittrich* (Ruptur der Art. meningea med.), *Ehrendorfer* (Thrombose des Hirnsinus), *Runge* und *Sommerbrot* (Maligne Hirntumoren), *Cathala* (Hirnsarkom am Ende der Gravidität), *Seuffert* (Tod unter der Geburt bei Gliosarkom des Hinterhauptslappens), *Zweifel* (Osteom der Hirnhäute über dem verlängerten Marke), *Venn* (Akute eitrige Meningits), *Schatz* (Absceß des linken Corpus striatum), *Engelmann* (Tuberkulöse Meningitis. Tod am Ende der Gravidität), *Seuffert* (Tuberkulöse Meningitis).

*Hirnabscesse* können gelegentlich eine Eklampsie vortäuschen und ebenfalls in Kürze zum Tode führen. *Hüssy* konnte eine solche Beobachtung machen, wo nach einem scheinbar leichten eklamptischen Anfalle plötzlich der Exitus eintrat und wo erst durch die Sektion der wahre Sachverhalt aufgedeckt wurde. Gewiß sind solche Fälle Seltenheiten, aber es muß daran gedacht werden, und sie zeigen auch wieder, wie wichtig die Leichenöffnung ist, die bei unklaren Todesfällen niemals umgangen werden sollte, zumal dadurch meistens der Arzt gedeckt wird.

B. *Erkrankungen der Schilddrüse:* Wie *Knauer* mit Recht schreibt, ist der *Kropf* eine Organerkrankung, die außerordentlich stark unter dem Einflusse des Gestationszustandes steht. Es kann sowohl in der Schwangerschaft als auch unter der Geburt zum plötzlichen Kropftode, einem Erstickungstode kommen. Außerdem kann auch durch Entzündungen (Strumitis), durch bösartige Geschwülste oder durch Blutungen in den Kropf während der Schwangerschaft eine plötzlich auftretende Erstickungsgefahr zustande kommen. Eine besondere Form des Kropfes während der Geburt ist der „goitre puerpéral" der Franzosen, bei welchem es zu einer außerordentlich raschen Vergrößerung kommt, die zu gefährlichen Störungen, ja zum akuten Tode der Veranlassung sein kann. Häufig sieht man allerdings diese Fälle glücklicherweise nicht. *Hüssy* sah unter mehr als 30 000 Geburten ein einziges Mal wegen Kropfes den Tod eintreten und zwar trotz rechtzeitig durchgeführter Tracheotomie. *Ewald* meint, es handle sich

bei diesen Todesfällen um eine Lähmung der nervi recurrentes, *Malade* erwähnt eine Beobachtung, bei welcher durch Druck auf die großen Halsgefäße eine tödliche Gehirnanämie eintrat. Beim *chronischen Kropf* ist der Tod gewöhnlich nicht auf Erstickung, sondern auf Schädigung des Herzens zurückzuführen (Kropfherz), das im Gestationszustande öfters den Anforderungen nicht mehr gewachsen ist und dann akut versagen kann. Besonders gefährlich sind die substernalen Kröpfe, wie aus einem Beispiel *Knauers* hervorgeht und wie auch der oben zitierte Fall von *Hüssy* zeigt. Der Einfluß der Schwangerschaft auf die *Basedowerkrankung* ist noch nicht völlig geklärt, und es gibt sogar Autoren, welche von einer günstigen Beeinflussung sprechen. Trotzdem sind einwandsfreie Fälle bekanntgeworden, welche im Gestationszustande einen tödlichen Verlauf genommen haben. *Seitz* führt in einer Sammelstatistik eine Beobachtung an, wo im Wochenbette plötzlicher Herztod bei Struma und *Basedow*krankheit eintrat. Von schlechter Prognose ist in der Schwangerschaft ferner die *Tetanie,* die in 7 % den Tod nach sich zieht, vor allem wegen gleichzeitiger Mitbeteiligung der Atemmuskulatur. Die Todesfälle ereignen sich aber erst im Wochenbette und treten anscheinend nicht plötzlich auf, zum mindesten nicht unerwartet.

C. *Diabetes:* Diese Erkrankung ist im allgemeinen während des Gestationszustandes nicht sehr häufig, auch gehören Todesfälle deswegen zur Zeit von Gravidität und Geburt zu den Seltenheiten. Heutzutage kann auch meist der üble Ausgang durch eine entsprechende Behandlung vermieden werden. Deshalb ist in den meisten Beobachtungen die Unterbrechung der Schwangerschaft nicht mehr notwendig (s. d. Art.: Medizinische Indikationen zur Schwangerschaftsunterbrechung). Von *Umber* liegt die seltene Mitteilung eines unvermutet raschen Todes zufolge Diabetes in der Schwangerschaft vor. Ganz kürzlich hat *Tonkes* einen analogen Fall bekanntgegeben.

D. *Thrombenembolie:* Es ist das leider eine nicht seltene Ursache für den unerwartet plötzlichen Tod während aller Perioden der Gestationszeit, in der Gravidität und unter der Geburt allerdings nicht häufig, dagegen viel beobachtet im Wochenbette. Namentlich nach operativen Geburten aller Art häufen sich diese bedauerlichen Zufälle, die aber auch nach ganz spontanen und unkomplizierten Geburten auftreten können. Jeder Geburtshelfer kennt diese erschütternden Ereignisse, wo scheinbar ganz gesunde Frauen urplötzlich zusammenbrechen und in wenigen Minuten tot sind. Es macht den Eindruck, als seien Thrombose und Embolie durch das Frühaufstehen und die systematische Gymnastik im Wochenbette etwas zurückgegangen, aber der ganz sichere Beweis hierfür steht noch aus. Ob die Blutegelbehandlung (*Hamm*), die Hochlagerung des Fußendes des Bettes (*Schmid*), die Sympatolprophylaxe (*König*) u. a. m. bessere Resultate ergeben werden, ist noch nicht geklärt. Jedenfalls treten überall von Zeit zu Zeit diese leidigen Erscheinungen wieder auf, die offenbar auch an bestimmte Wetterperioden gebunden zu sein scheinen, so daß zu gewissen Jahresperioden (Föhnperioden) Häufungen auftreten können. Am gefährlichsten sind die oft symptomlosen Beckenvenenthrombosen, weil man dann ohne Vorboten von dem Ereignis der Embolie überrascht wird. Keinesfalls gehen immer Anzeichen voraus, wie etwa der *Mahler*sche Kletterpuls oder leicht subfebrile Temperaturen. Bei der Femoralthrombose wird man meist beizeiten auf die drohende Gefahr aufmerksam und kann dann durch entsprechende vorsorgliche Therapie wenigstens vorbeugend wirken, allerdings, wie allgemein bekannt, auch nicht stets mit dem gewünschten Erfolge. Im allgemeinen darf gesagt werden, daß diejenigen Thrombosen, die mit hohem Fieber verlaufen, als günstiger anzusprechen sind als diejenigen, die ohne Temperaturen verlaufen, weil sich bei den letzteren die Thromben leichter von der Venenwand losreißen. Unmittelbare Gelegenheitsursache für eine Embolie im Puerperium ist bekanntlich, wie auch *Kehrer* und *Knauer* hervorheben, eine akute Blutdrucksteigerung, wie sie bei psychischer Erregung, starkem Niesen, Würgen, Erbrechen, Lachen oder körperlicher Anstrengung (Schwierigkeiten bei der Defäkation usw.) auftreten kann. Nicht stets erfolgt der Tod ganz plötzlich, es gibt auch protrahierte Lungenembolien, wobei sich der äußerst bedrohliche Zustand mit Dyspnoe und evtl. Bewußtlosigkeit über einige Zeit hinzieht. Das wären diejenigen Fälle, bei denen unter Umständen die heroische *Trendelenburg*operation gelingen könnte. Da sich aber Embolien gerne wiederholen, so ist auch bei Gelingen dieses sehr schwierigen Eingriffes die Rettung der betr. Patientin noch nicht absolut verbürgt. Im übrigen führt die Thromboembolie doch wohl meist so rasch zum Exitus letalis, daß jedwede Hilfe zu spät kommen muß. Erholt sich aber die Frau, so ist auch die Operation nicht notwendig. Wie oft kommt es doch vor, daß eine Patientin mehrere Embolien glatt übersteht und schließlich geheilt entlassen werden kann. Bleibt aber ein großes Gerinnsel im rechten Herzen stecken, so kommt es zur momentanen Herzlähmung, ebenso wenn plötzlich die Pulmonalarterie verstopft wird und damit der kleine Kreislauf unvermittelt ausgeschaltet ist. Sehr selten ist die arterielle oder paradoxe Embolie, die theoretisch nur dann eintreten kann, wenn ein offenes Foramen ovale vorhanden ist. *Hüssy* hat kürzlich einen solchen Fall gesehen. Es mußte der betroffene Unterschenkel amputiert werden. Die zweite Geburt erfolgte dann komplikationslos. Eine Thrombose trat nicht mehr ein. Nach den großen Statistiken von *Fehling* und *Wermbter* ist die Häufigkeit der Embolie im Wochenbette auf etwa 0,06 % zu veranschlagen, währenddem das Ereignis sich nach gynäkologischen Operationen weit häufiger, nämlich in 0,86 % einstellt. Als Rarität sind die Thromboembolien in der Gravidität anzusprechen. *Hüssy* sah einen solchen Fall bei einer III-Para im 7. Monate der Schwangerschaft, als die betr. Frau zur Begrüßung ihrer eingetroffenen Mutter sehr rasch die Treppe hinuntereilte und dieser tot in die Arme fiel. Weitere Beobachtungen dieser Art liegen von *Deucher* und *Katz* vor. *Natwig* erlebte ebenfalls einen ähnlichen Fall, allerdings unmittelbar nach der Geburt und bei gleichzeitigem Vorhandensein eines großen Myoms. Eine Gehirnembolie (paradoxe Embolie) sah *Neumann* bei einer 38jährigen Wöchnerin acht Tage nach der Geburt. Es wurde zunächst ein apoplektischer Insult diagnostiziert und der richtige Sachverhalt erst bei der Obduktion entdeckt. Vereinzelt stehen die beiden Fälle aus dem Wiener gerichtlich-medizinischen Institute da, bei denen sich eine gleichzeitige Luft- und Thromboembolie fand.

E. *Herzerkrankungen:* Ich verweise hier auf den Artikel: Medizinische Indikationen zur Schwangerschaftsunterbrechung, in welchem die Beziehungen der Herzerkrankungen zu den Gestationsvorgängen genau beschrieben sind. Es erübrigt sich deshalb, in diesem Abschnitt noch eingehender über diese Komplikationen zu sprechen. Erwähnt sei nur, daß plötzliche Todesfälle in der Schwangerschaft wegen Herzkrankheiten selten sind, wenn sie auch immerhin ab und zu zur Beobachtung gelangen, daß aber das Geburtstrauma zu unvermitteltem Exitus letalis führen kann und daß im Wochenbette wiederum der

unerwartete Tod nur selten eintritt. Man wird in allen Fällen von Herzerkrankung sich genau überlegen müssen, ob eine Gravidität unterbrochen werden soll oder nicht. Die Indikationsstellung ist nicht immer eine einfache und muß dem Internisten überlassen werden, der allein über die nötige Erfahrung verfügen kann. Immerhin sind natürlich auch die entsprechenden Erfahrungen des Geburtshelfers zu berücksichtigen. Auf die verschiedenen Ansichten soll hier nicht mehr zurückgekommen werden, sie wurden im oben zitierten Artikel ausführlich wiedergegeben. *Knauer* neigt zur Ansicht, daß es vor allem die *Mitralstenosen* seien, die im Gestationszustande zu einer Verschlimmerung neigen. Diesen Standpunkt hat auch *Hüssy* immer vertreten, er wurde aber vor allem von *v. Jaschke* nicht gebilligt. Es ist aber darauf aufmerksam zu machen, daß bei den meisten Todesfällen, die während der Gravidität oder im Wochenbette plötzlich erfolgten, eine Mitralstenose mit im Spiele war, allerdings häufig kombiniert mit andern Klappenfehlern oder Myokarditis. Es sind Beobachtungen bekannt, wo wegen Herzfehlers schon in der Frühgravidität der Exitus letalis zufolge ganz unvermittelt auftretender akuter Dekompensation auftrat. Das körperliche Trauma der Geburt stellt natürlich mehr oder weniger große Anforderungen an das kranke Herz, so daß es nicht verwunderlich ist, wenn sich während des Partus ein Versagen des Organs ganz plötzlich einstellt. Es ist daher von einzelnen Autoren, so auch von *v. Herff* angelegentlich empfohlen worden, bei bedrohlichen Herzaffektionen den Kaiserschnitt in Lokalanästhesie vorzunehmen, um die Geburtsarbeit zu umgehen. Immerhin bedeutet natürlich auch die Schnittentbindung einen gewissen Shock, der manchmal nicht überwunden wird. Auf jeden Fall muß aber stets versucht werden, die Austreibungsperiode abzukürzen, da beim Pressen die größte Anstrengung vorhanden ist. Nicht immer wird es aber gelingen, so schwerkranken Frauen noch die Rettung aus Lebensgefahr zu bringen. Das Unangenehme ist das, daß im allgemeinen die Herzklappenfehler in der Gravidität unberechenbar sind und daß manchmal scheinbar schwere Affektionen ohne weiteres den Gestationszustand überstehen, während anscheinend leichte plötzlich den Tod zur Folge haben können. Vielleicht wird in dieser Beziehung das Elektrokardiogramm Abhilfe schaffen. Daß *Kranzarteriensklerose* ab und zu einen unheilvollen Ausgang während des Gestationszustandes bedingen kann, ist verständlich, aber im allgemeinen sind doch solche Beobachtungen sehr selten, wohl deshalb, weil diese Erkrankung im gebärfähigen Alter nicht häufig zu Gesicht kommt. Einschlägige Fälle wurden von *Kolisko* (Tod ein Monat nach der Entbindung) und *Katz* (Tod zu Beginn der Geburt) beschrieben. Sehr rar ist auch die *spontane Zerreißung der Aorta,* von welchem Ereignis während Schwangerschaft und Geburt nur wenige Fälle bekannt geworden sind. Gewöhnlich erfolgte der plötzliche Tod zu Beginn der Geburt, wie in den Beobachtungen von *Heinricius, Kosminski, Weißwange, Sebold* und *Katz.* Von der *Isthmusstenose der Aorta,* die durch Erlahmung des hypertrophischen Herzens oder ebenfalls durch Ruptur der Hauptschlagader zum unvermittelten Tode führen kann, ist nur ein einziger Fall in der Weltliteratur publiziert worden und zwar von *Katz.* Die 25jährige, am Ende der Gravidität stehende Frau stürzte beim Genusse eines Glases Wasser nach einem aufsteigenden Schmerzgefühl im Halse tot zusammen, und die Obduktion ergab den eben angegebenen Grund für den plötzlichen Exitus. Daß auch die Ruptur eines *Aortenaneurysmas* den unerwarteten Tod während einer Gravidität oder unter der Geburt veranlasssen kann, ist ohne weiteres verständlich (*Kaufmann, Haberda, Gutner, Bohnen, Böhm* und *Übermuth, Ziemke*). Der akute *Herzblock* als Folge einer Erkrankung des Reizleitungssystems kann wie außerhalb der Schwangerschaft ebenfalls die Ursache eines letalen Ausganges sein. *H. Freund* teilte eine solche Beobachtung bei einer Frühgeburt mit. Andrerseits sind aber auch Fälle bekannt, wo trotz eines Herzblockes der Tod nicht eingetreten ist (*Fetzer*). Ein sehr gefährliches Ereignis ist natürlich auch die *eitrige Myokarditis*, ferner das Vorhandensein von *Herzschwielen* (*Knauer*). Im Falle *Koliskos* trat eine eitrige Myokarditis als Folge eines Abortes ein, wobei aber wohl doch an eine allgemeine Sepsis gedacht werden muß. Von sehr ernster Bedeutung ist während der Geburt und besonders im Wochenbette die hochgradige *Kyphoskoliose*, die in kürzester Zeit durch Herzlähmung einen ganz plötzlichen Tod veranlassen kann, wie aus den entsprechenden Beobachtungen von *E. Vogt* und *Klaften* sowie anderer Autoren einwandfrei hervorgeht. Bei schwerer Dekompensation in der Schwangerschaft ist daher bei hochgradiger Kyphoskoliose unbedingt die Unterbrechung der bestehenden Gravidität in Betracht zu ziehen, da auch der Kaiserschnitt in Lokalanästhesie gar nicht immer die Gefahren beheben kann (*Kehrer, P. Klein*).

F. *Lungenkrankheiten:* Als Ursache eines plötzlichen Todes im Gestationszustande kommt fast nur die *Pneumonie* in Frage und zwar meistens die croupöse Form, daneben allerdings auch die Grippelungenentzündung, wie man bei der Epidemie 1918 reichlich zu beobachten Gelegenheit hatte. Damals verstarben die betroffenen Frauen manchmal äußerst rasch, vor allem am Ende der Gravidität oder kurz nach der Geburt. Nicht stets wirkte sich die Entleerung des Uterus günstig aus, im Gegenteil. Öfters macht man die Beobachtung, daß die Krankheitserscheinungen bis zum unerwarteten Tode auffallend geringe sind, gelegentlich so wenig beschwerdemachend, daß die Frauen sogar noch ihrem Berufe nachgingen, um dann ganz unerwartet vom Tode überrascht zu werden. *Hüssy* sah 1918 eine Arztfrau an Grippepneumonie zugrunde gehen, die noch wenige Stunden vor dem Tode überhaupt keine wesentlichen Krankheitssymptome aufgewiesen hatte. Dann aber ging es rapid zu Ende, es stellte sich hochgradige Cyanose und Dyspnoe ein, und unentbunden starb die Patientin ganz kurz vor dem Termin. *Katz* teilte einen Fall mit, wo eine 42jährige, im siebenten Monat der Schwangerschaft stehende Mehrgebährende abortierte und kurz nachher verstarb. Ärztliche Hilfe war vorher nicht in Anspruch genommen worden, und erst die Autopsie zeigte das Vorhandensein einer croupösen Pneumonie. Die Grippepneumonien sind für die schwangeren Frauen noch gefährlicher als für die andern Patienten, und die Mortalität war im Gestationszustande nahezu doppelt so hoch als sonst, wie die Epidemie 1918/19 mit Nachdruck bewiesen hat. Daß es auch bei *Lungentuberkulose* einmal zu einem unerwarteten Exitus letalis kommen kann, wenn auch sehr selten, beweist eine Beobachtung von *Katz*.

G. *Nierenerkrankungen:* Wenn auch nicht häufig, so kann doch auch bei solchen Krankheiten einmal ein plötzlicher Tod eintreten, insbesondere weil sie durch die hinzugetretene Schwangerschaft gewöhnlich rasch verschlimmert werden, so daß insbesondere bei *chronischer Nephritis* ab und zu einmal ganz unerwartet eine rapid zum Exitus letalis führende Urämie sich einstellen kann, anderenteils kann es auch, wie in zwei von *Katz* mitgeteilten Fällen, zu akutem Hirnödem kommen. In gewissen Beobachtungen erfolgte der Tod unvermittelt an einer Herzschwäche, vor allem im Wochenbette (*Zangemeister*).

H. *Rupturen von Bauchorganen: Spontanrupturen* von Milz und Leber, ohne daß eine Gewalteinwirkung vorangegangen wäre, gehören jedenfalls ins Gebiet der Raritäten, sind aber von einigen Autoren während einer Schwangerschaft beobachtet worden, vorwiegend solche der Milz (*Schwing, Le Lorier, Hubhard, Simpson* u. a.).

J. *Pankreaserkrankungen:* Wenn schon außerhalb des Gestationszustandes Krankheiten des Pankreas recht selten sind, so trifft das noch mehr zu für Schwangerschaft und Geburt. So liegt eine vereinzelte Beobachtung von *Sänger* über das Zusammentreffen mit einer *akuten Pankreasnekrose* vor, die dann allerdings den plötzlichen Tod verursachte. Nach *Kehrer* ist noch ein ähnlicher Fall von *Ellerbroek* zu den Pankreasnekrosen zu rechnen.

K. *Status thymico-lymphaticus* (s. d.): Einen plötzlichen Tod zufolge dieses Zustandes während der Geburt erwähnt *Romberg*. Einige Autoren haben Beobachtungen mitgeteilt (*E. Vogt, Mansfeld, Goldzieher*), bei denen es zufolge eines Status thymicolymphaticus zu einer tödlichen atonischen Nachblutung kam. *Mathias* berichtet über einen plötzlichen Todesfall unmittelbar nach der Geburt, Beckenausgangszange in leichter Chloroformnarkose, wo man zunächst eine Luft- oder Thromboembolie vermutet hatte, während die Sektion ebenfalls einen Status thymo-lymphaticus ergab, ohne daß eine andere Ursache für den Exitus hätte gefunden werden können.

L. *Ungeklärte Ursachen:* In diese Rubrik kann man alle diejenigen Fälle zusammenfassen, die einem sog. Shock zum Opfer gefallen sein sollen, ein noch unbestimmter und keineswegs völlig geklärter Begriff. Schon *Ahlfeld* berichtete seinerzeit über plötzliche Todesfälle nach intrauterinen Spülungen, und *Knauer* sah ein ähnliches Ereignis nach einer Irrigation mit 70%igem Spiritus eintreten, wo bei der Obduktion im venösen Gefäßsystem ausgedehnte Gerinnungen vorgefunden wurden. Ob diese in einem direkten Zusammenhange mit der Spülung standen, konnte nicht mit Sicherheit eruiert werden. *Kehrer* hat dem Entbindungsshock ein längeres Kapitel gewidmet und weist darauf hin, daß schon durch eine außergewöhnlich stürmische Wehentätigkeit, durch eine Sturzgeburt, sehr schnellen Abfluß einer größeren Fruchtwassermenge ein solcher reflektorischer Shock ausgelöst werden kann. Auch der psychische Shock kann eine gewisse Rolle spielen, wie übrigens bereits im Artikel: Abort und Unfall ausgeführt worden ist. Daneben soll noch ein sogenannter vagotonischer Shock vorkommen, hervorgerufen durch Erschütterung der Baucheingeweide, ferner der akut-anämische (Aortenkompression). *Kehrer* erlebte mehrmals eine Shockwirkung nach *Credé*schem Handgriffe, hingegen ist doch wohl zu betonen, daß das nur dann der Fall ist, wenn entweder die betr. Frauen schon viel Blut verloren haben oder wenn die Manipulation massiv durchgeführt wird. Allgemeine Regel ist wohl doch die, daß man den *Credé*schen Handgriff sofort in Narkose durchführen sollte, wenn er ohne solche nicht leicht gelingt. Bei Nephropathien soll dieser Handgriff besonders schlecht vertragen werden (*Kehrer*). Es wird also kein Zweifel darüber bestehen können, daß man ab und zu einmal einen Fall von plötzlichem Tode unter der Geburt erlebt, der sich bei der Autopsie nicht ohne weiteres erklären läßt, wo also nichts anderes übrig bleibt, als irgendeine Shockwirkung anzunehmen. Bevor man sich aber zu einer derartigen Diagnose entschließen darf, müssen alle anderen Möglichkeiten, insbesondere eine Luftembolie mit Sicherheit ausgeschaltet werden.

Aus dieser Übersicht geht hervor, daß es eine ganze Menge von tödlichen Ereignissen während des

Gestationszustandes gibt, die ganz unvermutet und plötzlich eintreten können. In den allermeisten Fällen gelingt die richtige Diagnose erst bei der Autopsie, da man bei der Schnelle des erfolgenden Todes fast stets keine Zeit mehr zu einer genauen Untersuchung aufbringen kann. Es wird sich daher meist nur um Vermutungen handeln, und der eigentliche Sachverhalt enthüllt sich erst bei der Leichenöffnung, in seltenen Fällen sogar nicht einmal dann. Es wäre jedenfalls ganz verfehlt, wollte man dem Arzte einen Vorwurf machen, falls unter der Geburt oder in der Schwangerschaft resp. im Wochenbette ein plötzlicher Exitus letalis erfolgt. Er wird fast immer durch die Obduktion entlastet werden, gewisse Fälle natürlich ausgenommen. Es ist forensisch von allergrößter Bedeutung, daß solche unklaren Todesfälle restlos aufgeklärt werden, um eine evtl. Verantwortlichkeit des Arztes oder der Hebamme von vornherein ablehnen zu können. Daß dazu eine Autopsie notwendig ist, dürfte ohne weiteres klar sein. Es ist aber auch im Interesse der Ärzte, daß sie in solchen Unglücksfällen von sich aus die Sektion der Leiche verlangen, um gegen alle evtl. Anwürfe gefeit zu sein. Die unvermutet schnellen Todesfälle im Gestationszustande haben etwas Erschütterndes an sich und wirken vor allem auf die Angehörigen niederschmetternd. Daß natürlich stets nach einem Sündenbocke gefahndet wird, liegt auf der Hand. Gerade deswegen sollte niemals die Autopsie unterlassen werden, die allein imstande ist, die Sachlage restlos zu klären. Sie muß aber selbstredend von einem Fachmanne durchgeführt werden, sonst hat sie keinen Wert und kann ebensogut unterbleiben.

*Schrifttum.*

*Ahlfeld:* Lehrbuch der Geb. 1. Aufl. Leipzig 1900. — *Fellner:* Herz und Schwangerschaft. Mschr. Geburtsh. **1901.** — *Hüssy:* Frühe Schwangerschaftstoxikosen. Zbl. Gynäk. **1933,** 9. — *Hüssy:* Akutes Lungenoedem in der Schwangerschaft. Helvet. med. Acta **4/6** (1937). — *Katz:* Über den plötzlichen natürlichen Tod in der Schwangerschaft usw. Arch. Gynäk. **1922.** — *Kehrer:* Der unvermutet schnelle Tod in der Schwangerschaft usw. Stuttgart 1934. — *Kehrer:* Blutungen im Wochenbett. *Müllers* Handb. f. Geb. München 1889. — *Klaften:* Gestationsverhältnisse bei Kyphoskoliotischen. Arch. Gynäk. **129,** 550. — *Knauer:* Der plötzliche Tod in Schwangerschaft usw. Handb. *Halban-Seitz.* **VIII/1,** 993. — *Köhler:* Plötzlicher Tod nach der Geburt bei Kyphoskoliose. Zbl. Gynäk. **1918,** 1. — *Kolisko:* Plötzlicher Tod aus natürlicher Ursache. Handb. der ärztlichen Sachverständigentätigkeit von *Dittrich,* **II,** 793. Wien 1900. — *Labhardt:* Anatomische Grundlage der Post-partum-Blutungen. Zbl. Gynäk. **1910.** — *Ludwig:* Ileus bei Schwangerschaft usw. Z. Geburtsh. **1914,** 324. — *Mathias:* Zur Lehre vom Status hypoplasticus. Mschr. Geburtsh. **1920,** 249. — *Meyer-Rüegg:* Plötzlicher Tod unter der Geb. *v. Winckels* Handb. der Geb. **II.** Wiesbaden 1905. — *Neumann:* Plötzliche Todesfälle im Wochenbette. Zbl. Gynäk. **1925.** — *Richter:* Gerichtsärztliche Diagnostik. Wiesbaden 1905. — *Schickele:* Toxikosen in der Gravidität. Münch. med. Wschr. **1909,** 1503. — *Schulte:* Tod an Luftembolie im Wochenbett. Inaug.-Diss. Gießen 1908. — *Steiner:* Placenta accreta totalis. Zbl. Gynäk. **1937,** 3. — *Stumpf:* Plötzliche Todesfälle während und nach der Geburt. *v. Winckels* Handb. der Geb. **III.** Wiesbaden 1907. — *Tonkes:* Coma diabeticum in der Gravidität. Zbl. Gynäk. **1938,** 23. — *Umber:* Über Coma diabeticum bei Schwangern. Dtsch. med. Wschr. **1920,** 28. — *Vogt, E.:* Hirntumor im Wochenbett. Verh. dtsch. Ges. Gynäk. **1913.** — *Vogt, E.:* Tödliche Atonie usw. Verh. dtsch. Ges. Gynäk. **1913.** — *Zangemeister:* Plötzlicher Tod nach der Entbindung. *Doederleins* Handb. der Geb. **III.** Wiesbaden 1925. — *Zweifel:* Die plötzlichen Todesfälle in Schwangerschaft usw. *Doederleins* Handb. der Geb. **III.** Wiesbaden 1925. **Hüsy.**

**Pneumokokken** siehe *Bakteriologische Untersuchungen in der gerichtlichen Medizin.*

**Pneumonia ambulatoria** siehe *Plötzlicher Tod aus natürlicher Ursache.*

**Podophyllin.**

Abführmittel (Drasticum). Gelegentlich auch als Abortivum verwendet. Besteht aus harzigen Stoffen des Rhizoma Podophylli (Berberidacee). Wirksamer Bestandteil: Podophyllotoxin.

Starke Reizwirkung auf Unterhautgewebe (Abscesse), auf Magen- und Darmtraktus und Nieren.

Symptome: Übelkeit, Erbrechen, Koliken mit blutigen Stühlen, Albuminurie, Hämaturie, in schweren Fällen Kollaps.

Bei Verarbeitung des Pulvers: Schnupfen, Conjunctivitis, Keratitis, Toxikodermien.

Normaldosis 0,03, Maximaldosis 0,1. Tödliche Dosen bereits ab 0,3.

*Schrifttum.*

*Heffter:* Handb. der exper Pharmakol. **2.** Berlin 1924. — *Lewin:* Gifte und Vergiftungen. Berlin 1929. — *Petri:* Pathologische Anatomie und Histologie der Vergiftungen. Berlin 1930. *Schwarz.*

**Podoskopie** siehe *Daktyloskopie.*

**Poleiminze** siehe *Mentha Pulegium.*

**Poliomyelitis anterior acuta** siehe *Nervenkrankheiten und Trauma.*

**Pollersches Verfahren** siehe *Abformverfahren.*

**Poroskopie** siehe *Daktyloskopie.*

**Postmortale Ekchymosen** siehe *Ekchymosen.*

**Postmortale Fettembolie** siehe *Fettembolie.*

**Postmortale Verletzungen** siehe *Agonale Verletzungen; Vitale Reaktionen.*

**Postwertzeichenfälschung** siehe *Markenfälschung.*

**Pottasche** siehe *Kalium und Kaliumverbindungen.*

**Prämature Nahtsynostose** siehe *Hirndruck; Plötzlicher Tod aus natürlicher Ursache.*

**Preßatmung** siehe *Tod durch Ertrinken.*

**Preßluft** siehe *Tod und Gesundheitsbeschädigung durch den Strahl von Preßluft.*

**Priorität des Todes.** (Vgl. auch Art.: Todeszeitbestimmung.)

Alle Gesichtspunkte, die bei der Todeszeitbestimmung (s. d.) zu berücksichtigen sind, helfen auch die Frage nach der *Priorität des Todes* bei gleichzeitiger Verunglückung zweier oder mehrerer Personen zu klären. Man kann also bei aufgefundenen Leichen auf Grund der verschiedenen Entwicklung der Leichenerscheinungen einschließlich des Tier- und besonders des Insektenfraßes Zeitbestimmungen versuchen, wobei besonders die Einwände und Kriterien, wie sie im Art.: Todeszeitbestimmung aufgestellt worden sind, beachtet werden müssen. Denn dort ist schon darauf hingedeutet worden, daß die Verschiedenheiten der Konstitution, der Kleidung und der direkten Umgebung große Unterschiede in der Schnelligkeit des Verlaufes der Leichenveränderungen und des Leichenzerfalles bedingen. Weiterhin ist danach zu forschen, ob sich z. B. bei gleichzeitiger Verunglückung oder Tötung bzw. bei gleichzeitig erhaltenen tödlichen Verletzungen zweier Personen eine längere Überlebensdauer der einen nachweisen läßt. Praktisch wichtig ist die Frage besonders bei gewissen Testamenten. Größte Vorsicht, um keine Fehlerquellen zu übersehen, ist in jedem Fall notwendig, und man wird sehr häufig zu einem „non liquet" kommen, falls nicht ganz banale einwandfreie Feststellungen von vornherein gegeben sind. Es ist gewagt, ohne weiteres im Verschlucken von Blut bei zwei Personen mit entsprechenden tödlichen Verletzungen der einen eine längere Lebenszeit zuzusprechen, weil eine längere Strecke ihres Darmes Blut enthält, als die der anderen, denn ob dieses Vordringen von Blut bei beiden gleichmäßig schnell erfolgt ist, wissen wir doch nicht. Dasselbe gilt für Blutverlust oder für das Vordringen von Blut aus dem Subduralraum in die Hirnkammern. Auch die Beurteilung der vitalen Reaktionen (s. d.) in anatomisch-biologischem Sinn gibt zwar im einzelnen Fall interessante Hinweise auf die verschiedene Schnelligkeit und Intensität der Entwicklung dieser biologischen Erscheinungen bei ähnlichen tödlichen Verletzungen, doch sind auch hier wichtige Abweichungen bekannt, die die Entwicklung der vitalen Reaktionserscheinungen mehr oder weniger stark hemmen können (*Walcher*). Zu nennen ist hier die starke Hemmung entzündlicher Reaktionen bei Shock (*A. Paltauf*), schnellem Blutverlust, Senium und ganz allgemein bei schwerem Daniederliegen der Körperkräfte. Immerhin wird man unter Berücksichtigung *aller* Umstände auch solche biologischen Befunde heranziehen können.

*Schrifttum.*

v. *Hofmann-Haberda:* Lehrbuch der gerichtl. Medizin. 11. Aufl. 1033. Wien u. Berlin 1927. — *Paltauf, A.:* Über reaktionslose vitale Verletzungen. Wien. klin. Wschr. **2**, 714 u. 749 (1889). — *Walcher:* Über vitale Reaktionen. Dtsch. Z. gerichtl. Med. **15** (1930).

*W alcher.*

## Prolapsus bzw. Descensus uteri et vaginae und Unfall.

Die Ansichten über die Entstehung des Genitalprolapses sind geteilt. Währenddem *Ed. Martin* dem Haftapparat die weitaus größere Bedeutung zumißt, so umgekehrt *Halban* und *Tandler* dem Stützapparate. Trotz der scheinbar scharfen Gegensätze in den Anschauungen finden sich auf beiden Seiten Konzessionen, wodurch die klare Abgrenzung verschoben wird. Die meisten Gynäkologen stehen aber wohl heutzutage auf dem Standpunkte, daß zwar der muskuläre Beckenboden den wichtigeren Faktor darstelle, daß aber auch das Retinaculum uteri (wie der Haftapparat auch etwa genannt wird) eine gewisse Bedeutung hat. Der goldene Mittelweg scheint also auch bei diesen Problemen der richtige zu sein. *Reifferscheid* betont mit Recht, daß ein besonderer Beweis für die Wichtigkeit des Beckenbodens darin zu suchen sei, daß bereits bei Neugeborenen Genitalprolapse dadurch entstehen können, daß zufolge Spina bifida eine Lähmung dieser Muskulatur vorhanden ist. Auch *Sellheim* hat stets betont, daß der muskuläre Beckenboden das obligate Befestigungsmittel darstelle, bei dessen Versagen aber der Bandapparat fakultativ einzuspringen vermöge. Bekannt ist allgemein, daß durch das Geburtstrauma, namentlich aber bei operativen Geburten (Forceps) Zerreißungen im Gebiete des Beckenbodens eintreten können, die dann später die Veranlassung zum Vorfalle der Genitalien sein können, eine Erscheinung, die jedem Arzte bekannt ist. Auch andere Schädigungen dieser Muskulatur (Pfählungen usw.) können Senkungen und Prolapse von Scheide und Uterus zur Folge haben. Es gibt auch eine angeborene Gewebsschwäche, als Teilerscheinung der Asthenie und des Infantilismus, die natürlich sehr stark dazu disponiert, daß solche Lageveränderungen eintreten. Aus diesem Grunde sieht man nicht allzu selten auch Prolapse bei Virgines und Nulliparen, bei denen das Geburtstrauma fehlt. Bekannt ist ferner, daß der Elastizitätsverlust der Gewebe im Klimakterium häufig die Veranlassung zum Tiefertreten der Genitalorgane gibt. Manchmal ist der Descensus der Geschlechtsorgane auch nur die Teilerscheinung einer allgemeinen Enteroptose oder einer konsumierenden Krankheit. Seltener sind Vorfälle zufolge von Zug oder Druck von Tumoren oder bei Spaltbecken (angeboren oder erworben durch operative Beckenspaltung zur Erweiterung eines engen Beckens, eine Operation, die allerdings durch den Kaiserschnitt heutzutage so ziemlich in den Hintergrund getreten ist). Die Diagnose eines Prolapses ist im allgemeinen eine sehr

leichte, eine Verwechslung wäre nur evtl. mit einer Inversion möglich. Dieser evtl. folgenschwere Irrtum läßt sich aber durch eine genaue Inspektion und Palpation ohne weiteres vermeiden. Die Pessartherapie spielt nicht mehr die große Rolle wie früher, kommt aber in besonderen Fällen auch heute noch in Betracht. Immerhin hat die operative Technik solche Fortschritte gemacht und ist der Eingriff relativ so ungefährlich geworden, daß die meisten Frauen von sich aus eine Operation vorziehen oder sogar direkt wünschen, sogar ältere und älteste Patientinnen. Zudem darf man wohl sagen, daß sich heutzutage auch der schwerste und vernachlässigste Genitalprolaps durch das richtig gewählte operative Verfahren noch heilen läßt und die betr. Frau wieder voll arbeitsfähig wird. Diese Feststellung ist von Wichtigkeit auch für diejenigen Vorfälle der weiblichen Genitalien, die sich evtl. an einen Unfall anschließen können.

Wenn sich eine Retroflexio uteri nur selten oder vielleicht gar nie an einen Unfall anschließt, so ist das gleiche auch vom Prolapse zu sagen. Jedenfalls sind solche Beobachtungen große Seltenheiten. Wären sie häufig, so müßten sie besonders oft in solchen Gegenden gesehen werden, wo auch die weibliche Bevölkerung schwere Arbeit verrichtet, also in ländlichen Bezirken. Das ist aber nicht der Fall, und es gibt wohl viele Gynäkologen, die niemals eine solche Unfallfolge zu Gesicht bekommen haben. Daß ein Uterusprolaps durch einen Unfall allein entsteht, das ist äußerst unwahrscheinlich. Wohl aber ist es möglich, wenn aber ebenfalls selten, daß ein solches Leiden durch einen Unfall eine Verschlimmerung erfährt. Anders liegt natürlich die Sache, wenn bei einem bereits bestehenden Vorfalle durch ein Trauma Gewalteinwirkungen oder Verletzungen entstehen. Diese Wunden, Quetschungen oder Perforationsöffnungen müßten dann allerdings als direkte Unfallfolgen angesprochen werden. Die Unterscheidung von Parae und Nulliparae ist natürlich von Bedeutung, wie auch *Mayer* betont. Eine reine Unfallfolge wäre am ehesten bei denjenigen Frauen möglich, die nie geboren haben, aber trotzdem ist es nicht so. Um den Uterus bei normalen Verhältnissen in die Vulva zu ziehen, soll ein Gewichtszug von 20 kg notwendig sein. Zur traumatischen Entstehung eines Prolapses müßte man also eine ganz besonders schwere Gewalteinwirkung erwarten, verbunden mit andern Schädigungen, wie Beckenbrüchen, Blutergüssen und schweren Allgemeinerscheinungen, wobei dann Halte- und Stützapparate gelitten haben könnten. Diese Voraussetzungen fehlen aber bei den sogenannten traumatischen Prolapsen meistens. Dagegen findet sich fast immer die bekannte angeborene Disposition zu Vorfällen.

Eine Verschlimmerung eines bereits bestehenden Vorfalles durch ein Trauma ist nach *Mayer*, wenn auch selten, so doch in verschiedener Hinsicht möglich. Im Vordergrunde stehen ausgedehnte Gewebszerreißungen, da das prolabierte Gewebe in seiner Vitalität sowieso erheblich gestört ist und recht brüchig sein kann. So können unter Umständen schon relativ leichte Gewalteinwirkungen ausgedehnte Verletzungen verursachen. Beobachtet sind Scheiden-Douglasrisse mit Darmvorfall, Blasenscheidenfisteln u. ä.

Bekommt man einen Uterusprolaps oder eine Uterussenkung zur Begutachtung und zur Entscheidung darüber, ob es sich um eine Unfallfolge handeln könnte, so wird man sich folgende Fragen vorlegen müssen: 1. Kann der gemeldete Unfall überhaupt imstande sein, einen Prolaps des Uterus herbeizuführen ? 2. Ist der Vorfall im konkreten Falle auf den Unfall zu beziehen oder war er, we-

nigstens teilweise, evtl. schon vorher vorhanden?
3. Sind konstitutionelle oder erworbene Prädispositionen für das Auftreten einer Senkung bzw. eines Vorfalles nachzuweisen? 4. Waren die sofortigen Beschwerden so groß, daß sie die Annahme rechtfertigen lassen, der Prolaps sei direkt im Anschlusse an den Unfall entstanden? 5. Handelt es sich evtl. um eine Verschlimmerung eines bereits vorher bestandenen Prolapses?

Ad 1. Nur sehr schwere Unfälle mit ausgedehnten Verletzungen im Bereiche des kleinen Beckens oder eine sehr starke Erhöhung des intraabdominellen Druckes (Fall aufs Gesäß aus erheblicher Höhe) können zu einem Prolapse der Genitalien die Veranlassung sein, im letzteren Falle sogar nur dann, wenn bereits Schädigungen des Haft- und Stützapparates vorhanden waren. Ad 2. Zur Beantwortung dieser Frage ist natürlich eine sehr exakte Anamnese von integrierender Bedeutung, ebenso evtl. frühere Untersuchungsbefunde von Ärzten. Bei asthenischen Personen oder Frauen, die bereits viele und schwere Geburten durchgemacht haben, ist eine bereits vorhandene Schädigung des Beckenbodens und des Bänderapparates der Gebärmutter anzunehmen. Zu achten ist ferner stets auf Spaltbildungen im Bereiche des Beckens (Spina bifida occulta, Spaltbecken, frühere Pubiotomie oder Symphysiotomie) und der Wirbelsäule. Auch Tumoren im Unterbauche spielen eine gewisse Rolle durch Druck oder Zug. Ad 3. Es ist auf die ganze Konstitution der betr. Frau zu achten, insbesondere auf eine evtl. Enteroptose, ferner auf frühere Zerreißungen im Bereiche des Genitalschlauches. Ad 4. Nur wenn sofort nach dem Unfalle augenscheinlich große Beschwerden vorhanden sind, heftige Schmerzen, Blutungen, gestautes Gewebe, evtl. sogar deutliche Verletzungen und wenn diese plötzlich eingetreten sind, ferner zeitlich mit dem Trauma zusammenfallen, so kann darauf erkannt werden, daß der Prolaps eine direkte Unfallfolge ist und auch dann noch sind evtl. prädisponierende Momente mit in Betracht zu ziehen. Ad 5. Die Beantwortung dieser Frage kann dann eine recht schwierige sein, wenn man nur auf die Angaben der betr. Frau angewiesen ist. Es wird darauf ankommen, zu entscheiden, ob die Beschwerden richtig angegeben werden und ob sie zu dem klinischen Bilde passen. Verletzungen eines bestehenden Prolapses können nicht als direkte Verschlimmerung dieses Zustandes betrachtet werden, sondern sind als allgemeine Unfallschäden anzusprechen, unabhängig von der vorhandenen Genitalerkrankung, wobei diese allerdings als ein die Unfallfolge erleichterndes und begünstigendes Moment angesehen werden kann.

Der Grad der Erwerbsstörung ist sehr schwer zu beurteilen, und in dieser Beziehung gehen die Meinungen recht weit auseinander. Bei den guten Heilungsmöglichkeiten, die heutzutage bestehen, darf die Erwerbsbeschränkung auf keinen Fall als eine hochgradige betrachtet werden. Sie dauert nur solange, als das „Leiden" besteht, und nach der operativen Heilung ist auch in den allermeisten Fällen die Arbeitsfähigkeit wiederum eingetreten. Von der Verabfolgung einer Rente kann also wohl fast stets Umgang genommen werden, wenige besonders gelegene Fälle vielleicht ausgenommen, insbesondere bei solchen Frauen, bei denen aus gewissen Gründen eine Operation nicht mehr möglich und ratsam ist. Wird aber ein operativer Eingriff bei sonst gesunden Frauen verweigert, dann soll die Versicherung auch nicht auf eine besondere Entschädigung eintreten.

*Schrifttum.*

*Fehling:* Ein Fall von Vaginalruptur. Arch. Gynäk. **6**, 103. — *Fleischmann:* Zit. nach *Hüssy:* Der geb.-gyn. Sachverständige. Bern 1931. — *Füth:* Blasenscheidenfistel nach Unfall. Mschr. Unfall-

heilk. **1903**. — *Halban:* Operative Behandlung des weibl. Genitalprolapses. Wien 1919. — *Halban* u. *Tandler:* Anatomie und Ätiologie des weibl. Genitalprolapses. Wien 1907. — *Hüssy:* Der geb.-gyn. Sachverständige. Bern 1931. — *Hüssy:* Berichte über die gesamte Gyn. und Geb. **34**, 4. — *Hüssy:* Die Therapie des weibl. Genitalprolapses. Schweiz. med. Wschr. **1930**. — *Kielland:* Zit. nach *Hüssy:* Schweiz. med. Wschr. **1930**. — *Kuhlmann:* Seltene Komplikation eines Uterusprolapses. Strasbourg méd. **1927**, 181. — *Labhardt:* Zit. nach *Hüssy:* Schweiz. med. Wschr. **1930**. — *Martin, Ed.:* Der Haftapparat der weibl. Genitalien. Berlin 1911.— *Mayer:* Die Unfallerkrankungen in der Geb. und Gyn. Stuttgart 1917. — *Mayer:* Weibliche Geschlechtsorgane und Unfall. Stuttgart 1934. — *Mohnhaupt:* Trauma und Uterusvorfall. Diss. Jena 1935. — *Mundé:* Zit. nach *Mayer:* Unfallerkrankungen usw. Stuttgart 1917. — *Reifferscheid,* Handb. *Halban-Seitz.* Biologie und Pathologie der Weibes. **III**. — *Sellheim:* Handb. *Halban-Seitz.* Biologie und Pathologie des Weibes. **VII**, 1. — *Wertheim:* Zit. nach *Weibel:* Gyn. Op. Technik. Berlin 1923.

*Hüssy.*

**Prominal** siehe *Schlafmittel.*

**Prontosil** siehe *Künstliche organische Farbstoffe.*

**Prostigmin** siehe *Physostigmin und Vergiftung durch Calabarbohnen.*

**Prosulfan** siehe *Schädlingsbekämpfungsmittel.*

**Pseudohermaphroditismus** siehe *Zweifelhafte Geschlechtszugehörigkeit.*

**Pseudohomosexualität** siehe *Homosexualität.*

**Pseudojaborin** siehe *Pilocarpin.*

**Pseudopilocarpin** siehe *Pilocarpin.*

**Pseudotumor cerebri** siehe *Hirndruck.*

**Psittakose** siehe *Bakteriologische Untersuchungen in der gerichtlichen Medizin.*

**Psychische Impotenz** siehe *Zweifelhafte Fortpflanzungsfähigkeit beim Manne und beim Weibe.*

**Psychisches Trauma** siehe *Tod und Gesundheitsbeschädigung durch psychisches Trauma; Trauma.*

## Psychische und nervöse Störungen nach Schädel- und Hirnverletzungen. (Vgl. auch Art.: Commotio und Contusio cerebri; Psychose und Trauma.)

Die klinische wie die gerichtlich-medizinische Beurteilung der psychischen wie nervösen Störungen nach Hirnverletzungen ist sicher oft recht schwierig, und es ist nicht leicht, diese in engem Rahmen zu behandeln. Deshalb soll gleich anfangs auf die umfassenden Arbeiten von *Reichardt* und *Kleist* hingewiesen werden. Besonders der letztere behandelt die einschlägigen Fragen auf Grund eines einzig dastehenden Materials klinisch wie anatomisch wohl erschöpfend.

Es ist, worauf *Reichardt* mit Recht nachdrücklich hinweist, eine unerläßliche Forderung, Hirnverletzte von Anfang an so sorgfältig wie möglich zu beobachten und die erhobenen Befunde gleich zu Papier zu bringen. Unterläßt man dies, so wird die Begutachtung eines Falles meist unmöglich gemacht. Der praktische Arzt oder Chirurg wird immer gut daran tun, einem Fachneurologen die tägliche Befundaufnahme im Heilungsverlaufe zu überlassen, diesen aber unbedingt zu veranlassen, seine Befunde schriftlich niederzulegen, mögen sie auch scheinbar unbedeutend oder nebensächlich erscheinen.

Bei Besprechung der Hirnerschütterung und der Hirnquetschung (s. d. Art.: Commotio und Contusio cerebri) wurden die klinischen Bilder behandelt und auch kurz auf die sog. Kommotionspsychose hingewiesen. Ergänzend muß noch das postkommotionelle Zustandsbild etwas näher umrissen werden. Nach Abklingen des Krankheitssyndroms der sog. Commotio cerebri beobachtet man in schwereren Fällen Dämmerzustände mit traumhaften Bewußtseinstrübungen. Oft können zwar die Kranken recht zweckentsprechende Tätigkeiten ausführen, doch ist ihre Kritik über die tatsächliche Situation gänzlich erloschen. Ablehnende Haltungen gegen Arzt und Behandlung sind äußerst häufig. Oft bestehen recht lebhafte Halluzinationen, in manchen Fällen starke Erregungszustände, die selbst zu aggressiven Handlungen gegen die Umgebung führen; oft auch stuporöses teilnahmsloses Verhalten. Wechsel der Erscheinungsformen wird nicht selten beobachtet. Neben Dämmerzuständen sind es delirante Zustandsbilder, die sich vielfach erst an diese anschließen, die mit vorwiegend optischen Halluzinationen, mit starker motorischer Unruhe verbunden sind und gelegentlich auch zur Selbstvernichtung des Betroffenen führen. Waren diese Symptomenbilder vorhanden, so schließt sich ihnen ein typischer *Korsakow*scher Symptomenkomplex mit all seinen Einzelheiten an, der sich in nichts von der *Korsakow*psychose unterscheidet, welcher Ätiologie auch diese immer sein mag. Dauer und Intensität des *Korsakow*schen Symptomenbildes hängt von der Schwere der erlittenen Commotio cerebri ab. Wochen-, selbst monatelang können diese Krankheitsbilder bestehen bleiben. Das Abklingen solcher Krankheitsbilder erfolgt allmählich, wobei ungesetzmäßig einzelne Symptomenkomplexe zeitlich verschiedene Rückbildung zeigen. Dies mag wohl auch die Ursache sein, daß Symptome geistiger Schwäche oder Defektzustände häufig auf Kosten einer posttraumatischen Demenz gesetzt werden. Die Reichhaltigkeit des Symptomenbildes der *Korsakow*psychose wird von der fallweise bedingten Schädigungen des Hirnstammes, angefangen von der commissura anterior bis zur Medulla oblongata abhängig sein, wie *Gampers* Studien der *Korsakow*psychose, der *Wernike*schen Encephalitis, der Polioencephalitis haemorrhagica und der Commotio cerebri zeigen.

Die Prognose ist um so günstiger zu stellen, je leichter die Kommotionssymptome, also je geringgradiger die Hirnstammläsion gewesen ist. Doch muß bemerkt werden, daß nach einem entschädigungspflichtigen Unfall neuropathisch oder psychopathisch veranlagte Personen vielfach abnorm reagieren, wobei nicht selten leichte vegetative Störungen, die bei Stammhirnläsionen fast ausnahmslos vorkommen, unbewußt beträchtlich aggraviert werden können.

Pupillenstarre und Störungen der Hirnnerveninnervationen können nach Stamm- und Rautenhirnschädigungen ohne weiteres erklärt werden. (*Kleist, Reichardt, Pfeiffer, Kral.*)

Die Erfahrungen des Krieges haben die Lehre der Aphasie, der Apraxie, der Körperakinese und andere nicht nur bestätigt, sondern auch weiter ausgebaut. Auch hier soll auf die umfassenden Ausführungen von *Kleist*, in denen zahlreiche Einzelbeobachtungen wiedergegeben sind, hingewiesen werden.

Schwierig zu beurteilen sind sicher die Stirnhirnläsionen, da das Stirnhirn cytoarchitektonisch durchaus nicht einheitlich ist, somit sicher eine große Summe psychischer Einzelfunktionen im Stirnhirn lokalisiert sind. Bei Stirnhirnverletzungen können sich, was auch die Kriegserfahrungen bestätigen, katatonieähnliche Bilder ergeben. Es besteht oft ein beträchtlicher Ausfall sprachlicher, motorischer und gedanklicher Regsamkeit. Vielfach werden auffallende Stumpfheit, Teilnahmslosigkeit, Initiativmangel, unmotivierter Stimmungswechsel, Sorglosigkeit, Sprunghaftigkeit, Unfähigkeit zu geregelter Arbeit und vielfach auch moriaartige Zustandsbilder beobachtet (*Reichardt, Kleist, Pfeiffer*). Bei Rindenläsionen an der Basis der Stirnlappen beobachtet man meist komplette Anosmie, die aber manchmal dem Verletzten subjektiv nicht besonders auffällt und erst durch genaue klinische Untersuchung festgestellt werden kann. Es ist ratsam, den Begriff der traumatischen Demenz fallenzulassen und den Zustand in neurologischen Einzelbildern zu schildern, soweit sie natürlich lokalisierbar sind.

Verletzungen der Hinterhauptslappen können im Frühzustand corticale optische Reizerscheinungen setzen, die dann allmählich in Rindenblindheit übergehen. Wie die Kriegserfahrungen zeigen, zeigt die traumatische Rindenblindheit Tendenz zur Rückbildung, wobei allerdings meist ausgedehnte Gesichtsfelddefekte zurückbleiben. In gewissen Fällen kann das optische Erkennen beträchtlich gestört bleiben. *Kleist* weist auf Grund der Kriegserfahrungen auf optisch-räumliche Agnosien hin, die bei Hinterhauptsläsionen bestehen bleiben können.

Leichter lokalisierbar sind meist die Verletzungen, soweit sie in der Gegend der Zentralwindungen lokalisiert sind.

Recht schwierig kann die Beurteilung der epileptiformen Hirnveränderungen nach Schädeltrauma sein, die gemeiniglich häufig als traumatische Epilepsie bezeichnet werden, da vielfach eine Abgrenzung gegen eine latente genuine Epilepsie, die eben nach Schädeltrauma manifest wurde, sehr schwer, manchmal sogar unmöglich ist (s. d. Art.: Epilepsie als Verletzungsfolge).

Auch Hysterie, die durch Wünsche und Begehrungsvorstellungen bedingt ist, kann nach Schädeltraumen auftreten. Meist ist es die Umgebung des Kranken, die die Bildung hysterischer Vorstellungen fördert. Im Kriege waren es die Zitterer, die das Hauptkontingent der Hysteriker stellten, vielfach waren es Granatexplosionen oder Verschüttungen, die diesen hysterischen Schütteltremor auslösten. Die Frage der Kriegshysterie ist ausführlich bei *Binswanger* behandelt. *Kleist* macht darauf aufmerksam, daß gerade bei schweren frischen Hirnverletzungen hysterische Bilder fehlen, da die schwere organische Hirnläsion die zur Produktion hysterischer Störungen notwendige geistige Energie hemmt.

Ob neben den genannten posttraumatischen Hirn- und psychischen Krankheiten auch andere Geisteskrankheiten auftreten können, ist heute nicht sicher bewiesen. Die bereits erwähnten katatonieähnlichen Zustände nach Stirnhirnverletzungen dürfen natürlich nicht mit Katatonien, wie sie im Krankheitsbilde der Schizophrenie vorkommen, verwechselt werden (s. d. Art.: Psychose und Trauma).

Sicher zu den größten Seltenheiten gehört die sog. traumatische Spätapoplexie (s. d. Art.: Commotio und Contusio cerebri), wie sie von *Bollinger* beschrieben wurde. Wir verstehen darunter Blutungen, die in der Gegend des vierten Ventrikels auftreten und dann meist zum Tode führen. Die Genese dieser Blutungen erscheint uns auf Grund unserer neueren Kenntnisse über das anatomische Substrat der Commotio cerebri verständlich (*Berner-Neugebauer*).

Späte intrameningiale Blutungen oder Pachymeningitis haemorrhagica interna (s. d.) haben natürlich mit dem Begriffe der traumatischen Spätapoplexie nichts zu tun. Manchmal kann sich auch eine spättraumatische intrakranielle Blutung auf Grund einer Ruptur eines traumatogen entstandenen Aneurysmas einer basalen Hirnarterie entwikkeln, wie wir dies auch in einem an unserem Institute beobachteten Falle finden konnten.

*Schrifttum.*

*Binswanger:* Handb. der ärztlichen Erfahrungen im Weltkriege. **IV**, Leipzig 1922. — *Boström:* Über traumatische Hirnschädigungen. Wien. klin. Wschr. **1930**. — *Enge:* Der öffentl. Ges.-Dienst. **II A**, 921. — *Kleist:* Handb. der ärztlichen Erfahrungen im Weltkriege. **IV/2**, Leipzig 1935. (Daselbst die umfassendsten klinischen und anatomischen Beobachtungen.) — *Kral:* Med. Klin. **II**, 910 (1935). — *Pfeiffer:* Handb. der Geisteskrankheiten, herausg. v. *Bumke.* **VII**, Berlin 1928. — *Reichardt:* Nerven- und Geistesstörungen nach Hirnverletzungen. Handb. der ges. Unfallheilkunde, herausg. v. *Magnus-König.* **IV.** Stuttgart 1934. — *Stern:* Neurologische Begutachtung. Berlin 1933. *Neugebauer.*

## Psychose (= Ps.) und Trauma.

(Vgl. auch Art.: Amnesie als Verletzungsfolge; Aphasie als Verletzungsfolge; Aphonie als Verletzungsfolge; Betriebsunfall; Bewußtlosigkeit als Verletzungsfolge; Epilepsie als Verletzungsfolge; Psychische und nervöse Störungen nach Schädel- und Hirnverletzungen; Tod und Gesundheitsbeschädigung durch psychisches Trauma; Trauma.)

Es kommt vor allem auf die Klärung der Frage an, ob Traumen (im weitesten Sinne) für die Entstehung von Psychosen oder im Zusammenhang mit solchen von Bedeutung sein können. In der gerichtsmedizinischen Praxis und in der Unfallbegutachtung kommen immer wieder solche Fragen zur Erörterung. Die Kenntnis der Zusammenhangsfrage und der sich daraus ergebenden Schlußfolgerungen ist für derartige Begutachtungen unerläßlich. Wenn auch bei der Vielfältigkeit der traumatischen Ereignisse und ihrer Auswirkungen auf den Betroffenen jeder Fall sozusagen einen Sonderfall darstellt, so lassen sich doch für die Beurteilung derartiger Fälle im Einzelfall sinngemäß anzuwendende Richtlinien aufstellen:

Zunächst ist darauf hinzuweisen, daß bei der Wirkung eines Traumas, welches im Zusammenhang mit psychischen Störungen von Bedeutung sein kann, zwei Momente zu berücksichtigen sind: 1. Die *mechanische Einwirkung,* 2. Die gleichzeitig *psychische Einwirkung. Zu 1.:* Hier kommt naturgemäß als praktisch wichtigste und häufigste vor allem die lokale, auf Kopf und Gehirn gerichtete Verletzung in Betracht. Erst in zweiter Linie und in wesentlich selteneren Fällen können auch Verletzungen anderer Organe zum Ausbruch von Psychosen Veranlassung geben. So kann z. B. nach *v. Hofmann-Haberda* eine Ps. mitunter nach verhältnismäßig unbedeutenden Verletzungen entstehen, wenn durch diese, namentlich durch die aus ihnen sich bildende Narbe, eine Reizung peripherer Nervenendigungen gesetzt wird. Gerade hier ist aber, wie übrigens auch bei allen anderen fraglichen posttraumatischen psychischen Störungen, die Differentialdiagnose gegenüber traumatischen Neurosen, hysterischen Zuständen u. dgl. oft sehr schwierig, jedoch von besonderer Bedeutung.

*Zu 2.:* In einer Reihe anderer Fälle ist es weniger die Verletzung als solche, als der mit ihrer Zufügung verbundene psychische Insult (Angst und Schreck), der bei vorhandener Veranlagung zur Entstehung der Ps. Anstoß gibt. Noch mehr kann dies zutreffen, wenn sich derartige Gemütsaufregungen mit körperlicher Mißhandlung verbinden. Die auf diese Weise hervorgerufenen psychischen Störungen können den nach mechanischen Schädeltraumen auftretenden Zuständen ähneln. Es kommen gelegentlich Verwirrtheit mit erhöhter Erregbarkeit und Schlafstörung, Dämmerzustände mit Amnesie (forensisch besonders wichtig!), Stimmungsanomalien vor, welche sich nicht selten mit hysterischen oder epileptoiden Anfällen kombinieren.

*Grundsätzlich* ist mit *v. Hofmann-Haberda* in allen Fällen, in denen Geistesstörung auf eine Verletzung oder Mißhandlung zurückgeführt wird, zu erheben, ob die Erkrankung nicht schon früher, wenn auch weniger auffällig, bestand, ob sich nicht andere Ursachen des Ausbruches der Ps. nachweisen lassen; auch darauf ist Bedacht zu nehmen, daß eine Verletzung oder Mißhandlung meist nur deshalb zu Geisteskrankheit führt, weil eine *Prädisposition* zu

solchen Erkrankungen vorhanden ist. Es ist daher die Anamnese sehr genau zu erheben und auf alle jene Momente Rücksicht zu nehmen, welche erfahrungsgemäß entweder die primäre Veranlassung zur Entstehung von Geisteskrankheiten abgeben oder eine Prädisposition zu diesen bedingen, also außer auf vererbte und physiologische Disposition (Pubertät, Gravidität, Puerperium, Klimax, Senium) und auf frühere Traumen, besonders auch auf chronische Vergiftungen, auf Arteriosklerose und überstandene Syphilis. Praktisch am bedeutungsvollsten sind die *mechanischen* Einwirkungen auf Kopf und Gehirn und hier vor allem stumpfe Gewalteinwirkungen (Sturz oder Schlag auf den Kopf, erst in zweiter Linie die übrigen Verletzungsarten, wie Schuß, elektrische Verletzung u. a.).

Es sind streng auseinanderzuhalten:

A. solche Fälle von Geisteskrankheiten, bei denen ein *direkt-ursächlicher* Zusammenhang zwischen Kopfverletzung und Geistesstörung nachweisbar ist, d. h. *echte traumatische Psychosen,*

B. die *eigentlichen Geisteskrankheiten.* Hier bleibt die Frage zu erwägen, ob eine Kopfverletzung für Geisteskrankheiten als *disponierendes* oder *verschlimmerndes Moment* in Betracht kommt.

Zu A.: Der Begriff der echten traumatischen Psychosen kann so weit gefaßt werden, daß man darunter die Geistesstörungen zusammenfaßt, die im Anschluß an eine erhebliche Hirnverletzung auftreten und sich durch ihre Symptome als *organische* Gehirnschädigungen charakterisieren. Sie können sich nach Ablauf der akuten Symptome einer Verletzung entweder im unmittelbaren Anschluß an letztere oder nachträglich entwickeln. Dementsprechend ist es zweckmäßig, nach dem Zeitpunkt ihres Auftretens oder nach ihrem Verlauf folgende zwei Gruppen zu unterscheiden, von denen die erste Gruppe gegebenenfalls in die zweite übergehen kann: I. Die akuten traumatischen Geistesstörungen. II. Die dauernden traumatischen Geistesstörungen.

I. Unter diesen Begriff fallen vor allem die sog. „Kommotionspsychosen" (*Kaufmann, H. Berger, Schröder*). Dieser Name kennzeichnet jedoch nicht erschöpfend alle vorkommenden, akut nach Verletzungen auftretenden Geistesstörungen, da nicht alle zu Psychosen führenden Kopfverletzungen mit einer Kommotion (Hirnerschütterung) einhergehen bzw. nicht *nur* mit einer solchen verbunden sind. *Reichardt* weist besonders darauf hin, daß in jedem Falle einer traumatischen Gehirnschädigung schon möglichst frühzeitig eine genaue Differentialdiagnose in der Richtung des Vorliegens einer Hirnerschütterung oder aber einer anderen Hirnverletzung (Kontusion, Meningealblutung u. a.), evtl. auch einer Kombination beider Verletzungsarten anzustreben ist. Eine echte Kommotionspsychose muß von den typischen Stadien der Hirnerschütterung (s. d. Art.: Commotio und Contusio cerebri) eingeleitet sein. An die initiale Bewußtlosigkeit oder Benommenheit schließt sich die Ps. unmittelbar an. Die im allgemeinen prognostisch günstige Form der reinen Kommotionspsychose ist im wesentlichen gekennzeichnet durch zeitweilige Somnolenz (traumatischer Dämmerzustand), Verwirrtheit, gehäufte Halluzinationen, deliriumartige und Angstzustände, Erregungs- und stuporöse Zustände, welche abwechseln können. Es findet sich gegen Ende des psychotischen Zustandes ein amnestisches Syndrom (*Korsakow*scher Symptomenkomplex). In anderen Fällen schließt sich an die Kopfverletzung eine Zwischenzeit völlig klaren Bewußtseins und geordneten Wesens an, welches u. U. durch Klagen über Schwindel und Kopfschmerzen ausgefüllt ist. Dieses Stadium kann dann von Bewußtseinsstörungen, in denen der Verletzte u. U. ganz *ungewohnte, wesens-*

*fremde Handlungen* begehen kann, gefolgt sein. Sobald ein solches „freies Intervall" mit folgenden
schweren Hirnerscheinungen wie zunehmender (bis
zu stunden- oder tagelanger) Bewußtlosigkeit, epileptiformen Krämpfen, Spasmen, Zuckungen, chorei-
former Unruhe, Zähneknirschen auftritt, liegt sicher
*nicht nur* gewöhnliche Hirnerschütterung, sondern
Hirnquetschung oder eine sonstige Komplikation
vor (*Grünthal, Reichardt*). Die *Dauer* der meisten
akuten Hirnerschütterungspsychosen schwankt zwischen einigen Stunden und einigen Wochen. Es
kann völlige Heilung eintreten. Je länger die
geistige Störung dauert, je mehr diese oder jene
Herdsymptome anhalten, je unzweideutiger aus
sonstigen Erscheinungen eine nicht alsbald rück-
bildungsfähige Hirnkontusion anzunehmen ist, um
so mehr ist mit zurückbleibenden Ausfallserscheinungen zu rechnen.

II. Die dauernden traumatischen Geistesstörungen sind in ihrem Erscheinungsbild teilweise
recht uneinheitlich. Von einer Besprechung der Herd-
erscheinungen und der traumatischen Epilepsie wird
hier Abstand genommen (s. d. Art.: Epilepsie als Verletzungsfolge). Die in Abhandlungen häufig wiederkehrende Einteilung in die traumatische Psychopathie, traumatische Hirnschwäche und traumatische Demenz, wobei für die Hirnschwäche körperliche Symptome als im Vordergrunde stehend angenommen werden, während auf geistigem Gebiet
nur eine besondere psychische Erschöpfbarkeit und
Überempfindlichkeit gegenüber Reizen hervortreten, kann entbehrt werden, da sie die psychotischen
Erscheinungen und Veränderungen doch nur unvollkommen umreißen. Allgemein ist festzustellen,
daß sich sowohl Störungen des Intellektes als auch
seelisch-charakterliche Veränderungen entwickeln
können.

Im einzelnen kann man nach *Reichardt* oft feststellen (s. auch *Bostroem*): 1. *Affektive Störungen*;
unter anderen eine sog. explosive Diathese (epileptoide Reizbarkeit, Neigung zu gewalttätigen Erregungen); Stimmungslabilität, auch mit unmotivierten Stimmungsschwankungen; gedrücktes, klag-
sames, auch asoziales Benehmen; dann affektive
Stumpfheit, auch übertriebene Gefügigkeit, oder
aber kritiklos-euphorisches Wesen. Manchmal ist
auch die organische affektive Inkontinenz zu beobachten. Auf dem Boden der traumatischen Hirnschwäche können auch länger dauernde affektive
(auch hypochondrische, erwartungsmäßige, psychogene, paranoide) Reaktionen entstehen, die psycho-
therapeutisch beeinflußbar sind. 2. *Auffassungs-
verlangsamung*; Erschwerung der Ansprechbarkeit
der Assoziationen; Merkfähigkeitsschädigungen;
Denkstörungen; Störungen im psychischen Tempo
(Langsamkeit, Schwerfälligkeit). 3. *Störungen der
Initiative*; Mangel an Antrieb; Schädigung der Spon-
taneität; dann auch triebhaftes Fortlaufen usw.
4. Organisch bedingte *Erschöpfbarkeit*; allgemeine
Leistungsherabsetzung; neurasthenische Erscheinungen; Alkoholintoleranz. 5. *Persönlichkeitsum-
wandlungen*; psychopathieähnliche Störungen; pseu-
dodemenzähnliche Bilder; organische Charakterveränderungen nach Art des Moral insanity; schizo-
phrenieähnliche Erscheinungen; Verstärkung einzelner charakterologischer Eigenschaften.

Die *Diagnose* und erfolgreiche *Begutachtung* einer
in ihrer Erscheinungsform unauffälligen traumatischen Geistesstörung ist nicht immer leicht. Über
die sonst noch zu berücksichtigenden Momente
hinaus sind zur Sicherstellung der Diagnose einer
traumatischen Schädigung noch zweckmäßig folgende vier Gesichtspunkte zu berücksichtigen:
1. Zunächst ist die Schwere der primären Gehirnverletzung aus der Intensität der ersten Erschei-

nungen von seiten des Gehirns zu ersehen. 2. Die
Entwicklung der Beschwerden ergibt sich aus ihrem
unmittelbaren Anschluß an die Verletzung. 3. Psychogen aussehende Symptome müssen ausgeschlossen werden. 4. Schließlich können Erhebungen
über den psychischen Zustand *vor* der Verletzung
eine frühere psychopathische Veranlagung oder vorbestandene geistige Defekte ausschließen (Schul-
zeugnisse im Bedarfsfalle!).

Die *Leichenöffnung* läßt nach dem heutigen Stand
unserer Kenntnisse aus dem Gehirnbefund allein
noch *keine oder nur sehr unvollkommene Rückschlüsse*
auf die Art der zu Lebzeiten bestandenen geistigen
Störung zu. Hier muß auch darauf hingewiesen
werden, daß bei Leichenöffnungen als Zufallsbefund
nicht so selten ganz offenkundig traumatisch bedingte alte narbige, cystische oder Erweichungs-
rindendefekte gefunden wurden, welche trotz nachträglicher genauer Erhebungen nichts von bei Lebzeiten bestandenen geistigen Störungen aufwiesen.
Auf der anderen Seite stellt *Grünthal* fest, daß in
allen Fällen mit schweren seelischen Veränderungen
bei der Sektion erhebliche, vor allem das Großhirn-
mark betreffende Schädigungen nachweisbar waren.
Hingegen schienen nach seinen Untersuchungen
geistige Störungen im Sinne einer Antriebs- und
Affektlosigkeit und bestimmter charakteristischer
Denkstörungen vor allem an eine Schädigung der
oberen und hinteren Teile des Stirnhirnes gebunden
zu sein.

*Forensisch* sind die nach Trauma auftretenden
akuten und dauernden geistigen Störungen in verschiedener Hinsicht von Bedeutung. Nicht selten
kommt es auf die bloße Klärung der *Zusammenhangsfrage* zwischen vorangegangener Verletzung
und einer späterhin augenfällig gewordenen Ps. an.
Aus der Stellungnahme zur Zusammenhangsfrage
und aus der jeweiligen Klärung der Erscheinungsform der geistigen Veränderung können sich wieder
eine ganze Reihe von Fragestellungen ergeben.

Die Frage der *Handlungsfähigkeit* im Anschluß
an Verletzungen, zu welchen der Sachverständige
nicht selten Stellung zu nehmen hat, ist vor allem
unter besonders eingehender Berücksichtigung der
Art des Traumas und der übrigen Begleitumstände
zu beantworten. Praktisch wird es seltener um
die Frage der Handlungsfähigkeit im Rahmen eines
psychotischen Zustandes handeln, sondern vielmehr
um die Frage der Handlungsfähigkeit mit besonderer
Bezugnahme auf die vorangegangene Verletzung.
Es ist ohne weiteres klar, daß eine Ps. den Anstoß
zu gemeinhin strafbaren Handlungen geben kann.
Bei der Mannigfaltigkeit der möglichen psychotischen Veränderungen auf intellektuellem und cha-
rakterlich-seelischem Gebiet, wie sie weiter oben andeutungsweise aufgeführt worden sind, muß und
kann auf die Aufzählung der überhaupt möglichen
Strafhandlungen verzichtet werden. Bei mangelnder Beaufsichtigung der Verletzten muß die Möglichkeit des Vorkommens von kleinen Fehlhandlungen über bedeutungslosere Gesetzesverstöße bis
zu Gewaltdelikten eingeräumt werden. Es sei nur
beispielsweise auf die Begehung irgendwelcher Handlungen in einem Dämmerzustand verwiesen, auf
irgendwelchen Halluzinationen entspringende Handlungen u. dgl. Aufgabe des Sachverständigen ist
es, in jedem einzelnen Falle fraglicher Ps. den Nachweis einer echten psychotischen Veränderung unter
Zuhilfenahme aller zu Gebote stehender Hilfsmittel
zu führen und sich nicht nur auf nachträgliche Angaben des Probanden zu verlassen. Ist dieser Nachweis für den Zeitpunkt einer in Rede stehenden
Handlung geführt oder im äußersten Maße wahrscheinlich gemacht, dann ist die Frage der *Zurechnungsfähigkeit* unter sinngemäßer Anwendung der

üblichen gerichtspsychiatrischen Kriterien nicht mehr schwierig.

Zu B.: Die Beziehungen zwischen den eigentlichen Geisteskrankheiten und Trauma sind nicht zuletzt durch die zahlreichen im Krieg gesammelten Erfahrungen weitgehend geklärt worden. Die eigentlichen Geisteskrankheiten treten nach *F. Kaufmann* in der Regel ohne Mitwirkung von Unfällen auf und beruhen entweder auf angeborener Anlage, die im Laufe des Lebens *ohne äußere Ursache* allmählich zur Krankheit ausreift (genuine Epilepsie, Dementia praecox, manisch-depressives Irresein und Paranoia), oder es geht der seelischen Erkrankung ein organischer Krankheitsprozeß voraus, der zur Entwicklung des psychischen Krankheitsbildes führt (Dementia paralytica, arterio-sclerotica und senilis). Bei ihrem Zustandekommen spielen Unfälle eine so nebensächliche Rolle, daß *nur unter ganz besonderen Umständen ein Zusammenhang angenommen werden* kann. Mit *Reichardt* ist davor zu warnen, ein Trauma als „auslösendes“ Moment für eine echte Geisteskrankheit zu betrachten, wobei meist nur eine Teilerscheinung dieser Krankheit, z. B. ein epileptischer Anfall, „ausgelöst“ wird (der als vorübergehende „pathologische Reaktion“ aufzufassen sei), nicht aber die Krankheit selbst. Nicht mit „Auslösung“ darf ferner verwechselt werden das Ausbrechen während einer Tätigkeit und das Sichbewußtwerden einer Krankheit. Der zeitliche Zusammenhang des Traumas mit dem Ausbruch der Krankheit beweist für sich allein nicht das allermindeste im Sinne des Vorliegens eines ursächlichen Zusammenhanges.

Die Frage der *Verschlimmerung* einer schon bestehenden Geisteskrankheit durch ein Trauma muß in jedem Einzelfall besonders geprüft werden. Auch hier muß dem Zustand des zu Begutachtenden *vor* dem Trauma ganz besondere Aufmerksamkeit geschenkt werden. Die Möglichkeit einer akuten vorübergehenden Exazerbation muß bei einer Schizophrenie und bei manisch-depressivem Irresein in Ausnahmefällen eingeräumt werden. Für die progressive Paralyse sind nur selten Verschlimmerungen (u. U. mit Auftreten eines paralytischen Anfalles) als erwiesen angenommen worden. Für senile und arteriosklerotische Demenz, *Pick*sche und *Alzheimer*sche Krankheit ist nur nach Einwirkung eines schwereren Kopftraumas und wesentlicher und dauernder Zunahme der Krankheitserscheinungen eine Verschlimmerung anzunehmen. Für genuine Epilepsie und Paranoia wird die Verschlimmerungsfrage fast immer abzulehnen sein.

Nachdem im Vorangegangenen die Frage der *Folgeerscheinungen eines Traumas* auf die gesunde und kranke Psyche erörtert worden ist, muß der Vollständigkeit halber noch besonders darauf verwiesen werden, daß in jedem Begutachtungsfalle die Frage geprüft werden muß, ob und inwiefern eine etwa schon vorbestandene (vielleicht bis dahin noch nicht augenfällige) Psychose den eigentlichen *Anlaß zur Herbeiführung oder zum Erleiden des Traumas* gegeben haben kann, ob also nicht eine Verwechslung von Ursache und Wirkung vorliegt. Die Aufdeckung einer derartigen Verwechslung bleibt unter Umständen erst dem kundigen und aufmerksamen Sachverständigen vorbehalten, welcher hier gelegentlich durch sinnvolle Auslegung und Verknüpfung der erhobenen Befunde unter Berücksichtigung der Begleitumstände weitgehend zur Klärung eines unklaren Tatbestandes beitragen kann. Es sei nur daran erinnert, daß z. B. ein Paralytiker durch paralytische Anfälle, Urteilsschwäche, unsichere Bewegungen u. a. m. Traumen weitaus mehr ausgesetzt ist als ein gesunder Mensch. Auch bei *Leichenöffnungen* ist der *Aufdeckung* etwa vorbestandener Geisteskrankheiten, welche den Anlaß

zu tödlichen Traumen gegeben haben können, besonderes Augenmerk zuzuwenden.

*Schrifttum.*

*Berger, H.:* Das Trauma in der Ätiologie der Geisteskrankheiten. Med. germ.-hisp.-amer. **2**, Nr. 7 (1925); Ref. Dtsch. Z. gerichtl. Med. **6**, 348 (1926). — *Bonhoeffer:* Über die Bedeutung der Kriegserfahrungen für die allg. Psychopathologie und Ätiologie der Geisteskrankheiten, in *Scherings* Handb. der Kriegserfahrungen. Leipzig 1922.— *Bostroem:* Über traumatische Hirnschädigungen. Wien. klin. Wschr. **1930.** — *Forster:* Klin. Spätfolgen der Hirnschüsse. In *Scherings* Handb. der Kriegserfahrungen. Leipzig 1922. — *Grünthal:* Die Erkennung zu nichttraumatischen Hirnverletzungen. Abh. Neur. usw. **1936**; Ref. Ärztl. Sachverst.ztg **1936**. — *v. Hofmann-Haberda:* Lehrbuch der gerichtl. Medizin. 364. Berlin u. Wien 1927. — *Kaufmann, F.:* In: *C. Kaufmann*, Handb. der Unfallmedizin. **I** u. **II**. Stuttgart 1932. — *Meixner:* Die Handlungsfähigkeit Schwerverletzter. Dtsch. Z. gerichtl. Med. **16**, 139 (1931). — *Reichardt:* Nerven- und Geistesstörungen nach Hirnverletzungen. In *König-Magnus*, Handb. der ges. Unfallheilkunde **IV**, 128. Stuttgart 1934. — *Reichardt:* Unfallbeziehungen zu nichttraumatischen Hirn- und Geisteskrankheiten. Mschr. Unfallheilk. **1933**; Ref. Ärztl. Sachverst.ztg **1934**. — *Schröder, P.:* Geistesstörungen nach Kopfverletzungen. Neue Dtsch. Chir. **1916**, III, 18. — *Walcher:* Über Bewußtlosigkeit und Handlungsfähigkeit. Dtsch. Z. gerichtl. Med. **13**, 313 (1929). — *Werner:* Über Geisteskrankheiten nach Kopfverletzungen. Vjschr. gerichtl. Med. **23**, 151 (1902). ***Hausbrandt.***

**Ptomaine** siehe *Giftnachweis; Nahrungsmittelvergiftung.*

**Pubertät** siehe *Zweifelhafte Fortpflanzungsfähigkeit beim Manne und beim Weibe.*

**Puder.** (Vgl. auch Art.: Kosmetiche Mittel und Eingriffe; Staub.)

Gute Pudersorten bestehen aus Reisstärke, weshalb ja in der Regel von Reispuder (*Poudre de Riz*) gesprochen wird. Die *Reisstärke* ist dabei durch die Herstellungsweise völlig in die Teilkörnchen zer-

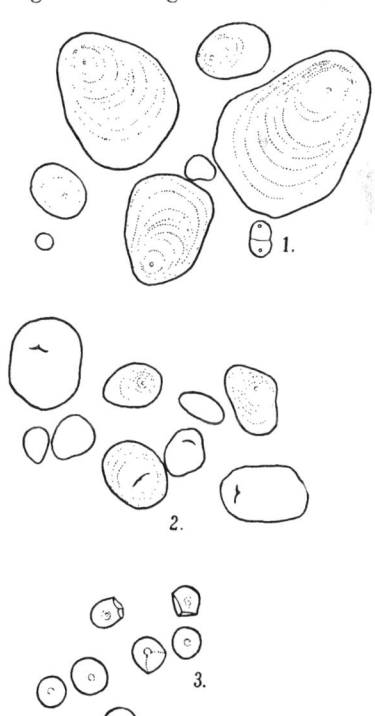

Abb. 1. Puder. *1* Kartoffel-, *2* Maranta-, *3* Manihotstärke.

fallen, was dann der Reisstärke das kleine gleichmäßige Korn von 4—6 $\mu$ verleiht, wodurch sie für Schminkzwecke so geeignet erscheint (s. d. Art.: Mehl). In minderwertigeren Pudern ist die Reisstärke oft mit anderen Stärkesorten gemischt, bzw. andere Stärken allein werden als Puder verwendet, so Weizenstärke und Maisstärke, oft auch Manihotstärke (Abb. 1,3) oder Marantastärke (Abb. 1,2 und für ganz grobe Puder auch die schon wegen ihrer Körnergröße ungeeignete Kartoffelstärke (siehe Abb. 1,1). In seltenen Fällen bestehen die Puder auch aus *anderen pflanzlichen* Rohstoffen. So konnte des öfteren Diatomeenerde, also Kieselgur als Gesichts- und Hautpuder angetroffen werden (Abb. 2). Die Puder enthalten meist die *aromatischen Bestandteile* in Form von ätherischen Ölen, manchmal sind pulverisierte Pflanzenteile zugegeben, in der Regel das Pulver der Veilchenwurzel, das Rhizom von verschiedenen Iris-Arten (*I. germanica* L., *I. pallida* Lam., *I. florentina* L.). Diese Beimengung ist leicht und sicher

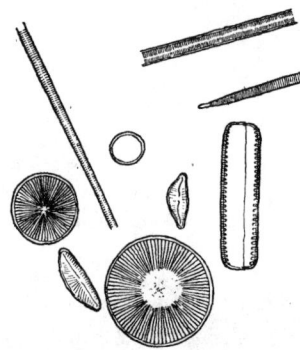

Abb. 2. Puder aus Kieselgur.

an den Stärkekörnern zu erkennen, die ei-, walzen- oder keulenförmig sind und fast immer ein abgestutztes Ende aufweisen. Im gerundeten Teil liegt das Schichtenzentrum mit einem in der Regel kreisförmigen oder hufeisenförmigen Spalt. Die größeren Körner sind 20—30 $\mu$ lang und 10—15 $\mu$ breit. Außerdem findet man Bruchstücke der großen prismatischen Oxolatkristalle, die ja bis 500 $\mu$ lang und 15—35 $\mu$ breit sein können. Sehr viele Puder sind oft überhaupt nicht pflanzlicher Herkunft, sondern haben als Grundlage gepulverten *Speckstein, Magnesia* u. ä., oder die Stoffe sind mit Stärke gemengt. Die festen Puder sind in der Regel *Mineralpuder.*

*Schrifttum.*
*Gistl:* Naturgeschichte pflanzlicher Rohstoffe. München 1938.
*Gistl.*

**Pulvereinsprengungen** siehe *Schußverletzungen.*

**Pulverschmauch** siehe *Schußverletzungen.*

**Pupillarmembran.**
Zur Untersuchung der Pupillarmembran ist der der Leiche entnommene Augapfel quer zu durchschneiden. Die Aderhaut samt dem Ciliarkörper und der Iris wird mit dem Griff des Skalpells unter Wasser abgestreift, auf einem Objektträger ausgebreitet und die Pupille mit der Lupe untersucht. Bei 40 cm langen Früchten können Reste der Pupillarmembran noch vorhanden sein. Die Feststellung der Pupillarmembran wird zur Bestimmung des Fruchtalters empfohlen. Die Pupillarmembran gehört jedoch zu den nebensächlichen Befunden der Altersbestimmung, zudem ist die Präparation der Pupillarmembran schwierig, während die üblichen Befunde zur Altersbestimmung, wie z. B. Länge und Gewicht, leicht zu erheben sind (s. d. Art.: Altersbestimmung an Leibesfrüchten).

*Schrifttum.*
*Angele. J. L.:* Ein Beitrag zur Kenntnis der persistierenden Pupillarmembran. Diss. Berlin 1930. (Lit.) — *Seefelder, R.:* Die Mißbildungen des menschlichen Auges. In: *Schieck* u. *Brückner,* Kurzes Handb. der Ophthalmol. 1, 519—560. Berlin 1930. (S. 578 bis 582: Membrana pupillaris persistens.) — *Seefelder, R.:* Die Ent-

wicklung des menschlichen Auges. In: *Schieck* u. *Brückner,* Kurzes Handb. der Ophtalhmol. 1, 476—518. Berlin 1930. (S. 504—505: Die Pupillarmembran.)     *Ponsold.*

**Pyramidon** siehe *Pyrazolonderivate.*

**Pyrazolonderivate.** (Vgl. auch Art.: Schlafmittel.)
1. *Antipyrin:* Phenyldimethylpyrazolon, $C_{11}H_{12}N_2O$, farblose, tafelförmige Kristalle von leicht bitterem Geschmack. F. = 113°, leicht löslich in Wasser, Lösung reagiert neutral. In Alkohol, Chloroform und Benzol leicht, in Äther schwer löslich.

*Giftwirkung:* Antipyrin ist im allgemeinen wenig toxisch, bedingt aber *bei besonderer Empfindlichkeit* — das gilt für alle therapeutisch verwendeten Pyrazolonkörper — u. U. schwere bis schwerste, auch letal endende Vergiftungen. Gefährlich ist Antipyrin bei gleichzeitiger Quecksilberverabreichung infolge möglicher Entstehung hoch toxischer Antipyrin-Hg-Verbindungen.

*Vergiftungserscheinungen:* Antipyrin reizt lokale Schleimhäute, macht durch lokalen Reiz Erbrechen, Magenschmerz, bei Dauergebrauch Gastritis; s.c. appliziert Infiltrate, Abscesse, Gangrän. Große Dosen von mindestens einigen Gramm können auf einmal Kollaps, seltener, insbesondere bei Kindern Konvulsionen machen. Bei Kindern können Krampfsymptome das Vergiftungsbild ganz beherrschen. Außerdem Benommenheit, Schwindel, Koma mit Kreislaufschwäche und subnormaler Temperatur. Bei schweren Vergiftungen wurden ferner beobachtet: *Cheyne-Stokes*sche Atmung, selten Delirien, sehr selten vorübergehend Amblyopie, Amaurose und Schwerhörigkeit, selten auch Blasenkrämpfe, Acetonurie, Nierenschädigung. Bei vorhandener Herzschädigung sind Antipyrinvergiftungen in ihrem Verlauf viel schwerer: Kollaps mit erhöhter Pulsfrequenz; aber auch unregelmäßiger, langsamer Puls; ferner Herzschwäche mit fast unzählbarem Puls.

Bei Überempfindlichkeit im Sinne der *Allergie* und *Idiosynkrasie* treten nach Antipyrin relativ häufig resorptive Hautausschläge besonderer Art auf: Erytheme in Plaques, auch Enantheme an Mundschleimhaut (Stomatitis), selbst Stomatitis ulcerosa, Blasen- und Pseudomembranbildung auf Schleimhäuten (Pseudodiphtherie). Schwere bullöse Exantheme mit Geschwürsbildung (Antipyrinpemphigus), Purpura oder tuberöse Hautausschläge sind relativ selten. Dagegen kommt es bei Überempfindlichkeit häufiger wie bei allen andern Antipyretica zu ödemartigen Schwellungen im Gesicht, entzündlichem Ödem der Conjunctiva, in seltenen Fällen zu Glottisödem und Erstickungsanfällen infolge Schleimhautschwellung. Für Antipyrin besonders charakteristisch sind sog. *fixe*, durch celluläre Allergie bedingte *Exantheme* (vgl. *Nägeli*), welche bei wiederholter Applikation immer an denselben Stellen auftreten. Neben den Hauterscheinungen oder als deren Vorläufer treten Allgemeinerscheinungen, wie Schwindel, Erbrechen, Schüttelfrost, Fieber bis über 40°, seltener Hypothermie bis 34,5° auf.

Ausscheidung des Antipyrins im Harn sehr rasch. Antipyrinharn ist oft dunkel, nach Eisenchloridzusatz purpurrot. Nur geringe Teile werden unverändert ausgeschieden; Hauptmenge an Glucuronsäure gebunden oder als Oxyantipyrin. Fälle von Agranulocytose sind bei Antipyrin auffallenderweise bis jetzt nicht beobachtet.

*Chronische Vergiftungen:* meist infolge Steigerung der Dosis, mit Appetitverlust, Magenbrennen, Erbrechen, Darmkatarrh, Abmagerung, Schlaflosigkeit, Ohrensausen, Zittern, Muskelschwäche, Reizbarkeit, Depression. Bei Entzug schwere Prostration, Kopfschmerz, Angstzustände.

*Diagnose* der akuten und subakuten Vergiftung

kann schwierig sein, namentlich wenn Erythem mit Temperaturanstieg. *Differentialdiagnostisch* kommt auch luetisches Exanthem (Enanthem im Mund!) evtl. Hg-Vergiftung in Frage.

*Dosis medicinalis:* 0,3—0,5 g.

*Dosis toxica:* Sehr verschieden, je nach Empfindlichkeit und Allgemeinzustand. Durchschnittlich etwa von 2 g an. Aber schon 0,5 g können auch bei Herzgesunden Kollaps machen, bei Herzkranken noch viel kleinere Mengen. Bei Kindern Krampferscheinungen schon nach 0,2—0,4 g.

*Dosis letalis:* Tödlich waren 3,0 g innert 3 Stunden; sogar 1,5 g bei Phthisiker, 1,0 g bei Angina pectoris. Bei 1½jährigem influenzakranken Kind nach 0,2 g Tod im Kollaps innerhalb 24 Stunden.

2. *Migränin*, offizinell als *Antipyrino-Coffeinum citricum* = 80—90% Antipyrin + Coffein + Citronensäure: toxikologisch gleich zu beurteilen wie Antipyrin.

3. *Salipyri:* Antipyrinsalicylat $C_{11}H_{12}N_2O \cdot C_7H_6O_3$, farblose Kristalle, F. = 92°. Schwer löslich in Wasser. *Toxisch* wie Antipyrin + Salicylat; durch dieses speziell stärkere Schweißbildung, Ohrensausen, Schwerhörigkeit, evtl. Eiweiß im Urin. Nach etwa 0,6 g Salipyrin starke Urticaria, Glottisödem, Erbrechen, Durchfall, Ohnmacht, Herzschwäche (*Lundsgaard*).

4. *Melubrin*, Phenyldimethylpyrazolon-aminomethansulfonsaures Natrium: Sehr leicht in Wasser löslich, fast geschmacklos; in 50%iger Lösung auch parenteral bei Arthritis. *Toxisch*: Erbrechen, Magenbeschwerden, Benommenheit, Kollaps.

*Dosis medicinalis:* 0,3—1,0 g.

5. *Novalgin = Methylmelubrin:* in Wasser sehr leicht löslich, fast geschmacklos; in 50%iger Lösung auch parenteral als Analgeticum und bei Grippe.

*Toxisch:* Tödliche Agranulocytose (s. u. Pyramidon).

*Dosis medicinalis:* 0,25—0,5 g.

6. *Pyramidon*, Amidopyrin, Dimethylaminoantipyrin $C_{13}H_{17}N_2O$: Krist. weiße Substanz, F. = 108°. Schwer löslich in Wasser, relativ leicht in Alkohol, wenig in Äther.

*Vergiftungserscheinungen:* Symptome im allgemeinen wie bei Antipyrin; macht weniger Exantheme wie dieses. Bei Überdosierung Schläfrigkeit, Schweißausbruch, Cyanose, Kollaps. Im Vordergrund der *schweren*, akuten Vergiftung durch große Dosen stehen Schwindel, Benommenheit bis Bewußtlosigkeit und Areflexie, evtl. Nystagmus, Zuckungen. Nach sehr großen Dosen: Mydriasis, Krämpfe, Aussetzen der Atem- und Herztätigkeit, Tod. — Herzpatienten sind allgemein empfindlicher. Allergische Erscheinungen wie bei Antipyrin, aber seltener; fixe Exantheme kommen kaum vor.

Ausscheidung durch Urin. Dieser oft rötlich gefärbt durch Bildung des oxydativen Pyramidonabbauproduktes Rubazonsäure.

*Pathologisch-anatomischer Befund:* Nach Vergiftung mit massiven Pyramidondosen rot-violette Totenflecke, starke Blutfülle der Organe, flüssiges Blut, subendokardiale Blutungen, kleine Blutungen und Schleimhautschwellung im Magen und Duodenum, toxische Herzverfettung.

Besondere Form der schweren toxischen Wirkung: *Agranulocytose, maligne Neutropenie* (Angina agranulocytotica). Als Intoleranzphänomen bei dazu disponierten Individuen tritt nach länger durchgeführtem Pyramidongebrauch, seltener schon nach erstmaliger Pyramidoneinnahme „Anfall" von Agranulocytose auf: Leukocytensturz, vorwiegend der Granulocyten, die völlig fehlen können, so daß nur Lymphocyten im Blut kreisen. Beginn oft unter Schüttelfrost, Fieber, Prostration, Schluckschmer-

zen, Angina mit Nekrosen an Tonsillen, evtl. auch am Zahnfleisch; seltener Diarrhöen. Betrifft hauptsächlich Patienten mit chronisch-septischen Infekten (chronische Arthritis usw.) und langer Pyramidonvorbehandlung mit meist großen Dosen. Aber selbst nach nur 0,2—0,3 g Pyramidon kann typischer Leukocytensturz eintreten. Wenn auch Schwund hauptsächlich die polynucleären Elemente des weißen Blutbildes betrifft, so können auch Lymphocyten fast vollständig aus dem Blut verschwinden. *Wesen* der Erkrankung: toxische Reifungsstörung des Knochenmarks.

*Erkennung:* Sternalpunktion, auch prognostisch wichtig.

*Prognose:* Bei aplastischer Form sehr ernst. Mortalität bis über 90%, z. B. unter 41 Fällen 37 letal (*Plum*); bei plastischer Form unter Vermehrung der unreifen Vorstadien im Knochenmark meist günstig (*Rohr*).

Analoge Zustandsbilder auch nach *Novalgin, Allonal, Cibalgin, Saridon, Veramon, Dormalgin*, also auch mit Mischpräparaten von Pyramidon mit Schlafmitteln. Isopropylantipyrin (im *Saridon*) wirkt bei Disponierten wie Pyramidon.

*Differentialdiagnostisch* kommen in Frage: Agranulocytose durch Neosalvarsan, rein und in Kombination mit Quecksilber- und Wismuttherapie; Agranulocytose durch Schlafmittel allein wie Nirvanol, Veronal. Ferner: Agranulocytose durch Sulfanilamide und Sulfapyridine und durch Dinitrophenolkörper (α-Dinitrophenol [s. d.] usw.). Außerdem idiopathische Agranulocytose.

*Dosis medicinalis* 0,1—0,3 g, bei Arthritis rheumatica 0,5—1,0 g als Einzeldosis, 2,0—4,0 g als Tagesdosis.

*Dosis toxica:* Verträglichkeit außerordentlich verschieden, oft grammweise über lange Zeit ohne Symptome, in anderen Fällen schwerste Zustände schon nach 0,1 g. Hochtoxische Dosis bei nicht übernormaler Empfindlichkeit beginnt etwa bei 5 g auf einmal. 7 g Pyramidon wurden nach schwerster Vergiftung überstanden.

*Dosis letalis:* Wird mit 8—10 g angegeben. 16 g waren in einem Fall tödlich. Bei Disposition zu Agranulocytose Tod schon durch medizinale Gaben.

*Vorkommen der Vergiftung:* Überwiegend medizinale. Suicidfälle mit Pyramidon allein sind selten. *Vergiftungsfall:* Bei 19jährigem Schüler nach Einnahme von etwa 25 g Pyramidon in 250 Tabletten: fahlgraue Hautfarbe, Benommenheit, epileptiformer Anfall, Opisthotonus, Trismus, Krämpfe der Gesichtsmuskulatur, tiefste Cyanose, lange Atemstillstände, Thorax starr in Inspirationsstellung. Vollkommene Apnoe, schwarzblaue Verfärbung. Tod in einer Stunde.

Ungleich häufiger sind *suicidale Vergiftungen* mit *Pyramidon-Schlafmittelmischpräparaten* wie Allonal, Cibalgin, Dormalgin, Sanalgin, Sandoptal, Veramon usw., welche im wesentlichen die Erscheinungen der Schlafmittelvergiftung machen (s. d. Art.: Schlafmittel).

7. *Causyth:* Mischpräparat aus Pyramidon und Chinosol (8-Oxychinolin-5-Sulfonsäure). Als Analgeticum, Antipyreticum und als sog. Specificum gegen Morbus *Bang*; kann, wie Pyramidon allein, bei disponierten Individuen Agranulocytose machen.

*Schrifttum.*

*Bennhold, H.:* Agranulocytose durch Pyramidon. Med. Welt **1939**, 33. — *von Bonsdorff, B.:* Granulocytopenie nach Amidopyrin-Medikation. Klin. Wschr. **1935**, 465. — *Erben, F.:* Vergiftungen **2 II**, 354. Wien 1910. — *Geill:* Tödliche Pyramidonvergiftung. Dtsch. Z. gerichtl. Med. **7**, 344 (1926). — *Henning, N.* u. *H. Keilhack:* Die Ergebnisse der Sternalpunktion. Berlin **1939**. — *Hoffmann, A., E. M. Butt* ú. *N. G. Hickley:* Neutropenia following damiopyrine. J. amer. med. Assoc. **102**, 1213—1214 (1934). — *Holten, C., H. Nielsen* u. *K. Transbøl:* Sechs Krankenhausfälle von Agranulocytose bei mit Amidopyrin behandelten Kranken. Ein Beitrag zur Kenntnis der Ätiologie der Agranulocytose. Acta med. scand. **84**, 45 (1934). — *Holten, C., H. Nielsen* u. *K. Transbol:* Noch ein tödlich verlaufener Fall von Agranulocytose nach Amidopyrin (Cibalgin). Ugeskr. Laeg. (dän.) **1934**, 1162. — *Jackson, H.:* The relation of amidopyrine and allied drugs to the etiology of agranulocytic angina. Amer. J. med. Sci. **188**, 482 (1934). — *Kämmerer, H.:* Allergische Diathese und allergische Erkrankungen. Berlin 1934. — *Klumpp, T. G.:* Agranulocytose im Zusammenhang mit Novalgin, einem Antipyrinderivat. J. amer. med. Assoc. **108**, 637 (1937). — *Kreibich, C.:* Antipyrinexanthem oder Pemphigus malignus? Med. Klin. **1932 I**, 441. — *Lewin, L.:* Gifte und Vergiftungen. 565. Berlin 1929. — *Lewin, L.* u. *H. Guillery:* Die Wirkungen von Arzneimitteln auf das Auge. 2. Aufl. **2**, 829. Berlin 1913. — *Lundsgaard, E.:* Ein Fall von erworbener Antipyrinidiosynkrasie mit gefährlicher Vergiftung nach 1 g Salipyrin. Ugeskr. Laeg. **86**, 158 (1924). — *Meier, M. S.:* Beitrag zur Kenntnis der Agranulocytose unter besonderer Berücksichtigung des ätiologischen Moments. Diss. Zürich 1936. — *Meier, M. S.:* Agranulocytose als Vergiftungsfolge. (Pyramidon, Cibalgin, Veramon, Allonal, Novalgin.) Slg. Verg.-Fälle A **665**, 39. — *Nägeli, O., F. de Quervain* u. *W. Stalder:* Nachweis des cellulären Sitzes der Allergie beim fixen Antipyrinexanthem. Klin. Wschr. **1930**, 924. — *Plum, P.:* Experimentelle und klinische Untersuchungen über das Amidopyrin als Ursache von Agranulocytose. Sechs neue tödlich verlaufene Fälle. Ugeskr. Laeg. **1934**, 916. — *Plum, P.:* Pyramidon in der Aetiologie der Agranulocytose. Der Einfluß des Pyramidons auf das Knochenmark und das strömende Blut. C. r. Soc. Biol., **121**, 1227 (1936). — *Rhode, E.:* Pyrazolonabkömmlinge. In: *Heffter*, Handb. der exper. Pharmakol. **1**, 1106. Berlin 1923. — *Rohr, K.:* Blut- und Knochenmarksmorphologie der Agranulocytosen. Fol. haemat. **1936**, 55. — *Rohr, K.:* Knochenmarksmorphologie des menschlichen Sternalpunktates. Neue deutsche Klinik **1937**. — *Rohr, K.:* Funktionelle Knochenmarkspathologie. Schweiz. med. Wschr. **1938**, 641. — *Rowe, A. H.:* Clinical Allergy. London 1937. — *Schneider, Ph.:* Tödliche Vergiftungen durch Pyramidon. Beitr. gerichtl. Med. **11**, 175 (1931). — *Die Nebenwirkungen der modernen Arzneimittel.* **II** Leipzig 1922. — *Taeger, H.:* Pyrazolon- und Barbitursäurederivate als Ursache primärer Agranulocytose? Slg. verg.-Fälle C **22**, 61. — *Taussig, A. E.:* Hautallergie nach Einnehmen Von Amidopyrin. J. Allergy **6**, 291 (1935). — *Tillich, A.:* Zur Frage der Agranulocytose nach Pyramidon. Klin. Wschr. **1936**, 1101. — *Velten, C.:* Selbstmord mit Dimethylaminophenazon (Pyramidon). Slg. Verg.-Fälle A **679**, 79. — *Wagner, K.:* Pyramidon-Vergiftung, tödliche. Slg. Verg.-Fälle A **134**, 111.        *H. Fischer.*

**Pyrodin** siehe *Phenylhydrazin.*

**Pyrogallol.**
1, 2, 3 Trioxybenzol. Mol.-Gew. 126,05. Schmelzpunkt 132°. Bildet weiße bis graugelbe Kristalle, fast geruchlos, schmecken schwach-bitter. Wird gewonnen durch Erhitzung von Gallussäure unter

$CO_2$-Abspaltung. Verwendet in der Farbstoffindustrie, in der Photographie, als Haarfärbemittel, dann zur Behandlung der Psoriasis als 5%ige Salbe, oft gemischt mit Resorcin, Salicylsäure. Ist ein heftiges Reduktionsmittel, besonders in alkalischer Lösung. Hauptwirkung auf das Blut. Pyrogallol ist ungefähr dreimal weniger toxisch als das in Haarfärbemitteln ebenfalls häufig vorhandene Paraphenylendiamin.

*Symptome:* Lokale Reizwirkung, macht aber Blasen und Geschwüre auf der Haut erst in hohen Konzentrationen. Kleine Mengen per os machen in der Regel keine Störungen. Nach Einnahme größerer Mengen setzen die Symptome stürmisch ein; die bedrohlichen Erscheinungen gehen meist rasch zurück, wenn nicht, ist die Prognose der Vergiftung ernst. Erste Anzeichen: Übelkeit, Erbrechen, Durchfälle. Zunge schwarz-braun. Resorptionssymptome: Cyanose, Schüttelfröste mit Fiebern, Schwindel, Kollaps. Oft Leberstörungen mit Ikterus, urämische Erscheinungen. Haut grün-gelblich verfärbt, Urin dunkelbraun. Tod unter dem Bilde der Herzschwäche. Im Urin Blutfarbstoff, Methämoglobin, Albumin. Tod in der Regel nach 2—7 Tagen. Ausscheidung durch Urin, z. T. unverändert, z. T. als Äther-Schwefelsäure. *Tödliche Dosis* meist über 10 g. Sektionsbefunde: Verfettung der Leber und Nieren, Lungenödem, Stase in allen Organen, Methämoglobinbildung, Thrombenbildung. *Vergiftungsgelegenheiten:* Hauptsächlich durch unvernünftige Anwendung der Pyrogallolsalbe bei Psoriasis (gute Hautresorption), selten als Abortivum und als Selbstmordmittel genommen. Chronische Vergiftung beim Menschen nicht beobachtet.

*Phloroglucin* ist das 1, 3, 5 Trioxybenzol. Es ist etwa 20mal weniger giftig als das Pyrogallol, überhaupt von allen experimentell untersuchten Phenolen das am wenigsten giftige. Symptome und Sektionsbefunde ganz ähnlich wie beim Pyrogallol.

Das *Oxyhydrochinon* (1, 2, 4 Trioxybenzol) spielt in der forensischen Toxikologie keine Rolle.

*Schrifttum.*
*Konrády:* Ein Fall von Pyrogallolvergiftung. Slg. Verg.-Fälle **7**, 179 A (1936). — *Pewny:* Tödliche Pyrogallolvergiftung. Slg. Verg.-Fälle **6**, 187 A (1935), s. auch Med. Klin. **1925**, 970.
*Schwarz.*

# Q.

## Quecksilber.
Metallisches Quecksilber(Hg) ist in reinem Zustande, peroral aufgenommen, auch in größeren Mengen (seinerzeitige Behandlung von Ileus), weil im Magensaft und überhaupt in den Körpersäften unlöslich, toxikologisch bedeutungslos. In fein verteiltem Zustande aber bei Einreibungen in die Haut, von Schleimhäuten und Wundflächen aufgesaugt oder als Quecksilberstaub sowie in Dampfform durch die Respirationswege aufgenommen, wirkt es ebenso giftig wie seine Salze. Metallisches Hg verflüchtigt sich schon bei gewöhnlicher Temperatur, läßt sich bei geeigneter Behandlung in feinster Form verteilen (extinguieren), was durch Kreide, Gummi, Fett oder Öl (Unguent. hydrargyr. oder Ol. ciner.) erreicht wird. Quecksilber bildet zwei Reihen von Salzen: die wenig ätzenden, weil schwer löslichen und daher weniger giftigen *Oxydul-(Mercuro)-Verbindungen* mit einwertigem Hg, z. B. Kalomel ($Hg_2Cl_2$), und die leichter löslichen, stark ätzenden und stärker giftigen *Oxyd-(Mercuri-)Verbindungen* mit zweiwertigem Hg, z. B. Sublimat ($HgCl_2$). Die organischen flüchtigen *Quecksilberverbindungen* (Hg-dimethyl, -diäthyl u. dgl.), wie sie bei der künstlichen Aldehyd-

bzw. Alkohol- und Essigsäureproduktion aus Acethylen entstehen, sind Flüssigkeiten von größter Giftigkeit. Nach der Häufigkeit des Anlasses zu Hg-Vergiftungen wären als wichtigste Quecksilbersalze kurz anzuführen:

*Sublimat:* Quecksilberchlorid ($HgCl_2$), dessen Darstellung durch Sublimierung von $HgSO_4$ und NaCl wegen Verstaubens und Dampfbildung, ebenso wie das Pulverisieren und Verpacken sehr gefährlich ist, fällt Eiweiß, doch löst sich das Quecksilberalbuminat in Kochsalzlösung von der Konzentration, wie es in den Körpersäften vorkommt, wieder auf. Die Sublimatpastillen, welche zur Erkennung mit Fuchsin oder Eosin rot gefärbt sind, enthalten daher auch Kochsalz, wodurch sowohl die Löslichkeit als auch die Desinfektionskraft bzw. die Tiefenwirkung des Sublimates gefördert wird. Daraus erklärt sich auch seine heftig ätzende Wirkung und rasche Resorbierbarkeit.

*Quecksilbercyanat* und *Quecksilberoxycyanat* finden als Ersatzmittel des Sublimates Verwendung, sind schwächer in der Desinfektion und zum Unterschied von Sublimat durch blauen Farbstoff gekennzeichnet.

*Mercuri-* und *Mercuronitrat* sind ebenfalls wasserlöslich, werden vor allem in der Technik zum Färben und Beizen von Fellen benützt. Hutmacher und Kürschner sind durch solche Hg-Felle gefährdet.

Alle übrigen Quecksilbersalze sind wasserunlöslich, doch kann im Organismus die Umsetzung in Sublimat erfolgen. Dies trifft vor allem für *Kalomel*, Quecksilberchlorür ($Hg_2Cl_2$), zu, dessen Umwandlung zu Sublimat nicht im Magen, sondern erst im Darm durch den alkalicarbonathaltigen Darmsaft erfolgen soll. Kalomel in der internen Medizin, namentlich bei Darminfektionen verwendet, ist durchaus kein so harmloses Mittel, wie gewöhnlich angenommen wird. Da es reichliche Darmentleerungen hervorruft und dadurch seine Deponierung im Darm verhindert wird, sind die Ärzte in der Praxis bei der Kalomelmedikation in der Dosierung oft nicht sehr ängstlich; große Kalomeldosen können aber für den Patienten gefährlich werden, wenn der Darm obstipiert oder aus irgendeiner Ursache im Zustand der Atonie bleibt; dann wird das Kalomel längere Zeit im Darm liegen, kann sich in lösliche Mercuriverbindungen umwandeln und nach Resorption zu schweren, mitunter tödlichen Vergiftungen führen. Ähnliche Lösungsbedingungen wie Kalomel können auch andere Quecksilberverbindungen im Organismus finden; doch sind diese Salze z. B. die Jodsalze: Hydrargyrum bijodatum rubrum ($HgJ_2$) und Hydrargyrum jodatum flavum (HgJ) sowie das Quecksilberoxyd (HgO) als Hydr. oxydatum flavum oder Hydr. oxydat. rubrum toxikologisch von untergeordneter Bedeutung.

Zu medizinischen Zwecken sind eine Unzahl von Hg-Präparaten (z. B. Hydrargyrum benzoicum, Hydr. tannicum oxyd., Hydr. salicylicum u. v. a.) erzeugt worden, die alle ohne Ausnahme zu Hg-Intoxikationen Anlaß geben können.

*Zinnober* (HgS) ist vollkommen ungiftig, abgesehen von der Möglichkeit der Quecksilberdampfbildung beim Rösten von Zinnober zur Darstellung von Hg.

Mit dem Eindringen von Quecksilber in den Organismus, sei es in Form von Dampf oder Staub durch die Atemluft, enteral oder die Haut allein, ist noch nicht die Vorbedingung für eine Hg-Vergiftung gegeben. Hierzu ist es notwendig, daß Quecksilber oder seine Salze in einer Form in den Organismus gelangen, in welcher sie leicht die Möglichkeit einer Lösung und Resorption finden. Diese Bedingung ist vor allem gegeben bei oraler Aufnahme von gelösten Quecksilbersalzen, bei Spülungen von Schleimhäuten oder Wundflächen (besonders mit Sublimat) und bei Aufnahme von unlöslichen Quecksilberverbindungen, welche im Organismus die Möglichkeit der Lösung finden (Kalomel).

*Vorkommen der Quecksilbervergiftung:* Das Gebiet der gewerblichen Vergiftung ist ziemlich ausgedehnt. Schon die Gewinnung des Quecksilbers, die Darstellung seiner Verbindungen insbesondere auf trocknem Wege (wie Kalomel, Sublimat u. dgl.) erfordert Opfer. Desgleichen ist die Gefahr der Quecksilbervergiftung bei der Verarbeitung und bei Benützung von Quecksilber gegeben. Die meisten Erkrankungen finden sich in neuartigen Industrien: Bei Arbeiten mit Quecksilber-Luftpumpen, besonders der Glühlampenfabrikation, der Herstellung von Röntgenröhren, in der Barometer- und Thermometerindustrie; Hutmacher und Pelzarbeiter wurden schon erwähnt. Auch bei Zahnärzten und ihrem Hilfspersonal können infolge Hantierens, z. B. mit Kupferamalgam chronische Quecksilbervergiftungen vorkommen. Daß aber der Amalgamfüllung der Zähne die Ursache für eine chronische Quecksilbervergiftung zugeschrieben werden kann, ist noch nicht erwiesen, zumal in richtig hergestellten

Edelmetallamalgamen das Hg derart festgebunden ist, daß seine Abspaltung im Munde nicht erfolgt. Ärzte, die oft ihre Hände mit Sublimat desinfizieren, haben schon öfters eine leichtere oder schwerere Quecksilbervergiftung akquiriert.

*Ökonomische Vergiftungen* sind sehr selten, desgleichen Vergiftungen durch Hg-haltige Nahrungs- und Genußmittel. Hier sind die Hg-haltigen Saatbeizen zu erwähnen. Gebeiztes Saatgut kann unter Mahlgut kommen und gegebenenfalls zu Hg-Vergiftungen Anlaß geben (Chem. Zbl. I, 579 [1917]).

Bei der *medizinischen Vergiftung* ist neben der Einatmung von Quecksilberdämpfen (wodurch in den gewerblichen Betrieben die Vergiftung fast ausschließlich bedingt ist) auch mit der peroralen und percutanen Aufnahme zu rechnen. Eine recht häufige Gelegenheitsursache für die medizinale Vergiftung war vor allem die Verwendung des Sublimates; sie ist wohl infolge der größeren Vorsicht bei Verwendung desselben heutzutage etwas seltener geworden, kommt aber immer noch häufig genug vor. Außer der Applikation von Sublimat findet sich als Ursache der Hg-Vergiftung noch die Überdosierung von Hg-Präparaten bei intramuskulärer Injektion (z. B. Salyrgan). Kalomel kann, wie oben erwähnt, ebenfalls zur Quecksilbervergiftung führen. Die weitaus häufigste Ursache für eine medizinische Vergiftung ist die „Schmierkur" bei der Luesbehandlung, wobei der Weg zur Aufnahme ein zweifacher ist: percutan und durch Inhalation des von der Körperoberfläche verdampfenden Quecksilbers. Da die Quecksilbertherapie der Lues heute vielfach durch weniger toxische Präparate ersetzt wird, ist die medizinische Quecksilbervergiftung statistisch erwiesen im Rückgang begriffen.

*Morde* durch Quecksilbersalze sind wegen des auffallenden Geschmackes der löslichen Quecksilberverbindungen sehr selten, kommen aber trotzdem vor. Auch Morde durch wiederholte Gaben von Kalomel und Mordversuche durch verschiedene Quecksilbersalze sind mitgeteilt.

Häufig wird Sublimat zu Zwecken des *Selbstmordes* genommen, meistens von Krankenpflegepersonal, Spitalpatienten und auffallend häufig von jungen Mädchen. Auch zum Zwecke der Fruchtabtreibung wurde Sublimat in die Vagina eingeführt, wiederholt verwendet und dadurch gelegentlich Vergiftungen u. a. mit tödlichem Ausgang beobachtet.

Schnelle Einführung größerer Mengen von löslichen Quecksilbersalzen führt meist binnen kurzem zum Tode; die Krankheitsdauer bei tödlichen Dosen ist aber selten nur wenige Stunden, meist 6—10 Tage. Das typische Beispiel für die *akute Quecksilbervergiftung* ist die Sublimatvergiftung. Fast unmittelbar nach dem Genuß von Sublimat per os treten Symptome der akuten Vergiftung auf: herber Metallgeschmack, starke brennende Schmerzen in Speiseröhre und Magen, Würgen und Erbrechen, Leibschmerzen, Tenemus und (selten vor dem dritten oder vierten Tage) Durchfälle, gelegentlich blutige Stühle und Störungen der Nierensekretion bis zur vollständigen Anurie. Diese Symptome sind nicht allein primäre lokale, sondern größtenteils die Folge resorptiver Wirkungen. Entsprechend der Ausscheidung des Quecksilbers durch die Speicheldrüsen zeigen sich — immer erst nach Auftreten der Magen-Darmsymptome, also erst am zweiten oder dritten Tage — gewissermaßen als Symptom der subakuten Quecksilbervergiftung die ersten Erscheinungen der *Stomatitis mercurialis:* Schwellung des leicht blutenden Zahnfleisches, der Lippen- und Wangenschleimhaut. Die Stomatitis kann zu einer schweren akuten Erkrankung mit tiefer Geschwürsbildung werden und gelegentlich sogar Kiefernekrose herbeiführen. Die allgemeinen Wirkungen der akuten Quecksilbervergiftung bestehen in starkem Krankheitsgefühl, Hinfälligkeit und Pulsbeschleunigung mit Herzschwäche. Den gleichen Verlauf der akuten Quecksilbervergiftung kann man immer dann beobachten, wenn plötzlich große Mengen von Quecksilber in reaktionsfähiger Form in den Kreislauf gelangen, sei es als Quecksilbersalze oder weit seltener als Quecksilberdampf, z. B. durch die flüchtigen organischen Hg-Verbindungen. Dem Sublimat, der giftigsten aller Quecksilberverbindungen, kommt schließlich eine Sonderwirkung zu, insofern es sich in fester Form oder in nicht sehr verdünnter Lösung aufgenommen als schweres Ätzgift erweist. Die Ätzschorfe erinnern an Carbolsäure.

Durch lange dauernde Aufnahme kleinster Quecksilbermengen in Form von Quecksilberdampf in gewerblichen Betrieben oder bei Schmierkuren und sonstiger medizinaler Anwendung sowie dauerndem Gebrauch Hg-haltiger Cosmetica entsteht die *chronische Quecksilbervergiftung*. Selten ist sie der Ausgang einer akuten Vergiftung. Die ersten Symptome sind recht variabel. Das Vorkommen der für die akut-subakute Vergiftung kennzeichnenden Stomatitis — in der älteren Literatur auch noch für die chronische Form vermerkt — ist außerordentlich selten; während bei der akuten Vergiftung Symptome von seiten des Zentralnervensystems ganz in den Hintergrund oder meist gar nicht in Erscheinung treten, sind diese der überwiegende Teil des chronischen Mercurialismus: der Erethismus, der Tremor und die terminale Kachexie. Der Erethismus ist charakterisiert durch hochgradige psychische Erregbarkeit, Schreckhaftigkeit, Verlegenheit und Unsicherheit der Arbeit; Verstimmungen und Verlust des Selbstvertrauens sind die weitere Folge dieser Zustände. Daneben zeigen sich Verdauungsstörungen verschiedenster Art, Speichelfluß, Blässe der Haut, Abmagerung und Mattigkeit. Wenn in diesem Stadium Hg ausgesetzt wird, können alle diese Erscheinungen in wenigen Wochen zurückgehen, andernfalls verschlimmern sie sich, wozu sich anfänglich meist nachts grobe Muskelzuckungen, schließlich aber ein sehr feinschlägiger hartnäckiger Tremor der Hände und der Muskeln des Mundes gesellen. Wenn der Tremor die Beine betrifft, wird der Gang ataktisch. Schließlich können die Kranken teils früher, teils nach länger dauernder Kachexie zugrunde gehen, doch sind derartige schwere Krankheitsbilder heute kaum mehr zu beobachten. Im allgemeinen wird also das Krankheitsbild der chronischen Hg-Vergiftung beherrscht von Störungen, welche auf eine Schädigung des Zentralnervensystems hinweisen, und zwar vornehmlich auf Beteiligung des Kleinhirns und seiner Bahnen, ohne daß bisher anatomische Veränderungen an der nervösen Substanz festzustellen gewesen wären.

Die Tatsache, daß die toxische und letale *Dosis* der Gifte von individuellen Eigenschaften und Begleitumständen abhängig ist, trifft besonders für das Quecksilber zu. Die Menschen sind äußerst ungleich auf Quecksilberverbindungen empfindlich. Die Dosen, welche Ursache von Vergiftungen sind, sind sehr verschieden groß. Nierenkranke sind außerordentlich empfindlich, und eine ganze Reihe von Beobachtungen beweisen, daß sogar weniger als 0,1 g Quecksilber zu tödlichen Vergiftungen bei scheinbar gesunden Personen führen kann, falls die Nieren geschädigt sind. Die Salze der Oxydreihe sind giftiger als die der Oxydulreihe. Die toxische Dosis von Sublimat innerlich genommen wird mit 0,1—0,2 g, die letale Dosis mit 0,5 g (1 Sublimatpastille enthält 1,0 g $HgCl_2$) angegeben. Natürlich werden Schwankungen nach oben und unten be-

obachtet, teils wegen geringer Empfindlichkeit, teils wegen kolloider Bindungen an Eiweißstoffe im Magen usw. Ungefähr gleich groß ist die toxische und letale Dosis von den Jod- und Cyanverbindungen bei Quecksilber, während sie von den anderen Salzen etwa doppelt so groß ist. Von Kalomel wurde bei Kindern schon nach 0,4 g (in einzelnen Fällen wird sogar 0,1 g angegeben), bei Erwachsenen nach 2—3 g tödliche Vergiftung beobachtet. Besonders erwähnenswert ist, daß ausgesprochene Quecksilbervergiftungen schon nach einmaliger Anwendung von Präcipitatsalben beschrieben wurden. Bei empfindlichen Menschen können schon sehr kleine Mengen von Quecksilber ($1/10$—$1/200$ mg pro Tag) ausgesprochen subjektive Störungen, wie Müdigkeit, Gedächtnisschwäche, Ohrensausen u. dgl. erzeugen. In einer ganzen Reihe gingen diese Symptome im Laufe von Monaten, z. B. nach der Entfernung der Kupfer-Amalgamfüllungen der Zähne parallel mit dem Rückgang der Ausscheidung von Hg im Harn zurück. Allerdings hat die Behauptung, daß durch Amalgamplomben in Zähnen mehr oder weniger starke Erscheinungen einer chronischen Quecksilbervergiftung verursacht werden können, vielfach Widerspruch ausgelöst.

Sehr stark giftig ist Quecksilberdampf. 2,5 g Hg verdampft eingeatmet können tödlich wirken und schon Bruchteile davon längere Zeit eingeatmet zu chronischer Quecksilbervergiftung führen. Weitaus am giftigsten sind die bereits erwähnten Methyl- und Äthylverbindungen des Quecksilbers.

Für die chronische Quecksilbervergiftung läßt sich natürlich eine toxische Dosis überhaupt nicht aufstellen.

Die pathologischen *Organveränderungen* bei der Quecksilbervergiftung betreffen nahezu ausschließlich den akuten Fall. Wird Sublimat in konzentrierter Lösung eingeführt, so zeigen sich an den Mundwinkeln, der Zungen- und Wangenschleimhaut, der Speiseröhre und im Magen grauweiße Ätzschorfe, doch unterliegt das Bild der Magenveränderung einem großen Wechsel von der einfachen Schwellung und Rötung bis zur schwersten Nekrose. Die Schleimhaut kann bei Verwendung der Sublimatpastillen durch den roten Farbstoff derselben intensiv rot gefärbt sein. Wurde die Vergiftung einen Tag oder länger überlebt, so zeigen alle Organe, die Quecksilber ausscheiden, degenerative Veränderungen. In der pathologisch-anatomischen Literatur spricht man ziemlich allgemein von einer besonderen Erkrankung der Niere bei Sublimatvergiftung, die man als „Sublimatniere" bezeichnet. Die Niere ist meist deutlich vergrößert, die Rinde hochgradig parenchymatös und ödematös verändert mit partieller Nekrose der Epithelien und in einzelnen Fällen den schon seit langem bekannten Kalkinfarkten. Die Sublimatniere gleicht oftmals der „großen weißen Niere", doch zeigt sie meist eine Verfärbung ins Graue.

Die untersten Abschnitte des Ileum und der Dickdarm gelten neben den Nieren als wichtigstes Ausscheidungsorgan. Der anatomische Befund bei der „Quecksilberdysenterie" zeigt alle Übergänge von der einfachen hämorrhagisch-serösen Entzündung bis zu den schwersten nekrotischen Veränderungen mit Geschwürsbildungen. Diese anatomischen Nieren- und Darmveränderungen gehören zu den fast konstanten Befunden bei subakuten Quecksilbervergiftungen, wobei es gleichgültig ist, auf welchem Wege das Quecksilbersalz in den Körper gelangt ist. Forensisch wichtig sind jene Fälle, bei welchen die weiblichen Geschlechtsorgane die Eingangspforte darstellen. In einem Teil der Fälle handelt es sich um Fruchtabtreibung durch Einspritzung einer Sublimatlösung in die Gebärmutter, wodurch

Verätzungen an der Gebärmutterschleimhaut entstehen können. Eine von den weiblichen Geschlechtsteilen ausgehende Sublimatvergiftung kann auch zufällig dadurch zustande kommen, daß dieses Gift zur Konzeptionsverhinderung eingeführt wurde. In der Regel sind es medizinische Laien, welche in Unkenntnis der Gefahren, welche mit der Anwendung des Sublimates verbunden sind, eine solche Unvorsichtigkeit begehen.

Bei der *chemischen Untersuchung* von Fällen subakuter Quecksilbervergiftung ist auf den Dickdarm besonders Rücksicht zu nehmen, daneben auf die Nieren und die Leber.

*Schrifttum.*

*Bodong:* Erkrankungen durch Quecksilber und seine Verbindungen. Ärztl. Merkbl. berufl. Erkrankungen. 26. Berlin 1930. — *Flury-Zangger:* Lehrbuch der Toxikologie. Berlin 1928. — *Flury-*

*Zernik:* Zur Frage der Quecksilbervergiftung durch Zahnfüllung. Münch. med. Wschr. **1926**, 1021. — *Flury-Zernik:* Schädliche Gase. Berlin 1931. — *Kölsch:* Untersuchungen über die gewerbliche Quecksilbervergiftung. Zbl. Gewerbehyg. **3** (1919). — *Petri, E.:* Pathologische Anatomie u. Histologie der Vergiftungen. Handb. spez. path. Anatomie u. Histologie, herausg. von *Henke-Lubarsch* **X**, Berlin 1930. — *Reuter:* Methoden der forensischen Beurteilung von Vergiftungen. In: *Abderhaldens* Handb. der biologischen Arbeitsmethoden. **12 I.** Berlin u. Wien 1938. — *Starkenstein-Rost-Pohl:* Toxikologie. Berlin u. Wien 1929. (Dort auch Literatur.) — *Starkenstein:* Pharmakologie und Toxikologie. Wien u. Leipzig 1938. — *Stock:* Z. angew. Chem. **39**, 461 (1926). — *Stock* u. *Pohland:* Z. angew. Chem. **29**, 791 (1926). — *Teleky:* Die gewerbliche Quecksilbervergiftung. Frankfurt 1912. — *Ziegner:* Quecksilbervergiftung von der Scheide aus. Mschr. Geburtsh. **72**, 27 (1926). **Schneider.**

**Quetschwunden** siehe *Verletzungen durch stumpfe Gewalt.*

# R.

**Rabies** siehe *Lyssa.*

**Rachenzerreißungen** siehe *Kindestötung.*

**Radium** siehe *Tod und Gesundheitsbeschädigung durch strahlende Energie.*

**Rainfarn** siehe *Tanacetum vulgare.*

**Raritätenbetrug** siehe *Kunstwerkfälschung.*

**Rattekal-Paste** siehe *Schädlingsbekämpfungsmittel.*

**Rattol** siehe *Schädlingsbekämpfungsmittel.*

**Rauchgasvergiftung** siehe *Kohlenoxyd.*

**Rauchschwaches Pulver** siehe *Schußverletzungen; Schußwaffen und Munition.*

**Rauschgiftsuchten** siehe *Opiumalkaloide und verwandte Stoffe.*

**Rawatol** siehe *Schädlingsbekämpfungsmittel.*

**Rectidon** siehe *Schlafmittel.*

**Refraktometrie.** (Vgl. auch Art.: Giftnachweis; Tod durch Ertrinken.)

Das Lichtbrechungsvermögen ist eine physikalische Größe, die wie der Siedepunkt, Schmelzpunkt usw. zur Charakterisierung eines Stoffes benutzt werden kann. Man bestimmt das Lichtbrechungsvermögen (Brechungsindex, Brechungskoeffizient, Brechungsverhältnis, Brechzahl, Refraktion) mittels des Refraktometers. Der Brechungsindex ist das Verhältnis des Sinus des Einfallswinkels zu dem Sinus des Ausfallswinkels oder, anders ausgedrückt, das Verhältnis der Lichtgeschwindigkeit im leeren Raum zu derjenigen in dem zu untersuchenden Stoff. Praktisch wird die Messung in atmosphärischer Luft ausgeführt. Letztere besitzt einen Brechungsindex von 1,000293 bei einem Druck von 760 mm und 0° C gegenüber dem leeren Raum, mit dem der gefundene Wert zu multiplizieren ist, wenn in Ausnahmefällen auf den absoluten Wert reduziert werden soll. Der Brechungsindex $(n)$ wird bei monochromatischem Licht, meistens Natriumlicht ($D$-Linie) oder der $C$-, $F$-, $G$-Linie des Wasserstoffspektrums bestimmt, denn das Brechungsvermögen ist für verschiedene Wellenlängen verschieden, außerdem ändert es sich stark mit der Temperatur. Es ist daher erforderlich, bei Angabe eines Brechungsindexes die Lichtart und die Temperatur anzugeben, z. B. $n_D^{20}$, d. h. für die $D$-Linie des Natriums bei 20° C. Ferner ändert sich der Brechungswinkel mit der Konzentration des be-

treffenden Stoffes in einem Lösungsmittel bzw. bei Gasen mit der Dichte.

Von den verschiedenen Arten der Refraktometer sollen hier nur die wichtigsten behandelt werden. Das Refraktometer von *Pulfrich* besteht aus einem rechtwinkligen Glasprisma und einem über einen Teilkreis beweglichen Fernrohr mit Fadenkreuz.

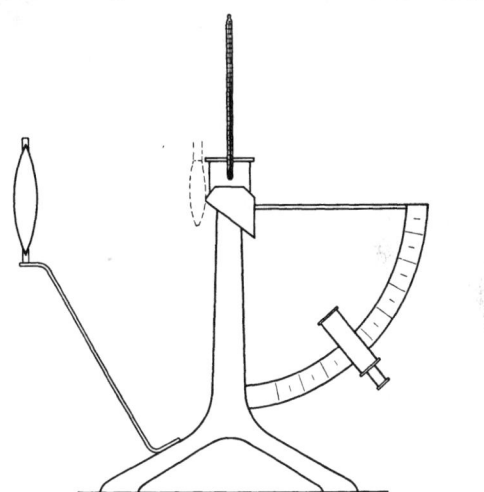

Abb. 1. Pulfrich-Refraktometer (aus *Ostwald-Luther*, Physikalisch-chemische Messungen).

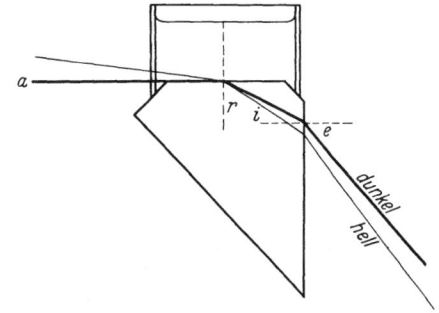

Abb. 2. Strahlengang im Pulfrich-Refraktometer (aus *Ostwald-Luther:* Physikalisch-chemische Messungen).

Auf das Prisma ist ein Glasgefäß aufgekittet, das zur Aufnahme der zu untersuchenden Flüssigkeit dient. Das Licht trifft in Richtung der oberen horizontalen Prismenfläche schwach konvergent auf die Prismenkante. In das Prisma treten nur die Strahlen, deren Austrittswinkel kleiner als der Winkel der totalen Reflektion ist. Letzterer wird dann durch Einstellen des Fadenkreuzes auf die Grenze zwischen hell und dunkel bestimmt. Aus ihm läßt sich der Brechungskoeffizient nach der Formel $n = \sqrt{N^3 - \mathrm{Sin.}^3 e}$ berechnen, worin N der Brechungsindex des Glasprismas (Konstante) und $e$ der abgelesene Winkel bedeutet. Durch Benutzung einer dem Instrument beigegebenen Tabelle wird die Berechnung umgangen. Manche Konstruktionen besitzen eine Heizvorrichtung, so daß auch bei höheren Temperaturen gemessen werden kann, und eine Einrichtung zur Messung der Dispersion des Brechungsexponenten, wodurch eine weitere Charakterisierung des zu untersuchenden Stoffes möglich ist. Unter Teildispersionen versteht man die Differenz zweier Brechungsexponenten, z. B. bezogen auf die D- und C-Linie des Spektrums. Mittlere Dispersion nennt man die Differenz $n_F - n_e$. Unter *Abbe*scher Dispersionszahl versteht man den Ausdruck $v = \dfrac{n_D - 1}{n_F - n_e}$. Näheres siehe bei *Löwe, Keßler*. Bestimmung des Brechungsexponenten fester Körper siehe bei *Keßler*, desjenigen von mikroskopischen Objekten bei *Köhler*. Ein weiteres Refraktometer, das auf dem Prinzip der Totalreflektion beruht, ist das von *Abbe*. Zwischen zwei Prismen wird ein Tropfen der zu untersuchenden Flüssigkeit gebracht und im Fernrohrokular die Grenze zwischen hell und dunkel auf das Fadenkreuz eingestellt und die Stellung am Teilkreis K abgelesen. Die Beobachtungen können mit weißem Licht gemacht werden. Die Grenzlinie erscheint dann zunächst im allgemeinen farbig und verschwommen, kann aber durch den Farbenkompensator T, der aus zwei gegeneinander drehbaren Amicischen Prismen besteht, scharf abgebildet werden, und man gewinnt durch Ablesen des Kompensatorwinkels annähernde Angaben über die Dispersion der Flüssigkeit. Noch genauere Messungen können mit dem *Eintauchrefraktometer* vorgenommen werden, das ebenfalls auf dem Prinzip der totalen Reflexion beruht. Durch ein Hilfsprisma ist es

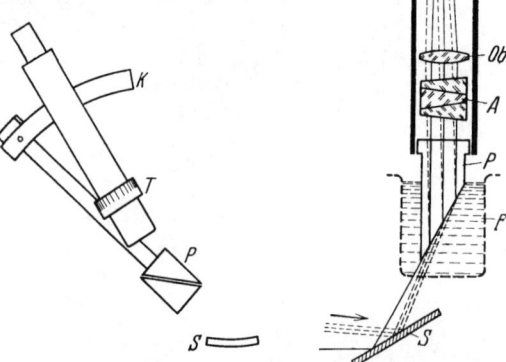

Abb. 3. Refraktometer nach *Abbe* (aus *Ostwald-Luther:* Phys.-chem. Mess.).

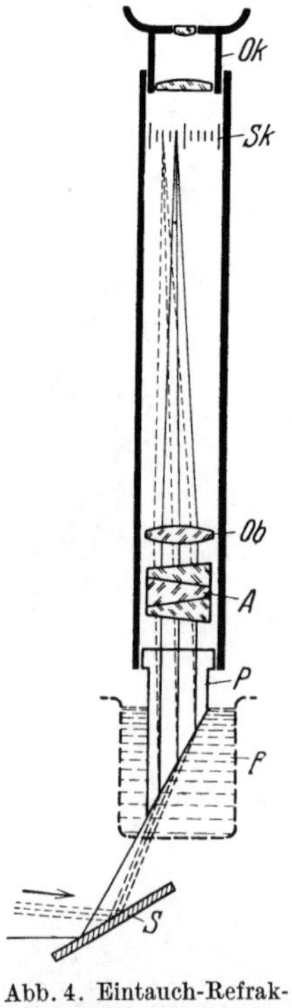

Abb. 4. Eintauch-Refraktometer (aus *Ostwald-Luther:* Phys.-chem. Mess.).

möglich, mit einem Tropfen der zu untersuchenden Substanz auszukommen.

Zur sehr genauen Feststellung von Differenzen der Brechungsexponenten optisch sehr ähnlicher Systeme dient das *Interferometer*. Es beruht auf folgendem Prinzip: ein Büschel parallelen Lichtes wird durch zwei gleichlange Kammern geschickt, in denen die zu untersuchende und die Vergleichslösung bzw. zu untersuchendes und Vergleichsgas sich befinden. Vorher muß der Lichtstrahl zwei schmale Blenden durchsetzen, an deren Rändern das Licht gebeugt wird, so daß im Okular des Fernrohres ein Spektrum mit einem weißen Mittelstreifen

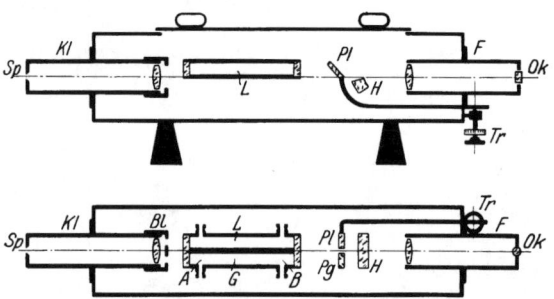

Abb. 5. Interferometer (aus *Berl-Lunge:* Chem.-techn. Unters.-Meth.)

(Maximum I. Ordnung), der von zwei schwarzen Streifen (Minima I. Ordnung) eingeschlossen ist, erscheint. An diese schließen sich beiderseits die Spektra höherer Ordnung an. Dieses Bild wird entworfen von der unteren Hälfte des Strahlenbüschels, die unter dem Boden der Kammern verlaufen. Ein gleiches Spektrum wird von der oberen Hälfte des Lichtbüschels entworfen, das in seiner Lage gegenüber dem erstgenannten Spektrum verschoben ist, wenn die beiden in den Kammern befindlichen Flüssigkeiten optisch verschieden sind. Das verschobene oder sogar verschwundene Spektrum wird durch Drehen einer Kompensatorplatte mittels der Meßschraube Tr solange verschoben, bis es mit dem Vergleichsspektrum übereinstimmt. Die an der Meßschraube abgelesene Drehung gibt ein Maß für den Unterschied der Brechungsindices der beiden Flüssigkeiten. Näheres siehe bei *Löwe*.

Die Refraktometer eignen sich 1. zur Identizierung von Flüssigkeiten aller Art und von bei niederer Temperatur schmelzenden festen oder halbfesten Stoffen an Hand ihres Brechungsexponenten unter Verwendung von Tabellen; 2. zum Vergleich von Flüssigkeiten zwecks Feststellung ihrer Identität; 3. zu Konzentrationsbestimmungen von gelösten Stoffen bei Verwendung von Eichkurven (vor allem mit Eintauchrefraktometer und Interferometer).

*Schrifttum.*

Chemiker-Kalender. — *Jessker:* Refraktometrie. In: *Abderhaldens* Handb. der biologischen Arbeitsmethoden **II 2** (1900). — *Köhler:* Polarisationsmikroskopie. In: *Abderhaldens* Handb. der biologischen Arbeitsmethoden. **1.** Berlin 1928. — *Löwe:* Optische Messungen. Im Handb. von *Berl-Lunge:* Chemisch-technische Untersuchungsmethoden. **1.** Berlin 1931. — *Löwe:* Optische Messungen des Chemikers und des Mediziners. Techn. Fortschrittsberichte **6.** Dresden 1933. (Dort auch weitere Spezialliteratur.) — *Landold-Börnstein Scheel-Roth:* Physikalisch-chemische Tabellen. Berlin 1905. — *Ostwald-Luther:* Physikochemische Messungen. Leipzig 1931. — *Wagner:* Tabellen zum Eintauchrefraktometer. Zu beziehen durch *Karl Zeiss*, Jena. **Klauer.**

**Regelwidrige Enge des Aortensystems** siehe *Hypoplasie des Gefäßsystems.*

**Reifezeichen** siehe *Kindestötung; Schwangerschaftsdauer.*

**Reihenfolge von Verletzungen** siehe *Bestimmung der Reihenfolge von Verletzungen.*

**Rekonstruktion des Gesichtes.** (Vgl. auch Art.: Abformverfahren; Einbalsamieren von Leichen; Konservierung anatomischer Präparate.)

Durch Fäulnisgase kann das Gesicht einer Leiche

zur Unkenntlichkeit verunstaltet sein. Sind nicht auch Teile verlorengegangen, etwa durch Madenfraß, so läßt sich die Form des Gesichtes oft noch ziemlich gut wiederherstellen. Schneidet man nach Eröffnung des Schädels und Entfernung des Gehirns den Kopf ab und spült man ihn in fließendem Wasser zwölf Stunden oder länger durch, so geht die Dunsung sehr stark zurück und es schwindet meist auch die Fäulnisfärbung bis auf geringe Reste, indem der veränderte Blutfarbstoff vom Wasser gelöst wird. Wird dann das Schädeldach wieder aufgesetzt, die Kopfschwarte vernäht und der ganze Kopf in konzentrierte alkoholische Sublimatlösung eingelegt, so bilden sich die Veränderungen noch weiter zurück. Nach v. Hofmann gibt auch die Injektion des Kopfes mit Sublimat oder Chlorzinklösung gute Erfolge.

Eine Rekonstruktion des Gesichtes kann auch notwendig sein, wenn Teile des Schädels entnommen wurden. Es gibt genug Fälle, wo die Entnahme durch den behördlichen Zweck der Leicheneröffnung nicht gerechtfertigt ist und eine Entstellung unliebsame Erörterungen auslösen könnte. Leicht läßt sich das Schädeldach ersetzen, indem man die untere Schädelhälfte mit steiferem Papier, altem Zeug und Holzwolle entsprechend hoch fest ausstopft, die Kopfhaut darüber vernäht und, um die Stufe in der Stirne zu verbergen, einen Verband anlegt. Wo dies nicht angeht, kann man mit gipsgetränktem Zeug über der Ausstopfung eine, an den Schädelgrund stufenlos anschließende Hartauflage bilden. Augäpfel lassen sich durch konservierte, zu diesem Zweck aufbewahrte Leichenaugen, auch durch Prothesen so ersetzen, daß die Lider nicht einsinken. Da die Zähne für die spätere Erkennung eines Unbekannten oft sehr wichtig sind (s. d. Art.: Zähne), so empfiehlt es sich mitunter, zu diesem Zweck den Unterkiefer und den Gaumenteil des Oberkiefers zu entnehmen. Weinmann empfiehlt, sie durch Gipsprothesen zu ersetzen, die er aus dickerem Gipsbrei ohne Kochsalzzusatz nach den entnommenen Knochen nachbildet. Den Lippen müssen in diesem Falle an der Innenseite vernäht werden. Um nach Entnahme des ganzen Schädels das Gesicht wieder herzustellen, eignet sich nur das von Meixner ausgearbeitete Verfahren. Er fertigt zuerst einen Gipsabguß des Gesichtes an. Dieser dient als Form, in welche nach Herausnahme des Schädels der Gesichtsbalg bei Bauchlage der Leiche sorgfältig eingebreitet wird, um dann von innen her, zuerst mit einem wie Kitt knetbaren Paraffingemisch, dann einer Lage von Töpferton und schließlich mit Gips und Holzwolle ausgefüllt zu werden. Damit der Balg an den eingezogenen Stellen des Gesichtes halte, werden an diesen Stellen schraubenförmig gewundene Drahtstückchen von innen angenäht, die von der Füllmasse gefaßt und gehalten werden. Pick empfiehlt, den entnommenen Schädel mittels einer rohen Gipsform in einem Erdwachsgemisch nachzubilden und diese Nachbildung in den Balg einzusetzen, der an der Nasenwurzel und an den inneren Augenwinkeln mittels Fäden am Schädelersatz befestigt wird. Doch legt sich, wie Verfasser erfahren hat, bei solchem Vorgehen der Gesichtsbalg der Unterlage nicht an, spannt sich vielmehr wie eine Maske über alle Vertiefungen.

Ist der Schädel durch schwere Gewalt zerquetscht oder von einem unter dem Kinn oder durch den Mund eingetretenen Gewehrschuß gesprengt, so sind Versuche zur Wiederherstellung des Gesichtes, auch wenn ein Bildnis vorliegt, meist erfolglos.

*Schrifttum.*

*v. Hofmann:* nach *v. Hofmann-Haberda,* Lehrbuch der gerichtl. Medizin. 11. Aufl. 1075 (1927). — *Meixner:* Ein Verfahren zum Ersatz des Schädels an Leichen. Dtsch. Z. gerichtl. Med. **1**, 761. — *Pick:* Über die Technik des Ersatzes des Leichenschädels durch einen Erdwachs-(Ozokerit-)Abguß. *Virchows* Arch. **266**, 604 (1927). —

*Weinmann:* Über die Kieferentnahme an der Leiche. Zbl. Path. **37**, 105 (1926); Ref. Dtsch. Z. gerichtl. Med. **8**, 492. **Meixner.**

**Rententabelle** siehe *Erwerbsunfähigkeit.*

## Resorcin.

1,3 Dioxybenzol, Schmelzpunkt 118°. Kristalle oder kristallinisches Pulver mit sehr schwachem Geruch und süßlichem, kratzendem Geschmack. Es ist von allen Isomeren in bezug auf Giftigkeit das harmloseste; trotzdem ist seine praktische Bedeutung wegen der häufigen medizinischen Vergiftungen groß. Bei den meisten gemeldeten Vergiftungen handelt es sich um Vergiftungen durch Resorcinsalbe, die bei den verschiedensten Hauterkrankungen appliziert wird. Gefährdet sind durch percutane Resorption in erster Linie Säuglinge und Kleinkinder; bei Säuglingen beobachtet man gelegentlich auch ein Ablecken der Salbe. Normale Salbenkonzentration 5%ig, Spülungen 2%ig (intern nicht mehr verwendet). Toxische Dosis 3—10 g. Symptome: lokal ganz geringe Reizwirkung (Brennen, Parästhesien). Nach Resorption Schwindel, Schweißausbruch mit Temperaturabfall, Rötung des Gesichtes, bei stärkeren Dosen Cyanose, Krämpfe, Delirien, Koma. Zerfall der roten Blutkörperchen, Methämoglobinbildung, Ikterus. Haut grau bis graugrün. Urin dunkelbraun, bildet auf der Wäsche dunkle Flecken.

Sektionsbefund: Methämoglobinbildung, Organe unter Umständen schwarzbraun. Blutungen in die serösen Häute. Anämie und Verfettung der Leber, der Nieren. Meist terminales Lungenödem.

Cave: Resorcinsalbenapplikation bei Säugling und Kleinkind. Die gleiche Warnung gilt nicht nur für die Resorcinsalbe, sondern wegen der guten Resorptionsfähigkeit der Säuglingshaut für jede medikamentöse Hautapplikation.

*Schrifttum.*

*Becker:* Resorzinsalbe verursacht tödliche Vergiftung bei einem Säugling. Slg. Verg.-Fälle **4**, 7 A (1933). — *Erben:* Vergiftungen. Klin. Teil, 2. Hälfte. Wien u. Leipzig 1910. — *Haenelt:* Ein Fall von perkutaner Resorzinvergiftung. Münch. med. Wschr. **1**, 386 (1925). — *Klem:* Akute medikamentöse Resorzinvergiftung. Norsk Mag. Laegevidensk. **91**, 849 (1930). — *Liebenam:* Resorzinvergiftung im Säuglingsalter. Slg. Verg.-Fälle **6**, 175 A (1935). — *Lund:* Perkutane Resorzinvergiftung mit Todesfolge bei einem Säugling. Verh. jütl. med. Ges. **1932**, 32. — *Murray:* Ein Bericht über 60 Medizinalvergiftungen. Arch. of Pediatr. **43**, 193 (1926). — *Strandberg:* Vergiftung bei äußerer Anwendung von Resorzin. Sv. Läkartidn. **24**, 276 (1927). — *Wirth:* Resorzinvergiftung eines Säuglings. Kinderärztl. Praxis **1938**, Nr. 4. **Schwarz.**

**Retardierte Amnesie** siehe *Amnesie als Verletzungsfolge.*

## Retroflexio uteri und Unfall.

Unter *Retroflexio uteri* verstehen wir bekanntlich die Aknickung des Corpus uteri nach hinten statt nach vorn (Anteflexio uteri). Diese Lageveränderung kommt angeboren vor. Dabei findet sich eine abnorme Kürze der vorderen Vaginalwand, welche die Portio in der vorderen Beckenhälfte fixiert und verhindert, daß das Corpus sich in normaler Anteflexion der Blase anlegt (*Reifferscheid*). Eine der häufigsten Ursachen für die Retroversio-flexio uteri liegt in der Erschlaffung des Band- und Stützapparates, z. B. bei mangelnder Involution im Wochenbette oder als Teilerscheinung der allgemeinen Enteroptose. Auch entzündliche Prozesse im kleinen Becken oder an den Adnexen können eine Rückwärtsknickung des Uterus nach sich ziehen. Es kommt dann allerdings meist zu der sog. *Retroflexio uteri fixata.* Währenddem im allgemeinen die mobile Retroflexio uteri nur wenig oder gar keine Beschwerden verursacht, so ist das anders, sobald das Organ fixiert ist durch entzündliche oder narbige Veränderungen im *Douglas*schen Raume. Auch wenn eine Gravidität zu einer Retroflexio uteri hinzutritt, so entstehen meist mehr oder weniger große Störungen, die sich aber durch eine rechtzeitige Korrektur der Lageveränderung leicht beheben lassen (*Ischuria paradoxa*, evtl. *Blasengangrän* bei zu später ärztlicher Intervention). Daß in vereinzelten Fällen auch die *Retroflexio mobilis* Beschwerden verursachen kann, steht fest und kann nicht bezweifelt werden. Es soll aber nur dann eine Behandlung einsetzen, wenn einwandfrei feststeht, daß die Klagen wirklich mit der Retroflexio zusammenhängen. In früheren Zeiten wurde sicherlich die Retroflexio uteri stark überwertet, währenddem heutzutage diese Lageveränderung meist nicht mehr als eigentliches Leiden angesprochen wird. Demgemäß sind auch die Operationen, welche eine Korrektur dieser Lageveränderung bezwecken, stark zurückgegangen. Immerhin ist es m. E. falsch, wenn man der Patientin nichts mitteilt, falls eine Retroflexio uteri gefunden wird. Das ist deswegen ein Fehler, weil unter Umständen ein später aufgesuchter Arzt das „Leiden" überwertet und damit den ersten Untersucher diskreditieren könnte. Das schadet aber nicht nur diesem, sondern der Medizin überhaupt. Man soll also entgegen dem Rate *Reifferscheids* und *Mayers* die Diagnose preisgeben, aber sofort auf die Harmlosigkeit des Befundes hinweisen. Dann wird die Patientin selbst sich auch nicht viel aus der Sache machen. Die Ringbehandlung der Retroflexio uteri ist zu verwerfen, weil nutzlos, mit Ausnahme der Retroflexio uteri gravidi. Wenn schon eine wirksame Behandlung einsetzen soll, dann kommt nur eine Operation in Frage, die bei der fixierten Retroflexio stets angezeigt ist, bei der mobilen nur ausnahmsweise, z. B. bei *Sterilität*, wo keine andere Ursache gefunden wird, oder bei *habituellen Aborten*, welche mit der Lageveränderung zusammenhängen können.

Lange war die Frage, ob eine Retroflexio uteri mob. durch einen Unfall entstehen könne, stark umstritten, und auch jetzt noch tauchen ab und zu in der Literatur Meinungen auf, die dahin tendieren, diese Möglichkeit als wahrscheinlich hinzustellen. Demgegenüber ist zu bemerken, daß ein solches Ereignis jedenfalls als außerordentlich selten anzusprechen ist, wenn auch nicht geleugnet werden soll, daß es ab und zu einmal eintreten könnte. *A. Mayer* hat diejenigen Momente angeführt, welche bei diesen Problemen von Belang sind, und ich folge seinen Ausführungen, mit denen ich vollkommen einig gehe.

1. Man hat früher übersehen, daß sich sehr häufig, wie ich bereits antönte, die Retroflexio uteri mob. als Zufälligkeitsbefund findet, ohne daß sie die geringsten Beschwerden verursacht, die erst dann in Erscheinung treten, wenn das „Leiden" vom Arzte entdeckt und überwertet wird. Daß es daneben auch eine Retroflexio uteri mob. mit Komplikationen gibt, darin ist *v. Jaschke* unbedingt beizustimmen. Das habe ich auch immer betont, und *Mayer* ist offenbar auch nicht gegenteiliger Meinung. Die lokalen Erscheinungen sind immerhin oft nicht durch die Rückwärtsknickung als solche bedingt, sondern laufen nebenher, die allgemeinen Komplikationen sind in den meisten Fällen eine Folge der konstitutionellen Minderwertigkeit, der *Enteroptose* oder der *Neurasthenie*. Trotz allem gibt es aber noch vereinzelte Beobachtungen, wo die Retroflexio an sich Beschwerden macht, wie *Ausfluß, Blutungen, Kreuzschmerzen, Kohabitationsschmerzen, Sterilität*, die sofort verschwinden, wenn die Lageveränderung beseitigt ist. Es kann also wohl gesagt werden, daß ein sehr großer Prozentsatz von Retroflexionen völlig symptomlos verläuft, daß bei einer weiteren Zahl nur Allgemeinerscheinungen vorhanden sind, welche dieselbe Ursache haben, wie die Knickung

selbst, daß es aber sicher auch Fälle gibt, wo die Retroflexio uteri an sich mehr oder weniger starke Beschwerden macht. Eine Überwertung der Lageveränderung muß aber ängstlich vermieden werden. Es ist auch zu beachten, daß der Uterus seine Lage spontan wechseln kann, ein Phänomen, das allen erfahrenen Gynäkologen bekannt sein dürfte, eine Feststellung, die natürlich eine große Bedeutung hat, auch in Hinsicht auf forensische Fragen.

2. Für die traumatische Entstehung einer Retroflexio uteri muß das Unfallereignis ein ganz besonders geartetes sein, indem zum Zustandekommen einer solchen Verlagerung hauptsächlich drei Faktoren notwendig sind: Ein Tiefertreten des Uterus, eine damit verbundene Streckstellung und ein Nachhintensinken des Organs aus dieser Stellung heraus. Das Primäre ist aber eigentlich nur das Tiefertreten. Diese Wirkung können aber nur ganz bestimmte Unfallereignisse haben. In Betracht kommen nur plötzliche Steigerungen des intraabdominellen Druckes (Heben schwerer Lasten) und gewaltige Körpererschütterungen durch Fall in der Körperachse aus großer Höhe. Aber auch diese schweren Traumen würden allein noch nicht genügen, wenn nicht noch eine besondere Disposition hinzukommt, die allerdings nicht immer leicht zu erfassen ist (Individuen mit der „schlaffen Faser", erworbene Disposition bei schlaffem Bauche und Senkung verschiedener Organe). Es ist aber darauf hinzuweisen, daß solche Frauen oft schon von vornherein eine Retroflexio uteri besitzen und sie nicht erst durch den Unfall bekommen haben. Das ist bei jeder Begutachtung wohl zu beachten.

3. Wichtig ist ferner, wie *Mayer* mit Recht betont, die Unterscheidung zwischen Nulliparen und Frauen, die bereits geboren haben, weil bei letzteren zufolge Erschlaffung des Bandapparates viel eher eine Verlagerung des Organes eintreten könnte. Bei völlig genitalgesunden Frauen, die noch nie geboren haben, müßte man zuerst zu einer Läsion der Bänder kommen, bevor überhaupt eine Retroflexio uteri entstehen könnte. Eine gewisse Disposition scheint das Wochenbett abzugeben, wie aus vielen früheren Beobachtungen hervorgeht, und wie ich es aus meiner Erfahrung heraus auch bestätigen kann, ebenso ist die Frühschwangerschaft vielleicht von einer gewissen Bedeutung, währenddem nach dem vierten Monate der Gravidität ein „Umfallen" des Uterus nicht mehr möglich ist. Ob auch die Menstruation eine gewisse Rolle spielt, ist zur Zeit noch nicht mit Sicherheit feststellbar, aber nicht unbedingt von der Hand zu weisen. Über eine nach Trauma entstandene Retroflexio uteri gravidi hat *Hüssy* seinerzeit berichtet.

4. Von grundlegender Bedeutung ist naturgemäß die Frage, ob eine Retroflexio nicht etwa schon vor einem Unfalle vorhanden war. Läßt sich die Sache einwandfrei aufklären, so ist natürlich die Beurteilung wesentlich erleichtert (*v. Herff, Fritsch*). Wenn einwandfreie Beobachter vor dem Unfalle keine Retroflexio festgestellt hatten, so ist die Möglichkeit einer traumatischen Knickung des Uterus ins Bereich der Möglichkeit gerückt, aber nur dann. Sonst wird man die anamnestischen Angaben mit größter Vorsicht bewerten müssen. Heutzutage ist die Sucht des Publikums außerordentlich groß, aus einem Unfalle Kapital zu schlagen. Die Unfallneurosen und die Rentenjagd sind unerfreuliche Erscheinungen der Neuzeit, die aber eine Begutachtung gewaltig erschweren können. Beweisend könnte unter Umständen die sofortige Beseitigung der aufgetretenen Beschwerden durch eine Reposition des Uterus sein, aber es muß sich dann um eine „schlagartige" Besserung (*Füth*) handeln, und die Symptome dürfen nicht mehr zurückkehren, so daß nach

wenigen Tagen die Erwerbsfähigkeit wieder eintritt. Solche Fälle würden dann die Unfallversicherung nur wenig belasten, es sind aber die einzigen, die wirklich anerkannt werden dürfen. Im ganzen sind aber solche Beobachtungen spärlich, und *Mayer* zweifelt sogar noch, daß alle einer strengen Kritik standhalten könnten.

5. Ob eine bestehende Retroflexio durch einen Unfall verschlimmert werden könnte, ist eine ziemlich belanglose Frage. Dagegen ist es wohl möglich, aber ebenfalls von geringer Tragweite, daß eine Rückwärtsknickung der Gebärmutter rezidiviert, nachdem sie vorher durch ein Pessar aufgerichtet gewesen war, von wenig Bedeutung deswegen, weil es ganz egal ist, ob die betr. Frau ihre Retroflexio mit oder ohne Ring trägt. Wie oft erlebt man es, daß angeblich Ärzte eine Retroflexio uteri aufgerichtet haben, und wenn man untersucht, so liegt der Uterus nach wie vor im Ringe retroflektiert, der also rein psychisch gewirkt hat, oder es ist damit die meist gleichzeitig bestehende Senkung behoben worden, und damit sind die Beschwerden verschwunden. Schon von früheren Autoren wurde darauf hingewiesen, daß die meisten Beschwerden bei Retroflexio nicht von dieser herrühren, sondern von der meist gleichzeitig bestehenden Senkung des Uterus und der Scheide. Ist dieses Übel beseitigt, so kann der Uterus ante- oder retroflektiert liegen, es kommt auf dasselbe heraus. Das Problem Retroflexio uteri und Unfall ist aus allen diesen Gründen nicht von grundlegender Bedeutung, da es sich niemals um eine schwere Erwerbsstörung handeln kann.

6. Bei der Begutachtung der Erwerbsstörung ist man früher sehr stark übers Ziel hinausgeschossen, als man noch Renten von 60—100% gewährte. Eigentlich kommt die Auszahlung einer Rente bei einer traumatischen Retroflexio uteri überhaupt nicht in Frage, denn falls es sich wirklich um eine Unfallfolge gehandelt haben sollte, so ist sie sehr leicht zu beseitigen durch Reposition des Organes, und damit ist nach wenigen Tagen die Erwerbsfähigkeit wieder eingetreten. Ähnlicher Ansicht sind auch andere Autoren. Helfen die gewöhnlichen Maßnahmen nicht, so kann immer noch eine Operation in Frage gezogen werden, die keine großen Gefahren bietet und in relativ kurzer Zeit zur Heilung führt. Es kann sich für die Versicherung nur darum handeln, die Heilungskosten zu zahlen und unter Umständen eine kleine Entschädigung auszurichten, aber von einer Rente kann keine Rede sein, da in keinem Falle eine dauernde Beeinträchtigung der Erwerbsfähigkeit eintritt. Daß natürlich gegebenenfalls die Unfallneurose (und die Rentenjagd) eine große Bedeutung gewinnen kann, das ist klar, aber diese Erscheinungen sind streng zu trennen von den wirklichen Folgen einer traumatischen Retroflexio uteri, die im übrigen, wie gesagt, eine sehr große Seltenheit darstellt.

Um eine traumatische Retroflexio uteri anerkennen zu können, müssen also folgende Vorbedingungen erfüllt sein: a) Es muß sich um einen schweren Unfall im oben angegebenen Sinne gehandelt haben. b) Die Beschwerden müssen sofort nachher aufgetreten und stark gewesen sein. Eine gewisse Rolle spielen genitale Blutungen. c) Nach Beseitigung der Retroflexio uteri, unter Umständen in Narkose, müssen die Beschwerden schlagartig verschwinden. d) Es sollte bewiesen sein, daß nicht schon vor dem angeschuldigten Unfalle eine Retroflexio uteri bestanden hat.

*Schrifttum.*
*Fritsch:* Dtsch. med. Wschr. **1911**, 1877. — *Füth:* Retroflexio und Unfall. Zbl. Gynäk. **1926**, 871. — *v. Herff:* Ärztl. Sachverst.ztg **1898**, 133. — *Hüssy:* Lageveränderungen des Uterus und Unfall. Schweiz. Z. Unfallk. **9—11** (1926). — *Hüssy:* Der geb.-gyn. Sachverständige. Bern 1931. — *v. Jaschke:* Lehrbuch der Gynäk. Berlin 1933. — *Mayer:* Die Unfallerkrankungen in Geb. und Gyn. Stuttgart 1917. — *Mayer:* Weibliche Geschlechtsorgane und Unfall. Stuttgart 1934. — *Raaflaub:* Zur versicherungstechnischen Behandlung der Unfallfolgen in Gyn. und Geb. Inaug.-Diss. Zürich 1926. — *Raaflaub:* Traumatische Retroflexio uteri. Zbl. Gynäk. **1925**,2706.— *Reifferscheid* in *Halban-Seitz:* Biologie u. Pathologie des Weibes. **III.** — *Ziegenspeck:* Akute traumatische Entstehung der Retroflexio. Münch. med. Wschr. **1919**, 1668.        **Hüssy.**

## Retrograde Amnesie siehe *Amnesie als Verletzungsfolge.*

## Reversionsspektroskop siehe *Forensische Blutuntersuchung.*

## Rhizoma Rhei siehe *Anthrachinonderivate.*

## Rhus toxicodendron.

Gift des Gift-Sumach, aus Nordamerika stammend, hauptsächlich in den Blättern vorhanden. Wirksam sind anscheinend immer nur Teile der Pflanze (Pollen? Haare). Das Gift, Toxicodendrol genannt, wirkt hauptsächlich auf die Haut, wobei man starke individuelle Reaktionsverschiedenheiten beobachtet (natürliche Immunität, Sensibilisierungsphänomene). Das Eintreten einer Toleranzerhöhung durch gehäufte Giftwirkung konnte nicht festgestellt werden.

Die Symptome treten erst nach einer Latenzzeit auf, meist nach 24 Stunden: Erythem, Ödem, Bläschenbildung, Krustenbildung, nie tiefere Nekrosen. Reaktionen auch an ganz entfernten Hautstellen. Schleimhautreaktionen in Form von Rhinitis, Conjunctivitis. Daneben Schwäche, Prostration. Bei peroraler Applikation: Gastroenteritis, Lähmungen, Delirium, Hautreaktionen. In der forensischen Toxikologie spielt Rhus toxicodendron keine Rolle. Verwendet wird er nur in der homöopathischen Medizin. Gewerbliche Vergiftungen resp. Hauterkrankungen nicht selten bei Gärtnern, bei Arbeitern in der Lackindustrie, wo gelegentlich Gift-Sumach Verwendung findet.

*Schrifttum.*
*Molitsch* u. *Poliakoff:* Rhus toxicodendron. Prevention of Dermatitis. Arch. Dermat. **33**, 725 (1936). — *Traub* u. *Tennen:* Rhus toxicodendron. Permanent Pigmentation. J. amer. med. Assoc. **106**, 1711 (1936). — *Vollmer:* Hauterkrankung nach peroraler Zuführung von Rhus toxicodendron. Slg. Verg.-Fälle **7**, 21 B. (1936).        **Schwarz.**

## Ricin.

Enthalten in den Samen von Ricinus communis. Eiweißartiger, giftiger Körper von unbekannter Konstitution, der den Phytotoxinen zugerechnet wird, d. h. jenen pflanzlichen Giften, die Bakterientoxinen ähnlich sind (Antigennatur, Immunisierungsmöglichkeit). Ricin ist in erster Linie ein Blutgift, das die roten Blutkörperchen agglutiniert, die Gerinnung begünstigt und dadurch zu Blutungen durch Gerinnselbildung, ja sogar zu Gefäßverschluß mit Ernährungsstörungen und Nekrosen führt.

*Symptome* bei der Aufnahme durch den Mund: Rötung und Schwellung der Mundschleimhaut, Gastroenteritis haemorrhagica mit Erbrechen und Durchfällen, Cyanose, Ikterus, gelegentlich masernähnliche Hautausschläge. Häufig Bewußtseinsstörungen, Krämpfe. Das Gift verursacht ferner Nierenschädigungen. Todesfälle unter den Symptomen einer Nephritis resp. Urämie häufig. Der Tod kann noch Wochen nach Gifteinnahme eintreten. Im Auge akute Conjunctivitis.

Vergiftungen in unsern Gegenden sind nicht so selten, wie man annimmt, meist bei zufälligem Genuß der Samen durch Verwechslung, Unkenntnis oder in der Annahme, die Samen seien unschädlich wie das Ricinusöl. Gelegentlich Vergiftungen durch den Preßrückstand der Samen, der als Düngemittel und zur Vertilgung von Ungeziefer gebraucht wird. Kinder essen den Samen gelegentlich wegen des „Haselnußgeschmackes". *Tödliche Dosis* 0,03 g Ricin, entsprechend 2—3 Samenkörnern. *Sektionsbefund*: blutige Gastroenteritis, Entzündung der *Peyer*schen Plaques. Ekchymosen am Herzbeutel. Fettige Degeneration der Leber, des Herzmuskels, der Nierenepithelien (hier sogar Epithelnekrosen). Milz brüchig, braun.

In die gleiche Gruppe gehören *Abrin* und *Crotin*. Abrin ist in der Jequiritybohne enthalten, im allgemeinen weniger giftig wie Ricin, jedoch giftiger für das Auge. Wirkung wie beim Ricin erst nach einer Inkubationszeit; auch hier Immunisierung mit spezifischer Immunität möglich. Crotin findet sich im Samen von Croton tiglium. Lokal- und Allgemeinwirkung schwächer als beim Abrin und Ricin.

*Schrifttum.*

*Abdülkadir-Lütfi:* Tödliche Vergiftung durch Ricinussamen. Slg. Verg.-Fälle **6**, 97 A (1935); s. auch Dtsch. med. Wschr. **1935**, 416. — *Chiaffarelli:* Kasuistischer Beitrag zum Thema Vergiftung durch Einführung von frischem Ricinussamen. Giorn. Med. mil. **82**, 590 (1934). — Handb. der exper. Pharmak. **II 2**. Berlin 1924. — *Haranghy:* Interessanter Fall von Vergiftung durch Ricinussamen. Orv. Hetil. **I**, (1931) 371. — *Lipták:* Ricinussamenvergiftung. Slg. Verg.-Fälle **1**, 47 A (1930).  *Schwarz.*

## Ricinusöl.

Aus den enthülsten und reifen Samen von Ricinus communis (Euphorbiaceae-Crotonoideae) durch kaltes Pressen gewonnenes Öl, das mit Wasser ausgekocht wird, nicht das mit Lösungsmitteln extrahierte fette Öl. Wird im Magen-Darm zu Ricinolsäure verseift. Einnahme gewöhnlich 10 Gramm. Toxische Erscheinungen werden nie beobachtet, ausgenommen gelegentlich rasch vorübergehende örtliche Reizungen des Darmkanals. Ricinusöl besitzt hauptsächlich Wirkung auf den Dünndarm (Erhöhung der Peristaltik, Vermehrung der Pendelbewegungen). Ricinus communis enthält neben Ricinusöl noch *Ricin*, einen eiweißartigen giftigen Körper von stark toxischer Wirkung (s. d.).  *Schwarz.*

**Rigor mortis** siehe *Leichenerscheinungen*.

**Ringelschuß** siehe *Schußverletzungen*.

**Rißquetschungen** siehe *Verletzungen durch stumpfe Gewalt*.

**Rißwunden** siehe *Verletzungen durch stumpfe Gewalt*.

**Rittersporn** siehe *Delphiniumalkaloide*.

## Röntgenstrahlen als Untersuchungsmittel in der gerichtlichen Medizin und naturwissenschaftlichen Kriminalistik.

Das Röntgenverfahren als durchaus objektives und — in Form der Röntgenaufnahme — auch für spätere Begutachter immer nachprüfbares Verfahren hat sich für den forensisch tätigen Arzt als überaus wertvolles Hilfsmittel erwiesen. Schon bei der Suche nach einem versteckt liegenden *Projektil* am Sektionstisch wird viel Zeit und Mühe erspart. Am Lebenden lassen sich verschluckte (schattengebende) *Fremdkörper* mühelos ihrer Lage und Art nach bestimmen, *Knochenbrüche* und Fissuren eindeutig erkennen. Selbst lange Zeit zurückreichende Verletzungen sind mittels einer Röntgenuntersuchung durch den *Callus*, durch Form und Strukturveränderungen des Knochens nicht zu übersehen. Die Röntgenuntersuchung erklärt auch das Zustandekommen schwerer Verletzungsfolgen nach geringfügigen Traumen durch den Nachweis einer schon vorher bestandenen schwere *Knochenerkrankung* (Osteoklastische Metastasen, multiples Myelom, Osteomalacie, *Reklinghausen*sche Erkrankung, Knochencysten u. dgl.). Eine möglichst frühzeitige Röntgenuntersuchung bei *Knochenverletzungen* ist schon deshalb nötig, weil durch später hinzugetretene se-

kundäre Veränderungen (Osteomyelitis, chirurgische Eingriffe) der ursprüngliche Befund manchmal völlig verändert wird. Die Erfahrung hat gezeigt, daß Knochenverletzungen (z. B. Schenkelhalsbrüche) manchmal gar nicht rechtzeitig erkannt werden, wenn keine Röntgenuntersuchung erfolgt. Der Arzt kann sogar wegen Unterlassung einer Röntgenuntersuchung zivilrechtlich belangt werden. Beschwerden, die auf eine Verletzung zurückgeführt werden, erweisen sich nach Röntgenuntersuchung oft durch eine jahrelang schon vorhandene, bisher nur latent gebliebene Erkrankung bedingt. Bei *Zahnverlusten*, die durch Verletzungen im Kindesalter erfolgten, läßt eine einfache Röntgenaufnahme entscheiden, ob es sich um Milchzähne oder um bleibende Zähne gehandelt hat. Auch die rasche Erkennung mancher *ernsterer Krankheitszustände*, die sonst nur durch längere Beobachtung möglich wäre, gelingt durch eine einfache Röntgendurchleuchtung (Ulcus duodeni, Aortenaneurysma usw.). Sie gibt auch Aufschluß über die Art und Ausbreitung einer *Lungentuberkulose*. Ein lange fälschlich als Ischias behandeltes Leiden erweist sich bei Röntgenuntersuchung durch *Krebsmetastasen* bedingt. Anderseits wieder sind Zustände, die auf ein schweres Leiden schließen lassen, oft relativ harmlos zu erklären (Sigma elongatum). Wenn es also vor Gericht auf die eindeutige Festlegung und Begutachtung von Krankheitszuständen ankommt, soll vom Röntgenverfahren weitgehend Gebrauch gemacht werden. Eine *Schwangerschaft* kann bei entsprechender Technik schon vom vierten Monat an durch den Nachweis foetaler Skelettschatten mit Sicherheit nachgewiesen oder ausgeschlossen werden. *Maino* empfiehlt eine röntgenologische Methode zur *Feststellung des Todes*: 1 ccm einer 5%igen Jodnatriumlösung wird in die Vena cubitalis injiziert. Die dauernde Persistenz des bei Röntgenaufnahme erkennbaren Gefäßschattens läßt einen Scheintod mit Sicherheit ausschließen. *Piga* berichtet über einen Fund von Knochenresten mit noch anhaftenden mumifizierten Weichteilen, die Überresten menschlicher Herkunft sehr ähnlich sahen. Durch eine Röntgenuntersuchung ließ sich leicht nachweisen, daß dieselben tierischer Provenienz waren. Durch die Darstellung der Epiphysenfugen auf Skelettaufnahmen (Humerus, Darmbeinkamm) kann das Röntgenverfahren auch zur annähernden *Altersbestimmung* am Lebenden herangezogen werden (*Itzkovitsch*). *Richter* schlägt Röntgenbilder der in ihrer Form und Ausdehnung so überaus variablen Stirnhöhlen zu *Identifizierungszwecken* vor und empfiehlt sie als Ergänzung für das daktyloskopische Verfahren. Wenn man von einer in etwa 7 % aller Fälle vorhandenen Aplasie der Stirnhöhlen absieht, handelt es sich dabei sicherlich um eine sehr brauchbare und bei Anwendung von Negativpapier auch sehr billige Methode. *Verbrannte* (calcinierte) *Knochen* behalten nicht nur ihren für die Bildgebung wichtigen Kalkgehalt, sondern auch ihre charakteristische Struktur und lassen sich daher in Aschenresten leicht feststellen. *Nolte* hat Röntgenbefunde an *Lungen Neugeborener* zur Unterstützung der bei der Sektion vorgenommenen Lebensproben herangezogen und kommt zu dem Schlusse, daß ein negativer Befund, also kein Luftgehalt in den Lungen, vorangegangenes Leben nicht mit Sicherheit ausschließen läßt und daß die Röntgenuntersuchung daher nur neben der immer vorzunehmenden Obduktion als Ergänzung von Wert ist. Über die Möglichkeit des *Nachweises von Giften* mit hohem Atomgewicht durch Röntgenaufnahmen hat *Gerin* tierexperimentelle Versuche angestellt. Er konnte am Magen, manchmal auch am Darm von Kaninchen, die mit Bleiacetat vergiftet wurden, „Verschattungen" erkennen. *Hevesy* und

*Böhm* gelang es (gleichfalls im Tierexperiment), durch quantitative Röntgenspektralanalyse Metallsalze, welche 48 Stunden ante mortem injiziert worden waren, nachzuweisen. Blei, Mangan, Chrom und Kobaltsalze konnten relativ leicht, Thallium nur schwer wieder ermittelt werden. Nach *Eidlin* läßt sich bei Anwendung von Bleigeschossen an Haut und Stoffen der „*Metallring*" durch eine Röntgenaufnahme in der Regel nachweisen, bei Mantelgeschossen nur an der Haut bis zu einem Schußabstand von 40 cm. Durch den Nachweis des Metallringes kann Ein- und Ausschuß leicht unterschieden werden. Das Verfahren hat den Vorzug, rasch ein Resultat zu ergeben und überdies das Objekt für spätere Untersuchungen völlig unversehrt zu erhalten. Forensisch wichtig ist auch die Tatsache, daß es gelingt, durch entsprechend dosierte Röntgentiefenbestrahlung eine *temporäre* oder *bleibende Sterilisierung* bei Mann und Frau zu erzielen. Eine temporäre Sterilisierung muß allerdings heute wegen der großen Gefahr einer Keimschädigung ärztlicherseits abgelehnt werden. Nach *Gragert* genügen bei der Frau etwa 45 % der H.E.D., um nicht nur eine bleibende Amenorrhoe zu erzielen, sondern auch alle funktionierenden Zellen des Ovariums zu vernichten. Der Vorschlag von *Müller-Heß*, durch entsprechende Röntgendosen die Funktion der Keimdrüsen herabzusetzen bzw. durch eine *Röntgenkastration* eine sexuelle Übererregbarkeit zu beheben, hat sich nicht bewährt. Bei Menschen kommen für den Geschlechtstrieb vorwiegend cerebrale Einflüsse in Frage. Nur in Fällen, wo sich bei der Frau eine Übererregbarkeit synchron mit dem Ablauf der zyklischen Ovarialfunktion ergibt, käme ein Bestrahlungsversuch in Frage (*Wollenberg*). Beim Manne tritt auf Bestrahlung der Hoden Oligo- und Nekrospermie ein. Es gehen zunächst die Spermiogonien, weiterhin die Spermatocyten, Spermiden und Präspermiden zugrunde, erst viel später wird das Stützgewebe mit den Zwischenzellen geschädigt. Eine Beeinträchtigung der Libido wurde nicht beobachtet. Bei der Kastration ist der Anwendung von Röntgenstrahlen insofern das Wort zu reden, als keinerlei schmerzhafte oder verstümmelnde operative Eingriffe vorgenommen werden müssen und auch die Gefahr psychischer Folgen in geringerem Ausmaße besteht.

Auch in rein *kriminalistischer* Beziehung hat das Röntgenverfahren vielfältige Anwendungsgebiete. Es gelang (wegen des Metallsalzgehaltes der Ölfarben), zahlreiche Übermalungen und Fälschungen alter Meisterbilder zu erkennen und verborgene Schweißstellen an Metallen mit Hilfe moderner Spezialapparate leicht nachzuweisen. Es ist möglich, falsche Brillanten von echten zu unterscheiden: der hohe Bleigehalt (um das „Feuer" zu erzielen) der gefälschten Brillanten bedingt einen intensiven Röntgenschatten, der beim echten Edelstein, der aus reinem Kohlenstoff besteht, völlig fehlt. Die echte Perle ist eine (kalkhaltige) krankhafte Ausscheidung der Perlenmuschel. Sie gibt wegen des Kalkgehaltes einen deutlichen Röntgenschatten, gefälschte Perlen sind dünnwandige, innen mit „Fischschuppenessenz" belegte Glaskügelchen und lassen die Röntgenstrahlen fast ungehindert hindurchtreten. Halbedelsteine können durch Einwirkung von Röntgen- und Radiumstrahlen entfärbt werden. Auch bei der Erkennung von Lebensmittelfälschungen sind die Röntgenstrahlen von Bedeutung. Dem Mehl werden, um das Gewicht zu erhöhen, Bariumsalze, pulverisierter Schwerspat u. dgl. zugesetzt; Proben davon ergeben einen mehr oder minder deutlichen Röntgenschatten. Mit Hilfe des Kristallstrukturapparates der Philippswerke (Eindhoven) hat man gleichfalls kriminalistisch sehr wertvolle Feststellungen gemacht. Dieser Apparat liefert bei kristallin aufgebauten Körpern Linienspektren, die durch Reflexion weicher Röntgenstrahlen auf Kristallebenen entstehen und für die einzelnen untersuchten Körper charakteristisch sind. Es gelang z. B. bei Anwendung dieses Verfahrens sogar Aschenreste verschiedener Zigarettensorten voneinander eindeutig zu unterscheiden.

*Schrifttum.*

*Altschul, W.:* Unfallsfolgen im Röntgenbild und ihre Wertung Wien. klin. Wschr. **1936** II. — *Bucky:* Kriminalistische Feststellungen durch Röntgenstrahlen. Fortschr. Röntgenstr. **30**, 79—81. — *Eidlin, L. M.:* Röntgenographischer Nachweis des Metallringes am Einschuß. Dtsch. Z. gerichtl. Med. **22** (1933). — *Gerin, C.:* Über die Möglichkeit des Nachweises von Giften mit hohem Atomgewicht an der Leiche. Riv. Radiol. e Fisica med. **II** (1935). — *Gerin, C.:* Die Frage der Radiokastration und die Frage der beruflichen Verantwortlichkeit der Radiologen. Riv. Radiol. e Fisica med. **4** (1932). — *Gragert, O.:* Zur Frage der doppelseitigen Röntgenkastration. Strahlentherapie **32** (1929). — *Grebe* u. *Esser:* Metallnachweis in Organen durch quantitative Röntgenspektralanalyse. Fortschr. Röntgenstr. **54**, 39—49 (1936). — *Itzkovitsch:* Röntgenolog. Altersbestimmung für Gerichtszwecke. Fortschr. Röntgenstr. **54**, 249 (1936). — *Konig, F.:* Die unterlassene Röntgenkontrolle bei Frakturen und Luxationen. Zbl. Chir. **1935**. — *v. Ledden-Hulsebosch:* Anwendungsmöglichkeiten der weichsten Röntgenstrahlen in der Kriminalistik. Dtsch. Z. gerichtl. Med. **18** (1932). — *Lossen, H.:* Röntgenfachärztliche Unfallbegutachtung. Röntgenpraxis **8**, 67—69 (1936). — *Maino, M.:* Eine röntgenologische Methode zur Feststellung des Todes. Radiol. med. **17** (1930). — *Nolte, G.:* Untersuchungen über die Bedeutung des Röntgenbildes als Lebensprobe in der gerichtlichen Medizin. Dtsch. Z. gerichtl. Med. **2**, 30. — *Piga, A.:* Ein interessanter gerichtlich-medizinischer Fall. Progr. Clinica **27** (1924). — *Reiffenscheid, K.:* Zur Frage der temporären Röntgenkastration. Strahlentherapie **21** (1926). — *Richter, H.:* Ein Beitrag zur Bedeutung des Röntgenverfahrens in Kriminalfällen. Dtsch. Z. gerichtl. Med. **1926**. — *Wiethold, F.:* Zur Frage der Bestrahlungsbehandlung von Sittlichkeitsverbrechern. Dtsch. Z. gerichtl. Med. **14**, 432 (1930). — *Wollenberg, R.:* Röntgensterilisierung und Libido. Arch. f. Psychiatr.; Ref. Zbl. gerichtl. Med. **1923**, 473. **Schneider** u. **Frauendorfer.**

## Röntgenstrahlen als Ursache von Gesundheitsbeschädigung und Tod. (Vgl. auch Art.: Tod und Gesundheitsbeschädigung durch strahlende Energie.)

Die biologischen Wirkungen der Röntgenstrahlen wurden erstmalig bei Bestrahlungen der Haut und ihrer Anhangsgebilde beobachtet. Man sah entzündliche Rötung der Haut und Haarausfall. Die nach intensiver Bestrahlung aufgetretenen *Veränderungen an der Haut* wurden in Anlehnung an die bei thermischer Einwirkung entstandenen als „Verbrennung" (Röntgenverbrennung) bezeichnet. Diese kommt (nach *Zugsmith*) zustande: a) durch einmalige Einwirkung einer massiven Strahlendosis, b) durch lange Zeit fortgesetzte Bestrahlungen des gleichen Hautgebietes, c) als Berufsschäden bei Röntgenologen und Technikern (vor Bekanntwerden der ersten schweren Gesundheitsschäden in den Anfängen des Röntgenverfahrens). Man unterscheidet drei Grade dieser Verbrennung: 1. Grad, nach 10—20 Tagen auftretend: Pigmentation und Depilation der Haut; 2. Grad, nach 7—14 Tagen: Erythem mit Schuppenbildung; 3. Grad, schon 2—3 Tage nach Einwirkung einer extrem hohen Dosis (meist auf Irrtum oder technischen Fehlern beruhend): Nach kurzem Erythem Bläschenbildung und weiterhin das Röntgenulcus. Dieses verheilt nach kürzerer oder längerer Zeit, um manchmal immer wieder zu rezidivieren. Manche tiefgreifende Ulcera zeigen überhaupt keinerlei Heilungstendenz. Wiederholte Verbrennungen ersten Grades führen zur chronischen Röntgendermatitis, zu Atrophie der Haut, Teleangiektasien, Alopecie und Keratosen, wiederholte Verbrennungen zweiten Grades außerdem noch zu subcutanen Ödemen und muskulären Induration.

Von den nach unmittelbarer Einwirkung der Strahlung auftretenden Veränderungen zu trennen sind die sog. *Röntgenspätschädigungen*, die erst nach jahrelanger Latenz zur Entwicklung kommen und zumeist in atrophischen Hautveränderungen mit Neigung zu torpiden Geschwüren bestehen. Sie entstehen nach *John* als *Kummulationsschaden* bei wiederholten Einzelbestrahlungen, deren Summe die Verträglichkeitsgrenze des Gewebes überschreitet, und als *Kombinationsschaden*, wenn auf die vorher bestrahlten Hautfelder noch andere, mechanische, chemische oder thermische Reize einwirken. *H. Holfelder* schlägt eine „Normierung" der chronischen Röntgen- und auch Radiumschäden nach folgender Einteilung vor: 1. Pigmentverschiebungen der Haut. 2. Erweiterung der Hautcapillaren. 3. Atrophie der Lederhaut ohne Schwund des Unterhautzellgewebes. 4. Atrophie der Lederhaut mit Schwund des Unterhautzellgewebes. 5. Atrophie der Schleimhäute mit den für Röntgeneinwirkung charakteristischen Teleangiektasien. 6. Geschwürsbildung in Haut und Schleimhäuten mit Heilungstendenz. 7. Geschwürsbildung in Haut und Schleimhäuten ohne Heilungstendenz mit mehr oder weniger tiefgreifender Gewebszerstörung. 8. Hornbildung auf geschädigter atrophischer Haut (Hyperkeratosen). 9. Krebsbildung auf atrophischer Haut. Bei diagnostischer Anwendung der Röntgenstrahlen kommen alle die Schädigungen vorerwähnter Art heute wohl kaum mehr vor. Ist dies trotzdem der Fall, so kann daraus auf mangelhafte Technik oder Fahrlässigkeit geschlossen werden. Bei therapeutischer Anwendung der Röntgenstrahlung lassen sich jedoch leichtere Hautveränderungen nicht vermeiden, insbesondere bei Behandlung der bösartigen Geschwülste, wobei man bewußt an die Toleranzgrenze der Haut herangeht, dieselbe zuweilen auch erheblich überschreitet, jedoch durch eine besondere Technik: Verwendung extrem hart gefilterter Strahlung, Vergrößerung des Fokus-Hautabstandes und Fraktionierung der Dosis einen wesentlich milderen Ablauf der nachher erfolgenden biologischen Hautreaktion erzielt. Man wird unter Umständen sogar ein Röntgenulcus in Kauf nehmen müssen, da ein solches, verglichen mit einer unmittelbar lebensbedrohenden Carcinomgeschwulst jedenfalls das kleinere Übel ist. Die einzelnen Körpergewebe zeigen eine verschieden große Toleranz gegenüber der auf sie einwirkenden Strahlung. Am empfindlichsten ist das blutbildende Gewebe, Thymus und die Keimdrüsen; es folgen die Haut nebst Anhangsgebilden, die serösen Häute, weiterhin die drüsigen Organe, dann Muskeln, Bindegewebe, Gefäße, zum Schluß Knochen und Nervengewebe. Zellreiches, rasch wachsendes (Embryonal- und Tumor-) Gewebe ist empfindlicher als seine Umgebung, ein Umstand, der die Behandlung bösartiger Tumoren gefördert bzw. überhaupt erst ermöglicht hat. Die Frage einer *Überempfindlichkeit* mancher Individuen gegenüber der Röntgenstrahleneinwirkung ist umstritten, doch liegen zahlreiche Beobachtungen vor, welche das gelegentliche Vorkommen einer derartigen Idiosynkrasie bestätigen. Zu abnormer Reaktion soll insbesondere die Haut von Ekzematikern (*Trostler*) oder von rothaarigen Menschen mit zarter Haut neigen. In diesem Sinne soll auch die gleichzeitige Verabreichung von Salvarsan, Chinin und anderen Medikamenten wirken. Von den einzelnen Körperregionen ist die Haut am Halse am empfindlichsten, die Kopfhaut wieder empfindlicher als die Haut des Rumpfes. Wichtig scheint eine Mitteilung von *J. Körbler*: Die röntgengeschädigte Haut zeigt bei Untersuchung im fluorescenzerregenden Licht eine bläulichweiße, flächenhaft und punktförmig ausgebreitete Fluorescenz, die bei anderen, mit freiem Auge ganz ähnlich aussehenden Hautaffektionen nicht vorkommt und durch Verhornungsprozesse (für Röntgeneinwirkung charakteristisch) der Epi-

dermis bedingt ist. Die forensische Bedeutung dieser Erscheinung für die Beurteilung wirklicher oder vermeintlicher Röntgenschäden liegt auf der Hand. Nicht immer kann die Verabfolgung einer therapeutischen Dosis dieselbe direkt dem Erfolgsorgan zugeführt werden, so daß man gelegentlich mit einer Schädigung dazwischenliegender oder benachbarter Gebiete rechnen muß. So wurden bei Bestrahlungen wegen Mammacarcinom wiederholt Affektionen der Lunge beobachtet, die nach der tangentialen Flankierungsmethode von *Holfelder* übrigens vermeidbar sind. Bei Lungenbestrahlungen hat *Engelstad* im Tierexperiment ein Initialstadium mit Hyperämie, Leukocyteninfiltration und vermehrter Schleimproduktion festgestellt. Es folgte eine Hauptreaktion mit degenerativen Prozessen und entzündlichen Vorgängen am Bronchusepithel. Ein regeneratives Stadium mit Bindegewebswucherung und Sklerosierung schloß sich an. Auf die Bedeutung der *Strahleninduration* der Lunge beim Menschen hat *Teschendorf* nachdrücklich hingewiesen. Vier bis acht Wochen nach Beendigung der Röntgenbestrahlung entwickelte sich ein Krankheitsbild, das klinisch mit Atemnot, Husten, schleimig-eitrigem Auswurf, stechenden Schmerzen und Temperatursteigerung einherging. Im Röntgenbild der Lunge fanden sich Verdichtungsprozesse, die späterhin zu Schrumpfung des Lungengewebes führten. Über eine durch Röntgen verursachte *Linsenkatarakt* berichtet *Gualdi:* es bildeten sich opake nach vorne konvexe Trübungen nahe dem hinteren Linsenpol. Die Funktion der Thyreoidea kann durch übermäßige Bestrahlung bis zum Auftreten eines *Myxödem* herabgesetzt werden, soll daher nur unter ständiger Anwendung klinischer Kontrollmethoden (Grundumsatzbestimmung) erfolgen. Am *Kehlkopf* wurden (allerdings nur bei Überdosierung) Knorpelnekrosen beobachtet. *Baensch* berichtet über Unterkiefernekrosen mit Zahnausfall, Hautatrophie und Mikrostomie nach einer Epilationsbestrahlung wegen Sycosis und empfiehlt vorsichtige Dosierung im Bereich der Hals- und Mundregion. Bei raumbeengenden Tumoren im Bereich der oberen Thoraxapertur sowie bei anderen Prozessen mit Kompression der Trachea ist es im Anschlusse an therapeutische Bestrahlungen wiederholt zu akuter *Suffokation* gekommen. Über ulceröse Veränderungen an der Magen- und Dünndarmschleimhaut nach Abdominalbestrahlungen (wegen Lymphogranulomatose) hat *Elliot* berichtet. Wiederholt wurde die *Bildung bösartiger Geschwülste* auf primär strahlengeschädigter Haut beobachtet. Nach *Kaplan* entstand ein Fibrosarkom der Wange nach Epilation wegen Hypertrichosis. *Gaal* sah einen sarkomatösen Hauttumor, der sich auf Grund eines oftmals rezidivierenden Röntgenulcus entwickelt hatte. Weniger den Patienten als den im Röntgenfach tätigen Arzt, Techniker und das Hilfspersonal betreffen die *Schädigungen des blutbildenden Apparates*, die als Folge fortgesetzt aufgenommener, wenn auch an sich kleiner Strahlendosen auftreten und vorwiegend das weiße Blutbild betreffen. Man fand Leukopenien, wobei die neutrophilen Zellen vermindert und die Lymphocyten stark vermehrt waren. Diese Röntgenleukopenie glaubt neuerdings *Carrie* durch Darreichung von C-Vitamin günstig beeinflussen zu können. *Albers-Schönberg* entdeckte, daß männliche Tiere durch Röntgenbestrahlung die Fortpflanzungsmöglichkeit verloren. Die Ursache war Nekrospermie, welcher später Azoospermie und Hodenatrophie folgte. *Philipp* machte 1904 die gleichen Beobachtungen beim Menschen. *Simmonds* fand Zerstörungen der samenbildenden Zellen, die sich in Sistieren der Spermatogenese äußerte. Die Spermatozoen und das interstitielle Gewebe mit den Zwischenzellen blieben jedoch intakt. Die Veränderungen an bestrahlten Ovarien zeigten sich als Kernpyknose der Follikelepithelien, Degenerationserscheinungen an den Eizellen, schließlich als Atrophie des Ovars und führten zu Amenorrhoe (*Nürnberger*). Bei den im zeugungsfähigen Alter nötigen Bestrahlungen ist daher exakter Strahlenschutz der Keimdrüsen von großer Wichtigkeit. Umstritten ist die durch Röntgenstrahlung hervorgerufene *Keimschädigung*, worunter man die schädliche Beeinflussung der Keimzellen vor der Befruchtung versteht. Man spricht von einer Frühschädigung, wenn das von den Strahlen getroffene Ei bis zum Einsetzen der Röntgen-Amenorrhoe befruchtet wird. Eine Spätschädigung liegt dann vor, wenn die Befruchtung nach einer durch Röntgenwirkung erfolgten temporären Sterilisation und nachher wieder normal einsetzender Ovulation erfolgt. In ersterem Falle empfiehlt *Naujoks* eine Unterbrechung der Gravidität unter allen Umständen. Auch bei einer Spätschädigung lassen experimentelle Untersuchungen erheblich schädliche Folgen für die Nachkommenschaft erwarten. *Teschendorf* und *Nürnberger* warnen daher vor Bestrahlungen zum Zwecke einer temporären Sterilisierung. Bestrahlungen zur Dauersterilisierung, bei welchen der gewünschte Erfolg nicht eintritt, seien ganz besonders gefährlich. Nach den Beobachtungen von *Weysser* mahnen die Ergebnisse an Pflanzen- und Tierversuchen wohl zur Vorsicht, lassen sich aber nicht ohne weiteres auf den Menschen übertragen. Die Bedenken gegen Röntgen- und Radiumbestrahlungen von Frauen im gebärfähigen Alter seien daher übertrieben. Die „*Fruchtschädigung*", welche durch direkte Bestrahlung des schwangeren Uterus erfolgt, wird nach Ansicht der meisten Autoren heute nicht mehr bestritten. In vielen Fällen traten dabei Mißbildungen, vor allem im Bereich des Kopfes, und Intelligenzdefekte auf. Die besondere Röntgensensibilität des embryonalen Gewebes ist wohl die Ursache. Eine aus anderer Indikation irrtümlich erfolgte Bestrahlung des schwangeren Uterus könnte daher mit Recht Grund für eine vorzeitige Schwangerschaftsunterbrechung sein (*Teschendorf*). Über die Nachkommenschaft früherer Röntgenassistentinnen hat *Naujoks* Untersuchungen angestellt. Von 99 Fällen blieben zwölf kinderlos, bei insgesamt 125 Kindern zeigten neun Entwicklungsstörungen oder merkwürdige Erkrankungen des Nervensystems. Von *Allgemeinwirkungen* auf den Organismus als Folge einer durch viele Jahre fortgesetzten Beschäftigung mit Röntgenstrahlen ohne nachweisbare sonstige Gesundheitsschäden wird über Müdigkeit, leichte Ermüdbarkeit, Ruhebedürfnis, Gähnsucht, andererseits wieder über Schlaflosigkeit, nervöse Reizbarkeit, Appetitverminderung und dergleichen berichtet (*A. Köhler*).

*Schrifttum.*

*Albers-Schönberg:* Über eine bisher unbekannte Wirkung der Röntgenstrahlen auf den Organismus von Tieren. Münch. med. Wschr. **43** (1903). — *Aretz:* Beitrag zur Kenntnis der Röntgenschäden. Strahlenther. **55** (1936). — *Baensch:* Über Röntgenspätschäden. Röntgenpraxis **8** (1936). — *Carriè, C.:* Zur Therapie der Röntgenstrahlenleukopenie. Strahlenther. **63** (1938). — *Elliot:* Magenperforation und Röntgenbestrahlung. Radiology **23** (1934) – *Engelstad:* Wirkungen der Röntgenstrahlen auf die Lunge. Ref.

Fortschr. Röntgenstr. **50**, 103. — *Flaskamp:* Gewerbliche Röntgen- und Radiumschäden. Fortschr. Röntgenolog. **55** (1937). — *Gaal:* Eine auf Röntgengeschwür entstandene bösartige Geschwulst. Magy. Röntgen Közl. **8** (1927). — *Gütig:* Röntgen-Carzinom. Fortschr. Röntgenstr. **53** (1936). — *Holfelder, H.:* Die Röntgentiefentherapie. Leipzig 1938. — *Kaplan, A. L.:* Ovarienbestrahlung und Nachkommenschaft. Fortschr. Röntgenstr. **38**, 556 (1928). — *Kaplan, A. L.:* Sarkom der Wange als Folge von Röntgenbestrahlung. J. amer. med. Assoc. **102** (1934). — *Köhler, A.:* Subjektive Allgemeinbeschwerden der Röntgenologen. Fortschr. Röntgenstr. **53** (1936). — *Körbler, J.:* Röntgenschädigungen nach therapeut. Bestrahlung. Strahlenther. **59** (1937). — *Lossen, H.:* Kehlkopfschaden nach Röntgenbestrahlung. Strahlenther. **56**, 121—125 (1936). — *Naujoks, H.:* Fertilität und Nachkommenschaft früherer Röntgenassistentinnen. Strahlenther. **32** (1929). — *Nürnberger, L.:* Zur Frage der Spätschädigung durch Röntgenstrahlen. Strahlenther. **45**, 700 (1932). — *Nürnberger, L.:* Können Strahlenschädigungen der Keimdrüsen zur Entstehung einer kranken und minderwertigen Nachkommenschaft führen? Fortschr. Röntgenstr. **27** (1919/21). — *Nürnberger, L.:* Experimentelle Untersuchungen über die Folgen der Bestrahlung für die Fortpflanzung. Erg. Geburtsh. **8** (1920). — *Nürnberger, L.:* Tierexperimentelle Grundlagen zur Frage der Röntgenspätschädigungen. Strahlenther. **37**, 432 (1930). — *Philipp:* Die Röntgenbestrahlung der Hoden des Mannes. Fortschr. Röntgenstr. **8**, 114 (1904/5). — *Reifferscheid, K.:* Zur Frage der temporären Röntgenkastration. Strahlenther. **21**, 266. — *Schnyder, W. F.:* Untersuchungen über die Morphologie der Strahlenkatarakt. *Graefes* Arch. **116** (1926). — *Simmonds, M.:* Über die Einwirkung von Röntgenstrahlen auf den Hoden. Fortschr. Röntgenstr. **14** (1909/10). — *Stern, C.:* Röntgenschädigungen. Med. Welt **1934**, 204—206. — *Stubbe, H.:* Erbschädigung durch Röntgenbestrahlung. Med. Welt **1934**, 60—64. — *Teschendorf, H. J.:* Röntgenstrahlen und Nachkommenschaft. In: *H. Holfelder*, Die Röntgentiefentherapie. Leipzig 1938. — *Trostler:* Röntgenverbrennung. Radiology **28/29** (1937). — *Weysser, C.:* Keimschädigung bei der Frau durch Röntgen- und Radiumstrahlen. Strahlenther. **58** (1937). — *Zugsmith:* Röntgenverbrennungen. Radiology **23** (1934).

*Schneider* und *Frauendorfer*.

### Rosmarinöl.

Ätherisches Öl, gewonnen durch Wasserdampfdestillation von Rosmarinus officinalis. Vorkommen in zahlreichen Salben-Abtreibungsmitteln. Per os als Laienabortivum zur „Beförderung der Menstruation". Ist ferner in vielen Linimenten und Salben enthalten. Einnahme des offizinellen Öles 0,05 g, Einreibung in 10%iger Lösung.

Vergiftungen selten. Symptome: Krämpfe, Areflexie, Tod durch Atemlähmung. Bei chronischem Gebrauch: hämorrhagische Gastritis, Albuminurie, Cylindrurie. Sektion: Leber- und Nierenverfettung (*Lewin*). *Lewin* meldet den Todesfall eines Kindes nach Verschlucken mehrerer Eßlöffel einer Mischung von sechs Teilen Rosmarinöl und zwei Teilen Zitweröl.

*Schrifttum.*

*Lewin:* Gifte und Vergiftungen. Berlin 1929. **Schwarz.**

**Ruhr** siehe *Bakteriologische Untersuchungen in der gerichtlichen Medizin.*

**Ruptur der Aorta** siehe *Plötzlicher Tod aus natürlicher Ursache.*

**Rupturen innerer Organe** siehe *Verletzungen durch stumpfe Gewalt.*

**Russolin** siehe *Schädlingsbekämpfungsmittel.*

**Russula emetica** siehe *Pilzvergiftungen.*

**Rutolan** siehe *Schlafmittel.*

# S.

**Saatgutbeizen** siehe *Schädlingsbekämpfungsmittel.*

**Sadebaum** siehe *Juniperus sabina.*

**Sadismus.** (Vgl. auch Art.: Lustmord; Masochismus.)

*Sadismus* ist die aktive Schmerzgeilheit, die dadurch charakterisiert ist, daß durch grausame Mißhandlungen geschlechtliche Befriedigung hervorgerufen wird. Es handelt sich um eine Verkehrung des Sexualzieles in dem Sinne, daß der Sadist Freude an der Qual eines anderen hat, die in Grausamkeit ausmündet. In den Fällen, wo er neben der sexuellen Befriedigung die Qual des Opfers mitempfinden sollte, wird es sich um eine Ambivalenz der Gefühle im Sinne von *Seelig* handeln.

Vor längerer Zeit beschwerten sich zahlreiche Bauern einer Ortschaft über ihren Ortslehrer, der von ihnen als Prügelpädagoge bezeichnet wurde. Er hatte in der Tat Mädchen und Knaben in schwerster Weise durch grausame Schläge ad posteriora gezüchtigt und, wie sich später herausstellte, dabei wollüstige Empfindungen verspürt. — Etwa 1908 wurde ein Schuster in eine Strafanstalt eingeliefert, der seinem Jungen in grausamer Weise mit einem Schusterpfriemen an der Haut und am Kopf zahlreiche Verletzungen beigebracht hatte, die schließlich zum Tode führten. Es konnte keinem Zweifel unterliegen, daß diesen Taten wollüstige Motive zugrunde lagen, da der gezüchtigte Junge keineswegs im Zorn bestraft worden war. — Eine sexuelle Wurzel lag auch der Handlungsweise einer früheren Lehrerin zugrunde, die sich mit einem Witwer verheiratet hatte. Aus erster Ehe des Mannes stammten mehrere Kinder. An diesen machte die frühere Lehrerin zahlreiche Erziehungsversuche, bei denen die Stiefmutter die Kinder in bestialischer Weise ad posteriora et terga derart verprügelte, daß blutige Striemen entstanden. Das Wimmern und Schreien der Kinder wurde in der Nachbarschaft gehört. Nach ihrer Verurteilung kam die Täterin zur Einsicht und bedauerte ihre pädagogischen Mißgriffe in zahlreichen aus dem Strafvollzug geschriebenen Briefen. Mit an Sicherheit grenzender Wahrscheinlichkeit mußte angenommen werden, daß die Täterin bei den von ihr erteilten Züchtigungen Wollustempfindungen gespürt hatte. — Auf dem Seziertisch lagen vor mehreren Jahren zwei Leichen von Kindern, die während ihres Lebens in elendester Weise von ihrem trunksüchtigen Vater verprügelt worden waren, so zwar, daß zahlreiche Blutunterlaufungen in Form von Sugillationen an den Leichen zu erkennen waren. Außerdem zeigten sich Frakturen an Armen und Beinen, die durch Schläge mit dem Hammer verursacht wurden. Der Schädel wies zahlreiche, durch stumpfe Gewalt herbeigeführte Verletzungen auf; weiterhin fanden sich verschiedene epidurale Hämatome. Der Täter bekannte, daß er bei den Mißhandlungen seiner Kinder eine teuflische Lust verspürt habe, auch sei ihm während der Mißhandlungen der Samen abgegangen.

Es ist bekannt, daß Kneifen und Beißen z. B. in die Mammae nicht selten beobachtet werden, ein Zeichen dafür, daß beim Geschlechtsverkehr mancher Männer wollüstige Grausamkeitsvorstellungen eine Rolle spielen, die dann mitunter in eine sadistische Perversion des Geschlechtstriebes ausarten können.

*Placzek* weist darauf hin, daß sadistische Handlungen „geschehen: 1. um die nach dem Coitus noch nicht gestillte Begierde zu sättigen; 2. um eine geschwächte Potenz zu heben; 3. als Coitusersatz nicht nur bei Impotenz; 4. bei voller Potenz und Abneigung gegen den natürlichen Coitus; 5. als Wollustakt in höchst gesteigertem Sinnestaumel."

Einmal ist dem Verfasser ein sog. *Briefsadismus* begegnet. Es handelte sich um eine Lehrerin, die eines Tages erzählte, daß sie an einem Bahnhof, während sie dort einen Brief schrieb, von zwei Herren scharf beobachtet wurde. Plötzlich seien diese auf sie zugekommen — sie wiesen sich als Polizeibeamte aus — und hätten sie aufgefordert, ihnen zum Polizeipräsidium zu folgen. Dort habe man ihr zahlreiche Briefe gezeigt, die abgefangen worden waren, und sie gefragt, ob sie die Verfasserin der Briefe sei. Unter dem Eindruck dieser Konfrontierung sei sie völlig zusammengebrochen und habe sich als Täterin bezeichnet. Diese Frau hatte eines Tages von einem Manne die Aufforderung erhalten, mit ihm in Korrespondenz zu treten, weil er beabsichtige, sie zum Zwecke späterer Eheschließung kennenzulernen. Jetzt schrieb sie diesem Manne zahlreiche Briefe, bei deren Abfassung sie von einer wilden Lust ergriffen wurde. In diesen Briefen wurden die wüstesten sadistisch-sexuellen Orgien der Phantasie niedergelegt. Sie schilderte u. a. darin, wie der Mann, an den sie schrieb, ihr Sklave sei und wie sie eine unbeschreibliche Wollust empfinde, ihn nackt zu verprügeln und ihn kniend zu fesseln. Es handelte sich bei dieser Lehrerin nach dem Ergebnis der vorgenommenen Untersuchung um eine endogene Neurose mit unruhig-irritativen Reaktionsformen im Sinne *Szondis*. — Der nächste Fall illustriert den sog. *Tiersadismus*, wie er oft die psychologische Grundlage der Tierquälerei bildet. Leider war es nicht möglich, eine exakte Diagnose zu stellen, da der Täter jegliche körperliche Untersuchung hartnäckig ablehnte. Nach seinem ganzen Verhalten mußte die Wahrscheinlichkeitsdiagnose „Thymopathie" als Unterform der Psychopathie gestellt werden: B., geboren am 23. 5. 1898. Entstammt einer angesehenen Familie, die aber durch wirtschaftliche Fehlschläge, Krankheit und Todesfälle bedürftig wurde. Der Großvater mütterlicherseits starb an Rückenmarksschwindsucht. Besuchte die Volksschule mit leidlichem Erfolg. Hatte einen verschlossenen Charakter. Zeigte sich brutal und nichtsnutzig. Der Vater hatte schon zeitig die Gewalt über ihn verloren. Wegen seiner Brutalität und Gemütskälte wurde er von seinen Altersgenossen gemieden. Mit zwölf Jahren erster Beischlaf. Als Ackerknecht mißhandelte er das ihm anvertraute Vieh in der übelsten Weise. Er schlug mit dem Peitschenstiel auf den Kopf der Pferde ein, trat sie mit den Holzschuhen an den Geschlechtsteil und ergötzte sich an ihren Schmerzen. Er galt in dem Dorfe allgemein als Rohling, der kein Mitleid kannte. Hinter dem Pflug fing er Mäuse und zog sie lebendig ab. Körperliche Untersuchung wurde in der Strafanstalt von ihm verweigert. Später wurde er wegen Mordes an seiner schwangeren Braut zu lebenslänglichem Zuchthaus verurteilt.

Eine Steigerung des Sadismus stellt der *Lustmord* dar, wie er in den nächstfolgenden Fällen geschildert werden möge:

Kurt S., geboren am 19. 5. 1904; er entstammt einer übel beleumundeten Familie. Das Milieu des Elternhauses war denkbar ungünstig. Ein Bruder wegen Sittlichkeitsverbrechens vorbestraft. Der Vater tötete im Rausch seine erste Frau. Schon im Alter von 15½ Jahren wurde S. wegen Kindesmißhandlung erstmalig bestraft. Unter allerlei Versprechungen führte er ein siebenjähriges Mädchen ins Moor, fesselte es an Händen und Füßen, mißhandelte es schwer, steckte ihm einen Knebel in den Mund und überließ es seinem Schicksal. Im weiten Umkreis war der Täter bei den Kindern gefürchtet. S. erhielt wegen mehrfachen Diebstahls und Kirchendiebstahls einschlägige Gefängnisstrafen. Zur Verhütung völliger Verwahrlosung wurde er in eine Fürsorgeerziehungsanstalt verwiesen, aus der er bedingt entlassen wurde. Ein Oberlandjäger berichtete, daß S. das Stiefkind eines Bauern völlig entkleidet und dann brutal gezüchtigt habe. Von einer Anzeige sah man ab, weil man die Rache der Familie S. fürchtete, die auch wegen heimlicher Schädigung des Viehs und wegen Brandstiftung berüchtigt war. Viele seiner Taten kamen aus Furcht vor Nachstellungen nicht zur Anzeige. Im Jahre 1920 hat S. mehrfach Kinder mit fortgeschleppt, ihnen die Hosen ausgezogen und das Gesäß der Kinder mit Stock und Ruten geschlagen. In einem Falle verletzte er absichtlich mit einem Stock den Geschlechtsteil eines kleinen Mädchens. Einmal sperrte er zwei Brüder in einen Haufen gestapelter Eisenbahnschienen und bewarf die angstzitternden Knaben mit brennenden Streichhölzern. Noch weitere sechs Fälle schwerster Züchtigung an kleinen Kindern konnten ihm nachgewiesen werden. Charakteristisch für das Verhalten des S. ist folgender Fall: Eines Abends sprach S. zwei Mädchen an, die Weidevieh heimholten. Eines der Mädchen griff S. an den Arm. Er warf dann das Mädchen mit dem Rücken auf den Boden, züchtigte es mit der mitgeführten Peitsche aufs schwerste und stieß den Stiel seiner Peitsche so heftig in den Geschlechtsteil des Mädchens, daß Blut hervorquoll. Mit der Drohung weiterer Mißhandlungen zwang er das Mädchen zum Stillschweigen. 1924 wurde S. wegen Mordes und Sittlichkeitsverbrechens zum Tode verurteilt. S., der bis zur Hauptverhandlung seine Tat hartnäckig geleugnet hatte, legte auf einem Gefangenentransport ein umfassendes Geständnis ab: Während er in einem Walde Beeren sammelte, sah er ein Mädchen mit dem Rade vorüberfahren. Da sei ihm der Gedanke gekommen, das Mädchen zu züchtigen und dann geschlechtlich zu gebrauchen. Auf der Rückfahrt rief er das Mädchen zu sich heran, riß ihm die Kleider ab und schlug es mit einer Weidenrute auf das Gesäß. Da sich das Mädchen die Hose nicht ausziehen ließ, nahm S. ein in der Nähe liegendes Stück Blech und trennte die Hose auf. Das so entstandene Loch erwies sich aber zu eng, um den Beischlaf mit dem Mädchen ausführen zu können. Deshalb nahm er einen Stock und weitete das Hosenloch, geriet dabei aber in die Scheide des Mädchens und stieß mehrfach hinein. Unter wilden Schmerzen bäumte sich das Mädchen auf. Er schlug den Kopf an einen Baum. In der Annahme, das Mädchen sei tot, legte ihm S. eine Weidenschlinge um den Hals und verbarg den Leichnam. Er pflückte dann bis zum Abend Beeren und ging, als wenn nichts geschehen wäre, ruhig nach Hause. Vor Gericht äußerte sich S., er habe einen besonderen Nervenkitzel, wenn er kleinen Mädchen Schläge auf das entblößte Gesäß gebe. Sein Wollustgefühl steigere sich, wenn die Kinder zitterten. Sein Trieb zur Grausamkeit habe sich schon in frühester Jugend geäußert. Im Alter von etwa sieben Jahren habe er die Tochter eines Nachbarn verprügelt; solche Handlungen seien für ihn besonders lustbetont gewesen. Körperbau: Athletisch-leptosome Mischform. Charaktertyp: Vorwiegend schizothyme Anlagen. Ärztliche Diagnose: Psychopathische Konstitution.

Ein weiterer Fall von Sadismus ist der folgende: Alex K., unehelich geboren am 13. 12. 1894. Vater: Gemütsmensch. Mutter: gutmütig, aber leicht verdrießlich. Alex litt sehr unter der äußerst strengen Erziehung durch die Mutter. Mit vier Jahren fiel er aus dem zweiten Stock eines Hauses auf die steinerne Treppe, wobei er sich das Rückgrat verletzte. Seitdem hatte er die Gewohnheit, den Kopf hin und her zu bewegen. Als Kind zeigte er sich schon äußerst boshaft und eigenwillig. Er soll auch mondsüchtig gewesen sein. In der Kindheit und Jugend hatte er keine Gespielen, keine Freiheit, nur strenge Zucht, harte Strapazen. Er lernte in der Volksschule gut und leicht, war jedoch empfindsam und erregbar. Nach einem Tadel durch den Lehrer war er gleich verstimmt und trieb sich längere Zeit herum. Dreijährige Lehrzeit in einer Schlosserei. Dann ging er mit 17 Jahren auf die Wanderschaft: nach Deutschland, Ungarn und Italien. Er führte ein Zigeunerleben, arbeitete nur im äußersten Notfall, hielt sich jedoch von Frauen fern. Erster Beischlaf mit 22 Jahren. Machte den Krieg an der Ostfront mit, kam 1917 wegen Nervenleidens ins Lazarett: „Hysterie". 1918: Betrug, Unterschlagung, Erpressung. Dezember

1921 wurde die X. ermordet in ihrer Wohnung aufgefunden. Halbbekleidet lag sie auf ihrem Bett. Auf der linken Brustseite war die Brustdrüse breit von der Unterlage abgelöst. Die Gegend der äußeren Geschlechtsteile, der untere Teil der Bauchdecke, des Dammes, des Afters zeigten eine große zusammenhängende Wunde, die dadurch entstanden war, daß die Hautbedeckung und ein Teil der darunter befindlichen Hautteile abgetrennt waren. Der herausgetretene Zellgewebslappen lag auf dem zurückgeschlagenen Oberbett zu Füßen der Ermordeten. Am Hals wies die Leiche Bißverletzungen und Würgemale auf. Die Geschlechtsteile waren herausgeschnitten. Als der Täter der Leiche gegenübergestellt wurde, erklärte er, sie nicht zu kennen. Ein Mitgefangener des Alex K. bekundet, daß dieser ihm erzählt habe, daß er die Frau „gemurkst", ihr die Brust und den Leib aufgeschlitzt habe. Bei der Obduktion habe er sich kalt gestellt und sich nichts merken lassen. In der Hauptverhandlung gab K. an, die Frau im Affekt getötet zu haben. Dieses Geständnis widerrief er dann später und legte einen durch nichts zu überbietenden Zynismus zur Schau. Dann gab er an, er habe die X. in Arm und Schulter gebissen und ihr das Handgelenk verstaucht, bis daß es blau angelaufen sei. Auch habe er mit der Zunge an ihrem Geschlechtsteil geleckt. Nach übereinstimmenden Zeugenaussagen sind bei dem Täter auch sonst neben dem normalen Geschlechtsverkehr das Ablecken der weiblichen Genitalien und ausgesprochen sadistische Handlungen vorgekommen. Intellektuelle Ausfälle wurden bei ihm nicht festgestellt. Auch lagen keine Anzeichen einer Geisteskrankheit vor. Körperbautyp: Athlet. Diagnose: Hysterischer Psychopath.

In nachstehendem Fall war der Sadismus die Ursache der *Leichenschändung* (Nekrophilie): P. M., geboren am 21. 7. 1891. Mutterwaise. Von frühester Jugend verwahrlost. Während der Lehrzeit Vagabondage. 14mal wegen Diebstahls, wegen unbefugten Waffenbesitzes in Tateinheit mit Totschlag bestraft. Während seiner letzten Strafe entwich er aus dem Zuchthaus und hielt sich in waldreicher Gegend versteckt. Dort belästigte er auf einsamem Wege eine Frau, verfolgte sie eine Strecke Weges und erschoß sie, als sie auf sein Ansinnen, mit ihm geschlechtlich zu verkehren, nicht einging. Die Leiche, der er die Kleider abgestreift hatte, versteckte er im Waldesdickicht und schändete sie mehrfach. Der Beweggrund zur Leichenschändung war Geschlechtslust. Der Trieb war in ihm so schrankenlos, daß der Täter sich an der Leiche vergriff, da ihm die Verstorbene zu Lebzeiten nicht gefügig war. In der Aszendenz: Lungentuberkulose. P. M. ist bei den Großeltern aufgewachsen; war später bei einem Onkel, der mit dem Jungen nicht fertig werden konnte. Er hat öfter die Schule geschwänzt und kleine Diebstähle ausgeführt. 1906 in Fürsorgeerziehung, aus der er fünfmal entwich, aber jedesmal wieder aufgegriffen wurde. Er bestahl Erzieher und Kameraden, wiegelte dauernd seine Kameraden auf und schmiedete Fluchtpläne. In D. war sein Einfluß auf die Umgebung so verderblich, weil er es verstand, seine Wühlereien nach außenhin zu verbergen. Gelegenheitsdieb, Affektverbrecher. Gesicht: asymetrisch. Profil: schräg verlaufende Gesichtsform. Kopf: steile Eiform. Stirn: mittelhoch, rundlich. Mittelgesicht: nicht über mittelhoch. Nase: gewellt. Kräftiger Athlet, muskulös, untersetzt-plump. Brustkorb gewölbt. Diagnose: Psychopathie.

Bei all den geschilderten Fällen ist, um das Wort *Michels* zu gebrauchen, „der Schmerz des Opfers das sexuelle Reizmittel; es besteht Lust an der Quälerei". Meistens findet sich nach *Bumke* der Sadismus „als

Äußerung einer spezifisch kranken Anlage". Diese Perversion kommt nach demselben Autor bei Menschen vor, die „noch andere Züge einer abnormen Anlage aufweisen". Nach *Bleuler* wird die „Übertreibung der erotischen Lust, zu quälen und zu beherrschen", dadurch pathologisch, „daß sie nicht mehr Begleiterscheinung des erotischen Aktes ist, sondern selbständiges Ziel wird, indem ihre Träger im Schmerzzufügen ... das einzige oder doch notwendige Ziel zur Befriedigung sehen". Der Sadismus kommt nach den Erfahrungen des Verfassers selten bei geistig völlig gesunden Menschen, viel häufiger jedoch bei Psychopathen und Neurasthenikern mit unruhig-irritativen Reaktionsformen vor. Mit der Anwendung des § 51 RStGB. Abs. 1 u. 2 ist große Zurückhaltung geboten. —

Bei Sadismus kommen forensisch besonders in Frage Körperverletzung (§§ 223, 224 RStGB.) und Mord (Lustmord).

*Schrifttum.*
*Bleuler:* Lehrbuch der Psychiatrie. 434. Berlin 1930. — *Bumke:* Lehrbuch der Geisteskrankheiten. München 1936. — *Michel:* Lehrbuch der forensischen Psychiatrie. 225. Berlin u. Wien 1931. — *Placzek:* Das Geschlechtsleben des Menschen. 197. Leipzig 1926. — *Seelig:* Die Ambivalenz der Gefühle im Zuge des Sexuallebens. Z. angew. Psychol. **36**, 138—150. Leipzig 1930. — *Szondi:* Die Neurasthenie im Lichte der Konstitutionsanalyse. Festschr. der Mschr. der Ungarischen Mediziner **1930**, 6. ***Többen.***

### Safran.

Gewonnen aus den Blütennarben des Crocus sativus (Iridaceae), angebaut im Orient, in Nordafrika, weniger in Europa. Safran bildet ein braunrotes bis goldgelbes Pulver, stark riechend, schwach bitter schmeckend, als Gewürz und zum Färben von Lebensmitteln gebraucht. Er enthält als toxisch wichtigsten Bestandteil ein ätherisches Öl (Terpen), daneben ein Glucosid (Crocetin), das die Carotinreaktion gibt, und einen Bitterstoff (Picrocrocin).

Vergiftungen sind selten. In der ältern Literatur sind einige Selbstmordversuche gemeldet; heute beobachtet man Vergiftungen fast nur noch bei Aborten resp. Abortversuchen. Der Effekt des Safrans in solchen Fällen ist übrigens unsicher. Ausnahmsweise wird Safran zur Ikterussimulation eingenommen. Verwendet wird entweder das Pulver oder dann Aufgüsse und Absüde; in vielen Fällen wird auch die Tinct. croci (10%ig) eingenommen. Offizinelle Dosen des Pulvers 0,1, der Tinktur 0,5 g. Toxische Wirkung beobachtet man bereits nach Einnahme weniger Gramm des Pulvers; ab 5 g ist mit schweren Vergiftungen zu rechnen. Kleinste letale Dosis 8 g.

Symptome: Übelkeit, kolikartige Leibschmerzen, Mattigkeit, Schwindel. Bei größern Dosen Rötung und Schwellung des Gesichtes, Schwellung der Gelenke, Blutungen aus der Mundschleimhaut, schwere akute Gastroenteritis. Nach Resorption beobachtet man Hämaturie, Cylindrurie, Anurie, Metrorrhagien, evtl. Koma. Haut oft gelblich. Der Urin zeigt Crocusgeruch und hellgelbe Verfärbung.

Geht die Leibesfrucht ab, ist Fruchtwasser und Placenta oft ebenfalls gelblich verfärbt, auch die Frucht kann gelbe Hautfarbe zeigen. In zahlreichen Mitteln zum Salbenabort ist Safran enthalten.

Sektion: an der Leiche keine typischen Befunde. Meist auffälliger Geruch, Reizung des Magen-Darmkanals (Blutaustritte).

Als Safransurrogate dienen u. a. Dinitrokresol und verschiedene künstliche Farbstoffe (Safranin, Viktoriaorange). Sie sind als bedenklich zu bezeichnen.

*Schrifttum.*
*Erben:* Vergiftungen. Klin. Teil, 2. Hälfte. Wien u. Leipzig 1910. — Handbuch der Lebensmittelchemie, **I**. Berlin 1933. — *Lewin:* Die Fruchtabtreibung durch Gifte und andere Mittel. Berlin 1922. — *Schaefer:* Rosmarinöl- und Safranvergiftung. Slg. Verg.-Fälle **4**, 119 A (1933). ***Schwarz.***

### Salbeiöl.

*Oleum Salviae* wird durch Wasserdampfdestillation der Blätter von Salvia officinalis gewonnen, riecht nach Cineol, Thujon und Campher. Es handelt sich um ein Keton der Campherreihe. Einnahme 0,1 g. Als Geschmackskorrigens zu Zahnwässern usw. 0,1 %ig.

Vergiftungsfälle von forensischer Bedeutung sind nicht bekannt geworden. *Cadéac* und *Meunier* beobachteten nach Einnahme von 2 g Unwohlsein, Sehstörungen, Parästhesien.

*Schrifttum.*
*Cadéac* et *Meunier:* Zit. nach *Erben*, Vergiftungen, klinischer Teil, 2. Hälfte. Wien u. Leipzig 1910. ***Schwarz.***

### Salforkose siehe *Schädlingsbekämpfungsmittel*

### Salicylsäure und deren Derivate.

o-Oxybenzoesäure, $C_6H_4(OH) \cdot COOH (1, 2)$, bildet nadelförmige Kristalle oder kristallinisches Pulver von süßlich-saurem Geschmack und kratzendem Nachgeschmack, geruchlos. Wird im großen synthetisch hergestellt. Schmelzpunkt 155°. Medizinische Verwendung als Verbandswasser (0,3%), zu Spülungen (0,3%), Pinselungen (1%), Pudern (2%), als Schälsalbe (10%). Innerlich findet die Salicylsäure heute keine Verwendung mehr; sie ist durch Substitutionsprodukte ersetzt. Auch das Natriumsalz dürfte heute nur noch selten innerlich verordnet werden.

Im Pflanzenreich weit verbreitet, meist als Methylester. Die freie Säure ist fäulnis- und gärungsverhindernd, koaguliert Eiweiß, beeinflußt die Verdauungsenzyme erst in verhältnismäßig hohen Konzentrationen. Salicylsäure ist deshalb, ähnlich der Benzoesäure, ein Konservierungsmittel, das früher in der Lebensmittelindustrie und im Haushalt Verwendung fand.

Prinzipiell wirkt die Säure auf Haut und Schleimhäute (Blutungen), auf das Zentralnervensystem, auf das Gefäßsystem (Kollaps), auf die Nieren, besonders bei saurer Reaktion des Urins. Pflanzenfresser ertragen die Salicylsäure besser als Fleischfresser. Im Blut kreist die Säure als Natriumsalz, kann aber schon durch erhöhte $CO_2$-Spannung frei werden.

Medizinale Vergiftungen mit Salicylsäure sind heute selten geworden. Selbstmorde resp. Selbstmordversuche früher häufig, in letzter Zeit ebenfalls zurückgegangen. Als Mittel zum Giftmord eignen sich die Salicylsäure und ihre Derivate nicht, weil, wenigstens beim gesunden Erwachsenen, hohe, sich verratende Dosen beigebracht werden müßten.

Die Symptomatologie der akuten, prognostisch im allgemeinen günstigen Vergiftung ergibt sich unmittelbar aus den jedem Arzt bekannten Nebenwirkungen der Salicylpräparate. Von seiten des Magen-Darmkanals beobachtet man als Ausdruck örtlicher Reizwirkung Übelkeit, Erbrechen, Durchfall. Gelegentlich Ätzplaques auf der Zunge, Zahnfleischschwellungen, weißliche Verfärbung des Rachens. Nach Resorption Gesichtsrötung, Schweißausbruch, Ohrensausen, Temperatursteigerungen. Von seiten der Nieren findet man Albuminurie, Cylindrurie, seltener Hämaturie. Der Urin zeigt Aceton, positive Eisenchloridreaktion, später oft Urobilingehalt als Ausdruck einer Leberschädigung. Zentrale Störungen: Halluzinationen, Delirien (Salicylrausch), Bewußtseinsstörungen, Anästhesie (besonders der Füße). Daneben Sehstörungen verschiedenster Art (bis zur völligen Erblindung) und Hörstörungen (bis zur Taubheit) bei guter Prognose. Puls arhythmisch, beschleunigt, schlecht, Cyanose, Neigung zu Kollaps. Atmung keuchend, meist typisch acidotisch. Die Neigung zu Blutungen findet ihren Ausdruck in Nasenbluten, Uterusblutungen (selten), Hautblutungen (neben Toxikodermien wie Erytheme, Roseolen, Papeln). Kinder zeigen oft Krämpfe und acetonämische Erscheinungen. In tödlichen Fällen Herz- und Kreislauflähmung.

Bei Hautapplikation beobachtet man Blasen- und Schorfbildung. Percutane Resorption mit Vergiftungserscheinungen bei Salbenapplikation möglich.

Ausnahmsweise wird Salicylsäure als Abtreibungsmittel versucht, meist ohne Erfolg. Ganz selten beobachtet man Placentarblutungen mit Metrorrhagien. Die Erfahrung lehrt, daß Schwangere eine langdauernde Salicylsäuremedikation meist ohne Störung ertragen.

Ausscheidung vorwiegend durch den Urin, rasch einsetzend, meist tagelang anhaltend, daneben auch durch Speichel, Milch und Schweiß, 5 g werden vom normalen Erwachsenen in 36—60 Stunden vollständig ausgeschieden. Ausscheidung entweder unverändert oder gepaart als Salicylursäure resp. als andere Paarungs- und Oxydationsprodukte.

Toxische Dosen der Säure einige Gramm, tödliche Dosis 5—10 g, in der Regel werden aber höhere Dosen gut überstanden. Bei Kindern sah man schon Todesfälle nach 1—2 g. Die letale Dosis des Natriumsalzes ist höher, sie dürfte über 25 g liegen. Kleine Dosen von Salicylsäure (0,5—1 g) werden in der Regel monatelang ohne Störungen ertragen.

Überempfindlichkeit ist nicht selten (besonders beobachtet beim Aspirin). Die tödlichen resp. toxischen Dosen liegen in solchen Fällen bedeutend tiefer; kleinste tödliche Dosis für Aspirin 0,65 g bei bestehender Idiosynkrasie. Die Zahl der aspirinüberempfindlichen Asthmakranken ist auf etwa 10 % zu schätzen.

Sektion: Blutüberfüllung in den Organen, subseröse Blutungen, subdurale Blutaustritte. Stärkste Schleimhautrötung im Rachen, Kehlkopf, in der Luftröhre (Ausscheidung?). Magen-Darmtraktus oft ödematös gequollen, mit Blutungen. Ätzplaques auf der Zunge, im Rachen sind selten. Gelegentlich zeigt Rachen- und Speiseröhrenschleimhaut milchigweißliche Verfärbung. Leber verfettet, Nieren groß, dunkelrot, zeigen mikroskopisch gelegentlich degenerative Veränderungen des Parenchyms (Nephritis toxica), obschon angenommen werden muß, daß die Nierenveränderungen reparabel seien.

*Substitutionsprodukte der Salicylsäure.* Die Zahl der empfohlenen Verbindungen und insbesondere der Handelspräparate ist groß.

Methylester, frei oder als Glykosid in zahlreichen ätherischen Ölen vorkommend. Hauptbestandteil des Wintergrünöls (90 %). Aufnahme meist percutan, wobei im Urin etwa 10 % der aufgenommenen Menge als Spaltungsprodukte erscheinen. Resorptionsvergiftungen insbesondere bei Kindern, hier unter dem Bild des acetonämischen Symptomenkomplexes. Hautresorption des Äthylesters gering.

Acetylsalicylsäure, Aspirin, ist wohl der bekannteste Vertreter. Geschmack weniger unangenehm, Reizwirkung schwächer als bei der Salicylsäure. Die Symptome des Magen-Darmtraktus treten deshalb bei der Vergiftung zurück, die zentralen Symptome stehen eher im Vordergrund. Neigung zu Acidosis; Sehstörungen seltener, Symptomatologie sonst gleich wie bei der Säure. Häufige Selbstmorde, besonders in Ungarn. Tödliche Dosis zwischen 20 und 30 g, meist werden aber höhere Dosen ohne Nachteil überstanden.

Salicylosalicylsäure, Diplosal, wird im Darm vollständig gespalten.

Salicylsäure-Phenyläther, Salol, wird im Dünndarm in Salicylsäure und Phenol gespalten. Nieren zeigen Phenolwirkung. Harndesinfiziens. Gelegent-

lich Gastroenteritis, Blutbrechen, Parästhesien, Rachenschwellung, Hauteruptionen.

Amidophenylacetylsalicylat, Salophen, macht Pulsverlangsamung, Ohrensausen, Schwindel.

*Schrifttum.*

*Arschambaud* u. *Friedmann:* Fall einer zufälligen tödlichen Methylsalicylvergiftung. Ann. Méd. lég. **6**, 131 (1926). — *Balázs:* Aspirinvergiftungen, Selbstmorde. Slg. Verg.-Fälle **2**, 113 A (1931). — *Balázs:* Acetylsalicylsäurevergiftung (Selbstmord). Slg. Verg.-Fälle **3**, 201 A u. 287 A (1932). — *Balázs:* Acetylsalicylsäurevergiftung (Selbstmord). Slg. Verg.-Fälle **5**, 25 A (1934). — *Bowen, Roufa* u. *Clinger:* Salicylatvergiftung (Differentialdiagnose gegenüber der Azidosis bei Diabetes). Slg. Verg.-Fälle **7**, 221 A (1936). — *Eichler:* Kindesmord durch Aspirin? Slg. Verg.-Fälle **7**, 25 B (1936) und 65 B (1936). — *Krasso:* Aspirinvergiftung (Selbstmordversuch). Slg. Verg.-Fälle 1 63 A (1930) u. Wien. klin. Wschr. **1929**, 1594. — *Legrain* u. *Badonnel:* Tödliche Vergiftung durch Einnahme von Methylsalicylat (Selbstmord). Encéphale **17**, 121 (1922). — *Liebermeister:* Salicyl-Vaseline-Vergiftung, medizinale. Slg. Verg.-Fälle **3**, 75 A (1932). — *Madisson:* Tödliche Natriumsalicylatvergiftungen. Slg. Verg.-Fälle **6**, 107 A (1935). — *Mikulowski:* Ein Fall akuter Salicylatvergiftung bei einem Kind. Rev. franç. Pédiatr. **11**, 245 (1935). — *Neale:* Aspirinvergiftungen. Slg. Verg.-Fälle **7**, 75 A (1936). — *Orzechowski:* Selbstmord mit Aspirin. Slg. Verg.-Fälle **7**, 71 A (1936). — *Pincus* u. *Handley:* Bericht über einen Fall einer tödlichen Methylsalicylatvergiftung. Bull. Hopkins Hosp. **41**, 163 (1927). — *Shipley:* Gaultheriaöl-Vergiftungen bei Kindern. Slg. Verg.-Fälle **4**, 117 A (1933). — *Storm van Leeuwen:* Aspirin-Überempfindlichkeit bei Asthmatikern. Slg. Verg.-Fälle **1**, 61 A (1930) u. Münch. med. Wschr. **1928**, 1588. — *Sylla:* Über einen Fall von Aspirinvergiftung. Slg. Verg.-Fälle **6**, 103 A (1935). — *Sylla:* Über das große Atemminutenvolumen mit besonderer Berücksichtigung eines Falles von Aspirinvergiftung. Med. Klin. **10** (1935). — *Vinci:* Natriumsalicylat-Vergiftung, medizinale. Slg. Verg.-Fälle **1**, 65 A (1930). — *Wetzel* u. *Nours:* Wintergrünvergiftung. Arch. Path. a. Labor. Med. **1**, 182 (1926). 

*Schwarz.*

**Salipyrin** siehe *Pyrazolonderivate.*

**Salmiakgeist** siehe *Ammoniak.*

**Salol** siehe *Salicylsäure und deren Derivate.*

**Salophen** siehe *Salicylsäure und deren Derivate.*

**Salpetersäure.** (Vgl. auch Art.: Nitrite; Nitrose Gase; Salzsäure; Schwefelsäure; Stickstoffoxydul.)

*Salpetersäure* ($HNO_3$), acidum nitricum, kommt in Form ihrer Salze (Nitrate) in der Natur häufig vor; sie ist eine wasserhelle, stechend riechende, rauchende Flüssigkeit, die früher aus Chilesalpeter und Schwefelsäure, jetzt aber aus Luftstickstoff hergestellt wird. Von den wichtigsten im Handel befindlichen und daher leicht zugänglichen Säuren seien genannt: die reine Salpetersäure (68 %), die rohe Salpetersäure (etwa 60 %), die rote rauchende Salpetersäure (36—90 % $HNO_3$ und $NO_2$), die farblose rauchende Salpetersäure (bis 99 %), die offizinelle Salpetersäure (25 %), ferner das Scheidewasser (etwa 40 % $HNO_3$), das Königswasser (eine Mischung von Salzsäure und Salpetersäure im Verhältnis 3 : 1).

Diese Flüssigkeiten finden als sehr starke Oxydationsmittel ausgedehnte technische und gewerbliche Verwendung (zur Herstellung der Schwefelsäure, von Schieß- und Spreng- sowie Farbstoffen, zum Gelbbrennen, Auflösen und Ätzen der Metalle, zum Bleichen der Öle usw.) und führten dabei schon öfters durch die Einwirkung der Säure auf die Haut zu Schädigungen; über die sehr gefährlichen Vergiftungen durch Einatmung der in diesen Betrieben auftretenden Dämpfe der Salpetersäure vgl. d. Art.: Nitrose Gase. Selbstmordfälle, ganz besonders aber Mordfälle mit Salpetersäure gehören zu den Seltenheiten (*Erben, Reuter*). Die *tödliche Dosis* beträgt für Erwachsene etwa 8 g konzentrierter Säure, bei Kindern sollen schon Mengen von 2 g zum Tode geführt haben. Die Wirkung und Symptome sowie der Leichenbefund gleichen denen der Schwefelsäurevergiftung (s. d. Art.: Schwefelsäure), doch unterscheidet sich die Salpetersäurevergiftung wesentlich durch die charakteristische citronen- bis orangegelbe Verfärbung der harten, brüchigen Ätzschorfe sowohl an der Haut als auch den Schleimhäuten (Xanthoproteinreaktion). Desgleichen sind der Mageninhalt und die Säureflecke auf Fingernägel und Wäschestücke gelblich gefärbt. Da die Salpetersäure den Blutfarbstoff ebenso wie die Salz- und Schwefelsäure in saures Hämatin umwandelt, so sind in den Speisewegen die Schorfe späterhin auch schwarzbraun verfärbt. Der Tod erfolgt meist im Verlaufe von 12—14 Stunden oder noch später. Mehr als 50% der Vergiftungsfälle verlaufen tödlich. Die *Differentialdiagnose* gegenüber Vergiftungen mit Chromaten und Eisenchlorid, welche ebenfalls gelblich gefärbte Veränderungen hervorrufen, läßt sich nur auf chemischem Wege treffen. *Chronische* Vergiftungen durch monatelange Einnahme geringer Mengen von Salpetersäure zum Zwecke der Fruchtabtreibung wurden in Rußland beobachtet.

*Schrifttum.*
*Erben:* Vergiftungen. *Dittrichs* Handb. **7**, 1. Wien 1909 — *Reuter:* Meth. d. Forens. Beurteilg v. Vergiftg. Handb. biol. Arbeitsmeth. **12 I**, 5 Berlin-Wien 1938. **Weyrich.**

## Salvarsan siehe *Arsen.*

## Salzsäure. (Vgl. auch Art.: Schwefelsäure.)

*Salzsäure* (HCl) ist die wäßrige Lösung von Chlorwasserstoff, die u. a. als Nebenprodukt bei der Sodafabrikation gewonnen wird. In ungereinigtem Zustand als „*rohe Salzsäure*" (spez. Gewicht 1,17, etwa 33% HCl) ist sie durch Beimengung von Metallen gelblich oder rötlich gefärbt und raucht schon bei normalen Temperaturen an der Luft. Von den weiter im Handel befindlichen bis 40%igen Lösungen und Mischungen stehen vor allem die reine, die konzentrierte und die verdünnte Salzsäure, das Lötwasser (Zinkchlorid und Salzsäure) und das Königswasser (stark ätzende, stechend riechende Mischung von Salzsäure und Salpetersäure) in metallurgischen, besonders aber in chemischen Betrieben stark in Verwendung. Auch im Haushalt ist Salzsäure ein viel gebrauchtes Reinigungsmittel.

Trotz dieser vielseitigen Verwendung und leichten Zugänglichkeit sind Vergiftungen mit Salzsäure im allgemeinen selten. In den meisten Fällen handelt es sich um Selbstmorde, doch sind vereinzelt Tötung von Kindern, tödliche Unfälle durch Verwechslung und Todesfälle bei der Anwendung als Abtreibungsmittel bekannt geworden. In chemischen und gewerblichen Betrieben kann die Einatmung der ätzend wirkenden Dämpfe oder das Verspritzen der Lösung zu Schädigungen führen. Die *tödliche Dosis* ist vor der Konzentration der eingenommenen Salzsäure abhängig. Meist stellen 10—15 g der rohen Salzsäure für Erwachsene die letale Dosis dar, die für Kinder entsprechend kleiner ist. Es sind jedoch auch Fälle bekannt, in denen selbst 60 g starker Salzsäure nicht vertragen wurden. Wird Salzsäure *per os* eingeführt, so treten ähnliche aber weniger intensive, klinische Erscheinungen und Veränderungen an den Schleimhäuten auf, wie bei der Schwefelsäurevergiftung (Ätzspuren, Schmerzen in Schlund und Magen, Erbrechen, Kollaps, Cyanose, kleiner Puls, Ohnmacht, Dyspnoe u. a.). An der gesunden Haut hinterläßt Salzsäure für gewöhnlich höchstens eine Rötung aber keine Ätzschorfe. Diese zeigen sich erst nach wiederholter Anwendung starker Konzentrationen, besonders an der zarten Haut der Frauen und der Kinder (*W. Geißler*).

*Anatomisch* findet man bei der tödlichen Vergiftung weißlich-graue, membranöse Schorfe in Mund- und Rachenhöhle, die schon mit Diphtherie und Soor verwechselt wurden; in der Speiseröhre

fehlen sehr häufig Verätzungen. Dagegen sind die Schleimhautfalten des Magens starr, brüchig, grauweißlich bis schwarzbraun verfärbt; bei der Einwirkung von verdünnten Säuren beobachtet man hämorrhagisch exsudative Veränderungen mit verstreuten Blutungen. Die Eindickung des Blutes und die Füllung der Gefäße des Magens mit braunschwarzen, sauren Hämatinmassen ist in der Regel schwächer als bei der Schwefelsäurevergiftung ausgebildet. Nach *Merkel* kann der ganze Pylorusteil des Magens flächenhaft gelbbräunlich verschorft sein. Ausgesprochene Verätzungserscheinungen weist oft auch der obere Dünndarm auf. Die Nieren zeigen nach *E. Wagner* u. a. bei akut tödlichen Vergiftungen in der Regel keine nennenswerten Veränderungen. *Fahr* beschreibt eine nekrotisierende Nephrose ohne Neigung zur Regeneration als ein Merkmal der Salzsäurevergiftung. Bei längerer Giftzufuhr sieht man Verfettungen der parenchymatösen Organe. Nach überlebten Vergiftungen kommt es zur Ausstoßung eines großen Teiles der verätzten Schleimhaut von Speiseröhre und Magen. Schwere Pylorusstenosen sind besonders häufige Spätfolgen. Chronische Vergiftungen durch mißbräuchlichen medikamentösen Genuß von Salzsäure können sich in Verdauungsstörungen und Nierenreizungen äußern. *Der Nachweis* der Salzsäure im Mageninhalt ist schwierig (zur Sicherung der Diagnose muß eine qantitative Bestimmung der freien Salzsäure durchgeführt werden).

*Schrifttum.*
*Fahr:* Zit. nach *Reuter,* Handb. biol. Arbeitsmeth. **12 I**, 5 Berlin-Wien 1938. — *Geißler:* Die Vergiftung mit Salzsäure. Vjschr. gerichtl. Med. **37**, 71 (1909). — *Merkel:* Die Magenverätzungen in: *Henke-Lubarsch* Handb. d. spec. pathol. Anat. u. Histol. **4**, 241 Berlin 1926. — *Wagner:* Zit. nach *Reuter.* **Weyrich.**

## Samen siehe *Sperma und Spermaflecken.*

## Sanalgin siehe *Schlafmittel.*

## Sandoptal siehe *Schlafmittel.*

## Sanokrysin siehe *Gold.*

## Santonin.

Kristallinisches, stickstofffreies Pulver, in den Blütenköpfen der Artemisia maritima enthalten. Anhydrid der Santoninsäure, besitzt einen methylierten Naphthalinkern. Schlecht wasserlöslich, gut chloroform- und alkohollöslich. Wirkt wahrscheinlich motorisch erregend auf die Eingeweidewürmer, die dadurch in tiefere Darmabschnitte hinabgeraten und ausgestoßen werden. Bei höheren Wirbeltieren führt es zu einer Erregung höherer Teile des Zentralnervensystems, ohne die Zentren des autonomen Nervensystems zu beeinflussen.

Symptome der akuten Vergiftung: lokale Reizwirkung in Form von Schmerzen in der Magengegend, Übelkeit, Erbrechen. Die Resorption erfolgt nur langsam und schwer, weshalb Vergiftungen relativ selten sind. Resorptive Symptome in der Regel erst nach Stunden, nämlich Zuckungen, Krämpfe (epileptiform und Streckkrämpfe), Schläfrigkeit, allgemeine Schlaffheit und Unsicherheit beim Gehen, Halluzinationen aller Sinne. Bewußtsein in der Regel erhalten, Kollaps erst terminal. Gelegentlich vorübergehende Nackenstarre, auch Rausch- und Erregungszustände. Weniger häufig sind Schwellungen, Schweißausbrüche, Kälte der Haut, Ikterus, Hämaturie, toxische Exantheme. Von besonderer diagnostischer Bedeutung sind die Störungen von seiten der Augen. Führend für die Diagnose ist die Xanthopsie mit Herabsetzung des Empfindens für Violett, das anfänglich erhöht sein kann. Diese Erscheinungen beruhen offenbar auf einem erregenden Einfluß des Santonins auf die Stäbchenschicht mit vermehrtem Verbrauch von Sehsubstanz. Erblindung selten, meist vorübergehend. Prognose besser als bei der Filixvergiftung. Ausscheidung zum größten Teil unverändert mit dem Stuhl, zum kleineren Teil oxydiert durch die Nieren. Urin citronengelb bis gelbgrün, wird nach Alkalisierung resp. beim Stehen rosa bis rot. Ausscheidung aus dem Organismus erfolgt langsam, Gefahr der kumulativen Wirkung.

Chronische Vergiftung hauptsächlich charakterisiert durch allgemeine Muskelschwäche, besonders in den Beinen. Tonlose Stimme, weite reaktionslose Pupillen, Xanthopsie.

Dosen: Einnahme 0,05, Maximaldosis 0,1, größte Tagesdosis 0,3g. Toxische Wirkung sieht man bei Kindern bereits bei 0,1g. Erwachsene ertrugen schon 0,5 und 1g. Kleinste letale Dosis 0,25g bei einem zehnjährigen Mädchen. Xanthopsie beobachtet man bereits bei 0,05g.

Vergiftungen hauptsächlich bei Wurmkuren durch Überdosierung, durch kumulative Wirkung, oft auch durch Schlecksucht der Kinder (Wurmschokolade).

Sektion: Ölgeruch in den Körperhöhlen, Blutungen in und unter die Hirnhäute mit beginnender Pachymeningitis haemorrhagica. Daneben auch Blutungen in die Organe, in die Harnkanälchen mit Epithelverfettung. Blutaustritte in den Magen-Darmkanal, in die Harnblase. Im Darm seltenerweise Geschwürsbildung.

*Schrifttum.*
*Erben:* Vergiftungen, klinischer Teil, 2. Hälfte. Wien u. Leipzig 1910. — Handb. der exper. Pharmakologie. **2.** Berlin 1920. — *Janson:* Verlauf einer Santoninvergiftung bei einem vierjährigen Kinde. Med. Welt **6**, 1026 (1932) u. Ärztl. Sachverst.ztg. **39**, 96 (1933). — *Lewin:* Gifte und Vergiftungen. Berlin 1929. — *Perrier:* Ein Fall von Santoninvergiftung. Rev. méd. Suisse rom. **45**, 251 (1925). — *Petri:* Pathologische Anatomie und Histologie der Vergiftungen. Berlin 1930. — *Reimann:* Santoninvergiftung. Eesti Arst **8**, 331 (1929). ***Schwarz.***

**Saprol** siehe *Kresole.*

**Sarggeburt** siehe *Exhumation von Leichen; Leichenerscheinungen.*

**Sarkom** siehe *Geschwulst und Trauma.*

**Sarothamnin** siehe *Spartein.*

**Satanspilz** siehe *Pilzvergiftungen.*

**Satyriasis und Nymphomanie.**

Die *Satyriasis* wird von *Placzek* als „extremste Triebsteigerung und entsprechende Triebbetätigung beim Manne", die *Nymphomanie* als solche bei der Frau bezeichnet. Die höchste Steigerung der Satyriasis wird auch Priapismus genannt. Es kann keinem Zweifel unterliegen, daß Fälle von Satyriasis und Nymphomanie nicht zu den Seltenheiten gehören. Oft treten sie schon zu Anfang der Pubertät oder noch vorher in ganz stürmischer Weise in Erscheinung. Ein dem Verf. bekanntes junges Mädchen wußte sich infolge dieser nymphomanischen Steigerung des Geschlechtstriebes nicht anders zu helfen als durch schamlose und heftige Masturbationen. Es kam aber nicht nur zu solchen Masturbationen, sondern auch zu einer rücksichtslosen und lasziven Besprechung sexueller Verhältnisse in Gegenwart anderer Jugendlicher. Dabei wurden Gespräche über sexuellen Verkehr geführt, bei denen man darüber staunen mußte, daß dieses in seinem sorgsam behüteten Elternhaus aufgewachsene Mädchen in so taktloser, unflätiger, dem Schmelz der Jugend widersprechender Weise, ja in nahezu koprolalischen Ausdrücken diese Dinge besprach. Das hemmungslose Masturbieren begründete sie mit der Bemerkung, man möge ihr Gelegenheit zum Geschlechtsverkehr mit einem Manne geben, dann würde sie es unterlassen. Satyriasis wurde bei Jugendlichen nach Encephalitis und Parkinsonismus in ähnlicher

Weise wie das Auftreten des Exhibitionismus beobachtet. Die Unterbringung und Beaufsichtigung von Knaben, die in ausgesprochener Weise die Satyriasis mit heterosexuellen Neigungen verbinden, kann sehr schwierig sein, weil sie in ihrer Sexualnot sich nicht zu lassen wissen und in Gefahr sind, weibliche Kinder zu überfallen und zu schwängern. Die Satyriasis mit ihrer Sexualnot erheischt auch besondere Berücksichtigung bei jugendlichen Gefangenen, deren gesteigertes Sexualleben durch Zeichnungen sowie durch Gedichte und beschlagnahmte Kassiber obszönen Inhalts sich offenbart. Unter Umständen kann hier eine intensive Arbeitstherapie sowie eine Gelegenheit zu anderen körperlichen Anstrengungen und sportlichen Übungen einen gewissen Ausgleich schaffen. Es kann wohl keinem Zweifel unterliegen, daß die Satyriasis ebenso wie der Autosexualismus sehr oft zu maßlosen Masturbationen führt. Die stürmisch erwachte Sexualität nach der sog. intersexuellen Phase ist der Satyriasis zum mindesten ähnlich, wenngleich man sie differentialdiagnostisch von ihr abgrenzen muß. Die richtige Behandlung der Satyriasis und der Nymphomanie ist ein schwieriges Problem der Heilpädagogik, das nur durch die Zusammenarbeit von sehr erfahrenen Heilpädagogen und Ärzten gemeistert werden kann.

*Schrifttum.*
*Placzek:* Das Geschlechtsleben des Menschen. 158/159. Leipzig 1926. ***Többen.***

**Schädelbrüche.** (Vgl. auch Art.: Verletzungen durch stumpfe Gewalt.)

Die Schädelbrüche, deren Kenntnis von größter gerichtlich-medizinischer Bedeutung ist, nehmen in vieler Hinsicht gegenüber anderen Knochenbrüchen eine Sonderstellung ein. An und für sich ist zwar der Schädelbruch nicht anders als eine Fraktur eines anderen Knochen zu bewerten, doch ist mit einem Schädelbruch in der Mehrzahl der Fälle auch eine Schädigung des Schädelinhaltes verbunden, ein Umstand, der oft zu überwertiger Beurteilung der Schädelbrüche führte. Der komplizierte Aufbau des in seinem Gefüge recht inhomogenen, in Form, Festigkeit und Elastizität starken individuellen Schwankungen unterworfenen Schädels läßt es verständlich erscheinen, daß es nicht immer leicht ist, Schädelbrüche in eine allgemein befriedigende Einteilung zu bringen, ohne sie allzu schematisch zu beurteilen. Am zweckmäßigsten erscheint es noch, die Schädelbrüche nach ihrem Entstehungsmechanismus in drei Gruppen einzuteilen (*Bergmann, Dege*): 1. in lokale oder direkte Schädelbrüche (auch Biegungsbrüche); 2. in indirekte, durch Gestaltungsveränderung des Schädels entstandene Brüche (auch Berstungsbrüche); 3. in Brüche, die durch Steigerung des Innendruckes des Schädels entstehen.

*Zu 1. Die lokalen oder direkten Schädelbrüche* betreffen fast ausschließlich das Schädelgewölbe. Trifft eine stumpfe Gewalt mit kleiner Oberfläche, die nach *A. Paltauf* 14—16 ccm nicht überschreiten darf, mit großer Geschwindigkeit und Kraft den Schädel, so kann es, ohne daß der Schädelknochen wesentlich auf Elastizität beansprucht wird, lediglich durch Überwindung der Kohäsionskraft des Knochens zur Heraussprengung eines Knochenstückes kommen, das in seiner Form der Angriffsfläche des Instrumentes entspricht (sog. *Lochbruch*). In reiner Form treten uns Lochbrüche bei Schußverletzungen entgegen. Auch hammer-, hacken-, besonders spitzhackenartige Instrumente setzen häufig solche Lochfrakturen. Gerichtlich-medizinisch sind diese Brüche von großer Bedeutung, da man aus ihrer Form oft wesentliche Schlüsse auf Form und Beschaffenheit des Werkzeuges ziehen kann. Zu ihrem Zustandekommen spielt aber sicher neben Gewicht, Größe der Angriffsfläche des Werkzeuges und Geschwindigkeit der Einwirkung (*H. u. K.*)

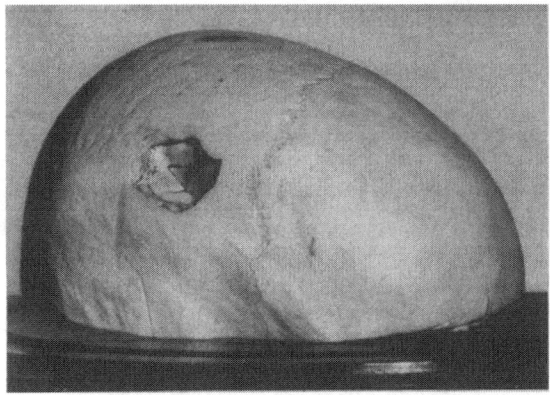

Abb. 1. Direkter (inkompletter) Lochbruch, entstanden durch Auffallen auf einen Stein.

*Marx*) Festigkeit und Elastizität der Schädelknochen eine Rolle. Weit häufiger als die Lochbrüche beobachtet man *Biegungsbrüche*, bei welchen die Elastizität der Schädelknochen (Untersuchungen von *Bergmann* und *Rauber*) eine wesentliche Rolle spielt. Durch die Einwirkung der stumpfen Gewalt wird das Schädelgewölbe erst abgeflacht und dann eingebogen. Bei sehr elastischen Kinderschädeln können diese Einbiegungen der Knochen durch die Gegenspannung der Umgebung auch ohne Bruch nach Aufhören der Gewalteinwirkung erhalten bleiben und uns dann in den meist geburtstraumatisch bedingten löffel- und rinnenförmigen Impressionen entgegentreten. Wird die Elastizitätsgrenze der Schädelknochen jedoch überschritten, kommt es zum Einbrechen des Knochens an der Stelle der Gewalteinwirkung. Bei Abflachung des Schädelgewölbes wird nun die Tabula externa auf Druckfestigkeit, die Tabula interna auf Zugfestigkeit beansprucht. Da nun die Zugfestigkeit des Knochens geringer als dessen Druckfestigkeit ist, bricht die Tabula interna früher und im größeren Ausmaße ein als die Tabula externa. Daher kommt es nicht so selten vor, daß an der Stelle der Gewalteinwirkung *nur* die Tabula interna einbricht. Diese an und für sich belanglose Knochenverletzung gewinnt aber dadurch Bedeutung, daß durch die Splitterung der Tabula interna die meningealen Arterien verletzt werden können, wodurch oft tödliche intrakranielle Blutungen entstehen (s.d. Art.: Hirndruck). Da diese Brüche lediglich die Tabula interna betreffen, können sie auch als *inkomplette Impressionsbrüche* bezeichnet werden. Bricht bei Flachbiegung der Tabula externa diese ein, so treten in der Lamina externa elliptische oder runde Bruchlinien auf, die den Druckpol umkreisen. Trifft die Gewalt die Schädelstelle schräg, z. B. die Kante eines Hammers, so zeigen die Brüche der Tabula externa terrassenförmige Anordnung, wobei die Konkavität der Bruchlinien der Stelle des tiefsten Eindringens des Werkzeuges zugewendet ist *(terrassenförmiger Bruch)*. Unter Umständen kann man aus dem Aussehen solcher Verletzungen, allerdings mit gewisser Vorsicht, Schlüsse auf die Position des Täters beim Zufügen einer solchen Verletzung ziehen (*H. u. K. Marx*).

Sehr häufig strahlen von Impressionsbrüchen irradierende Bruchlinien aus, die meist von der getroffenen Stelle den kürzesten Weg zur Schädelbasis wählen. Die irradiierenden Bruchlinien können auch bei der Beurteilung multipler Schädelverletzungen Bedeutung gewinnen, wenn die Frage ihrer zeitlichen Aufeinanderfolge beantwortet werden soll. Die ausstrahlenden Brüche der zeitlich später gesetzten Verletzung enden meist in den irradiierenden Bruchlinien der erstgesetzten Verletzung. Bei Angriffen gegen das Leben kommt es nicht so selten vor, daß auf eine umschriebene Stelle des Schädels in gleicher Richtung zahlreiche Hiebe geführt werden. Dadurch wird der Knochen an dieser Stelle in zahlreiche kleinere Bruchstücke zertrümmert. Aus dem so entstandenen großen Defekt wird man keine Schlüsse auf die Entstehung der Verletzung ziehen können. In solchen Fällen muß man auf jeden Fall zur Klärung den Schädel der Leiche abnehmen und mit äußerster Sorgfalt die einzelnen Knochenstückchen sammeln, den Schädel macerieren und dann unter Kittung, Leimung oder Drahtung wieder zusammensetzen. Obwohl dieses Verfahren sehr zeitraubend ist und große Sachkenntnis erfordert, kann man aus dem so gewonnenen Präparat oft kriminalistisch äußerst wichtige Schlüsse ziehen. Verluste kleiner Knochenstückchen sind bei Leichen, die im Freien gefunden wurden, besonders bei klaffenden Weichteilwunden, trotz sorgfältigsten Sammelns oft unvermeidlich. Den praktisch tätigen Gerichtsärzten sei es empfohlen, Maceration und Zusammensetzung des Schädels einem gerichtsärztlichen Institute zu überlassen. Beim Aufsägen des Schädels ist auch immer darauf zu achten, daß durch den Sägeschnitt und das Aufsprengen des Schädels nicht nachträglich Brüche gesetzt werden, was oft Abänderungen der üblichen Obduktionstechnik erfordert, die dem Einzelfall angepaßt werden muß

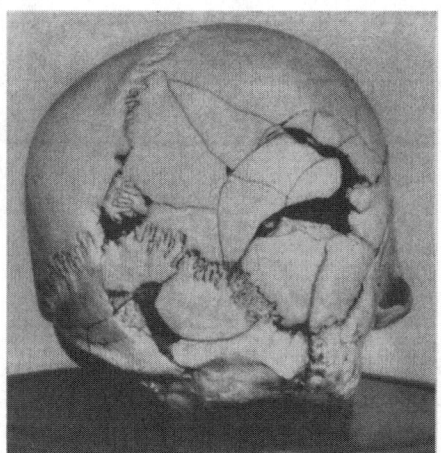

Abb. 2. Mord durch Hieb gegen den Schädel mit einem großen Stein: Impression mit Zertrümmerung des Knochen an der Stelle der Gewalteinwirkung, irradierende Bruchlinien auf das Schädeldach und die Schädelbasis.

Den direkten Schädelbrüchen sind auch die Hiebwunden des Schädels zuzuzählen. Bei Verwendung scharf geschliffener, schmaler Hiebinstrumente kann der Knochen glatt ohne Splitterung durchschlagen werden. Trifft ein derartig scharfer Hieb tangential den Schädel, so kann ein kalottenartiges Stück der Schädelkapsel abgeschlagen werden (*Bergmann, Wrobel*). Scharfgeschliffene Mensurenschläger setzen meist nur belanglose Fissuren in der Tabula externa. Bei schwereren Hiebwaffen gelangt neben der schneidenden Komponente auch die Keilform des Instrumentes zur Wirkung, wobei die die Verletzung umgebenden Knochenränder imprimiert und disloziert sind. Berstungsbrüche in der Hiebrichtung werden dann fast ausnahmslos beobachtet. Beilartige Instrumente setzen infolge ihrer Keilwirkung neben lokaler Zertrümmerung auch Berstungsbrüche des Schädels.

*Zu 2. Die indirekten Schädelbrüche*, auch *Berstungsbrüche* genannt, unterscheiden sich von den lokalen Brüchen in ihrer Entstehung wesentlich, da sie durch Gestaltsveränderung des Schädels durch die Gewalteinwirkung zustandekommen. Stellen wir uns den Schädel modellmäßig als Kugel mit Polen, Meridianen und Parallelkreisen vor. Bei bipolarer Kompression kommt es zur Verkürzung des Schädels in der Druckrichtung, wobei der äquatoriale Umfang eine Verlängerung erfährt. Wird die Elastizitätsgrenze überschritten, so kommt es zum Bersten des Schädels, wobei nach *Wahl* die Bruchlinien am Äquator beginnen, da an diesem die Spannung am stärksten ist, und in der Richtung der Meridiane gegen die Pole hin ziehen. Auch in diesen Fällen tritt die Bruchlinie zuerst in der Tabula interna auf. Durch die Abweichung des Schädels von der reinen Kugelform und durch die verschiedene Festigkeit und Dicke der einzelnen Knochenpartien des Schädels wird der Verlauf der Berstungsbrüche beeinflußt. Den geringsten Widerstand bietet wegen ihrer geringeren Wölbung, namentlich aber wegen ihrer zahlreichen Spalten, Kanäle und Löcher, die Schädelbasis, so daß Berstungsbrüche meist in dieser beobachtet werden. Die Frakturlinien in der Basis vermeiden die festeren Anteile, um dagegen die Öffnungen und Spalten in oft typischer Weise zu verbinden. Wirkt die Gewalt seitlich auf den Schädel ein, so durchsetzen die Bruchlinien quer eine oder mehrere Schädelgruben, wobei die Brüche weitaus am häufigsten die mittleren Schädelgruben durchziehen. Die Frakturen der mittleren Schädelgruben verlaufen bald im vorderen, bald im hinteren Abschnitt derselben, wobei letztere häufiger vorzukommen scheinen. Die hinteren Bruchlinien beginnen meist an der Wurzel des Jochbogens, ziehen an der vorderen unteren Kante des Felsenbeines entlang; in den medialen Anteilen durchsetzen sie meist ein oder mehrere der Foramina, in welchen sie auch endigen können, besonders dann, wenn eine breit angreifende stumpfe Gewalt einseitig den nicht unterstützten Schädel traf (*Körber*). Bricht der Keilbeinkörper mit, so verläuft die Bruchlinie meist vor dem Dorsum sellae, vielfach auch durch beide Foramina optici. Brüche der Processus clinoidei anteriores werden nicht so selten beobachtet. Vielfach verlaufen auch die Bruchlinien an der vorderen Fläche der Pyramide, wobei Mittel- und Innenohr eröffnet wird. Bei bitemporaler Kompression des Schädels setzen sich die Bruchlinien oft symmetrisch durch den Keilbeinkörper auf die mittlere Schädelgrube der anderen Seite fort. War die Gewalt sehr mächtig, so beobachtet man sehr häufig scharnierartiges Klaffen an der Schädelbasis in der Bruchlinie. Die Brüche im vorderen Anteil der mittleren Schädelgruben beginnen am Planum temporale, ziehen über den großen Keilbeinflügel gegen den Keilbeinkörper. Reine Querbrüche der vorderen und hinteren Schädelgruben sind im allgemeinen selten. Öfter setzten sich aber Bruchlinien der mittleren Schädelgruben auf die vorderen, weit seltener auf die hinteren Schädelgruben fort. Diese Bruchformen stellen einen Übergang zu den Längsbrüchen der Schädelbasis dar. Trifft eine Gewalt von schräg hinten den Schädel in der Diagonale, so findet man nicht selten Bruchlinien, die an der Seite der Gewalteinwirkung die mittlere Schädelgrube durchziehen und über den Keilbeinkörper hinweg auf das Orbitaldach der Gegenseite verlaufen. Wirkt die Gewalt in der Längsachse des Schädels auf diesen ein, so kommt es zu *Längsbrüchen* der Schädelbasis. Bei Einwir-

kung der Gewalt auf das Hinterhaupt entstehen oft äußerst charakteristische Bruchlinien. In manchen Fällen verlaufen sie einseitig, oft auch doppelseitig und dann auffallend symmetrisch längs über die hinteren Schädelgruben gegen das Foramen jugulare; vielfach setzt sich der Bruch über die Pyramide fort, die an der schwächsten Stelle in der Höhe des Canalis caroticus und des Porus acusticus internus bricht. Verlaufen die Bruchlinien weiter, so wählen sie wieder die schwächsten Stellen der mittleren Schädelgrube, ziehen somit durch das Foramen ovale, spinosum oder rotundum. In anderen Fällen verlaufen wieder die Bruchlinien in der Medianlinie des Os occipitale gegen das Foramen occipitale magnum, um in diesem zu enden. Sie setzen sich häufig ein- oder doppelseitig über das Foramen hypoglossi, das Foramen jugulare gegen die Pyramide fort, die dann an der analogen Stelle wie bei den oben beschriebenen Brüchen bricht. Seltener sind schon Längsbrüche, die den Clivus *Blumenbachi* durchsetzen, sich dann aber über die Sella auf die vorderen Schädelgruben fortsetzen. Die Längsbrüche der vorderen Schädelgrube, die durch vorn auf den Schädel einwirkende Gewalt entstehen, beginnen meist im mittleren Anteil des oberen Orbitalrandes und ziehen über die Orbitaldächer teils gegen die Foramina optica, teils gegen die Fissura orbitalis superior, häufig aber auch durch die Laminae cribrosae gegen den Keilbeinkörper. Bei starker Gewalteinwirkung können sich aber die Bruchlinien über den Keilbeinkörper medial von der Pyramidenspitze auf die hintere Schädelgrube hin fortsetzen oder aber auch den Weg über das Foramen ovale, rotundum, Porus acusticus internus über die Pyramide auf die hintere Schädelgrube wählen (*Bergmann, Dege, Ipsen, Wahl*).

Berstungsbrüche des Schädeldaches sind vielfach direkte Fortsetzungen der Schädelbasisbrüche. Auch sie verlaufen meridional vom Punkte der einwirkenden Gewalt aus und entsprechen in ihrem Verlaufe ebenfalls dem Verlauf der Druckachse, so daß man aus ihrem Verlauf Schlüsse auf die Richtung der einwirkenden Gewalt ziehen kann. Reine Konvexitätsbrüche entstehen fast ausschließlich durch Sturz aus der Höhe (*Laufhütte*). Aus ihrer Verlaufsrichtung lassen sich bindende Schlüsse über die Richtung der Gewalteinwirkung nicht ziehen. Berstungsbrüche können sich auch in die Schädelnähte fortsetzen und zu Nahtlösung führen. Es müssen noch kurz diejenigen Schädelbasisbrüche besprochen werden, die durch Anprall des Schädels gegen die Wirbelsäule zustandekommen und besonders bei Sturz auf das Gesäß oder den Scheitel entstehen. Obgleich sie mancherorts den direkten Schädelgrundbrüchen zugerechnet werden, scheinen doch nach *Bergmann* Gestaltveränderungen des Schädels bei ihrer Entstehung eine Rolle zu spielen. Die Bruchlinien beginnen dorsal von den Condyli occipitales, umgreifen diese bogenförmig von außen, ziehen gegen die Foramina jugularia, weiter an typischer Stelle über die Pyramiden gegen die Sella, um sich in oder vor dieser zu vereinigen, wodurch ein ringförmiger Bruch entsteht (*Ringbrüche*). Wird durch den Aufschlag nur der eine Condylus occipitalis stark belastet (bei schiefer Kopfhaltung), so sind auch halbringförmige Bruchlinien möglich. Auch eine stumpfe Gewalteinwirkung gegen den Unterkiefer oder plötzliches Anpressen desselben gegen den Thorax bei extremer Beugung des Kopfes kann zu Querbrüchen der Schädelbasis im Bereiche der mittleren Schädelgruben führen. Findet man *zwei verschiedene Bruchsysteme* am Schädel, so muß man an zwei verschiedene Arten von Gewalteinwirkung denken. Diese Befunde erhebt man nicht selten bei Verkehrsunfällen, wenn der Schädel z. B. durch den

Anprall zuerst getroffen wird und beim Niederstürzen oder Weggeschleudertwerden mit einer anderen Stelle auf den Boden aufschlägt. Bei sehr spröden, besonders altersatrophischen Schädeln kann man bei Einwirkung stumpfer Gewalt oft ein *Zerbersten* des Schädels in zahlreiche Stücke beobachten. Infolge der hohen Elastizität des kindlichen Schädels sind Schädelbrüche bei Neugeborenen und Kleinkindern seltener. Sie können bei schwerer, besonders bei Zangengeburt, bei Sturzgeburt und schließlich durch Hiebe zum Zwecke der Kindestötung vorkommen. Sie strahlen dann meist radiär von den Ossificationszentren der platten Schädelknochen, besonders den Tubera parietalia, senkrecht auf die Schädelnähte hin aus.

*Zu 3. Die Brüche, die durch Steigerung des Innendruckes des Schädels* entstehen, findet man wohl am häufigsten bei Schußverletzungen mit modernen Handfeuerwaffen, besonders bei Nah- und unmittelbaren Nahschüssen. Die hohe lebendige Kraft des Projektiles, bei unmittelbaren Nahschüssen auch noch der Wirkung der eingedrungenen Gase, kann zum Eindrücken der schwächsten Schädelstellen, das sind die Orbitaldächer, die Tegmena tympani, evtl. auch der Ossa cribrosa führen. Besonders hochgradig ist die Sprengwirkung bei Nahschüssen oder unmittelbaren Nahschüssen aus Gewehren, wobei man manchmal eine gänzliche Zertrümmerung des Schädels beobachten kann (sog. *Krönlein*sche Schüsse). Isolierte Fissuren oder Aussprengungen von Knochenlamellen aus den Orbitaldächern sowie Brüche des Tegmen tympani findet man nicht so selten bei stumpfen Schädeltraumen. *Kocher, Ferrari, Tilmann, de Quervain* führen diese Brüche auf Steigerung des Innendruckes durch Anprall des Gehirnes im Momente des Schädeltraumas an die schwächsten Stellen der Schädelbasis zurück. *De Quervain* bezeichnet diese Brüche als *Contrecoupfrakturen.* Trotzdem *Heine* gegen diese Auffassung der Entstehung Stellung nimmt, muß die Möglichkeit dieser Contrecoupbrüche zugegeben werden. *Heine* allerdings faßt diese Brüche als Berstungsbrüche der wenig gewölbten dünnen Orbitaldächer auf.

Diese Zusammenstellung über die Schädelbrüche kann natürlich nur schematische Richtlinien zur Beurteilung der Schädelbrüche geben. Da die Bruchformen des Schädels von der Konstellation (im Sinne *Tendeloos*) zahlreicher Faktoren abhängig sind, ist natürlich eine rein schematische Beurteilung oft unmöglich. Erfordert ein Fall aus kriminalistischen Gründen eine genauere Analyse, so ist es unbedingt notwendig, den ganzen Schädel abzunehmen, zu macerieren und dann zusammenzusetzen, eine Arbeit, die am besten einem Fachinstitute für gerichtliche Medizin zu überlassen ist.

*Schrifttum.*

*Bergmann:* Die Lehre von den Kopfverletzungen. Dtsch. Chir. I, 30. Stuttgart 1880. — *Dege:* Verletzungen des Gehirnes. Neue dtsch. Chir. **18** I. — Stuttgart 1925. — *Ipsen:* Zur Deutung des Entstehens der Brüche am Schädelgrunde. Vjschr. gerichtl. Med. **1910.** — *Kocher: Nothnagel,* Spec. Pathol. u. Therapie. Wien 1901. — *Koerber:* Gerichtsärztl. Studien über Schädelfrakturen. Dtsch. Z. Chir. **39** (1889). — *Laufhütte:* Nachprüfung der *Ipsen*schen Regel. Inaug.-Diss. Köln 1936. — *Marx, H. u. K.:* Zur Lehre von den Brüchen des Schädels. Vjschr. gerichtl. Med. **36**, III. F. (1908). — *Paltauf:* Über die Gestalt der Schädelverletzungen. Vjschr. gerichtl. Med. **48** (N. F.) (1888). — *de Quervain:* Specielle chir. Diagnostik. 4. Aufl. Leipzig 1914. — *Rauber:* Elastizität und Festigkeit der Knochen. Leipzig 1876. — *Wahl:* Über Fracturen der Schädelbasis. *Volkmann* Sammlung. Halle 1883. — *Wrebel:* Hiebwunden des Gehirnes. Neue dtsch. Chir. **18** I. Stuttgart 1900. *Neugebauer.*

## Schädlingsbekämpfungsmittel.

Unter *Schädlingen* faßt man mannigfache Gruppen von Tieren (und auch pflanzliche Organismen) zusammen, die in verschiedener Weise dem Menschen und menschlichen Einrichtungen Schaden zufügen. Man unterscheidet sog. hygienische Schädlinge, die durch ihre blutsaugende Tätigkeit eine Gefahr für die menschliche Gesundheit bilden (z. B. Flöhe, Wanzen, Kleiderläuse u. ä.; auch die Ratten sind als Überträger von Infektionskrankheiten in gewissem Sinne hierher zu rechnen); ferner Wohnungs-, Material- und Lebensmittelschädlinge, die durch Fraß oder Verschmutzung menschliche Behausungen, Speicher, Materialien und Lebensmittel zerstören (z. B. Holzwurm, Kleidermotte, Kornkäfer, Mehlmilbe u. ä. sowie Ratten und Mäuse); schließlich das große Heer der Pflanzenschädlinge, die durch Befall der Kulturpflanzen und Minderung des Ertrages oft einen ganz erheblichen wirtschaftlichen Schaden anrichten (z. B. tierische und pflanzliche Schädlinge der Obstkulturen, des Wein- und Getreidebaues u. ä.) (*Frickhinger, Trappmann*). Der angerichtete Schaden (direkt und indirekt) wird in Deutschland auf jährlich 2—2,5 Milliarden RM. geschätzt. Davon fallen allein auf die Ratten etwa 300 Millionen RM., auf den Schaden durch Kornkäfer rund 100 Millionen RM. (*Freitag*). Durch Pflanzenkrankheiten werden jährlich gegen 10 % der Getreideernten vernichtet. Der ungeheure Schaden durch Ratten und Mäuse hat zum Teil seine Begründung in deren außerordentlich starker Fruchtbarkeit, da diese Tiere in einem Jahre mehrere Würfe von zahlreichen Jungen haben und auch die Jungtiere noch in dem gleichen Jahre zur Paarung und Fortpflanzung gelangen. Die allerdings nur auf Schätzungen beruhenden Angaben über Nachkommen eines einzigen Ratten- oder Mäusepaares in einem Jahre nennen mehrere 100 Tiere.

Gegen diese vielfältigen Schädlinge richten sich die im Laufe der Zeit sehr zahlreich gewordenen Schädlingsbekämpfungmittel. Diese sollen im folgenden in ihren wichtigsten Vertretern, und zwar nach ihrer Anwendungsform gruppiert, geschildert werden. Spezielle Fragen zu ihrer Toxikologie müssen bei den einzelnen Vergiftungen nachgelesen werden. Hier soll nur allgemein zu der aus ihrer Anwendung und dem Verkehr mit ihnen resultierenden Gefährdung Stellung genommen werden. (Bakterienhaltige Mittel wurden in Deutschland durch Verordnung des Reichs-Innenministeriums im Frühjahr 1936 endgültig verboten.)

Erprobte Schädlingsbekämpfungsmittel, die sich bewährt haben, werden in periodisch erscheinenden Merkblättern der Biolog. Reichsanstalt für Land- und Forstwirtschaft sowie der Preußischen Landesanstalt für Wasser-, Boden- und Lufthygiene veröffentlicht. Darüber hinaus gibt es aber eine Unzahl von Präparaten meist unbekannter Zusammensetzung.

*I. Gas- und dampfförmige Mittel.* Der Gedanke, mit giftigen Gasen gegen Schädlinge vorzugehen und sie dadurch vor allem in ihren oft schwer erfaßbaren Schlupfwinkeln zu erreichen, ist schon sehr alt. So wurde bereits um das Jahr 1550 Schwefeldioxyd zur Krätzebekämpfung bei Menschen durch Schwefelverbrennung angewandt. *1. Schwefeldioxyd* ($SO_2$): Es wird seit langer Zeit vor allem zum Schwefeln von Fässern angewandt. Früher diente es auch zur Bekämpfung von Wohnungsungeziefer und Speicherschädlingen, für die Ausgasung von Wohnräumen, Eisenbahnwagen und ähnl. („Diametan"). Im Kriege wurde es zur Räudebekämpfung bei Schafen, Pferden und Hunden verwandt. Die Tiere kamen in Gaszelte, aus denen nur der Kopf herausragte und in die eine abgemessene $SO_2$-Menge aus Stahlflaschen eingelassen wurde. Die Nachteile sind eine nicht besonders gute Durchdringungsfähigkeit sowie Schädigungen von Stoffen, Farben und Metallen, weshalb es für die Raumdurchgasung bald verlassen werden mußte. Schädliche Nager (Ratten, Wühlmäuse u. ä.) werden durch Gaspatronen bekämpft, die durch Apparate in die Baue der Nager eingeführt werden und dort Schwefeldioxyd entwickeln. Heutzutage spielt es nur noch eine untergeordnete Rolle, da wesentlich wirkungsvollere gasförmige Mittel eingeführt wurden. Wegen seiner hochgradigen Reizwirkung auf die menschlichen Respirationsorgane war eine Vergiftungsmöglichkeit bei seiner Anwendung gering. 2. *Schwefelkohlenstoff* ($CS_2$): Ein früher wichtiges Mittel zur Bekämpfung von Bodenschädlingen in der Forst- und Landwirtschaft (Reblaus, Feldmäuse, Kaninchen u. ä.) sowie zur Saatgut- und Pflanzensendungs-Behandlung. Seine Fabrikpräparate laufen unter der Bezeichnung „Salforkose", das als Vergasungsmittel und Streupulver im Handel ist, als „Verminal", eine hellbraune aromatisch riechende Flüssigkeit (*Lohmann*); ferner „Prosulfan", „Venoxiol". Die Entwesung erfolgt in Durchgasungsgruben oder Durchgasungskisten bzw. durch Eingießen der Flüssigkeit in die Erdlöcher der schädlichen Nager. Ferner mittels Verbrennens einer bestimmten Menge von Schwefelkohlenstoff, wobei die Entwesungswirkung durch die entstehende schweflige Säure ($H_2SO_3$) hervorgerufen wird. Die dabei entstehende geringe Menge Kohlenoxyd kann für die in anliegenden Räumen befindlichen Personen nicht als gefährlich bezeichnet werden, verlangt aber peinliche Beachtung der vorgeschriebenen Vorsichtsmaßnahmen zur Abdichtung des zu entwesenden Raumes (*Jesser* u. *Thomae*). Als Gas ist $CS_2$ durch Brand- und Explosionsgefahr gekennzeichnet, weshalb man von dessen Verwendung als Schädlingsbekämpfungsmittel fast völlig abgekommen ist. Die akute Vergiftung beim Menschen, der er bei unsachgemäßer Handhabung zu Entwesungszwecken ausgesetzt ist, verläuft unter dem Bild einer starken Narkose. Als Ersatz ist das Schwefelpräparat „Areginal" in Gebrauch gekommen, eine selbsttätig vergasende Flüssigkeit zur Bekämpfung des Kornkäfers und anderer Vorratsschädlinge, speziell zur Entwesung von Getreidesilos. 3. *Schwefelwasserstoff* ($H_2S$): Es ist das spezifische Nagergiftgas. Kleine Patronen werden in rohrartigen Apparaten abgebrannt, wobei sich Schwefelwasserstoff und daneben noch Kohlenoxyd und Kohlendioxyd entwickelt. Das untere Ende des Apparates wird in die Mäuse- oder Rattengänge eingeführt; da $H_2S$ schwerer als Luft ist, senkt sich das Gas in alle Schlupfwinkel hinein. Die Wirkung ist schlagartig, so daß die Nager sich nicht mehr durch die Flucht aus den unter Gas gesetzten Bauen retten können. Die bekanntesten auf diesem Prinzip beruhenden Verfahren sind: Delicia-Räucherverfahren, Hora-Räucherverfahren, Lepit-Gasverfahren. Zur Verhütung menschlicher Schädigungen bei der Anwendung soll stets mit dem Wind im Rücken gearbeitet werden. Da das Verfahren gewöhnlich im Freien angewandt wird, besteht bei sachgemäßem Verhalten keine wesentliche Gefahr. Ernstere Vergiftungen sind nicht bekannt geworden. 4. *Blausäure* (HCN): In USA. bereits seit längerer Zeit angewandt. In Deutschland während des Krieges zur Vernichtung der Kleiderläuse erprobt. 1917 wurde in Deutschland der erste Versuch einer Mühlendurchgasung zur Bekämpfung der Mehlmotte unternommen; im gleichen Jahre Beginn der Schiffsdurchgasung in Deutschland. In der Nachkriegszeit zunehmende Anwendung zur Wohnungs- und Speicherdurchgasung zwecks Bekämpfung von Wanzen und Ratten; ferner auch zur Pflanzenschädlingsbekämpfung in Gewächshäusern, zur Begasung von Obstbäumen unter dichten Leinwandzelten (besonders im Ausland). Ursprünglich wurde die Blausäure in flüssiger Form angewandt, was aber in

Deutschland jetzt nicht mehr geschieht. Eine weitere Anwendungsform ist das Bottich- und Generatorverfahren (Blausäureentwicklung aus Natriumcyanid in verdünnter Schwefelsäure). Seit 1926 wird in Deutschland vorwiegend nach dem Zyklon B-Verfahren gearbeitet. Zyklon B besteht aus einem Gemisch von Blausäure und einem Warnstoff (Bromessigsäure-Methylester), das in Kieselgur oder ähnlichem aufgesaugt ist, in luftdicht verschlossenen druckfesten Blechbüchsen zum Versand kommt und aus dem ausgestreuten Büchseninhalt abdampft. Dieses trockene Entwesungsverfahren ist z. Zt. das gebräuchlichste. Als letzte Modifikation ist noch das Calcid- und das Cyanogas-Verfahren zu nennen, das in Gärtnereien, Gewächshäusern, zur Rebenentwesung und Begasung von pflanzlicher Ausfuhrware zur Anwendung kommt. Bei dem Calcid-Verfahren wird Blausäuregas aus Calcium-Cyanid an freier Luft lediglich durch die atmosphärische Feuchtigkeit freigemacht. Diese Umsetzung geschieht verhältnismäßig langsam. Auf dem gleichen Prinzip beruht das Cyanogas-Verfahren, das mit einem niedrigprozentigen Calcium-Cyanid arbeitet, aus dem HCN noch langsamer als bei Calcid frei wird. Die Verwendungsmöglichkeit des Blausäureverfahrens ist außerordentlich vielseitig, da HCN sowohl für die verschiedensten Insektenschädlinge wie auch für die schädlichen Nagetiere, insbesondere Ratten und Mäuse, sehr toxisch wirkt. Ein besonderer Vorteil besteht in seiner großen Durchdringungsfähigkeit, so daß auch verborgene Schlupfwinkel der Schädlinge erreicht werden. Andererseits resultiert daraus, wie auch in der Bindung des HCN (durch Mörtel, Ziegelsteine, Zement, Linoleum, Holz, Stroh, Wollstoffe, Polstermöbel, Bettfedern) ein erheblicher Gefährdungsfaktor bei der Schädlingsbekämpfung. Aus diesem Grunde sind in den meisten Ländern Vorsichtsmaßregeln durch Gesetze oder Verordnungen vorgeschrieben (für Deutschland s. *Lentz* und *Gaßner*; Zusammenstellung der ausländischen Bestimmungen s. *G. Schrader, Störtkuhl*). Fast überall sind Firmen oder Personen, die mit Blausäure zur Schädlingsbekämpfung arbeiten, der staatlichen Aufsicht unterstellt. Gasschutzgeräte müssen von ihnen bei der Ausgasung bzw. Lüftung der durchgasten Räume getragen werden. Es bestehen genaue Vorschriften über die Räumung der zu durchgasenden und evtl. angrenzenden Gebäude von Bewohnern, über den Gasrestnachweis nach Abschluß der Entwesung vor Freigabe der Gebäudeteile u. ä. Seit dieser Regelung und Handhabung der Raumdurchgasung durch geschultes Personal sind trotz umfangreicher Anwendung keine nennenswerten menschlichen Schädigungen bekannt geworden. Die Calcium-Cyanid-Verfahren sind unter erleichterten Bedingungen wegen der geringeren Gefährdungsmöglichkeit zugelassen. Über den großen Umfang der erfolgten Durchgasungen liegen für Deutschland folgende Zahlen vor (nach *Frickhinger*): bis 1934 waren es 5572 Schiffe mit 74,24 Millionen cbm, 1398 Mühlen mit 19,67 Millionen cbm, andere Objekte (Kasernen, Wohnungen u. ä.) mit 23,41 Millionen cbm. 5. *Äthylenoxyd* ($CH_2OCH_2$): auch T-Gas genannt, wurde im Jahre 1928 etwa gleichzeitig von deutscher und amerikanischer Seite als überaus geeignetes Entwesungsmittel erkannt. Es handelt sich dabei um eine leicht verdampfbare wasserhelle Flüssigkeit, deren Siedepunkt bei 10,7° C liegt. Es besitzt eine hohe Giftigkeit für kleine Warmblüter (Mäuse, Ratten) und Insektenschädlinge, ist infolge Abspaltung von Aldehyd ein typisches Zellgift. Dagegen steht es in seiner Giftigkeit für den Menschen der Blausäure erheblich nach, übertrifft auf der anderen Seite sogar noch deren Durchdringungsvermögen. Für häusliche Einrichtungsgegenstände jeder Art, für Nahrungs- und Genußmittel ist es unschädlich. In diesen Eigenschaften beruhen seine wesentlichen Vorteile gegenüber dem $SO_2$ und HCN. Der einzige Nachteil besteht darin, daß es sehr leicht entflammbar und im Gemisch mit Luft auch explosiv ist. Diese Gefahren wurden durch Beimengung von Kohlensäure weitgehend behoben. Solche Gemische werden in Deutschland mit der Bezeichnung T-Gas (Mischungsverhältnis 9 Teile Äthylenoxyd und 1 Teil $CO_2$) und Cartox (Mischungsverhältnis 9 Teile $CO_2$ : 1 Teil Äthylenoxyd) (früher auch Aetox genannt), in USA. als Carboxide in Stahlzylindern in den Handel gebracht. Beim T-Gas erfolgt die Beimischung der Kohlensäure, wenn es sich nur um den Gebrauch kleinerer Mengen handelt, bisweilen erst am Verbrauchsort aus den üblichen Kohlensäureflaschen. Bei unsachgemäßem Hantieren sind dabei durch Einatmung von konzentriertem Äthylenoxyd schon Gesundheitsschädigungen vorgekommen. Die für die Anwendung des Äthylenoxyds anfangs analog den Blausäurerichtlinien strengen gesetzlichen Bestimmungen wurden mit Einführung des praktisch nicht brennbaren und nicht explosiven Cartox erleichtert (*Lentz* und *Gassner*) und sind inzwischen durch Verordnung vom 25. 8. 1938 neugefaßt worden. Der Vertrieb in Deutschland wurde in den Händen der T-Gas-Gesellschaft monopolisiert, die sich der „Degesch" in Frankfurt/M. angeschlossen hat. Ein Vorteil liegt u. a. darin, daß einzelne Zimmer durchgast werden können, ohne daß die ganze Wohnung oder das ganze Haus von den Anwohnern geräumt zu werden braucht (*Freitag, Saling*). Das Gas wird erfolgreich zur Bekämpfung von Ratten und Mäusen, Wanzen, Schaben, Kleidermotten, Mehlmotten und vor allem der Kornkäfer in großen Silos angewandt, die nach 24stündiger Begasung gewöhnlich vernichtet sind. Der schwach ätherische Geruch des Gases bildet nur eine mangelhafte Warnung für den Menschen. Tödliche Vergiftungen bei der Schädlingsbekämpfung sind jedoch noch nicht bekannt geworden. Die bisher mitgeteilten Vergiftungen, die durch cerebrale und kardiale Erscheinungen gekennzeichnet waren, verliefen gutartig (*Metz*). 6. *Methylbromid:* Dieser als Feuerlöschmittel und in der Kälteindustrie verwendete Stoff, der als besonders giftig gilt, hat im Ausland bereits Verwendung in der Schädlingsbekämpfung gefunden. In Frankreich, und zwar besonders in Algier, werden damit Obstsendungen zur Entwesung begast. In USA. und in der Schweiz wird es neuerdings auch zur Wanzenbekämpfung in den Wohnungen empfohlen. Über Intoxikationen beim Menschen ist bisher, soweit es die Schädlingsbekämpfung betrifft, nichts mitgeteilt worden. Der heimtückische, weil mit keiner Warnwirkung verbundene Giftcharakter dieses Stoffes zwingt aber zu besonderer Vorsicht und Zurückhaltung (*Peters*). Es können schleichende irreversible Giftschäden beim Menschen dadurch hervorgerufen werden (*Flury*). 7. *Phosphorwasserstoff* ($PH_3$): Zur Kornkäferbekämpfung wurde ein Aluminiumphosphid enthaltendes Präparat „Delicia-Kornkäferbegasung" in Handel gebracht, das durch die Luftfeuchtigkeit unter Freiwerden von $PH_3$ zerlegt wird. Der technische Vorgang ist derart, daß je nach Raumgröße eine entsprechende Anzahl von Beuteln, die rd. 30 g von 60—75%igem Aluminiumphosphid enthalten, ausgelegt und evtl. in die Kornvorräte hinein versenkt werden. Anfangs war die schwere Gefährdung, die bei einer „Delicia-Kornkäferbegasung" von Speichern den Anwohnern drohen kann, nicht genügend bekannt. Nach einer Massenvergiftung von 12 Personen (von denen eine der Vergiftung erlag), die durch sehr schadhafte und gasdurchlässige Speicherwände in anliegenden Wohnungen hervorgerufen war, wurde die Entwesung mit $PH_3$ entwickelnden Mitteln einschränkenden Bestimmungen unterworfen, ähnlich wie die Verwendung der Blausäurepräparate und des Äthylenoxyds (*Geßner*). 8. *Hexachloräthan:* wahrscheinlich in „Hexa-Motten-Salz" und in dem Präparat „Mottenhexe" enthalten, einem flüchtigen Pulver, das in kleinen Beuteln verpackt zur Mottenbekämpfung dient. Über Schädigungen beim Handhaben ist nichts bekannt. Die Gefahr einer Vergiftung durch Einatmung des (narkotisch wirkenden) Hexachloräthans ist jedoch gering (*Lehmann, Flury*). *Tetrachloräthan* ist in dem Ungeziefervertilgungsmittel „Generol" enthalten, das als Radikalmittel zur Vertilgung von Wanzen, Motten, Russen, Schwaben usw. angepriesen wird. Es ist frei erhältlich und trägt keine Giftwarnung. Durch versehentliches Trinken dieses Mittels infolge Verwechslung mit Alkohol kam eine tödliche Vergiftung bei einem 71jährigen Rentner zustande (*von Hauser*). 9. *Paradichlorbenzol:* ist der Wirkstoff im Mottenbekämpfungsmittel „Globol". Ein farbloser, kristalliner, rasch verdunstender Stoff. Er soll ferner als „Parazid" und „Crystalgas" für gleiche Zwecke im Handel sein. Über Schädigungen ist nichts bekannt. Sie sind bei den geringen zur Anwendung kommenden Mengen auch kaum zu erwarten (obgleich Paradichlorbenzol als Narkoticum und Stoffwechselgift gilt). 10. *Kohlenwasserstoffgemische:* Im „Xylamon" sind verschiedene chlorierte Kohlenwasserstoffe zur Schädlingsbekämpfung kombiniert. Andere wieder, wie Petroleum, aromatische Kohlenwasserstoffe u. ä., dienen als Lösungsmittel für insekticide Stoffe, die durch Versprühen zum Verdampfen und zur Einwirkung auf die Insektenschädigung gebracht werden. So das Präparat „Flit", das eine aromatische Lösung von Pyrethrumextrakt in gereinigtem Petroleum darstellt und sich in der Fliegen- und Mückenbekämpfung bewährt hat. Der wirksame Stoff, das Pyrethrin, stammt aus getrockneten Blüten verschiedener Chrysanthemum-Arten und gilt für Wanzen und Körperparasiten als wesentlich wirksamer als das Nicotin, scheint auf der anderen Seite (gegenüber der für den Menschen erheblich toxischen Nicotinwirkung!) ungefährlich zu sein.

*II. Mittel in fester und flüssiger Form (Ködermittel).* In dieser Gruppe finden sich eine ganze Reihe von hochgiftigen Stoffen, die in den meisten Ländern wegen ihrer Gefährlichkeit in Giftverordnungen einschränkenden Bestimmungen hinsichtlich ihres Erwerbs unterworfen sind (*G. Schrader, Störtkuhl*). Trotzdem gelangen sie immer wieder in oft erschreckender Menge in Laienhände, bilden dadurch vielfach eine latente Gefahr und haben wiederholt infolge von fahrlässiger Handhabung oder auch aus rein kriminellen Motiven heraus zu schwersten Vergiftungen Anlaß gegeben. Die mit ihnen hergestellten Köder sind von verschiedener Art. Meist handelt es sich um Giftbrocken aus einem Mehl-Giftteig oder um vergiftete bzw. mit Gift überzogene Getreidekörner u. ä. Die wichtigsten unter ihnen sind folgende: 1. *Phosphor:* Als gelber Phosphor in Form der sog. Phosphorlatwerge (gebackener Gelbphosphor-Mehlfetteig) zur Ratten-, Mäuse- und Krähenbekämpfung früher häufig verwandt. In neuerer Zeit spielt er in dieser Form wohl nicht mehr eine so wesentliche Rolle. Bei der Zubereitung kamen gelegentlich Schädigungen vor. Metallphosphorverbindungen sind in den von der Preußischen Landesanstalt für Wasser-, Boden- und Lufthygiene geprüften und als geeignet zur Rattenvertilgung befundenen Präparaten „Rattekal-Paste" und „Zifertin-Paste" enthalten. Neuerdings gewann ein „Delicia-Mäusegift", das aus Getreidekörnern mit einer 3%igen Zinkphosphidschicht nebst einem roten Farbstoff besteht, eine gewisse Bedeutung. Das giftige Prinzip ist hierbei der Phosphorwasserstoff, der sich unter Einwirkung verdünnter Säure (Magensäure des fressenden Tieres) entwickelt. Das Giftlegen geschieht mit einem besonderen Legeapparat, sog. Legeflinte, in die Mäuselöcher hinein, um Vergiftung von jagdbarem Niederwild zu vermeiden. Der dabei entwickelte Staub kann bei Menschen zu Vergiftungserscheinungen führen (*Elbel* und *Holsten*). Die Gefährlichkeit dieses Präparates, das inzwischen in das Giftverzeichnis aufgenommen wurde, geht weiterhin aus einem Mordversuch hervor (*Klauer*). Auf ähnlichem Prinzip beruhen wohl auch die Lepit-Giftkörner und das Lepit-Pulver. *2. Arsen:* Als Schädlingsbekämpfungsmittel wird Arsen in verschiedener Form wegen seiner hohen toxischen Wirkung angewandt. Hier sei auf seinen Gebrauch als Ködermittel eingegangen (die Verwendung von arsenhaltigen Beiz-, Streu- und Spritzmitteln wird weiter unten behandelt). Zur Anwendung als Köder wird es entweder von Fachleuten (Kammerjägern) in Form von Teigen oder Pasten ausgelegt. Häufig geschieht es aber auch in der Art, daß unter Benutzung eines Gifterwerbsscheines ein (meist viel zu großes!) Quantum Arsen von Laien beschafft und ein Köder im Haushalt hergestellt wird. Die Bekämpfung richtet sich vor allem gegen Ratten, gelegentlich auch gegen Wildschädlinge. Auf die vorgenannte Weise gelangen erfahrungsgemäß oft erhebliche Arsenmengen mit einer vielfach tödlichen Dosis in die Haushaltungen sowie in land- und forstwirtschaftliche Betriebe. Durch unsachgemäße Aufbewahrung, Verwechslung, fahrlässige Handhabung bei der Köderherstellung u. ä. sind wiederholt schwere Vergiftungen vorgekommen. Eine Massenvergiftung von 150 Personen wurde in USA. beobachtet, wo Mehl, das zur Rattenvertilgung mit Zucker und Arsen vermischt war, bei einer Auktion in eine Bäckerei gelangte und dort zu Pasteten verarbeitet wurde. Weitere eindrucksvolle Beobachtungen zur Arsengefährdung bei der Köderherstellung und dem Ködervertrieb wurden von *Schrader* mitgeteilt. Dabei handelte es sich u. a. um ein Mehlgemisch mit 26 % Arsenikgehalt, das als „unschädliches bakterienhaltiges Mittel" zur chemisch-bakteriologischen Ungeziefervertilgung von einem Kammerjäger von Haus zu Haus vertrieben wurde! In einem Haushalt gelangte es versehentlich in einen Teeaufguß, wodurch eine schwere Vergiftung zustande kam. In einem anderen Fall wurde ein arsenhaltiger Rattenköder unter Umgehung der Giftverordnungsbestimmungen mit dem harmlos klingenden Namen „Förstergeheimnis" vertrieben und zu einem Giftmord benutzt. Wiederholt wurde Arsen zum angeblichen Zweck der Rattenbekämpfung beschafft und dann zu Mord- oder Selbstmordzwecken gebraucht. Arsenhaltige Ungeziefermittel dürfen gem. Verordnung des Reichs-Innenministers vom 11. 1. 1938 nur mit einer grünen Warnfärbung in Handel gebracht werden. *3. Thallium:* Als Schädlingsbekämpfungsmittel in Pastenform („Zeliopaste") und Giftgetreide („Zeliokörner") mit etwa 2 % Thalliumsulfat im Handel. Eine Tube enthält etwa 0,7 g, die Zeliokörnerpackung je nach Größe 0,5 oder 1 g Thalliumsulfat. Die Präparate dienen in der Hauptsache zur Bekämpfung schädlicher Nagetiere (Ratten, Mäuse). Da die tödliche Menge für den Menschen bei etwa 1 g liegt, bilden diese verhältnismäßig leicht erhältlichen Präparate eine nicht unerhebliche Gefährdungsquelle. Wiederholt kamen Vergiftungen durch Verwechselung oder versehentlichen Genuß eines mit Zeliopaste angesetzten Köders zustande. In USA. sind bis Anfang 1934 bei der Thalliumanwendung zur Schädlingsbekämpfung 21 Vergiftungen mit fünf Todesfällen bekanntgeworden (*Schrader*). Mehrfach wurden die beiden Präparate aus Suicid-

absicht, zu Mordzwecken und als Abortivum benutzt (*Schneider, Stiefler*), wobei sogar einmal die Frage eines Betriebsunfalls, angeblich bei Auslegung von Zeliopaste, zur gerichtsärztlichen Begutachtung stand (*Elbel*). Zeliopaste muß eine blaue Warnfarbe, Zeliokörner eine rote aufweisen. *4. Fluor:* Als Natriumsilicofluorid ($Na_2SiF_6$) vielfach gegen schädliche Nager und Küchenschaben angewandt. Im freien Handel gibt es zahlreiche Präparate mit meist uncharakteristischen Fabrikbezeichnungen, z. B. Erun, Plagin, Montanin, Mausex, Schwabex, Albatol, Rawatol, Tanatol, Russolin. Bei manchen dieser Präparate steht der Fluorgehalt nicht sicher, da genauere Angaben über die Zusammensetzung fehlen. Doch sind sie im Schrifttum mehrfach als Fluorpräparate genannt (*Stiefler, Störtkuhl*). Durch Verwechselung mit Backpulver, Puderzucker, Speisesalz und bei flüssigen Zubereitungen mit Getränken im Haushalt kamen wiederholt schwere Vergiftungen vor (*Heydrich*). U. a. wurde aus Versehen eine leere Zuckerdose damit gefüllt und das Gift bei mehreren Mahlzeiten irrtümlich verwendet. Fluorhaltige Schädlingsbekämpfungsmittel müssen neuerdings zur Warnung mit Berliner Blau gefärbt werden und die Aufschrift „Gift" nebst Hinweis auf den Fluorgehalt tragen. *5. Strychnin:* Das Alkaloid der Brechnuß ist immer noch ein wichtiges Schädlingsbekämpfungsmittel, obwohl es durch die Thalliumpräparate zurückgedrängt wurde. Es wird vorwiegend gegen Ratten, Mäuse und Wildschädlinge gebraucht. Bei seiner hohen Toxizität für den Menschen bildet seine Handhabung, die vielfach unsachgemäß und leichtfertig erfolgt, eine erhebliche Gefahrenquelle. Es findet sich bisweilen in geradezu grotesken Mengen in Laienhänden, weil bei der Giftscheinausstellung mangels der nötigen Kenntnisse häufig so große Quantitäten bewilligt werden, die sich gar nicht aufbrauchen lassen und deren Reste wiederholt im Haushalt durch Verwechselungen zu Unglücksfällen Anlaß gaben. Auch eine ganze Reihe von Selbstmorden und Morden sind mit diesem Schädlingsbekämpfungsmittel vorgekommen (*Schrader*). In USA., England und auch in Finnland sollen Strychninvergiftungen besonders häufig beobachtet sein, weil in diesen Ländern Rattengifte mit sehr hohem Strychningehalt im Handel erhältlich sind. Das Gift wird entweder in Form von Giftbrocken oder als Strychninweizen ausgelegt. Durch letztgenanntes Präparat kamen mehrfach tödliche Vergiftungen von Kindern vor, die die ausgelegten Getreidekörner aufnahmen und verschluckten. Eine besonders bedenkliche Anwendungsart war die, daß eingegangene Tiere als Köder für Wildschädlinge an einen Baum gebunden und ihr Fell mit Strychnin eingepudert wurde (*Schrader*). Der charakteristische bittere Geschmack scheint keine genügende Vorbeugung gegen Unglücksfälle bzw. kriminelle Giftbeibringung zu sein. Strychninvergiftetes Getreide darf in Deutschland lt. Giftverordnung höchstens 5⁰/₀₀ salpetersaures Strychnin enthalten und muß eine dunkelrote Warnfarbe besitzen. Früher war Strychninweizen grün gefärbt. *6. Meerzwiebel* (Scilla maritima): Meerzwiebelpräparate gelten als spezifisches Bekämpfungsmittel gegen Ratten und Mäuse. Das wirksame Prinzip ist das Glykosid Scillain. Die Köder werden meist aus frischer Meerzwiebel selbst bereitet. Diese ist im Gegensatz zu den Meerzwiebelpräparaten *nicht* in der Giftliste aufgenommen. Ferner existieren eine ganze Reihe von Handelspräparaten in Pastenform oder in Gestalt von festen Würfeln, in Pulverform oder als flüssige Extrakte. Die bekanntesten sind Orwin, Rattol, Universal-Rat-axt. Mit letztgenanntem Präparat wurde ein Giftmord an einem Kinde verübt. Demnach ist auch dieses Schädlingsbekämpfungsmittel von forensischer Bedeutung.

Neuerdings wurde von der Preußischen Landesanstalt für Wasser-, Boden- und Lufthygiene eine Liste von 35 Meerzwiebelpräparaten veröffentlicht, die geprüft und als geeignet zur Rattenvertilgung befunden wurden (RMBl. f. inn. Verw. 1939 S. 2219). *7. Blausäure* (HCN): Als Ködermittel spielte dieses gefährliche Gift in den letzten Jahren eine gewisse Rolle. Es war unter Phantasie-Bezeichnungen wie „indische Giftblasen", „Fuchsbomben-Blitztod" oder „Letolin-Giftgasröhren" in Form kleiner Glasampullen von 2 ccm Inhalt im Handel erschienen, ohne daß auf den gefährlichen Inhalt (durchschnittlich 42 bis 47 % Blausäuregehalt) hingewiesen war. Diese Glasampullen bildeten, in Fleischstücken verborgen, sehr wirksame Giftköder für Raubwild (vor allem Füchse). Unter Umgehung der Giftverordnungen fand dieses Präparat einen reißenden Absatz. Man kam erst hinter seine Gefährlichkeit, als ein Mordversuch, ein tödlicher Unglücksfall bei einem Kind (das eine „Giftblase" auf dem Felde fand und in den Mund nahm!) sowie ein Selbstmord bekannt wurden. Die Präparate sind in Deutschland daraufhin verboten worden (*Schrader*).

*III. Spritz- und Stäubemittel. Beizmittel.* Es handelt sich bei den erstgenannten um chemische Stoffe, die im Kampf gegen pflanzliche und tierische Schädlinge der Wälder, der Obstkulturen, des Weinbaues u. ä. verspritzt oder in fester Form verstäubt werden, bisweilen auch durch Verdampfung nebelförmig in die Atmosphäre geleitet werden. Chemisch lassen sie sich gruppieren in emulgierte Kohlenwasserstoffe bzw. Mineralöle, in pflanzliche Gifte (Nicotin), in Metallsalze (As, Cu, Hg), schwefelhaltige Mittel. Geringere Bedeutung als Stäubemittel haben die fluorhaltigen Stoffe, meist Natrium- oder Barium-Silicofluorid. Die giftigen Stoffe dringen durch die Chitinspalten der Schädlinge in ihren Organismus ein oder werden mit der Nahrung aufgenommen. Auf die pflanzlichen Schädlinge (schädliche Pilze, wie Mehltau u. a.) wirken sie entwicklungshemmend gegen deren Sporen. Die Anwendung erfolgt auf verschiedene Weise. Die Spritzmittel werden durch kleinere oder größere Spritzapparate auf die gefährdeten Kulturen versprüht. Die Bestäubung mit den trocknen, feinpulverigen Mitteln erfolgt entweder durch einen Motorzerstäubungsbetrieb vom Erdboden aus. Bei großen Waldungen ist man im Kampf gegen die gelegentlich massenhaft auftretenden Baumschädlinge (Insekten wie Nonne, Forleule u. ä.) zur Bestäubung mittels Flugzeugs übergegangen. Die Gefährdung des menschlichen, aber auch tierischen Organismus (z. B. Jagdwild, Bienen) ist bei dieser Anwendungsart nicht unerheblich, wie verschiedentliche Vergiftungen erwiesen (*Baader*). Doch auch bei der Spritzmethode kommt es öfter zur Aufnahme nicht unbedenklicher Mengen des rein versprühten Giftstoffes in die menschlichen Atemwege bzw. bei Herstellung der Spritzbrühen durch Unachtsamkeit und Unsauberkeit zur Aufnahme in die Verdauungsorgane. Schließlich sind auch Hautschädigungen bei dieser Art Schädlingsbekämpfung beobachtet worden. Die Beizmittel werden zur Behandlung von Saatgut besonders des Getreides angewandt, um anhaftende Erreger von Getreidekrankheiten zu vernichten (Saatgutbeizen). Wesentlich ist bei deren Auswahl das Erfordernis, daß durch den Beizprozeß die Keimfähigkeit der Samen nicht herabgesetzt wird. Diese beiden Anforderungen, vor allem die letztgenannte, werden von vielen bactericiden Stoffen nicht erfüllt. Die bewährten Beizmittel sind meist organische Quecksilberverbindungen, enthalten aber auch Kupfer und Arsen. Ihre Handhabung unterliegt in den meisten Staaten gesetzlichen Vorschriften, durch die menschliche Schädigungen verhindert werden sollen; in Deutschland durch Polizeiverordnung vom 13. 2. 1940 (RGBl. I, S. 349).

*a) Spritz- und Stäubemittel. 1. Kohlenwasserstoffe :* Meist zur Bekämpfung von Ungeziefer und Hausschädlingen angewandt, wie zur Bekämpfung der Blutlaus, holzzerstörender Pilze, Geflügelungeziefer, Kleidermotten u. ä. Die bekanntesten sind : Ustin (Benzol-Pyridin Derivat) zur Bekämpfung der Blutlaus; Antinonnin (Dinitrokresolkalium) zur Bekämpfung von Hausschwamm und anderen holzzerstörenden Pilzen, als Streupulver (Dinitroorthokresol) zur Raupenbekämpfung in den Wäldern. Bei seiner Herstellung kamen mehrere Vergiftungen vor, darunter drei tödliche mit z. T. bemerkenswerten pathologisch-anatomischen Befunden (*Nordmann* und *Weber, Koopmann, Schwarz*). Elatin (Nitrophenol); Cutralin (Mischung von aromatischen Ketonen und Estern) zur Bekämpfung von Mücken und Geflügelungeziefer, auch als Stäubemittel in Form eines Mehlpuders im Gebrauch. Über menschliche Schädigungen durch die letztgenannten Mittel, die meist aufgespritzt oder gepinselt werden, ist nichts Näheres bekannt geworden. Globol (reines Dichlorbenzol) und Melan (Dichlorbenzol und Tetrachlorkohlenstoff) sind bewährte Mottenschutzmittel, werden auch gegen Bücherwurm erfolgreich angewandt. Bei Melanverspritzung im Verlauf von Kleidereinmottung wurden neuerdings Intoxikationen der damit Beschäftigten bekannt, die mehrtägigem Erbrechen einhergingen, auch Hautverätzungen zeigten, jedoch gutartig ausgingen (*Robbers*). Tapenol ist ein Ungeziefermittel aus Tetrachlorkohlenstoff und Trichloräthylen, das in Schweden in Handel kam und gleichfalls bei seiner Anwendung zu leichter Intoxikation Anlaß gab. *2. Pflanzliche Gifte:* Eine vorherrschende Rolle spielen hier die Nicotinpräparate, die seit etwa 1920 in zunehmendem Maße als Spritzmittel in Anwendung gekommen sind. In Deutschland werden allein zur Bekämpfung der Reblaus jährlich 100 000 kg Nicotin bzw. nicotinhaltige Substanz verwendet (*Wehrlin*). Dieses Alkaloid hat sich besonders bei der Bekämpfung der Rebschädlinge (Heu- und Sauerwurm) bewährt. Es sind z. T. hochprozentige Präparate (95—98 %ige Lösungen) im Handel und zwar unter den verschiedensten Fabrikbezeichnungen. Die bekanntesten sind: Nikopren, Vinicoll, Hercynol, Parasitol, Exodin, Nicotin (Marke Hansa), „Pflanzenwohl-Spritzlösung", Nicuran, Asnikot (Verbindung mit Arsen!), Florävit (in letztgenanntem Präparat 4 % Nicotin). Der Nicotingehalt ist vielfach nicht näher angegeben. Auch wurde z. T. mangelhafter Hinweis auf die Gefährlichkeit hervorgehoben (*Esser* und *Kühn*). Wiederholt kamen Schädigungen bei der Anwendung der Nicotinpräparate und auch tödliche Vergiftungen vor (*Kepp, Kobro, Kratz, Laessing*). In USA. wurden von 1930—1934 insgesamt 288 Todesfälle durch Nicotin gezählt. Diese waren stets durch Präparate oder Lösungen des Alkaloids hervorgerufen, die zur Schädlingsbekämpfung im Obstbau bestimmt waren und die fahrlässig oder absichtlich eingenommen bzw. in Mordabsicht eingegeben waren. *3. Metallsalze:* Als Spritz- und Stäubemittel in der Schädlingsbekämpfung haben die Kupfer- und die Arsenpräparate besondere Bedeutung erlangt. Sie dienen zur Insektenvertilgung in Wäldern, Obstplantagen, Weinbergen, Kartoffelfeldern (Kartoffelkäfer!), ferner auch zur Bekämpfung der schädlichen Pilze (wie Mehltau der Reben, Kartoffelfäulepilz) durch Entwicklungshemmung ihrer Sporen. Eine Unzahl der verschiedensten Handelspräparate sind im Laufe der Zeit von zahlreichen Firmen herausgebracht, z. T. wieder aufgegeben, z. T. auch in ihren Zusammensetzungen geändert worden. Die genaue Zusammensetzung ist vielfach nicht bekanntgegeben. Die wichtigsten *kupfer*haltigen Präparate sind: Die seit 60 Jahren bewährte Bordelaiser Brühe (Kupfervitriol-Kalkgemisch), sodann ihre Ersatzprodukte wie Nosperit, Nosperal, Gusisa, Gucasa (Kupfer-Kalk-Sacharad), Cuprex (fett- oder naphtinsaures Kupfer, gelöst in organischen Lösungsmitteln), Bordolapaste (kolloidales, basisches Kupfersulfat). Unter den *Arsen*präparaten sind neben dem namentlich in USA. und Frankreich verwendeten Schweinfurtergrün zu nennen: Nosprasen, Sturmstäubemittel, Esturmit, Aresin, Dusturan, ,,*Erhardt*sche Grüntafel", Gralit, Meritol. Der Arsengehalt ist vielfach ganz beträchtlich. Die genauere Zusammensetzung ist bei verschiedenen der genannten Präparate nicht angegeben. Auch kommen Verbindungen bzw. Gemische von Kupfer mit Arsen im Handel vor, wie z. B. Uraniagrün, Silesiagrün, Vinuran, Phytonal, Elafrosin u. ä. In den Vereinigten Staaten wird ein Blei-Calcium-Arseniat, der Zabulon in großen Mengen gebraucht, desgl. auch in Frankreich. Die Gefahr einer Bleivergiftung bei Landarbeitern und Winzern hat deshalb erhebliche Bedeutung gewonnen. In Deutschland ist die Anwendung von bleihaltigen Präparaten (z. B. Silblat) im Weinbau untersagt, im Obstbau aber gestattet. In Frankreich hat das Arsenpräparat Loccypiral, das als Spezificum gegen Phylloxera und andere Schädlinge gilt, große Verwendung gefunden. Die erhebliche Toxizität dieser Metallsalze, vor allem der arsenhaltigen Spritz- und Stäubemittel, gab wiederholt zu schweren Vergiftungen Anlaß. Diese wurden im Laufe der Jahre in verschiedenen Weinbaugebieten bei den Winzern beobachtet, ferner bei der Kartoffelkäferbekämpfung, und haben eingehende gewerbepathologische Bearbeitung und Beachtung gefunden (*Frohn, Guth, Matras, Pein, Schöndorf, Symanski, Uhlenhuth* und Mitarb.). Durch Verordnung vom Juni 1938 dürfen in Deutschland arsenhaltige Schädlingsbekämpfungsmittel als Spritzmittel nur in Verdünnungen angewendet werden, deren Gehalt an Arsen 0,1 % nicht übersteigt. Arsenhaltige Stäubemittel, soweit sie von der Biologischen Reichsanstalt für Land- und Forstwirtschaft anerkannt sind, dürfen einen Arsengehalt bis zu 8 % besitzen. 4. *Schwefelhaltige Mittel:* Diese werden besonders zur Mehltaubekämpfung benutzt. Handelspräparate sind Elosal (kolloidaler Schwefel), Solbar (Bariumpolysulfit), Schwefelmehl. Letztgenanntes Präparat wird auf Java vom Flugzeug aus verstäubt. Weiter ist Schwefelkalkbrühe in Gebrauch.

*b) Saatgutbeizen:* Man unterscheidet Naßbeizmittel und Trockenbeizen je nach der Anwendungsart. Die Beizung des Saatgutes erstreckt sich über ein und mehrere Stunden und erfolgt gewöhnlich kurz vor der Aussaat. Anhaftende Krankheitserreger werden dadurch vernichtet. Die meisten Präparate enthalten Quecksilber als wirksames Prinzip, z. T. in Verbindung mit Arsen, Kupfer u. a. Stoffen. Die bekanntesten sind: Uspulum (Chlorphenolquecksilber), Fusariol (Sublimat und Kupfersulfat; früher als Fusafin ohne Kupfersulfat im Handel), Germisan (Chlorphenolquecksilbercyanid), Ceresan, Abavit, Betanal, Tillantin (Nitrophenolquecksilber). Die Anwendung dieser Saatgutbeizen wird im allgemeinen durch die landwirtschaftlichen Vereinigungen besonders geregelt. Schädigungen ernsteren Ausmaßes, insbesondere tödliche Vergiftungen sind im Schrifttum nicht bekanntgegeben.

*IV. Forensische Bedeutung.* In Deutschland unterliegt der Giftverkehr zum Zwecke der Schädlingsbekämpfung der Polizeiverordnung vom 22. 2. 1906, die für Preußen unter dem 11. 1. 1938 eine Neufassung und einige Abänderungen erfuhr (Preuß. Gesetzes-Sammlung 1938 Nr. 1 S. 1). Je nach der Gefährlichkeit sind die Gifte in verschiedene Abteilungen gruppiert. Die stärkst wirkenden, die in Abteilung I und II aufgenommen sind, dürfen vom Händler nur an ihm persönlich und als zuverlässig bekannte Personen abgegeben werden. Im allgemeinen ist vom Käufer ein polizeilicher Erlaubnisschein für die Gifterwerbung vorzulegen und eine schriftliche Empfangsbestätigung, der sog. Giftschein auszufertigen. Letztgenannte Empfangsbestätigung ist für die weniger toxischen Gifte der Abteilung III nicht erforderlich. Ähnliche Bestimmungen haben auch die meisten anderen Länder. Die in den letzten Jahren in zunehmenden Gebrauch gekommene Schädlingsbekämpfung durch Ausgasung (z. B. mit Blausäure-Gas u. ä.) ist bei uns durch die Verordnung über die Schädlingsbekämpfung mit hochgiftigen Stoffen vom 22. 8. 1927 besonderen Schutzbestimmungen unterworfen, die inzwischen noch verschiedene Abänderungen und Ergänzungen erfahren haben. Ihre Abgabe ist nur an bestimmte Stellen bzw. Personen gestattet, denen eine Erlaubnis zu ihrer Anwendung erteilt ist. Für die landwirtschaftlichen Bedürfnisse war durch Polizeiverordnungen über den Vertrieb giftiger Pflanzenschutzmittel durch Stellen des amtlichen Pflanzenschutzes und landwirtschaftliche Körperschaften in den Jahren 1924 und 1925 eine besondere Regelung getroffen worden, die nunmehr durch die Polizeiverordnung vom 13. 2. 1940 abgelöst wurde und eine den neuzeitlichen Anforderungen entsprechende Neugestaltung erfahren hat. Das Ausland besitzt in den meisten Ländern ähnlich geartete Verordnungen. Trotz dieser vielfachen und eindeutigen Bestimmungen ließen sich wiederholt schwere Verstöße und bedenkliche Methoden nachweisen, die hochgiftige Stoffe in oft erschreckend großer Menge in Laienhände gelangen ließen (*Schrader*). Häufig wurden und werden auch heute noch die Giftbezugsscheine über viel zu große Mengen ausgestellt. Den betreffenden Instanzen mangelt meist das nötige biologische Verständnis für die praktisch zur Schädlingsbekämpfung wirklich erforderlichen Giftquantitäten. So wurden Giftbezugsscheine für Strychnin auf 100 g, 2 und 3 kg, für Blausäure auf 1 kg unbedenklich ausgestellt! Von diesen viel zu großen Mengen bleiben zwangsläufig ganz erhebliche Quantitäten unverbraucht im Laienbesitz, woraus wiederholt durch Verwechselung im Haushalt schwere Unglücksfälle, des weiteren zahlreiche Selbstmorde und auch Morde veranlaßt waren. Bedenkliche Giftannoncierungen in Tagesblättern, bäuerlichen und Hauswirtschafts-Zeitungen dürften für die kriminelle und suicidale Anwendung solcher Gifte nicht bedeutungslos sein (*Schrader*). Auch ließ sich ausgesprochener Giftschmuggel mit Versendung mangelhaft oder falsch deklarierter Gifte (als Warenprobe, postlagernd!) nachweisen. Ein weiteres bedenkliches Moment liegt in der Unzahl von Präparaten, die für die Schädlingsbekämpfung in der Landwirtschaft, im Obst- und Weinbau im Handel sind und die oft die erforderlichen Hinweise auf ihre Gefährlichkeit vermissen lassen. Ähnlich klingende Fabrikbezeichnungen bergen die Gefahr einer Verwechselung mit anderweitigen Mitteln in sich. So ist z. B. ,,Meritol" ein arsenhaltiges Stäubemittel, das ähnlich klingende ,,Meridol" ein kosmetisch verwendeter Hautkrem. Eines der hochgiftigen Nicotinpräparate trägt den Namen ,,Exodin", womit früher ein jetzt aus dem Handel gezogenes Abführmittel bezeichnet war (*Esser*)! Bei anderen Präparaten wurde anscheinend unter Beibehaltung des Namens die Zusammensetzung gewechselt. So war ,,Dusturan" früher ein Arsenpräparat (*Störtkuhl*), während es neuerdings das für den Menschen praktisch unschädliche Pyrethrin enthält (*Gehe*s Codex 1937); ,,Orwin" enthielt früher eine Fluorverbindung (*Störtkuhl, Stiefler*), ist dagegen neuerdings ein Meerzwiebelpräparat (*Gehes* Codex).

Besondere Gefährdung birgt die landwirtschaftliche und Weinbau-Schädlingsbekämpfung in sich, worauf vorher schon hingewiesen wurde. Die Aufbewahrung und Handhabung hochgiftiger Stoffe, vor allem Arsen, Nicotin u. ä., läßt vielfach eine erhebliche Fahrlässigkeit erkennen. Die genauen Vorsichtsmaßregeln werden häufig nicht sorgfältig genug durchgeführt (z. B. Maskenschutz bei Arbeiten mit Stäubemitteln u. ä.). Benutzung von Gefäßen, in denen vorher solche Giftstoffe waren, für die Aufbewahrung menschlicher Nahrungs- oder Genußmittel, mangelhafte Reinigung der Hände nach Manipulationen mit Arsenlösungen u. ä. haben mehrfach schwere Vergiftungen zur Folge gehabt (*Matras*, *Schrader*). Die Verwendung der arsenhaltigen Stäubemittel, wobei die Weinberge in Wolken von Arsenstaub gehüllt werden, führt durch Inhalation sowie auch durch percutane Schädigung vielfach zu Arsen-Intoxikation subakuter und chronischer Art (*Schöndorf*, *Zangger*). Eine weitere Möglichkeit der Arsenvergiftung ist die Giftzufuhr beim Weingenuß, nämlich durch den sog. Haustrunk der Winzer und landwirtschaftlichen Arbeiter. Er wird dadurch gewonnen, daß die schon gekelterten Traubenrückstände nochmals mit einer Hefe-Zuckerlösung ausgelaugt werden, wodurch eine große Menge von Arsenrückständen an den Traubenschalen und Stengeln in dieses Getränk gelangen. Im Durchschnitt werden 4—5 l täglich getrunken, woraus eine erhebliche Gesamtarsenmenge resultieren kann, die ständig in den Körper gelangt (*Guth*). Hingewiesen sei auch auf die Explosionsgefahr, z. B. des Schwefelkohlenstoffes, der noch ohne jede Einschränkung in Drogerien abgegeben werden darf.

Aus diesen Erfahrungen heraus wird wegen der oft verhältnismäßig leichten Zugänglichkeit solcher hochgiftiger Stoffe für die Schädlingsbekämpfung der forensisch tätige Gutachter stets bei Intoxikationen unklarer Genese an diese Giftquelle zu denken haben und die Ermittlungen in entsprechender Richtung lenken müssen.

*Schrifttum.*

*Baader:* Arsenvergiftung bei der Schädlingsbekämpfung mit Flugzeugen. Med. Welt **36** (1929). — *Elbel:* Fraglicher Betriebsunfall durch Thalliumvergiftung. Ärztl. Sachverst.ztg. **9** (1937). — *Elbel* u. *Holsten:* Über die Gefährlichkeit des Mäusevertilgungsmittels ,,Delicia". Dtsch. Z. gerichtl. Med. **26**, 178 (1936). — *Esser* u. *Kühn:* Nikotin-Vergiftungen. Slg. Verg.-Fälle **4**, C 13 (1933). — *Esser* u. *Kühn*: Die tödlichen Nikotin-Vergiftungen und ihre Zunahme seit Einführung nikotinhaltiger Schädlingsbekämpfungsmittel. Dtsch. Z. gerichtl. Med. **21**, 305 (1933). — *Freitag:* Gaskampf gegen Schädlinge. Ärztl. Sachverst.ztg. **1935**, 244. — *Frickhinger:* Schädlingsbekämpfung für Jedermann. Altenmarkt/Obb. **1933**. — *Frickhinger:* Leitfaden der Schädlingsbekämpfung. Stuttgart 1939. — *Frohn:* Über gewerbliche Arsenvergiftungen bei Winzern. Münch. med. Wschr. **1938**, 1630. — *Gehes Codex* der pharmazeutischen und organotherapeutischen Spezialpräparate. Aufl. VII. Dresden 1937. — *Gessner:* Tödliche Phosphorwasserstoffvergiftung durch ,,Delicia"-Kornkäferbegasung (Aluminiumphosphid). Slg. Verg.-Fälle **8**, B 79 (1937). — *Guth:* Zur Frage der Arsenvergiftung in Weinbaugebieten. Die Gesundheitsführung **1939**, 61. — *v. Hauser:* Tödliche Vergiftung durch Trinken des Ungeziefervertilgungsmittels ,,Generol" (Tetrachloräthan). Beitr. gerichtl. Med. **XV**, 40 (1939). — *Heydrich:* Eine Massenvergiftung mit Kieselfluoridnatrium. Z. klin. Med. **135**, 268 (1939). — *Jesser* u. *Thomae:* Zur Frage der Unschädlichkeit der Schädlingsbekämpfung mit Schwefelkohlenstoff. Chemiker-Ztg. **1939**, 133. — *Kepp:* Über Tabakpolyneuritis. Dtsch. Z. Nervenheilk. **146**, 182 (1938). — *Klauer:* Über ein Phosphorwasserstoff abgebendes Mäusevertilgungsmittel. Dtsch. Z. gerichtl. Med. **24**, 43 (1935). — *Koopmann:* Tödliche Vergiftung durch Dinitroorthokresol. Dtsch. Z. gerichtl. Med. **28**, 259 (1937). — *Kobro:* Akute Nikotinvergiftung. Z. klin. Med. **133**, 734 (1938). — *Kratz:* Tödliche Nikotinvergiftung durch Schädlingsbekämpfungsmittel. Münch. med. Wschr. **1935**, 19. — *La Wall* u. *Harrisson:* Arsenik-Vergiftungen durch Pasteten. Slg. Verg.-Fälle **6**, 13 (1935). — *Laessing:* Nikotinvergiftung in Gärtnereibetrieben. Med. Welt **31** (1938). — *Lehmann-Flury:* Toxikologie und Hygiene der technischen Lösungsmittel. Berlin 1938. — *Lentz*

u. *Gassner:* Schädlingsbekämpfung mit hochgiftigen Stoffen. Heft 1: Blausäure. Heft 2: Äthylenoxyd. Berlin 1934. — *Lohmann:* Über Vergiftung mit Entwesungsmitteln in gerichtsärztlicher und versicherungsgerichtlicher Hinsicht. Veröff. Med.verw. **44**, 333 (1935). — *Matras:* Über beruflich erworbene Arsenschädigungen der Haut bei Weinbauern. Arch. Dermat. **176**, 603 (1938). — *Metz:* Ein Beitrag zur Äthylenoxydvergiftung (Cartox). Ärztl. Sachverst.ztg. **44**, 155 (1938). — *Nordmann* u. *Weber:* Tödliche Dinitroorthokresol-Vergiftung. Arch. Gewerbepath. **8**, 442 (1938). — *Peters:* Zum Thema ,,Neue Schädlingsbekämpfungsmittel". Chemiker-Ztg. **1933**, 41. — *Pein:* Hautkrebs infolge Arsenvergiftung bei der Rebschädlingsbekämpfung. Dtsch. med. Wschr. **16** (1938). — *Robbers:* Drei nichttödliche Vergiftungen mit dem Mottenvertilgungsmittel ,,Melan". Slg. Verg.-Fälle **9**, 172 (1938). — *Saling:* Die neue Raumdurchgasung mit Äthylenoxyd und ihre sozialhygienische Bedeutung. Dtsch. Z. gerichtl. Med. **20**, 608 (1933). — *Schrader:* Zur Gefährdung durch den Verkehr mit Schädlingsbekämpfungsmitteln. Dtsch. Z. gerichtl. Med. **26**, 152 (1936). — *Schrader:* Strychnin-Vergiftungen. Slg. Verg.-Fälle **8**, C 39 (1937). — *Schneider:* Beiträge zur Kenntnis der Organveränderungen bei tödlicher Thalliumvergiftung. Wien. Beitr. gerichtl. Med. **13**, 122 (1935). — *Schöndorf:* Chronische Arsenvergiftung durch Rebschädlingsbekämpfungsmittel. Z. klin. Med. **133**, 713 (1938). — *Schwarz:* Tödliche Dinitroorthokresol-Vergiftung. Slg. Verg.-Fälle **7**, B 57 (1936). — *Stiefler:* Über Thalliumvergiftung. Wien. klin. Wschr. **16** (1938). — *Störtkuhl:* Der gesetzliche Gefährdungsschutz in der Schädlingsbekämpfung. Med. Diss. Marburg 1936. — *Symanski:* Akute Arsen-Vergiftung bei der Kartoffelkäferbekämpfung. Slg. Verg.-Fälle **10**, B 93 (1939). — *Trappmann:* Erprobte Mittel gegen tierische Schädling. Flugblatt Nr. 165/169 der Biolog. Reichsanstalt für Land- und Forstwirtschaft. — *Uhlenhuth*, *Zieger* u. *Heger:* Über Arsenvergiftungen im Weinbaugebiet. Klin. Wschr. **1934**, 1698. — *Wehrlin:* Akute Nikotinvergiftung bei der Schädlingsbekämpfung mit dem Sprayverfahren. Schweiz. med. Wschr. **1938**, 1191. — *Zangger:* Über die Gefahren der modernen Schädlingsbekämpfung und Ungezieferbekämpfung durch Verwendung auch für den Menschen gefährlicher flüchtiger Stoffe. Schweiz. med. Wschr. **1933**, 416. — *Zangger:* Rechts- und Feststellungsverhältnisse bei Unglücksfällen im Gewerbe der chemischen Ungeziefer- und Schädlingsbekämpfung. Ärztl. Sachverst.ztg. **1938**, 255.

*Schrader.*

**Schändung** siehe *Notzucht*.

**Schafwolle** siehe *Faserstoffe*.

**Schanker** siehe *Syphilis*; *Ulcus molle*.

**Schartenspuren** (= Schsp.).

Ist bei Verletzungen oder bei Beschädigungen irgendwelcher Art durch schneidende oder scharfkantige Objekte das Instrument unbekannt, bestritten oder überhaupt unsicher, so bleibt auch zu denken an die Identifizierungsmöglichkeit durch evtl. übereinstimmende Schsp. an Verletzungen oder Beschädigungen einerseits, an ermittelten Objekten (Waffen, Instrumente) anderseits. Schsp. können so eigenartig sein, daß das Instrument aus vielen heraus mit Sicherheit bestimmt werden kann. Scharten können auch Träger von wichtigen Spuren sein, wie Holz- und Pflanzenresten, Fasern, Haaren usw. Schsp. kommen auch zur Anwendung zur Bestimmung der Arbeitsart (Arbeitsscharten). Für die spezifische Identifikation der Form des Instrumentes kommen gewöhnlich nur makroskopische Scharten in Betracht; ganz feine Scharten sind aber wichtig für die Bestimmung der Schärfe eines Instrumentes überhaupt. Im allgemeinen wird man Scharten auch mit Lupe und Mikroskop (stereoskopische Typen) untersuchen; spez. geeignet ist die mikroskopische Untersuchung im auffallenden Licht (Vertikalilluminator) (s. d. Art.: Forensische Blutuntersuchung).

Zu spezifischen Spurenuntersuchungen müssen evtl. andere Disziplinen, wie Botanik, Zoologie, Mineralogie usw., beigezogen werden.

*Anwendungsarten:* 1. Rückschlüsse aus Verletzungen auf Schärfe resp. Schartigkeit des Instrumentes sind hauptsächlich wichtig bei schneidenden Instrumenten (Schnitt- und Hiebwaffen). Solche Zeichen finden sich am deutlichsten an unelastischem Gewebe, wie Fascien, Aponeurosen, Knorpel, Knochenoberfläche (große Schärfe zeigt sich besonders an der Knochenhaut). Beim Vorliegen mehrfacher Wunden kann evtl. bestimmt werden, daß während der Verwundung das Messer schartig geworden ist, sei dies durch Abspringen am Knochen, sei dies durch Abwehr des Opfers (z. B. Zerbrechen der Rasiermesserklinge usw.).

Schneidende Hiebwaffen können bei senkrechtem Auftreffen ihre genaue Form inklusive Scharten am Knochen (spez. Schädeldach) hinterlassen, wenn es nicht zur Zertrümmerung kommt. Nicht nur kann evtl. das verdächtige Instrument ermittelt werden (evtl. aus verschiedenen gleichartigen heraus), sondern auch die Hiebrichtung. Solche Rekonstruktionsversuche müssen sehr sorgfältig und nach allen in Frage kommenden Richtungen experimentell durchgeführt werden, spez. auch photographisch; Stellungsmöglichkeiten von Opfer, Täter und Instrument festhalten! Bei ungleichmäßiger oder schartiger Schneide, besonders aber bei eigentlichen *Aussparungen*, kann bei vorsichtigen experimentellen Versuchen evtl. nachgewiesen werden, daß das in Frage kommende Instrument nur in einer bestimmten Richtung, aber dann minutiös, hineinpaßt. Bei Schädeldachverletzungen mit solchen Spuren feiert die Schartenbestimmung ihre Triumphe.

2. Die Feststellung, daß eine Schnitt- oder Hiebwunde mit einem schartigen Instrument herbeigeführt wurde, kann allein schon sehr wichtig sein für die Ausscheidung von bestimmten, in Untersuchung gezogenen scharfen Instrumenten und umgekehrt.

3. Scharten als Spurenträger können auch rechtlich wichtig werden zur Eruierung des Tatinstrumentes bei Beschädigung von Bäumen (z. B. Vorfinden von Sägespänen eines bestimmten Holzes an den natürlichen Scharten der Säge oder akzidentellen Scharten von Schneiden). Aus Scharten läßt sich evtl. auch, unter Benützung von Vergrößerungen, an einem Instrument eine rechtlich relevante Arbeitsart bestimmen (an Hacken, Beilen, größeren Messern, Stemmeisen usw.).

4. In Körpern oder am Tatort vorgefundene abgebrochene Teile von Instrumenten (Spitzen, Schneidenstücke usw.) müssen vorsichtig konserviert werden, da sie oft mit ungeheurer Präzision den zugehörenden Teil verraten können, wenn die sich kaum wiederholenden Bruchlinien zueinander passen. Bei Stichverletzungen (inklusive Abtreibungen) ist prinzipiell immer mit der Möglichkeit zu rechnen, daß Bruchstücke (spez. die Spitze) zurückgeblieben sein können, schon um bei der Untersuchung (Körperhöhlen!) eigene Verletzungen zu vermeiden; evtl. ist eine Röntgenuntersuchung am Platze (abgebrochene Instrumentenspitzen in Knochen, z. B. Wirbelsäule).

5. Schsp. an Bißwunden durch Zahndefekte (s. d. Art.: Zähne).

6. Für Gewehridentifikationen können evtl. noch so feine Rillen und Scharten an Tatgeschossen eine entscheidende Rolle spielen, wenn sie das Resultat von Unebenheiten im Laufe sind. Solche vergleichende Bestimmungen müssen durch Probeschüsse (weiches Abfangen der Projektile, z. B. durch Watteschichten in Paketformen, evtl. in größerer Anzahl hintereinandergereiht und evtl. mit künstlicher Herabsetzung der Pulverladung) durchgeführt werden unter Verwendung von starken photographischen Vergrößerungen des Tatgeschosses und der Vergleichsprojektile (von etwa zehnfach und mehr).

Vom Experten soll die Verpackung solcher Objekte persönlich und exakt untersucht werden, damit nicht etwa Auflagerungen von Verpackungsmaterial stammen. Nicht so selten kommt es auch vor, daß zu vergleichende Objekte zusammen verpackt eingesandt werden! Zu vergleichende Objekte müssen separat verpackt, nie zusammen, versandt und aufbewahrt werden. Der Experte muß die Gesamtakten kennen.

*Schrifttum.*
*Kockel:* Über die Darstellung der Spuren von Messerscharten. Arch. Kriminol. **V**, 126 (1900). — *Kockel:* Weiteres über Identifizierung von Schartenspuren. Arch. Kriminol. **XI**, 347 (1903).
*Dettling.*

**Schaumorgane** siehe *Leichenerscheinungen.*

**Scheelsches Grün** siehe *Arsen.*

**Scheidenklappe** siehe *Notzucht.*

**Scheidensekret** (= S.). (Vgl. auch Art.: Forensische Blutuntersuchung; Sittlichkeitsverbrechen; Sperma und Spermaflecken.)

S. ist die Absonderung der Scheidenschleimhaut, der Gebärmutterhöhle und der Drüsen im Gebärmutterhalsgang. Die Reaktion ist meist deutlich sauer. Die Sekretmenge schwankt erheblich je nach dem Reizzustand der Scheidenschleimhaut und auch individuell beträchtlich. Auch der Zellgehalt dieses Sekretes schwankt bis zu einer weißlichen dicken Schmiere.

Die Diagnose S. läßt sich auf mikroskopischem Weg stellen durch den Nachweis der Scheidenepithelien, polygonale platte Zellen z. T. mit deutlichem bläschenförmigen Zellkern. Die Scheidenzellen zeichnen sich durch hohen Glykogengehalt aus, der als Haupterkennungszeichen der Scheidenzellen in erster Linie bei der Untersuchung von S. und S.-flecken zu prüfen ist, worauf besonders *Merkel* hingewiesen hat.

Der Glykogennachweis in den Zellen geschieht in einfacher Weise durch verdünnte Jodjodkaliumlösung nach *Wiegmanns* Vorschrift: 0,2 Jod, 0,3 Jodkali, 45,0 Aqu. dest., wobei sich die glykogenhaltigen Zellen, namentlich die Glykogenschollen in den Zellen intensiv braun färben. Auch nach den üblichen histologischen Methoden, z. B. mit der *Best*schen Carminfärbung kann der Glykogennachweis erbracht werden. Bei der Beurteilung ist allerdings zu beachten, daß auch andere Deckzellen von Schleimhäuten, so die Mundschleimhautdeckzellen Glykogen enthalten können.

Untersuchung auf S. kommt nach Sittlichkeitsdelikten, Notzucht, Schändung u. dgl. in Betracht, wobei in erster Linie die Anwesenheit von Samenzellen zu prüfen ist. Auch die Untersuchung des Scheideninhaltes von Leichen ist in dieser Richtung zu führen. Wenn sich auch Samenfäden im Scheidenschleim so lange halten, so ist dennoch auch nach längerer Zeit der Spermanachweis in den Geschlechtsteilen oder im S. zu versuchen. Diese Untersuchung kann im ungefärbten Nativpräparat oder in gefärbten Ausstrichen vorgenommen werden, wobei man sich besonders hüten muß, Zellgrenzen von zusammenhängenden Scheidenepithelien für Samenfäden zu halten (s. d. Art.: Sperma und Spermaflecken).

Die Untersuchung von S.flecken geschieht in derselben systematischen Weise wie Flecken anderer Herkunft. S. stärkt etwas den Kleidungsstoff, in angetrocknetem Zustand erscheint S. als leicht glänzende Auflagerung. Im Ultraviolettlicht leuchten S.flecke auf, in der Regel allerdings weniger als Samenflecke.

Zur mikroskopischen Prüfung weicht man den S.-fleck am besten auf und untersucht das frische Macerat ungefärbt oder den gefärbten Ausstrich.

Vom gewöhnlichen Aussehen und der Zusammensetzung weicht S. zu gewissen Zeiten ab, so in der Monatsblutung, nach der Geburt und bei Erkrankungen der inneren Geschlechtswege. Während der Monatsblutung enthält das S. mehr weniger starke Beimengung von flüssigem Blut, das aus der gequollenen Schleimhaut der Gebärmutter und ihren Gefäßen stammt. Auch können ganze Fetzen der Gebärmutterschleimhaut den Abgängen aus der Scheide beigemengt sein.

Für die Diagnose Menstrualblut ist neben der herabgesetzten Gerinnbarkeit die Beimengung von Scheidenzellen mit dem hohen Glykogengehalt in erster Linie maßgebend. *Böhmer* hat auch interessante Versuche über den toxischen Einfluß der Monatsausscheidung auf das Wachstum der Pflanzen durchgeführt und auf den hemmenden Einfluß auf Pflanzenwachstum und Gärung die Feststellung von Menstrualblut in Blutflecken gestützt (s. d. Art.: Forensische Blutuntersuchung).

Verändert ist das S. weiter bei entzündlichen Vorgängen an den inneren Geschlechtsteilen wie z. B. beim Tripper, wobei der Nachweis von massenhaft weißen Blutzellen und Gonokokken im S. oder in den S.flecken maßgebend sind.

Das Sekret der Wöchnerin, die sog. Lochien, zeichnet sich durch faden Geruch, meist alkalische Reaktion, Beimengung von Blut, Fibrin, Leukocyten und Deciduaresten aus. Vom fünften Tag ab wird die Farbe mehr fleischwasserähnlich, später hell (weißer Wochenfluß). Entsprechend verhält sich auch die Farbe der Flecken auf Wäsche. Flecken von Lochialsekret können kriminalistisch zum Nachweis einer stattgehabten Geburt Aufschluß bringen.

Zur Frage der Herkunft solcher Flecken ist die biologische Probe auf die Eiweißart und der Nachweis von Blutgruppensubstanzen in den Sekretspuren anzustellen.

*Schrifttum.*

*Böhmer*, K.: Beiträge zum Menstrualblutnachweis. I. Die Wirkung von Menstrualblut auf die Keimlinge von Lupinus mutabilis. Dtsch. Z. gerichtl. Med. **10**, 431 (1927). — *Böhmer*, K.: Beiträge zum Menstrualblutnachweis. Menotoxin und Hefegärung. Dtsch. Z. gerichtl. Med. **10**, 448 (1927). — *Macht*, D. and D. S. *Lubin*: A phytopharmacological study of menstrual toxin. J. of Pharmacol. **22**, 413—466 (1924). — *Merkel*, H.: Über den Glykogengehalt des Scheidenepithels, seine diagnostische Bedeutung und deren kritische Bewertung. Dtsch. Z. gerichtl. Med. **4**, 1. — *Reuter*, K.: Naturwissenschaftlich-kriminalistische Untersuchungen menschlicher Ausscheidungen. *Abderhaldens* Handb. der biol. Arbeitsmethoden **394**, 398 (1932). *Holzer.*

**Scheidenvorfall** siehe *Prolapsus bzw. Descensus uteri et vaginae und Unfall.*

**Scheinschwangerschaft** siehe *Eingebildete und simulierte Schwangerschaft.*

**Scheintod** (= Sch.T.). (Vgl. auch Art.: Tod und Gesundheitsbeschädigung durch elektrische Energie.) Der Sch.T. spielt nicht nur in der Vorstellung des Laien eine Rolle, sondern er hat auch große Bedeutung für den Leichenschauer. Der Scheintote ist natürlich nicht tot, sondern seine Lebensäußerungen sind nur geringe (vita minima), so daß sie nur bei geschärfter Aufmerksamkeit wahrgenommen werden können. Der Zustand ist nicht identisch etwa mit Ohnmacht, bei der hauptsächlich die Gehirntätigkeit infolge Anämie notleidet; auch die Herztätigkeit ist beim Scheintoten herabgesetzt, ebenso ist die Reflexerregbarkeit außerordentlich gering, und insbesondere ist auch die Atmung so schwach, daß sie kaum wahrgenommen werden kann. Der Zustand des Scheintodes kann durch eine Reihe von Schädigungen herbeigeführt werden. Beim Neugeborenen ist es hauptsächlich der Sauerstoffmangel, die Asphyxie, die durch schädigende Einflüsse bei der Geburt, bei Nabelschnurverfall u. dgl., dargestellt wird. Je nach dem Zustand des Kreislaufs bzw. der Füllung der Blutgefäße spricht man auch beim Neugeborenen von einem blassen oder blauen Sch.T., wobei der erstere mehr gefürchtet ist als der zweite. Wahrscheinlich spielen auch vasomotorische Einflüsse eine Rolle, besonders beim blassen Sch.T.,

während beim blauen eine intensive Stauung in der Peripherie vorherrscht. Schon beim Neugeborenen und insbesondere beim unreifen Neugeborenen liegt die große praktische Bedeutung des Zustandes darin, daß bei nicht genügender Aufmerksamkeit des Geburtshelfers oder der Hebamme ein scheintotes Kind für tot gehalten wird. Wird ein solches Kind zunächst beiseite gelegt oder gar in einen Eimer geworfen, wie *Walcher* es in einem Gutachterfall erlebt hat, so kann es zur Anklage wegen fahrlässiger Körperverletzung bzw. sogar (wenn auch selten) Tötung kommen, falls das Kind längere Zeit oder überhaupt am Leben blieb, nachdem es wieder zu sich gekommen war. Jedenfalls muß beim scheintoten Neugeborenen, auch wenn es an der Grenze der Lebensfähigkeit hinsichtlich seiner körperlichen Entwicklung steht, alles versucht werden, um es zum Leben zurückzubringen (s. d. Art.: Künstliche Atmung; Wiederbelebungsversuche).

Jenseits des Neugeborenenzustandes und auch beim Erwachsenen wird der Zustand des Scheintodes sowohl vor dem tatsächlich eingetretenen Tode, also bei Schwerkranken, gelegentlich beobachtet, die sich noch einmal für kürzere oder längere Zeit mit oder ohne Einwirkung des Arztes erholen. Praktisch besonders wichtig sind aber die Fälle, in denen es durch gewaltsame äußere Einwirkung zum Zustand des Scheintodes kommt. In erster Linie ist hier die elektrische Durchströmung zu nennen. Wenn auch neuerdings von der Mehrzahl der Forscher (*Pietrusky* und anderen) angenommen wird, daß dabei verhältnismäßig häufig ein primärer Herztod vorliegt, so gibt es doch sicher auch Fälle, bei denen das Herz noch, wenn auch schwach, weiterschlägt, während die Atmung ganz oder fast ganz darniederliegt. Die Forderung, daß bei elektrisch Verunglückten unter allen Umständen so lange Wiederbelebungsversuche gemacht werden müssen, bis einwandfreie Zeichen des Todes, insbesondere Totenflecken, festgestellt sind, bleibt deshalb von diesen neueren Forschungsergebnissen unberührt. Eine Folgerung aus diesen Ergebnissen ist jedenfalls auch die, daß nicht etwa nur künstliche Atmung, sondern insbesondere auch Einwirkungen auf das Herz, wie Herzmassage und intrakardiale Injektionen, gemacht werden müssen. Festzuhalten ist an dem Grundsatz, daß bei elektrisch verunglückten Scheintoten die Wiederbelebungsmaßnahmen (s. d. Art.: Wiederbelebungsversuche) sofort aufgenommen werden müssen, weil in den Minuten oder Viertelstunden, die bis zum Erscheinen eines Arztes gewöhnlich vergehen, der Tod eintreten kann.

Außer bei elektrischer Durchströmung kommt Sch.T. besonders auch bei Vergiftungen vor. Zumal Schlafmittelvergiftungen bewirken nicht allzu selten solche Zustände. Bekannt ist der Fall aus Berlin, in dem eine Krankenschwester in der kalten Jahreszeit im Grunewald anscheinend tot aufgefunden wurde. Im Leichenhaus des Krankenhauses, in das sie verbracht wurde, wurde nach Stunden vom Leichenwärter Atmung beobachtet, und das Leben der Frau wurde erhalten. Es stellte sich heraus, daß sie eine große Dosis Veronal genommen hatte und im bewußtlosen Zustand in der Kälte liegengeblieben war. Der Leichenschauer hatte die geringen Lebenszeichen übersehen und vermutlich die vorhandene Kältestarre der Gliedmaßen (besonders durch das erstarrende Unterhautfettgewebe bei Kälte hervorgerufen) vermeintlich für Totenstarre gehalten. In der Tagespresse las man besonders früher öfter von angeblich ähnlichen Fällen, die aber meist sensationell aufgebauscht waren und in Wirklichkeit viel weniger auffallend waren. Zustände von schwerem Shock nach Verletzungen können auch gelegentlich den Eindruck des Scheintodes hervorrufen und natürlich auch Zustände von drohender Erfrierung. Bei Laien ist die Furcht vor dem „scheintot Begrabenwerden" vielfach vorhanden und die Anweisungen für Leichenschauer haben von jeher dieser öffentlichen Meinung insofern Rechnung getragen, als für jeden einzelnen Fall die einwandfreie Feststellung von sicheren Todeszeichen (s. d. Art.: Leichenerscheinungen) zur Vorschrift gemacht wurde. Besonders scharf sind die Bestimmungen in den Feuerbestattungsgesetzen, freilich nicht nur aus diesem Grunde. In manchen Gegenden wird seitens der Angehörigen vom Leichenschauer manchmal eine besondere Lebensprobe in Form einer Öffnung einer Pulsader gefordert, um ganz sicher zu gehen. Der Zustand des Scheintodes kann kürzere oder längere Zeit, bis zu Stunden andauern, meistens aber entscheidet sich das Schicksal des Scheintoten (Leben oder Tod) recht frühzeitig.

*Schrifttum.*
*Jellinek*: Elektrische Verletzungen. Leipzig 1932. — *Moewes*: Ein Fall von Scheintod. Arch. Kriminol. **72**, 1920. — *Pietrusky* u. *Janker*: Röntgenkinematographische Untersuchungen über die Wirkung elektrischer Starkströme auf Kreislauf und Atmung des Tieres während und kurz nach der Durchströmung. Dtsch. Z. gerichtl. Med. **28** (1937). ***Walcher.***

**Scheintodpistolen** siehe *Schußwaffen und Munition.*

**Schenkelhernie** siehe *Hernie und Trauma.*

**Schierlingsvergiftung** siehe *Coniin und Schierlingsvergiftung.*

**Schießversuche** siehe *Schußverletzungen.*

**Schilddrüsenhormon** (= S.D.H.).
Die Schilddrüse kann in toto als Trockenpulver oder in Form gereinigter Präparate (*Elityran*) oder als Abbauprodukt in Form eines seit mehreren Jahren auf synthetischem Wege hergestellten Produktes „*Thyroxin*" therapeutisch Anwendung finden. Während Thyroxin nicht der ganzen Drüse entspricht, gibt das Thyreoglobulin, eine Eiweißverbindung, der Gesamtdrüsenwirkung schon näher (*Trendelenburg* P.). Thyreoglobulin ist wie Thyroxin vom Magendarmkanal aus wirksam. Ersteres wird besser vertragen als letzteres. Die physiologische Wirkung dieser Präparate ist vom Jodgehalt abhängig. Sie ist auf den Stoffwechsel gerichtet, steigert die Verbrennungsprozesse im Organismus. S.D.H. hat zentrale Angriffspunkte, insbesondere am sympathischen Nervensystem. Alle in Betracht kommenden Schilddrüsenpräparate können in höheren Dosen toxisch wirken. Es zeigen sich dann allgemeine Hinfälligkeit, Durchfälle, Herzstörungen, wie Herzklopfen, Tachykardie, Angstzustände, Schwitzen, Schlaflosigkeit, kurzum Erscheinungen wie bei der *Basedow*schen Krankheit, die unter Umständen zum Tod führen können. Praktisch und für den Gerichtsarzt von Interesse ist, daß einmal die Wirkung von Schilddrüsenpräparaten erst nach zwei bis drei Tagen eintritt, daß individuell verschieden große Empfindlichkeit besteht und nach Absetzen der Zufuhr Nachwirkung weiter besteht. Niemals aber wird wie durch Jod die Schilddrüse aktiviert! Thyroxin wird nicht als Hormon, sondern als Spaltprodukt aufgefaßt. Wenn toxische Symptome bei Überdosierung auftreten, dann schwinden sie wieder bald nach Abbruch der Schilddrüsentherapie. Die Dosierung muß vom Arzt individuell beurteilt werden. Bei längerer Anwendung scheint die Empfindlichkeit gegen S.D.H. gemindert zu werden (Antikörperbildung). S.D.H.-Präparate müssen biologisch unbedingt auf Wirkungsstärke ausgewertet sein. Bei Thyroxin beträgt die Tagesdosis 1—2 mg, bei Thyreoidin täglich 1—2mal 0,1—0,15 g. Thyroxin hat den Vorzug

exakter Dosierbarkeit, ist etwa 100mal so wirksam wie gewisse andere Präparate. 1 mg Thyroxin steigert den Grundumsatz um 2,5%, 2 mg um 5%, 10 mg um 25% (*Jores*). Bei vorsichtiger Handhabung und Dosierung müssen Schilddrüsenpräparate als gefahrlos und harmlos angesehen werden.

*Schrifttum.*
Handb. der normalen und pathol. Physiologie. **XVI**, 1. Berlin 1932. — *Jores*, A.: Fortschr. der Hormontherapie. Fortschr. Ther. **13**, 442 (1937). — *Trendelenburg*, P.: Die Hormone, II. Tl. Die Schilddrüse, I. Kap. **1934**. ***Schübel.***

**Schlafmittel.** (Vgl. auch Art.: Chloralhydrat; Flüchtige organische Gifte; Paraldehyd; Pyrazolonderivate; Sulfonal; Trional.)

***A. Allgemeiner Teil:*** Der Häufigkeit nach stehen die *akuten Schlafmittelvergiftungen* unter den Vergiftungen mit nichtflüchtigen Stoffen an erster Stelle. Sie bilden neben dem Leuchtgas das größte Kontingent suicidaler Vergiftungen überhaupt. Bei der leichten Zugänglichkeit der in riesigsten Mengen industriell produzierten Schlafmittel sind trotz einschränkender Rezepturvorschriften die *suicidalen Schlafmittelvergiftungen* in den letzten drei Jahrzehnten in stark steigender Zahl fast in allen Ländern zu verzeichnen. Unter 2894 1918—1936 in Deutschland gemeldeten Fällen von Selbstmorden und Selbstmordversuchen durch Gifte (wobei die Gesamtzahl suicidaler Vergiftungen wohl um ein Vielfaches größer) ist die Zahl der Schlafmittelvergiftung (1196 = 40,7%) ebenso groß wie die der früher stark überwiegenden Leuchtgasvergiftungen (1180=41,3%). Dabei nehmen die Vergiftungen durch Barbitursäurederivate mit 1071 (= 90,7%) unter allen Schlafmitteln eine ganz überragende Stellung ein (*Siebert*). In Wien stehen Barbitursäureselbstmorde 1921—1931 an dritter Stelle unter allen suicidalen Vergiftungen (*Popper*). Diese Bevorzugung der starkwirkenden Barbitursäurederivate, insbesondere das Überwiegen von Veronal und Luminal, läßt sich ganz allgemein statistisch nachweisen. So wurden in Budapest z. B. 1923—1933 1164 suicidale Schlafmittelvergiftungen bei Frauen gemeldet, davon 340 mit *Veronal* und 373 mit *Luminal*, zusammen 61% aller Schlafmittelvergiftungen (*Balázs*); in Innsbruck 1930—1934 34 suicidale Schlafmittelvergiftungen, davon 22 = 65% mit Veronal. Von total 534 in drei Berliner Krankenanstalten 1925 bis 1932 eingelieferten Fällen suicidaler Schlafmittelvergiftungen erfolgten 230 mit Veronal, 152 mit Luminal, zusammen 71,6% aller Schlafmittelvergiftungen (*Pohlisch* u. *Panse*). Die *Mortalität* der suicidalen Schlafmittelvergiftungen ist bei Veronal und Luminal naturgemäß am größten: sie betrug nach *Balázs* bei 388 Veronal- und Medinalvergiftungen 1923—1933 13%, bei 439 Luminalvergiftungen 7%, was der durchschnittlichen Mortalitätszahl (die bei Veronal bis auf 16% gehen kann) entspricht. Die Bevorzugung von *Veronal* und *Luminal* für (ernsthafte) Suicidversuche ist verständlich, da sie zu Vergiftungen mit der längsten narkotischen Nachwirkung und häufig tödlich endenden Komplikationen führen.

*Chronischer Mißbrauch von Schlafmitteln:* Der Schlafmittelmißbrauch, worunter die willkürliche Steigerung der Dosis über die normal hypnotische hinaus und der fortgesetzte Schlafmittelgebrauch nicht zum Zwecke der Schlafgewinnung, sondern im Sinne der suchtmäßigen Gewöhnung zu verstehen sind, weist ebenfalls eine außerordentliche Zunahme auf, die auch heute nach der Umfrage des Dtsch. Reichsgesundheitsamtes bei 250 Kliniken, Anstalten usw. unvermindert anhält. Nach *Pohlisch* und *Panse* wurden 1923—1932 in eine einzige Berliner Heilstätte 131 Fälle von suchtmäßigem Schlafmittelmißbrauch mit *Veronal*, *Luminal*, *Phano-*

*dorm, Somnifen, Curral, Veramon, Adalin* und mit *Schlafmittelkombinationen* eingeliefert, während 1913—1922 nur *eine* Aufnahme erfolgt war! Auch hier spielen, wie bei den akuten Vergiftungen, die leichte Erhältlichkeit der Schlafmittel in Apotheken (trotz teilweisem Rezeptzwang), neben sorgloser Verschreibung der Ärzte, welche den Schlafmittelabusus in praktisch unbeschränkten Mengen ermöglicht, eine große Rolle. Die mißbräuchliche Schlafmitteleinnahme unter Gewöhnung an große Dosen ist z. T. an die Stelle der heute viel schwerer zugänglichen Opiate, des Morphins usw. und der Rauschgifte im allgemeinen getreten. Kombinierte Schlafmittel-Alkoholsucht (evtl. + Morphin usw.) ist keineswegs selten. Während aber beim Morphinismus usw. in erster Linie Medizinalpersonen gefährdet sind, wird das Hauptkontingent der Schlafmittelsüchtigen ganz überwiegend durch Psychopathen, Hysteriker, Willensschwache und eigentlich psychisch Kranke gestellt; nur ausnahmsweise sind es chronisch Kranke mit starken Schmerzen, schwerster Tuberkulose, unheilbarer Schlaflosigkeit usw. Schlafmittelsüchtige Ärzte treten in jüngster Zeit vermehrt in Erscheinung! — Die Ursache der Schlafmittelsucht bildet die nur bei einer Minderzahl von in der Regel psychopathischen Individuen durch Schlafmittel auslösbare *Euphorie*, wobei die hypnotische Wirkung stark zurücktritt, trotz Überdosierung oft sogar völlig fehlt oder zur (rauschartigen) Erregung, mindestens zur Anregung, führt.

Wohl bei allen Schlafmitteln, vielleicht mit Ausnahme der N-methylierten Barbiturate (Evipan usw.), ist *Angewöhnung* in psychischem Sinne möglich. Dabei werden große Schlafmitteldosen ertragen, ohne daß es zu Schlaf kommt, dagegen zu einem mehr oder weniger euphorischen Zustand mit oder ohne Rauschwirkung und Schläfrigkeit. Die Grenze der Anpassungsfähigkeit an die Dosissteigerung, ohne daß es zu akuten psychotischen Erscheinungen kommt, ist individuell verschieden; sie liegt beim Veronal etwa zwischen 1—2,0 g Tagesdosis; bei anderen Schlafmitteln höchstens bei der 5—10fachen normalen Schlafdosis. Die Ausscheidungsverhältnisse spielen hierbei wohl eine maßgebende Rolle. Bei gewöhnten Individuen fehlen trotz hoher Dosierung in der Regel Bewußtseinstrübungen, es kommt zu Euphorie, oft mit starker psychischer Anregung. Akute Psychosen treten bei an große Dosen Gewöhnten spontan oder nach weiterer Dosissteigerung auf und haben den Charakter von Dämmerzuständen, epileptischen Anfällen, Delirien und Halluzinationen. Sie sind forensisch und differentialdiagnostisch (endogene Psychosen, chron. Alkoholismus) von besonderer Bedeutung. Morde durch Schlafmittelgewöhnte (mit Dosissteigerung vor der Tat) sind vorgekommen. Zu beachten ist, daß diese psychotischen Erscheinungen auch in der Abstinenz bei der Entziehung vorkommen.

a) Die *akute Schlafmittelvergiftung*. Der Beginn jeder akuten Schlafmittelvergiftung sieht bei enteraler Aufnahme zunächst harmlos aus, weil (anders wie bei Alkaloidvergiftungen) die toxische Wirkung eines Schlafmittels nie eine sofortige ist, sondern sich langsam sozusagen kumulativ über Rausch, Schlaf, tiefen Schlaf, Narkose bis zur schwersten Narkose mit Reflexlosigkeit entwickelt. Der stundenlang ganz ordentliche Zustand wird dann auf einmal bedrohlich: es kommt zu schwerem Kollaps und zu Atemlähmung. Ob eine derartige Wendung zu befürchten ist, ist bei den meisten Schlafmittelvergifteten nicht ohne weiteres vorauszusehen, weil erstens: der Zeitpunkt der Aufnahme des Giftes meist unbekannt, zweitens: ebenso die Natur des eingenommenen Stoffes, drittens: die Menge des Schlafmittels, viertens: weil nie bekannt, ob Kom-

bination mit anderen Giften (z. B. mit Morphin usw.) in Frage kommt. Da die Eigenart der Schlafmittel gerade darin besteht, sehr lange nachzuwirken, weil sie sehr lange im Blut zirkulieren, und weil aus Magen und Darmkanal ständig neue Giftmengen ins Blut aufgenommen werden, welche von da aus das Gehirn überschwemmen, kommt schließlich der Punkt, wo auch Rückenmark und verlängertes Mark von der Narkose ergriffen werden und, abgesehen von der peripheren Gefäßlähmung, durch zentrale Gefäß- und Atemlähmung ein höchst bedrohlicher Zustand eintritt.

Symptome und Verlauf sind bei fast allen schweren Schlafmittelvergiftungen, unabhängig von der Art des Schlafmittels, mehr oder weniger gleichartig. Deshalb kann, außer bei den an der Ausatmungsluft durch den Geruch unmittelbar erkennbaren Schlafmitteln (Paraldehyd, Chloralhydrat usw.), nach Magenspülung oder am Erbrochenen auch bei Chloreton, Dormiol, Somnifen (Geschmackskorrigens) die Differentialdiagnose auf ein bestimmtes Schlafmittel in der Regel ohne chemische Untersuchung des Urins, Mageninhalts usw. nicht gestellt werden.

*Symptomatologie der akuten schweren Schlafmittelvergiftung:* Im Vordergrund stehen die oft absolute Bewußtlosigkeit (die tiefer gehen kann als bei schwerster Morphinvergiftung), die Pupillenveränderungen (wobei Miosis häufiger als Mydriasis mit oder ohne Lichtstarre), die kollapsartige Blutdrucksenkung und die oft schwere Beeinträchtigung der Atmung, die nicht selten kompliziert ist durch Lungenödem mit Trachealrasseln. Neben dieser schwersten Form der akuten Schlafmittelvergiftung gibt es natürlich alle Übergänge der Bewußtseinstrübung bis zur bloßen Benommenheit oder der Somnolenz. Die Augensymptome können fast oder ganz ausbleiben. Relativ häufig ist bei leichteren Fällen Nystagmus; bei schweren Vergiftungen, auch äußere Augenmuskellähmungen, Ptosis usw. Dazu gesellen sich häufig Areflexie (die Bauchdeckenreflexe fehlen bei schwerer Veronalvergiftung fast immer), selten pathologische Reflexe, *Babinski* usw. Nicht selten Hyperthermie, wahrscheinlich bedingt durch kleine Blutungen in der Gegend des Temperaturzentrums, oder im späteren Verlauf Temperatursteigerung durch Lungenkomplikation. Relativ häufig kommt es bei schwereren Vergiftungen zu Tonussteigerungen in der quergestreiften Muskulatur, welche sich in Form von choreatischathetotischen Bewegungen, von Kloni und von Krämpfen äußern können (z. T. striäre, extrapyramidale Symptome). Diese fehlen in der Regel bei Veronal (Muskulatur hier meist ausgesprochen schlaff) und bei Luminal, während sie häufiger sind bei Dial, Noctal und Pernocton.

Relativ häufig: Nierenschädigung, Albuminurie, wobei die anatomische Schädigung oft tiefgreifender ist, als dem Urinbefund entnommen werden kann. Leberschädigungen funktioneller Art kommen fast bei jeder Schlafmittelvergiftung vor, auch Glykogenmangel. Anatomisch nachweisbare Leberschädigungen nur bei den schweren Vergiftungen; sehr selten akute gelbe Leberatrophie bei schon bestehender Leberschädigung.

*Differentialdiagnose:* Die Abgrenzung gegen *Morphinvergiftung*, namentlich bei schwerer Veronalvergiftung, ist oft schwierig: Miosis und Lichtstarre sind bei beiden Vergiftungen häufig, bei Morphinvergiftung mit sehr großer Konstanz vorhanden, während Wechsel der Pupillenweite im Verlauf der Vergiftung bei Schlafmittelvergiftung ungleich häufiger ist, ebenso Nystagmus, Ptosis, äußere Augenmuskellähmungen, Diplopie, die bei Morphinvergiftung kaum je vorkommen. Capillargiftwirkung (Dermographismus), starke Gesichtsröte usw., Temperatursteigerung ohne Lungenbefund, namentlich aber schlechte Pulsqualität sprechen für Schlafmittelvergiftung, während der Morphinpuls auch bei schwerster Vergiftung fast immer relativ gut bleibt und eher langsam ist. Dagegen ist die Atemlähmung bei Morphinvergiftung meist sehr stark ausgeprägt; lange Atempausen sind für Morphin typisch, ebenso *Cheyne-Stokes*, der allerdings bei schwerer Schlafmittelvergiftung auch vorkommt. Die Atmung ist bei Veronalvergiftung eher rasch und oberflächlich. Inkontinenz von Blase und Mastdarm kommt auch bei nicht tödlicher Veronalvergiftung vor, bei Morphin- und Opiatvergiftung so gut wie nie. Umgekehrt ist auch bei schwerer Schlafmittelvergiftung Harn- und namentlich Stuhlverhaltung nicht selten (direkt muskellähmende Wirkung auf Darm und Blase). Glykosurie sowohl bei Schlafmittel- wie bei Morphinvergiftung.

Die Differentialdiagnose wird noch schwieriger, oft unmöglich, wenn *kombinierte Vergiftung* von Schlafmitteln mit Morphin, Opiaten usw. vorliegt.

Die Differentialdiagnose gegen *Urämie* kann bei schwerer Schlafmittelvergiftung schwierig sein, wenn Erbrechen, Eiweiß im Urin, Anurie, krampfartige Erscheinungen, daneben gleichzeitig Lungenödem besteht. (Keine Reststickstofferhöhung im Blut.)

In bestimmten Phasen kann die Schlafmittelvergiftung mit *schwerem Alkoholrausch* täuschende Ähnlichkeit haben (Geruch der Ausatmungsluft). Auch gibt es Fälle, die ein stark *hysteriformes* Krankheitsbild bieten. Differentialdiagnostisch kommen ferner in Frage: *Hirnblutungen* (Fehlen aller Herdsymptome), endogen bedingtes *Koma* (Diabetes, Urämie); in symptomatologisch selteneren Fällen der schweren Schlafmittelvergiftung auch *Hirntumor, epidemische Encephalitis, multiple Sklerose, Schlafkrankheit* mit den Sekundärsymptomen des *Parkinsonismus*.

*Besonderheiten in der Symptomatologie der akuten schweren Schlafmittelvergiftung mit Barbitursäurederivaten und mit Nirvanol.* Barbitursäurederivate, am ausgesprochensten Veronal, aber auch Luminal, Dial, ferner Nirvanol, sind *Capillargifte* (ähnlich Colchicin und Arsen), insbesondere für Capillaren der *Haut*, wodurch intensive Hautrötung, namentlich im Gesicht (infolge gleichzeitigem Kollaps oft mit bläulichem Ton), des *Gehirns* (sehr starke Hyperämie bis Diapedesisblutungen) und der *Lungen* (Begünstigung von Bronchopneumonie und Lungenödem). Zu dieser Capillargiftwirkung, welche den Blutdruck an sich schon stark depressiv beeinflußt, kommt die zentrallähmende Wirkung auf Zirkulation und Atmung hinzu. Eine weitere Besonderheit der Vergiftung mit Barbitursäurederivaten und Nirvanol, die allerdings auch bei anderen Schlafmittelvergiftungen keineswegs selten ist, bildet ihre sekundär (beim Erwachen) oft ausgesprochen *erregende Wirkung*, die sich in klonisch-tonischen Krampfanfällen, epileptiformen und Tobsuchtsanfällen mit Jaktation und hochgradiger psychischer Erregung äußern kann. Stark wirkende Hypnotica haben also bei toxischer Dosierung zweiphasige Wirkung: eine primär narkotische und eine sekundär erregende (primäre Erregung ist selten), wie namentlich die vielen Erfahrungen mit parenteralen Barbituratnarkosen gezeigt haben.

Nach dem Erwachen aus der schwereren Schlafmittelvergiftung bestehen neben Erregung relativ häufig Schwindel, Sehstörungen wie: Diplopie, Akkommodationsstörung, Nystagmus, Ptosis; ferner Ataxie vom cerebellarem Typus, Sprachstörungen, selten Ataxie der oberen Extremitäten, Hypothermie, Fehlen der Patellarreflexe. Häufigste schwere Komplikation: Bronchopneumonie.

*Todeseintritt* bei allen schweren Schlafmittel-vergiftungen selten vor dem zweiten bis dritten Tag, entweder an Kollaps und Lungenödem, dann evtl. schon innerhalb der ersten 24 Stunden oder, wie meist, an Komplikationen, namentlich an Bronchopneumonie. Tod erst am dritten bis vierten Tag im fieberlosen Koma ohne Lungenkomplikationen ist keineswegs selten.

*Hautveränderungen und seltenere, mehr atypische Vergiftungserscheinungen bei akuter Vergiftung:*

Erytheme sind meist *lokalisiert* und haben oft urticariellen Charakter; seltener sind bullöse Exantheme, ausnahmsweise nekrotisierend (Decubitus). Lokalisation der Exantheme meist an einem Druck ausgesetzten Stellen oder über Knochenkanten (Nates, Trochantergegend, Schienbein, Radius, Kiefergelenk, Knöchel, Fersen, seltener Schulterblätter). Bullöse Exantheme wie Exantheme überhaupt sind bei Luminal häufiger wie bei Veronal. Hauterscheinungen entwickeln sich 16—18, manchmal schon 6—8 Stunden nach Vergiftungsbeginn. Lid- und Gesichtsödem sind bei akuter Adalin- und Luminalvergiftung nicht selten. Im allgemeinen haben Hauterscheinungen bei Schlafmittelvergiftungen (die u. U. diagnostisch verwertbar) große Ähnlichkeit mit denjenigen bei CO-Vergiftung.

*Seltenere Befunde:* Polyneuritis, Gelenkschmerzen, beide wohl auf Vergiftungen durch Barbitale beschränkt. Thrombopenische Purpura nur bei den Harnstoffderivaten (Sedormid, Abasin, Adalin), Agranulocytose fast ausschließlich bei Kombination von Barbitalen mit Pyramidon (s. d. Art.: Pyrazolonderivate).

*Besondere Empfindlichkeit auf Schlafmittel* zeigen Herzkranke, Arteriosklerotiker (namentlich des Gehirns), schlecht Ernährte, geschwächte alte Leute, Individuen mit Encephalopathien verschiedenster Genese. Dabei besteht häufig ausgesprochene Tendenz zu primärer Erregung durch Schlafmittel; ähnlich auch bei Delirium tremens, Kachexie usw., so daß schon kleine Schlafmittelmengen schwere oder atypische Vergiftungserscheinungen hervorrufen; dies namentlich auch bei Herzkranken an der Grenze der Dekompensation. Im Alter ist die Kumulationsgefahr allgemein größer wegen Verlangsamung der Ausscheidungsprozesse, natürlich auch bei Leber- und Nierenschädigung. Bei alten Individuen führen Schlafmittel nicht selten zu Schlaflosigkeit und Aufregung. Luminal hat besonders stark blutdrucksenkende Wirkung, deshalb bei Infektionskrankheiten, namentlich Typhus und Grippe, erhöhte Kollapsgefahr. — Zu beachten ist, daß in großer Höhe je nach Akklimatisation usw. Schlafmittel andersartig wirken können, evtl. überhaupt nicht hypnotisch, und daß sich auch für die forensische Beurteilung von Schlafmittelvergiftungen in großer Höhe (auch im Flugzeug) u. U. neue Momente ergeben, worüber noch wenig gesichertes Material vorliegt.

*Pathologisch-anatomischer Befund bei akuter Schlafmittelvergiftung* (s. auch *Teil B* unter *Veronal*): Wenig charakteristisch. Häufigster Befund: *Gehirn*hyperämie und kleine Blutungen in den verschiedensten Gehirnabschnitten, auch in der Rinde; Gehirnschwellung und -ödem, Verfettung der Gefäßendothelien der Hirngefäße, Hyperämie der Meningen. Blutfülle der inneren Organe, nicht regelmäßig subpleurale und subendotheliale Blutungen des *Herzens*, Verfettung der Capillarendothelien im Herzmuskel, Herzdilatation, gleichmäßig feinkörnige Verfettung des Myokards, auch im Bereich des *His*'schen Bündels. *Lunge:* herdförmige Entzündung, Bronchopneumonie, Lungenödem, seltener Lobärpneumonie. *Niere:* toxische Nephritis mit Epithelnekrosen, besonders in den Tubuli; auch Epithelverkalkung, Rindenblutungen. *Leber:* selten ausgesprochene Leberverfettung, relativ häufig zentrale Läppchenverfettung, sehr selten akute Leberatrophie.

*Schlafmittelnachweis im Gehirn:* Je nach Abbaufähigkeit des betreffenden Schlafmittels entweder völlig negativ (z. B. bei Kurznarkotica der Barbitursäuregruppe und Rectidon), wenn Todeseintritt nicht sehr rasch erfolgt, oder in anderen Fällen, z. B. bei Veronalvergiftung, Nachweis in allen Gehirnabschnitten möglich. Eine „spezifische" Verteilung der einzelnen „Rinden"- oder „Basishypnotica" auf die entsprechenden Gehirnabschnitte gibt es, wie *M. Vogt* gezeigt hat, nicht, da nicht die Verteilung des Schlafmittels auf die verschiedenen Gehirnabschnitte seine absolute Wirksamkeit bestimmt, sondern die spezifische Empfindlichkeit des nervösen Gewebes. Deshalb kann über den Angriffspunkt eines bestimmten Schlafmittels auf Grund seiner Verteilung im Gehirn im einzelnen Vergiftungsfall nichts ausgesagt werden.

*b) Subakute Schlafmittelvergiftung* (s. auch das in *Teil B* bei einzelnen Schlafmitteln darüber Gesagte). Die häufigste Form subakuter Vergiftung bilden *Exantheme* von urticariellem, masern- oder scharlachähnlichem Charakter usw. mit und ohne Temperatursteigerung, in der Regel mit starkem Juckreiz. Diese meist am 9.—12. Tag bei fortgesetzter Schlafmittelzufuhr auftretenden Hauterscheinungen sind teils als kumulativ-toxische, teils als allergische Phänomene aufzufassen. Da sie häufig eine Infektionskrankheit direkt imitieren, haben sie schon wiederholt zur Diagnose „Scharlach" usw. geführt. Die Exantheme sind meist (im Gegensatz zu den bei akuter Vergiftung auftretenden) *generalisiert.* Die in Teil B bei einzelnen Schlafmitteln aufgeführten Vergiftungserscheinungen, insbesondere diejenigen vorwiegend allergischer Natur, sind wohl in keinem Fall für irgendein Schlafmittel spezifisch. Dagegen scheint die *chemische Natur* des Schlafmittels doch nicht ohne Einfluß auf den speziellen Charakter des Vergiftungstypus zu sein, weshalb es sich rechtfertigt, bestimmte Symptome bei einzelnen Schlafmitteln besonders hervorzuheben und die bisher mit einzelnen Schlafmitteln gesammelten toxikologischen Erfahrungen kurz zu resümieren.

*c) Chronische Schlafmittelvergiftung, Schlafmittelmißbrauch und Schlafmittelsucht.* Zur *chronischen Schlafmittelvergiftung* kommt es meist bei willkürlicher Dosissteigerung oft weit über die therapeutische hinaus. Daß aber der chronische Schlafmittelgebrauch innert Monaten oder Jahren auch dann zu schweren Vergiftungen führen kann, wenn keine Steigerung der ursprünglichen Dosis erfolgt, haben zahlreiche Erfahrungen der letzten Jahre mit den allerverschiedensten Schlafmitteln gezeigt. Die dabei auftretenden Symptome sind bei fast allen Schlafmitteln trotz großer Verschiedenheit ihrer chemischen Struktur ziemlich gleichartig. Im Vordergrund stehen neurologisch-psychische wie: Ataxie, Sprachstörungen, Tremor, choreaartige Bewegungen, psychische Alteration, Charakterveränderung, erhöhte Reizbarkeit. Daneben zeitweise Exantheme mit und ohne Temperatursteigerung.

Bei der eigentlichen *Schlafmittelsucht,* wo neben oder an Stelle der Schlafwirkung bestimmte Nebenwirkungen (Rausch, Euphorie, auch Halluzinationen) gesucht werden, kommt es wie bei den eigentlichen Rauschgiften, zu einer mehr oder weniger unwiderstehlichen, zwangsmäßigen Abhängigkeit vom Schlafmittel. Es können sich dabei regelrechte Schlafmittelpsychosen ausbilden (am häufigsten bei Phanodorm). Nicht selten sind dabei schwere psychische Erregungszustände, oft von deliriumartigem Charakter, die einem Alkoholdelir sehr ähnlich sehen können.

Das *Schlafmitteldelir* ist, wie das alkoholische Delirium, als metatoxischer Zustand zu beurteilen (*Kraepelin*), unterscheidet sich nach *Pohlisch* oft dadurch vom Alkoholdelir, daß die Euphorie nicht so ausgesprochen ist und häufig eine mehr ängstliche Stimmung vorherrscht. Bei manchen (meist psychopathischen) Individuen kommt es unter Schlafmittelsucht neben der reizbaren Charakterveränderung zu starkem Drang nach impulsiven Handlungen, zu ethischer Abstumpfung, Abnahme des Gedächtnisses und der Intelligenz, also analogen Störungen wie bei chronischem Alkoholismus; daneben degenerative Veränderungen des Nervensystems, Polyneuritiden, ferner degenerative Leber- und Nierenveränderungen, organische Herzschädigungen, eigenartig bräunliche Verfärbungen und Welkwerden der Haut, Abmagerung, Kachexie. Mehrfach wurde bei Schlafmittelsucht die Diagnose „Hirntumor" gestellt (*Bonhoeffer*).

Daß auch „leichte" Schlaf- und Beruhigungsmittel zu eigentlicher Schlafmittelsucht führen können, also keineswegs nur die starkwirkenden kumulativen Barbiturate, haben die früheren Erfahrungen mit *Bromural* ebenso gezeigt wie neueste mit *Sedormid* und *Abasin.*

In ganz seltenen Fällen führte Schlafmittelmißbrauch mit Barbituraten zu toxischer Porphyrie, wie sie sonst nur bei den sog. Sulfonkörpern (Sulfonal, Trional) beobachtet wurde. Ein Fall von tödlicher Porphyrie nach Schlafmittelabusus zuerst mit Phanodorm, dann mit täglich 20 Tabl. Sedormid wurde von *Emminger* beobachtet.

*Schrifttum.*

a) *Allgemeines über Schlafmittelvergiftungen.*

*Balázs, J.:* Vergiftungs-Statistik aus Ungarn. Slg. Verg.-Fälle A **393.** — *Balázs, J.:* Schlafmittel-Vergiftungen. Slg. Verg.-Fälle C **26.** — *Cloetta, M.:* Schlafmittelvergiftung. In: *Flury-Zangger,* Lehrbuch der Toxikologie. 269. Berlin 1926. — *Einhauser, M.:* Giftwirkung der Schlafmittel. Klin. Wschr. **1939,** 423. — *Erben, F.:* Vergiftungen. **2 II,** 159. Wien 1910. — *Fischer, H.:* Die Therapie der Schlafmittelvergiftungen. Fortschr. Ther. **8,** 274 (1932). — *Fischer, H.:* Über die akute Schlafmittelvergiftung und ihre Therapie. Schweiz. med. Wschr. **1935,** 441. — *Fischer* u. *Hausschild:* Über den Nachweis und die Verteilung von Schlafmitteln im Gehirn. Pharmaz. Mschr. **15,** 64 (1934). — *Gelma, E.:* Les phénomènes d'intoxication provoqués par certains hypnotiques administrés à dose thérapeutique ou même à faible dose. Strasbourg méd. **2,** 119 (1926). — *Guidi, G.:* Vergiftungs-Statistik der Jahre 1929—1931 aus Florenz. Slg. Verg.-Fälle. A **391.** — *Killian, H.:* Narkose zu operativen Zwecken. Berlin 1934. — *Kochmann, M.:* Schlafmittel. In: *Heffter,* Handb. exper. Pharmakologie. **1,** 389. Berlin 1923. — *Kochmann, M.:* Schlafmittel. In: *Heffter-Heubner,* Handb. exper. Pharmakologie, Ergänzungswerk **2,** 111. Berlin 1936. — *Kogler, A.:* Statistische Zusammenstellung der in den Jahren 1914 bis 1936 am gerichtlich-medizinischen Institut München sezierten Vergiftungstodesfälle mit Ausnahme von Kohlenoxyd und Leuchtgas. Slg. Verg.-Fälle C **45.** — *Lewin, L.:* Gifte und Vergiftungen. 427. Berlin 1929. — *Lutz, J.:* Über die Dauernarkosebehandlung in der Psychiatrie. Z. Neur. **123,** 91 (1929). — *Mascherpa, P.:* Die akuten Vergiftungen im Genua-Centrum von 1923—1933 (Statistik). Slg. Verg.-Fälle C **28.** — *Mezey:* Über Nachwirkungen von Schlafmitteln (Barbitursäurederivate). Diss. Basel 1933. — *Mohrschulz, W.:* Über den toxikologischen Nachweis von Schlafmitteln der Barbitursäurereihe im ärztlichen Laboratorium. Münch. med. Wschr. **1934,** 672. — *Petri, E.:* Anatomie und Histologie der Vergiftungen. In Handb. der spez. Pathol. und Histol. **10,** 301. Berlin 1930. — *Popper, L.:* Vergiftungs-Statistik der Jahre 1921 bis 1931 aus Wien. Slg. Verg.-Fälle A **392.** — *Popper, L.:* Klinik und Therapie akuter Vergiftungen. Wien 1933. — *Renner, A.:* Schlafmitteltherapie. Berlin 1925. — *Renner, A.:* Über Schlafmittelgebrauch und -mißbrauch. Fortschr. Ther. **8,** 673 (1932). — *Schoen, R.:* Schlafmitteltherapie. Arch. exper. Path. **181,** 63 (1936). — *Siebert, H.:* Selbstmorde durch Gift in Deutschland seit Kriegsende. Slg. Verg.-Fälle C **34.** — *Thomas, E.:* Recherches expérimentales sur l'action des somnifères à la station scientifique du Jungfraujoch. Schweiz. med. Wschr. **1933,** 338. — *Trendtel:* Die Begutachtung von Schlafmittelvergiftungen im Kindesalter. Ärztl. Sachverst.ztg **36,** 1 (1930). — *Vogt, M.:* Die Verteilung von Arzneistoffen auf verschiedene Regionen des Zentralnervensystems. V. Barbitursäurederivate. Arch. exper Path. **178,** 603 (1935). — *Willcox, W.:* The uses and dangers of hypnotic drugs other than alkaloids. Brit. med. J. **3818,** 415 (1934).

*b) Barbituratvergiftungen.*

*Boulin, Uhry* et *Ledoux-Lehard:* Polynévrite barbiturique. Bull. Soc. méd. Hôp. Paris **1937**, 938. — *Buzzo, A.* u. *R. E. Carratala:* Die Vergiftungen durch Barbitursäurepräparate. Arch. Med. leg. (port.) **2**, 64 (1932). — *Cameron, G. R.:* Some recent work on barbiturates. Proc. roy. Soc. Med. **32**, 309 (1939). — *Carrière, G., Ch. Herriez, P. Willoquet:* Le barbiturisme aigu et les antidotismes, gardenal: strychnine, coramine, alcool. Lille 1934. — *Claude, H.:* Intoxications par les barbiturates. Barbiturisme, Psychiatrie médicolégale. Paris 1932. — *Coronedi, G.:* Sul barbiturismo. Arch. di Sci. biol. **12**, 299 (1928). — *Coste, F.* et *M. Bolgert:* Ulcérations dues aux barbituriques. Bull. Soc. méd. Hôp. Paris **49**, 779 (1933). — *Desodt, Ch.:* Les acides barbituriques: leur toxicologie. Thèse Lille 1932. — *Flandin, Ch., J. Bernard* et *Fr. Joly:* L'intoxication par les somnifères (intoxications barbituriques). Paris 1934. — *Glaeser, G.:* Ein außergewöhnlich schwerer Vergiftungsfall mit Barbitursäurederivaten, gerettet durch hohe Coramindosen. Med. Klin. **1932 I**, 514. —*Halberkann, J.* u. *F. Reiche:* Über die Ausscheidung einiger vielverwendeter Barbitursäureverbindungen. Münch. med. Wschr. **1927**, 1450. — — *Hambourger, W. E.:* A study of the poisonous use of the barbiturates. Their use in suicides. J. amer. med. Assoc. **112**, 1340 (1939). — *Hangleiter, H.:* 3 Vergiftungen mit Barbitursäurepräparaten. Slg. Verg.-Fälle A **818**, 181. — *Incze, J.:* Histotopographische Untersuchungen am menschlichen Gehirn in Fällen akuter und chronischer Vergiftung durch verschiedene Barbitursäurederivate. Beitr. gerichtl. Med. **13**, 39 (1935). — *Jontofsohn, K.:* Über Barbitursäureallergie. Med. Klin. **1933 I**, 189. — *Laederich, L.* et *J. Bernard-Pichen:* Dermite bullo-ulcereuse et polynévrite par intoxication barbiturique. Bull. Soc. méd. Hôp. Paris **49**, 1413 (1933). — *Lange, J.* u. *E. Guttmann:* Zur Diagnose der Schlafmittelvergiftungen. Klin. Wschr. **5**, 1686 (1926). — *Layani, F.* et *J. Bernard:* Intoxication barbiturique. In: *A. Laffent* et *F. Durieux,* Encyclopédie médico-chirurgicale. *M. Duvoir,* Intoxications et maladies dues aux agents physiques. 14780. Paris 1937/38. —*Lévy, J.:* Pharmacodynamie et biochimie des barbituriques. Anestésie et Analyésie. **1936**, 177 u. 385 (Literatur). — *Lhermite, J.:* Les lésions du système nerveux du barbiturisme aigu et subaigu. Anesthésie et Analyésie **1936**, 1. — *Le Loupp, Ch.:* Les accidents dûs aux barbituriques. Paris 1935. — *Maigné:* Le suicide barbiturique et les empoisonnements barbituriques. Ann. Méd. Lég. **19**, 490 (1939). — — *Marri, R.:* Einiges über 214 Vergiftungsfälle mit Schlafmitteln der Barbitursäurereihe. Slg Verg.-Fälle C **51**, 3. — *Meerloo, N. M.:* Die paradoxe und wechselnde Wirkung der Barbitursäurederivate. (Ihr Verhalten bei Encephalopathien.) Z. Neur. **143**, 722 (1933). — *Neeser, J.:* A propos de 56 cas d'intoxication barbiturique aigne. Rev. méd. suisse rom. **59**, 159 (1939). — *Olmer, D.* et *M. Audier:* Considérations sur l'intoxication par les barbituriques d'après une pratique hospitalière de quatre années. Bull. Acad. Méd. Paris **III**, 111, 269 (1934). — *Palmer:* Thrombophlebitis durch Barbituratvergiftung. J. ment. Sci. London **85**, 276 (1939). — *Rivet, L., A. Magitot* et *J. Bourée:* Amaurose transitoire après un coma barbiturique. Bull. Soc. méd. Hôp. Paris **1936**, 583. — *Sainton, P.:* Légères ulcérations sacrées au cours d'une intoxication par un composé barbiturique pris à dose minime. Bull. Soc. méd. Hôp. Paris **III**, 49, 799 (1933). — *Schmite, P.* et *Lemant:* Intoxication par les barbituriques. Presse méd. **1934 II**, 77. — *Tardieu, A.:* Intoxication aiguë par le véronal et autres dérivés de la malonylurée. Thèse Paris 1924. — *Ziapkoff, G.:* Contribution à l'étude des polinévrites barbituriques. Thèse Toulouse 1937. — (Vgl. dazu auch Literatur in Teil B zu den einzelnen Barbitursäurederivaten.)

*c) Chronischer Schlafmittelmißbrauch und Schlafmittelsucht.*

*Flury, F.:* Schlafmittelmißbrauch. Dtsch. med. Wschr. **1934 II**, 1155. — *Heuyer, G.* et *L. Guillant:* Le barbiturisme chronique. Ann. Méd. lég. etc. **9**, 438 (1929). — *Kant, F.:* Veronal, Phanodorm, Somnifen-Psychosen. Fortschr. Neur. **5**, 497 (1933). — *Kraepelin, E.:* Delirien, Halluzinose und Dauervergiftung. Mschr. Psychiatr. **54**, 43 (1923). — *Logre, B.-J.:* L'intoxication barbiturique. Bull. méd. **1933**, 556. – *Pohlisch, K.* u.*F. Panse:* Schlafmittelmißbrauch. Leipzig 1934. — *Meyer, H. J.:* Über chronischen Schlafmittelmißbrauch und Phanodormpsychosen. Psychiatr.-neur. Wschr. **1939**, 275. — *Rylander, G.:* Barbiturismus — eine neue Sucht. Nord. med. Tidsskr. (schwed.) **1933**, 647. — (Vgl. dazu auch Literatur in Teil B insbesondere unter Veronal, Luminal, Dial, Phanodorm, Somnifen, Bromural, Adalin.)

**B. Spezieller Teil:** *Vergiftungen durch einzelne Schlafmittel.* Die Besonderheiten der Vergiftung nach stofflicher Eigenart und Wirkung der einzelnen Schlafmittel.

*Übersicht über die wichtigsten N-haltigen Schlafmittel* (vgl. auch: Schlafmittel der Kohlenwasserstoffreihe wie Paraldehyd [s. d.], Chloralhydrat [s. d.], Avertin [s. d. Art.: Flüchtige organische Gifte] und Sulfonkörper wie Sulfonal [s. d.], Trional [s. d.]).

*I. Harnstoffderivate. a) Barbitursäure-(Malonyl-*harnstoff-*)Derivate: Veronal (Medinal), Dial, Somnifen, Luminal (Prominal), Phanodorm, Pernocton, Noctal, Sandoptal, Rectidon, Amytal, Soneryl, Nembutal, Pentobarbital, Rutonal, Evipan, Eunarcon, Narconumal.*

*b) Hydantoinderivate: Nirvanol.*

*c) Harnstoffderivate i. e. S.: Bromural, Adalin, Abasin, Sedormid.*

*II. Fettsäureamidderivate: Neuronal, Novonal, Neodorm.*

*III. Carbaminsäurederivate (Urethane): Äthylurethan, Hedonal, Voluntal.*

*IV. Schlafmittel - Antipyreticakombinationen: Somnacetin, Somnin, Quadronox, Compral usw.,* insbesondere: *Barbiturat - Pyramidonkombinationen: Veramon, Allonal, Cibalgin, Optalidon, Doralgin usw.*

*I. Harnstoffderivate. a) Barbitursäurederivate.*

*1. Veronal (Barbital),* Diäthylbarbitursäure (Diäthylmalonylharnstoff), $C_8H_{12}O_3N_2$. Farblose, schwach-bitter schmeckende Kristalle, F. = 191°. In kaltem Wasser 1:165 löslich, in heißem 1:15, in 90%igem Alkohol 1:9, in Äther 1:18,7, wenig in Chloroform.

*Medinal* (Veronalnatrium): In Wasser 1:5 löslich, reizlos parenteral injizierbar. In der Wirkung mit Veronal übereinstimmend.

*Resorption:* Relativ langsam; Beginn der hypnotischen Wirkung etwa 40—60 Min. nach stomachaler Einnahme in Pulver- oder Tablettenform. Resorption bei Veronal und Medinal etwa gleich rasch, da das Natriumsalz im Magen zerlegt wird (außer bei schwerer Achylie). Bei perlingualer Applikation oder bei Einnahme in heißem Tee (oder in Alkohol) tritt die hypnotische Wirkung schon nach 20—30 Minuten ein.

*Ausscheidung:* Zum größten Teil unverändert; im Urin wo es schon nach einer halben bis einer Stunde nachweisbar ist. Die Ausscheidung dauert sehr lange, durchschnittlich fünf bis sieben, aber selbst bei Nierengesunden bis zehn bis zwölf Tage; bei Ausscheidungsstörungen evtl. noch länger. Bei toxischen Dosen liegt das Maximum der Ausscheidung innerhalb der ersten oder zweiten 24 Stunden. Dabei wird unverändertes Veronal im Urin zu etwa 60—90% der eingeführten Menge ausgeschieden. Infolge langer Retention im Organismus besteht ausgesprochene Kumulationsgefahr. Gewöhnung des Organismus im Sinne der Änderung der Abbau- und Ausscheidungsverhältnisse findet nicht statt, dagegen kann es bei täglicher Einnahme bei dazu disponierten Individuen zu psychischer Angewöhnung im Sinne des Veronalmißbrauchs und der eigentlichen Sucht kommen *(Veronalismus).*

*Akute Veronalvergiftung:* Symptome im ganzen wie bei anderen Schlafmittelvergiftungen (s. u. A: Symptomatologie der akuten Schlafmittelvergiftung mit Barbituraten), wobei die narkotische Wirkung wegen sehr langsamer Ausscheidung besonders protrahiert ist. Die Capillargiftwirkungen des Veronals disponieren zu Lungenkomplikationen. Bei Veronal ist Hippus relativ häufig, für dieses fast pathognomonisch, ebenso ist anhaltender Nystagmus besonders häufig bei Veronal- und Luminalvergiftung. Bullöse Dermatitis *(Laederich),* Decubitus, Gangrän, Polyneuritis *(Claude)* und heftige Muskelschmerzen sind auch bei akuter Veronalvergiftung eher selten, kommen aber bei Veronal (und Luminal) doch ungleich häufiger vor wie bei anderen Schlafmitteln.

*Dosis medicinalis:* 0,3—0,5 g (bei Frauen in der Regel 0,3g). Veronal macht in heißem Tee genommen oder gelöst als Medinal nach 30—45 Min. Schlaf. Die hypnotische Wirkung hält 7—11 Stunden an.

*Dosis toxica:* Je nach Empfindlichkeit, Allgemeinzustand, Alter, Geschlecht, Beschaffenheit der Kreislauf- und Ausscheidungsorgane sehr verschieden (gilt für alle Schlafmittel). Bei Einzeldosis toxische Nebenwirkungen etwa von 1,5—2,0 g an. Bei Überempfindlichkeit wirken schon 0,5 g toxisch. Die Empfindlichkeit wächst mit zunehmendem Alter, sie ist gegen Veronal und Luminal im Alter oft sehr groß.

*Kumulative Wirkungen* treten oft schon bei täglich 0,3 bis 0,5 g Veronal nach wenigen Tagen auf; sie können aber auch bei täglich 0,3—0,7 g, z. B. während eines Jahres und länger, völlig fehlen! 150 g Veronal innert 1½ Jahren (täglich 0,4—0,5g) wurden von 81 jährigem Neurastheniker schadlos vertragen (*Schwartz*). Anderseits machen sich bei Unterernährung und bei schwerer Tuberkulose kumulative Effekte (Schwindel, Kopfdruck und Kopfschmerz) oft sehr rasch bemerkbar.

*Akute Vergiftung:* Einmalige Dosen von 6 bis 9 g machen sehr tiefen narkotischen Schlaf, aber nicht in allen Fällen bedrohliche Erscheinungen. In einem Fall kam es nach 24 g Veronal zu 5½ tägigem Koma mit Ausgang in Heilung (*Tardieu*). Nach 15 g Veronal fünftägige Bewußtlosigkeit, dann Lobärpneumonie, Decubitus; Ausgang in Heilung (*Wells*). Nach sehr großen Dosen von 12—20 g bildet fünf- bis sechstägige Bewußtlosigkeit mit Pulsschwäche die Regel, dabei kommt es nicht selten zu Hyperthermie ohne Lungenbefund. Überstanden wurden bis zu 30 g Veronal.

*Dosis letalis:* durchschnittlich 7—12g. Die tödliche Dosis ist wohl hauptsächlich abhängig von der Resistenz der Kreislauforgane und der Körpergewebe überhaupt, insbesondere der Lunge. Bei bestehender Leberschädigung ist die Dosis letalis viel kleiner. Bei schwer geschädigtem Herzen können schon 1,5—2 g letal wirken (*Freund*); in einem Fall von *Tardieu* sogar 0,6 g. Im allgemeinen sind aber Vergiftungen unter 6—7 g, sogar bis 10 g, namentlich bei raschem und energischem therapeutischen Eingreifen selten letal. Tod nur ausnahmsweise in den ersten 24 Stunden (Herzschwäche), meist am zweiten bis fünften Tag in schwerem Koma an Lungenkomplikationen (Bronchopneumonie, Lungenödem).

*Medinal: Dosis medicinalis:* 0,3—0,5 g.

*Dosis toxica:* Von 1,0 g an. Medinal ist toxikologisch ähnlich zu beurteilen wie Veronal, scheint aber bei akuter Vergiftung etwas gefährlicher zu sein. Die Vergiftung verläuft schon bei kleineren Dosen letal; z. B. Tod nach 5 g in 18 Stunden an Pulsschwäche und Lungenödem. Durchschnittliche letale Dosis wohl von 5 g an.

*Pathologisch-anatomischer Befund bei akuter Veronalvergiftung* (Befunde bei anderen Schlafmittelvergiftungen ähnlich). Ödem und Hyperämie der Meningen, Gehirnschwellung und Hyperämie, Gehirnpurpura, sog. Ringblutungen mit ödematös aufgehelltem Gliabezirk in deren Umgebung; Entmarkungsherde, ischämische Ganglienzellenveränderungen, Lipoiddegeneration derselben sowie der Glia, Verfettung der Gefäßwandzellen (*E. Petri, Scheidegger*). Fettablagerung in der Leber und Glykogenschwund, Verfettung von Myokard und Pankreas sowie der Keimzentren der Milz, degenerative Veränderungen an den Nierenepithelien, schwere körnige Entartung in den Tubuli usw.

Über Auftreten von Cyanderivaten im Blut nach tödlicher Veronalvergiftung (auch bei anderen Barbituratvergiftungen) und Verwechslungsmöglichkeit mit Blausäurevergiftung vgl. *Kohn-Abrest* und *Palmieri*.

*Chronische Veronalvergiftung:* a) *Erscheinungen kumulativer Art bei Dauergebrauch des Veronals in therapeutischen Dosen:* Mangelnde Frische am Morgen, Nachschlaf, Kopfdruck, Kopfschmerzen, Schwindel; in schwereren Fällen: anhaltende Somnolenz, Schwäche in den Beinen, Taumeln.

b) *Erscheinungen bei eigentlichem Veronalismus:* Ursache ist die bei manchen (meist psychopathischen) Individuen nach Veronal eintretende Euphorie, welche zu Angewöhnung und Dosissteigerung führt. Die Erscheinungen sind dann, neben den obigen, motorische Unsicherheit bis Ataxie, Verwirrtheit, lallende Sprache, rauschartige Erregung, Sehstörungen, Ohrensausen, auch schwerere psychische Störungen mit Desorientiertheit und Halluzinationen (*Willcox, Work*). Relativ häufig sind Charakterveränderungen: Nörgelsucht, Reizbarkeit, Streitsüchtigkeit bei Individuen, die sonst ausgeglichen waren; dazu bei Dosisüberschreitung Rauschzustände, Dysarthrie, Gleichgewichtsstörungen usw. Daneben neuralgische Schmerzen in Gelenken, urticarielle Erscheinungen. usw. Eigentliche Psychosen sind eher selten, z. B. Status epilepticus nach 300 g Veronal und 600 g Trional innert drei Jahren (*Pohlisch*); Begünstigung epileptischer Anfälle kommt vor. Bei Entziehung nach jahrelangem Veronalmißbrauch können Abstinenzdelirien und epileptiforme Anfälle auftreten. Auch paralyseähnliche Zustandsbilder kommen bei Veronalismus (aber auch bei Luminal- und Bromuralismus) vor. Diagnose „Paralyse" wurde bei Veronalismus wiederholt gestellt; in einem Fall Einleitung des Entmündigungsverfahrens wegen Paralyse (*Herschmann*)!

*Vergiftungsfall:* Nach zehnjährigem Veronalmißbrauch bei Zufuhr von 1—2 g pro Tag kam es bei 58 jähriger Frau zu Apathie, Gedächtnisschwäche, Monotonie der Sprache, unsicherem Gang, Tremor der Finger, optischen Halluzinationen, Desorientierung, Bewußtseinstrübung, Rigidität der Extremitäten, Flexionshaltung, sehr lebhaften Reflexen, z. T. Symptome wie bei Parkinsonismus. Nach Aussetzen des Veronals rasche Heilung (*Mussio-Fournier*).

*Schrifttum.*

*Bernauer, E.* u. *W. Blume:* Tödliche Veronal-Vergiftung (Selbstmord). Slg. Verg.-Fälle A **680**. — *Carratala, R. E.:* Blutveränderungen bei Barbitursäurevergiftung. Ref. Asoc. med. argent. **48**, 1166 (1934). — *Caussade, G.* et *A. Tardieu:* Intoxication aiguë par le véronal et les autres dérivés de la malonylurée (Barbiturisme). Bull. Soc. méd. Hôp. Paris **41**, 295 (1925). — *Claude, H.*, *A. Lamache* et *H. Daussy:* Troubles nerveux et trophiques d'origine barbiturique. Encéphale **22**, 439 (1927). — *Coronedi, G.:* Sul barbiturismo. Archivio di scienze biol. **12**, 299 (1928). — *Eggers, P.:* Eine schwere Veronal-Vergiftung. Slg. Verg.-Fälle A. **724**. — *Erdös, J.:* Veronal-Vergiftung (Selbstmord.) Slg. Verg.-Fälle A. **11**. — *Freund, H.:* Veronal-Vergiftung? (Selbstmord?) Slg. Verg.-Fälle B. **32**. — *Friedemann:* Hautentzündung nach Barbitursäure. Dtsch. med. Wschr. **1925**, 1488. — *Ganfini, G.:* Su di un caso mortale di avvelenamento da veronal. Riv. Pat. nerv. **43**, 147 (1934). — *Gerlach, P.* u. *G. V. Bredmose:* Veronal und Leberschädigung. Hosp. tid. **1934**, 963 (Dänisch). — *Heinrich, A.* u. *H. Gierlich:* Ein günstig verlaufener Fall von schwerer Veronal-Vergiftung (10 g) mit 4½ Tage während der Bewußtlosigkeit. Slg. Verg.-Fälle A **687**. — *Herschmann, H.:* Über paralyseähnliche Zustandsbilder nach Intoxikation durch Veronal und chemisch verwandte Schlafmittel. Arch. f. Psychiatr. **70**, 623 (1924). — *Hoffmann, A.* u.O. *Gessner:* Medinal-(Veronalnatrium-)Vergiftung. (Giftmordversuch?) Slg. Verg.-Fälle A **70**. — *Incze, G.:* Fall von tödlicher Medinalvergiftung. Orv. Hetil. **1930 II**, 820 (ungar.). — *Ipsen, C.:* Über Veronalvergiftung. Wien. med. Wschr. **74**, 2025 (1924). — *Jankovich, L.* v. u. *I. Incze:* Medinal-Vergiftung. (Selbstmord.) Slg. Verg.-Fälle A **71**. — *Koch, R.:* Suicidale Vergiftung einer rauschgiftsüchtigen Arztwitwe mit Veronal. Mordverdacht. Slg. Verg.-Fälle A **838**, 53. — *Koppanyi, Th.*, *W. S. Murphy* u. *St. Krop:* Methods and results of barbital research. Proc. Soc. exper. Biol. a. Med. **30**, 1405 (1933). — *Laederich, L.* et *J. Bernard-Pichon:* Dermite bullo-ulcéreuse et polynévrite par intoxication barbiturique. Bull. Soc. méd. Hôp. Paris **49**, 1413 (1933). — *Leake, W. H.* and *E. R. Ware:* Barbital (veronal) poisoning. J. Americ. med. Assoc. **84**, 434 (1925). — *Levi-Bianchini, M.:* Avvelenamento cronico con veronal a scopo criminoso (tentato omicidio et tentato uxoricidio) decorso con i sintomi di una tabes incipiens. Contributo neuropsichiatrico e medicolegale. Vol. jubilaire en l'honneur de Parhon 53, **1934**. — *Leschke, E.* u. *H. Kaiser:* Veronal- u. Vanodorm-Vergiftungen. (Selbstmord u. Selbstmordversuch.) Slg. Verg.-Fälle A **69**. — *Mussio-Fournier, J. C.*, *E. Austt* et *G. Arribeltz:* Syndrome parkinsonien et troubles mentaux dans un cas d'intoxication chronique par le véronal. Disparition complète des symptômes nerveux et mentaux par la supression de l'hypnotique. Bull. Soc. med. Hôp. Paris, **47**, 1748 (1931). — *Palmieri, V. M.:* Blausäure-Vergiftung oder Veronalselbstmord? (Postmortale Verwandlung von Veronal in ,,kachierte'' [dissimulato] Blausäure.) Slg. Verg.-Fälle B **67**. — *Paolini, R.:* Sull'intossicazione acuta da veronal. (Osservazioni cliniche e recerche sperimentali.) Riforma med. **1928 II**, 1069. — *Petri, E.:* Zur Kenntnis der pathologischanatomischen Gehirnschäden bei akuter Veronalvergiftung. *Virchows* Arch. **284**, 84 (1932). — *Purves-Stewart, J.* and *W. Willcox:* Cisternal drainage in coma from barbitone poisoning, together with observations on toxic effects of continuous barbitone medication. Lancet **1934 I**, 500. — *Ravn, J.:* Die akute Veronalvergiftung mit besonderer Berücksichtigung der Organdegenerationen. Hosp. tid. **1935**, 19 (Dänisch). — *Rivet, L., Ch. Jany* et *M. Herbain:* Intoxication mortelle par le véronal. Avortement. Bull. et mém. de la soc. méd. des hôp. de Paris **41**, 276 (1925). — *Riebeling, C.:* Veronal-Vergiftung (Selbstmordversuch.) Slg. Verg.-Fälle A **153**. — *Scheidegger, S.:* Über akute Veronalvergiftungen. Dtsch. Z. gerichtl. Med. **22**, 452 (1934). — *Schröder, A.:* Ein Fall von Veronalvergiftung. Dtsch. Z. gericht. Med. **13**, 353 (1929). — *Schwartz, L.:* Über die Unschädlichkeit des Veronals. Schweiz. med. Wschr. **1927**, 326. — *Scheurer, O.:* Herzschädigung nach Veronal-Vergiftung. (Suicid.) Slg. Verg.-Fälle A **751**. — *Steindorff, K.:* Die Augenstörungen bei Vergiftung durch Veronal und die ihm nahestehenden Schlafmittel. Dtsch. med. Wschr. **51**, 1565 (1925). — *Stolkind, E.:* A case of acute fatal medinal poisoning, with notes on the ill-effects of the medinal habit. Lancet **210**, 391 (1926). — *Tardieu, A.:* Intoxication aiguë par les uréides. Véronalisme aigu. Rev. de méd. **41**, 393 (1924). — *Wells, S. M.:* Acute veronal poisoning, with lobar pneumonia and bedsores. Brit. med. journ. Nr. **3487**, 826 (1927). — *Weinmann:* Über Hirnpurpura bei akuten Vergiftungen (Veronal). Dtsch. Z. gerichtl. Med. **1**, 543 (1922). — *Work, Ph.:* Barbital (veronal) addiction. Arch. of neurol. a. psychiatry **19**, 324 (1928).

*2. Dial* (Curral), Diallylbarbitursäure, $C_{10}H_{12}O_3N_2$. Rhomboedr. Krist., F. = 173°. In Wasser schwer löslich, gut in Alkohol und Äther. *Dial-Löslich* enthält Äthylharnstoff und Urethan.

*Wirkung:* Relativ rasch wirkendes, starkes Hypnoticum und Sedativum; als solches Verwendung bei mittelstarken Erregungszuständen, auch bei Epilepsie (mit Brom zusammen). Ferner in Kombinationen als Mittel für Dial-Morphin-Dauerschlaf und Dial-Dilaudid-Dämmerschlaf.

*Ausscheidung:* Da die Ausscheidung mehrere Tage dauert und etwa 30—40% im Urin unverändert zur Ausscheidung gelangen, besteht Kumulationsgefahr.

*Akute Vergiftung:* Nach 2,7 g komatöser Zustand während 3½ Tagen, Delirien, Erregung. Nach 4,8 g (24 Tabletten zu 0,2 g) 1½ tägiger Schlaf; beim Aufwachen Ptosis, Trismus.

Bei neun Monate altem Säugling nach s. c. Injektion von 0,5 g Dial: lichtstarre, miotische Pupillen, Tonusverlust der gesamten Muskulatur, tiefe Somnolenz, Temperatur 41°; Ausgang in Heilung (*Weiß*).

*Dosis medicinalis:* 0,1—0,2 g.

*Dosis toxica:* Von 0,3 g an; Curral soll giftiger sein wie Dial (?).

*Dosis letalis:* Wohl von 2,0 g an. Todesfall nach 2,4 g. Es wurden aber auch 4,8 g überstanden.

*Chronische Vergiftung:* Bei Dial erfolgt relativ rasch Gewöhnung bei dazu disponierten Individuen. Dabei kommt es zu posthypnotischen Rauschzuständen, Schwindel, Müdigkeit. Bei ausgesprochenem Dialmißbrauch (bis 0,4 g täglich) hochgradige Schwäche der gesamten Körpermuskulatur, Taumeln, Beeinträchtigung des Sprechvermögens (lallende Sprache), Depression, Halluzinationen (*Christoffel*).

*Didial* = Kombination von 0,1 g Dial mit 0,025 g Codein. In Dosen von 0,125 g als starkes Hypnoticum und Analgeticum. In einem Vergiftungsfall Hyperglykämie (*Roth*).

**Schrifttum.**

*Beust, A. v.:* Über Dialvergiftung. Schweiz. med. Wschr. **1923**, 686. — *Christoffel, H.:* Dial Ciba und Dialcibismus. Z. Neur. **43**, 49 (1918). — *Dargein* et *Doré:* Un cas d'intoxication par le dial. Bull. Soc. méd. Hôp. Paris **40**, 750 (1924). — *Dargein* et *Doré:* Un cas d'intoxication aiguë par le dial et un cas mortel par le véronal et le dial. Bull. Soc. méd. Hôp. Paris **43**, 1392 (1927). — *Heise, W.:* Verlauf einer Curralvergiftung. Münch. med. Wschr. **1930**, 1889. — *Laignel-Lavastine* et *St. Bidou:* Intoxication par le dial. Traitement strychné. Guérison. Bull. Soc. méd. Hôp. Paris, **49**, 1624 (1933). — *Leschke, E.:* Dialvergiftungen. Med. Klin. **1933**, 59. — *Lickint, F.:* Ein Fall von Dialvergiftung. Dtsch. med. Wschr. **1930**, 2001. — *Martin, J. F.* et *O. Mantelin:* Intoxication par le dial. Lyon méd. **132**, 1104 (1932). — *Trémolières, F., A. Tardieu* et *A. Carteaud:* Lésions hépatiques du barbiturisme. (Etude anatomo-clinique et expérimentale.) Bull. Acad. Méd. **100**, 1459 (1928). — *Weiß, F.:* Dial-Vergiftung eines Säuglings. Slg. Verg.-Fälle A **556**.

*3. Numal,* Allyl-Isopropylbarbitursäure, $C_{10}H_{14}O_3N_2$. F. = 137,5—138,5°. Verwendung zur Numal-Morphin-Scopolaminnarkose (Basisnarkose), auch zur Vollnarkose (*Fredet*), vor allem wichtig als Bestandteil des Somnifens. Im Organismus rascher Abbau, deshalb keine Kumulation. Hypnotische Wirkung etwa dreimal stärker wie bei Veronal.

*4. Somnifen,* Kombination der Diäthylaminsalze von Veronal und Numal. 1 ccm Lösung = 0,1 g Veronal + 0,1 g Numal. Aufnahme relativ rasch wegen guter Löslichkeit, z. T. schon im Magen. Hypnotische Wirkung in 15—30 Min. Ausscheidung des Veronals langsam, deshalb Kumulation möglich, während die Numalkomponente im Organismus fast quantitativ abgebaut wird. Bei längerem Gebrauch Herabsetzung der Dosis notwendig. Morphinisten sollen gegen Somnifen überempfindlich sein. Verwendung: als rasch wirkendes Hypnoticum; in der Psychiatrie für Dauerschlaf (*Kläsi*) i. v. und rectal; bei psychomotorischer Erregung 2—4 ccm s. c.; bei Delirium tremens gefährlich wegen schwerer Kollapswirkung; zur Bekämpfung gastrischer Krisen bei Tabes; als Basisnarkoticum, seltener als Vollnarkoticum (*Fredet*), und für Dämmerschlaf, ferner bei Tetanus, Eklampsie, Strychninvergiftung.

*Akute Vergiftung:* Nach Einnahme von 15 ccm zuerst Erregung, dann tiefer Schlaf, träge Pupillen, Kollaps und Trachealrasseln. Nach 14stündigem Koma Erholung. Starke Erregung ist bei akuter Vergiftung relativ häufig (*Glaetzl* und *Schmitt*).

Nach Basisnarkosen, besonders mit Äther, postnarkotische Erregungszustände, auch Taumeln, Ataxie, Erbrechen, Atemstörungen. Bei Dauerschlaf selten epileptiforme Krämpfe, etwas häufiger Tachykardie, leichter bis schwerer Kollaps, Albuminurie, Oligurie, Ketonkörper im Urin, Fieber, Hauterythem.

*Dosis medicinalis:* 20—60 Tropfen als Hypnoticum. Bei Erregung 2—4 ccm rectal oder s. c., evtl. i. v. Für Dauerschlaf (6—7 Tage) Einleitung mit 0,01 g Morphin + 0,001 g Scopolamin und 2 ccm Somnifen s. c.; Wiederholung mit 1—1½ ccm Somnifen je nach 6—10 Sunden.

*Dosis toxica:* Etwa von 4 ccm an. Ein ganzes Fläschchen Somnifen = 12 ccm = 1,2 g Veronal + 1,2 g Numal wird bei rechtzeitigem therapeutischen Eingreifen meist überstanden. Ein Todesfall nach Trinken eines Fläschchens bei schwächlichem Individuum (*Jacobi*).

*Dosis letalis:* Bei Suicidversuchen mit Somnifen selten letale Vergiftungen. Bei Somnifennarkose (Vollnarkose!) Tod durch Pneumonie. Eine tödliche suicidale Vergiftung nach Einnahme von drei Fläschchen Somnifen (*Flandin*).

*Chronische Vergiftung:* Somnifenmißbrauch bei hysterischer Psychopathin führte bei Zufuhr von je einer halben Flasche Somnifen jeweils morgens zu langdauernder Euphorie; mit der Zeit Charakterveränderung, erhöhte Reizbarkeit. Entziehung ohne schwerere Symptome (*Nacht*).

Nach längerem Somnifenmißbrauch mit bis 15 ccm Somnifen täglich, daneben noch Morphin: am zweiten Tag der Entziehung deliranter Zustand

Abducenslähmung, Pyramidensymptome, Kleinhirnataxie. Am zehnten Entziehungstag epileptiforme Anfälle; nach drei Wochen polyneuritische Erscheinungen (Differentialdiagnose: *Wernicke*sche Krankheit [*Panse*]).

*Pathologisch-anatomischer Befund nach Somnifenmißbrauch:* Vacuoläre Degeneration von Ganglienzellen, hauptsächlich in Medulla, Kleinhirn, Thalamus; Gliavermehrung.

### Schrifttum.

*Balázs, J.:* Somnifen-Vergiftung (Selbstmordversuch). Orv. Hetil. **1931 I**, 316 (Ungar.) und Slg. Verg.-Fälle A **155**. — *Berger, L.:* Glücklicher Verlauf einer Somnifenvergiftung. Polska Gaz. lek. **1928 II**, 752 (Poln.). — *Cornaz, G.:* Tentative de suicide par le somnifène. Rev. méd. Suisse rom. **47**, 835 (1927). — *Dietlen, H.:* Ein Fall von schwerer Somnifenvergiftung. Ther. Mh. **35**, 599 (1921). — *Flandin, Ch., A. Escalier, F. Joly, J. P. Carlotti et A. M. de Lépinay:* Essai de réanimation suivi d'une survie de dixhuit heures chez une intoxiquée par le somnifène. Bull. Soc. méd. Hôp. Paris **49**, 561, (1933). — *Fredet, P.:* Die Anwendung des Numal als Allgemeinnarkotikum. Schweiz. med. Wschr. **1933**, 674. — *Glatzel, H. u. F. Schmitt:* Somnifen-Vergiftung, akute. Slg. Verg.-Fälle A **431**. — *van der Horst, L. u. J. A. van Hasselt:* Das Gehirn nach Somnifengebrauch. Psychiatr. Bl. 37, 158 (1933). — *van der Horst, L.:* Experimentelle Untersuchungen über die Wirkung von Barbitursäureverbindungen auf das Gehirn. Arch. f. Psychiatr. **102**, 682 (1934). — *Huber, O und A. Brand:* Tödliche Somnifenvergiftung. Slg. Verg.-Fälle A **764**, 7. — *Hypher, N. C.:* A case of somnifaine poisoning. Brit. med. J. Nr. **3638**, 518 (1930). — *Itallie, van L. u. A. J. Steenhauer:* Somnifen-Vergiftungen, medizinale. Slg. Verg.-Fälle A **43**. — *Jacobi, P.:* Somnifen-Vergiftung. (Selbstmord?) Slg. Verg.-Fälle A **73**. — *Jenny, G.:* Todesfälle durch Somnifen unter Berücksichtigung der letalen Dosis. Diss. Basel 1938. — *Klaesi, J.:* Über die therapeutische Anwendung der „Dauernarkose" mittels Somnifens bei Schizophrenen. Z. Neur. **74**, 557 (1921); **87**, 122 (1923). — *Meyer, E.:* Erfahrungen mit der Somnifenbehandlung des Delirium tremens. Diss. Zürich 1926. — *Milewski, B.:* Tödliche Vergiftung mit Somnifen „Roche". Polska Gaz. lek. **1929 I**, 107. — *Nacht, S.:* Somnifénomanie chez une psychasténique obsédée. Encéphale **24**, 588 (1929). — *Oberholzer:* Die Dauerschlafbehandlung mit Somnifen und Luminal. Diss. Zürich 1927. — *Panse, F.:* Delir mit Polyneuritis nach chronischem Somnifenmißbrauch. Nervenarzt **4**, 688 (1931). — *Patry, R.:* L'emploi de l'acide allylisopropylbarbiturique en anesthésie chirurgicale. Schweiz. med. Wschr. **1929**, 264. — *Roué, H.:* Le somnifène intravéneux chez les grands agités. Thèse Lyon 1925. — *Ström-Olsen, R.:* Somnifaine narcosis: Toxic symptoms and their treatment by insulin. J. ment. Sci. **79**, 638 (1933). — *Vinci, G.:* Somnifen-Vergiftung. (Selbstmordversuch.) Slg. Verg.-Fälle A **12**. — *Vollmer, H.:* Erregungszustand nach Somnifen. Slg. Verg.-Fälle B **82**. — *Zoppino:* Un cas d'intoxication aiguë par le somnifène. Schweiz. med. Wschr. **1925**, 874.

5. *Luminal* (Gardenal, Sevenal, Phenobarbital), Äthylphenylbarbitursäure, $C_{12}H_{12}O_3N_2$. Schwachbitter schmeckende, glänzende Krist. F. = 174°. In kaltem Wasser wenig, in warmem leichter löslich, gut in organischen Solvenzien.

*Luminal-Natrium:* 10 %ige Lösung; nicht lange haltbar.

*Hypnotische Wirkung* des Luminals 2½—3mal stärker wie Veronal. Aufnahme relativ rasch, hypnotische Wirkung innerhalb 30—50 Min.

*Ausscheidung:* dauert mehrere Tage; etwa 25 % (nach *Koppanyi* nur 13—16 %) gelangen unverändert im Urin zur Ausscheidung; deshalb Kumulationsgefahr. Übertritt von Luminal in die Milch stillender Mütter, wobei durch Kumulation schon nach vier Tagen Luminalgebrauch der Mutter Dauerschlaf des Kindes eintrat (*Frensdorf*).

*Verwendung* als Antiepilepticum, auch im Status epilepticus, mit Brom, z. B. auch als *Lubrocal* mit 4 % Luminal und 64 % Bromsalzen. Ähnliche Kombination: *Brolumin;* auch mit Brom und Tropaalkaloiden zusammen in dem Präparat *Sanalepsi*. Weitere Verwendung des Luminals bei psychomotorischer Erregung, häufig kombiniert mit Scopolamin; Luminal kann aber dieses in der Wirkung nicht ersetzen. Bei Hypertonie in kleinen Dosen (Luminaletten zu 0,015 g) und in Kombination mit Theobromin wie *Theominal* (1 Tabl. = 0,3 g Theobromin + 0,05 g Lu-

minal) und mit Belladonna in *Belladenal* (1 Tabl. = 0,05 g Luminal + 0,00025 g Bellafolin).

*Akute Vergiftung:* 1 g Luminal macht bei 1½ jährigem Kinde epileptiforme Anfälle; dasselbe auch bei 3½ jährigem Mädchen (*Schippers*). Nach 3,1 g (31 Tabletten) bei Erwachsenem drei Stunden später nur Somnolenz, kein bedrohlicher Zustand, deshalb keine Magenspülung! 12—15 Stunden später tiefes Koma, am folgenden Tag hoffnungsloser Zustand. Unter energischer Therapie Ausgang in Heilung (*Courtois*). Nach zehn Tabl. Luminal = 1,0 g: Nystagmus, Sprache leicht skandierend, Bauchdeckenreflexe fehlend, feinschlägiger Tremor der Hände, bei Intention gesteigert, Ataxie; psychisch schwer besinnlich, Bild wie bei multipler Sklerose (*Steinmeyer*).

*Besondere Symptome:* Sehr starke Gelenk- und Muskelschmerzen von rheumatischem Charakter nach längerem Gebrauch von 0,2—0,5 g Luminal, Prominal und Rutonal bei Nichtarthritiker; gleichzeitig urticarielles Exanthem (*Lastin und Gardien*). Hippus viel seltener wie bei Veronal, sehr selten Amaurose: in einem Fall während 20 Tagen.

*Subakute Luminal-Bromvergiftung* führte bei fünfjährigem Epileptiker bei täglicher Zufuhr von 0,1 g Luminal neben Sedobrol über Monate zu Kopfschmerzen, Brechreiz, Müdigkeit, Ataxie, verlangsamter Sprache, Schlafsucht, Ptosis. Diagnose: Hirntumor!

Für subakute und subchronische Luminalvergiftung ist das Auftreten von Exanthemen mit Fieber charakteristisch: Nach 2 × 0,05 g Luminal täglich bei 5½ jährigem Epileptiker am 12. Tag nach Beginn der Luminalkur Fieber, makulopapulöser Ausschlag, übergehend in Dermatitis exfoliativa, Kollaps, Tod (*Heckmann*). In anderem Fall Dermatitis exfoliativa mit schwerer, eitriger (abakterieller) Conjunctivitis (*Roth*). Nach 4mal täglich einer Tabl. Luminal zu 0,06 g trat bei 3 jährigem Kind am 13. Tag Fieber von 39°, Erbrechen, Rachenrötung, feinfleckiges, helles Exanthem auf. Der Fall wurde unter der Diagnose „Scharlach" eingeliefert (*Weidemann*)!

Nach dreimal täglich 0,5 g Luminal während eines Monats (!): Urticaria, Leibschmerzen, Erbrechen, Durchfall, Fieber bis 38,9°, Albuminurie, Ketonkörper im Urin, Glykosurie. Im weiteren Verlauf scharlachartiges Erythem, Darmblutungen, Vergrößerung der tastbaren Lymphdrüsen. Ausgang in Heilung innert drei Wochen (Verlauf wie Infektionskrankheit) (*Pearson*).

Erytheme haben häufig scharlach- oder masernähnliches Aussehen oder sind urticariell, oft von Gesichtsschwellung begleitet, mit starkem Juckreiz und meist starker Desquamation; daneben Verdauungsstörungen.

*Nebenwirkungen bei langdauerndem Luminalgebrauch:* Rauschartige Zustände, Schwindel, Diplopie, Somnolenz, Kopfschmerzen und Kopfdruck; seltener: Stomatitis, Angina, Pharyngitis, Durchfälle; sehr selten Ikterus *(Birch).* Weiterhin Abnahme der psychischen Leistungsfähigkeit, Sprachstörungen, Aufregungszustände, selten mit Halluzinationen. Wiederholt wurden bei subakuter Luminal-Bromvergiftung Symptome wie bei Hirntumor beobachtet (vg. *Zappert*).

Eigentliche *Luminalsucht* ist relativ selten; Erscheinungen: Aufregungszustände mit Ataxie, Ohrgeräusche, Sehstörungen, Aphasie, Reflexverminderung. Ausgesprochene Luminalpsychosen kommen vor *(Pohlisch).*

*Dosis medicinalis:* Oral 0,1—0,2 g (bis 0,4 g) einmalig als Sedativum; bei Dauergebrauch nicht mehr wie 0,2 g als Tagesdosis. Als Luminalnatrium rectal bei Erregung mit starker motorischer Unruhe einmalig 0,4—0,5 g; oder s. c. 1—2 ccm der 10 %igen

Lösung; ebenso i. m. Frauen und ältere Männer sind empfindlicher, für diese durchschnittlich nur $^2/_3$ der angegebenen Dosen. Bei organisch Herzkranken und schwerer Tuberkulose nicht mehr wie 0,05 bis 0,1 g.

*Dosis toxica:* Von 0,3—0,4 g an. 1 g Luminal machte bei 1½ jährigem Kind epileptiforme Anfälle (*Schippers*). 1,8 g Gardenal wurden von 13 jährigem Mädchen nach schwerer Vergiftung überstanden (*Mouriquand*). Nach 3 g (suicidal) Zustand bei 21 jährigem Epileptiker wie bei schwerer Alkoholvergiftung; dabei von Zeit zu Zeit atethotische Bewegungen. 4 g wurden nach schwerster Vergiftung überstanden; 5 g verursachten Koma, Miosis, Pupillenstarre, Reflexverlust, klonische Zuckungen, *Cheyne-Stokes*sche Atmung (*Hering*). In anderen Fällen führte die gleiche Dosis zu auffallend leichten Vergiftungserscheinungen.

*Dosis letalis:* Durchschnittlich von 4—5 g an. In einem Fall (Epilepsie) Tod nach 0,05 g Luminal-Na. s. c.; letal waren auch 1,4 g und 2,0 g Sevenal (histolog. Befund s. *Jankovich* und *Fazekas*).

Vergiftungen mit sehr hohen Dosen, z. B. 12 bis 15 g Luminal, verliefen trotz intensivster Therapie (in einem Fall Applikation von 1300 mg Strychnin als „Gegengift"!) tödlich (*Flandin*). Bei geschwächtem Patienten waren schon 0,5 g letal.

Kombinierte Sevenal-(Luminal-)Somben-(Adalin-) vergiftung führte bei Familienselbstmord (drei Personen) mit 0,6—0,7 g Sevenal und 10 g Somben zu tödlichen Vergiftungen innert 20—48 Stunden unter den Erscheinungen des akuten Lungenödems (*Balázs*).

6. *Prominal*, Äthylphenyl-N-Methylbarbitursäure (N-Methylluminal), $C_{13}H_{14}O_3N_2$. F. = 102°; geschmackloses weißes Pulver, in heißem Wasser und organischen Solvenzien löslich.

*Wirkung:* wie Luminal, aber um ⅓—½ mal schwächer; entsprechend auch weniger toxisch. Therapeutische Dosis 0,3—0,6 g als Sedativum; auch bei Epilepsie; als Prominaletten zu 0,03 g bei Hypertonie. Toxikologisch sonst wie Luminal zu beurteilen.

### Schrifttum.

*Babington, S. H.:* Phenobarbital-rash and other toxic effects Report of cases. California Med. **32**, 114 (1930). — *Bachem, C.:* Luminal-Vergiftungen. Slg. Verg.-Fälle C **8**. — *Balázs, J.:* Sevenal-Somben-Vergiftungen (Selbstmorde). Slg. Verg.-Fälle A **389**. — *Best, W. P.:* Luminal (Overdosage: purposeful and accidental). Nat. eclect. med. Assoc. Quart **20**, 77 (1938). — *Bollinger, H. J.:* Toxic reactions from phenobarbital (luminal). Report of two cases. California Med. **26**, 659 (1927). — *Brulé, M.:* Intoxication par le gardénal traitée par les hautes doses de strychnine. Bull. Soc. méd. Hôp. Paris **49**, 1328 (1933). — *Castin, C.* et *P. Gardien:* Arthralgies et myalgies barbituriques. (6 nouvelles observations.) Presse méd. **1934 II**, 1536. — *Courtois, A., A. Beley* et *M. Altmann:* Coma gardénalique traité à la période agonique par l'oxygène associé à la strychnine. Ann. méd.-psychol. **92 I**, 742 (1934). — *Duvoir, M., L. Pollet* et *P. Chapireau:* A propos des lésions pulmonaires des intoxications aiguës par les barbituriques. Bull. Soc. méd. Hôp. Paris **50**, 120 (1934). — *Direktorowitsch:* Beachtenswerter neurologischer Befund nach einer Luminalvergiftung. Münch. med. Wschr. **1930**, 1191. — *Flandin, Ch.* et *J. Bernard:* Intoxication barbiturique mortelle, malgré l'injection de 1 gr. 30 de strychnine en soixante-sept heures. Essai de traitement par les inhalations de carbogène. Bull. Soc. méd. Hôp. Paris **49**, 1550 (1933). — *Frensdorf, W.:* Übergang von Luminal in die Milch. Münch. med. Wschr. **73**, 322 (1926). — *Frensdorf, W.:* Über Luminal-Natriuminjektion bei erregten Geisteskranken, zugleich ein Beitrag zur Luminal-Intoxikation. Z. Neur. **107**, 544 (1927). — *Gessner, O.:* Medizinale Luminal-Vergiftung bei einem Kinde, mit bemerkenswerten Vergiftungserscheinungen. Slg. Verg.-Fälle A **669**. — *Heckmann, M.:* Luminalkrankheit unter dem Bilde der Dermatitis exfoliativa mit tödlichem Ausgang. Z. Kinderheilk. **57**, 358 (1935). — *Huber O.* u. *A. Brand:* Tödliche Luminal-Vergiftung. (Selbstmord.) Slg. Verg.-Fälle A **765**. — *Jackson, A. S.:* Toxic reaction from phenobarbital (luminal). Report of six cases. J. amer. med. Assoc. **88**, 642 (1927). — *Jankovich, L.* u. *I. G. Fazekas:* Die Gewebeveränderungen durch Sevenal- bzw. Luminal-Vergiftung, mit besonderer Berücksichtigung des Zentralnervensystems. Orvosképzés (ung.) **22**, 20 (1932). — *Kohn-Abrest, E., L. Capus, H. Desoille* et *Villard:* Deux

nouveaux cas d'intoxication massive par dérivés barbituriques avec formation de dérivés cyanhydriques dans le sang. Bull. Soc. méd. Hôp. Paris **46**, 261 (1930). — *Mosbacher, F. W.:* Luminal-Vergiftung. (Selbstmordversuch.) Slg. Verg.-Fälle A **236**. — *Mouriquand, G., Sédallian, Weill* et *Brunat:* Intoxication par le gardénal chez une enfant de 13 ans. Action de la transfusion. Lyon méd. **1930 I**, 697. — *Nicolai, H. W.:* Ein Fall von Luminalvergiftung. Klin. Wschr. **2**, 1891 (1923). — *Oettel, H.:* Luminal-(Luvasyl-)Vergiftungen und Luminalnachweis. Slg. Verg.-Fälle A **483**. — *Pearson, R. W. L.* and *H. S. Pemberton:* Extreme instance of the toxic effects of luminal. Lancet **1931 I**, 635. — *Roth, J. H.:* Luminal poisoning with conjunctival residue. Amer. J. Ophthalm. **9**, 533 (1926). — *Sacharoff, M.:* Über Luminalbehandlung der Epilepsie. Diss. Basel 1936. — *Scheidegger, S.:* Luminal-Vergiftung (Selbstmord). Slg. Verg.-Fälle A **438**. — *Schippers, J. C.:* Zwei Fälle von Luminalvergiftung bei jungen Kindern. Mschr. Kindergeneesk. **1**, 372 (1932) (Holl.). — *Schou, H. I.:* Luminalpräparate im Selbstmordversuch. Ugeskr. Laeg. (dän.) **1932**, 492. — *Schulze, P.:* Über einen Fall von Luminalvergiftung. Psychiatr.-neur. Wschr. **1930 II**, 385. — *Stefănescu, Gh.* u. *N. Igna:* Luminalvergiftung zum Zweck des Selbstmordes. Rev. san. mil. (rum.) **25**, 381 (1926). — *Steinmeyer, Th.:* Luminalvergiftung unter dem Bilde einer multiplen Sklerose. Münch. med. Wschr. **1931**, 143. — *Villaverde, J. M.:* Über chronische Luminalvergiftung. An. Acad. méd.-quir. espan. **12**, 339 (1925) (Spanisch). — *Weidemann, A.:* Zur Kenntnis der Luminalintoxikation. Mschr. Kinderheilk. **55**, 307 (1933). — *Weig, F. L.:* Zur Luminalvergiftung. Dtsch. med. Wschr. **51**, 272 (1925). — *Wiethold, F.:* Luminal-Vergiftung. (Selbstmord.) Slg. Verg.-Fälle A **72**. — *Zappert, J.:* Subakute Luminal-Bromintoxikation unter dem Bilde eines Hirntumors. Wien. med. Wschr. **1934 I**, 14.

*Prominal, Lubrokal, Belladenal.*

*Blum, E.:* Die Bekämpfung epileptischer Anfälle und ihre Folgeerscheinungen mit Prominal. Dtsch. med. Wschr. **1932**, 696. — *Ense, E.:* Erfahrungen mit Lubrokal. Psychiatr.-neur. Wschr. **1931**, 98. — *Schiersmann, O.:* Belladenal in der Epilepsiebehandlung. Psychiatr.-neur. Wschr. **1933**, 236. — *Schirbach:* Klinische Erfahrungen mit Prominal. Dtsch. med. Wschr. **1906**, 1576. — *Weese, E.:* Zur Pharmakologie des Prominal. Dtsch. med. Wschr. **1932**, 696.

7. *Phanodorm*, Äthyl-cyclohexenylbarbitursäure (Tetrahydroluminal), $C_{12}H_{16}O_3N_2$. Weißes krist. Pulver, F. = 166—170°. Aufnahme bei oraler Applikation rasch, hypnotische Wirkung in 30—40 Min.

*Ausscheidung:* Etwa 80 % werden im Organismus abgebaut, 5 % unverändert ausgeschieden, 15 % erscheinen als hypnotisch wirkungslose Äthylcyclohexenylbarbitursäure im Urin (*Halberkann* und *Reiche*). *Wirkung:* Dosis von 0,2—0,3 g macht innerhalb 30—40 Min. Schlaf; als Sedativum bei Erregung 0,5 g. Keine kumulative Wirkung. Verwendung auch zu Dauerschlaf und als Vornarkoticum. Wurde in Dosen von 0,3 g monatelang ohne Nebenerscheinungen ertragen. Bei Idiosynkrasie analoge Hauterscheinungen usw. wie bei anderen Barbituraten.

*Akute Vergiftung:* Meist suicidale mit großen Dosen, aber nur vereinzelt mit tödlichem Verlauf (unter 58 suicidalen Vergiftungen kein Todesfall) (*Pohlisch* und *Panse*).

*Vergiftungsfälle:* 10 Tabl. (= 2,0 g) machten nur tiefen Schlaf (*Kauffmann*). In anderem Fall schon nach sieben Tabletten (= 1,4 g) bei Frau tiefes Koma, filiformer Puls, oberflächliche Atmung (*Wolff*). In zahlreichen anderen Fällen nach 20 bis 50 Tabl. zu 0,2 g 6—36stündige Bewußtlosigkeit, Krämpfe. Ausgang in Heilung.

20 jährige Patientin starb etwa 20 Stunden nach Einnahme von 40 Tabletten = 8 g Phanodorm in tiefem Koma an Lungenödem (*Purper*). In anderem Fall wurden 40 Tabl. nach 24stündigem Koma überstanden (*Huchzermayer*).

*Dosis toxica:* Von etwa 1,0—2,0 g an. 9 g wurden von 25 jährigem Mädchen trotz schwerster Vergiftung unter sehr energischer Therapie überstanden (*Schaap*). Ausnahmsweise führten schon 1,6 g nach drei Stunden zu tiefer Bewußtlosigkeit mit Areflexie (*Gessner*).

*Dosis letalis:* Etwa von 8 g an. Tod nach 9,6 g Phanodorm (keine Therapie) schon nach 10—11 Stunden (*Wagner*).

*Chronische Phanodormvergiftung:* Mißbräuchliche Einnahme von großen Phanodormdosen über lange Zeit führte zu eigentlicher *Phanodormsucht* infolge der bei manchen Individuen eintretenden euphorisierenden Wirkung des Phanodorms; dabei ähnliche Erscheinungen wie bei Veronalismus: Rauschzustände, Ataxie usw. Dosissteigerungen bis zu 20 Tabl., ja bis zu 50 Tabl. (= 10 g Phanodorm) täglich.

Bei Phanodorm ermöglicht die rasche Zerstörung im Organismus die schnelle Steigerung der Dosis. 20—25 Tabl. täglich (4—5 g Phanodorm) wurden jahrelang ertragen. Akute Psychosen sind gerade deshalb bei Phanodormsucht viel häufiger wie bei Veronal und Luminal, weil wegen der geringen Giftigkeit enorme Dosissteigerungen möglich sind, wie sie wegen langsamer Entgiftung bei Veronal, Luminal, Somnifen, Dial, Allonal, Veramon, Adalin usw. gar nicht vorkommen. Abstinenzdelirien sind gerade bei Phanodorm häufig; auch ist die Entwöhnung besonders schwierig.

*Fall von Phanodormsucht:* 38jähriger schizophrener Epileptiker nimmt seit Jahren wegen euphorisierender Wirkung bis 40—50 Tabl. täglich! Bei Aussetzen Serie schwerster epileptischer Anfälle. Während Entziehung Delirium, hochgradige Verwirrtheit, starke psychomotorische Unruhe, optische Halluzinationen (*Dörries*). Delirium bei Entzug ist relativ häufig (vgl. ausführlich über Phanodormsucht: *Pohlisch* und *Panse*).

*Schrifttum.*

*Balázs, J.:* Phanodorm-Vergiftung. (Selbstmordversuch.) Slg. Verg.-Fälle A **362**, 185. — *Büssow, H.:* Phanodormmißbrauch. Nervenarzt **1935**, 362. — *Dörries:* Demonstration eines Falles von Phanodormsucht mit schwersten Entziehungserscheinungen epileptischer und psychotischer Art. Ges. Neur. u. Psych. Groß-Hamburgs 8. XII. 1934. — *Emminger, E.:* Fluorescenzmikroskopische Untersuchungen bei einem Fall von Schlafmittelvergiftung. (Phanodorm.) Klin. Wschr. **1933**, 1840. — *Fretwurst, J. Halberkann* u. *F. Reiche:* Phanodorm und seine Wiederausscheidung mit dem Harn. Münch. med. Wschr. **1932**, 1429. — *Gessner, O.:* Akute Phanodorm-Vergiftung (Selbstmordversuch). Slg. Verg.-Fälle A **677**. — *Huchzermeyer, K.:* Ein Fall von tödlicher Phanodormvergiftung (Selbstmord). Med. Klin. **1935 I**, 551. — *Kauffmann, A. F.:* Die relative Ungiftigkeit des Phanodorms. Klin. Wschr. **1926**, 2430. — *Kraus, F.:* Phanodormmißbrauch. Allg. Z. Psychiatr. **1933**, 101. — *Krautwald, A.:* Wirkung und Verhalten von Phanodorm und Noctal bei chronischer Zufuhr. Arch. f. exper. Path. **186**, 513 (1937). — *Landauer, F.:* Erfolgloser Suicidversuch mit Phanodorm. Dtsch. med. Wschr. **53**, 580 (1927). — *Langelüddeke, A.:* Ein Fall von Phanodormpsychose. Dtsch. med. Wschr. **1932 I**, 813. — *Leschke, E.* u. *H. Kaiser:* Veronal- und Phanodormvergiftungen. Slg. Verg.-Fälle A **69**, 153. — *Lhermitte, J.* et *M. Parturier:* Un cas d'intoxication par la cyclohexényl-éthylmalonylurée (Tétrahydro gardénal Phanodorme). Localisation du toxique sur l'appareil mésodiencéphalique. Revue neur. **37 II**, 570 (1930). — *Mosbacher, F. W.:* Über Phanodormdelirien. Psychiatr.-neur. Wschr. **1932**, 15. — *Purper, G.:* Ein Fall von tödlicher Phanodormvergiftung (Selbstmord). Med. Klin. **1934 I**, 639. — *Schaap, L.:* Ein Fall von Barbitalvergiftung (Phanodorm). Nederl. Tijdschr. Geneesk. **1934**, 5226. — *Scheurer, A.:* Phanodormvergiftung mit ungewöhnlichem Decubitus. Slg. Verg.-Fälle A **787**, 81. — *Schmitt, F.:* Über zwei Phanodorm-Vergiftungen. Slg. Verg.-Fälle A **596**. — *Wagner, K.:* Phanodorm-Vergiftung (Selbstmord). Slg. Verg.-Fälle A **154**. — *Weber, H.:* Ein Fall von schwerer Phanodormvergiftung. Med. Welt **1933**, 1251. — *Wolff, R.:* Ein Fall von Phanodormvergiftung suicidii causa. Münch. med. Wschr. **1927**, 194.

*8. Noctal,* Bromallyl-Isopropylbarbitursäure, $C_{10}H_{13}O_3N_2Br$. Farblose, schwach-bitter schmeckende Krist.; in Wasser wenig löslich, F. = 181°.

*Resorption:* Etwa wie bei Veronal. Im Organismus wird Noctal fast quantitativ abgebaut, der geringe Rest von 2—3 % unverändertem Noctal rasch ausgeschieden neben etwa 20 % Propyl-Acetonylbarbitursäure.

Wirkt in Dosen von 0,1—0,2 g hypnotisch. Nach längerem Gebrauch kann bei disponierten Individuen Gewöhnung eintreten. Fälle von Noctalmißbrauch sind bekannt.

*Akute Vergiftung:* Nach 15 Tabl. = 1,5 g Noctal 24 Stunden Schlaf und 12 Stunden Somnolenz. 16 Tabl. = 1,6 g führten bei Neunjährigem zu 30-stündigem Schlaf; 30 Tabl. = 3,0 g bei Erwachsenem zu dreitägiger Bewußtlosigkeit (*Balázs*); nach 57 Tabl. = 5,7 g, Bewußtlosigkeit, bedrohlicher Kollaps, filiformer Puls. Ausgang in Heilung. Die leichte Abbaufähigkeit des Noctals begünstigt das relativ rasche Abklingen der Vergiftung. Über tödliche Vergiftung eines Kindes durch Überdosierung vgl. *Trendtel*.

*Pathologisch-anatomischer Befund bei akut tödlicher Vergiftung:* Blutungen in Brücke, kleine Entzündungsherde und zahlreiche Kalkkonkremente in Oliven (*Weimann*).

*9. Pernocton,* sek. Butyl-Bromallylbarbitursäure, $C_{10}H_{15}O_3N_2Br$. F. = 131—132°. *Ausscheidung:* Nur Spuren im Urin. Teilweise Umwandlung in i-Butylacetonylbarbitursäure (*Fretwurst*).

*Verwendung:* Als i. v. Basisnarkoticum in 10-%iger Lösung (Na-Salz) durchschnittlich 5—6 ccm. Als Vollnarkoticum ungeeignet. Bei Basedow und Thyreotoxikosen auch als Basisnarkoticum erhöhte Gefahr. In der Psychiatrie als Sedativum i. v. 1—2 ccm bei erregten Geisteskranken. Zum Pernoctondämmerschlaf in der Geburtshilfe; dabei posthypnotische Erregungszustände von oft stürmischem Charakter nicht ganz selten (*Roettger*).

Allgemein ist postnarkotische Erregung bei Pernocton relativ häufig. Bei Überdosierung als i. v. Narkoticum Atemlähmung; bei *Basedow* und Nierenschäden Fälle mit tödlichem Ausgang. Ein Todesfall nach nur 4,0 ccm Pernocton unter starker motorischer Erregung (*Eichelter*).

*Schrifttum.*

*Balázs, J.:* Noctal-Vergiftung. (Selbstmordversuch.) Slg. Verg.-Fälle A **361**. — *Brüning, A.:* Noctal-Vergiftung. (Selbstmordversuch.) Slg. Verg.-Fälle A **262**. — *Eichelter, G.:* Zur Pernoctonnarkose (Todesfall). Zbl. Chir. **1929**, 2378. — *Hessel:* Erfahrung über den Mißbrauch des Schlafmittels Noctal. Riedel-Arch. **1926**. — *Kirchberg, A.:* Noctal-Vergiftung (Selbstmordversuch). Slg. Verg.-Fälle A **418**. — *Röttger, R.:* Über die Ursachen der Erregungszustände beim Pernoctonschlaf. Schmerz usw. **3**, 362 (1931).

*10. Soneryl* (Neonal), Äthyl-n-Butylbarbitursäure, $C_{10}H_{16}O_3N_2$. Feine Nadeln, F. = 123°. In Wasser schwer, in Alkohol leicht löslich. Zu 0,15—0,2 g oral oder 0,1 g s. c. als Hypnoticum und bei Erregungszuständen. Auch als Basisnarkoticum mit Äther.

*11. Rutonal,* Methylphenylbarbitursäure, $C_{11}H_{10}O_3N_2$. Krist. Pulver, F. = 220°. Zu 0,3 — 0,7 g als Antiepilepticum in Kombination mit Brom.

*12. Dormovit,* Furfuryl - Isopropylbarbitursäure, $C_{11}H_{12}O_4N_2$.

*13. Sandoptal,* Allyl-i-butylbarbitursäure, $C_{11}H_{16}O_3N_2$. Farblose, bitter schmeckende, wenig wasserlösliche Krist., F. = 137,5°—138,5°.

*Dosis:* Zu 0,1 g als Sedativum, zu 0,2 g als Hypnoticum.

*Vergiftung:* neun Tabl. zu 0,2 g (1,8 g Sandoptal) verursachten bei zweijährigem Kind narkotischen Schlaf mit allmählichem Kleinerwerden des Pulses und röchelnder Atmung. Pupillen reaktionslos. Ausgang in Heilung (*Walker*).

*14. Amytal,* Äthyl-Isoamylbarbitursäure, $C_{11}H_{18}O_3N_2$. Pulver Krist., F. = 145°. In Wasser sehr wenig löslich. Als Natriumamytal in 10 %iger Lösung (nicht lange haltbar).

*Verwendung:* oral zu 0,1 g als Hypnoticum; als i. v. Basisnarkoticum in Amerika verbreitet, auch in Kombination mit Lokalanästhesie. Für Dämmerschlaf bei psychomotorischer Erregung und bei Psychosen. Ferner bei Hypertonie oral und rectal. Zur Basisnarkose: 10 bis 15 mg pro Kilogramm, maximal 1,6 g Natriumamytal.

*Ausscheidung:* Nur in Spuren im Urin; wird im

Organismus zum größten Teil unter Ringsprengung abgebaut.

*Nebenwirkungen bei i. v. Narkose:* Postnarkotische Erregungszustände und Delirien. In 25 % der Fälle Blasenlähmung. Todesfälle unter Atemlähmung. — Bei Überempfindlichkeit: Exantheme (*Langenbach*).

*Akute Vergiftung:* 5 g Na-Amytal + 1,1 g Pentobarbital führten zu Bewußtlosigkeit mit Areflexie und 3½tägigem Koma trotz therapeutischer Zufuhr von 650 mg Pikrotoxin (!). — Nach 10 g Na-Amytal tiefe Bewußtlosigkeit, schwerster prämortaler Zustand; am dritten Tag Blasenbildung auf Hand und Decubitus. Ausgang in Heilung. Nach 8 g Na-Amytal trotz rascher und ausgiebiger Magenspülung tiefes Koma und Areflexie. Nach fünftägiger Bewußtlosigkeit Ausgang in Heilung.

*15. Pentobarbital,* Isoamytal, Äthyl-Methylbutylbarbitursäure, $C_{11}H_{18}O_3N_2$. Krist., F. = 128,5—130°.

*16. Nembutal* = Na-Salz des Pentobarbitals.

Beide oral zu 0,1 g als Hypnoticum oder i. v. zu 0,2—0,4 g (maximal 0,5 g) als Basisnarkoticum für kurzdauernde Narkosen. Verwendung auch in der Psychiatrie bei Erregungszuständen.

*17. Rectidon,* sek.Amyl-β-Bromallylbarbitursäure, $C_{13}H_{16}O_3N_2Br$. Krist. Pulver, F. = 161—163°. In 10 %iger Lösung unverdünnt oder zu gleichen Teilen mit Haferschleim zur Rectalnarkose. Für Basisnarkose 7—8 ccm, bei Kindern 3 ccm; für Dämmerschlaf in der Geburtshilfe 5 ccm, wobei aber in 8 % der Fälle Erregungszustände und bei 20 % Wehenschwäche eintreten. Nebenwirkungen bei technisch einwandfreier Durchführung der Narkose sehr gering wegen sehr raschen Abbaues des Rectidons im Organismus. Sonst gleiche Gefahren wie bei Kurznarkotica (s. u.); Rectidon wird auch ähnlich wie diese als Einleitungsnarkoticum verwendet.

*Schrifttum.*

*Bleckwenn, W. J.* u. *M. G. Masten:* 6 Schlafmittel-(Barbiturat-) Vergiftungen (Amytal). Behandlung mit Pikrotoxin. Slg. Verg.-Fälle A **752.** — *Luchsinger, R.:* Über das Sandoptal. Schweiz. med. Wschr. **1929,** 1067. — *Rath* u. *Schunk:* Das neue Schlafmittel Pentenal. Münch. med. Wschr. **1933,** 564. — *Reichodel, A.:* Über Rectidonbasisnarkose. Chirurg **6,** 771 (1934). — *Walker, E.-F.:* Bemerkenswerter Fall von Sandoptal-Vergiftung. Münch. med. Wschr. **1929,** 1464 und Slg. Verg.-Fälle A **502.**

*Vergiftungen mit Kurznarkotica der Barbitursäuregruppe.* Als *Kurznarkotica* kommen die i. v. applizierten N-methylierten Barbitursäureverbindungen *Evipan, Eunarcon* und *Narconumal* (resp. ihre Natriumsalze) in Frage. Das rasche Abklingen der narkotischen Wirkung ist an die rasche Zerstörbarkeit dieser Stoffe in der Leber (unter Ringaufspaltung) gebunden. Narkosezwischenfälle sind vorwiegend durch zu rasche i. v. Injektion und durch Überdosierung bedingt, nicht selten unter Außerachtlassung der primitivsten, bei jeder Inhalationsnarkose selbstverständlichen Vorsicht in der Durchführung der Narkose. Trotz kurzer Narkosedauer handelt es sich um eine Vollnarkose! Bei zu rascher Injektion kommt es in erster Linie zu Atemstörungen oft schwerer Art infolge zu raschen Übertritts des Narkoticums ins Gehirn und damit in die medullären Zentren, wobei das Atemzentrum in der Regel viel empfindlicher auf Überdosierung reagiert wie die Kreislaufzentren. *Besondere Gefahren* für die Anwendung von Kurznarkotica (und von Barbituratnarkosen überhaupt) bieten: Mundbodenphlegmone und entzündliche Prozesse im Bereich der Mund- und Rachenorgane, auch Mundbodenkrebs, Larynxschwellung usw., bei welchen plötzliche Todesfälle unter zentralem Atemstillstand analog wie bei Lokalanästhesie möglich sind; ferner Leberschädigungen, da die rasch abklingende Wirkung dieser Narkotica in erster Linie an die intakte Funktion der Leber gebunden ist. Weitere Gegenindi-

kationen: hoch fieberhafte Krankheiten, chron. Vergiftungen, schwere Anämien, Ileus.

*18. Evipan* (Endorm), Methyl - cyclohexenyl-N-Methylbarbitursäure, $C_{12}H_{16}O_3N_2$. Krist. Pulver, F. = 143—145°. Oral in Dosen von 0,25 g als Einschlafmittel und als Sedativum. Wird im Organismus (Leber) sehr rasch abgebaut, im Urin unverändert nur in Spuren ausgeschieden, so daß kumulative Wirkungen, normale Leberverhältnisse vorausgesetzt, völlig fehlen. Wirkungsdauer als Hypnoticum 30—60 Min. Nebenerscheinungen fehlen.

*Evipan-Na:* In 10 %iger Lösung als Kurznarkoticum i. v. durchschnittlich 1 ccm pro Minute; als Einleitungsnarkoticum 4, höchstens 5 ccm langsam i. v. Auch als Vollnarkoticum in Form der i. v. Evipan-Glukose-Dauerinfusion. Für die Kurznarkose werden durchschnittlich 6—9 ccm Lösung verwendet unter peinlicher Beachtung der individuellen Empfindlichkeitsmomente. Oft genügen schon 4 bis 5 ccm. Die Wirkungsdauer als Kurznarkoticum beträgt 15—30 Min. mit kurzem, selten längerem Nachschlaf. Gelegentlich postnarkotische Aufregung, Brechreiz, Kopfschmerzen.

*Nebenwirkungen bei zu rascher Injektion:* Fibrilläre Muskelzuckungen, Atemstörungen bis Asphyxie, seltener Kollaps; auch rasch vorübergehende Erregungszustände. Völliges, zumeist reversibles Aussetzen der Atmung ist in der Regel auf zu rasche i. v. Injektion zurückzuführen (z. B. 8 ccm in einer Minute statt in 8 Min. injiziert!).

Die Mehrzahl der tödlich verlaufenden Zwischenfälle ist durch mangelhafte Narkosetechnik (auch zu schematische Dosierung nach Körpergewicht) und Überdosierung bedingt. In selteneren Fällen kam es infolge Nichtbeachtung vorhandener Leber- und Nierenschäden (*Els*) zu schweren Störungen; z. B. langdauernde Narkose nach nur 3,5 ccm Evipan-Na bei bestehender akuter gelber Leberatrophie. Auch eine Anzahl Todesfälle bei Hepatose usw. (*Holtermann*). Bei vier Fällen von Evipanlangnarkose mit 18—25 ccm Evipan-Na i. v. traten nach 3—4 Wochen polyneuritische Erscheinungen im Lumbosakralgebiet mit sensiblen und motorischen Neuritiden der unteren Extremitäten (*Ruska*) auf.

Ein Selbstmordversuch mit 20 Tabl. Evipan (= 5 g) führte zu 24stündigem Schlaf.

*19. Eunarcon,* N-Methyl-sek.-Butylbromallylbarbitursäure (N-Methyl-Noctal), $C_{11}H_{15}O_3N_2Br$. Krist. weißes Pulver, F. = 115°.

*Eunarcon-Na* in 10 %iger Lösung als Kurznarkoticum i. v. in Dosen von 4—8 ccm bei Erwachsenen. Als Einleitungsnarkoticum 3—5 ccm, seltener auch zur Dauernarkose (i. v. Infusionsnarkose).

Eunarcon wird von der normalen Leber sehr rasch abgebaut und unschädlich gemacht. Im Urin ist bei intakter Leberfunktion kein unverändertes Eunarcon nachweisbar. Der Abbau unter Sprengung des Barbitursäureringes ist schon nach 15 bis 30 Min., die Verseifung des Bromallyls schon nach 30 Min. nachweisbar, so daß ionisiertes Brom im Urin in den nächsten 48 Stunden in steigendem Maße, aber nur in minimalen Mengen auftritt.

*Nebenwirkungen:* Cyanose, Krampfhusten, Atemstillstand, klonische Muskelzuckungen, Excitation. Selten: Nausea, Erbrechen. — Shockartige Todesfälle kommen bei allen diesen Kurznarkotica ohne erkennbare Ursache, auch bei sorgfältigster Einhaltung der Narkosetechnik, allerdings sehr selten vor, was auf analoge individuelle Überempfindlichkeit, wie sie bei Lokalanästhesie vorkommt, schließen läßt. Bei Verwendung als Langnarkoticum (Infusionsnarkose) sind Atemstörungen relativ häufig.

*20. Narconumal,* N-Methyl-allylisopropylbarbitursäure (Methyl-Numal), $C_{11}H_{16}O_3N_2$. Nur i. v. in 10 %iger Lösung das Na-Salz als Kurz- und Einleitungsnarkoticum. Gleiche Gefahren wie bei Evipan und Eunarcon. Auch hier gelegentlich Todesfälle (Nichterwachen während 10—12 Stunden und Übergang in tödlichen Kollaps) bei sorgfältigster Einhaltung der Narkosetechnik! Postnarkotische Erregungszustände wie bei den anderen Kurznarkotica, selten Erbrechen; in vielen Fällen Singultus. Durchschnittliche Dosis für Kurznarkose 6,5 bis 8,5 ccm der 10%igen Lösung. Bei Langnarkose mit Verbrauch von 20 ccm und mehr ist Erbrechen relativ häufig; dann kommt es auch zu postnarkotischer Erregung in etwa 65% der Fälle; auch die Dauer des Nachschlafes steigt mit der Dosis sehr stark an.

Verwendung der Kurznarkotica in der Sprechstunde ohne Assistenz, zur kriminellen Abortleitung, ist nicht selten; dabei plötzliche Todesfälle wegen ungenügender Narkosetechnik.

*Sektionsbefund:* meist negativ; etwas Gehirnhyperämie. Bei Asphyxietod auch Hyperämie der innern Organe, subpleurale und subendokardiale Blutungen, flüssiges Blut, Ekchymosen der Haut. Nachweis des Kurznarkoticums infolge raschen Abbaues äußerst schwierig, oft unmöglich.

*Schrifttum.*

*Bor, H. A.* u. *C. J. Storm:* Langdauernde Evipan-Natrium-Narkose in der Mund- und Kieferchirurgie. Geneesk. Tijdschr. Nederl.-Indie **75**, 1621—1639 (1935). — *Demole, V.:* La narcose par voie intraveineuse. Etude pharmacologique de l'allylisopropyl-n-methyl-barbiturate de Na (Narconumal Roche). Verh. 1. internat. Kongr. ther. Union **1937**, 196—204 u. 248—250. — *Domanig, E.:* Der heutige Stand der Evipannarkose. Wien. klin. Wschr. **1935 II**, 1245—1247. — *Els:* Evipannatriumrausch und Avertinnarkose, eine ideale gegenseitige Ergänzung. Dtsch. med. Wschr. **1933 I**, 685. — *Falck, J.:* Über Eunarconnarkose im Kindesalter. Schmerz, Narkose. Anästhesie **10**, 6.—13. 4. 1937. — *Flamm, L.:* Die intravenöse Narkose mit Evipan-Natrium. Klin. Wschr. **1934**, 430. — *Glet, E.:* Über den Verbleib des Kurznarkoticums Eunarcon im Organismus. Diss. Kiel 1936. — *Goldhahn, R.:* Die Gefährlichkeit eines Narkosemittels. Münch. med. Wschr. **1933**, 1640. — *Holtermann, C.:* Zur Evipan-Na-Narkose. Münch. med. Wschr. **1933**, 154. — *Holtermann, C.:* Besteht eine wesentliche Gefährdung bei Anwendung von Evipan-Natrium (E. Na.)-Narkose in der Geburtshilfe? Zbl. Gynäk. **1934**, 286. — *Hövelborn, K.:* Die intravenöse Evipannarkose. Klin. Wschr. **1934**, 372. — *Joltrain, Ed.* u. *D. Morat:* Über die Wirkung des Evipan-Natriums im Menschen auf die Kreislauf- und Atmungsleistung, den Gasstoffwechsel, die Gleichgewichtsverhältnisse im Blut und verschiedene Reflexe. Anesth. et Analg. **2**, 322 (1936). — *Kamniker, K.* u. *G. Rintelen:* Erfahrungen mit Evipan bei größeren Eingriffen. Klin. Wschr. **1935**, 1515. — *Menegaux, G.* et *L. Sechehaye:* Etude critique de l'anesthésie générale à l'évipan sodique. J. de Chir. **44**, 363 (1934). — *Redmann, G.:* Ein Narkosezwischenfall bei Anwendung von Evipan. Zbl. Gynäk. **1934**, 389. — *Richard, A.* Sur la narcose à l'évipan. C.r. Soc. Biol. Paris. **130**, 1016 (1939). — *Rusca, F.:* Über 4 Fälle von Polyneuritis nach Evipannarkose. Schweiz. med. Wschr. **1938**, 630. — *Scharpff:* Die klinischen Ergebnisse bei der Verabreichung von Evipan. Dtsch. med. Wschr. **1932**, 1206. — *Schürch, O.* u. *E. Bretscher:* Die intravenöse Narkose mit Narconumal Roche. Schweiz. med. Wschr. **1937**, 121. — *Spitzer, W.:* Kann die intravenöse Kurznarkose mit Evipan-Natrium dem praktischen Arzte empfohlen werden? Med. Klin. **1934 I**, 296. — *Steinbrück:* Zwischenfälle bei Evipannarkose. Verh. ärztl. Ges. **12**, 11 (1934). — *Stimpfl, A.:* Ist die intravenöse Evipannarkose ungefährlich? Münch. med. Wschr. **1933**, 1429. — *Timpe, O.* u. *J. Jacobi:* Tod durch Eunarcon? Zbl. Chir. **1936**, 1592. — *Vollmer, H.:* Selbstmordversuch und beabsichtigte Tötung eines Kindes mit Evipan. Slg. Verg.-Fälle B **89**. — *Voss, E. A.:* Rausch- und Kurznarkose bei Kindern mit Evipan-Natrium. Dtsch. med. Wschr. **1933**, 958. — *Weese, H.:* Über den Wirkungsmechanismus einiger Narkosezwischenfälle bei Mundbodenphlegmone. Zbl. Chir. **1939**, 22. — *Winkler, H.* u. *G. Busemann:* Zur Frage der Evipan-Langnarkose. Z. Geburtsh. **117**, 329 (1938).

*b) Hydantoinderivate.*

21. *Nirvanol*, Phenyläthylhydantoin, $C_{11}H_{12}O_2N_2$. Weiße, geschmacklose Nadeln, F. = 197°. In Wasser schwer löslich, 1:20 in Alkohol, 1:200 in Äther.

*Nirvanol-Na,* in Wasser leicht löslich, schmeckt bitter.

*Wirkung:* Starkes Hypnoticum mit narkotischer Nebenwirkung. Dosis als Hypnoticum: 0,25 bis 0,5 g. In der Psychiatrie gegen Erregungszustände bis zu

1,0 g: auch bei Epilepsie mit Brom zusammen, vor allem als Mittel gegen *Chorea minor.*

Wegen langsamer Ausscheidung *kumulative* Erscheinungen bei Dauergebrauch.

*Akute Vergiftung:* Nach 10—12 Tabl. zu 0,5 g dreitägiges Koma mit kleinem Puls und ausgesprochener Gesichtshyperämie (Capillargift wie Veronal).

*Subakute Vergiftung:* Relativ häufig bei Dauergebrauch Nebenwirkungen verschiedenen Grades: Nausea, Erbrechen, Schwächung der Sehnenreflexe im sog. Nirvanolkater, der sich durch langanhaltendes Benommensein auszeichnet; ferner Diplopie, Miosis. Schon nach wenigen Dosen von 0,5 g können Kopfschmerzen, Schwindel, Müdigkeit, Verschlechterung der psychischen Leistungen eintreten.

Nach mehrtägigem Nirvanolgebrauch, selten vor dem 5.—6. Tag, kommt es (ähnlich wie bei Luminal) zur Ausbildung eines meist von Fieber bis 40° begleiteten Exanthems, das teils als Kumulationserscheinung, teils im Sinne allergischer Reaktion (erworbener Überempfindlichkeit) aufzufassen ist. Die makulopapulösen, scharlach-, masernähnlichen oder urticariellen Exantheme sind manchmal von starker ödematöser Schwellung des geröteten oder cyanotischen Gesichts begleitet. Diese als „Nirvanolkrankheit" bezeichneten Symptome gehen im Beginn des Exanthems oft mit Thrombopenie, Leukopenie, Neutrophilie, Linksverschiebung, Eosinophilie bis 34% (diese auch unabhängig vom Exanthem) einher (*Wechsler*). Diese Erscheinungen deuten auf Schädigung des Knochenmarks analog wie bei Sedormid. Über aplastische Anämie unter Nirvanoltherapie bei Chorea vgl. *Heidenreich.*

Nicht ganz selten ist bei subakuter Vergiftung Conjunctivitis, manchmal mit starken, weißlichen Belägen; seltener Stomatitis (auch ulceröse), Schleimhautschwellung, Schwellung der Bronchialschleimhaut mit hohem Fieber, bullöses Exanthem. Die „Nirvanolkrankheit" kann wie eine akute Infektionskrankheit aussehen und diagnostisch u. U. Schwierigkeiten bereiten.

*Schrifttum.*

*Franke, K.:* Über die Choreabehandlung mit Nirvanol. Diss. Göttingen 1930. — *Glanzmann, F.* u. *St. Shaffer:* Zur Nirvanolbehandlung der Chorea minor. (Nirvanolnebenwirkungen.) Schweiz. med. Wschr. **1936**, 440. — *Häfliger, J.:* Über Nirvanolbehandlung der Chorea minor nebst Bemerkungen über Nirvanolwirkung überhaupt. Diss. Basel 1930. — *Heydenreich, M.:* Aplastische Anämie nach Nirvanolbehandlung einer Chorea minor. Fortschr. Ther. **13** 680 (1937). — *Spaar:* Psychiatrische Erfahrungen mit Nirvanol und Acetylnirvanol. Münch. med. Wschr. **1923**, 1528. — *Stertz, H.:* Über die Nirvanoltherapie im Kindesalter. Diss. Würzburg 1932. — *Trusen, M.:* Zur Nirvanolbehandlung der Chorea minor. Diss. Berlin 1929. — *Wechsler, L.:* Durch Nirvanol bedingte Veränderungen im Blutbild. Slg. Verg.-Fälle A **634**.

*c) Harnstoffderivate im engeren Sinn.*

22. *Bromural, Bromisovalum,* Bromisovalerianylharnstoff, $_6H_{11}O_2N_2Br$. Weißes, krist. etwas baldrianähnlich riechendes und leicht bitter schmeckendes, schwer wasserlösliches Pulver. F. = 147—149°.

*Wirkung:* Sedativum und schwaches Hypnoticum in der Dosis von 0,6—1,0 g.

*Akute Vergiftung:* tödliche Vergiftungen sind nicht bekannt. Nach 30 Tabl. zu 0,3 g 1½tägige Bewußtlosigkeit; Erholung. Nach 50 Tabl. tiefes Koma, kaum fühlbarer Puls; Erholung.

*Bromuralmißbrauch ( Bromuralismus):* Nicht ganz selten ist chronische Bromuralvergiftung unter Gewöhnung an sehr hohe Dosen. Vier Jahre dauernde tägliche Einnahme von 30 Tabl. Bromural führte bei 32jährigem Mann zu Ataxie, Gedächtnisschwäche, Magenstörungen, Depression mit Suicidversuch (*Mayer*).

Bei 10jährigem Bromuralismus, beginnend mit 2, später mit 10—30 Tabl. zu 0,3 g täglich, kam es zu Sprachstörungen, Intelligenz- und Gedächtnisschwäche, Desorientiertheit, Ataxie (*Romberg*), Reflexsteigerung, Pupillendifferenz, träger Pupillenreaktion; symptomatologisches Bild wie bei Paralyse. Diagnose erst nach Feststellung des negativen Blut- und Liquor-*Wassermanns* (*Jacob*). In anderen Fällen von Bromuralismus: Bromoderma tuberosum; temporale Ablassung der Papille, zentrales Skotom.

Bei 44jährigem Mann führte Bromuralmißbrauch während neun Jahren mit zuletzt 20—30 Tabl. täglich zu Euphorie, später zu Schläfrigkeit, gegen welche mit Erfolg erneute Bromuraldosis eingenommen wurde; ferner: Tremor, Taumeln, Schwerbesinnlichkeit, Sprachstörungen, Abmagerung. Im Zustand der Sucht Unterschlagungen.

Nach Gewöhnung eines Hysterikers an 15 bis 20 Tabl. täglich bei Entziehung als Abstinenzerscheinungen: Schwindel, Augenflimmern, Amaurose (*Herzberg*).

*Schrifttum.*

*Christiani, E.:* Chronische Bromuralsucht. Münch. med. Wschr. **1935 I**, 95. — *Herzberg, A.:* Ein Fall von Bromuralismus. Dtsch. med. Wschr. **1927**, 26. — *Jacob, Ch.:* Ein Fall von chronischer Bromuralvergiftung. Med. Klin. **20**, 747 (1924). — *Meyer, J.:* Ein Beitrag zur chronischen Bromuralsucht. Münch. med. Wschr. **1935 I**, 535. — *Sattler, C. H.:* Bromural- und Adalinvergiftung des Auges. Klin. Mbl. Augenheilk. **70**, 149 (1923). — *Sjögren, V. H.:* Zur Frage des Mißbrauchs von Arzneimitteln. Nord. med. Tidskr. (schwed.) **1933**, 1517.

*23. Adalin, Bromadalum*, Somben, Bromdiäthylacetylharnstoff, $C_7H_{13}O_2N_2Br$. Weißes, in kaltem Wasser fast unlösliches, beinahe geschmackloses (leicht bitteres) Pulver. F. = 116°. Als Hypnoticum zu 0,5—1,0 g mit relativ raschem Eintritt der hypnotischen Wirkung. Ausscheidung ziemlich relativ langsam, deshalb kumulative Wirkungen möglich. Akute Vergiftung auch bei sehr hohen Dosen selten tödlich.

*Dosis toxica:* Etwa von 3 g an. 3—4 g machen tiefen Schlaf, selten Bewußtlosigkeit. Selbst 9—10 g führen nicht immer zu eigentlicher Bewußtlosigkeit, nur zu schwerem Schlaf mit langer Nachwirkung. — Rauschähnlicher Erregungszustand bei einjährigem Kind nach 0,5 g Adalin.

*Dosis letalis:* Von etwa 20 g Adalin an. Tödliche Vergiftung nach etwa 40 Tabl. Adalin zu 0,5 g, neben Alkohol, an Bronchopneumonie. Auch in zwei anderen suicidalen Vergiftungsfällen waren 20 g Adalin letal. 96 Tabl. (48 g) Adalin führten bei 17jährigem schon innerhalb 9—10 Stunden zum Tode. Eine weitere suicidale Vergiftung mit 80 Tabl. Adalin (40 g) und 20 Tabl. (10 g) Aspirin war letal.

*Pathologisch-anatomischer Befund:* Histologischer Gehirnbefund wie bei anderen Schlafmittelvergiftungen: Gehirnhyperämie und kleine Blutungen, Ringblutungen (*Wojahn*).

*Nachweis in Leichenteilen:* Adalin zersetzt sich rasch, namentlich in alkalischem Milieu, so daß u. U. schon innerhalb 24 Stunden in der Leiche nichts mehr nachweisbar! Deshalb Asservierung der *frischen* zerkleinerten Organe in Alkohol notwendig.

*Besonderheiten der Vergiftungssymptomatologie: bei subakuter Vergiftung:* Drei Fälle von Erythrodermia exfoliativa. Auch sonst relativ häufig Hauterscheinungen, universelles Erythem mit Pruritus.

Für Adalin und andere Harnstoffderivate (Abasin, Sedormid) als seltener, aber mehr oder weniger charakteristischer Befund: thrombopenische Purpura mit Hautjucken nach längerem Gebrauch dieser Schlafmittel (*Mulzer* und *Habermann*).

Wiederholt Fälle von *Adalinsucht* mit den typischen Erscheinungen der Ataxie, Charakterveränderung, eigentlichen Psychosen; bei Entziehung Delirien (*Pohlisch* u. a.). In einem eigenartigen Fall von chronischer Adalinvergiftung führte Einnahme von drei bis sechs, später bis täglich 12 Tabl. zu 0,5 g,

zu Anisokorie, Abnahme des Sehvermögens, Pupillenstarre, temporaler Abblassung, zentralem Skotom.

*Schrifttum.*

*Balázs, J.:* Adalin-Vergiftung. (Selbstmord.) Slg. Verg.-Fälle A **298**. — *Gerhartz, H.:* Adalin-Überempfindlichkeit. Slg. Verg.-Fälle A **26**. — *Gerhartz, H.:* Adalin-Vergiftung. (Selbstmord.) Slg. Verg.-Fälle A **238**. — *Klimanek, G.:* Vergiftungen durch Adalin und ihre Beziehungen zur gerichtsärztlichen Medizin. Diss. Breslau 1926. — *Merkel, H.:* Adalin-Vergiftung. (Selbstmordversuch.) Slg. Verg.-Fälle A **152**. — *Mulzer* u. *Habermann:* Adalin, exantheme unter dem Bilde der Purpura Majocchi. Z. Neur. **128** 374 (1930). — *Wojahn, K.:* Adalin-Vergiftungen. Slg. Verg.-Fälle C **41**.

*24. Sedormid*, Allyl-Isopropylacetylharnstoff, Allyl-Isopropylacetylcarbamid, $C_9H_{16}N_2O_2$. Weißes, krist., in Wasser schwer lösliches, in organischen Solvenzien leichter lösliches Pulver. F. = 193°, In der Dosis von 0,2—0,5 g gutes, relativ rasch wirkendes Hypnoticum und Sedativum (Tabl. zu 0,25 g.)

*Dosis toxica:* Wohl von 2,0 g an. Vergiftungsfall nach Einnahme von 40 Tabl. = 10 g Sedormid, von denen etwa 7—8 g zur Resorption gelangten: tiefe Bewußtlosigkeit, langsame, schnarchende Atmung, weite Pupillen mit träger Lichtreaktion, lebhafte Patellarreflexe und Dermographismus. Nach 1½ tägiger Bewußtlosigkeit Erwachen unter starker psychomotorischer Unruhe und Jaktation (*Balázs*).

*Dosis letalis:* Wohl von 10,0 g an.

Tödliche Sedormidvergiftung durch Einnahme von 51 Tabletten (= 12,75 g Sedormid) mit histologischem Gehirnbefund: Degeneration in Vagus- und Ponskernen und im Gebiet der Substantia reticularis (*Fortanier*).

*Besonderheiten der toxischen Sedormidwirkung:* Bei längerem Sedormidgebrauch kommt es relativ selten zu Sedormidüberempfindlichkeit wohl auf allergischer Grundlage mit den hier typischen Erscheinungen der *thrombopenischen Purpura* mit Schleimhaut- und Hautblutungen. Erkennung oft schwierig: in einem Fall wurde wegen innerlichen Blutungen die Milzexstirpation vorgenommen, worauf die Blutungen standen; nach erneuter Sedormideinnahme wieder Blutungen und Sistierung erst innert acht Tagen; schon durch ¼ Tabl. Sedormid erneut Thrombopenie mit positivem Rumpel-Leede; nach zwei Tagen Wiedererscheinen der Thrombocyten im Blut (*Walterskirchen*). — In anderem Fall von Hautblutungen wurde „orale Sepsis" angenommen, deshalb Zahnextraktionen: Im Anschluß daran unstillbare Blutungen aus Alveolen und aus Nierengefäßen, die zu lebensbedrohlichem Zustand führten. Rettung nur durch mehrfache Bluttransfusionen. Daneben auch Darmblutungen; schließlich schwere Anämie. Die Beobachtung, daß sich die Blutungen regelmäßig nach Sedormidgebrauch verstärkten, führte zur Diagnose der toxischen thrombopenischen Purpura. Vorausgehend war Sedormidgebrauch über Monate ohne Nebenerscheinungen erfolgt (*Graupner*). Diese spezielle Art von Überempfindlichkeit tritt bei disponierten Individuen fast immer schon nach Einnahme normaler therapeutischer Dosen (z. B. 1 Tabl. Sedormid täglich während einiger Wochen oder Monaten) auf. In einem Fall kam es zu unstillbaren Nasenbluten nach einigen Wochen Sedormidgebrauch, welches nach Aussetzen desselben völlig sistierte (*Hill*). Die Ursache dieser Erscheinungen beruht wohl auf Überempfindlichkeit resp. toxischer Schädigung des Knochenmarkes, wahrscheinlich auf allergischer Grundlage. Durch Sternalpunktion wurden mehr oder weniger typische Veränderungen an den Riesenzellen festgestellt. Im ganzen sind schon weit über 100 Fälle bekannt. Dabei scheint Allergisierung noch nach Monaten möglich bei Individuen, die früher Sedormid gut ertragen haben. Analoge Erscheinungen, aber seltener wie bei Sedormid, auch nach Adalin- und Abasingebrauch, also ebenfalls bei alkylierten Harnstoffderivaten. Eine gewisse Zunahme dieser Purpurafälle ist bei dem großen und nicht durch Rezepturzwang geschützten Sedormidgebrauch zweifellos zu erkennen. Deshalb ist bei ätiologisch unklaren Fällen von thrombopenischer Purpura in erster Linie an Sedormid(Abasin-)schädigung zu denken.

*Chronische Sedormidvergiftung:* Nach jahrelanger Sedormideinnahme bis zu täglich 6—7 Tabl. kam es fast täglich zum Auftreten eines rauschartigen Zustandes. Nach Ersatz dieses Schlafmittels durch ein anderes „Abstinenz"-Delirium von elftägiger Dauer (*Ravn*)! Auch Fälle von Sedormidsucht mit rauschartigen Wirkungen und psychotischen Erscheinungen werden in zunehmendem Maße bekannt. So wird über Dämmerzustände durch Sedormid bei dessen suchtmäßigem Gebrauch berichtet. Bei bestehender Gewöhnung an hohe Dosen kam es in einem Fall nach Aussetzen des Sedormids zu einem toxisch bedingten Verwirrtheitszustand mit Halluzinationen.

*25. Abasin,* Acetyl-Bromdiäthylacetylharnstoff (Acetyladalin), $C_9H_{15}O_3N_2Br$. Weißes, schwach bitter schmeckendes, in Wasser schwer lösliches krist. Pulver. F = 109°. In Tabl. zu 0,25 g als Sedativum bei nervöser Erregbarkeit und als leichtes Hypnoticum. Toxikologisch ähnlich zu beurteilen wie Sedormid und Adalin.

Nach jahrelangem Abasingebrauch (täglich 0,3 g) thrombopenische Purpura mit hartnäckigem Hautjucken (*Morawitz*). Zwei schwere Fälle von Abasinsucht bei Psychopathen vgl. *Ertel*.

*Schrifttum.*

*Balázs, J.:* Sedormid-Vergiftung. (Selbstmordversuch.) Slg. Verg.-Fälle A **359**. — *Ebstein:* Das neue Sedativum Abasin. Dtsch. med. Wschr. **1924**, 1086. — *Ertel, G.:* Über Mißbrauch von Abasin. Psychiatr.-neur. Wsch. **1939**, 144. — *Fortanier, A. H.:* Sedormid-Vergiftung. Slg. Verg.-Fälle A **572**. — *Gavern, T. M.* u. *J. Wright:* Purpura hämorrhagica infolge Sedormid. J. amer. méd. Assoc. **112**, 1687 (1939). — *Graubner, W.:* Sedormid-Gebrauch, chronischer, als Ursache hämorrhagischer Diathese. Slg. Verg.-Fälle A **451**. — *Hill, D. B.:* Thrombopenische Purpura nach Gebrauch von Sedormid. Slg. Verg.-Fälle A **778**. — *Huber, H. H.:* Purpura hämorrhagica durch Sedormid. J. amer. med. Assoc. **113**, 674 (1939). — *Kärber, G.:* Tödliche Sedormidvergiftung bei einem Kinde. Slg. Verg.-Fälle A **839**, 570. — *Langle, J.:* Ein Fall von Purpura durch Sedormid. Bull. Soc. méd. Hôp. Paris **54**, 1761 (1938). — *Loewy, F. E.:* Thrombopenie haemorrhagie purpura, due to idiosyncrasy towards the hypnotic sedormid. Allergotoxic effect. Lancet **1934 I**, 845. — *Morawitz, P.:* Abasin-Gebrauch, langdauernder, als Ursache einer hämorrhagischen Diathese unter dem Bilde der Purpura Majocchi. Slg. Verg.-Fälle A **119**. — *Pagniez, Ph., A. Plichet, J. Fauvet:* Thrombopenische Purpura im Anschluß an Sedormid. Bull. Soc. méd. Hôp. Paris **54**, 1659 (1938). — *Ravn, J.:* Chronische Sedormidvergiftung mit nachfolgender Abstinenzpsychose. Hosp.tid. (dän.) **1938**. Nr. 8. — *Walterskirchen, L.:* Ein Fall von Sedormid-Überempfindlichkeit mit thrombopenischer Purpura. Slg. Verg.-Fälle A **666**.

## II. Schlafmittel der Fettsäureamidgruppe.

*26. Neuronal,* Bromdiäthylacetamid, $C_6H_{12}NOBr$. Weißes, in kaltem Wasser schwer lösliches Pulver (in heißem Wasser unter Zersetzung) von moderartigem Geruch und etwas bitterem, kühlendem Geschmack. Leicht löslich in organischen Solvenzien. F. = 66—67°. In der Dosis von 0,5 g als Sedativum oder leichtes Hypnoticum. Keine schweren Vergiftungen bekannt. Nebenwirkungen: Kopfschmerzen, Tachykardie, auch Erbrechen, Durchfall; bei stärkerer Überdosierung: Rauschzustände und taumelnder Gang.

*27. Novonal,* Diäthylallylacetamid, $C_9H_{17}NO$. Weißes Pulver, in kaltem Wasser 1:120, in heißem Wasser relativ leicht löslich, leicht in Alkohol, Äther und Chloroform. 0,3 g Novonal wirken in 40—60 Minuten hypnotisch mit Nachwirkung von 6—8 Stunden. Als Sedativum zu 0,15—0,3 g. Keine schweren Vergiftungsfälle bekannt.

*28. Neodorm,* α-Brom-α-Isopropylbutyramid, $C_7H_{14}NO$. F. = 50—51°. Weiße, in Wasser 1:15 lösliche Kristalle, in organischen Solvenzien gut löslich. In Dosen zu 0,3 g als Hypnoticum und Sedativum. 10 Dosen zu 0,3 g auf einmal führten bei 62 jähriger Frau zu tödlicher Vergiftung.

*Schrifttum.*

*Bockmühl:* Novonal, ein neues Schlafmittel. Dtsch. med. Wschr. **1928**, 270. — *Darvas, G.:* Fall von Neodorm-Vergiftung. Ref. Dtsch. Z. gerichtl. Med. **18**, 196 (1932). — *Euler:* Erfahrungen mit Neuronal. Ther. Mh. **19**, 168 (1905). — *Schaumann:* Novonal, ein neues Schlafmittel. Dtsch. med. Wschr. **1928**, 270.

## III. Carbaminsäurederivate (Urethane).

*29. Urethan, Äthylurethan,* Carbaminsäureäthylester, $NH_2COOC_2H_5$. Weiße Krist. Sehr leicht löslich in Wasser und Alkohol. F. = 48—50°. Sedativum und leichtes Hypnoticum in Dosen von 0,5—2,0 g, hauptsächlich für Kinder. Nebenwirkungen: Übelkeit, Erbrechen, Albuminurie, Kopfschmerzen, leichte Benommenheit, Schwindel, Augenflimmern. Schwere Vergiftungen kaum bekannt. Selbst bei großen Dosen, die zu Narkose führen, ist Urethan für Respiration und Zirkulation weitgehend indifferent. Chronischer Gebrauch führte bei Paralytiker zu Stupor.

*30. Hedonal,* Methylpropylcarbinolurethan, $C_6H_{13}O_2N$. Weißes krist. Pulver von pfefferminzartigem Geschmack. In Wasser schwer löslich, leichter in verdünntem Alkohol. F. = 76°. Als Hypnoticum zu 1,0—2,0 g; reizt Magenschleimhaut, deshalb häufig rectal. Auch für Dauerschlaftherapie mit Morphin und als Basisnarkoticum i. v. in 0,75 %iger Lösung. Nach i. v. Hedonalnarkose Lungenödem und bullöses Exanthem.

*Akute Vergiftung:* 8 g per os führten zu Erbrechen, Schwindel, Schlafsucht, Cyanose, Pulsbeschleunigung, Taumeln, Krämpfen. Ausgang in Heilung. Tödliche Vergiftungen nicht bekannt.

*31. Voluntal,* Carbaminsäuretrichloräthylester (Trichloräthylurethan), $C_3H_4O_2NCl_3$. Weiße Krist. In Wasser schwer lösliches, schwachbitter schmeckendes und an Zunge Anästhesie erzeugendes Pulver. Leicht löslich in organischen Solvenzien; F = etwa 64°. Leichtes Hypnoticum zu 1,0—2,0 g. Keine lokale Reizung. Wird im Organismus vollständig abgebaut. Keine Kumulation. Schwere Vergiftungen anscheinend nicht bekannt.

## IV. Vergiftungen durch Schlafmittel-Antipyreticakombinationen. a) Kombination von Barbitursäurederivaten mit Pyramidon:

Massive akute Vergiftungen mit Mitteln wie *Veramon, Allonal, Cibalgin, Optalidon, Doralgin* usw. sind dadurch ausgezeichnet, daß trotz hohen Pyramidongehalts, welches in toxischen Dosen ein Krampfgift darstellt, die narkotischen Wirkungen der Barbitursäurederivate völlig überwiegen, so daß das Vergiftungsbild mit demjenigen bei schwerer Schlafmittelvergiftung so gut wie identisch ist. Dabei sind Andeutungen von Krampferscheinungen wohl etwas häufiger wie bei reiner Schlafmittelvergiftung. In der Regel kommt es aber nur zu Muskelzuckungen, wie sie auch bei reiner Barbituratvergiftung vorkommen. Zur Erkennung der Vergiftung mit Barbitursäure-Pyramidonkombinationen ist die fast immer eintretende Rotfärbung des Urins zu beachten, welche durch Rubazonsäure, ein oxydatives Umwandlungsprodukt des Pyramidons, zustandekommt. Die lokale Reizwirkung des Pyramidons macht sich relativ häufig durch Erbrechen bemerkbar, und fast regelmäßig kommt es bei schwerer Vergiftung zu Albuminurie (aber auch bei reiner Barbituratvergiftung) als Zeichen toxischer Nephrose.

*1. Veramon.* 1,0 g Veramon = 0,28 g Veronal + 0,72 g Pyramidon. Gelbes, in heißem Wasser und organischen Lösungsmitteln lösliches Pulver. F. = 95 bis 97°. In Dosen von 0,3—0,5 g als Sedativo-Analgeticum.

*Akute Vergiftung:* 1,8 g Veramon machte bei 72jähriger Frau vorübergehende Bewußtlosigkeit. Nach 8 g Veramon = 2,3 g Veronal + 5,72 g Pyramidon: Bewußtlosigkeit, schwerer Kollaps, tetanieartige Krämpfe während einiger Tagen (*Langendorff*). Nach 11,6 g Veramon = 3,5 g Veronal + 8,3 g Pyramidon: Bewußtseinsstörung, Krämpfe, Tobsuchtsanfälle. Nach 30 Tabl. zu 0,4 g = 12 g Veramon: sehr rasch Bewußtlosigkeit, stertoröses Atmen, Nystagmus, fast reaktionslose, enge Pupillen, kleiner frequenter Puls, tiefer Schlaf fast während acht Tagen. 8—16 g Veramon führten in der Regel zu Benommenheit und tiefem, narkotischem Schlaf. Bei den schwereren Vergiftungsfällen toxische Nephrose, Albuminurie.

*Dosis medicinalis:* 0,3—0,5 g.

*Dosis toxica:* Etwa von 2—3,0 g an, bei besonderer Empfindlichkeit schon von etwa 1,0 g an.

*Dosis letalis:* von 20 g an, entsprechend 6—7 g Veronal + 13—14 g Pyramidon.

Die gegenseitige „funktionelle Entgiftung" der beiden Komponenten ist jedenfalls nicht so weitgehend, verglichen mit entsprechenden Dosen reinen Veronals, wie gelegentlich behauptet wird. Maßgebend ist auch hier in erster Linie die individuelle Resistenz des Organismus resp. das Entgiftungsvermögen für die beiden Komponenten des Veramons.

*Subakute, kumulative Vergiftung:* Schon in therapeutischen Dosen kann Veramon nach wenigen Tagen Exantheme machen. Mehrtägige Überdosierung durch Einnahme von 40 g Veramon = 11,4 g Veronal + 28,6 g Pyramidon innert acht Tagen führte zu zweitägiger Benommenheit und tieferer Bewußtseinsstörung.

*Veramonmißbrauch:* Bei Verbrauch von 100 g Veramon innert acht Wochen Erregungszustände, unregelmäßige Atmung, Sprachstörungen, Ataxie, Schwitzen, Fehlen der Pupillenreflexe. Ausgang in Heilung innerhalb vier Wochen.

Bei Verbrauch von täglich 8 g Veramon während sieben Tagen (= total 63 g): Benommenheit, taumelnder Gang, oberflächliche Atmung, Cyanose, Herabsetzung der Reflexe, Tremor (während dieser Zeit des Veramonabusus Dienst als Kraftwagenführer!).

*2. Allonal* (Allional). Gelblichweißes, in Wasser wenig lösliches, bitter schmeckendes krist. Pulver. F = 93°. In einer Tabl. = 0,06 g Numal + 0,1 g Pyramidon. In Dosen von 0,16 g als Sedativo-Analgeticum.

*Nebenwirkungen:* Schwindel, Nausea; seltener: Erbrechen, schwankender Gang, Somnolenz, Exantheme.

*Akute Vergiftung:* 200 Tabl. zu 0,06 g Numal = 12 g Numal + 20 g Pyramidon wurden nach schwerster prämortaler Vergiftung überstanden. Nach 100 Tabl. Allonal (6 g Numal + 10 g Pyramidon) Tod am dritten Tag durch Aspirationspneumonie (*Balázs*). Nach 120 Tabl. schwere Vergiftung mit Bewußtlosigkeit. Ausgang in Heilung (*Weiß*).

*Pathologisch - anatomischer Befund:* degenerative Prozesse in Linsenkern, Medulla, Thalamus, Hirnrinde (*Fazekas*); fettige Degeneration an den Gehirncapillaren. Leber- und Nierenschädigung.

Bei chronischem Allonalmißbrauch ähnliche Erscheinungen wie bei Veramon. Bei besonderer Empfindlichkeit des Knochenmarkes kommt es nach längerem Gebrauch dieser Kombinationspräparate zu Agranulocytose analog wie mit reinem Pyramidon.

Toxikologisch gleich wie Veramon und Allonal (auch hinsichtlich Agranulocytose) sind alle Barbiturat-Pyramidonkombinationen zu beurteilen, wie

beispielsweise *Cibalgin* (Dial + Pyramidon), *Optalidon* (Sandoptal + Pyramidon), *Doralgin* (Pernocton + Pyramidon).

*Schrifttum.*

*Balázs, J.:* Allonal-Vergiftung. (Selbstmord.) Slg. Verg.-Fälle A **234**. — *Balázs, J.:* Veramon-Vergiftungen. (Selbstmordversuche.) Slg. Verg.-Fälle A **360**. — *Beilke:* Über Folgen von Veramon-Mißbrauch. Münch. med. Wschr. **1926**, 1800. — *Fazekas, G. I.:* Histologische Veränderungen des Zentralnervensystems nach akuter Allonalvergiftung. Mschr. Psychiatr. **90**, 336 (1935). — *Hendrych, F.:* Veramon-Vergiftungen. Slg. Verg.-Fälle C **24**. — *Kärber, G.:* Optalidonvergiftungen bei Kindern. Slg. Verg.-Fälle A **824**, 209. — *Langendorff* u. *Wolf:* Zur Frage der Vergiftung mit Veramon. (Eine Entgegnung zu dem Artikel von Dr. *Mühlpfordt*, Allenstein, in der Münch. med. Wschr. **1930 I**, 1021.) Münch. med. Wschr. **1930 II**, 1368. — *Lickint, F.:* Die Toxizität des Veramons. (Zugleich Mitteilung eines Suicidversuches mit Veramon.) Münch. med. Wschr. **74**, 853 (1927). — *Meier, M. S.:* Agranulozytose als Vergiftungsfolge (Pyramidon, Cibalgin, Veramon, Allonal, Novalgin). Slg. Verg.-Fälle A **665**, 39. — *Mühlpfordt, H.:* Ist es möglich, sich mit Veramon zu vergiften? Münch. med. Wschr. **1930 I**, 1021. — *Neidhardt, K.:* Erfahrungen mit Dormalgin. Dtsch. med. Wschr. **1926**, 2168. — *Remond* et *Colombies:* Intoxication par l'allonal. Ann. Méd. lég. etc. **5**, 338 (1925). — *Taeger, J.:* Leichte Cibalginvergiftung. Slg. Verg.-Fälle A **788**, 83. — *Velten, C. H.:* Selbstmord durch Einnahme von Allipropantabletten. Slg. Verg.-Fälle A **809**, 149. — *Weiß, H.:* Allonal-Vergiftung. (Selbstmordversuch?) Slg. Verg.-Fälle A **74** und Dtsch. med. Wschr. **1930 I**, 358.

*b) Andere Schlafmittelantipyreticakombinationen* wie z. B. *Somnin* (Allyl-propylbarbitursäure + Aspirin + Phenacetin), *Quadronox* (80 % Veronal + Antipyretica), *Gelonida somnifera* (Medinal + Ervasincalcium + Codein), *Compral* (Voluntal + Pyramidon), *Somnacetin* (Medinal + Phenacetin + Codein) machen bei Überdosierung die Erscheinungen der Schlafmittelvergiftung, wobei die Antipyretica sich u. U. durch lokale Reizwirkung im Magen, Erbrechen, verstärkte Albuminurie bemerkbar machen können.

Eine Vergiftung durch 20 Tabl. *Somnin* zu 0,5 g führte über schweres narkotisches Koma zum Tode.

*Schrifttum.*

*Cramer, E.:* Die Wirkung des Alkohols bei der Schlafmittelvergiftung. Diss. Göttingen 1938. — *Creuzberg, G.:* Quadro-Nox und Diäthylbarbitursäure. Med. Klin. **1931**, 961. — *Dankmeyer:* Erfahrungen mit dem neuen Schlafmittel Gelonida somnifera. Med. Klin. **1931**, 1040. — *Hangleiter, H.:* Dicodid-Veramonvergiftung. Slg. Verg.-Fälle A **759**, 159.

*Vergiftungen durch Schlafmittelkombinationen und weitere kombinierte Vergiftungen.*

Schlafmittelvergiftungen durch Schlafmittelkombinationen sind nach Zusammensetzung und toxischer Dosis zu beurteilen; jedenfalls ist bei Vergiftung mit Schlafmittelkombinationen *allein* nur mit einer additiven Wirkung der einzelnen Schlafmittel zu rechnen. Suicidale kombinierte Schlafmittelvergiftungen durch Einnahme verschiedener, oft verschieden rasch und lang wirkender Schlafmittel kurz hintereinander, sind ja sehr häufig; ebenso Kombinationen mit Morphin, Belladonna, Alkohol usw. Praktisch von Bedeutung sind auch kombinierte suicidale Vergiftungen durch *Schlafmittel* und *Leuchtgas*, darunter Fälle mit schweren Dauerschädigungen im Sinne des postencephalitischen Parkinsonismus mit fortschreitender Muskelatrophie, Verblödung und Tod im Marasmus.

*C. Gerichtlich-medizinische Beurteilung der Schlafmittelvergiftungen.* *Morde* durch Schlafmittel sind an kleinen Kindern (Säuglingen) wohl vorgekommen, aber nicht bewiesen. Die Empfindlichkeit des Kleinkindes auf Schlafmittel ist im Gegensatz zum Morphin nicht groß; jedenfalls besteht keine erhöhte Empfindlichkeit im Verhältnis zum Erwachsenen, eher ist sie geringer. Über einen fraglichen (wiederholten) Giftmordversuch mit Medinal an vierjährigem Kind vgl. *Hoffmann* und *Gessner*. *Zufällige* Schlafmittelvergiftungen bei Kindern (Essen von Tabletten, Trinken von Somnifen), deren Zahl nicht unbeträchtlich ist (vgl. *Schloßmann*), zeigten trotz oft sehr hohen Dosen (im Verhältnis zum Körpergewicht) fast immer günstigen Ausgang. Eine tödliche Sedormidvergiftung bei 2½jährigem Kind durch Essen von 4—5 Sedormidtabletten vgl. *Kärber*.

Über kriminelle Beibringung von Schlafmitteln ist sehr wenig bekannt. Sie ist an sich relativ leicht möglich, da viele Schlafmittel fast oder ganz geschmacklos sind. Aber da es für die sichere tödliche Wirkung beträchtliche Mengen braucht, die Wirkung nur langsam eintritt und die Symptome auffallen (nicht wie bei Arsenvergiftung eine Krankheit imitieren), sind Schlafmittel (allein) als Mordmittel ungeeignet.

Ganz vereinzelt steht ein Fall von Beibringung eines veronalhaltigen Schlafmittels während eines Jahres in krimineller Absicht (Tötungsabsicht?), welche zu einem sehr schweren neurologischen Krankheitsbild im Sinne der Tabo-Paralyse mit Miosis, *Argyll-Robertson*, *Romberg*, Gastralgien, gesteigerten Sehnenreflexen, Verstimmung, geistiger Schwerfälligkeit, epileptischen Anfällen, Hypotonie, Abmagerung, Impotenz, komatösen Zuständen führte. Nach Unterbruch der Schlafmittelzufuhr völlige Erholung (*Levi-Bianchini*).

Absichtliche kriminelle Vergiftungen mit Schlafmitteln zu Berauschungs- oder Betäubungszwecken sind wohl ebenfalls selten oder dann kombiniert mit Alkohol und eigentlichen Rauschgiften, Morphin, Cocain, Belladonna usw. In einem Mordfall (Mord an der Mutter) spielte Gewöhnung an Sedormid und Sedormideinnahme vor der Tat durch den (psychopathischen) Mörder eine gewisse Rolle. Besonders bei psychopathischen Kriminellen sind derartige, oft mit Alkoholeinnahme kombinierte Vorbereitungshandlungen zur Tat, welche wie bei Alkohol allein psychische Ausnahmezustände hervorrufen können, zu beachten.

Die weitaus größte Zahl aller akuten Vergiftungen sind *suicidale* mit starkem Überwiegen des weiblichen Geschlechts. Über einen Fall von suicidaler Veronalvergiftung bei einer rauschgiftsüchtigen Frau, der unter Mordverdacht stand, vgl. *Koch*.

Neben suicidalen Vergiftungen sind es hauptsächlich *medizinale*, deren Zahl seit Verwendung vieler Schlafmittel zu Narkosezwecken und in der Psychiatrie (für Dauerschlaf, Bekämpfung psychomotorischer Erregung, Behandlung der Epilepsie, Chorea minor usw.) erheblich zugenommen hat.

*Absichtliche Selbstvergiftungen* im Sinne der *Schlafmittelsucht*, oft mit Gewöhnung an sehr hohe Dosen, sind heute nicht mehr ganz selten; seit Einschränkung des Opiat- und Cocainverkehrs sichtlich häufiger. Leider fehlt noch immer der scharfe Rezepturzwang für Barbiturate, die aber unter den Hypnotica als Suchtmittel keineswegs allein stehen, wie die Erfahrungen mit Bromural, Adalin, Sedormid, selbst mit Chloralhydrat usw. zeigen.

Auch bei den *Unfällen mit Kraftfahrzeugen* scheint Schlafmittelabusus neben Alkohol heute eine gewisse Rolle zu spielen. Ob sich Alkohol und Hypnotica in ihren Wirkungen gegenseitig steigern, ist eine allerdings nicht sicher bewiesene Annahme.

*H. Fischer.*

**Schlagaderverkalkung** siehe *Plötzlicher Tod aus natürlicher Ursache.*

## Schlangenbißvergiftung und Schlangengifte.

Für den Menschen gefährliche Giftschlangen gehören ausschließlich den beiden Unterordnungen *Colubridae* und *Viperidae* an. Die mit durchbohrten Zähnen bewehrten Viperidae sind ausnahmslos für den Menschen gefährlich. Bei den Colubridae sind für den Menschen nur die mit gefurchten Zähnen bewaffneten *Proteroglypha* als Giftschlangen zu bezeichnen, insofern es sich um Vergiftung durch Biß handelt.

Für die Erkennung der Schlangenart und zur Beurteilung der einverleibten Giftmenge sind die Bißbilder (Impression der Schlangenzähne in Modellmasse) von *Fairley* auch gerichtsmedizinisch von großem Wert.

Die wirksamen Prinzipien der Schlangengifte sind nicht oder nicht in erster Linie tierische, der Gallensäure nahestehende Sapotoxine (*Faust*), sondern Stoffe eiweißartiger Natur (Proteosen), toxikologisch sog. Komplexgifte, in denen die Proteosen die Hauptrolle spielen. Die Schlangengifte enthalten verschiedenartig toxisch wirkende Komponenten, wie proteolytische, koagulierende, hämolytische und cytotoxische Fermente neben den als Abbauprodukte gewonnenen Neurotoxinen usw. (*Faust*). Das rückt die Schlangengifte wieder in enge Nachbarschaft zu Giften bestimmter Arthropoden (Bienen, Spinnen, Skorpione). Daß verschiedenartige Gifte oder Giftkomponenten an der Wirkung beteiligt sind, zeigt u. a. der Unterschied der lokalen entzündlichen, hämorrhagisch-ödematösen, in Nekrosen übergehenden Veränderungen bei Biß durch Viperidae und der z. T. stark lokal anästhesierenden, lokal wenig sichtbaren Wirkungen vieler Colubridae von den resorptiven Vergiftungserscheinungen, die je nach Schlangenart im einzelnen verschieden sind, aber fast immer das Nervensystem betreffen (Neurotoxine).

Die Viperidengifte mit stark örtlicher Wirkung werden allgemein langsamer resorbiert (außer bei direktem Biß in Vene), wie die örtlich meist wenig aktiven Colubridengifte. Am stärksten lokal Ödem, Blutung und Nekrose erzeugend wirken die zu den Klapperschlangen oder Crotalidae (= Unterfamilie der Viperidae) gehörenden brasilianischen Lachesisarten, wie z. B. *Lachesis alternatus*.

*Resorptivwirkungen:* *Colubridengifte* töten fast alle durch *curareartige Lähmung*, welche zu peripherem Atemstillstand führt, evtl. verbunden mit zentral und peripher kreislauflähmender Wirkung. Diese curareartige Wirkung ist im Gegensatz zur echten Curarewirkung irreversibel (*Kellaway*).

*Viperngifte* besitzen keine oder nur geringe curareartige Wirkung, die aber immerhin bei der schweren Kreuzottervergiftung erkenntlich ist. Bei Vipernbißvergiftung ist schwere Kreislaufschädigung die häufigste Todesursache.

Bei der typischen Shockwirkung vieler Schlangengifte spielt Freisetzung von Histamin im Organismus (Schlangengift selbst ist histaminfrei) anscheinend eine große Rolle (vgl. *Kellaway* und *Feldberg*).

Die hämorrhagische Wirkung der Schlangengifte, namentlich der Viperidengifte (besonders stark bei *Vipera Russellii* = *Vipera elegans*, *Daboia*) findet nicht nur an der Bißstelle statt, sondern auch resorptiv an serösen Häuten, Lunge, Nieren usw. Daneben spezifisch cytotoxische Giftkomponente, ferner typisches Capillargift, bedeutend stärker wie Arsen und Colchicin, welches durch Endothelschädigung zu Blutaustritten führt.

Schlangengifte haben mit den Bakteriengiften den Antigencharakter gemein, unterscheiden sich aber wesentlich von ihnen dadurch, daß bei den Schlangengiften nicht dieselbe große Spezifität besteht, was wohl mit ihrem Aufbau aus einer Reihe verschiedener Partialantigene zusammenhängt und wahrscheinlich auch die therapeutische Wirksamkeit polyvalenter (nicht artspezifischer) Antisera ermöglicht.

Stomachal bewirken Schlangengifte primär in der Regel keine resorptive Vergiftung, außer bei Schleimhautdefekt. Nasal soll Giftresorption möglich sein (*Vellard*). Ausscheidung der Schlangengifte primär durch Magen- und Darmschleimhaut, ferner durch Nieren.

*Schlangengifttherapie*, namentlich mit Colubridengiften, spielt in der Homöopathie seit langem, in der allgemeinen Therapie neuerdings eine zunehmende Rolle, so daß medizinale Vergiftungen durch Schlangengiftinjektion vermehrt in Frage kommen. Schlangengifte, parenteral beigebracht, insbesondere von Colubriden (Cobra, Bothrops usw.) sind zweifellos geeignete Tötungsmittel.

Die Schlangengifte kommen *therapeutisch* in Frage:

1. Infolge lokalanästhetischer und zentral analgetischer Wirkung als schmerzstillende Mittel bei malignen Tumoren, neuritischen und tabischen Schmerzen. Verwendet werden vor allem Gifte von *Naja tripudians*, *Naja Naja* und anderen Cobraarten (Brillenschlangen), z. B. bei Carcinom an Stelle von Morphin. Vom Cobragift wirken beim Menschen schon 2—4 M.E. für mehrere Stunden morphinähnlich zentral analgetisch (*Macht, Laignel-Lavastine* und *Koressios, Rottmann*).

2. Infolge gerinnungsfördernder Wirkung bei schwer stillbarem Nasenbluten, Uterusblutungen, Purpura usw. Hier wirkt besonders das Gift von *Vipera Russelli* = Daboiagift und von *Bothrops*arten.

*Resorptive Vergiftungserscheinungen durch Cobratoxin* bei Injektionsbehandlungen sind wiederholt vorgekommen: Brech-Durchfall, Kopfschmerzen, Benommenheit, Schweißausbruch. Bei wiederholter Applikation von 8—16 M.E. wurden ferner beobachtet: Erregungszustände, Schlaflosigkeit, Nasenbluten, Depression. Diese Erscheinungen bis jetzt hauptsächlich bei Tabikern!

*Europäische Giftschlangen.* In Europa kommen als Giftschlangen ausschließlich Viperidae, Gattung *Vipera*, vor. Man zählt gegenwärtig sechs europäische Giftschlangen mit ihren Unterarten. Die artliche Abgrenzung ist vielfach unsicher (vgl. *Mertens* und *Müller, Reuß*).

1. *Vipera berus* = *Pelias berus, Kreuzotter*, mit ihren Abarten, z. B. *Vipera prester: Höllenschlange*; ganz schwarz. (In Ostpreußen häufig, auch in Frankreich vorkommend.) Verbreitung der Kreuzotter: im ganzen nördlichen Europa und Mitteleuropa bis zu 2000 m Höhe (Schweiz), auch in Norditalien und Spanien (fehlt Süd- und Mittelitalien, Irland, Ägäische Inseln). Corsica und Sardinien sind völlig frei von Ottern (Vipera).

*Erkennung:* Am sichersten neben den stark variablen Elementen der Zeichnung und Färbung des Rückens an den drei kleinen, zwischen die drei großen, die Augen trennenden Schilder eingeschalteten Schuppen, welche den für den Menschen ungiftigen Nattern fehlen. Die Nattern haben außerdem runde Pupillen, die Ottern vertikal spaltförmige. Länge selten über 75 cm. Länge der Giftzähne 3—4 mm. Beim Biß entleerte Giftmenge 0,02—0,1 ccm. Die Kreuzotter springt nicht, schwimmt aber gut.

Vergiftungen sind für Kinder in der Regel viel gefährlicher wie für Erwachsene, bei welchen die Mortalität nur etwa 2—4% beträgt. Schwere resorptive Vergiftungen sind beim Aussaugen von Schlangengiftbißwunden, z. B. bei Bestehen einer frischen Zahnextraktionswunde vorgekommen. Im Magen kann das Gift beim Aussaugen entzündungserregend wirken. Auch im Auge erzeugt es heftigste Reizwirkung.

Der frisch abgeschnittene Kopf einer Viper kann noch beißen und vergiften. Auch an Spirituspräparaten und getrockneten Zähnen kann Gift bei Anritzen der Haut noch wirksam werden.

Biß der Kreuzotter meist wenig schmerzhaft, stichartig, entweder zwei oder vier Stichwunden. Lokal: Ödem, das zentral fortschreitet, rot-violette Verfärbung, zunehmende Schmerzen, häufig von Anästhesie gefolgt, zahlreiche Ekchymosen in der Nähe der Bißstelle, die zuerst rot, sich nachträglich livid verfärbt. Ferner Lymphdrüsenschwellung, Lymphangitis, seltener Nekrosen im Bereich der Bißstelle. Zentral fortschreitende Suffusionen.

Meist sehr rasch *resorptive Wirkungen*: Schwindel, Hitze- oder Kältegefühl, Untertemperatur, kalter Schweiß, Speichelfluß, Angstgefühl, heftige Kopfschmerzen, psychische Erregung, irregulärer Puls, Atemnot, Cyanose, Muskelzuckungen, Krämpfe, lähmungsartiges Schwächegefühl (curareartige Wirkung). Tod durch Erstickung (zentrale Atemlähmung), selten erst nach Stunden oder sogar erst nach ein bis mehreren Tagen. Bei manchen Fällen überwiegen von Anfang an die schweren Kreislauferscheinungen, welche zum Tod durch Kreislaufkollaps und Herzschwäche führen.

*Weitere Resorptivwirkungen:* Nicht selten Mydriasis, Akkommodationslähmung, äußere Augenmuskellähmungen, Ptosis, Sehstörungen, Schluckbeschwerden (bulbäre Lähmung durch Neurotoxine). Daneben als Folgen der lokalen Reizwirkung, namentlich infolge Ausscheidung des Giftes in den Magen-Darmkanal und durch die Niere: Erbrechen, Durchfall, Magen-Darmblutungen, Hämoptoe, Albuminurie und Cylinder, Hämoglobinurie; auch Menorrhagien und Ikterus.

*Nachwirkungen:* Allgemeine Schwäche, Schmerzen (oft sehr lange); Wunden heilen schlecht.

*Atypische Vergiftung:* Bei Biß in Vene sehr rascher Verlauf fast ohne oder ohne lokalen Befund. In einem Fall in 10 Minuten tödlich; in anderem Fall tödliche Vergiftung innerhalb drei Stunden unter furchtbarem Angstgefühl, Erregung, wiederholter Hämoptoe und blutigem Stuhl. Lokal nur leichte Lividverfärbung (*Fock*). Die Schwere der Vergiftung hängt auch von der Lokalisation der Bißstelle ab, je näher dem Zentralnervensystem, um so gefährlicher.

Auf dem Balkan ist eine Form der Kreuzottervergiftung häufig mit vorwiegend *neurotoxischer* Wirkung durch die Unterform *Mesocoronis* (n. *Reuß*) im Gegensatz zu den mitteleuropäischen Vergiftungsformen mit vorwiegend hämotoxischen Giftwirkungen.

In den Kreis der Vipera berus gehören nach zoologischer Verwandtschaft und nach Giftwirkung außer den verschiedenen Unterarten auch:

2. *Vipera ursinii* (kleiner wie V. berus) und

3. *Vipera renardi.*

*Pathologisch-anatomischer Befund: lokal:* Gefäßwandschädigung mit Blutungen und Ödem, Nekrose, auch am Bindegewebe. Sekundär reaktive Entzündung (*Berblinger*). *Allgemeinbefund:* oft ausgedehnte Blutungen in Muskulatur, seröse Häute, Lunge, Niere, Verdauungsorgane. Nur in seltenen Fällen Gehirnpurpura; keine typischen Befunde am Zentralnervensystem (nach *Pawlowsky* Ganglienzellenzerfall). Blut zeigt entweder flüssig, oft beides nebeneinander. Leberzellverfettung, wohl nur selten Leberparenchymnekrose, Nierenverfettung.

4. *Vipera aspis* = *Vipera Redii, Redische Viper.* Verbreitung: südwestliches Europa, Mittelmeergebiet, besonders Südfrankreich, Italien, Süd- und Südwestschweiz. In Deutschland nur in den südlichsten Teilen von Baden.

*Erkennung:* Zeigt auf Rückenseite vier Längsstreifen unregelmäßiger, dunkelbrauner bis schwarzer Flecken. Schnauze aufgeworfen. Viele kleine, unregelmäßige Kopfschilder. Länge 50—75 cm. Giftzähne 5 mm lang. Giftmenge etwa 0,015 ccm.

*Vergiftungserscheinungen:* Wie bei Kreuzotterbiß. Todesfälle betreffen vorwiegend Kinder.

Viperngift therapeutisch bei Arthritiden und Neuralgien (*Burckhardt*), auch als „Viperin" intracutan wie Bienengift.

5. *Vipera ammodytes, Sandviper, Stülpnasenotter.* Vorkommen: in allen Mittelmeerländern, Balkan, Dalmatien und Griechenland, aber auch Kärnten, Steiermark, Südtirol, ferner Inseln des östlichen Mittelmeers, Kleinasien. Gefährlichste Giftschlange Europas.

*Erkennung:* leicht an einem mit kleinen Schuppen bedeckten, vorn an der Nase sitzenden, bis 5 mm langen, hornartigen Auswuchs, der schwach nach vorn und oben gerichtet ist. Länge des Tieres bis 1 m, Giftzähne 5 mm.

Biß ist für Kinder häufig, für Erwachsene nicht selten tödlich. *Vergiftungserscheinungen* wie bei schwerer Kreuzotterbißvergiftung. Neuerdings Gift s. c. bei Neuralgien, Arthritiden, Tumorschmerzen, Asthma bronchiale (*Pepeu*).

In den Kreis von Vipera ammodytes gehört nach Habitus und Giftwirkung auch

6. *Vipera latastei, Stülpnasenotter* (Spanien, Portugal).

*Vipera lebetina, Levantische Otter* (Kleinasien, Cypern, Nordafrika), gehört mit *Vipera russellii* zum vorderasiatischen Otternkreis mit sehr starker hämotoxischer Giftwirkung. *Cerastes cornutus,* Hornviper (Nordafrika). 35—75 cm lang. Für den Menschen sehr gefährlich. Ihr Gift wirkt rascher und lokal stärker hämorrhagisch als das von Vipera aspis und berus.

*Schrifttum.*

*Apitz, K.:* Über die Gefäßwandschädigung durch Crotalusgift Zbl. Path. **57**, 273 (1933). — *Behring-Werke-Merkblätter:* Europäische und mediterrane Schlangen, ihre Toxine und ihre Serumtherapie. **5** (1937). (Mit vorzüglichen Abbildungen der europäischen Giftschlangen.) — *Berblinger, W.:* Zur Histologie der örtlichen Gewebsveränderungen nach Kreuzotterbiß beim Menschen. Beitr. path. Anat. **80**, 595 (1928). — *Blatt, N.:* Zur Kasuistik der Augenveränderungen bei Vergiftung durch Schlangenbiß. Z. Augenheilk. **49**, 280 (1923). — *Burkhardt, A.:* Die Behandlung der rheumatischen Erkrankungen mit Schlangengift. Dtsch. med. Wschr. **61**, 1159 (1935). — *Eichenberger, Ch.:* Observation sur la biologie et les morsures des vipères. These Lausanne 1937. — *Eigenberger, F.:* Über das Gift der nordamerikanischen Klapperschlangen. Med. Klin. **1931 I**, 922. — *Fairley, H.:* Med. J. Austral. **1929 I**, 313. — *Faust, E. St.:* Vergiftungen durch tierische Gifte. In: *Flury-Zangger:* Lehrbuch der Toxikologie 322. Berlin 1928. — *Feldberg, W. u. C. H. Kellaway:* The circulatory and pulmonary effects of the venom of the Australian copperhead (Denisonia superba). Austral. J. exper. Biol. a. med. Sci. **15**, 81 (1937). — *Feldberg, W. a. C. H. Kellaway:* Liberation of histamine and formation of lysocythin-like substances by cobra venom. J. of Physiol. **94**, 187 (1938). — *Fock, K.:* Kreuzotterbiß-Vergiftung, tödliche. Slg. Verg.-Fälle A **246**. — *Francke, E.:* Krankheitserscheinungen und Therapie bei Kreuzotterbissen. Slg. Verg.-Fälle C **36**. — *Frey, S.:* Der Kreuzotterbiß. Dtsch. med. Wschr. **1934 I**, 240. — *Galli-Valerio, B.:* Observations sur les morsures de Vipera aspis. Schweiz. med. Wschr. **1934**, 773. — *Ganz, R.:* Über Giftschlangen und die Serumbehandlung der Schlangenbisse. Med. Welt **1938**, 1104 u. 1139. — *Hecht, G.:* Zur Kenntnis der Nordgrenze der mitteleuropäischen Reptilien. Mitt. zool. Mus. Berlin **14**, 501 (1929). — *Iswariah, V. u. J. Ch. David:* Die pharmakologische Wirkung des Giftes der indischen Russell's Viper (Daboia oder Vipera elegans). Indian J. med. Res. **19**, 1035 (1932). — *Kaufmann, C.:* 63 Fälle von Giftschlangenbissen in der Schweiz. Korresp.bl. Schweiz. Ärzte **1892**, 657. — *Kellaway, Ch. H.:* Snake venoms. I. Their constitution and therapeutic applications. Bull. Hopkins Hosp. **60**, 1 (1937). — *Kellaway, Ch. H.:* Snake venoms. II. Their peripheral action. Bull. Hopkins Hosp. **60**, 18 (1937). — *Klobusitzky, D. von u. P. König:* Biochemische Studien über die Gifte der Schlangengattung Bothrops. VI. Arch. f. exper. Path. **192**, 281 (1939). — *Koressios, N. T.:* Le venin de Cobra, son action physiologique, ses indications thérapeutiques. Maloine, Paris 1935 (Literatur). — *Kreuzotter-Merkblatt* des Reichsgesundheitsamtes. Berlin 1930. — *Laignel-Lavastine u. Koressios:* Bull. Soc. méd. Hôp. Paris. **49**, 274 (1933). — *Leschke, F.:* Giftige Tiere. Münch. med. Wschr. **1932**, 1993. — *Macht, D. I. u. H. F. Bryan:* Ein Vergleich zwischen der Wirkung von Cobragift und Morphin auf die autoxydativen Prozesse in cerebralen und anderen Geweben. C. r. Soc. Biol., Paris **123**, 385 (1936). — *Menk, W.:* Tierexperimentelle Untersuchungen zur Serumbehandlung des Kreuzotterbisses. Münch. med. Wschr. **1930**, 307. — *Mertens, R. u. L. Müller:* Liste der Amphibien und Reptilien Europas. Abh. Senckenberg. naturforsch. Ges. **41**, 1 (1928). — *Monaelesser et Ch. Taguet:* Traitement des algies et des tumeurs par les venins de Cobra. Bull. Acad. Méd. Paris **1937**, 14 mars. — *Nekula, J.:* Das Kobratoxin als Analgeticum bei gynäkologischen Carcinomen. Zbl. Gynäk. **1936**, 328. — *Otto, R.:* Zur Serumtherapie des Kreuzotternbisses. Med. Klin. **24**, 1668 (1928). — *Otto, R.:* Untersuchungen über die Toxine europäischer Viperinen. Z. Hyg. **90**, 82 u. 513 (1929). — *Pepeu, F.:* Die tierischen Gifte in der Therapie. Dtsch. med. Wschr. **1938 II**, 1109. — *Peratoner, U.:* Morso di vipera e sintomi nervosi. Boll. Accad. lancis. Roma **5**, 217 (1933). — *Petitpierre, M.:* Über Schlangenbißvergiftungen in der Schweiz. Mit besonderer Berücksichtigung des Engadins, des Puschlavs und des Bergells. Schweiz. med. Wschr. **1934 I**, 372. — *Phisalix, M.:* Animaux vénimeux. 2 Vols. Masson, Paris 1922. — *Phisalix, M.:* Action du vénin d'abeilles sur les reptiles et leur résistance à ce vénin. Bull. Mus. Hist. Nat. Paris **6**, 171 (1934). — *Piton, L.:* Venins, Vipères et Cancer. Bull. Acad. Méd. Paris **1934**, II, 645. — *Reuss, T.:* Über eine neurotoxische Otterngruppe Europas, Mesocoronis. Muz. Bosn. Hercegov. **42**, 57 (1930). — *Rost, E.:* Tierische Gifte. In: *Starkenstein, Rost, Pohl,* Toxikologie. Berlin u. Wien 1929. — *Rottmann, A.:* Zur Therapie der sensiblen Reizsymptome bei Tabes dorsalis durch Kobratoxin. Klin. Wschr. **1937**, 1051. — *Schlossberger, H. u. W. Menk:* Experimentelle Beobachtungen über die Serumtherapie der Bisse europäischer Giftschlangen. Festschrift E. Bürgi. 296. Basel 1932. — *Schwarz, E.:* Untersuchungen über Systematik und Verbreitung der europäischen und mediterranen Ottern. Behringwerkmitt. **7**, 159 (1936). — *Taeger, H.:* Aortenstenose, Folge eines Kreuzotterbisses? Slg. Verg.-Fälle B **77**. — *Vellard:* Toxicité des vénins ophidiques par voie nasale. C. r. Soc. Biol., Paris **102**, 418 (1929). **H. Fischer.**

## Schmerzensgeld siehe *Schmerz und gerichtliche Medizin.*

## Schmerz (= Schm.) und gerichtliche Medizin.

Das Schm.problem beschäftigt den Gerichtsarzt in seiner Auswertung sehr häufig, so bei der Gerichtsbarkeit in Strafsachen gelegentlich der Klassifizierung von Verletzungen nach Art und Grad, im Zivilprozeß bei der Begutachtung von Schadenersatzansprüchen und bei der Unfallbegutachtung bei der Beurteilung von Rentenansprüchen. Die Wertung der Schmerzen, eines rein subjektiven Symptoms, bietet große Schwierigkeiten, denn es ist schwer zu beurteilen, ob die Schmerzen in dem angegebenen Grade wirklich vorhanden sein können, ob sie Realitätswert besitzen oder ob sie übertrieben bzw. unglaubwürdig sind. Es soll hier nur von körperlich empfundenen Schmerzen gesprochen werden, der psychisch empfundene, der Seelen-Schm., der außerordentlich mannigfach empfunden wird, wird besser als Leid bezeichnet, er gehört in das Gebiet der Affekte und bleibe hier außer acht.

Der körperliche Schm. ist nach *Goldscheider* ein veränderter Zustand des Ich als Folge einer Reizung der Endigungen oder des Verlaufes der Schm.fasern; dem Schm. fällt eine wichtige biologisch-teleologische Aufgabe zu, sowohl dem physiologischen als dem Krankheitsschmerz. Nach einem Ausspruch *Strümpells* verbindet sich ein einziger physiologischer Vorgang mit Schmerzen, die Ausstoßung der Frucht aus dem mütterlichen Leibe, sonst ist er nur mit pathologischen Vorgängen verbunden und spielt die Rolle eines Künders von krankhaften Vorgängen im Organismus und eines Warners, er mahnt zur Schonung und Abwehr und zeigt Ort und Art der Krankheit an. Der Schm. ist stark unlustbetont und prägt sich dem Bewußtsein tief ein, kann alles andere verdrängen und so intensiv sein, daß er den ganzen Vorstellungsinhalt ausfüllt und unsere Aufmerksamkeit vollkommen fesselt. Die Schm.empfindung schafft infolge ihres Gefühlstones festhaftende Erinnerungsbilder, wir haben ein Schm.gedächtnis, das uns instand setzt, die Ursachen des Schmerzes weiterhin zu meiden. Und doch blaßt mit der Zeit die Schm.erinnerung ab, denn die ständige Erfahrung lehrt, daß die Frau, die unter den stärksten Wehenschmerzen gelitten hat, sich doch deren Wiederholung aussetzt. Die *Disposition* der Menschen zum Empfinden der Schmerzen ist außerordentlich verschieden. Bei Gesunden und Kranken findet man häufig eine erhöhte Schm.bereitschaft, die sich durch ein stärkeres Schm.gedächtnis, sowie durch eine niedere Schm.schwelle auszeichnet, wodurch es bedingt wird, daß dafür andere unterschmerzliche Reize schmerzhaft empfunden werden. Die Schm.-intensität hängt im allgemeinen nicht nur von der Reizstärke, sondern auch von der allgemeinen Empfindlichkeit ab, es besteht oft ein Mißverhältnis zwischen Reiz und Stärke der Schm.empfindung. Die Schm.disposition ist individuell verschieden und abhängig von verschiedenen endogenen und exogenen Umständen. Die Schm.empfindlichkeit ist nach den Rassen verschieden (bei Chinesen gering); Frauen, die sonst im allgemeinen sensitiver sind, ertragen Schmerzen oft geduldiger als Männer. Durch Krankheit oder übermäßige Arbeit in ihrer Widerstandsfähigkeit Geschwächte empfinden allgemein Schmerzen mehr. Ermüdung und Mangel an Schlaf machen schm.empfänglicher. Kälte erhöht die Schm.-empfindlichkeit. Hyperämie und Anämie lassen Schmerzen leichter entstehen. Bei nervösen Erkrankungen bleibt oft eine gewisse Anfälligkeit zurück, die sich objektiv in einer stärkeren Druckempfindlichkeit der Nervenstämme und Muskeln kundtut. Durch regelmäßig, in rascher Aufeinanderfolge wiederkehrende Reize kann ebenfalls die Schm.bereitschaft sich stärker geltend machen (Beschäftigungskrämpfe). Die Schm.empfänglichkeit hängt auch von der Stimmung ab; der Zyklothyme empfindet anders in der Depression als in der euphorischen Phase. Der Hypochonder, der ängstlich seinen körperlichen Zustand beobachtet, geht über keine Empfindung hinweg, er macht sich über Empfindungen, über die der Gesunde achtlos hinweggeht, schwere Gedanken. Auch die Schm.empfindlichkeit der einzelnen Körperteile ist verschieden; die Verletzungen am meisten ausgesetzte Cutis ist empfindlicher als das subcutane Gewebe und viel empfindlicher als die tieferliegenden Organe. Entzündlich gewesene Teile sind schmerzempfindlicher (Neuritiden). Anderseits gibt es Individuen, bei denen die allgemeine Schm.empfindlichkeit gegenüber der Norm herabgesetzt ist, z. B. bei einer Störung der zentralen Schm.perzeption (Idioten, Stuporzustände), dann erfolgt auf Schm.reize keine Abwehrreaktion (schm.lose Zahnextraktionen bei Epileptikern, Eingriffe in der Hypnose). Alkohol setzt, in größeren Quantitäten genossen, die Schm.empfindlichkeit herab, ebenso schwere affektbetonte Erlebnisse (Verletzungen beim Zweikampf oder im Kriege, Märtyrer, Verletzungen bei Geisteskranken unter dem Einflusse von Sinnestäuschungen und Wahnideen). Bei psychopathischen Verbrechern ist die Schm.empfindlichkeit wesentlich herabgesetzt oder aufgehoben. Bei Studien in einer Strafanstalt fanden sich unter 266 psychopathischen Gewohnheitsverbrechern 38 vollkommen und zwei halbseitig analgetisch, 107 höhergradig hypalgetisch, 28 höhergradig hemihypalgetisch. Ein kurzdauernder, wenn auch stärkerer Schm. wird im allgemeinen leichter ertragen als ein schwächerer von langer Dauer. Bei Dauerschmerzen nicht zu hoher Intensität kann es aber unter Umständen zu einer Schm.gewöhnung, zu einer Schm.abhärtung kommen. Eine ungewohnte Arbeit schafft anfangs Schmerzen, die sich mit der Zeit verlieren (Ermüdungs-Schm., Turnerschmerzen, Reitschmerzen). An sehr heftige Schmerzen, z. B. an solche bei Trigeminusneuralgie, gewöhnt man sich nicht, sie können als unerträglich empfunden werden und sogar zum Selbstmord führen. Schm.empfindungen können *ausgelöst* werden durch mechanische, thermische, chemische und elektrische Reize. Das Gesetz der spezifischen Sinnesenergien lautet: „Derselbe Reiz kann in verschiedenen Sinnesorganen verschiedene Sinnesempfindungen und umgekehrt können verschiedene Reize in demselben Organ gleichartige Sinnesempfindungen auslösen.“ Alle Reize erregen bei hinreichender Intensität auch Schmerzen; heftigste Erregungen gewöhnlich nicht schm.hafter sensibler Nerven können direkt schm.haft werden (Blendungs-Schm., schm.haftes Empfinden schriller Töne, sehr hohe oder sehr niedere Temperatur). Nach *Goldscheider* kann jede Gemeinempfindung und jede gewöhnliche Sinnesempfindung, wenn sie eine bestimmte Stärke erreicht, zum Schm. werden. Die Schm.welle ist nach den einzelnen Körperteilen verschieden. Die *Schm.empfindung* ist oft kombiniert mit einer Tast- und Temperaturempfindung (schneidend kalt, brennend heiß). Die durch innere Vorgänge ausgelösten Schm.empfindungen rechnet man zu den Organempfindungen; innere Organe, die unter normalen Verhältnissen auf mechanische Läsionen nicht schm.haft reagieren, können unter pathologischen Verhältnissen der Sitz starker Schmerzen sein. Auf der äußeren Haut und den angrenzenden Schleimhäuten gibt es keinen Punkt, der gleichzeitig auf Druck, Wärme, Kälte und Schm. empfindlich wäre, doch variiert der Grad der Empfindlichkeit an den verschiedenen Hautstellen. Außer Haut und Schleimhäuten sind schm.empfindlich die quergestreiften und glatten Muskeln, Sehnen, Gelenke, Periost, parietale Pleura und parietales Peritoneum, das Mesenterium, die Hirnhäute, das Trommelfell, weniger empfindlich ist die Mundhöhle mit Ausnahme der Zähne, Zungenspitze und Lippenschleimhaut, unempfindlich eine größere Fläche der Wangenschleimhaut, die inneren Eingeweide der Brust- und Bauchhöhle, die viscerale Pleura, das viscerale Peritoneum und das Gehirn. Durch einen Nadelstich können manchmal zwei Empfindungen ausgelöst werden, eine sofort als Druckempfindung, die zweite nach einem empfindungslosen Intervall als Schm.empfindung; letztere ist meistens durch langsames An- und Abklingen gekennzeichnet; bei kurzdauernder Reizung tritt die Schm.empfindung erst nach allfällig kombinierter Tast- und Temperaturempfindung auf, die von schneller aufeinanderfolgenden Reizen ausgelösten Schm.empfindungen können nicht mehr gesondert voneinander unterschieden werden. Die Druckempfindung verschwindet mit dem Aufhören des Reizes sofort, die Schm.-empfindung erst allmählich (*Goldscheider*). Die Lokalisation des Schmerzes wird beeinträchtigt durch die Neigung zur Irradiation. Die Intensität der Schm.empfindung ist, abgesehen von der konstitutionellen Anlage, auch abhängig von der verschiedenen Reizbarkeit der sensiblen Nerven (N. trigeminus besonders empfindlich). Je größer die Zahl der ergriffenen Nervenfasern, desto größer ist die Intensität. Die Vorstellung vom Schm. vermehrt wesentlich dessen Stärke. Nachts treten die Schmerzen oft stärker auf mangels Ablenkung der Aufmerksamkeit. Die *Qualität* der Schmerzen ist sehr mannigfaltig und zeigt große Verschiedenheiten je nach Ausbreitung, Intensität und Ablauf, abhängig von der Struktur des Organes; dumpf sind die Schmerzen bei Affektionen der Cutis oder der tieferen Körperteile gegenüber hellen in der Epidermis, Entzündungsschmerzen werden klopfend empfunden mit starker Druckempfindlichkeit des erkrankten Gewebes, von den serösen Häuten ausgehende meist stechend, brennend, die von den Schleimhäuten ausgehenden nagend, die von den Knochen ausgehenden bohrend. *Mitempfindungen* der Schm.empfindungen sind sehr häufig, nehmen mit der Stärke des Schmerzes zu und täuschen über seinen Ausgangspunkt. Manche Körperteile sind zu Mitempfindungen besonders disponiert, z. B. der äußere Gehörgang und der Kehlkopf. Irradiierende Schmerzen werden weit über den Bereich der peripher schm.haft gereizten Teile hinaus wahrgenommen, z. B. Trigeminus-Schm. bei kariösen Zähnen, Überspringen der Schmerzen auf benachbarte Bahnen, wobei nach dem Gesetz der exzentrischen Projektion eine Täuschung über den Ursprung der Empfindung besteht. (Trigeminusneuralgien bei Erkrankung der Stirnhöhle, Scheitelschmerzen bei Erkrankungen des Mittelohres und Warzenfortsatzes, Schmerzen im linken, seltener im rechten Arme bei Angina pectoris, Schulterschmerzen bei Leber- und Milzaffektionen, Rückenschmerzen bei Nierenaffektionen, Schmerzen in der Amputationsnarbe noch nach Absetzen eines Beines.) Von *Mit-Schm.* spricht man, wenn beim Anblick einer Wunde durch Autosuggestion ein dem Schm. ähnliches Gefühl entsteht. Ähnlich sind Schm.halluzinationen; beim Versuche, sich den Schm. vorzustellen, fühlt man den Schm. Den Gegensatz bildet die energische Ablenkung der Aufmerksamkeit vom schmerzenden Organ (suggestive Schm.stillung in Form lokaler oder allgemeiner Behandlung, künstlich gesetzter Gegenreize, z. B. Elektrizität oder Sinapimen). Die *Head* schen *Zonen* der Haut sind je nach dem zugehörigen erkrankten Organ von bestimmter Lage und Ausdehnung. Ein von den Eingeweiden ausgehender Schm. wird mangels Empfindlichkeit der inneren Organe nicht dort empfunden, wo er wirklich einwirkt, sondern an einer bestimmten Hautstelle, da die sensiblen Nerven der Eingeweide zu bestimmten Rückenmarkssegmenten ziehen, in denen auch die schm.leitenden spinalen Nerven, die von der Haut kommen, einmünden (bei Herzaffektionen eine Hyperalgesie einer bestimmten Hautpartie der Brust); diese Zonen sind begrenzt entsprechend den zugehörenden Spinalsegmenten. Diesen Zonen kommt eine diagnostische Bedeutung zu. Der Schm.empfindung ist eine *Latenzzeit* eigentümlich; die nur Schm.punkte treffenden Reize zeichnen sich an und für sich durch verspätete Schm.empfindung aus, die also physiologisch ist. Die Schm.-punkte sind punktförmige Hautstellen maximaler Empfindlichkeit, an denen man durch mechanische, chemische, thermische und elektrische Reize isolierte Schm.empfindungen hervorrufen kann. Der fast überall verbreiteten Schm.haftigkeit der Haut entspricht die große Dichte der Schm.punkte. Schm.punkte und Druckpunkte schließen sich aus. Zwischen den Schm.punkten sind Hautstellen, die gar keine Schm.haftigkeit aufweisen. Angriffspunkt des Schm.reizes kann jeder Teil der Nerven sein bis zum Rückenmark.

Eine exakte *Meßbarkeit* der Gefühlsstärke ist unmöglich, man kann nur sagen, die Intensität der Gefühlsreaktion wächst proportional den relativen Zuwächsen der Empfindungsreize. Es gibt eine Reihe von Instrumenten, Algesimeter, die die Schm.schwelle messen sollen (*Trömmers* Instrument mit konisch zugespitztem Stift, dessen Druck auf die Haut durch zwei Federn bewirkt und an einem kleinen Zeiger leicht in Gramm und Kilogramm abgelesen werden kann). Andere Nadelschm.messer sind angegeben von *v. Moszutkowski, Heß* und *Alrutz, von Thunberg.* Zur isolierten Reizung der Schm.punkte haben *v. Frey* und andere Apparate konstruiert. *Lebermann* benützt zur Prüfung der Reize Ameisen-, Essig- und Salzsäure, die sich besonders zur isolierten Schm.reizung eignen. Der Gerichtsarzt wird sich allerdings nicht auf komplizierte Methoden einlassen können, es wird ihm genügen, wie in der neurologischen Praxis, die Untersuchung mit der Nadel durchzuführen.

Sehr mannigfach sind die *Äußerungen* des Schmerzes und dessen *Wirkungen* auf den Menschen. *Lavater*

sagt: ,,Der Kranke hat zuweilen die Miene seiner Krankheit.'' Die Miene des Kranken verrät den Krankheits-Schm. Ausgezeichnet ist die Schilderung des mimischen Schm.ausdruckes durch *Kruckenberg.* Ausgezeichnet auch wird der Schm. dargestellt in Kunstwerken der Antike und der späteren Zeit (Laokoon, Niobe, Gigantenhaupt von Pergamon, *Guido Renis* Christus). Auch ältere Physiognomiker, vor allem *Piderit* und *Carus,* haben Schm.schilderungen gegeben. Besonders innig sind die *Beziehungen* des Schmerzes *zum Gefäßsystem.* Psychische Erregungen erhöhen den Blutdruck des gesunden Menschen; der Schm. ist in erster Linie für vasomotorische Störungen verantwortlich zu machen. Der normale Mensch verhält sich anders als der Arteriosklerotiker, es besteht großer Einfluß auf die Herzarbeit, es kommt zur Steigerung des Blutdruckes mit Zunahme der Pulsfrequenz, die Atmung ist etwas vertieft, die Herzaktion verstärkt. Nach *Wundt* gehen Unlustgefühle, und ein solcher ist der Schm., einher mit schwachem beschleunigten Puls, vertiefter, verlangsamter Respiration, Abnahme des Armvolumens, bedingt durch die gesteigerte Aufmerksamkeit und die dadurch bedingte Blutzufuhr zum Gehirn. Als vasomotorische Erscheinungen treten beim Schm. Erröten und Erblassen ein. Auch kommt es zu sekretorischen Störungen, zu gesteigerter Tränensekretion, bei Erwachsenen ohne Weinen, während Kinder weinen. Dem *Mannkopf-Rumpf* schen Zeichen, welches darin besteht, daß beim Druck auf eine schm.hafte Stelle eine Steigerung der Pulsfrequenz auftritt, ist keine zu große Bedeutung beizumessen. Das Phänomen hat allenfalls, wenn es positiv ausfällt, ebenso wie die Steigerung des Blutdruckes die Bedeutung eines Hilfskriteriums. Von größerer Bedeutung ist der *Schm.reflex der Pupille:* bei Schm.reizen erweitert sich gewöhnlich die Pupille, übrigens auch keine konstante Reaktion (*Parrot* sches Zeichen). Verschieden beantwortet wird die Frage, ob Schm.paroxysmen zu geistigen Störungen führen können. Man spricht von wahnsinnigen Schmerzen, der Schm.gequälte kommt oft in lebhafte Erregungszustände. In Frage steht vor allem die Möglichkeit von Schm.delirien. Manche Psychiater behaupten, daß durch sehr heftige Schmerzen Delirien entstehen können. Andere Psychiater wieder sagen, daß unruhige Geisteskranke unter dem Einflusse von Schmerzen ruhiger werden. In die Augen springt vor allem die *pantomimische Schmerzreaktion.* Jeder Schm. zwingt den Menschen, den Körperteil, dessen Sitz er ist, zu schonen; das schmerzende Bein wird beim Gehen entlastet, man setzt sich und legt sich vorsichtig nieder, ist behutsam beim An- und Auskleiden. Einem drohenden Schm. sucht man zu entgehen durch Schließen der Augen und Wenden des Kopfes. Mit dem stärksten Schm. ist immer eine Abwehr- oder Fluchtbewegung verbunden. Im höchsten Schm. windet und krümmt sich der Körper, der Atem keucht, in heiseren, abgebrochenen Lauten oder in Schreien und Angstrufen macht sich der Schm.gequälte Luft, er läuft hin und her, ist in ständiger Unruhe, rauft sich die Haare aus, ringt die Hände, zerreißt die Kleider und zerbricht oder zertrümmert Gegenstände; der Schm. muß sich austoben. Im Schm. kommt es zur Muskelspannung, zum Tremor. Diesem Schm.affekt kann bei großer Intensität und langer Dauer ein asthenischer folgen mit Bewegungsarmut, Gefühlsstumpfheit, Seufzen und Zusammenbrechen; es kommt zur Erschöpfung, allenfalls zur Ohnmacht. Lange dauernde Schmerzen führen zu Schlaflosigkeit, Appetitlosigkeit und zu Kräfteverfall; es können sich Neurosen entwickeln. Der *Krankheits-Schm.* kommt zustande, wenn abnorme Vorgänge oder Zustände in Geweben auf sensible Nerven und ihre

Endapparate einen Reiz ausüben oder wenn eine abnorme Schm.empfindlichkeit der nervösen Apparate besteht; doch verlaufen in den inneren Organen oft die schwersten Krankheitsprozesse schmerzlos (z. B. eine zentrale Pneumonie). Der richtigen Deutung bestehender Schmerzen kommt eine große diagnostische Bedeutung zu, da die objektiven Krankheitssymptome häufig erst den subjektiven folgen oder nicht eindeutig sind. Besonders in der forensischen Praxis sind die Schwierigkeiten groß und werden noch vergrößert durch die Einfalt, Überempfindlichkeit, hypochondrische Einstellung der Menschen und ihre häufige Tendenz zu Aggravation und Simulation. Bei der Beurteilung der Schmerzen muß beachtet werden die Anamnese, der Gesamtzustand, eine etwa vorhandene neuropathische Konstitution und objektiv nachweisbare Schm.symptome (Druckpunkte, Perkussions-Schm. sowie der Schm.-ausdruck, Veränderungen durch längere Schm.dauer). Krankheitsschmerzen werden hervorgerufen durch traumatische Läsionen, entzündliche und anderweitige Gewebsbeschädigungen toxischer, thermischer oder mechanischer Natur. Eine Überfunktion kann zu Schmerzen führen (erhöhte Muskeltätigkeit). Unter den Kardinalsymptomen der Entzündung ist der Dolor zu nennen infolge der entzündlichen Schwellung und dadurch bedingter Gewebsspannung, der nachläßt mit der Resorption des entzündlichen Exsudates. Es ist schwer, aus der Art der Schmerzen einen Schluß zu ziehen auf das Grundleiden; nicht selten werden bei funktionell bedingten Schmerzen infolge falscher Indikationsstellung eingreifende Operationen ausgeführt. Verlagerung von Organen können zu atypisch lokalisierten Schmerzen Anlaß geben (z. B. verlagerter Appendix). Die psychische Beeinflußbarkeit der Schmerzen ist groß, Aufregungen und Aufmerksamkeitseinstellung steigern sie, man kann psychisch Schmerzen auslösen, coupieren oder ganz zum Schwinden bringen. Um die Schmerzen richtig zu *lokalisieren*, ist eine entsprechende Intelligenz und Fähigkeit zur Selbstbeobachtung notwendig, bei Neuropathen ist die Ausbreitung nicht so charakteristisch; bei äußeren Erkrankungen ist im allgemeinen die Lokalisation genauer möglich als bei solchen der inneren Organe. Keiner Krankheit ist eine bestimmte Schm.qualität eigen. Auf die Art der Schmerzen sind eine Reihe von Momenten von Einfluß. Bei manchen Schmerzen ist die Tageszeit von Bedeutung, manche werden nächtlich stärker (bei Koliken, bei Geburtswehen, Angina pectoris, Neuralgien, luetische Schmerzen). Mit Fieber verbundene Schmerzen verschlimmern sich abends mit steigender Temperatur. Andere Schmerzen treten intermittierend oder periodisch auf (Migräne). Jahreszeit und Witterung sind von Bedeutung bei Erkrankungen der Muskeln, Gelenke und Nerven (Verschlimmerung bei schlechtem Wetter). Eine Rolle spielen Körperlage und Körperbewegungen bei organischen Erkrankungen. Die Nahrungsaufnahme kann bei Erkrankungen des Magens und Darmes eine Verschlimmerung bewirken; anderseits kann Nahrungszufuhr Erleichterung von Hungerschmerzen bei Ulcus pepticum und Hyperacidität bringen. Einmal sind es Wärme und Kälte, die die Schmerzen verstärken und lindern, dann wieder Erbrechen oder Stuhlgang oder Medikamente. Die Menstruation steigert öfter die Intensität schon bestehender Schmerzen.

Es ist Aufgabe des Gerichtsarztes, das Schm.-problem und seine Äußerungen zu beherrschen und die Realität von Schmerzen richtig zu erkennen. Er muß angegebene Schmerzen richtig zu werten wissen und eine Diagnose durch die Schmerzen stellen bzw. stützen können. Auf dem Gebiete des *Strafrechtes* handelt es sich bisweilen darum, ob heftige Schmerzen Bewußtseinsstörungen hervorrufen können, die *Unzurechnungsfähigkeit* und somit eine Strafausschließung bedeuten würden. Ein solcher Zustand wäre nur dann anzunehmen, wenn sehr lange dauernde, intensive Schmerzen einen Erschöpfungszustand bewirkt hätten; einer derartigen Verantwortung Beschuldigter muß jedenfalls mit größter Vorsicht begegnet werden. Wenn Gebärende eine derartige Behauptung aufstellen, spielen außer den Schmerzen andere Momente mit (körperliche Schwäche, Blutverlust bei heimlich Gebärenden, Gefühl des Verlassenseins, Sorgen um die Zukunft, Furcht vor Schande und Zerwürfnis mit der Familie). Von der Verteidigung wird oft die Behauptung aufgestellt, daß es in einem solchen Zustande von Bewußtseinstrübungen zum *Kindesmorde* kommen kann. Tatsache ist, daß Psychosen während der Geburt sehr selten vorkommen, wie die Statistik beweist; es kann als Folge starker Wehenschmerzen allenfalls zur Ohnmacht der Mutter kommen, allenfalls zu pathologischem Affekt- und Dämmerzustand, besonders bei hysterischen und epileptischen Frauen. Von einer Sinnesverwirrung könne nach *Bischoff* bei einem Kindesmorde, bei dem mit Überlegung gehandelt wurde, keine Rede sein, der Kindesmord bedinge aktives Handeln, eine besonders schwere Ergriffenheit durch die Geburtsvorgänge würde Kindesmord nicht fördern, sondern hemmen. Manche Gebärende behaupten, sie hätten die Schwangerschaft ebenso wie den Eintritt der Wehen verkannt. *Bischoff* sagt: ,,Entweder ist die Kreißende durch die Geburtsvorgänge stark ergriffen, dann muß sie sich auch bewußt sein, daß die Geburt im Gange ist, oder sie bleibt von Schmerzen und Affekten verschont, dann bleibt auch ihr Bewußtsein unverändert." *Haberda* stellt ganz entschieden in Abrede, daß normalerweise der Geburtsakt derart auf die Psyche der Gebärenden einwirken könne, daß sie für eine Straftat nicht verantwortlich gemacht werden könnte; nur ganz ausnahmsweise kommt es zu einer Steigerung, zu pathologischer Höhe, der Einfluß des Geburtsvorganges wird überschätzt. ,,Tatsächlich führt nicht so sehr die Einwirkung des Geburtsvorganges auf Leib und Seele der Mutter, sondern die durch die Ankunft des Kindes für die Mutter geschaffene Situation zur Tötung des Kindes, Ehrennotstand und wirtschaftlicher Notstand." Die mildere Behandlung des Kindesmordes vor Gericht entspringt der Berücksichtigung des Überlegung und Willenskraft der Kindesmutter lähmenden Einwirkens des Geburtsaktes auf deren Geistes- und Gemütszustand. Bei der gerichtsärztlichen Begutachtung *körperlicher Beschädigungen* kommt dem Schm. große Bedeutung zu; es handelt sich darum zu erklären, ob Verletzungen leicht, schwer oder lebensgefährlich sind, welche Wirkungen und Folgen solche Verletzungen nach sich zu ziehen pflegen. Die richtige Beurteilung der vorhandenen Schmerzen ist hierfür von wichtigem Belange, wobei die individuelle Schm.reaktion ins Gewicht fällt. Es ergibt sich ferner in foro öfters die Frage, ob durch intensive Schmerzen ohne Zutun des Täters eine Frauensperson in einen Zustand der Wehrlosigkeit geraten kann, so daß an ihr das Verbrechen der *Notzucht* begangen werden kann. Bei der Beantwortung der Frage ist größte Vorsicht geboten. Strenge bestraft wird der Notzüchter, wenn die Gewalttätigkeit einen wichtigen Nachteil der Mißbrauchten an ihrer Gesundheit zur Folge gehabt hat. Es kann dabei infolge brutaler Gewalt zu schmerzhaften Cohabitionsverletzungen kommen, die zu Peritonitis führen, oder es können venerische Infektionen die Folge sein, besonders Gonorrhoe mit ihren Komplikationen (Salpyngitis, Para- und Perimetritis, Cystitis und Pyelitis, die starke Schmerzen bereiten); es können bei der Abwehr schm.hafte Verletzungen an Armen, Oberschenkeln, Hals, Gesicht und Kopf entstehen. Nach einem Stuprum bei Kindern treten oft nach mehreren Tagen Schmerzen durch Infektion bei Hymeneinrissen und Verletzungen der Geschlechtsteile auf. Bei der *Fruchtabtreibung* kommen durch Uterusverletzungen und solche am Scheidengewölbe Schmerzen zustande. Es können auch schm.hafte Verätzungen und Verbrühungen vorkommen. Bei der Krankenbehandlung können durch *Kunstfehler* körperliche Beschädigungen entstehen, welche die Quelle unnötiger Schmerzen sind, so insbesondere in der geburtshilflichen Praxis, z. B. beim Curettement Perforationen. Hierher gehören auch die Röntgenverbrennungen. Auf dem Gebiete des *Strafprozeßrechtes* kommt die *Vernehmungs- und Verhandlungsfähigkeit* des Angeklagten in Frage. Die Vernehmungsfähigkeit kann durch intensive Schmerzen gestört sein. Die Verhandlungsfähigkeit setzt die Fähigkeit des Angeklagten voraus, sich animo et corpore am Strafverfahren zu beteiligen. Er ist verhandlungsunfähig, wenn sein Zustand ihn hindert, bei der Verhandlung zu erscheinen und prozessual mitzuwirken und dem Gang der Verhandlung zu folgen. Daran kann er durch eine heftige Schm.attacke, welche die Konzentration der Aufmerksamkeit unmöglich macht, behindert werden. Intensivste Schmerzen können auch die prozessuale Handlungsfähigkeit der anderen Prozeßparteien beeinträchtigen. Im *Strafvollzuge* können dauernde Schmerzen Anlaß geben zur Unterbrechung der Einzelhaft. Bei *Streitfragen des bürgerlichen Rechtes* kann die Handlungsfähigkeit eines Menschen in Frage gezogen werden zu einer Zeit, in welcher er von stärksten Schmerzen gequält wurde. Unter ganz besonderen Umständen können Schmerzen auf die *Handlungsfähigkeit* störend einwirken und zwar bei Rechtsgeschäften, die eine besondere Konzentration der geistigen Kräfte erfordern (Vertragsabschlüsse, Testamentserrichtung, wobei die Freiheit des Willens und die Besonnenheit ein Haupterfordernis ist). Ein *Testament*, das zur Zeit lebhafter Schmerzen errichtet wurde, kann allenfalls angefochten werden, da es an der notwendigen Besonnenheit des Erblassers gefehlt hat. Auch in *Ehescheidungsfällen* kann der Schm. eine Rolle spielen, wenn er eine Impotentia coëundi bedingt, weil der beim Beischlafversuche entstehende Schm. den Geschlechtsverkehr zwischen den Ehegatten unmöglich macht (Cavernitis mit Verbiegungen und Knickungen und lebhaften Schmerzen beim Coitusversuche, totale Phimose mit Schmerzen bei Erektionen, Vaginismus beim Weibe, Schmerzen bei besonders resistentem Hymen bei der Defloration). Das österreichische Recht billigt demjenigen, der an seinem Körper verletzt wurde, außer den Heilungskosten und dem Ersatz für entgangenen und künftig noch entgehenden Verdienst ein den Umständen angemessenes *Schmerzensgeld* zu. Es ist dies ein Residuum der nach altem deutschen Recht zustehenden Buße. Das deutsche a.b.G. kennt den Begriff, aber nicht den Ausdruck Schmerzengeld, das schweizerische Obligationenrecht spricht von der Leistung einer angemessenen Geldsumme als Genugtuung. Das Schmerzensgeld soll sein ein ausgleichendes Entgelt für die Verletzung der körperlichen Unversehrtheit, eine angemessene Entschädigung für das ausgestandene Ungemach, eine Genugtuung für erfahrene widerrechtliche Handlungen. Der Kläger erhebt den Anspruch auf ein bestimmtes Schmerzensgeld, das erfahrungsgemäß fast immer zu hoch bemessen wird mit ganz unberechtigten Forderungen. Im Streitfalle haben Sachverständige sich über Schm.haftigkeit der Verletzungen, über Grad und Dauer der Schmerzen, über Auftreten und Nachlassen der Schmerzen und über Schm.haftigkeit der Behandlung zu äußern. Die Bemessung des Schmerzensgeldes ist Sache des Richters. Der Anspruch auf Schmerzensgeld ist ein höchst persönlicher. Nach der *Arbeiter-Unfallgesetzgebung* gehört dem verletzten Arbeiter eine Rente für die Dauer der Erwerbsunfähigkeit. Der Verletzte hat aber die Pflicht, zur möglichst erfolgreichen Durchführung des Heilverfahrens beizutragen und sich nicht ungefährlichen Maßnahmen zu widersetzen und muß gewisse, mit dem Heilverfahren verbundene Schmerzen dulden.

Die hauptsächlichste Form des Schmerzes bei Unfallverletzten ist der *Kopf-Schmerz*, der ein Lokalsymptom bei örtlichen Traumen oder ein Teilsymptom sein kann. Im ersteren Falle kann es sich um anatomische Veränderungen am Schädeldache handeln, um Knochenimpressionen, Knochensplitterungen, intrakranielle Narbenprozesse, Hämatome der Dura oder um Prozesse in den Hirnhäuten und im Gehirn. Die Kopfschmerzen können aber auch ohne äußere Verletzung nach einer Commotio cerebri auftreten und das Trauma lange Zeit überdauern. Dann können Kopfschmerzen bei der traumatischen Neurose auftreten, bei denen oft ein Mißverhältnis zwischen dem Grade der Schmerzen und der Schwere des Traumas besteht. Bei lokal bedingten Schmerzen werden diese konstant angegeben und bleiben auch bei Ablenkung der Aufmerksamkeit bestehen; es finden sich auch noch andere cerebrale Symptome. Je schwerer die Commotio war, desto länger dauern die Kopfschmerzen, doch auch sie lassen schließlich nach und verschwinden. Die Schmerzen bei Unfallneurosen werden meist als Dauersymptome vom Charakter des neurasthenischen Kopfschmerzes und von verschiedenster Intensität geschildert; es ist auf Gesichtsausdruck und Verhalten zu achten, wenn es sich um die Realität der Schmerzen handelt. Die lokal bedingten Schmerzen machen sich besonders bei Witterungswechsel, beim Bücken, bei schnellem Gehen, bei der Arbeit und unter dem Einfluß der Hitze bemerkbar, kurz unter allen Verhältnissen, die Kongestionen und damit Zirkulationsstörungen hervorrufen können, und steigern sich nachts zu unerträglicher Höhe. Auch geistige Anstrengungen und Erregungen wirken schädlich. Die weitaus überwiegende Zahl der Klagen bezieht sich aber auf rein funktionelle Kopfschmerzen, die als Kopfdruck, Reifen-, Helmgefühl u. dgl. geschildert werden. Kopfschmerzen nach direkten Schädeltraumen sind in der Minderzahl. Häufig sind nach Unfällen die Klagen über *Rücken- und Lendenschmerzen*. Die Myalgien sind in überwiegender Mehrzahl rheumatischer Natur, können durch den Unfall meistens nur eine Verschlimmerung erfahren haben; eine traumatische Lumbago ist eine Seltenheit. Allenfalls können sie entstanden sein durch eine plötzliche Bewegung, beim schweren Tragen und Heben, durch Schlag oder Stoß. Wenn die Heilung länger, z. B. 14 Tage dauert, muß an Komplikationen, an Aggravation oder Simulation gedacht werden; chronische Alkoholiker zeigen eine schlechte Heilungstendenz. Der Beginn ist ganz plötzlich mit der Empfindung, daß im Rücken etwas gerissen sei, die Muskulatur, die der Kranke ruhig zu stellen bestrebt ist, ist druckschmerzhaft, mit Knoten und Schwielen durchsetzt. In wenigen Tagen tritt Heilung ein. Besteht der Schm. länger, kann an einen Muskelriß gedacht werden. Kreuz- und Lendenschmerzen können auch von einer deformierenden Arthritis der Zwischenwirbelgelenke ausgehen, von einer Spondylitis deformans, die oft sehr schleichend beginnt. Wenn nach einem Unfall solche Schmerzen vom Charakter der Wurzelschmerzen bestehen, ist an dieses Leiden zu denken. Eine traumatische Ischias ist selten bei Schlag oder Stoß gegen den Nerven oder durch Überdehnung, am häufigsten bei Beckenbrüchen; das *Lasèque*sche Phänomen gibt Aufschluß. Oft ist bei *Bauchschmerzen* die Frage schwer zu entscheiden, ob es sich um eine reine Bauchdeckenverletzung handelt, um eine Intercostalneuralgie oder um eine Verletzung intraabdomineller Organe. Bei einer Affektion der Baucheingeweide wird sich eine Empfindlichkeit in der Tiefe fühlbar machen. Es kann durch direkte Gewalteinwirkung zu sehr schm.haften Quetschungen und Zerreißungen der Bauchmuskeln kommen. Intercostalneuralgien sind selten traumatischen Ursprungs, dann aber sehr hartnäckig. Magen-Darmverletzungen verursachen oft anfangs keine heftigen Schmerzen; lebhaft werden die Schmerzen bei Rupturen parenchymatöser Organe oder bei Perforationen von Hohlorganen oder bei sekundär auftretender Peritonitis. Am quälendsten sind die Schmerzen bei adhäsiven Verwachsungen des Bauchfelles mit den benachbarten Organen infolge Verletzung. Narbenstränge können die unerträglichsten Schmerzen hervorrufen. Epigastrische Hernien machen sofort infolge starker Schmerzen jede Betätigung unmöglich. Traumatische Hernien durch Einwirkung einer stumpfen Gewalt, z. B. Hufschlag, machen durch Zerrungen am Bauchfell die größten Schmerzen; später kommt es zu Verwachsungen, und die Schmerzen klingen ab. Die *Wundschmerzen* sind bei scharfer Durchtrennung der Gewebe ungleich geringer als bei gequetschten oder gerissenen Wundrändern. Schnittwunden setzen im allgemeinen nur mäßige, kurzdauernde Schmerzen, wenn die Wundränder genäht werden. Rißquetschwunden verursachen bei unkompliziertem Wundverlauf nur in den ersten Tagen intensivere Schmerzen, die dann rasch abklingen, selten überdauern sie eine Woche und beeinträchtigen die Erwerbsfähigkeit in geringem Grade. Zarte Narben spielen keine Rolle; sind sie dem Drucke ausgesetzt oder mit Nerven verwachsen, schmerzen sie länger. Verschiebliche *Narben* werden die Erwerbsfähigkeit nicht stören; stärkere Schmerzen können Narbenbrüche oder Narbenneurome hervorrufen. Narben sind daraufhin zu untersuchen, ob sie mit der Unterlage, besonders mit dem Knochen und mit feinen sensiblen Nerven verwachsen sind; bläuliche, livide Narben sind empfindlicher als blasse und konsolidierte. Länger dauernde und intensive Schmerzen sind mit *eiternden Wunden* verbunden. *Quetschungen*, Kontusionen sind die häufigsten Verletzungen, sie sind je nach Lage, Ausbreitung und Begleiterscheinungen mit mehr oder minder großen Schmerzen verbunden. Besonders schm.haft sind sie durch die mit ihnen verbundenen Blutungen in das Unterhautzellgewebe, die Muskulatur und unter die Beinhaut infolge der Gewebsspannung und des Druckes auf die Nervenenden; die Schmerzen gehen mit der Resorption des Blutes zurück. Von besonderer Schm.intensität sind Kontusionen größerer Körperpartien (Brustkontusionen). Eine Verschärfung der Intensität tritt durch Komplikationen auf (Distorsionen, Infektionen). Nach schweren Kontusionen entstehen oft Unfallsneurosen. Bei Witterungswechsel stellen sich oft lange noch Schmerzen ein. Bei Weichteilquetschungen dauern die starken Schmerzen im allgemeinen nur Tage, können dann aber so intensiv sein, daß Schlaf und Allgemeinbefinden stark gestört sind. Nach Ablauf einer Woche machen sich die Schmerzen, allmählich abklingend, in einer das Allgemeinbefinden beeinträchtigenden Stärke noch ein bis zwei Wochen geltend, um dann bei Witterungswechsel und körperlichen Anstrengungen noch zeitweise aufzutreten. Bei *Knochenbrüchen* sind in den ersten Tagen die Schmerzen sehr stark infolge Reibens der Bruchenden aneinander und infolge der gleichzeitigen Schwellung und Quetschung der Weichteile, die Schmerzen lassen aber sofort nach, sobald die Knochenbruchenden in einem starren Verband immobilisiert sind. Die Schmerzen setzen dann wieder ein, sobald die Nachbehandlung beginnt mit Massage, aktiven und passiven Bewegungen oder Gehversuchen bei Frakturen der unteren Extremitäten. Oft wird über der Bruchstelle ausgehende neuralgiforme Schmerzen, die besonders bei Witterungswechsel, bei stärkerer Belastung oder Inanspruchnahme der Extremitäten auftreten, noch längere Zeit geklagt. Bei älteren Menschen, bei denen die Konsolidierung langsamer erfolgt, dauern die Schmerzen länger. Bei einer Reihe von *Vergiftungen* stehen die Schmerzen im Vordergrunde des Krankheitsbildes. Wenn plötzlich aus voller Gesundheit heraus quälende Schmerzen auftreten, liegt der Verdacht einer Vergiftung nahe. Auch bezüglich der Giftwirkung gibt es große individuelle Verschiedenheiten, allerdings darf die Frage nach gewerblicher Vergiftung nicht außer acht gelassen werden (Blei). Kopfschmerzen begleiten eine Reihe akuter und chronischer Vergiftungen als Zeichen allgemeiner Intoxikation, so bei Bleivergiftungen, Arsenvergiftungen, Vergiftungen mit Arsenwasserstoff, Halogenen, giftigen Gasen und Dämpfen aller Art, Kohlenoxyd, Blausäure und Cyaniden, Methylalkohol, Jodoform, Naphthalin, Nitrobenzol, Salvarsan, Chinin. Ätzgifte bewirken auf Haut und Schleimhäuten durch Ätzwirkung große Schmerzen und zwar Säuren, Alkalien und Metallsalze. Bei Phenolen und deren Derivaten ist durch Lähmung der peripheren Nerven die Schm.haftigkeit herabgesetzt oder erloschen; es kommt zu rascher Bewußtlosigkeit, welche die Schm.perzeption aufhebt. Eine besonders schm.hafte Wirkung auf die Haut kommt dem Ätzkalk zu. Giftige Gase reizen die äußeren Schleimhäute. Bienenstiche sind lokal sehr schm.haft, die Bisse von Giftschlangen sind wenig schm.haft, der Biß wird nur als Stich empfunden. Da die Haupteingangspforte der Mund ist, finden sich an diesem sowie im ganzen Verdauungstrakte bei vielen Giften lokale Wirkungen; durch Ausheilung von Verätzungen kann es zu Strikturen kommen, durch Einbeziehung von Nerven in die Narben können Schmerzen entstehen. Bei Verätzung der Magenschleimhaut kann es zu Perforationen kommen, welche intensive Schmerzen bedingen. Bei akuter Sublimatvergiftung tritt unter brennenden Schmerzen eine Gingivitis und Stomatitis auf, dann auch Schmerzen von seiten des Oesophagus, Magens und Darmes. Bei Bleivergiftungen stehen im Vordergrunde die Bleikoliken, die Koliken stellen sich plötzlich ein, haben krampfartigen Charakter, sind vorwiegend unterhalb des Nabels lokalisiert. Bei akuten Arsenikvergiftungen treten nach kurzer Zeit neben metallischem Geschmack im Munde Kratzen und Brennen im Rachen auf und starker Schm. im ganzen Unterleibe. Beim Trinken von Säuren tritt durch Verätzung starker Schm. an der Schleimhaut des Mundes, Rachens und Oesophagus auf, die lokale Ätzwirkung der Chromsäure und ihrer Salze ist eine intensive. Der Genuß von Giftpilzen ist verbunden mit Magenschmerzen und Koliken. Giftige Dämpfe (Schwefelwasserstoff, Blausäure und Cyanide, Kohlenoxydgas, Formaldehyd, Ammoniak) macht Brennen auf den Schleimhäuten und drückende Brustschmerzen. Die Niere ist das wichtigste Ausscheidungsorgan; Gifte, die durch die Niere ausgeschieden werden, verursachen eine toxische Nephritis mit Schmerzen (Canthariden, Arsenwasserstoff, Chromsäure). Das bedeutendste Krampfgift ist Strychnin, das äußerst schm.hafte allgemeine Krämpfe hervorruft. Eine Reihe von Giften erzeugt Neuritiden (chronischer Alkoholismus, chronische Arsenikvergiftung, Blei, Kohlenoxydgas, Schwefelkohlenstoff), hier spielt die individuelle Empfindlichkeit eine hervorragende Rolle.

Die *Simulation von Schmerzen* ist nicht selten, Schmerzen als rein subjektives Symptom lassen sich leicht vortäuschen; ebenso häufig ist die Übertreibung von Schmerzen. Beiden liegt eine eigennützige Zweckvorstellung zugrunde; die Dauer der Simulation bzw. Aggravation ist von der Erreichung des erstrebten Zieles abhängig. Zur Diagnose der Simulation muß die ganze Persönlichkeit herangezogen werden. Die Anamnese gibt Aufschluß über die Vorgeschichte und über die Entstehung der Schmerzen und ihre Art und Dauer sowie Beeinflußbarkeit. Dann hat eine genaue Untersuchung zu erfolgen. Zu beachten ist der mimische Schmerzausdruck, auch bei Ablenkung der Aufmerksamkeit. Starke Dauerschmerzen beeinträchtigen das Allgemeinbefinden; es kommt zur Erschöpfung, Gewichtsabnahme, Abmagerung, Schlaflosigkeit und Appetitstörung, zur Reduktion des Kräfte- und Ernährungszustandes. Für die Echtheit von Schm.attacken ist maßgebend das Verhalten der Pulsfrequenz, des Blutdruckes, die Weite der Pupille im Anfalle sowie allenfalls eine Défense musculaire und Druckempfindlichkeit. Es empfiehlt sich die Vornahme von Simulationsproben, um nachzuweisen, ob ein Mangel innerer Wahrscheinlichkeit bei der Schm.schilderung vorhanden ist. Am häufigsten ist die Simulation von Kopfschmerzen, deren objektiver Nachweis kaum möglich ist, dann von Neuralgien verschiedener Art.

Von *Schm.perversion* spricht man, wenn jemand den Schm., der normalerweise den Unlustgefühlen zuzurechnen ist, aus Leidlust, Schm.geilheit als sexuelle Wollust empfindet (Algolagnie oder Metatropismus). Man unterscheidet aktive Algolagniker (Sadisten) und passive (Masochisten). Der Sadist empfindet es als Wollust, wenn er einem anderen einen Schmerz zufügt, der Masochist, wenn ihm ein Schmerz zugefügt wird. Die Perversion beruht meistens auf konstitutioneller Anlage und wird durch ein affektbetontes Erlebnis manifest. Die meisten Algolagniker sind Psychopathen. Die sadistischen Handlungen bewegen sich von bei Prostituierten bestellten Szenen bis zum Lustmord, meistens handelt es sich um Flagellationen. Die Sadisten sind oft antisozial und können Verbrechen durch Zufügen körperlicher Beschädigungen begehen. Die Masochisten werden nur selten kriminell (s. d. Art.: Masochismus; Sadismus).

*Schrifttum.*

*Auerbach:* Der Kopfschmerz, seine verschiedenen Formen, ihr Wesen, ihre Erkennung und Behandlung. Berlin 1912. — *Bischoff:* Der Geisteszustand der Schwangeren und Gebärenden. Groß Arch. **29.** — *Carus:* Symbolik der menschlichen Gestalt. 2. Aufl. Leipzig 1858. — *Darwin:* Der Ausdruck der Gemütsbewegung bei den Menschen und Tieren. Übersetzt von *Carus.* Stuttgart 1872. — *Edinger:* Zur Lehre vom Schmerz. Arch. Psychiatr. **23.** — *Erben:* Diagnose der Simulation nervöser Symptome. Berlin u. Wien 1912. — *Galant:* Algohallucinosis. Berlin 1920. — *Goldscheider:* Über den Schmerz in physiologischer und klinischer Hinsicht. Berlin 1894. — *Goldscheider:* Das Schmerzproblem. Berlin 1920. — *Horner:* Der Blutdruck des Menschen. Wien u. Leipzig 1913. — *Imhofer:* Gerichtliche Ohrenheilkunde. Leipzig 1920. — *Jagic:* Über den Herzschmerz. Wien. med. Wschr. **46** (1924). — *Kahane:* Grundzüge der Psychologie für Mediziner. Wiesbaden 1914. — *Kobert:* Lehrbuch der Intoxikationen. 2. Aufl. **2.** Stuttgart 1902. — *Kruckenberg:* Der Gesichtsausdruck des Menschen. Stuttgart 1913. — *Landois:* Lehrbuch der Physiologie des Menschen. 18. Aufl. Berlin u. Wien 1922. — *Lavater:* Physiognomik. Wien 1829. — *Lomer:* Zur Beurteilung des Schmerzes in der Gynäkologie. Wiesbaden 1899. — *Matthes:* Lehrbuch der Differentialdiagnose innerer Krankheiten. Berlin 1919. — *Meyer:* Der Schmerz. Wiesbaden 1906. — *Michel:* Das Schmerzproblem und seine forensische Bedeutung. Wien 1926. — *Morawitz:* Klinische Diagnostik innerer Krankheiten. 2. Aufl. Leipzig 1923. — *Ortner:* Klinische Symptomatologie innerer Krankheiten. I. Bauchschmerzen. 3. Aufl.

Berlin u. Wien 1923. — *Piderit:* Mimik und Physiognomik. 2. Aufl. Detmold 1886. — *Schlossmann:* Der Nervenschußschmerz. Z. Neur. **35.** — *Schmidt:* Schmerzphänomene bei inneren Krankheiten. Wien u. Leipzig 1910. — *Stekel:* Sadismus und Masochismus. Berlin u. Wien 1925. — *Strümpell:* Über die Schmerzempfindung. *Pflügers* Arch. **201.** — *Stumpf:* Gerichtliche Geburtshilfe. Wiesbaden 1907. — *Wundt:* Grundzüge der physiologischen Psychologie. 6. Aufl. 3 Bände. 1908—1911. **Michel.**

**Schmutzsaum** siehe *Schußverletzungen.*

**Schneeberger Lungenkrebs** siehe *Kobalt.*

**Schnittverletzungen.** (Vgl. auch Art.: Tod und Gesundheitsbeschädigung infolge Verletzung durch Schnitt.)

*Schnittverletzungen* werden durch schneidende Werkzeuge (Messer und messerähnliche Werkzeuge, Scheren, scharfkantige Glasstücke, Bleche u. v. a.) verursacht, welche ziehend in der Richtung der Schneide geführt werden, wobei zugleich eine Druckkomponente senkrecht zur Schneide wirksam wird. Es entsteht auf diese Weise eine geradlinige Durchtrennung der Weichteile; die Länge dieser Wunden übertrifft in der Regel ihre Tiefe sehr bedeutend, oft um ein Mehrfaches. Der *Querschnitt* der Schnittwunden ist vermöge der Retraktion der durchschnittenen Weichteilschichten keilförmig, denn die oberflächlichen Lagen ziehen sich in der Regel stärker zurück als die tieferen, die durch ihre Haftung und Verbindung mit der unverletzten Grundschicht eine so ausgiebige Verschiebung wie die oberen Schichten nicht erfahren können. Von dieser Regel machen allerdings die langen Muskeln und die Schlagadern eine Ausnahme, wenn sie zur Gänze durchtrennt worden sind. Diese Gebilde verkürzen sich viel kräftiger als die anderen Gewebe, und aus diesem Grunde kann es schwierig werden, einen Sehnenoder Schlagaderstumpf in einer Schnittwunde aufzufinden. Im übrigen aber zeigt die Schnittwunde infolge der scharfen Durchtrennung der Gewebe glatte ebene Wundflächen und glatte Hautränder. *Grobschartige Schneiden* können allerdings auch fetzig-faserige Hautränder erzeugen, die in ihrer Beschaffenheit den Hauträndern von Rißwunden ähnlich sind. Diese zerreißende und zerfasernde Wirkung schartig und zackig geformter Schneiden kommt in höchstem Grade bei den *Sägeschnittwunden* zum Ausdruck. Wenn der Schnitt senkrecht in die Weichteile eingedrungen ist, fallen die Wundflächen beiderseits gleich steil in die Tiefe; bei seitlich geneigter Klingenlage ist der eine Wundrand abgeschrägt (stumpfer Raumwinkel des Wundrandes), der andere zugeschärft (zugespitzten Raumwinkel). Bei sehr flacher Schnittführung entstehen *Lappenwunden,* an geeigneten Stellen (wie Nasenspitze, Finger, Ohrmuschel, Lippen usw.) auch vollkommene *Abkappungen* mit glatten, ebenen Schnittflächen. Meist ist der Verlauf der Schnittwunden gerade, nicht so selten aber auch bogenförmig oder unregelmäßig gekrümmt. Scheinbare Bogenformen zeigen Schnittwunden an Körperstellen mit stark gewölbten und gerundeten Oberflächen. Wenn der Schnitt über Hautfalten hinweggeführt worden ist, kann die Schnittwunde winkelige Knickungen und Zickzackformen aufweisen; durchsetzt ein Schnitt eine Hautfalte nicht in ihrer ganzen Tiefe, so entstehen durch eine einzige Schnittbewegung zwei voneinander getrennte Wunden.

Die Enden der Schnittverletzungen laufen in der Regel allmählich ansteigend und immer seichter werdend in scharfen spitzen Winkeln aus, die häufig in ganz zarten oberflächlichen strichförmigen „Kratzern" der Haut sich noch eine Strecke weit fortsetzen.

Die Tiefe der Schnittwunde ist von der Schärfe der Schneide, von der Größe des Werkzeuges, von der Größe des beim Schnitt aufgewendeten Schneidendruckes und selbstverständlich von der Widerstandsfähigkeit der durchtrennten Gewebe abhängig. So nehmen Knochen mit dicker substantia compacta nur sehr seichte, fast wie Kratzer aussehende Schnittverletzungen an, doch können z. B. Rippen auch vollständig durchschnitten werden. In den verknöcherten Kehlkopf dringen Halsschnittwunden lange nicht so tief ein, wie in einen jugendlichen knorpeligen. Eröffnung von Körperhöhlen durch Schnittwunden kommt nicht gerade häufig vor; Schnittwunden des Gesichtes durchtrennen aber manchmal die Wange in der ganzen Dicke und eröffnen gelegentlich auch die Nasenhöhle und die Oberkieferhöhlen; häufiger dringen Schnittwunden in Gelenkshöhlen ein. Die Schnittwunden können in sehr verschiedenem Grade klaffen. Das ist abhängig von der Tiefe und Richtung der Schnittwunde, von der verletzten Körperstelle (Spaltbarkeitsrichtung der Haut und Verschieblichkeit der Weichteile über der Unterlage), von der Art der durchtrennten Weichteile und von der Stellung und Haltung des verletzten Gliedes.

Die Ausdehnung der Schnittwunden ist außerordentlich verschieden. Meist zeigen Schnittverletzungen durch berufliche Unfälle (bei Köchinnen, Bildhauern, Schnitzern, Lederarbeitern u. a.) geringe Ausmaße, doch kommen durch Maschinen ganz große Schnittwunden, auch Abtrennungen ganzer Körperteile zustande (z. B. Verletzungen durch Futterschneidemaschinen).

Sehr große Schnittwunden findet man bei Selbstverletzungen, Selbstverstümmelungen und Selbsttötungen (Halsschnitt, Zerfleischungen). Aus mündlicher Mitteilung eines Kollegen ist uns z. B. ein Geisteskranker bekannt, der sich die Brusthöhle aufgeschnitten, die Lunge vorgezogen und einen beträchtlichen Lappen davon abgeschnitten hat. Er ist nach kunstgerechter chirurgischer Versorgung genesen. Langgezogene Schnittwunden findet man auch bei gewissen Eifersuchtsattentaten, bei denen der Täter das Gesicht der Geliebten durch mehrere kreuz und quer über das Gesicht gezogene Schnitte „verschandelt" hat. Bekannt sind die ausgedehnten und tief eindringenden Schnittverletzungen beim Lustmord. An die postmortalen Schnittverletzungen bei der Leichenzerstückelung (s. d.) soll an dieser Stelle nur erinnert werden.

*Schrifttum.*

*Dittrich:* Handb. der ärztlichen Sachverständigentätigkeit. **III**, 368. — *Haberda: Schmidtmanns* Handb. der gerichtl. Medizin. **I**, 461. — *v. Hofmann-Haberda:* Lehrbuch der gerichtl. Medizin. 11. Aufl. Berlin-Wien 1927. ***Werkgartner.***

## Schnupfenmittel.

Die meisten Schnupfenmittel, die vom Laien bei Nasen-Rachenkatarrh kritiklos und oft lange Zeit verwendet werden, enthalten als Vehikel Paraffinöl, Petroläther, Ester, Chlorbutanol mit Zusätzen von ätherischen Ölen (Eucalyptus, Menthol, Cineol, Terpentinöl, Salbei usw.) und von Thymol. Im Handel sind zahlreiche Präparate von ähnlicher Zusammensetzung unter den unglaublichsten Phantasienamen erhältlich. Gefährdet sind namentlich Säuglinge und Kleinkinder, denen solche Mittel, meist in Form von Nasentropfen, in großen Mengen appliziert werden. Als Zeichen einer Vergiftung beobachtet man dabei lokale Reizwirkung neben Krämpfen, Kollapserscheinungen, Atemstörungen, Herzschwäche. Beim Erwachsenen kann es zur Aphthenbildung der Mundschleimhaut kommen, wohl als Ausdruck einer Überempfindlichkeit auf ätherische Öle (auch durch Hustenbonbons, Dragées usw.). Ferner beobachtet man bei jahrelangem Gebrauch solcher Mittel Schrumpfungsherde und Narbenbildung in den Lungen als Wirkung des Paraffinöls.

*Schrifttum.*

*Bodmer* u. *Kallós:* Paraffinölaspiration verursacht Lungenschrumpfung. Slg. Verg.-Fälle **5**, 7 A (1934) und Dtsch. med. Wschr. **1933**, 847. — *Brüning:* Tödliche Mistolvergiftung bei einem Säugling. Slg. Verg.-Fälle **1**, 115 A (1930) und Arch. Kinderheilk. **93** (1931). Hier auch weitere Literatur. — *Fischer-Wasels:* Menthol-Paraffinöl verursacht tödliche Lungenschrumpfung. Slg. Verg.-Fälle **5**, 5 A (1934) und Frankf. Z. Path. **44**, 412 (1933). — *Meyer-Brodnitz:* Zur gewerbehygienischen Bedeutung des Paraffin-Spritzverfahrens. Arch. Gewerbepath. **3**, 523 (1923). — *Urbach* u. *Wiethe:* Salbei-, Zitronen- und Mentholüberempfindlichkeit. Slg. Verg.-Fälle **3**, 253 A (1932) und Münch. med. Wschr. **1931**, 2030. ***Schwarz.***

**Schnupftabak** siehe *Tabak.*

**Schocktod** siehe *Shocktod.*

**Schöllkrautvergiftung** siehe *Papaveraceenalkaloide.*

**Schreck** siehe *Tod und Gesundheitsbeschädigung durch psychisches Trauma.*

**Schreibmaschinenpapier** siehe *Tinten und Tintenschriften.*

**Schriftfälschung** siehe *Gerichtliche Schriftuntersuchung.*

**Schriftvergleichung** siehe *Gerichtliche Schriftuntersuchung.*

**Schriftverstellung** siehe *Gerichtliche Schriftuntersuchung.*

**Schrotschuß** siehe *Schußverletzungen; Wundballistik.*

**Schürfsaum** siehe *Schußverletzungen.*

**Schüttellähmung** siehe *Nervenkrankheiten und Trauma.*

**Schuh- und Stiefelspuren** siehe *Fußspuren.*

**Schultzesche Schwingungen** siehe *Künstliche Atmung.*

**Schußkanal** siehe *Schußverletzungen.*

**Schußverletzungen.** (Vgl. auch Art.: Schußwaffen und Munition; Tod und Gesundheitsbeschädigung infolge Verletzung durch Schuß; Wundballistik.)

Die wichtigste Aufgabe für den Gerichtsarzt ist die *Rekonstruktion des Tatherganges.* Sie ist der eigentliche und spezifische Zweck der Untersuchung. Im einzelnen handelt es sich bei Schußverletzungen um folgende Fragestellungen: a) Unterscheidung zwischen Einschuß und Ausschuß. b) Die Feststellung des Verlaufes des Schußkanals (etwaige Rückschlüsse auf den Standort des Schützen). c) Ermittlung der Schußentfernung. d) Rückschlüsse auf Waffe und Munition. Diese einzelnen Fragestellungen mögen der Reihe nach besprochen werden:

*Zu a) 1. Größe der Schußöffnungen.* Nach allgemeiner Lesart sind die Ausschüsse größer als die Einschüsse. Diese Ansicht trifft auch im allgemeinen zu. Man hat sich die Größenausmaße des Ausschusses wohl so zu erklären, daß das durch den Körper dringende Geschoß Gewebsteile und Knochensplitter mit sich reißt, sie verlassen mit dem Geschoß zusammen den Körper und erweitern somit den Ausschuß. Es gibt aber von dieser allgemeinen Regel so häufige Ausnahmen, daß sich der Gerichtsarzt keinesfalls auf die Regel verlassen darf. Wenn z. B. die Rasanz des Geschosses beim Austreten aus dem Körper nur noch eine geringe ist, so schlüpft das Geschoß, ohne Gewebsteile mit sich zu reißen, gerade noch durch die Haut, und in diesen Fällen wird der Ausschuß kleiner sein als der Einschuß. Man ist daher auf andere Merkmale angewiesen.

*2. Die Bewertung des Vertrocknungshofes.* Beim Beobachten von Schußverletzungen an der Leiche

42*

findet sich sehr häufig in der Umgebung der Schußöffnung ein bräunlicher, 1—2, manchmal 4 mm breiter *Vertrocknungshof* (Abb. 1). Man nennt ihn auch
*Kontusionssaum* oder *Schürfsaum* (*Fraenkel, Meixner, G. Strassmann*). Wenn das Geschoß in die Haut
eindringt, wird die Haut etwas eingestülpt, und die

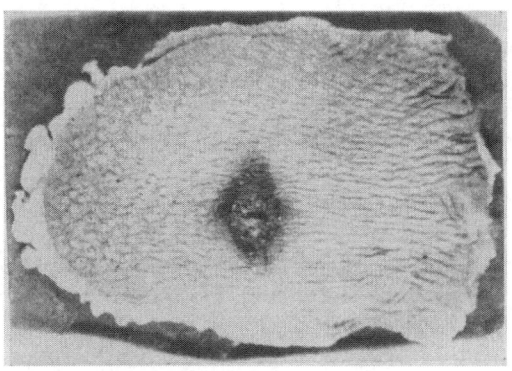

Abb. 1. Vertrocknungssaum (Kontusionssaum, Schürfsaum) um
den Einschuß (Fernschuß, Schrägschuß).

oberflächlichen Epithelschichten in der Umgebung
der Schußöffnung werden mitgerissen. Vielleicht
wirkt auch die Drehung des Geschosses mit (*Huber,
Magnamini*). Nachträglich trocknen die vom Stratum corneum entblößten Hautpartien ein, auf diese
Weise entsteht der erwähnte bräunliche Saum. Bei
Schüssen aus Trommelrevolvern ist er besonders
groß und oft auch tief eingezogen. Histologisch erkennt man wie bei jeder Hautvertrocknung eine Ab-
plattung der Zellen des Stratum germinativum
(*Fraenkel, B. Mueller*). An Lebenden ist der Saum
oft nicht zu sehen, weil hier infolge von Benetzung
mit Sekret oder auch infolge von Verbänden eine
Vertrocknung nicht stattfindet. Dieser Kontusionssaum oder Schürfsaum darf niemals mit dem Pulverschmauch verwechselt werden. Er findet sich bei
Fernschüssen und bei Nahschüssen und sagt *nicht*
das geringste über die Schußentfernung aus. Sein
Vorhandensein weist lediglich darauf hin, daß es sich
um einen Einschuß handelt, ohne dies mit völliger
Sicherheit zu beweisen. Bei Schrägschüssen nimmt
der Saum eine ovale Gestalt an (Abb. 1). In Ausnahmefällen kann ein solcher Saum, der dann manchmal noch breiter ist, auch an der Ausschußöffnung
vorhanden sein (*Meixner, F. Strassmann, Romanese*).
Das austretende Geschoß stülpt die Haut nach außen
vor, das Stratum corneum reißt ein und retrahiert
sich in der Umgebung der Ausschußöffnung. Wir
bezeichnen diesen Saum als *Dehnungssaum*.

*3. Der Schmutzsaum und sein Nachweis.* Das den
Lauf der Waffe verlassende Geschoß nimmt in den
meisten Fällen Schmutzteilchen oder bei gut geölten
Waffen etwas Öl mit. Dieser Schmutz wird in der
Umgebung der Einschußöffnung abgestreift, der
hierbei entstehende schwärzliche Ring, der bei
Schüssen auf die Haut den Schürfsaum verdecken
kann, wird als *Schmutzring* oder als *Schmutzsaum* bezeichnet (Abb. 2 u. 3). Auch er darf nicht mit dem Pulverschmauch verwechselt werden, er sagt *nichts* über
die Schußentfernung aus, dagegen *beweist* sein Vorhandensein, daß es sich um den Einschuß handelt.
Der Schmutzsaum entsteht dort, wo das Geschoß
zuerst eindringt, also bei Schüssen auf die bloße Haut
an der Einschußverletzung in der Haut (Abb. 3), bei
Schüssen durch die Kleider an den Kleidern (Abb. 2).
Es ist daher unerläßlich, daß der Gerichtsarzt bei
Untersuchung von Schußverletzungen, die durch die
Kleider gegangen sind, die Leichenschau bzw. die

Leichenöffnung mit der Untersuchung der *Kleider*
beginnt. Vergißt er dies, so kann er zu völlig falschen
Resultaten kommen. In jedem irgendwie fraglichen
Falle ist zu veranlassen, daß die Kleider zur Untersuchung asserviert und eingesandt werden. Durch-
blutete Kleider sind vor Einsendung in trockener

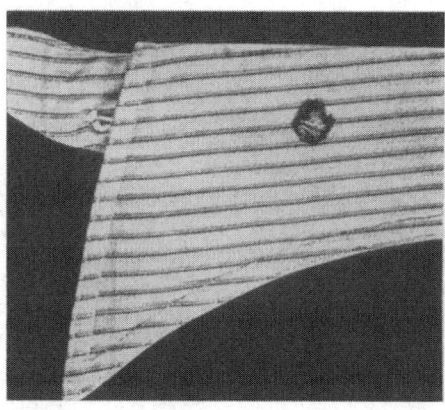

Abb. 2. Schmutzsaum um die Einschußöffnung
(Fernschuß).

Luft, aber nicht in der Sonne zu trocknen. Während
der Schmutzsaum an hellen Kleidungsstücken ohne
weiteres zu erkennen ist, kann er bei dunklen Tuchen
unsichtbar bleiben. Auch starke Durchblutung heller
Kleidungsstücke kann den Schmutzsaum verdecken.
In solchen Fällen gelingt seine Darstellung noch vielfach durch Photographie mit infraroten Strahlen
(*Elbel, Manczarski*). Auch führen infolge des Gehaltes
des Schmutzsaumes an Metallpartikelchen, die aus
dem Lauf der Waffe oder auch vom Geschoß stam-

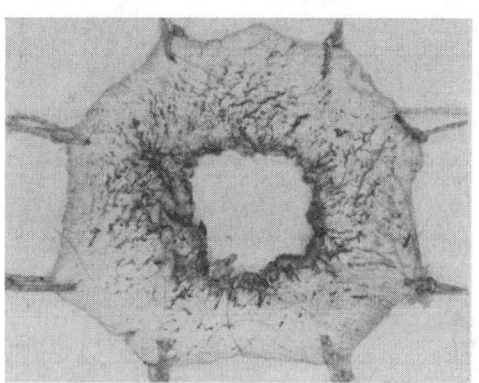

Abb. 3. Vertrocknungshof und Schmutzsaum bei einer
Schrotschußverletzung (Fernschuß). Die dunkle Verfär-
bung am linken Rande der Verletzung stammt von einer
Durchblutung des Gewebes.

men können, weiche Röntgenaufnahmen (*Eidlin*)
oder auch Spektralanalysen (*Gerlach, Buhtz*) zum
Ziele. Da der Nachweis des Schmutzringes ein völlig
sicheres Zeichen für den Einschuß ist, muß im Zweifel
jede Nachweismöglichkeit versucht werden.

*4. Nahschußzeichen als Zeichen für den Einschuß.*
Sind bei einer der Schußöffnungen auf der Haut oder
auf den Kleidern offenbare Nahschußzeichen vorhanden (über ihren Nachweis siehe Abschnitt Schußentfernung), so ist dies gleichfalls ein Beweis dafür, daß
es sich um den Einschuß handelt. Nur in ganz besonderen Ausnahmefällen kann es bei Schüssen mit
angesetzter Mündung aus Gewehren, insbesondere Mi-

litärgewehren vorkommen, daß Pulverschmauch bis zum Ausschuß, ja bis zu den die Ausschußöffnung bedeckenden Kleidern vordringt (*Walcher*). Das in heißem Zustande in den Körper eindringende Geschoß verursacht eine auffällige Basophilie des Gewebes in der Umgebung des Einschusses (auffällig starke Färbung mit Haematoxylin) und zwar auch dann noch, wenn der Feuerstrahl aus der Mündung gar nicht bis zum Schußobjekt gelangen konnte (*Krauland*).

5. *Verhalten der Schußöffnungen in den Kleidern.* Bei der Besichtigung von Kleidern erkennt man vielfach, daß die Textilfasern von der einen Schußöffnung nach innen zu, die der anderen Schußöffnung nach außen zu ausgefranst sind. Im ersten Falle handelt es sich dann um den Einschuß, im letzteren Falle um den Ausschuß. Es ist wichtig, daß diese Befunde bereits bei der ersten Besichtigung der Leiche erhoben und notiert werden. Durch das Ausziehen und Verpacken der Kleider können sich die Verhältnisse verändern.

6. *Nachweis von Fremdkörpern in der Einschußöffnung.* Wenn das Geschoß die Kleider durchdringt, so werden meist *Textilfasern* mitgerissen und bleiben zu Beginn des Schußkanals in der Lederhaut oder

Abb. 4. Textilfasern in der Einschußöffnung bei Schuß durch die Kleider.

im Unterhautfettgewebe liegen (Abb. 4). Manchmal sieht man diese Textilfasern schon mit bloßem Auge. Sind sie vorhanden, so beweist dies gleichfalls den Einschuß. In den amtlichen Sektionsvorschriften ist angeordnet, daß bei Schüssen, die durch die Kleider gegangen sind, und bei denen es fraglich ist, wo sich der Einschuß und wo sich der Ausschuß befindet, beide Schußöffnungen herausgeschnitten und in 10%iger Formalinlösung in weithalsigen Flaschen zur mikroskopischen Untersuchung eingesandt werden. Es ist unerläßlich, daß diese Schußöffnungen nach ihren Fundstellen genau bezeichnet werden. Hat man dies nämlich vergessen (leider geschieht dies manchmal in der Praxis), so nützt die Feststellung des Untersuchers, daß das eine ihm übersandte Hautstück den Einschuß darstellt, praktisch nichts. Findet man bei mikroskopischer Untersuchung einer Schußöffnung Eisenpartikelchen (aus dem Lauf stammend) oder Kupferteilchen (von der Patronenhülse herrührend), so ist das gleichfalls ein Beweis dafür, daß ein Einschuß vorliegt (*Fritz*). Näheres siehe Nahschußzeichen.

7. *Sonderheiten bei Knochenschüssen.* Ist der Schuß durch *Knochen* gegangen, so erweitert sich der Schußkanal im Knochen trichterförmig in der Schußrichtung. Bei Schädelschüssen erweitert sich also der Schußkanal des Einschusses trichterförmig

nach innen, der des Ausschusses trichterförmig nach außen (Abb. 5 u. 6). Bei *Schrägschüssen* des Schädels

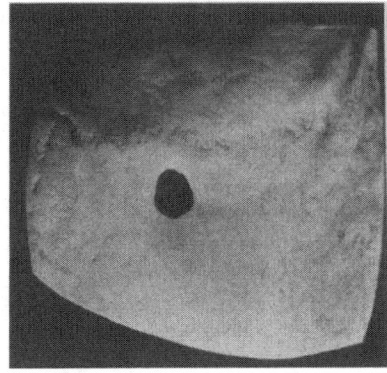

Abb. 5. Einschuß im Schädel.

(*Tangentialschüsse*) können sich allerdings in der Beurteilung dadurch Schwierigkeiten ergeben, daß der eine Teil der Schußöffnung nach innen, der andere

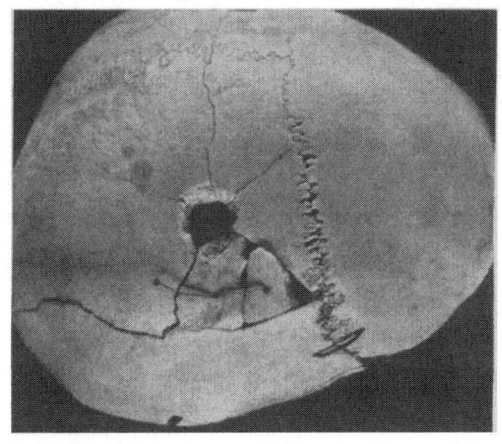

Abb. 6. Ausschuß im Schädel.

nach außen ausgebrochen ist. In derartigen zweifelhaften Fällen ist es unvermeidlich, nach vorheriger Zustimmung des Richters den Kopf der Leiche zu asservieren und zur Untersuchung einzusenden.

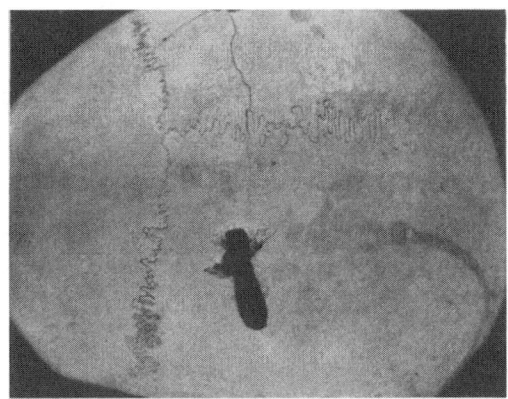

Abb. 7. Einschuß im Schädel, Schrägschuß; der Pfeil gibt die Schußrichtung an.

Selbstverständlich dürfen hierbei die Schußöffnungen in der Haut nicht fehlen. Als allgemeine Richtlinie hat zu gelten, daß bei Schädelschrägschüssen an der Außenseite des Schädels der laufnahe Rand scharfrandig, der laufferne Rand kegelförmig ausgesprengt ist (Abb. 7). An der Innenseite des Schädels sind die Verhältnisse umgekehrt. Der laufnahe Rand ist ausgesprengt, der laufferne Rand scharfrandig. Dieses, der ersten Erwartung des Untersuchers scheinbar widersprechende Verhalten der Schrägschußöffnungen im Schädel wird auf die vom Geschoß bei Durchsetzen des Knochens ausgehende Seitenstoßwirkung zurückgeführt (*Talwik, Meixner* und *Werkgartner, Weimann, R. M. Mayer* und *Fritz*).

*Zu b)* Der Verlauf des Schußkanals ist im allgemeinen ein Maßstab für die Richtung, in der das Geschoß den Körper durchsetzt hat, und kann Anhaltspunkte dafür ergeben, von welcher Seite der Schuß abgefeuert wurde. Wenn man derartige Schlüsse zieht, ist es freilich notwendig, daß sich (z. B. durch Zeugenaussagen) rekonstruieren läßt, in welcher Körperhaltung sich der Verletzte im fraglichen Augenblick befand. War die Körperhaltung aufrecht und durchsetzt der Schußkanal den Körper sehr schräge von oben nach unten, so wird die Ermittlungsbehörde mit Recht annehmen, daß der Schuß aus dem Fenster eines höheren Stockwerkes oder auch von einem Baum aus abgegeben wurde. Nun ist allerdings nicht immer der Schußkanal im Körper geradlinig. Das Geschoß kann durch schräges Auftreffen auf Knochen abgelenkt werden. Im Schädel gibt es eigenartige Verlaufsformen des Schußkanals. Bekannt ist z. B. der sog. *Ringelschuß* bei Schrägschüssen durch den Kopf. Das Geschoß läuft hier an der Innenseite der Schädelkapsel entlang, manchmal um den halben Schädel herum und bleibt dann im Subduralraum liegen. Auch sonst kann das Geschoß bei Schrägschüssen durch den Schädel beim Durchtritt durch den Knochen abgelenkt werden. In solchen Fällen gibt nicht die Verbindungslinie zwischen Einschuß- und Ausschußöffnung bzw. der Stelle, an der das Geschoß an die Innentafel des Schädels angeprallt und den Knochen eingedellt hat, die wahre Schußrichtung an. Man rekonstruiert die wahre Schußrichtung vielmehr am besten so, daß man bei Betrachtung der oval gestalteten Einschußöffnung den Schädel so neigt, daß die ovale Öffnung kreisrund erscheint. Die hierbei anvisierte Stelle an der gegenüberliegenden Innenfläche des Schädels gibt dann den Punkt an, den das Geschoß bei geradlinigem Verlauf getroffen hätte (*R. M. Mayer*). Sehr schräg auf Knochen auftreffende Schüsse dringen überhaupt nicht ein, sondern können zwischen Knochen und der ihn bedeckenden Haut entlanggehen, um nach einiger Zeit wieder auszutreten (*B. Mueller*). Besonders schräg ankommende Geschosse (5—10 Grad) dringen manchmal nicht einmal in die Haut ein (*Piédelièvre, Dérobert et Charton*). Der Pulverschmauch nimmt bei Schrägschüssen eine mehr oder minder ovale Gestalt an; bei sehr schrägen Schüssen ist der der Schußrichtung entgegengesetzte Rand der Schußöffnung stärker und umfangreicher beschmaucht, bei weniger schrägen Schüssen liegen die Verhältnisse umgekehrt. Genauere Gesetzmäßigkeiten sind noch nicht erarbeitet worden[1]. Wenn der Gerichtsarzt keine sicheren Anhaltspunkte dafür hat, daß der Schußkanal im Inneren des Körpers nicht gerade verläuft (in der Praxis wird er meist gerade verlaufen), dann gehört es zu seinen unerläßlichen Aufgaben, die Lage des Schußkanals möglichst exakt zu bestimmen. Bei Durchschüssen hat dies so zu geschehen, daß man die Ent-

fernung des Einschusses und die des Ausschusses von der Fußsohle mißt, bei Schüssen, die in halbwegs sagittaler Richtung den Körper durchsetzt haben, ist es auch zweckmäßig, den Durchmesser des Körpers in der Höhe der tiefer gelegenen Schußverletzungen zu bestimmen. Man erhält dann ein rechtwinkliges Dreieck, dessen Katheten bekannt sind, und man kann dann die Abweichung des Schußkanals von der Horizontalen als den Tangens eines anliegenden Winkels der Hypothenuse des rechtwinkligen Dreiecks berechnen (Abb. 8). Selbstverständlich hat diese Winkelberechnung nur den Wert einer ungefähren Bestimmung. Es hat aber Fälle gegeben, in denen diese Bestimmung für die Urteilsfindung ausschlaggebend wurde. (Eigene Beobachtungen des Berichterstatters.) (Weitere Ermittlungen über den Standort des Schützen s. d. Art.: Tod und Gesundheitsbeschädigung infolge Verletzung durch Schuß.) Ist bei Durchschüssen der Einschlag des Geschosses in einer Wand oder einem Baum festgestellt, so ergeben sich hieraus gewichtige Anhaltspunkte für die Stellung des Angeschossenen z. Zt. des Empfanges des Schusses.

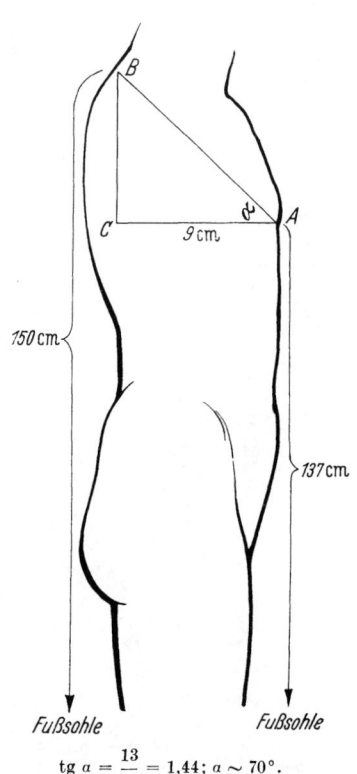

$$\text{tg } a = \frac{13}{9} = 1{,}44; \ a \sim 70°.$$

Abb. 8. Rekonstruktion des Grades der Abweichung des Schußkanales von der Horizontalen. (Die Zeichnung entspricht metrisch *nicht* den wirklichen Zahlen.)

*Zu c)* 1. *Einteilung der Nahschüsse.* In der üblichen Nomenklatur spricht man von *absoluten Nahschüssen* (*Nippe*), wenn die Schüsse mit angesetzter oder fast angesetzter *Mündung* abgegeben wurden, von *relativen Nahschüssen*, wenn die Schußentfernung größer ist, wenn man aber Nahschußzeichen noch mit bloßem Auge oder einfachen Untersuchungsmethoden erkennen kann. Einen *relativen Fernschuß* (*Pietrusky*) nimmt man an, wenn Nahschußzeichen nur durch feinere Untersuchungsmethoden zu ermitteln sind, und einen *absoluten Fernschuß* dann, wenn keinerlei Nahschußzeichen (auch nicht mit feinsten Untersuchungsmethoden) festgestellt werden können.

2. *Die Nahschußzeichen im allgemeinen und ihre Erkennung.* Wenn der Schuß abgefeuert wird, so entweichen zusammen mit dem Geschoß aus dem Lauf der Waffe der *Feuerstrahl, Rauch,* der sich bei Nahschüssen auf das Schußobjekt als *Pulverschmauch* niederschlägt, und *unverbrannte Pulverteilchen,* die sich kegelförmig ähnlich wie die Schrotkugeln ausbreiten, bei Nahschüssen als *Pulvereinsprengungen* in der Umgebung der Einschußöffnung einschlagen und meist auf der Haut oder auf den Kleidern haften bleiben, ferner *Eisenteilchen* aus dem Lauf (namentlich bei rostigen Läufen) und *Kupferteilchen* aus der Patronenhülse, die in der Umgebung der Ein-

---

[1] Inzwischen von *Elbel* bearbeitet in der Arbeit: Schußwinkel und Schmauchbild. Dtsch. Z. gerichtl. Med. **32**, 165 (1939).

schußöffnung oder in der Einschußöffnung selbst nachgewiesen werden können.

α) *Verbrennungserscheinungen.* Praktisch ins Gewicht fallende Verbrennungserscheinungen finden wir nur bei Nahschüssen mit Trommelrevolvern oder bei sonstigen mit *Schwarzpulver* geladenen Gewehren (Jagdwaffen, Winchesterbüchsen). Daß das heiß gewordene Geschoß beim Eindringen am Gewebe selbst gewisse Hitzeerscheinungen auslösen kann (Basophilie), wurde bereits bei der Besprechung des Nachweises des Einschusses erwähnt, es handelt sich hier nicht um ein eigentliches Nahschußzeichen, da das Geschoß auch noch bei Schußentfernungen, die wir praktisch als Fernschüsse bezeichnen müssen, sehr heiß sein kann (*Krauland*). Bei Untersuchung der Haut sind eigentliche Verbrennungserscheinungen durch Wabenbildung in der Hornschicht zu erkennen, ferner durch den Nachweis von verbrannten Haaren (Kräuselung, mikroskopischer Nachweis von Gasbläschen im Haar), bei Schüssen auf Kleider gleichfalls durch den mikroskopischen Nachweis verbrannter Wollfasern. Die Zündwirkung der Schwarzpulvermunition ist eine recht erhebliche. Manchmal ist das Textilgewebe in weiterer Umgebung der Schußöffnung ausgebrannt, es kommt sogar vor, daß die Kleidung des Angeschossenen (trockene Baumwollstoffe) in Flammen aufgeht. In letzter Zeit ist die Meinung vertreten worden, daß der Feuerstrahl nicht unmittelbar zündet, sondern daß glimmende Pulverteilchen die Flammenwirkung veranlassen (*Chavigny*). Das in den Pulvergasen enthaltene Kohlenoxyd kann zu einer CO-Anreicherung von Blutergüssen in der Umgebung der Einschußöffnung führen (hellrote Farbe des Blutes, positive CO-Reaktion) (*Merkel, Demeter, Puppe, Stockis*).

Die Schußentfernungen, bei denen noch Verbrennungserscheinungen am Schußobjekt entstehen, sind außerordentlich wechselnd. Jede Jagdwaffe, jede Bohrung eines Trommelrevolvers, jede Munition kann hier verschiedene Erscheinungen hervorrufen. Allgemeine Angaben zu machen, ist unmöglich. Wenn es auf eine genauere Bestimmung der Schußentfernung ankommt, darf es der Gerichtsarzt nicht versäumen, zu veranlassen, daß in einem gerichtsärztlichen Institut mit der gleichen Waffe und der gleichen Munition Probeschüsse auf das gleiche Schußobjekt abgegeben werden. Man beobachtet nach allgemeinen Erfahrungen bei Schüssen mit Trommelrevolvern Verbrennungserscheinungen bis zu Entfernungen von 15 cm (*Fuchs*), bei Gewehrschüssen bis zu einer Entfernung von 50 cm (*Chavigny*). Bei Benutzung eines rauchschwachen Pulvers und auch bei Sinoxidmunition findet man nur bei Schüssen mit angesetzter oder fast angesetzter Mündung meist erst nach längerem Suchen vereinzelt Verbrennungserscheinungen (*B. Mueller*).

β) *Pulverschmauch und Pulvereinsprengungen.* Der *Pulverschmauch* schlägt sich bei Nahschüssen in der Gegend um die Einschußöffnung nieder, bei Kleiderschüssen kann er mitunter mehrere Schichten der Kleider durchdringen. Der Schmauchhof kann von konzentrisch angeordneten *Schmauchringen* umgeben sein (sog. Kokardenbildung des romanischen Schrifttums, *Simonin*). Der Pulverschmauch wird um so *größer* und *intensiver*, je *geringer* die Schußentfernung ist. Diese Gesetzmäßigkeit gilt jedoch *nur* für relative, nicht für absolute Nahschüsse (Näheres s. später unter 3. β). *Pulvereinsprengungen* finden wir gleichfalls nur bei relativen Nahschüssen, sie bilden einen Hof in der Umgebung der Einschußöffnung, der Hof wird mit zunehmender Entfernung größer, die einzelnen Einsprengungen sind bei zunehmender Entfernung weiter voneinander entfernt. Die Pulvereinsprengungen sind sehr deutlich und zahlreich bei Schwarzpulvermunition, sie sind

seltener bei Nitromunition. Wird als Zündsatz Sinoxid verwandt, so werden sie sehr spärlich und klein. Ein scharfer Unterschied zwischen Einsprengung und Pulverschmauchpartikelchen ist hier nicht immer möglich (Abb. 9).

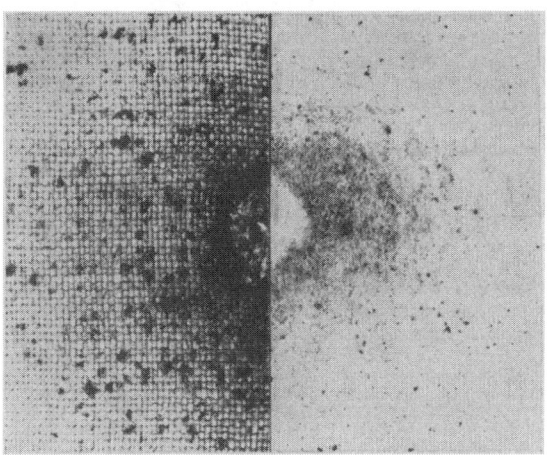

Abb. 9. Pulverschmauch und Pulvereinsprengungen (Schuß aus einer Entfernung von 10 cm mit einer autom. Repetierpistole Kal. 7,65, links alte Nitromunition, rechts Sinoxidmunition).

Bei der gerichtsärztlichen Untersuchung von Schußwunden sind Umfang und Gestalt des Pulverschmauchhofes und des Hofes der Einsprengungen möglichst genau darzustellen. Man läßt am besten ein Lichtbild herstellen, auf dem ein Maßstab mitabgebildet wird. Nach Beschreibung und Abbildung ist die Schußöffnung mit Umgebung herauszuschneiden, auf Pappe aufzudrücken und bei unbekannter Schußentfernung, wenn es irgend geht, ohne Zusatz von Fixierflüssigkeit zur Untersuchung einzusenden, und zwar als *Eilsendung.* Die Kleider, sofern der Schuß durch diese gegangen ist, sind gleichfalls einzusenden, jedes vorherige Schütteln ist zu vermeiden, weil hierbei Pulvereinsprengungen herausfallen können. Sind die Kleider durchblutet, so müssen sie vor Einsendung getrocknet werden, jedoch *nicht* in der Sonne.

Die Bestimmung der Schußentfernung wird so durchgeführt, daß man mit derselben Waffe und derselben Munition auf ein entsprechendes Schußobjekt Probeschüsse abgibt (*Jansch* und *Meixner, Kipper, v. Neureiter*). Ein entsprechender Textilstoff wird sich ohne weiteres beschaffen lassen. Ist es notwendig, die Probeschüsse auf Haut abzugeben, so kann man zunächst auf angefeuchtetes Filtrierpapier schießen. Nach ungefährer Ermittlung der Entfernung müssen aber die letzten und entscheidenden Probeschüsse auf menschliche Haut abgegeben werden. Wurde auf Haut oder auf helles Textilgewebe geschossen, so erfolgt der Vergleich zwischen den Nahschußzeichen der Probeschüsse und der asservierten Schußöffnung mit dem bloßen Auge. Nach neueren Erfahrungen (*B. Mueller*) bietet die besten Anhaltspunkte ein Vergleich der *Intensität* des Schmauchhofes (nicht vergessen, die gleiche Munition zu beschaffen; die am Tatort aufgefundene Patronenhülse gibt hierüber Auskunft). Aber auch der Größe des Pulverschmauchhofes und der Beschaffenheit des Hofes der Pulvereinsprengungen (falls er vorhanden ist) wird man seine Aufmerksamkeit schenken. Die Ergebnisse sind selbstverständlich nur ungefähr zutreffend, namentlich dann, wenn es sich um *Schrägschüsse* handelt. Der Pulverschmauchhof ist hier oval, die Schußöffnung kann exzentrisch liegen. Mäßiger

*Wind* ist bei Schüssen aus *geringer* Entfernung ohne Einfluß auf die Gestaltung der Nahschußzeichen (*Lochte*).

Nach den vorliegenden Erfahrungen (*B. Mueller*) findet man beim Beschießen von weißen Baumwolltüchern mit automatischen Repetierpistolen der beiden gangbaren Kaliber (6,35 und 7,65 mm) bei Verwendung moderner Sinoxidmunition (Sinoxidmunition, Nicorromunition, Munition von *Bellot* und *Sellier*) bis zu einer Entfernung von 30—40 cm noch Pulverschmauch, bei einer Entfernung bis zu 40 cm bei Betrachtung mit bloßem Auge noch Pulvereinsprengungen; bei Anstellung der D. S.-Reaktion (s. unten) ergibt sich ein deutlich positives Resultat noch bis zu einer Entfernung von 50, in einzelnen Fällen bis zu 120 cm. Wurde auf *dunkle* Tuche geschossen, so sind Beschmauchung und Einsprengung mit bloßem Auge gar nicht oder nicht hinreichend genau erkennbar. Vielfach gelingt eine Darstellung des Pulverschmauches mit Hilfe der *Infrarotphotographie*. Einsprengungen, sofern sie kompakt sind, kann man auch durch *Röntgenaufnahmen* darstellen. Vielfach geben aber beide Methoden kein hinreichend genaues Bild, insbesondere dann, wenn die zu untersuchenden Stoffe durchblutet oder sonst irgendwie beschmutzt sind. Man muß dann zu *chemischen* Methoden greifen.

Schwarzpulver enthält Salpeter, also ein Nitrat, Nitropulver Nitrite, Knallquecksilber Quecksilber, Sinoxid und Blei.

Zur Feststellung von Nitraten oder Nitriten wird meist die *Diphenylamin-Schwefelsäure-Reaktion* (D. S.-Reaktion) herangezogen (*Wellenstein* und *Kober*). Sie ist zwar nicht streng spezifisch (positiv auch bei Fe), aber für die Praxis dann spezifisch genug, wenn man sich vorher überzeugt hat, daß unbeschossene Teile der zu untersuchenden Kleider eine negative Reaktion ergeben.

Das Reagens wird nach *Tillmanns* (zit. nach *Karhan*) wie folgt hergestellt: 0,085 g Diphenylamin werden in einen 500 ccm Kolben gebracht, darauf gießt man 190 ccm verdünnte Schwefelsäure (ein Teil konzentrierte Schwefelsäure + 3 Teile Wasser). Nach Lösung des Diphenylamin füllt man bis auf 500 ccm konzentrierte Schwefelsäure nach.

*Hilschenz* empfiehlt folgende Herstellungsart: ein flacher Teller wird mit konzentrierter Schwefelsäure (chem. rein) beschickt. Dazu kommen einige Tropfen Leitungswasser. Man kann nach dem im Münchner Institut für gerichtliche Medizin bestehenden Gebrauch so vorgehen, daß man den Teller vorher mit Leitungswasser ausspült, nicht trocknet und ihn dann mit Schwefelsäure beschickt. Zu der Schwefelsäure kommt eine Messerspitze Diphenylamin.

Brauchbar wird das Reagens bei beiden Methoden der Herstellung, die zuletzt erwähnte hat den Vorteil der Einfachheit. Es ist aber in jedem Falle notwendig, vor Durchführung der eigentlichen Reaktion mit einer Capillare einige Tropfen von dem Reagens auf ein Porzellanschälchen abzuhebern und durch Zusatz eines Körnchens von Schwarz- oder Nitropulver zu untersuchen, ob die Reaktion auch positiv ausfällt. Es müssen blaue Schlieren entstehen.

Nach Beschickung des Tellers mit dem Reagens kann man mit bloßem Auge sichtbare Pulvereinsprengungen von der Haut oder vom Textilgewebe mit der Pinzette abheben und in das Reagens werfen. Bei den modernen Pulverarten (Sinoxidmunition) sind jedoch die Einsprengungen auf dunklem Tuch nicht sichtbar. Sie sind auch zu klein, als daß man sie mit der Pinzette abheben könnte. Es ist daher zweckmäßig, das Textilgewebe über den mit Reagens beschickten Teller mit einer harten, vorher gut gereinigten Bürste (Zahnbürste ist geeignet) abzubürsten (*Hilschenz*). Man beobachtet dann, ob aus den auf das Reagens fallenden Schmutzteilchen blaue Schlieren aufschießen. War die vorher angestellte Probe an unbeschossenen Teilen des Textilgewebes negativ oder schossen hier nur vereinzelte Schlieren auf und schießen beim Abbürsten der beschossenen Teile sehr zahlreiche Schlieren auf, so ist erwiesen, daß sich an den abgebürsteten Teilchen Pulverbestandteile befinden. Man fängt zweckmäßig in der Peripherie des Schußfeldes an und deckt sie nach und nach mit kleiner werdenden kreisförmigen Pappscheiben ab; auf diese Weise erhält man einen guten Überblick über die Verteilung der Pulverteilchen im Schußfeld. Bei alter Munition ist die Reaktion nur positiv bei Pulvereinsprengungen, bei moderner Sinoxidmunition aber auch bei den Partikelchen des Pulverschmauches (*Holsten, B. Mueller*). Verschmutzungen des Schußobjektes können die Reaktion empfindlich stören (*Karhan*).

Für Nitrite spezifisch ist die Reaktion mit *Lunges* Reagens (*Goroncy*). Das zu untersuchende Objekt wird ein bis mehrere Stunden mit alkoholischer Kalilauge (5 g KOH auf 100 Teile absolutem Alkohol) unter leichtem Erwärmen behandelt. Danach gibt man das gleiche Volumen eines Gemisches zu, bestehend aus gleichen Teilen *Lunges* Reagens und 30 %iger Essigsäure. *Lunges* Reagens besteht aus zwei Lösungen:

1. 0,5 g Sulfanilsäure werden in 150 ccm 30 %iger Essigsäure gelöst.

2. 0,1 g Naphthylamin werden in 20 ccm kochendem destilliertem Wasser gelöst. Es entsteht ein blauvioletter Rückstand. Von diesem Rückstand wird die farblose Lösung abgegossen und mit 150 ccm 30 %iger Essigsäure versetzt. Die Lösungen 1 und 2 werden zu gleichen Teilen gemischt.

Bei positivem Ausfall der Reaktion bildet sich nach spätestens einer Viertelstunde eine Rotfärbung; da die Reaktion sehr empfindlich ist, müssen Leerproben angestellt werden. Verschmutzungen des Schußobjektes stören nicht im gleichen Maße wie bei der D. S.-Reaktion. Der Nitritnachweis mit *Lunges* Reagens ist auch bei in Formalin fixierten Hautstückchen anwendbar, wenn auch nicht mit der gleichen Spezifität (*B. Mueller* und *Broßmann*); sorgfältige Kontrollproben sind hier unerläßlich.

Der Nachweis von *Quecksilber* hat seit Einführung der Sinoxidmunition seine praktische Bedeutung zum größten Teil eingebüßt. Eine einfache Methode zum Nachweis von Quecksilber ist folgende (*Lochte* und *Fiedler*): Zu einigen Stoffasern der fraglichen Einschußstelle, die auf einen Objektträger gebracht werden, wird ein Plättchen Jod gelegt. Man bedeckt mit einem Deckglas und erwärmt vorsichtig über der Sparflamme des Bunsenbrenners. Nach kurzer Zeit erkennt man auf dem Objektträger und auf dem Deckglas einen gelben Belag von Quecksilberjodid, bei mikroskopischer Untersuchung sieht man die quadratischen oder rhombischen Täfelchen des Quecksilberjodids. Bezüglich der empfindlicheren und komplizierteren Methode von *Lochte* und seinen Mitarbeitern, *Schmidt* und *Guareschi*, sowie des mikroskopischen Nachweises von *Journée, Piédelièvre* und *Sannié* sowie des spektralanalytischen Nachweises (*Buhtz*) wird auf das Schrifttum verwiesen. Man fand Quecksilber bis zu Entfernungen von 30 cm, in Höchstfällen bis zu Entfernungen von 1 m.

Seit Einführung der Sinoxidmunition ist der *Bleinachweis* wichtig geworden. Er ist dann am Platze, wenn die Abbürstmethode infolge Durchblutung des Textilgewebes versagt. Als Reagens benutzt man den von *Fischer* in die analytische Chemie eingeführten Farbstoff *Dithizon*. Für kriminalistische Zwecke sind Untersuchungsmethoden von *Holsten, Brüning, Elbel* und *B. Mueller* und *Broßmann* ausgearbeitet worden. Die Technik der Untersuchung ist noch im Werden. Es sei daher nur das Verfahren wiedergegeben, das sich am besten für den nicht mit Apparaturen versehenen Gerichtsmediziner eignet.

Salze von Schwermetallen verfärben eine Lösung von Dithizon in Tetrachlorkohlenstoff in verschiedener Weise; bis auf Blei lassen sich alle diese Salze schnell ausschütteln, wenn man Cyankalium zugibt. Nach Ausschüttelung mit Cyankalium bleibt nur noch das Blei übrig, das die Lösung rot färbt. Die Reaktion ist so empfindlich, daß noch ein Gamma Blei nachgewiesen werden kann.

Das nachfolgende Vorgehen hat sich als zweckmäßig erwiesen:

Das zu untersuchende Gewebe (Textilgewebe oder auch menschliches Gewebe aus der Gegend der Einschußöffnung) wird bei kleiner Flamme im Porzellantiegel oder Platintiegel verascht. Man kommt mit etwa 0,3 g tierischem oder Textilgewebe aus. Die Veraschung dauert etwa zehn Minuten[1]. Die Asche wird im gleichen Tiegel mit 10 ccm einer 2%igen bleifreien Salpetersäure aufgenommen und abgeraucht. Anschließend wird das entstandene Bleinitrat noch zweimal mit redestilliertem Wasser abgedampft, um die überschüssige Säure auszuwaschen. Freie Säure darf in der Lösung nicht vorhanden sein. Danach wird die Asche mit 10 ccm redestilliertem Wassers bedeckt und bleibt 15 Minuten stehen. Es entsteht meist eine klare Lösung, in der einige Aschebröckelchen herumschwimmen. Diese Verunreinigungen stören jedoch nicht. Diese zu untersuchende Flüssigkeit kommt in einen Schütteltrichter, dazu kommen 1,5 ccm einer 3%igen Cyankalilösung, ferner 1,5 ccm einer 3%igen Lösung des Reduzens Hydroxylaminhydrochlorid. Bereits vorher hat man die Dithizonlösung bereitet, hierzu werden zweckmäßig 2—3 mg Dithizon in 100 ccm Tetrachlorkohlenstoff aufgelöst und zwar in einer dunkeln Flasche. Die Lösung ist nach etwa 1 Stunde gebrauchsfertig. Die für exakte quantitative Analysen empfohlene Reinigungsprozedur ist für qualitative Bestimmungen nicht erforderlich. Man muß aber alle Untersuchungen am gleichen Tage mit der gleichen Lösung vornehmen, um Vergleichsmöglichkeiten zu erhalten. Von dieser so angesetzten Dithizonlösung gibt man 1 ccm in den Schütteltrichter und schüttelt drei Minuten. Bei Anwesenheit von Blei setzt sich nach dem Schütteln unten rotes Bleidithizonat ab. Da Blei ubiquitär ist, wird sich auch bei Untersuchung von unbeschossenem Gewebe regelmäßig rotes Bleidithizonat absetzen. Man läßt die rotgefärbte Lösung ab, gibt wiederum 1 ccm Dithizon zu, schüttelt wiederum drei Minuten, läßt wiederum das entstandene rote Bleidithizonat ab und fährt so fort, bis die sich unten absetzende Lösung wieder grüne Farbtöne aufweist. Die Zahl der hierfür notwendigen Ausschüttelungen ist ein ungefähres (jedoch kein analytisch genaues) Maß für die in der Lösung enthaltene Bleimenge. Die angegebenen Lösungen sind so eingestellt, daß man im unbeschossenen Gewebe 1—4 positive Ausschüttelungen, sog. Blindwert, und im pulverschmauchhaltigen Gewebe mindestens 3 Ausschüttelungen mehr erhält. Verunreinigungen, auch Blut stören nicht. Man muß natürlich immer nebeneinander beschossenes und unbeschossenes Gewebe untersuchen und die erhaltenen Ausschüttelungszahl miteinander vergleichen. Wünscht man eine exakte *quantitative* Feststellung des Bleigehaltes, so kann man nach der ersten Ausschüttelung den Grad der Rotfärbung des Tetrachlorkohlenstoffs colorimetrisch messen und nach vorheriger Eichung des Colorimeters an Hand bekannter Bleisalzlösungen den Bleigehalt in Gamma bestimmen. Doch wird dies praktisch nicht immer nötig sein. Versuche, wie weit man die Vorbereitungen abkürzen und vereinfachen kann, sind im Gange.

Die Dithizonreaktion hat den Vorteil, daß sie durch Verunreinigungen und auch durch Durchblutung des Gewebes nicht ungünstig beeinflußt wird. Man wird zunächst immer versuchen, mit der D. S.-Reaktion auszukommen. Läßt sie sich wegen positiven Ausfalles der Kontrollproben nicht durchführen, so kann man zum Nachweis der Nitrite *Lunges* Reagens mit heranziehen. Sind auch hier die Leerproben positiv, so wird man zum Nachweis mit Dithizon übergehen müssen. Da hier eine ungefähre qualitative Bestimmung (Zahl der Ausschüttelungen oder colorimetrische Messungen des Grades der Rotfärbung) keine Schwierigkeiten macht, kann man auch noch zu brauchbaren Resultaten kommen, wenn unbeschossene Teile des Untersuchungsobjektes gleichfalls infolge der Anwesenheit von Verunreinigungen eine positive Reaktion ergeben (*Wickenhäuser*).

Die Dithizonreaktion ist zweifellos difficil, der Untersucher muß sich vorher gründlich einarbeiten, er lasse sich nicht dadurch entmutigen, wenn zunächst sämtliche Reaktionen positiv auszufallen scheinen, es liegt dies nur daran, daß die benutzten Reagenzien und Glasgefäße noch immer nicht rein genug sind.

Wer Übung in der Spektralanalyse hat, kann sich natürlich ebensogut dieser Untersuchungsmethodik bedienen.

*γ) Feststellung von Metallteilchen (Eisen, Kupfer).* Der Nachweis von *Eisen* in der Einschußöffnung in der Haut geschieht am besten im histologischen Schnitt mittels der bekannten Eisenreaktion mit rotem Blutlaugensalz und Salzsäure.

*Fritz* empfiehlt die Anfertigung von Paraffinschnitten. Nach gutem Entparaffinieren und sorgfältigem Wässern werden die auf dem Objektträger haftenden Schnitte mit einer Lösung von 4 Teilen 10%igem roten Blutlaugensalz und einem Teil konzentrierter Salzsäure überschichtet. Die Lösung muß jedesmal frisch angefertigt werden, sie ist vor Gebrauch zu filtrieren. Nach der Überschichtung wird der Objektträger unter Schwenken vorsichtig über der Flamme erwärmt. Man kann mit Paracarmin nachfärben.

Das Eisen stammt aus dem Lauf der Waffe, es ist in größerer Menge vorhanden, wenn aus nicht sorgfältig gereinigten, rostigen Läufen geschossen wird. Man findet es bei Benutzung automatischer Repetierpistolen bis zu einer Entfernung von 20 bis 30 cm (*Fritz, Piédelièvre* und *Simonin*).

*Kupfer* kann gleichfalls zusammen mit der Eisenreaktion (rotes Blutlaugensalz, Salzsäure) im mikroskopischen Schnitt dargestellt werden. Es bildet sich um die vorhandenen Kupferteilchen unter charakteristischer Schalenbildung eine Membran von Ferrocyankupfer. Im Textilgewebe der Kleider weist man das Kupfer mit Vorteil gleichfalls mit Dithizon nach, indem man nach Abrauchen der zu untersuchenden Textilpartikelchen mit Salpetersäure 10 ccm der auf diese Weise gewonnenen Lösung im Schütteltrichter nach Zusatz von 2 ccm 10%iger Schwefelsäure mit ½ ccm Dithizonlösung ausschüttelt. Bei Anwesenheit von Kupfer färbt sich im Schütteltrichter ansammelnder Tetrachlorkohlenstoff violett bis rot (*Fischer, Erhardt*). Wegen des allgemeinen Vorkommens von Kupfer tritt diese Reaktion fast überall nach ein- bis zweimaligem Ausschütteln auf. Ein positiver Befund liegt praktisch erst vor, wenn die Reaktion nach viermaligem Ausschütteln noch positiv ausfällt. Technik im einzelnen s. *Erhardt.*

Kupfer läßt sich bei Schüssen aus automatischen Repetierpistolen im Schußkanal bzw. in den Klei-

---

[1] Es ist wichtig, daß die Temperatur beim Veraschen nicht allzu hoch steigt (möglichst nicht über 500°), da sonst Blei verloren geht.

dern bis zu einer Entfernung von 20 cm nachweisen. Es stammt aus der Patronenhülse und fehlt bei Schüssen aus Jagdwaffen mit Schrotpatronen, die Papierhülsen haben, ebenso bei Schüssen mit den üblichen Flobertterzerolen mit langem Lauf, offenbar hat hier der verhältnismäßig geringe Expansionsdruck nicht die Kraft, Teilchen aus der Patronenhülse mitzureißen. Handelt es sich um Kupfermantelgeschosse, so ist der Ausfall der Reaktion für die Schußentfernung wahrscheinlich belanglos. Die Forschung auf diesem Gebiet ist noch im Gange. Selbstverständlich lassen sich die erwähnten Metallteilchen auch spektralanalytisch darstellen (*Gerlach, Buhtz*).

3. *Einzelfragen.* α) Sonderheiten bei Schrotschüssen. Bei *Schrotschüssen* kann man neben dem Verhalten des Pulverschmauchs und der Pulvereinsprengungen zur Entfernungsbestimmung auch die *Streuung* der Schrote heranziehen. Man wird beobachten, ob eine einheitliche Schußöffnung vorhanden ist, oder ob bereits einzelne Schrotkugeln selbständig eingeschlagen sind, und schließlich, ob eine zusammenhängende Schußöffnung überhaupt nicht mehr sichtbar ist. Man wird nach sorgfältiger Feststellung der Verhältnisse an der Leiche bzw. an den Kleidern späterhin mit der gleichen Waffe und der gleichen Munition auf ein geeignetes Objekt Probeschüsse abgeben und Vergleiche vornehmen (*Hesse*). Geht ein Schrotschuß durch eine Fensterscheibe, so vergrößert dies die Streuung der Schrotkugeln (eigene Beobachtung des Berichterstatters). Die Streuung wird weiterhin größer bei schwächerer Würgebohrung der Waffe und bei kleiner Schrotgröße. *Heyd* beobachtete eine einheitliche Lochbildung bis zu einer Entfernung von 5 cm, eine Lochbildung und daneben vereinzelte Einschläge von Schrotkörnern bis zu einer Entfernung von 4 m; ein Fehlen jeglicher zentralen Lochbildung bei Verwendung von Schwarzpulvermunition bei einer Entfernung von 2 m an, bei Verwendung von Nitropulver bei einer Entfernung von 4 m an. Es bestehen je nach Munition und Waffe sehr weitgehende Verschiedenheiten. Es ist gelegentlich vorgekommen, daß die Schrotkugeln infolge Beimengung von Talg so zusammenklebten, daß sie auch bei größeren Schußentfernungen, als sonst bekannt, eine einheitliche Einschußöffnung verursachten (persönliche Mitteilung von *Schlegelmilch*).

Der in der Patrone zwischen Schrot und Pulver befindliche *Filz-* oder *Papierpfropf* erreicht bei

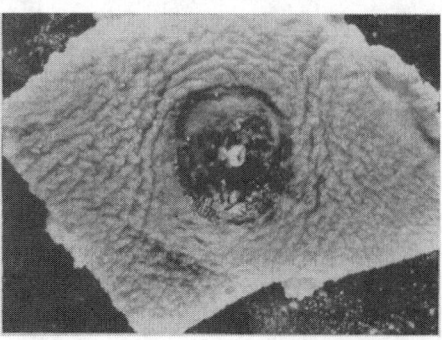

Abb. 10. Schuß mit angesetzter Mündung; scharf umschriebener, schmaler Pulverschmauchsaum, der der Form der Mündung der Waffe entspricht.

Schüssen aus geringer Entfernung gleichfalls das Schußobjekt und kann nach Anstellung von Vergleichsschüssen gleichfalls zur Entfernungsbestimmung herangezogen werden.

β) Die Erscheinungen des absoluten Nahschusses. Besonderer Besprechung bedürfen Nahschüsse mit angesetzter oder fast angesetzter Mündung, die sog. *absoluten Nahschüsse.* Es fehlen hier die Pulvereinsprengungen. Der Pulverschmauchsaum ist schmal, intensiv und scharf begrenzt (*Nippe*). Er gibt manchmal, durchaus nicht immer, die ungefähre Form der Mündung der Waffe wieder (Abb. 10). Es kommt auch vor, daß ein Pulverschmauchsaum überhaupt nicht vorhanden ist. Die

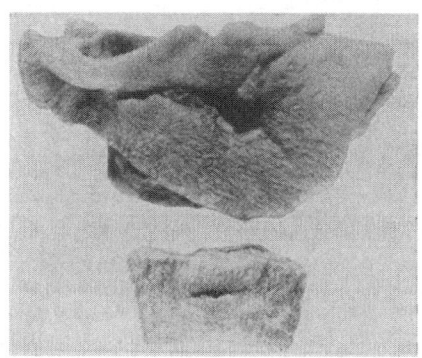

Abb. 11. Schuß mit angesetzter Mündung; kein Pulverschmauch am Einschuß, strahlige Platzwunde, Schmauchhöhle unter der Haut. Unten: schlitzförmiger kleiner Ausschuß.

Haut ist oft strahlig geplatzt und aufgerissen (Abb. 11), manchmal ist auch eine ziemlich gradlinige Platzwunde entstanden, die man unter Umständen sogar mit einer Schnittwunde verwechseln kann. (*Wietrich*). Die Haut ist vielfach in der Umgebung der Schußöffnung von der Unterlage abgehoben, namentlich an Stellen an denen der Knochen dicht unter der Haut liegt (Schädel, Schienbein); in der so entstandenen Höhle (*Schmauchhöhle* genannt) findet sich Pulverschmauch. Auch im weiteren Wundkanal kann man vielfach Pulverschmauch nachweisen, bei Kopfschüssen zwischen Knochen

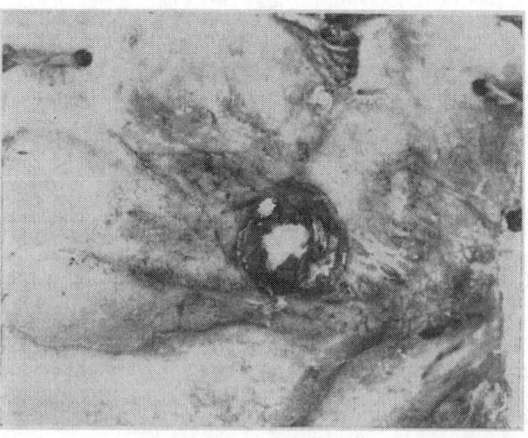

Abb. 12. Schuß mit angesetzter Mündung; Pulverschmauch an der Innenseite des Schädelknochens.

und Dura (Abb. 12) und auch an der Innenseite der Dura. Auch im Lauf der Waffe in der Nähe der Mündung kann man bei absoluten Nahschüssen häufig Blut, Gehirnspritzer oder andere Gewebspartikelchen nachweisen (*Brüning* und *Wiethold*).

Kennzeichen des absoluten Nahschusses sind demnach zusammengefaßt: schmaler, scharf begrenzter Pulverschmauchsaum in der Umgebung der Einschußöffnung, manchmal fehlender Pulverschmauchsaum, Platzwunde der Haut, Ausbildung einer Schmauchhöhle unter der Haut, Vorhandensein von Pulverschmauch im weiteren Schußkanal, Blut, Gehirnspritzer oder Gewebspartikelchen im Lauf der Tatwaffe in der Nähe der Mündung.

Bei Schüssen mit angesetzter Mündung, die auf bloße Haut abgegeben werden, entsteht infolge des Wiedervorschnellens der bei der Abgabe des Schusses zurückgehenden Kammer und infolge Druckes der durch Entstehung der Schmauchhöhle sich vorstülpenden Haut in der Umgebung der Einschuß-

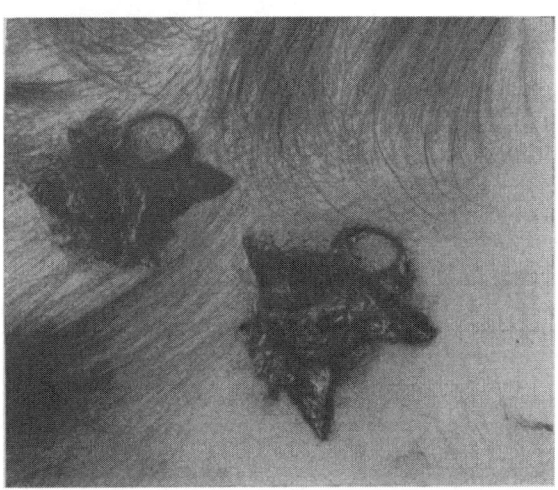

Abb. 13. Schuß mit angesetzter Mündung. Platzwunde und Stanzverletzung, hervorgerufen durch den vorderen Rand des Vorholgehäuses der *Steyr*-Kipplaufpistole, Kal. 7,65 mm (nach *Werkgartner*. Dtsch. Z. gerichtl. Med. **11**, 155 [1928]).

öffnung eine Hautvertrocknung, manchmal sogar ein Hautdefekt, der genau der Konfiguration der Mündung der Waffe und ihrer Umgebung entspricht (Abb. 13). Man spricht in solchen Fällen von einer *Stanzverletzung* (*Werkgartner*, *Richter*), ihr Nachweis ist gleichfalls ein sicheres Zeichen für einen Schuß mit angesetzter Mündung, doch spricht ihr Fehlen nicht gegen einen derartigen Schuß. Die Stanzverletzung kann dadurch sichtbar gemacht werden (*Walcher*), daß man die herausgeschnittene Schußöffnung in Wasser aufweicht, dies darf natürlich nur geschehen, wenn eine chemische Untersuchung des Hautstückchens nicht mehr notwendig ist.

*Gewehrschüsse* aus *geringer* Entfernung von wenigen Zentimetern oder mit angesetzter Mündung verursachen fast immer eine sehr schwere Zerstörung des Schädels, sofern es sich um Geschosse mit größerer Rasanz handelt. Gehirn und Gehirnflüssigkeit werden durch das Geschoß mit solcher Gewalt auseinander gespritzt (sogenannte hydrodynamische Wirkung), daß eine Art Explosionswirkung eintritt. Es kommt vor, daß das Schädeldach einfach abgerissen wird und daß der größte Teil des Gehirnes neben der Leiche liegt, sogenannter *Krönleinscher Schuß*. Der Unerfahrene kommt vielfach gar nicht auf den Gedanken, daß es sich hier um eine Schußverletzung handeln könne; manchmal ist schnelle Aufklärung so möglich, daß man durch Röntgenuntersuchung des asservierten Kopfes vom Geschoß herrührende Metallsplitter feststellt. Auch kann es gelingen, am Knochen Bleispritzer durch Untersuchung mit dem Auflichtmikroskop zu ermitteln (*Lochte*, *Meixner* und viele andere). Bei Gellerschüssen (s. d. Art.: Tod und Ge-

sundheitsbeschädigung infolge Verletzung durch Schuß) oder unter sonstigen besonderen Umständen (sehr starke Rasanz des Geschosses) kann es auch gelegentlich zur Zersprengung des Schädels bei Schüssen aus größerer Entfernung (10 m) kommen (*Chavigny*).

Zu einer starken Sprengwirkung können auch *Mundschüsse* führen, und zwar oft auch dann, wenn der Lauf *nicht* mit Wasser gefüllt war (*Weimann*).

*Zu d*) Hinsichtlich der Möglichkeit von Rückschlüssen auf Waffe und Munition ist zu sagen, daß einen gewissen Aufschluß über Waffe und Munition bei Steckschüssen das in der Leiche aufzufindende *Geschoß* gibt. Sein Auffinden ist manchmal nicht ganz leicht, namentlich wenn das Geschoß irgendwo im Gehirn, irgendwo in der Muskulatur, und namentlich, wenn es in der Umgebung der Wirbelsäule liegt. Gelingt das Auffinden, so empfiehlt es sich, die in Frage kommenden Körperteile im ganzen zu entfernen und eine Röntgenuntersuchung vornehmen zu lassen. Zertrümmerte Geschosse können bei der Durchleuchtung der Leichenteile bei nicht sehr guter Adaption des Untersuchers übersehen werden, man muß Aufnahmen machen. Geschosse können auch in die großen Gefäße gelangen und hier bis in die Gliedmaßen hineinverschleppt werden, sog. *Geschoßembolie* (s. d.). Ist das Geschoß halbwegs intakt, so läßt sich sein Kaliber leicht feststellen. Bleirundkugeln, sofern es nicht Schrote sind, stammen im allgemeinen aus Flobertwaffen, kegelförmige Bleigeschosse aus Trommelrevolvern, Mantelgeschosse aus automatischen Repetierpistolen, man wird auch bei Betrachtung der Geschosse ohne weiteres erkennen, ob die Waffe gezogen war; man kann die Zahl der Züge und Felder auszählen sowie ihre Breite messen, es kommen dann nur Waffen in Frage, die die gleiche Anzahl von Zügen und Feldern der gleichen Breite haben. Finden sich am Geschoß, namentlich bei Bleigeschossen Kratzer, und können diese Kratzer nicht dadurch entstanden sein, daß das Geschoß durch Knochen gegangen ist, so wird man annehmen, daß die Kratzerspuren durch Unebenheiten des Laufes der Waffe verursacht wurden. Bei den Terzerolen ist das Korn vielfach bis in das Laufinnere hineingestanzt. Die Stanzöffnung sendet manchmal feinste Vorsprünge in das Innere des Laufes aus, welche am Geschoß zu erkennen sind. Man gibt nun mit der fraglichen Waffe Probeschüsse ab, am besten im Wasser, und vergleicht durch geeignete Vorrichtungen, z. B. mikrophotographische Aufnahmen unter völlig gleichen Bedingungen bei geeigneter Lagerung des Geschosses, diese Spuren miteinander. (Einzelheiten der Methodik s. Schrifttum.) Stimmen sie nicht überein, so kann die fragliche Waffe als Tatwaffe ausgeschlossen werden, stimmen sie in den meisten Einzelheiten überein, so kann man die Waffe positiv identifizieren.

Auch die *Patronenhülsen* bieten sehr wertvolle Merkmale für die Diagnose des Waffensystems, ja sogar der Einzelwaffe, namentlich wenn es sich um automatische Repetierpistolen handelt. Die Patronenhülse muß daher am Tatort unter allen Umständen gesucht und gefunden werden. Bezeichnet doch ihr Fundort außerdem auch ungefähr den Stand des Schützen (s. unter IV. des Art.: Tod und Gesundheitsbeschädigung infolge Verletzung durch Schuß). Zur Diagnose des benutzten *Waffensystems* dienen hauptsächlich das Merkmal des *Ausziehers* (Abb. 14) an der Patronenhülse und das des *Auswerfers*; manchmal finden sich auch Eigenheiten am Schlagbolzeneindruck. Der Atlas von *Mezger*, *Heeß* und *Haßlacher* gibt über diese Merkmale bei den einzelnen Waffensystemen Auskunft.

Beim Rückstoß wird die Patronenhülse mit großer Kraft gegen die Rückwand des Patronen-

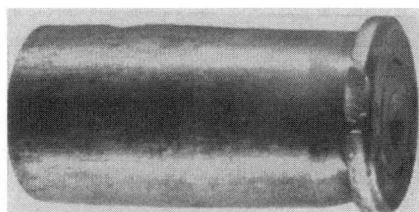

Abb. 14. Auszieherspur an einer Patronenhülse.

hülsenlagers der Waffe gedrückt, der Patronenhülsenboden wird bei der Fabrikation der Waffe fast immer mit der Handfeile bearbeitet, es entstehen hier feine Spuren, die bei jeder Waffe eine etwas andere Gestalt haben. Diese drücken sich auf dem Patronenhülsenboden ab (Abb. 15) und ermöglichen auf dem Wege des Vergleiches durch Mikrophotographien die positive Feststellung der Tatwaffe.

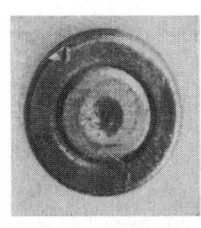

Abb. 15. Auswerferspur am Rande der Patronenhülse (die dreieckige Form ist charakteristisch für eine *Walther*-Pistole), außerdem Unregelmäßigkeiten am Patronenhülsenboden, die den Abklatsch der Rückwand des Patronenhülsenlagers der Waffe darstellen.

Stehen Patronenhülsen und Geschoß nicht zur Verfügung, so kann auch nach Untersuchung der Schußöffnung und ihrer Umgebung wenigstens etwas über die *Munition* gesagt werden. Sind ausgedehnte Verbrennungen vorhanden, so dürfte es sich um Schwarzpulver, also um einen Trommelrevolver gehandelt haben. Der Pulverschmauch des Schwarzpulvers ist mehr braun, der der Sinoxidmunition mehr schwärzlich. Mit Sicherheit kann man Schwarzpulver nachweisen, wenn man im Pulverschmauch *Schwefel* feststellt (*Porta*).

Der Pulverschmauch wird zu wiederholten Malen und zwar immer unter Verwendung des gleichen Spritzwassers mit einer Spritze (am besten einer kleinen Injektionsspritze) abgespritzt. Das Spritzwasser wird durch Zentrifugieren geklärt, bei Anwesenheit von Schwefel entsteht nach Zusatz einiger Tropfen einer 10%igen Bariumchloridlösung eine deutliche Trübung. Die Reaktion fällt erst 24 bis 28 Stunden nach Abgabe des Schusses positiv aus. Verunreinigungen des Schußobjektes können die Reaktion empfindlich stören (*Karhan*).

Weist man im Pulverschmauch Blei nach (z. B. mit Dithizon) und zwar in einiger Entfernung von der Schußöffnung, so *muß* Sinoxidmunition benutzt worden sein.

Bei Schädelschüssen erhält man *Durchschüsse* im allgemeinen nur bei Benutzung automatischer Repetierpistolen größeren Kalibers (7,65 mm). Schlecht konstruierte Trommelrevolver, kleinkalibrige automatische Repetierpistolen und Terzerole verursachen im allgemeinen (Ausnahmen kommen vor) keine Durchschüsse.

Das Kaliber der aufgefundenen Schrote erlaubt Rückschlüsse auf die benutzte Schrotmunition. Abplattungen an Schrotkugeln (entstanden durch Anpassung der Schrote vor Verlassen der Mündung an die Lichtung des Laufes) können unter Umständen zur Bestimmung des Kalibers eines Jagdgewehres dienlich sein (*Mezger, Schrader*).

Abschließend ist hervorzuheben, daß die Untersuchung von Schußverletzungen wegen der Mannigfaltigkeit der Methoden eine strenge Abgrenzung zwischen Medizin, Chemie, naturwissenschaftlicher Kriminalistik und sogar mit gewissen Gebieten der Ballistik nicht zuläßt. Der einzelne Gerichtsarzt wird sich selbstverständlich hüten, selbst Methoden anzuwenden, in die er nicht eingearbeitet ist und deren Zuverlässigkeit er daher nicht zu beurteilen vermag. Wie weit die Kenntnisse und Fähigkeiten des einzelnen und die ihm zur Verfügung stehenden praktischen Möglichkeiten ausreichen, die Untersuchung selbst durchzuführen, muß er im Bewußtsein seiner Verantwortung selbst entscheiden. Der Gerichtsarzt der Praxis wird in der Durchführung eigener Untersuchungen zurückhaltender sein, als derjenige, dem ein gerichtlich-medizinisches Laboratorium zur Verfügung steht. Es ist aber unerläßlich, daß jeder gerichtlich-medizinisch arbeitende Arzt, also auch der Gerichtsarzt der Praxis genau weiß, was bei weiterer Untersuchung im Laboratorium herauskommen kann, es ist seine Aufgabe, den Justizbehörden Vorschläge zu unterbreiten unabhängig davon, ob sie noch in die engere gerichtliche Medizin hineingehören oder nicht.

*Schrifttum.*

*Beil:* Die Infrarotphotographie in der gerichtlichen Medizin und Kriminalistik. Arch. Kriminol. **100**, 27 u. 179 (1937). — *Berg:* Die Durchschlagskraft der Pistolengeschosse im lebenden Körper. Dtsch. Z. gerichtl. Med. **5**, 553 (1925). — *Brüning* u. *Schnetka:* Über die chemische Untersuchung und die Beurteilung von Einschüssen. Arch. Kriminol. **101**, 81 (1937) u. Chemikerztg. **1937**, 827. — *Brüning* u. *Wiethold:* Die Untersuchung und Beurteilung von Selbstmörderschußwaffen. Dtsch. Z. gerichtl. Med. **23**, 71 (1934). — *Buhtz:* Metallspuren in Einschußwunden. Dtsch. Z. gerichtl. Med. **18**, 609 (1932). — *Chavigny:* Éclatement complet du crane par une balle Stendebach tirée à 10 mètres environ. Ann. Méd. lég. etc. **16**, 607. — *Demeter:* Über die gerichtlich-medizinische Bedeutung der durch die 6,35 mm Browning-Pistole erzeugten Verletzungen. Vjschr. gerichtl. Med. **44**, 186 (1912). — *Eidlin:* Röntgenographischer Nachweis des Metallringes am Einschuß. Dtsch. Z. gerichtl. Med. **22**, 204 (1933). — *Elbel:* Experimentelle Untersuchungen über den Schmutzsaum bei Schußverletzungen. Dtsch. Z. gerichtl. Med. **28**, 359 (1937). — *Elbel:* Der Bleinachweis im Schußfeld bei Verwendung von Sinoxidmunition. Verhandlungsbericht über den 1. Internationalen Kongreß für gerichtl. und soziale Medizin. 118. Bonn 1938. — *Erhardt:* Der Kupfernachweis im Schußfeld und seine Bedeutung für die Schußentfernungsbestimmung. Dtsch. Z. gerichtl. Med. **30**, 235 (1938). — *Fischer, Helmut:* Bleianalyse mit Dithizon. Wissenschaftliche Veröffentlichungen des *Siemens* Konzern **4**, 164 (1926); **10**, 99 (1932); **12**, 44 (1933). — *Fraenckel:* Über Nahschußerscheinungen, insbesondere der Browning-Pistole. Vjschr. gerichtl. Med. **43**, 154. — *Franz:* Über die Sprengwirkung bei Nahschüssen mit Militärgewehren. Dtsch. Militärarzt **1937**, 145. (Hier weiteres Schrifttum über Sprengwirkung.) — *Fritz:* Über Ausstülpungen am Zündhütchen. Arch. Kriminol. **98**, 17 (1936). — *Fritz:* Randabsprengungen an der Einschußseite des Schädelknochens bei Nahschüssen aus mehrschüssigen Faustfeuerwaffen. Dtsch. Z. gerichtl. Med. **20**, 598 (1933). — *Fritz:* Die Erkennung vom Nahschuß in der behaarten Kopfhaut. Dtsch. Z. gerichtl. Med. **28**, 215 (1937). — *Fritz:* Der mikroskopische Nachweis von Eisen und Kupfer an Einschußwunden. Dtsch. Z. gerichtl. Med. **23**, 289 (1934). — *Fuchs:* Über die Flammenwirkung bei Schüssen aus Faustfeuerwaffen. Inaug.-Diss. München 1937. — *Gerlach:* Spektralanalytische Untersuchungen von Schußkanälen und Geschossen. Dtsch. Z. gerichtl. Med. **22**, 438 (1933). — *Gerlach, Wa.* u. *We.:* Spektrographische Untersuchungen alter Schußverletzungen. Dtsch. Z. gerichtl. Med. **23**, 148 (1934). — *Goroncy:* Der Nachweis von Nitriten bei der forensischen Beurteilung der Schußverletzungen. Dtsch. Z. gerichtl. Med. **11**, 482 (1928). — *Guareschi:* Der Nachweis des Quecksilbers bei Schußverletzungen. Dtsch. Z. gerichtl. Med. **23**, 89 (1934). — *Hartwich:* Aortenschußverletzung mit Kugelverschleppung. Z. Med.beamte **1926**, 113. — *Heeß:* Woher kam der tödliche Schuß? Arch. Kriminol. **97**, 195 (1935). — *Heeß:* Geschoßidentifizierung. Arch. Kriminol. **98**, 110 (1936). — *Hesse:* Gerichtsärztliche Analyse eines Falles von Schrotschußverletzungen. Dtsch. Z. gerichtl. Med. **2**, 433 (1923). — *Heyd:* Über das Verhalten der Nahschußzeichen und die Streuung der Schrotkörner bei Schrotflintenschüssen. Inaug.-Diss. München 1934. — *Hilschmann:* Zur Frage der Entfernungsbestimmung bei Schüssen mit rauchschwachem Pulver und über die Technik des Nachweises von Pulverresten. Dtsch. Z. gerichtl. Med. **14**, 235 (1930). — *Holsten:* Untersuchungen über die Nachweismethoden und über die Verteilung des Bleis im Schußfeld. Dtsch. Z. gerichtl. Med. **28**, 205 (1937). — *Holsten:* Zur

Frage der Schußentfernungsbestimmung bei Verwendung von Sinoxidmunition. Dtsch. Z. gerichtl. Med. **26**, 389 (1936). — *Huber:* Untersuchungen zur Unterscheidung von Ein- und Ausschuß. Dtsch. Z. gerichtl. Med. **29**, 249 (1938). — *Jansch* u. *Meixner:* Nahschußspuren an Kleidungsstücken. Beitr. gerichtl. Med. **3**, 82 (1919). — *Journée, Piédelièvre et Sannié:* La Projection de Mercure par les coups de feu. Ann. Méd. lég. etc. **13**, 303 (1932).— *Karhan:* Über das Verhalten von Nahschußspuren von Nitro- und Schwarzpulver auf Kleidungsstücken gegenüber äußeren Einflüssen. Dsch. Z. gerichtl. Med. **21**, 202 (1933). — *Karhan:* Läßt sich nach einem Schuß aus den Pulverresten die Art des Pulvers mikroskopisch feststellen? Dtsch. Z. gerichtl. Med. **21**, 451 (1933). — *Kipper:* Gerichtsärztliche Erfahrungen und experimentelle Untersuchungen über Schußwirkungen. Dtsch. Z. gerichtl. Med. **7**, 60 (1926). — *Kraft:* Kritisches zur gerichtlichen Schußuntersuchung. Arch. Kriminol. **87**, 131 (1939) (hier weiteres Schrifttum). — *Krauland:* Die Basophilie des Bindegewebes als Zeichen des Einschusses und andere histologische Befunde an Schußwunden. Verhandlungsbericht des I. internationalen Kongresses für gerichtl. und soziale Medizin. 125. Bonn 1938. — *Léclerq* u. *Muller:* Les Balles migratrices. Ann. Méd. lég. etc. **10**, 33. — *Lochte:* Beitrag zur forensischen Beurteilung von Kleiderschußverletzungen. Vjschr. gerichtl. Med. **43**, 170 (1912). — *Lochte:* Über den Nachweis der Fett- und Bleispuren bei Kleiderschußverletzungen. Vjschr. gerichtl. Med. **45**, 132 (1913). — *Lochte* u. *Fiedler:* Ergebnisse der chemischen Analyse von Schußspuren. Vjschr. gerichtl. Med. **47**, 68 (1914). — *Lochte:* Ein Fall von *Krönlein*schem Schädelschuß. Dtsch. Z. gerichtl. Med. **1**, 141 (1922). — *Lochte:* Über das Ergebnis von Schießversuchen bei künstlichem Winde. Dtsch. Z. gerichtl. Med. **9**, 166 (1927). — *Magnamini:* An der Haut bewirkte Veränderungen durch das Eindringen des Geschosses und der begleitenden Explosionsgase. Arch. di Anthrop. crimin. **46**, 271 (1926); Ref. Dtsch. Z. gerichtl. Med. **10**, 535 (1927). — *Manczarki:* Über die Anwendung der Infrarotphotographie zur Unterscheidung des Ein- und Ausschusses bei Fernschüssen. Dtsch. Z. gerichtl. Med. **28**, 366 (1937). — *Mayer:* Über typische Schädelschrägeinschüsse und die Bestimmung des Einschußwinkels. Dtsch. Z. gerichtl. Med. **18**, 419 (1932). — *Meixner:* Irreführende Befunde an Ausschüssen. Dtsch. Z. gerichtl. Med. **1**, 151 (1922). — *Meixner:* Vom Vertrocknungssaum an Ausschußwunden. Dtsch. Z. gerichtl. Med. **21**, 184 (1933).— *Meixner:* Gerichtsärztliche Erfahrungen über Selbstbeschädigungen (Nahschußzeichen der Militärgewehre). Beitr. gerichtl. Med. **3**, 145 (1919). — *Merkel:* Über Kohlenoxyd-Haemoglobinbildung in der Einschußwunde bei Nahschüssen. Z. Med.beamte **1918**, 379. — *Mezger:* Über die Entwicklung schießtechnischer Untersuchungen im Dienste der Justiz. Dtsch. Z. gerichtl. Med. **13**, 377 (1929). — *Mezger, Heeß* u. *Haßlacher:* Die Bestimmung des Pistolensystems aus verfeuerten Hülsen und Geschossen. Arch. Kriminol. **89**, 3 (1931).— *Mueller, B.:* Bemerkungen über die kriminaltechnische Untersuchung der Patronenhülsen. Dtsch. Z. gerichtl. Med. **21**, 190 (1933). — *Mueller, B.:* Zur Histologie des Epithels im Bereiche von Hautvertrocknungen. Dtsch. Z. gerichtl. Med. **23**, 334 (1934). — *Mueller, B.:* Macht die Einführung der Sinoxidmunition eine Änderung unserer Methode zur Entfernungsbestimmung von Schüssen notwendig? Dtsch. Z. gerichtl. Med. **28**, 197 (1937). — *Mueller, B.* u. *Brosmann:* Das Verhalten der Schmauchhöhle am überlebenden Tier. Erscheint demnächst in der Dtsch. Z. gerichtl. Med. — *v. Neureiter:* Zur Praxis der Schießversuche. Dtsch. Z. gerichtl. Med. **1**, 638 (1922) — *Nippe:* Absoluter und relativer Nahschuß. Ärztl. Sachverst.-ztg. **1923**, 85. — *Nippe:* Beiträge zur Frage nach Mord, Selbstmord oder Unfall (Absoluter Nahschuß). Vjschr. gerichtl. Med. **61**, 204 (1921). — *Piédelièvre, Dérobert et Charton:* Des orifices d'entree des balles. Ann. méd. lég. etc. **16**, 607 (1936). — *Pietrusky:* Ein Apparat zur Untersuchung abgefeuerter Geschosse. Dtsch. Z. gerichtl. Med. **18**, 350 (1932). — *Porta:* Über den Wert des Schwefelnachweises zur Erkennung von Schwarzpulver. Dtsch. Z. gerichtl. Med. **17**, 237 (1931). — *Richter:* Stanzverletzungen der Haut beim Schuß mit angesetzter Waffe. Dtsch. Z. gerichtl. Med. **13**, 469 (1929). — *Schmidt:* Beitrag zur chemischen Analyse von Schußverletzungen (Quecksilber, Blei und Antimon). Dtsch. Z. gerichtl. Med. **18**, 353 (1932). — *Schrader:* Zur Bestimmung des Gewehrkalibers aus aufgefundenen groben Schroten. Arch. Kriminol. **87**, 244 (1930). — *Schwarz* u. *Boller:* Eine neue Methode, um Schmauchspuren auf dunklen Unterlagen sichtbar zu machen. Arch. Kriminol. **96**, 229 (1935). — *Schwarzacher:* Spektrographische Untersuchungen von Geschossen und Faustfeuerwaffen. Dtsch. Z. gerichtl. Med. **13**, 226 (1929). — *Schwarzacher:* Analyse einer Schußverletzung. Dtsch. Z. gerichtl. Med. **21**, 186 (1933). — *Simonin:* Traces laissées dans les vêtements par les coups de feu tiré de près tatoué en cocarde. Ann. Méd. lég. etc. **8**, 261 (1928). — *Stockis:* L'oxyde de carbone dans les plaies par armes à feu. Arch. internat. Méd. lég. **1922**, Nr. 3; Ref. Dtsch. Z. gerichtl. Med. **2**, 216 (1923). — *Straßmann, F.:* Erschießen auf der Flucht. Dtsch. Z. gerichtl. Med. **5**, 247 (1925). — *Straßmann, G.:* Über Kleiderschüsse. Beitr. gerichtl. Med. **6**, 114 (1924). — *Talwik:* Eine eigentümliche Einschußöffnung am Schädel. Dtsch. Z. gerichtl. Med. **8**, 279 (1926). — *Walcher:* Ein bemerkenswerter Brustkorbdurchschuß. Dtsch. Z. gerichtl. Med. **7**, 301 (1926). — *Walcher:* Ermittlung der Schußwaffe aus den Schußspuren an der Leiche. Arch. Kriminol. **90**, 16 (1932). — *Weimann:* Zur Explosionswirkung von Mundschüssen. Arch. Kriminol. **88**, 208 (1931). — *Werkgartner:* Eigenartige Hautverletzungen durch Schüsse mit angesetzten Selbstladepistolen. Beitr. gerichtl. Med. **6**, 148 (1924). — *Werkgartner:* Schürfungs- und Stanzverletzungen der Haut am Einschuß durch die Mündung der Waffe. Dtsch. Z. gerichtl. Med. **11**, 154 (1928). — *Wickenhäuser:* Über die Möglichkeiten eines quantitativen und qualitativen Bleinachweises bei Verwendung von Sinoxidmunition. Erscheint demnächst in Dtsch. Z. gerichtl. Med. — *Wietrich:* Über Nachweis und Fixierung von Nahschußspuren. Dtsch. Z. gerichtl. Med. **12**, 466 (1928). *Mueller.*

## Schußwaffen und Munition. (Vgl. auch Art.: Wundballistik.)

Wer Schußverletzungen (s. d.) zu beurteilen hat, muß sich über die einzelnen *Waffenarten*, ihren ungefähren Mechanismus und über die zu verwendende Munition im klaren sein. Gerichtlich-medizinisch interessieren uns in erster Linie die Faustfeuerwaffen. Wir unterscheiden grundsätzlich drei verschiedene Typen, die sog. *Flobertwaffen* (Terzerole, auch Teschings genannt), die *Trommelrevolver* und die *automatischen Repetierpistolen.* Die *Flobertwaffen* sind meist Einschußwaffen, d. h. es muß vor Abgabe jedes Schusses neu geladen werden. Der Lauf ist nicht gezogen und meist recht lang, es liegt dies daran, daß derartige Waffen nach deutschem Recht früher nur dann waffenscheinfrei waren, wenn sie einen langen Lauf hatten. Die *Trommelrevolver* sind mehrschüssige Waffen, die Patronen stecken in einer Trommel, die sich bei jedem Schuß weiterdreht. Man kann einen Schuß mit dieser Waffe einmal so abgeben, daß man den Hahn spannt und dann abdrückt, zum Abdrücken gehört dann nur eine verhältnismäßig geringe Kraft, man kann aber auch bei ungespanntem Hahn auf den Abzugsbügel drücken, der Hahn geht zurück, die Trommel dreht sich automatisch weiter, wenn die nächste Patrone vor dem Lauf liegt, schnellt der Hahn vor und der Schuß geht los. Zu einer derartigen Betätigung der Waffe ist natürlich eine stärkere Kraftanstrengung mit dem Abzugsfinger notwendig. Bei den *automatischen Repetierpistolen* (zu Unrecht im Volksmund, aber nicht selten auch in Aktenstücken Revolver genannt) wird durch den Rückstoß die abgeschossene Patronenhülse aus der Auswurfspalte der Kammer ausgeworfen, die neue Patrone gelangt automatisch in das Patronenhülsenlager, die Waffe spannt sich wieder. Man kann also je nach Größe des Magazins ohne irgendwelche weitere Manipulationen hintereinander sechs bis acht Schüsse abgeben. Diesen einzelnen Waffensystemen entsprechen im allgemeinen auch bestimmte *Munitionsarten.* Die Terzerole werden mit *Flobertmunition* beschossen. Ihre Eigenart besteht darin, daß sie als Treibmasse kein eigentliches Pulver, sondern lediglich eine Zündmasse enthält. Als Zündmasse war früher allgemein gebräuchlich das Knallquecksilber, neuerdings ist das Knallquecksilber fast durchgängig durch das sog. *Sinoxid* ersetzt worden (Bleisalz der Trinitroresorcinsäure). Es verbrennt vollständiger und verschmutzt die Läufe nicht im gleichen Maße, auch scheint die Expansionswirkung eine etwas größere zu sein (*Schmidt, B. Mueller*). Als Geschosse verwendet die Flobertmunition im allgemeinen Bleirundkugeln. Die Flobertwaffen erzeugen keinen rechten Knall, sondern mehr ein nicht sehr lautes Krachen, es entsteht ein deutlich sichtbarer Feuerstrahl, der aber tatsächlich kaum zu Verbrennungen führt. Die für Trommelrevolver vorgesehene Munition verwendet kegelförmige Bleigeschosse, als Treibmasse wird *Schwarzpulver* (Schwefel, Kohle und Salpeter) benutzt. Der Zündsatz besteht, da die Munition meist älteren Fabrikates ist, noch aus Knallquecksilber. Schwarzpulvermunition gibt bei Abgabe des Schusses einen lauten Knall, starke Schmauchbildung und einen erheblichen Rückstoß. Die moderne Munition der automatischen Repetierpistolen verfeuert Mantelgeschosse (Bleikern, umgeben von einem Kupfermantel oder Nickelmantel). Als Zündsatz diente früher Knallquecksilber, jetzt Sinoxid, als Treibmasse rauchschwaches *Nitropulver*. Die Expansionswirkung des entzündeten Nitropulvers ist eine besonders hochgradige, daher haben die automatischen Repetierpistolen eine verhältnismäßig große Durchschlagskraft. Der Knall ist nicht so stark, wie bei Verwendung von Trommelrevolvermunition, auch pflegt der Feuerstrahl gar nicht oder nur sehr wenig zu zünden. Die Schmauchbildung ist geringer als beim Trommelrevolver. Nun gibt es zwischen den dargestellten Waffensystemen auch gewisse Übergänge. Man kennt Terzerole, die mit Flobertmunition zu befeuern sind, aber als Trommelrevolver konstruiert wurden. Es gibt weiterhin auch Trommelrevolver, die gezogene Läufe haben und mit Nitromunition und mit Mantelgeschossen befeuert werden und als Präzisionswaffen gelten (belgische Fabrikate, amerikanische Fabrikate, insbesondere die sog. *Colt*-Revolver, auch die *Hammerleß*-Revolver).

Von den *Gewehren* interessieren uns in erster Linie die Sportwaffen und die Jagdgewehre. Ebenso wie es Flobert-Faustfeuerwaffen gibt, konstruiert man auch Flobertgewehre (Teschings). Manchmal sind diese Waffen (namentlich in letzter Zeit) auch als Präzisionswaffen umgestaltet worden, man hat die Läufe gezogen und hat die Wirkung der Munition dadurch verbessert, daß man Schwarzpulver und kegelförmige Bleigeschosse verwandte. Auch können diese Waffen mit Schrotmunition beschossen werden. Die *Jagdwaffen*, die meist als sog. Kipplaufgewehre hergestellt werden, haben zwei bis drei Läufe (einen oder zwei Schrotläufe und einen Kugellauf). Die Schrotläufe haben manchmal eine sog. *Würgebohrung*, d. h. die Lichtung des Laufendes wird etwas enger, es wird dadurch erreicht, daß die Schrote nicht so weit streuen. Die Munition enthält als Treibmasse jetzt meist Nitropulver, als Zündsatz benutzt man neuerdings gleichfalls Sinoxid. Für die Kugelläufe werden neben Bleigeschossen auch Mantelgeschosse verwendet, deren Spitze fehlt, so daß der Bleikern nach Eindringen in den Körper austritt; dies führt zu schweren Zerstörungen des Gewebes (sog. Dum-Dum-Geschosse). Die Jagdgewehre haben manchmal einen sog. *Stecher*. Die Vorrichtung sieht äußerlich wie ein Abzugsbügel aus, spannt man ihn, so geht der Schuß bei der leisesten Berührung des eigentlichen Abzugsbügels los, auch beim unvorsichtigen Hantieren mit der gestochenen Waffe, z. B. beim bloßen festen Aufsetzen des Kolbens auf den Boden.

Hier und da spielen auch gerichtlich-medizinisch die zum Schlachten von Vieh benutzten *Bolzenschußapparate* eine Rolle. Durch eine zur Explosion gebrachte Patrone wird bei den neueren Konstruktionen ein in den Apparat eingebauter Stahlbolzen etwa 8 cm tief in den Kopf des Tieres hineingetrieben. Die abgeschossene Patronenhülse muß nach jedem Schuß entfernt werden, erst dann ist neues Laden möglich. An der Einschußstelle findet man einen scharf konturierten Pulverschmauch. Der Apparat ist gelegentlich zu Selbstmorden, einmal auch zu Mordzwecken an Kindern benutzt worden (*Schönberg, Niedenthal, Chursiedel*). Die sog. *Scheintod-* und *Tränengaspistolen* sind keineswegs ungefährlich und daher auch gerichtlich-medizinisch wichtig. Die Patronen enthalten meist Schwarzpulver und als wirksame Substanz Pollenkörner, Pfeffer, Sägemehl, Diatomeen oder auch Chlor absondernde Substanzen, wie Dichloraceton. Die Waffen verursachen bei angesetzter Mündung ziemlich tiefe, wie ausgestanzt aussehende Haut-

wunden. Die sog. A.S.S. Lacrimae-Pistolen (Tränengaspistolen) durchschlugen in einer Entfernung von 10 cm noch Pappe. Ein in die Patrone eingeführtes Blechstückchen durchschlug bei dem Selbstmord eines Jugendlichen die Brustwand und drang ins Herz ein (*Weimann, Hallermann*).

*Schrifttum.*

*Anuschat:* Schußwaffen. Stichwort im Handwörterbuch der Kriminologie. Berlin u. Leipzig 1936. — *Bock:* Moderne Faustfeuerwaffen. II. Aufl. Neudamm o. J. — *Brüning:* Schußwaffenuntersuchung. Stichwort im Handwörterbuch der Kriminologie. Berlin u. Leipzig 1936. — *Chursiedel:* Selbstmord mittels Bolzenschußapparates. Dtsch. Z. gerichtl. Med. **28**, 132 (1937). — *Eiler:* Handb. der praktischen Schußwaffenkunde. Leipzig 1926. — *Hallermann:* Über eine tödliche Schußverletzung mit einer Tränengaspistole. Ärztl. Sachverst.ztg. **1933**, 283. — *Mueller, B.:* Macht die Einführung der Sinoxidmunition eine Änderung unserer Methodik zur Entfernungsbestimmung von Schüssen notwendig? Dtsch. Z. gerichtl. Med. **28**, 197 (1937). — *Niedenthal:* Zweifacher Mord und Selbstmord mittels eines Tiertötungsapparates. Dtsch. Z. gerichtl. Med. **26**, 181 (1936). — *Schönberg:* Über Selbstmord durch Viehschußmaske. Dtsch. Z. gerichtl. Med. **12**, 213 (1928). — *Weimann:* Zur Wirkung und gerichtsärztlichen Beurteilung der Scheintodpistolen. Arch. Kriminol. **80**, 40 (1927). **Mueller.**

**Schwabex** siehe *Schädlingsbekämpfungsmittel.*

**Schwangerschaftsdauer** (= Schw.-D.).

Die exakte Beantwortung der Frage nach der Schw.-D. ist zur Zeit noch unmöglich. Eine Anzahl von Tatsachen aus der Fortpflanzungsphysiologie des Menschen ist bisher noch nicht objektiv beobachtet. Wir sind daher auf Rückschlüsse aus der vergleichenden Physiologie angewiesen.

Bei den Säugetieren stehen Cohabitation, Ovulation und Imprägnation in fester zeitlicher Koppelung. Das weibliche Tier läßt das männliche nur zu, wenn es sich — infolge der beginnenden Ovulation — im Stadium der Brunst befindet. Bei einzelnen Tieren, z. B. bei Kaninchen und Katzen, löst sogar erst der Deckakt die endgültige Ovulation aus. So kommt es, daß bei diesen Tieren praktisch Deckakt und Befruchtung nur durch wenige Stunden getrennt sind. Bei den Primaten besteht in dieser Beziehung kein festes Verhältnis mehr. In der Mehrzahl der Fälle werden Cohabitationen wiederholt zu verschiedenen Zeiten ausgeführt. Demgegenüber findet in der Regel nur einmal in vier Wochen eine Ovulation statt. Die Erfahrung lehrt, daß nicht jede Cohabitation zur Befruchtung führt, sondern daß ein Konzeptionsoptimum besteht. Neuere Untersuchungen machen es sogar wahrscheinlich, daß es im Leben der Frau nicht nur Tage gibt, an welchen eine Konzeption besonders leicht eintritt, sondern auch solche, an welchen sie unmöglich ist. Ovulation und Menstruation sind die beiden Pole, zwischen denen sich dieses Geschehen abspielt.

*Die Ovulation.* Der anatomische und funktionelle Umbau, welcher im Laufe eines Menstruationszyklus zum Zwecke der Ei-Einbettung vor sich geht, läßt einen zeitlich eng begrenzten Ovulationstermin erkennen. *R. Schröder* hat mit Hilfe anatomischer Untersuchungen am Endometrium und vielfacher Kontrollen am Ovarium diesen Termin auf den 14.—16. Tag nach Beginn der Regel fixiert gefunden. Die Mehrzahl der Autoren stimmt *Schröder* zu. Allerdings wird eine Schwankungsbreite von zwei bis drei Tagen nach jeder Seite für möglich gehalten. Die modernste Bestätigung dieser Lehre stammt von *Allan, Pratt, Nevell* und *Bland.* Diese Autoren fanden durch retrograde Tubenspülung vom Uterus aus am 14., 15. und 16. Tage nach der Menstruation Eier in den Tuben. In drei Eiern fanden sich noch die ersten Polkörperchen, in einem zwei Polkörperchen, dreimal wurden schon Chromosomen der zweiten Reifungsspindel gefunden. *Knaus* benutzt für die Bestimmung des Ovulationstermines die im Tierversuch gewonnene Beobachtung, daß unter dem Einfluß des Corpus luteum der Uterus seine Erregungsfähigkeit auf Hypophysenhinterlappenhormon einbüßt. *Knaus* wendet hierzu eine Methode an, bei der er einen kleinen Ballon in den Uterus einführt und nun die Uterusbewegungen auf ein Kymographion überträgt. In der Follikelphase erfolgt auf Hinterlappenextrakt eine Erregung des Uterus, in der Corpus luteum-Phase bleibt diese aus. *Knaus* findet so bei der regelmäßig 28 tägig menstruierenden Frau den Ovulationstermin am 14. Tage. Er hält die Anwendung der Methode aber gerade für Fälle von Sterilität oder von unklarer Schwangerschaftsdauer für wichtig, da er durch sie Anomalien des Ovulationstermines aufdecken zu können glaubt. Weitere Hinweise für die Beobachtung des Ovulationstermines geben der *Mittelschmerz* und die *Ovulationsblutung*. Der Mittelschmerz ist ein abwechselnd rechts und links in der Gegend des Ovariums auftretender leichter Schmerz, der spontan vorhanden sein kann oder durch Druck auslösbar ist. Er wird von Frauen, die in ihrer Selbstbeobachtung darauf eingestellt sind, nicht selten bemerkt. Das gleiche gilt von der Ovulationsblutung, einer Blutabsonderung ex utero, die — bei einem kleinen Prozentsatz der Frauen vorkommend — meist nur einige Stunden dauert und dadurch übersehen werden kann, ausnahmsweise aber auch stärker und länger dauernd sein kann. Ovulationsblutung und Mittelschmerz werden in der Mehrzahl der Beobachtungen ebenfalls auf die Zeit um den 14. Tag verlegt. *Hofstetter* nimmt auf Grund seiner Beobachtungen die erstmalig von *Chazan* ausgesprochene Vermutung auf, daß es neben der spontanen Ovulation, welche in der Mitte des Menstruationszyklus stattfindet, weitere *durch äußere Einflüsse*, z. B. die Cohabitation, *provozierte Ovulationen* gibt. Neben diesen provozierten Ovulationen, welche nicht auf den zeitlichen Verlauf des Menstruationszyklus einwirken, findet er aber auch eine Reihe von äußeren Ereignissen, welche mit der Verschiebung des Ovulationstermines zugleich den Menstruationstermin verschieben (Operationen, überstandene Schwangerschaften und Erkrankungen, psychische Aufregungen, Wechsel des Milieus). Daß mit einer Verschiebung der Menstruation sich auch der Termin der Ovulation verschieben muß, war schon nach den Untersuchungen *Schröders* klar. Besonders deutlich hat dies *Ogino* herausgearbeitet. Er wies darauf hin, daß das Primäre im Ablauf nicht die Menstruation, sondern nur die Ovulation ist. Mit dem Augenblick der Ovulation bildet sich das Corpus luteum. Die Funktionsdauer dieser endokrinen Drüse ist maßgebend für den Eintritt der nun folgenden Menstruation. Ihre Lebensdauer beträgt etwa zehn Tage. Erfolgt keine Befruchtung, so geht sie in Rückbildung und leitet damit den Abbau der Schleimhaut zur Menstruationsblutung ein. Wir können diesen Vorgang nicht nur durch anatomische Betrachtung sondern auch durch Hormonanalyse verfolgen: Das Corpus luteum-Hormon wird in seiner abgewandelten Form, dem Pregnaniol, 24 Stunden anch der Ovulation im Harn ausgeschieden. Es läßt sich dort etwa 10 Tage nachweisen. 2½ Tage nach Aufhören der Pregnaniol-Ausscheidung fängt die Menstruationsblutung an (*Venning, Henry* u. *Browne*). Tritt eine Schwangerschaft ein, so hält die Pregnaniol-Ausscheidung an. Außerdem erscheinen sodann gonadotrope Hormone im Urin.

Wir können demnach feststellen, daß einer von uns beobachteten Menstruation etwa 14 Tage früher eine Ovulation vorausgegangen sein muß. *Wir sind dagegen nicht in der Lage, vorausschauend von einer Menstruation auf die zu erwartende Ovulation zu schließen*, sofern nicht ein ganz regelmäßiger 28-tägiger Zyklus bestanden hat.

*Die Regelblutung.* Wir können als gesicherte Tatsache annehmen, Ovulation und Menstruation stehen in einem festen zeitlichen Verhältnis. Wenn also die Menstruation bei der gleichen Frau in regelmäßigen Abständen eintritt, müßte hieraus ohne weiteres die Errechnung des Ovulationstages möglich sein. Tatsächlich haben aber neuere Untersuchungen dieser scheinbar so einfach liegenden Frage gezeigt, daß *zeitliche Verschiebungen des Menstruationseintrittes viel häufiger sind, als man bisher dachte*. Amerikanische Autoren haben die schon 1889 von *Ismer* gemachten Beobachtungen bestätigt, wonach Schwankungen der Zykluslängen um mehrere Tage sehr häufig sind. So fanden *Latz* und *Reiner* Schwankungen der Zykluslängen von drei Tagen bei 4%, von vier Tagen bei 5%, von acht Tagen bei 12%, von neun Tagen bei 5%, von zehn Tagen bei 2%, von elf Tagen bei 1%, von mehr als elf Tagen bei 2% der Frauen. Sie bestätigten daneben allerdings, daß trotz gewisser Schwankungen bei Beobachtung auf lange Sicht der Menstruationszyklus in seiner Länge doch ein durchaus für das Einzelindividuum charakteristisches Gepräge trägt. Mit dem Termin der Menstruation muß aber auch der Termin der Ovulation schwanken. Wir kommen hiermit zu einer Tatsache, welche uns die *Unsicherheit der Berechnung des Ovulations- und damit Konzeptionstages* aus dem Termin der letzten Regel beweist. Wir sind nicht ohne weiteres berechtigt, aus dem Termin der letzten Regel zu schließen, wann die *nächste* nicht mehr eingetroffene Regel hätte kommen sollen. Hiermit entfällt aber auch die Sicherheit der Berechnung des Ovulations- und Konzeptionstermines.

Der Faktor der Unsicherheit, welcher durch die *möglichen Unregelmäßigkeiten der Regelblutung* in die Berechnung der Schw.-D. hineinkommt, wird nur für Ausnahmefälle von entscheidender Bedeutung sein. Er wird im allgemeinen nur wenige Tage betragen. Er wird außerdem zum Teil durch die Tatsache ausgeglichen, daß doch der Regeltyp bei der einzelnen Frau die Tendenz zu einer gewissen Regelmäßigkeit hat. Es gibt Frauen, die 21tägig menstruieren und nur kleine Abweichungen von diesem Typ zeigen, solche, die 28—30tägig menstruieren, und endlich solche, bei denen das Unwohlsein in längeren Pausen auftritt. Zu fordern sind mit *Knaus* für eine Einbeziehung dieses Faktors in die Berechnung der Schw.-D. mindestens einjährige schriftliche Notizen über den Verlauf der Regel im einzelnen Falle, eine Voraussetzung, die besonders bei gerichtlich-medizinischen Fällen meist unerfüllbar bleiben dürfte. Verfügt man über Kenntnisse von der Art des Menstruationszyklus, so ergeben sich hieraus, wie besonders auch *Wahl* neuerdings gezeigt hat, wertvolle *Rückschlüsse auf die Dauer der Schwangerschaft*. *Wahl* zeigte, daß die übliche *Naegele*sche Berechnung der Schw.-D. — Datum der letzten Regel, drei Monate zurück und acht Tage hinzu — schon kalendermäßige Fehler aufweist. Er fand ferner statistisch in der Mehrzahl der Fälle bei 28tägig menstruierenden Frauen als Dauer der Schwangerschaft nicht 280 sondern 284 Tage. Bei Frauen, die in kürzeren Intervallen menstruieren als 28 Tage, findet man durchschnittlich eine um so viel Tage geringere Schw.-D., als der Zyklus unter 28 Tagen bleibt. Umgekehrt verlängert sich die Schwangerschaft bei längerer Zyklusdauer um die Differenz zwischen 28 Tagen und dem tatsächlichen Intervall des Zyklus. Die Begründung dieser Beobachtung wird uns ohne weiteres klar, wenn wir uns erinnern, daß das zeitliche Verhältnis zwischen Ovulation und der zu erwartenden Menstruation immer gleich bleibt. Vergehen also von einer Regel zur andern beispielsweise 34 Tage, so können wir mit einer Ovulation erst am 20. Tage rechnen. Die Verlängerung der Schwangerschaft scheint hiermit geklärt.

Der Wert der Schwangerschaftsberechnung nach dem Regeltermin wird aber noch durch ein anderes Ereignis herabgesetzt: *Wir können einer um die Zeit des fraglichen Schwangerschaftsbeginnes eintretenden Blutung nicht ohne weiteres ansehen, ob es sich in der Tat um eine Menstruation gehandelt hat.* Differentialdiagnostisch kommen hier folgende weitere Blutungsursachen in Frage:

*1. Die Ovulationsblutung.* Sie kann unter gewissen Umständen verstärkt sein und menstruationsähnlich wirken.

*2. Die Implantationsblutung.* Sie kann etwa um den 24. Tag nach der letzten Menstruation auftreten. Sie erklärt sich durch das Einbrechen des Trophoblasten in Blutgefäße der Decidua. Sie pflegt nicht länger als einen Tag zu dauern. Da wir aber auf Angaben angewiesen sind, wird es, besonders am Ende der inzwischen eingetretenen Schwangerschaft, schwer sein, hier die Differentialdiagnose zu stellen.

*3. Der drohende Abort.* Blutungen in den ersten Wochen der Schwangerschaft sind nicht selten. Sie führen, auch ohne daß die Schwangere sich ruhig verhält oder einer anderen Therapie unterzogen wird, keineswegs regelmäßig zum vollendeten Abortus.

*4.* Nach dem Stande unserer Kenntnisse können wir mit Sicherheit erklären, daß echte Menstruationen nach Eintritt einer Schwangerschaft nicht mehr möglich sind. Andererseits verfügen wir selbst über genügend zuverlässige Beobachtungen von Frauen, bei welchen bis zur Mitte der Schwangerschaft hin regelmäßig *menstruationsähnliche Blutungen* aufgetreten sind. Als Ursache derartiger Blutungen kommen vielfach Erosionen der Portio oder kleine entzündete Polypen in Frage. Für andere Fälle müssen wir daran denken, daß gewisse Schwankungen des Follikelhormonspiegels zu stärkerer Hyperämie der Decidua und zu Diapedesis-Blutungen führen können.

Die Bedeutung der verschiedenen nach der letzten Regel vor einer Schwangerschaft auftretenden Blutungen liegt besonders in der Klärung von Fällen scheinbar verkürzter Schwangerschaft.

*Die Befruchtung.* Wir haben gesehen, daß in der Regel im Laufe eines Menstruationszyklus nur ein befruchtungsfähiges Ei bereit gestellt wird, und zwar gemeinhin um die Mitte der Zeit. Inwieweit können wir uns für die gerichtlich-medizinische Praxis die Beobachtungen von *Knaus* und *Ogino* zunutze machen, nach welchen Fertilität nur in einem verhältnismäßig kurzen Zeitraum besteht? Hierzu muß zunächst noch die Frage der Lebensdauer von Ei und Sperma besprochen werden. Für die Beurteilung der Lebensdauer der bei der Ovulation frei werdenden Eizelle haben wir genügend gleichartige anatomische und physiologische Untersuchungen. Das klassische physiologische Experiment stammt von *Hammond.* Er ließ brünstige Kaninchen von sterilen Böcken decken. Nachdem er auf diese Weise die Ovulation ausgelöst hatte, ließ er diesem Akt in verschiedenen Abständen Kopulationen mit fruchtbaren Böcken folgen. Bis zu zwei Stunden nach der Ovulation kam es zur Befruchtung, nach dieser Zeit nicht mehr. Bei der Sicherheit, mit der sonst beim Kaninchen eine Befruchtung eintritt, kann man hieraus auf den Eintritt der Eidegeneration nach zwei Stunden schließen. Auch anatomisch lassen sich bei allen Säugetieren schon bald Degenerationserscheinungen sowie ein Sistieren der zweiten Reifungsteilung feststellen, sofern es nicht zur Befruchtung kommt. Maßgebend für die Verhältnisse beim Menschen sind die schon erwähnten Untersuchungen von *Allen, Pratt, Newell* und *Bland.* Bei den zwölf menschlichen Eiern, welche sie mittels Durchspülung vom Uterus aus aus den Tuben gewonnen hatten, waren die am 14. und 15. Tag gefundenen noch von den Zellen der Corona radiata umgeben, mußten also ganz jungen Datums sein. Die am 16. Tag gefundenen Eier wiesen bereits Degenerationserscheinungen auf. Hiermit ist also auch für das menschliche Ei festgestellt, daß es rasch degeneriert. Noch nicht sicher ist ein anderer Vorgang für das menschliche Ei nachgewiesen, welcher bei den Säugetieren bis hinauf zu den Affen beobachtet wird, nämlich die Umgebung der Eizelle mit einem Eiweißmantel nach Abstreifung der Corona radiata. Dieser Eiweißmantel, der als ein Sekretionsprodukt der Tubenepithelien anzusehen ist, soll ein weiteres Eindringen der Spermien in das Innere der Zelle unmöglich machen.

Die Befruchtungsfähigkeit des menschlichen Eies muß demnach ebenfalls auf eine kurze, die Stundenzahl eines Tages kaum überschreitende Zeit veranschlagt werden. Eine Befruchtung kann — theoretisch gesehen — daher nur zustande kommen, wenn um die Zeit der Ovulation befruchtungsfähige Spermien in der Tube liegen. Zweifellos muß demnach die Lebensdauer der Spermien die des Eies um ein wesentliches übertreffen. Die ältere Annahme ging dahin, daß Spermien mehrere Tage und sogar wochenlang im inneren Genitale überleben könnten, ja daß sie sogar imstande sein müßten, innerhalb der Tuben eine Regel zu überdauern. Eine Lebensdauer von zwei bis dreieinhalb Wochen wurde für möglich gehalten. Auf Grund von Untersuchungen am Menschen und von früheren Tierversuchen ist *Hoehne* dieser Ansicht entgegengetreten. In Tuben, welche innerhalb einer bestimmten Zeit nach der Cohabitation exstirpiert wurden, fand er ein einmal nach 20 Stunden ein totes Spermatozoon in der Gegend des Infundibulum tubae, niemals nach längerer Zeit. Der Strom derjenigen in das weibliche Genitale eingeführten Spermien, welche über den inneren Muttermund hinaus gelangen, geht kontinuierlich durch die Tuben bauchhöhlenwärts und fällt hier der Phagocytose anheim.

Die kurze Lebensdauer der Spermien innerhalb der inneren Genitalorgane geht auch aus allen Tierversuchen hervor. Sie findet ihre Begründung hauptsächlich in der großen *Wärmeempfindlichkeit* dieser Zellen. Konserviert man Spermaproben bei Körpertemperatur, so beträgt ihre Lebensdauer weniger als einen Tag. Hält man sie in der Kühle, bleiben sie mehrere Tage lebens- und befruchtungsfähig. Als physiologisch interessant sei nur erwähnt, daß die Unterbringung des Hodens im Scrotum außerhalb der Bauchhöhle offenbar dieser Wärmeempfindlichkeit der Spermien durch die Verlegung in diesen kühleren Ort Rechnung trägt. Verlagert man bei Tieren mit Scrotalhoden die Hoden in die Bauchhöhle, so kommt es zu einem rasch einsetzenden Degenerationsprozeß. Eine Ausnahmestellung in der Fortpflanzungsphysiologie der Säugetiere nimmt die Fledermaus ein. Bei diesen Tieren findet die Begattung im Herbst statt. Das Sperma wird sodann während des Winterschlafs im Uterus aufbewahrt. Erst im Frühling kommt es zur Ovulation und zur Befruchtung. Gründe für das Überleben des Spermas sind herabgesetzte Körpertemperatur, geringe Sauerstoffzufuhr und hemmende Eigenschaften des Uterussekrets. Zunehmende Körperwärme und Eindringen des Liquor folliculi bei der Ovulation regenerieren die Spermien zur Bewegungs- und Befruchtungsfähigkeit (*Redenz*). Der Hinweis, daß besonders die andersartigen Temperaturverhältnisse während des Winterschlafs eine Übertragung dieser Ergebnisse auf die menschliche Fortpflanzungsphysiologie nicht erlauben, ist sicher berechtigt. Auf der anderen Seite müssen wir bedenken, daß auch beim Menschen in diesem Vorgang noch unbekannte Faktoren stecken können. Aktuelle Reaktion sowie hemmende oder fördernde Eigenschaften der Sekrete von Uterus und Tuben könnten, ähnlich wie bei der Fledermaus, doch imstande sein, unter gewissen Bedingungen die *Lebensdauer der Spermien zu verlängern.* Auch dem menschlichen Liquor folliculi, über dessen Funktion wir ja sonst so gut wie nichts wissen, könnten nach dieser Richtung Funktionen zukommen. Wenn es demnach auch wahrscheinlich ist, daß das menschliche Sperma nach Eindringen in die inneren Sexualorgane nur kurzlebig ist, so haben wir doch keine Sicherheit, bis zu welcher Höchstzeit es den Tag der Cohabitation überleben kann.

Kommt es zur Befruchtung des Eies, so dauert seine Entwicklung bis zur Nidationsreife acht bis zehn Tage. Während dieser Zeit wandert es durch die Tube. Seine Implantation im Endometrium muß so frühzeitig vor sich gehen, daß noch durch die Hormone seines Trophoblasten die Stimulierung des Corpus luteum zur weiteren Funktion geschehen kann. Die Implantation des Eies muß also bis drei bis vier Tage vor Regelbeginn vollendet sein. Erreicht das Ei den Uterus später, kommt es bereits in die sich auflösende Menstrualschleimhaut, und die Implantation ist hiermit unmöglich.

Der Zeitpunkt der Konzeptionsfähigkeit entspricht nach *Knaus* dem um drei Tage nach vorn und einen Tag nach hinten erweiterten Ovulationstermin. Ovulationstermin ist der 15. Tag ante menstruationem. Da völlige Regelmäßigkeit von Zyklen als Seltenheit angesehen werden muß, soll nach *Knaus* jener mehr oder weniger lange Zeitraum als Ovulationstermin angesehen werden, der mit dem Ovulationstag des innerhalb eines Jahres beobachteten kürzesten Zyklus beginnt und mit dem Ovulationstag des längsten endet. *Ogino* formuliert ähnlich: Der Konzeptionstermin des Weibe. ist derjenige achttägige Zeitabschnitt, welcher zwischen dem 12. und 19. Tag vor den nächsten Menses liegt. Eine Konzeption in dem fünftägigen Abschnitt vor diesem Konzeptionstermin ist *nur selten* möglich; in der sonstigen Zeitspanne bleibt die Frau steril. Aus der Lehre von *Ogino* und von *Knaus* ist für die gerichtlich-medizinische Beurteilung zunächst zu folgern, daß Cohabitationen an jedem Tage der ersten Hälfte des Menstruationszyklus zu einer Befruchtung führen können, sofern 21tägige Zyklen vorkommen: beim 21tägigen Zyklus muß ja die Ovulation am sechsten Tage vor sich gehen. Befruchtungsfähigkeit besteht nach *Ogino* so — wenn auch vermindert — bereits vom ersten Tage an. Selbst wenn aber der Gutachter in den günstigen Fall gesetzt ist, an der Hand von jahrelang aufgeschriebenen Regelterminen festzustellen, daß Verkürzungen des Zyklus bisher nicht vorgekommen sind, schließt das nicht aus, daß gerade vor der Befruchtung durch besondere exogene Einflüsse eine Frühovulation provoziert ist. Schwieriger liegt zunächst die Frage der *Spätkonzeptionen.* Daß diese viel seltener sind, wird auch von älteren Autoren, die sich mit dieser Frage beschäftigt haben, bestätigt. Es sei nur an den Bericht *Siegels* erinnert, in dem bei 65 Fällen, in welchen die Hochzeit innerhalb der letzten acht Tage vor der Menstruation stattfand, nach der Hochzeit die Menstruation wiederkehrte und erst danach die Empfängnis eintrat. Wichtigstes Gegenargument gegen eine prämenstruelle Konzeption ist die Zeit, welche das Ei bis zur *Implantationsreife* braucht. Die älteren, namentlich von anatomischer Seite ausgesprochenen Vermutungen gehen dahin, daß sich das Ei in jedem Falle ohne Befruchtung weiter entwickle, so daß eine Spätbefruchtung den Zeitpunkt bis zur Implantation verkürze. Diese Anschauung ist aus zwei

Gründen nicht haltbar. Einmal wissen wir heute, daß das Ei rasch degeneriert; daneben dürfte aber auch der passive Vorgang der Tubenwanderung des Eies zur Zeit festliegen. Andererseits liegen einwandfreie Einzelbeobachtungen vor, nach denen wenige Tage vor der erwarteten Menstruation eine Konzeption eintrat und die erwartete Regel ausblieb. Wollen wir diese Fälle erklären, so müssen wir uns der Untersuchungen über die Unregelmäßigkeit des Zyklus erinnern. Konzeption am 22. Tage z. B. hat zur Voraussetzung nur, daß das Zyklusintervall nicht 28 sondern 37 Tage dauert. Eine Verlängerung von neun Tagen ist aber, wie schon vorher ausgeführt wurde, gar nicht ganz selten. So wird also auch hier der Gutachter nur dann die Möglichkeit einer scheinbar prämenstruellen Konzeption ablehnen können, wenn er durch schriftliche Aufzeichnungen über eine längere Zeit des Menstruationsverlaufs aufgeklärt ist.

Außerdem müßten alle äußeren und inneren Gründe geprüft werden, welche vielleicht gerade in dem der Gravidität vorausgehenden Zyklus zu einer Verschiebung der Ovulation hätten führen können (Krankheit, Unfall, Wechsel des Aufenthalts, der Beschäftigung, der Ernährung).

Ist es endlich denkbar, daß nach der befruchtenden Cohabitation noch einmal eine Regel auftritt und erst dann Imprägnation oder Implantation erfolgt? Käme es zu einer Imprägnation, so müßte das befruchtete Ei während der Dauer der Regel in der Tube verbleiben. Bei der kritischen Änderung des anatomischen Schleimhautaufbaues, der Sekretion und der Motilität von Uterus und Tuben erscheint dieser Vorgang unmöglich. Die zweite Möglichkeit wäre, daß Sperma in der Tube die Menstruation überdauert. Auch dies muß theoretisch als in hohem Maße unsicher bezeichnet werden. Gegen diese scheinbar prämenstruellen Konzeptionen sind stets zwei prinzipielle Einwände zu machen: Erstens die Unsicherheit der Angaben überhaupt, zweitens die Unmöglichkeit, zu entscheiden, ob es sich bei der Blutung, welche der angeblichen Konzeption folgte, überhaupt um eine echte Menstruationsblutung gehandelt hat, oder ob andere der vorher diskutierten Blutungsursachen in Frage kommen. Für die gerichtlich-medizinische Betrachtung gibt die Lehre von *Knaus* und *Ogino* demnach keine Grundlage, die Möglichkeit einer Konzeption außerhalb des von *Knaus* und *Ogino* angegebenen Optimums abzulehnen. Trotzdem besitzt diese Lehre für Alimentationsfragen eine große Bedeutung. Die Wahrscheinlichkeit einer Konzeption ist im ersten und noch mehr im letzten Drittel des Zyklus herabgesetzt. Stehen zwei verschiedene Konzeptionstermine in Konkurrenz, wird immer dem der Vorzug zu geben sein, welcher im Konzeptionsoptimum liegt. Angebliche Konzeptionen kurz ante menses sind mit Mißtrauen zu betrachten. Der energische Hinweis des Gutachters auf die Unwahrscheinlichkeit eines Konzeptionstermines wird im übrigen vielfach auch die Zeugen veranlassen, ihre Aussagen zu revidieren.

*Die Empfängniszeit.* Wir berechnen die Schw.-D. nach Möglichkeit vom Tage des befruchtenden Beischlafs ab. Wir sind uns darüber klar, daß zwischen diesem Konzeptionstage und der tatsächlich stattfindenden Imprägnation eines Eies eine gewisse Zeit liegen kann. Je geringer der Zwischenraum zwischen Cohabitation und Ovulation ist, um so kürzer muß die so berechnete Schwangerschaft dauern. Welche Höchstzeit dürfen wir für die Zeitspanne annehmen? Folgt man *Knaus,* so begrenzt sich diese Zeit auf vier Tage. Nach *Ogino* darf man acht Tage hierfür annehmen. Folgt man den kasuistisch in der Literatur niedergelegten Einzelbeobachtungen, kann diese Zeit sogar noch länger sein. Wichtig für die Einstellung hierzu ist allerdings, ob man an eine provozierte Ovulation glaubt oder nicht. Nimmt man an, daß neben der spontanen auch eine provozierte Ovulation vorkommt, kann man die besonders in der zweiten Hälfte des Menstruationszyklus vorkommenden Konzeptionen hiermit erklären.

*Der Geburtstermin.* Wir legen der Berechnung des Geburtstermines die Zeit zugrunde, welche von der Konzeption bis zur Geburt eines ausgetragenen (reifen) Kindes vergeht. Das größte Hindernis für eine wissenschaftliche Berechnung der Schw.-D. im Einzelfalle ist, daß meist mehrere, zu verschiedenen Zeiten ausgeführte Cohabitationen in die Empfängniszeit fallen. Einwandfreie Beobachtungen sind nur möglich nach einmaligen Cohabitationen, welche zur Befruchtung geführt haben. Macht man sich ferner noch klar, wie schwierig es ist, über diese Dinge einwandfreie Mitteilungen zu erhalten, so ergibt sich hieraus, daß die Möglichkeit der Prüfung dieser Fragen an der Hand größerer und zuverlässiger Statistiken noch heute keineswegs gegeben ist. Vielmehr sind wir für Grenzfälle immer noch auf die Heranziehung von Einzelbeobachtungen angewiesen. Von Bedeutung wird diese Feststellung jedoch nur für Grenzfälle sein. Für gewöhnlich zeigt die Schw.-D. nach statistischer Berechnung eine weitgehende Einheitlichkeit. Sie beträgt 270 Tage. *Nürnberger* kommt auf Grund einer Berechnung von Fällen von Kriegskonzeptionen, welche gelegentlich eines kurzen Urlaubs des im Felde stehenden Mannes erfolgten, auf einen etwas höheren Wert, 274 Tage $\frac{\text{plus}}{\text{minus}} \pm 8$ Tage.

Die Schw.-D. post conceptionem wird um so größer sein, je später die Ovulation nach der Konzeption erfolgte, d. h. je länger die Spermatozoen auf das Ei warten mußten (*Nürnberger*). Die nötigen Erklärungen hierfür sind bereits im vorstehenden gegeben worden. Eine Reihe von äußeren und inneren Einflüssen kann auf die Dauer der Schwangerschaft einwirken. Eine Aufstellung *Nürnbergers* möge diese Verhältnisse illustrieren. Diese Aufstellung ist jedoch, wie *Nürnberger* selbst betont, nicht in dieser Form praktisch anwendbar, da das Zusammenkommen verschiedener Umstände nicht ohne weiteres eine Addition der Zeit zuläßt, sondern nur eine Wirkung nach Maßgabe ihrer Verhältnisabweichung bedingt.

Die Schwangerschaft post menstruationem kann

| verkürzt werden um Tage | | verlängert werden um Tage | |
|---|---|---|---|
| durch jugendliches Alter | 5 | durch Alter von 35 Jahren | 5 |
| durch erste Geburt (nach *v. Winckel*) | 5 | durch mehrere Geburten | 5 |
| durch schlechte Ernährung | 4 | durch gute Ernährung | 4 |
| durch körperliche Anstrengungen | 20 | durch körperliche Ruhe | 20 |
| bei Ledigen | 4 | bei Verheirateten | 4 |
| bei Niederkunft im Sommer | 2 | bei Niederkunft im Winter | 2 |
| bei schwächlicher Konstitution | 2 | bei kräftiger Konstitution | 2 |
| bei Brünetten | 4 | bei Blondinen | 4 |
| bei der Geburt eines Knaben | 2 | bei der Geburt eines Mädchens | 2 |
| Summe | 48 | Summe | 48. |

Die Schw.-D. nach dem ersten Tage der Regel hat *Wahl* neuerdings mit 283 Tagen errechnet. *Wahl* schlägt vor, das *Naegele*sche Schema wie folgt abzuändern: Vom ersten Tage der letzten Regel drei Monate zurück und nunmehr nicht sieben, sondern zehn Tage zurechnen. *Wahl* weist aber auf einen weiteren Fehler des *Naegele*schen Schemas hin. Wegen Ungleichheit der Kalendermonate kommt man auf eine Schw.-D. von 283 Tagen nur in sieben Monaten des Jahres, so daß die Berechnung der Schw.-D. mit Hilfe des von *Wahl* abgeänderten Schemas wie folgt aussieht:

Erster Tag der letzten Periode

— 3 Monate + 10 Tage für März, Mai, Juni, Juli, August, Oktober, November,
+ 9 Tage für April und September,
+ 8[1] Tage für Dezember und Januar,
+ 7[1] Tage für Februar.

Die Berechnung der Schw.-D. nach der letzten Regel hat, wie auch *Wahl* betont, das Vorhandensein eines 28tägigen Menstruationszyklus zur Voraussetzung. Bei verkürzten Zyklen verkürzt sich die Schwangerschaft um die entsprechenden Tage, also bei 21tägigem Zyklus um sieben Tage, bei verlängerten Zyklen verlängert sie sich entsprechend. Die Erklärung dieses Vorganges liegt, wie *Knaus* mit Recht betont, in der festen Abhängigkeit des Ovulationstermines von der nächst erwarteten Regel. Die der *Wahl*schen Statistik zugrunde gelegte Bino-

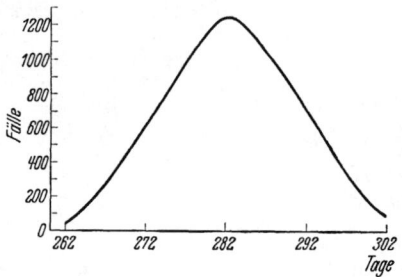

Abb. 1. Die der *Wahl*schen Statistik zugrundegelegte Binominalkurve.

minalkurve zeigt die Abbildung 1. Hieraus ergibt sich, daß diese statistische Berechnung für die vorausschauende Festsetzung des Geburtstermins ebenso wenig Wert hat wie für die rückschauende gerichtlich-medizinische Betrachtung. In jedem Einzelfalle liegen ohne weiteres die Möglichkeiten einer Schwankung von 20 Tagen nach oben und unten. Den Gutachter interessieren nun nicht so sehr die mittleren Zeiten, sondern die *extremen Begrenzungen* ihrer Dauer nach oben und nach unten. Über diese Frage liegt eine umfangreiche kasuistische Literatur vor, deren letzte ausgiebige Diskussion sich bei *Nürnberger* findet. Da größere *einwandfreie* Statistiken über diese Frage nicht vorhanden sind, ist *Nürnberger* ihr auf Grund theoretischer Wahrscheinlichkeitsberechnung nachgegangen. Die von ihm erhaltenen Werte dürften den tatsächlichen Verhältnissen für die bewußte Schwangerschaft am nächsten kommen. Unter Zugrundelegung der bei sorgfältigst beobachteten Kriegskonzeptionen erhaltenen Werte errechnet *Nürnberger* folgende Zahlen (s. Tabelle 1 auf Seite 675).

Hieraus geht hervor, daß die Geburt eines reifen Kindes vor 240 Tagen bereits sehr selten ist, und daß — eine jährliche Geburtenzahl von 1,5 Millionen berechnet — vor dem 234. Tage nur alle 2,2 Jahre ein reifes Kind geboren wird. Tatsächlich halten die Beobachtungen von Geburten reifer Kinder vor dem 234. Tage post conceptionem auch strenger Kritik nicht stand. Anerkannt werden lediglich Beobachtungen von *Ahlfeld* aus dem Jahre 1887

---

[1] Nach voraufgegangenem Schaltjahr ein Tag mehr.

Tab. 1. *Häufigkeitswerte für extrem kurzfristige Schwangerschaften (nach Nürnberger);*

| Von | 4 299 | reifen | Kindern | wird | 1 | vor | dem | 246. | Tage | post | conceptionem | geboren |
|---|---|---|---|---|---|---|---|---|---|---|---|---|
| ,, | 6 920 | ,, | ,, | ,, | 1 | ,, | ,, | 245. | ,, | ,, | ,, | ,, |
| ,, | 11 312 | ,, | ,, | ,, | 1 | ,, | ,, | 244. | ,, | ,, | ,, | ,, |
| ,, | 18 762 | ,, | ,, | ,, | 1 | ,, | ,, | 243. | ,, | ,, | ,, | ,, |
| ,, | 31 546 | ,, | ,, | ,, | 1 | ,, | ,, | 242. | ,, | ,, | ,, | ,, |
| ,, | 54 054 | ,, | ,, | ,, | 1 | ,, | ,, | 241. | ,, | ,, | ,, | ,, |
| ,, | 93 458 | ,, | ,, | ,, | 1 | ,, | ,, | 240. | ,, | ,, | ,, | ,, |
| ,, | 166 667 | ,, | ,, | ,, | 1 | ,, | ,, | 239. | ,, | ,, | ,, | ,, |
| ,, | 294 118 | ,, | ,, | ,, | 1 | ,, | ,, | 238. | ,, | ,, | ,, | ,, |
| ,, | 555 555 | ,, | ,, | ,, | 1 | ,, | ,, | 237. | ,, | ,, | ,, | ,, |
| ,, | 1 000 000 | ,, | ,, | ,, | 1 | ,, | ,, | 236. | ,, | ,, | ,, | ,, |
| ,, | 2 000 001 | ,, | ,, | ,, | 1 | ,, | ,, | 235. | ,, | ,, | ,, | ,, |
| ,, | 3 333 333 | ,, | ,, | ,, | 1 | ,, | ,, | 234. | ,, | ,, | ,, | ,, |

und eine von *Heyn* 1924: 19jährige Primipara, Menses regelmäßig vierwöchentlich fünf bis sechs Tage dauernd, letzte in normaler Stärke am 8. August. Im Oktober und November noch eine sehr schwache Blutung. Konzeption angeblich am 3. September. Erste Untersuchung in der Ambulanz der Frauenklinik Kiel am 20. November 1922: normale Gravidität im dritten Monat. Zweite Untersuchung 3. Januar 1923: Graviditas mens. V—VI. Seit Ende Dezember 1922 Kindsbewegungen. 5. März: Fundus drei Querfinger breit unterhalb des Rippenbogens. 20. April: Spontangeburt eines reifen Knaben von 50 cm Länge und 2980 g Gewicht. Entwicklung des Kindes nach der Geburt normal.

*Runge* hatte seinerzeit Gelegenheit, den fraglichen Fall an der Kieler Klinik mitzubeobachten. Die Kindesmutter machte ihre Angaben mit vollkommener Sicherheit. Einwände dürften auf Grund neuerer Überlegungen aber doch gemacht werden können: Die Feststellung einer Schwangerschaft des dritten Monats durch bimanuelle Palpation ist etwas Relatives. Wir wissen, daß in der ganzen ersten Hälfte der Schwangerschaft die Volumsschwankungen der Gebärmutter recht beträchtliche sein können. Die Möglichkeit, im dritten Monat einer Gravidität den Konzeptionstermin mit einer Genauigkeit von 10—14 Tagen zu begrenzen, besteht nicht. Die Möglichkeit, daß die Konzeption 14 Tage früher erfolgt wäre, kann auf Grund des Tastbefundes also nicht abgelehnt werden. Die Konzeption muß nach der Angabe der Mutter 26 Tage nach der letzten, also zwei Tage vor der nächsten Regel erfolgt sein. Es müßte sich demnach um eine Spätkonzeption gehandelt haben, und damit um ein Zusammentreffen von zwei Ereignissen, deren jedes in seiner Art äußerst selten ist. Das Konzeptionsoptimum würde für diesen Fall zwölf Tage früher liegen. Hiermit würde sich die Schwangerschaft auf 241 Tage verlängern. Wir würden damit nach der *Nürnberger*schen Rechnung immerhin schon zu einer Häufigkeit von 1: 55 000 kommen.

Die Erklärung der kurzen Schw.-D. liegt in einer übernormal rasch vor sich gehenden intrauterinen Entwicklung der Frucht. Diese *Unterschiede des Wachstumstempos* werden am besten klar, wenn wir uns vergegenwärtigen, daß am normalen Schwangerschaftsende Kinder von einem Gewicht von 2000 bis 5000 g geboren werden können. Es ist klar, daß ein Kind, welches bei der Geburt übergewichtig ist, das Durchschnittsgewicht bereits wesentlich früher erreicht haben kann. Auf diese Frage wird später bei der Besprechung der Reifezeichen noch zurückgekommen werden.

Das deutsche Gesetz regelt das Verhältnis des Neugeborenen zum Erzeuger bekanntlich durch die Festlegung der *gesetzlichen Empfängniszeit.* Wir verstehen darunter die Zeit zwischen befruchtender Beiwohnung und Geburt des Kindes. Als äußersten Termin erkennt das Gesetz hier die Zeit an, welche zwischen 180 und 302 Tagen post cohabitationem

liegt. Eine Schwangerschaft, welche mit der Geburt eines reifen Kindes endet, bleibt nach dem vorher Ausgeführten weit von der unteren Grenze der gesetzlichen Empfängniszeit entfernt. Aber auch für unreife Frühgeburten bedeutet die Zeit von 180 Tagen insofern eine absolute Grenze, als bisher noch niemals Frühgeburten am Leben geblieben sind, welche kürzer als 180 Tage getragen waren. Für die Betrachtung von Alimentationsfragen heißt das, jede Frühgeburt, welche am Leben bleibt, muß als innerhalb der gesetzlichen Empfängniszeit von mindestens 180 Tagen erzeugt gelten.

Die Tatsache, daß Schwangerschaften über die gesetzliche Empfängniszeit von 302 Tagen hinaus dauern können, ist unbestritten. Fraglich ist nur, ob die Kinder, welche so lange getragen werden, noch lebend geboren werden können. Hier lehrt die Erfahrung, daß übertragene Kinder fast immer um den 300. Tag absterben. Aus diesem Grunde hält die Mehrzahl der Geburtshelfer Geburten lebender Kinder nach Schwangerschaften, welche über 302 Tage dauern, für unmöglich. *Nürnberger* hält derartige Schwangerschaften an der Hand seiner kritischen Beobachtung der vorliegenden Literatur für sehr selten. Neuere Arbeiten bringen verhältnismäßig einwandfrei beobachtete Fälle, in denen es sich um Geburten lebender Kinder nach verlängerten Schwangerschaften gehandelt hat. Auch nach der Erfahrung *Runge*s sind länger dauernde Schwangerschaften bei weitem nicht so selten wie Schwangerschaften unter 240 Tagen. Der Grund, daß einwandfreie Bobachtungen auch hierüber so spärlich sind, liegt darin, daß die Vorbedingungen, unter denen diese Frage überhaupt geprüft werden kann, nur selten gegeben sind. Vorbedingungen sind a) einwandfreie Angaben der Kindesmutter, möglichst auf Grund schriftlicher Aufzeichnungen, b) Auffindung von Fällen, in denen nach dem in Frage kommenden Empfängnistermin mit Sicherheit kein Geschlechtsverkehr mehr vorgekommen ist. Aber auch diese Vorbedingungen stehen und fallen letzten Endes mit der Wahrheit der Angaben der Kindesmutter. Zu fordern wäre daher weiter, daß die gemachten Angaben möglichst durch das Zusammenfallen mit äußeren Ereignissen, z. B. räumlicher Trennung der Eltern, kontrolliert werden können. Auch werden in der Ehe geborene Kinder zuverlässigere Grundlagen bieten als außerehelich geborene. Selbstverständlich ist, daß diese Schw.-D. nur nach dem *Konzeptionstermin* berechnet werden darf. Rechnet man post menstruationem, so findet man Verlängerungen der Schwangerschaften immer dann, wenn Regelblutungen nur in größeren Pausen auftreten. Allerdings ist auch die Zahl der post menstruationem über 302 Tage verlängerten Schwangerschaften nicht sehr groß, weil mit einer zu seltenen Regel meist Hypoplasie des Genitales und Sterilität verbunden sind. Mit der verlängerten Schwangerschaft dürfte es sich im übrigen so verhalten wie mit vielen anderen klinischen Beobachtungen: Die Zahl der beobachteten Fälle steht im Verhältnis zum Interesse, das der Kliniker dieser Frage entgegenbringt. Die Beobachtung wird erschwert durch zwei weitere Momente. Erstens ist der Geburtshelfer, der nicht an eine verlängerte Schwangerschaft glaubt, geneigt, die Angaben der Kindesmutter auf bewußten oder unbewußten Irrtum zurückzuführen. Zweitens wird — aus der Sorge vor dem intrauterinen Fruchttod — heute fast von allen Geburtshelfern schon vor dem 300. Tage der Versuch gemacht, durch Wehenmittel die Geburt einzuleiten. Verfasser hat zwei langfristige Schwangerschaften im Laufe von zwei Jahren unter etwa 2500 Geburten gesehen. In einem Falle betrug die Schw.-D. 318 Tage post menstruationem und 304 Tage post conceptionem, im anderen 321 Tage post menstruationem und 306 Tage post conceptionem. In beiden Fällen liegen also die Konzeptionen bei den 28tägig menstruierenden Frauen in der Ovulationszeit. Im ersten Falle handelt es sich um eine zum dritten Male Gebärende. Bei ihr war auch die erste Geburt um 19 Tage übertragen. Auch diese Schwangerschaft wurde durch *Runge* beobachtet. Die Geburt wurde seinerzeit durch Wehenmittel eingeleitet. Die Ursachen, welche zu einer Verlängerung der Schwangerschaft führen, sind deshalb schwer diskutabel, weil wir über die Ursachen des Geburtseintritts noch wenig wissen. Aus Angaben und ärztlichen Beobachtungen hört man nicht selten, daß um die Zeit des errechneten Geburtseintritts Wehen auftreten, welche nicht zur Geburt führen. Mangelhafte Erregbarkeit des Uterus, Hypoplasie und primäre Wehenschwäche scheinen eine Rolle zu spielen. Hypoplasie des Uterus kann sowohl zu Früh- als auch zu Spätgeburten prädisponieren. Wird nämlich die schwache Muskulatur des Uterus durch ein großes Kind und viel Fruchtwasser überdehnt, kommt es zu primärer Wehenschwäche, welche die Geburt um Tage hinauszögern kann. Bei übertragenen Schwangerschaften kommt es meist zu der Resorption des größten Teiles des Fruchtwassers. Das Absterben der Frucht erfolgt, weil der placentare Stoffwechsel dem Sauerstoff- und Nahrungsbedarf des reifen, seiner Organbeschaffenheit für andere Lebensformen bestimmten Foetus nicht mehr genügt. Verschlechterung der Ernährungs- und Atmungsbedingungen bringt es mit sich, daß der übertragene Foet keineswegs kontinuierlich an Größe und Gewicht zunehmen muß. Es erscheint sogar möglich, daß Früchte aus den eben skizzierten Gründen intrauterine Gewichtsverluste durchmachen können. Wegen der Einzelheiten sei auf die folgenden Ausführungen verwiesen.

Die Durchschnittswerte betragen für reife Kinder bekanntlich 3000—3500 g Gewicht und 48—52 cm Länge. Innerhalb dieser Maße sind die Knaben meist etwas stärker entwickelt als die Mädchen. Das durchschnittliche Mehrgewicht der Knaben wird mit 100—150 g angegeben. Mit der Zunahme der Geburtenzahl wächst meist das Gewicht des Kindes, jedoch übersteigt auch diese Gewichtszunahme nicht einige 100 g. Unter den weiteren für das Kindesgewicht maßgebenden Faktoren verdient die *Ernährung* eine gewisse Beachtung. Bei gleichen Bedingungen ist damit zu rechnen, daß das Kind einer reichlich, besonders mit Kohlehydrat ernährten Mutter schwerer wird als ein anderes. So beobachtet man z. B., daß die Kinder diabetischer Mütter besonders schwer und fett sind. Der Grund liegt hier wohl in einem durch die Erhöhung des Blutzuckers dauernd verstärkten Übertritt von Zucker in den placentaren Kreislauf. Umgekehrt werden nach 270 Tagen und geringerer Zeit bereits Früchte von 5000 g und mehr geboren. Ein über-

gewichtiges Kind beweist also noch nichts für eine verlängerte Tragezeit, ein normalgewichtiges spricht nicht gegen eine solche. Etwas zuverlässiger als das Gewicht ist die Längenmessung. Längenmaße unter 48 cm bei reifen Kindern sind höchst selten. Zu der Erklärung, daß ein Kind reif ist, wird man sich unterhalb eines Maßes von 48 cm nur dann entschließen, wenn das Kind im übrigen einen durchaus reifen Eindruck macht. Über die Gewichtsdifferenzen, welche in den einzelnen Wochen der Schwangerschaft auftreten können, erscheinen unter der großen Zahl der vorliegenden Statistiken die Untersuchungen von *M. Kjölseth* besonders prägnant. Die von ihr an der Hand eigener Untersuchungen angefertigten Tabellen werden im nachstehenden gegeben. Für einige Grenzwerte erscheint es jedoch angebracht, die von der Autorin in ihrer Originalarbeit gegebenen Erklärungen nachzulesen.

Tab. 2. *Verhältnis von Schw.-D. und Schwangerschaftsgewicht nach M. Kjölseth.*

| Schw.-D. | Max.-Gew. | Minim.-Gew. | Unterschied |
|---|---|---|---|
| 28.—29. Woche | 2100 g | 1110 g | 990 g |
| 30.—31. ,, | 2130 ,, | 1350 ,, | 780 ,, |
| 32.—33. ,, | 2600 ,, | 1700 ,, | 900 ,, |
| 34.—35. ,, | 3270 ,, | 1760 ,, | 1510 ,, |
| 36. Woche | 3600 ,, | 1880 ,, | 1720 ,, |
| 37. ,, | 3850 ,, | 2520 ,, | 1330 ,, |
| 38. ,, | 4360 ,, | 2350 ,, | 2010 ,, |
| 39. ,, | 4970 ,, | 2330 ,, | 2640 ,, |
| 40. ,, | 4450 ,, | 2250 ,, | 2200 ,, |
| 284—299 Tage | 5270 ,, | 2300 ,, | 2970 ,, |
| über 300 Tage | 5100 ,, | 2000 ,, | 3100 ,, |

Tab. 3. *Verhältnis von Schw.-D. und Länge der Frucht nach M. Kjölseth.*

| Schw.-D. | Max.-L. | Min.-L. | Unterschied |
|---|---|---|---|
| 28.—29. Woche | 43,5 cm | 36 cm | 7,5 cm |
| 30.—31. ,, | 46 ,, | 39 ,, | 7 ,, |
| 32.—33. ,, | 47 ,, | 41 ,, | 6 ,, |
| 34.—35. ,, | 50 ,, | 43 ,, | 7 ,, |
| 36. Woche | 50,5 ,, | 44,5 ,, | 6 ,, |
| 37. ,, | 52,5 ,, | 46 ,, | 6,5 ,, |
| 38. ,, | 55 ,, | 45 ,, | 10 ,, |
| 39. ,, | 54,5 ,, | 45,5 ,, | 9 ,, |
| 40. ,, | 54 ,, | 45 ,, | 9 ,, |
| 284—299 Tage | 57 ,, | 46,5 ,, | 10,5 ,, |
| über 300 Tage | 56,5 ,, | 47 ,, | 9,5 ,, |

Mit Größe und Gewicht der Kinder schwanken natürlich auch die übrigen, durch Messung der Kinder erhaltenen Werte, so daß sich eine eingehende Diskussion hier erübrigt. Als das zuverlässigere Maß ist die Länge anzusehen. Kinder von einer Länge unterhalb 48 cm können nicht als reif bezeichnet werden. Die durchschnittlichen Schwankungen liegen zwischen 48 und 52 cm. Von den übrigen Reifezeichen seien nur kurz erwähnt: Verschwinden der Lanugohärchen, Entwicklung der Fingernägel, der Zehennägel, der Ohrknorpel, des subcutanen Fettpolsters, Descensus testiculorum, ausreichende Entwicklung der großen Labien. Bei übertragenen Kindern übersteigen Länge und Gewicht die Durchschnittswerte. Der größere Wert ist auch hier wieder dem Längenmaß beizulegen. Das Gewicht kann nämlich intrauterin bei übertragenen Kindern stehen bleiben oder sogar abnehmen, und zwar im Verlaufe jener Vorgänge, welche schließlich den intrauterinen Fruchttod bewirken. Als weitere Zeichen der Übertragung sind anzusehen: Völliges Fehlen der Lanugohärchen, Abschilferung der Haut mit Verschwinden der Vernix caseosa, Rückgang des Fruchtwassers bis zum fast völligen Verschwinden.

Die Unsicherheit, nach den bisher mitgeteilten Befunden die Reife zu beurteilen, hat zu immer neuen Prüfungen geführt. Unter diesen hat der *röntgenologische* Nachweis des Auftretens von *Knochenkernen* eine gewisse Bedeutung erlangt. Das Auftreten von Ossifikationskernen erfolgt mit einer gewissen Regelmäßigkeit zu bestimmten Zeiten: So tritt im Femur ein Knochenkern in der distalen Epiphyse bereits im VIII. Foetalmonat auf. Im X. treten die Knochenkerne in der proximalen Epiphyse des Femur sowie in der proximalen Tibia-Epiphyse auf (*Engel* u. *Schall*). Der Kern der proximalen Tibia-Epiphyse ist bei der rechtzeitigen Geburt nur in 15—20% als kleinster Knochenpunkt angelegt. Nach der Geburt entwickelt sich gerade dieser Kern schon deutlich im ersten und zweiten Lebensmonat. Auch bei übertragenen Kindern ist dieser Kern bereits deutlich bei der Geburt vorhanden; er ist auch intrauterin nachweisbar (von *Brücke*) und kann so als Symptom übertragener Schwangerschaft bewertet werden. Größe und Entwicklung des Kindes sind nicht ganz unabhängig von äußeren Bedingungen. Die Kinder diabetischer Mütter sind besonders schwer und fett. Wir erklären dies aus dem hohen Kohlehydratangebot infolge des bei der Mutter vermehrten Blutzuckers. Chronische Erkrankungen in der Schwangerschaft, welche eine starke Reduktion der Ernährung erfordern, z. B. Nephropathie, Pyelitis, Herzinsuffizienzen, zeigen in einem großen Prozentsatz der Fälle stark reduzierte Geburtsgewichte.

Die Abhängigkeit der Entwicklung von äußeren Bedingungen zeigen am klarsten die Zwillingsschwangerschaften. Die Differenzen im Gewicht von Zwillingen, und zwar unabhängig ob sie eineiig oder zweieiig sind, betragen nicht selten 500 g und mehr. Auch Längen-Differenzen bis zu 4 cm sind häufig. Die starken Differenzen des Entwicklungsgrades von Zwillingen haben bekanntlich immer wieder die Frage der *Superfoetation* (Überfruchtung) aufgeworfen, d. h. man hat aus dem verschiedenen Entwicklungsgrade oder auch aus der zeitlichen Verschiedenheit der erfolgten Geburt von Zwillingen geschlossen, daß die Zeugung dieser Zwillinge zu verschiedener Zeit vor sich gegangen wäre. Diese Tatsache würde also zur Voraussetzung haben, daß nach der Implantation eines Eies noch die Ovulation, Befruchtung und Implantation eines zweiten Eies erfolgt. Objektive Beobachtungen hierüber beim Menschen liegen bisher nicht vor. Theoretisch allerdings muß die Möglichkeit, daß im Laufe der ersten drei Schwangerschaftsmonate auf Grund eines überstarken hormonalen Reizes des gonadotropen Hormons oder auch traumatisch eine Ovulation erfolgt und sich dann das Ei auch implantiert, für nicht ausgeschlossen gehalten werden. Tatsächlich nimmt in dieser Zeit das befruchtete Ei ja nur einen kleinen Raum der Decidua ein. Die Tuben sind noch durchgängig, so daß eine Aufwanderung von Spermien bis in die Tuben hinein erfolgen kann.

Bei der Besprechung der Nachempfängnis sei auch noch anhangsweise zur Frage der *Superfoecundation* (Überschwängerung) Stellung genommen. Unter diesem Begriff verstehen wir die Befruchtung etwa gleichzeitig ovulierter Zwillingseier durch zwei verschiedene Erzeuger. Dieser Vorgang wird bei Tieren, welche eine größere Anzahl von Jungen gebären, beobachtet. Beim menschlichen Weibe ist unter der Voraussetzung kurzfristig erfolgenden Mehrverkehrs die Überschwängerung zwar theoretisch nicht abzulehnen, sie ist aber praktisch noch nicht nachgewiesen. Die Bedingungen dieses praktischen Nachweises könnten durch zwei Möglichkeiten gegeben sein. Erstens typische Rassenunterschiede zweieiiger Zwillinge, die vom Vater, nicht aber von der Mutter vererbt wären (konstruiertes Schulbeispiel: Mutter Europäerin, Väter Neger und Mongole). Zweitens Blutgruppenverschiedenheiten bei zweieiigen Zwillingen, welche den verschiedenartigen Erbgang von zwei Vätern erkennen lassen.

*Schrifttum.*

*Ahlfeld:* Kurzfristige Schwangerschaften. Leipzig 1916. — *Allen, Pratt, Newell* and *Bland:* Recovery of human ova from the uterine tubes. J. amer. med. Assoc. **91** (1928). — *Allen, Pratt, Newell* and *Bland:* Human tubal Ova; Related early corpora lutea and uterine tubes. Contrib. to Embryol. **22**, Nr. 127 (1930). — *Bolaffio:* Über den Konzeptionstermin. Zbl. Gynäk. **1923**, 25. — *Bolaffio:* Die periodische Frucht- und Unfruchtbarkeit des Weibes. Zbl. Gynäk. **1911**, 17. — *Chazan:* Über die Beziehung der Konzeption zur Menstruation. Zbl. Gynäk. **1911**, 17. — *Engel* u. *Schall:* Handb. der Röntgendiagnostik und -therapie im Kindesalter. Leipzig 1933. — *Engelmann:* Gibt es eine empfängnisfreie Zeit im Sexualcyklus der Frau? Dtsch. med. Wschr. **1932**, 1969. — *Hammond:* Reproduction in the rabbit. London 1925. — *Hammond:* The effect of temperature on the survival in vitro of rabbit spermatozoa obtained from the vagina. J. exper. Biol. **7** (1930). — *Heyn:* Eine Schwangerschaftsdauer von 229 Tagen bei reifem Kinde. Münch. med. Wschr. **43**, 1509 (1924). — *Heyn:* Schwangerschaftsdauer und Kindsentwicklung. Münch. med. Wschr. **5**, 185 (1925). — *Hoehne:* Zur Physiologie der Befruchtung beim Menschen. Zbl. Gynäk. **1921**, 1047. — *Hoehne* u. *Behne:* Über die Lebensdauer homologer und heterologer Spermatozoen im weiblichen Genitalapparat und in der Bauchhöhle. Zbl. Gynäk. **1** (1914). — *Hofstätter:* Über spontane und provozierte Ovulation und über Menstruationswellenverschiebung. Arch. Gynäk. **1925**, 350. — *Ißmer:* Über die Zeitdauer der menschlichen Schwangerschaft. Arch. Gynäk. **35** (1889). — *Kaufmann:* Behandlung der Eierstockinsuffizienz durch Keimdrüsenhormone. Arch. Gynäk. **166**, 113 (1938). — *Knaus:* Die periodische Fruchtbarkeit und Unfruchtbarkeit des Weibes. Wien 1935. — *Kjölseth:* Untersuchungen über die Reifezeichen des neugeborenen Kindes. Mschr. Geburtsh. **38**, 216 (1913). — *Latz* u. *Reiner:* Natural conception control. J. amer. med. Assoc. **16**, 1241—46 (1935). — *Nürnberger:* Abnorme Schwangerschaftsdauer. In: *Halban* u. *Seitz*, Biologie u. Pathologie des Weibes. Berlin und Wien. 1927. — *Ogino:* Über den Konzeptionstermin des Weibes und seine Anwendung in der Praxis. Zbl. Gynäk. **1932**, 721. — *Redenz:* Das Verhalten der Säugetierspermatozoen zwischen Begattung und Befruchtung. Z. Zellforschg. **1929**, 734. — *Runge, H.:* Die langdauernde Schwangerschaft. Dtsch. med. Wschr. **1939**, 541. — *Schröder, R.:* Die Menstruation und ihre Anomalien. *Veit-Stoeckels* Handb. der Gynäkologie. München 1926. — *Siegel:* Wann ist der Beischlaf befruchtend? Dtsch. med. Wschr. **42**, 1251 (1915). — *Siegel:* Bedeutung des Kohabitationstermins für die Befruchtungsfähigkeit der Frau und für die Geschlechtsbestimmung des Kindes. Münch. med. Wschr. **21**, 748 (1916). — *Venning, Henry* u. *Browne:* Canad. med. Assoc. J. **36**, 83 (1937) — *Wahl:* Die Schwangerschaftsdauer beim Menschen und ihre Berechnung. Med.Welt **46** (1938). — *Wahl:* Kritik an der bisherigen Berechnung des Geburtstermines. Dtsch. med. Wschr. **1937**, 125. — *Zangemeister:* Studien über Schwangerschaftsdauer und Fruchtentwicklung. Arch. Gynäk. **1917**, 405.

*Runge.*

**Schwangerschaftsindikationen** siehe *Fruchtabtreibung; Medizinische Indikationen zur Schwangerschaftsunterbrechung.*

**Schwangerschaftsnarben** siehe *Striae gravidarum.*

**Schwangerschaftszeichen** siehe *Diagnose der Schwangerschaft.*

**Schwarzpulver** siehe *Schußverletzungen; Schußwaffen und Munition.*

**Schwarzwasserfieber** siehe *Chinin und Chinidin.*

**Schwefel.** (Vgl. auch Art.: Schwefelalkalien; Schwefeldioxyd und Schweflige Säure; Schwefelsäure; Schwefelwasserstoff.)

*Schwefel*(S), Sulfur, wird mannigfach verwendet, zur Erzeugung von Schießpulver, Feuerwerkskörpern, von schwefliger bzw. Schwefelsäure, zum Vulkanisieren von Kautschuk, als keimtötendes Mittel gegen Rebenkrankheiten sowie in der Heilkunde. Reiner Schwefel hat keine besondere toxikologische Bedeutung. Per os eingenommen wird er größtenteils unverändert aus dem Körper wieder ausgeschieden und nur in geringer Menge (insbesondere bei ganz feiner Pulverisierung) im Verdauungsschlauch in Schwefelwasserstoff umgewandelt, dieser vielleicht resorbiert und im Blute oxydiert (*Malossi*). In früheren Zeiten wurde Schwefel öfter bei Selbstmordversuchen und als Abortivum benutzt. Die sog. Schwefelvergiftungen dürften aber zum Großteil auf Verunreinigungen des Schwefels mit Arsen und Selen beruhen. Nach Einreiben von Salben, die elementaren Schwefel enthielten (Schwefelsalben), in kranke oder geschädigte Haut bzw. vorwiegend bei Kindern konnte *Basch* Schwefelwasserstoffvergiftungen infolge Resorption des Schwefels zu $H_2S$ beobachten.

*Schrifttum.*
*Basch:* Über Schwefelwasserstoffvergiftungen bei äußerlicher Applikation von elementarem Schwefel in Salbenform. Arch. f. exper. Path. **111**, 126 (1926). — *Malossi:* Biochimica e Ter. sper. **11**, 513 (1924). **Weyrich.**

### Schwefeläther siehe *Flüchtige organische Gifte.*

### Schwefelalkalien.

*Natrium-Kalium- und Calciumsulfid* verursachen infolge ihres starken Alkaligehaltes lokale Verätzungen an der Haut und an den Schleimhäuten. Bei peroraler Zufuhr kann auch eine Schwefelwasserstoffvergiftung auftreten, da verdünnte Säuren wie die Magensäure von den Sulfiden Schwefelwasserstoff abspalten. Die perorale Einverleibung von 5—10 g führt in einzelnen Fällen bereits zum Tode, im allgemeinen jedenfalls zu schweren Vergiftungserscheinungen, die unter dem Bilde einer akut hämorrhagischen Gastroenteritis verlaufen. Salben und Pasten, die Schwefelalkalien enthalten, können an der Haut Reizerscheinungen, Blasenbildungen und nach Resorption durch den abgespaltenen $H_2S$ Schwefelwasserstoffvergiftungen (s. d. Art.: Schwefelwasserstoff) erzeugen.

*Schrifttum.*
*Lewin:* Gifte und Vergiftungen. Berlin 1929. **Weyrich.**

### Schwefeldioxyd und Schweflige Säure.

*Schwefeldioxyd* ($SO_2$) entsteht beim Verbrennen von Schwefel und Rösten von schwefelhaltigen Erzen. Es ist ein stechend riechendes, farbloses Gas, das ebenso wie seine wäßrige Lösung, die schweflige Säure (ein starkes Reduktionsmittel), zur Herstellung von Schwefelsäure, in Bleichereien, Holzstoffabriken, als Desinfektionsmittel und in Kältemaschinen Anwendung findet. Außer zufälligen gewerblichen Vergiftungen sind ganz vereinzelt Mord- und Selbstmordfälle durch Schwefeldioxyd-Dämpfe bekannt geworden (*Erben*). Bereits ein Zusatz von 0,03⁰/₀₀ zur Atmungsluft verursacht starken Hustenreiz, Conjunctivitis und bei längerer Einatmung Bronchitis; eine Gewöhnung an diesen Gehalt ist jedoch möglich. Die Beimengung von ungefähr 1 mg führt in ganz kurzer Zeit zu nekrotisierender Tracheo-Bronchitis, Bewußtseinsstörungen, Emphysem und Ödem der Lungen. Die letale Dosis des Gases dürfte bei 1,5—2 mg Schwefeldioxyd auf 1 Liter Luft liegen. Bei der innerlichen Einnahme von etwa 1—5 %iger schwefliger Säure treten die Zeichen einer schweren toxischen Gastritis und tiefgreifende Verätzungen an den Schleimhäuten auf.

Die Salze der schwefligen Säure, die *Sulfite* (Natrium und Kalium sulfurosum) werden häufig zusammen mit Borsäure (s. d.) unter den verschiedensten Namen zur Konservierung von Nahrungs- und Genußmitteln in den Handel gebracht (Präserve-Salz, Konserve-Essenz usw.). Sie wirken vorwiegend lokal reizend (*Rost, Sonntag* u. a.) und führen in Dosen von etwa 4 g zu Magen-Darmstörungen mit Erbrechen und Diarrhoen, Depressionen, Mattigkeit und Störungen der Zirkulation. Zu Nierenentzündungen kommt es nach den bisherigen Beobach-

tungen nicht. Die gleiche Wirkung haben auch die Salze der aldehydschwefligen Säure.

*Schrifttum.*
*Erben:* Vergiftungen. *Dittrich*s Handb. **7** Wien 1909. — *Rost, E. u. Sonntag:* Arb. Reichsgesdh.amt Berl. **50**, 3 (1916). **Weyrich.**

### Schwefelkalkbrühe siehe *Schädlingsbekämpfungsmittel.*

### Schwefelkohlenstoff siehe *Flüchtige organische Gifte; Schädlingsbekämpfungsmittel.*

### Schwefelmehl siehe *Schädlingsbekämpfungsmittel.*

### Schwefelsäure. (Vgl. auch Art.: Salpetersäure; Salzsäure.)

Die *Schwefelsäure* ($H_2SO_4$), in hohen Konzentrationen eine farblose, ölige, stark wasserentziehende Flüssigkeit, wird aus schwefelhaltigen Erzen in Bleikammern oder mit Katalysatoren im Kontaktverfahren dargestellt. Sowohl die reine, konzentrierte Schwefelsäure (98 %), die englische oder rohe (90 %) wie besonders die verdünnte (10—40 %, als „Oleum" bezeichnet) und die rauchende Schwefelsäure (Lösung von $SO_3$ in roher Schwefelsäure — Nordhäuser Vitriolöl) sind auch in größeren Mengen leicht erhältlich und finden vielfältigste Verwendung, z. B. in der Sprengstoff- und Farbenindustrie, bei der Kunstdüngererzeugung, in Färbereien, Gerbereien, zum Füllen von Akkumulatoren und im Haushalt als Putzmittel in den verschiedensten Formen.

Vergiftungen mit Schwefelsäure werden im Gegensatz zu früher jetzt nur mehr ab und zu beobachtet, und zwar handelt es sich entweder um gewerbliche oder zufällige, d. h. durch Verwechselung entstandene ökonomische und medizinale Vergiftungen, vereinzelt auch um Selbstmorde. Als Mordmittel wurde Schwefelsäure wegen des auffallend schlechten und brennenden Geschmackes nur äußerst selten und dann durch gewaltsames Eingießen bei Kindern, bewußtlosen und geisteskranken Personen verwendet. Relativ häufiger sind Fälle von vaginalen Einspritzungen zum Herbeiführen eines Abortus oder absichtliche Begießung des Gesichtes aus Eifersucht (sog. Vitriolage).

Die Schwefelsäure entfaltet als stärkste Mineralsäure sowohl allgemeine, als auch örtliche Wirkungen, die weniger von der Menge als vorwiegend von der Konzentration und der Dauer der Einwirkung sowie bei Einverleibung auf dem Speisewege auch vom Füllungszustand des Magens abhängig sind. Im allgemeinen sind 4—5 g einer konzentrierten Schwefelsäure bei leerem Magen eingenommen eine tödliche Gabe. Vergiftungserscheinungen kann bereits eine mehr als 1 %ige Säure hervorrufen. An der Haut erzeugen Lösungen mit einer Konzentration von weniger als 20 % nur bei länger dauernder Einwirkung und Eintrocknung Ätzspuren. Nach *Zangger* macht über 70 %ige Schwefelsäure in Wäschestücken bereits in weniger als einer Stunde rötliche, zunderartig zerfallende Flecke und Löcher.

Die starke lokale Ätzwirkung der Schwefelsäure, die sich auf die Haut und auf die Schleimhäute erstreckt, beruht auf einer Koagulation der Eiweißkörper, einem Gewebswasserentzug unter Temperaturerhöhung und einer Auflösung von Horn- und Leimsubstanzen. Die Resorption der Säure bewirkt eine Herabsetzung der Blut-Alkalescenz und führt zu Blut- und Eiweißbeimengungen sowie vermehrter Ausscheidung der gepaarten Ätherschwefelsäuren im Harn.

Bei peroraler Zufuhr selbst geringer Mengen konzentrierter Säure treten außer den lokalen Verätzungen sofort Symtome einer schweren Gastroenteritis toxica auf und zwar Würgen, qualvolle, brennende Schmerzen in den Speisewegen, heftiges Erbrechen sauer schmeckender, meist grauweißlicher bis braunschwarzer, mit Blut und Teilen der Schleimhaut durchmengter Massen, später Koliken, Durchfälle, beschleunigte Atmung, kleiner, frequenter Puls, Angstzustände, Krämpfe, allgemeiner Kräfteverfall usw.

Der Vergiftungsverlauf hängt vorwiegend von der Konzentration der getrunkenen Lösung ab; in den meisten Fällen erfolgt der Tod (selbst bei der Zufuhr nur kleiner Mengen von konzentrierter Säure) schon 2—3 Stunden nach der Einnahme infolge Kollaps, manchmal noch früher durch Erstickung infolge Glottisödem. Der tödliche Ausgang kann sich aber auch bis zu 24 und 48 Stunden hinziehen. Nach *A. Lesser* u. a. kommt der durch die Säureresorption im Blute bedingten Alkaliverarmung ein wesentlicher Einfluß auf den Todeseintritt zu. Das Bewußtsein bleibt trotz stark gestörtem Allgemeinbefinden in der Regel bis zum Eintritt der Agonie erhalten. Rasche Todesfälle nach Magenperforation (mit Shock oder Peritonitis) sind nicht sehr selten zu beobachten; plötzliches Aufhören des heftigen Erbrechens, dabei Vermehrung der übrigen Erscheinungen und starke Auftreibung des Bauches zeigen den erfolgten Magendurchbruch an. Bei protrahiertem Vergiftungsverlauf kann die verätzte Schleimhaut des Oesophagus, gelegentlich auch des Magens im ganzen als Schlauch erbrochen werden (*Knaus* u. a.). Die Befunde im Harne Vergifteter wurden bereits oben erwähnt; sie sind als Ausdruck einer Nierenschädigung aufzufassen. Die Nierenveränderungen reiht man heute den „nekrotisierenden Nephrosen" an (*Petri*), eine echte Nephritis konnte jedoch nicht beobachtet werden. Wird beim Trinken Säure aspiriert, so treten akutes Glottisödem und schwere Pneumonien auf.

Sehr gefährlich und gefürchtet bei der Schwefelsäurevergiftung sind die sekundären Infektionen der verätzten Partien (eitrige Entzündung des Oesophagus, des Magens, des Mediastinums usw.) und die nachfolgenden schweren narbigen Strikturen der Speiseröhre und des Magens, die infolge Behinderung der Nahrungsaufnahme noch nach Monaten den Inanitionstod bedingen können.

Der *Leichenbefund* ist sehr charakteristisch. Die Lippen sind stark verätzt und hart. Meist sieht man in der Umgebung des Mundes schmutziggraue bis braune, lederartig vertrocknete Ätzschorfe, die streifenartig von den Mundwinkeln gegen Kinn oder Ohren herabziehen und beim Trinken und Erbrechen, gelegentlich auch beim Transport der Leiche durch das Überfließen der Säure entstanden sind. Die Schleimhaut der Mundhöhle, der Zunge, des Rachens und der Speiseröhre ist weißgrau verfärbt, letztere auch stark gefaltet und in brüchige, zähe und trockene Schorfe umgewandelt, unter denen das Gewebe eine hochgradige Entzündung aufweist. Der Magen zeigt schon äußerlich eine schiefergraue Verfärbung, seine Wandungen sind deutlich verdickt und die Blutgefäße mit starren, schwarzbraunen oder teerartig eingedickten Gerinnseln ausgefüllt. Die Magenschleimhaut, vorwiegend des Magengrunds und der hinteren Wand, weist in wechselnder Tiefe und Ausdehnung starre, brüchige, trockene Ätzschorfe auf, die infolge Durchtränkung mit dem in Säure-Hämatin umgewandelten Blutfarbstoff meist dunkelbraun bis schwarz verfärbt sind. Im Magen finden sich breiige bis flüssige, kaffeesatzartige und durch Beimengung von verändertem Blute oft schwarz gefärbte, stark sauer reagierende Massen. An der Leiche werden nicht selten Magenwandperforationen mit fetzigen Rändern beobachtet, die

meistens erst nach dem Tode entstanden sind, an der Hinterwand des Fundus oder der großen Kurvatur sitzen und den Austritt leicht nachweisbarer freier Säure in den Peritonalraum ermöglichen. Zum Unterschied von den postmortalen zeigen die vital entstandenen Wanddurchbrüche meist starke reaktive Entzündungserscheinungen am Peritoneum (*Merkel* u. a.). Die dem Magen anliegenden Organe (Milz, Leber, Darm usw.) können auch ohne das Vorliegen einer Perforation bloß durch Diffusion der Säure, die noch post mortem weiterwirkt, Verätzungsspuren wie am Magen aufweisen. Eine Säurewirkung ist manchmal noch in den oberen Darmabschnitten besonders im Duodenum festzustellen (vgl. *Lesser, Knaus* u. a.). An den Nieren werden schwere degenerative bzw. nekrotisierende Veränderungen vorwiegend am tubulären Apparat beobachtet (toxische Nephrose, vgl. oben).

Zur Sicherung der chemischen Diagnose sind Erbrochenes, Magendarminhalt, Magenwand, evtl. auf Säure verdächtige Kleidungsstücke und am Tatort gefundene Flüssigkeiten zu reservieren.

Bei äußerlicher Anwendung der Schwefelsäure (Begießen des Körpers bei Vitriolattentaten, Einspritzungen in den äußeren Gehörgang bzw. in die Vagina usw.) treten an der Haut ebenfalls schwere Verätzungen auf, die denen in der Speiseröhre und dem Magen gleichen. Die Schorfe sind zuerst hell, weißlich und verfärben sich später dunkelbraun. Im weiteren Verlauf kommt es zu stark schrumpfenden und oft sehr entstellenden Narben. Besonders gefährdet ist das Auge, da die Säureeinwirkung schwere Binde- und Hornhautentzündung mit Narbenbildung, aber auch Erblindung verursacht. Ein tödlicher Ausgang der externen Vergiftung kommt sehr selten vor und meist nur nach sekundärer Infektion der Wundfläche infolge Sepsis.

Fortgesetzte Zufuhr geringer, an sich erträglicher Säuremengen (durch gefälschte Weine und Schnäpse usw.) führt zur chronischen Schwefelsäurevergiftung, die unter dem Bilde einer Inanition mit chronischen Magen-Darmstörungen verläuft; forensisch ist sie aber von geringer Bedeutung.

*Schrifttum.*

*Knaus:* Über die Vergiftung mit Schwefelsäure. Stuttgart 1897. — *Lesser, A.:* Anatom. Veränderungen des Verdauungskanales durch Ätzgifte. *Virchows* Arch. **83**, 193 (1881). — *Lesser, A.:* Über die Verteilung einiger Gifte im menschl. Körper. Vjschr. gerichtl. Med. **16** (III. F.), 79 (1898). — *Merkel: Henke-Lubarsch* **4**, 241 (1926). — *Zangger-Flury:* Toxikologie. Berlin 1929. **Weyrich.**

## Schwefelwasserstoff.

*Schwefelwasserstoff* ($H_2S$) ist ein farbloses Gas, das 1,18mal schwerer als die Luft (sinkt daher zu Boden) ist und einen charakteristischen, an faule Eier erinnernden Geruch hat. Es verbrennt mit bläulicher Flamme, ist bei entsprechender Sauerstoffmischung explosibel und schwärzt Metalle. Schwefelwasserstoff entsteht u. a. beim Faulen schwefelhaltiger organischer Stoffe, besonders von Eiweiß (in Gerbereien, Abdeckereien, Kloaken, in gärendem Schlamm), ferner in chemischen Laboratorien und technischen Betrieben sowie bei der Erzgewinnung, Schwefelsäure- und Ultramarinfabrikation, der Leuchtgasherstellung aus schwefelhaltigen Kohlen, in Flachsröstereien, Zucker- und Kunstseidenfabriken.

Schwefelwasserstoffvergiftungen werden nicht häufig beobachtet. Anlaß zu ihnen geben Störungen in den oben angeführten Betrieben, besonders aber die Arbeit in gärendem Schlamm, in Latrinen, Kloaken und Kanälen (sog. *Kloakengasvergiftung*; vgl. darüber u. a. *W. Klein*). Kloakengase stellen nämlich ein Gemenge von Stickstoff, Kohlensäure, Ammoniak, Wasserstoff, Methan und als giftigsten Bestandteil Schwefelwasserstoff (bis zu 8%) dar. —

Ferner werden bei medizinischem Gebrauch von Schwefelbädern und Schwefelwässern gelegentlich leichtere Vergiftungserscheinungen (Brechen, Respirationsstörungen, Exantheme usw.) beobachtet. Durch Resorption des bei intestinalen Gärungen gebildeten Schwefelwasserstoff kann es, vorwiegend bei kleinen Kindern, zu Autointoxikationen kommen. Absichtliche Vergiftungen sind nicht bekannt (auffallender Geruch!).

Die große Giftigkeit des Gases geht daraus hervor, daß bei der Einatmung von Luft mit einem 0,05%igem Gehalt an Schwefelwasserstoff bereits gefährliche Symptome und mit über 0,1% bereits der Tod eintreten kann. Schwefelwasserstoff wirkt einerseits lokal reizend auf Augenbindehäute (Conjunctivitis) und Schleimhäute der Luft- und oberen Speisewege (Hustenreiz, Speichelfluß, Atembeklemmung), andererseits aber durch Resorption lähmend vorwiegend auf das Atem- und Vasomotorenzentrum (Übelkeit, Benommenheit, Brechreiz, Kopfschmerz, Schwindel, Mattigkeit, Atemnot, Herzklopfen, Darmkoliken und Diarrhoen). Ähnlich wie die Cyanide schädigt Schwefelwasserstoff auch die Blutfermente und verhindert die Oxydationsvorgänge in den Zellen (innere Atmung; *Rodenacker*). Die experimentell darstellbare Verbindung des Schwefelwasserstoffes mit dem Blutfarbstoff, das bekannte Sulfhämoglobin, läßt sich nicht während des Lebens, sondern nur an der Leiche mit Schwefelwasserstoff Vergifteter nachweisen, kommt aber auch bei normaler Leichenfäulnis zur Beobachtung.

Der Vergiftungsverlauf ist abhängig von der Konzentration und der Dauer der Einatmung des Schwefelwasserstoffes. Wird mehrere Prozent enthaltende Luft eingeatmet, so stürzt der Betroffene schon nach einigen Minuten zusammen, und unter raschem Eintritt von Bewußtlosigkeit erfolgt meist ohne Krämpfe plötzlich der Tod infolge Atemlähmung (apoplektische Form der akuten Vergiftung)

Die subakute Vergiftung, die nach Einatmung eines weniger konzentrierten Gases entsteht, macht sich in den oben angeführten heftigen lokalen Reiz- und besonders Resorptionserscheinungen bemerkbar; zu Cyanose und Dyspnoe gesellt sich Bewußtlosigkeit. Bedrohliche Symptome treten öfters noch nach einem relativ beschwerdefreien längeren Intervall auf. Wiederholte oder langsam verlaufende Vergiftungen äußern sich durch Ohnmacht und Schwindelanfälle, nervöse Störungen, Gedächtnisschwäche, gastrischen Beschwerden, manchmal auch in Tobsuchtsanfällen, Unruhe usw.

Ähnliche Erscheinungen, zu denen noch Anämien und Kachexien kommen, werden auch bei der chronischen Vergiftung beobachtet. Beachtenswert ist, daß bei chronischer Schwefelwasserstoffeinwirkung keine Gewöhnung, sondern eine Überempfindlichkeit auftritt.

Der anatomische Befund bei tödlichen Vergiftungen ist nicht charakteristisch; rasches Auftreten von Leichenfäulnis, grünlicher Verfärbung der Haut und inneren Organe sowie Zeichen der Erstickung werden gelegentlich beobachtet. Der bekannte Schwefelwasserstoffgeruch fehlt fast nie. Der spektroskopische Nachweis von Sulfhämoglobin ist nur dann einigermaßen verwertbar, wenn es sich um eine noch ganz frische Leiche handelt; er gelingt jedoch selbst dann nicht immer. Zur Diagnosestellung sind anamnetische Daten und das Ergebnis des Lokalaugenscheines erforderlich. Bei Unglücksfällen in Kloaken oder Abortgruben ist differentialdiagnostisch der Tod durch Ertrinken in Erwägung zu ziehen, der durch Absturz mit Kloakengas betäubter Personen in die Latrinenflüssigkeit eintreten kann.

*Schrifttum.*

*Klein, W.:* Vergiftung durch Einatmen von Kloakengas. Dtsch. Z. gerichtl. Med. **1**, 228 (1923). — *Rodenacker, G.:* Zbl. Gewerbehyg. **14**, 176 (1927). **Weyrich.**

## Schweinfurter Grün siehe *Arsen*.

## Scillaglykoside.

*Scilla maritima* = *Urginea maritima*, die Meerzwiebel (Liliaceae) (Mittelmeer), ist in allen Teilen giftig. Enthält insbesondere in der bis kindskopfgroßen Zwiebel eine Reihe höchst wirksamer, aber labiler Glykoside (durchschnittlich 0,2—0,3% Scillaren), deren leichte Zersetzlichkeit für die Unbeständigkeit der im östlichen Mittelmeergebiet medizinisch sehr verbreiteten Drogenpräparate verantwortlich ist. Die frische Zwiebel, deren Glykosidgehalt 5—6mal größer ist wie der durchschnittliche Gehalt des getrockneten Drogenpulvers *(Markwalder)*, enthält außerdem stark hautreizende Stoffe, die Entzündung, Blasenbildung, selbst Gangrän hervorrufen. Die getrocknete Meerzwiebel ist seit dem Mittelalter als Rattengift verbreitet. *Meerzwiebelvergiftung:* im Vordergrund stehen Erbrechen, heftige Durchfälle, Hämaturie, Strangurie, Nierenreizung. *Scillaren* besteht mindestens aus zwei Glykosiden, dem kristallisierten, schwer wasserlöslichen, aber leicht hydrolisierbaren Scillaren A und dem amorphen, wasserlöslichen und beständigen Scillaren B. 1 mg Scillaren = 1200 FD.

*Wirkung:* Digitalisartig, aber weniger kumulativ, mit kräftiger Diureseanregung. Galenische Präparate bewirken Kratzen und Brennen im Hals.

*Dosis medicinalis: Bulbus Scillae* 0,1—0,2 g; *Extractum Scillae* 0,05—0,2 g; *Tinctura Scillae* 0,5 bis 1,0 g. *Scillaren* ( = Reinpräparat der Scillaglykoside) ½—1 Tabl. (1 Tabl. = 0,8 mg Reinsubstanz). Tropflösung 15—20 Tropfen (1 ccm = 1 Tabl.).

*Dosis letalis:* Tödlich waren 1,5 g des trockenen Zwiebelpulvers. Wiederholt plötzlicher Tod unter akuter Herzdilatation nach mehrmaliger i. v. Applikation von 1 mg Scillaren (Erscheinungen wie bei plötzlichem Strophanthintod; s. d. Art.: Strophanthin und Strophanthusdrogen).

*Vergiftungen:* Mord eines Kindes durch wiederholte Verabreichung von scillahaltigem Rattengift *(Keeser)*. Sonst überwiegend medizinale Vergiftungen (s. d. Art.: Digitalis und andere herzaktive Glykoside).

*Schrifttum.*

*Géronne, A.:* Über Todesfälle nach intravenösen Scillareninjektionen und ihre klinische Bedeutung. (Ein Beitrag zur Scillatherapie.) Ther. Gegenw. **66**, 163 (1925). — *Keeser, E.:* Meerzwiebel-Vergiftung, tödliche, durch Rattengift. Slg. Verg.-Fälle B **46**. — *Markwalder, J.:* Wirkungswert von Bulbus Scillae. Klin. Wschr. **1922**, 212. — *Scheer, H., E. Sigerist, A. Stoll, E. Rothlin,:* Untersuchungen über die Meerzwiebel. Schweiz. Med. Wschr. 1927. — *Stoll, A.:* Über Scilla- und Digitalisglykoside. Pharmaceutica Acta Helv. **9**, 145 (1934). — *S oll, A.:* The cardiac glykosides. London 1937. **H. Fischer.**

**Scleroderma verrucosum** siehe *Pilzvergiftungen*.

**Sclerosis multiplex** siehe *Nervenkrankheiten und Trauma*.

**Scoparin** siehe *Spartein*.

**Scopolamin** siehe *Tropaalkaloide und tropaalkaloidhaltige Pflanzen, Drogen und Präparate*.

**Secale cornutum** siehe *Mutterkorn und Mutterkornalkaloide*.

**Sedormid** siehe *Schlafmittel*.

**Seegras** siehe *Faserstoffe*.

**Sehvermögen** siehe *Forensische Ophthalmologie*.

**Seide** siehe *Faserstoffe*.

**Seidelbast** siehe *Daphnesubstanzen.*

**Seifenvergiftung.** (Vgl. auch Art.: Laugenvergiftungen.)

Seifen stellen bekanntlich in chemischer Hinsicht
ein Alkalisalz der Fettsäuren dar. Sie werden durch
Sieden von Natron- oder Kalilauge mit Fetten des
Tier- und Pflanzenreiches dargestellt. Die sog. Kern-
seife ist die Natron-, die Schmierseife die Kaliseife
(Sapo kalinus venalis, auch „grüne Seife" genannt).
Da die im Haushalt als Waschmittel gebrauchten
Seifen gewöhnlich bis 10% freies Ätzkali enthalten,
so können sie bei empfindlichen Personen lokale
Reizwirkungen (Erytheme, Ekzeme u. a.) auf der
Haut, gelegentlich auch Verätzungen hervorrufen.
Die Anwendung von Schmierseife zur Behandlung
von Hauterkrankungen kann nach *Most* zu Nekrosen und Ulcerationen führen. Schwere Schädigungen
kommen bei Einspritzungen in die Harn- und Geschlechtsorgane, vor allem in die schwangere Gebärmutter zum Zweck der Fruchtabtreibung vor.
Verdünnte Seifenlösung hinterläßt zwar meist keine
Spuren, bei Anwendung stärkerer Konzentrationen
aber wurden tiefgreifende Nekrosen der Uterus-
innenfläche mit Thrombosierung der Venen beobachtet (*Hartmann, Runge* u. a.). Die Seifenlösung
kann auch nach Durchbruch durch die nekrotisierte
Gebärmutterwand eine eitrige Bauchfellentzündung
verursachen (*Polana*). Vergiftungen durch Verschlucken von Seifenlösungen bzw. Seifenstücke
sind äußerst selten und bisher nur bei Geisteskranken bekanntgeworden (*Liebetrau*).

*Schrifttum.*

*Hartmann:* Über Darmschädigungen nach Seifeneinlauf. Zbl.
Gynäk. **2912** (1928). — *Liebetrau:* Akute Seifenvergiftungen. Med.
Klin. **2**, 1228 (1906). — *Most:* Über Schmierseifenverätzung. Dtsch.
med. Wschr. **29**, 129 (1903). — *Polano:* Krimin. Schwangerschaftsunterbrechung mit Seifenlösung. Münch. med. Wschr. **1**, 317 (1926).
— *Runge* u. *Hartmann:* Klin. u. exp. Unters. über Darmschädigung
nach Seifeneinlauf. Klin. Wschr. **2389** (1928).     **Weyrich.**

**Sektion** siehe *Obduktion.*

**Selbstabtreibung** siehe *Fruchtabtreibung.*

**Selbstbeschädigung** (= S.). (Vgl. auch Art.:
Aggravation; Selbstmord im allgemeinen; Simulation.)

*Begriff:* Unter S. (auch Selbstverstümmelung)
versteht man einen zur Erreichung eines bestimmten
Zweckes gegen die Unversehrtheit des Körpers gerichteten Eingriff. In der weitaus überwiegenden
Mehrzahl der Fälle geschieht dieser Eingriff von
eigener Hand (direkte S.), doch trifft der Begriff
auch zu, wenn der Eingriff auf Verlangen von fremder Hand vorgenommen wurde (indirekte S.). Der
Begriff der S. ist auch sonst sehr weit zu fassen. So
ist eine solche nicht nur möglich durch Beibringung
äußerer und innerer Verletzungen (etwa Abhacken
eines Fingers, Beibringung einer blutenden Verletzung
in der Harnröhre, Mastdarm o. ä.) oder durch Einnehmen von Fremdkörpern oder giftigen Substanzen
(Verschlucken von Nägeln, Einnehmen von Drogen
zur Erzeugung von Gelbsucht, von geschabtem Blei
zur Erzeugung einer Bleivergiftung usw.), sondern
hierzu gehört auch die bewußte Infektion mit Krankheiten (Geschlechtskrankheiten). Und wenn ein
Mensch z. B. zum Zwecke der Simulation eines
Diabetes insipidus unmäßig viel trinkt, bedeutet
dies eine S.; denn durch die Zufuhr großer Flüssigkeitsmengen werden ja Herz, Kreislauf und Ausscheidungsorgane außergewöhnlich belastet, was
einen Angriff gegen die körperliche Unversehrtheit
bedeutet. Ebenso ist S. durch Unterlassung ärztlicher Vorschriften oder durch Zuwiderhandeln
gegen solche möglich, wenn z. B. ein Diabetiker bewußt, um den Heilungsverlauf zu verzögern oder

seine Krankheit zu verschlimmern, die Diätvorschrif-
ten nicht beachtet oder ihnen sogar zuwiderhandelt;
es liegt dann S. vor, denn es wird zum Nachteil des
eigenen Körpers gehandelt. Hieraus ergeben sich
schon die engen Beziehungen der S. zur *Simulation*
und *Aggravation* (s. d.). Die S. ist das souveräne
Mittel, um zum Zwecke überzeugenderer Wirkung
eine Simulation zu unterstützen bzw. erst zu ermöglichen. Der höchste Grad der S. ist natürlich
die Selbstvernichtung, d. h. der gewollte und gelungene *Selbstmord* (s. d. Art.: Selbstmord im allgemeinen). S. führt aber auch nicht allzu selten unbeabsichtigt durch irgendwelche Zufälle (Infektion,
Sepsis, Verblutung) zum Tode.

*Motive und Personenkreis:* In der überwiegenden
Mehrzahl der Fälle handelt es sich bei S. um den
Ausfluß einer verwerflichen asozialen Einstellung,
und das Handeln entspringt dem Trieb, auf Kosten
anderer bzw. der Volksgemeinschaft ein bequemes
Leben ohne Arbeit zu führen, insbesondere eine
Rente zu gewinnen (Versicherungsbetrug, s. d.).
Selbstbeschädigungen wurden früher in größerem
Ausmaß zum Zwecke der Befreiung vom Militärdienst ausgeführt (besonders in Rußland und auch
nach *Meixner* in der alten Donaumonarchie). Ein
weiteres größeres Kontingent der S. stellen Geisteskranke, Hysterische bzw. Sexual-Perverse. Bei
dieser Gruppe fehlt infolge krankhafter psychischer
Einstellung die Betrugsabsicht und oft auch die
Überlegung. Daß in seltenen Fällen Selbstbeschädigungen aus Berufsgründen fortlaufend ausgeführt
werden, sei nur erwähnt („Fakire" auf Jahrmärkten
u. ä.). Auch Selbstbeschädigungen aus *Spieltrieb*
kommen vor; forensisch wichtig sind hier die Selbstverletzungen männlicher und weiblicher Gefangener
am Genitale. Entsprechend der engen Beziehung
zur Simulation gehört ein großer Prozentsatz der
Selbstbeschädiger zu den neuro-psychopathischen
Persönlichkeiten.

*Vorkommen und Häufigkeit:* Es ist kein Zweifel,
daß im nationalsozialistischen Deutschland Selbstverstümmelungen in absehbarer Zeit keine große
Rolle mehr spielen werden. Auf diesem Gebiet wird
sich die Erziehung zum Dienste an der Volksgemeinschaft, sowie der Fortfall sozialer Notstände in
segensreicher Weise auswirken. Abzusehen ist natürlich von jenen asozialen und antisozialen Elementen,
die wir in den Gefängnissen antreffen. Hier waren
Selbstbeschädigungen von jeher häufig, nicht nur als
Ausfluß von Haftreaktionen, sondern auch zu dem
Zwecke ausgeführt, um bessere Verpflegung, Aufenthalt im Krankenrevier usw. zu erhalten oder
durch Überweisung außerhalb der Unterbringungs-
anstalt Fluchtmöglichkeiten zu gewinnen. Über die
Häufigkeit von Selbstbeschädigungen in Gefängnissen diene eine von *Schlegel* angegebene Übersicht
als Anhalt: Danach wurden im Untersuchungsgefängnis Berlin-Moabit innerhalb dreier Jahre
(1931—1933) 766 Fälle von S. beobachtet, weit über
die Hälfte davon bedurfte chirurgischer Behandlung.
(Sehr häufig waren dabei schwere Nekrosen des
Unterhautzellgewebes, hervorgerufen durch Einspritzen von Petroleum und mehrfache Blutent-
ziehungen durch Aderlässe, um schlechtes, blasses
Aussehen zu erreichen.) Heute aber ist die Zahl der
Selbstbeschädigungen in den Gefängnissen stark
zurückgegangen. Ungefähre Anhaltspunkte über
Häufigkeit der Artefakte der Haut hat *Mayr* angegeben (Univ. Hautklinik Münster 1926—1935);
so fand er sichere S. in 0,23% der gesamten Kranken-
zahl. Diese Zahlen sind nach den Ausführungen
*Mayrs* allerdings nur als Mindestzahlen zu betrachten. Weitere Aufstellungen an gleicher Stelle ergeben, daß etwa Dreiviertel aller Fälle von Selbstbeschädigungen der Haut dem weiblichen und nur

ein Viertel dem männlichen Geschlecht zukommen, ein Verhältnis, das in den einzelnen Lebensaltern allerdings verschieden ist. Jugendliche weibliche Personen sind in größerer Anzahl beteiligt.

*Arten der S.*: Die häufigste Art der S. ist natürlich die S. der äußeren Haut (Ausdehnung derselben, verschiedenste Möglichkeiten, leichte Zugänglichkeit). Weit verbreitet sind Verätzungen (Säuren, Ätzalkalien, Petroleum, Pflanzenteile, Drogen, tierische Produkte), ferner Verbrennungen (heiße Münzen, Zigarren, Zigaretten, Siegellack u. ä.), Erzeugung künstlicher Dermatitiden und Ekzeme. In der Chirurgie findet man als S. Leistenbrüche, Mastdarmvorfall, Mastdarmfisteln, Tumoren, Gelenkerkrankungen, Abtrennung und Verstümmelung von Gliedmaßen, Erzeugung von Entzündungen und Phlegmonen, Unterhaltung von Entzündungen und Fisteln. Bekannt als S. ist ferner das sog. Klopfödem (d. h. Abbinden eines Gliedes und Beklopfen zur Erzeugung eines länger anhaltenden Gewebsödems). Die zur Vortäuschung innerer Krankheiten häufiger vorgenommenen Maßnahmen der S. sind beim Artikel *Simulation* (s. d.) erwähnt. Häufig sind S. der Augen, wobei naturgemäß die leichteren Eingriffe überwiegen. Meist handelt es sich um die Erzeugung von Conjunctivitiden (C. artificialis und -petrificans). Gelegentlich ist damit verbunden eine Verletzung der Hornhaut. Selbstenucleation kommt fast nur bei Geisteskranken vor. Häufig ist S. auf dem Gebiet der Ohrenheilkunde: Durchbohrungen des Trommelfells (Vortäuschung einer Unfallfolge), Gehörgangsentzündungen und -gangrän, artifizielles Gesichtsemphysem, Verätzungen der Kehlkopfschleimhaut, Erzeugung von Schleimhautblutungen (um Hämoptoe oder Magenblutung vorzutäuschen). Für den Gefängnisarzt von wesentlicher Bedeutung ist das Verschlucken von Fremdkörpern; es sind Fälle beschrieben, wo Zahl und Größe der aufgenommenen Gegenstände fast unglaublich erscheinen, so wurden in einem Fall nach *Ziemke* 210, *Fuchs* 391, neuerdings *Ergüder* 233 (Gesamtgewicht 347 g) Fremdkörper operativ aus dem Magen entfernt. Meist handelt es sich um Nägel, Schlüssel, Glasstücke, Messer, Löffel u. ä. Wenige kleine und einzelne große verschluckte Gegenstände (in einem Falle *Ergüders* ein Gebiß!) gehen meist bei entsprechender Diät (Kartoffelbrei) anstandslos per vias naturales ab. Nur größere Mengen kleiner Fremdkörper passieren meist den Magen nicht und erfordern wegen drohender Perforation operativen Eingriff. Über einen Fall, wo ein Häftling in der gleichen Nacht nach einer solchen Operation ohne schädliche Folgen *entflohen* war, berichtet *Reschke* (nach *Jungmichel*).

*Strafrechtliche Beurteilung:* Die S. wird in Zukunft als Angriff auf die völkische Pflicht zur Arbeit strafbar sein. So heißt es bei *Grau* (in *Gürtner:* Das kommende deutsche Strafrecht, vgl. auch *Mueller*): „Da der einzelne deutsche Mensch Mitträger der Arbeitskraft der Nation ist und von deren Stärke und Betätigung das Schicksal des deutschen Volkes abhängt, so kann niemand über die ihm innewohnende Kraft zur Arbeit frei verfügen. Die Gemeinschaft kann tatenlos zusehen, wenn ein Deutscher durch körperlichen Eingriff seine Arbeitskraft zerstört. Der wichtigste Fall dieser Zerstörung der Arbeitskraft ist die Selbstverstümmelung mit dem Ziele, dadurch in den Genuß öffentlicher oder privater Unterstützung zu gelangen. Die Kommission hat einen solchen Straftatbestand für notwendig gehalten und ihn mit Gefängnis bedroht". Anwendung findet weiter auf den Selbstbeschädigten eine Bestimmung, die sich im künftigen Strafrecht finden wird: „Ebenso wird bestraft, wer sich oder einen anderen am Körper verletzt oder wissent-

lich die Folgen einer Verletzung verschlimmert oder in anderer Weise einen Unfall herbeiführt in der Absicht, sich oder einem Dritten die Leistungen oder höhere Leistungen aus einer Unfallversicherung zu verschaffen" (*Dahm*).

*Erkennung und forensische Bedeutung:* Zur Diagnose einer S. sind einmal allgemeine Momente maßgeblich, wie sie auch teilweise bei der Simulation angegeben sind: Zutagetreten eines Motivs, einer abnormen Geistesverfassung u. ä. Anhaltspunkte geben dann im besonderen Lage und Art einer Verletzung, z. B. besondere Symmetrie, besondere Art der Begrenzung, Lage bei Linkshändigkeit, weiter das Verhalten gegenüber therapeutischen Maßnahmen, z. B. rasches Abheilen unter dicht verschließenden Verbänden (Steifgazeverband), Auftreten von Rezidiven nach Abnahme eines Verbandes. Ganz allgemein: Besonderheiten im Verlauf einer Erkrankung oder der Heilung einer Verletzung, die bei entsprechender, genuin entstandener Krankheit nicht aufzutreten pflegen. Histologische Gewebsuntersuchungen, Röntgenuntersuchungen u. a. können, letztere z. B. bei S. durch Einstoßen von Metallteilen in Wunden oder Aufnahme von größeren Metallstücken durch den Magen-Darmkanal, Aufklärung bringen. *Berger* schildert, wie in einem Fall durch Vergleich von Röntgenbildern, die im Abstand von mehreren Jahren angefertigt waren, *nachträgliche* Einführung von Metallsplittern in eine Stirnwunde nachgewiesen werden konnte. Bei Abtrennung von Gliedern oder Teilen von solchen kann allein die Besichtigung der abgetrennten Teile die Unmöglichkeit einer zufälligen Entstehung durch Unfall beweisen, so z. B. wenn hervorgeht, daß auf ein abgehacktes Glied mehrfach losgeschlagen wurde (vgl. Fälle bei *Jungmichel*), oder aber, daß durch die angegebene Art und Weise ein Glied unmöglich in Verlust geraten konnte. *Nippe* erwähnt hierzu neuerdings einen interessanten Fall, in welchem durch Versuche an Leichen festgestellt werden konnte, daß ein freigehaltenes Fingerglied nicht abgehackt werden kann und Knochen sich nur dann glatt durchtrennen lassen, wenn sie fest aufliegen. In Fällen von sog. Automonosexualismus mit zahlreichen Selbstbeschädigungen mußte gelegentlich einer Obduktion einmal die Frage fremden Verschuldens entschieden werden (*Merkel*). Lage, regelmäßige Anordnung, Oberflächlichkeit der Verletzung und insbesondere Narben *früherer* ähnlicher Verletzungen (meist an gleichen Körperstellen) geben hier Hinweise, daß es sich um — meist ungewollten, zufälligen — Tod durch eigenes Verschulden handelt (vgl. Fall *Völler* u. ä.). Untersuchung von Werkzeugen, durch welche die betr. Verletzung gesetzt ist, ist gleichfalls häufig aufschlußreich. In einem Falle *Jungmichels* konnte ferner durch genaue Untersuchung der *Kleidung* das Vorliegen einer S. nachgewiesen und der behauptete Unfall (Sturz vom Wagen, Zerquetschung des Daumens) ausgeschlossen werden. Daß auch *Erhebungen* über persönliche Verhältnisse von Verletzten oftmals Anhaltspunkte für das Vorliegen einer S. ergeben, ist selbstverständlich. In Frage kommen hier Abschlüsse von Versicherungen bei mehreren Gesellschaften mit auffallend hohen Summen, Versicherungen, deren Höhe den Verhältnissen des Betreffenden nicht angemessen ist u. v. a.

*Schrifttum.*

*Berger:* Artefakte und Simulationen auf dem Gebiet der Hals-, Nasen- und Ohrenkrankheiten. *Mayr*, Hdb. d. Artefakte. Jena 1937. — *Dahm:* In: *Gürtner*, Das kommende deutsche Strafrecht. Berlin 1936. — *Ergüder:* Multiple Fremdkörper im Magen (franz.). Ref. erscheint demn. i. Dtsch. Z. gerichtl. Med. — *Fuchs:* Z. Kenntnis d. Fremdkörperschlucker. Münch. med. Wschr. **1930 I**, 101. — *Grau:* In: *Gürtner*, Das kommende deutsche Strafrecht. Berlin 1936. — *Jungmichel:* Gerichtl.-medizin. Erfahrungen bei Selbstbeschädigung. — *Mayr*, Handb. d. Artefakte. *Jena* 1937. — *Mayr:* Artefakte der Haut, ebenda. — *Meixner:* Gerichtsärztl. Erfahrungen über Selbstbeschädigung. Wien. Beitr. gerichtl. Med. **III**, 145 (1919). — *Merkel:* Kritisch-kasuistische Bemerkungen über Messerverletzungen. Dtsch. Z. gerichtl. Med. **12**, 137 (1928). — *Mueller:* Nationalsozialistische Strafgesetzgebung. Dtsch. Z. gerichtl. Med. **24**, 114 (1935) — *Nippe:* Unfall oder Selbstverstümmelung durch Abhacken von Daumen- und Fingergliedern. Mschr. Unfallheilk. **45**, 65—71 (1938). — *Schlegel:* Die Beurteilung d. Hafftähigkeit. Med. Welt **1934**, 637 bis 638. — *Völler:* Beitrag z. Kenntnis d. sog. Automonosexualismus. Dtsch. Z. gerichtl. Med. **21**, 291 (1933). — *Ziemke:* Über Selbstbeschädigungen. Archiv. Kriminol. **75**, 241 (1923).

*Jungmichel* und *Manz*.

### Selbstentzündung. (Vgl. auch Art.: Brandstiftung; Brandursachen.)

*I. Allgemeines und Ursachen:* Zu jeder Entzündung ist das Vorhandensein eines brennbaren Stoffes, gewisser Sauerstoff- (Luft-) und Wärmemengen sowie einer bestimmten Wärmeintensität erforderlich. Diese Wärme kann durch einen anderweitigen chemischen Vorgang erzeugt sein — z. B. Kalium und Wasser —, die Wärme kann als solche dem Brennstoff zugeführt werden, oder ihre Quelle ruht im Material selbst, d. h. die Wärme wird durch chemische, physikalische, biologische Prozesse innerhalb des betreffenden Stoffes gewissermaßen aus sich selbst entwickelt. Allerdings können manche dieser Vorgänge durch Wärmezufuhr von außen eingeleitet und gefördert werden. Letztere Art wird als *Selbstentzündung* bezeichnet. Selbstentzündungen und Entzündungen durch von außen zugeführte Wärme greifen oft ineinander. Zündungen letztgenannter Art nennt man *Fremdzündungen;* sie unterliegen oft katalytischer Beeinflussung. Maßgebend für den Eintritt der Zündung ist das Vorhandensein einer bestimmten Temperatur, der Entzündungstemperatur = *Zündpunkt.* Der Eintritt der Zündung hängt aber noch von einer großen Zahl anderer, wissenschaftlich nur schwer exakt zu definierender Faktoren ab: Nicht nur Katalysatoren, sondern auch Menge der zugeführten Wärme, Dauer der Erwärmung, Menge, Temperatur und Sauerstoffgehalt der zugeführten Luft und die Form des zu entzündenden Körpers, Lage des Brennstoffs zu anderen Körpern. Zur Bestimmung des Zündpunktes benutzt man besondere Apparaturen, z. B. solche nach *Dennstedt, Jentzsch, Steinbrecher.* Nach *Steinbrechers* Beobachtungen sinkt bei langdauernder Erwärmung der Zündpunkt. *Jentzsch* befaßt sich mit dem Einfluß des Luftsauerstoffgehalts auf den Zündpunkt. Er stellt den Zündwert (= Quotient aus der im Prüfer bestimmten Selbstentzündungstemperatur und der zur Zündung erforderlichen Sauerstoffmenge, ausgedrückt in Blasen pro Minute) fest. Hieraus wird auf die „Zündneigung" geschlossen, die in „Zündgraden" ausgedrückt wird.

Man erhält für Versuchsreihen untereinander vergleichbare Werte; das Verfahren hat bislang aber noch keine allgemeine Anerkennung gefunden. Die Zündwertbestimmungen im *Jentzsch*schen Zündwertprüfer sind insofern als zuverlässiger anzusehen, da es immer wieder gelingt, bei der Untersuchung derselben Stoffe gleiche Werte zu finden. Diese haben durchaus statistische Bedeutung und lassen Vergleiche zwischen einzelnen untersuchten Stoffen hinsichtlich ihrer Entzündbarkeit zu. Bei der Bewertung berücksichtige man die praktische Erfahrung, die lehrt, daß je nach den herrschenden Verbrennungsbedingungen Zündpunkte ganz verschieden hoch liegen können. *Levecke* hat angeregt, bei der Prüfung der Entzündbarkeit von Stoffen besser von „Zündwertbereichen", statt vom „Zündpunkt" zu sprechen. Das Verfahren von *Dennstedt*, der sich u. a. mit der Frage der Fähigkeit und Neigung der Braun- und Steinkohlen zur Selbstentzündung beaßte, will feststellen, ob das in eine Heizkammer (Selbstentzündungsofen) eingebrachte Prüfmaterial bei konstant bleibender Heizbadtemperatur durch angemessen vorgewärmten, eingeleiteten Sauerstoff Neigung zur Selbsterwärmung (über die Badtemperatur hinaus) und Fähigkeit zur Entzündung entwickelt. Für die Überprüfung der Selbstenzündungsneigung fetter Öle gilt der *Mackey*-Apparat bisher als allgemein maßgebend. Im übrigen wird der *Dennstedt*sche Selbstentzündungsofen mit mehrfachen Verbesserungen wohl am meisten zu Untersuchungen verwandt. *Daihers* Beobachtungen gehen dahin, daß der Grad der Zerkleinerung fester Körper und die Dauer der Erwärmung auf den Zündpunkt von Einfluß ist. Stoffe mit Zündpunkten unter 200° sind Phosphor (60°, fein verteilt = selbstentzündlich) und Schwefelkohlenstoff (120°, Entzündung schon durch heißen Glasstab). Auch Stoffe mit einem Zündpunkt über 200° können durchaus gefährlich werden; denn Erhitzungen auf 200—300° sind recht häufig (z. B. Dampfrohre mit Hochdruck- oder überhitztem Dampf, an Wandungen von Feuerungen).

Aber auch Stoffe mit Brennpunkten über 500° sind noch gefährlich; denn fast alle Flammen haben höhere Temperaturen und vermögen daher solche Stoffe zu entzünden. (Die Temperatur von Flammen ist nur schwer zu bestimmen, sie wechselt an verschiedenen Stellen der Flamme.) Zu beachten ist, daß sich manche Stoffe trotz eines hohen Zündpunktes u. U. bei Zimmertemperatur oder bei geringer Temperaturerhöhung durch sog. Selbsterhitzung entzünden (z. B. Kohlen). Das Problem der Zündung ist — allgemein gesagt — ein sehr schwieriges. Aus dem „Zündpunkt" *allein* darf keineswegs auf die Feuergefährlichkeit eines Stoffes geschlossen werden. Ein niederer Zündpunkt kennzeichnet noch nicht allgemein die leichte Entzündlichkeit eines Körpers. Soll diese für einen Stoff bestimmt werden, so führe man praktische Versuche durch. Das Ergebnis von Modellversuchen darf indessen auch nicht überwertet werden, da fraglich erscheint, ob im Laboratorium die oft unkontrollierbaren Einflüsse und Voraussetzungen restlos erfaßbar sind, die die Zündung im praktischen Fall letztlich auslösten. Eine technisch scharfe Begrenzung des Begriffes Zündungsbeendigung und Fortgang der Verbrennung des zu zündenden Gegenstandes auch nach Entfernung der Zündursache ist nur schwerlich möglich. Bei gasförmigen Körpern und Dämpfen tritt die Zündung manchmal — nicht immer — schlagartig ein, bei den festen Körpern dagegen findet ein allmählicher Übergang statt: Zersetzung des zu zündenden Körpers, Entzündung und Brand der Zersetzungsgase; bei Fortnahme der Zündung würde sich jetzt der Brennvorgang noch nicht fortsetzen. Aber auch dann, wenn der eigentliche feste Körper schon brennt, kann doch unter Umständen ein Erlöschen (z. B. von Holzglut) ohne äußere Einwirkung noch stattfinden. Die Zündung dürfte dann beendet sein, wenn der Übergang eines endothermen in einen exothermen Vorgang vollzogen ist. Auf die mit dem „Zündpunkt" in Zusammenhang stehenden Begriffe des *Flamm- und Brennpunktes* sowie die Bedeutung dieser Kriterien für die Beurteilung brennbarer Flüssigkeiten wird verwiesen.

Stoffe, die angeblich zur *Selbstentzündung,* d. h. zur Entzündung ohne wesentliche Wärmezufuhr von außen neigen, sind in großer Zahl bekannt gegeben worden, ohne daß in jedem Falle volle Gewähr für die Richtigkeit der Behauptungen geboten ist. Das Anlaufen von Selbstentzündungen kann manchmal in wenigen Stunden erfolgen, bisweilen zieht es sich monatelang hin. Mit Leinöl getränkte Stoffe vermögen sich in wenigen Stunden, Heustapel und Kohlenlager oft erst nach Wochen und Monaten zu entzünden. Der Temperaturanstieg erfolgt bisweilen langsam, sogar mit Unterbrechungen, zum Schluß — nach Erreichung einer gewissen Temperatur — aber häufig sehr rasch.

*Ursachen der Selbstentzündungen:* 1. Ad- oder Absorption (keine einheitliche Bezeichnung möglich) des Sauerstoffs der Luft an dem selbstentzündlichen festen Körper. 2. Autoxydationsvorgänge, die dann gefährlich werden, wenn (z. B. bei feingepulverten Körpern) unter erheblicher $O_2$-Aufnahme und geringem Wärmeverlust durch langsame Temperatursteigerung und Oxydationsvermehrung die Entzündungstemperatur angestrebt wird. Gewisse optimale Verhältnisse müssen vorhanden sein: Zu viel Luft ruft zu starke Abkühlung, zu wenig zu langsame Oxydation hervor. 3. Biologische Vorgänge (s. Selbstentzündung von Heu). 4. Katalysatorenwirkungen.

*II. Selbstentzündung von Heu:* Die Vorgänge der Heu-Selbstentzündung sind zwar eingehend geprüft und diskutiert worden (*Laupper, Miehe, Levecke*), man hat aber bisher *volle* Klarheit in die eigentliche *Ursache* und den *Reaktionsablauf* noch nicht bringen können. Äußere Anzeichen des Verlaufes: Selbsterhitzung der Haufen im Freien wie in Scheunen, sog. Braunheu, Schwitzen des Heues (55—65°) noch ungefährlich, Ausbildung feuchter, stärker erhitzter Nester, von denen Kanäle nach außen und auch in die Tiefe führen sollen. Temperaturen zwischen 60 und 85° sind schon als sehr bedenklich zu bezeichnen. Von 90° an besteht Gefahr des Brandausbruches; vor der Entflammung wird starkes Zusammensinken der Haufen und Auftreten eines brandigen Geruches beobachtet. Über die Dauer des Reaktionsablaufes sind bestimmte Angaben nicht zu machen. Das Anlaufen der Selbstentzündung au 90° kann schon in zwei bis drei Tagen erfolgen; nach scheinbarem Stillstand setzt erneute Entwicklung ein. Der Temperaturanstieg von 90° auf 280—340°, bei dem die Entzündung eintritt, soll in wenigen Stunden erfolgen. Als äußerste Zeitspanne von der Ablagerung bis zur Entzündung (Karenzzeit) sieht man meistens acht Wochen an, jedoch weist *Laupper* darauf hin, daß sich Selbstentzündungen von Heu auch noch nach einem Vierteljahr vollzogen haben sollen. *Miehe* führt aus: „Die Wärme wird erzeugt

A. durch den Stoffwechsel lebender Zellen, und zwar
   1. von höheren Pflanzen,
   2. von Pilzen und Bakterien;
B. durch chemische Umsetzung in toter Pflanzenmasse, und zwar durch Vermittlung
   1. von überlebenden Enzymen oder
   2. von anorganischen Katalysatoren.“

Er kommt dann zu dem Ergebnis, daß bis mindestens 75° die Erzeugung der Wärme hauptsächlich durch den Stoffwechsel lebender Pilze und Bakterien erfolgt, während oberhalb 75° rein chemische Reaktionen ablaufen. Demgegenüber stellt *Laupper* bei seinen Erklärungen den Ablauf chemischer Vorgänge in den Vordergrund. Den mutmaßlichen Verlauf des Heuselbsterhitzungsprozesses (nach *Laupper*) zeigt folgende Übersicht (s. untenstehende Tabelle).

Der Einfluß des Wasser-(„Eigensaft“-)gehaltes auf die Selbsterhitzungs- und -entzündungsmöglichkeit des Heues steht außer Zweifel. Menge und Art der Lagerung des Heues sind weiterhin wesentliche Voraussetzungen für das Anlaufen einer Selbstentzündung. Vorwiegend gefährdet ist ungenügend getrocknetes Heu. Eine für alle Gegenden und alle

| Temperatur | Zonen der Vorgänge bei Selbsterhitzung gut getrockneten Heues | Erstes Auftreten von | Exothermie | Charakter der Vorgänge |
|---|---|---|---|---|
| 20—35° | Steigerung der Atmungstätigkeit infolge Verwundung der Pflanzenteile, die durch Treten des Heues befördert wird. Aktivierung der Oxydasen durch entstandenes $H_2O$ und Beginn katalytischer Wirkungen der Oxydasen. Erste Zersetzung und Beginn des „Schwitzens“. | $CO_2$ Wasserdampf | stark | Physiologische, kolloidchemische u. katalytische Vorgänge. |
| 35—45° | Beginnende schwache Verkohlung der Zucker (Heu im Reagensglas mit $H_2O$ von 40—50° erhitzt, färbt dasselbe braun), Verkohlung. Bei 45° Tod der Pflanzenzelle (?). | Caramel Wasserdampf | schwächer | Katalytischchemische Vorgänge |
| 45—70° | Kombinierte Wirkung von Pflanzenatmung und Synaeresis. Starkes Dämpfen, Geruch noch aromatisch. Beginn der Entwicklung von $NH_3$ und Ameisensäure usw. Stete Steigerung der exothermen Zersetzung. | $NH_3$ Wasserdampf Alkohol | wieder stärker | |
| | 70° = *Warnungspunkt.* | | | |
| 60—70° | Aufquellen der Halme durch Wärme, Druck und Wasserdampf. Wichtiges Moment der Beschleunigung der exothermen Reaktion. | | schnell wachsend! (chemische Vorgänge verstärkt durch physik. Kumulation i. d. Wärme-Kammer) | Chemische Vorgänge |
| 70—90° | „Braunheu“-Bildung. Zersetzung der Pektine. „Stechender“ (nicht brandiger) Geruch. Beginn der Wasserdampfdestillation. Wachsende Intensität der chemischen Reaktionen | Ameisen-, Essigsäure | | |
| | 90° = *Kritischer Punkt.* (Gefahr plötzlicher Temperatursteigerung.) | | | |

| Temperatur | Zonen der Vorgänge bei Selbsterhitzung gut getrockneten Heues | Erstes Auftreten von | Exothermie | Charakter der Vorgänge |
|---|---|---|---|---|
| 90—100° | $H_2O$-Dest. in vollem Gang. Zersetzung der ersten Eiweißkörper. Abspaltung von chem. gebundenem $H_2O$ aus Kohlehydraten. Rapide Verkohlung der Zucker infolge Gegenwart von $NH_3$. „Fladenbildung". | Schwefelwasserstoff I. Furfurol I. | Vorübergehender Stillstand der Temperatur | *Nasse Destillation* (chemische *Hauptreaktionen*): Zwischen 90—100° Stationärbleiben der Temperatur, aber steigende Verdampfung. |
| 100—110° | Längerer Temperaturstillstand. Abdampfen des Wassers. | | | Übergang zur trockenen Destillation. |
| 110° = | *I. Explosionsmöglichkeit* ($NH_3 + O$) | | Durch Gärungs- oder Verkohlungsgase | |
| 110—170° | Austrocknen des Fladens und Konzentrierung hineindestillierter und sublimierter Stoffe. Bildung von $HNO_3$ durch Oxydation von $NH_3$. | Ammoniumnitrat | | |
| 170° = | *II. Explosionsmöglichkeit* ($NH_4 NO_3$ + Caramelkohle) | | | |
| 170—250° | Stark progressiver Fortgang der stets exothermen Prozesse und schnelles Steigen der Temperatur | | | *Trocken-Destillation:* Schnelles Ansteigen der Temperatur, Reaktionen überstürzen sich. |
| 250—280° | Zersetzung der celluloseartigen Kohlehydrate. Zersetzung der Eiweißkörper. | Schwefelwasserstoff II. Furfurol II. Wasserdampfabspaltung | Aufschnellen der Temperatur. | |
| 280° = | *Gefahr der Entzündung!* Pyrophores Eisen. | | | |
| 300° | Zone der Entzündungsmöglichkeit durch Zutreten von O. | Verschwinden von $H_2O$ und Furfurol | Entzündung | |
| 320—340° | Zersetzung der letzten Kohlehydrate usw. | Furfurol III. Pyrophores Mangan! | | |

Heusorten gültige Trocknungszeit anzugeben, die jede Überhitzungsgefahr ausschließt, ist unmöglich (*Levecke*). Heu, besonders krautiges Heu, bei starker Hitze sehr rasch getrocknet, äußerlich einen völlig trockenen Eindruck machend, enthält noch genug Feuchtigkeit, um sich selbstentzünden zu können. Auf die grundlegenden Untersuchungen und Beobachtungen *Levecke*s (Schleswig-Holsteinische Landesbrandkasse Kiel) wird verwiesen. Vorbeugungsmaßnahmen: Heusonden, Viehsalz als Schutzmittel (1—1,5 Ztr. auf 100 Ztr. Heu) usw. Selbstentzündungen anderer Pflanzenstoffe dürften ähnlich wie beim Heu verlaufen.

*III. Selbstentzündung der Öle:* Während *nicht trocknende* Öle — Mineralöl sowie Oliven-, Mandel-, Knochenöl u. a., d. h. einfach ungesättigte, flüssige Fettsäuren (Ölsäure) ohne stärker ungesättigte Säuren — als *ungefährlich*, Trane und halb- bzw. schwachtrocknende Öle — Rüböle, Baumwollsamen-, Cotton-, Soja-, Sesamöl, das sind solche mit mäßigem Gehalt an doppelt-ungesättigten Säuren Linolsäure) — als *weniger gefährlich* zu bezeichnen sind, entwickeln *trocknende* Öle — Leinöl, Mohn-, Holzöl u. a. — infolge ihres hohen Gehaltes an mehrfach ungesättigten Säuren (Linol-, Linolen-, Elaeostearinsäure) infolge Autoxydation auf der Faser *gefährliche Selbsterhitzungs-* und *Selbstzündungsneigungen.*

Selbstentzündungsmöglichkeit leinölgetränkter Lappen ist völlig unbestritten. Auch Leinölfirnis (Leinöl + Sikkative) entwickelt diese Fähigkeit. Die in der Textilindustrie von Wollkämmereien, -reißereien und -spinnereien zum Einfetten (Schmälzen) des Textilgutes vor dem Krempeln, Spinnen oder auch zum Anfeuchten der Lumpen vor dem Zerreißen benutzten *Schmälzöle* können dann Selbstentzündungen auslösen, wenn es sich um Öle mit erheblichem Linolsäuregehalt handelt.

Verhängnisvoll werden allenthalten aber auch Öle, die nur geringe Mengen stärker ungesättigter Säuren enthalten. Die *Feuergefährlichkeit dieser Schmälzöle* („Oleine") beruht neben ihrer Struktur darauf, daß sie vermöge der feinen Verteilung (Oberflächenvergrößerung) auf Faserstoffen in Gegenwart bestimmter Feuchtigkeits- und Wärmegrade Sauerstoff aus der Luft aufnehmen können. Die feine Verteilung ist Vorbedingung für die Autoxydation. Letztere vollzieht sich unter Wärmeentwicklung. Kann diese Wärme infolge ungünstiger Lagerungs- und Witterungsverhältnisse nicht genügend rasch abgeführt werden, so findet eine Wärmestauung und Temperatursteigerung statt, die bis zur Selbstentzündung fortschreitet. Die Vorgänge der Autoxydation werden in hohem Grade durch Katalysatoren beeinflußt. Mehr oder minder zufällige Verunreinigungen (Eisenabriebteilchen), die im Schmälzöl, aber auch im Textilgut enthalten sein können, treten als $O_2$-Überträger auf und leiten die Oxydationsvorgänge ein. Die im Öl u. U. vorhandenen Metallseifen (besonders gefährlich: Seifen von Eisen, Kobalt, Mangan, Chrom, Kupfer, Blei) spielen bei dem Selbstentzündungsvorgang eine ganz besondere Rolle. Als Antikatalysatoren für die Selbstentzündlichkeit an sich gefährlicher Öle werden β-Naphthol, Chinon, Pyridinbasen, sulfonierte Öle genannt. Die *Jodzahl*, die die Summe an Ölsäure, gesättigten Fettsäuren und an mehrfach ungesättigten Fettsäuren anzeigt, bietet allein keine Sicherheit für die Entscheidung, ob Feuergefährlichkeit des Schmälzöles vorliegt oder nicht. Da die Mengen der Komponenten ganz verschieden sein können, obwohl ihre Summe die gleiche Jodzahl für ein feuergefährliches wie für ein ungefährliches Schmälzmittel ergeben kann, ist die Jodzahl allein nicht als zuverlässiges Prüfmittel anzusehen. Sie soll 85—90 (reine Ölsäure 90,0; techn. Oleine 76—83) nicht übersteigen. Wichtig ist daher der Nachweis der stärker ungesättigten Säuren durch Bestimmung von Jod- und *Rhodanzahl*. Der Unterschied zwischen Rhodan- und Jodzahl, die sog. *Diskrepanz*, zeigt den Gehalt des Schmälzmittels an mehrfach ungesättigten Fettsäuren an.

Die Diskrepanz ist daher ein zuverlässiges Maß für die Beurteilung der Selbstentzündlichkeit eines Schmälzöles. Die unmittelbare Prüfung der Öle auf Feuergefährlichkeit erfolgt im *Mackey-Apparat* durch Bestimmung der Temperaturerhöhung, welche durch spontane Oxydation des auf Baumwolle verteilten Öls (7 g zerzupfte, mit 14 g Öl getränkte Watte) hervorgerufen wird. Der *Mackey*-Apparat besteht aus einem Metalluftbad, das durch einen mit Asbestwolle gefüllten, mit Thermometer versehenen Deckel verschlossen und durch ein Wasserbad heizbar ist. Zwei durch den Deckel geführte Rohre sorgen für Luftzirkulation. In der Mitte des Apparates steht ein Zylinder (Messing, Platin, Steifleinen, perforiertes Filtrierpapier), in den das Thermometer reicht. Nach der Beschickung des Zylinders mit dem Versuchsansatz und Aufsetzen des Deckels wird das Wasser im Badmantel 1½ Stunden lang stark gekocht und der Reaktionsverlauf am Thermometer verfolgt. Steigt das Thermometer nach 90 Minuten nicht über 100—102°, so ist das Öl feuerungefährlich, steigt die Temperatur aber erheblich über 100°, so gilt das Öl als gefährlich. Liegt die Endtemperatur nur wenig über 100°, so wird der Versuch fortgesetzt (bis 3 Stdn.). Bei sehr gefährlichen Ölen steigt die Temperatur innerhalb 45 Minuten rasch auf 200°. In solchen Fällen ist der Versuch sogleich abzubrechen, da sich die gefettete Wolle im Apparat leicht entzündet. Unter Einhaltung der vorgeschriebenen Versuchsbedingungen erhält man in der maßgetreuen Apparatur zwar keine absoluten, aber doch vergleichbare Werte, die in Verbindung mit Jod- und Rhodanzahl zur Bewertung der Selbstentzündungsneigung eines Öles heranzuziehen sind.

Ob und inwieweit Selbstentzündungsvorgänge in Textilgut durch Vorkommen und Wachstum gewisser Pilze und Bakterien eingeleitet oder begünstigt werden, bedarf weiterer Aufklärung.

*IV. Selbstentzündung von Kohlen:* Zu den Gefahren, die auf der leichten Entzündbarkeit von Kohlen durch andere brennbare Stoffe, auf der Abgabe brennbarer Gase und der Bildung feinen Staubes beruhen, welch letzterer aufgewirbelt und entzündet zu Staubexplosionen führen kann, ist auch die der *Selbstentzündung* zu rechnen. Besonders *Braunkohlen* und *Braunkohlenbriketts* bergen diese Gefahr in sich. Ähnlich liegen diese Verhältnisse aber auch bei den *Steinkohlen*, die ebenfalls zu starker $O_2$-Aufnahme und dann eintretender Selbsterwärmung neigen. Es konnte nachgewiesen werden, daß frisch entnommene Steinkohle erhebliche Mengen Sauerstoff zur Absättigung aufnimmt. Diese Adsorption ist wie jede Verdichtung mit einer Wärmeentbindung verbunden. Die Erkennung der Voraussetzungen und der Reaktionsmechanismus der Selbstentzündung von Kohlen harrt jedoch noch der restlosen Aufklärung. *Steinbrecher* nimmt an, daß hauptsächlich durch Adsorption des Luftsauerstoffs eine Erhitzung des Kohlenmaterials auf etwa 50 bis 60° erfolgt, während die weitere Temperatursteigerung unter Gasabspaltung zur Entzündung hauptsächlich durch chemische Bindung des Sauerstoffs bewirkt wird, vorausgesetzt, daß die durch die Autoxydation erzeugte Wärme größer ist als die gleichzeitig an die Umgebung abfließende. Feuchtigkeitsbenetzung soll infolge Verdrängung adsorbierter Gase zu erneuter Adsorption befähigte Oberflächen schaffen. Wasser bewirkt aber auch — wie eigene Versuche zeigten — nach einiger Einwirkungsdauer oft Auflockerung des Brikettgefüges (Verwitterungserscheinungen). Der Einfluß der Korngröße des Kohlenmaterials auf die Selbstentzündungsneigung ist nicht bestritten. Je größer die Oberfläche ist, um so größer ist die $O_2$-Adsorptionsmöglichkeit. Bei zu weitgehender Zerkleinerung werden allerdings die verbleibenden Lufträume zu geringfügig, um noch genügend Luft zur Adsorption und Oxydation zutreten zu lassen. Zeigten Kohlen einen nennenswerten Gehalt an Schwefelverbindungen — FeS in Form von Markasit oder Pyrrhotit, $FeS_2$ in Form von Pyrit, Sulfatschwefel und konstitutiver Schwefel —, so schloß man auf deren Selbstentzündungsneigung. Es stellte sich aber heraus, daß auch Kohlen mit einem nur geringen Pyritgehalt Neigung zur Selbstentzündung entwickeln; somit erscheint einerseits der Einfluß des Pyritschwefels auf die Selbstentzündlichkeit als sicher stark überschätzt und andererseits ein unmittelbarer Zusammenhang zwischen Pyritgehalt und Selbstentzündungsneigung als problematisch. Man muß jedoch daran denken, daß Pyrit — durch Wasseraufnahme oder durch freiwillige Oxydation zu Ferrosulfat und Spuren Schwefelsäure zersetzt — das Gefüge der Kohle zerstört, frische adsorptionsfähige Oberflächen schafft und demgemäß mittelbar den Vorgang fördern mag. Katalysatorwirkung von Eisenoxyden und Alkalien ist erwogen worden. Daß hohe Anfangstemperaturen (Sonnenhitze, Erhitzung durch Heizungsrohre usw.) die Einleitung und den Ablauf eines Selbstentzündungsvorganges begünstigen können, leuchtet ohne weiteres ein. Selbstentzündungsherde in Braunkohle- und Braunkohlenbrikettstapeln sind durch oberflächliches Ablöschen in der Regel nicht zu beseitigen, so daß man gegebenenfalls mit erneuten Zündungsdurchbrüchen zu rechnen hat. Die Bestimmung der Selbstentzündlichkeit geschieht am besten nach der von *E. Erdmann* vorgeschlagenen Methode, die in der Bestimmung der Initialzündungstemperatur der Kohlen in reinem Sauerstoff beruht (Vergleichswerte).

Als Maßregeln für die Vermeidung von Selbstentzündung gelagerter Kohlen sind angegeben:

1. Ausschaltung der Wärmezufuhr von außen.
2. Trennung grob- und feinkörniger Kohle, da erfahrungsgemäß gerade solche Gemische stark zur Selbstentzündung neigen. Die Feinkohle reagiert leichter, die Grobkohle begünstigt ständige Zufuhr frischer Luft. 3: Möglichste Ausschließung von Feuchtigkeit. 4. Vermeidung lebhafter Luftzirkulation in der Kohle und wenn möglich Ausschluß des Luftsauerstoffs durch Lagerung unter Wasser oder Durchleiten von Abgasen usw. 5. Dauernde Temperaturkontrolle; maximale Temperatur 50—60°. 6. Geringe Schütthöhe, schwankend nach der Neigung der Kohle zur Selbstentzündung, aber nicht über 4 m hinausgehend.

Auch bei trockenem *Torf* sollen Selbstentzündungen beobachtet worden sein, wenn das Material in großen Mengen hochgestapelt und lange Zeit gelagert war. Die reichliche Sauerstoffaufnahme des Torfes wird durch die Huminsäuren vermittelt. Bei frischem Torf zieht diese Oxydation indessen keine nennenswerte Erwärmung oder Selbstentzündung nach sich, da der Wassergehalt des Torfes eine stärkere Selbsterwärmung ausschließt. Bei Erhitzung auf etwa 230° beginnt der Torf zu brennen, er ist also vergleichsweise leichtentzündlich. Selbstentzündungen können dann eintreten, wenn Torf kontinuierlich erwärmt wird (Isoliermaterial an Heizungsrohren) oder mit trocknenden Ölen in Berührung kommt.

*V. Gefahren durch Branntkalk und kalkhaltige Düngemittel:* Als Folge unvorsichtigen Lagerns und Ablöschen von *Branntkalk* (= gebrannter Kalk, Graustückkalk, gebrannter Stückkalk) entstehen bisweilen Brände, die gemeinhin als „Selbstentzündungen" bezeichnet werden, auch wenn es fraglich ist, ob diese Vorgänge zu den Selbstentzündungen im eigentlichen Sinne des Wortes zu rechnen sind. Nach *Gmelin-Kraut* reagiert ein Teil gebrannter Kalk (CaO) mit etwa ½ Teil Wasser derart, daß zuerst infolge Capillarität das Wasser in den Poren aufgenommen wird, die bei der Herstellung des Kalkes durch Entweichen der CO$_2$ entstanden waren. Darauf tritt Reaktion unter Bildung von pulvrigem gelöschten Kalk — Ca(OH)$_2$ — ein, wobei die *Wärmeentwicklung bis zur Entzündung* von Schwefel, Pulver, Holz, Papier, Stroh usw. steigen kann. Der Löschvorgang besteht in einer Anlagerung von Wasser an den gebrannten Kalk unter Bildung von gelöschtem Kalk. CaO + H$_2$O = Ca(OH)$_2$ + 15 500 cal (exotherme Zersetzung). D. h. aus 56 g Kalk werden 15500 cal frei, auf 1 g gebrannten Kalk bzw. auf 1,32 g des entstandenen gelöschten Kalkes entfallen 280 cal. Wenn das Ablöschen des Kalkes augenblicklich und vollkommen verläuft, keine Wärme durch Ableitung, Strahlung, Verdampfen des Wassers verlorengehen würde, reichte diese Wärmemenge aus, den gelöschten Kalk (spezifische Wärme 0,29 cal) um rund 730° zu erhitzen. Mit solchen Temperaturen kann man freilich in der Praxis mangels entsprechender Isolationsvoraussetzungen nicht rechnen. Es reichen aber schon wesentlich geringere Temperaturen zur Entzündung der meisten brennbaren Stoffe aus. Wenn sich auch absolute Selbstentzündungstemperaturen für Holz, Stroh, Heu u. dgl. nicht angeben lassen, so liegen diese für organische Stoffe in der Regel höher als 150—200° bis zu etwa 400°, Temperaturen, die beim Ablöschen von gebranntem Kalk leicht erreicht werden (*Timm:* 250—310°, *Levecke:* 300—445°, *Specht:* durchschnittlich 400°). Versuche *Leveckes* zeigten, daß der Wärmeschutz selbst bei verhältnismäßig geringen Mengen Kalk unter geeigneten Versuchsbedingungen keineswegs ideal zu sein braucht, um beim Ablöschen von Kalk bereits brandgefährliche Temperaturen entstehen zu lassen.

Maßgeblich für die Höhe der beim Ablöschen von gebranntem Kalk erreichten Temperaturen ist neben der Güte des Kalkes vor allem die Menge des zur Verfügung stehenden Wassers. Theoretisch müßte die zur Umsetzung gerade erforderliche Menge Wasser — auf 56 Teile Kalk 18 Teile Wasser — diejenige sein, die am gefährlichsten ist. Die Umsetzung von Kalk und Wasser in diesem Verhältnis kann aber durch einfache Vermischung ohne große Verluste an Wasserdampf, somit an Wärme, nicht geschehen. Bevor das gesamte Wasser gebunden ist, sind Temperaturen von weit über 100° erreicht, wodurch chemisch noch nicht gebundenes Wasser verdampft wird. Zu große Mengen Wasser drücken die beim Löschen erreichten Temperaturen herab. Infolge seiner hohen spezifischen Wärme (1,0) verbraucht Wasser beim Verdampfen erhebliche Wärmemengen. Wasserüberschuß muß infolgedessen abkühlende Wirkung ausüben. Die Praxis hat bewiesen, daß u. U. außerordentlich geringe Mengen Wasser, anderen Düngemitteln anhaftende Feuchtigkeit, capillar angesaugte Bodenfeuchtigkeit, Regen, auftropfender tauender Schnee, Tierharn (*Klauer*) usw. ausreichten, um brandgefährliche Temperaturen zu erzeugen. Kalk, in nur geringem Maße und partiell in einem lokalisierten Bereich befeuchtet, stellt ebenso eine Brandgefahrenquelle dar wie etwa ein leinölgetränkter Lappen in einem Lumpenhaufen. — Der Branntkalk selbst kann sich naturgemäß nicht selbstzünden; die bei der Wasserzersetzung auftretenden, oft gestauten Hitzegrade können sich aber bei unsachgemäßer und verbotswidriger Lagerung des Materials auf organische Substanzen übertragen und deren Entzündung einleiten; d. h. infolge Auswirkung der durch Selbstzersetzung entbundenen Löschungswärme kann eine Zündung initiiert werden. Unter den angegebenen Voraussetzungen kommt es zu einer Ansengung, Verkohlung, schließlich zum Glimm- und Schwelfeuer (in Balken, Brettern, Stroh), das dann durch günstigen Luftzug gegebenenfalls zur flammenden Verbrennung angefacht wird. Hinzu kommt, daß sich durch die Hitzestauung auch Drahtstücke oder Nägel (Kisten, vernagelte Bodenbretter, Beschläge) bis zur Rotglut erhitzen können, woraus sich zusätzliche Gefahrenmomente ergeben. Auch *pulverisierter Düngekalk* birgt Brandgefahrenquellen in sich. Beim Ab- und Aufladen sowie beim Umschütten aus schadhaft gewordenen Papiersäcken in Stoffsäcke waren Teile des Kalkes auf den Erdboden verschüttet und dann mit geringen Erd-, Stroh- und Schmutzteilen zusammengekehrt worden. Durch letztere wurde dem Kalk Feuchtigkeit zugeführt, so daß Erwärmung und Entzündung, des organischen Materials eintrat. Die in den genannten Zusätzen enthaltene geringe Feuchtigkeit hatte genügt, um eine gefahrbringende Erhitzung des allerdings hochwertigen Düngekalkes hervorzurufen. — Neben Branntkalk sind auch *kalkhaltige Düngemittel*, die einen nennenswerten Gehalt an gebranntem, ablöschbarem Kalk aufweisen, allgemein als brandgefährlich anzusehen. Nach *Levecke* weichen die spezifischen Wärmemengen der neben gebranntem Kalk in den Düngestoffen vorkommenden Bestandteile nicht erheblich von denen des gelöschten Kalkes (0,29) ab. Bezüglich der Brandgefahr ist das Ablöschen von gebranntem Kalk (CaO) in Mischung mit kohlensaurem Kalk (CaCO$_3$) ein thermochemisch ungünstiger Fall, weil kohlensaurer Kalk verhältnismäßig wenig Wärme zur Temperatursteigerung verbraucht (spez. Wärme 0,22 [18 bis 534°]).

Würde eine Mischung von 20% CaO und 80% CaCO$_3$ unter Ausschaltung jeden Wärmeverlustes abgelöscht, so würden für 1 g der Mischung (statt 280 cal bei reinem CaO) nur 56 cal frei. Diese

Wärmemenge reicht theoretisch aus, um die zugehörige Menge Kalkmischung unter Berücksichtigung der beim Ablöschen erfolgenden Gewichtszunahme um rund 220° zu erwärmen. Ein Gehalt von 20 % CaO in einem Düngemittel genügt demnach rechnerisch zur Erreichung von Temperaturen, auf die besonders leicht entzündliche Stoffe bereits reagieren. Da man in der Praxis (s. o.) aber jeweils mit Wärmeverlusten rechnen muß, ist ein Gehalt von 20 % Branntkalk in kalkhaltigen Düngemitteln noch als unbedenklich zu bezeichnen, während bei einem 20 % CaO übersteigenden Gehalt der Düngestoff fürsorglich wie reiner Branntkalk behandelt und beurteilt wird. Während *kohlensaure Kalke* (Kalksteinmehle, Mergel), *Gips* und *Superphosphat* als brandungefährlich zu bezeichnen sind, verdienen *gebrannte dolomitsche Kalke* Beachtung, die neben gebranntem Kalk (bis 50 %) noch Magnesiumoxyd enthalten. Nach $MgO + H_2O = Mg(OH)_2 + 5000$ cal werden aus 1 g Magnesiumoxyd u. U. 125 cal, eine nicht unbeträchtliche Wärmemenge, frei, die sich im Verein mit der Kalk-Löschungswärme durchaus verhängnisvoll auswirken kann. — *Thomasphosphatmehl* enthält in der Regel unter 10 %, *Kalkstickstoff* etwa 12—15 % gebrannten Kalk. Der Kalkgehalt bewegt sich sonach unterhalb der Gefahrengrenze. Bei der Einwirkung von Wasser auf *Kalkstickstoff* (Calciumcyanamid) wurde als Zersetzungstemperatur in praktischen Versuchen durchschnittlich 135° (rechnerisch wesentlich höher) gemessen. Die von seiner Gewinnung aus Calciumcarbid herrührenden Reste des Carbids werden im Herstellungsgang größtenteils durch Benetzen mit Wasser zerstört. Der im Material verbleibende Restcarbid-Gehalt ist gemeinhin so niedrig (unter 0,1 %), daß die bei der Wasserzersetzung auftretenden Acetylen- und Phosphorwasserstoff-Anteile bedeutungslos sind. Eine vermutlich noch vorhandene weitere Carbidart kann sich unter praktischen Verhältnissen nicht aufspalten. Gehört hiernach Kalkstickstoff an sich in die Gruppe der brandungefährlichen Düngemittel, so müssen selbstverständlich in der Praxis die speziellen Lagerungsvorschriften sorgfältig eingehalten werden, damit eine sekundäre Auswirkung der bei der Zersetzung auftretenden Hitzegrade nicht doch eintritt. Daß alle *salpeterhaltigen Düngemittel* — u. a. Chilesalpeter, Kalkammonsalpeter — durch Abgabe von Sauerstoff den Ablauf von Verbrennungsvorgängen wesentlich fördern können, sei der Vollständigkeit halber erwähnt.

*Schrifttum* (siehe auch Art.: Brandstiftung).

*Deckert, H.*: Kurze chemische Stoffkunde für den praktischen Feuerversicherer. *Neumanns* Ztschr. f. Vers.-Wes., Berlin 1911. — *Dennstedt, M.*: Chemie in der Rechtspflege. Leipzig 1910. — *Franck, H. u. C. Freitag:* Über die in ruhendem Kalkstickstoff bei Wasserzutritt auftretenden Höchsttemperaturen. Z. ang. Chem. **52**, 623 (1939). — *Gmelin-Kraut:* Handb. d. anorg. Chemie. 1909. — *Grafe, v.:* Handb. der organ. Warenkunde. Stuttgart 1929. — *Holde, D. u. W. Bleyberg:* Untersuchung der Kohlenwasserstoffe, Öle und Fette. Lehrbuch, 7. Aufl. Berlin 1933. — *Laupper:* Die neuesten Ergebnisse der Heubrandforschung. Sonderdruck a. d. Landwirtschaftl. Jahrbuch d. Schweiz, 1920. — *Laupper:* Scheunenbranduntersuchungen. Sonderdruck a. d. Mitteilungen d. Vereinigung kantonal-schweizerischer Feuerversicherungsanstalten. **2**, 2 (1923). — *Levecke, H.:* Brandgefahren durch gebrannten Kalk und kalkhaltige Düngemittel. Z. Dtsch. öffentl. rechtl. Vers. 152 ff. (1936). — *Levecke, H.:* Über Selbstentzündung von Heu. Öffentl. rechtl. Versicherung 9 (1933), desgl. 7 (1934). — *Medem:* Selbstentzündung von Heu, Steinkohlen und geölten Stoffen. Greifswald 1898. — *Miehe:* Selbsterhitzung des Heues. Berlin 1930. — *Ost, H.:* Chemische Technologie. Leipzig 1926. — *Timm:* Archiv f. Krim. **81** (1929). **Specht.**

**Selbstfesselung** siehe *Tod und Gesundheitsbeschädigung durch gewaltsame Erstickung.*

**Selbsthilfe in der Geburt** siehe *Kindestötung.*

**Selbstmord** (= S.) **im allgemeinen.** (Vgl. auch Art.: Gewaltsamer Tod im allgemeinen; Handlungsfähigkeit; Selbstbeschädigung; Todesursache; Versicherungsbetrug.)

1. *Begriff:* Der vollendete Selbstmord (Syn. Suicid, Selbsttötung, Selbstentleibung, Freitod) als Selbstvernichtung ist die erfolgreichste Art der Selbstbeschädigung. Jeder S. ist an sich zunächst ein Versuch, der erfolgreich oder erfolglos sein kann. Ein S.-Versuch kann ernst gemeint oder nicht ernst gemeint (z. B. zu Demonstrationszwecken) sein. Und auch ein nicht ernst gemeinter S.-Versuch kann zu dem an sich unbeabsichtigten Erfolg des Todes führen, wie es u. a. häufig bei Demonstration eines S. durch Erhängen oder Erdrosseln zu beobachten ist. Andererseits werden viele ernsthafte Selbstmörder durch besondere äußere Umstände und durch ärztliche Hilfe gerettet. Fehlt die Absicht der Selbstvernichtung bei einer gegen den eigenen Körper gerichteten gewaltsamen Handlung und wird trotzdem dadurch der Tod herbeigeführt (z. B. Infektion oder Verblutung), so kann man nicht vom S. im eigentlichen Sinne sprechen, sondern solche Fälle würden besser als Selbstbeschädigung bzw. Selbstverstümmelung mit Todesfolge bezeichnet. Erfolglos gebliebene S.-Versuche werden nicht allzu selten sogar mehrfach wiederholt bis zum gewünschten Erfolg („hartnäckige" Selbstmörder, meist handelt es sich dabei um Geisteskranke).

2. *Häufigkeit:* S. ist außerordentlich häufig. Von 46 291 gewaltsamen Todesfällen in Deutschland im Jahre 1935 waren 18 422 Selbstmordfälle = rd. 40 %. Ansteigen bzw. Absinken der S.-Ziffer eines Staates sind einmal abhängig von der geistigen Gesamthaltung, zum andern von wirtschaftlichen und sozialen Verhältnissen eines Volkes. In Zeiten sittlichen und wirtschaftlich-sozialen Niederganges erhöht sich stets die Zahl der S. und zwar binnen verhältnismäßig kurzer Zeit (vgl. in Deutschland während der Nachkriegszeit). Im heutigen Deutschland des allgemeinen kulturellen und wirtschaftlichen Aufstieges ist die Zahl der S. in stetiger Abnahme begriffen. Ein solches Absinken der S.-Ziffer erfolgt jedoch stets sehr viel langsamer als umgekehrt.

Tab. 1.

| Zahl der Selbstmorde in Deutschland | | | Zahl der Selbstmorde auf je 10 000 der mittl. Bevölkerung | Geschlechter | |
|---|---|---|---|---|---|
| Gesamt: | davon | | | ♂ | ♀ |
| | ♂ | ♀ | | | |
| 1932 | 18 934 | 13 116 | 5 818 | 2,9 | 4,2 | 1,7 |
| 1933 | 18 723 | 13 104 | 5 619 | 2,9 | 4,1 | 1,7 |
| 1934 | 18 801 | 13 335 | 5 466 | 2,9 | 4,2 | 1,6 |
| 1935 | 18 422 | 12 878 | 5 544 | 2,8 | 4,0 | 1,6 |

3. *Beteiligung der Geschlechter* und *der Altersklassen:* Männer begehen stets in sehr viel größerer Anzahl S. als Frauen, eine Erscheinung, die sich in *allen* Altersklassen nachweisen läßt und begründet ist in der allgemeinen und größeren männlichen Aktivität. Auf 100 männliche Selbstmörder kommen im Durchschnitt immer etwa 30 bis höchstens 40 weibliche (1935 in Deutschland 30,1). Bei Frauen sind dagegen die erfolglosen S.-Versuche häufiger. Mit steigendem Lebensalter nehmen die S.-Fälle im Verhältnis zur Zahl der Lebenden zu, so daß die höchste in der deutschen Statistik aufgeführte Altersklasse (Alter über 70 Jahre) — für Männer und Frauen gleichmäßig — auch die höchste relative S.-Ziffer aufweist. Eine gewisse Ausnahme macht das Alter zwischen 20—25 Jahren, in welchem Abschnitt durch die sog. Pubertäts-Selbstmorde eine außergewöhnliche vorübergehende Erhöhung der S.-

Ziffer bewirkt wird. Sehr selten ist S. im Kindesalter unter zehn Jahren. Aber auch in diesem Alter gibt es sehr viel mehr männliche als weibliche Selbstmörder. Erschöpfende Angaben über die gesamte S.-Statistik bis zum Jahre 1932 finden sich bei *Roesner*. So u. a. Angaben über jahreszeitliche Häufung (Höhepunkte in den ,,schönen Monaten" — Frühjahr, Sommer), Beteiligung der einzelnen Wochentage (Höhepunkt Montag/Dienstag) und Tageszeiten (Höhepunkte vor- und nachmittags während der allgemeinen Arbeitszeit) usw.

### Tab. 2.
*Altersverteilung der Selbstmordfälle.*
Grundzahlen, darunter in Klammern Verhältniszahlen, bezogen auf je 10 000 Lebende der betr. Altersklasse.

| 5 bis 15 | 15 bis 30 | 30 bis 45 | 45 bis 60 | 60 bis 70 | 70 und mehr | unbekannt | Zusammen |
|---|---|---|---|---|---|---|---|
| **1. ♂** | | | | | | | |
| 58 (0,1) | 3 039 (3,7) | 3 106 (4,2) | 3 486 (6,7) | 1 948 (8,3) | 1 229 (10,0) | 12 — | 12 878 (4,0) |
| **2. ♀** | | | | | | | |
| 17 (0,031) | 1 188 (1,5) | 1 474 (1,8) | 1 548 (2,6) | 772 (3,0) | 545 (3,5) | — | 5 544 (1,6) |

4. *Gerichtlich-medizinische Bedeutung* des Selbstmordes: Infolge seiner Häufigkeit und seines engen Zusammenhanges mit zahlreichen forensischen Fragen spielt der S. in der gerichtlich-medizinischen Praxis eine sehr große Rolle. Jeder Selbstmörder sollte, auch wenn der Fall noch so klar zu liegen scheint, seziert werden und zwar in einem gerichtlich-medizinischen Institut oder durch einen in der forensischen Medizin Erfahrenen. Zunächst einmal ist die Zusammenfassung eines möglichst großen Materials notwendig, um eine erschöpfende Bearbeitung strittiger Probleme des nicht nur medizinisch-psychiatrisch, sondern auch bevölkerungspolitisch wichtigen S.-Problems zu ermöglichen. Die verschiedensten Fragen harren hier noch der Klärung durch Untersuchungen auf breitester Grundlage. So wissen wir noch nicht viel über *familiäres Vorkommen* des Selbstmordes, wenn auch erbliche S.-Neigung in einzelnen Familien bekannt geworden ist. Untersuchungen über das Problem *S. und Rasse* haben zwar schon gewisse Ergebnisse gezeitigt, so bezeichnet z. B. *Vorwahl* den S. in Europa als eine ,,nordische Erscheinung". Die Untersuchungen sind aber längst noch nicht als abgeschlossen und die Ergebnisse als endgültig zu bezeichnen. Ähnlich verhält es sich mit der Frage *S. und Körperbau.* Hier liegen Untersuchungen nur für bestimmte Bevölkerungsgruppen vor. So hat *Weyrich* nach *Kretschmers* Methode Untersuchungen durchgeführt über Beziehungen zwischen Körperbau und Art und Häufigkeit des Selbstmordes. Danach dominieren leptosome Typen (,,Selbstmörder kat' exochen"), während bei pyknischen Formen S. selten vorkommt (,,Gelegenheits-S."). Diese Ergebnisse betreffen die steierische Bevölkerung. Auch darüber ist eine endgültige Entscheidung noch nicht möglich, ob etwa bestimmte pathologisch-anatomische Veränderungen der Körperorgane allgemein oder des Zentral-Nervensystems im besonderen oder etwa konstitutionelle Besonderheiten, physiologische Ausnahmezustände o. ä. bei Leichen von Selbstmördern besonders häufig beobachtet werden. Bekannt ist, daß von Frauen häufig zur Zeit der Menstruation und besonders am ersten Tag der Menstruation S. begangen wird. Lose Zusammenhänge bezüglich der Wahl des Zeitpunktes der Selbst-

tötung scheinen mit dem Verdauungszustand zu bestehen. So gut wie nichts ist darüber bekannt, ob nicht etwa der S. eine gewisse Auslese der Bevölkerung darstellt, d. h. in welchem Umfang durch ihn Geisteskranke oder schwere Psychopathen oder irgendwie erblich schwer Belastete in nennenswertem Umfange sich aus dem Volkskörper selbst ausschalten. Wohl sind nicht alle Selbstmörder geisteskrank oder mit einer Neigung zu krankhaften psychischen Reaktionen behaftet, aber ein großer Teil ist es fraglos. Gerade bezügl. dieser doch für die Erbgesundheit jedes Volkes wichtigen Beziehungen wäre eine eingehende Bearbeitung (etwa in Form einer gesetzlichen Anzeigepflicht) auch aller erfolglos gebliebenen S.-Versuche von großer Wichtigkeit. *Pohlen* macht den Vorschlag, auch bei S.Morbidität und Letalität zu unterscheiden und errechnet ,,Ernstlichkeitsziffern". Ohne restlose Erfassung und erbhygienische Durcharbeitung des gesamten Materials ist aber eine definitive Klärung aller erwähnten Probleme nicht möglich. Von außerordentlicher Wichtigkeit ist der S. in der praktisch-kriminalistischen Tätigkeit des gerichtlichen Mediziners und auch hier nicht nur durch seine Häufigkeit. Ergibt sich doch für den gewissenhaften Obduzenten auch im eindeutigsten Falle von S. eine Reihe von schwierigen Erwägungen. In jedem Falle von S. ist unvoreingenommen durch irgendwelche bestehenden äußeren Momente an die Frage heranzugehen: handelt es sich wirklich um S. und nicht etwa um Unfall, oder verbirgt sich hinter dem scheinbar klaren S. ein Verbrechen? So hat die einwandfreie Klärung eines jeden S.-Falles nicht nur höchstes Interesse für die allgemeine Rechtssicherheit infolge der Aufdeckung etwaiger strafbarer Handlungen, sondern auch allgemein menschliche Erwägungen erfordern eine solche Klärung. Ist es doch dadurch nicht selten möglich, die Angehörigen eines Verstorbenen vor übler Nachrede zu schützen, Verdachtsmomente zu entkräften, sowie endlich Familien vor materiellen Schäden zu bewahren.

5. *Arten und Ausführung* des Selbstmordes: Theoretisch kommt jede Art gewaltsamen Todes auch für die Ausführung eines Selbstmordes in Frage. Praktisch überwiegen jedoch eine Reihe von Todesarten so erheblich, daß andere im Gegensatz zu ihnen als seltene bzw. außergewöhnliche Arten der Selbst-

### Tab. 3.

| | Selbstmordarten in Deutschland im Jahre 1935 | |
|---|---|---|
| | ♂ | ♀ |
| Gifte oder ätzende Substanzen | 571 | 548 |
| Koch- oder Leuchtgas . . . . | 1 101 | 1 310 |
| Sonstige giftige Gase . . . | 24 | 36 |
| Erhängen . . . . . . . . . | 6 691 | 1 874 |
| Ertrinken . . . . . . . . . | 1 060 | 971 |
| Feuerwaffen . . . . . . . . | 2 015 | 117 |
| schneidende oder stechende Instrumente . . . . . . . . . | 258 | 80 |
| Hinabstürzen . . . . . . . . | 263 | 342 |
| Überfahrenlassen . . . . . . | 778 | 206 |
| Sonstige angegebene Selbstmordarten . . . . . . | 54 | 28 |
| Nicht angegebene Arten der Selbstmorde . . . . . . . | 63 | 32 |
| Insgesamt . . . . . . . . . | 12 878 | 5 544 |

tötung bezeichnet werden müssen. Es sind daher auch nur die häufigsten Arten in der Todesursachen-Statistik des Deutschen Reiches einzeln unter Nr. 163—170 aufgezählt: 163 Gifte oder ätzende Substanzen, 164 a Leucht- oder Kochgas, 164 b sonstige giftige Gase, 165 Erhängen, 166 Ertrinken, 167 Feuerwaffen, 168 schneidende oder stechende Instrumente, 169 Hinabstürzen, 170 Überfahrenlassen.

Tab. 4.

| Reihenfolge der häufigsten Selbstmordarten | |
|---|---|
| bei ♂ | bei ♀ |
| 1. Erhängen | 1. Erhängen |
| 2. Feuerwaffen | 2. Leuchtgas |
| 3. Leuchtgas | 3. Ertrinken |
| 4. Ertrinken | 4. Gifte oder ätzende Substanzen |
| 5. Überfahrenlassen | 5. Hinabstürzen |
| 6. Gifte oder ätzende Substanzen | 6. Überfahrenlassen |
| 7. Hinabstürzen | 7. Feuerwaffen |

Bei weitem an erster Stelle steht heute wie früher bei männlichen und weiblichen Selbstmördern das Erhängen, ein Umstand, der zweifellos darauf zurückzuführen ist, daß diese Art der Selbsttötung überall und ohne besondere Hilfsmittel jederzeit leicht durchzuführen ist. Die übrigen Todesarten wechseln nach ihrer Beliebtheit erfahrungsgemäß in einzelnen Zeitabschnitten. Steigende Bedeutung als S.-Mittel gewann in letzter Zeit das CO (Leucht-, Kochgas), welches früher zahlenmäßig keine Rolle spielte. Maßnahmen zur Entgiftung des Leuchtgases, die bereits in einzelnen Städten Deutschlands eingeleitet sind, dürften nach allgemeiner Durchführung der Entgiftung diese Todesart wieder weitgehend zum Verschwinden bringen. (Allerdings bleibt auf die Dauer abzuwarten, ob durch Entgiftung des Leuchtgases wirklich die Zahl der Selbstmorde abnehmen oder ob nicht lediglich dadurch eine Zunahme der anderen Selbsttötungsarten herbeigeführt wird.) Andersartige CO-Vergiftungen, z. B. durch unvollständige Verbrennung im Ofen nach Verstopfen der Abzugsvorrichtungen, sind im Vergleich zur Leuchtgasvergiftung äußerst selten. Bei Gift-S. wird Thallium neuerdings häufiger verwandt. Zu den seltenen oder außergewöhnlichen S.-Arten rechnet man solche, bei welchen entweder an sich gewöhnliche Hilfsmittel in ungewöhnlicher Weise angewandt werden (z. B. „Wasserschuß", Schüsse, Stiche, Schnitte in ungewöhnlichen Körpergegenden) oder wenn außergewöhnliche Hilfsmittel verwandt werden (z. B. Explosivkörper, Viehtötungsapparate, Vergiftung durch Autoabgase) oder wenn schließlich außergewöhnliche, besonders grausame Maßnahmen gegen den eigenen Körper gerichtet werden (Halsabschneiden mit Herausreißen des Kehlkopfes, Abschneiden des prolabierten Uterus, Aufkratzen der Bauchdecken mit dem Fingernagel u. v. a.). Es gibt spezifisch weibliche und spezifisch männliche S.-Arten. Blutige Maßnahmen der Selbsttötung sind meist Sache der Männer. Der elektrische Tod wurde lange Zeit als rein spezifisch für Männer angesehen; diese Annahme ist neuerdings durch eine Mitteilung *v. Neureiters* widerlegt worden. Die meisten Selbstmörder ziehen sich zur Ausführung ihrer Tat in die Einsamkeit zurück, nur wenige beenden ihr Leben demonstrativ in der Öffentlichkeit.

6. *Arzt und S.:* Jeder S. als Tod aus nicht natürlicher Ursache muß in Deutschland und vielen anderen Staaten der Ortspolizeibehörde gemeldet werden. Die Leiche gilt zunächst als beschlagnahmt. Die Kriminalpolizei stellt Erhebungen an und berichtet der Staatsanwaltschaft. Ergibt sich aus den Erhebungen einwandfreier S., wird die Leiche zur Beerdigung freigegeben. Nur bei unklarer Todesursache oder bei Verdacht fremden Verschuldens wird gerichtliche Sektion angeordnet. Eine gene-

relle Pflicht der Leichenöffnung bei S. besteht in Deutschland leider noch nicht. Auf dem Totenschein sollte, wenn keine Obduktion durchgeführt wurde, lediglich vermerkt werden, daß nichts gegen Selbsttötung durch die betr. Art. spricht. (Unter besonderen Voraussetzungen könnte ein Arzt zum Zwecke der Erlangung eines kirchlichen Begräbnisses — aber auch nur dafür! — auf dem Totenschein die Tatsache des Selbstmordes unterdrücken bzw. bescheinigen, daß die Tat in einem Zustand akuter Störung der Geistestätigkeit ausgeführt wurde. Dieser Schein müßte jedoch unbedingt einen auffallenden Vermerk tragen, der seine ausschließliche Verwendung nur für kirchliche Zwecke festlegt. Eine Durchschrift dieser Bescheinigung behält der Arzt zurück.) Die Vornahme einer Leichenschau bei Selbstmördern bedeutet eine große Verantwortung für den betr. Arzt, damit nicht etwa Anzeichen fremden Verschuldens oder überhaupt unklare Befunde oder Besonderheiten der äußeren Umstände übersehen bzw. nicht nachdrücklich genug vermerkt werden. Denn unter Umständen gibt die Staatsanwaltschaft auf Grund des Ergebnisses einer nur flüchtigen oder mangelhaften Leichenschau die Leiche frei, und erfolgt dann etwa eine Feuerbestattung, sind nachträglich auftauchende Verdachtsmomente durch nichts mehr zu entkräften oder zu bestätigen. Nicht zu selten wird auch Tod aus natürlicher Ursache bescheinigt, wo in Wirklichkeit S. vorliegt (s. verheimlichter S.). Nie darf ein Arzt aber aus Gefälligkeit oder Mitleid einen Totenschein in dieser Weise wider besseren Wissens ausstellen! S. ist als Unglücksfall gem. § 330c RStGB. anzusehen, d. h. ein Arzt ist zur Hilfeleistung in einem S.-Falle verpflichtet.

7. *Rechtliche Beurteilung* des S.-Versuches: Ein solcher kann unter Umständen gem. § 142 RStGB. bestraft werden; danach wird derjenige, welcher sich vorsätzlich durch Selbstverstümmelung oder auf andere Weise zur Erfüllung der Wehrpflicht untauglich macht — sei es für dauernd oder nur zeitweise —, mit Gefängnis bestraft.

8. *Bilanz-S.* (auch „physiologischer S."): Bezeichnung für S. von Menschen, die vor Begehung des Suicids als im Vollbesitz ihrer geistigen Kräfte befindlich angesehen werden müssen.

9. *Erweiterter S.:* Wenn ein Elternteil (aber nur *ein* solches) zum Zwecke eines gemeinschaftlichen Todes sein Kind oder seine Kinder und im Anschluß daran sich selbst tötet, spricht man von erweitertem S. An und für sich ist der Tatbestand des Mordes erfüllt. Rechtlich jedoch erfährt eine solche Tat im Falle des Überlebens des betr. Elternteiles (infolge des anzunehmenden psychischen Ausnahmezustandes) gewöhnlich eine mildere Beurteilung. Und es kommt häufig vor, daß der Erwachsene überlebt, sei es, weil er aus Reue über die bereits begangene Tat oder aus Angst S. nicht mehr verübt, sei es, daß das S.-Mittel (am häufigsten Leuchtgas) zwar die Kinder tötet, während der körperlich widerstandsfähigere Elternteil gerettet wird.

Tab. 5.

Statistische Übersicht über 38 Fälle von erweitertem S. (nur *Mutter — Kind*) auf Grund einer Dr.-Dissertation München (Gerichtlich-medizinisches Institut).

*A. Totschlag:*

| | |
|---|---|
| gelungen in | 26 Fällen |
| versucht in | 9 Fällen |
| mit unbekanntem Ausgang in | 3 Fällen |

*B. Mittel* zum Totschlag:

   I. Gift:

| | |
|---|---|
| Essigessenz | 1 Fall |
| Phosphor | 1 Fall |

CO-enthaltendes Gas . . . . . 11 Fälle
Lysol . . . . . . . . . . . 8 Fälle
Rauchgas und Veramon komb. . 1 Fall
Morphium und Schnittver-
letzungen . . . . . . . . . . 1 Fall
II. Schnitt- und Hiebwerkzeuge:
Messer und Beil . . . . . . 9 Fälle
III. Erhängen. . . . . . . . . . 1 Fall
IV. Ertränken . . . . . . . . . 5 Fälle

*C. Motive:*
   I. Unglückliche Ehe . . . . . 17 Fälle
  II. Wirtschaftliche Not . . . . . 4 Fälle
 III. Krankheit. . . . . . . . . 3 Fälle
 IV. Angst vor dem Ehemann. . . 3 Fälle
  V. Angst vor Wahnsinn . . . . 1 Fall
 VI. Angst des Gatten vor Bestrafung 1 Fall
VII. Befürchtungen der Frau im
    Falle ihres frühen Todes . . . 1 Fall
VIII. Streit mit der Kollegin . . . 1 Fall
 IX. Eifersucht. . . . . . . . . 2 Fälle
  X. Schande . . . . . . . . . 1 Fall
 XI. Verzweiflung . . . . . . . 1 Fall
XII. Aus unbekanntem Motiv . . . 3 Fälle

*D. Geisteszustand:*
   I. Depression . . . . . . . . . 13 Fälle
  II. Psychopathie . . . . . . . 16 Fälle
 III. Schwachsinn . . . . . . . 5 Fälle
 IV. Lues. . . . . . . . . . . . 2 Fälle
  V. Normal . . . . . . . . . . 1 Fall
 VI. Unbekannt . . . . . . . ., . 1 Fall

*E. Urteil:*
   I. Freispruch . . . . . . . . . 25 Fälle
  II. ½ Jahr Gefängnis . . . . . 2 Fälle
 III. 1 Jahr Gefängnis . . . . . . 2 Fälle
 IV. 14 Monate Gefängnis . . . . 1 Fall
  V. 4 Jahre Gefängnis . . . . . 1 Fall
 VI. Tod während der Beobachtung . 2 Fälle
VII. Urteil nicht bekannt . . . . 5 Fälle

*F. Besondere Umstände:*
   I. Gravidität . . . . . . . . 2 Fälle
  II. Laktation . . . . . . . . . 1 Fall
 III. Menstruation . . . . . . . . 2 Fälle

10. *Gemeinschaftlicher S.* ist meist ein Doppel-S. und wird weitaus am häufigsten von Liebespaaren ausgeführt. Sehr viel seltener gehen Ehepaare, noch seltener Geschwister und selten mehr als zwei Menschen (Gruppen-S.) gemeinsam in den Tod. Gegenseitige Suggestion bei Liebenden spielt hierbei eine große Rolle. Schwierige gerichtlich-medizinische Fragestellungen ergeben sich, wenn ein Partner bei einem Doppel-S. am Leben bleibt und gegen ihn auf Grund des Ermittlungsergebnisses dann Anklage erhoben werden muß. Denn in der Mehrzahl der Fälle hat ja der Überlebende vorher den Partner getötet. Seltener vollbringt bei einem Doppel-S. jeder einzelne die Tat für sich, dann ist aber meist die Art der Ausführung die gleiche. Durch die gerichtliche Sektion muß entschieden werden, ob die Einlassungen des Überlebenden in einem solchen Falle zutreffen oder ob Mord oder Totschlag vorliegt. Denn nicht zu selten wird von dem überlebenden männlichen Partner beschlossener Doppel-S. behauptet, während es sich in Wirklichkeit um Beseitigung der Geliebten bzw. Ehefrau gehandelt hat. Bei der Beurteilung solcher Fragen spielen naturgemäß neben den Tatbestandsmerkmalen genaueste Erhebungen eine große Rolle (z. B. anderweitige geschlechtliche Bindung des überlebenden Partners, vorausgegangener Streit und ähnliches). So erwähnt *Merkel* folgenden Fall: Durch eindeutige Feststellung der Körperhaltung, in welcher ein bei einem Doppel-S. getöteter Mann den Brustschuß

von seiner Geliebten erhalten hatte, konnte die behauptete Tötung auf Verlangen bestätigt werden.

11. *Identifikation der Leichen* von Selbstmördern: Maßnahmen solcher Art sind wohl in der Hauptsache bei Ertrunkenen notwendig, was in der Eigenart der Veränderungen nach längerem Aufenthalt einer Leiche im Wasser begründet ist. Aber auch sonst wird vor Durchführung der Tat von Selbstmördern gelegentlich alles, was zur Feststellung ihrer Persönlichkeit führen könnte, aus Rücksicht auf ihre Familie oder aus anderen Erwägungen heraus vernichtet (s. d. Art.: Identitätsfeststellung an Leichen).

12. *Indirekter S.:* Menschen, denen religiöse Überzeugung oder Bindungen eigentlichen S. verbieten, begehen mitunter ein mit Todesstrafe bedrohtes Verbrechen, um auf dem Umweg über eine Hinrichtung das erstrebte Ziel der Selbstvernichtung zu erreichen. Meist handelt es sich dabei um Mord; die Opfer sind dann gewöhnlich leicht zu überwältigende Personen (Kinder).

13. *Kombinierter S.* bedeutet die Anwendung zweier oder mehrerer S.-Arten während *einer* S.-Handlung. Dabei ist meistens die zweite Todesart als Sicherung angelegt (z. B. Erschießen im oder über dem Wasser, Kombination von Erschießen mit Absturz von der Höhe, Vergiftung zusammen mit einer anderen Tötungsart und ähnliches). Eine andere Form ist die, daß nach Versagen der einen eine andere S.-Art gewählt wird. Meist erwies sich dann hierbei die erste Todesart als zu schmerzhaft (z. B. Versuch des Durchschneidens der Pulsader, des Halses, Versuch der Selbsterstechung und dann Erhängen und ähnliches). Eine weitere Möglichkeit ist die, daß die gewählte Todesart nicht rasch genug zum Ziele führt (z. B. erst Verschlucken zahlreicher Fremdkörper, dann Erhängen). Beim kombinierten S. brauchen aber nicht unbedingt zwei voneinander verschiedene S.-Mittel zur Anwendung kommen, sondern der Begriff trifft auch dann zu, wenn das gleiche Mittel hintereinander in verschiedener Weise angewandt wurde (z. B. mit dem gleichen Messer zunächst Versuch des Durchschneidens der Pulsadern, Versuch, das Herz zu durchbohren, schließlich Tod durch Halsabschneiden).

14. *Tötung auf Verlangen* könnte auch als Art indirekten Selbstmordes betrachtet werden. Dieses Geschehen wird in der Hauptsache beim Doppel-S. beobachtet (s. Abs. 10, dort auch gerichtlich-medizinische und kriminalistische Gesichtspunkte). Jedoch setzt Tötung auf Verlangen nicht grundsätzlich auch die S.-Absicht der die Tötung Ausführenden voraus. Entweder kann verschleierter Mord oder Totschlag vorliegen (über einen solchen Fall berichtete unlängst *Nippe*), oder die Tötung ist aus mitleidigen Erwägungen heraus erfolgt (Beziehungen zur Euthanasie: Hierbei besteht gewöhnlich kein eigenes Verlangen des Getöteten, sondern die Tötung erfolgt aus Mitleid *ohne* Befragung oder Aufforderung des Getöteten). Gemäß § 216 RStGB. wird mit Gefängnis nicht unter drei Jahren bestraft, wenn jemand durch ausdrückliches und ernstliches Verlangen des Getöteten zur Tötung bestimmt worden ist. Allein das Einverstandensein des Getöteten genügt jedoch nicht, um die Voraussetzungen des § 216 zu schaffen.

15. *S. als Unfall:* Nur in einem Falle wird S. im Anschluß an einen Betriebsunfall als entschädigungspflichtig anerkannt, wenn er in einem durch den Betriebsunfall herbeigeführten Zustand der Unzurechnungsfähigkeit begangen worden ist. S. wird aber z. B. nicht als Unfall anerkannt, wenn er im Betrieb mit Betriebsmitteln wegen schlechter Behandlung durch Vorgesetzte ausgeführt wurde. S. ist also nie Unfall im Sinne der Sozialversicherung,

sondern wird nur für seltene Fälle als Unfall*folge* anerkannt. In der *privaten* Unfallversicherung besteht durchweg die sog. S.-Klausel. Diese besagt, daß vor Ablauf von fünf Jahren Versicherung bei S. nicht die doppelte (Unfall-)Summe gezahlt wird.

16. *Verheimlichter S.:* Häufiger werden S.-Fälle durch Angehörige verheimlicht, um übler Nachrede der Nachbarschaft zu entgehen, um den Ruf des Toten nicht zu schädigen oder um geldliche Vorteile (Lebensversicherung) zu erlangen. Auch vom Pflegepersonal in Kranken- oder Heilanstalten wird gelegentlich ein S. verheimlicht aus Angst vor Beschuldigung einer Nachlässigkeit im Dienst mit ihren Folgen. Regelmäßig wird dann von den Beteiligten Tod aus natürlicher Ursache glaubhaft zu machen versucht (wird Unfall oder gar ein Verbrechen von Angehörigen als Todesursache vorgeschoben, spricht man von Verschleierung eines Selbstmordes, denn dabei wird nicht das Vorliegen eines gewaltsamen Todes überhaupt — wie bei der Verheimlichung — zu unterdrücken versucht). Verheimlichung von S. ist im allgemeinen nur dann möglich, wenn die Leichenschau ungenügend und oberflächlich ausgeführt wird, so in dem bekannten Fall, wo der die Leichenschau ausübende Arzt einen S. durch Herzschuß übersah, da die Einschußwunde mit einem kleinen Heftpflaster überdeckt war und der Arzt, sich mit der Erklärung zufrieden gebend, es handele sich um eine belanglose Verletzung, den Verband nicht abnahm. Selbst ein typischer Selbstmörderschuß in die rechte Schläfe wurde in einem unserer Fälle bei der ärztlichen Leichenschau übersehen und als Todesursache auf dem amtlichen Totenschein ,,Apoplexie" angegeben. Strangmarken bei S. durch Erhängen werden gern durch Halstuch, Halsbinde und ähnliches verdeckt. (So ist wohl sicher auch schon eine Tötung durch fremde Hand übersehen worden.) Die einzige Möglichkeit, derartiges auszuschalten, wäre die Einführung von Verwaltungssektionen für *alle Fälle*, in denen der geringste *Zweifel an der Todesursache* besteht.

17. *Verschleierter S.:* Die Verschleierung kann erfolgen durch Maßnahmen des Selbstmörders allein (häufigster Fall), durch dessen Angehörige oder Freunde oder durch Ineinandergreifen von Maßnahmen beider Parteien. Es sind dies also jene Fälle, in denen zur Erreichung irgendeines Zweckes S. als Unfall oder Tod durch fremdes Verschulden hingestellt wird. Beabsichtigt ist bei verschleiertem S. meist Versicherungsbetrug. Bekannt sind in dieser Beziehung die sog. ,,Jagdunfälle", und häufig wird dabei die Tat in Gegenwart von Zeugen, die auf irgendeine Weise abgelenkt oder sonstwie geschickt getäuscht werden, begangen. Fremdes Verschulden versuchen Selbstmörder oder deren Angehörige oft dadurch glaubhaft zu machen, daß sie auf irgendeine Weise für das Verschwinden der Waffe nach der Tat sorgen, so z. B. S. durch Erschießen auf einer Brücke mit Anbringung einer Vorrichtung, durch welche die Waffe nach dem Schuß in dem Wasser verschwindet. Oftmals wird auch, um die bekannten Nahschußzeichen zu vermeiden und so Fernschuß vorzutäuschen, von Selbstmördern durch einen Brotlaib, ein Taschentuch oder ähnliches geschossen. Ebenfalls wird durch ungewöhnliche Lage des Einschusses versucht, fremdes Verschulden wahrscheinlich zu machen, so in einem Fall von *Merkel* (Schuß in den Hinterkopf). Dem gleichen Zweck dienen gelegentlich ungewöhnliche Anwendungsformen schneidender Werkzeuge, z. B. Selbsttötung durch Hammelstich (*Bommer*) oder durch Beilhiebe. *Werkgartner*, *Harbitz* u. a. haben einschlägige Fälle mitgeteilt. Die Frage, ob Unfall oder S. vorliegt, kann aber naturgemäß manchmal nicht aufgeklärt werden (z. B. bei Abstürzen im Gebirge). Über die Lösung

einiger schwieriger einschlägiger Fälle, die Differentialdiagnose S.-Unfall betreffend, berichteten in letzter Zeit *Pietrusky* und *Nippe*. Eine besondere Art von Unfällen, nämlich zufälliger, nicht beabsichtigter Tod bei Selbstfesselung, Selbstnarkose und ähnliches aus *sexuellen* Motiven (Automonosexualismus) kann wie ein S. wirken (vgl. Fälle von *Reuter*, *Schwarz* u. a.).

18. *Vorgetäuschter S.:* Bei Anwendung dieses Begriffes ist immer eine strafbare Handlung eines Zweiten und somit fremdes Verschulden vorausgesetzt. Nur sehr selten handelt es sich dabei nicht um ein Verbrechen — etwa, wenn die Leiche eines bei einem Verkehrsunfall Getöteten auf die Schienen einer Eisenbahn gelegt wird, um S. durch Überfahrenlassen vorzutäuschen —, meist verbirgt sich hinter dem vorgetäuschten S. ein Mord oder ein Totschlag. Die Differentialdiagnose Mord oder S. ist für den forensisch tätigen Arzt oft schwierig. Die Aufklärung solcher Fälle erfordert nicht nur Gewissenhaftigkeit und minutiöse Genauigkeit bei der Sektion, genaueste Kenntnis der Unterscheidungsmöglichkeiten postmortaler und intravitaler Vorgänge, Kenntnisse der einschlägigen Literatur (gerade für dieses Gebiet ist die Veröffentlichung möglichst zahlreichen kasuistischen Materials von großer Wichtigkeit), sondern auch kriminalistisch-technisches Interesse und Kenntnis in der Auswertung von Tatortsmerkmalen und Spurenuntersuchungen. Die wesentlichsten gerichtlich-medizinischen und kriminalistischen Gesichtspunkte bei unklaren S.-Fällen seien hier nur kurz allgemein und im Zusammenhang erwähnt. (Einzelheiten sind bei der betr. gewaltsamen Todesart nachzusehen.) Hinweise, ob Mord oder S., ergeben sich aus der Untersuchung: a) *der Leiche selbst*. Die Kardinalfrage lautet hier: Konnte der Tote sich die tödliche Verletzung selbst beigebracht haben oder spricht Art der Ausführung, Zahl und Reihenfolge der Verletzungen oder der Lage gegen die Möglichkeit einer Selbsttötung? Ungewöhnliche Art der Ausführung — z. B. Erdrosseln — spricht nicht von vornherein gegen S. (vgl. auch besonders grausame Selbsttötungsarten bei Geisteskranken). Bezüglich Zahl und Reihenfolge der Verletzungen spielt die Frage der Handlungsfähigkeit eine Rolle. S. durch mehrfache Kopfschüsse, mehrfache Herzstiche und ähnliches kommt vor. Fremdes Verschulden muß dann vorliegen, wenn nachzuweisen ist, daß nach einer sofort tödlichen Verletzung noch weitere angebracht wurden, die nicht auf natürliche Weise, wie z. B. Hinstürzen oder Herabfallen nach dem Tode, Bergung der Leiche, zu erklären sind. Ungewöhnliche Lage einer Verletzung spricht nicht von vornherein gegen S. So sitzt z. B. der typische Selbstmörderschuß beim Rechtshänder in der rechten Schläfe, aber: Erklärung eines Einschusses in die linke Schläfe aus der herrschenden Hutmode (*Mueller*), auch Einschuß am Scheitel oder Hinterkopf kommt bei S. vor. Absoluter Nahschuß macht S. wahrscheinlich, aber ein Nahschuß kann auch bei Tötung im Schlaf oder in der Bewußtlosigkeit, im Gedränge oder bei Tötung auf Verlangen zustande kommen. Nahschußzeichen können andererseits bei S. fehlen (Schuß durch Brotlaib, Taschentuch oder komplizierte Abzugsvorrichtungen mit Selbsterschießen aus der Ferne). Ist die Grundfrage zu bejahen, *kann* sich der Tote die tödliche Verletzung selbst beigebracht haben, muß weiterhin untersucht werden, ob der Tote die Verletzung auch wirklich nicht selbst beigebracht *hat*. Dabei ist zunächst zu suchen nach Spuren, die beweisen, daß der Tote die Waffe selbst benutzt hat (z. B. Pulverschmauch oder auch Rost von einer Schußwaffe an den Händen des Toten, entweder an der Haltehand oder an der Schußhand

selbst, Handverletzungen durch den Gebrauch der betr. Waffe, wie Schlittenverletzungen bei Repetierpistolen, Schnittverletzung durch Schnappen des Taschenmessers). Hierher gehört auch die Frage, ob bei gewissen Arten von Selbsttötung notwendigerweise Besudelung mit Blut der die Tat ausführenden eigenen Hand gefordert werden muß. Darauf wird hauptsächlich bei Durchschneiden des Halses geachtet werden müssen. Die Hand kann freibleiben von Blut, wenn ein Messer mit einem langen Griff verwendet wurde. Lage und Verlauf der Blutspuren können hierbei von Bedeutung sein, denn auch durch Hineinfassen in eine von fremder Hand gesetzte Wunde kann die Hand eines Toten mit Blut benetzt sein. Regelmäßig ist weiter, selbst wenn die tödliche Verletzung durch eigene Hand gesetzt erscheint, nach Zeichen fremden Verschuldens an der Leiche zu suchen, so nach Kratzwunden, Blutunterlaufungen, Abwehrverletzungen. Letztere dürfen nicht mit Verletzungen durch ungeschicktes Handhaben der Waffe (s. o.: schnappendes Messer) verwechselt werden. Noch vorhandene Fesselung spricht im Gegensatz zu etwa festgestellten Zeichen früherer Fesselung eher *gegen* fremde Schuld, denn bei vorgetäuschtem S. dürfte kaum dieses an sich verdächtige Merkmal belassen werden. Von größter Wichtigkeit ist die Suche nach Einwirkung von fremder Hand bei Vorliegen ausgedehnter Verletzungen durch stumpfe Gewalt, z. B. bei von der Eisenbahn Überfahrenen oder bei Sturz aus größerer Höhe. So berichtet *Reuter* über die Aufdeckung zweier Mordfälle bei vorgetäuschtem S. durch Sprung aus dem Fenster durch Nachweis von Kampfspuren an den Leichen. Besonders schwierig zu beurteilen sind die Leichen Erhängter, zumal der *eindeutige* Nachweis, ob eine Strangmarke während des Lebens entstanden oder postmortal gesetzt wurde, nur sehr selten möglich ist. Und es werden ja nicht nur Leichen zum Zwecke der Vortäuschung eines Selbstmordes aufgehängt, sondern auch Mord durch Erhängen kommt vor. Weitere schwierige Fragestellungen ergibt die Differentialdiagnose Mord oder S. durch Ertrinken (*Buhtz*). Natürlich kann auch einmal von vornherein zur Klärung eines Falles die Feststellung genügen, daß die Tötung unmöglich von fremder Hand ausgeführt werden konnte; solche Momente kommen in Frage bei Einnehmen größerer Mengen ätzender Mittel (Säuren, Laugen, bestimmte Gifte) oder von Schlafmitteln. Stets ist bei S.-Sektionen auf Spuren früherer S.-Versuche zu achten, besonders auf Narben an den Handgelenken. Blutalkoholbestimmungen sollten auch nach unseren Erfahrungen bei S. nie unterlassen werden (s. *Koopmann*); b) *der Kleidung des Toten.* Selbstmörder entfernen meist hindernde Kleidungsstücke vor Anbringung des tödlichen Schusses oder Stiches. Doch ist dies kein absolut sicheres Kriterium. Selbstverständlich ist die Kleidung auf Spuren vorangegangenen Kampfes, sowie auf Spuren eines etwaigen Täters zu untersuchen; c) *der Waffe.* Fehlen der Waffe spricht nicht absolut für fremdes Verschulden, sie kann gestohlen oder, zum Zwecke der Verschleierung eines Selbstmordes, durch eine Vorrichtung vom Toten selbst oder von den Angehörigen beseitigt sein. Zu achten ist ferner auf eine Fixierung des Tatwerkzeuges in der Hand des Toten [kataleptische Totenstarre]. Herkunft des Tatwerkzeuges und fremde Fingerabdrücke an einer Waffe können wesentliche Gesichtspunkte für die Beurteilung eines Falles bringen [deshalb Vorsicht beim Auffinden der Waffe]; d) *des Tatortes.* Maßnahmen zum Schutz der Umwelt [bei Leuchtgas, Blausäurevergiftungen und ähnliches] sprechen im allgemeinen für S. Die Fahndung nach Kampfspuren ist von Bedeutung bei fraglichem Mord durch Er-

tränken, Absturz im Gebirge, Fenstersturz und ähnlichem. Abschleifungen an Balken und Ästen können Hinweise darauf geben, ob der Strick mit Last [Aufhängen einer Leiche oder Mord durch Erhängen] hochgezogen wurde, da solche Merkmale bei Befestigen des zunächst unbelasteten Strickes [S.] meist fehlen. Fehlende Spannung des Strangwerkzeuges kann u. U. S. als unmöglich erscheinen lassen. Weitere differentialdiagnostische Gesichtspunkte bei S. durch Erhängen siehe bei *Goddefroy, Schrader, Mueller* u. a.; e) *der Umstände des Falles.* Wichtig sind Erhebungen darüber, ob Gründe zum S. vorlagen [wirtschaftliche Lage, sexuelle Momente], verbürgte Äußerungen über S.-Absichten, frühere S.-Versuche und ähnliches. Abschiedsbriefe können gefälscht sein.

*Schrifttum.*

*Böhme:* Selbstmord als Unfallfolge im versicherungsrechtlichen Sinne. Veröffentl. Med.-Verwaltung **42,** 6. — *Bommer:* Selbstmord durch „Hammelstich" — Unfallfolge? Dtsch. Z. gerichtl. Med. **26,** 385—388 (1936). — *Buhtz:* Mord durch Ertränken. Dtsch. Z. gerichtl. Med. **18,** 557—569 (1932). — *Flesch:* Der Versicherungsbetrug in der Lebensversicherung. Ref. Dtsch. Z. gerichtl. Med. **13,** 246 (1929). — *Goddefroy:* Selbstmord durch Erhängen oder Mord usw. Archiv Krim. **75,** 226 (1923). — *Gummersbach:* Der Selbstmord. Kriminal. Mh. **1935,** 268—269 und **1936,** 193—197. — *Harbitz:* Selbstmord durch Axthiebe auf den Kopf. Dtsch. Z. gerichtl. Med. **22,** 407 bis 418 (1934). — *Hofmann-Haberda:* Lehrbuch der gerichtl. Medizin, 11. Aufl., 465 ff. Berlin-Wien 1927. — *Jungmichel:* in *Mayr,* Handb. d. Artefakte, 411 ff, Jena 1937 (dort auch weitere einschlägige Literaturangaben). — *Koopmann:* Diskussionsbemerkung zu: *Jungmichel,* Der Alkoholgehalt des Blutes und seine kriminalistische Bedeutung. Verhandlungsbericht I. intern. Kongreß für gerichtl. u. soz. Med. 412. Bonn 1938. — *Merkel:* Über einen als Raubmord vorgetäuschten, höchst eigenartig gelagerten Fall von Selbstmord. Dtsch. Z. gerichtl. Med. **20,** 332—341 (1933). — *Mueller:* Schuß in die linke Schläfe — Selbstmord? Arch. Kriminol. **93,** 52—59 (1933). — *Mueller:* Ein Beitrag zur kriminalistischen Bedeutung der Berufsknoten. Arch. Kriminol. **91,** 175—181 (1932). — *v. Neureiter:* Selbstmord durch elektrischen Strom. Dtsch. Z. gerichtl. Med. **24,** 406—408 (1935). — *Nippe:* Jagdunfall oder Versicherungsbetrug? Arch. Kriminol. **101,** 223—231 (1937). — *Nippe:* Tötung auf eigenes Verlangen. Arch. Kriminol. **100,** 277—283 (1937). — *Orth, H.:* Gewaltsames Erhängen. Dtsch. Z. gerichtl. Med. **22,** 262—271 (1933). — *Orth:* Mord oder Selbstmord (Selbstfesselung). Arch. Kriminol. **96,** 203—208 (1935). — *Pietrusky:* Naturwissenschaftlich-kriminalistische und kriminalpsychologische Untersuchungen zur Frage Selbstmord oder Unglücksfall. Arch. Kriminol. **98,** 193—212 und **99,** 21—27. — *Pohlen:* Die Morbidität und Letalität an Selbstmord. Dtsch. med. Wschr. **1936 I,** 777—779 (1936). — *Reuter:* Ein Fall von Erhängungstod. Dtsch. Z. gerichtl. Med. **29,** 186 (1938). — *Reuter:* Mord durch Fenstersturz. Beitr. gerichtl. Med. **XIV,** 43—50 (1938). — *Roesner:* In: *Elster-Lingemann,* Handwörterbuch der Kriminologie. 546—574. Berlin u. Leipzig 1934. — *Schackwitz:* Selbstfesselungen mit tödlichem Ausgang. Dtsch. Z. gerichtl. Med. **17,** 1—12 (1931). — *Schrader:* Vortäuschung eines Selbstmordes durch Erhängen nach Tötung durch Erwürgen. Dtsch. Z. gerichtl. Med. **15,** 359—364 (1930). — *Schwarz:* Tödliche Unfälle als Folgen perverser Neigungen. Dtsch. Z. gerichtl. Med. **19,** 85—91 (1932). — Statistisches Jahrbuch für das Deutsche Reich. **1934—1937.** — *Többen:* Die Tötung auf Verlangen. Dtsch. Z. gerichtl. Med. **29,** 443—452 (1938). — *Vorwahl:* Selbstmord und Rasse. Münch. med. Wschr. **1936 I,** 767—768. — *Walcher:* Beiträge zu anat. Befunden bei Erhängten. Münch. med. Wschr. **1935 II,** 1273—1275. — *Werkgartner:* Selbstmord durch Beilhiebe. Arch. Kriminol. **97,** 1—37 (1935). — *Weyrich:* Körperbau und Selbstmord. Dtsch. Z. gerichtl. Med. **24,** 284—299 (1935). **Jungmichel** und **Manz**

## Selen.

Selen wurde 1817 im Bleikammerschlamm der Gripsholmer Schwefelsäurefabrik entdeckt, in welchen es durch Eisenkies gelangte, der mitunter kleine Mengen von Selen an Stelle von Schwefel enthält. Das seltene Element kommt in zwei Formen als rotes und schwarzes Selen vor. Das schwarze bzw. grauschwarze Selen ist auch in Schwefelkohlenstoff unlöslich; das rote Selen findet sich im vulkanischen Schwefel der liparischen Inseln und in einigen seltenen Mineralien (Clausthalit, Crookesit, Eukairit) und färbt das Gestein orangegelb. Selenwasserstoff bildet sich aus Seleneisen und aus Alluminium- oder Magnesiumselenid, hat einen unangenehmen Geruch nach faulem Rettig oder Knoblauch und reizt sehr stark die Schleimhäute, insbesondere der Nase und Augen. Weitere Verbindungen sind Selendioxyd, Selensäure, Selenchlorür. Von diesen hat selenige Säure ungefähr die gleichen Stoffwechselwirkungen (Hemmung der Sauerstoffaufnahme und Oxydation) wie Arsen bzw. Arsenik, während Selendioxyd regelmäßig im tierischen Körper (Knochen und Zähnen!) festzustellen ist. Im allgemeinen ist zu erwarten, daß Selenverbindungen in ihrer Giftwirkung dem Arsen sehr nahestehen, doch ist die Erfahrung beim Menschen äußerst gering.

Bei Gewinnung und Verarbeitung von Selen und seiner Verbindungen ist durch Bildung und Einatmung von Selenwasserstoff Anlaß zu gewerblichen Vergiftungen gegeben, wobei eine entzündliche Reizung im Bereiche der Luftwege auftritt, in welchen auch das rote Selen niedergeschlagen wird. An Tieren wurden sogar Pneumonien mit tödlichem Ausgang beobachtet. Überdies wurde im Tierversuch die Feststellung gemacht, daß anatomisch Zwölffingerdarm und oberer Dünndarm von toxisch entzündlichen Veränderungen befallen sind, welche noch am ehesten mit dem Bilde der Arsenvergiftung übereinstimmen.

Die in der Kupferraffinerie bei Arbeitern beobachteten Krankheitszeichen wie Nervosität und Magen-Darmerscheinungen sind nicht als Kupferwirkung aufzufassen, sondern lassen sich durch Beimengung von Selen und Arsen erklären, wie der diesbezüglich positive Metallbefund im Harne zeigte. Derartige Vergiftungen lassen aber erkennen, daß dem Selen auch eine Wirkung auf das Nervensystem zuzuschreiben ist, wenn auch deren Grundlage noch nicht erforscht wurde.

In nördlichen Teilen der Vereinigten Staaten Amerikas, deren Viehbestand schon immer durch die sog. Alkalikrankheit stark gefährdet wird, konnte ermittelt werden, daß Boden, Pflanzen und Korn erhebliche Mengen Selen enthalten, worauf man nunmehr die Seuche zurückzuführen glaubt. Unter den Pflanzern fanden sich viele mit schlechten Zähnen, ikterischer Haut, Dermatitis und gastrointestinalen Erscheinungen, wobei auffälligerweise in den Harnproben meist der chemische Nachweis von Selen gelungen ist.

In krimineller Hinsicht hat Selen und seine Verbindungen bisher keine Rolle gespielt.

*Schrifttum.*

*Petri:* Vergiftungen. Handb. der speziellen path. Anatomie. **X.** Berlin 1930. — *Starkenstein:* Lehrbuch der Toxikologie. Leipzig u. Wien 1938. **Schneider.**

### Senfgas siehe *Kampfgase.*

### Senföle.

Entstehen durch Hydrolyse der Senfölglucoside, die in der Familie der Cruciferen und einigen nahestehenden Familien vorkommen (Ackersenf, schwarzer und weißer Senf, Raps, Hederich, Rettich, Meerrettich u. a.). Das bekannteste Glucosid ist das Sinigrin (myronsaures Kalium), das besonders im Samen des schwarzen Senfs vorhanden ist. Neben den Senfglucosiden enthalten die Pflanzen gleichzeitig ein Enzym, Myrosin, welches die Glucoside zu spalten vermag; unzersetzt haben sie keine Reizwirkung. Die Senföle besitzen chemisch und physiologisch Beziehung zu den Lauchölen; das Knoblauchöl enthält z. B. neben Allylsulfid auch Allylsenföl. Allgemeine Formel der Senföle: $R-N=C=S$, wobei R ein Alkylrest ist.

*Symptome* der Senfölwirkung: örtliche Reizwirkung auf Schleimhäute und Haut. Die Haut zeigt ei starker Wirkung Blasenbildung, ja sogar Ne-

krosen. Im Magen-Darmtraktus starke Blutzufuhr, auch in den Unterleibsorganen, deshalb häufig als Laienabortivum verwendet in Form von Bädern, Wickeln, aber auch innerlich. Bei Resorption Albuminurie, Hämaturie, Tenesmen, Gliederschmerzen, Verlangsamung der Herzaktion, der Atmung. Nach großen Dosen Kollaps, Temperaturabfall. Ausscheidung vorwiegend durch Harn und Lungen, deshalb Reizung der abführenden Harnwege und des Bronchialbaumes.

Vergiftungen beobachtet nach unmäßigem Genuß von Senf, Meerrettich, Rettich. Leichte Vergiftungen in Großküchen, Senffabriken (hier auch Hornhauttrübungen neben Conjunctivitis!). Medizinale Vergiftungen durch unvorsichtige Anwendung von Senfsamen und -präparaten oder durch Überdosierung. Rettichsaft wurde früher von der Schulmedizin gegen Gallensteine verordnet; er ist noch heute ein bekanntes Hausmittel gegen Husten und Bronchitis.

*Thiosinamin* ist eine Verbindung zwischen Allylsenföl und Ammoniak, *Fibrolysin* stellt eine Verbindung zwischen Thiosinamin und salicylsaurem Natrium dar. Beide werden intern oder in Form von Injektionen verwendet (Behandlung von Narben, Injektionsbehandlung der multiplen Sklerose usw.) und haben dabei schon öfters zu Vergiftungen resp. schweren Reaktionen geführt (Infiltrate, Sensibilitätsstörungen an den Injektionsstellen; daneben Übelkeit, Erbrechen, Kopfschmerzen). Bei häufigen Injektionen Mattigkeit, Verfall, Albuminurie, Cylindrurie, Thrombosen.

*Schrifttum.*

*Bachem:* Ein Fall von Rettichvergiftung. Klin. Wschr. **2**, 2115 (1925). — Handbuch der Lebensmittelchemie. **I.** Berlin 1933. — *Heffter:* Ein Fall von Meerrettichvergiftung. Klin. Wschr. **2**, 1561 (1922). — *Peter:* Ein Beitrag zur Frage der Fibrolysinintoxikation. Münch. med. Wschr. **1**, 692 (1925). **Schwarz.**

### Sepsis post abortum siehe *Fruchtabtreibung.*

### Serumkrankheit siehe *Antitoxine.*

### Sexualdelikte siehe *Sittlichkeitsverbrechen.*

### Shocktod (= Sh.T.).

*Shock* und *Kollaps* werden neuerdings als identische Begriffe angesehen. Der Shock kann aber als ein „*Kollaps im Capillargebiet*" vom „*Kollaps der großen Gefäße*" unterschieden werden und diese beiden Arten von Gefäßkollaps wiederum vom Herzkollaps. Zum Shock gehört die Plötzlichkeit des Auftretens. Der Sh.T. kann aber auch erst nach Stunden eintreten. Der Shock wird als Reflexvorgang (sensibler Nerv — Reflexbogen — Gefäßendothelien) angesehen. Nach älteren Autoren war der Shock gleich Verblutung und Verblutung gleich Shock, da bei beiden eine Verringerung der zirkulierenden Blutmenge eintritt. Die Blutung führt aber zum Abfall, der Shock jedoch zum Anstieg der Blutkörperchenkonzentration im Blut. Der Tod als Folge vom Blutverlust geht mit einer Blutleere der Gewebe einher, der Sh.T. mit einer Blutüberfüllung. Die frühere Auffassung, daß unter Shock ein plötzlicher Stillstand der Atmung und des Herzens zu verstehen ist, entspricht nicht mehr der zur Zeit geltenden Anschauung, nach welcher eine besondere Verteilung des Blutes für den Shock charakteristisch ist, und zwar eine Ansammlung im Capillargebiet und eine Abnahme im übrigen Gefäßsystem. Wenn Atmung und Herztätigkeit durch diese Verringerung der zirkulierenden Blutmenge in Mitleidenschaft gezogen werden, so geschieht dieses indirekt. Das pathologisch-anatomisch und damit gerichtsmedizinisch Wesentliche ist, daß der Tod beim Shock durch Leerlaufen des Herzens eintritt. Das Herz schlägt, aber ohne Blut, weil kein Blut zum Herzen zurückfließt. Das Blut ist im Capillargebiet steckengeblieben, „versackt" (Sequestration), und infolge der Durchlässigkeit der Capillarwandungen ist Plasma ausgetreten (Transsudation), wodurch eine weitere Abnahme der zirkulierenden Blutmenge erfolgt.

Der *Genese* nach unterscheiden wir 1. *den toxischen Shock* (anaphylaktischen, infektiösen, durch Histamin bedingten usw.). Diese Shockart hat eine bestimmte Ätiologie. Der Prozeß ist genauer lokalisiert und bietet ein deutliches pathologisch-anatomisches Bild; 2. *den reflektorischen Shock* („Nervenerschütterung", „Nervenschlag") durch Nervenreizung mit dem Charakter eines funktionellen Vorganges und unklaren pathologisch-anatomischen Veränderungen; den *Folgen* nach: 1. *den hämatogenen Shock* mit ungenügendem Blutzufluß zu den Körpergeweben und 2. *den neurogenen Shock* mit ungenügendem Tonus der Capillaren.

Im folgenden werden die häufigsten *Shockarten*, wie sie in der Praxis vorkommen können, aufgezählt. Die Reihenfolge, in welcher sie aufgezählt sind, ist eine willkürliche. Wesentlich ist, daß sich jede der Shockarten in eine der beiden Grundarten des Shockes einordnen läßt, also entweder als toxischer oder als reflektorischer Shock ansehen läßt. Die klinisch häufigsten Shockformen sind der postoperative und der infektiöse Shock.

*1. Sh.T. durch übermäßigen Nervenreiz.* Durch einen übermäßigen Reiz kann das Capillargebiet, offenbar nach anfänglicher Kontraktion, eine Lähmung erfahren. Als reizempfindliche Körperstellen kommen vor allem die Eingeweide in Frage. Der Shock kann aber auch von jeder beliebigen Körperstelle ausgelöst werden. Gerichtlich-medizinisch von Bedeutung sind: a) Sh.T. *vom Larynx aus.* [Beispiel: Anläßlich einer Anästhesierung der Rachenschleimhaut löst sich ein Tupfer vom Instrument. Der Tupfer wird gegen den Kehlkopfeingang aspiriert. Trotz seiner Luftdurchlässigkeit tritt unmittelbar danach der Tod ein und zwar ohne Anzeichen von Erstickung. Diese fanden sich auch nicht bei der Sektion.] b) Sh.T. *vom Halse her.* [Beispiel: Ein Mann packte seine Frau im Verlaufe eines Streites mit der Hand am Halse, wobei der Tod eintrat, ohne daß er einen stärkeren Druck auf den Hals ausgeübt hat. Bei der Sektion fanden sich keine Verletzungen der Halseingeweide, keine Blutunterlaufungen und keine Stauungsblutungen. Der einzige krankhafte Befund: Verwachsungen des Brustfelles (*Bogdan*).] c) Sh.T. *von der Pleura her.* Dieser kann bei Pleura-Punktionen oder durch Verletzungen wie Fausthiebe, Fußtritte eintreten, wenn pleuritische Stränge lockerer Beschaffenheit (durch brüske Bewegungen von Lunge und Thorax) gedehnt werden. Der hierbei einsetzende Reiz wird auf dem Wege des Phrenicus oder der Intercostalnerven weitergeleitet. [Beispiel: Ein Polizeibeamter hatte mit einem Kameraden eine freundschaftliche Boxerei begonnen, bei der er nach einigen Faustschlägen auf den Rücken plötzlich umsank und nach wenigen Minuten verstarb. Bei der Sektion fanden sich allerdings auch Anzeichen eines Status thymico-lymphaticus (*Fränkel*).] Der Tod im Boxkampf (s. d.) kann auch durch einen Shock von einem Schlag gegen das Kinn oder den Kieferwinkel oder gegen die Herzgegend ausgelöst werden und auch durch Erweiterung der Lungencapillaren (= Sequestration von Blut) mit Austritt von Plasma erklärt werden. d) Sh.T. *von der Bauchhöhle aus* (peritonitischer Shock). [Beispiel: Hufschlag in die Oberbauchgegend. Laparotomie. Kein pathologischer Befund. 6 Stunden nach der Operation Exitus. Bei der Sektion fand sich lediglich ein geringes Hirnödem.] In diese Gruppe von Shockarten gehört auch der Sh.T. bei der unblutigen Reposition von Hernien, der Tod beim Sondieren des Magens, wenn er nicht direkt einen Vagustod darstellt; der Tod beim Sondieren der Harnwege. e) Sh.T. *von den Hoden aus.* [Beispiele: Bei einer Schlägerei wurde ein Mann an seinen Genitalien gepackt. Nach anfänglichen Schmerzen im Bauch und späterer gemütlicher Erregung trat der Tod einige Stunden nach dem Trauma ein (*Duvoir*). Oder ein Mann, der mit einem Arbeitsgenossen raufte, wurde von diesem an den Hoden gefaßt und gedrückt. Er stieß einen durchdringenden Schrei aus und stürzte tot zusammen. Oder ein Mann wurde von einem wildgewordenen Pferd in den Hodensack gebissen und die Hoden längere Zeit mit den Zähnen gequetscht. Wenige Stunden nach der Verletzung trat der Tod ein (*Fischer*).] f) Sh.T. *von der Gebärmutter aus.* [Beispiele: Plötzlicher Tod bei einer nichtnarkotisierten Patientin, bei der der Versuch gemacht wird, einen retrovertierten Uterus aufzurichten (*Schauta*). Oder Injektion von heißem Wasser in die Gebärmutterhöhle. Verätzung der Schleimhaut. Sh.T. durch Verbrühung der Gebärmutterschleimhaut (*Marx*).] Hierzu gehört auch der Tod bei der intrauterinen Irrigation, sofern er nicht durch Ablösung eines Thrombus, durch Luftembolie oder Vergiftung eintritt. Bei vaginalen oder intrauterinen Eingriffen kann der Sh.T. auch durch Reizung des Peritonealüberzuges erklärt werden, wenn infolge einer Uterus- und Tubenkontraktion Flüssigkeit in die Bauchhöhle austritt. Überhaupt kann jeder Reiz am Cervicalkanal und in der Uterushöhle, also jeder Abtreibungsversuch, einen Reflex auslösen, der zum Gehirn weitergeleitet wird, wobei es durch Erregung der Vasodilatatoren zu einer Gehirnanämie kommen kann. Gewisse Frauen sind zu solchen Reflexen disponiert, im allgemeinen ist aber der Uterus wenig sensibel.

*2. Der Verbrennungsshock.* Durch Eiweißzerfallsprodukte werden die Capillaren erweitert und ihre Wandungen durchlässig (übrigens auch beim Erfrieren!). Durch die Transsudation von Plasma kann die Blutkörperchenzahl bis auf neun Millionen und der Hämoglobingehalt bis auf 120% ansteigen. Diese Shockart wird hiernach auf die Resorption toxischer Substanzen zurückgeführt. Dagegen sind aber Einwände erhoben, weil es nicht gelungen ist, solche Stoffe nachzuweisen und weil die Resorption von der verbrannten Fläche aus eine schlechte ist. Die toxische Wirkung von Brandflächen der Haut ist also experimentell noch nicht erwiesen. Unter der verbrannten Haut sammelt sich im Subcutangewebe große Menge von Flüssigkeit an, welche dieselbe Zusammensetzung aufweist wie das Blutplasma. Das strömende Blut erfährt hierbei eine hochgradige Eindickung. Bei halbseitig verbrannten Versuchstieren wurde die verbrannte Hälfte hierdurch um 3% des Gesamtkörpergewichtes schwerer als die gesunde andere Seite. Der Grad der Konzentration des Blutes entspricht der Schwere der Verbrennung.

*3. Der anaphylaktische Shock.* Er soll über das Endothel der Gefäße zustande kommen, was sich aus folgendem Experiment ergibt: Injiziert man einem Meerschweinchen eine 1%ige Kongorotlösung, wodurch das reticulo-endotheliale System gewissermaßen blockiert wird, so läßt sich ein anaphylaktischer Shock verhüten. Dieses Experiment spricht auch gegen die Anschauungen der ausschließlich humoralen Genese des anaphylaktischen Shockes, denn die Überempfindlichkeit bleibt bestehen, auch wenn die Antikörper bereits völlig aus dem Blut verschwunden sind. Die im anaphylaktischen Shock zur Beobachtung kommenden Erscheinungen sind also nicht einzig und allein in Veränderung des Blutplasmas begründet, vielmehr spielen schwere Störungen im Zellstoffwechsel (*Abderhalden*) eine ausschlaggebende Rolle. [Beispiele: Ein achtjähriges Mädchen erhielt prophylaktisch zum erstenmal (!) in ihrem Leben 1000 I.E. Diphtherieserum subcutan. Innerhalb 5 Minuten trat der Tod ein. Das Mädchen hatte bis vor zwei Jahren Pferdegeruch nicht ertragen können (Conjunctivitis, Rhinitis, Bronchitis, Spasmen) (*Sumer*). Oder bei einem sechsjährigen Mädchen, das niemals irgendwelches artfremdes Eiweiß erhalten hatte, aber an Asthmaanfällen litt, erfolgte wenige Minuten nach intramuskulärer Injektion eines Blutstillungspräparates der Tod, offenbar infolge angeborener Überempfindlichkeit (*Neale*). Oder eine 45jährige Frau verfällt nach einem Bienen- oder Wespenstich in den kleinen Finger in einen Zustand von Bewußtlosigkeit. Ein Jahr später wiederum ein Bienenstich und zwar ins Genick. Tod nach wenigen Minuten (*Breth*).]

*Waldbott* glaubt, auch die meisten Fälle von Thymustod auf allergische Shockwirkungen beziehen zu können (s. auch später Sh.T. im Verlaufe von kalten Bädern).

*4. Der toxische Shock.* Das englische Forschungskomitee zur Klärung des Shockes kam zu dem Schluß, daß die beim Shock beobachtete Blutdrucksenkung weder durch Blutverlust in das verletzte Gebiet, noch durch Fettembolie, noch durch Nerveneinfluß zustande kommt, sondern wahrscheinlich durch Übertritt *toxischer* Stoffe aus dem verletzten Gebiet in die allgemeine Zirkulation. Eine Bestätigung dieser Theorie ergibt sich aus dem Tierversuch, in welchem die Quetschung einer Extremität bei verschlossenen Hauptgefäßen keinen Shock hervorruft, daß dieser aber nach Freigabe der Zirkulation eintritt. [Beispiel: Schwere komplizierte Fraktur des Unterschenkels nach Eisenbahnunfall. Anlegen eines *Esmarch*schlauches im oberen Drittel des Oberschenkels unmittelbar nach dem Unfall. Dieser Schlauch wurde kurz vor der Amputation des Unterschenkels, also einige Stunden nach dem Unfall, durch einen unterhalb des Knies angelegten Schlauch ersetzt. Unmittelbar danach Exitus, offenbar durch plötzliche Resorption toxischer Stoffe (*Bressot*).] Experimentell ist es aber nicht gelungen, einen Beweis dafür zu erbringen, daß ein aus verletztem Gewebe gewonnenes vasodepressives Toxin einen Shock hervorbringt, aber ebensowenig ist es gelungen, den Beweis dafür zu erbringen, daß solches toxisches Material nicht vorhanden ist. Man versucht daher auch, den Shock allein durch Einströmen von Blut und Plasma in das Gewebe der traumatisierten Extremität, also auch allein durch den Flüssigkeitsverlust (Plasmaverlust) aus der Zirkulation und nicht durch Toxämie zu erklären.

*5. Der Sh.T. im Verlaufe von kalten Bädern.* Infolge übergroßer Kälteempfindlichkeit (Kälteallergie) können Hände und Gelenke anschwellen, können sich Quaddeln und eine urtikarielle Rötung, z. B. an Handtellern und Fußsohlen, und ein Jucken einstellen sowie eine Schwäche und sogar eine Bewußtlosigkeit. Durch diese momentane Adynamie kann beim Baden ein Ertrinken besonders leicht eintreten, also ein Ertrinken auf dem Boden eines allergischen Shockes. Die Abkühlung der Beine führt zu einer Gefäßkontraktion im Hypogastricusgebiet mit nachfolgender Gefäßerschlaffung. Beim Baden in Hitzeperioden wird durch Zusammenziehung der Hautgefäße eine große Blutmenge in die Bauchgefäße befördert, besonders wenn beim Baden der Magen stark gefüllt ist und somit eine Verdauungshyperämie an sich schon eine Füllung der Blutgefäße verursacht hat. Infolge dieser reflektorischen Gefäßverengerung im Hypogastricusgebiet strömt das Blut in das Splanchnicusgebiet, wohin auch das Blut aus der übrigen Körperperipherie infolge der Abkühlung strömt. Man hat aber den Sh.T. im

kalten Bade auch durch einen reflektorischen Herzstillstand zu erklären versucht, der durch eine Kältereizung der Nasenmuscheln ausgelöst wird. Dabei handelt es sich aber eigentlich um einen Herztod und nicht um einen Sh.T. (= Gefäßtod).

*6. Der traumatische Shock.* Der Verletzungsshock ist zu unterteilen in einen solchen *ohne Gewebsschädigung* und in einen solchen *mit Gewebsschädigung* (*Wundshock*). Hinsichtlich des traumatischen Shockes ohne eine Gewebsschädigung sei auf die Darstellung des Sh.-Todes durch übermäßigen Nervenreiz, hinsichtlich des Sh.-Todes mit Gewebsschädigung, wie bei Verwundungen, Mißhandlungen, Operationen, auf die des Histaminshockes verwiesen. In nahem Zusammenhang mit dem Operationsshock steht der Narkoseshock, wobei zu bemerken ist, daß auf die zirkulierende Blutmenge am ungünstigsten die Avertinnarkose wirkt. Was den Operationsshock anbetrifft, so wird eine Verminderung der zirkulierenden Blutmenge vor allem durch die Größe des Eingriffes und weniger durch die Lokalisation (Bauch- oder nicht Bauchoperation) bedingt.

*7. Der elektrische Shock.* Ihn kann man auch als einen durch einen übermäßigen Nervenreiz hervorgerufenen Shock ansehen.

*8. Der hämolytische Shock.* Dieser kommt durch Transfusion gruppenungleichen Blutes zustande. Obgleich heterogenes Blut direkt auf die Gefäßwand einwirkt, entstehen zentrale Störungen durch die Blutdrucksenkung, die zu einer Reizung des Vasomotorenzentrums führt, und durch Reflexe vom veränderten Gefäßtonus aus.

*9. Der Histaminshock.* Er hat mehr theoretische wie praktische Bedeutung. Unter Histamin versteht man jene im Körper bei Verletzungen freiwerdenden Giftstoffe, die zum Shocktod führen (s. toxischen Shock). Histamin ist ein Eiweißabbauprodukt, welches eine Lähmung der Capillaren und eine Durchlässigkeit der Capillarwandungen für Plasma hervorruft. Das Histamin gerät ins Blut von zerstörten Zellen her.

*10. Der Sh.T. durch Vergiftungen.* Während beim Histaminshock Giftstoffe im Körper selbst frei werden, kann ein Sh.T. auch durch einverleibte Gifte und zwar spezifische Capillargifte herbeigeführt werden. Als solche kommen in Frage: Schwermetalle, wie z. B. Arsen oder Sublimat, ferner Schlafmittel.

*11. Der psychische Shock.* Hierüber bestehen noch widersprechende Ansichten. Nach *König* können psychische Insulte einen Sh.T. verursachen. Nach *Duvoir* ist die tödliche Wirkung seelischer Erregung bei gesunden Menschen nicht erwiesen. (Näheres s. d. Art.: Tod und Gesundheitsbeschädigung durch psychisches Trauma.)

In *pathogenetischer* Beziehung ist als Hauptmerkmal des Shockes (*Eppinger*) die Abnahme der zirkulierenden Blutmenge, die durch Flüssigkeitsverlust infolge Austrittes von Plasma oder durch Versacken ins Splanchnicusgebiet eintritt, zu erwähnen. Die zirkulierende Blutmenge kann sich um ein Drittel, um die Hälfte, ja um zwei Drittel verringern. Ferner kommt es durch den Austritt von Plasma zu einer Bluteindickung. Hierdurch tritt eine relative Zunahme der Erythrocyten ein. Diese kann, wie z. B. beim Histaminshock, in 10 Minuten eine Steigerung um 30% erreichen. Der Plasmaaustritt ist in erster Linie die Folge einer Erhöhung der Permeabilität der Capillaren, aber auch eine Folge der Kontraktion von Arterien und Arteriolen, wodurch eine Stase in den Capillaren herbeigeführt wird. Infolge dieser Stase leidet die Blutzufuhr zu den Geweben. Dadurch tritt Sauerstoffmangel ein, der seinerseits auch zur Erweiterung und Durchlässigkeit der Capillaren führt, die ohnehin schon reflektorisch oder toxisch verursacht war. Der Austritt von Plasma kann in den Muskeln, in der Haut, in der Lunge und im Darmtraktus vor sich gehen. Er erfolgt in großem Maße in den Muskeln, weil hier die Gefäße beim Shock ungewöhnlich erweitert sind. Wichtig ist schließlich das Verhalten des Blutdruckes beim Shock. Wir beobachten zu Beginn gewöhnlich eine Blutdrucksteigerung, später eine Senkung. Die Blutungen, die bei der Sektion von durch Sh.T. Verstorbenen oft gefunden wurden, entstehen offenbar während der ersten Phase des Shockes, nämlich der Steigerung des Blutdruckes (*Gurewitsch*). Die Ursache der nachfolgenden Blutdrucksenkung kann durch Verminderung des Vasomotorentonus bedingt sein, so daß die Fassungskraft des Gefäßsystems größer ist als sein Inhalt und das Blut nicht unter normaler Spannung erhalten wird. Die Kapazität des Kreislaufsystems ist vermehrt. Der Blutinhalt wird nicht umschlossen. Die Blutdrucksenkung kann aber auch bedingt sein durch eine Verminderung des Blutvolumens unter die minimale Fassungskraft des Gefäßsystems, so daß diese wiederum größer ist als der Inhalt. Der rasche Absturz des Blutdruckes kann binnen einiger Minuten zum Tode führen (*Heubner*). Eine Folge der Blutdrucksenkung ist die ungenügende Sauerstoffabgabe aus dem Blut ans Gewebe.

Hinsichtlich des *Sektionsbefundes* ist zu bemerken, daß sich nach den bisherigen Anschauungen beim Sh.T. ein negativer Befund mit Ausnahme der Verletzungen am Orte der Einwirkung der Schädlichkeit ergeben mußte. Die Diagnose Sh.T. konnte lediglich aus den Umständen des Falles erschlossen und auf Grund des Ausschlusses anderer Todesarten gestellt werden. Faßt man den Sh.T. lediglich als einen Stillstand der Atmung und des Herzens auf (*Haberda*), so ist auch ein Sektionsbefund nicht zu erwarten, sieht man jedoch als eigentliches Merkmal des Shocktodes die Atonie der Capillaren und die damit zusammenhängende Sequestration des Blutes bzw. Transsudation des Plasmas an, so läßt sich beim Sh.T. doch ein Sektionsbefund erheben. Die Atonie der Capillaren kann im Splanchnicusgebiet, in der Leber und in den Lungen nachgewiesen werden. Der Blutgehalt in der Leber kann sich bis zu 70 % erhöhen (*Lindgreen*), und im Splanchnicusgebiet kann er um das Doppelte bis Dreifache (im Tierexperiment um das 16fache) zunehmen. Die Darmschleimhaut, vor allem in den oberen Abschnitten des Dünndarmes, ist hierbei tiefdunkelrot und samtartig geschwollen. Neben der Blutüberfüllung durch Blutversackung (= Anschoppung in den Capillaren) kann auch die Bluteindickung (= Konzentration des Blutes an Erythocyten) infolge von Plasmatranssudation festgestellt werden. Da aber auch durch die Hypostase an der Leiche eine Blutabsackung mit einer Bluteindickung in den abhängigen Partien eintritt, kann diese Bluteindickung nur in dem Abschnitt des Gefäßsystemes nachgewiesen werden, in welchem ein Absinken in abhängige Partien nicht stattfindet. Das ist im Bereiche der rechten Herzhälfte, in welcher außerdem keine Blut- bzw. Plasmaverschiebung durch die Totenstarrekontraktion zustande kommt, wie das im Bereiche der linken Herzhälfte der Fall ist. Am Blute der rechten Herzhälfte läßt sich somit durch Hämatokrit- bzw. Hämoglobinbestimmungen die Bluteindickung feststellen (*Ponsold*). Mit der Capillarenerweiterung und mit dem Durchlässigwerden von Capillaren kann auch das Auftreten von Blutungen und hämorrhagischen Transsudaten verknüpft sein, ohne daß Verletzungen vorliegen (*Moon*). Als vielleicht für den Sh.T. disponierende Zustände sind zu beachten: der Verdauungszustand, die Menstru-

ation, die vergrößerte Thymus, der hypoplastisch-lymphatische Habitus.

### Schrifttum.

*Bogdan, G.:* Drei Fälle von Schocktod. Ann. Méd. lég. etc. **5**, 322—327 (1925). — *Breth, H.:* Über einen Fall von anaphylaktischem Schock, hervorgerufen durch einen Bienenstich. Med. Klin. **5** (1938). — *Bressot:* Von der Gefahr der Verlagerung der *Esmarch*schen Binde im traumatischen Schock. Clinique **21**, 152—153 (1926). — *Duvoir, M.:* La mort par inhibition. Ann. Méd. lég. etc. **14**, 157—162 (1934). — *Eppinger:* Über den postoperativen Schock. Wien. klin. Wschr. **3** (1931). — *Fischer, H.:* Sammlung klinischer Vorträge. Herausgegeben von *Volkmann.* Leipzig 1870. — *Fraenckel, P.:* Tod im Boxkampf. Dtsch. Z. gerichtl. Med. **1**, 481 (1922). — *Gurewitsch:* Über den reflektorischen und den toxischen Gefäßschock. Arch. klin. Chir. **166**, 401 (1931). — *Gollwitzer-Meier:* Entstehung, Erkennung und Behandlung des Schockes. Leipzig 1932. — *Haberda:* Lehrbuch der gerichtl. Medizin. Berlin u. Wien 1927. — *Hallermann, W.:* Bemerkungen zum Schock und Schocktod. Dtsch. Z. gerichtl. Med. **26** (1936). — *Lindgreen, A.:* Kapillarstudien bei Schockzuständen. Arch. f. exper. Path. **176** (1934). — *Marx, H.:* Der kriminelle Abort. Berl. klin. Wschr. **20** (1908). — *Moon, V.H.:* Das Schocksyndrom. Dtsch. med. Wschr. **44**, 1667 (1934). — *Neale, A. V.:* Akuter anaphylaktischer Schock. Brit. J. Childr. Dis. **27**, 113—116 (1930). — *Nolte:* Zur Frage des Schocktodes. Vjschr. gerichtl. Med. **41**, 7 (1911). — *Ponsold, A.:* Die Feststellung der zu Lebzeiten eingetretenen Eindickung des Blutes an der Leiche. Dtsch. Z. gerichtl. Med. **26** (1936). — *Schauta:* Lehrbuch der Gynäkologie. 1896. — *Sumner, F. W.:* Plötzlicher Tod durch anaphylaktischen Schock. Brit. med. J. **3246**, 465—466 (1923). — *Waldbott:* Todesfälle durch Allergie. Arch. int. Med. **54**, 597—605 (1934). — *Ziemke:* Schocktod durch Gebärmutterschleimhautreizung. Dtsch. Z. gerichtl. Med. **9**. **Ponsold.**

**Shutter Cutter** siehe *Einbruchswerkzeuge.*

**Sickergasvergiftung** siehe *Kohlenoxyd.*

**Siderosis** siehe *Eisen.*

**Siegelfälschungen** siehe *Siegellack; Stempeluntersuchungen.*

## Siegellack.

Siegellack dient zum Verschluß von Briefsachen und zur vorschriftsmäßigen Sicherung von Wertsendungen. Durch Absplittern infolge seiner Sprödigkeit soll er Erbrechungsversuche sofort anzeigen. Das Aufweichen durch Erwärmen wird durch den dann in Mitleidenschaft gezogenen Petschaftsabdruck verhindert. Siegellack ist ein Gemisch aus Kolophonium, Schellack und ähnlichen Harzen, Paraffinen oder Ceresin, dem Farben, meist Erdfarben, und Härtestoffe zugesetzt sind. Als Farbstoffe sind gebräuchlich: Zinnober, Mennige, Englischrot, Caput mortuum, Ruß, Bolus rubra, Umbra, Ultramarin, Smalte, Berliner Blau, Chromgelb u. a., weiterhin Metallflitter und auch gewisse Anilinfarben. Härtesubstanzen sind Gips, Schlämmkreide, Schwerspat, Kieselgur, Magnesiumcarbonat.

Auf Grund der Kenntnis der Zusammensetzung sind für die Untersuchung bereits Anhaltspunkte gegeben. In forensischen Fällen handelt es sich um Identifizierung oder Differenzierung von Siegellackteilen. Grundsätzlich ist zu beachten, daß durch das mögliche teilweise Verbrennen beim Schmelzen vor dem Siegeln Veränderungen an den organischen Bestandteilen des Materials vorkommen. Es haben also die an sich wohl durchführbaren Untersuchungen auf verseifbare und unverseifbare Harzbestandteile kriminaltechnisch geringe Bedeutung. Auch die von *R. Kockel* vorgeschlagene Untersuchung des spezifischen Gewichtes dürfte hin und wieder durch die Verbrennungsveränderungen unsicher werden. *R. Kockel* befreit ein kleines Substanzstückchen sorgfältig von Luftblasen und bringt es in eine Lösung von 150 g Zinkchlorid in 100 ccm Wasser, die das spez. Gew. 1,68 hat. Das Siegellackstückchen schwimmt zunächst. Nun wird vorsichtig unter Umrühren tropfenweise Wasser zugegeben, bis der Lack gerade untersinkt, das spez. Gew. der Flüssigkeit und damit das des Lackes wird dann mit der Westphalwaage gemessen. Die spez. Gewichte liegen zwischen 1,47—1,57. Die organischen Bestandteile lassen sich durch Alkoholextraktion im Soxhletapparat entfernen. Der anorganische Rückstand wird nach den üblichen chemischen Methoden identifiziert, wobei — evtl. nach Ausglühen und Ausziehen mit Salzsäure — der Rückstand im mikroskopischen Bild die charakteristischen Diatomeenpanzer aufweist, die durch Verwendung von Kieselgur in den Siegellack gekommen sind. Gegebenenfalls empfiehlt sich eine quantitative Eisenbestimmung. Die mikroskopische Untersuchung des Siegellacks geschieht durch Erwärmen eines kleinen Stückchens auf einem Objektträger und Aufpressen eines Deckgläschens bis zum Erkalten. Auf zufällige Beimischungen wird besonders zu achten sein, z. B. auf fremde Farbstoffpartikel von vorhergehenden Fabrikationen. Als letztes sei die Geruchsprüfung des verbrennenden Siegellacks erwähnt, die naturgemäß nur subjektiven Wert hat: Schellack riecht angenehm aromatisch, Kolophonium stechend und bildet sauer reagierende Dämpfe, Paraffin riecht nach Schmierölen.

Bei den kriminaltechnischen Untersuchungen handelt es sich vielfach um abgelöste und wieder befestigte Siegel. Das einfache Ablösen der Siegel von der Unterlage gelingt um so eher, je glatter, also je besser das Papier bzw. die sonstige Unterlage ist. Andererseits läßt sich das Siegel auch um so leichter abheben, je minderwertiger der Siegellack ist. Dicke Siegel brechen dabei nicht so leicht, wie die demnach viel zweckmäßigeren dünneren Lackauftragungen. Das Ablösen geschieht durch Abziehen des Papiers oder Durchschneiden des Siegels mit einem erwärmten Messer. Das Schwierigere ist aber die Wiederherstellung des Originalzustandes der Siegel nach der Beraubung. Zunächst kann vollständige Neuanfertigung erfolgen. Der Petschaftsabdruck wird dabei mit gefälschtem Petschaft (z. B. mit einer Gipsabformung, s. d. Art.: Stempeluntersuchungen) ausgeführt. Vielfach werden auch von Absendern allgemein käufliche Petschafte verwendet oder sogar Münzen u. dgl. Die weitere Methode ist die Wiederanklebung abgesprengter Siegel. Die Beweisführung ist in beiden Fällen meist nicht allzu schwierig. Es gelingt dem Erbrecher nur sehr schwer, farbige Zonen an den Rändern, die vom Auslaufen des Orignalsiegels herrühren, auf Anhieb restlos zu verdecken, und angestückelte Siegel sind von vornherein verdächtig. Unter dem Siegel mögen auch Reste des Originals gefunden werden. Erwähnt seien die Merkmale falscher Petschafte und die besondere Möglichkeit des Vorhandenseins von Fingerabdrücken. Durch das Ankleben wird ein nachweisbarer Klebstoff aufgebracht, es sei denn, es wurde ein organisches Lösungsmittel verwendet. Aufgeklebte Siegel können unter Umständen besser halten als die ursprünglichen! (Hinsichtlich Briefberaubung s. d. Art.: Briefumschläge). Erwähnt seien die sog. „Kaltsiegel", das sind Auflösungen von Celluloid in Aceton, Tetrachlorkohlenstoff usw. mit Farbstoffen, Borax, Dextrin.

*Schrifttum.*
*Harder, O.* u. *A. Brüning:* Die Kriminalität bei der Post. Berlin 1924. — *Kockel, R.:* Der Siegellack in kriminalistischer Beziehung. Festschrift des Instituts für gerichtl. Med. 67. Leipzig 1905. — *Penn, K.:* Siegelfälschungen. In: *S. Türkel,* Fälschungen. 14. Graz 1930. — *Ullmann:* Enzyklopädie der technischen Chemie. **IX** (1932). **Künkele.**

## Silber.

In kleinen Mengen wird metallisches Silber durch silberne oder versilberte Tafelgeräte in den menschlichen Organismus gebracht. Größere Mengen werden von Silberarbeitern durch Inhalation des Staubes aufgenommen, ohne daß allgemein Störungen aufträten.

Das älteste Silberpräparat ist der Höllenstein (Argentum nitricum). Zu therapeutischen Zwecken wird eine große Anzahl von Silberpräparaten dargestellt, so z. B. Protargol (Proteinsilber), Collargol u. v. a.

Vergiftungen mit Silbernitrat und auch Fruchtabtreibungen durch Spülungen der Vagina mit Höllensteinlösung sind beschrieben. Häufiger sind Vergiftungen durch Verwechslungen oder Zufälle. Chronische Vergiftungen sind meist medizinische, hervorgerufen durch fortgesetzten Gebrauch von Silberpräparaten (Pinseln oder Umschläge mit Silbernitrat, Injektion von Collargol) oder gewerbliche.

Die Wirkung des Silbernitrats ist eine lokal ätzende, auf Schleimhäuten und Wunden schon in $\frac{1}{2}$%iger Lösung, wobei Haut, Schleimhäute und Wundflächen sich unter Bildung eines anfänglich weißen, später durch Ausfallen von Ag und Ag-Oxyd sich schwärzenden Schorfes verändern. Kurze Berührung der Haut mit Silberlösungen erzeugt am Lichte schnell schwarz werdende Flecken. $AgNO_3$ hältige Umschläge oder Salben können an der Haut entzündliche Zustände (Blasenbildung) erzeugen.

Nach intravenöser Collargol-Einspritzung sind gelegentlich kollapsartige Zustände, Tod oder in wenigen Tagen tödlich endigende hämorrhagische Diathesen beobachtet worden. Die biologischen Vorgänge, welche diese akuten Vergiftungen auslösen, sind unklar.

Die bei stetiger therapeutischer oder gewerblicher Aufnahme kleinster Silbermengen sich anfänglich örtlich, später allgemein ausbildende Argyrose oder Argyrie ist streng genommen nicht als Vergiftung aufzufassen, da das Metall als feinste Körnchen reaktionslos liegen bleibt und das Befinden der Betroffenen nicht leidet. Universelle Argyrie kann schon nach etwas über 4 g $AgNO_3$, die in einem halben Jahr verbraucht werden, eintreten. Bei lokaler Applikation traten schon nach zweimonatlicher Behandlung einer Wunde mit $1^0/_{00}$iger Lösung die ersten Zeichen von Argyrie auf. Auch nach Collargoldarreichungen wurde Argyrie beobachtet. Die gewerbliche Argyrie ist dank der gewerblichen Fürsorge heute eine Seltenheit geworden.

*Schrifttum.*
*Erben: Dittrich*s Handb. der ärztl. Sachverständigentätigkeit **VIII**/1. Wien 1909. — *Koller:* Argyrie und Kollargol. Schweiz. med. Wschr. **52**, 983 (1922). — *Petri, E.: Henke-Lubarsch,* Handb. der path. Anat. **X.** Berlin 1930. — *Starkenstein-Rost-Pohl:* Toxikologie. Berlin 1929. — *Teleky:* Zbl. Gewerbehyg. **2**, 128 (1914). **Szekely.**

**Silblat** siehe *Schädlingsbekämpfungsmittel.*

**Silesiagrün** siehe *Schädlingsbekämpfungsmittel.*

**Simulation** (= S.). (Vgl. auch Art.: Aggravation; Dissimulation; Selbstbeschädigung.)

*Begriff:* Unter S. versteht man die bewußte Vortäuschung körperlicher und seelischer Krankheitszustände zur Erreichung eines bestimmten Zweckes. Voraussetzung für die Anwendung des Begriffes der S. ist dabei, daß die vorgetäuschten Leiden in Wirklichkeit überhaupt nicht vorhanden sind. Und die Vortäuschung darf nicht nur in einer bloßen Behauptung bestehen (das wäre *Lüge*), sondern muß unterstützt werden durch eine Veränderung der körperlichen und seelischen Gesamthaltung, die dem Ziel einer Glaubhaftmachung dieser Behauptung dienen soll. Echte S. setzt weiterhin immer bewußte *Täuschungsabsicht* voraus, im Gegensatz zur sog. „unbewußten S.", bei welcher eine Betrugsabsicht fehlt. Auch „partielle S." gehört nicht hierher; denn darunter wird die bewußte *Übertreibung* tatsächlich *vorhandener* Krankheitserscheinungen verstanden und besser als *Aggravation* (s. d.) bezeichnet. Auch die Unfallneurose oder Rentenneurose hat nur insofern mit S. etwas zu tun, als dabei in manchen Fällen S. vorliegt. Die Ausdehnung des Begriffes der S.

erstreckt sich nach *Schumacher* nicht nur auf Vortäuschen von Krankheitserscheinungen gesunder Personen, sondern auch auf die Vorspiegelung von körperlichen Zuständen, körperlichen und seelischen Veranlagungen, sowie von Fähigkeiten. Schließlich kann Vortäuschung einer bestimmten Gemütsverfassung, ja die Vorspiegelung einer ganzen Lebensart u. U. S. sein. Enger Zusammenhang besteht zwischen S. und *Selbstbeschädigung* (s. d.). Freilich gibt es seltene Fälle, in denen eine S., abgesehen von der ja notwendigen Änderung der Gesamthaltung, lediglich auf *äußere* Täuschungsmanöver aufgebaut ist (dies wäre z. B. der Fall, wenn zur Vortäuschung einer Nierenkrankheit dem bereits ausgeschiedenen Urin Eiweiß oder Blut, zur Vortäuschung eines Diabetes Traubenzucker beigemischt wird, wenn falsches, z. B. Tbc.-Sputum, vorgezeigt wird u. ä.). In der Mehrzahl der Fälle jedoch versuchen die Simulanten, durch leichtere und schwerere Körperbeschädigungen irgendwelcher Art die Erfolgsaussicht ihrer Täuschung zu erhöhen.

*Personenkreis:* Nach *Müller-Heß* gehören die Simulanten häufig in die Gruppe der neuro-psychopathischen Persönlichkeiten mit meist engen Beziehungen zu den hysterischen Reaktionen.

*Reichardt* nennt folgende Untergruppen von Simulanten: 1. den geistig völlig gesunden Simulanten; 2. den psychopathischen, angeboren schwachsinnigen, epileptischen und den Entartungs-Simulanten (moralische Minderwertigkeit, angeborene Gemütsstumpfheit, sog. moralische Idiotie oder Anästhesie); 3. den hysterischen Simulanten und die Übergänge zur hysterischen Reaktion; 4. den geisteskranken Simulanten; 5. den (meist mehr oder weniger psychopathisch veranlagten) zu Begutachtenden mit sog. unbewußter S.; 6. die scheinbare S. bei schwerer Geisteskrankheit (insbes. bei Dementia praecox, Katatonie, angeborenem Schwachsinn).

*Motive:* In der Hauptsache handelt es sich bei der S. um die Erreichung realer egoistischer Ziele zum Schaden eines anderen oder der Allgemeinheit. Im Vordergrund steht das Verlangen arbeitsscheuer Individuen nach Rente oder Unfallentschädigung. Andere erstreben Versetzung auf angenehmere Posten, frühzeitige Pensionierung u. ä. Sehr beliebt war ferner früher die S. von Geisteskrankheiten, um in den „Genuß" des § 51 StGB. zu kommen. Dies spielt heute in Deutschland keine so große Rolle mehr, denn werden die Voraussetzungen für das Vorliegen des § 51 StGB. ärztlicherseits als gegeben erachtet, bedeutet dies nicht mehr schlechthin Straffreiheit und Freilassung, sondern es wird dann vom Gericht geprüft, ob nicht weitergehende Maßregeln der Sicherung und Besserung nach § 42 StGB. Anwendung finden können. Und dazu ist infolge Auswirkung der gesetzgeberischen Maßnahmen zum Schutze der Erbgesundheit des Deutschen Volkes heute auch die Dissimulation häufiger als S. *Müller-Heß* nennt noch S. aus *Triebregung;* diese Art von S. liegt dann vor, wenn aus einem inneren Antrieb heraus simuliert und an Stelle eigentlichen Täuschungswillens die Freude an der Demonstration von Krankheitserscheinungen in den Vordergrund gerückt wird. Nur selten trifft man S. aus edlen Motiven (vgl. *Nürnberg:* S. deutscher Kriegsgefangener, um auf dem Wege des Austauschs in die Heimat zu gelangen).

*Formen und Ausführungen:* Bei der S. kann man gewissermaßen die ganze Skala von plumpen, leicht zu durchschauenden betrügerischen Manövern bis zu den raffinierten, jahrzehntelang durchgeführten Täuschungen finden; und letztere werden oft nur durch Zufall entdeckt. Es ist erstaunlich, welches Maß an Scharfsinn, Mut und verbissener Ausdauer

einzelne Simulanten aufwenden, um ihr Ziel zu erreichen. Welche Art der Ausführung im einzelnen gewählt wird, ist nach *Müller-Heß* in hohem Maße abhängig von den intellektuellen Fähigkeiten sowie davon, inwieweit die Betreffenden sich medizinische Kenntnisse aneignen konnten. S. gibt es an und für sich auf jedem Gebiet der Medizin. Einzelne Krankheiten und Krankheitsgruppen, die besonders häufig wiederkehrend simuliert werden, seien hier kurz, nach den einzelnen Disziplinen getrennt, in Anlehnung an die in *Mayrs* Handbuch der Artefakte niedergelegten Erfahrungen zusammengestellt: Aus dem Gebiet der *inneren Medizin* kennen wir an erster Stelle neben S. von Schmerzempfindungen solche von Fieber und fieberhaften Erkrankungen. Fieber wird dabei meist nicht etwa durch Einnehmen temperatursteigernder Mittel vorgetäuscht, sondern durch einfache oder komplizierte Betrugsmanöver (Reiben des Thermometers mit den Fingern oder an der Bettdecke oder bei rectaler Messung Bearbeitung durch Kontraktionen des Musculus sphincter ani). Auch Exantheme werden bei S. von Infektionskrankheiten künstlich erzeugt (z. B. artifizielles Erysipel durch Reiben mit Thapsiapflaster). Ferner kennen wir Erzeugung von Erkrankungen der tieferen Luftwege durch Reizgase. Lungen-Tbc. wird häufig simuliert; hierbei dienen als unterstützende Maßnahmen zur Fortführung des Betrugs neben der Unterschiebung fremden Tbc.-Sputums: Demonstration von Hämoptoë (Beimengung z. B. von Rinderblut oder durch Erzeugung von Schleimhautblutungen in der Mundhöhle oder Verwendung von Färbemitteln), kombiniert mit künstlicher Abmagerung durch Hungern. Erkrankungen von Herz und Kreislauf werden simuliert durch Anwendung von Herzmitteln und -giften (Digitalis, Thyreoidin, Coffein, Nicotin u. ä.). Durch Injektion von Phloridzin kann vorübergehend Glykosurie zur Vortäuschung eines Diabetes erzeugt werden. Sehr häufig ist das Vortäuschen von Magen-Darmerkrankungen (Erzeugung von Erbrechen durch Einnehmen von Tabaksaft, Demonstration von Magenbluten ähnlich wie bei Hämoptoë, von Darmblutungen durch Verletzungen der Mastdarmschleimhaut, Herbeiführung von Durchfall durch Einnehmen von Seifenpillen). Auch Magenkrebs ist schon simuliert worden (Setzen einer Paraffingeschwulst der Bauchdecken in der Magengegend, dazu noch einer Paraffindrüse in der linken Oberschlüsselbeingrube entsprechend einer *Virchow*drüse!). Mit Pikrinsäure, Trinitrophenol, Safrandämpfen kann Ikterus hervorgerufen werden. Diabetes und Nierenerkrankungen werden durch Beimengung von Traubenzucker bzw. Eiweiß in den Urin glaubhaft zu machen versucht (*Jungmichel*). Blut wurde schon von Simulanten nicht nur dem Urin beigemengt, sondern auch in die Blase eingespritzt. Auch seltene, diagnostisch schwierige Krankheitsbilder werden gelegentlich simuliert. *Müller-Heß* schildert zwei Fälle von S. eines Diabetes insipidus nach vorangegangener angeblicher Gehirnerschütterung; eine Störung der Wasserausscheidung war dabei durch Zufuhr großer Flüssigkeitsmengen vorgetäuscht worden. Als mehr neuzeitliche Erscheinung ist die S. auf dem Gebiet der gewerblichen Berufskrankheiten anzusehen. *Baader* und *Symanski* erwähnen hier hauptsächlich die chronische Blei- und Quecksilbervergiftung (Einnehmen von gefeiltem Letternmetall) und die Vortäuschung entschädigungspflichtiger Staublungenerkrankungen (hierbei handelt es sich allerdings um falsche Angaben bez. der Art des Betriebes). Auf *psychiatrisch-neurologischem* Gebiet kennen wir S. von Schwachsinn (Pseudodemenz), Epilepsie, Schizophrenie, Stuporzuständen, Gliedmaßen- und Nervenlähmungen. S. von Schwachsichtigkeit,

Blindheit, Farbsinnstörungen, Lichtsinn - Augenmuskel-Pupillenstörungen kommen für das Gebiet der *Ophthalmologie* in Frage. In der *Hals-Nasen-Ohren-Heilkunde* ist S. bekannt in Form von Funktionsstörungen des Kehlkopfes (Heiserkeit, Aphonie), Kehlkopftuberkulose (durch Bepinselung mit Essigsäure zur Unterstützung der S. einer Lungen-Tbc.), Nasenbluten, Behinderung der Nasenatmung nach Trauma, Vestibularisstörungen, ferner auf dem großen Gebiet der S. von Hörstörungen. Die *Dermatologie* kennt reine S. kaum. Meist handelt es sich hier um Selbstbeschädigung. Es käme lediglich in Frage die S. von Geschlechtskrankheiten (z. B. Vortäuschung eines Primäraffektes durch artifiziell gesetztes Geschwür). Wichtig ist auf dem Gebiet der *Gynäkologie* die S. von Genitalblutungen, von Schwangerschaft (S. der Schwangerschaft ist nicht zu verwechseln mit sog. „eingebildeter Schwangerschaft"; bei dieser sind zumeist subjektive Schwangerschaftszeichen vorhanden, und die Frauen glauben an das Bestehen einer Gravidität wirklich; Näheres darüber s. d. Art.: Eingebildete und simulierte Schwangerschaft). Wichtig ist auch die S. des Abortes; wird doch damit bezweckt, den Arzt zum Eingreifen zu veranlassen. Abort wird allerdings auch gelegentlich nach einem Unfall simuliert, um Entschädigungsansprüche stellen zu können. *Siegert* berichtet ferner noch über gelegentlich vorkommende S. bei Sterilisierten (Klagen über postoperative Beschwerden, Menstruationsstörungen) zur Erlangung einer Rente. Fälle von S. der Menstruation erwähnte schon *v. Hofmann-Haberda* (Verwendung von Vogelblut, Vorzeigen des blutigen Hemdes eines anderen Mädchens). Spezielle Bedeutung für die *forensische Medizin* haben u. a.: Erkennung der S. von Schmerzen bei der gynäkologischen Untersuchung, S. von Defloration und Vergewaltigung, von Schwangerschaft und Abort. Nicht selten ist S. von Zeugungsunfähigkeit in Unterhaltsprozessen. Hier erlebt man Unterschiebung anderer Flüssigkeiten oder „ausgeliehener" samenfreier Ejaculate (von Sterilisierten!). *Müller-Heß* und *Panning* erwähnen einen Fall, wo ein solches Produkt, um verborgen und auf Körpertemperatur gebracht zu werden, in einem Präservativ im Munde aufbewahrt wurde. Hinzu kommen andere Täuschungsmanöver: samenfreies Ejaculat durch mehrfaches Onanieren vor der Untersuchung, daher ist stets *vor* Beginn der Untersuchung Urin abzunehmen und das Zentrifugat auf Sperma nachzusehen. Ebenso kann zur Entlarvung von Simulanten der Nachweis einer Beimengung artfremden Eiweißes zu Körperflüssigkeiten sowie Untersuchung der Körperausscheidungen auf Gifte beitragen. Auch daran ist zu denken, daß Morphiumsüchtige gelegentlich schwere Koliken simulieren, um so in den Besitz eines Mo.-Rezeptes zu gelangen. Zuchthaus- und Gefängnisärzte müssen besonders auf dem Gebiet der S. erfahren sein, z. B. bei der Beurteilung der Haftfähigkeit (z. B. S. von Herz-, Kreislauf- und allgemeiner Körperschwäche durch exzessive Onanie, verbunden mit vorübergehender starker körperlicher Anstrengung, Erzeugung schwerer Anämien durch fortgesetzten Aderlaß u. ä.).

*Erkennung:* Hierfür ist das Studium der Kasuistik häufiger sowie besonders krasser S.-Fälle von hoher Wichtigkeit. Der Arzt hüte sich davor, seinen Patienten Dinge zu bescheinigen, die später von Nachgutachten falsch ausgelegt werden könnten. So sind einmal nicht nachprüfbare Symptome (Fall *Müller-Heß*: behauptete Potenzstörung bzw. Potenzverlust bei S. eines Diabetes insipidus!) als wesentliche Momente zur Bestätigung der angenommenen Diagnose verwertet worden. Gewiß sieht der Arzt, der nicht *forensisch* begutachtet, nur den behandlungsbedürftigen Patienten bzw. den „interessanten Fall" und sträubt sich erfahrungsgemäß dagegen, nach unlauteren Beweggründen zu forschen. Aber die Aufdeckung von S.-Fällen ist im Interesse der Allgemeinheit unbedingt notwendig. Wo Symptomatik, behauptete Beschwerden und objektiver Befund nicht übereinstimmen und die Anamnese Unwahrscheinlichkeiten bzw. Widersprüche enthält, muß immer in erster Linie an S. gedacht werden. Ist einmal ein Verdacht gegeben, so findet er nicht selten seine Bestätigung durch die Beurteilung der Gesamtpersönlichkeit des Untersuchten, sowie durch Aufdeckung von Motiven, wie Arbeitsscheu, Rentenbegehren und ähnliches. Die Aufdeckung von S.-Fällen bestimmter Spezialgebiete muß dem erfahrenen Facharzt mit seinen besonders hierfür ausgearbeiteten Untersuchungsmethoden vorbehalten bleiben. Der Aufdeckung plumper Täuschungsmanöver dienen neben den schon erwähnten Maßnahmen: Beobachtung des Verhaltens während und nach der Untersuchung, bei psychischer Ablenkung, nach Verlassen der Sprechstunde, evtl. überraschender Besuch im eigenen Heim. (Bei der Entnahme von Sputum, Urin und Stuhl achten auf Betrugsmanöver!)

*Rechtliche Beurteilung:* S. ist Betrug, wenn durch sie ein rechtswidriger Vermögensvorteil für den Simulanten selbst oder einen anderen oder Schadenzufügung für einen Dritten beabsichtigt ist; verbindet sich die S., wie so häufig, mit einer Selbstbeschädigung, so können die im kommenden Strafrecht vorgesehenen Maßnahmen gegen Angriffe auf die völkische Pflicht zur Arbeit in Anwendung kommen (vgl. d. Art.: Selbstbeschädigung).

*Schrifttum.*

*Baader* u. *Symanski:* Die Simulation innerer Krankheiten. In: *Mayr*, Handb. der Artefakte. Jena 1937. — *v. Hofmann-Haberda:* Lehrbuch der gerichtl. Medizin. XI. Aufl. 179. Berlin u. Wien 1927. — *Jungmichel:* Gerichtlich-medizinische Erfahrungen bei Selbstbeschädigung. In: *Mayr*, Handb. der Artefakte. Jena 1937. — *Jungmichel:* 17 Jahre vorgetäuschte Zuckerkrankheit. Münch. med. Wschr. **1934 II**, 1809. — *Müller-Heß:* Interessante Simulationsfälle mit kurzen Bemerkungen zur Frage der Simulation im Wandel der jüngsten Zeit. Ärztl. Sachverst.ztg **44**, 227—237 u. 241—251 (1938). — *Müller-Heß* u. *Panning:* Untersuchung der Zeugungsfähigkeit des Mannes. Ärztl. Sachverst.ztg **42**, 29—46 (1936). — *Nürnberg:* Selbstverstümmelung zur Erzielung von Haftunfähigkeit usw. Dtsch. Z. gerichtl. Med. **17**, 431 (1931). — *Reichardt:* Nach *Müller-Heß*. — *Schuhmacher:* Simulation und Dissimulation im Rechtsleben. In: *Mayr*, Handb. der Artefakte. Jena 1937. — *Siegert:* Artefakte, Simulation und Dissimulation auf dem Gebiet der Gynäkologie. In: *Mayr*, Handb. der Artefakte. Jena 1937. — Weitere, umfassende Literaturangaben siehe *Mayr*, Handb. der Artefakte. Jena 1937.
*Jungmichel* und *Manz*.

**Simulierte Schwangerschaft** siehe *Eingebildete und simulierte Schwangerschaft*.

**Sinoxid** siehe *Schußverletzungen; Schußwaffen und Munition*.

**Sinus-Druckversuch** siehe *Vagus-Druckversuch*.

**Sittlichkeitsverbrechen.**

*Sittlichkeitsverbrechen*, Sexualdelikte, sind die im Abschnitt 6 des StGB. zusammengestellten Vergehen und Verbrechen gegen die geschlechtliche Sittlichkeit. Den Strafandrohungen liegt der rechtspolitische Gedanke zugrunde, die geschlechtliche Freiheit des einzelnen Menschen vor gewaltsamen Angriffen zu schützen und die Volksgemeinschaft vor sittlichem Schaden zu bewahren. Überaus häufig fordern die Sittlichkeitsverbrechen gerichtlich-medizinische Begutachtungen, weil zur Feststellung des kriminellen Tatbestandes besondere gerichtlich-medizinische Kenntnisse und Erfahrungen notwendig sind. Auch kriminalistisch-naturwissenschaftliche Kenntnisse sind zur chemisch-physikalischen Untersuchung verschiedenartigster Spuren am Körper des

Opfers und des Täters sowie an Kleidungsstücken, Werkzeugen und sonstigen Gegenständen erforderlich. ˊEine Beschreibung der Art und Weise, wie die unsittlichen Handlungen bei den verschiedenen Sittlichkeitsverbrechen ausgeführt werden bzw. welche verschiedenartigen Unsittlichkeiten vorkommen, finden sich in den Artikeln über „Lustmord" (s. d.), „Unzucht" (s. d.) und „Notzucht" (s. d.). Ebenso finden sich dort die vorkommenden Folgen derartiger Unzuchthandlungen aufgezählt und die Art und Weise beschrieben, wie ihre gerichtlich-medizinische Begutachtung erfolgen muß. Nur die Folgen unzüchtiger Handlungen an Kindern, zwischen Männern und zwischen Menschen und Tieren sind noch nicht geschildert, weshalb sie hier nachgetragen werden sollen.

Allgemein handelt es sich bei derartigen gerichtlich-medizinischen Untersuchungen um die Ermittlung des kriminellen Tatbestandes, soweit seine Rekonstruktion durch die Untersuchung des Opfers und des Täters mittels gerichtlich-medizinischer Untersuchungsmethoden und durch die Untersuchung der Tatspuren (im weitesten Sinne) mittels naturwissenschaftlich-kriminalistischer Untersuchungsmethoden möglich ist. Grundlage für derartige Untersuchungen muß ein Fachwissen und Erfahrung auf beiden Gebieten sein. Wenn auch im kriminalistischen Geschehen, wie in jedem menschlichen Geschehen, gewisse Gesetzmäßigkeiten herrschen und gleiche Vorkommnisse immer wiederkehren, wenn die Menschen sich in ihren guten und bösen Taten auch wenig ändern und vor Tausenden von Jahren ähnliche Verbrechen in gleicher Art begangen wurden wie jetzt, so bieten doch die einzelnen verbrecherischen Handlungen, besonders die Sittlichkeitsverbrechen, immer neue Besonderheiten, deren Beurteilung große praktische Erfahrung voraussetzt.

Wie allgemein bei der Begutachtung der Folgen verbrecherischer Handlungen ist die Kenntnisnahme der aktenmäßig niedergelegten Ermittlungen notwendig. Die Untersuchung des Opfers ist bei allen Sittlichkeitsverbrechen möglichst unmittelbar nach der Tat zu erstreben. Das noch unter der unmittelbaren Einwirkung der Tat stehende Opfer bietet die meisten Aussichten für eine möglichst eindeutige Rekonstruktion des kriminellen Tatbestandes und für seine gerichtlich-medizinische Begutachtung. Dem Sachverständigen ist es möglich, schon äußerlich aus der Kleidung und der körperlichen und geistigen Verfassung des Opfers eine Fülle von Anhaltspunkten dafür zu gewinnen, was geschehen ist. Bei der dann notwendigen Aufnahme der Vorgeschichte und den Vorgängen bei der Tat selber wird der unsittlich angegriffene Mensch, besonders ein Kind um so wertvollere und zuverlässigere Angaben machen, je weniger es vorher von Polizeibeamten und Angehörigen befragt wurde. Einem Arzt, der als gerichtlicher Mediziner mit den bei Sittlichkeitsverbrechen vorkommenden Verhältnissen vertraut ist und der gleichzeitig mit genügender Beherrschung der Ergebnisse der Aussage-Psychologie jede suggestive Fragestellung zu vermeiden weiß, der außerdem durch seine Persönlichkeit das Vertrauen der meist im kindlichen oder jugendlichen Alter stehenden Opfer gewinnen kann, wird die besten Auskünfte über das wirkliche Geschehen erhalten. Es ist durchaus irrig, daß die Anwesenheit der Angehörigen, besonders der Eltern, bei derartigen Untersuchungen, namentlich wenn es sich um Kinder handelt, günstig ist. Kinder fürchten mit Recht, daß sie von ihren Eltern wegen irgendeines Ungehorsams, der meistens mit der Tat zusammenhängt, gezüchtigt werden, ganz abgesehen davon, daß viele Eltern grundsätzlich ihren Unwillen über jedes unangenehme Geschehen dadurch Ausdruck geben, daß sie die Kinder verprügeln. Ebenso irrig ist es, daß die Gegenwart von Erziehern oder Lehrpersonen oder Experimentalpsychologen bei Sittlichkeitsverbrechen besonders wertvolle Ergebnisse erzielen könnte. Bei jedem Sittlichkeitsverbrechen handelt es sich um Angriffe gegen die geschlechtliche Unversehrtheit eines Menschen, die nur durch medizinische Untersuchung geklärt werden kann und für die letzten Endes die medizinische Untersuchung der körperlichen und geistigen Verfassung des Menschen notwendig ist. Für derartige Untersuchungen sind ausschließlich Ärzte zuständig. Es ist weiter zu berücksichtigen, daß in der Mehrzahl der Fälle auch die betreffenden Täter ärztlich untersucht werden müssen und daß das Zusammenfassen beider Untersuchungsergebnisse erst die nötige Klarheit schaffen kann. Die Ergebnisse psychologischer Forschung, ganz abgesehen davon, daß sie überwiegend von Ärzten stammen, müssen selbstverständlich bei derartigen Untersuchungen verwertet werden, aber die eigentliche Untersuchung des Kindes zur Feststellung der Tatfolgen und die Beurteilung der Glaubwürdigkeit der Darstellung des Opfers ist ausschließliches Gebiet des gerichtlichen Mediziners.

Die Untersuchung des körperlichen und geistigen Zustandes des Opfers erfolgt nach den klinischen Methoden unter Berücksichtigung der in Frage kommenden gesetzlichen Bestimmungen und aller Verhältnisse, die für die strafrechtliche Beurteilung bedeutungsvoll sein können.

Da es bei den *unsittlichen Handlungen an Kindern* (vgl. auch Art.: Pädophilia erotica) darauf ankommt, daß vom Täter das kindliche Alter erkannt wurde, ist bei der Untersuchung Größe, Gewicht, Körper- und Kräftezustand zu beachten. Da sehr oft die Glaubwürdigkeit geschädigter Kinder angezweifelt wird, sind in dieser Richtung Untersuchungen anzustellen und durch Rückfragen in Schule und Elternhaus zu ergänzen. Vergleichende Untersuchungen an Kinderaussagen und den Geständnissen der Täter haben bei großem Material feststellen lassen, daß Kinderaussagen in überwiegender Mehrzahl bei Sittlichkeitsverbrechen zuverlässiger sind als die Aussagen Erwachsener. Nur bei Mädchen im Pubertätsalter kommen gelegentlich falsche Anschuldigungen besonders von Lehrpersonen vor, eine Tatsache, die in der Fachliteratur überwertet worden ist. Außerdem kommen falsche Anschuldigungen bei Kindern in Frage, wenn eine Anzeige erst längere Zeit nach der angeblichen Tat erfolgt und Feindschaften zwischen den Angehörigen des angeblichen Opfers und des angeblichen Täters bestehen.

Objektiv ist bei unzüchtigen Handlungen an Kindern unter 14 Jahren in der überwiegenden Mehrzahl der Fälle nichts zu finden. Das Berühren der kindlichen Schamspalte, das Streicheln der kindlichen Schamlippen, selbst des Hinundherstoßen des Fingers zwischen den Schamlippen braucht keinerlei Spuren zu hinterlassen. Gelegentlich kommen durch scharfe Nägel oder rauhe Arbeitshände des Täters kleine Kratzwunden und Abschürfungen vor, und bei brüskerem Vorgehen können auch kleinere Blutunterlaufungen im Scheidenvorhof auftreten. Ebenso findet man in Einzelfällen Druckstellen am Oberschenkel durch festes Zupacken des Täters. Der sehr tief gelegene trichterförmige Hymen kleiner Kinder und ebenso der zurückliegende flächenförmig liegende Hymen größerer Mädchen zeigt nur selten Verletzungsspuren, wenn der Täter seinen Finger tief einbohrte. Die Untersuchung des kindlichen Hymens gelingt leicht durch bloße Betrachtung, evtl. mit einer Lupe, wenn man die Kinder veranlaßt, sich auf den Rücken zu legen und die gebeugten, nach oben gezogenen Beine selbst mit den Händen an den Knien zu erfassen und auseinander zu spreizen. Der Hymen liegt in dieser Haltung gespannt frei und läßt ohne weiteres frische Verletzungen erkennen. Von jeder instrumentellen Untersuchung muß deshalb abgeraten werden, weil der kindliche Hymen sehr leicht bei Berührungen blutet. Leckungen und Saugungen an der Scheide, die ebenfalls vorkommen, hinterlassen keine Spuren, wenn nicht gleichzeitig Bisse zugefügt wurden. Daß sadistische Handlungen wie Schläge und dergleichen Blutungen hinterlassen können, bedarf keiner besonderen Erwähnung.

Sind unsittliche Handlungen an Knaben ausgeführt, die meistens im Spielen an den Geschlechtsteilen bzw. im Hinundherreiben an denselben oder im Saugen und Lutschen beruhen, so lassen sich objektiv keine eindeutigen Feststellungen machen; geringfügige Rötungen können vorkommen.

Finden sich bei Mädchen im Scheideneingang Rötungen und Absonderungen, so ist daran zu denken, daß es sich um Folgen von Unreinlichkeiten, Madenwürmern und dergleichen handelt. Auch an die Möglichkeit geschlechtlicher Infektion ist zu denken (s. d. Art.: Geschlechtskrankheiten vor Gericht).

Bei den in Frage kommenden Tätern handelt es sich entweder um jugendliche Personen, die schwachsinnige oder psychopathische Züge aufweisen, oder um präsenile oder senile Männer. Eine genaue Erhebung des Geisteszustandes ist deshalb erforderlich. Ein größerer Teil ist trotz festgestellter Minderwertigkeiten als zurechnungsfähig anzusehen. Spuren von den unzüchtigen Handlungen sind an den Tätern nicht zu finden.

Gelegentlich findet man an den Kleidern der Opfer und der Täter Samenspuren, weil die Täter sich bei den unzüchtigen Handlungen selbst befriedigen und hierbei Samen (s. d. Art.: Sperma und Spermaflecken) verspritzen.

Bei den *Schamverletzungen* (s. d. Art.: Exhibitionismus) wird der gerichtlich-medizinische Sachverständige vornehmlich zur Begutachtung des Geisteszustandes des Exhibitionisten herangezogen. In einzelnen Fällen kommt diese merkwürdige Art der geschlechtlichen Befriedigung in Dämmerzuständen von epileptischen und hysterischen Kranken vor, in der überwiegenden Mehrzahl handelt es sich um Psychopathen, die als verantwortlich anzusehen sind, auch wenn sie diese Handlungen nur unter der Miteinwirkung von Alkohol begehen. Die Menge des genossenen Alkohols ist gegebenenfalls mit der *Widmark*schen Methode durch Blutuntersuchung festzustellen (s. d. Art.: Alkoholbestimmung im Blute). Die körperliche Untersuchung im engeren Sinne gibt keinen Aufschluß über die exhibitionistische Handlung, dagegen bietet oft der Zustand der Kleidung wertvolle Anhaltspunkte. Nicht nur das häufige Fehlen einzelner Knöpfe an der Hosenklappe, die angeblich erst kürzlich abgefallen sind, sondern auch präparierte Beinkleider mit eigenartigen Ausschnitten und besonderen Klappvorrichtungen lassen objektiv die Bereitschaft zu Schamverletzungen feststellen. Auch in den Fällen, in denen behauptet wird, daß kurz vorher Harn gelassen sei, kann die gerichtlich-chemische Untersuchung der Stelle, wo Harn gelassen sein soll, und die sofortige Kontrolle des Füllungszustandes der Harnblase des Exhibitionisten die gerichtlich-medizinische Klärung des Falles bringen.

Bei den *Unzuchthandlungen zwischen männlichen Personen* (s. d. Art.: Homosexualität) sind die Opfer in der überwiegenden Mehrzahl Minderjährige. Abgesehen von Ausnahmefällen sind diese Minder-

jährigen charakteriologisch defekte psychopathische bzw. leicht schwachsinnige Jünglinge, deren Angaben über die Tatvorgänge wenig Glauben geschenkt werden kann. Sehr oft haben sie derartige Handlungen an sich schon häufiger vornehmen lassen und sind von den älteren Personen, die gleichgeschlechtlichen Verkehr treiben, dahin belehrt worden, daß sie bei Befragungen jeden Verkehr bestreiten oder höchstens gegenseitige Masturbation zugeben sollen. Nach der Änderung der Rechtsprechung, die auch die gegenseitige Masturbation als gleichgeschlechtlichen Verkehr im Sinne des § 175 ansieht, wie es die Gerichtsmediziner stets getan haben, ist diese Ausrede wertlos geworden. Gleichgeschlechtlicher Verkehr findet entweder per anum (sog. Päderastie) statt oder zwischen die Schenkel oder andere gebildete Körperfalten bis zum Samenerguß. Weiter wird der Geschlechtsakt in der Weise ausgeübt, daß am männlichen Glied gelutscht oder geleckt wird. Schließlich findet auch gegenseitige manuelle Masturbation statt.

Bei der *Untersuchung* der jugendlichen oder älteren Männer, die *gleichgeschlechtlichen Verkehr* ausübten, gewinnt man gelegentlich objektive Anhaltspunkte für eine gleichgeschlechtliche Veranlagung aus der femininen Gesamtverfassung dieser Männer, die sich auch in der Körperhaltung und in den Bewegungen erkennen läßt. In der Mehrzahl der Fälle bietet die körperliche Beschaffenheit keine Besonderheiten. Objektive Zeichen der Tat selber können außer Samenresten am Körper und an der Kleidung bei einem Afterverkehr Kotteilchen an der Eichel sein. Seltener findet man Einrisse am After und Dehnungen des Schließmuskels. Die Bildung eines trichterförmigen Zuganges zur Afteröffnung zwischen den Gesäßbacken, die sich nach wiederholtem Afterverkehr bilden soll, hat sich als irrige Annahme erwiesen. Gelegentlich sind Primäraffekte auf der Zunge, am Gaumen, an den Tonsillen und am After objektive Zeichen stattgehabten gleichgeschlechtlichen Verkehrs (s. d. Art.: Geschlechtskrankheiten vor Gericht).

Die „*widernatürliche Unzucht*", welche von Menschen mit Tieren (s. d. Art.: Zoophilie) begangen wird, läßt sich objektiv unter Umständen sowohl am Menschen wie am Tier nachweisen. Haben Männer die Tat begangen, so finden sich am Glied Schleimreste der tierischen Scheide, Kot des tierischen Afters bzw. Exkrete der Kloake und Haare und Federn des geschändeten Tieres. Letztere findet man auch in der Umgebung und an der Kleidung des Täters. Bei Frauen, die sich der widernatürlichen Unzucht mit Tieren hingaben, findet man Kratzwunden an der Brust und Schultergegend von anspringenden Hunden und in der Scheide und deren Umgebung tierischen Samen, der als solcher leicht zu identifizieren ist. Auch wenn keine beischlafsähnlichen Handlungen, sondern unzüchtige Handlungen wie Leckungen durch die Tiere vorgenommen wurden, kann man gelegentlich Abschürfungen durch die Rauhheit der Zunge an den Schleimhäuten feststellen, gleichzeitig Kratzwunden durch die Krallen der Pfoten.

Die betreffenden Männer und Frauen sind auf ihre geistige Verfassung zu untersuchen, um ihre strafrechtliche Zurechnungsfähigkeit zu ermitteln. Bei den Männern, die mit Schweinen, Kühen und Pferden geschlechtlich verkehren, handelt es sich meistens um hochgradig schwachsinnige Menschen. Die geschändeten Tiere sind von Tierärzten zu begutachten.

Wenn bei unzüchtigen Handlungen und außerehelichem Beischlaf der Tod des Opfers eintrat, ist es Sache des gerichtlich-medizinischen Sachverständigen, aus dem Befund bei der Leichenöffnung festzustellen, ob ursächliche Zusammenhänge zwischen den unsittlichen Handlungen und dem Tode bestehen. In den meisten Fällen wird dieser Zusammenhang nicht eindeutig zu erbringen sein, weil es sich um Menschen handeln wird, die an chronischen krankhaften Veränderungen litten, die auch ohne Hinzukommen der unsittlichen Handlung sterben konnten (s. d. Art.: Plötzlicher Tod aus natürlicher Ursache; Tod im Beischlaf).

*Schrifttum.*

*v. Hofmann-Haberda:* Lehrbuch der gerichtl. Medizin. XI. Aufl. 30 ff. Wien u. Berlin 1927. — *v. Neureiter* u. *Straßmann:* Die gerichtsärztliche Untersuchung des gesunden und kranken Menschen. Handb. der biol. Arbeitsmethoden. Abtlg. IV, Teil 12, Heft 3. Berlin u. Wien 1927. — *Pietrusky:* Gerichtliche Medizin. Handb. des öff. Gesundheitsd. **XV.** Unters. b. Vergehen und Verbrechen gegen die Sittlichkeit. 157 ff. Berlin 1938. **Schackwitz.**

**Skorpionstichvergiftung** siehe *Spinnen-, Skorpione- und Tausendfüßlervergiftung.*

**Sodomie** siehe *Homosexualität; Unzucht.*

## Solanin.

Die als *Solanin* bezeichneten Glykoalkaloide der verschiedenen Solanumarten sind wahrscheinlich nicht identisch. Solanin aus Kartoffel = $C_{44}H_{71}NO_{15}$; weiße nadelförmige Kristalle, $[\alpha]$ D 20 = $-42°$. Fast unlöslich in Wasser, Äther und Chloroform, löslich in heißem Alkohol; reagiert alkalisch, schmeckt bitter. Die Salze sind wasserlöslich; HCl-Salz F. = 212°. Solanin besteht aus der Base Solanidin + je 1 Mol. Rhamnose, Glukose und Galaktose. Solanidin aus Kartoffel = $C_{26}H_{41}NO$.

*Vorkommen der Solanine:* In allen Pflanzenteilen verschiedener Solanumarten neben den verwandten Alkaloiden *Solanein, Solanidin* und *Solanthren,* vor allem in *Solanum tuberosum* (Kartoffel), *Solanum lycopersicum* (Tomate), *Solanum nigrum* (Schwarzer Nachtschatten) (Europa und fast überall in gemäßigter und heißer Zone), *Solanum dulcamara* (Bittersüß) (Europa, Nordafrika, Westasien), *Solanum Sodomaeum* (Sodomsapfel) (Mittelmeer), *Solanum pseudocapsicum* (Korallenkirsche), (tropisches Südamerika), sehr verbreitet als Topfpflanze u. a.

In der *Kartoffelknolle* sind durchschnittlich nur 0,12 g Solanin pro Kilogramm, häufig noch weniger, d. h. nur 0,02—0,04 g pro Kilogramm. Frisch geerntete, reife und geschälte Kartoffeln sind praktisch alkaloidfrei. Der Solaningehalt wächst beim Austreiben, der Stoff reichert sich an in den „Augen", besonders aber in den Keimen und an den Stellen, wo die Schosse abgehen. In auskeimenden Kartoffeln kann der Solaningehalt bis auf 0,2—5,0 g pro Kilogramm ansteigen und dann zu Vergiftung Veranlassung geben. Solaningehalt der Blüten 0,6 —7%, der grünen Beeren bis 1%. *Tomaten* enthalten 0,004 (grün) bis 0,007 % (reif). Reife Beeren von Solanum dulcamara enthalten 0,3—0,7 %, Beeren von Solanum nigrum bis zu 0,25 % Solanin.

Solanidin kommt auch frei in Blättern und jungen Trieben von Solanum dulcamara vor bis zu 1,5 %. Dem Solanidin fehlt die örtlich reizende Wirkung; es ist auch sonst bedeutend weniger giftig wie Solanin.

*Solaninvergiftung:* Solanin steht den Saponinen nahe, ist Protoplasma- und Blutgift, wirkt auf Schleimhäute stark reizend, kann Entzündungen des Magen-Darmkanals hervorrufen, auch schwere Nierenentzündung. Die hämolytische Wirkung tritt bei enteraler Aufnahme wegen geringer Resorption nicht auf. Solanin wird teils unverändert, teils als Solanidin durch den Urin ausgeschieden.

*Vergiftungsbild:* Beginn mit Erbrechen, wenn dieses ausbleibt, schwere, mit heftigen Durchfällen einhergehende Darmentzündung, Temperatursteigerung, Kopfweh, Benommenheit, narkoseähn-

liche Zustände, Tachykardie. Bei schwerer Vergiftung Herzschwäche, Angstgefühl, Schweißausbruch, Atemnot, Bewußtlosigkeit, Krämpfe. Tod an Atemlähmung.

*Differentialdiagnose:* Wenn mit Mydriasis einhergehend bei Vorhandensein mydriatisch wirkender Nebenalkaloide (Solanum nigrum), der Belladonnavergiftung nicht ganz unähnlich (auch Gesichtsrötung usw.). Unterscheidend sind gastrointestinale Reizsymptome durch Solanin. Noch eher kommt Fliegenpilzvergiftung differentialdiagnostisch in Frage.

Ferner bakterielle Nahrungsmittelvergiftungen von mehr oder weniger atropinartigem Typus.

*Prognose* auch bei schwerer Vergiftung meist günstig.

*Pathologisch-anatomischer Befund:* Beim Menschen (außer im Fall von *Terbrüggen*) nicht bekannt. Akute Hirnschwellung, akute Gastroenteritis, akute Stauung aller Organe, Schwellung und Ödem der Leber, des Herzmuskels und der Nierenrinde; akutes schweres Lungenödem. Im Tierversuch ähnlich wie bei Saponinvergiftung.

*Dosis medicinalis: Solaninum,* früher gegen Neuralgien u. a. zu 0,1—0,5 g; ferner *Stipites Dulcamarae,* als Abkochung bei chronischer Bronchitis, Asthma usw. zu 1,0 g.

*Dosis toxica:* 0,1—0,5 g Solanin erzeugen leichte Vergiftungserscheinungen mit Kratzen im Schlund, Appetitverlust, Schwindel, Schlafsucht.

*Dosis letalis:* Für Solanin nicht bekannt. Tödliche Vergiftungen durch schwarze Beeren und Blätter des schwarzen Nachtschattens und rote Beeren des Bittersüß bei Kindern vorgekommen. Beschriebene Symptome sehr wechselnd; Vergiftungsverlauf meist unter Fieber und heftigen Durchfällen. Tödliche Vergiftung eines dreieinvierteljährigen Knaben nach Genuß einiger grüner Beeren der Kartoffelstaude unter Apathie, Temperatursteigerung, akuter Gastroenteritis, Nackensteifigkeit (*Terbrüggen*).

*Vergiftungsgelegenheiten:* Ob Massenvergiftungen durch Kartoffeln allein auf deren Solaningehalt zurückzuführen sind, ist fraglich (vgl. *Hübener*). Immerhin sind schwere Vergiftungsfälle mit tödlichem Verlauf innert einer Woche nach Genuß auskeimender Kartoffeln bekannt (*Hansen*). Da in Kartoffelkeimen der Solaningehalt auf 0,2—5,0 g pro Kilogramm ansteigen, und da ein Solaningehalt von mehr als 0,2 g pro Kilogramm Kartoffeln zu Vergiftungen führen kann, ist die Vergiftungsmöglichkeit durch keimende und grünwerdende Kartoffeln nicht von der Hand zu weisen. Erkrankung von 100 Soldaten unter Kopfschmerz, kolikartigen Leibschmerzen, Erbrechen, Durchfall, Abgeschlagenheit, z. T. Benommenheit nach Genuß von knollenartigen Auswüchsen alter Kartoffeln. Giftig sind auch zu junge (grüne) Kartoffeln.

Vergiftung durch Essen der giftigen Beeren des schwarzen Nachtschattens und des Bittersüß bei Kindern. Nach Einnahme von sechs bis acht Beeren des schwarzen Nachtschattens durch zweidreiviertel-jähriges Kind Erkrankung unter meningitischen Symptomen neben heftigen Durchfällen (*Leffkowitz*). Vergiftung eines Kindes durch Essen von 3—4 Beeren der Korallenkirsche (*Solanum pseudocapsicum*) unter Übelkeit, Leibschmerzen, Somnolenz, Mydriasis.

Vereinzelt medizinale Vergiftungen bei Verwendung der früher offizinellen, ebenfalls solaninhaltigen Stipites Dulcamarae (Stengel von Bittersüß). — Bei Haustieren sind Solaninvergiftungen, bei denen wie beim Menschen cerebrale und gastrointestinale Erscheinungen im Vordergrund stehen, nicht selten.

*Schrifttum.*

*Dieterle, H.* u. *K. Schaffnit:* Über Solanthren, ein neues Nebenalkaloid aus Kartoffelkeimen. (Vorl. Mitt.) Arch. Pharmaz. **270**, 550 (1932). — *Erben, F.:* Vergiftungen. 2 II, 461. Wien 1910. — *Geßner, O.:* Die Gift- und Arzneipflanzen von Mitteleuropa. 75 Heidelberg 1931. — *Hansen, A. A.:* Science **61**, 340 (1925). — *Hübener, E.:* Kartoffelvergiftungen. In: *Flury* u. *Zangger,* Lehrbuch der Toxikologie. 487. Berlin 1928. — *Kobert, R.:* Lehrbuch der Intoxikationen. 2. Aufl. **2**, 759. Stuttgart 1906. — *Leffkowitz, M.:* Nachtschatten-Vergiftung eines Kindes. Dtsch. med. Wschr. **58**, 1882'(1932) u. Slg. Verg.-Fälle A **318**. — *Lewin, L.:* Gifte und Vergiftungen. 820. Berlin 1929. — *Meyer, G.:* Über den Gehalt der Kartoffeln an Solanin und über die Bildung desselben während der Keimung. Arch. f. exper. Path. **36**, 361 (1895). — *Perles:* Über Solanin und Solanidin. Diss. München 1890. — *Pohl, J.:* Solanin, in: *Heffter:* Handb. exper. Pharmakol. **2**, 2, 1294. Berlin 1924. — *Schmiedeberg, O.:* Über die toxikologische Bedeutung des Solaningehaltes der Kartoffeln. Arch. f. exper. Path. **36**, 372 (1895). — *Schöpf, C.* u. *R. Herrmann:* Zur Kenntnis des Solanidins. Ber. dtsch. chem. Ges. **66**, 298 (1933). — *Soltys, A.:* Über das Solanidin. Ber. dtsch. chem. Ges. **66**, 762 (1933). — *Terbrüggen, A.:* Tödliche Solaninvergiftung. Beitr. path. Anat. **97**, 391 (1936). — *Trier, G.:* Die Alkaloide. 2. Aufl. 773. Berlin 1931. **H. Fischer.**

**Solbar** siehe *Schädlingsbekämpfungsmittel.*

**Solvochin** siehe *Chinin und Chinidin.*

**Somnacetin** siehe *Schlafmittel.*

**Somnifen** siehe *Schlafmittel.*

**Somnin** siehe *Schlafmittel.*

**Soneryl** siehe *Schlafmittel.*

**Sonnenstich** (= S.). (Vgl. auch Art.: Hitzschlag.)

Als S. (*Insolation*) wird die Wirkung einer lokalen Überhitzung des Kopfes und damit des Gehirns durch strahlende Wärme bezeichnet. Der S. kommt in unserem Klima verhältnismäßig selten vor. Wir finden ihn bei Leuten mit entblößtem oder unzweckmäßig bedecktem Kopf, die in der heißen Jahreszeit längere Zeit in der Sonne gelegen haben. Er entsteht somit durch andauernde Bestrahlung des unbedeckten Kopfes oder des Nackens. Wir finden ihn bei Schlafenden im Freien in der Mittagssonne, bei Arbeitern auf dem Felde zur Erntezeit oder bei Dacharbeitern. Auch Bergsteiger und Schwimmlehrer, bei denen noch die reflektierten Sonnenstrahlen hinzukommen, gehören zu den in der Literatur beschriebenen Erkrankten. Nach *P. Schmidt* sollen die hellen, in die Tiefe eindringenden Strahlen des Sonnenlichtes die Ursache für die Erkrankung sein und nicht die ultravioletten. Die Folgen des Sonnenstichs sind heftige Kopfschmerzen, psychische Störungen (maniakalische Aufregungen mit Verlust des Bewußtseins, Halluzinationen, Irrereden) und nicht selten Konvulsionen. Allgemeines Übelsein mit heftigen Kopfschmerzen und zeitweiligem Erbrechen findet man hin und wieder zu Beginn der Erkrankung, hyperpyretische Temperatursteigerungen bis 43° und noch höher sind beobachtet. Dabei ist allerdings zu beachten, daß besonders in unserm Klima oft eine strenge Trennung des eigentlichen Sonnenstichs vom Hitzschlag (s. d.) nicht möglich ist. So meint *Steinhausen,* daß bei unsern klimatischen Bedingungen die Mischform der Erkrankung bei weitem überwiegt. Bei dem an S. Erkrankten finden wir nicht selten das klinische Bild einer Meningitis mit ausgesprochener Nackenstarre und entsprechendem Liquorbefund. Der Tod erfolgt in schwerstem Koma unter gleichzeitigem Versagen der Atem- und Herzzentren. Erholen sich die Menschen, so finden wir schwere Störungen der psychischen und nervösen Funktion. Die *Sektionsbefunde* sind nicht charakteristisch. Wir haben starke Hyperämie des Gehirns und seiner Häute und können entsprechend der Rötung und Schwellung des Gesichtes auch solche der gesamten Kopfhaut feststellen. Sehr häufig werden Blutungen in den serösen Häuten und eine Blutüberfüllung der Organe gefunden. Insbesondere scheint aber das Gehirn beteiligt zu sein, denn außer der Blutfülle des Gehirns wurden oft Ergüsse in die weichen Hirnhäute im Sinne einer Meningitis serosa beobachtet. Oft zeigen die Ganglienzellen Veränderungen in Form einer Aufquellung und unregelmäßige Verteilung der *Nissel*schen Körperchen. Als außerordentlich häufig vorkommender Befund sind sehr zahlreiche feinste Blutungen im Gehirn hervorzuheben. So fand *Steinhausen* Gehirnblutungen verschiedener Größe. *Schwab* berichtete von einem Bergsteiger, der an Bewußtlosigkeit, Blausucht und den Erscheinungen schwerster Herzinsuffizienz erkrankte. Der Tod trat sehr schnell ein. Bei der Obduktion fand er ausgedehnte flohstichähnliche Blutungen; die ganze Marksubstanz war mit solchen typischen Ringblutungen durchsetzt. *Ruppaner* berichtete ebenfalls über Gehirnpurpura bei S. Auch in seinem Fall erkrankte ein Bergsteiger im Anschluß an eine längere Gletschertour bei heißem, vollkommen klarem und sonnigem Wetter an Kopfschmerzen und Benommenheit, der sehr rasch Bewußtlosigkeit folgte und bei der sich das Bild einer ausgesprochenen Meningitis entwickelte. Auch stellte man eine hyperpyretische Temperatursteigerung fest. Der Tod trat im tiefsten Koma sehr rasch ein. Auch hier fand sich eine ausgedehnte Hirnpurpura. Das Mark der Großhirnhemisphäre ließ eine erhebliche Aussaat von miliaren Blutungen erkennen, bei denen es sich um Ring- oder Schalenblutungen handelte. Allerdings werden in diesem Fall neben der lokalen Schädigung des Gehirnes durch die intensive Sonnenbestrahlung noch bakteriell-toxische Einflüsse eine Rolle gespielt haben, da gleichzeitig eine Pneumonie festgestellt wurde.

*Schrifttum.*

*Hiller:* Hitzschlag und Sonnenstich. Leipzig 1917. — *Marchand:* Die thermischen Krankheitsursachen. In: *Krehl* u. *Marchand,* Handb. der allg. Pathologie. **1**. Leipzig 1908. — *Ruppaner, E.:* Über Gehirnpurpura bei Sonnenstich. Festschrift *Zangger.* 639. — *Schmidt:* Über Gehirnpurpura und hämorrhagische Encephalitis. Beitr. path. Anat. **7** (1905). — *Schomburg-Zuntz:* Studien zur Physiologie des Marsches. Bibl. von *Coler* **6** (1901). — *Schwab:* Über Hirnveränderungen bei Sonnenstich. Schweiz. med. Wschr. **2** (1925). — *Steinhausen:* Nervensystem und Insolation. Bibl. von *Coler* **30** (1910) **Förster.**

**Sonnenstrahlen als Brandursache.** (Vgl. auch Art.: Brandursachen.)

Sonnenstrahlen können dann als Zündquelle in Betracht kommen, wenn sie parallel mit der Achse auf eine *bikonvexe Linse* auftreffen und sich nach der Brechung durch die Linse im Brennpunkt sammeln. Im Brennpunkt wird nicht nur die erleuchtende, sondern auch die erwärmende Wirkung der auf der Linse aufgefangenen Sonnenstrahlen gesammelt. Trifft der Brennpunkt auf leicht entzündliches Material (z. B. Papier), so wird dieses zur Entzündung gebracht und verbrennt (Brennglaswirkung). Auch Glaskugeln wirken als Sammellinsen. Analog hatte in einem selbst untersuchten Fall eine mit Wasser gefüllte, ausgediente elektrische Birne, die als „Vergrößerungsglas" vor einer Wegekarte in einer Werkstatt hing, infolge Brennglaswirkung die günstig auftreffenden Sonnenstrahlen eingefangen. Der Brennpunkt lag auf der Wandkarte, die entzündet worden war. Auch mit Wasser gefüllte Glaskugeln und gefüllte Wasserkaraffen sind — wie das Schrifttum ausweist — bereits entsprechend als Branderreger erkannt worden. Obwohl Luftblasen in Glasscheiben und Glasziegeln meist nicht als Sammellinsen wirken, scheint es doch so, als hätten sich in der Praxis auf diese Art (bei möglichst waagerechtem Strahleneinfall und zufällig richtigem Abstand der Glasscheibe von der

Gardine = Brennweite des als Sammellinse wirkenden Glasscheibenbereiches) bereits Entzündungen vollzogen. Da durch steile Schrägstellung der Dachfenster die Sonnenstrahlen fast ausschließlich schräg, ja im spitzen Winkel auf diese auftreffen, kann gemäß den Gesetzen der Optik von einer Sammelwirkung für Strahlung hier nur noch kaum die Rede sein. Berücksichtigt man schließlich, daß die Dachfenster in Scheunen, Ställen und Böden häufig durch Staub, Spinngewebe u. dgl. verschmutzt, ja bedeckt sind, wird die an sich schon problematische Linsenwirkung stark herabgemindert, wenn nicht ganz ausgeschlossen. Das gleiche gilt für leicht bikonvexe Glasziegel (sog. Ochsenaugen, Biberschwänze). Gegebenenfalls wäre zu prüfen, wann die Ziegel eingesetzt worden sind. Waren diese schon Jahre alt, hätte man periodisch mit dem Ausbruch eines entsprechenden Brandes rechnen müssen, da doch während der vergangenen Jahre mehrfach die günstige Sonnenstellung vorhanden war — vorausgesetzt, daß die Lagerung der brennbaren Stoffe im Raum keine wesentlichen Veränderungen im Laufe dieser Zeit erfahren hatte und sich diese in der Brennweite befanden. — Fallen Sonnenstrahlen auf einen *Hohlspiegel* von kleiner Öffnung unter geringer Neigung zur Hauptachse, so werden die Strahlen in Form eines Lichtkegels zurückgeworfen und schneiden sich in dem vor dem Spiegel befindlichen Raum im Brennpunkt. Kommt der Brennpunkt zufällig in zündfähige Substanz zu liegen, so kann alsbald deren Entflammung eintreten. Aus den Beispielen geht hervor, daß in der Praxis Branderregung durch optische Systeme nur in seltensten Fällen zu erwarten ist. Es erscheint daher angeraten, entsprechende Vorbringen von Brandbetroffenen jeweils mit großer Skepsis aufzunehmen. Einschlägige Nachprüfungen an Ort und Stelle, allgemeine Feststellungen, wie Zeit des Brandausbruches, der Witterungsverhältnisse, des Sonnenstandes (zur Lage des Brandherdes) u. dgl. mehr, werden erkennen lassen, ob für einen Brandfall die angegebene Zündungsursache vorgelegen haben konnte oder nur — wie meist — vorgeschoben war.

*Schrifttum.*
Siehe d. Art.: Brandursachen. *Specht.*

**Soor** siehe *Bakteriologische Untersuchungen in der gerichtlichen Medizin.*

**Soziale Indikation zur Schwangerschaftsunterbrechung** siehe *Fruchtabtreibung.*

**Spätapoplexie** siehe *Commotio und Contusio cerebri; Nervenkrankheiten und Trauma; Plötzlicher Tod aus natürlicher Ursache.*

**Spanische Fliegen** siehe *Canthariden.*

**Spartein- und Lupinenalkaloide.**

1. *Spartein, Lupinidin,* Hexahydrodesoxyanagyrin, $C_{15}H_{26}N_2$. Farblose, ölig flüssige, anilinartig riechende Base, Sp. = 326°, [α] D 21 = — 16,4°. Schwer löslich in Wasser, leicht in Alkohol und Äther. Starke zweisäurige Base, die gut kristallisierende Salze bildet. Die Base schmeckt äußerst bitter. Therapeutisch als *Sparteinum sulfuricum;* krist. rhombisch, F. = 244°, [α] D = — 23,3°. Ebenfalls stark bitter.

*Vorkommen des Sparteins:* in *Sarothamnus scoparius* (Genista scoparia), Besenginster (Leguminose): Europa, hauptsächlich West- und Südeuropa, Norddeutschland, Eifel; ferner in Japan. Die Blätter und Zweige, besonders die Zweigspitzen enthalten Spartein und die weiteren Alkaloide *Genistein* und *Sarothamnin.* Außerdem einen gelben, bitteren, angeblich diuretisch wirkenden Farbstoff *Scoparin,* $C_{22}H_{22}O_{11}$ (reines Scoparin hat *keine* diuretische, sondern sogar diuresevermindernde Wirkung) (*Kreitmar*). In der

reifen Frucht über 1% Spartein, in den Samen das Alkaloid *Cytisin* (s. d. Art.: Cystisin und Goldregenvergiftung). l-Spartein enthalten auch *Spartium junceum,* Spanischer Ginster (Legumin.), namentlich in den Blüten (0,2%), Samen und jungen Blättern; letztere beide waren früher offizinell. l-Spartein enthalten ferner verschiedene Lupinenarten (s. u.). *d-Spartein* (sog. Pachycarpin) findet sich in *Anabasis aphylla* neben Anabasin.

2. *Lupinin,* $C_{10}H_{19}NO$. F. = 68°. Leicht löslich in Wasser, Alkohol und Äther, mit Wasserdämpfen flüchtig. Lösungen linksdrehend, schmecken bitter.

3. *Lupanin* (Tetrahydroanagyrin) $C_{15}H_{24}N_2O$, natürliches d-Lupanin, krist. schwer. F. = 44°, [α] D = + 83,2°. In Wasser und organischen Solventien leicht löslich; Lösungen reagieren stark alkalisch. *d-l-Lupanin = Lupanidin,* hygroskopische Nadeln F. = 99°.

*Vorkommen der Lupinenalkaloide:* Namentlich in den Samen der verschiedenen in Mitteleuropa zum Teil als Futtermittel im großen kultivierten ursprünglich mediterranen Lupinenarten: *Lupinus luteus,* Gelbe Lupine, *Lupinus niger,* Schwarze Lupine (Südeuropa); enthalten in Samen über 1% Alkaloide, vor allem Spartein und Lupinin; *Lupinus albus,* Weiße Lupine, Wolfsbohne (Mittelmeergebiet), enthält in den Samen *d-Lupanin* und *d-l-Lupanin* = Lupanidin; *Lupinus augustifolius,* Blaue Lupine (Mittelmeergebiet) und *Lupinus polyphyllus* (Nordamerika) — in vielen Spielarten in Gärten — enthalten nur d-Lupanin.

*Wirkung des Sparteins:* Für den Menschen relativ wenig toxisches Alkaloid (etwa wie Chinin); wirkt aber nur in hoch toxischen Dosen zentral lähmend wie Coniin (aufsteigende motorische Lähmung), aber erheblich schwächer, peripher schwach nicotinähnlich, erst erregend, dann lähmend auf vegetative Ganglien; ferner schwach curareartig. Die ihm zugeschriebene Herzwirkung ist nicht digitalisähnlich: im wesentlichen wirkt es pulsbeschleunigend durch Lähmung der Herzhemmungszentren, sekundär blutdrucksenkend und gefäßerweiternd. Spartein ist ein allgemeines Nervengift, in höheren Dosen wirkt es als Protoplasmagift. Im Tierversuch bei hochtoxischen Dosen Tod an Atemlähmung.

*Verwendung des Sparteins:* Früher häufiger als Herzmittel, namentlich bei Rhythmusstörungen, auch bei Vorhofflimmern, selbst bei dekompensierten Herzfehlern und bei Myokarditis, neuerdings auch bei Beri-beri-Herz. Spartein ist aber kein Herztonicum, eher ist infolge seiner Protoplasmagiftwirkung in höheren Dosen, etwa von 0,2 g an, eine sedative Beeinflussung bei Rhythmusstörungen und Tachykardie denkbar. Der früher offizinelle *Besenginsterextrakt* wurde neuerdings in die „biologische Heilmethode" wieder eingeführt.

*Dosis medicinalis:* 0,05—0,2 g.

*Dosis toxica:* von 0,3 g an wurden Schwindel, Kopfschmerzen, Herzklopfen, Prickeln in den Extremitäten, auch Schweißausbruch beobachtet. Nach 0,4 g Kardialgie, Hitzegefühl im Gesicht und Rötung, Abnahme des Kraftgefühls in den Beinen. Gelegentlich auch Schwindel, Somnolenz, Herzklopfen, Kopfweh, d. h. dieselben Nebenerscheinungen wie bei Verwendung des Besenginsters als *Abortivum;* Übelkeit, Erbrechen und Durchfall sind eher selten.

*Lupinin* wirkt sparteinähnlich, aber erheblich schwächer. Im Tierversuch in hohen Dosen ebenfalls Tod durch Atemlähmung. *Lupanin* wirkt in der Art gleich wie Lupinin, soweit bekannt eher schwächer wie dieses.

*Vergiftungen:* Früher gelegentlich medizinale Vergiftungen bei Verwendung der *Herba Spartii scoparii.* Symptome und Verlauf ähnlich wie bei Nicotin- und Cytisinvergiftung, aber weniger heftig.

*Zufällige Vergiftungen durch Lupinensamen* sind bei Kindern auffallend schwer verlaufen: Nach Genuß einer Anzahl der stark bitteren Wolfsbohnen traten bei zehnjährigem Knaben gastrische Symptome, Mydriasis, klonische Krämpfe, Dyspnoe und Cyanose ein. Tod unter Krämpfe innert drei Stunden. Ein eineinhalbjähriges Kind starb nach Genuß von sechs Wolfsbohnen, ein 17 Monate altes Kind ebenfalls nach Genuß einiger Lupinensamen unter lähmungsartigen Erscheinungen. Nach Verwendung einer Abkochung von Lupinensamen als Wurmmittel per Klysma traten bei Erwachsenen Übelkeit, Erbrechen, Mydriasis, Amaurose, Strangurie ein.

*Schrifttum.*

*Bohnenkamp, H.* u. *F. Hildebrandt:* Die Herzwirkung des Sparteins. Arch. f. exper. Path. **102**, 244 (1924). — *Crawford:* The action of sparteine sulphate on the mammalian heart. J. of Pharmacol. **26**, 171 (1926). — *Dixon, W. E.:* Spartein. In: *Heffter*, Handb. der exper. Pharmakologie. **2 II**, 724. Berlin 1924. — *Fromherz, K.:* Wirkungen des Lupinins und Sparteins auf die Kreislauforgane. Arch. f. exper. Path. **145**, 238 (1929). — *Hazard, R.:* Einige physiologische Wirkungen des Sarothamnins und des Genisteins. C. r. Acad. Sci., Paris **198**, 1945 (1934). — *Hildebrandt, F.:* Über die Herzwirkung des Sparteins. Arch. f. exper. Path. **101**, 136 (1924). — *Kreitmair, H.* u. *W. Sieckmann:* Der Besenginster und seine Wirkstoffe. *Merck*s Jber. **50**, 111 (1936). — *Kobert, R.:* Lehrbuch der Intoxikationen. 2. Aufl. **2**, 1084. Stuttgart 1906. — *Kolosowski, Z.:* Vergiftungsfall mittels Wolfsbohnen (Lupinus). Now. lek. **5**, 148 (1934). — *Lewin, L.:* Gifte und Vergiftungen. 690. Berlin 1929. — *Macré, M.* u. *R. Paris:* Recherches sur le scoparoside (= scoparine) du ,,Sarothamnus scoparius" Koch. Bull. Sci. pharmacol. **44**, 401 (1937). — *Petraroia, M.:* Su di un caso letale di lupinosi nell'uomo. (Avvelenamento per ingestione di semi secchi di lupino.) Policlinico, sez. prat. **33**, 1356 (1926). — *Romm, S. O.* u. *E. E. Krister:* Wirkung des Sparteins auf das Herzgefäßsystem. Z. exper. Med. **78**, 567 (1931). — *Trier, G.:* Die Alkaloide. 2. Aufl. 357. Berlin 1931. — *Valenti, A.:* L'azione farmacologica dei principi attivi dei semi del lupino bianco. Lupanina e malaria. Arch. internat. Pharmacodynamie **34**, 63 (1928).
**H. Fischer.**

## Speichel (= S.) und Speichelflecken (= S.F.).

S. ist das von den Speicheldrüsen in die Mundhöhle ausgeschiedene Sekret. Neben den großen Drüsen: Parotis, Sublingualis und Submaxillaris beteiligen sich an der Speichelbildung auch die kleinen Mundschleimdrüsen. S. ist ein Verdauungssaft, welcher der Nahrung gleich nach ihrer Aufnahme beigemengt wird und verschiedene Fermente, vor allem als wichtigstes die Stärke spaltende Diastase, das Ptyalin, enthält. S. ist eine opaleszierende, etwas fadenziehende Flüssigkeit, bei Prüfung mit Lackmus in der Regel von alkalischer Reaktion. Die festen Stoffe (Trockensubstanz) im S. betragen nach *Landois-Rosemann* 5,8⁰/₀₀. Es finden sich Kochsalz, Eiweiß, Mucin, Rhodankalium und Rhodannatrium (CNSK und CNSNa), die besonders im S. von Rauchern (zwei- bis dreimal reichlicher) enthalten sind.

Der Nachweis von Rhodankalium ist zur Identifizierung von S. und S.F. wichtig. Die Probe ist folgende: Ansäuern mit Salzsäure und Zusatz von Eisenchlorid-Lösung. Bei Anwesenheit von S. bildet sich Eisenrhodanid, kenntlich an der Rotfärbung. Nach *B. Mueller* kann man auch den Flecken unmittelbar durch Betupfen Reagens (1:3 verdünnte offizinelle Eisenchlorid-Lösung) zusetzen.

An körperlichen Bestandteilen finden sich im S. S.körperchen, das sind kernhaltige runde Zellen, Leukocyten, die durch hypotonische S.-Flüssigkeit verändert sind, ferner abgeschilferte Plattenepithelien von der Mundschleimhaut, ferner massenhaft Bakterien und Spaltpilze.

*Gerichtlich-medizinisch* und *kriminalistisch* haben S. und S. F. Bedeutung als Abrinnspuren bei Erwürgten und Erhängten, als Flecken bei Untersuchung von Knebeln, auf die besonders *B. Mueller* hingewiesen hat, sowie zur Untersuchung von Klebemitteln bei Briefmarkenfälschungen.

Der Nachweis von Schleim, etwa durch Kresylechtviolett (0,02 %ige wäßrige Lösung), ist allein nicht beweisend, da auch andere Sekrete Schleim enthalten. Von größerer Bedeutung ist der Nachweis des S.fermentes Ptyalin. *Mueller* ist es in systematischen Untersuchungen gelungen zu zeigen, daß sich diese Probe auch für die kriminalistische Praxis eignet, zumal sich dieselbe durch hohe Empfindlichkeit bis zur Verdünnung 1:4000 auszeichnet. Der Gang der Untersuchung ist folgender:

5 ccm einer Stärkelösung in 2 %iger Kochsalzlösung werden zu 2 ccm S.-Verdünnung und 2 ccm Phosphatpuffer-Lösung, die in der Praxis auch weggelassen werden kann, zugesetzt. Stehenlassen dieser Mischung acht Stunden im Brutschrank bei 37° C. Dann wird die Hälfte der Flüssigkeit mit *Fehling*scher Lösung auf Traubenzucker untersucht, der anderen Hälfte der Lösung werden zehn Tropfen einer 1:3 verdünnten offizinellen *Lugol*schen Lösung zugesetzt und die Farbänderung beobachtet. Da auch durch Bakterienwirkung Stärkeabbau erfolgen kann, muß man beim Versuch die Bakterienwirkung durch Zusatz von Toluol ausschalten. *Mueller* empfiehlt daher, vor dem Stärkezusatz die Flecken vier Stunden in Toluol zu legen und findet bei seinen Untersuchungen, daß Flecken von Sperma, Scheidensekret und Kotflecken keinen vollständigen Stärkeabbau herbeiführen. Zur Durchführung der Probe genügt schon ein S.F. von ¼ qcm. Bei der Probe ist nur darauf zu achten, daß die Lösungen neutral sind, vor allem muß eine stärkere alkalische Reaktion vermieden werden.

Im Ultraviolettlicht verhalten sich S.F. ähnlich wie Wasserflecke, zeigen nur einen etwas helleren Rand, ein deutliches Aufleuchten fehlt.

Zur Feststellung, ob S. vom Menschen stammt, ist die *Uhlenhuth*sche Eiweißreaktion heranzuziehen. Zur Klärung der Frage, ob S.F. von einer bestimmten Person stammen, kann die Untersuchung auf Blutgruppenzugehörigkeit versucht werden, da bei vielen Menschen (den sog. Ausscheidern) Gruppensubstanzen ausgeschieden werden durch die gewöhnliche Absorption wie bei Blutflecken oder durch die Hemmung. (Zur Technik s. d. Art.: Blutgruppen und Blutfaktoren.)

So war uns in einem Falle die Frage gestellt, ob mit einem bestimmten beschlagnahmten Personenwagen jemand entführt und im Auto erwürgt worden sei. An der Wagenauskleidung innen am rechten hinteren Sitz fanden sich Abdrücke von staubigen Schuhsohlen. Vor den rückwärtigen Sitzen auf dem Boden des Wagens ließ sich ein trockener S.fleck nachweisen, dessen Untersuchung einwandfrei menschlichen S. der Blutgruppenzugehörigkeit A ergab. Das Opfer war A und war außerdem Ausscheider.

Auch an Zigarettenstummeln und Zahnstochern (*Haraguti*) wie an aufgeklebten Briefmarken (*Künkele*) ist S. und Gruppensubstanz nachgewiesen worden.

*Schrifttum.*

*Haraguti, I.:* Individual discrimination in point of view of blood group from a used Cigarette and a used Tooth-pick. Bulteno de la Jurmed. Nagasaki **1**, 45. — *Holzer, F. J.:* Untersuchungen über die gerichtlich-medizinische Verwertbarkeit der Ausscheidung von Blutgruppensubstanzen. Dtsch. Z. gerichtl. Med. **28**, 234 (1937). — *Künkele:* Über die Untersuchung von Klebstoffen. Blutgruppennachweis an gebrauchten Briefmarken. I. internat. Kongreß für gerichtl. Med. Bonn 1938. — *Landois-Rosemann:* Lehrbuch der Physiologie. 17. Aufl. Berlin und Wien 1920. — *Mohr, H.:* Brandstiftung, um Mord zu verdecken. Überführung des Täters durch Gruppensubstanzbestimmung des Fingernagelschmutzes. Arch. Kriminol. **97**, 100 (1935). — *Mueller, B.:* Über den Nachweis eingetrockneten Speichels in Tüchern. Dtsch. Z. gerichtl. Med. **11**, 211 (1928). — *Reuter, K.:* Naturwissenschaftlich-kriminalistische Untersuchungen menschlicher Ausscheidungen. *Abderhalden*s Handb. der biol. Arbeitsmethoden **394**, 335. Berlin und Wien 1932. — *Schiff, F.:* Die gruppenspezifischen Substanzen des menschlichen

Körpers. Jena 1931.— *Sievers, Olof.:* Über die Eigenschaften des „Blutgruppenfermentes" im Speichel. Z. Immun.forschg. **86**, 130 (1935). **Holzer.**

**Speiselorchel** siehe *Pilzvergiftungen.*

**Speiteufel** siehe *Pilzvergiftungen.*

**Spektralanalyse** siehe *Mikrochemie.*

**Spektroskopischer Blutnachweis** siehe *Forensische Blutuntersuchung.*

**Sperma** (= S.) **und Spermaflecken** (=S.F.). (Vgl. auch Art.: Sittlichkeitsverbrechen; Zweifelhafte Fortpflanzungsfähigkeit beim Manne und beim Weibe.)

Das S. besteht aus der Samenflüssigkeit (dem Sekret aus den Samenblasen, der Vorsteherdrüse und den *Cowper*schen Drüsen) und den Samenfäden oder Spermien (1677 durch *Ludwig van Ham* entdeckt). Die menschlichen Samenfäden haben eine Länge von 52—62 $\mu$. Nach *Lode* finden sich im Kubikmillimeter S. über 60 000 Samenfäden, in einem Erguß über 200 Millionen. An normalen Bestandteilen sind noch Epithelien der Ausführungswege, helle, stark lichtbrechende kleine Körnchen, Lecithinkörner, gelegentlich weiße Blutkörperchen und mitunter, namentlich bei längerem Stehen der Proben, Spermakristalle (sog. *Schreiner-Böttcher*sche Kristalle) vorhanden. Die Menge eines Samenergusses schwankt von 1—5ccm. Normales S. bildet in frischem Zustand weiße bis weißlichgelbe, zäh gallertige Klumpen, die sich innerhalb weniger Minuten verflüssigen. Der eigentümliche, an Kastanienblüten erinnernde Geruch stammt vom Spermin. Die Samenfäden erhalten die Beweglichkeit nach Ansicht der meisten Autoren erst in den Nebenhoden. Über die Lebensdauer bzw. Dauer der Beweglichkeit schwanken die Angaben, namentlich hinsichtlich der Beweglichkeit innerhalb der weiblichen Geschlechtswege, von wenigen Stunden bis zu einigen Tagen. *Brault* hält ein längeres Überleben in den weiblichen Geschlechtsteilen für möglich. In Leichen wurden bewegliche Spermien noch 5 Tage nach dem Tode nachgewiesen (*O. Schmidt*). Im Versuch wurden bewegliche Samenfäden noch länger beobachtet. So gelang es *Brault*, Samenfäden 12 Tage in Spermatocelenflüssigkeit beweglich zu erhalten. In physiologischer Kochsalzlösung halten sich Samenfäden ebenfalls sehr lange. Bemerkenswert ist die Beobachtung von *Guggenberger* mit einer Lebensdauer der Spermien von 14 Tagen.

Ohne an dieser Stelle auf die Zeugungsfähigkeit näher einzugehen, sei hier auf die großzügige Unvorsichtigkeit der Ärzte bei Ausstellung von Bescheinigungen oder bei Äußerungen über Zeugungsunfähigkeit ihrer Patienten hingewiesen. Wir erleben es immer wieder, daß Leute auch vor Gericht behaupten, der Doktor habe ihm damals (nach der Erkrankung mit Tripper) gesagt: „Sie werden bestimmt nie im Leben Kinder zeugen können!", und bei der Untersuchung, die der Sachverständige dann vornehmen muß, zeigen sich so oft regelrecht gebildete, lebhaft bewegliche Samenfäden. Die durch Masturbation, in Ausnahmefällen auch durch Samenblasenauspressung, gewonnene Flüssigkeit wird bei der Prüfung auf Zeugungsfähigkeit mikroskopisch auf Samenzellen untersucht. Bei negativem Ausfall der Proben, beim Fehlen von Samenfäden, wird dreimal nachuntersucht, ehe das Gutachten über Zeugungsunfähigkeit abgegeben wird. Zu einem solchen Gutachten wird von der Mehrzahl namhafter Untersucher vollkommenes Fehlen von Samenfäden gefordert (*Müller-Heß* und *Panning*).

In Fragen steriler Ehen und Unfruchtbarmachung wurde auch versucht, aus der Form, Größe, Färbbarkeit usw. der Samenzellen Schlüsse zu ziehen, und

wurden Auswertungen und Zählungen vorgenommen (*Mönch, Haeger*) und wie bei Untersuchung von Blutbildern in Schemen eingetragen.

Für gerichtlich-medizinische Untersuchungen von S. und S.F. kommt diese Art der Untersuchung weniger in Betracht. Hier sind vor allem die Fragen zu beantworten:

1. Liegt überhaupt Samenflüssigkeit vor?
2. Sind Samenfäden nachzuweisen?

Handelt es sich um frische Samenflüssigkeit, wie bei der Untersuchung auf Zeugungsfähigkeit, ist diese Prüfung verhältnismäßig einfach. Es entscheidet die mikroskopische Untersuchung, sofern Täuschungen und Zweifel über die Herkunft der S.-Probe ausgeschlossen sind (s. d. Art.: Zweifelhafte Fortpflanzungsfähigkeit beim Manne und beim Weibe).

Schwieriger ist die Untersuchung von Spuren in trockenen Flecken, zumal in schmutziger Wäsche, an welcher unter den zahlreichen Schmutzflecken die S.F. herausgefunden und untersucht werden sollen. Hier spielen nun die sog. *Vorproben* eine Rolle und kürzen das Suchen ab.

Auf hellen, nicht zu verschmutzten Stoffen sind S.F. in der Regel schon mit freiem Auge gut zu erkennen an der gelbgrauen Farbe, die allerdings nicht immer auffällt, an der landkartenähnlichen Begrenzung der Flecken, wobei die Ränder in der Regel etwas dunkler erscheinen. Durch S.F. wird der Stoff auch gesteift, wie gestärkt. Bei arg verschmutzten Stoffen, bei großen Kleidungsstücken u. dgl. leistet die Untersuchung mit der Analysenquarzlampe zur Orientierung gute Dienste. Dabei zeigen S.F. starke Fluorescenz, die deutlicher ist als bei Flecken von Harn, Schleim und ähnlichen Stoffen. *Husson* fand durch Fluorescenzspektrographie, daß das von S.F. ausgesandte Fluorescenzlicht konstant zwischen 4200 und 4900 A° liegt und für S. bezeichnend sei.

Bei der Untersuchung im Quarzlicht wird die Abgrenzung der Flecken sehr deutlich, man kann sich die Flecken leicht markieren, z. B. mit Bleistift oder Kreide umfahren und nun die bezeichneten Stellen bequem untersuchen. Manchmal gibt auch schon die Verteilung der Flecken einen Hinweis dafür, wie die Flecken entstanden sind, ob gewischt, ob durch Auftropfen oder aber durch Aufspritzen.

Der nächste Schritt der Untersuchung ist das Aufweichen der verdächtigen Stellen entweder nach Ausschneiden der Stellen oder Herausschneiden und Herausziehen bestimmter Fäden aus dem Gewebe oder, wenn man dem Stoff nach der Untersuchung möglichst wenig ansehen soll, Aufweichen durch Auftropfen von Wasser und Auspressen oder Abklatschen der Stelle. Beim Aufweichen der Flecken kann man, namentlich wenn sie nicht zu alt sind, den Kastanienblüten ähnlichen Geruch der S.-Flüssigkeit wiedererkennen. Mit diesem Auszug können die verschiedenen Vorproben angestellt werden, die alle darauf beruhen, daß auf einem Objektträger ein Tropfen Fleckenauszug und ein Tropfen Reagens nebeneinander gesetzt mit Deckglas bedeckt werden, so daß die beiden Flüssigkeiten nun in einer Linie aneinandergrenzen. Die Reaktion besteht in der Bildung von Kristallen an der Grenze der beiden Flüssigkeiten.

Von den verschiedenen angegebenen Proben sind in folgender Tabelle (s. Seite 708) die drei wichtigsten nach Reagens und Kristallformen zusammengestellt.

Keine der Reaktionen ist allein beweisend für S. Die am meisten geübte und zugleich älteste Probe ist die von *Florence. Ziemke* erhielt bei Vergleichsuntersuchungen an S.F. die besten Ergebnisse mit *Niederlands* Schwefelsäureprobe, während die Probe von *Florence* in 70%, die von *Barberio* in 26,3% der Fälle positiv waren.

45*

Tabelle 1. *Chemische Vorproben.*

| Probe nach | Reagens | Form der Kristalle | vermutliche Zusammensetzung |
|---|---|---|---|
| *Florence* | Jodhaltige Jodkalilösung: 2,54 g Jod pur. 1,65 g Kal. Jod. 30,0 g Aqu. dest.[1] | doppelbrechende hell- bis dunkelbraune rhombische Kristalle mit oft aufgespaltenen Enden, Größe sehr verschieden | Jodkristalle |
| *Barberio* | kalt gesättigte wäßrige Pikrinsäurelösung[1] | hellgelber Niederschlag, stark lichtbrechende wetzsteinähnliche Kristalle und Nadeln, 5—22 $\mu$, lang von gelblicher Färbung, oft sehr klein | Pikrinsäureverbindung des Sperminphosphats |
| *Niederland* | verdünnte (etwa 3 %ige) Schwefelsäure | stark lichtbrechende, glänzende Kristalle, prismatische Nadeln oder Stäbchen, sehr haltbar | schwefelsaurer Kalk (Gipsnadeln) |

[1] Vor Gebrauch Lösung in Eis abkühlen.

1936 wurde eine mikrochemische Spermaprobe von *Puranen* angegeben. Als Reagens dient dabei Naphtholgelb S. (dinitronaphtholsulfosaures Natrium). Angeblich handelt es sich bei den charakteristisch geformten großen Kristallen in Gestalt schräger Kreuze mit kurzem Querbalken und Kristallen mit schwalbenschwanzförmigen Einschnitten an den Schmalseiten (Schmelzpunkt 240° C) um Spermaflavianat. Die Probe ist empfindlich, hat aber den großen Nachteil, daß die Unterlage der S.F. die Reaktion stört und ausgiebige Vergleichsuntersuchungen notwendig macht.

So haben alle chemischen Vorproben ihre Grenzen und Mängel, so daß *Balthazard* sie für unnütz und entbehrlich hält. Dennoch sind wir bei S.F. mit Azoospermie auf die chemischen Vorproben angewiesen. Ob man nun die Vorproben durchführt oder nicht, auf alle Fälle ist der *Nachweis der Samenfäden* auch an Zeugflecken zu versuchen. Dazu haben wir wiederum zahlreiche Methoden, von denen hier nur die wichtigsten anzuführen sind.

Die einfachste Art des Nachweises von Samenfäden in Flecken ist das Aufweichen des Fleckes in Wasser oder Kochsalzlösung, verdünntem Ammoniak u. dgl. und die mikroskopische Untersuchung des Macerates im ungefärbten Präparat. Bei älteren Flecken ist oft geraten, länger zu macerieren, wobei es nach *Mueller* dienlich ist, 1 %ige Sublimatlösung gegen das Überhandnehmen der Bakterien zuzusetzen. Durch Ausschleudern können im gewonnenen Macerat die Spermien angereichert werden. Die Untersuchung im Nativpräparat ist sehr einfach und führt bei Vorhandensein von Samenfäden wohl immer zum Ziel. Dabei hat diese Methode noch einen Vorteil, daß man durch Druck auf das Deckglas die Samenfäden in der Flüssigkeit bewegen und genauer von allen Seiten beobachten kann. Auch in alten Flecken gelingt es dabei meist, noch wohlerhaltene Samenfäden nachzuweisen. Mitunter ist etwas Jodjodkalilösungzusatz zweckmäßig, wodurch sich die Samenfäden, namentlich die Köpfe, deutlich färben und besser abheben. Eine weitere Färbung erübrigt sich gewöhnlich, wie auch *Fraenckel* hervorhob, der dabei betont, daß im Nativpräparat Irrtümer durch Kunstprodukte eher zu vermeiden sind als im gefärbten Präparat. Auf Zerstören der Unterlage, etwa durch konzentrierte Schwefelsäure, kann man wohl verzichten. Hingegen ist von Wichtigkeit, das Material für die Suche nach Samenfäden möglichst aus der Mitte der S.F. zu nehmen, da hier die Spermien, wie *Mueller* bestätigt, am reichlichsten vorhanden sind.

Die in der histologischen Technik gebräuchlichen Färbemethoden haben bei S.F. hauptsächlich den Wert, Dauerpräparate und Dokumente zum Vorweis bei Gericht zu erhalten. Das Macerat wird auf dem Objektträger ausgestrichen, getrocknet, fixiert und mit Hämatoxylin, Hämalaun, Eosin u. a. gefärbt.

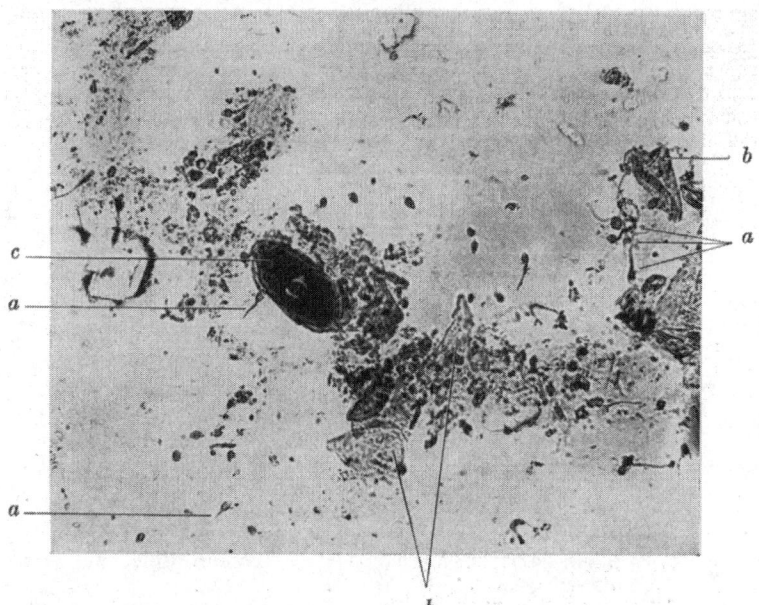

Abb. 1. Nativpräparat eines Macerates aus einem Samenfleck an der Wäsche. Das Macerat wurde auf dem Objektträger mit Jodjodkalilösung zusammengebracht, wobei sich die Scheidenzellen im Fleckauszug deutlich schokoladebraun färbten.
*a* = Samenfäden mit gut erhaltenem Schwanz. *b* = Plattenepithelien mit Kernen. *c* = Scheidenepithelzelle, die reichlich Jodfärbung angenommen hat und schokoladebraun ist (Glykogen). Der Kern der Zelle ist deutlich ausgespart.

Das am häufigsten angewandte und meist empfohlene und erprobte Verfahren ist von *Baecchi* angegeben. Es sei daher in diesem Rahmen nur diese eine Methode hier geschildert, welche sich auch für Stückfärbung eignet. Die Farblösungen sind folgende:

1. 1 Teil 1%ige Säurefuchsinlösung auf 40 Teile 1%ige HCl,
2. 1 Teil 1%ige Methylblaulösung auf 40 Teile 1%ige HCl,
3. 1%ige Säurefuchsinlösung,
   1%ige Methylblaulösung,
   je 1 Teil auf 40 Teile 1%ige HCl.

Jede der Lösungen kann für sich allein verwendet werden oder die unter 3 angegebene Doppelfärbung. Die Lösungen 1 und 2 halten sich gut, die unter 3 angegebene Mischung von 1 und 2 ist leicht zersetzlich und muß oft erneuert werden. Das Verfahren ist praktisch folgendes:

Ausschneiden eines ½ — 1 cm² großen S.F.Stückes oder Entfernen einzelner Fasern aus dem befleckten Stoffteil, Auflegen auf Objektträger und Bedecken mit Deckglas. Dann wird die Farblösung auf der einen Seite an das Deckglas herangebracht und unter dem Deckglas durchgezogen. Eventuell folgt Nachsaugen mit 1%iger Salzsäure, hernach Glycerin. Das Stück kann nach Färbung auch entwässert, in Xylol aufgehellt und in Canadabalsam eingeschlossen werden. Bei gelungener *Baecchi*färbung erscheinen die Köpfe der Samenfäden rot, die Schwanzteile blau.

Hat sich ein S.F. nach den bisherigen Untersuchungen als S. erwiesen und sind Samenfäden gefunden worden, kann zur Feststellung der *Herkunft vom Menschen* die biologische Probe angestellt werden. Aus der Form und Größe der Samenzellen ist kein zwingender Schluß zu ziehen, da auch verschiedene Säuger auffallend ähnliche Samenzellen aufweisen.

Ueber die Feststellung von Menscheneiweiß im S. hinaus kann noch die Blutgruppenzugehörigkeit versucht und erbracht werden, wie schon *Landsteiner* und *Levine, Yamakami* gezeigt haben. Spermien selbst, aber auch die Flüssigkeit allein ohne die Zellen, besitzen Gruppensubstanz. Die Technik der Gruppendiagnose aus dem S., namentlich aus S.F., ist die gleiche wie bei Speichel und beim Trockenblut (s. d. Art.: Blutgruppen und Blutfaktoren) durch Absorption agglutininhaltiger Sera, gewöhnlich bekannter O-Sera. Nicht nur in systematischen Versuchen, sondern auch in praktischen Fällen ist dieser Nachweis der Blutgruppe erprobt.

Über das *Alter* der S.F. darf man sich nur mit größter Zurückhaltung äußern, wenn auch Geruch, Löslichkeit und die Raschheit der Maceration gewisse Hinweise bieten.

Aus den vielen Beispielen für die Wichtigkeit und Verantwortlichkeit von S.F.-Untersuchungen seien zwei Fälle hier gebracht.

Der von *Bärensprung* aus Magdeburg mitgeteilte 1. Fall beleuchtet die Möglichkeiten und den entscheidenden Beweiswert solcher Untersuchungen:

Am 13. 10. 1931 wurde in einem Abort die Leiche eines 14jährigen Mädchens in einer Stellung gefunden, die auf ein Sittlichkeitsverbrechen schließen ließ. Zwischen den gespreizten Beinen fand sich auf dem Boden ein talergroßer Samenfleck, und auch am Beinkleid des Mädchens war Samen festzustellen. Alles deutete darauf hin, daß der Täter einen Samenerguß hatte. Ein Arbeiter St. wurde unter schwerem Verdacht festgenommen, und eine Zeugin gab an, daß ihr die Ermordete kurz vor ihrem Tode geäußert habe, „er sehe sie immer so komisch an". Durch Untersuchung des Samens wurde festgestellt, daß der Samen unmöglich von St. stammen konnte. Tatsächlich ergaben die weiteren Nachforschungen, daß

tags zuvor im Abort ein junger Mann onaniert hatte. Sein Samen stimmte auch mit der Gruppe des Samens im Abort überein. Das Mädchen war im Streit getötet und dann zur Verbergung in den Abort und zufällig zu diesem Samenfleck geschleppt worden.

Daß man aber auch trotz einwandfreien S.-Nachweises mit zwingenden Schlüssen stets vorsichtig sein muß und immer die Umstände mitzuberücksichtigen hat, zeigt die äußerst lehrreiche Mitteilung von *A. Brüning:*

In einem angeblichen Fall von Schändung durch den eigenen Vater wurde an einem Kinderhemd S. nachgewiesen. Wie aber die genauen Erhebungen darlegten, hatte der Vater des Kindes nach dem ehelichen Verkehr mit seiner Frau das Kinderhemd, welches daneben auf der Wäsche lag, zum Abwischen der Geschlechtsteile benutzt.

*Schrifttum.*

*Baecchi, B :* Über eine Methode zur direkten Untersuchung der Spermatozoen von Zeugflecken. Vjschr. gerichtl. Med. **43** (III. F.), 1—28 (1912). — *Baecchi, B.:* Über eine Methode zur direkten Untersuchung der Spermatozoen auf Zeugflecken. Arch. Kriminol., **47** 372 (1912). — *Balthazard, V.:* Précis de Médecine Légale. 525. Paris 1935. — *Barberio, M.:* Neuer Beitrag zur Spermareaktion. Dtsch. med. Wschr. **1911**, 214. — *Bärensprung:* Nachweis der Täterschaft aus menschlichem Samen. Polizei **29**, Nr. 3, 48; Ref. Arch. Kriminol. **90**, 83 (1932). — *Brault, P.:* A propos de la vitalité des spermantozoides. Bull. Soc. Obstétr. Paris **23**, 35 (1934). — *Brüning, A.:* Über Spermaspuren. Arch. Kriminol. **88**, 67 (1931). — *Fischer, Hans:* Die physikalische Chemie in der gerichtl. Medizin und in der Toxikologie mit spezieller Berücksichtigung der Spektrographie und der Fluoreszenzmethoden. Zürich 1925. — *Florence:* Du sperme et des taches de sperme en méd. lég. Arch. d' Antrop. crimin. **XXI.** (1897). — *Fraenckel, P.:* Der Nachweis von Samenspuren. *Lochtes* gerichtsärztliche und polizeiärztliche Technik. **1914**, 239. — *Guggenberger, J.:* Untersuchungen über die Lebensfähigkeit der menschlichen Spermien in vitro. Mschr. Geburtsh. **59**, 22 (1922). — *Haeger, H.:* Untersuchungen über die morphologische Beschaffenheit der Spermien. Diss. Berlin 1938. — *Hofmann-Haberda:* Lehrbuch der gerichtl. Medizin. II. Aufl. 1927. — *Husson, A.:* De la détection et de l'identification des taches de sperme en criminalistique par la lumière de Wood. Rev. internat. Criminalist. **6**, 407 (1934). — *Joesten, J.:* Experimentelle Untersuchungen über die Florencesche Reaktion. Vjschr. gerichtl. Med. **1913**. — *Krainskaja-Ignatowa:* Über die Gruppeneigenschaften des Spermas. Dtsch. Z. gerichtl. Med. **13**, 441 (1929). — *Landsteiner, K. u. Levine, Ph.:* On group specific substance in Human spermatozoa. J. of Immun. **12**, 415 (1926). — *Merkel, H.:* Über den Glykogengehalt des Scheidenepithels, seine diagnostische Bedeutung und deren kritische Bewertung. Dtsch. Z. gerichtl. Med. **4**, 1. — *Mönch, G. L.:* Die gerichtlich-medizinische Anwendungsmöglichkeit der Spermazytologie. Dtsch. Z. gerichtl. Med. **23**, 211 (1934). — *Mueller, B.:* Zur Technik des Spermanachweises. Dtsch. Z. gerichtl. Med. **6**, 384. — *Müller-Heß* u. *Panning:* Untersuchung der Zeugungsfähigkeit des Mannes. Ärztl. Sachverst.ztg. **1936**, 29. — *Müller-Heß* u. *Panning:* Die Zeugungs- und Beischlafsfähigkeit des Mannes in rechtlicher Hinsicht und ihre Nachprüfung durch den Arzt. Jkurse ärztl. Fortbildg. **1939**, 45. — *Niederland, W.:* Der Nachweis von Sperma in der forensischen Medizin. Jkurse ärztl. Fortbildg. **16**, 346 (1931). — *Niederland, W.:* Über Samenspuren in der gerichtsärztlichen Praxis. Z. Med.beamte **46**, 271 (1933). — *Puranen, V. H.:* Eine neue mikrochemische Methode zur Identifizierung von Sperma. Dtsch. Z. gerichtl. Med. **26**, 366 (1936). — *Reuter, K.:* Naturwissenschaftlich-kriminalistische Untersuchungen menschlicher Ausscheidungen. Handb. der biologischen Arbeitsmethoden **394** (1932). — *Schiff, F.:* Nachweis von Gruppeneigenschaften an Sperma und Organen in einem gerichtlichen Fall. Arch. Kriminol. **89**, 44 (1931). — *Schmidt, O.:* Über den Zeitpunkt des Absterbens von Spermatozoen bei Leichen. Dtsch. Z. gerichtl. Med. **12**, 211 (1928). — *Schwarzacher, W.:* Die Methoden der forensischen Spermauntersuchung. *Abderhaldens* Handb. der biol. Arbeitsmethoden **370**, 177 (1931). — *Yamakami:* The individuality of semen, with reference to its property of inhibiting specifically isohemagglutination. J. of Immun. **12**, 185 (1926). — *Ziemke, E.:* Über Spermakristalle. Dtsch. Z. gerichtl. Med. **18**, 367 (1932). **Holzer.**

## Spinnen-, Skorpione- und Tausendfüßlervergiftung.

*1. Spinnen:* Die Spinnengifte einheimischer Spinnenarten (*Arachneida*) stellen Lipoidgemische dar, die der Herzwirkung nach zum Teil den Gallensäuren nahe stehen und an Eiweißstoffe gebunden sind (*Flury*). Die Gifte tropischer und subtropischer

Spinnen sind eiweißhaltige „Komplexgifte" entsprechend den Schlangengiften. Stark wirkende Spinnengifte sind hinsichtlich Toxizität den stärksten Schlangengiften vergleichbar. Antisera gegen Spinnengifte sind streng spezifisch und therapeutisch gut wirksam.

*Vergiftungen durch europäische Spinnen:*
*Chiracanthum nutrix,* einzige, die unverletzte Haut durchbeißende Spinne Deutschlands. Vorkommen: Mitteleuropa, Frankreich, Italien, Schweiz, Holland. Spinne von 6—12 mm Länge. Biß macht sofort sehr heftigen Schmerz, der sich blitzschnell über größere Körperregionen verbreitet. Lokale Schwellung, Rötung; evtl. Schüttelfrost, allgemeine Schwäche. Macht aber selten Resorptivwirkungen.
*Epeira diadema,* Kreuzspinne (Europa). Der meist harmlose Biß kann beim Menschen ausnahmsweise resorptiv Kopfschmerzen, Kolik, Durchfall, Blutungen, Mattigkeit erzeugen. Vergiftung nur unter ganz besonderen Umständen (Schleimhautbiß), da die Haut des Erwachsenen nicht durchbissen werden kann. Gefährdung von Kindern durch Biß in Lippe usw. Gift als solches ist äußerst wirksam. Ins Auge gespritzter Saft einer Kreuzspinne bewirkte schwerste ödematöse Entzündung und Hornhautdefekte.

Viel gefährlicher sind die in Südeuropa vorkommenden Lathrodectesarten wie *Lathrodectes malmignatus,* Rotgefleckte Malmignatte = *Lathrodectes tredecimguttatus* (Mittel- und Süditalien, Dalmatien, Korsika, Frankreich, Spanien, Nordafrika) und
*Lathrodectes conglobatus,* Weißgefleckte Malmignatte (Griechenland). Der Biß dieser beiden Spinnenarten führt zu geringfügigen Lokalerscheinungen, hat aber nervöse Resorptivwirkungen: Unruhe, Schmerzen, Schlaflosigkeit, Hinfälligkeit zur Folge. Bei Kindern auch tödliche Vergiftungen unter lähmungsartigen Erscheinungen und schwerem Kolláps.

Noch gefährlicher ist *Lathrodectes lugubris,* Schwarze Karakurte (Griechenland, Südrußland). Der Biß macht lokal so minimale Erscheinungen, daß er häufig übersehen wird! Eine halbe Stunde nach dem Biß treten furchtbare Schmerzen auf, oft im ganzen Körper, evtl. längs der Nervenstränge ausstrahlend. Ferner Schüttelfrost, Angst, Todesangst, heftiger Durst, Sehstörungen, Kollaps, kalter Schweiß, Kältegefühl, Dyspnoe, Konvulsionen, enorme Schwäche, Koma, Delirien. Tod in einigen Stunden bis Tagen. Mortalität etwa wie bei Kreuzotterbiß.

Über *brasilianische Giftspinnen* vgl. *Brasil* und *Vellard* und *Atria Ramirez.* Über Bißwirkungen beim Menschen des in Amerika weit verbreiteten *Lathrodectes mactans* vgl. *Blaehr, Bogen, Walsh.* In Amerika ein Selbstmordversuch mit dieser Giftspinne.

*Lycosa Tarantula,* Süditalienische Tarantel (Südítalien, Spanien, Portugal) macht nur lokale Reizerscheinungen, evtl. Nekrose.

*2. Skorpione (Arthrogastra): Scorpio Europaeus* = *Euscorpius italicus* (Südeuropa, nördlich bis Tirol und Südschweiz). Tier bis 3,5 cm lang. Stich macht nur lokale Erscheinungen ähnlich wie Bienenstich; kann wie dieser unter besonderen Umständen (Stich in Vene) gefährlich werden (vgl. d. Art.: Insektenstichvergiftung). — Die therapeutische Verwendung von Skorpiongift spielt in der Homöopathie eine gewisse Rolle.

Gefährlicher sind die großen südeuropäischen und nordafrikanischen Skorpionarten:
*Buthus = Androctonus occitanus* (Mittelmeergegend) bis 8,5 cm lang. Stich macht heftige Schmerzen, phlegmonöse Schwellung, erysipelartige Entzündung, Lymphangitis, Gangrän. Resorptiv Übelkeit, Erbrechen, Ohnmacht, Trismus, Krämpfe, auch strychninartig tetanische. Tod durch Atemlähmung. Töd-

liche Vergiftungen vor allem bei Kindern und Greisen.

Schwere Symptome analog der Schlangenbißvergiftung machen die großen nordafrikanischen Skorpione wie *Androctonus funestus:* 9 cm lang und *Buthus afer:* 16 cm lang. Erscheinungen wie oben. Tod tritt in längstens 12 Stunden ein, meist unter tetanischen Erscheinungen. In Algier verursachen Skorpionstiche jährlich mehr Todesfälle wie Schlangenbisse. Giftigste nordafrikanische Skorpione: *Prionurus australis* (Tunis, Algier), *Prionurus Liouvillei* (Marokko) neben *Buthus occitanus.*

Auch der Stich des in Palästina verbreiteten *Buthus quinquestriatus* ist sowohl für Kinder wie für Erwachsene gefährlich. Energische Antiserumbehandlung wirkt bei schwerer Skorpionstichvergiftung ähnlich wie bei Schlangenbiß einzig lebensrettend. Die Verwandtschaft der Gifte scheint groß zu sein: Skorpionserum vermag auch Schlangengift zu neutralisieren.

*Morde* durch Skorpionstich an Kindern als Mittel der Kindesbeseitigung kommen vor (Afrika, Indien).

*Pathol.-anatom. Befund: lokal:* Nekrose, enorme Schwellung, Hyperämie und Blutung. *Resorptiv:* Blutungen in Schleimhäuten und blutige Ergüsse in Körperhöhlen.

In einem von *Barros* mitgeteilten Fall einer tödlichen Skorpionstichvergiftung durch einen brasilianischen Skorpion wurde resorptiv vor allem eine Schädigung der vegetativen Zentren festgestellt: Schweißausbruch, Wärmesturz, Schlafsucht, Schwindel, Kreislauf- und Atemstörungen. *Patholog.-histologischer Befund:* Zellschädigung der vegetativen bulbären Zentren mit Zellschwellung, Chromatolyse. Hyperämie im Zentralnervensystem mit kleinen Blutaustritten, Gefäßveränderungen vorwiegend im medullären und Ponsgebiet.

*3. Tausendfüßler (Myriapoda): Scolopendra morsitans* (Süd- und Südosteuropa, besonders häufig in Macedonien), etwa 9 cm lang. Macht nur lokale Erscheinungen mit heftig brennendem Schmerz an Bißstelle, Rötung und Schwellung (Quaddel mit gerötetem Hof und hämorrhagische Flecken). Gleiche Erscheinungen machen auch Tausendfüßlerbisse durch andere kleinere südeuropäische Myriapoden wie z. B. die in Spanien vorkommenden *Scolopendra cingulata, Scolopendra oraniensis lusitana* und *Lithobius insignis (Hase).* — Gefährlich werden die Scolopender nur bei Schleimhautbiß im Gebiet des Mundes und Rachens. Ein tödlicher Vergiftungsfall bei Erwachsenen durch Trinken aus einem Krug, in dem ein Scopolender saß.

Gefährlich sind tropische Tausendfüßler, z. B. *Scolopendra gigantea:* 15—24 cm lang (Ostindien), gelegentlich in Bananensendungen nach Europa verschleppt und zum Teil in Hafenstädten angesiedelt. Auch Bisse auf Schiffen bei Indienfahrten usw. Der Biß führt zu lebensgefährlichen Vergiftungen wie bei Schlangenbiß.

*Schrifttum.*

*Abels, A.:* Morde durch Skorpionstiche und Schlangengifte. *Groß* Arch. **51,** 260 (1913). — *Aron, F.:* Verletzung eines Auges durch das Gift unserer einheimischen Kreuzspinne (Epeira diadema Walck). Klin. Mbl. Augenheilk. **80,** 80 (1928). — *Bachelier, L.:* La Scolopendre et sa piqure, des accidents qu'elle détermine chez l'homme. Thèse Paris 1887. — *Barros, E. F.:* Beitrag zur Kenntnis der Skorpionvergiftung. *Virchows* Arch. **304,** 371 (1939). — *Basu, U. P.:* Beobachtungen bei Skorpion- und Schnakenbiß. Amer. J. trop. Med. **19,** 385 (1939). — *Barthmeyer, A. u. H. Schmalfuß:* Tausendfußbiß-Vergiftung. Slg. Verg.-Fälle A **372.** — *Blair, A. W.:* Spider poisoning. Experimental study of the effects of the bite of the female Latrodectus mactans in man. Arch. int. Med. **54,** 831 (1934). — *Bogen, E.:* Arachnidism. Spider poisoning. Arch. int. Med. **38,** 623 (1926). — *Brazil, V. u. J. Vellard:* Beitrag zum Studium der Spinnengifte. Mem. Inst. Butantan (port.) **2,** 5 (1925). — *Brazil, V. u. J. Vellard:* Das Gift der brasilianischen Spinnen. Seuchenbekämpfg. **7,** 12 (1930) (Literatur). — *Flury, F.:* Über Spinnengifte. Arch. f. exper. Path. **119**

(Verh.), 50 (1927). — *Giamarchi, P.* u. *J. Sautet:* Contribution à l'étude des accidents dus à la pipûre des araignées en Corse. Rev. Méd. trop. **25**, 257 (1933). — *Hase, A.:* Über die Giftwirkung der Bisse von Tausendfüßen. Zbl. Bakter. I. Orig. **99**, 325 (1926). — *Kamhoseff, St.:* Arachnoidismus, Biß der schwarzen Spinne. Zbl. Chir. **1939**, 1097. — *Kent, M. L.* u. *H. L. Stahnke:* Skorpionstich, Wirkung und Behandlung. South. Western Med. **23**, 120 (1939). — *Kobert, R.:* Beiträge zur Kenntnis der Giftspinnen. Stuttgart 1901. — *Kobert, R.:* Lehrbuch der Intoxikationen. 2. Aufl. **2**, 456. Stuttgart 1906. — *Magalhaes, O.:* Das Skorpiongift-Syndrom. J. trop. Med. **1939**, 1. — *Neugebauer, H.:* Das Gift der Skorpione und seine homöopathische Zubereitung. Allg. homöopath. Z. **187**, 201 (1939).— *Pigulewsky, S. W.:* Einige klinische Beobachtungen über die Wirkung des Skorpiongiftes auf den Menschen. Arch. Schiffs- u. Tropenhyg. **38**, 350 (1934). — *Ramirez, Atria* u. *E. F. Campusanto:* Spinnengifterkrankung. Arch. Med. Serv. san. Ejerc. (Santiago) **5**, 26 (1938). Ref.: Dtsch. Z. gerichtl. Med. **31**, 63 (1939). — *Sacón, J. J.:* Über einen tödlichen und einen anderen schweren Fall von Skorpionenstich. Prensa méd. argent. **15**, 302 (1928). — *Sergent, E.:* Serotherapie. Beobachtungen mit einem aktiven Serum gegen Skorpiongift. C. r. Acad. Sci., Paris **202**, 989 (1936). — *Sergent, E.:* Venin de scorpion et sérum antiscorpionique. Arch. Inst. Pasteur Algérie **16**, 257 (1938). — *Shulow, A.:* The venom of the scorpion Buthus quinquestriatus and the preparation of antiserum. Trans. roy. Soc. trop. Med. Lond. **33**, 253 (1939). — *Trumpp, J.:* Spinnenstiche. Münch. med. Wschr. **1932**, 1318. — *Vellard, J.:* Le venin des araignées. Paris 1936. (Literatur.) — *Walsh, Groesbeck* u. *W. G. Morgan:* Arachnidism: Report of a series of 29 cases of poisoning from the bite of the Latrodectus mactans. Amer. J. med. Sci. **186**, 413 (1933). — *Watermann, J. A.:* Some notes on scorpion poisoning in Trinidad. Trans. Roy. Soc. trop. Med. London **31**, 607 (1938).

*H. Fischer.*

**Spinnfasern** siehe *Faserstoffe.*

### Spinngewebe.

Der von den Spinnen gelieferte Spinnstoff, der in sehr mannigfaltig geformten, zwischen den Eingeweiden gelagerten Drüsen gebildet wird, wird aus dem vor der After gelegenen Spinnapparat ausgeschieden. Letzterer besteht aus meist 2—3 Paaren gegliederten Stummeln, den Spinnwarzen, die von zahlreichen, mikroskopisch feinen Röhrchen wie bei einem Sieb bzw. einer Bürste besetzt sind. Bei den Kreuzspinnen konnten bis gegen 1000 solcher Spinnröhren gezählt werden, bei anderen Spinnenarten liegt die Zahl zwischen 100—400. Bei der Bereitung des Spinnfadens treten nun keineswegs sämtliche Spinnröhren gleichzeitig in Funktion, vielmehr hat es die Spinne jederzeit in ihrer Gewalt, einzelne oder mehrere derselben in Tätigkeit zu setzen, je nachdem der Faden diesem oder jenem Zweck dient, z. B. der Gespinstbildung, der Austapezierung des Netzes, der Einhüllung der Eier in Kokons, dem sich „schwebend Erhalten in der Luft" oder dem „Abseilen". Unter dem Zutritt von Luft trocknet die in den Drüsen gebildete und durch die Spinnwarzen austretende Flüssigkeit zu einem zähen, trockenen oder meist auch noch klebrigen Faden ein, der zu einer Art von Firnis erhärtet, ähnlich dem aus der Unterlippe der Schmetterlingspuppen austretenden Seidenfaden. Eine besondere Struktur ist am Spinnfaden auch mikroskopisch nicht zu erkennen.

Der einzelne Spinnfaden, der ja übrigens nur die Dicke des Bruchteiles eines Hundertstel Millimeters beträgt, dürfte wohl kaum je Gegenstand einer gerichtsärztlichen oder kriminalistischen Untersuchung abgeben, zumal er sich ja, wenn er aus dem Gefüge des Gespinstes herausgerissen wird, vermöge seiner klebrigen Beschaffenheit mehr oder weniger zusammenballt und daher als Einzelfaden nicht mehr zu erkennen ist. Infolge der klebrigen Beschaffenheit des Spinnfadens bleiben an ihm sehr häufig feinste Staubpartikelchen haften, die dem Faden dann das Aussehen einer feinsten Perlenschnur verleihen. Unter besonderen Umständen wäre es wohl denkbar, daß mehrere zusammengeklebte Spinnfäden den Verdacht des Vorliegens einer pflanzlichen Faser oder eines dünnen Haares erwecken könnten, wobei die Entscheidung dann nicht nur durch die mikroskopische Untersuchung und den Mangel jeglicher Struktur, sondern auch noch durch das chemische Verhalten verschiedenen Lösungsmitteln gegenüber mit einiger Sicherheit zu treffen wäre.

Die geringe gerichtsmedizinische und kriminalistische Bedeutung der Untersuchung von Spinngeweben geht wohl am eindeutigsten daraus hervor, daß im einschlägigen Schrifttum keine diesbezügliche Arbeit aufscheint. *Fritz.*

**Spirochaeta pallida** siehe *Bakteriologische Untersuchungen in der gerichtlichen Medizin; Syphilis.*

**Spirocid** siehe *Arsen.*

**Spondylarthrosis deformans** siehe *Arthritis deformans und Trauma.*

**Spondylitis ankylopoetica** siehe *Arthritis deformans und Trauma.*

### Sprengstoffe in chemischer und kriminalistischer Beziehung. (Vgl. auch Art.: Explosionen.)

*a) Allgemeiner Teil:* Zu *Sprengstoffen* eignen sich nur solche chemischen Gemische oder Verbindungen (ausgenommen flüssige Luft = Oxyliquit), die einer exothermen, d. h. unter Wärmeentwicklung vor sich gehenden inneren Umlagerung fähig sind. Die Berechnung des günstigsten Falles erzielbaren Wirksamkeit erfolgt angenähert aus der calorimetrisch gemessenen Wärmeentwicklung. Als Sprengstoffe eignen sich im allgemeinen diejenigen am besten, die in kürzester Zeit „brisant" explodieren. Je rascher Wärme und Gase frei werden, um so intensiver wird der Gasdruck, eine um so größere Ausnutzung der vorhandenen Energie findet statt. Die bei Schießstoffen zu vermeidende Zerstörung der Umhüllung wird bei den Sprengstoffen absichtlich durch besondere Auswahl der Substanzen und Verstärkung der Zündung auf das mögliche Höchstmaß gebracht. Schwarzpulver, gelatinierte Schießwolle u. a. sind keine Sprengstoffe im eigentlichen Sinne des Wortes, obwohl man durch Einschließen einer Pulverladung wie des Sprengpulvers in einem fest zugekeilten Bohrloch Sprengwirkung herbeiführen kann. Trotz verhältnismäßig langsamer Gasentwicklung erfolgt in dem abgeschlossenen Bohrlochraum dennoch eine Drucksteigerung bis zu dem Maße, daß das Gestein zertrümmert wird. Bei Schwarzpulver und gelatinierter Schießbaumwolle bewirkt die zündende Flamme ein schichtweises, von der Oberfläche aus, von Teil zu Teil nach innen fortschreitendes Abbrennen (*Deflagration*), das bei freiliegenden Massen nur eine *Verpuffung* auslöst. Die infolge festen Einschlusses der Ladung bewirkte Drucksteigerung führt jedoch zur *Explosion* (s. d. Art.: Explosionen). Die eigentlichen Sprengstoffe brennen meist langsam ab; in manchen Fällen schreitet das Abbrennen nicht weiter (Nitroglycerin, in Filtrierpapier aufgesaugt, brennt mit ruhiger Flamme, Pikrinsäure oder Trinitrotoluol geben eine rußende, leicht erlöschende Flamme, die Ammonsalpetersprengstoffe werden durch die Flamme langsam vergast, meist ohne für sich weiter zu brennen). Diese Sprengstoffe werden aber durch jähes Überhitzen oder durch sehr starken Schlag zur heftigsten *Detonation* gebracht, indem statt der *thermischen* Zündung die *Stoßwirkung* den chemischen Umsatz fortpflanzt. Die Stoßwirkung schreitet hauptsächlich in der Richtung des gegebenen Impulses durch die Masse fort mit einer Geschwindigkeit, die bis auf 8000 m pro sec. steigen kann. Man bezeichnet die Art der Ausbreitung als *Detonationswelle*. Erfolgt ein automatischer Übergang der thermischen Zündung in die *dynamische Stoßzündung* (bei Fulminaten, Aciden, nitroglycerinhaltigen Sprengstoffen), so pflanzt diese den Zerfall vom Zündungsort sowohl durch die Sprengstoffmasse, als auch u. U. durch Luft- und Wasserzwischenschichten hindurch auf entfernt liegende Sprengladungen fort. Man spricht von *Detonationsübertragung*. Unter *Detonationsgeschwindigkeit* versteht man die Höchstgeschwindigkeit, mit der die Zersetzung den Sprengstoff durchläuft. Bei detonierenden Sprengstoffen ist die Energie- und Gasentwicklung derart beschleunigt, daß eine vorwiegend zerschmetternde Wirkung auf die Umgebung ausgeübt wird. Letztere Kraft nennt man *Brisanz* und die hierzu fähigen Stoffe *brisante* oder Sprengstoffe im engeren Sinne des Wortes. Brisante Stoffe zertrümmern die nächstgelegenen festen Gegenstände, auch wenn sie freiliegen oder nur wenig — etwa durch Sandbedeckung — abgedämpft sind. Die Brisanz von Nitroglycerin, Schießbaumwolle, Pikrinsäure und Chloratpulver wechselt mit der Art der Zündung. Die genannten Stoffe „detonieren" brisant durch den Stoß und die Wärme von *Sprengkapseln*, deren Inhalt als *Detonator* oder *Initialsprengstoff* wirkt. Initialsprengstoffe müssen selbst leicht entzündlich, sensibel sein und allergrößte Brisanz besitzen. Es wird auf *Knallquecksilber* (Mercurisalz der Knallsäure) verwiesen, das zu 0,3 bis 3 g in dünnwandige Kupferhülsen gepreßt auf die Ladung gesetzt und durch irgendeine Zündung (Zündschnur, elektrischer Glühdraht) zur Detonation gebracht wird. Auch setzte man dem Initial 10—20% $KClO_3$ zu (Sprengkapsel für Dynamitladungen — *A. Nobel*). Das Knallquecksilber erhielt dann starke Zusätze von Trinitrotoluol oder Tetryl (= Tetranitromethylanilin), die, durch Knallquecksilber initiiert, selbst zu kräftigen Zündstopfen wurden. Neuerdings bevorzugt man das noch erheblich brisanter explodierende *Bleiacid* (Bleisalz der Stickstoffwasserstoffsäure) und läßt es zu etwa 0,1 g auf leicht detonierbare Zwischenladungen (meist Tetryl) wirken (*L. Wöhler*). Auch die Brisanz des Knallquecksilbers wird durch Initiierung mit Bleiacid wesentlich gesteigert. Dem Bleiacid noch überlegen ist *Cyanurtriacid*, eine Verbindung von Stickstoffwasserstoff mit Knallsäure $(CN \cdot N_3)_3$.

*b) Einteilung der Sprengstoffe:* 1. Je nach dem Verwendungszweck werden unterschieden: Bergbausprengstoffe, Sprengstoffe für sonstige gewerbliche Zwecke (Steinbruch-, Tunnel-, Straßenbauarbeiten) und militärische Sprengstoffe. Es ist dabei nicht ausgeschlossen, daß Sprengstoffe der einen Gruppe auch in einer anderen verwendet werden. Speziell für den Gebrauch im Bergbau sind bestimmte Sprengstoffe vorgeschrieben. *Bergbausprengstoffe* müssen vor der Zulassung neben einer Überprüfung auf Detonationsfähigkeit und Detonationsübertragung auf der sog. *Versuchsstrecke* hinsichtlich Schlagwetter- und Kohlenstaubsicherheit untersucht werden. Die Prüfungen erfolgen in einer Rohrleitung, deren Weite dem Flächeninhalt des Querschnitts eines Bergwerkstollens entspricht. In dem mit explosiblem Grubengas-Luft-Gemisch (8,5—9,5% Methan) oder mit aufgewirbeltem Kohlenstaub bestimmter Menge gefüllten Raum werden die zu prüfenden Sprengstoffe in allmählich steigenden Mengen zur Explosion gebracht und ihre Wirkungen beobachtet. Man kennt zwei Hauptgruppen von Bergbausprengstoffen:

*I. Gesteinsprengstoffe.* a) *Pulver* (Sprengpulver, Sprengsalpeter), b) *brisante Sprengstoffe* (Dynamite, einschl. Sprenggelatine, Ammonsalpetersprengstoffe „Ammonite", Chloratsprengstoffe „Chloratite", Sondersprengstoffe „Calcinite"). Häufig Phantasienamen wie Detonit, Donarit, Romperit für Gesteinsprengstoffe, die nicht im Bergbau Verwendung finden.

*II. Wettersprengstoffe.* a) *Körnige Ammonsalpeter-,* b) *halbgelatinöse Wetter-,* c) *gelatinöse Wetter-*

sprengstoffe. Alle Wettersprengstoffe müssen durch geeignete Dosierung Gewähr für Schlagwetter- und Kohlenstaub-, sowie Handhabungssicherheit bieten. Durch ihre eigene darf keine mittelbare Explosion ausgelöst werden. Für den Grubenbetrieb müssen die Sprengstoffe auf $O_2$-Gleichheit oder -Überschuß aufgebaut sein, sie dürfen nach der Umsetzung keine schädlichen Gase, Dämpfe oder Rückstände liefern (sonst Vergiftungsgefahr). *Oxyliquit* ist ein Gemisch von Kohle oder Ruß, Kork, Sägemehl mit flüssigem Sauerstoff (Linde), dem Paraffin, Petroleum, Naphthalin od. dgl. zugesetzt wird. Entsprechend beschickte Patronen, in flüssigen, 80 bis 85 %igen Sauerstoff getaucht, saugen bis etwa zum 5 fachen Gewicht von diesem auf und explodieren, elektrisch oder durch Schnur entzündet, mit größter Brisanz. Die Patronen werden an Ort und Stelle getränkt. Das Abschießen muß binnen fünf Minuten nach dem Tränken erfolgen, weil der Sauerstoff rasch verdampft. Das gleichzeitige Abschießen mehrerer Bohrlöcher in hartem Gestein macht infolge der raschen $O_2$-Verdampfbarkeit Schwierigkeiten. Der anfangs flüssige Zustand von Sauerstoff bzw. Luft dient dazu, den zur Verbrennung erforderlichen Sauerstoff in möglichst konzentrierter Form als ausgiebigen Vorrat für die nachfolgende Vergasung darzubieten.

*Militärische Sprengstoffe*, die im Sprengwesen allgemein oder als Ladung für Granaten, Minen verwendet werden, müssen erhebliche Lagerbeständigkeit, Unempfindlichkeit gegen Feuchtigkeit und Temperaturschwankungen aufweisen. Dies gilt auch für Geschoßsprengladungen, die unter Berücksichtigung großer Dichte besonders stoß- und stauchsicher sein müssen.

2. Teilt man die praktisch verwendeten Sprengstoffe nach der Geschwindigkeit des Explosionsvorganges ein, so erhält man folgende Gruppen: I. Sprengstoffe mit geringerer Detonationsgeschwindigkeit (Treibmittel für Geschosse, Schwarz- und rauchloses Pulver), II. Sprengstoffe, die bei hoher Detonationsgeschwindigkeit eine große Sensibilität besitzen (Initialzünder), III. Sprengstoffe, die durch ihre hohe Detonationsgeschwindigkeit schnell den Maximaldruck erreichen (Dynamit, Nitrocellulose).

3. Eine Einteilung der Sprengstoffe nach ihrem Gefährlichkeitsgrad erscheint problematisch. Beurteilungsgrundlage könnten der jeweilige Energieinhalt sowie die Leichtigkeit, Geschwindigkeit und Sicherheit sein, mit der die Energie frei zu machen ist. Insofern würden die brisanten Sprengstoffe am gefährlichsten sein. Substanzen, die eine Neigung zu raschem, ja unberechenbarem Selbstzerfall entwickeln, dürften an sich in der Praxis keine Rolle spielen, doch haben sich Verunreinigungen (Sandpartikel, Eisenteilchen und andere Fremdkörper) in den übrigen Sprengstoffen bei deren mechanischer Beanspruchung (schwache Reibung, Erwärmung) verhängnisvoll ausgewirkt.

*c) Sprengstoffuntersuchungen:* 1. *Physikalische Methoden* erstrecken sich im wesentlichen auf Bestimmung der Empfindlichkeit gegen Reibung und Schlag (Fallhammer), der Brisanz (*Trauzel*sche Bleiblockprobe, hierdurch Erkennung des dynamischen Druckes des Detonationsstoßes, nicht des statischen Druckes der Explosionsgase), des Stauchungs-, Verpuffungs- und Ausschwitzungsvermögens (z. B. von Nitroglycerin aus Dynamit), auf Messung der Detonationsgeschwindigkeit, auf Bestimmung der Geschwindigkeit der Drucksteigerung, des Maximaldruckes und der Temperatur der Explosionsgase. Zur Untersuchung auf Schlagwettersicherheit: Versuchsstrecke.

2. *Chemische Methoden:* Prüfung auf chemische Beständigkeit (Lagerbeständigkeit, freie Säure, ni-

trose Gase) unter Berücksichtigung vorhandener Stabilisatoren auf Verhalten bei höherer Temperatur. Warmlagerungsprobe, Feuchtigkeitsbestimmung. Bestimmung nicht nitrierter Cellulose, der Nitrocellulose in Sprenggelatine. Stickstoffbestimmung im *Lunge*schen Nitrometer für Cellulosenitrate. Untersuchung der bei der Explosion von Sprengstoffen (im Bergwerksbetrieb) entstehenden Gase auf Kohlenoxyd, Stickoxyde, Blausäure, Schwefelwasserstoff u. a. allenthalben erforderlich.

*d) Sprengstoffe in kriminalistischer Beziehung:* Die Zahl vollendeter und mißglückter Sprengstoffdelikte tritt im Vergleich zur Brandstiftungsbilanz ganz erheblich zurück. Die Durchführung von Sprengstoffanschlägen ist von der Erfüllung verschiedenster Voraussetzungen (Fachkenntnisse, Sprengstoffbeschaffung auf diese oder jene Art usw.) abhängig. Unter den Begriff des Sprengstoffattentäters fällt nicht der Brandstifter, der — „besonders raffiniert" — durch Anbringung vielleicht beliebiger Sprengstoffmengen am Zündort anstrebt, die Spuren seiner Tat im Brandobjekt zu vernichten, oder auf diese ungewöhnliche Art versuchte, den Brand zu intensivieren. Auch liegt die Motivfrage beim Sprengstoffanschlag auf einer gemeinhin wesentlich anderen Basis als bei vorsätzlicher Brandstiftung. — Die Untersuchung eines Tatortes bei vollendetem Sprengstoffanschlag wird in der Regel noch die Wirkung spezieller Sprengmittel erkennen, aber nur in wenigen Fällen Reste der gebrauchten Sprengladung auffinden lassen. Sind charakteristische Zerstörungsspuren auffindbar, so werden diese — wie üblich — gesichert. Die Auswertung dieser Spuren allein bleibt jedoch immer nur eine sehr bedingte und spekulative, es sei denn, die Fahndung nach Resten der Spreng- und Zündanlage verliefe positiv, und man erhielte auf diesem oder dem weiteren Ermittlungswege Hinweise auf Art und Menge des benutzten Sprengstoffes.

Demgegenüber liegen oft die Verhältnisse bei einem mißglückten Anschlag ungleich günstiger, indem es gelingt, die zur Rekonstruktion des Hergangs notwendigen Spuren noch aufzufinden, so daß nach Durchführung technischer und chemischer Analysen oft eine vollgültige Auswertung in den verschiedensten Richtungen stattfinden kann. Abgesehen von solchen Fällen, bei denen im Verlauf eines Brandes durch äußere Umstände, z. B. durch Einstürzen von Bauteilen, abgelagerte Sprengstoffe ausgelöst wurden, interessieren weiterhin in diesem Zusammenhang die in Industrie und Technik allenthalben aufgetretenen Sprengstoffkatastrophen. Wenngleich für derartige Fälle meist bekannt ist, welche Art und Menge eines Sprengstoffes und in welchem Arbeitsgang oder an welcher Stelle des Betriebes dieser in Reaktion getreten ist, so bietet die Ergründung der Ursache eines solchen Geschehens auch unter den gegebenen Umständen noch zahlreiche Schwierigkeiten. Höhere Gewalt (Selbstzersetzung und -entzündung), fahrlässiges und vorsätzliches Verschulden exakt zu differenzieren, ist nach stattgehabtem Geschehen auf dem Wege objektiver Beweisführung allein meist außerordentlich schwierig, oft sogar infolge weitgehender Spurenvernichtung unmöglich. Obwohl Sprengstoffe nicht unter jeder Bedingung gefährlich zu sein brauchen, ist daran zu denken, daß z. B. Cellulosenitrate, Glycerinnitrate, wie alle Ester, durch Säuren verseift werden. Da bei der Verseifung selbst Säure entsteht, handelt es sich somit um autokatalytische Vorgänge. Die geringsten Spuren einer Säure können Selbstzersetzung einleiten, die mit der ständig immer rascher zunehmenden Säuremenge beschleunigt wird. Bei größeren Sprengstoffmengen kann diese immer rascher verlaufende Selbstzersetzung zu einer Selbstentzündung und zu heftigen Explo-

sionen führen, da mit dieser Selbstzersetzung auch eine Erwärmung verbunden ist. Bei solchen Selbstzersetzungen, die freilich auch durch technische Verunreinigungen, Unvorsichtigkeit und Zufälle katalysiert werden können, entstehen durch Aufspaltung der organischen Bestandteile des Moleküls Säuren und durch Reduktion der Stickstoff-Sauerstoffverbindungen nitrose Gase, die als Gefahren-Anzeichen angesprochen werden können. Als selbstverständlich wird vermerkt, daß der Sachverständige im gleichen Maße, wie er die chemisch-technischen Probleme einer Sprengstoffkatastrophe erörtert, die Spuren an Verletzten, tödlich Verunfallten und an deren Kleidung in seine Untersuchungen einbeziehen muß. Überprüfung der Art und Lokalisierung von Verletzungen sowie der verletzenden Sprengstücke, der Nachweis von Sprengstoffresten, von Zersetzungs- und Umsetzungsprodukten an der Bekleidung bietet oft die einzige Möglichkeit, einen problematischen Tathergang zu erhellen.

*Schrifttum.*

*Aufhäuser, D.:* Brennstoff und Verbrennung I und II. Berlin 1926 u. 1928. — *Beyersdorfer, P.:* Staubexplosionen. Dresden u. Leipzig 1925. — *Brunsvig:* Explosivstoffe. 1923. — *Cameron, A. M.:* Chemistry in Relation to Fire Risk and Fire Extinction. London 1933. *Escales:* Explosivstoffe. **1904**, 17. — *Heise:* Sprengstoffe und Zündung. 1904. — *Henne:* Bilder vom Brand- und Explosionsstätten und ihre Lehren. *Neumanns* Z. f. Versicherungswesen. Berlin 1934. — *Hofmann, K. A.:* Lehrbuch der anorg. Chemie. Braunschweig 1924. — *Price, D. J. u. H. H. Brown:* Theorie und Wesen von Staubexplosionen. Übersetzt auf Veranl. der Zuckerberufsgenossenschaft. 1926. — *Steinbrecher, H.:* Wesen, Ursachen und Verhütung der Kohlenstaubexplosionen und Kohlenstaubbrände. Halle 1931. — *v. Schwartz:* Handb. der Feuer- und Explosionsgefahr. 4. Aufl. München 1936. — *Winkel* u. *Jander:* Schwebstoffe in Gasen, Aerosole. Stuttgart 1934. **Specht.**

**Sprung aus der Höhe** siehe *Tod und Gesundheitsbeschädigung infolge Verletzung durch stumpfe Gewalt.*

**Sprung aus der Höhe ins Wasser** siehe *Tod durch Ertrinken.*

**Spuren** (= Sp.)**, Spurensicherung und Spurenverwischung.** (Vgl. auch Art.: Konservierung breiiger, flüssiger und winziger Stoffe; Lokalaugenschein; Versendung von Untersuchungsmaterial.)

Das Wort Spur hat heute im Sprachgebrauch eine vielseitige Bedeutung. Während der Grundbegriff Spur sich ursprünglich auf die Abdrücke der Füße von Menschen und Tieren bezogen hat, ist er später auf Abdrücke von Händen und Rädern erweitert worden. Heute werden in umfassendster Weise nicht nur stofflich größte bis kleinste Teile von Dingen, sondern auch sinnlich und geistig erfaßbare Teile eines Ganzen als Sp. bezeichnet. Seit langem spielen in der gerichtlichen Medizin Sp. bei der Untersuchung fraglicher Tathergänge eine große Rolle. Die auf diesem Gebiet gesammelten Beobachtungen und Erfahrungen in Untersuchungen bilden ein umfangreiches Kapitel in der gerichtlichen Medizin, sowohl in der Praxis als auch in der Lehre und Forschung.

Jeder Tathergang entwickelt sich wie jeder Vorgang überhaupt aus Ursache und Wirkung, und der Hergang insgesamt setzt sich wieder aus einer Summe von Einzelvorgängen zusammen. Mit jedem Vorgang werden Sp. gesetzt, die bleibender oder flüchtiger Natur sind. Die Erfassung und Würdigung der bleibenden Sp. und die Kenntnis der flüchtigen Sp. bilden die Voraussetzung für die Rekonstruktion eines Tatherganges. Gemäß der Gliederung eines Kausalzusammenhanges in einen inneren (der die Vorgänge innerhalb des Körpers betrifft) und einen äußeren (der die Vorgänge außerhalb des Körpers betrifft) können Sp. unterschieden werden in solche medizinischer und in solche kriminalistischer Art. Doch ist diese Unterscheidung nicht glücklich, weil die Beziehungen zwischen Medizin und naturwissenschaftlicher Kriminalistik so eng und wechselseitig sind, daß naturwissenschaftliche Kriminalistik und gerichtliche Medizin sachlich nicht getrennt werden können. Denn die an dem Körper des Verletzten erhobenen Befunde stehen zwangsläufig mit den Einzelheiten des äußeren Kausalzusammenhanges in Verbindung und machen die Klarstellung der Beziehungen dieser Sp. untereinander notwendig. All diese Sp. sind Beweismittel für eine Tat (corpora delicti) oder auch für die Person eines Täters, und dementsprechend kann man sie als objektive oder subjektive Beweismittel ansehen. Sie bilden die Grundlage für die Beurteilung der äußeren und inneren Tatseite bei einem Verbrechen und können daher unter keinen Umständen voneinander getrennt werden.

Nach *Orsós* kann man die Sp. folgendermaßen einteilen:

*I. Sp. von Stoffen und Körpern A. der unbelebten unorganisierten Welt:*
1. Alle natürlichen Objekte der Natur, wie Gesteine, Mineralien, Bodenarten.
2. Alle künstlichen unbelebten Objekte, wie z. B. Produkte der Technologie, sämtliche chemischen Stoffe und überhaupt Teilchen, Sp. aller Gebrauchsgegenstände der Technik und des täglichen Lebens (corpora delicti).

*B. der belebten organisierten Welt:*
1. Alle Objekte des Pflanzenreiches: Bakterien, Pilze, Algen (Diatomeen). Teile aller höheren Pflanzenarten wie Sporen, Blütenstaub, Blätter, Hölzer, Rinden, Früchte, Kerne und charakteristische mikroskopische Teilchen, z. B. Fasern, Stärke- und Farbstoffkörner.
2. Alle Objekte des Tierreiches: Einzelne Individuen (Plankton, Würmer, Milben, Insekten usw.). Teile von solchen, z. B. den menschlichen Körper betreffend Gewebe und Zellen, Haare, Epithelschuppen, Blut, Knochen-, Muskel-, Gehirnteilchen usw., Sekrete, Exkrete, Exkremente.

*II. Sp. eines Zustandes. A. Zustands-Sp. aus dem Gebiete der Physik:*
1. statisch-dynamischer,
2. akustischer,
3. optischer,
4. thermischer,
5. elektro-magnetischer Zustände.

*B. Zustands-Sp. aus dem Gebiete der Physiko-Chemie und Chemie:*
1. des Aggregatzustandes,
2. der Lösung, des Schmelzens, des Verdampfens, der Kristallisation, der Sublimation, der Verbrennung usw.,
3. der chemischen Änderung, Verbindung, Zersetzung.

*C. Sp. von biologischen Zuständen ergeben sich in allen Gebieten*
1. der Morphologie und
2. der Pathologie.

*III. Sp. eines Vorganges:*
A. eines abgelaufenen,    &#125; in physikalischer,
B. eines sich vollziehenden  &#125; chemischer, bio-
C. eines zukünftigen Vorganges&#125; logischer Hinsicht.

Bei biologischen Vorgängen unterscheidet man wieder solche
a) des Pflanzen- und Tierreiches und
b) des menschlichen Lebens
und bei den letzteren wieder Sp.
α) der normalen somatischen und psychischen,
β) der pathologischen somatischen und psychischen Vorgänge.

Wie aus der vorstehenden Übersicht hervorgeht, greift die Erforschung von Sp. nahezu auf sämtliche Gebiete der Geistes- und Naturwissenschaften über. Auf einzelnen Gebieten ist die Erforschung der Sp. sehr weitgehend betrieben, auf anderen dagegen weniger gepflegt worden. Oft liegt dies daran, daß die Spur in der Disziplin selbst, in die sie sachlich hineingehört, keine überragende Bedeutung hat, während sie beispielsweise im Zusammenhang mit anderen gerichtsmedizinischen Fragen eine ausschlaggebende Bedeutung haben kann.

Bei der gerichtsmedizinischen Aufklärung von Tathergängen strafrechtlicher, zivilrechtlicher, versicherungsrechtlicher und privater Natur handelt es sich meist darum, Sp. zum und vom Tatort, am Tatort selbst, an der verletzten oder zu Tode gekommenen Person, am Täter und am Tatwerkzeug zu finden. Entsprechend den verschiedenen Fragestellungen hat unter Umständen dieselbe Spur ganz verschiedene Bedeutungen. Es ist deshalb Aufgabe des Untersuchers, Sp. aufzusuchen, zu finden und ihren Beweiswert und ihre Bedeutung zu erkennen, so daß er vorausschauend die mannigfaltigen und durchaus nicht in ein und derselben Linie liegenden Fragen entsprechend dem verschiedenen Inhalt, dem Gesetz und den Bestimmungen, Vorschriften u. dgl. beantworten kann.

Die Sp. am *Tatort* lassen sich wegen ihrer Vielheit nicht annähernd aufzählen, ebenso wie es unmöglich ist, für das Aufsuchen von Sp. ein bestimmt umrissenes Schema zu geben. Das Suchen und Finden von Sp. setzt neben einer gründlichen Übung im gerichtsmedizinischen Denken und einem besonderen Spürsinn umfassende Kenntnisse auf den verschiedensten Gebieten der Medizin und Naturwissenschaften voraus. Nur mit diesen Voraussetzungen kann im Einzelfall die Beweiskraft einer Spur gewonnen werden.

Die Sp. an der *verletzten Person* bzw. am *Toten* können äußere Verletzungs-Sp., wie Stich-, Hieb-, Schnitt-, Schuß-, Kratz- und Bißwunden sowie Prellungen u. dgl. sein. Außerdem sind gewisse bei der Sektion festgestellte pathologisch-anatomische Veränderungen als Sp. anzusehen. Neben den Sp. spezieller Art sind auch solche von Wichtigkeit, die mit den allgemeinen Leichenerscheinungen zusammenhängen und für die Bestimmung der Umgebung und der Todeszeit wesentlich sind. Darüber hinaus können Blutspritzer am Körper, Staubteilchen an Kleidungsstücken, Nasenschleim, Sperma in der Scheide, Erd-Sp. an Schuhen und Kleidungsstücken zur Klärung eines Tatherganges beitragen.

Am *Tatort* ist auf Fuß-, Schuh- und Knie-Sp., Finger- und Handabdrücke, auf weitere von Menschen unmittelbar herrührende Sp. wie Blut, Sperma, Kot, Haare, Zähne, Fingernägel zu achten. Ferner können verlorene, zurückgelassene Gegenstände, wie Werkzeuge, Schrift- und Kleidungsstücke, abgerissene Knöpfe und Tuchreste, Verpackungsmaterial, Tabak- und Aschereste, verdächtige Speise- und Getränkereste, Postsendungen als Sp. von Bedeutung sein. Die Sp. von Werkzeugen, von Einbruchs- und Tötungswerkzeugen, Schußwaffen, Fingernägeln, Bissen u. dgl. sind unter Umständen bedeutsam. Auch die Sp. von Wagen, Fahrrädern, mitgeführten Tieren, überhaupt von Beförderungsmitteln aller Art, von Körben, Stöcken, Schirmen sind unter Umständen zu beachten. In vielen Fällen sind auch Schleif-Sp., Brems-Sp., Kratzer von Schuhen, die beim Ein- und Aussteigen entstanden sind, wesentlich.

Auch am *Verdächtigten* können Sp. von Werkzeugen, Schmutzteilchen u. dgl. und Gegenstände jeglicher Art bedeutungsvoll sein. Auch medizinische Untersuchungsergebnisse wie Blutalkoholbefunde, serologische Reaktionen auf Lues u. dgl. sind als bedeutungsvolle Sp. anzusehen.

An den *Werkzeugen* können je nach Form und Beschaffenheit Sp. verschiedenster Art gefunden werden, die ebenso vielseitig sein können wie die oben genannten.

*Sp.sicherung und Sp.verwischung.* Die am Tatort gefundenen Sp. müssen gesichert werden, d. h. sie müssen so gewonnen und aufbewahrt werden, daß ihr Beweiswert erhalten bleibt und daß sie im Verfahren als Beweisstücke dienen können. Entsprechend der Art der vorhandenen Sp. am Tatort erfordert die Sicherung derselben besondere Kenntnisse und Erfahrungen wissenschaftlicher und kriminaltechnischer Art. Zur Sp.sicherung gehört ferner die ordnungsgemäße und sachkundige Weiterbeförderung zur Untersuchungsstätte. Darunter versteht man alle Maßnahmen für die genauesten Bezeichnungen der Herkunft (Fundstelle) und die Verpackung der Einzel-Sp. in besonderen Behältnissen. Denn es muß jede Möglichkeit eines Verlustes, einer Veränderung, Verwischung, Vernichtung und Verwechselung ausgeschlossen werden.

Die Art der besonderen Maßnahmen im einzelnen Falle hängt wieder eng mit den physikalischen, chemischen oder biologischen Eigenschaften der gesicherten Sp. zusammen.

Die Sp.verwischung ist die vorsätzliche, fahrlässige oder zufällige Unbrauchbarmachung von Sp. Die vorsätzliche Verwischung von Sp. wird vom Täter oder einer irgendwie interessierten Person ausgeführt. Weiterhin ist die fahrlässige Verwischung oder Beseitigung von Sp. nach mangelhaften Absperrmaßnahmen des Tatortes und durch unsachgemäße Sicherung und Untersuchung möglich. Auch kommen nicht selten zufällige Sp.verwischungen durch unbeteiligte Personen, Tiere oder Witterungseinflüsse u. dgl. vor.

*Schrifttum.*

*Anuschat:* Kriminalistische Spurenkunde. **1.** Berlin 1933. — *Groß:* Handb. für Untersuchungsrichter. München 1922. — *Jellinek:* Spurenkunde der Elektrizität. Leipzig u. Wien 1927. — *Locard-Petisné:* Instructions pour les recherches techniques dans les enquêtes criminelles. Brüssel o. J. — Merkblatt über Sicherung und Verwertung von Tatspuren. Berlin 1928. Herausgegeben vom Landeskriminalpolizeiamt. — *Orsós:* Die Bedeutung der Spurenkunde in der gerichtlichen Medizin. Orvosképzés. Budapest 1938. — *Polzer:* Der Sachbeweis in der Kriminalistik. München 1938. — *Raestrup:* Gerichtsmedizinische Untersuchungen unklarer Tathergänge. Dtsch. Z. gerichtl. Med. **26** (1936). — *Rehfeldt:* Gerichtsärztliche Tatbestandsfeststellungen. Berlin 1927. — *Schneickert:* Kriminalistische Spurensicherung. 2. Aufl. Berlin 1925. — *Schneickert:* Kriminaltaktik und Kriminaltechnik. 4. Aufl. Lübeck 1933. — *Tenner:* Kriminalistik in Merkblättern. München 1930. **Weinig.**

**Stärke** (= S.) **und Stärkeflecken** (= S.F.) (Vgl. auch Art.: Faeces; Mageninhalt in kriminalistischer Beziehung; Sperma und Spermaflecken.)

Nachweis von S. und S.körnern spielt in der Nahrungsmitteluntersuchung, in der Prüfung von Mageninhalt und Erbrochenem, in Kot und Kotflecken eine nicht unbeachtliche Rolle. Auch zur Feststellung der Aspiration von Mageninhalt ist der Nachweis von S.körnern in den Lungen wichtig. So wurden bei Leichen aus dem Wasser S.körner in den Lungenbläschen und im Herzblut als Zeichen des Ertrinkungstodes gewertet.

Auf die Bedeutung von S.körnern und Lykopodiumsporen in frischem Samen als Zeichen dafür, daß der Samen im Condom mitgebracht wurde, haben *Müller-Heß* und *Panning* hingewiesen.

In Jodlösungen haben wir ein zuverlässiges und bequemes Mittel, S. durch die Blaufärbung zu erkennen und nachzuweisen. Dazu eignet sich jede Jodlösung, wäßrige wie alkoholische, letztere besonders in fetthaltiger Umgebung. Eine stärker verdünnte Lösung ist eher zu empfehlen, damit die Strukturen der Körner bei der Färbung erkennbar bleiben.

S. und S.F. zeichnen sich im Ultraviolettlicht der Quarzlampe durch deutliches Aufleuchten aus. Für die Ermittelung der Herkunft der S. von einer bestimmten Pflanze dient die an einer verdünnten wäßrigen Aufschwemmung vorgenommene mikroskopische Untersuchung auf Gestalt, Größe, Form und Schichtung der S.körner. Großkörnig nennt man die S., in welcher die Körner meist über $30\,\mu$, kleinkörnig, wenn die meisten Körner weniger als $10\,\mu$ messen. In einzelnen S.arten sind die Körner alle nahezu gleichgroß, so in der Reis- und Mais-S. Der Kern der S.körner ist nicht immer erkennbar, die Schichtung (durch das Abwechseln wasserärmerer und wasserreicherer Lagen) ist konzentrisch oder exzentrisch. Als wasserreichster Teil schrumpft der Kern am leichtesten und zeigt dann häufig radspeichenförmig angeordnete Spalten und Risse. Zur Untersuchung der Kerne eignet sich die Mikroskopie im polarisierten Licht.

Die Feststellung, ob S. überhaupt vorliegt, ist nicht schwer, auch die S.art ist mitunter leicht festzustellen, aber keineswegs immer. In besonders wichtigen Fällen, bei bestimmter Fragestellung ist zu empfehlen, einen erfahrenen Botaniker, Pharmakognosten oder Pharmakologen mit der Untersuchung zu betrauen oder beizuziehen.

Daß auch S.F. für Untersuchungen praktisch in Frage kommen können, zeigt eine Beobachtung von *Brüning*, die ich nach seiner persönlichen Mitteilung hier wiedergebe:

Ein Schutzmann sieht an einer Straßenecke ein auffälliges Paar und verwarnt es. Einige Zeit später bringt er das Mädel auf die Wachstube. Hinterher beschuldigte nun das Mädchen diesen Schutzmann, er habe mit ihr auf der Treppe zur Wachstube Schweinereien getrieben und einen Beischlaf versucht. An den Kleidern des Polizisten und an dem Mantel, den er damals getragen hatte, war nichts festzustellen. Da das Mädchen angab, „es müsse auch auf der Erde etwas liegen", wurde 2—3 Tage später die Stelle besichtigt und auf dem Treppenabsatz tropfenförmige Flecken gefunden, die Samenflecken ähnlich sahen, aber viel zu reichlich waren. Die mikroskopische Untersuchung brachte einwandfrei Klärung. Es war eine Mehlsuppe, wie aus den massenhaften Stärkekörnern zu ersehen war. Das Mädchen wohnte nicht weit weg und war heimlich zurückgekommen und hatte die Mehlsuppe dort ausgeschüttet, um Spermaspuren vorzutäuschen.

*Schrifttum.*

*Moeller, J.:* Mikroskopie der Nahrungs- und Genußmittel aus dem Pflanzenreich. Wien 1905. — *Moeller, J.* u. *C. Griebel:* Mikroskopie der Nahrungs- und Genußmittel aus dem Pflanzenreiche. Berlin 1928. — *Müller-Heß* u. *Panning:* Die Zeugungs- und Beischlafsfähigkeit des Mannes in rechtlicher Hinsicht und ihre Nachprüfung durch den Arzt. Jkurse ärztl. Fortbildg. **1939**, 60. **Holzer.**

**Stanzmarken** siehe *Stichverletzungen.*

**Stanzverletzung** siehe *Schußverletzungen.*

**Staphylokokken** siehe *Bakteriologische Untersuchungen in der gerichtlichen Medizin.*

**Starrkrampf** siehe *Tetanus.*

**Status digestionis** siehe *Plötzlicher Tod aus natürlicher Ursache.*

**Status thymico-lymphaticus** (= St.th.-lymph.). (Vgl. auch Art.: Hypoplasie des Gefäßsystems.)

Der Befund eines St.th.-lymph., der nach *Paltauf* im wesentlichen durch eine abnorm starke Entwicklung des Thymus (St. thymicus) und des gesamten lymphatischen Apparates (St. lymphaticus) gekennzeichnet ist, sagt uns heute nichts mehr über die biologische Wertigkeit seines Trägers aus, er läßt uns nicht mehr wie einst den plötzlichen Todeseintritt nach allen möglichen, für den Gesunden oft sogar mehr oder weniger belanglosen Reizeinwirkungen plausibel erscheinen. Denn die erschöpfenden Untersuchungen *Hammar*s haben einwandfrei gezeigt, daß die Lehre vom St. thymicus in ihrer bisherigen Fassung nicht zu Recht besteht: Nicht nur, daß wir jetzt Thymuswerte, die früher schon als pathologisch registriert wurden, auf Grund neuerer Einsicht noch zur Norm zählen müssen, auch die experimentelle Physiologie hat trotz zahlreicher diesbezüglicher Bemühungen nichts ermittelt, was den Schluß rechtfertigte, daß beim plötzlichen Tode eine Thymushormonwirkung auch nur als Koeffizient oder Komponente in Betracht käme (*Thomas*). Ein „persistierender" Thymus kann und darf uns heute nicht mehr als das Zeichen einer Konstitutionsanomalie gelten, die eine Disposition zum plötzlichen Tode bedingt (*Grzywo-Dabrowski*). Das gleiche ist bezüglich des St. lymphaticus zu sagen: Die Hyperplasie des lymphatischen Gewebes ist keine angeborene Veränderung, sondern, wie *Lubarsch* und *Hart* mit vollem Recht annehmen, nur eine sekundäre Reaktionserscheinung auf die allerverschiedensten exogenen und endogenen Einflüsse; daß sie der Ausdruck einer erhöhten Erschöpfbarkeit des Trägers, einer konstitutionell bedingten abnormen Reizbarkeit ist, konnte bis heute von keiner Seite einwandfrei erwiesen werden. Damit scheiden auch alle Weiterungen als unbegründet aus, die man noch bis vor kurzem aus dem Befund eines St. th.-lymph. — der Kombination von großem Thymus mit einer Hyperplasie des lymphatischen Apparates — gezogen hat (*Jores*). Die Konzeption A. *Paltaufs*, die so außerordentlich befruchtend und anregend auf die Entwicklung der gesamten Konstitutionsforschung gewirkt hat und die gewiß von hohem heuristischen Werte war, hat eben der modernen Kritik gegenüber nicht standgehalten, die Lehre vom St. th.-lymph. gilt uns, die wir heute dem funktionellen Gedanken in der Pathologie (*v. Bergmann*) anhängen und daher auch bei der Erklärung eines krankhaften Geschehens im Organismus nicht immer auf greifbare anatomische Befunde rekurrieren zu müssen glauben, als abgetan. Darum erübrigt sich auch eine Auseinandersetzung mit den zahlreichen Autoren, die sich zur Annahme mehr oder weniger enger Beziehungen zwischen der in Rede stehenden „Konstitutionsanomalie" und vielen Krankheiten, Unglücksfällen (*Widmer*), dem Selbstmorde (*Bartel, Miloslavich*), dem elektrischen Tode (*Schridde*) berechtigt fühlten.

*Schrifttum.*

*Bartel:* Über Obduktionsbefunde bei Selbstmordfällen. Dtsch. Z. gerichtl. Med. **1**, 389 ff. (1922). — *v. Bergmann:* Funktionelle Pathologie. 2. Aufl. Berlin 1936. — *Grzywo-Dabrowski:* De la signification de l'état thymique et thymico-lymphatique en médicine légale. Ann. Méd. lég. etc. **XI** (1931). — *Hammar:* Der Menschenthymus. Zitiert nach *Wiesel,* Thymus im: Handb. der normalen und pathologischen Physiologie. Herausgegeben von *Behte, v. Bergmann, Embden* u. *Ellinger.* **16 I.** Berlin 1930. — *Hart:* Die Lehre vom Status thymico-lymphaticus. München 1923. — *Jores:* Die Krankheiten der Thymus. In: Handb. der Neurol. Herausgegeben von *Bumke* und *Förster.* **XV,** 419 ff. Berlin 1937. — *Lubarsch:* Über Lymphatismus. Ref. Berl. klin. Wschr. **1922,** 1531. — *Miloslavich:* Ein weiterer Beitrag zur pathologischen Anatomie der militärischen Selbstmörder. Virchows Arch. **308** (1912). — *Paltauf:* Über die Beziehungen der Thymus zum plötzlichen Tod. Wien. klin. Wschr. **46** (1889) u. **9** (1890). — *Schridde:* Die thymische Konstitution. Münch. med. Wschr. **48** (1924). — *Thomas:* Klinik und Pathologie des Status thymico-lymphaticus. Jena 1927. — *Widmer:* Zitiert nach *Hart.* **v. Neureiter.**

**Staub** (= St.). (Vgl. auch Art.: Erdspuren an Stiefeln und Kleidern; Fingernagelschmutz.)

„St. ist die Umgebung im Kleinen", sagt *Groß* in seinem Handbuch für Untersuchungsrichter *Barkow* (bei *Södermann*) definiert ihn als feste Körper, deren Fallgeschwindigkeit in strömungsfreiem Gas infolge ihrer Kleinheit wesentlich geringer ist, als den Fallgesetzen entspricht. *Heuberger* (bei *Södermann*) beschreibt ihn als makro-, mikro- bis submikroskopische Partikel, die im allgemeinen durch Luftströmungen transportiert werden und je nach ihrer Größe mehr oder weniger rasch sedimentieren. *Södermann* fügt noch hinzu, daß zum St. auch jene kleinen Objekte zu zählen sind, die entweder infolge ihrer Kleinheit nicht in gewöhnlicher Art und Weise ergriffen werden können oder die erst beim Sammeln des Staubes entdeckt werden. *Locard* bezeichnet schließlich den St. als eine Anhäufung von Überresten im pulverisierten Zustande. Von allen Autoren wird die Flugfähigkeit besonders unterstrichen, doch darf man sich in kriminalistischer Beziehung nicht zu streng an diese Definition halten (*Lochte*), da der St. in Berührung mit Wasser, Fetten, Ölen und anderem zu Krusten eintrocknen kann und damit zum Schmutz wird, den *Liebig* als etwas bezeichnet, was sich an einem Ort befindet, wo es nicht sein soll. Der St. spielt in der Kriminalistik eine erhebliche Rolle. Bei der Ausübung der verschiedenen Berufe entsteht St., der für diese charakteristisch ist, und man kann bei Vorhandensein einer bestimmten St.art an der Kleidung oder eines Gebrauchsgegenstandes Rückschlüsse auf den Beruf des Trägers bzw. Besitzers ziehen (*Giesecke, Locard*). Er kann außerdem weitgehende Auskunft darüber geben, mit welchen Gegenständen sein Träger in Berührung gekommen ist bzw. wo er sich aufgehalten hat (*Locard, Brüning, Groß, Schatz, Timm, Brüning* und *Miermeister, Bruff, Popp, Lochte, Haschamova, Metzger-Heeß, Türkel, Kockel*). Kriminalistisch wichtige Ablagerungsstätten für St. sind in erster Linie Kleidungsstücke wie Hut, Mütze, Mantel, Jacke, Bluse, Hose, Rock, Strümpfe und Schuhwerk mit all ihren Nähten, Falten und Taschen, ferner Taschenmesser, Brief- und Geldtaschen, Taschentücher, Taschenuhren, Uhrenanhängsel und andere Gebrauchsgegenstände. Beim Träger selbst sind es vor allem die Fingernägel, dann aber auch das Kopfhaar, die Augenbrauen, Nasenlöcher und Ohren. Die St.untersuchung hat den Zweck, die Zusammensetzung nach morphologischen, physikalischen und chemischen Gesichtspunkten zu bestimmen. Es kann nicht Ziel der Untersuchung sein, eine erschöpfende Aufklärung über Art und Herkunft eines jeden St.partikelchens zu geben, sie besteht vielmehr darin, diejenigen Einzelelemente besonders herauszugreifen, die *Brüning* als kriminaltechnische bzw. kriminalistische Leitelemente bezeichnet hat. Welchen Teilchen im Einzelfall diese Rolle zukommt, hängt ganz von der Lagerung des Falles ab. Es ist die Kunst des Untersuchers, im rechten Augenblick zu erkennen, welchen Teilchen diese Bedeutung zukommt. Er kann seine Aufgabe nur dann richtig lösen, wenn er über alle bereits bekannten Einzelheiten des zu bearbeitenden Falles genauestens unterrichtet ist. Gegebenenfalls wird er sich mit einem Spezialisten (Chemiker, Botaniker, Mineralogen, Geologen oder Zoologen) in Verbindung setzen. Die *Gewinnung* des Untersuchungsmaterials ist dem Objekt anzupassen. *Kleidungsstücke* wird man zunächst Stück für Stück eingehend mustern, unter Umständen mit einer Lupe, und größere Partikel mit einer geeigneten Pinzette oder Aufsaugnadel abheben und sie in kleinen, selbstgefalteten Papiertüten aus reinem Glanzpapier sammeln unter genauer Bezeichnung der Stelle, von welcher sie stammen. Denn gerade so wichtig wie die Zusammensetzung des Staubes ist die Stelle, wo er sich befunden hat. Es erscheint daher das Verfahren das ganze Kleidungsstück in einen Papiersack zu stecken und auszuklopfen, wobei sich der St. im Papiersack unten sammelt, nicht immer geeignet. Besser ist schon das partielle Ausklopfen, wobei man den Stoff in einen Stickrahmen spannt, ihn auf eine gut gereinigte Porzellanschale legt, ein entsprechend starkes Pergamentpapier darüber bindet und mit einem dicken Gummischlauch klopft. Noch besser ist die Verwendung eines Staubsaugers geeigneter Konstruktion (*van Ledden-Hulsebosch* [bei *Södermann*], *Türkel*, *Södermann*, *Locard*, *Metzger-Heeß*). *Heindl* macht den Vorschlag, eine geriebene Siegellackstange oder eine solche aus Hartgummi zum Abnehmen von St.partikeln zu verwenden, die durch die elektrische Ladung des Stabes angezogen werden und leicht abgestreift werden können. Handelt es sich um *Krusten*, so wird man sie vorsichtig über einem weißen Papier oder über einer mit Glycerin bestrichenen Glasscheibe mit einem Messer abkratzen. Nicht empfohlen wird das Abbürsten von Kleidungsstücken, da die Gefahr des Verlustes hierbei zu groß ist. Schmierige Schmutzstellen schneidet man am besten aus dem Kleidungsstück heraus. Bei der Untersuchung von *Taschen* empfiehlt *Locard*, diese herauszuschneiden und, wie oben geschildert, weiter zu verfahren. Bei der Untersuchung des *Schuhwerks* (s. d. Art.: Erdspuren an Stiefeln und Kleidern) ist besonders darauf Rücksicht zu nehmen, daß der Schmutz in verschiedenen Schichten verschieden sein kann und die genaue Kenntnis der Verschiedenartigkeit von besonderem kriminalistischen Interesse sein kann. Man wird daher nach Möglichkeit versuchen, einen Querschnitt durch die Schmutzschicht herzustellen und wird die einzelnen Schichten einzeln abzutragen versuchen. Bei feuchtem Schuhwerk läßt man den Schmutz vorteilhaft erst trocken werden. St. und Schmutz von der *Haut* und den *Haaren* sammelt man durch Waschen mit Alkohol und Zentrifugieren der Lösung oder durch Eindampfen. St. und Schmutz von *Fingernägeln* gewinnt man entweder durch Säubern derselben mit einem geeigneten Instrument oder durch Abschneiden. In den *Ohren* ist der Staub mit Ohrenschmalz vermischt, das am besten mit einem Ohrreiniger entnommen und auf einer Glasplatte ausgestrichen wird. Die weitere Behandlung, die von *Locard* und *Maurel* angegeben wird, ist bei *Locard* nachzulesen. Für die Entnahme von St. auf *festen Gegenständen* gibt *Voigt* ein neues Verfahren an: „Die zu untersuchende Stelle wird mit dickflüssigem syrupartigen Sprimoloid-Geiseltal-Lack der Firma *Springer* u. *Moeller*, Leipzig-Leutzsch, den man künstlich weiter eindicken kann, ein- bis zweimal überstrichen und trocknen gelassen. Der Lack durchdringt die zu untersuchende Substanz und trocknet unter Verdunsten des Lösungsmittels zu einem papierdünnen Häutchen oder Film ein. Nach dem Trocknen, das bei Zimmertemperatur in wenigen Stunden erfolgt ist, wird das Lackhäutchen mit einem scharfen Messer ringsum eingeritzt und vorsichtig abgelöst. Der Filmstreifen wird mit der Schere zurechtgeschnitten und in der üblichen Weise mit Canadabalsam auf dem Objektträger unter einem Deckgläschen eingedeckt. Um ein Hochheben des Deckgläschens durch den sich evtl. aufwölbenden Lackfilm zu verhindern, empfiehlt es sich, das Deckgläschen durch Umkleben mit dem im Handel erhältlichen Lichtbildklebestreifen auf dem Objektträger zu befestigen. Damit ist das Präparat fertig zur Untersuchung unter dem Mikroskop und kann selbst mit den stärksten Linsen in Ölimmersion betrachtet oder im polarisierten Licht unter gekreuzten Nicols beobachtet werden. Soll die chemische Zusammensetzung des Staubes geprüft werden, so ist nichts weiter nötig, als das Präparat wieder zu

öffnen, den Film in Xylol von Canadabalsam zu reinigen. Die zu untersuchende Spur wird dann aus dem Film herausgeschnitten, der Lack in Aceton aufgelöst und der Rückstand chemisch untersucht. In vielen Fällen läßt sich an Stelle von Lack der Klebstoff Glutofix der Firma *Kalle* u. Co., Wiesbaden, verwenden, vor allem dann, wenn bei der chemischen Untersuchung der fraglichen Spuren eine Reaktion in wässeriger Lösung vorgenommen werden soll.‘‘

Der auf die eine oder andere Weise gewonnene St. wird zunächst einer *ersten Sichtung* unterzogen. Mit bloßem Auge oder der binokularen Lupe, unter Umständen unter Verwendung ultravioletten Lichts, durchmustert man den St., zerkleinert größere Klümpchen und entwirrt Faserknäule und sortiert die Bestandteile soweit möglich nach ihrer Art. Dabei leistet unter Umständen ein kleiner Stabmagnet gute Dienste, um vor allem Eisenteilchen zu erkennen und zu entfernen. Zweckmäßig stellt man sich einen Elektromagneten aus einer Stricknadel oder einem Draht aus weichem Eisen durch Darüberschieben einer entsprechenden Spule her, durch die man den Strom einer Taschenlampenbatterie schickt. Durch Unterbrechung des Stromes entmagnetisiert man den Draht weitgehend, so daß man mit einer Glasnadel oder einer Nadel aus einem nicht magnetischen Material die Teilchen leicht abstreifen kann. Zum Transport und zum Sammeln verwendet man Kielfedern von Hühnern oder Gänsen, die entsprechend zugeschnitten sind, oder die oben erwähnte Aufsaugnadel. *Heindl* schlägt vor, bei der Sortierung eine geriebene Siegellack- oder Hartgummistange zu benutzen, da die verschiedenen Staubteilchen verschieden stark angezogen werden. Bei dieser Vorsortierung unter der Lupe wird man schon eine Reihe Partikel ihrer Art nach erkennen, sie werden dann gleich beiseite gelegt. Bei allen Arbeiten mit St. ist selbstverständlich jeder Luftzug zu vermeiden, und es ist auch erforderlich, beim Atmen die notwendige Vorsicht walten zu lassen. Benutzen einer Gasmaske, wie es von *Türkel* vorgeschlagen wird, dürfte wohl nur in ganz besonders gelagerten Fällen erforderlich sein. Auch das Manipulieren hinter einer Glasscheibe wird nur in wenigen Fällen wegen der damit verbundenen Behinderung möglich sein. Nach dieser Vorsortierung, bei der der St. schon weitgehend in organisierte und nicht organisierte Partikel geteilt worden sein dürfte, beginnt die *Untersuchung unter dem Mikroskop*. Man wird zunächst vorteilhaft einen hohlgeschliffenen Objektträger verwenden. Die Verwendung einer Flüssigkeit wird man zunächst vermeiden und den St. im auffallenden und durchfallenden Licht sowie im polarisierten und ultravioletten Licht durchmustern und gegebenenfalls weiter sortieren. Betreffs der weiteren Untersuchung der organisierten Bestandteile s. d. Art.: Erdspuren an Stiefeln und Kleidern; Faserstoffe; Früchte und Samen; Holz; Mehl; Papier; Puder; Tabak.

Der nicht organisierte Teil des Staubes, der bereits von magnetischen Teilchen bereit ist (Eisen und Nickel), wird zunächst auf die häufiger vorkommenden Bestandteile untersucht. *Mineral-St.*: *Quarz* besteht aus großen und kleinen, mehr oder weniger durchsichtigen Stücken, die oft dunkle, auch grüne, braune und rostfarbene Massen als Einbettung zeigen. Er hat muschelförmigen Bruch und glasige Kanten. Er ist in Säuren, mit Ausnahme der Fluorwasserstoffsäure, unlöslich. Mit Salzsäure behandelt, läßt er sich mit Malachitgrün färben. Ist er als Schmirgel benutzt worden, so sind die Kanten abgerundet. *Glas* zeigt scharfe Kanten und spitzige sägeförmige Formen. Die Glassorten lassen sich durch den Brechungsindex kennzeichnen und unterscheiden (*Lochte*). *Ton* tritt in mehreren mineralogischen Formen auf, man erkennt ihn durch die *Mörin*sche Lösung, mit deren Hilfe man durch die grünschillernde Färbung, die sie verleiht, ein 600stel mg Ton je ccm erkennen kann. Der Ton absorbiert eine Blauholzabkochung und wird dann dunkelviolett. *Granit*, hellgrauer, mit schwarzen Punkten untermischter St. Er enthält flache Quarzsplitter, graugelbliche, durchscheinende Körperchen mit schwach angedeuteten Streifen (Feldspat) und wenige dunkle und braune glimmerartige Gebilde. *Sandstein*, feines, schweres, gelbliches, regelmäßiges Pulver. Er besteht aus Ton, Quarzblättchen und groben abgerundeten Körperchen (Tonschiefer). *Kreide*, weiß, zerbröckelt und zerdrückt sich leicht, mit Säuren braust sie auf. *Kalkstein* hat weißgraue Farbe, ist gleichmäßig fein und schwer und zeigt viele, nahezu durchsichtige Körperchen und Blättchen mit eingelagerten dunklen Massen. Daneben scharfe Teilchen und viel pulvrige Substanz. *Gips* tritt in Gestalt eines feinen Staubes auf und enthält Gipskristalle verschiedener Formen. Durch Erwärmen mit Essigsäure kann man die Form der Kristalle leicht ändern. In erwärmter konzentrierter Schwefelsäure aufgelöst, ergibt der Gips ein Anhydrid in Gestalt rautenförmiger Prismen oder in Gestalt von Büscheln und Nadeln. *Kohle:* Die *Steinkohle* hat metallischen Glanz. Im Kohlen-St. bemerkt man scharfkantige Teile mit glänzenden Bruchstellen. Sie ist indifferent gegen Säuren und Alkalien, aber brennbar. Die *Holzkohle* ist stumpf, schwarz und zeigt noch radspeichenartige Streifen wie die Schnittfläche des Holzes, aus dem sie entstanden ist. *Koks* hat eine matte poröse Oberfläche, die meistens leicht glänzt, er ist indifferent gegen die Reagenzien und fast nicht brennbar. *Schlacken* sind kenntlich an ihrem glasigen Bau, sie treten oft in Kugelform auf, sind nicht brennbar und reagieren weder auf Säuren noch Basen.

Für eingehende Untersuchungen mineralischer Substanzen müssen Spezialwerke eingesehen werden. Die Anwendung von Flüssigkeiten bekannter Lichtbrechung bei der Analyse siehe *Spargenberg, Haase,* zitiert bei *Löwe.*

*Metall-St.:* Metallpartikelchen verraten sich meistens bei der Betrachtung im auffallenden Licht durch ihren Glanz. Dabei erkennt man Kupfer leicht an der rötlichen, Messing und Gold an der gelblichen Farbe. Die übrigen Metalle und Legierungen sind mehr oder weniger farblos, und eine sichere Unterscheidung auf Grund der Färbung ist nicht möglich. Quecksilber kann an den leicht zerteilbaren Tröpfchen erkannt werden. Man achte stets auf die Form der Splitter, die Anhaltspunkte über ihre Entstehung geben. Splitter und Späne, die bei den Arbeitsgängen an der Drehbank, der Hobel- oder Bohrmaschine anfallen, zeigen häufig eine mehr gebogene Form in der Gestalt von kleinsten Kreisringfragmenten oder von Bruchstücken mit deutlich spiralischer Drehung. Kleinste Metallteilchen, die bei einer Bearbeitung mit der Feile oder Säge entstehen, lassen diese charakteristische Krümmung vermissen. Sie erscheinen vielmehr unregelmäßig und kantig. Bei größeren Metallsplittern denke man daran, daß unter Umständen vorhandene Schartenspuren von Bedeutung sein können. Die Identifizierung des Metallstaubes geschieht entweder nach den Regeln der Mikroanalyse oder auf spektroskopischem bzw. spektrographischem Wege, nachdem das Metall durch Salz- oder Salpetersäure, gegebenenfalls durch Königswasser in Lösung gebracht worden ist.

Im folgenden seien die Erkennungsreaktionen einiger häufiger vorkommenden Metalle angeführt: *Eisen:* als Berliner-Blau. *Kupfer:* als Kaliumkupferbleinitrit. Man versetzt den zu untersuchenden Tropfen mit wenig Natriumacetat, einem Tropfen gesättigter Kaliumnitritlösung, etwas Essigsäure und einem Körnchen Bleiacetat. Kaliumnitrit soll im Überschuß und die Lösungen müssen ziemlich konzentriert sein. Dunkle, manchmal braunrot durchscheinende würfelförmige Kristalle, die mitunter eine ansehnliche Größe erreichen können. *Zink:* als Zinkferricyanid. Man versetzt die stark verdünnte, etwa 0,1%ige salz- oder salpetersaure Lösung mit einem Körnchen Ferricyankalium: gelbe Würfel (Cadmium und Magnesiumsalze beeinträchtigen die Reaktion). *Blei:* als Kaliumkupferbleinitrit. Die neutrale oder schwachsaure Lösung wird mit etwas Kupferacetat am Objektträger eben bis zur Trocknung eingedunstet, vorher hat man eine Mischung von gleichen Teilen Wasser, Eisessig und Ammoniumacetatlösung hergestellt. Ein Tröpfchen dieser Mischung wird mit einem ungefähr gleich großen Tropfen einer gesättigten Lösung von Kaliumnitrit vermengt und damit der Rückstand von Bleisalz und Kupferacetat befeuchtet, worauf sofort die Trippelnitritwürfel erscheinen. Kristallform siehe bei Kupfer. *Nickel:* als Dimethylglyoximverbindung. Die ammoniakalisch gemachte Lösung wird mit einigen Kriställchen Dimethylglyoxim versetzt, schwach erwärmt und langsam abkühlen gelassen. Es bilden sich scharlachrote dichroitische (von rotviolett nach braungelb) Nadelbüschel. *Aluminium:* als Caesiumalaun. Man bringt zu der wässerigen Auflösung des Rückstandes einer eingedampften und mit Schwefelsäure abgerauchten Probe ein Körnchen Caesiumchlorid und reibt mit einem spitzen Glasstab oder ähnlichem, um die Kristallisation anzuregen. Kristallform verzerrte Oktaeder. *Zinn:* als Rubidiumzinnchlorid: Die salzsaure Lösung wird mit Salpetersäure oxydiert und ein Körnchen Rubidiumchlorid zugefügt. In der Nähe des Kriställchens bilden sich eine Menge Tetraeder und Oktaeder aus Rubidiumzinnchlorid. Oder als Zinnoxalat: Zur schwach sauren Zinnlösung wird Kaliumoxalat gegeben. Es bilden sich neben Rhomboedern und Prismen Kristalle von der Form H. Nur letztere sind beweisend. *Magnesium:* als Ammoniummagnesiumphosphat. Man setzt der schwach ammoniakalisch gemachten Lösung ein Körnchen Natriumphosphat und Chlorammonium zu. Nach längerer Zeit bilden sich scherenförmige Kristalle und solche von der Form ähnlich einem Sargdeckel. *Quecksilber:* Bringt man in die Nähe von elementarem Quecksilber ein Körnchen Jod, so bilden sich im Laufe der Zeit rote Kristalle von Quecksilberjodid.

Metall-St. sowie St. überhaupt, der sich in *Verschmutzungen* befindet, wird, soweit möglich, von letzterem befreit, z. B. durch Behandeln mit Petroläther, wodurch fettige Substanzen herausgelöst werden. Führt man diese Lösung unter der Quarzlampe aus, so erkennt man die ölige bzw. fettige Substanz gut an den sich bildenden luminiscierenden Schlieren. Die Art und Stärke der Luminescens, die in der petrolätherischen Lösung unter Umständen wesentlich stärker sein kann, als in der Verschmutzung, gibt gleichzeitig einen Anhalt für die Art des Öles bzw. Fettes (s. d. Art.: Ultraviolett-Licht). Ist die Menge genügend groß, so wird man versuchen, den Brechungsindex des Öles bzw. Fettes zu bestimmen oder eine Absorptionskurve der ätherischen Lösung im ultravioletten Gebiet aufzustellen, wenn diesem Teil der Verschmutzung besondere Bedeutung zukommt. Nach der Behandlung mit Petroläther kann noch eine solche mit Äther, Alkohol, Wasser oder anderen Lösungsmitteln folgen, um in diesen Lösungsmitteln lösliche Substanzen zu entfernen. Durch Eindunsten stellt man fest, ob Substanzen in Lösung gegangen sind. Hierbei wird man der Löslichkeit der Reaktion gegen Lackmus Aufmerksamkeit schenken und neben der Beobachtung im polarisierten Licht auch das Verhalten beim Erwärmen kontrollieren (elektr. Heizplatte, Schmelzen, Zersetzung, Sublimation). Die weitere Untersuchung hat nach den allgemeinen Regeln der Mikroanalyse zu erfolgen, wenn nicht auf Grund besonderer Lagerung des Falles nach einem bestimmten Stoff gefahndet wird, der ein spezielles Vorgehen gebietet oder vorteilhaft erscheinen läßt. Vermutet man Salze, so erscheint eine Spektralaufnahme vorteilhaft, da man sofort über die Anwesenheit sämtlicher Kationen unterrichtet wird. Bei der Untersuchung von *Farbteilchen* prüft man zunächst, ob sich verschiedenartige Schichten erkennen lassen (verschiedene Farben übereinander oder Vorhandensein einer oder mehrerer Lackschichten [*Brüning, Klauer*] und prüfe auch im ultravioletten Licht). Man wird dann versuchen, die einzelnen Schichten voneinander zu trennen und näher zu charakterisieren. Zu diesem Zweck behandelt man die Farbe mit einem geeigneten Lösungsmittel, z. B. Aceton, in dem sich das Bindemittel und vorhandene Anilinfarben lösen können, während die Mineralfarben ungelöst bleiben, die mikrochemisch oder spektralanalytisch weiter untersucht werden können, sie enthalten häufig Eisen, Blei, Zink, Barium, Mangan, Chrom. Näheres ist bei *Berl-Lunge* nachzulesen. Vorteilhaft erhitzt oder verascht man etwas von der Farbe und beobachtet den dabei auftretenden Geruch (nach Mineralöl, Leinöl, Harz, Schellack usw.). *Harze* färben sich, wenn sie in Essigsäureanhydrid gelöst worden waren, auf Zusatz von 33 %iger Schwefelsäure rötlich-violett. Die Reaktion ist jedoch nicht absolut spezifisch, denn auch Casein färbt sich bei gleicher Behandlung rot. Alkana Wurzel färbt Harze schön rot. (Weitere Reaktionen sind die von *Hirschsohn* mit Trichloressigsäure, *Salkowski* und *Hesse*, sowie *Liebermann*.) *Fette* färben sich mit Sudan III orange-rot, mit Lotwurztinktur rot, mit Osmiumsäure schwarz, mit Chinolinblau blau. *Leim* färbt sich mit Kupfersulfat und Natronlauge violett. *Bienen-Wachs, Stearin, Paraffin, Ceresin, Japanwachs, Carnaubawachs, Walrat* und ähnliche Stoffe lassen sich an ihrem Verhalten beim Erstarren erkennen, näheres siehe bei *Dangl, Künkele.*

*Schrifttum.*

*Anuschat:* Das Taschenmikroskop und seine Verwendung in der kriminalistischen Praxis. (VI. Die Bestimmung von Metallstaub.) Arch. Kriminol. **25**, 61. — *Behrens-Kley:* Mikrochemische Analyse. Leipzig 1921. — *Behrens-Kley:* Organische mikrochemische Analyse. Leipzig 1922. — *Berl-Lunge:* Chemisch technische Untersuchungsmethoden. 8. Aufl. **5**, 1006 u. 1214. Berlin 1934. — *Brüning* u. *Miermeister:* Aufklärung eines Einbruchs durch mikroskopische, chemische und Ultraviolett-Licht Untersuchungen. Arch. Kriminol. **96**, 163 (1935). — *Brüning* u. *Miermeister:* Zur Bedeutung der kriminalistischen Leitelemente. Arch. Kriminol. **94**, 195 (1934). — *Brüning:* Die Kerze als Beweismittel. Kriminal. Mh. **5**, 265 (1931). — *Brüning:* Beiträge zur Überführung von Verbrechern durch den Nachweis von Leitelementen an ihrem Körper und an ihrer Kleidung. Arch. Kriminol. **75**, 266. — *Bottema* u. *Moolenaar:* Über den Nachweis von Spuren von Zinn, Überführung eines Metalldiebes. Arch. Kriminol. **101**, 57. — *Bruff:* Einbrecher durch Stearin und Erdspuren überführt. Arch. Kriminol. **89**, 157. — *Buhtz:* Metallspuren in Einschußwunden. Dtsch. Z. gerichtl. Med. **18**, 609. — *Buhtz-Schwarzacher:* Die Methodik der Kleiderstaubuntersuchung. In: Handb. der biologischen Arbeitsmethoden. **12** II, 627. Berlin u. Wien 1932. — *Dangl:* Ein Beitrag zur Untersuchung von Kerzenspuren. Beitr. z. krim. Symptom. und Techn. 25. Graz 1931. — *Dangl:* Ein Beitrag zur Untersuchung von Kerzenspuren. Arch. Kriminol. **88**, 75. — *Gaupert:* Über die Bestimmung von Mineralien durch die mikroskopische Prüfung des auf einem harten Körper zurückgelassenen Striches. Ref. Dtsch. Z. gerichtl. Med. **4**, 86. — *Giesecke:* Über den Staub in den Kleidungsstücken und seine Bedeutung für die Kriminaluntersuchung. Arch. Kriminol. **75**, 14. — *Groß-Höpler:* Handb. für Untersuchungsrichter. München, Berlin u. Leipzig 1922. — *Haschamova:* Staub und Schmutzanalysen als Seminararbeiten. Beitr. z. krim. Symptom. und Techn. 20. Graz 1931. — *Heindl:* Eine billigere Methode, kriminalistisch bedeutsamen Staub zu sammeln. Arch. Kriminol. **93**, 169. — *Karsten:* Eine Spezial-Staub-

saugerkonstruktion für kriminalistische Zwecke. Arch. Kriminol. **89**, 159. — *Klauer:* Über den Nachweis eines Sacküberzuges über einen Ölfarbenanstrich. Dtsch. Z. gerichtl. Med. **26**, 328. — *Kockel, H.:* Über den Wert der Untersuchung von Fingernagelschmutz. Arch. Kriminol. **82**, 209. — *Künkele:* Zur Untersuchung wachsähnlicher Substanzspuren. Dtsch. Z. gerichtl. Med. **26**, 188. — *Locard:* Staubspuren als kriminalistische Überführungsmittel. Arch. Kriminol. **92**, 148 und 234, desgl. **93**, 63 und 141. — *Lochte:* Über Staubuntersuchung in gerichtlicher Beziehung. Beitr. z. krim. Symptom. und Techn. 10. Graz 1931. — *Löwe:* Zur Erkennung der Quarzteilchen im Staub. Druckschrift *Carl Zeiss*, Mess. **670**. — *Metzger-Heeß-Letters* u. *Mühlschlegel:* Ein neues Staubfilter für kriminalistische Zwecke. Arch. Kriminol. **93**, 205. — *Metzger-Heeß:* Die Identifizierung von Glasscherben bei Automobilunfällen. Arch. Kriminol. **88**, 256. — *Popp:* Die Mikroskopie im Dienste der Kriminaluntersuchung. Arch. Kriminol. **70**, 149. — *Rosenthaler:* Toxikologische Mikroanalyse. Berlin 1935. — *Schaeffer:* Über die Prüfung von Farbresten mit der Ultra-Lampe im Zusammenhang mit einer mikroskopischen Untersuchung zum Zwecke der Aufdeckung eines Diebstahls. Arch. Kriminol. **86**, 68. — *Schatz:* Hilfsindizien. Kriminal. Mh. **2**, 271 (1928). — *Schmidt, Th.:* Spektrographischer Nachweis von Metallspuren in experimentell erzeugten Stromberührungsmarken. Dtsch. Z. gerichtl. Med. **25**, 164. — *Södermann:* Eine Spezialstaubsaugerkonstruktion für kriminalistische Zwecke. Arch. Kriminol. **90**, 54. — *Södermann:* Entstaubung kleiner Flächen. Arch. Kriminol. **93**, 156. — *Timm:* Beiträge zum mikrochemischen Spurennachweis. Arch. Kriminol. **81**, 26. — *Türkel:* Bemerkungen zur Technik der Staubextraktion aus Kleidungsstücken. Beitr. z. krim. Symptom. und Techn. 1. Graz 1931. — *Türkel:* Über 3 Fälle von Staubuntersuchungen. Arch. Kriminol. **88**, 178. — *Türkel:* Die Untersuchung des Staubes auf den alten Faijümer Papieren. Arch. Kriminol. **79**, 166. — *Voigt:* Die mikroskopische Spurenuntersuchung im durchfallenden Licht mit Hilfe der Lackfilmmethode. Im Erscheinen in der „Kriminalistik". — *Voigt:* Ein Staubsauger für kriminalistische Zwecke. Kriminal. Mh. **6**, 256 (1932). — *Voigt:* Überführung durch mineralogischen Beweis. Arch. Kriminol. **101**, 165.        **Klauer.**

**Stechapfelvergiftung** siehe *Tropaalkaloide und tropaalkaloidhaltige Pflanzen, Drogen und Präparate.*

**Steinkind** siehe *Lithopädion.*

## Steinschlag.

Die Ursache des Steinschlages, d. h. das Herabstürzen von Steinen im Gebirge, kann in verschiedenem Entstehen begründet sein. Im Kalkgebirge, weniger häufig im Urgebirge, tritt Steinschlag außer zur Frostzeit — wenn sich das in Felsspalten angesammelte Wasser zu Eis umwandelt und infolge der durch die Änderung des Aggregatzustandes bedingten Volumzunahme nicht nur kleine Felsstücke, sondern auch große Felstrümmer zum Abbröckeln bringt — noch besonders des Morgens und nach anhaltendem Regen, häufig jedoch auch im Frühsommer und bei Tauwetter auf. Außer diesen die Wetterlage bedingten, also sozusagen spontan entstandenen Ursachen kommt Steinschlag nicht so selten dann vor, wenn Menschen oder Tiere steinschlagbegünstigtes und steinschlaggefährliches Gelände begehen und durch ihren Tritt locker liegende Steine ins Rollen bringen, die ihrerseits wiederum größere Gesteinsmassen mitreißen. Selbst Blitzschlag kann Steinschlag auslösen, ja unter besonders günstigen Bedingungen sogar bloßes lautes Schreien, ähnlich dem dadurch bedingten Losbrechen von Lawinen. Bei Kletterfahrten kommt es nicht so selten vor, daß Bergsteiger von fallenden Steinen aus dem vermeintlich sicheren Stand herausgeworfen werden, worauf erst auf Grund dieses Geschehens der Absturz in die Tiefe mit all seinen folgenschweren Auswirkungen (s. d. Art.: Absturz im Gebirge) einsetzt. Bei den durch den nachfolgenden Absturz bedingten umfänglichen und mannigfaltigen Gewalteinwirkungen auf den Körper wird es allerdings nur in den seltensten Fällen möglich sein, die Ursache des Absturzes aus dem vorher eingesetzten Steinschlag zu beweisen.

Die durch Steinschlag gefährdete Zone liegt nun keineswegs, wie man leichthin anzunehmen geneigt wäre, nur etwa am Fuße einer steilen Felswand, über welche die Steine in freiem Fall herniedersausen, sondern vielmehr auch an geneigten Berghalden, über die der irgendwo von der Höhe abgerollte Stein, und zwar meist in weiten und hohen Sprüngen nach mehrmaligem Aufschlagen herniederstürzt. Gerade solche „ungefährlich erscheinenden" Berghalden können den Bergwanderer, der gar nicht an die Möglichkeit eines Steinschlages denkt, in höchstem Grade gefährden. Von der elementaren Wucht derartiger „Geschosse" kann man sich einen Begriff machen, wenn man bedenkt, daß selbst dicke Bretterwände von Almhütten glatt durchschlagen werden. Nur wer selbst einmal Gelegenheit hatte, aus eigener Anschauung das Herniedersausen von Steinen im Hochgebirge zu erleben, kann sich auch die Auswirkung auf den menschlichen Körper und die Begleitfolgen klar machen!

Die gerichtsmedizinische Bedeutung und Beurteilung solcher Steinschlagverletzungen ist darin begründet, daß beim Auffinden von Leichen mit schweren Verletzungen in offenem, *anscheinend* nicht steinschlaggefährdetem Gelände von vorne herein immer der Verdacht auftauchen muß, es handle sich um vorsätzliche Tötung durch fremde Hand. Zur Klärung solcher unklaren Tathergänge ist daher für die Erhebungsorgane und insbesondere auch für den Sachverständigen nicht nur die Kenntnis der Bedingungen, die einen Steinschlag auszulösen imstande sind, unerläßlich, sondern noch vielmehr auch die Kenntnis der Auswirkungen eines Steinschlages auf den menschlichen Körper. Dabei wird insbesondere auch zu berücksichtigen sein, daß selbst ein Stein von der Größe eines Kiesels oder etwa von Eigröße aus der durch den Fall aus größerer Höhe bedingten Wucht heraus die schwersten Gewebszertrümmerungen zur Folge haben kann, wenn z. B. gerade der Schädel getroffen wird. In der Regel dürfte es sich freilich um die Einwirkung größerer Felsbrocken handeln, wobei aber die Entscheidung, ob es sich bei der vorgefundenen Verletzung etwa nur um die Auswirkung eines Steinschlages handeln müßte oder ob fremde Gewalteinwirkung vorliegen könnte, mitunter große Schwierigkeiten bereitet, wenn nicht gar unmöglich werden kann.

In der Regel wird es sich bei Steinschlag nur um eine *einzige* Gewalteinwirkung handeln, während das Vorhandensein von zwei oder mehreren gesonderten Einwirkungen auf engbegrenztem Bereich stets den begründeten Verdacht bzw. die Tatsache einer vorsätzlichen Beibringung erwecken wird und muß. Am Schädelknochen ist unter besonderen Bedingungen, nämlich bei Einwirkung kleiner Steine, stets ein bezeichnender Lochbruch oder zumindest eine geformte Impression zu erkennen, unter Umständen sogar der durch den Schädelknochen hindurchgeschlagene Stein im Schädelinneren noch anzutreffen, und damit das Unfallgeschehen wohl hinreichend geklärt. Das Auffinden von kleinsten Gesteinsteilchen in der meist breit geschürften Hautwunde kann einen Hinweis auf die Entstehung durch Steinschlag geben, ohne diesen jedoch mit zwingender Notwendigkeit zu beweisen oder auszuschließen. Über die Auswirkungen des Steinschlages an anderen, meist von Kleidung bedeckten Körperstellen lassen sich bezeichnende Befunde, die sich von anderen Gewalteinwirkungen unterscheiden könnten, kaum jemals erheben, vielmehr dürfte nur die Örtlichkeit einigermaßen Aufschluß über das Unfallgeschehen geben.

Wie schon im Artikel über den Absturz im Gebirge ausgeführt, gehört die Beurteilung und Begutachtung im Gebirge verletzt Aufgefundener zu den schwierigsten Aufgaben des Gerichtsarztes; sie setzt neben gründlicher Sachkenntnis auch reichliche Bergerfahrung und Kenntnis all der mannigfaltigen Geschehensfolgen, wie sie eben nur eine Gebirgslandschaft mit sich bringen kann, voraus.

*Schrifttum.*
Siehe d. Art.: Absturz im Gebirge.                    *Fritz.*

**Stempelfarben** siehe *Tinten und Tintenschriften.*

**Stempeluntersuchungen.**

Die Untersuchungen betreffen meist die Abdrücke von Stempeln, Petschaften, Prägestempeln, seltener die Stempel selbst. Sollte dies bei asserviertem Material trotzdem einmal notwendig sein, so werden Falschstempel allein durch Verschiedenheiten am Griff, durch fremdartige Farbstoffreste, vielleicht auch durch geringere Abnutzungserscheinungen erkannt werden können.

Kriminaltechnisch sind folgende Fragestellungen wesentlich: Ist ein Falschstempel oder mißbräuchlich ein Originalstempel verwendet worden? Wie lautet ein unleserlicher Stempelabdruck?

Der Erhalt eines Zweitexemplars eines Originalstempels wird nicht schwer sein, solange es sich nicht um einen staatlichen oder sonst auffälligen Stempel oder Petschaft handelt, da jede entsprechende Firma die Anfertigung übernehmen wird. Ist der Fälscher jedoch gezwungen, sich selbst zu helfen, so wird er bei der Nachmachung eines Gummistempels mit besonderen Schwierigkeiten zu kämpfen haben. Wohl können Abdrücke in verschiedenen Massen hergestellt werden, die Elastizität des Originals wird aber Fehler entstehen lassen, die zur Entdeckung führen. Die Nachanfertigung von Petschaften und Metallstempeln ist vielfach einfacher und damit aber gefährlicher. Es finden verschiedene plastische Massen Verwendung, vor allem feiner Gips. Gips hat allerdings den Nachteil, daß sich die Abformungen sehr schnell abnützen und daß durch die Tatsache, daß oft kleinste Gipsbestandteile auf dem Abdruck gefunden werden, der Entdeckung Vorschub geleistet wird. Wesentlich fester wird Dentalzement. Unter Umständen kann die etwas körnige Beschaffenheit dieser Materialien auf dem Abdruck sichtbar werden. Die Herstellung metallischer Abgüsse ist möglich, die Verwendung des für Zahnplomben dienenden Amalgams ist beobachtet. *K. Penn* beschreibt eingehend die Methode, bei der auf das Gipsmodell gewaltsam ein dünnes Bleiplättchen aufgepreßt wird. Bei nicht gleichmäßiger Kraftanwendung, wie z. B. bei Hammerschlägen, entstehen aber leicht Fehler, und es ist nachteilig, daß das Gipsnegativ zerspringt. Ebenso wie bei der galvanischen Abformung muß die dünne Metallschicht durch Hintergießen verstärkt werden. Welche Methode der Fälscher wählt, wird dadurch mitbestimmt sein, ob und wie lange ihm das Original zur Verfügung steht.

Die Feststellung, daß ein Abdruck mit einem gefälschten Stempel erfolgt ist, wird zunächst mit genauen Ausmessungen von Gesamtgröße und Einzelteilen zu erbringen versucht. Voraussetzung ist dabei, daß der Abdruck einigermaßen deutlich ist, was der Fälscher jedoch oft absichtlich vermeidet. (Hin und wieder kann Feuchtigkeitseinfluß auf das Papier von sich aus geringe Größenänderungen des Abdrucks hervorrufen.) Bei Bildstempeln wird die Suche nach kleinen Unregelmäßigkeiten und Fehlern besonders erfolgreich sein. Vielfach weisen Originalstempel Abnutzungserscheinungen auf, die bei Falschstempeln nicht oder nur mangelhaft nachgeahmt sind. Auch Falschstempel können je nach Sachlage auf Merkmale hinzeigen, die vor allem geeignet sind, die mißbräuchliche Verwendung von Originalstempeln zu erweisen: verschiedene Farbstoffreste auf den Schriftzeichen, besonders an den tiefer liegenden Stellen, Durchdruck einer andersartigen Unterlage, auffällige Abweichungen in Stärke, Stellung und Glanz des Abdrucks (s. d. Art.: Markenfälschungen). Bei Petschaftsabdrücken in Siegellack sowie bei Prägestempeln wird allerdings der Nachweis unbefugten Gebrauchs des Originals meist recht schwierig sein, und es muß nach anderen Indizien gefahndet werden (s. d. Art.: Siegellack).

Bei der Leserlichmachung undeutlicher Abdrücke von Farbstempeln kann es sich entweder darum handeln, aus Einzelteilen von Buchstaben und Zeichen den Gesamttext zu rekonstruieren oder darum, einen Stempelabdruck zu verdeutlichen, dessen Farbe von der Grundfarbe des Materials, z. B. der Briefmarke, sich nur wenig abhebt oder eine Überschmierung zu beseitigen. Im ersteren Fall wird man nach angemessener photographischer Vergrößerung rein mechanische Ergänzungsversuche vornehmen, die um so eher von Erfolg begleitet sein werden, je genauer Vorgeschichte und Gesamtumstände gewürdigt wurden. In letzterem Falle kann Infrarotphotographie, manchmal auch U. V.-Beobachtung weiterhelfen, unter Umständen genügt die Anwendung von farbigen Lichtfiltern. Anderenfalls ist der Farbstoff der Grundlage, also der Briefmarke, chemisch zu verändern. Das geeignetste Mittel ist an Hand von Vorversuchen an Marken gleicher Art herauszufinden. *O. Mezger* empfiehlt einmal starke Lauge. Die Stempelfarbe muß natürlich gegen das Mittel indifferent sein. Bei Poststempeln (kohlenstoffhaltig) werden diesbezügliche Vorsichtsmaßregeln in der Regel nicht notwendig sein (s. d. Art.: Tinten und Tintenschriften [Zerstörung und Wiedersichtbarmachung von Schriften]). Im übrigen wird auf alles zu achten sein, was Anhaltspunkte ergeben kann: Reste von anderen Farbstoffen an den Rändern von Gummistempelabdrücken, die unter größerem Druck hergestellt wurden, Lage evtl. Überschneidungen mit Schriften (s. d. Art.: Gerichtliche Schriftuntersuchung). Feststellung des zeitlichen Auftretens von Abnutzungserscheinungen an Stempeln usw. An die Möglichkeit eines Abklatsches des noch feuchten Stempelabdruckes auf eine gegenüberliegende Papierschicht wird gegebenenfalls ebenso zu denken sein, wie an die Entstehung eines latenten Bildes auf der Briefeinlage durch Eindringung der fetten Bestandteile von gewissen Stempelfarben in das Papier.

Eine besondere Art der Stempelfälschung ist das Malen eines Stempels durch graphisch geschickte Fälscher. Die erzielte Übereinstimmung kann täuschend sein! Der Nachweis der Fälschung wäre in schwierigen Fällen durch Auffindung feiner Haarstriche (verursacht durch Benutzung des Pinsels) oder durch mangelhafte oder fehlende Wiedergabe der natürlichen Abnutzungserscheinungen des Stempels der Originalvorlage zu führen. Bei sehr farbstarken Stempeln kann Übertragung mit einem Stück Hektographenplatte (Gelatineschicht) erfolgen. Der Abdruck kommt dabei allerdings sehr farbschwach.

*Schrifttum.*
*Bossard, J. A.:* Versuchte Fälschung des Prägestempels der Staatskanzlei des Kantons Zürich. Arch. Kriminol. **103**, 191 (1938). — *Mezger, O.:* Untersuchungen an Schriftstücken und Briefumschlägen. Chem. Ztg. **53**, 965, 985, 1006 (1929). — *Penn, K.:* Siegelfälschungen. In: *S. Türkel,* Fälschungen. 14. Graz 1930.
**Künkele.**

**Sterilität** siehe *Zweifelhafte Fortpflanzungsfähigkeit beim Manne und beim Weibe.*

**Stichverletzungen.** (Vgl. auch Art.: Tod und Gesundheitsbeschädigung infolge Verletzung durch Stich.)

*Stichverletzungen* entstehen dadurch, daß schmale, dünne, mit scharfer Spitze versehene Gegenstände, „Stichwerkzeuge", in der Richtung ihrer Längsachse in den Körper eindringen. Glassplitter, Porzellanscherben, Metallabfälle, spitze Holzspäne und andere „Zufallsfremdkörper" können ebenso Stichverlet-

zungen erzeugen wie zweckmäßig geformte Stichgeräte: Pfrieme, Ahle, Spieße, Nadeln, Messer, Nägel und ungezählte andere verschiedenartige Handwerkszeuge. Von diesen „Stichwerkzeugen" sind als eigene Gruppe die „Stichwaffen" zu unterscheiden: Dolche, Stilette, Nahkampfmesser, Bajonette, Degen, Florette, Säbel, Lanzen und Pfeilspitzen usw. Aber auch jedes nach Form und Beschaffenheit geeignete, dem täglichen Gebrauch dienende Gerät kann gelegentlich als Stichwaffe zum Angriff oder zur Verteidigung dienen.

Die Stichverletzung stellt eine verhältnismäßig tiefe und schmale Gewebsdurchtrennung (Stichgang oder Stichkanal) dar, die in manchen Geweben mehr oder minder weit klafft, manchmal aber einen capillaren Spaltraum bildet. Die äußerlich sichtbare Hautwunde, die den Eingang zu dem Stichkanal bildet, nennt man die „Einstichwunde". Wenn das Stichwerkzeug den Körper oder einen Körperteil durchbohrt hat, so daß seine Spitze wieder aus dem Körper ausgetreten ist, wird die Verletzung als „Durchstich" bezeichnet. Demgemäß spricht man auch vom Durchstich einzelner innerer Organe (Durchstich der Lunge, des Herzens usw.). Die durch das Austreten der Spitze des Stichwerkzeuges entstandene Verletzung wird als „Ausstichwunde" (Ausstichöffnung) angesprochen.

Die Ausstichöffnung zeigt kaum je eine irgendwie bezeichnende Form, dagegen verdienen die Formen der Einstichwunden der Haut eine nähere Betrachtung.

Weitaus das häufigste Stichwerkzeug ist das mit einer mehr oder minder scharfen Spitze und mit einer Schneide versehene Messer. Beim Eindringen dieses Werkzeuges in den Körper wird die Haut von der Schneide glatt durchschnitten. Die Durchtrennung der Haut erfolgt von dem Punkt aus, wo die Messerspitze angesetzt wurde, in der Richtung, nach der die Schneide gewendet ist. Je nach dem Spannungs-

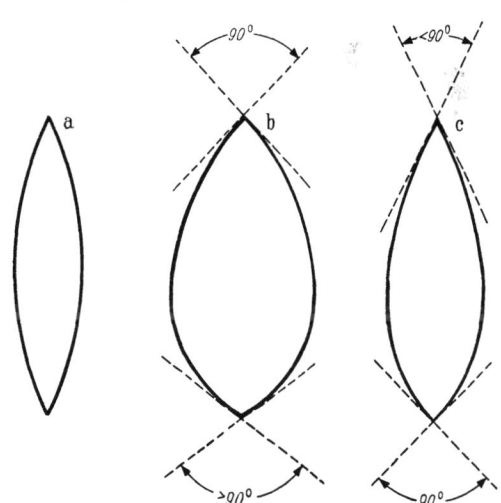

Abb. 1. Verschiedenes Verhalten der Wundwinkel.

zustand der Haut an der getroffenen Körperstelle klaffen die beiden „Wundränder" mehr oder weniger weit auseinander; sie verlaufen dann in regelmäßig geformten oder in unregelmäßigen Bogenlinien, die an den beiden Treffpunkten die „Wundwinkel" einschließen. Diese stellen sich bei wenig klaffenden Wundrändern als spitze Winkel dar (Abb. 1 *a*), bei starkem Klaffen der Wunde können sie aber die Größe eines rechten, ja sogar eines stumpfen Winkels erreichen (Abb. 1 *b*). Manchmal findet man recht ungleich große Wundwinkel (Abb. 1 *c*).

Die Wundränder können beiderseits gleich steil in den Wundkanal abfallen (bei senkrechter Stellung der Klinge der Fläche nach) (Abb. 2a) oder die Wundränder zeigen sich sehr ungleich: der eine Rand ist abgeschrägt, zeigt einen stumpfen Raumwinkel, der andere dagegen „zugeschärft", weist spitzen Raum-

Zeichen der Oberhautabschürfung, manchmal geradezu einen Schürfungssaum aufweist. Jedenfalls zeigt sich in diesen Wundwinkeln die Vertrocknung der Wundränder zuerst und in stärkerem Grade als im Bereiche des anderen, der Messerschneide entsprechenden Wundwinkels. Etwas schärfere Kanten des

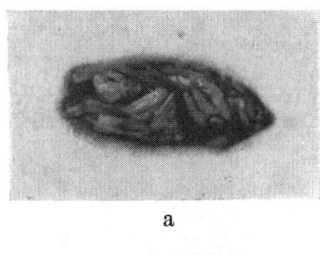

a

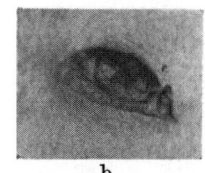

b

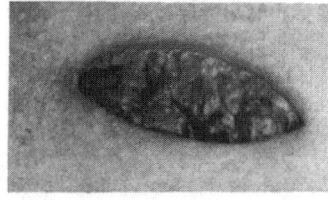

c

Abb. 2. Verschiedenes Verhalten der Wundränder.

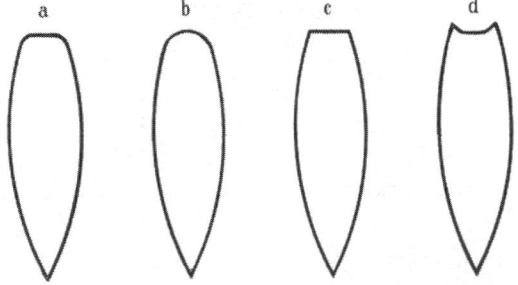

Abb. 3. Verschiedenes Verhalten der Wundwinkel in Abhängigkeit von der Lage der Messerschneide und des Messerrückens.

Messerrückens können sich bei dieser Stichführung auch wie zwei unvollkommene Schneiden auswirken, so daß sie den Hautrand im Wundwinkel leicht ankerben; es entsteht so ein Wundwinkel, der „doppelt gekerbt" erscheint (Abb. 3 c u. 3 d); bei besonders kräftiger „Schneidenwirkung" der Messerrückenkanten finden sich Stichwunden, die man als „pfeilspitzenförmig" bezeichnet hat. Alle diese Wundwinkelformen gestatten einen Rückschluß auf die Stellung der Messerklinge, denn die Messerschneide muß immer in dem spitzeren schärferen Wundwinkel gelegen haben; sie kommen aber nur dann zustande, wenn der Rücken der eindringenden Klinge dem Hautrande fest anliegt (senkrechte Klingenführung, Abb. 5a). Wird aber beim Stich ein Druck senkrecht zur Längsachse des Messers in der Richtung der Schneide ausgeübt (Abb. 5b), so entfernt sich der Messerrücken sogleich von dem eben entstandenen Wundwinkel, der dann keine Besonderheit gegenüber dem Wundwinkel aufweist, in welchem die Klingenschneide gelegen war.

Wenn beim Herausziehen der Klinge eine Drehbewegung um die Längsachse erfolgt, kommen Erweiterungen der ursprünglichen einfachen Schlitzform zustande, indem die zurückgleitende Schneide einen Wundrand einkerbt (Abb. 4a). Gesellt sich zu dieser Drehbewegung der Klinge noch ein stärkerer Druck senkrecht auf die Längsachse in der Schneidenrichtung, so zeigt unter Umständen die in der zweiten Bewegungsphase entstehende Durchtrennung der Haut eine größere Ausdehnung als die beim Einstoßen der Klinge verursachte Wundschlitz (Abb. 4b). In gleicher Weise entstehen Verletzungsformen, die man als „winkelig geknickte" Stichwunden bezeichnen könnte, wenn nämlich beim Herausziehen der Klinge die Schneide unmittelbar aus dem bisherigen Wundwinkel heraus aber in geänderter Richtung (Zickzackform!) die Haut noch weiterhin durchtrennt (Abb. 4c). Es entstehen so auch Dreieckformen (Abb. 4d), bei denen ein Wundrand mehr oder minder deutlich eine Zackenbildung aufweist. Ähnlich wie bei der Drehung der Klinge um die Längsachse können sich auch seitliche Kippbewegungen der Klinge auswirken. Daß diese Bewegungen zufällig und unwillkürlich und keineswegs nur aus der Hand des Täters erfolgen sondern zum Teil auch durch Bewegungen des Gestochenen zustande kommen können, bedarf keiner besonderen Erläuterung.

Es ist auch ein Hinweis nötig, daß alle diese Wundformen mehr oder minder deutlich ausgeprägt sein können und daß es selbstverständlich vielerlei Übergangs- und Zwischenformen und auch

winkel auf (Abb. 2 b u. 2 c). Diese Erscheinung kommt nicht nur bei Schrägstellung der Klinge nach der Fläche sondern in ganz ähnlicher Form auch durch Verschiebung der einzelnen Weichteilschichten infolge Haltungs- und Lagerungsveränderungen des Körpers nach der Zufügung der Stichwunde zustande. Aus diesem Grunde ist bei der Beurteilung der Stichrichtung auf Grund bloß äußerlicher Untersuchung größte Vorsicht und Zurückhaltung geboten. Auch im Bereiche der Wundwinkel können die Ränder des Wundkanales gleiche Steilheit (bei annähernd senkrechter Stellung der Schneide) zeigen, aber sehr häufig findet sich eine auffallende Ungleichheit. Bei Schrägstellung der Klinge nach der Schneide fällt der eine Wundwinkel steil in die Tiefe oder erscheint geradezu unterhöhlt, während der andere allmählich in Form einer „Rinne" in den Wundkanal absteigt. Diese Wundwinkel bilden immer einen sehr spitzen Winkel und laufen manchmal in eine mehr oder minder lange, sehr seichte, mehr strichförmige „kratzerartige" Verletzung der oberflächlichen Hautschichten aus. Sie entstehen meist dadurch, daß beim Ausziehen des Messers die Klingenschneide sehr schräg, gewissermaßen schneidend, eine kürzere oder längere Strecke über die Haut hinweggleitet. Es ist aber nicht zweifelhaft, daß auch beim Einstoßen der Klinge bei entsprechender Stichführung ähnlich geformte Wundwinkel zustande kommen können.

Dringt die Klinge senkrecht ein, so streift der stumpfe Messerrücken in dem einen Wundwinkel den Hautrand, der mit ziemlicher Spannung auf dem Messerrücken gewissermaßen reitet. Bei Messern mit etwas dickerem Rücken entsteht dann eine Wundwinkelform, die abgestutzt (Abb. 3a) oder bogenförmig gerundet erscheint (Abb. 3b) und häufig auch ganz unregelmäßige Wundformen gibt. Diese sind vor allem durch die unendliche Mannigfaltigkeit der Einstellung der Klingenebene zu der unregelmäßig unebenen Körperoberfläche bedingt. Man denke nur an die Stichverletzungen im Bereiche von Hautfalten! An den schlaffen weiblichen Brüsten, an den

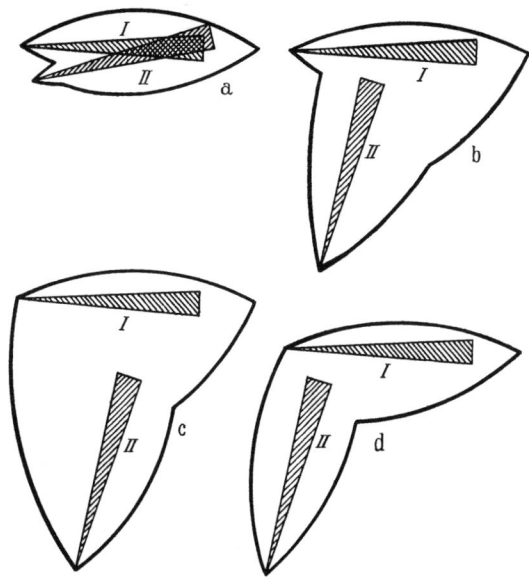

Abb. 4. Veränderungen des Wundschlitzes durch Drehbewegungen der Klinge.

Achselfalten und an tief eingezogenen Bauchdeckenfalten können unter Umständen mehrfach geknickte, zickzackförmige Stichwunden und auch drei Stichwunden durch einen einzigen Stich entstehen.

Zweischneidige Klingen (Dolche, mancherlei Werkzeuge) verursachen die gleichen schlitzförmigen Wunden wie die einschneidigen, jedoch keine solche Wundformen, die eine besondere, durch Einwirkung des Messerrückens bedingte Gestaltung eines Wundwinkels aufweisen.

Dreischneidige Stichwerkzeuge (geschliffene Dreikantfeilen) erzeugen mit jeder Schneide (Kante) eine Durchtrennung der Haut; es entstehen so dreistrahlige Stichwunden.

Stichwerkzeuge mit vier scharfen Kanten (große Vierkantnägel, das Bajonett der russischen Infanterie im Weltkrieg) bewirken vierstrahlige Stichwunden, doch wirkt sich bei diesen Verletzungen meist schon die Spaltbarkeitsrichtung der Haut aus: die Wundstrahlen, die in der Spaltbarkeitsrichtung verlaufen, sind meist länger als die quer zur Spaltbarkeitsrichtung eingestellten.

Fünf- und sechskantige Stichwerkzeuge können schlitzförmige Durchtrennungen der Haut verursachen, deren Ränder noch mehr oder minder deutliche Einkerbungen entsprechend der Zahl der Kanten aufweisen. Je mehr aber die Zahl der Kanten zunimmt, desto mehr nähert sich das Stichwerkzeug in seiner Wirkung dem drehrunden Stichel, der keine Schneiden und Kanten, sondern nur noch eine scharfe Spitze hat. Wenn dieses Stichwerkzeug die Haut durchbohrt, wirkt es sozusagen rein keilend: die Haut wird eingestülpt, gespannt und reißt schließlich über der nach allen Seiten gleichmäßig keilenden Spitze ein. Nach dem Zurückziehen des Stichwerkzeuges zeigt die Haut aber nicht etwa eine runde Lücke, sondern einen Wundschlitz, der ganz der Messerstichwunde gleicht. Die Richtung dieser Wundschlitze ist je nach der Körpergegend verschieden, an der gleichen Körperstelle aber durch den

Gewebsaufbau der Haut überall eindeutig festgelegt: sie wird als Spaltbarkeitsrichtung der Haut bezeichnet. Diese Eigenschaft, beim Eindringen spitzer, aber nicht schneidender, also nur keilend wirkender Fremdkörper in einer bestimmten Richtung und Form eines geraden spitzwinkeligen Wundschlitzes sich zu spalten, hat die Haut mit anderen Geweben gemeinsam (Muskeln, serösen Häuten, Fascien u. a.). Übrigens können sogar einschneidige Stichwerkzeuge, sofern ihre Schneide sehr stumpf und nicht mehr fähig ist, die Haut zu durchschneiden, bei querer oder schräger Einstellung der Klinge zur Spaltbarkeitsrichtung auch Wundschlitze erzeugen, deren Lage der Spaltbarkeit der Haut entspricht. Die Wundränder können dann seichte Einkerbungen zeigen, die von den Rückenkanten und von der Messerschneide herrühren.

Die Bestimmung der Querschnittsform des Stichwerkzeuges aus der Gestalt der Einstichwunde ist also mit besonderen Schwierigkeiten verbunden und in vielen Fällen schlechthin unmöglich. Es ist ohne weiteres klar, daß eine Stichwunde, die schräg oder quer zur Spaltrichtung eingestellt ist, von einem schneidenden Stichwerkzeug herrühren muß. Aber der einfache Wundschlitz, der gewissermaßen die Grundform der Stichwunden der Haut ist, kann durch ein einschneidiges Messer, durch einen zweischneidigen Dolch und durch einen drehrunden Stichel oder durch ein spitzes mehrkantiges Stichwerkzeug mit sehr abgerundeten Kanten erzeugt worden sein, wenn seine Längsrichtung der Spaltbarkeitsrichtung der Haut entspricht. In diesen Fällen führt aber in der Regel die schichtweise Freilegung der tieferen, vom Stichkanal durchbohrten Gewebsplatten zum Ziel, denn fast an allen Körperstellen finden sich im Verlaufe des Stichkanales Gewebsschichten mit sehr deutlich erkennbarer Spaltbarkeitsrichtung, die in den durchstochenen Muskelbinden, in den Muskeln selbst und in den serösen Häuten (bei Stichen in die Körperhöhlen) an keiner Stelle des Körpers in allen Schichten übereinstimmt, sondern sich jeweils an einem bestimmten Punkte nach verschiedenen Richtungen überkreuzt. Wenn also die Stichspalten in den einzelnen Schichten verschiedene Richtung aufweisen, müssen sie durch einen drehrunden Stichel (oder durch ein ähnliches Stichwerkzeug) entstanden sein, wenn aber der Durchtrennungsschlitz in allen Schichten unbeeinflußt durch die Faserrichtung ungefähr in gleicher Richtung gelagert ist, dann wurde die Stichverletzung durch ein schneidendes Werkzeug verursacht.

Diese Fragestellung kann aber in manchen Fällen auch schon bei der ersten äußeren Besichtigung der Leiche (also zu einem Zeitpunkt, in welchem eine Obduktion oft aus äußeren Gründen noch nicht möglich ist) in völlig befriedigender Weise gelöst werden: man untersuche die durchstochenen Kleidungsstücke. Drehrunde und sonstige nicht schneidende Stichwerkzeuge verursachen in gewebten Stoffen niemals schmale, glattrandige, die Stoffäden schräg kreuzende Schlitze wie die schneidenden Werkzeuge, sondern rundliche und unregelmäßige Lücken mit fetzigen Rändern, in manchen Stoffen freilich auch einer Fadenrichtung entsprechende gerade Risse, die sich aber durch die aufgefaserten Ränder von den glattrandigen Durchtrennungen mit schneidenden Werkzeugen meist leicht unterscheiden lassen.

Hinsichtlich der Feststellung der sonstigen Eigenschaften der Klinge (Dicke des Messerrückens, Schärfe der Rückenkanten) ist auf die obigen Ausführungen über die verschiedenen Formen der Wundwinkel zu verweisen. Die Prüfung der Frage, ob aus der Gestalt von Stichwunden Schlüsse auf die Form des Stichwerkzeuges gezogen werden können, verlangt aber immer größte Genauigkeit in der Beobachtung und schärfste kritische Wertung der Befunde.

Manchmal geben oberflächliche, neben der Einstichwunde gelegene Hautverletzungen einen Hinweis auf die Form des Werkzeuges. Solche Nebenverletzungen, den *Stanzmarken* bei Schüssen mit angesetzter Mündung vergleichbar, können durch scharfe Kanten des Messergriffes entstehen, wenn die Klinge bis ans Heft eingestoßen worden ist (*Haberda-Hofmann*).

Nur nebenbei sei erwähnt, daß die Hautwunden von Scherenstichen nach eigener Beobachtung eine gewisse Ähnlichkeit mit dem Querschnitt der Scherenklinge zeigen können.

Von den Stichverletzungen durch spitze, drehrunde Stichel unterscheiden sich sehr erheblich die „Pfählungsverletzungen" (s. d.), die durch stumpfere Werkzeuge (Regenschirmspitzen, Stöcke, Zaunstäbe u. a.) verursacht werden; es gibt aber zwischen diesen beiden Verletzungsgruppen auch Übergangsformen, die durch die mannigfaltigen Formen der Verletzungswerkzeuge bedingt sind.

Ungemein häufig wird in forensischen Fällen an den Sachverständigen die Frage gestellt, ob aus der Größe der Stichwunden Schlüsse auf die Größe der Messerklinge gezogen werden könnten. Es ist aber ganz und gar unmöglich, aus der Länge einer einzelnen Stichwunde der Haut die Breite der Messerklinge einigermaßen verläßlich zu bestimmen. Um die Länge einer Stichwunde zu messen, müssen die beiden Wundränder durch Fingerdruck von der Seite her entspannt, aneinander gelegt und damit gerade gestreckt werden; erst wenn der Wundschlitz ein strichförmiger Spalt ist, zeigt er seine wahre Länge. Diese kann kürzer sein als die Breite der Messerklinge, häufig ist sie jedoch um ein beträchtliches länger. Sie ist kürzer, wenn die Klinge nicht bis zu ihrer vollen Breite eingestoßen wird oder wenn die Schneide sehr stumpf ist, so daß das Werkzeug in seiner Wirkung der eines drehrunden Stichel nahekommt. Je unvollkommener die Schneide des Werkzeuges ist, um so stärker wird die Haut vor dem Eindringen des Werkzeuges eingestülpt und gedehnt und um so kürzer ist der entstandene Wundschlitz, wenn nach dem Herausziehen des Werkzeuges die Haut wieder entspannt und in ihre Ruhelage zurückgekehrt ist.

Sehr häufig ist die Länge des Wundschlitzes erheblich größer als die Breite der Messerklinge. Dies kann durch schräge Haltung der Klinge bedingt sein (Abb. 5a) oder durch eine Führung der Messerklinge, wie sie in der Abb. 5b veranschaulicht wird. Wenn die Bewegungskomponente $K_2$ sehr ausgiebig wird, kommen ganz besonders ausgedehnte Wunden, lange Schnittwunden und breite Aufschlitzungen von Körperhöhlen zustande.

Richtige Schnittwunden von mehr oder minder großer Ausdehnung beobachtet man dann, wenn bei Stichen mit schneidenden Werkzeugen die Klinge mit der Spitze nicht in den Körper eindringt, sondern diesen mit der Schneide sozusagen nur streift, also in tangentialer Bewegung die Haut und die darunter liegenden Weichteile durchtrennt, dabei aber auch Knochen mehr oder minder tief anschneiden kann. Auf diese Weise entstehen rinnenförmige und lappige Wunden von sehr verschiedener Gestalt und Ausdehnung. Verhältnismäßig häufig sieht man sie an den Händen und Armen als sog. Abwehr- und Deckungsverletzungen.

Aus der Länge der Stichwunden der Haut können innerhalb gewisser Grenzen nur dann verhältnismäßig sichere Schlüsse auf die Klingenbreite gezogen werden, wenn eine größere Anzahl von Wunden gleicher Größenordnung vorliegt. Zeigt z. B. die vordere Rumpfwand eines Leichnams zehn Stichwunden von

14—16 mm Länge, so kann mit hoher Wahrscheinlichkeit die Klingenbreite entsprechend der Wundlänge angenommen werden, wobei es ohne Bedeutung

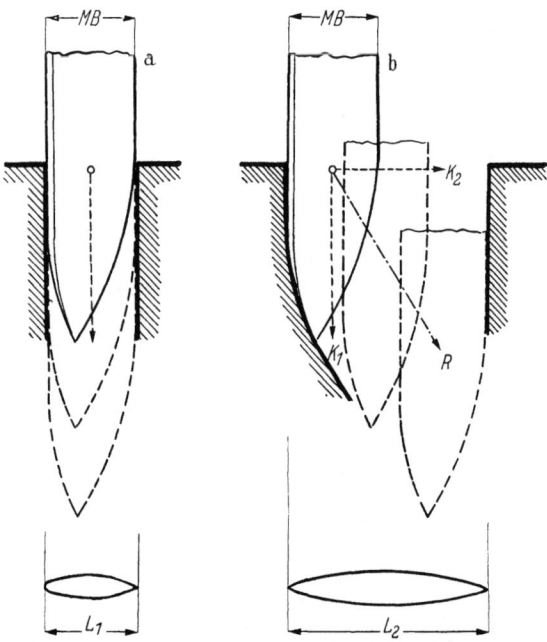

Abb. 5. Verschiedene Länge des Wundschlitzes in Abhängigkeit von der Führung der Messerklinge.

ist, wenn einige andere Wunden dieses Ausmaß erheblich überschreiten oder unterbieten.

Die Hauträuder der Stichwunden werden je nach den äußeren Umständen mehr oder minder rasch von der postmortalen braunen Vertrocknung ergriffen, wodurch feinere Einzelheiten, wie besondere Formen der Wundwinkel, zarte Einkerbungen und Hautabschürfungen unkenntlich werden können. Wie bei allen äußeren Wundbefunden leistet auch hier die Anfeuchtung der Haut mittels aufgelegter wassergetränkter Kompressen sehr gute Dienste zur Wiederherstellung der ursprünglichen Wundformen.

Der *Stichkanal* zeigt je nach der Beschaffenheit der durchstochenen Gewebsschichten eine außerordentliche Mannigfaltigkeit der Form. Wenn Muskeln quer oder schräg zur Faserrichtung durchstochen werden, bekommt man bei schichtweiser Freilegung oft sehr geräumige Stichkanäle zu Gesicht, in die man unter Umständen leicht einen, ja auch mehrere Finger einlegen kann, weil die durchschnittenen Faserbündel sich kräftig verkürzt haben. Ist das Klingenblatt parallel zur Faserrichtung eingedrungen, so kann der Stichkanal ein so schmaler Spalt sein, daß er bei flüchtiger Besichtigung leicht übersehen wird. Im lockeren Zellgewebe, das infolge der Verletzung meist von mehr oder minder massigen Blutaustritten durchsetzt ist, kann die Verfolgung des Stichkanales unter Umständen erhebliche Schwierigkeiten bereiten. Fascien und seröse Häute weisen Durchtrennungsschlitze auf, die in Form und Größe nicht selten dem Querschnitt der Klinge mehr oder minder gut entsprechen, wenn der Stich diese Bindegewebsblätter ungefähr senkrecht durchbohrt hat.

Auch im Leber- und Nierengewebe hält der Stichkanal annähernd die Form des eingedrungenen Teiles der Klinge fest. Bei der Milz ist dies höchstens dann zu erwarten, wenn sie ein krankhaft derbes Gewebe besitzt (Stauungsmilz). Manchmal zeigt auch der Herzmuskel einen ziemlich formgetreuen Stichkanal;

daß dies beim Lungengewebe nicht der Fall ist, bedarf keiner Erklärung. Im Gehirn sind die Stichkanäle oft zu größeren Blutungshöhlen ausgeweitet.

Am getreuesten geben erfahrungsgemäß die Durchstichlücken der platten Knochen (Schädeldach, Darmbein, Schulterblatt, Brustbein u. a.) den Querschnitt des Werkzeuges wieder. An den Knochendurchstichen kann man nicht nur die runden Lücken durch drehrunde Stichel und Nägel, die drei- und vierkantigen Löcher durch Feilen, Mauerhaken u. dgl. mehr erkennen; man kann auch unterscheiden, ob das Stichwerkzeug ein oder zwei Schneiden hatte und mit ziemlicher Genauigkeit die Breite und Dicke der Klinge bestimmen, soweit sie in den Knochen eingedrungen war. Das versuchsweise Einpassen einer Klinge in eine Stichlücke im Knochen darf erst dann vorgenommen werden, wenn die Feststellung und Untersuchung von Blutspuren an dem Werkzeug beendet oder wenn durch entsprechende Maßnahmen (Maceration) der Knochen völlig vom Blute befreit worden ist. Zu beachten ist, daß infolge der Elastizität des Knochens die Stichlücke um eine Spur schmäler ist als die Dicke der Klinge (wie bei den runden Einschußlücken) und daß dieser Unterschied recht beträchtlich werden kann, wenn infolge der keilenden Wirkung der eingedrungenen Klinge Bruchspalten entstanden sind, die von den „Winkeln" der Stichlücke entspringen und den Knochen gewissermaßen als Fortsetzung der Stichlücke nach beiden Richtungen auf eine längere Strecke durchsetzen. Diese im Schädeldach ziemlich häufigen Begleitverletzungen der Knochenstichlücken, die als „Sprengungsbrüche" bezeichnet werden können, stellen sich meist als strichförmige, schmale Sprünge, als haarfeine Fissuren dar. Es ist aber anzunehmen, daß sie im Augenblick ihrer Entstehung erheblich stärker klaffen als nach der Entfernung der Klinge, weil die Elastizität der Schädelknochen die Schließung des Sprengungsbruchspaltes bewirkt, wenn die keilende Wirkung der Klinge aufhört. Dadurch ist aber auch eine Verschmälerung der Stichlücke bedingt. Läßt man dies außer acht, könnte man leicht zu der unrichtigen Schlußfolgerung verleitet werden, daß die Stichverletzung durch ein Messer, das wegen seiner Dicke in den schmalen Stichspalt nicht hineinpaßt, nicht erzeugt worden sein könne.

Durch die keilende Wirkung der in den Knochen eindringenden Messerklinge werden auch seitliche Aussprengungen des Knochens an den Rändern der Stichlücke verursacht; sie sind an der Innenseite des Schädeldaches wohl immer und meist in erheblichem Ausmaße zu sehen, doch finden sich Randabsprengungen gelegentlich auch in der äußeren Tafel, freilich meist schmäler und zarter (ganz ähnlich wie bei den Schußlücken).

Die Elastizität und die Festigkeit des Knochengewebes bewirkt nicht selten, daß die Messerklinge eingeklemmt wird, so daß der Täter das Stichwerkzeug nicht mehr aus der Wunde herausziehen kann; wenn er dann versucht, die Klinge durch seitliche „hebelnde" Bewegungen zu lockern, bricht diese nicht selten in der durchstochenen Knochenplatte ab. Solche Klingenbruchstücke können folgenlos einheilen, sind aber auch häufig die Ursache tödlicher sekundärer Erkrankungen (Hirnerweichung, Hirnabsceesse, Hirnhautentzündung, eitrige Zellgewebsentzündung usw.). Zu beachten ist, daß sie anfänglich ohne jegliche gesundheitliche Beschwerden vertragen werden können, bis nach Tagen oder Wochen schwere Krankheitserscheinungen auftreten. Die äußere Untersuchung einer Stichwunde vermag nicht immer steckengebliebene Klingenbruchstücke nachzuweisen, weil auch bei eingehender Besichtigung des Grundes einer Stichwunde der schmale Klingenquerschnitt verborgen bleiben kann, wenn der Bruch innerhalb der Knochenschicht erfolgt ist und der schmale Spalt durch Blutgerinnsel und vielleicht auch durch das weniger klaffende Periost gedeckt ist. Die in solchen Fällen naheliegende irrige Diagnose einer unbedeutenden Weichteilwunde ist nur durch die röntgenologische Untersuchung mit Sicherheit vermeidbar.

Vor Gericht spielt auch die Frage nach den Beziehungen zwischen der Tiefe einer Stichwunde und der Klingenlänge des Stichwerkzeuges häufig eine wichtige Rolle. Die naheliegende Annahme, daß die Länge der Klinge nicht kleiner sein könne als die Tiefe des Stichkanales, trifft nicht immer zu. Die Stoßkraft, mit der ein Stich geführt wird, ist in der Regel recht bedeutend; sie bewirkt, daß die oberflächlichen Weichteilschichten des Körpers, wo dies möglich ist, erheblich eingedrückt werden. Da diese nachher wieder in die Ruhelage zurückkehren, kann die Tiefe des Stichkanales die Klingenlänge übertreffen. 16—18 cm tiefe Stichkanäle von 12 cm langer Klinge haben wir selbst schon gesehen. Es ist überdies nicht leicht, die Tiefe eines Stichkanales einigermaßen genau zu bestimmen, weil man ja meist erst nach mehr oder minder weitgehender Zergliederung des Leichnams das Ende des Stichkanales feststellen kann. Auch bei sorgfältiger Messung der Dicke der einzelnen durchstochenen Schichten, die übrigens nicht in jedem Falle durchführbar sind, sind Ungenauigkeiten bis zum Ausmaß von einigen Zentimetern kaum vermeidbar.

Auch die *Frage nach der Richtung, aus der ein Stich geführt worden ist*, wird vor Gericht häufig an den Sachverständigen gestellt. Man halte bei Beantwortung dieser Frage die Richtung der Stichbewegung im Raume und die Richtung des Stichkanales im Körper klar auseinander. Ein Stich, der im rechten Winkel zur Längsachse des Rumpfes eingedrungen ist, kann dennoch senkrecht von oben geführt worden sein, wenn der Gestochene auf dem Boden gelegen ist, als ihm die Stichwunde zugefügt wurde. Der ärztliche Sachverständige kann nur über die Richtung des Stichkanales im Körper des Getroffenen Auskunft geben und darf Schlüsse auf die Richtung, aus welcher ein Stich geführt wurde, nur dann aus dem Verletzungsbefund ziehen, wenn über die Stellung des Verletzten und des Täters im Augenblicke der Tat irgendwelche andere verläßliche Grundlagen (Zeugenaussagen) für die Beurteilung der Frage vorliegen. Manchmal ändert sich die Richtung des Stichkanales durch die bei waagerechter Lage des Körpers eintretende Verschiebung der Eingeweide, der Weichteile und des Brustkorbes. Der Stichkanal muß übrigens nicht immer gerade verlaufen; durch Abgleiten der Klinge an Knochen oder durch andere äußere Einflüsse (rasche Bewegung des Gestochenen, Abwehrbewegungen) kann der Stichkanal eine Krümmung oder winkelige Knickung erleiden. Nicht so selten sieht man winkelige Knickungen oder förmliche „Verwerfungen" einzelner Abschnitte des Stichkanales durch Verlagerung durchstochener Schichten, wodurch manchmal die Klarstellung des Verlaufes eines Stichkanales recht schwierig werden kann (z. B. Durchstich des Schulterblattes und der anliegenden Muskelschichten bei hochgehobenem Arm!). Erwähnenswert ist auch noch die Tatsache, daß unter Umständen eine einzige Einstichwunde in mehrere Stichkanäle führen kann. Wir haben einmal bei einem neugeborenen Kinde eine ganze Anzahl, soweit uns erinnerlich, 7 oder 8 Stichkanäle in der linken Lunge und im Mittelfell bzw. in der hinteren Brustwand gesehen, die sämtlich von *einer* Einstichwunde der vorderen Brustwand ausgegangen waren.

*Mit welcher Kraft wurde der Stich geführt?* Eine häufige Fragestellung in forensischen Fällen. Man lasse sich nicht auf allzu weitgehende Klügeleien und theoretische Erörterungen ein. Der Stich ist eine Stoß- oder Hiebbewegung. Dieser Stoß oder Hieb wird immer rasch ausgeführt; Fälle, in denen die Klinge langsam in den Leib eingebohrt wird (bei sadistischen Handlungen denkbar), dürften in foro wohl höchst selten vorkommen. Die rasche Stoßbewegung erfordert selbstverständlich einen gewissen Kraftaufwand. Dieser ist aber sehr verschieden je nach der Beschaffenheit des Stichwerkzeuges und je nach der Festigkeit der durchstochenen Schichten. Natürlich leisten Knochen, wenn es sich nicht um blattdünne Stellen handelt, von allen Geweben den meisten Widerstand; aber das Schädeldach und das Brustbein werden häufig auch von kleineren Werkzeugen durchbohrt, und sogar die Rippen werden von scharfen Klingen verhältnismäßig leicht durchschnitten. Nach Versuchen, die wir anläßlich eines besonderen Falles vorgenommen haben, setzt die Kleidung und die Haut dem Eindringen der Klinge den stärksten Widerstand entgegen; wenn diese Schichten durchbohrt sind, dringt die Klinge in die Tiefe, ohne daß man eine stärkere Hemmung merkt. Selbst mit einer Klinge, deren Spitze abgebrochen war (der quere Bruchrand ist ungefähr 8 mm lang gewesen), haben wir mit einer kräftig ausholenden Bewegung das Hemd und das Brustbein leicht durchstoßen können. Übrigens ist der Kraftaufwand, mit dem ein Stich geführt wird, nicht nur von der Schärfe der Spitze und Schneide der Klinge und von deren Breite abhängig, auch der Griff des Werkzeuges ist von Bedeutung. Mit einem Werkzeug, dessen Klinge im Griff feststeht (Küchenmesser, Rehknicker, Fixiermesser, kräftige Berufswerkzeuge u. dgl.) und dessen Griff entsprechend lang und dick ist, so daß er gut in der Faust liegt, fällt die Stichbewegung unwillkürlich kräftiger aus, als mit einem kleinen Taschenmesser, dessen Klinge womöglich recht wackelig im Griff eingelenkt ist.

Bei der strafrechtlichen Untersuchung von Raufhändeln ist manchmal die Aufklärung der *Frage* dringend, *zu welchem Zeitpunkt einer der Beteiligten eine Stichverletzung erhalten hat*, weil er etwa mit mehreren Gegnern hintereinander ins Handgemenge gekommen ist. Es ist eine vielfältige Erfahrung (Aussage der Verletzten, Beobachtungen im Weltkrieg und bei Unfällen), daß auch tief eindringende und tödliche Stichverletzungen von den Betroffenen sehr oft zunächst gar nicht wahrgenommen werden und daß erst das warme abrinnende Blut oder die Mitteilungen dritter Personen den Verletzten auf seine Verwundung aufmerksam machen. Oft genug hören wir von solchen Verletzten, sie hätten einen mehr oder minder starken Stoß oder Schlag verspürt, ohne zu merken, daß ihnen dabei ein Messerstich zugefügt worden war. Es ist also immer mit der Möglichkeit zu rechnen, daß jemand eine schwere Verletzung durch Stiche erlitten hat und sich dessen erst erheblich später bewußt geworden ist.

Die *Durchstichverletzungen* bedürfen kaum einer besonderen Erwähnung. Sie finden sich am häufigsten an den Händen und Armen als Deckungs- und Abwehrverletzungen. Die Ein- und Ausstichwunden lassen sich in den meisten Fällen nicht voneinander unterscheiden. Aus ihrer Größe ist jedenfalls kein sicherer Anhaltspunkt zu gewinnen, weil bei entsprechender Klingenführung die Ausstichwunde größer sein kann als die Einstichwunde. *Haberda* erwähnt eine typische Durchstichverletzung des Halses, den sog. Hammelstich der Fleischhauer. Säbel, Degen, Bajonette, Mistgabeln und sonstige Werkzeuge mit sehr langen Klingen oder Spießen sind geeignet, Durchstichverletzungen des ganzen Rumpfes zu erzeugen.

*Schrifttum.*
*Berg, K.:* Der Sadist. Dtsch. Z. gerichtl. Med. **17**, 338 f. (1931). — *Canuto:* Die durch ein Schustermesser verursachten Wunden.

Arch. d. Antrop. crimin. **48**, 88; Ref. Dtsch. Z. gerichtl. Med. **13**, 16. — *Dittrich, P.:* Handb. der ärztlichen Sachverständigentätigkeit. **III**. — *Filhos:* Briand et Chaudé. Manuel de Méd. lég. **I**, 473 (1879). — *Fuyiwara, K.:* Beiträge zur Kenntnis der mit schneidenden Werkzeugen beigebrachten Stichwunden. Dtsch. Z. gerichtl. Med. **12**, 65 (1928). — *Hofmann, E.:* Über Stichwunden in Bezug auf das verletzende Werkzeug und dessen Erkennung. Wien. med. Jb. **1881**, 261. — *Katayama, K.:* Über Stichwunden in gerichtsmedizinischer Beziehung. — *Klare:* Beitrag zur gerichtsärztlichen Bedeutung der Stichverletzungen mit besonderer Berücksichtigung der Stichspuren an den Kleidern. Vjschr. gerichtl. Med. **33** (III. F.) (1907). — *Langer, C.:* Zur Anatomie und Physiologie der Haut. I. Über die Spaltbarkeit der Cutis. Sitzgsber. ksl. Akad. Wiss. **44 I** (1861). — *Pilz, E.:* Über Stichverletzungen. Vjschr. gerichtl. Med. **VIII** (III. F.), 192 (1894). — *Schmidtmann, A.:* Handb. der gerichtl. Medizin. **I**. — *Weimann, W.:* Stichverletzungen des Kopfes. Dtsch. Z. gerichtl. Med. **10**, 360. ***Werkgartner.***

## Stickstoffoxydul.

*Stickstoffoxydul* ($N_2O$), ein farb- und geruchloses, betäubendes Gas (Lachgas genannt), wird vorwiegend von Zahnärzten zur Durchführung kurzer Narkosen verwendet. Es ist besonders in einer entsprechenden Mischung mit Sauerstoff wesentlich ungefährlicher als Chloroform. Tödliche Vergiftungsfälle werden außerordentlich selten beobachtet. Der Tod erfolgt durch Atemlähmung mit den Zeichen der Erstickung. Chronischer Lachgasmißbrauch, Stickstoffoxydulsucht, kommt vor (*Erben*).

*Schrifttum.*
*Erben:* Vergiftungen. *Dittrich*s Hdb. **7**, 1. Wien 1909. ***Weyrich.***

**Stigmata** siehe *Berufsmerkmale.*

**Stirnhirnverletzungen** siehe *Psychische und nervöse Störungen nach Hirnverletzungen.*

**Stockische Methode** siehe *Tod durch Ertrinken.*

**Stockspuren** siehe *Fußspuren.*

**Stovain** siehe *Lokalanaesthetica außer Cocain.*

**Stovarsal** siehe *Arsen.*

**Strahlenpilzkrankheit** siehe *Bakteriologische Untersuchungen in der gerichtlichen Medizin.*

**Strangmarke** siehe *Tod und Gesundheitsbeschädigung durch gewaltsame Erstickung.*

**Strangulation** siehe *Tod und Gesundheitsbeschädigung durch gewaltsame Erstickung.*

**Strangwerkzeuge** siehe *Tod und Gesundheitsbeschädigung durch gewaltsame Erstickung.*

**Straßenverkehrsunfall** siehe *Verkehrsunfall.*

**Streptokokken** siehe *Bakteriologische Untersuchungen in der gerichtlichen Medizin.*

## Striae gravidarum. (Vgl. auch Art.: Diagnose der Entbindung; Diagnose der Schwangerschaft.)

Die Striae gravidarum sind eine häufige Erscheinung bei schwangeren Frauen und sollen nach einer Zusammenstellung *v. Rosthorns* nur bei 6—14% fehlen, wenigstens bei der weißen Rasse. *Hüssy* sieht sie allerdings in seinem Tätigkeitsbereich seltener. Die frischen Schwangerschaftsstreifen sind rot oder rotviolett, die alten, die nach einiger Zeit an die Stelle der frischen treten, stellen weißliche, perlmutterglänzende, gefältelte Streifen dar, die nie mehr verschwinden und damit dauernd das Zeichen einer überstandenen Schwangerschaft darstellen. Sie entstehen dort, wo die Haut über ihre Elastizitätsgrenze gedehnt wird, und finden sich vor allem am Unterleib, an den Brüsten, den Oberschenkeln, den Hüften und dem Gesäß, nur selten an anderen Körperstellen. Sie verlaufen am Unterleib vorwiegend in konzentrischen, um den Nabel herum angeordneten Ellipsen, an der Vorderseite der Oberschenkel ungefähr parallel dem muscul. sartorius und an den Brüsten radiär (*Novak*). Histologische Untersuchungen von Schwangerschaftsstreifen wurden von verschiedenen Seiten unternommen, zuerst von *Küstner*, welcher die Erscheinung auf Kontinuitätstrennungen in der Cutis zurückführte, welcher Ansicht aber *Langer* entgegentrat, der nur eine Umlagerung der Cutisbindegewebsbündel nachweisen konnte. *Unna* sowie die französischen Autoren *Troisier* und *Ménétrier* konnten dann zeigen, daß in den Striae nur feine und dünne elastische Fasern zurückbleiben und daß sich die tatsächlich vorhandene Kontinuitätstrennung der Cutis auf das elastische Fasergewebe beschränkt. Große Schwierigkeiten bereitet die Erklärung der Verschiedenheit im Aussehen der frischen und alten Striae. Darüber ist Einigkeit noch nicht erzielt worden, trotz Untersuchungen von *Küstner, Hinselmann, Jadassohn* u. a. Gelegentlich sind die Striae pigmentiert, aber nur in seltenen Fällen.

Forensisch ist es wichtig zu wissen, daß einmal die Striae gravidarum bei nicht allen schwangeren Frauen zu sehen sind, daß ferner diese Streifen auch sonst vorkommen können, z. B. bei rasch wachsenden Tumoren, bei starkem Fettansatz, bei Ascites, wo eine erhebliche Dehnung der Haut vorhanden ist. Eine gewisse Beweiskraft kommt sowieso nur den Striae an der Bauchhaut und den Mammae zu, aber auch da muß man mit der Beurteilung sehr vorsichtig sein, insbesondere auch bei den alten Schwangerschaftsstreifen, die keineswegs etwa als sicherer Beweis für durchgemachte Schwangerschaften gelten können. In 36 % kommen solche Striae auch bei Nulliparen vor, insbesondere an den Oberschenkeln und am Gesäß, in 6 % sogar bei kräftigen jungen, noch häufiger bei fetten Männern. Weder die frischen noch die alten Schwangerschaftsstreifen können also als ein sicheres Schwangerschaftszeichen angesprochen werden, ja nicht einmal als wahrscheinliches. Nur zusammen mit andern Zeichen für Gravidität, bestehende oder überstandene, haben auch die Striae eine gewisse Bedeutung, namentlich dann, wenn keine anderen Möglichkeiten vorhanden sind, die zu den Streifen hätten führen können.

*Schrifttum.*
*Hüssy:* Der geb.-gyn. Sachverständige. Bern 1931. — *Küstner:* Zur Anatomie der Graviditätsnarben. *Virchow*s Arch. **1876,** LXVII. — *Langer:* Über die Textur der sogenannten Graviditätsnarben. Med. Jb. **1880,** 41. — *Novak:* Beziehungen zwischen Haut und weiblichem Genitale. Handb. *Halban-Seitz* **V**/3. — *v. Rosthorn:* Anatomische Veränderungen des Organismus in der Schwangerschaft. *v. Winckels* Handb. der Geb. **1903 I**, 1. — *Troisier* u. *Ménétrier:* Histologie der Striae. Arch. d. Méd. exp. **1899,** 131. **Hüssy.**

**Strommarke** siehe *Tod und Gesundheitsbeschädigung durch elektrische Energie.*

**Strontium.**
*Strontium* (Sr), ein silberweißes Erdalkalimetall (spez.Gewicht 2,6, Schmelzpunkt gegen 800°), kommt nur gebunden als Strontianit ($SrCO_3$) und Cölestin ($SrSO_4$), sowie gelöst in einigen Mineralwässern als Hydrocarbonat vor. Seine Salze finden in der Feuerwerkerei und in der Zuckerfabrikation Verwendung. Strontium, das toxikologisch kaum eine Rolle spielt, ähnelt in seinen Verbindungen dem Calcium. Zufällige Verätzungen des Auges mit Strontiumoxyd wurden von *Thies* beobachtet und bieten ein ähnliches Bild wie Laugen- und Kalkverätzungen (s. d. Art.: Calcium; Laugenvergiftungen). *Stoeltzner* beschäftigte sich eingehend mit Untersuchungen über experimentell erzeugte Strontiumrachitis.

*Schrifttum.*
*Thies,* zit. nach *Petri:* Path. Anatomie und Histologie der Vergiftungen. Berlin 1930. — *Stoeltzner:* Pseudorachitische Krankheitszustände. Halle 1920. **Weyrich.**

**Strophanthin und Strophanthusdrogen.** (Vgl. auch Art.: Giftpflanzen mit strophanthinähnlicher Wirkung.)

Verschiedene Strophanthusarten (Apocynaceae) wie *Strophanthus gratus, Strophanthus Hispidus* und *Strophanthus Combé* enthalten in den Samen eine Anzahl nahe verwandter, stark herzaktiver Strophanthine, von denen g-Strophanthin aus Strophanthus gratus therapeutisch und toxikologisch am wichtigsten und als einheitliches, kristallisierbares Glykosid erkannt worden ist. Neuerdings auch das sehr wirksame, als Strophosid bezeichnete, krist., einheitliche k-Strophanthosid aus Strophanthus Combé.

Alle Strophanthusarten spielen als *Pfeilgifte* im tropischen Afrika eine große Rolle. Von Strophanthuspfeilen getroffene Menschen sollen nach 10—15 Minuten sterben.

*Wirkung:* Die Strophanthine sind, i. v. appliziert, die stärksten therapeutisch verwandten Herztonica, dabei weniger kumulativ wie Digitalis, aber i. v. mit sehr kleiner therapeutischer Breite. Die Applikation erfolgt wegen rascher Zerstörung im Magen-Darmkanal und deshalb unsicherer Dosierung und wegen starker lokaler Reizwirkung bei s. c. und i. m. Applikation fast *nur* i. v., selten rectal oder oral als Tinktur.

*Vergiftungen:* Im Prinzip wie Digitalisvergiftung, aber wegen i. v. Applikation ist der Vergiftungsverlauf viel rascher, oft ganz akut tödlich.

*Dosis medicinalis: Semen Strophanti* (mit ca. 4 % Glykosiden) *per os* 0,02 g = ca. 0,001 g Strophanthin. *Tinctura Strophanti* (0,4 % Glykoside) 0,05—0,1 g = ca. 0,002—0,004 g Strophanthin. *Strophanthinum crist.* (= g-Strophanthin) i. v. 0,0002 bis 0,0007 g. *Strophosid:* i. v. 0,00015—0,0003 g als Einzeldosis. *Per os* sollen 2—2,5 mg Strophanthin, *rectal* 3 mg gut wirksam sein, doch ist das im Einzelfall wegen der quantitativ unkontrollierbaren enteralen Zerstörung sehr unsicher. Bis 40 mg Strophanthin rectal als Tagesdosis wurden anscheinend gut vertragen! Leichte lokale Reizerscheinungen sind möglich; kein Erbrechen. Jede nicht intravenöse Strophanthinapplikation ist aber im Effekt unsicher und die hohe Dosierung gefährlich.

*Dosis toxica:* i. v. schon von 0,0003 g Strophanthin an, namentlich bei Herzüberempfindlichkeit (Myokardschäden) oder *vorausgehender Digitalisierung.* Rectal machte Strophanthin bei 50 mg als Tagesdosis heftige Durchfälle, bei 75 mg Übelkeit, Kopfschmerz, schweres Beklemmungsgefühl, blutige Durchfälle.

*Dosis letalis:* Bei besonderer Herzempfindlichkeit können Bruchteile eines mg Strophanthin tödlich sein. Gefährlich ist jede i. v. Strophanthinapplikation, welche 1 mg überschreitet.

*Vergiftungen:* Morde sehr selten. Mordfall *Mertens:* Giftmord durch rectale Applikation von vermutlich 100 mg Strophanthin. Nach kurzer Zeit Leibschmerzen, Übelkeit, Brechreiz, kein Erbrechen (ev. wegen Cocainbeimengung), keine Pulsverlangsamung sondern -beschleunigung. Tod bei klarem Bewußtsein bis kurz vor dessen Eintritt nach 3½ Stunden. *Sektion:* blaurot livide Verfärbung und Schwellung im Mastdarm. *Pathologisch-anatomischer Befund* im übrigen völlig negativ.

*Medizinale Vergiftungen* sind keineswegs selten als Folge von Überdosierung bei i. v. Strophanthintherapie: plötzlicher Herztod während oder unmittelbar im Anschluß an die Strophanthininjektion durch Kammerflimmern (Sekundenherztod). Manchmal Todeseintritt erst 20—30 Min. nach Injektion. Die Gefahr ist bei Nichtbeachtung vorausgehender Digitalisierung besonders groß. Auch kann eine vorhandene Coronarinsuffizienz durch Strophanthin ungünstig beeinflußt werden und zum stenokardischen akuten Herztod führen.

Strophanthinähnliche oder mit Strophanthin

übereinstimmende Gifte enthalten auch eine Reihe afrikanischer *Acocantheraarten* (Apocynaceae) wie *Acocanthera abyssinica, Acocanthera Schimperi, Acocanthera ouabaio, Acocanthera venenata* u. a. In Afrika werden für den Menschen tödliche Acocanthera-Pfeilgifte von Eingeborenen verwendet. Das herzwirksame Hauptglykosid ist das *Ouabain*, welches mit g-Strophanthin anscheinend identisch. Ouabain aus Acocanthera Schimperi wirkt nach *Lewin* auf Schleimhäuten langdauernd anästhetisch.

*Ouabain* wird medizinsch wie Strophanthin verwendet. Toxikologisch ist es wie dieses zu beurteilen. *Ouabaine Arnaud* enthält Glykoside von *Strophanthus glaber* und *Acocanthera Ouabaio*, ist als *Solubaine Nativelle* peroral und rectal gebräuchlich in Tagesdosen von 0,00025—0,0005 g (1—10 Tropfen der Lösung) i. v. zu 0,0002—0,0005 g pro Tag. Die Wirksamkeit der Ouabainampullen nimmt in einigen Monaten stark ab.

*Schrifttum.*

*Curschmann, H.:* Über Gefahren der intravenösen Strophanthinbehandlung. Ther. Mh. **1916**, 284. — *Elderfield, R. C.:* The Chemistry of strophanthus glycosides. **17**, 187 (1935). — *Fraenkel, A.:* Strophanthintherapie. (Kapitel: Gefahren.) 115. Berlin 1933. — *Fraenkel, A.* u. *Schwartz:* Über intravenöse Strophanthininjektionen bei Herzkranken. Arch. f. exper. Path. **57**, 79 (1907). — *Führer, H.:* Rectale Strophanthinvergiftung. Der Fall „*Mertens-Dr. Richter*". Dtsch. med. Wschr. **1929 II**, 1408 u. Slg. Verg.-Fälle *A* **2**, 3 u. B **41**, 9. — *Heubner, W.* u. *B. Fuchs:* Über rectale Applikation von g-Strophanthin. *Naunyn-Schmiedeberg*s Arch. **171**, 102 (1933). — *von Hoesslin, H.:* Akuter Herztod und Strophanthintod. Münch. med. Wschr. **1928**, 652. — *Jacobs, W. A.:* The chemistry of strophanthus glycosides. Physiol. Rev. **13**, 222 (1933). — *Lehmann, E.:* Todesfall im Anschluß an eine intravenöse Einspritzung von Strophanthin und Euphyllin. Med. Klin. **1924**, 84. — *Lewin, L.:* Die Pfeilgifte. 219, 299, usw. Leipzig 1923. — *Lust, F.:* Klinische Erfahrungen mit der intravenösen Strophanthintherapie. Dtsch. Arch. klin. Med. **92**, 282 (1908). — *Müller-Heß:* Strophanthin-Vergiftung, rectale. (Giftmord.) Slg. Verg.-Fälle B **42**. — *Rahn, L.:* Über Todesfälle nach Strophanthineinspritzungen und ihre klinische Bedeutung. Dtsch. Arch. klin. Med. **133**, 74 (1920). — *Santesson, C. G.:* Pfeilgiftstudien. XV. Skand. Arch. Physiol. **74**, 239 (1936). — *Vaquez* u. *Lecomte:* Les injections intraveneuses de strophanthine dans les traitements de l'insuffisance cardiaque. Bull. Soc.méd. Hôp. Paris. **12**, 662 (1909). — *van den Velden, R.:* Intravenöse Digitalistherapie mit Strophanthin. Münch. med. Wschr. **1906**, 44.     **H. Fischer.**

## Strychnin und Brechnußvergiftung.

*I. Strychnin,* $C_{21}H_{22}N_2O_2$, kristallisiert aus Alkohol in rhombischen Prismen. F. = 268°. Sehr schwer löslich in kaltem Wasser und Äther, schwer in Alkohol, leicht in Chloroform. Trotz geringer Wasserlöslichkeit schmecken die Lösungen ungemein bitter (in Verdünnungen bis 1:700000 bemerkbar). Die Lösungen des freien Alkaloids reagieren schwach alkalisch. [α] D = —132 bis 136°. Die Salze kristallisieren gut. *Offizinell:* Strychninum nitricum; seidenglänzende Nadeln, äußerst bitter, leicht löslich in Wasser.

*II. Vorkommen des Strychnins:* Strychnin kommt nur in einigen der zahlreichen Strychnosarten (Loganiaceaen) vor, und zwar ausschließlich in indischen (also nicht in südamerikanischen) Pflanzenarten (Sundainseln, Philippinen).

*Strychnos Nux vomica,* Brechnußbaum: Enthält Strychnin und Brucin wohl in allen Pflanzenteilen, hauptsächlich aber in den Samen, der sog. Brechnuß, (Krähenaugen) zu 2—3 %, und zwar etwas mehr Strychnin wie Brucin. Darin findet sich außerdem ein Glykosid Loganin, in den Samenschalen außerdem eine Brechen erregende Substanz. Die Rinde des Brechnußbaumes = *falsche Angosturarinde* enthält etwa 1,6 % Brucin und Spuren von Strychnin.

*Strychnos Ignatii* (Philippinen) enthält in den Samen 3 % Alkaloide, davon 60—63 % Strychnin. Übrige Pflanzenteile sind meistens alkaloidfrei.

Strychninhaltig ist auch die Wurzelrinde von *Strychnos colubrina,* in Ostindien gegen Schlangenbiß verwendet, ferner die javanische Schlingpflanze

*Strychnos Tieuté*; daraus das Pfeilgift *Upas Tieuté*. Südamerikanische Strychnosarten enthalten curareartig wirkende Alkaloide.

*Brucin* $C_{33}H_{26}N_2O_4$ (Dimethoxylstrychnin). F. = 178° (wasserfrei), in Wasser und den meisten organischen Lösungsmitteln viel leichter löslich wie Strychnin. Schmeckt sehr bitter.

*Wirkung des Brucins:* Tetanisch strychninartig am Rückenmark, aber gleichzeitig viel stärker lähmend auf motorische Nervenendplatten wie Strychnin, also curareartig. Die Giftigkeit des Brucins ist mindestens zehnmal geringer wie die des Strychnins, die tetanische Wirkung soll sogar 30—50mal schwächer sein wie bei diesem. Brucin macht Magenschmerzen, Übelkeit, Erbrechen, Kopfschmerzen, Unruhe, unwillkürliche Streckbewegungen, nur selten Tetanus. In therapeutischen oder schwach toxischen Dosen bewirkt Brucin wie Strychnin Erhöhung der Sehschärfe und Erweiterung des Gesichtsfeldes.

*Offizinelle Drogenpräparate der Brechnuß: Semen Strychni, Extractum Strychni, Tinctura Strychni.* Drogenprodukte und Strychnin selbst bilden Bestandteile vieler Tonica und Anregungsmittel für die Magen-Darmtätigkeit. Die Verbreitung der medizinalen strychninhaltigen Präparate in Amerika und England its außerordentlich groß, auch in Frankreich viel größer wie in Deutschland. — Verwendung des reinen Strychnins bei funktionellen (bakteriell-toxischen) Lähmungen; auch als Herzmittel, z. B. gegen Vorhofflimmern; ferner als „Gegengift" bei Barbituratvergiftungen.

*III. Giftcharakter des Strychnins:* Strychnin gehört zu den stärksten Alkaloidgiften. Wirkung: zentrales Erregungsmittel, namentlich für das Rückenmark (tetanische Reflexkrämpfe), aber auch für das Großhirn und für das verlängerte Mark (Atmungs- und Vasomotorenzentrum), sekundär wirkt es auf die vitalen Zentren lähmend. Strychnin macht auch Erhöhung der Reizempfindlichkeit der Sinnesorgane, insbesondere des Auges.

*Resorption:* von allen Schleimhäuten und von Wunden aus leicht. Gelangt Strychnin in Wunden, tritt Brennen und endzündliche Rötung ein; ferner verursacht Strychnin Hautjucken (dieses gelegentlich auch bei resorptiver Vergiftung).

*Ausscheidung:* zum Teil unverändert durch den Urin, bei hochtoxischen Dosen sind bis 50—75 % der applizierten Menge unverändertes Strychnin im Urin anchweisbar; bei kleinen Dosen prozentual sehr viel weniger. Die Ausscheidung beginnt rasch, bei toxischen Dosen schon nach fünf Minuten, erstreckt sich aber über längere Zeit, ist selten vor 48 Stunden beendigt, weshalb Kumulativwirkungen möglich sind. Geringe Mengen Strychnin werden auch durch den Schweiß und Speichel ausgeschieden; ein kleiner Teil geht in die Milch über, ebenso durch die Placenta auf das Kind.

Strychnin widersteht sehr lange der Zersetzung, selbst in faulenden Organen (Exhumationen nach sechs Monaten bis einem Jahr mit positivem Strychninnachweis; sogar nach sechs und elf Jahren ist der Nachweis in der Leiche noch gelungen).

*a) Klinische Erscheinungen der akuten Vergiftung:* Eintritt der Symptome je nach Form und Applikationsart des Strychnins verschieden rasch, innert 5 Minuten bis zu mehreren Stunden, wobei auch der Füllungszustand des Magens eine Rolle spielt. Bei Brechnußvergiftung ist die Latenz am längsten, bei flüssigen galenischen Präparaten und bei Strychnin tritt die Wirkung meist schon nach 15—30 Min. ein.

*Symptome:* in leichten Fällen nur Schreckhaftigkeit, Zusammenfahren, Schütteln der Glieder, Muskelrigidität, Trismus, Erscheinungen, die in kürzester Zeit verschwinden. Daneben Erhöhung der Sehschärfe, auch des Farbensehens, und der Hörschärfe.

Bei schwereren Vergiftungen Beginn der Vergiftungserscheinungen mit Unruhe, Unbehagen, Schwindel, Angst, Ziehen in Schläfe, Kaumuskeln und Nacken, schließlich auf den ganzen Körper übergehend. Die Muskeln gehorchen nicht mehr recht dem Willen; Dyspnoe.

Bei der *ganz schweren typischen Vergiftung* gehen diese Prodromalerscheinungen über in Gliederzittern und Zuckungen, Nackenstarre, Steifigkeit, Trismus; häufig nach Aufschrei tetanische Anfälle auf minimalen äußeren Reiz hin, selbst auf Lichteinfall in Pupille, mit Ortho- und Opisthotonus. Die tonischen Krämpfe umfassen alle Muskeln, auch Intercostales, wodurch im Anfall die Atmung aufgehoben wird. Hochgradige Cyanose, Puls klein, sehr frequent, arrhythmisch. Die Anfälle können ganz plötzlich kommen, an denen auch die Gesichtsmuskeln beteiligt sind (Risus Sardonicus). Singultus und Zwerchfellkrampf, aber keine Schlingkrämpfe. Puls vor dem Anfall meist langsam, später beschleunigt, Blutdruck erhöht, Atmung vor Eintritt der Krämpfe vertieft und beschleunigt. Bei schwerer Vergiftung treten tetanische Anfälle in Intervallen von höchstens 10—15 Min. auf, später folgen sie immer rascher aufeinander. Dauer der einzelnen Anfälle 3—4 Min. Tod entweder im Anfall innert zehn Minuten bis 3 Stunden durch Erstickung und Erschöpfung, wohl häufiger durch zentrale Atem- und Kreislauflähmung. Selten besteht auch Lungenödem. Sekundär tritt motorische Lähmung (curareartig) der quergestreiften Muskulatur ein bei erhaltener direkter Erregbarkeit des Muskels. Spättod durch Herzlähmung infolge Herzmuskeldegeneration nur vereinzelt. Gewöhnlich ist der Ausgang der Vergiftung in zwei Stunden entschieden. Auch die nichttödliche Vergiftung verläuft schnell, überdauert selten einen Tag.

*Nebenerscheinungen:* Brennen im Magen, Übelkeit, Erbrechen; Kolik und Durchfall sind eher selten, letzteres besonders bei Brechnußvergiftung. Meist besteht Mydriasis, selten Miosis. Bewußtsein in der Regel bis zum Todeseintritt erhalten. Im Intervall zwischen den tetanischen Anfällen tritt Muskelerschlaffung ein, Herumgehen und einzelne Handlungen sind im Intervall trotz bestehender Reflexübererregbarkeit möglich!

*Nachwirkungen:* Schwäche, Abspannung, Steifigkeit, im übrigen aber rasche Erholung. In einem Fall Wirbelkompression (3. u. 4. Brustwirbel) durch tetanische Anfälle wie es auch bei bakteriellem Tetanus vorkommt (*Hámori*).

*Atypische Vergiftungsformen:* Bei sehr hohen Dosen kann der Todeseintritt in kürzester Zeit erfolgen, ohne daß es zu tetanischen Krämpfen kommt! 

*Suicidfall:* Tod in 20 Min. nach 0,5 g Strychnin mit kaum nennenswerten Krampferscheinungen. Sektionsbefund völlig negativ (*Grimm*).

Durch therapeutisches Eingreifen mit Narkotica *vor* Eintritt der Krämpfe kann das Bild der Strychninvergiftung wesentlich modifiziert werden: Auftreten der Strychninkrämpfe (nach 0,11 g Strychnin) erst nach 19 Stunden, wobei aber Strychninkrämpfe fünfeinhalb Tage anhalten! Ausgang in Heilung (*Stalberg*).

*Differentialdiagnose: Brucin-Vergiftung:* Symptome wie bei leichter Strychninvergiftung.

*Thebainvergiftung:* Kann aussehen wie Strychninvergiftung (chemische Untersuchung).

*Bakterieller Tetanus:* Bei Strychninvergiftung ist der Gesamtverlauf viel rascher, sowohl bei tödlicher Vergiftung wie hinsichtlich Genesung. Bei bakteriellem Tetanus gehen Trismus und Nackenstarre der Starre der übrigen Muskeln lange, unter Umständen um Tage voraus. Der ganze Verlauf ist schleichender (vg. *Focke*). Auch ist der bakterielle Tetanus keineswegs immer universell.

*Lyssa:* Hier kommt es zu den typischen Schlundkrämpfen, die bei Strychninvergiftung fehlen, und zur Wasserscheu.

*Pikrotoxinvergiftung, Cicutoxinvergiftung* (Wasserschierling) und *andere Krampfgifte:* bei diesen stehen *cerebrale* (spontane) Krämpfe im Vordergrund, dabei meist klonisch-tonische, nicht tetanische. Strychninvergiftung wurde schon für Hysterie gehalten (Opisthotonus!)! *Morphinvergiftung bei Kindern* kann wie Strychninvergiftung aussehen mit Trismus, Opisthotonus, allgemeinen Krämpfen, aber dabei Miosis und meist tiefes Koma.

*b) Chronische Vergiftung:* Selten; Symptome: Lichtscheu, Überempfindlichkeit gegen akustische Reize, Kopfschmerz, Unfähigkeit zu geistiger Arbeit, Gedächtnisstörungen, gesteigerte Erregbarkeit, Muskelschmerzen, kolikartige Verdauungsstörungen. Exantheme sind selten: scharlachartiges Erythem oder vesiculöser Ausschlag.

*IV. Pathologisch-anatomischer Befund:* kann völlig negativ sein. Als typisch gelten: rascher Eintritt der Totenstarre (kann auch bei Veratrinvergiftung beschleunigt eintreten) und abnorm langes Anhalten derselben. *Erstickungsbefund:* dunkles, flüssiges Blut, Blutungen in serösen Häuten, Lungeninfarkte, Hyperämie des Gehirns und Rückenmarks, Blutaustritte, auch in Hirnhäuten. Blutungen in periphere Nerven und in quergestreifte Muskulatur, Hautblutungen, zum Teil als Folge der krampfhaften Gefäßzusammenziehungen und der Blutdrucksteigerung im Anfall. Blutaustritte kommen in den verschiedensten Gefäßgebieten vor, besonders bei atheromatösen Veränderungen, auch eigentliche *Apoplexien*, welche das Vergiftungsbild wesentlich modifizieren können!

Hochgradiger Glykogenschwund der Muskeln und der Leber.

*Histologischer Befund:* Bei Strychnintod nach Einnahme von 4 g Strychnin: scholliger Zerfall und Nekrosen der gewundenen Harnkanälchen, Kernnekrosen der Leber und feintropfige Verfettung (*Bonetti*).

*Chronische Strychninvergiftung:* Bläschenförmige Hautausschläge. Ein als „chronische Strychninvergiftung" beschriebener Fall ist durch Latenz der Krampfsymptome von 14 Tagen und durch Haarausfall eindeutig als Thalliumvergiftung nachgewiesen.

*V. Dosis medicinalis: Semen Strychni* (= Nux vomica) nach Ph. H. V mit mindestens 2,5 % Alkaloiden. Dosis: 0,1—0,3 g. *Extractum Strychni* nach Ph. H. V mit 10 % Alkaloiden. Dosis: 0,02—0,05 g. *Tinctura Strychni* nach Ph. H. V mit Alkaloidgehalt von 0,25 %: 10—20 Tropfen. *Strychninum nitricum:* 0,0005—0,002 g. Als Tonicum, Stomachicum, Herzmittel. Als zentrales Analepticum, heute in sehr großen Dosen intravenös, z. B. 7—20 mg auf einmal bei schweren Schlafmittelvergiftungen, besonders mit Barbituraten, namentlich in Frankreich. Sogar bis 390 mg Strychninsulfat intravenös in 24 Stunden (*Bertrand*, vgl. ferner *d'Oelsnitz, Harvier* usw.). Dabei soll eine Strychnin-Barbituratkomplexverbindung entstehen (*Lavergne* u. a.), was aber sehr unwahrscheinlich ist.

*Dosis toxica:* Von *Semen Strychni* wurden 15 bis 20 g überstanden. *Tinctura Nucis vomicae:* ein halber Eßlöffel machte Erbrechen und Krämpfe; *falsche Angosturarinden* 0,7 g führten zu typischer Vergiftung, eine halbe *Ignatiusbohne* zu Tetanus.

*Strychnin:* Von 0,005—0,01 g an wirkt Strychnin immer (außer in Narkose) toxisch; 0,2 g und auch höhere Dosen bis 0,8 g wurden infolge therapeutischen Eingreifens überstanden, in einem Fall selbst 4,0 g.

Die mittlere toxische Dosis für den gesunden Erwachsenen liegt aber doch bei etwa 0,01 g. Bei Geschwächten und Herzpatienten ist sie viel kleiner (Krämpfe schon nach 1—3 mg Strychnin nitr.). Kleinste krampfmachende Dosis beim gesunden Erwachsenen: 1,5 mg. Bei Kindern typische Vergiftungen durch 0,001—0,003 g Strychnin.

*Dosis letalis:* von 0,03 g *Strychnin* an. Mittlere letale Dosis beim Erwachsenen etwa 0,1 g, bei parenteraler Applikation wohl noch weniger. 0,2 g ist beim Fehlen besonderer Umstände (frühzeitige Therapie) sicher letal. Herzkranke sind viel empfindlicher: schon 10 bis 30 mg haben hier zu tödlicher Vergiftung geführt. Ebenso sind Kinder sehr empfindlich: tödliche Vergiftung nach 4—6 mg, sogar nach 2 mg als *Strychninsirup. Dosis letalis* von *Semen Strychni:* 0,75—3,0 g, von *Tinctura Strychni:* 2,0—3,0 g, von *Extract. Strychni:* 0,2—0,3 g.

*VI. Vorkommen und Häufigkeit der Vergiftung:* Verbreitung des Giftes: als Rattengift und Jagdgift in Substanz und in Präparaten mit verschiedenem Strychningehalt (häufig kombiniert mit anderen Giften wie gelbem Phosphor, Arsen, Thallium) fast in allen Ländern der alten und neuen Welt. Auch als Strychninweizen mit 1% Strychnin. Auch die Verbreitung der medizinalen Präparate, namentlich in England und Amerika, ist außerordentlich groß. — Bei Verabreichung von Giftscheinen wird oft mit großer Sorglosigkeit vorgegangen, z. B. Fälle, in denen Giftscheine über 500 g, ja 2—3 kg Strychnin unbedenklich ausgefüllt wurden! Trotz Giftscheinen ist die Zugänglichkeit des Giftes immer noch relativ leicht (*Schrader*).

*Strychnin als Mordmittel:* Trotz intensiv bitteren Geschmackes keineswegs selten. Bis 1933 waren 61 Strychninmorde und zehn Mordversuche bekannt (*Schrader*); seither kam eine ganze Reihe neuer Morde vor. Verabreichung unter dem Vorwand, es sei Chinin (durch Arzt) oder in Kaffee, in Wein, sogar im Meßwein! (*Litterski*). Der bittere Geschmack führte wiederholt zu vorzeitiger Entdeckung; in vielen anderen bekanntgewordenen Fällen gelang der Mord. Beibringung häufig in vergifteten Speisen, z. B. in Brot, in Konfekt (*Weimann*), Pralinen usw. (*Kühn*); auch in mit Strychnin angesetztem Bier. Wiederholt wurden Morde an Kindern verübt. Ein typischer Strychnineifersuchtsmord an einer jungen Frau, wo trotz Strychninnachweis in den Organen der exhumierten Leiche (26 mg) der Verteidiger erfolgreich auf „Tetanus" oder „Ptomainvergiftung" plädierte (*London*). Auch Beibringung zu Mordzwecken unter dem Vorwand eines Abortivums. Strychnin wird auch direkt zu diesem Zweck verwendet: Abtreibungsversuch mit tödlichem Ausgang bei Schwangerschaft im dritten Monat durch strychninvergiftete Wurst (*Stary*). Sychnin kann ein wirksames Abortivum sein; aber dann ist die Gefahr für das Leben der Mutter außerordentlich groß.

*Brucin als Mordmittel:* Giftmorde mit Brucin sollen in Frankreich mehrfach vorgekommen sein; in Deutschland ist angeblich ein Fall bekannt.

*Selbstmorde* mit Strychnin sind relativ häufig, namentlich in England, aber auch in Deutschland (*Lewin* weist allein in den Jahren 1919—22 49 Selbstmorde nach).

*Kasuistik:* Tod unter Krämpfen innert 45 Min. nach Einnahme von 0,4 g Strychnin. — Nach 0,2 g Strychnin schwerste tetanische Krämpfe, welche auch größte intravenöse Chloralhydratgaben durchbrechen! Ausgang in Heilung (*Loup*). — Nach 0,27 g Strychnin schwerste tetanische Strychninvergiftung. Rettung durch 25 ccm intravenös innert drei Stunden appliziert (*Paraf*). — Selbstmordversuch mit 0,25 g Strychninnitrat. Rettung durch intravenöse Pernoctoninfusion (*Koumans*). Ähnlich

nach Einnahme von 0,2 g Strychnin in 1%iger Lösung; Rettung durch Pernoctonapplikation (*Hamori*). — Selbstmord durch Ignatiusbohnen. Tod im sechsten tetanischen Anfall (*Milovanović*).

*Zufällige Vergiftungen:* Schwere Vergiftung durch versehentliche Einnahme von Strychninpillen (0,11 g). Zufällige Vergiftung bei Kindern durch Verschlucken gezuckerter strychninhaltiger Pillen und Tabletten. Tod eines dreijährigen Kindes zwei Stunden nach Einnahme von drei Tabletten zu 0,001 g Strychnin im dritten Krampfanfall (*Willführ*). Weitere analoge Todesfälle und Vergiftungen bei Kindern vgl. *Aikman;* auch tödliche Vergiftungen bei Kindern durch Essen von Strychninweizen (evtl. Rotfärbung des Mageninhalts durch den Farbstoff des Giftweizens) (*Brieger*). Kombinierte tödliche Strychninweizen-Thalliumvergiftung bei zweieinhalbjährigem Kind (*Geßner*).

Vergiftungen, auch tödliche, durch Genuß strychninvergifteterTiere und durch Essen vergifteter, als Tierköder benutzter Eier sind vorgekommen.

*Medizinale Vergiftung:* Relativ häufig durch Verwechslung bei der Arzneibereitung oder durch unzweckmäßige Verabreichungsformen (Strychnin mit Tannin in Sirup: Bodensatz aus Strychnintannat, der zu Vergiftung führt). Kumulative Wirkungen sind bei Strychninkuren zu erwarten, sobald täglich mehr wie 3—4 mg Strychnin gegeben wird. Der Tetanus tritt dann als Kumulationserscheinung auf, wobei auch tödliche Vergiftungsfälle vorgekommen sind. Behandlung mit ansteigenden Dosen, z. B. bei Chorea, ist immer gefährlich, da Gewöhnung nur äußerst selten eintritt.

*Schrifttum.*

*Aikman, J.:* Strychnine poisoning. N. Y. State J. Med. **31**, 219 (1931). — *Allard, E.:* Die Strychninvergiftung. Vjschr. gerichtl. Med. **25**, 234 (1907). (Literatur.) — *Bertrand-Fontaine* u. *A. Claass:* Intoxication par une dose massive de véronal. Traitement strychnique intensif. Guérison. Bull. Soc. méd. Hôp. Paris **49**, 1177 (1923). — *Brieger:* Thallium-Strychninvergiftung (Zelio). Dtsch. Z. gerichtl. Med. **10**, 634 (1927). — *Bonetti, G.:* Über histologische Veränderungen bei Strychninvergiftunσ. Diss. Basel 1932. — *Cloetta, M :* In: Lehrbuch der Toxikologie von *Flury* u. *Zangger*. 293. Berlin 1928. — *Cesaris Demel, V.:* Su di un caso di avvelenamento acuto da stricnina. Arch. di Antrop. crimin. **46**, 359 (1926). — *Erben, F.:* Vergiftungen. **2 II**, 535. Wien 1910. — *Falck, F. A.:* Lehrbuch der praktischen Toxikologie. 238. Stuttgart 1880. — *Fazekas, J. G.* u. *P. Dövösi:* Strychninvergiftung. Slg. Verg.-Fälle A **731**, 57. — *Focke:* Über den Tod d. Tetanus in gerichtl.-medizin. Beziehung. Vjschr. gerichtl. Med. **17**, Suppl.-Bd. S. 93 (1899). — *Förster:* Chronische Strychninvergiftung. Diss. Greifswald 1898. — *Geßner, O.:* Strychnin- und Thalliumvergiftung, gleichzeitige, durch Mäuseweizen. Slg. Verg.-Fälle A **96**. — *Grimm, K.:* Selbstmord mit Strychnin. Slg. Verg.-Fälle A **701**. — *Haggard, H. W.* u. *L. A. Greenberg:* Antidotes for strychnine poisoning. J. amer. med. Assoc. **98**, 1133 (1932). — *Hámori, A.:* Ein Fall von Strychnin-Vergiftung; erfolgreiche Behandlung mit Pernocton. Slg. Verg.-Fälle A **613**. — *Harvier, P.* u. *J. Antonelli:* Note sur le traitement par la strychnine des intoxications barbituriques. Bull. Soc. méd. Hôp. Paris **49**, 1184 (1933). — *Hesse, E.:* Strychnin-Giftmord. Slg. Verg.-Fälle B **2**. — *Ipsen, C.:* Über die Schwierigkeiten des Strychninnachweises. Wien. klin. Wschr. **37**, 974 (1924). — *Kobert, R.:* Lehrbuch der Intoxicationen. 2. Aufl. **2**, 1153. Stuttgart 1906. — *Koumans, A. K. J.:* Über die Behandlung der Strychninvergiftung. Klin. Wschr. **1934**, 103 (u. Slg. Verg.-Fälle A **428**). — *Kratter, J.:* Erfahrungen über einige wichtige Gifte. Arch. Kriminalanthrop. **16**, 1 (1904). — *Kühn, A.:* Naturwissenschaftlich-kriminalistische Untersuchungen bei einem Giftmordversuch mittels strychninhaltiger Pralinen. Dtsch. Z. gerichtl. Med. **22**, 48 (1933). — *de Lavergne, V.* u. *P. Kissel:* Über die Existenz einer Komplexverbindung von Strychnin und Barbitursäure. Bull. Acad. Méd. Paris **114**, 384 (1935). — *Lawson:* Peculiar respiratory disorder produced by the habitual use of Strychnine. Brit. Med. J. **1898**, 1927. — *Leimert, E.:* Ein Fall von chronischer Strychninvergiftung. Münch. med. Wschr. **1930**, 1930 (u. Slg. Verg.-Fälle A **97**). — *London, A. A.:* A case of strychnine poisoning: The bute tragedy. Med. J. Austral. **2**, 757 (1926). — *Lewin, L.:* Die Fruchtabtreibung durch Gifte. 358. Berlin 1922. — *Lewin, L.:* Gifte und Vergiftungen. 789. Berlin 1929. — *Lewin, L.* u. *H. Guillery:* Die Wirkungen von Arzneimitteln auf das Auge. 2. Aufl. **1**, 376. Berlin 1913. — *Litterski:* Ein in der Geschichte kaum dagewesener Fall von Strychninvergiftung und

Tod, nämlich eines katholischen Geistlichen am Altar. Ärztl. Sachverst.ztg. **8**, 200 (1902). — *Loup, F.:* Un cas d'empoisonnement par la strychnine. Rev. méd. Suisse rom. **42**, 455 (1922). — *Milovanović, M.:* Strychnin-Vergiftung durch Ignatiusbohnen. Slg. Verg.-Fälle A **400**. — *d'Oelsnitz, Balestre, Brugnière* u. *Raibaudi:* Effets paradoxaux de la strychnine à hautes doses dans deux cas simultanés d'intoxication barbiturique. Bull. Soc. méd. Hôp. Paris **49**, 1458 (1933). — *Paraf, J.* u. *J. Bernard:* Intoxication strychnique grave guérie par l'administration intraveineuse à doses massives d'un barbiturique. Bull. Soc. méd. Hôp. Paris **49**, 1324 (1933) u. Presse Méd. **41**, 1781 (1933). — *Petri. E.:* Anatomie und Histologie der Vergiftungen. In: *Henke-Lubarsch:* Handb. der spez. Pathol. und Histol. **10**, 369. Berlin 1930. — *Pflanz, W.:* Über Strychninvergiftung. *Friedreichs* Bl. **1904**, 107, 221, 291, 370, 463; **1905**, 60 (Literatur). — *Priest, R. E.:* Strychninvergiftungen. Erfolgreiche Behandlung mit Natriumamytal. Slg. Verg.-Fälle A **766**, 11. — *Rapmund:* Strychninvergiftung. Vjschr. gerichtl. Med. **42**, 243 (1911). — *Sassard, P.:* A propos d'un cas d'intoxication par la strychnine J. Pharmacie **14**, 240 (1931). — *Schauenstein:* Strychninvergiftung. In: *Maschka*, Handb. der gerichtl. Medizin **2**, 600. Wien 1882. — *Schrader, G.:* Strychnin-Vergiftung. (Mord oder Selbstmord?) Slg. Verg.-Fälle B **35**. — *Schrader, G.:* Strychnin-Vergiftungen. Slg. Verg.-Fälle C **39**. — *Schrader. G.:* Zur Gefährdung durch den Verkehr mit Schädlingsbekämpfungsmitteln. Dtsch. Z. gerichtl. Med. **26**, 152 (1936). — *Stalberg, S.* u. *H. S. Davidson:* The newer treatment of strychnine poisoning. Report of an unusual case. J. amer. med. Assoc. **101**, 102 (1933). — *Starkenstein, Rost, Pohl:* Toxikologie. 254. Berlin 1929. — *Stary, Z.:* Strychnin-Vergiftung. (Abtreibungsversuch.) Slg. Verg.-Fälle A **673**. — *Trier, G.:* Die Alkaloide. 2. Aufl. 444, Berlin 1934. — *T'ung-Ho Chang:* Acute strychnine poisoning. Report of three cases. Trans. far-east. Assoc. trop. Med. Hong-Kong **2**, 389 (1935). — *Weinmann, W.:* Ein Giftmord mit Strychninkonfekt. Arch. Kriminol. **94**, 147 (1934) u. Slg. Verg.-Fälle A **444**. — *Wender, O.:* Über einen Fall von Strychninvergiftung. Münch. med. Wschr. **1933**, 1838 u. Slg. Verg.-Fälle A **338**, 109. — *Wiethold, F.:* Strychnin-Vergiftung. (Selbstmord.) Slg. Verg.-Fälle A **14**. — *Willführ:* Arch. Kriminol. **52**, 121 (1913). — *Willführ:* Strychninvergiftung durch zufälligen Arzneimißbrauch. Dtsch. med. Wschr. **51**, 827. *H. Fischer.*

**Stumpfe Gewalt** siehe *Tod und Gesundheitsbeschädigung infolge Verletzung durch stumpfe Gewalt; Verletzungen durch stumpfe Gewalt.*

**Sturmstäubemittel** siehe *Schädlingsbekämpfungsmittel.*

**Sturz aus der Höhe** siehe *Absturz im Gebirge;* *Tod und Gesundheitsbeschädigung infolge Verletzung durch stumpfe Gewalt.*

**Sturzgeburt** siehe *Kindestötung.*

**Sturz ins Wasser aus großer Höhe** siehe *Tod durch Ertrinken.*

**Stypticin** siehe *Papaveraceenalkaloide.*

**Styptol** siehe *Papaveraceenalkaloide.*

**Subdurales Hämatom** siehe *Hirndruck.*

**Subendokardiale Blutungen** (= s. Bl.).

S. Bl. finden sich beim Menschen fast ausschließlich, aber auch bei Tieren überwiegend in der linken Herzkammer und hauptsächlich in der sog. Aortenausflußbahn an der linken Seite der Kammerscheidewand, von wo sie bis auf die der Ausflußbahn zugewendete Oberfläche der Klappenmuskeln, insbesondere deren Fußteil, und auf die benachbarten Bezirke der hinteren Kammerwand sich erstrecken können. Sie sind größer als die kreisrunden, scharfbegrenzten Ekchymosen des Brust- und Herzfelles und bilden unregelmäßige Flecken, vorwiegend Streifen in der Verlaufsrichtung der Fleischbalken. In der Kammerscheidewand sind sie meist längsgestellt. Bei spärlicher Ausbildung sind sie oft unscheinbar und von einer Fleckung durch unregelmäßige Blutfüllung mit freiem Auge nicht immer sicher zu unterscheiden (*v. Hofmann, Stübel*). *v. Hofmann* brachte diese ungleichmäßige Blutfüllung mit der Zusammenziehung des Herzmuskels in Beziehung und meinte, daß auch auf der Höhe der

Systole das Blut ähnlich verteilt sein könnte. Die Blutungen sitzen vorwiegend in dem etwas lockerer gefügten Zellgewebe um die linken Schenkelausbreitungen des Reizleitungsbündels und reichen je nach ihrer Mächtigkeit verschieden weit zwischen die Fasern des Bündels und zwischen die Herzmuskulatur hinein. Die für Blutaustritte an allen Orten maßgebenden Bedingungen des Gefäßreichtums, der hier außerordentlich groß ist (nach *Sternberg* kavernomähnliche Bilder), und des lockeren Gewebes treffen hier zu und wurden von *Löw, Sternberg, Aschoff, Stoll* und von *Mönckeberg* unterstrichen; von *Aschoff* auch noch die mechanische Beanspruchung aller Wandbestandteile in diesem Herzabschnitt. S. Bl. trifft man bei den verschiedensten Todesursachen an. Besonders häufig sind sie bei der Verblutung (s. d.). Am regelmäßigsten finden sie sich bei den hochgradigen Blutverlusten aus klaffenden Brüchen des Schädelgrundes. Dabei spielt zweifellos die Hirnschädigung mit, denn sie kommen gelegentlich auch bei Tod durch Hirndruck vor. Dann begegnen wir ihnen auch einer Reihe von Vergiftungen, falls der Tod nicht allzu rasch eintrat, besonders bei Vergiftungen durch Phosphor, Arsenik und Barium, schließlich bei infektiösen Krankheiten verschiedenster Art, namentlich bei Blutvergiftungen. Häufig sind sie bei Diphtherie vermerkt (*Berblinger*). Außer den schon erwähnten Todesursachen wird bei *Mönckeberg* (Literaturangaben) noch angeführt Totgeburt bei Septumdefekt, Bronchopneumonie eines jungen Säuglings, Herzfehler, Kompression des Halsmarkes durch eine Geschwulst, Lungenembolie, Verbrennung, Lebercirrhose, Scharlach, Typhus, Pyämie, Tetanus, Eklampsie, Delirium tremens, Masern, Todesfälle, vor denen Herzmittel angewendet wurden (*Aschoff*), bei *Rothberger* Leukämie, Anämie, Skorbut, Hirntumoren und Hitzschlag, bei *Stübel* Urämie, Ikterus, akute Leberatrophie, bei *Hofmann-Haberda* (Lehrbuch, 11. Aufl., 415) Vergiftungen durch salpetrige Säure, Anilin, Strophanthin, Kohlenoxyd, Nitrobenzol. *Meixner* sah sie bei einer Vergiftung durch Essigessenz (nicht veröffentlicht). Diese unvollständige Aufzählung verschiedener Grundleiden besagt nicht viel, weil die s. Bl. doch wahrscheinlich mit der Art des Todes oder den Störungen, die sich ohne Gesetzmäßigkeit bei den verschiedensten Erkrankungen und äußeren Schädigungen ergeben können, zusammenhängen. Größeres Augenmerk haben die s. Bl. erst durch die örtlichen Beziehungen zum Reizleitungsbündel gefunden. Über den Zusammenhang gibt es drei Anschauungen. Während man einerseits geneigt war, den Blutungen einen verhängnisvollen Einfluß im Wege einer Beeinträchtigung des Bündels zuzuschreiben (*Berblinger* und *Zum Winkel*), hielt *Ribbert* die gelegentlich anzutreffenden schweren Veränderungen im Bereich des Systems für die Ursache der Blutungen. *Mönckeberg* betrachtet das Zusammentreffen für zufällig, gibt allerdings die Möglichkeit einer Faserschädigung durch die Blutungen zu. *Rothberger* (reichere Literaturangaben) fand s. Bl. nach den verschiedensten Eingriffen an Versuchstieren. Seine vielfach anerkannte Behauptung, daß diese Blutungen regelmäßig nach stärkerer Vagusreizung auftreten, hat er später bedeutend abgeschwächt. Gesetzmäßige Zusammenhänge hat *Rothberger* kaum gefunden. Vor allem aber hat sich Steigerung des Entleerungswiderstandes ebenso wirkungslos erwiesen, wie Stauung des Rückflusses aus den Kranzgefäßen und allgemeine Muskelkrämpfe. Nach *Berblinger* und *Zum Winkel* gehören s. Bl. auch nicht zum Bilde der Erstickung. Mit einiger Regelmäßigkeit fand sie *Rothberger* bei Hunden mit Pfortaderthrombose und nach Anwendung des strophanthinähnlichen

Cymarins. Nach *Stübel* wären gerade die s. Bl. reine Diapedesisblutungen.

*Schrifttum.*

*Aschoff:* Zur Frage der subendokardialen Blutungen. *Virchows* Arch. **213**, 178 (1913). — *Berblinger:* Herzveränderungen bei Diphtherie. Münch. med. Wschr. **1913**, 50. — *Hofmann:* Über einige Leichenerscheinungen. Wien. med. Presse **1890**, 1491. — *Hofmann-Haberda:* Lehrbuch. 11. Aufl. Berlin u. Wien 1927. — *Löw:* Beiträge zur Pathologie des Atrioventrikularbündels. *Zieglers* Beitr. **49**, 3 (1910). — *Mönckeberg:* Über die subendokardialen Blutungen. Sammelreferat. Zbl. Herzkrkh. **7**, 113 (1915). — *Ribbert:* Über die subendokardialen Blutungen im Bereiche des Atrioventrikularbündels. Wien. med. Wschr. **1915**, 314. — *Rothberger:* Über subendokardiale Blutungen und die durch sie bedingten Leitungsstörungen. Klin. Wschr. **1928**, 1596. — *Sternberg:* Beiträge zur Pathologie des Atrioventrikularbündels. Verh. dtsch. path. Ges. **14**, 103 (1910). — *Stübel:* Das histologische Bild der Blutungen aus kleinen Gefäßen und seine Bedeutung für die Genese der subendokardialen Blutungen. *Virchows* Arch. **253**. 11 (1924). — *Zum Winkel:* Über die subendokardialen Blutungen im menschlichen Herzen. Inaug.-Diss. Marburg 1915 (Angabe nach *Mönckeberg*). **Meixner.**

## Sublimat siehe *Quecksilber.*

## Suffusion siehe *Verletzungen durch stumpfe Gewalt.*

## Sulfonal.

Hauptvertreter der Gruppe der Disulfone, die sich in ihrer Wirkung hauptsächlich quantitativ voneinander unterscheiden. Sulfonal wirkt etwas schwächer als Trional; Tetronal liegt zwischendrin. Sulfonal, ein Diäthylsulfondimethylmethan, bildet weiße, geschmacklose und geruchlose Kristalle. Schmelzpunkt 125—126°. Therapeutische Bedeutung stark zurückgegangen; es wurde als unzuverlässiges Schlafmittel mit unangenehmen Nebenwirkungen hauptsächlich durch die Barbitale verdrängt. Sulfonalvergiftungen sowohl medizinaler wie forensischer Art sind deshalb selten geworden. In der älteren Literatur zahlreiche Selbstmorde, hauptsächlich aber medizinale Vergiftungen akuter und chronischer Art.

Maximaldosis per os 2 g, maximale Tagesdosis 4 g. Resorption langsam, Wirkung nach etwa zwei Stunden. Schwere Vergiftungen beobachtete man von etwa 10 g an; tödliche Dosis 20—30 g, doch sah man Todesfälle schon bei kleinern Gaben, während andererseits viel größere Mengen ertragen wurden.

Symptome: Initial Schläfrigkeit, Reaktionsverlangsamung, Schlafsucht, übergehend in tiefes Koma, Tod unter dem Bild der Atemlähmung und Herzschwäche. Blutdruck meist herabgesetzt, ebenso Körpertemperatur (auch Temperatursteigerungen wurden beobachtet), Atmung und Puls verlangsamt. Nicht regelmäßig sind im Beginn der Vergiftung Erbrechen, Magenstörungen, Bauchschmerzen. Gelegentlich toxische Exantheme, Angst- und Erregungszustände, Delirien (prognostisch ungünstig bei älteren Leuten). Nachwirkungen: gelegentlich Anurie, chronische Verstopfung, andauernde Herzschwäche.

Diagnosestellung erleichtert durch Urobilinurie, evtl. Porphyrinurie, die allerdings bei akuten Vergiftungen fehlen kann. In typischen Fällen ist der Harn burgunderrot.

Chronische Vergiftungen heute außerordentlich selten (Sulfonalismus). Sie sind charakterisiert durch psychische Erschlaffung, Schwerbesinnlichkeit, Koordinationsstörungen, partielle Lähmungen usw. Oft Obstipation mit Porphyrinurie, Urobilinurie. Urin dunkelrot bis schwärzlich. Selten toxische Exantheme und Ödeme. Sulfonal besitzt kumulative Wirkung, die stärker ist als bei den übrigen Disulfonen. Ausscheidung bei Aufnahme von 1 g erst am vierten Tag vollendet.

Sektionsbefund: in akuten Fällen in der Regel nichts Spezifisches (oft hämorrhagische Bronchopneumonie). Subakute und chronische Fälle zeigen Hämolyse (Hämatoporphyrie regelmäßig auch in der Galle), Pigmentablagerung in den Organen, Nierenschädigungen (meist Kombinationsbilder), Lebernekrosen, Rückenmarksdegeneration. Im Tierversuch Speicherung im Zentralnervensystem.

*Schrifttum.*

*Balázs:* Schlafmittelvergiftungen. Slg. Verg.-Fälle **5**, 91 C (1934). — *Fabre* et *Simonnet:* Beitrag zum Studium der Intoxikation durch Sulfonal. Verteilung des Sulfonals und des Haematoporphyrins. C. r. Soc. Biol., Paris **92**, 1026 (1925). — *Fabre* et *Simonnet:* Ein Beitrag zum Studium der Vergiftung durch Sulfonal. Lokalisation des Sulfonals und Haematoporphyrins. J. Pharmacie 2, 225 (1925) und Bull. Soc. Chim. biol. Paris 7, 1129 (1925). — *Hoven:* Zwei Fälle von Sulfonalvergiftung. J. Neur. **67** (1931). — *Renner:* Schlafmitteltherapie. Berlin 1925. — *Schumm:* Über Haematoporphyrine und Haematoporphyrie. Klin. Wschr. **5**, 1574 (1926). **Schwarz.**

## Sumpfgas siehe *Flüchtige organische Gifte.*

## Superfoecundation siehe *Schwangerschaftsdauer.*

## Superfoetation siehe *Schwangerschaftsdauer.*

## Suprarenin siehe *Adrenalin und verwandte Körper.*

## Sympathetische Tinten siehe *Unsichtbare Schriften.*

## Syphilis (= S.). (Vgl. auch Art.: Bakteriologische Untersuchungen in der gerichtlichen Medizin; Geschlechtskrankheiten vor Gericht.)

*1. Diagnose.* Für die allgemeine Erkennung der S. und ihre Abgrenzung gegen ähnliche Krankheitsbilder stehen außer der klinischen Untersuchung drei Gruppen von Verfahren zur Verfügung, die in den letzten Jahrzehnten entwickelt worden sind. Der *Nachweis des Erregers* in syphilitischen Krankheitserscheinungen, die Serodiagnose des Blutes (unter Umständen auch einiger anderer Körperflüssigkeiten), die Untersuchung der Rückenmarksflüssigkeit. Allen diesen Verfahren ist gemeinsam, daß sie besondere Fachkenntnisse und Erfahrungen voraussetzen. Der Erreger der S., die Spirochaeta pallida, wird im Dunkelfeld oder durch eins von mehreren anerkannten Färbeverfahren nachgewiesen. Das Material für die Untersuchung wird aus den syphilisverdächtigen Geschwüren, Papeln oder durch Punktion geschwollener Lymphknoten gewonnen. Zur *Untersuchung des Blutes* sind neben der *Wassermann*schen Reaktion noch Flockungs- oder Nebenreaktionen entwickelt worden, die dazu dienen, die gleichzeitig ausgeführte *Wassermann*-Reaktion zu ergänzen. In Deutschland werden die Verfahren von *Kahn* und *Meinicke* am meisten angewendet. Ein positives Ergebnis ist bei der *Wassermann*-Reaktion erst in der sechsten bis achten Woche nach der Ansteckung, bei den Flockungs-Reaktionen schon von der vierten Woche an zu erwarten. Während bei der frischen unbehandelten S. der positive Ausfall die Regel ist, trifft dies für den weiteren Verlauf nicht mehr zu. Bei latenter S. ist mit einem erheblichen Teil zur Zeit negativer Ausschläge zu rechnen. Spät-S. und Folgekrankheiten (ausgenommen Paralyse) haben ebenfalls vielfach negativen Blutbefund. Umgekehrt sind positive Ergebnisse bei Nichtsyphilitikern beobachtet worden (dauernd bei Frambösie und Lepra; vorübergehend bei schwerer Tuberkulose, Pneumonie, Leukämie, Scharlach u. a.). Die serologische Blutreaktion allein reicht nicht aus, um das Vorhandensein einer S. oder insbesondere einer ansteckungsgefährlichen S. zu bejahen oder zu verneinen. Durch Salvarsanprovokation kann eine nur vorübergehend negative *Wassermann*sche Reaktion vielfach positiv gemacht werden. Die *Untersuchung der Rückenmarksflüssigkeit* (durch Lumbalpunktion oder Occipitalpunktion gewonnen) bedient sich gleichfalls der *Wassermann*schen Reaktion und daneben einiger anderer Reaktionen. Veränderungen im ersten Jahr der S. pflegen im allgemeinen wieder zu verschwinden und besagen nichts über die Gefahr einer späteren Erkrankung des Zentralnervensystems. Im weiteren Verlauf der S. wird die Untersuchung der Rückenmarksflüssigkeit zum unentbehrlichen Hilfsmittel, um bei Erscheinungen des Zentralnervensystems die genaue Diagnose zu stellen und auch um vorbeugend die Gefahr solcher Folgekrankheiten auszuschließen.

*Primäraffekte* kommen außer an den Geschlechtsteilen und in deren Umgebung hauptsächlich im Gesicht und Rachen (Lippen, Zahnfleisch, Zunge, Mandeln, Augenlider) und an den Fingern vor. Man erkennt sie von Anfang an durch den Erregernachweis, später auch durch ihre braunrote, glänzende Farbe, die scharf abgesetzten Ränder, ihre Härte und Schmerzlosigkeit. Gegen Ende des ersten Stadiums pflegt die *Wassermann*sche Reaktion positiv zu werden. Verwechslung kommt in Betracht mit: Ulcus molle (weich, schmerzhaft, unterminierte Ränder, *Ducrey*scher Bacillus), Herpes genitalis (Blasenreste), Balanitis (ohne Infiltrat), Scabies (findet sich auch am übrigen Körper), Furunkel (schmerzhaft, Eiterpfropf), Carcinom (langsamere Entwicklung, Lebensalter), Mandelentzündung (in der Regel doppelseitig). Bei festgestelltem weichen Schanker ist an die Möglichkeit eines Ulcus mixtum zu denken. Von den *sekundären Hauterscheinungen* können verwechselt werden: das makulöse Exanthem mit Pityriasis rosea (schuppend), Arzneiexanthem (juckend), Masern (Beteiligung des Gesichtes und der Schleimhäute), Cutis marmorata (verschwindet in Wärme), Röteln, Typhus, Fleckfieber; das papulöse Exanthem mit Lichen ruber planus (Sitz, Juckreiz), Psoriasis vulgaris (leicht entfernbare Schuppen); das pustulöse Exanthem mit Pocken, Windpocken, Acne; Papeln am Genitale mit spitzen Condylomen (zerklüftete Oberfläche), Balanitis, Herpes genitalis; Papeln am Mund und im Rachen mit Angina, Diphtherie, traumatische Erosionen, Herpes vulgaris, Lichen ruber planus u. a. Außer klinischen Unterscheidungsmerkmalen, die im einzelnen in den einschlägigen Lehrbüchern nachzuschlagen sind, ist die in diesem Stadium meist positive *Wassermann*-Reaktion ein unentbehrliches diagnostisches Hilfsmittel, ferner bei Primäraffekt und Papeln der Spirochätennachweis und ausnahmsweise auch der etwaige Erfolg einer spezifischen Behandlung.

*Ansteckungsgefahr* (*Werr*; über den Begriff s. d. Art.: Geschlechtskrankheiten vor Gericht) ist bei erworbener S. im allgemeinen nicht mehr anzunehmen, wenn seit der Ansteckung vier Jahre vergangen sind und wenn nach einer genügend starken Behandlung wenigstens zwei Jahre lang keine Krankheitserscheinungen vorhanden waren. Wissenschaftliche Erfahrungen können eine kürzere Frist rechtfertigen. Demnach sind zweifellos nicht mehr ansteckungsgefährlich solche Fälle, wo die Ansteckung mehr als vier Jahre zurückliegt und außerdem in einer zweijährigen Beobachtung keine Erscheinungen mehr festgestellt worden sind. Ist der Zeitpunkt der Ansteckung nicht bekannt und auch aus dem Krankheitsbild nicht zu ersehen, so empfiehlt es sich, von dem Zeitpunkt auszugehen, in dem die Diagnose S. zum ersten Male gestellt worden ist. Genügend behandelte Fälle können nach einer zweijährigen, unter Umständen (Frühbehandlung!) sogar nach einer kürzeren Frist als nicht mehr ansteckungsgefährlich gelten ohne Rücksicht auf die seit der Ansteckung verstrichene Zeit. Der Umstand, daß die Ansteckung vier Jahre zurückliegt, macht

trotz ungenügender Behandlung, positiv gebliebener Blutreaktion u. dgl. das Ende der Ansteckungsgefahr wahrscheinlich, sofern seit längerer Zeit keine sekundären Erscheinungen mehr aufgetreten sind. Die Gefahr für die Leibesfrucht bei S. der Frau bleibt wesentlich länger bestehen als die Gefahr der geschlechtlichen Übertragung, kann aber durch vorbeugende Behandlung der Mutter während der Schwangerschaft ziemlich zuverlässig verhütet werden. Mit einer „genügend starken Behandlung" als Voraussetzung für das Ende der Ansteckungsgefahr ist nicht eine bestimmte Behandlungsweise gemeint, sondern die systematische Anwendung eines der anerkannten Kursysteme. Je früher der Kranke behandelt wird, um so geringer ist durchschnittlich das erforderliche Maß der Behandlung. Eine Übertragung angeborener S. durch Geschlechtsverkehr ist noch nicht beobachtet worden, Übertragung der S. auf die dritte Generation ist nachgewiesen. Über die Häufigkeit gehen die Ansichten in der Wissenschaft auseinander.

*2. Entstehungsweise.* Die erworbene S. entsteht durch das Eindringen der Spirochaeta pallida in die Haut oder Schleimhaut des Menschen, während bei der angeborenen S. die Spirochäte über die mütterliche Placenta auf die Leibesfrucht übergeht. Die Übertragung der erworbenen S. geschieht unmittelbar oder mittelbar. Unter den *Formen der unmittelbaren Übertragung* überwiegt im allgemeinen bei weitem der *Geschlechtsverkehr*. Nach deutschen Erfahrungen befinden sich etwa neun von zehn Primäraffekten an den Geschlechtsteilen. In Gebieten mit endemischer S. ist das Verhältnis selbstverständlich ganz anders. Küsse, erotische Berührungen, perverser Geschlechtsverkehr können zu Ansteckungen im Mund und an den Fingern führen. Harter Schanker am Anus oder im Rectum ist selten und legt den Verdacht perversen Geschlechtsverkehrs sehr nahe. Ein Primäraffekt der Frau an der Portio (viel seltener in der Scheide) ist für vollzogenen Beischlaf beweisend, während die Sklerose an den äußeren Geschlechtsteilen auch beim Beischlafversuch oder durch erotische Berührung entstanden sein kann. Bei Zweifeln über den Gang der Ansteckung sind die Inkubationszeiten und das Stadium der Krankheiten zu berücksichtigen (*v. Hofmann-Haberda, F. Reuter*). Man unterscheidet bei der S. die erste Inkubationszeit bis zum Auftreten des Primäraffekts (zwei bis drei Wochen) und die zweite vom Auftreten des Primäraffektes bis zum Ausbruch der allgemeinen Symptome (drei bis neun Wochen). Eine Verwechslung des Primäraffekts mit ulcerierten Papeln kann ein falsches Bild ergeben. Spezifische Behandlung kann die klinischen Erscheinungen in sehr kurzer Zeit beseitigen. *Außergeschlechtliche* unmittelbare Übertragung im Beruf (*Heller*) ist beobachtet worden bei: Ärzten (*Trüb*), Zahnärzten, Hebammen, Pflegerinnen, Heilpraktikern, pathologischen Anatomen, Leichendienern, Wärtern von Versuchstieren. Es handelt sich hierbei meist um Fingerschanker. Doch wird auch über Augen- und Tonsillenschanker berichtet. Beim Stillen kann eine gesunde Frau von einem syphilitischen Säugling angesteckt werden und umgekehrt. Angeborene S. des Säuglings ist in Betracht zu ziehen. Auch Zusammenschlafen von Geschwistern hat schon zu Übertragungen geführt.

*Mittelbar* wird die S. am häufigsten durch gemeinsame Benutzung von Eß- und Trinkgeschirren, Tabakspfeifen, Zigaretten, Rasiermessern und -pinseln, Musikinstrumenten, Lippenstiften u. dgl. erworben. Ansteckungen unter Glasbläsern sind heute in Deutschland wegen besonderer hygienischer Vorschriften nur noch selten. In der Krankenpflege kann die S. dadurch weiter verbreitet werden, daß gewisse, für mehrere Patienten benutzte Instrumente nicht genügend desinfiziert werden: Katheter, Spritzen, Schröpfköpfe, Fieberthermometer usw. Insgesamt überwiegen jedoch die Ansteckungen durch Geschlechtsverkehr oder im Zusammenhang damit bei weitem, und jede behauptete außergeschlechtliche Ansteckung muß zunächst mit Vorsicht untersucht werden. Man darf nicht vergessen, daß die Spirochäte außerhalb des menschlichen Körpers nur ausnahmsweise die für sie lebensnotwendige Feuchtigkeit und Wärme findet. Wer nicht gerade im Heilberuf tätig ist und dabei mit Sekreten von Syphilitikern in Berührung kommt, wird sich nur unter ganz besonders unglücklichen Umständen im Beruf durch eine Wunde am Finger oder im Mund eine Lues zuziehen.

3. *Verschulden.* Die Frage, ob eine S. durch schuldhaftes Verhalten einer kranken (unmittelbar) oder gesunden Person (mittelbar) übertragen worden ist, kann sowohl im Straf- als auch im Zivilprozeß gestellt werden. Befand sich der Kranke zur Zeit der Tat *in ärztlicher Behandlung* und war er vom Arzt über die Art seiner Krankheit und die Ansteckungsgefahr belehrt, so ist damit die Kenntnis bewiesen. Eine auch nur vorläufige Entlassung aus der Behandlung, etwa zwischen zwei Kuren, wird vielfach von dem Kranken als gleichbedeutend mit dem Ende der Ansteckungsgefahr aufgefaßt. Irrtümliche oder ungenügende Belehrung durch den Arzt wird man dem Kranken nicht zur Last legen dürfen. Neben der Aussage des behandelnden Arztes sind beim Urteil über das Verschulden die *Krankheitserscheinungen* zu beachten. Ein Mann, der einige Wochen nach einem zweifelhaften Geschlechtsverkehr ein Geschwür am Geschlechtsteil beobachtet, muß sich für krankheitsverdächtig halten und handelt wenigstens fahrlässig, wenn er sich über die Art seines Leidens nicht unterrichtet und andere gefährdet. Leider gibt es aber auch recht unauffällige Primäraffekte, zumal bei der Frau. Nach der Reichszählung der Geschlechtskranken von 1934 befanden sich von den erstmalig behandelten geschlechtskranken Männern nur jeder dritte, von den Frauen sogar nur jede zehnte noch im Primärstadium. Anfangsgeschwüre außerhalb der Geschlechtsteile werden noch leichter für belanglose Krankheitszeichen gehalten. Auch die sekundären Erscheinungen erregen den Verdacht des Kranken am ehesten, wenn sie ihren Sitz an den Geschlechtsteilen haben (Papeln). Die verschiedenen Ausschläge sowie die Papeln an den Schleimhäuten des Mundes und Rachens werden vom Laien häufig harmlos gedeutet. Jeder dritte im Jahre 1934 neu in Behandlung gekommene Mann und sogar jede zweite neu behandelte Frau befanden sich bereits im latenten Stadium der S. Von Pflegepersonen wird man erwarten müssen, daß sie eher den Verdacht auf S. schöpfen, auch bei außergeschlechtlichen Ansteckungen. Das Weiterarbeiten im Beruf mit einem noch nicht charakteristisch entwickelten Primäraffekt am Finger kann hier unter Umständen schon als fahrlässig gelten. Für die Ansprüche an Desinfektion und Sauberkeit besteht in den einzelnen Pflegeberufen ein bestimmtes Herkommen. Verstöße hiergegen können eine Haftung gegen angesteckte Personen begründen und umgekehrt die Ersatzansprüche für eigene Ansteckung im Beruf mindern oder aufheben (konkurrierendes Verschulden).

4. *Verlauf und Folgen.* Die Aussichten, eine *frühzeitig behandelte S.* auszuheilen, haben sich in den letzten Jahrzehnten sehr gebessert. Zum Beispiel wurden in der deutschen Kriegsmarine 1920 bis 1932 unter den maximal behandelten Fällen von seronegativer Lues I nur 1,7% serologische Rezidive beobachtet, bei seropositiver Lues I 3,9%, bei Lues

II mit klinischen Erscheinungen 7,1% (*Siebert*). Bei einem Teil der maximal behandelten Fälle wurde nach abgeschlossener Behandlung die Rückenmarksflüssigkeit untersucht. In 95,3% war der Liquor gesund, bei der seronegativen Lues I sogar in 98,9%. Ein Teil der Kranken mit positivem Liquor wurde einer Malariakur unterzogen; es gelang, drei Fünftel zu heilen, einen weiteren Teil wenigstens zu bessern. Man kann also sagen, daß ein Syphilitiker, der früh zum Arzt kommt, eine gründliche Behandlung durchmacht und sich anschließend noch eine längere Zeit hindurch überwachen läßt, mit großer Wahrscheinlichkeit von Späterscheinungen und Folgekrankheiten verschont bleiben wird. Immerhin bleibt eine gewisse Unsicherheit bei S. stets übrig, so daß man die syphilitische Infektion strafrechtlich stets als einen schweren gesundheitlichen Nachteil wird ansehen müssen. Die *spätsyphilitischen* Hauterscheinungen können ihren Sitz am ganzen Körper haben. Nicht rechtzeitig erkannt und behandelt können sie zu bleibenden Zerstörungen führen und auch die Grundlage für die Entstehung eines Carcinoms abgeben. Sie sind ebenso wie die Knochen-S. seltener geworden. Die meisten Todesopfer werden gefordert von der S. des Herz- und Gefäßsystems, Gehirn-S. sowie *Meta-S.* (progressive Paralyse, Tabes dorsalis). Dagegen treten die Erkrankungen von Augen, Ohren, Magen, Darm, Nieren zahlenmäßig etwas zurück; 1926 bis 1933 wurde bei den Sektionen des pathologischen Instituts Düsseldorf in 5,3% der Fälle allein S. der Herzschlagader festgestellt. Eine kombinierte Todesursachenstatistik (klinischer Befund und Leichenschau) für Magdeburg 1928 bis 1936 ergab 4¾% aller Gestorbenen S. als Todesursache (*Pohlen*). Der Zugang an Paralytikern dürfte auch heute nach Teilerhebungen noch auf wenigstens 4000 anzunehmen sein. Die Malariakur hat nur in einem Teil der Fälle Erfolg, hauptsächlich weil sie zu spät angewendet wird. In den niederschlesischen Heil- und Pflegeanstalten (*Parnitzke*) wurden 1928 bis 1934 nur 25% der Malariabehandelten sozial brauchbar. Ein Drittel der Paralytiker konnte der Kur gar nicht mehr unterzogen werden, so daß sich für alle Paralytiker dieser Anstalten insgesamt nur eine Erfolgsquote von 17% ergab. S. der Frau birgt ferner die Gefahr von *Fehlgeburten* (wahrscheinlich nur Spätaborte vom vierten Monat an), von *Totgeburten* und von *Geburten kranker Kinder* (*Gottschalk*) in sich. Vorbeugende Behandlung der Mutter spätestens vom fünften Monat der Schwangerschaft an rettet das Kind meistens, aber nicht ausnahmslos. Etwa die Hälfte der Kinder mit angeborener S. stirbt in den ersten Lebensjahren, viele sind schwachsinnig, manche blind oder taub, die meisten irgendwie geschädigt.

Die Lehre von der Bedeutung des *Unfalls* (Trauma) für die *Verschlimmerung* der S. ist durch die Erfahrungen des Weltkrieges völlig umgewandelt worden in dem Sinne, daß man einen derartigen Zusammenhang nur noch ausnahmsweise anzunehmen geneigt ist, wenn ganz besondere Umstände dafür sprechen. Tertiäre Hauterscheinungen pflegen, wenn sie rechtzeitig behandelt werden, selten Folgen zurückzulassen, die Grundlage eines Schadenersatzanspruches sein können. Ein besonders häufiges Auftreten an verletzten Körperstellen ist nicht beobachtet worden. Wenn jemand einen durch Knochen-S. oder Tabes brüchig gewordenen Knochen bei einem geringfügigen Unfall bricht, so ist der Unfall nur der Anlaß, aber nicht die Ursache (*Coste, Heller*). Hier wie bei der Gelenk-S. kommt höchstens Verschlimmerung als Folge des Unfalls in Betracht. Häufiger ist der verschlimmernde Einfluß auf syphilitische Herz- und Gefäßkrankheiten anerkannt worden. Ein schwerer Sturz, eine wirklich große

Überanstrengung können beim Aneurysma den sofortigen, beim Herzfehler den baldigen Tod zur Folge haben. Die meisten Ansprüche aus Unfällen von Syphilitikern beziehen sich auf Erkrankungen des Zentralnervensystems, und zwar meist auf Paralyse, Tabes und Taboparalyse, seltener auf Gehirn-S. (*Bostroem, Claude, Crouzon, Heller*). Die herrschende Auffassung nimmt auch diesen ursächlichen Zusammenhang nur als Ausnahme an, woraus sich für den Gutachter die Pflicht zur besonders genauen Untersuchung und Anamnese im Einzelfall ergibt (s. auch d. Art.: Nervenkrankheit und Trauma; Psychose und Trauma). Wenn ein wenigstens mitwirkender Einfluß des Unfalls bejaht werden soll, müssen folgende Voraussetzungen erfüllt sein: 1. Es dürfen nicht schon vorher Zeichen von einer Erkrankung des Zentralnervensystems vorgelegen haben, und

erst recht darf der Unfall nicht etwa in Folge einer solchen Erkrankung (Unsicherheit, paralytischer Anfall) entstanden sein. 2. Der Unfall muß den Schädel oder die Wirbelsäule betroffen oder wenigstens stark erschüttert haben. 3. Die ersten Krankheitserscheinungen müssen innerhalb eines halben Jahres aufgetreten sein. Bei schon vorhandenen Anzeichen ist eine plötzliche Verschlimmerung durch den Unfall denkbar, was aber praktisch nur bei der Tabes mit ihrer oft sehr langen Dauer ins Gewicht fällt.

*Schrifttum.*

Vgl. d. Art.: Geschlechtskrankheiten vor Gericht.

**Werr** und **Gottschalk.**

**Syringomyelie** siehe *Nervenkrankheiten und Trauma.*

# T.

**Tabak** (= T.). (Vgl. auch Art.: Nicotin.)

Unter T. versteht man das Kraut von Nicotiana-Arten und zwar vom virginischen T. (*Nicotiana Tabacum* L.), vom Maryland T. (*N. latissima* Mill.) und vom Bauern-T. (*N. rustica* L.). Die wichtigste Art ist *N. Tabacum*, weil von ihr der weitaus größte Teil der Fertigungsfabrikate stammt. Der T. ist eine sehr labile Pflanze, die unter geänderten Umweltfaktoren auch sehr verschiedene Erscheinungsformen ausbildet, so daß sich die zahlreichen Varietäten, Sorten, Standortformen morphologisch und anatomisch voneinander unterscheiden. Vor allem die Variabilität des Tabakes in anatomischer Hinsicht ist wichtig, da sie Anhaltspunkte gibt, welche es ermöglichen, T.fabrikate verschiedener Herkunft auf ihre Übereinstimmung oder ihre Verschiedenheit zu prüfen. Der verarbeitete T. liegt in Form von Zigarren, Zigaretten, Rauchtabak, Schnupf-T. und Kau-T. vor.

Oft steht der Untersucher vor der Aufgabe, die Zusammengehörigkeit von T.resten, T.stummeln, die z. B. am Tatort gefunden wurden, mit Zigarren, Zigaretten oder einem bestimmten Rauch-T. festzustellen zu müssen. Dabei muß vor allem immer das eine berücksichtigt werden, daß alle unsere Rauchwaren T.gemische aus verschiedenen Sorten darstellen. Es ist also festzustellen, aus wieviel T.-sorten die Vergleichszigarre, -Zigarette, der Rauch-T. besteht.

Die Zigarre wird sorgfältig auseinandergeblättert, Deckblätter und Einlage makroskopisch in ihre verschiedenen Bestandteile sortiert, wobei man mit freiem Auge ziemlich weit kommt, da in der Regel schon die Farbe, die Feinheit oder Rauhheit der Blattoberfläche, die Dicke der Blätter, die mit freiem Auge zu sehende Behaarung, Fleckigkeit usw. gute Anhaltspunkte geben. In Zweifelsfällen muß zum mikroskopischen Präparat gegriffen werden. (Siehe Abb. 1.)

Auf ähnliche Weise werden auch die damit zu vergleichenden T.reste, Zigarren-, Zigarettenstummel zur Untersuchung aufbereitet. Dabei können Schwierigkeiten auftauchen vor allem dann, wenn die T.reste längere Zeit den Unbilden der Witterung, Regen, Tau usw. ausgesetzt waren. In diesen Fällen tritt häufig nachträgliche Verfärbung, Auslaugung usw. ein, so daß man in diesen Fällen von vorneherein auf den mikroskopischen Befund angewiesen ist. Man wird also aus allen Schichten des gefundenen Zigarrenstummels oder ähnlichem mikroskopische Präparate machen, wobei man darauf bedacht sein muß, von allen Blätterstücken des

Materials sowohl die Blattoberseite wie auch die Blattunterseite zu haben. Auch die feingeschnittenen Blätter von Zigaretten, die in schmalen Streifen vorliegen, werden nach Aussehen sortiert. Von jeder der auseinandergelesenen T.sorte werden mikroskopische Präparate hergestellt. Man untersucht in Wasser, Chloralhydratlösung und auch Jodjodkaliumlösung. Die klarsten und aufschlußreichsten Bilder bekommt man in den mit Chloralhydrat aufgehellten Präparaten. Bei der Untersuchung von Zigarren und Zigaretten hat man es in der Regel nur mit T.blättern zu tun. Bei Rauch-T., aber auch Schnupf-T., vor allem bei billigen und minderwertigen Handelswaren sind T.abfälle vorhanden wie die gröberen Rippen oder gar die T.strunke. Es gibt auch T.sorten, welche nur aus Blattrippen bestehen (Rippen-T.), und auch solche, welche fast nur die Bestandteile von T.strunken aufweisen.

*Erkennung des Tabaks.* Die Erkennung des T.blattes, vor allem des verarbeiteten T.blattes ist durch bloßen Augenschein in den seltensten Fällen einwandfrei möglich. Form und Größe wechseln sehr stark. Die Blattspreite kann nur wenige Zentimeter (Zigaretten-T.) oder bis über ½ m lang sein (Zigarren-T.). Alle T.blätter sind *ganzrandig* und *drüsig* behaart. Beim Trocknen werden sie braun. Eine sichere Diagnose ist nur auf mikroskopischem Wege möglich. Zu diesem Zwecke erweicht man das Untersuchungsmaterial in warmem Wasser, wodurch es geschmeidig wird.

Die in Frage kommenden Blattstückchen werden auf einem Objektträger ausgebreitet, zweckmäßig teilt man das Blattstück in zwei Teile, wovon das eine umgedreht wird, so daß die beiden Seiten des Blattes nach oben zu liegen kommen. Die Blattstücke werden zweckmäßig in Chloralhydratlösung gelegt und mit einem Deckglas bedeckt. In der Regel ist es zur Aufhellung und zur Vertreibung der störenden Luft in den Zellen und Intercellularräumen zweckmäßig, die so hergestellten Präparate einige Male durch die Flamme eines Bunsenbrenners zu ziehen und sie so weit zu erwärmen, daß die Entwicklung von Gasblasen eintritt. Nach kurzer Zeit ist das Präparat durchsichtig geworden, nun kann es unter dem Mikroskop betrachtet werden.

Die wichtigsten Erkennungsmerkmale liefert die Epidermis der Blattoberseite und jene der Blattunterseite. Sowohl auf der Blattoberseite wie auf der Unterseite finden sich Spaltöffnungen mit einem deutlichen Vorhof. Die Zahl der Spaltöffnungen ist auf der Unterseite größer, etwa dreimal so groß als auf der Oberseite. Die großen Epidermiszellen haben auf der Unterseite stark gewellte Wände (Abb. 1a), jene der Oberseite zeigen weniger stark ausgebuchtete Umgrenzungen. Oft ist auf den Epidermiszellen eine Cuticularstreifung zu sehen. Besonders wichtig für die Diagnose ist die Behaarung. Sie setzt sich beim Tabak zusammen aus Deckhaaren und Drüsenhaaren. Die *Deckhaare* sind mehrzellig, in der Regel einreihig, ziemlich derbwandig, oft ist die Basalzelle blasig aufgetrieben. Die Cuticula der Haare zeigt oft eine Streifung (Abb. 1, c). Neben diesen einreihigen Deckhaaren kommen auch solche vor, die oberwärts gegabelt sind. Die Endzellen sind

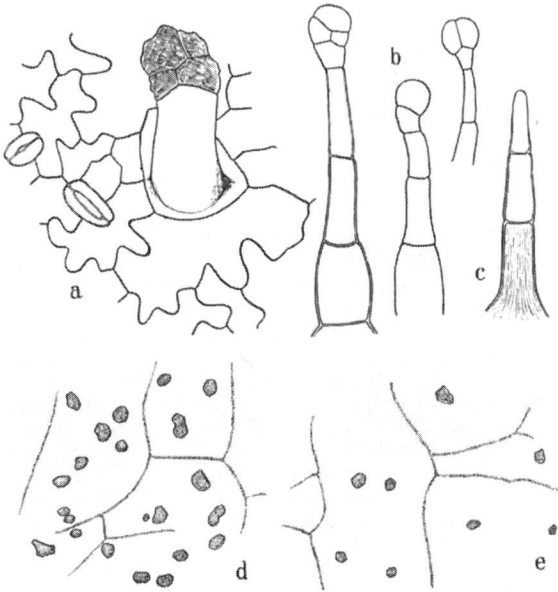

Abb. 1. Tabak. *a* Epidermis mit kurzem Drüsenhaar, *b* verschiedene Drüsenhaare, *c* Deckhaar, *d* Kristallsandzellen-Verteilung im Blatt einer Brasilzigarre, *e* jene im Deckblatt einer deutschen Zigarre.

zugespitzt. Die *Drüsenhaare* zeigen verschiedene Ausbildung. Sie haben entweder ein mehrzelliges Köpfchen, das auf einem mehrzelligen, einreihigen Fuß sitzt, oder der mehrzellige Drüsenkopf sitzt pilzförmig auf einem einzelligen Fuß. Andererseits gibt es auch Drüsenhaare mit einem einzelligen Köpfchen auf mehrzelligem Fuß. Die Fußzellen aller dieser Haare sind in der Regel bauchig aufgetrieben (Abb. 1, b). Wie es gegabelte Deckhaare gibt, so kommen auch Drüsenhaare mit gegabeltem, mehrzelligem Fuß vor. Die Behaarung ist also eine vielgestaltige und sehr charakteristische. Immer ist zu beachten, daß die Anzahl der Haare, die Verhältniszahlen der einzelnen Haarsorten untereinander für eine bestimmte T.sorte charakteristisch sind. Dabei muß aber wieder berücksichtigt werden, daß nur gleichwertige Organe oder Organteile miteinander verglichen werden können. In den Flächenansichten des T.blattes zeigen sich gleichzeitig die besonders charakteristischen *Kristallsandzellen* (Abb. 1, d, e) des Mesophylls. Sie erscheinen im aufgehellten Präparat als dunkle körnige Massen, die annähernd gleichmäßig zwischen den Blattnerven im Mesophyll verteilt sind. Die Zahl der Kristallsandzellen pro Flächeneinheit ist für jede T.sorte charakteristisch, infolgedessen wichtig, wenn es sich darum handelt, T.blätter verschiedener Herkunft auf ihre evtl. Zusammengehörigkeit zu prüfen. Stellt man Blattquerschnitte her, so zeigen sie den üblichen Bau eines dorsiventralen Blattes mit deutlichem Palisadenparenchym und Schwammparenchyms. Im Mesophyll sind die Kristallsand-

zellen unregelmäßig verteilt, die Mehrzahl derselben findet sich im oberen, also inneren Teil des Schwammparenchyms. Die Leitbündel der Blattnerven sind bikollateral. Dem inneren Gefäßteil ist je ein Siebteil nach oben und unten aufgelagert. Der Gefäßteil führt Tracheen mit spiraliger und treppenförmiger Wandverdickung, die größeren zeigen in der Wand kleine Hoftüpfel. *Bastfasern fehlen* im Leitbündel, dagegen ist es in einen Collenchymmantel eingebettet.

In den billigeren Rauchtabaksorten finden sich oft auch *T.stengel* oder *T.strunke.* Sie sind kenntlich an zahlreichen verholzten Gewebselementen, bei denen vor allem große Gefäße mit Hoftüpfeln neben Holzfasern auffallen. Außerdem finden sich im Strunk große gelbgefärbte Bastfasern. Die hohen Markstrahlen bestehen aus Markstrahlenzellen, welche höher als breit sind und deutlich getüpfelte Wände haben. Im Rindenparenchym des Stengels sind die Kristallsandzellen schlauchförmig gestreckt.

Bei der Untersuchung des *Schnupftabaks* muß man sich darüber im klaren sein, daß er neben echtem T. fast immer noch andere Bestandteile enthält, welche nicht immer als Verfälschungsmittel angesprochen werden können. Sie sind als Aromatisierungsstoffe erwünscht. Oft ist ihr Anteil größer als jener des Tabaks. Vor der mikroskopischen Untersuchung empfiehlt es sich oft, eine Probe des Schnupftabaks mit Wasser oder sehr stark verdünnter Lauge kurz aufzukochen, wodurch eine wesentliche Entfärbung des Untersuchungsmaterials herbeigeführt werden kann. Der T.bestandteil ist an den Kristallsandzellen und an Haaren zu erkennen. Letztere sind im Schnupf-T. meist zerquetscht und zertrümmert.

Als häufigste Beimengungen können im Schnupf-T. vorkommen:

Veilchenwurzel (*Rhizoma Iridis*), das geschälte Rhizom von *Iris germanica* L. und anderen *Iris-arten.* Das Mehl der Iriswurzel besteht in der Hauptsache aus verhältnismäßig dickwandigen, grobgetüpfelten Parenchymzellen, welche dicht erfüllt sind mit stets einfachen, eiförmigen oder unregelmäßig keulenförmigen, einerseits abgestutzten, bis 30 $\mu$ langen Stärkekörnern. In den Körnern ist das exzentrisch gelagerte Schichtungszentrum gut sichtbar, während die feine Schichtung in der Regel nur undeutlich sichtbar ist. Besondere langgestreckte Zellen umschließen sehr große prismatische Einzelkristalle von Calciumoxalat von etwa 200 $\mu$ Länge und 20 $\mu$ Breite, so daß diese Kristalle oder deren Bruchstücke im Verein mit der Stärke die Veilchenwurzel erkennen lassen.

Kalmus (*Rhizoma Calami*), das Rhizom von *Acorus Calamus,* welcher durch das lockere maschenförmige Gefüge der Zellen, welche große Intercellularräume umschließen, charakterisiert ist. Die etwas größeren Zellen, mit denen die Parenchymlamellen, welche die Intercellularräume umkleiden, sich treffen, sind Ölzellen. Sie führen gelbliches bis bräunliches Öl. Der übrige Großteil der Zellen führt kleine punktförmige Stärke, deren Körner nicht größer als 4 $\mu$ sind.

Zimt (*Cortex Cinnamomi* von *Cinnamomum Cassia* Blume und evtl. *Cortex Cinnamomi* Zeylanici von *Cinnamomum zeylanicum* Breyne), der sich durch zahlreiche reichgetüpfelte, oft hufeisenförmig verdickte Steinzellen, derbe, englumige Bastfasern, kleine, oft zusammengesetzte Stärkekörner mit durchschnittlich 5—10 $\mu$ Durchmesser je Teilkorn und braune Parenchymzellen verrät.

Gewürznelken (*Caryophylli*), die Blütenknospen von *Eugenia aromatica* Baill., welche sich durch ein kleinzelliges Epidermisgewebe, ein Parenchym mit rundlichen oder eiförmigen Öllücken, durch zarte

Leitbündel mit vereinzelten spindelförmigen Bastfasern, durch Kristallkammerfasern mit Calciumoxalatdrusen und durch kleine tetraedrische Pollenkörner zu erkennen geben.

Manchmal finden sich auch Blüten vom Steinklee (*Melilotus officinalis* Desr.) und von anderen *Melilotus*-Arten im Schnupf-T. Sie werden wegen ihres Cumaringehaltes verwendet. Ihre Beimengung ist zu erkennen an den glatten länglichrunden Pollenkörnern, den langen Kelchhaaren mit warziger Oberfläche, den Kristallkammerfasern mit großen monoklinen Einzelkristallen von Calciumoxalat. Auch Blätter werden dem Schnupf-T zugesetzt, so Kirschblätter von *Prunus cerasus* L., die sich durch eine Epidermis mit geriefter Cuticula, lange einzellige Haare und zahlreiche Oxalatdrusen in der Nähe der Leitbündel verraten.

Die Blätter des Vanillewurzelkrautes (*Liatris odoratissima* Willd.) gehören wegen ihres großen Cumaringehaltes zu den wichtigsten Aromatisierungsmitteln des Schnupftabakes. Sie sind durch eine auffallend großzellige Epidermis mit einer fein gerieften Cuticula ausgezeichnet. Besonders charakteristisch sind die ganz versenkten Drüsenhaare, die aus einer einfachen Zellreihe bestehen. Oft findet man nur noch die tiefen Gruben, aus denen die Drüsenhaare herausgefallen sind. Spaltöffnungen finden sich auf den beiden Blattoberflächen. Damit sind die möglichen Beimengungen zum Schnupf-T. nicht erschöpft. Gelegentlich können noch andere Aromatisierungs-, Streckungs- und Verfälschungsmittel darin gefunden werden. Im Schneeberger Schnupf-T. findet sich das Rhizom von *Convallaria majalis* L.

Der *Kau-T.* ist immer stark sauciert, infolgedessen muß er vor der mikroskopischen Untersuchung mit Wasser oder sehr verdünnter Lauge gekocht werden, damit die dunklen, die Beobachtung sehr störenden Brühen extrahiert werden. Der Rückstand, der nochmals mit Wasser gewaschen werden kann, wird dann mikroskopisch untersucht, am besten in Chloralhydratlösung. Der Kau-T. zeigt dann dieselben Merkmale wie der Schnupf-T. bzw. der Rauch-T. Ist er aromatisiert worden, so geschieht das mit denselben Drogen wie beim Schnupf-T.

*Schrifttum.*

*Gaßner, G.:* Mikroskopische Untersuchungen . . . Jena 1931. — *Gistl-v. Nostitz:* Handelspflanzen Deutschlands, Österreichs und der Schweiz. Stuttgart 1932. — *Moeller, J.:* Mikroskopie d. Nahrungs- und Genußmittel aus d. Pflanzenreiche. Berlin 1928. **Gistl.**

**Tabakvergiftung** siehe *Nicotin.*

**Tabes dorsalis** siehe *Nervenkrankheiten und Trauma.*

**Tätowierungen** (= T.). (Vgl. auch Art.: Berufsmerkmale; Besondere Kennzeichen.)

T. dienen als „Besondere Kennzeichen" (s. d.) zur Identitätsfeststellung. Das Tätowieren geschieht in der Regel durch Einstechen von Nadeln, worauf in die Stichöffnungen unlöslicher Farbstoff (Tusche, Tinte, Asche, Ruß, Zinnober, Schießpulver, Berliner Blau usw.) eingerieben wird. Die einverleibten Stoffe heilen ein. T. kommen mit ausnahmsweise bei Leuten aus geistig tätigen Ständen vor, häufiger bei Handwerkern, Matrosen und Soldaten, mitunter auch bei Prostituierten. Von den Insassen der Strafanstalten sind viele tätowiert. Die T. bestehen aus Zeichnungen (Herzen, Kronen, Blumen), aus Buchstaben oder aus Jahreszahlen, häufig auch aus Zeichnungen, die sich auf das Gewerbe oder den Stand beziehen (gekreuzte Gewehre und Säbel, Anker bei Seeleuten, Beile bei Fleischern und Zimmerleuten, Hämmer bei Maurern und Schlossern). Mitunter finden sich auch Symbole der Liebe, der Religion,

auch obszöne Zeichnungen. Am häufigsten sitzen T. an der Innen- und Außenfläche der Arme, an der Brust und an den Handrücken, mitunter aber auch an anderen Stellen, z. B. am Unterleib, an den Beinen und sogar am Penis. Selten finden sie sich im Gesicht. T. beim *lebenden* Menschen können im Laufe der Zeit wieder *verschwinden.* Das hängt von der Natur des Farbstoffes (Löslichkeit!) ab. Je löslicher ein Farbstoff ist, desto eher verschwindet er. Unlösliche Farbstoffe halten sich länger und zwar um so mehr, je gröber die einzelnen Farbstoffteilchen waren. Das Verschwinden geschieht durch Einwanderung der Farbstoffpartikelchen über die Lymphgefäße in die Lymphdrüsen. Die Farbstoffpartikelchen sitzen an der Peripherie der Drüsen und sind bereits mit bloßem Auge zu erkennen. Eine Weiterwanderung über die Drüsen hinaus kommt nicht vor. Die Farbstoffe können daher in diesen noch nachgewiesen werden, wenn die Tätowierung schon verschwunden ist. Was den Nachweis von Zinnoberkörnchen anbetrifft, so erscheinen diese nur bei auffallendem Lichte rot, bei durchfallendem hingegen schwarz. An der *Leiche* kann eine Tätowierung durch Mißfärbung der Haut infolge Fäulnis schwer erkennbar werden. Durch Quellung der Oberhaut wird die Marke unkenntlich. Nach Entfernung der Oberhaut kommt sie aber wieder zum Vorschein. Bei mumifizierten Hautstücken ist daher die Entfernung der Oberhaut angezeigt, um Tätowierungen sichtbar zu machen. Das Entfernen der Oberhaut geschieht durch Aufweichenlassen.

*Künstlich* können T. mittels ätzender Säuren *beseitigt* werden, wobei aber Narben zurückbleiben. Die Marke wird z. B. mittels eines Pinsels mit Indigo-Schwefelsäure bestrichen. So bringen z. B. Prostituierte, wenn sie ihre Liebhaber wechseln, die Namen des letzten weg und lassen sich den des neuen eintätowieren. Je oberflächlicher im Corium die Farbstoffpartikelchen liegen, desto eher gelingt ihre Entfernung. Gelingt die Beseitigung nicht, so kann durch Nachtätowieren mit Kleesalz oder Milch die alte Tätowierung überdeckt werden. Außer ätzenden Säuren wird zur Beseitigung Natrium-Äthylat oder Laugenessenz benutzt. Auch durch Auskratzen lassen sich die Farbstoffpartikelchen entfernen.

*Schrifttum.*

*Hellstern:* Tätowierungen bei Verbrechern. Dtsch. Z. gerichtl. Med. **6**, 134—138 (1925). — *Laufer, O.:* Über die Geschichte und den heutigen Gebrauch der Tätowierung in Deutschland. Berlin 1914. — *Riecke:* Das Tätowierungssystem im heutigen Europa. Jena 1925. — *Scheuer:* Tätowierung. In: *Marcuses* Handb. der Sexualwissenschaften. Bonn 1926. — *Sommerfeld, H.:* Die Tätowierung als wichtiges signaletisches Hilfsmittel. Kriminal. Mh. **7**, 10 (1933). **Ponsold.**

**Tanacetum vulgare.**

*Tanacetum vulgare,* Rainfarn, ist eine Composite, die in Europa, Nordasien und Nordamerika vorkommt. Enthält als wirksamen Bestandteil ein ätherisches Öl, das Oleum tanaceti (Tanacetcampher), das gelegentlich als Wurmmittel (0,1 g per os) eingenommen wird. In diesem Öl ist u. a. das Thujon, ein alicyclisches Keton der Campherreihe, vorhanden. Oleum tanaceti wird als menstruationsförderndes Mittel und als Abortivum eingenommen, meist in reiner Form, seltener in Form von Absuden oder Abkochungen der Pflanzen. Das Mittel hat besonders in Nordamerika Verbreitung gefunden. Die Uteruswirkung ist nicht spezifisch, sondern rein reflektorisch, der Erfolg sehr unsicher, auch bei schwerer Vergiftung der Mutter (s. d. Art.: Thuja occidentalis). Selten sind Vergiftungen durch Überdosierung als Wurmmittel oder bei Selbstmordversuchen.

Symptome: vorwiegend zentral in Form von Krämpfen, Opisthotonus, Trismus, Bewußtlosigkeit. Gesicht gerötet, Atmung stertorös, Schaum vor dem Munde. Tod meist unter den Zeichen der Herzschwäche. Als Ausdruck der lokalen Reizwirkung beobachtet man initial Erbrechen, Durchfälle, gelegentlich Hautausschläge. Das Kauen der Blüten von Tanacetum vulgare führt zu Schwellungen der Lippen.

Ausscheidung durch Lungen und Nieren mit charakteristischem, harzigem Geruch der Atemluft und des Urins.

Sektion: hämorrhagische Gastroenteritis, typischer Geruch. Exakte Sektionsbefunde fehlen. Sie dürften sich decken mit den Befunden der Thujavergiftung.

Toxische Dosen des Öls: schon 0,5—1 g können zentrale Störungen verursachen. Schwere Vergiftungen treten ein nach einigen Gramm; 7 g wurden schon überstanden. Tödliche Dosen im allgemeinen 10—20 g. Für Aufgüsse, Absude usw. können quantitative Unterlagen nicht angegeben werden.

*Schrifttum.*

*Eichler* u. *Vollmer:* Verwendung von Folia Tanaceti als Abtreibungsmittel. Slg. Verg.-Fälle **7**, 23 B (1936). — *Erben:* Vergiftungen, klinischer Teil. 2. Hälfte. Wien u. Leipzig 1910. — *Lewin:* Die Fruchtabtreibung durch Gifte und andere Mittel. Berlin 1922.— *Lewin:* Gifte und Vergiftungen. Berlin 1929. **Schwarz.**

**Tanatol** siehe *Schädlingsbekämpfungsmittel.*

**Tanninprobe** siehe *Kohlenoxyd.*

**Tapenol** siehe *Schädlingsbekämpfungsmittel.*

**Tardieusche Flecken** siehe *Ekchymosen; Tod durch Ertrinken.*

**Tartarate** siehe *Weinsaure Salze.*

**Tatbestandsfeststellung** siehe *Lokalaugenschein.*

**Tatort** siehe *Lokalaugenschein.*

**Taucherkrankheit** siehe *Tod und Gesundheitsbeschädigung durch abnorm hohen und abnorm niedrigen Luftdruck; Tod und Gesundheitsbeschädigung durch gewaltsame Erstickung.*

### Taumellolch.

*Taumellolch (Lolium temulentum),* Schwindelhafer (Gramineae). *Verbreitung:* Europa, Nordasien, Afrika; im Getreide, namentlich im Hafer als Unkraut, in nassen Jahren oft massenhaft. Dadurch daß die Pflanze fast ausnahmslos von einem endophytischen Pilz befallen ist, der sich vom Samen aus in der Pflanze ausbreitet, bekommt sie Giftcharakter, namentlich durch das im Pilz vorhandene Alkaloid *Temulin,* $C_7H_{12}N_2O$. Dieses zu etwa 0,06% in der verpilzten Pflanze enthaltene Alkaloid bildet eine stark alkalische, sirupöse, im Wasser leicht lösliche Masse. Temulin soll ein Pyridinderivat sein, das dem Atropin nahesteht. Diesem Stoff werden die toxischen Eigenschaften des infizierten Taumellolchs zugeschrieben; pilzfreie Pflanzen sind ungiftig. Der Lolchsamen soll vor der Reife am giftigsten sein.

*Giftwirkung:* Zentral lähmend, etwas narkotisch.

*Vergiftungserscheinungen:* Schwindel, Trunkenheitsgefühl, Taumeln, Kopfschmerzen, Trübung des Denkvermögens und Verwirrung der Sinneswahrnehmungen, Schlafsucht. Bei schwerer Vergiftung Grün- und Gelbsehen, Ohrgeräusche, Taubheit und Blindheit, Mydriasis, Behinderung des Sprachvermögens, Schluckstörungen, Angstgefühl, Abnahme der Speichelsekretion, Erbrechen, Leibschmerzen, selten Durchfälle. Bei schwerster Vergiftung außerordentliche Mattigkeit, profuse kalte Schweiße, Kälte der Extremitäten, sehr starkes Zittern, allgemeine Schwäche, Muskelzuckungen, Krampfanfälle, motorische Lähmung, Verwirrungszustände mit starker psychischer Erregung, Temperatursenkung, schließlich Koma. Tod durch Atemlähmung.

*Prognose:* Vergiftung selten tödlich im Verlauf von Tagen; die Vergiftungserscheinungen bleiben bei schwerer Vergiftung tagelang bestehen.

*Differentialdiagnose:* Atropin- und Tollkirschenvergiftung, Fliegenpilzvergiftung (s. d. Art. Tropaalkaloide und tropaalkaloidhaltige Pflanzen, Drogen und Präparate).

*Pathologisch-anatomischer Befund:* fehlend oder ganz uncharakteristisch: Gastroenteritis, evtl. mit Ekchymosen, Hyperämie des Gehirns und Rückenmarks.

*Dosis toxica:* Etwa 45—90 g Lolchsamen.

*Vorkommen der Vergiftung:* Früher gelegentlich epidemisch durch Genuß von lolchhaltigem Mehl in Brot und Mehlspeisen. Giftsymptome dabei: Schwere im Kopf, Stirnkopfschmerz, Schwindel von sehr langer Dauer, Trunkenheitsgefühl, unwiderstehliche Schlafsucht.

Ähnliche Vergiftungserscheinungen wie Lolium temulentum können bei Pilzbefall auch machen: die beiden Futtergräser *Lolium perenne, gemeiner Lolch,* englisches Raygras, und *Lolium italicum,* italienisches Raygras; ferner: *Lolium remotum = Lolium linicolum, Leinlolch,* als lästiges Unkraut unter Lein wachsend. Beim Leinlolch kann das Gift in Leinöl übergehen und bei Genuß desselben zu Vergiftung führen. Sechs Vergiftungen in einer Familie nach Genuß von Leinöl führten zu typischen Erscheinungen: Schwindel, heftiges Zittern, Erbrechen; Ausgang in Heilung, z. T. mit langdauernden Herzbeschwerden und Schwächegefühl.

*Schrifttum.*

*Antze, P.:* Lolium temulentum in pharmacognostischer, chemischer, physiologischer und toxikologischer Hinsicht. Arch. f. exper. Path. **28**, 126 (1891). — *Erben, F.:* Vergiftungen. **2 II**, 694. Wien 1910. — *Hofmeister, F.:* Die wirksamen Bestandteile des Taumellolches. Arch. f. exper Path. **30**, 202 (1892). — *Kobert, R.:* Lehrbuch der Intoxikationen. 2. Aufl. **2**, 1009. Stuttgart 1906. — *Lewin, L.:* Gifte und Vergiftungen. 891. Berlin 1929. — *Lewin, L.* u. *H. Guillery:* Die Wirkungen von Arzneimitteln auf das Auge. 2. Aufl. **1**, 112. Berlin 1913. — *Lingelsheim, A. v.:* Beiträge zur Frage der Giftigkeit des Leinlolchs (Lolium remotum Schrank). Arch. Pharmacie **265**, 244 (1927). — *Luther:* Vergiftung durch Leinöl. Z. ärztl. Fortbildg. **25**, 357 (1928). **H. Fischer.**

**Tausendfüßlerbißverletzung** siehe *Spinnen-, Skorpione- und Tausendfüßlervergiftung.*

### Taxin.

*Taxin,* $C_{37}H_{51}NO_{10}$, kann aus frischen Eibennadeln als weißes Pulver gewonnen werden. F. = etwa 110°. In Wasser kaum löslich, dagegen in Alkohol und Äther, schwer in Chloroform. Europäisches und japanisches Taxin scheinen nicht in allen Eigenschaften übereinzustimmen.

*Vorkommen des Taxins:* Alkaloid von *Taxus baccata,* einheimische Eibe (Coniferae): Europa, Nordafrika, Asien. Hauptsächlich in den grünen Nadeln zu durchschnittlich 0,4%, in getrocknetem Material zu 0,7—1,4%. Taxin auch in Samen, während Fruchtfleisch (Arillus) und Holz (?) giftfrei sind. Im Samen sind möglicherweise noch andere Giftstoffe. Taxingehalt männlicher und weiblicher Eiben ist ungefähr gleich. Jüngere Triebe sollen giftiger sein wie ältere, jedenfalls sind sie immer taxinhaltig. Andere Taxusarten sollen kein Taxin enthalten, dagegen die in Gärten kultivierten eibenähnlichen *Cephalotaxusarten* (Japanische Coniferen), welche am Tier schwerste taxinartige Vergiftung hervorrufen.

*Giftcharakter des Taxins:* Lähmungsgift für Herz und Zentralnervensystem, Reizgift für Magen-Darmkanal.

*Vergiftungserscheinungen:* Eine halbe bis einige Stunden nach Einnahme von taxinhaltigem Pflanzenmaterial Erbrechen, Magenschmerzen, Koliken, heftige Durchfälle (diese bei Vergiftungen durch

Abkochungen evtl. fehlend), Mydriasis, Kopfschmerz, Schwindel, Blässe, Kollaps, Bewußtlosigkeit. Puls verlangsamt, später unregelmäßig, schwach, Atmung oberflächlich. Tod im Koma oder unter Erstickungskrämpfen an Atemlähmung, oft unvermittelt und bei schwerer Vergiftung auffallend rasch, z. B. nach 1½ Stunden. Bei Schwangeren evtl. Abort; gelegentlich Albuminurie.

*Pathologisch-anatomischer Befund:* Uncharakteristisch. Entzündung und Ekchymosen im Magen-Darmkanal.

*Doxis toxica:* Für Kinder sind wohl schon wenige Nadeln toxisch, für Erwachsene schätzungsweise 10—20 g der Abkochung.

*Dosis letalis:* Für Erwachsene war Abkochung aus 50—100 g der Nadeln tödlich.

*Vergiftungsgelegenheiten:* Im Altertum zu Mord und Selbstmord. In neuerer Zeit Vergiftungen, auch tödliche, durch Einnahme von Nadeln oder Abkochungen davon als Abortivum. Zufällige Vergiftungen durch Genuß des roten, beerenartigen Samenmantels (Arillus) durch Kinder. Vergiftung nur, wenn Samen zerbissen wurden, da Fruchtfleisch ungiftig. Vergiftung bei Kindern auch durch Essen von Nadeln. Auch bei Verwendung als Anthelminticum bei Mensch und Haustieren, bei diesen auch als Parasitenmittel äußerlich.

Pferde sind sehr empfindlich auf Taxin: viele tödliche Vergiftungsfälle durch Fressen von Taxuszweigen (vgl. *Ehrenberg* und *Romberg*).

*Schrifttum.*
*Ehrenberg, P.* u. *G. von Romberg:* Taxusvergiftungen beim Pferd. Tierärztl. Wschr. **1924**, 248. — *Erben, F.:* Vergiftungen. **2 II**, 697. Wien 1910. — *Gayer, A.:* Weitere Beiträge zur Kenntnis des Taxins. Diss. Zürich 1922. — *Geßner, O.:* Die Gift- und Arzneipflanzen von Mitteleuropa. 82. Heidelberg 1931. — *Jatrides, D.:* Beiträge zur Kenntnis des Bestandteile von Taxus baccata, insbesondere über das Taxin. Diss. Zürich 1921. — *Jensen, D.:* Über zwei einheimische Giftpflanzen. (Haupts. über Taxusvergiftungen.) Arb. pharmakol. Inst. Rostock 1914. — *Lewin, L.:* Gifte und Vergiftungen. 895. Berlin 1929. — *Pfenninger, W.:* Toxikologische Untersuchungen über das aus der Eibe darstellbare Alkaloid Taxin. Z. exper. Med. **29**, 310 (1922). — *Trier, G.:* Die Alkaloide. 2. Aufl. 704. Berlin 1931. — *Winterstein, E.* u. *D. Jatrides:* Über das aus Taxus baccata, Eibe, darstellbare Alkaloid Taxin. Z. physiol Chem. **117**, 240 (1921).

**H. Fischer.**

**Taxus baccata** siehe *Taxin.*

**Tee** siehe *Coffein und Purinkörper.*

## Teer.

Entsteht bei der trockenen Destillation der Stein- und Braunkohle, des Holzes. Verwendung des Teers im großen bei der Holzimprägnation, bei der Herstellung von Korksteinen, Dachpappe, von Isoliermaterialien, in der Brikettfabrikation. Schmierölersatz. Teerschädigungen sind meist gewerblicher Art, hauptsächlich Hautschädigungen (Teerkrätze, Pechhaut). Man beobachtet Ekzeme, Papillome, Follikulitiden, Acne, Hyperkeratosen, Hautcarcinome. Der krebserregende Faktor des Steinkohlenteers ist am hauptsächlichsten das 3,4-Benzpyren. Selten beobachtet man medizinale Vergiftungen, entstanden durch Einreiben von Teersalben. Die resorptive Wirkung des Teers wechselt je nach Ausgangsprodukt. Toxikologisch sind in erster Linie die aromatischen Bestandteile (Phenole) von Bedeutung. Symptome der akuten Vergiftung: Kopfschmerzen, Benommenheit, Schwindel, Kollaps, Bewußtlosigkeit. Bei chronischer Wirkung Appetitmangel, Neigung zu Erbrechen, Durchfälle, Albuminurie, Dysurie, insbesondere aber Blutveränderungen resp. Veränderungen der blutbereitenden Organe (Sinken des Hämoglobins, Anisocytose, Anisochromasie, aplastische Anämie usw.).

Ausscheidung bei der akuten Vergiftung durch Urin. Urin dunkel, riecht teer- oder veilchenartig.

*Schrifttum.*
*Fühner:* Teervergiftung durch Krätzesalbe. Slg. Verg.-Fälle **1.** 1 A (1930). — *Heßberg* u. *Bär:* Augenerkrankungen durch Pech, Teer und Teerfettöle. v. *Graefes* Arch. **115**, 10 (1924). — *Karrenberg* u. *Klövekorn:* Medizinale Teervergiftung. Slg. Verg.-Fälle **4**, A 9, (1933) — *Schürch* u. *Winterstein:* Über die krebserregende Wirkung aromatischer Kohlenwasserstoffe. Bull. schweiz. Ver.igg. Krebsbekpf. **3/4** (1935). — *Schürch* u. *Winterstein:* Experimentelle Untersuchungen zur Frage Tabak und Krebs. Z. Krebsforschg. **42**, 76 (1935). Hier auch weitere Literatur.

**Schwarz.**

**Teichmannsche Häminkristalle** siehe *Forensische Blutuntersuchung.*

## Tellur.

Tellur wurde in Erzen aus Siebenbürgen entdeckt und findet sich hauptsächlich in Form der Telluride besonders in Verbindung mit edlen Metallen (Gold- und Silbererzen) sowie als Tellurblei, Tellurwismut, Schrifterz, Blättererz u. a. m. Weitere Verbindungen sind Telluroxyd, Tellursäure und Tellurwasserstoff. Letzterer entsteht bei der Bearbeitung von Tellur und tellurhältigen Erzen und stellt ein sehr giftiges, äußerst überriechendes Gas dar. Daneben sind auch die einfachen organischen Tellurverbindungen recht gefährliche Stoffe. Wismutpräparate zur medizinalen Verwendung müssen daher von jeder Tellurbeimengung vorsichtig gereinigt werden. Tellurvergiftungen können gewerblich vorkommen, wobei der sehr auffällige und Ekel erregende Geruch der Atemluft, welcher an Carbid oder Knoblauch erinnert, als erstes Symptom aufzutreten pflegt, später auch an Kot und Schweiß wahrzunehmen ist und durch Wochen anhalten kann. Zudem gesellt sich bald eine graue bis schwarze Verfärbung der Zähne, der Zunge, des Mundes und des Rachens und in Verbindung damit ein widerlicher Geschmack, da Tellur als Metall an den Schleimhäuten niedergeschlagen wird. Eine ähnliche Verfärbung wurde nach tierexperimentellen Studien am Darm beobachtet. Sehr bemerkenswert ist der Bericht von *Tietz*, welcher bei Verwendung einer 10 %igen wäßrigen Kaliumtelluritlösung als Zusatz zu Diphtherienährböden zur Wachstumshemmung überwuchernder Keime schon nach einer Stunde von Vergiftungserscheinungen befallen wurde, nachdem er beim Pipettieren ungefähr 3 ccm der Lösung zufällig in den Mund bekommen hatte.

Medizinal ist Kalium telluricum zu 0,02—0,05 g in Pillen zur Unterdrückung gesteigerter Schweißsekretion durchaus brauchbar, gelangt aber heute kaum zur Verwendung, weil monatelang der für die Umgebung unerträgliche Knoblauchgeruch anhalten kann.

In krimineller Anwendung sind Tellurverbindungen niemals hervorgetreten und haben daher forensisch keine Bedeutung.

*Schrifttum.*
*Petri:* Vergiftungen. Handb. der speziellen path. Anatomie **X.** Berlin 1930. — *Tietz:* Telluritvergiftung. Slg. Verg.-Fälle **V**, 163 (1934).

**Schneider.**

**Tentoriumrisse** siehe *Kindestötung.*

**Terminale Atembewegungen** siehe *Erstickung im allgemeinen.*

## Terpentinöl.

In den meisten Pinus- und Abiesarten ist ein zähflüssiger Balsam enthalten, aus dem durch Destillation das Terpentinöl gewonnen wird (Siedepunkt 150—170°). Terpentinöl ist ein Gemisch von cyclischen Terpenen und Kohlenwasserstoffen; zur Hauptsache enthält es Pinen ($C_{10}H_{16}$). Die Wirkung entspricht weitgehend jener der ätherischen Öle.

*Vergiftungsgelegenheiten* ergeben sich in Gewerbe und Industrie (auch Hautschädigungen), da Terpentinöl ein gutes Lösungsmittel für Öle, Fette, Harze usw. ist. *Gewerbliche Schädigungen* sind bei Verwendung von reinem Öl relativ selten, häufiger bei Verwendung von mit andern Stoffen vermischtem Öl oder von sog. „Ersatzmitteln" (Petroleum- und Teerabkömmlinge, Solventnaphtha, Pyridin, Halogenkohlenwasserstoffe, Benzin, Benzol). *Medizinale Vergiftungen* sind nicht selten wegen der verschiedenartigen arzneilichen Verwendung, u. a. als Hautreizmittel, zur Inhalation, als Expectorans, als Diureticum und Anthelminticum. Das oxydierte Öl wird als Antidot bei der Phosphorvergiftung empfohlen. Das *Durande*sche Gallenmittel sowie das Gallensteinmittel Anticolicum 3 enthalten Terpentinöl. Zahlreiche Mittel zum Einreiben, u. a. das Haarlemeröl, enthalten als toxischen Bestandteil ebenfalls Terpentinöl. Offizinell: Ol. Terebinth. zur Einreibung 20 %ig, Ol. Terebinth. rectific. 0,1 zur Einspritzung. Selten beobachtete man *Selbstmordversuche* durch Trinken von Öl oder Vergiftungen bei Einnahme als *Abortivum.* Im Haushalt Ekzeme durch terpentinölhaltige Bohnermassen, durch Badezusätze usw. *Symptome:* Lokale Reizwirkung in Form von Conjunctivitis, Hautrötung, Quaddel- und Blasenbildung, Ekzemen (Reizwirkung schwächer als beim Senföl). Selten Hautnekrosen, Abszeßbildung mit Lymphadenitis (Leukocytose, sterile Abscesse). Von seiten der Atmungswege Pharyngitis, Bronchitis, ja sogar Pneumonien, selten Glottisödem. Von seiten des Magen-Darmkanals Übelkeit, starke kolikähnliche Schmerzen, Erbrechen, Durchfälle. Resorptive Symptome (auch nach Hautresorption beobachtet): Cyanose, Mattigkeit, Schwindel, schlechter, langsamer Puls, Unsicherheit beim Gehen. Nach größern Dosen Verwirrungszustände, Schlafsucht, Koma. Meist ist gleichzeitig eine Nierenreizung und eine Reizung der ableitenden Harnwege vorhanden mit Hämaturie, Cylindrurie, Anurie, Tenesmen. Erholung sehr langsam, wochenlang Bauchschmerzen, Appetitlosigkeit, schlechter Ernährungszustand. *Ausscheidung* durch Lunge, Haut, zur Hauptsache aber durch die Nieren, teils unverändert, teils als Terpenalkohol an Glucuronsäure gebunden. Der Urin riecht veilchenartig. *Tödliche Dosen* hoch, sicher über 100 g. Schon wesentlich höhere Dosen wurden überstanden. Bei Säuglingen können schon wenige Tropfen schwer toxisch wirken. 4—6 mg Dampf pro Liter verursachen nach Stunden Reizerscheinungen. Durch Stehen an der Luft entstehen Peroxyde (das Öl wird dickflüssig), die Methämoglobin bilden und die Giftigkeit stark erhöhen. *Sektionsbefunde:* Typischer Geruch der Leiche, Schwellung des Kehldeckels (evtl. Glottisödem als Todesursache), Bronchitis (auch Ausscheidungsbronchitis). Blutüberfüllung des Magen-Darmtraktus. Hämorrhagische Nephritis und Pyelocystitis sichergestellt bei der Sektion von Haustieren.

*Juniperus communis* liefert ein ätherisches Öl, das wesentlich ungiftiger ist als bei andern Juniperusarten und das in seiner Wirkung dem Terpentinöl sehr nahesteht. Enthalten in Schnäpsen, Gewürzen usw.

*Schrifttum.*
*Lehmann* u. *Flury:* Toxikologie und Hygiene der technischen Lösungsmittel. Berlin 1938. — *Maitland:* Toxicity and fatal doses of turpentine. Brit. med. J. 131, II, 77. — *Schwarz:* Terpentinöl, Ursache eines Gewerbeekzems? Slg. Verg.-Fälle 1, 25 B (1930). — *Walcher:* Über einen plötzlichen Todesfall nach Einnahme von Haarlemeröl. Münch. med. Wschr. 1924, I, 135. — *Werner:* Terpentinölvergiftung, medizinale, durch das Gallensteinmittel Anticolicum. Slg. Verg.-Fälle 3, 157 A (1932). *Schwarz.*

**Terzerol** siehe *Schußwaffen und Munition.*

**Tesching** siehe *Schußwaffen und Munition.*

**Testamentsfälschung** siehe *Gerichtliche Schriftuntersuchung.*

**Testovarium** siehe *Zweifelhafte Geschlechtszugehörigkeit.*

**Tetanus.** (Vgl. auch Art.: Bakteriologische Untersuchungen in der gerichtlichen Medizin; Wundinfektion.)

Der Tetanus, Wundstarrkrampf, stellt eine Wundinfektion dar, die besonders dann auftritt, wenn die anaëroben Tetanusbacillen unter Luftabschluß in Wundtaschen geraten sind, deren Umgebung fetziges Gewebe mit Absterbeerscheinungen (Nekrosen) aufweist. In der Friedenspraxis des Arztes tritt der Tetanus besonders bei Unfällen im Straßenverkehr, aber auch bei landwirtschaftlichen Unfällen auf, da bekanntlich Gartenerde infolge der Düngung häufig Tetanusbacillen enthält. Andererseits enthalten manche Industrieprodukte, z. B. chirurgisches Nahtmaterial wie Catgut, sowie auch Seide Tetanusbacillen, zumal dann, wenn sie nicht genügend sterilisiert sind. Im Kriege tritt Tetanus bei den Artilleriegeschoßverletzungen, die immer als infiziert anzusehen sind, durch Einschleppung von Schmutz und schmutzigen Kleiderfetzen besonders häufig auf, soweit nicht durch Schutzimpfung der Ausbruch verhindert wird. Eine gerichtsärztlich besonders wichtige Infektionsart mit Tetanus ist die Fruchtabtreibung, bei der außer Tetanusbacillen auch Gasbrandbacillen durch unsaubere Instrumente eingeschleppt werden können. Der klinische Verlauf ist in der Regel so, daß nach einigen Tagen, wenn an irgendeiner Stelle in einer eiternden Wunde oder nach einer Einspritzung sich Tetanusbacillen vermehrt haben, ein Krampf der Kaumuskulatur auftritt; der Kranke kann den Mund nicht recht öffnen. Nachher werden andere Muskelgruppen des Körpers, wie Nacken, Rücken und Gliedmaßen, ergriffen und schließlich die Atemmuskulatur am Brustkorb und Zwerchfell, wodurch dann schließlich durch die sich häufenden Krampfanfälle der Tod an Erstickung infolge von Krampf der Atemmuskulatur eintritt.

Der Nachweis der Erkrankung hat nach den im Art.: Bakteriologische Untersuchungen in der gerichtlichen Medizin entwickelten Verfahren zu erfolgen.

Über die Beurteilung der Infektion mit Tetanus s. d. Art.: Wundinfektion.

Gerichtsärztlich wichtig sind auch die Fälle, bei denen die Infektion durch infiziertes Nahtmaterial oder nicht genügend sterilisierte Spritzen (z. B. nur Einlegen der Spritzen in Alkohol) hervorgerufen wurde. Hier ist genaueste Untersuchung des betreffenden Materials, wenn noch möglich, notwendig.

*Schrifttum.*
*Dittrich:* In: *Dittrichs* Handb. der ärztlichen Sachverständigentätigkeit 3, Wien 1906. — *Haberda:* ebenda 2, Wien 1913. — *Katz:* Wundstarrkrampf als Folge krimineller Fruchtabtreibung. Beitr. zur gerichtl. Med. V (1922). — *Schneider:* Über die Erfolghaftung bei seltenen tödlichen Wundinfektionen nach leichter Körperverletzung. Beitr. gerichtl. Med. VI (1924). *Walcher.*

**Tetrachloräthan** siehe *Flüchtige organische Gifte.*

**Tetrachlorkohlenstoff** siehe *Flüchtige organische Gifte.*

**Tetragnost** siehe *Phenolphthalein.*

**Tetralin** siehe *Hydrierte Naphthaline.*

**Tetronal.**
Diäthylsulfondiäthylmethan. Bedeutet therapeutisch keine Verbesserung des Trionals; besitzt schnelle, aber nicht anhaltende Wirkung und hat sich deshalb in den Arzneischatz nicht einbürgern

können. In der forensischen Praxis wird man aus diesem Grund der Tetronalvergiftung nicht begegnen.

*Schrifttum.*

*Renner:* Schlafmitteltherapie. Berlin 1925.   **Schwarz.**

**T-Gas** siehe *Schädlingsbekämpfungsmittel.*

## Thallium.

Die in der späteren Nachkriegszeit immer wieder beobachteten Vergiftungen mit Thallium ließen die Bedeutung dieses früher kaum beachteten Metalles, welches erst 1861 entdeckt wurde, in der gerichtlichen Medizin groß werden. Vor allem haben eine Reihe von Mordfällen, über welche neben anderen Autoren *Böhmer* und *Schneider* näher berichteten, das kriminalistische Interesse für dieses eigenartige Gift geweckt, wobei es *Haberda* zu danken ist, daß die erste derartige Vergiftung mit tödlichem Ausgang, welche sich 1927 ereignete, richtig erkannt und in das Schrifttum eingegangen ist. Das Hervortreten des Thalliums als Ursache tödlicher Komplikationen bei seiner klinischen Verwendung und auch als Mordgift gab in erster Linie die Veranlassung, daß in der Fachliteratur der vergangenen Jahre eine Fülle von Arbeiten (gegen 400!) erschienen ist, welche sich mit den schädlichen Wirkungen des Thalliums auf den menschlichen Organismus, mit dem Ablauf der klinischen Erscheinungen und den dafür maßgeblichen anatomischen Befunden beschäftigten. Sie sind für die Klinik und gerichtliche Medizin in gleicher Weise wertvoll.

*Thallium* stellt ein weisliches, ziemlich weiches Metall dar, oxydiert rasch an feuchter Luft und ist besonders leicht in Schwefelsäure löslich, wobei Thallo- und Thallisulfat gebildet werden. Eine Giftwirkung des reinen Metalles ist nicht in Betracht zu ziehen. Im Grün des Spektrums zeigt Thallium eine typische Linie, welche der Bariumlinie sehr nahe liegt und für den raschen qualitativen spektroskopischen Nachweis von Wichtigkeit ist, sich aber leider zur spektralanalytischen Auswertung nicht eignet. Von den *Verbindungen* des Thalliums, welches einwertig vorkommt, sind die dreiwertigen Thalliumsalze leichter in Wasser löslich und weniger giftig. Die bekanntesten, z. T. früher in der Heilkunde ziemlich häufig verwendeten Thalliumsalze sind das Thallium aceticum, carbonicum, chloricum, nitricum und sulfuricum, welche sich alle durch starke Giftwirkung auszeichnen. Das noch am wenigsten giftige Arzneimittel ist das Thalliumacetat, hauptsächlich in der Form des Thallium-aceticum-oxydulatum.

Als zufälliges Nebenprodukt in der chemischen Industrie (Lithoponeherstellung) wurde das Thalliumsulfat bzw. Thallosulfat zur Erzeugung von Ungezieferverteilgungsmitteln herangezogen, kam als sog. Zeliopaste und Zelioweizen in den Handel und ist dadurch weiteren Kreisen der Bevölkerung zur Bekämpfung von Mäusen, Ratten und anderen Tierschädlingen bekannt geworden. Die von *I. G. Farben* in den Handel gebrachten Präparate enthalten nennenswerte Mengen des giftigen Thalliumsalzes, welche auch dem Menschen sehr gefährlich werden können. Zeliopaste hat in der Tube (ca. 30 g) einen mittleren Gehalt von 0,7 g Thallosulfat. In Zeliokörnern beträgt diese Verbindung etwa 2%. Zeliopaste zeigt eine grünliche oder blaue Farbe, Zelioweizen ist rötlichviolett gefärbt.

Wie bereits erwähnt, haben Thalliumpräparate in der Medizin schon vor langer Zeit eine gewisse Rolle gespielt, dienten zur Behebung der Nachtschweiße bei Phthisikern und wurden auch zur Behandlung der Syphilis und verschiedener Formen der Enteritis herangezogen. In neuerer Zeit kam es gerade bei der Behandlung von Pilzerkrankungen

der Kopfhaut in Unterschätzung der gefährlichen Giftwirkung zur Anwendung von Thalliumverbindungen, welche sich als Enthaarungsmittel ausgezeichnet bewährten und, wie einzelne Versuche zeigten, später sekundär starken Haarwuchs erzeugten, aber bald und in erster Linie bei älteren Kindern unerwünschte toxische Nebenerscheinungen, ausgesprochene Vergiftungen und sogar Todesfälle nach sich gezogen haben. Die besondere Gefährlichkeit des Giftstoffes wurde überdies eindeutig durch das Auftreten von Todesfällen nach Mordanschlägen gegen Erwachsene bewiesen und so erst ins richtige Licht gestellt.

Wie aus zahlreichen tierexperimentellen Studien und den gelegentlichen Untersuchungen an menschlichen Leichen hervorgeht, ist die tödliche Dosis eines Thalliumsalzes ungefähr dann erreicht, wenn in der verabreichten Menge rund 1 g Thallium enthalten ist. Von großer Wichtigkeit ist aber, daß bereits therapeutische Dosen von wenigen Milligrammen Thalliumacetat leichte Vergiftungserscheinungen auslösen können und an der Grenze der erlaubten Gesamtdosis von 0,2 g schon häufig ernste Formen der Vergiftung beobachtet werden.

Für das Zustandekommen der Vergiftung sind nach den umfassenden bisherigen Erfahrungen verschiedene Möglichkeiten in Betracht zu ziehen.

Die *medizinale* Vergiftung ist am ehesten durch Überdosierung und ferner dadurch zu erklären, daß entsprechende therapeutische, im einzelnen ungefährliche Gaben über allzu lange Zeit verabreicht werden und dadurch eine kumulative Wirkung in Erscheinung tritt. Die etwaige gerichtsärztliche Begutachtung derartiger Fälle wird sich immer schwierig gestalten, da die Grenze zur Annahme eines ärztlichen Verschuldens kaum jemals eindeutig festzulegen ist. Als Grundsatz hat aber zu gelten, daß von einer unbedingten Notwendigkeit zur Verwendung von Thalliumpräparaten heute nicht mehr gesprochen werden kann, weil die Dermatologie über andere ebenso wirksame und weit weniger gefährliche Mittel verfügt, wobei die Kenntnis von der Giftigkeit des Thalliums und seiner Verbindungen als Heilmittel nunmehr bei jedem Arzt vorauszusetzen ist.

Die Ungezieferverteilgungsmittel Zeliopaste und Zelioweizen (Zeliokörner) können namentlich auf dem Lande durch fahrlässige Aufbewahrung und offenes Auslegen der Köder Anlaß zu zufälligen Vergiftungen bei Kindern geben.

Das Bekanntwerden der Giftigkeit dieser beiden Mittel in der breiten Öffentlichkeit, welches zunächst auf Zeitungsberichte über Mordfälle mit Zeliopaste zurückzuführen war, schuf die Gelegenheit zum Genuß in selbstmörderischer Absicht, wie eine größere Anzahl von Beobachtungen immer wieder gezeigt hat.

Bei allen Vergiftungen mit Thallium muß — soweit die medizinale Verabreichung ausgeschlossen werden kann — an kriminelle Verwendung von Zeliopaste gedacht werden. Die Paste besitzt nämlich die vorzügliche Eignung zur heimlichen Beibringung, da sie geschmack- und geruchlos ist und ihre grüne oder blaue Farbe in entsprechenden Speisen (Gemüsen, Saucen, Kompotten u. a. m.) leicht verdeckt werden kann. Tatsächlich haben sich auch schon eine Reihe von Morden und Mordversuchen ereignet, deren Klärung wegen des sehr späten Auftretens und unklaren Bildes der ersten Erscheinungen sich durchwegs schwierig gestaltete.

Schließlich sind *gewerbliche* Vergiftungen in Betrieben, welche sich mit der Gewinnung und Verwertung von Thallium bzw. mit der Herstellung von Zeliopaste beschäftigen, durchaus denkbar.

Überblickt man das Schrifttum, so stehen nach der Häufigkeit des Vorkommens an erster Stelle die medizinalen Vergiftungen. Es folgen die Vergiftungen zum Zwecke der Selbsttötung, dann auf krimineller Grundlage und letzten Endes erst gewerblicher Art.

Die *akute* Vergiftung mit stürmischem Verlauf wird kaum jemals zur Beobachtung gelangen und ist nur aus dem Tierversuch näher bekannt. Beim Menschen erzeugt auch die einmalige Aufnahme einer größeren Giftmenge, welche sogar die für den Erwachsenen in der Regel schon tödliche Dosis von 1 g Thallium weit überschreiten kann, eher das Bild einer subakuten beziehungsweise chronischen Vergiftung, wie neben sonstigen Erfahrungen des Schrifttums ein von *Schneider* mitgeteilter Selbstmord mit Zeliokörnern zeigt.

Nach den tierexperimentellen Studien, deren Erkenntnisse sich aber nicht ohne weiteres auf den Menschen übertragen lassen, sind nur bei der Verwendung ungewöhnlich großer Dosen Erscheinungen zu erwarten, welche der akuten Gastroenteritis toxica entsprechen, demnach also durch lebhafte Magen- und Leibschmerzen, Brechreiz, Erbrechen, Koliken und Durchfälle gekennzeichnet sind, wozu noch starker Speichelfluß kommt. Wichtig ist, daß sowohl in derartigen Tierversuchen als auch in jenen seltenen Vergiftungen beim Menschen, welche durch einmalige oder in kurzen Zwischenräumen erfolgte mehrmalige Aufnahme einer tödlichen Thalliummenge ausgelöst wurden, den Magen-Darmstörungen alsbald die nervösen Erscheinungen folgten und rasch im Vordergrund des klinischen Krankheitsbildes standen. Oftmals kann sich nach den Durchfällen Obstipation einstellen.

Die Wirkung des Thalliums und seiner Verbindungen kann daher im Krankheitsbild vor allem nach zwei Richtungen unterschieden werden, welche einerseits die örtliche Reizung der Gewebe durch das Gift an Stellen des Kontaktes (Schleimhäute der Schlingwege, des Magens und Darmes), anderseits die resorptive Schädigung der inneren Organe und in erster Linie des Nervensystems zur Grundlage haben. Schon bei der akuten und subakuten Vergiftung können nervöse Erscheinungen in Form einer klinisch voll ausgebildeten Polyneuritis auftreten, so daß sich mehr oder minder starke Neuralgien besonders in den Beinen, lebhafteste Schmerzreaktion schon bei leisester Berührung, ziehende und bohrende Schmerzen in den Fußsohlen, Sensibilitätsstörungen u. a. m. einstellen.

Bei Tier und Mensch werden sehr bald auch Muskelzuckungen, Krämpfe, motorische Unruhe, Erregungszustände, Störung der Schweißsekretion (meist aufgehoben), starkes Durstgefühl, Polyurie und später Harnverhaltung, dann im weiteren Verlauf Bewegungsträgheit, Ataxie, Paresen, Lähmungserscheinungen an den Gliedmaßen, Hinfälligkeit und allgemeiner Kräfteverfall beobachtet, wobei dem Tod schwere Benommenheit und Atemnot vorausgegangen sind. Es ergibt sich daher aus allem, daß in der Praxis die akute Vergiftung ihrem Verlaufe nach nur selten von der chronischen Vergiftung mit Sicherheit zu unterscheiden ist, zumal auch die einmalige Aufnahme einer mehrfach letalen Dosis erst nach längerer Zeit (oftmals erst nach ein paar Wochen) zum Tode führt. Ein besonders langwieriger, sich sogar über Monate erstreckender Verlauf der Erkrankung wird sich bei medizinalen Vergiftungen und dann einstellen, wenn dem Organismus in verschieden großen Zwischenräumen immer wieder kleine und kleinste Giftmengen zugefügt werden. Dies gilt vor allem bei der kriminellen Verwendung von Zeliopaste! Es ist verständlich, daß in solchen Fällen die Darmbeschwerden nur eine untergeordnete Rolle spielen, während die Störungen von seiten des Zentralnervensystems und der peripheren Nerven das Krankheitsbild voll beherrschen. Nicht zu vergessen ist aber, daß auch die nervösen Erscheinungen gelegentlich einen sehr schwankenden und unbestimmten Charakter haben, daß Zeiten relativen Wohlbefindens und geistiger Frische mit Apathie, Benommenheit und dementen Zuständen wechseln können und nur die Aufzehrung der Körperkräfte ein gleichmäßig langsames Fortschreiten zeigt. Gerade bei den ausgesprochen protrahiert und chronisch verlaufenen Vergiftungen werden neben den bereits genannten Erscheinungen weitere als *spezifisch* angesehene Wirkungen des Thalliums beschrieben, welche auf Störungen im endokrin-sympathischen System zurückgeführt werden und diagnostisch von großer Wichtigkeit sind. Sie sind hauptsächlich Entzündungen der Augenbindehäute und der Lidränder, sowie der *Haarausfall*, welcher aber meist erst in der dritten Woche eintritt. (Beim Tier werden die Sinneshaare davon nicht betroffen!) Daß die starke Abmagerung und der Fettschwund auf gleichartiger Grundlage beruhen bzw. das Thallium in diesem Sinne auch eine Magersucht erzielen kann, ist keineswegs bewiesen, da die sofort mit der Vergiftung einsetzende Appetitlosigkeit und damit verbundene schlechte Nahrungsaufnahme sowie der Wasserverlust infolge etwaiger Durchfälle den erheblichen Kräfteverfall hinlänglich erklären. Als weitere Symptome sind in Betracht zu ziehen: Gelenkschmerzen (Arthralgien), Hör- und Sehstörungen (letztere auf Iritis, Katarakte und Opticusatrophie zurückführbar), Albuminurie durch Nierenschädigung, Blasenbeschwerden mit Harndrang und Inkontinenz, Veränderungen im Blutbild (Tüpfelung der roten Blutkörperchen, Lymphocytose und Eosinophilie) und anämische Zustände.

Nach der Erfahrung bei gewerblichen Vergiftungen sind Rotfärbung der Haare und trophische Störungen an der Haut und vor allem an den Fingernägeln möglich, wozu auch das Auftreten eines *Mees*schen Nagelbandes (s. d.) kommen kann. Dermatitiden und Dermatosen gleichzeitig mit dem Haarausfall, desgleichen Veränderungen in der Hornschicht der Haut wurden wohl mehrfach beschrieben, scheinen aber nur sehr lange anhaltenden Vergiftungen vorbehalten zu sein. Störungen im Wachstum, in der Funktion der Eierstöcke und Hoden, der Schilddrüse und Nebennieren, wie überhaupt anderwärtige Beeinflussungen innersekretorischer Drüsen wurden in tierexperimentellen Studien beobachtet, können aber nicht ohne weiteres in das klinische Bild der Vergiftung beim Menschen aufgenommen werden. Hierher gehört auch die angebliche Schädigung der samenbildenden Gewebselemente durch Thallium.

Die Kenntnisse über die anatomischen Veränderungen bei Thalliumvergiftung beschränken sich auf die Erfahrung im Tierexperiment und nur auf wenige tödliche Vergiftungen beim Menschen, da nicht in jedem Fall Gelegenheit zur genauen Organuntersuchung bestand und manchmal erst die chemische Untersuchung die richtige Aufklärung des Sachverhaltes brachte. In Zusammenfassung der Ergebnisse finden sich bei akuten und subakuten Vergiftungen neben schon vorhandenen degenerativen Schädigungen der drüsigen Baucheingeweide und des Herzfleisches vor allem Magen- und Darmentzündungen, welche das wohl bekannte Bild der Gastroenteritis toxica ergeben. Die Schleimhaut des Verdauungsschlauches zeigt demnach mehr oder minder lebhafte reaktive Entzündung, Blutungen, Nekrosen, schorfähnliche Beläge und Geschwürsbildungen. Das Freibleiben des unteren Dünndarmes und des Dickdarmes von derartigen Erscheinungen ist in der Regel nur bei einer sehr stürmisch verlaufenen Vergiftung zu erwarten. Sonst werden sich die Veränderungen wohl über den ganzen Darm erstrecken, wobei gelegentlich am Dünndarm ein Bild hervorgerufen werden kann, welches jenem bei Arsenvergiftung ähnlich ist.

Je länger die Vergiftung dauert, desto eher wird sich die resorptive und rein parenchymatös schädigende Wirkung des Thalliums an allen inneren Organen und auch an der zentralen und peripheren Nervensubstanz geltend machen, wobei die Alteration des Magen-Darmtraktes immer mehr in den Hintergrund tritt. Aus mehrfacher Erfahrung ergibt sich immer wieder die Bestätigung, daß Thallium in seiner Wirkung toxikologisch eher dem Arsen und Barium als dem Blei nahesteht, wenn auch zu diesem manche Beziehungen bestehen. So gleicht das Thallium unter allen Schwermetallen nach seiner Giftwirkung und nach den anatomischen Veränderungen bei protrahierten Vergiftungen am meisten dem Arsen. Als wichtige, bald auftretende Metallwirkung sind die schweren, bei länger anhaltender Vergiftung unter Umständen bis zur Gewebsnekrose gediehenen Degenerationen der Leber und der Nieren hervorzuheben, wobei anzunehmen ist, daß die Dauer der Toxikose das einmal geschaffene Bild der histologischen Organveränderungen durch längere Zeit nicht wesentlich zu beeinflussen vermag.

Bei langem Verlauf der Vergiftung kann es aber schließlich zu ausgesprochener fettiger Entartung des Herzfleisches und der Nieren kommen, ein Befund, welcher wieder häufig auch bei der chronischen Arsenvergiftung zu sehen ist. An den Nieren tritt sehr bald eine voll ausgebildete Glomerulonephritis mit gleichzeitiger besonderer Beteiligung des Interstitiums auf, welches meist von zahlreichen Blutaustritten durchsetzt ist. In den Harnwegen finden sich granulierte und hyaline Cylinder, nur vereinzelt Leukocyten, im Zwischengewebe und allen Glomeruli neben Blutungen schwere degenerative Zellschädigungen, wobei rein entzündliche Gewebsreaktionen vermißt werden. Thallium hat zweifellos die Rolle eines im hohen Grade nierenschädigenden Gefäßgiftes. Die degenerativen Zellveränderungen betreffen zweifellos auch den Herzmuskel, doch sind sie hier weitaus geringer ausgebildet als an den drüsigen Organen. Besondere Beachtung für den gerichtsärztlichen Obduzenten verdienen die bei akuter und auch chronischer Vergiftung wahrgenommenen subendokardialen Blutungen, die an der Scheidewand des Herzens und an den Papillarmuskeln im Bereiche der linken Kammer lokalisiert sind. Sie zeigen wieder eine recht gute Übereinstimmung mit dem anatomischen Bild der Arsenvergiftung. Gelegentlich kommen auch Blutungen im Herzfleisch vor, welche sich manchmal auch in der Leber finden und in beiden Organen auf die Neigung des Thalliums zu allgemeinen Gefäßschädigungen hinweisen. Hierher gehört auch die Beobachtung, daß im Tierversuch am Großhirn kleine Meningealblutungen vorgefunden wurden, ohne daß eine Entzündung um die Gefäße vorgelegen hat. In Übereinstimmung damit wurden in der Marksubstanz des Gehirnes an menschlichen Leichen kleinste Blutungen wahrgenommen, über die *Merkel* berichtete.

Durch kleinste Blutungen im Herzfleisch läßt sich vielleicht die von verschiedenen Autoren berichtete, sehr bald auftretende Störung der Herzfunktion bei Thalliumvergiftung erklären, wobei es sich um periodische Herzschwäche oder Anfälle handeln kann, die der Angina pectoris ähnlich sind. Es besteht aber auch die Möglichkeit, daß diese Blutungen weniger durch primäre Gefäßschädigung als durch den anhaltenden toxischen Reizzustand der peripheren Vagusäste hervorgerufen werden. Die

starke Abmagerung der Leiche, der hochgradige Fettschwund und der auffällige, bis zur Kahlheit des Kopfes gediehene Haarausfall werden bei Vergiftungen, welche mehrere Wochen überlebt wurden, zweifellos zu beobachten sein.

Die anatomisch-histologischen Veränderungen im Zentralnervensystem und in den peripheren Nerven wurden durch zahlreiche, von verschiedenen Seiten vorgenommene Tierversuche zu erforschen versucht und konnten auch beim Menschen überprüft werden, wie ein von *Schneider* berichteter Fall zeigt. Bei vorsichtiger Auswertung der tierexperimentellen Studien läßt sich in Übereinstimmung mit den seltenen Beobachtungen am Menschen feststellen, daß die Thalliumvergiftung in Kombination eine zentrale und periphere Nervenschädigung rein degenerativer Art erzeugt. Dabei mag es geschehen, daß infolge individueller Verschiedenheit die eine oder andere Komponente überwiegen kann, wenn auch in der Regel die degenerativen Veränderungen des Zentralnervensystemes erheblicher sind. Die Ganglienzellenerkrankungen sind diffus, eine besondere Befallenheit gewisser Abschnitte des Zentralnervensystems läßt sich nicht behaupten, doch ist mit einiger Berechtigung anzunehmen, daß das Großhirn am meisten davon verschont bleibt. Das weit stärkere Hervortreten der peripheren nervösen Störungen im klinischen Krankheitsbild läßt sich einfach dadurch erklären, daß die relativ geringfügigen Veränderungen am peripheren Nerven in ihrer Auswirkung immer dann deutlicher werden, wenn neben der primären peripheren Erkrankung auch eine primäre Erkrankung des Zentralnervensystemes insbesondere spinal vorhanden ist. Die Thalliumvergiftung verursacht keine entzündliche Erkrankung des Nervensystems und kann auch darin mit der Bleivergiftung nicht in Beziehung gebracht werden, zumal diese in chronischen Fällen mit einer charakteristischen Gefäßerkrankung verbunden ist. Wie bereits erwähnt, besteht die Neigung zu allgemeinen Gefäßschädigungen, die beruhen diese offenbar auf degenerativer Grundlage, sind daher nicht produktiv und stellen im Gehirn, soweit sie überhaupt vorkommen, eher eine sekundäre Reaktion auf den parenchymatösen Prozeß des Hirngewebes dar.

Die Ausscheidung des Thalliums erfolgt ziemlich rasch durch Harn, Kot, Galle und Tränenflüssigkeit, es kann darin und bei Todesfällen in den Organen der ersten und zweiten Wege, auch in Muskeln und Gehirn nachgewiesen werden. Nach Tierversuchen soll das Gift auch auf die Feten übergehen. Stets ist aber zu bedenken, daß unter Umständen schon einige Wochen nach der letzten Giftzufuhr der chemische Nachweis unmöglich sein kann, weshalb ein negatives Untersuchungsergebnis keineswegs gegen das Vorliegen einer Thalliumvergiftung spricht. Besondere Bedeutung kommt daher stets der gründlichen Erforschung der klinischen Erscheinungen und des Krankheitsverlaufes zu.

Die Unterscheidung zwischen Mord, Selbsttötung und Unglücksfall wird wesentlich von den näheren Umständen des Falles und dem Ausgang der chemischen Untersuchung abhängig sein. Die Aufklärung medizinaler und gewerblicher Vergiftungen wird letzten Endes wohl selten besondere Schwierigkeiten verursachen.

Da die eingenommene Giftmenge beim Selbstmord meist erheblich ist, wird der quantitative Nachweis in den Organen der ersten Wege eher relativ größere Thalliumwerte als in den sonstigen Leichenteilen ergeben, doch läßt sich dafür keine Regel aufstellen. Die Beurteilung des Giftmordes wird immer zu den schwierigsten Problemen der gerichtsärztlichen Fragestellung gehören, da die Beibringung des

Giftes meist wiederholt in kleinen und im einzelnen nicht letalen Gaben erfolgt, weshalb sehr leicht eine langwierige, ausgesprochen chronische, wenn auch letzten Endes tödliche Vergiftung zustande kommen kann, wobei manchmal auch der chemische Nachweis in den Organen nicht mehr zu erbringen ist. Gerade in solchen Fällen ist auf die Kenntnis der Krankengeschichte besonderer Wert zu legen, da die in Zwischenräumen fortgesetzte Giftzufuhr im Krankheitsbild bald Perioden der Verschlechterung, bald wieder solche der Besserung erwarten läßt.

*Schrifttum.*
*Böhmer:* Kriminelle Thalliumvergiftung. Dtsch. Z. gerichtl. Med. **30,** 146 (1938). — *Böhmer:* Neuere Beobachtungen bei Thalliumvergiftung. Dtsch. Z. gerichtl. Med. **30,** 270 (1938). — *Buschke* u. *Peiser:* Thalliumvergiftung, Ergebnisse der allgemeinen Pathologie und pathologischen Anatomie **25** (1931). — *Haberda:* Giftmord durch Thallium. Beitr. gerichtl.Med. **VII**, 1 (1928).— *Klemperer:* Die Natur des *Mees*schen Nagelbandes bei Thalliumpolyneuritis. Dtsch. Z.gerichtl. Med. **23,** 193 (1934). — *Lieb:* Der gerichtlich chemische Nachweis von Giften, Handb. der biologischen Arbeitsmethoden, Abt. IV. Berlin und Wien 1938. — *Merkel:* Drei tödliche Vergiftungen durch innere Darreichung von Thalliumacetat. Dtsch. Z. gerichtl. Med. **13,** 237 (1929). — *Petri:* Vergiftungen, Handb. der speziellen pathologischen Anatomie, **X.** Berlin 1930. — *Reuter, F.:* Methoden der forensischen Beurteilung von Vergiftungen, Handb. der biologischen Arbeitsmethoden, Abt. IV. Berlin und Wien 1938. — *Schneider:* Experimentelle Studien über protrahierte Thalliumvergiftung. Beitr. gerichtl. Med. **9,** 1 (1929). — *Schneider:* Anatomische Befunde bei protrahierter Thalliumvergiftung. Dtsch. Z. gerichtl. Med. **14,** 556 (1930). — *Schneider:* Beiträge zur Kenntnis der Organveränderungen bei tödlicher Thalliumvergiftung. Beiträge gerichtl. Med. **13,** 122 (1935). — *Starkenstein:* Lehrbuch der Toxikologie. Leipzig und Wien 1938. ***Schneider.***

**Thebain** siehe *Opiumalkaloide und verwandte Stoffe.*

**Theobromin** siehe *Coffein und Purinkörper.*

**Theophyllin** siehe *Coffein und Purinkörper.*

**Thiosinamin** siehe *Senföle.*

**Thorium** siehe *Tod und Gesundheitsbeschädigung durch strahlende Energie.*

## Thuja occidentalis.

Der *Lebensbaum* ist eine Conifere, die in Europa sehr häufig vorkommt. Sie enthält ein ätherisches Öl, das Oleum Thujae, dessen wirksamer Hauptbestandteil ein alicyclisches Keton der Campherreihe, das Thujon, ist. Thujon ist identisch mit Absinthol (s. d. Art.: Wermut). Wird hauptsächlich gebraucht als menstruationsförderndes Mittel und als Abortivum in Form von Aufgüssen, Absuden der Zweigspitzen. Die Wirkung ist sehr unsicher, die Frucht bleibt auch bei schwerer, ja tödlicher Vergiftung der Mutter meist intakt in der Gebärmutter. Keine spezifische Uteruswirkung, lediglich Reflexwirkung.

Symptome: kurze Zeit nach Aufnahme heftige Leibschmerzen, Erbrechen, das lange anhalten kann, später Durchfall. Der Tod kann schon in dieser Phase plötzlich erfolgen unter dem Bild der Herzlähmung mit akutem, hämorrhagischem Lungenödem (Bildung eines Schaumpilzes vor dem Mund), wie ein unveröffentlichter Fall des Zürcher-Institutes gezeigt hat. Später treten meist zentrale Störungen hinzu: Benommenheit, erhöhter Muskeltonus, motorische Reizerscheinungen übergehend in klonisch-tonische Krämpfe. Daneben Zirkulationsschwäche. Im Urin Eiweiß, Cylinder, evtl. Blut ohne Erhöhung des Reststickstoffs. Gelegentlich beobachtet man Toxikodermien; bei Verarbeitung des Thujaholzes können Ekzeme auftreten.

Ausscheidung des Giftes durch Lungen und Nieren. Typischer Geruch der Exspirationsluft und des Urins.

Toxische Dosen unbestimmt, da meist nur Aufgüsse der Zweigspitzen eingenommen werden.

Sektion: Extreme Stauung, insbesondere in den Becken- und Bauchorganen bei dunklem, flüssigem Blut in der ganzen Leiche. Typischer, harziger Geruch. Herzerweiterung, hämorrhagisches Lungenödem (kann unmittelbare Todesursache sein), bei längerem Verlauf der Vergiftung bronchopneumonische Herde. Blutungen in die serösen Häute, ins Nierenbecken, in die Blasenschleimhaut; Gastroenteritis haemorrhagica. Trübe Schwellung und Verfettung der Organe, zentrale Nekrose in den Leberläppchen (Sektionsbefunde ergänzt durch unveröffentlichte Beobachtungen des Zürcher-Institutes).

*Schrifttum.*
*Brauch:* Tödliche Thujavergiftung. Slg. Verg.-Fälle **3** 91 A (1932) (siehe auch Dtsch. Z. gerichtl. Med. **17,** 449 [1931] und Z. klin. Med. **119,** 86 [1931]). — *Erben:* Vergiftungen, klinischer Teil, 2. Hälfte. Wien und Leipzig 1910. — *Jungmichel:* Tödliche Thujavergiftung durch Verwendung der Zweige als Abortivum. Slg. Verg.-Fälle **3,** 89 A (1932). — *Lewin:* Die Fruchtabtreibung durch Gifte und andere Mittel. Berlin 1922. — *Lewin:* Gifte und Vergiftungen. Berlin 1929. ***Schwarz.***

**Thymianöl** siehe *Thymol.*

## Thymol.

Als pflanzliches Sekret ist *Thymol* (Methylisopropylphenol, Thymiancampher) im Thymian enthalten. Es bildet große, durchscheinende, nach Thymian riechende Kristalle vom Schmelzpunkt 50—51°. Medizinale Verwendung u. a. als Wurmmittel (2,0 g zusammen mit Abführmittel), zu Spülungen, feuchten Verbänden, als Hautsalbe. Es ist ferner in vielen Mund- und Zahnwässern sowie in Zahnpasten enthalten.

Vergiftungen, meist medizinaler Art, sind sehr selten. Toxische Dosis 6—10 g. Symptome: Erbrechen, Leibschmerzen, Durchfall. Nach Resorption Ohrensausen, Kollaps, Albuminurie, Hämaturie. Hautwirkung außerordentlich gering.

Ausscheidung des Thymols durch Nieren, meist gepaart, aber auch durch Darm (unverändert). Urin dunkel gefärbt.

Über Thymolüberempfindlichkeit bei Kropfkranken berichtet *Edens.* Thymol kann wie Jod Thyreotoxikosen verursachen. Bei unklaren thyreotoxischen Zuständen denke man deshalb an eine eventuelle Thymolschädigung durch Mundwasser oder Zahnpasta.

Thymol findet sich neben andern Stoffen (Rosmarin, Aloe, Campher, Crocus, Jod) in zahlreichen Salben-Abtreibungsmitteln.

*Thymianöl* macht ähnliche Erscheinungen wie Thymol. Es wird seltenerweise als Laienabortivum eingenommen.

*Schrifttum.*
*Edens:* Thymolüberempfindlichkeit bei Kropfkranken. Slg. Verg.-Fälle **3,** 255 A (1932), siehe auch Med. Klinik **I,** 477 (1932).— *Erben:* Vergiftungen. Klin. Teil. 2. Hälfte. Wien und Leipzig 1910. — *Lewin:* Gifte und Vergiftungen. Berlin 1929. ***Schwarz.***

**Thymustod** siehe *Plötzlicher Tod aus natürlicher Ursache; Status thymico-lymphaticus.*

**Thyreoidin** siehe *Schilddrüsenhormon.*

**Thyroxin** siehe *Schilddrüsenhormon.*

**Tierblutnachweis** siehe *Forensische Blutuntersuchung.*

**Tierhaar** siehe *Haare.*

**Tierische Gifte** siehe *Giftige Tiere und tierische Gifte.*

**Tillantin** siehe *Schädlingsbekämpfungsmittel.*

**Tinctura opii** siehe *Opiumalkaloide und verwandte Stoffe.*

**Tintenstifte** siehe *Bleistifte und Farbstifte.*

**Tintenstiftverletzung** siehe *Künstliche organische Farbstoffe*.

**Tinten** (= T.) **und Tintenschriften** (= Tschr.).
*1. Zusammensetzung von T.* T. (von „tingere = färben") sind farbige Lösungen oder Suspensionen, welche zum Hervorbringen von Schriftzügen, Zeichnungen, Signaturen, Stempeln verwandt werden. Hierher gehören auch Tuschen und Zubereitungen, mit denen die Farbbänder der Schreibmaschinen getränkt werden. Die erste bekannte Schreibflüssigkeit ist die chinesische Tusche, deren Erfindung in die Zeit zwischen 2700 und 2600 v. Chr. fällt. Auch in Ägypten war die Tusche bekannt, wo ihr Gebrauch mit der Verwendung der „papyros" parallel ging. Die ältesten Schreibflüssigkeiten waren Aufschlämmungen von Ruß, Mennige, Zinnober, aber auch von fein verteiltem Gold und Silber („codex argenteus"). Der Farbkörper wird dabei mit Eiweiß und Gummi in der Schwebe gehalten und erreicht durch diese Stoffe gleichzeitig vermehrte Haftfähigkeit auf dem Beschreibstoff. Daneben wurden pflanzliche und tierische Farbstofflösungen angewandt, wie Sepia, Purpur, Krapp usw. Die byzantinischen Kaiser verwandten zum persönlichen Gebrauch eine Abkochung von Purpurschnecken, das sog. „encaustum" (von ἔγκαυστον = eingebrannt, gekocht, hiervon „encre", „ink", „inchiostro"). Im Mittelalter erscheinen dann Galläpfelauszüge, die mit Eisenvitriol behandelt wurden, also primitive „Eisengallustinten".

Im wesentlichen sind heute von T. im engeren Sinne drei Gruppen zu erwarten: die Eisengallus-T., die Blauholz-T. und die Anilinfarbstoff-T. Hieran schließen sich die anderen Zubereitungen an. Die Kenntnis von ihren Zusammensetzungen bildet die Grundlage zur chemischen Identifikation. (Heute ungebräuchliche ältere Rezepte, insbesonders hinsichtlich der Verwendung von natürlichen Pflanzen- und Tierfarbstoffen, gibt *J. Bersch*.)

*a) Die Eisengallus-T.:* Als gerbstoffhaltiges Ausgangsmaterial können gemahlene Gallen (Aleppogallen, chines. Zackengalle u. ä.), Früchte (Myrobalanen), Hölzer, Rinden (Eichen) oder pulverisierte Handelstannine verwandt werden. Bei Vereinigung von wäßrigen Auszügen dieser Substanzen mit Eisenvitriollösungen ($FeSO_4$) entstehen schwarzblau gefärbte feine Niederschläge, die sich nach und nach absetzen. Solche Tinte fließt nach einiger Zeit nicht mehr gleichmäßig aus der Feder, außerdem verbindet sich das schon ausgefallene Pigment nicht mehr sehr fest mit der Papierfläche. Ein Gehalt an Gummi arabicum oder Dextrin kann die Absetzung aufhalten, eine gewisse Abwaschbarkeit jedoch nicht verhindern. Die modernen Eisengallus-T. enthalten deshalb etwas freie Säure (die wiederum die Altersbestimmung einer T.schrift [s. später] ermöglicht). Die Säure verhindert zunächst die Ausfällung des gelösten Ferrotannats zu Ferritannat als färbendes Pigment. Die Tinte ist folglich an sich fast farblos, weshalb sog. vorläufige Farbstoffe in geringen Mengen zugesetzt werden. Auf dem Papier wird die freie Säure neutralisiert und das Ferritannat fällt, innig mit der Faser verbunden, unter Nachdunkelung der Schrift, aus. Als vorläufige Farbstoffe verwandte man anfangs das Alizarin enthaltende Krapp (= Alizarintinte), später Indigo und schließlich saure Anilinfarbstoffe. Die Eisengallus-T. fließen je nach Zusatz verschieden, Alizarintinte blaugrün, Reichstinte blau, Schul-T. blauschwarz, wieder andere sogar grün oder rot. Die endgültige Farbe auf dem Papier wird meist blauschwarz sein, hängt jedoch in ihrer Abstufung von der Menge und Art des vorläufigen Farbstoffes ab.

*b) Die Blauholz-T.:* Ausgangsmaterial ist der Extrakt aus Hämatoxylon campechianum. Erst mit „Beizen" gibt der Farbstoff schwer- oder unlösliche Niederschläge. Der Farbton ist abhängig von der Art der Beize. Es kommen in Frage: Chromate, Bichromate, Chromalaun, daneben gewöhnlicher Alaun. Vielfach enthalten Blauholz-T. freie Säure. Die T. fließen schon dunkel gefärbt, geringes Nachdunkeln findet noch statt. Der Farbton wird jedoch nicht so tief wie bei Eisengallus-T. Die Haftfähigkeit auf dem Papier ist nicht sehr groß und die Lichtbeständigkeit geringer als bei der Eisengallustinte. In der Herstellung ist die Blauholztinte jedoch sehr billig. Es kommen auch kombinierte Blauholz-Eisengallus-T. vor. Verbreitet ist die Blauholztinte als sog. Kaisertinte und als Schultinte.

*c) Die Anilin-T.:* Die enorme Zahl von Farbstoffen, die die Teerfarbenindustrie bietet, untersagt eine Aufzählung, die auf Vollständigkeit Wert legt. Grundsätzlich kann jeder wasserlösliche, einigermaßen lichtechte Farbstoff vorkommen. Beispiele sind: Schwarz: Nigrosin, Agalmaschwarz, Naphtholblauschwarz; Blau: Methylenblau, T.-Blau (Wasserblau); Violett: Methylviolett; Rot: Eosin, Rhodamin, Diamantfuchsin; Gelb: Tartrazin, Echtgelb; Grün: Malachitgrün, Lichtgrün; Orange: Chrysoidin; Braun: Vesuvin. Anilin-T. fließen leicht, geben leuchtende Farbtöne, besonders bei Anwesenheit freier Oxalsäure oder Essigsäure. Auf dem Papier bleiben sie jedoch wasserempfindlich. Durch Chemikalien werden sie mehr oder weniger verändert.

*d) Kopier-T.:* Diese haben heutzutage geringeres Interesse. In den Zusammensetzungen entsprechen sie den bisher beschriebenen Eisengallus-, Blauholz- und Anilin-T. Sie enthalten lediglich mehr farbgebende Komponente neben Glycerin und ähnlichen hygroskopischen Zusätzen.

*e) Hektographen-T.:* Es sind Anilin-T. mit einem Farbstoffgehalt, der das etwa Zehnfache einer Schreibtinte beträgt, neben Alkohol und Glycerin oder Acetin (Essigsäureglycerinester). Die hauptsächlichen Farbstoffe sind Diamantfuchsin, Kristallviolett und Malachitgrün.

*f) Stempelfarben.:* Die Zusammensetzung hängt von der Art des Stempelmaterials ab. Farben für Gummistempel sind hochkonzentrierte Auflösungen von Anilinfarbstoffen in verdünntem Glycerin oder Äthylenglykol. Auch Zubereitungen mit Ruß, Glycerin und Gummi arabicum, die widerstandsfähiger sind, können vorkommen. Farben für Metallstempel enthalten nichttrocknende Öle (Ricinusöl, Ölsäure, Olivenöl) als Grundlage. Als Farben sind fett lösliche Anilinfarben wie Fettbraun, Fettrot u. ä. oder auch Körperfarben wie Ruß, Zinnober, Ultramarin in Gebrauch. Fleischstempelfarben enthalten ungiftige Fettfarben.

*g) Wäschezeichen-T.:* Verwendet werden neben mit Ruß hergestellten Stempelfarben hauptsächlich solche Zubereitungen, die auf dem Gewebe einen unlöslichen Silberniederschlag bilden.

*h) Tuschen, Mineral-T., u. ä.:* Unter Tuschen versteht man im allgemeinen gefärbte Schellack-Boraxlösungen. Als Farben dienen Anilinfarbstoffe und suspendierter Ruß. Schwarze Tusche enthält oft Hausenblase, Knochen- oder Fischleim. Die Farbstoffe sind die gleichen wie bei den Anilin-T. Mineral-T. enthalten unlösliche Pigmente, die in einer Auflösung von Gummi oder Schellack suspendiert sind. Hierher gehören die „weißen T." (Zinkweiß, Bleicarbonat), dann die Metall-T. oder Bronze-T. (fälschlicherweise werden im Handel gewisse Anilin-T. „Metall-T." genannt), die aus einer Suspension von Bronzefarben (Silber, Gold, Aluminium oder Legierungen aus Al, Zn, Sn, Cu) bestehen.

*i) Glas-T.:* T., die Glas matt ätzen, enthalten durchwegs Flußsäure bzw. deren Salze. Unauslöschliche T. für Schriften auf Glas, Metall usw. sind Tusche oder Mineral-T. mit Natronwasserglas.

*k) Autographie- und Lithographie-T.:* Sie enthalten Wachs, Seife, Ruß in wäßriger Emulsion. Sie gehören systematisch schon zu den graphischen Farben.

*l) Geheim-T.:* s. d. Art.: Unsichtbare Schriften.

*m) Schreibmaschinenfarben und Kohlepapiere:* Die Farbbänder werden in der Hauptsache mit Anreibungen aus Anilinfarbstoffen oder Ruß mit Ölen (Vaselinöl), Fetten und Fettsäuren getränkt. Die Farbschicht der Durchschreibepapiere enthält als Grundstoffe Paraffin, Oleïn, Ceresin oder Gemische derselben, denen Farblacke, Mineralfarben, Ruß oder fettlösliche Teerfarbstoffe beigemengt sind. Die Bezeichnung „Kopierpapier" rührt von der ehemaligen Kopierfähigkeit der Durchschrift her. Hektographenschreibmaschinenbänder sind fettfrei. Die Farbmasse ist entsprechend den Hektographen-T. zusammengesetzt.

*Schrifttum.*

*Becher, C.:* Die Fabrikation der Tinten, Tuschen und Stempelfarben. Augsburg 1936. — *Becher, C.:* Die Herstellung der Schreibmaschinenfarbbänder usw. Seifensieder-Z. **1928**, H. 9—12. — *Bersch, J.:* Chemisch-technisches Lexikon. Wien 1894. — *Hager:* Handbuch der pharmazeutischen Praxis, **II**, 1085 ff. Berlin 1930. — *Hinrichsen, F. W.:* Die Untersuchung der Eisengallustinten. Stuttgart 1909. — *Ullmann:* Enzyklopädie der techn. Chemie. **X**, 1 (1932). — Broschüre der *I.G. Farbenindustrie A.-G.,* Frankfurt a./M. „Tinten, Tuschen, Stempelfarben."

*2. Untersuchung von Tschr.* Hinsichtlich der Untersuchung des T.materials auf dem Papier ergeben sich die Fragen: Sind zwei Schriften auf derselben oder auf verschiedenen Urkunden mit gleichen oder verschiedenen T. geschrieben? Ist die Tinte eines Schriftstückes identisch mit der Tinte eines bestimmten Füllfederhalters, T.fasses oder Stempelkissens? Enthält die Tinte einer Urkunde einen häufig angewandten oder seltenen Farbstoff? Welche besonderen Eigenschaften zeigt dieser? Bei den zur Klärung solcher Fragen durchzuführenden kriminaltechnischen Untersuchungen kommt es weniger auf die chemische Identifizierung des verwandten Farbstoffes als vielmehr auf die eindeutige Herausstellung von Verschiedenheiten an, denn Übereinstimmungen können naturgemäß nur bei seltenen T.zusammensetzungen Bedeutung erlangen, da die normalen T. gleicher Zusammensetzung weit verbreitet sind. Angriffspunkte der Untersuchung sind die farbgebenden Bestandteile; daneben können die Produkte unsachgemäßer Behandlung der T. aufschlußreich werden.

*a) Prüfung mit dem Auge:* Bei Beurteilung der Art der Strichführung, der Stärke der Ablagerungen usw. ist zu berücksichtigen, daß die Schrift vielleicht zu verschiedenen Zeiten geschrieben sein kann, die Tinte selbst kann deshalb durchaus dieselbe sein. Verschiedenheiten von Farbtiefe und scheinbare Farbdifferenzen sind vielfach bedingt durch Geschwindigkeit und Stärke der Schreibbewegung (Menge des abgelagerten Farbstoffes), weiterhin abhängig vom Alter der Schriften (ungleichmäßiges Vergilben), vom Einfluß des Papiers, vom Verschmutzungsgrad, vom Aufbewahrungsort und von der Beleuchtung. Nur krasse Farbunterschiede dürfen zur Beweisführung herangezogen werden. Auch bei seltenen Farben, z. B. gelb, muß daran gedacht werden, daß äußerlich gleichen Farbtönen chemisch verschiedene Farbstoffe zugrunde liegen können.

*b) Mikroskopische Untersuchung:* Besonders an dünnen Stellen können die Ablagerungen charakteristische mikroskopische Bilder geben. Bei älteren Eisengallus-T. liegt der Farbstoff fertig gebildet in der Flüssigkeit vor. Nach dem Eintrocknen der Schrift lagert er sich nicht einheitlich ab. Bei modernen T. dagegen bildet er sich erst auf dem Papier und färbt dadurch einheitlicher an. Hinzu kommt in diesen Fällen die vorläufige Anfärbung mit dem beigegebenen Anilinfarbstoff. Im ganzen ist bei der mikroskopischen Untersuchung, besonders dann, wenn das Vergleichsmaterial sich auf anderem Papier befindet, Vorsicht am Platze. Schreibumstände, Faserung und Leimung des Papiers, Alter, Vergilbung können das mikroskopische Bild wesentlich beeinflussen. Alte Eisengallus-T. zeigen vielfach einen gelbbraunen Rand, jedoch ist dieses Merkmal leicht nachzuahmen. Hingegen werden ungehörige Ablagerungen, wie sie durch Verschmutzen entstehen, in den meisten Fällen typisch sein.

*c) Prüfung mit der Quarzlampe:* Manche Anilintintenfarbstoffe (Kohlschwarz D, Tartrazin XX, Echtgelb Y, Eosin A, Rhodamin B u. a.) ergeben im filtrierten Ultraviolett eine charakteristische Fluorescenz. Lediglich auftretende Farbdifferenzen, die nicht als eigentliche Fluorescenz zu erkennen sind, sind besser nicht zu bewerten. Die Fluorescenz ist manchmal deutlicher, wenn eine Schriftstelle vorher mit Wasser oder Alkohol etwas befeuchtet und wieder getrocknet worden ist.

*d) Chemische Untersuchung:* Wenn auch gelegentlich Mischungen vorkommen, so kann doch im wesentlichen mit vier Gruppen gerechnet werden: α) *Eisengallus-Tschr.* (Ferritannat und Anilinfarbstoff). Bei Zugabe von verdünnter Säure wird das Ferritannat gelöst. Die Farbe des Anilinfarbstoffs bleibt erhalten, da hier säurebeständige Farbstoffe verwendet werden. Mit Ammoniak werden Eisengallus-T. braun, nach Ansäuern der Reaktionsstelle tritt die Farbe des Teerfarbstoffs hervor. Charakteristisch ist stets der Eisengehalt. Nach *O. Mezger* u. a. wird der Nachweis folgendermaßen geführt: Die Schrift wird mit Natriumhypochlorit entfärbt, dann mit Natriumthiosulfatlösung das überschüssige Oxydationsmittel zerstört. Die Sichtbarmachung des latenten Eisenbildes der Schrift geschieht entweder durch Bestrahlung mit der Quarzlampe, durch 1%ige Tanninlösung, durch Ammonsulfid, durch Ammonrhodanid und Salzsäure, durch gasförmige Rhodanwasserstoffsäure (s. d. Art.: Unsichtbare Schriften), durch Kaliumferrocyanid oder Nitroso-β-Naphthol. β) *Blauholz-Tschr.* Mit verdünnten Säuren gibt es einen Farbumschlag nach Rotviolett (Vorsicht vor Verwechslung mit Zusatzfarben bei Eisengallus-T.). Mit Ammoniak kehrt die ursprüngliche blauviolette Farbe wieder. Charakteristisch ist der Gehalt an Metallbeize. Vor allem werden Chromverbindungen bevorzugt. Daneben können auch Kupferverbindungen vorkommen, sehr selten sind Eisenbeizen. Nach *O. Mezger* u. a. wird zum Chromnachweis nach der Oxydation mit 2%iger Bariumchloridlösung versetzt, die gelbes Bariumchromat ergibt. Auch Diphenylcarbazid, das mit Chromverbindungen eine Violettfärbung hervorruft, kann als besonders empfindliche Mikroreaktion angewandt werden. Der Kupfer- oder Eisennachweis geschieht nach der Oxydation am besten mit Kaliumferrocyanid. γ) *Anilin-Tschr.* Die Prüfung erfolgt nach *F. Künkele* zweckmäßig durch Tüpfelreaktionen mit konzentrierter Schwefelsäure und Wasser, 10%iger Salzsäure, 10%igem Ammoniak und 10%iger Kalilauge. Ganz besonders charakteristisch ist in vielen Fällen die Reaktionsfarbe des Schwefelsäuretropfens *vor* und vor allem *nach* der Verdünnung mit Wasser (Technik siehe unten). Die Reaktionen der wichtigsten T.farbstoffe sind in beigegebener Tabelle 1 zusammengefaßt. Hinsichtlich weitergehender Differenzierungen sei auf das Original verwiesen. δ) *Mineral-Tschr.* (Zubereitungen mit anorganischen Bestandteilen). Der Sachverständige wird sich wohl selten damit zu beschäftigen haben. Die Prüfung einer solchen Schrift wird nach den Regeln der anorganischen Analyse geschehen, wobei Mikro-Tüpfelreaktionen (*F. Feigl*) weitgehend anzuwenden sein werden. Ölhaltige Stempelfarben enthalten oft Berlinerblau oder Ultramarin. Mit einem Tropfen verdünnter Salzsäure wird Ultramarin entfärbt, Berlinerblau dagegen mit verdünnter Natronlauge. Gegebenenfalls ist der zur Reaktion zu verwendende Teil des Stempelabdruckes durch Einlegen in Trichloräthylen vorher zu entfetten.

*Untersuchungstechnik:* Die chemische Untersuchung einer Schrift kann direkt auf dem Papier erfolgen, sofern es Art und Menge des Prüfungsmaterials zuläßt. Die Reagenslösungen werden in einzelnen Tropfen auf verschiedene Schriftstellen gegeben, wobei bei Vergleichen zu beachten ist, daß die Schriftdicken ungefähr entsprechend sind. Im

einzelnen gibt *F. Künkele* für Anilin-T. folgende Vorschrift: Eine Stelle der Schrift wird mit einem Tropfen konzentrierter Schwefelsäure versetzt, die Reaktion tritt meist sofort ein. Nach 30 Sekunden werden zu dem Schwefelsäuretropfen zwei Tropfen Wasser gegeben und durch Anblasen gemischt (nicht reiben!). Die Entnahme und das Auftropfen von Reagenzien geschieht am besten mit Capillaren von 9—10 cm Länge und 1 mm lichter Weite. Das Mischen des Wassers mit der Schwefelsäure sowie auch die Intensivierung der Berührung zwischen Reagens und Schrift erfolgt durch Anblasen durch eine solche Capillare, wobei man die Capillare 1—2 cm über die Reaktionsstelle hält. Weitere Stellen werden mit verdünnter Salzsäure, Ammoniak und Kalilauge behandelt. Zur Erhaltung der Urkunde wird nachträgliche Neutralisation der Reaktionsstellen mit Ammoniak bzw. Essigsäure empfohlen. Die Prüfung

Tabelle 1. *Reaktionen der häufigsten Tintenfarbstoffe.*

| Farbstoff | Subjektive Farbe der Schrift | Löslich in Alkohol | Konz. $H_2SO_4$ allein | Konz. $H_2SO_4$ nach Verdünnen mit $H_2O$ | HCl | $NH_4OH$ | KOH | Fluorescenz |
|---|---|---|---|---|---|---|---|---|
| Nigrosin . . . . . | blauschwarz | — | . | . | . | blauviolett → entfärbt | etwas rötlich | . |
| Kohlschwarz D . . | grünschwarz | + | gelb | gelb | gelb | rot | violettrot | d'grün |
| Naphtholblauschwarz . . . . | d'indigo | (+) | . | . | . | blau | hellblau | . |
| Agalmaschwarz TG | blauschwarz | — | . | . | . | entfärbt | . | . |
| Brillantschwarz BX | violett-schwarz | — | grün | blauviolett | . | entfärbt | . | . |
| Tintenschwarz extra . . . . . | blauschwarz | — | . | . | . | entfärbt | . | . |
| Tintenschwarz B 85 | schiefer | — | . | . | . | entfärbt | . | . |
| Tintenblaumarken | ultramarin | + | grau | blau | . | (rötlich) → entfärbt | rot | . |
| Resorcinblau . . . | ultramarin | (+) | braun | blau | . | → entfärbt | rot | . |
| Methylenblau BB extra . . . . . | preuß.-blau | + | grün | hellblaugrün | hellblaugrün | . | . | . |
| Diamantgrün (Malachitgrün). . . | blaugrün | + | hellgrün → gelblich | gelb → entfärbt | gelb | entfärbt | entfärbt | . |
| Lichtgrün SF . . | blaugrün | (+) | gelbbraun | gelbbraun | gelb | entfärbt | entfärbt | . |
| Grün PLX. . . . | gelbgrün | — | gelbbraun | gelbbraun | . | entfärbt | entfärbt | . |
| Tartrazin XX . . | gelb | — | . | . | . | . | . | gelbbraun |
| Echtgelb Y . . . | gelb | — | orange | orange | rot | . | . | violettbraun |
| Orange GG . . . | orange | + | . | . | . | . | . | . |
| Chrysoidin RL . . | rotbraun | (+) | blauviolett | braun | . | . | . | . |
| Vesuvin 000 extra | braun | + | violett | braun | . | . | . | . |
| Neptunbraun. . . | braunviolett | + | violett | braun | . | rotviolett | rot | . |
| Eosin A salzfrei T | zinnober | + | gelb | orange | orange | . | . | gelbrot |
| Brillantcrocein MOOL . . . . | scharlach | — | violett | blau → braun | braun | rotbraun | braun | . |
| Säurefuchsin O. . | purpur | — | gelb | rot | . | etw. entfärbt | etw. entfärbt | . |
| Pulverfuchsin A (Diamant-fuchsin) | blaurot | + | gelb | entfärbt | gelb | . | . | . |
| Rhodamin B extra | lilarot | + | gelb | scharlach → blaurot | rot | . | . | rot |
| Methylviolett . . | violett | + | gelb | (grünlich ?) → entfärbt | gelb → entfärbt | . | . | . |
| Kristallviolett . . | violett | + | gelb | entfärbt | gelb → entfärbt | . | . | . |

(Anmerkung: → bedeutet „wird langsam")

außerhalb des Papiers, um dessen möglichen Einfluß auszuschalten, geschieht in der Weise, daß die Schrift mit einem Wassertropfen gelöst, dieser mit der Capillare abgehoben und auf eine Tüpfelplatte aus weißem Porzellan überführt wird. Nach dem Eintrocknen können die Reaktionen durchgeführt werden. Selbstverständlich sind hierzu nur die wasserlöslichen Farbstoffe geeignet. Schließlich kann bei nur ganz wenig Untersuchungsmaterial und bei Urkunden, die einen besonderen Wert haben oder bei denen Untersuchungsspuren nicht ohne weiteres sichtbar sein sollen, der Weg beschritten werden, daß einzelne Fasern aus dem Schriftbereich mit einem Skalpell losgelöst und die Reaktionen unter einer binokularen Lupe durchgeführt werden. Es ist jedoch größte Vorsicht, beste Tageslichtbeleuchtung und schärfste Beobachtung ganz besonders erforderlich. In Fällen, in denen die Identität einer asservierten flüssigen Tinte mit der Schrift auf einer Urkunde verglichen werden soll, ist es empfehlenswert, falls angängig, mit der Vergleichstinte auf derselben Urkunde einige Zeichen zu schreiben. Die chemische Prüfung soll aber erst einige Tage später erfolgen.

*Schrifttum.*

*Bischoff, M. A.:* Die chemische Untersuchung der Tinten in *S. Türkel:* Beiträge zur kriminalistischen Symptomatologie und Technik. 87. Graz 1931. — *Feigl, F.:* Qualitative Analyse mit Hilfe von Tüpfelreaktionen. Leipzig 1938. — *Harder, O.* u. *A. Brüning:* Kriminalität bei der Post. Berlin 1924. — *Künkele, F.:* Die Untersuchung von Anilintintenschriften. Z. Unters. Lebensmitt. **77**, 596 (1939) — *Mezger, O., W. Heeß* u. *H. Rall:* Die chemische Identifizierung und Altersbestimmung von Tintenschrift in *S. Türkel,* Beiträge zur kriminalistischen Symptomatologie und Technik. S. 97. Graz 1931.

*3. Altersbestimmung von Tschr.* Bei der kriminaltechnischen Altersbestimmung von Tschr. handelt es sich um die Beantwortung folgender Fragestellungen: Sind zwei Schriften auf ein und derselben Urkunde zur selben Zeit oder zu verschiedenen Zeiten entstanden? Wie lange liegen die Niederschriftszeiten auseinander? Sind Schriftsätze auf verschiedenen Urkunden zu gleichen oder verschiedenen Zeiten geschrieben? Welches ist das absolute Alter eines Schriftsatzes? Es kommt also im Wesen einerseits auf die Bestimmung des *relativen* Alters zweier Schriftsätze zueinander und andererseits auf die Feststellung des *absoluten* Schriftalters eines einheitlichen Schriftstückes an. In den allermeisten Fällen wird die moderne Methode des Chlorid- oder Sulfatbildes, die unten noch beschrieben werden wird, zum Ziele führen. Ganz ohne diagnostischen Wert sind jedoch einige ältere Methoden auch nicht, weshalb sich ihre Anführung durchaus rechtfertigt. Soweit diese Wege aber in andere Untersuchungsgebiete führen, muß dorthin verwiesen werden. — *a) Erkennung von Anachronismen.* Feststellungen dieser Art werden in der Regel bei Dokumenten getroffen werden können, die angeblich sehr alt sein sollen, in Wirklichkeit aber neuzeitlichere Fälschungen darstellen. Es seien nur genannt: Abfassung des Dokumentes mit Gänsekiel oder Stahlfeder (Erfindung der Stahlfeder um 1808) (s. d. Art.: Gerichtl. Schriftuntersuchung), chemische Untersuchung der Tschr. auf zeitgemäße Zusammensetzung (Blauholztinte ungefähr vom Jahre 1847 an, Alizarintinte von 1856 an, annähernd um dieselbe Zeit Anilinstoff-T). In vielen Fällen wird auch die Untersuchung des Papiers (s. d.) Anhaltspunkte geben. — *b) Kopierfähigkeit von Tschr. und Verhalten gegen Chemikalien.* Die Methode ist namentlich früher viel zur Altersbestimmung herangezogen worden, hat jedoch der Kritik nicht standhalten können, da vielfach auch sehr alte Tschr. noch verhältnismäßig gute Kopierbilder geben. Nur wenn

man die Gewähr hat, daß es sich um dieselbe T. und dasselbe Papier handelt, kann das Verfahren in besonders gelagerten Fällen Aufschluß geben. Zur Orientierung kann immerhin geprüft werden, ob zwei Schriftzüge, die natürlich von annähernd gleicher Stärke sein müssen, in einem darauf gebrachten Wassertropfen verschieden rasch ausfließen. Statt Wasser lassen sich auch verschiedene Chemikalien anwenden, z. B. verdünnte Salzsäure (0,1%, 1%, 10%), desgleichen Salpetersäure, Ammoniak, Natronlauge. Unter der sicheren Voraussetzung chemisch identischer T. und gleichen Papieres können diese Prüfungen bei genauer Zeitmessung einigen Wert haben. Die klimatischen Einflüsse auf T. und Papier (Aufbewahrungsort, Feuchtigkeitsverhältnisse) müssen jedoch ebenfalls berücksichtigt werden. Das Ausfließen der Schrift in einem Wassertropfen kann nach *van Ledden-Hulsebosch* in folgender Versuchsanordnung zu einer erfolgreichen Prüfung herangezogen werden: Ein Teil eines Schriftzuges wird mit einer Metallplatte abgedeckt, ein kleinerer Teil bleibt frei, dann wird mit der Quarzlampe ohne Filter etwa 10 Minuten belichtet. Anschließend wird mit einem Wassertropfen betupft. Bei einer jungen Schrift wird der bedeckte Teil ausfließen, der bestrahlte Teil mindestens langsamer reagieren. Bei vielen Tschr. mit Anilinfarbstoffen ist die Methode schlecht anwendbar, da solche auch noch in älterem Zustande leicht ausfließen. Eine absolute Altersbestimmung ist jedenfalls unmöglich. — *c) Die Hanikirsch-Reaktion.* Liegt ein Dokument in enger Berührung mit einem anderen Papierstück, z. B. in einem Buch, so besteht bei Tschr., sofern sie Chloride enthalten, die Möglichkeit, daß sich auf dem gegenüberliegenden Bogen ein sog. „unsichtbarer Abdruck" bildet. Diese Abdrücke in Form des Spiegelbildes werden nach *Hanikirsch* mit einer 4%igen wäßrigen Silbernitratlösung getränkt, bei 50° C getrocknet und dann mit einer Ultraviolettlampe belichtet. Nach einiger Zeit (etwa 20 Minuten) wird die unsichtbare Schrift heller oder dunkler als die Umgebung erscheinen. Tschr., welche eben getrocknet und mit anderem Papier in Berührung gebracht, an dieses unsichtbare Abdrücke abgeben, verlieren diese Abgabefähigkeit, wenn sie 2—3 Wochen alt geworden sind und sich die Schrift mit einer festen Kruste überzogen hat. Diese unsichtbaren Abdrücke, die von verhältnismäßig frischen Schriften auf die gegenüberliegenden Seiten übergehen, halten sich etwa 3—6 Wochen. Die Berührung mit anderem Papier, die allerdings intensiv sein muß, braucht höchstens 48 Stunden zu dauern. Gibt nur ein Teil der betreffenden Schrift solche unsichtbaren Abdrücke, so war er entweder später oder aber mit einer anderen Tinte geschrieben. Wenn die zu untersuchenden Schriften älter als 2—3 Wochen sind, so kann man auch vom verdächtigen und unverdächtigen Teil eines Schriftsatzes je einen Buchstaben mit dem Messer ausradieren und diese Stellen nach *Hanikirsch* direkt auf dem Original prüfen. Die jüngere Schrift kann dann gegebenenfalls wieder zum Vorschein gebracht werden, sie darf dazu aber nicht älter als 12 bis 14 Wochen sein. So elegant diese Methode an sich ist, wird sie schon aus dem Grunde nur selten angewandt werden können, weil der Sachverständige die Urkunde meist erst nach Ablauf der Ermittlungen, also oft erst Monate später in die Hände bekommt. — *d) Die mikroskopische Untersuchung.* Nachträgliche Hinzufügungen zum Urkundentext können bei Kreuzungen von Original- mit fraglichen Zeichen an dem Auslaufen der T. des überführenden Striches in den darunterliegenden als später geschrieben erkannt werden. Ist die Urkunde nach Niederschrift des Originaltextes gefaltet worden, und wird der fragliche Zusatz über den Kniff geschrieben, so ist die Tinte des Zusatzes entweder in den Kniff ausgelaufen, oder im Bereich des Kniffes hat die Feder das Papier gar nicht berührt (s. d. Art.: Gerichtliche Schriftuntersuchung). — e) Das Chlorid- und Sulfatbild. Bei chlorid- und sulfathaltigen T. hat sich gezeigt, daß bei der Alterung einer T.schrift eine allmähliche unsichtbare Auswanderung von Salz- und Schwefelsäure (bzw. Chlor- und Sulfationen) aus den Schriftzügen in das umgebende Papier erfolgt. Die Ausbreitung des Chlor- bzw. des Sulfations ist mit verhältnismäßig einfachen chemischen Mitteln an kleinen Teilen einer Schrift festzustellen. Die Breite des Auswanderungsgebietes kann dann bei notwendiger Erfahrung und Kritik einen sehr guten Anhaltspunkt für die Beurteilung des Alters einer T.schrift abgeben.

Die Herstellung des Chloridbildes: Man gibt zu einer 10%igen Natriumnitritlösung solange 1%iges Silbernitrat, bis ein kräftiger Niederschlag von Silbernitrit ausfällt. Dann wird mit 10%iger Salpetersäure angesäuert, bis sich der Niederschlag wieder gelöst hat. In diese Lösung kommt der Ausschnitt der Schrift, wobei Stücke, die erfahrungsgemäß mit Fingern abgegriffen sind, zu vermeiden sind. Das Chlorid der T. wird bei dieser Behandlung in unlösliches Silberchlorid übergeführt. Durch die salpetrige Säure wird der Farbstoff zerstört. Wenn die Schriftzüge entfärbt sind, bringt man den Ausschnitt heraus und wäscht während einiger Minuten mit 1%iger Salpetersäure, die man öfters wechselt, das überschüssige Silbernitrat aus dem Papier aus. Den gewaschenen Ausschnitt bringt man nun in eine Lösung von einem Teil 35%iger Formalinlösung mit 10 Teilen 2%iger Natronlauge. Das Silberchlorid wird dabei zu schwarzem Silber reduziert. Mit destilliertem Wasser wird mehrfach abgewaschen und anschließend getrocknet. Wo sich ursprünglich die Schrift befand, ist nun im Papier ein mehr oder weniger breites braunschwarzes Band aus Silberniederschlag mit mehr oder weniger verschwommenen Rändern entstanden. In gewissen Fällen sind dort, wo die Schriftzeichen waren, weiße Stellen, und erst um die Schriftzeichen herum beginnt der Silberniederschlag (sog. negatives Chloridbild). Bei sehr widerstandsfähigen Farbstoff-T. muß man die chemische Behandlung etwas variieren, wie in den Arbeiten von *O. Mezger, W. Heeß* und *H. Rall* (1931) nachzulesen ist.

Die Herstellung des Sulfatbildes: Die Schriftausschnitte werden in einer Lösung von 5% Perchlorsäure und 5% Bleiperchlorat gebadet. Die Schwefelsäure der T. und des Papiers wird dadurch als Bleisulfat im Papier fixiert. Die Eisentintensalze werden je nach dem Alter der Schrift nach einer Einwirkung von 5—30 Minuten gelöst. Sollen die T.farbstoffe nach dieser Zeit nicht restlos entfärbt sein, so handelt es sich um widerstandsfähige Teerfarbstoffe, die aber durch Zugabe von einigen Tropfen 1%iger Kaliumpermanganatlösung rasch oxydiert werden. Nach der Entfärbung wird die Lösung sofort abgegossen und mit Wasser aufgefüllt, das mit Bleisulfat gesättigt sein muß. Zur Entfernung etwa noch vorhandenen Kaliumpermanganats und zur Reduktion des gebildeten Braunsteins werden einige Tropfen einer 10%igen Hydrazinchloridlösung beigefügt. Es wird sofort wieder abgegossen und neues Bleisulfatwasser zugegeben. Nach etwa 10 Minuten werden die Ausschnitte ganz kurz mit destilliertem Wasser gespült und in eine Lösung von ½% Natriumsulfid und ½% Kalilauge eingelegt. Hierbei erfolgt die Entwicklung des farblosen Bleisulfats zu schwarzbraunem Bleisulfid. Wenn die Schrift genügend kräftig ist, wird mit destilliertem Wasser und dann etwa eine Viertelstunde mit Leitungswasser ausgewaschen.

Auf die theoretischen Grundlagen der Chlorid- und Sulfatwanderung kann hier nicht eingegangen werden. Es muß vielmehr auf die Originalarbeiten von *O. Mezger, W. Heeß* und *H. Rall* verwiesen werden. Nur die wichtigsten Ergebnisse seien nachfolgend herausgestellt: Das Chlorion hat eine verhältnismäßig hohe Wanderungsgeschwindigkeit, so daß — unter normalen Umständen — bei einem mittleren Chloridgehalt der T. nach etwa zwei Jahren die Verteilung des Chlorions im Papier so weitgehend ist, daß eine beurteilungsfähige Schwärzung nicht mehr erhalten werden kann. Das Sulfation dagegen hat eine bedeutend geringere Wanderungsgeschwindigkeit. Nach etwa zwei Jahren wird man meist erst eine geringe Verbreiterung des Schriftbilds gegenüber dem Original feststellen können. Wesentlich ist, daß die Wanderungsgeschwindigkeit weitgehend unabhängig vom Chlorid- oder Sulfatgehalt einer Tinte ist. Bei stark chloridhaltiger Tinte wird beispielsweise nach einer gewissen Zeit die Verbreiterung des schwarzen Silbers ganz genau so weitgehend sein, wie bei einer nur wenig chloridhaltigen. Allerdings ist das Chloridbild im ersten Falle sehr kräftig, im anderen Falle schwächer. Eine gewisse Vorsicht ist bei geringem Chloridgehalt deswegen am Platze, weil die Erschöpfung des Chloridgehalts bei wenig chloridhaltigen T. schon sehr frühzeitig auftreten kann und die Gefahr eines falschen Schlusses auf höheres Alter in sich birgt. Entsprechendes gilt auch vom Sulfatbild. Ein Einfluß des Papiers auf die Wanderungsgeschwindigkeit konnte ebenfalls nicht festgestellt werden. Bei dickem Papier ebenso wie bei Holzpapieren wird scheinbar mehr Chlor gebunden, und es werden dadurch Verhältnisse vorgetäuscht, wie sie oben bei den wenig Chlor enthaltenden T. beschrieben worden sind. Bei der Beurteilung des Sulfatbildes, das unbedingt mit der Lupe betrachtet werden muß, kann sich grobfaseriges Papier unliebsam bemerkbar machen, indem es eine scheinbar weitere Verbreitung des ausgewanderten Sulfats anzeigt als es dem Alter entspricht. Erwähnt sei, daß kreidehaltige Papiere kein Sulfatbild geben, weil das Sulfation durch das Calcium zu Calciumsulfat gebunden und an der Stelle des Schriftzuges festgelegt wird. Von wesentlicher Bedeutung jedoch ist die Art der Lagerung des Dokumentes auf die Ausbreitung von Chlorid- und Sulfatbild. Je größer die Feuchtigkeit, desto rascher die Wanderung. Bei Aufbewahrung im Keller oder bei freier Zugänglichkeit feuchter Außenluft ist unter Umständen schon binnen eines Monats das Chloridbild einer Tinte mit mittlerem Chlorgehalt völlig verschwommen. Das Sulfatbild, das bei normal trockner Aufbewahrung günstigstenfalls nach zwei Jahren die ersten Spuren einer Verbreiterung aufweist, ist gegen Feuchtigkeit noch empfindlicher. Für den Sachverständigen ist aber gerade diese Eigenschaft ein wertvoller Schutz vor Fehlschlüssen: Sind auf einem Chloridbild noch aus der Tinte stammende Chloridspuren sichtbar, so könnte an sich beispielsweise auf ein Alter von einem Jahr geschlossen werden; theoretisch müßte das Sulfatbild dann aber noch völlig unverbreitert sein. Zeigt das Sulfatbild jedoch schon verschwommene Konturen, so muß das Dokument erhöhter Feuchtigkeit ausgesetzt gewesen sein. Eine absolute Altersbestimmung ist damit in solchen Fällen aber nicht möglich. Erwähnt sei, daß auch aus dem Aussehen des negativen Chloridbildes gegebenenfalls Schlüsse hinsichtlich des Alters gezogen werden können, indem normales Altern klare, helle negative Chlorbilder gibt. Wenn auch mit der Methode des Chlorid- und Sulfatbildes ein zweifellos großer Fortschritt erreicht ist, so sind Zeitangaben über Ursprung einer Tintenschrift doch stets in so weiten Grenzen zu halten, daß sämtliche kleineren Schwankungsmöglichkeiten Berücksichtigung finden. Die Herstellung einer Vielzahl von Vergleichsproben wird sich dabei ebensowenig umgehen lassen wie das Studium der Arbeiten von *W. Heeß* (1937) mit ihren äußerst aufschlußreichen Abbildungen.

#### Schrifttum.

*Hanikirsch:* Z. Unters. Nahrgsmitt. **33**, 74 (1917). — *Heeß, W.:* Ein neues Verfahren, Identität und Alter von Tintenschriften festzustellen. (2. Mitteilung.) Arch. Kriminol. **96**, 13 (1935). — *Heeß, W.:* Ist das Chlorid- und Sulfatbild eine zuverlässige Unterlage für die Altersbestimmung von Tintenschriften? Dtsch. Z. gerichtl. Med. **28**, 269 (1937). — *Heeß, W.:* Ein neues Verfahren, Identität und Alter von Tintenschriften festzustellen. (3. Mitteilung.) Arch. Kriminol. **101**, 7 (1937). — *Ledden-Hulsebosch, C. J. van:* Der Nachweis junger Tintenschrift. Arch. Kriminol. **80**, 239 (1927). — *Mezger, O.:* Untersuchungen an Schriftstücken und Briefumschlägen. Chem. Ztg. **53**, 100 (1929). — *Mezger, O., W. Heeß* u. *H. Rall:* In *S. Türkel:* Beiträge zur kriminalistischen Symptomatologie und Technik, S. 97. Graz 1931. — *Mezger, O., H. Rall* u. *W. Heeß:* Ein neues Verfahren Identität und Alter von Tintenschriften festzustellen. (1. Mitteilung.) Arch. Kriminol. **92**, 107 (1933)

*4. Zerstörung und Wiedersichtbarmachung von Schriften.* Die *Zerstörung* einer Schrift, in welchem Begriff nicht nur die Vernichtung, sondern auch die Unleserlichmachung enthalten sein soll, kann durch unbeabsichtigte Umstände ebenso hervorgerufen werden wie durch absichtliche Manipulationen. Die Lesbarkeit kann beeinflußt oder aufgehoben werden durch atmosphärische Einflüsse, chemische, physikalische oder mechanische Wirkungen (Vergilben, Oxydieren, Reduzieren, Bleichen, Verbrennen, Radieren) oder durch Decken mit anderen Schreibmitteln (Überstempeln, Überschreiben, Überschmieren). Unter Erhaltung des Schriftstückes wird die absichtliche Zerstörung am besten erreicht durch Einwirkung von Chemikalien, durch Radieren, sowie durch Decken mit schwarzer Tusche oder mit einem Schreibmaterial derselben Zusammensetzung wie das der betreffenden Schriftstelle.

Die *Wiedersichtbarmachung* ist nicht immer einfach und wird nur in den seltensten Fällen ein absolutes Ergebnis haben. Die Versuche richten sich naturgemäß nach der Art der Originalschrift und nach der Zerstörungsmethode. Da es hier unzählige Kombinationsmöglichkeiten gibt, können nur Beispiele und allgemeine Richtlinien gegeben werden. Bei der Besprechung der Wiederherstellung überschmierter oder überschriebener Schriften in dem zahlreichen Schrifttum handelt es sich zumeist um die Vernichtung oder Abschwächung der *oben* liegenden Schicht. Die angegebenen Methoden sind deshalb gleichzeitig Hinweise für Zerstörung von Schriften. Grundsätzlich sei bemerkt, daß nicht eindringlich genug empfohlen werden kann, vor Inangriffnahme der Untersuchungen am eigentlichen Objekt Vergleichs- und Versuchsmaterial anzufertigen. Die Schrift und deren Zerstörungsart ist soweit als möglich nachzuahmen und an diesen Versuchsstücken die zweckmäßigste Methode ausfindig zu machen.

Bei *vergilbten* oder *verkohlten Schriften* lassen sich die geringen Farbdifferenzen zwischen Papier und Schrift gegebenenfalls durch geeignete photographische Methoden verstärken (Filterverwendung, Infrarotaufnahmen). Bei Verkohlung führt oft Weißbrennen im Muffelofen zum Ziel. Hierbei bleiben die Schriftstellen dunkler. Die Asche zerfällt allerdings außerordentlich leicht.

Bei der Wiederherstellung *mechanisch entfernter Schriften* ist die Palimpsest-Photographie nach *P. R. Kögel* (s. d.) bahnbrechend gewesen. Brauchbar kann im Normalfall zum Nachweis getilgter Tschr. auch die *Hanikirsch*-Reaktion sowie das Chlorid- und Sulfatbild sein (s. oben unter 3.). Diese Methoden werden auch bei chemisch entfernten

Schriften hin und wieder Erfolg haben. Die Anwendung von Fluorescenzmethoden in der Kriminaltechnik, insbesondere zum Nachweis getilgter Schriften, beschreibt *R. G. Kögel*. Diese werden dadurch lesbar, daß bei bestimmter Fluorescenzbestrahlung beschriftete und unbeschriftete Stellen Fluorescenzunterschiede geben. *R. M. Mayer* vereinfacht den Nachweis noch, indem er mit der sog. *Haitinger-Reichert*-Lampe direkt bestrahlt und photographiert. Bei ausgebleichten (auch vergilbten) Eisengallus-T. sind meist genügend Eisenreste noch vorhanden, worauf sich die Wiederherstellung stützen kann (s. d. Art.: Unsichtbare Schriften).

Bei der Wiederlesbarmachung von *überschmierten, überschriebenen* oder *überstempelten Schriften* handelt es sich unter allen Umständen erst darum, Art und Zusammensetzung sowohl der Schrift als auch der Überschmierung festzustellen (s. oben unter 2). Der Zweck ist die Auffindung von Verschiedenheiten. Dann sind die beabsichtigten Methoden an der selbsthergestellten Überschmierung auszuprobieren. Bei den Proben genügt meist ein oberflächliches Anfeuchten mit den Reaktionslösungen nicht. Ausschneiden und Baden ist wirkungsvoller. Selbstverständlich wird man, selbst nach Vorversuchen, erst nur einen kleinen Teilausschnitt der erwählten Behandlungsart aussetzen. *W. Heeß* gibt eine ganze Reihe von Reaktionen zur Entfernung von Überschmierungen (Einzelheiten s. im Original): Tuschen werden ganz kurz mit *Javelle*scher Lauge betupft und dann vorsichtig mit einem Wattebausch abgerieben, der mit einer 10%-igen alkoholischen Salicylsäurelösung getränkt ist. Auch heißer Methylalkohol ist zweckmäßig, weiterhin Äthylenchlorhydrin, Pyridin, saures Kaliumpermanganat unter Nachbehandlung mit Natriumbisulfit (umgekehrt ist in diesem Falle die angewandte Zerstörungsmethode insofern leicht nachweisbar, als beim Betupfen mit Ammoniak und Wasserstoffsuperoxyd auf dem Papier ein brauner Fleck von Braunstein entsteht, der Reste von Kaliumpermanganat anzeigt). Kaliumpermanganat zerstört ziemlich alles außer Eosin und Nigrosin. Methylviolett, Kristallviolett werden durch Natriumhypochlorit entfärbt, desgl. durch verdünnte Säuren; Wasserblau (T.blau) durch Ammoniak; Naphtholschwarz durch Wasserstoffsuperoxyd. Eisengallustinten sind unlöslich in Wasser, Alkalien und organischen Lösungsmitteln, lösen sich jedoch in einer Lösung von 5% Seignettesalz und 5% Kalilauge; sie werden auch durch Wasserstoffsuperoxyd angegriffen. Blauholz-T. sind beständig gegen Wasserstoffsuperoxyd, jedoch nicht gegen salpetrige Säure. Zweckmäßige Methoden können sinngemäß dem Abschnitt 2 und der dort gegebenen Tabelle 1 entnommen werden, bzw. dem entsprechenden Original (*F. Künkele*). Sehr schwierig gestalten sich die Freilegungsversuche, wenn die Überschmierung mit gleichartigem Material durchgeführt ist. *O. Mezger* und *P. Fränkle* schützen die Originalschrift durch rückwärtiges Tränken mit Paraffin. Dann wird vorderseitig mit den für den betreffenden Fall zweckmäßigen Reagenzien abgetupft. Hinsichtlich der Kombination von T.schrift und Blei- oder Farbstiftschrift sind grundsätzlich Methoden wie die bereits genannten anwendbar. Die Erhaltung der Bleistiftschrift ist in der Regel infolge des Graphitgehaltes (unlöslicher Kohlenstoff) einfach. Auch T.stifte enthalten teilweise Graphit. *G. Raestrup* gibt in einem Fall an, daß T.stift, Lineatur und Stempelfarbe bei Waschung mit einem Ammoniak-Alkoholgemisch erhalten blieb, hingegen Tschr. verschwand. Bei Farbstiften ist auf das entsprechende Farbpigment zu achten (s. d. Art.: Bleistifte und Farbstifte). *O. Mezger* und *H. Rall* machten Maschinenschrift, die mit Eisengallustinte und Blaustift überschmiert war, dadurch wieder lesbar, daß sie abwechselnd mit Wasserstoffsuperoxyd und verdünnter Salzsäure behandelten. Graphitschrift allein läßt sich natürlich mit einem entsprechenden Radiergummi wegnehmen. Desgleichen auch viele Farbstiftschriften. Unter Umständen lassen sich mit organischen Lösungsmitteln (Trichloräthylen, Äther, Benzin, Benzol) die Fettbestandteile der Farbstifte herauslösen. Das Farbpigment wird nach dem Trocknen dann vielfach abradierbar. Die Entzifferung von mit Bleistift durchstrichenen Bleistiftschriften kann nach *S. Türkel* durch Abziehen der oberen Schichten mit Fingerabdruckfolien gelingen. Schließlich seien bei der Wiederlesbarmachung überschmierter Schriften aller Art auch die physikalischen Methoden erwähnt: Bei der Fluorescenzphotographie nach *R. G. Kögel* kommt Graphitschrift weiß hervor und wird neben T.schrift lesbar. *R. M. Mayer* durchdringt mit der oben genannten *Haitinger-Reichert*-Lampe selbst schwarze Hektographen-T. *H. Hoffmann* photographiert eine mit Tinte überschmierte Zahl rückseitig mit Rotfilter, nachdem er mit Vaselin durchtränkt hatte.

*Schrifttum.*

*Heeß, W.:* Die chemische Lesbarmachung überschmierter Schriften. Arch. Kriminol. **97**, 48 (1935). — *Hoffmann, H.:* Entwicklung einer mit Tinte überschmierten Zahl. Arch. Kriminol. **92**, 321 (1933). — *Kögel, R. G.:* Die unsichtbaren Strahlen im Dienste der Kriminalistik. Graz 1931. — *Kögel, R. G.:* Ultraviolettphotographie in schiefer Beleuchtung. Arch. Kriminol. **79**, 1 (1926). — *Kögel, P. R.:* Die Palimpsestphotographie auf forensischem Gebiet. Arch. Kriminol. **71**, 85 (1919). — *Künkele, F.:* Die Untersuchung von Anilintintenschriften. Z. Unters. Lebensmitt. **77**, 596 (1939). — *Mayer, R. M.:* Eine neuartige Lichtquelle zur Ermittlung von überkleksten und chemisch getilgten Tintenschriften. Arch. Kriminol. **92**, 34 (1933). — *Mezger, O.* u. *P. Fränkle:* Wiedersichtbarmachung eines mit Tinte hergestellten Fingerabdruckes, der nachträglich mit Federstrichen aus einer Tinte gleicher Art ausgestrichen worden war. Arch. Kriminol. **83**, 74 (1928). — *Mezger, O.* u. *H. Rall:* Wiederlesbarmachung von überschmierter Maschinenschrift. Arch. Kriminol. **93**, 258 (1933). — *Raestrup, G.:* Entlarvung einer raffinierten internationalen Wettscheinschwindlerbande. Dtsch. Z. gerichtl. Med. **24**, 36 (1935). — *Türkel, S.:* Entzifferung von mit Bleistift durchstrichenen Bleistiftschriften. Arch. Kriminol. **82**, 95 (1928). **Künkele.**

**Tod auf der Straße** siehe *Verkehrsunfall.*

## Tod der Mutter in Schwangerschaft, Geburt und Wochenbett.

Es sollen hier nur die Todesursachen mit aufgezählt werden, die in ursächlichem Zusammenhang mit Schwangerschaft, Geburt und Wochenbett stehen; im übrigen s. d. Art.: Fruchtabtreibung; Plötzlicher Tod in Schwangerschaft, Geburt und Wochenbett.

Häufigste Todesursache in der Schwangerschaft ist eine *Schwangerschaftstoxikose* (*Eklampsie,* auch ohne Krämpfe). Ferner werden oft *Blutungen* beobachtet (spontane Gehirnblutungen infolge geänderter Zirkulations- und Blutdruckverhältnisse sowie infolge von Geschwülsten [Gliom-Hypophysentumoren], bei Aneurysmen der Brust- und Bauchaorta, Leberblutungen, Nebennierenblutungen [bei Eklampsie], Pankreasblutungen, Blutungen bei extrauteriner Gravidität), insbesondere *Verblutung aus der Gebärmutter* (bei Fehlgeburten, bei Gebärmutterzerreißung, bei akuter Anämie infolge atonischer Gebärmutterblutungen, bei vorzeitiger Lösung der Nachgeburt trotz regelrechtem Sitz, bei Placenta praevia, bei Vorfall des Mutterkuchens, bei Entartung der Chorionzotten, bei Scheidenrissen, bei Venenerweiterungen im Bereich der Genitalien mit Zerreißungen, bei Arrosionen von Gefäßen in der Nachgeburtsperiode). Ursache eines plötzlichen Todes können weiter sein: Verblutung in das Splanchnicusgebiet, Gestalt- und Lageveränderung der Gebärmutter (tödliche Darmabknickung infolge Retroversio

der schwangeren Gebärmutter, Achsendrehung, Umstülpung), Schwangerschaftsileus, Luftembolie des Herzens, insbesondere bei geburtshilflichen Eingriffen während der Geburt und kurz nach dem Geburtsakt, Erkrankungen der Schilddrüse (Kropftod), Diabetes, Thromboembolie des Herzens und der Lungenarterien, Erkrankungen des Herzens und der Aorta (insbesondere ein dekompensierter Herzfehler oder eine Erkrankung der Herzkranzgefäße), akute und chronische Erkrankungen der Nieren, Pankreasnekrose, akute Infektionskrankheiten, selten Lungentuberkulose, akutes Lungenödem im Beginn der Austreibungsperiode infolge Überschwemmung mit toxisch wirkenden histaminähnlichen Stoffen.

Ein plötzlicher Tod, vor allem in oder unmittelbar nach der Geburt, kann auch infolge von fehlerhaftem Verhalten eines Arztes oder einer Hebamme eintreten, insbesondere aber auch bei und nach einer Narkose.

*Schrifttum.*

*Ahlfeld:* Lehrbuch der Geburtshilfe. Leipzig 1903. — *Bernhart:* Der plötzliche Tod während der Geburt. Wien. klin. Wschr. **1938**, 562. — *Fritsch:* Gerichtsärztliche Geburtshilfe. (Die geburtshilflichen Kunstfehler.) Stuttgart 1901. — *Hofmann-Haberda:* Lehrbuch der gerichtlichen Medizin. Berlin u. Wien 1919 u. 1923. — *Kolisko:* Plötzlicher Tod aus natürlicher Ursache. In: *Dittrichs* Handb. d. ärztlichen Sachverständigentätigkeit. 2. Wien u. Leipzig 1913. — *Knauer:* Der plötzliche Tod in Schwangerschaft, Geburt und Wochenbett. In *Halban-Seitz,* Biologie und Pathologie des Weibes. **8. 1**, 993 ff. Wien u. Leipzig 1913. — *Schmidtmann, A.:* Handb. der gerichtl. Medizin. **1**, 535. Berlin 1905. — *Schroeder:* Lehrbuch der Geburtshilfe. Bonn 1884. — *Stoeckel:* Lehrbuch der Geburtshilfe. Jena 1920. — *Straßmann, F.* u. *G.:* Lehrbuch der gerichtl. Medizin. Stuttgart 1931. — *Weidinger:* Akutes Lungenödem während der Geburt und Geburtsschock. Diss. München 1939. — *Ziemke:* Über lötzliche Todesfälle bei Schwangerschaft und Geburt. Dtsch. Z. gerichtl. Med. **9**, 129. **Buhtz.**

**Tod durch Abtreibung** siehe *Fruchtabtreibung.*

**Tod durch Ertrinken** (= E.). (Vgl. auch Art.: Erstickung im allgemeinen.)

*A. Der Vorgang des Ertrinkens — Klinische Erscheinungen. 1. Die Arten des Ertrinkens: a) Der klassische Ertrinkungstod.* Unter E. versteht man Verstopfung der Atemwege durch Flüssigkeit. Dabei braucht es sich nicht gerade um Wasser zu handeln, um die Unterbrechung des respiratorischen Gasaustausches zu bewirken, — es ist ebensogut möglich, in, mehr oder weniger dickflüssigen und breiigen Massen, Schlamm, Sümpfen und Mooren (s. d. Art.: Moorleichen) zu ertrinken. Zur Herbeiführung des Ertrinkungstodes ist das Eintauchen des Ertrinkenden mit seinem ganzen Körper nicht erforderlich. Es ist nicht einmal notwendig, daß der Kopf sich völlig in der Flüssigkeit befindet. Es genügt vielmehr der Verschluß der Atemöffnungen. So können Menschen in Rinnsteinen, flachen Pfützen, wasserarmen Bächen, in Waschschüsseln und Eimern ertrinken, wenn sie mit Mund- und Nasenöffnungen in diese hineingeraten. Dies kommt in erster Linie bei Bewußtlosen, Berauschten und Neugeborenen vor, die nicht imstande sind, sich aus der verhängnisvollen Lage zu befreien. Von derartigen Fällen, insbesondere über das E. in epileptischen Anfällen, wurde berichtet (*Liman, Böhmer*).

Jede der klinischen Erscheinungen des Ertrinkens ist vielfach Gegenstand eingehender experimenteller Untersuchungen gewesen, doch es muß gleich betont werden, daß die beim Tier gewonnenen Versuchsergebnisse nicht ohne weiteres auf die Vorgänge beim Menschen übertragen werden dürfen.

Wir unterscheiden beim Ertrinkungsvorgang folgende vier Stadien:

1. Das *Vorstadium,* welches die eigentlichen Erstickungserscheinungen einleitet, beginnt meist mit mehr oder weniger tiefen Einatmungen als Reaktion auf den Kältereiz, den die Ertrinkungsflüssigkeit

auf den Körper ausübt. — Dies ist ein reiner Reflexvorgang, der vom Willen des Menschen unabhängig ist. Die Bezeichnung dieses Vorstadiums als Phase der Überraschung (*Brouardel* und *Loye*) ist nicht zutreffend, weil sie den tatsächlichen Vorgängen eine irrige Deutung gibt.

2. Auf die das Vorstadium einleitende tiefe Atmung folgt ein instinktives *Anhalten des Atems*, welches das Eindringen der Ertrinkungsflüssigkeit zu verhindern sucht. *Brouardel* und *Loye* schätzen diese Atempause auf etwa eine Minute, *Benner* und *Woltersdorf* schätzen sie auf höchstens ½ Minute, *Margulies* auf ½—1 Minute, wobei er unter besonderen Umständen (Tauchkünstler, Perlenfischer) eine längere Dauer für möglich hält. Sicher ist, daß die Dauer des Atemstillstandes mehr als 60 Sekunden betragen kann.

3. Die *Dyspnoe*, welche dann einsetzt, wie bei jeder Erstickung, und welche mit Krämpfen, präterminaler Atempause und terminalen Atembewegungen einhergeht, beginnt mit tiefen und heftigen Inspirationen. *Brouardel* und *Loye* schätzen deren Dauer auf eine Minute, *Wachholz* und *Horoszkiewicz* auf 60—150 Sekunden. Sie geht unter krampfhaften Exspirationen in das zweite krampfhafte Stadium der Erstickung über. In diesem dyspnoischen Stadium dringt erst Ertrinkungsflüssigkeit in die Atemwege ein, wird aber zunächst reflektorisch in kurzen, stoßweisen Exspirationen wieder ausgeworfen. Geringe Mengen von Flüssigkeit können allerdings schon mit den einleitenden Inspirationen aufgenommen sein.

Es bestand lange Zeit keine Übereinstimmung darüber, ob die Hauptmenge der Ertrinkungsflüssigkeit schon in diesem dyspnoischen Stadium in die Luftwege eintritt oder erst im Stadium der terminalen Atembewegungen. *v. Hofmann* meint, sie dringe erst in dem letzteren Stadium ein und stützt seine Ansicht auf Tierversuche. *Brouardel* und *Loye* nehmen an, daß die größte Menge der Ertrinkungsflüssigkeit schon im dyspnoischen Stadium eingeatmet wird. Für die gleiche Annahme sprechen die Versuche, welche *Margulies* an Ratten und Kaninchen vornahm.

Auch *Brückner*, welcher auf *Straßmanns* Veranlassung die Versuche *v. Hofmanns* wiederholte, kam zu ähnlichen Ergebnissen.

Besonders bemerkenswert sind die Untersuchungen von *Wachholz* und *Horoszkiewicz*, welche an den Lungen von Tieren nachwiesen, daß die Hauptmenge der Ertrinkungsflüssigkeit vor dem Eintritt der terminalen Atembewegungen in die Lungen aspiriert wird. Wenn man nämlich Tiere in Farbflüssigkeit ertränkte, fand man, daß die Lungen sich mit der Flüssigkeit nur dann füllten, wenn die Tiere vor dem Eintritt des asphyktischen Stadiums in die Methylenblaulösung gebracht wurden.

4. Auf die Dyspnoe folgt das *konvulsive Stadium* der Erstickung, in welchem sich die Atemnot zu einem mehrere Sekunden dauernden Exspirationskrampf steigert, und in welchem schließlich Krämpfe klonischer Natur eintreten. Durch die krampfhaften Exspirationen wird ein Teil der aspirierten Flüssigkeit mit der Luft der Atemwege gemischt und als feinblasiger Schaum wieder ausgeworfen. Dies macht sich im Wasser durch das Emporsteigen des Schaumes bemerkbar. *Brouardel* und *Loye* schätzen das konvulsive Stadium auf etwa eine Minute, *Wachholz* und *Horoskiewicz* auf 1—1½ Minute.

Schließlich folgt die *präterminale Atempause*, an welche sich unmittelbar die *terminalen Atembewegungen* anschließen. Sie sind gewöhnlich tiefe Inspirationen von wechselnder Zahl. Die in diesem Stadium aspirierte Flüssigkeit ist gering. Sie beträgt nach *Wachholz* und *Horoskiewicz* durch-

schnittlich $^1/_{15}$ der in den Luftwegen überhaupt zurückbehaltenen Flüssigkeitsmenge.

Der *Blutdruck* erfährt während des Ertrinkens eine Steigerung, erreicht aber nie die beträchtliche Höhe, welche man bei anderen Formen der Erstickung beobachtet, sondern zeigt nach anfänglichem Ansteigen eher eine Tendenz zum Sinken.

Der *Tod* tritt gewöhnlich ziemlich schnell ein. Der ganze Vorgang dauert durchschnittlich vier bis fünf Minuten. Die Dauer des Ertrinkungsvorganges kann durch gewisse Umstände nicht unwesentlich beeinflußt werden. So vermag nach *Brouardel* wiederholtes Auftauchen den Ertrinkungsvorgang auf das Doppelte zu verlängern, während andererseits voraufgegangene Muskelarbeit, z. B. bei länger andauerndem Schwimmen, welche einen erheblich gesteigerten Sauerstoffverbrauch zur Folge hatte, eine Verkürzung der Ertrinkungsdauer herbeiführen kann (*Margulies*).

*Über die Frage des Eindringens des Wassers in die Alveolen* besteht auch heute noch keine völlige Übereinstimmung. Die Beschreibung pathologisch-anatomischer Befunde und patho-physiologischer Vorgänge ist besonders für dieses Stadium des Ertrinkungsvorgangs nicht zu trennen.

Im allgemeinen kann kein Wasser in die Alveolen eindringen, ohne daß Brustkorb und Zwerchfell in Bewegung gebracht werden. In die großen zuführenden Luftwege kann wohl Wasser eingespritzt werden; bald aber entsteht ein Gleichgewichtszustand zwischen Luft und Wasser, wenn Brustkorb und Zwerchfell unbeweglich bleiben. Die Luft erfährt einen Widerstand wie in einer Flasche mit engem Hals (*Brouardel*). Es besteht Gleichgewicht zwischen Luft und Wassersäule. Auf diesen Gleichgewichtszustand wirken zwei Kräfte ein, einerseits der Druck einer Wassersäule von bestimmter Höhe und bestimmtem Umfange, anderseits die Kräfte der Elastizität der Lungen und des Brustkorbes, der Tonus der Atemmuskeln und des Zwerchfells und der von außen auf die Brustwände ausgeübte Wasserdruck. Nur wenn der Ertrinkende notgedrungen Atem holt, kann Wasser aspiriert werden. Auf der einen Seite behaupten *Brouardel* und *Loye*, *Lacassagne* und *Martin*, *Wachholz* und *Horoskiewicz*, *Revenstorf* u. a., daß das Wasser zum größten Teile in der Phase der Dyspnoe in die Lungen eindringe, auf der anderen Seite *v. Hofmann*, *Margulies* u. a., daß dieses erst mit den terminalen Atembewegungen geschehe. Jetzt ist der Streit wohl endgültig zugunsten der alten Untersuchungen von *Brouardel* entschieden. Zu den alten Untersuchungen kommen die Experimente von *Balan* an Meerschweinchen, welcher nachwies, daß der Hauptteil der Aspiration im Beginn der dritten dyspnoischen Phase erfolge.

Schließlich fanden schon *Wachholz* und *Horoskiewicz*, daß bei Leichen von Menschen und Tieren, die nach dem Tode ins Wasser gebracht wurden, das Wasser nicht oder so gut wie nicht bis in die Alveolen gelangte. Auch *Revenstorf* konnte auf Grund seiner röntgenologischen Kontrollen feststellen, daß nach dem Tode einströmende Wasser nicht bis in die feinsten Bronchien eindrang, sondern dem Gesetze der Schwerkraft folgend große Teile der Lungen ganz freiließ. Auch *Muller* und *Marchand* fanden bei Kontrolluntersuchungen an Hunden, die in betäubtem Zustande in ein Gemisch von Wasser mit Kohleteilen oder Lycopodium gebracht wurden, daß noch nach 16 Tagen kein einziges Teilchen in die Alveolen gelangt war.

*Die Resorption des Wassers:* Die Wassermenge, die in die *Lungen* aufgenommen wird, ist abhängig von der Größe der vitalen Kapazität der Lungen, der Temperatur des Wassers (warmes Wasser wird in größerer Menge aspiriert), der Viscosität des Wassers (rein, schleimig oder schlammig), der Reflexerregbarkeit der oberen Luftwege und der Phase der Atmung, in welcher das Individuum ertrinkt, schließlich auch von der Intensität der terminalen Atembewegungen.

Die eigentliche Resorption des Wassers erfolgt von den Lungen her schneller als im Magen und Darm. Das kommt daher, daß der Blutdruck in der Aorta 100—200 mm Quecksilber beträgt, in den Capillaren etwa 30—33 mm Quecksilber, in den Capillaren der Lungen aber nur 12—15 mm Quecksilber (*Reuter*), während der linke Vorhof sogar innerhalb eines negativen Druckgebietes liegt.

Über Resorptionsweise, Resorptionsstellen und den Weg, welchen sie nimmt, sind wir nicht restlos unterrichtet. Das liegt daran, daß unsere Kenntnisse von der Anatomie des Lymphsystems der Lunge noch nicht vollständig sind. Es scheint sicher, daß ein Lymphgefäßnetz für den großen Bronchialbaum mit seinen Arterien und Venen und eines für die Pleura unterschieden werden müssen.

Nach neueren Untersuchungen (*B. Mueller*) sollen diese Netze anastomosieren, der Lymphstrom aber trotzdem verschiedene Richtungen aufweisen.

Aus den neuesten Untersuchungen von *Aschoff* und *Seemann* sind wir insofern über die Wandbekleidung der Lungen-Alveolen unterrichtet, als die Blutcapillaren nur von einer strukturlosen und zellosen alveolaren Membran bedeckt sind, die ihnen direkt anliegt. Falls diese Vorstellung richtig ist, hat sie große Bedeutung für den Übergang von Wasser in das Blut der Lungen-Capillaren. Danach könnte ohne Vermittlung einer Zellschicht durch direkte Diffusion im Sinne von *Krogh* und *Barcroft* der Übergang von Wasser ins Blut stattfinden, ohne daß dabei eine spezifische Sekretionstätigkeit von lebenden Zellen erforderlich wäre. Danach darf man sich diesen Diffusionsprozeß nicht wie die Diffusion bestimmter Stoffe in Lösung durch eine tote Membran vorstellen, da bei dieser Annahme nicht erklärt werden könnte, daß Eiweißkörper unter gewöhnlichen Bedingungen nicht durchgelassen werden, und daß z. B. auch kein Lungen-Ödem entsteht, wenn Herz und Blutgefäße gut funktionieren. Um Stoffe durchzulassen, die nur unter pathologischen Umständen durchgelassen werden, ist daher in jedem Falle eine Beschädigung der Capillarwände erforderlich, wie sie ja beim Ertrinkungsvorgange nachgewiesen werden kann. Die Untersuchungen von *Aschoff* und *Seemann* haben auch gezeigt, daß die Alveolar-Membranen der Alveolen an bestimmten Stellen direkte Verbindungen zwischen den verschiedenen Alveolen aufweisen. So hat auch schon *Paltauf* die sog. Kittleisten, nämlich Spalten zwischen den Epithelzellen und Alveolen, aufgewiesen, welche in den Wandungen der Alveolen direkte Verbindungen zwischen ihrem inneren Raum und dem interstitiellen Bindegewebe darstellen.

Insbesondere gegenüber neueren Anschauungen über die Vorgänge beim Ertrinken ist es notwendig, sich noch einmal kurz die Geschichte der Vorstellungen von dem Eindringen des Wassers in die Lungen klarzumachen.

*Falk* (1869) nahm für alle Fälle des Ertrinkens ein Eindringen der Ertränkungsflüssigkeit während des dyspnoischen Stadiums an. *Bert* (1870) ließ dies für einen Teil von Ertränkungsflüssigkeit gelten. Anders *v. Hofmann*, der auf Grund seiner Versuche zu dem Ergebnis kam, daß die Ertränkungsflüssigkeit in der Regel erst mit den terminalen Atembewegungen in die Lungen gelange. *Paltauf* fand (Monographie, 1888) im Gegensatz zu *v. Hofmann* bei einem Hunde, der im asphyktischen Stadium lange vor Eintritt der terminalen

Atmung aus einer Berliner Blau-Lösung entfernt worden war, daß das Berliner Blau bis in die Lungen unter die Pleura vorgedrungen war. Das Eindringen und Verbleiben des Wassers hängt nach *Paltauf* ab von der Empfindsamkeit der Luftwege und deren Abstumpfung, der Präzision im Verschluß der Glottis, der Intensität der Hustenstöße, der Menge des Eingeatmeten und der Heftigkeit der Inspirationen. Ganz andere Ergebnisse als *v. Hofmann* und *Paltauf* erhielten *Brouardel* und *Loye*. *Brouardel* fand, daß in dem von ihm so genannten Vorstadium nur unbedeutende Wassermengen eindringen, daß in der dritten Phase seiner Einteilung (Dyspnoe) $^4/_5$ des gesamten Wassergehalts der Lunge in diese gelangte, daß in der 2. und 4. Phase seiner Einteilung überhaupt kein Wasser eindringe und während der terminalen Atemzüge die Tiere nur noch unbedeutende Wassermengen aspirierten. *Straßmann* erschienen seine Versuche nicht beweisend, da sie von *Brouardel* an tracheotomierten Tieren gemacht waren. *Straßmann* meinte, daß im Stadium der Dyspnoe es wohl zum Einsaugen von Flüssigkeit komme, daß es aber doch die Frage sei, ob diese bis in die tieferen Atemwege eindringe und nicht bei erhaltener Reflexerregbarkeit bald wieder herausgeschleudert werde.

*Seidel* stellte 1895 fest, daß bei narkotisierten oder sonst bewußtlos gewordenen Tieren eine größere Menge von Ertränkungsflüssigkeit durch Aspiration in die Lungen tritt, als bei erhaltenem Bewußtsein und vorhandener Reflexerregbarkeit; daß es ferner darauf ankomme, ob die Ertränkungsflüssigkeit blutwarm oder kühl sei. Auch *Brückner* (1895), der an Kaninchen experimentierte, entschied sich für das Eindringen der Ertränkungsflüssigkeit im Stadium der Dyspnoe. *Wachholz* und *Horoskiewicz* experimentierten an Katzen und Hunden und kamen zu dem Schluß, daß die größte Menge Wasser vor Eintritt der terminalen Atmung in die Lungen eintrete, und zwar der weitaus größte Teil im Stadium der Dyspnoe, höchstens $^1/_{15}$ der Gesamtmenge im Stadium der terminalen Atmung. Nach ihrer Untersuchung ist die Menge des aspirierten Wassers und daher auch der Lungenbefund und die Blutverdünnung abhängig von der Größe der vitalen Lungen-Kapazität, der Temperatur und der Ertränkungsfähigkeit, der Reflexerregbarkeit der oberen Lungenwege, der Dauer der Respirationsphase und der Zahl, Kraft und dem Überwiegen der terminalen Atembewegungen.

*Wachholz* indessen kam zu dem Schluß, daß die Menge der in die Lungen eindringenden Ertränkungsflüssigkeit von der Zahl der terminalen Atemzüge unabhängig sei, und daß die Ertränkungsflüssigkeit vorwiegend im Stadium der Dyspnoe in die Lungen gelange. *Margulies* bezweifelte die Genauigkeit dieser Ergebnisse und hielt an der Behauptung fest, daß die bei seinen Versuchstieren vorgefundene Flüssigkeit auf die Einwirkung der terminalen Atembewegungen zurückzuführen sei.

*Völpel* hat alle diese Fragen gemeinsam mit *Ziemke* an einem großen Versuchsmaterial nachgeprüft. Er kam im wesentlichen zu folgenden Ergebnissen, durch welche die Ansicht von *Wachholz* im allgemeinen dahin bestätigt wird, daß der *größte Teil der gesamten aspirierten Wassermenge in dem Stadium der Dyspnoe in die Lungen gelangt, daß aber auch ein Teil während der terminalen Atembewegungen eindringen kann*. Letztere Menge ist in manchen Fällen beträchtlich und kann in einigen wenigen Fällen sogar die während der Dyspnoe eingedrungene Flüssigkeit übertreffen. *Die Menge der aus den Lungen resorbierten Flüssigkeit aber muß infolge des späteren Darniederliegens des Kreislaufs hauptsächlich derjenigen zugerechnet werden, die während der Dyspnoe eingetreten ist. Die terminalen*

Atembewegungen sind immer vorhanden, wenn auch an Zahl und Art verschieden. Ihre Verschiedenheit und die sonstigen Unterschiede in den von den Forschern erzielten experimentellen Ergebnissen liegen im wesentlichen darin, daß mit verschiedenen Tieren und unter ungleichen Versuchsbedingungen experimentiert wurde.

Damit darf diese Frage wohl im wesentlichen als geklärt angesehen werden, wenn auch für die Praxis zu beachten ist, daß individuelle Schwankungen, insbesondere auch mit Rücksicht auf die persönliche Empfindlichkeit und auf die Beschaffenheit der Ertränkungsflüssigkeit, erhebliche Unterschiede in der Art und Weise des Eindringens der Flüssigkeit und damit auch des anatomischen Befundes herbeiführen.

*b) Der Ertränkungs- und Kreislauftod.* Die vorher dargestellte klassische Form des Ertrinkungsvorganges ist in den letzten Jahren mit Nutzen erweitert worden durch die Vorstellung von *Sehrt*, welcher sowohl bez. des Einleitens des Ertrinkungsvorganges, als auch bez. der anatomischen Befunde eigene Anschauungen vertritt. Er hält es für irreführend, aus den Zuständen, die der Obduzent auf dem Sektionstisch vor sich hat, einen Rückschluß auf die Vorgänge zu ziehen, die zu diesen Zuständen geführt haben. Auf keinem Gebiet stehen nach *Sehrt* die Befunde nach Obduktionen zu denen des Tierexperiments und vor allem zu der praktischen Erfahrung so sehr in Gegensatz. So sei es im besonderen noch nicht geklärt, ob das in die Lungen eingedrungene Wasser den Tod herbeiführe, und ob die Verwässerung des Blutes und die chemisch-physikalischen Eigenschaften des Herzblutes die Annahme unterstützen, daß hieran das aspirierte Wasser schuld sei. Demgegenüber ständen die Befunde, daß die Lungen frisch Ertrunkener 2—3 l mehr Luft enthielten, als diejenigen anderer Leichen. Die Verwässerung des Blutes im linken Herzen könne ebenso mit Hilfe postmortaler Vorgänge erklärt werden. Alle Menschen, die den Freitod im Wasser suchten und wider ihren Willen gerettet wurden, hätten ohne Ausnahme ungeheure Mengen Wasser erbrochen, aber nicht ausgehustet, und immer mehr stelle sich nach seiner Ansicht die Richtigkeit seiner Anschauung heraus, daß beim Ertrinkenden der Magen-Darm-Kanal mit Wasser gefüllt, die Lungen dagegen wasserleer und mit Luft gefüllt seien, und zwar so sehr mit Luft gefüllt, daß die Luft durch die Alveolenwände in die Blutadern gepreßt werde und richtige Luft-Thromben entstehen, die allein den Tod bewirken. *Sehrt* bezeichnet als eigentlichen *Ertrinkungstod* einen Vorgang, der bei dem Schwimmer immer *durch die Angst eingeleitet* werde. Kein Mensch, der schwimmen könne, ertrinke ohne dieses primäre Angstgefühl. Die Angst, nicht mehr weiter zu kommen, leite den Ertrinkungsvorgang ein. Sie kann im wesentlichen bedingt sein durch Erschöpfung, durch Schwächegefühl, Atemnot, Muskelkrampf u. dgl. Im ersten Stadium kommt es durch Unaufmerksamkeit zur *Wassereinatmung*, und zwar meist nur von ein paar Tropfen bis zum Kehlkopfeingang. Solch ein paar Tropfen können bei ganz gesunden, aber disponierten Menschen eine ganz kurze Ohnmacht bedingen: der Schwimmer wird nervös und unaufmerksam. Jetzt kann man den Schwimmer, der infolge des Einatmens weniger Wassertropfen bis an den Kehlkopfeingang einen Stimmritzenkrampf und Husten bekommt, schon einen Ertrinkenden nennen. Er bekommt Reizhusten, macht unkoordinierte Schwimmbewegungen, erleidet ein gesteigertes Angstgefühl, arbeitet sich durch unsachgemäße Schwimmbewegungen ab, schluckt Wasser und beginnt eine Bewußtseinsstörung seelischen Ur-

sprungs zu erleiden. *Sehrt* schätzt die *Dauer dieses ersten Stadiums bis zehn Minuten*, bei Nichtschwimmern auf nur wenige Sekunden.

Im *zweiten Stadium* geht der Ertrinkende 1—2 mal *unter*, macht heftige krampfartige oder stoßartige Ausatmungen, gibt meistens nur noch schwache Hilferufe von sich, wehrt sich gegen die Aspiration von Wasser und erleidet eine zunehmende Bewußtseinstrübung durch die ansteigende $CO_2$-Vergiftung des Blutes. *Im dritten Stadium geht der Bewußtlose endgültig unter*, wobei ein kompletter Stimmritzenkrampf die Lungen hermetisch abschließt. Der Ertrinkende hat jetzt eine hochgradige Blässe der Haut und Schleimhäute, da infolge der Wasserüberfüllung des Darmes eine Art Verblutung in die Bauchgefäße erfolgt. Der Sauerstoffgaswechsel ist unterbrochen. Die Lungen sind vollgepumpt mit Luft. Sie kann nur in geringem Maße abgegeben werden. Zu der Anämie des verlängerten Marks tritt jetzt auch noch die $CO_2$-Vergiftung durch das übersäuerte Blut hinzu, so daß der Ertrinkende jetzt völlig bewußtlos wird. *Kohlensäurevergiftung des verlängerten Marks und Blutleere sind nach Sehrt das eigentliche Wesen des Ertrinkungstodes.* Dabei kann die Herztätigkeit noch fortdauern. Der Tod tritt schließlich ein infolge einer irreparablen Schädigung des verlängerten Marks mit nachfolgender Herzlähmung.

*Sehrt* sowohl wie *Henschen* unterscheiden den blauen asphyktischen Scheintod und den blassen Scheintod, der den geschilderten Vorgängen entspricht. Der Ertrinkende ist leichenblaß, der Ertrunkene von blauer Haut- und Schleimhautfärbung. *Sehrt* schätzt die Zeit, welche das verlängerte Mark die Kohlensäure-Vergiftung aushält, auf höchstens sieben Minuten und vergleicht diese Zeit mit der von der *Trendelenburg*schen Operation bekannten Phase, nach der ein Mensch zum Leben gebracht werden kann, wenn ein ins Herz geratener Blutpfropf operativ rechtzeitig entfernt wird. Das sei ungefähr die Zeit, nach der auch das narkotisierte Tier unter Wasser eingeht. Die bisherige Vorstellung, daß der gesamte Ertrinkungsvorgang 4—5 Minuten dauere, sei nicht haltbar. So könne der ertrinkende Mensch allein in bewußtlosem Zustande den Aufenthalt unter Wasser bis sieben Minuten ohne Schaden aushalten. Trotzdem *Sehrt* also den Tod durch E. auf eine Kohlensäurevergiftung des verlängerten Marks mit nachfolgender Herzlähmung zurückführt, stellt er weiter die Lehre auf, der durch E. Gestorbene biete nach seiner Blaufärbung das typische Bild des Erstickten.

Die erste zusammenfassende Arbeit von *Sehrt* (1932) stützte sich auf eine nach bestimmten Gesichtspunkten ausgearbeitete *Statistik* von 531, davon aber *nur 15 tödlichen Ertrinkungsfällen bei Schwimmern*. In einer weiteren Veröffentlichung (1932), die sich ebenfalls auf eine *Statistik über Rettungsfälle* bezieht, schätzt *Sehrt*, daß der Ertrinkende bis zu 15 Minuten unter Wasser bleibe, dann aber noch wieder belebt werden könne, so daß man vor der 20. Minute auf keinen Fall das Tauchen nach dem Untergegangenen einstellen darf.

Beim blauen asphyktischen Scheintod fand *Henschen* die linke Herzkammer fast immer leer, die rechte Kammer wie einen Ballon durch Schlechtblut überbläht, ebenso auch den rechten Vorhof, die Hohlvenen und die Pulmonal-Arterien bis zur Grenze ihrer Spannung überfüllt. Dies erklärt *Sehrt* damit, daß der vor Angst Ertrinkende immer mehr oberflächlich atme und andererseits seinen geringen Sauerstoffvorrat durch unzweckmäßige Schwimmbewegungen unnötig aufzehre. So komme es schon vor dem Untergehen zu einer Verminderung und Verschlechterung der Sauerstoffdurchlüftung der Lungen, damit auch des arteriellen Blutes und weiter infolge des unzweckmäßigen Verhaltens zu einer Verschiebung der gesamten Blutmenge von der arteriellen auf die venöse Seite. Darum finde man auch in Leber, Milz, Nieren und in den Hirnhäuten die Blutadern prall gefüllt, an den letzteren oft bis zum Blutigwerden des Liquors. Aorta und Anschlußgefäße seien oft fast ganz leer, da das Blut infolge des Spasmus und der schließlichen tonischen Kontraktion der Arterien mehr oder weniger plötzlich in das Capillarsystem hineingetrieben werde. Der Herzstillstand erfolge in Diastole. Beim blassen Scheintod, der nach *Henschen* 15 % beträgt, ist nicht nur das arterielle, sondern auch das venöse System blutleer, da durch eine Krampfsperre der Venae hepaticae die Hauptmasse des Blutes in der Leber und im Pfortader-System versackt ist. Beiden Scheintodarten ist gemeinsam das Versacken gewaltiger Venenblutmengen im Bauchraum. *Martin* und *Costeodat* vertreten die Anschauung, daß beim E. durch Unfall, aber auch beim Selbstmord, der Tod eintrete infolge von Atemlähmung oder infolge der Asphyxie, die aber nach ihrer Anschauung durch das Eindringen der Ertränkungsflüssigkeit in die Lungen herbeigeführt werde. Beim Tode durch Atemlähmung fanden sie den weißen Ertrunkenen, beim Tode durch Asphyxie den blauen Ertrunkenen.

Die Beobachtungen von *Sehrt* haben wir an einem gewissen Material bestätigen können. *Sehrt* schildert seine Beobachtungen als *physiologische Vorgänge*, setzt also voraus, daß sie insbesondere auch bei gesundem Herzen und gesundem Gefäßsystem in der von ihm geschilderten Weise ablaufen. Hiergegen muß aber eingewendet werden, daß man eine solche Theorie nur auf Grund eines größeren Obduktionsmaterials, nicht dagegen auf der Grundlage fremder Schilderungen aufstellen kann. Indessen haben wir sowohl an der Ostsee als auch am Rhein Fälle beobachtet, in denen die Vorstellung *Sehrts* zweifellos zutrifft. Dabei handelt es sich aber wohl ausschließlich um *Unglücksfälle, die beim Sportschwimmen oder bei Personen eintraten, die aus einem anderen Grunde zu längerem Schwimmen unfreiwillig gezwungen waren.*

*Sehrt* versteht weiter unter *Magen-Tod* das Ersticken im Wasser an erbrochenen Speisemassen. Dies ist seit längerem bekannt. Für das Untersinken von Schwimmern nach reichlicher Mahlzeit ist aber nach *Sehrt* nicht das Erbrechen die häufigste Ursache, die Hauptursache liege vielmehr darin, daß durch die im Anschluß an eine reichliche Mahlzeit auftretende starke Verdauungshyperämie die Blutanschoppung im Bauchraum begünstigt werde. Diese kann so erheblich sein, daß es zum Leerlaufen des linken Ventrikels kommen soll. Die Folgen sind Gehirn-Anämie, Schwindelgefühl und schließlich Ohnmacht. Daß gerade beim Schwimmen die Verdauungshyperämie oft die Ursache des Ertrinkens ist, dafür sprechen die Beobachtungen von *Werner*, der bei untergegangenen Schwimmern angeblich in 70 % aller Obduktionen eine starke Verdauungshyperämie fand.

*c) Der Tod bei Preßatmung.* Eine weitere Vorstellung über den plötzlichen Ertrinkungstod wurde von *Petersen* verbreitet. Dieser beschäftigte sich vom klinischen Standpunkt mit dem plötzlichen Tod beim E. und versuchte, klinische Überlegungen mit dem Obduktionsmaterial des Kieler Instituts in Verbindung zu bringen. Er zog zur Erklärung derjenigen Fälle, in denen der Verunglückte anscheinend aus voller Gesundheit ohne erkennbare äußere Ursachen ertrunken war, die Hypothese von *Bürger* heran. Dieser zeigte unter Bezugnahme auf den *Valsalva*schen Versuch, daß bei stärkster Preßatmung und eingetretener Inspiration das Herz, und

zwar besonders das Herz des Asthenikers, sich bis zu 26,5 % verkleinert. Durchschnittlich verkleinert es sich bei einem gut durchtrainierten Menschen um 16 %, beim Schwerarbeiter um 8,5 %. Nach *Bürger* steht jede körperliche Anstrengung unter erheblicher ultrapulmonaler Drucksteigerung im Zeichen eines *Valsalva*schen Versuches. Bei der Preßatmung wird durch Anspannung und Fixierung der Brustmuskulatur an die Thoraxwände der Brustkorb selbst festgestellt und gleichzeitig der Kehlkopf durch Spannung der Glottis geschlossen. Dadurch werden auch die Bauchmuskeln sich spannen, im Innern des Brustkorbes wird ein wechselnd starker Druck erzeugt, der Höhen von 190 mm Quecksilber erreichen kann. Dieser intrathorakale Druck entspricht auch einem intrapulmonalen Druck und führt zu wesentlichen Veränderungen im großen und kleinen Kreislauf. Die erste Folge ist eine bedeutende Erhöhung der Widerstandskraft im Capillargebiet der Pulmonalis. Der rechte Ventrikel muß unter Aufbietung seiner Reservekräfte den Druck in der Arteria pulmonalis erhöhen, um diesen erhöhten Widerstand zu überwinden, was ihm oft nur teilweise oder gar nicht gelingt. Gelingt es ihm nicht, so wird sehr bald der kleine Kreislauf völlig unterbunden mit dem Erfolg, daß das linke Herz mit geringen Blutmengen versorgt wird und der rechte Ventrikel nur schlecht gefüllt wird. Dadurch nimmt das Schlag-Volumen ab, während gleichzeitig die Herzfrequenz infolge Accelerans-Reizung steigt. Unter normalen Bedingungen erreicht das Herz bei dieser Anstrengung (Tachykardie) trotz Abnahme der Einzel-Schlag-Volumina eine Zunahme des Minuten-Volumens. Bei bestimmten Personen aber bedingt die Pressung eine mehr oder weniger erhebliche Sperrung der Blutzufuhr zum linken Herzen aus dem Pulmonalisgebiet, so daß das Minuten-Volumen verkleinert wird. Die bei der Pressung einsetzenden Wirkungen auf den Gesamtkreislauf lassen sich durch die sog. Preßluftprobe feststellen. Bei disponierten Personen kann sie zum Kollaps führen. Dies ist häufig der Fall bei Menschen mit *asthenischem Körperbau* und relativ *kleinem, schwachem Herzen*. Da das asthenische Herz schon mit primärer schlechterer Füllung nicht in der Lage ist, den durch Pressung auf das Capillargebiet der Pulmonalis gesetzten Druck zu überwinden, pumpt das linke Herz sich leer. Als disponierte Personen kommen ferner solche in Betracht, bei denen das Herz zwar über die nötige Muskelkraft verfügt, aber die Steuerung durch die Herznerven falsch ist infolge der besonderen Erregbarkeit ihres vagotonischen Apparates. Es kommt bei der Pressung zu einer venösen Rückstauung im Schädelinnern. Die dadurch bedingte Hirndrucksteigerung löst einen Vagusreiz aus. In der enormen Anstrengung wird der Vagusreiz durch Accelerans-Impulse überboten; bei falscher Steuerung aber setzt sich der Vaguseffekt durch, so daß es infolge der Pressung zu einer erheblichen Abnahme der Frequenz kommt. Die so erzeugte Verminderung des Gesamtvolumens kann ebenfalls zum Kollaps führen. *Petersen* konnte in der Kieler sportärztlichen Untersuchungsstelle (Med. Klinik) öfter solche Kollapszustände bei klinisch gesunden Studenten beobachten. Bei einigen trat der Kollaps auch beim Baden und Schwimmen ein.

Schließlich machte *Petersen* darauf aufmerksam, daß beim raschen Sturz ins Wasser nach tiefster Inspiration eine starke Exspirationspressung einsetzt, die bei den disponierten Personen zur Unterbrechung des Lungenkreislaufs mit Leerlauf des linken Ventrikels, Verschwinden des Pulses, Anoxämie des Gehirns, zentraler Vagusreizung und schließlich zur Bewußtlosigkeit führt.

*Ziemke* untersuchte im Anschluß an diese Beobachtungen das gesamte Sektionsmaterial des Kieler Instituts. Es zeigte sich, daß *nur ganz vereinzelte Fälle sich durch die Vorstellung von Petersen erklären ließen*, daß für die übrigen Fälle aber eine Preßatmung als Erklärung des plötzlichen Todes im Wasser nicht in Betracht kam, da alle Verunglückten sich bereits längere Zeit im Wasser aufhielten, als sie vom Tode überrascht wurden und für sie keine Veranlassung zu einer Preßatmung vorgelegen hatte. Die Fälle, bei denen der Tod im Wasser verhältnismäßig plötzlich eintrat, lassen sich mit bekannten Erfahrungen erklären und auf andere greifbare anatomische Ursachen (gefüllter Magen, Fettherz, Herzvergrößerung, Hypoplasie der Gefäße und des Herzens, ausgedehnte Verwachsungen größerer Lungenabschnitte mit der Brustwand und dem Zwerchfell, Status thymico-lymphaticus) erklären. *Ziemke* vermochte daher der von *Petersen* geäußerten Vorstellung nicht zuzustimmen. Er wies auch auf eine irrige Anschauung hin, die darin besteht, daß beim plötzlichen Tode im Wasser kein Ertrinkungs-Emphysem zustande kommen könne. Dies ist bei der Preßatmung schon deswegen nicht richtig, weil hierbei nicht immer Bewußtlosigkeit, sondern oft nur Bewußtseinstrübung eintritt, in der es zu erheblicher Inspiration von Ertränkungsflüssigkeit in die Lungen kommen kann. Dann kann auch diese als letzte Todesursache angesehen werden. — Wir haben im Anschluß an die Mitteilung von *Ziemke* in möglichst allen Ertrinkungsfällen auf die von *Ziemke* hervorgehobenen Gesichtspunkte geachtet und können sie nur bestätigen.

Daß auch eine *behinderte Nasenatmung* nur für den das Schwimmen Lernenden einen Nachteil bedeuten kann, zeigen Untersuchungen, die von *Döhrn* in 1800 Fällen an Schulkindern angestellt wurden. Für den fertigen Schwimmer, welcher die richtige Atemtechnik beherrscht, stellt die gehemmte Nasenatmung kein Hindernis dar.

*d) Der Tod im Wasser aus anderer (physiologischer) Ursache. Das Auffinden einer Leiche im Wasser spricht durchaus nicht dafür, daß der Tod durch Ertrinken eingetreten ist.* Es kann sich auch um einen plötzlichen Tod handeln. Dieser kann eine physiologische oder relativ physiologische Ursache haben, aber auch auf pathologischen Ursachen beruhen. So wies *Ziemke* schon darauf hin, daß in besonderen Fällen der Tod beim E. ganz plötzlich und in kürzester Zeit eintreten könne, noch ehe es zur Ausbildung der eigentlichen Erstickungserscheinungen gekommen sei. Er stellte eine Shockwirkung in den Vordergrund und nahm an, daß eine Shocklähmung oder ein Reiz der Ertrinkungsflüssigkeit auf die sensiblen Hautnerven oder auf die im Kehlkopfinnern gelegenen Verzweigungen des Laryngeus superior könne reflektorisch Herzstillstand und Atmungslähmung herbeiführen. *Brouardel*, *Vibert* und *Corin* beobachteten dies experimentell. Ebenso kann nach *Ziemke* ein plötzlicher Tod im Wasser aus natürlichen Ursachen eintreten infolge einer Ohnmacht, einer Herzlähmung, eines Schlaganfalles oder eines epileptischen Anfalls. Als besonders gefährlich war schon immer das *Baden mit vollem Magen* bekannt. Dies kann allein durch *Erbrechen*, aber auch nach der Vorstellung von *Sehrt* infolge der *Verdauungshyperämie* und Verblutung in die Bauchhöhle gefährlich sein. Nach *Paltauf* kann aber auch allein durch den *Druck des übervollen Magens auf das Herz* eine Herzlähmung eintreten. Bei der Aspiration kann es sich auch um einen Schlamm vom Boden eines Gewässers handeln.

Man kann die krankhaften Zustände, welche den plötzlichen Tod im Wasser herbeiführen, nach ihren Ursachen in Gelegenheitsursachen und besondere Ursachen einteilen. Zu den *gelegentlichen Ursachen* kann man äußere rechnen, z. B. die Erschöpfung und den Kälteshock, zu den besonderen die besondere *Disposition*, wie sie beispielsweise im Status thymico-lymphaticus (s. d.) und in der hypoplastischen Konstitution gelegen ist. Die *inneren Ursachen* können liegen in einer konstitutionell bedingten Kälteallergie, in Kältereiz und Kälteshock und in krankhaften Organveränderungen. Bei den *äußeren Gelegenheitsursachen* kann schon eine Überanstrengung mit erheblicher *Übermüdung* ein plötzliches Untergehen herbeiführen. Ob *Muskelkrämpfe*, die besonders in den Waden auftreten können, hierzu geeignet sind, erscheint fraglich, die objektive Feststellung schwierig. Der sensible Reiz, der die Hautoberfläche beim schnellen Hineingeraten ins Wasser trifft, kann auch bei gesunden Personen infolge einer *Shockwirkung* den Tod herbeiführen. So wurden plötzliche Todesfälle besonders jugendlicher Wanderer beobachtet, die in kalten Gebirgsflüssen oder Gebirgsseen badeten. Dies mag besonders im Pubertätsalter beachtlich sein, zumal (*Weyrich*) erwähnenswert ist, daß auch nach den Obduktionsergebnissen etwa bei jedem siebenten Kinde, welches im Pubertätsalter plötzlich stirbt, eine genügende anatomische Ursache nicht gefunden werden konnte. Der *gesteigerte Sauerstoffverbrauch*, welcher bei längerem Schwimmen, bei Wettschwimmen und Rettungsversuchen, insbesondere auch bei erheblicher Überschätzung der eigenen Leistungsfähigkeit eintritt, kann zu plötzlichem Erlahmen im Wasser führen.

Bei den *inneren Gelegenheitsursachen* spielen die Zustände eine Rolle, bei denen erfahrungsgemäß eine *Disposition* für einen besonders schädlichen und mitunter auch tödlichen Einfluß besteht, der von außen oder innen her zur Geltung kommt. Die große Hinfälligkeit von Personen, die nach ihrer Organbeschaffenheit dem *Status thymico-lymphaticus* hinzuzurechnen sind, und die sich auch in plötzlichen Todesfällen von Kindern und Erwachsenen in Narkose und bei heftigem Schreck äußern kann, spielt zweifellos auch beim Tode im kalten Wasser eine Rolle. *Paltauf* hat auf die Bedeutung der lymphatischen Konstitution (s. d. Art.: Status thymico-lymphaticus) für den plötzlichen Tod hingewiesen. Beim plötzlichen Tode lymphatischer Personen im Wasser findet man öfter ein mitwirkendes Moment, z. B. den Zustand auf der Höhe der Verdauung. Hinzu kommt, daß der lymphatischen Konstitution nicht selten eine Unterentwicklung inkretorischer Organe, z. B. der Nebennieren, entsprechen kann. *Ziemke* führte 22 % der von ihm beobachteten plötzlichen Todesfälle im Wasser auf Thymus-Hypertrophie und -Hyperplasie zurück.

Eine weitere Disposition für den Eintritt plötzlichen Todes im Wasser, die relativ häufig ist, liegt in der *hypoplastischen Konstitution*, besonders in der Unterentwicklung des Herzens und der Kreislauforgane, verbunden mit einer Enge der Gefäße, in erster Linie der Aorta (s. d. Art.: Hypoplasie des Gefäßsystems). Die Erfahrung lehrt, daß solche Personen eine gesteigerte Anfälligkeit bei plötzlichen Todesfällen aufweisen. Ferner kann nach *Rosin*, der in Berlin zwölf Fälle beobachtete, ein kaltes Bad eine shockartige Wirkung auch bei gesunden Personen ausüben, insbesondere dann, wenn die Betreffenden erhitzt ins Wasser gehen. Ein *vorhergehendes Sonnenbad*, welches eine ungeheure Hyperämie der Haut bewirken kann, ist geeignet, bei schnellerer Abkühlung einen entsprechenden Rückfluß zu den inneren Organen zu bewirken. Die reflektorische Wirkung eines solchen *Kälteshocks* sieht *Rosin* in endokrinen Störungen.

Die größte Rolle bei den noch normal zu nennenden Zuständen spielt zweifellos der *Zustand des Magens*. So kann der überfüllte Magen auf das Herz drücken und indirekt eine Vaguslähmung und Herzflimmern bewirken, während (*Milovanović*) die gleichzeitige Vagusreizung durch Spuren von Wasser, die in die inneren Luftwege eindringen, reflektorisch die Herzlähmung auslöst. *Erbrechen* kann durch Wasserdruck auf den Magen entstehen. Nach *Gmelin* kann die Raumbeengung im Bauchraum, namentlich wenn der Magen stark gefüllt ist, so groß sein, daß der Druck des Wassers auf die Bauchwände zu einem Zusammendrücken des Magens führt. Dadurch wird Erbrechen ausgelöst. Durch das Erbrechen erfolgt eine Behinderung der Schwimmbewegungen, wodurch das Untersinken veranlaßt werden kann. Da unter Wasser nun der Mageninhalt nicht nach außen entleert werden kann, tritt Aspiration von Mageninhalt ein. Schließlich ist auch durch die vorangegangenen Körperbewegungen wie auch durch den Brechvorgang selbst ein vermehrter Stoffwechselbedarf vorhanden, zumal dann das Erbrechen von heftigen Exspirationen begleitet wird. So kann die gleichzeitig auftretende Kohlensäureanreicherung reflektorisch zu einer unwiderstehlichen Einatmung führen, so daß es zwangsläufig zur Aspiration von Erbrochenem kommt.

Schon das *gesunde Herz* kann beim Schwimmen versagen, indem es durch den *Wasserdruck* beengt wird (*Margulies* und *Gmelin*). Auf einem unter der Wasseroberfläche befindlichen Körper, z. B. einem tauchenden Schwimmer, macht sich ein Wasserdruck geltend, der dem Gewicht der Wassersäule entspricht, die über dem Körper und der Hautoberfläche ruht. Dieser Druck kann so groß werden, daß er den Druck, mit dem das Herz das Blut durch die Gefäße treibt, übersteigt, so daß die Blutversorgung der Körperoberfläche behindert wird. Es genügt beispielsweise bei der Anlegung einer Blutdruckmanschette ein Druck von 130 bis 150 mm Quecksilber, um den Blutdruck zu unterbinden. Im Wasser entspricht dies einer Wasserhöhe von 200 cm, d. h. 200 cm unter dem Wasserspiegel ist der Wasserdruck auf den Körper so stark, daß der im Körper herrschende Blutdruck aufgehoben werden kann. Nach *Margulies* kann dadurch ein vollkommen intaktes Herz zum Versagen gebracht werden, obgleich man nicht außer acht lassen sollte, daß der Druck des Wassers *auf den ganzen Körper* stattfindet und dadurch ausgeglichen wird. Weiter hat *Margulies* darauf hingewiesen, daß, wenn nämlich Brust- und Bauchhöhle völlig ausgefüllt sind, etwa durch einen prall gefüllten Magen, bei starker Zwerchfellsenkung der Druck des Wassers auf die Bauchwand so stark sein könne, daß auch das Herz zu seiner Ausdehnung keinen Platz mehr hat und zum Versagen gebracht wird. Daß der *übermäßige Alkoholgenuß* eine mitwirkende Ursache sein kann, versteht sich von selbst.

*e) Der plötzliche Tod im Wasser aus pathologischer Ursache.* Die *besonderen Ursachen*, welche den plötzlichen Tod im Wasser herbeiführen können, liegen abgesehen von den eigentlichen Organveränderungen in erster Linie in der *Kälteempfindlichkeit*. Diese kann durch einen einfachen Kältereiz, wie auch durch eine besondere Shockwirkung, schließlich durch die sog. Kälteallergie den Tod im Wasser herbeiführen. Allein durch eine *Kältereizung der oberen Luftwege* kann ein Reiz auf den Vagus ausgeübt werden. Dabei ist es fraglich, ob hierzu eine besondere Konstitutionsbereitschaft vorhanden sein muß, wie sie beispielsweise beim Status thymico-lymphaticus gegeben ist. Schon *Brouardel* und *Loye* haben versucht, diese Ursache von plötzlichen Todesfällen im Wasser auf experimentellem Wege zu klären. Nachdem *Brown-Sequard* durch Reizung der Kehlkopfgegend eine Sistierung der Atmung und der Zirkulation sowie schwindendes Bewußtsein her-

vorrufen konnte, zeigten *Brouardel* und *Loye*, daß beim Versuchstier auf ähnliche Weise ein plötzlicher Atemstillstand unmittelbar nach dem Untertauchen unter Wasser herbeizuführen war. Sie hielten diesen Tod durch Synkope für eine außerordentliche Verlängerung des initialen Respirationsstillstandes, der nicht wie gewöhnlich vorübergeht, sondern definitiv zum Tode führt.

*Frommel* führte ebenso plötzliche Badeunfälle mit tödlichem Ausgang auf Reflexwirkungen zurück und zog die Vorstellung vom *Goltz*schen Klopfversuch (s. d.) zur Erklärung von Badeunfällen nach reichlicher Mahlzeit heran, konnte aber in entsprechend angelegtem Tierversuch keinen Erfolg erzielen. *Frommel* erörterte die Möglichkeit eines *Nasolaryngeal-kardial-Reflexes*. Er konnte beim Kaninchen durch Anfeuchtung der Nasenschleimhaut mit Wasser unter Ausschaltung der Nasenatmung mittels Tracheotomie einen Atemstillstand von mehreren Minuten Dauer, eine elektrokardiographisch nachgeprüfte Bradykardie mit starken Blutdruckschwankungen erzeugen. Ähnliche Störungen zeigten sich auch bei chemischer Reizung der Nasen- und Rachenschleimhaut. *Frommel* hielt thymo-lymphatische, adenoide und vagotonische Personen hierfür disponiert. Ähnliche Versuche wurden von *Crema* angestellt, der Kälteflüssigkeiten in die oberen Luftwege leitete und dabei exspiratorischen Atemstillstand mit erheblicher Blutdrucksteigerung beobachten konnte. Für besonders gefährlich hielt er Einwirkungen in dem oberen Abschnitt der Nasenschleimhaut, an welchem thermische Reize allein eine reflektorische Atemhemmung auslösen konnten. Nach den Beobachtungen am Menschen scheint es aber doch, als ob eine besondere Disposition zur Herbeiführung des Todes im Wasser erforderlich sei. Im Wasser kann der Mensch ähnlichen Bedingungen ausgesetzt sein, wenn Wasserspritzer zufällig die gefährdeten Partien im Nasenrachenraum erreichen.

Eine ebensolche Disposition spielt nach *Ziemke* auch bei der Verblutung ins Splanchnicusgebiet durch die *Kältewirkung auf die Körperoberfläche*, die zu einer Shockwirkung führt, eine Rolle. Wohl kann es nach *Ziemke* auf diesem Wege auch zum primären Versagen des Herzens allein durch den Kältereiz kommen, doch setzt *Ziemke* hierzu voraus, daß das Herz durch irgendeine Ursache schon vorher geschwächt gewesen sei.

In der neueren Literatur spielt als Ursache plötzlichen Todes die *Kälteallergie* eine große Rolle. Zweifellos dürfte eine Reihe ungeklärter Badetodesfälle bei kräftigen und gesunden Leuten auf besondere *Kälteüberempfindlichkeit* zurückzuführen sein. So berichtet *Zumbusch* über die Beobachtung eines Mannes, der schon von Jugend auf an paroxysmalem Niesen litt. Krankhafte Veränderungen an der Nase fehlten völlig. Er konnte jederzeit einen Anfall durch Hinausstrecken eines Fußes aus dem warmen Bett herbeiführen. Vor dem Baden in kaltem Wasser schwollen die Hände an, wurden rot und juckten, so daß er sie nur mit Mühe schließen konnte. Herz und Nieren waren gesund. Gelegentlich trat, nachdem das Ufer mit größter Anstrengung erreicht war, Bewußtlosigkeit ein. Die Gelenkgegenden waren gerötet und geschwollen (Urticaria gigantea), Übelkeit und Erbrechen fehlten. Die gleichen Erscheinungen zeigten sich auch einmal beim Luftbad in der Kälte. *Tannhauser* berichtete über einen Fall, in welchem ein Mann beim Waschen in kaltem Wasser Rötung und Quaddeln auf der Haut bekam. Bei einem Bad in einem Gebirgssee nach großer sportlicher Leistung traten Rötung und starkes Jucken ein, die mit Druckgefühl im Leibe verbunden waren. Der Mann ging rasch aus dem

Wasser und sank sofort zusammen. Er war wohl bei Bewußtsein, aber völlig kraftlos und bewegungsunfähig. Es trat heftiger Stuhldrang ein, und die Haut verfärbte sich grünlich, der Puls wurde langsam und drahthart. Brechreiz war nicht vorhanden. *Tannhauser* hält die Kälteurticaria und den anschließenden Shock für eine über das Ziel hinausschießende normale Regulation, bei der vielleicht ein histaminartiger Stoff mitwirke. *Graßl* berichtete zwei Fälle. In dem einen Falle trat bei einem kalten Schwimmbade an einem sehr heißen Tage trotz vorausgegangener Abkühlung eine plötzliche Kälte an den Füßen mit Unwohlsein unter Ausbildung ausgebreiteter Quaddeln in der Haut auf. Es kam zum Schwindelgefühl und zur Bewußtlosigkeit, die etwa zwei Minuten anhielt. Eine 50 Jahre alte gesunde Frau bekam unter ähnlichen Umständen Unwohlsein, Brechneigung und Schwindel und wäre ertrunken, wenn sie nicht aus dem Wasser gezogen worden wäre. Außerhalb des Wassers schwollen die Beine vom Knöchel bis zum oberen Drittel der Oberschenkel gewaltig an, wurden heiß, derb und schmerzten sehr.

Bernstein faßt die geschilderten Fälle als Zeichen von Kälteallergie auf und nennt als ihre häufigste Form die Kälteurticaria, seltener Kältehämoglobinurie und Kälteasthma, Blutdrucksenkung mit Gefäßkollaps, Leukocytensturz und Ohnmacht mit Bewußtseinsverlust. Die Reaktion soll spätestens 10—15 Minuten nach der Einwirkung der Kälte auftreten. Auch *Eiselsberg* faßt die Beobachtungen von *Graßl* als allergische Erscheinungen auf, ebenso *Skouge*, der Versuche an einer Schwimmerin beschrieb, die von einem bestimmten Zeitpunkte an im Wasser regelmäßig eine ausgedehnte Kälteurticaria mit ernsten shockähnlichen Allgemeinreaktionen bekam. Bei Versuchen ergab sich, daß bei Drosselung der Zirkulation in einem Glied durch eine elastische Binde die Reaktion an diesem Glied später abklang und auch sonst anders verlief, und daß die Störungen des Allgemeinbefindens ausblieben. *Skouge* vermutete, daß die Entstehung der Urticaria auf dem Freiwerden einer chemischen, *histaminähnlichen Substanz* aus der Haut beruhe, die in die Blutbahn übergehe. Da die Art der Quaddelbildung und die Änderungen von Pulszahl und Hämoglobingehalt sowie der Salzsäureproduktion im nüchternen Magen während des Aufenthaltes im Wasser eine auffallende Ähnlichkeit mit den Verhältnissen nach Zuführung von Histaminsubstanzen habe, nahm *Skouge* eine Histaminwirkung als Ursache der Kälteallergie an.

*Radvan* beschrieb außer den erwähnten Nasenreflexen einen *Nasen-Lungenreflex* und einen *Ohrenreflex* auf dem Wege über den aurikulären Ast des Trigeminus, wenn der Schwimmer flach aufs Ohr falle oder zu tief ins Wasser tauche.

*Ravina* und *Lyon* vergleichen die Fälle des Auftretens von *Wasserurticaria* mit dem *Quincke*schen Ödem. Durch die Kältewirkung soll eine kolloidale Zustandsänderung gewisser Eiweißkörper eintreten, die zum Freiwerden von Histaminsubstanzen führt. In Frage käme auch ein anaphylaktischer Shock intestinalen Ursprungs als Ursache des Todes im Wasser, insbesondere, wenn die Betreffenden einige Stunden nach einer Mahlzeit ins Wasser gehen. Durch die plötzliche Blutverschiebung in das Splanchnicusgebiet erfolgt ein plötzlicher Eintritt nicht genügend abgebauter Eiweißkörper, der einen anaphylaktischen Shock hervorrufen kann.

Die Erfahrung der Frauenärzte, daß die Abkühlung der Beine eine *Gefäßkontraktion im Plexus hypogastricus* hervorrufe mit Störungen im vegetativen Nervensystem des kleinen Beckens, was auch für den Mann gelte, veranlaßt *Klotz* zu der Empfehlung, nicht langsam, von unten her sich benetzend ins Wasser zu schreiten, sondern im Kopfsprung hineinzuspringen. Beim Baden in Hitzeperioden werde durch Zusammenziehung der Hautgefäße eine große Blutmenge in die Bauchorgane befördert, die als Depotorgane dienen. Ähnliches trete ein bei langsamer Benetzung des Körpers von unten. Durch die Abkühlung der Beine ströme das Blut in das Splanchnicusgebiet. Es könne auf diese Weise zur Verblutung in die Bauchgefäße kommen. Werde umgekehrt der Körper von oben abgekühlt, so bleibe der Kreislauf erhalten, weil eine Verteilung des Körperblutes auf mehrere Capillargebiete gewährleistet sei. Daraus leitet *Klotz* die Forderung ab, der Schwimmer solle sich am besten vor dem Bade durch Duschen von Kopf, Brust und Armen von oben her abkühlen und mit dem Kopf zuerst ins Wasser springen.

Es leuchtet ein, daß derart gefährliche Zustände eine gewisse *vasoneurotische Konstitution* voraussetzen. Hierfür spricht eine Beobachtung von *Lüdtke* an einem 18jährigen Manne, der bei 17° Wassertemperatur eine Kälteurticaria mit Nesselausschlag bekam und bei dessen genauer Untersuchung sich eine vasoneurotische Konstitution mit tetanischem Einschlag feststellen ließ.

*Krankhafte Organveränderungen* aller Art, wie sie bei der Leichenöffnung nicht entgehen können, sind als Ursache für den plötzlichen Tod im Wasser geeignet. Daß hierzu schwere *organische Veränderungen des Herzens* an Klappen und Muskeln in erster Linie disponieren, versteht sich von selbst. Nicht außer acht lassen darf man aber, daß auch schon eine *fettige Degeneration des Herzmuskels*, welche grobsichtig kaum erkennbar zu sein braucht, und ebenso die *braune Atrophie des Herzens* eine alleinige Ursache für das plötzliche Untersinken im Wasser sein kann. Gewiß ist die braune Atrophie eine physiologische Erscheinung nicht des Alters, sondern des Alterns. Wenn sie als Todesursache im Wasser ausreichen soll, dann ist sie sowohl makroskopisch an der braunen Farbe des Herzfleisches, als auch mikroskopisch an dem Rückgang der Querstreifelung der Herzmuskelfasern zu erkennen. So können auch herdförmig kleinste Narbengebiete im Herzmuskel vorhanden sein, die makroskopisch nicht sichtbar zu sein brauchen, zu deren Auffindung es einer sorgfältigen mikroskopischen Durchmusterung der Herzmuskelpräparate bedarf. Wir haben in Kiel mit *Ziemke* eine größere Reihe von Fällen beobachtet, sahen ähnliche Fälle auch am Rhein, in denen Personen, die sich auch für gesund gehalten haben, beim Baden in den Sommermonaten plötzlich lautlos untergingen, *auffallenderweise meist in seichtem Wasser*, das ihnen manchmal nur bis an die Brust und Unterarme reichte, aber *fast regelmäßig lautlos*, so daß andere Badende ihr Verschwinden erst später bemerkten, ohne daß in diesen Fällen sich eine andere Ursache als die braune Entartung des Herzfleisches ergeben hätte.

Andere gröbere Veränderungen an lebenswichtigen Organen bei im Wasser aufgefundenen Personen kann man nicht übersehen, insbesondere nicht an den Lungen, an den Organen der Bauchhöhle und im Gehirn. So kann jemand im Wasser eine *echte Apoplexie* erleiden. Erkrankungen der *Leber*, insbesondere Verwachsungen mit dem Zwerchfell, können zu erheblichen Verschiebungen der Druckverhältnisse im Brustkorb führen. So sahen wir einen 40jährigen Mann plötzlich im Wasser sterben, der an ausgedehnten Verwachsungen der Leber und der Därme nach mehreren Gallenstein- und Magenoperationen litt, und bei dem es zu einer mechanisch bedingten Dilatation des Herzens gekommen war.

Auch ohne greifbare anatomische Befunde kann der Tod im Bade eintreten, beispielsweise infolge eines *epileptischen Anfalls*. Bei Frauen ist der Zustand der *Menstruation* nicht ohne Bedeutung. Beim Tode in der Badewanne sollte die Möglichkeit einer *Gaseinatmung*, einer ungewöhnlichen *Hitzewirkung* im Bade und auch eines *elektrischen Todes* nicht außer Erwägung gelassen werden. *Insbesondere der elektrische Tod im Bade erfordert genaueste Nachforschungen.* Die Ursache braucht nicht erkennbar zutage zu liegen.

So bietet der *plötzliche Tod im Wasser* eine Anzahl physiologischer, pathologischer und kriminalistischer Probleme, die der Beachtung wert sind, *in allen Fällen aber die Forderung einer Leichenöffnung rechtfertigen.*

*f) E. im Zusammenhang mit dem Ohr.* Muck, *Güttich* und *Schlittler* wiesen wohl zuerst darauf hin, daß Trommelfellperforationen, vernarbte und schwache Trommelfelle der Grund zum Ertrinkungstod sein können. *Milovanović* untersuchte die inneren Organe von 121 Wasserleichen. Dabei fand er zweimal einen einseitigen und doppelseitigen Trommelfelldefekt. *Trommelfelldefekte* sind meist auf überstandene Krankheiten zurückzuführen und häufig ihren Trägern gar nicht bekannt. Das Wasser kann durch diese Öffnungen oder schwachen Stellen in die Paukenhöhle eindringen und hier nach *Muck* vestibuläre Reizerscheinungen hervorrufen. Der Schwimmer verliert seine Orientierung im Wasser, bekommt Erbrechen und ertrinkt. Nach *Eckert-Moebius* kann die *Zerreißung des Trommelfells* durch schlagartige Kompression der im äußeren Gehörgang befindlichen Luft, sowohl beim Kopfsprung ins Wasser, als auch beim Fußsprung erfolgen. Besonders gefährlich für die Reizung des Vestibularapparates durch eindringendes Wasser sind die Verhältnisse bei oberflächlich freiliegendem horizontalen Bogengang bei radikal operiertem Ohr. Hierbei kann es nach *Eckert-Moebius* in wenigen Sekunden zu starken Gleichgewichtsstörungen kommen, die beim Schwimmen an der Wasseroberfläche durch das Auge ausgeglichen werden, beim Unterwasserschwimmen aber spirale Drehbewegungen auslösen und das Zurückfinden zur Wasseroberfläche unmöglich machen können. Zur Vorbeugung wurde für alle Schwimmer mit Trommelfellperforation oder Radikaloperationshöhle die Einführung gut eingefetteter Wattepfropfen empfohlen. Auch *Vorkastner* wies auf die Bedeutung perforierter Trommelfelle für das Zustandekommen von Gleichgewichtsstörungen beim Eintauchen hin. *Reuter* und *Popp* hatten ähnliche Erfahrungen. *Güttich* stellte Versuche mit normalen Personen in einem Hallen-Schwimmbad an zur Prüfung der Vorstellung vom Vestibulartod. Es wurde ein Ohr mit kaltem Wasser gespült. Die Versuchspersonen begannen zu schwimmen, sobald Schwindel einsetzte. Während des Schwimmens mit Kopf über Wasser fühlte sich der Schwimmer sicher. Sobald die Augen geschlossen wurden, schwamm er nicht in der gewünschten Richtung geradeaus, sondern in einer Kreislinie. Die Gesamtorientierungsfähigkeit ist für den Körper im Wasser aber so gut, daß die Versuchspersonen trotz der mäßig starken vestibulären Erregung oben und unten gut unterscheiden können und nicht versinken. Unter Wasser getaucht, liegen die Verhältnisse anders. Schaltete man bei Meerschweinchen das eine Labyrinth durch 5 %ige Cocain-Injektion ins Mittelohr aus, so schwammen sie herum, allerdings bereits im Kreise, solange der Kopf noch über Wasser gehalten wurde. Wenn aber durch die Cocainwirkung auf das Labyrinth der Kopf zwangsweise unter Wasser kam, so geriet das Tier in lebhaft schwankende Bewegungen, in denen es unter Wasser verendete. Nach *Güttich* reicht die beim Sprung ins Wasser unter Wasser verbrachte Zeit gewöhnlich nicht aus zur Auslösung einer gefährlichen Labyrinthreaktion. Für die Orientierungsfähigkeit sind Luft und Wasser ein ganz verschiedenes Medium. Daher besteht die Möglichkeit, daß Vestibularerregung beim Schwimmen in erregter See bedenklich werden kann, während sie beim Schwimmen im ruhigen Wasser keine Gefahr bedeutet.

Eine besonders einleuchtende Erklärung über die Gefahr, die beim Eindringen kalten Badewassers durch eine Trommelfellperforation auftritt, gab *Wittmaak*. Er fand experimentell, daß die menschlichen Tuben dem Druck einer auf ihr lastenden Wassermasse in einer bestimmten Tiefe von etwa ½ m nachgeben müssen, und daß dann bei Trommelfellperforationen oder Rissen beim Untertauchen über diese Tiefe hinaus Wasser in erheblichen Mengen durch die Tuben eindringen kann, und zwar um so stärker und schneller, je tiefer der Körper absinkt. Die durch das Wasser verdrängte Luft kann widerstandslos durch die Nasenöffnungen entweichen. Das gilt sowohl für eine persistente Trommelfellperforation, als auch für einen Riß, der beim Springen entstanden ist.

*Frommel* erklärte gewisse Todesfälle beim Schwimmen in Anlehnung an die Labyrinthprüfung nach *Bárány* damit, daß es beim Eindringen von Wasser in die äußeren Gehörgänge unter Druck zu einem Schmerzreflex im Gebiete des Trigeminus und des Vagus komme, der den Tod auslösen könne. *Ulrich* untersuchte die Felsenbeine von 14 frisch Ertrunkenen und fand nur in einem Falle Seifenwasser im Mittelohr eines in der Badewanne ertrunkenen Mannes. Er hielt deshalb den eigentlichen Ohrtod durch Labyrinth-Erregung für selten. Allerdings bestand in seinen Fällen nur einmal eine schwere Trommelfell-Perforation. Von Bedeutung ist, daß er bei Ohruntersuchungen Ertrunkener beim typischen Ertrinken Blutungen in der Schleimhaut des Mittelohrs fand und charakteristischerweise im Knochenmark des Warzenfortsatzes bei Personen, die auf andere Weise im Wasser ertrunken waren, dagegen keine oder nur geringe Blutungen an den genannten Stellen.

*Werner* hält ebenfalls *otogenes E.* für *selten*. Er fand es zweimal unter 32 untersuchten Fällen und traf danach die Feststellung, daß E. wegen persistenter Trommelfellperforation und chronischer Mittelohrentzündung oder Vorhandensein einer Radikaloperationshöhle sehr selten ist. Auch er fand wie *Ulrich* beim Versinken im Wasser aus anderen Ursachen keine oder nur geringe *asphyktische Mittelohrblutungen*. Diese fanden sich hingegen fast immer bei richtig Ertrunkenen, so daß diesen Befunden eine diagnostische Bedeutung zukommt.

Beim Baden, ohne daß der Tod durch E. eintritt, kann das Eindringen von Wasser mit dem Hineingelangen von Bakterien in Nebenhöhlen und Mittelohr nach Krankheiten möglich sein (*Bade-Otitis*). Nach *Walcher* ist heftiges Erbrechen mit Exspirationsstößen nach längerem Aufenthalt im Wasser ein begünstigendes Moment für das Eindringen von Bakterien in Nebenhöhlen und Mittelohr. Dabei kann es sogar zu multiplen Rissen in der Magenschleimhaut kommen.

*2. Wiederbelebung und Spättod:* Die Mannigfaltigkeit der Ertrinkungsvorgänge und der klinischen Erscheinungen, welche sich dabei abspielen, hatte zur Folge, daß verschiedenartige Rettungsmaßnahmen zur Wiederbelebung Ertrunkener empfohlen wurden. Die Verschiedenartigkeit der Rettungsmaßnahmen wiederum bedingt die Herbeiführung wechselnder anatomischer Befunde, welche der Obduzent bei der Leichenöffnung kennen und berücksichtigen sollte. Die wichtigsten Methoden sind die Auspressung der Ertrinkungsflüssigkeit (*Marschall* und *Hall* 1757), die künstliche Atmung nach *Sylvester* und die Methode von *Schäfer* (1903); die Lehre *Sehrts* vom Kreislauftod im Wasser begründete die Anwendung weiterer Mittel (vgl. auch Art.: Wiederbelebungsversuche).

Wiederbelebungsversuche müssen solange fortgesetzt werden, bis *sichere objektive Leichenerscheinungen* da sind. Das Aufhören der Funktion ist noch nicht das Aufhören des Lebens. Nicht einmal stärkere Abkühlung kann als Zeichen des Todes angesehen werden, zumal die Kälte in gewisser Beziehung dem Absterben der Gewebe entgegenwirkt.

Bei allen Wiederbelebungsversuchen kann es zu Verletzungen kommen, nicht nur der äußeren Haut, sondern auch an den betroffenen inneren Organen. So bezeichnete *Brosch* 1897 die Unterlassung der künstlichen Atmung als einen schweren Kunstfehler und fügte hinzu, daß ein noch schwererer Kunstfehler in der Art ihrer Ausführung liegen könne. *Mijnlieff* empfiehlt, unter keiner Bedingung eine künstliche Atmung mit einer Ausatmung und mit Druck auf Rücken oder Brustkorb zu beginnen, weil dadurch die Gefahr einer weiteren Zerreißung des Lungengewebes herbeigeführt werde, sondern mit einer vorsichtigen künstlichen *Einatmung anzufangen*, weil allein hierdurch die möglichen oder wahrscheinlichen Verstopfungen in den Bronchiolen aufgehoben und der innere Druck auf die Alveolenwandungen und die Blutcapillaren vermindert werden könne. Nach seinen Untersuchungen und nach den Beobachtungen von *Cot* im Pariser Rettungsdienst gelang es in keinem Falle, das Leben eines Menschen zu erhalten, wenn der Verunglückte länger als 5 bis 6 Minuten im Wasser gelegen hatte. Besonders ungünstig sind diejenigen Personen daran, welche langsam ertrinken, so daß die verschiedenen Stadien des Ertrinkens zur vollen Entwicklung und Auswirkung in den Lungen kommen können. Dabei wird häufig schon am Ende des dyspnoischen Stadiums eine so ausgedehnte Zerstörung des Lungengewebes anzunehmen sein, daß der Tod doch eintreten muß. So teilte *Mijnlieff* aus Krankenhäusern der Stadt Amsterdam dahingehende Beobachtungen mit, daß von 91 ertrunkenen Personen, die zur Sektion kamen, 35 noch lebend aus dem Wasser geholt waren, von denen ein Teil bei der Rettung noch bei Bewußtsein war, der andere Teil aber von selbst oder durch Anwendung von künstlicher Atmung wieder zum Bewußtsein gekommen war. Daß sie alle noch starben, erklärt *Mijnlieff* mit der weitreichenden Zerstörung des Lungengewebes. Diese Todesfälle von Geretteten lassen sich leicht mit der Zersetzung des Blutes durch die resorbierte Ertrinkungsflüssigkeit erklären.

An *Nachkrankheiten* seien Aspirations- und Lobär-Pneumonien genannt, insbesondere retrograde Amnesie (s. d. Art.: Amnesie als Verletzungsfolge) mit allen Erscheinungen des Zentral-Nervensystems, wie sie beim Erstickungstod zur Beobachtung kommen.

Gelegentlich wurde in den Lungen von Ertrunkenen ohne sonstige Gewebsverletzungen *Fettembolie* (s. d.) gefunden. Man suchte hieraus Rückschlüsse zu ziehen zur Frage, ob ein plötzlicher Herztod im Wasser oder E. vorgelegen habe. Vor allem wurde auch an die mechanischen Ursachen bei Wiederbelebungsversuchen gedacht.

*Schenke* untersuchte die Lungen verschiedener Leichen. In einigen Fällen wurde vorher künstliche Atmung 1½ Stunden lang gemacht, in anderen Fällen vor der künstlichen Atmung Fettlösungen (Mischungen von Schweineschmalz und Olivenöl) in den rechten Ventrikel eingespritzt. Ferner wurden einige typische Fälle von Ertrinkungstod untersucht, bei denen künstliche Atmung gemacht worden war, und schließlich auch andere Todesfälle heran-

gezogen, bei denen agonal bzw. nach Atemstillstand (Operation, Eklampsie) künstliche Atmung vorgenommen worden war. Bei den Eklampsie-Fällen wurde im allergeringsten Ausmaße Fettembolie beobachtet. Da aber bei der Eklampsie auch spontane Fettembolie vorkommt, können diese Befunde nicht der künstlichen Atmung zur Last gelegt werden. Bei den Leichenversuchen mit Einspritzung flüssiger Fettgemische in das rechte Herz wurden in zwei von fünf Fällen äußerst geringfügige Mengen von Fett in den Lungen vorgefunden.

*Schenke* zog daraus den vorsichtigen Schluß, daß bei der Setzung von Fettdepots in das rechte Herz und nachfolgender künstlicher Atmung Fettembolie geringen Grades möglich sei. Er folgerte daraus, daß, wenn man wirklich bei Unfällen die Fettembolie der künstlichen Atmung zuschreiben wolle, man mindestens eine noch im Gange befindliche Zirkulation annehmen müsse, die das Fett von den Depotstellen bis ins rechte Herz transportiert hätte. Für den Ertrinkungstod ergibt sich daraus, daß eine Fettembolie in der Lunge selbst bei längerer künstlicher Atmung einen primären Herztod im Wasser ausschließen würde, selbst wenn beim Bergen eines Ertrunkenen Quetschungen und Zerrungen des Körperfettes stattfanden. Dabei muß natürlich vorausgesetzt werden, daß es sich um frische Leichen handelt.

*B. Anatomischer Befund. 1. Äußerer Befund:* Der äußere Befund des Ertrunkenen ist wenig charakteristisch. Die öfter beschriebene Tatsache, daß die Leiche des Ertrunkenen sich *kälter anfühlen* soll, ist diagnostisch nicht zu halten, ebensowenig eine *auffallende Blässe* der Haut Ertrunkener, welche von den älteren Autoren beschrieben wurde. Öfter findet man *Schaum vor Mund und Nase*, der in frischen Fällen meist eine reinweiße Farbe hat, von feinblasiger Beschaffenheit ist und etwa in 20—40 % aller Fälle mehr oder weniger deutlich, manchmal in Form eines größeren Schaumpilzes vor Mund und Nase zu sehen ist. War die Ertrinkungsflüssigkeit unsauber, so zeigen sich die Beimischungen auch in der Farbe des Schaumpilzes; manchmal kann er eine rosarote Farbe aufweisen, wenn eine geringe Vermischung mit Blut stattgefunden hat. Der Schaumpilz ist eigentlich nur bei frischen oder eben geborgenen Leichen zu sehen. Er trocknet an der Luft bald aus, so daß häufig nur ein geringfügiger Belag auf den Lippen oder an den Mundwinkeln oder an den Nasenöffnungen zu erkennen ist, der von angetrocknetem Schaum herrührt. Nach *Ziemke* entsteht der Schaum dadurch, daß die Ertrinkungsflüssigkeit sich in den oberen Luftwegen wiederholt mit der ausgeatmeten Luft vermischt und, wenn eine reichlichere Schaumbildung stattfindet, aus Mund- und Nasenöffnungen heraustritt. Nach dem Tode kann durch eintretende Totenstarre der beteiligten Muskeln oder auch durch schnell einsetzende Gasfäulnis begünstigt, der Schaum in größeren Mengen nachquellen und gelegentlich bis ans Kinn und auf die Brust herunterreichen. Seine eigentliche *diagnostische Bedeutung* ist nur *gering*, da ein ähnliches Bild auch beim Tode im epileptischen Anfall hervorgerufen sein und auch beim Lungenödem auftreten kann, wenn der Ödemschaum durch den Druck der Fäulnisgase aus den Luftwegen herausgetrieben wird. Immerhin ist seine diagnostische Bedeutung für den Ertrinkungstod nicht ganz von der Hand zu weisen, da die Schaumbildung begünstigt wird durch das Hinzutreten von Eiweiß, welches aus dem Blutserum von zerrissenen Blutgefäßen stammen kann.

Unter der Haut Ertrunkener sollen die *Totenflecke* besonders im kalten Wasser längere Zeit hellrot bleiben. Durch die Untersuchungen von *Holzer* sind wir über den Farbwechsel der Totenflecke unterrichtet. *Holzer* zeigte, daß Kälte, Feuchtigkeit und Sauerstoffzutritt das Hellerwerden der Totenflecke begünstigen, daß anderseits aber die Kälte allein ohne Zutritt von Sauerstoff nicht imstande sei, violette Totenflecke zu röten. Wenn man an der Leiche mit kaltem Wasser violettrote Totenflecke berieselt, so röten sie sich, werden aber bei Verwendung warmen Wassers wieder blau, auch wenn dieses reichlich Sauerstoff mitführt. So kann man beispielsweise an der Leiche, die man teilweise in warmes Wasser taucht, unter Wasser eine violette Hautfärbung erzeugen, oberhalb des Wasserspiegels einen mehrere Zentimeter breiten hochroten Saum, der nach oben alsbald in violette Färbung übergeht. Einen ähnlichen Farbwechsel kann man auch an Leichen beobachten, die in nassen Kleidern eingeliefert werden. Daß die Totenflecke von der Unterseite her rot werden, erklärt *Holzer* damit, daß die Haut an der Unterseite der Leichen durch die Senkung der Flüssigkeit feuchter ist und anderseits in dem schmalen Luftspalt zwischen Unterlage und Körperoberfläche das Trocknen stark verzögert ist, während dennoch genügend Sauerstoff in die Haut diffundieren kann.

*Gänsehaut* fehlt bei Wasserleichen fast nie, solange sie gut erhalten sind. Sie entwickelt sich während des Lebens, kann anderseits auch postmortal entstehen. Nach *Zängerle* entsteht die Gänsehaut gewöhnlich 3—4 Stunden nach dem Tode. Beachtenswert ist vor allem der Umstand, daß die Muskelstarre der Arrectores pilorum, welche die glatten Muskelfasern der Haut betrifft und durch die Aufrichtung der feinen Hauthaare sowie durch starkes Hervortreten der Haarbalgmündungen und Hautdrüsenöffnungen der Haut eine rauhe, körnige Beschaffenheit verleiht, nicht gleichzeitig mit der Starre der großen Skelettmuskeln sich ausbildet, sondern wesentlich später. Eine Gänsehaut kann während des Lebens auf Grund aller möglichen psychischen Einflüsse wie auch thermischen Reize entstehen. Sie kann auch — nach den Untersuchungen v. *Hofmann*s — nach dem Tode sich ausbilden. Danach kann sie sehr wohl eine Leichenerscheinung sein, braucht es aber nicht. In seltenen Fällen ist sie sogar dem Willen unterworfen. So berichtete *Zängerle* über eine Beobachtung an einem 50jährigen Manne, der mit seinem Willen an jeder Stelle des Körpers innerhalb weniger Minuten bei jeder Witterung und ohne mechanische Reizung der Haut eine Gänsehaut entstehen lassen konnte. — Bei kleinen Kindern und Neugeborenen wird die Gänsehaut fast regelmäßig vermißt.

Auf ähnliche Weise kann die *Schrumpfung der Brustwarzen, der Haut des Penis und des Scrotums* erklärt werden, doch braucht dies nicht, wie *Casper* und *Bernt* meinten, anzudeuten, daß der Betreffende lebend ins Wasser geriet. Alle diese Erscheinungen erklären sich leicht aus dem Reichtum der betreffenden Hautstellen an glatten Muskelfasern, deren Kontraktion erst nach dem Tode aufzutreten braucht, und aus der großen Verschieblichkeit der Haut an diesen Stellen.

Bemerkenswert ist gelegentlich die *Farbe des Gesichts*, die eine *Dunsung* und eine gewisse *Cyanose* aufweisen kann. Wir sahen dies öfter bei Personen, die in dickflüssigen Medien ertranken, ohne daraus eine diagnostische Bedeutung herleiten zu wollen. Auch *Hofmann-Haberda* wiesen schon darauf hin, daß man diese Dunsung und Cyanose beispielsweise bei Neugeborenen finde, die in Abortjauche ertranken. Wir sahen sie bei einem Manne, der in einem Moorgraben ertrank, und bei einem anderen Mann, der große Mengen Sand am Boden eines Gewässers aspiriert hatte, in welches er bewußtlos hineingeworfen worden war. Eine Bedeutung für die Tatsache

des Ertrinkens an sich haben Dunsung und Cyanose des Gesichts nicht. Wichtiger sind *Ekchymosen*, die man gelegentlich im Gesicht Ertrunkener findet, und die eine Bedeutung für die Annahme des Erstickungstodes haben können, wenn sie in den Augenbindehäuten und im Augenweiß vorhanden sind. Sie rechtfertigen höchstens die Annahme eines Erstickungsvorganges, womit kein Hinweis auf eine bestimmte Erstickungsart gegeben ist.

Seltener findet man auch bei Personen, die nur ganz kurze Zeit im Wasser gelegen haben, eine *wässerige Durchfeuchtung und Schwellung der Conjunctiva* an den Augen, besonders in den Augenwinkeln. Sie kann sehr schnell auftreten, wie auch das Ödem der Kehlkopfeingangsfalten.

Ebensolche Bedeutung haben *phlyktänenartige Erhebungen des Hornhaut-Epithels*, die seltener zur Beobachtung gelangen.

*Yamakami* erwähnt noch *Erosionen der Finger und Fremdkörper unter den Fingernägeln* bei Wasserleichen; diese sind aber nur ein Zeichen dafür, daß die Leiche im Wasser gelegen hat, wie auch die Beschmutzung der Haut mit Sand und Schlamm und die Bewachsung mit Algenrasen keineswegs für den Tod durch Ertrinken sprechen.

Mit Ausnahme der Schaumbildung vor Mund und Nase, die auch nur ein gewisse diagnostische Bedeutung hat und lediglich Rückschlüsse auf Vorgänge in den Luftwegen erlaubt, haben alle sonstigen Zeichen kaum die Bedeutung einer vitalen Reaktion. Sie können ebensogut bei auf andere Weise Gestorbenen auftreten, die einige Zeit im Wasser lagen. Dies gilt auch für die Auswascherscheinungen der Oberhaut, wie sie besonders an Händen und Füßen zur *Waschhautbildung* führen können. *Roth* hielt allerdings die Waschhautbildung für ein wichtiges Ertrinkungszeichen, da sie im Gegensatz zu einer künstlich erzeugten Waschhaut durch Austrocknen nicht zurückgehe und sich ihre Bildung eigentlich nur auf Handteller und Fußsohlen beschränke. Schon *Ziemke* und *Hofmann-Haberda* aber wiesen darauf hin, daß die Quellung der Epidermis beim Liegen der Leichen an trockener Luft zurückgehe, und daß sich ebenso durch Umhüllen mit nassen Tüchern eine Waschhaut erzeugen lasse.

Daraus ergibt sich die *bestimmte Forderung, daß die Behauptung, eine Person sei ertrunken oder auf andere Weise im Wasser zu Tode gekommen, nur dann aufgestellt werden darf, wenn dieses durch die Leichenöffnung erhärtet werden kann.*

*2. Innerer Befund: a) Brust- und Halsorgane.* Bei der Eröffnung des Brustkorbes kann man schon an der *Brustmuskulatur* von Ertrunkenen *Blutaustritte* finden. *Paltauf* machte auf Blutaustritte in den Kopfnickermuskeln und den großen Brustmuskeln aufmerksam, die er immer doppelseitig und entsprechend der Längsfaserung der Muskeln finde. Er führte sie sowohl auf die starken Anstrengungen des Ertrinkenden, als auch auf Wiederbelebungsversuche zurück.

*K. Reuter* fand diese Blutaustritte in 11,5% der Fälle von Tod durch Ertrinken. Er fand sie außerdem in den Scaleni, im Latissimus dorsi und in den Muskeln zwischen Zungenbein, Kehlkopf und Brustbein. Auch er erklärte sie sowohl durch den Todeskampf und die Atemnot des Ertrinkenden, als auch durch künstliche Atmung. *Wachholz* hielt solche Blutaustritte für ein wertvolles Unterstützungshilfsmittel bei der Diagnose des Ertrinkungstodes. *Hofmann-Haberda* fanden sie ebenfalls, wie auch Zerreißung feiner Muskelfasern in der Brustmuskulatur.

Nach der Öffnung des Brustkorbes imponiert im allgemeinen die *Beschaffenheit der Lungen*, welche in vielen Fällen einen außerordentlich charakteristischen Befund aufweisen. Die Lungen sind häufig gebläht. Sie berühren mit den vorderen Rändern einander in der Mittellinie, überlagern sich häufig gegenseitig, wobei öfter die rechte Lunge mit ihrem vorderen Rand über die linke zu liegen kommt, und zwar in einer Breite bis zu mehreren Zentimetern oder mehreren Querfingern. Die Blähung kann so großartig sein, daß die vorliegenden Lungen den Herzbeutel zum großen Teil oder fast ganz bedecken, so daß manchmal nur eine halbe handtellergroße Fläche des Herzbeutels und des Herzens freiliegt. Nimmt man Brustbein und Rippenknorpel ab, so sinken die Lungen nicht zurück, im Gegenteil drängen sie sich meist vor. Die Lungen sind *balloniert* (*Volumen pulmonum auctum*). Ihre vorderen Ränder und die Kanten der Lungenlappen sind meist durch Dunsung abgerundet. Man sieht schon häufig mit bloßem Auge die feinere Läppchenzeichnung und kann die ausgedehnten Alveolen mit freiem Auge wahrnehmen. Die Lungen machen den Eindruck, als seien sie zu groß für den Brustkorb (*Hyperaerie* nach *Casper*; *Emphysema aquosum* nach *Brouardel*). Die vorliegenden Lungenteile sind gewöhnlich blaßgrau gefärbt. Wohl nie sind sie, wenigstens bei frischen Wasserleichen, von roter oder blauroter Farbe. Anders kann dies sein, wenn eine Leiche im Wasser zufällig längere Zeit mit dem Brustkorb nach abwärts gehalten wurde.

Die *Oberfläche der Lungen* ist meist uneben. Es ragen häufig stark gedunsene und blässere Teile über die dunkleren Bezirke der Lungen hervor. So kann die ganze Lungenoberfläche auf der Vorderseite, in hervorragendem Maße aber auch an den Zwerchfellflächen mit kleineren und größeren inselartigen Erhabenheiten versehen sein, die schon äußerlich durch ihre blässere Farbe, meist grau bis graurosa gefärbt, auffallen, und bei deren Einschneiden das Gewebe bis zu wechselnder Tiefe hellrosa gefärbt, stark lufthaltig und fast blutleer erscheint. Diese in die Tiefe reichenden lufthaltigen und blutleeren Bezirke haben manchmal infarktähnliche Beschaffenheit, doch unterscheiden sie sich von solchen auch durch ihre rundliche Form. Die Randzonen der Lungen fühlen sich meist luftkissenartig an und knistern, während die hinteren Teile mehr teigig sind und beim Eindrücken mit dem Finger eine Delle erleiden, die sich nicht oder nicht vollständig ausgleicht.

Voraussetzung für die Ausbildung einer so hochgradigen *Lungenblähung*, die sich schon durch Befühlen der Lungen als eine *trockene* erweist, ist neben dem eigentlichen Ertrinkungsvorgang die Beweglichkeit der Lungen im Brustraum. So sehen wir denn diese hochgradige Lungenblähung im stärksten Ausmaße bei frei beweglichen Lungen auftreten.

Eine geringe Verwachsung der Lungenspitzen mit der Kuppe der Brustkorbwand, wie sie ein sehr häufiger Nebenbefund bei der Leicheneröffnung ist, vermag die Ausbildung einer erheblichen Lungenblähung nicht zu hindern. Doch kann meist eine größere Lungenblähung nicht zustande kommen, wenn die Lungen mit größeren Abschnitten einzelner Rippen, mit den großen Rippen oder auch mit ihrem Zwerchfellanteil verwachsen sind. Liegt in diesen Fällen ein klassischer Ertrinkungstod vor und ist nur eine Lunge verwachsen, so beobachtet man häufig eine kompensatorisch entsprechend starke Ausbildung der Lungenblähung auf der beweglichen Seite.

Schneidet man eine herausgenommene Lunge im ganzen auf, so zieht sich das Gewebe für gewöhnlich nicht zurück. Die Lunge liegt schwappend auf dem Sektionstisch, die Schnittflächen verkleinern sich nicht, so daß man die aufgeschnittene Lunge wie ein Buch auf- und zuklappen kann. Die *Schnittfläche* ist meist nicht glatt. Sie weist kleinere Unebenheiten

auf, die durch das Hervorragen blässerer Teile bedingt sind. Auch diese erweisen sich beim Bestreichen mit dem Messer als lufthaltig. Sie sind häufig von stark blutgefüllten Bezirken umrandet.

Dieses *Emphysema aquosum*, das schon grobsichtig einer mehr trockenen Blähung der Lungen entspricht, wird seit *Paltauf, Ziemke, Hofmann-Haberda, Wachholz, Tendeloo, K. Reuter* u. a. als wichtigstes Zeichen des Ertrinkungstodes angesehen.

*Wachholz* fand es in etwa 80% seiner Fälle, *Reuter* ebenso in 80%, *Wachholz* und *Horoskiewicz* fanden es bei ihren Tierversuchen immer. Nach ihren Untersuchungen enthält die Lunge beim Tod durch E. stets mehr Luft und ist in den vorderen und oberen Partien und besonders an den oberen Rändern immer deutlich emphysematös, während ihre Volumenzunahme bei Leichen, welche im Wasser untergetaucht wurden, wesentlich durch die eingeflossene Flüssigkeitsmenge bedingt ist. Es liegt auf der Hand, daß eine so herbeigeführte Lungenvergrößerung anders beschaffen sein muß. Sie wird treffend als *Oedema aquosum* bezeichnet, womit man die mehr oder weniger größere Durchfeuchtung solcher Lungen mit Flüssigkeit in den Vordergrund stellt.

Dies hindert nicht, daß auch bei der eigentlichen trockenen ballonierten Ertrinkungslunge beim Durchschneiden der Bronchien manchmal schon ohne Druck, meist aber erst nach geringem Druck, Wasser oder *leicht rötlicher Schaum* austritt, dem fast regelmäßig *Schleim* beigemengt ist. Dieser Schleim findet sich auch in den kleinsten Bronchialverzweigungen und läßt sich hier häufig in kleinen Fäden herausziehen.

Beim Durchschneiden der Lungen und auch bei geringem Druck tritt meist eine geringere Menge *Flüssigkeit* hervor, die sich mit dem Messer abstreifen läßt und von wechselnder, meist aber rosaroter Färbung und mehr oder weniger schaumiger bis wässeriger Beschaffenheit ist.

Diese typischen Lungenbefunde sind, trotzdem sie regelmäßig mehr oder weniger deutlich ausgebildet sind, doch von wechselnder Beschaffenheit und Ausdehnung. Bei frischen Leichen läßt sich die Ballonierung und Hyperaerie wohl regelmäßig feststellen. Auch bei *starken Fäulnisgraden*, wenn die Lungen zusammengesunken sind, kann man sie sehen. Sie ist auch dann noch unverkennbar, zumal gerade bei älteren Wasserleichen, bei denen die Lungen, weil bei der vorher stattgefundenen Ballonierung das elastische Gewebe in weitem Maße zerrissen sein kann, stärker zusammensinken, als es sonst Lungen nach dem Tode zu tun pflegen.

Dann kann eine Ertrinkungslunge daran zu erkennen sein, daß sie verhältnismäßig kleiner ist, als der Größe des Brustraumes entspricht, daß sie zugleich aber eine ungewöhnliche *Häufung von hügelartigen, stumpfrandigen Erhabenheiten* aufweist, so daß ihre Oberfläche eine stark wellige und hügelartige Beschaffenheit zeigt.

Ist der Brustkorb durch höhergradige Fäulnisveränderungen noch nicht eröffnet, findet man in solchen Fällen meist die aus den Lungen transsudierte *Flüssigkeit im Brustkorb* erhalten. Man vermißt sie im Brustkorb, wenn die Lungen verwachsen sind. Man findet sie bei nicht verwachsenen Lungen bis zu Mengen von gut ½ l und darüber. Dabei handelt es sich dann um eine deutlich erkennbare wässerige Flüssigkeit von meist schwach rötlicher Färbung. In diesen Fällen schwimmen die Lungen nach der Öffnung des Brustkorbes häufig auf dem Transsudat, so daß man den Eindruck hat, sie seien von der Lungenwurzel abgelöst.

Bei allen typischen Fällen von E. ist aber auch *Wasser in den Lungen* enthalten. Es haben nun Meinungsverschiedenheiten darüber bestanden, ob es sich dabei ausschließlich um Ertrinkungswasser handelt, und ob das Eindringen von Wasser in die Alveolen als eigentliche Todesursache betrachtet werden muß.

So fand *Cot* bei seinen Ertränkungsversuchen, daß, wenn 500—1000 ccm Wasser in die Lungen eingedrungen sein mußten, nach der Herausnahme manchmal nur 50—60 ccm wässerige Flüssigkeit herauszupressen waren. Er leitet daraus die irrige Ansicht ab, daß die Menge des eingedrungenen Wassers bedeutungslos sei, und daß es sich bei der wäßrigen Flüssigkeit in der Lunge gar nicht um Ertränkungswasser handele, sondern um die Folge eines Lungenödems. Er meinte, daß die aus dem Blut durch die Wandung der Capillaren diffundierende seröse Flüssigkeit sich mit der aspirierten Luft zu der häufig großen Menge wässerigen Schaums vermische, die er in den Luftröhrenästen seiner Versuchstiere fand.

Schon *Martin* wandte sich gegen diese Vorstellung, indem er zeigte, daß die größte Menge Wasser, die in die Luftwege und Lungen gerät, von den Lungen resorbiert wird. Auch *Paltauf* wies schon darauf hin, daß ein Lungenödem nur in geringem Ausmaße vorkommt und sich mit den bekannten Vorgängen beim Erstickungstode erklärt. Er vertrat die Meinung, daß die Ertränkungsflüssigkeit den Kittleisten entlang oder durch kleine Zerreißungen der Alveolen in die interalveolären Räume vordringe und auf diese Weise das Volumen der Lungen vermehre. Dann aber müßten, worauf *Straßmann* hinwies, die Lungen meist feucht gefunden werden, während sie tatsächlich in den meisten Fällen trocken sind.

*Casper* hingegen betonte, daß die Hyperaerie der Lungen nur durch ein größeres Quantum Luft zu erklären sei, wie dies auch von *Straßmann*, *Wachholz* und *Horoskiewicz* gezeigt wurde. *Margulies* wies darauf hin, daß die Lungen von Ertrunkenen außer der Residualluft häufig noch Reserve- und Respirationsluft enthielten, und daß diese Luft dem Druck der Ertränkungsflüssigkeit weichen und bis in die äußeren Bezirke nachgeben müsse. Die in den Alveolen verteilte Luft kann auch bei der Herausnahme nicht entweichen, da die größeren Luftröhrenzweige mit Ertränkungsflüssigkeit gewöhnlich gefüllt sind. So kommt das Bild der trockenen Lungenblähung, des Emphysema aquosum, zustande, welches in deutlicher Ausprägung ein sicherer Hinweis auf den Tod durch E. ist.

Alle Einwendungen, welche gegen die Vorstellung über die Ausbildung der Hyperaerie gemacht wurden, können nicht stichhaltig sein, zumal in den Fällen, in denen die hochgradige Lungenblähung nicht vorhanden ist, sich sonstige Anhaltspunkte ergeben, die auf den Ertrinkungstod hindeuten.

Die in den Lungen gefundene Flüssigkeit ist zweifellos Wasser. Das zeigten die Tier-Experimente von *Balan*, der nur in sehr geringem Maße ein eigentliches Lungenödem bei ertränkten Tieren fand.

Die Stelle, an welcher die Resorption des Wassers stattfindet, läßt sich am leichtesten durch die mikroskopische Untersuchung der Lungen demonstrieren, wenn man das Versuchstier in einem Gemisch von Wasser und korpuskulären Elementen ertränkt und die Farbstoffteilchen, Stärkekörnchen usw. in den Lungen auffindet. So haben namentlich neuere Untersuchungen von *Muller*, *Marchand*, *Balan* und *Hirai* ergeben, daß sich solche korpuskulären Teile bis unter die Pleura, in erster Linie bei schnellem Ertränken, fanden — bei langsamem Ertränken dagegen nicht so weit. Danach dürfte feststehen, daß beim Ertränkten Wasser von allen Teilen der Lunge aufgenommen und resorbiert wird.

Auf der Lungenoberfläche fanden sich gelegentlich die bekannten *Tardieuschen Flecke*, besonders an den Trennungsflächen der Lappen, aber auch an der Vorderfläche, und hier häufiger auf der Vorderfläche der Unterlappen, wie sie als nicht beweisende, aber diagnostisch wertvolle Hilfsmittel zur Erkennung des Erstickungstodes bekannt sind. Nach der Auffassung von *Böhmig*, der die punktförmigen, unter der Pleura liegenden Ekchymosen (*Tardieu*sche Flecke) mikroskopisch untersuchte, handelt es sich bei diesen um feinste Capillarblutungen, denen ein perivaskuläres Ödem entspricht. Sie werden auf die lokale Wirkung der Kohlensäure zurückgeführt, auf die Behinderung der Abdünstung der körpereigenen Blut-Kohlensäure in einer kohlensäurereichen Atmosphäre, so daß die zu Blutaustritten führenden Krampfzustände der Capillargefäße z. T. als toxisch, z. T. als durch Anoxämie bedingt angesehen werden können.

Daneben findet man, und zwar auch auf den Vorderflächen der Lappen, besonders reichlich an den Trennungsflächen der Lungenlappen die *Paltaufschen Flecke*, bei denen es sich um die Folgen von Zerreißungen der Alveolarsepten handelt. Diese Alveolarrupturen werden von zahlreichen Autoren für ein wesentliches Erkennungsmerkmal des Erstickungstodes angesehen und bilden sich beim Ertrinkungstode zahlreicher und in größerer Form aus, als bei anderen Erstickungsarten, zumal wenn sie nach *Paltauf* in Form verwaschener, meist aber deutlich begrenzter, teils blasser, teils bläulich gefärbter subpleuraler Ekchymosen auftreten. Man kann sie mit dem Eindringen der Ertränkungsflüssigkeit durch die zerrissenen Alveolen bis unter die Pleura erklären, wo sich die Flüssigkeit mit kleinen Blutaustritten vermischt, die aus der Berstung kleinster Gefäße entstehen. *Ziemke* (1907) hielt die *Paltauf*schen Flecke für höchst selten. Auch *Wachholz* und *Horoskiewicz* vermissen sie häufig. Wir glauben sie hingegen überwiegend häufig festgestellt zu haben.

Nicht verwechseln darf man hiermit *ekchymosenähnliche Flecke am Lungenfell*, die häufig als Ekchymosen bezeichnet werden, und bei denen es sich um rote bis bräunlichrote kleine Flecken handelt, die immer durch ihre scharfe Begrenzung auffallen und dadurch ausgezeichnet sind, daß sie etwas über die Lungenfläche erhaben sind. *Meixner* hat auf diese ekchymosenähnlichen Flecke am Lungenfell aufmerksam gemacht. Sie haben niemals die rote bis blau-schwarz-rote Färbung frischer Blutaustritte, sehen meist etwas bräunlich aus und können an allen Bezirken der Lungenoberfläche vorkommen. Beim Einschnitt zeigt sich in der obersten Schicht des Lungenfells das Vorliegen dünnwandiger Blutgefäße, die meist etwas weiter als Capillaren sind. Sie sind gelegentlich plattenförmig angehäuft und zeigen alle Übergänge bis zu einer reichlicheren Ansammlung der Oberflächenschicht des Lungenfells mit kleineren Gefäßen. *Meixner* fand sie niemals bei Kindern, häufiger in den mittleren Lebensaltern.

Die Behauptung, daß die Ertrinkungslungen eine starke *Blutfüllung* aufweisen, findet sich in der älteren Literatur (*Behloradsky* und *Ogston*). *Paltauf* dagegen fand in frischen Fällen das Lungengewebe Ertrunkener eher blutarm als blutreich.

*Wilmans* sieht das ursächliche Moment des vermehrten Lungen-Volumens weniger in dem Eindringen von Ertrinkungsflüssigkeit, als in dem Nachlassen der Kraft des linken Herzens. Hierbei soll es zu einem behinderten Abzug des Blutes aus der Lunge kommen und infolgedessen zu einer Stauung, die einen reichlicheren Austritt von Blutflüssigkeit in das umgebende Gewebe begünstigt. Schon *Wachholz* und *Horoskiewicz* traten dieser Anschauung entgegen und wiesen vor allem darauf hin, daß das ein-

dringende Wasser das Lungengewebe immer mehr
seiner Elastizität beraube, so daß schließlich eine
Dunsung der Lunge entstehen muß, die trotz vorgeschrittener Fäulnis infolge ihres Elastizitätsver-
lustes bestehen bleiben muß.

Auch K. Reuter fand die Lungen Ertrunkener
durchweg lufthaltig,. meist trocken, von starrer Beschaffenheit und nicht sehr blutreich. Auch er begründete die feste Konsistenz, welche die Lungen
beim Einschneiden behalten, mit der Infiltration und
Aufsaugung der Ertränkungsflüssigkeit in das interstitielle Gewebe.

Balan, Leclerq und Marchand halten vor allem
die histologische Untersuchung des Lungengewebes
für wichtig und bezeichnen als charakteristische
Merkmale für E.: 1. herdförmiges Emphysem und
Ödem, 2. Zerreißung der Alveolarwände und 3. Blutungen, die überwiegend peribronchial lokalisiert
sind. Sie erklären — bisher allerdings allein —, daß
nur auf Grund dieser histologischen Befunde in den
Lungen die Diagnose des Ertrinkungstodes möglich sei.

Sehrt berichtet von der Ertrinkungslunge nur,
daß sie oft 3—4 l Luft mehr enthalte als sonst. Der
Druck in den Lungen soll . so groß sein, daß Luft
durch die Alveolen in die Gefäßsepten gepreßt werden kann, und auf diese Weise echte Luftthromben
und tödliche Embolien entstehen können.

Die Ausführung von Wiederbelebungsversuchen
kann erklärlicherweise diesen Befund z. T. verändern,
insbesondere können Wiederbelebungsversuche eine
gewisse Lungen-Hyperaerie herbeiführen. Anderseits ist das Fehlen eines Hyper-Volumens der Lungen kein ausreichender Grund, das Vorliegen eines
Ertrinkungstodes abzulehnen, da man sowohl bei
Personen, die im Exspirationsstadium untergegangen
sind, als auch bei solchen, die mit chronischer Bronchitis, mit tuberkulösen Prozessen oder Lungen-
Emphysem oder einer ausgedehnten Pleuraver-
wachsung behaftet waren, diesen Lungenbefund
nicht immer erhält.

In neuester Zeit hat Mijnlieff über zahlreiche
experimentelle Untersuchungen unter allen möglichen Versuchsbedingungen berichtet. Auch er fand
beim Ertränken in Farbstoffflüssigkeiten die korpuskulären Teile allgemein über die ganze Lunge verbreitet bis in die periphersten Abschnitte unter der
Pleura. Er fand weiter, daß die Farbstoffteilchen
überwiegend im interstitiellen Gewebe lagen, verhältnismäßig wenig in den Alveolaren. Die Alveolen
erwiesen sich bei jedem Ertränkten vom 3. Stadium
ab erweitert, straff gespannt und meist abgerundet;
ihre Wandungen waren abgeplattet, die Capillaren
zusammengedrückt, so daß sie mikroskopisch kaum
noch sichtbar waren, und zwar in stärkerem Maße
bei langsamem E., in geringerem Grade beim akuten
Ertränkungstod. Die Alveolen sind zum großen Teil
in gewissen Lungengebieten zerrissen, und zwar
mehr zentral als an der Peripherie und unter der
Pleura. Zugleich zeigten sich Zerreißungen des
interstitiellen Gewebes, so daß die Präparate ganze
Lücken aufweisen. Die Zerreißung ist bei langsamem Ertränken mehr ausgebildet als beim akuten
Ertränkungstod. Im übrigen fanden sich alle Stadien
der Blutansammlung zwischen vermindertem Blutreichtum bis zu ausgesprochener Blutarmut. Die
Blutarmut der Schnittpräparate war um so größer,
je erheblicher auch die übrigen erwähnten pathologischen Veränderungen waren. Ödeme von nennenswerter Bedeutung fanden sich in keinem Ertran-
kungsfalle, wenn der Tod nicht schon längere Zeit
eingetreten war. Auch diese Untersuchung widerlegt daher die Befunde von Cot. Auch nach Mijnlieff
ist das Auftreten von Ödemen nicht durch den Er-
tränkungsprozeß als solchen verursacht, sondern

wahrscheinlich nur die Folge des Absterbens des
Herzens.

In den Luftwegen findet sich häufig Schaum, der
aus einer Vermischung der Atmungsluft mit Ertränkungsflüssigkeit und Blutserum besteht und dem
äußeren Schaumpilz entspricht. Wachholz fand
Schaum in den Luftwegen selten, Bernt ebenso,
Brouardel und Paltauf fanden ihn oft, Wachholz und
Horoskiewicz dagegen wieder selten. K. Reuter fand
ihn in etwa 65 % seiner Fälle. Schaeffer und Cot
fanden ihn ebenso häufig. Er ist meist weiß, aus
feinsten Bläschen zusammengesetzt, wenn die Leiche
frisch ist, und bei älteren Leichen bald gelblichrot bis
rötlich gefärbt.

Die Kehlkopfeingangsfalten sind oft ödematös
verändert. Dieses Ödem wurde gelegentlich für ein
Zeichen des Ertrinkungstodes gehalten. Doch wiesen
schon v. Hofmann, Paltauf und Richter darauf hin,
daß es nicht während des Ertrinkens zustande
komme, sondern eine gewöhnliche Leichenerscheinung sei. Damit ist nicht bestritten, daß sie auch
während des Lebens auftreten kann, wie eine Beobachtung von Straßmann zeigt.

Die Anwesenheit von Schleim wird in Larynx,
Trachea und Bronchien fast immer anzutreffen sein,
und zwar öfters bis in die feinsten Bronchialverzweigungen. Sie ist ein Beweis der vitalen Reaktion der
Schleimhaut, weil der Schleim reflektorisch infolge
des Kältereizes auf die sensiblen Nerven der Schleimhaut abgeschieden wird. Er ist auch darum von Bedeutung, weil er die Bildung von Schaum erleichtert.

Der Zustand des Herzens wird in der Literatur
auffallend wenig gewürdigt. Bei Paltauf findet sich
die Angabe, daß in der Regel die rechte Herzhälfte
erweitert, die linke dagegen wenig oder gar nicht
erweitert sei. Cot beschreibt das rechte Herz immer
erweitert und nebst Arteria pulmonalis und Venae
cavae strotzend mit Blut gefüllt, die linke Herzkammer dagegen meistens leer, das Blut der rechten
Herzhälfte flüssig und klebrig. Loeffler fand nur bei
einer geringen Anzahl Ertrunkener das rechte Herz
mit Blut überfüllt und hielt dies auch deshalb für
ein Zeichen des Ertrinkungstodes.

Kanzler fand in seinen Tierversuchen das Herz
niemals leer, sondern beide Seiten mit flüssigem,
kirschrotem Blut gefüllt, rechts stärker als links.
Über ähnliche Befunde berichten Mücke und Ogston,
Hofmann-Haberda und in letzter Zeit Sehrt, Henschen, Bruns und Thiel. In besonders erheblichem
Ausmaße tritt die Blutfüllung des rechten Herzens
bei dem Kreislauftod nach der Vorstellung von Sehrt
auf. In solchen Fällen sahen wir die rechte Kammer
und den Vorhof strotzend mit Blut gefüllt, so daß
der rechte Vorhof sich zwischen den Lungen vor-
wölbte. Die Blutfüllung ist in solchen Fällen auch
in den zugehörigen Hohlvenen nicht zu verkennen.

b) Blut. Die älteren Autoren fanden bei ihren
Tierexperimenten überall flüssiges Blut. Loeffler
dagegen betonte schon, daß dies ohne diagnostischen
Wert sei, Vibert und Behloradsky fanden in Tierexperimenten das Blut öfter geronnen, wohingegen
Devergie wiederum die außerordentliche Flüssigkeit
des Blutes Ertrunkener hervorhebt. Brouardel und
Loye sahen in einem Teil ihrer rasch ertränkten
Tiere, daß kurze Zeit nach dem Ertränkungstode das
Blut z. T. geronnen war, daß sich das Gerinnsel aber
bald danach wieder auflöste, und zwar zuerst im
rechten Herzen, dann im linken Herzen, schließlich
in der Pfortader. Sie hielten daher die Verflüssigung
des Blutes für eine Leichenerscheinung. Auch Sasda
führte die Lösung der Gerinnung auf beginnende
Fäulnis zurück. Wachholz und Horoskiewicz dagegen
fanden bei bald nach dem Tode ausgeführten Obduktionen nur in etwa 20 % der Fälle lockere Blutgerinnsel, nach 24 Stunden und längerer Zeit aber

solche in 62 %. Sie nahmen daher an, daß man beim Ertränken nur dann geronnenes Blut im Herzen finde, wenn schon vorher eine organische Krankheit vorgelegen habe. In neuerer Zeit hat sich vor allem *Roth* mit der Frage der Blutgerinnung bei Ertrunkenen befaßt. Er kam schon auf Grund einer ausgedehnten Versuchsreihe zu der Ansicht, daß es sich bei der Lösung der Blutgerinnung doch um eine Dekoagulation handele. Die Gerinnung des Herzblutes war eine Stunde nach dem Tode am stärksten, und zwar in den Kammern stärker als in den Vorhöfen. Die Verflüssigung verlief in den Vorhöfen rascher als in den Kammern, links schneller als rechts. *Roth* meint, die Gerinnung sei eine ungewöhnliche Leichenerscheinung, man treffe sie besonders bei jüngeren Personen und niedriger Temperatur der Ertrinkungsflüssigkeit an. Die Gerinnungsfähigkeit des Blutes nahm mit der Abkühlung der Leiche zu, wird aber durch Fäulnis herabgesetzt. *Walcher* wandte sich hiergegen und meinte, man könne aus Tierversuchen nicht auf den Menschen schließen. Im Gegensatz zu *Roth* fanden auch *Sculislawska* und *Tobiczik* fast in allen Fällen das Blut in den Herzkammern flüssig, gelegentlich ganz spärlich weiße Thromben.

Zusammenfassend kann man feststellen, daß *weder das Flüssigsein des Blutes, noch das Auffinden von Blutgerinnseln im Herzen Ertrunkener eine bestimmte diagnostische Bedeutung hat.* Im allgemeinen geht die Ansicht dahin, daß eine Blutverdünnung infolge der Aufnahme von Wasser stattfinde, und daß die Verdünnung im linken Herzen erheblicher sei als im rechten.

c) *Bauchhöhle.* Im Vordergrunde steht nach den älteren Untersuchungen eine *venöse Hyperämie sämtlicher Bauchorgane. Moreau* glaubte, bei Ertrunkenen manchmal klare *Flüssigkeit im Bauchraum* zu finden. Auch *Revenstorf* machte ähnliche Beobachtungen besonders dann, wenn auch im Brustfellraum größere Flüssigkeitsansammlungen vorhanden waren. *Hofmann-Haberda* lehnen den Befund von Flüssigkeit im Bauchraum als Ertrinkungszeichen ab. Im *Magen* können sich wechselnde Mengen von Ertrinkungsflüssigkeit finden. *Kanzler* war schon auf Grund seiner Tierversuche der Ansicht, daß Ertrinkende stets etwas Ertrinkungsflüssigkeit schlucken. Er hielt daher die Anwesenheit von Flüssigkeit im Magen für ein sicheres Zeichen des Ertrinkungstodes.

*Liman* legte Kinderleichen in künstlichen Morast und fand schon nach Tagen bei fast der Hälfte der Leichen spezifische Stoffe im Magen wieder. Nach *Mücke* sollte Ertrinkungsflüssigkeit nur in den Magen gelangen, solange die Atmung bestehe. *Brouardel* und *Vibert* fanden im Magen ertränkter Tiere breite, blasse Blutunterlaufungen. *V. Hofmann* hielt das Auffinden von Ertrinkungsflüssigkeit im Magen nur dann für ein Zeichen des Ertrinkungstodes, wenn sie in größeren Mengen vorhanden war. *Paltauf* maß der Ertrinkungsflüssigkeit im Magen keine Bedeutung bei, da nach seiner Ansicht diese auch postmortal einlaufen könne. *K. Reuter* fand in 50 % seiner Fälle den Mageninhalt wässerig und die Schleimhaut geschwollen und aufgequollen. *Sehrt* fand in zahlreichen Fällen große Mengen Ertrinkungsflüssigkeit im Magen, insbesondere in denjenigen, bei denen es sich um einen Kreislauftod mit Verschlucken von Wasser im Stadium der Angst handelte.

Im *Dünndarm* hielt *Paltauf* den Befund von Ertrinkungsflüssigkeit bedeutungslos, doch stellte *Fagerlund* experimentell fest, daß bei Leichen der Übertritt aus dem Magen in den Darm keineswegs leicht ist. Nach seiner Ansicht kommt es beim Aufhören der Atmung und Herztätigkeit reflektorisch zu einer wesentlich beschleunigten Darm-Peristaltik, so daß es zum Übertritt von Ertrinkungsflüssigkeit aus dem Magen in den Darm kommen kann. Das Auffinden von Ertrinkungsflüssigkeit im Darm ist daher nach *Fagerlund* eines der sichersten Zeichen des Ertrinkungstodes, wenn das Wasser in größeren Mengen vorkommt und als solches zu erkennen ist.

*Margulies, Hofmann-Haberda* und *Ziemke* schlossen sich dieser Ansicht an. *B. Mueller* erwies die Richtigkeit dieser Vorstellung, insbesondere im Hinblick auf die Meinung von *Corin* und *Stockis*, welche bei faulen Wasserleichen den Befund von Ertrinkungsflüssigkeit im Darm nicht für beweisend ansehen.

Finden sich aber im Magen eines Ertrunkenen sehr große Mengen Flüssigkeit, auch ohne daß sie in den Darm übergetreten sind, so deutet dies doch sehr stark auf das Vorliegen eines Ertrinkungstodes hin. Besonders beweisend ist die Flüssigkeitsansammlung allein im Magen, wenn kleinere oder größere Zerreißungen der Schleimhaut festzustellen sind, wie sie von *Foerster, Fritz, Fischmann* und *Walcher* beschrieben wurden.

Solche Risse, die meist an der kleinen Kurvatur liegen und Längsrisse darstellen, können mehrere Zentimeter lang sein. Sie können, wie *Foerster* und *Fritz* ausführten, durch den erhöhten inneren Druck des Wassers auf die Magenwand allein zustandekommen, zumal wenn Erbrechen stattgefunden hat. Sie können aber auch durch Sturz aufs Wasser hervorgerufen sein, wie eine Beobachtung von *Fischmann* zeigt.

Die *Leber* wird meist als blutreich beschrieben. *Martin* beobachtete öfter ein weinhefefarbiges Aussehen der Leber und fand ihr Gewicht infolge der Ansammlung flüssigen Blutes vermehrt, fand weiter zahlreiche hämorrhagische interparenchymatöse Herde. Er bezeichnete diesen Befund als Asphyxie der Leber. Die *Glisson*sche Kapsel ist gespannt, das Gewicht kann um einige 100 g erhöht sein. Häufig entleert sich auf der Schnittfläche dunkles, flüssiges Blut.

Das *mikroskopische Bild der Leber* eines Ertrunkenen ist nach *Martin* gekennzeichnet durch starke Erweiterung des venösen Gefäßnetzes und durch zahlreiche Blutaustritte. Sie bilden die Folge des erschwerten Blutkreislaufes in den Lungen mit starker Blutfüllung der beiden Hohlvenen. *Martin* fand in keinem Falle die Veränderungen so hochgradig wie beim Ertrinken. Als Ursache der Blutfüllung der Leber sieht er den Mechanismus des Ertrinkungstodes an, indem bei starker Lungen-Ballonierung eine weitere Blutzufuhr zur Lunge gehemmt und dadurch eine Überlastung des Hohlader-Systems bewirkt wird.

Auch *Franchini* (1938) fand makroskopisch und mikroskopisch Blutungen in dem Leberparenchym. Er wies wohl darauf hin, daß sie auch bei anderen Erstickungsarten vorkommen, daß aber hyperämische und hämorrhagische Veränderungen verschiedenen Grades in der Leber fast immer vorhanden sind und besonders deutlich bei schnellerem Ertrinken vorkommen können.

Die *Bauchspeicheldrüse* kann nach *Kratter* gelegentlich punktförmige und flächenhafte Ekchymosen aufweisen. Er hielt diese für traumatisch bedingt durch die eintretende Beengung im Bauchraum.

Die *Milz* Ertrunkener ist häufig blutarm. Diese Anschauung von *Wachholz* wurde von *K. Reuter* bestätigt. Er fand mikroskopisch in der Milz häufig die größeren Arterien und Venen mit Blut gefüllt, die Capillaren dagegen völlig blutleer. *K. Reuter* führt die Blutarmut der Milz, die auch von *Hofmann-Haberda* bestätigt wird, auf einen reflektorischen Gefäßkrampf zurück, der vom Zentrum im verlängerten Mark aus bedingt sei.

Befunde an den *Nieren und Nebennieren* werden

von älteren Autoren selten erwähnt. *Ziemke* und *K. Reuter* fanden die Nieren Ertrunkener meist blutreich. *Leclerq, Muller, Marchand, Alphant* wiesen in letzter Zeit experimentell nach, daß es beim Ertrinkungstode zu einer Störung der Funktion der Nieren besonders in den Drüsen-Epithelien komme. Diese zeigten deutlich ihre Schädigungen der geraden und gewundenen Harnkanälchen. Außerdem finden sich neben starker Blutfülle des ganzen Organs interstitielle Blutungen. Diese histologischen Befunde bilden eine Ergänzung zu der von *Yamakami* allerdings nur bei länger andauerndem Ertrinkungsablauf vorgefundenen Hämoglobinurie.

Während schließlich die älteren Autoren aus dem Füllungszustand der *Harnblase* Kennzeichen für den Ertrinkungstod herleiten wollten, ist man heute allgemein der Ansicht, daß die Füllung der Blase viel zu sehr dem Zufall unterworfen ist.

*d) Kopfhöhle.* Befunde in der Schädelhöhle sind bei Ertrunkenen äußerst geringfügig. *Loeffler* fand in $2/3$ seiner Fälle Hyperämie und wässeriges Exsudat in den Organen der Schädelhöhle.

*Kanzler* hielt die *Blutfülle des Gehirns* für die Folge der Blutüberfüllung von Herz und Lungen. *Lambert* sah in der Hyperämie des Gehirns ein Zeichen des Ertrinkungstodes, ebenso *Roth, Behdoradsky* und später *K. Reuter* fanden die Blutüberfüllung verhältnismäßig selten. Nach *Sehrt* und *Henschen* ist die Hyperämie des Gehirns eine recht häufige Erscheinung beim Ertrinkungstode. Insbesondere *Henschen* fand beim Ertrunkenen Gehirn und Meningen auf der venösen Seite prall mit Blut gefüllt, die Meningen oft bis zum Blutigwerden des Liquors. Im ganzen kann eine Blutüberfüllung des Gehirns wohl öfter vorkommen, läßt aber keinen Rückschluß auf den Ertrinkungstod zu.

Schließlich verdienen Beachtung die Befunde in der *Paukenhöhle,* weil sich hier die Frage erhebt, ob die Ertrinkungsflüssigkeit durch die öfteren tiefen Atmungen ins Mittelohr gelangt oder ob es sich um ein einfaches Fäulnistranssudat handelt. *Wendt* stellte 1873 die Behauptung auf, daß das Medium, welches in der Paukenhöhle eines Neugeborenen angetroffen werde, sich vor dessen Atemöffnungen bei kräftigen Inspirationen befunden haben müsse.

*Lesser, Vibert* und *Casper-Liman* glaubten, auf den Ertrinkungstod schließen zu dürfen, wenn Flüssigkeit in der Paukenhöhle war und das Trommelfell nicht verletzt.

*Paltauf* dagegen lehnte diesen Rückschluß ab. *Brouardel* fand aber gelegentlich Sand und Nahrungsstoffe in der Paukenhöhle und meinte, diese könnten nur bei der großen Atmung Ertrinkender dorthin gelangen, da diese allein geeignet sei, den Widerstand der eustachischen Tube zu überwinden.

Schließlich sind Mittelohrblutungen bei Ertrunkenen beschrieben. *Werner* fand solche „asphyktische" *Mittelohrblutungen* in stärkstem Grade bei Ertrunkenen und hielt diese für diagnostisch beachtlich, obgleich das geringfügige Merkmal im Rahmen des Gesamtbefundes nicht ausschlaggebend sein kann.

*C. Nachweis des Ertrinkens durch Laboratoriumsmethoden. I. Nachweis der Ertrinkungsflüssigkeit durch physikalische und chemische Methoden: a) Physikalische Methoden. 1. Hämolyse.* Bei dem Ertrinkungstode kommt es infolge des Eindringens von Wasser ins Blut zu einer Blutverdünnung. Da die roten Blutkörperchen nur in ihrem eigenen Serum und in Salzlösungen gleicher Konzentration in Form, Größe und ihren Farbgehalt behalten, so muß es schon bei der Vermischung des Blutes mit Wasser zu Veränderungen in der Blutzusammensetzung kommen. Da das Blut die gleichen Eigenschaften wie verdünnte Salzlösungen besitzt und diese bei Be-

rührung mit Wasser ihre molekulare Konzentration durch Wasseraufnahme ändern, so muß auch die molekulare Konzentration des Blutes, zunächst an den Berührungsstellen mit der Ertrinkungsflüssigkeit, schwächer werden. Die Blutverdünnung muß sich im linken Herzen gegenüber dem Verhalten des rechten Herzens besonders deutlich bemerkbar machen, weil sich das Blut, das beim Eindringen der Ertrinkungsflüssigkeit in die Atemwege noch zirkuliert, in den Lungen immer wieder von neuem mit der Ertrinkungsflüssigkeit mischt, so daß ein Ausgleich der Konzentrationsdifferenz in beiden Herzhälften nicht eintreten kann. So wiesen schon *Brouardel* und *Loye* nach, daß das Blut beim E. durch Aufnahme von Ertrinkungsflüssigkeit verdünnt wird. Sie fanden den trockenen Rückstand des Blutes vor dem E. immer größer als nachher und fanden seine Werte für die rechte Herzhälfte entsprechend der geringeren Blutverdünnung höher als die für die linke. Zu ähnlichen Ergebnissen kam *Paltauf,* der im Blut des linken Herzens die Erscheinung der Hämolyse zuerst beobachtete und die Hämolyse mit dem *Fleischlschen* Hämometer kolorimetrisch bestimmte. Ist erst einmal Hämoglobin aufgelöst, so verteilt es sich innerhalb der Blutbahn auf das gesamte Serum des Gefäßabschnittes. Trotzdem der Blutfarbstoff nur aus einer verhältnismäßig geringen Anzahl von Blutkörperchen stammt, besitzt er Farbkraft genug, um dem Serum die eigentümlich rote Färbung zu verleihen. So braucht die Ertrinkungsflüssigkeit auch nur auf einen kleinen Teil der Blutmenge einzuwirken, um gleichsam eine Spur zu hinterlassen, an welcher die stattgehabte Einwirkung erkannt werden kann. So erklärte *Revenstorf* die Schärfe, mit welcher das Hämolysierungs-Phänomen den Nachweis kleiner Mengen eingedrungenen Wassers erlaubt.

Bei der Berührung von *Süßwasser* mit Blut muß die Hämolysierung am stärksten sein und sich am deutlichsten in den betroffenen Gefäßabschnitten, d. h. Lungen, Venen, linkem Herz, Aorta und Arterien bemerkbar machen. Die großen Körpervenen, wie auch die Pfortader, das rechte Herz und die Lungenschlagader bleiben unbeeinflußt von der Ertrinkungshämolyse, wohingegen die letzteren Gebiete von der durch Fäulnisvorgänge herbeigeführten Hämolyse betroffen werden. Aus diesem verschiedenartigen gesetzmäßigen Verhalten ergeben sich erkennbare Unterschiede zwischen *Fäulnishämolyse* und *Ertrinkungshämolyse.* Die Ertrinkungshämolyse wird dadurch charakterisiert, daß das Blut des linken Herzens mehr gelöstes Hämoglobin enthält als das Blut des rechten Herzens. Bei der Fäulnishämolyse ist umgekehrt das Blut des rechten Herzens stärker hämolysiert.

Ein weiterer Unterschied ergibt sich aus der Beteiligung des Lungensaftes und des Pleuratranssudats an der Hämolyse. Eine anisotonische Ertrinkungsflüssigkeit bewirkt starke Hämolyse des Lungensaftes, der seinerseits wieder ein farbstoffhaltiges Pleuratranssudat liefert. Die Fäulnis dagegen verändert und beeinflußt den Lungensaft verhältnismäßig weniger als das Blut. Daraus ergeben sich, wenn man mit der am meisten hämolysierten Flüssigkeit beginnt, die folgende *Ertrinkungsskala:* Lungensaft — Pleuraflüssigkeit — Arterienblut, Venenblut — und die folgende *Fäulnisskala:* Pfortaderblut, Venenblut, Lungensaft, Pleuratranssudat, Arterienblut.

Schließlich kann es beim *Lungenödem* zu einer Hämolyse kommen, aber auch diese pflegt einen charakteristischen Verlauf zu nehmen, nämlich: Pfortaderblut, Venenblut, Arterienblut, Pleuraflüssigkeit und Lungensaft. Im übrigen spielt sie bei der Seltenheit der Ausbildung eines Lungen-Ödems beim Ertrinkungstode nur eine untergeordnete Rolle.

Die *Intensität der Ertrinkungshämolyse* im Blut ist verschieden. Manchmal zeigt das Serum des Herzblutes nur eine schwache Rotfärbung. Manchmal übertrifft seine Färbungsintensität beträchtlich die gewöhnliche Hämolyse durch Fäulnis. *Revenstorf* wies darauf hin, daß der Grad der Ausbildung von Ertrinkungshämolyse mit der Gefrierpunktveränderung und der Veränderung des elektrischen Leitungsvermögens, welche beide als weitere Zeichen der Verdünnung des Herzblutes zu gelten haben, parallel zu gehen pflegt. Nicht selten fehlt aber auch beim Ertrunkenen jede Spur von gelöstem Hämoglobin im Herzblut. In diesen Fällen kann angenommen werden, daß keine Ertrinkungsflüssigkeit in das Herzblut übergetreten war. Damit ist nicht gesagt, daß nicht doch der Tod durch Ertrinken eingetreten ist.

Eine *Fehlerquelle* bei der Feststellung des Hämolysierungsgrades des Blutes kann sich daraus ergeben, daß das Blutserum infolge der Verdauungsvorgänge durch die Beimischung von resorbiertem Fett trübe aussieht. Diese Fehlerquelle kann man vermeiden, wenn man das Blutserum durch ein *Berkefeld*-Filter schickt.

Im *Lungensaft* kommt es regelmäßig bei der Bildung eines Oedema aquosum zu einer starken Hämolyse.

Da aber außer dem Eindringen der Ertrinkungsflüssigkeit noch andere äußere Umstände, insbesondere das Hineinfließen agonal erbrochener Massen hämoglobinhaltigen Lungensaft zu erzeugen imstande sind, so darf nach *Revenstorf* die Hämolyse des Lungensafts nicht ohne weiteres als ein zuverlässiges Ertrinkungsmerkmal gelten. Ebenso kann nach *Schulz* durch künstliche Atmung der Wert der Methode erheblich beeinträchtigt werden. Er fand bei künstlich beatmeten Leichen Hämolyse sowohl in der Flüssigkeit des Brustfellraumes wie auch im Blute beider Herzhälften. Auch *Wachholz* und *Hofmann-Haberda* äußerten ihre Bedenken gegenüber der Methode, da nach ihrer Ansicht der störende Einfluß der Fäulnis zu groß sei, und im übrigen die Fäulnishämolyse schon sehr früh nach dem Tode einsetze.

Im *Pleuratranssudat* pflegt der Hämoglobingehalt mit dem des Lungensaftes übereinzustimmen, beim Oedema aquosum hingegen die intensiv rote Farbe des Brustkorbinhalts im Gegensatz zu stehen zu der meist gelblichen, höchstens gelb-rötlichen Farbe der Perikard-Flüssigkeit.

Der *diagnostischen Bedeutung* des Hämolyse-Phänomens sind naturgemäß enge Grenzen durch die Fäulnis gesetzt. Insbesondere läßt sich aus der Hämolyse des Lungensafts auch bei frischen Leichen keine eindeutige Diagnose für den Ertrinkungstod stellen, während andererseits das Fehlen von Hämolyse im Lungensaft gegen die Annahme eines Ertrinkungstodes ausgewertet werden kann.

*2. Gefrierpunktsbestimmung (Kryoskopie).* Die Gefrierpunktsbestimmung (Kryoskopie) wurde von *Carrara* in die Diagnostik des Ertrinkungstodes eingeführt. Gegenstand der Kryoskopie können sein: Blut, Lungensaft, Inhalt der Luftwege und Inhalt des Verdauungskanals. Am wichtigsten ist die Bestimmung im Blut. Sie beruht auf dem Prinzip, daß die zu untersuchende Flüssigkeit in einer Kühlvorrichtung zum Gefrieren gebracht und dabei an einem eingetauchten Thermometer der Gefrierpunkt abgelesen wird. Dies ist leicht möglich, weil die Quecksilbersäule eine kurze Zeit eine Ruhestellung einnimmt. Die Temperatur wird verglichen mit der Temperatur, bei der destilliertes Wasser gefriert. Der Unterschied bei der Zahl gibt die *Gefrierpunktserniedrigung (Depression)* an. *Revenstorf* bestimmte den Gefrierpunkt mit dem *Apparat von Beckmann.*

Bei kleineren Blutmengen von 1 ccm wird die Gefrierpunktsbestimmung mit dem *Guyeschen Apparat* empfohlen. Der von *Revenstorf* benutzte *Beckmann*sche Apparat besteht aus einem Thermometer, dessen Skala nur wenige Grade umfaßt; jeder Grad ist in 100 Teile eingeteilt. Das Thermometer trägt an seinem oberen Ende ein Quecksilberreservoir. Dieses gestattet, das Thermometerrohr mit einer beliebigen Quecksilbermenge anzufüllen. Nach Beendigung der Untersuchung wird das Thermometer eingestellt, indem der Meniskus des Quecksilberfadens bei der Bestimmung des Nullpunktes für destilliertes Wasser in den oberen Teil der Skala gebracht wird. Außer dem Thermometer gehört zur *Beckmann*schen Vorrichtung ein dickwandiges Gefäß mit Rührer für die Kältemischung, ein Gefrierrohr zum Aufnehmen der Flüssigkeit, deren Gefrierpunkt ermittelt werden soll, ein Glasgefäß zwecks Bildung eines Luftmantels um das Gefrierrohr während des Eintauchens in die Kältemischung, ein Platinrührer und ein einfaches Thermometer zur Beobachtung der Temperatur der Kältemischung. Das Kühlgefäß wird mit einer Mischung von Eis, Kochsalz und Ammonium nitricum gefüllt und die Kältemischung auf eine Temperatur von — 3° bis — 5° gebracht. Tiefere Temperaturen der Kältemischung gestatten wohl schnelleres Arbeiten, bringen aber auch Fehlerquellen in die Bestimmung hinein. Das Quecksilberreservoir des Thermometers muß vollständig in die Lösung eintauchen. Während der Bestimmung wird der Platinrührer des Gefriergefäßes gleichmäßig auf und ab bewegt. Ist das Quecksilber aus dem oberen Reservoir infolge der Abkühlung in die Capillare getreten, so beobachtet man, daß der Quecksilberfaden bis zu einem gewissen Punkte ziemlich gleichmäßig sinkt, um dann plötzlich in die Höhe zu schnellen und an einem Punkte der Skala stehenzubleiben. Dieser Punkt bezeichnet den Gefrierpunkt der Lösung. Zweckmäßig werden mehrere Bestimmungen nacheinander gemacht. Vor und nach jeder Versuchsreihe ist der Gefrierpunkt des destillierten Wassers zu bestimmen, um die Möglichkeit auszuschließen, daß der Nullpunkt sich etwa während der Untersuchungen verschoben hat. Außer dem Gefrierpunkt des destillierten Wassers kann nach der Angabe von *Hamburger* die Gefrierpunktserniedrigung einer reinen 1 %igen NaCl-Lösung ermittelt werden.

Im Blut ist nach der Angabe von *Carrara* im Gegensatz zur Leitfähigkeitsbestimmung die Gegenwart der Blutkörperchen nicht störend. Fehlerquellen können nur vorliegen, wenn man mit zu kleinen Mengen arbeitet. Während beim Lungensaft und in der Pleuraflüssigkeit die ermittelten absoluten Werte Verwendung finden, wird beim Blut benutzt die Differenz: 1. zwischen Gefrierpunkt des Blutes des rechten und linken Herzens, 2. zwischen Gefrierpunkt des Blutes im linken Herzen und der übrigen Körperflüssigkeit und 3. zwischen Gefrierpunkt des Blutes und insbesondere der Cerebrospinalflüssigkeit. Nach der Vorstellung von *Cararra* ist der Gefrierpunkt im rechten und linken Herzblut im Augenblick des Todes gleich. Wird *Wasser* ins Blut aufgenommen, so daß im linken Herzen eine Blutverdünnung eintritt, tritt eine Gefrierpunktsveränderung von etwa —0,2° bis —0,3° auf. Nun wirkt auch die *Fäulnis* im gleichen Sinne der Differenz, da das Blut im rechten Herzen eine höhere Konzentration annimmt und deshalb der Gefrierpunkt im rechten Herzen auch außerhalb des Ertrinkungstodes schon 24 Stunden nach dem Tode 0,01—0,06° tiefer liegt. Dieser Unterschied ist nach *Cararra* durchweg geringer als bei der Blutverdünnung durch Wasser, wo er mindestens 0,1—0,2° beträgt. Danach könnte man praktisch Werte von unter 0,1° als durch Fäulnis bedingte ansehen, solche über 0,1° als Ertrinkungsbefunde.

Auch nach den Beobachtungen und Untersuchungen von *Ziemke*, *Wachholz* und *Revenstorf* ist die Differenz der Gefrierpunktsbestimmung bei Blutverdünnung durch Wasser ($\Delta^1$—$\Delta^2$) stets recht beträchtlich. Dennoch sahen schon *Ziemke* und *Wachholz* die Feststellung, daß Differenzen unter 0,1° der Fäulnis zuzuschreiben seien und nur Differenzen über 0,1° für den Ertrinkungstod sprechen sollen, als willkürlich an. Sie bemühten sich um die Ermittlung eines brauchbaren Grenzwertes. Nach *Revenstorf*, *Ziemke* und *Wachholz* beträgt das $\Delta$ des Blutes im Mittel — 0,56° und kann beim gesunden Menschen zwischen — 0,55° bis — 0,57° schwanken. Unter pathologischen Verhältnissen kommen größere Variationen vor, so nach Untersuchungen von *Koeppe* bei Personen, die an Diabetes, Nephritis und Pleuritis litten, Schwankungen zwischen — 0,51° bis — 0,63°. Da auch diese Schwankungen sich in engen Grenzen hielten, glaubte man sich nach *Revenstorf* berechtigt, wenn keine sonstigen pathologischen Organveränderungen gefunden wurden, im allgemeinen — 0,55° als Grenzwert anzusehen.

*Revenstorf* führte die Gefrierpunktsbestimmung auch aus an der *wäßrigen Flüssigkeit im Lungeninhalt* und an der *Pleuraflüssigkeit*. Er fand, daß die aus den Lungen gewonnene Flüssigkeit so sehr von den physiologischen Werten abweiche, daß man die Beimengung von Ertrinkungsflüssigkeit feststellen könne. *Pleuraflüssigkeit* pflegt bei Ertrunkenen, die größere Mengen Wasser aufgenommen haben, bald nach dem Tode aufzutreten. Ihre Zusammensetzung ist abhängig von der Beschaffenheit und Menge des Lungensaftes. War der Lungensaft verdünnt, so auch die Pleuraflüssigkeit. Bei Ertrunkenen fand man danach Gefrierpunktswerte von — 0,40° bis 0,45°, wenn die Lungen reichlich Ertrinkungsflüssigkeit enthielten.

Die Gefrierpunktsbestimmung wurde bald als eine *wichtige vitale Reaktion* angesehen, weil man glaubte, den Nachweis erbringen zu können, daß die Ertrinkungsflüssigkeit zu Lebzeiten ins Blut eingedrungen sei. Es überraschte daher, daß *Revenstorf* auf Grund weiterer Untersuchungen angab, die Blutverdünnung im Herzen sei kein sicheres Zeichen für den Tod durch Ertrinken. Die Gefrierpunktsbestimmung sei es vielmehr nur dann, wenn sie sich auf den Vergleich des Arterien- und Venenblutes erstrecke. Nur wenn auch das Venenblut verdünnt sei, handele es sich um Ertrinkungsflüssigkeit, die zu Lebzeiten eingedrungen sei. *Wachholz* machte hiergegen den Einwand geltend, daß die Untersuchungen von *Revenstorf* unter anderen Bedingungen vorgenommen worden seien, als den natürlichen Verhältnissen, unter denen sich Leichen im Wasser befinden, entspräche. *Revenstorf* hatte bei seinen Versuchen die Leichen Erhängter benutzt, denen er in aufrechter Stellung durch die geöffnete Trachea und *unter Druck* Wasser in die Luftwege preßte. *Wachholz* überließ die Leichen unter ähnlichen Versuchsbedingungen ihrer natürlichen Lage im Wasser, konnte dann aber keine Verdünnung im linken Herzen feststellen. Deshalb sah auch *Ziemke* die Kryoskopie als Beweis für den Tod durch Ertrinken an. Auch nach seinen Untersuchungen war aber die Anwendbarkeit der Methode eingeschränkt dadurch, daß sie durch den Einfluß der Fäulnis unbrauchbar wurde. *Ziemke* fand, daß der Gefrierpunkt des Blutes unter dem Einfluß der Fäulnis absinke und schließlich noch unter den Gefrierpunkt des normalen Blutes heruntergehe.

Beim Ertrinken im Süßwasser muß, worauf *Carrara* schon aufmerksam machte, die Gefrierpunktserniedrigung für das Blut des linken Herzens stets geringer als für das rechte ausfallen. Beim Ertrinken im Meerwasser hingegen, das durch seinen Salzgehalt eine höhere Molekularkonzentration als Süßwasser und Blut aufweist, liegt der kryoskopische Wert für das Blut des linken Herzens meist tiefer als für das Blut des rechten Herzens, weil im linken Herzen der Salzgehalt des Blutes erhöht wird und eine stärkere Blutverdünnung stattfindet.

*Inouye* und *Uchimura* bestimmen den Gefrierpunkt bzw. die Erniedrigung mit Hilfe eines *Thermo-Elementes aus Kupferkonstanten* nach der Beschreibung von *Salge*. Zur Eichung der Säulenausschläge des *Spiegelgalvanometers von Siemens & Halske* wurde eine 1%ige NaCl-Lösung verwandt, deren Gefrierpunktserniedrigung vorher nach dem *Beckmann*schen Verfahren festgestellt war. Die Dimensionen des Apparates sind so klein, daß zur Ausführung der Messung 0,35 ccm Serum ausreichen. Die Stärke der Abkühlung hat einen erheblichen Einfluß auf die Resultate der Messung. Die Verfasser arbeiteten in der Weise, daß stets eine Unterkühlung gleichen Umfanges, und zwar von 1° eintrat. Es wurde mindestens 5mal gemessen. Die Schwankungen der Ergebnisse einzelner Messungen lagen unterhalb von 0,003°.

In den Tierexperimenten der Verfasser fanden sich im *Süßwasser Gefrierpunktserniedrigungen* im linken Herzen zwischen 0,029° und 0,094°, im rechten Herzen zwischen 0,061° und 0,076°. Beim Ertränken im *Meerwasser* wurden die Angaben von *Yamakami* bestätigt. Dieser hatte Werte von 0,7—0,9° gefunden und angegeben, daß bei langsam vor sich gehendem Ertränkungstode der Gefrierpunkt des linken Herzblutes um 0,01—0,05° niedriger lag, als der des rechten, während bei schnellem Ertränken, d. h. wenn man das Tier sofort ganz untertauchen und nicht wieder an die Oberfläche kommen ließ, beide Blutarten nur unbedeutende oder gar keine Unterschiede in ihrer osmotischen Konzentration zeigten. So fanden auch *Inouye* und *Uchimura* beim Ertränken im Meerwasser für $\Delta$ im linken Herzen Werte bis 0,132°, im rechten Herzen bis 0,096°. Sie erklärten die Gefrierpunktsveränderungen des Blutes in beiden Herzhälften in erster Linie mit der *Zunahme von Chlor*. Es ergab sich danach *beim Ertränken im Süßwasser eine auffallende Erniedrigung für die Blutwerte aus dem linken Herzen im Sinne einer Blutverdünnung, beim Ertränken im Meerwasser fand sich die Konzentration des linken Herzblutes höher als die des rechten*. Die Konzentrationsunterschiede aus beiden Herzhälften waren aber nicht so ausgeprägt wie beim Ertränken im Süßwasser.

Die kryoskopische Feststellung der Gefrierpunktsveränderungen des Blutes (und der anderen Körperflüssigkeiten) ist sonach für die Diagnose des Todes durch Ertrinken brauchbar und wichtig.

*3. Osmotischer Druck.* *Brandino* untersuchte das Verhalten des osmotischen Druckes. Er fand regelmäßig eine Herabsetzung der Molekular-Konzentration in der Herzmuskulatur, die deutlicher als diejenige des Herzblutes war und sich im Herzmuskel der rechten Kammer stärker ausgeprägt zeigte, als in der linken Kammer.

Eine ähnliche Erniedrigung fand sich in den Lungensäften und im Lungengewebe, dagegen nicht in der Leber und nicht im Gehirn. *Brandino* empfahl die Untersuchung des osmotischen Drucks der Organe *besonders bei der faulen Leiche*, in der sich kein Blut in den Herzkammern mehr vorfindet, also ein Vergleich zwischen beiden Kammern nicht möglich ist.

Die *Bestimmung des osmotischen Drucks mit der Capillar-Methode nach Berger* wurde von *Yamakami* als der Kryoskopie gleichwertig empfohlen. *Yamakami* fand experimentell eine deutliche Konzentrationserhöhung im Serum, die sich nicht allein auf die asphyktische $CO_2$-Zunahme beziehen ließ. Er nahm vielmehr an, daß einmal im Verlauf der Asphyxie Alkalien aus dem Gewebe zur Absättigung des $CO_2$-Überschusses bei der Erstickung ins Blut übertreten, anderseits intermediäre, in erster Linie saure Abbauprodukte (Aminosäuren, Milchsäure, Oxalsäure) im Blute auftreten und eine Konzentrationserhöhung des Serums herbeiführen, da sich beim Ertrinken eine Erhöhung des osmotischen Druckes besonders in der rechten Herzhälfte ergab, welche beim Ertrinken in hypertonischer Flüssigkeit (Meerwasser) beachtlich ist. *Schrader* empfiehlt die Methode von *Yamakami* zur Nachprüfung.

*4. Elektrische Leitfähigkeit.* Die Prüfung der elektrischen Leitfähigkeit wurde von *Carrara* in die Diagnostik des Ertrinkungstodes eingeführt. Er fand bei der Untersuchung des verdünnten Herzblutes ertränkter Tiere für die Leitfähigkeit des Blutes Werte, welche in konstanter und regelmäßiger Weise von der Leitfähigkeit des normalen Blutes abwichen, und zwar im gleichen Sinne wie die Gefrierpunktserniedrigung. Da die spez. Leitfähigkeit einer Salzlösung mit ihrer Verdünnung abnimmt, muß auch die Leitfähigkeit des Blutes Ertrunkener bei einer Vermischung mit Ertränkungsflüssigkeit gegenüber der Leitfähigkeit von unverdünntem Blut geringer sein und ihr Wert für das Blut aus dem linken Herzen kleiner befunden werden, als für das Blut des rechten Herzens. *Carrara, Wachholz* und *Horoskiewicz* sowie *Revenstorf* hatten übereinstimmende Ergebnisse. Für die Anwendung der Methode beim Menschen empfahl *Revenstorf* nicht wie *Carrara, Wachholz* und *Horoskiewicz* die Bestimmung des elektrischen Leitvermögens im Gesamtblut, sondern im zentrifugierten Blutserum. *Revenstorf* bestimmte die elektrische Leitfähigkeit mit der *Wheatstoneschen Brücke.* Diese besteht aus einem Induktorium und einem Telephon. In den Stromkreis ist ein Vergleichswiderstand (Rheostat) eingeschaltet. Die Bestimmung des elektrischen Leitvermögens geschieht in der Weise, daß man den Schleifkontakt auf dem Brückendraht verschiebt und diejenige Stelle aufsucht, an welcher das Telephon keinen Ton mehr hören läßt oder an welcher das Geräusch wenigstens auf ein Minimum reduziert ist. So gelingt es, an frischem Blutserum zwei nahe beieinanderliegende Stellen des Meßdrahtes zu ermitteln, an welchen der Ton sich zu verstärken beginnt. Die Mitte zwischen diesen beiden Punkten ergibt dann die gesuchte Zahl.

Da eine weniger konzentrierte Lösung den elektrischen Strom schlechter leitet als eine stärker konzentrierte, so muß Blut, das durch eingedrungene Ertränkungsflüssigkeit verdünnt ist, den elektrischen Strom schlechter leiten als normales Blut. In Übereinstimmung mit *Carrara*, welcher die Leitfähigkeit mit Hilfe der *Kohlrauschschen Brücke* bestimmte, ergab sich, daß die elektrische Leitfähigkeit des Blutes sich proportional der Gefrierpunktserniedrigung verhält, d. h. war die Gefrierpunktserniedrigung herabgesetzt, so nahm auch die elektrische Leitfähigkeit ab. *Carrara* betonte schon, daß die gefundenen Werte sich bei eingetretener Fäulnis erheblich veränderten, und auch *Revenstorf* schränkte die Bedeutung der Leitfähigkeitsmessung dahin ein, daß man sie nur gemeinsam mit den Ergebnissen der Gefrierpunktsbestimmung auswerten dürfe. Ebenso fand *Ziemke*, daß sich die Methode nur für die Leichen frisch Ertrunkener eignete. Er betonte aber, daß die Methode einen großen Vorzug habe deshalb, weil sie sich schnell ausführen lasse, weil das Fehlen einer Abnahme der elektrischen Leitfähigkeit zeige, daß ein Ertrinkungstod nicht vorliege, und weil schließlich festgestellt werden könne, ob

der Ertrinkungstod im Meer- oder Süßwasser eingetreten sei. Die Methode wurde von *Ziemke* praktisch durchgeführt an 1—2 ccm Blut aus dem rechten und linken Ventrikel. Nach Hinzufügen von je 5 ccm destilliertem Wasser zu je 1 ccm Blut wird bis zur Hämolyse durchgeschüttelt und zentrifugiert. 5 ccm der zentrifugierten klaren Flüssigkeit werden in ein 12 cm hohes Leitfähigkeitsgefäß gebracht, dessen Widerstandskapazität vorher durch 0,1 n-KCl-Lösung bestimmt worden war. Die Untersuchung erfolgt bei konstanter Temperatur von 25°, d. h. am besten im Wasserbade. Der elektrische Widerstand wird auf der *Wheatstoneschen Brücke* gemessen. Der Mittelwert der elektrischen Leitfähigkeit wird für das Blutserum bei 18° C angegeben mit $103 \cdot 10^{-4}$ Ohm$^{-1}$. Beim Ertrinkungstode betragen die Werte nach *Fischer* für Süßwasser

im linken Ventrikel: $\varkappa\, 25° = 111{,}4 \cdot 10^{-4}$ Ohm$^{-1}$,
im rechten Ventrikel: $\varkappa\, 25° = 112{,}0 \cdot 10^{-4}$ Ohm$^{-1}$.

Beim E. im Meerwasser muß das Verhältnis der $\varkappa$-Werte umgekehrt sein.

Danach wird die elektrische *Leitfähigkeit der Flüssigkeiten ausgedrückt durch den reziproken Wert des Widerstandes, den der betr. Körper im Durchgang des elektrischen Stromes bietet.* Als Einheitswert gilt das elektrische Leitvermögen eines Körpers von 1 qcm Querschnitt und 1 cm Länge, der dem Stromdurchgang einen Widerstand von 1 Ohm entgegensetzt. Das Leitvermögen eines beliebigen Körpers von den angeführten Dimensionen nennt man dessen spezifische Leitfähigkeit und bezeichnet sie mit dem kleinen griechischen Buchstaben $\varkappa$, ausgedrückt in reziproken Ohm ($\Omega^{-1}$). Da die Leitfähigkeit fast aller Flüssigkeiten nur Bruchteile der erwähnten Einheiten beträgt, ist es üblich, die $\varkappa$-Werte als Zehner-Potenzen mit negativen Exponenten darzustellen.

In letzter Zeit hat *Schwarzacher* die Methode nachgeprüft und gefunden, daß durchschnittlich die Leitfähigkeit des rechten Herzhöhleninhalts gegen jene des linken erhöht war, und zwar ergaben sich als Mittelwert für das Leitvermögen des linken Herzblutes: $114{,}4 \cdot 10^{-4}$ rezipr. $\Omega$, des rechten Herzblutes: $128{,}0 \cdot 10^{-4}$ rezipr. $\Omega$. Der größte und kleinste beobachtete Einzelwert betrugen: $150{,}9 \cdot 10^{-4}$ bzw. $90{,}3 \cdot 10^{-4}$ rezipr. $\Omega$, und zwar wurden die höheren Leitfähigkeitswerte in überwiegender Mehrzahl beobachtet, wenn das Herzblut von einer älteren Leiche stammte. Bis zum Zeitpunkt des Todes weist das Herzblut des rechten und linken Herzens einen Leitfähigkeitswert auf, der nur in engen Grenzen schwankt. In der Zeit nach dem Tode aber, auch ohne daß Ertrinken vorliegt, wächst sowohl die Variationsbreite der Einzelwerte immer mehr an, als auch die elektrische Leitfähigkeit. Beachtet man weiter die Beeinträchtigung dieser empfindlichen Methode durch die bald eintretende Leichenfäulnis, so ergibt sich, daß ihrer Anwendung, die im übrigen eine Laboratoriumseinrichtung voraussetzt, enge Grenzen gesteckt sind.

*5. Refraktometrie* (s. d.). Die Methode wurde von *Szulislawska* und *Tobiczyk* ausgebaut und zuerst für den Nachweis der Blutverdünnung im linken Herzen nach Eindringen von Ertrinkungsflüssigkeit angewendet. Sie benutzten zu diesem Zwecke das Wasser-Refraktometer von *Pulfrich*. Nach ihrer Vorschrift wird das Blut direkt aus den Herzkammern mit trockenen Pipetten getrennt abgenommen und in trockene, chemisch reine Eprouvetten gebracht, die sofort 15 Minuten lang zentrifugiert werden. Bei zu starker Hämolyse wird das Serum mit der gleichen Menge 1 %igem Calcium chloratum vermischt, dann noch einmal zentrifugiert, um das zu untersuchende Serum so weit als möglich von dem gelösten Farbstoff zu befreien. Ein entsprechend großer Tropfen Serum wird in einer Metallhülse zwischen die Prismen gebracht, der Apparat in ein Wasserbad von 17,5° C gebracht und das vorher bei dieser Temperatur für destilliertes Wasser auf 15 Teilstriche eingeteilte Refraktometer abgelesen. Es sollen jedesmal zwei Resultate nach 2 und 5 Minuten abgelesen werden, wobei jedes Serum in zwei Tropfen zu untersuchen ist. Aus den Ergebnissen werden die Durchschnittswerte genommen. Als Grenzwert einer nach dem Tode auftretenden stärksten Blutverdünnung werden 51 Teilstriche der Refraktometerskala angenommen. Kleinere Zahlen gelten als Beweis für die Verdünnung des Blutes und damit für den Ertrinkungstod. Die Methode hat den *Vorzug*, daß sie *leicht und einfach auszuführen* ist; ihr *Nachteil* liegt darin, *daß sie auf dem Eiweißgehalt beruht*, der gerade zu den am meisten schwankenden Bestandteilen des Serums gehört.

Nach einer Mitteilung von *Canuto* wird die Refraktometrie seit 1922 im Institut für gerichtliche Medizin zu Turin zur Bestimmung der Blutdichte in den Herzkammern von Ertrunkenen angewendet. *Canuto* untersuchte 100 Leichen und fand bei Ertrunkenen regelmäßig eine Blutverdünnung im linken Herzen.

*Sieradzki* prüfte die Untersuchungen von *Szulislawska*, *Tobiczyk* und *Canuto* nach und fand die Methode nicht brauchbar. Nach *Sieradzki* verändert sich die Blutdichte nach dem Tode rasch. Diese Veränderung schreitet im linken und rechten Herzen wie auch in den tiefen und oberflächlichen Blutgefäßen sehr ungleichmäßig fort. Daß die Verdichtung des Blutes nach dem Tode in der linken Herzkammer gewöhnlich rascher vor sich geht als rechts, kann man damit erklären, daß die viel dünneren Wände der rechten Herzkammer die Filtration ihres flüssigen Inhaltes leichter zulassen. Bei den komplizierten Prozessen, welche in den Leichensäften infolge von Verdunstung, Diffusion und Zersetzung vor sich gehen, können aber auch entgegengesetzte Verhältnisse beobachtet werden. Danach erlaubt die Untersuchung der Blutdichte nur dann einen *Rückschluß auf den Ertrinkungstod*, wenn man eine *Blutverdünnung vor allem in der linken Herzkammer* nachweist und diese in absoluten Werten im *Vergleich zur normalen durchschnittlichen Blutdichte des lebenden Menschen ausdrücken* kann.

So ist bei Benutzung der Kryoskopie (Gefrierpunktsbestimmung) die deutliche Verschiebung des Gefrierpunktes von — 0,56° : 0° maßgebend, bei der Refraktometrie aber die Verschiebung um mehrere Teilstriche der Refraktometerskala von der Zahl, welche für den niedrigsten Wert der physiologischen Konzentration des Blutes bestimmt wurde. Nach *Sieradzki* kann man auch eine Verdünnung des Blutes in der rechten Herzkammer finden. Diese aber ist gewöhnlich geringer, so daß immer ein Unterschied gegenüber der linken Herzkammer verbleibt. Leider dauert diese im Vergleich zur normalen Blutdichte absolut bestimmbare Blutverdünnung in der Leiche nur kurze Zeit, so daß wir sie in dem Zeitpunkte, in dem wir gewöhnlich die Obduktion vornehmen können, in der Regel nicht mehr finden.

*Inouye* und *Uchimura* messen den Brechungsindex des Blutserums mit dem *Zeissschen Eintauch-Refraktometer* bei 17,5°. Sie konnten in zahlreichen Versuchen folgendes nachweisen:

Der Brechungsindex nahm zu beim Ertränken in Süßwasser: im linken Herzen zwischen 0,0011 und 0,0025, im rechten Herzen zwischen 0,0012 und 0,0021; beim Ertränken im Meerwasser: im linken Herzen zwischen 0,0026 und 0,0070, im rechten Herzen zwischen 0,0025 und 0,0037. Beim Ertränken im Süßwasser waren die Werte für das Blut aus der linken Herzhälfte auffallend kleiner als für das rechte Herzblut und sogar manchmal niedriger als die Ausgangswerte. Es trat also, wie schon früher bekannt,

eine Blutverdünnung ein. Beim Ertränken in Meerwasser hingegen war die Konzentration des linken Herzblutes höher als die des rechten Herzblutes. Der Konzentrationsunterschied zwischen dem Herzblut aus beiden Herzhälften war aber nicht so geprägt wie beim Ertränken in Süßwasser. Dies läßt sich damit erklären, daß eine Bluteindickung im üblichen Sinne, d. h. eine Eindickung durch Wasseraustritt in das aufgenommene Salzwasser, nicht in einem so großen Umfange stattfindet, wie man sonst angenommen hat. Die Zunahme der Salzkonzentration beim Ertränken im Meerwasser läßt sich danach vielmehr auf die Resorption des Salzes aus der Ertränkungsflüssigkeit zurückführen.

Im ganzen zeigen auch diese Untersuchungen, die wiederum eine Laboratoriumeinrichtung voraussetzen, daß sie nur an frischen Leichen vorgenommen werden können; der Hauptnachteil der Methode liegt in den postmortalen Veränderungen, die den Eiweißbestandteil des Serums angreifen, dessen Änderung für die Ergebnisse der Refraktometrie aber von wesentlicher Bedeutung ist.

*6. Vergleichsmethoden.* Zahlreiche Methoden wurden weiter angegeben zum Vergleich der Blutbeschaffenheit beider Herzhälften. So wurde empfohlen die Bestimmung des Hämoglobingehaltes, des Trockenrückstandes, der Zahl der roten Blutkörperchen, des spez. Gewichts, des Eiweißgehaltes, des Wassergehaltes, der Asche und des Eisens im Blute, außerdem im Lungensaft die Feststellung des Trockengewichts und des Glührückstandes zur Unterscheidung von Ödemflüssigkeit und aspiriertem Wasser, die Bestimmung des Eiweißgehaltes, die Veränderung der weißen Blutkörperchen, die Resistenz der roten Blutkörperchen, die Veränderung in der Viscosität des Blutes und schließlich die Bestimmung der Gerinnungsfähigkeit. Die letzteren, am Lungensaft auszuführenden Methoden haben zu brauchbaren Merkmalen des Ertrinkungstodes nicht geführt.

Die Bestimmung des *Hämoglobingehaltes* im Herzblut wurde von *Paltauf* empfohlen, der sich des *Fleischl*schen Hämometers bediente, *Brouardel* und *Loye* (1889), später *Freudenberg* empfahlen die Bestimmung des *Trockenrückstandes im Blute*, *Brouardel* und *Vibert* zählten die *roten Blutkörperchen*. Bei langsamem Ertrinken fanden sie eine Abnahme der Anzahl der roten Blutkörperchen um $^1/_3$ oder $^1/_4$, und zwar nicht nur im Herzblut, sondern in der Gesamtblutmenge des Körpers, wobei sie annahmen, daß etwa $^1/_3$ des gesamten Blutvolumens aus eingedrungenem Wasser bestehen könne. *Wachholz* und *Horoskiewicz* fanden in Tierversuchen bei Hunden, beispielsweise vor dem Ertrinken 6,8 Millionen Erythrocythen, nachher 4,4 Millionen, bei Katzen vorher 9,2 Millionen, nachher 6,3 Millionen Erythrocythen. *Revenstorf* empfahl die Blutkörperchenzählung zur Feststellung der Verdünnung im Lungensaft, doch wurden gerade in dieser Hinsicht Bedenken erhoben.

Die Bestimmung des *Trockenrückstandes des Blutes* nach *Brouardel* und *Loye* beruht auf der Kenntnis des Trockenrückstandes von normalem Blut. So beträgt das Gewicht von 100 ccm Blut vor dem Ertrinken nach 24stündigem Trocknen etwa 19,03 g, nach dem Ertrinken aus dem rechten Herzen 13,15 g, links 9,48 g. *Straßmann* hält alle diese Methoden für ungeeignet.

Die Bestimmung des *spezifischen Gewichts*, welche besonders von *Ziemke* empfohlen wurde, erfolgte nach dem Vorschlage von *Placzek*, *Wachholz* und *Horoskiewicz* nach der Methode von *Hammerschlag*. Hierbei beobachtete *Hammerschlag* das Schweben eines Blutstropfens in einer Chloroform-Benzin-Mischung, daneben bediente er sich des *Pyknometers*. Bei seinen Tierversuchen ergaben sich beträchtliche Unterschiede zwischen der Dichte des Ertränkungsblutes und den sonstigen Körperblutwerten. *Placzek* betonte aber schon, daß nur der positive Ausfall der Probe den Ertränkungstod bestätige, der negative Ausfall hingegen ihn nicht widerlege, da der Tod schon beim ersten Atemstillstand eintreten könne, und es dann nicht mehr zu einer Änderung der Blutdichte komme.

Die Methode von *Hammerschlag* beruht auf der Tatsache, daß ein Bluttropfen, der in eine Flüssigkeit von gleicher Dichte gebracht wird, darin schwebend bleibt, während er zu Boden sinkt oder an die Oberfläche steigt, je nachdem die Flüssigkeit zu leicht oder zu schwer ist. — Man bringt ein Gemisch von Chloroform und Benzin entsprechend der mittleren Blutdichte in ein Wasserglas und läßt einen Bluttropfen hineinfallen. Schwebt dieser in der Flüssigkeit, dann entspricht die Flüssigkeit seiner Dichte, sinkt er zu Boden, wird Chloroform zugefügt — steigt er, fügt man Benzin hinzu, bis der Bluttropfen in die Schwebe gebracht wird. Das spez. Gewicht der Flüssigkeit wird mit dem Aerometer bestimmt. Nach *Placzek* beträgt der normale Mittelwert beim Menschen 1055, in einem Falle von E. etwa 1036.

Eine ähnliche Methode wurde von *Moniz* empfohlen. Dieser füllt ein U-förmiges Rohr von bestimmtem Durchmesser und bestimmter Länge mit einer Chloroform-Benzol-Mischung mit einem spez. Gewicht von 1050—1054. In den einen Schenkel des Rohres gibt er einen Tropfen Blut aus dem rechten Herzen, in den anderen Schenkel einen Tropfen aus dem linken Herzen eines Ertrunkenen. Dann weist die Schwebehöhe der beiden Bluttropfen einen Unterschied von mindestens 10 mm auf, wenn es sich auf der einen Seite um Ertrinkungsblut handelt. Er fand bei Tieren, die er im Süßwasser ertränkte, Unterschiede bis zu 16 mm, bei Tieren, die im Salzwasser ertränkt waren, negative Differenzen bis zu 13 mm.

*Carrara*, der ebenfalls schon die Blutdichte maß, bediente sich des Pyknometers. Er erhielt bei der Blutverdünnung herabgesetzte Werte für das Blut des linken Herzens.

Zur *Bestimmung des Eiweißgehaltes* und *Wassergehaltes* sowie der *Asche* und des *Eisens*, die *Carrara* sämtlich empfahl, kann man sich der üblichen bekannten Methoden bedienen. So fand *Schmidt* bei der Eiweißbestimmung nach *Esbach* eine Herabsetzung des Blut-Eiweißes in der linken Herzkammer.

*Im ganzen haben die erwähnten Methoden nur bedingten Wert*, weil es beim Ertrinkungstode immer zur Hämolyse kommt und dadurch in erster Linie die Zählung der roten Blutkörperchen beeinflußt wird, darüber hinaus aber auch ein Vergleich mit dem rechten Herzen erschwert wird dadurch, daß bei genügendem Druck von der Luftröhre her Ertränkungsflüssigkeit in beide Herzhöhlen gelangen kann (*Fraenckel* und *Straßmann*).

Zwei weitere Methoden für den Nachweis der Blutverdünnung wurden von *Canuto* und *Ponsold* empfohlen. *Canuto* empfiehlt in Anlehnung an *de Dominicis* eine verhältnismäßig einfache Methode zum Nachweis der Blutverdünnung (*Papierhämometrische Methode*). Mittels Glasstäbchen oder Pipette wird Blut aus dem rechten und linken Ventrikel unter möglichst gleichen Bedingungen auf Filtrierpapier getropft, wo es eintrocknet. Die danach auftretenden Unterschiede beziehen sich sowohl auf die Intensität der Färbung, als auf die Ausdehnung des Tropfens im ganzen und auf einen an der Peripherie nicht konstant auftretenden „Verdünnungshof". Bei dem Blut Ertrunkener war der mittlere Durchmesser der Flecke aus dem rechten Ventrikel kleiner als derjenige aus dem linken. Die Farbintensität der Blutflecke auf dem Fließpapier verhielt sich umge-

kehrt, d. h. links war die Färbung schwächer als rechts. Das Leichenblut von Personen, die nicht durch Ertrinken gestorben waren, zeigte umgekehrtes Verhalten. Die Methode ist einfach und daher, zumal sie auch in ihrer Brauchbarkeit begründet erscheint, als diagnostisches Zeichen beachtlich.

*Ponsold* baute seinen Nachweis für eine Blutverdünnung beim E. auf dem Prinzip der *Hämatokrit-Methode* auf. Er bestimmte den *Plasmagehalt des Blutes* aus den Herzhälften. Voraussetzung dafür ist eine besondere Technik, die *Ponsold* im einzelnen angibt. Die Blutentnahme aus dem Herzen erfolgt mittels einer Saugvorrichtung. An eine Wasserstrahlpumpe wird ein bis zum Sektionstisch reichender dickwandiger Schlauch von etwa 5 mm lichter Weite angeschlossen, daran ein dünner Schlauch, der durch einen Korken in ein Glasgefäß (*Erlenmeyer*-Kolben) führt. Aus diesem geht ein zweiter dünner Schlauch (Seiden-Katheter), der zum Blutabsaugen dient. Durch das Absaugen der Luft aus dem Glasgefäß gelangt Blut hinein. Bei Neugeborenen kann man das Blut in ähnlicher Weise über ein Capillar-Röhrchen absaugen. Ist das Blut dünnflüssig, so gelingt das Absaugen ohne weiteres. Man muß aber darauf achten, daß der gesamte Inhalt einer Herzhälfte, und zwar Vorhof und Kammer, aufgefangen wird, da infolge der Sedimentierung der Blutkörperchen nach dem Tode das Blut in der zentralen Hälfte der Kammern fast ausschließlich aus Plasma besteht, also verdünnt ist, während das Blut in der dorsalen Hälfte der Kammern und zum Vorhof hin von Schicht zu Schicht reicher an Blutkörperchen, also eingedickt ist. Nur durch das Aufsaugen des gesamten Kammer- und Vorhof-Inhaltes kann die Wiederherstellung des ursprünglichen Blutzustandes erreicht werden. Das aus der Leiche entnommene und aufgefangene Blut wird in Glas-Capillar-Röhrchen gebracht. Diese werden über einer Gasflamme zusammengeschmolzen, zentrifugiert, und zwar bis zur Beendigung der Schichtung, d. h. praktisch etwa 15 Minuten lang. Alsdann wird die Länge der Plasma- und der Gesamtblutsäule an einem Millimetermaß gemessen, wobei also das Verhältnis von Plasma zum Gesamtblut bestimmt wird. Beträgt beispielsweise die Länge der Plasmasäule 36 mm und die Gesamtlänge 90 mm, so ist der Plasmagehalt 40%.

*Ponsold* bestimmte auf diese Weise die beim E. eingetretene Blutverdünnung, und zwar bedeutet ein Plasmagehalt von über 60% eine Verdünnung, ein solcher unter 40% eine Eindickung des Blutes.

Schließlich hat *Scatamacchia* die Bestimmung der *Blutkörperchen-Senkungs-Geschwindigkeit* empfohlen, welche Unterschiede zwischen normalem und asphyktischem Blut aufweisen soll. Dieser Unterschied ist aber gewöhnlich gering. Zudem weist die Blutkörperchen-Senkungs-Geschwindigkeit schon beim normalen Menschen Streuungen auf, welche der Anwendung der Methode beim Ertrunkenen nur ein theoretisches Interesse verleihen.

Die *Ertrinkungsflüssigkeit* außerhalb der Leiche kann zum Vergleich mit den in der Leiche erhobenen Befunden untersucht werden. Die Untersuchung ist in allen Fällen zu empfehlen. Sie kann sich erstrecken auf ihre physikalischen Eigenschaften (Gefrierpunkt, elektrische Leitfähigkeit, Dichte, Abdampfrückstand, Glühverlust), ihre chemischen Eigenschaften (Bestimmung von Eisen, Blei, Arsen, Calcium, Mangan, Barium, Bor, Fluor und Chlorgehalt in Meer- und Flußwasser) sowie ihre Beimengungen pflanzlicher und tierischer Art.

*b) Chemische Methoden.* Die chemischen Methoden dienen zum Nachweis der Ertrinkungsflüssigkeit durch Ermittlung charakteristischer Bestandteile. In jedem Flußwasser wie auch im Meerwasser kommt es je nach dem Einfluß der Witterung und der Zuflüsse zu Abweichungen untereinander, die sich aber bei den meisten großen Flüssen nur in sehr kleinen Grenzen bewegen können. So besitzt z. B. das Wasser der Unterelbe regelmäßig einen hohen Kochsalzgehalt. Der Trockenrückstand der Flußwässer schwankt etwa zwischen 18—30 auf 100 000.

Soll Ertrinkungsflüssigkeit in der Leiche nachgewiesen werden, so muß man nach Stoffen suchen, die unter normalen Verhältnissen in der Leiche nicht vorkommen. *Revenstorf* empfahl, nach *Kieselsäure* und *Tonerde* zu fahnden, er fand aber, daß beide Mineralstoffe in gelöstem Zustand im Flußwasser in so geringen Mengen vorhanden sind, daß die gesamte Menge des aspirierten Wassers in der Regel nicht ausreicht, diese Stoffe und ihre Verbindungen chemisch nachzuweisen. Den übrigen gelösten Bestandteilen des Flußwassers legte er keine Bedeutung bei. Seiner Ansicht nach bringen die Mineralquellen und einige Fabrikwässer, welche das Flußwasser verunreinigen können, die Aussicht, etwa durch Auffindung von Blei und Arsen den Tod durch E. nachzuweisen. *Ziemke* maß diesen Methoden so wenig Bedeutung bei, daß er sie in seiner Darstellung 1907 nicht erwähnte. *Hofmann-Haberda* erwähnen die Untersuchungen von *Lochte* und *Danziger*. Diese ergaben zunächst, daß beim Ertrinkungstod die Ertrinkungsflüssigkeit mit den gelösten Substanzen, wenn sie in den Herzhöhleninhalt hineingelangten, im Herzmuskel nachzuweisen war.

Bei einem 5 kg schweren Hund fand sich in einer aus der Schenkelschlagader entnommenen Blutprobe auf 100 g Blut 0,0096 g CaO. Nach dem Tod durch E. fanden sich im Blut des linken Herzens 0,0265 g CaO, im Blut des rechten Herzens 0,016 g CaO, im Herzmuskelfleisch wurden, auf 100 g Muskel berechnet, 0,0050 g CaO gefunden, dagegen in den Skelettmuskeln nur Spuren von Ca. Bei der Würdigung dieses Befundes war zu berücksichtigen, daß schon normalerweise der Herzmuskel des Hundes einen relativ hohen Ca-Gehalt aufweist, nämlich 0,0046 g CaO. Selbst wenn man aber nicht die gesamte Kalkmenge des Herzens auf den Ertrinkungstod bezog, sondern nur die geringen Mengen zwischen 0,0050 und 0,0046 g CaO, also etwa 0,004 g CaO, so ergab sich doch ein deutlicher Hinweis auf eine Vermehrung des CaO-Gehaltes in der linken Herzkammer.

Daß die Vermehrung des CaO-Gehaltes auf das Hineinfließen von Ertrinkungsflüssigkeit zurückzuführen war, konnte nach *Lochte* und *Danziger* keinem Zweifel unterliegen, als man bei einem Hunde, den man in tiefer Narkose in Marmorstaub erstickte, bei der chemischen Untersuchung des Herzmuskels eine ähnliche Vermehrung von Ca wie beim Ertrinkungstod fand. Die Brauchbarkeit der Methode wurde allerdings durch den Einwand beeinträchtigt, daß auch postmortal durch Liegen der Leiche im Wasser eine Anreicherung des Kalkgehaltes im Herzen erfolgen könne.

Nach der Angabe von *Lochte* gestaltet sich der Nachweis wie folgt:

Die mit destilliertem Wasser sauber abgespülten Herzmuskelteile wurden feucht gewogen, im Trockenschrank vorsichtig in einer *Petri*schale getrocknet bis zur lederartigen Konsistenz, sodann weiter erhitzt bis 200°, verkohlt und schließlich verascht, bis nur ein geringer Rückstand blieb, der mit Salzsäure aufgenommen wurde; vom Unlöslichen wurde abfiltriert und Eisen + Aluminium in der Siedehitze mit Ammoniak gefällt. Das ausgeschiedene Fe und Al wurde abfiltriert, das Filtrat zum Sieden erhitzt und mit heißer Ammoniumoxalat-Lösung versetzt. Aus der Lösung schied schon nach zweitägigem Stehen

Calciumoxalat aus, das abfiltriert und zu CaO verglüht und gewogen wurde.

Die Brauchbarkeit der Methode leuchtet trotz der geringen chemisch nachweisbaren Mengen ein, wenn man bedenkt, daß (*Lochte* und *Danziger*) der Herzmuskel etwa die hundertfache Menge Wasser aufzunehmen imstande ist, wie der Skelettmuskel. Daraus erklärt sich auch die Aussicht, geringe Mengen gelöster chemischer Substanzen zu finden. Wir konnten im Kieler Institut in unveröffentlichten Untersuchungen mit *Ziemke* die Ergebnisse von *Lochte* bestätigen.

Für den *Nachweis von Meerwasser* schlug *Icard* die quantitative Untersuchung des Herzmuskels auf Mg vor, die spektroskopische auf Ba, Br und Fl. Das Wasser der deutschen Meere enthält bis zu 0,4 % Mg (Nordsee), dasjenige des Atlantischen Ozeans bis zu 1,25 % Mg. Es ist also beim Ertrinken eine Zunahme des Blut-Mg-Gehaltes auf etwa das 20fache zu erwarten. Ähnlich liegen die Verhältnisse für die genannten spektroskopisch nachweisbaren Elemente.

Der *Chlor-Gehalt* wurde namentlich unter dem Gesichtspunkt des Ertrinkens im chlorreichen Meerwasser geprüft. *Gettler* und *Yamakami* fanden zuerst in Tierversuchen beim Ertränken in Süßwasser eine erhebliche Herabsetzung, beim Ertränken in Meerwasser dagegen eine Steigerung des Chlor-Gehaltes im linken Herzen. Sie machten bei der Bewertung ihrer Ergebnisse die Einschränkung, daß sie für ältere Wasserleichen wohl nicht gelten könnten. Andererseits zeigte sich, daß die festgestellten Unterschiede sich auch durch eine nachträgliche Osmose zwischen den beiden Herzhälften nicht ausglichen. Ihre Angaben wurden zuerst von *Palmer* und *Doherty* nachgeprüft. Sie fanden, daß die Methode bei fortgeschrittener Fäulnis versagte, weil nicht genügend Herzblut zu erhalten war. In fünf von sechs Ertrinkungsfällen im salzigen Meerwasser stellte sich aber eine tatsächliche Vermehrung des Kochsalzgehaltes im linken Herzblut heraus. Die Verminderung des Chloridgehaltes aber, welche von *Gettler* und *Yamakami* als charakteristisch für E. im Süßwasser angesehen war, fand sich nun auch bei anderen Todesarten.

Hier setzten die Untersuchungen von *Leclerq* ein, welcher mit einer *Verfeinerung der Chlorbestimmungsmethode* noch an 1 ccm genaue Ergebnisse erzielte, indessen er auch eine Beschränkung der Methode in ihrer Beeinflußbarkeit durch die Fäulnis sah.

Dies stellte sich besonders heraus bei den Untersuchungen von *Muller*, *Inouye* und *Uchimura*. So fand *Muller* den Gehalt der Körpersäfte an Chloriden überhaupt beim Tod durch E. im Süßwasser vermindert. Nach 15—20 Tagen Aufenthalt im Wasser betrug die Verdünnung etwa ein Drittel. So wurde nachgewiesen, daß die Chlorid-Verminderung eine gewöhnliche Folge des Liegens der Leiche im Wasser war.

Damit blieb die Frage offen, ob beim Ertrinken im Meerwasser, also in hypertonischer Flüssigkeit, diese salzreichere Lösung auch in das linke Herz eindringe, oder ob nicht vielmehr den osmotischen Gesetzen folgend, aus der schwächeren salzhaltigen Lösung, also dem Blut, Plasmawasser in das Ertränkungsmedium, d. h. die Lunge hineindiffundiere. Der Eindruck der holländischen Kliniker, daß Menschen nach Hineinfallen in Grachten oder Meerwasser schwerer vom Tode zu retten seien, als wenn sie in Flußwasser gefallen und ebenso schnell herausgezogen waren, veranlaßt *Laqueur* zu seinen Untersuchungen über das *Resorptionsvermögen der Lungen*. Kleine Mengen Nordseewasser (D = 1,9° ± 5 cbm: kg Tier) führten schon sehr bald durch Erstickung zum Tod. Kleinere Mengen wurden vertragen. Es fiel auf, daß eine etwas stärker konzentrierte Kochsalzlösung (4°, D = 2,36°) geringere Erscheinungen hervorrief und Leitungswasser von der Lunge fast eben so schnell resorbiert wurde wie destilliertes Wasser. Schon nach ½ Stunde waren etwa 90 % der Flüssigkeit verschwunden. Mit Grachtwasser aber wurden sehr stark schwankende Ergebnisse erzielt. Das eine Mal wurde es glatt resorbiert, das andere Mal war wieder Wasser in die Lungen eingelaufen. *Laqueur* sah die Lösung der Frage darin, daß die Chlorid-Konzentration in den einzelnen Proben zwischen 1,5 und 7,1 °/$_{00}$ schwankte und wies darauf hin, daß der Salzgehalt des Wassers für das Schicksal des Ertrinkenden von Bedeutung sei und daß die Lunge vor allem bestrebt sei, sobald wie möglich die Isotonie mit dem Blute nach einfachen Gesetzmäßigkeiten wieder herzustellen.

*Inouye, Uchimura* und *Nakai* wiesen hingegen darauf hin, daß die beim Ertrinken im Meerwasser gefundene Chlor-Erhöhung im linken Herzen doch auf eine gewisse Salzresorption aus der hypertonischen Ertrinkungsflüssigkeit hindeute und daß beim E. im Meerwasser eher eine Wasseraufnahme als eine Bluteindickung stattfände. Der Chlor-Gehalt zwischen der linken und rechten Herzhälfte und der vorerwähnte Anstieg im linken Herzen ist nach ihren Untersuchungen beim E. im Meerwasser nicht so scharf ausgeprägt wie die Verminderung des Chlorgehaltes beim E. im Süßwasser.

*Inouye* und seine Mitarbeiter bestätigten den Chlorgehalt nach der Methode von *Rusznyak*, wobei sie 0,3 ccm Serum verwendeten.

Zum Unterschied von den anderen Erstickungsarten, bei welchen *Inouye* und seine Mitarbeiter allgemein eine geringe Eindickung des Blutes fanden, die mit einer Erhöhung des Brechungs-Index und einer erheblichen Gefrierpunktserniedrigung einherging, liegt der Grund für die Zunahme der Salzkonzentration und der Gefrierpunktserniedrigung des Blutes beim E. im Meerwasser weniger in der Bluteindickung im üblichen Sinne als in der Resorption des Salzes aus der Ertränkungsflüssigkeit.

Die *Brauchbarkeit der Chlorid-Nachweis-Methode* konnte *Martland* an seinem großen New Yorker Material nachweisen. Schon die Untersuchungen von *Laqueur* ergaben, daß der Chlorid-Gehalt des Mischwassers in den holländischen Grachten wechselnde Unterschiede zeigte. Dies ist von forensischer Bedeutung für die Anwendung der Chlorid-Methode im Mündungsbereich von Flüssen. Schließlich muß man daran denken, daß eine Chloriderhöhung bei der Aspiration von erbrochenem Mageninhalt während des Ertrinkungsvorganges herrühren kann.

Eine besondere forensische Bedeutung hat der Chloridnachweis noch insofern, als eine sich über längere Zeit erstreckende *Kochsalzzufuhr* oder eine reichliche *Wasserzufuhr zu Tötungszwecken* angewendet werden kann. Aus mündlichen Mitteilungen sind uns solche nicht veröffentlichte Fälle bekannt geworden. *Schoemaker* bezeichnete als *Wasservergiftung* gewisse lebensbedrohliche Erscheinungen nach reichlicher Wasserzufuhr. Experimentell ließ sich nach starker Wasserzufuhr bei vorausgegangener Kochsalz-Verringerung ein ernstes Krankheitsbild mit Krämpfen und Bewußtlosigkeit nachweisen, das der Behandlung mit Verabreichung von Kochsalz zugänglich und autoptisch einem ausgedehnten Hirnödem entsprach. Der Grund für ein solches Verhalten mag in der Unfähigkeit der Gewebe liegen, das zugeführte Wasser über eine gewisse Grenze hinaus aufzunehmen. Diese Unfähigkeit wiederum erklärte sich aus den absichtlich herbeigeführten NaCl-Verlusten. Führte man Kochsalz zu, so wurde der Zustand sogleich behoben. Geschah dies nicht, so

reicherte sich das Wasser in den Geweben an und führte zum Hirnödem. Bei unklaren Todesfällen kleiner Kinder sollte diese Möglichkeit nicht außer acht gelassen werden.

Die *Bestimmung des Stickstoffes und des Rest-N* wurde schließlich für die Diagnose des Ertrinkungstodes herangezogen (*Inouye* und *Nakai*). *Inouye* fand beim E. sowohl im Süßwasser als auch im Meerwasser infolge der Verdünnung des Herzblutes und der Ausbleichung der Papillarmuskeln größere Mengen der Rest-N-Werte, als bei anderen Erstickungsarten. Die Bestimmungen erfolgten nach *Kjeldahl*. Beim E. in Süßwasser war der Gehalt des linken Kammer-Blutes an Rest-N (und auch an Rest-C) erheblich niedriger als im rechten Herzen, manchmal sogar kleiner als der Ausgangswert, wie sich durch die Blutverdünnung in der Lunge erklären ließ. Dieser Unterschied hielt ziemlich lange nach dem Tode an und war auch bei geronnenem Blut und in den Papillar-Muskeln bei leerem Herzen nachzuweisen. *Nakai* erbrachte auf chemischem Wege den Nachweis der Blutverdünnung, indem er den Gesamtstickstoff des Blutes und des Papillarmuskels aus beiden Herzhälften bei Ertrunkenen und anderweitig Verstorbenen bestimmte und verglich. Dabei fand sich, daß die Stickstoffmenge des linken Herzens und Papillarmuskels Ertrunkener kleiner war als bei anderen Personen. Diese Differenz der Stickstoffmenge zeigte sich ohne Rücksicht auf den Flüssigkeitszustand des Blutes sogar bei leerem Herzen im Papillarmuskel immer und ohne Rücksicht auf die Art der Ertrinkungsflüssigkeit immer im gleichen Sinne, d. h. der Stickstoffgehalt des Blutes war in der linken Herzhälfte immer kleiner als rechts. Schließlich zeigte sich, daß die Stickstoffdifferenz von dem Kampf des Ertrinkenden gegen den Tod im Wasser abhing und mit der Dauer des Erstickungsvorganges deutlicher wurde.

So scheint auch diese Methode forensisch brauchbar zu sein, wie überhaupt der Nachweis der gelösten chemischen Bestandteile in der Ertrinkungsflüssigkeit durch die Untersuchungen von *Lochte-Danziger*, *Yamakami, Inouye, Nakai* und *Uchimura* eine wesentliche Bereicherung erfahren hat.

*II. Nachweis der suspendierten Bestandteile in der Ertrinkungsflüssigkeit: a) Anorganische Bestandteile.* Nachdem schon *Paltauf* 1888 gefunden hatte, daß bei Tieren, die er in einer Berliner Blau-Lösung ertränkt hatte, Teilchen dieses Farbstoffes im linken Ventrikel gefunden wurden, und *Corin* 1900, welcher eine fäkale Ertränkungsflüssigkeit benutzte, in dem Blute der Tiere Saprophyten nachwies, zeigte *Stockis* 1909 in Tierversuchen nach mikroskopischer Untersuchung der Lungen, daß *die in der Ertränkungsflüssigkeit schwimmenden Teilchen beim E. in die Blutgefäße gelangten.* Er fand, daß Teilchen in der Größe von Erythrocythen durch die Risse der Lungen-Alveolen und -Capillaren in die Lungenvenen gelangten, von dort in den linken Ventrikel und schließlich in den großen Kreislauf bis zum rechten Herzen. Er beschäftigte sich vorwiegend mit Teilchen mineralischen Ursprungs, die aus Silikaten, Calcium u. ä. bestehen, wie sie im Sand und im Schlamm der Gewässer vorkommen können. In welchem Maße sie frei schweben, hängt von der Beschaffenheit des Flußbettes, der Strömungsgeschwindigkeit, der Wasserbreite und -tiefe und dem Umfang des Schiffsverkehrs ab. *Stockis* schlug vor, das Blut vorher zu hämolysieren, alle organischen Teile durch Salzsäure zu zerstören und dann mikroskopisch bei polarisiertem Licht die Abwaschflüssigkeit des Endokards im linken Herzen zu untersuchen. Der sogleich erkennbare Vorteil dieser Methode liegt in ihrer Unabhängigkeit von der *Leichenfäulnis*, ihr Nachteil aber in der unbedingten Notwendigkeit, alle *Unreinigkeiten* fernzuhalten. *Ascarelli* prüfte diese Methode nach (1911) und fand in allen Fällen die beschriebenen Mineralteilchen. Ähnliche Befunde hatte *Wertrogradoff*, der neben den aufgeschwemmten Teilchen auch solche alimentären Ursprungs nachwies, wie sie im aspirierten Wasser aus dem Magen in die Lungen transportiert waren. *Fraenckel, G. Straßmann* und *Revenstorf* hielten es für fast unmöglich, sämtliche Verunreinigungen zu entfernen. *Fraenckel* und *Straßmann* konnten einerseits die Befunde von *Stockis* bestätigen, fanden anderseits aber in der Abwaschflüssigkeit des rechten Herzens oft viel mehr leuchtende Punkte als in der Flüssigkeit des linken Herzens, überdies sogar auch lichtbrechende Teilchen im Herzblut von Personen, die gar nicht ertrunken waren. Sie zeigten in Tierversuchen, daß bei genügendem Druck eine Einschwemmung aus der Lunge ins rechte Herz auch über die Arteria pulmonalis möglich sei. Es bedarf daher nicht des an sich unwahrscheinlichen Umweges über den großen Kreislauf.

*Paschukaniß* versuchte, aufgeschwemmte Teilchen, welche an Größe die roten Blutkörperchen etwa 3—4mal übertrafen (Stärkekörnchen oder Lykopodiumsporen), im Herzen Ertrunkener nachzuweisen. Er fand, daß auch diese durch die Einrisse in den Capillarwänden der Lungen hindurchgingen. Sie gelangten aber nicht mit der gleichen Leichtigkeit in den Blutstrom. Er schloß daraus, daß dies überwiegend von ihrer Form und ihren physikalischen Eigenschaften abhinge.

In letzter Zeit wurde die *Stockis*sche Methode von *Rosanoff* nachgeprüft. Er schlug vor, dabei nicht nur auf kristalloide Körperchen zu achten, sondern auch auf das Vorhandensein von *Stärkekörnchen*; denn er fand in 58 % seiner Fälle auch Stärkekörnchen im linken und rechten Herzen, und zwar auch im Herzen von faulen Leichen Ertrunkener. In Leichen von Personen, die durch andere Ursachen gestorben waren, fand er sie nicht. *Rosanoff* nahm an, daß die Stärke aus dem erbrochenen und dann in die Lunge aspirierten Mageninhalt stammt.

Verhältnismäßig selten waren *kristallinische Bestandteile,* auf die eigentlich *Stockis* hingewiesen hatte, mit genügender Sicherheit zu erfassen. Dies liegt zweifellos daran, daß sie häufig nur in geringen Mengen in der Ertrinkungsflüssigkeit vorkommen. Der regelmäßige Nachweis von Stärkekörnchen im Blut und Herzkammer-Inhalt auch bei vorgeschrittener Fäulnis ist ein *wichtiger Anhaltspunkt für den Ertrinkungstod.* Diese Feststellung bestätigt im übrigen die schon von *O. Schmidt* und *K. Reuter* erhobenen Befunde, denen der chemische und mikroskopische Nachweis gelang, daß der beim E. erbrochene *Mageninhalt bis in die Blutbahn und den Inhalt des linken Herzens gelangt.*

b) *Organische Bestandteile.* Der Nachweis der suspendierten Bestandteile in der Ertrinkungsflüssigkeit kann in hervorragendem Maße in bezug auf organische Bestandteile erfolgen. Wenn die in Frage kommenden Methoden auch schon vor längerer Zeit bekannt waren, so sind sie doch erst in den letzten Jahrzehnten ausgebaut.

*Ziemke* weist auf das Vorkommen von *Wasserbakterien* in der Ertrinkungsflüssigkeit und in den Organen der Brusthöhle hin und erwähnt, man habe neuerdings versucht, den *Planktongehalt der Gewässer* für den Nachweis der Ertrinkungsflüssigkeit in den Lungen zu benutzen. *Revenstorf* untersuchte damals 107 Fälle auf Plankton und sah nur neunmal ein Fehlresultat. Er meinte, man könne aus der Verteilung der Planktonbestandteile im Lungengewebe entscheiden, ob die Ertrinkungsflüssigkeit im Leben oder erst nach dem Tode in die Atemwege gelangt sei. Wenn sie über das gesamte Lungen-

gewebe gleichmäßig verteilt war, nahm er Aspiration von Ertrinkungsflüssigkeit an. War dagegen der Planktongehalt auf einzelne Lungenabschnitte beschränkt, so sei dies als Beweis für das postmortale Einlaufen des Wassers anzusehen, welches nach dem Tode lediglich nach den Gesetzen der Schwerkraft sich in den Atemwegen verteile und daher in der Hauptsache die abhängig gelegenen Lungenabschnitte anfülle. *Wachholz* erhob Einwände gegen die Plankton-Methode und begründete diese damit, daß ihre Ergebnisse mit den anatomischen Befunden in den Lungen Ertrunkener nicht übereinstimmten.

*Hofmann-Haberda* weisen kurz auf die Plankton-Methode hin. *G. Straßmann* betont die Auffindung des Planktongehalts im Lungensaft, er hält insbesondere auch den Befund von Diatomeen für wichtig und empfiehlt nach *Revenstorf* die mikroskopische Untersuchung von Lungen-Preß-Saft. *Revenstorf* hatte auf den Nachweis aller möglichen organischen Bestandteile hingewiesen, und zwar sowohl auf organischen Detritus, d. h. alle möglichen Zerfallsprodukte, auch tierischer Art, wie auch auf das Vorhandensein von Bakterien, Pflanzen-Plankton und Zoo-Plankton. Zu diesem Zwecke empfahl er die *Untersuchung des Abstreif-Präparates der Lungen, diejenige des Preß-Saftes und die Untersuchung im Schnittpräparat.* Zur Herstellung eines *Abstreifpräparates* empfiehlt *Revenstorf* das Abstreifen des Lungensaftes mit dem Messer und Untersuchung am frischen Präparat nach Zusatz von destilliertem Wasser oder von verdünnter Essigsäure. Zur Ermittlung von Algen bedürfe es in der Regel keiner besonderen Färbung wegen der natürlichen schönen Farbe. Farblos gewordene Algen könnten nach *Gram* dargestellt werden.

Zur Untersuchung des *Lungen-Preß-Saftes* empfiehlt *Revenstorf* einen Apparat, der in der Hauptsache aus einem dickwandigen und im unteren Drittel siebartig durchlöcherten Zylinder besteht, wie einer gewöhnlichen Haushaltspresse entspricht. Durch eine besondere Vorrichtung soll es möglich sein, den Kolben von der Spindel zu trennen, damit eine gründliche Reinigung vorgenommen werden kann.

Zur Herstellung von *Schnittpräparaten* empfahl *Revenstorf* in erster Linie Celloidineinbettung und die Färbungsmethoden nach *van Gieson* und nach *Weigert. Revenstorf* versuchte auch den Nachweis von Plankton in den oberen Luftwegen, der Paukenhöhle, den Nebenhöhlen der Nase, im Magen-Darm-Kanal und im Blut.

Die Untersuchung wird nach *Revenstorf* am besten so ausgeführt, daß man ein Stückchen Lunge, das mit Brustfell überzogen ist, auswäscht und das Zentrifugat der Wasch- oder Preßflüssigkeit untersucht. *Wachholz* hält diese Methode nicht für ausreichend, weil sie keine genügenden Anhaltspunkte für die Verteilung der Ertrinkungsflüssigkeit gibt. *Corin* und *Stockis* schreiben der Planktonmethode keinen unbedingten Wert zu, weil sie in Leichen, die sie in planktonreiches Wasser legten, in der Lunge die gleiche Verteilung des Planktons fanden wie bei Ertrunkenen. *Hirai* sowie *Muller* und *Marchand* betonen auf Grund ihrer Versuche ausdrücklich, die Planktonmethode könne nur dann befriedigende Resultate geben, wenn man sich an die Forderungen von *Revenstorf* halte und *nur subpleurale Lungenteilchen untersuche,* denn sowohl *Revenstorf* selbst, wie auch *Hirai, Muller* und *Marchand* stellten fest, daß *aspirierte Ertrinkungsflüssigkeit unbedingt bis in die Alveolen gelangt.* Anderseits konnte *B. Mueller* durch Versuche an Kinderleichen, die er in eine Aufschwemmung von Mennige legte, röntgenologisch feststellen, daß Flüssigkeitsbestandteile postmortal wohl bis in die gröberen und mittleren Bronchialverzweigungen, nie aber bis in die Alveolen gelangten.

Was den Ort der Entnahme des Materials angeht, so schlug neuerdings *Kasparek* vor, besonders auch den Duodenal-Inhalt von Ertrunkenen auf Plankton bzw. auf Diatomeen zu untersuchen, da nach den Versuchen von *Fagerlund* Ertrinkungsflüssigkeit nur bei echtem Ertrinkungstod bis in den Darm gelangt, ausgenommen bei hochgradiger Fäulnis der Leiche.

*Serebrianikov* und *Golajev* berichten über gute Erfolge mit der Planktonmethode. Sie fanden bei Leichen von Ertrunkenen eine gleichmäßige Verteilung von Diatomeen über der ganzen Lunge, bei nach dem Tode ins Wasser gebrachten Leichen waren die Randpartien der Lungen frei. Auch war die Verteilung der Diatomeen ungleichmäßig.

Nach den Untersuchungen von *Kasparek* handelt es sich bei den im Wasser suspendierten fremden Körperchen neben den *anorganischen Schwemmstoffen* um *organische Schwebestoffe*, die neben dem *organischen Zelldetritus* aus den *charakteristischen Plankton-Organismen* bestehen. Unter *Plankton* versteht man die im Wasser frei schwebenden lebenden Organismen pflanzlicher oder tierischer Art, unter denen besonders die echten *Algen* und die *Diatomeen* (Kieselalgen) die Hauptrolle spielen.

*Plankton* findet man in allen Gewässern. Der Nachweis ist aber abhängig von der Menge des Wassers und der Menge der Plankton-Organismen. Letztere wiederum hängt in hohem Maße von der Jahreszeit ab. Auch hängt der Nachweis eng an den am häufigsten auftretenden Plankton-Organismen und ihren Lebensbedingungen. Ist tatsächlich auch der Reichtum an Plankton-Organismen im Wasser unbegrenzt, so besteht doch eine relative Begrenzung des Formenreichtums insofern, als nur die Kenntnis der häufiger auftretenden Arten für den Nachweis erforderlich ist.

Die Ertrinkungsflüssigkeit enthält je nach den *Jahreszeiten* verschieden reichlich Plankton-Organismen. Das Auftreten dieser Organismen hängt ab von der *Temperatur des Wassers* und der herrschenden *Lichtintensität*. So sind sie im Winter an Zahl geringer als im Sommer. Die Jahreszeiten haben aber nicht nur einen *quantitativen Einfluß* auf das Auftreten bestimmter Arten, sondern auch einen *qualitativen*. So gibt es im Winter nur wenige spezifische Schwebeformen im Wasser. Im Frühjahr herrscht Diatomeen-Plankton vor, im Sommer finden sich Grün-Algen und Diatomeen-Plankton, im Herbst wieder Diatomeen-Plankton, wobei die Grünalgen an Zahl abnehmen.

Bakterien, Spalt- oder Blaualgen, Konjugaten, Peredineen sowie das Zoo-Plankton kommen mit Ausnahme der Bakterien nur in verhältnismäßig geringer Zahl vor. Plankton findet sich besonders reichlich in *oberflächlichen Wasserschichten*. Hier halten sich in erster Linie Grünalgen und Diatomeen auf, während sich Bakterien und Zoo-Plankton auch in den tieferen Wasserschichten reichlich finden.

Danach ist die *günstigste Jahreszeit* für die Auffindung von Plankton der *Sommer*. Die günstigsten Wasserschichten sind die oberflächlichen, weil sie reichlicher Organismen aufweisen. Trotzdem kann auch bei einem in die Tiefe gelangten Ertrunkenen reichlich Plankton gefunden werden, wenn beim Ertrinkungsvorgang der Schlamm auf dem Wassergrunde, der viel Kieselschalen von abgestorbenen Diatomeen enthält, aufgewirbelt wird. Beim Ertrinkungsvorgang an der Wasseroberfläche finden sich daher reichlicher Diatomeen und Grünalgen, in der Wassertiefe vorwiegend Diatomeen. Die *Strömungsgeschwindigkeit* und die Menge des in einem fließenden Gewässer vorhandenen Planktons sind umgekehrt proportional; in stehendem Gewässer, Teichen und Sümpfen sind die Bedingungen günstiger als in Flüssen. Darum enthält die Spree viel

mehr Plankton als die Isar, der Oberrhein nur wenig, Elbe und Oder wieder mehr, die Saale weniger als die Elbe. Der Rhein ist biologisch in mehrere Abschnitte gegliedert. Am Oberrhein findet sich nach *Kolkwitz* wenig Plankton, im Quellgebiet und in der Schweiz am Bodensee finden sich deutliche Mengen. Der Planktongehalt wächst am Mittellauf des Rheins um ein Mehrfaches. Große Mengen werden dem Rhein vom Main zugeführt; weiter abwärts tritt in der Gegend von Koblenz eine gewisse Selbstreinigung ein. Dann zeigt sich hinter Bonn, Köln und Düsseldorf wieder ein Ansteigen und nach dem Meere zu eine mengenmäßige Abnahme von Plankton-Organismen.

Auch das ärmlichste *Teichplankton* ist qualitativ reichhaltiger als *Flußplankton*. Im Stadium seiner höchsten Entwicklung in Flüssen überwiegt das Phytoplankton mit Diatomeen und Grünalgen. Teichplankton pflegt vorwiegend Tierplankton zu sein, Seenplankton dagegen Phytoplankton und aus Grünalgen und Diatomeen zu bestehen. Durch das Vorherrschen von Phytoplankton in Flüssen und Seen findet man hier in Wasserleichen daher besonders Grünalgen und Diatomeen.

*Die einzelnen Plankton-Arten und ihr Nachweis in der Leiche: 1. Spaltpflanzen, Schizophyten.* Diese sind entweder Spaltpflanzen (Bakterien oder Fadenbakterien) oder Blau-(Spalt-)Algen. Die Spaltpilze oder Bakterien sind überall in der Natur reichlich vorhanden. *Willmanns* beschrieb als typische Wasserbakterie ein plumpes Stäbchen, welches Gelatine rasch verflüssigt. *Borri* versuchte, es in menschlichen Leichen nachzuweisen. Dies erwies sich als unzuverlässig. Im übrigen konnte es bereits schon nach 24 Stunden aus Lungen und Darm von ins Wasser gebrachten Leichen gezüchtet werden (*Ziemke* und *Wolter-Pecksen*). Die Möglichkeit schnellen postmortalen Eindringens der Wasserbakterien schließt die Brauchbarkeit der Methode aus.

Die Faden-Bakterien, die sich überall in Gewässern vorfinden, siedeln sich besonders auf der Haut von Leichen an und bilden zum großen Teil den Algenrasen der alten Wasserleichen (*Haberda, Eyferth*). Sie sind meist ungefärbt und kommen frei schwebend selten vor. Die häufigsten Arten sind Kladothrix, Leptothrix und Beggiatoa. Letztere sind von *Kolkwitz* als selten bezeichnet. Wir fanden sie in den Gewässern Schleswig-Holsteins fast regelmäßig. Alle diese Bakterien haben kaum eine Bedeutung für den Plankton-Nachweis in der Leiche, da sie schon mit dem Leitungswasser und auch beim Aufschneiden der Leiche hineingelangen können.

*2. Blau- oder Spalt-Algen* weisen eine blaugrüne Färbung des Zellinhaltes auf. Auch sie können sich nach längerem Aufenthalt der Leiche im Wasser auf der Haut ein, vorwiegend in sumpfigem oder sonst verunreinigtem Wasser. Sie lassen sich leicht in der Abstreifflüssigkeit der Lungen erkennen, treten aber nur sehr selten auf.

*3. Grün-Algen, Chlorophyceen*, sind die Algen im engeren Sinne. Sie sind durch Chlorophyll grün gefärbt, finden sich vorwiegend im Süßwasser, kommen auch noch an den Meeresküsten vor. Nach *Lampert* und *Fitting* finden sie sich nicht im Meerwasser. Wir konnten sie aber in der Kieler Förde, welche allerdings an mehreren Stellen Zuflüsse erhält, auch in den Leichen Ertrunkener nachweisen. Die *Grünalgen* leisten wegen ihrer *ins Auge springenden Eigenfärbung* und ihres häufigen Vorkommens, namentlich in Binnengewässern, *die besten Dienste für die Diagnostik des Ertrinkungstodes*.

*4. Diatomeen* (Kieselalgen) kommen sowohl im Süßwasser als auch im Meerwasser vor. Sie sind meist gelbbräunlich gefärbt und weisen ein festes Skelett auf (Abb. bei *Kasparek, Buhtz* und *Burkhardt, Löber*). Dieser unzerstörbare kieselsaure Planktonpanzer bildet zwei Hälften, die wie die Deckel einer Schale an den Rändern übereinandergreifen. Sie weisen eine eindrucksvolle Quer- oder Längsriffelung auf. Der Hauptvorteil ihrer Kenntnis liegt darin, daß sie wegen ihres *unzerstörbaren Kieselskeletts* sich *in der Leiche dauernd erhalten*; ein Nachteil liegt darin, daß sie wegen ihrer schwachen Färbung in den mikroskopischen Präparaten nur schwach hervortreten.

5. *Conjugaten, chlorophyllhaltige Algen und Peredineen* spielen im Süßwasser nur eine geringe Rolle.

6. *Zoo-Plankton* ist außerordentlich mannigfaltig. Es spielt im Plankton der Flüsse gegenüber dem Pflanzenplankton keine Rolle. Die Zoo-Plankton-Organismen sind als tierisches Plankton mikroskopisch nicht zu verkennen.

7. *Detritus* kommt in allen Gewässern vor und besteht aus allen möglichen Zerfallsprodukten, wie Bruchteilchen von Blättern und tierischen Gewebsteilchen, Beinen von Insekten, Tierhaaren, Teile von Federn, also meist Geweben, welche wegen ihrer Chitinhüllen sehr widerstandsfähig sind. Der Nachweis von chlorophyllhaltigem Zell-Detritus in Magen und Lungen besagt aber nichts, da er mit der Nahrung in die Verdauungswege und durch die Einatmung von erbrochenem Mageninhalt in die Lungen gelangen kann.

Der *Nachweis der Schwebestoffe* kann erfolgen in den Lungen und den benachbarten Organen sowie im Magen-Darmkanal. Für den Nachweis in der Lunge empfiehlt sich in erster Linie das *Abstreifpräparat von der Lungenschnittfläche*. Dazu wird nach *Revenstorf* nach dem Durchschneiden mit dem Messer eine geringe Menge der abgestreiften Flüssigkeit auf den Objektträger nach Zusatz von destilliertem Wasser oder 1%iger Essigsäure untersucht. Das frische Präparat kann mit einem Deckglasrand aus flüssigem Wachs konserviert werden. Die Untersuchung eines solchen Präparats ist äußerst mühsam, die Ergebnisse sind dürftig. Im *Schnittpräparat* nach Härtung in Formalin und Einbettung in Celloidin (Färbung nach *van Gieson*, besser nach *Weigert*) ist kaum brauchbar, da es nur höchst selten gelingt, Organismen aufzufinden, die gerade mit dem Schnittpräparat getroffen wurden. Zu bedenken ist auch, daß beim Schnittverfahren künstlich Plankton-Organismen ausgeschwemmt werden können und die Gewebestruktur durch den Schnitt verändert wird.

*Walcher, Schrader* und *Kasparek* empfehlen die Vermeidung von Alkohol bei der Einbettungs-Entfärbung und benutzen zur Färbung von Gefrierschnitten Hämalaun nach Härtung in 1%iger Chromsäurelösung. Auch danach waren die Ergebnisse nicht besser. Die Elastica-Färbung nach *Weigert* ist empfehlenswert, weil sie besonders deutlich die Zerreißung der elastischen Fasern und Dehnung der Alveolarsepten erkennen läßt.

Am empfehlenswertesten ist die *mikroskopische Untersuchung von Lungen-Preßsaft*. Der Preßsaft kann, wenn die Lunge mit Ertrinkungsflüssigkeit durchfeuchtet ist, leicht durch Anwendung einer Presse, durch Zentrifugieren und Abgießen der Preßflüssigkeit gewonnen werden.

Bei *trockenen Lungen* empfiehlt sich, destilliertes Wasser mit einer Spritze durch die Pleura hindurch in das Lungengewebe einzuspritzen, bis dieses prall mit Wasser gefüllt ist. Der Zusatz von Formalin soll vor der Gewinnung des Lungenpreßsaftes wegen der Härtung der Lungen vermieden werden. Da der Bodensatz des mit destilliertem Wasser zu dekantierenden Lungenpreßsaftes meist zahlreiche störende Stoffe enthält, die aus zelligen Elementen der Lunge bestehen, soll man versuchen, diese zu vermindern. Der Zusatz von 5%iger Natrium-Carbonat-Lösung und 24—28stündiges Aufbewahren der Preßflüssig-

keit im Brutschrank bei 37° führt zur Zerstörung des verunreinigenden Zell-Detritus. Auch die Blutkörperchenschatten verschwinden, aber die Planktonorganismen werden nicht beschädigt. Die Untersuchung des Lungenpreßsaftes erstreckt sich in erster Linie auf den Nachweis der Grünalgen und Diatomeen. *Grünalgen sind an ihrer schönen Eigenfärbung* und ihrer meist erhaltenen Struktur *zu erkennen. Diatomeen* findet man weniger leicht. Zu ihrem Nachweis empfehlen *Buhtz* und *Burkhardt* besonderen Aufschluß und Veraschung:

1. *Aufschluß.* Lungengewebe wird in kleine Stücke zerstückelt und durch Zusatz von konzentrierter rauchender Salpetersäure zerstört. Nach einigen Stunden wird konzentrierte Schwefelsäure hinzugesetzt und der ganze Inhalt in einem *Kjeldahl*-Kolben erhitzt und bis zur Klärung zerstört. Der Inhalt wird zentrifugiert, das Sediment untersucht.

2. *Zur Veraschung* der zu untersuchenden Lungenteile wird zunächst ein Preßsaft hergestellt. Dieser wird auf der Platinschale verascht. Man kann auch das zu untersuchende Lungenstück in einem Trockenofen bei 110° trocknen und auf der Platinschale im Wasserbad vorsichtig veraschen, bis keine störenden Kohleteilchen in der Asche mehr vorhanden sind. Zusatz von einigen Tropfen verdünnter Ammonium-Nitrat-Lösung fördert die Veraschung. Die kaum sichtbare Asche wird in verdünnter Salzsäure aufgelöst, zentrifugiert und das Sediment auf Diatomeen untersucht.

Mit diesen beiden Verfahren, von denen *Buhtz* und *Burkhardt* in erster Linie die Aufschlußmethode empfehlen, gelang ihnen der Nachweis von Diatomeen sowohl in der Lunge als auch im Duodenal-Inhalt, in letzterem aber weitaus nicht in dem Umfange wie in den Lungen. *Kasparek* empfiehlt schließlich zur Anreicherung der Plankton-Organismen das *Kulturverfahren*, wobei sich als besonders geeignet die folgende Nährlösung erwies: 1,0 Kalium-Nitrat, 0,5 Calcium-Sulfat, 0,5 Magnesium-Sulfat, 0,5 Calcium-Phosphat, einige Tropfen Eisen-Chlorid, 1000 aqua dest.

Da immer wieder der *Einwand* gemacht wird, *Plankton könne postmortal in die Lungen hineingelaufen sein*, ist die *Entnahme von schmalen und dünnen*, höchstens 3 cm langen und 0,5 cm dicken *subpleural gelegenen Streifen Lungengewebes mit sterilen Instrumenten zu empfehlen*. Preßt man diese Stücke in eine *Petrischale* aus, gibt planktonfreies Wasser hinzu und zentrifugiert 2—3 Röhrchen, so erhält man nach unseren Erfahrungen reichlich Schleudersatz zur mikroskopischen Untersuchung.

Bei dieser Methode, die keine besondere Laboratoriumseinrichtung erfordert, gelingt es, aber auch nur nach angestrengtester Arbeit am Mikroskop, die selbstverständlich eine Kenntnis der Planktonorganismen voraussetzt, Plankton zu finden.

Außer in den Lungen kann Plankton nachgewiesen werden in dem Schaum aus der Luftröhre, in ganz seltenen Fällen auch in der Pleuraflüssigkeit. Der eindeutige Nachweis von Planktonorganismen in Blut- und Lymphbahnen ist noch nicht erbracht, so daß es scheint, als werde Plankton in den Lungen-Alveolen abfiltriert.

Was die Einwände gegen die Planktonmethode angeht, so beziehen sich diese in erster Linie darauf, daß Wasser postmortal in die Lungen eindringen könne. *Revenstorf* sah deshalb allein die *gleichmäßige Verteilung der Plankton-Organismen über die ganze Lunge* als sicheres Zeichen vitalen Eindringens an. Allen Einwendungen kann man aber begegnen, indem man *ausschließlich die subpleuralen Lungenteile zur Herstellung eines Lungen-Preßsaftes verwendet*, da nach den Untersuchungen von *B. Mueller Flüssigkeitsbestandteile postmortal nicht bis in die Alveolen einzudringen vermögen*, anderseits nach *Muller, Marchand* und *Hirai Wasser, das beim Ertrinkungstod aspiriert wird, bis in die Alveolen gelangt.*

Kriminalistische Bedeutung hatte ein von *Nippe* beschriebener Fall. Durch die Untersuchung seiner durchfeuchteten Kleider, die angeblich beim Pferdeschwemmen naß geworden waren, konnte einem Mörder seine falsche Aussage nachgewiesen werden. Die an den Kleidern vorgefundene Flora und Fauna war nicht identisch mit derjenigen aus der Pferdeschwemme, sondern stimmte überein mit dem Tümpelwasser, in dem der Täter ein Mädchen ertränkt hatte.

*D. Schwimmen und Treiben der Leichen im Wasser.* Leichen von Ertrunkenen, die zur Obduktion gelangen, haben meist längere oder kürzere Zeit im Wasser gelegen. Dies ist nicht allein für die an Wasserleichen gefundenen Verletzungen und ihre Entstehungsursache von Bedeutung, sondern ist auch als wichtig angesehen worden zur Beurteilung der Frage, ob überhaupt ein richtiger Tod durch E. oder ein Tod durch Herzlähmung oder andere Ursachen im Wasser vorgelegen hat.

*Die Art, wie menschliche Leichen im Wasser schwimmen*, hängt bei alten Wasserleichen von rein physikalischen Bedingungen ab insofern, als die häufig hochgradige Gasentwicklung für einen gehörigen Auftrieb sorgt. Auch bei frischen, im Wasser schwimmenden Leichen scheint die Art, in welcher Höhe und welcher Lage sie vorgefunden werden, auf den ersten Blick von rein physikalischen Bedingungen abhängig zu sein, also dem spezifischen Gewicht des untergetauchten Körpers, demjenigen der Ertrinkungsflüssigkeit, der Temperatur und Massenverteilung. So sind Versuche, das *spezifische Gewicht des lebenden Menschen* zu ermitteln, mehrfach unternommen worden. Schon dabei stellte sich heraus, daß die Hauptschwierigkeit in der Verschiedenheit der Atmung während des Versuchs lag (*Meixner*). Die meisten Untersucher bestimmten das Volumen in Ausatmungsstellung, andere bei oberflächlicher Atmung, andere berechneten das Mittel zwischen tiefster Einatmung und stärkster Ausatmung. So gab *Mies* das spezifische Gewicht gesunder Menschen auf 1,0127—1,082 an, *Ziegelroth* auf 1,023—1,069 und *Wengler* auf 1,013—1,042. Damit stimmt überein, daß die Lunge eines Ertrunkenen, welche man ins Wasser bringt, meist einen größeren Auftrieb als die Lunge eines auf andere Weise rasch verstorbenen Menschen zeigt, mit größeren Teilen aus dem Wasserspiegel ragt und einer größeren Belastung zum Untersinken bedarf. So vermag sie nach *Stumpf* etwa das Eineinhalbfache ihres eigenen Gewichts zu tragen, während Vergleichslungen nur etwa mit der Hälfte ihres eigenen Gewichts belastet werden können.

Zweifellos sind bei menschlichen Leichen außer den vorerwähnten physikalischen Bedingungen noch andere Umstände zu berücksichtigen. Diese wiederum sind bedingt durch Einwirkungen, welche den Körper während des Lebens betroffen haben, und von dem verschiedenen Zustand, in welchem er ins Wasser geriet. Eine weit verbreitete Meinung ist die, daß ein Ertrunkener im Wasser sofort untergeht und erst nach längerer Zeit wieder nach oben kommt. Ein anderes Verhalten soll dafür sprechen, daß der Tod nicht durch Ertrinken eingetreten sei. Darin liegt auch die psychologische Erklärung dafür, daß Selbstmörder sich öfter mit Gewichten beschweren, teils um Selbstrettungsversuche zu verhindern, teils um die Auffindung ihrer Leiche unmöglich zu machen. Weit verbreitet ist auch die Meinung, daß weibliche Leichen in der Regel auf dem Rücken schwimmen, während männliche die Bauchlage einnehmen sollen.

*Du Bois-Reymond* erklärt dies mit der Annahme, daß der Fettreichtum des weiblichen Körpers die Drehbewegungen des Bauches nach oben erklären solle.

*Haupt* stellte 1892 den Satz auf, die Leiche eines frisch Ertrunkenen schwimme nicht, und wenn umgekehrt eine schwimmende Leiche noch frisch sei, so sei der Tod nicht im Wasser eingetreten. *Straßmann* wandte sich dagegen. Auch *Haberda* erkannte die Regel von *Haupt* nicht an. *Meixner* fand von 86 Verunglückten fünf regungslos an der Oberfläche geblieben, vier davon waren bekleidet.

Bei der Untersuchung der einzelnen Fälle zeigte sich, daß die des Schwimmens Unkundigen beim Baden zunächst meist untersinken, sowie sie den Boden unter den Füßen verlieren, dann im stehenden Wasser gewöhnlich noch einmal zum Vorschein kommen; einige schlugen dabei um sich, gingen wieder unter und tauchten noch ein- bis zweimal auf, ehe sie versanken. Einige schrien auf, andere erst später, gelegentlich erst beim letzten Auftauchen, manche brachten überhaupt keinen Schrei heraus oder gurgelten nur. Von einigen heißt es, daß sie die Augen weit aufrissen; bei manchen hat dieser Kampf fünf bis sechs Minuten gedauert. In fließendem Wasser blieben die Verunglückten länger an der Oberfläche, wenn sie nicht von Wirbeln hinabgezogen wurden. Meist trieben sie mit dem Kopf nach vorn. In einem Falle wurde eine verunglückte Schwimmerin beobachtet, die 8—10 m unterhalb der Stelle des Untersinkens noch einmal durch die Strömung nahe an den Wasserspiegel gehoben wurde, ohne ihn jedoch zu erreichen und dann wieder versank. In Wildbächen verunglückte konnten sich trotz geringer Tiefe meist nicht aufrecht erhalten. Dies lag in diesen Fällen daran, daß sie durch das Aufschlagen an Steine Kopfverletzungen erlitten und dadurch das Bewußtsein verloren. Auch in ruhigem Wasser, das nur bis zum Bauch oder bis zur Brust reichte, waren Untergegangene in ihrer Erregung oft nicht imstande, sich aufzurichten. Schlechte Schwimmer fingen manchmal an, raschere Schwimmbewegungen zu machen, begannen zu sinken und schlugen dann wild und planlos um sich. In anderen Fällen stellten sie die Schwimmbewegungen ein und sanken ruhig unter. Für diese Fälle nimmt *Meixner* eine Kreislaufstörung an, die einen Ohnmachtsanfall zur Folge hatte.

Die *forensische Bedeutung des Schwimmens Ertrunkener im Wasser* liegt vorwiegend auf der versicherungsrechtlichen Seite, wenn es sich darum handelt festzustellen, ob man aus dem Verhalten der Leiche im Wasser einen Ertrinkungstod oder einen Herztod herleiten will.

In einem Falle von *K. Reuter* lehnte eine Versicherungsgesellschaft die Auszahlung einer Versicherungssumme ab. Es handelte sich um ein Ehepaar, das beim Baden bei der Insel Sylt im Wasser unterging. *Reuter* sollte sich darüber äußern, ob aus der Tatsache, daß die Leichen der Eheleute nach dem Tode nicht gleich untergingen, sondern mit dem Rücken nach oben auf der Oberfläche schwammen, auf die Ursache des Todes geschlossen werden könne. Der Bademeister behauptete, Ertrunkene gingen in der Nordsee mit dem Eintritt des Todes unter. Die Leichen der Eheleute wurden wenige Minuten nach dem Ertrinken aus dem Wasser gezogen. Die Badenden waren trotz einer erteilten Warnung über die Grenze des Badestrandes hinaus auf die Außenseite einer Buhne gelangt. An dieser herrschte eine gewisse Spülwirkung, die zu einer Strömung führte. Dabei wurden die beiden Personen in eine an der Buhne befindliche Wassertiefe hineingezogen. Gegen einen Ertrinkungstod sprach nichts.

In einem anderen Falle fiel auf einem Fischdampfer vor Helgoland der Koch ins Wasser. Man warf ihm sofort Rettungsgegenstände zu. Er griff aber nicht danach, lag vielmehr auf dem Wasser, den Kopf unter der Wasseroberfläche und machte den Eindruck, als sei er bewußtlos. Er wurde nach 20 Minuten an Bord gezogen und war tot. Die Leichenöffnung ergab mit Sicherheit einen Tod durch Ertrinken. Danach konnte also die Leiche eines in der Nordsee Ertrunkenen noch 20 Minuten nach dem Tode an der Wasseroberfläche schwimmen. Nach der Mitteilung von *K. Reuter* beträgt das spezifische Gewicht des Seewassers an der Küste von Sylt im September 1,024. Daraus könnte man bei der Kenntnis des spezifischen Gewichts der Ertrunkenen ihren Auftrieb berechnen.

*K. Reuter* prüfte das *Schwimmvermögen von zwölf Leichen Erwachsener* in einem großen Behälter. Dabei wurde die Größe des Auftriebs durch Belastung mit Gewichten festgestellt. Die Leichen waren höchstens 48 Stunden alt ohne besondere Entwicklung von Fäulnisgasen. In zwölf Fällen schwammen acht mit mehr oder weniger hohem Auftrieb. Vier gingen unter. Weder aus dem Verhalten der Körpergewichte noch aus den verschiedenen Todesarten konnten irgendwelche Gesetzmäßigkeiten hinsichtlich des Schwimmvermögens abgeleitet werden.

Geübte *Taucher* können ihr spezifisches Gewicht durch die Atempresse unter Wasser so beeinflussen, daß sie im Süßwasser je nach Wahl schwimmen oder auch sich zu Boden sinken lassen können. Der Exspirationsdruck, am Pneumatometer gemessen, kann dabei bis auf 0,2 Atm. getrieben werden. Bei einem solchen Überdruck wird das Volumen der Lungen um etwa ein Zehntel vermindert. Da nun der Körper mit gefüllten Lungen im Süßwasser durchschnittlich 500 g Auftrieb hat, reicht die Verminderung des Lungenvolumens um etwa ein Zehntel aus, ihn untersinken zu lassen.

Die Frage, wie sich mit Rücksicht auf die vorerwähnten Verhältnisse beim Lebenden ein *eben Ertrunkener* verhält, hängt davon ab, wie weit die beim Ertrinkungsvorgang eingetretene Verdrängung von Luft aus dem Körper eine Verminderung des Auftriebs bewirkt. Der Taucher hält unter Wasser Mund und Nase geschlossen. Wenn der Druck das Wasser durch die Nasenöffnungen treibt, kann er noch den Gaumensegelverschluß in Tätigkeit setzen. Beim Ertrunkenen dagegen vertreibt das in die Bronchien eingeatmete Wasser die Luft. Diese entweicht nicht nur aus den großen Bronchien, sondern auch aus den größeren Verzweigungen des Bronchialbaums. Schätzungsweise aber kann man annehmen, daß die dabei aus dem Körper verdrängte Luft nicht die Gesamtmenge von 500 ccm erreicht. Ein eben Ertrunkener wird sich danach mit geringem Auftrieb im Wasser schwimmend erhalten können. Im Meerwasser ist der Auftrieb natürlich noch höher. Für das Zustandekommen des Schwimmens spielt deshalb der jeweilige Luftfüllungszustand der Lungen eine wesentliche Rolle. Da die meisten im Wasser untersinkenden Menschen bestrebt sind, ihre Lungen durch möglichst tiefes Einatmen mit Luft zu füllen, werden sie in den meisten Fällen eine gewisse Schwimmfähigkeit behalten. Trotzdem ist die gegenteilige Ansicht die verbreitetere. *K. Reuter* erklärt diesen Widerspruch damit, daß der Laie nur dann vom Schwimmen einer Leiche spreche, wenn der Körper mit erheblichem Auftrieb an der Wasseroberfläche schwimme. Ein frisch Ertrunkener hat dagegen meist nur einen verhältnismäßig geringen Auftrieb. Er wird daher weder sinken noch schwimmen und sich in jeder Wassertiefe ziemlich im Gleichgewicht befinden. Sein Körper schwimmt nur, insofern er nicht auf den Grund des Wassers zu sinken braucht. Danach gibt es viele Ertrinkungsfälle, bei

denen unmittelbar nach dem Tode das Schwimmen an der Wasseroberfläche nicht beobachtet wird.

Diese Untersuchungen von *Reuter* wurden von *H. Fischer* bestätigt. *Fischer* berichtet auch über Versuche von *Lesser* an Neugeborenen mit luftleeren Lungen und luftleerem Magen, die im Wasser untersanken, und zwar mit Kopf und Rumpf in einer ebenen Lage. Sie nahmen erst nach Lufteinblasung in die Lungen eine schräge Lage ein. Auch nach den Untersuchungen von *Glad* hängt der Auftrieb der Leichen im Wasser vom Zustand der Lungen ab. Er fand, daß bei normalen und gesunden Lungen der Körper auf oder an der Oberfläche des Wassers gehalten werde, ganz unabhängig vom Alter und allen anderen Verhältnissen, während bei krankhaften Prozessen der Lungen der Körper im Wasser untersinken kann.

Die *Haltung der Leichen im Wasser* wird bestimmt durch den Sturz ins Wasser, durch vorausgegangene Eigenbewegungen und durch Strömung des Wassers. Die Haltung im Wasser wird in erster Linie bestimmt durch die Lage des schwimmenden Körpers zu der Lage des Schwerpunktes der verdrängten Flüssigkeit. Das Gleichgewicht eines schwimmenden Körpers ist stabil, sobald sein Schwerpunkt die tiefste unter den betreffenden Bedingungen mögliche Lage, bezogen auf den Schwerpunkt der verdrängten Wassermasse, eingenommen hat. In allen anderen Stellungen herrscht höchstens labiles Gleichgewicht. Für den Körper des lebenden Menschen (*du Bois-Reymond*) gilt, daß der Schwerpunkt gewöhnlich näher an der Rückenfläche liegt, da die Lungen und die gashaltigen Baucheingeweide näher an der Bauchfläche liegen. Dennoch gilt die Regel, daß ein schwimmender Körper die Bauchseite nach oben dreht, nicht ohne weiteres für den Ertrunkenen, und zwar nach den Untersuchungen von *K. Reuter* deshalb, weil der menschliche Körper kein starres, sondern ein bewegliches System ist, dessen Gleichgewichtslage je nach seiner Haltung wechseln kann. Beim lebenden Taucher bleibt seine Haltung unter dem Einfluß des Willens oder unter der unbewußten Automatie des Gleichgewichtszentrums. Beim Ertrunkenen fallen diese regulierenden Kräfte fort. Der Muskeltonus ist aufgehoben, die Körperhaltung der Leiche wird daher vorwiegend bestimmt von dem relativen spezifischen Gewicht der einzelnen Teile, besonders der Glieder und ihrer symmetrischen Anordnung um den Schwerpunkt. So kann man sich vorstellen, daß für die Orientierung eines eben Ertrunkenen, der vorher geschwommen hat, vorwiegend Brust- oder Bauchlage in Frage kommt. Wenn beim Tauchen der menschliche Körper untersinkt, bleibt das Kopfende oben, weil es die lufthaltigen Lungen und die Schädelhöhle enthält. Wenn der Körper bis auf den Grund sinkt, so berühren die Füße zuerst den Grund, und der Oberkörper bleibt in schräger Lage schwebend. Dabei sind zwei Gleichgewichtslagen möglich — die eine mit auf dem Grund ruhenden Zehen und Knien, den Bauch nach unten, den Kopf vornüber hängend — die andere mit auf dem Grunde ruhenden Hacken, den Rücken nach unten gewandt und den Kopf hintenüber hängend. Im stehenden Wasser, aber auch nur dort, hängt es von den vorhergehenden Bewegungen des Körpers ab, welche von beiden Stellungen er schließlich einnimmt.

Im ganzen ist daher das *Schwimmen einer frischen Leiche im Wasser nichts Ungewöhnliches. Es spricht keineswegs gegen die Annahme des Ertrinkungstodes. Die weit verbreitete Anschauung, daß eben Ertrunkene im Wasser sofort untergehen sollen, ist irrig.* Es ist daher nur in seltenen Ausnahmefällen möglich, einen Zusammenhang zwischen Todesursache und Schwimmvermögen einer Leiche zu konstruieren.

Ein solcher Zusammenhang kommt wohl nur dann in Frage, wenn der Tod durch Einwirkungen hervorgerufen ist, welche entweder die Entstehung von Gasen in der Leiche oder aber die Beseitigung oder Verminderung ihres natürlichen Luftgehalts (Pneumonie) zur Folge haben. Das wird praktisch selten sein.

Daß die Entstehung von *Fäulnisgasen* den *Auftrieb von Wasserleichen* erhöht, ist bekannt. Solange die Leiche unter Wasser bleibt, schreitet die Fäulnis nur langsam fort, am langsamsten in der kalten Jahreszeit, im strömenden Wasser meist langsamer als im stehenden. Sobald aber die Leiche an die Oberfläche gelangt, pflegt die Fäulnis einen schnelleren Fortgang zu nehmen, je weiter die Zersetzung der Leiche gediehen ist und je wärmer Wasser und Luft sind. Dann kann es im Sommer beispielsweise in wenigen Stunden zur völligen Unkenntlichkeit und zu gigantischer Auftreibung von im Wasser schwimmenden Leichen kommen.

In dem von *Reuter* erwähnten Sylter Fall sollte das gemeinsame Ertrinken des Ehepaares durch die Tatsache widerlegt werden, daß die Frau ihren Mann nicht mehr *umklammert* hatte. Auch diese Feststellung, die der Bademeister als seine Ansicht bekundete, daß ein Ertrinkender mit übermenschlicher Kraft zugreifen und nicht wieder loslassen solle, ist nach *Reuter* irrig. Da bei den Leichen noch keine Totenstarre eingetreten war, konnten sie sich wohl wieder getrennt haben. In einem Falle von versicherungsrechtlicher Bedeutung, den wir zu untersuchen hatten, wurde auch die Tatsache, daß der Ertrunkene ein *Büschel Schilf fest in den Händen* hielt, für die Annahme des Ertrinkungstodes ins Feld geführt. Dieses wurde so begründet, daß der Betreffende Selbstmord begangen habe, indem er untertauchte und sich am Boden eines Sees mit den Händen am Schilf festhielt, um nicht wieder nach oben zu gelangen. Die übrigen Umstände sprachen indessen für einen Herztod im Bade. Auch dabei konnte der Mann beim Versinken die aus dem Wasser ragenden Schilfpflanzen abgerissen haben.

Das *Treiben der Leichen im Wasser* hängt in erster Linie von der Strömung ab. Die Leichen Ertrunkener werden häufig durch die Strömung eines Ufers oder einer seichten Stelle angeschwemmt und tauchen dann auf, je günstiger die Fäulnisbedingungen sind. Dabei spielt die Wassertemperatur und seine chemische Beschaffenheit eine Rolle. *König* berichtete über Fälle, in denen die Ertrunkenen 41 Jahre in einem salzreichen Schachtwasser gelegen und sich sehr gut erhalten hatten. Wegen des höheren spezifischen Gewichts pflegen die Leichen Ertrunkener im Meerwasser rascher aufzutauchen. Das Auftauchen kann künstlich behindert werden dadurch, daß die Leichen unter Anlegebrücken, Flöße, Schiffsteile geraten und dadurch dort festgehalten werden.

*Selbstmörder* pflegen sich häufig zu beschweren, damit sie nicht aufgetrieben werden. Im Falle *Aubert* (*Hofmann-Haberda*), der sich 1882 in Paris ereignete, tauchte die Leiche schon nach elf Tagen auf, obgleich sie von den *Mördern* mit Bleirohren umwickelt in die Seine geworfen war.

*Kriminalistische Bedeutung* hat das Wandern der Leiche im Wasser für die Feststellung, ob der *Fundort* auch der *Ertrinkungsort* ist. Dabei ist in erster Linie die Strömung maßgebend, die im fließenden Wasser durch eingebaute Buhnen, Schiffsanlegebrücken, Fischfangvorrichtungen gerade in entgegengesetzten Sinne abgelenkt und wirksam werden kann. Selbst in stehenden Gewässern, die keinen Zufluß und keinen Abfluß haben, können Leichen weite Strecken treiben. In einem von uns beobachteten Falle trieb die Leiche eines Mannes, der beim Baden in einem nur wenige Meter tiefen Teich gestorben war, innerhalb einer Nacht noch etwa 80 m weit am Boden dahin, und zwar entgegen der gerade herrschenden Windrichtung. In Flußmündungen und Buchten spielen Ebbe und Flut für das Verhalten insbesondere von Unter-Wasser-Strömungen eine große Rolle.

Über das *Treiben der Leichen in großen Flüssen* liegen eingehende Untersuchungen von *Berg* vor. Die in Düsseldorf antreibenden Leichen aus dem Rhein haben meist Strecken von etwa 50 km zurückgelegt. In den meisten Fällen sinken die Leichen bei der herrschenden Strömung und Wirbelbildung, die insbesondere in der Nähe von Köln herrscht, auf den Grund und werden dicht über den steinigen Boden stromabwärts abgeführt. Die typische Lage der Leichen beim Treiben ist die Bauchlage, den Kopf auf die Brust gesenkt, das Vorderhaupt als führender Teil, die Arme leicht gebeugt, so daß die Streckseiten der Unterarme und Hände nach abwärts gerichtet sind. Diese Haltung läßt sich fast regelmäßig aus den Schleifspuren am Körper ablesen, die auf Vorderhaupt, Stirn, Nase, Knien und Zehenrücken liegen. Bei bekleideten Leichen sind meistens die Vorderteile der Schuhe und die Hosen an den Knien durchgescheuert. Die Schleifspuren fanden sich auch bei weiblichen Leichen genau wie bei Männern. Nicht in einem Falle sahen *Berg* und *Böhmer* eine Schleifspur auf dem Rücken. Das Treiben der Leichen auf dem Grund des Strombettes wird durch den mit der Gasfäulnis einsetzenden Auftrieb beendet, der überwiegend von der Wasserwärme abhängt, die im Hochsommer ziemlich gleichmäßig etwa 18° beträgt. Der notwendige Auftrieb ist im Sommer meist nach 48 Stunden hinreichend groß. Bei einer Strömungsgeschwindigkeit des Rheins zwischen Köln und Düsseldorf von etwa 1,5 m/sec, d. h. von elf Stunden für die 52 km lange Strecke, brauchen glatt durchtreibende Leichen meist drei Tage, andere, die unterwegs behindert worden sind, 6—14 Tage, Winterleichen zwei bis drei Monate.

In den *Alpenseen* herrschen nach *Merkel* ganz andere Verhältnisse. Hier lassen sich keine Regeln aufstellen, so daß jedes Gewässer in bezug auf Versinken und Auftauchen besonders untersucht werden muß. In einzelnen Seen des bayrischen Alpengebietes, manchmal nur in einzelnen Bezirken des gleichen Sees, tauchen Leichen überhaupt nicht auf. Die Temperatur der Alpenseen beträgt nach einer Mitteilung von *Pregl* schon 4° in einer Tiefe von 30—40 m. Das hat zur Folge, daß Gasbildner nicht mehr zur Vermehrung kommen. Auch bereits vorhandenes Gas bekommt durch den Wasserdruck in der Tiefe eine verminderte Triebkraft, da sich der Wasserdruck mit je 10 m Wassertiefe um 1 Atm. vermehrt, so daß eine Gasblase in 50 m Tiefe nur den fünften Teil des Volumens besitzen kann, den sie an der Wasseroberfläche hat.

Nicht außer acht darf gelassen werden, daß die *äußere Besichtigung einer Wasserleiche niemals einen sicheren Schluß auf die Todesursache erlaubt*. Lediglich der meist weißliche, manchmal rötliche Schaumpilz vor Mund und Nase, der nach der Bergung der frischen Leiche in wenigen Stunden vertrocknet und völlig verschwinden, manchmal aber infolge der Gasentwicklung im Bauch noch tagelang nachquillen kann, erlaubt einen Rückschluß auf den Ertrinkungstod, obgleich auch außerhalb des Wassers ein Lungenödem auf mannigfache Weise auftreten kann. Die großartigste Ausbildung eines Schaumpilzes sahen wir vor dem Munde eines jungen Mannes, der sich durch einen Schuß in die Lungen tötete. Ebensowenig hat die Quellung der Bindehäute oder etwa Blutstauung im Gesicht oder an anderen Körperteilen irgendeine diagnostische Bedeutung für die Feststellung des Ertrinkungstodes. Die Erscheinungen an Haut, Nägeln und Haaren sind alle postmortal bedingt und erlauben höchstens Schlüsse auf die Liegedauer der Leiche im Wasser. In manchen Gewässern (*Merkel* und *Walcher*) kommt es zur Bildung von leuchtend roten und violetten Bakterienkulturen (bacterium prodigiosum und bacillus violaceus), die Blutspuren vortäuschen können.

*E. Verletzungen an der Leiche.* Die Verletzungen an der Leiche können *beabsichtigt* oder *unbeabsichtigt* herbeigeführt sein. Die *beabsichtigten* Verletzungen beobachtet man bei Selbstmördern verhältnismäßig häufig. So sahen wir an dem großen Material des Kieler Instituts öfter Schnitt- und Stichverletzungen, welche Selbstmörder vor dem Hineinspringen sich beibrachten. Diese zeichneten sich nach ihrer Lage wohl dahin aus, daß sie an oder in der Nähe von lebenswichtigen Organen lagen (Pulsader oder Herzgegend), waren aber in den weitaus meisten Fällen dadurch gekennzeichnet, daß sie nur oberflächlicher Natur waren und zur Tötung an sich nicht ausgereicht hätten. Dies läßt sich leicht mit der Aufregung erklären, in welcher der ins Wasser Springende sich befindet. So sahen wir öfter zahlreiche parallel verlaufende, meist aber oberflächliche Schnitte über dem Handgelenk, welche in den meisten Fällen die Pulsader nicht getroffen hatten, ebenso häufig Stiche in der Herzgegend, die aber verhältnismäßig nur ganz oberflächlicher Natur waren. Die Art der Verletzungen läßt Rückschlüsse auf die *Geisteshaltung des Täters* zu. Besonders eindrucksvoll war in einem Falle das Verhalten eines Mannes, der sich auf einem mit Ausflüglern dicht besetzten Dampfer auf die Reeling schwang, sich eine Reihe oberflächlicher Stichverletzungen beibrachte und dann ins Wasser stürzte. Schußverletzungen und Strangulationsversuche sind verhältnismäßig selten.

*Unbeabsichtigte Verletzungen* können schon beim Hineinstürzen ins Wasser zustande kommen, wenn nicht vorher (Mord) durch fremde Hand beigebracht.

Beim *Sturz ins Wasser* kann es schon beim Aufschlagen aus geringer Höhe zu Verletzungen kommen. Diese können äußerer und innerer Art sein. Äußerlich können allein durch Sturz aufs Wasser Blutunterlaufungen entstehen, beim zufälligen Sturz auf Gegenstände, welche im Wasser treiben, aber auch erhebliche Ausdehnung und Tiefe erlangen. *v. Hofmann-Haberda* erklärten es für fraglich, ob der einfache Aufprall des Körpers aufs Wasser Verletzungen zu erzeugen imstande sei, und erklärten, es könnten Schädelbrüche und ähnliche Verletzungen durch bloßen Fall aufs Wasser wohl nicht entstehen. Schon *Taylor* und *Bamberger* aber berichteten über Frakturen und Luxationen der Halswirbelsäule, welche durch Kopfsprung in seichtes Wasser entstanden waren. Trifft jemand auf den Boden eines niedrigen Schwimmbassins, so erklären Verletzungen am Kopf oder an den Füßen sich leicht. Wir sahen eine Bluteinhüllung und Zerreißung der Piagefäße bei einem 36jährigen, körperlich völlig gesunden Polizeibeamten, der nur vom 1,50 m-Brett in ein Schwimmbassin gesprungen war und vermutlich mit dem Kopf auf den Boden oder an die Wände der Schwimmbassins gelangte. *Chimani* beschrieb einen Fall von Trommelfellzerreißung bei einem Soldaten, der aus großer Höhe ins Wasser sprang.

Daß *Abstürze aus großer Höhe* auf festen Boden zu schweren Verletzungen führen können, ist selbstverständlich. Dabei kann es sich auch um versuchtes Ertränken handeln. Wir sahen solche Fälle öfter in Kiel, wo Selbstmörder von der 42 m hohen Brücke über den Nord-Ostsee-Kanal beim Herabspringen nicht ins Wasser, sondern auf die Böschung oder Uferstraßen fielen. *Merkel* untersuchte die Todes-

sprünge von der 32 m hohen Großhesseloher Brücke bei München. Neun von 75 Selbstmördern waren nicht sofort tot, sondern konnten noch weiter schwimmen. Sie waren also nicht, wie man häufig meint, durch den Luftdruck beim Absturz bewußtlos oder getötet worden. *Merkel* fand in den Münchener Fällen selbst beim Absprung aus bedeutender Höhe ins Wasser keine Knochenverletzungen, aber besonders bei flachem Auffall Muskelzerreißungen (Brustmuskulatur und Kopfnickermuskeln) und schwere bis schwerste Zerreißungen innerer Organe. Sie können insbesondere die Milz und die Leber beim flachen Aufschlagen aufs Wasser an ihrer Oberfläche zerreißen und tödliche Blutungen in die Bauchhöhle bewirken. Weiter kann es zu Zerreißungen des Pankreas, der Nieren und zu erheblichen Blutungen in die Lungen sowie auch zu traumatischen Blutungen in die Herzmuskeln kommen.

Unter 22 Sprüngen von der 42 m hohen Brücke über den Nord-Ostsee-Kanal, welche *Ziemke* beschrieb, ergab sich insgesamt 13mal, daß der *Tod durch Ertrinken* eingetreten war. Hierbei handelt es sich um die *unkomplizierten Fälle.* In den wenigen — komplizierten — anderen Fällen, in denen Ertrinkungserscheinungen nicht nachzuweisen waren, trat der Tod ein durch innere Verblutung nach schweren Organverletzungen. Diese Verblutungen erfolgten aus schweren Zerreißungen der Milz, der Leber und Abrissen der Lungen an der Lungenwurzel so schnell, daß es nicht mehr zur Einatmung von Wasser kam. *Ziemke* erklärte namentlich die Lungenzerreißungen als Abrißverletzungen dadurch, daß die Elastizität der Organe an ihrem Aufhängeort beim plötzlichen Aufschlagen aufs Wasser überschritten werde. In Ergänzung der Beobachtungen von *Merkel*, welcher Knochenverletzungen nicht allein auf die Einwirkung des Wassers beim Sturz aus der Höhe zurückführte, sahen wir mit *Ziemke* in zwei Fällen schwere Rippenverletzungen und bei einem dreijährigen Kinde, welches von der Mutter in den Nord-Ostsee-Kanal 42 m tief hinabgeworfen wurde, einen Sprung im Schädeldach und einen Armbruch.

Nach den Erfahrungen in Kiel wird danach der Tod beim Sturz aus großer Höhe, wenn der Sturz unkompliziert erfolgt, durch E. herbeigeführt. Die Verletzungen sind auch beim Sturz aus großer Höhe meist leichter Art und mehr oder weniger oberflächlich. Es kann aber auch zu schwersten Organverletzungen kommen, die den Tod durch innere Verblutung herbeiführen, insbesondere auch zur Fettembolie. Gelegentlich kommen Knochenverletzungen zustande, wenn der Körper aus großer Höhe aufs Wasser fällt. Die Wasseroberfläche übt dabei eine ähnliche Wirkung auf den Körper aus wie eine erhebliche stumpfe Gewalt mit breiter Angriffsfläche.

*Klose* und *v. Neureiter* fanden bei einem aus etwa 600 m Höhe ins Wasser gestürzten Manne neben totalen inneren Verletzungen schwere Knochenbrüche, die sie auf den Anprall auf die Wasseroberfläche zurückführten. *v. Neureiter* stellte im Anschluß an diese Beobachtung allein und mit *Frey* experimentelle Untersuchungen an, in denen er die beim Sturz aufs Wasser wirksamen mechanischen Kräfte darstellte und zeigen konnte, daß sich beim menschlichen Körper beim Sturz aus großer Höhe ins Wasser durch den Aufprall auf den Wasserspiegel Knochenbrüche und andere schwere und schwerste Verletzungen, wie beim Fall auf eine feste Unterlage, ausbilden können. Nach seinen Berechnungen beträgt die Kraft, die auf einen in Bauchlage sinkenden Menschen von 70 kg im Moment des Auffallens auf die Wasseroberfläche beim Sturz aus 600 m Höhe ausgeübt wird, 1300 kg/qcm. Eine solche

Kraft ist natürlich geeignet, menschliche Knochen zu zerbrechen.

Auch beim *Schwimmsport* sind *Knochenverletzungen* beschrieben (*Schulze* u. *Gocht*). *Fervers* befaßte sich mit der Mechanik des Entstehens von Wirbelsäulenbrüchen durch Sprung ins Wasser.

Nach *Saar* sollen Luxationsfrakturen der Halswirbelsäule beim Springen auf maximaler Flexion des Kopfes im Nacken beruhen, nach *Mandel* dagegen auf maximaler Flexion des Kopfes nach vorn. Nach *Fervers* sind bei Hochspringern beide Möglichkeiten gegeben. Die Reklinationsfraktur soll bei ängstlichen Anfängern des Kopfsprungs überwiegend häufig sein; die Flexionsfraktur soll auftreten, wenn der Springer beim Einsprung den Kopf zu stark brustwärts beugt. Prädilektionsstellen für beide Frakturstellen sind der vierte bis sechste Halswirbel.

Besondere Verletzungen können bei *Tauchern* vorkommen dadurch, daß infolge plötzlich auftretender Druckdifferenzen venöse Stauungen an Kopf und Hals (Blutungen vor allem in die Augenbindehäute und Augäpfel) vorkommen. *Nissen* beobachtete bei einem Taucher Symptome einer akuten Pankreasschädigung, die er auf eine Blutung zurückführte. Der Taucher starb nach einem Jahre unter dem Bilde einer Pankreasnekrose.

Das Auftreten eines rasch zum Tode führenden allgemeinen Hautemphysems ist bekannt (*Haarland* und *Schaaning*).

Als „*Absturztod der Taucher*" (s. d. Art.: Tod und Gesundheitsbeschädigung durch gewaltsame Erstickung) bezeichnete *Wiethold* einen Vorgang innerer Erstickung beim plötzlichen Absturz in eine größere Wassertiefe, der äußerlich eine hochgradige Dunsung der Kopf- und Halsweichteile mit zahlreichen Blutaustritten in den Bindehäuten darbot.

Beim *Treiben der Leiche im Wasser* können schon früh alle Arten von Verletzungen entstehen durch Anstoßen an feste Gegenstände, insbesondere schwimmende Gegenstände, wie Flaschen und Holzstücke, durch Hineingeraten in Schiffsschrauben, Radschaufeln und Mühlräder. So beschrieb *Kratter* einen Fall von Darmzerreißungen durch die Schaufeln eines sich drehenden Mühlrades. Wir sahen häufig Depressions- und axthiebähnliche Frakturen durch Schiffsschrauben kleinerer Dampfer und Fährschiffe herbeigeführt. Beim Treiben in Flüssen kommt es zu Schleifspuren an den vorspringenden Teilen. An einer von Köln nach Düsseldorf den Rhein herabgetriebenen Leiche war das Stirnbein oberhalb beider Augenhöhlen bis Handflächen groß abgeschliffen, so daß das Gehirn freilag.

Verletzungen können weiter schon nach wenigen Stunden durch Wassertiere, Krabben, Garneelen, Schnecken, Fische, Krebse, Seesterne, Hummer, Blutegel, auch durch Ratten und Bisse von Vögeln entstehen. Im Süßwasser werden Verletzungen durch die Bisse von Flohkrebsen herbeigeführt. In den Meeresbuchten pflegen besonders Garneelen (Krabben) kleine, dicht beieinanderliegende Bißverletzungen auf der Oberhaut zu machen. In Kiel sahen wir diese kleinen Tiere mit großer Regelmäßigkeit sehr bald nach dem Tode an der Leiche sich ansiedeln, insbesondere an den Stellen, an welchen Schleimhäute freiliegen, wie in den Augenwinkeln und an solchen Stellen, an welchen glykogenhaltiges Epithel erreichbar ist, wie in der Vagina. So schätzten wir mit *Ziemke* den Aufenthalt der Leiche einer Prostituierten, die erdrosselt und in nacktem Zustande ins Wasser geworfen war, an der Art des Auftretens der Garneelen an den erreichbaren Schleimhäuten und der von ihnen erzeugten Bißverletzungen auf vier bis acht Stunden. Es stellte sich nachher heraus, daß das Mädchen, dessen Leiche gegen acht Uhr aus dem Wasser gefischt wurde,

zuletzt gegen zwei Uhr nachts mit einem Manne gesehen worden war. — Seesterne machen (*Ziemke*) grauweißliche, ätzschorfähnliche Wunden, welche, wenn die Tiere beim Bergen der Leichen abgefallen sind, für Ätzschorf gehalten werden können. In einem Falle wurde eine Wunde nach Einwirkung eines Seesterns, die an der Schläfe lag, als Schußverletzung angesprochen. Schließlich können Verletzungen an der Leiche durch Anwendung von Bootshaken u. ä. beim Bergen erzeugt werden.

*F. Ältere Wasserleichen.* Die Bestimmung der Zeit, welche eine Leiche im Wasser gelegen hat, ist von sehr großer *kriminalistischer Bedeutung.* Öfter kommen Leichen zur gerichtlichen Obduktion, welche monate- bis jahrelang im Wasser gelegen haben und infolge der zahlreichen *Fäulnisveränderungen* allein schon Schwierigkeiten bei der Identifizierung bieten. Die Feststellung der Todesursache ist in solchen Fällen manchmal nicht möglich, kann aber bei entsprechender kritischer Würdigung aller Befunde, insbesondere der mikroskopischen Untersuchung der Lungen, noch nach langer Zeit mit Erfolg versucht werden. Bei längerem Liegen und Treiben der Leichen im Wasser vergrößert sich die Möglichkeit *postmortaler Verletzungen*, die von den geringsten und meist durch Tiere zugefügten Beschädigungen der Oberhaut enorme Ausmaße bis zur Ablösung der Glieder, des Kopfes, der Arme und Beine und sogar bis zur völligen Durchtrennung des Rumpfes, beispielsweise durch die Einwirkung von Dampferschrauben erreichen können.

Nach *Ziemke* treten als erste Veränderungen *Auswässerungserscheinungen* auf, die schon nach wenigen Stunden, frühestens wohl nach drei Stunden, eine Aufquellung und Runzelung der Oberhaut bewirken, die als *Waschhaut* bezeichnet wird. Diese Waschhautbildung beginnt gewöhnlich an den Fingerspitzen, mindestens nach drei, spätestens wohl nach sechs Stunden und breitet sich, manchmal in wenigen Tagen, manchmal erst innerhalb fünf bis acht Tagen, auf die Epidermis der Hohlhand aus. Die Epidermis lockert sich von dem Corium, und diese Lockerung geht nach *Ziemke* in etwa fünf bis acht Tagen auf die Oberhaut über. Diese Auswässerung und Ablösung der Oberhaut verläuft nicht ganz gesetzmäßig. Sie geht schneller vor sich, wenn Hände und Füße nicht bekleidet sind. Sie dauert insbesondere an bekleideten Fußsohlen länger. Kälte hemmt die Waschhautbildung, Wärme begünstigt sie. Auch an anderen Stellen des Körpers lockert sich die Epidermis von der Unterhaut, wird eingerissen oder in größeren Blättern abgestreift. Diese Abstreifung hat an Händen und Füßen oft eine handschuhförmige Gestalt. Die Nägel lösen sich mit ab, die Nagelbetten liegen an Händen und Füßen frei. Man kann die häufig nur blaßrot gefärbten Nagelbetten für tatsächlich noch vorhandene Nägel halten, kann sich aber leicht durch Einschneiden vor einer Verwechslung hüten. Liegt eine Leiche, beispielsweise beim Sinken des Wasserstandes, nachdem es schon zur Ablösung der Epidermis gekommen ist, frei, so kann eine schon vorhandene Quellung zurückgehen.

Kriminalistisch bedeutsam ist, daß von der gequollenen, abgelösten Epidermis sich nach *Richter* und *K. Reuter* leicht *Fingerabdrücke* entnehmen lassen, wie auch an mumifizierten Leichen nach *Fritz* die Abnahme von Fingerabdrücken möglich ist (s. d. Art.: Daktyloskopie).

An der Haut kleiner *Kinder* geht die Quellung der Haut meist langsamer vor sich. Auch bei großer *Kälte* kann die Ablösung der Haut fast völlig fehlen (*Hofmann-Haberda*).

Das Abgehen der *Haare* erfolgt nach *Hofmann-Haberda* nicht gleichmäßig — zuerst meist an den gewölbten und freiliegenden Stellen des Kopfes während sie an den Schläfen und am Hinterkopf noch länger festhaften bleiben. So kann irrtümlicherweise schon bald der Eindruck der Kahlköpfigkeit hervorgerufen werden. Bei genauerer Untersuchung der Kopfhaut kann man aber mikroskopisch trotz der Ablösung der Epidermis noch einzelne Haare, auch wenn sie abgebrochen sind, in den Follikeln nachweisen. Auch makroskopisch können sie zu sehen sein und der Kopfhaut ein zerstochenes und wie rasiert erscheinendes Aussehen verleihen. Dies spielte in (v. Hofmann) dem Ritualmord-Prozeß Tisza-Eslar eine Rolle, indem man annahm, die Kopfhaut eines Mädchens sei aus rituellen Gründen rasiert worden. Tatsächlich war sie nur im Wasser maceriert.

Im weiteren Verlauf der Hautzerstörung nehmen auch die Körperflüssigkeiten an der Auswässerung teil. Durch den austreibenden Blutfarbstoff bekommt die freiliegende *Lederhaut*, über der gelegentlich noch abgelöste Fetzen von Epidermis liegen, auf dem ganzen Körper eine mehr rosig-rote Färbung, die bei starker Fäulnis eine mehr grünfarbene Beimischung erhält.

Der handschuhförmige Abgang der Haut kann in kriminalistischer Beziehung auch Anlaß zu Irrtümern bezüglich des *Berufsstandes* der Ertrunkenen geben, weil die durch das Wasser ausgebleichte Lederhaut ein glattes und gepflegtes Aussehen bekommt und die freiliegenden Nagelbetten den Eindruck blaßrosa-farbener Nägel erwecken können.

Bleiben Leichen in größerer Tiefe, so pflegen die Fäulniserscheinungen an der Körperoberfläche einigermaßen gleichmäßig zu verlaufen, treiben aber Leichen insbesondere im warmen Wasser und im Sommer mehr an der Oberfläche, so setzt die Entwicklung des eigentlichen Fäulnisvorganges wesentlich schneller ein und führt dann oft bald zu dem Bilde der *grünfaulen Wasserleiche*. Diese unterscheidet sich in charakteristischer Weise (*Ziemke*) von der gewöhnlichen Leichenfäulnis dadurch, daß die Fäulnis in erster Linie und in weitestem Ausmaße an den blutreichen Kopf zur Entwicklung kommt. So können die Kopfweichteile in hohem Grade von Gas aufgedunsen werden und ein bald schmutzigrotes und grünes Aussehen haben, während der übrige Körper noch wenig durch Fäulnis verändert ist. Die Entstellung der Leiche nimmt mit der Ausbildung der Fäulnis über den Körper zu. Hodensack und männliches Glied, auch die äußeren weiblichen Geschlechtsteile können sehr bald durch Gasfäulnis aufgetrieben werden, wobei der Hodensack bis doppelte Kindskopfgröße erreichen kann. Die Entwicklung der Gase in der Bauchhöhle kann zu einer enormen, gigantischen Auftreibung mit bretthartter Spannung der Bauchdecken führen, wodurch schließlich dem ganzen Körper eine bis zur Unkenntlichkeit reichende *Entstellung* verliehen werden kann, wenn sich diese Veränderungen besonders auch an der oberen Brustpartie und am Halse auswirken können. Am Halse, wie auch an den Arm- und Beingelenken können dadurch *Strangulationsfurchen* vorgetäuscht werden.

Ein Rückschluß, wie lange Zeit eine Leiche im Wasser gelegen hat, läßt sich nur mit Vorsicht ziehen und verlangt die Berücksichtigung aller Umstände.

*Hofmann-Haberda* legten großen Wert auf die *Pilz- und Algenbewachsung* der äußeren Haut. So fanden sie schon nach vier Tagen im fließenden Wasser einen feinen, weißgrauen Algenrasen und schon am siebenten Tage des Aufenthaltes im Wasser am ganzen Körper mit pinselförmig angeordnetem Algenrasen bedeckt, bis es schließlich schon am 14. Tage zu einer völligen Einhüllung der im Wasser treibenden Leiche kommen kann. Ähnliche Beobachtungen machten sie an den Donauleichen. Außer den Algen siedelten sich Schleimpilze an, die als punktförmige,

violettrot bis zinnoberrot gefärbte linsengroße Flecken auf der Haut auftreten können.

Den Haupteinfluß auf die *Schnelligkeit der Fäulnisvorgänge* hat die Temperatur des Wassers und der Luft. Ebenso übt die Beschaffenheit des Wassers einen Einfluß aus; so können Leichen unter sonst gleichen Verhältnissen im Sommer schon nach acht Tagen einen Zustand zeigen, der im Winter erst nach Wochen und Monaten erreicht wird, und Leichen im fließenden Wasser im allgemeinen viel langsamer faulen als solche, die in stehendem Wasser liegen bleiben.

Kriminalistisch bedeutsam ist für eine richtige *Zeitabschätzung* die Kenntnis, unter welchen äußeren Umständen eine Leiche nach ihrer Auffindung außerhalb des Wassers gelegen hat. Leichen, die aus dem Wasser gezogen werden, gehen sehr schnell in Fäulnis über, besonders, wenn sie der Wärme oder Sonne ausgesetzt sind. So können manchmal ganz frisch aus dem Wasser gezogene Ertrunkene in zwei bis drei Tagen einen Fäulnisgrad erreichen, den sie im Wasser in ebensovielen Wochen nicht erreicht hätten.

*Casper* stellte die Regel auf, daß eine Woche an der Luft zwei Wochen im Wasser und acht Wochen in der Erde entsprechen. Diese Beobachtung gilt im großen ganzen auch heute. *M. Richter* schätzte die Quellung und Weißfärbung der Fingerspitzen auf 24 Stunden, die Quellung der Gesamthaut der Hohlhand auf 48 Stunden, die teilweise Ablösung der Haut auf sechs bis acht Tage und die Ausbildung von Schlammrasen auf etwa zwei Wochen, während die Ausbildung von Fettwachs ganz verschiedenartigen Verlauf zeigte.

Nach *Liman* hat eine Leiche im Sommer etwa 48 Stunden, im Winter 24—48 Stunden im Wasser gelegen, wenn neben ausgebildeter Waschhaut an Händen und Füßen Gesicht, Kopf und Nacken erst schwachbläulich, dann ziemlich rot gefärbt sind, während der übrige Körper noch die gewöhnliche Leichenfarbe aufweist und namentlich die Bauchdecken keine oder nur geringe Spuren von Grünfärbung zeigen. Sind Kopf, Hals und Brust schmutziggrün verfärbt und mit dunkelroter Zwischenfärbung versehen, so hat sie nach *Liman* im Sommer drei bis fünf Wochen, im Winter zwei bis drei Monate gelegen. Ist die ganze Leiche hoch aufgequollen, die Oberhaut fast am ganzen Körper abgelöst, der Kopf grün bis schwärzlich verfärbt, sind die Gesichtszüge unkenntlich, Nägel abgelöst und die Farbe der Augen nicht mehr zu erkennen, so kann man im Sommer auf fünf bis sechs Wochen, im Winter auf zwölf Wochen und längeren Aufenthalt im Wasser schließen.

*Straßmann* fand im heißen Sommer nach zwei Wochen, im kalten Winter nach zwei Monaten Kopf und Gesicht grünbraun verfärbt und aufgetrieben, während der übrige Körper noch wohl erhalten war und schätzte nach völliger Grünfärbung und Auftreibung des ganzen Körpers für Sommer und Winter auf etwa die doppelte Zeit.

Zur genaueren Zeitbestimmung schlug *Revenstorf* die *Kryoskopie* vor. Der Gefrierpunkt soll beim Auffinden der Leiche und 24 Stunden später gemessen und die Differenz festgestellt werden. Dividiert man den Wert, um welchen der Gefrierpunkt gegenüber — 0,57° zum Zeitpunkt des Todes gesunken ist, durch die 24stündige Differenz, so soll die gefundene Zahl die seit dem Tode verstrichene Zeit angeben. Betrug der Gefrierpunkt des Blutes zur Zeit der Auffindung der Leiche z.B. — 0,635°, und war er nach 24 Stunden um 0,0042° gesunken, so wäre die seit dem Tode verflossene Zeit $\dfrac{0,635-0,57}{0,0042} = 15,5$ Stunden anzusehen. In frischen Fällen rät *Revenstorf*, zu dieser Gefrierpunktsbestimmung Blut aus den Arm- oder Beinvenen zu entnehmen; bei älteren Leichen empfiehlt er die Entnahme des Pleurahöhlen-Transsudats.

*Bürger* versuchte, die Altersbestimmung von Wasserleichen an der *Spaltung des Körperfettes* vorzunehmen. Er legte etwa 2 cm dicke Scheiben aus den Weichteilen des Oberschenkels in Kupfer-Acetat-Lösung und erkannte die freigewordenen Fettsäuren nach mehrstündigem Auswässern an der grünen Färbung, während Neutralfett und sonstiges Gewebe farblos blieben.

*Merkel* machte die Beobachtung, daß Wasserleichen im allgemeinen in der warmen Jahreszeit nach etwa acht bis zehn Tagen wieder an die Wasseroberfläche kommen, und das dieses in fließendem Wasser leichter möglich ist als in stehendem, das ja meist wärmer ist, während anderseits in der kalten Jahreszeit zwei bis drei Wochen und noch mehr vergehen können, bis die Leiche durch Fäulnisgas aufgetrieben an die Oberfläche gelangt. Mit großer Regelmäßigkeit sah *Merkel* an den Isarleichen die Aufquellungsvorgänge, die zur Waschhautbildung führen, besonders an den schwieligen Händen und Füßen von Arbeitern. Auch wies er darauf hin, daß meist nach acht bis zehn Tagen schon eine ausgedehnte, mit feinem Flußsand durchsetzte Algen-Vegetation an den Stellen sich fand, wo die Kleider dicht anlagen. *Merkel* weist auf eine Beobachtung von *v. Hofmann* hin, nach der bei Neugeborenen gerade auf den mit Käseschmiere bedeckten Hautstellen die Algenwucherung ausbleibt, weil die Fettsubstanz offenbar einen für die Entwicklung der Algen wenig günstigen Nährboden darstellt.

*Popp* fand bei einer 43 Tage lang im Wasser gelegenen Leiche eine überraschend gute Beschaffenheit der *hellrot erscheinenden Leichenorgane*. Die Leiche hatte von Weihnachten bis Anfang Februar bei etwa 4° im Main gelegen. *Popp* führte die gute Erhaltung und mangelhafte Fäulnis der Leichenorgane auf die überraschend starke Entwicklung von Gärungs-Milchsäure zurück. Während sonst die Milchsäurebildung bei der Autolyse in ein bis drei Tagen ihren Höhepunkt erreicht, hatte sie in diesem Falle die Oberhand über die ammoniakalische Fäulnis behalten. Wir haben an Leichen, die im kalten Winter in der Ostsee und ihren Buchten trieben, ähnliche Beobachtungen gemacht.

Fast gesetzmäßig pflegt die Entwicklung und Ausbreitung von *Fettwachs* vor sich zu gehen, d. h. unter gleichen Bedingungen. Wechseln die Bedingungen bezüglich Art und chemische Beschaffenheit des Wassers, der Temperatur, der Strömungsgeschwindigkeit und den Verunreinigungen des Wassers, so verläuft die Fettwachsbildung so ungesetzmäßig, daß allgemein gültige Regeln nicht aufgestellt werden können, vielmehr immer die örtliche Erfahrung zu ihrer Beurteilung maßgebend ist.

Unter *Fettwachsbildung* (Adipocire) versteht man die Umwandlung des Unterhautfetts bzw. von Eiweiß in eine gelbe, körnige, mörtelartige, brüchige Masse. Sie kommt nicht nur bei Wasserleichen vor, sondern ist eine Erscheinung, die bisweilen auch auf Friedhöfen an ganzen Leichen oder an einzelnen Leichenteilen beobachtet wird. Die Vorbedingung für diese Fettwachsbildung an Leichen im Erdgrab ist eine starke Durchfeuchtung des Bodens und eine nicht zu grobkörnige Erde, weil sonst die Durchlüftung des Bodens eher zur Verwesung und Vertrocknung führt. Leichenwachs bildet also den Gegensatz zur Mumifikation. Die zahlreichen Untersuchungen, welche sich mit der Bildung von Fettwachs befassen, beziehen sich auf zwei Fragen: 1. Chemismus des Leichenwachs und 2. die Entstehung dieser Bildung. In dem ersten Problem stimmen die Ansichten der Autoren überein darin, daß das Fettwachs ein Gemisch von Fettsäuren und aus ihnen mit Basen durch einen Verseifungsvorgang gebildeten Seifen darstellt, daß es hauptsächlich aus dem Unterhautgewebe sich entwickle, so daß z. B. einzelne Glieder oder der ganze Körper von einem richtigen Fettwachs-(*Adipocire*-)Panzer umgeben sein können. So berichtete *Merkel* von einer totalen küraßartigen Leichenwachsbildung der ganzen Brustweichteile (Haut, Fettgewebe samt Mammae und Muskulatur) sowie einer vollkommenen Leichenwachsumbildung des erhalten gebliebenen Herzens an der Leiche einer Frau, die 1½ Jahre in einem Brunnen gelegen hatte.

Die Fettwachsbildung ist, abgesehen von der Mitwirkung von Spaltpilzen im Anfangsstadium, ein rein *chemischer Vorgang*, der sich mit großer Konsequenz unabhängig von *topographischen Beziehungen* entwickelt. So pflegen die äußere Haut und das Unterhaut-Fettgewebe regelmäßig zu verwachsen, von inneren Organen das Herz und einige parachymatöse Organe, die Lungen dagegen fast nicht und das Gehirn überhaupt nicht.

Die zweite Frage nach der *Bildungsweise des Leichenwachses* wird ganz verschieden beantwortet. Hierbei handelt es sich im wesentlichen darum, ob das Leichenwachs sich nur durch Umwandlung aus körpereigenem Fett bildet oder ob es auch durch Neubildung aus den im Körper vorhandenen Eiweißstoffen, hauptsächlich den Albuminoiden, entsteht.

Von den älteren Forschern kamen *Foucroy*, der bei seinen Ausgrabungen auf dem „Friedhof der Unschuldigen" in Paris Fettwachsleichen in großer Zahl vorfand, und *Thouret*, dessen Untersuchungen aus der gleichen Zeit stammen, zu dem Schluß, daß die Bildung des Wachses lediglich in einer *Umwandlung sämtlicher Weichteile*, sowohl von Körperfett als auch Muskeln bestehe, während *Gibbs* und *Rubner* den Standpunkt vertraten, daß es sich bei der Leichenwachsbildung auch um eine *Mitwirkung von Eiweißstoffen* handele. *Hofmann* vertrat die Ansicht, daß in vielen Fällen das Fettwachs nicht aus einer postmortalen Verfettung der Weichteile hervorgehe, sondern nur das subcutane und anderweitige Fett darstelle, welches aus der Verflüssigung der Weichteile, besonders der Muskeln, sich in Fettsäuren umwandle. *Remy* stellte fest, daß die chemische Zusammensetzung des Leichenwachses, wie die Analyse beweise, nicht einheitlich ist und sich nicht einmal innerhalb eng zu ziehender Grenzen bewegt. *Ascarelli* (1906) hält die Frage des Chemismus des Leichenwachses für gelöst. Seiner Ansicht nach ist das Fettwachs ein Gemisch von Fettsäuren und aus ihnen mit Basen gebildeten Seifen. Er vertritt die Ansicht, daß die verseifte Substanz außer aus den im Körper vorhandenen Fetten noch aus Albuminoiden besteht. Morphologisch stellte er folgendes fest: Bei sämtlichen untersuchten Organen war die anatomische Struktur noch zu erkennen. Die Haut war stets ohne Epidermis. Die Subcutis hatte keine tiefen Veränderungen erfahren. Die Nerven waren erkennbar, die Marksubstanz teilweise verseift, die Gefäße immer gut erhalten, die Lungen mit erkennbarem elastischen Gewebe, das Gehirn aber in keinem der Fälle verseift. Das Muskelgewebe hatte mehr oder weniger große Veränderungen durchgemacht je nachdem, ob man es von der Oberfläche oder aus der Tiefe untersuchte. Die Muskelstreifung war aber immer zu erkennen, ebenso auch die Struktur des verseiften Herzmuskels, wie auch an Magen und Darm die anatomische Struktur der Wände deutlich zu erkennen war. An den Nieren fand *Ascarelli* den Markteil gewöhnlich in einem höheren Stadium der Verseifung als die an einem Fettpolster liegenden Teile. Diese Beobachtungen und die Tatsache, daß sich mikroskopisch die anatomische Struktur des Organs so gut erhalten hatte, führten ihn zu der Annahme, die Leichenwachsbildung bestehe hauptsächlich in einer Umbildung der Eiweißkörper, während er sich anderseits nicht gegen die Ansicht verschloß, daß Organe, die selbst viel Fett enthalten und topographisch in fettreichen Gegenden des Körpers liegen, zuerst Fettwachs bilden können. Regelmäßig fand *Ascarelli* den Verseifungsprozeß in Gegenwart einer reichen Bakterien-Flora vor sich gegangen, ohne daß eine bestimmte Bakterienart in Beziehung zu dem Leichenwachs-Prozeß zu setzen war. *Ascarelli* nahm an, zuerst gehe die gewöhnliche Fäulnis im Organismus vor sich, und dann erst komme es zum Verseifungs- und Verwachsungs-Vorgang. Dabei bilde sich eine neue Substanz, die Fettreaktionen gebe, und die an die Stelle der von der Fäulnis zerstörten Substanz tritt. *Zillner* vertrat die gegenteilige Ansicht und verwarf die Möglichkeit der Bildung von Leichenwachs aus Eiweißstoffen. Nach einer von ihm aufgestellten Tabelle findet eine Wanderung des Fettes während der Fäulnis statt wie folgt: 1. eine Woche bis einen Monat Wanderung von wässerigen Körperbestandteilen; 2. zwei Monate Hinfälligkeit der Oberhautgebilde und des Coriums; 3. vier bis sechs Monate Wanderung der Neutral-Fette; 4. vier bis zwölf Monate und länger Zersetzung der Neutralfette und Abtransport der Spaltprodukte. Diese *Wanderung des Fettes* soll also darin bestehen, daß sich in den späteren Stadien der Fäulnis die bei gewöhnlicher Temperatur flüssigen Neutralfette in ähnlicher Weise imbibieren und transsudieren, wie das faulende Blut, so daß sich dann Fett in Gegenden findet, an denen früher andere Organe, beispielsweise Muskeln, waren.

Nach *Zillner* zerlegen sich die sowohl an ihrem Ort zurückgebliebenen Fette, als auch die Wanderungsfette in Glycerin und Fettsäuren, von denen dann die bei gewöhnlicher Temperatur flüssige Öl-säure und das Glycerin verschwinden, während nur die höheren Fettsäuren zurückbleiben, die sich mit Kalk und Magnesia zu Seifen verbinden.

Zu demselben Ergebnis über die Bildung des Leichenwachses kamen *G. Straßmann* und *Fantl*. Sie untersuchten eine weibliche, zum größten Teil in Leichenwachs übergegangene Leiche und fanden: ätherlösliche Rohfette 82,16%, Wasser 1,22%, Asche 4,03%, Cholesterin sehr geringe Mengen. Die Untersuchung des ätherlöslichen Rohfetts ergab: Säurezahl 207,75, Verseifungszahl 238,85, Esterzahl 31,10, Jodzahl 8,18. Zum Nachweis des Cholesterins werden 2 g Leichenwachs vier Stunden lang in siedendem Wasser mit 20% alkoholischer Lauge bis zur Verseifung erhitzt. Nach Erkalten wird das Produkt in Wasser gegossen und mit Chloroform ausgeschüttelt, die entstandene Chloroformlösung mit Lauge und Wasser bis zur neutralen Reaktion gewaschen, die Lösung im Wasserbad eingedampft und der geringe Rückstand zu 95% Alkohol gegeben und mit einer 1%igen alkoholischen Digitonin-Lösung versetzt.

Die in diesen Versuchen von· *Straßmann* und *Fantl* erhaltenen Werte stimmen ungefähr überein mit denen, die *Goy* und *Wende* an einer in Fettwachs übergegangenen Erdleiche fanden. Auffallend war nur der Unterschied in der Jodzahl, die von *Straßmann* und *Fantl* mit 8,184, von *Goy* und *Wende* mit 56,9 angegeben wird. Auffallend war auch das Fehlen von Cholesterin in der Erdleiche. Doch konnte dieses von den älteren Autoren übersehen worden sein. *Straßmann* und *Fantl* berechnen die an Rohfett gebundene Menge von Glycerin zu 1,7%. Würde das gesamte Fett einer Fettwachsleiche verseift, so ergäbe sich eine Gesamt-Fettsäure-Zahl von 99,3%.

Aus dieser Zahl läßt sich mit der Verseifungszahl von 238,85 ein mittleres Molekulargewicht der Fett-säuren von 233 berechnen. Dieses hohe Molekulargewicht der Fettsäuren läßt erkennen, daß es sich im Gegensatz zu der früheren Anschauung bei dem Leichenwachs um ein aus dem Körperfett entstandenes Produkt handelt, dessen Molekulargewicht zwischen dem der Myristinsäure (Molekular-Gew. 228,22) und dem der Palmitinsäure (Molekular-Gew. 256,26) steht. Danach kommt eine Mitwirkung von Eiweißkörpern nicht in Betracht, da bei der Fäulnis von Eiweißkörpern sich hauptsächlich Säuren zwischen Buttersäure (Molekular-Gew. 88,06) und Caprinsäure (Molekular-Gew. 172,16) bilden.

Die Untersuchungen von *Straßmann* und *Fantl* wurden von *Walcher* bei seinen Studien über die Leichenfäulnis bestätigt (s. u.).

Sonach sprechen die Untersuchungen von *Ascarelli*, *Kratter* u. a. für die Entstehung von *Leichenwachs aus Eiweißkörpern*, diejenigen von *Zillner*, *Hofmann*, *Straßmann* und *Fantl* für die *Bildung von Fettwachs aus dem im Körper vorhandenen Fett*, wobei letztere sich eine örtliche *Wanderung der Fette* vorstellen in dem Sinne, daß das Fettwachs an die Stelle untergegangener bzw. untergehender Muskel- bzw. Eiweiß-Substanz tritt. *Walcher* stellte insbesondere auf Grund seiner histologischen Untersuchungen fest, daß eine Bildung von Fettwachs bei Eiweiß bei der Fäulnis unwahrscheinlich ist. Eine Mittelstellung in dieser Frage nehmen *Bianchini* und *Remy* ein, die die Entstehung von Fettwachs nicht allein auf eine Metamorphose von Körperfett, sondern auch auf eine Umbildung von Eiweißstoffen zurückführen.

*Mikrochemische Untersuchungen* führten auch nicht zu einer restlosen Klärung der Frage. So untersuchten *Kernbach*, *Fisi* und *Berariu* die Veränderungen des Fettes und der Lipoide während der Fäulnis mit Hilfe mikrochemischer Reaktionen (Färbung der Schnitte mit Scharlachrot, Sudan-, Nilblau, Färbung der Fettsäuren nach *Fischler* und polarimetrische Untersuchung). Dabei stellte sich heraus, daß Fettsäuren und Lipoide an der Zersetzung durch Fäulnis beteiligt sind. Säurebildung beginnt in der Leiche nach etwa 15 Tagen, Seifen erscheinen etwa am 60. Tage. *Barral* fand bei einer drei Monate alten männlichen Leiche beträchtliche Mengen Fett in den inneren Organen auf chemischem Wege (Leber 20%, Magen 25%, Herz 52%), *Bianchini* und *Grassini* konnten an einer sechs Monate alten Fettwachs-leiche die chemischen Befunde von *Straßmann* und *Fantl* bestätigen.

Aus der Beobachtung, daß nicht alle Leichen in gleichem Maße Fettwachs bilden, kam man zu der Ueberlegung, ob durch Krankheit verändertes Gewebe in besonderem Maße zur Fettwachsbildung neige. So fand *W. Müller* (1915) an einem größeren Leichenmaterial Anhaltspunkte dafür, daß der Anstoß zur Leichenwachsbildung nicht nur im Fettgewebe, sondern auch in *krankem, fettartigem Gewebe* liege. Im älteren Schrifttum begegnet man der Behauptung, daß die Fettwachsbildung bei Arsenvergiftung beschleunigt sei. *Kratter* konnte sich hiervon nicht überzeugen.

Die Fettwachsbildung ist, ohne daß sichere Erkenntnisse darüber vorliegen, zweifellos abhängig von den *chemischen Eigenschaften des Wassers*. Im fließenden Leitungswasser von etwa 11° und 29 Härtegraden konnte *Matzdorff* in Würzburg typische Fettsäure-Nadeln im Unterhautgewebe mikroskopisch nach 7 Tagen nachweisen.

*Hofmann-Haberda* fanden die Fettwachsbildung in reinem Wasser schneller vor sich gehen als in verschmutzten Wässern. So könnte man auch mit der starken Verschmutzung des Rheinwassers die hier auffällig langsam vor sich gehende Bildung von Fettwachs erklären (*Berg*).

*Ungar* gab an, in Bonn nie eine Fettwachsleiche gesehen zu haben. In Düsseldorf sahen wir frühestens nach drei Monaten größere Flächen beginnender Verwachsung an den vorspringenden Hautteilen im Gesicht, nach fünf Monaten teilweise Verwachsung der Bauchdecken, nach sechs Monaten das Unterhautgewebe zum größten Teil in Fettwachs umgewandelt, die Leichen jetzt fast geruchlos, auch schon das Gekröse in Fettwachs umgewandelt, nach einem Jahr die Leichen fast regelmäßig ziemlich geruchlos und das gesamte Unterhautgewebe in Fettwachs verwandelt. In anderen Fällen trotz Aufenthalt von vier Wochen, zehn Wochen, drei bis fünf Monaten sahen wir keinerlei Fettwachsbildung. Im Wasser der Kieler Förde, welches einen ganz mäßigen Salzgehalt, aber recht starke Verschmutzung aufweist, fand sich die Bildung von Fettwachs an den vorspringenden Teilen des Gesichts meist schon nach einem Monat. Nach sechs Monaten war schon weitgehend Verwachsung der Körperbedeckungen zu erkennen, nach neun bis zwölf Monaten die völlige Umwandlung der Weichteile in Fettwachs.

Bei der *histologischen Untersuchung der Organe älterer Wasserleichen* läßt sich nach den Angaben von *Walcher* kurz folgendes nachweisen:

*Haut:* etwa von zehn Tagen ab Verlust der Epidermis, Aufquellung der Cutis, Durchsetzung mit Mikro-Organismen, Schwund der Elastica, weitgehende Umwandlung von Bindegewebsteilen in Eiweiß-Spaltungsprodukte, Umwandlung des Fettgewebes in Drusenfelder, körniger Zerfall der oberflächlichen Muskulatur, bis schließlich die ganze Cutis wegfällt und die Oberfläche von Fettwachsleichen von der körnigen Oberfläche des körnigen subcutanen Fettgewebes gebildet wird.

*Herz:* Rasche Fäulnis und Zerstörung des Herzmuskels. Fragmentation begünstigt durch Eindringen von Bakterien der Zerstörung besonders im Sommer sehr stark; im Winter noch nach 85 Tagen histologische Einzelheiten der Herzmuskelfasern, sogar noch Kernfärbung erkennbar.

*Lungen:* Rasche Verflüssigung des Blutes, Nachweis von Thromben daher unsicher, autolytische Lösung der Thromben unter baldiger Mitwirkung von Fäulnisbakterien.

*Leber:* Fäulnisprozeß im Wasser gegenüber der Luft stark verlangsamt, zum mindesten bei mittlerer Wassertemperatur und größerer Tiefe. Für dieses Organ gilt die *Casper*sche Regel nicht. Es kommt auf die örtlichen Verschiedenheiten der Gewässer an.

*Nieren:* Verlangsamung der Fäulnis bei Wasserleichen.

*Milz:* wird schnell erweicht. Ausgedehnter histologischer Zerfall und Kernverlust, schneller als bei anderweitiger Lagerung.

*Muskulatur:* Verhältnismäßig gute und lange Erhaltung, auch im Wasser. Nach 114 Tagen noch einigermaßen brauchbare histologische Bilder. Deutliche Verlangsamung des Fäulnisablaufs gegenüber dem Aufenthalt an der Luft.

Bei *längerem Aufenthalt der Leiche im Wasser* kommt es immer zu *Beschädigungen* entweder allein durch das Treiben am Grunde oder durch zufällige Einwirkungen von treibenden Gegenständen oder durch die Einwirkung von Wassertieren, Flohkrebsen, Käfern, Crustaceen, Fischen, Aalen, Hummern, Seesternen usw. *Pietrusky* und *Leo* fanden Larven von hydrophylen Käfern, welche einen Hinweis auf die Dauer des im Wasser-Liegens geben können.

*Gröbere Verletzungen* können schließlich durch Einwirkung von Schiffsteilen, -schrauben u. ä. zustande kommen bis zur Ablösung und Abrissen ganzer Gliedmaßen, der Arme und Beine, wie auch des Kopfes. So sahen wir öfter an Leichen aus der Nord- und Ostsee, daß der Kopf fehlte und eine zu Lebzeiten erfolgte *Zerstückelung vermutet* wurde. Stets soll man versuchen, auch an alten Treibleichen Verletzungsspuren, die zu Lebzeiten erzeugt sind, nachzuweisen. Tiefgreifende Verletzungen kann man an den *Knochen* wohl immer erkennen. Größere Blutaustritte können bei Erwachsenen lange erhalten bleiben; bei Neugeborenen und kleinen Kindern werden sie schnell ausgelaugt. Beachten muß man die Möglichkeit, daß Knochenbrüche in Röhrenknochen durch die Einwirkung von Frost zustande kommen können. Findet man daher diese Brüche, die in feinen Sprüngen der Röhrenknochen bestehen, in der warmen Jahreszeit, so deuten sie auf einen längeren Aufenthalt der Leiche im Wasser (*Merkel*).

Bei Leichen, die in Bauchlage im Strombett getrieben waren, fand *v. Neureiter* Hautabschürfungen und Einpressung von Kieselsteinen durch die Hautlücken zwischen Haut und Fascien. Auf dem rechten Handrücken und rechten Knie einer Leiche fanden sich Lücken in der Haut. Von hier aus führte ein Kanal bis an die innere Seite des Unterschenkels. Hier war zwischen Haut und Fascie eine Nische, die 17 Kieselsteine enthielt. In einem anderen Falle wurden haselnuß- bis gänseeigroße Kieselsteine tief in die Haut an der Bauchgegend eingebettet bei einer Fettwachsleiche von *Beöthy* gefunden.

Tiefgehende *Schleifspuren*, die wir am Rhein erst nach Zurücklegung eines längeren Weges von etwa 50 km fanden, sah *Merkel* an Isarleichen auf Handrücken und Kniescheiben schon nach zwei Tagen, Abreißungen von Gliedmaßen nach acht bis zehn Tagen. Kriminalistisch wichtig ist, daß gegenüber der raschen Zerfetzung und Ablösung der Kleider fest anliegendes *Schuhwerk* lange und gut erhalten bleibt. Die Untersuchung der *Kleider* kann schließlich wichtige Anhaltspunkte geben. Nach *Merkel* können Kleiderläuse an Wasserleichen, also unter Wasser, bis 24 Stunden lebens- und entwicklungsfähig bleiben; Menschenflöhe bis nach 16 Stunden; Spulwürmer im Dünndarm wurden zuweilen noch nach zehn Stunden lebend gefunden.

Die Feststellung der Identität alter Wasserleichen ist nicht aussichtslos. Fingerabdrücke abzunehmen soll man immer versuchen. Anhaltspunkte für die Identität bietet die Beschreibung der Knochen (*Merkel* und *Foerster*), insbesondere auch die sorgfältige Aufnahme des Zahnbefundes, der am besten durch Herausnahme des Ober- und Unterkiefers sicherzustellen ist.

*G. Rechtsfragen. 1. Selbstmord durch Ertränken.* Selbstmord ist beim Tode durch Ertrinken verhältnismäßig häufig und beträgt in der Statistik aller Jahre durchschnittlich $1/3$ der Fälle, in denen der Tod durch Ertrinken festgestellt wurde. Er kommt bei beiden Geschlechtern und in jedem Lebensalter vor, überwiegend bei Frauen, bei denen bei der Obduktion insbesondere auf den Zustand der Menstruation geachtet werden sollte. So sahen wir gerade beim Selbstmord durch Ertränken die Fälle ungewöhnlich häufig, in welchen die Frauen menstruiert waren. *Kein Lebensalter*, mit Ausnahme der ersten Lebensjahre, *schließt den Selbstmord durch Ertränken aus.*

Besonders *Ziemke* wies auf die *psychologischen Momente* hin, welche beim *Absturz ins Wasser aus großer Höhe* zu beachten sind. Zunächst spielt dabei, wie in anderen Fällen (z. B. Tod durch Überfahrenlassen) der Nachahmungstrieb eine gewisse Rolle. Auch sonst ist ja beim Absturz aus der Höhe die Häufung von Selbstmorden bekannt. So hat auch in den letzten Jahrzehnten der Sprung ins Wasser aus der Höhe von hohen Brücken eine Zunahme erfahren, beispielsweise in Kiel in der Zeit von 1913 bis 1928 von einem auf sechs Fälle im Jahr. Hierbei konnte die alte Erfahrung, daß die Sommermonate von den Selbstmördern bevorzugt werden, bestätigt werden. Die meisten waren ledig, der jüngste ein Mann von 17 Jahren, die älteste eine Witwe von 61 Jahren. Die meisten Selbstmorde wurden in den Abendstunden begangen, wenn der Tag sich neigt und der Mond über den Wassern steht. Vielleicht spielt beim Sturz aus der Höhe ins Wasser auch der Gedanke eine Rolle, daß der Sprung aus der Höhe den Erfolg der Selbsttötung noch besonders sichere — eine Annahme, die nach den Erfahrungen an den verhältnismäßig geringfügigen Verletzungen sich nicht rechtfertigen läßt. Ebensowenig gerechtfertigt erwies sich die Annahme, daß schon der Absturz infolge des Luftdrucks zur Betäubung führe und der Selbstmörder darum in bewußtlosem Zustande ins Wasser gelange. Vielfach findet man die Ansicht verbreitet, daß der aus der Höhe Stürzende kein Bewußtsein von den unheimlichen Vorgängen des Augenblicks habe, eine Erfahrung, die auch aus Selbstschilderungen von Personen hervorgeht, die bei Bergbesteigungen abstürzten. So berichtet *Näcke* von einem 15jährigen Mädchen, das beim Baden untersank und bewußtlos herausgezogen wurde. Es gab an, es habe Rauschen und immer schöner werdende Musik gehört.

Schließlich kann der Sprung ins Wasser aus größerer Höhe der Ausfluß einer *geistigen Störung* oder einer *abwegigen Geistesverfassung* sein. Nach den Erfahrungen von *Ziemke*, die wir auch am Rhein bestätigen können, handelt es sich überwiegend um psychopathische Persönlichkeiten, die schon von Kind an zu Absonderlichkeiten, Verschlossenheit, Hang zum Alleinsein oder auch zum Leichtsinn neigten, und die zum Selbstmord kamen infolge einer augenblicklichen Erregung aus verhältnismäßig geringfügigen Anlässen, wie Streit mit der Ehefrau, Zurechtweisung durch die Eltern u. ä.

Die Zahl, Form, Lage und Art der *Verletzungen* sagt in den meisten Fällen nichts Sicheres darüber aus, auf welche Weise sie zustande gekommen sind. Immer ist zu beachten, daß auf dem Wege ins Wasser schon Verletzungen durch Aufschlag auf Mauervorsprünge, Steine, Eisblöcke u. a. entstehen können und die Ertrinkenden im Wasser den verschiedenartigsten Verletzungsmöglichkeiten ausgesetzt sind.

Selbst dann, wenn nach Art und Lage der Verletzungen festgestellt ist, daß sie von fremder Hand beigebracht wurden, braucht nicht ohne weiteres eine Tötung durch fremde Hand vorzuliegen. Es sind Fälle bekannt, in denen Personen bei einer Rauferei verletzt wurden und später Selbstmord durch E. verübten, oder auf dem Heimwege den Tod im Wasser durch Unfall erlitten haben (Feststellung des *Blutalkohols* nicht unterlassen!). Insbesondere *Strangulierungsfurchen* können sich bei der Fäulnis der Wasserleiche am Halse zufällig entwickeln und schwer von echten Strangulationsfurchen zu unterscheiden sein. Auch die *Umschnürung* von Händen und Füßen wie die *Beschwerung* mit Steinen sind bei ertrunkenen Selbstmördern keine Seltenheit. Man muß daher bei der Fesselung immer festzustellen versuchen, ob sie von eigener Hand angelegt worden sein kann, oder ob eine fremde Hand im Spiele gewesen sein muß. Kann man gröbere Einwirkungen, beispielsweise durch Schiffsschrauben, ausschließen, und sind die Kleider zerrissen oder weisen sie entsprechend den Verletzungen Substanzverluste auf, die von Schnitt und Stich oder Hieb herrühren, so ist meist ein Selbstmord auszuschließen, da der Selbstmörder bekanntlich unbekleidete Körperstellen zu bevorzugen pflegt. Bei einer Wasserleiche in Sportskleidung (Schwimmer, Ruderer, Paddler, Segler) liegt die Annahme eines Unglücks-

falles am nächsten, wenngleich auch hierbei Selbstmord oder Mord von vornherein nicht ausgeschlossen werden darf. Wird eine Leiche, die sicherlich nicht nackt ins Wasser gelangt war, in unbekleidetem Zustande aufgefischt, so darf daraus kein Schluß auf einen Mord gezogen werden: *Berg* machte diese Beobachtungen an Treibleichen im Rhein, die beim Treiben fast völlig entkleidet werden konnten; *Buhtz* berichtete über einen ähnlichen Fall. Bleibt eine Leiche längere Zeit im strömenden Gewässer, so können die gesamten Kleidungsstücke nach und nach von der Strömung oder durch die Einwirkung von Wehren, Mühlrädern oder Schiffsteilen entfernt werden. Das ist besonders bei Frauenkleidung möglich.

Bei Selbstmördern finden sich die verschiedenartigsten *Nebenverletzungen*, so Schnittverletzungen an den Pulsadern und am Halse, Stiche in die Brust, an die Schläfe und auf den Kopf, Streifschüsse und Durchschüsse durch den Kopf. So wurde auf einer Brücke bei Düsseldorf ein Mann beobachtet, der sich durch den Schädel schoß und dann ins Wasser stürzte. Ein anderer band sich eine Binde um den Kopf und verschloß dadurch die Nasenlöcher — einer brachte sich einen Knebel in den Mund, bevor er in das Wasser sprang.

In einem Falle wies ein Mann eine *Fesselung beider Hände* auf. Eine Schnur war ums linke Handgelenk festgeknotet, sie führte ums rechte Handgelenk; hier lag sie nur locker darum. In einem anderen Falle war eine Schnur erst mehrfach um das rechte Handgelenk festgedreht, dann in einfacher Tour um das linke Handgelenk gelegt und nun beide Unterarme anscheinend fest zusammengeknotet. Die linke Hand ließ sich aber aus der Schlinge ziehen, so daß der Mann erst die Schlinge gelegt und dann die Hände hineingebracht hatte. — Liebespaare werden gelegentlich aneinandergefesselt aufgefunden.

Nicht einmal *schwere Verletzungen*, wie Beilhiebe u. ä., sprechen ohne weiteres für Tötung durch fremde Hand (*Holzer, Jacobi*).

Schließlich ist zu beachten, daß die Spuren oder Werkzeuge eines ungewöhnlichen Selbstmordes im Wasser verlorengehen können. So kann ein Selbstmörder seinen Körper mit Gewichten belasten und sich beispielsweise eine Schlinge um den Hals legen, an der er diese befestigt. Gehen diese dann im Wasser verloren — z. B. Steine — so kann leicht der Verdacht entstehen, der Verstorbene sei durch fremde Hand stranguliert und als Leiche ins Wasser geworfen worden, um einen Selbstmord vorzutäuschen.

Bei der Fäulnis der Leichen im Wasser können nicht nur am Halse, sondern auch an anderen Körperstellen durch die Einschnürung von Kleidungsstücken Furchen entstehen, die den Eindruck absichtlicher Schnürversuche erwecken.

*2. Tötung durch Ertränken. Buhtz* berichtete 1932 über 23 in der Literatur beschriebene Fälle von *Mord durch Ertränken*, denen er vier eigene Beobachtungen hinzufügen konnte. In 27 Fällen war 20mal die Geliebte, Gatte oder Verführer der Täter oder doch an der Tat beteiligt. In all diesen Fällen lag das Motiv auf der Hand. Der Partner sollte beseitigt werden, und zwar wurde 17mal eine weibliche Person, nur dreimal eine männliche Person getötet, in den letzteren Fällen wurde die Tat zweimal von der Ehefrau und dem Liebhaber gemeinsam, in einem Falle vom Geliebten der Tochter allein begangen. In drei Fällen war der Ehemann allein der Täter, einmal der Dienstherr und Verführer, in den meisten Fällen, nämlich in elf Fällen, der Liebhaber allein. In einem Falle waren zwei Personen am Mord einer weiblichen Person beteiligt, nämlich der Liebhaber und sein Vater. Einmal tötete eine Frau die Geliebte ihres Ehemannes. In der überwiegenden Anzahl der Fälle handelt es sich danach um einander *ähnliche Motive*. In besonderem Maße gab die *Schwangerschaft* der Geliebten den Anstoß zur Tötung. In 14 von 27 Fällen ging ein Kampf mit schweren äußeren Gewaltanwendungen voraus, und zwar mit Schlägen auf den Kopf und Würgen, zweimal mit einem Giftmordversuch. Durch die Gewalteinwirkung befanden sich die Opfer zum Teil in einem mehr oder weniger starken Zustande von Bewußtseinstrübung. Dies brachte es mit sich, daß öfter die sonst typischen Ertrinkungsmerkmale nicht charakteristisch vorgefunden wurden. Nur in elf Fällen von reiner Ertrinkung fanden sich Angaben über Schaum, Sand und Wasser in Mund und Magen. In mehreren Fällen ließen starke Verwachsungen zwischen Lungen und Rippenfell keine Lungenblähung zu. In den Fällen, in denen kein Kampf der Tötung voranging, war die Situation oft sehr ähnlich. Die Täter gingen mit Vorsatz und Überlegung vor, lockten die weibliche Person ans Wasser und warfen sie durch einen einfachen Stoß hinein.

*Wucherer* berichtete 1932 über 14 Fälle durch Ertränken, darunter siebenmal Mord an der schwangeren Geliebten durch den Schwängerer. Einmal fand eine Ertränkung nach einem Notzuchtsverbrechen statt, viermal wurden Knaben oder Mädchen getötet, und zwar von der Mutter oder dem Vater. Auch in diesen Fällen war die Situation oft sehr ähnlich. Manchmal wurden die Opfer durch Schläge auf den Kopf bewußtlos gemacht. *Wucherer* stellte mit *Merkel* mit Recht die Forderung auf, daß *bei jeder in geschlechtsfähigem Alter stehenden weiblichen Wasserleiche eine Leichenöffnung zur Feststellung einer Schwangerschaft vorgenommen werden sollte.*

Aus dem Düsseldorfer Institut berichtete *Kluck* 1934 über 13 Fälle, in denen Ertränkungstod durch fremde Hand vorlag.

In einem Falle fanden sich ausgedehnte Blutunterlaufungen am Kopfe als Zeichen einer zu Lebzeiten erfolgten Gewaltanwendung, in einem anderen Falle ein Depressionsbruch am linken Scheitelbein, der auf die Einwirkung eines Werkzeuges deutete, weiter typische Kratzspuren, wie sie bei Würgegriffen vorkommen. In einem anderen Falle sprach lediglich eine nachweisbare Beraubung für die Tötung durch Ertränken. Einmal war der Ertrunkene nach einer Schlägerei in halb betäubtem Zustande entweder ins Wasser gestürzt oder von fremder Hand hineingestoßen war. Die Leiche eines vierjährigen Mädchens wurde in einem fest verschnürten Sack im Wasser treibend aufgefunden. Es stellte sich heraus, daß das Kind von dem Vater mißhandelt worden war, so daß es bewußtlos und wie tot dalag. Die Eltern wollten die vermeintliche Leiche beseitigen, verschnürten sie in einen Sack und warfen sie in den Rhein. In anderen Fällen wurden Verletzungen durch Stich und Schnitt sowie Ausstopfen des Mundes und Rachens festgestellt. Mehrfach lagen die Stiche im Rücken, sprachen danach dagegen, daß der Versuch einer Selbsttötung vorliegen könne.

Wir sahen in letzter Zeit mehrfach *Ertränkung von Neugeborenen* in und nach der Geburt. In einem Falle hatte die Kindesmutter mit dem Vorsatz, das Neugeborene zu ertränken, sich über eine große Waschschüssel gestellt, das Kind hineinfallen lassen und sogleich unter Wasser gehalten, bis es keine Bewegungen mehr machte, nach ihrer Angabe fünf Minuten lang. In einem anderen Falle hatten die Eltern eines unehelich gebärenden Mädchens bei der Geburt geholfen und die Mutter der Gebärenden das Neugeborene sogleich in einer Schüssel Wasser er-

tränkt. In beiden Fällen kamen wir lediglich mit Hilfe der *Färbung der elastischen Fasern (Foerster, Böhmer)* zu der Feststellung, daß die Neugeborenen nicht im Fruchtwasser, sondern höchstwahrscheinlich im klaren Leitungswasser ertrunken sein mußten. Beide Kindesmütter legten erst danach ein Geständnis ab. In einem kürzlich untersuchten Falle wurde Ende August die Leiche eines neugeborenen Kindes in einem Pökelbassin gefunden, in welches sie von der Kindesmutter Anfang Januar, bald nach der Geburt, hineingeworfen war. Die Leiche war über acht Monate alt und durch Fäulnisvorgänge fast restlos zerstört. An inneren Organen waren nur noch Stücke beider Lungen, der Leber und der Beckenorgane vorhanden. Wir konnten in den Lungen mit Hilfe der *Färbung der elastischen Fasern* den Nachweis führen, daß das Neugeborene nicht in der schmutzigen Pökellake, sondern in klarem Wasser ertrunken war. Die Kindesmutter legte ein Geständnis ab, daß sie das Kind in einer mit Leitungswasser gefüllten Schüssel ertränkt hatte.

Die *Obduktion einer Wasserleiche* sollte unter Berücksichtigung aller genannten Umstände erfolgen und dabei immer bedacht werden, daß auch *eine Tötung durch fremde Hand vorliegen kann, wenn Spuren gröberer Gewaltanwendung fehlen.* In einem kürzlich beobachteten Falle hatte ein Ehemann seine Frau auf eine Rheinbrücke gelockt und sie im Scherz veranlaßt, an das Geländer zu klettern. Dann stieß er sie ins Wasser. An der Leiche fanden sich keine Spuren einer Gewalteinwirkung. Der Mann machte sich nur dadurch verdächtig, daß er in einer nahegelegenen Wirtschaft erschien und in theatralischer Weise über den angeblichen Selbstmord seiner Frau berichtete. In einem anderen Falle konnten wir bei der Obduktion einer Ehefrau nur eine ganz geringfügige, kaum nagelrandgroße blutunterlaufene Hautabschürfung an der Stirn feststellen. Diese erwies sich mikroskopisch als sicher vital erzeugt. Der Ehemann legte ein Geständnis ab. Er hatte gemeinsam mit seiner Geliebten seine Ehefrau abends an ein Wasser gelockt und sie aufgefordert, beim Schein einer Taschenlampe nach den Fischen zu sehen. Dann hatte er sie ins Wasser gestoßen und, als seine Frau wieder ans Ufer gelangte, sie einmal mit dem Stiefelabsatz vor die Stirn getreten. Dabei hatte er die geringfügige Spur erzeugt, mit deren Hilfe seine Überführung gelang. In letzter Zeit wurden vorgetäuschte Selbstmorde durch Ertränken beschrieben von *Wachholz* und *F. Reuter*. *Ph. Schneider* beschrieb einen Fall, in welchem ein Mann in rasch aufeinanderfolgender Weise sich sein Taschentuch als Knebel in den Mund gesteckt hatte und dann ins Wasser gegangen war. Es fand sich kein Ertrinkungsbefund mehr; wegen der Knebelung war ein Mord vermutet worden.

So kommt es bei der Obduktion einer Wasserleiche in besonderem Maße darauf an, daß auf die geringfügigsten Spuren geachtet wird, daß diese mit größter Sorgfalt auf ihre vitale Entstehung geprüft, für die unerläßliche mikroskopische Untersuchung asserviert werden, daß besonders auch auf Spuren an den Kleidern geachtet und das Verhalten verdächtiger Personen in kriminalpsychologischer Beziehung einer genauesten Analyse unterzogen wird.

*3. Unfall durch E.* Der Tod durch E. kann Betriebsunfall oder Dienstbeschädigung sein, schließlich auch privatrechtliche Bedeutung erlangen.

Der in der *Unfallversicherung* versicherte Arbeiter ist gegen die Folgen der Betriebsgefahren geschützt. Dabei wird im Gegensatz zur Privatversicherung die Frage des Verschuldens nicht berücksichtigt. Eine Einschränkung der Leistungspflicht der Unfallversicherungsträger liegt höchstens insofern vor, als kein Anspruch auf Entschädigung besteht, wenn der Unfall vorsätzlich herbeigeführt worden ist. Ein weiterer Unterschied zwischen öffentlicher und privatrechtlicher Versicherung liegt in der Frage der Beweisführung eines Betriebsunfalles. In der öffentlichen Unfallversicherung ist der Unfall von Amts wegen festzustellen und von Amts wegen ein Bescheid über die Unfallfolgen zu erteilen. Dabei gilt sogar in den Fällen, in denen eine Todesursache nicht mit Sicherheit festgestellt werden kann, nach der Rechtsprechung des Reichsversicherungsamtes die Vermutung, daß der Versicherte einem auf seine Berufstätigkeit zurückzuführenden Betriebsunfall erlegen ist und ein zeitlicher und örtlicher Zusammenhang des Todes mit der Betriebstätigkeit vorliegt. Schließlich ist der versicherte Arbeiter bei einem Betriebsunfall auch dann voll geschützt, wenn er krank oder gebrechlich ist. So kann der Tod durch E. wohl in einem Zusammenhang mit einer gewerblichen Tätigkeit stehen. Nicht immer ist dies ohne weiteres erkennbar. Es kann auch jemand in einer anderen Flüssigkeit als in Wasser ertrinken. So sahen wir Fälle, in denen Arbeiter durch aufsteigende Dämpfe, z. B. aus einem *Benzintank*, bewußtlos wurden und am Rande des Tanks stehend, in diesen hineinstürzten und ertranken. Dabei braucht nicht einmal der Tank mit Flüssigkeit gefüllt zu sein. Es ist denkbar, daß beim Reinigen eines Tanks am Boden desselben noch *giftige Dämpfe* vorhanden sind, wie auch beispielsweise beim Reinigen von säurehaltigen Tanks, wozu Laugen Verwendung finden, sich giftige Gase neu bilden können. Dann kann der Arbeiter, dem es übel wird, ins Freie oder an den Schiffsrand treten, über Bord stürzen und ertrinken. Wir sahen Fälle von E. bei einem Schiffsbrande, bei welchem die Schiffer sich in Sicherheit bringen wollten. Dabei ist darauf zu achten, ob etwa eine Bewußtseinstrübung durch *Kohlenoxydgase* herbeigeführt wurde. In Abflußkanälen, Kloaken, beim Bohren von Brunnenschächten oder bei der Arbeit in fertigen Brunnen können Arbeiter durch *Kohlensäure* oder *Stickstoff* bewußtlos werden und im Grund- oder Brunnenwasser ertrinken.

Bei *Trunkenheit* kann ein Tod durch E. nur dann anerkannt werden, wenn der Zusammenhang mit dem Betriebe gewahrt ist, d. h. der Unfall sich auf der Arbeitsstelle oder auf dem Wege von oder zu ihr ereignet hat. Wird nachgewiesen, daß jemand so angetrunken war, daß er nicht mehr wußte, was er tat, wird eine Entschädigungspflicht abgelehnt. In der *See-Unfall-Versicherung* bestehen für diesen Punkt besondere Bestimmungen. Danach sind von der Versicherung Unfälle ausgeschlossen, wenn der Versicherte sich pflichtwidrig von Bord entfernt hat oder in eigener Sache in Landurlaub ist. Wir sahen in Kiel mehrere solcher Fälle, in denen an Bord gehende Personen von der Kaimauer oder von Anlegebrücken ins Wasser stürzten.

Schließlich kann auch ein *Selbstmord* unter seltenen Umständen als Betriebsunfall anerkannt werden, wobei auch das Trauma, das einen Entschluß, aus dem Leben zu scheiden, bei dem Unfallverletzten hat aufkommen lassen, ein psychisches sein kann. Diese Fälle sind sehr selten.

Tod durch E. kann Folge einer *Dienstbeschädigung* sein. Dies ist denkbar bei Militärpersonen und Polizeibeamten in Ausübung ihres Dienstes. In einem Falle unserer Beobachtung ertrank ein Polizeibeamter in einem kleinen See im Dienste. Ein anderer ertrank beim dienstlich angeordneten Schwimmen in einem Schwimmbassin, nachdem er durch Aufstoßen auf dem Boden bewußtlos geworden war.

In der *Privatversicherung* sind die Beziehungen zwischen dem Versicherungsträger und dem Versicherungsnehmer durch besondere Satzungen geregelt. Dies ist nicht bei allen Versicherungen der Fall. In einigen heißt es nur, daß der Tod durch Unfall Berücksichtigung finden soll. In den bei den meisten Versicherungen gültigen allgemeinen Versicherungsbedingungen sind insbesondere von der Versicherung ausgeschlossen Unfälle infolge von Schlag, Krampf, Ohnmacht und Schwindelanfällen, von Geistes- und Bewußtseinsstörungen (falls diese letzteren nicht durch den Versicherungsfall hervorgerufen sind), ferner Unfälle infolge offenbarer Trunkenheit. Haben Krankheiten und Gebrechen bei der Herbeiführung eines Unfalls mitgewirkt, so tritt gewöhnlich eine Kürzung der Leistung im Verhältnis des auf die Mitwirkung entfallenden Anteils ein.

Über den medizinischen Standpunkt, der bei der Begutachtung solcher Versicherungsfälle einzunehmen ist, sind die Meinungen verschieden. Dies kommt zum Teil daher, daß die rechtliche Beurteilung nicht ganz unserer Kenntnis von den Vorgängen beim E., wie beim Tode im Wasser, entspricht.

Das Reichsgericht hat 1914 in einem Falle, in welchem ein Mann höchstwahrscheinlich nur wenige Tropfen Wasser beim Baden in den Kehlkopf bekommen hatte, einen Unfall anerkannt, weil hierbei *Wasser in die Organe* eingedrungen sei, und der Badende diesem Eindringen des Wassers unfreiwillig gegenüberstehe, so daß man darin einen entschädigungspflichtigen Unfall erblicken könne.

Man kann aber auch der Meinung sein, daß dies Ursache und Wirkung verwechseln heißt, zumal es sich nicht um ein eigentliches Eindringen von Ertrinkungsflüssigkeit in den Körper handelt und in erster Linie die Tatsache, daß der Badende sich freiwillig ins Wasser begibt, den äußeren Anlaß für den später ausgelösten Vorgang darstellt.

Von *Gmelin* wird der Standpunkt vertreten, das Eindringen von Wasser in die Luftwege sei ein von außen wirkendes Ereignis und erfülle den Unfallbegriff. Dabei sei es nebensächlich, ob das Ereignis, nämlich das Eindringen von Wasser in die Luftwege, bei einem Schwimmer oder Nichtschwimmer erfolgt sei. Ausschlaggebend sei, daß der Versicherte eine Gesundheitsschädigung durch ein plötzlich von außen wirkendes Ereignis erlitten habe. Hieraus folgert *Gmelin*, daß beim Fehlen der typischen Ertrinkungszeichen der Tod im Wasser bei einem guten Schwimmer durch andere mit dem Wasser zusammenhängende Faktoren herbeigeführt sein muß.

*Gravenhorst* prüfte, was bei *Gmelin* nicht geschehen ist, dessen Sätze an dem Obduktionsmaterial des Kieler Instituts nach und stellte folgende Leitsätze auf:

1. Jeder Mensch, der unfreiwillig ins Wasser fällt und dadurch eine Gesundheitsschädigung bzw. den Tod davonträgt, erleidet einen entschädigungspflichtigen Unfall. Dabei können Krankheiten oder Gebrechen innerer Organe mitwirken von den leichten bis zu den höchstgradigen Organveränderungen. So sieht man ältere, häufig mit schweren Organveränderungen behaftete Personen den typischen Badetod eines Nichtschwimmers erleiden, wenn sie in einem seichten Wasser plötzlich in eine Untiefe geraten.

2. Begibt sich ein Mensch freiwillig ins Wasser, so ändert er damit freiwillig und absichtlich das umgebende Medium. Trifft ihn hierbei ohne irgendwelche von außen hinzutretende Umstände der Tod in irgendeiner Form (E. oder natürlicher Tod), dann liegt kein Unfall vor. Man sieht am Obduktionsmaterial, daß die meisten Badeunfälle der Schwimmer nach den Zeugenaussagen keine Anhaltspunkte dafür bieten, daß der Tod durch ein von außen wirkendes Ereignis erfolgt sei, vielmehr steht eine innere Ursache meist im Vordergrund — in erster

Linie der volle Magen, mit dem der Badende sich ins Wasser begeben hat, und hier müssen auch die allergischen und anderen konstitutionellen Erscheinungen Berücksichtigung finden.

3. Sobald ein Schwimmer oder Nichtschwimmer unbeabsichtigt und unerwartet in eine Situation gerät, in welcher er mechanisch, d.h. von außen her, eine Gesundheitsschädigung erleidet, so ist der Unfallsbegriff erfüllt. Dieser Vorgang kann eingeleitet werden z. B. durch Strömungen, Brandung, Schiffssog, Schlingpflanzen, Hineingeraten in tiefe Stellen, in Wirbel, Angriffe von Seetieren, Belastung des Körpers mit Kleidungsstücken oder Halten eines geretteten Menschen, Aufstoßen des Körpers beim Kopfsprung auf den Boden eines Wasserbeckens oder auf im Wasser treibende Gegenstände.

Folgt man diesen Grundsätzen, so hat man eher Aussicht, den verschiedenartigen Zustandsbildern gerecht zu werden, unter denen uns der Tod durch E. bzw. der Tod im Wasser aus physiologischen oder pathologischen Ursachen entgegentritt.

### Schrifttum.

*Apstein:* Das Süßwasser-Plankton. Kiel 1900. — *Ascarelli:* Histologische Studien und bakteriologische Versuche über Adipocire. Vjschr. gerichtl. Med. **32**, 219 (1906). — *Balan:* 1. Recherches expérimentales sur la submersion. Paris méd. **II**, 419 (1931). 2. Experimentelle Untersuchungen über den Tod durch Ertrinken. Dtsch. Z. gerichtl. Med. **23**, 319 (1934). — *Balan:* Wann und wie dringt das Wasser in die Lungen ein? Rev. Med. **1**, 442 (1936) (Rumänisch). — *Balaß:* Eigentümlicher Hautbefund nach Sturz ins Wasser. Dtsch. Z. gerichtl. Med **21**, 515 (1933). — *Baumann:* Der Tod im Wasser außer dem eigentlichen Ertrinkungstod. Diss. Düsseldorf 1934. — *Behloradsky:* Tod durch Ertrinken. In: *Maschkas* Handb. f. gerichtl. Med. **1**, 64 (1881). — *Bell:* Tod durch Ertrinken. Z. Med.beamte **20**, 620. — *Beöthy:* Befund über eine Wasserleiche in Leichenwachs umgewandelt. Gyógyászat **103** (1929). — *Berg:* Über die Rheinleichen. Dtsch. Z. gerichtl. Med. **11**, 278 (1928). — *Bernstein:* Zur Frage des Badetodes. Bemerkungen zu dem gleichnamigen Artikel von *Grassl.* Med. Wschr. **1932**, II (1889). — *Blochmann:* Die mikroskopische Tierwelt des Süßwassers. Hamburg 1895. — *Böhmer:* Beiträge zur histologischen Lungenprobe. Dtsch. Z. gerichtl. Med. **20**, 396 (1933). — *Boß, J.:* Über den Tod durch übermäßige Nahrungsaufnahme. (Path. Inst., Univ. Zürich.) Schweiz. med. Wschr. **1934 II**, 1149—1151. — *Brandino:* La crioscopia degli organi nella morte per annegamento. Nota riassuntiva. 1. Studi sarsaresi **3**, 386—389 (1925). 2. Arch. di antrop. crimin. **48**, 481 (1928). — *Brandino:* Kehlkopf und Mageninhalt bei der Erstickung durch Ertrinken. Arch. di Antrop. crimin. **57** (1937). — *Brandino:* Studi sassar. **3**, 386 (1925) (italienisch); Ref. Dtsch. Z. gerichtl. Med. **8**, 612 (1926). — *Brandino:* Der Osmotische Druck der Organe bei der Erstickung beim Ertrinken im Meerwasser. Arch. di Antrop. crimin. **57** (1937). — *Brouardel:* La pendaison, la strangulation, la suffocation, la submersion. Paris 1897. — *Brouardel et Loye:* Recherches sur la respiration pendant l'asphyxie par submersion et sur le sang de noyés. Arch. physiol. norm. et path. **21**, 449 (1889). — *Brouardel et Loye:* Recherches sur la respiration pendant la submersion. Arch. physiol. norm. et path. **21**, 408 (1889). — *Brouardel et Loye:* Recherches sur le moment de l'entrée de l'eau dans les poumons des noyés. Arch. physiol. norm. et path. **21**, 578 (1889). — *Brouardel et Vibert:* Etudes sur la submersion. Ann. Hyg. publ. et Méd. lég. **4**, 452 (1880). — *Bruck:* Trommelfell-Perforation als Ursache des Ertrinkens beim Schwimmen. Münch. med. Wschr. **1927**, 897. — *Bruns u. Thiel:* Die Wiederbelebung. Berlin u. Wien 1931. — *Buck:* Trommelfellperforation als Ursache des Ertrinkens beim Schwimmen. Münch. med. Wschr. **21**, 897 (1927). — *Buhtz:* Mord durch Ertränken. Dtsch. Z. gerichtl. Med. **18**, 557 (1932). — *Buhtz u. Burkhardt:* Die Feststellung des Ertränkungsortes aus dem Diatomeen-Befund der Lungen. Dtsch. Z. gerichtl. Med. **29**, 469 (1938). — *Bürger:* Über die Bedeutung des intrapulmonalen Druckes für den Kreislauf und den Mechanismus des Kollaps bei akuten Anstrengungen. Klin. Wschr. **18**, 777 u. **19**, 825 (1926). — *Bürger:* Über die klinische Bedeutung des *Valsava*schen Versuches. Münch. med. Wschr. **33**, 1066 (1921). — *Canuto:* Das Blut beider Herzkammern mit Rücksicht auf die Diagnose der Ertrinkung. Über die Bedeutung der sogenannten papierhämometrischen Methode für die Ertrinkungs-Diagnose. Arch. di Antrop. crimin. **50**, 1481 (1930). — *Canuto:* Die Refraktometrie des Blutes der beiden Herzkammern bei Ertrinken. Dtsch. Z. gerichtl. Med. **11**, 78 (1928). — *Canuto:* Il sangue dei due ventricoli del cuore nella diagnosi di annegamento. Sul coridetto „metodo cartemontrico" per la diagnosi di annegamento. Arch. di Antrop. crimin. **50**, 1481 (1930). — *Carrara:* Vjschr. gerichtl. Med. **24** (III. F.), 236 (1902). — *Carrara:* La crioscopie du sang dans la diagnose médico-légale de la

mort par submersion. Arch. di Biol. **35**, 349 (1901). — *Carrara:* La criscopia del sangue nella diagnosi medico-legale della morte per annegamento. Arch. Sci. med. **1901**, 71. — *Carrara:* Untersuchungen über den osmotischen Druck und die spezifische elektrische Leitfähigkeit des Blutes bei der gerichtsärztlichen Diagnose des Ertrinkungstodes und bei der Fäulnis. Vjschr. gerichtl. Med. u. Öff. Gesd.hpfl. **24** (III. F.), 256 (1902). — *Carrara:* Nuove ricerche sulla morte per annegamento. Arch. Sci. med. Torino **26**, 229 (1902). — *Carrara:* Die gerichtsärztliche Diagnose des Ertrinkungstodes. Fol. haemat. (Lpz.) **1**, 330 (1904). — *Casper-Liman:* Handb. der gerichtl. Medizin. 780. Berlin 1889. — *Ceradini:* Nuove esperienze esplicative del reperto necroscopico della sommersione. Gaz. med. ital. lombardia **29**, 213 (1869). — *Chavigny:* Der Tod im Wasser als Unfall. Leipzig 1933. — *Corin:* Vjschr. gerichtl. Med. **5** (III. F.), 234 (1893). — *Corin et Stockis:* Le diagnostic médico-légal de l'asphyxie par submersion. Bull. Acad. Méd. Belg. **23**, 42 (1909). — *Cot:* Les asphyxies accidentelles. Paris 1931. — *Crema:* Über den Einfluß der Temperatur-Änderungen des Reizmittels auf die naso-pharyngolaryngealen Reflexe (insbesondere im Hinblick auf den Tod im Wasser). Arch. di Antrop. crimin. **50**, 1152—1163 (1930). — *Crzywo-Dabrowski:* W: Ertrinkungstod: IV. Mord, Selbstmord oder Zufall? Mord mit postmortaler Versenkung der Leiche im Wasser. Czas. sad.-lek. **4**, 243—273 (1935). — *Doehring:* Magenfüllung und plötzlicher Tod. Vjschr. gerichtl. Med. **58**, 4. — *Döhrn:* Über die Beziehungen zwischen Brustschwimmen und behinderter Nasenatmung. Diss. Düsseldorf 1936. — *Dubois-Reymond:* Arch. f. Physiol. **1910**. — *Eckert-Möbius:* Erkrankungen und Schädigungen des Ohres beim Baden. Med. Welt **934** (1921). — *Eckert-Möbius:* Die Erkrankungen des Ohres und der oberen Luftwege beim Baden. Münch. med. Wschr. **1933 II**, 1800. — *Eckert-Möbius:* Erkrankungen und Schädigungen des Ohres und der oberen Luftwege beim Baden. Med. Welt **1934**, 921—922. — *Eiselsberg:* Zur Frage des Badetodes. Münch. med. Wschr. **1932 II**, 691. — *Eiselsberg u. Klotz:* Aussprache zur Frage des Badetodes. Münch. med. Wschr. **1932**, 1690. — *Engel:* Der Eintritt flüssiger und breiiger Stoffe in die Luftwege der Leiche. Wochenbl. d. Z. ges. Ärzte Wien **22**, 325 (1866). — *Fagerlund:* Über das Eindringen von Ertränkungsflüssigkeit in die Gedärme. Vjschr. gerichtl. Med. **52**, 1 u. 234 (1890). — *Falk:* Über den Tod im Wasser. *Virchows* Arch. **47**, 39 (1869). — *Falk:* Zur Lehre vom Ertrinkungstode. *Schmidts* Jb. **146**, 197 (1870). — *Fervers:* Beitrag zur Entstehung von Halswirbelsäulenbrüchen durch Schwimmunfälle. Münch. med. Wschr. **33 I**, 764. — *Fidon, Gautier et Martin:* Recherches physiologiques sur le sang des noyés. C. r. Soc. Biol. Paris **65**, 476 (1908). — *Fischer:* Die physikalische Chemie in der gerichtlichen Medizin und in der Toxikologie mit spezieller Berücksichtigung der Spektrographie und der Fluoreszenzmethoden. Arb. gerichtl. med. Inst. Zürich, **1925**. — *Fischmann:* Subcutane traumatische Berstungsruptur des Magens. Dtsch. med. Wschr. **1931 II**, 1170—1172. — *Foerster:* Über Schleimhaut-Rupturen des Magens bei Ertrunkenen. Münch. med. Wschr. **1937**, 526. — *Foerster:* Die Bedeutung der gerichtlichen Leichenschau für die Identifizierung von Wasserleichen. Der öffentl. Gesundheitsdienst **2**, 525 (1936). — *Foerster:* Die Bedeutung der histologischen Lungenprobe in der gerichtl. Medizin. Dtsch. Z. gerichtl. Med. **18**, 507 (1932). — *Fraenckel u. G. Straßmann:* Vjschr. gerichtl. Med. **47** (III. F.) (1914). — *Franchini:* Untersuchungen über die hämorrhagischen Laesionen der Leber beim Ertrinkungstod. Zachia **2**, 201 (1938). — *Frey:* Ersticking und ihre Behandlung. Z. ärztl. Fortbildg. **30**, 337 (1937). — *Fritsch:* Die Vorgänge beim Ertrinken. Arzt und Sport **22/23** (1935). — *Fritz:* Risse der Magenschleimhaut bei Ertrunkenen ein Zeichen des Ertrinkungstodes. Dtsch. Z. gerichtl. Med. **18**, 285 (1932). — *Frommel:* Was ist Ertrinken durch Kongestion? Rev. med. Suisse **52**, 656 (1932). — *Frommel:* J. Physiol. et Path. gén. **XXX**, Nr. 3. — *Frommel:* Le réflexe auriculo-cardio-pulmonaire. Le rôle de l'oreille dans la pathogénie des certaines morts au bain. Path. gén. **31**, 327—337 (1933). — *Gettler: J.* Amer. med. Assoc. **77**, 1650 (1921). — *Gmelin:* Der Tod im Wasser als Unfall. Berlin 1933. (Mit Literatur-Verzeichnis.) — *Glad:* Strasbourg méd. **83**, 242 (1925). — *Goebel, O.:* Plötzlicher Tod beim Schwimmen. Dtsch. med. Wschr. **1934 I**, 982—983. — *Goy-Wende:* Über zwei Leichenwachsuntersuchungen. Biochem. Z. **131** (1922). — *Grassl:* Zur Frage des Badetodes. Münch. med. Wschr. **1932 II**, 1469. — *Gravenhorst:* Der Tod im Wasser als Versicherungsproblem. Hefte zur Unfallheilk. **20** (1938). — *Güttich:* Zum Vestibularistode beim Baden. Münch. med. Wschr. **74**, 1919 (1927). — *Güttich:* Beitrag zur Erklärung des plötzlichen Todes im Wasser. Med. Klin. **9**, 1892 (1913). — *Güttich:* Der plötzliche Tod beim Baden. Programme d. med. Filmwoche **2**, Nr. 5/20 (1925/26). — *Haarland u. Schaaning:* Todesfälle bei Tauchern. Med. Rev. **49**, 260 (1932). — *Haberda:* Dringen in Flüssigkeiten aufgeschwemmte Fremdkörper post mortem in fötale Lungen ein? *Friedreichs* Bl. **49**, 81 (1898). — *Hallermann:* Ertrinkungstod als entschädigungspflichtiger Unfall im Sinne der privaten Unfallversicherung. Ärztl. Sachverst.ztg. **16** (1934). — *Hallermann:* Ertrinkungstod bei einem seltenen kongenitalen Schädeldefekt und seine versicherungsrechtliche Bedeutung. Dtsch. Z. gerichtl. Med. **21**, 387 (1933). — *Hansen:* Diagnostik des Ertrinkungstodes. Münch. med. Wschr. **1938 II**, 1103.

— *Hansen:* Künstliche Atmung. Ugeskr. Lage. (dän.) **1929**, 41. — *Henschen:* Wiederbelebung des Gehirns durch Transfusion oder Re-Infusion sauerstoffgesättigten körpereigenen Aderlaßblutes in die Arteria carotis communis. Münch. med. Wschr. **24**, 931 (1934). — *Hinsdale:* Unfälle beim Baden. J. amer. med. Assoc. **92**, 1579 (1929). — *Hirai:* Kurze Mitteilung über Tierexperimente zum Ertrinkungstod. Dtsch. Z. gerichtl. Med. **20**, 134 (1933). — *Hofmann:* Über vorzeitige Atembewegungen in forensischer Beziehung. Vjschr. gerichtl. Med. N. F. **19**, 217 (1873). — *Hofmann:* Die Ursache des plötzlichen Todes im Wasser. Diss. Heidelberg 1936. — *v. Hofmann, E.:* Ertrinken. *Eulenburg*s Realencyclopädie d. ges. Heilkunde **7**, 311 (1895). — *v. Hofmann-Haberda:* Lehrbuch der gerichtl. Medizin Berlin u. Wien 1927. — *Holzer:* Kombinierter Selbstmord. Arch. Kriminol. **103**, 200 (1938). — *Holzer:* Über Eigentümlichkeit beim Rotwerden der Totenflecken. Z. Med.-beamte **47**, 75 (1934). — *Icard:* Die Probe auf den Tod durch Ertrinken. Rev. Path. comp. et Hyg. gén. **32**, 559 (1932). — *Incze* u. *Matzy:* Identitätsbestimmung einer Wasserleiche durch das Gebiß und einen alten Knochenbruch. Arch. Kriminol. **89**, 217 (1931). — *Inouye:* Tohoku. J. exper. Med. **24**, 100 (1934); **25**, 491 (1935). — *Inouye* u. *Uchimura:* Zur Frage der Konzentrationsänderung des Blutes beim Ertrinken im Meerwasser. Dtsch. Z. gerichtl. Med. **26**, 355 (1936). — *Ipsen:* Untersuchungen zum Tode durch Ertrinken. Vjschr. gerichtl. Med. **47** (III. F.), 167 (1914). — *Jellinek, Bruns, Rautmann, Sehrt:* Die Wiederbelebung Ertrinkender. Med. Welt **1935**, 682. — *Jellinek, Bruns, Rautmann, Sehrt:* Eine Methode der künstlichen Atmung. Wien. klin. Wschr. **1934 I**, 808. — *Kanzler:* Der Tod durch Ertrinken. Ein medizinisch-forensischer Versuch. Vjschr. gerichtl. Med. **2**, 200 (1852). — *Kasparek:* Die Diagnose des Ertrinkungstodes durch Nachweis spezifischer Schwebestoffe. Halle a. S. 1937. — *Kasparek:* Beiträge zur Diagnostik des Ertrinkungstodes durch den Nachweis von Plankton-Organismen in Lunge und Duodenum. Dtsch. Z. gerichtl. Med. **27**, 132 (1936). — *Kernbach, M. Fisi* et *D. Berariu* : Recherches histo-chimiques sur les substances graisseuses pendant la putréfaction. Dtsch. Z. gerichtl. Med. **12**, 38 (Ref.) (1928). — *Klauer* u. *Walcher:* Über postmortale Knötchenbildung in der Haut einer Wasserleiche. Dtsch. Z. gerichtl. Med. **28**, 464 (1937). — *Klose* u. *v. Neureiter:* Zum Tode durch Sturz ins Wasser. Beitr. gerichtl. Med. **9**, 69 (1929). — *Klotz:* Zur Frage des Badetodes. Münch. med. Wschr. **1932 II**, 690. — *Klotz:* Plötzlicher Tod beim Schwimmen. Dtsch. med. Wschr. **1934 II**, 1650 bis 1651. — *Kluck:* Mord durch Ertränken. Diss. Düsseldorf 1931. — *Kratter:* Lehrbuch der gerichtl. Medizin. Stuttgart 1921. — *Lambertz:* Über die Merkmale des Ertrinkungstodes. Diss. Gießen 1860. — *Lampert:* Das Leben der Binnengewässer. Leipzig 1925. (Ausführl. Literatur-Verzeichnis.) — *Lauterborn:* Untersuchungen über das Plankton des Rheins. Handb. der Naturwissenschaften **9**, 13. — *Laqueur: Pflüger*s Arch. **184**, 104 (1920). — *Laqueur:* Arch. néerl. Physiol. **7**, 441 (1922). — *Leclercq* u. *Marchand:* Arch. Med. leg. (port.) **1**, 169 (1931); Ref. Dtsch. Z. gerichtl. Med. **18**, 176 (1932). — *Leclercq* u. *Marchand:* Zur Diagnose des lebendig Ertrunkenseins. Dtsch. Z. gerichtl. Med. **18**, 176. — *Leclercq* u. *Marchand:* Die mikroskopische Diagnose des lebendig Ertrinkens. Arch. Med. leg. **1**, 169 (1931). — *Leclercq, Muller* u. *Payen:* Rev. Droit pénal. **12**, 257 (1932). — *Leclercq, Muller* u. *Marchand-Alphant:* Ann. Méd. lég. etc. **13**, 413 (1933). — *Leclercq, Muller, Payen:* Recherches experimentales sur la dilatation des chlorures dans les humeurs comme signe de la submersion vitale dans l'eau douce. Rev. Droit pénal. **12**, 257 (1932). — *Leers* u. *v. Horoszkiewicz:* Sind die beim Ertrinkungstod gefundenen Gewebszerreißungen in der Lunge charakteristisch für diese Todesart? Ärztl. Sachverst-ztg. **12**, 337 (1906). — *Lesser:* Zur Würdigung der Ohrenprobe. Vjschr. gerichtl. Med. N. F. **30**, 64 (1879). — *Lesser:* Über die wichtigsten Sektionsbefunde bei dem Tode durch Ertrinken in dünnflüssigen Medien. Vjschr. gerichtl. Med. N. F. **40**, 1 (1884). — *Liman:* Ertränkungsflüssigkeit in Luftwegen und Magen als Kriterien des Ertrinkungstodes. Vjschr. gerichtl. Med. **21**, 193 (1862). — *Lochte* u. *Danziger:* Vjschr. gerichtl. Med. **49** (III. F.), 221 (1915). — *Lochte:* Über die Verwertung der chemischen Analyse des Herzmuskels für die Diagnose des Todes durch Ertrinken und durch Verschütten. Dtsch. Z. gerichtl. Med. **3**, 550 (1924). — *Löber:* Die Vorgänge beim Ertrinken. Münch. med. Wschr. **1938 I**, 1982. — *Löber:* Über den Nachweis von Kieselalgen. Dissertation Düsseldorf 1940. — *Loeffler:* Der Tod durch Ertrinken. Ein Beitrag zur gerichtsärztlichen Lehre von den gewaltsamen Todesarten. Z. Staatsarzneikd. **47**, 1; **48**, 1 (1844). — *Loewenstedt:* Der Tod durch Ertrinken. Ergebnisse der allgemeinen Pathologie und path. Anatomie des Menschen und der Tiere. Münch. med. Wschr. **23** (1930). — *Loewenstedt:* Der Tod durch Ertrinken. Erg. Path. **23**, 502 (1930). — *Lüdtke:* Beitrag zur Frage des Badetodes. Med. Klin. **1933 II**, 1610. — *Lumsdel:* J. Physiol. **57**, 53; **58**, 81 (1923). — *Maffei-Domenici:* Fahrlässige Tötung durch Ertrinken bei einem Pneumonie-Kranken. Arch. di Antrop. crimin. **58**, 213 (1938). — *Marchand:* J. chir. Path. **4**, 66 (1934). — *Margulies:* Die Caspersche Hyperaerie. Vjschr. gerichtl. Med. **26** (III. F.), 21 (1903). — *Margulies:* Ein Beitrag zur Kenntnis des Ertrinkungstodes. *Virchow*s Arch. **178**, 157 (1904). — *Margulies:* Zur Lehre vom Ertrinkungstode. Dtsch. Arch. klin. Med. **86**, 159 (1905). — *Margulies:* Ertrinkungsgefahr und Rettungswesen an der See. Berl. klin. Wschr.

**42**, 777 (1905). — *Margulies:* Diskussion zu den Vorträgen: Die Diagnose des Ertrinkungstodes. Vjschr. gerichtl. Med. **33** (III. F.), 41 (1907). — *Margulies:* Ein Beitrag zur Klärung plötzlicher Todesfälle beim Baden. Dtsch. Z. gerichtl. Med. **16**, 112 (1931). — *Markow:* Die gerichtlich-medizinische Bedeutung der an Wasserleichen vorgefundenen Blutegelwunden. Dtsch. Z. gerichtl. Med. **28**, 374 (1937). — *Marsson:* Bedeutung der Flora und Fauna für die Reinhaltung der Gewässer. Kleinere Mitteilung der preußischen Landesanstalt für Wasser-, Boden- und Lufthygiene. Berlin 1926. — *Martin:* De l'asphyxie du foie dans la submersion. Arch. Anthropol. crminel. et Psychol. norm. et path. **18**, 335 (1903). — *Martin:* Etudes de la submersion. Arch. Antrop. crimin. ecc. **24**, 107 (1909). — *Martin, Etienne:* Leberveränderungen bei Tod durch Ertrinken. 17. congr. de méd. lég. de langue franç., Paris **V**, 123—25 (1932). Ann. Méd. lég. etc. **12**, 372—390 (1932). — *Martin* et *Costedont:* La pathogénie de la mort par submersion. J. Méd. Lyon **8**, Nr. 189, 589 (1927). — *Matzdorff:* Über Fettwachsbildung. Dtsch. Z. gerichtl. Med. **24**, 246 (1935). — *Mayrhofen-Wimmer:* Merkenswerte Bildung von Fettwachs. Beitr. gerichtl. Med. **1924**, 49. — *Meixner:* Ecchymosenähnliche Flecke im Lungenfell. Dtsch. Z. gerichtl. Med. **11**, 79 (1928). — *Meixner:* Vom Untersinken Ertrinkender und einiges vom Schwimmen. Wien. klin. Wschr. **1938**, Nr. 37, 1. — *Merkel:* Führen Absprünge aus großer Höhe ins Wasser zu Beschädigung innerer Organe? Dtsch. Z. gerichtl. Med. **VIII**, 517 (1926). — *Merkel:* Leichen- und Fäulniserscheinungen an menschlichen Leichen. Ergebnisse der Pathologie **33**, 1 (1937). — *Merkel:* Über Todeszeitbestimmungen an menschlichen Leichen. Dtsch. Z. gerichtl. Med. **15**, 285 (1930) (mit ausführl. Literaturverzeichnis). — *Merkel-Walcher:* Gerichtsärztliche Diagnostik und Technik. 113. Leipzig 1936. — *Mez:* Mikroskopische Wasser-Analyse. Berlin 1908. (Mit Abbildungstafeln.) — *Mijnlieff:* Die Pathogenese des Ertrinkens. Berlin 1937. — *Milovanović:* Plötzlicher natürlicher Tod im Wasser. Serb. Arch. ges. Med. **25**, 102 (1923). — *Mocny:* Eine wirksame Wiederbelebungsmethode bei Ertrunkenen. Münch. med. Wschr. **I**, 33 (1894). — *Moreau:* Deux signes nouveaux de la mort par submersion. Ann. Hyg. publ. et Méd. lég. **41**, 562 (1899). — *Muck:* Die kalorische Alteration des Ohrlabyrinths bei offener Paukenhöhle als mögliche mittelbare Ursache des plötzlichen Todes beim Baden. Med. Klin. **9**, 2116 (1913). — *Mücke:* Physiologie des Ertrinkungstodes. Dtsch. Klin. **15**, 241 u. 249 (1863). — *Mueller:* Nach welcher Zeit dringen Flüssigkeitsbestandteile in die Luft- und Speisewege von nach dem Tode ins Wasser gelangten Leichen? Dtsch. Z. gerichtl. Med. **19**, 488 (1932). — *Mueller:* Der Tod in der Badewanne. Kriminal. Mh. **105**, 162 (1931). — *Mueller-Walcher:* Gerichtliche und soziale Medizin. 222. München 1938. — *Muller:* Die Untersuchung der Verdünnung der Chloride in den Säften als Zeichen der Ertränkung eines Lebenden in Süßwasser. Arch. med. leg. (span.) **1**, 305 (1931). — *Muller-Marchand:* Ref. Dtsch. Z. gerichtl. Med. **14**, 19 (1930). — *Muller-Marchand:* Ann. Méd. lég. etc. **9**, 142 (1929). — *Nakai:* Arb. med. Univ. Okayama **2**, 63 (1930/31). — *Negris Marella:* Über einen Fall von Ertrinkungstod. Beitrag zur Unterscheidung von Selbstmord und Mord. Arch. Antrop. crimin. **54**, 425—429 (1934). — *v. Neureiter:* Kieselsteine unter der Haut von Wasserleichen. Dtsch. Z. gerichtl. Med. **1**, 359 (1922). — *v. Neureiter:* Weitere Experimente zum Sturz ins Wasser. Dtsch Z. gerichtl. Med. **16**, 305 (1931). — *v. Neureiter* u. *Trey:* Zum Sturz ins Wasser. Dtsch. Z. gerichtl. Med. **14**, 36 (1930). — *Nippe:* Dtsch. Z. gerichtl. Med. **14**, 413 (1929). — *Obolonsky:* Beiträge zur forensischen Diagnostik. Das Wasser im Magen als Zeichen des Ertrinkungstodes. Vjschr. gerichtl. Med. N. F. **48**, 348 (1888). — *Ogston:* On the morbid appearance in death by drowning with cases and dissections. Edinburgh med. J. **27**, 2, 865 (1882). — *Ogston:* A critical review of the post mortem signes of drowning. Edinburgh med. J. **27**, 2, 865 (1882). — *Paltauf:* Über den Tod durch Ertrinken. Nach Studien an Menschen und Tieren. Berl. klin. Wschr. **29**, 298 (1892). — *Paltauf:* Über den Tod durch Ertrinken. Wien 1888. — *Pellissier, Leclerq* u. *Cordonnier:* Ann. Méd. lég. etc. **3**, 485 (1923). — *Petersen:* Zur Frage des plötzlichen Ertrinkungstodes. Z. exper Med. **61**, 390 (1928). — *Pietrusky:* Gerichtl.-Medizin. Handbücherei für den öffentlichen Gesundheitsdienst. **15**, 86 (1938). — *Placzek:* Die Blutdichte als Zeichen des Ertrinkungstodes. Vjschr. gerichtl. Med. **25** (III. F.), 13 (1903). — *Poemaru:* Der Tod durch Ertrinken bei Arbeitsunfällen. Rev. med. Leg. **2**, 62 (1938). — *Ponsold:* Die Todeszeitbestimmung aus dem Ablauf der Totenstarre und Kontraktion des Herzens. Dtsch. Z. gerichtl. Med. **29**, 163 (1938). — *Ponsold:* Die Eindickung und Verdünnung des Blutes beim Tode durch Ertrinken. Dtsch. Z. gerichtl. Med. **28**, 154 (1936). — *Ponsold:* Die Feststellung von zur Lebzeiten eingetretenen Eindickung und Verdünnung des Blutes an der Leiche. Dtsch. Z. gerichtl. Med. **26**, 225 (1936). — *Porta:* Die Wirkung der Leichen-Mikrofauna der Gewässer auf die Leichenzersetzung. Arch. Antrop. crimin. **50**, 1320 (1930). — *Puppe:* Untersuchungen über den Ertrinkungstod. Dtsch. med. Wschr. **30**, 159 (1904). — *Radvan:* Plötzlicher Tod im kalten Bade. Ref. Dtsch. Z. gerichtl. Med. **27**, 343 (1937). — *Rautmann:* Med. Welt **1927**, 1047. — *Rautmann:* Zur Pathogenese der Kälte-Urticaria. Münch. med. Wschr. **76**, 1939. — *Ravina* u. *Lyon:* La mort subite au cours des bains froids. Presse méd. **1933 II**, 1964—1965. — *Remy:*

Zur Chemie des Leichenwachses. Arch. f. Hyg. **96**, 311 (1926). — *Reuter, F.:* Die Diagnose des Ertrinkungstodes. Vjschr. gerichtl. Med. **33**, 20 (1907). — *Reuter, F.:* Aufdeckung eines Falles von vorgetäuschtem Selbstmord durch Ertrinken. Arch. Kriminol. **100**, 53 (1937). — *Reuter, F.:* Gerichtliche Medizin. 352. Wien 1933. — *Reuter F.:* Muskelblutungen beim Erstickungstod. Beitr. gerichtl. Med. **5**, 137 (1922). — *Reuter, K.:* Über das Schwimmen menschlicher Leichen. Dtsch. Z. gerichtl. Med. **2**, 381 (1922). — *Revenstorf:* Über den Wert der Kryoskopie zur Diagnose des Todes durch Ertrinken. Münch. med. Wschr. **49**, 1880 (1902). — *Revenstorf:* Über Gefrierpunktsbestimmungen von Leichenflüssigkeiten und deren Verwertung zur Bestimmung des Zeitpunktes des eingetretenen Todes. Vjschr. gerichtl. Med. **25** (III. F.) (1903). — *Revenstorf:* Resultate der Kryoskopie bei Ertrunkenen. Vjschr. gerichtl. Med. **26** (III. F.), 31 (1903). — *Revenstorf:* Der Nachweis der aspirierten Ertränkungsflüssigkeit als Kriterium des Todes durch Ertrinken. Vjschr. gerichtl. Med. **27** (III. F.), 274 (1904). — *Revenstorf:* Weiterer Beitrag zur gerichtsärztlichen Diagnostik des Ertrinkungstodes. Münch. med. Wschr. **52**, 496 (1905). — *Revenstorf:* Über den Tod durch Ertrinken und konkurrierenden Todesursachen. Münch. med. Wschr. **53**, 141 (1906). — *Revenstorf:* Diskussion zu den Vorträgen: Über die Diagnose des Ertrinkungstodes. Vjschr. gerichtl. Med. **33** (III. F.), 45 (1907). — *Revenstorf:* Bemerkungen über das Obduktionsverfahren bei Ertrunkenen. Z. Med.beamte **20**, 341 (1907). — *Revenstorf:* Über Aspiration flüssiger Medien im bewußtlosen Zustand. Vjschr. gerichtl. Med. **35** (III. F.), 177 (1908). — *Revenstorf:* Die Untersuchung der Leichen Ertrunkener. In: *Lochte,* Gerichtsärztliche und polizeiärztliche Technik. **1914**, 345. — *Richter:* Über das „Ödem" der Kehlkopfeingangsspalten in Wasserleichen. Wien. klin. Wschr. **12**, 677 (1899). — *Roll:* Über die Gerinnung und Dekoagulation des Blutes nach dem Ertrinkungstode. Vjschr. gerichtl. Med. **45** (III.F.), 1 u. 247 (1913). — *Roll:* Über das Herzblut nach dem Ertrinkungstode. Vjschr. gerichtl. Med. **55** (III. F.), 216 (1918). — *Rosanoff:* Die *Stocki*sche Methode in der Diagnostik des Ertrinkungstodes. Dtsch. Z. gerichtl. Med. **13**, 473 (1929). — *Rosin:* Plötzliche Todesfälle beim Baden. Z. ärztl. Fortbildg. **23**, 564 (1922). — *Roth:* Der Tod durch Ertrinken. 1865. — *Ruge:* Ist Ertrinken jedesmal ein Unfall? Ärztl. Sachverst.ztg. **24** (1915). — *Sarda:* Recherches expérimentales sur l'état du contenu cardiaque dans la mort par submersion. Ann. Hyg. publ. et Méd.lég. **49**, 129 (1903). — *Scatamachia:* Untersuchung über die Blutkörperchen-Geschwindigkeit des asphyktischen Blutes. Arch. Antrop. crimin. **57**, 569 (1937). — *Sehrt:* Der Vorgang des Ertrinkens. Münch. med. Wschr. **1932**, 1229. — *Sehrt:* Zur Frage des Ertrinkungstodes und seiner Bekämpfung. Münch. med. Wschr. **33 I**, 762. — *Sehrt:* Schlußworte zu der Bemerkung von *Mocny* über eine wirksame Wiederbelebungsmethode bei Ertrunkenen. Münch. med. Wschr. **33 I**, 914. — *Sehrt:* Ertrinkungstod, Physiologie, Behandlung, Unfallbegutachtung. Med. Klin. **1934 II**, 1591—1595. — *Sehrt:* Z. ärztl. Fortbildg. **484** (1931). — *Sehrt:* Das Ertrinken (Physiologie, Behandlung, Unfallbegutachtung). Med. Klin. **2**, 1591 (1934). — *Sehrt:* Die heutigen Richtlinien zur Behandlung der Ertrinkung. Münch. med. Wschr. **30**, 1308 (1935). — *Sehrt:* Neuere Erkenntnisse über den Vorgang des Ertrinkens und die Behandlung Ertrunkener. Dtsch. med. Wschr. **27**, 1020 (1934). — *Sehrt:* Der Vorgang des Ertrinkens, seine Bekämpfung und Verhütung. Münch. med. Wschr. **31**, 1229 (1932). — *Serebrianikow* u. *Golajew:* Anwendung der Phyto-Plankton-Methode beim Ertrinken. Odeskij. Med. Z. **3**, 425 (1928). — *Shimasaki-J.:* Chosen Med. Assoc. **25**, 1641 (1935). (Japanisch mit deutscher Zusammenfassung.) — *Sieradski:* Einige Bemerkungen über die Anwendung der Refraktometrie zur Diagnostik des Ertrinkungstodes. Dtsch. Z. gerichtl. Med. **11**, 396 (1928). — *Skouge:* Zur Frage des plötzlichen Badetodes. Dtsch. Arch. klin. Med. **177**, 151 (1925). — *Specht:* Leichen- und Fäulniserscheinungen an menschlichen Leichen. Erg. Path. **33**, 138 (1937). — *Szulislawska* u. *Tobiczyk:* Über Refrakto-. metrie in der Diagnostik des Ertrinkungstodes. Dtsch. Z. gerichtl. Med. **9**, 13 (1927). — *Schenke:* Pathologischer und anatomischer Befund zur Frage der künstlichen Atmung beim Ertrinkungstod. Med. Klin. **1935 II**, 1466. — *Schlittler:* Zur Bedeutung des Trommelfellbildes bei Ertrinkungstodesfällen infolge persistenter Trommelfellperforation. Dtsch. Z. gerichtl. Med. **10**, 470 (1927). — *Schlittler:* Ertrinkungstod infolge persistenter Trommelfellperforation. Schweiz. med. Wschr. **23**, 561 (1927). — *Schmid:* Zur Lehre von der otogenen Ertrinkungsgefahr. Schweiz. med. Wschr. **19**, 429 (1934). — *Schmidt:* Der Tod durch Ertrinken in gerichtlich-medizinischer Beziehung *Friedreichs* Bl. **50**, 65 u. 81 (1899). — *Schmidt:* Der Tod durch Ertränken in gerichtlich-medizinischer Beziehung. Z. Med.beamte **12**, 797. — *Schnittler:* Zur Beurteilung des Trommelfellbildes bei Ertrinkungstodesfällen. Dtsch. Z. gerichtl. Med. **10**, 470. — *Schönberg:* Physikalisch-chemische Untersuchungs-Methode zum Nachweis des Ertrinkungstodes. Im Handb. der biolog. Arbeitsmeth. von *Abderhalden.* **1934**. — *Schoemaker:* Wasservergiftung. J. intern. Chir. **2**, 267 (1937). — *Schorler:* Plankton der Elbe. Z. Gewässerkunde **1900**. — *Schneider:* Mord durch Knebelung und Ertrinken oder Selbstmord? Dtsch. Z. gerichtl. Med. **1**, 25—27 (1935) — *Schrader:* Neuere Wege in der Diagnostik der gewaltsamen Erstickung. Ref.

Dtsch. Z. gerichtl. Med. **28**, 134 (1937). — *Schroeder:* Plankton der Oder. Forschungsbericht der biolog. Anstalt Plön **1899**. — *Schulz:* Die Bedeutung der künstlichen Atmung bei Wiederbelebungsversuchen für die Diagnose des Ertrinkungstodes. Vjschr. gerichtl. Med. **35** (III. F.), 92 (1908). — *Schulze-Gocht:* Rückenverletzung beim Schwimmsport. Arch. orthop. Chir. **1924**, 30—34. — *Schwarzacher:* Über den Wert elektrischer Leitfähigkeitsmessungen des Herzhöhleninhaltes für die Diagnose des Ertrinkungstodes. Dtsch. Z. gerichtl. Med. **4**, 458 (1924). — *Steuer:* Leitfaden der Planktonmethode. Leipzig 1911. — *Stokis* u. *Leclerq:* Les asphyxies mécaniques. Ann. Méd. lég. etc. **101** (1921). — *Stockis:* Recherches sur le diagnostic médico légal de la mort par submersion. Liège **1909**. — *Stoenescu:* Diagnostic de la submersion par l'étude oryoscopique du sang des noyés. Ann. Hyg. publ. et Méd. lég. **49**, 14 (1903) und **3**, 338 (1905). — *Straßmann, G.:* Beiträge zum Kapitel der forensisch wichtigen Leichenerscheinungen. Beitr. gerichtl. Med. **5**, 157 (1922). — *Straßmann, G.:* Lehrbuch der gerichtl. Medizin. 2. Aufl. Stuttgart 1931.— *Straßmann, G.* u. *Fantl:* Untersuchungen an einer Fettwachsleiche. Dtsch. Z. gerichtl. Med. **6**, 168 (1926). — *Stumpf:* Zur Diagnose des Todes durch Ertrinken. Verh. d. VI. Tagung d. Dtsch. Ges. f. gerichtl. Med. **XI** (1911). — *Tannhauser:* Zur Frage des Badetodes. Münch. med. Wschr. **1932 II** (1890). — *Tendeloo:* Lungenbefund nach dem Tode durch Ertrinken. Krkh.forschg. **5**, 286 (1927). — *Thiel:* Zur Frage der Behandlung Ertrunkener. Med. Klin. **I**, 260—268 (1930). — *Thiel:* Zur Behandlung Ertrunkener. Dtsch. med. Wschr. **I**, 782 (1930). — *Thiel:* Die heutigen Richtlinien zur Behandlung der Ertrinkung. Münch. med. Wschr. **39**, 1572 (1935). — *Thiel* u. *Bruns:* Studien über Wiederbelebung. Z. exper. Med. **94**, 620 (1934). — *Ulrich:* Ohr- und Ertrinkungstod. Acta oto-laryng. (Stockh.) **16**. Helsingfors 1932. — *Utermann:* Die Fettwachsbildung und die Fettwachsleiche aus dem Rhein bei Düsseldorf. Diss. Düsseldorf 1934. — *Vavdra:* Über Magenrupturen bei Kindern. Bratislav. lék. Listy **16**, 217 (1936); Ref. Dtsch. Z. gerichtl. Med. **27**, 339 (1937). — *Vibert:* Précis de médecine légale. 399. Paris 1886. — *Völpel:* Experimentelle Beiträge zur Lehre vom Ertrinkungstod. Diss. Kiel 1913; Vjschr. gerichtl. Med. **45**, 85 (1913). — *Völpel:* Experimentelle Beiträge zur Lehre vom Ertrinkungstod. Vjschr. gerichtl. Med. **XIV**, 88/307 (1913). — *Völpel:* Exper. Beiträge zur Lehre vom Ertrinkungstod. Vjschr. gerichtl. Med. **307** (1913). — *Völpel:* Z. Med.beamte **26**, 468. — *Vorkastner:* Diskussionsbemerkung zum Vortrag von *Ziemke:* Plötzliche Todesfälle im Wasser. Dtsch. Z. gerichtl. Med. **15**, 495 (1930). — *Wachholz:* Über den diagnostischen Wert der flüssigen Blutbeschaffenheit bei plötzlichem Ertrinkungstode und über den Wert der *Lacassagne-Matins*chen docimasie hépatique. Vjschr. gerichtl. Med. **31** (II. F.), 96 (1906). — *Wachholz:* Experimentelle Beiträge zur Lehre vom Ertrinkungstod. Vjschr. gerichtl. Med. **31** (III. F.), 96 (1906). — *Wachholz:* Die Diagnose des Ertrinkungstodes. Vjschr. gerichtl. Med. **33** (II. F.), 2 (1907). — *Wachholz:* Der Leichenbefund beim Ertrinkungstode. Vjschr. gerichtl. Med. **53** (III. F.), 1 (1917). — *Wachholz:* Verh. der II. Tagung der deutschen Gesellschaft für gerichtl. Medizin. Vjschr. gerichtl. Med. **XXXIII**, 19 (1907). — *Wachholz:* Angeblich zufälliger Ertrinkungstod: Gattenmord durch Kopfverletzung. Arch. Kriminol. **95**, 45—46 (1934). — *Wacholz* u. *Horoszkiewicz:* Experimentelle Studien zur Lehre vom Ertrinkungstod. Vjschr. gerichtl. Med. **28** (III. F.), 219 (1904). — *Walcher:* Studien über die Leichenfäulnis mit besonderer Berücksichtigung der Histologie derselben. *Virchows* Arch. **268**, 17 (1928). — *Walcher:* Über multiple Schleimhautrisse des Magens bei einem Ertrunkenen. Dtsch. Z. gerichtl. Med. **23**, 319 (1934). — *Walcher:* Die vitale Reaktion bei der Beurteilung des gewaltsamen Todes. Dtsch. Z. gerichtl. Med. **26**, 193 (1936). — *Walcher:* Leichen- und Fäulniserscheinungen an menschlichen Leichen: die späteren Leichenveränderungen. Erg. Path. **33**, 55 (1937). — *Wendt:* Über das Verhalten der Paukenhöhle beim Foetus und beim Neugeborenen. Arch. Kinderheilk. **14**, 97 (1873). — *Werner:* Vom Ertrinkungstod und seinem Zusammenhang mit dem Ohr. Schweiz. med. Wschr. **64**, 418 (1934) (mit Literaturverzeichnis). — *Weyrich:* Erfahrungen über den plötzlichen Tod durch Ertrinken aus inneren Ursachen bei Kindern und Jugendlichen. Dtsch. Z. gerichtl. Med. **22**, 116 (1933). — *Wiethold:* Über den Absturztod der Taucher. Dtsch. Z. gerichtl. Med. **1936**. — *Wild:* Die neueren Anschauungen über den Ertrinkungstod. Diss. Düsseldorf 1935. — *Wittmaak:* Betrachtungen über den plötzlichen Ertrinkungstod infolge von Trommelfellperforation. Dtsch. med. Wschr. **33**, 1329 (1936). — *Wittmaak:* Zur Frage des plötzlichen Ertrinkungstodes bei Trommelfellperforation. Dtsch. med. Wschr. **46**, 1890 (1936). — *Yamakami:* Chlorid-Gehalt des Blutes beim Ertrinkungstode. Tohoku J. exper. Med. **4**, 88 (1923). — *Yamakami:* Ertrinkung und Hämoglobinurie. Tohoku J. exper. Med. **3**, 295 (1922). — *Zängerle:* Über Gänsehautbildung. Dtsch. Z. gerichtl. Med. **14**, 273 (1930). — *Ziemke:* Tod durch Ertrinken. *Schmidtmanns* Handb. **1907**. — *Ziemke:* Diskussions-Bemerkung. 19. Tagung der Deutschen Gesellschaft für gerichtl. Medizin. Dtsch. Z. gerichtl. Med. **17**, 138 (1931). — *Ziemke:* Plötzliche Todesfälle im Wasser insbesondere beim Baden und Sportschwimmen. Dtsch. Z. gerichtl. Med. **14**, 487 (1930). — *Ziemke:* Zum Tod durch Sprung ins Wasser aus großer Höhe. Dtsch. Z. gerichtl. Med. **12** (1929). — *Ziemke:* Gerichtliche Medizin. In der Handbücherei für Staats-Med. **16.** Berlin 1930. — *Züllner:* Zur Kenntnis des Leichenwachses. Vjschr. gerichtl. Med. **42**, 1 (1885). **Böhmer.**

**Tod durch Verblutung** siehe *Verblutung.*

**Todesfeststellung** siehe *Leichenerscheinungen; Scheintod.*

**Todesursache** (= T.U.). (Vgl. auch Art.: Konkurrenz der Todesursachen.)

Da uns als Ursache eines Ereignisses nie eine der Teilursachen für sich allein, selbst dann nicht, wenn sie als nächste oder letzte Ursache eine besondere Wertigkeit besitzt, sondern nur die gesamte Kausalkette gilt, die für den Erfolg verantwortlich zu machen ist, so haben wir auch bei der Bezeichnung der T.U. stets sämtliche Vorgänge zu nennen, die für den Todeseintritt von Bedeutung waren. Es genügt also nicht, bei der Leichenschau oder der Leichenöffnung festgestellt zu haben, daß im besonderen Falle der Mensch einem „Herzschlage" erlegen oder das Opfer einer Schußverletzung des Schädels wurde. Denn jedes dieser Urteile greift aus der Reihe der den Tod verursachenden Geschehnisse nur je ein Moment heraus, bezeichnet aber keineswegs irgendwie erschöpfend die Ereignisse, die sich in- und außerhalb des menschlichen Körpers zugetragen und so den Tod des Individuums bewirkt haben. Erst wenn wir im ersten unserer oben gebrachten Beispiele ergänzend gehört haben, daß das Versagen des Herzens durch eine Lungenentzündung bedingt war, wie sie als Pneumonia ambulatoria (s. d. Art.: Plötzlicher Tod aus natürlicher Ursache) nicht allzuselten zu einem unerwartet plötzlichen Ableben führt, wird unser Kausalbedürfnis befriedigt sein. Erst jetzt wird uns der Fall genügend geklärt erscheinen, wir werden die Herzlähmung infolge der croupösen Pneumonie als T.U. gelten lassen. Und ebenso fordern wir im zweiten Beispiel, um befriedigt zu sein, noch etliche zusätzliche Angaben, der Hinweis auf die Schußverletzung des Schädels allein genügt bei weitem nicht. Ja selbst wenn, was theoretisch an sich möglich wäre, auch hier eine Lungenentzündung als Aspirationspneumonie nach einer länger währenden Bewußtlosigkeit den Tod veranlaßt hätte, so wäre die T.U. mit der Nennung der Herzlähmung infolge der Lungenentzündung nicht entsprechend bezeichnet. Wir müssen vielmehr in unserem Zeugnisse (Totenschein) oder Gutachten sowohl der Lungenentzündung als auch der Verletzung des Schädels in ihrer Art und mit ihren Folgen gedenken. Erst wenn wir gesagt haben, daß die Herzlähmung infolge einer Verschluck-Lungenentzündung nach einer länger währenden Bewußtlosigkeit bei einer Schußverletzung des Schädels eingetreten ist, werden wir Ärzte einigermaßen zufrieden gestellt sein. Denn erst jetzt ist der Fall für uns nach der medizinischen Seite hinreichend klargestellt, haben wir doch — wenn auch nur in groben Zügen — erfahren, was sich beim Tode im Innern des Körpers abgespielt hat und welche Einwirkungen von außen diese inneren Vorgänge ausgelöst haben. Und trotzdem ist in unserem Beispiel noch lange nicht jedes Interesse an der Todesursachenermittlung restlos befriedigt. Denn es fehlt noch die für den richterlichen Beamten und für die Staatsanwaltschaft so außerordentlich wichtige Entscheidung, ob es sich bei der Schußverletzung des Schädels um einen Selbstmordversuch oder um eine absichtliche oder fahrlässige Tötung von fremder Hand gehandelt hat, d. h. es steht noch die Würdigung des Todesfalles vom Standpunkt des Rechtes oder, anders ausgedrückt, die Klärung der für die Praxis bedeutsamen Frage aus, ob eigenes oder fremdes Verschulden für die Todesfolge verantwortlich zu machen ist. Unser Beispiel benötigt also

noch eine Ergänzung, wollen wir mit der Todesursachenfeststellung allen Anforderungen gerecht werden. Es bedarf noch des Zusatzes, daß wir es hier mit einem Selbstmord zu tun haben, oder besser gesagt, daß der Leichenbefund in unseren Augen für einen Selbstmord spricht. Die Tatsachen, die wir bisher mitgeteilt haben, ermächtigen uns freilich zu einem solchen Urteile noch nicht. Erst wenn wir hören, daß der Schuß aus angelegter Waffe gegen die rechte Schläfe eines Rechtshänders abgefeuert wurde, erscheint uns die obige Behauptung begründet. Es genügt demnach keineswegs die Diagnose einer „Herzlähmung infolge einer Verschluck-Lungenentzündung nach einer länger währenden Bewußtlosigkeit bei einer Schußverletzung des Schädels", sondern wir haben noch 1. den Schädelschuß als einen solchen gegen die rechte Schläfe aus angelegter Waffe bei einem Rechtshänder zu kennzeichnen und 2. das ganze Geschehnis als Selbstmord zu bewerten. Erst damit ist die Frage nach der T.U. *so* beantwortet, wie es zum Besten der staatlichen Gesundheitspflege und der Justiz füglich stets geschehen sollte. Will man wissen, worin denn eigentlich die Besonderheit obiger Antwort besteht, so ist zu sagen, im Wesen darin, daß sie nicht allein hinsichtlich der medizinisch wichtigen Belange erschöpfend Auskunft gibt, sondern auch jene Merkmale mit berücksichtigt, die es ermöglichen, den Todesfall in seiner rechtlichen Bedeutsamkeit zu erkennen und zu beurteilen. Die Todesursachenermittlung hat eben der Medizin wie dem Rechte in gleicher Weise zu dienen.

Um den unterschiedlichen Forderungen, die sich aus dieser Doppelfunktion der Leichenschau und der Leichenöffnung ergeben, in jedem Falle gerecht zu werden, empfiehlt es sich, den überaus komplexen Begriff einer T.U. schlechthin ganz fallen zu lassen und an seiner statt in Anlehnung an *Zangger* der praktischen Arbeit die Unterbegriffe einer *medizinisch wichtigen,* einer *gerichtlich-medizinisch wichtigen* und einer *rechtlich wichtigen* T.U. zugrunde zu legen. Im einzelnen ist dazu folgendes erläuternd zu bemerken: 1. Unter der *medizinisch wichtigen* T.U. verstehen wir die *im Innern* des Körpers abgelaufenen Prozesse, welche den Tod des Individuums bewirkt haben, also die *im* Organismus verankerten Glieder der für den Todeseintritt verantwortlich zu machenden Kausalkette, wobei es für die Begriffsbestimmung gleichgültig ist, ob diese Glieder wie in der Regel in Fällen natürlichen Todes das Gesamt der Ursachen oder wie beim gewaltsamen Tode nur einen Teil vorstellen. Die medizinisch wichtige T.U. ist ihrer Natur nach im allgemeinen nur durch die Leichenöffnung im Zusammenhalt mit den im Leben hervorgetretenen Krankheitserscheinungen zu ermitteln, weshalb auch für sie die Bezeichnung „pathologisch-anatomisch feststellbare" oder kurz gesagt „anatomische" T.U. zulässig ist. *Haberda* nennt sie in Übereinstimmung mit dem § 129 der österreichischen Strafprozeßordnung die „nächste" T.U., während *Jores* von ihr als der „unmittelbaren" spricht und damit jenes Moment meint, das den Stillstand der Atem- und Herztätigkeit in letzter Linie veranlaßt hat. Die Beschreibung der Befunde bei den einzelnen medizinisch wichtigen T.U. sowie die Schilderung der Methoden ihrer Feststellung obliegt der pathologischen Anatomie, weshalb auf sie in diesem der gerichtlichen Medizin gewidmeten Buche nicht eingegangen werde. Nur über einige wenige Zustände, mit denen es der Gerichtsarzt am Leichentisch viel häufiger als der pathologische Anatom zu tun hat, weil sie wie die Verblutung (s. d.), die Fettembolie der Lungen oder des Gehirns (s. d. Art.: Fettembolie), die Luftembolie des Herzens (s. d. Art.: Luftembolie), die Erstickung (s. d.

Art.: Erstickung im allgemeinen) oder der Shocktod (s. d.) besonders oft als Folge von Verletzungen den Tod herbeiführen, soll am entsprechenden Orte näher berichtet werden. 2. Mit der *gerichtlich-medizinisch wichtigen T.U.* oder der *Todessituation* sollen die *von außen* auf den Körper erfolgten Einwirkungen erfaßt werden, welche die im Innern des Organismus gefundene medizinisch wichtige T.U. hervorgerufen haben. Es handelt sich hier also um die Feststellung und Bezeichnung *der Umwelt* entstammenden Kräfte nach ihrer Art und besonderen Gestaltung, soweit ihnen gegebenenfalls der Tod des Individuums zuzuschreiben ist. Die gerichtlich-medizinisch wichtige T.U. zielt demnach im Wesen auf eine Rekonstruktion des beim Tode wirksam gewesenen *äußeren* Tatgeschehens ab. Sie kann in ihrer Beschaffenheit im Gegensatz zur medizinisch wichtigen T.U. meistens schon durch die Leichen*schau*, d. h. durch die äußere Besichtigung ermittelt werden; denn was von außen auf das Innere des Körpers wirkt, muß im allgemeinen die Oberfläche (Kleidung, Hautdecken) durchsetzen und wird dabei dort so gut wie immer seine Spur hinterlassen. So z. B. bei den Verletzungen durch Stich oder Schuß, die als solche und nach ihren Entstehungsbedingungen für den Fachmann bereits bei der Beschau deutlich zu erkennen sind. Anders steht es nur in der Mehrzahl der Fälle bei den Vergiftungen. Denn wenngleich auch die Gifte beim Übergang in die Körpergewebe den Weg über die Grenzflächen, mit denen sich der Organismus gegen die Umwelt absetzt, nehmen müssen und dabei oft genug charakteristische anatomische Veränderungen erzeugen, so genügt doch die äußere Besichtigung zur Diagnose der Todessituation in der Regel hier nicht, da die zu durchwandernden Grenzflächen bei der Vergiftung gewöhnlich nicht durch die der Inspektion gut zugänglichen (äußeren) Hautdecken, sondern durch die erst bei der Leichenöffnung sichtbar werdenden (inneren) Schleimhäute gebildet werden. Im Rahmen der gerichtlich-medizinisch wichtigen T.U. lassen sich bei *grober* Aufgliederung die in Tabelle 1 verzeichneten Formen unterscheiden. Bei *feinerer* Aufteilung wäre dann je nach der besonderen Situation noch weiter zu differenzieren, so z. B. beim „Tod infolge Verletzung durch Schuß" nach der Schußentfernung (absoluter und relativer Nahschuß, Fernschuß), nach der Schußrichtung, nach dem betroffenen Körperteil (z. B. Schläfe, Hinterhaupt, Rücken, Herzgegend), nach der vom Schuß durchsetzten Grenzfläche (ob der Schuß gegen eine bekleidete oder unbekleidete Hautpartie abgegeben wurde) und schließlich nach der Waffe und der Ladung. Die Berechtigung, die Todessituationen auch als gerichtlich-medizinisch wichtige T.U. zu bezeichnen, stützt sich auf die Tatsache, daß dieser Aufgabenteil bei der Erforschung der T.U. als Ganzes allein der gerichtlichen Medizin zusteht und nur mit den ihr eigenen Arbeitsmethoden, die im Wesen alle auf die *Rekonstruktion von Tatbeständen*, auf die Herbeischaffung von *objektiven* Unterlagen für die Erkenntnis des Herganges eines Geschehnisses abzielen,

Tab. 1. *Übersicht über die Todessituationen.*

| | | |
|---|---|---|
| I. Tod durch gewaltsame Erstickung oder — besser gesagt — die zur Erstickung führenden Todessituationen | 1. Tod durch Strangulation | a) Tod durch Erhängen<br>b) Tod durch Erdrosseln<br>c) Tod durch Erwürgen |
| | 2. Tod durch Verschluß der Atemöffnungen | |
| | 3. Tod durch Verstopfung der Atemwege mittelst fester Körper | |
| | 4. Tod durch Ertrinken | |
| | 5. Tod durch Behinderung der Atembewegungen | |
| II. Tod durch mechanisches Trauma | 1. Tod infolge Verletzung durch stumpfe Gewalt | |
| | 2. Tod infolge Verletzung durch Hieb | |
| | 3. Tod infolge Verletzung durch Schnitt | |
| | 4. Tod infolge Verletzung durch Stich | |
| | 5. Tod infolge Verletzung durch Schuß | |
| III. Tod durch psychisches Trauma | | |
| IV. Tod durch Gift | | |
| V. Tod durch Entzug von Speise und Trank | 1. Tod durch Verhungern | |
| | 2. Tod durch Verdursten | |
| VI. Tod durch abnorm tiefe und durch abnorm hohe Temperaturen | 1. Tod durch Erfrierung | |
| | 2. Tod durch Verbrennung oder Verbrühung | |
| | 3. Tod durch Hitzschlag oder Sonnenstich | |
| VII. Tod durch abnorm niedrigen und durch abnorm hohen Luftdruck | 1. Tod durch Flieger- oder Bergkrankheit | |
| | 2. Tod durch Caisson- oder Taucherkrankheit | |
| VIII. Tod durch elektrische Energie | 1. Tod durch natürliche Elektrizität (Blitzschlag) | |
| | 2. Tod durch technische Elektrizität | |
| IX. Tod durch strahlende Energie | 1. Tod durch Röntgenstrahlen | |
| | 2. Tod durch Radiumstrahlen | |

gelöst werden kann. Bei der Ermittlung der medizinisch relevanten T.U. gelangen dagegen Untersuchungsweisen zur Anwendung, die, für die gerichtliche Medizin nicht charakteristisch, auch von anderen Arbeitsgebieten, vor allem der pathologischen Anatomie, benützt werden. 3. Mit der *rechtlich wichtigen T.U.* bewerten wir die Gesamtfeststellung medizinischer Natur, wie sie uns mit der medizinisch wichtigen *und* der gerichtlich-medizinisch wichtigen T.U. gegeben ist, vom Standpunkt des Rechtes, indem wir den Fall auf Grund des Leichenbefundes unter Mitberücksichtigung des uns sonst noch zur Verfügung stehenden Erkenntnismateriales in eine der nachbenannten, für die *richterlichen* Belange bedeutsamen Kategorien einzuordnen trachten. Hierbei kommt es zunächst einmal auf die Entscheidung an, ob wir es mit einem „natürlichen" oder einem „gewaltsamen" Tode zu tun haben. Handelt es sich um einen natürlichen Tod, so scheidet der Fall allerdings für die weitere Behandlung durch die Organe der Strafjustiz aus. Für die Lösung mancher zivil- und versicherungsrechtlichen Probleme kann jedoch auch diese Diagnose von weittragender Bedeutung sein. Dahingegen verlangt von uns die Feststellung eines gewaltsamen Todes, unter welchem Begriff wir in Anlehnung an *v. Hentig* einen Tod verstehen, der nicht im natürlichen Lebensablauf des Individuums begründet ist, noch eine Äußerung zur Frage, ob der Todesfall als absichtliche Tötung durch fremde Hand (im besonderen z. B. als Mord oder Kindesmord), als fahrlässige Tötung, als Unfall in versicherungsrechtlichem Sinne, als Selbstmord, als Unglücksfall aus eigenem Verschulden oder als Verunglückung durch höhere Gewalt (wie z. B. der Blitzschlag) zu gelten hat. Nun leidet es freilich keinen Zweifel, daß von allen Diagnosen, die sich aus unserer Auflösung des Todesursachenbegriffes ergeben, die der dritten Gruppe für die Rechtspflege von besonderem Interesse sind. Man könnte darum meinen, es genüge in der gerichtsärztlichen Praxis, wenn man die Beantwortung der Frage nach der T.U. lediglich auf den Unterbegriff der rechtlich wichtigen T.U. abstellte. Wer solches glaubt, irrt aber gründlich. Denn ganz abgesehen davon, daß wir doch erst aus der Kenntnis des medizinischen Tatbestandes, insbesondere der Todessituation den Standpunkt für die Würdigung der Sachlage nach den im Gesetz verankerten Rechtsnormen gewinnen, erscheint uns ein Todesfall überhaupt nur dann geklärt, wenn er nach all den oben besprochenen Richtungen durchforscht und aufgehellt wurde. Damit ist wohl jeder Zweifel, welcher von unseren drei Unterbegriffen im besonderen Falle bei der Urteilsbildung über die T.U. heranzuziehen ist, endgültig beseitigt und deutlich gesagt, daß in unseren Augen nur der seiner Aufgabe im Rahmen der Todesursachenfeststellung ganz entsprochen hat, der sowohl der medizinisch wichtigen wie auch der gerichtlich-medizinisch wichtigen *und* der rechtlich wichtigen T.U. volle Beachtung geschenkt hat.

*Schrifttum.*

*Hanhart:* Über die amtliche Totenschau auf Grund der Verhältnisse in den verschiedenen Ländern und mit besonderer Berücksichtigung der Erfahrungen im Kanton Zürich. Zürich 1916. — *v. Hentig:* Verbrechertaktik. Handb. der Kriminologie **2**, 898. Berlin u. Leipzig 1936. — *v. Hofmann-Haberda:* Lehrbuch der gerichtlichen Medizin. 11. Aufl. 413. Berlin u. Wien 1927. — *Jores:* Über Tod, Todesart und Todesursache. Vjschr. gerichtl. Med. **38** (III. F.) (1909). — *Jores:* Erg. Path. **13 II** (1909). — *v. Neureiter:* Kritischer Beitrag zur Praxis und Organisation der Leichenschau in den baltischen Staaten. Eesti Arst **1923**, Nr. 8. — *v. Neureiter:* Zum Begriff der Todesursache. Dtsch. Z. gerichtl. Med. **31**, 155 (1939). — *Orth:* Was ist Todesursache? Berl. klin. Wschr. **1908 I**, 485. — *Peterßen:* Die Reform der Leichenschau- und des Sektionsrechts. Bonn a. Rh. 1935. — *Zangger:* Medizin und Recht. Zürich 1920. **v. Neureiter.**

**Todeszeichen** siehe *Leichenerscheinungen.*

**Todeszeitbestimmung** ( = Tzb.). (Vgl. auch Art.: Leichenerscheinungen.)

Bei der gerichtsärztlichen und kriminalistischen Aufgabe der Tzb. kann man nach *Merkel* zwei Hauptfragengebiete unterscheiden: 1. Sind an der Leiche noch physiologische oder pathologische Lebensvorgänge festzustellen, aus denen sich im Zusammenhang mit den diesbezüglichen Erhebungen ein Urteil über die Todeszeit gewinnen läßt? 2. Wie lange Zeit vor der Auffindung der Leiche war nach dem Stadium der Leichenerscheinungen der Tod eingetreten? Für die erste Frage haben wir hauptsächlich den Zustand des Magens und des Darmes zu untersuchen: ist der Magen gefüllt, womit, und in welchem Zustand der Verdauung befindet sich der Mageninhalt? Auf Grund der allgemeinen ärztlichen Kenntnisse über die Schnelligkeit der Verdauung der verschiedenen Nahrungsmittel kann in groben Grenzen, wenn der Zeitpunkt der letzten Nahrungsaufnahme bekannt ist, die Todeszeit geschätzt werden. Es ist dabei zu bedenken, daß auch nach dem Tode der Mageninhalt etwas weiter verdaut werden kann (*Ferrai*). Ein Transport von Mageninhalt nach dem Dünndarm kommt nach dem Tode nicht mehr zustande, jedenfalls nicht in den ersten Tagen, weil der Pförtner infolge der Totenstarre seiner Muskulatur geschlossen ist. Am Darm achtet man in erster Linie auf die Füllung oder die mangelnde Füllung der sog. Chylus-(Darmsaft-)gefäße, die in der Darmwand beginnen und nach dem Gekröse zusammenlaufend verfolgt werden können, wobei sie allmählich stärker werden, um sich zu dem Milchsaftgang (Ductus thoracicus) zu sammeln.

Sind diese Darmsaftgefäße stark gefüllt, wobei sie gelblich und etwas vorragend erscheinen, so spricht man von einem Höhezustand der Verdauung, der je nach der Art der Nahrung etwas zeitlich verschieden nach der Nahrungsaufnahme erreicht wird. Natürlich muß immer der Gesamteindruck an Magen und Darm überprüft werden. Wichtig ist noch die Tatsache, daß es durch psychische Einflüsse zu intensiver, ja völliger Hemmung der Magenverdauung und der Magenentleerung kommen kann (*H. Merkel*).

Die *Harnabscheidung,* insbesondere der Füllungszustand der Blase in der Leiche bildet einen wichtigen Anhaltspunkt für die Tzb., wobei naturgemäß die besonderen Umstände, wie mehr oder weniger hochgradige Flüssigkeitsaufnahme, Schweißabsonderung infolge körperlicher Anstrengung sowie die Gewohnheiten des Verstorbenen zu beachten sind. Immerhin konnte schon oft, gerade bei Mordfällen, ein wichtiger Anhaltspunkt wenigstens in dem Sinn gewonnen werden, ob ein etwa im Schlafzimmer Ermordeter in der ersten Hälfte oder in der zweiten Hälfte der Nacht zu Tode gekommen ist, da man in der ersten Hälfte in der Regel mit entleertem Zustand der Blase rechnen kann. Zu bedenken ist freilich die Tatsache, daß nicht selten aus der Blase der Leiche, insbesondere der weiblichen, der Urin auch nach dem Tode mehr oder weniger vollständig ablaufen kann.

Der Zustand von Blutverletzungen und das Vordringen von Blutungen in gewisse Körperhöhlen bietet ebenfalls einen gewissen Anhaltspunkt für die Tzb., zumal dann, wenn der Zeitpunkt der Verletzung sichergestellt werden kann. In der Regel handelt es sich dabei um makroskopische Befunde wie Schwellungen, Blutunterlaufungen von Weichteilverletzungen, andererseits in der Feststellung, wie weit verschlucktes Blut im Darm vorgedrungen ist und ob es z. B. aus dem Raum zwischen harter und weicher Hirnhaut (Subduralraum) in die Hirnkammern durch das Foramen Monroi eingedrungen ist. Gelegentlich kann man aus dem mikroskopischen

Befund einer Verletzung, z. B. einer Hautabschürfung, in größeren Grenzen eine Zeitbestimmung treffen, wenigstens insofern als eine festgestellte beginnende Entzündung (Vermehrung der weißen Blutzellen in den benachbarten Gefäßen, Randstellung und Auswanderung derselben aus der Blutbahn) eine gewisse Zeit gebraucht haben muß.

In solchen Fällen ist je nach dem Vorschreiten der reaktiven biologischen Prozesse eine längere Zwischenzeit zwischen Verletzung und Tod anzunehmen; ist jedoch ein ausgeprägter Entzündungszustand (auch im Sinne der Wundheilung) vorhanden, so ist größte Vorsicht bei der Beurteilung geboten; lediglich Mindestzeiten lassen sich mit einer gewissen Sicherheit annehmen, aber ob der Prozeß ein oder mehrere Stunden gedauert hat, ist schon viel schwerer zu beurteilen, es sei denn, daß andere Erscheinungen der reaktiven Entzündung, der Wundheilung, hinzugekommen sind. Auch der Zustand des ausgetretenen Blutes kann, wenn es sich um tagelanges Überleben eines Verletzten handelt, zur Zeitbestimmung herangezogen werden: in zunehmendem Maße werden die roten Blutkörperchen ausgelaugt, es tritt dann gleichzeitig Blutfarbstoff in der Umgebung, besonders in gewissen Zellkernen, zumal den Bindegewebszellen auf. Eisenhaltiges Blutpigment (Hämosiderin) hat man schon nach etwa sechs Tagen, eisenfreies (Hämatoidin) frühestens nach acht bis neun Tagen gefunden. Embolische Vorgänge, wie Fettembolie sind für die Tzb. kaum zu verwerten, da sie in wenigen Augenblicken nach der Verletzung schon hochgradig vorhanden sein können, besonders im kleinen Kreislauf in den Lungenblutgefäßen.

In speziellen Fällen können noch andere Befunde herangezogen werden. *Werkgartner* fand bei einer im Strohschober erschossen gefundenen Leiche die Magenschleimhaut in tadellosem Zustand durch die Hitze fixiert, auch die obersten Schichten, so daß der Schluß gezogen werden konnte, daß die Verbrennung ganz frühzeitig nach dem Tode stattgehabt haben muß, da sonst die Magenschleimhaut so gut wie immer mehr oder weniger postmortal maceriert gefunden wird.

Aus dem Befund der *Körperhaare*, besonders der *Barthaare*, können gewisse Schlüsse gezogen werden, da die Kinn- und Barthaare nach dem Rasieren täglich um etwa 0,5 mm wachsen; zu beachten ist die Tatsache, daß nach dem Tode infolge von Verdunstung und Kollaps der Haut die Bartstoppeln nachträglich mehr hervortreten können, weshalb Laien an ein Wachsen der Barthaare nach dem Tode nicht selten glauben.

Bei der Tzb. an Leichen Neugeborener bei bekannter Geburtszeit wird besonders die Luftfüllung des Magendarmkanals herangezogen auf Grund der Erfahrung, daß zwar mit den ersten Atemzügen Luft in den Magen zu gelangen pflegt, daß aber das Vordringen der Luft im Darm Zeit braucht, die freilich nur in großen Grenzen geschätzt werden kann, insofern als ein Luftgehalt lediglich des obersten Dünndarms zumindest für einige Minuten Lebensdauer, eine Luftfüllung des ganzen Dünndarms aber in der Regel für stundenlange Lebensdauer spricht.

Für die Beantwortung der Frage, welche Schlüsse sich aus dem Zustand der Leiche und ihrer nächsten Umgebung auf die Todeszeit ziehen lassen, sind zunächst die regelmäßigen Leichenerscheinungen heranzuziehen. Dabei sind die sog. supravitalen Erscheinungen (mechanisch-muskuläre Erregbarkeit einige Zeit nach dem Tode und anderes), als weniger wichtig und für den Praktiker schwieriger zu beurteilen, zu übergehen. Die *Erkaltung* der Leiche gibt für den Erfahrenen wichtige Hinweise. Eine alte

Regel sagt, daß die Temperatur einer Leiche in jeder Stunde um etwa einen Grad abnimmt. Im besonderen Falle ist dabei freilich die Temperatur der Umgebung, die Art der Bekleidung und die Lage der Leiche im Bett oder außerhalb zu beachten. Fernerhin ist die Temperatur der Haut nicht nur an den gipfelnden Teilen (Nase, Finger), sondern auch an bekleideten Hautstellen, besonders auch in der Achselhöhle zu messen. Nach *B. Mueller* gibt die Bestimmung der Mastdarmtemperatur genauere Anhaltspunkte für die Tzb., insofern als die Senkung der Temperatur hier gleichmäßiger erfolgt. In der Praxis freilich wird diese Art der Messung nur selten durchgeführt, denn in den Fällen, in denen eine genaue Messung wichtig ist, wird bei der Auffindung und auch in den nächsten Stunden bei Zuziehung eines ärztlichen oder nichtärztlichen Leichenschauers das Thermometer selten vorhanden sein. Schon nach 4—5 Stunden fühlt man eine deutliche Abkühlung, auch an der bekleideten Leichenhaut; die schließlich erreichte Temperatur der Oberfläche ist in der Regel etwas niedriger als die der umgebenden Luft, eine Tatsache, die von der Verdunstungskälte herrührt (Leichenkälte). Die selten zu beobachtende postmortale Temperatursteigerung spielt für die Tzb. keine Rolle.

Von besonderer Wichtigkeit ist die zeitliche Entwicklung der *Totenflecken* (s. d. Art.: Leichenerscheinungen). Schon eine halbe Stunde nach dem Tode können sie bei guten Beobachtungsbedingungen an der seitlichen Rumpfwand bemerkt werden, manchmal schon noch früher. Drei bis vier Stunden nach dem Tode sind sie sehr deutlich, werden aber häufig in den nächsten Stunden noch deutlicher und dunkler, besonders bei wenig pigmenthaltiger Haut fallen sie frühzeitiger auf und machen schon einen intensiveren Eindruck als bei brauner Haut. Wichtig ist für die Tzb. besonders in den ersten Stunden, ja ersten Tagen, daß die Totenflecken wegdrückbar und andererseits auch umzulagern sind. Letzteres spielt für die Praxis kaum eine Rolle, wenn auch viel darüber geschrieben ist. Die Wegdrückbarkeit wird durch Fingerdruck festgestellt, sie zeigt an, daß noch keine Auflösung des Blutfarbstoffes (Hämolyse) eingetreten ist. Eine zeitliche Regelmäßigkeit ist auch für diese Erscheinung nicht vorhanden, denn bei höherer Außentemperatur einerseits, besonders bei schwülem Wetter, bei warmer Lagerung und außerdem besonders bei Tod an schweren Infektionen sind die Leichen schon allenthalben von Bakterien beim Todeseintritt durchsetzt, und es tritt die Hämolyse viel früher ein als in anderen Fällen. Man wird also aus dem Befund der Wegdrückbarkeit oder des Gegenteils nur unter Berücksichtigung der ganzen äußeren Umstände Schlüsse auf die Todeszeit ziehen können. Für den Leichenschauer ist von besonderer Wichtigkeit seine Aufgabe, den Zustand der Leichenerscheinungen im Augenblick seiner Beobachtung schriftlich festzulegen. Wenn auch gleich während der Leichenschau Todeszeitbestimmungen von den Leichenschauern nicht verlangt werden, so ist es doch gerade bei wichtigen kriminellen Fällen von besonderer Bedeutung, wenn der Zustand der Leichenerscheinungen zu einem ganz bestimmten Zeitpunkt einwandfrei festgelegt ist, denn gerade in solchen schwierigen Fällen kann dann auch später noch, wenn weitere Tatsachen bekannt geworden sind, eine wissenschaftlich genauere Tzb. stattfinden, wodurch sich wichtige Hinweise, auch Ausschließung hinsichtlich der Täterschaft bei gewaltsamen Todesarten ergeben können.

Ein weiterer wichtiger Hinweis auf die Zeitbestimmung an der Leiche ist die *Totenstarre*. Dabei ist für praktische Zwecke in erster Linie die Totenstarre der Skelettmuskulatur wichtig, während zu wissenschaftlichen Zwecken auch die Totenstarre des Herzens und der glatten Muskulatur von Bedeutung ist. Die sog. kataleptische Totenstarre, die im Moment des Todes eintreten soll, spielt praktisch so gut wie keine Rolle. In der Regel werden die Kaumuskeln zuerst totenstarr und zwar manchmal schon eine halbe, in der Regel aber ein bis zwei Stunden nach dem Tode (*Meixner, Merkel*). Dann folgen in der Regel die Nackenmuskulatur, die Bein- und Armmuskulatur, manchmal ist die Reihenfolge etwas anders und folgt nicht dem sog. *Nysten*schen Gesetz.

Nach acht Stunden ist in der Regel die Totenstarre vollständig ausgeprägt, sie hält sich meistens ein bis zwei Tage und löst sich dann wieder, vielfach in gleicher Reihenfolge, wie sie entstanden ist; aber auch bei der Verwertung der Totenstarre zur Zeitbestimmung sind andere Umstände mit zu berücksichtigen, besonders die Außentemperatur und die zeitliche Entwicklung der Fäulnis, die wiederum von der Außentemperatur abhängt, freilich auch von dem Bakteriengehalt und damit auch von der todbringenden Krankheit. Im allgemeinen gilt die Regel, daß bei Auftreten ausgeprägter Fäulnis die Totenstarre sich rasch löst, nur selten findet man ausgesprochen faule Leichen, die noch totenstarr sind. Höchstens sind noch die Beinmuskeln, besonders die Waden- und Fußmuskeln totenstarr, hier tritt häufig die Fäulnis später ein als an den übrigen Körperteilen. Bei tiefer Außentemperatur, also bei Lagerung im Freien in der Kälte des Winters oder in kalten Leichenkellern, kann aber die Totenstarre sich bis zu elf Tagen erhalten, ja gelegentlich noch länger (*Walz, Nippe*). Wichtig für den Leichenschauer ist auch hier die genaue Untersuchung der einzelnen Muskelgruppen und die protokollarische Niederlegung des Befundes mit genauer Zeitangabe. *Eintrocknungen* zarter Hautstellen, abgeschürfter Stellen oder Wundränder können unter Berücksichtigung der äußeren Umstände zur Zeitbestimmung beitragen. Genaue Angaben sind hier schwer zu machen, weil große Unterschiede je nach der Art der Bekleidung und der anderen äußeren Umstände bestehen; immerhin wird der Leichenschauer auch auf diese Dinge achten.

Im Winter kann die Frage, wie lange eine Leiche zur vollständigen Durchfrierung braucht, wichtig sein. Bei künstlichem Durchfrieren hat man immerhin zwei bis drei Tage gebraucht. Bei Leichenfunden im Freien sind exakte Beobachtungen aber viel seltener zu machen. Die Leiche eines 15jährigen Mädchens war nach 36 Stunden bei mehreren Kältegraden im Freien, bekleidet, steinhart gefroren gefunden worden.

Die Untersuchung der *Pupillen* kann vielleicht einmal einem sehr Erfahrenen, der die Leichenpupillen regelmäßig beobachtet hat, auch in zeitlicher Hinsicht Hinweise geben. Praktisch ist die Bedeutung gering. Das *Weichwerden des Augapfels* hängt auch sehr von den Fäulnisbedingungen ab, außerdem kommt auch frühzeitig Gasbildung im Augapfel vor, wodurch er besonders hart wird, so daß der Ungeübte sich täuschen läßt.

Die Erscheinungen der *Fäulnis* geben bei Beachtung der äußeren Umstände oft Hinweise auf die Todeszeit, aber auch hierzu gehört eine größere Erfahrung, denn sehr frühzeitiges Auftreten der Fäulnis kommt unter Bedingungen vor, die dem Leichenschauer unbekannt geblieben sind oder sein können. Immerhin kann man in sehr vielen Fällen aus vorgeschrittenen Fäulniserscheinungen auf tagelanges Liegen schließen. Dabei ist an die alte *Casper*sche Regel zu erinnern: Hinsichtlich der Leichenveränderungen wirkt eine Woche Lagerung an der Luft ähnlich wie zwei Wochen im Wasser, und wie acht Wochen im Erdgrab. Die Regel erleidet zahlreiche Aus-

nahmen und ist nur unter Berücksichtigung durchschnittlicher und ähnlicher klimatischer Verhältnisse brauchbar, immerhin kann man sich ihrer immer wieder erinnern.

Praktisch am häufigsten sind Todeszeitbestimmungen an *Wasserleichen* notwendig (s. d. Art.: Tod durch Ertrinken). Bei diesen haben wir die *Macerationserscheinungen* an der Haut, die verhältnismäßig zeitlich regelmäßig verlaufen. Die Waschhaut tritt schon nach wenigen Tagen an der Haut der Fingerbeeren auf: weißliche Verfärbung und Aufquellung; diese Erscheinungen können sich aber zurückbilden, wenn die Leiche längere Zeit an der Luft liegt. Nach zwei Tagen ist in zunehmendem Maße die Haut der ganzen Hohlhand gequollen, und nach fünf bis sechs Tagen beginnt die Ablösung der Oberhaut von der Lederhaut (*H. Merkel*), nach zwei bis drei Wochen findet man die Haut samt den Nägeln an der Hand meist völlig gelöst, so daß sie handschuhfingerförmig abgelöst werden kann. An den mit Strümpfen und Schuhen bekleideten Füßen treten die Veränderungen viel langsamer ein. Weitere äußere Erscheinungen an Wasserleichen wie Schleifspuren der Weichteile und der Knochen, Abreißungen von Gliedmaßen, Veränderungen der Kleider hängen sehr von den besonderen Bedingungen des betreffenden Gewässers (Bach, Gebirgsfluß, See usw.) ab, so daß hier nur die individuelle Erfahrung des Untersuchers Schlüsse ziehen läßt (*Lochte, Revenstorf*). Das Auftreten des sog. *Algenrasens* gibt bei genügender Erfahrung ebenfalls wichtige Hinweise. Es handelt sich um graue oder graugrüne Wucherung von Algen auf der Haut oder auf der freiliegenden Lederhaut, die nicht mit Verschmutzung verwechselt werden darf. Das Wachstum dieser Algen, die mikroskopisch, besonders nach Ausschüttelung des Sandes und Behandlung mit Kalilauge nachzuweisen sind, hängt, abgesehen von den besonderen Eigenschaften des betreffenden Gewässers, vor allem von der Temperatur ab: im Sommer rasches, im Winter langsames Wachstum. Im Sommer kann man auch bei Gebirgsflüssen schon nach acht bis zehn Tagen völlige Bedeckung der Gesichtshaut mit zottigen Algenvegetationen feststellen. Dort, wo Kleider der Haut dicht anliegen, können die Algen nicht wachsen. In späteren Zeiten spielt die Leichenwachsbildung eine wichtige Rolle. Die Umbildung des Unterhautfettgewebes in *Leichenwachs* beginnt etwa von der sechsten Woche an (*Zillner*), meist im Gesicht. Sie dringt von außen nach innen im Körper vor. Leichenwachs der Muskulatur ist vor Ablauf von drei Monaten gesehen worden, nur bei Aufenthalt im warmen Wasser geht der Prozeß viel schneller vor sich. In späteren Monaten können dann auch die inneren Organe in Leichenwachs umgewandelt sein.

Die *Austrocknung* (*Mumifikation*) der Leiche hängt in zeitlicher Hinsicht durchaus von den äußeren Bedingungen, besonders von der Witterung ab. *Kratter* gibt ein bis zwölf Monate für die Entwicklung der Mumifikation bei einer erwachsenen Leiche an. Bei Leichen von Neugeborenen können schon zwei Wochen bei warmer Luft und Trockenheit genügen.

Der *Tierfraß* kann für den Erfahrenen wichtige Hinweise in zeitlicher Hinsicht geben. In der ersten Zeit nach dem Tode sind es besonders die Fliegenmaden, deren Entwicklung zu beachten ist. Die Ablage von Fliegeneiern an feuchte Hautstellen (Augenlidern, Nasenlöchern, Lippen usw.) oder an Verletzungen kann im Hochsommer gleich nach dem Tode beginnen. Vereinzelte Fliegenarten legen bewegliche Larven ab, während die meisten Arten sich erst in 8—24 Stunden, bei kühler Temperatur noch später, aus den Eiern zu Maden entwickeln. Das

Larvenstadium dauert zehn bis zwölf Tage, das Puppenstadium drei bis vier Tage (*H. Merkel, Pietrusky* und *Leo, Strauch, Niecabitowsky* und viele andere). Die ausgeschlüpfte Fliege ist nach 14 Tagen wieder fortpflanzungsfähig, im Hochsommer auch schon nach neun Tagen, bei tiefer Temperatur dauert der Prozeß bis zu acht Wochen. Die Zerstörung des Leichnams durch Madenfraß hängt in quantitativer Hinsicht von der Größe der Larven ab, sowie von der äußeren Temperatur usw. Besonders wichtig ist aber die Tatsache, daß feste Bekleidung die Leiche stark gegen Madenfraß schützt und daß andererseits klaffende Wunden das Eindringen derselben in das Innere des Körpers stark beschleunigen. So konnte bei zwei zu gleicher Zeit umgekommenen Erwachsenen nach mehreren Wochen die eine Leiche mit völlig erhaltenen inneren Organen, wenn auch in faulem Zustand gefunden werden, während bei der anderen die inneren Organe durch die Maden fast völlig aufgezehrt waren: die eine war fest bekleidet und hatte als Verletzung ein ganz kleines Einschußloch, das austrocknet war, während die andere, die leicht bekleidet war, klaffende Stichwunden aufwies (*Merkel*). Die physikalisch-chemischen Untersuchungen der Leichenflüssigkeiten haben lediglich wissenschaftlichen Wert in zeitlicher Hinsicht.

In der Kriminalistik sind die *äußeren Umstände* bei Leichenfunden auch besonders zu beachten: Trockener oder nasser Boden unter der Leiche bei einsetzendem Regenwetter, Pflanzenwuchs unter den Kleidern, Etiolierung (Blässe, Mangel an Chlorophyll) der Pflanzen unter der Leiche; in späterem Stadium Durchwachsen von Pflanzen und Wurzeln durch die Kleidung.

Bei Knochenfunden bzw. bei hochgradig verwesten Leichen sind die *Knochen* auf anhaftende Reste von Sehnen und Fascien zu untersuchen. Die äußeren Umstände, die Zugänglichkeit für Tiere sind natürlich besonders zu beachten. Sind nur Knochen vorhanden, so sind sie auf noch im Gang befindliche Fäulnis der organischen Substanz des Markes zu untersuchen, späterhin auf Fettgehalt; wenn die Knochen noch allgemein durchgefettet sind, so sind bei freiliegenden Knochen noch nicht mehr als etwa drei bis vier Jahre verstrichen. Sind die Knochen völlig fettfrei und dadurch ziemlich leicht geworden, so sind in der Regel mehrere Jahre (fünf bis zehn) vergangen. Sind die Knochen bereits in beginnender Verwitterung, so können 10—15 Jahre vergangen sein. Altersschätzungen sind aber nur mit größter Vorsicht unter Berücksichtigung der ganzen äußeren Umstände des Falles vorzunehmen. Im Erdgrab hängen die Veränderungen im hohen Maße von der Art des Bodens und der Art der Durchfeuchtung ab, und bei oberflächlicher Lagerung muß stets daran gedacht werden, daß der Beginn der Lagerung am betreffenden Orte nicht gleichbedeutend sein muß mit der Todeszeit.

*Schrifttum.*

*Chiari:* Die Leichenerscheinungen und die Leichenschau. In *Dittrichs* Handb. der ärztlichen Sachverständigentätigkeit **II**, Wien 1913. — *Ferrai:* zit. b. *Chiari* in *Dittrichs* Handb. der ärztlichen Sachverständigentätigkeit und in der Vjschr. gerichtl. Med. 3. F. **21** (1900). — *Kratter:* Lehrb. der gerichtl. Med. 2. Aufl. Stuttgart 1921. — *Lochte:* Über die Absterbeerscheinungen der Skelettmuskulatur, insbes. über die Totenstarre in gerichtlich-medizinischer Beziehung. Dtsch. Z. gerichtl. Med. **2**, 169 (1923). — *Meixner:* Die Totenstarre beim Menschen. Dtsch. Z. gerichtl. Med. **2**, 398 (1923). — *Merkel:* Über Todeszeitbestimmungen an menschlichen Leichen. Dtsch Z. gerichtl. Med. **15**, 285 (1930). — *Mueller:* Mastdarmtemperatur der Leiche und Todeszeit. Dtsch. Z. gerichtl. Med. **28**, 172 (1937). — *Niezabitowski, v.:* Experimentelle Beiträge zur Lehre von der Leichenfäulnis. Vjschr. gerichtl. Med. 3. F., **23** (1902). — *Nippe:* Studien über Leichenzersetzung. Dtsch. Z. gerichtl. Med. **3**, 58 (1923). — *Pietrusky* u. *Leo:* Aasfresser und ihre gerichtsärztliche Bedeutung. Z. Desinf. **1929**. — *Revenstorf:* Die Untersuchung der Leichen Er-

trunkener. In *Lochtes* Handb. der gerichtsärztl. und polizeiärztl. Technik. Wiesbaden 1914. — *Strauch:* Die Fauna der Leichen. Vjschr. gerichtl. Med. 3. Folge, 43, 2 (1912). — *Toldt:* Die Knochen in gerichtsärztlicher Beziehung. *Machkas* Handb. der gerichtl. Medizin **3**. Tübingen 1882. — *Walcher:* Studien über die Leichenfäulnis mit besonderer Berücksichtigung der Histologie derselben. *Virchows* Arch. **268** (1928). — *Walcher:* Über vitale Reaktionen. Erg. Path. **35** (1940). — *Walcher:* Gerichtsärztliche Untersuchung von Skeletteilen. In *Abderhaldens* Handb. der biol. Arbeitsmethoden **IV**/12. Berlin und Wien 1934. — *Walz:* Zur Verwertung der Totenstarre als Todeszeitbestimmung. Dtsch. Z. gerichtl. Med. **1**, 115 (1922). — *Werkgartner:* Todeszeitbestimmung bei einem Verbrannten nach dem Zustand der Magenschleimhaut. Dtsch. Z. gerichtl. Med. **1**, 717 (1922). — *Zillner:* Studien über Verwesungsvorgänge. Vjschr. gerichtl. Med. N. F. **42** (1885). — *Zillner:* Über Leichenuntersuchung in gerichtsärztlicher und sanitätspolizeilicher Beziehung. Wien. med. Presse **1884**.        ***Walcher.***

**Tod im Bade** siehe *Tod durch Ertrinken; Tod und Gesundheitsbeschädigung durch elektrische Energie.*

**Tod im Beischlaf.** (Vgl. auch Art.: Plötzlicher Tod aus natürlicher Ursache.)

Unter dem Begriff *Tod im Beischlaf* sollen hier nicht Fälle verstanden werden, wo gelegentlich eines Vergehens oder Verbrechens gegen die Sittlichkeit das Opfer unter den verschiedensten Umständen, sei es gewollt, sei es vom Täter ungewollt, zu Tode gekommen ist, sondern es werden nur Fälle besprochen, bei denen gelegentlich der freiwilligen geschlechtlichen Betätigung der Tod eines der beiden Partner eingetreten ist. Unter 157 Beobachtungen von mehr oder weniger schweren Verletzungen der weiblichen Geschlechtsorgane sub coitu erwähnt *Neugebauer* 22 Fälle, in welchen der *Tod* als Folge von Verblutung, Sepsis, Peritonitis, Parametritis usw. zustande gekommen ist. Aus dieser Sammlung sind neun Fälle hier anzuführen, bei welchen alsbald nach dem Geschlechtsverkehr der Tod der betreffenden Frauensperson durch Verletzung und durch Verblutung eintrat. Es handelte sich entweder um ganz jugendliche (11½jährige junge Frau bei *Dolan*, Fall Nr 39, 16jährige Frau, Fall *Albert* Nr. 1), bei welchen offenbar infolge der infantilen Geschlechtsteile durch zu stürmische Beiwohnung Verletzung und Tod zustande kamen, oder es sind ältere Personen gewesen (Fall *Müller* Nr. 88, tödliche Blutung aus einer Zerreißung des Gewebes zwischen Klitoris und Harnröhre), bei *Cramer* (Nr. 134) erfolgte die Blutung beim Geschlechtsverkehr mit einer Schwangeren, also offenbar begünstigt durch das enorm blutreiche, aufgelockerte Gewebe, das zerriß. *Bordmann* berichtet (Nr. 22) von einer angeblich an Hämophilie leidenden Frau (unwahrscheinlich, da doch die Hämophilie wohl nur den Frauen vererbt wird, aber nicht bei ihnen in Erscheinung tritt), die in der Hochzeitsnacht an einer tödlichen Verletzung sich verblutete. Endlich berichtet *Diemerbroeck* von zwei Fällen, *Colombat, d' Isère* und *Meißner* von je einem Fall, wo Frauen — ohne nähere Angabe bei *Neugebauer* — in der Hochzeitsnacht sich verbluteten. Wegen der Seltenheit sei auf eine neuere Beobachtung von *Mennicke* verwiesen, wo ein betrunkener Gastwirt beim Geschlechtsverkehr mit seiner 55jährigen, im Klimakterium stehenden Ehefrau (a posteriori) der letzteren lediglich durch sein erigiertes Geschlechtsglied eine 7,5 cm lange winkelige Scheidenverletzung beibrachte, die 11 cm oberhalb des äußeren Scheideneingangs begann und unter Zerreißung des linken hinteren Scheidengewölbes die hintere Bauchfelltasche eröffnete (Tod nach zwei Stunden durch Verblutung nach außen und in die Bauchhöhle — 500 ccm Blut — aus einem Ast der zerrissenen Arteria uterina). Als zufällige Ursachen für solche Coitusverletzungen, die freilich nur äußerst selten zu einem so raschen Tod führen, nennt *Neugebauer* von seiten des männlichen Partners Trunkenheit, Anwendung brutaler Gewalt und ungewöhnliche Lagerung beim Verkehr und ferner als prädisponierende Momente von seiten des Mannes Mißverhältnis des Gliedes zur Vagina der Frau und von seiten der weiblichen Partnerin Status infantilis, klimakterische Veränderungen der inneren Geschlechtsteile, pathologische Zustände, sei es angeboren oder später erworben, und vorhergegangene gynäkologische Operationen. — Gerichtsärztlich wichtig ist die aus solchen einwandfreien Beobachtungen sich ergebende Tatsache, daß in der Tat auch bei freiwillig vollzogenem Geschlechtsverkehr unter Umständen durch das männliche Glied schwere, in seltenen Fällen sofort oder aber durch Wundinfektion tödlich endende Verletzungen entstehen können.

Ganz anderer Art sind die Todesfälle gelegentlich eines Geschlechtsverkehrs, die wir als eine ganz *besondere Art des plötzlichen Todes* bezeichnen müssen, und die forensisch um deswillen von besonderer Wichtigkeit sind, weil es sich dabei meist um eine besonders heikle und daher verdachterregende Situation handelt, in welcher die plötzlich einsetzende Erkrankung und der Tod des männlichen oder weiblichen Partners erfolgt. Offenbar nur sehr selten sind solche Todesfälle beim ehelichen Verkehr beschrieben (*Schrader*, 3. Fall, Tod der Ehefrau in der Hochzeitsnacht durch Herzlähmung), sondern meist sind der Literatur zufolge Erkrankung und Tod beschrieben beim außerehelichen Verkehr, der in einem Bordell oder in der Wohnung einer puella oder im Gasthof einer oft fremden Stadt zustande kommt, wo der eine oder beide Partner unter Umständen ortsunbekannt sind und nicht selten unter falschem Namen nächtigen. Dabei taucht dann der Verdacht auf Lustmord, d. h. auf vorsätzliche oder fahrlässige Tötung in oder nach dem Geschlechtsakt auf — um so mehr ist der Verdacht zunächst berechtigt, wenn, wie (im Fall 2) bei *Wachholz*, die betreffende Person im Freien tot aufgefunden wird in einer sofort auf Geschlechtsmißbrauch hinweisenden Stellung (im genannten Fall im Gebüsch in der Nähe eines Militärschießplatzes in Coitusstellung mit entblößtem Unterkörper). In anderen Fällen besteht der Verdacht einer Vergiftung durch Schlafmittel oder Leuchtgas (*Schrader*), oder eine solche Todesart (Unfall oder Selbstmord) wird vorgetäuscht. Es ist um so berechtigter, unter solchen Umständen an ein Verbrechen zu denken, weil es ja Fälle gibt, wo bei Notzucht und Lustmord Spuren des Kampfes und der Gegenwehr so gut wie völlig fehlen können (ungleiches Kräfteverhältnis zwischen Mann und Weib, Erstickung durch Bedecken mit Kissen im Bett u. a.).

Da wir völlig von Notzuchtsfällen absehen, handelt es sich beim Tod gelegentlich des Geschlechtsverkehrs um Auswirkungen der mit dem Geschlechtsakt bei den näheren Umständen erklärlicherweise verbundenen seelischen und körperlichen Erregung; Voraussetzung ist dabei so gut wie ausnahmslos eine, wenn auch den Beteiligten bis dahin mitunter völlig unbekannte, krankhafte Körperbeschaffenheit des Betroffenen.

Untersuchungen von *Mendelsohn* (zitiert bei *Schrader*) zeigen, daß es in erster Linie die durch den ganzen Ablauf eines Geschlechtsakts bedingten erheblichen Steigerungen des Blutdrucks und vor allem die raschen Blutdruckschwankungen sind, welche das schädigende Moment darstellen. Diese Einflüsse lassen sich am besten durch Wiedergabe der von *Mendelsohn* angefertigten Puls- und Blutdruckkurven veranschaulichen.

Abb. 1 zeigt das Verhalten von Puls und Blutdruck bei einer Frauensperson vor, während und nach dem Geschlechtsakt.

Abb. 2 gibt das Verhalten bei einem gesunden Mann vor und nach Geschlechtsverkehr sowie bei

einer Frau vor und nach einem allerdings exzessiv ausgeübten Beischlaf wieder.

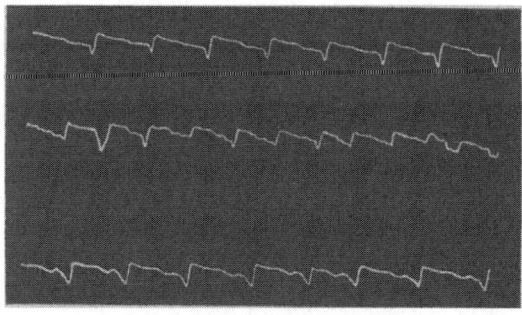

Abb. 1. Puls- und Blutdruckkurve einer Frau vor, während und nach einem Beischlaf.

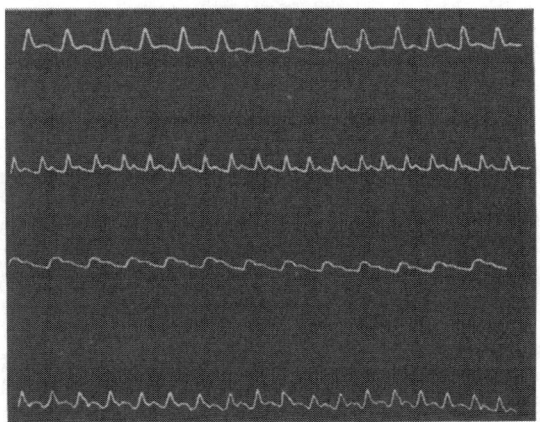

Abb. 2. Puls- und Blutdruckkurve bei einem Manne (oben) und bei einer Frau (unten) vor und nach einem Beischlaf.

„. . . Während des Aktes ist die Herzaktion unregelmäßig, bedeutend gesteigert und beträgt das 1½fache der Frequenz wie vorher. Gleichzeitig ist der Blutdruck erhöht und läßt deutliche Schwankungen erkennen. Unmittelbar nach einem sexuellen Exzeß (Abb. 2) ist der Puls stark dikrot, der Blutdruck gesunken, die Pulsfrequenz hochgradig beschleunigt — bis auf 150 Schläge in der Minute (*Schrader*) . . .“

Die sonst weniger wissenschaftlichen als vielmehr feuilletonistischen Ausführungen des Ägypter-Arztes *Lipa Bey* bestätigen auch die Wichtigkeit der physikalisch-psychologischen Gesichtspunkte beim Beischlafstod, sie sollen an dieser Stelle nur deswegen Erwähnung finden, weil nach seiner Angabe und Erfahrung jedenfalls der Tod im und nach dem Geschlechtsakt („la mort douce“) viel häufiger ist, als es aus begreiflichen Gründen bekannt wird; was von dem „alten französischen Herren“ behauptet wird, gilt sicher auch — wenigstens bis zu einem gewissen Grad — für andere Länder! *Schrader* berichtet über mehrere nur klinisch beobachtete, also nicht tödlich verlaufene — merkwürdigerweise offenbar nur bei Männern — Fälle mit Eintritt krankhafter Störungen, die teils cerebral nervöser, teils kardiovaskulärer Art waren und in oder nach dem Geschlechtsverkehr in Erscheinung traten (subarachnoideale Blutungen, Apoplexien oder embolische Hirnprozesse, Herzstörung — möglicherweise bedingt durch Abriß von Herzklappen oder Sehnenfäden). Hier sollen dagegen nur *21 Todesfälle* gelegentlich des Beischlafs, die ich aus dem Schrifttum entnommen habe, besprochen werden, bei denen der Literatur zufolge das Verhältnis von männlichen zu weiblichen Partnern wie 9 : 12 besteht.

Neben der beim Geschlechtsverkehr unvermeidlichen seelischen und körperlichen Mehrbelastung des Kreislaufsystems kann auch ein sehr oft gleichzeitig gegebener Alkoholexzeß von schädlicher Mitwirkung sein, und so ist es begreiflich, daß gerade krankhaft veränderte Organe und Organsysteme, in erster Linie der Herz- und Gefäßapparat diesen gesteigerten Anforderungen als Schädlichkeiten nicht gewachsen sind und so zu Todesfällen bei und nach dem Geschlechtsverkehr führen können. In der ältesten mir zugänglichen Publikation von *Maschka* (Tod eines Mädchens nach einer mit mehreren Offizieren gefeierten wüsten Orgie mit Alkoholexzeß) waren es nur relativ geringe Organveränderungen, nämlich pleuritische Verwachsungen, daneben beengende Kleidung (Korsett?), die offenbar zusammenwirkend zum Herztod unter den Symptomen des Lungenödems führten. In zwei Fällen von *Wachholz* konnte der Todeseintritt dem bestehenden Status hypoplasticus (des Herz- und Gefäßapparates, dabei Thymus persistens), in einem Fall zudem noch dem gleichzeitigen Vorhandensein einer großen, die Trachea verengenden Struma wesentlich mit zur Last gelegt werden.

Weitaus in der Mehrzahl der Fälle aber waren es viel schwerere chronische Veränderungen des Herz- und Gefäßapparats, bedeutend seltener cerebrale Erkrankungsprozesse, die den Tod sub coitu verursachten. Bei der ersten Gruppe zeigt eine kritische Sichtung der Literatur, daß auch hier wieder, wie überhaupt beim plötzlichen Tod, die Atherosklerose — zumal der Herzkranzarterien — sowie ganz besonders die Syphilis des Aortenbogens mit der so häufigen Einengung oder Verschließung der Coronarabgänge die Hauptrolle spielte.

Während *Weyrich* in seiner Sammelarbeit über den plötzlichen Tod Erwachsener nur summarisch „drei Herztodesfälle bei Frauenspersonen sub coitu" registriert, ohne genauere Organbeschreibungen zu geben, finden wir in den Mitteilungen von *Haberda, Schrader, Brack* u. a. die typischen Beschreibungen der uns wohlbekannten besonders supravalvulär, d. h. im Bereich der Aortenklappen und über denselben lokalisierten Aortensyphilis, die z. T. lediglich mit der bekannten Stenosierung (*Haberda, Brack, Schrader* und eigene Beobachtungen) oder mit völligem Verschluß der einen oder anderen Coronararterie verbunden war, z. T. noch mit thrombotischem Verschluß einer meist auch wieder verengten Abgangsstelle des Hauptstammes (*Schrader,* rechtsseitig, *Haberda,* linksseitig) und dadurch letzten Endes zum Tode durch Herzlähmung führte. In einem von *Oestreich* (zitiert bei *His* und *Külbs*) mitgeteilten Fall fanden sich beim Beischlaftod eines 32jährigen Offiziers sogar beide Kranzarterienabgänge gleichzeitig frisch thrombotisch verlegt. Bei *Schrader* handelte es sich einmal um eine 27jährige Frau und ferner um einen 50jährigen Mann, bei *Haberda* um eine 30jährige Frau, bei *Brack* um ein 29jähriges Mädchen. Wir selbst sahen den durch Aortensyphilis und Coronarostium-Stenose bzw. -Atresie bedingten, rasch unter Lungenödem erfolgten Coitustod in lectu bei einer 35jährigen Zahlkellnerin, die sich mit einem auswärtigen Saisongast geschlechtlich in ihrem Mietzimmer eingelassen hatte.

Einer besonderen Erwähnung bedarf noch ein eigentümlicher Fall, von *Weyrich* veröffentlicht, wo eine 36jährige Frau im Bett tot aufgefunden wurde; sie hatte zu masturbatorischem Zweck ein Holzstück in die Vagina eingeschoben und war offenbar an der durch diesen Akt hervorgerufenen psychischen Er-

regung gestorben; auch hier fand sich als Todesursache eine schwere Mesaortitis des Aortenbogens.

Während ich in der vorhandenen Literatur, soweit zugänglich, keinen Fall von Tod durch Hämoperikard infolge von Herzruptur bei oder nach einem Geschlechtsakt verzeichnet fand, weil offenbar zu deren Zustandekommen ein bedeutend längerer Zeitraum notwendig sein dürfte, ist es verständlich, daß sich sog. spontane Aortenrupturen (niemals aber solche mit Istmußtenose verbunden) und zwar meist intraperikardial gelegen mit tödlichem Hämoperikard auch beim Geschlechtsverkehr infolge der dabei eintretenden Blutdrucksteigerung ab und zu einstellen. Drei einschlägige Fälle von *Wachholz* und *Olbrycht,* von *Kolisko* und von *Petit* bieten alle insofern etwas Besonderes und Ungewöhnliches, als der 38jährige Schneidermeister (*Kolisko*) schon *ante coitum* beim Auskleiden zum Zweck der Vornahme des Geschlechtsverkehrs an der Ruptur eines Aortenaneurysmas starb; in dem Fall von *Petit* erlitt ein 26jähriger Neger, der vor einer Prostituierten, die ihm den Beischlaf verweigerte, masturbierte (ohne Samenejakulation), auch wieder infolge der durch die seelische Erregung offensichtlich bedingten Blutdrucksteigerung eine Ruptur innerhalb einer — wie sich feststellen ließ — gummös erkrankten Partie der Aorta ascendens; bei dem von *Wachholz* und *Olbrycht* beschriebenen Fall war das einzigartige Zusammentreffen einer solchen spontanen Aortenruptur im aufsteigenden Bogen (mit tödlichem Hämoperikard) festzustellen, die eintrat während eines dreimaligen Geschlechtsverkehrs eines (wie alten?) Schlossermeisters mit seiner ihm sich nur widerwillig hingebenden Dienstmagd, die ihm zudem beim dritten geforderten Verkehr aus Wut über seine Begehrlichkeit mit einem Taschenmesser den Penis und die eine Hodensackhälfte samt Hoden abschnitt. Der Tod erfolgte auf Grund des klinischen Verhaltens und des Sektionsergebnisses lediglich durch die Aortenruptur und nicht etwa durch äußere Verblutung aus der Genitalwunde. Nicht völlig geklärt ist ein von *Blumenstock* beschriebener Fall, wo ein 24jähriges Mädchen, das von zwei Männern genotzüchtigt worden sein wollte, elf Tage später an einem sog. *Aneurysma dissecans* des Aortenbogens starb, wobei man sehr wohl die Entstehung des letzteren bei dieser jugendlichen Person wenigstens in ihrem Anfang als durch die mit dem erzwungenen Geschlechtsakt verbundene seelische Erregung verursacht ansehen darf. Der Tod eines 40jährigen Mannes im Geschlechtsakt erfolgte nach einer Mitteilung von *Devezac* (zit. bei *Schrader*) an Ruptur eines einfachen Aortenaneurysmas.

Auch sind vereinzelte *cerebral bedingte Todesfälle* sub coitu schon beschrieben worden, wobei es freilich zweifelhaft ist, ob solche Ereignisse nicht bei ehelichem und unehelichem Geschlechtsverkehr doch häufiger vorkommen, aber eben unbekannt bleiben. Höchst bemerkenswert sind die folgenden Fälle: *Schrader* sah bei einem 26jährigen kräftigen Sportsmann, der acht Tage vorher beim Barrenturnen gestürzt war, leicht benommen gewesen sei und seitdem über Kopfschmerzen geklagt hätte, im Anschluß an einen mit einer Dirne vollzogenen Geschlechtsverkehr (im Sitzen und a posteriori vorgenommen) eine tödliche subdurale und intermeningeal lokalisierte Massenblutung, die aus der inkomplett eingerissenen Arteria basilaris stammte (offenbar Spätruptur gelegentlich des Geschlechtsverkehrs nach traumatisch bedingtem inkompletten adventitiellen Einriß). *Lesser* beschreibt bei einem 30—40 Jahre alten Mann, der *nach* vollzogenem Geschlechtsverkehr beim Ankleiden umgesunken und kurz darauf gestorben war, als Todesursache ein geborstenes und in die vierte Gehirnkammer durchgebrochenes Aneurysma der

Arteria corporis callosi. Größere substantielle Blutungen (Apoplexie) sahen post coitum *Gumprecht* bei einer 32jährigen Frau (Ponsblutung mit Durchbruch in den vierten Ventrikel) und *Dervieux* bei einem 50jährigen Mann (eigentümlicherweise im linken Occipitallappen gelegene und in den Ventrikel [Hinterhorn ?] durchgebrochene Blutung).

Die restlose Feststellung des Cohabitationsbefundes aus den ganzen Tatumständen und dem Sektionsergebnis kann u. U. große Schwierigkeiten bereiten, wenn nach der schweren Erkrankung oder dem bereits eingetretenen Tod der überlebende Geschlechtspartner den für ihn äußerst peinlichen Tatbestand (außerehelicher Verkehr!) zu verschleiern sucht, indem er z. B. einen Selbstmord des Verstorbenen (durch Gift, Gas, usw.) behauptet oder gar vortäuscht oder indem er, aus dem gemeinsam bewohnten Hotelzimmer oder Wohnraum flüchtet und sich somit erst recht verdächtig macht. Die gerichtsärztliche Untersuchung hat in solchen Fällen stets in der Sektion der drei Körperhöhlen zu bestehen, und weiterhin soll bei Frauenspersonen bei oder nach der Sektion auf *frisches Sperma* (*Weyrich*), sowie auf sonstige, den eben ausgeübten Geschlechtsverkehr beweisende Befunde (Defloration, Abschürfungen, kleine Blutunterlaufungen usw.) geachtet werden. Bei einem verstorbenen Mann wäre evtl. der Versuch zu machen, im Vorhautsack oder in der Harnröhre evtl. an Wäsche- und Bekleidungsstücken nach *Sperma* (nicht eindeutig, da evtl. auch post mortem ausgetreten) zu suchen, bedeutend beweisender wäre freilich neben dem Sperma der durch den Glykogennachweis mikroskopisch erbrachte (*Merkel*) Befund von *Vaginalepithelien*. Nicht zu vergessen wären auch die ganze Berücksichtigung des Tatortes und die aus derselben geschöpften Tatbestandsmerkmale. — All dies ist zur Klärung solcher verdächtiger Fälle dringend erforderlich.

*Schrifttum:*

*Blumenstock:* Zweimalige Notzucht; Aneurysma aortae dissecans. Ref. *Virchow-Hirsch* Jber. I (1887/1888). — *Brack:* Über den Mechanismus des plötzlichen Tods durch akute Zirkulationsstörung. Dtsch. Z. gerichtl. Med. **17**, 176—216 (1931). — *Davezac:* Zitiert bei *Schrader.* Dtsch. Z. gerichtl. Med. **18** (1932). — *Dervieux:* Zitiert bei *Schrader.* Dtsch. Z. gerichtl. Med. **18** (1932). — *Gumprecht:* Mors präcox ex hämorrhagia post coitum. Dtsch. med. Wschr. **1899**, 743. — *Haberda:* Tötung bei geschlechtlichem Mißbrauch. *Schmidmann*, Handb. der gerichtl. Med. I, 261. Berlin 1905. — *His* u. *Külbs:* Handb.: Krankheit und Ehe von *Nordmann* u. *Kaminer*. Leipzig 1916. — *Kolisko:* Plötzlicher Tod. In *Dittrichs* Handb. der ärztl. Sachverst.tätigkeit. Wien 1913. — *Lesser:* Die wichtigst. Sektionsergebnisse in 171 Fällen plötzlichen Todes. II. Tod durch Hirndruck (Berstung eines Aneurysma der basalen Gefäße). Vjschr. gerichtl. Med. N. F. **48**, 51 (1888). — *Lipa Bey:* La mort douce. Ärztl. Rundsch. **34** (1909). — *Mendelsohn:* Pulskurven intra coitum. Dtsch. med. Wschr. **1896**, 384. — *Mennicke, O.:* Über plötzlichen Tod durch Verblutung sub coitu (ein Beitrag zur gerichtsärztlichen Beurteilung der Verletzungen der weiblichen Sexualorgane). Vjschr. gerichtl. Med. 3. Folge **XXIV**, 268 ff. (1902). — *Merkel:* Über den Glykogengehalt des menschlichen Scheidenepithels, seine diagnostische Bedeutung und deren kritische Bewertung. Dtsch. Z. gerichtl. Med. **4** (1924). — *Neugebauer:* Venus cruenta violans, interdum occidens etc. Mschr. Geburtsh. **IX**, 221. — *Schrader:* Zur Pathologie des plötzlichen natürlichen Todes. Dtsch. Z. gerichtl. Med. **18**, 223 ff. (1932). — *Wachholz:* Über sensationelle Fälle plötzlichen Todes aus natürlicher Ursache. Wiener Beitr. **IX**, 76 ff. (1929). — *Wachholz* u. *Olbrycht:* Gewaltsamer Tod durch verbrecherische Kastrierung oder natürlicher Tod durch Aortenruptur. Wiener Beitr. **VII**, 94 (1928). — *Weyrich:* Statistische Untersuchungen über den plötzlichen Tod aus natürlicher Ursache. Wiener Beitr. **XII**, 231 (1932). *Merkel.*

## Tod im Boxkampfe. (Vgl. auch Art.: Hirndruck; Kampfsportverletzungen, Shocktod; Verletzung als Todesursache.)

Obwohl 1743 *Brugthon* feste Regeln für den Boxkampf und später Marquis von *Queensbury* die gepolsterten Unzenhandschuhe eingeführt haben, sind trotzdem durch die komplizierte Technik des Boxens Verletzungsmöglichkeiten ernsterer Natur gegeben

(*Wolff*). Die Zahl der mitgeteilten Todesfälle verteilt sich folgendermaßen: in 50% tritt der Tod durch subdurales Hämatom ein; die übrigen 50% verteilen sich auf Tod durch cerebrale Blutungen; Tod durch Schädelfrakturen; Tod durch Shockwirkungen; Tod durch Glottisödem; Tod durch Darmruptur; Tod auf der Basis einer Allgemeinerkrankung, die durch einen akuten Faustschlag so verschlimmert wurde, daß sie zum Tode führte.

Für den Gerichtsarzt ist die Kenntnis der Technik des Boxsports unerläßlich, um Todesfälle beim Boxkampf gerecht zu beurteilen. In der Regel kann ein akzidenteller Faktor nachgewiesen werden. *Wolff* führt unsportliches Verhalten (Tiefschlag), Aufschlagen auf den Fußboden, ungleiche Partner usw. dafür an. Der „knock-out"-Zustand wird durch Schläge hervorgerufen, die einen momentanen Bewußtseinsverlust herbeiführen, als Folge einer Erschütterung des Labyrinthes und Gehirnes, sowie durch contre-coup-Erschütterungen der Medulla oblongata (*Jokl*).

*Werkgartner* beobachtete einen Fall von Gezeltriß mit Blutungen in den Schädelraum bei vollkommen unverletztem Schädel durch Fausthieb am Kinn, der sich über beide Äste des Unterkiefers auf den Schädelgrund übertrug. Die Folge sei Überspannung des Gezeltes und Streckung der Sichel, ermöglicht durch ungewöhnliche dünne und elastische Schädelknochen, gewesen.

Tödliche Verletzungen (meningo-encephalitische Schädigungen) entstehen meistens durch Aufschlagen auf den Boden. Bei einem Schlag in den Oberbauch kann es zu einem „Solar-Plexus k. o." kommen.

Schläge gegen die Brust bei entspannter Brustmuskulatur können sich in die Tiefe fortpflanzen und zu einer kräftigen Quetschung des Herzens zwischen vorderer und hinterer Brustwand führen. Es kann zu einem Sekundenherztod durch commotio cordis kommen (*Deutsch*).

Die Anschauungen, daß Todesfälle im Boxkampf an sich dem Boxsport nicht zur Last gelegt werden dürfen (*Muller*), erscheint gerechtfertigt.

Tödliche Boxschläge und Boxunfälle, soweit sie sich im Kampfsport ereignen, müssen einer strafrechtlichen Verfolgung entzogen werden.

*Schrifttum.*

*Braine* et *Ravina:* Die Verletzungen der Boxer. Dtsch. Z. gerichtl. Med. **4**, 79 (1924). — v. *Bramann, C.:* Lebensgefahr im Kampfsport. Münch. med. Wschr. **1927**, 634. — *Creutz, W.:* Tödliche Verletzungen bei Sport in gerichtsärztlicher Beziehung. Dtsch. Z. gerichtl. Med. **17**, 433. — *Deutsch, F.:* Sekundenherztod im Boxkampf durch Commotio cordis. Wien. Arch. inn. Med. **20**, 79. — *Flint, J.:* Das Boxen. Leipzig u. Zürich 1924. — *Förster, D. A.:* Plötzlicher Tod, Boxen. Mschr. Unfallheilk. **1932**, 441. — *Fränckel, P.:* Tod im Boxkampf. Dtsch. Z. gerichtl. Med. I, 481 (1922). — *Heimbeck, J.:* Ein Boxerunglück (Hämorrhagie arachnoidalis). Norsk Mag. Laegevidensk. **87**, 714 (1926). — *Herzheimer, H.:* Entstehung knock-out beim Boxen. D. ärztl. Fortbildg. **1932**, 640. — *Horowitz, D.:* Verletzungs- und Todesfälle beim Boxen. Dtsch. Z. gerichtl. Med. **22 I**, 82. — *Jokl, E.:* Zusammenbrüche beim Sport. — *Kohlrausch, W.:* Boxunfälle im Sport. Arch. klin. Chir. **118**, 902 (1921). — *Kröber-Keneth, L.:* Tod im Boxkampf und Arzt im Ring. Med. Welt **1932**, 1280. — *Kußmann, E.:* Boxkämpfe mit tödlichem Ausgang. Med. Welt **1927**, 1380. — *Leonzini, F.:* Tödliche Boxverletzungen. Dtsch. Z. gerichtl. Med. **17**, 112 (Ref.). — v. *Marenholtz:* Tod im Boxkampf. Med. Welt **1932**, 556. — *Muller, M.:* Tödlicher Boxschlag. Dtsch. Z. gerichtl. Med. Ref. **19 I**, 137. — *Munck:* Zwei Todesfälle beim Boxen. Dtsch. Z. gerichtl. Med. **4**, 296 (1924). — *Popielski, B.:* Todesfälle beim Boxen. Dtsch. Z. gerichtl. Med. Ref. **23 I**, 286. — *Rosmaric:* Tod beim Boxen. Dtsch. Z. gerichtl. Med. **5**, 448 (1925). — v. *Sury, K.:* Boxtodesfall infolge akuten Larynxödems. Dtsch. Z. gerichtl. Med. **1**, 695 (1922). — *Tyrell, P.:* Shocktod beim Boxkampf. De. **1934**. — *Weimann, W.:* Tod im Boxkampf. Dtsch. Z. gerichtl. Med. **16**, 341. — *Werkgartner, A.:* Gezeltriß, Boxhieb. Dtsch. Z. gerichtl. Med. **25**, 41. — *Wolff, K.:* Todesfälle durch Boxkampf. Dtsch. Z. gerichtl. Med. **12**, 392. *Beck.*

## Tod und Gesundheitsbeschädigung durch abnorm hohen und abnorm niedrigen Luftdruck.

Es sind hauptsächlich drei Berufsgruppen, welche Schädigungen durch abnorm hohe Änderungen des atmosphärischen Druckes unterworfen sind: einerseits die Caissonarbeiter und Taucher, andererseits die Luftfahrer über einer Höhe von etwa 5000 m. Die Krankheit der Caissonarbeiter und Taucher können wir kurz als Aërämie (Azotämie) bezeichnen, jene der Luftfahrer als Hypoxämie; dazu kommen bei den Fliegern Schädigungen durch große Beschleunigungsänderungen. Während die eigentliche Caissonkrankheit durch Stickstoffembolien entsteht, die sich infolge unphysiologischer Kompression und Dekompression im Blute und Gewebe bilden können, ist die Hypoxämie hauptsächlich auf eine Abnahme des Sauerstoffpartialdruckes zurückzuführen. Diese Krankheiten haben wenig direktes gerichtlich-medizinisches Interesse, doch sind die grundlegenden Kenntnisse nötig für die Untersuchungen von außergewöhnlichen Erkrankungen und Todesfällen der Caissonarbeiter und Taucher und der Fliegerunfälle; speziell bei Caissonarbeitern kommen auch Simulationsfälle zur Begutachtung. Eine Erkrankung und ein außergewöhnlicher Todesfall in den Hochalpen kann ebenfalls das forensische Problem der Hypoxämie aufwerfen.

I. *Die Caissonkrankheit: Aërämie — Azotämie.* Bei außerordentlichen Erkrankungen und Todesfällen von Caissonarbeitern muß gedacht werden: 1. an die Caissonkrankheit (Taucherkrankheit) mit ihren Nachkrankheiten und Komplikationen (z. B. Erkältung); 2. an andere Noxen durch das Arbeitsmilieu: elektrische Unfälle, Einatmung von giftigen Sprengstoffexplosionsgasen (CO, Nitrosegase), ungenügende Luftzufuhr, Luftverunreinigung, evtl. explosible Bodengase (wie z. B. in Venedig), dann starke Temperaturschwankungen (Erwärmung der Luft während der Kompression, Sonnenbestrahlung der Luftschleuse; beim Ausschleusen Gefahr des Verkühlens wegen starker Abkühlung, Nebelbildung infolge der Luftverdünnung durch diese Kompression; bei maschinellen Störungen kann es zum Eindringen von Wasser in die Caissons kommen usw.)

Besondere Ansprüche an die Untersuchungstechnik der medizinischen Experten stellt auch die fachmännische Kontrolle, ob Caissons den modernen hygienischen Forderungen entsprechen. Deshalb kann es von Nutzen sein, wenn der amtliche Arzt einige grundlegende Kenntnisse über die heutigen technischen Einrichtungen der Caissonbauten, über das Wesen und die Bekämpfung der Caissonkrankheit hat.

Das 1841 von *Trieger* begründete Verfahren für Bauten unter dem Wasserspiegel oder in wasserführenden Bodenschichten besteht darin, daß ein wasserdichter Senkkasten mit offenem Boden (meistens ein sog. verlorener Caisson, der zum Bestandteil des Baus wird) als Arbeitskammer, versehen mit wasserdichtem Steigrohr, unter Wasser gelassen wird in dem Maße als der Aufbau auf der Decke, welche z. B. einen Brückenpfeiler bilden soll, fortschreitet. Sobald der untere Rand des Senkkastens — die Schneide — aufruht, wird auf der äußeren Mündung des Steigrohrs über Wasser eine Kammer luftdicht aufgesetzt, d. h. die Luftschleuse, welche eine gummiabgedichtete Außentüre hat und eine Falltüre in das Steigrohr. Durch Luftdruckleitung wird der Caisson ausgeblasen, wozu für je 10,3 m Wassertiefe etwa eine Atmosphäre nötig ist (ein Überschuß eingeblasener Luft entweicht unter der Schneide). Außer der Personenschleuse bestehen meistens noch *Materialschleusen* (trockenes Syphonieren). Sobald der Druck in der Schleuse dem Druck im Steigrohr resp. dem Caisson gleich ist, öffnet sich die Türe des Bodens, indessen die Außentüre durch den Überdruck in den Rahmen gepreßt wird.

Die gesundheitlichen Störungen lassen sich in zwei Gruppen einteilen: 1. Gruppe: Erkrankungen während des Aufenthalts im Caisson; 2. Gruppe: Erkrankungen nach Verlassen des Caisson (extracaissonal) meistens nach einem freien Intervall infolge Stickstoffgasembolien.

Die physikalische Grundlage der Krankheitserscheinungen der Kompression und Dekompression bildet das *Henry*sche Gesetz dahingehend, daß bei höherem Druck eine größere Gasmenge von der Flüssigkeit aufgenommen wird als bei niederem Druck.

Bei einer Druckentlastung gibt daher die Flüssigkeit so lange Gas ab, bis sich das dem neuen Drucke nach dem *Henry*schen Gesetze entsprechende Gleichgewicht einstellt. Bei dem Entweichen des Gases aus der Flüssigkeit bietet sich Gelegenheit zur Bildung von Gasbläschen, welche als ätiologisches Moment der Caissonkrankheit die Hauptrolle spielen. Das gleiche Gesetz dient zur Definition der selektiven Absorption eines Gases durch eine Flüssigkeit, welche durch den Absorptionskoeffizient (Löslichkeitskoeffizient) bestimmt wird.

*Ad 1:* Krankheitserscheinungen beim Ein- und Ausschleusen und dem Aufenthalt in Druckluft (evtl. stärkere Druckschwankungen). Es sind Reaktionen gegen die grob mechanischen Wirkungen der Luftdruckänderungen an besonders gefährdeten Grenzflächen des Körpers in erster Linie während der Kompression.

*a) Kompressionserkrankungen* stellen sich ein, wenn der Druckanstieg so schnell erfolgt, daß der Druck in den lufterfüllten Hohlräumen des Körpers nicht genügend rasch durch die natürlichen Körperöffnungen ausgeglichen werden kann. Am ehesten kommt es zu Druckdifferenzen des Trommelfelles: Ohrensausen, Klingen, unangenehmen Spannungsgefühlen bis zu Blutungen im Mittelohr, Perforation und Entzündung des Trommelfelles. Wichtig ist die Freiwegigkeit der eustachischen Röhre (Schluckbewegungen mildern — *Valsava*lscher Versuch —).

Ferner können bei mangelhaften Verbindungswegen heftige Schmerzen auftreten in der Stirnhöhlengegend; auch Schmerzen in cariösen und plombierten Zähnen, in Schwarten. Von vielen wird auch Kribbeln in den Fingerspitzen beobachtet.

*b) Dekompressionssymptome.* Beim Ausschleusen können ähnliche Symptome auftreten, auch wenn schwächer und seltener. Eher kommt es infolge zu schneller Druckverminderung zu schmerzhafter Blähung der Därme, ziemlich lange anhaltend bis zur Entlastung. Bei Druckschwankungen in Caissons während der Arbeit machen sich diese Symptome besonders gern bemerkbar (z. B. beim sog. trockenen Syphonieren).

*Ad 2:* Die zweite Gruppe der Erkrankungen umfaßt die eigentliche *Caisson*-Krankheit als Reaktion des Körpers gegen verschiedene Wirkungen des vom Blute und dem Gewebe bei erhöhtem Druck absorbierten Luftstickstoffs, die sich im normalen atmosphärischen Luftdruck einstellt, also gewöhnlich außerhalb des Caissons und zwar nach einem *variablen Zeitintervall* von wenigstens ¼ bis 1 Stunde (aber auch nach 7 und 12 Stunden beobachtet). Das klinische Bild ist sehr verschieden, freiwerdende Stickstoffgasbläschen können in jedem Organ des Körpers zu Störungen führen. Nach praktischen Erfahrungen kann man aber folgende Erkrankungstypen aufstellen: 1. Myalgien und Arthralgien. Die Schmerzen „the bends", „les moutons", „de pressing" können unerträglich werden, an den unteren Extremitäten häufiger; manchmal aber nur leicht, mehr als heftiges Hautjucken. 2. Lähmungen (Caisson-Myelitis) der verschiedensten Bezirke des Rückenmarkes; spastische Paraplegien, Monoplegien, Paresen an Extremitäten, Störungen der Blase, des Mastdarmes, der Geschlechtsfunktion; auch Blindheit, Augenmuskellähmungen, Aphasie, Bewußtseins- und akute Geistesstörungen wurden beobachtet. 3. Der *Menièresche* Symptomenkomplex (Taubheit, Schwindel, Erbrechen). 4. Störungen der Atmung und des Kreislaufes (evtl. bis zum tödlichen Ausgange, meistens nur bei höheren Drucken beobachtet).

In Übereinstimmung mit den Feststellungen bei Tieren wurde auch durch pathologisch-anatomische Befunde bei Menschen, welche der Caissonkrankheit zum Opfer gefallen waren, wiederholt die Bildung von Gasblasen im Körper als physikalische Ursache der Erscheinungen nachgewiesen. So wies *Schaeffers* bei Abwesenheit von Fäulniserscheinungen blasenförmige Abhebung der Kehlkopf- und Darmschleimhaut nach, sowie freies Gas in der Brust- und Bauchhöhle. *Silberstern* sah bei einem Arbeiter, der acht Stunden nach der Dekompression von 2,3 Atm. Überdruck, tot im Bette aufgefunden worden war, bei der Obduktion aus dem abgebundenen, unter Wasser eröffneten rechten Ventrikel reichliche Luftblasen 'sich entleeren. *Rutge* konnte bei einem in 24 Stunden zum Tode führenden Falle, der mit Schmerzen im Arm und Knie begann und erst nach sieben Stunden schwere Erscheinungen zeigte, in den Venen des Bauches und Herzens und im rechten Ventrikel, ebenso in der Synovia, reichliche Gasblasen nachweisen.

Die ersten ausführlichen Tierversuche, die den Nachweis brachten, daß eine schnelle Druckentlastung die Bildung von Gasblasen im Blute und den Geweben hervorrufen kann, rühren von *P. Bert* her. Er zeigte, daß bei Katzen, die nach einem Aufenthalte in Druckluft schnell dekomprimiert wurden, grobsichtbare Gasblasen in den Blutgefäßen auftraten. Auch wies er nach, daß das frei gewordene Gas im wesentlichen aus Stickstoff bestehe. Bei Verwendung einer stickstoffarmen Luft unterblieb die Bildung der Gasblasen im Blute. Die Versuche *Berts* wurden später von Wiener Autoren (*Heller, Mager, v. Schrötter*) wieder aufgenommen und bestätigt. Durch ihre ausgedehnten Arbeiten gelangte die Theorie *Berts* zu allgemeiner Anerkennung.

*Zur pathologischen Anatomie:* Die Bevorzugung der weißen Masse der Seiten- und Hinterstränge bei der Ausbildung von Erweichungen im Rückenmark infolge von Gasembolien sucht *Hoche* durch die eigentümliche, von *Kadyi* beschriebene Verteilung der Rückenmarksgefäße zu erklären. *Kadyi* hat nachgewiesen, daß jeder von Wurzel zu Wurzel reichende Rückenmarksabschnitt eine eigene Gefäßanlage hat, so daß jede einzelne Arterie einen desto längeren Versorgungsbezirk hat, je größer die Nervenwurzelabstände sind. Damit wäre eine Begründung der Bevorzugung der *untern Abschnitte* des Dorsalmarkes gegeben. Die Prädisposition der weißen Masse rührt nach *Hoche* davon her, daß deren Arterien ein bedeutend kleineres Kaliber besitzen, als die das Grau versorgende Zentralarterie.

Ausführlichere Behandlung der pathologisch-anatomischen Befunde beim Menschen gibt z. B. *Stettner* in den „Würzburger Abhandlungen". Befunde im Rückenmark von Tieren finden sich bei *Haldane* angegeben. Man fand umschriebene Herdnekrosen, multiple Entzündungen, sowie einen allgemeinen Entzündungsstatus mit Erweichungsherden.

Um festzustellen, ob bei der Dekompression die Gefahr des Auftretens von Gasbläschen im Blute besteht, untersucht *Sakai*, unter welchen Bedingungen im Harn Bläschenbildung zu beobachten ist. Diese Beobachtung führt ihn dazu, die zur Behebung der Caissonkrankheit eingeführte Rekompression etwa 45 Minuten bestehen zu lassen und dann erst den Druck langsam herabzusetzen. Auch scheint es vorteilhaft, den Druck in der Rekompressionskammer über den im Arbeitscaisson herrschenden hinaus zu erhöhen. Die experimentelle Erforschung der pathologisch-anatomischen Vorgänge ist nicht abgeschlossen. Eine wichtige Tatsache liegt darin, daß Fette und Lipoide ein beträchtlich höheres Absorptionsvermögen für Stickstoff besitzen als für Sauerstoff (Prädisposition der Menschen mit reichem Fettansatz!). *Quincke* beobachtete, daß die Nervensubstanz sechsmal mehr N absorbieren kann als die Muskelsubstanz. Wichtig wäre die Kenntnis der Geschwindigkeit des Sättigungs- und besonders des Entsättigungsvorganges von Gasen durch Flüssigkeiten. Nach *Haldane* ist für eine annähernde Sättigung der Gewebe eine Zeit von etwa fünf Stunden erforderlich (wichtig für die Arbeitszeit!).

Über eine besondere Form der Nachkrankheiten berichtet *Christ*, der unbestimmte Beschwerden im Hüftgelenk bei langjährigen Caissonarbeitern zurückführt auf (röntgenologisch sichtbar gemachte) umschriebene Aufhellungszonen im Hüftkopf, die er als gasembolische Folgezustände betrachtet.

Die *Therapie* bezweckt hauptsächlich die Rückbildung der im Blute und im Gewebe entstandenen Stickstoffbläschen; eine Sanitätsschleuse (Rekompressionsschleuse) dürfte bei größeren Werken nicht fehlen; Sauerstoffatmung; beim Ausschleusen gut gewärmte Kammer, Decken, tief atmen lassen, bei hohen Drucken aufsteigen mit möglichst geringer Anstrengung (evtl. Lift) usw.

Für Caissonarbeiter eignen sich nur besondere physische Konstitutionen, welche durch strenge Auswahl durch Sachverständige ermittelt werden müssen.

Über die Kompression, De- und Rekompression sind in den einzelnen Staaten eingehende Vorschriften und Gesetze erlassen worden, welche im gegebenen Falle beizuziehen sind, wenn die Anlage vom hygienischen Standpunkt aus zu kontrollieren ist. So sei speziell auf eine neuere Verordnung der Schweizerischen Unfallversicherungsanstalt vom 3. April 1933 Formular 1257 verwiesen.

II. Die *Höhenkrankheiten* (inkl. die Bergkrankheit) beruhen nach den Erfahrungen der Luftfahrtmedizin, die heute über eine gewaltige Literatur verfügt, hauptsächlich auf *Hypoxämie*. Die gerichtlich-medizinische Bedeutung ist wohl nicht groß, aber für die Untersuchung von Erkrankungen und Todesfällen im Hochgebirge und in den Flugzeugen sowohl als bei den Flugunglücksfällen bieten sich für uns interessierende Fragen aus dem Gebiete der Luftfahrtmedizin (speziell über das Verhalten des Organismus in Ruhe und bei der Arbeit in der höhern Tropo- und der Stratosphäre). Die Möglichkeit, mit den Aëroplanen immer rascher und höher in die Troposphäre einzudringen, und die Hoffnung, die Stratosphäre zu befahren, erfordern eine erhöhte medizinische Aufmerksamkeit. Zur Untersuchung von Flugzeugunfällen wird wohl im allgemeinen die gerichtlich-medizinische Expertise zu wenig beigezogen, weil sehr stark auf die technischen Fragen abgestellt wird. Aber gerade dadurch, daß immer größere Schnelligkeiten der Flugzeuge möglich sind und immer höher vorgedrungen wird, müssen nun gesundheitliche Veränderung als Ursache des Absturzes immer mehr im Auge behalten werden. Bei medizinischen Expertisen ist im allgemeinen neben der Möglichkeit einer Hypoxämie zu achten auf: Kohlenoxydvergiftung und besondere pathologisch-anatomische Dispositionen. Dazu kommen hie und da unerwartete pathologisch-anatomische Befunde (z. B. eigene Beobachtung bei einem Flugzeugabsturz, wo es durch Wanderdoppelniere im kleinen Becken zu Zirkulationsstörungen in den Beinen gekommen war). Ferner ist mit Störungen durch plötzliche starke Schnelligkeitsänderung und im Sinne der Seekrankheit zu rechnen. Die Bedeutung all dieser Fragen für die Auslese der Flieger kann hier nur angedeutet werden.

Behandelt werden hier in aller Kürze die Fliegerkrankheit und die Bergkrankheit. Während letztere in unseren Breiten bei einer Höhe von etwa 3000 m auftreten kann, kommt die eigentliche Höhenerkrankung der Flieger praktisch erst bei einer Höhe von etwa 5000 m an in Betracht.

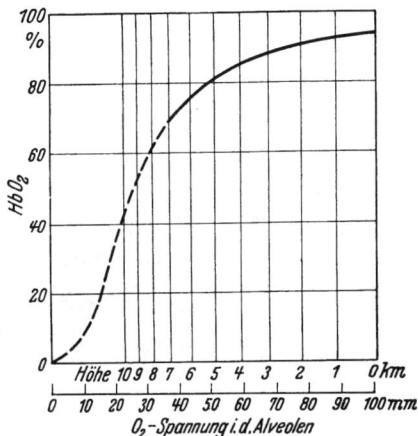

Abb. 1. $O_2$-Sättigungskurve des Hämoglobins im Arterienblut (ausgezogener Kurventeil nach in Höhen bis 7000 m gemessenen Werten) (*Barcroft, Somerrell*).

a) *Die Höhenkrankheit der Flieger.* Die chemische Zusammensetzung der Luft ändert sich in den in Frage kommenden Höhen nur unbedeutend (in 15 km Höhe z. B. 19,7% Sauerstoff). Neben dem

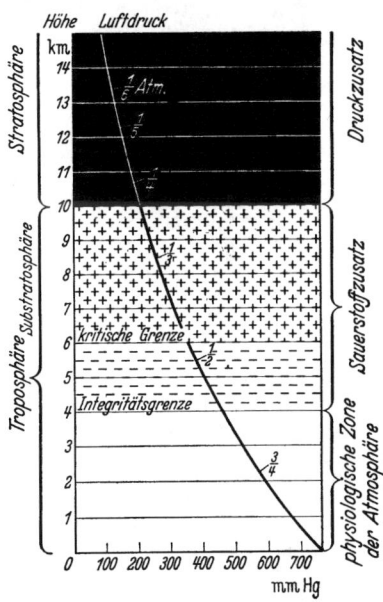

Abb. 2. Vertikalschnitt durch die Lufthülle nach luftfahrt-medizinischen Gesichtspunkten (*H. Strughold*).

1. und hauptsächlichsten Faktor: der *Abnahme des Sauerstoffteildruckes* kommen noch als untergeordnete Faktoren in Frage: 2. Druckabnahme im

Sinne der Dekompressionserscheinungen der Caissonarbeiter, siehe daselbst (Ausdehnung der Darmgase usw.); 3. Temperaturfall (bei 8 km ist z. B. in unseren Breiten eine durchschnittliche Temperatur von etwa — 40° C.); 4. Änderung der Strahlung (Zunahme der kurzwelligen Strahlen, der Höhenstrahlung) und der Luftelektrizität.

Über das entscheidende Verhältnis des Hämoglobins im Arterienblut bei verschiedenen Höhen gibt obenstehende Kurve nach *J. Barcroft* erschöpfend Auskunft [1]. Diese Kurve zeigt die sog. „Integritätsgrenze" bei einer Höhe von 5000 m entsprechend einer 80%igen Sauerstoff-Sättigung des Hb, von welcher Grenze an die psychisch-somatischen Erscheinungen bei Fliegern auftreten können (zusätzliche Sauerstoffaufnahme ist von dieser Höhe an Pflicht, von 10 km an Druckzusatz!). Mit zunehmender Höhe ergibt sich also ein zunehmender Sauerstoffmangel, der von 5 km an steil anwächst und seine „kritische Grenze" hat, wo es zum Kollaps kommt (wenn kein zusätzlicher Sauerstoff geatmet wird, — Sauerstoff hebt die Krankheitserscheinungen schlagartig auf). Selbstverständlich spielen zum Erreichen dieser Grenzen Konstitution, Blutstatus, Kreislauf usw. eine Rolle, sowie die geleistete Arbeit, wie bei jeder erheblichen Sauerstoffverarmung; dazu kommt aber noch ein Sinken der Kohlensäurekonzentration im Blute (gesteigerte Ventilation und Abnahme des äußeren Druckes) und damit eine Schwächung dieses Regulators des Atemzentrums. Kohlenoxyd, in noch so geringen Mengen, muß sich bei hypoxämischen Zuständen um so verhängnisvoller auswirken (schon 0,01% in Atmungsluft muß für die Fliegerei beanstandet werden); deshalb die Wichtigkeit der Kohlenoxyd-Hämoglobinuntersuchung bei Erkrankungen und Unglücksfällen der motorisierten Luftfahrer.

Bei der Höhenkrankheit der Flieger stehen meistens die psychisch-motorischen Störungen im Vordergrund, setzen zuerst ein bei den vegetativ Stabilen (nonfainting type), während bei den vegetativ Labilen (fainting type) die vegetativen Zentren zuerst versagen können. Die psychomotorischen Symptome erinnern an Äthylalkoholwirkung (ungünstige Beeinflussung der Stimmung, der Sinnesschärfe, der ethischen Hemmungen; der Urteils- und Willenstätigkeit). Bei Fliegern werden unliebsam beobachtet: Höhenrausch, Kritiklosigkeit, Gedächtnisstörung; bei stärkerer Hypoxämie Koordinationsstörungen. Unter der Hypoxämie leidet die Schärfe aller Sinnesorgane; es werden auch Herz- und periphere Muskelschädigungen beschrieben. Sobald die kritische Grenze erreicht wird, kommt es zum plötzlichen Zusammenbruch (Bewußtseinsverlust, Kollaps). Beiden vegetativ Instabilen können aber die vegetativen Zentren der Medulla oblongata zuerst versagen (schon von 5000 m Höhe an). Die Verbesserung der Höhenfähigkeit durch Sauerstoffzufuhr hat aber ihre Grenzen wegen des abnehmenden Sauerstoffgefälles des Atemmilieus zum Blute; bei körperlicher Anstrengung (z. B. im Luftkampf) ist die Grenze auch unter zusätzlicher Sauerstoffatmung wohl bei 10 000 m (in unseren Breiten Beginn der Stratosphäre).

b) Die *Bergkrankheit* hat ein bestimmtes forensisches Interesse für die Erklärung von Erkrankungen, Unglücksfällen und Leichenfunden im Gebirge über 3000 m, neben den Fragen anderer atmosphärischer Einflüsse wie Blitz, Hitzschlag (s. d.), Sonnenstich (s. d.) usw. Bei der Bergkrankheit ist neben den geographischen Verhältnissen (in Europa Beginn der Erscheinungen in etwa 3000 m, Anden

---

[1] Die beigegebene Abbildung 2 von *H. Strughold* ist weiterhin geeignet, in Kürze die Verhältnisse nach luftfahrtmedizinischen Gesichtspunkten zu umreißen.

4000 m, Himalaya 5000 m) zu beachten, ob die Erscheinungen bei passivem oder aktivem Verhalten auftreten. In totaler Ruhe kann Müdigkeit und Schlafsucht in pathologischen Schlaf — Bewußtlosigkeit übergehen. Bei aktiver Erreichung der Höhe wird eher ein Intervall eintreten; Symptome: geistige Apathie, Müdigkeit bis Schlaf. Bei passiver Erreichung der Höhe eher Schwindel, Schwarzsehen, Ohnmachtsanwandlungen bis Bewußtlosigkeit. Bei längerem Aufenthalt Dyspnoe. Erbrechen, herabgesetzte Leistungsfähigkeit je nach Organdisposition. Ziemlich allgemeine Erscheinungen sind Appetitlosigkeit, auch Atemstörungen und evtl. Temperaturerhöhung (bei Ballonfahrten z. B. über 8000 m Höhe ohne künstliche Sauerstoffzufuhr Bewußtlosigkeit — Lebensgefahr).

*Schrifttum.*
Bericht über den intern. Kongreß für Gewerbekrankheiten in Berlin 1901 (*Langlois, Silberstern, v. Schrötter*). — *Bert:* C. r. **73**, 213, 503 (1871). — *Blick:* Bemerkungen über Taucherkrankheit. Brit. med. J. 25. 12. 09. — *Christ:* Über Caissonkrankheit, mit besonderer Berücksichtigung einer typischen Erkrankung des Hüftgelenks. — *Haldane: Boykott und Damant.* J. of Hyg. **8**, 428. — *Gerbis, H. u. R. Koenig:* Drucklufterkrankungen (Caissonkrankheiten). Leipzig 1940. — *Heller, Mager, v. Schrötter:* Luftdruckerkrankungen. Wien 1900. — *Heller:* Die Caissonkrankheit. Gerichtl. med. Diss. Zürich 1912. — *Hoche:* Berl. klin. Wschr. **1897**. — *Kalk:* Luftfahrtmedizin in „Der Deutsche Militärarzt", **2** (1937). — *Loewy:* Physiologie des Höhenklimas (Literatur daselbst bis 1932). — *Noica u. Parvulescu:* Hämatomyelie infolge Drucksenkung (Caissonkrankheit). Spital. **53**, 99—101 u. franz. Zusammenfassung **127** (1933) (rumänisch). — *Quadri:* Contributo casistico allo studio della malattia dei cassoni (Kasuistischer Beitrag zum Studium der Erkrankung der „Caisson"-Arbeiter), reparto neurol., sped. Civ. Genova Cervello **16**, 275—300 (1937). — *Quincke:* Experimentelles über Luftdruckerkrankungen. Arch. f. exper. Path. **1910**. — *Sakai:* Forschungen über Vorbeugung und Behandlung der Caissonkrankheit. Med. u. Physiktherapeut. Klin. Kais. Univ. Tokyo, Mitt. med. Ges. Tokyo **48**, 73—101, dtsch. Zusammenfassung 73—76 (1934), japanisch. — *Schmidt:* Bibliographie der Luftfahrtmedizin. Eine Zusammenstellung von Arbeiten über Luftfahrtmedizin und Grenzgebiete bis Ende 1936. — *Schrötter:* Über ein prophylaktisches Verfahren bei der Caissonkrankheit. Schweiz. Vereinigung zur Förderung des internat. Arbeiterschutzes **1910**. — *Silberstern: Weyls* Handb. f. Hygiene **1** (1901). (Zahlreiche Literaturangaben.) — *Staehelin:* Handb. der inneren Medizin. **4** II. Berlin 1927. — *Stettner:* Über Caissonkrankheit. Würzburg. Abh. **XI** (1911). — *Strughold:* Die Aufgaben der Luftfahrtmedizin. In: Der deutsche Militärarzt **1** (1936). — Verordnung betr. Verhütung von Unfällen bei Caissonarbeitern. Schweiz. Unfallvers. Anstalt, Formular Nr. 1234 (1933). — Zeitschrift für Luftfahrtmedizin 1.—3. Band. **Dettling.**

## Tod und Gesundheitsbeschädigung durch den Strahl von Preßluft.

Beim Umgehen mit Preßluftschläuchen zum Anschluß eines Arbeitsgerätes (Preßlufthammer) kam es wiederholt vor, daß Arbeiter den Strahl zum Scherz gegen andere richteten. Wir kennen einige Fälle, wo aus einer solchen Preßluftleitung (fünf bis acht Atmosphären) oder aus einer Sauerstoffbombe (120—150 Atmosphären) der Gasstrahl durch die Hose ohne Beschädigung der Kleider in den Mastdarm eindrang und einigemale unter Aufblähung des ganzen Körpers sogleich zum Tode führte. In solchen Fällen fanden sich die sämtlichen serösen Höhlen mit Gas gefüllt. Beschrieben sind außerdem Risse des Dickdarms, einmal ein Riß des Zwerchfells, einmal auch zahlreiche kleinste Blutaustritte in der Haut. Andere Male kam es durch Darmwandrisse zur Bauchfellentzündung.

*Schrifttum.*
*Bethge:* Tod durch Aufblähen des Körpers mit Preßluft. Ärztl. Sachverst.ztg. **1917**, 241. — *Boretius:* Plötzlicher Tod durch Aufblähung des Körpers mit Sauerstoff. Ärztl. Sachverst.ztg. **1917**, 65. — *Hessbrügge:* Tod durch Aufblähen des Körpers mit Sauerstoff. Ärztl. Sachverst.ztg. **1917**, 172. — *Oellrich:* Plötzlicher Tod d. Einführung von Preßluft. Arch. Kriminol. **99**, 177 (1936). **Meixner.**

## Tod und Gesundheitsbeschädigung durch elektrische Energie. (Vgl. auch Art.: Scheintod.)

Die Fragen, die der gerichtlich-medizinische Sachverständige bei der Beurteilung von Verletzungen durch den elektrischen Strom zu beantworten hat, sind zahlreich. Er muß sich darüber äußern, ob ein vorhandener krankhafter Zustand die Folge der elektrischen Verletzung sein kann, muß an der Leiche eine Erklärung für den Tod zu finden versuchen, was bei Vorliegen anderer Krankheiten unter Umständen besonders schwierig sein wird, soll Unterlagen dem Gericht geben, die eine Rekonstruktion des Tatvorganges gestatten. So wird er sich z. B. darüber äußern müssen, an welcher Stelle der Strom ein- und an welcher Stelle er ausgetreten ist. Es wird sich dabei empfehlen, mit dem Techniker zusammen zu arbeiten. Von Bedeutung für den Ausgang eines elektrischen Unfalls ist einmal die *Stromart.* Wir kennen den Gleichstrom, bei dem die Stromrichtung immer dieselbe ist; bei Wechselstrom ändert sie sich ständig. Unter Drehstrom versteht man einen mehrphasigen Wechselstrom. Die Zahl der Schwingungen in einer Sekunde bezeichnet man mit Frequenz. Der *Blitz* ist ein Hochfrequenzstrom von mehreren Millionen Volt Spannung und einer Stromstärke von mehreren hunderttausend Ampere. Lange hat man geglaubt, daß für die Gefährlichkeit eines elektrischen Stromes die *Spannung* maßgebend ist, eine Meinung, die man auch heute noch nicht nur bei Laien, sondern auch bei Ärzten und Technikern findet. Es kommt nicht selten vor, daß aus solcher Unkenntnis die schwersten Unfälle hervorgerufen werden. Zum Schutz vor Dieben wird die Klinke der Tür mit dem niedriggespannten Lichtstrom verbunden, zum Scherz wird über die Lichtleitung ein blanker Draht gelegt, um den, der ihn zufällig berührt, durch den elektrischen Schlag zu erschrecken. Todesfälle dabei sind nicht selten. Die Spannung ist kein Gradmesser für die Gefährlichkeit eines Stromes. Ganz niedriggespannte Ströme von wenigen Volt haben den Tod herbeigeführt, bei hochgespannten Strömen von 100 000 Volt und mehr ist der Verunglückte mit dem Leben davongekommen. Die Wirkung der Elektrizität ist in erster Linie abhängig von der *Stromstärke*, die durch den Körper geht. Man hat versucht, die unterste tödliche Grenze zu ermitteln. Nach den Berechnungen von *Alvensleben* liegt diese beim Wechselstrom oberhalb von 20 Milliampere und unterhalb von 150 Milliampere, wobei es, wie gesagt, gleichgültig ist, ob es sich um hoch- oder niedergespannten technischen Strom handelt. Bei Gleichstrom wird als tödlich eine etwa viermal größere Menge als unterste Grenze angenommen. Mit der Größe der Stromstärke wächst nun aber nicht auch die Gefährlichkeit des Stromes, wenn man von Verbrennungen absieht. Während 0,1 Ampere töten kann, tun es mehrere hundert Ampere nicht, es sei denn, daß die durch einen solchen Strom gesetzte hochgradige Verbrennung zum Tode führt. Die oberste Grenze der Stromstärke, die auf Herz und Atmung tödliche Wirkung hat, wird man bei etwa vier Ampere ansetzen. Es hat aber den Anschein, als wenn ein bestimmtes Verhältnis zwischen Stromstärke und Spannung für die tödliche Wirkung von Bedeutung ist. Jedenfalls weisen Tierversuche darauf hin. Höhere Stromstärken wirken in erster Linie durch die Hitze. Bei den *Elektrokutionen* (s. d. Art.: Hinrichtung) in Amerika liegt eine Elektrode auf dem Kopf, die andere an der Wade. Es wirkt zuerst ein Wechselstrom von 2500 Volt einige Sekunden ein, dann ein solcher von 250 Volt, der wieder auf 2500 Volt erhöht wird. Die Stromstärke bei der letzten Spannung ist zehn Ampere. Die gesamte Einschaltzeit beträgt noch nicht eine Minute (*Alvensleben*). Bei Wechselstrom spielt die *Frequenz* eine Rolle. Man hat experimentell gefunden, daß mit der Zunahme der Frequenz die Spannung eines Stromes zu erhöhen ist, wenn dieser tödlich wirken soll. Bei den in der Technik gebrauchten Strömen wird durch die dabei vorhandene niedrige Frequenz diese Wirkung erzielt. Ist die Periodenzahl eine sehr hohe, dann tritt u. U. eine Schädigung nicht ein. Der unschädliche Diathermiestrom ist ein Hochfrequenzstrom mit einer Stromstärke von etwa drei Ampere, die an sich zur Herbeiführung des Todes genügen würden. Von ausschlaggebender Bedeutung ist der *Widerstand* (gemessen in Ohm). Von ihm hängt die Stromstärke, die in den Körper eindringt, ab. Nach dem *Ohm*schen

$$\text{Gesetz ist die Stromstärke} = \frac{\text{Spannung}}{\text{Widerstand}} \left( J = \frac{E}{W} \right).$$

Beim Menschen kommt einmal der Widerstand an der Eintritts- und an der Austrittsstelle und schließlich der im Körper in Betracht. Der *Streckenwiderstand* setzt sich aus den zahlreichen Widerständen der einzelnen Gewebe zusammen, die je nach ihrer Art den Strom verschieden gut leiten. Der Knochen setzt ihm einen erheblichen Widerstand entgegen, einen geringeren das Fett. Noch besser leitet die Haut, dann die Muskulatur, die Nerven und am besten das Blut. Wesentlich ist die Art der Durchströmung, die longitudinal oder transversal sein kann. Bei der ersten wird der Strom vor allem in den Gefäßen, als dem Ort des geringsten Widerstandes, fließen. Bei der transversalen Durchströmung geht er durch die verschiedenen Gewebe, wobei er sich natürlich den Weg des geringsten Widerstandes sucht. Der *Eintrittswiderstand* ist von der Beschaffenheit der Berührungsflächen abhängig. Die dicht behaarte Kopfhaut leitet fast gar nicht, die Ohmzahlen einer trockenen schwieligen Hand sind 100 000 und mehr. Eine zarte Hautstelle, z. B. am Handrücken, setzt dagegen dem Strom nur einen geringen Widerstand entgegen. Rasse, Alter, Geschlecht spielen für die Leitfähigkeit eine Rolle, ebenso wie der Füllungszustand der Gefäße und der Reichtum an Schweißdrüsen. Der *Austrittswiderstand* ist für den Ausgang eines Unfalles ebenso wichtig. Schweißfüße oder Stehen in Wasser vermindern ihn bzw. heben ihn ganz auf. Die Schuhe leiten ihn verschieden. Ist die Sohle genäht, so kann bei trockenen Schuhen der Körper an dieser Stelle isoliert sein. Da aber der Absatz genagelt ist, kann es durch die Nägel zum Erdschluß kommen. Ein Betonfußboden in einem Raume zieht bei feuchter Witterung Wasser an und ist gut leitend, während er sonst so gut wie isoliert. Eine elektrische Handlampe, die nicht in Ordnung ist und Strom führt, kann ohne Schaden im Haus unter Umständen getragen werden. Im Augenblick aber, wo der Betreffende mit ihr ins Freie tritt, erfolgt Erdschluß mit seinen Folgen. Vom Widerstand ist auch die Höhe der *Joule*schen Wärme abhängig. Sie ist das Produkt aus dem Quadrat der Stromstärke, dem Widerstand und der Zeit ($J^2 \cdot W \cdot t$). Demnach spielt auch die *Kontaktdauer* bei einem Unfall eine Rolle. Man hat festgestellt, daß der Hautwiderstand im Laufe der Durchströmung sich ändert. Bei scheinbar unveränderter Körperstelle sank er auf $^1/_{30}$ seines Wertes. Da von der Zeit der Durchströmung die Höhe der sich entwickelnden Wärme abhängt, kommt es gegebenen Falles zu Veränderungen im Gewebe. Entsteht eine Verkohlung, dann wird dem Strom ein derartiger Widerstand entgegengesetzt, daß er nicht mehr durch den Körper fließt. Der Körper schaltet sich selbst aus. Entwickelt sich ein Ödem oder entstehen Brandblasen, dann wird das Leitvermögen dieser Stelle und damit wieder die Stromstärke wesentlich erhöht. Die *Größe der Berührungsfläche* wird auch zu beachten sein. Manchmal, bei Überspringen des Funkens, findet überhaupt keine Berührung statt. Nach *Alvensleben* tritt dieser Überschlag bei 100 000 Volt Betriebsspannung ein,

wenn sich der Körper bis zu 35 mm dem Stromleiter nähert. Die Schlagweite beträgt bei 5000 Volt etwa 1 mm, bei 20 000 Volt etwa 6 mm, bei 40 000 Volt etwa 13 mm. Von der Größe der Berührungsfläche ist es unter Umständen abhängig, ob sich an der Eintrittsstelle eine sichtbare Veränderung der Haut findet. Dies hängt wieder ab von der Wärmeentwicklung hier. Je kleiner die Berührungsfläche, desto mehr Aussicht ist vorhanden, daß die so entwickelte Wärme zu einer Strommarke führt. Von den meisten Autoren wird als Wichtigstes für die tödliche Wirkung eines Stromes angesehen, daß das *Herz in der Strombahn* liegt. Ist dies nicht der Fall, z. B. wenn die Eintrittsstelle an einem Fuß und die Austrittsstelle am anderen liegt, dann gehen doch gewöhnlich genügend Stromschleifen auf dem Blutwege über das Herz, um den Tod herbeizuführen.

Für den Ausgang einer elektrischen Verletzung erscheint es nicht unwesentlich, ob der Betreffende den Eintritt des Stromes erwartet oder nicht. Man will beobachtet haben, daß bei Ausschaltung des *Schreckmomentes* (s. d. Art.: Tod und Gesundheitsbeschädigung durch psychisches Trauma) an sich lebensgefährliche Ströme keine Wirkung hatten. Auf der anderen Seite aber sind genügend Fälle bekannt, wo der Betreffende bewußt sich mit Niederspannung zum Scherz elektrisieren wollte und umsank.

Von *Schridde*, von *v. Neureiter* u. a. wird hervorgehoben, daß der Status thymico-lymphaticus wie auch andere Abweichungen besonders für den lektrischen Tod *disponieren*. Ohne Zweifel findet man solche bei der Obduktion häufig, öfter aber auch nicht. Schwerkranke Personen vertragen manchmal den Strom, der einen Gesunden tötet. Eine Rolle dürfte aber doch die Übererregbarkeit des vegetativen Nervensystems spielen.

Das *Verhalten* der Menschen *bei Empfang des elektrischen Schlages* ist ein verschiedenes, gleichgültig ob der Tod oder nur eine mehr oder minder starke Verletzung durch die Elektrizität herbeigeführt wird. Manchmal stürzt der Verunfallte ohne jeden Laut sofort zusammen. Manchmal erfolgt nach einem kurzen Aufschrei Bewußtlosigkeit, die kürzere oder längere Zeit anhält oder in den Tod übergeht. Einige Male wurde beobachtet, daß der Verunglückte nach seinen Angaben trotz längerer Durchströmung bei Besinnung blieb, aber nicht sprechen konnte oder infolge „Krampfes in der Brust" weder schreien noch atmen konnte. Mancher klagt, daß er starke Schmerzen in der Muskulatur verspürte, ein anderer hatte das Gefühl des Elektrisiertwerdens und beobachtete, wie an der Berührungsstelle der Hand „weißer Rauch" aufstieg. Über Auftreten sauren Geschmackes im Munde wird berichtet. In einem Falle gab der Verletzte an, er fühlte, wie der Strom allmählich schwächer wurde, bis er ihn überhaupt nicht mehr merkte. Er konnte aufstehen und in seine Wohnung gehen. Die Ursache der Befreiung war die völlige Verkohlung der mit der Leitung in Berührung gekommenen Finger, durch die Selbstausschaltung erfolgte. Viele wieder rufen um Hilfe, einer vermochte nach Befreiung aus dem Stromkreis noch einige Schritte zu gehen, auch auf Fragen zu reagieren, um darauf tot zusammenzubrechen. Es ist also auch bei tödlichem Ausgang nicht erforderlich, daß die Bewußtlosigkeit sofort eintritt. Über das Verhalten von *Herz und Atmung während der Durchströmung* sind wir beim Menschen aus naheliegenden Gründen nicht unterrichtet. Tierversuche (*Pietrusky* und *Janker*) ließen röntgenkinematographisch bei niedrig gespannten Wechselströmen (240—1000 Volt) folgendes erkennen: Das Herz ist nach Einschaltung des Stromes vergrößert, die Kammern sind zusammengezogen, die Vorhöfe sehr weit. Atmung und Herzschlag setzen schlagartig aus. Eine

Zeitlang kann ein schwaches Flimmern der Herzohren festgestellt werden. Nach Ausschaltung tritt eine Erweiterung aller Herzabschnitte ein. Je nach der Art des Stromes und der Dauer der Durchströmung beginnt das Herz zu flimmern und zuerst unregelmäßig, dann regelrecht zu schlagen oder das Herz erlahmt nach unregelmäßiger Aktion. Erst später setzt, wenn der Versuch überstanden wird, die Atmung ein. Je nachdem, ob der elektrische Schlag im Stadium der Einatmung oder der Ausatmung erfolgt, werden diese maximal verstärkt. Manchmal kann beobachtet werden, daß nach Ausschaltung des Stromes die Herzgröße kleiner als normal wird. Nach wiederholter Einwirkung des Stromes erfolgt die Zusammenziehung der Ventrikel zwar noch, doch schwindet sie bald, so daß auch während der Durchströmung eine Erweiterung der Kammern und nicht allein der Vorhöfe festgestellt wird. Nach Ausschaltung ist das Herz in allen Teilen erschlafft. Das Tier ist tot. Die *subjektiven Klagen sofort und kürzere Zeit nach dem Unfall* sind verschieden und natürlich auch abhängig von etwaigen sekundären Verletzungen, die Folge der Stromeinwirkung sind. Manche Menschen haben überhaupt keine Beschwerden, andere klagen über Kopfschmerzen, Müdigkeit, schwere Beweglichkeit der Extremitäten, „die Hände sind zu lang", Benommenheit, Schmerzen in der Herzgegend, Muskelschmerzen, Kribbeln und Kältegefühl in den Extremitäten, Blauwerden der verletzten Hand. *Objektiv* wurde von den Ärzten kurz nach dem Unfall festgestellt, abgesehen von der hin und wieder auftretenden Bewußtlosigkeit, ein harter und verlangsamter Puls, manchmal Pulsbeschleunigung, Arhythmie des Herzens, vertiefte Atmung, blutiger Auswurf, Erbrechen, Stauung im Gesicht, Erregungszustände, Urin- und Kotabgang, ödematöse Schwellung an den Extremitäten. Die Folgen der Elektrisierung auf den Körper können einmal bedingt sein durch die entwickelte *Hitze*, können ihre Ursache haben in der *spezifisch elektrischen* Wirkung des Stromes oder können *sekundär* durch Fortgeschleudertwerden, Sturz o. ä. entstanden sein.

Der *Tod* tritt meist sofort ein. Nur sehr selten bieten die Verunfallten nach der Durchströmung für kurze Zeit Lebenszeichen. Einige Male waren noch mehrere tiefe Atemzüge nach der Befreiung aus dem Stromkreis zu beobachten, die nach Einwirkung des Stromes von 220 Volt bis 20 Minuten ärztlicherseits festgestellt worden sind. Bei einem Hochspannungsunfall atmete der Betreffende noch etwa 40 Minuten lang. Verwertbar sind solche Beobachtungen natürlich nur dann, wenn sekundäre Unfallfolgen, z. B. Schädelbrüche nach Absturz, nicht vorgelegen haben. Im allgemeinen sind *Spättodesfälle* längere Zeit nach Wiedererlangung des Bewußtseins als direkte Wirkung des Stromes bisher nicht bekannt. Dagegen sind sie natürlich nicht so selten als Folge der Verbrennung, von Infektionen, Brüchen o. ä.

In weitaus den meisten Fällen nach elektrischen Verletzungen finden wir *Veränderungen an der Körperoberfläche*. Nur sehr selten einmal werden solche vermißt, nämlich dann, wenn dem Übertritt des Stromes auf den Körper und dem Austritt nur ein sehr geringer Widerstand entgegengesetzt wird. Die Form der Spuren in der Haut sind sehr mannigfaltige. Einmal können Verbrennungen aller Grade vorhanden sein. Sie bieten an sich nichts Besonderes. Erfolgt der Übergang des Stromes durch Lichtbogenbildung, dann kann es zur Metallimprägnation kommen. Im glühenden oder vergasten Zustand werden Metallpartikel gegen die Haut geschleudert und färben diese je nach ihrer Art. Manchmal haben sie Sternform. Das Plattenepithel der rauhen und gespannten Haut ist geschmolzen. In

ihm finden sich Hohlräume (*Schridde*). Tiefere Schichten der Haut werden gewöhnlich dabei nicht ergriffen. Eine für die Einwirkung des Stromes charakteristische Veränderung ist die „*Strommarke*" (*Jellinek*). Es handelt sich um eine grauweiße, gelbliche oder schmutziggraue, runde oder ovale mehr

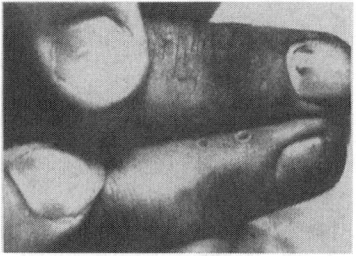

Abb. 1. Strommarke an zwei Fingern.

oder weniger erhabene Stelle, die meist zentral eingedellt und hier bräunlich verfärbt ist. Das mikroskopische Bild ist gekennzeichnet durch Einschmel-

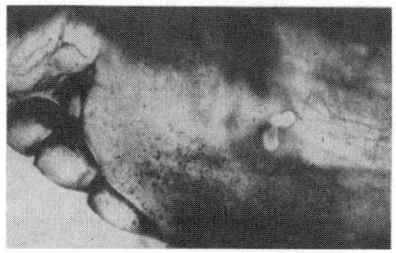

Abb. 2. Strommarke an der Fußsohle.

zung des Epithels, das z. T. verkohlt und abgehoben, z. T. homogenisiert ist. Hier finden sich Hohlräume, sog. Hitzewaben. Das Bindegewebe ist homogeni-

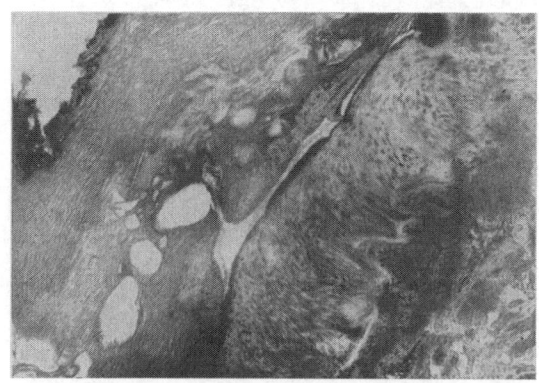

Abb. 3. Mikroskopisches Bild einer Strommarke.
Langezogene, büschelförmig angeordnete Basalzellen des Rete Malpighi. Vakuolenbildung. Verkohlung der obersten Schicht.

siert und zeigt vereinzelte Spalten. Die Basalzellen des Rete Malpighii sind langgezogen und büschelförmig angeordnet. Bei dieser Veränderung handelt es sich nicht um die reine Form der Strommarke. Ganz gleiche Bilder können erzeugt werden durch einen glühenden Gegenstand. Reine Marken zeigen keine Veränderungen der Epidermis. Sie sind lediglich gekennzeichnet durch Verziehung und Faltelung der Haut und durch das Langgezogensein der Retezellen. Es werden auch diese Veränderungen zurückgeführt werden können auf die *Joule*sche Wärme und dürften als das Vorstadium der oben beschriebenen Marke angesehen werden. Da aber bei einer Verbrennung die Wirkung der Hitze von der Oberfläche der Haut nach unten abnimmt, werden bei ihr solche Veränderungen nicht isoliert auftreten. Wir sind deshalb berechtigt, diese Form der Strommarke als spezifisch für Elektrizität anzusehen, wenn sie auch durch die Hitze entstanden ist.

Nach den Untersuchungen von *Schrader* unterscheidet sich aber auch sonst die Mischform der Strommarke von der reinen Oberflächenverbrennung. Bei einer solchen nimmt die Schädigung, wie gesagt, nach der Tiefe zu ab, so daß die tieferen Teile der Haut, insbesondere die Haarwurzeln von ihr nicht getroffen werden. Im Bereich der Strommarke dagegen verlaufen die Wurzelscheiden wellenförmig und zackig. Kleine Bezirke von ihnen sind homogenisiert, Zellausziehungen und Drehungen, spaltförmige Durchtrennungen wie Aufspaltungen sind vorhanden. Diese Veränderungen können wir als *Wegspuren* der Elektrizität ansehen. Im Bindegewebe sind im Bereich der Strommarke, besonders am negativen Pol, keilförmige, mit der Basis nach außen stehende Lichtungsbezirke, die durch hellere Tingierung des Gewebes ausgezeichnet sind, zu sehen. Die Wandung der Gefäße in diesen Bezirken zeigt perivasculäre und intramurale Blutungen. *Kaplan* sah in Capillargefäßen ein Ausziehen der Endothelzellen im Bereich der Marke und ein Hämatom der Wandung. Beweisend für Elektrizitätseinwirkung sind die von *Schrader* histochemisch nachgewiesenen Einsprengungen von Metallteilchen des Leiters bis in beträchtliche Tiefe des Gewebes. Bei Gleichstrom sind sie am positiven Pol, bei Wechselstrom an beiden Polen zu erkennen. Daneben kommt häufig eine oberflächliche Metallauflagerung an der Berührungsstelle, außer am negativen Pol bei Gleichstrom, vor. *Gerlach* wies ebenfalls hier Metall im Gewebe durch spektrographische Untersuchungen nach. Auch in der geschmolzenen und hyanilisierten Bindegewebsschicht sind manchmal zickzackförmige Gänge als Wegspuren der Elektrizität zu beobachten. Selten findet man eine spiralige Drehung der langgezogenen Retezellen bzw. der Kerne. Ein Unterschied zwischen positivem und negativem Pol ist bei Gleichstrom aus dem histochemischen Nachweis mitgerissener Metallteilchen zu erkennen. Sonst ist im Gewebe am positiven Pol eine Zusammenpressung und Einschmelzung der Schichten vorhanden, am negativen eine siebartige Vakuolendurchsetzung. Auch nach kurzer Stromeinwirkung können solche Veränderungen auftreten und zwar bei Gleichstrom wie bei Wechselstrom. Manchmal ist die Form der Strommarke eine so eigenartige, daß für ihre Entstehung eine andere Schädigung kaum angenommen werden kann. Es findet sich eine rosettenförmige, strahlige Faltelung der unverletzten Oberhaut mit oder ohne Rötung der Umgebung; das durchziehende Blutgefäß ist im Zentrum stark zusammengezogen. Öfter ist die Form des Leiters an der Berührungsstelle in die Haut eingebrannt. Furchen und Dellen der Haut ohne Gewebstrennung, wie Schnittwunden ähnliche Formen kommen vor oder Bezirke, in denen nur die Haut geglättet und die Papillarlinien geschwunden sind. Nicht so selten sind die Veränderungen, die an der Eintritts- bzw. Austrittsstelle der Elektrizität vorhanden sind, so uncharakteristisch, daß sie nur mikroskopisch als Strommarken erkannt werden können. Sehr typisch sind die *Blitzfiguren*, die feinen, besenreiserartig verzweigten, rötlichen Verfärbungen in der Haut nach Blitzschlag. Oft sind sie wegdrückbar, wenn sie aber von Blutungen begleitet sind, nicht. Im Mikroskop geben sie

ein anderes Bild als das einer Strommarke (*Nippe*). Es fehlen die ausgezogenen Retezellen, die Waben und Einschmelzungen des Epithels. Dagegen sind die Hautcapillaren stark gefüllt, auch sind Blutaustritte vorhanden. Manchmal hinterläßt der Blitz in der Haut Spuren, die einer Vogeldunstverletzung ähnlich sehen, viele kleine und kleinste, hellbraune bis dunkelbraune, scharf umschriebene Stellen, in denen die Oberhaut fehlt. Mikroskopisch ist auch hier öfter freies Blut in der Umgebung vorhanden. Die Haare sind nach Blitzschlag meist, doch nicht immer, verbrannt, was bei Einwirkung technischer Elektrizität gewöhnlich nur nach Lichtbogenbildung der Fall ist. Häufig finden wir das Negativ metallener Gegenstände, z. B. Hosenträgerschnallen, nach Blitzschlag in den Körper eingebrannt. Das Schmelzen solcher Gegenstände kommt auch bei hochgespannten Starkströmen vor. Die durch den Strom gesetzten Veränderungen der Haut heilen ohne besondere Schmerzen ab. Die Narbenbildung ist keine starke.

An der *Leiche* muß daran gedacht werden, daß manche der erwähnten Veränderungen auch postmortal entstehen können und von den vital entstandenen nicht zu unterscheiden sind. Es dürfte jedoch ein absichtliches Beibringen nach dem Tode zur Vortäuschung eines Unfalls sehr selten sein und sich auch meist durch vitale Zeichen, wie Blutungen, gegebenenfalls ausschließen lassen. Die Beurteilung der Veränderungen der Haut sind schon deshalb besonders wichtig, weil wir an den inneren Organen in weitaus den meisten Fällen typische Stromveränderungen nicht finden und aus solchen oberflächlichen Läsionen auf Elektrizitätseinwirkung schließen und einen Tod durch Elektrizität annehmen.

Nicht so selten treten Veränderungen an *Knochen* und *Gelenken* nach elektrischen Verletzungen auf. Sie sind einmal Folge der Hitze und der spezifisch elektrischen Wirkung, können auch entstehen durch plötzliche Muskelkontraktion wie sekundär durch Fortgeschleudertwerden. Über organische Muskel- und Nervenschädigungen können sich ebenfalls im Laufe der Zeit Gelenkveränderungen einstellen. Beim *Lichtbogen* kommt es zu Temperaturen bis zu 3000° C. Am Schädelknochen werden dadurch Zerstörungen des ganzen Schädeldaches, manchmal auch nur der Tabula externa allein hervorgerufen. Solche Knochendefekte heilen im Laufe von Monaten, der abgestorbene Knochen wird allmählich abgestoßen. Bei den höchsten Graden der Verbrennung wird der Knochen calciniert und z. T. geschmolzen. Die Flüssigkeit, die in seinem spongösen Teil enthalten ist, verdampft und dehnt die geschmolzenen Knochenpartien aus. Dadurch entstehen ,,*Knochenperlen*", rundliche Gebilde aus phosphorsaurem Kalk (*F. Reuter*). An anderer Stelle des Skeletts können an der Stromeintrittsstelle durch die Hitze natürlich ebenfalls Verkohlungen und Veröbungen des Knochens herbeigeführt werden. Meist stößt sich ein solcher Knochen im Laufe von Monaten von selbst ab. Die Demarkationslinie ist in den ersten Wochen häufig nicht zu erkennen und zeigt sich erst später im Röntgenbild. Eine charakteristische elektrische Veränderung am scheinbar unverletzten Knochen fern von der Eintrittsstelle des Stromes ist eine Atrophie in Form unregelmäßiger Verminderung des Kalkgehaltes. Sie stellt sich wenige Wochen nach dem Unfall ein, um sich allmählich wieder auszugleichen, und ist die Folge von mangelnder Ernährung, bedingt durch Vasomotorenstörungen. Als elektro-mechanische Wirkung wird man im Zickzack verlaufende Sprünge des Knochens, entfernt von der Eintrittsstelle betrachten können, die sich im Knorpelüberzug der Gelenke auch manchmal finden. Absprengung kleiner Knochenknorpelteilchen, dadurch Bildung von Gelenkmäusen, ist nicht so selten. Wie oben gesagt, stellt das Gelenk dem Strom einen erheblichen Widerstand entgegen, so daß damit zu rechnen ist, daß in ihm die *Joule*sche Wärme auch eine erhebliche sein wird und zur Schädigung der Gelenkflächen führen kann. Schwere Coxitis mit Zacken- und Wulstbildung ist nach niedergespanntem Stromdurchgang von Hand zu Fuß beobachtet worden. Krampfzustände in den Muskeln, die, wenn auch sehr selten, monatelang nach elektrischem Unfall anhalten können, führen allmählich durch Muskelzug zu Störungen in den Gelenken. Es sind in den Schultergelenken Subluxationsstellungen danach beobachtet. Selten sind Knochenbrüche durch plötzlichen hochgradigen Muskelzug. So wird eine Fraktur des Handgelenks nach Einwirkung von 220 Volt beschrieben, wie Brüche des Oberschenkelhalses beiderseits nach Wechselstromeintritt mittlerer Spannung. Auch der Bruch eines Wirbelkörpers, der auf die gleiche Ursache zurückgeführt werden dürfte, wurde gesehen. Nach Einwirkung von 230 Volt bei fünf bis sechs Ampere und Stromdurchgang von Hand zu Hand entstanden beiderseits Oberarmbrüche. Es muß erwähnt werden, daß solche Knochen- und Gelenkschädigungen in den seltensten Fällen richtig erkannt worden sind, daß die Beschwerden zunächst für psychogen gehalten wurden und daß erst eine Röntgenaufnahme über die Ursache des Leidens Aufschluß gab.

Was die am Lebenden auftretenden krankhaften Veränderungen von seiten des *Zentralnervensystems* nach elektrischen Verletzungen anbelangt, so hat *Panse* darüber in einer sehr gründlichen und kritischen Arbeit ausführlich berichtet. Er fand fast übereinstimmend, daß bei *Blitzschlag* der Verletzte häufig bewußtlos ist, nach dem Erwachen das betreffende Glied nicht rühren kann und keine Empfindung in ihm hat. Selbst Verbrennungen werden hier nicht gefühlt. Nach einigen Minuten oder spätestens nach einigen Stunden tritt unter Kribbeln und ähnlichen Parästhesien die Bewegungsfähigkeit und Sensibilität wieder zurück. Solche flüchtigen Lähmungen sind nach Einwirkung technischer Elektrizität in diesem Ausmaß selten, wenn auch entsprechende Klagen öfter geäußert werden. Hier werden ab und zu spinale Erkrankungen mit Atrophien beobachtet, die sich auffallenderweise nach den Zusammenstellungen von *Panse* bei einem Strom von 75—1000 Volt, also bei einer verhältnismäßig geringen Spannung, die keine oder nur leichte Verbrennungen setzt, einstellen. Sie treten sowohl bei Gleichstrom wie bei Wechselstrom auf und sind abhängig vom Stromweg. *Panse* glaubt nicht an eine direkte Gewebsschädigung. Er nimmt vielmehr an, daß die Veränderungen ihre Ursache in vasomotorischen Störungen haben. Das Rückenmark braucht dabei selbst nicht getroffen zu sein. Seine Ansicht wird gestützt durch das überwiegende oder ausschließliche Auftreten spinaler Schädigungen auf der Seite, die vom Strom getroffen ist. Wir können bei Stromdurchgang von Hand zu Hand im Halsmark, bei Stromdurchtritt von Fuß zu Fuß im Lenden- und Sakralmark solche Ausfälle manchmal finden. Sie sind im übrigen aber sehr selten.

Was die Erkrankung *peripherer Nerven* durch Elektrizität anbelangt, so können diese natürlich bei hochgradiger Verbrennung vorliegen. Auch sind experimentell bei direkter Überleitung der Elektrizität auf den Nerv mikroskopisch faßbare Veränderungen natürlich leicht zu erzeugen. Es handelt sich dabei um Einschmelzungen der Fasern, Schwellung wie Zerfall der Markscheiden und Kerne infolge der Wärme. Die meistens kurz nach einem Unfall behaupteten „Lähmungen" schwinden gewöhnlich sehr bald. Eine organische Schädigung dürfte dafür wohl

nicht in Frage kommen. Es kann sich handeln um eine Erschöpfung infolge des Muskelkrampfes während des Stromdurchgangs. Die peripheren Nerven sind sehr widerstandsfähig. Spezifisch elektrische krankhafte Veränderungen an ihnen sind bisher nicht bekannt. In einem Falle war eine periphere Facialislähmung unmittelbar nach dem elektrischen Schlag vorhanden, ohne daß der Kopf in der Strombahn lag. *Panse* nimmt auch hier nicht eine direkte Einwirkung an, glaubt vielmehr, daß es sich um eine vasomotorische Fernwirkung handelt. Was die *cerebralen Störungen* bei Durchgang des Stromes durch Rumpf und Extremitäten anbelangt, so ist es fraglich, ob solche überhaupt dabei vorkommen. Die verschiedentlich beschriebenen Fälle geistiger Störung oder von Epilepsie lassen sich auch anders erklären. Dagegen wird man wohl annehmen können, daß ein Hirnödem sich auch bei diesem Stromweg einzustellen vermag. Bei Verbrennungen des Schädelknochens kann das Gehirn mitbeteiligt sein. Das ist aber, selbst wenn das Schädeldach erheblich zerstört ist, durchaus nicht immer in dem Maße der Fall, wie man eigentlich erwarten sollte. Der Schädelknochen bietet einen sehr guten Schutz. Die Ausfallserscheinungen sind abhängig vom Sitz der Verletzung; sie treten auf als Lähmungen, Hirnödem, Epilepsie, Parästhesien usw.

An der *Leiche* kann man bei solchen durch Verbrennung entstandenen Schädeldachdefekten die Dura nicht selten intakt finden. Blutungen sind unter der Hirnoberfläche vorhanden. Manchmal sieht das Gehirn wie gekocht aus, manchmal finden sich nur flächenhafte meningale Blutungen. Die Rinde kann an manchen Stellen graurötlich, verwaschen sein, mit scharf umgrenzten Blutaustritten. Einmal sind an der Dura wie mit einem Locheisen ausgeschlagene Defekte, ein anderes Mal ist sie an der von einem roten Hof umgebenen Einwirkungsstelle trocken. Am Gehirn selbst sind in solchen Fällen die Folgen der Hitzewirkung mikroskopisch zu finden, wie Auflockerung der Glia, Aufhellung und Vakuolisierung von Ganglienzellen, Zerfall der Kerne. Viel wesentlicher ist die Frage, ob wir mit pathologisch-anatomischen Veränderungen im Gehirn auch in solchen Fällen rechnen können, in denen der Strom den Schädel nicht betroffen hat oder in denen größere Verbrennungen an ihm bei direkter Stromeinwirkung vermißt werden. Es ist an der Übergangsstelle der Elektrizität vom Knochen zum Gehirn in der Dura eine Schädigung der Bindegewebsbündel in Form einer Homogenisierung der Fasern gefunden worden (Etappenläsion). Das Gehirn selbst ist makroskopisch meist ohne besondere Veränderungen, häufig ist es blutreich, dann wieder auffallend blutarm. Die graue Substanz wird manchmal als sehr dunkel gefärbt beschrieben oder mit einem Stich ins Rötliche und hier und da fleckiger Rötung. Ein ausgesprochenes Hirnödem ist sehr selten. Ein anderes Mal wird erwähnt, daß die Großhirnsubstanz weicher und stark durchfeuchtet war, daß Brücke und verlängertes Mark auffallend groß und weich, auffallend stark durchfeuchtet und am Schnitt etwas vorquellend waren. *Haberda* und *Meixner* fanden eine Gehirnschwellung und eine stärkere Durchfeuchtung der grauen Substanz. Von verschiedenen Untersuchern wird erwähnt, daß mikroskopisch kleine Blutungen im Gehirn waren, manchmal infolge Zerreißung kleinster Gefäße, manchmal per diapedesin. Auch eine Homogenisierung des Inhalts solcher Gefäße konnte beobachtet werden. Der Meinung von *Schridde*, daß es sich bei den Blutungen um Kunstprodukte handelt, wird man nicht in allen Fällen zustimmen können. Jedoch muß man ihm dahin beipflichten, daß diese Veränderungen allein niemals auf einen elektrischen Unfall deuten. Größere Blutungen nach elektrischen Verletzungen, die in der Literatur beschrieben werden, sind nicht eindeutig als ihre Folge anzusehen. Sie können sekundär entstehen, z. B. durch Sturz. Erweichungsherde in der Hirnrinde und Vakuolisierung der Ganglienzellen, Zerstörung des Zellkernes, Randstellung der Kerne, perivasculäre Gliazellenanhäufung und diffuse Ödeme sind gesehen worden. In Hirnstamm und Brücke elektrisch Hingerichteter fanden *Spitzka* und *Radasch* rundliche Aufhellungen, deren Peripherie verdichtet war, mit zentral gelegenem Capillarblutgefäß. Im *Rückenmark* wurden bei der Leichenöffnung festgestellt Ödem und Rötung der grauen Substanz, die als dunkler, feucht und vorquellend mit verwaschenen Grenzen zur weißen Substanz geschildert wird. *Ziemke* fiel auf, daß in den Vorderhörnern die Capillaren stärker gefüllt waren. Auch Zerstörung der Ganglienzellen sind gefunden worden. Nach *Wiechmann* kann eine Veränderung der Hirnschrankendurchlässigkeit durch mittelbare Einwirkung elektrischer Energie in erster Linie infolge einer Schädigung der vegetativen Gefäßregulation entstehen. Diese führt nach seinen Untersuchungen zu einer Erhöhung des Cholesteringehaltes der Rückenmarksflüssigkeit. Diese Beobachtungen werden besonderer Beobachtung und der Nachprüfung bedürfen. Von den pathologisch-anatomischen Befunden an der *Skelettmuskulatur* bedürfen die durch hochgradige Hitze entstandenen Verbrennungen keiner besonderen Erwähnung. Die von *M. B. Schmidt* beobachteten groben Querbänder von hyaliner Beschaffenheit in den Muskelfasern sind nach den Untersuchungen von *Schridde* wie auch von *Wegelin* und *Orsós* nicht Folge des Stromes, ebensowenig wie die von *Jellinek* beschriebenen, einer Schraube ähnlichen Spiralen. Man findet sie auch sonst. Bei direkter Einwirkung auf den Muskel können die Muskelzüge zusammenfließen, doch der Kern noch gut färbbar sein. Innerhalb der Strommarke sind manchmal die Fasern miteinander verschmolzen, geschrumpft, zerfetzt und gekrümmt.

Von krankhaften Erscheinungen von seiten der *Lungen* wurden nach einem elektrischen Unfall Lungenbluten beobachtet, das die Folge intrapulmonaler Drucksteigerung mit Zerreißung von Gefäßen gewesen sein dürfte. Auch Asthma kurze Zeit nach elektrischen Verletzungen soll einmal aufgetreten sein, wobei man einen ursächlichen Zusammenhang für möglich hielt. An der *Leiche* findet man öfter — aber nicht immer als Ursache von Wiederbelebungsversuchen — eine Lungenblähung, sehr häufig ein Ödem. Bemerkenswert ist, daß dieses manchmal nur in einem Teil der Lungen vorhanden ist, z. B. nur auf der Vorderseite eines Unterlappens. Dieser Befund läßt vermuten, daß die Ursache in einer Gefäßstörung in umschriebenem Bezirk zu suchen ist; eine starke Hyperämie, ist oft da, und häufiger sind auch petechiale Blutungen unter dem Lungenfell vorhanden. Selten einmal können Stellen festgestellt werden, an denen der Strom vom Brustkorb in die Lungen übergesprungen ist. Sie sind zentral graubräunlich mit einem dunkelroten Hof umgeben. Auch größere Blutungen sind von *v. Neureiter* u. a. gesehen worden, ohne daß irgendein anderes Trauma für die Entstehung in Betracht kam. An der Stromübergangsstelle kann eine Homogenisierung der Pleurazellen als Folge der *Joule*schen Wärme entstehen. *Jörgensen* fand in den Lungen eines durch 220 Volt zu Tode gekommenen Menschen Veränderungen, wie sie bei tödlichem Asthma Erwachsener beobachtet sind (mucinöse Metamorphosen, Quellung der Basalmembran, Dilatation der Gefäße, Eosinophilie). Er weist auf die Möglichkeit hin, kurz nach einem elektrischen Unfall auftretendes Asthma mit diesem in Beziehung zu bringen.

*Kreislaufstörungen* kurz nach elektrischen Verletzungen können öfter beobachtet werden, wie oben gesagt worden ist. Meist klingen sie in kürzerer oder längerer Zeit ab, manchmal ist das aber nicht der Fall. Die Arhythmie und die Herzdilatation bleiben bestehen, die Pulsfrequenz ist stark erhöht. Es kann zu anginösen Zuständen kommen. Das Elektrokardiogramm zeigt Veränderungen. Bei Tierversuchen fanden *Schrader* und *Schlomka* als Elektrisierungseffekt am *Herzen* die elektrokardiographische Kurve verschieden. Nicht selten weist diese auf einen mehr oder minder vollständigen Funktionsausfall von herzspitzennahen umschriebenen Muskelbezirken. Die Ursache dürfte in Gefäßspasmen zu suchen sein, wie sie an anderer Stelle von uns gesehen worden sind. Die Versuche sind geeignet, die, wenn auch sehr selten, beobachteten Fälle von Herzstörungen zu erklären.

Bei der *Obduktion* ist das Herz nicht selten dilatiert; manchmal ist es nur der rechte Ventrikel und besonders der rechte Vorhof. Blutungen unter die Herzaußen- und -innenhaut werden öfter gesehen. Hin und wieder zeigen diese etwa stecknadelkopfgroßen Bezirke zentrale Aufhellung und gelblichen Farbton. Man wird sie als Übergangsstelle der Elektrizität ansehen können. Im Herzmuskel sind spaltförmige Kontinuitätstrennungen und kleine Blutungen beobachtet worden, denen besondere Bedeutung hier aber nicht zugesprochen werden kann. Einmal sahen wir bei einem durch Strom getöteten Manne an der unteren Ansatzstelle der hinteren Aortenklappe einen umschriebenen braunroten Bezirk, in dem die Muskeln zusammengeflossen waren und die Kerne gequollen wie gekrümmt, z. T. langgezogen sich fanden. Eine ähnliche Veränderung an der Herzspitze konnte experimentell am Tier erzeugt werden, die keilförmig mit der Spitze nach außen den Muskel durchdrang. Das Gewebe, insbesondere auch die Kerne, war völlig zerstört und von Hohlräumen durchsetzt. Die Herzaußenhaut bot in diesem Bezirk makroskopisch das Bild einer Strommarke. Auch dieser Befund wird seine Ursache in der *Joule*schen Wärme haben, entstanden an der Übergangsstelle auf das Herz. Eine spiralige Drehung der Muskelfasern konnte mehrfach beobachtet werden. Doch ist sie nicht sicher als Stromwirkung anzusehen. Mit anämischen Bezirken am Herzmuskel werden wir als Folge von Gefäßspasmen rechnen können. Besondere Bedeutung kommt den *Gefäßen* zu. Als Folgen funktioneller Störungen sehen wir Ödeme, sowie Angiospasmen der Haut, fleckige Rötung der Hirnrinde u. ä. *Balkhausen* und *Grüter* fanden in einem abgesetzten Arm Bezirke mit hochgradiger Gefäßfüllung abwechselnd mit solchen, wo die Gefäße fast leer waren. Die klinische Erfahrung lehrt, daß nach elektrischen Verletzungen und zwar Verbrennungen Gefäßwandveränderungen auch fern von der Einwirkungsstelle des Stromes auftreten können. Die Gefäße sind brüchig, es kommt leicht zu Nachblutungen. An der Media kann man Kernzerstörungen manchmal feststellen oder Nekrosen, wie Absplitterungen der Elastica. Nicht so selten werden Blutungen entlang den großen Gefäßen gefunden. Das elektrische Ödem, welches an den Extremitäten oder einem Teil von ihnen sofort oder längere Zeit nach einem Unfall auftreten kann, wird seine Ursache in einem lokal begrenzten Spasmus mit abnormer Durchlässigkeit der Gefäßwände haben. Die nicht seltenen Klagen über Parästhesien, Kältegefühl und Blauwerden der verletzten Extremität sind die Folge von Vasomotorenstörungen. Die Beschwerden können nach einigen Wochen schwinden, aber auch Jahre bestehen bleiben. Ein Spätgangrän an einem Finger ist beobachtet worden. Begleitet sind die Störungen nicht selten von verstärkter Schweißbildung an den betroffenen Gliedern. Eine Thrombose kann sich sekundär als Folge der Hitze im Bereiche der verletzten Körperstelle bilden. Ihre Entstehung ganz kurz nach der elektrischen Verletzung wird von *Schridde* scharf abgelehnt. Sie dürfte auch nur sehr schwer zu erklären sein. Die einzige Beobachtung, die für sie spricht, ist von *Zehrer*. Nach Einwirkung von 220 Volt verspürte der Verletzte angeblich sofort leicht stechende Schmerzen, die vom äußeren Knöchel des rechten Beines über die Wade nach der Knieinnenseite zogen. Die Arbeit wurde fortgesetzt. Am nächsten Morgen fand sich eine derb anzufühlende, druckempfindliche Verdickung im ganzen Bereich der Vena saphena bis zur Einmündungsstelle. Die Haut darüber war gerötet, infektiöse Herde im Körper waren nicht festzustellen. Die geringfügige Varicenbildung am rechten Unterschenkel absolut frei von Entzündungserscheinungen. Vor dem Unfall keine Beschwerden. Die akute Thrombose wird auf den elektrischen Unfall zurückgeführt. Das *Blut* an der Leiche nach elektrischem Unfall ist flüssig. Nicht so selten ist der Inhalt kleinster Gefäße homogenisiert. Eine Zersetzung des Blutes mit Bildung von Blutfarbstoffkristallen nach Einwirkung von 220 Volt Gleichstrom konnte im Experiment beobachtet werden. Ob die Gerinnungszeit, wie die einen meinen, verkürzt oder, wie die anderen meinen, verlängert ist, bedarf noch der Klärung. In den *anderen Organen* können manchmal kleine Blutungen gefunden werden, wie Homogenisierung des Inhalts feinster Gefäße. Für Elektrizität spezifische Befunde sind bisher hier nicht erhoben worden. Folgen einer elektrischen Verletzung an den *Augen* sind teils auf die ultravioletten Strahlen zurückzuführen, teils Folge der Hitze oder des Stromes selbst. Unmittelbar nach einem Blitzschlag, der den Körper getroffen hat oder neben dem Körper vorbeigeht, stellt sich ein Reizzustand der Augen ein, Rötung, Schwellung, Lichtscheu und Tränenfluß, abgesehen von etwaiger Brandwirkung. Die Bindehäute sind hyperämisch. Ein Exophthalmus wie ein Lidkrampf werden beschrieben. In der Hornhaut sind Trübungen ohne Verletzung des Epithels zu beobachten. Eine Mydriasis, seltener eine Miosis, auf einer oder auf beiden Seiten, ist häufig. Augenmuskellähmungen können eintreten wie eine Iritis. Nicht selten stellt sich als direkte Elektrizitätswirkung ein Blitzkatarakt, eine subkapsuläre Trübung der Linse, nach Tagen oder Wochen und Monaten ein. In den tieferen Augenschichten, im Glaskörper, in der Netz- und Aderhaut werden Blutungen und Risse gefunden. Die Papille kann hyperämisch sein, und eine partielle oder totale Opticusatrophie kann sich einstellen. Die Wirkung technischer Elektrizität ist ähnlich. Die Ophthalmia electrica als Wirkung der ultravioletten Strahlen wird beobachtet. Ist das Auge vom Strom getroffen, dann können sich tiefere Schichten Veränderungen zeigen. Es kann, wie nach Blitzschlag, zur Netzhautablösung, zu Augenmuskellähmungen und Katarakt kommen. Daß kurz nach einem elektrischen Trauma Klagen über *Ohrensausen* und *Schwerhörigkeit* geäußert werden, ist nicht selten. So gut wie immer aber schwinden diese nach kürzerer oder längerer Zeit. Es gehört zu den allergrößten Seltenheiten, daß eine bleibende Taubheit oder Schwerhörigkeit auf einem oder beiden Ohren zurückbleibt. *Gleichgewichtsstörungen* sind noch seltener beobachtet worden. Bleibende *Geruch- und Geschmackstörungen* nach elektrischen Verletzungen sind nicht bekannt. Ausgeschlossen müssen hier solche Folgen werden, die im Zusammenhang mit einem sekundär entstandenen Schädelbruch entstehen. Das frühe Eintreten der *Totenstarre* wird mehrfach erwähnt. Die Ursache

kann einmal die bei der elektrischen Verletzung entstandene Wärme sein (Wärmestarre), dann der hochgradige Muskelkrampf, vor allem nach längerer Stromeinwirkung.

Die organischen Störungen nach elektrischen Verletzungen lassen sich erklären einmal durch die elektromechanische Wirkung der Elektrizität, durch ihre Beeinflussung der Vasomotoren und sind andererseits die Folge der *Joule*schen Wärme, abgesehen von sekundären Unfallfolgen. Die Vasomotorenstörungen, die auch fern der Einwirkungsstelle des Stromes sich einstellen können, entstanden durch Stromschleifen, dürften für den Tod verantwortlich zu machen sein, sei es daß sie als *Todesursache* im Herzmuskel oder im Atemzentrum auftreten. Infolge Fehlens der Blutversorgung erlischt einmal die Atmung, das andere Mal erlahmt das Herz. Die gleiche in den Vasomotoren zu suchende Ursache wird vorliegen, wenn der Tod durch abnorme Blutverteilung, eine Überfüllung des Venensystems, herbeigeführt wird. Es kann auch angenommen werden, daß bei längerer Stromeinwirkung durch die während der Durchströmung bestehende starke Kontraktion der Herzkammern diese manchmal so erschöpft werden, daß sie auf normale Reize nicht mehr ansprechen und erschlaffen.

Einige Beobachtungen lassen den Schluß zu, daß nach elektrischen Verletzungen zunächst ein Stadium des *Scheintodes* auftritt. Es sind deshalb in jedem Falle nach Entfernung aus dem Stromkreis bei dem Verunfallten sofort Wiederbelebungsversuche zu machen, insbesondere auch Herzmassage. Diese sind solange fortzusetzen, bis der Betreffende zu sich kommt, oder bis sichere Zeichen des Todes, wie Totenstarre, auftreten. Auch eine Lumbalpunktion, zur Beseitigung eines etwaigen Hirndrucks, ist zu empfehlen.

Die Zahl der tödlichen *Unglücksfälle* durch Niederspannung ist nicht kleiner als die durch Hochspannung. Im Haushalt kommen sie vor, wenn elektrische Gebrauchsgegenstände, wie Tischlampen, Bügeleisen, Fön u. a. nicht in Ordnung sind. Nachdem wiederholt von ihnen elektrische Schläge ohne Schaden ausgegangen sind, tritt das Unglück ein, wenn gleichzeitig mit ihrer Berührung der Wasserhahn, die Zentralheizung oder sonst etwas, was einen guten Erdschluß gibt, angefaßt wird. Neben den Befunden an der Leiche, die auf Elektrisierung weisen, kommt die Feststellung des Defektes an den betreffenden Gegenständen für die Aufklärung in Betracht. Das wird Sache des technischen Sachverständigen sein. Ist durch *Fahrlässigkeit* der Tod verschuldet worden, dann kann es von Bedeutung sein, ob der Beschuldigte die Gefährlichkeit des betreffenden Stromes kennen mußte. Hierzu ist zu sagen, daß die Aufklärungsarbeit, die insbesondere von den Unfallberufsgenossenschaften betrieben wird, seit Jahren eine große ist und daß daher Personen, die mit Elektrizität zu tun haben, die Gefahren der Niederspannung kennen müssen. Allgemein aber diese Forderung schon jetzt zu erheben, dürfte kaum angängig sein. Die Betreffenden, denen die Voraussetzungen, die für einen schlimmen Ausgang erfüllt sein müssen, nicht bekannt sind, werden sich immer darauf berufen, daß sie oder gute Freunde schon oft einen Schlag bei Berühren einer Tischlampe o. ä. ohne Schaden erhalten hätten, daß sie deshalb an die Gefährlichkeit, z. B. eines Lichtstromes, nicht glauben konnten.

*Selbstmorde* durch Elektrizität kommen in letzter Zeit häufiger vor. Hier wird die Besichtigung des Tatortes meist eine Aufklärung des Tatvorganges gestatten. Doch auch zum *Mord* wird Elektrizität benutzt. Einen Anhalt für fremde Schuld können wir an der Leiche meist nicht gewinnen, es sei denn, daß irgendwelche andere Verletzungen dem Tode vorausgegangen sind, die darauf weisen. Von ausschlaggebender Bedeutung ist der Befund am Tatort. Wenn aber vom Täter hier die Spuren verwischt, Drähte und anderes entfernt worden sind, dann wird es in erster Linie auf die Feststellungen von Spuren der Elektrizität am Körper wie an der Kleidung des Getöteten ankommen, bei deren Nachweis unter solchen Umständen die Frage meist geklärt sein dürfte. Es muß deshalb bei derartigen unklaren Todesfällen die genaueste Besichtigung nicht nur der entkleideten Leiche, sondern auch der Kleider erfolgen. Die Strommarken haben, wie oben gesagt, sehr verschiedene Gestalt. Sie können manchmal sehr klein, noch nicht einmal linsengroß sein, sehr selten fehlen sie. Dann kann die *Kleidung*, besonders kleinste Verbrennungen an den Schuhsohlen oder den

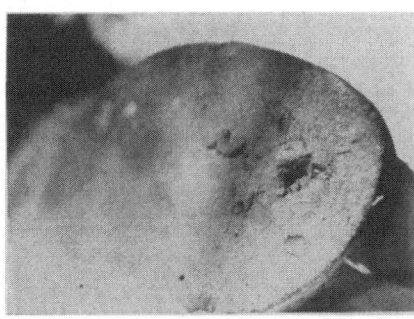

Abb. 4. Verbrennungsspur nach Stromdurchgang an der Schuhsohle (220 Volt Wechselstrom).

Strümpfen, Hinweise geben. Bei jedem Tode in der Badewanne denke man auch an einen elektrischen Tod! Immer sind alle verdächtigen Hautstellen und sonstige Organteile zurückzuhalten. Strommarken sind möglichst nicht in Fixierungsflüssigkeit zu überführen, um an ihnen histochemisch mitgerissene Teilchen des Leiters festzustellen und gegebenenfalls die Frage nach Ein- und Austritt des Stromes zu klären. Nur Erfahrung, kriminalistische Einstellung und gründliche Arbeit der Obduzenten wird in Zusammenarbeit mit der Kriminalpolizei und dem Techniker Aufklärung solcher schwieriger Fälle bringen können.

*Schrifttum.*

*Dannhorn:* Über Schädigung des Nervensystems durch Blitzschlag. Veröff. Volksgesundheitsdienstes **1937**. — *Koopmann:* Begutachtung von Blitzschlagfolgen. Mschr. Unfallheilk. **45**, 1 (1938). — *v. Mahrenholz:* Knochenverletzung beim elektrischen Unfall. Mschr. Unfallheilk. **2**, 97 (1939). — *Panse:* Die Schädigung des Nervensystems durch technische Elektrizität. Berlin 1930. — *Pietrusky:* Die nach Einwirkung technischer Elektrizität beobachteten pathologisch-anatomischen Veränderungen. Dtsch. Z. gerichtl. Med. **29**, 135 (1938). — *Pietrusky:* Über Knochen- und Gelenkveränderungen nach Einwirkung technischer Elektrizität. Zacchia **1** (1939). — *Pietrusky:* Zur Frage von Vasomotoren-Störungen an den Extremitäten als Folge elektrischen Unfalls. Dtsch. Z. gerichtl. Med. **25**, 197 (1935). — *Pietrusky* u. *Janker:* Röntgenkinematographische Untersuchungen über die Wirkung elektrischer Starkströme auf Kreislauf und Atmung des Tieres während und kurz nach der Durchströmung. Dtsch. Z. gerichtl. Med. **28**, 347 (1937). — *Schnetz:* Spätgangrän nach Elektro-Unfall. Z. klin. Med. **132**, 120 (1937). — *Vogt:* Rhythmusstörungen des Herzens und anginöse Zustände nach elektrischem Unfall. Klin. Wschr. **48**, 1671 (1937). — *Wagenmann:* Unfallverletzungen des Auges. Handb. ges. Augenheilk. Berlin 1924. — *Wichmann:* Cholesterinvermehrung als Liquorsyndrom nach elektrischem Unfall. Z. Neurol. **157**, 698 (1937). — *Zehrer:* Elektrisches Trauma und Thrombose. Mschr. Unfallheilk. **141** (1939). *Pietrusky.*

## Tod und Gesundheitsbeschädigung durch Entzug der Nahrung.

Die ständige Verausgabung von Energie in den

einzelnen Organen und im Gesamtorganismus macht einen entsprechenden Ersatz notwendig, der durch die energieliefernden drei Stoffgruppen Kohlehydrate, Fette und Eiweißkörper erstellt wird. Werden diese Stoffe dem Körper in der nötigen Menge und Zusammensetzung als Nahrungsmittel nicht zugeführt oder gänzlich entzogen, so tritt der Zustand der Unterernährung bzw. des Hungerns ein. Unzureichende Ernährung kann entweder durch ungenügende Menge (kalorische Unterernährung) oder durch falsche Zusammensetzung der Nahrungsmittel (partielle Unterernährung) gekennzeichnet sein (z. B. bei den Avitaminosen). Im Hungerzustande ist der Verbrauch nur wenig geringer als der eines normal Ernährten bei Körperruhe, der Stoffwechsel ist daher nicht wesentlich herabgesetzt. Er sinkt aber während des Hungers proportional dem Körpergewicht. Der Hungernde muß also seinen Bedarf aus gespeicherten Energiestoffen seines Körpers decken, und zwar aus Fett und Kohlehydraten (Glykogen). Bei dem schließlich eintretenden Kohlehydratmangel sind im Harn Acetonkörper (Aceton, Acetessigsäure, $\beta$-Oxybuttersäure) nachzuweisen. Eiweiß als solches wird für Energiezwecke im Organismus nicht gespeichert. Der Eiweißumsatz ist daher viel niedriger als bei den oben genannten Stoffen und bleibt viele Tage lang konstant, wobei die Zersetzung des Eiweißes durch reichlichen Glykogenvorrat zunächst verhindert wird. Kurz vor Eintritt des Hungertodes wird im Tierexperiment schließlich eine starke Steigerung der Eiweißzersetzung gefunden (prämortaler Zerfall, prämortale Stickstoffsteigerung). Auf die physiologischen Einzelheiten kann hier nicht eingegangen werden. Es sei aber noch darauf hingewiesen, daß auch der Hungernde Kot entleert, der aus Schleim, Gallebestandteilen, abgestoßenen Epithelien und großen Massen von Bakterien besteht (Hungerkot). Das Hungergefühl, das zu den sog. Gemeingefühlen gehört, wird nicht, wie früher angenommen wurde, durch die Leere des Magens hervorgerufen, sondern durch den Gewebshunger, d. h. durch den Mangel an jenen Nahrungsstoffen, die die Gewebe benötigen. „Aus der Gesamtheit dieser Gewebssituationen werden afferente Impulse zu zentralen Regulierungsstellen gesandt, die im Zwischenhirn angenommen werden und sich introspektiv als Hunger äußern, in ihrer Periodizität abhängig von der Gewohnheit der Nahrungsaufnahme" (*v. Bergmann*).

*Klinisch* äußert sich das Hungern vor allem durch den Schwund des Fettgewebes: Augenhöhlen und Wangen sinken ein, die Haut wird welk, trocken, schlaff und faltig, die Muskeln werden atrophisch, die innere und äußere Drüsensekretion läßt nach (Austrocknung des Mundes, Magen- und Pankreas-Achylie, Nachlassen der Potenz, Aufhören der Periode). Weiterhin kommt es zur Erniedrigung der Körpertemperatur, Pulszahl und Atmung, zu Blutveränderungen (Abnahme von Menge und Eiweiß = Hypalbuminose, Anämie, Leukopenie) sowie Weich- und Brüchigwerden der Knochen. Auffallend ist die Neigung zur Wasserretention und zum Auftreten von Ödemen (Hungerödem). Der Hungernde und Unterernährte zeigt eine herabgesetzte Resistenz gegenüber Infektionen vor allem gegen Tuberkulose. Unter Somnolenz und evtl. Delirien tritt schließlich der Tod ein. Neugeborene mit Atresie des Oesophagus oder des Duodenums sterben etwa drei bis fünf (sieben bis zwölf) Tage nach der Geburt. Erwachsene können durchschnittlich eine bis zwei Wochen hungern. Nach *Grafe* ist die längste beglaubigte, mit dem Tode endigende Hungerzeit beim Menschen 75 Tage (*Mac Swiney*, Bürgermeister von Cork in seinem Hungerstreik). Zu berücksichtigen ist bei allen Beobachtungen und Mitteilungen, daß die Zufuhr von Flüssigkeit während des Hungerns die Lebenszeit verlängert.

*Pathologisch-anatomisch* findet sich eine hochgradige Atrophie der Gewebe und Organe mit Ausnahme des Gehirns. Im einzelnen ist besonders folgendes zu erwähnen: Die Haut läßt eine starke Atrophie des subcutanen Fettgewebes erkennen, das eine dunkelgelbe bis braune Farbe annimmt. Daneben kommt es zur Verminderung der Talgsekretion (Asteatosis cutis seu Xeroderma), was eine trockene, rissige, zuweilen feinschilfernde Haut (Pityriasis simplex) zur Folge hat. Auch die Schweißdrüsen reduzieren ihre Sekretion (Hypidrosis, Oligidrosis) oder stellen sie ganz ein (Anidrosis). Schließlich kann sich an der Haut, vor allem des Gesichtes und der Beine eine Ödembereitschaft bemerkbar machen, die zur sog. Ödemkrankheit (Hungerödem) führt. Jedoch sind auch Fälle chronischer Inanition (Marasmus ex inanitione) bekannt, die nicht mit Ödem einhergingen und plötzlich starben (zentraler Tod durch Gefäßlähmung). Das subepikardiale Fettgewebe zeigt eine sog. schleimige, besser gallertige Atrophie und wandelt sich in eine bräunliche, sulzige Masse um. Mikroskopisch ist ein Zerfall der Fetttropfen und -kügelchen zu erkennen, die Zellen selbst nehmen wieder eine rundliche, spindlige oder sternförmige Gestalt an und können schließlich den gewöhnlichen Bindegewebszellen gleichen. Das Herz ist im ganzen, falls vorher nicht eine Hypertrophie bestanden hat, verkleinert. Seine Muskelfasern sind verschmälert und zeigen manchmal eine Ablagerung von Lipofuscin. Eine ähnliche braune Atrophie kann die Leber aufweisen. Im allgemeinen aber ist die Pigmentablagerung bei der reinen Inanition gewöhnlich nicht sehr ausgesprochen. Es liegt nur eine einfache Atrophie vor. Inkonstant ist die Atrophie der Milz (Follikel kleiner und zellärmer, Pulpaelemente ebenfalls an Zahl geringer, Trabekel und Gefäßscheiden stärker hervortretend). Auch in den Lymphknoten geht die Zahl der lymphoiden Zellen zurück. Im Knochenmark findet sich Gallertmark, d. h. das Fett verschwindet, und die Zellen nehmen ihre ursprüngliche Sternform wieder an. Die Thymusatrophie ist häufig bei unterernährten Kindern nachzuweisen (accidentelle Involution; mikroskopisch: allmähliche Verbreiterung und Sklerosierung des Bindegewebes, Auftreten von Fetttröpfchen in den Reticulumzellen). Das Knochensystem zeigt eine Osteoporose (Knochen dabei nicht biegsam, sondern spröde und brüchig = Osteopsathyrosis) oder häufiger eine Osteomalacie (Hungerosteomalacie = Knochen biegsam durch Verminderung der Kalksalze, und zwar weniger durch Kalkabbau [Halisteresis] als durch Auftreten von Osteoid [nicht verkalkter Knochen] im Verlauf der physiologischen Umbauvorgänge im Knochen). Die Hoden werden beim Hungern ebenfalls atrophisch, wobei es zur Azoospermie kommen kann. Im übrigen sei darauf hingewiesen, daß die genannten Veränderungen, insbesondere die Osteomalacie sowie die in manchen Fällen gefundenen Blutaustritte in den Conjunctiven, in der Haut, im Zahnfleisch und im Darm wohl zum Teil auf den Mangel an Vitaminen zurückzuführen sind.

Der Tod durch Verhungern wird kaum mehr beobachtet. Noch seltener tritt der Tod durch ungenügende Wasserzufuhr auf. Da etwa zwei Drittel des Körpers aus Wasser bestehen, wird der Entzug von Speise *und* Trank rascher zum Tode führen als der von Speise allein. Die Organe sind im ersten Falle auffallend trocken, das Blut hat, wie es übrigens auch manchmal beim Tod durch Entzug der Speise beobachtet werden kann, eine dickflüssige Beschaffenheit (Anhydrämie). In *gerichtlich-medizinischer* Hinsicht hat der Tod durch Nahrungsentzug keine große Be-

deutung. Er kommt zuweilen bei absichtlicher Tötung von hilflosen Kindern und Greisen, sowie Geisteskranken in Frage. Stirbt ein Kind, weil ihm dauernd, um es zu töten, nicht genügend Nahrung zugeführt wurde, so ist allerdings der Nachweis, daß der Tod durch Verhungern erfolgt und die Tötung beabsichtigt war, meist kaum zu führen, da sich auch beim Tod infolge unzweckmäßiger Ernährung oder beim Tod infolge Magendarmkatarrhs (Pädatrophie) an der Leiche ähnliche Befunde ergeben. Inanitionstod bei narbigen Oesophagusstrikturen, hervorgerufen durch Ätzmitteleinwirkung, wird wohl infolge entsprechender chirurgischer Behandlung nicht mehr zu beobachten sein. Auch Selbstmorde durch Verhungern bei Gefangenen und Geisteskranken sind meist zu verhindern. Dagegen kann es durch Verschüttungen (Bergwerksunglück, Erdbeben) gelegentlich zum Hungertode kommen. Hie und da ereignet sich schließlich auch, wie die Erfahrung lehrt (*Lochte, v. Neureiter*), ein Todesfall bei unsachgemäßer Durchführung einer Fastenkur.

*Schrifttum.*

*v. Bergmann:* Klinische funktionelle Pathologie des vegetativen Nervensystems. Handb. der normalen und pathologischen Physiologie. Herausgegeben von *Bethe, v. Bergmann, Embden, Ellinger.* **I.** Berlin 1927. — *Eckstein* u. *Rominger:* Ernährung und Ernährungsvorgänge im Kindesalter. Handb. der normalen und pathologischen Physiologie. Herausgegeben von *Bethe, v. Bergmann, Embden, Ellinger.* **III.** Berlin 1927. — *Grafe:* Die Krankheiten des Stoffwechsels und der Ernährung. Lehrbuch der inneren Medizin von *Aßmann* u. a. Berlin 1936. — *v. Hofmann-Haberda:* Lehrbuch der gerichtl. Medizin. Berlin u. Wien 1927. — *Kestner:* Die Ernährung des Menschen als Ganzes. Handb. der normalen und pathologischen Physiologie. Herausgegeben von *Bethe, v. Bergmann, Embden, Ellinger.* **XVI.** Berlin 1930. — *Landois-Rosemann:* Lehrbuch der Physiologie des Menschen. Berlin u. Wien 1935. — *Lochte:* Zur gerichtsärztlichen Beurteilung von sogenannten Fastenkuren. Dtsch. Z. gerichtl. Med. **6**, 520 (1926). — *v. Neureiter:* Heilung sämtlicher Leiden durch Hungern. Gesundheitslehrer. Ausg. A. **1932.** — *Rein:* Einführung in die Physiologie des Menschen. Berlin 1938.

*Matzdorff.*

## Tod und Gesundheitsbeschädigung durch Erfrierung.

Bei der Einwirkung niederer Temperaturen unterscheiden wir die lokale Kältewirkung und die allgemeine Wirkung auf den gesamten Organismus. Die Temperaturgrade, welche zu diesen Veränderungen führen, sind sehr verschieden. Wir wissen von Polarforschern, daß — 50° C ohne Gesundheitsschäden vertragen werden können, und die Erfahrung lehrt, daß hin und wieder schon Temperaturen von nur wenig über 0° Erfrierungen hervorrufen; hierbei spielen oft ungünstige, die Widerstandskraft des Organismus herabsetzende Umstände eine Rolle, u. a. unzureichende Wärmebildung durch mangelhafte Ernährung, Erschöpfung durch Überanstrengung, Krankheiten und schließlich auch die Gemütsverfassung, sowie der Alkohol, der, schon in kleinen Dosen genossen, die Temperatur herabsetzt und dessen gefäßerweiternde Wirkung zu großem Wärmeverlust der Haut führt. *Krjukoff* konnte 1914 feststellen, daß 75% aller nach Erfrierung im gerichtsärztlichen Institut in Moskau sezierten Personen in trunkenem Zustande erfroren waren. Insbesondere spielt aber die Kleidung eine Rolle. Bei richtiger und nicht durchnäßter Bekleidung umgibt sich der Mensch nach *R. Müller* mit einem „Privatklima" von 32° C. In solchem Fall geht die Abkühlung, welche bekanntlich durch Wärmestrahlung hervorgerufen wird, sehr langsam vor sich. Die Wärmeisolierschicht wird erst bei starker Herabsetzung der Außentemperatur vermindert oder schließlich beseitigt. Anders verhält es sich bei feuchter und damit luftleerer Kleidung. Hier findet die Abkühlung durch Wärmeleitung sehr schnell und ausgiebig statt. Die Erfrierungsmöglichkeit ist sehr viel schneller gegeben; selbstverständlich sind hierbei die Luftbewegung und die Luftfeuchtigkeit zu berücksichtigen. Bei Verschüttetwerden durch Schnee ist darauf hinzuweisen, daß Pulverschnee ein schlechter Wärmeleiter ist, ja sogar noch Schutz bietet, während Pappschnee infolge der Änderung seines Aggregatzustandes aus der Umgebung alle Wärme aufnimmt und dadurch dem Menschen äußerst gefährlich wird. Bei den rein *örtlichen Erfrierungen* verbindet sich mit der Abkühlung der Haut ein Kälteschmerz; allmählich entwickeln sich Parästhesien, Abstumpfung des Gefühles und schließlich völlige Unempfindlichkeit! Rein äußerlich unterscheiden wir drei Grade von partiellen Erfrierungen, wobei zu berücksichtigen ist, daß man ihnen in der Beurteilung nicht den Wert beimessen kann, wie denen bei Verbrennungen, denn man kann in der Regel nicht wissen, wie tief die Schädigung geht, und die Gewebsveränderungen treten erst lange nach der Einwirkung der Kälte auf. Die Grade werden von einigen Autoren mit Dermatitis erythematosa congelationis, Dermatitis bullosa congelationis und Dermatitis gangraenosa congelationis bezeichnet. Der erste Grad zeichnet sich durch die bleibende Röte der Haut aus, hierzu gehören auch die Frostbeulen, bei welchen man mikroskopisch Nekrosen mit reaktiver Entzündung findet. Die Erkennung der Frostschäden ersten Grades, welche mit mehr oder weniger starken Schmerzen einhergehen, ist oft schwer. So sind sie z. B. mit Phlegmonen oder Erysipel leicht zu verwechseln. Während des Weltkrieges führten nach *Osterland* die Verbrennungen mit Dichloräthylsulfid (Gelbkreuz) oder mit konzentrierten Chlordämpfen zu Verwechselungen mit Erfrierungen ersten Grades und umgekehrt, wenn nicht die Lokalisierung der Veränderungen an der Haut die Fehldiagnose ausschloß. Bei den Erfrierungen zweiten Grades sehen wir Frostblasen mit nur geringem Inhalt, weshalb man auch von trockenen Blasen spricht. Bei denen dritten Grades haben wir hochgradige Gewebsveränderungen, den sog. Gewebsbrand. Unter den Übergangserscheinungen von Schwellung, Cyanose, Gefühllosigkeit oder Kälte des Körperteils vollzieht sich die Differenzierung von gesundem und nekrotischem Gewebe, dem die sog. mumifizierende Nekrose oder aber die Gangrän folgt. Bei dieser Art der Erfrierungen spielt nach *Marchand* die Ischämie die Hauptrolle. Die Gefäße der äußeren Teile ziehen sich bei schon geringen Kältegraden zusammen, der Kontraktion der kleinen und kleinsten Arterien schließen sich die großen an. Wir haben daher zunächst Blässe der Haut, bei länger dauernder und stärkerer Abkühlung kommt es schließlich zu einer mehr oder weniger starken Erweiterung der Gefäße, so finden wir dann intensive, bläulich-rote cyanotische Verfärbung. Wir haben also eine direkte Schädigung der Gefäßinnervation vor uns, eine Sistierung der Blutbewegung durch Krampf der Gefäßmuskulatur, oft verbunden mit einer Gangrän, der sog. ischämischen Gangrän, im Gegensatz zu dem Kältebrand, bei dem das Gewebe gleichmäßig durchgefroren ist, was in unserem Klima kaum in Frage kommt, denn die Temperatur müßte schon außergewöhnlich niedrig und die Kälteeinwirkung damit beträchtlich sein, um die Gewebselemente augenblicklich zum Erfrieren zu bringen. Bei dieser Art des Erfrierens werden natürlich nicht alle Elemente gleichmäßig geschädigt, sondern langsam fortschreitend, und zwar nimmt die Schädigung mit dem Grad der Abkühlung zu. Das Wesen dieser Gewebsveränderung liegt nach *Rischpler* in der Wasserentziehung und in der Eisbildung. Kommen wir zu der *allgemeinen Wirkung* der niedrigen Temperaturen auf den Gesamtorganismus, so können wir an den inneren Organen Nekrosen finden,

welche zu entzündlichen Infiltrationen führen; im übrigen sehen wir, daß die Kälte anfänglich ermuntert, die Herztätigkeit verstärkt, den Blutdruck und die Puls- und Atemfrequenz hebt. Von seiten des Zentralnervensystems stellen sich Ermüdung, erschwerte Muskelbewegung und unsicherer Gang ein. Das Gefühl stumpft ab, das Denkvermögen erschlafft, das Bewußtsein und die Reflexe schwinden. Der Puls geht bis auf 40 Schläge und noch weniger zurück, wie der Fall von *Meixner* lehrt, der pulslos war, und bei dem kein Herzschlag festgestellt werden konnte. Tritt der Tod nicht sofort als unmittelbare Folge der Unterwärme ein, so folgt er oft dann, wenn der Erfrorene und scheinbar Tote auf höhere Wärmegrade gebracht wird. Bei vorsichtiger, allmählicher Erwärmung haben wir einen Zustand von Hirnreizung mit Kopfweh, dauernder Schwäche, Bewußtlosigkeit und Delirien, auch Epilepsie wurde beobachtet. Gehen wir auf die *Veränderungen des Blutes* bei Kälteeinwirkung ein, so fanden *Bürker* und insbesondere auch *Pouchet*, daß die roten Blutkörperchen durch Kälte gelöst wurden. Das Blut war lackfarben. Da letzterer auch die Trümmer der roten Blutkörperchen im zirkulierenden Blut feststellte, glaubte er an eine toxische Wirkung auf den Gesamtorganismus und sah hierin die Todesursache. Bekannt ist, daß rote Blutkörperchen, auf dem Objektträger gefroren, nach Auftauen sich vollständig lösen, die Leukocyten sind erhalten, aber abgestorben. Eingehende Untersuchungen des roten Blutbildes finden wir bei *Giese, Reineboth* und *Kohlhardt;* sie stellten bei starker Kälteeinwirkung mäßige Verminderung der Erythrocyten und starke Abnahme des Hämoglobins fest. Der Hämoglobinverlust ist stärker als die Verminderung der Zahl der roten Blutkörperchen. *Reineboth* und *Kohlhardt* fanden ferner bei ihren Versuchstieren eine Leukocytose, *Giese* erhielt zu schwankende Werte und verzichtete schließlich auf die Zählung der weißen Blutkörperchen. In den fixierten und gefärbten Präparaten fiel ihm das Zusammenliegen von eosinophilen Zellen auf. *Förster* ließ in seinem Institut das Verhalten des weißen Blutbildes nach Kälteeinwirkung untersuchen. Auf die Versuchsanordnung wird hier nicht näher eingegangen (s. *Fröhlich*, Diss. Marburg 1938). Es fand sich in zehn Fällen eine Verminderung und in fünf Fällen eine ausgesprochene Vermehrung der Gesamtleukocytenzahl. Die Leukocytose trat in den Fällen auf, bei denen es sich um besonders kräftige Tiere handelte, welche der Kälte den größten Widerstand leisteten. Das von *Giese* beschriebene gruppenweise Auftreten von segmentkernigen Leukocyten wurde nur gelegentlich gesehen. Dagegen fiel in 13 von 15 Versuchen eine sehr starke Vermehrung der eosinophilen Zellen auf, in einem Fall bis auf 40 % der Gesamtleukocyten. Weiterhin traten sehr große Lymphocyten in Erscheinung. Als wichtigster Befund konnte die weitgehende Schädigung und Zerstörung der Leukocyten erhoben werden, hieran waren die der myeloischen Reihe besonders beteiligt. Kerntrümmer lagen diffus im Protoplasma, bei den Eosinophilen färbten sich die Kerne nur blaß oder gar nicht. Die Zellgrenzen waren zerstört und die eosinophilen Granula aus den Zellen ausgetreten. Als *Spätschäden* einer Erfrierung sehen wir Neuritis, Herabsetzung oder Verlangsamung der Wärmeempfindung, Steigerung der Reflexe, Hypotonie, myogene Kontrakturen (infolge des Zerfalles der kontraktilen Substanz und der wachsartigen Degeneration, verbunden mit narbiger Schrumpfung der erfrorenen Muskeln); hin und wieder haben wir auch langsam abklingende und anhaltende Lähmung einzelner Nerven. Vor allem bleiben vasomotorische Störungen zurück, wie Cyanose, Ödem, cyanotische

Ödeme mit schmerzhaften Geschwüren, Dermographie, Hypothermie, sowie abnormes Verhalten gegen Temperaturen, Ernährungsstörungen durch Wucherung der Gefäßintima, welche auch zu Geschwulstbildungen und zu Nekrose führen, sowie sekretorische Störungen in Form einer Hyperhidrosis. Knochenatrophie wurde gelegentlich beobachtet. *Sonnenburg* und *Ludwig Pick* sahen Spätgangrän erst nach Jahren, sie beruhte auf einer Endarteriitis obliterans. Die durch Rekanalisation und Kollateralkreislauf ausgeglichene Zirkulation kann durch irgendwelche Hemmnisse, wie z. B. verminderte Triebkraft des Herzens oder spastische Kontraktion die vis a tergo einschränken, dabei kommt differentialdiagnostisch Lues, Alkohol, Nicotinabusus und auch Diabetes in Frage. Die *Todesursache* ist nach *Marchand* die Folge einer allgemeinen Erschöpfung oder eines Darniederliegens des gesamten Stoffwechsels aus Mangel an der für diese Vorgänge unumgänglich notwendigen Wärme. Da diese Vorgänge vom Zentralnervensystem beherrscht und reguliert werden und da dessen Elemente selbst gegenüber Störungen ihres Stoffwechsels am empfindlichsten sind, so ist die herabgesetzte Tätigkeit dieser Elemente in jedem Fall die letzte Ursache des Todes. Die — wahrscheinlich reflektorische — Erregung der Zentren der Medulla oblongata durch Temperaturabnahme (Kältereiz) bedingt die anfängliche Steigerung der Atem-Pulsfrequenz und der Stoffwechselvorgänge, auf welche alsdann das Absinken aller Lebensvorgänge erfolgt. Die *Leichenbefunde* nach Erfrierung sind keineswegs charakteristisch. In der Regel sind die Totenflecke hellrot, allerdings sind sie nicht für den Erfrierungstod pathognomonisch, sondern sie treten auch bei jeder sofort nach dem Tod der Kälte ausgesetzten Leiche auf. Sie entstehen nach *Falk* durch die Diffusion von Sauerstoff durch die Haut und durch die Affinität des Sauerstoffs zum Hämoglobin, die mit sinkender Temperatur zunimmt. Eine gewisse Bedeutung für die Diagnose des Erfrierungstodes haben die roten Flecken, welche sich an den abhängigen Teilen finden. Nach *Keferstein* entstehen sie dadurch, daß an den der Kälte am meisten ausgesetzten Stellen das Blut in den Gefäßen teilweise zu Eis erstarrt. Solange der Kreislauf noch besteht, wird dieses Eis durch das zirkulierende warme Blut wieder aufgetaut und so ein Teil des Blutes lackfarben. Aus den Gefäßen diffundiert dann das im Serum aufgelöste Hämoglobin in das umgebende Gewebe und bringt so die roten Stellen auf der Haut hervor. *Ogston, v. Dieberg, v. Hofmann-Haberda* halten diese Erfrierungsflecke ebenfalls für diagnostisch verwertbar. Das bei Erfrorenen beobachtete Auseinanderweichen der Kronen- und Pfeilnaht (*Krajewski*) ist lediglich eine Leichenerscheinung. *v. Dieberg*, dem sich *Blosfeld, Ogston, Hilty* und *v. Samson-Heimelstiern* anschlossen, sahen bei Erfrorenen eine starke Blutüberfüllung des Herzens. Über die Farbe des Herzblutes gehen die Ansichten auseinander, die einen fanden hellrotes, die anderen karmoisinrotes, *Richter* beispielsweise im rechten Herzen dunkelrotes, im linken hellrotes Blut. *Wischnewski* fand in 40 von 44 Fällen Erosionen der Magenschleimhaut. Andere bezweifelten diese sog. *Wischnewski*-Flecken als das wichtigste Kennzeichen des Todes durch Erfrieren. *Krjukoff* fand sie in 72 %. Man kann diese Flecken nicht als charakteristisches Zeichen des Erfrierungstodes ansprechen, wir finden sie auch bei anderen Todesarten. *Dyrenfurth* konnte experimentell solche Flecken nicht erzeugen und meint mit Recht, daß die *Wischnewski*-Flecken nur eine Leichenerscheinung seien. Andere Autoren, wie *Krjukoff* und *Külz*, legen Wert auf die Herabsetzung des Glykogengehaltes der Leber bei Erfrierungstod; dabei ist zu

bemerken, daß Glykogen ein wenig beständiger Körper ist, der sich, wie *Dyrenfurth* feststellte, schon kurz nach dem Tode zersetzen kann. Im übrigen konnte er bei seinen Tierversuchen immer Glykogen nachweisen. Einige andere beim Kältetod erhobene Befunde sind wechselnd und widerspruchsvoll; von ihnen erwähnenswert wären noch die von *Reineboth* und anderen beschriebenen Ekchymosen der Pleura, ebenso die Feststellung *Rischplers*, nach dem die Muskulatur durch Verlust der Querstreifung und Zerfall der Fasern in unregelmäßige, homogene und körnige Fragmente zerfällt. Die bisher einzige Beobachtung eines praktischen Falles über die Veränderungen an inneren Organen und über die Veränderungen an der Haut, sowie Gefäßen und Muskulatur aus der jüngsten Zeit ist von *Meixner*. Er sah bei seinen mikroskopischen Untersuchungen die auffallendsten Veränderungen in der Haut und an den Gefäßen des Unterhautzellgewebes. Die Oberhaut war bis unter das stratum lucidum durch zahlreiche flächenhafte Spalten aufgeblättert. Im stratum granulosum war die Zeichnung verwischt, die Zellen waren vielfach ineinander versintert. In der Keimschicht erscheinen die Kerne etwas vermindert und schwer verändert. Sie waren geschrumpft, dunkel gefärbt und von einem hellen Spaltraum umgeben. Ein kleiner Teil der Kerne war gequollen und blasser, daneben auch in wechselnder Menge unverändert. Die Fasern der Lederhaut waren aufgelockert, außerordentlich kernarm, besonders in den Papillen, Blutgefäße waren stark zusammengezogen und zusammengesunken, es bestand Schwund der Zellen in der Gefäßwand, die Endothelzellen waren spärlicher. An Hautstellen vom Unterschenkel und vom Handrücken sah *Meixner* Blutaustritte im Unterhautzellgewebe. In der Muskelschicht der Gefäße waren die Kerne verwaschen, manche Stellen schlecht oder gar nicht färbbar. Weiter konnte er Protoplasmaveränderungen in den Muskelfasern feststellen, im Sarkolemmschlauch lagen regellos durcheinander Krümel und Klumpen; er beobachtete alle Vorgänge von Lockerung des Gefüges an bis zur Bildung von Klumpen und Schollen, in welchen keine Fibrillenteile mehr zu erkennen waren. Das Fettgewebe zeigte oft die Zellen als bräunlich-schwarze Klumpen, die Randschicht war von kleinen, gelb bis dunkelbraunen Kristallnadeln erfüllt. Die inneren Organe waren nicht verändert. In diesem Fall handelt es sich um typische direkte Schädigungen der Gewebselemente durch Kälteeinwirkung und um keine indirekte Veränderung infolge Kreislaufstörung. Der Erfrierungstod ist in unseren Gegenden selten, dagegen in nördlichen Ländern häufig. Sicherer Selbstmord durch Erfrieren ist in der Literatur nicht bekannt. Die absichtliche Tötung von Menschen durch Erfrieren ist nur dann möglich, wenn es sich um hilflose Personen, insbesondere um Neugeborene handelt. Letztere Fälle sind hinreichend bekannt.

*Schrifttum.*

*Bürker:* Die körperlichen Bestandteile des Blutes. Handb. der normalen und pathologischen Physiologie **6**, 1 (1928). — *v. Dieberg:* Beiträge zur Lehre vom Tod durch Erfrieren. Vjschr. gerichtl. Med. **38**, 1 (1882). — *Dyrenfurth:* Über den Wert zweier neuerer Kennzeichen des Todes durch Kälteeinwirkung. Vjschr. gerichtl. Med. **51**, 234 (1916). — *Falk:* Über den Einfluß niederer Temperaturen auf die Blutfarbe. Vjschr. gerichtl. Med. N. F. **47**, 76 (1887). — *Giese, E.:* Experimentelle Untersuchungen über Erfrierung. Vjschr. gerichtl. Med. N. F. **22**, 235 (1901). — *v. Hofmann-Haberda:* Lehrbuch der gerichtl. Medizin. **II**, 710 (1923). — *Keferstein:* Leichenbefund bei Erfrierungstod. Z. Med.beamte **1893**, 201. — *Krajewski:* Einwirkung großer Kälte auf die menschliche Ökonomie. Ref. in Henkes Z. f. Staatsarzneikunde **1861**, 81. — *Krjukoff, A.:* Beitrag zur Frage der Kennzeichen des Todes durch Erfrieren. Dtsch. Z. gerichtl. Med. **47** (1914). — *Marchand:* Handb. der allgemeinen Pathologie. **1** (1908). — *Meixner, K.:* Ein Fall von Tod durch Erfrieren. Dtsch. Z. gerichtl. Med. **18**, 270 (1932). — *Müller, Reiner:* Unterwärme des Körpers

Münch. med. Wschr. **32** (1917). — *Ogston:* Über die Leichenbefunde nach dem Erfrierungstod. Vjschr. gerichtl. Med. N. F. **1864**, 149. — *Osterland:* Veröff. Heeressan.wes. **77**, 87. — *Pick:* Handb. der ärztlichen Erfahrungen im Weltkrieg. **8** (1921). — *Pouchet:* La congélation des animaux. J. de l'anatomie et de la Physiologie normales et pathologiques de l'homme et des animaux. Paris 1866. — *Reineboth* u. *Kohlhardt:* Blutveränderungen infolge von Abkühlung. Dtsch. Arch. klin. Med. **65**, 192 (1900). — *Richter:* Gerichtsärztliche Diagnostik und Technik. Leipzig 1905. — *Sonnenburg* u. *Tschmarke:* Die Verbrennungen und die Erfrierungen. Dtsch. Z. Chir. **17** (1915).

*Förster.*

## Tod und Gesundheitsbeschädigung durch gewaltsame Erstickung. (Vgl. auch Art.: Erstickung im allgemeinen; Tod durch Ertrinken.)

Die *gewaltsame Erstickung* im engeren gerichtlich-medizinischen Sinne beruht auf einer mechanischen und von außen kommenden Behinderung des respiratorischen Gasaustausches. Die Ursache dafür kann einmal ein Verschluß der Luftwege durch ein flüssiges Medium sein (s. d. Art.: Tod durch Ertrinken). Zum anderen sind es mechanische Hindernisse, die die Atemöffnungen oder Atemwege verschließen bzw. die Atembewegungen hemmen. Als wichtiger Leitsatz gilt dabei mit wenigen Einschränkungen die Forderung: Eine gewaltsame Erstickung darf nur dann behauptet werden, wenn neben den dafür sprechenden Gesamtbefunden auch das erstickende Agens oder Spuren desselben vorhanden sind.

*I. Erstickung durch mechanischen Verschluß der Atemöffnungen* (Verschluß der Respirationsöffnungen). Der mechanische Verschluß der Atemöffnungen kann auf verschiedene Weise zustande kommen. Vom kriminalistischen Standpunkt aus müssen zwei Mechanismen unterschieden werden, nämlich a) das gewaltsame Zuhalten von Nase und Mund und b) der weiche Verschluß der Respirationsöffnungen (weiche Bedeckung, Erstickung unter Kissen od. ä.). Diese Unterscheidung ist deshalb wichtig, weil bei dem letztgenannten Mechanismus und seinen verschiedenartigen Abwandlungen wesentliche äußere Spuren kaum hervorgerufen werden und nur die allgemeinen Erstickungszeichen (s. d. Art.: Erstickung im allgemeinen) für die Diagnostik bleiben. Dagegen wird bei dem erstgenannten Mechanismus, nämlich dem manuellen Verschluß von Nase und Mund, der vor allem bei der Kindestötung (s. d.) eine wichtige Rolle spielt, die Diagnosestellung leichter sein, weil dabei fast immer kleine Kratzer, geringe Excoriationen und evtl. kleine Hämatome in der Umgebung der Respirationsöffnungen zustande kommen. Diese sind als wichtige Leitmomente für die Diagnose der gewaltsamen Erstickung besonders sorgfältig zu registrieren und auszuwerten. Suffusionen sind dabei aber nicht die Regel. Die kleinen Excoriationen sind im Gegenteil häufig frei von Blutungen, was die Sicherstellung ihrer vitalen Entstehung besonders erschwert. Die Deutung wird dann nur durch Zusammenhalten mit den übrigen anatomischen Befunden und der gesamten kriminalistischen Situation möglich sein. Bei Erwachsenen ist diese gewaltsame Tötungsart meist mit anderweitigen mechanischen Insulten verknüpft wie z. B. Drosseln, Würgen u. ä. Die entsprechenden Spuren (s. u.) erleichtern die Diagnose. Häufig kommt es dabei infolge Fingereinpressung in den Mund zu Druckspuren oder Verletzungen am Zahnfleisch, Lockerung bzw. Abbrechung von Zähnen (besonders bei altersschwachen Opfern). Bei tiefem Einbohren der Finger sind Einrisse und Blutungen in der Gaumen- und Rachenschleimhaut zu finden. Gelegentlich wird dieser manuelle Mechanismus mit der Einpressung eines Knebels kombiniert, dessen Auffindung im Mund oder Rachen diagnostisch bedeutungsvoll ist. Bei tiefem Hineinpressen des Knebels, der dann den Rachen tamponiert und auf den Kehl-

kopfeingang zu liegen kommt, entsteht eine Erstickungsart, die als Bolustod eine Sonderstellung einnimmt (s. u.).

Bei dem weichen Verschluß der Respirationsöffnungen kommen verschiedene Entstehungsmechanismen in Frage. Gewaltsame Tötung Erwachsener unter Kissen oder Decken sind im großen und ganzen seltene Vorkommnisse und meist mit Würgen oder Drosseln kombiniert. Bei altersschwachen Personen, die nicht mehr zu wesentlichen Abwehrreaktionen fähig sind, kann diese Erstickungsweise in ihrer reinen Form zur Durchführung kommen, ohne daß dabei wesentliche verdächtige Verletzungen entstehen. Ferner ist im epileptischen Anfall, bei apoplektischer Hirnblutung und in der Trunkenheit mit einer derartigen Erstickung dann zu rechnen, wenn solche Menschen beim Hinstürzen mit den Respirationsöffnungen in weiche Kissen oder auf eine weiche, sich anschmiegende Unterlage zu liegen kommen und zu dieser Selbstbefreiung aus dieser gefährlichen Lage nicht mehr fähig sind. Größere Bedeutung hat die Erstickung durch weichen Verschluß der Atemöffnungen beim Kindesmord. Wesentliche Spuren durch Abwehrbewegungen werden dabei meist völlig vermißt. Abgesehen vom Auflegen eines Kissens oder einer dicken Decke sind Tötungen solcher Kleinkinder durch Anpressen an die Brust beim Säugen, durch Zusammenpressen der Schenkel über dem Gesicht des eben geborenen Kindes u. ä. bekanntgeworden. Ferner ist gelegentlich die Frage der absichtlichen oder unabsichtlichen Erdrückung eines Kindes beim Schlafen im Bett Erwachsener zu ventilieren. Tötung durch Auflegung von befeuchtetem Papier auf die Respirationsöffnungen soll in Japan eine Rolle spielen.

Bei all diesen Situationen ist der *Leichenbefund* nur wenig charakteristisch. *Äußerlich* findet sich eine mehr oder weniger starke Cyanose des Gesichts mit Ekchymosen der Lider und Bindehäute, vor allem in den Umschlagsfalten der Augenlider. Totenflecke an der Vorderseite des Körpers können für die Deutung des Todesmechanismus insofern wichtig sein, als sie auf eine Bauchlage bei oder kurz nach dem Tode hinweisen. Umschriebene Aussparungen der Hypostasen in Form blaßweißer Flecken an den Respirationsöffnungen und ihrer Umgebung bilden u. U. dabei einen Hinweis auf Anpressen dieser Stellen gegen die Unterlage. Der *innere* Leichenbefund ist zwar nicht regelmäßig aber doch in vielen Fällen durch stärkere Lungenblähung, interstitielles Emphysem, herdförmige Lungenhyperämie, öfter auch durch hämorrhagisches Lungenödem und bisweilen durch infarktähnliche Blutungsherde in den Lungen gekennzeichnet (*Haberda, F. Reuter, Schrader*). Blutungen an der Epiglottis und in den Kopfweichteilen bilden weitere wichtige Merkmale. Wiederholt wurde schließlich eine auffallende Milzanämie gefunden; die Milz zeigte gerunzelte Kapsel, schlaffe blaßrote Schnittfläche. Die vorgenannten Befunde sind keineswegs absolut charakteristisch. Die Diagnose einer gewaltsamen Erstickung durch weichen Verschluß der Respirationsöffnungen wird mangels exakter Nachweismöglichkeit bei den vorgenannten Befunden nur dann zu stellen sein, wenn jede natürliche Todesursache ausgeschlossen werden konnte. Sorgfältige mikroskopische Lungenuntersuchung, besonders bei Kindern, zur Frage eines Todes durch capillare Bronchitis oder durch Aspiration erbrochener Massen sind grundsätzliche Vorbedingung. Deshalb wird bei der Obduktion die Formulierung des vorläufigen Gutachtens darauf Bezug nehmen müssen. In den Fällen, wo unmittelbar nach der Geburt das Kind mit dem Gesicht in den Geburtsausscheidungen (Blut, Meconium, Faeces) zu liegen kam und dabei erstickt sein soll, ist durch die mikroskopische Untersuchung die Frage entsprechender Aspiration zu klären.

*II. Erstickung durch Verschluß der Atemwege.*
*a) Verschluß der Atemwege von außen (Strangulation).*
Unter *Strangulation* versteht man den Erstickungsmechanismus durch Kompression des Halses, insbesondere der Luftwege beim Erhängen, Erdrosseln und Erwürgen. Beim Erhängen und Erdrosseln wird die Strangulation durch ein Strangwerkzeug bedingt. Dabei wird beim Erhängen die Zusammenziehung des Stranges durch die Körperschwere, beim Erdrosseln durch einen von außen kommenden besonderen Mechanismus (wie manuelle u. ä. Zusammenziehung) bewirkt. Beim Erwürgen geschieht die Kompression ohne Zwischenschaltung eines Strangwerkzeuges rein manuell.

*1. Erhängen.* Beim Erhängen, ähnlich auch bei den anderen Strangulationsformen, kombinieren sich drei *pathophysiologisch* unterschiedliche Mechanismen, nämlich die Druckwirkung durch den Strang auf die Luftwege, des weiteren der Druck auf die Blutgefäße des Halses und schließlich noch die mechanische Beeinflussung der Halsnervengeflechte, insbesondere der Vagusverzweigungen. Man unterscheidet je nach Lage des Stranges und Aufhängungsart ein *typisches* und ein *atypisches* Erhängen. Charakteristisch für Ersteres ist die Lage des Stranges oberhalb des Kehlkopfes mit symmetrischem Ansteigen zu dem in der Nackengegend liegenden Aufhängungspunkt bzw. Vereinigungspunkt der Schenkel. Demzufolge zeigt die Strangmarke (s. u.) einen analogen Verlauf. Im Nacken findet sich je nach Schlingart entweder eine Knotenfalte, oder die Strangmarkenschenkel verlieren sich bei offener Schlinge allmählich am behaarten Hinterkopf. Des weiteren ist charakteristisch ein freies Hängen des ganzen Körpers ohne jegliche Unterstützung an Rumpf oder Extremitäten. Dadurch kann sich die gesamte Körperschwere auf eine blitzschnelle Zusammenziehung der Schlinge und somit rasche Kompression des Halses auswirken. Die Feststellung der Aufhängungsart ist von grundsätzlicher Bedeutung für die sichere Auswertung der anatomischen Befunde. Sie läßt sich exakt nur durch Augenscheinnahme vor dem Abschneiden des Erhängten feststellen. Häufig ist aber der Tote vor Zuziehung des ärztlichen Sachverständigen bereits vom Strang befreit. Es muß dann durch Befragung die Aufhängungsart genau festgelegt werden. An der Leiche lassen sich dazu nur in beschränktem Ausmaß Anhaltspunkte aus der Lage der Totenflecke und evtl. der Totenstarrebildung an den unteren Extremitäten gewinnen (wie z. B. winklige Abknickung in den Kniegelenken bei atypischem Erhängen durch Aufstützen der Beine). Die pathophysiologische Auswirkung des typischen Erhängungsmechanismus ist in folgendem gegeben: Durch Einschneiden des Stranges an der Halsvorderseite zwischen Kehlkopt und Zungenbein kommt es zu einer Verdrängung von Zungengrund und Mundboden nach hinten oben, wodurch eine Tamponade des Rachenraumes bewirkt wird. Gleichzeitig werden die seitlichen Halsgefäße blitzartig abgeklemmt, und zwar liegt der Verschluß der Carotiden gewöhnlich dicht unterhalb ihrer Teilungsstelle. In gleicher Höhe werden die Jugularvenen komprimiert. Die Vertebralarterien werden ebenfalls von dem Strangdruck erfaßt und mehr oder weniger vollständig verlegt. Ihr Verschluß erfolgt zwischen Occiput und erstem Halswirbel oder zwischen erstem und zweitem Halswirbel, wo die genannten Arterien aus dem schützenden Knochenkanal der Querfortsätze heraustreten und demzufolge der unmittelbaren Druckwirkung durch die zum Nacken aufsteigenden Strangschenkel ausgesetzt sind. Aus diesem Mechanismus ergibt sich eine

völlige Zirkulationsunterbrechung zum Gehirn. Als drittes Moment ist schließlich der Druck des einschneidenden Stranges auf die Halsnerven zu nennen. In erster Linie ist der Vagus und der Laryngeus superior mit seinen Verzweigungen davon betroffen. Des weiteren ist nach neueren Untersuchungen die Druckwirkung auf das verzweigte Nervengeflecht am Sinus caroticus von Bedeutung, das gleichfalls dem Vagus zugehört. Seine Reizung bzw. Schädigung durch den einschneidenden Strang ruft eine depressorische Wirkung auf das Herz hervor, woraus nach Untersuchungen von *Hering* Blutdrucksenkung und Störungen der Herzaktion bis zum vorübergehenden Herzstillstand resultieren können; Erscheinungen, die durch analoge Beobachtungen bei der Hinrichtung durch den Strang sichergestellt sind (s. d. Art.: Vagus-Druckversuch). Für den Ablauf des Erhängungstodes ergibt sich daraus folgendes: Infolge der Zirkulationsunterbrechung zum Gehirn und der daraus entstehenden Hirnanoxämie tritt sofort bei der Kompression des Halses eine Bewußtlosigkeit ein, die eine Selbstbefreiung aus dem Strang unmöglich macht. Dies wird durch experimentelle Erfahrungen und Beobachtungen an geretteten Selbstmördern bewiesen. Weiterhin treten nach kurzdauerndem initialen Atemstillstand Dyspnoe und Krämpfe auf. Nach endgültiger Atemlähmung kann die Herztätigkeit noch eine Zeitlang und zwar 10—15 Minuten lang erhalten bleiben. (Nähere Einzelheiten s. d. Art.: Erstickung im allgemeinen.) Daß für den tödlichen Ausgang der Strangulation der Gefäßverschluß und damit die Hirnanoxämie der maßgebliche Faktor ist, wird dadurch bewiesen, daß auch bei tracheotomierten und mit einer Trachealkanüle versehenen Selbstmördern die Erhängung zum Tode führte, obwohl die Luftzufuhr zur Lunge durch die unterhalb des Stranges liegende Kanüle vollständig frei geblieben war. Ähnlich sind die Verhältnisse bei tiefer Stranglage (quer über den Kehlkopf hinweg), wobei

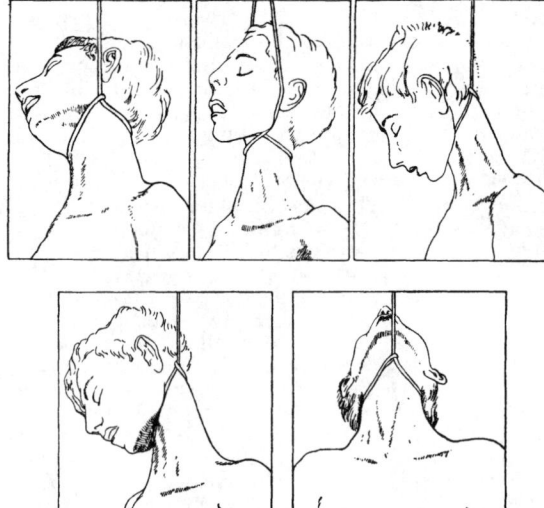

Abb. 1. Atypische Lage des Stranges (nach *F. Reuter*).

kein voller Abschluß der Luftwege besonders bei verknöchertem Kehlkopfskelett zustandekommt, wenn nicht ein Bruch des Schildknorpels bewirkt wird. Die depressorische Wirkung seitens der vom Strang getroffenen Carotis-Sinus-Geflechte und des Vagus kann gelegentlich bei anderweitig geschädigtem Herzen eine sehr rasche Herzlähmung bedingen.

In all den Fällen, wo die Stranglage oder die

Körperstellung Abweichungen von den vorgenannten Verhältnissen zeigt, spricht man von *atypischem* Erhängen. Atypische Stranglagen sind in den folgenden Abbildungen gekennzeichnet (s. Abb. 1). Bei seit-

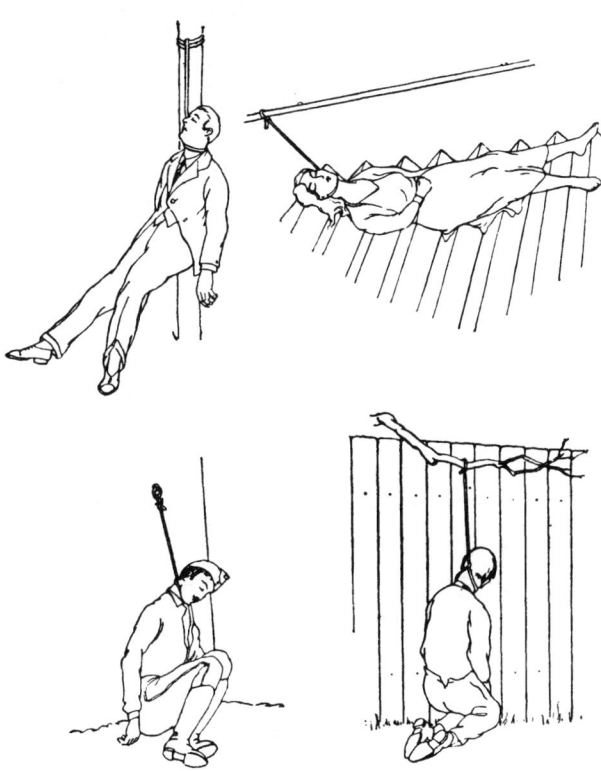

Abb. 2. Atypische Stellungen beim Erhängen (nach *F. Reuter*).

licher Verlagerung des Strangknotens bzw. des Aufhängungspunktes kann der Gefäßverschluß an einer der beiden Halsseiten und auch der Vertebralarterien

Abb. 3. Atypische Stellungen beim Erhängen (nach *F. Reuter*).

unvollständig bleiben. Dies vor allem dann, wenn zu der atypischen Stranglage noch eine mehr oder weniger unterstützte Aufhängungsart hinzukommt (s. Abb. 2 u. 3). Wesentlich ist aber, daß auch bei

unvollständigem Gefäßverschluß rasche Bewußtlosigkeit eintritt. Der innere Erstickungsmechanismus verläuft im übrigen gleichsinnig wie bei typischem Erhängen. Selbst bei ganz außergewöhnlichen Stranglagen, wie etwa vom Nacken nach vorn über das Kinn hin ansteigend, werden die Carotiden durch starke Herabdrängung des Unterkiefers und Vorpressung der Weichteile hinter dem Unterkieferwinkel zum Verschluß gebracht. Auch bei völligem Freibleiben einer Halsseite vom Strangulationsdruck (wie z. B. beim Doppelselbstmord in einer Schlinge [s. Abb. 3]), wird der tödliche Ablauf nicht gehindert. Die pathophysiologische Auswirkung der atypischen Erhängungsmechanismen ist durch neuere Untersuchungen weitgehend geklärt worden (*Schwarzacher*). Diese ergaben, daß bei Zugrundelegung eines Gefäßbinnendruckes von 170 mm Hg eine Zugkraft des Stranges von 3,5 kg genügt, um die Carotiden vollständig zu verschließen. Bei den geschützter liegenden Vertebralarterien ist eine Zugkraft von 16,6 kg erforderlich. Die Zugwerte, die bei liegender oder knieender Stellung als niedrigste gefunden bzw. errechnet werden konnten, bewegen sich zwischen 10 und 20 kg. Somit werden auch bei diesen außergewöhnlichen Erhängungssituationen die Carotiden stets, die Vertebralarterien in einem Teil der Fälle komprimiert und somit die Zirkulation zum Gehirn hin weitgehend aufgehoben. Demzufolge ist, wie auch die Erfahrung beweist, stets mit raschester Bewußtlosigkeit und einer Unfähigkeit zur Selbstbefreiung zu rechnen.

Was die *anatomischen Befunde* betrifft, so ist zu sagen, daß das charakteristische Kennzeichen die *Strangmarke* ist. Je nach Erhängungsart und Beschaffenheit des Strangwerkzeuges zeigt sie unterschiedliche Beschaffenheit. Bei dünnen Strängen findet man meist eine schmale und oft tief einschneidende Rinne, die anfangs anämisch ist, späterhin in eine braune bis braunrote vertrocknete Konsistenz übergeht. Die postmortale Vertrocknung entsteht infolge der starken Kompression der Haut unter dem Strang und durch die Abschürfung der obersten Hautlamellen, besonders bei unebenen Strangoberflächen, wie sie meist an den gedrehten Strängen gegeben sind. Öfters sind in der Strangmarke Abdrücke von Besonderheiten des Strangwerkzeuges zu beobachten (Strickwindungen oder Flechtmuster, Kettenglieder, Riemenschnallen u. ä.), die u. U. erhebliche kriminalistische Bedeutung gewinnen können. Gelegentlich kann die Strangmarke nur außerordentlich schwach ausgeprägt sein, ja sogar vollkommen fehlen. Diese außergewöhnlichen Befunde, die immerhin selten sind, kommen nur dann zur Beobachtung, wenn ein besonders weiches Strangwerkzeug (weicher breiter Schal) oder ein sehr breites Strangwerkzeug benutzt war. So sind z. B. einwandfreie Erhängungstodesfälle ohne jede äußere Strangmarkenspur bei Benutzung eines breiten Lederkoppels beobachtet worden. Vielleicht spielt dabei auch ein mehr oder weniger rascher Todeseintritt unter Wegfall der Erstickungskrämpfe eine Rolle, z. B. rasche Herzlähmung unter Depressorwirkung des Vagus. Auch ist sicherlich für die Ausprägung der Strangmarke von Bedeutung, ob der Körper mit seiner gesamten Schwere (typisches Erhängen) oder nur mit wesentlich verringertem Gewicht, wie beim atypischen Erhängen im Sitzen oder Liegen, den Strang zum Zusammenziehen bringt. Auch die Dauer des Hängens kann unter Umständen für das mehr oder weniger deutliche Ausprägen der Marke maßgeblich sein. Blutungen im Bereich der Strangmarke werden gewöhnlich vermißt. Einzig wenn bei gedoppeltem Strick oder mehrtourigen Stranglagen feine Hautleisten zwischen den Windungen hochgepreßt wurden, kann es in diesen Zwischenkämmen zu Gefäßüberfüllung und Blutungen kommen. Diese stellen ein überaus wichtiges vitales Zeichen dar, allerdings unter der Voraussetzung, daß nicht postmortale Blutsenkungen (z. B. beim Erhängen im Liegen) an diesen Stellen Blutaustretungen zustande kommen lassen. Eine mikroskopische Untersuchung muß dann die Verhältnisse näher klären. Wichtig ist weiterhin der Befund von isoliert durch die Strangfurche ziehenden gefüllten Blutgefäßen, vorausgesetzt, daß eine Hypostase an dieser Stelle auszuschließen ist. Für ihre Darstellung an der herausgetrennten Hautpartie empfiehlt sich nach Fixation eine Alkohol-Xylolbehandlung (*Ziemke*). Die Cyanose in den Randwülsten, besonders oberhalb der Strangfurche, ist dagegen wohl meist eine reine Leichenerscheinung. Auch durch postmortales Aufhängen wird eine Strangmarke hervorgerufen, die in Farbe, Vertrocknung und ähnlichem von einer vitalen Strangmarke nicht zu unterscheiden ist. Die Strangmarke an sich ist demnach kein sicheres Kriterium für einen Erhängungstod. In Zweifelsfällen wird die mikroskopische Untersuchung außer nach den vorgenannten Blutungen auch noch nach gewissen Fettgewebsveränderungen zu fahnden haben. Neuere Untersuchungen haben in der Fettzellemulgierung unter der Strangmarke (einer feintropfigen Umwandlung des Fettzelleninhaltes) ein weiteres wichtiges vitales Zeichen erkennen lassen (*Blum, Orsós, Walcher*). Andere mikroskopische Befunde, wie Hyperämie der Grenzbezirke, höhere Grade von Blutfüllung und Blutgerinnung in Gefäßen der Strangmarke, sprechen ebenfalls für eine vitale Suspension (*Roer* und *Koopmann*). Hingegen sind die Muskelveränderungen im Sinne wachsartiger Degeneration, die Metachromasie des Bindegewebes sowie die Nervenveränderungen (spindelförmige Anschwellung der Achsenzylinder, Zerreißung der Neurofibrillen, Koagulation in den Ganglienzellen) in ihrem Beweiswert noch umstritten bzw. sehr schwierig exakt nachweisbar, so daß ihre diagnostische Bedeutung zunächst noch offengelassen werden muß. Unter den fortschreitenden Leichenveränderungen erfährt auch eine vertrocknete Strangmarke eine weitgehende Erweichung und kann unter der Fäulnis völlig verschwinden, so daß äußerlich am Halse keine Anzeichen für den Erhängungsmechanismus mehr wahrzunehmen sind. Es muß dann z. B. bei Exhumierungen besonders auf die Spuren in den tieferen Halspartien geachtet werden, die u. U. auch noch nach längerem Erdgrab nachweisbar sind. Neben diesen morphologischen Einzelheiten der Strangmarke ist auch ihre Lage von Bedeutung. Sie muß stets unter Berücksichtigung der gesamten Erhängungssituation geprüft werden. Bei typischem Erhängen liegt sie meist zwischen Kehlkopf und Zungenbein, dicht unter dem Unterkiefer. Die Halshaut ist oberhalb der Marke öfters in Falten hochgezogen. Manchmal deutet eine breitere vertrocknete Schürfspur an einer oder auch an beiden Halsseiten auf ein Hochrutschen des anfangs tiefer gelegenen Stranges hin, was besonders bei weniger schmiegsamen Strangwerkzeugen, wie z. B. Lederriemen, zur Beobachtung kommt. Eine auffallend tiefe Lage der Strangmarke, wie etwa auf oder unter dem Kehlkopf,

kann beim Erhängen im Liegen vorkommen, ist aber stets besonders kritisch zu prüfen, weil die Drosselmarke in erster Linie durch diese tiefe Lage gekennzeichnet ist. Bei Feststellung einer Strangmarke muß selbstverständlich differentialdiagnostisch auch an die Eindruckspur des Hemdkragens gedacht werden, besonders bei beginnender Fäulnis und fettreichem Hals.

An *weiteren äußeren Befunden* wäre noch zu vermerken, daß die Gesichtsfarbe beim typischen freien Erhängen gewöhnlich blaß ist, weil der plötzliche Gefäßverschluß keine Blutanstauung oberhalb des Stranges zustande kommen läßt. Bei den atypischen Erhängungsakten tritt öfters eine mehr oder weniger deutliche Gesichtscyanose auf, die von dem Ausmaß der Blutstauung abhängt und nicht so selten kleine Petechien in den Conjunctiven, besonders an den Umschlagsfalten der Unterlider zustande kommen läßt. Beim Erhängen im Liegen tritt die Hypostase im Gesicht störend hinzu und kann die Deutung der Befunde außerordentlich erschweren. Daß die Totenflecke bei den mannigfachen Körperhaltungen des atypischen Erhängens nicht nur die Beinvorderseite, sondern auch die Bauchhaut, Rumpf und Arme umfassen können, bedarf keiner weiteren Erörterung. Im Verlauf der Erstickungskrämpfe können agonale Verletzungen dadurch zustande kommen, daß vorragende Körperstellen (Nase, Kinn, Jochbogen, Extremitäten) irgendwo anschlagen. Die sichere Deutung solcher Verletzungen verlangt wiederum genaue Prüfung der gesamten Erhängungssituation. Eine völlig freie Suspension, wobei der Körper nirgends anschlagen kann, wird die Annahme einer agonalen Verletzung hinfällig machen. Mehrfach sind nicht unerhebliche postmortale Verletzungen dadurch zustande gekommen, daß der Körper beim Reißen oder Abschneiden des Stranges herabstürzte und an irgendwelchen Vorsprüngen oder auf dem Boden infolge seiner Schwere mit aller Wucht aufschlug. Weiterhin ist an äußeren Befunden noch der Spermaaustritt zu nennen. Z. T. handelt es sich bei solchen Beobachtungen um eine postmortale Erscheinung, die nichts Charakteristisches für den Erhängungsakt in sich birgt. Durch postmortale Samenexpression unter der Totenstarre der Samenblasenmuskulatur sowie bei der Erschlaffung des Schließmuskels kommt es zu einem rein mechanischen Vorquellen an der Harnröhrenöffnung. Bei einem Teil der Fälle sind aber vitale Prozesse sicherlich zu unterstellen. Durch Beobachtungen bei Hinrichtungen und einer Reihe von Suicid-Fällen sowie bei Unglücksfällen im Verlauf von Suspensionen, die zu masochistisch-masturbatorischen Zwecken gewählt wurden, dürfte sichergestellt sein, daß im Verlauf der Strangulations-Anoxämie eine Reizung der Sexualsphäre (bzw. ein Ausfall cerebraler Hemmungseinflüsse) mit Erektion und Ejakulation zustande kommt (*Ziemke*).

An *inneren Befunden* interessieren in erster Linie die Verletzungen der tieferen Halspartien. Sie sind in der überwiegenden Mehrzahl keine regelmäßigen Begleiterscheinungen des Erhängungstodes, z. T. sehr selten, vor allem auch nicht unbedingt vital. So werden Frakturen der Kehlkopf- und Zungenbeinhörner (ein- oder doppelseitig) nicht allzu häufig gefunden. Eine Blutung ist insbesondere bei freiem Erhängen dabei nicht die Regel. Wenn sie sich aber findet, so dürften wohl an der vitalen Entstehung dieser Frakturen keine Zweifel bestehen, vorausgesetzt, daß hypostatische Einflüsse ausscheiden. Bei der vorgenannten Verschwinden der Strangmarke unter dem Fäulniseinfluß kann ein solcher Befund am Kehlkopf evtl. besondere Bedeutung gewinnen. Frakturen des Schild- oder Ringknorpels sind außerordentlich selten und werden bei einer typischen hochliegenden Strangmarke stets verdächtig für anderweitige Einwirkungen auf den Hals, wie Drosseln oder Würgen, sein. Die Intimarisse sind ebenfalls selten und werden in den Carotiden meist dicht unterhalb der Teilungsstelle gefunden. Ursache dafür dürfte die Gefäßzerrung unter dem Strangdruck sein. Da sie auch bei postmortalen Suspensionsversuchen gefunden wurden, haben sie keine besondere diagnostische Bedeutung, es sei denn, daß sie mit umschriebenen Blutungen in die Gefäßscheide verbunden sind. Ähnlich steht es mit den sehr seltenen Halsmuskelrissen, besonders an den Kopfnickern. Gelegentlich wird bei fettarmer, dünner Halshaut auch eine Fortsetzung der Strangmarkenvertrocknung nach der Tiefe hin und zwar an den vorgenannten Muskeln beobachtet. Für die sichere Erfassung von Blutungen in den Halsweichteilen empfiehlt sich deren Untersuchung unter künstlicher Blutleere (vorausgehende Kopfsektion und Herzsektion, wodurch die Halsgefäße entleert werden). Feine Blutungen am Zungenbein, in den Muskelschichten in der Umgebung des Kehlkopfes oder in seiner Schleimhaut werden auf diese Weise am sichersten erfaßt, ohne daß störende künstliche Blutungen unter der Sektion unterlaufen. Diagnostisch erschwerend kommt hierbei aber in Betracht, daß Blutungen in den Kapseln oder im Gewebe der Unterkiefer-Speicheldrüsen sowie an den sternalen bzw. clavikularen Kopfnickeransätzen auch bei postmortaler Suspension zustande kommen können, und zwar infolge von postmortalem Blutaussickern aus feinen, geborstenen Gefäßen. Sie verlieren somit ebenfalls an diagnostischer Bedeutung. Halswirbelverletzungen gehören zu den größten Seltenheiten und kommen wohl nur bei tieferem Abstürzen vor der Straffung eines langen Stranges zustande, ein Mechanismus, wie er bei der Hinrichtungsart in England angewandt wird; evtl. auch bei Altersveränderungen der Halswirbelsäule. In Kehlkopf und Trachea wird gelegentlich bei atypischem Erhängen und unvollständigem Verschluß der Luftwege erbrochener und aspirierter Mageninhalt gefunden. Auch beim Drosselungstode ist ähnliches beobachtet worden. Die Lungen sind gewöhnlich akut gebläht. Lungenödem wird meist nicht beobachtet. Ebenso ist interstitielles Lungenemphysem selten. Starke Blutüberfüllung ist aber häufig an Lunge, Milz, Leber und Nieren festzustellen. Auch stellt die flüssige Beschaffenheit des Blutes einen regelmäßigen Befund (bis auf ganz seltene Ausnahmen) dar. Stauungsblutungen in den Schädelweichteilen sind bei typischem freien Erhängen nicht zu erwarten. Bei atypischen Erhängungssituationen mit unvollständigem Gefäßverschluß können sie eher vorkommen. Täuschungen geben evtl. die artefiziellen Blutungen, die beim Abziehen der Schädelhaut zustande kommen. Zu den größten Seltenheiten gehören Blutungen an der Innenfläche der Dura, insbesondere in der mittleren Schädelgrube, sowie Blutungen aus dem äußeren Gehörgang. Letztgenannte entstehen aus Rupturen gestauter Trommelfellgefäße (*Ponsold*). Gelegentlich werden auch in der Hirnsubstanz kleine Blutungen gefunden, sind aber außerordentlich selten.

*Statistisch* steht der Erhängungstod unter den Selbstmordarten prozentual in den meisten Ländern an erster Stelle (*Roesner*). Trotzdem ist bei der Beurteilung der rechtlich wichtigen Todesursache stets zu erwägen, ob nicht doch eine Tötung durch fremde Hand vorliegt und die Selbstmordsituation nur vorgetäuscht ist. Dabei muß folgendes berücksichtigt werden: Reiner Mord durch Erhängen ist sicherlich sehr selten. Allerdings werden manche der aufgedeckten Taten *mangels Publikation nicht weiter bekannt*. Bemerkenswert ist, daß allein in Baden im Ver-

lauf von 14 Jahren 11 Fälle ermittelt wurden (*Jungmichel*). Eine Tötung durch Erhängen ist wohl nur dann durchführbar, wenn das Opfer an Kräften dem Täter weit unterlegen war, wie z. B. Kinder, Geisteskranke, Gelähmte (*Orth*). Gelungene Ermordung durch Erhängen ist an solchen Personen beobachtet worden. Ferner gelangen derartige Tötungen, wenn das Opfer heimtückisch überrascht oder im wahrsten Sinne des Wortes in die Schlinge gelockt wurde. Besonders muß erwogen werden, ob das Opfer anderweitig kampfunfähig (bewußtlos, berauscht) gemacht wurde und dann bei dieser Wehrlosigkeit die Aufhängung gelingen konnte (*Böhmer*). Zahlenmäßig häufiger sind insbesondere aus neuerer Zeit Beobachtungen, wo es sich um eine anderweitige Tötung mit nachträglicher Suspension der Leiche zwecks Selbstmordvortäuschung handelte (*Laves, Schrader, Weimann*). Wiederholt wurden dabei diese Situationen bei der ersten Besichtigung auch von Ärzten als typische Selbstmorde angesprochen. Mit solchen Vorkommnissen muß häufiger gerechnet werden. Die Untersuchung hat demnach den Leichenbefund stets unter sorgfältiger kriminalistischer Berücksichtigung der Lokalsituation zu werten. Da es sich nach den einschlägigen Erfahrungen meist um vorausgehendes Drosseln, Würgen oder Ersticken durch Zuhalten von Mund und Nase handelt, müssen die dafür verdächtigen Befunde (s. u.) genau beobachtet werden. Bei der Feststellung von erheblichen Stauungserscheinungen im Gesicht und vor allem an den Bindehäuten wird ein typisch freies Hängen der Leiche stets verdächtig sein, da, wie oben ausgeführt, dabei wesentliche Stauungserscheinungen wegen des raschen Gefäßverschlusses nicht vorkommen. Weiter muß bei verdächtigen Situationen geprüft werden, ob die Möglichkeit für eine Selbsteinführung des Kopfes in die Schlinge gegeben ist. Auffallend kurzer Abstand zwischen Aufhängungspunkt und Nacken macht beim freien Hängen eine solche Kopfeinführung unwahrscheinlich, wenn nicht gar unmöglich. Ferner muß dabei irgendein Unterstützungspunkt für die Füße] zum Erreichen der Schlinge vorhanden sein, von dem aus der Selbstmörder herabspringen konnte. Besonders sorgfältig hat auch die Untersuchung von agonalen Verletzungen zu geschehen, für deren Zustandekommen Anschlagmöglichkeiten bestehen müssen und die stets zur Frage einer Verursachung durch fremde Hand zu prüfen sind. Auf Schleifspuren an der Leiche, ihrer Kleidung und am Boden in der Umgebung des Suspensionsortes ist zu achten. Besonders kritische Untersuchung erfordern die allerdings seltenen Erhängungssituationen, bei denen es unter den tonisch-klonischen Erstickungskrämpfen zum Reißen des Stranges oder zu einer Lockerung der Aufhängevorrichtung (Knoten, Wandhaken) mit sekundärem Absturz kam. Der Tod kann hierbei trotz Aufhebung der Suspension eintreten, wenn die um den Hals gelegte Schlinge sich nicht genügend lockert oder der Selbstmörder auf dem Boden liegend infolge Verlegung der Atemöffnungen keine ausreichende Luftzufuhr erhält. Bei solchen Verhältnissen ist die Differentialdiagnose u. U. außerordentlich schwierig.

Bei den *kriminalistischen* Untersuchungen spielt die Prüfung der Strangwerkzeuge selbst, insbesondere ihrer Knoten, eine wesentliche Rolle. Windungsabdrücke in der Strangmarke von gedrehten Stricken bzw. Druckmarken von Kettengliedern u. ä. verlangen selbstverständlich entsprechende Strangwerkzeuge. Knotungen sind möglichst zu erhalten und sorgfältig für spätere Untersuchungen zu sichern (s. Abb. 4 u. 5). Denn charakteristische Berufsknoten haben schon mehrfach wichtige kriminalistische Spuren gebildet, sei es für die Identifizierung eines unbekannten Selbstmörders, sei es für die Ermittlung eines Täters, der einen Selbstmord bei seinem Opfer vorgetäuscht hatte. Für solche Knotenuntersuchungen bilden entsprechend anzulegende Sammlungen die wesentliche Grundlage (s. Abb. 6 u. 7). Weiterhin verlangt aufmerksame Beachtung die

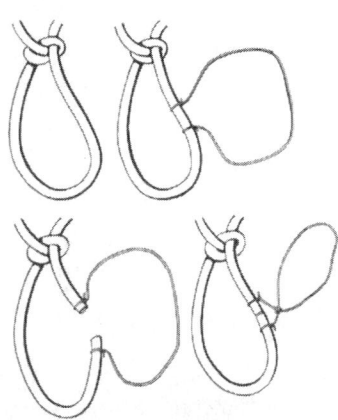

Abb. 4. Durchschneiden und Wiedervereinigen eines einfachen Strickes zwecks Sicherung des Knotens (nach *Kenyeres*).

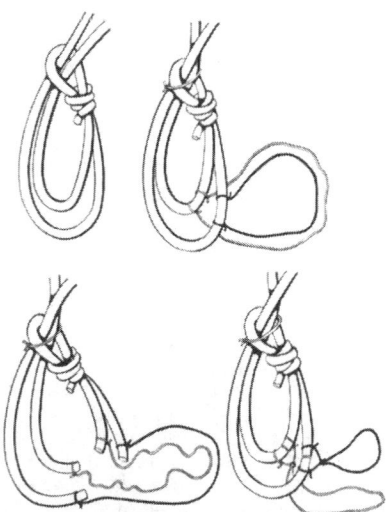

Abb. 5. Durchschneiden und Wiedervereinigen eines doppelten Strickes zwecks Sicherung des Knotens (nach *Kenyeres*).

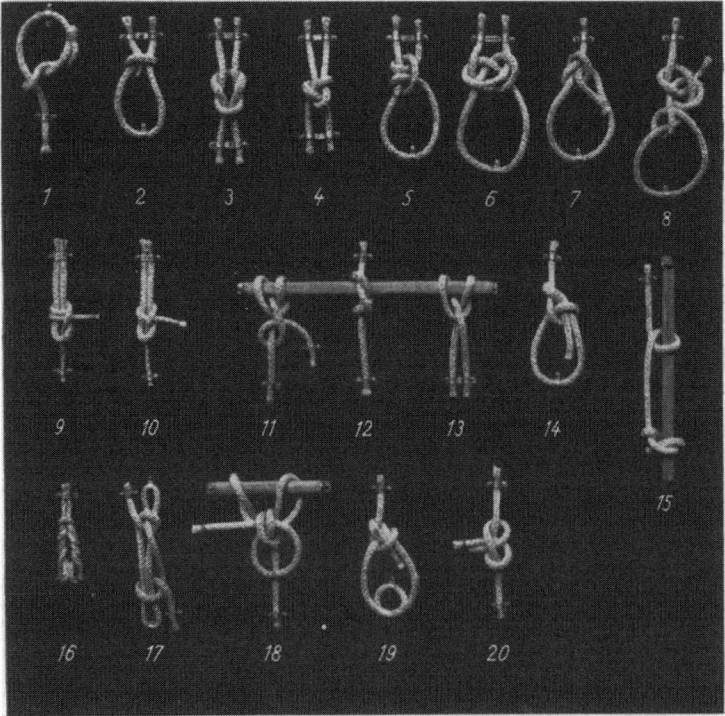

Abb. 6. Knotensammlung. *1* Einfacher Laufknoten. *2* Doppelter Laufknoten. *3* Kreuzknoten. *4* Weberknoten, Variante vom Kreuzknoten, sog. Alter-Weiber-Knoten. *5* Reelingknoten. *6* Vulingknoten für Endschlingen (Bergsteiger). *7* Fleischerknoten. *8* Bootsmannsstuhl oder Dachdeckerknoten. *9* Doppelter Schotenstich. *10* Einfacher Schotenstich. *11* Mastwurf oder Weberleinensteg (Schlingenstich). *12* Zimmermanns- oder Waldknoten. *13* Schifferknoten. *14* Pfahlstich zum Binden einer Öse am Tauende. *15* Balkenstich mit Kopfschlag. *16* Kurze Trompete. *17* Lange Trompete. *18* Doppelter Schlaufenstich. *19* Ankerstich. *20* Swinemünder Lotsenstich.

Schürfrichtung der Strangfasern im Bereich des um den Aufhängungspunkt (z. B. Balken) geschlungenen

Strangteiles. Beim Selbsterhängen, wo meist erst die Schlinge am Aufhängungsort befestigt und dann die zweite Schlinge um den Hals gelegt wird, ergibt sich beim Herabspringen des Selbstmörders eine gleichmäßige, nach abwärts gerichtete Zugwirkung. Dementsprechend werden die infolge der Dehnung an dem Balken etwas entlang scheuernden oberflächlichen Strangfasern nach aufwärts gerichtet, die geschürften Holzfasern am Balken dagegen nach abwärts. Anders liegen die Verhältnisse, wenn eine Leiche nachträglich in eine Erhängungssituation gebracht wird. Dabei wird erfahrungsgemäß zunächst eine Schlinge um den Hals der Leiche gelegt, das andere Strangende über den Balken geworfen und unter Hochziehen des Leichnams zu einer Schlinge geknotet. Dadurch sind andere Bewegungsrichtungen als vorher genannt gegeben. Die Strangfasern werden an dem am Balken hochrutschenden Schenkel nach abwärts und die darunter liegenden Holzfasern durch den letztgenannten Bewegungsmechanismus nach aufwärts verschoben; an dem absteigenden Schenkel verläuft die Faserverschiebung umgekehrt (*Klauer*.)

Abschließend sei noch kurz hervorgehoben, daß gelegentlich auch *zufälliges Erhängen* beobachtet wurde, z. B. bei spielenden Kindern, die beim „Henkerspielen" zu Tode kamen, ferner beim Abrutschen im Verlauf irgendwelcher Hantierungen, wobei der Hals in ein umschlingendes Werkzeug geriet. Neuerdings wurde mehrfach zufälliges Erhängen bei Säuglingen bzw. Kleinkindern durch Haltegurte oder Bänder beobachtet, mit denen sie im Kinderwagen oder im Bett zum Schutze vor Herausfallen angeschnallt waren (*Lyß*). Schließlich sind auch mehrfach Situationen gesehen worden, wo Selbststrangulation aus sexuellen Motiven zu unbeabsichtigtem tödlichen Erhängen führte. Solche Verhältnisse verlangen zur klaren Erfassung und Deutung besonders sorgfältige Überprüfung der gesamten medizinischen und kriminalistischen Spuren. Wichtige Leitmomente bilden bei den letztgenannten tödlichen Strangulationen auf sexueller Grundlage die mehrfach gefundenen komplizierten Umschlingungsmechanismen, die z. B. Penis und Scrotum mit in die Strangulation einbezogen und dadurch auf das sexuelle Motiv hinwiesen (*Ziemke*). Hierbei wie auch bei einfachem Selbsterhängen werden gelegentlich *Selbstfesselungen* an Händen und Füßen, manchmal auch knebelartige Mundverstopfungen beobachtet, die zunächst für Tötung durch fremde Hand verdächtig sind. Sorgfältige Knotensicherung der gesamten Fesselung ist erforderlich, um hinterher die Möglichkeit einer Selbstanlegung solcher Fesseln überprüfen zu können (*Bluhm*).

*2. Erdrosseln.* Bei der Tötung durch Drosseln geschieht die Strangzusammenziehung, die den Hals komprimiert, nicht durch die Schwere des Körpers, sondern durch einen außerhalb des Körpers gelegenen Mechanismus. Meist ist es eine manuelle Zusammenziehung eines zu einer Schlinge geschürten oder geknoteten und um den Hals gelegten Stranges. Auch kann die Zusammenziehung durch einen apparativen Mechanismus geschehen, wie z. B. bei der Hinrichtung durch die Garotte in Spanien, bei der ein um den Hals gelegter eiserner Ring mittels einer Schraube gegen einen Pfahl angezogen wird, an den der Delinquent gefesselt ist. Weiter liegen Drosselmechanismen vor, wenn ein Kleidungsstück, z. B. Halstuch, mit seinen Enden in ein Triebwerk gerät und auf diese Weise eine mechanische Zusammenziehung bewirkt wird. Im Gegensatz zur Stranglage beim Erhängungstod ist die Lage eines Drosselbandes meist tiefer und der Verlauf mehr horizontal. Der Abschluß der Luftwege ist bisweilen unvollkommen, vor allem wenn das Drosselband quer über einen starrwandigen Kehlkopf zu liegen kommt. Bei jugendlich-weicher Beschaffenheit von Kehlkopf und Luftröhre ist ein vollständiger Luftwegeverschluß leichter zu bewirken. Liegt das Drosselband außergewöhnlich hoch, etwa zwischen Zungenbein und Kehlkopf (z. B. dann, wenn der Täter hinter dem Opfer erhöht steht und dabei das Drosselband stark kopfwärts gezogen wird), so kommt ähnlich wie beim Erhängen eine vollkommene Verlegung der Luftwege durch Hochdrängen des Zungengrundes und Anpressung an die hintere Pharynxwand zustande. Weiterhin werden auch die Halsgefäße von dem Drosselband erfaßt. Durch intensive Strangulation werden in erster Linie die oberflächlich liegenden Jugularvenen sowie die Carotiden verschlossen. Dagegen werden die Vertebralarterien infolge der gewöhnlich tiefen und horizontalen Stranglage in ihrer Zirkulation kaum beeinträchtigt. Allerdings ist der Verschluß der vorderen Halsgefäße nicht so gleichmäßig und intensiv wie beim typischen Erhängen, da meist durch Abwehrreaktionen des Opfers der Strangulationsdruck zeitweilig eine Lockerung erfährt. Die Druckwirkung auf die Nerven des Halses ist abhängig von der Lagerung des Drosselbandes. Bei hoher Lage werden die Carotis-Sinus-Geflechte bzw. die feinen Verästelungen des Nervus laryngeus sup. in der Kehlkopfschleimhaut, ähnlich wie beim Erhängen, mehr oder weniger intensiv geschädigt. Bei Drosselung unterhalb des Kehlkopfes wird die unmittelbare nervöse Beeinflussung geringer sein. Für die *pathophysiologische* Auswirkung folgt daraus, daß der Erstickungsablauf beim Erdrosseln ähnlich wie beim Erhängungstod sich gestaltet, meist allerdings

protrahierter geschieht, da auch bei rasch eintretender Bewußtlosigkeit mit gewissen zeitweiligen Lockerungen des Drosselbandes und deshalb mit einer nicht so vollkommen Unterbrechung der Blutzirkulation zum Gehirn hin gerechnet werden kann. Im *anatomischen Befund* ist äußerlich das wichtigste Zeichen die Drosselmarke am Hals. Infolge des zirkulären Strangverlaufs und der deshalb gleichmäßig sich auswirkenden Halskompression entsteht eine horizontale und verhältnismäßig tief, meist auf oder dicht unter dem Kehlkopf liegende Furche. Sie ist vor allem auch im Nacken gut ausgeprägt, im Gegensatz zum Erhängungsbefund, wo selbst bei einer Knotenbildung im Nacken die Erhängungsmarke oft weniger deutlich ist als vorn am Hals. Einzig beim Erhängen im Liegen ist mit einem ähn-

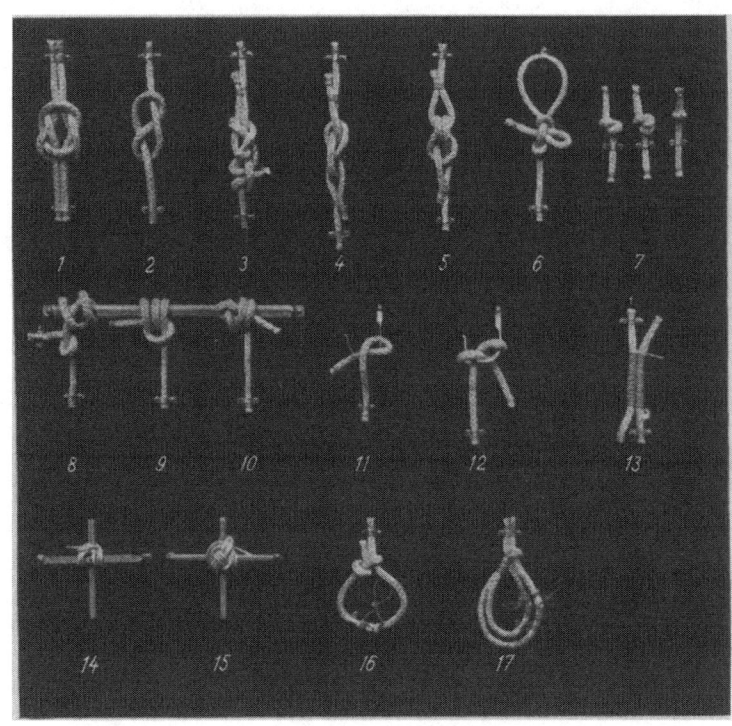

Abb. 7. Knotensammlung. *1* Sackstich. *2* Marlspiekerstich. *3* Hinterstich. *4* Einfacher Trossenstich. *5* Doppelter Trossenstich. *6* Doppelter Schlag. *7* Drei verschiedene Taljenreepknoten. *8* Stopperstich. *9* Spierenstich. *10* Marsfallstich. *11* Hakenschlag. *12* Nackenschlag. *13* Tausendbein. *14* Bockschnürbund. *15* Kreuzbund. *16* Durchschneiden und Wiedervereinigung einer einfachen Schlinge. *17* Durchschneiden und Wiedervereinigung einer doppelten Schlinge.

lichen horizontalen und verhältnismäßig tiefliegenden Strangmarkenverlauf zu rechnen. Geschah das Erdrosseln unter einer gewissen Anhebung des Körpers, so kann allerdings gleichfalls ein für das Erhängen charakteristisch ansteigender Verlauf der Drosselmarke zum Nacken hin resultieren. Im übrigen hängen Breite, Form und Aussehen der Drosselmarke ähnlich von der Beschaffenheit des Drosselwerkzeuges und den postmortalen Einflüssen ab, wie bei der Strangmarke beschrieben. Breite und weiche Drosselwerkzeuge werden wenig deutliche Drosselmarken hinterlassen, wogegen ein verhältnismäßig schmaler und tief einschneidender Strick scharf ausgeprägte Drosselspuren hervorruft. Wenn Teile der Kleidung unter das Drosselband zu liegen kommen und dadurch die Halshaut teilweise von der unmittelbaren Strangulationswirkung geschützt bleibt, so können daraus Unterbrechungen, Lückenbildungen u. ä. in der Drosselmarke hervorgerufen werden. Oberhalb der Drosselmarke ist regelmäßig eine sehr starke Cyanose festzustellen, da eine erhebliche Stauung infolge des unvollkommenen Gefäßverschlusses gegeben ist. Zahlreiche Petechien im Gesicht, in den Bindehäuten der Augenlider und Augäpfel, oft auch in der Schleimhaut des Mundes, sind charakteristische Befunde. Auch der *innere* Leichenbefund läßt diese Stauung oberhalb der Drosselmarke feststellen, die sich in feinen Blutungen in der Kopfschwarte und im Periost des Schädeldaches sowie in einer starken Hyperämie des Gehirns ausprägt. Örtlich in den Halsweichteilen sind unter der Drosselmarke sowie in deren Nachbarschaft weitere charakteristische Befunde zu erheben, die teils auf direkte Druckwirkung des Drosselbandes, teils auf indirekte Veränderungen infolge der Blutstauung zu beziehen sind. So finden sich Frakturen der Kehlkopfknorpel (Schildknorpel, Ringknorpel) je nach Lage des Stranges. Sie sind bei älteren Individuen infolge der verminderten Elastizität des Kehlkopfes häufiger zu beobachten. Das Zungenbein und die Kehlkopfhörner sind dagegen wegen der meist tiefen Stranglage seltener verletzt. Blutungen in den langen Halsmuskeln, in der Schilddrüsenkapsel, im Perichondrium des Kehlkopfes sowie in der Tiefe vor der Halswirbelsäule sind weitere Anzeichen der mechanischen Beeinflussung. In den Unterkieferdrüsen, den Tonsillen und der Gaumenschleimhaut kommen mehr oder weniger intensive Stauungsblutungen neben starker Cyanose zustande. An weiteren inneren Befunden sei noch hervorgehoben, daß abgesehen von der Blutüberfüllung der Lungen häufig ein alveoläres Lungenemphysem beobachtet wird, das bisweilen noch mit interstitiellem, subpleuralem Emphysem an den Lungensepten und -rändern kombiniert ist. Gelegentlich wird hämorrhagisches Lungenödem beobachtet. Aspiration von erbrochenem Mageninhalt, der bis in die tieferen Bronchialäste gelangen kann, gehört zu den selteneren Befunden.

Hinsichtlich der *kriminalistischen* Beurteilung gilt folgendes: Im allgemeinen ist bei einem Drosselungsbefund fremde Schuld anzunehmen. Besonders beim Kindesmord spielt das Erdrosseln eine wesentliche Rolle. Beim Erwachsenen wird es häufig mit Würgen oder auch Zupressen von Mund und Nase kombiniert. Die entsprechenden Würgespuren führen dabei zur richtigen Deutung. Bei kräftigem Zuziehen der meist heimtückisch dem ahnungslosen Opfer über den Kopf geworfenen Schlinge tritt rasche Bewußtlosigkeit und somit Wehrlosigkeit ein. Deshalb werden wesentliche Abwehrverletzungen häufig vermißt. Selbstmord durch Erdrosseln kommt nur selten vor, ist aber durch einwandfreie Beobachtung sichergestellt. Da mit eintretender Bewußtlosigkeit eine Lockerung und Erschlaffung der drosselnden Hand des Selbstmörders eintreten muß, ist eine tödliche Wirkung nur dann zu erwarten, wenn eine Lockerung der Drosselschlinge verhindert wird oder der Selbstmörder bei eintretender Bewußtlosigkeit mit den äußeren Atemöffnungen in ein Kissen oder ähnliches zu liegen kommt; im letztgenannten Falle würde dann ein Tod durch Erstickung unter weicher Bedeckung zustande kommen. Die Lockerung des Drosselbandes kann durch feste Knotung verhindert werden. Bei feuchtem Werkzeug löst sich erfahrungsgemäß auch ein einfacher Knoten infolge der Verquellung kaum. Unter diesen Gesichtspunkten hat demnach die Lokalinspektion die Frage der Selbsterdrosselung zu ventilieren. *Differentialdiagnostische* Schwierigkeiten entstehen dann, wenn nach vorausgehendem Erdrosseln eine Erhängungssituation künstlich vom Täter geschaffen wurde, die

die Annahme eines Selbsterhängens nahelegt. Besonders wichtig ist für deren Klärung der Lokalaugenschein. Der Befund einer doppelten Strangfurche, wobei die eine auffallend tief liegt und gleichmäßig zirkulär den Nacken umgreift, wird dabei besonders verdächtig für vorausgegangenes Drosseln sein. Selbstverständlich wird auch die Frage des Hochrutschens eines zunächst tief angelegten Erhängungswerkzeuges an Hand des Halsbefundes und der Suspensionsart mit zu erwägen sein. Besonders schwierig ist die Klärung dann, wenn differentialdiagnostisch ein Selbsterhängen im Liegen gegenüber einem Erdrosseln mit nachträglicher Suspension in liegender Stellung zu ventilieren ist. Denn in beiden Fällen ist ein horizontaler und verhältnismäßig tiefliegender Strangmarkenverlauf typisch. Die charakteristische Gesichtsstauung beim Drosselungstode wird postmortal durch die Blutabsenkung nach dem abwärts gerichteten Gesicht hin überdeckt und kann, zumal auch beim Erhängen im Liegen die Gesichtsfarbe durch die Hypostase cyanotisch erscheint, auch nicht mehr beweisend für die eine oder andere Tötungsart herangezogen werden. Geringfügige Verletzungen, die für Abwehrreaktion verdächtig sind, müssen dann besonders sorgfältig erfaßt und im Zusammenhang mit den Gesamterhebungen ausgewertet werden. Restliche Spuren einer Fesselung an den Unterarmen, die von den Täter später wieder gelöst wurde, können in Gestalt schmaler Blutungsstreifen oberhalb der Handgelenke ein unterstützendes Indiz bilden. Wenn die Fesselung an gekreuzten Unterarmen mit einer einzigen Schlingentour geschah, so finden sich diese Streifen nur an den Außen- (Streck-)seiten. Erfolgte die Fesselung mit einem metallischen Werkzeug (Eisendraht, eiserne Kette), so werden unter Umständen charakteristische Druckspuren oder feine streifige Rostniederschläge an den Armen auf diesen Mechanismus hinweisen.

*3. Erwürgen.* Bei der Tötung durch Würgen erfolgt die Kompression des Halses manuell. Dabei wird der Kehlkopf und die Luftröhre entweder durch seitlichen Druck zum Verschluß gebracht oder bei mehr frontaler Einwirkung der würgenden Hand nach hinten und oben gegen die Wirbelsäule hin gepreßt. Bei dem jugendlich elastischen Kehlkopf genügt schon ein verhältnismäßig geringer Druck, um besonders bei fettarmem Hals die Seitenwände medialwärts bis zum völligen Verschluß der Stimmritze zu komprimieren. Häufig kombinieren sich sowohl seitliche wie auch frontal angreifende Druckmechanismen. Bei Neugeborenen und kleinen Kindern ist es für die würgende Hand ein leichtes, den Hals völlig zu umgreifen und damit zusammenzudrücken. Die *pathophysiologische* Auswirkung ist ähnlich, wie beim Erhängen bzw. Drosseln beschrieben. Allerdings gelingt die Kompression der Luftwege und vor allem der Halsgefäße oft nicht so vollständig, wie bei den vorgenannten Tötungsarten. Die Vertebralarterien werden insbesondere von dem Würgedruck kaum erfaßt. Auch die Kompression der Carotiden gelingt nicht so vollständig wie unter einem Drossel- oder Erhängungsband. Nur bei kleinen Kindern, insbesondere bei Neugeborenen, wird bei sehr vehementem Würgegriff sich ein Gefäßverschluß leichter erzielen lassen, trotzdem aber doch einzelne Pulsationen wohl noch kopfwärts durchdringen können. Daraus folgt, daß infolge der zwar erheblichen aber meist unvollkommenen arteriellen Gefäßkompression als regelmäßiger Effekt des Würgens eine deutliche Stauung zustande kommt. Je nach Intensität des Würgens tritt eine Bewußtlosigkeit mehr oder weniger rasch ein. Die Kehlkopfnerven und die Carotis-sinus-Geflechte werden bei dem Würgegriff ebenfalls in Mitleidenschaft gezogen. Ihre Reizung kann unter

Umständen bei disponierten Herzen eine reflektorisch ausgelöste Lähmung hervorrufen. Meist wird unter der Depressorwirkung des Vagus nur ein vorübergehender Herzstillstand oder eine Verlangsamung der Herzaktion eintreten. Die *anatomischen Befunde* beim Würgetod sind äußerlich durch erhebliche Cyanose des Gesichts gekennzeichnet. Ein bläulicher Farbton der Gesichtshaut und eine gewisse Dunsung kann auch längere Zeit über den Tod hinaus erhalten bleiben. Regelmäßige Befunde sind die reichlichen Ekchymosen der Augenlider und Augenbindehäute. Häufig finden sie sich auch in der Wangen- und Stirnhaut sowie in den Schleimhäuten des Mundes eingestreut. Besonders wichtig für die Diagnose sind die örtlichen Veränderungen am Hals. Die charakteristischen Würgespuren finden sich zu beiden Seiten des Kehlkopfes, greifen häufig auch auf die seitlichen Halspartien und bis in die Gegend der Unterkieferwinkel über. Bei kleinen Kindern können sie sich auch am Nacken finden. Form und Größe der Würgespuren sind sehr unterschiedlich. Von geringfügigen oberflächlichen Excoriationen, die durch postmortale Vertrocknung meist deutlicher werden, bis zu breiteren Kratzspuren und intensiven Suggilationen finden sich die verschiedensten Übergänge. Nicht immer zeigen die Excoriationen eine halbmondförmige Krümmung, die in Form und Ausmaß der Einpressung des Fingernagels beim Würgegriff entspricht. Häufig sind sie vielmehr linear oder eckig gestaltet. Ihre Lokalisation an den typischen Würgestellen dürfte diagnostische Schwierigkeiten wohl in den meisten Fällen beheben. Ihre Kombination mit subcutanen Blutungen, die meist unter der Haut in der Umgebung der Excoriationen durchschimmern, wird die vitale Entstehung sicherstellen und die Diagnose erleichtern. Je nach Würgen mit einer oder beiden Händen kann es gelegentlich zu einer gewissen Häufung der vorgenannten Veränderungen auf einer Halsseite oder mehr zu einer regellosen Verteilung über beide Halshälften hin kommen. Selbst bis zu den Schlüsselbeinen hinab sind Würgespuren beobachtet worden. Auf der anderen Seite können wesentliche Würgemerkmale, insbesondere Excoriationen am Halse fehlen, wenn der Würgegriff eine durch Kleidung (z. B. Kragen oder Schal) geschützte Halshaut traf oder die würgende Hand einen Handschuh trug. In solchen Fällen werden häufig zu findende weitere Excoriationen und Blutungen um Mund und Nase sowie am Kinn eine besonders wichtige Rolle in diagnostischer Hinsicht erhalten, die beim Zupressen des Mundes zur Unterdrückung von Schreien zustande kommen. Sonstige Abwehrverletzungen sind häufig nur gering ausgeprägt oder fehlen auch völlig, wenn der Würgegriff das Opfer überraschte oder es durch bestimmte Lagen, z. B. beim Coitus, in seinen Abwehrreaktionen behindert war. Bei für Würgen verdächtigen Spuren am Halse eines Neugeborenen ist gelegentlich die Frage der Selbsthilfeverletzung beim Geburtsakt zu erörtern (s. d. Art.: Kindestötung). Die *inneren* Befunde betreffen in erster Linie Veränderungen der Halsweichteile. Hier finden sich Blutungen im subcutanen Fettgewebe, in den Muskelscheiden, in den Gefäßscheiden, in Schilddrüsenkapsel und -gewebe sowie an Kehlkopf und oberer Luftröhre. Sie sind oft nur durch besonders sorgfältige schichtförmige Präparation des Halses und zwar möglichst in künstlicher Blutleere (d. h. nach vorheriger Kopf- und Herzsektion) sicher zu erfassen. Risse der Gefäßintima in den Carotiden kommen gelegentlich vor. Auch in den Speicheldrüsen des Unterkiefers und an der Vorderseite der Halswirbelsäule sind Blutungen beobachtet worden. Bei *Blutungen* in den Halsmuskelscheiden Neugeborener ist differentialdiagnostisch die Frage geburtstraumatischer Dehnungsblutungen zu erwägen. In der Kehlkopfschleimhaut sowie an den Stimmbändern sind Würgeblutungen gleichfalls wichtige Befunde. Verletzungen des Kehlkopfgerüstes und des Zungenbeins kommen vorwiegend dann vor, wenn der Würgegriff bei älteren Personen auf eine gewisse Starre oder gar Verknöcherung dieser Organe traf. Es können dann sogar multiple Frakturen im Bereich des Kehlkopf- und Zungenbeingerüstes zustande kommen. Bei Neugeborenen und kleinen Kindern fehlen solche Veränderungen im allgemeinen. Bei besonders brutalen Angriffen können selbst schwere Zerreißungen der Halsorgane, vor allem der Halsmuskeln entstehen. All diese Veränderungen sind insgesamt auf die mechanischen Einwirkungen unter der würgenden Hand im Sinne von Druck- und Zugmechanismen zurückzuführen. An weiteren inneren Befunden ist eine starke Hirnhyperämie, vor allem in Kombination mit Stauungsblutungen in das Periost des Schädeldaches, in die Kopfschwarte sowie gelegentlich auch in die Schläfenmuskeln zu nennen. Sie spielen besonders dann eine diagnostisch wichtige Rolle, wenn die Halsveränderungen weniger charakteristisch erscheinen, da sie als Ausdruck einer vorausgegangenen Stauung eine Ergründung des Stauungsmechanismus erfordern und somit zwangsläufig die Frage eines Würgens aufwerfen. An den Lungen wird meist eine akute Blähung gefunden, die bisweilen mit hämorrhagischem Ödem verbunden ist. Letztgenannte Erscheinung kann gelegentlich einen rötlichen Schaumpilz an Mund und Nase entstehen lassen. Manchmal finden sich auch Spuren von Erbrechen an Mund und Nase bzw. in den Luftwegen. Dieses Erbrechen kann durch die Asphyxie ausgelöst werden, gelegentlich aber ist es sicherlich auf mechanischen Druck gegen den Leib, insbesondere gegen den Oberbauch zu beziehen, wenn z. B. der Täter auf dem Opfer gekniet hat.

Die *kriminalistische Bedeutung* des Todes durch Würgen liegt darin, daß fremde Schuld wohl stets zu bejahen ist. Eine Selbsttötung kommt praktisch nicht in Frage, da bei Selbstwürgen wohl kaum eine so tiefe Bewußtlosigkeit wie beim Drosseln erzielt werden kann, aus welcher heraus ein Wiedererwachen nicht möglich wäre. Theoretisch käme höchstens auch dabei eine Erstickung beim Herabsinken mit dem Gesicht in eine weiche Unterlage, wie z. B. in Kissen, beim Eintritt der Bewußtlosigkeit in Betracht. Nicht selten wird das Erwürgen mit Drosselung, Knebeln oder Einpressung des Opfers in Kissen kombiniert. Ferner werden meist Mund und Nase noch zugehalten, so daß sich häufig eine Kombination verschiedenartiger Erstickungsmechanismen ergibt. Bei diesem gewaltsamen Insult kann es vor allem bei älteren Leuten zu Rippenfrakturen kommen, wenn z. B. der Täter sein Opfer zu Boden preßt und beim Würgen auf ihm kniet. Nachträgliches Aufhängen eines Erwürgten zur Vortäuschung einer Selbsterhängungssituation ist mehrfach beobachtet worden und hat in einigen Fällen zunächst die erwünschte Vertuschung des Verbrechens erzielt. Fast immer sind dabei für Würgen verdächtige Excoriationen am Hals bzw. Stauungen im Gesicht nicht genügend beachtet worden. Schwierigkeiten können bei solchen künstlich geschaffenen Situationen für die Diagnose hauptsächlich daraus erwachsen, daß durch den Strangknoten Schürfungen entstehen oder auch Druckspuren von eingeklemmten Kleiderteilen, durch welche die äußeren Würgeveränderungen überdeckt werden.

Lebhafte Erörterung hat die Frage gefunden, ob durch einen einmaligen kräftigen Würgegriff ein plötzlicher Tod, z. B. durch reflektorische Herzlähmung, ausgelöst werden kann (*Esser*). Hierbei kommt der genauen Registrierung von Verletzungen der tieferliegenden Halsweichteile besondere Bedeutung zu. Multiple Kehlkopf- oder Halsmuskelverletzungen nebst Blutungen werden stets *gegen* die Behauptung eines plötzlichen Todes durch *einmaliges* Anpacken am Hals zu werten sein. Nur beim Fehlen von Gesichtsstauung und von Blutungen in der Halsmuskulatur sowie beim Vorliegen deutlicher organischer Herzveränderungen, die eine geringere Widerstandsfähigkeit annehmen lassen, wird beim Ausschluß einer anderweitigen Todesursache die Behauptung eines plötzlichen Herztodes bei einmaligem kurzen Würgegriff nicht zu widerlegen sein. Größte Zurückhaltung und Skepsis wird aber stets am Platze sein.

Unter den Opfern, die einem Würgetod erlegen sind, finden sich vorwiegend Kinder und weibliche Personen. Mehrfach sind Prostituierte beim Coitus erwürgt worden.

Sowohl beim Erwürgen wie beim Erdrosseln und Erhängen ereignet es sich gar nicht so selten, daß die Strangulation nicht zum Tode führt. *Wird sie überlebt*, so bleibt beim Erhängen und Erdrosseln eine deutliche Rötung und Schwellung im Bereich der Strangmarke etwa eine bis zwei Wochen sichtbar. Die Ursache dafür ist einmal der Blutrückfluß in die erweiterten Hautgefäße, zum anderen eine Anhäufung kleiner Blutextravasate. War die Strangulation mit starker Stauung verbunden, wie z. B. bei atypischen Erhängungsversuchen oder bei Drosselung, so bleiben die Petechien in den Lidern, Bindehäuten und auch in der Mundschleimhaut noch mehrere Tage lang nachweisbar. Lagen Zungenbein- oder Kehlkopfverletzungen vor, so stellen sich gewöhnlich Schluckbeschwerden, Halsschmerzen und Heiserkeit beim Sprechen ein. Dies wird besonders nach Würgen beobachtet. Unter Umständen können sich endzündliche Hals- und Rachenerkrankungen mit Gefahr des Glottisödems und nachträglichem Erstickungstod entwickeln. Besondere Beachtung verdienen die mehrfach beobachteten *psychischen* Störungen. Als erster entwarf seiner Zeit *Wagner-Jauregg* auf Grund mehrerer Beobachtungen an geretteten Strangulierten ein charakteristisches klinisches Bild. Dieses wurde bis in die Neuzeit hinein durch weitere sorgfältige Beobachtungen bestätigt und ergänzt (*Gamper, Stiefler, Leitner, Zeitler*). Ferner kamen während des Krieges Beobachtungen an Lawinenverschütteten hinzu (*Türk, Gerstmann*). Wenn auch pathogenetisch gewisse Unterschiede in der Asphyxie nach Strangulation gegenüber der nach Verschüttung bestehen, da in dem einen Fall die mechanische Behinderung des Blutkreislaufs zum Gehirn hin besonders stark ausgeprägt ist, so ist das klinische Bild doch in beiden Fällen in vieler Hinsicht sehr ähnlich. Es ließen sich hinsichtlich der psychischen Veränderungen bei Menschen, die aus Lawinenverschüttung gerettet waren, zwei bzw. drei verschiedene Stadien unterscheiden. Der zunächst bestehende ausgesprochen asphyktische Zustand wurde bei erfolgreicher Wiederbelebung meist von einem konvulsivischen Stadium gefolgt. Vorbedingung war natürlich, daß keine wesentlichen inneren oder äußeren traumatischen Schädigungen vorlagen. Nach den ersten Herz- und Atembewegungen traten meist kurz dauernde epileptiforme Krämpfe auf. Häufig war im Anschluß daran ein psychotisches Stadium verschiedenartiger Färbung zu beobachten. Sein Hauptkennzeichen lag in einem schweren Erregungs- und Verwirrtheitszustand mit starker psychomotorischer Unruhe, hochgradiger Bewußtseinstrübung und triebhaften Bewegungen. Die Dauer schwankte zwischen wenigen Stunden bis zu zwei Tagen. Gewöhnlich endete dieses Stadium mit tiefem Schlaf und rascher Aufhellung des Bewußtseins. In manchen Fällen entwickelte sich dagegen ein stuporöses Krankheitsbild. Die Patienten waren bei vollkommen getrübtem Bewußtsein tagelang sprach- und regungslos, zeigten keinerlei Reaktion auf äußere Reize, kein Interesse für die Außenwelt und boten ein fast völliges Darniederliegen sämtlicher geistiger Funktionen. Die Dauer dieses Krankheitsbildes umfaßte Tage bis mehrere Wochen. Nur ganz allmählich hellte sich das Bewußtsein wieder auf. Als dritte Krankheitsperiode ließ sich meist noch ein amnestisches Stadium abgrenzen. Es war gewöhnlich durch eine typische retrograde Amnesie gekennzeichnet, die häufig über den Zeitraum der Verschüttung hinausreichte. Oft bestand dabei eine Neigung zu Erinnerungsfälschungen. Bei leichteren amnestischen Fällen trat schon nach einigen Tagen völliger Rückgang der Erinnerungslosigkeit ein. Schwere Fälle dagegen zeigten oft nur eine allmähliche Rückkehr der Erinnerungsbilder, wobei eine über Wochen und Monate dauernde Erinnerungslücke, besonders für den psychotischen Zeitraum bestehen blieb. Dieses postasphyktische Krankheitsbild nach Lawinenverschüttung zeigte weitgehende Ähnlichkeit mit den beobachteten Störungen nach Rettung aus einer Strangulation. Auch dabei wurde als charakteristisch das Auftreten klonisch-tonischer epileptiformer Krämpfe (manchmal gesteigert bis zum Status epilepticus) beschrieben. Das getrübte Bewußtsein erfuhr nach Stunden, manchmal auch erst nach Tagen, eine Aufhellung. Kurz dauernde Strangulationen zeigten meist sehr rasche Erholung. Eine retrograde Amnesie fand sich häufig, wobei die Erinnerungslücke nicht nur den eigentlichen Strangulationsakt, sondern öfter auch einen Zeitraum vor dem Selbstmordversuch umfaßte. Mehrfach wurde aber eine solche Amnesie vermißt, obwohl eine stundenlange Bewußtlosigkeit der Rettung aus der Strangulation gefolgt war. Neurologische und psychische Störungen wie verschiedenartige Paresen u. a. auch mit Blasen- und Mastdarmlähmung wurden gelegentlich beobachtet. Besonders bemerkenswert sind die Spättodesfälle. Soweit nicht durch Schluckpneumonie ein tödlicher Ausgang bedingt war, handelte es sich dabei gewöhnlich um schwere pathologische Erscheinungen seitens des Zentralnervensystems. Diese waren um so schwerer, je länger die Zirkulationsunterbrechung und somit die Schädigung des Gehirns anhielt. Aber selbst nach frühzeitiger Befreiung aus einer Strangulation und nach einem mehrtägigen völlig beschwerdefreien Stadium entwickelten sich hirnpathologische Bilder, die mit zunehmender Bewußtseinstrübung und Bewegungsunruhe begannen, in eine schwere universelle Chorea übergingen und im Endstadium durch extrapyramidale Hyperkinese nebst Zeichen der Pyramidenbahnschädigung gekennzeichnet waren. Der Spättod erfolgte in diesem Fall 9 Tage nach der Strangulation. Die wenigen hirnanatomischen Untersuchungen, die hierzu vorliegen, ergaben Erweichungen und schwere Veröfungen in gewissen Hirnrindengebieten (vordere Zentralwindung, motorische Präfrontalregion) sowie in den Stammganglien; vorwiegend war das Striatum betroffen, wo die Mehrzahl der Nervenzellen, aber auch die Gliazellen zugrunde gegangen waren. Es handelte sich insgesamt um die charakteristischen Merkmale eines nekrobiotischen Prozesses ischämischer Natur. Bisweilen war eine symmetrische Linsenkernerweichung, ähnlich wie bei protrahierter CO-Vergiftung, gefunden worden. Aus alledem folgt die prognostisch wichtige Tatsache, daß eine zunächst erfolgreiche Wiederbelebung nach Strangulation schwerste Spätschädigung nicht ausschließt und auch nach zunächst günstigem Verlauf ein Umschlag zur

Katastrophe noch nach Tagen einsetzen kann. An weiteren Folgeerscheinungen wurden beobachtet: Reflektorische Pupillenstarre, abnorme Schweißsekretionen, Trismus mit Zungenbiß, Opisthotonus mit Zwangsbewegungen, Steigerung der Sehnenreflexe bis zum Klonus, positiver Babinski u. ä. Die Schwere der Folgezustände hängt meist von der Dauer der Strangulation ab.

*b) Verschluß der Atemwege von innen* (Verlegung der Luftwege).

1. *Bolustod* (Mors e bolo, Bissentod). Man versteht darunter eine Verstopfung der Luftwege durch Fremdkörper. Bei Kindern und im Verlaufe gewisser Schwächezustände ist dies ein nicht so seltenes plötzliches Ereignis. Vereinzelt kamen bei Geisteskranken Selbstmordversuche durch Ausstopfen des Rachens mit irgendwelchen Lappen vor. Häufig sind dagegen gewaltsame Tötungen durch tiefes Einpressen von Knebeln beobachtet worden. Bei Kindern läßt sich dieser Tötungsmechanismus verhältnismäßig leicht bewerkstelligen. Doch auch bei Erwachsenen sind Morde durch Einpressung von Lappen und Tüchern in Mund und Rachen hinein vorgekommen. Diagnostisch wichtig sind dabei Druckspuren an Lippen, Mund-, Gaumen- und Rachenschleimhaut, die bisweilen auch von ausgesprochenen Zerreißungen begleitet sind. Wenn ein Knebel tief in den Rachen hineingepreßt war, wurde die erfolgte Knebelung manchmal erst bei der Halssektion entdeckt. Das häufigere Ereignis bei diesem Erstickungsmechanismus ist das zufällige Steckenbleiben großer Bissen im Rachen- oder Kehlkopfeingang, ein Vorkommnis, das im Rausch oder bei hastigem Essen öfter beobachtet wurde. Es sind meist schlecht gekaute große Fleischstücke, die infolge ihrer Größe den Schlund nicht passieren können und auf dem Kehlkopfeingang liegen bleiben, öfters auch in den Kehlkopf teilweise hineingezwängt werden. Ähnlich verhält es sich mit anderen mehr oder weniger voluminösen Fremdkörpern, wie z. B. Gebißprothese (die im Schlaf verrutschte), Kautabak, oder bei Kindern mit Spielsachen, in den Mund genommenen Metallringen u. ä. Der Todeseintritt zeigt bei diesen Mechanismen nicht immer die Zeichen des typischen Erstickungstodes. Vielmehr wird häufig dabei ein blitzartiges tödliches Zusammenbrechen ohne wesentliche oder mit nur kurz dauernden Asphyxiezeichen beobachtet. Als Ursache dafür nimmt man eine reflektorische Herzbzw. Atemlähmung an, die durch Reizung des nervösen Larynxgeflechtes ausgelöst wird. Die anfängliche Shockwirkung kann gelegentlich wieder schwinden und dann von einem typischen Erstikkungstod gefolgt sein. Wenn quellbare Fremdkörper in der Stimmritze oder in der Trachealenge dicht unterhalb des Kehlkopfes festgeklemmt werden, so kann gelegentlich ein ventilartiger Verschluß entstehen. Dabei streicht der inspiratorische Luftstrom noch vorbei, während bei der Expiration durch den Fremdkörper Stimmritze oder Trachea verschlossen werden. Die Folge davon ist eine maximale Lungenblähung mit raschem Todeseintritt.

2. *Aspirationstod* (Aspiration im Brechakt, Aspiration von Blut in die Lunge). Eine Einatmung von erbrochenem Mageninhalt kommt nicht so selten bei Säuglingen, namentlich im Schlaf vor. Ferner kann sie auch bei Erwachsenen im Verlauf schwerer Trunkenheit zustande kommen, wobei unter der Rauschwirkung die Kehlkopfreflexe oft weitgehend herabgesetzt sind. Bei diesem Erstickungsmechanismus wird der Mageninhalt tief in die Lungen hineinaspiriert und dadurch eine Ausfüllung des weitverzweigten Bronchialbaumes bedingt. Gelegentlich erfolgt ein solches Geschehen auch in der Agone bei anderweitiger Todesursache. Diagnostisch ist dann

unter Umständen eine Konkurrenz der Todesursache zu erörtern. Findet sich hierbei nur eine geringere Bronchialausfüllung, so kommt diesem Befund evtl. nur symptomatische Bedeutung für den agonalen Prozeß bei. Auch postmortal kann Mageninhalt in Rachen- und Luftwege hineingelangen. Manipulationen an der Leiche, ungeschickter Transport des Toten und schließlich auch Gasdruck im Bauchraum im Verlauf der Fäulnisveränderungen sind dafür verantwortlich. Auch bei künstlicher Atmung wurde gelegentlich Hochpressung von Mageninhalt beobachtet, der dann bisweilen weit in den Bronchialraum hineingepumpt wurde. Ein vitales Geschehen ist aber dabei nur dann anzunehmen, wenn eine deutliche Lungenblähung als Zeichen des Erstickungstodes vorhanden ist. Auch andere Fremdmassen können von außen in die Atemwege hineinaspiriert werden und einen Erstickungstod verursachen. So wurde bei Epileptikern, Komatösen, bei schwerster Trunkenheit eine Aspiration von Sand, Sägemehl u. ä. bis zur tödlichen Erstickung beobachtet, wenn solche Personen beim Zusammenbrechen mit dem Gesicht in diese Massen zu liegen kamen. Die entsprechenden Fremdkörper sind dann bis tief in die Bronchialverzweigung hinein zu finden. Von *Walcher* wurde ein tödlicher landwirtschaftlicher Betriebsunfall durch Hineinfallen und Versinken in einem 3 bis 4 m hohen Haufen von Getreidespelzen beschrieben. Es fand sich dabei eine fast völlige Ausstopfung des Nasenrachenraumes, Schlundes, Kehlkopfes und der Luftröhre mit diesen Massen. Solche Vorkommnisse erscheinen deshalb besonders gefährlich, weil eine Selbstrettung aus diesen lockeren nachgiebigen Massen unmöglich sein dürfte. Auch wenn solche Verunglückte noch lebend geborgen werden, dürfte eine Rettung durch künstliche Wiederbelebung kaum möglich sein, da eine rechtzeitige ausgiebige Entfernung der Getreidespelzen aus den Luftwegen sehr unwahrscheinlich ist. Schließlich kann auch Blut in die Luftwege gelangen und zu einem Aspirationstod führen. Dies geschieht u. U. beim Suicid (evtl. auch Mord) durch Halsschnitt oder -stich, wenn das Blut aus den durchtrennten Halsgefäßen sich in den eröffneten klaffenden Kehlkopf oder in die Trachea hinein ergießt. Eine massive Einatmung kann dann einen Erstickungstod noch vor einem tödlichen Blutverlust bedingen. Ähnliche Verhältnisse ergeben sich, wenn ein Aneurysma in die Trachea hinein rupturiert. Der anatomische Befund ist dabei durch eine ausgesprochene Lungenblähung mit den charakteristischen Blutaspirationsinseln, die durch die Pleura hindurchschimmern, sowie durch Blutausfüllung von Trachea und Bronchien gekennzeichnet.

*III. Anderweitige Erstickungsarten.*

*a) Erstickung durch mechanische Behinderung der Atembewegungen* (Mechanische Behinderung der Exkursionsfreiheit des Thorax). Eine *Behinderung der Exkursionsfähigkeit* des Brustkorbes und damit der Atembewegungen kann durch verschiedenartige Mechanismen zustande kommen. Die häufigsten Arten sind eine *Verschüttung* unter Sand- oder Kiesmassen, in Bauschächten, unter auffallenden schweren Lasten, durch Lawinen u. ä. Soweit der Tod dabei nicht durch schwere innere Verletzungen bedingt ist, kommt es häufig unter der Verschüttung zu einer Ummauerung und Einzwängung des Brustkorbes. Dessen Exkursionsfähigkeit und damit die Atembewegungen werden hierdurch weithin eingeengt und schließlich völlig unmöglich gemacht. Soweit die umschließenden Massen beweglich sind, können sie dabei auch noch eingeatmet werden (z. B. Sand) und Befunde, wie vorher beim Aspirationstod beschrieben, hervorrufen. Daraus resultiert manchmal eine Konkurrenz der Todes arten. Gelegentlich wurde längeres Überleben unter den vorgenannten Verschüttungen beobachtet, wenn die Brustkorbbehinderung nicht zu weitgehend war und atmosphärische Luft in Verschüttungshohlräumen eingeschlossen blieb oder durch die porösen Massen hindurchgelangen konnte. Der *äußere* Leichenbefund ist bei dieser Erstickungsart gewöhnlich durch starke Cyanose nebst Stauungsblutungen in der Gesichtshaut und in den Conjunctiven gekennzeichnet. Dazu finden sich Reste der Verschüttungsmassen auf der Kleidung, der Körperoberfläche, in Nase, Mund, Gehörgang und Bindehautsäcken. Meist sind dazu die Zeichen einer hochgradigen *Druckstauung* infolge der starken Rumpfkompression festzustellen. Sie besteht, abgesehen von den vorgenannten petechialen Blutungen in einer Dunsung des Gesichts sowie streifig angeordneten Blutaustritten in der Haut des Gesichts, des Halses, Rumpfes, gelegentlich auch des Rückens und der Extremitäten. Diese Hautpartien erhalten dadurch

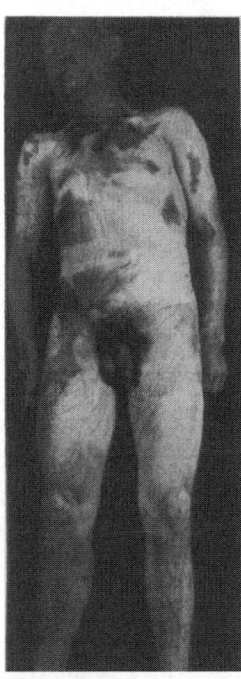

einen sich scharf absetzenden dunkelblauroten bis schwarzroten Farbton (s. Abb. 8). Die Conjunctiven sind dabei gewöhnlich von größeren Blutungen durchsetzt und abgehoben. Der *innere* Leichenbefund zeigt massenhaft Petechien an der Rachenschleimhaut und in den Kopfweichteilen. Infolge der Druckstauung nach dem Kopf hin kommt es zu zahlreichen kleinen Blutungen in der Kopfschwarte und in dem Schädelperiost. Gelegentlich werden auch kleine Blutungen in den Meningen, in der Schleimhaut der Paukenhöhlen sowie in den Hohlräumen der Felsenbeine und der Warzenfortsätze gefunden. Auch sind Blutungen aus dem äußeren Gehörgang beschrieben worden. Gleichartige Befunde kommen beim *Erdrückungstod im Gedränge*, insbesondere bei Kindern, zustande, wobei sich Druckstauung und mechanische Behinderung der Atembewegungen in völlig analoger Weise kombinieren.

Ein ähnlicher Mechanismus liegt dem *Absturztod der Taucher* zugrunde (*Wiethold*). Es handelt sich dabei um sehr seltene Beobachtungen von Zwischenfällen beim Tauchen nach Granaten oder Steinen, z. B. in der Kieler Bucht, das von Fischern zur Erzielung eines Nebenverdienstes ohne Fachausbildung im Tauchergewerbe und mit nur unzulänglichen Ausrüstungen betrieben wird. Die Tauchtiefe beträgt durchschnittlich nur 10 bis 15 m, so daß diese Arbeiten gewöhnlich nur unter einem Überdruck von 1 Atmosphäre ausgeführt werden. Die Gefahren der Drucklufterkrankungen, auch bei plötzlicher Dekompression fallen dabei praktisch nicht ins Gewicht. Es wurden aber schwere Zwischenfälle bis zum tödlichen Ausgang (*Wiethold*) beobachtet, wenn bei diesen Arbeiten die Taucher ganz plötzlich mehrere Meter tief absackten bzw. abstürzten. Es kommt dabei ein Mechanismus zustande, der dem Verschüttungstod bzw. Tod im Gedränge weitgehend analog ist. Denn der gesamte Rumpf wird

durch den plötzlich gesteigerten Überdruck entsprechend der größeren Wassertiefe förmlich tamponiert, so daß jede Thorax- und Abdominalatmung unmöglich wird. Die wenige Luft, die beim Herabgehen des Tauchers in den nachgiebigen Teilen seines Anzuges vorhanden ist, wird während des Absturzes plötzlich in den Helm hineingetrieben. Gleichzeitig erfolgt eine maximale Verdrängung des Blutes aus den Extremitäten und dem Rumpf nach den durch die festen Teile der Taucherrüstung geschützten Körperpartien, nämlich Kopf, Hals und oberste Schultergegend hin. Vielleicht kommt auch noch unterstützend eine gewisse Saugwirkung auf die Lungen durch den relativen Unterdruck im Helm, im Verhältnis zum Wasserüberdruck, zustande. Die körperlichen Veränderungen zeigen bei diesem Mechanismus die Zeichen einer maximalen Druckstauung nach dem Kopf hin. Dunsung des Gesichtes, Blutungen aus Nase und Ohren, Augenbindehautblutungen u. ä. wurden beobachtet. Bei dem von *Wiethold* beschriebenen Todesfall fand sich eine enorme violettschwarze Verfärbung der geschwollenen Gesichts- und Kopfhaut, Vortreibung der Augäpfel, Schwellung und Cyanose der Zunge, cyanotische Hautverfärbung nach abwärts über den Hals bis auf die Schultern hin. Der übrige Körper war im Gegensatz dazu blaß und blutleer. Der innere Leichenbefund war gekennzeichnet durch Blutungen in der Muskulatur und im Bindegewebe des Kopfes, des Halses und der obersten Schulterpartie. In der Kopfschwarte selbst fanden sich bis zu 1,5 cm dicke Blutschichten innerhalb der Gewebsmaschen. Hochgradige Blutfülle der Brusteingeweide, vor allem der Lungen, Ausfüllung sämtlicher Nebenhöhlen mit Blut, maximale Blutüberfüllung des Gehirns nebst kleinen Mantelblutungen um die Ponsgefäße waren weitere besonders charakteristische Veränderungen. Man kann somit den Absturztod der Taucher dem Tod im Gedränge bzw. der Erstickung durch Behinderung der Exkursionsfreiheit des Thorax gleichsetzen.

b) *Erstickung in einem engen Raum.* Es handelt sich dabei um im allgemeinen seltene Vorkommnisse, indem bei einem Einschluß in einem engen abgeschlossenen Raum allmählich der Sauerstoff verbraucht wird und somit eine Erstickung infolge $O_2$-Mangels erfolgt. Abgesehen von Einsturzunglücken in Schächten mit Absperrung von der Außenluft bzw. von der Wetterführung, von Schiffsunglücken (U-Boote) u. ä. sind solche Erstickungstodesfälle durch Einschluß in Koffern oder abgedichteten Kisten bekanntgeworden. *F. Reuter* berichtete über eine entsprechende Erstickung eines 14jährigen Knaben, der sich einen mit Schnappschloß versehenen Koffer als photographische Dunkelkammer improvisiert hatte. Er kam darin zu Tode, weil das Schloß beim Zuziehen des Deckels einschnappte und er sich nicht mehr selbst befreien konnte. Als Zeichen der langsam erfolgten Erstickung findet sich in solchen Fällen häufig ein hämorrhagisches Lungenödem. Bei gefülltem Magen kann unter einem agonalen Erbrechen u. U. eine Aspiration im Brechakt mit entsprechender Erstickung eintreten.

*Schrifttum.*

*Bluhm:* Tod durch Selbstfesselung. Kriminal. Mh. **1929**, 246. — *Blum, H.:* Die lokale makroskopische und mikroskopische Reaktion beim Erhängen. Med. Diss. Halle 1937. — *Blum, H.:* Zur Frage der Unterscheidbarkeit vitaler und postmortaler Gewebsveränderungen am Beispiel der Strangfurchen beim Erhängungstod. Virchows Arch. **299**, 754 (1937). — *Böhmer:* Tötung durch Erhängen. Dtsch. Z. gerichtl. Med. **32**, 449 (1940). — *Esser:* Zur Frage des Erwürgens ohne lokale anatomische Spuren beim Menschen und im Tierversuch. Dtsch. Z. gerichtl. Med. **20**, 361 (1933). — *Gamper* u. *Stiefler:* Klinisches Bild und anatomischer Befund nach Drosselung. Arch. f. Psychol. **106**, 744 (1937). — *Gerstmann:* Über einige Störungen im Bereich des

Zentralnervensystems in Fällen von Lawinenverschüttung nach deren Wiederbelebung. Mschr. Psychol. **43**, 271 (1918). —*v. Hofmann-Haberda:* Lehrbuch der gerichtl. Medizin. XI. Aufl. Berlin u. Wien 1927. — *Jungmichel:* in *Mayr*, Handb. der Artefakte S. 413. Jena 1937. — *Klauer:* Untersuchung von Strangwerkzeug und Aufhänge-ort beim fraglichen Erhängungstod. Dtsch. Z. gerichtl. Med. **20**, 375 (1933). — *Laves:* Tötung durch Erwürgen mit nachträglichem Auf-hängen der Leiche zur Vortäuschung eines Selbstmordes. Dtsch. Z. gerichtl. Med. **14**, 275 (1929). — *Leitner:* Spättod nach Erhängen. Med. Welt **25** (1934). — *Lyß:* Über zufällige Erdrosselung von Säug-lingen. Münch. med. Wschr. **1938**, 1708. — *Orsós:* Das Bindegewebs-gerüst der Lymphknoten im normalen und pathologischen Zustand. Beitr. path. Anat. **75**, 15 (1926). — *Orsós:* Die vitalen Reaktionen und ihre gerichtsmedizinische Bedeutung. Beitr. path. Anat. **95**, 163 (1935). — *Orth:* Gewaltsames Erhängen. Dtsch. Z. gerichtl. Med. **22**, 262 (1933). — *Ponsold:* Ohrenbluten beim Erhängen. Dtsch. Z. ge-richtl. Med. **29**, 437 (1938). — *Reuter, F.:* Lehrbuch der gerichtl. Medi-zin. Berlin u. Wien 1933. — *Roer* u. *Koopmann*: Eein Beitrag zur Histo-logie der Strangmarke. Dtsch. Z. gerichtl. Med. **30**, 1 (1938). — *Roesner:* Selbstmord-Statistik. Handwörterbuch d. Kriminologie **II**, 546. Berlin u. Leipzig 1936. — *Schrader:* Vortäuschung eines Selbst-mordes durch Erhängen nach Tötung durch Erwürgen. Dtsch. Z. gerichtl. Med. **15**, 359 (1930). — *Schrader:* Neuere Wege in der Dia-gnose der gewaltsamen Erstickung. Dtsch. Z. gerichtl. Med. **28**, 134 (1937). — *Schwarzacher:* Beiträge zum Mechanismus des Erhängungs-todes. Dtsch. Z. gerichtl. Med. **11**, 145 (1928). — *Türk:* Über psy-chische Störungen bei Verschütteten nach ihrer Belebung. Wien. klin. Wschr. **1916**, 910. — *Walcher:* Die vitale Reaktion bei Beurtei-lung des gewaltsamen Todes. Dtsch. Z. gerichtl. Med. **26**, 193 (1936). — *Walcher:* Über tödliche Unfälle durch Ersticken infolge Verlegung der Luftwege mit Getreidespelzen. Mschr. Unfallheilk. **44**, 554 (1937). — *Weimann:* Mord an der Ehefrau mit Vortäuschung eines Selbst-mordes durch nachträgliches Erhängen. Arch. Kriminol. **84**, 135 (1929). — *Wiethold:* Über den Absturztod der Taucher. Dtsch. Z. ge-richtl. Med. **26**, 137 (1936). — *Zeitler:* Ein Beitrag zur Kenntnis der Spättodesfälle nach Erhängen. Dtsch. Z. gerichtl. Med. **12**, 380 (1928). — *Ziemke:* Über zufälliges Erhängen und seine Beziehungen zu sexuel-len Perversitäten. Dtsch. Z. gerichtl. Med. **5**, 103 (1925). — *Ziemke:* Der Tod durch Erstickung. In *Schmidtmanns* Handb. der gerichtl. Medizin **II**, 177. Berlin 1907. ***Schrader.***

## Tod und Gesundheitsbeschädigung durch Gift im allgemeinen. (Vgl. auch Art.: Konser-vierung breiiger, flüssiger und winziger Stoffe; Mechanische Gifte; Verdacht auf Vergiftung; Ver-sendung von Untersuchungsmaterial.)

Als *Gifte* bezeichnen wir in Anlehnung an *Krat-ter* alle jene organischen und anorganischen, aber nicht organisierten Stoffe, die durch ihre chemische oder physikalisch-chemische Wirkung schon in ver-hältnismäßig kleiner Gabe die Gesundheit des Men-schen vorübergehend oder dauernd schädigen kön-nen oder das Leben zu zerstören vermögen. Die Gif-tigkeit ist demnach keine dem Stoffe als solchem an-haftende Eigenschaft, sondern lediglich der Ausdruck einer chemischen oder physikalisch-chemischen Wech-selwirkung zwischen ihm und dem lebenden mensch-lichen Organismus. Die Summe der Störungen im Ablaufe der Lebensvorgänge, die die Einverleibung eines „Giftes" verursacht hat, nennt man *Ver-giftung* (Intoxikation). Die Giftwirkung, d. h. die Art und das Ausmaß der Reaktion des Organismus auf ein Gift ist von verschiedenen Bedingungen ab-hängig. Sie sind a) mit der beigebrachten Substanz selbst (chemische Eigenschaften des Giftkörpers, vor allem seine Konstitution und Affinität zu den Ei-weißkörpern der Gewebe, Aggregatzustand, Löslich-keit, Konzentration, Menge), b) mit der Art der Bei-bringung des Stoffes (auf welchem Wege [per os, percutan, subcutan, intramuskulär, intravenös, intralumbal, per klysma, per inhalationem, per vaginam] und in welchem Mittel [Vehiculum] das Gift gereicht wurde) und c) mit der Körperverfas-sung des Individuums, dem das Gift verabfolgt wurde (Gesundheitszustand, Alter der Person, Ge-wöhnung, Idiosynkrasie [s. d.], gegeben.

Die *Diagnose einer Vergiftung*, der Nachweis, daß es im besonderen Falle durch die Einverleibung eines als Gift zu bezeichnenden Stoffes *wirklich* zu einer Vergiftung gekommen ist, hat sich auf folgende

drei Momente zu stützen: I. auf die Feststellung und Bewertung der Krankheitserscheinungen, die anläßlich der mutmaßlichen Vergiftung aufgetreten sind; II. auf das Ergebnis der anatomischen Unter-suchung der Leiche, falls die Vergiftung eine tödliche war; und III. auf das Resultat der chemischen Un-tersuchung.

*Zu I:* Die *Feststellung* der aufgetretenen *klini-schen Symptome* macht in der forensischen Praxis gewöhnlich ziemliche Schwierigkeiten, da der Ge-richtsarzt kaum je in der Lage ist, aus eigener Wahrnehmung zu schöpfen. Er ist vielmehr so gut wie immer auf Berichte von Laien in medizinischen Dingen angewiesen, denen überdies die Fähigkeit zu exakter Beobachtung in der Regel mehr oder we-niger abgeht. Ihre Schilderungen stellen daher kaum je eine sachliche Beschreibung des Wahrgenommenen dar, sondern ergehen sich lediglich in Vermutungen und Urteilen, die für den Fall meistens völlig be-langlos sind. Damit muß der Gerichtsarzt rechnen, wenn er sich durch die Befragung der in Betracht kommenden Personen ein Bild von den tatsächlichen Geschehnissen verschaffen will. Sind die Krankheits-erscheinungen in ihrer Art und in ihrem zeitlichen Ab-laufe ermittelt, so ist an ihre *Auswertung* hinsichtlich der Vergiftungsdiagnose zu schreiten. Dabei ist zu bedenken, daß die Krankheitserscheinungen bei den einzelnen Giften ungemein wechselnd sind. Ja, es können sich bei verschiedenen Individuen durch das gleiche Gift ganz verschiedene Krankheitsbilder er-geben. Es wäre falsch zu glauben, alle charakteri-stischen Merkmale einer Vergiftung müßten in jedem einzelnen Falle ausgeprägt sein, oder jedes Gift rufe ein nur ihm eigentümliches Krankheitsbild hervor. Im Gegenteil, letzteres trifft nur für eine verhältnis-mäßig geringe Zahl von Giften zu. In der Regel han-delt es sich um Symptome und Symptomenkom-plexe, wie man sie auch bei natürlichen Krank-heiten findet. Darauf ist es zurückzuführen, daß nicht selten Vergiftungsfälle für spontane Erkran-kungen angesehen werden und umgekehrt (*Beöthy, v. Neureiter*). Am meisten Charakteristisches bietet noch die sog. Gastroenteritis toxica, die sich an die Einnahme von ätzenden Stoffen anschließt. Die Erscheinungen, welche sich unmittelbar nach dem Verschlucken des Ätzgiftes oder nur um weniges später einstellen, bestehen in heftigen Schmerzen im Munde, im Schlund und in der Magengegend, weiterhin in Erbrechen und in profusen, mitunter blutigen Durchfällen mit Tenesmen und heftigem Durstgefühl (*Dittrich*). Aber selbst diese Symptome sind für eine Vergiftung keineswegs immer bewei-send, können sie doch auch durch gewisse akute Magen-Darmkrankheiten wie Einklemmungen von Brüchen oder Entzündungen des Bauchfells, ja selbst durch akute Infektionen bewirkt werden. Die Bewertung der Krankheitserscheinungen verlangt eben viel Erfahrung und Kritik. Im übrigen sei wegen der Momente, die den Verdacht einer Ver-giftung erregen, und wegen der Fragen, die sich der Arzt dann vorzulegen hat, auf den Artikel: Ver-dacht auf Vergiftung verwiesen.

*Zu II:* Hat eine Vergiftung zum Tode geführt oder liegt bei einem Todesfall der Verdacht einer Vergiftung vor, so muß eine *Leichenöffnung* vor-genommen werden. Sie dient a) der Feststellung der pathologisch-anatomischen Veränderungen, die das Gift möglicherweise im Körper gesetzt hat, und b) der Entnahme der für die chemische Unter-suchung notwendigen Leichenorgane. Bei der Durch-führung der Sektion halte man sich, um nicht durch technische Mängel die Klärung des Falles zu ge-fährden, an die folgende Anleitung, die sich eng an die bewährten preußischen und bayerischen amt-lichen Vorschriften für das Verfahren bei der gerichtlichen Untersuchung menschlicher Leichen angelehnt:

1. Besteht der Verdacht einer Vergiftung, so sind bei der Leichenöffnung alle für den Nachweis des Giftes erforderlichen Maßnahmen zu treffen, insbesondere sind möglichst viel Blut und Urin sowie die für die chemische Untersuchung geeigneten Organe der Leiche zu entnehmen. Gleichzeitig damit sind auch stets für ergänzende mikroskopische Untersuchungen kleinere Stückchen aus allen wichtigen Organen auszuschneiden und in 10%iger Formalinlösung einzulegen.

2. Nach der Öffnung der Bauchhöhle ist sofort vor jedem weiteren Eingriff die äußere Beschaffenheit des Magens und des Zwölffingerdarmes und deren Lage und Ausdehnung sowie der Geruch in der Bauchhöhle zu ermitteln. Ferner ist hier wie bei allen anderen wichtigen Organen festzustellen, ob die Gefäße stark erweitert sind oder nicht, ob sie flüssiges oder geronnenes Blut enthalten und ob auch ihre kleineren Verzweigungen gefüllt sind oder nicht. Besonders genau ist der Magen von außen zu besichtigen und festzustellen, ob seine Wand unversehrt ist, ob sie zu zerreißen droht oder gar schon zerrissen ist.

3. Ist die Magenwand unversehrt, so findet zunächst die Sektion der Brusthöhle in der üblichen Weise statt. Das aus dem Herzen und den großen Gefäßen in möglichst großer Menge entnommene Blut wird in ein Glas A gebracht. Besondere Aufmerksamkeit ist zunächst der Untersuchung der Mund- und Rachenschleimhaut zu widmen. Man kann die Speiseröhre oberhalb des Zwerchfells doppelt unterbinden, dazwischen durchschneiden und die Hals- und Brustorgane für sich auslösen. Jedoch ist es auch gestattet, den Magen samt Zwölffingerdarm im Zusammenhange mit der Speiseröhre zu lassen und gemeinschaftlich mit den Brustorganen aus der Leiche zu entnehmen, wobei zweckmäßigerweise der Grimmdarm an seinem Beginn unterbunden und analwärts davon durchtrennt wird. Im letzteren Falle werden die herausgenommenen Brusthöhlenorgane auf einer flachen Unterlage ausgebreitet, so daß die Speiseröhre noch oben zu liegen kommt und die Zungenspitze gegen den Obduzenten gerichtet ist; dann werden Mund- und Rachenhöhle besichtigt und hernach mit dem gleichen Scherenschnitt die Speiseröhre und der Magen geöffnet. Um keinen Mageninhalt zu verlieren, kann die Öffnung des Magens auch in der Mitte der Hinterwand zwischen großer und kleiner Krümmung erfolgen. Der Inhalt des Magens wird dann nach Menge, Farbe, Geruch, Zusammensetzung und Reaktion geprüft, möglichst vollkommen ausgeschöpft und in ein zweites Gefäß B gegeben, wobei auch etwaiger Inhalt aus der Speiseröhre beizufügen ist. Alsdann wird die Schleimhaut der oberen und unteren Speisewege nach Dicke, Farbe, Oberfläche und Gefüge beschrieben, namentlich ist festzustellen, ob sich das Blut innerhalb der Gefäßbahn befindet oder aus den Gefäßen ausgetreten ist und ob die Schleimhaut frisch oder durch Fäulnis und Erweichung verändert ist. Ist Blut ausgetreten, so ist durch Einschnitte festzustellen, ob es auf der Oberfläche oder im Gewebe liegt und ob es geronnen ist oder nicht. Endlich ist besonders sorgfältig zu prüfen, ob Substanzverluste, Geschwüre oder Auflagerungen auf der Schleimhaut vorhanden sind. Im Magen oder Zwölffingerdarm etwa vorgefundene verdächtige Fremdkörper, z. B. Bestandteile oder Bruchstücke von Blättern oder sonstige Pflanzenteile oder Reste von tierischer Nahrung, ferner kristallinische oder pulverartige Substanzen sind sorgfältig zu entnehmen und gesondert der chemischen, gegebenenfalls auch der botanischen oder mikroskopischen Untersuchung zuzuführen.

Nach der Untersuchung der Halsorgane werden Magen und Speiseröhre in das Gefäß B zum Mageninhalt gelegt.

4. Hat sich bei der äußeren Betrachtung des Magens ergeben, daß die Magenwand so sehr erweicht ist, daß sie bei der Herausnahme des Magens zerreißen würde, so ist der Mageninhalt aus einem Einschnitt an der Vorderwand des Magens zwischen großer und kleiner Krümmung zu entnehmen und in das Glas B zu schöpfen.

5. Darnach werden der Dünndarm und der Dickdarm herausgenommen, nachdem lezterer am unteren Ende doppelt unterbunden und zwischen beiden Fäden durchgeschnitten wurde. Sodann wird der Dünndarm vom Dickdarm abgetrennt. Nach der Öffnung der Därme wird ihr Inhalt festgestellt, die Schleimhaut beschrieben und schließlich der Inhalt dem Glase B beigefügt. Sind im Dickdarm reichlich Kotmassen vorhanden, so ist die Verwahrung des Kotes in einem eigenen Gefäße geboten. In die Gläser kommt neben dem Inhalte das ganze dazu gehörige Darmrohr oder doch ein großer Teil desselben möglichst ohne Gekrösefett.

6. Aus beiden Lungen, aus dem Herzmuskel und von der Milz werden Stücke in ein Gefäß C gebracht.

7. Dann folgt die Untersuchung der Nieren; diese sind, nachdem ihr Befund festgestellt ist, in ein besonderes Gefäß D zu legen. Ist das Gift vermutlich erst in der Leiche durch die Magenwand in die linke Niere eingedrungen, so sind die linke und rechte Niere getrennt in einem besonderen Gefäß zur chemischen Untersuchung aufzuwahren. Der Inhalt der Harnblase — ausgeschöpft oder besser mittels Katheters entleert — kommt in ein besonderes Gefäß E; falls seine Menge sehr geringfügig ist, kann der Harn auch in das Glas zu den Nieren gebracht werden. Die Leber mitsamt der Gallenblase wird in ein Gefäß F gelegt.

8. Bei Verdacht auf Vergiftung mit Blausäure oder anderen flüchtigen Substanzen ist das Gehirn nach der anatomischen Untersuchung in einen gut schließenden Behälter zu legen. Nach einiger Zeit ist dann der Geruch im Behälter zu prüfen. Hierauf ist das Gehirn möglichst vollständig in ein eigenes Gefäß G zu legen. Letzteres hat auch bei Verdacht auf Vergiftung mit narkotischen Mitteln zu geschehen.

9. Bei Verdacht auf Kohlenoxydgasvergiftung sind Blutproben aus dem Herzen, einer oberflächlichen Blutader (etwa der Drosselvene) und aus dem Gehirnblutleitern zu entnehmen und in kleinen Gläschen (Proberöhrchen) zur spektroskopischen und chemischen Untersuchung zu verwahren; bei ausgegrabenen oder schon in Fäulnis begriffenen Leichen ist die etwa noch in den Körperhöhlen vorhandene blutige Flüssigkeit (Fäulnistranssudat) zur Untersuchung zu entnehmen. Die Gläschen müssen bis zum Stopfen gefüllt und gut verschlossen werden.

10. Besteht der Verdacht, daß das Gift dem Opfer durch Einspritzungen beigebracht wurde, so sind etwa vorgefundene Stichspuren breit im Gewebe zu umschneiden und auszulösen. Die so gewonnenen Gewebsstücke sind dann — in einem eigenen Gefäße eingeschlossen — der chemischen Untersuchung zuzuführen.

11. Bei Verdacht auf eine längere Zeit überlebte Vergiftung mit Arsenik, mit Thallium oder einem anderen Metallgift sind zur chemischen Untersuchung vom Haupthaare mindestens 5 Gramm hart an der Haut abzuschneiden, ferner auch Stücke von Knochen (Wirbelkörper oder Röhrenknochen) der Leiche zu entnehmen. Die Haare werden in zusammengefaltetes Papier eingeschlossen.

12. Ist anzunehmen, daß die Feststellung des Alkoholgehaltes im Blute zur Klärung des Falles beiträgt, so sind fest zu verschließende, saubere Proberöhrchen mit Blut aus den Sinus und dem Herzen der Leiche bis zum Rande der Stopfen zu füllen und zur Untersuchung an das nächste Fachinstitut zu senden. Hinsichtlich der Menge des zu entnehmenden Blutes ist zu berücksichtigen, daß zur Alkoholbestimmung im Leichenblut eine größere Blutmenge notwendig ist, als sie für die Ermittlung des Alkoholgehaltes im Blute einer lebenden Person erforderlich ist. Neben der Blutprobe ist stets auch eine Harnprobe, die gleichfalls das Versandgefäß bis zum Stopfen ausfüllen muß, zur Untersuchung mitzuschicken.

13. Außer den Leichenteilen sind auch giftverdächtige Substanzen, die allenfalls beim Lokalaugenschein gefunden wurden, wie z. B. Reste der vermeintlich vergifteten Speisen zur Untersuchung — in einem eigenen Gefäß eingeschlossen — einzuschicken.

14. Jedes Gefäß ist nach der Füllung gut zu verschließen, zu versiegeln und zu bezetteln. Den für die chemische Untersuchung bestimmten Leichenteilen ist eine konservierende Flüssigkeit in der Regel nicht zuzusetzen. Lediglich wenn die Gefahr besteht, daß die Gefäße am Transport durch die sich bei der Organfäulnis entwickelnden Gase gesprengt werden könnten, setze man eine konservierende Flüssigkeit zu, schicke aber dann eine Probe der verwendeten Flüssigkeit in einer besonderen Flasche zur Untersuchung mit. Die Übermittlung der Gefäße an den Chemiker hat am kürzesten und raschesten Wege zu erfolgen, wobei der Sendung ein Begleitschreiben beizugeben ist, in dem nicht nur die Sache, in der die Untersuchung vorzunehmen ist, und der Inhalt der einzelnen Gefäße, sondern auch das Gift bzw. die Giftgruppe, auf die mit Rücksicht auf den anatomischen Leichenbefund und die beobachteten Krankheitserscheinungen untersucht werden soll, zu bezeichnen ist.

15. Die Unterlage, auf der die Organe bei Verdacht auf Vergiftung aufgeschnitten werden, muß nach der Durchforschung eines jeden einzelnen Organs sorgfältig gereinigt werden. Vor dem Einlegen in das Glasgefäß sollen die Organe möglichst vor der Berührung mit anderen Leichenteilen bewahrt werden. Die Organe dürfen nicht abgespült werden, überhaupt ist im Interesse der chemischen Untersuchung bei der Sektion in solchen Fällen der Gebrauch von Wasser tunlichst einzuschränken.

16. Bei Verdacht auf bakterielle „Vergiftung" (Coligruppe, Typhus, Paratyphus, Bac. enteritidis *Gärtner* usw.) sind eine abgebundene Dünndarmschlinge, die Milz (am besten nicht angeschnitten) und die nicht geöffnete, abgebundene Gallenblase zur bakteriologischen Untersuchung einzuschicken. Außerdem ist mittels steriler Spritze eine Blutprobe zu entnehmen, und zwar möglichst aus dem Herzen, nachdem dessen vor der Öffnung noch in der Leiche an der Entnahmestelle mit einem erhitzten Messer angesengt wurde. Wenn das Blut im Herzen schon geronnen ist oder voraussichtlich schon zu viele Fäulniskeime enthält, so empfiehlt es sich, das Blut aus einer Ellenbogenblutader zu gewinnen. In jenen Fällen, in denen Zweifel darüber, ob eine chemische oder bakterielle „Vergiftung" vorliegt, sind für die Untersuchung nach beiden Richtungen hin Vorkehrungen zu treffen.

Nur ein Teil der Vergiftungen läßt sich am Leichentisch direkt nachweisen. Denn nicht alle Gifte setzen an der Leiche einen charakteristischen Befund. Wir unterscheiden daher Gifte *mit einem charakteristischen anatomischen Befund* (Ätzgifte, Metalle usw.) und Gifte *ohne solchen* (Nervengifte, Alkaloide). Bei letzteren gestattet jedoch häufig der Befund von Veränderungen, die auf eine dem Tode

vorausgegangene länger währende Bewußtlosigkeit hindeuten, wie starke Hypostasen in den Lungen, eine hypostatische Pneumonie, die Aspiration von Mageninhalt, eine prall gefüllte Blase, den Wahrscheinlichkeitsschluß, daß hier eine Vergiftung durch ein anatomisch nicht nachweisbares Nervengift vorgelegen hat. Natürlich sind in solchen Fällen, bevor von einer Vergiftung gesprochen werden darf, alle anderen möglichen Todesursachen, insbesondere eine Gehirnerschütterung, auszuschließen.

Was die anatomische Untersuchung von Leichen in Vergiftungsfällen anlangt, so liefert vielfach schon die *äußere Besichtigung* Anhaltspunkte für die Diagnose. Als solche haben zu gelten: eine ikterische Hautverfärbung (Metalle, Arsenik, Phosphor), eine gleichmäßig hellrote Farbe der Totenflecke (Kohlenoxyd), eine blaugraue Tönung der Totenflecke (Methämoglobin bildende Gifte), Ätzschorfe an den Lippen und in der Umgebung des Mundes (Ätzgifte), ein typischer Geruch aus dem Mund (Lysol, Cyankali, Chloroform, Alkohol, Essigsäure), größere Blutaustritte unter der Haut (Phosphor), ein beginnender Brand (Phosphor, Kohlenoxyd). Aus der Weite bzw. Enge der Pupillen an der Leiche ist der Schluß auf eine Vergiftung mit pupillenerweiternden bzw. -verengernden Giften nicht zulässig. Bei der *inneren Untersuchung* gestalten sich die Befunde wesentlich verschieden, je nachdem, ob wir es mit einem *örtlich wirkenden* oder mit einem *fern wirkenden Gift* zu tun haben. Bei den Giftstoffen der erstgenannten Gruppe ist die Untersuchung der Magenwand und des Mageninhaltes von besonderer Wichtigkeit. Dabei ist die Feststellung des Geruches und der Reaktion des Mageninhaltes nicht zu vergessen. Ferner ist darauf zu achten, ob sich nicht im Mageninhalt giftverdächtige Substanzen wie Kristalle, amorphe Stoffe, Pflanzenteile vorfinden. Sodann ist die Magenwand genauest zu besichtigen, wobei man sich zu hüten hat, einen durch Krankheit (katarrhalische Prozesse, diphtherische oder phlegmonöse Entzündungen, Soor) oder durch postmortale Vorgänge (weiße oder schwarze Erweichung) bedingten Befund für das Produkt einer Vergiftung zu halten (*Böhmer, Haberda, Meixner*). Bei den fern wirkenden Giften treten die Erscheinungen am Orte der Aufnahme in den Hintergrund oder fehlen ganz. Dafür finden sich dann häufig im Blute oder in den parenchymatösen Organen mehr oder weniger schwere Veränderungen. Ja selbst die Ausscheidungsorgane weisen sogar manchmal noch für die Diagnose verwertbare Befunde auf.

*Zu III:* Der *Giftnachweis* (s. d.), der nicht nur für tödliche Vergiftungen in Betracht kommt, sondern auch in Fällen, in denen das Opfer am Leben blieb, durch die Untersuchung von erbrochenem oder ausgehebertem Mageninhalt, Urin, Stuhl u. dgl. anzustreben ist, erfolgt gewöhnlich durch chemische Methoden. Jedoch werden auch physiologische, pharmakologische und physikalische Verfahren herangezogen. Die Vornahme der einschlägigen Proben obliegt nicht dem Arzte, sondern dem Chemiker. Nur bei Kohlenoxydgasvergiftungen soll der Gerichtsarzt selbst das Blut chemisch und spektroskopisch untersuchen. *Sache des Chemikers ist es*, aus dem übersandten Material etwa vorhandene Gifte 1. zu isolieren, 2. zu identifizieren und 3. in ihrer Quantität und Verteilung in den Organen zu bestimmen, wobei der Mediziner nur insoweit mitzuwirken hat, als er dem Chemiker auf Grund seiner Ermittlungen am Krankenbett und am Leichentisch die Gifte bzw. die Giftgruppen, auf die die Untersuchung abzustellen ist, anzeigt. Ist der Chemiker durch die Vornahme der entsprechenden Proben und die Vorlage eines erschöpfenden Befundberichtes den genannten Pflichten nachgekommen, so hat er seine Aufgaben im Rahmen der Bearbeitung von Vergiftungsfällen restlos erfüllt. Denn die toxikologische Gesamtbeurteilung, d. h. die Beantwortung der Frage, ob es sich im besonderen Falle wirklich um eine Vergiftung gehandelt hat, steht ihm nicht mehr zu. Sie muß ausschließlich dem Arzte vorbehalten bleiben, gilt es doch, hier aus den Ergebnissen der quantitativen Analyse die Menge des im Körper tatsächlich vorhanden gewesenen und zur Wirkung gelangten Giftes abzuschätzen und mit der aus der Erfahrung bekannten tödlichen Dosis in Beziehung zu bringen, sowie den Krankheitsverlauf und den Leichenbefund auf ihre Übereinstimmung mit dem Bilde der vermuteten Vergiftung zu prüfen (*F. Straßmann*). Wie grundfalsch es wäre, wollte man eine Vergiftung lediglich in Abhängigkeit von den Ergebnissen der chemischen Untersuchung diagnostizieren oder ausschließen, erhellt allein schon der Hinweis auf jene Fälle, in denen trotz des negativen Resultates der chemischen Analyse dennoch eine Vergiftung vorgelegen hat, sei es, daß das Gift zur Zeit des Todes bereits wieder aus dem Körper ausgeschieden worden war, sei es, daß es erst später an der Leiche verändert oder zerstört worden ist und sich so dem Nachweise entzogen hat. Und ebensowenig wie der negative Ausfall der chemischen Untersuchung allein schon die Diagnose „Vergiftung" abzulehnen gestattet, spricht das positive Ergebnis *für* eine Vergiftung, zumal die gefundenen Giftspuren, z. B. von Medikamenten, die zu Heilzwecken vor dem Tode eingenommen wurden, herstammen können. Ja, möglicherweise sind sie sogar erst in die Leiche eingedrungen oder den Organen bei der chemischen Untersuchung durch die Verwendung unreiner Reagenzien beigemischt worden.

Ist die Vergiftung als solche diagnostiziert, so hat der Gerichtsarzt noch zur Frage Stellung zu nehmen, ob die Giftbeibringung absichtlich oder unabsichtlich erfolgt ist bzw. ob eigenes oder fremdes Verschulden vorliegt, oder, kürzer ausgedrückt, er ist noch zu einer Äußerung über die *rechtlich wichtige Todesursache* (Mord, Selbstmord, fahrlässige Tötung, Unfall) verpflichtet. Im allgemeinen wird er sich dabei wohl in erster Linie auf die vom Richter ermittelten „äußeren Umstände des Falles" zu stützen haben. Allein es gibt auch gewisse objektive Merkmale, welche die Entscheidung namentlich der Frage des eigenen oder fremden Verschuldens erleichtern. So werden wir uns mit gutem Grund eher für einen Selbstmord als für einen Mord aussprechen dürfen, wenn ein Gift in großer Menge oder in wenig zerteilter Form (in ganzen Stücken oder schlecht pulverisiert) im Organismus gefunden wurde. Ferner werden alle jene Stoffe, die einen widerlichen Geschmack oder Geruch besitzen, oder die bereits beim ersten Schluck heftige Schmerzen verursachen, begreiflicherweise viel weniger zur Ausführung eines Mordes als eines Selbstmordes geeignet sein. Allerdings ist in dieser Richtung eine gewisse Vorsicht am Platze, da Kindern und hinfälligen Personen auch unangenehm schmeckende und riechende Substanzen gewaltsam eingeflößt worden sein können. Desgleichen ist zu bedenken, daß sich so mancher zur Einnahme eines selbst ekelerregenden Stoffes bereit findet, wenn man ihm davon eine besondere Förderung seiner Gesundheit oder einzelner seiner Funktionen (z. B. der potentia coëundi) in Aussicht stellt. Bei der kriminalistischen Begutachtung von Vergiftungen ist weiter zu beachten, daß man hier und da schon einen Menschen, der auf andere Weise ermordet wurde, nach dem Tode Gift eingeflößt hat, um einen Selbstmord durch Gift vorzutäuschen. Liegt der Verdacht einer *postmortalen Giftbeibringung* vor, so sind, wie bereits oben gesagt, beide Nieren getrennt chemisch zu untersuchen: Wurde das Gift noch zu Lebzeiten dem Individuum verabfolgt, so werden sich die beiden Nieren im Giftgehalt nicht wesentlich voneinander unterscheiden; dahingegen wird sich postmortal einverleibtes Gift gewöhnlich in der linken Niere in einer viel höheren Konzentration als in der rechten vorfinden, da Giftstoffe an der Leiche vom Magen aus dank den vorwaltenden topischen Beziehungen durch Diffusion vornehmlich in die linke Niere gelangen. Schließlich sei noch daran erinnert, daß ein Gift nicht immer in Tötungsabsicht eingegeben wird. Es kann sich dem Täter auch nur um den Vorsatz, das Opfer zu beschädigen (*Vitriolage*), gehandelt haben. Ja, auch als Aphrodisiaca, als Fruchtabtreibungsmittel und zu untauglichen Heilversuchen werden Gifte benützt. Für die Begutachtung der *nicht tödlichen* Vergiftungen in Straf- und Zivilsachen sind die Bestimmungen über die Körperverletzungen heranzuziehen.

*Schrifttum.*

*Axmacher:* Allgemeine Pharmakologie. Berlin 1938. — *Behrens:* Der forensische Begriff des Giftes. *Fühner-Wielands* Slg.Verg.-Fällen **7**. Berlin 1936. — *v. Beöthy:* Der grundlose Vergiftungsverdacht und die Verkennung von Vergiftungen. Beitr. gerichtl. Med. **IX**. Leipzig u. Wien 1929. — *Böhmer:* Soor des Magens. Dtsch. Z. gerichtl. Med. **30**, 143 ff. (1938). — *Dittrich:* Lehrbuch der gerichtl. Med. für Ärzte und Juristen. 2. Aufl. Prag 1921. — *v. Hofmann-Haberda:* Lehrbuch der gerichtl. Medizin. 11. Aufl. Berlin u. Wien 1927. — *Kratter:* Lehrbuch der gerichtl. Medizin. **1**, 2. Aufl. Stuttgart 1921. — *Meixner:* Die Erkennung von Vergiftungen an der Leiche. Münch. med. Wschr. **41** (1931). — *Meixner:* Ausgebreiteter Soor des Magens, eine Verätzung vortäuschend. Dtsch. Z. gerichtl. Med. **25**, 51 ff. (1935). — *Merkel:* Über die Zusammenarbeit des gerichtlichen Mediziners und des Gerichtschemikers bei der Feststellung von tödlichen Vergiftungsfällen. Dtsch. Z. gerichtl. Med. **19**, 384 ff. (1932). — *Merkel-Walcher:* Gerichtsärztliche Diagnostik und Technik. Leipzig 1936. — *v. Neureiter:* Vergiftung oder plötzlicher Tod? Beitr. gerichtl. Med. **XI**. Leipzig u. Wien 1931. — *Reuter, F.:* Über Giftmordversuch. Dtsch. Z. gerichtl. Med. **9**, 431 ff. (1927). — *Reuter, F.:* Methoden der forensischen Beurteilung von Vergiftungen. Im Handb. der biologischen Arbeitsmethoden, herausgegeben von Prof. Dr. *E. Abderhalden.* **12 I**. Berlin u. Wien 1938. — *Straßmann, F.:* Der Tod durch Vergiftung. In: *F. Straßmanns* Lehrbuch der gerichtl. Medizin, unter Mitwirkung von *F. Straßmann*, herausgegeben von *G. Straßmann.* 2. Aufl. Stuttgart 1931. — Vorschriften für das Verfahren bei der gerichtlichen Untersuchung von Leichen. Gesetz- und Verordnungsblatt für den Freistaat *Bayern* vom 30. 7. 1930. — Vorschriften über das Verfahren der Gerichtsärzte bei den gerichtlichen Untersuchungen menschlicher Leichen. Vom 31. 5. 1922 Volkswohlf. **3**, Nr. 12 (1922).                    *v. Neureiter.*

## Tod und Gesundheitsbeschädigung durch psychisches Trauma ( = ps. Tr.). (Vgl. auch Art.: Todesursache; Trauma.)

Unter den Todessituationen (s. d. Art.: Todesursache) nimmt der *Tod durch ps. Tr.* eine gewisse Sonderstellung ein. Denn erstens spielt für sein Zustandekommen die eigentümliche Beschaffenheit des Individuums eine ungleich größere Rolle als bei den übrigen Todesarten, ausgenommen vielleicht den Tod durch elektrische Energie (s.d.Art.: Tod und Gesundheitsbeschädigung durch elektrische Energie), bei dem anscheinend ebenfalls der Eigenart des Betroffenen eine entscheidende Bedeutung zukommt (*v. Neureiter*). Zweitens wirkt die schädigende Gewalt hier nicht unmittelbar auf den Körper ein, sondern wird auf ihn erst durch einen seelischen Vorgang übertragen. Dennoch wäre es falsch, wollte man bei der Bewertung der individuellen Note nur die bekanntermaßen von Mensch zu Mensch verschiedene Erregbarkeit des Gefühls, die übrigens sogar beim selben Menschen nicht stets die gleiche bleibt, und die ebenfalls von Person zu Person nach Art und Ausmaß wechselnden Begleiterscheinungen der Affekte im Körperlichen in Rechnung stellen; man muß auch die Körperverfassung berücksichtigen, in der sich die Gemütsbewegung „darlebt". Die Folgen eines ps. Tr. hängen eben 1. von der Empfänglichkeit und Empfindlichkeit der Seele für die einem bestimmten Geschehnis innewohnenden gemütserregenden Kräfte, 2. von der Art und der Stärke der den Affekt begleitenden körperlichen Symptome und 3. von den Anpassungsmöglichkeiten des Organismus an die durch den Affekt im Körper hervorgerufene besondere Situation ab. Im einzelnen ist hierzu noch folgendes zu bemerken: Wegen der unter 1. genannten Bedingungen kann von einem Tode durch ps. Tr. grundsätzlich nur bei Personen die Rede sein, die zurzeit des traumatisierenden Ereignisses bei Bewußtsein waren. Ferner haben von den Affektäußerungen im vegetativen System, auf die wir bei 2. anspielten, für unsere Fragestellung lediglich die vasomotorischen Erscheinungen Bedeutung. Sie sind es, die den Organismus in seiner Existenz zu gefährden vermögen. Ja, wenn, wie bei 3. angedeutet, das Kreislaufsystem durch krankhafte Veränderungen bereits empfindlich geschädigt und daher einer Sonderbelastung nicht mehr recht gewachsen ist, tritt der Tod des Individuums sogar verhältnismäßig leicht ein. Daß bei Personen mit funktionell minderwertigem Herz- und Gefäßapparat schreckhaft wirkende plötzliche Erschütterungen des Gemütes ein sofortiges Ableben herbeizuführen imstande sind, wird also in Übereinstimmung mit *Kretschmer* nicht zu bestreiten sein (Typus: der Coronarsklerotiker, der unmittelbar nach Erhalt der Nachricht von einem Börsenverlust tot zusammenbricht). Viel schwieriger ist die Frage zu entscheiden, ob auch ein völlig gesunder Mensch mit durchschnittlicher Affekterregbarkeit einem psychischen Insulte erliegen kann. Bis weit ins vorige Jahrhundert hinein — ich führe als Zeugen nur *Lancisi, Ploucquet, Anschel, Wildberg, Siebenhaar* und *Schürmayer* an — war man freilich um eine Antwort nicht im geringsten verlegen: Es galt als eine unbestreitbare Tatsache, daß ein starker Affekt, eine „heftige Leidenschaft" selbst einen gesunden Menschen töten könne. Ja, man glaubte sogar, für ein unerwartet plötzliches Ableben im Schlafe „durch Traumbilder erregte gewaltsame Gemütsbewegungen" verantwortlich machen zu dürfen (*Hoffbauer, v. Lenhossék*, als „Gelegenheitsursache" übrigens auch noch *Kolisko* auf S. 709 in Bd. II des *Dittrich*schen Handbuches der ärztlichen Sachverständigentätigkeit). Erst gegen die Jahrhundertwende zu meldeten sich Zweifel zu Wort (*Schauenstein*). Man wurde kritisch gegenüber der Kasuistik, da es sich bei ihr so gut wie immer um Fälle gehandelt hat, in denen entweder die Diagnose ohne Leichenöffnung gestellt worden oder die seelische Einwirkung mit mehr oder weniger schweren körperlichen Verletzungen verknüpft war. *Puppe* meinte darum, Todesfälle aus psychischen Insulten heraus seien bei gesunden Individuen noch nicht mit Sicherheit beobachtet. Selbst die Erfahrungen des Weltkrieges vermittelten hierin keine eindeutige Entscheidung (*Bonhoeffer, Kehrer, Reichardt*). Wohl erscheint es *Gaupp* „zweifellos", daß der Schreck — und nur der kommt eigentlich von allen möglichen Affekten in diesem Zusammenhang für uns in Betracht — einen Mann durch Lähmung der bulbären Zentren der Atmung und Herztätigkeit, ohne daß irgendeine Krankheit vorhergegangen sein müßte, töten könne, aber eine einschlägige Beobachtung hat auch er nicht mitgeteilt. Ähnlich steht es mit *Knauer* und *Billigheimer*, die es gleichfalls lediglich auf Grund theoretischer Erwägungen „nicht für ausgeschlossen" halten, daß jemand einmal nach schwerem psychischen Trauma, wie es z. B. im modernen Krieg den Menschen treffen kann, infolge eines shockartigen Zusammenbrechens des Vasomotorentonus, also infolge einer Gefäßlähmung „tot umfällt". Auch *Etienne-Martin* und *Villanova*, die dem Problem des Todes durch Schreckemotion in einer eigenen Studie nachgegangen sind, oder *Moser* und *Mayer* wissen in ihren Büchern keinen Fall zu nennen, durch den das Vor-

kommen dieser Todesart bei Gesunden einwandfrei erwiesen wäre. Es dürfte sich daher in der Praxis empfehlen, auch heute noch, wenngleich die Theorie die Möglichkeit eines Todes nach schwerem psychischen Trauma beim gesunden Menschen grundsätzlich zuläßt, an der Meinung *Puppes* festzuhalten und jeder Meldung über das Ableben einer Person nach seelischer Erschütterung aus voller Gesundheit heraus mit der größten Skepsis zu begegnen, zumal wir aus der Lehre vom unerwartet plötzlichen Tod aus natürlicher Ursache (s. d.) nur zu gut wissen, daß sich so mancher Mensch für gesund hält bzw. für gesund gehalten wird, ohne es in Wahrheit zu sein. Nur wenn 1. das Geschehnis, das die heftige Gemütsbewegung bewirkt haben soll, in seiner Existenz feststeht und seiner Natur nach überhaupt geeignet war, ein menschliches Gemüt zu erschüttern, 2. der Tod in unmittelbarem *zeitlichen* Zusammenhang mit dem durch das Ereignis heraufbeschworenen Affekt eingetreten ist, 3. jede andere Todessituation durch eine sachgemäß vorgenommene Leichenschau und Leichenöffnung ausgeschlossen wurde und endlich 4. die genaue innere Besichtigung der Leiche einschließlich der mikroskopischen Untersuchung der Organe außer den Zeichen des Shocktodes (s. d.) keinen pathologischen Befund gezeitigt hat, könnten wir einem einschlägigen Bericht Glauben schenken und die Berechtigung der Diagnose anerkennen. Wie bereits betont, besitzen wir aber bis heute noch kein Beispiel, das obigen Forderungen genügte. Dahingegen bildet es keine Seltenheit, daß ein Mensch, der bis dahin für gesund gelten konnte, weil erst die Obduktion seine krankhafte Verfassung offenbarte, im Anschluß an einen heftigen Affekt vom Tode überrascht wird. Allein auch hier hüte man sich, von einem Tode durch ps. Tr. als gerichtlich-medizinisch wichtige Todesursache (s. d. Art.: Todesursache) zu sprechen, sofern nicht die früher unter 1. bis 3. angeführten Voraussetzungen gegeben sind, und 4. die Sektion der Leiche lediglich krankhafte Veränderungen, die erfahrungsgemäß eine Bereitschaft zum plötzlichen Tode bedingen, aufgedeckt hat. Einem Status thymico-lymphaticus (s. d.) oder einer Hypoplasie des Gefäßsystems (s. d.) bzw. einer Aorta angusta (s. d. Art.: Hypoplasie des Gefäßsystems) schreiben wir allerdings keine dispositionelle Bedeutung zu, wie ausdrücklich erklärt sei.

Unserer Darstellung zufolge weist der Tod durch ps. Tr. in etlichen Fällen enge nachbarliche Beziehungen zum unerwartet plötzlichen Tod aus natürlicher Ursache auf. Daher kann sogar manchmal die Entscheidung schwer sein, ob man einen Fall noch als einen durch einen seelischen Insult *gewaltsam* herbeigeführten Tod oder schon als einen plötzlichen aus *natürlicher* Ursache bezeichnen soll. Im allgemeinen hätten wir uns um so eher zugunsten der zweiten Möglichkeit zu äußern, je alltäglicher das Geschehen, das den Affektstoß auslöste, je geringfügiger die Gemütsbewegung, die in ihrer körperlichen Auswirkung den Tod bedingte, und je größer die Anfälligkeit des Organismus an den Tod war. Um in der Praxis einen brauchbaren Maßstab zu haben, halte man sich ferner vor Augen, daß die Diagnose eines Todes durch ps. Tr. nur zu Recht besteht, wenn es sich tatsächlich um ein *Trauma* gehandelt hat.

Bezüglich der *rechtlich wichtigen Todesursache* ist zu bemerken, daß eine absichtliche Tötung durch die Erregung heftiger Affekte im Opfer theoretisch wohl möglich wäre, aber bisher nicht beobachtet wurde: Für einen *Franz Moor*, wie ihn *Schiller* in seinen Räubern gezeichnet hat, steht im Leben das Beispiel noch aus. Denkbar ist der Fall, daß ein Mensch, auf den ein Mordanschlag geplant ist, noch *vor* der Ausführung der Tat vor Schrecken stirbt, weil er zufällig den ihn Auflauernden sieht. Allein von einem

Morde kann hier keine Rede sein, fehlt es doch am erforderlichen Vorsatz hinsichtlich *dieses* Zusammenhanges (*Mezger*). Indes mag gelegentlich einmal eine fahrlässige Tötung in Frage kommen. In der Regel werden wir es allerdings nur mit einer Verunglückung zu tun haben, bei der von einem fremden Verschulden nicht gesprochen werden kann.

Wenn wir uns nunmehr der Darstellung der *Körperbeschädigungen* zuwenden, die ein ps. Tr. zu verursachen imstande ist, so sei einleitend hervorgehoben, daß uns hier von allen möglichen Gemütserschütterungen lediglich der mit einer Lebensbedrohung gegebene Schreck, wie er sich vornehmlich im Gefolge von Elementarereignissen (Erdbeben, Vulkanausbrüchen) und technischen Katastrophen (Explosionen, Tunneleinstürzen) einzustellen pflegt, beschäftigen soll, und zwar auch nur insoweit, als er jene gewissermaßen reflexartig, nach physiologisch-biologischen Gesetzen ablaufenden Wirkungen auslöste, bei denen das Bewußtsein lediglich die Eingangspforte für den psychisch vermittelten Insult bildete (*Reichardt*). Die Besprechung der „abnormen Reaktionen" von der Art der traumatischen Neurose, für deren Entstehung und Ausgestaltung eine Stellungnahme des Bewußtseins, also ein besonderer psychologischer Vorgang entscheidend ist, bleibe dagegen als der gerichtlichen Psychiatrie zustehend unberücksichtigt. Nun wäre es freilich falsch, wollte man jede seelische oder nervöse Erscheinung, die bei einer Schreckemotion aufgetreten ist, schon als Gesundheitsbeschädigung bezeichnen. An sich ist das Erschrecken überhaupt keine Krankheit, sondern ein normaler Lebensvorgang. Nur wenn die Schreckfolgen durch ihre Intensität und Dauer eine empfindliche Störung des Wohlbefindens bewirkt haben, werden sie vor Gericht als Gesundheitsbeschädigung bzw. als Körperverletzung im Sinne des Straf- oder Zivilrechtes zu bewerten sein. Als mehr oder weniger allen Menschen gemeinsame unmittelbare Schreckfolgen haben zu gelten: 1. die bekannten Erscheinungen von seiten der Psychomotilität und des Vasomotoriums, wie Erblassen, Zittern der Glieder, Erstarren des Körpers, Verstummen der Sprache, Versagen der Beine, Störungen der Herztätigkeit, des Pulses, des Blutdruckes, der Magen- und Darmbewegungen bis zu Erbrechen und Durchfällen, Schweißausbruch, Urinabgang, Verschiebungen in der Blutverteilung; 2. die erstmals von *Baeltz* beschriebene Emotionslähmung (nach *Bonhoeffer* durch eine akute Abspaltung der affektiven Reaktionen gekennzeichnet, bei welcher der Ablauf der intellektuellen Funktionen nicht grob geschädigt zu sein braucht, bei der aber doch meistens eine Bewußtseinsherabsetzung, die sich zumindest in einer Auffassungsstörung äußert, zu bestehen pflegt); und 3. die Neigung zur Abspaltung von Bewußtseinsvorgängen nach der Art organischer Dämmerzustände für die Dauer von Stunden bis zu einigen Tagen. Ob die letztgenannte Reaktionsform, deren Symptomatologie sich im allgemeinen auf eine Bewußtseinsveränderung und eine einfache Hemmung der Auffassung und des Vorstellungsablaufes beschränkt, nur bei eigens disponierten Personen vorkommt, ist nicht entschieden. Dort, wo die erwähnten Erscheinungen nicht nach wenigen Tagen restlos abklingen, sondern sich zu hysterischen Lähmungen und Zitterzuständen, zu Astasie, Abasie oder Aphonie fixieren, oder wo sie in hysterische Delirien oder Dämmerzustände pseudomentaler oder expansiver Färbung übergehen, haben wir es nicht mehr mit unmittelbaren Schreckwirkungen zu tun, es handelt sich vielmehr schon um eine psychogene Weiterentwicklung bei einer psycho- oder neuropathisch veranlagten Persönlichkeit. Für die gutachtliche Beurteilung derartiger Störungen gelten dann im Wesen die gleichen Grundsätze wie für die von Zuständen vom Charakter der traumatischen Neurose.

Damit könnte eigentlich die Besprechung ihren Abschluß finden, wenn nicht noch kurz auf *gewisse Erkrankungen* eingegangen werden müßte, deren Entstehung durch ein ps. Tr. gelegentlich behauptet wird, und die daher *versicherungsrechtlich* von Bedeutung sind. Daß *Geisteskrankheiten* von der Art einer Schizophrenie oder einer progressiven Paralyse und *Nervenkrankheiten* wie die Epilepsie durch eine traumatisierende seelische Einwirkung nicht verursacht sein können, bedarf wohl heute kaum mehr der Erwähnung. Ob bei Menschen die sog. *Emotionsglykosurie* vorkommt, erscheint überaus fraglich (*Knauer* und *Billigheimer*). Nicht minder unsicher ist es, ob bei einer nicht disponierten Person ein starkes ps. Tr. eine chronische *Zuckerkrankheit* (vgl. d. Art.: Diabetes mellitus und Trauma) hervorrufen kann (*Frank*). Auch die Möglichkeit der Auslösung eines *Basedows* wird bestritten (*Klose*). Dahingegen hat es als erwiesen zu gelten, daß psychische Alterationen eine *Schwangerschaft* (vgl. d. Art.: Abort und Unfall) zu stören und zu vernichten vermögen (*Naujoks*). Ferner sei erwähnt, daß dem Schreckmoment, wie es mit einer überraschend einsetzenden Elektrisierung gegeben ist, von *Jellinek* für den fatalen Ausgang eines *elektrischen Traumas* eine wesentliche Bedeutung beigemessen wird. Er beruft sich dabei vor allem auf Experimente, die ergeben hätten, daß die Toleranz gegenüber dem elektrischen Strome bei narkotisierten Versuchstieren viel größer gewesen sei als bei wachen. Ich möchte diesen Versuchen, die *Jellinek* zwangsläufig mit verschiedenen Tieren oder wenn schon mit denselben Tieren, so doch zu verschiedenen Zeiten vorgenommen haben muß, in Anbetracht des von *Pietrusky* und *Janker* hervorgehobenen Umstandes, daß Elektroexperimente bei Wiederholungen mit demselben Tier, gar nicht zu reden von solchen mit verschiedenen Tieren, trotz einer für unsere Augen gleichen Versuchsanordnung häufig ganz verschiedene Ergebnisse zeitigen, keine Beweiskraft zuerkennen und auf Grund eigener Erfahrungen annehmen, daß der Zustand des Bewußtseins für den Ausgang einer Elektrisierung beim Tier und damit wahrscheinlich auch beim Menschen in der Regel bedeutungslos ist oder anders ausgedrückt, daß das Schreckmoment am Effekt eines Elektrounfalles kaum irgendwie nennenswert beteiligt ist. Hinsichtlich des Problems der „*Ernüchterung*" durch ein ps. Tr. ist endlich zu sagen, daß nach *Gruhle* tatsächlich auch ein alkoholisch schwer „Benebelter" durch einen großen Schrecken oder heftigen Zorn sprungartig aus der Trübung in die hellste Klarheit des Bewußtseins hinüberwechseln kann, was vielleicht damit zusammenhängt, daß durch die unter der Wirkung des Schreckes plötzlich eintretende Erweiterung der Blutgefäße im Splanchnicusgebiet das Angebot von Alkohol an das Gehirn innerhalb kurzer Zeit bedeutend geringer wird (*Elbel, Graf*).

*Schrifttum.*

*Anschel, S.:* Thanatologia sive in mortis naturam, causas, genera ac species et diagnosin disquisitiones. Göttingen 1795. — *Baeltz:* Über Emotionslähmung. Allg. Z. Psychiatr. **58**, 717 (1901). — *Bernhard:* Die Bedeutung des Schrecks in versicherungsgerichtlicher Beziehung. Mschr. Unfallheilk. **25** (1928). — *Bonhoeffer:* Zur Frage der Schreckpsychosen. Mschr. Psychiatr. **XLVI**, 143 (1919). — *Bonhoeffer:* Über die Bedeutung der Kriegserfahrungen für die allgemeine Psychopathologie und Ätiologie der Geisteskrankheiten. Handb. der ärztlichen Erfahrungen im Weltkriege, **IV**/1. Berlin 1922. — *Braun:* Psychogene Reaktionen. Im Handb. der Geisteskrankheiten, herausgegeben von *Bumke*. **V**. Berlin 1928. — *Elbel:* Die wissenschaftlichen Grundlagen der Beurteilung von Alkoholbefunden. Leipzig 1937. — *Etienne-Martin* et *Villanova*: La mort subite ou rapide par choc émotionnel. J. Méd. Lyon **7**, 543 ff (1926). — *Frank:* Pathologie des vegetativen Systems. Handb. der Neurologie, herausgegeben von *Bumke* und *Förster*. **VI**, 1061. Berlin 1936. — *Gaupp:* Schreckneurose und Neurasthenie. Im Handb. der ärzt-

lichen Erfahrungen im Weltkriege. IV/1. Berlin 1922. — *Graf:*
Experimentell-psychologische Gesichtspunkte und Erfahrungen zur
gerichtlich-medizinischen Beurteilung der Alkoholwirkung. Ärztl.
Sachverst.ztg. **41**, 255 ff. (1935). — *Gruhle:* Psychopathologie der
Schizophrenie. Handb. der Geisteskrankheiten, herausgegeben
von *Bumke.* **IX**, 186. Berlin 1932. — *Haberda:* Plötzlicher Tod
im Streit. Wien. klin. Wschr. **XXXVIII**, 588 ff. (1925). — *Hoffbauer, J. Ch.:* Untersuchungen über die Krankheiten der Seele
und die verwandten Zustände. **III**, 172. Halle 1807. — *v. Hofmann-Haberda*: Lehrbuch der gerichtl. Medizin. 11. Aufl. Berlin
u. Wien 1927. — *Jellinek, St.:* Der elektrische Unfall. 3. Aufl. Leipzig u. Wien 1931. — *Kehrer:* Im Leben erworbene psychische Ursachen. Im Handb. der Geisteskrankheiten. Herausgegeben von
*Bumke.* **I**, 341. Berlin 1928. — *Klinkenberg:* Zur Frage des Zusammenhanges zwischen „Hysterie" und Tod. Dtsch. Z. gerichtl. Med.
**13**, 397 (1929). — *Klose:* Im Handb. der ärztlichen Begutachtung,
herausgegeben von *Liniger, Weichbrodt* u. *Fischer.* **I**, 474. Leipzig
1931. — *Knauer* u. *Billigheimer:* Z. Neur. **30** (1915). — *Knauer* u.
*Billigheimer:* Über organische und funktionelle Störungen des vege-
tativen Nervensystems unter besonderer Berücksichtigung der
Schreckneurosen. Z. Neur. **50**, 199 ff. (1919). — *Kolisko:* Plötzlicher
Tod aus natürlicher Ursache. Handb. der ärztlichen Sachverstän-
digentätigkeit, herausgegeben von *Dittrich.* **II**. Wien u. Leipzig 1913.
— *Kretschmer:* Störungen des Gefühlslebens, Temperamente. Im
Handb. der Geisteskrankheiten, herausgegeben von *Bumke.* **I**, 677.
Berlin 1928. — *Kroiß:* Katastrophe und Nervensystem. Arch. f.
Psychiatr. **74**, 30 (1925). — *Lancisi:* Zitiert nach *Hoffmann:* Die
Lehre vom plötzlichen Tode in *Lancisis* Werk „De subitaneis
mortibus". Abh. zur Geschichte der Medizin und der Naturwissen-
schaften. Berlin 1935. — *v. Lenhossék, M.:* Darstellung des mensch-
lichen Gemüts in seinen Beziehungen zum geistigen und leiblichen
Leben. 2. unveränderte Aufl. **I**, 480. Wien 1834. — *Mayer, L.:* Das
Verbrechen in Hypnose. München u. Berlin 1937. — *Mezger:* Straf-
recht. Ein Lehrbuch. 127. München u. Leipzig 1931. — *Moser:*
Okkultismus, Täuschungen und Tatsachen. **I**. München 1935. —
*Naujoks:* Über intrauterine Fruchtschädigungen. Münch. med.
Wschr. **1936**, 1039 ff. — *v. Neureiter:* Die Rolle der Disposition beim
plötzlichen Tod nach elektrischem Trauma. Beitr. gerichtl. Med.
**V**. Leipzig u. Wien 1922. — *v. Neureiter:* Ein weiterer Beitrag zur
Frage der Bedeutung der Disposition beim plötzlichen Tode nach
elektrischem Trauma. Beitr. gerichtl. Med. **XII**. Leipzig u. Wien
1932. — *Ploucquet:* Abhandlungen über die gewaltsamen Todesarten.
Tübingen 1788. — *Pietrusky* u. *Janker:* Röntgenkinematographische
Untersuchungen über die Wirkung elektrischer Starkströme auf
Kreislauf und Atmung des Tieres während und kurz nach der Durch-
strömung. Dtsch. Z. gerichtl. Med. **28**, 347 ff. (1937). — *Puppe:*
Tod und psychische Insulte. In: *Schmidtmanns* Handb. der gerichtl.
Medizin. **2**, 174. Berlin 1907. — *Reichardt:* Psychisch vermittelte
Einwirkungen als Ursachen psychischer Erkrankungen. Dtsch. med
Wschr. **45**, 561 ff. (1919). — *Reichardt:* Einführung in die Unfall- und
Invaliditätsbegutachtung. Jena 1921. — *Reichardt:* Hirndruck,
Hirnerschütterung, Schock, Handb. der normalen und pathologischen
Physiologie mit Berücksichtigung der experimentellen Pharmakologie,
herausgegeben von *Bethe, v. Bergmann, Embden, Ellinger.* **10**. Berlin
1927. — *Schauenstein:* Schädigungen der Gesundheit und Tod durch
psychische Insulte. In *Maschkas* Handb. der gerichtl. Medizin.
**I**, 811 ff. Tübingen 1881. — *Schürmayer:* Theoretisch-praktisches
Lehrbuch der gerichtl. Medizin. Erlangen 1850. — *Siebenhaar:*
Handb. der gerichtl. Arzneikunde. **I**. Leipzig 1838. — *Stierlin:*
Nervöse und psychische Störungen nach Katastrophen. Dtsch.
med. Wschr. **1911**, 2028 ff. — *Wildberg:* Handb. der gerichtl. Arzenei-
wissenschaft. Berlin 1812.                              *v. Neureiter.*

## Tod und Gesundheitsbeschädigung durch strahlende Energie. (Vgl. auch Art.: Röntgenstrahlen als Ursache von Gesundheitsbeschädigung und Tod.)

Elementares *Radium*, das sich vom Uran herleitet, ist keine stabile Substanz; es besitzt auch nur
eine schwache $\alpha$-, $\beta$- und $\gamma$-Strahlung. Für therapeutische Zwecke sind nur die Radiumemanation (die nur
$\alpha$- und $\beta$-Strahlen aussendet) und ihre weiteren Zerfallsprodukte von Wichtigkeit; besonders das Ra-
dium B und Radium C, die eine stark wirksame harte
Strahlung ($\gamma$-Strahlung) aussenden. In der Medizin
gelangen zur Anwendung: 1. Radiumemanation als
Gas, gelöst in Flüssigkeiten, Salben, Fetten und Öl,
aber auch in Glascapillaren von kleinster Wandstärke eingeschlossen, die als „Spickung" direkt in
das der Strahlung auszusetzende Gewebe eingebracht
werden. 2. Radium-Fixsalze in abgeschlossenen Me-
tallkapseln (aus Platiniridiumlegierungen) von bestimmter Wandstärke, in Form von Nadeln, Tuben

und Plattenträgern. Von diesen Radiumsalzen geben
Radiumbromid und Radiumchlorid die Emanation
leicht an die Luft ab; sie sind sehr hygroskopisch und
können durch das $\alpha$-Strahlenbombardement die Luftfeuchtigkeit in Wasserstoff und Sauerstoff zerlegen;
sie sind dadurch infolge Knallgasbildung explosions-
gefährlich. Im Gegensatz hierzu gibt das meist verwendete Radiumsulfat die Emanation nur schwer ab,
es läßt sich auch leichter trocken halten und ist hinsichtlich von Knallgasbildung ungefährlich. Die
medizinisch üblichen Applikationsarten des Radium
sind: a) die Kontaktbestrahlung, wozu auch die
Einbringung in Körperhöhlen gehört, b) die Spickung
mit Radiumnadeln, c) die Distanzbestrahlung mittels der Radiumkanone.

*Becquerel* hat 1901 erstmalig über die gewebszer-
störende Wirkung des Radium berichtet. Ein Röhrchen mit radiumaktiver Substanz hatte — in die
Westentasche gesteckt — eine zunächst unerklärliche
Hautverbrennung verursacht. Bald darauf machte
man weitere Beobachtungen an Menschen, welche in
Laboratorien, die radioaktive Substanzen verarbeiteten, beschäftigt waren. Nach kurzer Latenzzeit
fand sich Rötung und Schwellung der Haut an den
Fingern, es traten Schmerzen auf, die Nägel wurden
rissig und spröde; es zeigten sich auch warzenähnliche
Verdickungen und ekzemartige Hautveränderungen.
An Allgemeinstörungen wurde Mattigkeit und Schlaf-
bedürfnis angegeben.

Alle diese Erscheinungen waren ähnlich den von
den Röntgenstrahlen erzeugten, verliefen aber im allgemeinen gutartiger als diese. Auch Wirkungen auf
das hämatopoetische System wurden beobachtet: Relative und absolute Lymphocytose, aplastisch perniziöse Anämien, schließlich auch leukämische Erkrankungen mit Hautblutungen. In USA. kam es in einer
Leuchtzifferfabrik zu einer Massenerkrankung von
dort beschäftigten Arbeiterinnen, welche die Gewohnheit hatten, den Pinsel, der zum Auftragen der radiumhaltigen Leuchtfarbe diente, in den Mund zu nehmen.
Es traten Knochennekrosen mit nachfolgender Sepsis
und tödlich verlaufende Anämien auf. Die so vergifteten Personen strahlten im Dunkeln ein grünliches
Licht aus und waren unheilbar, weil das aufgenommene elementare Radium aus dem Organismus nicht
mehr ausgeschieden werden kann. Auch Lungenfi-
brosen kamen als gewerbliche Radiumschäden
vor.

*Hesse* und *Härtling* berichteten schon 1879 über
das gehäufte Auftreten von Lungenkrebs bei den
Bergarbeitern in den Kobaltgruben von Schneeberg
in Sachsen und in Ober-Schlema. 75 % der jährlich
unter der Belegschaft auftretenden Todesfälle waren
hierdurch verursacht. Diese merkwürdige Tatsache
geriet später wieder völlig in Vergessenheit, bis *Arnstein* 1913 auf Grund genauer histologischer und rönt-
genologischer Untersuchungen die Beobachtungen
bestätigte. Da in anderen Bergwerksdistrikten ähnliche Erkrankungen nicht auftraten, lag es nahe,
einen Zusammenhang zwischen der gehäuften Krebs-
sterblichkeit und der besonderen Bodenbeschaffen-
heit anzunehmen und man führte dies auf radioaktive Substanzen zurück, zumal in nächster Umgebung radioaktive Heilquellen vorkommen und auch
Joachimsthal nicht wenig mehr als 30 km von diesen Ortschaften entfernt liegt. *Teleki* beschreibt
Radiumschädigungen in Fabrikbetrieben und unterscheidet zwei Gruppen: a) Kiefernekrosen und Anämien nach mindestens einjähriger Beschäftigung,
nach etwa 4—6 Jahren manifest geworden, b) Osteo-
sarkome, die nach mindestens 6 jähriger Beschäftigung mit radioaktiven Substanzen auftraten. Gelangen nämlich größere Mengen radioaktiver Substanzen durch den Verdauungstrakt in den Organismus, so werden diese in Leber, Milz, vor allem aber

in den Knochen gespeichert und begünstigen nach Jahren die Entstehung von Sarkomen.

Man unterscheidet zweckmäßigerweise drei Gruppen von Radiumschäden: 1. Solche, die durch Einführung des Radium als Element in den Organismus entstehen (vorwiegend bei Beschäftigung mit radiumhaltigen Substanzen als gewerbliche Vergiftung), 2. Strahlenschäden durch Einatmung von Radiumemanation (Schneeberger Lungenkrebs) und 3. Strahlenschäden, die bei medizinischer Anwendung des Radium zustande kommen. Letztere entstehen durch unrichtige Anwendung und Überdosierung bei Applikation von Radiumträgern und Nadeln und sind ganz ähnlich den durch Röntgenstrahlen erzeugten (s. d. Art.: Röntgenstrahlen als Ursache von Gesundheitsbeschädigung und Tod); sie haben jedoch zum Unterschied von denselben eine ganz wesentlich geringere Tiefenwirkung; dementsprechend ist auch das Radiumulcus im allgemeinen oberflächlicher als das Röntgengeschwür und bietet auch bessere Heilungsaussichten. Bei intravaginaler therapeutischer Radiumanwendung kommt es gelegentlich zu Ödemen und Nekrosen der Blasenschleimhaut, zu Vesico-Vaginalfisteln, Rectumfisteln und zu Pyometra. Man beobachtete ferner vorübergehend auftretende Diarrhoen und Tenesmen. Bei vorliegender Schwangerschaft besteht die Möglichkeit einer Fruchtschädigung, und zwar ist die Gefahr um so größer, je jünger der Fötus ist. Es treten vorwiegend Veränderungen am Zentralnervensystem auf: Hydrocephalus, Mikrocephalie und Idiotie. *Spinelli* sah nach intravaginaler Radiumapplikation bei Cervixcarcinom eine stürmisch verlaufende Septikämie. *Bircher* berichtet über ein durch Radiumbestrahlung ausgeheiltes Melanosarkom des unteren Augenlides, wobei es aber zur Erblindung des Auges kam. Gesundheitsschädigung und Tod können auch durch Explosion eines schadhaften Radiumträgers (siehe oben) erfolgen. Es ist daher nötig, die zur Anwendung gelangenden Träger zeitweise fachmännisch auf Dichtigkeit prüfen zu lassen. Von sonstigen Substanzen, die strahlende Energie aussenden, Actinium, Polonium und Thorium ist nur letzteres praktisch wichtig.

*Thorium-X*, aus welchem die Thoriumemanation entsteht, ist gegen zahlreiche Erkrankungen therapeutisch versucht worden. *Esser* berichtet über plötzlichen Tod nach drei Injektionen von Thorium-X. In anderen Fällen traten Parästhesien und vasomotorische Störungen auf. Im Tierexperiment fanden sich nach Thoriumapplikation parenchymatöse Organveränderungen und schwere Asthenie mit tödlichem Ausgang. „Thorotrast", ein thoriumhaltiges Präparat, wurde vielfach zur röntgenographischen Darstellung des Nierenbeckens verwendet. Nach *Shute* und *Davis* können durch Ausflockung dieses Mittels in den Harnwegen lebensbedrohende Komplikationen entstehen, Aufflackern latenter Nierenbeckeninfektionen und septische Erscheinungen. *Eckström* und *Lindgren* haben autoptisch ausgedehnte malacische Gehirnveränderungen nach cerebraler Arteriographie mit Thorotrast gefunden.

*Schrifttum.*

*Arnstein, A.:* Über den sogenannten „Schneeberger Lungenkrebs". Wien. klin. Wschr. **19**, 748 (1913). — *Bircher:* Haftpflichtprozeß wegen Radiumschädigung durch den Arzt. Schweiz. med. Wschr. **1930 I**. — *Eckström* u. *Lindgren:* Gehirnschädigung nach cerebraler Arteriographie. Zbl. Neur. **3** (1938). — *Esser:* Untersuchungen des Zentralnervensystems bei akuten Metallvergiftungen. Dtsch. Z. gerichtl. Med. **25** (1935). — *Findlay, Palmer:* Komplikation bei der Radiumbehandlung des Cervixcarzinoms. Amer. J. Obstetr. **27** (1934). — *Hesse* u. *Härtling:* Der Lungenkrebs, die Bergkrankheit in den Schneebergergruben. Vjschr. gerichtl. Med. **30/31** (1879). — *Rullé:* Seltene Spätfolgen nach Radiumbehandlung. Gynéc. et Obstétr. **20**. — *Shute* u. *Davis:* Histologische Veränderungen bei Kaninchen und Hunden nach i. v. Injektion von Thoriumpräparaten. Arch. of Path. **XV**, 27 (1933). — *Spinelli:* Todesfall nach vaginaler Radiumapplikation. L'Actinoter **9** (1930). — *Teleki:* Gewerbliche Radiumschädigung. Wien. klin. Wschr. **1937**, 619—623.

*Schneider* und *Frauendorfer.*

## Tod und Gesundheitsbeschädigung durch Verbrennung und Verbrühung. (Vgl. auch Art.: Hitzschlag; Sonnenstich.)

Bei den Störungen des Organismus durch abnorme Steigerung der Temperatur sind die Veränderungen, welche durch Feuer und heiße Flüssigkeiten entstehen, bedeutungsvoll. Sie führen zu örtlichen *Verbrennungen der Haut.* Je nach der Art und Form der Hitzeeinwirkung unterscheiden wir vier Grade von Verbrennungen. Zunächst ist die Rötung der Haut zu erwähnen. Die Menschen klagen über Hitzegefühl in den geschädigten Teilen, der Schmerz ist äußerst stark, und er verstärkt sich bei Bewegungen oder bei Berührungen. Bei längerer Einwirkung der Hitze oder bei stärkerer Verbrennung ist auch die Haut geschwollen, ein Zeichen dafür, daß Transsudate vorhanden sind und der Entzündungsprozeß beginnt, dem auch sofort oder im Verlauf einiger Stunden die Blasenbildung folgt, der zweite Grad der Verbrennung. Die Blasen erheben sich auf gerötetem Gewebe, sie enthalten klares, mit Leukocyten durchsetztes, dünnes Serum; der Inhalt kann auch aus einer gallertigen, geronnenen Masse bestehen. Beteiligt sind insbesondere die mittleren und tieferen Schichten der Epidermis. Die blasige Abhebung ist nicht allein Folge der gesteigerten Transsudation aus den Gefäßen, die sich bei der Wärme erweitern und bei hoher Hitze kontrahieren, sondern sie ist zunächst durch die Nekrose der Epithelschichten bedingt, die den durchdringenden Flüssigkeit keinen Widerstand mehr bieten (*Marchand*). Der primäre Effekt liegt demnach bei diesen beiden Graden der Verbrennung in der Oberhaut, deren Folge je nach der Einwirkung die Entzündung mit Exsudat und Blasenbildung ist. Mikroskopisch sieht man, daß die im Grunde der Blasen nicht sichtbaren Teile des Rete abgestorben und mit fädigem Fibrin durchsetzt sind, das sich auch in die Blasen ausscheidet. Bei einem histologischen Schnitt durch den Rand einer solchen geschädigten Stelle haben wir gequollene Zellen, deren Kerne z. T. noch sichtbar aber blaß und z. T. zugrunde gegangen sind. In den höheren Lagen sind die Epithelzellen in die Länge gezogen, z. T. gequollen und kernlos. Wir haben eine totale Degeneration der von der Cutis abgehobenen interpapillär gelegenen Zellen, und die niedergedrückten Papillen sind zellig infiltriert. Eine Brandblase ist in der Regel einfächerig. Ist die Hitzeeinwirkung noch stärker, so haben wir die Verbrennung dritten Grades, die mit Schorfbildung einhergeht. Aus einer solchen Schorfbildung können wir auf die Zerstörung der Cutis schließen, denn im Vordergrunde dieser Verbrennung stehen die tiefgreifenden Nekrosen. Die Haut hat hier eine lederartige Beschaffenheit, und die Schorfe sind von aschgrauer, gelber oder brauner oder mehr schwarzer Farbe. Bei dieser Verbrennung kommt es zur Koagulation der Eiweißkörper des Plasmas einschließlich der roten Blutkörperchen. Bei direkter Schädigung der roten Blutkörperchen beispielsweise im Objektträgerversuch sehen wir bei homogene rundliche Klümpchen mit feinen Ringen aus kleinen, glänzenden, bräunlichen Körperchen. Wir haben auch rote Blutkörperchen, die nur gequollen, blaß und kugelig aussehen und schließlich hämolytisch werden oder körnig zerfallen, je nachdem sie direkt der Flammenwirkung ausgesetzt waren oder am Rande der Hitzezone lagen. In den Gefäßen kommt es bei dem dritten Grad der Verbrennung infolge der Veränderung des Blutes zur Stase, die bei gleichzeitiger Schädigung der Gefäße in Thrombose übergehen kann. Schließlich kennen wir den vierten Grad der Verbrennung, unter dem wir alle restlichen

Verbrennungseffekte verstehen. Hier geht die Verbrennung durch Haut, Unterhautzellgewebe bis auf Muskeln und Knochen, ja es kann zur Verkohlung ganzer Glieder kommen. Die *klinischen Symptome* hängen von dem Grade der Hitzewirkung, von der damit verbundenen Tiefenwirkung und schließlich von dem Verhältnis des verbrannten Teiles zur Körpermasse ab. Die Symptome ausgedehnter Verbrennungen sind in der Regel Unruhe, Delirien, Somnolenz, Krämpfe, Erbrechen, Fieber, Pulsbeschleunigung, Anurie, niedriger Blutdruck, Albuminurie sowie Erhöhung des Reststickstoffes, des Zuckers und der Chloride. Der *Tod* tritt um so schneller ein, je größer die verbrannte Hautfläche ist. Allgemein wird angenommen, daß bei Verbrennungen von mehr als der Hälfte der Haut der Tod sicher, von mehr als einem Drittel in vielen Fällen eintritt. Einige Autoren, wie *Weidenfeld* und *Zumbusch*, fanden eine gewisse Regelmäßigkeit auch bezüglich der Zeit, innerhalb der der Tod eintrat; z. B. bei einer Verbrennung, die über die Hälfte der Körperoberfläche betrifft, nach 6—16 Stunden, bei einem Drittel nach 20—36 Stunden, bei einem Viertel nach 40—54 Stunden, bei einem Sechstel nach 64—82 Stunden und bei einem Achtel nach 92 Stunden. Disponierte Individuen sowie Kinder sterben schon bei geringerer Ausdehnung der Verbrennung. *Weidenfeld* sagt, daß Verbrennungen bei Kindern bis zu 4 Jahren einer dreimal so großen und bei Kindern von 4—12 Jahren einer doppelt so großen Verbrennung eines Erwachsenen entsprechen. Die Kinder haben im Vergleich zur Masse eine sehr große Körperoberfläche. Überstehen die Menschen die lokalen Verbrennungen zweiten und dritten Grades, so sind, besonders bei denen des dritten Grades, Pigmentierungen, Narbenbildungen, Kontrakturen, Keloide, Verwachsungen, Wachstumsstörungen und Carcinome die Folgen der Hitzeeinwirkung. Über die eigentliche *Todesursache* bei Verbrennungen und Verbrühungen sind die Anschauungen auch heute noch nicht ganz einheitlich, im Vordergrunde steht die Intoxikationstheorie. *Marchand* sagt, daß die Mitwirkung giftiger Substanzen bei dem akuten Verbrennungstod nicht bewiesen sei. Er ist der Ansicht, daß eine einheitliche Ursache des Todes nicht existiert. Der akute Tod sei infolge der hemmenden Wirkung auf die vitalen Funktionen, der Respiration und der Zirkulation, ein Shocktod (s. d.). Tritt der Tod einige Stunden nach der Verbrennung ein, so kann sich nach *Marchand* in den nervösen Zentren, besonders in der Medulla oblongata, eine allmählich zunehmende Paralyse entwickeln, die den Tod bedingt. Auch Vasomotorenlähmungen der Gefäßwände, verbunden mit Insuffizienz der Herztätigkeit führen zu Zirkulationsstörungen und damit zum Tode. Dagegen sollen Blutveränderungen selten eine Rolle spielen. Aus dem reichhaltigen Schrifttum der Todesursachentheorien, das von *Hilgenfeldt* und *Fasal* kritisch gesichtet wurde, ist ersichtlich, daß heute in den weitesten Kreisen die Intoxikationstheorie anerkannt wird. Die innerhalb der ersten 24 Stunden erfolgten Todesfälle sind allerdings als Shocktod anzusprechen. Dann tritt das Stadium der Toxämie ein, das akute, das bis zu fünf Tagen dauert, und das septische, das sich bis zu 14 Tagen hinziehen kann. Im Stadium der Toxämie werden die Toxine, die zu den Polypeptiden gehören, durch Resorption der verbrannten Eiweißkörper gebildet, sie gelangen in den Kreislauf und führen zu Störungen des vegetativen Nervensystems und zum Tode. *Christophe* schließt aus seinen Versuchen, daß in den ersten 24 Stunden nach der Verbrennung im Blut ein Toxin zirkuliert, das elektiv an das Gehirn gebunden wird. Von hier aus entstehen nach seiner Ansicht sekundäre Krankheitserscheinungen, wie Blutveränderungen, Nephritis, gastroduodenale Geschwüre. *Hilgenfeldt* ist der Ansicht, daß bei den nach einigen Tagen Sterbenden das durch die Verbrennung veränderte Gewebseiweiß eine Rolle spielt. Dieses habe eine toxische Wirkung auf den Organismus. Er sah, daß bei Ausschneiden der verbrannten Stellen die Erscheinungen der Vergiftung ausblieben. Experimentell konnte er seine Tiere dann am Leben erhalten und umgekehrt, jedoch mußte die Ausschneidung des verbrannten Gewebes schon innerhalb der ersten acht Stunden nach der Verletzung erfolgen. Außer dieser Toxintheorie finden wir in letzter Zeit wieder die Bluteindickungstheorie vertreten. Allerdings sind es nur einige Wissenschaftler, wie *Underhill Harrison*, *Kapsinow* und *Blalock*, die der Ansicht sind, daß die Capillarpermeabilität zunehme und das Resorptionsvermögen abnehme. Toxine konnten sie nicht nachweisen. Sie führen dementsprechend den primären Shock auf eine relative Reduktion des Blutvolumens zurück und sehen die Ursache des sekundären Shocks in einer echten Verminderung des Blutvolumens.

Bei den an Verbrennung Verstorbenen oder lebend Verbrannten haben wir *keine charakteristischen Befunde an den inneren Organen*. Wir sehen eine Hyperämie der Luftwege, der Lungen und der Organe der Bauchhöhle, auch Blutfülle im Gehirn ist vorhanden. In einigen Fällen wurde in den Lungen eine Fettembolie festgestellt. Von *Aschoff* wird eine Embolie von Riesenkernzellen in den Capillaren beschrieben, welche man auch experimentell bei Tieren erzeugen konnte. Am Herzen sehen wir hin und wieder Blutaustritte, im rechten Ventrikel und Vorhof haben wir starke Füllung mit flüssigem und wenig weichem Gerinnsel. Ab und zu man bei ausgedehnten Verbrennungen der Bauchhaut Blutungen im Darm finden. Allerdings wird dieser Befund von einigen Autoren nicht bestätigt, eine Reihe fanden nur die Darmschlingen intensiv gerötet. *Lubarsch* stellte außerdem hyaline Thromben im Gehirn und den Magengefäßen fest. Im Harn findet man infolge der Zerstörung der roten Blutkörperchen und infolge der Resorption von Exsudat aus den Geweben Eiweiß. Von *Kolisko* wurden Veränderungen der Nebennieren in Form einer totalen hämorrhagischen Infarzierung beschrieben, bei Spättodesfällen immer eine Hyperämie einer oder beider Nebennieren. Die Rinde war rötlich bis rotblau verfärbt. Je länger ein Mensch nach der Verbrennung lebte, desto mehr war die hellgelbe Farbe der Rinde verschwunden. Die Polarisation zeigte, daß die doppelbrechende Substanz reduziert war. Die Rindenzellen nahmen eine Kernfärbung nicht mehr an, deutliche hyperplastische Veränderungen besonders in der Zona glomerulosa waren sichtbar. An den Leichen von Verbrannten wurden sodann vor allem parenchymatöse und fettige Degeneration der inneren Organe gefunden, vor allem in der Leber, seltener im Myokard und in den Nieren. *Vogt* sah ferner Schädigungen der Keimzentren in der Milz und *Riehl* im Gehirn Vasodilatation sowie Ödem. Auch Vermehrung der Leukocyten wurde beobachtet. *K. H. Zinck* konnte bei der Untersuchung von acht Personen, die zwischen 24 Stunden und 4 Wochen nach Verbrennung ersten bis dritten Grades verstorben waren, eine Gefäßdurchlässigkeit mit nachfolgender Entparenchymisierung feststellen. Der Angriffspunkt ist nach seiner Ansicht das Reticuloendothel. Hochgradiges Ödem der größeren Gefäße, besonders um die Vasa vasorum, umschriebene Verquellungen, rasch einsetzender Schwund von elastischem Gewebe und der Muscularis wurden bei den Leichen festgestellt. Es sind Veränderungen, wie wir sie auch bei Infektionskrankheiten kennen und die wohl auch der Ausdruck von Sekundärerkrankungen sind. Im gleichen Sinne sind meiner Ansicht nach auch die Veränderungen am

Herzen in Form von Schwellung einiger Muskelbündel bei ungleichmäßiger Verfettung zu werten, schließlich auch der Zerfall von contractiler Substanz, die intravasale Leukocytose und die umschriebene Entparenchymisierung der Herzmuskulatur. Die quergestreifte Muskulatur war schon 24 Stunden nach der Verbrennung mehr oder weniger gequollen, zerklüftet und aufgelöst. In der Leber fanden sich sehr frühzeitig Dissoziationen, Aktivierung der Sternzellen mit ausgedehnter Verfettung bis zur Verkalkung. Auch in der Niere fanden sich frühzeitig Verkalkung von Endothelien und Epithelien als Ausdruck des ausgedehnten Kochsalzverlustes. Feinere gewebliche Veränderungen wurden in der Niere, der Milz, in den Lymphknoten, in den Nebennieren, in andern innersekretorischen Organen, im Magen und Darm in Form von Erosionen, im Gehirn in Form von Ganglienzellenschädigungen nachgewiesen. Bei den Leichen lebend Verbrannter können wir außer den schon oben beschriebenen Veränderungen Ruß in den Lungen nachweisen, der nach *Försters* Feststellungen wirbelartig angeordnet sein kann; solche Rußpartikelchen finden sich auch in den Lymphdrüsen oder können von den epithelialen Zellen phagocytiert sein. Oft finden wir CO-haltiges Blut und schließlich auch Reaktionsphänomene, wie z. B. Krähenfüße um die Augen, auf die *Merkel* hingewiesen hat. Infolge der Einatmung heißer Luft haben wir nach *Harbitz* oft nekrotische Veränderungen am Mund, Schlund und Larynx. Oft bildet das erhalten gebliebene Epithel eine homogene kernlose Masse, und an den Stellen des Gewebsverlustes liegt eine lockere, aus zarten Maschen bestehende Schicht mit vielen Leukocyten. Auf derartige Veränderungen ist bei den lebend Verbrannten zu achten, außerdem aber auch auf die durch aspirierte glühende Gase hervorgerufene Nekrose der Epithelschicht in den Bronchien. Von *Förster* wurden bei Einatmung hoher Temperaturen Zellveränderungen in den Luftröhrenästen in Form von Ausziehung der Epithelien gefunden. Die Zellen waren z. T. büschelförmig angeordnet, z. T. waren sie derart in das Lumen hineingezogen, daß eine Verkleinerung des Luftröhrenastes eintrat. Oft war ein Bild von wellenartiger Elongation der Zellen zu beobachten. Solche Befunde sind experimentell von *Förster* bestätigt worden, dem sich *Fritz* auf Grund seiner Versuche anschloß. Bei der Leiche eines durch Explosion einer Meßpatrone in der Bauchhöhle ums Leben gekommenen Knaben konnte *Förster* CO-Blut in allen Körperhöhlen und Fixierung des gesamten Gewebes nachweisen. In der Nähe der gewaltigen Hitzeeinwirkung kam es nicht zu Verbrennungen oder Verkohlungen, sondern zu Ausziehung der Zellen. Sie sahen länglich, spindelförmig aus. Ferner fand man Hitzewabenbildung und auch büschelförmige Anordnung solcher Zellen. Je weiter man von der Hitzeeinwirkung sich entfernte, desto mehr waren die Zellen in ihrer ursprünglichen Form lebend fixiert.

Wenn auch der Tod durch Verbrennung in den meisten Fällen ein zufälliger ist und wir ihn insbesondere bei Kindern kennen, wo die Fahrlässigkeit eine große Rolle spielt, so gibt es doch auch Morde und Selbstmorde, welche Schwierigkeiten in der Beurteilung bieten. Pflegekinder und uneheliche werden hin und wieder dadurch beseitigt, daß sie absichtlich in heißes Wasser gesetzt werden. In einer Familie war ein voreheliches Kind, über das sich der Ehemann, da es nicht von ihm stammte, besonders ärgerte. Das Kind wurde oft mißhandelt, Stockschläge und Peitschenhiebe waren üblich, und eines Samstags badete er die Kinder, nahm das voreheliche Kind und setzte es in heißes Wasser, so daß das Kind besonders an den hinteren Teilen des Körpers verbrühte. Das Kind verstarb nach 1½ Tagen. Bei der

Obduktion fand man eine Fettembolie in den Lungen; es kann gar keinem Zweifel unterliegen, daß eine solche von der Verbrühung herrühren kann, obwohl man auch vermuten konnte, daß hier die Mißhandlungen durch Stockschläge eine Rolle gespielt haben. In Ausnahmefällen kann es auch einmal vorkommen, daß sich jemand in selbstmörderischer Absicht in einen heißen Bottich stürzt. Besonders sahen wir aber Selbstmord durch Verbrennung nach Übergießen der am Leibe getragenen Kleider oder des Bettes mit Petroleum, Benzin oder Spiritus. Dabei ist allerdings auch oft zu berücksichtigen, daß die Verbrennungen durch Zigarren- oder Zigarettenrauchen im Bett hervorgerufen werden können. Ein interessanter Fall ist an dieser Stelle erwähnenswert, der von *Merkel* mitgeteilt wurde. Hier brachte ein Mann, der eine brennende Zigarre in seine Tasche schob, eine Streichholzschachtel zur Explosion und verbrannte. Der Mann hatte mindestens von 2½ bis 4½ Uhr gebrannt. Man vermutete einen Raubmord und glaubte, daß der Mann durch Übergießen der Kleidung mit Benzin durch fremde Hand verbrannt sei. Die chemischen Untersuchungen ergaben hierfür keine Anhaltspunkte, es konnte nur Fett nachgewiesen werden. Der Verstorbene war sehr fettleibig; wenn aber das Körperfett flüssig wird und das ausgebratene Fett in die Kleider eindringt, wird die Verbrennung wie bei einer Dochtlampe unterhalten. So brannte auch der Mann in seinem eigenen Fett.

Der Mord durch Verbrennen ist verhältnismäßig selten. In der Literatur sind Fälle bekannt, wo schlafende Menschen mit brennbaren Flüssigkeiten übergossen wurden und verbrannten. Auch können Häuser angesteckt werden, um irgendwie kranke und damit lästige Menschen zu beseitigen. Sehr viel häufiger aber sind die Fälle, in denen die Leichen anderweitig getöteter Menschen dem Feuer ausgesetzt werden, um entweder die Leiche zu beseitigen oder den Tatbestand zu verdecken (s. d. Art.: Leichenverbrennung).

*Schrifttum.*

*Christophe, L.:* Neue Ansichten über die Todesursache bei Verbrannten. Presse méd. **II**, 1054—55 (1938). — *Christophe, L.:* Über die Todesursachen bei Verbrannten. Procès-verb. etc. 46. Congr. franc. Chir. **1937**, 158/87. — *Fasal, P.:* Der derzeitige Stand des Verbrennungsproblems mit besonderer Berücksichtigung der Therapie. Klin. Wschr. **1937 I**, 697/700 u. 729/33. — *Fasal, P.:* Versorgung und Behandlung von Brandwunden. Chirurg **10**, 154/62 (1938). — *Förster, A.:* Über Veränderungen der Luftröhrenschleimhaut bei Verbrannten. Dtsch. Z. gerichtl. Med. **19**, 293 (1932). — *Förster, A.:* Experimentelle Untersuchungen über Veränderungen der Atmungsorgane bei plötzlicher Einwirkung hoher Temperaturen. Dtsch. Z. gerichtl. Med. **20**, 445 ff. (1933). — *Förster, A.:* Die Wirkung hoher Temperaturen auf den Organismus nach Explosion einer Leuchtpatrone in der Bauchhöhle. Vortrag auf dem intern. Kongr. f. gerichtl. Med. Bonn 1938. — *Fritz, E.:* Mikroskopische Befunde am Verdauungsschlauch verkohlter Leichen. Dtsch. Z. gerichtl. Med. **23**, 19 ff. (1934). — *Harbitz, Fr.:* Eigentümliche Funde bei Verbrennungen. Vjschr. gerichtl. Med. **XLV**, 34 ff. (1913). — *Harrison, Groce* u. *Blalock:* Studie über die Todesursache bei Brandwunden. Ann. Surg. **96**, 36/39 (1932). — *Hilgenfeldt, O.:* Über die Behandlung von Verbrennungen. Med. Klin. **15** (1933). — *Hilgenfeldt O.:* Die Behandlung und die pathogenetischen Grundlagen der Verbrennungen. Erg. Chir. **29**, 102/10 (1936). — *Kolisko:* Über Befunde an den Nebennieren beim Verbrennungstod. Vjschr. gerichtl. Med. **47**, 217 (1914). — *Marchand, F.:* Handb. der allg. Path. von *Krehl-Marchand.* **1**, 49 ff. (1908). — *Merkel, H.:* Diagnostische Feststellungsmöglichkeiten bei verbrannten und verkohlten menschlichen Leichen. Dtsch. Z. gerichtl. Med. **18**, 233 ff. (1932). — *Riehl* jun.: Experimentelle Untersuchungen über den Verbrennungstod. *Nannyn-Schmiedebergs* Arch. **135**, 369/85 (1928). — *Riehl* jun.: Über Verbrennung im frühen Kindesalter. Wien. klin. Wschr. **38** (1933). — *Sonnenburg* u. *Tschmarke:* Über Verbrennungen. Neue dtsch. Chir. **17** (1915). — *Vogt, Wilhelm:* Über histologische Befunde beim Verbrennungstod. *Virchows* Arch. **273**, 140/62 (1929). — *Zinck, K. H.:* Gefäß- und Organveränderungen bei Verbrennung. Klin. Wschr. **1938**, 278/79. **Förster.**

**Tod und Gesundheitsbeschädigung infolge Verletzung durch Hieb.** (Vgl. auch Art.: Hiebverletzungen.)

Die Gefahren der Verletzungen durch (scharfe) Hiebwerkzeuge sind ungefähr dieselben wie bei den Schnittwunden: *Verblutung, Blutaspiration* und *Luftembolie.* Bei Schädelverletzungen (die ja naturgemäß die häufigsten und wichtigsten Verletzungen dieser Art in der gerichtsärztlichen Tätigkeit darstellen) kann die Eröffnung eines Sinus durae matris Verblutung und Luftembolie zur Folge haben; Basisbrüche mit Eröffnung des Nasen-Rachenraumes führen gar nicht selten durch Blutaspiration zum Tode. Tödliche Blutungen in den Schädelraum und schwere Hirnquetschungen sind nach unserer Erfahrung bei diesen Verletzungen weniger häufig.

Verletzungen durch scharfe Hiebwerkzeuge finden sich begreiflicherweise nicht selten in Mordfällen und beim Totschlag. Es ist aber sehr bemerkenswert, daß bei der Tötung durch Hiebe mit einer Hacke oder einem Beil weitaus häufiger der stumpfe Teil (das Stielgehäuse, der Helm) gebraucht wird als die Schneide. Vom Standpunkt der Täter ist dies auch ohne Zweifel zweckmäßig, denn es ist anzunehmen, daß Hiebe mit dem stumpfen Teil rascher und sicherer Gehirnerschütterung (und damit Bewußtlosigkeit und Wehrlosigkeit) verursachen als dies Hiebe mit der Hackenschneide vermögen.

*Selbstmorde* und *Selbstmordversuche* durch Hiebe mit Hacken und Beilen sind zwar nicht häufig, aber keineswegs eine besondere Seltenheit. *R. Frank, Otto, v. Hofmann, Schauenstein, v. Haumeder, Krügelstein, H. Pfeiffer, Blumenstock, Kratter,*

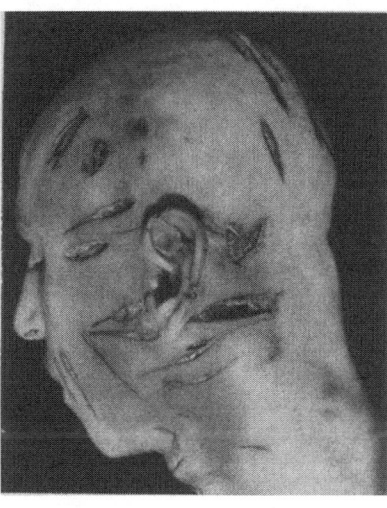

Abb. 1. Selbstmord durch Hiebe mit Küchenbeil.

*v. Neureiter* und *Zaggl* haben über solche Fälle berichtet. Vor einigen Jahren hatte *Werkgartner* in Wien den Leichnam einer tot aufgefundenen Frau zu untersuchen, die mit beiden Händen je eine Hacke gefaßt und damit Hiebe gegen die rechte und linke Schläfegegend und gegen die Mitte der Stirn-Vorderscheitelgegend geführt hatte (Abb. 1). Während an der linken Schläfe und in der Mitte der Stirn-Vorderscheitelgegend lediglich die Kopfschwarte durchtrennt und das Stirnbein nur kratzerartige Verletzungen aufwies, hatte sich diese Selbstmörderin in der rechten Schläfe einen großen Lochbruch geschlagen, indem sie eine erstaunlich große Zahl von Hieben mit der Hackenschneide gegen ein eng begrenztes Feld der rechten Schläfegegend führte; nach den deutlich sichtbaren spitz-

winkeligen Einkerbungen der Knochenränder konnten an dieser Stelle mindestens 30 bis 40 Hiebe gezählt werden. Diese große Lücke im Schädeldach war durch Aushacken zahlreicher kleiner Knochenstückchen entstanden, denn in dem abgeflossenen Blut und Hirnbrei waren nur kleine Splitter und keine größeren Stücke aufzufinden.

Häufig gelingt es den Selbstmördern nicht, sich auf diese Weise zu töten; sie vollenden dann ihr Beginnen des öfteren mit einer anderen Tötungsart. *Werkgartner* hat im Anschluß an den oben dargestellten Fall über eine solche Beobachtung berichtet. Dieser Selbstmörder hatte sich Hiebe mit der Schneide einer Hacke an der linken Schläfe und in der Stirn und mit einem Hammer an der rechten Schläfe beigebracht und sich dann erhängt. Über mißlungene Selbstmordversuche durch Hackenhiebe berichten auch *Haberda, A. Pfeiffer, Haumeder, Merrem* (Literatur).

Es ist meist nicht schwierig, aus dem Wundbefunde die Selbsttötung zu erkennen. In der Regel finden sich die Spuren vieler Hiebe auf einem engen Feld oder an zwei oder drei Stellen dicht zusammengedrängt. Die Wirkung der einzelnen Hiebe ist gering; sie verletzen zum Teile die Haut nur oberflächlich, zum Teil durchtrennen sie wohl die Schädelschwarte, dringen aber nicht in das Schädeldach ein, das oft nur geringfügige, strichförmige zarte Eindrücke der Schneide aufweist; ein Teil der Hiebe schlägt tatsächlich kleine Splitter aus dem Knochen heraus: aber niemals findet sich eine ausgiebige Spaltung des Knochens durch einen einzigen Hieb. Gröbere Verletzungen des Schädeldaches, lochförmige Eröffnungen der Schädelhöhle entstehen ausnahmslos durch die Summierung vieler kleiner Splitterausbrüche. Dieser Befund ist deshalb so beweisend für die Selbsttötung, weil er augenscheinlich dartut, daß der Selbstmörder nicht jene Kraft aufbringt, welche zur Führung eines wuchtigen, das Schädeldach ausgiebig spaltenden Hiebes nötig ist und wie man sie in der Regel bei der Tötung durch fremde Hand findet. Die dicht beisammen liegenden Wunden zeigen auch eine auffallend parallele Einstellung mit geringen Richtungsänderungen, ein Beweis, daß die Haltung des Werkzeuges, die Richtung, aus der die Hiebe geführt wurden und die Stellung des Kopfes während der vielfachen Wiederholung der Hiebe keine erhebliche Änderung erfahren hat, was bei der Tötung durch fremde Hand schlechthin unmöglich wäre. Dazu kommt noch das Fehlen von Abwehrverletzungen, die gerade in diesen Fällen, in denen die einzelnen Hiebe nur geringe Wirkung haben und vielmals wiederholt werden, mit um so größerer Bestimmtheit erwartet werden müßten. *Werkgartner* hat einmal den Selbstmordversuch einer Frau begutachtet, deren Kopfhaut vom Vorderscheitel bis in den Nacken durch viele Hiebe förmlich zerhackt war, ohne daß eine Knochenverletzung feststellbar gewesen wäre. Da sie auch keine Abwehrverletzungen an den Armen aufwies, konnte erklärt werden, daß ein Selbstmordversuch vorliege, obwohl der ebenfalls schwer verletzte 13jährige Sohn der Täterin angegeben hatte, es sei in der Nacht ein Mann in die Wohnung eingedrungen und habe die Mutter und ihn überfallen. Diese irreführende Zeugenaussage klärte sich später dahin auf, daß die Mutter dem Jungen, nachdem er aus der anfänglichen Bewußtlosigkeit erwacht war, von dem Überfall durch den fremden Mann erzählt hatte, weil sie ihm die Wahrheit verschweigen wollte.

Sehr schwierig ist allerdings die Begutachtung dann, wenn nur wenige Hiebverletzungen vorhanden sind. Einen solchen Fall hat *Werkgartner* ausführlich im Archiv für Kriminologie mitgeteilt; er ist für eine kurze Wiedergabe nicht geeignet. *A. M.*

*Marx* hat über eine Tötung durch fremde Hand berichtet, in welcher der Leichnam am Vorderkopf acht Hautwunden aufwies, von denen nur drei die lamina ext. des Schädeldaches oberflächlich verletzt hatten. Es liegt hier offenbar ein ganz seltener Ausnahmefall vor. Daß bei der Tötung durch Erschlagen auch leichtere Verletzungen durch schwächliche Hiebe oder infolge erfolgreicher Abwehr vorkommen, ist selbstverständlich, aber das Fehlen jeglicher schwerer Hiebwirkung ist gewiß eine besondere Ausnahme.

Große Schwierigkeiten bereitet dem Sachverständigen auch die Begutachtung solcher Verletzungen durch scharfe Hiebwerkzeuge, die als Selbstbeschädigung zum Zwecke des Renten- oder Unfallversicherungsbetruges bekannt sind. Meist handelt es sich um das Abhacken von Fingern und Zehen. Wenn der Betrug schlau durchgeführt worden ist, wenn also die Hiebführung so gewählt wurde, daß sie einer in der Berufstätigkeit häufig vorkommenden typischen Führung des Werkzeuges entspricht, wird der Verletzungsbefund kaum jemals die notwendige Grundlage für die Feststellung der Selbstbeschädigung darbieten. Einen grandiosen Versicherungsbetrug durch Selbstbeschädigung hat *Werkgartner* in Wien beobachtet. Ein junger Techniker, kurz verheiratet, hatte eine Unfallversicherung mit einer ungewöhnlich hohen Versicherungssumme abgeschlossen. Er hatte kaum die erste Monatsrate der Prämie gezahlt, als auch schon seine Frau einen Unfall anmeldete. Der Versicherte behauptete, bei der Bearbeitung einer Holzpuppe (es

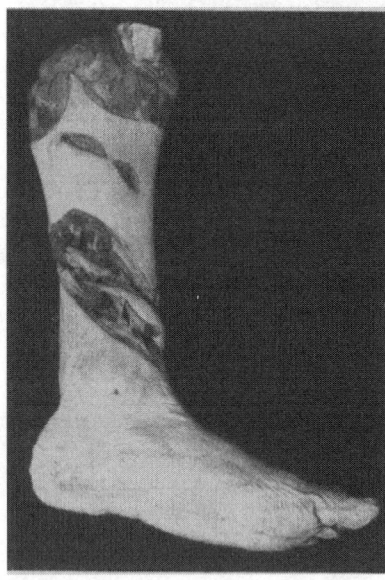

Abb. 2. Hiebverletzungen durch leichtes Zimmermannsbeil. Selbstbeschädigung. Versicherungsbetrugsversuch.

sollte angeblich ein Automatenmensch werden) dadurch verunglückt zu sein, daß ein Hackenhieb abgeglitten sei und ihn in den linken Unterschenkel getroffen habe. Er sei zusammengesunken und das Werkstück, ein Holzblock, sei herabgefallen und habe ihm den linken Unterschenkel zersplittert. Der Unterschenkel war sofort nach dem Unfall in einem öffentlichen Krankenhaus amputiert worden. Wie die Abb. 2 zeigt, konnte auf Grund des Wundbefundes diese Darstellung leicht widerlegt werden; es war klar zu erkennen, daß die Wunde oberhalb des Sprunggelenkes durch mehrfache Hiebe mit der

Schneide der Hacke verursacht worden war und daß mindestens ein Hieb mit der Hackenschneide notwendig war, um die beiden Wunden in der oberen Hälfte des Unterschenkels zu erzeugen. Trotz dieses ganz klaren und überzeugenden Wundbefundes wurde der Täter vom Schöffengericht von der Anklage des versuchten Versicherungsbetruges freigesprochen. Er hat aber nachher mit der Versicherungsgesellschaft einen Vergleich geschlossen, bei dem er sich mit 15 % seines Anspruches begnügte. Diese Genügsamkeit darf wohl als mittelbares Eingeständnis der Selbstbeschädigung gewertet werden.

*Schrifttum.*

*Brosch:* Der Selbstmörder. Wien 1909. — *Carsky, K.:* Selbstmordversuch mit Beilhieben gegen den Kopf. Ref. Dtsch. Z. gerichtl. Med. **2**, 412 (1923). — *Frank, R.:* Selbstmord durch Hiebe gegen den Kopf. Wien. med. Wschr. **1885**, 454 (Ausführliche Angaben über das ältere Schrifttum). — *Grzywo-Dabrowski, W.:* Selbstmord oder Mord? Tod durch Schnitt-, Stich- und Hiebwunden. As.sad.lek. **1932**, Pol.; Ref. Dtsch. Z. gerichtl. Med. **21**, 88 (1933). — *Harbitz:* Kasuistische gerichtlich-medizinische Erfahrungen bei der Beurteilung von Hiebwunden. Dtsch. Z. gerichtl. Med. **22**, 407. — *v. Haumeder:* Erhängen mit außergewöhnlichem Verlauf der Strangfurche, zahlreichen Hiebwunden am Kopfe. Typhus ambulatorius. Wien. med. Wschr. **1882**, 18. — *Hulkvist, G.:* Schlagverletzungen des Kopfes bei Selbstmord. Nord. med. Tidskr. **1**, 399 (1929). — *Jacobi:* Ein eigenartiger Fall von Selbstmord. Dtsch. Z. gerichtl. Med. **20**, 64 (1933). — *Kratter:* Gerichtsärztliche Praxis. 188. Stuttgart 1919. — *Kratter:* Lehrbuch der gerichtl. Medizin. II. Aufl. 394. Stuttgart 1921. — *Langer, L.:* Ein seltener Fall von Selbstmordversuch. Wien. med. Wschr. **37** (1878). — *Maschka:* Über einige seltene Arten von Selbstmord, 5. Fall. Wien. med. Wschr. **37** (1871). — *Marx, A. M.:* Die Bedeutung von Verletzungsbefunden für die Frage Selbstmord oder Mord (eigentümliche Verletzungen bei Mord durch Hiebe). Dtsch. Z. gerichtl. Med. **2**, 412 (1923). — *Merrem, C.:* Ein Fall von kombiniertem Selbstmord durch Kopfhiebe, Stichverletzungen, Erwürgen und Ertränken. Vjschr. gerichtl. Med. **38**, 237 (1909) (reiche Kasuistik und Literatur). — *Moskow, I.:* Seltenheiten aus der gerichtsärztlichen Praxis. Selbsttötung durch mehrfache Dachsbeilhiebe am Hinterhaupt. Beitr. gerichtl. Med. **11**, 117 (1931). — *v. Neureiter, F.:* Zum Selbstmord durch Beilhiebwunden. Wien. med. Wschr. **3** (1930). — *Werkgartner, A.:* Selbstmord durch Beilhiebe. Arch. Kriminol. **97**, 1 (1935). ***Werkgartner.***

### Tod und Gesundheitsbeschädigung infolge Verletzung durch Schnitt. (Vgl. auch Art.: Schnittverletzungen.)

Die Gefahr der Schnittverletzungen liegt in erster Linie in dem schweren *Blutverlust*, denn diese Wunden bluten infolge der glatten Durchtrennung der Gewebe meist auch dann sehr reichlich, wenn großkalibrige Gefäße nicht eröffnet worden sind. Halsschnittwunden können z. B. auch dann, wenn die art. carot., die art. vertebral. und die venae jugular. unverletzt geblieben sind, durch Verblutung aus der art. thyr. sup. zum Tode führen. Sind größere Blutadern angeschnitten oder durchtrennt worden (am häufigsten bei Halsschnittwunden), so kann tödliche *Luftembolie* eintreten, die in einem von uns beobachteten Falle erst bei der chirurgischen Behandlung der Verletzung erfolgt ist. Tödliche Luftembolie aus subcut. Venen des Halses ist von *Böhmer* beobachtet worden. Die Halsschnittwunden können aber auch durch Erstickung infolge *Blutaspiration* tödlich werden, wenn der Kehlkopf oder die Luftröhre eröffnet worden ist. Bei der Halsdurchschneidung finden wir übrigens öfter alle drei primären Todesursachen (Verblutung, Blutaspiration und Luftembolie) in einer geradezu idealen Konkurrenz vereinigt. In solchen Fällen ist offenbar die Luftembolie die letzte Ursache des Todes. Wie bei Stichwunden kann auch durch Schnittverletzungen der Blutverlust im Verlaufe von Stunden oder Tagen zum Tode führen, wenn der Blutabgang geringfügig erscheint, aber mangels kunstgerechter Wundversorgung nicht zum Stillstand kommt.

Schnittverletzungen entstehen recht häufig durch *Unfälle* bei der täglichen Arbeit, in gewerblichen Betrieben und im Verkehr. Eine typische tödliche

Verletzung bei Kraftwagenunfällen ist die Durchschneidung des Vorderhalses durch die zertrümmerte Windschutzscheibe, wenn eine neben dem Fahrer sitzende Person beim plötzlichen Stillstand des Wagens auf Grund des Beharrungsvermögens nach vorne geworfen wird und mit dem Kopf die Windschutzscheibe durchstößt. *Dittrich* berichtet von einer tödlichen Schnittverletzung des Herzens bei einem jungen Mann, der mit leeren Flaschen in den Händen hinfiel; ein großes Flaschenbruchstück drang in die Brustwand ein und schnitt das Herz auf. Im allgemeinen kommt aber den durch Unfälle entstehenden Schnittverletzungen eine besondere forensisch-medizinische Bedeutung nicht zu.

Vom gerichtlich-medizinischen Standpunkt aus sind drei Gruppen typischer Schnittverletzungen von Wichtigkeit: die *Halsdurchschneidung*, die *Durchschneidung* der Pulsadern in den Gelenksbeugen und die *Zerfleischung* durch ausgedehnte Schnittwunden an verschiedenen Körperstellen.

Die *Halsdurchschneidung* ist eine Verletzung, die wohl ausnahmslos in Tötungsabsicht beigebracht wird. Wir finden sie häufig bei Selbstmorden, doch ist sie auch bei der Tötung durch fremde Hand keineswegs selten. Zum *Selbstmord* durch *Halsschnitte* werden recht verschiedene Werkzeuge benützt: häufig wird das Rasiermesser (wohl wegen seiner besonderen Schärfe) bevorzugt, aber alle brauchbaren Schneidewerkzeuge (Küchenmesser, Taschenmesser, Tischmesser, die Schneidewerkzeuge der Handwerker usw.) werden verwendet. Gelegentlich werden auch Werkzeuge gebraucht, die zu diesem Zwecke wenig tauglich sind. Die Anwendung eines solchen Werkzeuges kann in zweifelhaften Fällen geradezu als Beweis der Selbsttötung gewertet werden; so hat *Haberda* von einem Selbstmörder berichtet, der sich in der Gefängniszelle mit einem „Taschenfeitel“, dessen Spitze noch dazu abgerundet war, den Vorderhals mit mehreren Schnitten bis auf die Wirbelsäule durchtrennt hat. Dieses Werkzeug ist zur Beibringung schwerer Verletzungen so ungeeignet, daß seine Anwendung zur Tötung durch fremde Hand im höchsten Grade unwahrscheinlich wäre. In einem anderen Falle haben wir im Grunde der Halsschnittwunde ein Bruchstück der Klinge eines Rasierapparates (nicht Rasiermessers) gefunden. Auch dieser Befund wäre im Zweifelsfalle als Beweis des Selbstmordes zu werten. Aber auch *einverständliche* Tötung durch fremde Hand mit einem solchen Werkzeug haben wir beobachtet. Ebenso sind in anderen Mordfällen Halsschnittwunden gelegentlich mit unzulänglichen Werkzeugen beigebracht worden. *Haberda* hat einen Fall von Raubmord mitgeteilt, bei dem seichte Schnittwunden in der Vorderhalsgegend mit einem Scherben eines Bierglases erzeugt worden waren. Die Täterin hat diesen fruchtlosen Versuch aber bald aufgegeben und die Tötung auf andere Weise vollendet.

Der Selbstmörder vollzieht die Tat stehend oder auch sitzend. Das Blut fließt also an der Vorderseite des Körpers ab und hinterläßt sehr charakteristische *Abrinnspuren*. Ist das Bild dieser Blutspuren ganz einheitlich, ungestört, so kann man daraus wohl den Schluß auf Selbsttötung ziehen. Bei der Tötung durch fremde Hand bleibt ja das Opfer nicht ruhig stehen, es wird überwältigt, niedergerungen, wehrt sich, flieht oder stürzt zu Boden: die Blutspuren können daher nicht das ruhige gleichmäßige Bild der senkrecht abrinnenden Streifen bieten, wie man dies bei manchen Selbstmördern sieht. Freilich kann ein Mensch, der von fremder Hand eine tödliche Halsschnittwunde erhalten hat, sich noch aufrichten, so daß neben anderen Blutbahnen auch senkrecht abrinnende Blutspuren an der Leiche sichtbar sind. Andererseits kommt es doch auch vor, daß sich ein Selbstmörder im Liegen den Hals abschneidet und sich nicht mehr aufrichtet, so daß also längs verlaufende Abrinnstreifen gar nicht entstehen. Das Bild der Blutspuren am Körper und an den Kleidern ist daher zur Unterscheidung des Selbstmordes von der Tötung durch fremde Hand gewiß nicht immer verwertbar, gibt aber in manchen Fällen doch sehr verläßliche Aufschlüsse. So haben wir einen Mann mit einem tödlichen Halsschnitt obduziert, der an der ganzen Vorderseite des Rumpfes und der Beine zahlreiche senkrecht verlaufende Abrinnstreifen von eingetrocknetem Blute zeigte. Er hatte sich zur Ausführung des Selbstmordes vollständig entkleidet (Abb. 1). Dieser Umstand und der gleichmäßig senkrechte Verlauf der Blutspuren müßten in einem unklaren Fall den Verdacht der Tötung durch fremde Hand entkräften.

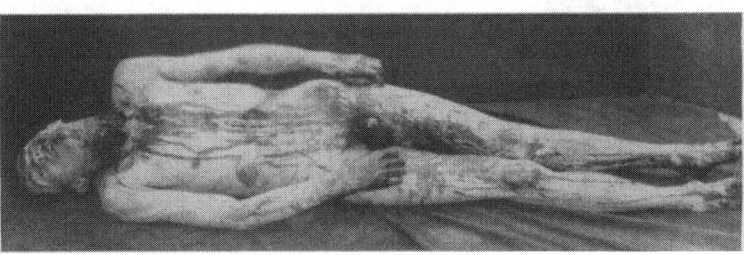

Abb. 1. Selbstmord durch Halsschnitt. Durchwegs senkrechte ungestörte Abrinnspuren des Blutes sind als Beweis des Selbstmordes anzusehen.

Die Halsschnittwunde ist in der übergroßen Mehrzahl der Fälle im Bereiche des Vorderhalses gelegen. Sie kann rechtwinklig zur Mittellinie eingestellt sein; meist verläuft sie etwas schräg, bei Rechtshändern von links oben nach rechts unten, bei Linkshändern von rechts oben nach links unten. Durch starke Beugung des Halses bei der Ausführung des Schnittes kann die Verlaufsrichtung der Wunde beeinflußt werden (*v. Hofmann*). Auch sehr steil absteigende Wunden sind nicht selten. Am häufigsten liegt der Halsschnitt in der Höhe des Kehlkopfes oder zwischen Zungenbein und Schildknorpel, sehr oft auch unterhalb des Ringknorpels, nur selten oberhalb des Zungenbeines. Symmetrische Lage der Wunde ist bei Selbstmördern selten. Die Wundwinkel sind manchmal schlank und bilden eine allmählich sich vertiefende Rinne, an die sich häufig oberflächliche, kratzerähnliche Hautverletzungen anschließen (die „Endchen“ der italienischen Autoren). *Canuto* fand bei Überprüfung einer größeren Zahl von Fällen, daß diese „Endchen“ an dem Wundwinkel, wo das Messer eingesetzt wurde (links bei Rechtshändern), häufiger anzutreffen sind als am anderen Wundwinkel. Wir haben dies in mehreren Fällen bestätigt gesehen. Die Wundränder können sehr glatt und eben sein; hie und da zeigen sie Knickungen und einzelne Zacken und Kerben infolge Faltungen der Haut unter dem Schnitt. Sehr häufig sieht man spitzwinkelige Einkerbungen und schlanke spitze Hautzacken, die ausnahmslos durch neuerliches Einschneiden in den Hautrand bei wiederholtem Durchziehen des Messers entstehen. Aus ihnen kann man auf die Mindestzahl der geführten Schnitte schließen. Gerade beim Selbstmord kommen mehrfache, entweder parallel verlaufende oder sehr spitzwinkelig einander kreuzende Schnitte häufig vor. Bei Selbstmördern beobachtet man auch öfters ganz seichte, neben der Hauptwunde gelegene und zum Wundrande ungefähr parallel verlaufende Schnittverletzungen der Haut; diese *Nebenverletzungen* sind wohl das Ergebnis zaghafter oder doch mit zu geringer Kraft geführter Versuche (Abb. 2).

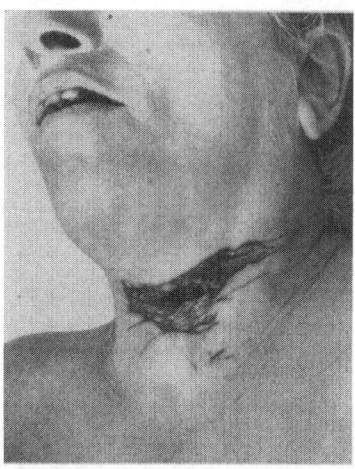

Abb. 2. Selbstmord durch Halsschnitt. Mehrere haarfeine, nur in die Lederhaut eindringende Schnitte links und unterhalb der großen Wunde sind die Spuren erster zaghafter Schnittversuche.

Sie lassen mit hoher Wahrscheinlichkeit in unklaren Fällen auf Selbsttötung schließen. Allerdings darf die Möglichkeit nicht außer acht gelassen werden, daß auch bei Tötung durch fremde Hand seichte Schnittwunden neben der Hauptwunde entstehen können (durch Abwehr, Deckung durch Kleidung und andere äußere Umstände). Wenn sich aber mehrere solcher seichter, kratzartiger Hautwunden parallel zum Rande der Hauptwunde und eng nebeneinander finden, kann man mit hoher Sicherheit Selbsttötung annehmen.

Beim Selbstmord durch Halsschnitt finden sich gelegentlich auch zwei oder mehrere große Wunden, die durch Haut- und Weichteilbrücken voneinander getrennt sind, aber in der Tiefe miteinander in Verbindung stehen und ein gemeinsames Wundbett besitzen. In einem von uns beobachteten Fall war die eine Wunde ganz auf der linken Seite des Halses gelegen, während die zweite durch eine fingerbreite Weichteilbrücke getrennt mit zwei Dritteln ihrer Länge auf die rechte Seite des Halses übergriff. Selbstverständlich kann ein solcher Wundbefund ebensogut auch in einem Mordfalle vorkommen.

Die *Tiefe* der *Halsschnittwunde* beim Selbstmord ist sehr verschieden. Der knöcherne Kehlkopf kann als ein schwer überwindbares Hindernis das tiefe Eindringen des Werkzeuges verhindern. In solchen Fällen läßt sich am Kehlkopf besonders gut die Zahl der Schnitte feststellen. Gelegentlich wird aber auch ein verknöcherter Kehlkopf (*Solbrig*) beim Selbstmord durchschnitten, viel häufiger natürlich der jugendliche nicht verknöcherte Schildknorpel. Dann wird vielfach auch die Speiseröhre breit eröffnet oder auch ganz durchschnitten; sogar seichte strichförmig zarte Schnittspuren an der Vorderseite der Halswirbelkörper finden sich; in die Zwischenwirbelscheide dringt der Schnitt gelegentlich auch etwas tiefer ein. Die großen Blutgefäße des Halses bleiben trotz Kehlkopfdurchtrennung öfter unverletzt, bei stark asymmetrischer Lage des Halsschnittes sind aber die vena jugularis und die art. carot. auf der Seite, auf welcher der Hauptteil des Schnittes liegt,

meist angeschnitten oder ganz durchtrennt. Sehr häufig wird die art. thyreoidea sup. durchschnitten. Bei stark seitlich gelegenen Halsschnitten oder bei Verletzungen, die nach der Führung der Klinge als Stichschnittverletzung anzusprechen wären, kann auch die art. vertebralis zwischen zwei Halswirbelquerfortsätzen durchtrennt werden.

Infolge der Retraktion der durchschnittenen Gewebe und Organe klaffen die tiefen Halswunden oft außerordentlich stark; an der Leiche kann der obere Wundrand unmittelbar unter dem Kinn, der untere knapp am jugulum liegen. Daß sich die Stümpfe der Trachea und der art. carotis besonders weit zurückziehen, bedarf kaum der Erwähnung.

Gelegentlich finden sich beim Selbstmord durch Halsschnitt auch Verletzungen, die ziemlich weit abseits vom Halse liegen, sinnlos erscheinen und deren Entstehung daher schwer zu erklären ist. *K. Hofmann* hat in einem solchen Falle zwei Schnittwunden an der rechten Wange auf die besondere seelische Erregung und Verwirrung bei der Ausführung des Selbstmordes zurückgeführt. Solche Verletzungen, die durch ihre Anordnung und Lage auf den ersten Blick unser Befremden erregen, finden sich eher beim Selbstmörder als bei der Tötung durch fremde Hand. *Haberda* berichtet von einem Selbstmörder, der sich zwei symmetrische Halsschnitte beigebracht hatte, die beide im Nacken in der Mittellinie ansetzten und steil absteigend über die seitliche Halsgegend hinweg nach vorne gezogen waren. *Flintzer* hat bei einem Selbstmörder einen Halsschnitt im Nacken mit Eröffnung des Atlanto-occipitalgelenkes und Durchschneidung des Halsmarkes gesehen. *Szigeti* berichtet über eine Selbstmörderin, die sich den Kehlkopf herausgeschnitten hat. Beachtenswert sind die von *Haberda* mitgeteilten Fälle von Selbsttamponade (Selbstmord im Liegen!) und von vorausgegangener Selbstknebelung, weil gerade bei solchen Befunden die Gefahr der Mißdeutung naheliegt.

Die Beschaffenheit der Wunde kann kaum je für die Differentialdiagnose „Mord oder Selbsttötung?" herangezogen werden. Man geht nicht weit irre, wenn man von der Voraussetzung ausgeht, daß auch bei der Tötung durch fremde Hand alle mehr minder regelmäßigen oder unregelmäßigen Verletzungen und Wundformen vorkommen, wie sie bei Selbstmördern beobachtet werden. Man könnte höchstens als allgemeine Richtschnur die Regel aufstellen, daß die Annahme eines Selbstmordes um so näherliegt, je bizarrer und absonderlicher die Verletzungen erscheinen und je größer die Zahl der Schnitte ist. Ob die Wunde an der linken oder rechten Halsseite liegt, ist nicht von entscheidender Bedeutung, ebensowenig, ob sie mehr schräg oder rechtwinkelig zur Mittellinie eingestellt ist. Bei der Tötung durch fremde Hand kann ja der Täter von rückwärts an sein Opfer herangetreten sein und in dieser Stellung das Messer ungefähr in derselben Weise wie der Selbstmörder geführt haben.

Für die Lösung der Frage: „Mord oder Selbsttötung?" ist es auch belanglos, ob der Kehlkopf oder etwa die Carotis mehrfach verletzt oder ob etwa die Halswirbel seicht angeschnitten sind. Tief in die Wirbelsäule eindringende Schnitte müßten aber wohl als Beweis der Tötung durch fremde Hand angesehen werden.

Bei der Tötung durch fremde Hand kommt es gelegentlich vor, daß das Messer quer durch den Vorderhals gestoßen (Hammelstich) und dann im Schnitt nach vorne geführt wird; der Vorderhals wird auf diese Weise vollständig aufgeschlitzt oder es bleibt eine Hautbrücke bestehen. Diese Schnittführung kommt äußerst selten auch beim Selbstmord vor (*Schulz*). Es bedarf kaum der Erwähnung, daß die Durchtrennung der Halswirbelsäule oder gar vollständige Dekapitation nur bei der Tötung durch fremde Hand beobachtet wird.

Nicht selten findet man beim Selbstmord durch Halsschnitt *Kombinationen mit anderen Tötungsarten;* so z. B. mit Schnitten an den Gelenksbeugen, die durchaus nicht immer vor dem Halsschnitt, sondern auch nachher gesetzt worden sein können, Kombinationen mit Stichverletzungen in der Herzgegend, Stichen in die Leber, Schnittwunden in der Schläfegegend, Kombinationen mit Erhängen, Erdrosseln, Erschießen, Sturz aus der Höhe, auch mit Vergiftungen. Einen Fall mit zahlreichen quer und schräg verlaufenden Schnittwunden an allen Gliedmaßen und am Rumpfe neben Halsschnittwunden, die sich über den ganzen Umfang des Halses erstreckten, hat *Haberda* mitgeteilt (s. zu diesem Fall Abb. 179 und 180 des Lehrbuches von *v. Hofmann-Haberda*).

Besonders wichtig ist in forensischen Fällen die Frage der *Handlungsfähigkeit.* Selbstmörder mit tödlichen Halsschnittwunden sind imstande, noch kürzere oder längere Zeit herumzugehen. Einzelne Fälle sind mitgeteilt worden, in denen noch beträchtliche Strecken zurückgelegt wurden (*Amos*), und *Rust* berichtet, daß ein Mann mit einer schweren Halsschnittwunde einen Tag und eine Nacht im Freien verbracht hat, in einem chirurgischen Ambulatorium „behandelt" wurde, ohne daß die Halswunde erkannt worden wäre (!?), und daß erst nach der Heimkehr die schwere Verletzung entdeckt worden ist. Der Tod ist nach 14 Tagen eingetreten. Selbstmörder mit eröffnetem Kehlkopf, mit eröffneter Luftröhre vermögen noch zu sprechen. Beim Herumgehen nach Ausführung des Selbstmordes können Blutspuren in den Räumen des Hauses derart verteilt werden, daß dadurch die Annahme der Tötung durch fremde Hand naheliegt, wenn wegen der Schwere der Verletzung die Fähigkeit zu so ausgiebigen Ortsveränderungen — mit Unrecht — ausgeschlossen wird. Wichtig ist, daß Selbstmörder nach Ausführung des Halsschnittes natürlich auch noch imstande sein können, das von ihnen benutzte Messer durch Wegwerfen zu beseitigen! Das *Fehlen des Messers* beweist also keineswegs die Tötung durch fremde Hand, zumal ja auch noch mit der Möglichkeit einer Entwendung des Messers gerechnet werden muß.

Es kommt beim Selbstmord durch Halsschnitt hie und da vor, daß das Messer in der Hand der Leiche gefunden wird. Aber auch bei der Tötung durch fremde Hand kann der Leiche das Messer vom Täter in die Hand gelegt werden (verkehrtes Einlegen berichtet *Taylor*). Dem Umstand, ob das Messer von der Hand fest umklammert wird oder ob es nur lose in der Hand liegt, sollte keine allzugroße Bedeutung beigemessen werden. Wenn das Messer dem Sterbenden in die Hand gedrückt wird, kann es ebenso wie vom Selbstmörder kräftig festgehalten werden; es ist auch an die Möglichkeit zu denken, daß durch die Totenstarre die Finger stärker gebeugt werden und dadurch den Griff des Werkzeuges fester umfassen, als dies vor dem Eintritt der Totenstarre der Fall war.

Wenn der Selbstmörder mehrere Schnitte geführt hat, darf man mit großer Bestimmtheit erwarten, daß seine Hand blutig wurde. Das *Fehlen der Blutbeschmierung der Hände* würde also in einem solchen Falle die Tötung durch fremde Hand beweisen. Wenn aber die tödliche Wunde mit einem einzigen Schnitt erzeugt wurde, können die Hände des Selbstmörders frei von Blutbefleckung sein. Andererseits wird durch die Blutbeschmierung der Hände keineswegs die Selbsttötung erwiesen, denn auch bei einem von fremder Hand Getöteten findet man blutige Hände, wenn er die Halsschnittwunde mit den Händen bedecken und zuhalten oder wenn er den Hals schützen und die Schnitte abwehren wollte. Selbstverständlich können die Hände eines Ermordeten auch postmortal mit Blut besudelt werden.

In Fällen von Selbstmord finden sich natürlich keine *Abwehrverletzungen,* die ansonsten das *sicherste Zeichen der Tötung durch fremde Hand* darstellen und recht häufig nachzuweisen sind, wenn der Täter mehrere Schnitte geführt hat und der Angegriffene überhaupt imstande war, sich zur Wehr zu setzen. Diese Abwehrverletzungen (Abb. 3) sind ungemein charak-

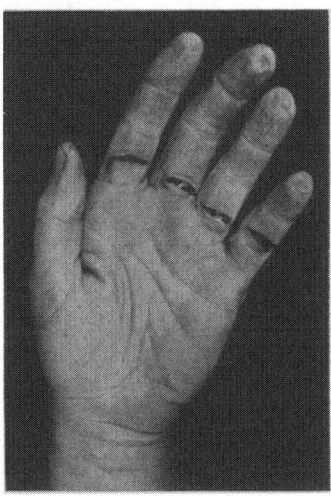

Abb. 3. Abwehrverletzungen an der linken
Hand. Mord durch Halsschnitt.

teristisch. Der Angegriffene versucht, das Messer vom Halse abzuhalten, und erfaßt dabei die Klinge. Die Abwehrverletzungen liegen daher an der Beugeseite der Finger, im Bereiche der Handteller und allenfalls noch in den Zwischenfingerspalten. Sie ziehen mehr minder quer über die Beugeseite der Finger hinweg, und die Verletzungen der benachbarten Finger lassen sich durch entsprechende Beugung der Finger meist leicht in eine gerade Linie einstellen. Man kann so manchmal zwei, drei über mehrere Finger hinwegziehende Schnitte nachweisen. Hie und da kommt es vor, daß Selbstmörder an den Händen oder an einer Hand Schnittverletzungen aufweisen, die zu Unrecht als Abwehrverletzungen angesehen werden könnten und dann zu falschen Schlüssen führen müßten. Gelegentlich verletzt sich ein Selbstmörder infolge hastiger Schnittführung an der linken Hand, mit der er die Haut des Halses festhält. Wir haben Schnittverletzungen an den Fingern der rechten Hand bei jenem Selbstmörder gefunden, der sich mit der Klinge eines Rasierapparates den Hals durchschnitten hat; dieser Befund bedarf im Hinblick auf die Beschaffenheit des Werkzeuges, das ja zwei sehr scharfe Schneiden besitzt, keiner näheren Erklärung. *Haberda* (S. 495) erwähnt, daß in jenem Falle, in welchem der Selbstmörder sich mit einem Taschenfeitel den Hals durchschnitten hatte, die rechte, das Werkzeug führende Hand scharfe Kratzer aufwies, welche von der einschnappenden Klinge herrührten. Alle diese Verletzungen unterscheiden sich nach ihrem Sitze und nach der Form von den Abwehrverletzungen, die bei der Tötung durch fremde Hand entstehen.

Bei der Untersuchung der Halsschnittwunden ist immer auch die Kleidung eingehend zu besichtigen. Wir haben einmal in dem dicken Jackenkragen einer Leiche eine mehrere Zentimeter tiefe, schräg vom freien Kragenrande her eindringende, glatt geschnittene Kerbe gesehen (Abb. 4). Das ist ein zuverlässiger Beweis der Tötung durch fremde Hand, denn es ist klar, daß dieses die Schnittführung erschwerende Hindernis vom Selbstmörder vorher beiseite geschoben worden wäre. Damit soll nicht be-

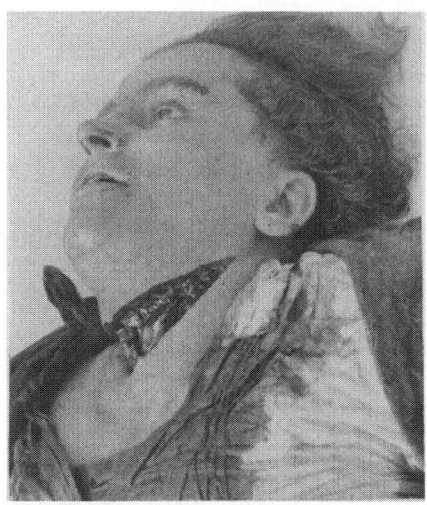

Abb. 4. Mord durch Halsschnitt. Einmalige kräftige Schnittführung. Der halb abgetrennte Zipfel des Mantelkragens beweist die Tötung durch fremde Hand.

hauptet werden, daß seichte Einkerbungen der Kleidung oder Wäsche am Halsausschnitte beim Selbstmord durch Halsschnitt niemals vorkämen.

Zu beachten ist, daß in Mordfällen unter Umständen durch Anbringung eines Halsschnittes an einem Sterbenden oder Toten ein Selbstmord vorgetäuscht werden könnte. Das Fehlen der vitalen Reaktionen wird die postmortale Beibringung der Halsschnittwunde meist mit mehr minder großer Sicherheit erweisen können; wenn der Halsschnitt aber dem Sterbenden, also vor dem Tode zugefügt wurde, liegt die Lösung der Frage erheblich schwieriger. Durch den Nachweis einer anderen gewaltsamen Todesursache mit sicheren Vitalitätszeichen (Verletzungen, Erstickung u. a.) ist gewiß mancher Fall aufzuklären. Immer aber wird die Untersuchung solcher Fälle eine knifflige Aufgabe sein, für die sich allgemein gültige Regeln kaum aufstellen lassen. Wie der Sachverständige solche Fälle zu untersuchen und zu begutachten hat, wird in weiten Grenzen von der Besonderheit jedes einzelnen Falles abhängig sein.

Die *Pulsaderdurchschneidung* an den Handgelenksbeugen ist eine typische *Selbsttötungsverletzung.* Allerdings kommen gelegentlich auch durch zufällige *Verunglückung* solche Schnittverletzungen vor, etwa beim Sturz in eine Glasscheibe, bei schwer Berauschten können solche Unfälle auch tödlich enden. Bei Raufhändeln scheinen diese Schnittverletzungen sehr selten zu sein; Mord an Hilflosen und Bewußtlosen ist durchaus möglich; ebenso beim sog. erweiterten Selbstmord (Familienselbstmord) und bei einverständlicher Tötung. Abgesehen von solchen Ausnahmefällen kann die Pulsaderdurchschneidung, sofern sie als Ursache des Verblutungstodes einwandfrei festgestellt werden konnte, schlechthin als Beweis der Selbsttötung angesehen werden.

Der Selbstmordversuch durch Zufügung von Schnittverletzungen im Bereiche der Handgelenksbeuge ist ziemlich häufig. Die Schnitte werden meist knapp an der Handwurzel in rein querer Richtung,

manchmal auch etwas schräg geführt. Längsgerichtete Schnitte dürften wohl eine ganz besondere Seltenheit sein. Am häufigsten finden sich diese Verletzungen am linken Arm; sie erreichen hier auch die größte Tiefe, wenn sie an beiden Armen vorhanden sind. Nicht selten finden sich zwei oder drei Schnitte nebeneinander. Der Selbstmörder kann sich diese Schnitte an beiden Armen zufügen, weil sehr häufig nur die oberflächlichen Sehnen der Fingerbeugemuskel verletzt sind, so daß das Messer auch mit der verletzten Hand noch geführt werden kann.

Die Schlagadereröffnung, die der Selbstmörder in der Absicht anstrebt, den Tod durch Verblutung zu finden, wird nicht immer durch Schnitte in die Handgelenksbeuge bewirkt; gelegentlich finden sich auch Schnitte in den Ellenbeugen, seltener in der Mitte des Vorderarmes, manchmal in den Kniekehlen über den Fußknöcheln, vereinzelt auch in den Leistenbeugen. *Haberda* berichtet, daß sich ein junger Arzt im Bad mit einem Skalpell die art. und ven. femoral. in der rechten Leistenbeuge eröffnet hat. Auch die Schläfeschlagadern sind gelegentlich von Selbstmördern aufgeschnitten worden. Bemerkenswert ist ein von *Haberda* mitgeteilter Fall: ein Mann sprang im Fieberdelirium aus dem ersten Stockwerk in die Tiefe und brachte sich dann mit einem Glasscherben Schnittwunden in allen großen Gelenksbeugen und an den Knöcheln bei.

Da bei Schnittwunden in die Handgelenksbeuge die art. rad. vermöge ihrer tiefen geschützten Lage sehr häufig unverletzt bleibt, fügt sich der Selbstmörder noch weitere Schnitt- oder Stichwunden zu oder tötet sich auf andere Weise. Man findet daher die typischen Pulsaderschnitte der Handgelenke kombiniert mit Schnittverletzungen in anderen Gelenksbeugen, mit Halsschnittwunden oder mit Stichverletzungen in der Herzgegend, mit Schnitt- oder Stichwunden in der Schläfegegend. Auch Schnittwunden unterhalb der Brüste wurden beobachtet.

Bemerkenswert ist, daß auch Selbstmorde durch Eröffnung von Venen und Varicen der Kniegegend, der Unterschenkel und des Fußrückens vorgekommen sind (*v. Hofmann, Lesser, Schlag*). Wir haben selbst einmal den Leichnam einer Frau obduziert, die mit Varicen, Unterschenkelgeschwüren und deren Folgezuständen behaftet war und sich mit einem Messer sehr zahlreiche, ganz seichte, fast nur wie Kratzer aussehende, oberflächliche Hautschnittwunden beigebracht hatte; sie hatte sich aus einem eröffneten Varixknoten verblutet. Da für die Annahme einer Selbsttötung kein rechter Grund vorlag, haben wir die Möglichkeit nicht ganz ausgeschlossen, daß sich die Kranke diese oberflächlichen Hautschnitte zugefügt habe, um den andauernden heftigen Juckreiz zu bekämpfen, über den sie immer wieder geklagt hatte.

Bei der Untersuchung und Begutachtung von Todesfällen, in welchen neben anderen Zeichen gewaltsamer Schädigung auch typische Pulsaderschnitte vorliegen, muß die Möglichkeit sorgfältig erwogen werden, ob nicht etwa eine Tötung durch fremde Hand vorliegt und der Täter durch die Beibringung der Pulsaderschnitte einen Selbstmord vortäuschen wollte. Über einen sehr lehrreichen Fall hat *Haberda* berichtet. Ein Advokat war von seinem eigenen Kanzleibeamten mit einem Hammer niedergeschlagen worden. Um einen Selbstmord vorzutäuschen, hat der Täter dem Bewußtlosen mit einem Radiermesser, das der Überfallene immer bei sich trug, einen Schnitt an der linken Handwurzel und einen Stich unterhalb der Brustbeinspitze beigebracht.

Bei den Pulsaderdurchschneidungen kann der Sachverständige bei der Prüfung der Frage, ob die Verletzungen von eigener oder fremder Hand beigebracht worden sind, vor einer ganz besonders schweren Aufgabe stehen, wenn nämlich an den Pulsaderschnitten vitale Reaktionszeichen fehlen oder solche doch nicht einwandfrei nachweisbar sind. Gerade bei seichten, klaffenden Schnittwunden bilden sich ja häufig genug geronnene Blutungsherde im Bindegewebe nicht aus; die Retraktion der durchschnittenen Gewebe aber tritt in mehr minder starkem Maße auch bei Schnittwunden ein, die kurz nach dem Tode entstanden sind (über diese Frage s. d. Art.: Vitale Reaktionen).

Ausgedehnte Schnittverletzungen, die wir unter der Bezeichnung „Zerfleischungen" zusammenfassen möchten, kommen bei Selbsttötungen und beim Lustmord vor. Das Aufschlitzen des Bauches (Harakiri der Japaner) ist zwar bei uns eine sehr seltene Selbstmordart, wird aber doch gelegentlich, und zwar meist von Geisteskranken ausgeführt. Fast immer ist mit der Eröffnung der Bauchhöhle eine Verletzung der Eingeweide, Zerreißungen und Schnittverletzungen des Netzes und des Darmes, verbunden. Über solche Fälle berichten Haberda, Dittrich, Casper-Liman, Szigeti, Fischl, Prall, Cordes, Cuidera. Bochkor hat bei einem Mann, der sich mit einer Gillette-Klinge den Bauch aufschlitzte, ganz gleichartige Verletzungen der Finger wie wir bei einer Halsdurchschneidung mit einem solchen Werkzeug gesehen. Bei geisteskranken Männern kommt auch gelegentlich das Ausschneiden und Abtrennen der Hoden und die vollständige Amputation der äußeren Geschlechtsteile vor. Dabei mögen manchmal religiöse Gedankengänge eine Rolle spielen. Böhler hat von einem geisteskranken Soldaten berichtet, der sich den Bauch mit einem Längsschnitt eröffnete, um, wie er sagte, den Teufel, der in seinem Bauch herumginge, herauszubringen.

Das Aufschlitzen des Bauches muß nicht immer in selbstmörderischer Absicht geschehen. Haberda und v. Sury berichten je über einen Fall von Selbstentbindung durch Bauchschnitt.

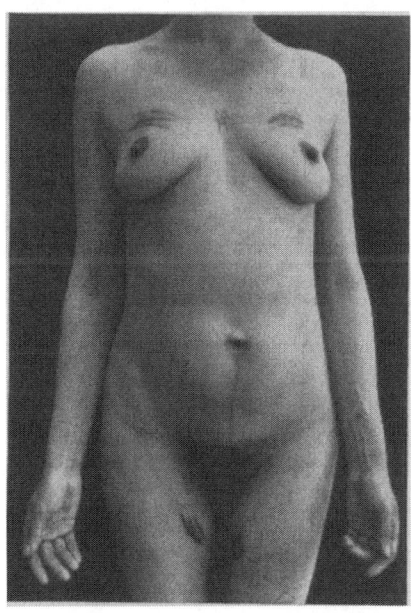

Abb. 5. Seichte Schnittwunden in seitengleicher Verteilung.
Schnittnarben an der Beugeseite der Vorderarme.

Die Diagnose der Selbsttötung durch Beibringung großer Schnittwunden, Bauchaufschlitzung, Verstümmelung usw. ist in der Regel nicht schwierig: die

besondere Art der Verletzungen, allenfalls deren größere Zahl, das Fehlen von Abwehrverletzungen und die Tatsache, daß der Selbstmörder die Körperteile, die von den Verletzungen betroffen sind, von den Kleidern entblößt hat, sprechen einhellig für die Annahme des Selbstmordes.

Seichte Schnittwunden, die durch ihre Anordnung auf masochistische Befriedigung der Geschlechtslust hinweisen, haben wir einmal bei einer nach einem Selbstmordversuch in einem schweren Depressionszustand aufgegriffenen Frau gesehen. Sie zeigte ganz symmetrisch am oberen Ansatz der Brüste und an der Innenseite der Oberschenkel nahe der Schamgegend mehr minder parallele, ganz seichte Hautschnitte, die ein bis zwei Tage alt sein mochten. Interessanterweise wies auch der seitliche Zungenrand ganz symmetrische Einkerbungen vermutlich gleichen Alters auf. An beiden Vorderarmen fanden sich weiße Narben von Schnittverletzungen. Die Frau hat über die Entstehung der Verletzungen jegliche Angabe verweigert (Abb. 5).

*Schrifttum.*

*Böhler:* Wien. klin. Wschr. **1916**, 257. — *Böhmer, K.:* Luftembolie bei oberflächlichen Halsschnitten. Dtsch. Z. gerichtl. Med. **VII**, 350 (1926). — *Boschkor:* Giletteklinge, Bauchaufschlitzen. Ref. Dtsch. Z. gerichtl. Med. **5**, 209 (1925). — *Brosch:* Der Selbstmörder. Wien 1909. — *Canuto:* Die Umkehrung der Endchen bei Halsschnittwunden. Dtsch. Z. gerichtl. Med. **13**, 16 (Referat). — *Canuto:* Zur Richtung der Schnittwunden am Hals. Ref. Dtsch. Z. gerichtl. Med. **18**, 19. — *Casper-Limann:* Handb. der gerichtl. Medizin. 8. Aufl. **II**, 351 (1884). Fall 160, Bauchaufschlitzen. — *Ciechanowski:* Mord durch Dekapitation. Ref. *Virchows* Jahresber. **I**, 542 (1898). — *Cordes, K.:* Ein seltener Fall von Suicidium. Vjschr. gerichtl. Med. **12** (III. F.). — *Cuidera:* Il caso Nigrelli. Ref. Arch. di Antrop. crimin. **40**, 524 (1920) .— *Dittrich:* Handb. der ärztlichen Sachverständigentätigkeit. **III**, 368. — *Fischl, E.:* Über zwei Fälle einer seltenen Darmverletzung. Beitr. klin. Chir. **22**. — *Flintzer:* Seltener Fall von Selbstmord. Vjschr. gerichtl. Med. N. F. **34**, 189 (1881). — *Gladhil:* Selbstmord durch Halsschnitt. Dtsch. Z. gerichtl. Med. **23**, 13 (Referat). — *Goldschmidt:* Gerichtlich-medizinische Betrachtung über Halsabschneiden. Dtsch. Z. gerichtl. Med. **4**, 586. — *v. Guggenberg:* Entbindung durch Laparotomie, von der Gebärenden selbst ausgeführt. Prager med. Wschr. **1** (1895). — *Güterbock:* Die Verletzungen des Halses. Vjschr. gerichtl. Med. **1873**. — *Haberda: Schmidtmanns* Handb. der gerichtl. Medizin. **I**, 461. — *Haberda:* Beitr. gerichtl. Med. **10**, 1. — *Haberda:* Mord durch Hammerschläge gegen den Kopf. Vjschr. gerichtl. Med. **10** (III. F.), 54 (1895). — *v. Hofmann-Haberda:* Lehrbuch der gerichtl. Medizin. 11. Aufl. — *Karrara:* Mord oder Selbstmord durch Verletzungen mit schneidenden Instrumenten. Dtsch. Z. gerichtl. Med. **6**, 88. — *Lesser:* Atlas der gerichtl. Medizin. — *Marx, A. M.:* Die Bedeutung von Verletzungsbefunden für die Frage Selbstmord oder Mord. Dtsch. Z. gerichtl. Med. **II**, 412 (1923). — *Pfeiffer:* Über den Selbstmord. Jena 1912. — *Prall, C.:* Ref. in *Virchows* Jahresber. **I**, 480 (1894). — *Puppe:* Über Selbstmord durch Halsschnitt. Z. Med.beamte **5**, 167 (1897). — *Rust: Alberts* Lehrbuch der Chirurgie. **1**, 479 (1877). — *Schlag:* Selbstmord durch Eröffnung der Vena saphena magna. Z. Med.beamte **11** (1902). — *Schlägel:* Mord an der Witwe W. Dtsch. Z. gerichtl. Med .**5**, 63. — *Schlemmer:* Verletzung der linken Kniekehle durch einen Hieb mit der Sense (Totschlag). Allg. Wien. med. Ztg. **11** (1878). — *Schulz, R.:* Selbstmord durch Stich-Schnittwunde am Hals. Z. Med.beamte **1895**, 275. — *Solbrig:* Ein Fall von Selbstmord durch Halsschnitt. Vjschr. gerichtl. Med. **25** (III. F.), 176. — *Stolper:* Über Kehlkopffrakturen. Vjschr. gerichtl. Med. **27** (III. F.), 1. — *Sury:* Korresp.bl. Schweiz. Ärzte **4** (1910) (Literatur). — *Szigeti:* Ein Fall von Selbstmord durch Auto-Exstirpation des Kehlkopfes. Vjschr. gerichtl. Med. **12** (III. F.). — *Wengler:* Zwei ungewöhnliche Fälle von Selbstmord. Z. Med.beamte **1904**, 8. ***Werkgartner.***

## Tod und Gesundheitsbeschädigung infolge Verletzung durch Schuß. (Vgl. auch Art.: Schußverletzungen; Schußwaffen und Munition; Wundballistik.)

*I. Feststellung der medizinisch wichtigen Todesursache.* Wie bei jeder Leichenuntersuchung muß beim Vorliegen einer Schußverletzung selbstverständlich die medizinisch wichtige *Todesursache* exakt festgestellt werden. Im allgemeinen treten hierbei besondere Schwierigkeiten nicht auf, die Hauptaufgabe des gerichtlichen Mediziners liegt vielmehr neben der Feststellung der Todesursache in der *Re-*

*konstruktion des Tatherganges*, über den nachstehend zu berichten ist. Bei der *äußeren Besichtigung* der Leiche können Schußverletzungen dem nicht sehr aufmerksamen Beobachter dann entgehen, wenn sie an schwer zugänglichen Stellen liegen, z. B. wenn das Geschoß in den Augapfel hineingegangen ist und die Augen der Leiche geschlossen sind (*Schneider*), ebenso bei Schüssen in die Gegend des Afters. Bei Kopfschüssen liegt die Todesursache meist in einer mechanischen Zerstörung von Gehirnteilen und nur selten in einer Blutung zwischen den Hirnhäuten oder zwischen Knochen und harter Hirnhaut. Bei Herzschüssen kann es zur Herzbeuteltamponade (s. Abschnitt *II*), bei Lungenschüssen zur Ausbildung eines Hämatothorax, bei Verletzung des Magendarmkanals zur Peritonitis, bei Leber- und Milzverletzungen zu Blutungen in die Bauchhöhle kommen. Bei Schüssen durch die Gliedmaßen und durch den Hals besteht die Gefahr einer Verblutung infolge Verletzung der großen Gefäße. Bei durch eine Schußverletzung veranlaßten Knochenbrüchen größeren Umfanges (sog. Schußbrüche) kann es gelegentlich auch zu einer tödlichen Fettembolie in den Lungen oder bei Verschleppung des Fettes in den großen Kreislauf zu einer Fettembolie im Gehirn oder auch in den Herzcapillaren kommen. Bei Verletzung der Leber kann nicht nur die Blutung selbst, sondern anscheinend auch die Resorption von mit Galle gemischtem Blut aus der Bauchhöhle zusammen mit der Anämie zum Tode führen (*Shinohara*). Ein in der Nähe der Aorta vorbeigehender Schuß aus einer automatischen Repetierpistole hat einmal, vielleicht infolge plötzlicher Blutdrucksteigerung auf reflektorischem Wege eine Aortenruptur veranlaßt, ohne daß das Gefäß selbst verletzt war (*Goroncy*). Liegt zwischen der Schußverletzung und dem eingetretenen Tod längere Zeit, so erfolgt die Beurteilung des Kausalzusammenhanges zwischen der Schußverletzung und dem Tode nach allgemeinen pathologisch-anatomischen und gerichtlich-medizinischen Gesichtspunkten.

*II. Beurteilung der Frage der Handlungsfähigkeit und der Fähigkeit, die Schußverletzung zu überleben.* Die Beurteilung der Frage *Handlungsfähigkeit* wird von Wichtigkeit, wenn die Leiche des Verstorbenen von dem Orte des Empfanges der Schußverletzung entfernt aufgefunden wird, oder wenn der Täter Notwehr behauptet und geltend macht, er sei von dem Verletzten nochmals angegriffen worden, so daß er sich durch Abgabe von weiteren Schüssen habe wehren müssen. Manchmal spielt auch neben der Handlungsfähigkeit die Frage des *Überlebens* einer Schußverletzung eine Rolle, z. B. wenn es sich darum handelt, die Frage zu beurteilen, ob der Täter oder eine sonst anwesende Person erkennen konnte oder mußte, ob der Verletzte noch lebte oder nicht. Die Beurteilung der Handlungsfähigkeit und auch der Fähigkeit, die Schußverletzung zu überleben, richtet sich bei *Kopfschüssen* im großen und ganzen nach der Lokalisation der Verletzung und dem Grade der Allgemeinwirkung des Geschosses auf den Schädel. Weitgehende Zerstörung des Schädels und lebenswichtiger Gehirnpartien werden einen fast augenblicklichen Tod zur Folge haben. Andererseits wissen wir, daß bei Verletzungen der sog. stummen Region, also des Stirnhirns, dann eine auffällig geringe Empfindlichkeit des Verletzten zu beobachten ist, wenn die durch den Schuß bedingte mechanische Erschütterung des Gehirns nicht groß ist. Stirnhirnverletzte können manchmal noch große Strecken zurücklegen, sie können komplizierte Handlungen vornehmen, z. B. Türen auf- und zuschließen, sie können manchmal auch schießen. Der Tod tritt u. U. erst infolge der sekundären Wirkung der Verletzung ein (Blutung, In-

fektion mit nachträglichem Hirnabsceß oder Meningitis). Der überlebende Verletzte gibt oft eine Amnesie für den Schuß selbst und die Zeit vorher und nachher an. Wird das *Herz* durch Gewehrschüsse verletzt, so sterben die Getroffenen bei Schüssen mit starker Rasanz fast augenblicklich. Es kommt hier offenbar zu einer derartigen mechanischen Störung der Herztätigkeit, daß auf reflektorischem Wege Herzstillstand bewirkt wird. Durchsetzt ein Geschoß mit starker Rasanz das Herz während der Diastole, so kann die Herzwand auch durch das auseinanderspritzende Blut zerrissen werden. Handelt es sich um Geschosse mit geringer Durchschlagskraft (Terzerole, Trommelrevolver), so kann das Herz zunächst weiterschlagen, bis Herzbeuteltamponade oder innere Verblutung eintritt. Im allgemeinen liegt die Sache so, daß die Verletzten nach Herzschüssen höchstens für Bruchteile von Minuten handlungsfähig sein können, sehr selten für längere Zeit, bis zu einer halben Stunde; überleben können sie den Herzschuß unter Umständen noch lange, sogar unter besonderen Umständen mehrere Tage (*Hallermann*). Vereinzelte Fälle von chirurgischer Rettung Herzschußverletzter sind bekanntgeworden (*Rothfuchs*). Personen, die einen *Lungenschuß* erhalten haben, bleiben im allgemeinen noch einige Zeit (Minuten bis zur Viertelstunde und länger) handlungsfähig; je nach der Art des Schußkanals dauert es einige Zeit, bis sich ein so hochgradiger Hämatothorax ausbildet, daß die Handlungsfähigkeit beeinträchtigt wird. Auch bei *Leber-* und *Milzschüssen* kann die Handlungsfähigkeit längere Zeit erhalten bleiben, bei Verletzungen des *Magendarmkanals* tritt oft ein sofortiger Kollaps ein, es gibt aber auch hier und da Ausnahmen, bei denen die Verletzten zu Fuß nach Hause gehen. Bei Verletzungen der *großen Gefäße*, der *Gliedmaßen*, z. B. auch bei Verletzungen der Femoralis, können die Angeschossenen manchmal noch eine längere Strecke (100 m und mehr) laufen, bevor sie zusammenfallen.

*III. Feststellung der rechtlich wichtigen Todesursache* (Unterscheidung zwischen Mord, Selbstmord und Unglücksfall). Der Selbstmörder hat die Neigung, in Körperteile zu schießen, deren Verletzung den Tod möglichst schnell herbeiführt. Er schießt sich in die Herzgegend oder in die rechte Schläfe, wenn er Rechtshänder ist, in die linke Schläfe, wenn er Linkshänder ist. Er ist bemüht, sicher zu treffen, und schießt daher mit angesetzter oder fast angesetzter Mündung. (Nicht vergessen, die *Waffenmündung* auf das Vorhandensein von Blut und Gewebsfetzen anzusehen!) Der Nachweis eines absoluten Nahschusses ist demnach ein wichtiges Indiz für einen Selbstmord, freilich kein allein beweisendes. Wir beobachten in Ausnahmefällen (z. B. Tötung auf eigenes Verlangen, Erschießen im Schlaf) auch dann absolute Nahschüsse, wenn der Schuß von einem anderen abgegeben wurde. Man wird beim Selbstmörder die Waffe an der Leiche vorfinden. Ausnahmen sind selten. Man muß daran denken, ob er vielleicht die Waffe noch aus dem Fenster oder in einen Fluß geworfen haben könnte. Es kommt auch vor, daß zuerst an den Tatort kommende Personen die Waffe aus Unkenntnis der Verhältnisse an sich nehmen. Wurde mit Trommelrevolvern, Jagdgewehren oder Flobertwaffen geschossen, so muß sich eine abgeschossene Patronenhülse im Lauf befinden. Liegt eine automatische Repetierpistole neben der Leiche, so wird man die ausgeworfene Patronenhülse vorfinden müssen. Stellt sich heraus, daß das vorgefundene Geschoß oder die Patronenhülse nicht aus der am Tatort vorgefundenen Waffe stammt, so kann es sich kaum um einen Selbstmord handeln. Wird die *Waffe in der Hand der Leiche* vorgefunden, so spricht dies im

Gegensatz zur allgemeinen Meinung mehr für einen Mord als für einen Selbstmord. Dem Selbstmörder entgleitet die Waffe aus der erschlaffenden Hand. Liegt sie in der Hand, so ist dies eher ein Zeichen dafür, daß die Waffe dem Toten in die Hand gelegt wurde, um einen Selbstmord vorzutäuschen. Infolge der stärkeren Kontraktur der Beugemuskeln bei der Totenstarre krümmen sich die Finger der Leiche. Die in die Hand gelegte Waffe kann hierdurch fixiert werden. Nur unter besonderen Umständen kann die Waffe in der Hand des Selbstmörders bleiben, z. B. wenn er sich etwa am Schreibtisch sitzend erschießt und nach dem Tode in vornübergebeugter Haltung am Schreibtisch sitzen bleibt, oder auch wenn der Zeigefinger in Kontrakturstellung gebeugt ist, so daß die Waffe nicht aus der Hand fallen kann. Auf solche Verhältnisse ist sorgfältig zu achten. Daß die Waffe infolge des Eintrittes einer sofortigen kataleptischen Totenstarre in der Hand bleibt, ist so außerordentlich selten, daß man in der Praxis kaum damit rechnen kann. Von Laien, aber auch manchmal von Polizeibeamten wird der Gesichtsausdruck des Toten genau beschrieben. Man hüte sich vor Schlußfolgerungen aus solchen Beschreibungen. Die Gesichtsmuskulatur erschlafft nach dem Tode, gleichgültig wie die Gesichtszüge kurz vor dem Tode aussahen. Wird ein Fernschuß bewiesen, so ist ein Selbstmord praktisch unmöglich. Beträgt die Schußentfernung 5—30 cm, so kann zwar ein Selbstmord nicht völlig ausgeschlossen werden, er ist aber sehr unwahrscheinlich. Der Selbstmörder hat das unwillkürliche Bestreben, dafür zu sorgen, daß das Geschoß entweder überhaupt nicht durch Kleidungsstücke hindurchgeht oder nur durch das Hemd. Er macht sich also, wenn er sich ins Herz schießen will, die Kleider auf. Frauen, die einen schief auf der rechten Kopfseite sitzenden Hut tragen, bevorzugen die Stirn oder die linke Schläfe, auch wenn sie Rechtshänderinnen sind (*B. Mueller*). Nun gibt es von dieser allgemeinen Regel auch nicht ganz seltene Ausnahmen. Wer sich im Affektzustand und im Beisein eines anderen erschießt und sich daher beeilen muß, um nicht verhindert zu werden, schießt sich natürlich auch durch die Kleider. Frauen scheuen sich manchmal, die Kleider zu öffnen (*Weimann*), und schießen lieber durch die Kleider, auch wenn sie sich ohne Zeugen das Leben nehmen.

Ob es möglich ist, daß sich ein Selbstmörder mehrere Schüsse beibringt, hängt von der Art der Waffe und von der Handlungsfähigkeit ab. Bei Benutzung einer automatischen Repetierpistole wird man die Möglichkeit eines Abgebens mehrerer Schüsse auch dann nicht ausschließen können, wenn schon der erste schnell handlungsunfähig machen mußte. Bei Benutzung von Flobertwaffen, aber auch bei Be-

nutzung von Trommelrevolvern wird man derartiges ausschließen oder zum mindesten als sehr unwahrscheinlich ansehen müssen.

Sehr wichtig ist in einschlägigen Fällen die Untersuchung der *Hände*. Dies muß sofort nach Auffinden der Leiche geschehen, jedenfalls bevor die Leiche gereinigt ist. Bei Kopfschüssen aus großer Nähe spritzt vielfach Blut gegen die Rückseite der Finger der Schußhand (Abb. 1). Zu verwerten sind nur offenbare *Blutspritzer*, nicht verwischtes Blut, denn der Tote konnte sich ja im Todeskampf in die Wunde gefaßt haben. Bei Schädelschüssen mit angesetzter oder fast angesetzter Mündung pflegen

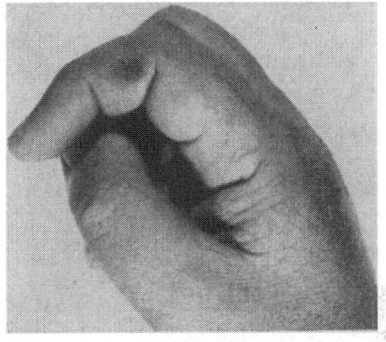

Abb. 2. Pulverschmauch am Zeigefinger nach Abgabe eines Schusses mit einem Trommelrevolver.

manchmal feinste *Knochensplitter* gegen die Schußhand zu fliegen, verursachen hier kleine Verletzungen oder bleiben auch in der Haut stecken. Untersuchung mit der Lupe ist hier erforderlich (*Werkgartner*). Wird aus einem Trommelrevolver geschossen, so entweicht meist durch den Trommelspalt auch nach hinten zu *Pulverschmauch* und schlägt sich an der Schußhand nieder, und zwar meist am Zeigefinger (Abb. 2), seltener an der Rückseite der Finger, manchmal auch am Daumenballen. Bei gut gearbeiteten Trommelrevolvern geschieht dies nicht, insbesondere dann nicht, wenn für den Boden der Patronenhülse ein besonderes Lager vorhanden ist

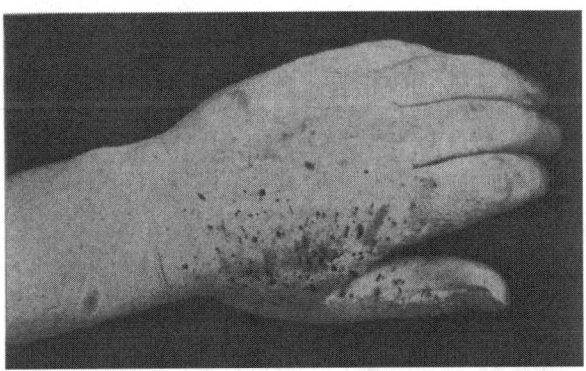

Abb. 1. Blutspritzer an der Schußhand als Indiz für einen Selbstmord.

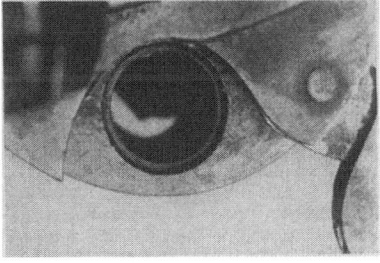

Abb. 3. Bohrung eines exakt gearbeiteten Trommelrevolvers mit besonderem Lager für den Patronenhülsenboden. Bei Schüssen mit derartigen Waffen entsteht meist *keine* Beschmauchung der Schußhand.

(Abb. 3). In Zweifelsfällen sind Schießversuche vorzunehmen (*B. Mueller*). Bei Benutzung automatischer *Repetierpistolen* finden wir im allgemeinen *keinen* Pulverschmauch an der Schußhand. Hält aber der Selbstmörder die Waffe mit beiden Händen und kommt er etwa mit der linken Hand (sofern er Rechtshänder ist) in die Gegend der Auswurföffnung für die Patronenhülse, aus welcher Pulverschmauch entweicht, so kann die linke Hand beschmaucht sein. Ist Pulverschmauch nicht sichtbar, so kann man ihn (und zwar gelingt dies manchmal auch bei Benutzung von automatischen Repetierpistolen) chemisch so nachweisen, daß man die Hand mit Wattetupfern abreibt und mit den Tupfern die D. S.-Reaktion anstellt. Leerproben sind dringend erforderlich. Es ist auch zu berücksichtigen, daß die D. S.-Reaktion bei der Untersuchung der Hände, besonders der Fingernägel von Zigarettenrauchern auch dann positiv

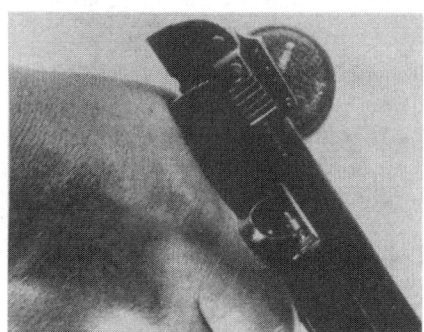

Abb. 4. Entstehungsmechanismus von Kratzern an der Schwimmhaut zwischen Daumen und Zeigefinger der Schußhand; sie entstehen durch Zurückgleiten der Kammer der Waffe infolge des Rückstoßes.

ausfällt, wenn nicht geschossen wurde (*Schwarz*). Schießen Personen, die große Hände haben, mit kleinen automatischen Repetierpistolen, so verursacht die beim Rückstoß zurückgehende Kammer manchmal *Kratzer an der Schwimmhaut der Schußhand* zwischen Daumen und Zeigefinger (Abb. 4 u. 5). Alle diese Erscheinungen (Blutspritzer an den Fin-

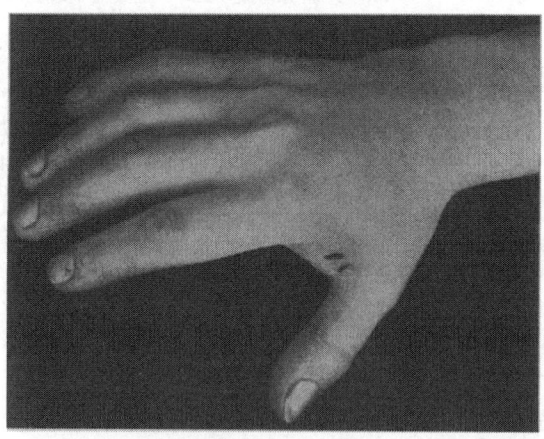

Abb. 5. Kratzer an der Schwimmhaut zwischen Zeigefinger und Daumen der Schußhand als Selbstmordindiz.

gern und am Handrücken, Pulverbestandteile an der Hand, Kratzer an der Schwimmhaut) sind ein Zeichen dafür, daß der Verstorbene selbst geschossen hat, und somit ein sehr wichtiges Indiz für Selbstmord. Derartige Befunde dürfen daher nicht übersehen werden.

Wer die Absicht hat, den Selbstmord zu *dissimulieren* (aus Schamgefühl, aus Wichtigtuerei, um einen anderen zu belasten oder um die Angehörigen in den Besitz einer Versicherungssumme zu bringen) oder auch wer sich selbst einen nicht tödlichen Schuß beibringt, um einen Verdacht von sich abzulenken, wird sich natürlich anders verhalten, als wir es bei

typischen Selbstmordfällen gewohnt sind. Er wird unter Umständen atypische Einschußstellen bevorzugen (Hinterkopf, Rücken, Gliedmaßen usw.), er wird die Waffe nicht ansetzen, sondern, soweit es ihm möglich ist, aus einer gewissen Entfernung schießen, er wird sich nicht scheuen, durch die Kleider durchzuschießen. In solchen Fällen ist die Feststellung von ausschlaggebender Wichtigkeit, ob der Verletzte sich den Schuß in der festgestellten Entfernung und ermittelten Schußrichtung überhaupt selbst beibringen konnte oder nicht. Man muß Versuche anstellen, und zwar mit dem Verletzten selbst oder im Falle des Todes auch mit der Leiche. Da diese Fragestellung vielfach nicht sofort, sondern erst nach Beerdigung des Verstorbenen auftaucht, darf man niemals vergessen, in irgendwie einschlägigen Fällen die *Länge* der Arme der Leiche (von der Achselhöhle bis zu den Fingerspitzen) zu

Abb. 6. Abgabe eines Gewehrschusses durch Zurückdrücken des Hahnes des Jagdgewehres mit der Fußsohle (Rekonstruktion eines verheimlichten Selbstmordes).

messen; man muß dann späterhin die Versuche mit Versuchspersonen anstellen, die die gleiche Länge oder ungefähr die gleiche Armlänge haben. Wurde der Schuß mit einem Gewehr abgegeben, so wird man bei der Anstellung derartiger Versuche auch berücksichtigen müssen, daß man Jagdgewehre mit dem Fuß so abfeuern kann, daß man den Hahn mit dem inneren Fußrand zurückdrückt und ihn dann wieder vorschnellen läßt (Abb. 6). Manchmal vergißt derjenige, der sich selbst einen Schuß beibringt und dies späterhin dissimulieren will, sich durch die Kleider zu schießen. Er schießt z. B. durch den nackten Arm, später fällt ihm sein Fehler ein, er schießt dann nachträglich durch den Ärmel seiner Jacke. Es ist daher darauf zu achten, ob die Schußöffnungen in den Kleidern mit den Schußöffnungen in der Haut übereinstimmen; bei derartigen Erwägungen muß einkalkuliert werden, daß die Kleider bis zu einem gewissen Grade verrutschen können. Schüsse durch *Kleiderfalten* oder *Hautfalten* verursachen *drei* Schußöffnungen. Dies wird manchmal vom Täter nicht beachtet. Wird von einem angeschossenen Verletzten behauptet, er sei von einem anderen aus einer Entfernung von mehreren Metern angeschossen worden, und findet man Nahschußerscheinungen an den Kleidern, insbesondere Pulverschmauch, so ist diese Angabe sofort zu widerlegen. Meist kommen die Verletzten in derartigen Fällen nicht in die Hände des Gerichtsarztes, sondern in die des Krankenhausarztes. Im Krankenhaus stehen zunächst rein ärztliche Maßnahmen im Vordergrund. An kriminalistische Gesichtspunkte denkt der Krankenhausarzt meist zunächst nicht, und der Gerichtsarzt versäume nicht, ihn darauf aufmerksam zu machen, daß die Kleider des Verletzten *ungewaschen* aufbewahrt werden müssen.

Bei tödlichen *Jagdunfällen* taucht manchmal späterhin die Frage auf, ob es sich nicht um einen dissimulierten Selbstmord gehandelt hat. Es kommt manchmal heraus, daß der Verstorbene kurz vor seinem Tode bei verschiedenen Versicherungsgesellschaften Verträge abgeschlossen hat, die Gesellschaften verweigern die Auszahlung der Versicherungssumme, und es kommt vielfach zu langwierigen Zivilprozessen. Wurde bei der ersten Untersuchung der Leiche nicht genau verfahren, so ist eine spätere Rekonstruktion der Vorgänge vielfach nicht möglich. Der Gerichtsarzt wird also in einschlägigen Fällen die Staatsanwaltschaft auf die Notwendigkeit einer genauen Tatortuntersuchung und einer Leichenöffnung auch dann aufmerksam machen müssen, wenn ein Mord nicht in Frage kommt. Die hier und da geäußerte Ansicht einzelner Staatsanwälte, daß derartige Erwägungen die Staatsanwaltschaft nichts angingen, wird meist von den vorgesetzten Behörden nicht gedeckt. Die immer etwas schwierige Kostenfrage läßt sich meist so regeln, daß die Versicherungsgesellschaft, sowie sie von dem Vorfall hört, die Kosten übernimmt. Der Gerichtsarzt wird darauf hinzuwirken haben, daß vom Tatort Lichtbildaufnahmen hergestellt werden, er wird Besichtigung und Obduktion der Leiche sehr sorgfältig durchführen, alle nur irgendwie in Frage kommenden Messungen vornehmen (Entfernung des Einschusses und Ausschusses vom Erdboden, Feststellung der Armlänge), die Schußöffnungen sind zu photographieren, die Kleider sorgfältig zu asservieren. Bei den späteren Rekonstruktionen sind die obigen Ausführungen über Selbstmord durch Gewehrschüsse zu beachten. War der Jäger mit Mantel und Joppe bekleidet und hat der Schuß diese Kleidungsstücke nicht verletzt, so ist dies von vornherein verdächtig. Bei den vorzunehmenden Rekonstruktionen ist auch darauf zu achten, ob der Schuß durch Aufstoßen des Gewehres oder durch einen Fall des Jägers überhaupt gelöst werden konnte; ob das Gewehr einen Stecher hatte oder nicht, ist am besten sofort zu notieren. Da spätere Zivilprozesse mitunter den Instanzenweg erschöpfen, kann man bei der ersten Untersuchung nicht genau genug vorgehen, da man niemals übersehen kann, welche neuen Fragestellungen im Verlaufe des Rechtsstreites zu entscheiden sind. Über weitere Einzelheiten unterrichtet die im Schrifttum angegebene Kasuistik.

*IV. Ermittlung des Standortes des Schützen.* Auf die Beziehungen der Verlaufsrichtung des Schußkanals zum Standort des Schützen wurde schon im Art.: Schußverletzungen unter *d* hingewiesen. Nun gibt es hier auch bei an sich gerade verlaufenden Schußkanälen eine Anzahl Fehlerquellen, die zu berücksichtigen sind. Man muß mit der Möglichkeit rechnen, daß das Geschoß (Straßenkämpfe) an Häusern abgeprallt und dann erst den Verletzten getroffen hat (*Gellerschüsse*). Auch kommt es vor, daß Schrotkugeln auf ihrer Bahn innerhalb der Schußgarbe aufeinanderprallen und hierdurch völlig abgelenkt werden (*Hesse*). An derartige Möglichkeiten ist vor allem bei Jagdunfällen zu denken, wenn Unbeteiligte durch Schrotkörner verwundet worden sind. Rückschlüsse über den Stand des Schützen ergeben sich manchmal auch daraus, daß unverbrannte Pulverpartikelchen zwischen dem Standort des Schützen und dem des

Verletzten zu Boden fallen. Man kann versuchen, im Staube des Fußbodens in der Umgebung des Verletzten die Pulverkörnchen mit Hilfe der D.S.-Reaktion nachzuweisen. Der Staub wird am besten unter Benützung eines Staubsaugers gewonnen (*Walcher*). Selbstverständlich darf man immer nur kleine Bezirke absaugen, man muß dann das Absaugen unterbrechen, um den gewonnenen Staub zu untersuchen. Auch die ausgeworfene Patronenhülse bezeichnet ungefähr den Standort des Schützen, es kommt hier darauf an, ob die Waffe nach oben, nach links oder nach rechts auswirft. Die Patronenhülse wird gewöhnlich in einer Entfernung bis zu 2,50 m vom Schützen entfernt vorgefunden, es ist daran zu denken, daß sie bei abschüssigem Boden natürlich auch weiterrollen kann.

Unter Umständen muß man auch daran denken, daß ein Schuß aus der *Tasche* des Täters heraus abgegeben sein kann. Eine derartige Schußöffnung kann leicht übersehen werden, gute Aufschlüsse liefert die Untersuchung des Taschenfutters, man findet hier Pulverschmauch und kann an der Art des Pulverschmauches auch erkennen, ob eine automatische Repetierpistole benutzt wurde; die Gestalt der Auswerferspalte kommt ungefähr in der Form der Beschmauchung zum Ausdruck (*Weyrich*).

*V. Die Bedeutung deformierter Geschosse* (Gellerschüsse, Mantelreißer, Dum-Dum-Geschosse). Das aufgefundene Geschoß kann völlig *deformiert* sein. Es kann dies daran liegen, daß es, sofern es sich um Bleigeschosse handelt, beim Durchdringen oder beim Streifen von Knochen verunstaltet wurde. Bei Mantelgeschossen findet man manchmal nur Teile des Mantels vor, das den Kern des Geschosses bildende Blei ist ausgetreten und hat weitgehende Zerstörungen verursacht. Derartige Vorfälle beobachten wir bei *Mantelreißern*, bei *Gellerschüssen* und bei sog. *Dum-Dum-Geschossen*. *Mantelreißer* können dadurch entstehen, daß ein Geschoß Knochenteile streift, hierbei wird der Mantel seitlich aufgerissen, so daß der Bleikern austritt. Von *Gellerschüssen* spricht man, wenn das Geschoß namentlich bei Straßenkämpfen auf Steinwände aufprallt und nach dem Abprall Personen trifft. Beim Aufprall wird die Verbindung zwischen Kern und Mantel gelockert, so daß das als Querschläger oder sogar umgekehrt in den Körper eindringende Geschoß seinen Bleikern entleert. Bei Mantelreißern und Gellerschüssen finden wir die Geschoßspitze meist erhalten. Es ist dies ein sicheres Zeichen dafür, daß es sich nicht um ein *Dum-Dum-Geschoß* handelt (*Meixner* und *Werkgartner*). Weitere diagnostische Merkmale bringt *Thöle*.

*VI. Priorität bei Vorhandensein mehrerer Schußverletzungen.* Die Frage nach der *Priorität* mehrerer Schußverletzungen ist oft schwer und vielfach gar nicht zu lösen. Wenn man weiß, daß der Verstorbene nach Empfang des ersten Schusses noch handlungsfähig gewesen ist, so muß derjenige Schuß der erste gewesen sein, nach dessen Empfang man noch Handlungsfähigkeit annehmen konnte. Sind mehrere Schädelschüsse vorhanden, so gestatten manchmal etwaige durch die Schußöffnung veranlaßte Bruchlinien Rückschlüsse über die Priorität (Aufhören einer Bruchlinie, wenn sie eine andere kreuzt; s. d. Art.: Schädelbrüche), in solchen Fällen ist es notwendig, daß der Schädel der Leiche sorgfältig maceriert und wieder zusammengesetzt wird. Liegen die Schüsse zeitlich längere Zeit voneinander entfernt, so kann bei histologischer Untersuchung der Schußöffnung der Grad der vitalen Reaktionen Rückschlüsse gestatten. Bereits eine Viertelstunde nach der Verletzung findet man einen Austritt spärlicher Leucocyten, nach 2 Stunden findet man sie schon in größerer Anzahl (*Walcher, Piédelièvre*).

*VII. Untersuchung durchschossener Glasscheiben.*

Sind *Glasscheiben* verletzt, so entsteht die Frage, von welcher Seite der Schuß gefallen ist. Hier liegen dieselben Verhältnisse vor wie bei Knochenschüssen (trichterförmige Erweiterung der Schußöffnung in der Schußrichtung). Ist es fraglich, ob ein *Schuß* die Fensterscheibe verletzt hat oder ein *Steinwurf,* so kann die Entscheidung schwer sein. Steinwürfe verursachen vielfach größere Zersplitterung des Glases als Schüsse, doch gibt es hier Ausnahmen. War das Geschoß matt, so kann gleichfalls eine weitgehende Zertrümmerung entstehen, aber auch ebenso bei Schüssen aus geringer Entfernung infolge Einwirkung des Gasdruckes. An Glasscherben kann man in der Gegend der Schußöffnung nach den oben beschriebenen Methoden unter Umständen Metallteilchen nachweisen, ebenso Pulverschmauch oder Einsprengungen. Es kommt auch vor, daß das aus gezogenen Waffen gefeuerte Mantelgeschoß beim Durchtreten durch das Glas eigenartige Drehspuren hinterläßt, doch sind diese Befunde wohl noch nicht genügend gesichert (*Bauernfeind, Matwejeff* u. a.).

*VIII. Pfeifen des Geschosses.* Das *Pfeifen* des Geschosses aus Infanteriegewehren ist nach *Braun* nur hörbar, wenn der Schütze mindestens etwa 800 m von der Stelle entfernt steht, an der das Pfeifen gehört wurde. Bei geringerer Entfernung geht es im Knall des Schusses unter.

*IX. Feststellung, ob und wann aus einer Waffe geschossen wurde.* Eine Beantwortung der Frage, ob und wann aus einer vorgelegten Waffe geschossen wurde, kann größere Schwierigkeiten machen, als man vielfach annimmt. Die Untersuchungsmethodik beruht auf dem Nachweis von Nitraten und Nitriten im Lauf der Waffe, u. U. auch von Schwefel; man wird auf Rostbildung achten. Bei der Bewertung des Ausfalles der D. S.-Reaktion ist hier große Kritik am Platze, da sie auch bei Anwesenheit von Eisenoxyd positiv ausfällt. Man untersucht gewöhnlich Bestandteile, die man mit sauberen Tupfern aus der Waffe herausgewischt hat. Findet man gleichmäßige Rostbildung, so kann aus der Waffe vor kurzer Zeit nicht geschossen worden sein. Im allgemeinen kann man nur entscheiden, ob die Waffe in den letzten 5 bis 10 Tagen benutzt wurde oder nicht (Näheres s. *Mezger-Heeß*).

*Schrifttum.*

*Bauernfeind:* Schuß oder Steinwurf? Arch. Kriminol. **95**, 131 (1934). — *Braun:* Ist ein fliegendes Geschoß hörbar? Arch. Kriminol. **92**, 101 (1933). — *Goroncy:* Zur Genese der Aortenrupturen, insbesondere indirekter bei Schußverletzungen. Dtsch. Z. gerichtl. Med. **10**, 235 (1927). — *Hesse:* Gerichtsärztliche Analyse eines Falles von Schrotschußverletzung. Dtsch. Z. gerichtl. Med. **2**, 433 (1923). — *Matwejeff:* Kriminalistische Untersuchung zerbrochener Fensterscheiben. Arch. Kriminol. **86**, 100 (1930). — *Matwejeff:* Zur Untersuchung zerbrochener und durchschossener Fensterscheiben. Arch. Kriminol. **89**, 139 (1931). — *Mueller, B.:* Beeinflussung und Lokalisation der Einschußöffnung bei Selbstmord durch die gegenwärtige Frauenhutmode. Arch. Kriminol. **93**, 52 (1933). — *Mueller, B.:* Eigenartige Befunde an den Händen bei Selbstmord durch Erschießen. Dtsch. Z. gerichtl. Med. **21**, 190 (1933). — *Mueller, B.:* Untersuchungen über die Befunde an der Schußhand nach Abgabe von Schüssen mit Trommelrevolvern. Dtsch. Z. gerichtl. Med. **27**, 149 (1936). — *Meixner:* Die Handlungsfähigkeit Schwerverletzter. Dtsch. Z. gerichtl. Med. **16**, 139 (1931). — *Meixner:* Ungewöhnlich langes Überleben der Zerstörung des Schädels durch Schuß. Dtsch. Z. gerichtl. Med. **20**, 342 (1933). — *Meixner* u. *Werkgartner:* Schußverletzungen im Straßenkampf. Beitr. gerichtl. Med. **7**, 32 (1928). — *Merkel:* Über einen als Raubmord vorgetäuschten höchst eigenartig gelagerten Fall von Selbstmord. Dtsch. Z. gerichtl. Med. **20**, 332 (1933). — *Mezger* u. *Heeß:* Bestimmung des Zeitpunktes, wann eine Waffe das letzte Mal beschossen und eine Patrone verfeuert wurde. Arch. Kriminol. **87**, 239 (1930). — *Nippe:* Jagdunfall oder Versicherungsbetrug? Arch. Kriminol. **101**, 223 (1937). — *Piédelièvre:* Vitale Reaktion bei Schußverletzungen. Presse méd. **35**, 976 (1927). — *Pietrusky:* Versicherungsbetrug? Naturwissenschaftlich-kriminalistische und kriminalpsychologische Untersuchungen zur Frage Selbstmord oder Unglücksfall. Arch. Kriminol. **98**, 193 (1936); **99**, 21 (1936). — *Raestrup:* Gerichtsmedizinische Untersuchungen unklarer Tathergänge. Dtsch. Z. gerichtl. Med. **26**, 26 (1936). — *Rothfuchs:* Die Schuß- und Stichverletzungen des Herzens. Dtsch. Z. gerichtl. Med. **8**, 151 (1926). — *Schneider:* Die Ermordung der Frau Prof. H. Arch. Kriminol. **102**, 78 (1938). — *Schwarz:* Zum Nachweis von Pulverrückständen an der Schießhand. Arch. Kriminol. **91**, 159 (1932). — *Shinohara:* Über die Todesursache bei innerer Verblutung infolge von Leberverletzung. Tohoko J. exper. Med. **23**, 154 (1934); Ref. Dtsch. Z. gerichtl. Med. **24**, 15 (1935). — *Thöle:* Die Wirkung von Dum-Dum-Geschossen. Veröff. Heeressan.wes. **110**, 147/1939). — *Walcher:* Die vitale Reaktion bei der Beurteilung des gewaltsamen Todes. Dtsch. Z. gerichtl. Med. **26**, 193 (1936). — *Walcher:* Über den Nachweis von Pulverresten im Staub zur annähernden Bestimmung des Standortes des Schützen. Arch. Kriminol. **90**, 138 (1932). — *Weimann:* Der Schuß durch die Kleider als Unterscheidungsmerkmal zwischen Mord u. Selbstmord. Arch. Kriminol. **93**, 109 (1933). — *Werkgartner:* Eigenartige Hautverletzungen durch Schüsse aus angesetzten Selbstladepistolen. Beitr. gerichtl. Med. **6**, 148 (1924). — *Werkgartner:* Schürfungs- und Stanzverletzungen der Haut am Einschuß durch die Mündung der Waffe. Dtsch. Z. gerichtl. Med. **11**, 154 (1928). — *Weyrich:* Schüsse aus Kleidertaschen. Dtsch. Z. gerichtl. Med. **29**, 250 (1938). *Mueller.*

## Tod und Gesundheitsbeschädigung infolge Verletzung durch Stich. (Vgl. auch Art.: Stichverletzungen.)

Es ist nicht möglich, auf dem knappen zur Verfügung stehenden Raum alle vorkommenden Gesundheitsschädigungen durch Stichverletzungen auch nur anzuführen. Es kann hier lediglich auf die häufigsten und forensisch wichtigsten Folgen der Stichverletzungen kurz hingewiesen werden.

Ganz allgemein ist die gefährlichste Folge der Stichverletzungen der hochgradige äußere und innere Blutverlust. Das erklärt sich aus der Tiefe der Verletzung. Auch äußerlich harmlos erscheinende, wenig blutende Stichwunden können in kürzester Zeit durch Verblutung in die großen Leibeshöhlen oder in das lockere Zellgewebe zum Tode führen. Aber auch die Blutung nach außen kann aus engen Stichkanälen unter Umständen nur ganz langsam erfolgen (also leicht harmlos erscheinen), bei Verletzungen größerer Gefäße aber trotzdem im Verlauf von Stunden zum Tode führen, wenn die Wunde nicht oder nicht entsprechend versorgt wird.

Außer der Verblutung bringen die Stichverletzungen noch die Gefahr der Luftembolie mit sich, wenn große Blutadern eröffnet werden. Diese Verletzungsfolge tritt nach unseren Erfahrungen am häufigsten bei Stichverletzungen des Halses und der Oberschenkel ein. In der Regel erfolgt der Tod in solchen Fällen blitzartig rasch oder doch in wenigen Sekunden. Der Eintritt der Luft kann aber auch erst bei der chirurgischen Versorgung der Stichwunden erfolgen.

Von den primären Todesursachen ist neben der Verblutung und der Luftembolie noch die Funktionsbehinderung lebenswichtiger Organe durch Bluterguß in eng abgeschlossenen Räumen anzuführen: die Blutungen in den Schädelraum (epidurale, subdurale, subarachnoideale und intracerebrale Hämorrhagien) und das Hämopericardium (Herzbeuteltamponade).

Schließlich wäre noch zu erwähnen, daß Stichverletzungen auch zur Erstickung führen können, entweder durch beiderseitigen Pneumothorax bei mehrfachen Stichverletzungen der Brust oder durch Blutaspiration bei Stichverletzungen im Gebiete der oberen Luftwege oder durch Bildung eines Glottisödems bei Verletzungen in der Umgebung des Kehlkopfes, wenn durch die Stichverletzung bzw. durch das entstandene mächtige Hämatom schwere Kreislaufstörungen im Bereiche des Kehlkopfes aufgetreten sind. Daß die Behinderung der Atmung auch beim Hämothorax wesentlich zum Eintritt des Todes beiträgt, sei an dieser Stelle nur der Vollständigkeit halber erwähnt.

Die Stichverletzungen im Bereiche des Hirnschädels werden manchmal auffallend symptomlos vertragen, auch wenn das Stichwerkzeug tief in das

Gehirn eingedrungen ist; wiederholt sind eingeheilte Messerklingenbruchstücke als Zufallsbefunde entdeckt worden. Es kommt selbstverständlich immer darauf an, welche Teile des Gehirns getroffen worden sind und ob die Verletzung eine stärkere Blutung im Gefolge hatte. Die Blutung in den Stichkanal kann, wie jede Haemorrhagia cerebri, je nach ihrer Größe und Lage bestimmte Lähmungserscheinungen hervorrufen oder zur allgemeinen tödlichen Hirnlähmung führen. Vom Nacken gegen die medulla oblongata vordringende Stiche töten mitunter sehr rasch durch Blutung in die vierte Hirnkammer. Die durch Stichverletzungen verursachten subduralen und subarachnoidealen Blutungen unterscheiden sich hinsichtlich der klinischen Erscheinungen nicht wesentlich von denen aus anderen Ursachen (traumatisch oder spontan) aufgetretenen derartigen Blutergüssen. Verletzungen des oberen Halsmarkes führen meist rasch zum Tode, werden aber trotz vollkommener, bleibender Querschnittslähmung manchmal auch längere Zeit überlebt (*Katz*).

Stichverletzungen des Gesichtsschädels sind infolge der Eröffnung von Hohlräumen, die Krankheitskeime verschiedener Art enthalten, häufig von Eiterungen gefolgt. Bei Stichverletzungen im Bereiche der Halsgegend finden wir außer den Verletzungen der großen Blutgefäße (Verblutung, Luftembolie, Hämatom des Zellgewebes mit Glottisödem) gelegentlich Durchtrennung großer Nervenstränge (n. vagus, plexus brachialis) mit entsprechenden Lähmungserscheinungen oder Durchtrennung des nervus recurrens und des nervus hypoglossus mit schweren Sprachstörungen, die auch durch Stichverletzungen der Zunge selbst verursacht werden können. Eröffnungen der Speiseröhre ziehen insbesondere die Gefahr der Zellgewebseiterung nach sich, Verletzungen der oberen Luftwege können von schwerer Blutaspiration gefolgt sein. Das aus solchen Verletzungen gelegentlich hervorgehende, oft sehr ausgebreitete subcutane Emphysem scheint keine tödliche Wirkung zu haben.

Von den Stichverletzungen der Brust sind vor allem die Verletzungen der Lunge, des Herzens und der großen Blutgefäße von Bedeutung. Die Verletzungen der Lunge durch Stichwerkzeuge bewirken einen mehr minder starken Bluterguß in die Brusthöhle (Hämothorax), außer wenn in der Umgebung der Stichstelle eine schwartige Verwachsung der Lunge mit der Brustwand besteht. Breitflächige Verwachsungen der Lunge mit der Brustwand können auch dann, wenn eine Blutung in die freien Spalträume zustande kommt, den Bluterguß wirksam einschränken und verhindern, daß er ein tödliches Ausmaß erreicht. Bei der Verblutung in die Brusthöhle ist die ergossene Blutmenge in der Regel erheblich geringer, als man sie bei Verblutungen in die Bauchhöhle zu finden pflegt. Dies ist offenbar darauf zurückzuführen, daß bei dem Bluterguß in die Brusthöhle nicht nur der Blutverlust, sondern auch die Verkleinerung der Lunge und die mit der Füllung des Brustraumes verbundene Behinderung der Atmung, auch die Verdrängung des Mittelfelles und die dadurch bedingte Verkleinerung des Brustraumes der unverletzten Seite sowie die Verlagerung des Herzens eine Erschwerung des Kreislaufes und der Atmung bewirkt und damit zum Eintritt des Todes wesentlich beiträgt. Verhältnismäßig häufig ist die Verblutung in den Brustraum infolge Durchtrennung der arteria mammaria int. Ein von uns beobachteter Fall lehrt, daß sogar aus einem Stumpf der art. mammaria int. die Verblutung in die Brusthöhle möglich ist (der obere Stumpf war nämlich bei der chirurgischen Versorgung der Stichwunde wirksam abgebunden worden). Selbstverständlich kann auch die Durchtrennung einer art. costalis eine

tödliche Blutung in die Brusthöhle bewirken. Es mag sein, daß die Saugwirkung der Inspiration die Blutung aus dieser verhältnismäßig kleinen Schlagader fördert.

Verletzungen der Lunge haben oft sekundäre entzündliche Erkrankungen (Pleuritis, Empyem) zur Folge. Dies erklärt sich daraus, daß die Verletzung des Lungengewebes eine offene Verbindung zwischen den mit Krankheitskeimen besiedelten Luftwegen und dem Brustraum herstellt. Natürlich können auch mit der Klinge des Stichwerkzeuges Krankheitskeime von außen eingebracht werden. Ob eitrige Entzündungen auf diesem oder jenem Wege zustande kommen, wird sich im einzelnen Falle wohl nie feststellen lassen, ist auch an sich ziemlich gleichgültig, denn die eitrigen Entzündungen des Brustfelles müssen immer als eine natürliche und nicht vermeidbare Folge dieser Verletzungen gewertet werden.

Die Stichverletzungen des Herzens können durch Verblutung nach außen oder in die Brusthöhle zum Tode führen, wenn durch den Stich ein breiter Weg zwischen dem Herzbeutelraum und der Brusthöhle bzw. der Außenwelt hergestellt worden ist. Meist wird die Stichverletzung des Herzens durch Füllung des Herzbeutels mit Blut tödlich (Hämoperikard, Herzbeuteltamponade; nach unseren Beobachtungen 300—800 ccm Blut im Herzbeutel); das Herz wird durch das Blut eingeengt, an seiner Bewegung behindert, denn das Blut gerinnt im Herzbeutel und ummauert förmlich das Herz in einer dicken Schichte. Häufig nimmt der Herzbeutel so viel Blut auf, daß er prall gefüllt erscheint, wodurch allein schon die Bewegungen des Herzens aufs schwerste behindert werden müssen. Es ist auch anzunehmen, daß der Druck des ergossenen Blutes sich ganz besonders auf die dünnen Wände der Vorhöfe auswirkt, wodurch der Vorkammerraum verkleinert wird, so daß vor allem der Zustrom des Blutes in den rechten Vorhof beträchtlich eingeschränkt werden dürfte. Alle diese Erschwerungen der Arbeitsbedingungen müssen schließlich den Stillstand des Herzens erzeugen. Breite Eröffnungen der Kammerwände können in wenigen Sekunden den Tod herbeiführen, bei kleinen Stichlücken bleibt der Verletzte zunächst noch handlungs- und wehrfähig, kann sogar noch ein gutes Stück laufen, sich am Raufhandel auch noch weiter beteiligen u. dgl. Es ist wichtig, diese Möglichkeiten zu erwägen, damit man nicht fälschlich annimmt, der tödliche Herzstich müsse jene Verletzung gewesen sein, die dem Verletzten unmittelbar vor dem Zusammenbrechen zugefügt worden ist. Die Stichverletzungen des Herzens treffen meist die rechte und linke Kammer. Ob der Wundschlitz längs, quer oder schräg zur vorderen Längsfurche des Herzens eingestellt ist, dürfte ohne Einfluß auf die Ausbildung der tödlichen Herzbeuteltamponade sein. Ausschlaggebend ist zweifellos die Größe der die Kammer eröffnenden Stichlücke. Daß die Herznaht, wenn sie nur rasch genug vorgenommen werden kann, in einem Großteil der Fälle lebensrettend einzugreifen vermag, ist allgemein bekannt. Leider sterben viele trotz anfänglich gutem Operationsverlauf nach einigen Tagen oder Wochen an der Herzbeutelentzündung. Stichverletzungen, welche nicht nur eine Kammer eröffnen, sondern auch die Kammerscheidewand durchbohren, sind wohl ausnahmslos tödlich. Herzstiche können auch dann zum tödlichen Hämoperikard führen, wenn sie die Kammern nicht eröffnen, sondern eine Coronararterie durchtrennt haben. Stichverletzungen der Aorta, der art. pulmonalis und anderer großer Gefäße im Bereiche des Brustraumes verursachen mächtige Hämatome im Mittelfell, Aneurysma dissecans, Blutergüsse in die Brusthöhlen und Herzbeuteltamponade, wenn sie unterhalb des Herzbeutelansatzes die Aorta oder art. pulmonalis getroffen haben.

Stichwunden, die in der Zwerchfellebene liegen und in annähernd querer Richtung in den Körper eingedrungen sind, können im Zwerchfell größere und kleinere Schlitze erzeugen, durch welche Baucheingeweide in die Brusthöhle vorfallen. Ausgedehnte Zwerchfelldurchtrennungen werden auf diese Weise primär tödlich; in anderen Fällen entstehen sog. traumatische Zwerchfellhernien, die zu einem späteren Zeitpunkt durch Incarceration den Eintritt des Todes bewirken können.

Im Bereiche der Bauchhöhle sind vor allem die Stichverletzungen der Leber, der Milz und der Nieren von Wichtigkeit, weil die Verletzungen dieser Eingeweideteile recht häufig zu tödlichen Blutungen führen. Stichverletzungen, die in die hintere Bauchwand eindringen und dort größere Schlagadern eröffnen, verursachen manchmal mächtige Blutergüsse in das lockere Zellgewebe der hinteren Bauchwand und des kleinen Beckens (innere Verblutung in das Zellgewebe). Stichverletzungen des Magens und des Darmes werden vor allem durch die rasch einsetzende Peritonitis gefährlich; nach einer Beobachtung v. *Hofmann*s kann schon acht Stunden nach der Verletzung der Tod infolge Bauchfellentzündung eintreten! Stichverletzungen der Blase haben häufig ausgedehnte Harninfiltration des Zellgewebes zur Folge.

Stichverletzungen der weiblichen Geschlechtsorgane, die nicht nur bei sadistischer Betätigung des Geschlechtstriebes und beim Lustmord, sondern auch bei brutalen Äußerungen eifersüchtiger Erregung vorkommen, sind höchst gefährlich, wenn sie die Klitoris und die kleinen Schamlippen oder ihre unmittelbare Umgebung treffen: die aus solchen Verletzungen erfolgenden Blutungen sind manchmal durch keinerlei ärztliche Maßnahmen zum Stillstand zu bringen. Es sind übrigens auch Mordfälle mitgeteilt worden, bei denen von den Tätern absichtlich diese versteckten Stellen zur Anbringung tödlicher Verletzungen gewählt worden sind, weil sie hofften, daß dort die Ursache der tödlichen Blutung nicht entdeckt würde (*Niemann, Draper, Watton, Mitchell* und *Hill*). *V. Sury* berichtet, daß ein zweijähriges Mädchen durch mehrfache Stiche mit einer Stricknadel getötet wurde, wobei die Stiche von der Scheide aus geführt wurden, ohne die Nadel ganz herauszuziehen; es wurde auf diese Weise der Magen, die Leber, das Zwerchfell, die Lunge und der Herzbeutel verletzt. Der Tod trat nach zwei Tagen ein.

*Selbstmord durch Stich oder Tötung durch fremde Hand?* Selbstmord ist nicht gerade häufig, wenn auch keineswegs eine Seltenheit. Ungleich häufiger ist freilich die Tötung durch Stichverletzungen beim Totschlag oder Mord. In jedem Falle also, in welchem die Vermutung oder die Behauptung eines Selbstmordes durch Erstechen zu überprüfen ist, muß man mit größter Vorsicht an diese Aufgabe herangehen. Eines muß freilich vorweg betont werden: es gelingt nicht in jedem Falle, aus dem Leichenbefunde hinreichende Anhaltspunkte für die Beantwortung dieser Frage zu gewinnen.

Der Selbstmörder richtet das Stichwerkzeug meist gegen die Herzgegend; viel seltener führt er Stiche gegen den Hals, in die Ellenbeuge und in die Schenkelbeuge. Stiche an der Rückseite des Körpers können als Beweis der Tötung durch fremde Hand angesehen werden, was man aber nicht mit gleicher Sicherheit bei Stichen in den Nacken behaupten dürfte. Der Selbstmörder legt in der Regel die Körperteile frei, gegen die er die Stiche führen will: er öffnet die Weste und das Hemd und richtet die Klinge gegen die bloße Haut. Natürlich nur dann, wenn er dazu Zeit hat. Muß die Selbsttötung aber rasch geschehen (weil der Selbstmörder verfolgt oder

bewacht wird), so fehlt zu dieser Vorbereitungshandlung die Gelegenheit. Die Durchbohrung besonders dicker Kleidungsschichten oder etwa einer Brieftasche u. dgl. beweist wohl mit höchster Wahrscheinlichkeit die Tötung durch fremde Hand. Häufig findet man bei Selbstmördern auf einem eng begrenzten Feld in der Herzgegend eine große Anzahl von Stichverletzungen, die dicht beieinander liegen und zueinander gleichgerichtet sind. Wenn es sich nun gar zeigt, daß die meisten dieser Stichwunden nur ganz seicht sind, nur das Unterhautzellgewebe durchtrennen, aber nicht einmal die Brustwand durchstoßen haben, daß vielleicht nur ein einziger Stich oder zwei von sieben oder zehn oder zwölf Stichwunden bis in das Herz eingedrungen sind, dann kann man wohl mit Sicherheit Selbsttötung annehmen. *Piga* berichtet allerdings auch von einem Selbstmörder, bei dem von zehn Stichwunden in der Brustgegend (und dreien am Halse) neun Stiche die Herzkammern eröffnet haben. Gleichzeitige seichte (weil zaghaft ausgeführte) Schnittverletzungen der Haut in der Handgelenksbeuge oder am Vorderhalse lassen ebenfalls mit größter Wahrscheinlichkeit auf einen Selbstmord schließen, wobei man freilich nicht außer acht lassen darf, daß ein raffinierter Täter seinem Opfer nach der Tat solche Schnitte beibringen konnte, um einen Selbstmord vorzutäuschen. Weniger Gewicht ist auf den Umstand zu legen, daß von einer einzigen Stichwunde mehrere Stichkanäle ausgehen können. Das kommt wohl bei der Selbsttötung gelegentlich vor, vielleicht ebenso häufig aber auch beim Mord. Weitaus der sicherste Beweis der Tötung durch fremde Hand sind *Abwehrverletzungen* an den Armen und Händen. Wenn die Arme bei der Abwehr und Deckung hochgehalten worden waren, finden sich schulterwärts gerichtete Stichkanäle. Allerdings fehlen Abwehr- und Deckungsverletzungen auch in Mord- und Totschlagsfällen, wenn nur ein einziger Stich oder einige wenige geführt worden sind und das überraschte Opfer gar nicht in die Lage kam, sich zu decken oder schon nach wenigen Stichen wehrlos zusammengebrochen ist.

Häufig wird bei Gericht die Verantwortung vorgebracht, der Verletzte sei selbst „in das Messer hineingerannt". Es ist kein Zweifel, daß tödliche Stichverletzungen durch *zufällige Verunglückungen* zustande kommen. So sind genug Fälle beobachtet worden, in denen ein Mensch sich im Sturz ein Messer, das er selbst in der Hand hielt, in den Leib gestoßen hat oder in ein Messer hineingefallen ist, das ein anderer zufällig gerade so hielt, daß es in den Körper des Stürzenden eindringen konnte. Dabei muß aber das Messer irgendwie auf einer festen Unterlage aufgesetzt oder dem Fallenden entgegengeführt worden sein. Ein frei in der Hand gehaltenes Messer dringt nicht in den Körper ein, wenn die Hand oder der Vorderarm nicht aufgestützt oder wenn das Messer nicht mit einem gewissen Nachdruck gegen den Körper geführt, angedrückt wird. Fast alle im Schrifttum mitgeteilten Fälle von zufälligem Erstechen sind derart, daß man annehmen kann, daß das Stichwerkzeug mit dem Griff irgendwie auf einer Unterlage aufruhte. Daß durch Wurf mit Messern tödliche Stichwunden entstehen können, ist nicht näher zu begründen. Auch die in der Berufstätigkeit häufig vorkommenden *zufälligen Verunglückungen durch Stichverletzungen* (bei Tischlern, Lederarbeitern, Fleischern u. v. a.) können hier nicht besprochen werden. Bei Verdacht der absichtlichen *Selbstbeschädigung* (Versicherungsbetrug, Unfallrentenschwindel) bedarf es wohl aufmerksamster Untersuchung der Verletzung und sorgfältiger Prüfung aller Umstände des Falles, um zur Klärung dieser Frage einiges beitragen zu können, wenn der Täter nicht gar zu ungeschickt vorgegangen ist. Allgemeine Regeln für die

Begutachtung solcher Fälle lassen sich wohl nicht aufstellen.

*Schrifttum.*

*Brosch:* Der Selbstmörder. Wien 1909. — *Chevallier*: Lypémane chez un vieillard. Suicide, multuplicité des blessures, insensibilité. Ann. Hyg. publ. **22**, 545 (1889); Ref. *Virchows* Jahresber. I, 498 (1889). — *Dittrich, P.:* Handb. der ärztlichen Sachverständigentätigkeit. **III**, Wien 1906. — *Geringer:* Über Schußverletzungen des Herzens mit besonderer Berücksichtigung von Handlungsfähigkeit nach erhaltener tödlicher Verletzung. Beitr. gerichtl. Med. **3**, 1 (1919). — *Hajek, F.:* Selbstmordverletzungen am Halse durch Stich und Schnitt. Ref. Dtsch. Z. gerichtl. Med. **2**, 562 (1923) (Original tschechisch). — *Kanter:* Stichverletzungen des Herzens. Inaug.-Diss. Berlin 1911. Ref. Mschr. Unfallheilk. **18**, Nr. 9, 290 (1911). — *Kuby:* Untersuchung wegen Mordes durch einen Stich in den Magen, die Leber und das Herz. *Friedreichs* Bl. **30**, 214 (1879). — *Kumar:* Wien. med. Bl. **1879**, 891. — *Laugier, M.:* Cas extraordinaire de suicidè à coups de couteau commis par une alienéé. Ann. Hyg. publ. **21**, 398 (1889). — *Lemberg:* Ein Fall von Stichverletzung des Ohres mit Ausfluß von Hirnwasser. Ref. *Virchows* Jahresber. I, 570 (1900). — *Magnan:* Suicide par blessure du cœur avec un épingle mesurant à peine trois centimètres. Ann. Hyg. publ. **XXIV**, 69 (1890) (Selbstmord mit Stecknadel). — *Marx, A. M.:* Die Bedeutung von Verletzungsbefunden für die Frage Selbstmord oder Mord. Dtsch. Z. gerichtl. Med. **2**, 412 (1923). — *v. Maschka:* Sammlung gerichtsärztlicher Gutachten. **IV**, 85. — *v. Maschka:* Selbstmord durch 285 Stichwunden. Prager med. Wschr. **11** (1888). — *Messerer:* Mord oder Selbstmord. Gutachten des Medizinalkomitees München. *Friedreichs* Bl. **1893** (Beispiel unrichtiger Begutachtung). — *Michel, R.:* Das Schmerzproblem und seine forensische Bedeutung. Wien 1926. — *Munck:* Selbstmord durch Stich im Rücken. Dtsch. Z. gerichtl. Med. **8**, 436. — *Piga, A.:* Ein seltener Fall von Selbstmord. Dtsch. Z. gerichtl. Med. **4**, 442 (1924) (Über den Fall *José Izardo*). — *Rothfuchs:* Die Schuß- und Stichverletzungen des Herzens. Dtsch. Z. gerichtl. Med. **8**, 151. — *Schmidtmann, A.:* Handb. der gerichtl. Medizin. **1**. — *Stuparich:* Zur Kasuistik der Herz- und Lungenstichverletzungen. Wien. med. Presse **53** (1900) (Selbstmord d. Herzstich von der rechten Brustseite aus). — *Teissier, Ch.:* Le duel au point de vue médico-légal. Ann. Hyg. publ. **24**, 5 (1890). — *Wachholz, L.:* Zur Kasuistik der selteneren Selbstmordarten. Z. Med.beamte **9**, Nr. 16, 485 (1896).           ***Werkgartner.***

## Tod und Gesundheitsbeschädigung infolge Verletzung durch stumpfe Gewalt. (Vgl. auch Art.: Verkehrsunfall; Verletzungen durch stumpfe Gewalt.)

Die hauptsächlichsten Ursachen der Verletzungen durch stumpfe Gewalt sind Stoß, Schlag, Hieb mit einem stumpfen oder stumpfkantigen Instrumente, Sturz oder Fall aus der Höhe, Überfahrenwerden und Verschüttung. Im Rahmen dieses Abschnittes soll Sturz und Überfahrenwerden mit der Eisenbahn besprochen werden. Bezüglich Verkehrsunfall, Hieb und Verschüttung sei auf die Art.: Verkehrsunfall, Tod und Gesundheitsbeschädigung infolge Verletzung durch Hieb sowie Tod und Gesundheitsbeschädigung durch gewaltsame Erstickung verwiesen.

Sturz, Sprung und Fall aus größerer Höhe sind besonders in Städten keine allzuseltene Beobachtung. Der äußere Befund kann oft recht geringgradige, manchmal auch keine bemerkbaren äußeren Verletzungen zeigen, insbesondere dann, wenn der Körper bekleidet war und der Auffall auf eine mehr weniger ebene Fläche erfolgte (*Renner* und *Merkel*). Nur bei Auffall auf den Schädel werden oft recht hochgradige Schädelbrüche beobachtet, allerdings ist eine Vielzahl von Wunden am Schädel auch meist recht selten. Oft werden aber Verletzungen gefunden, die durch das Aufschlagen des Körpers auf eine ebene Unterlage allein nicht zu erklären sind. Diese entstehen vielfach dadurch, daß im Fall vorspringende Ecken, Kanten, Terrassen usw. gestreift werden oder ein kurzdauernder Auffall auf diese erfolgte, oder daß der Auffall auf eine nicht ebene Unterlage erfolgte. Zur Klärung der Entstehung solcher Verletzungen ist natürlich ein Lokalaugenschein am Tatorte unerläßlich.

Den wie erwähnt oft spärlichen äußeren Verletzungen stehen schwere innere Verletzungen, wie meist hochgradige Organzerreißungen, schwere, oft multiple Knochenbrüche, wie Wirbelsäulen-, Schädel-, Rippen-, Becken- und Extremitätenknochenbrüche

gegenüber. Aus der Lokalisation dieser Verletzungen kann man häufig recht genaue Schlüsse über die Art des Aufschlagens des Körpers ziehen. Es soll auch, worauf *Walcher* mit Recht hinweist, nie unterlassen werden, in Rumpf- und Extremitätenmuskulatur tiefe und lange Einschnitte zu machen, wobei man die durch den Aufschlag entstandenen Quetschungsblutungen in ihrer ganzen Ausdehnung sichtbar mache, ein Umstand der für die Beurteilung des Falles oft sehr bedeutungsvoll ist. Besonders wenn Zweifel über die Entstehung von Schädelverletzungen entstehen, kann durch diesen einfachen Kunstgriff bei der Sektion die Differentialdiagnose zwischen Hieb gegen den Schädel und Sturz einwandfrei gestellt werden.

Ursache des Sturzes aus der Höhe ist Selbstmord, Unfall, in sehr seltenen Fällen auch Mord.

Die Entscheidung, ob Selbstmord oder Unfall durch Sturz aus der Höhe vorliegt, kann natürlich aus dem Obduktionsbefund allein nie getroffen werden. Zur Klärung dieser Fragen wird wohl in fast allen Fällen die Erforschung der näheren Tatumstände unumgänglich notwendig sein.

Selbstmörder wählen nicht so selten besondere Gebäude, Aussichtstürme oder historisch bemerkenswerte Felsen. Vielfach wird auch behauptet, daß bei Selbstmord durch Sprung aus der Höhe die Leiche immer etwas weiter von der Hauswand zu liegen kommt. Dieser Befund wird natürlich immer kritisch zu bewerten sein.

Manchmal wählen Selbstmörder nach vorangegangenen mißglückten Selbstmordversuchen schließlich als sichere Todesart den Sprung in die Tiefe. So beobachteten wir z. B. einmal eine Frau, die erst eine große Menge Schweinfurther Grün zu sich nahm und, als das Gift nicht den gewünschten Erfolg herbeiführte, ihr Leben durch Sprung in die Tiefe beendete. Auch *Hofmann* berichtet über zwei ähnliche Beobachtungen. Manchmal findet man auch Spuren mißlungener Strangulationsversuche. Bemerkenswert ist auch ein Fall eigener Beobachtung, der eine geisteskranke Frau betraf, die sich 73 ganz oberflächliche parallele Schnittverletzungen in selbstmörderischer Absicht beibrachte und nach diesem erfolglosen Selbstmordversuch aus der Höhe des 4. Stockwerkes auf die Straße sprang. Ein anderer, nicht weniger merkwürdiger, betraf einen Geisteskranken, der sich mit einem kleinen Beile Weichteil- und oberflächliche Knochenwunden setzte und dann in den Lichtschacht sprang. Solche Fälle gehören natürlich zu den Seltenheiten.

Man ist gelegentlich in der Lage, durch einen Hirnbefund die Ursache des Sturzes zu erklären. Eine Eigenbeobachtung betraf einen Mann, der an schwerer multipler Sklerose litt und der sein Leben durch Sprung aus der Höhe beendete. Im Beginn akuter Infektionskrankheiten treten nicht selten delirante Zustände auf, in welchen der Patient zum Fenster hinausspringt. Ein einschlägiger Fall eigener Beobachtung betraf einen Mann, der mit einer frischen lobären Pneumonie ins Krankenhaus eingeliefert wurde und unmittelbar nach der Einlieferung aus dem Fenster sprang. Der Obduktionsbefund ergab neben der Pneumonie eine ganz frische eitrige Pneumokokkenmeningitis, die eine Erklärungsmöglichkeit für den ganzen Vorfall gab.

Sturz und Fall aus der Höhe kommt als Unfall besonders in Städten beim Reinigen von Fenstern, Dachreparaturen, Bauarbeiten und anderen ähnlichen Leistungen ziemlich häufig vor. Die Tatortbesichtigung wird in diesen Fällen immer entsprechende Klärung bringen. Es muß noch darauf hingewiesen werden, daß Sturz aus der Höhe auch dadurch verursacht sein kann, daß eine Organerkrankung, die zu vorübergehender Schwäche, Ohnmacht oder Bewußtlosigkeit führte, die Voraussetzungen für den Unfall schuf. Gerade versicherungsrechtlich kann diese Tatsache oft größte Bedeutung erlangen.

Mord durch Sturz aus der Höhe gehört sicher zu den größten Seltenheiten, da sich der Täter bei solchen Handlungen selbst allzustark gefährdet. *Reuter* hat kürzlich zwei einschlägige bemerkenswerte Fälle veröffentlicht. Aus eigener Beobachtung kennen wir lediglich einen einzigen Fall, in welchem ein einjähriges Kind von seinem schwer geisteskranken Vater aus dem Fenster geschleudert wurde.

Zu den Sturzverletzungen ist auch der Absturz im Gebirge (s. d.) zu zählen (*Fritz, Kratter, Schneider, Meixner*).

Zusammenfassend kann man wohl sagen, daß bei der Beurteilung der Fälle von Sturz aus der Höhe in erster Linie der Klärung der näheren Tatumstände die allergrößte Bedeutung zuzumessen ist, da nur die Kenntnis dieser eine sichere Beurteilung und Begutachtung des Falles gestattet.

den, wobei die Ellenbogen über Kopfhöhe zu liegen kommen.

Lag nun der Körper außerhalb der Schienen und wurde nicht in den nachfolgenden Zug hineingerissen, so kann man am Körper außer der Halsverletzung oft keine anderen Verletzungen oder ganz geringgradige finden.

Das Überfahrenlassen von Brust und Bauch spricht wohl im allgemeinen mehr für Selbstmord, obgleich solche Verletzungen gelegentlich auch bei Verschiebungsarbeiten auf Rangierbahnhöfen gefunden werden.

Stürzt sich der Selbstmörder gegen den fahrenden Zug, so findet man meist schwere Verletzungen durch Niedergestoßen- und Weggeschleudertwerden neben Verletzungen, die durch direktes Überfahrenwerden entstanden sind. In diesen Fällen wird man natürlich die Frage Selbstmord oder Unfall auf Grund des Obduktionsbefundes allein nicht klären können, man wird vielmehr erst durch Erheben

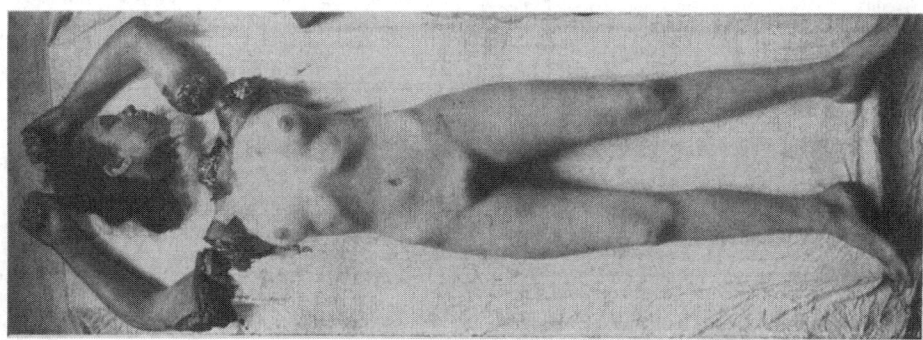

Abb. 1. Abtrennung der Arme und des Kopfes bei Überfahren durch die Eisenbahn.

Forensisch wichtig sind auch die Verletzungen, die durch die Eisenbahn gesetzt werden. Unfall und Selbstmord sind wohl die häufigsten Ursachen dieser. Vielfach werden die Verletzungen durch die Eisenbahn unter dem Sammelnamen „Überfahren" zusammengefaßt, obgleich Verletzungen durch Niedergestoßen- und Weggeschleudertwerden dabei recht häufig sind.

Durch die scherenartige Wirkung der Räder gegen die Schiene können ganze Körperteile abgetrennt, ja sogar der Körper selbst durchtrennt werden. Wird der Körper durch den nachfolgenden Zug mehrfach überfahren, so ist oft eine sehr hochgradige Zerstückelung des Körpers die Folge. Die Haut erweist sich gegen die selbst ganz enorme Scherenwirkung: Rad gegen Schiene äußerst widerstandsfähig; durch den Druck des Rades gegen die Schiene wird die Haut stark gequetscht und gedehnt, wodurch an der Stelle des Überfahrens ein braunrot vertrockneter Streifen entsteht. Auch der Durchtrennungsrand der Haut zeigt diesen braunroten Dehnungsstreifen, den wir als Radspur bezeichnen.

Bei Überfahren durch die Eisenbahn wird wohl in erster Linie die Frage Selbstmord oder Unfall zu entscheiden sein. Selbstmörder lassen vielfach Körperstellen überfahren, die auch dem Laien als lebenswichtig bekannt sind. Zumeist wird Hals und Brust überfahren gelassen, und zwar in der Art, daß der Selbstmörder auf der Schiene liegend den Zug erwartet. Bei Überfahrenlassen des Halses macht man nicht so selten die Beobachtung, daß die Oberarme in Schulterhöhe oft symmetrisch mitüberfahren und vom Körper abgetrennt sind (Abb. 1). Gelegentlich findet man auch dabei hochgradige Zermalmungen der Hände. Man kann diesen Befund wohl damit erklären, daß die Hände unter den Hals gelegt wer-

der näheren Tatumstände die Frage Selbstmord oder Unfall entscheiden.

Wichtig ist auch die Kenntnis von Nebenverletzungen, die manchmal fremdes Verschulden vortäuschen können. So kommen gelegentlich Lochfrakturen des Schädels vor, die durch die Kolbenstange gesetzt wurden. Auch hiebwundenartige Verletzungen werden recht häufig beobachtet. Untersuchung der Maschine wird manchmal den Entstehungsmechanismus dieser Verletzungen klären. So beobachteten wir einmal einen jungen Selbst-

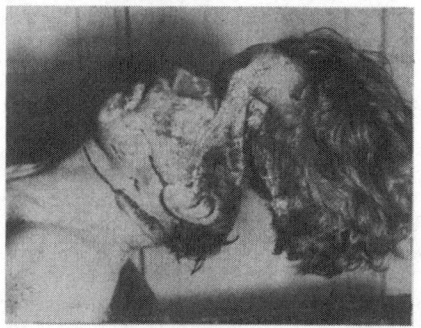

Abb. 2. Verletzung des Schädels durch Schutzstange.

mörder, dem durch die Schutzstange des Vorderrades der Schädel wie mit einem scharfen Instrument durchschlagen wurde, so daß die ganze Schädelkalotte abgehoben wurde (Abb. 2). Auch braunrote Quetschungsstreifen in der Halshaut kann man gelegentlich beobachten (*Dittrich*). Diese Befunde können zur Verwechslung mit Strangfurchen führen. Gegen diese unterscheiden sie sich aber dadurch, daß ihre *Intensität* durchweg gleichmäßig ist und die Furche plötzlich scharf abschneidet (Abb. 3). Forschten wir dem Entstehungsmechanismus nach, so konnten wir finden, daß in den von uns beobachteten Fällen es immer Maschinen waren, die den Körper

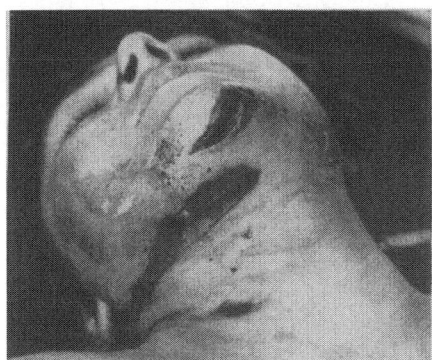

Abb. 3. Quetschungsstreifen an der Halshaut.

erfaßten, deren Vorderrad durch eine ziemlich tief gelagerte Schutzvorrichtung gedeckt war, die die Halshaut erfaßte und quetschte.

Mord durch Überfahrenwerden gehört sicher zu den allergrößten Seltenheiten, da sich der Täter durch das Hineinstoßen eines Menschen in einen fahrenden Zug selbst allzusehr gefährdet. Es ist aber möglich, daß man eine Leiche überfahren läßt, um einen Selbstmord vorzutäuschen. Findet man also Verletzungen, die sicher nicht durch Überfahrenwordensein entstanden sein können, wie Stich- oder Schußverletzungen, so wird man immer auch noch an die Möglichkeit fremden Verschuldens denken müssen, obgleich man nicht immer ausschließen kann, daß diese nicht durch einen vergeblichen Selbstmordversuch gesetzt wurden. Auch hier wird natürlich die Erfassung der näheren Tatumstände Klärung bringen können.

Wurde aber ein Mensch z. B. gedrosselt oder erwürgt und dann der Hals des Betreffenden zur Vortäuschung eines Selbstmordes überfahren gelassen, so können natürlich Würge- oder Drosselspuren vollkommen vernichtet worden sein.

Tritt, was nicht so selten der Fall ist, beim Überfahrenwerden des Körpers der Tod momentan ein, so braucht man keine Anämie der Organe zu finden. Auch hier wird Kontusionen mit Blutunterlaufungen oder Blutung in die Umgebung von Knochenbrüchen und Gewebszerreißungen können dann gänzlich fehlen. *Dittrich* wies seinerzeit darauf hin, daß man der Querrunzelung der Schleimhaut des Oesophagus, wenn dieser überfahren und durchtrennt wurde, Bedeutung der vitalen Reaktion zusprechen kann. Man kann solche Querrunzelungen auch an durchtrennten Darmschlingen oder am Magen beim Überfahrenwerden des Bauches finden. Der Befund muß natürlich mit Vorsicht gedeutet werden, da man bei Frühsektionen bald nach Eintritt des Todes nach Durchtrennen des Oesophagus auch manchmal eine angedeutete Querrunzelung finden kann. Auch das Vorkommen von Muskelbäuchen bei Muskelzerreißungen kann als vitale Reaktionserscheinung gedeutet werden.

Wenn man also in manchen Fällen von Überfahren durch die Eisenbahn schon auf Grund der Lokalisation der Verletzung einen Selbstmord mit Wahrscheinlichkeit annehmen kann, so wird in den meisten Fällen zur Klärung dieser Frage die Feststellung der näheren Tatumstände von allergrößter Bedeutung sein.

### Schrifttum.

*Dittrich:* Über Verletzungen und Tod durch Überfahrenwerden vom gerichtsärztlichen Standpunkt. Arch. Kriminol. **13**, 1 (1903). — *Fritz:* Der Absturz im Gebirge. Dtsch. Z. gerichtl. Med. **18** (1932). — *Kratter:* Wien. klin. Wschr. **1889**. — *Meixner:* Die Lehren des Halsmann-Prozesses. Beitr. gerichtl. Med. **10**. Leipzig u. Wien 1930. — *Merkel* u. *Walcher:* Gerichtsärztliche Diagnostik und Technik. Leipzig 1936. — *Reuter, F.:* Mord durch Fenstersturz. Beitr. gerichtl. Med. **14**. Leipzig u. Wien 1928. — *Schneider:* Inaug.-Diss. Zürich 1932. — *Walcher:* Untersuchungen bei Verletzungen durch stumpfe Gewalt. In: *Abderhaldens* Handb. der biologischen Arbeitsmethoden. **IV**/12. Berlin u. Wien 1934. **Neugebauer.**

**Tollkirschenvergiftung** siehe *Tropaalkaloide und tropaalkaloidhaltige Pflanzen, Drogen und Präparate.*

**Tollwut** siehe *Lyssa.*

**Toluol** siehe *Flüchtige organische Gifte.*

**Totale Amnesie** siehe *Amnesie als Verletzungsfolge.*

**Totenbeschau** siehe *Leichenschau.*

**Totenflecke** siehe *Leichenerscheinungen.*

**Totenmasken.** (Vgl. auch Art.: Abformverfahren; Rekonstruktion des Gesichtes.)

*Totenmasken* dienen vor allem dem Andenken an Verstorbene. Von vielen Berühmten sind Totenmasken erhalten. Sie sind in der Regel nur Abformungen des Gesichtes und der vorderen Kopfhälfte, soweit diese etwa bei Aufgebahrten aus einem weichen Kopfkissen hervorschaut, und sie reichen gewöhnlich nur bis unters Kinn. Auch für die spätere Erkennung eines Unbekannten können Totenmasken wichtige Dienste leisten. Sie erfüllen alle Zwecke um so besser, je früher nach dem Tode sie angefertigt werden. Hergestellt werden sie in der Weise, daß man den Teil, der nachgebildet werden soll, mit Gips oder einer anderen dickflüssigen, entsprechend rasch erstarrenden Masse übergießt und sie dann, nachdem sie fest geworden ist, abnimmt und sie dann mit einer beliebigen Masse (Gips, Metallschmelze, Ton, Hominit u. a. m.) ausformt. Das beste Verfahren ist heute, auch für Totenmasken, das *Pollersche* Abformverfahren (s. d. Art.: Abformverfahren). Jedenfalls ist zur Herstellung der Form das als Negocoll bezeichnete Negativmasse derzeit das Geeignetste. Anatomische und andere wissenschaftliche Institute sind größtenteils für das Pollerverfahren ausgerüstet.

Es kann aber einmal die Abformung eines Gesichtes wünschenswert sein, ohne daß Negocoll zur Verfügung steht. Dann wird man sich wie ehedem mit Gips behelfen, der überall zu haben ist. Je feiner, gleichmäßiger und frischer er ist, um so besser. Gips, wie er in der Zahntechnik benützt wird, genügt vollkommen, in der Not auch ein minderer.

Damit die Gipsform sich vom Körper abheben lasse, müssen Haut und Haare dünn aber sorgfältig eingefettet sein, wozu ein Pinsel zweckmäßig ist. Das Kopfhaar oder längeren oder wirren Bart oder buschige Brauen überdecke man mit irgendeinem schleierdünnen Gewebe, das man gut durchnäßt. Es bleibt dann an der Innenseite der Gipsform haften. In die Nasenlöcher und die äußeren Gehörgänge stopft man versenkt etwas Watte, damit die Gipsform hier nicht zu tiefe Zapfen bilde. Der Gipsbrei wird in der für die Form, die wenigstens fingerdick sein muß, voraussichtlich erforderlichen Menge bereitet, indem man in einem Gefäß, aus dem sich die Gipsreste nach dem Erstarren leicht wieder entfernen lassen — am besten eignen sich hierzu Näpfe aus Kautschuk —, Wasser und Gips in ungefähr gleicher Menge mischt. Man streut möglichst gleichmäßig so viel Gips ins Wasser, bis er entweder den ganzen

Wasserspiegel deckt oder bis der überragende Gupf so viel ausmacht, wie das rundum stehende, nicht mit Gips gemengte Wasser. Durch die Aufnahme (das Binden) von Kristallwasser wird der im Anfang leicht rinnende Gipsbrei rasch dicker und steifer, ein Vorgang, den man das Abbinden nennt. Nach etwa drei Minuten ist der Gipsbrei schon gebrauchsfertig. Rühren darf man nicht. Dadurch würde das Abbinden zu sehr beschleunigt. Es ist sehr wichtig, den Gips im richtigen Zeitpunkt aufzutragen, wozu man auch Spachteln oder Löffel benützen kann. Die erste, unmittelbar auf die Haut aufgetragene Schichte nimmt man zweckmäßig dünner, damit sie alle feinen Unebenheiten wiedergibt. Man kann sie auch aufgießen oder aufpinseln. Hierzu macht man den Gips dünner mit mehr Wasser an, setzt dem Wasser aber, um das Erhärten zu beschleunigen, Kochsalz zu (am besten einen gestrichenen Kaffeelöffel auf ¾ Liter). Nur muß man sich dann sehr beeilen. Der in der ersten Schichte sparsam aufgetragene suppige Brei verfestigt sich schon, während er über die Seiten herabrinnt. Unterdessen ist der übrige Gipsbrei durch das rasche Abbinden schon dick geworden. Eile tut dabei not, denn abbindender Gips läßt sich durch Einrühren von Wasser nur mehr in Brocken zerteilen aber nicht mehr flüssiger machen. Man kann sich natürlich auch eine kleinere Menge mit mehr Wasser und Kochsalz etwas dünner und die Hauptmenge ohne Kochsalz etwas dicker vorbereiten. Auf sehr schlaffe Teile wird man, um Verziehungen zu vermeiden, nicht gleich schwere Gipsmassen in größerer Mächtigkeit auftragen. Wartet man mit dem Auftragen auf einen von Gips noch nicht bedeckten Bezirk oder mit dem Auftragen der äußeren Lagen zu lange, so verbindet sich der Gips mit dem früher aufgetragenen nicht mehr innig genug. Begnügt man sich nicht mit dem Gesicht und dem vordersten Teil von Vorderhaupt und Schläfen und verzichtet man nicht auf die Ohrmuscheln, so läßt sich die Form, auch wenn man sie (wegen der Nasenlöcher und des Kinns) von oben nach unten abzieht, nicht in einem Stück abnehmen, weil sie unter seitlich überragende Teile, in sog. Unterschneidungen hineingreift, und es läßt sich aus einer solchen Form auch der Abguß nicht herausnehmen, ohne sie zu zerstören. Wo dies zu befürchten ist, stellt man von allem Anfang lieber Teilformen her, was aber bedeutend schwieriger ist. Man drückt im Zuge der Linien, wo man die Form zu teilen beabsichtigt, dünne, aber feste lange Fäden in die erste ganz dünne Gipsschichte ein und trägt dann weiter Gips auf. Hat dieser soweit abgebunden, daß er schon Form hält, aber mit dem Faden eben noch durchschnitten werden kann, so faßt man den Faden an beiden Enden, spannt ihn und schneidet mit ihm die Form von innen nach außen durch. Wenn man eine Form unterteilt, muß man nur achthaben, daß man zuerst die oben liegenden Fäden durchzieht. Für größere Masken muß die Form fast immer in der Mittellinie unterteilt werden. Oft sind auch noch Längsteilungen vor den Ohrmuscheln und Querteilungen entweder in der Höhe der Brauen oder der Stirnvorderhauptgrenze notwendig. Für den Zweck von Totenmasken kann man auf die Rückseite der Ohrmuscheln gewöhnlich verzichten. Um für diese nicht erst Teilformen herstellen zu müssen, unterlegt man die Ohrmuscheln, damit sie beim Abformen in ihrer Stellung bleiben, an der Hinterseite bis nahe an den Rand. In der fertigen Maske ist dann der Raum unter den Ohrmuscheln massiv ausgefüllt. Hat man den richtigen Zeitpunkt zum Durchziehen der Fäden gewählt, so verbinden sich die einzelnen Teilstücke im Bereiche der Schnitte, besonders wenn man leicht drückt, noch locker miteinander, um dann beim Abheben in diesen Spalten zu brechen. Zur Her-

stellung der Totenmaske muß man die Teilformen wieder zusammenfügen, was durch eine sie alle deckende Gipsform, durch Schnüre oder einen Verband mit oder ohne Gips geschehen kann. Beim Verwenden von Gips muß man darauf achten, daß die Bindung ohne Beschädigung der Teilformen wieder entfernt werden kann. Damit eine Gipsauflage oder ein Gipsguß sich von einer noch feuchten Form wieder ablösen lasse, pinselt man diese mit einer gesättigten Seifenlösung so stark ein, daß aufgetropftes Wasser abrinnt. Gut ausgetrocknete Formen jedoch muß man vor dem Auftragen oder der Ausfüllung mit Gips sorgfältig einfetten.

Das Herstellen der eigentlichen Totenmasken durch Ausgießen der Form kann man auch für einen späteren Zeitpunkt lassen und sich darüber entweder noch genauer unterrichten oder die Arbeit einem Former oder Bildhauer übertragen. Eine gewisse Handfertigkeit ist für befriedigende Ergebnisse Voraussetzung.

*Schrifttum.*

*Poller:* Das *Poller*sche Verfahren zum Abformen. Berlin u. Wien 1931. — *Schranz:* Wie ist das *Poller*sche Abformverfahren in der Kriminalistik vorteilhaft anwendbar? Arch. Kriminol. **91**, 216 (1932). **Meixner.**

**Totenstarre** siehe *Leichenerscheinungen.*

**Tränengaspistolen** siehe *Schußwaffen und Munition.*

**Tränenstoffe** siehe *Kampfgase.*

**Tragzeit eines reifen Kindes** siehe *Schwangerschaftsdauer.*

**Transpulmin** siehe *Chinin und Chinidin.*

### Transvestitismus.

Unter Transvestitismus versteht man die Neigung, in den Kleidern des andern Geschlechtes einherzugehen. Derartige Fälle begegnen den Ärzten verhältnismäßig häufig. Man kann mit einer an Sicherheit grenzenden Wahrscheinlichkeit sagen, daß in dieser Beziehung die Männer den Frauen gegenüber vorwiegen, wenngleich es auch Frauen gibt, die die Neigung haben, in Männerkleidern einherzugehen. Es ist oft erstaunlich, mit welchem Geschick sich Männer mit transvestitischen Neigungen in die Rolle der Frau hineinleben und sich in verblüffender Weise die Anmut und Grazie derselben sowie das anzueignen verstehen, was man als „Schick und Scharm" zu bezeichnen pflegt. Der Verf. hat mehrfach Photographien derartiger Persönlichkeiten anfertigen lassen. Bei einer Betrachtung dieser Lichtbilder hatten die Beschauer nicht den mindesten Zweifel, daß es sich um Frauen handeln müsse. Sie kleiden sich oft mit einem geradezu erlesenen Geschmack und leben sich mit erstaunlicher Geschicklichkeit in das soziale Milieu der verschiedensten Frauenkreise ein. Ein Transvestit hat dem Verf. in bewegten Worten die Häuslichkeit einer mit hausfraulichen Tugenden ausgestatteten Frau so anschaulich geschildert, daß man dabei an die Wohnstubenkraft einer guten Erziehung hätte denken können. Bei denjenigen Persönlichkeiten, die eine wirkliche Neigung haben, in den Kleidern einer Frau und in ihren Gewohnheiten zu leben, hört man kaum je obszöne Redensarten und zweifelhafte Witze. — *Hartwich* hat seiner Meinung dahin Ausdruck gegeben, daß es „immer strittig sein werde, was bei diesem eigenartigen Zustandsbild wesentlicher sei, der Fetischismus oder die Homosexualität...". „Da letztere Perversion in den praktisch wichtigen Fällen von Transvestitismus kaum je fehlt", so hält *Hartwich* sich für berechtigt, den Transvestitismus im Anschluß an die Homosexualität zu besprechen. Diese Auffassung hat sehr viel für sich, zumal der unten geschilderte Fall von Transvestitismus sowie die meisten anderen vom Verf. beobachteten Fälle aufzeigen, daß die echten Transvestiten durchweg homosexuell sind. — Als Prototyp eines Transvestiten wird häufig der Chevalier *d'Éon* genannt. „Um 1770 gab es Wettbüros über *d'Éons* Geschlecht". Er schloß eines Tages während eines Aufenthaltes in England einen Vertrag, daß er „eine jährliche Pension und sicheres Geleit nach Paris" erhalte, „wohin er sich als Frau, die er sei, zu begeben und auch weiterhin nur als Frau zu leben habe. Alle männlichen Kleidungsstücke müßten in England zurückbleiben". *Blei* ist der Meinung, daß *d'Éon* „gar nicht das gewesen sei, was man heute einen Transvestiten nennt". „Bei der Sektion wurde amtlich festgestellt, daß die Dame ... ein Mann war". Wahrscheinlich hat *d'Éon* auch zu denen gehört, welche die weibliche Tracht in geschickter Weise benutzen, um Vorteile zu erreichen. — Es gibt aber sicher Persönlichkeiten, die mit großem Raffinement die Gewohnheiten des anderen Geschlechts nachahmen und seine Kleider nur in der Absicht tragen, um durch sie einen Schutzmantel für die Ausübung eines Verbrechens, besonders eines Eigentumsverbrechens, zu erlangen. Derartige ausgesprochene Gauner simulieren den Transvestitismus und werden meist dann entlarvt, wenn sie durch irgendeine schamlose Handlung ihren wahren, bis dahin sorgfältig verborgenen Charakter enthüllen.

Der nachstehende Fall bietet ein typisches Beispiel von *Transvestitismus.* H., geb. 5. September 1908 in Köln. Vater starb 1919 infolge Sturzes im epilept. Dämmerzustand. Er war bisexuell veranlagt und unterhielt Verkehr mit einem homosexuellen Einspänner. Ein Bruder war Epileptiker. Mutter bot nichts Auffälliges. In ihrer Aszendenz herrschten viel Streitigkeiten, Einspännertum. Von frühester Jugend an zeigte H. besondere Vorliebe für häusliche Arbeiten, weswegen er von seinen Altersgenossen gehänselt wurde. Im Einverständnis mit den Eltern versäumte er oft die Schule, um ungestört häuslichen Verrichtungen obliegen zu können. Im Alter von acht Jahren wurde er zum gleichgeschlechtlichen Verkehr verführt. Mit 8½ Jahren verspürte er einen so gesteigerten Geschlechtstrieb, daß er in der Folgezeit häufig onanierte. Sein Vater billigte nicht nur dieses Treiben, sondern unterhielt mit ihm einen gleichgeschlechtlichen Verkehr. Seine Neigung zu weiblichen Arbeiten förderte seine perverse Triebrichtung erheblich. Er trieb auffallend viel Körperpflege, puderte und schminkte sich. Nach einem Theaterbesuch verspürte er ein unstillbares Verlangen danach, Frauenkleider zu tragen. Nach dem Tode seines Vaters fand er Zuflucht bei seinem Tanzlehrer, der gleich ihm ein Transvestit war und ein homosexuelles Verhältnis mit einem Zahnarzt unterhielt. Durch die Bekanntschaft mit einem homosexuellen jungen Mann fanden seine Lebenserwartungen die erhoffte Erfüllung. Er zog zu seinem Freund, und sie lebten wie „ein glückseliges Paar, das gerade sein Ehegelöbnis miteinander geschworen, glücklich miteinander". Sein schauspielerisches Talent brachte ihm in einem homosexuellen Verkehrslokal ein Engagement ein. Dort ging er mit einem homosexuellen Arzt ein Freundschaftsverhältnis ein und machte mit ihm große Reisen. In Marseille verkehrten sie in Bordellen mit männlichen Prostituierten, die, in Frauenkleidern und mit allen Künsten der Kosmetik behandelt, sich Männern zum Geschlechtsverkehr anboten. Auch in Paris bewegten sie sich in derartigen Kreisen. Später fuhr er mit einem bekannten Transvestiten nach Holland. Der erst 18jährige H. hatte bis dahin alle Schulen des Lasters genossen. In Amsterdam kam ihm die Polizei auf die Spur, weswegen er mit einer dort bekannt gewordenen Transvestitin nach Köln floh. Hier setzte er sein Treiben bis zu seiner Verhaftung fort. Nach eigenen Angaben ging H. nur nachts in Frauenkleidern. Auch bei seinen zahlreichen Diebstählen trug H. Frauenkleider, was ihm eine besondere Wollust bereitete.

*Schrifttum.*
*Blei:* Ungewöhnliche Menschen und Schicksale. 106. Berlin 1929. — *Krafft-Ebing:* Psychopathia sexualis. Neubearbeitet von *Hartwich, A.:* Die Verirrungen des Geschlechtslebens. 292. Zürich u. Leipzig 1937. **Többen.**

## Trauma.

Gewalteinwirkungen auf den menschlichen Organismus bezeichnet der herrschende Sprachgebrauch als Traumen, obwohl das Wort Trauma seiner Herkunft nach eigentlich die Folge einer Gewalteinwirkung, die hierdurch entstandene Verletzung oder Wunde bedeutet. Im besonderen sprechen wir von *mechanischen* Traumen, wenn die Einwirkung durch stumpfe Gewalt, Hieb, Schnitt, Stich oder Schuß erfolgte, während unter seelischen oder *psychischen* Traumen Geschehnisse von sehr starker, gefühlserregender Kraft verstanden werden. Traumen vermögen den Organismus zu schädigen, indem sie den Ablauf der körperlichen oder seelischen Funktionen oder beider in Verbindung *mit* Veränderungen in der Struktur der Gewebe (Zusammenhangstrennungen!) oder auch *ohne* solche vorübergehend oder bleibend stören oder hemmen. Erstreckt sich die Hemmung auf lebenswichtige Funktionen, so wird das Trauma den Tod des Individuums zur Folge haben. Ansonsten werden sich vorübergehende oder bleibende Gesundheitsstörungen körperlicher oder seelischer Natur einstellen.

*Schrifttum.*
*Sternberg, C.:* Lehrbuch der allgemeinen Pathologie und der pathologischen Anatomie. 13. Berlin 1933. — *Straus, E.:* Geschehnis und Erlebnis. Berlin 1930. ***v. Neureiter.***

**Trauma als Todesursache** siehe *Verletzung als Todesursache.*

**Traumatische Demenz** siehe *Psychose und Trauma.*

**Traumatische Hirnblutung** siehe *Commotio und Contusio cerebri.*

**Traumatische Hirnschwäche** siehe *Psychose und Trauma.*

**Traumatische Psychose** siehe *Psychose und Trauma.*

**Trichinose** siehe *Bakteriologische Untersuchungen in der gerichtlichen Medizin; Nahrungsmittelvergiftung.*

**Trichloräthylen** siehe *Flüchtige organische Gifte.*

## o-Tri-kresyl-phosphat.

$(CH_3C_6H_4)_3PO_4$ ist eine ölige, geruch- und geschmacklose, sehr stabile Flüssigkeit, in Wasser unlöslich, in Fetten und Ölen gut löslich (Lipoidgift!). Technisch als Weichmachungs- und Lösungsmittel für Nitrocellulose und Harze, als Gelatinisierungsmittel ausgedehnt verwendet. Gewerbliche Vergiftungen selten. Bekannt und exakt untersucht wurde der Stoff im Anschluß an Massenvergiftungen in den USA. (1930), wobei Tausende nach Genuß von Ingwerschnapsersatz erkrankten. Es handelte sich nach amerikanischen Mitteilungen dabei um eine sehr geschickte, absichtliche Verfälschung von Ingwerschnapsessenz durch Tri-kresyl-phosphat.

Vergiftungssymptome: Schleimhautreizung, Magen-Darmstörungen. Nach längerer Latenzzeit, gewöhnlich nach 10—20 Tagen, treten nervöse Störungen und Lähmungen ein, vermutlich erzeugt durch eine langsame Zerstörung des Myelinmantels, besonders elektive, symmetrische Schädigung der peripheren motorischen Nerven ohne Sensibilitätsstörungen (Polyneuritis, Ginger-Paralysis). Befallen sind Füße, Unterschenkel, Hände; in vereinzelten Fällen Retrobulbärneuritis. Prognose in schweren Fällen zweifelhaft; oft bleiben dauernde Lähmungen zurück. Heilungsverlauf kann Monate in Anspruch nehmen.

Gesetzmäßiger Zusammenhang zwischen aufgenommener Menge und Lähmungsgrad besteht nicht. Geringste Menge, die beim Menschen eine Polyneuritis auslösen kann, 0,5 g. Tödliche Dosis sehr viel höher. Im Tierversuch: Degeneration der motorischen Nerven und der Vorderhornzellen.

Unter den Isomeren erzeugt nur die Ortho-Verbindung die oben beschriebenen Erscheinungen. Dagegen können mit Triphenylphosphat und Triphenylphosphit ähnliche Degenerationen hervorgerufen werden. Die Phenylester wirken wohl hauptsächlich auf die Nervenzellen direkt, nicht auf die Myelinscheiden. Klinisch und toxikologisch besteht Übereinstimmung mit der Polyneuritis, hervorgerufen durch „Kreosotphosphat" (früher häufiges Tuberkuloseheilmittel unter dem Namen Phosphot, Phosphatol usw.).

In Europa wurden einschlägige Fälle beobachtet nach Genuß von Apiolkapseln. Man fand im Apiol o-Tri-kresyl-phosphat bis zu 50% (s. d. Art.: Apiol).

*Schrifttum.*

*Esveld:* Triorthokresylphosphatvergiftung. Ber. Physiol. **75**, 748 (1934). — *Kidd* u. *Langworthy:* „Jake"-lähmung, nach Genuß von durch Triorthokresylphosphat verfälschtem Jamaicaingwerextrakt. Bull. Hopkins Hosp. **52**, 39 (1933). — *Lehmann* u. *Flury:* Toxikologie und Hygiene der technischen Lösungsmittel, Berlin 1938. — *Smith, Engel* u. *Stohlman:* Die Nervenwirkung einiger Phenolester. Ber. Physiol. **69**, 771 (1933). — *Smith* u. *Frazier:* Die pharmakologische Wirkung bestimmter Phenolester mit besonderer Berücksichtigung der Aetiologie der sog. Ingwerlähmung. Publ. Health Rep. **45**, 2509 (1930).— Weitere Literatur siehe d. Art.: Apiol. *Schwarz.*

## Trional.

Diäthylsulfonmethyläthylmethan. Bittere Kristalle. Schmelzpunkt 76—78°. Toxikologisch harmloser als Sulfonal; infolge besserer Löslichkeit ist Wirkungseintritt und Ausscheidung rascher. Wie beim Sulfonal sind auch beim Trional (infolge Verdrängung durch bessere Schlafmittel) die Vergiftungen zurückgegangen. In der älteren Literatur zahlreiche Mitteilungen über Selbstmorde, Selbstmordversuche, hauptsächlich aber über medizinale Vergiftungen akuter und chronischer Art.

Tödliche Dosis etwas höher als beim Sulfonal; unter 25 g sind noch keine Todesfälle beobachtet worden. Neuerdings berichten *Krischner* über einen tödlichen Selbstmord mit etwa 25 g Trional und *Loitman* über einen solchen mit 24g Trional und 6 g Sulfonal.

Erwähnenswert ist der Fall eines Familienmordversuches, mitgeteilt von *Reuter:* eine Mutter verabfolgte ihren Kindern von 2, 8 und 10 Jahren 15 Stück Trionalpulver, teils mit Schokolade, teils mit Wein gemischt. Den Rest des Giftes nahm sie selbst. Bei der Frau und zwei Kindern trat tiefer, einer Bewußtlosigkeit ähnlicher Schlaf ein; beim ältesten Kind war überhaupt keine Wirkung festzustellen. Das Strafverfahren wurde wegen Untauglichkeit des Mittels eingestellt.

Symptomatologie der akuten und chronischen Vergiftung gleicht weitgehend der Sulfonalvergiftung. Die Porphyrinurie ist seltener als beim Sulfonal und verläuft milder.

Sektionsbefund ebenfalls ähnlich wie beim Sulfonal. Bei der akuten Vergiftung beobachtete man u. a. Schleimhautblutungen im Dünndarm, hämorrhagische Bronchitis mit Bronchopneumonie.

*Schrifttum.*

*Balázs:* Schlafmittelvergiftungen. Slg. Verg.-Fälle **5**, 91 C (1934). — *Fischer:* Zum mikrochemischen Nachweis der gebräuchlichsten Schlafmittel. Mikrochem. N. F. **4**, 409 (1932). — *Krischner:* Ein Fall von tödlicher Trionalvergiftung. Dtsch. Z. gerichtl. Med. **12**, 483 (1928) (hier auch ausführliche Literaturzusammenstellung). — *Loitman:* Ein Fall von tödlicher chronischer Trionalvergiftung. Boston med. J. **191**, 491 (1924). — *Renner:* Schlafmitteltherapie. Berlin 1925. — *Reuter:* Über Giftmordversuch. Dtsch. Z. gerichtl. Med. **9**, 431 (1927). — *Schumm:* Über Haematoporphyrine und Haematoporphyrie. Klin. Wschr. **5**, 1574 (1926). *Schwarz.*

**Tripper** siehe *Geschlechtskrankheiten vor Gericht;* Gonorrhoe.

**Trommelfellverletzungen** siehe *Forensische Otologie.*

## Tropaalkaloide und tropaalkaloidhaltige Pflanzen, Drogen und Präparate.

Die folgende Darstellung erstreckt sich auf alle gerichtlich-medizinisch wichtigen Tropaalkaloide und tropaalkaloidhaltigen Pflanzen, Drogen und Präparate mit Ausnahme des Tropacocains, das bereits im Art.: „Lokalanaesthetica außer Cocain" besprochen wurde. Wir unterscheiden dabei: *a) Natürliche Tropaalkaloide:* 1-Hyoscyamin (und Atropin), 1-Scopolamin (= 1-Hyoscin) und inaktives Scopolamin (= Hyoscin), Nor-Hyoscyamin, Apoatropin (= Atropamin), Belladonin usw. und *b) synthetische Tropaalkaloide:* Homatrapin, Novatropin, Eumydrin, Atrinal, Genatropin, Syntropan usw.

*a) Vergiftungen durch natürliche Tropaalkaloide.*

*Vorkommen der natürlichen Tropaalkaloide:* Pflanzengruppe aus der Familie der *Solanaceen* mit Atropa Belladonna (Tollkirsche), verschiedenen Hyoscyamus- und Daturaarten, ferner Mandragora, Scopolia, Physalis somnifera usw. Die tropaalkaloidhaltigen Pflanzen und Drogen sind in kriminalistischer Hinsicht wichtiger als die reinen Alkaloide. Von diesen haben nur 1-Hyoscyamin resp. Atropin und Scopolamin größere praktische Bedeutung.

*I. Atropin,* Tropasäure-Tropinester $C_{17}H_{23}NO_3$; Racemat des 1- und d-Hyoscyamins. Atropin bildet farblose Prismen; F = 116°. In kaltem Wasser sehr schwer, in Äthyl- und Amylalkohol und Chloroform leicht, in Benzol und Toluol weniger gut, in Äther schwer löslich. Lösungen reagieren alkalisch, schmecken sauer-bitter. Reines Atropin ist optisch inaktiv.

*Offizinell:* n. D.A.B. 6: Atropinum sulfuricum $(C_{17}H_{23}NO_3)_2 \cdot H_2SO_4 \cdot H_2O$, F = 194°.

Atropinsulfat ist durch Kochen sterilisierbar, ohne an Wirksamkeit einzubüßen. Die Base ist in alkalischem Milieu unbeständig und wird hydrolisiert, nimmt an Wirksamkeit stark ab.

*l-Hyoscyamin* $C_{17}H_{23}NO_3$, aus Alkohol in langen Nadeln kristallisierend. F = 108,5°; o. a. linksdrehend. $[\alpha]_D = -22°$. In Wasser und Alkohol leichter löslich wie Atropin, schwerer löslich in Äther.

*l-Scopolamin,* 1-Hyoscin, Tropasäure-Scopolin (= Oscin)-Ester $C_{17}H_{21}NO_4$; krist. mit 1 Mol. $H_2O$. F = 59°. Leicht löslich in organischen Lösungsmitteln, schwer in Wasser. 1-Scopolamin ist ohne Wirkungsverlust hitzesterilisierbar.

*l-d-Scopolamin* (racemisches Hyoscin) ist 2—3mal weniger wirksam wie das gewöhnlich therapeutisch verwandte optisch aktive 1-Scopolamin.

*Offizinell:* n. D.A.B. 6: Scopolaminum hydrobromicum; krist. in rhombischen Tafeln mit 3 Mol. $H_2O$. F = 193—194°.

*l-Nor-Hyoscyamin* $C_{16}H_{21}O_3N$. F = 140°. Vorkommen: in *Duboisia myoporoides* (Australien) neben Hyoscyamin und Scopolamin (vgl. *Carr* und *Reynolds*) und wahrscheinlich in den verschiedenen Mandragoraarten Südeuropas. „*Duboisin*" ist nicht ganz reines o. i. Scopolamin.

*l-Hyoscyamin* und *l-Scopolamin* sind die Hauptalkaloide der einheimischen tropaalkaloidhaltigen Solanaceen wie auch derjenigen Südeuropas und des afrikanischen und asiatischen Mittelmeergebietes und Vorderasiens. Die biologisch weniger aktiven racemischen Formen Atropin und Hyoscin kommen in frischen Pflanzen wahrscheinlich nicht vor.

*Wichtigste tropaalkaloidhaltige Solanaceen:*
1. *Atropa Belladonna*, Tollkirsche. Verbreitung in Europa, Kleinasien, Persien usw. Tropaalkaloide in allen Pflanzenteilen. Wild wachsende Pflanzen haben einen Alkaloidgehalt von durchschnittlich 0,4—0,5 %, kultivierte Pflanzen bis 0,9 %. Weitaus überwiegend vorhanden ist *l-Hyoscyamin*; wahrscheinlich kein Atropin in der frischen Pflanze, sehr wenig 1-Scopolamin und einige flüchtige Basen von relativ geringer Giftigkeit. Außerdem in sehr geringer Menge die Tropaalkaloide Atropamin (= Apoatropin) und Belladonin, beide = $C_{17}H_{21}NO_2$. Ob Belladonin ein einheitliches Produkt darstellt, ist immer noch fraglich. Möglicherweise ist die Existenz beider Alkaloide auf chemische Veränderung des 1-Hyoscyamins bei der Isolierung und Verarbeitung zurückzuführen.

Der Alkaloidgehalt der verschiedenen Pflanzenteile ist ziemlich wechselnd: die Wurzeln enthalten durchschnittlich 0,5 % (die Wurzelrinde bis 1,7 %), die Blätter 0,3—0,4 %. In den Beeren ist ausschließlich 1-Hyoscaymin, kein Scopolamin, was hinsichtlich Vergiftungssymptomatologie von Bedeutung ist. Die Samen können sehr alkaloidreich sein, bis 0,8 % *( Torricelli )*.

*Offizinell: Extractum Belladonnae* aus Folia Belladonnae. Alkaloidgehalt nach D.A.B. 6 1,48 bis 1,52 % Hyoscyamin, n.Ph.Helv.V. mit 0,5 %, *Tinctura Belladonnae* mit 0,05 % Alkaloidgehalt.

*Folia Belladonnae* sollen nach Praescriptio Internat. (P. I.) mindestens 0,3 % Hyoscyamin enthalten.

2. *Datura Stramonium*, Stechapfel. Verbreitung: Mittel- und Südeuropa, Asien, Amerika, Australien. Alkaloidgehalt 0,2—0,5 %. In Blättern und Samen hauptsächlich 1-Hyoscyamin, in Wurzeln auch 1-Scopolamin.

*Offizinell:* n. D.A.B. 6 *Folia Stramonii nitrata*; n. Ph. Helv. V *Folium Stramonii* mit mindestens 0,2 % Alkaloidgehalt; *Semen Stramonii* n. D.A.B. 6 mit 0,3 % Hyoscyamin, n. Ph. Helv. V mit mindestens 0,25 % Alkaloiden; *Tinctura Stramonii* n. Ph. Helv. V. mit 0,05 % Alkaloiden.

*Datura fastuosa.* In Indien als Giftmordmittel sehr häufig verwendet. Macht rasch akute Verwirrtheit mit Amnesie. Enthält vorwiegend Scopolamin neben Hyoscyamin, vor allem in Wurzeln (*Verhoef*).

*Datura metel.* (Afrika, Mittelmeergebiet, in Ostpreußen adventiv.) Enthält vorwiegend Scopolamin neben wenig Hyoscyamin.

*Datura meteloides.* Enthält Scopolamin, Hyoscyamin und das praktisch ungiftige Alkaloid *Meteloidin* $C_{13}H_{21}O_4N$; F = 141—142. Ist optisch inaktiv.

*Datura innoxia.* (USA.) Enthält anscheinend nur Scopolamin (*Hester*).

*Datura sanguinea.* (Peru.) Von Indios zur Herstellung eines lebensgefährliche Raserei erzeugenden, berauschenden Trankes (Tonga) verwendet (*J. J. Tschudi* bei *Hartwich*). Als Treibhaus- und Zimmerpflanze verbreitet.

*Datura arborea.* (Peru.) Im südlichen Italien im Freien, in kälteren Gegenden als nicht winterharte Pflanze in Gärten. Enthält vorwiegend Scopolamin neben Hyoscyamin.

*Datura ferox.* (Italien, Afrika.)

*Alle diese Daturaarten sind durch ihren Gehalt an Tropaalkaloiden stark giftig.*

3. *Hyoscyamus niger*, Bilsenkraut. Verbreitung: fast ganz Europa und ein Teil Asiens. Alkaloide: hauptsächlich 1-Hyoscyamin neben 1-Scopolamin und der flüchtigen, wenig aktiven Base Tetramethyldiaminobutan (vgl. *Willstätter*). Die Pflanze enthält durchschnittlich in den Blättern 0,03—0,07 %, in Kultur bis 0,2 %, die Wurzel 0,2 % Alkaloide (*Klan*).

*Offizinell:* n. D.A.B. 6 *Folia hyoscyami* (P. I.) mit mindestens 0,07 % Alkaloiden, n. Ph. Helv. V. mit mind. 0,05 % Hyoscyamin. *Oleum hyoscyami*, aus Bilsenkrautblättern, deshalb alkaloidhaltig; kann percutan typische Vergiftungen machen. *Extractum hyoscyami* Gehalt n. D.A.B. 6 0,47—0,56 % Hyoscyamin.

*Hyoscyamus albus.* (Südeuropa, Dalmatien, Griechenland, Nordafrika.) Gleiche Alkaloide wie in Hyoscyamus niger.

*Hyoscyamus aureus.* (Südeuropa.) Im Alkaloidgehalt ähnlich wie H. albus

*Hyoscyamus muticus.* In der Sahara heimisch, auf dem Balkan angepflanzt. Enthält *nur* 1-Hyoscyamin neben dem flüchtigen Alkaloid Tetramethylaminobutan. Ägyptische Form enthält bis 1,2 % 1-Hyoscyamin. Alle Teile der Pflanze und alle Entwicklungsstadien derselben enthalten 1-Hyoscyamin, außer den allerjüngsten Wuchsformen (*Potjewijd*). Drogenpräparate aus Hyoscyamus muticus werden in Asien als *berauschendes Narkoticum zu verbrecherischen Zwecken* verwendet. *Offizinell*. n. Ph. Helv. V. *Herba Hyoscyami mutici* mit Alkaloidgehalt von mindestens 0,8 %; *Extractum Hyoscyami* mit Alkaloidgehalt von 0,5 %; *Tinctura Hyoscyami* mit Alkaloidgehalt von 0,05 %.

4. *Mandragora vernalis, Mandragora autumnalis* und *Mandragora Hausknechtii* (Alraunpflanze). Verbreitung: Süd- und Südosteuropa, Kreta, Kleinasien usw.; in Südfrankreich kultiviert. Alkaloidgehalt der Wurzel 0,4—0,5 %. Hauptalkaloid 1-Hyoscyamin, daneben 1-Scopolamin und wahrscheinlich Nor-Hyoscyamin (*Wentzel, Hesse, Fischer*).

5. *Scopolia carniolica* (= atropoides) Tollkraut. Verbreitung: Krain, Ungarn, Karpathenländer, Adria; in Litauen und Lettland in Gärten kultiviert. Die Pflanze, namentlich Wurzelstock und Kraut, enthalten etwa 0,3 % 1-Hyoscyamin und 0,03 % 1-Scopolamin. *Rhizoma Scopoliae carniolicae* ist in USA. offizinell.

6. *Lactuca virosa*, Giftlattich (Composite), enthält im Milchsaft den Bitterstoff Lactucin und ein mydriatisch wirkendes Alkaloid, wahrscheinlich 1-Hyoscyamin. Der Gehalt an mydriatisch und etwas narkotisch wirkendem Stoff soll sehr schwankend sein. Getrockneter Milchsaft = *Lactucarium*, früher offizinell, enthält nach *Munch* keinen mydriatisch wirkenden Stoff. — *Vergiftungen* beim Menschen: Benommenheit, Kopfschmerz, Schwindel, Mydriasis, Sehstörungen, schwankender Gang, Pulsschwäche, Schlaf, gelegentlich Aufregung.

Milchsaft von gleicher Eigenschaft findet sich in den ebenfalls einheimischen Arten: *Lactuca muralis*, *Lactuca sativa* (Kopfsalat), *Lactuca scariola* u. a.

*Häufigkeit der Vergiftung:* Reine Atropinvergiftungen sind als medizinale und ökonomische relativ häufig; dagegen wird Atropin selten als Mord- und Selbstmordmittel verwendet. *J. M. Feddersen* findet unter 103 reinen Atropinvergiftungsfällen 9 Giftmorde, 10 Selbstmorde, 43 ökonomische und 41 medizinale Vergiftungen. (Ähnlich auch in der Statistik von *Falck*, welcher unter 111 Vergiftungsfällen nur *einen* Atropinmord und 9 Selbstmordfälle aufführt.) *Medizinale Vergiftungen* kommen besonders häufig vor in der Ophthalmologie, bei Asthmabehandlung und bei Behandlung von organischen Nervenkrankheiten (Parkinsonismus, Paralysis agitans usw.). *Ökonomische Vergiftungen:* durch Verwechslung von Medikamenten, Unachtsamkeit bei der Dosierung usw., auch durch absichtliche Dosissteigerung. *Zufällige Vergiftungen* sind am häufigsten mit tropaalkaloidhaltigen Pflanzen und Drogen, namentlich Tollkirschenvergiftungen bei Kindern, aber auch bei Erwachsenen; Bilsenkrautvergiftungen durch Verwechslung der Wurzel mit eßbaren Wurzeln, z. B. Schwarzwurzeln (vgl. *Philippi*).

In kriminalistischer Hinsicht bemerkenswert ist, daß alle hyoscyaminhaltigen Pflanzen und Drogen im Vergiftungsfall zu *schweren, akuten Verwirrtheitszuständen* und *Delirien* führen können mit nachträglicher *Amnesie,* weshalb diese Pflanzen früher nicht selten, gelegentlich auch heute noch zu Raub, Diebstahl und sexueller Verführung benutzt worden sind.

*Charakter der Giftwirkung:* Sowohl Atropin (1-Hyoscyamin) wie Scopolamin sind ausgesprochene parasympathische Lähmungsgifte durch Ausschaltung der peripheren Empfindlichkeit des Vagus resp. des gesamten parasympathischen Systems. Atropin und Scopolamin unterscheiden sich vor allem durch ihre *zentralen* Wirkungen: Atropin ist vorwiegend cerebrales Erregungsgift (z. B. auch am Atemzentrum), Scopolamin cerebrales Lähmungsgift (auch an der Medulla oblongata), was sowohl hinsichtlich Toleranz der beiden Alkaloide wie hinsichtlich der Prognose der Vergiftungen von entscheidendem Einfluß ist. Da im therapeutisch zumeist verwandten Atropin das d-Hyoscyamin praktisch so gut wie unwirksam ist, das 1-Hyoscyamin also die eigentliche Wirkungsform darstellt, kann die Giftigkeit des Atropins allgemein etwa halb so groß eingeschätzt werden, wie diejenige des in den frischen und vorsichtig getrockneten Solanaceendrogen fast ausschließlich vorkommenden 1-Hyoscyamins.

*Klinische Erscheinungen der Tropaalkaloidvergiftungen:*

*A. Akute Vergiftung. 1. Atropin:* Hautrötung im Gesicht, oft scharlachartig, heiße, trockene Haut; Mydriasis und Lichtstarre, welche bei innerlicher Vergiftung, namentlich bei Pflanzenvergiftungen, relativ spät auftreten können und nicht immer in voller Stärke ausgebildet sind, so daß die übrigen Erscheinungen zunächst ganz im Vordergrund stehen. Akkommodationslähmung; ferner als Folge der Mydriasis Lichtscheu, Blendungsgefühl, Nebelsehen. Sistieren der Tränensekretion, Trokkenheit im Mund und Rachen, Kratzen im Hals, Schlingbeschwerden, Sistieren der Speichelsekretion, starkes Durstgefühl, Heiserkeit, Erschwerung der Sprache, Unterdrückung der Schweißsekretion. Je nach Dosis starke Pulsbeschleunigung (120—150—190), nicht selten nach vorausgehender Pulsverlangsamung, starke Erhöhung der Atemfrequenz, Herabsetzung der Sensibilität, Bewegungsstörungen durch muskuläre Giftwirkung, deshalb Sprache oft undeutlich artikuliert, Trismus. Meist stehen bei schwerer Vergiftung die cerebralen Erscheinungen ganz im Vordergrund: *Hochgradige Verwirrung, oft rauschartig,* mit stark vermehrtem *Bewegungsdrang* und häufig unkoordinierten Bewegungen wegen eintretender Muskelschwäche. Verwirrung und Aufregung können sich bis zu *Tobsucht, eigenartigen Fluchtreaktionen* mit Ängstlichkeit steigern. *Halluzinationen* und namentlich *Illusionen des Gesichtes,* weniger der Tastsphäre und sehr selten des Gehörs treten bei den *deliriumartigen Psychosen* oft stark in den Vordergrund. In schweren Fällen ist das Bewußtsein schon nach 20—30 Minuten aufgehoben. Nicht selten treten wilde Delirien auf, welche den Eindruck vollkommener Verrücktheit erwecken. Der tobsuchtsartige Zustand kann ein bis mehrere Tage dauern, bis Erschöpfung, tiefer Schlaf, evtl.

Koma eintritt. In diesem Stadium kann Tod durch Herzlähmung erfolgen. Im günstigen Fall Übergang in tiefen, ruhigen Schlaf. Erholung langsam; die Augensymptome verschwinden oft erst nach 8 und mehr Tagen ganz. Nachwirkungen: intensiver Kopfschmerz, Lichtempfindlichkeit; auch psychische Störungen können oft sehr lange bestehen bleiben. Prognose im allgemeinen günstig wegen anregender Wirkung des Atropins auf das Atemzentrum.

Ausscheidung durch den Urin relativ rasch, in 10—30 Stunden und mehr; ein Teil wird im Organismus zerstört. Die Harnentleerung ist nicht selten behindert. Hier und da tritt nach akuter Atropinvergiftung Temperaturerhöhung bis auf 40° und darüber ein. Dies wurde namentlich nach Tollkirschenvergiftung bei Kindern, auch bei nicht tödlichem Ausgang, beobachtet.

*Differentialdiagnose* mit andern mydriatisch wirkenden Giften oft schwierig; in Frage kommen hauptsächlich:

*Cocainvergiftung,* welche oft mit Tachykardie, Mydriasis, Erethismus und hochgradiger psychomotorischer Aufregung, Sprachstörungen, Trismus einhergeht, so daß die Vergiftung ganz ähnlich aussehen kann wie bei Atropin. Die Pupillen sind aber bei Cocainvergiftung in der Regel nicht lichtstarr und selten maximal weit. Auch fehlt die Hautrötung; Aussehen in der Regel blaß, bei schwerer Cocainvergiftung Kollapsneigung. Die Symptome gehen meist rascher zurück, keine Hemmung der Sekretionen. Psychisch besteht nicht selten negativistischer Stupor. Die Differentialdiagnose kann bei *oraler* Atropin- (noch mehr bei Scopolamin-) Vergiftung besonders schwierig sein, weil bei Aufnahme per os Pupillen oft nicht maximal weit, nur mittelweit bei träger Lichtreaktion, also keine Pupillenstarre besteht.

*Ephedrinvergiftung:* macht bei lokaler Applikation am Auge, aber auch bei anderen Applikationsarten Mydriasis, Tachykardie, Herzarrhythmie. Im Gegensatz zu Atropin meist Schweißbildung; keine cerebralen Symptome.

*Fliegenpilzvergiftung.* Manche Formen der Fliegenpilzvergiftung können aussehen wie Atropinvergiftung, mit Mydriasis, hochgradiger Aufregung usw. Die Symptomatologie der Fliegenpilzvergiftung ist abhängig vom stark schwankenden Giftgehalt des Pilzes, der neben Muscarin auch atropinähnlich wirkende Stoffe enthalten kann. Auch wenn Mydriasis besteht, sind aber die Sekretionen bei Fliegenpilzvergiftung nicht gehemmt, bei reiner Muscarinwirkung sogar stark angeregt, auch besteht Durchfall usw.

*Fleischvergiftung und Botulismus.* Die Symptomatologie kann ähnlich sein wie bei Atropinvergiftung, Mydriasis usw. Charakteristisch für Botulismus die bei Atropinvergiftung fast immer fehlenden äußeren Augenmuskellähmungen, Ptosis, Diplopie, Strabismus usw.

*Methylalkoholvergiftung.* Symptome: Mydriasis mit Akkommodationslähmung, Leibschmerzen mit Verstopfung, Hautröte im Gesicht, Rauschzustand, Verwirrung, Blendungsgefühl, Sehstörungen; auch Trismus. Unterscheidend: *Latenz* von einigen Stunden bis zum Auftreten der ersten Symptome (bei Solanaceenvergiftungen kann aber Latenz von einigen Stunden ebenfalls bestehen). Fehlen der Sekrethemmung, des Trockenheitsgefühls im Rachen usw. Übergang der primären Hautröte in Cyanose. Häufig sekundär Erblindung infolge anatomischer Schädigung des Auges.

*Delirium bei Atropinvergiftung und Delirium bei chronischem Alkoholismus:* Delirium bei Atropinvergiftung ist meist agitierter, starker Fluchttrieb; für Atropin sind sog. Beschäftigungsdelirien wohl noch typischer wie für Alkohol. Das Delirium tremens bei *chronischer Schlafmittelvergiftung* wie es mit den verschiedensten Schlafmitteln vorkommt gleicht ebenfalls stark dem Alkoholdelir. Bei Alkohol- und Hypnoticadelir fehlt die weite, lichtstarre Pupille. Diese ist für Atropin auch fast pathognomonisch gegenüber *endogenen Geisteskrankheiten* mit tobsuchtsartigen Zuständen; allerdings können diese bei Hysterie evtl. verbunden sein mit Mydriasis. Verwechslung von Atropinvergiftung mit Lues congenita (Gehirnparalyse) kam vor.

Was die *Atropindelirien* auszeichnet und ihnen eine hohe differentialdiagnostische Dignität gibt, ist neben der meist stark in die Augen fallenden Aktivität und Rastlosigkeit die außer bei Alkoholdelir vorkommende, scheinbare Zweckhaftigkeit der an sich sinnlosen Betätigungen und die auffallende stereotype Wiederholung gleicher Bewegungsabläufe, die häufig zur beruflichen Tätigkeit des Vergifteten Beziehungen aufweisen (automatisch verlaufende, eingeübte Bewegungen, die aber wegen mangelnder zeitlicher und örtlicher Orientierung in ganz sinnloser Weise zum Ausdruck kommen). Konfabulationen sind im Gegensatz zum Alkoholdelir selten.

*B. Vergiftungen bei chronischem Atropingebrauch.* *Vergiftungsgelegenheiten:* hauptsächlich medizinale bei Gebrauch von Collyrien, Asthmamitteln usw. Gleiche psychische Symptome wie bei akuter Vergiftung treten ganz in den Vordergrund: Verwirrung, Tobsucht, Delirien; Mydriasis kann fehlen.

*Vergiftungsfall (Erben):* nach mehr wie elfmonatiger Verabreichung von Belladonnainfus in Kaffee traten auf: Apathie, Abmagerung, Dysurie, Durstgefühl, Schlingbeschwerden, Aufregung mit Bedrohung der Umgebung, allgemeine Verwirrtheit.

Hinsichtlich der *Dosen* ist folgendes zu bemerken: *Dosis medicinalis für* a) *Atropinsulfat:* 0,0002 bis 0,001 g je nach Indikation. Bei Behandlung von Nervenkrankheiten Dosissteigerung von 1 bis auf 20 mg und mehr als Tagesdosis ist infolge eintretender Gewöhnung ohne ernstere Vergiftungserscheinungen möglich. b) Für 1-Hyoscyamin: 0,0001—0,0005 g; bei Parkinsonismus usw. entsprechende Steigerung der Dosis erlaubt.

*Dosis toxica:* Einzeldosen von über 2 mg machen bei Nichtgewöhnten fast regelmäßig toxische Nebenwirkungen (Trockenheit im Hals, Schluckbeschwerden, evtl. Tachykardie), aber erst *große* Dosen von 5—10—20 mg an aufwärts führen (im Gegensatz zu Scopolamin!) zu cerebraler Vergiftung mit Delirien usw.

*Dosis letalis:* Kleinste tödliche Dosis beim nicht überempfindlichen Erwachsenen 130 mg, bei 3jährigem Kind 95 mg (*Kobert*). Dosen von weit über 100 mg Atropin sind vielfach überstanden worden. Ein Fall von *Comroe* mit 500 mg, ein anderer mit 600 mg Atropin konnte gerettet werden.

Bei manchen Individuen besteht *außergewöhnliche Empfindlichkeit:* kleinste tödliche Dosis beim Erwachsenen 20 mg. Sehr empfindlich sind häufig organisch Herzkranke, wo schon $^1/_{10}$ mg bedrohliche Erscheinungen machen kann (*Allen, Evans*).

Säuglinge sind oft wenig empfindlich, ertragen annähernd gleiche Dosis wie Erwachsene ohne toxische Erscheinungen; aber das ist nicht unbedingt die Regel. *Ritte* fand beträchtliche Unempfindlichkeit gegen Atropin sowohl beim Säugling wie bei älteren Kindern. Ob das in jedem Fall gilt, ist nach der Literatur fraglich. Dosen von 50—60 mg wurden von Kindern mehrfach ertragen.

Es ist weiter zu berücksichtigen, daß Atropin von der Mutter auf den Foetus übergeht (Mydriasis und Lichtstarre beim Kind, wenn Atropinaufnahme der Mutter kurz vor der Geburt erfolgte). Ferner,

daß durch Übergang in die Milch der Säugling vergiftet werden kann.

Die letale Dosis des *l-Hyoscyamins* ist sicher bedeutend niedriger, schätzungsweise etwa halb so groß wie die des Atropins, was besonders bei Solanaceenvergiftungen, wo 1-Hyoscyamin als solches wirkt, zu berücksichtigen ist, auch wenn nachträglich der chemische Nachweis vorwiegend Atropin ergibt.

*Dosis letalis bei Vergiftungen mit galenischen Präparaten:* Anwendung eines Dekokts von 5 g *Radix Belladonnae* als Klysma wirkte bei Erwachsenem tödlich (*Taylor*), ebenso 0,6 g *Folia Belladonnae* in Infus als Klystier (*Erben*), was bei dieser Dosis sehr auffällig ist. (Weitere Angaben vgl. Solanaceenvergiftungen.)

*II. Scopolamin* (Hyoscin). *Vorkommen:* als 1-Scopolamin in allen genannten Solanaceen mit Ausnahme von *Hyoscyamus muticus;* am reichsten und beinahe ausschließlich enthalten in *Datura metel.* Medizinal verwendetes Scopolamin ist heute in der Regel l-Scopolamin (als Hydrobromid).

*Häufigkeit der Vergiftung.* a) *Akute Vergiftung:* Meist medizinale, seltener zu Selbstmordzwecken; in diesem Fall häufig kombiniert mit Morphin. Vergiftungen durch Augentropfen und bei Anwendung in der Psychiatrie und Nervenheilkunde sind relativ häufig. Schon einige $^1/_{10}$ mg Scopolamin können schwere Erscheinungen machen. Dabei ist die Symptomatologie viel variabler wie bei Atropin, was offenbar zum Teil mit dem verschiedenen Reinheitsgrad der Präparate (namentlich dem früher häufigen Gebrauch von o. i. Hyoscin), vorwiegend aber mit der verschiedenen individuellen Empfindlichkeit zusammenhängt. Trotz oft schwerer und ungestümer Wirkungen sind Scopolamintodesfälle selten, außer bei Kombination mit Morphin, wo der Tod durch Kreislaufschwäche und zentrale Atemlähmung erfolgt.

*Klinische Erscheinungen:* primär sind die Erscheinungen oft ähnlich wie bei Atropinvergiftung, aber oft von kürzerer Dauer. Hautrötung ist im Gegensatz zur Atropinvergiftung selten. Mydriasis und Akkommodationslähmung halten weniger lang an. Puls nur in großen Dosen beschleunigt, in medizinalen eher verlangsamt. Scopolamin wird wahrscheinlich sehr rasch durch den Urin ausgeschieden. Scopolamin ist das weitaus gefährlichere Gift wie Atropin, weil es lähmend auf die medullären Zentren wirkt; macht Vasomotorenlähmung, Atemlähmung, Koma. Daneben Delirien.

Schon ½ mg subcutan kann beim Gesunden Vergiftungserscheinungen machen mit Schläfrigkeit, Pupillenerweiterung, Trockenheit im Mund, Durst, schwankendem Gang, nachher fester Schlaf. Derartigen Fällen von eher abnorm großer Empfindlichkeit stehen andere mit erstaunlich hoher Scopolaminresistenz gegenüber (vgl. Kasuistik). *v. Jacksch* beobachtete als atypische Symptome wiederholt Koliken und Durchfälle; dabei meist Abnahme der Pulszahl, Irregularität und Pulsschwäche, sogar sehr beängstigenden Kollaps. Babinski und Fehlen der Reflexe ist bei schwerer Scopolaminvergiftung nicht ganz selten. Scopolamin kann, wie Atropin, Blasenlähmung machen. Während die medullären Wirkungen hauptsächlich lähmende sind, können Großhirnwirkungen ähnlich wie beim Atropin zu hochgradigen Erregungszuständen und Delirien mit schweren Sinnestäuschungen von mehreren Stunden Dauer führen.

*Kasuistik:* Bei Applikation von 2 Tropfen 1%iger Scopolamin-HBr-Lösung ins Auge: Brennen, Conjunctivitis, langdauernde Mydriasis, Akkommodationslähmung, Trockenheit im Hals, Durst, Erbrechen, Pulsbeschleunigung, Blässe, Präkordialangst, Kollaps, Ohrensausen, unsicherer Gang, Schwindel, Delirien.

Nachwirkungen: Schweiße, Tachykardie, Schwäche, Kopfschmerzen, Schwindel, Reizbarkeit.

Nach oraler Einnahme von 350 mg Scopolamin-HBr (vgl. *Regenbogen*): scharlachartige Rötung des Gesichtes (bei Scopolamin sehr selten!), Mydriasis usw., tetanische Starre der gesamten Skelettmuskulatur, hochgradiger Trismus, Tachykardie, Babinski beidseitig positiv. Reflexe stark gesteigert, häufig Abwehrbewegungen auf leises Berühren, dabei tiefe Bewußtlosigkeit von Anfang an (dies im Gegensatz zu Atropin).

Nach 500 mg Scopolamin-HBr (*Lickint*) Mydriasis, Lichtstarre usw., völlige Bewußtlosigkeit und tonische Starre der gesamten Körpermuskulatur. Ebenfalls scharlachartige Rötung des Gesichtes. In beiden Fällen Ausgang in Heilung.

Kriminelle Scopolamin- und (HCN)-Vergiftung (Mord) (vgl. *Schirm*): Durch Arzt Erzeugung eines Scopolaminrausches bei Offizier in der Absicht, von ihm in diesem Zustand die Unterschrift zur Ehescheidung zu erlangen, um dessen Frau heiraten zu können. Da erste Vergiftung ungenügend wirkte, zweite Vergiftung mit 10 mg Scopolamin, was zu typischen Erscheinungen mit Verwirrtheit, Delirien, Halluzinationen, Flockenlesen führte. Wegen gefürchteter Entdeckung weitere 3 mg Scopolamin subcutan und nach einer Stunde 0,2 g KCN in Tötungsabsicht. Tod 6 Stunden nach erster Scopolaminverabreichung.

*Kombinierte Vergiftungen:* Relativ häufig sind kombinierte *Morphin-Scopolaminvergiftungen* zu suicidalem Zweck, bei denen hochgradigste Cyanose im Vordergrund steht wegen der zentral atemlähmenden Wirkung beider Gifte. Ein Fall, bei dem 20 mg Scopolamin und 600 mg Morphin (ohne Morphingewöhnung) in suicidaler Absicht subcutan beigebracht wurden, konnte unter intensivster Therapie gerettet werden.

10 mg Scopolamin machten bei Morphio-Cocainistin und Alkoholikerin furchtbare Aufregung: sie wollte aus dem Fenster springen; mußte gefesselt werden (*Leschke*).

Kombinierte *Atropin-Scopolaminvergiftungen* sind häufiger seit Einführung der Parkinsontherapie mit diesen Mitteln. Durch Dosierungsfehler kam es in einem Fall zu mehrstündiger akuter Verwirrtheit mit völliger Amnesie.

Zu beachten ist, daß es bei Behandlung des Parkinsonismus mit Tropaalkaloiden in steigender Dosis nach Aussetzen der Mittel zu typischen Abstinenzerscheinungen mit Erbrechen, Speichelfluß, Schweißausbruch, Schwindel kommen kann, wohl infolge Eintritts einer gewissen Gewöhnung, die aber wohl *nur* dem Atropin gegenüber zustandekommt, nicht dem Scopolamin. Beseitigung der Erscheinungen durch Atropin (*Flinker*). Eine spezifische Unempfindlichkeit gegen Atropin besteht bei Postencephalitikern nicht (*Lisak*).

*b) Chronische (subakute) Scopolaminvergiftung*: Bei Dosissteigerung durch medizinale Verordnung kommt es bei Postencephalitikern nicht selten zu akuten Vergiftungserscheinungen verschiedener Stärke. Die Symptome bei chronischer Vergiftung sind im allgemeinen die der akuten Vergiftung. Gewöhnung wie bei Atropin scheint bei Scopolamin nicht vorzukommen.

In einem Fall von chronischer Scopolaminvergiftung kam bei Einnahme zu Genußzwecken von täglich 0,5—2 mg Scopolamin während ³/₄ Jahren zu typischer Psychose mit Halluzinationen vorwiegend des Gesichts, Wahnideen, Desorientiertheit, Konfabulationen (!), Abnahme des Gedächtnisses. Nach Absetzen des Mittels in einigen Tagen volle Krankheitseinsicht.

*Dosis medicinalis für l-Scopolamin-HBr:* 0,00005

—0,0005 g, bei erregten Geisteskranken von 0,001 —0,002 g. Die Unterschiede individueller Empfindlichkeit sind sehr viel größer wie bei Atropin. Typische Überempfindlichkeit kann auch bei Applikation am Auge bestehen.

*Dosis toxica:* Schon 0,06 mg Scopolamin können Nebenwirkungen machen, 0,5 mg schon schwere Vergiftungserscheinungen hervorrufen. Todesfall nach 0,4 mg (*Baumann*). Anderseits sind in einem Fall 350, in einem weiteren Fall sogar 500 mg peroral ertragen worden (s. oben).

*d-Scopolamin* ist sehr viel weniger wirksam wie l-Scopolamin. Dementsprechend ist auch die Wirkung des inaktiven Scopolamins nur etwa halb so groß wie die des l-Scopolamins (vgl. *Cushny*, *Hug*).

*III. Apoatropin*, Atropamin $C_{17}H_{21}O_2N$. Ob in Atropa Belladonna natürlich vorkommend, ist nicht ganz sichergestellt. Optisch inaktiv, F = 60—62°. F von Apoatropin. HCl liegt etwa bei 240°.

*Toxische Wirkung:* Apoatropin wirkt sehr stark zentral erregend, typisches Krampfgift; seine Krampfwirkung ist um ein vielfaches stärker wie die des Atropins. Sekundär zentrale Atemlähmung. Mydriatische Wirkung äußerst gering; seine hemmende Wirkung auf die Speichelsekretion scheint zu fehlen (*Kreitmar*). Neuerdings eingeführt zur Behandlung des postencephalitischen Parkinsonismus (Tagesdosis = 10—50 mg) (*Duensing*).

*Nähere Charakterisierung der Tropaalkaloiddelirien. Unterschied von Atropin und Scopolamin.* Gegenüber andern Formen von Delirium, namentlich den durch Schlafmittel und Äthylalkohol erzeugten, treten die Tropaalkaloiddelirien als Symptome der *akuten* Vergiftung auf, während bei Schlafmitteln und Äthylalkohol die Voraussetzung des Auftretens von Delirien in deren chronischem Gebrauch liegt (Delirium als metatoxische Erscheinung, vgl. *Kraepelin*).

Der Unterschied zwischen Atropin und Scopolamin liegt vor allem darin, daß Atropin in therapeutischen und niedrigen toxischen Dosen keine cerebralen Erscheinungen macht, dagegen treten sie bei hochtoxischen Dosen, etwa von der 5—10fachen Überschreitung der Maximaldosis an, regelmäßig auf. Das Delir gehört zum Symptomenbild der schweren akuten Atropinvergiftung. Umgekehrt können bei Scopolamin schon therapeutische Dosen nach einmaligem oder wiederholtem Gebrauch, auch bei conjunctivaler Applikation, Delirien mit Sinnestäuschungen hervorrufen. Die größere Empfindlichkeit dem Scopolamin gegenüber besteht regelmäßig, was mit den viel stärkeren cerebralen Wirkungen des Scopolamins zusammenhängt, welche erfahrungsgemäß schon in therapeutischen Dosen hervorruft (Gebrauch des Scopolamins als „chemische Zwangsjacke" in der Psychiatrie).

Gegenüber anderen Delirien zeichnet sich das Tropaalkaloiddelir durch besonders starke Bewegungsunruhe aus (Beschäftigungsunruhe, Beschäftigungsdelir). Bei tieferer Störung des Bewußtseins kommt es zu den auch bei Alkoholdelir typischen Zupf- und Greifbewegungen. Wenn starker Angstaffekt vorhanden ist, besteht die Möglichkeit der Selbstgefährdung oder der Gefährdung anderer. Der Einfluß der Mydriasis und Akkommodationsstörung auf die Ausbildung der Illusionen und Halluzinationen scheint nicht sehr groß zu sein, diese sind in erster Linie durch den endogenen Vorstellungsinhalt bedingt, analog wie bei Alkoholdelir. Wahnhafte Denkinhalte im Sinne von Beziehungs- und Verfolgungswahn kommen vor, sind aber relativ selten, viel seltener wie bei Alkoholdelir (Alkoholparanoia). Die Tiefe der Bewußtseinstrübung weist zwar in ihrem zeitlichen Ablauf gewisse Schwankungen auf, sie ist aber meist so erheblich, daß

Amnesie für die ganze Dauer des Delirs (während ein bis mehreren Tagen) besteht. Die zeitliche und örtliche Orientierung ist immer grob gestört, das Persönlichkeitsbewußtsein bleibt (im Gegensatz etwa zum Mescalin- und Haschischrausch) erhalten.

Bei Dauergebrauch kann sowohl bei Atropin wie Scopolamin auch ohne Überschreiten der medizinalen Dosis ein Delir auftreten, bei Atropin wohl nur bei Vorliegen besonderer dispositioneller Momente. Eine Gewöhnung tritt bei Atropin ein, bei Scopolamin nicht, doch ist die Atropingewöhnung bisher nur für Parkinsonfälle sicher belegt. Auch bei Dauergebrauch tritt das Delir niemals als Abstinenzerscheinung auf wie bei Äthylalkohol- und Schlafmittelmißbrauch, sondern *immer* unter der direkten Einwirkung des Giftes.

*Für den Polizei- und Gerichtsarzt wichtige Besonderheiten der tropaalkaloidhaltigen Solanaceenvergiftungen gegenüber der reinen Atropin- und Scopolaminvergiftung.* Bei Vergiftungen mit Solanaceen treten häufig, aber nicht immer, *Reizerscheinungen von seiten des Magen- und Darmkanals* auf, so bei Tollkirschen- und noch häufiger bei Stechapfelvergiftungen: bei jener meist nur Übelkeit und Erbrechen, bei Daturavergiftung außer Erbrechen Durchfälle, selbst blutige. Auch können schon nach *kleinen toxischen Dosen* bei Stechapfelvergiftung cerebrale Erscheinungen auftreten: starke Aufregung, oft erotisch gefärbt; dann wieder furibunde Erregung, die nur durch Narkose bekämpfbar ist. Die gleichen Erscheinungen kommen auch bei übermäßigem Rauchen von Stramoniumzigaretten vor. Ein mit Daturasamen vergifteter Knabe versuchte, an der Wand emporzuklettern. Todesfälle bei zufälliger Vergiftung mit Daturasamen sind bekannt.

*1. Tollkirschenvergiftung (Atropa Belladonna).*
Kasuistik: 15—20 Beeren wurden von einem Eisenbahnarbeiter gegessen. Nach etwa 8 Stunden erkennt er Bekannte nicht mehr, benimmt sich aber trotz Verwirrung wie im Dienst, trifft Anordnungen, wehrt sich gegen die Untersuchung. Haut am Körper rot, heiß und trocken. Augen weit aufgerissen. Pupillen maximal erweitert und lichtstarr. Trotz gefüllter Blase Wasserlassen unmöglich. Babinski positiv, Patellarreflexe stark gesteigert, Zuckungen am ganzen Körper, Hände in Beschäftigungsunruhe. Kann nicht sprechen. Amnesie für etwa 18 Stunden. Pupillen bleiben bis zum 6. Tage erweitert. Erholung (*Schmitz*).

Selbstmordversuch eines 20jährigen Mädchens mit 6 Tollkirschenbeeren, welche aus dem Botanischen Garten einer Großstadt stammten. Tollkirsche sonst in der Umgebung nicht vorkommend! Das Mädchen wird vollständig verwirrt auf der Straße aufgefunden mit weiten, lichtstarren Pupillen. Delirien mit phantastischen Sinnestäuschungen. *Differentialdiagnose:* juvenile Paralyse mit akutem Verwirrtheitszustand (Blut- und Liquor-*Wassermann* negativ). Das Mädchen war zerkratzt, weshalb die Frage eines Sittlichkeitsdeliktes aufgeworfen wurde (*Josephy*).

Tödliche Tollkirschenwurzelvergiftung mit etwa 20 g Radix Belladonnae, entsprechend etwa 120 mg Atropin. Mageninhaltbefund hinsichtlich Pflanzenresten völlig *negativ*. Durch Nachweis der blaufluorescierenden Chrysatropasäure mit gefilterter Quarzlampe wurde der Fall als Tollkirschen- resp. Solanaceenvergiftung sichergestellt (*L. Fuchs*).

4jähriges Kind: nach Einnahme von Tollkirschen Erkrankung mit Fieber; Haut heiß, trocken, gerötet; Tachykardie, stereotype Bewegungen, Zupfen an Bettdecke, Ausgang in Heilung. Mydriasis während 8 Tagen (*Geßner*).

Analoger Fall bei 4jährigem Kind; sub finem Temperaturanstieg auf über 40°, Tod an Atemläh-

mung (*R. Meier*) (vgl. ferner *Merkel:* Fraglicher Giftmord durch Tollkirschen, und *Kanngießer:* Massenvergiftung mit Tollkirschenbeeren).

*2. Bilsenkrautvergiftung (Hyoscyamus).* Zufällige Vergiftungen mit Samen und Wurzeln sind nicht allzu selten. In kriminalistischer Hinsicht ist wichtig, daß lokale Reizerscheinungen des Darmkanales im Gegensatz zur Stechapfelvergiftung zurücktreten; auch die Aufregung ist geringer, die Schlafsucht größer, die Pflanze wirkt mehr narkotisch. Für Mordzwecke ist Hyoscyamus von allen Solanaceen deshalb am geeignetsten, was sich auch historisch belegen läßt. Schwere Delirien kommen aber auch bei Bilsenkrautvergiftung vor. Morde mit Bilsenkrautsamen sind bekannt. 20 Samen können schon heftige Symptome machen, etwa 100 Samen beim Erwachsenen tödlich sein.

*Vergiftungsfälle:* Mordversuch mit Bilsenkrautsamen an Frau, der sich über 11 Wochen hinzog und mit „Gehirnlähmung" als Todesursache endete (*Lewin*). Über eine kriminelle Vergiftung durch Bilsenkrautsamen berichtet *Albrycht*.

Schwere Vergiftung ist auch möglich durch Bilsenkrautöl aus den Blättern bei percutaner Applikation.

*Hyoscyamus albus* und *aureus* wirken wie Hyoscyamus niger.

*Massenvergiftungen: durch Bilsenkrautwurzel* (vgl. *Philippi*): Sämtliche 25 Angehörige, meist Lungenkranke, einer Davoser Pension wurden nach einer Mahlzeit aus Wurzeln von Hyoscyamus niger anstatt Schwarzwurzeln psychotisch. Im Vordergrund standen neben den typischen körperlichen Symptomen leichte Desorientiertheit, Merkfähigkeitsschwäche, leichte bis tiefe Bewußtseinstrübung, schwere delirante Beschäftigungsunruhe, Rededrang, typisches Berufsdelir. Eine Lehrerin will ihre Schülerin nachts 3 Uhr unterrichten, ein Zimmermädchen trägt 5 Bettflaschen in ihr Bett, andere Patienten laufen in oder außer dem Hause umher, verirren sich dabei. Zupfen von Strohhalmen aus den Beinen, Schaufeln mit leeren Tellern in der Luft, Umrühren von Tee mit den Fingern, Greifbewegungen in die Luft, planloses Ausräumen eines Schrankes, Ausgießen von Suppe unter das Kopfkissen. Ein Kassenbeamter sieht Banknoten auf der Straße liegen, ein Knabe allerlei Gestalten. Optische Sinnestäuschungen treten spärlich, akustische gar nicht auf. Paranoische Symptome fehlen wie zumeist. Stimmung häufig euphorisch, bei einzelnen Patienten überwiegend ängstlich oder gedrückt. Beginn der Deliren kurz nach dem Mahlzeit; Sensorium am nächsten Tage frei, mehrfach noch leichte Resterscheinungen. Mehrtägige bis mehrwöchige Rekonvaleszenz.

*Massenvergiftung durch Bilsenkrautsamen* in russischer Zuckerfabrik: 60 Arbeiter und Arbeiterinnen erkrankten nach dem Abendessen nach Genuß von Hirsebrei unter Schwindel, Schwäche, Kopfschmerzen, Pupillenerweiterung, einige mit Erbrechen; bei 15 traten Erregungserscheinungen mit typischen Beschäftigungsdelirien, Irrereden usw. ein. Kein Todesfall. Die Hirsegrütze enthielt 1,75 % Bilsenkrautsamen als Unkrautverunreinigung des Hirsefeldes! Günstiger Ausgang bei allen Vergifteten, weil ein Teil der Alkaloide durch Kochen zerstört wurde (*Osietzky*).

*3. Stechapfelvergiftung. (Datura Stramonium).* Tödliche Vergiftung eines 9jährigen Knaben nach Genuß einer unbekannten Menge Stechapfelsamen. Andauernd Krämpfe, Schmerzen im Hals, Pupillen reaktionslos und weit, Gesicht hochrot. Tod unter tetanischen Krampferscheinungen mit Aussetzen der Atmung (*L. Fuchs*) (vgl. auch *Sartori:* fraglicher Giftmord durch Stechapfelsamen, ferner *Contal*, speziell vom gerichtlich-medizinischen Gesichtspunkt aus).

*4. Vergiftung mit Scopoliawurzel:* Tollkraut wird in Litauen und Lettland als Volksheilmittel gegen Paralysis agitans, als Abortivum, auch als „Liebestrank" und als Berauschungsmittel verwendet.

Absichtliche Scopoliavergiftung durch Verabreichung einer Aufkochung von Scopoliawurzel (Tollrübe) in Kaffee an 4 Personen (aus Rache) führte zu Trockenheit und Brennen im Hals, Verwirrtheit (Sprung aus dem Fenster), Tobsucht, Delirien mit Halluzinationen, Angstgefühl, Übergang in Bewußtlosigkeit während 3—4 Stunden. Ausgang in Heilung nach einigen Tagen.

Todesfall bei Gebrauch einer Scopoliawurzelaufkochung in Milch als Abortivum (als solches auch auf dem Balkan verwendet).

Als Berauschungsmittel und als „Liebeszauber" in Ostpreußen relativ häufig im Gebrauch mit entsprechenden, meist leichten Vergiftungserscheinungen (*Fühner, Heffter*).

*5. Alraunwurzelvergiftung* (Mandragora). Ähnliche Vergiftungserscheinungen wie bei Tollkirsche. Mandragorawurzel enthält aber bedeutend mehr Scopolamin wie jene. 0,5 g der Wurzel sollen in 12 Stunden tödlich gewirkt haben, was allerdings sehr unwahrscheinlich ist. Im Altertum als narkotisierend und erotisch anregendes Mittel in den sog. Philtra (Pocula amatoria). Im Mittelalter vor allem als sog. Hexentränke und Hexensalben (in diesen wohl häufig auch andere Solanaceen [vgl. *Spinner*]). Aus dem Altertum wiederholt bezeugte Verwendung, um akute Verwirrung zur Erlangung eines rechtswidrigen Vorteils herbeizuführen, oft auch zu erotischen Zwecken. Mandragora galt im Altertum als Aphrodisiacum. Wird als solches wohl auch heute noch im Orient verwendet. Über einen kriminellen Vergiftungsversuch mit Mandragora- und Daturasamen berichtet *Bouquet*. Ökonomische Mandragoravergiftung durch Genuß von Mandragorablättern, welche irrtümlich als Salat gegessen wurden (*Rau t*).

*6. Vergiftung durch gereinigte Drogenpräparate: Bellafolin.* Verschlucken von 140 Tabletten Bellafolin in suicidaler Absicht = total 35 mg Gesamtalkaloide aus den Blättern von Atropa Belladonna (1 Tabl. = 0,00025 g Alkaloide) führte zu typischen Delirien. Ausgang in Heilung nach 23 Stunden (*Bondy*). Auch *Bellergal* und *Belladenal* können im schweren Vergiftungsfall mehr oder weniger typische psychische Erscheinungen hervorrufen.

*b) Vergiftungen durch synthetische Tropaalkaloide.*

*1. Homatropin,* Tropinmandelsäureester, $C_{16}H_{21}NO_3$; F = 95,5—98,5°, wirkt qualitativ gleich, aber schwächer und im Verlauf schneller vorübergehend wie Atropin. Gesichtsrötung kommt ebenfalls vor. Cerebrale Symptome: Schwindel, Aufregung, Verwirrtheit, Schwächegefühl. Bei schwerer Vergiftung kalte Schweiße, Kollaps. Vergiftungsfälle durch Verwechslung (*Cushing*): Subcutane Injektion von 15 ccm 2%iger Homatropinlösung statt Novocain, führte zu stupurösem Zustand mit tiefer, langsamer Atmung und zu Verwirrung. In 24 Stunden allmähliche Wiederkehr des Bewußtseins, Heilung. *Offizinell:* n. D.A.B. 6: Homatropinum hydrobromicum.

*2. Eumydrin,* Atropin-N-Methylnitrat, $C_{17}H_{23}O_3N \cdot CH_3NO_3$; weißes krist. Pulver; F = 163°; hat anscheinend auch in toxischen Dosen rein peripher parasympathisch lähmende Eigenschaften (Trockenheit, Schlingbeschwerden usw.), macht keine cerebralen Symptome, Delirien usw.

*3. Atrinal,* Atropin-Schwefelsäureester, $C_{17}H_{22} \cdot O_3N \cdot SO_3H$; F = 238—239°; wirkt stärker zentral erregend wie Atropin, während die peripher parasympathisch lähmende Wirkung herabgesetzt ist. Erzeugt weder Mydriasis noch Hemmung des Spei-

chelflusses. Steht seiner Wirkung nach dem Apoatropin nahe. Bestandteil des *Spasmalgin* genannten Spasmolyticums.

*4. Genatropin,* Atropin-N-Oxyd, $C_{17}H_{23}O_3NO$; ist etwa 4—5mal schwächer wirksam wie Atropin, dementsprechend ist auch seine Toxizität geringer. Wirkt sonst qualitativ gleich wie Atropin. Soll rascher ausgeschieden werden wie dieses (*Haferkorn*).

*5. Novatropin,* Mandelsäureester des N-Methyltropinnitrates, weißes, in Wasser und Alkohol leicht, in Chloroform und Äther schwer lösliches Pulver; F = 162; wirkt peripher qualitativ gleich wie Atropin bei fehlender zentraler Erregung; die Wirkung ist im ganzen viel schwächer, infolgedessen muß es 5—10mal höher dosiert werden.

*6. Syntropan,* Diäthylamino-dimethylpropanolester der Tropasäure (phosphorsaures Salz), $C_{16}H_{24}NO_3 \cdot H_3PO_4$; in Wasser leicht löslichliche, farblose, bitter schmeckende Kristalle. Zu 0,01—0,05 g als atropinähnlich wirkendes, synthetisches Spasmolyticum. Toxizität mindestens 20mal geringer wie bei Atropin, macht, außer in hochtoxischen Dosen, keine Trockenheit im Hals und keine Akkommodationsstörung, dagegen bei parenteraler Applikation u. U. Mydriasis. Hat neben parasympathisch lähmender auch papaverinähnlich lähmende Wirkung direkt an glatter Muskulatur.

*Pathologisch-anatomischer Befund bei Tropaalkaloid- und Solanaceenvergiftungen.*

Der pathologisch-anatomische Befund bei Tropaalkaloid- und Solanaceenvergiftungen ist uncharakteristisch: es ist nicht möglich, die Diagnose aus dem anatomischen Befund zu stellen außer durch Nachweis typischer Pflanzenreste im Magen-Darmkanal (vgl. *Mitlacher*).

Die Mydriasis bleibt postmortal lange nicht in allen Fällen bestehen. Als uncharakteristischer Befund in den Organen: kleine Blutaustritte und entzündliche Rötung der Magenschleimhaut und des oberen Dünndarmes. Dies gilt insbesondere für Solanaceenvergiftungen durch Pflanzenteile, Drogen, Tee, Abkochungen usw., während bei reiner Atropinvergiftung jeder Befund fehlen kann. Blaue Fluorescenz des Dickdarminhaltes deutet evtl. auf Tollkirschenvergiftung durch den Nachweis der stark fluorescierenden Chrysatropasäure (kommt auch in Radix Mandragorae vor).

Auch bei chronischer Atropin- oder Scopolaminvergiftung ist der anatomische Befund sehr unbedeutend. Auf der Haut evtl. scharlachähnliche Erytheme, Quaddeln, Bläschen, Petechien. *Arima* fand im Tierversuch nur histologisch nachweisbare Veränderungen im Pankreas.

*Gerichtlich-medizinische Beurteilung der Tropaalkaloid- und Solanaceenvergiftungen.*

Die Tropaalkaloide nehmen in kriminalistischer Hinsicht unter allen Pflanzengiften und Giften überhaupt eine Sonderstellung ein, weniger als Giftmittel zu Mord und Mordversuch, als weil sie wegen rasch eintretender Beeinträchtigung des Bewußtseins und *akuter Geistesstörung, durch Ausnutzung dieser Zustände zu verbrecherischen Zwecken* verwendet werden können, wobei die *Amnesie* der in krimineller Absicht erfolgten Gifteingabe in besonderer Weise Vorschub leistet.

*Giftmorde und -mordversuche:* Wenn auch einige Giftmorde und -mordversuche mit *Atropin* und mit Solanaceendrogen bekannt sind, so eignen sich die Drogen und Präparate mit vorwiegend oder ausschließlich Atropin- resp. 1-Hyoscyaminwirkung wenig zum Mord, weil die Symptome so auffallend sind, daß die Umgebung rasch darauf aufmerksam wird und Hilfe gebracht werden kann, insbesondere aber, weil durch toxische Atropindosen sowohl Atem- wie Vasomotorenzentrum angeregt werden, so daß ein Versagen des Kreislaufes oder der Atmung fast nie erfolgt (vgl. aber das über die narkotische Wirkung des Bilsenkrautes Gesagte!). *Scopolamin* ist als Gift und in kriminalistischer Hinsicht ganz anders zu beurteilen: Infolge lähmender Beeinflussung der motorischen Sphäre des Großhirns, welche im Sinne der Wehrlosmachung des Opfers wirkt, ist Scopolamin das kriminell viel gefährlichere Mittel. Scopolamin ist aber auch toxikologisch das viel gefährlichere Gift, weil, abgesehen von der allgemein größeren Empfindlichkeit auf dieses Alkaloid, ein Tötungserfolg wegen lähmender Beeinflussung der Medullafunktionen sehr viel leichter erreicht werden kann wie mit Atropin, allerdings nicht ohne in der Regel primär auffallende cerebrale Symptome (Delirien, Tobsucht usw.) hervorzurufen, die bei der im Suicidfall häufigen Kombination mit großen Morphindosen allerdings nicht in Erscheinung treten.

*Absichtliche Vergiftungen ohne Mordabsicht:* Gebrauch von Solanaceendrogen im Altertum als Pocula amatoria, im Mittelalter als Hexentränke und Hexensalben. Mandragora hatte im Altertum neben anderen Solanaceendrogen (vor allem Datura) eine Bedeutung als Aphrodisiacum. Erotisierung kommt vor; stärker scopolaminhaltige Präparate setzen gleichzeitig die Widerstandsfähigkeit gegen sexuellen Angriff bedeutend herab. Solanaceenvergiftungen in gewinnsüchtiger oder ehebrecherischer Absicht oder um Ehescheidung zu provozieren infolge „Geistesverwirrung" des Partners sind namentlich aus dem Altertum bekannt, sollen aber auch heute noch im Orient vorkommen (Daturavergiftungen). Derartige Fälle von Betäubung zu kriminellen Zwecken führen je nach Alkaloidgehalt und Zusammensetzung der verwendeten Drogen, aber auch je nach individueller Empfindlichkeit mehr zu Geistesverwirrung oder mehr zu narkotischem Schlaf. Wenn der Scopolamingehalt überwiegt, kommt es zu völligem Wehrlosmachen durch vorwiegend zentralmotorische Lähmung und damit zu einer Situation, welche Sexualdelikte ermöglicht. Diese wird noch dadurch erleichtert, daß neben der motorisch lähmenden Wirkung eine gewisse Anregung der Sexualsphäre bei bestimmten Individuen hervorgerufen werden kann. In kriminalistischer Hinsicht ist der Betäubungsfaktor, häufig unterstützt durch gleichzeitige Verabreichung von Alkohol in konzentrierter Form (Liköre, Schnäpse, Cocktails), namentlich auch bei Sexualdelikten wegen der nachträglichen Amnesie sehr zu beachten. Atropingebrauch in Bordellen kommt wohl heute noch in Frankreich und in Kolonialgebieten vor. Belladonna soll bei manchen Frauen Nymphomanie, bei Männern manchmal langdauernde Erektionen hervorrufen.

*Gebrauch als Abortivum:* Atropin kommt als Abortivum nicht in Frage, da es die Erregbarkeit des Uterus, insbesondere in toxischen Dosen, herabsetzt. Solanaceendrogen werden regional (Lettland, Balkan) als Abortiva verwendet — es ist nicht sicher auszuschließen, daß bei lokaler (vaginaler) Applikation (wie z. B. Belladonna in Griechenland) infolge starken Schleimhautreizes reflektorisch eine Beeinflussung des Uterus zustandekommt. Sichere Beweise liegen wohl kaum vor.

*Kasuistik:* Absichtliche Beibringung von Atropin in Kaffee durch Frau an Ehemann machte Tobsuchtsanfall, der Einweisung in psychiatrische Klinik erforderte. Die Angabe der Frau: der Mann sei Trinker, veranlaßte die Diagnose „Alkoholdelir". Nach Entlassung erfolgte eine Woche später wieder

Einweisung mit gleichem Befund. Atropinnachweis führte zur richtigen Diagnose. Motiv: Entwöhnung von Alkoholismus (?).

*Selbstvergiftungen:* Hauptsächlich beim Gebrauch als Aphrodisiacum und als Cosmeticum. Atropinisierung zum Verdecken der Morphinmiosis bei Süchtigen. Gebrauch als Abortivum.

*Selbstmorde:* Sind sowohl mit Drogen wie mit Alkaloiden bekannt. Selbstmordversuch durch Einnahme von etwa 30 g zerkleinerter Belladonnawurzel entsprechend etwa 40 mg Atropin. Ausgang in Heilung (*Ludwig*).

Selbstmord eines Arztes durch Einpinselung von 80 mg Atropin in Nase. Über einige Fälle von Atropin-Cocainvergiftung, die sehr eigenartig verliefen und diagnostisch schwer zu deuten waren, vgl. *Leppien*.

Selbstmordversuch bei 57jähriger, an Parkinsonismus leidender Frau, welche in tiefer Depression 150 Atropintabletten (= 87,5 mg Atropin. sulf.) einnahm. Ausgang in Heilung (*Jaeger*).

*Medizinale Vergiftungen:* Verwechslungen von Injektionslösungen vgl. *Cushing, Chamberlin, Heller*. Es ist außer dem Gebrauch in der Augenheilkunde daran zu denken, daß

*1. Tropaalkaloide* a) in vielen Asthmageheimmitteln, b) in Geheimmitteln gegen Parkinsonismus und gegen Paralysis agitans, c) in Antinauseamitteln (gegen Seekrankheit, Eisenbahnkrankheit, Flugzeugkrankheit), d) in antiepileptischen Mitteln, häufig mit andersartig wirkenden Mitteln zusammen z. B. in *Sanalepsi* enthalten sind, so daß die Vergiftungssymptome, namentlich bei subakuter und chronischer Vergiftung infolge von Kombinationswirkungen wesentlich modifiziert sein können,

*2. Solanaceendrogen* in vielen Asthmamitteln, Räucherpulvern, Asthmazigaretten usw. und in Geheimmitteln gegen Parkinsonismus („Bulgarische Kur") (vgl. *Lemoine*) enthalten sind und schon häufig zu Vergiftungen Veranlassung gegeben haben. Ferner: Vergiftung mit Solanaceendrogen durch verbotenerweise solche enthaltende Kurpfuschermittel, Anti-Krebsmittel (*Griebel*) usw.; Verwechslungen in Teegemischen, Daturatee usw. (*Zeynek*).

Hinsichtlich der *Beibringung von Tropaalkaloiden* und *tropaalkaloidhaltigen Präparaten* ist zu berücksichtigen, daß bei geeigneter Darreichungsart, z. B. in öliger Lösung, eine Beibringung durch das Trommelfell oder die intakte Haut sogar in hochtoxischer Dosis möglich ist. Außerdem sind als Zufuhrswege zu berücksichtigen: Bindehaut, Nasenschleimhaut, Vagina, Mastdarm, Urethra. Ebenso ist Zufuhr möglich auf dem Inhalationswege durch Erzeugung von Dämpfen mit Tropaalkaloiden oder entsprechenden Drogen (z. B. Liegenlassen auf heißem Ofen), weil die Tropaalkaloide zum Teil unzersetzt sublimieren und dann durch Inhalation aufgenommen werden.

*Vergiftung bei äußerlicher Applikation:* Nach Einreibung von Belladonnaliniment auf intakter Haut sind Erscheinungen der typischen resorptiven Atropinvergiftung beobachtet worden (*Fried*). Das Eindringen der Alkaloide in die Haut wird durch Campher, Chloroform und andere lokale Hyperämisierungsmittel bedeutend erleichtert. Ähnlich bei Applikation von Belladonnapflaster auf lädierter Haut oder nach Gebrauch von Vesicantien oder mit diesen zusammen.

*Nichtmedizinale zufällige Vergiftungen:* Am häufigsten ist die Tollkirschenvergiftung bei Kindern (auch Verkauf der Beeren an Kinder ist vorgekommen). Vereinzelt Vergiftungen durch den Genuß von Fleisch atropinvergifteter Kaninchen (Laboratoriumstiere), die bekanntlich sehr atropinresistent sind (*Loewe*).

*Massenvergiftungen mit Solanaceendrogen* sind historisch fast aus allen Zeiten bekannt, kommen auch heute noch vor: z. B. Massenvergiftung durch Verwechslung von Tollkirschenwurzel mit Enzianwurzel (*Paget*) oder Verwechslung von Bilsenkrautwurzel mit Schwarzwurzel (vgl. *Philippi*).

*Gewerbliche und Laboratoriumsvergiftungen* z. B. bei der Aufarbeitung, namentlich bei der Pulverisierung von Solanaceendrogen sind relativ häufig.

*Schrifttum.*

*Ackermann, H.:* Scopolamin-Eukodal-Ephetonindämmerschlaf als Basisnarkose und seine Gefahren. Zbl. Chir. **1932**, 1668. — *Albrycht, S.:* Un cas d'empoisonnement criminel, par les graines de jusquiame. Ann. Méd. lég. etc. **1922**, 276. — *Allen, W.:* J. amer. med. Assoc. **90**, 540 (1928) (zit. bei *v. Oettingen.* 9). — *Arima, J.:* Die histologischen Veränderungen des Pankreas infolge der chronischen Atropinvergiftung beim Tiere. Arch. exper. Path. **83**, 157 (1918). — *Bauer, K. H.* u. *K. Brunner:* Die Bitterstoffe des Milchsaftes von Lactuca virosa. Ber. dtsch. chem. Ges. **70**, 261 (1937). — *Bondy, H.:* Vergiftung durch 140fache Dosis Bellavina. Čas. lék. česk. **64**, 1091 (1925). — *Bouquet:* Double tentative d'empoisonnement criminel par les graines de datura et de mandragore. Bull. Sci. pharmacol. **1935**, 456. — *Brouardel, Ogier* et *Vibert:* Empoisonnement par l'atropine. Ann. Hyg. publ. **43**, 9 (1900). — *Bumke, O.:* Scopolaminum (Hyoscinum) hydrobromicum. Mh. Psychiatr. **13**, 62 (1903) (Literatur). — *Carr, F. H.* and *W. C. Reynolds:* Nor-hyoscyamine and Nor-atropine-Alkaloides occuring in various solanaceous plans. J. chem. Soc. Lond. **101**, 946 (1912). — *Chamberlin, W. B.* u. *C. E. Pitkin:* Atropin-Vergiftungen, medizinale. Slg. Verg.-Fälle **A 41**, 93. — *Cloetta, M.:* Die Vergiftungen durch Alkaloide und andere Pflanzenstoffe. In: Handb. der inn. Med. Von *Mohr* u. *Staehelin.* **6**, 699 (1919). — *Comroe, B. J.:* Atropine poisoning: Recovery after 7½ grains of atropine sulphate by mouth. J. amer. med. assoc. **101**, 446 (1933). — *Contal, M.:* Contribution à l'étuale médico-légale de l'empoisonnement par le Datura stramonium. Thèse. Paris 1900. — *Cushing, E. H.:* Homatropin-Vergiftungen, medizinale. Slg. Verg.-Fälle **A 42**, 97. — *Cushny, A. R.* and *A. R. Peebles:* The Action of optical isomers. II. Hyoscines. J. of Physiol. **32**, 5 u. 6 (1905). — *Cushny, A. R.:* Die Atropingruppe. In: *Heffters* Handb. der exper. Pharmakologie **2**, 2 (1920). — *Danielopulo* et *Radulesco:* Accoutumance de l'homme à l'atropine. Dangers des associations de morphine avec atropine ou autres alcaloides de son groupe. Bull.Acad. Méd. Roum. **1**, 38 (1936). — *Duensing, F.:* Über die Wirkung des Apoatropins. Klin. Wschr. **1938**, 1551. — *Eichler, O.* u. *H. G. Scholze:* Untersuchungen über die Wirkung von Giftlattich (Lactuca virosa) und seiner Inhaltsstoffe. Klin. Wschr. **1940**, 517. — *Erben, F.:* Vergiftungen **2 II**, 594. Wien 1910. (Hier ältere Literatur.) — *Evans, T. S.:* N. **K.** State J. Med. **21**, 961 (1931) (zit. bei *Oettingen*, 9). — *Falck, F. A.:* Lehrbuch der praktischen Toxikologie. 248. Stuttgart 1880. — *Feddersen, J. H.:* Beitrag zur Atropinvergiftung. Diss. Berlin 1884. — *Fiori, A.:* Flora Italiana illustrata. Sancasciano 1921. — *Fischer, H.:* Über Mandragoraalkaloide. Verh. schweiz. Naturf. Ges. **1933**, 426. — *Flinker, R.:* Atropin-Abstinenzerscheinungen. Slg. Verg.-Fälle **A 316**, 47. — *Flury-Zangger:* Lehrbuch der Toxikologie. M. Cloetta: Atropin. 288. Scopolamin. 289. Berlin 1928. — *Forst, A. W.:* Der Giftlattich, eine vergessene, alte Heilpflanze. Münch. med. Wschr. **1937 II**, 1251. — *Fried, H.:* Report of a case of belladonna poisoning by topical application. N. Y. med. J. a. med. Rec. **117**, 212 (1923). — *Fuchs, L.:* Stechapfelsamen-Vergiftung, tödliche. Slg. Verg.-Fälle **A 317** 49. — *Fuchs, L.:* Tollkirschenwurzel-Vergiftung, tödliche. Slg. Verg.-Fälle **A 279**, 247. — *Fühner, H.:* Skopoliawurzel als Gift und Heilmittel bei Litauern und Letten. Ther. Mh. **33** (1919). — *Fühner, H.:* Solanaceen als Berauschungsmittel. Eine historisch-ethnologische Studie. Arch. exper. Path. **111**, 281 (1926). — *Garcia, F.:* Therapeutische und toxische Dosen von Atropinsulfat und Tinkturen von Belladonna. Philippine Islands Med. Assoc. J. **19**, 81 (1939). — *Geßner, O.:* Tollkirschen-Vergiftung. Slg. Verg.-Fälle **A 55**, 123. — *Geßner, O.:* Die Gift- und Arzneipflanzen von Mitteleuropa. 248. Heidelberg 1931. — *Griebel, C.:* Belladonnablätter-Vergiftung durch das Mittel „Anti-Krebs". Slg. Verg.-Fälle **A 626**, 151. — *Gruia, J. : P. Constantinescu, J. Stoian* u. *Maracine-Soare:* Vergiftungen durch Datura Stramonium. Bull. Soc. méd. Hôp. Bucarest **21**, 90 (1939). — *Haferkorn, M.* u. *L. Lendle:* Untersuchungen über die Wirksamkeit und Eliminationsgeschwindigkeit von Atropin und Genetropin. Arch. exper. Path. **171**, 276 (1933). — *Hartwich, C.:* Die menschlichen Genußmittel. 519. Leipzig 1911. — *Haßmann, K.:* Bellergalvergiftung im Kindesalter. Kinderärztliche Praxis **10**, 4 (1939). — *Heffter, A.:* Vergiftungen durch Skopoliawurzel (Tollrübe) in Litauen. Ther. Mh. **33** (1919). — *Hegi, G.:* Illustrierte Flora von Mitteleuropa **V/4**. 2548. — *Heller, G.:* Atropine poisoning in a child. J. amer. med. Assoc. **92**, 800 (1929). — *Hesse, O.:* Über die Alkaloide der Mandragorawurzel. J. prakt. Chem. **63**, 274 (1901). — *Hester, E. E.* and *E. D. Davy:* A study of the alkaloids of Datura innoxia Miller. J. amer. pharmaceut. Assoc. **22**, 514 (1933). — *Hilpert, P.:* Intoxikations-

erscheinungen im Verlaufe therapeutischer Anwendung von Scopolamin. Klin. Wschr. **1924**, 280. — *Hug, E.:* Über die Wirkung des Scopolamins. Arch. exper. Path. **69** (1912). — *Hughes, J. D.* and *J. A. Clark jr.:* Stramonium poisoning. A report of two cases. J. amer. med. Assoc. **112**, 2500 (1939). — *v. Jacksch:* Vergiftungen. Wien 1910. — *Jaeger, H.:* Ein Suicidversuch mit Atropin. Med. Klin. **1933 II**, 1377. — *Jennings, R. E.:* Stramonium poisoning. A review of the literature and report of two cases. J. Pediatr. **6**, 657 (1935). — *Josephy, H.:* Tollkirschen-Vergiftung (Selbstmordversuch). Slg. Verg.-Fälle **A 19**, 45. — *Kanngießer, F.:* Tollkirschen-Vergiftungen. Slg. Verg.-Fälle **A 56**, 125. — *Klan, Z. F.:* Einfluß von Vegetationszeit und Entwicklung der Pflanze auf den Alkaloidgehalt von Hyoscyamus niger L. J. amer. pharmaceut. Assoc. **20**, 1163 (1931). — *Kobert, R.:* Lehrbuch der Intoxikationen. 2. Aufl. **2**, 1038. Stuttgart 1906. — *Kraepelin, E.:* Delirien, Halluzinose und Dauervergiftung. Mh. Psychiatr. **1923**, 43. — *Kratter, J.:* Über Atropinvergiftung. Vjschr. gerichtl. Med. **44**, 52. — *Kreitmar, H.* u. *O. Wolfes:* Über Apoatropin, ein wenig bekanntes Belladonnaalkaloid. Klin. Wschr. **1938**, 1547. — *Laffont, A.* et *F. Durieux:* Encyclopédie médico-chirurgicale: *M. Duvoir:* Intoxications et maladies dues aux agents physiques. Paris 1937. — *Lemoine, G.:* La „cure bulgare" dans le traitement de la maladie de Parkinson. L'Esprit médical Nr. 206, 25 mars 1938. — *Leppien, R.:* Atropin-Cocainvergiftung. Slg. Verg.-Fälle **A 259**, 197. — *Leschke, E.:* Bilsenkrautvergiftungen. Vergiftungen. Münch. med. Wschr. **1932**, 1360. — *Leschke, E.:* Solanaceenvergiftung. Vergiftungen. Münch. med. Wschr. **1932**, 1358. — *Leschke, E.:* Atropin-, Kokain-, Aspirin-, Pikrinsäure- und Koloquinten-Vergiftungen. Slg. Verg.-Fälle **A 278**, 245. — *Lewin, L.:* Gifte und Vergiftungen. 802. Berlin 1929. — *Lewin, L.:* Lactuca virosa. Gifte und Vergiftungen. 766. — *Lewin, L.* u. *H. Guillery:* Die Wirkungen von Arzneimitteln auf das Auge. 2. Aufl. **1**, 149. Berlin 1913. — *Lickint, F.:* Nichttödliche Vergiftung mit 500 g Scopolamin. Münch. med. Wschr. **1931 II**, 1991. — *Lisak, A.:* Die Atropinbehandlung des postenzephalitischen Parkinsonismus. Schweiz. med. Wschr. **1932**, 672. — *Loewe, S.:* Atropin-Vergiftungen durch Genuß von Fleisch eines vergifteten Tieres. Slg. Verg.-Fälle **A 18**, 41. — *Ludwig, E.:* Suicidversuch mit den Wurzeln von Atropa Belladonna. Wien. med. Wschr. **1936 I**, 598. — *Meier, R.:* Zum Nachweis von Atropin bei Tollkirschenvergiftung. Klin. Wschr. **1927**, 554. — *Merkel, H., J. Sedlmeyer* u. *W. Straub:* Tollkirschen-Vergiftung (tödliche ?) (Giftmord ?). Slg. Verg.-Fälle **A 141**, 129. — *Mitlacher:* Toxikologisch wichtige Pflanzen. 1904. — *Morgenstern, S.:* Beitrag zur Frage des Belladonnadelirs. Z. Neur. **82**, 231 (1923). — *Morton, H. G.:* Atropinvergiftung bei Säuglingen und Kindern. J. Pediatr. **1939**, 755. — *Müller:* Chronische Belladonnavergiftung. Friedreichs Bl. **46**, 93 (1895). — *Müller, W.:* Vergiftungserscheinungen nach Anwendung kleinster Mengen Atropin. Med. Welt **1939**, 1230. — *Munch, J. C., H. J. Pratt* and *G. E. Byers:* Lactucaria. I. The mydriatic activity of lactucaria by the Munch method. J. amer. pharmaceut. Assoc. **22**, 943 (1933). — *von Oettingen, W. F.:* Die Atropingruppe. In *Heffters* Handb. der exper. Pharmakologie. Ergänzungswerk **3**, 1 (1937). — *Osetzky, W.:* Bilsenkrautsamen-Vergiftung. Slg. Verg.-Fälle **A 139**, 125. — *Paget:* Empoisonnement collectif par la racine de belladonne. Assoc. Franç. Avancement Sci. **1933**, 451. — *Panse, F.:* Gefahren bei Scopolamin-Morphiumdarreichung etc. Münch. med. Wschr. **1927**, 453. — *Patschowski, K.:* Vergiftung durch „Blutreinigungstee". (Belladonnavergiftung ?) Slg. Verg.-Fälle **A 608**, 99. — *Petri, Else:* Anatomie und Histologie der Vergiftungen. In Handb. der spez. Pathologie und Histologie. **10**, 401. Berlin 1930. — *Philippi* u. *Mühle:* Über eine Massenvergiftung durch den Genuß der Wurzel von Hyoscyamus niger. Münch. med. Wschr. **1910**, 2473. — *Pohlisch, K.:* Über psychische Reaktionsformen bei Arzneimittelvergiftungen. Mschr. Psychiatr. **69**, 200 (1928). — *Potjewijd, T.:* Phytochemische Untersuchung des lebenden Krautes von Hyoscyamus niger L. Pharmac. Weekbl. **71**, 1009 (1934). — *Rault:* Un cas d'intoxication par la mandragore. Maroc médical 15 oct. 1932. — *Regenbogen, E.:* Scopolamin-Vergiftung, medizinale. Slg. Verg.-Fälle **A 368**, 199. — *Reko, V. A.:* Toluachi, das ehrwürdige Gift der Mayos. Heil- u. Gewürzpflanz. **15**, 64 (1933). — *Riebeling, C.:* Scopolamin-Vergiftung, medizinale. Slg. Verg.-Fälle **A 295**, 299. — *Ritte, F.:* Arch. Kinderheilk. **79**, 89 (1926) (zit. bei *Oettingen*, 9). — *Rosenfeld:* Über die pharmakologische Beeinflussung nervöser Systeme und die Auslösung nervöser und psychischer Syndrome durch Gifte. Allg. Z. Psychiatr. **86**, 215 (1927). — *Sartori, A.:* Stechapfelsamen-Vergiftung (Giftmord ?). Slg. Verg.-Fälle **A 140**, 127. — *Schenk, G.:* Neue pharmazeutische Bearbeitung des Giftlattichs. Münch. med. Wschr. **1937**, 1250. — *Schirm, A. H.* u. *D. H. Wester:* Die Fundstelle des injizierten Cyankalis, die Wirkung von Cyankali und Scopolamin als Antagonisten und einige allgemeine Betrachtungen zum Gerichtsverfahren in Sachen Queck. Arch. Pharmaz. **266**, 290 (1928). — *Schmitz, H. A.:* Tollkirschen-Vergiftung bei einem Erwachsenen. Slg. Verg.-Fälle **A 247**, 169. — *Schneider, Ph.:* Durch Atropinvergiftung vorgetäuschtes, alkoholisches Delirium. Beitr. gerichtl. Med. **7**, 124 (1928). — *Schenck, G.* u. *H. Graf:* Zur Kenntnis des Lactucariums (I. Mitt.). Arch. Pharmaz. **274**, 537 (1936). II. Mitt.: Arch. Pharmaz. **275**, 36

(1937). — *Schenck, G.* u. *H. Graf:* Neue pharmazeutische Bearbeitung des Giftlattichs. Münch. med. Wschr. **1937 II**, 1250. — *Schröder:* Beitrag zur Lehre von den Intoxikationspsychosen. Allg. Z. Psychiatr. **63**, 714 (1906). — *Segerdahl E.:* Atropin-Vergiftung, medizinale. (Ein Fall von Hitzschlag während Atropinbehandlung). Slg. Verg.-Fälle **A 468**, 1. — *Spinner, J.:* Geheimnis der Hexensalben und Hexentränke. Med. Welt **1934**, 353 u. 390. — *Steindler, R.* u. *H. Langecker:* Ein Fall von Stechapfel-Vergiftung. Slg. Verg.-Fälle **A 686**, 107. — *Taylor, A. S.:* Die Gifte. 3 Bände. **3**, 367. Köln 1862/63. — *Torricelli, A.:* Alkaloidgehalt der verschiedenen Organe von Atropa Belladonna. Pharm. Acta-Helv. **7**, 20 (1932). — *Trier, G.:* Die Alkaloide. 2. Aufl. 286. Berlin 1931. — *Tucholski, T.:* Natürlicher oder gewaltsamer Tod durch Vergiftung mittels Akonitin und Atropin. Polska Gaz. lek. **1933**, 515. — *Verhoef, A. W.:* Vergiftung durch Ketjoeboeng (Datura fastuosa). Geneesk. Tijdschr. Nederl.-Indie **64**, 304 (1924). — *Wagner, K.:* Tödliche Atropin-Vergiftung. Slg. Verg.-Fälle **A 536**, 171. — *Wallé:* Ein Fall von akuter Atropinvergiftung. Ärztl. Sachverst. ztg. **1896**, 239. — *Wentzel, M.:* Über die chemischen Bestandteile der Mandragorawurzel. Diss. Berlin 1900. — *Willstätter, R.* u. *W. Heubner:* Über eine neue Solanaceenbase. Ber. dtsch. chem. Ges. **40**. — *Winder, N. F.* u. *C. H. Manley:* Belladonna-Vergiftung durch flüssigen Leberextrakt. Slg. Verg.-Fälle **A 607**, 97 und Brit. med. J. Nr. **3921**, 413 (1936). — *Zeynek, R.* u. *Zd. Stary:* Tollkirschen-Vergiftung durch Kräutertee. Slg. Verg.-Fälle **A 95**, 21. **H. Fischer.**

**Tropacocain** siehe *Cocain.*

**Trypaflavin** siehe *Künstliche organische Farbstoffe.*

**Tubarschwangerschaft** siehe *Extrauteringravidität und Unfall.*

**Tuberkulose und Trauma.** (Vgl. auch Art.: Bakteriologische Untersuchungen in der gerichtlichen Medizin; Betriebsunfall; Trauma.)

Die Zusammenhangsfrage zwischen Tuberkulose (Tbk.) und Trauma erfährt in den letzten Jahren, insbesondere seit den umfassenden Erfahrungen, welche im Weltkriege gesammelt werden konnten, und nach eingehenden wissenschaftlichen Zusammenstellungen (*Liniger, Zollinger*) eine zurückhaltende Beurteilung. Hiervon ist die Beurteilung der *Tuberkulose* und die *tuberkulöse Infektion von Wunden,* deren traumatische Entstehung meist unbestritten ist, selbstverständlich auszunehmen. Diese Erkrankungen ziehen sich bekanntlich vor allem die häufig mit infektiösem Material umgehenden Berufe wie Ärzte, Leichengehilfen, Metzger, Viehwärter u. a. zu. Bei der Begutachtung der übrigen tuberkulösen Erkrankung (chirurgischer und interner Art) nach Traumen ist für die Annahme eines kausalen Zusammenhanges ein *sehr strenger Maßstab* anzulegen. Es braucht hier nur auf die Häufigkeit tbk. Erkrankungen verwiesen zu werden, bei deren Entstehung nachweislich kein beachtenswertes Trauma mitgespielt hat. Es kommt also eine Anerkennung einer Tbk. als Unfallsfolge nur unter ganz bestimmten Voraussetzungen in Betracht.

Ist ein Zusammenhang im Einzelfall gegeben, dann handelt es sich um die Entscheidung der Frage einer traumatischen *Entstehung* oder traumatischen *Verschlimmerung* der vorliegenden Krankheitsform. Bei Anwendung des Ausdruckes „traumatische Entstehung" wird stillschweigend vorausgesetzt, daß hier wie bei allen anderen Infektionskrankheiten das Trauma nicht die alleinige und unmittelbare, sondern nur die *auslösende Ursache* sein kann, indem es den Tuberkelbacillen ihre krankheitserzeugende Tätigkeit ermöglicht und begünstigt. Für das Auftreten dieser Tbk. spielt die endogene *Reïnfektion* von einem bis dahin latenten Herd aus die Hauptrolle.

Je nach Auswirkung des stattgehabten Traumas kann man einerseits einen *mittelbaren,* andererseits einen *unmittelbaren Zusammenhang* zwischen Trauma und Tbk. unterscheiden. Von einem *mittelbaren* Zusammenhang ist zu sprechen, wenn ein an irgendeiner Körperstelle angreifendes Trauma mit seinen direkten Folgen die allgemeine Widerstandskraft des Verletzten herabsetzt (Blutverlust, entkräftendes

Krankenlager, Eiterung), so daß es zum Aufflackern eines latenten oder schon floriden Krankheitsherdes kommt. Ein *unmittelbarer* Zusammenhang zwischen Trauma und Tbk. besteht: 1. wenn das Trauma den latenten oder nicht latenten Herd *direkt* getroffen und zur lokalen Ausbreitung oder Metastasierung von infektiösem Material auf dem Blut- oder Lymphweg geführt hat; man kann hier auch von *mobilisierendem* Trauma sprechen; 2. wenn es durch ein fernab von einem tuberkulosen Herd gesetztes Trauma zu erheblicher lokaler Gewebsschädigung (locus minoris resistentiae) und zum Neuauftreten einer tuberkulosen Erkrankung an dieser Stelle gekommen ist. Das Trauma schafft entfernt vom primären Herd eine *örtliche Disposition* zur Ansiedelung der bereits im Blut kreisenden Bacillen. Hier ist der Ausdruck *lokalisierendes Trauma* am Platze (*C. Kaufmann*).

Bei der *Begutachtung* des Kausalzusammenhangs zwischen Trauma und Tbk. läßt sich die Lungentuberkulose im gewissen Sinn allen übrigen Tuberkuloseformen gegenüberstellen. Diese Trennung ist berechtigt, weil eine Reihe von Traumen, welche ihrem Wesen nach für die Lungentuberkulose ursächlich oder verschlimmernd in Betracht kommen, für die übrigen Tuberkuloseformen belanglos sind. Die in Begutachtungsfällen in den Kreis der Betrachtung tretenden traumatischen Einwirkungen sind verschiedenster Art. Nicht alle unfallsmedizinisch in den Begriff des Traumas fallenden Ereignisse sind jedoch nach heutigen Grundsätzen überhaupt geeignet, eine Tbk. auszulösen oder zu verschlimmern. Praktisch bei weitem am wichtigsten sind die *stumpfen Verletzungen.*

Im allgemeinen lassen sich für die *Anerkennung der Zusammenhangsfrage* zwischen örtlichen Gewalteinwirkungen und Tbk. folgende Voraussetzungen aufstellen: 1. Das Unfallsereignis muß einwandfrei erwiesen sein. 2. Der Unfall muß erheblich sein und nachweisbare Gewebsschädigungen hervorgerufen haben (objektive und subjektive Verletzungserscheinungen). 3. Die Gewalteinwirkung muß unmittelbar den später erkrankten Körperteil getroffen haben. 4. Der zeitliche Zusammenhang zwischen Trauma und auftretender Erkrankung muß gewahrt und angemessen sein, und der Verlauf der Tbk. muß für eine Unfallwirkung charakteristisch sein.

Für die Annahme des Zusammenhangs zwischen Trauma und *Lungentuberkulose,* welcher grundsätzlich nach etwas anderen Gesichtspunkten beurteilt werden muß, gilt als Voraussetzung, daß der Brustkorb von einem schweren Unfall betroffen wurde. Dabei ist es nach übereinstimmender Meinung erfahrener Gutachter möglich, daß ein schweres Trauma auf eine beliebige Stelle des Brustkorbs oder eine heftige Erschütterung *ohne* direkte Brustkorbverletzung zur Aktivierung einer latenten oder wesentlichen Verschlimmerung einer schon bestehenden Tbk. führt. Für die Bejahung der Zusammenhangsfrage bei einer traumatischen Lungentuberkulose müssen erst nach dem Trauma einsetzende Beschwerden und bis zum Auftreten einer manifesten Tbk. mindestens Brückensymptome verlangt werden. Für die Annahme einer wesentlichen Verschlimmerung ist eine möglichst bald nach dem Unfall einsetzende deutliche Verschlechterung des Gesundheitszustandes zu fordern. Endlich mag noch erwähnt werden, daß gewisse heftige Reize — sofern sie unfallartigen Charakter haben — unter ganz besonderen Umständen einen tuberkulosen Lungenherd einmal aktivieren können (außergewöhnliche Anstrengung, Unterkühlung, physikalische Reize, wie künstliche Höhensonne u. dgl., schwere Gasvergiftung, chemische Reize, wie salpetrig-saure Dämpfe u. dgl.).

Hinsichtlich der einzelnen sich aus Art des Traumas und der tuberkulosen Erkrankung ergebenden Fragestellungen muß auf die einschlägigen Werke verwiesen werden. Es muß wohl nicht besonders betont werden, daß in jedem einschlägigen Begutachtungsfalle einwandfreie, *vor* dem Trauma erhobene, möglichst röntgenologisch belegte Befunde von besonderem Wert sind. Sie sind oft zur Herbeiführung einer klaren Entscheidung unerläßlich. Ebenso ist eine möglichst im unmittelbaren Anschluß an das Trauma beginnende, fortlaufende Beobachtung für eine klare Beurteilung der Zusammenhangsfrage natürlich von besonderer Bedeutung. Praktisch liegen die Dinge allerdings häufig nicht so günstig. Zusammenfassend ist jedenfalls nochmals zu betonen, daß es in jedem einzelnen Falle einer ganz eingehenden kritischen Würdigung der gesamten Umstände bedarf und daß für die Annahme einer tuberkulosen Erkrankung als Folgezustand eines Traumas eine möglichst vollständige Erfüllung der vorhin genannten Bedingungen gegeben sein muß.

*Schrifttum.*

*Eltze:* Die Lungentuberkulose in der Begutachtung. Berlin 1936. — *Kaufmann, C.:* Tuberkulose. In: *Kaufmann,* Handb. der Unfallmedizin. **II,** 80 ff. Stuttgart 1925. — *Kaufmann, F.:* In: *C. Kaufmann,* Handb. der Unfallmedizin. **II,** 106 ff. Stuttgart 1925. — *Liniger:* IV. Internat. Unfallkongr. Amsterdam 1925. — *Magnus:* Unfall und Tuberkulose. In: *F. König* u. *G. Magnus,* Handb. der ges. Unfallheilk. **I,** 244 ff. Stuttgart 1932. — *Reichmann:* Unfall und Lungentuberkulose. In: *F. König* u. *G. Magnus,* Handb. der ges. Unfallheilk. **I,** 257 ff. Stuttgart 1932. — *Schneider, E.:* Unfall und chirurgische Tuberkulose. Stuttgart 1935. — *Zollinger:* IV. Internat. Unfallkongr. Amsterdam 1925. — *Zollinger:* Lungentuberkulose und Trauma. Einige kritische Bemerkungen. Beitr. Klin. Tbk. **64,** 1 (1926). ***Hausbrandt.***

**Tumor** siehe *Geschwulst und Trauma.*

**Tuschen** siehe *Tinten und Tintenschriften.*

**Tutocain** siehe *Lokalanaesthetica außer Cocain.*

**Typhus** siehe *Bakteriologische Untersuchungen in der gerichtlichen Medizin; Plötzlicher Tod aus natürlicher Ursache.*

# U.

**Uberempfindlichkeit** siehe *Idiosynkrasie.*

**Uberfahren** siehe *Tod und Gesundheitsbeschädigung infolge Verletzung durch stumpfe Gewalt; Verkehrsunfall.*

**Uberfruchtung** siehe *Schwangerschaftsdauer.*

**Uberschwängerung** siehe *Schwangerschaftsdauer.*

**Uberstürzte Geburt** siehe *Kindestötung.*

**Uberwältigung einer Frauensperson** siehe *Notzucht.*

**Uhlenhutsche Präcipitinreaktion** siehe *Forensische Blutuntersuchung.*

**Ulcus molle** (= U. m.). (Vgl. auch Art.: Bakteriologische Untersuchungen in der gerichtlichen Medizin; Geschlechtskrankheiten vor Gericht.)

*1. Diagnose:* Das U. m. wird erkannt durch den mitunter recht schwierigen *Nachweis des Erregers,* des *Ducrey*schen Bacillus. Kultur und Komplementbindungsreaktion haben keine praktische Bedeutung. Der Untersuchungsstoff wird nicht der Oberfläche des Geschwürs entnommen, sondern von der Tiefe. Man hat die Wahl zwischen mehreren anerkannten Färbeverfahren. Die wichtigsten Differentialdiagnosen sind der harte Schanker und das Ulcus mixtum. Vom harten Schanker unterscheidet sich das U. m. klinisch durch die Schmerzhaftigkeit, die unterminierten Ränder, die kürzere Inkubationszeit. Bei Ulcus mixtum erscheint zunächst ein Geschwür mit allen Merkmalen des weichen Schankers, das sich nach 2—3 Wochen nach Art eines Primäraffekts verhärtet. Später tritt eine schmerzlose Lymphknotenschwellung auf, die *Wassermann*sche Reaktion wird positiv. Mehrzahl von Geschwüren tritt bei U. m. häufig auf, beim harten Schanker äußerst selten. Auch eine Verwechslung des U. m. mit syphilitischen Papeln und spätsyphilitischen Hauterscheinungen ist möglich. Entscheidend ist der Erregernachweis, ferner der Ausfall der Wa.-R. Eine Balanitis erosiva unterscheidet sich vom U. m. durch die nicht unterminierten Ränder, ein Herpes genitalis durch die Bläschen, diphtherische Geschwüre durch ihren Erreger. Die durch U. m. verursachten Bubonen sind gegen andere Lymphknotenschwellungen abzugrenzen: syphilitische Lymphknoten, Leistenbruch, gonorrhoische Epididymitis eines Leistenhodens, Lymphknotenschwellung in Folge von infizierten Verletzungen oder Lymphogranuloma inguinale (s. d.) oder Tuberkulose.

Im Hinblick auf die immer mögliche Mischinfektion mit Syphilis hat der Begriff der *Ansteckungsgefahr (Werr)* beim weichen Schanker einen doppelten Sinn. Als Verbreiter des U. m. selbst kommt der Kranke mit dem Abheilen des Geschwürs, das heißt in der Regel 6—8 Wochen nach der Ansteckung nicht mehr in Frage. Die Gefahr einer Syphilis und zwar natürlich einer ansteckungsgefährlichen Syphilis kann jedoch erst durch ärztliche Beobachtung von etwa 3 Monaten sicher ausgeschlossen werden, während deren wiederholt Untersuchungen auf Spirochäten sowie eine Blutprobe vorzunehmen sind.

*2. Entstehungsweise:* Das U. m. wird fast ausschließlich durch den Geschlechtsverkehr übertragen. Außergeschlechtliche Ansteckungen sind sehr selten und insbesondere viel seltener als solche mit Syphilis. Einige Beispiele für Ansteckungen durch Päderastie sind bekanntgeworden. Sitz des Geschwürs sind überwiegend die äußeren Geschlechtsteile, seltener bei der Frau Scheide und Cervix. Außergeschlechtliche weiche Schanker sind an Fingern, Lippen, an der Zunge beobachtet worden. Vielfach liegt gleichzeitig ein Geschwür an den Geschlechtsteilen vor, wie denn überhaupt Selbstübertragungen beim U. m. ziemlich häufig vorkommen. Die Inkubationszeit für das erste wahrnehmbare Knötchen ist 24 bis 36 Stunden, für das voll entwickelte Geschwür einige Tage. In sehr vereinzelten Fällen haben sich Ärzte und Pflegerinnen bei der Pflege von U. m.-Patienten angesteckt.

*3. Verschulden:* Die Frage nach der Kenntnis des Kranken von seinem Leiden und der Ansteckungsgefahr ist beim weichen Schanker leichter zu beantworten als bei Lues und Gonorrhoe, weil die Ansteckungsgefahr an örtliche und zudem schmerzhafte Krankheitserscheinungen gebunden ist und die Inkubationszeit in der Regel nicht über zwei Tage beträgt. Selbst wenn der Kranke keinen Arzt aufsucht und demgemäß nicht über das Wesen seines Leidens belehrt wird, so wird man doch in der Regel annehmen können, daß er das an den Geschlechtsteilen auftretende Geschwür wenigstens als verdächtig ansieht und sich weiteren Geschlechtsverkehrs enthält, solange der Verdacht nicht durch ärztliches Urteil entkräftet ist. Bei der Frau muß mit einem häufigeren Übersehen auch des weichen Schankers gerechnet werden.

*4. Verlauf und Folgen:* Mit bleibenden gesundheitlichen Nachteilen ist der weiche Schanker nur ausnahmsweise verbunden. Er gilt mit Recht als die am wenigsten gefährlichste Geschlechtskrankheit. In etwa jedem zehnten Fall entzünden sich die Lymphknoten der Leiste (bei außergeschlechtlichem Schanker die entsprechenden Lymphknoten), sei es schon während des Schankers, sei es erst nach seinem Abheilen. Die Behandlung kann langwierig sein, verspricht aber im allgemeinen, nötigenfalls durch Operation, Erfolg. Das U. m. gangraenosum, das zu schweren Substanzverlusten führen und eine Sepsis oder Thrombose verursachen kann, ist selten. Hier entstehen zweifellos schwere und bleibende gesundheitliche Schäden.

*Schrifttum.*
Vgl. den Art.: Geschlechtskrankheiten vor Gericht.
**Werr** und **Gottschalk.**

**Uliron** siehe *Künstliche organische Farbstoffe.*

**Ultraviolett-Licht.** (Vgl. auch Art.: Giftnachweis; Palimpsest-Photographie; Photographie.)

Man versteht unter Ultraviolett-Licht (U-V-Licht) den kurzwelligen Teil des Spektrums von etwa 400—150 mμ, der für das menschliche Auge unsichtbar ist.

*Lichtquellen,* die U-V-Strahlen aussenden, sind:
1. Die Sonne, die U-V-Strahlen bis 300 mμ und in großen Höhen bis 290 mμ aussendet.
2. Bogenlampen mit gewöhnlichen Kohlen oder solchen, die mit Nickel, Wolfram oder Eisensalzen getränkt sind; sie strahlen besonders starkes U-V-Licht aus.
3. Quecksilberbrenner in Quarz oder I.G. Phosphatglas.

Für den praktischen Gebrauch scheidet die Sonne als Lichtquelle wegen der stark wechselnden Intensität aus. Brauchbar sind die Bogenlampen, doch haben sie den Nachteil, daß sie immer nachreguliert werden müssen. Am besten hat sich die Quecksilberbrenner bewährt, vor allem für photographische Aufnahmen, da sie keiner Regulierung und Beaufsichtigung bedürfen. Die bekanntesten sind die Analysenlampen von der Firma *Haeräus,* Hanau, die verschiedene Modelle herstellt, von denen die Analysenquarzlampe die am meisten gebrauchte ist. Neuerdings ist der Ultravisor der Sendlinger Optischen Glas-Werke, Berlin-Zehlendorf, im Handel, der leicht transportabel ist und leicht an jede Stromart angeschlossen werden kann.

Um die wertvollen Eigenschaften der U-V-Strahlen zur vollen Wirkung zu bringen, ist es erforderlich, die von der Lichtquelle erzeugten sichtbaren Strahlen zurückzuhalten. Dies gelingt am einfachsten durch geeignete *Filter,* die U-V-Strahlen durchlassen, aber das sichtbare Licht zurückhalten. Solche Filter sind die von *Schott* u. Gen. mit der Bezeichnung UG1 (Uvetglas), UG2 (Uvetschwarz) und UG4. UG1- und UG2-Filter sind dunkelviolett und lassen neben dem U-V-Licht in geringem Maße das äußerste Rot durch. Das Filter UG4 besitzt eine wesentlich geringere Durchlässigkeit, dafür hat es aber den Vorzug, daß es gegen Hitzeeinwirkung unempfindlich ist. Ferner seien genannt das Schwarzglasfilter der Hanauer Quarzlampengesellschaft und der Sendlinger Optischen Glas-Werke. Um auch die roten Strahlen zurückzuhalten, die oft eine rote Luminescenz vortäuschen, kann eine Cuvette mit Kupfersulfat zwischen Lichtquelle und Objekt geschaltet werden. Eine andere Methode, reines und zugleich monochromatisches U-V-Licht zu erzeugen, besteht darin, daß man das Licht von der Lichtquelle durch einen Spalt und ein geeignetes Prisma fallen

läßt und die nicht gewünschten Linien des entstehenden Spektrums abschirmt. Für den allgemeinen praktischen Gebrauch ist die zuerst genannte Methode vorzuziehen, da mit ihr die meisten Untersuchungen einfacher auszuführen sind (s. u.).

*Eigenschaften:* Die U-V-Strahlen haben die Eigenschaft, sehr viele Stoffe zum Selbstleuchten zu bringen, d. h. die kurzwelligen unsichtbaren U-V-Strahlen werden in langwellige sichtbare Strahlen verwandelt. Man spricht von Luminescenz und unterteilt sie in „Fluorescenz", die zeitlich mit der Bestrahlungsdauer zusammenfällt, und „Phosphorescenz", die über die Bestrahlungsdauer hinaus wahrgenommen wird, bei der also ein Nachleuchten stattfindet. Für die Wahrnehmung von Luminescenzerscheinungen ist es erforderlich, alles Nebenlicht vom Objekt fernzuhalten, weil sonst die Leuchterscheinungen, die häufig sehr schwach sind, leicht überstrahlt werden. Die verschiedenartige Luminescenz der im Tageslicht oft gleich oder wenig verschieden aussehenden Stoffe hat die Luminescenzanalyse im filtrierten U-V-Licht für kriminalistische Untersuchungen unentbehrlich gemacht. Mit ihrer Hilfe lassen sich unterscheiden: Farbstoffe, gefärbte Stoffe, Papiersorten vor allem mit Wasserzeichen, Banknoten (Fasern), Invaliden-, Brief- und andere Marken, Klebstoffe, Siegellacke, Öle, Fette, Mineralien, Chemikalien usw., und sie können dienen zur Erkennung von Reparaturen an Marken, ausradierten oder ausgelöschten Stellen auf Dokumenten, entfernter Entwertungsstempel, der widerrechtlichen Öffnung von Briefen (Klebstoff, Lösungsmittel der Stempelfarbe), schlecht lesbarer Schrift, unsichtbarer Geheimschriften, verdächtiger Flecken auf Stoffen (Sperma usw.), Schriftfälschungen, Fälschungen an Kunstwerken, falscher Zähne und vielen anderen (s. vor allem bei *Danckwortt*).

Das subjektiv beobachtete Luminescenzbild läßt sich leicht objektiv durch die Photographie festhalten. Es ist dabei Sorge zu tragen, daß 1. außer den ultravioletten Strahlen keine anderen das Objekt treffen und daß 2. keine U-V-Strahlen auf die photographische Platte gelangen. Letztere Forderung läßt sich erfüllen, wenn man vor das Objektiv das Glasfilter UG4 der Firma *Schott* und Gen. bringt. Als Plattenmaterial ist eine hochempfindliche, orthochromatische, lichthoffreie Platte zu verwenden. Als Lichtquelle dient am besten eine Quarzquecksilberlampe. Diese strahlt im U-V-Gebiet im wesentlichen mit den Wellenlängen 366 mμ und 313 mμ. In Ausnahmefällen kann es erforderlich sein, mit monochromatischem Licht zu bestrahlen. In diesem Falle ist es erforderlich, das Licht der Quecksilberlampe mittels eines Spaltes und eines geeigneten Prismensystems zu zerlegen und ein großes Linienspektrum zu erzeugen. Der Teil des Objektes, der untersucht werden soll, wird in das Gebiet der Linie 313 mμ gebracht und die Aufnahme unter den erwähnten Vorsichtsmaßnahmen getätigt. Letztere Methode erfordert sehr lange Expositionszeiten von vielen Stunden, und die Apparatur ist recht kostspielig. Meistens wird man mit der zuerst erwähnten Methode auskommen, jedoch gibt es Fälle, wo diese Methode angewendet werden muß. Mit ihrer Hilfe gelang es *Kögel,* Palimpseste lesbar zu machen. Palimpseste sind Papyrusfragmente, von denen die ursprüngliche Schrift entfernt worden war (mit Wasser und Sand) und die wieder, unter Umständen auch ein zweites Mal, überschrieben wurden.

Neben der Photographie des Luminescenzbildes ist die Photographie der von dem Objekt ausgestrahlten U-V-Strahlen mitunter sehr aufschlußreich, denn nicht alle Stoffe reflektieren U-V-Strahlen in dem gleichen Maß. Es lassen sich auf diese Weise unter Umständen Verschiedenheiten erkennen oder ver-

55*

stärken, die im Tageslicht oder beim Betrachten im filtrierten U-V-Licht nicht oder nur schlecht zu beobachten sind.

Bei der Ausführung einer derartigen Aufnahme „im reflektierten U-V-Licht" oder kurz „U-V-Aufnahme" soll nur das von dem Objekt zurückgestrahlte *U-V-Licht* auf die Platte gelangen. Das praktisch verwendete U-V-Licht besteht wie erwähnt im wesentlichen aus den Wellenlängen 366 mμ und 313 mμ, von diesen wird aber nur die Wellenlänge 366 mμ durch die Glasoptik durchgelassen, während die Strahlen kürzerer Wellenlängen zurückgehalten werden. Vor dem Objektiv ist ein Filter anzubringen, das das *sichtbare* Licht *zurückhält* und nur *U-V-Strahlen durchläßt.* Geeignet hierfür sind Filter wie UG 1 oder UG 2 von *Schott* und Gen. Da durch die Glasoptik die Strahlen von 366 mμ, zurückgehalten werden, wirken dann auf die Platte nur die Strahlen von 366 mμ. Bei derartigen Aufnahmen verwende man Kontrastplatten.

Während die Strahlen von 366 mμ noch ein gewisses Durchdringungsvermögen besitzen, ist dies bei den Strahlen 313 mμ sehr gering. In Fällen, wo es darauf ankommt, diese Eigenschaft nutzbar zu machen, z. B. in schwierigen Fällen von Strichkreuzungen (Bleistift — dünnere Tinte), wo zu entscheiden ist, welcher der beiden Striche obenauf liegt, oder ähnlichem, ist es erforderlich, mit Quarzoptik zu photographieren und ein Filter zu verwenden, das neben dem sichtbaren Licht auch die U-V-Strahlen von 366 mμ zurückhält. Ein solches Filter ist das Silberquarz-Filter der Firma *Zeiss*-Jena.

Für die visuelle Beobachtung und Photographie von Luminescenz-Erscheinungen an mikroskopischen Objekten sind verschiedene Apparaturen im Handel, auf die hier nicht eingegangen werden kann. Näheres findet sich in dem schon öfter zitierten ausgezeichneten Buche von *Danckwortt.*

*Schrifttum.*

*Danckwortt, P. W.:* Luminescens-Analyse 4. Aufl. Leipzig 1940. — *Kögel, P. R.:* Die Palimpsestphotographie. Halle a. S. 1920. — *Kögel, G.:* Die unsichtbaren Strahlen in der Kriminalistik. Graz 1928. — *Langenbruch, H.:* Die Technik der Ultraviolett-Reflexphotographie. Arch. Kriminol. **102**, 42. **Klauer.**

**Ultraviolett-Photographie** siehe *Photographie.*

**Umgewöhnung** siehe *Angewöhnung an Verletzungsfolgen.*

**Unfall** siehe *Betriebsunfall.*

**Unfalltod im Wasser** siehe *Tod durch Ertrinken.*

**Unfruchtbarkeit** siehe *Zweifelhafte Fortpflanzungsfähigkeit beim Manne und beim Weibe.*

**Ungeziefervertilgungsmittel** siehe *Schädlingsbekämpfungsmittel.*

**Unsichtbare Schriften.**

Unter *unsichtbarer Schrift* versteht man die Herstellung von Zeichen zum Zwecke der geheimen Nachrichtenübermittlung, die nur mit Hilfe chemischer, physikalischer oder mechanischer Methoden lesbar gemacht werden können. Altbekannt sind die sog. sympathetischen Tinten. Schon *Ovid* empfahl den Römerinnen, ihre Liebesbriefe mit Milch zu schreiben und mit Kohlepulver zu entwickeln („Tuta quoque est, fallitque oculos a lacte recenti — Litera, carbonis pulvere tange; leges"), und *Philo von Byzanz* beschreibt eine Schrift mit Galläpfelauszug, die mit eisenhaltigen Kupfersalzen hervorgerufen werden kann. Auch Stellen bei *Ausonius, Plinius, Aeneas Tacitus* und *Herodot* weisen auf die Möglichkeit unsichtbarer Schrift hin, wobei auch sympathetische Tätowierung der Haut empfohlen wird. Die vielfachen Äußerungen lassen auf ein erhebliches Interesse früherer Zeiten an diesen Dingen schließen. Heute gelten die unsichtbaren Schriften weiten Kreisen als Spielerei, doch muß vor Unterschätzung ihrer Bedeutung gewarnt werden, denn, abgesehen von einigen schwierigeren aber deshalb um so gefährlicheren Methoden, ist es in vielen Fällen geradezu einfach, sich eine sympathetische Tinte zu beschaffen und somit völlig unverdächtige Mitteilungen weiterzuleiten.

Es lassen sich im wesentlichen zwei Gruppen unterscheiden: Herstellung *unsichtbarer Schriften mit Hilfe von Schreibflüssigkeiten,* deren Lesbarmachung auf optischem, mechanischem oder chemischem Wege möglich ist, und die *rein photochemischen Verfahren.*

a) Theoretisch kann zunächst jede chemische Reaktion, bei welcher sich aus mehr oder weniger farblosen Flüssigkeiten gefärbte Niederschläge bilden lassen, angewandt werden. Beispiele sind:

| Schreibflüssigkeit | entwickeln mit | Farbe der Schrift |
|---|---|---|
| Bleiacetat. . . | Schwefelwasserstoff | schwarz |
| Ferrichlorid . . | Kaliumferrocyanid | blau |
| Ferrichlorid . . | Kaliumrhodanid | rot |
| Kaliumarsenat. | Kupfernitrat | grün |
| Tannin (Gerbsäure) . . . | Ferrichlorid | blauschwarz |
| Salicylsäure . . | ,, | violett |
| Antipyrin . . . | ,, | rot |
| Pyramidon . . | ,, | violett |
| Phenolphthalein | Alkalien | rot |
| Phloroglucin. . | Salzsäure | rot, falls Beschreibstoff Holz oder holzhaltiges Papier. |

Die Zahl der Möglichkeiten kann natürlich unbegrenzt erweitert werden. Beachtenswert erscheint, daß in Gefängnissen leicht unter einem Vorwand Ferrichlorid als blutstillende Watte erhalten werden kann. Ebensogut wie die genannten Chemikalien lassen sich aber auch Magermilch, Speichel, verd. Leimlösungen anwenden. Die Entwicklung erfolgt durch Einstauben mit Kohlepulver, Staub oder Zigarettenasche. Schließlich ist auch Urin ein beliebtes Mittel. Die Schriftzeichen werden dabei durch Erwärmen mit einem heißen Bügeleisen hervorgerufen, eine Methode, die überhaupt fast immer bei Vorliegen einer Schrift mit Chemikalien Erfolg haben wird. Auch Zeichen, die mit verd. Salzlösungen (u. U. Leitungswasser) geschrieben sind, werden so noch sichtbar.

Nachteilig bleibt, daß eine nach den oben beschriebenen Methoden hergestellte „unsichtbare" Schrift bei geeigneter Beleuchtung schon durch die geringen Oberflächenglanzänderungen des Papiers an den beschriebenen Stellen den Prüfer aufmerksam werden läßt. Gegen diese Gefahr kann versucht werden, das unsichtbar beschriebene Blatt mit Wasserdampf zu behandeln und dann zu trocknen. Hingewiesen sei auf Schrift mit destilliertem Wasser, deren Entwicklung mit 1 %iger Silbernitratlösung oder mit *Moser*scher Flüssigkeit (s. u.) erfolgt. Als Grundsatz beim Schreiben mit sympathetischer Tinte gilt, eine möglichst große Verdünnung zu wählen. Das Schreiben mit Stahlfedern wird gerne vermieden, da die Federbeine leicht Spuren hinterlassen. Zu beachten ist, daß unsichtbare Schriften sich auch auf Holz, Leder, Stoffen, Metallen, Glas befinden können.

*Bei der Untersuchung* eines Papierblattes auf

unsichtbare Schrift werden die Methoden den Vorzug erhalten, die es gestatten, die Schrift zu lesen, ohne die Urkunde zu beschädigen. Da ein Weitersenden der untersuchten Urkunde an den Empfänger oft zweckmäßig sein wird, soll die Schrift unsichtbar erhalten werden oder wieder unsichtbar gemacht werden können. Den Vorrang haben die optischen Methoden: Zunächst wird durch Betrachtung des Blattes im Schräglicht meist Verdächtiges auffallen, wenn auch das Ablesen noch nicht möglich sein wird. Der Oberflächenglanz des Papiers wird an gewissen Stellen verändert sein, oder es werden sich sogar, bei Verwendung von nicht ganz verd. Lösungen, feinste Ablagerungen von Kristallen finden. Die Prüfung unter der Quarzlampe gibt bei vielen Substanzen Fluorescenzerscheinungen. Es kann dabei entweder sein, daß die Schrift gegenüber dem Papier fluoresciert (positive Fl.) oder daß das Papier fluoresciert und die Schriftstellen ausgespart sind (negative Fl.). Die Schrift wird um so deutlicher lesbar je größer die Fluorescenzdifferenz ist. Nach *P. R. Kögel* kann diese unter gewissen Voraussetzungen durch Behandeln des Schriftstückes mit Ferrosulfat (0,25 g in 100 ccm Wasser) vergrößert werden. *J. Rubner* gibt u. a. folgende positive Fluorescenzen an:

Urin, Citronensaft, Milch, Salz-
  wasser, Essig = bläulich
Seifenlösung = gelblich
Kalkhaltiges Wasser, Gipslösung = braun
Uransalze = bläulichweiß.

Die mechanischen Methoden der Auffindung von geheimen Schriftzeichen sind irreversibel und somit meist unbrauchbar. Das Einstäuben mit Pulvern (Kohle, Graphit, Aluminium, Ultramarin usw.) läßt Schriften mit Kolloiden (Eiweiß, Milch, Gelatine, Speichel, Leim) sehr gut hervortreten, verschmutzt aber die Papierfläche vollständig. Die Einwirkung von Hitze ist an sich eine der besten Hilfsmittel und versagt fast nie, jedoch wird naturgemäß die Urkunde zur Weitersendung ungeeignet. Die Lesbarmachung durch chemische Reagenzien beginnt zweckmäßig mit der Einwirkung von verschiedenen Gasen, vor allem von Joddämpfen unter einer Glaswanne. Viele Schriften treten hervor, um nach einiger Zeit wieder zu verblassen. Eine photographische Aufnahme ist inzwischen leicht herzustellen. Da man bei der Prüfung mit flüssigen Lösungen nicht im voraus weiß, welche Reaktion zum Ziele führen wird, werden zunächst Strichreaktionen ausgeführt:

Ein kleiner Wattebausch wird um ein Holzstäbchen (Zahnstocher) gewickelt und mit der Prüfflüssigkeit angefeuchtet und in leichter Strichführung über das Objekt geführt. Im Bereiche des Striches treten dann evtl. Zeichen hervor, die sofort abzulesen und zu notieren sind. Mit der günstigsten Lösung kann dann die ganze Urkunde behandelt werden.

Sehr bewährt hat sich die *Gaede-Heeß*sche Lösung (konz. Calciumchloridlösung versetzt mit konz. Jod-Jodcalciumlösung) oder die *Moser*sche Flüssigkeit (100 ccm $H_2O$, 50 g $CaCl_2 \cdot 6\ H_2O$, 1,5 g KJ, 0,4 g J). Zum Entfärben des Objektes dient eine Lösung von 25 g $Na_2S_2O_3$ in 1000 ccm Wasser. Zu Strichreaktionen sind weiterhin 2—3%ige Eisenchloridlösung, verd. Ammoniak u. a. anwendbar. Besondere Vorsicht ist bei porösem Papier geboten und in den Fällen, in denen ein belangloser Tintenschrifttext mit auf dem Objekt ist, damit dieser nicht durch Reagenzien verändert wird. Zusammengefaßt ergibt sich folgender *Analysengang:*

Betrachtung im Tages- und im künstlichen Licht bei schräger Lage. U.V.-Untersuchung, evtl. Fluorescenzphotographie. Prüfung gegenüber Joddämpfen bei 30°; anschließend, ohne auf Entfärbung zu warten,

unter der Glaswanne gasförmiger Rhodanwasserstoffsäure aussetzen (30 ccm $H_2O$, 2 g KCNS, 1 ccm $H_2SO_4$ konz.) (= Eisenschriften werden rot). Bei 50—60° trocknen (= Kobaltschriften treten blau hervor). Wieder im geschlossenen Glas Ammoniakdämpfen aussetzen (= Phenolphthaleinschrift wird rot), dann über Ammoniumsulfid (= Schriften mit Blei-, Kobalt-, Wismutverbindungen usw. werden schwarz), schließlich nach Entfärbung mit 3%iger Wasserstoffsuperoxydlösung dem Einfluß von Schwefelwasserstoff aussetzen (= Arsen, Antimon). Falls die Jodreaktion nur schwer leserlich ausfällt, können dort Strichreaktionen eingefügt werden, wie man überhaupt auf Grund von Vorversuchen entscheidet, ob nicht gleich eine Fertigentwicklung mit einer der Streichlösungen zweckmäßig ist. Es ist klar, daß der Arbeitsgang nur soweit durchgeführt wird, bis ein Ergebnis vorliegt. Die ganze Durcharbeitung läßt natürlich immer gewisse Schäden zurück und selbst nachträgliches Baden und evtl. Parfümieren verdeckt kaum restlos die Spuren chemischer Arbeit. Beim Baden im Wasser achte man übrigens auf die Wasserzeichenschrift. Wird das Untersuchungsobjekt nicht weiter benötigt, so ist nach den Streich- und Begasungsversuchen Hitzeeinwirkung empfehlenswert, falls möglich zunächst an einem herausgeschnittenen Streifen. Die Entwicklung latenter Schrift mit Tinten- oder Farblösungen, wie früher viel empfohlen, entspricht in den meisten Fällen nicht den Erwartungen.

An die sympathetischen Tinten schließen sich die Gerbschriften auf Gelatineschichten an: Auf eine Gelatineschicht wird mit 1%iger Lösung von Formalin geschrieben. An den beschriebenen Stellen wird die Gelatine gegerbt. Nach dem Trocknen ist nichts zu bemerken. Beim Einlegen in lauwarmes Wasser quillt die Gelatine an den gegerbten Stellen nicht auf. Man kann dies soweit bringen, daß die nichtgegerbte Gelatine abschwimmt und die Schrift stehen bleibt. Durch geeignete Färbung oder Schräglichtphotographie kann die Schrift verdeutlicht werden. Als Material sind in unauffälliger Weise fertige belanglose Lichtbilder verwertbar, sofern bei der vorhergehenden photographischen Entwicklung oder Fixierung keinerlei „Gerbung" stattgefunden hat. *J. Daimer* empfiehlt die Verwendung von Bromöldruckpapieren.

b) Das Pinatypieverfahren leitet zu den *photochemischen* Möglichkeiten über: Gelatine wird bei Anwesenheit von Chromaten schon durch Belichtung „gegerbt". Man kopiert auf Chrom-Gelatineschichten das geheim zu übermittelnde Schriftstück oder Bild. Die Schichten werden ausgewässert und getrocknet. Verdächtige Anzeichen sind dann nicht zu sehen. Der Empfänger läßt wie oben quellen und verdeutlicht mit wasserlöslichen Farbstoffen. — Bei Unterbrechung an geeigneter Stelle ist auch das Bromöldruckverfahren zu unsichtbarer Nachrichtenübermittlung geeignet. — Überbelichtet man eine Bromsilberplatte 10—15fach und fixiert sofort ohne zu entwickeln, wässert und trocknet, so ist ein latentes Bild von Silberkeimen vorhanden. Die Sichtbarmachung erfolgt durch Entwickeln mit 1,5 g Metol, 1 g Citronensäure in 100 ccm Wasser unter Beifügung von 30 ccm einer 5%igen Silbernitratlösung. Von den Silberkeimen geht weitere Schwärzung aus. Wenn diese genügend ist, wird fixiert und gewässert. — Ein weiteres Verfahren ist der Kupferkopierprozeß von *Obernetter*, der auf der Lichtempfindlichkeit einer Eisen-Kupferchloridlösung beruht (*J. Daimer*). Erwähnenswert ist, daß auch holzschliffhaltiges Papier an belichteten Stellen eine fast unmerkliche Bräunung ergibt, die durch Joddämpfe sichtbar gemacht werden kann. Auf die Möglichkeit bei Belichtung erscheinender Schriften von Molybdänsäure-Oxalsäure weist *J. Bersch* hin, doch ist mit solchen Schriften wegen der leichten, ja unbeabsichtigten Entdeckung wohl nicht zu rechnen.

*Schrifttum.*

*Bersch, J.:* Chemisch-technisches Lexikon. 754. Wien 1894. — *Dennstedt, M. u. F. Voigtländer:* Der Nachweis von Schriftfälschungen usw. Braunschweig 1906. — *Dennstedt, M.:* Die Chemie in der Rechtspflege. Leipzig 1910. — *Kögel, P. K.:* Die Palimpsestfotografie. Halle 1920. — *Rubner, J.:* Ultraviolette Strahlen und unsichtbare Geheimschriften. Arch. Kriminol. **79**, 254 (1926). — *Strafella, F.:* Geheime Verständigung. Arch. Kriminol. **67**, 69 (1916). — *Türkel, S. u. J. Daimer:* Geheimschriften. In: *S. Türkel*, Beiträge zur kriminalistischen Symptomatologie und Technik. 123. Graz 1931.

*Künkele.*

**Untergruppen** siehe *Blutgruppen und Blutfaktoren.*

**Unterlassung des bei der Geburt nötigen Beistandes** siehe *Kindestötung.*

**Unterschriftenfälschung** siehe *Gerichtliche Schriftuntersuchung.*

**Untersuchung von Personen, die eines Verbrechens verdächtig sind.**

Die sofortige Untersuchung eines Verdächtigen durch den forensisch geschulten Arzt oder Gerichtsmediziner kann zur Klärung der Täterschaft und des Tatbestandes von größter Bedeutung sein. Je eher die Vorführung des Verdächtigen möglich ist, desto größer sind die Erfolgsaussichten und die Wahrscheinlichkeit, brauchbare Spuren und Beweismittel für die Untersuchungsbehörden zu finden. Die Sofortuntersuchung und -begutachtung von Verdächtigen ist demnach die Voraussetzung für ein fruchtbares Zusammenarbeiten zwischen Gerichtsmedizin und Strafverfolgungsbehörden. Die Untersuchung eines fraglichen Täters kann nicht umfassend und eingehend genug sein. Die geringste Kleinigkeit und der unscheinbarste Fleck können für die spätere Beweisführung von grundlegender Bedeutung sein. Es ist daher zu fordern, daß Spuren und Beweismittel, die nicht asserviert oder photographiert werden können, in einem ausführlichen Protokoll eingehend beschrieben werden, wobei genaue Messungen und Angaben wertvoller sind als unklare und mißverständliche Vergleiche. Die Untersuchung beginnt zweckmäßig mit dem Allgemeinbefund, um sich dann anschließend je nach Art des vermuteten Verbrechens auf besondere Merkmale und Spuren zu erstrecken.

*1. Allgemeine Verfassung.* Ehe man auf Einzelheiten eingeht, wird man sich ein Bild über den seelischen Zustand des zu Untersuchenden zu machen haben. Dieser ist u. U. wesentlich für die später zu prüfende Frage der Zurechnungsfähigkeit und der Tatmotive. Man findet den Täter erregt, bedrückt, gehetzt, schlaff, unruhig, zornig usw. In der Unterhaltung gewinnt man ein Bild darüber, ob er geistig normal erscheint oder grob abartig ist. Man prüft zugleich auf Alkoholeinfluß (Blutentnahme!), auf Rauschgifte (Injektionsstellen!), auf Fieber- und Dämmerzustand. Beachtet werden muß weiterhin der Gesamteindruck: ordentlich, unordentlich, auffallende und besondere Kleidung, fehlende Kleidungsstücke usw. Zu untersuchen sind Kleider, Schuhzeug und Hände auf Spuren von Blut, Schmutz, Farbe, Rost und anderes. Verletzungen sind zu untersuchen und zu beschreiben, wenn möglich zu photographieren. Besonders wichtig ist es, die Kleider genau zu untersuchen auf Spuren stattgefundener Reinigung mit Wasser, da dieses u. U. wichtige Beweismittel in kurzer Zeit verlorengeht.

*2. Spezielle Untersuchung.* Je nach Art des vermuteten Verbrechens muß die Aufmerksamkeit auf bestimmte Dinge gerichtet werden. Eine kurze Information des Untersuchenden über Tatort, Tatzeit,

Werkzeug und nähere Umstände der Tat geben genügende Anhaltspunkte, um auf entsprechende, besondere Merkmale zu fahnden. Bei *Sittlichkeitsverbrechen* (s. d.), z. B. Notzucht, wird man zunächst auf Samenflecken achten, besonders an Hosenschlitz, Unterwäsche, Taschentuch und Genitale. Findet man dabei an diesen Stellen lose Haare, so sind diese als evtl. spätere Beweismittel zu asservieren. Am Penis haften u. U. Scheidenepithelien, die man mit einem Objektträger abstreicht, um sie später mit *Lugol*scher Lösung zu färben. Blutspuren an Genitale und Kleidern müssen sorgfältig sichergestellt werden, um später die Blutgruppenuntersuchung zu ermöglichen. Wenn die Tat im Freien geschehen sein soll, sind die Kleider an Knien und Ellenbogen auf Schmutzflecken genau zu inspizieren (Waschflecken beachten!) und schließlich wäre auf Abwehrverletzungen, durch Kratzen und Beißen hervorgerufen, zu fahnden. Handelt es sich um Vergehen gegen § 175, sind Genitale und besonders der After auf Kot, Salbenreste und Samenspuren zu untersuchen. Bei Verdacht auf Zoophilie wäre außerdem auf Tierhaare zu achten. Bei *Gewalttaten* wie Mord, Totschlag und Körperverletzung sind Kampf- und Abwehrverletzungen, die je nach dem benutzten Werkzeug verschiedenes Aussehen haben, zu beachten. Sehr wichtig sind Blutspuren, die für die Blutgruppenuntersuchung asserviert werden müssen. War das Werkzeug eine Schußwaffe, so sind die Hände auf Pulverschmauch, den man durch Abwischen mit Watte für die chemische Untersuchung sicherstellt, und evtl. auf Verletzungen durch den Rücklauf bei Pistolen zu untersuchen. Bei *Diebstahlverdacht* ist es wesentlich, auf Tatortspuren zu achten, wie Farbe, Öl, Rost, Staub, Späne usw. In gleicher Weise können Spuren des Diebesgutes vorhanden sein, bei Tieren Haare, Federn und evtl. Blut. Einsteigediebe können Verletzungen durch Glassplitter erleiden, auch darauf muß geachtet werden. Bei *Brandstiftern* achte man auf Versengungen, Geruch und Spuren von Benzin, Petroleum u. dgl. Die angeführten Beispiele zeigen, daß jede Untersuchung vielseitig und aufmerksam durchzuführen ist. Allgemeingültige Regeln lassen sich für derartige Untersuchungen nicht aufstellen. Der Untersuchende muß sich in jedem Fall kurz informieren, ehe er die Untersuchung beginnt, um dann nach Lage der Dinge die Untersuchung und Asservierung durchzuführen (s. d. Art.: Konservierung breiiger, flüssiger und winziger Stoffe; Tod und Gesundheitsbeschädigung durch Gift im allgemeinen).

*Hansen.*

**Unzucht.**

*Unzucht* in dem hier interessierenden strafrechtlichen Sinne kann jede Betätigung, die am eigenen oder fremden Körper zur Erregung oder Befriedigung geschlechtlicher Lust vorgenommen wird, mit Ausnahme des ehelichen Beischlafes sein. Ebenso können bestimmte mündliche, schriftliche und bildliche Äußerungen bzw. Darstellungen „Unzucht" sein. Die Feststellung der kriminellen Tatbestände, die durch die verschiedenartigen Unzuchthandlungen bedingt werden, erfordert sehr häufig wegen der notwendigen Sachkunde gerichtlich-medizinische Begutachtung (s. d. Art.: Sittlichkeitsverbrechen).

Im einzelnen können als Unzucht folgende Handlungen in Betracht kommen:

I. *Ein (außerehelicher) Beischlaf* (s. d. Art.: Beischlaf), dessen Tatbestand für die strafgesetzlichen Bestimmungen schon bei äußerer Vereinigung der Geschlechtsteile erfüllt ist. Eine bloße Berührung genügt nicht. Das männliche Glied muß mindestens in den Vorhof der weiblichen Scheide eingedrungen sein, ein Einriß des etwa noch unversehrten Hymens (s. d. Art.: Notzucht), ein mehrfaches Vorstoßen des Gliedes, ein Samenerguß ist nicht erforderlich. Ebenso ist die geschlechtliche Reife des weiblichen Geschlechtspartners nicht erforderlich.

*II. Die unzüchtige Handlung.* Unter diesen Begriff fallen vornehmlich Berührungen, Betastungen oder Bewegungen an eigenen oder fremden geschlechtlich erregbaren Körperzonen, insbesondere an den Geschlechtsteilen. Weiter gehören hierher Liebkosungen aller Art und Form, Gesten und Gebärden, Zeichen und Worte, die zum geschlechtlichen Leben Beziehungen haben. Unzüchtig sind alle Handlungen, die auf die Erregung der Geschlechtslust und auf die Befriedigung des Geschlechtstriebes gerichtet sind und aus Wollust oder Geilheit erfolgen. Sie müssen nach gesunder Volksanschauung objektiv das Scham- und Sittlichkeitsgefühl anderer in geschlechtlicher Beziehung verletzen. Die Befriedigung der Sinneslust braucht nicht der alleinige Zweck der unzüchtigen Handlung zu sein. Der Körper des Opfers braucht nicht in Mitleidenschaft gezogen zu sein, wenn er auch als Mittel der Erregung der Wollust diente. Bei der Beurteilung der Unzüchtigkeit einer Handlung ist auf die Sitten und Gebräuche derjenigen Volkskreise Rücksicht zu nehmen, in denen sich der in Frage kommende Vorgang abgespielt hat. Unbedeutende Handlungen, selbst wenn sie letzten Endes auf Sinneslust beruhen, wie ein Kuß, ein Wangenstreichen, eine Umarmung, gelten schlechthin nicht als unzüchtige Handlungen im Sinne der Strafgesetze. Küsse bestimmter Art, besonders Zungenküsse, die erwachsene Personen fremden Kindern geben, sind dagegen stets unzüchtige Handlungen. Ebenso werden bestimmte Umarmungen und Betastungen von Kindern, auch wenn sie bekleidet waren, als unzüchtige Handlungen beurteilt werden müssen. Auch Stockschläge auf das bekleidete oder unbekleidete Gesäß von weiblichen Personen, besonders von Mädchen müssen als unzüchtige Handlung angesehen werden, wenn sie dem Täter geschlechtliche Erregung erzielen sollten. Unzüchtige Handlungen bei Kindern erfordern nicht eine direkte Berührung des nackten oder bekleideten kindlichen Körpers. Zur Erfüllung des Tatbestandes einer unzüchtigen Handlung genügt es, wenn der Täter den Rock eines Mädchens zur Sichtbarmachung der unteren Körperhälfte hochhebt od. dgl. Die Vornahme einer unzüchtigen Handlung ist auch dann gegeben, wenn der Täter sie zur Erregung seiner Sinneslust in Gegenwart eines Kindes an sich selber vornimmt oder durch einen anderen bzw. durch sein Opfer an sich vornehmen läßt. Dabei ist es nicht erforderlich, daß das Opfer die Absicht des Täters kennt. Bei der Verleitung zur Verübung oder Duldung unzüchtiger Handlungen mit Personen unter 14 Jahren ist es nicht erforderlich, daß das Kind bestimmt wird, die unzüchtige Handlung an sich selbst oder mit dem Körper des Täters oder eines anderen vornehmen zu lassen, vielmehr genügt es zur Erfüllung des strafbaren Tatbestandes der unzüchtigen Handlung, daß das Kind sich bestimmen läßt, einen Teil seines Körpers dem Täter zu zeigen. Ebenso genügt es, wenn der Täter seinen entblößten Geschlechtsteil oder eine an sich vorgenommene unzüchtige Handlung anschauen läßt. Die Verleitung eines Kindes unter 14 Jahren, Abbildungen der Geschlechtsteile oder sonstige unzüchtige Bilder anzusehen, gilt ebenfalls als Vornahme unzüchtiger Handlungen an Kindern. Hierbei braucht das Kind die Unzüchtigkeit der Bilder nicht zu erkennen, es genügt, daß der Täter aus Sinneslust handelt. Ein Verleiten zur Duldung unzüchtiger Handlungen an Kindern liegt bereits vor, wenn ein Kind von dem Täter bestimmt wird, ihm

an einen von ihm ausersehenen Ort zu folgen, um dort an dem Kind unzüchtige Handlungen vorzunehmen. Ebenso ist es ein Verleiten zu unzüchtigen Handlungen, wenn der Täter ein Kind durch unzüchtige Reden so in geschlechtliche Erregung bringt, daß das Kind in Abwesenheit des Täters unzüchtige Handlungen vornimmt.

Als besondere unzüchtige Handlung gilt die schamlose, ärgerniserregende Entblößung der Geschlechtsteile in der Öffentlichkeit (Schamverletzung, Exhibitionismus). Als Schamverletzungen gelten auch sonstige, das Scham- und Sittlichkeitsgefühl in geschlechtlicher Beziehung verletzende Handlungen, wie unzüchtige Äußerungen und Redensarten, das Vortragen unzüchtiger Gedichte u. dgl., wenn sie öffentlich Ärgernis erregen. Es ist nicht erforderlich, daß die Erregung der Geschlechtslust bezweckt wurde oder daß eine wollüstige Absicht bestand, es genügt, daß der Täter sich der geschlechtlichen Beziehung seiner Schamlosigkeit bewußt war. Bei all diesen Handlungen muß wenigstens einer Person gegenüber ein Ärgernis gegeben sein und die Möglichkeit bestanden haben, daß noch weitere Personen den Vorgang wahrnehmen konnten.

*III. Der gleichgeschlechtliche Verkehr zwischen Männern* (s. d. Art.: Homosexualität), der im deutschen Gesetz ausdrücklich als Unzucht bezeichnet ist. Hierzu gehören alle unzüchtigen und beischlafähnlichen Handlungen, die Männer miteinander ausführen, um sich eine ähnliche geschlechtliche Befriedigung zu verschaffen, wie sie der natürliche Beischlaf gewährt. Die dem natürlichen Beischlaf entsprechendste Handlung ist das Einführen des erigierten Gliedes in den After des männlichen Geschlechtspartners (Paedicatio = Pedicatio, dieses Wort wird auch zur Bezeichnung eines Afterverkehrs mit einer Frau gebraucht). Häufiger findet ein beischlafähnlicher Verkehr unter Männern in der Weise statt, daß das Glied von vorne oder von hinten zwischen die Schenkel des männlichen Partners gestoßen wird oder in Körperhöhlungen und Körperspalten, die durch Zurechtlegen der Glieder oder von Teilen der Glieder geschaffen werden. Auch das Einführen des Gliedes in den Mund des Geschlechtspartners, das Saugen und Lecken an dem Glied und das Reiben des Gliedes am bekleideten oder unbekleideten Körper des Geschlechtspartners dient zur gegenseitigen geschlechtlichen Befriedigung und wird als Unzucht im Sinne der hier in Frage kommenden gesetzlichen Bestimmungen bewertet. Am häufigsten dürfte der gleichgeschlechtliche Verkehr durch gegenseitige Handgriffe am Glied, manuelle mutuelle Masturbation, fälschlich als Onanie bezeichnet, erfolgen. Diese Art des gleichgeschlechtlichen Verkehrs erfüllt im Gegensatz zu früherer Rechtsprechung den Tatbestand der Unzucht zwischen Männern im Sinne der betr. Strafgesetze. Wird einer der beschriebenen gleichgeschlechtlichen Verkehrsarten mit Knaben und Jünglingen über 14 Jahren ausgeübt, so spricht man von Päderastie, Knabenliebe, wobei als Knabe ein Jüngling nach der Pubertätsentwicklung gemeint ist. Wird der beschriebene gleichgeschlechtliche Verkehr mit Knaben unter 14 Jahren ausgeführt, so handelt es sich nach dem Gesetz um unzüchtige Handlungen mit Kindern unter 14 Jahren, die als Kinderschändung nach § 176, 3 bestraft werden.

Der gleichgeschlechtliche Verkehr zwischen Männern wird nach § 175 und 175 a bestraft. Sowohl der Unzucht treibende, wie derjenige, der sich zur Unzucht mißbrauchen läßt, machen sich strafbar, doch kann das Gericht nach einer neuen Bestimmung in besonders leichten Fällen von einer Strafe absehen bei einem Beteiligten, der zur Zeit der Tat noch nicht 21 Jahre alt war. Als besonders leichte Fälle sind diejenigen Fälle anzusehen, in denen keine Einführung des Gliedes in eine Körperhöhle erfolgte. Wird ein Mann mit Gewalt oder durch Drohung mit gegenwärtiger Gefahr für Leib oder Leben von einem anderen Mann genötigt, mit ihm Unzucht zu treiben, oder wird hierzu ein Abhängigkeitsverhältnis benutzt, oder wird ein unter 21 Jahre alter Mann verführt, oder treibt ein Mann gewerbsmäßig Unzucht, so tritt besonders hohe Strafe ein.

IV. Der geschlechtliche Verkehr, *die widernatürliche Unzucht von Menschen mit Tieren* (Bestialität, Zoophilie, Zooerastie, Zoostuprum, Zoosadismus, fälschlich Sodomie genannt). Der Tatbestand der widernatürlichen Unzucht ist erfüllt, wenn Menschen beischlafähnliche Handlungen mit Tieren vornehmen. Es ist hierzu nicht erforderlich, daß der Täter sein Glied bzw. die Täterin ihre Scheide, wie bei der natürlichen Beischlafsvollziehung verwendet, es genügt vielmehr jede an oder mit einem Tier vorgenommene Handlung, durch welche der Täter sich oder dem Tier eine geschlechtliche Befriedigung entsprechend der mit dem natürlichen Beischlaf verbundenen herbeiführen will, also auch das Reiben am Geschlechtsteil des Tieres, selbst wenn der Täter nicht aus eigener Sinneslust handelt (RG. vom 11. 10. 1937 — 3 D 425.37). Wird aus Sinneslust eine tierquälerische Handlung begangen, die nichts Beischlafähnliches enthält, so liegt keine widernatürliche Unzucht vor.

In den meisten Fällen handelt es sich bei der widernatürlichen Unzucht um männliche, meist schwachsinnige Personen, die durch ihren Beruf mit Tieren zu tun haben und an Stuten, Kühen und Schweinen den Geschlechtsakt ausüben. Seltener sind Geschlechtsakte mit Geflügel, die in der Weise ausgeführt werden, daß das männliche Glied gegen die Kloake dieser Tiere gestoßen wird und das ängstliche Flügelflattern der geschändeten Tiere als besonderer Reiz benutzt wird. Bei Frauen kommen Beischlafsakte mit Hunden vor, die zu Kratzverletzungen führen, die beim Anspringen der Hunde entstehen, meistens wird das Lecken der Hunde an den Geschlechtsteilen bevorzugt. Das Erregen geschlechtlicher Lust durch Berühren und Streicheln der Geschlechtsteile der Tiere wird bei allen möglichen Tieren ausgeführt, ohne daß diese Handlungen häufiger zu Bestrafungen führen.

Gerichtlich-medizinisch werden in derartigen Fällen Untersuchungen und Begutachtungen sowohl zur Feststellung des Tatbestandes (s. d. Art.: Sittlichkeitsverbrechen) wie vornehmlich zur Beurteilung der Zurechnungsfähigkeit des vielfach schwachsinnigen Täters verlangt (§ 51 Abs. 1 u. 2 StGB.). Außerdem wird eine gutachtliche Stellungnahme verlangt, wenn gegebenenfalls die Unterbringung nach § 42 c StGB. in Frage kommt, weil die öffentliche Sicherheit es erfordert. Die Bestrafung erfolgt nach § 175 b StGB. und Gesetz vom 28. 6. 1935.

V. *Die Verbreitung unzüchtiger Schriften, Abbildungen oder Darstellungen.* Als unzüchtig wird eine Schrift usw. bezeichnet, wenn durch sie der Geschlechtstrieb erregt werden soll und wenn ihr Inhalt den sittlichen Anstand in geschlechtlicher Beziehung gröblich verletzt. Der gerichtliche Mediziner wird zu derartigen Begutachtungen nur selten aufgefordert, weil die Beurteilung der Unzüchtigkeit einer Schrift, Darstellung oder Abbildung von Spezialabteilungen der Polizei erfolgt, die sich gegebenenfalls von Kunstsachverständigen beraten läßt.

Die Bestrafung erfolgt nach den §§ 184 und 184 a StGB., in denen die besonderen Umstände zusammengestellt sind, unter denen die Verbreiter unzüchtiger Schriften und Abbildungen und die Veranstalter unzüchtiger Darstellungen zur Bestrafung kommen können.

VI. *Die Ausstellung, Ankündigung und Anpreisung von Gegenständen, die zu unzüchtigem Gebrauch bestimmt sind, und von Mitteln, Gegenständen oder Verfahren, die zur Verhütung von Geschlechtskrankheiten dienen, sofern hierbei Sitte und Anstand verletzt wird.* Gerichtlich-medizinisch ist zu begutachten, ob das ausgestellte, angekündigte oder angepriesene Mittel nach seiner äußeren Beschaffenheit und nach seinem Zweck und seiner allgemeinen Gebrauchsbestimmung zu unzüchtigem Verkehr bestimmt ist und erfahrungsgemäß dazu verwendet werden kann. Es ist hierbei besonders an die Gegenstände gedacht, die zur Vorbeugung der Empfängnis verwendet werden können. Gegenstände, die zur Verhütung von Geschlechtskrankheiten dienen, wenn sie auch zur Vorbeugung der Empfängnis verwendet werden können, fallen nur unter diese Bestimmungen, wenn ihre Ausstellung, Ankündigung usw. in einer Sitte und Anstand verletzenden Weise erfolgt. Der Gutachter hat dem Gericht die Unterlagen darüber zu liefern, wie weit ein angepriesener oder ausgestellter Gegenstand vornehmlich unzüchtigem Verkehr oder Verhütung von Geschlechtskrankheiten dient und wieweit die von den Verkäufern derartiger Artikel geschickt abgefaßten Propagandaschriften den Tatsachen entsprechen. Diese gesetzlichen Bestimmungen haben für die Begutachtung deshalb stark an Bedeutung verloren, weil die jetzige Staatsführung in Deutschland dafür Sorge trägt, daß Mittel zu unzüchtigem Gebrauch, insbesondere Abtreibungsmittel nicht mehr wie früher Verbreitung finden können, weil es den Herstellern nicht mehr möglich ist, die sehr weitmaschigen gesetzlichen Bestimmungen auszunutzen.

*Schrifttum.*
*v. Hofmann-Haberda:* Lehrbuch der gerichtl. Medizin. XI. Aufl. Berlin u. Wien 1927. **Schackwitz.**

**Unzüchtige Handlungen** siehe *Unzucht.*

## Uran.

Neben Radium findet sich in der Pechblende (Uranpecherz) noch *Uran.* Von seinen Verbindungen sei erwähnt: das *Uranyloxyd* $(UO_2)$ O als Zusatz zur Glasmasse für die gelbgrün fluorescierenden Urangläser, das *Uranylnitrat* $(UO_2)(NO_3)_2$, das zu chemischen und photographischen Zwecken und zum Urangolddruck verwendet wird, auch therapeutische Anwendung findet, das *Uranylacetat* und *Uranylchlorid* zu ähnlichen Zwecken und das *Urangold*, das als Farbe in der Ölmalerei, Porzellanmalerei, zu Emails sowie Glasgefäßen benützt wird.

Uranverbindungen gehören mit zu den giftigsten Schwermetallen (siehe *Kunkel* und *Kobert*), sie spielen aber in der Menschenpathologie fast keine Rolle. Die im Schrifttum mitgeteilten Befunde beziehen sich mithin auf Tierversuchsergebnisse: Schon ½—1 mg Uranoxyd sind für Kleintiere die tödliche Dosis. Die Vergiftungserscheinungen betreffen vor allem die Niere (hämorrhagische Glomerulonephritis) und den Darm (hämorrhagische Gastroenteritis), beides auch bei subcutaner Applikation auch *nicht* ätzender Salze, indem Uran durch den Darm und die Nieren ausgeschieden wird. Nach *Fleckseder* u. a. ist Uran ein vorzugsweises Gefäßgift: serös-blutige Ergüsse und hämorrhagische Diathese gehören zum Bilde der Uransalzvergiftung.

Über das experimentell toxikologische Interesse hinaus hat bisher das Uran gewerbetoxikologische Bedeutung nur bei der Fabrikation von Uransalzen. Die dabei beschäftigten Arbeiter zeigen verschiedenartige Blutveränderungen (*de Laet*).

*Schrifttum.*
*Erben:* Dittrichs Handb. der ärztl. Sachverständigentätigkeit. Wien 1909. — *Fleckseder, R.:* Hydrops u. Glykosurie bei Uranvergiftung. Arch. exper. Path. **56**, 54 (1907). — *Flury-Zangger:* Lehrbuch

der Toxikologie. Berlin 1928. — *de Laet:* IV. Intern. Kongr. f. Unfall-heilkunde. Amsterdam 1925. — *Pohl, J.:* Subakute Urannephritis. Arch. exper. Path. **67**, 233 (1912). — *Starkenstein-Rost-Pohl:* Toxikologie. Berlin und Wien 1929. *Szekely.*

**Uraniagrün** siehe *Schädlingsbekämpfungsmittel*.

**Urethan** siehe *Schlafmittel*.

**Urin** (= U.) **und Urinflecken** (= U.F.). (Vgl. auch Art.: Alkoholbestimmung im Blut; Tod und Gesundheitsbeschädigung durch Gift im allgemeinen.)

U. und U.F. kommen für gerichtlich-medizinische und kriminalistische Untersuchung verhältnismäßig selten in Frage, wenn wir von klinischen Harnuntersuchungen bei körperlicher Begutachtung und von Vergiftungsfällen absehen. Die chemische Untersuchung des Harns nimmt in der gerichtlichen Medizin und Toxikologie einen hervorragenden Platz ein, da viele Gifte im Harn unverändert ausgeschieden werden und hier leichter nachweisbar sind als in den Organen. Vor allem metallische Gifte, wie Quecksilber und Thallium, aber auch Schlafmittel und verschiedene Arzneimittel werden im Harn vielfach unverändert ausgeschieden (s. d. Art.: Giftnachweis). In diesem Zusammenhang sei nur kurz auf die Bedeutung der Alkoholausscheidung im Harn hingewiesen, die namentlich bei Verkehrsunfällen von großer Wichtigkeit sein kann. Auch die Untersuchung des Leichenharns auf Alkohol kann oft ausschlaggebend sein, da die Frage nach der ursprünglichen Alkoholkonzentration im Blut durch die Harnalkoholuntersuchung wesentlich ergänzt werden kann. Als orientierende und rasch auszuführende Probe ist die von *O. Schmidt* 1930 angegebene qualitative Vorprobe anzuführen, welche in der Weise angestellt wird, daß man das Probeglas mit einigen Kubikzentimetern Harn erhitzt und sodann an einem Glasstab einen Tropfen mit Natronlauge alkalisch gemachter Lösung von Kaliumpermanganat über die erhitzte U.probe bringt. Bei Anwesenheit von Alkohol schlägt die dunkelviolette Farbe des Permanganattropfens in Dunkelgrün um. Die Probe ist sehr empfindlich und kann zur Orientierung auch bei andern Körperflüssigkeiten angewendet werden. Ist die Probe negativ, ist Alkohol auszuschließen. Die Probe ist einfach und kann auch vom praktischen Arzt ausgeführt werden. Hinsichtlich der quantitativen Alkoholbestimmung im Harn sei auf die Arbeiten von *Nicloux, Liebesny, Widmark* und *Jungmichel* verwiesen.

Auch Geruchstoffe gehen in den Harn über und können bestimmte Hinweise geben, so der bezeichnende scharfe Geruch nach Genuß von Spargel, Knoblauch und der an Veilchen erinnernde Geruch bei längerem Einatmen von Terpentin. Auch der Nachweis des Hypophysenvorderlappenhormons im U. kann von Bedeutung sein zur Ermittlung, ob eine vorgefundene Harnmenge von einer schwangeren Frauensperson herstammt oder aber zur Feststellung einer Schwangerschaft in ihrem Beginn. Wird beispielsweise einem Mann schon unmittelbar oder kurz nach dem Geschlechtsverkehr von der Partnerin mitgeteilt, daß sie von ihm schwanger sei, kann er gleich einen Beweissicherungsantrag stellen und darauf dringen, daß festgestellt werde, ob sie schon schwanger ist bzw. schon von einem anderen schwanger war. In einem solchen Fall kann eine Schwangerschaftsreaktion im U. wertvoll sein, da sie schon fünf Tage nach Ausbleiben der Regel positiv zu sein pflegt (s. d. Art.: Biologische Schwangerschaftsreaktionen). Auf die Frage, ob einem Mann rechtlich gestattet ist, den Harn seiner Frau heimlich zu entwenden und auf eine Schwanger-schaftsfeststellung untersuchen zu lassen, sei hier nicht eingegangen.

In kriminalistischer Hinsicht kann die Untersuchung eines vorgefundenen Urins nach chemischen und klinischen Richtlinien erfolgen, so auf Eiweißgehalt, auf körperliche Bestandteile, Blutbeimengungen, Bakterien, namentlich auf Tripperfäden und Tippererreger. Daß solche Untersuchungen praktisch von Wert sein können, zeigt der von *Lahaye* mitgeteilte Fall, in welchem nach einem Einbruch am Tatort 175 ccm U. vorgefunden wurden, in welchem reichlich Eiweiß vorhanden war. Nach der geringen Zersetzung wurde der Schluß gezogen, daß der Einbruch nicht mehr als drei Tage zurücklag, eine Vermutung die dann auch bestätigt wurde. Aus der Temperatur des vorgefundenen Urins wird man im allgemeinen kaum größere Schlüsse ziehen dürfen, da die Abkühlung doch ziemlich rasch vor sich geht. Menschlichen und tierischen U. kann man durch die Präcipitinreaktion zu unterscheiden trachten. Für die Frage der Herkunft des Urins von einer bestimmten Person ist die Untersuchung auf Gruppensubstanzen heranzuziehen, da die Gruppensubstanzen A und B im U. häufig ausgeschieden werden. Agglutinine hingegen finden sich wohl nur in eiweißhaltigem U.

Noch seltener sind U.F. Gegenstand eingehender Untersuchung. Am ehesten noch werden sie mit Spermaflecken verwechselt und kommen aus diesem Grunde zur Untersuchung. Mit der Analysenquarzlampe leuchten sie oft auf, im allgemeinen jedoch erheblich schwächer als Samenflecke. Zur Erkennung von U.F. sind auch chemische Reaktionen angegeben worden. So hebt *Balthazard* in seinem Lehrbuch die Probe mit Xanthydrol hervor. Xanthydrol wird in 95%igem Alkohol gelöst und dies Reagens mit etwas Eisessigzusatz auf die Stoffasern gebracht, worauf sich büschelförmige Kristalle um die mit U. verunreinigte Stoffaser bilden.

*Schrifttum.*

*Balthazard, V.:* Précis de Médecine légale. 527. Paris 1935. — *Fraenckel, P.:* Der Nachweis von Harnflecken. Lochtes Handb. der gerichtsärztlichen u. polizeiärztlichen Technik. Wiesbaden 1914. — *Holzer, F. J.:* Untersuchungen über die gerichtlich-medizinische Verwertbarkeit der Ausscheidung von Blutgruppensubstanzen. Dtsch. Z. gerichtl. Med. **28**, 235 (1937). — *Jungmichel:* Alkoholbestimmung im Blut. Berlin 1933. — *Krause, P.:* Lehrbuch der Klinischen Diagnostik. Jena 1913. — *Lahaye:* Une analyse d'urine en service de la justice. Ann. Méd. lég. etc. **7**, Nr. 10, 659 (1927), Ref. Dtsch. Z. gerichtl. Med. **11**, 184 (1928). — *Liebesny, P.:* Methodik und Apparatur zum Nachweis von Alkohol im Harn. Klin. Wschr. **2**, 1959 (1928). — *Reuter, K.:* Naturwissenschaftlich-kriminalistische Untersuchungen menschlicher Ausscheidungen. *Abderhaldens* Handb. der biol. Arbeitsmethoden **IV**/12. Berlin und Wien 1934. — *Schmidt, O.:* Über Alkoholnachweis. Dtsch. Z. gerichtl. Med. **16**, 373 (1930). — *Widmark:* Die theoretischen Grundlagen und die praktische Verwendbarkeit der gerichtlich medizinischen Alkoholbestimmung. Berlin u. Wien 1932. — *Winternitz:* In *Krauses* Lehrbuch der Klinischen Diagnostik innerer Krankheiten. Jena 1913. *Holzer.*

**Urkundenfälschung** siehe *Gerichtliche Schriftuntersuchung*.

**Ursol** siehe *Paraphenyldiamin*.

**Uspulum** siehe *Schädlingsbekämpfungsmittel*.

**Ustin** siehe *Schädlingsbekämpfungsmittel*.

**Uterusperforation** siehe *Fruchtabtreibung*.

**Uterusruptur** siehe *Geburt und gerichtliche Medizin; Plötzlicher Tod in Schwangerschaft, Geburt und Wochenbett*.

**Uterusvorfall** siehe *Prolapsus bzw. Descensus uteri et vaginae und Unfall*.

# V.

**Vaginismus** siehe *Zweifelhafte Fortpflanzungsfähigkeit beim Manne und beim Weibe.*

**Vagus-Druckversuch.** (Vgl. auch Art.: Erstickung im allgemeinen; Tod und Gesundheitsbeschädigung durch gewaltsame Erstickung.)

Durch Druck auf den N. vagus am Hals, der gedeckt hinter Carotis und Vena jugularis liegt, erzielte *Tschermak* eine deutliche Bradykardie, die, wie weitere Untersuchungen ergaben, bei jugendlichen Menschen meist stärker als bei älteren Personen ausfällt. Bei Nachprüfung stellte nun *Hering* fest, daß am freigelegten Vagus im Tierversuch auch stärkste Kompression keine Verlangsamung des Herzschlages zu erzielen vermochte. Dagegen fand er, daß ein Druck auf die Carotisteilungsstelle ähnliche Wirkung auslöste, wie von *Tschermak* beschrieben. Vielfältige Untersuchungen führten zu der Erkenntnis, daß es sich bei dieser Druckwirkung auf die Carotis (Carotisdruckversuch) um eine reflektorische Reizung herzhemmender Vagusfasern handelt. *Hering* unterscheidet zwei Druckorte. Druckort I liegt am Hals auf einer Querlinie in Höhe des oberen Kehlkopfrandes und trifft hier auf den sog. Sinus caroticus, eine Erweiterung an der Wurzel der Carotis interna. Kardialwärts davon liegt der Druckort II. Bei einer manuellen Druckwirkung auf I wird eine Blutdrucksenkung und Verlangsamung der Herzschlagfolge erzielt, bei Druck II findet sich das umgekehrte Verhalten. Diese Erscheinungen werden von *Hering* nicht auf eine mechanische Erregung des Vagus, sondern auf eine Erregung der feinen Nervenendigungen zurückgeführt, die im adventitiellen Bindegewebe und in der Elastica externa des Sinus caroticus in Form charakteristischer nervöser Endapparate nachgewiesen wurden. Die Reflexe werden über den Sinusnerven, einen Ast des Nervus glossopharyngeus vermittelt. Dieser Sinusnerv wird zusammen mit dem Nervus depressor als „Blutdruckzügler" bezeichnet. Bei gesunden Menschen wirkt sich der Carotisdruckversuch oft nur schwach aus und ist in manchen Fällen in seiner Herzwirkung überhaupt nicht nachweisbar. Beim Arteriosklerotiker dagegen kann schon leichter Druck auf den Sinus caroticus eine Herzverlangsamung und sogar Aussetzen des Pulses zur Folge haben. Auch arterieller Hochdruck soll nach den Beobachtungen *Herings* im Sinne einer Steigerung des Sinusreflexes wirken. Es kann dabei zu Extrasystolen und bei besonderer Herzdisposition sogar zum Tode durch Kammerflimmern kommen.

Diese pathophysiologischen Erkenntnisse hinsichtlich des Vagus- bzw. Carotisdruckversuches haben ihre besondere forensische Bedeutung für die Strangulation. Beim Erhängen und Drosseln wird von dem Strangwerkzeug die Gegend des Carotis-Sinus gewöhnlich mit erfaßt. Desgleichen wird ein Würgedruck (u. ähnl., natürlich auch ein kräftiger Boxhieb gegen diese Halspartie) den Carotis-Sinus mit seinen Nervengeflechten in Mitleidenschaft ziehen und die Reflexwirkung auf Herz und Blutdruck aufzulösen vermögen. Hierauf wird von *Hering* die schnelle Bewußtlosigkeit bei der Strangulation, besonders beim Erhängen, zurückgeführt, die demnach nicht — wie früher vorwiegend angenommen wurde — auf eine peripherische Reizung des Vagus oder Laryngeus sup. allein bezogen werden kann (abgesehen von der besonders maßgeblichen Hirnanämie), sondern sicherlich z. T. auch auf reflektorischen Reizung der Sinusnerven beruht (*Esser*). *Hering* nimmt weiterhin noch an, daß bei geeigneter Disposition (Atherosklerose des Herzens,

des Carotis-Sinus) u. U. ein Würgedruck, der gar nicht lange und stark ausgeübt wurde, raschen Todeseintritt auf Grund dieser reflektorischen Herzbeeinflussung bewirken könne.

*Schrifttum.*

*Esser:* Zur Frage des Erwürgens ohne lokale anatomische Spuren beim Menschen und im Tierversuch. (Ein Beitrag zur Frage der forensischen Bedeutung der *Hering*schen Carotissinusreflexe.) Dtsch. Z. gerichtl. Med. **20**, 361 (1933). — *Hering:* Die Carotissinusreflexe auf Herz und Gefäße. Dresden 1927. **Schrader.**

**Vanillin** siehe *Flüchtige organische Gifte.*

**Vaterschaftsnachweis** (= V.N.) **und -ausschluß.** (Vgl. auch Art.: Blutgruppen und Blutfaktoren; Schwangerschaftsdauer.)

Der bislang im gerichtlichen und außergerichtlichen Verfahren zur Verfügung stehende Sachbeweis bei fraglicher Abstammung durch Untersuchung auf Blutgruppen (= Blgr.) und Blutfaktoren (= Blfkt.) nach der *negativen Seite des Ausschlusses* eines angeblichen Erzeugers ist durch die Erforschung erblicher anthropologischer Merkmale nach der *positiven Seite des Erzeugernachweises* erheblich erweitert worden. Als Grundlagen der Forschung dienten: 1. die Zwillingsuntersuchungen und 2. die Familienanthropologie.

Bei der Begutachtung nach erbbiologischen Grundsätzen handelt es sich um den Vergleich von körperlichen Merkmalen bzw. Eigenschaften mehrerer Personen im Hinblick auf einen bestimmten Erbgang. Dabei ist der Begriff Merkmal oder Eigenschaft *genetisch* im Sinne einer selbständigen Vererbung nach den *Mendel*schen Gesetzen und nicht nach anatomischen Grundsätzen zu fassen. So kann z. B. ein funktionell einheitliches Organ wie die Iris mehrere Erbmerkmale besitzen, während eine Summe charakteristischer Einzelheiten in den verschiedensten Körpergegenden monomer veranlagt sein kann, entsprechend dem bei klinischen Bildern zu beobachtenden klinischen Syndrom. Bei den für den V.N. zu untersuchenden Personen werden neben funktionellen bzw. physiologischen Eigenschaften vorwiegend die morphologischen Verhältnisse des Körpers und der Gliedmaßen, vor allem die des Kopfes und der äußeren Haut mit den dazugehörigen Organen untersucht.

Eine vollständige erbbiologische Untersuchung setzt sich demnach zusammen aus: a) dem physiologischen Status (Blutgruppenstatus, s.d.Art.: Blutgruppen und Blutfaktoren) und b) dem morphologischen Status einschließlich des Papillarlinienstatus. Hieraus ergibt sich eine Einschränkung der für den V.N.geeigneten Fälle dahingehend, daß bei dem kindlichen Prüfling a) die Isoagglutinine unzweideutig ausgebildet sein müssen und b) die Papillarlinien im Farbabdruckverfahren festzuhalten sind. Beides wird etwa im letzten Viertel des zweiten Lebensjahres der Fall sein. Aus praktischen Gründen sollte jedem Antrag auf den „großen" V.N. die Blgr.- und Blfkt.-Bestimmung vorausgegangen sein und unter Anerkennung des 100%igen Beweiswertes einer nach den amtlichen Richtlinien (Richtlinien für die Ausführung der Bestimmung der Blgr. O, A, B und AB und der Blutkörperchenmerkmale M und N. Rderl. d. RMdI. u. d. Just. vom 26. 5. 37 — IV B 12 296/37/4396 und IV¹ 4042 — RGesundh.-Bl. 1937 S. 509) mit Sorgfalt und gegebenenfalls obergutachtlicher Nachprüfung durchgeführten solchen Bestimmung kein hiernach als „offenbar unmöglich" ausgeschlossener Mann der erweiterten anthropologisch-morphologischen Untersuchung zugeführt werden.

Die Auswahl der für eine anthropologische Erbdiagnose zu verwendenden Merkmale ist von verschiedenen Faktoren abhängig und muß in jedem einzelnen Fall neu getroffen werden. Sie richtet sich einmal nach dem jeweiligen Stand der Forschung bezüglich des Erbganges der verwendeten Merkmale, zum anderen ergeben sich durch die Alters- und Geschlechtsunterschiede der zu untersuchenden Personen sehr oft Schwierigkeiten, die wieder durch besondere Methoden ausgeglichen werden müssen.

Die Einteilung der Merkmale kann nach verschiedenen Gesichtspunkten erfolgen. Wir unterscheiden: 1. Merkmale, deren Erbgang bekannt ist (wie die Blgr.); 2. Merkmale, bei denen wohl die Vererblichkeit, aber nicht der genaue Erbgang bekannt ist (Handlinien); 3. Eigenschaften oder Merkmale, deren Erblichkeit nicht sicher bekannt ist (kongenitale Mißbildungen, Hemmungsmißbildungen, Turmschädel); 4. eindeutig erworbene Merkmale (Narben, Gliedmaßenverluste u. ä.). Eine weitere Einteilungsmöglichkeit ist durch das Geschlecht der zu untersuchenden Personen gegeben. Danach ist zu unterscheiden nach geschlechtsstabilen, d. h. durch das Geschlecht wenig beeinflußten Eigenschaften (z. B. Oberlidraum) und geschlechtslabilen, d. h. durch das Geschlecht stark beeinflußten Merkmalen (Körpergröße, Brauen). Eine dritte Möglichkeit ergibt sich durch das verschiedene Alter der zu untersuchenden Personen. Danach wird unterschieden zwischen Merkmalen, die durch die Wachstumsperiode wenig verändert werden (Unternase, Iris), und solchen, die während der kindlichen Entwicklungsperiode oder der Involutionszeit stärkeren Veränderungen unterworfen sind (Nasenwurzel, Gebiß, Haare).

Wieviele und welche Merkmale zur Untersuchung herangezogen werden können, wird also maßgebend von der Kenntnis des Erbganges des einzelnen Merkmales, von dem Geschlecht und dem Alter der zu untersuchenden Personen abhängen. Da naturgemäß nicht alle Merkmale in jedem einzelnen praktischen Fall zu einem verwertbaren Ergebnis führen, muß eine sehr große Anzahl von Merkmalen in verschiedenen Gegenden des Körpers festgestellt und verglichen werden. Es ist verständlich, daß mit der Seltenheit des Merkmals in der Durchschnittsbevölkerung die Möglichkeit einer positiven Entscheidung wächst. Im besonderen Maße wird daher die Feststellung einer körperlichen Mißbildung oder Auffälligkeit, deren Erblichkeit bekannt ist und die in dem Lebensalter des jeweils jüngsten Untersuchten schon feststellbar ist, die Diagnose erleichtern. Solche seltenen, für die Blutsverwandtschaft wichtigen Merkmale sind z. B. Albinismus (auch in lokaler Form als einzelne weiße Haarlocke), Ringelhaar, Naevi, Viel- und Kurzfingrigkeit, Hypospadie, Spaltbildung einer Lippe und des Gaumens usw. Es kann unter Umständen *ein* solches seltenes Merkmal genügen, um für die Beurteilung ausschlaggebend zu sein. Ausgesprochene Erbkrankheiten kommen nur selten in Frage, da sie im Säuglings- bzw. Kleinkindesalter noch nicht in Erscheinung treten.

Da jede Erbeigenschaft sich aus einer mütterlichen und väterlichen Hälfte zusammensetzt, ergibt sich als Grundfrage immer: welche Merkmale bzw. Eigenschaften stammen vom Vater, welche von der Mutter? Ein Einzelmerkmal kann natürlich nur bei Heterozygotie des F-1-Individuums eine Entscheidung herbeiführen. Bei Ähnlichkeit der Elternteile muß das betreffende Merkmal ausscheiden, sofern nicht das Erscheinungsbild des Prüflings Homozygotie bedingen würde und hieraus etwa ein positiver Schluß für die Vater- oder Mutterseite erfolgen könnte. Am günstigsten für die Begutachtung sind daher charakteristische Familienmerkmale, da bei ihnen, außer bei Inzucht, fast regelmäßig Heterozygotie bei den Nachkommen vorliegen wird.

Besondere Schwierigkeiten ergeben sich bei der Abgrenzung des phäno- bzw. genotypischen Anteils des jeweiligen Merkmals. Diese sind bei dem V.N., der nur die engste Zeugungsgruppe (Vater, Mutter und Kind) umfaßt, infolge der geringen Manifestationsmöglichkeit noch erheblich größer als bei Erblichkeitsuntersuchungen für ein bestimmtes Merkmal in großen Bevölkerungen. Bei Ähnlichkeit zwischen einem Elter und dem Kind ist die Annahme einer positiven Vererbung einigermaßen begründet, vorausgesetzt, daß Verschiedenheit zum anderen Elternteil und Vererbbarkeit des betreffenden Merkmales vorliegt. Dagegen ist bei phänotypischer Merkmalsverschiedenheit zwischen Eltern und Kind ein negativer Schluß nur unter der Voraussetzung möglich, daß das Kind von beiden Elternteilen abweicht und Momente vorhanden sind, die gegen einen recessiven Erbgang (recessive Homozygotie) oder andere genetische Erklärungen sprechen.

Da die sicher beweisenden Merkmale sehr selten sind — als solche können nur die Blgr., Blfkt. und einige seltene, erbliche Mißbildungen angesehen werden —, ist es nötig, beim V.N. auf eine größere Anzahl, in der Bevölkerung häufiger vorkommender Merkmale zurückzugreifen und durch überzufällige Häufung dieser Merkmale bei den Prüflingen auf Verwandtschaftsverhältnisse zu schließen. Um solche Merkmale verwenden zu können, ist jedoch eine Voraussetzung unerläßlich: Es muß bekannt sein, in welcher Häufigkeit ein bestimmtes Merkmal in der Durchschnittsbevölkerung in Erscheinung tritt, und wann man von einer wesentlichen Häufung bei einem bestimmten Personenkreis sprechen kann. Auf dieser Voraussetzung gründet sich auch die erst in jüngster Zeit von einzelnen Untersuchern eingeführte Wahrscheinlichkeitsberechnung. Mit Hilfe einer Formel kann es möglich sein, die Sicherheit bzw. die Wahrscheinlichkeit einer fraglichen Vaterschaft in Prozentzahlen auszudrücken.

Im folgenden sollen die wichtigsten, für eine vergleichende anthropologische Begutachtung in Frage kommenden Erbmerkmale aufgezählt und ihre Bedeutung für das Gutachten aufgezeigt werden.

Die *Blutgruppen* sind heute die am besten bekannten und erforschten Erbmerkmale des Menschen. Sie sind konstant und vererben sich einfach dominant mit 100%iger Durchschlagskraft. Abgesehen von den vier „klassischen" Gruppen O, A, B, AB werden in neuester Zeit auch die Untergruppen von A ($A_1$ und $A_2$), deren Erblichkeit durch zahlreiche neuere Untersuchungen sichergestellt ist, zur anthropologischen Erbdiagnose verwendet. Die gleichen sicheren Entscheidungen sind auch möglich durch die Bestimmung der *Blutfaktoren* M und N. Auch diese Eigenschaften sind konstant und vererben sich intermediär.

Durch Blgr.- und Blfkt.-Untersuchung zusammen wird es in etwa einem Drittel aller Fälle gelingen, einen zu Unrecht der Vaterschaft Beschuldigten von der Vaterschaft *auszuschließen*. Diese an sich geringen, wenn auch sicheren Möglichkeiten sind jedoch für eine nutzbringende Verwendung in größerem Umfange nicht ausreichend. Durch die Einbeziehung von anthropologischen Merkmalen in die Untersuchung ist es möglich, in einem weitaus größeren Prozentsatz zu einer Entscheidung zu kommen. Die meisten Institute konnten ziemlich übereinstimmend mit Hilfe des „großen" Vaterschaftsnachweises fast 40% der für die Vaterschaft in Anspruch genommenen Männer als Erzeuger ausschließen, während in 33% der Fälle dem Gericht ein positiver V.N. erbracht werden konnte. Nur 27% hatten kein Ergebnis. Diese wenigen Zahlen zeigen zur Genüge, in welchem Maße die praktische Verwendung der anthropologischen Merkmale die Möglichkeiten einer nicht nur ausschließenden Begutachtung erweitert hat. Es steht zu erwarten, daß mit dem Ausbau der Wahrscheinlichkeitsberechnung, mit den Erfahrungen der schon seit Jahren in steigendem Maße durchgeführten Begutachtungen und mit den aus laufenden wissenschaftlichen Arbeiten (familienanthropologischen Untersuchungen) geschöpften Erkenntnissen die Sicherheit dieses Verfahrens in einem Maße gesteigert wird, daß es kaum noch Fälle geben wird, in denen die natürlichen Verhältnisse nicht ermittelt werden können.

*Gang der Untersuchung zum V.N.* (nach der Methodik der Poliklinik für Erb- und Rassenpflege beim Kaiserin *Auguste-Viktoria*-Haus in Charlottenburg 5, Heubnerweg 6, Leiter: Direktor im Reichsgesundheitsamt Dr. *Ed. Schütt*): Aus dem Akteninhalt wird unter Eingehen auf die besondere Fragestellung des Gerichts eine kurze zusammengedrängte Vorgeschichte ausgezogen. Sodann wird das Ergebnis der Blgr.- und Blfkt.-Bestimmung erörtert. Die sich hiernach ergebenden Ausschlußmöglichkeiten zeigen folgende Tabellen:

|  | I. |  |  | II. |  |  | III. |  |
| --- | --- | --- | --- | --- | --- | --- | --- | --- |
| Blutgruppe von | | Vater kann *nicht* haben | Blutmerkmale von | | Vater kann *nicht* haben | Blutgruppe von | | Vater kann *nicht* haben |
| Mutter | Kind | | Mutter | Kind | | Mutter | Kind | |
| O | O | AB | M | M | N | O | $A_1$ | $O-A_2-B-A_2B$ |
| O | A | O, B | MN | M | N | O | $A_2$ | $O-B-A_1B$ |
| O | B | O, A | N | N | M | $A_1$ | $A_2$ | $A_1B$ |
| A | O | AB | MN | N | M | $A_2$ | $A_1$ | $O-A_2-B-A_2B$ |
| A | B | O, A | M | MN | M | $A_2$ | $A_2$ | $A_1B$ |
| A | AB | O, A | N | MN | N | B | $A_1$ | $O-A_2-B-A_2B$ |
| B | O | AB | | | | B | $A_2$ | $O-B-A_1B$ |
| B | A | O, B | | | | B | $A_1B$ | $O-A_2-B-A_2B$ |
| B | AB | O, B | | | | B | $A_2B$ | $O-B-A_1B$ |
| AB | AB | O | | | | $A_1B$ | $A_1B$ | $O-A_2$ |
| | | | | | | $A_1B$ | $A_2B$ | $O-B-A_1B$ |
| | | | | | | $A_2B$ | $A_1$ | $O-A_2-B-A_2B$ |
| | | | | | | $A_2B$ | $A_2$ | $A_1B$ |
| | | | | | | $A_2B$ | $A_1B$ | $O-A_2-B-A_2B$ |
| | | | | | | $A_2B$ | $A_2B$ | O |

Es folgt die allgemein-ärztliche Untersuchung, eingeleitet durch eine möglichst genaue, bis zu den Großeltern reichende Sippenbefragung. Hierzu gehört auch die Feststellung von Größe (mit Anthropometer), Gewicht und Konstitutionstyp. In der Regel werden sich keine krankhaften, den Erbgesetzen unterworfenen und damit für die Vaterschaftsbestimmung verwertbaren Befunde ergeben.

Nunmehr beginnt die (zeitraubende!) eigentliche erbbiologisch-anthropologische Untersuchung. Bei sämtlichen Prüflingen werden die erkennbaren, für den V.N. verwertbaren und nach dem derzeitigen Stand der Erblehre als erblich bekannten Merkmale festgestellt, gemessen und beschrieben. Zur Erhöhung der Sicherheit des Verfahrens und für die Möglichkeit einer späteren Nachprüfung werden Lichtbilder der Prüflinge sowie derjenigen Körperteile von ihnen angefertigt, die die entscheidenden Merkmale aufweisen, wie Gesicht, Augenpartie, Nase, Mund- und Kinngegend, Ohren, Hände und Füße. Dazu wird das Hautleistenbild der Hände und Fingerbeeren mit Hilfe eines Farbabdruckverfahrens festgehalten, später verglichen und ausgewertet. Alle verwertbaren Merkmale werden in zwölf Gruppen zusammengestellt, nach ihrer Verwertbarkeit überprüft und innerhalb ihrer Gruppen mit den entsprechenden Merkmalen der anderen Untersuchten verglichen.

*I. Gruppe: Merkmale der Kopfform.* Betrachtet wird die Kopfform im ganzen, das Hinterhaupt seitlich, von vorn und in der Draufsicht, Höhe und Richtung der Stirn, die Kopfhöhe im ganzen. Wir messen die Kopflänge, Kopfbreite und die Ohrhöhe, errechnen den Längen-Höhen-, den Längen-Breiten- und den Breiten-Höhenindex, sowie den Harmoniekoeffizienten. Der Harmoniekoeffizient drückt die biologische Gesetzmäßigkeit der drei Kopfmaße bei Berücksichtigung der physiologischen Schwankungsbreite aus. Kopflänge, Kopfbreite und Jochbogenbreite werden mit dem Tasterzirkel nach *Martin* gemessen. Die größte Kopflänge wird festgestellt, indem der eine Knopf an der Glabella oberhalb der Nasenwurzel fixiert wird und nun mit dem anderen Knopf kleine Auf- und Abwärtsbewegungen in der Mediansagittalen ausgeführt werden. Der größte Ausschlag ergibt das gesuchte Maß. Bei Messung der Kopfbreite wird der Tasterzirkel von hinten über den Ohren aufgesetzt und durch kreisförmige Bewegungen ebenfalls die größte Breite ermittelt. Bei Ermittlung der Jochbogenbreite werden die Zirkelenden vor dem äußeren Gehörgang aufgesetzt und an den Jochbögen entlanggeführt, wobei der weiteste Ausschlag die gesuchte Größe ergibt. Die morphologische Gesichtshöhe wird mit dem Gleit- oder Stangenzirkel nach *Martin* gemessen. Ansatzpunkte sind der Schnittpunkt der Stirn- und Nasennaht mit der Mediansagittalen einerseits, der Kinnpunkt andererseits (nasion-gnathion). Die Ohrhöhe wird mit dem Ohrhöhenmesser nach *Schulz* gemessen. Der Horizontalarm wird an dem höchsten Punkt des Scheitels aufgesetzt, die senkrechten Arme werden beiderseits dicht an den Kopf herangeschoben und die Zeiger an den Ohrpunkt herangebracht. (Der Ohrpunkt ist der höchste Punkt des Ohrbockes, Tragus.) Die ganze Kopfhöhe ist die Entfernung des Scheitels vom Unterrand des Kinns, sie wird gleichfalls mit dem Stangenzirkel gemessen. Neben diesen metrischen Merkmalen ist jedoch der Hauptwert auf die Erfassung der morphologischen Eigenschaften des Kopfes zu legen. Kein Teil des menschlichen Körpers ist anthropologisch so gut und häufig untersucht worden wie der Schädel. Die Beeinflussung der Kopfform durch rassische Einflüsse, durch das Geschlecht und die Altersveränderung schränken jedoch die Verwendungsmöglichkeiten dieser Merkmale erheblich ein. Im besonderen Maße gilt diese Einschränkung für die durch Indices und Durchmesser ausgedrückten metrischen Merkmale.

*II. Gruppe: Merkmale der Gesichtsform.* Wir messen die morphologische Gesichtshöhe und errechnen den morphologischen Gesichtsindex. Es empfiehlt sich, auf den Untersuchungsbogen die einzelnen Gesichtsformen und Gesichtswinkel schematisch vorzuzeichnen und nun die gefundenen Gesichtsformen entsprechend einzuordnen (Abb. 1). Auch für diese Gruppe besteht die Einschränkung der Alters- und Geschlechtsabhängigkeit.

*III. Gruppe: Die Weichteile der Augengegend.* Es wird Richtung und Öffnung der Lidspalte, Höhe des Oberlidraumes, Ausbildung der Deck- und Doppelfalten, Lidrand und Randleiste sowie die Lage des Augapfels festgestellt. Außerdem gehört zu dieser Gruppe Richtung und Stärke der Brauen, die wieder getrennt in Zwischenbrauengegend, Kopf- und Lateralteil betrachtet und verzeichnet werden. Die Merkmale dieser Gruppe sind für den V.N. bereits von größerer Bedeutung und geben nicht selten wertvolle Hinweise für die Entscheidung, weil hier die Differenzierung in den ersten Lebensmonaten schon in Erscheinung tritt. Da es sich bei der Augengegend um schwierigere und meist nicht auf den ersten Blick zu erfassende Formen handelt, die bei drei und in der Mehrzahl der Fälle bei vier Personen verglichen werden müssen, ist die Notwendigkeit, die betr. Körpergegenden im Lichtbild festzuhalten, um späterhin die Möglichkeit des öfteren Vergleiches zu haben, klar ersichtlich.

Weichteile für die Begutachtung infolge ihrer Altersveränderlichkeit mit gewisser Vorsicht betrachtet werden müssen, geben der Nasenlippenwinkel, Form und Richtung der Nasenlöcher und das Vorragen der Nasenscheidewand sowie ihre Form sehr gute Hinweise.

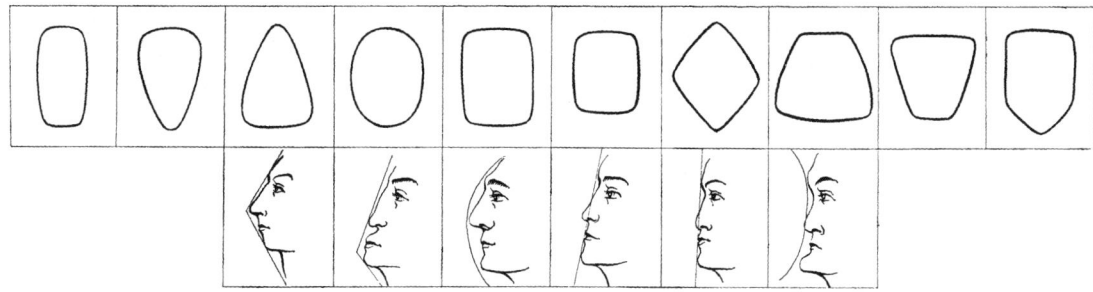

Abb. 1. Gesichtsformen (schematisch).

*IV. Gruppe: Merkmale der äußeren Nase.* Wir messen mit dem Gleit- oder Stangenzirkel Breite, Höhe und Tiefe der Nase und errechnen daraus den Nasenindex = Nasenbreite mal 100 durch Nasenhöhe. Weiter wird Höhe und Breite der Nasenwurzel, Länge und Profil des Nasenrückens sowie auch das Vorragen der Nasenscheidewand über die Nasenflügel festgestellt. Es ist unzweckmäßig, diese Merkmale in absoluten Maßzahlen festzuhalten, da sie gewöhnlich beim Kind im späteren Leben sich ändern und aus ihnen daher keine bindenden Schlüsse gezogen werden können. Es genügt, von hoch-tief, breit-schmal, lang-kurz und von der Zwischenstufe als mittel zu sprechen. Besondere Bedeutung ist der Form der Nase beizumessen, da sie sehr wenig umweltbeeinflußbar ist. Es vererbt sich nicht die Gesamtform als Einheit, sondern die einzelnen Teile werden unabhängig voneinander vererbt. Nasenrücken und Obernase verändern sich sehr stark in der Entwicklung, während die altersstabilen Merkmale in der Unternase liegen. So zeigt der Nasenboden eine Fülle von Merkmalen, die sich selbständig vererben. (Nasenbasis, Form der Nasenlöcher, Form und Rundung der Nasenflügel sowie Ansatz und Ausbildung der seitlichen Nasenwand).

Das Profil des Nasenrückens ist konvex, gerade oder konkav, die Nasenscheidewand stark, noch eben oder nicht sichtbar. Der Nasenlippenwinkel ist gleich, größer oder kleiner als 90°. Wichtig ist auch die Betrachtung der Nase von unten. Hier interessieren Form und Richtung der Nasenlöcher sowie die Form der Nasenscheidewand. Während die reinen

*V. Gruppe: Die Weichteile der Mund- und Kinngegend.* Zu beachten ist die Breite der Haut und Schleimhaut von Ober- und Unterlippe, wobei die Oberlippe vom Subnasale bis zum Rande des Lippenrots möglichst genau in der Mediansagittalen, die Haut der Unterlippe von dem unteren Rand des Unterlippenrots bis zum Kinn gemessen wird. Die Schleimhaut beider Lippen wird von der Hautgrenze bei normal geschlossenem, nicht zusammengekniffenem Munde bis zur Mundspalte gemessen. Weiter wird die Mundspaltenform, der Saum des Lippenrots und das Vorliegen bzw. Fehlen eines Medianleistchens festgestellt. Ebenso wird die Mundform im ganzen, besonders die schwächere oder stärkere Schwingung der Lippen beachtet. Auch die Nasenlippenrinne wird hinsichtlich ihrer Breiten- und Tiefenausdehnung begutachtet. Wichtig ist auch die Betrachtung des Kinns sowohl von vorn als auch von

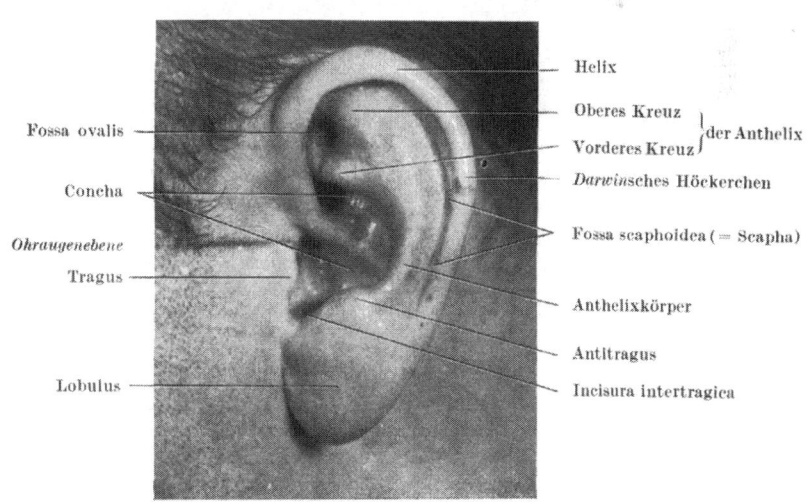

Fossa ovalis

Concha

Ohraugenebene

Tragus

Lobulus

Helix

Oberes Kreuz
Vorderes Kreuz } der Anthelix

*Darwinsches* Höckerchen

Fossa scaphoidea ( = Scapha)

Anthelixkörper

Antitragus

Incisura intertragica

Abb. 2. Ohr.

der Seite und die Feststellung, ob eine Kinnteilung vorliegt oder nicht. Die Form der Weichteile ist stark durch die Ausbildung von Kiefer und Gebiß mitbedingt.

*VI. Gruppe: Äußeres Ohr* (Abb. 2). Hier gilt es, eine Fülle von besonders gut erforschten Merkmalen zu beachten. Wir stellen zuerst mit dem Stangen- oder Gleitzirkel die größte Ohrbreite fest, indem wir den festen Arm des Gleitzirkels an die Ohrbasis legen und den beweglichen an den am weitesten hervorragenden Punkt des freien Ohrmuschelrandes heranbringen. Die Ohrlänge wird gemessen, indem der Stab des Tasterzirkels an den Tragus gelegt und die Entfernung vom obersten zum untersten Rand des Ohrs gemessen wird. Bei beiden Maßen ist zu beachten, daß die Ohrmuschel nicht eingedrückt wird und daß der Zirkel parallel zur Ohrachse liegt. Aus der so gewonnenen Ohrbreite läßt sich nach einer von *Quelprud* angegebenen Methode durch Ausgleichung des Alters- und Geschlechtsunterschiedes die mittlere Ohrbreite errechnen, die einen ziemlich guten und brauchbaren Hinweis für den V.N. ergibt. Ein weiteres wichtiges Merkmal ist die Basisneigung, d. h. der Winkel von Ohraugenebene und Ohrbasis. Auch die Stellung des Oberohrs messen wir, indem wir eine Ohrstellung im Winkel von 90°, den das Ohr mit der Kopffläche bildet, als $^1/_1$ und geringere Grade dann als $^3/_4$, $^1/_4$, $^1/_2$ usw. bezeichnen. Praktisch läßt es sich auch so durchführen, daß ein Winkelmesser über das Ohr waagerecht gehalten und das Abstehen in Graden abgelesen wird. Am Tragus unterscheiden wir seine Ein- oder Zweihöckrigkeit, an der Incisura intertragica, die weniger ihrer Form als ihrer Richtung nach wichtig ist, eine U- oder V-Form bzw. eine Hufeisen- oder Bogenform; die Richtung wird nach dem Winkel der Ohrachse beurteilt. Das Ohrläppchen kann 1. zungen- oder 2. bogenförmig, 3. viereckig, 4. dreieckig-rund, 5. dreieckig-gerade oder schließlich 6. dreieckig in die Wangenhaut eingezogen sein. Diese Formen werden durch die beigesetzten Ziffern 1—6 gekennzeichnet. Weiter messen wir die Läppchenlänge. An der Helix interessiert neben dem Grad der Einrollung und ihrer Reichweite noch die Form des freien Randes, das Auftreten eines *Darwin*schen Höckerchens und die Reichweite der Fossa scaphoidea; an der Anthelix Höhe und Breite von Korpus, Crus sup. und Crus ant. sowie das Verhältnis der Höhe von Crus ant. und sup. Auch Cymba und Cavum werden hinsichtlich ihrer Größe untersucht und ihr Größenverhältnis zueinander festgestellt. Am Antitragus untersuchen wir die Schweifung und die Stellung. Schließlich ist noch das Auftreten einer Läppchenleiste und das scharfe bzw. fließende Übergehen der Helix in das Läppchen und die Läppchenstellung beachtlich. Bei der großen Zahl von Merkmalen in dieser Gruppe ist es einleuchtend, daß sie für den ganzen V.N. außerordentlich wertvoll ist, um so mehr als ein Teil ihrer Merkmale große Beweiskraft hat.

*VII. Gruppe: Gebiß.* Es wird auf mögliche Auffälligkeiten des Gebisses geachtet sowie auf die Höhe des Gaumens und die Zungenfaltung. Für den V.N. ist diese Gruppe von geringerer Bedeutung, da meistens kleine Kinder ohne Zähne zu untersuchen sind. Das Gebiß ist vor der zweiten Zahnung für eine vergleichend erbbiologische Betrachtung kaum zu verwenden. Die Vergleiche beschränken sich daher vorwiegend auf erwachsene Personen, können jedoch bei ihnen wertvolle Hinweise geben.

*VIII. Gruppe: Merkmale des Haares.* Die Untersuchung erstreckt sich auf das Haupthaar, die Wimpern und die Augenbrauen. Beim Haupthaar wird Farbe, Haargrenze an der Stirn und im Nacken, Haarstrich an Stirn, Schläfen und Nacken, getrennt rechts und links, die Dichte des Wuchses, das Auftreten von Wirbeln und deren Drehsinn festgestellt. Am Einzelhaar ist Form und Gespinst beachtlich. An den Wimpern sind Farbe, Länge und Form, an den Brauen Farbe und Dichte zu beachten. Die Haarfarbe wird mit der Haarfarbenskala nach *Fischer-Saller* bestimmt, das sind Bündel von Haarsträhnen, deren Farbtöne vom hellsten Blond bis zum dunkelsten Schwarz mit Buchstaben, die roten

Farbtöne mit römischen Ziffern bezeichnet werden. Bei der Beurteilung des kindlichen Haares kann mit einem Nachdunkeln um 3—4 Stufen und mehr nach *Fischer-Saller* gerechnet werden.

*IX. Gruppe: Regenbogenhaut des Auges.* Zur Bestimmung von Struktur und Farbe dienen die rassenkundliche Bestimmungstafel für die Iriszeichnung nach *Schulz-Hesch* und die Augenfarbentafel nach *Martin-Schulz.* Erstere enthält im ganzen zwölf verschiedene Iriszeichnungen, die in zwei Gruppen eingeteilt sind, eine für pigmentarme und eine für pigmentreiche Augen. Die letztere zeigt 20 Glasiriden in den verschiedenen Farbtönen. Da wir an der Iris immer eine Innen- und eine Außenzone unterscheiden, bekommen wir für jedes Auge vier verschiedene Größenwerte, die uns in allen Fällen große Vergleichssicherheit gewähren. Auch diese Gruppe bietet für den V.N. gut verwertbare Hinweise. So bietet die Iris auch den Vorteil, daß oft nach den ersten Lebensmonaten des Kindes, sicher aber am Abschluß des ersten Lebensjahres die Struktur differenziert und in der Pigmentverteilung zumindest die Tendenz der Entwicklung erkennbar ist.

*X. Gruppe: Merkmale der Hand, XI. Gruppe: Merkmale des Fußes.* Gemeinsam in beiden Gruppen wird Länge und Breite festgestellt. An der Hand geschieht das mittels des Stangenzirkels in folgender Weise: Die Spitze des festen Zirkelarmes wird auf den Griffelpunkt der Speiche gesetzt, der bewegliche Arm wird an die Fingerspitzen herangebracht, wobei das ganze Gerät parallel zur Handachse stehen muß. Gemessen wird die Entfernung des Griffelfortsatzes von der Mittelfingerspitze. Die Handbreite wird mit dem gleichen Gerät vom äußeren zum inneren Mittelhandpunkt gemessen. Am Fuß erfolgt die Messung mit dem Anthropometer, indem die Entfernung des hinteren Fersenpunktes von der längsten Zehenspitze bzw. die Entfernung des inneren vom äußeren Mittelfußpunkt gemessen wird. An der Hand wird dann noch Mittelfinger und Länge der Handfläche, Abschluß der Fingerspitzen und die Händigkeit festgestellt, am Fuße die Länge der großen Zehe und der Fußtypus. Sowohl an Fuß als an Hand wird das Verhältnis des 2., 3. und 4. Fingers bzw. der Zehen, die Nagelform und die Länge und Querkrümmung der Nägel, am Fuße noch gesondert die Nagelform der großen Zehe beschrieben. Die wenigen bisher vorliegenden Untersuchungsergebnisse und die starke Altersabhängigkeit der Merkmale schränken die Möglichkeiten für wertvolle Schlüsse aus dieser Gruppe jedoch erheblich ein.

Vor der Besprechung der XII. Gruppe: „Papillarlinien" wäre noch ein Merkmal zu erwähnen, dessen Anwendung im V.N. sich aber noch im Versuchsstadium befindet, die *P.T.C-Geschmacksprobe.* Bei der P.T.C.-Geschmacksprobe handelt es sich um die Beobachtung, daß p-Äthoxyphenylthioharnstoff von einem Teil der Menschen bitter schmeckend, von einem anderen Teil indifferent empfunden wird. Das „Bitterschmecken" ist aber ein dominant vererbbares Merkmal.

*XII. Gruppe: Papillarlinien, Finger- und Handleisten.* Berücksichtigt werden beim V.N. vor allem die Leisten auf den Fingerbeeren, dann aber auch die Handleisten, bei deren Verwertung jedoch noch eine gewisse Zurückhaltung geboten ist, weil namentlich über die Frage ihrer Vererbung bisher nur wenige Arbeiten vorliegen. Zur Beurteilung und Auswertung der Finger- und Handleistenmuster sind einwandfrei hergestellte Farbabdrücke erforderlich. Das Farbabdruckverfahren ist in dem Art.:Daktyloskopie (s. d.) erschöpfend dargestellt. Die Abdrücke werden nun mit Hilfe einer Lupe betrachtet, ihre Muster festgestellt, die Anzahl ihrer Leisten ausgezählt und alle übrigen, noch später zu besprechenden Besonderheiten für den V.N. festgehalten. Vor der Besprechung der einzelnen, auf den Fingerbeeren möglichen Musterformen sei kurz auf die Theorie ihrer Entwicklung, die wir *Bonnevie* verdanken, eingegangen. Nach ihr findet sich die erste nachweisbare Papillarleistenbildung auf den Fingerbeeren bereits im dritten Embryonalmonat. Die Faltung entsteht durch das stärkere Wachstum des Stratum germinativum gegenüber den äußeren Epidermisschichten. Durch das stärkere Wachstum der Innenschicht entsteht nun zwangsläufig die Einfaltung. Die Faltung des Stratum germinativum ist ausschlaggebend für die Form der später nach außen in Erscheinung tretenden Papillarleisten. Sie beginnt fast gleichzeitig an drei Stellen der Fingerbeeren und zwar als Zentralfalten im Zentrum, als Basisfaltung an der Basis des letzten Fingerglieds und als Rand- oder Mantelfaltung am Rande der Fingerbeeren. Diese Dreiteilung läßt sich bei den meisten Mustern verfolgen. Die einfachsten Muster (Abb. 3) stellen die Bogen dar. Wir finden mehr oder weniger von einem Fingerbeerenrand zum anderen verlaufende, in der Mitte ansteigende Linien, die gelegentlich einzelne Gabe-

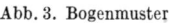

Abb. 3. Bogenmuster.      Abb. 4. Tannenbogen.

lungen zeigen. Es fehlt diesen Mustern an einer Achse, sie werden, da keinerlei Grenze zwischen proximalen und distalen Leisten auftritt, auch als kontinuierliche Muster bezeichnet. Wird die Wölbung der Bogen noch stärker, so kommt es schließlich zur Ausbildung einer Zentralachse mit weitgehend symmetrischem Verlauf der seitlichen Leisten. Wichtig dabei ist, daß alle diese Leisten die Achse überschreiten und auf der gegenüberliegenden Seite enden. Sie werden als Tannenbogenmuster (Abb. 4) bezeichnet. Bei dem nächsten Muster ist die Anordnung der Leisten bereits diskontinuierlich. Die unteren oder Basalleisten verlaufen wie bei den Bogen von einem Fingerrand zum anderen, die oberen, distalen schmiegen sich der Umgrenzungslinie des Fingergliedes an und heißen Mantelleisten. In der Mitte findet sich nun eine Anzahl von Leisten so angeordnet, daß sie schleifenartig umbiegen und nach der Ausgangsseite zurückkehren. Je nach welcher Seite diese Schleifen auslaufen, werden sie als radiale oder ulnare Schleifen (Abb. 5) bezeichnet. Der Punkt, an dem die Basal- und die Mantelleisten auseinanderweichen, heißt Delta oder Triradius. Dieser Punkt hat als Ausgangspunkt der Zählung der Leisten große Bedeutung. Er führt auch die Bezeichnung äußerer Terminus. Ihm wird der innere Terminus gegenübergestellt, der sich, falls im Musterkern eine Schlinge liegt, auf dem vom Delta weiter entfernten Schenkel dort, wo dieser zur Schlinge umbiegt, befindet. Liegt im Mittelpunkt des Musters ein einfacher Balken, dann befindet sich der innere Terminus in der Nähe von seiner Spitze. Zwischen den beiden Termini erfolgt die Auszählung in der Weise, daß vom äußeren zum inneren Terminus eine Linie gelegt wird und alle diese Linie kreuzenden Leisten gezählt werden. Die Möglichkeit der Auszählung besteht selbstver-

ständlich nur bei den Mustern, die über einen inneren und äußeren Terminus verfügen, sie fällt also bei den schon besprochenen Bogen- und Tannenbogenmustern weg. Es sei noch kurz auf ein weiteres Schleifenmuster hingewiesen, weil es unter Umstän-

Abb. 5. Ulnare Schleife.      Abb. 6. Muschelschleife.

den Anlaß zur Verwechslung mit anderen Mustern geben könnte, die Muschelschleife (Abb. 6). Bei ihr bilden die Leisten ein Bündel gleichgerichteter Fäden, die entweder blind endigen oder durch eine annähernd gerade Linie zu einem Band zusammengefaßt werden. Als drittes Muster sind die Wirbel (Abb. 7) zu nennen. Sie sind dadurch ausgezeichnet, daß sie über zwei Deltas verfügen. Man unterscheidet an ihnen kreisförmige und elliptische sowie

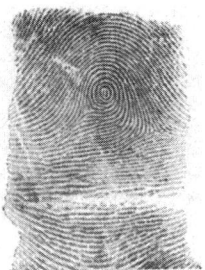

Abb. 7. Wirbelmuster.      Abb. 8. Zentraltasche.

Spiralmuster. Zu erwähnen ist noch die sog. Zentraltasche (Abb. 8), weil dieses Muster mit der Muschelschleife verwechselt werden kann. Entscheidend ist das Auftreten eines zweiten Deltas. Zwei weitere,

Abb. 9. Zwillingsschleife.

für den V.N. u. U. bedeutungsvolle Arten von Wirbeln sind die Doppel- oder Zwillingsschleifen (Abb. 9) und die Seitentaschen (Abb. 10). Sie können durch den Verlauf ihrer Achsen unterschieden werden; bei der Doppelschleife laufen sie nach verschiedenen Seiten, bei der Seitentasche nach der gleichen Seite aus. Geringere Bedeutung haben schließlich noch die Haubenschleifen (Abb. 11), bei denen eine Schleife haubenförmig ein anderes Muster überdeckt und die dann je nach der Anzahl der vorhandenen Deltas als Bogen oder Wirbel mit Haubenschleife oder Doppelschleife bezeichnet werden müssen. Einen Rückblick auf die dargestellten Formbildungen gibt die beigefügte schematische Darstellung, aus der die Be-

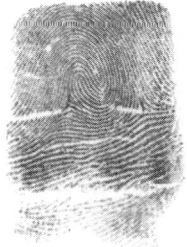 

Abb. 10. Seitentasche.  Abb. 11. Haubenschleife.

griffe der Basal- und Mantelleisten, der Achse, der Deltabildungen und der Umfang des für die Auszählung in Betracht kommenden Gebietes ersichtlich ist (Abb. 12). Außer der Betrachtung der Musterform und der Auszählung der Leisten bestimmen wir noch den Genotypus, der sich aus den Erbfaktoren V, R und U zusammensetzt. V drückt sich in der allgemeinen Epidermisdicke der embryonalen Fingerbeeren aus, R in dem Epidermispolster an der radialen Seite, U in dem Epidermispolster an der ulnaren Seite der embryonalen Hand. Nach *Bonnevie* ist der Ausdruck der embryonalen Epidermisdicke dem maximalen Fingerwert gleichzusetzen. Sie gibt folgende Trennung in drei Gruppen an: Beträgt die höchste Leistenzahl 22 und darüber, dann entspricht das dem Erbfaktor vv. Die Gruppe von 16—21 Leisten hat den Wert Vv, die von 15 und weniger Leisten VV. Die Dicke des Polsters wird durch die Differenz zwischen dem höchsten Fingerwert und dem niedrigsten auf radialer oder ulnarer Seite direkt ausgedrückt. Dabei muß jede Hand getrennt untersucht werden, entscheidend ist aber immer der höhere Wert. Hier setzt *Bonnevie* die Grenzen wie folgt: Bei einer Spanne von 0—4: rr bzw. uu, 5—10: Rr bzw. Uu, größer als 10: RR bzw. UU. Schließlich wird auch noch der sog. Formindex bestimmt, indem ein Achsenkreuz so an

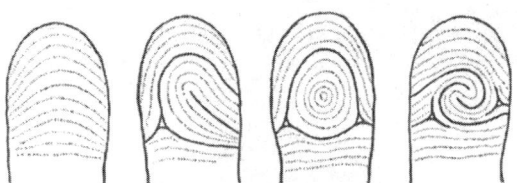

Abb. 12. Fingerleisten (schematisch).

das Muster gebracht wird, daß die Querachse durch den äußeren Terminus, die Längsachse an die Mittellinie, d. h. an die Linie, die den inneren Terminus trägt, gelegt wird. Auf diese Art und Weise kann man die Breite des Musters zwischen dem Schnittpunkt der beiden senkrecht aufeinanderstehenden Achsen und dem Triradius einerseits, die Höhe zwischen dem Achsenschnittpunkt und dem Schnittpunkt der senkrechten Achse mit der Grenzlinie, die zu diesem Zwecke nachgezogen werden muß, andererseits feststellen. Bei Wirbeln wird die Querachse durch den auf der breiteren Seite des Wirbels gelegenen Triradius gelegt. Bei Bogenmustern wird die Querachse durch jene Leiste gelegt, die auf beiden Seiten durch den Punkt 10 auf dieser geht und die gleichzeitig die Bedingung erfüllt, daß ihr Schnittpunkt mit der

Höhenachse gleichzeitig ihr Gipfelpunkt ist. Aus Höhe und Breite wird nun für jedes einzelne Muster der Formindex errechnet, aus diesen zehn Einzelformindices dann der Zehnfingerformindex. Bezüglich der Handleisten sei auf *Geipel:* Anleitung zur erbbiol. Beurteilung der Finger- und Handleisten, München 1935, verwiesen.

Sind nun alle für den V.N. verwertbaren Merkmale in den genannten Gruppen aufgenommen, aus praktischen Gründen in Untersuchungsbogen mit Vordrucken eingetragen und für die Beteiligten (Kläger, meist identisch mit Kind, = K, Beklagter = B, Mutter = M, Zeuge = Z) miteinander verglichen worden, dann folgt die Einzelauswertung innerhalb der Gruppe, beispielsweise mit dem Ergebnis, daß sich in der betr. Gruppe mehrere Merkmale finden, die das Kind mit der Mutter gemeinsam hat, die infolgedessen für den V.N. ausscheiden, daß neben vereinzelten Merkmalen, in denen K und Z sich gleichen, zahlreiche Merkmale, darunter einige sog. ,,gute", vorhanden sind, die K mit B gemeinsam hat. In ganz analoger Weise erfolgt die zusammenfassende Schlußauswertung mit der Anstellung einer Merkmalkonkurrenz und der Bestimmung des Grades der Wahrscheinlichkeit für die Beteiligten. Die Schlußbegutachtung richtet sich in ihrer Formulierung nach der Fragestellung des Gerichts. Eine beachtliche Schwierigkeit liegt darin, einen dritten, bisher unbekannten Mann mit Sicherheit von einer Vaterschaft ausschließen zu können. Praktisch ist diese Ausschlußmöglichkeit in keinem Falle gegeben, da man ja nie wissen kann, ob sich die bei dem Kind und einem der untersuchten Männer gemeinsam festgestellten Merkmale vielleicht bei einem anderen, noch unbekannten Manne auch und vielleicht sogar in stärkerer Ausprägung finden lassen. Dagegen wird es in vereinzelten Fällen durchaus möglich sein, aus der Tatsache, daß sich bei dem Kind ein gut ausgeprägtes Merkmal, dessen Erblichkeit ausreichend bekannt ist, finden läßt, beide Männer von der Vaterschaft auszuschließen und darauf hinzuweisen, daß voraussichtlich ein anderer, nicht untersuchter Mann als Vater in Frage kommt. Eine andere ebenfalls große Schwierigkeit liegt in dem praktischen Wert einzelner Merkmale. Auch das gemeinsame Auftreten eines Merkmales bei dem Kind und einem der untersuchten Männer muß nicht unbedingt einen Hinweis auf die Vaterschaft des betreffenden Mannes darstellen, wenn es sich um ein landläufiges, in der Bevölkerung weit verbreitetes Merkmal handelt. So wird z. B. die blonde Haarfarbe in Friesland oder die dinarische Adlernase in Tirol kein unbedingt beweisendes Merkmal sein, wenn sich die Mutter während der Empfängniszeit an einem Ort befand, an dem Träger dieser Merkmale gehäuft vorkommen. Es sind daher die neueren Bestrebungen, namentlich der Wiener Schule, die Häufigkeit eines Merkmales innerhalb einer Bevölkerungsgruppe festzustellen und für die Vaterschaftsbegutachtung entsprechend zu verwerten, von grundlegender Bedeutung. Für den Ausfall der Begutachtung darf endlich das rein mengenmäßige Verhältnis der Merkmale niemals ausschlaggebend sein. Es ist vielmehr so, daß einer ganzen Gruppe weniger wertvoller Merkmale ein oder zwei gut verwertbare gegenüberstehen können, die dann das Gutachten entscheidend beeinflussen.

Zum Schlusse sei noch auf eine Hilfsstellung für den Richter hingewiesen, um ihn ,,beim Sprung von der Wahrscheinlichkeit zur Gewißheit" zu unterstützen: Wenn wir nach der vergleichenden erbbiologisch-anthropologischen Merkmalkonkurrenz zwischen X und Y zu der Schlußfolgerung kommen, daß X mit großer Wahrscheinlichkeit der Erzeuger ist, dann ist die Vaterschaft des Y ,,offenbar unmöglich", aber nicht aus erbbiologischen Erwägungen, sondern aus der unbestrittenen und unbestreitbaren Tatsache heraus, daß nur ein einziger Mann Erzeuger eines und desselben Kindes sein kann!

Bis Ende 1938 sind im deutschen Sprachgebiet von etwa 25 Instituten insgesamt etwa 2500 erbbiologisch-anthropologische Abstammungsgutachten erstattet worden. Die Zahl der Anträge nimmt dauernd zu. Eine eingehende Beschäftigung mit der Materie wird keinem Gerichtsmediziner erspart bleiben. Aus diesem Grunde wird das Schrifttum möglichst erschöpfend aufgeführt.

*Schrifttum.*

*Abel:* Über den Nachweis anormaler Fingerbeerenmuster bei Verbrechern. Z. Ethnol. **67** (1935). — *Abel:* Über die Verteilung der Genotypen der Hand- und Fingerbeerenmuster bei europäischen Rassen. Z. Abstammgslehre **LXX**. — *Abel:* Über Störungen der Papillarmuster. Z. Morph. u. Anthrop. **XXXVI** (1936). — *Abel:* Die Wirkungen von Druckschwankungen im menschlichen Embryo auf dessen Papillarleisten. Forschgn. u. Fortschr. **13**, (1937). — *Abel:* Die Vererbung von Antlitz und Kopfform des Menschen. Z. Morph. u. Anthrop. **XXXIII** (1934). — *Baur-Fischer-Lenz:* Menschliche Erblehre und Rassenhygiene. 4. Aufl. **I.** München 1936. — *Bonnevie:* Lassen sich die Papillarmuster der Fingerbeere für Vaterschaftsfragen praktisch verwerten? Zbl. Gynäk. **1927**, 539—543. — *Bonnevie:* Was lehrt die Embryologie der Papillarmuster über ihre Bedeutung als Rassen- und Familiencharakter? Z. Abstammgslehre **50**, 219—274 (1929). — *Bühler:* ,,Offenbar unmöglich" im erbb. V. N. Erbarzt **6**, 33/37 (1939). — *Busse:* Über normale Asymmetrien des Gesichts und im Körperbau des Menschen. Z. Morph. u. Anthrop. **XXXV** (1936). — *Essen-Möller:* Die Beweiskraft der Ähnlichkeit im Vaterschaftsnachweis. Theoretische Grundlagen. Wien 1938. — *Essen-Möller:* Positiver Vaterschaftsnachweis. Nord. med. Tidskr. **1938**, 161—168. — *Essen-Möller* u. *C. E. Quensel:* Zur Theorie des Vaterschaftsnachweises auf Grund von Ähnlichkeitsbefunden. Dtsch. Z. gerichtl. Med. **31**, 97. — *Fischer:* Haar. Handwörterbuch der Naturwissenschaften. 2. Aufl. 1934. — *Fischer:* Körperformen des Menschen. Handwörterbuch der Naturwissenschaften. 2. Aufl. 1934. — *Fischer:* Die Rehobother Bastards. Jena 1913. — *Fischer, Max:* Ähnlichkeit und Ahnengemeinschaft. Z. Morph. u. Anthrop. **XXXIV**, *Eugen-Fischer*-Festband (1934). — *Fetscher:* Diagnose der Elternschaft aus Erbmerkmalen des Kindes. Z. Sex.wiss. **12**, 265 bis 273 (1925). — *Frets:* The cephalic index and its heredity. Hague-Nijhoff 1925. — *Geipel:* Anleitung zur erbbiologischen Beurteilung der Finger- und Handleisten. München 1935. — *Geipel:* Der Formindex der Fingerleistenmuster. Z. Morph. u. Anthrop. **XXXVI** (1937). — *Geipel:* Methode zur Auswertung der Fingerleistenmuster für Vaterschaftsgutachten und Gefahren falscher Anwendung. Erbarzt **10**, 137—139 (1937). — *Geipel:* Die Fingerabdrücke in ihrer Bedeutung als Erkennungszeichen in kriminalistischer und biologischer Hinsicht. Psychiatr.-neur. Wschr. **38**, Nr. 20 (1936). — *Geipel* u. *O. v. Verschuer:* Zur Frage der Erblichkeit des Formindex der Fingerleistenmuster. Z. Abstammgslehre **70**, 460—463 (1935). — *Geyer:* Gestalt und Vererbung der Gegenleiste (Anthelix) des menschlichen Ohres. Wien 1936. — *Geyer:* Vererbung der bandförmigen Helix. Mitt. anthrop. Ges. Wien **58**, 17. — *Geyer:* Vererbungsstudien am menschlichen Ohr. Sitzsber. anthrop. Ges. Wien **6**. — *Geyer:* Probleme der Familienanthropologie. Mitt. anthrop. Ges. Wien **64**, 295. — *Geyer:* Studien am menschlichen Ohr, 4. Beitrag, Stellung und Faltung der Ohrmuschel. Anthrop. Anz. **XIII**, 101. — *Geyer:* Die Beweiskraft der Ähnlichkeit im Vaterschaftsnachweis. Praktische Anwendung. Mitt. Anthrop. Ges. Wien **LXVIII** (1938). — *Grebe:* Positive Feststellung der Vaterschaft usw. Erbarzt **5**, 37 (1939). — *Gottschick:* Erbliche Unterschiede der Geschmacksempfindungen auf p-Äthoxyphenylthioharnstoff. Z. menschl. Vererb.- u. Konstit.lehre **1937**. — *Günther:* Über konstitutionelle Varianten der Schädelform und ihre klinische Bedeutung usw. Virchows Arch. **278** (1930). — *Günther:* Die konstitutionelle und klinische Bedeutung des Kopfindex. Z. menschl. Vererb.- u. Konstit.lehre **19** (1935). — *Günther:* Die konstitutionelle Morphologie des menschlichen Gebisses. Erg. Path. **29** (1934) (Literatur). — *Harrasser:* Eine neue Methode der anthropologischen Photographie ganzer Körper. Anthrop. Anz. **12**, 306—313. — *Hildén:* Zur Kenntnis der menschlichen Kopfform in genetischer Hinsicht. Hereditas (Lund) **VI** (1925). — *Keers:* Über die Erblichkeit des menschlichen Kopfhaares. Arch. Rassenbiol. **27** (1933). — *Kernbach* u. *V. Hurghisiu:* Somato-metrische Erbbiologie in der gerichtlichen Medizin. Ref. I. Int. Kong. f. ger. u. soz. Med. — *Koller:* Methoden der menschlichen Erbforschung 1938 (mit Ausnahme der Zwillingsforschung). In: Handb. d. Erbbiologie der Menschen. Herausgegeben von *G. Just, K. H. Bauer, E. Hanhart* u. *J. Lange.* **I** z. Zt. im Druck. — *Koller* u. Prof. *H. Geppert:* Erbmathematik. Theorie der Vererbung in Bevölkerung und Sippe. **228.** Leipzig 1938. — *Korkhaus:* Ätiologie der Zahnstellungs- und Kiefernanomalien. Fortschr. Orthodontik **1** (1931). — *Korkhaus:* Die Vererbung der Kronenform und -größe menschlicher Zähne. Z. Anat. **91** (1930). —

*Kühne:* Symmetrieverhältnisse und Ausbreitungszentren in der Variabilität der regionalen Grenzen der Wirbelsäule des Menschen. Z. Morph. u. Anthrop. **XXXIV**, *Eugen Fischer*-Festband (1934). — *Kühne:* Die Zwillingswirbelsäule. (Eine erbgenetische Forschung.) Morph. u. Anthrop. **XXXV** (1936). — *Landauer:* Die Vererbung von Haar- und Hautmerkmalen, ausschließlich Färbung und Zeichnung. Z. Abstammgslehre **42** (1926) und **50** (1929) (Literatur). — *Leicher:* Die Vererbung anatomischer Varietäten der Nase, ihrer Nebenhöhlen und des Gehörorgans. München 1928. — *Malan:* Vererbungsbiologische Vaterschaftsbestimmung. Szeged 1935. — *Martin:* Lehrbuch der Anthropologie. Jena 1928. — *Meyer-Heydenhagen:* Zur Erbbiologie der Papillarlinien der Handfläche. Z. Abstammgslehre **67**, 302—305 (1934). — *Meyer-Heydenhagen:* Die palmaren Hautleisten bei Zwillingen. Z. Morph. u. Anthrop. **33**, 1—42 (1935). — *Metzner:* Über die Häufigkeit des Vorkommens unstimmiger Genformeln für quantitative Werte der Fingerleisten bei Eltern und Kindern. Z. menschl. Vererb.- u. Konstit.lehre **22**, 669—702. — *Mollison:* Spezielle Methoden anthropologischer Messung. Handb. der biologischen Arbeitsmethoden **VII 2.** — *Mueller:* Untersuchungen über die Erblichkeit von Fingerbeerenmustern unter besonderer Berücksichtigung rechtlicher Fragestellungen. Z. Abstammgslehre **LVI** (1930). — *Mueller:* Die Lehre von der Erblichkeit des Reliefs der Hohlhand und der Fingerbeeren vom gerichtlich-medizinischen Standpunkt aus. Dtsch. Z. gerichtl. Med. **17** (1931). — *Nehse:* Beiträge zur Morphologie, Variabilität und Vererbung der menschlichen Kopfbehaarung. Z. Morph. u. Anthrop. **XXXVI** (1936). — *Ploetz-Radmann:* Die Hautleisten am Mittel- und Grundglied der menschlichen Finger. Z. Ethnol. **68** (1936). — *Ploetz-Radmann:* Die Hautleistenmuster der unteren beiden Fingerglieder der menschlichen Hand. Z. Morph. u. Anthrop. **XXXVI** (1937). — *Quelprud:* Untersuchungen der Ohrmuschel von Zwillingen. Z. Abstammgslehre **62**, 160—165 (1932). — *Quelprud:* Familienforschungen über Merkmale des äußeren Ohres. Z. Abstammgslehre **67**, 296—299 (1934). — *Quelprud:* Zur Erblichkeit des Darwinschen Höckerchens. Z. Morph. u. Anthrop. **34**, 343—363 (1934). — *Quelprud:* Die Ohrmuschel und ihre Bedeutung für die erbbiologische Abstammungsprüfung. Erbarzt **8**, 121—125 (1935). — *Routil:* Von der Richtung der Augenlidspalte. Ein Beitrag zur Frage ,,Rasse und Vererbung". Z. Morph. u. Anthrop. **32**, 469—482 (1933). — *Routil:* Über einige Beobachtungen am menschlichen Haarkleide. Z. Morph. u. Anthrop. **32**, 483—485 (1933). — *Routil:* Über die biologische Gesetzmäßigkeit der Kopfmaße. Mitt. anthrop. Ges. Wien **62**, 343—348 (1932). — *Routil:* Anthropologisch-erbbiologische Familienforschung als Grundlage der rassenkundlichen Analyse. Mitt. anthrop. Ges. Wien **67**, 31—52 (1937). — *Routil:* Ein Vorschlag zur Verarbeitung metrischer Beobachtungsreihen. S. A. S. Bolletino del Comitato Internazionale per 1 Unificazione dei Metodi e per la Sintesi in Antropologia Eugenica e Biologia **1937**, 57—69. — *Routil:* Ein Vorschlag zum Ausbau der anthropometrisch-erbbiologischen Zwillingsforschung. S. A. S. **5**, 35—36. — *Routil:* Über die Ermittlung von Beziehungen zweier Merkmale. Mitt. anthrop. Ges. Wien **1938**. — *Siemens:* Grundzüge der Vererbungslehre. München u. Berlin 1937. — *Scheidt:* Untersuchungen über die Erblichkeit der Gesichtszüge. Z. Abstammgslehre **60**, 291—294 (1932). — *Schrader:* Gerichtsärztliche Untersuchungen zum Nachweis der Vaterschaft. Handb. der biol. Arbeitsmethoden **368**. — *Schreiner:* Zur Erblichkeit der Kopfform. Genetica ('s Gravenhage) **V** (1923). — *Schulz:* Taschenbuch der rassenkundlichen Maßtechnik. München 1937. — *Tuppa:* Studien an den Weichteilen der Augengegend. Verh. dtsch. Ges. Rassenforschg. Stuttgart 1938. — *Tuppa:* Zur Morphologie der Augengegend. Mitt. anthrop. Ges. Wien 1938. — *Tuppa:* Zur Theorie u. Praxis des Abstammungsnachweises. Wien. klin. Wschr. **I**, 515/18 (1919). — *v. Verschuer:* Zur Frage der Asymmetrie des menschlichen Körpers. Z. Morph. u. Anthrop. **27**, 171—178. — *v. Verschuer:* Zur Erbbiologie der Fingerleisten, zugleich ein Beitrag zur Zwillingsforschung. Z. Abstammgslehre **67**, 299—301 (1934). — *v. Verschuer:* Die Erbbedingtheit des Körperwachstums. Z. Morph. u. Anthrop. **XXXIV**, *Eugen Fischer*-Festband (1934). — *v. Verschuer:* Methoden der Erbforschung beim Menschen. Naturwiss. **22** (1934). — *v. Verschuer:* Die biologischen Grundlagen der Zwillingsforschung. Erbarzt **1**, 1—7 (1937). — *v. Verschuer:* Erbpathologie. Dresden u. Leipzig 1937. — *Weinand:* Familienuntersuchungen über den Hautleistenverlauf der Handfläche. Z. Morph. u. Anthrop. **XXXVI** (1937). — *Weinert:* Fragen zur Rassenkunde vom Standpunkt der wissenschaftlichen Anthropologie. Z. mathematisch-naturw. Unricht **I** (1934). — *Weninger:* Leitlinien zur Beobachtung der somatischen Merkmale des Kopfes und Gesichtes am Menschen. Mitt. anthrop. Ges. Wien **54**, 231—270 (1924). — *Weninger:* Morphologische Beobachtungen an der äußeren Nase und an den Weichteilen der Augengegend. Sitzsber. anthrop. Ges. Wien, Tagung in Salzburg 1926/27. — *Weninger:* Zur anthropologischen Betrachtung der Irisstruktur. Mitt. anthrop. Ges. Wien **62** (1932). — *Weninger:* Eine Methode zur Verarbeitung der metrischen Merkmale in der Familienanthropologie. Boll. Com. intern. per 1 unificazione dei metodi **1** (1937). — *Weninger:* Die morphologischen Beobachtungen des Kopfes, Gesichtes und Körpers. Z. Neur. **123** (1930). — *Weninger:* Über die Weichteile der Augengegend bei erbgleichen Zwillingen.

Anthrop. Anz. **9** (1932). — *Weninger:* Irisstruktur und Vererbung. Z. Morph. u. Anthrop. **34**, 469—492 (1934). — *Weninger:* Über anthropologisch-erbbiologische Vaterschaftsgutachten. Österr. Richterztg. **25**, Nr. 6 (1932). — *Weninger:* Der naturwissenschaftliche Vaterschaftsbeweis. Wien. klin. Wschr. **1** (1935). — *Weninger:* Gestaltunterschiede zwischen den Abdrücken von Papillarmustern ein und derselben Fingerbeere. Mitt. anthrop. Ges. Wien **62** (1932). — *Weninger:* Zur Vererbung des medianen Oberkiefertremas. Z. Morph. u. Anthrop. **32** (1933). — *Weninger:* Familienuntersuchungen über den Hautleistenverlauf am Thenar und am ersten Interdigitalballen der Palma. Mitt. anthrop. Ges. Wien **65** (1935). — *Weninger:* Zur Anwendung der Erbformeln der quantitativen Werte der Fingerbeeren im naturwissenschaftlichen Vaterschaftsnachweis. Z.menschl. Vererb. u. Konstit.lehre **21** (1937). *Schütt.*

**Velounfall** siehe *Verkehrsunfall.*

**Venerische Infektion** siehe *Geschlechtskrankheiten vor Gericht.*

**Venoxiol** siehe *Schädlingsbekämpfungsmittel.*

**Veramon** siehe *Pyrazolonderivate; Schlafmittel.*

### Veratrin.

*I. Vorkommen der Alkaloide der Veratringruppe:*
*1. Veratrin* ist keine einheitliche Substanz, sondern eine Mischung der natürlich vorkommenden Alkaloide, welche in den Samen von *Schoenocaulon officinalis* = Sabadilla officinalis = Veratrum Sabadilla = Veratrum officinale (Liliaceae) vorkommen. *Verbreitung:* nördliches Südamerika, Bergwiesen des Küstengebietes von Venezuela, Guatemala, Mexiko. Alkaloidgehalt der Samen stark schwankend (0,6 bis 5%). *Offizinell semen Sabadillae* nach Ph. Helv. V mit einem Alkaloidgehalt von mindestens 4%. Die als *Läusesamen* bezeichneten Sabadillsamen enthalten drei Hauptalkaloide: *Cevadin* = „kristallisiertes Veratrin", *Veratridin* = „amorphes Veratrin" und *Cevadillin* = Sabadillin. Das im Handel erhältliche Veratrin stellt ein Gemisch von kristallisiertem und amorphem „Veratrin" dar. Dieses *Veratrin* ist eine weiße, amorphe Masse; F. = 145—155°. *Cevadin,* $C_{32}H_{49}NO_9$. F. = 205°. Unlöslich in Wasser, schwer in Äther, löslich in Alkohol; ist eine tertiäre Base von esterartiger Konstitution aus dem basischen Komplex Cevin und den Säuren Angelica- und Tiglinsäure. Cevin enthält nach *Macbeth* und *Robinson* den Coniinring, was nach den Untersuchungen von *Jacobs* allerdings nicht wahrscheinlich ist. Cevadin schmeckt sehr scharf und brennend, reizt zum Niesen, ist sehr giftig. *Veratridin,* $C_{37}H_{53}NO_{16}$. F. = 180°. Löslich in Wasser; ist ein Ester mit dem basischen Komplex Verin gebunden an Veratrumsäure. *Offizinell: Tinctura Sabadillae acetosa,* nach Ph. Helv. V eine 10%ige Samentinktur. Ferner *Veratrinum* = Gemisch der Alkaloide aus dem Sabadillsamen.
*2. Veratrum album* und andere Veratrumarten wie *Veratrum nigrum, Veratrum viride* = americanum (letzteres in England und U.S.A. offizinell), enthalten namentlich im Wurzelstock, noch reichlicher in den Wurzeln selbst (*v. Schroff*) eine Anzahl mit Cevadin usw. verwandter Alkaloide, wie Jervin, Protoveratrin, Protoveratridin, Rubijervin, Pseudojervin usw. *Jervin,* $C_{26}H_{37}NO_3$. F. = 241°. In Wasser schwer löslich, leicht in Äther. Viel weniger giftig wie Cevadin, hat keine lokalen Reizwirkungen, macht aber Kollaps. *Protoveratrin,* $C_{32}H_{51}NO_{11}$. F. = 245—250°. In Wasser und organischen Lösungsmitteln sehr schwer löslich (am besten in Chloroform). Ist der eigentliche Giftstoff der weißen Nieswurz; geschmacklos, erzeugt Gefühl der Vertaubung; schon kleinste Mengen rufen heftiges Niesen hervor. Sehr starkes Herzgift; ist allgemein toxischer wie Cevadin. *Protoveratridin,* $C_{26}H_{45}NO_8$ nach *Salzberger,* $C_{31}H_{49}NO_9$ nach *Poethke;* sehr bitter, aber ungiftig. Weiteres Veratrum-Alkaloid: *Germerin,* $C_{36}H_{57}NO_{11}$ (= Germin + Protoveratridin), von ähnlicher Wirkung wie Protoveratrin (*Poethke*). *Veratrum album,* Nieswurz, weißer Germer (Liliaceae). Verbreitung auf Bergwiesen in fast ganz Europa, häu-

fig im Alpengebiet, aber auch in Pyrenäen usw., ebenso in Gebirgsgegenden Asiens. Giftigkeit der Pflanze: alle Teile der Pflanze sind giftig, am wenigsten die Blätter; giftig sind auch die Samen (vgl. *Reinhard*), am giftigsten die den Wurzelstock wie ein filziges Geflecht umgebenden Wurzeln. *Veratrum nigrum:* Fast nur im südlichen und östlichen Alpengebiet, Krain, Steiermark, ferner im Tessin und in den Pyrenäen. Hat viel kleineren Wurzelstock wie Veratrum album. *Veratrum viride:* (Varietät von Veratrum album). Verbreitung in Nordamerika: von Canada bis Florida. *Offizinell:* Rhizoma Veratri albi mit Alkaloidgehalt nach Ph. Helv. V von mindestens 1%. Verwechslungsmöglichkeit mit *Helleborus*arten wegen der Namengebung nicht selten: Veratrum album wird, auch in der offizinellen Literatur, als white Hellebore, Ellébore blanc, Elleboro bianco bezeichnet; ebenso: „Ellebore vert" sowohl für Helleborus viridis wie für Veratrum viride, „Ellébore noir" für Helleborus niger und Veratrum nigrum usw. — Mit Veratrum toxikologisch verwandt sind die weiteren Liliaceen:
*3. Zygadenus intermedius* (Mittelamerika), in Amerika seit altersher therapeutisch verwandt. Enthält das dem Cevadin nahestehende Alkaloid *Zygadenin,* $C_{39}H_{63}NO_{10}$. F. = 200—201°. Die cevadinähnlich wirkende Droge heißt bei den Indianern *Death-camas.* Verschiedene andere Zygadenusarten sollen Sabadin, Sabadinin usw. enthalten. *Zygadenus Nutallii* in den Rocky Mountains hat schon häufig zu schweren Vergiftungen Anlaß gegeben. In Gärten die ebenfalls stark giftige Art *Zygadenus elegans.*
*4. Tulipa Gesneriana,* Gartentulpe. Enthält in der Zwiebel ein veratrinartig wirkendes Muskelgift, das Alkaloid *Tulipin,* welches beim Menschen auf der Zunge Prickeln und Speichelfluß hervorruft.
*5. Fritillaria imperialis,* Kaiserkrone (Persien). Enthält in der Zwiebel das sehr bittere Alkaloid *Imperialin,* $C_{35}H_{59}NO_4$. F. etwa 254°, welches ebenfalls veratrinähnlich wirken soll (starkes Herzgift). Wurzelknolle schmeckt brennend.

*II. Häufigkeit der* Veratrin*vergiftung:* Heute eher selten.

*1. Vergiftungen mit Sabadillsamen* sind meist medizinale nach äußerlicher Anwendung von Sabadillessig, von Veratrinsalben usw. Die Alkaloide gehen durch die intakte Haut hindurch; ihre Resorption ist aber besonders gefährlich bei vorhandenen Kratzeffekten. Eigenartige Vergiftungsfolgen haben sich bei Verwendung von veratrinhaltigem Schnupftabak, sog. „Schneeberger" ergeben, vgl. *Schroeder* (schwere eitrige Otitis via Tube infolge heftigen Aufschnupfens der Prise.).
*2. Veratrumvergiftungen* durch Rhizoma Veratri sind seit dem Altertum bekannt, sowohl medizinale wie zur Verwendung als Mordmittel. Auch heute kommt die Verwendung als Mordmittel noch in Frage. Zufällige Vergiftungen durch Verwechslung der Wurzel (z. B. mit Enzianwurzel) sind nicht ganz selten.

*III. Klinische Erscheinungen: a) bei einmaliger Einnahme: Vergiftungen mit Sabadillsamen, Veratrin und Rhizoma Veratri verlaufen prinzipiell gleich.* Nach innerlichem Gebrauch: Brennen auf der Zunge, Prickeln und Kratzen im Rachen bis zum Magen, später Anästhesie. Speichelfluß, Schlingbeschwerden, Durst, Erbrechen, häufige Durchfälle mit Tenesmen (Erbrechen und Durchfall auch bei parenteraler Anwendung), schleimige, blutige oder wässerige Entleerungen. Zentrale Wirkung: Erregung, selten eigentliche Krampfanfälle oder Delirien, häufig Schwindel, Kopfschmerz, Angstgefühl, Ohnmacht, Blässe, Verdunkelung des Gesichtes, Pupillen meist erweitert, aber nicht konstant. Parästhesien (Kribbeln, Jucken), Zittern am ganzen Körper, Muskelzuckungen und Muskelzittern. Die typischen Muskelwirkungen des Veratrins (schnelle Kontraktion, stark verlängerte Muskelerschlaffung) kommen meist nicht zur Ausbildung wegen der schon früher eintretenden Atemlähmung. Puls primär oft beschleunigt und Blutdrucksteigerung; bei weiterem Fortschreiten der Vergiftung Puls stark verlangsamt, oft tagelang Pulsschwäche, Arrhythmie, starke Hinfälligkeit, Abnahme der Körpertemperatur, zunehmende Atemnot, Cyanose. Tod im Kollaps und durch Atemlähmung nach drei bis zwölf Stunden. Bewußtsein oft bis zum Ende erhalten. Heilungsaussicht immer zweifelhaft. Ausscheidung der Alkaloide zum Teil durch Urin.

Im allgemeinen Vergiftungstypus stimmen Veratrin- und Veratrumvergiftung weitgehend mit der *Aconitinvergiftung* überein. Das im Veratrum enthaltene, für den Vergiftungsablauf (neben Germerin) maßgebende *Protoveratrin* ist erheblich wirksamer wie Veratrin, wodurch das Vergiftungsbild gegenüber „Veratrin" etwas modifiziert wird: die primäre Reizwirkung ist bei Protoveratrin (Veratrum) etwas geringer, die anästhetische Wirkung stärker wie bei Veratrin. Pupillen: bei lokaler Applikation von Protoveratrin starke Miosis. Für das Herz ist Protoveratrin erheblich giftiger wie Veratrin, erzeugt bei tödlicher Vergiftung sog. Herzwühlen.

Bei äußerlicher Anwendung der Sabadillapräparate stehen die lokalen Reizwirkungen ganz im Vordergrund: wenn eine Spur Sabadillapulver (auch Veratrumpulver) ins Auge gelangt, kommt es zu starker Conjunctivitis mit Tränen, in der Nase zu heftigstem Niesreiz. Percutane Resorptivvergiftungen sind auch durch die intakte Haut möglich: Delirien nach Aufstreuen von reichlich Sabadillpulver auf die unverletzte Kopfhaut (*Schauenstein*).

*Differentialdiagnose: Colchicinvergiftung* (s. d. Art.: Colchicin). *Digitalisvergiftung:* Veratrin usw. führt rascher zu schweren Symptomen, auch dominieren die lokalen Reizwirkungen primär stark. Pulsverlangsamung und Herzschwäche sind bei Veratrin rascher lebensgefährlich. *Aconitinvergiftung:* Veratrinvergiftung ist ausgezeichnet durch stärkere Kolik und Durchfallwirkung, fibrilläre Muskelzuckungen und Konvulsionen im Endstadium der Vergiftung.

*b) Vergiftung nach mehrmaliger Einnahme:* Bei dem von *Nivet* und *Giraud* beschriebenen Giftmordfall führte die wiederholte Beimischung von Pulver von Rhizoma Veratri albi zu den Speisen bei den 21- und 22jährigen Brüdern im Verlauf von neun und elf Wochen unter folgenden Erscheinungen zum Tode: starker Magen-Darmkatarrh mit blutigen Stühlen, große Schwäche und Hinfälligkeit, Schlaflosigkeit, psychische Störungen und Delirien.

*Sektionsbefund:* völlig negativ.

*Differentialdiagnose:* In erster Linie Colchicin- und Aconitinvergiftung, aber auch subakute Arsenvergiftung, Ruhr, Colitis ulcerosa (Fall ausführlich beschrieben bei *Cousinié*).

*IV. 1. Dosis medicinalis:* Tinctura Sabadillae acetosa (nur äußerlich!): einige ccm in Wasser verdünnt, gegen Kopfläuse; Veratrin: 0,001—0,002 g. Tinctura Veratri: 0,2 g. Über therapeutische Wirkungen von Tinctura Veratri mit meist schon toxischen Nebenwirkungen wie Pulsverlangsamung, Abfall des systolischen und diastolischen Blutdruckes, Erbrechen und Schwindel vgl. *Collins*. Applikation von 5—15 Tropfen Tinctura Veratri zur Myasthenietherapie führte zu Brennen im Mund, Schwindelgefühl, Metallgeschmack im Mund (*Forster*).

*2. Dosis toxica:* Etwa von 0,3 g Sabadillpulver an (als Streupulver gegen Läuse); von 0,003 g Veratrin an sind schwerere Vergiftungen zu erwarten. 60 Teile frischer Veratrumwurzel entsprechen etwa

einem Teil Veratrin. Vergiftungsfälle mit 5—15 g Rhizoma Veratri und 0,05—0,19 g Veratrin kamen davon.

*3. Dosis letalis:* Sehr schwer zu bestimmen wegen relativ geringer Zahl tödlicher Vergiftungen und großen Gehaltsschwankungen. Schon 1,3 g Pulver von Rhizoma Veratri war innert drei Stunden tödlich (*Taylor*). *Erben* gibt die Dosis letalis von Semen Sabadillae und Radix Veratri zu 1,0—2,0 g, von Veratrin zu 0,005 g an.

*V. Pathologisch-anatomischer Befund:* Nicht charakteristisch. Lokale Hautrötung, frieselartiges Erythem, auch varicellenartig, bläschenförmige Ausschläge. Diese kommen auch bei ausschließlich innerlicher Applikation vor. Auch nach heftigster Schleimhautreizung mit schwersten gastroenteritischen Symptomen kann ein anatomischer Befund völlig fehlen.

An Pferden wurden bei subcutaner Veratrinapplikation lokal bis tief in die Muskulatur reichende Blutungen, graurote Trübung der Muskulatur, bei interner Vergiftung blutigseröse Flüssigkeit in Brust- und Bauchhöhle festgestellt.

*VI. Gerichtlich-medizinische Beurteilung: Vergiftungen:* heute im allgemeinen selten; früher wurden Sabadillpräparate als Antiparasitenmittel, namentlich gegen Läuse, relativ viel verwendet. Dementsprechend auch größere Zahl medizinaler Vergiftungen; ebenso wegen der früheren Verwendung des Veratrins als Fiebermittel. Als Mittel gegen Ungeziefer bei Haustieren im Gebrauch führte „Läusepulver" schon wiederholt zu zufälligen Vergiftungen, namentlich auch bei Kindern. Veratrumvergiftung bei Tieren: Fleisch und Milch von mit Rhizoma Veratri albi vergifteten Kühen führte bei Tieren, die davon genossen, zu tödlichen Vergiftungen. Über Vergiftungen beim Menschen infolge Verwechslung der Wurzeln und Verwendung zur Schnapsbereitung vgl. *Cousinié*. Als Mordmittel selten; dann hauptsächlich Rhizoma Veratri.

*Kasuistik von Veratrumvergiftungen.* 1. Zufällige Vergiftung durch Verwechslung der Wurzel (statt Enzianwurzel) rief bei 66jähriger Frau, als Teeaufguß genossen, Erbrechen, Herabsetzung der Temperatur, Starre der Glieder, Nierenreizung, Sehstörungen und große Pulsschwäche hervor. Ausgang in Heilung (*Brouardel*).

2. Giftmordversuch mit weißer Nieswurz durch Eingabe in Kaffee: drei Erkrankungen mit brennendem, zum Teil bitterem Geschmack im Mund, Erbrechen, Durchfällen, großem Schwächegefühl, Schwindel, Krämpfen, Verwirrtheit. Ausgang in Heilung (*Ipsen*).

Über weitere Vergiftungsfälle, auch kriminelle, berichtet ausführlich *Cousinié*.

*Schrifttum.*

*Boehm, R.:* Veratrin und Protoveratrin. In *Heffter*s Handb. der exper. Pharmakologie **2,** 249 (1920). — *Brouardel, G., Seligmann* et *Cheramy:* Intoxication accidentelle par l'ellébore blanc. Ann. Méd. lég. etc. **5,** 321 (1925). — *Christensen, B. V.* u. *A. P. McLean:* Die biologische Wertbestimmung des Veratrum viride. J. amer. pharmaceut. Assoc. **25,** 414—417 (1936). — *Collins, R. J.:* The clinical actions of veratrum. Arch. int. Med. **16,** 54—58 (1915). — *Collins, R. J.* and *P. J. Hanzlik:* Further observations on the clinical actions of veratrum. J. of Pharmacol. **11,** 89 (1918). — *Cousinié, H.:* Contribution à l'étude du Veratrum album et de la Vératrine. Thèse Lyon 1912. — *Erben, F.:* Vergiftungen **2 II,** 433. Wien 1910. — *Falck, F. A.:* Lehrbuch der praktischen Toxikologie. 257. Stuttgart 1880. — *Forster:* Eine neue Behandlungsmethode der Myasthenie. Klin. Wschr. **12,** 1668 (1933). — *Geßner, O.:* Die Gift- und Arzneipflanzen von Mitteleuropa. 60. Heidelberg 1931. — *Haas, Hans T. A.:* Zur Pharmakologie des Germerins und seiner Spaltprodukte. I. Mitt. *Naunyn-Schmiedebergs* Arch. **189,** 397—410 (1938); II. Mitt. *Naunyn-Schmiedebergs* Arch. **189,** 411—420 (1938). — *Ipsen, K.:* Vergiftungen mit weißer Nieswurz (Veratrum album L.). Wien. klin. Wschr. **40,** 10 (1927). — *Jacobs, W. A.* u. *I. C. Craig:* The veratrine alcaloids III, The question of coniine. J. of biol. Chem. **124,** 659 (1938). —

*Kobert, R.:* Lehrbuch der Intoxikationen. 2. Aufl. **2**, 579 u. 1137. Stuttgart 1906. — *Kratter, J.:* Erfahrungen über einige wichtige Gifte. Arch. Kriminalanthrop. **16**, 64 (1904). — *Lewin, L.:* Gifte und Vergiftungen. 883. Berlin 1929. — *Maheu, J.* et *P. Chéramy:* Sur un cas d'intoxication par l'ellébore blanc (Veratrum album L.) J. Pharmacie **2**, 185—195 (1925). — *Maschka, J.:* Handb. der gerichtl. Medizin, Vergiftungen (*Schauenstein*). **2**, 700. Tübingen 1882. — *Nivet* et *Giraud:* Resumé sur un triple empoisonnement par le varaire ou ellébore blanc. Gaz. hebd. de méd. et chir. **8**, 499 (1861). — *Petersen, Haines* and *Webster:* Legal Medicine and Toxicology. **1926.** — *Petri, E.:* Anatomie und Histologie der Vergiftungen. In *Henke-Lubarsch*, Handb. der spez. path. Anat. **10**, 369. Berlin 1930. — *Poethke, W.:* Die Alkaloide von Veratrum album. I. Mitt.: Darstellung der Alkaloide und ihre Verteilung in Rhizomen, Wurzeln und Blattbasen. Germerin, ein neues Alkaloid von Veratrum album. Arch. Pharmaz. **275**, 357—379 (1937); II. Mitt.: Die einzelnen Alkaloide und ihre Beziehungen zueinander. **275**, 571—599 (1937); III. Mitt.: Einteilung der Alkaloide. **276**, 27 (1938). — *Reinhardt, L.:* Eine Vergiftung mit unreifem Nieswurzsamen. Münch. med. Wschr. **1909**, 2056. — *Saito, K.*, *H. Suginome* u. *M. Takaoka:* Über die Alkaloide der weißen Nieswurz. Bull. chem. Soc. Japan **9**, 15 (1934). — *Salzberger, G.:* Über die Alkaloide der weißen Nieswurz (Veratrum album). Arch. Pharmacie **228**, 462 (1890). — *Schröder:* Zwei Fälle schwerer Otitis media purulenta durch „Schneeberger". Münch. med. Wschr. **1902**, 1963. — *Trier, G.:* Die Alkaloide. 2. Aufl. 710. Berlin 1931.       **H. Fischer.**

## Verblutung (= Verbl.).

*Verbl.* ist der Tod durch Blutverlust. Man spricht von äußerer Verbl., wenn das Blut sich nach außen ergießt, von innerer Verbl., wenn es sich im Inneren des Körpers ansammelt. *Tendeloo* rechnet nicht bloß die Verblutungen aus den Luftwegen und aus den Geschlechts- und Harnwegen, sondern auch die Verblutungen in den Verdauungsschlauch zu den äußeren. Bei inneren Verblutungen ergießt sich das Blut am häufigsten in die Brustfellräume oder in die Bauchhöhle. Doch können sich tödliche Blutergüsse auch im Zellgewebe ansammeln. Sie finden besonders im Zellgewebe des Halses, des Mittelfells, der hinteren Bauchwand und des Beckens Raum. Aber selbst Blutergüsse zwischen die Muskeln im Schulter-Brust-Gebiet und in den Gliedmaßen, vor allem mehrfache Blutergüsse, können allein oder im Zusammenwirken mit anderen Schädlichkeiten, z. B. Fettembolie, Luftembolie oder einer besonderen Körperverfassung, den Tod verursachen (s. d. Art.: Konkurrenz der Todesursachen). Die Schnelligkeit der Verbl. hängt von der Größe der Blutungsquelle ab. Wunden der Arteria femoralis im Bereich der Leisten können binnen weniger Minuten zum Tode führen. Sehr rasch töten auch größere Wunden der Aorta und der Gefäße an den Lungenpforten. Eine tödliche Blutung kann sich aber auch lange hinziehen, wie bei manchen Blutungen in den Verdauungsschlauch, namentlich bei Melaena neonatorum oder bei Eileiterschwangerschaft, bei Myomblutungen und bei Bluterkrankheit. Je langsamer es blutet, je mehr zur Anpassung Zeit ist, um so mehr Blut geht verloren. Bei raschem Verlauf ist beim Menschen der Verlust von einem Drittel bis der Hälfte des strömenden Blutes lebensgefährlich, der Verlust von 70 % wird kaum je überstanden. Die Menge des strömenden Blutes wird sehr verschieden angegeben. Nach *Landois* beträgt sie $^1/_{13}$ oder 7,7 % bis $^1/_{20}$ oder 5 % des Körpergewichtes, nach *Abderhalden* $^1/_{11,5}$ oder 8,7 %. *Ahlfeld* sah Gebärende Blutverluste von 3000 ccm überleben. *Meixner* hat anderseits in Brustfellhöhlen erwachsener Verbluteter wiederholt Mengen von weniger als 1½ Liter Blut gemessen. *Bierfreund* (zitiert bei *Haberda*, Lehrbuch, 416) bleibt für seine Berechnung, wonach für Neugeborene schon ein Verlust von 40—53 ccm Blut tödlich wäre, die Begründung schuldig [1]. Unsere

---

[1] Er stellt sich mit dieser Behauptung auch gegen den von ihm zitierten *Schiff*, nach welchem auch Säuglinge bedeutende Blutverluste vertragen können, wenn es nicht zu schnell geht.

Versuchstiere sind gegen Blutverluste weniger empfindlich. In *Maydls* Versuchen vertrugen Tiere den Verlust der Hälfte ihres Blutes fast ausnahmslos, und vier von zwölf Hunden überlebten sogar den Verlust von zwei Dritteln ihrer Blutmenge dauernd. Die *klinischen Erscheinungen* einer Verbl. oder einer gefährlichen Blutarmut sind in ihrer allmählichen Folge: Blässe der Haut, Verfall der Gesichtszüge, Flimmern vor den Augen, Ohrensausen, Müdigkeit, Schwäche, sehr rascher, kaum fühlbarer Puls, große Unruhe und Angst, Erbrechen, Ohnmacht und, als Zeichen größter Gefahr, Atemnot, weite Pupillen, Bewußtlosigkeit, Stocken der Drüsenabsonderung, Krämpfe, Abgang von Kot und Urin. Bei rascher Verbl. bleiben manche dieser Zeichen weg. *Domenici* konnte bei Hunden, die er aus der Arteria femoralis verbluten ließ, den Herzschlag um 16 Sekunden bis 7½ Minuten länger feststellen als den Puls der Carotis. Der dadurch bekundete Leergang des Herzens komme bei mächtigen Blutungen dadurch zustande, daß das Blut wie bei Kollapszuständen im venösen Schenkel bleibt. Morphin verlängerte, Adrenalin dagegen verkürzte das Überdauern des Herzschlages.

Auf Verbl. *als Todesursache* kann aus einer entsprechenden Menge vergossenen Blutes an einer Örtlichkeit oder an Kleidern oder innerhalb der Leiche, aus einer bei Lebzeiten entstandenen, Verbl. bedingenden Verletzung, aus der Blutarmut der Leiche und aus subendokardialen Ekchymosen geschlossen werden. Auch nach dem Tode kann aus den Wunden in abhängigen Bezirken noch sehr viel Blut ausfließen. *Meixner* sah bei einem an Lungenentzündung Gestorbenen aus der 2½ Stunden nach dem Tode geöffneten Jugularis über Nacht 1100 ccm Blut ausrinnen. Auch von dem an Tatorten unter Toten oft in großen Pfützen angesammelten Blut ist sicherlich ein großer Teil erst nach dem Tode ausgeronnen. Es stammt zweifellos nur aus den großen Blutgefäßen, vor allem den Venen. In die Körperhöhle ergossenes Blut soll man messen. Man darf sich nicht durch Flüssigkeitsergüsse täuschen lassen, die oft durch Blutbeimengung dunkelrot gefärbt sind und sich auch nach Verletzungen vor allem in Brusthöhlen und Herzbeutel finden. Im Falle des Zweifels entscheidet der Blutfarbstoffgehalt. In serösen Höhlen bleibt ergossenes Blut zum großen Teil flüssig, oft finden sich nur sehr spärlich lockere Gerinnsel. Eine tödlich gewordene Blutarmut verrät sich zunächst durch besondere Blässe der Haut und der sichtbaren Schleimhäute. Wertvoll ist hier namentlich die Blässe der Schamspalte, die sonst bei Rückenlage schon im Bereich der Totenflecke liegt. Weiters verrät sich die Blutarmut durch geringere Ausdehnung und blassere Tönung der Totenflecke. Nach sehr raschen Verblutungen reichen diese an den Seiten des Körpers mitunter nur um ein Geringes weniger weit nach vorne und sind durchaus nicht blaß, stechen vielmehr von der blassen Haut sehr kräftig ab. Dieses Bild findet man nicht selten auch bei tödlichem Hämoperikard, wo es nicht durch den Blutverlust im ganzen, sondern bloß durch einen geringeren Blutgehalt der Haut und des Unterhautzellgewebes bedingt sein kann. Von hier gibt es alle Übergänge bis zu Fällen, wo man bloß an der Rückseite, vor allem in den Lenden, sehr blasse Totenflecke wahrnimmt. Gänzlich fehlen die Totenflecke nur bei schwerer krankhafter Blutarmut oder bei Verbl. in Verbindung mit solchen Zuständen. Auch bei Eröffnung der Leiche fällt die Blässe auf, besonders an den Muskeln, den serösen Oberflächen, an den Schleimhäuten und an den Eingeweiden. Man spricht von der Eigenfarbe der Organe. Von ihren Schnittflächen tritt aus den Gefäßen kein Blut vor oder nur sehr spärlich.

Besonders bezeichnend ist bei höherer Blutarmut die Blässe der Nieren, die sonst ähnlich wie die Schamspalte unterhalb des Spiegels der Blutabschichtung liegen. Die Milz ist, wenn sie nicht regelwidrig verändert war, kleiner, ihre Kapsel ist gerunzelt, auf der glatten, weniger rot gefärbten Schnittfläche ist das Gerüst deutlicher. Auch einen anderen größeren Blutspeicher findet man bei langsam Verbluteten manchmal vollständig entleert, nämlich den Darm. Er kann schnurartig auf Fingerdicke zusammengezogen sein (Kotabgang, siehe oben!) und ist besonders blaß. Hingegen bietet das Gehirn im Gegensatz zu anderen Organen bei rasch Verbluteten gewöhnlich keine Zeichen von Blutverarmung. Nur wenn die Verbl. etwas länger dauerte, ist auch am Gehirn die Blutarmut deutlich, das Hirngewebe ist dann sehr feucht; die großen Kerne zeigen oft auf rötlichgrauem Grund große verwaschene blassere Flecken. Die großen Blutadern sind wenig gefüllt, auch das Herz ist klein und enthält wenig Blut. Nach rascher Verbl. ist es gewöhnlich im Kammerteil sehr stark zusammengezogen, zeigt sehr deutlich die sog. Stierhornform, seine Leichenstarre ist gewöhnlich besonders kräftig. Sehr erschwert wird die Beurteilung des Blutgehaltes durch Fäulnis, durch die der Blutfarbstoff gelöst und die Entwässerung der Leiche sehr beschleunigt wird. Schon wegen dieser Fehlerquelle leistet die von *Chavigny* empfohlene Probe, bei der durch Auslaugung eines Leberwürfels bestimmter Größe der Blutgehalt der Leiche ermittelt werden soll, nicht mehr als die Prüfung der Farbe mit freiem Auge (*v. Neureiter*).

Bei Verbluteten findet man häufig Blutaustritte unter der Herzinnenhaut (s. d. Art.: Subendokardiale Blutungen, hier auch Verblutungsekchymosen genannt. *v. Sury* (reichliche Literaturnachweise) fand sie bei über 60% der Verbluteten. Bei äußerer Verbl. sind sie häufiger als bei innerer (*Marx, Meixner*). *Meixner* fand sie im Gegensatz zu *Stoll*, dessen Angaben sich nur auf Tiere beziehen, gewöhnlich nur bei rascherer Verbl. *Stoll* zählt freilich die Verbl. der Schlachttiere nicht zu den raschen. Jedenfalls können die Ekchymosen bei allen Arten des Verblutungstodes fehlen. Da *v. Sury* sie bei sehr zahlreichen Schlachttieren am totenstarren Herzen mit seltenen Ausnahmen fand, sie jedoch sofort nach dem Tode am schlaffen Herzen immer vermißte, hielt er sie für postmortal entstanden und brachte sie mit der Totenstarre des Herzens in Beziehung. Dagegen hat sie *Cevidalli* bei aus der Halsschlagader verbluteten Kaninchen und Meerschweinchen fast immer gefunden, wobei er gleich nach dem Stillstand der Atmung das noch schlagende Herz untersuchte. Auch nach *Stoll* entstehen die Verblutungsekchymosen sicher bei Lebzeiten, und *Meixner* hat bei einem Mann, der 14 Tage nach einem schweren Blutverlust starb, Blutungen entsprechenden Alters gefunden (nicht veröffentlicht). Fast nie vermißt man sie bei den besonders schweren Blutverlusten aus klaffenden Brüchen der Schädelbasis. Über ihr Vorkommen bei anderen Todesursachen s. d. Art.: Subendokardiale Blutungen. Über Luft in Herz und Gefäßen Verbluteter s. d. Art.: Luftembolie.

*Schrifttum.*

*Abderhalden:* Lehrbuch der Physiologie. **II**, 119. Berlin u. Wien 1925. — *Ahlfeld:* Die Blutung bei der Geburt und ihre Folgen für die Frau. Z. Geburtsh. **51**, 341 (1904). — *Bierfreund:* Über den Hämoglobingehalt bei chirurgischen Erkrankungen, mit besonderer Rücksicht auf den Wiederersatz von Blutverlusten. Arch. klin. Chir. **41**, 55 (1891). — *Cevidalli:* Ricerche sperimentali sulle emorragie sottoendocardiche. Pathologica (Genova) **5**, 704 (1913); Angabe nach Kongreßzbl. **9**, 342 (1913). — *Chavigny:* La mort par hémorragie et le lavage colorimétrique du foie. Ann. Méd. lég. etc. **2**. Paris 1922. Angabe nach *v. Neureiter*. — *Domenici:* Sulla morte per emorragia — I — Il comportamento del cuore nella morte

per emorragia. Boll. Soc. ital. sper. **10**, 52 (1935). — *Landois:* Lehrbuch der Physiologie. 18. Aufl. 103. Berlin u. Wien 1923. — *Marx:* Offizieller Bericht der 21. Hauptversammlung des preußischen Medizinalbeamtenvereines. 1904. — *Marx:* Bemerkungen zu Sury. Vjschr. gerichtl. Med. **40** (III. F.), 51. — *Maydl:* Über den Wert der Kochsalzinfusion und Bluttransfusion beim Verblutungstode. Med. Jahrbücher d. Wiener Ges. d. Ärzte **1884**, 61. — *Meixner:* Anatomische Erfahrungen aus dem Felde. Wien. klin. Wschr. **1919**, 77. — *v. Neureiter:* Zur Diagnostik des Verblutungstodes. Ärztl. Sachverst.ztg. **1922**, 165. — *Schiff:* Verhalten der Blutkörperchen und des Hämoglobins bei neugeborenen Kindern unter normalen und pathologischen Verhältnissen. Z. Heilk. **11**, 87 (1890). — *Stoll:* Zur Frage der subendokardialen Ekchymosen beim Verblutungstode. Vjschr. gerichtl. Med. **47** (III. F.), 53 (1914). — *Sury:* Beitrag zur gerichtsärztlichen Bedeutung des Verblutungstodes. Vjschr. gerichtl. Med. **40** (III. F.), 23 (1910). — *Tendeloo:* Allgemeine Pathologie. 645. Berlin 1919. **Meixner.**

## Verbrecherische Unterdrückung bzw. Verletzung des Personenstandes. (Vgl. auch Art.: Kindesunterschiebung und -verwechslung.)

In einer Volksgemeinschaft wie der deutschen, deren Grundlagen wesentlich auf erb- und rassenkundlichen Erkenntnissen und ihrer praktischen Anwendung beruhen, hat das Delikt der Unterdrückung bzw. Verletzung des Personenstandes, strafbar nach § 169 des deutschen RStGB., wieder größere Bedeutung erlangt. Nicht nur der einzelne Volksgenosse, sondern auch die Volksgemeinschaft hat ein lebenswichtiges Interesse an der einwandfreien Feststellung der blutmäßigen Abstammung. Infolgedessen ist nach Reichsgerichts-Entscheidung die Feststellungsklage nach der positiven sowohl wie der negativen Seite hierfür zulässig erklärt worden. Ferner wird jede vorsätzliche Unterdrückung des Personenstandes schärfer als früher geahndet werden. Ein Zeugnisverweigerungsrecht der unehelichen Mutter auf die Frage nach dem Erzeuger des Kindes wird grundsätzlich verneint und nur insoweit zugelassen, als sich die Zeugin selbst einer strafbaren Handlung bezichtigen würde (Ehebruch). (Entscheidung des RG. 3. Strafsenat 3 D 498/37.) Den zur Ermittlung der Wahrheit notwendigen kleinen Eingriffen (Blutentnahme) darf sich kein Zeuge entziehen, sondern muß sie dulden.

*Schrifttum.*
*Schneickert,* Kriminaltaktik 5. Aufl., 129f. Berlin 1940.
**Schütt.**

**Verbrennung** siehe *Tod und Gesundheitsbeschädigung durch Verbrennung und Verbrühung.*

**Verbrühung** siehe *Tod und Gesundheitsbeschädigung durch Verbrennung und Verbrühung.*

## Verdacht auf Vergiftung. (Vgl. auch Art.: Tod und Gesundheitsbeschädigung durch Gift im allgemeinen.)

Die Aufgabe und das in letzter Linie ausschließliche Ziel der gerichtlich-medizinischen Behandlung der Vergiftungen besteht in der Feststellung ihrer Ursachen durch den Nachweis des verursachenden Stoffes in Form der chemischen Isolierung (der Moleküle) in für die Vergiftungssymptome zureichenden und beweisenden Mengen, d. h. im Beweis des Vorhandenseins eines Giftes im Körper inkl. der Ausscheidung, des Abbaus, der Aufnahmeform, der Menge, der Dosis, des Weges zum Körper, des Entstehungsortes und der Quelle des Stoffes (evtl. auch mit Rücksicht auf weitere, in der Zukunft gefährliche Verbreitungsformen und Gefährdungen, Weiterbestehen der Gefahrsituation für andere). Zwischen diesen medizinisch und rechtlich in allen Gesetzesbereichen gleichartig bestehenden Anforderungen an die rechtlich zureichende Beweisführung einerseits und den verschiedenartig begründbaren Verdachtsformen und den sich ergebenden Wegen andererseits mit naturwissenschaftlichen Mitteln die Brücke zu schlagen (unter der strengen Kritik der rechtlichen Forderung), das bildet in jedem Fall die besondere, eigenartige, historisch einmalige, nie in genau gleicher Form sich wiederholende *Sachverständigenaufgabe*. Wenn wir den Verdacht (d. h. alle Formen des Verdachtes) auf dessen innere rechtliche und psychologische Bedeutung hin verstehen wollen und daraus den Weg zur Beweisführung ableiten, dann ist es die Fragenreihe: 1. welche Symptome ?, 2. welche anderen Beobachtungen und Erscheinungen und 3. welche besonderen Einstellungen schufen und begründen diesen Verdacht ?, die bei jedem Vergiftungsverdacht die Grundlage für das weitere Vorgehen (zumal bei der Zunahme und der großen Zahl der die Menschen heute treffenden neuartigen körperfremden Stoffe) bildet.

Zu 1. Die ersten Symptome von Vergiftungen sind fast nie spezifisch, besonders nicht ganz im Anfang der Erkrankung und meist auch nicht kurz vor dem Tod — sehr häufig nicht einmal anatomisch an der Leiche. Der *Ausgangspunkt* für den *Verdacht einer Vergiftung* ist meist eine schnell eintretende, unvorhergesehene Gesundheitsstörung, sei es mit Übelkeit, Brechen, Darmstörungen, Ohrensausen usw.; seien es Bewußtseinsstörungen, Bewußtlosigkeit, Verwirrungen (Handlungsfähigkeit im Zusammenhang mit Vergiftungen), seien es Krämpfe, sei es besondere Herzschwäche, Gefäßstörungen, evtl. Blutungen, seien es Lähmungen. Der Verdacht auf Vergiftung ergibt sich beim Laien sehr leicht auch bei akuten Infektionen, aber auch z. B. bei Krämpfen jeglicher Ursachen, bei Leibschmerzen (z. B. Gallensteinen, Nierensteinen, Ileus), bei allen akuten Erkrankungen der weiblichen Genitalorgane und bei überraschenden, stenokardischen Anfällen. Die allgemeinen Symptome — aber auch die das Leben bedrohenden Symptome — sind häufig nicht charakteristisch für die chemische Art eines Vergiftungsstoffes; sie geben höchstens Anhaltspunkte für einen fernen Verdacht auf *Gruppen* von Stoffen (wenn die andern gut zugänglichen Ursachen ausgeschlossen sind). Zu 2. Eindeutiger sind z. B. oft die *äußeren Erscheinungen*, wie Geruch im Raum, Geruch der Ausatmungsluft, Hautfarbe, Besonderheiten des Erbrochenen, Besonderheiten des Stuhlganges (Latenzperiode), ferner Spuren von Pulvern, Massen in der Nase, auf den Kleidern, am Bett, Flüssigkeiten in Gefäßen, Pulverreste in oder an Papiertüten, in Gläsern, Fehlen von bestimmten, genau meßbaren Mengen in Medizingläsern, in Gläsern mit Desinfektionsmittel oder mit Parasitenmitteln; — wichtig sind ferner zeitliche Angaben über Herumgehen, Stöhnen, Brechen usw. Zu 3. Die besonderen Einstellungen (z. B. nach früheren Erfahrungen), welche bei *Polizeiorganen* und bei Ärzten den *Verdacht* auf Vergiftung und damit auf eine rechtlich bedeutungsvolle Situation lenken, werden wirksam a) durch die schnell auftretenden Symptome bei irgendwelchen unklaren Erkrankungsumständen — nach Genuß einer Speise in einem nicht bekannten Lokal, einer unbekannten Speise — mit auffälligen Merkmalen: Bodensatz in Getränken wie Kaffee; sandiges Gefühl in Suppe (z. B. Arsenik); außergewöhnlicher Geschmack von Speisen; Angaben über verdächtige Gerüche in der Luft (Leuchtgasgeruch); in bestimmten Situationen wie z. B. beim Spielen (Falschspieler), b) bei Streit z. B. in Ehen (Testament), c) bei kurz vorher abgeschlossenen Unfallversicherungen, Lebensversicherungen, Verträgen des Vergifteten zugunsten von Verdächtigen, oder aber d) bei verdächtigen Gerüchen in Häusern, Kellern, Silos, Lagerräumen, Garagen, in Fabriken, Treib- und Gewächshäusern, — also bei Umständen, die heute durch den Wechsel der chemischen Technik — bei Wechsel sowohl der Verwendung wie der äußeren Erscheinung, der Ge-

rüche wie auch der Flüchtigkeit und der Gefährlichkeit — eine immer größere und häufigere Rolle spielen. (Die Verdachtsbereitschaft gerade bei Vergiftungsfragen wechselt ausgesprochen von Mensch zu Mensch, besonders von Beruf zu Beruf: Zugänglichkeit der Gifte.) Die gleichzeitige Wirkung mehrerer Umstände dieser Gruppen deutet auf die psychologisch wichtige Grundlage: die ungleiche Verdachtsbereitschaft je nach der psychischen Einstellung derjenigen Menschen, in denen der Verdacht aufblitzt, — sei es aus Amtspflicht, sei es aus besonderen psychologischen Gründen, sei es aus Traditionsverhältnissen, sei es aus Überraschung durch neue Eindrücke mit richtiger oder unrichtiger Interpretation von Sinneseindrücken, sei es einfach aus Überraschungen oder aus besonderen vorbestehenden psychischen Spannungen.

Die Verdachtsbereitschaft und die sachlichen zwingenden Voraussetzungen, daß mit richtiger Begründung an die sofortige Sammlung der Beweismittel, an eine Vergiftung gedacht wird, bis zu der ebenso häufigen, wenn nicht häufigeren Verdachtsbereitschaft mit vollständig irrtümlicher, jeder wissenschaftlichen Voraussetzung entbehrender oder sogar widersprechender Begründung — falsche Verdächtigung mit Racheabsicht —, das bedeutet ein ungeheures Gebiet der Sachverständigentätigkeit.

Wer sich diesen Satz überlegt, wird die furchtbare Gefahr und die furchtbare Notlage in unserer Zeit verstehen, zumal wenn er sich gleichzeitig folgende Tatsachen vorstellt: *Ungeheure Zunahme* der Zahl — und der Zugänglichkeit — der chemischen Körper und der Mengen wie der Verwendung der körperfremden, sehr oft akut oder chronisch giftigen Stoffe (viele Stoffe werden heute in tausend und mehrfachen Mengen verwendet als 1900 oder 1910). Diese vielen Stoffe werden nicht nur in bestimmten Großindustrien, sondern in Kleinindustrien, im Gewerbe, in der Landwirtschaft, Gärtnerei, im Haushalt (Wohnungen, Kellern, Küchen) ohne Kenntnis der Gefahr unter Phantasienamen, oft ohne Warnung, verbreitet und verwendet. Gewarnt wird nur vor Explosionsgefahr, kaum einmal vor Giftgefahr, mit der Begründung: „der Konkurrent macht das auch nicht", oder: „dann kann ich nichts verkaufen".

Genau bestimmbare, außer einer Verdachtsabsicht liegende Irreführung durch grundfalsche Vorstellungen betreffend Verdacht hat verschiedene oft erweisbare Grundlagen: a) Der Mißbrauch der Benennung (Musterschutz, Warenzeichenschutz), wo ein Name oder ein Zeichen nicht dazu verpflichtet, daß die Zusammensetzung dauernd identisch sei, wenn sie nur z. B. den technischen Zwecken genügt. b) Daß z. B. eine dreifach verwendete Menge (z. B. mit dreifacher Konzentration in der Luft) eine Verzehnfachung der Gefahr bedingt (eine mathematischphysikalisch ganz sichergestellte Beziehung zwischen Konzentration und Giften: exponentielle Funktion). c) Daß der Laie und in vielen Situationen auch der Arzt die Gefahr nicht direkt erkennen kann, weder mit dem Auge, noch mit Geruch, noch Geschmack, daß viele Stoffe neuartig sind, unvorstellbar zugänglich, mit denen der Mensch die ganze Zeit seiner Existenz auf der Erdoberfläche nie zusammen kam. d) Daß die (internationale) Konkurrenz gegen die Konkurrenz kämpft mit der Verdeckung der auffallenden evtl. unangenehmen Eigenschaften, die die Anwesenheit eines bestimmten fremden Stoffes — giftig oder ungiftig — verraten würden (Schutz des Fabrikationsgeheimnisses). Sehr viele technisch wichtige — geschützte — Präparate sind Gemische, chemisch nicht rein. e) In der gleichen, erschreckend wirkenden Richtung eines Zwanges zur Verkennung der chemischen Gefahr besonders flüchtiger giftiger Stoffe wirkt bei vielen gefährlichen Stoffen die bei vielen — besonders gefährlichen — Chemikalien vorkommende sinnesphysiologische Besonderheit, daß eine ungeheure Zahl der Stoffe (z. B. die im Gegensatz zum Wasser stehen, ganz körperfremd sind, leicht in die Atemluft gehen und zwangsläufig mit der Atmung aufgenommen werden) gar keinen verdächtigen, deutbaren Geruch hat oder bei langsam steigender Konzentration in der Luft eine unbemerkbare, vollständige Angewöhnung an den Reiz bewirkt, — aber selbstverständlich keine Angewöhnung an die Giftigkeit im allgemeinen.

Diese fünf Faktoren muß man beachten, wenn man als *Sachverständiger* rechtlich die Bedeutung des Verdachtes, die Angaben und die Schwierigkeiten des Beweisverfahrens beurteilen will.

Die *Fragestellungen an die Ärzte bei Vergiftungsverdacht auf Grund der verschiedenen Rechte sind recht kompliziert.* Sie orientieren am besten über die Aufgaben, die *Strafrecht* und *Kriminalistik, Ärzterecht, Giftgesetzgebung, Haftpflicht* und *Zivilgesetzgebung* und *Versicherungsrecht* den Ärzten stellen. Die *ersten* Ärzte müssen an alle diese Fragen denken, weil sie sonst nicht aufmerksam sind auf das erhebbare Beweismaterial, besonders bei flüchtigen Giften, die eben nur beim ersten Augenschein festgestellt, gesichert und konserviert und als *zuverlässige* Beweismittel den *kriminalistischen* (wie gerichtlichen) *Untersuchungsinstanzen überwiesen* werden können.

Im besonderen hat sich der Arzt, falls eine verdächtige Substanz vorliegt oder mit zureichendem Grund vermutet wird, folgende Fragen vorzulegen:

1. Welche Symptome macht die betreffende Substanz? Stimmen die jetzt zu beobachtenden Symptome mit dem zeitlichen Verlauf, dem pathologisch-anatomischen Befund, bei einfachen, bei wiederholten Dosen überein? Bei etwas unklaren Fällen, z. B. bei sonst Kranken — stellt sich dann die Frage: Welche selteneren, weniger auffälligen Symptome kann dieser Stoff unter besonderen Umständen machen?

2. Kann man eine bestimmte *Gruppe* von Giften (z. B. das vorliegende Gift) aus den Symptomen (Pupillenstand, Geruch, Hautfarbe, Harnfarbe) *ausschließen*?

3. Kann der vorliegende Stoff in der in Betracht kommenden Zeit oder in der in Betracht kommenden Dosis die jetzt im Augenblick bestehenden Symptome erzeugen? Kann die vom Chemiker gefundene Menge oder die Menge, die in einem Fläschchen fehlt, oder die nach einem Rezept verordnet wurde, oder eine bestimmte Gasmenge, die sich erst entwickeln mußte, diese Symptome und diesen Krankheitsverlauf machen?

4. Zu welchem *Zeitmoment*, in welcher Zeitdistanz muß das betreffende Gift in den Körper gekommen sein, evtl. in welcher Form (Einatmung, Magen, Injektion), damit es zu einem bestimmten spätern Zeitmoment, — z. B. während der Beobachtung durch Zeugen, — während der eigenen Beobachtung des Arztes, — die beobachteten Symptome machen und innerhalb einer bestimmten Zeit töten konnte?

5. Genügt die in Betracht kommende Dosis, die in Betracht kommende Zeit der Einwirkung zur Tötung?, unter welchen Umständen?

6. Welche Dosen sind im allgemeinen notwendig, waren im speziellen Fall notwendig? Welche Dosen oder Konzentrationen waren in einem bestimmten Moment, zu einer bestimmten Zeit wirksam?

7. Lassen sich Umstände nachweisen, die in der Gesamtwirkung *konkurrieren* konnten oder die die Wirkung modifizierten, beschleunigten, hemmten?
a) Besondere Löslichkeit, Beimischungen, Verdünnungsgrad, Menge des Mageninhaltes, Reaktion;
b) besondere Dispositionen wie schlechte Aus-

scheidung, vorgängige Krankheit, Kombination mit andern Giften, mit Nahrungsmittelgiften, mit bestehenden Herz- und Nierenstörungen, Gefäßstörungen; c) allergische Dispositionen durch Wochen oder Monate vorhergehende Einwirkung der gleichen Stoffe; d) Gesundheitszustand, Zustand der endokrinon Drüsen, Vitamindefekte.

8. Auf welche Weise wurden die vermuteten giftigen Substanzen oder Gemische *aufgenommen*? Z. B. durch den Magen als Flüssigkeit, als Pulver; durch Einatmung als Gas, als Dampf, als Nebel, als Staub; durch Einbringen in die Nase, Darm, Genitalien? Wurde evtl. ein Teil oder eine größere Menge percutan, durch gesunde oder durch kranke Haut aufgenommen?

9. Welches sind die besonderen Umstände in diesem besonderen Fall, die zu *einem bestimmten Zeitmoment* den Zustand provoziert haben?, Umstände, die in der Schuldfrage von Bedeutung sind?

10. Ist diese Art giftiger Stoffe *allein* die Todesursache oder nur in Konkurrenz mit andern giftigen Stoffen oder andern schwereren Krankheitsformen, die vorher bestanden haben?

11. Kann dieser verdächtige Stoff normalerweise in gut nachweisbaren Mengen im Körper vorkommen? In welchen Mengen? aus der Nahrung (Phosphorsäure, Oxalsäure)? als Medikament (Arsenik)? als zufällige vorgängige Aufnahme (z. B. als Schädlingsbekämpfungsmittel)?

12. In welchen Mengen kann das Gift im Körper nachgewiesen werden? Wie wird es verändert? Wie lange bleibt der Stoff im Körper, resp. wie lange ist er quantitativ nachweisbar? Wo? In welchen Organen?

13. Muß die vorliegende, resp. fehlende Menge (die unter Einrechnung der Verluste wirksame Menge) unter allen Umständen den Tod zur Folge haben (oft eine Hauptfrage)? Unter welchen Umständen erfolgt auch bei so großen Dosen der Tod nicht (starke Verdünnung, Bindung, Einhüllung, Fällung, z. B. im Magen)? Sind andere, die Schnelligkeit der Wirkung beeinflussende Umstände bekannt (Brechen, Gegenmittel, Veränderlichkeit der Stoffe)?

14. Hat dieser Stoff — in der „reinen" Form, in der „technischen" Form, — besondere, den Menschen und Sinnen auffällige Eigenschaften; Eigenschaften, die befremdend wirken, die warnen (Geruch, Geschmack)? Kann der Geruchs- oder der Geschmacksreiz verdeckt werden? Gerade diese Feststellungen und diese allgemeinen Eigenschaften werden in der Differenzierung der rechtlich wichtigen Tatbestände (Mord, Mordversuch, Fahrlässigkeit, Versehen, Selbstmord) eine wesentliche Rolle spielen.

15. Woher stammt die giftige Substanz, resp. wo ist nach den heutigen Erfahrungen die *Quelle* dieser Substanz zu suchen? In welchen Berufen wird dieser Stoff (besonders zu kriminellen Vergiftungen erreichbar) verwendet? Ist er auch sonst Grund zufälliger gewerblicher Vergiftungen? In zweiter Linie muß immer noch gefragt werden — besonders bei Leichenuntersuchungen —: Können bestimmte Stoffe, wie z. B. Arsenik, auch anderer Herkunft sein (z. B. bei Leichenexhumation Folge postmortaler Giftimprägnation; arsenhaltige Trauerkränze, die in den Sarg mitgegeben wurden; von arsenhaltigen Kohlen bei der Kremation. Auch arsenhaltige Farben, arsenhaltige andere Metalle wie Bronzen können Resultate fälschen resp. die Interpretation bestimmen)? In der Kriminalistik ist es eine besondere Aufgabe, den Entstehungsort, den Weg, den das Gift zum Körper des Menschen nahm, nachzuweisen (z. B. Entstehung von flüchtigen Giften in Öfen, Auspuffgase, Gase aus undichten Gasleitungen, aus undichten Bomben, aus Kältemaschinen). Diese Fest-

stellung ist ganz besonders auch nach der prophylaktischen Seite von Bedeutung, denn die Beantwortung dieser Frage beantwortet auch die weitere Frage: Besteht diese Gefahr durch giftige Gase weiter? — Unterfragen sind dann: Wie oft kommen solche Vergiftungen vor? Wie oft werden sie übersehen? Seit wie lange sind diese gefährlichen Einrichtungen im Gebrauch?

16. Besteht überhaupt eine Vergiftung, oder handelt es sich um einen abnormen psychischen Zustand, um eine Phobie, um eine Vergiftungsidee, einen Vergiftungswahn? Die Vergiftungskrankheit stellt sich in der Vorstellungswelt des Mediziners unter ganz anderen Einstellungen dar, als z. B. dem gefährdeten, dem wahrscheinlich vergifteten oder dem sich vergiftet glaubenden und dem eine evtl. Vergiftung verschuldenden Menschen mit der verschieden intensiven Absicht, die amtliche, strafrechtliche Untersuchung und das ärztliche Erkennen irrezuführen.

17. Ist im vorliegenden Fall eine absichtliche Vergiftung wahrscheinlich, — besonders bei schnell tödlich verlaufenden Vergiftungen, wo der Arzt nur noch die schweren, lebensbedrohenden Symptome oder gar erst die Leiche sieht?

(Wenn der Tod eines Vergifteten kurz nach Anwendung einer Verordnung des Arztes eintritt, wird zur Verdeckung der vielleicht übersehenen Giftwirkung Klage gegen den Arzt wegen Kunstfehler geführt).

18. Die rechtliche Bedeutung der Vergiftungsdiagnose wird erst wirksam, wenn alle Momente (Kausalzusammenhang, chemischer Stoff, Giftsymptome, Gift im Körper, Menge, Herkunft) in einer in sich geschlossenen Einheit bewiesen oder höchst wahrscheinlich und widerspruchslos vorliegen, im Gegensatz zur medizinisch-therapeutischen Diagnose, wo in jedem Zeitmoment eine bestimmte Stufe der Diagnose zu zweckmäßigen therapeutischen Handlungen zwingt.

19. In Ländern, in welchen eine *Arbeiterversicherung* der beruflichen Vergiftungen mit Nennung von speziellen Giften in bestimmten Industrien usw. besteht, muß immer auch schon beim ersten Augenschein — besonders bei Todesfällen — an eines der versicherten Gifte oder deren Gemische gedacht oder danach gefragt oder gesucht werden, bzw. es muß ausgeschlossen werden.

Bei atypischen Krankheitsbildern subakuter oder chronischer Art wirken am Symptomenbild und am Verlauf, an der mehr oder weniger verzögerten Rekonvaleszenz meist eine Reihe von Faktoren mit: In erster Linie das Alter (z. B. sind Bleierkrankungen im späten Alter atypisch: selten Koliken, selten Lähmungen; basophile Granulationen der roten Blutkörperchen sind oft nur von kurzer Dauer; Herz- und Gefäßstörungen). Allgemein bekannt ist die erhöhte Empfindlichkeit kranker Menschen: Herzkranker, Nierenkranker, Lungenkranker. Dasselbe gilt für eine große Zahl anderer Gifte; das ist nur statistisch nicht weiter untersucht. Dadurch, daß endokrin gestörte Menschen auf toxische Einflüsse „empfindlich" sind und daß endokrine Drüsen auf toxische Wirkungen (wie z. B. bei Schwefelkohlenstoff bekannt) stark reagieren, wird das Krankheitsbild ebenfalls verändert. Empfindlich sind auch Menschen mit lange dauernder vitaminarmer Ernährung; sie scheinen besonders zu Blutungen zu neigen, nicht nur bei Benzol, sondern auch bei nitrosen Gasen, Cyan, auch bei kleinen Mengen Arsenwasserstoff, wie bei vielen subakuten und akuten Vergiftungen beobachtet wurde.

Der *rechtlich kriminalistisch* weitere Schluß ist nur auf Grund der Beantwortung der *im besonderen Falle wichtigen* Fragestellungen möglich. Diese

Fragestellungen werden oft stark verändert, je nach dem Stand der strafrechtlichen kriminalistischen Untersuchung, je nach den Zeugenaussagen, nach Widersprüchen in den Zeugenaussagen, nach Alter, Art der Leiche und der Leichenorgane, die zur Untersuchung zur Verfügung stehen, und nach deren Konservierung.

Der *Beweis des Vorsatzes, der Fahrlässigkeit* bei Verwechslungen, Herumstehenlassen, Verkauf, unrichtiger Etikettierung, unrichtigen Gefäßen, beim sog. unglücklichen Zufall, bei Bruch von Gefäßen, bei Bruch von Röhren, Explosionen wird in erster Linie immer die Frage der *Voraussehbarkeit und der Vermeidungspflicht* in die Begutachtung hineintragen, neben der besonderen Unterabteilung der versicherten Berufskrankheiten, die ja von Staat zu Staat stark wechseln. Die Anforderungen an den Sachverständigen sind bei Mord, Mordversuch, fahrlässiger Tötung durch Gift allgemein abgeklärt; — die versicherungsrechtliche Beurteilung der durch Gift erzeugten Berufskrankheiten ist noch in Entwicklung. Die Gesetzgebung wird öfter geändert; besonders werden die Listen gewerblicher Gifte ergänzt. Damit entstehen neue Fragestellungen und neue Aufgaben.

Wenn kein bestimmter (begründeter) Verdacht auf einen *bestimmten* Stoff vorliegt, — wenn das vermutete Gift nicht als Substanz gefunden wird, d. h. *wenn keine verdächtigen Substanzen vorliegen* oder sich aufdrängen oder vorgewiesen werden, dann ergeben sich für den erst zugezogenen Arzt folgende Vorfragen:

1. Liegt überhaupt eine Vergiftung vor?

2. Welche Gruppen von Giften kommen in Betracht, welche Gruppen sicher nicht?

3. Wo ist die giftige Substanz in diesem Zeitmoment im Körper? Inwiefern ist sie absorbiert, im Depot vorhanden? Wo kann sie erreicht werden? Welche Gegengiftmaßnahmen haben einen Sinn? (Kunstfehlerfragen), d. h. wie ist in einem bestimmten Zeitmoment die Verteilung der giftigen Substanzen im Körper, in der Leiche?

4. Sehr schnell drängt sich auch die Frage auf: *Besteht eine vermutete Giftgefahr weiter?* Besonders drängt sich diese Frage auf bei Vergiftung durch Gase, die an einem Ort (ausnahmsweise) entstehen oder in die Raumluft austreten, ferner bei Vergiftungen durch falsche Mischungen (z. B. Bariumcarbonat in Bariumsulfat; falsche Teemischungen), durch Verwechslungen (in Apotheken, in Fabriken, z. B. bei Verwechslungen von Parasitenmitteln mit Backpulvern), durch falsche Dosierung (von Phosphorlebertran, zu hohe Dosen von Morphiumderivaten und Hustenmitteln).

5. Welche Substanzen, die ähnliche Erkrankungen erzeugen können, sind dem Betreffenden oder seiner Umgebung in den resp. Berufskreisen *zugänglich* (Drogisten, Chemiker, bei Metallarbeitern z. B. Härtepulver, in Industrielaboratorien Cyankali, auch bei Photographen)?

Bei zeitweise auftretenden Symptomen mit Schwankungen stellt sich die Frage: Rezidiv einer Infektion, Nachkrankheit, wiederholt aufgenommene Giftdosen usw.?

6. Wenn ein Gift aus den Symptomen vermutet wird, muß in den ersten Augenblicken schon die Frage gestellt werden: Ist das *vermutete* Gift *leicht* oder *schwer nachweisbar*? Wie wird es zerstört? Wie kann es erfaßt und konserviert werden, d. h. wo findet man diese Substanz am ehesten, am reinsten, in größter Konzentration (im Erbrochenen? im Magen? Darmkanal? in der Leber? im Blut? im Gehirn? im Knochen? im Harn? in den Haaren? in Nägeln?)?

Besonders bei Leichen stellt sich die Frage: Wo

ist das Gift zu suchen? In welchen Organen in der größten Menge zu finden? In Mordfällen vor allem stellt sich auch die Frage der Aufnahme*zeit*, z. B. Mord refracta dosi, wenn z. B. vor Tagen und dann innerhalb der letzten 12 Stunden größere Dosen Arsenik gegeben worden sind zu Mordzwecken. Bei beerdigten Leichen stellt sich die weitere Frage (z. B. bei Arsenik): Herkunft aus der Erde, aus dem Sarg, aus künstlichen arsenhaltigen Blumen, aus Textilien usw.

Wenn giftige Stoffe durch die Atmung aufgenommen werden, steht die Atmung fast im gleichen Augenblick still, in welchem die tödliche Menge durch die Lungen aufgenommen ist: die kleinen, durch die Atmung als Gase aufgenommenen Moleküle verteilen sich schnell im ganzen Körper. Es bestehen keine Depots ungelöster unresorbierter Gifte wie z. B. bei Vergiftung durch den Magen und nach subcutanen Injektionen.

7. Im selben Augenblick muß auch die Frage auftreten: Woher stammt das vermutete Gift? Wo muß man das identische Gift suchen? (In Lagerräumen usw., im Berufskreis, in bestimmten Industrien.)

Handelt es sich um ein Zufallsprodukt, ein Nebenprodukt, eine Fälschung, eine Verwechslung?

8. Welche Gifte, die diese Symptome machen können, sind besonders *leicht* zerstörbar, sind flüchtig, so daß gerade auf diese Stoffe die besondere Aufmerksamkeit gelenkt werden muß? Welche Nachweismethoden stehen zur Verfügung? Welche Methoden zerstörten die Substanz nicht? (Optische Methoden, physikalisch-chemische Methoden, — Mischschmelzpunkte, chemische Methoden, die die Substanz zerstören, biologische und kombinierte Methoden.)

9. Mit welchen *Vorsichtsmaßnahmen* muß man die Substanz mit der vermuteten Giftsubstanz erfassen, verpacken, aufbewahren, länger konservieren? Welche Zusätze müssen unbedingt vermieden werden? Was zerstört die Luft? Was verändert der Luftinhalt (wie Oxydation bei Phosphor, bei Cyan, bei Kohlenoxyd-Hämoglobin. Aber auch empfindliche Aldehyde, Cocain usw. sind nicht fäulnis-resistent).

10. Sind ohne Kenntnis des Giftes aus den Umständen schon Anhaltspunkte gegeben? (Auf Zufall, Verwechslung, Fahrlässigkeit, Selbstmord, Mordversuch, Mord.)

Daß die Schwierigkeiten bei der Beantwortung dieser Vorfragen bei größerem Zeitabstand von den einzelnen Ereignissen der Giftaufnahme immer größer werden, ganz besonders, wenn kombinierte Wirkungen verschiedener (eben meist unbekannter, nur aus äußern Umständen vermuteter) Gifte vorliegen, muß man sich stets vor Augen halten. In neuerer Zeit macht man die Erfahrung, daß zur Verdeckung von Mord durch Simulation von Unfall oder Selbstmord, aber auch bei sog. erweitertem Selbstmord häufig Kombinationen verschiedener, hintereinander wirkender Gifte zur Verwendung kommen: erst werden Schlafmittel verabreicht oder Kopfwehmittel, nachher eine Situation geschaffen, in welcher flüchtige Gifte, besonders Leuchtgas, Kohlenoxyd, aber auch Chloroform oder Blausäure wirksam werden. Die Schwierigkeit, an die verschiedenen wirklich vorliegenden Giftarten zu denken und sie sicher nachzuweisen, ist oft sehr groß. — Neben der Verwendung von giftigen Stoffen durch den Magen und durch Inhalation kommen auch immer wieder Vergiftungen durch Eindringen von Giften durch Darmeinläufe und durch Scheidenapplikation und Uterusspülungen vor. Solche Vergiftungen haben alle die Eigentümlichkeit, leicht übersehen zu werden, wenn keine äußern, führenden Verdachtsmomente vorliegen. (Die Zahl der Vergiftungsfälle — besonders Morde —, bei welchen der Arzt erst nach dem Todeseintritt, also nur zur Leichenschau zugezogen wird, ist in der ganzen Welt sehr groß. Bei solchen Vergiftungsfällen sind besonders in Landbezirken oft gar keine Zeugen vorhanden, die über verdächtige Äußerungen, Geräusche, Lärm genauere Zeitangaben machen können.)

In *kriminalistisch wichtigen Fällen* hat sich der Arzt außer den in erster Linie in Betracht kommenden, oben genannten Kausalfragen noch zur vorläufigen Orientierung folgende (durch die Rechtsverhältnisse bedingte) Fragen vorzulegen:

A. Welche Vergiftungen imitieren mehr oder weniger häufige spontane Erkrankungen? (Die Wahl des Mordgiftes wird häufig durch diese Kenntnis begründet, weil man aus Wahrscheinlichkeitsgründen mit einer falschen Diagnose, — einer sog. Wahrscheinlichkeitsdiagnose, z. B. zur Zeit einer Enteritisepidemie — rechnen kann.)

B. Welche Substanzen wirken sehr schnell und wirken schnell tödlich? In welchen Dosen? Unter welchen Umständen?

C. Welche Substanzen bewirken schnell Bewußtlosigkeit, Desorientierung, Krämpfe, Herzschwäche, Durchfälle, Brechen, Verfärbung der Haut?

D. Welche Substanzen kann man sehr schnell in der Atmungsluft, im Harn erkennen?

E. Welche giftigen Substanzen sind heute in Gewerben und Industrien leicht zugänglich und unter richtigem oder falschem Namen im Gebrauch (wie Cyanverbindungen in Härtepulvern, in Putzmittelgemischen, in Entfettungsgemischen, als Auflösungsmittel für goldhaltige Materialien usw.? Geheimverfahren, bei Herstellung bestimmter Zwischenprodukte)?

F. In welcher Reihenfolge treten die Symptome auf?

G. Wie schnell verteilt sich eine solche Substanz im Körper? Welche Umstände wirken begünstigend oder verzögernd? (Z. B. die Gegengifte.) Welche Zusätze verhindern den sichern Nachweis? (Z. B. Alkohol oder Jod bei Phosphor.)

H. Nachweisfrage, Lokalisation des Giftes, Konservierung.

*Schrifttum.*

*Flury* u. *Zangger:* Lehrbuch der Toxikologie. Berlin 1928. — *Zangger, H.:* Vergiftungen. Diagnostische und therapeutische Irrtümer und deren Verhütung. Leipzig 1924. — *Zangger, H.:* Ergänzungen zu „Vergiftungen". Leipzig 1926. — *Zangger, H.:* Die Vergiftungen. Allgemeine Übersicht. Handb. der inneren Medizin, herausgegeben von *Bergmann* u. *Stähelin*. II. Aufl. **4**, 1523—1702. Berlin 1927. — *Zangger, H.:* Zur Unterrichtsdidaktik in der modernen Vergiftungslehre. *Michaud*-Festschrift, Juni 1940. — *Zangger, H.:* Betrachtungen über die rechtliche und medizinische Bedeutung der sog. freien „luciden Intervalle" (mit besonderer Beachtung der Sachverständigenaufgabe). Ärztl. Sachverst.ztg. **1939**, 16/17.

*Zangger.*

**Vergewaltigung** siehe *Notzucht.*

**Vergiftung** siehe *Tod und Gesundheitsbeschädigung durch Gift im allgemeinen.*

**Vergiftung durch verdorbene Nahrungsmittel** siehe *Nahrungsmittelvergiftung.*

**Vergiftung durch verfälschte Nahrungsmittel** siehe *Nahrungsmittelvergiftung.*

**Vergiftungen im Haushalt.**

Vergiftungen im Haushalt betreffen vorwiegend Kleinkinder, seltener Erwachsene. Kinder sind infolge ihres geringen Körpergewichtes und ihrer besonderen Empfindlichkeit für zahlreiche Giftgruppen mehr gefährdet.

Die häufigste Haushaltsvergiftung ist immer noch die *Kohlenoxydvergiftung.* Sie kann z. B. entstehen durch Rohrbruch außerhalb des Hauses mit

Diffusion von Kohlenoxyd (die großen Moleküle bleiben im Erdreich zurück) in den Keller und von dort in die übrigen Räume des Hauses. Kohlenoxydvergiftungen in der Küche kommen vor durch langsames Ausströmen des Gases aus undichten Schläuchen oder z. B. nach falscher Manipulation an den Hähnen, wobei wegen der allmählichen Konzentrationszunahme die Warnung durch den Geruchssinn oft wegfällt. Trotz aller Aufklärung beobachtet man immer wieder Vergiftungen durch unvollkommene Verbrennung des Leuchtgases, und zwar dann, wenn große Kochtöpfe ohne richtig konstruierte Herdringe auf die Herdplatte gesetzt werden. Im Gasbadezimmer ereignen sich Vergiftungen bei mangelhafter Luftzufuhr (geschlossene Türe, kleiner Raum), bei unrichtig konstruierten Zugunterbrechern, bei Defekten der Ableitungsrohre. Vergiftungen durch Brandgase von Öfen (Zimmeröfen, Zentralheizung) sind selten geworden; wir beobachten sie z. B. bei Kamindefekten, bei Verstopfungen, bei plötzlichen Witterungsumschlägen. Relativ häufig sind Kohlenoxydvergiftungen schlafender Kinder, wenn am Ofen Wäsche getrocknet wird und durch die Hitze ins Glimmen kommt.

Jeder plötzliche Todesfall im Haus ist sorgfältig in bezug auf die Möglichkeit einer Kohlenoxydvergiftung zu untersuchen (quantitative Blutanalyse). Man denke dabei stets auch an Diffusion von Kohlenoxyd aus andern Räumen, aus Garagen (Auspuffgase).

Eine weitere Gruppe von Vergiftungen ereignen sich im Anschluß an *Hausentwesungen mit flüchtigen Giften.* Meist liegen Blausäurevergiftungen vor, seltener Vergiftungen mit andern Mitteln, z. B. Schwefelkohlenstoff, Benzol-Paradichlorbenzol, Tetrachlorkohlenstoff, Brommethyl (die Schwefeldioxydvergiftung ist wegen der starken Reizwirkung dieses Gases sehr selten). Ursache solcher Vergiftungen ist entweder ein technischer Fehler bei der Entwesung selbst (mangelhafte Abdichtung, Übersehen verdeckter, durchlässiger Stellen wie Schächte, Rohre), oder dann ungenügende Aufklärung der Hausbewohner über die Gefahr, mangelhafte Kenntlichmachung der Gefahrzone. Schließlich beobachten wir, besonders bei der Blausäuredurchgasung, Vergiftungen durch zu frühe Freigabe der entwesten Räume (langsame Abgabe des adsorbierten Giftes aus Mauern, Polstern, Decken usw.). Jeder Todesfall, der örtlich und zeitlich Beziehung zu einer Entwesung mit flüchtigen Giften hat, ist mit allen zur Verfügung stehenden Mitteln ätiologisch abzuklären.

Stets wieder ereignen sich Vergiftungen durch *Verwechslung, irrtümliche Einnahme* eines unsorgfältig aufbewahrten, mangelhaft oder falsch bezeichneten Giftes. Häufig sind tödliche Vergiftungen durch Laugen und Säuren (inkl. konzentrierte Essigsäure als Essigessenz), ferner durch Medikamente, Putzmittel, Desinfektionsmittel, Parasitenmittel (z. B. Nicotinlösungen, arsenikhaltige Mittel und andere Fraßgifte). Die Abgrenzung gegen ein Verbrechen resp. gegen ein Suicid ist in solchen Fällen sehr schwierig. Oft erfolgt die irrtümliche Einnahme eines solchen Giftes im Alkoholrausch (Alkoholbestimmung im Gehirn der Leiche ist in solchen Fällen notwendig).

Selten sind gastrische Störungen (Erbrechen, Übelkeit, Kopfschmerzen) durch *Metallvergiftungen.* Wir beobachten sie z. B., wenn saure Speisen in unzweckmäßigen Gefäßen gekocht oder aufbewahrt werden (Bildung von Blei-, Kupfer- und Zinksalzen). Auf Vergiftungen durch verdorbene, verunreinigte oder unzweckmäßig konservierte *Nahrungsmittel* kann hier nicht eingegangen werden.

Ganz ausnahmsweise beobachteten wir Vergiftungen durch Handhabung von *Hausfeuerlösch-*

*apparaten;* die Füllflüssigkeit besteht meist aus Tetrachlorkohlenstoff, Methylbromid und ähnlichen Stoffen, wobei die Bildung von Salzsäure oder Phosgen in der Hitze ebenfalls toxisch wirken kann. Vergiftungen durch unzweckmäßig konstruierte oder defekte *Kühlschränke* sind heute zur großen Seltenheit geworden (Methylchloridvergiftungen, evtl. Dimethyläther oder Gemische).

Die Hauptmenge der Vergiftungen im Haushalt betrifft *Kleinkinder* (1—3jährige). Meist sind es Vergiftungen durch Genuß von Substanzen, gegen die das ältere Kind infolge des entwickelten Geruch- und Geschmackssinnes vollkommen geschützt ist. Wir finden Vergiftungen mit allen möglichen Stoffen, insbesondere mit Reinigungs-, Putz- und Fleckenmitteln (Lösungsmittel). Die Zusammensetzung dieser Mittel wechselt, in der Regel handelt es sich um ein Gemisch von Kohlenwasserstoffen, meist chlorierten, das unter irgendeinem Phantasienamen verkauft wird. Weiter ereignen sich Kindervergiftungen durch Genuß von Parasitenmitteln (inkl. Fraßgiften), am häufigsten durch Paradichlorbenzol (Mottenmittel), ferner durch Schlecken von Desodorierungsmitteln wie Naphthalin (Verwechslung mit Zucker), durch festen Brennstoff (Metaldehyd).

Der Genuß von Zündholzköpfchen, auch in großen Mengen (15—20 Stück), erwies sich stets als harmlos. Sie enthalten roten Phosphor, evtl. Phosphoresquisulfid mit Sauerstoffüberträgern. Vergiftungen durch Oxalate, durch anilin- oder nitrobenzolhaltige Wäschetinten, Putzmittel, Parfümerien dürften heute infolge zweckmäßiger Gesetzgebung sehr selten geworden sein.

Jeder plötzliche Todesfall eines Kindes ist stets auf das Vorliegen einer Vergiftung durch irgendein Haushaltsmittel zu untersuchen. Auch hier ist die Abgrenzung gegen strafrechtliche Tatbestände oft schwierig (Fahrlässigkeit der Eltern durch unsorgfältige Aufbewahrung, Giftmord mit einem Haushaltsgift). *Schwarz.*

**Verheimlichung der Schwangerschaft und der Geburt** siehe *Kindestötung.*

**Verhungern** siehe *Tod und Gesundheitsbeschädigung durch Entzug der Nahrung.*

**Verkehrsunfall.** (Vgl. auch Art.: Tod und Gesundheitsbeschädigung infolge Verletzung durch stumpfe Gewalt; Verletzungen durch stumpfe Gewalt.)

Die große Zahl von Todesopfern und Verletzten durch die *Motorisierung des Straßenverkehrs* muß die medizinische Aufmerksamkeit auf die Gefährdung im modernen öffentlichen Straßenverkehr lenken. Wohl werden auf dem Gebiete des Baues der Fahrzeuge, des Fahrweges, der Verkehrsregelung, der polizeilichen Kontrolle, der Verkehrserziehung, besonders auch der Kinder, Verbesserungen erzielt, aber ohne daß die Unfallzahl erheblich zurückgeht. Auf der Straße wird ein blutiger Kampf ausgefochten zwischen den alten Benützern derselben, den Fußgängern, den Fuhrwerken, den Velofahrern und den Motorfahrzeugen. Die Tatsachen haben es bewiesen, daß die *gemeinsame* Benützung der Straßen bis jetzt ohne schwere Opfer an Gesundheit und Leben für die Straßenbenützer überhaupt unmöglich ist, weil die Lenkung so großer Energien, wie sie dem Auto innehliegen, im öffentlichen Straßenverkehr nie ohne Gefährdung der andern Straßenbenützer möglich ist, und seien sie noch so diszipliniert, möglich ist. Die Maschine ist aber über diese physikalischen, physiologischen und psychologischen Tatsachen einfach hinweggegangen und hat sich die Straße erobert, so daß sich heute auch speziell die Frage stellt, wie sich nicht nur der Automobilist, sondern auch der Fußgänger zu dieser Tatsache einzustellen hat und welche Pflichten er in richtiger Erkennung der Gefahr der Energie des Automobils zu berücksichtigen hat, will er nicht unfreiwillig die unglückselige Kette der Unfallursachen schließen helfen.

Statistische Zahlen müssen in diesem komplizierten Fragenkomplex sehr vorsichtig gedeutet werden, besonders wenn man über die Zunahme der Unfälle sprechen will, da die genaue Zahl der fahrenden Automobile (Auslandsautomobile!) und ihre Wegstrecken sowie der Faktor der Verkehrsdichte und des Verkehrsmilieus nicht bekannt ist; immerhin gestatten Zahlen, die praktische Bedeutung des Problems für die öffentliche Sicherheit darzulegen. Die amerikanische Weltstatistik, wobei die Zahl der Opfer auf die Zahl der Automobile bezogen wird (neuerdings wird in amerikanischen Statistiken versucht, mehr statistische Klarheit zu schaffen dadurch, daß man die Zahl der Opfer auf den Benzinverbrauch berechnet), mag die tatsächlichen Verhältnisse am ehesten beleuchten. Wenn man die Statistiken in den letzten Jahren verfolgt, hat man den Eindruck, daß die verschiedenen Länder Jahr für Jahr eine bestimmte Zahl von Opfern für den Straßenverkehr fordern, die sich nicht stark verändert und so indirekt charakteristisch wurde für den Stand der Verkehrssicherheit in den betreffenden Staaten.

Tabelle 1. *Zahl der Todesopfer im Straßenverkehr.*

| Land | Jahr | Tote p. 100 000 Einwohner | Tote p. 10 000 Automobile |
|---|---|---|---|
| Norwegen | 1933 | 2,7 | 14,0 |
| Dänemark | 1933 | 4,1 | 12,5 |
| Deutschland | 1933 | 4,9 | 46,6 |
| Italien | 1933 | 4,9 | 59,4 |
| Schweden | 1932 | 6,2 | 26,0 |
| Belgien | 1933 | 8,4 | 36,5 |
| Canada | 1934 | 10,3 | 9,9 |
| Australien | 1933 | 11,7 | 13,9 |
| Schweiz | 1933 | 12,0 | 50,0 |
| England | 1934 | 12,7 | 30,6 |
| Schottland | 1934 | 13,4 | 44,8 |
| U.S.A. | 1934 | 26,9 | 13,6 |

Wenn auch selbstverständlich die Verkehrsdichte und die besondern Schwierigkeiten des Geländes der einzelnen Straßen eine bedeutende Rolle spielen müssen, so sind doch diese Zahlen geeignet, darzulegen, daß es sich hier sicher bei der Verbesserung der Verkehrssicherheit um ein eigentliches Weltproblem handelt. Eine große Bedeutung kommt ebenfalls einer verbesserten Verkehrserziehung der Motorfahrzeugführer, aber auch der andern Straßenbenützer, speziell der Velofahrer, zu und einem Postulat, das immer bestimmter gestellt werden muß, nämlich ein fortgesetzter Verkehrsunterricht in den Schulen. Die amerikanischen Statistiken ergeben gerade, daß unter dem Einflusse

der Schule, mit besonderer Rücksichtnahme auf die Kinder, im Straßenverkehr ein Rückgang der Unfälle nur bei den schulpflichtigen Kindern tatsächlich eingetreten ist.

Dem aufmerksamen Beobachter muß auffallen, daß die Gefährdung durch das Motorfahrzeug von den wenigsten Straßenbenützern voll erfaßt wird, daß vielmehr eine bestimmte Indolenz und Unachtsamkeit im Straßenverkehr besteht, was wohl darauf zurückzuführen ist, daß die meisten Menschen keine feste Vorstellung haben von der Zerstörungsarbeit der kinetischen Energie. Im Gegenteil haben die meisten Menschen an der Schnelligkeit eine Freude, die sich mit zunehmender Schnelligkeit steigert; dadurch, daß dem Menschen der Wunschtraum nach schneller Fortbewegung, ungebunden an Zeit und Raum, durch die Eisenbahn erfüllt wurde, konnten die frei lenkbaren Motorfahrzeuge ihren Siegeslauf antreten.

*I. Physikalische Grundlagen des Motorfahrzeug-Unfalls* \*. Im allgemeinen ist der Autounfall nichts anderes als eine Übertragung von kinetischer Energie auf oder unter kollidierenden Objekten. Die erstrebte Kunst des Motorfahrzeugführers besteht darin, unter allen Umständen eine Berührung eines andern Objektes zu vermeiden. Was aber vielen fehlt, ist das Wissen, daß unter Umständen die kleinste Berührung genügt, um die ungeheure kinetische Energie des Fahrzeuges zu übertragen.

*Grundlegende Tabellen.*

Tabelle 2.

*Wucht ( kinetische Energie) eines Automobiles von 1000 kg Masse.*

| km/h | m/kg | | PS |
|---|---|---|---|
| 30 | 3 545 | = | 47 |
| 60 | 14 163 | = | 189 |
| 80 | 25 187 | = | 336 |
| 100 | 39 390 | = | 525 |

*Wucht ( kinetische Energie) eines Eisenbahnzuges von 475 t*

| 50 | 4 671 000 | = | 62 280 |
|---|---|---|---|
| 100 | 18 710 000 | = | 250 000 |

\* Als Typus wird der Autounfall genommen.

Tabelle 3. *Weglängen nach km/h und nach m/sec.*

| km/h | abgerundet m/sec | km/h | abgerundet m/sec | km/h | abgerundet m/sec | km/h | abgerundet m/sec |
|---|---|---|---|---|---|---|---|
| 1 | 0,28 | 21 | 5,8 | 41 | 11,3 | 61 | 16,9 |
| 2 | 0,55 | 22 | 6,1 | 42 | 11,7 | 62 | 17,2 |
| 3 | 0,83 | 23 | 6,3 | 43 | 11,9 | 63 | 17,5 |
| 4 | 1,1 | 24 | 6,7 | 44 | 12,2 | 64 | 17,7 |
| 5 | 1,3 | 25 | 6,9 | 45 | 12,5 | 65 | 18,0 |
| 6 | 1,7 | 26 | 7,2 | 46 | 12,7 | 66 | 18,3 |
| 7 | 1,9 | 27 | 7,5 | 47 | 13,0 | 67 | 18,5 |
| 8 | 2,2 | 28 | 7,7 | 48 | 13,3 | 68 | 18,8 |
| 9 | 2,5 | 29 | 8,05 | 49 | 13,5 | 69 | 19,1 |
| 10 | 2,7 | 30 | 8,3 | 50 | 13,8 | 70 | 19,4 |
| 11 | 3,0 | 31 | 8,5 | 51 | 14,1 | 71 | 19,7 |
| 12 | 3,3 | 32 | 8,8 | 52 | 14,4 | 72 | 20,0 |
| 13 | 3,5 | 33 | 9,1 | 53 | 14,7 | 73 | 20,2 |
| 14 | 3,8 | 34 | 9,4 | 54 | 15,0 | 74 | 20,5 |
| 15 | 4,1 | 35 | 9,7 | 55 | 15,2 | 75 | 20,8 |
| 16 | 4,4 | 36 | 10,0 | 56 | 15,5 | 76 | 21,1 |
| 17 | 4,7 | 37 | 10,2 | 57 | 15,8 | 77 | 21,3 |
| 18 | 5,0 | 38 | 10,5 | 58 | 16,1 | 78 | 21,7 |
| 19 | 5,2 | 39 | 10,8 | 59 | 16,3 | 79 | 21,9 |
| 20 | 5,5 | 40 | 11,1 | 60 | 16,7 | 80 | 22,2 |

Tabelle 4. *Bremswege für Kraftfahrzeuge (nach Dipl.Ing W. Loewenthal, Berlin).*

| Verzögerung in % $9,81 \text{ m/sec}^2 = 100\%$ | Bremswege in Metern bei einer Geschwindigkeit von km/st | | | | | | | | |
|---|---|---|---|---|---|---|---|---|---|
| | 20 | 30 | 40 | 50 | 60 | 70 | 80 | 90 | 100 |
| 5 | 31,5 | 70,8 | 126,0 | 197,0 | 283,0 | 386,0 | 504,0 | 638,0 | 788,0 |
| 10 | 15,7 | 35,4 | 63,0 | 98,5 | 142,0 | 193,0 | 252,0 | 319,0 | 394,0 |
| 15 | 10,5 | 23,6 | 42,0 | 65,6 | 94,5 | 129,0 | 168,0 | 213,0 | 262,5 |
| 20 | 7,9 | 17,7 | 31,5 | 49,2 | 71,0 | 96,5 | 126,0 | 159,5 | 197,0 |
| 25 | 6,3 | 14,2 | 25,2 | 39,4 | 56,8 | 77,2 | 101,0 | 127,6 | 157,5 |
| 30 | 5,3 | 11,8 | 21,0 | 32,8 | 47,3 | 64,3 | 84,0 | 106,4 | 131,2 |
| 35 | 4,5 | 10,1 | 18,0 | 28,1 | 40,5 | 55,2 | 72,0 | 91,2 | 112,5 |
| 40 | 3,9 | 8,9 | 15,8 | 24,6 | 35,5 | 48,3 | 63,0 | 79,0 | 98,5 |
| 45 | 3,5 | 7,9 | 14,0 | 21,9 | 31,5 | 42,9 | 56,0 | 71,0 | 87,5 |
| 50 | 3,2 | 7,1 | 12,6 | 19,7 | 28,3 | 38,6 | 50,4 | 63,8 | 78,8 |
| 55 | 2,9 | 6,4 | 11,5 | 17,9 | 25,8 | 35,1 | 45,9 | 58,0 | 71,6 |
| 60 | 2,6 | 5,9 | 10,5 | 16,4 | 23,6 | 32,2 | 42,0 | 53,2 | 65,6 |
| 65 | 2,4 | 5,4 | 9,7 | 15,2 | 21,8 | 29,7 | 38,8 | 49,1 | 60,6 |
| 70 | 2,2 | 5,1 | 9,0 | 14,1 | 20,2 | 27,5 | 36,0 | 45,6 | 56,3 |
| 75 | 2,1 | 4,7 | 8,4 | 13,1 | 18,9 | 25,7 | 33,6 | 42,5 | 52,5 |
| 80 | 2,0 | 4,4 | 7,9 | 12,3 | 17,7 | 24,1 | 31,5 | 39,9 | 49,3 |
| 85 | 1,9 | 4,2 | 7,4 | 11,6 | 16,7 | 22,7 | 29,6 | 37,6 | 46,3 |
| 90 | 1,8 | 3,9 | 7,0 | 11,0 | 15,8 | 21,4 | 28,0 | 35,5 | 43,8 |
| 95 | 1,7 | 3,7 | 6,6 | 10,4 | 14,9 | 20,3 | 26,5 | 33,6 | 41,5 |
| 100 | 1,6 | 3,5 | 6,3 | 9,8 | 14,2 | 19,3 | 25,2 | 31,9 | 39,4 |
| Reaktionsweg in Metern bei 0,75 sec Reaktionszeit | 4,2 | 6,3 | 8,3 | 10,4 | 12,5 | 14,6 | 16,7 | 18,8 | 20,8 |

*Reaktionszeit* = Zeitspanne von der Wahrnehmung eines auftauchenden Hindernisses bis zum Beginn der Bremsung.

*Reaktionsweg* = innerhalb der Reaktionszeit zurückgelegter Weg des Kraftfahrzeuges.

Bei ordnungsgemäß instand gehaltenen Bremsen sollen alle Kraftfahrzeuge mit Vierradbremse auf trockener Straße die gekennzeichneten Verzögerungen und Bremswege aufweisen können.

*Beurteilung der Bremsen:*

| Verzögerungswerte auf guter trockener Straße | |
|---|---|
| Sehr gute Vierradbremse . über 60% | Sehr gute Zweiradbremse über 35% |
| Gute Vierradbremse . . . 50 bis 60% | Gute Zweiradbremse . . . 25 bis 35% |
| Mäßige Vierradbremse . . 40 bis 50% | Mäßige Zweiradbremse . . 20 bis 25% |
| Ungenügende Vierradbremse unter 40% | Ungenügende Zweiradbremse unter 20% |

| Auf schlüpfriger oder vereister Straße liegen die Höchstverzögerungen | |
|---|---|
| bei Vierradbremsen . . . unter 25% | bei Zweiradbremsen . . . unter 15% |

Grundlegend ist das physikalische Gesetz: Wucht $= \dfrac{m \cdot v^2}{2}$. Nach dem Gesetz der Trägheit will aber jeder Körper in seinem innewohnenden Zustand verharren, setzt also der plötzlichen Beschleunigung einen Widerstand entgegen. Sobald die Elastizität des getroffenen Körperteiles beim Anprall überschritten ist, kommt es in der „ersten Stoßhalbzeit" zur Deformation und (wenn möglich) in der zweiten zur Übertragung von Schnelligkeit im Sinne der Wegschleuderung. Bei der Kollision kommt selbstverständlich weiterhin je nach der Fahrtrichtung zur Auswirkung: das Parallelogramm der Kräfte und die Summation von kollidierenden Kräften. Zur vollen Auswirkung der Wucht kann es selbstverständlich nur kommen, wenn der getroffene Körper nicht ausweichen kann (z. B. Kompression gegen eine Mauer usw.), dann ergeben sich bei großer Schnelligkeit Kompressionsverletzungen bis zur Exenteration der Eingeweide.

Im Zusammenhang mit der Vorstellung von der Auswirkung der kinetischen Energie des fahrenden Automobils soll auf die Wichtigkeit der Anhaltestrecke zur Verhinderung der Kollision hingewiesen sein. Im Momente einer plötzlichen Gefahr ergibt sich die totale Anhaltestrecke aus Wegverlust durch die menschliche Reaktionszeit (d. h. Zeitspanne von der Wahrnehmung eines auftauchenden Hindernisses, d. h. praktisch beim Verkehrsunfall bis zum Beginn der Bremsung) und Wegverlust durch Bremsung:

| km/h | Reaktionsweg m | + Bremsweg m | = totale Anhaltestrecke m | = Wagenlängen |
|---|---|---|---|---|
| 30 | 6,3 | 7,1 | 13,4 | 3 |
| 60 | 12,5 | 28,3 | 40,8 | 9 |
| 90 | 18,8 | 63,8 | 82,6 | 18 |

*II. Die gerichtlich-medizinische Untersuchung des Verkehrsunfalles, Typus Automobilunfall. Überblick über die Aufgaben. 1. Die rechtlichen Beziehungen des Motorfahrzeugverkehrs.* Über die rechtlichen Beziehungen des Motorfahrzeugverkehrs unterrichtet kurz die nachstehende Tabelle 5.

*2. Der Tod auf der Straße.* Beim Auffinden von Leichen oder Bewußtlosen und Verletzten auf der Straße ist es der objektiven Prüfung vorbehalten, im gegebenen Falle zu entscheiden, ob es sich überhaupt um einen Verkehrsunfall oder Verletzung durch äußere Ursachen oder eine spontane Ursache handelt. Besonders hohe Ansprüche in der Untersuchungsmethode stellen sich beim Auffinden von Toten oder Bewußtlosen auf der Straße ohne Zeugen. Dabei stellen sich folgende Fragen: a) Identifikation des Opfers. b) Identifikation der äußeren Gewalteinwirkung, wenn sie unbekannt, bestritten oder unsicher ist. Dabei ist immer zu berücksichtigen, daß die Zeugenaussagen mit Vorsicht zu behandeln sind, nicht nur wegen der Möglichkeit der absichtlich falschen oder interessierten Zeugen, son-

Tabelle 5. *Die rechtlichen Beziehungen des Motorfahrzeugverkehrs.*

| Somatische ⎱ *Befähigung* Psychische ⎰ Lernfahrbewilligung Führerausweis | *Tatbestände:* Verkehrsunfall   Unglücksfall (unvermeidbar)   inkl. Vergiftungen durch Motorab-     gase usw.   Fahrlässigkeit Absicht: Ulk, Mißhandlung.   Mord im Auto, durch Auto.   Selbstmord im Auto, mit Auto. | *Spontantod* im Auto; am Volant; auf der Straße. | *Gesetze:* Strafrecht, Zivil- recht (Oblig. Recht), spez. Motorfahrzeug- gesetze (z. B. Schweiz 1931 mit Kausalhaf- |
| *Entzug.* | Simulation. | | tung), Unfall- versicherungs- gesetze (oblig. Arbeiterunfall- versicherung). Privat-Policen |

dern weil die meisten Zeugen beim Verkehrsunfall nur einzelne Phasen des Unfalls sehen können, weil es sehr schwer, wenn nicht unmöglich ist, mehrere Vorgänge, die sich miteinander abwickeln, zu beobachten. Dazu kommt das häufige Vorliegen von Amnesien (oft retrograd, sowohl beim Opfer als auch beim evtl. verletzten Fahrzeugführer). Die Fragen der Alkoholbeeinflussung vom Opfer, Täter und Zeugen werden immer mehr prinzipiell gestellt werden müssen. Die Frage der Simulation muß prinzipiell immer gestreift werden. Viel zu wenig wird an die Möglichkeit einer absichtlichen Herbeiführung eines Verkehrsunfalles gedacht.

3. *Die gerichtlich-medizinische Rekonstruktion des Verkehrsunfalls, Typus Automobilunfall.* a) Der Automobilunfall verläuft in Phasen (siehe Tab. 6), wobei im allgemeinen der *ersten* Kollision forensisch die Hauptbedeutung zukommt, indem der Ablauf der weitern Phasen dem auswirkenden Kräftespiel zwischen Fahrzeug und Körper anheimfällt, wobei im allgemeinen die günstigste Situation für das Opfer eintrifft, wenn es durch Wegschleudern (Flugbahn) evtl. auf weiches Terrain resp. durch Verminderung der übertragenen Schnelligkeit der Deformationsgefahr entrinnen kann. Ausnahmsweise kann eine spätere Phase die forensisch ausschlaggebende Rolle spielen, wenn ein neues psychologisches Moment, wie z. B. Schrecken, dazukommt. Gerichtlich-medizinisch stellt sich deshalb bei der Rekonstruktion der Verkehrsunfälle die Hauptaufgabe, die Spuren der *ersten Kollision* mit aller Exaktheit festzustellen — Spuren, die nicht nur am Körper, sondern auch durch vergleichende Untersuchungen am Fahrzeug und evtl. an der Örtlichkeit in casu zu suchen sind (speziell Stellung des Opfers im Moment der ersten Kollision: stehend, liegend, von vorne, hinten usw.).

b) Der Verlauf eines Automobilunfalles und seine Spuren sind abhängig von der Form und der zufälligen Stellung der Objekte. Der Ablauf eines Automobilunfalles im speziellen ist weitgehend von der Form des Automobils abhängig. Besonders ist auf eine prinzipielle Änderung des Verkehrsunfalles hinzuweisen durch das Aufkommen der *Stoßstange*, wobei es nur mehr ausnahmsweise zum Überfahrenwerden kommen kann; der Körper, bei frontaler Kollision tief unter dem Schwerpunkt (ungefähr in Kniehöhe) getroffen, wird *gegen* das Fahrzeug geworfen und erleidet dann bei den weitern Kollisionen mit den harten Bestandteilen (oft die Vorsprünge: Kotflügel, Scheinwerfer, Richtungsanzeiger usw.) die deformierenden Schläge. Seitliche Kollisionen sind im allgemeinen ungünstig, weil meistens dann die zentripetalen Kräfte den Körper gegen das Fahrzeug hinreißen. Die modernen Stromlinienformen mögen mildernd wirken; deletär sind alle Vorsprünge, seien sie noch so klein. Schon aus diesem Grund ist im Automobilbau die Vermeidung von Vorsprüngen (Richtungsanzeiger, Türgriff, Verzierungen usw.) sehr zu begrüßen.

c) Die Spurenwelt des Automobilunfalls ist überhaupt eine ganz typische und erlaubt eine weitgehende Rekonstruktion des Ereignisses. Auch bei schwersten innern Verletzungen sieht man manchmal äußerlich (an der Oberfläche) wenig. Die Pufferstange verursacht z. B. oft nur entsprechend geformte Blutungen im Unterhautzellgewebe. Vergleichend kann so das Standbein festgestellt werden; dafür und vor allem zur Richtungsbestimmung beim Angefahrenwerden des Fußgängers sind die Gleitspuren (Kratzer) an den *Schuhsohlen der Opfer* von größter forensischer Wichtigkeit. Scheinwerfer, Pneus, Kotflügel, Richtungsanzeiger, Radachsenköpfe, nicht versenkte Türgriffe usw. hinterlassen eigenartige Spuren am Körper, evtl. auch nur im Unterhautzellgewebe, im Periost oder nur an den Kleidern.

d) Aber auch die corpora delicti tragen ihre Spuren davon. Diese müssen technisch und vergleichend medizinisch ebenfalls zur Untersuchung herangezogen werden. Zu solchen Zwecken verfügt das Berner gerichtlich-medizinische Institut über eine große, modern eingerichtete Garage.

Tabelle 6. *Phasen-Schema des Automobilunfalles.*

*Erste Kollision:* Anprall
  a) direkt: Schnelligkeitsübertragung
          Getragen werden
          Schleuderung (Flugbahn), Anprall an andern Objekten,
                     Kompression
        Sturz
           Überfahren-, Angefahrenwerden (evtl. rückwärts)
         Schleifen, Rollen
           Erdrücken
           Ertrinken
           Verbrennen (Brand, Explosion)
           Vergiftung (CO evtl. Bleitetraäthyl, Carbonyle
             usw.)
  b) indirekt: (ohne Kollisionsspur)
         Abdrängen
         Abstreifen
         Blenden
         Vergiften.

*III. Allgemeine Zusammenfassung der gerichtlich-medizinischen Fragestellung, abhängig von den in Frage kommenden Gesetzen und Tatbeständen* (Höchstansprüche werden gestellt bei unbekannter oder bestrittener oder flüchtiger Täterschaft).

*A. 1. Ermittlung der direkten oder indirekten Todesursache* unter Berücksichtigung der Spätfolgen. Ist die Todesursache rein traumatisch oder spontan oder bestehen konkurrierende (disponierende, verschlimmernde) Ursachen (Spontantod auf der Straße, im Auto)? 2. *Objektiver Beweis des Kausalzusammenhangs* zwischen Verletzungen und einer angeschuldigten äußeren Gewalteinwirkung. 3. *Rekonstruktion des Ereignisses,* evtl. mit objektiver Ermittlung des Fahrzeuges. Hauptaufgabe ist die Ermittlung des ersten Kollisionsmomentes zwischen Mensch und Verkehrsfahrzeug oder evtl. der Verkehrsfahrzeuge unter sich mit indirekter Übermittlung der Deformationskräfte auf die Benützer. Die größte Sicherheit bietet die vergleichende Untersuchung der Spuren an allen in Frage kommenden Spurenträgern des Straßenverkehrsunfalles, ausgehend von den Spuren am menschlichen Körper. a) Die Untersuchung des Opfers: Kleider, Körperoberfläche (Kleider und Haut als beste Spurenträger). — Sektion. b) Vergleichende gerichtlich-medizinische Spurenuntersuchung am Fahrzeug unter Zugrundelegung der exakten Maßverhältnisse der Spuren und Verletzungen am Körper des Opfers, gemessen über Absatz oder nach einem andern Ausgangspunkt (Boden). c) Gerichtlich-medizinische Untersuchung im Verkehrsmilieu. d) Evtl. Untersuchung der Führer der in Frage kommenden Verkehrsfahrzeuge.

*B. Spezielle Fragestellung beim Verkehrsunfall.* Bei der Übernahme von gerichtlichen Expertenaufträgen ist es von Anfang an wichtig, an die gesamte Fragestellung zu denken, welche nach dem Fall nicht nur für die Voruntersuchung, sondern später für die straf- und zivilgerichtliche Beurteilung wichtig werden kann (eine Hauptaufgabe der Sachverständigentätigkeit).

aa) Bei der gerichtlich-medizinischen Rekonstruktion des häufigsten Verkehrsunfalles der Kollision des Fußgängers oder Radfahrers mit einem Automobil oder einem andern Fahrzeug, ergeben sich speziell folgende Fragen: 1. Wo ist die erste Kollisionsstelle am Körper? (Am Rücken, vorne, seitlich?) 2. In welcher Körperstellung erfolgte die Kollision? (Im Stehen [Gehen], Liegen, bereits im Sturze, in außergewöhnlicher Körperstellung, z. B. kauernd, abspringend?) 3. In welcher Phase erfolgte die tödliche Verletzung? (Vgl. Phasenschema Tab. 6.) 4. Beim Überfahrenwerden die Frage, ob die Verletzungen postmortal oder vital waren; Reihenfolge der Verletzungen; Anhaltspunkte, ob der Verunfallte durch ein oder mehrere Räder oder Fahrzeuge überfahren wurde. 5. Wie sind die Distanzverhältnisse des Körpers von der Kollisionsstelle zu erklären (spez. Wurfbahn, Getragenwerden)? 6. Wie groß war die Wucht nach den Verletzungen (Schleuderwirkungen)? 7. Identifikation des Fahrzeuges. 8. Beim Opfer stellt sich immer noch die Frage, ob sich innere Ursachen für die Erklärung des Ereignisses feststellen lassen: Körperliche Krankheiten, psychische Veränderungen wie Trunkenheit, Gifte überhaupt, organische, geistige Erkrankungen, Störungen der Sinnesorgane, spez. visuell und akustisch. Evtl. sind klinische Nachforschungen nötig nach Geisteskrankheiten, speziell Epilepsie, Schizophrenie, Schwäche der Sinnesorgane usw. 9. Anhaltspunkte für suicidium? Simulation?

bb) *Die Fragestellung beim Fahrzeugführer.* 1. Nüchternheit in puncto Alkohol (eine Frage, welche heute theoretisch wohl in jedem Falle zuerst gestellt wird) und anderer Genußgifte (Narkophilie). 2. Dazu kommen noch Fragen nach der gesundheitlichen Eignung allgemein und in casu, spez. Auge! (s. später.) Evtl. psychischer Zustand unter Berücksichtigung der Frage der Amnesie durch das Unfallereignis selbst, Epilepsie, Gehirnparalyse. 3. Ermüdung. 4. Evtl. die Frage, wer das Fahrzeug gesteuert hat, eine Frage, welche besonders heikel ist, wenn mehrere Insassen eines Automobils getötet wurden, z. B. beim Absturz oder Verbrennen des Wagens, oder wenn die ganze Besatzung von Fahrrädern und Motorfahrzeugen getötet oder schwer verletzt wurde (evtl. Amnesie).

*C. Grundsätze der gerichtsärztlichen Untersuchungstechnik beim tödlichen Verkehrsunfall.* Das Vorgehen des medizinischen Sachverständigen ist davon abhängig, in welcher Untersuchungsphase er beigezogen wird, speziell ob er Gelegenheit hatte, selber die Fundsituation mit zu untersuchen, oder ob er erst die Opfer nach dem Transport, evtl. sogar entkleidet, zur Untersuchung zugewiesen bekommt. Im allgemeinen muß an dem Grundsatz festgehalten werden, der für alle gerichtlichen Untersuchungen gilt, daß die Sachverständigentätigkeit am schnellsten und sichersten zum Ziele führt (Begutachtung der gerichtlichen Fragen), wenn der Sachverständige die Fundsituation selbst untersuchen kann. Diese allgemeine Forderung ist gerade beim Verkehrsunfall besonderen Schwierigkeiten unterworfen bei den Fällen auf dem Lande und in einsamen Gegenden, andererseits bei den relativ häufigen Fällen, wo der Tod nicht sofort, sondern auf dem Transport oder erst nach Stunden und Tagen eintritt. Es läßt sich schwer voraussehen, ob im einzelnen Falle eine vollständige gerichtsärztliche Durchuntersuchung nötig ist oder nicht. Nicht selten wird es gelingen, auch sonst durch Zeugen, Geständnisse und technische Spuren und Feststellungen die Fälle befriedigend abzuklären. Im allgemeinen muß aber in Anbetracht der großen praktischen auch volkswirtschaftlichen Bedeutung des Tatbestandes darauf tendiert werden, daß alle Experten (auch die technischen) möglichst früh zu den unvermeidlichen Untersuchungen zugezogen werden. Dies kann nicht zuletzt dadurch erreicht werden, daß die Voruntersuchungsbehörde das Recht hat, die Experten sofort zu benachrichtigen und zuzuziehen. Der Verkehrsunfall läßt sich im allgemeinen durch die technischen und medizinischen Untersuchungen, besonders dann, wenn sie in Zusammenarbeit erfolgen, sehr schnell und sicher rekonstruieren; dann ist auch die gegenseitige Orientierung über die Fragestellung nach Verkehrsunfallsituation, Zeugen und Geständnissen am besten möglich.

Es muß auch immer wieder betont werden, wie wichtig und unvermeidlich es ist, daß die Spuren am Fahrzeuge in jedem Falle vom medizinischen Sachverständigen unter messendem Vergleiche untersucht und evtl. selbst erhoben werden. Es ist auch peinlich Sorge zu tragen, daß bei Todesfällen die Opfer nicht entkleidet werden, und daß bei Entkleidungen bei Überlebenden die Kleider in jedem Falle sofort behoben und richtig konserviert werden. Wenn sich bei Beteiligung von mehreren Fahrzeugen (z. B. Velo und Automobil) rekonstruktive Fragen stellen, evtl. bewiesen werden muß, ob ein Fahrzeug beteiligt oder unbeteiligt sei, dürfen die Fahrzeuge nicht zusammen transportiert oder aufbewahrt werden (z. B. nicht das Velo oder das Motorrad auf dem fraglichen Auto transportieren).

*1. Der Lokalaugenschein.* a) Entweder sichere Feststellung des Todes oder sofortige Hilfeleistung. Beim Eintritt des Todes Sicherung der Fundsituation, bis sie von der Behörde freigegeben ist. Der medizinische Experte sollte Stellung nehmen können zur Frage der Freigabe der Fundsituation.

b) Lage des Körpers und der Kleider im Verhältnis zu wichtigen Spuren: Medizinische Spuren, aber auch die wichtigen technischen Spuren; Straßenspuren der ersten Kollision, Fahr- und Bremsspuren (innerhalb, außerhalb?). Lage des Opfers und anderer Objekte zur Schlußstellung des Fahrzeuges usw. Im allgemeinen werden die verkehrstechnischen Ausgangspunkte durch Situationspläne und Photographien, am besten durch Photogrammetrie, festgestellt. Der Experte sollte aber in der Lage sein, ausgehend von den medizinischen Feststellungen Wünsche zu äußern.

Ärztlicherseits speziell zu untersuchen und zu sichern sind die medizinischen Spuren: Blut (inkl. Beurteilung der Größe des Blutverlustes), Erbrochenes, Haare, Körpergewebe und Stoffgewebe, Speichel, evtl. Mundinhalt usw. Es ist zu beachten, daß Regen die Spuren schnell verändert oder verwischt. Kleine Blutspritzer werden z. B. durch Regen an Kleidern und Fahrzeugen sehr schnell dunkelgrau bis schwarz.

c) Außergewöhnliche Spuren auf dem Unfallort. Der medizinische Sachverständige wird sein Augenmerk hauptsächlich auf Spuren richten, welche erfahrungsgemäß den Untersuchungsorganen, welche keine naturwissenschaftliche Ausbildung haben, entgehen, Spuren, welche evtl. nur chemisch identifiziert werden können, z. B. ganz feine Spuren wie Kleiderfasern und feine Kleiderfetzen, Lacksplitter, Farbenspuren, Abdrücke von Kleidern auf der Sraße, feine Glassplitter, Objekte von den Opfern wie Haarnadeln, Handschuhe, Prothesen usw. Dazu kommen Spuren von Fetten und Ölen, Wichsen, Schuhnägeln (steckengebliebene Schuhnägel), Splitter von Holz, Metallen, Objekte, welche auf dem Fahrzeug waren, wie Brot, Sand, Mehl.

Die praktische Erfahrung zeigt, daß diese feinen Spuren, wie Lack- und Glassplitter, Kleiderfasern, eingedrückt in den Asphalt in mehr oder weniger aufrechter Körperstellung des Beobachters überhaupt nicht gesehen werden, daß man sie erst sieht, wenn man die Augen stark dem Boden annähert, evtl. unter Zuhilfenahme der Lupe. Auch bleibt zu beachten, daß feine Splitter, wie Lack- und Glassplitter, Fasern, auf glatten Straßen sehr leicht verweht werden, nicht nur vom Winde, das Vorbeifahren von Automobilen genügt!

d) Es ist ratsam, die Zeit der Untersuchung zu notieren, aber auch die eigenen wichtigsten meteorologischen Beobachtungen festzuhalten. Als Biologe wird man erfahrungsgemäß am ehesten in der Lage sein, außergewöhnliche Verhältnisse (spez. Sicht) zu beobachten und zu beurteilen.

*2. Die Leichenschau. a) Kleider.* Die Kleider sind die besten Spurenträger, spez. für geformte, bestaubte Abdrücke (Radspuren, Pneus). Die Lokalisation der Staub-, Erd-, Blut- und Farbspuren usw. sowie der Beschädigungen ist am besten unter Benützung einer schematischen Zeichnung festzuhalten mit den nötigen Maßen über Schuhabsatz. Pneuabdrücke sind manchmal nur deutlich sichtbar, solange sie feucht sind. Durch den Transport besonders leicht verwischt werden die Pneuabdrücke, feine Splitter von Lack und Glas können ganz verlorengehen. Lacksplitter müssen in wichtigen Fällen auch im Stoff mit Lupenvergrößerung, Stereolupe, minutiös abgesucht werden. Das Augenmerk ist auch auf die *Schuhe,* spez. die *Schuhsohlen* zu richten; wenn die Kollision bei stehendem Körper erfolgt, so wird der Körper häufig im ersten Moment auf der Straße in der Anprallsrichtung geschoben, wobei sich die Richtung exakt an der Schuhsohle und den Nägeln abzeichnen kann. Diese Spuren, welche wohl bis jetzt am we-

nigsten untersucht wurden, zeigen manchmal sehr deutlich die Stoßrichtung. Da der Körper von der Stoßstange weit unter dem Schwergewicht getroffen wird, so kommt diese Schiebung um so eher zustande. Bei Radfahrern und Motorradfahrern kann man z. B. auch an den Schuhsohlen Spuren sehen, wenn (z. B. bei schwankenden Bewegungen des Fahrzeuges) mit einem Fuße versucht wurde, einen Halt zu finden.

Eine wichtige Spur ist auch die Gleitspur des Trittbrettes an Fußgängern und Radfahrern. (Auch wenn die Kleider evtl. schon gewaschen wurden, so kann man sie immer noch auf Beschädigungen untersuchen)

*b) Die eigentliche Leichenschau.* Speziell ist zu achten auf alle geformten Abdrücke mit genauen Maßen, auch wie hoch überm Absatz gelegen (Bestimmung der Körperlänge in Schuhen nicht vergessen). Die Erfahrung zeigt, daß aber auch erhebliche stumpfe Quetschungen an der Haut keine Spuren hinterlassen müssen, besonders wenn der Tod sehr schnell eintritt. Dies gilt speziell für den Anprall an Stoßstangen und Kotflügelrändern. In den Weichteilen des Rückens findet man häufig starke Hämatome ohne äußere Hautveränderung.

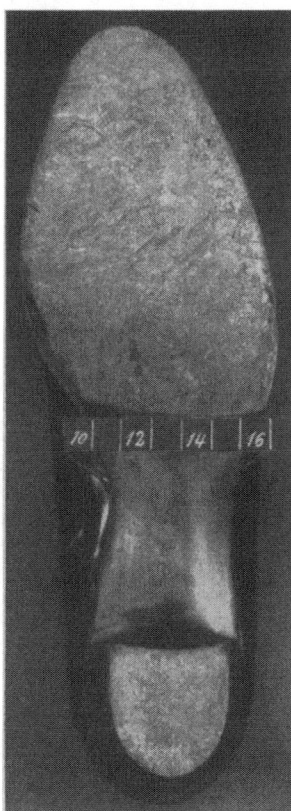

Abb. 1. Linke Schuhsohle einer Mitfahrerin auf einem Motorrad mit schrägen Gleitspuren vom Versuche, beim Sturze auf der Straße Halt zu finden. Motorradfahrer behauptet, sie sei plötzlich ohne einen bestimmten Grund vom Motorrad gestürzt.

Es ist deshalb zu empfehlen, daß man immer bei Verkehrsunfällen von einem Rückenmittelschnitt aus die Weichteile absucht bis in die Gesäßmuskulatur und Steißbeingegend; Stoßstangenhöhe usw. durch Einschneiden absuchen.

*Spezielle Spuren des Automobilunfalles. aa) Pneuspuren.* Pneuspuren sind am deutlichsten an den Kleidern, evtl. am Kopfe, wo aber die Schädeldeformation Verschiebungen machen muß. Pneuabdrücke müssen genau gemessen werden (am besten Photo und Zeichnung in Originalgröße, Winkelbestimmungen der Figuren); wenn nötig Vergleichsuntersuchung mit in Frage kommenden Pneus, wozu wir mit Druckerschwärze Abklatschspuren am belasteten Fahrzeug nehmen, wobei die ähnlichsten Druckverhältnisse vorliegen. Es gibt Pneuspuren nicht nur vom Überfahrenwerden, sondern auch vom Angefahrenwerden, evtl. mit Abklatsch der Pneuseitenfläche. Ferner ist zu beachten, ob das Rad evtl. beim Überfahren gestoppt war. Durch die exakte Untersuchung der evtl. Pneuabdrücke im Vergleich zu den inneren Verletzungen läßt sich Stellung nehmen zur Frage der Mehrmaligkeit des Überfahrenwerdens.

Auch beim Überfahren selbst durch schwere Wagen fehlen manchmal an der Haut des Bauches oder Rückens äußere Spuren. Die schwersten Verletzungen entstehen bei gestopptem Rad, wobei es zu Gewebszerreißungen kommen kann (inkl. Knochen), die auf der Straße deutliche Spurenzeichen hinterlassen, die aber einer flüchtigen Betrachtung entgehen können (z. B. Übersehen von feinen grauen Kleiderfetzen und Körpergewebe im schwarzen Asphalt). Beim Überfahren wird das Objekt bei rel. weichem Straßengrund, wie z.B. Asphalt, in diesen hineingedrückt, so daß einzelne Stoffasern zurückbleiben können, welche im Mikroskop erscheinen (evtl. Auflösen des Asphaltes mit Xylol usw.).

*bb) Anprallspur der Stoßstange.* Da die meisten Automobile Stoßstangen haben, kommt bei frontaler Kol-

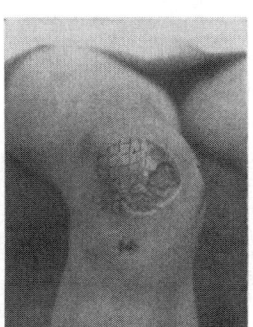

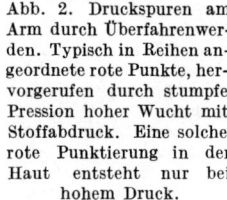

Abb. 2. Druckspuren am Arm durch Überfahrenwerden. Typisch in Reihen angeordnete rote Punkte, hervorgerufen durch stumpfe Pression hoher Wucht mit Stoffabdruck. Eine solche rote Punktierung in der Haut entsteht nur bei hohem Druck.

Abb. 4. Abdruck des Kühlergitters am rechten Knie.

lision zuerst die Stoßstange zur Auswirkung, worauf bereits aufmerksam gemacht wurde. Selbst bei hoher Schnelligkeit des Fahrzeuges hinterläßt öfters die Stoßstange keine schweren Verletzungen, manchmal kaum eine leichte Blutunterlaufung der Haut. Erst beim unvermeidlichen Ein-

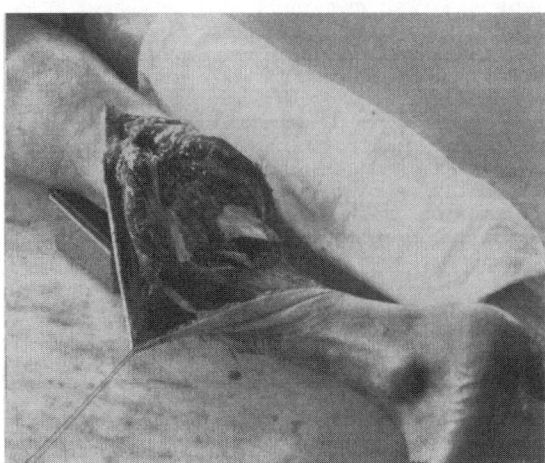

Abb. 3. Verletzung des linken Unterschenkels durch Anprall der Stoßstange.

schneiden findet man mit Bestimmtheit eine noch so leichte Blutung im Unterhautzellgewebe oder in der Muskulatur, evtl. auf dem Knochen (infolge des Gegendruckes desselben). Die Knochenfrakturen sind seltener als man erwarten würde. Sie kommen zustande am belasteten Bein, evtl. an beiden Beinen, wenn aus irgendeinem Grunde der Körper fest aufsteht (kauernd, niederspringend, cave suicidium!). Bei Frakturen kann das eine Fragment in der Richtung des Fahrzeuges verschoben werden. Mit diesem Vorgange sind naturgemäß Abschürfungen der Schuhsohle verbunden, wobei es sogar zum Ausreißen von Schuhnägeln kommen kann.

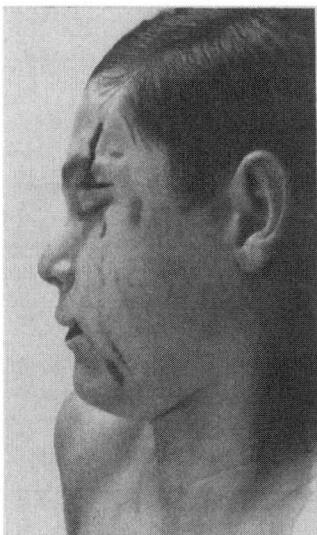

Abb. 5. Anprall an der vertikalen Metallkante der Einfassung einer Windschutzscheibe.

*cc)* Alle *geformten Stellen der Fahrzeuge* können deutliche Spuren hinterlassen, wenn sie senkrecht auftreffen. Durch tangentiale Einwirkung kommen selbstverständlich Verschiebungen zustande, so daß keine exakt geformten Wunden vorliegen. Sehr exakt zeichnen Kühlergitter, Verzierungen, vorspringende Scharniere, Richtungsanzeiger usw. An diesen Objekten wird in frischen Fällen die Blutspur (wenigstens chemisch) nicht fehlen. Scheinwerfer machen unbestimmte äußere Spuren (evtl. nur im Unterhautzellgewebe, nicht selten halbmondförmig).

Relativ häufig sind spez. bei den Velofahrern Kopfverletzungen beim Anprall an nicht versenkte vordere Automobilrichtungsanzeiger.

Die *kinetische Energie* spielt naturgemäß für die Wundart eine große Rolle. Bei hohen Drucken werden auch die Farb- und Lackspuren der Automobile stark in die Gewebe gedrückt. Bei hohen Schnelligkeiten können ganz unvorstellbar schwere äußere und innere Verletzungen entstehen, besonders bei der Kompression gegen einen unnachgiebigen Widerstand.

Besonders wichtig sind auch bei der Leichenschau Farb- und Lackspuren der Fahrzeuge, da sie evtl. mit Exaktheit die erste Kollisionsstellung wiedergeben. Es sei auf einen Fall hingewiesen, wo drei Burschen mit einem Automobil frontal kollidierten. Der Getötete hatte an einem angebrochenen Zahn blaue Farbe. Trotzdem man uns mitteilte, daß das fragliche Auto rot sei, ließen wir es uns vorführen und entdeckten vorne links neben der Kühlerfigur einen frischen Kratzer, wo die blaue Spachtelgrundfarbe freilag (exakter Beweis der Kollisionsstellung unter drei Opfern).

*c) Sektion; besondere Gesichtspunkte.* Verfolgung der äußeren Spuren ins Körperinnere mit Bezug auf Zeitbestimmung und Reihenfolge, Störung lebenswichtiger Funktionen usw.

*Traumatische Beziehungen.* Eigentümlich sind Fernwirkungen infolge Schleuderung innerer Organe durch plötzliche Schnelligkeitsänderung unter

Berücksichtigung des Trägheitsgesetzes, physikalische Gesetze, welche sich in der ersten Phase auswirken müssen. In erster Linie werden bei solchen plötzlichen Schleuderungen betroffen das Herz und das Genick, bei sehr starken Schnelligkeitsänderungen auch die großen Bronchien; dazu contre-coup-Wirkungen.

*aa)* Das *Herz* kann als freihängende Kugel so stark geschleudert werden, daß der Herzbeutel einreißt und daß speziell die Gefäße an- oder durchreißen, spez. Aortenbogen, vena cava inferior usw., wobei selbstverständlich die Elastizität der Aorta eine wichtige Rolle spielen kann. Typus: Leichte Zerreißbarkeit bei mesaortitis luetica. Wir beobachteten Fälle, wo der Riß eintrat beim Automobilisten im bloßen Abstoppversuch einer großen Schnelligkeit.

*bb)* *Zerreißung des atlanto-occipital-Gelenkes* durch plötzliche Schnelligkeitsänderung, meistens durch einen Stoß vom Rücken aus, wobei der Kopf noch einen Moment in seiner Stellung beharrt. Nur bei sehr hohen Schnelligkeiten, immer über 60 km/h, sahen wir eine größere Zahl von solchen Genickzerreißungen verbunden mit totalem oder partiellem Abriß der medulla oblongata! Bei der Eröffnung des Schädels ist vor dem Herausnehmen des Gehirns sehr genau auf das foramen magnum zu achten!

*cc)* Als Beispiel der *außergewöhnlichen physikalischen Deformationskräfte*, welche im Verkehrsunfall zur Auswirkung kommen und in casu der Abklärung würdig sind, seien ferner folgende zwei Fälle erwähnt:

Ein Auto fährt einem alten hinkenden Fußgänger mit hoher Geschwindigkeit zu nahe vor. Durch das Hinken kommt der Fußgänger mit dem linken Knie zwischen Stoßstange und rechtes Vorderrad. Das Bein wird durch eine Achteldrehung des Rades vollständig abgerissen. Überraschenderweise befand sich *innen* am rechten, etwas nach *vorne* verschobenen Stoßstangenende Blut und Haut, wodurch wir erst auf den Unfallmechanismus kamen.

Im zweiten Fall fand sich eine totale Spaltung des Schädels durch tangentiale Kollision an einem 6 mm dicken Fenster des Automobils. Das Auto fuhr auf ballonierter Straße einem Motorradfahrer entgegen, der mit einem Kind auf dem Soziussitz in langsamer Fahrt etwas hin und her fährt. Das Automobil, mit 60 km/h, beim Vorfahren einer Velofahrergruppe zu stark links fahrend, streifte den Kopf des Motorradfahrers.

*dd)* Typen von *Schädelverletzungen* bei Automobilunfällen mit *außerordentlichem* Verletzungsmechanismus des Gehirns und des Schädelknochens.

Fall 1. Große Expressionsfraktur am rechten Scheitelbein vis-à-vis einer Impressionsfraktur an der linken Schläfen-Scheitelbein-Gegend durch senkrechten Anprall an einem Türgriff eines Automobils.

Der zehnjährige Schulknabe als Velofahrer war beim spielerischen Versuche, mit dem Velo eine hohlwegartige Straße zu überqueren, direkt rechts vor ein Auto mit 40 km/h gefahren, so daß er mit der Hälfte des Vorderrades vor die Pufferstange kam, wodurch das Velo abgewendet wurde, nicht aber der Körper, dessen linke Seite nun im Sturz den Anprall der rechtsseitigen Vorsprünge des Autos erlitt. So muß er mit voller Wucht einen direkten Anprall des vorderen Türgriffs erlitten haben. Dadurch wurde der Griff förmlich in die linke Schläfe eingestanzt als rechteckige, etwa 2½ cm lange und 1½ cm breite Wunde in Form eines nach hinten gestülpten Hautlappens, der mit vorquellender Hirnsubstanz verklebt war. Der Knabe kam außerordentlich schnell in ärztliche Behandlung, der Operateur fand bei sofortiger Trepanation eine ovaläre Impressionsfraktur am linken Stirnbein-Scheitelbein von etwa 5:3 cm, im Zentrum eine 1 cm tiefe Delle, die keilförmigen

Fragmente peripher verkeilt und teilweise flächenhaft in die beiden Laminae getrennt: eine *Knochenlücke lag nicht vor!* Die prolabierte Hirnsubstanz war zwischen einzelnen Frakturspalten herausgequollen (Stempelwirkung). Es erfolgte Hebung und Entfernung der imprimierten Fragmente nach sparsamer Abtragung der normal stehenden Knochenränder. Unter üblicher Wundbesorgung erholte sich der Patient zunächst etwas. Puls besser, Atmung regelmäßig, Pupillen eng, doch bewegte er den rechten Arm und das rechte Bein nicht. Gegen 22 Uhr wurde der Verunfallte zunehmend unruhiger, machte krampfhafte Bewegungen mit dem linken Arm und dem linken Bein. Nach vorübergehender *Cheyne-Stock*scher Atmung trat 5 Stunden nach dem Unfall der Tod ein. Stimulation hatte keinen Einfluß auf die Erscheinungen der Oblongatalähmung.

Bei der Sektion fand sich ganz außergewöhnlicherweise eine geradezu korrespondierende Fraktur auf der gegenüberliegenden Schädelseite (Stirn-Scheitelbein), indem ein 7 cm großes Stück des rechten Stirnbeins 2 cm von der Schädeldachmittellinie beginnend halbbogenförmig (Convexität gegen die Mitte) abgebrochen war, um sich in der Pfeilnaht und der Schläfenbeinkuppe zu verlieren. In situ war das distale Stück um 2 mm nach außen verschoben, so daß man von einer Expressionsfraktur *im wahrsten Sinne des Wortes* sprechen darf, da in der rechten Schädelbasis keine Frakturlinien waren, welche evtl. hätten darauf hinweisen lassen, daß es sich um Berstungsfrakturen handelt. Durch das ganze Stirnhirn zog eine Art Schußkanal in der Form einer Erweichung, außen am rechten Stirnhirn in einer Breite von 3 auf 2 cm. Die Erweichung und auch die Blutung war im rechten Stirnhirn als Contre-coup-Stelle stärker als links. Links waren die hintern Stirnwindungen zertrümmert mit Gewebsverlust (Zentralwindungen direkt betroffen); rechts waren außen die hintern Stirnwindungen in der Ausdehnung von etwa 3 cm zertrümmert und mit geronnenem Blut gefüllt; darüber zeigte die harte Hirnhaut einen Riß von 1 cm!

Diese außergewöhnliche Hirnverletzung ist imstande, etwas beizutragen zur Abklärung der alten Streitfrage der sog. Contre-coup-Frakturen; darunter sind vor allem im allgemeinen bekanntgeworden: isolierte Frakturen der Orbitaldächer bei Stoß auf die Schädelhöhe von der Scheitelgegend und bei Schußverletzungen. *Kocher* und einige seiner Schüler nahmen an, daß diese Frakturen durch das Anstoßen in der Schußrichtung vorgeschleuderter Gehirnmassen an den dünnen Orbitaldächern entstehen. Andere nahmen als wahrscheinlicher an, daß es sich um Frakturen besonders schwacher Stellen der Schädelbasis bei der elastischen Gesamtdeformation des Schädels handelt (*Matti*). Bei Schüssen sind wohl beide Mechanismen möglich. Der vorliegende Fall beweist aber, daß es eigentliche Contre-coup-Frakturen gibt vermittelt durch die hydrodynamische und hydraulische Sprengwirkung durch den festflüssigen Schädelinhalt. Bei den Automobilunfällen kommt eben oft eine außerordentlich hohe kinetische Energie zur Auswirkung.

Im vorliegenden Fall kam es zu einer verkeilten Expressionsfraktur, durch Anprall einer stumpfen Kante mit hoher Wucht zu einem schußartigen Durchschlagen des Gehirns ohne Projektil, also nur durch hydraulische und hydrodynamische Wirkung. Damit ein solcher lochartiger Defekt entstehen kann, muß die Beschleunigung, welche auf die circumscripte Masse übermittelt wurde, so groß sein, daß die benachbarten Teilchen nicht zu folgen vermögen. Im vorliegenden Fall kam es wahrscheinlich auch zu hydrodynamischen Fernwirkungen auf den Liquor ohne direkte Eröffnung der Ventrikel.

Fall 2. Gehirnprolaps an der Expressionsstelle knapp oberhalb der Anprallstelle der Stirn an einer stumpfen Kante (Automobilunfall).

Ein 45jähriger Fußgänger kollidierte beim Versuche, vor einem stationierenden Autobus die Straße zu überqueren, mit einem zu nahe vorfahrenden (von einem Angetrunkenen gelenkten) Personenautomobil; außen am linken Kniegelenk wurde der Fußgänger von der rechten vordern Radachse erfaßt (stichartige Perforation von einer dornartigen Verzierung), hierauf zentripetaler Sturz gegen die rechte Autoseite mit Anprall der linken Augenbrauengegend am scharfen Blechrand der Umbiegstelle der vordern rechten Dachecke des Autos. Hierbei stanzte sich der Blechrand so in die linke Augenbrauengegend, wie es Abb. 6 wiedergibt. Der obere Augenhöhlenrand wurde zersplittert und die vordere Schädelbasis von links nach rechts zertrümmert (durch die glatte

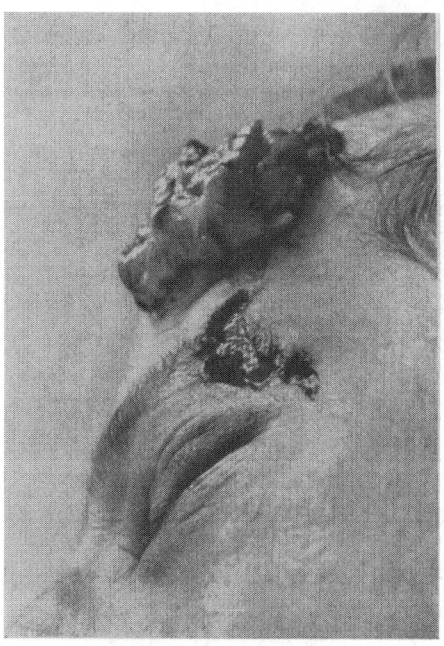

Abb. 6. Autounfall. Anprall der Augenbrauengegend an Blechrand der vorderen rechten Dachdecke. — Gehirnprolaps an der Expressionsstelle.

Kante des Windschutzscheibenrahmens kam es außerdem zu einer Zertrümmerung des linken Oberkiefers); noch am stehenden Körper aber entstand eine exorbitante Expression vom Gehirn knapp (etwa 1½ cm) oberhalb der Anprallstelle, wo wir an dem sofort Getöteten mitten in der linken Stirne einen eigroßen Hirnprolaps (in der Ausdehnung von 5 zu 3 cm) mit fehlenden Gehirnwindungen feststellten. Auf der Straße fanden sich Garben von Gehirnspritzern, ein Beweis, daß der Prolaps noch am stehenden Körper durch den Anprall entstanden war.

Im Gegensatz zum vorher beschriebenen Falle lag das Außergewöhnliche darin, daß die Expressionsstelle ganz knapp oberhalb der Anprallstelle vorhanden war in einer so bizarren Weise.

Bei der Sektion zeigte sich dann eine gewaltige kreisförmige Stückfraktur im linken Stirnbein in Form einer Zersplitterung des Stirnbeins in viele kleine Stückchen mit im Umkreise von etwa 7 und 8 cm nach allen Seiten abgehenden großen radiären Frakturlinien, weit ins rechte Schädeldach und in die rechte Orbita ausstrahlend. Da die Bruchenden zum Teil an der lamina interna abgesprengt

waren, ist anzunehmen, daß zuerst die linke Stirn von einer Impression (vom Verdecke) betroffen wurde und daß dann das Gehirn unter dem ungeheuren Druck des imprimierenden Anpralles im locus minoris resistentiae (durch die Frakturlinien bedingt) mit Ausdehnung der Frakturierung herausgepreßt wurde. Es fehlten Knochensplitter, ein 1½ cm großes Knochenstück klebte außen am prolabierten Hirn. Es fanden sich vielfache Risse im Ependym der großen Kerne und kommotionelle Blutungen in der medulla oblongata und der pons; der sinus longitudinalis war von links innen aufgerissen usw., die vordere Schädelbasis war zertrümmert und die Keilbeinhöhle aufgesprengt, die art. carotis interna aufgerissen usw. Durch diesen beschriebenen Anprall kam es zu einer Art explosiver Wirkung ähnlich dem *Krönlein*schen Enterations-Schuß, der; dann zustande kommt, wenn das Projektil zwischen Schädelbasis und Gehirnbasis durch die basalen Liquorräume durchschlägt. Dabei kommen hohe hydrodynamische Sprengwirkungen zum Ausdruck, noch viel gewaltiger als bei diesen beiden Fällen, wo durch die wuchtige Impression einer Kante es zu solchen plötzlichen Druckauswirkungen im Schädelinnern gekommen ist.

*ee) Innere Verletzungen beim „Überfahrenwerden".* Beim „Überfahrenwerden" kann es nicht nur zu den schwersten Zertrümmerungen von Organen kommen, sondern manchmal auch zu enormen Verschiebungen der Organe durch Abgleiten unter dem Rade. Hervorgehoben sei das Verhalten des Herzens und des Zwerchfells. Durch hohen Druck von der Bauch- oder Brusthöhle aus kann das Zwerchfell durchrissen werden mit Verschiebung von Organen. Wenn das Rad an der obern Grenze des Herzens quert, so kann das Herz abgerissen und evtl. sogar durch das Zwerchfell gejagt werden. Umgekehrt sehen wir das Verdrängen des Magens durch einen Zwerchfellriß in die linke Brusthöhle mit Entleerung des Mageninhaltes in die Brusthöhle.

*d) Innere Ursachen als Erklärung des Verkehrsunfalls.* Diese Frage stellt sich in erster Linie beim Überfahrenwerden; besonders wenn behauptet wird, das Opfer sei bereits auf der Straße gelegen. In solchen Fällen muß nicht nur die Frage der evtl. Betäubung durch Genußgifte, sondern auch die Frage anderer innerer Ursachen überprüft werden. Beweis der Vitalität oder der Postmortalität der Verletzungen, evtl. Zeitbestimmungen; bei vitalen Vorgängen wird die Beurteilung relativ schwierig, wenn auch erhebliche Organschäden, wie Herzbefunde, vorliegen.

Bei schweren äußeren Verletzungen kommt es vor, daß man auf eine Sektion verzichten will. Nur ein Fall zeige, wie wichtig unter Umständen die Sektion sein kann, auch wenn es sich um jüngere, anscheinend gesunde Leute handelt:

Ein Velofahrer war von einem in gleicher Richtung fahrenden Automobil angefahren und tödlich verletzt worden. Die Lenkerin des Automobils hatte im Moment der Kollision Bekannten in einem Hause zugewinkt und war deshalb nicht in der Lage, Auskunft zu geben, wie der Velofahrer seitlich mit ihrem Automobil kollidiert sei. Der Velofahrer war vorher wegen einer banalen Fingerverletzung bei einem Arzt gewesen. Die Sektion ergab eine foudroyante Miliartuberkulose mit frischer Aussaat in den Hirnhäuten (Meningitis tuberculosa)!

3. *Die gerichtsärztliche Untersuchung der beteiligten Fahrzeuge, speziell des Automobils und der Örtlichkeit.* Begründung des Postulates: Der Automobilunfall ist ein mechanisch-physikalischer Vorgang, der sich naturwissenschaftlich-technisch-medizinisch weitgehend rekonstruieren läßt. Die naturwissenschaftlichen Spuren müssen von Fachleuten unter-

sucht werden. Während allgemein verlangt wird, daß der medizinische Experte auf medizinische Spuren corpora delicti untersucht, trifft man nicht selten ein gewisses Erstaunen, wenn der medizinische Experte vorschlägt, das Auto als corpus delicti zu untersuchen. Eine gerichtlich-medizinische Rekonstruktion, vorgenommen durch den messenden Vergleich der medizinischen Spuren am Körper und am Auto, hat sehr viele Aussichten. (Die zunehmende Unsicherheit der Zeugen ist bekannt, nicht so selten sind keine Zeugen vorhanden oder interessierte Zeugen. Die Zeugen verfügen gewöhnlich nur über Teilkenntnisse).

Die gemeinsamen Untersuchungen der Automobilunfälle mit der Polizei und den technischen Experten zeigen uns die großen Vorteile der Zusammenarbeit zwischen den feststellenden Organen und den Experten. (Dem neuen gerichtlich-medizinischen Institut in Bern steht für diese Untersuchung eine Garage für 6 Automobile mit Werkstatt und Autoheber zur Verfügung. Bei allen tödlichen Verkehrsunfällen der näheren Umgebung kommen die Fahrzeuge, und sei es auch nur für ganz kurze Zeit, zur medizinischen und technischen Untersuchung ins Institut.)

Für die gerichtsärztliche Untersuchung kommen in Betracht: a) Die Beschädigungen des Autos im exakt messenden Vergleich zu den Verletzungen. b) Die medizinischen Spuren: Haare, Blut, Speichel, Körpergewebe, Stoffreste (speziell Gehirn), evtl. Objekte des oder der Opfer, worauf auch bei der Leichenschau speziell zu achten ist. c) Mikroskopische Vergleichsuntersuchung, wenn möglich mit Vergleichsmikroskop. Voruntersuchung durch Ableuchten mit ultravioletten Strahlen; chemische Untersuchungen. d) Evtl. technische Spuren: Farbe, Lack, Wichse, Gummi, Fett, Glas. e) Spuren an den Pneus.

Neben den bereits unter b) erwähnten medizinischen Spuren ist besonders zu achten auf Abwischspuren und evtl. auf Stoffabdrücke; da allermeistens die Pneus nicht untersucht werden, bevor das Fahrzeug irgendwelche Bewegung gemacht hat, so werden wohl am seltensten Stoffabdrücke an der Lauffläche festgestellt, wie sie aber beim Überfahrenwerden

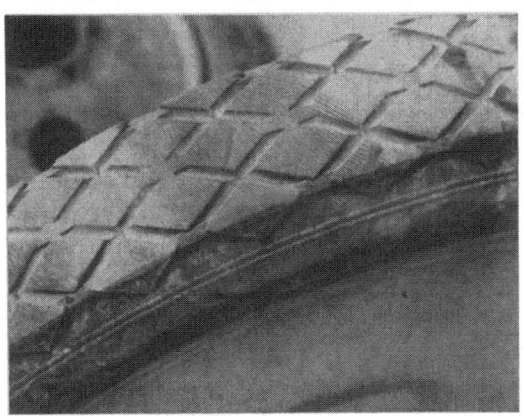

Abb. 7. Stoffabdruck an der Pneumatik des Radreifens.

vorhanden sein würden. In besonders wichtigen Fällen müßten die Räder abmontiert werden. (Obenstehende Abbildung zeigt, wie exakt die Stoffabdrücke z. B. von Strümpfen an Pneus festgestellt werden können. Beim verwendeten Fall hat ein Lastauto ein Schulmädchen überfahren. Das Lastauto war nach kurzer Strecke an einer Mauer zum Anhalten gekommen. Da der Führer behauptete, das Kind sei auf der Straße und nicht auf dem Trottoir gewesen,

haben wir sofort den Pneu abmontieren lassen und fanden am vorderen Rad einen Abdruck des Strumpfes; beim Zurückrollen des Rades kam die *Abdruckstelle exakt auf den Randstein!*)

Besonders wichtig wird die Untersuchung des Automobils bei flüchtiger, bestrittener oder unklarer Täterschaft mit der Gefahr der Verwischung der Spuren, absichtlicher Irreführung durch Reinigen, Übermalen, Ausbeulen. (Chemisch-spektroskopischen Blutnachweis versuchen!)

*IV. Bedeutung der Auslese bzw. der Mindestanforderungen medizinischer Natur an Fahrer von Kraftfahrzeugen.* Im Zusammenhang mit der Vorstellung von der Auswirkung der kinetischen Energie des fahrenden Automobils und der Wichtigkeit der normalen menschlichen Reaktionsart und -zeit wird auf die Bedeutung der Auslese resp. der minimalen Ansprüche an die Fähigkeit, ein Motorfahrzeug zu lenken, hingewiesen. In der Schweiz z. B. wurden, gestützt auf die Vorschläge der Verbindung der Schweizerärzte, eidgenössische Vorschriften aufgestellt über ,,Minimalanforderungen an Bewerber um einen Führerausweis oder Fahrlehrerausweis" laut beigefügtem Schema, das auch geeignet ist, den Amtsarzt über die Gesichtspunkte im allgemeinen zu orientieren (s. Tab. 7).

Abb. 8. Fußgänger tot auf der Straße gefunden, zugeschneit. Der meldende Motorradfahrer ist nicht sicher, ob er über ihn gefahren sei oder nicht. Wir finden in der etwas nach hinten verschobenen Schelle des Auspuffrohres seines Motorrades einen Knochensplitter (*k*) vom aufgerissenen Schädeldach des Opfers; ferner Blut- und Haarspuren des Opfers.

*V. Motorrad- und Velounfälle.* Spezielle Gesichtspunkte: Bei Kollision von Fahrzeugen unter sich tragen meistens die Fahrzeuge die Spuren der *ersten* (rechtlich relevanten) Kollision. Das Fahrzeug und mit ihm die Besatzung kann bei der Fahrzeugkollision unberechenbare Bewegungen machen, so daß man sehr vorsichtig die Lokalisation der Verletzungen (rechts, links) beurteilen muß. Gerade deshalb ist die vergleichende Untersuchung der Fahrzeuge durch den medizinischen Experten erwünscht. Bei tangentialer Kollision wirkt sich meistens eine zentripetale Wirkung aus (bei ganz glattem Boden, wie Eis, kann es zu Ausnahmen kommen). Die Form der Verletzungen richtet sich nach dem Bau dieser Fahrzeuge (ein weiterer Grund, die Fahrzeuge zu besichtigen). Evtl. bleiben abgebrochene Stücke wie z. B. von Schaltknöpfen in Wunden stecken. Gerade bei solchen leicht gebauten Zweirädern kommt es häufig mehr zur Schnelligkeitsübertragung als zu direkten schweren Anprallverletzungen (Sturz des Opfers und der Fahrer mit der übermittelten oder innegehabten Schnelligkeit). Zur Frage des Überfahrens besteht ein anderer Ausgangspunkt als bei den Wagen. Beim Anprall an stehende Körper kommt es im allgemeinen nicht zum Überfahren, eher zum Sturze der Besatzung auf das Opfer, wenn z. B. abgestoppt die Kollision doch noch erfolgt (zu beachten auch Anprallspuren der menschlichen Körper unter sich).

## Tabelle 7.

*Schweizerische Eidgenossenschaft. Bundesgesetz v. 15. 3. 1932 über den Motorfahrzeug- und Fahrradverkehr: Ärtzliche Prüfung. Minimalanforderungen an Bewerber um einen Führerausweis oder Fahrlehrerausweis. Herausgegeben vom Eidgenössischen Justiz- und Polizeidepartement.*

| | I. Kategorie.<br>Führer von schweren Motorwagen zur gewerbsmäßigen Ausführung von Personentransporten<br>(Art. 35, Abs. 1, lit. c, MFV). | II. Kategorie.<br>1. Führer von leichten Motorwagen zur gewerbsmäßigen Ausführung von Personentransporten (Art. 35, Abs. 1, lit. b, MFV). 2. Fahrlehrer (Art. 32 MFV). 3. a) Führer von schweren Motorwagen zum Gütertransport (Art. 35, Abs. 1, lit. d, MFV), b) Führer von Traktoren (Art. 35, Abs. 1, lit. e, MFV), bei denen Zweifel über körperliche oder geistige Eignung bestehen, oder die das 65. Altersjahr überschritten haben. | III. Kategorie.<br>Führer von leichten Motorwagen (Art. 35, Abs. 1, lit. a, MFV), Führer von Motorrädern mit oder ohne Seitenwagen (Art. 35, Abs. 1, lit. f u. g, MFV), Führer von Dreirädern (Art. 35, Abs. 1, lit. h, MFV), Führer von Elektromobilen (Art. 35, Abs. 1, lit. i, MFV), bei denen Zweifel über körperliche oder geistige Eignung bestehen oder die das 65. Altersjahr überschritten haben. |
|---|---|---|---|
| 1. Größe | 165 cm. | Nicht unter 155 cm. | |
| 2. Brustumfang | Mittelwert Hälfte Körperlänge. | | |
| 3. Nervensystem | Keine Nerven- und keine Geisteskrankheiten, keine Psychopathie, keine ethischen und geistigen Defekte. Kein Alkoholismus, keine sonstigen Süchte, welche die Tauglichkeit des Führers herabzusetzen vermögen. | Keine Nerven- und keine Geisteskrankheiten, keine Psychopathie, keine ethischen und geistigen Defekte. Kein Alkoholismus, keine sonstigen Süchte, welche die Tauglichkeit des Führers herabzusetzen vermögen. | Keine Nerven- und keine Geisteskrankheiten, keine Psychopathie, keine ethischen und geistigen Defekte. Kein Alkoholismus, keine sonstigen Süchte, welche die Tauglichkeit des Führers herabzusetzen vermögen. |
| 4. Gesicht | Sehschärfe beidseitig unkorrigiert minimal 0,8; evtl., wenn ein Auge unkorrigiert 1,0, Minimalanforderung für das andere unkorrigiert 0,5. Keine schwere Farbensinnanomalie, keine Einschränkung des Gesichtsfeldes, keine Nachtblindheit. Kein Doppelsehen, kein Schielen, kein einäugiges Sehen, keine chronische Bindehautentzündung. | Sehschärfe beidseitig korrigiert minimal 0,8; evtl., wenn ein Auge korrigiert 1,0, Minimalanforderung für das andere korrigiert 0,5. Keine schwere Farbensinnanomalie, keine Einschränkung des Gesichtsfeldes, keine Nachtblindheit. Kein Doppelsehen, kein einäugiges Sehen, kein Linsenverlust.<br>Bewerber, welche die verlangte Sehschärfe nur mit einer Brille erreichen, sind zum Tragen der Brille während der Fahrt und zum Mitführen einer Reservebrille zu verpflichten. | Ein Auge korrigiert minimal 0,6, anderes Auge korrigiert minimal 0,1. Einäugige korrigiert oder unkorrigiert minimal 0,8. Keine Nachtblindheit. Kein Doppelsehen.<br>Bewerber, welche die verlangte Sehschärfe nur mit einer Brille erreichen, sind zum Tragen der Brille während der Fahrt und zum Mitführen einer Reservebrille zu verpflichten. Einäugige sind beim Fahren im offenen Motorfahrzeug zum Tragen von geeigneten, bei Frost und Nebel nicht anlaufenden Schutzbrillen zu verpflichten. |
| 5. Gehör | 5 m Flüstersprache auf jedem der beiden Ohren. Gehörhilfsmittel, Gehörapparate usw. sind unzulässig. | 2 m Flüstersprache auf dem bessern und 1 m Flüstersprache auf dem schlechtern Ohr. Gehörhilfsmittel, Gehörapparate usw. sind unzulässig. | 6 m Konversationssprache auf jedem Ohr. Liegt die Hörweite auf einem Ohr tiefer, so muß das bessere Ohr die entsprechende Mehrdistanz über 6 m, also bei einseitiger Taubheit 12 m für Konversationssprache, aufweisen. Gehörhilfsmittel, Gehörapparate usw. sind unzulässig. |
| 6. Hals | Kein Struma mit Atembeschwerden. | Kein Struma mit Atembeschwerden | Kein Struma mit Atembeschwerden. |
| 7. Brustkorb und Wirbelsäule | Keine Mißbildungen, welche die Atmung und Beweglichkeit beeinträchtigen. | Keine schweren Mißbildungen, welche die Atmung und Beweglichkeit beeinträchtigen. | Keine schweren Mißbildungen, welche die Atmung und Beweglichkeit beeinträchtigen. |
| 8. Respirationsorgane | Keine aktive Lungentuberkulose, keine chronischen Lungenerkrankungen, kein Asthma. | Keine chronische Lungenerkrankung und kein Asthma, welche die allgemeine Leistungsfähigkeit beeinträchtigen. | |
| 9. Herz und Gefäße | Keine organischen Herz- und Gefäßkrankheiten, kein dauernd hoher Blutdruck. | Keine Insuffizienzerscheinungen oder Kompensationsstörungen. Kein dauernd hoher Blutdruck mit Begleitsymptomen. | Keine erheblichen Störungen des Zirkulationsapparates, welche die Leistungsfähigkeit beeinträchtigen könnten. |
| 10. Bauchorgane und Brüche | Keine erheblichen Funktionsstörungen des Magen-Darm-Systems und der großen Körperdrüsen. Kein Vorfall von Organen. Keine Leisten- oder andern Brüche. | Keine erheblichen Funktionsstörungen des Magen-Darm-Systems und der großen Körperdrüsen. | |
| 11. Urin | Chronische Albuminurie und Diabetes sind Ausschlußgründe. | Nephritis mit sekundären Veränderungen und erheblicher Diabetes sind Ausschlußgründe. | Bei Zucker und Eiweiß nach Gutachten des Arztes. |
| 12. Gliedmaßen | Volle funktionelle Leistungsfähigkeit; keine Verkrümmungen, Verkürzungen, Verstümmelungen, Versteifungen oder Lähmungen, welche die sichere Führung hindern. | Für das sichere Führen genügende funktionelle Leistungsfähigkeit. | Für das sichere Führen genügende funktionelle Leistungsfähigkeit. In besonderen Fällen Beurteilung der relativen Tauglichkeit. |
| 13. Wiederholung der Untersuchung | Bis 45 Jahre alle 3, nach Vollendung des 45. Altersjahres alle 2 Jahre und außerdem nach schweren Krankheiten und Unfällen. In besonderen Fällen kann der Vertrauensarzt eine kürzere Periode beantragen. | Alle 3—5 Jahre, nach Antrag des Arztes. | Nach Antrag des Arztes. |

Beim Überfahrenwerden durch Zweiräder besteht eine große Wahrscheinlichkeit, daß das Opfer schon auf der Straße gelegen ist. Bei den Motorrädern läßt sich dies gewöhnlich sehr exakt feststellen, weil sich dann die Gleitspuren an dem tiefliegenden Motorgetriebe, Auspuffrohr usw., befinden.

Auf der Straße ist speziell auf feine Kleiderspuren, wie zerriebene Kleiderfetzen, zu achten.

*VI. Flugzeugunfälle.* Flugzeugunfälle kommen relativ selten zur gerichtsärztlichen Expertise. An besonderen Gesichtspunkten sind zu beachten: Kohlenoxydgasvergiftung, innere Ursachen als Erklärung von falschen Manövern bzw. des Absturzes einschl. des Alkoholnachweises, organische Gehirnerkrankungen wie Paralyse usw.

Für die Identifikation von schwer entstellten Körpern gelten die Grundsätze, welche im Art.: Leichenzerstückelung aufgestellt wurden (sofortige Trennung der einzelnen Körper, minutiöse Untersuchung der Überreste, spez. Kleider, Haare usw. an Auflagestellen).

*VII. Todesfälle auf der Eisenbahntrasse*[1]. Beim Leichenfund auf der Eisenbahntrasse stellen sich ganz besonders ausgesprochene Fragen nach der Identifikation (oft schwere Entstellungen), nach dem Verdecken von Verbrechen (verbrecherisches Hinlegen von Leichen oder Bewußtlosen, Gefesselten auf die Eisenbahntrasse). Der Nachweis der vitalen Reaktionen (s. d.) hat deshalb eine besonders große Bedeutung. Am ehesten findet man bei Amputationen die vitalen Reaktionen in den Geweben *gegen* das Herz; während sie an den distalen Partien fehlen können, findet man sie regelmäßig, wenn auch evtl. ganz fein, in den medialen Partien, gegen das Herz gerichtet.

Die Beurteilung des äußeren Vorganges ist am schnellsten möglich, wenn man die Verkehrssituation kennt und die Richtung der körperlichen Spuren auf der Trasse. Es stellt sich prinzipiell die Frage, wie das Opfer auf die abgesperrte und verbotene Trasse gekommen ist. Bahnhofunfälle bedürfen keiner besonderen Erwähnung als den Hinweis, daß die fahrenden Wagen beim Streifen, überhaupt bei seitlicher Kollision, eine zentripetale Wirkung auslösen (Hineinnehmen des Objektes). Bei den Leichenfunden auf der Bahntrasse stellt sich die Frage, ob die Person aus der Eisenbahn stammt oder ob sie direkt auf die Bahntrasse kam (so können Personen, z. B. Kinder, auch in Tunnels hineingehen). Bei Fällen, wo die Person aus dem Zuge selbst stammt, stellt sich neben Unglücksfällen die Frage nach Verbrechen, evtl. falsches Verhalten infolge Geisteskrankheiten, wie z. B. bei einem von uns beobachteten Fall, wo eine Frau infolge Geisteskrankheit einfach aus dem sich in voller Fahrt befindlichen Zuge „aussstieg". Bei Personen, welche direkt auf die Bahntrasse gelangten, stellt sich neben der Frage des gewaltsamen Hinlegens immer die Frage nach der Stellung: Liegend oder stehend, evtl. direkt vor der Lokomotive stehend; seitliches Hineinlaufen in fahrende Züge läßt jedenfalls eher an Zufall denken als frontales Erfaßtwerden. Der Nachweis des liegend Überfahrenwerdens auf den Schienen spricht, wenn keine anderen gewaltsamen Ursachen nachgewiesen werden, immer mit großer Wahrscheinlichkeit für suicidium. Auch bei diesem Tatbestande kommt der umfassenden Spurenuntersuchung am Körper, an der Trasse und am Fahrzeug selbst eine sehr große Bedeutung zu. Man sollte nicht versäumen, die Maschine und

evtl. die Wagen selber auf Spuren zu untersuchen; auch wenn die Lokomotive auf der Fahrt ist, so hat man immer Gelegenheit, sie zu einer bestimmten Zeit wieder auf dem Bahnhof oder im Depot zu sehen; gewöhnlich braucht es nur eine Verständigung.

Ein besonderer Typus des Eisenbahnunfalles ist das „*Überfahrenwerden auf den Schienen*". Die oft gewaltige Zerstörung des menschlichen Körpers stellt an die Untersuchung große Ansprüche, will man nicht evtl. Spuren anderer Einwirkungen wie Schuß, Stich, Verletzung durch Schlagwaffe, Straßenverkehrsunfall usw. übersehen. Die medizinische Untersuchung und Beurteilung muß deshalb geleitet sein von dem Gedanken, ob sich alle festgestellten Untersuchungsbefunde einwandfrei durch die Gewalteinwirkung der Eisenbahn erklären lassen oder nicht (besondere Bedeutung, spez. auch bei Frauenleichen, haben deshalb Kampf- und Abwehrspuren; bei Frauen ist die Genitalgegend auch in dieser Beziehung vom Arzte genau zu untersuchen).

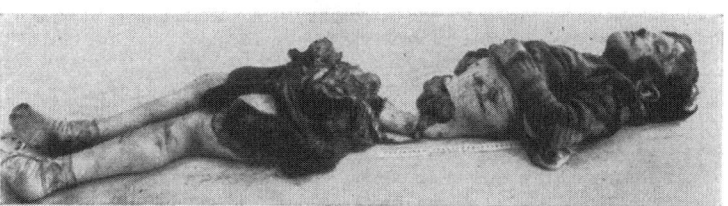

Abb. 9. Überfahrenwerden durch Tram. Wie häufig sind noch Gewebsbrücken, im vorliegenden Fall sogar der Dünndarm, intakt geblieben infolge Abspringen des Rades über die Knochen.

Beim absichtlichen Überfahrenwerden sind die Lieblingsstellungen entweder quer zwischen den Schienen, Kopf auf der Schiene oder nur Kopf auf der Schiene und Körper auswärts, evtl. aber auch längs auf den Schienen liegend. In der Regel kommt es beim Überfahrenwerden des liegenden Körpers zu einer Verschiebung des Körpers in der Richtung der Eisenbahn. Man findet dann gewöhnlich auch eine erste Anprallspur an Schulter, Halsgegend; der Rumpf liegt dann häufig parallel zur Schiene 1—2 m auswärts, während abgefahrene Körperteile (z. B. Schädelstücke) an dem Orte des Überfahrenwerdens liegenbleiben oder direkt auf den Schienen verschoben werden. Bei sehr schnell fahrenden Zügen kann aber auch der Körper in unberechenbarer Weise auf der Trasse herumgeworfen werden, z. B. gegen Einschränkungen oder in Gräben hinunter. Es bedarf deshalb der genauen Spurenuntersuchung auf breiter Basis, um sich ein Urteil zu bilden über den Vorfall und die Richtung und Ermittlung des Zuges.

Die eigentlichen *Eisenbahnunfälle* infolge falschen Manövrierens, Betriebsstörungen, Eisenbahnzusammenstößen usw. können große Ansprüche auch an die medizinischen Experten stellen. Streng medizinisch kommt die Feststellung in Betracht, ob evtl. innere Ursachen beim Lokomotivführer (wie Kohlenoxydvergiftung, Elektrizität, innere organische Leiden, spez. der Sinnesorgane, des Zentralnervensystems) Ursache sein könnten (inkl. Alkohol und andere Narkotica). Wenn bei Zugzusammenstößen Lokomotivführer sofort getötet werden, können evtl. aus der Stellung (in technisch-medizinischer Zusammenarbeit) wichtige Schlüsse gezogen werden über die Funktion und die Richtigkeit der Funktion des Lokomotivführers und anderer Funktionäre. (Speziell zu achten bleibt gerade bei schweren Destruktionen der Lokomotive das Auffinden und die Konservierung des Schnelligkeitsdiagramms.) Bei Kollisionen in Tunnels ist bei Dampftraktion,

---

[1] Vgl. Phasen-Schema des Automobilunfalles, Tab. 6, S. 893.

Benzinmotoren, Brand speziell auf Kohlenoxyd zu untersuchen.

Die großen *Eisenbahnunglücke* gehören ins Gebiet der Katastrophenmedizin und sollen hier nicht näher besprochen werden.

*Schrifttum.*

*Buhtz, G.:* Der Verkehrsunfall. Stuttgart 1938. — *Dettling, J.:* Über Garage-Unfälle. Schweiz. med. Wschr. **1926.** — *Dettling, J.:* Physikalische Grundlagen des Autounfalles. Bull. des Eidg. Gesundheitsamtes (Schweiz) 1938. — *Dettling, J.:* Expressionsverletzungen des Schädels. Schweiz. med. Wschr. **1938.** — *Dettling, J.:* Die Eisenbahnkatastrophe im Rickentunnel (Schweiz). Arch. Gewerbepath. **1934.** — *Remund, M. H.:* Gerichtsmedizinische Erfahrung und Probleme bei Automobilunfällen. Basel 1931.  **Dettling.**

## Verletzung (= V.) als Todesursache. (Vgl. auch Art.: Todesursache; Trauma.)

Eine an der Leiche gefundene V. kann nur dann mit dem Tode in ursächlichen Zusammenhang gebracht werden, wenn es feststeht, 1. daß die betreffende V. ihrer Natur nach überhaupt geeignet war, jene Veränderungen und Störungen im Organismus hervorzurufen, die in ihrer Gesamtheit die medizinisch wichtige Todesursache bilden; 2. daß die V. dem Individuum während des Lebens zugefügt wurde; 3. daß ein natürlicher Tod oder ein gewaltsamer Tod anderer Art nicht in Betracht kommt. Zu 1. wird der Beweis nach allgemein-klinischen und pathologisch-anatomischen Grundsätzen geführt. Zu 2. sind die beim Schlagwort „Vitale Reaktionen" (s. d.) verzeichneten Merkmale zu ermitteln, die für die Vitalität einer V. zeugen. Zu 3. kommt es auf den Ausschluß anderer Todesarten, insbesondere auf den eines unerwartet plötzlichen Todes aus natürlicher Ursache (s. d.) an.

Sind an einer Leiche *mehrere* „vitale" Verletzungen vorhanden, so wird zu entscheiden sein, welcher von ihnen der Tod zuzuschreiben ist. Dabei gilt es vor allem zu bedenken, daß möglicherweise überhaupt keine der Verletzungen für sich allein, sondern erst alle in ihrem Zusammenwirken den Tod verursacht haben (z. B. durch Schreck bei Mißhandlungen, durch Blutverlust). Wenn sich neben wenigen offensichtlich leichten Verletzungen nur eine einzige schwere vorfindet, so ist natürlich der Tod auf diese zu beziehen. Liegen aber neben leichten Verletzungen oder auch ohne solche mehrere ungefähr gleich schwere Beschädigungen vor, dann wird man sich für jede der gefundenen Läsionen den Mechanismus des Todes rekonstruieren und diejenige schließlich für den Todeseintritt verantwortlich machen müssen, die nach allgemein-klinischer Erfahrung am raschesten den Tod herbeizuführen vermochte. Über die weiteren Einzelheiten s. d. Art.: Konkurrenz der Todesursachen und Bestimmung der Reihenfolge von Verletzungen.

*Schrifttum.*

*v. Hofmann-Haberda:* Lehrbuch der gerichtl. Medizin. 11. Aufl. 425 u. 444. Berlin u. Wien 1927.  ***v. Neureiter.***

## Verletzungen des Auges siehe *Forensische Ophthalmologie.*

## Verletzungen des Gehörganges siehe *Forensische Otologie.*

## Verletzungen durch Steinschlag siehe *Steinschlag.*

## Verletzungen durch stumpfe Gewalt. (Vgl. auch Art.: Tod und Gesundheitsbeschädigung infolge Verletzung durch stumpfe Gewalt.)

Die Körperbeschädigungen, die wir unter „Verletzungen durch stumpfe Gewalt" zusammenfassen, sind wohl die häufigsten, die zur gerichtsärztlichen Untersuchung und Begutachtung gelangen. Bei Betriebs- und Verkehrsunfällen, bei Sturz aus der Höhe, beim Überfahrenwerden und bei der Verschüttung werden ebenso wie bei Angriffen gegen die Gesundheit und das Leben Verletzungen, welche dieser Gruppe zuzuzählen sind, beobachtet. Selbst bei Stich-, Schnitt- und Schußverletzungen können Verletzungen durch stumpfe Gewalt als forensisch wichtige, wenn auch manchmal an sich geringfügige Begleitverletzungen vorkommen.

Die zahlreichen Entstehungsmöglichkeiten lassen auch die große Mannigfaltigkeit im Erscheinungsbilde der Verletzungen durch stumpfe Gewalt verständlich erscheinen. Um diese zu erfassen, ist es wohl am besten, sich an die seit langem gebräuchliche Einteilung dieser Verletzungen, die praktischen wie didaktischen Bedürfnissen am meisten entspricht, zu halten. Ihr zufolge teilen wir die Verletzungen durch stumpfe Gewalt ein in:

1. Hautabschürfungen (Excoriationen); 2. Blutunterlaufungen (Suffusionen); 3. Wunden: a) Quetschwunden, b) Rißwunden, c) Rißquetschwunden; 4. Verletzungen des Zentralnervensystems; 5. Rupturen innerer Organe; 6. Frakturen und Luxationen; 7. Zermalmung und Abreißung ganzer Körperteile.

*1. Hautabschürfungen (Excoriationen).* Die Hautabschürfungen, die klinisch meist von untergeordneter Bedeutung sind, vielfach sogar jeder klinischen Bedeutung entbehren, sind vom forensischen Standpunkt oft von allergrößter Bedeutung, da sie unter Umständen den einzigen Anhaltspunkt für die Feststellung, ob überhaupt eine Gewalt eingewirkt hat, geben können. Sie entstehen durch tangentiale Einwirkung einer stumpfen oder stumpfkantigen Gewalt auf die Körperoberfläche, wobei die Epidermis vom Corium abgehoben wird. Wird durch die Gewalteinwirkung lediglich die Epidermis abgehoben, so blutet die frische Excoration nicht, sie erscheint lediglich durch Lymphaustritt leicht nässend. Nur wenn die Papillarkörperspitzen oder die oberflächlichen Coriumschichten mit beschädigt sind, blutet eine frische Excoriation. Das der Epidermis entblößte Corium vertrocknet unter der Einwirkung der Luft, wobei es meist eine braunrote Farbe und pergamentartige Konsistenz annimmt. Wurde der Papillarkörper geschädigt, so bedeckt sich die Excoriation mit einer Blutborke, die allmählich trocknet, schrumpft und dann im Heilungsverlaufe abgestoßen wird. Wie bei allen Verletzungen müssen wir auch bei Excoriationen Sitz, Verteilung, Anordnung, Verlauf, Gestalt, Richtung, Zahl und Größe beschreiben.

Der *Sitz* der Excoration kann über die Art der Entstehung vielfach Aufschluß geben. So können wir am Hals nach einem Würgeakt oft charakteristische Hautabschürfungen vorfinden. Von Bedeutung sind auch Hautabschürfungen, die wir bei Notzuchtsdelikten in der Umgebung der Geschlechtsteile finden können. Wiederbelebungsversuche setzen oft charakteristische Excoriationen an den lateralen Thoraxpartien.

Aus der *Verteilung,* der *Anordnung* und dem *Verlauf* der Excoration kann man oft forensisch wertvolle Schlüsse über die Richtung der zur Wirkung gelangten Gewalt ziehen, man kann aber daraus auch oft beurteilen, ob ein einziger mechanischer Insult oder mehrere auf den Körper eingewirkt haben. Gerade diese Momente spielen ja bei Beurteilung von Verkehrsunfällen (s. d. Art.: Verkehrsunfall) eine sehr bedeutende Rolle.

Die *Gestalt* der Excorationen gestattet sehr häufig Rückschlüsse auf die Form des einwirkenden Objektes. So können wir oft bei Würgeakten halbmondförmige Excorationen, die durch den Druck der Nägel entstanden sind, finden, die unter Umständen dann auch für die Eruierung des Täters von Bedeutung sein können, da ja Größe und Krümmung der Nägel starken individuellen Schwankungen unterworfen ist. Charakteristisch sind auch Excoriationen, die durch Kühler von Automobilen (*Haberda*) oder durch Pneumatiks (*Remund*) entstanden sind. Ein einschlägiger Fall zeigte recht charakteristische, in Sechseckform angeordnete Hautabschürfungen bei Sturz auf einen Fußabstreifer (Abb. 1). Aus der

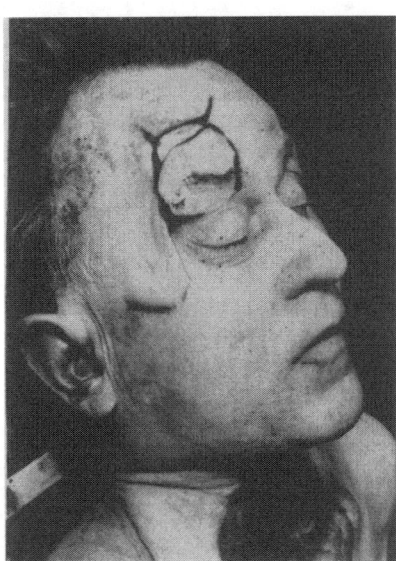

Abb. 1. Sechseckförmige Excoriation, hervorgerufen durch Sturz auf einen Fußabstreifer.

*Richtung* der Excoriationen können wir wieder Schlüsse auf die Richtung der einwirkenden Gewalt ziehen, ein Umstand, der bei der Klärung von Verkehrsunfällen oft von allergrößter Bedeutung ist (*Remund, Buhtz, Walcher*).

Die *Zahl* der Excoriationen ist verschieden je nach der Zahl der Gewalteinwirkungen und der Beschaffenheit der Oberfläche des Werkzeuges. So können z. B. durch einen Fall auf unebenen Boden zahlreiche Excoriationen entstehen. In Kriminalfällen kann es oft von großer Bedeutung sein, auch den *Grund* einer Excoriation einer genauen Untersuchung zu unterziehen. Leuchtlupen oder Binokularlupen können bei dieser Untersuchung oft wertvolle Dienste leisten. Oft können kleinste Fremdkörperpartikelchen, die am Grunde der Excoriation gefunden werden, Anhaltspunkte für die Klärung des Falles bringen (*Walcher*).

Die Frage, ob eine Excoriation *intravital* oder *postmortal* entstanden ist, kann oft von allergrößter Bedeutung sein. Findet man eine blutende oder eine mit einer Blutkruste bedeckte Excoriation an einer nichtabhängigen Körperpartie, d. h. an einer solchen, an der sich keine Totenflecke finden, so spricht dieser Befund für intravitale Entstehung der Excoriation.

Von großer Bedeutung sind die *capillären Thrombosen*, die man gelegentlich in Excoriationen findet. Ihr Entstehungsmechanismus kann kurz folgendermaßen umrissen werden. Durch die tangentiale Gewalteinwirkung werden die Hautcapillaren blutleer. Sind dabei auch die Capillarwände geschädigt worden, so wird es bei neuerlicher Blutfüllung der Capillaren nach aufhörender Gewalt zur Blutgerinnung in den Haargefäßen kommen. Sichtbar werden diese capillären Thrombosen allerdings erst dann, wenn das Corium vertrocknet und durchscheinend wird. Der Befund von capillären Thrombosen ist natürlich dann nicht beweisend, wenn er sich an abhängigen Stellen, d. h. innerhalb von To-

tenflecken, findet, da er auch postmortal durch Hypostase aus Capillarfüllung entstehen kann. Fehlen die capillären Thrombosen, so besagt dieser Befund natürlich nichts, da z. B. durch Weiterbestehen der Gewalteinwirkung über den Eintritt des Todes hinaus die Capillaren blutleer bleiben können. Wir wissen ja heute auch, daß oft ausgedehnte Capillargebiete des Körpers vorübergehend aus der Zirkulation ausgeschlossen werden können. Größere thrombosierte Gefäße innerhalb von Excoriationen sind natürlich stets als vitale Reaktionszeichen zu werten.

Findet man unter der Excoriation einen Blutaustritt ins Gewebe, so spricht dieser Befund, soweit er sich natürlich wieder nicht an abhängigen Körperpartien findet, für eine intravitale Entstehung der Verletzung.

Vielfach können auch Excoriationen an Leichen gesetzt werden, so z. B. durch Wiederbelebungsversuche oder durch die Siegellackprobe, die *früher* von Totenbeschauern oft angewendet wurde. Häufig sind es auch Verletzungen durch kleine Tiere, wie Ameisen oder Küchenschaben, die excoriationsartige Defekte in der Epidermis setzen. Die Kenntnis dieser Entstehungsart ist wichtig, um die Veränderungen nicht fehl zu deuten. Abb. 2 zeigt einen jungen Mann, der sich durch Kopfschuß tötete und bei dem im Gesicht zahlreiche excoriationsartige

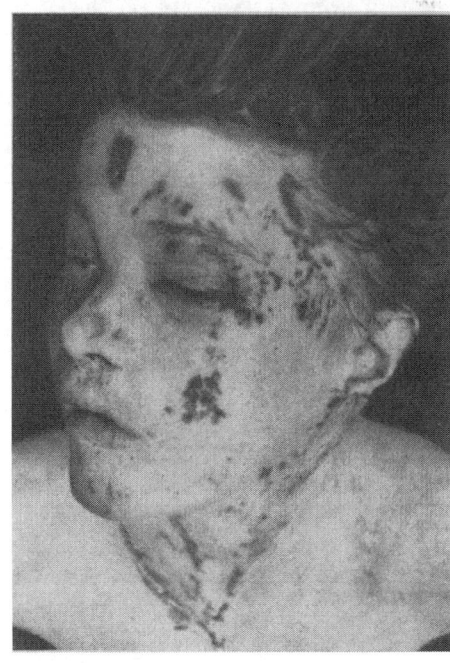

Abb. 2. Defekte in der Epidermis, erzeugt durch Ameisenbenagung.

Verletzungen gefunden wurden, die durch Ameisen gesetzt worden waren, was beim Auffinden der Leiche durch die Polizei anfangs den Verdacht einer gewaltsamen Tötung wachgerufen hatte, da diese Verletzungen für Excoriationen durch Gegenwehr entstanden gehalten wurden.

Excoriationen können oft durch Vertrocknungserscheinungen vorgetäuscht werden. Es ist bekannt, daß die Scrotalhaut an der Leiche oft rasch vertrocknet und diese Veränderung eine Excoriation vortäuschen kann.

Der *Heilungsverlauf* von Excoriationen ist, falls keine Infektion hinzutritt, im allgemeinen ein kurzer. War nur die Epidermis abgehoben, so kann der Defekt nach 7—10 Tagen schon gänzlich epithelisiert sein. Bei der Heilung unter einem Schorf, also bei mitverletztem Papillarkörper, löst sich meist der Schorf Ende der ersten Woche ab, und nach drei Wochen sind kaum mehr Residuen der Excoriation erkennbar. Darin liegt oft die Schwierigkeit der Begutachtung einer Verletzung, da solche Excoriationen bei einer späteren gerichtsärztlichen Untersuchung dann kaum mehr auffindbar sind.

2. *Blutunterlaufungen (Suffusionen)*. Blutunterlaufungen entstehen im Gewebe durch Quetschung mit Zerreißung von Gefäßen und folgendem Blutaustritt. Neben der charakteristischen Verfärbung durch das ausgetretene Blut ist es auch die Schwellung, die für Suffusionen charakteristisch ist. Der Sitz der Blutunterlaufungen entspricht im allgemeinen dem der Einwirkung der Gewalt. Nur ausnahmsweise kann man auch an einer der Gewalteinwirkung entfernten Stelle Blutaustritte im Gewebe, z. B. bei Verschüttungen, finden *(A. M. Marx)*.

Die Ausdehnung der Suffusion ist vor allem von der Größe der Angriffsfläche der stumpfen Gewalt abhängig. Ganz wesentlich ist daher auch der Gefäßgehalt und die übrige Beschaffenheit des von der Gewalteinwirkung betroffenen Gewebes.

In der derbgefügten gefäßarmen Galea aponeurotica werden Suffusionen im allgemeinen keine allzugroße Ausdehnung annehmen. Dagegen wird das lockergefügte Zellgewebe unter der Galea oft recht beträchtliche, ausgedehnte Blutungen zeigen. Das locker gefügte Gewebe der Augenlider, des Scrotums und der Vulva kann bei Einwirkung stumpfer Gewalt durch Blutaustritt oft eine sehr beträchtliche Schwellung erfahren. Ferner vermögen Personen mit brüchigeren Gefäßen selbst bei geringfügigen Quetschungen ausgedehnte Blutungen in das Unterhautzellgewebe zu erleiden. Endlich muß auf

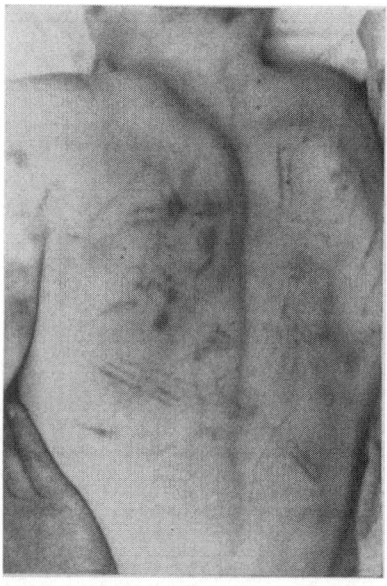

Abb. 4. Streifenförmige Blutaustretungen nach Stockschlägen.

mehrere Insulte auf einer Stelle erfolgt sein können und nicht so selten mehrere kleinere Blutunterlaufungen zu einer größeren konfluieren.

Die Farbe der Suffusionen ist von ihrem Alter abhängig. Frische Blutaustritte sind meist dunkelblau-violett. Etwa nach dem dritten Tage tritt eine Verfärbung ins Blaue auf; durch Umbau des Blutfarbstoffes wird gegen Ende der ersten Woche der Farbton ein mehr grünlicher und geht schließlich im Verlauf der zweiten Woche in einen mehr gelblichen über.

Der Austritt von Blut ins Gewebe ist natürlich immer als ein Zeichen vitaler Reaktion aufzufassen. Innerhalb von Totenflecken kann es allerdings manchmal auch durch postmortale Quetschung zu Blutungen in das Gewebe

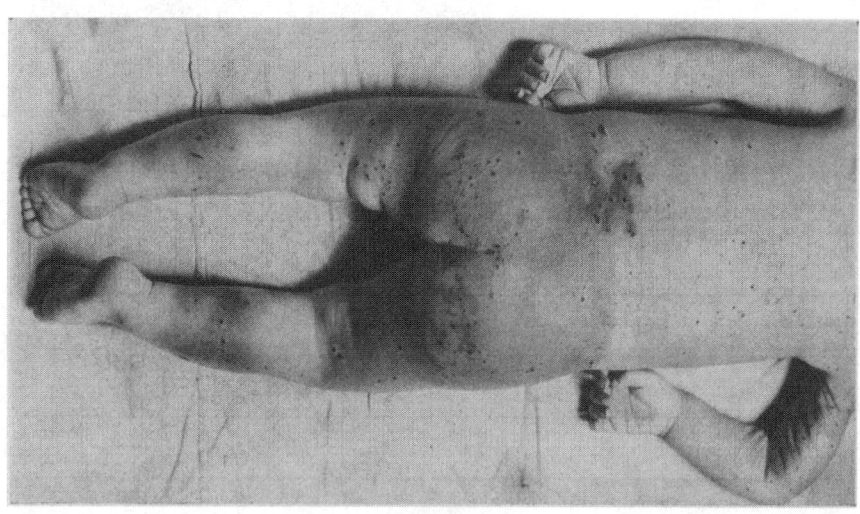

Abb. 3. Starke Blutung am Gesäß, erzeugt durch leichten Schlag bei hämorrhagischer Diathese.

pathologische Zustände, wie auf eine Hämophilie oder eine hämorrhagische Diathese, hingewiesen werden. Abb. 3 zeigt ein Kind, das an einer hämorrhagischer Diathese gelitten hat. Bei ihm führte ein leichter Schlag auf das Gesäß mit der flachen Hand zu einer ausgedehnten Blutung.

Die Form der Suffusion kann unter Umständen auch gewisse Schlüsse auf die Form des verwendeten Werkzeuges zulassen. So findet man z. B. bei Stock- oder Rutenschlägen häufig streifenförmige Blutunterlaufungen, wobei runde Stöcke nicht selten typische rote Doppelstreifen in der Haut setzen *(Walcher)* (Abb. 4).

Die Zahl der Blutunterlaufungen ist nicht immer für die Zahl der Gewalteinwirkungen beweisend, da

kommen. Diese erreichen aber niemals eine beträchtliche Ausdehnung; sie überschreiten selten die Größe einer Linse oder eines 5-Pfennigstücks. Kleine Blutungen innerhalb der Totenflecke, besonders bei plethorischen Leichen werden wohl kaum zur Verwechslung mit vitalen Blutunterlaufungen Veranlassung geben. Um sich davon zu überzeugen, ob eine Suffusion vorliegt, muß man an der Leiche die betreffende Stelle einschneiden, wie dies sowohl die preußische als auch die seinerzeitige österreichische Vorschrift über das Verfahren bei der gerichtlichen Leichenuntersuchung ausdrücklich fordern. Man wird dabei erkennen, ob es sich um einen Totenfleck

(Blut in den Gefäßen), um eine postmortale Imbibition (Blutfarbstoff aus dem Gewebe mit kaltem Wasser leicht auswaschbar) oder um eine Suffusion (Gewebe von Blut durchsetzt, nicht auswaschbar) handelt.

*3. Wunden.* Die durch stumpfe Gewalt entstandenen *Wunden* pflegt man im allgemeinen in Rißwunden, in Quetschwunden und in die Kombinationsform beider, in Riß-Quetschwunden, einzuteilen. Die *Rißwunden* entstehen meist durch starke Dehnung der Haut. Eine andere Möglichkeit der Entstehung ist das Eindringen eines stumpfkantigen Werkzeuges in den Körper, das eine Strecke weit über denselben hinweggezogen wird. Die *Quetschwunden* entstehen durch Druck auf die Körperoberfläche bei Überschreitung der Elastizitätsgrenze. Besonders exponiert zur Durchquetschung sind natürlich die Weichteile, die über Knochen oder Knochenkanten gespannt sind. Schließlich kann eine Durchquetschung der Haut auch durch das Einklemmen einer Hautfalte zwischen zwei Körpern zustande kommen.

Bei der Untersuchung von Wunden werden wir neben der Beschreibung des Sitzes, der Größe und der Gestalt auch noch besonderen Wert auf die Beschreibung der Beschaffenheit der Wundränder, der Umgebung der Wunde, des Wundgrundes, der Tiefe und der Richtung der Wunde zu legen haben.

Die *Gestalt* der Wunde läßt manchmal gewisse Schlüsse auf die Art des verwendeten Werkzeuges zu *(Werkgartner)*.

Die *Wundränder* sind bei Riß-, Quetsch- und Rißquetschwunden meist unregelmäßig gerissen, gequetscht und braunrot vertrocknet. Gelegentlich werden aber auch ziemlich glattrandige Quetschwunden gefunden, besonders an Körperteilen, an welchen die Weichteile straff über Knochen oder Knochenkanten hinwegziehen, z. B. am Schädel oder an der Tibiakante (Platzwunden). In diesen Fällen wird aber die Untersuchung der Umgebung der Wunde und des Wundgrundes leicht Klärung bringen. Bei den Platzwunden werden wir meist in der Umgebung der Wunde Excoriationen finden, die bei Schnitt- oder Hiebwunden mit scharfen Hiebinstrumenten fehlen. Ferner ist der Grund einer durch stumpfe Gewalt entstandenen Wunde so gut wie ausnahmslos unregelmäßig gerissen. Schließlich werden wir zwischen den Wundrändern meist brückenförmig ausgesparrt Gewebsreste finden, die bei Schnitt- oder Hiebwunden natürlich fehlen.

Die Untersuchung der *Wundumgebung* kann oft von allergrößter Bedeutung sein, da die Excoriationen oder Kontusionen der Wundumgebung gelegentlich Schlüsse auf das verwendete Werkzeug ziehen lassen, besonders wenn man nach der von *Werkgartner* vorgeschlagenen Methode vorgeht. Indem man die Wunden durch versenkte Nähte adaptiert, ist es häufig möglich, aus der excoriierten oder kontundierten Umgebung der Wunde Schlüsse auf das verwendete Werkzeug zu ziehen.

Die *Wundtiefe* hängt in erster Linie von der Intensität der einwirkenden Gewalt ab.

Es ist auch immer wichtig, die *Richtung* der Wunde genauestens zu untersuchen, da man aus dieser Schlüsse auf die Richtung der einwirkenden Gewalt ziehen kann. Hat die Gewalt senkrecht auf die Körperoberfläche eingewirkt, so zeigt die Wunde meist einen senkrechten, in die Tiefe ziehenden Verlauf. Bei tangentialer Gewalteinwirkung können mehr weniger lappen- oder taschenförmige Abhebungen des Wundrandes entstehen.

Bei allen Wunden durch stumpfe Gewalt werden wir eine *Blutung ins Gewebe* um die Wunde herum fast niemals vermissen.

Schließlich müssen wir auch noch auf jene Wunden hinweisen, die durch Knochenfragmente entstehen, indem die Weichteile von innen heraus durch spitze Knochenfragmente durchstochen oder durchrissen werden. Gerade bei Schädelverletzungen haben diese Wunden besondere Bedeutung, da eine solche sekundär entstandene Wunde für eine primäre, durch eine gesonderte Gewalteinwirkung von außen entstandene gehalten werden kann.

Den hier zu besprechenden Wunden ist auch das *Decollement de la peau,* die sog. *Ablederung* zuzuzählen. Es entsteht vorwiegend durch schwere tangentiale Gewalteinwirkung, wobei die Haut nicht reißt, sondern vom Unterhautzellgewebe vielfach im Unterhautfettgewebe abgerissen wird. Wir finden solche Ablederungen besonders bei fetten Bauchdecken, nicht selten auch an den Oberschenkeln, besonders an der Außenseite des Oberschenkels, wo die Haut von der Fascie abgerissen wird. Bei Verkehrsunfällen sind Decollements ein sehr häufig zu erhebender Befund. Die Wundhöhle füllt sich mit Blut, die Heilungstendenz solcher Verletzungen ist im allgemeinen eine schlechte, ganz abgesehen davon, daß die Zertrümmerung und Zerreißung des Fettgewebes in den meisten Fällen zu schweren Fettembolien führt. Häufig tritt eine Nekrose der abgehobenen Haut verbunden mit einer Infektion der Wundhöhle ein.

Den Wunden durch stumpfe Gewalt sind auch die *Bißverletzungen* zuzuzählen. Ihre Form und ihr Aussehen hängt in erster Linie vom Gebiß ab. Kriminalistisch wichtig ist die Ermittlung der Gebißform, die unter Umständen zur Auffindung des Täters führen kann. Die Abformung der Wunde durch Gipsabdruck oder *Poller*verfahren (s. d. Art.: Abformverfahren) wird wohl in den meisten einschlägigen Fällen unerläßlich sein. Meist sind es Lustmorde (s. d.), bei welchen wir Bißverletzungen durch Menschen finden. Gelegentlich können auch bei Raufereien Körperteile, wie Finger, Nasenspitze, Ohrmuscheln u. a., abgebissen werden. Häufiger kommen wohl Bißverletzungen durch Tiere vor. Bei leichtem Zubiß brauchen lediglich Gewebequetschungen mit Blutaustritten entstehen. Dringen die Zähne aber in die Haut ein, und zieht nun das Tier oder versucht der Gebissene, den Körperteil dem Rachen des Tieres zu entreißen, so können auch ziemlich ausgedehnte Rißwunden, selbst Abreißungen ganzer Gewebsteile vorkommen, was nicht so selten bei Pferdebissen beobachtet wird. Die Form der Bißverletzungen kann vielfach Schlüsse auf das Tier gestatten, das die Bißverletzungen zugefügt hat. Bei Bißverletzungen ist die Gefahr der Wundinfektion eine besonders große. Vor allem ist es die Lyssa (s. d.), die durch Bißverletzungen übertragen wird *(A. M. Marx).*

Wunden durch stumpfe Gewalt heilen meist nur per secundam intentionem. Lediglich bei scharfrandigen, wenig gequetschten Wunden ist eine Heilung per primam intentionem möglich. Bei starker Quetschung kann durch Abstoßung des nekrotischen Gewebes eine Verbreiterung der Wunde erfolgen. Die Infektionsgefahr ist bei stark gequetschten Wunden im allgemeinen eine große. Nekrotisches Gewebe ist ein guter Nährboden für Infektionen mit anaeroben Keimen, Gasbrand, Tetanus.

Aussehen und Beschaffenheit der *Narben* nach stumpfen Verletzungen hängt nicht nur von der Beschaffenheit, Größe und Tiefe der ursprünglichen Verletzung, sondern auch ganz wesentlich vom Heilungsverlauf, vielfach auch von individuell bedingten Umständen, wie Neigung zu Keloidbildung u. a., ab.

*4. Verletzungen des Zentralnervensystems.* Wegen den Verletzungen des *Gehirns* s. d. Art.: Commotio und Contusio cerebri, Hirndruck; Psychische und nervöse Störungen nach Schädel- und Hirnverletzungen; Psychose und Trauma; Schädelbrüche.

Verletzungen des *Rückenmarkes* durch stumpfe Gewalt sind häufig mit Wirbelbrüchen vergemeinschaftet, können aber auch gelegentlich ohne Mitverletzung der Wirbelsäule vorkommen. Nach einer Zusammenstellung *Haumanns* ist bei Halswirbelbrüchen das Mark in 100 % der Fälle, bei Brustwirbelbrüchen in 50 % und bei Lendenwirbelbrüchen in 49 % der Fälle mitbeteiligt. Die relativ selteneren Wirbelbogenbrüche führen fast immer zu Markschädigungen. Bei den Wirbelkörperbrüchen ist es meist die Knickung des Wirbelkanales mit Vortreibung eines Fragmentes in diesen, die zur teilweisen oder kompletten Querschnittsläsion des Markes führt. Das Symptomenbild ist natürlich von der Lokalisation und der Intensität der Querschnittsläsion abhängig. Querschnittsläsionen führen fast immer zu kollateralem Ödem der verletzungsnahen Rückenmarksteile, besonders kranialwärts, was zur segmentären Verbreiterung der segmentären Rückenmarkssymptome führt. Bei Halsmarkverletzungen kann dieses kollaterale traumatische Ödem zu tödlicher Medullaschädigung führen *(Foerster, Borchard, Magnus)*. Vielfach findet man auch Blutungen in die nicht so resistente graue Substanz des Rückenmarkes (Hämatomyelie) mit der Querschnittsläsion kombiniert. Die Hämatomyelie kann allerdings manchmal ohne Wirbelsäulenverletzung auftreten. Besonders bevorzugt ist in diesen Fällen das Halsmark in der Höhe der Intumescentia cervicalis. Durch plötzlichen heftigen Zug am Plexus brachialis kann es gelegentlich zum Ausreißen der vorderen Wurzeln kommen, die zur Blutung in die graue Substanz führt. Das Hämatom der grauen Substanz breitet sich meist allmählich über einige Rückenmarksegmente aus, wobei fast ausnahmslos ein kollaterales posttraumatisches Ödem hinzutritt, das häufig in der Höhe der geschädigten Segmente zunehmende partielle oder totale Querschnittsläsionssymptome setzt.

Zu den Verletzungen des Rückenmarkes, die ohne Wirbelsäulenverletzung einhergehen, sind nach *Foerster* auch noch die Prellschädigungen des Markes und die akute Rückenmarkpressung zu zählen. Nach diesem Autor kommen Prellschädigungen durch Anschlagen des Rückenmarkes an die Wand des Wirbelkanales vor. Die akute Pressung des Rückenmarkes erklärt *Foerster* durch plötzliche Kompression des Liquors im Duralsacke. Durch diese Kompression wird nicht nur das Rückenmark gepreßt, sondern auch Liquor in die zahlreichen Lymphspalten des Rückenmarkes eingepreßt, wobei nicht so selten auch schwere Schädigungen der grauen Substanz vorkommen. Vielfach können die Symptome flüchtig sein und innerhalb kurzer Zeit abklingen. Man spricht klinisch dann häufig von einer *Commotio medullae spinalis*.

Der klinische Verlauf und die Prognose der Rückenmarkschädigung hängen natürlich vom Sitz derselben in weitem Maße ab. Schädigungen des Halsmarkes sind prognostisch ungünstig, es besteht immer die Gefahr des kollateralen Ödems der Medulla oblongata. Tiefersitzende Querschnittsläsionen behalten immer die Gefahr schwerer, oft tief greifender Decubitalgeschwüre, die Blasenmastdarmlähmung erzeugt fast ausnahmslos die Gefahr einer ascendierenden Pyelonephritis.

Wird die Rückenmarksschädigung überlebt, so bilden sich an der Stelle der Läsion sehr häufig Arachnoidalverklebungen aus, die zu Liquorcysten führen können. Für diese ist die Bezeichnung Arachnitis adhaesiva cystica gebräuchlich. Diese Erkrankung setzt klinisch häufig halb- oder doppelseitige Rückenmarkssymptome und macht ein chirurgisches Eingreifen notwendig.

Ist der Gerichtsarzt genötigt, eine Rückenmarks-läsion an der Leiche zu untersuchen, so muß das Rückenmark mit dem Duralsack vorsichtig entnommen werden. Nach der Entnahme erweist sich eine Fixierung des Rückenmarkes unbedingt notwendig, da bei Erweichungen ein Einschneiden in das frische Rückenmark an der geschädigten Stelle den Befund vollkommen vernichtet. Sollte sich der Arzt die nicht immer einfache Entnahme des Rückenmarkes nicht zutrauen, so ist die ganze Wirbelsäule mit dem Rückenmark aus der Leiche zu entfernen und zu fixieren. Erst nach gründlicher Härtung ist dann vorsichtig das Mark herauszupräparieren.

*5. Rupturen innerer Organe.* Rupturen innerer Organe kommen bei stumpfen Gewalteinwirkungen gegen den Körper sehr häufig zustande. Gleichzeitig mit ihrer Besprechung wollen wir im folgenden die Organschädigungen durch stumpfe Gewalt mit Ausnahme der Schädelverletzungen kurz schildern:

*Kehlkopfverletzungen* sind infolge der gedeckten Lage des Kehlkopfes nicht allzu häufig. Schlag oder Stoß gegen den Kehlkopf, wie dies z. B. bei Boxkämpfen vorkommt, kann zu einem schweren'Shockzustand, gelegentlich sogar zum Tod führen, wie dies durch die Reizung des Nervus laryngeus verständlich erscheint. Auch Brüche des Kehlkopfes behalten die Gefahr der rasch einsetzenden Erstickung, da sich das Hämatom im lockeren Gewebe des Kehlkopfes sehr rasch ausbreitet und zum Verschluß der Glottis führen kann. *Tracheal-* und *Oesophaguszerreißungen* werden nur bei sehr mächtiger stumpfer Gewalteinwirkung gegen den Hals beobachtet, so z. B. beim Überfahren des Halses. Thoraxverletzungen sind häufig mit *Lungenverletzungen* kombiniert. Die leichteste Form der Lungenverletzung ist die Kontusion der Lunge. Man findet unter der Pleura flächenhafte Blutaustritte und infolge der Alveolarwandzerreißungen subpleurales und interstitielles Emphysem. Risse der Pleura visceralis können mit und ohne *Rippenverletzungen* vorkommen. Nicht so selten sind diese *Pleurarisse* strahlenförmig um den Lungenhilus angeordnet. Bei Rippenbrüchen kann die Lunge durch die Fragmente angestochen und zerrissen werden. Blutung und Lufteintritt in die Thoraxhöhle ist die notwendige Folge. Lappenförmige Abreißungen von der Lungenoberfläche führen fast stets zum verhängnisvollen Ventilpneumothorax. Bei Rippenbrüchen mit Pleuraparietalis- und *Brustwandzerreißung* kann es zum Vorfall von Lungenteilen durch die Brustwand kommen (Lungenhernie). Fast ausnahmslos besteht dann auch ein mächtiges Hautemphysem. Bronchusabreißungen und Lungenzertrümmerungen kommen nur bei schwerer Gewalteinwirkung gegen den Thorax wie direktes Überfahren zustande. Es muß noch darauf hingewiesen werden, daß sich selbst schwere Zerreißungen und Abreißungen der Lungen bei Kindern ereignen, ohne daß dabei Rippenbrüche gefunden werden, was durch die sehr große Elastizität der kindlichen Rippen zu erklären ist. Schließlich müssen noch die zentralen Lungenrupturen erwähnt werden, die anscheinend weit häufiger sind, als man auf Grund des Schrifttumes annehmen sollte. Die Gefahr der zentralen Lungenruptur liegt in erster Linie darin, daß durch das unvermeidliche Eindringen von Keimen im Wege der Bronchien die zentrale Zerreißung infiziert wird und sich eine Lungengangrän entwickelt, die in vielen Fällen zum Spättod führt.

Auch die Verletzungen durch stumpfe Gewalt des *Herzens* sind recht häufig und daher in der letzten Zeit klinisch wie anatomisch oft gewürdigt worden. Durch sehr mächtige stumpfe Gewalteinwirkungen gegen den Thorax, wie z. B. bei Sturz aus großer Höhe, kann das Herz direkt zerreißen, wobei nicht so selten auch Rippenfragmente in das Herz eindringen. Es ist verständlich, daß beim Sturz die Verletzungen und Zerreißungen nicht so selten an der Corona cordis zu finden sind, ja es kann das Herz an der Corona cordis von den großen Gefäßen abreißen *(Gierke)*. An der genannten Stelle findet man aber selbst bei nicht allzu hochgradigen stumpfen Gewalteinwirkungen meist quere, häufig nur das Endokard betreffende Einrisse, die zu Blutungen unter das Endokard geführt haben. Soweit auf Grund eigener Beobachtungen geurteilt werden kann, scheinen derartige Endokardrisse besonders häufig im rechten Vorhof vorzukommen und zwar an der Einmündungsstelle sowohl der oberen, als auch der unteren Hohlvene. Daß natürlich solche Blutungen für die Reizbildung und dem Reizablauf nicht belanglos sind, erscheint verständlich. Klappenabrisse kommen sicher häufiger vor, als dies im Schrifttum erwähnt wird. Zum Zustandekommen des Klappeneinrisses und Klappenabrisses ist wohl der Füllungszustand des Herzens im Momente der Einwirkung des Traumas ausschlaggebend. Ein Klappenabriß führt natürlich zu akutem traumatischen Vitium. Aber auch durch mäßige stumpfe Gewalteinwirkungen gegen das Herz können, wie *Külbs* zeigte, Störungen im Bereiche des Herzens ausgelöst werden. Neben Gewebszerreißungen können vorübergehende krampfartige Kontraktionen mit nachfolgender Dilatation der Gefäße auftreten, die zu Diapedesisblutungen in den Herzmuskel führen. Dieses Krankheitsbild, das man auch als *Commotio cordis* bezeichnet, kann heute wohl als klinisch sichergestelltes Krankheitssyndrom gelten. In jedem Einzelfalle muß aber das Trauma erwiesen und eine Herzaffektion festgestellt sein, die vorher nicht bestanden hat. Falls einige Zeit zwischen Trauma und Herzerkrankung liegt, müssen objektiv nachweisbare Brückensymptome vorhanden gewesen sein. Oft bestehen diese nur in Blutdruck- und Pulsveränderungen (Bradykardie).

*Aortenzerreißungen* durch stumpfe Gewalteinwirkung ereignen sich am häufigsten knapp oberhalb der Aortenklappen und unter dem Aortenbogen an jener Stelle, an der die Aorta die Brustwirbelsäule erreicht und an dieser fixiert ist. Die Aortenrisse sind wohl in der Mehrzahl der Fälle Querrisse, die nur selten die ganze Aortenwand betreffen, häufiger aber bis tief in die Media reichen und dann zu oft ausgedehnten dissecierenden Aneurysmen führen. Spontanrupturen dürfen mit traumatischen nicht verwechselt werden, allerdings kann eine erkrankte Aorta auf ein an und für sich geringfügiges Trauma zerreißen. Besonders bei der mucoiden Degeneration der Aortenmedia nach *Gsell-Erdheim* können solche Zerreißungen vorkommen.

*Zwerchfellverletzungen* durch stumpfe Gewalt kommen meist nur bei sehr mächtigen Gewalteinwirkungen gegen den Körper vor. Bei Zwerchfellzerreißungen fallen meist immer Baucheingeweide, in erster Linie Magen und Dünndarmschlingen, in die Brusthöhle vor. Vielfach wird die Zwerchfellzerreißung mit Vorfall von Baucheingeweiden in die Brusthöhle als traumatische Zwerchfellhernie bezeichnet, was sicher nicht ganz richtig ist, da ja ein Bruchsack fehlt.

*Leberzerreißungen:* Durch tangentiale Gewalteinwirkungen kann die Leberkapsel vom Parenchym abgehoben werden, wobei sich durch nachfolgende Blutung ein subkapsuläres Hämatom bildet. Solche Verletzungen kommen nicht selten bei Neugeborenen vor, die bei geburtshilflichen Eingriffen unvorsichtig am Bauche gefaßt werden. Das subkapsuläre Hämatom kann platzen und zu einer Blutung in die Bauchhöhle führen, die nicht selten den Tod nach sich zieht. Kapselzerreißungen der Leber finden sich meist an der konvexen Fläche des rechten Leberlappens,

nicht so selten in Form mehrerer quer verlaufender paralleler Risse. In der Hilusgegend der Leber sind diese Kapselrisse meist strahlenförmig. Parenchymrisse entsprechen nach Lokalisation und Aussehen den oben beschriebenen Kapselrissen, nur daß sie eben tiefer in das Lebergewebe eindringen. Schließlich kommen an der Leber sehr häufig zentrale Rupturen vor, die den großen Gefäßen der Leber folgen. Diese können sich nach Aufhören der Shocksymptome, die ja bei fast jeder stumpfen Bauchverletzung vorhanden sind, bei Zunahme des Blutdruckes verbreitern und vergrößern, schließlich die Leberoberfläche erreichen und in die Bauchhöhle durchbrechen. Man spricht in solchen Fällen von zweizeitiger Leberruptur. Die zweizeitige Leberruptur ist oft klinisch äußerst schwer zu erkennen, da durch die Leberzerreißung auch neben Blutgefäßen Gallengänge eröffnet werden, so daß Galle in das Blut übertritt, wodurch die alarmierende Pulsbeschleunigung, die klinisch den Verblutungstod anzeigt, durch Cholämie, die ihrerseits wieder eine Pulsverlangsamung setzt, aufgehoben wird. Zentrale Leberrupturen, die überlebt werden, können manchmal sogar nach längerer Zeit noch durch die eröffneten Gallenwege infiziert werden und so zu Leberabscessen führen. Sicher ist mancher sogenannte idiopathische Leberabszeß auf eine zentrale Leberruptur zurückzuführen.

Bei *Milzverletzungen* können auch wieder subkapsuläre Hämatome, Kapselzerreißungen (die am Hilus strahlenförmig sind), Parenchymrisse, zentrale Rupturen, zweizeitige Rupturen und Zertrümmerungen unterschieden werden.

*Pankreasverletzungen* sind in der Prognose denkbar ungünstig und führen unter dem Bilde der akuten Pankreasnekrose und Fettgewebsnekrose fast ausnahmslos zum Tode. Besonders gefährdet ist der Teil des Pankreas, der über die Wirbelsäule hinwegzieht und an dieser fixiert ist, also einem stumpfen Bauchtrauma nicht nachgeben oder ausweichen kann.

*Nierenrupturen* sind bei stumpfer Gewalteinwirkung nicht allzu selten, sie können die Nierenkapsel betreffen oder durch Abschürfung derselben zu subkapsulären Hämatomen führen. Im Hilus findet man nicht so selten strahlenförmige Nierenzerreißungen. Auch tiefe, vielfach quere Parenchymzerreißungen sind nicht so selten (sie werden manchmal als Sportverletzungen beobachtet).

*Zerreißungen der Harnblase* kommen nur bei starker Füllung der Blase zustande. Sie führen fast ausnahmslos zu Harneintritt in den *Retzius*schen Raum, was eine Urinphlegmone zur Folge hat. Auch durch Knochenfragmente der Schambeinäste kann manchmal die Blase mitverletzt werden.

Der gesunde *Magen* platzt fast nie, außer in Fällen extremer Magenfüllung oder krankhafter Veränderungen der Magenwand, wie Ulcus oder Carcinom. Bei starker Magenfüllung können durch ein stumpfes Trauma manchmal Schleimhautrisse entstehen, die entweder quer im Fundus oder längst der kleinen Kurvatur verlaufen. Solche Schleimhautrisse können gelegentlich zu einem peptischen Magengeschwür führen.

Der *Dünndarm* selbst wird durch ein stumpfes Trauma seltener betroffen, da er infolge seiner Bewegungsfreiheit diesem ausweichen kann. Dagegen reißt das Mesenterium häufig recht ausgedehnt ein, ja es können Dünndarmschlingen, besonders stärker gefüllte, vom Mesenterium sogar abgerissen werden. Häufiger findet man schon Zerreißungen des fixierten Duodenums und zwar an den Stellen, an welchen es über die Wirbelsäule hinwegzieht. Wir konnten eine solche Beobachtung zweimal machen, und zwar handelte es sich in beiden Fällen um einen heftigen

Anprall eines Fußballs gegen den Oberbauch. Allerdings war in beiden Fällen eine starke Füllung des Duodenums vorhanden, so daß die Ruptur durch diesen physiologischen Ausnahmszustand begünstigt wurde. Darmwandkontusionen sind durch eine starke Blutdurchsetzung der Darmwand gekennzeichnet, es besteht immer die große Gefahr, daß die gequetschte Stelle der Nekrose anheimfällt.

Verletzungen der *Geschlechtsteile* sind natürlich beim männlichen Geschlechte weit häufiger. Kontusionen der Hoden sind meist mit meist sehr mächtigen Blutaustritten in das scrotale Gewebe verbunden. Bei hochgradiger stumpfer Gewalt, wie z. B. beim Überfahrenwerden, kann es zur gänzlichen Zertrümmerung oder Abreißung des Genitales kommen. Hodenquetschungen höheren Grades gehen klinisch mit schweren Shockerscheinungen einher.

Die Verletzungen der äußeren weiblichen Geschlechtsteile führen bei Quetschung oft zu mächtiger Hämatombildung. Gefährlich sind Riß- oder Rißquetschwunden, welche die Clitoris betreffen, da sie meist profus bluten, ja sogar zum Verblutungstod führen können.

*6. Frakturen und Luxationen.* Da Frakturen und Luxationen in diesem Zusammenhang nur kurz besprochen werden können, muß auf die einschlägigen Lehr- und Handbücher der Chirurgie verwiesen werden. Wegen der Schädelbrüche s. d.

Dem Entstehungsmechanismus nach unterscheiden wir:

*a) Biegungsbrüche*, die durch Einwirkung zweier entfernter Gewalten auf einen langen Röhrenknochen entstehen, wobei nicht so selten der Knochen über einen festen Gegenstand gebogen wird. Dabei beobachtet man häufig ein Ausbrechen eines mehr weniger dreieckigen Knochenstückes an der Konvexität, wobei es zu einer ypsilonartigen Bruchlinie kommt.

*b) Scherungsfrakturen* entstehen bei nahe aneinanderliegenden gegensätzlich wirkenden Gewalten, wobei der Knochen auf Scherungselastizität beansprucht nach Überschreiten der Elastizitätsgrenze durchbricht.

*c) Torsionsfrakturen* entstehen durch Drehung eines langen Röhrenknochens. Es resultieren mehr weniger flötenschnabelartige Brüche.

*d) Kompressionsfrakturen* kommen nicht so selten bei kleinen Knochen vor, z. B. bei Wirbelkörpern oder beim Calcaneus durch Fall auf die Fersen. Auch die Absprengung der Femur- oder Tibia-Condylen bei Fall auf die gestreckten unteren Extremitäten ist hierher zu zählen.

*e) Rißfrakturen* von Knochen beobachtet man häufig an der Patella, häufig auch an den Querfortsätzen der Wirbel, wenn durch einen plötzlichen Muskelzug die Knochen auf Reißelastizität beansprucht und bei Überschreitung der Elastizitätsgrenze auseinandergerissen werden.

Wir sprechen von *unkomplizierten* Frakturen, wenn die Fraktur gedeckt, also die darüber liegende Haut nicht mitverletzt ist, jedoch von *komplizierten* Frakturen, wenn durch die Fraktur auch eine Zerreißung der Haut gesetzt wurde.

Unter einer *Luxation* (Verrenkung) versteht man eine gewaltsame Verschiebung eines oder mehrerer Gelenkteile gegeneinander, wobei es auch zur Zerreißung der Gelenkbänder und des Kapselapparates kommt. Haben die Gelenkflächen jeden Kontakt zueinander verloren, so wird die Luxation als komplette bezeichnet, besteht noch ein teilweiser Kontakt, so spricht man von einer unkompletten Luxation.

Wie bei der komplizierten Fraktur spricht man von komplizierter Luxation, wenn eine Verrenkung mit einer Durchtrennung der Weichteile und der Haut einhergeht.

*7. Zermalmung und Abreißung ganzer Körperteile.* Unter einer Zermalmung versteht man die hochgradigste Schädigung des Gewebes durch stumpfe Gewalt, wie dies z. B. bei Überfahrenwerden mit der Eisenbahn, bei Sturz aus großer Höhe, bei Verletzungen durch Maschinengewalt u. a. der Fall ist.

Auffallend widerstandsfähig gegen Zermalmung sind erfahrungsgemäß Haut, Fascien und Sehnen, manchmal auch größere Nervenstämme. Sie bleiben oft erhalten, obwohl das übrige Gewebe vollkommen vernichtet ist. Zermalmtes Gewebe verfällt augenblicklich der akuten Gewebsnekrose, bei der Zermalmung von Extremitäten ist daher die Amputation unbedingt erforderlich. Dabei erscheint es empfehlenswert, solche amputierten Extremitäten anatomisch untersuchen und beschreiben zu lassen, um als Operateur gegen eine nachträgliche Klage auf Schadenersatz von seiten des Patienten gewappnet zu sein.

Zermalmtes Gewebe bietet einen optimalen Nährboden für anaerobe Infektionen, besonders für eine Gasbrandinfektion, so daß allein schon aus diesem Grunde bei der Amputation etwas radikaler vorgegangen werden muß, insbesondere wenn es nicht feststeht, wieviel Gewebe im Grenzgebiete gegen das erhaltene Gewebe geschädigt ist.

*Schrifttum.*

*Buhtz:* Der Verkehrsunfall. Stuttgart 1938. — *Foerster:* Traumatische Läsionen des Rückenmarkes. Handb. d. Neurol. Berlin 1929. — *Gierke:* Die Kriegsverletzungen des Herzens. Jena 1920. — *v. Hofmann-Haberda:* Lehrbuch der gerichtl. Medizin. 11. Aufl. 282ff. Berlin u. Wien 1927. — *Haumann:* Wirbelbrüche und ihre Endergebnisse. Stuttgart 1930. — *Kolle-Hetsch:* Experimentelle Bakteriologie und die Infektionskrankheiten. 8. Aufl. Berlin u. Wien 1938. — *Kolle-Kraus-Uhlenhut:* Handb. der pathogenen Mikroorganismen. 3. Aufl. Berlin u. Wien 1931. — *Külbs:* In: Handb. d. inneren Medizin. Herausgegeben von *v. Bergmann* und *Staehelin.* 2. Aufl. **2**, 28. Berlin 1928. — *Marx* Über den Tod durch Verschüttung. Vjschr. gerichtl. Med. 3. Folge **56** (1919). — *Remund:* Gerichtlich-medizinische Probleme der Autounfällen. Basel 1931. — *Walcher:* Untersuchungen bei Verletzungen durch stumpfe Gewalt. Im: Handb. d. biologischen Arbeitsmethoden. Herausgegeben von *Abderhalden.* **IV/12.** Berlin u. Wien 1934.— *Walcher:* Zur Differentialdiagnose einiger Zeichen vitaler Reaktion. Dtsch. Z. gerichtl. Med. **24** (1924). — *Werkgartner:* Zur Bestimmung der stumpfen Hiebwerkzeuge aus dem Wundbefund. Beitr. gerichtl. Med. **14.**

*Neugebauer.*

## Verletzungen nach ihrem Sitze.

Zu den häufigsten Verletzungen gehören die *Kopfverletzungen* wegen der exponierten Lage des Kopfes, der nicht, wie die anderen Körperteile, eine Umhüllung trägt; er dient auch sehr oft als Ziel bewußt feindlicher Angriffe. Die Schwere der Kopfverletzungen hängt besonders davon ab, ob und inwieweit das Gehirn dabei betroffen ist und dann Reiz- oder Ausfallserscheinungen aufweist. Mitunter begehen Schädelverletzte noch komplizierte Handlungen, bevor Bewußtlosigkeit eintritt. Beim großen Gefäßreichtum der Kopfschwarte kommt es leicht zur Bildung von ,,Blutbeulen", die subcutan oder subperiostal gelegen sein und, falls sie nicht resorbiert werden, zu Blutcysten führen können. Desgleichen sind offene Wunden an den weichen Schädeldecken nicht selten (Schnitt- oder Rißquetschungswunden); daneben kommen Verbrennungen oder Verätzungen mit großen entstellenden Narben vor. Sehr selten sind Skalpierungen, die in der Abreißung eines Teiles oder der ganzen Kopfschwarte bei Frauen, deren Haare in eine Transmissionswelle oder in eine Maschine geraten sind, bestehen. Von der Wunde aus kann eine Infektion (Phlegmone, Erysipel, Meningitis, Hirnabsceß) erfolgen. Im übrigen s. d. Art.: Commotio und Contusio cerebri; Hirnabsceß; Hirndruck; Pachymeningitis haemorrhagica interna; Psychische und nervöse Störungen nach Schädel- und Hirnverletzungen; Schädelbrüche.

*Gesichtsverletzungen* rufen, wie wir auf den Verbandplätzen im Kriege oftmals zu beobachten Gele-

genheit hatten, bei den Verletzten, ebenso wie Genital-
verletzungen, schwere psychische Depressionen hervor. Am häufigsten sind Nasenbeinbrüche durch
Fall oder Schlag, von bedeutungslosen Frakturen bis
zum Schiefstand der Nase mit behinderter Luftzufuhr. Bezüglich der Augen- und Ohrenverletzungen
s. d. Art.: Forensische Ophthalmologie und Forensische Otologie. Daneben kommen Oberkiefer- und
Unterkieferbrüche mit Abbruch oder Verlust von
Zähnen, sowie Jochbeinbrüche vor (s. d. Art.: Zähne).
Bei Verletzung der Stirnhöhlen kann ein Hautemphysem im Bereiche der Augenlider, Stirne und
Wangen auftreten.

*Verletzungen des Halses.* Der Hals zeigt nach
Strangulation und Würgen ausgedehnte Verletzungsspuren. Bei Kontusionen des Kehlkopfes kann neben
lokalen Verletzungen ein tödlicher Larynxshock oder
ein Larynxödem auftreten. Die erwähnten lokalen
Verletzungen können in einer Fraktur der Kehlkopfhörner bestehen, besonders dann, wenn jugendliche
Elastizität nicht mehr vorhanden ist. Ebenso
kommen Frakturen des Zungenbeines vor, wobei
plötzlicher Luftabschluß die Folge sein kann, besonders bei Schwellung der Schleimhaut und sub-
mucöser Blutung. Kontinuitätstrennungen der
Trachea durch Trauma sind selten; durch Überfahrenwerden oder durch Hufschlag können Querrisse entstehen. Kommotion des Halsmarkes bei
Nackenverletzungen kommt vor, ebenso Frakturen
und Luxationen der Halswirbel sowie eine Zerreißung des Bandapparates zwischen Occiput und
Atlas mit Blutung in den Halswirbelkanal und
Quetschung des oberen Halsmarkes. Sehr selten sind
isolierte Frakturen des Zahnfortsatzes des zweiten
Halswirbels und zwar spontane bei Tuberkulose desselben oder traumatisch. Verbrennungen und Verätzungen setzen am Halse meist ausgedehnte ent-
stellende Narben. Verhältnismäßig oft wird in Mord-
oder Selbstmordabsicht eine Durchschneidung des
Halses ausgeführt mit Kehlkopf- und Zungenbein-
verletzung, Verletzung der großen Gefäße (Carotis
und Vena jugularis) und der Nervenstämme, in erster
Linie des Vagus, die allenfalls nach Verletzung von
Speiseröhre und Luftröhre bis zur vorderen Wand
der Halswirbelsäule reicht. Auch die auf andere
Weise entstandenen Verletzungen der großen Halsgefäße sind in der Regel tödlich.

*Verletzungen der Wirbelsäule, des Schlüsselbeines,
des Schulterblattes und des Beckens. Kocher* teilt die
*Wirbelverletzungen* ein, 1. in partielle mit Distorsion,
Kontusion, isolierter Luxation und isolierter Fraktur
der Wirbelbogen, Dorn- und Querfortsätze ohne Beteiligung des Rückenmarkes und 2. in Totalluxations-
fraktur eines Wirbels mit Beteiligung des Rückenmarkes. Verletzungen der ersten Art finden sich besonders am beweglichsten Abschnitt der Halswirbelsäule als Folge forcierter Überbeugung der Halswirbelsäule, selten infolge Überstreckung. Die Bewegungsfähigkeit nimmt im Brustteile und weiterhin
immer mehr ab. Daher findet man Verstauchungen
am häufigsten in der Halswirbelsäule, oftmals kombiniert mit Abrißbrüchen und Bänderzerreißung.
Direkte Quetschungen gehen mit Blutergüssen einher, die Verletzten nehmen eine bestimmte Körperhaltung ein, sie trachten jede Bewegung der Wirbelsäule zu vermeiden und zucken bei geringster Bewegung vor Schmerzen zusammen. Bei Verrenkungen
ist die Prognose abhängig von der Mitbeteiligung des
Rückenmarkes. Bei Kompressionsfrakturen, wo der
Wirbelkörper einem starken Drucke ausgesetzt ist,
erfolgt die Fraktur des Wirbelkörpers in Keilform,
wobei die Spitze als Keil nach vorne und die Basis
nach rückwärts gerichtet ist, es bildet sich ein Gibbus
und schließlich eine bogenförmige Kyphose. Durch
Zerquetschung der Zwischenwirbelscheiben entsteht

eine Synostose der betreffenden Wirbel und infolge-
dessen eine Steifigkeit der Wirbelsäule. Es bildet
sich eine Kyphose und Ankylose aus. Sind mehrere
Halswirbel betroffen, ist eine Querschnittsläsion des
Rückenmarkes, oft mit tödlichem Ausgange, die
Folge. An Häufigkeit stehen die Brüche der unteren
Brust- und Lendenwirbel an erster Stelle. Die
*Kümmel*schen Wirbelverletzungen bestehen darin,
daß durch ein Trauma, das direkt oder indirekt die
Wirbelsäule trifft, rasch vorübergehende Schmerzen
erzeugt werden, die meistens nach wenigen Tagen
verschwunden sind. Nach wenigen Wochen oder
Monaten Intervall tritt ein rarefizierender Prozeß im
Wirbelkörper auf mit Bildung eines Gibbus und Zer-
störung eines oder mehrerer Wirbelkörper. Durch
Fissuren der Wirbelkörper oder durch traumatische
Erweichung und Schwund der Zwischenwirbelscheiben kann eine Spätkyphose entstehen. Zu einer
Stauchungsverletzung der Wirbelsäule kann es
kommen, wenn durch eine stumpfe Gewalt die Wirbelsäule plötzlich mit ihrer Längsachse verkürzt
wird, wie dies bei wuchtigem Sturz auf das Gesäß
oder bei Bergleuten geschehen kann, wenn sie in der
Förderschale in den Schacht einfahren und die Schale
heftig am Boden des Stollens anprallt. Ein *Schlüssel-
beinbruch* kann in geringer Winkelstellung oder in
einer Übereinanderlagerung ausheilen ohne funktionelle Störung. Luxationen des Schlüsselbeines erfolgen meist nach vorn, selten nach oben, sie heilen
ebenfalls meist ohne funktionelle Störung aus.
Ein *Schulterblattbruch* als Folge direkt einwirkender
Gewalt pflegt ohne Störung der Gebrauchsfähigkeit
lediglich mit Hinterlassung eines Scapularkrachens
zu heilen. Brüche des Schulterblatthalses sind stets
schwere Verletzungen. Kontusionen und Distorsionen im *Schultergelenke*, Quetschungen und Zerrungen desselben sind sehr häufig und führen mitunter zu Gebrauchsunfähigkeit des Gelenkes. Luxationen im Schultergelenke gehen oft intraartikulär mit
Absprengungen einher und bieten nicht selten eine
schlechte Prognose, neigen zum Habituellwerden.
Auf das *Becken* muß eine sehr erhebliche Gewalt einwirken, um einen Knochenbruch herbeizuführen.
Beckenbrüche, die sich auf einzelne Knochenteile
erstrecken, können am Beckenring an einer oder
mehreren Stellen vorkommen. Bei ihnen besteht
stets die Gefahr einer Harnröhren- oder Blasenver-
letzung. Es kann auch zu einer Diastase der Symphyse nach Zerreißung der Bandverbindung kommen. Die Folge dieser Verletzung ist ein watscheln-
der Gang.

*Brustverletzungen.* Durch heftige *Erschütterung
der Brustorgane* kann es ohne äußere Verletzung zu
einem Shock kommen, zu einer commotio thoracis,
und infolge von Shockwirkung zum Tode. Die
Kontusion des Thorax bewirkt oft, ohne die Brustwand zu verletzen, Blutextravasate subpleural oder
parenchymatös oder Zerreißungen der inneren Organe, besonders der Lungen mit Auftreten von
Hämoptoe und Dyspnoe. *Kompression des Brustkorbes* führt zur Entstehung von Rippenbrüchen,
die häufige Verletzungen darstellen. *König* sagt,
eine *Rippe* bricht wie ein Stab, den man über dem
Knie bricht, oder wie ein Halbreifen, dessen Enden
zusammengebogen werden. Im ersten Fall erfolgt
der Bruch direkt nach innen, in letzterem indirekt
nach außen. Ein jugendlicher Thorax verträgt infolge seiner Elastizität eine Quetschung durch intensive Gewalteinwirkung. So kann ein Lastwagen
unter Umständen darüber fahren, ohne eine Rippe
zu brechen, während der Brustkorb eines alten
Menschen infolge der Brüchigkeit der Knochen
sofort Rippenbrüche aufweist. Daher ist bei der
Vornahme künstlicher Atmung Vorsicht geboten.
Es können alle Rippen oder alle auf einer Seite ge-

brochen sein, oder es können einzelne Rippen mehrere Brüche aufweisen. Die Rippenbrüche haben im allgemeinen eine gute Prognose, außer, wenn durch die Bruchenden Lungen, Herz oder Gefäße eingerissen oder angespießt wurden. Brüche des *Brustbeines* sind selten. Die *Lunge* kann in mehrere Stücke zerrissen oder vom Hilus ganz abgerissen werden. Ein Rippenbruch kann auch durch Muskelzug entstehen, z. B. bei forciertem Niesen oder Husten. Wenn die Kompression des Thorax durch Verschütten oder dadurch zustande kommt, daß Menschen in einem großen Gedränge fest zusammengepreßt werden, so kommt eine *Druckstauung* zustande. Durch die intensive Kompression wird die obere Hohlvene vor der Einmündung im rechten Vorhof verschlossen. Durch die Fortpflanzung des Druckes kommt es oberhalb der Kompressionsstelle zu intensiver Stauung und zu Blutüberfüllung sämtlicher Venenbezirke des Abflußgebietes der oberen Hohlvene und in der Folge zur Zerreißung kleinster Gefäße unter Bildung von Ekchymosen. Die Haut des Gesichtes, des Halses und der Oberbrustgegend ist übersät mit kleinsten Blutungen. Das Gesicht erscheint gedunsen, blaurot, die Augäpfel sind vorgetrieben, die Bindehäute injiziert und ebenso wie die Lider von kleinsten Blutungen durchsetzt. Da sich die Stauung auf das Gehirn fortsetzt, tritt rasch Bewußtlosigkeit ein. Das *Brustfell* kann ebenfalls zerrissen werden. Sind die Lungen angewachsen, dann sind stärkere Gewalten notwendig, es können aber ganze Lappen abgerissen werden. Verletzungen des *Herzbeutels* und des *Herzens* entstehen in verschiedener Ausdehnung durch große Gewalt, z. B. Hufschlag und Fliegerverletzung. Das Herz kann ganz zerfetzt werden. Wenn die Herzwandungen durch einen Krankheitsprozeß beschädigt sind, wie bei Myokarditis, genügen schon geringe Gewalten, um eine Ruptur zu erzeugen. Das Herz kann auch von den Gefäßen abgerissen werden bei Überfahrenwerden durch Automobile und bei Maschinenverletzungen. Traumatische Rupturen des Herzbeutels können unter Umständen bei Herzverletzungen vorkommen. Der Herzbeutel kann aber auch unverletzt bleiben. Einrisse der Innenwand des Herzens oder des Septums sind selten. Es können auch einzelne Klappen und Papillarmuskeln abgerissen werden. Zerreißungen erzeugen Blutungen. Stumpfe Gewalten schwerer Art können durch *commotio cordis* zum Tode führen, ohne daß das Herz grobe mechanische Läsionen zeigt. Ein Herzverletzter bricht nicht immer sofort zusammen, meistens ist er noch imstande, Handlungen zu begehen; es hängt von der Schnelligkeit ab, mit der sich das Hämoperikard bildet. Von Verletzungen der *hinteren Brustwand* sind Brüche der Wirbelsäule bei großer Gewalt mit Zerquetschung des Rückenmarkes und Ruptur anderer Organe zu finden. Stichwunden der Brust sind häufig. Penetrierende Stichwunden verletzen entweder Lungen, Herz oder große Gefäße des Thorax. Stichwunden der Lunge erzeugen meist sofort Pneumothorax und, wenn mehrere große Gefäße getroffen sind, eine Blutung im Pleuraraum. Das Blut wird ausgehustet. Lebensgefahr entsteht durch den Blutverlust und die Kompression der Lunge, wobei von Bedeutung ist, ob die Lungen an der Stichstelle angewachsen oder frei sind. Eine pleuritische Schwarte kann unter Umständen das Eindringen eines Stichwerkzeuges verhindern. Die Lebensgefahr bei Stichwunden des Herzens ist hervorgerufen durch die Behinderung der Herzarbeit durch das im Herzbeutel ausgeflossene und schnell koagulierte Blut (*Tamponade des Herzbeutels*). Stichwunden und Schußwunden in den Schlüsselbeingruben sind besonders gefährlich wegen der großen Nähe der großen Gefäße. Es er-

folgt dann leicht durch Verblutung der Tod. Es kommt mitunter vor, daß einem Einstich in der Haut zwei oder mehrere Einstiche in den Brustorganen entsprechen, wenn die Waffe nochmals vorgezogen und wieder hineingestoßen wurde. Selbstmörder können sich mit kleinkalibrigen alten Schußwaffen mehrere Schußverletzungen beibringen. Traumatische Rupturen der *Aorta* sind nicht selten. Allerdings gehört dazu eine sehr bedeutende Gewalt, z. B. Sturz aus großer Höhe. Es kann ein Zerreißen des Aortenbogens stattfinden. Nicht immer töten Aortenzerreißungen sofort. Erkrankungen der Aorta und aneurysmatische Erweiterungen derselben erleichtern die Zerreißung. Bei Schußverletzungen erfolgt nicht selten eine Ruptur der Intima infolge Prellung der Aorta. Stichwunden der aufsteigenden Aorta sowie der sonstigen großen Blutgefäße sind verhältnismäßig häufig. Viel umstritten ist die Frage, ob ein *Trauma*, das den Brustkorb trifft, eine *Pleuritis* oder *Pneumonie* verursachen kann. Nach Kontusion kann man gelegentlich entzündliche Erscheinungen von seiten des Rippenfelles oder einer Lunge beobachten, wo der kausale Zusammenhang nicht mit Sicherheit zu erweisen ist. Es besteht die Möglichkeit, daß die Erkrankung in ihren Anfangsstadien bereits vor dem Trauma vorhanden war und nur eine Verschlimmerung eingetreten ist. Eine Kausalität ist auch für eine Verschlimmerung nur anzunehmen, wenn die Brustkontusion eine erhebliche war und mit Rippenverletzungen einherging, und wenn die Rippenfellentzündung auf der Seite auftrat, auf der das Trauma erfolgte. Eine traumatische Pneumonie könnte nur so erklärt werden, daß die heftige Erschütterung oder Quetschung des Brustkorbes eine Schädigung des Lungengewebes setzt, die einen günstigen Boden für die Entwicklung von Entzündungserregern schafft. Es müßte aber Schüttelfrost und hohes Fieber noch am Tage des Traumas auftreten, damit dieses als ursächlich anerkannt werden kann. Als Folge einer Brustquetschung kann ein Bluterguß innerhalb des Lungengewebes erfolgen, der dasselbe durchtränkt und einen ganzen Lungenlappen erfassen kann. Es bildet sich eine traumatische Blutinfiltration, die eine Ansiedlungsstätte für Infektionserreger bilden kann. Das Intervall zwischen Brustkontusion und Entstehung der Pneumonie kann wenige Stunden bis vier Tage betragen. Liegt zwischen Trauma und dem Auftreten von Herzgeräuschen ein längeres Intervall, so sind funktionelle Brückensymptome notwendig, um den Zusammenhang zwischen akuter *Endokarditis* und *Brusttrauma* zu deuten. Doch ist immer wahrscheinlich, daß ein erhebliches Trauma stattgefunden hat, wenn Herzerscheinungen vor dem Unfall gefehlt haben und die ersten Erscheinungen (Pulsveränderungen, Herzbeschwerden, Dyspnoe, Herzgeräusche) innerhalb weniger Tage nach dem Unfall aufgetreten sind. Eine Herzschädigung bei einem psychischen Trauma kann nur bei einem schon vorher kranken Herzen angenommen werden, so daß es sich höchstens um eine Verschlimmerung handeln kann. Eine *Lungengangrän* kann so entstehen, daß Lungengewebe, das eine starke Kontusion erfahren hat, der Nekrose verfällt. Über kausalen Zusammenhang zwischen Tuberkulose und Trauma siehe den betreffenden Artikel. Verletzungen der *Speiseröhre* von außen sind wegen deren geschützter Lage selten; es kommen Speiseröhrenblutungen nach Unfall vor oder traumatische Rupturen, Längsrisse im unteren Teil über der Kardia mit Erbrechen von blutigem Schleim, Atemnot und allenfalls Hautemphysem. Verletzungen von innen sind nicht so selten durch Trinken ätzender Flüssigkeiten oder durch Verschlucken spitzer Fremdkörper, die perforieren oder Stenosen erzeugen können oder eine freie Kommunikation mit der Pleurahöhle herstellen, in die Speisereste übertreten, oder sie können die Aorta arrodieren, was in weiterer Folge den Tod herbeiführt; allenfalls können sie eine Entzündung des mediastinalen Zellgewebes mit Jauchung hervorrufen. Verletzungen des *Zwerchfelles* sind von der Brusthöhle und von der Bauchhöhle aus möglich, sind aber selten. Durch große Gewalten, z.B. Überfahrenwerden, kann es zu Rupturen kommen, das Zwerchfell kann zerreißen, z.B. durch Fall aus großer Höhe, oder es kann ganz abreißen. Es können dann Zwerchfellhernien entstehen mit Verlagerung von Baucheingeweiden in die Brusthöhle, ferner kommen isolierte Stichverletzungen der Zwerchfellkuppe ohne schwere Läsionen anderer Organe vor.

*Bauchverletzungen. Perforierende Bauchverletzungen* ohne Verletzung der Bauchorgane sind oft mit Netzvorfall verbunden. Penetrierende Bauchverletzungen bedingen meistens Lebensgefahr durch innere Verblutung oder Peritonitis infolge Infektion des Bauchfelles durch Austritt von Speiseresten nach Verletzung des Magens und Darmes. Eine subcutane Zerreißung der Bauchmuskel erzeugt oft eine akute diffuse Peritonitis. Quetschung des Peritoneums mit subseröser Blutung schafft sehr häufig Adhäsionen, die lebhafte Schmerzen hervorrufen. Subcutane Zerreißung der Muskulatur und der Fascien sind oft Vorbedingung für die Erzeugung eines Bauchwandbruches, die Blutungen wandeln sich oft in Blutcysten um. Die großen parenchymatösen Organe, vor allem Leber, Milz und Nieren, werden oft gequetscht und zerrissen. Bei der *Leber* reicht die Quetschung von kleinen Kapselrissen bis zur Zertrümmerung des Organes, zentral oder peripher, und erzeugt meist stärkere Blutungen in die Bauchhöhle und nicht selten den Tod infolge Verblutung oder Fettembolie oder Leberzellenembolie. Nach größerer zentraler Quetschung bildet sich eine Nekrose, allenfalls nach Infektion ein Absceß. Subkapsuläre Hämatome können in Form eines die Oberfläche halbkugelförmig überragenden Blutungsherdes sichtbar werden. Durch Blutfülle der Leber kann es zur Berstung kommen. Durch Hämoperitonitis kann auch ein subphrenischer Absceß entstehen. Bei Leberverletzungen treten Schulterschmerzen rechterseits auf. Verletzungen der *Gallenblase* und der *Gallengänge* sind eine große Seltenheit. Eine Reihe von Autoren behauptet die Keimfreiheit der Gallenblase. Die Gallenblase enthält aber oft pathogene Keime, und es kann daher bei Verletzungen zu einer Infektion des Peritoneums kommen. Beim Hydrops der Gallenblase kann eine Ruptur erfolgen. Die *Milz* erleidet öfter Quetschungen und Zerreißungen, die infolge des Blutreichtums des Organes mit erheblichen Blutungen in die Bauchhöhle einhergehen und daher innere Verblutung zur Folge haben können. Bei kranker Milz erfolgt die Ruptur schon bei geringer Gewalteinwirkung, z.B. bei Malaria und Typhus, wo die Ruptur auch spontan erfolgen kann. Der Bluterguß erzeugt Anämien oder traumatische Leukämie. Die Blutung kann auch unter die Kapsel oder in das Gewebe erfolgen. Die Milz kann sich auch in die Bauchwunde einklemmen und durch Verlagerung zu einer Wandermilz werden. Zerreißungen des *Pankreas* sind selten oder Zerquetschungen mit Fettgewebsnekrose und Peritonitis. Pankreasblutungen kommen vor mit Bildung von Pankreascysten. Das Pankreas ist durch seine Lage gegen Verletzungen geschützt. Die *Nieren* haben ebenfalls eine geschützte Lage, Verletzungen sind daher seltener; sie können ebenso wie der Ureter abreißen oder durch stumpfe Gewalt verletzt werden. Es können Kapselrisse oder subkapsuläre kleine Blutungen entste-

hen oder Blutungen zunächst retroperitoneal, wo sich ein ausgedehntes Hämatom bilden kann, das mitunter in die Bauchhöhle durchbricht. Abreißung einer Niere vom Hilus und Verblutung nach innen kommt vor. Auch weniger heftige Traumen, z.B. ein Faustschlag gegen die Lenden, kann schon eine Nierenruptur erzeugen, die sich durch Hämaturie kundgibt. Blutgerinnsel können den Kern eines Nierensteines bilden. Erschütterungen und Quetschungen der Nieren können bei früher gesunden Nieren das Bild einer akuten oder chronischen Nephritis hervorrufen oder ein bestandenes Nierenleiden verschlimmern. Eine traumatische Steinbildung wird anerkannt. Im äußersten Falle kann es zum Verluste einer Niere kommen. Durch Verlagerung kann sich eine Wanderniere bilden. Rupturen *des Magens* erfolgen durch Stoß, Schlag, Fußtritt oder im Boxkampf nicht selten, auch bei forcierter Magenausspülung. Es kann direkt zur Zerreißung des Magens kommen, die meistens in der Nähe der kleinen Kurvatur erfolgt, dabei sind Schleimhaut und Peritoneum weniger widerstandsfähig als die Muskelschichte. Schleimhautrisse heilen meist ohne Geschwürsbildung. Selten kommt es zur Bildung eines chronischen Geschwürs, es ist daher bei der Annahme der Bildung eines Geschwürs nach einer Magenkontusion Vorsicht geboten. Blutungen in der Magenschleimhaut oder submuköse Blutungen können zum ulcus ventriculi führen; wenn zwischen Trauma und Ulcus ein längerer Zwischenraum entsteht, müssen Magenbeschwerden als Brückensymptome vorkommen. Das Ulcus wird bewiesen durch Blutbrechen und Blut im Stuhl. Bei Rupturen des Magens aus großer Höhe birst der mit Flüssigkeit, mit Speisen oder mit Gas gefüllte Magen durch Druck leichter als der nicht übermäßig gefüllte Magen im Fundus. Das auf dem Boden eines traumatischen Magengeschwürs entstandene Magencarcinom hat somit auch traumatischen Ursprung. Shocktod kann durch eine stumpfe Gewalt verursacht werden, welche die Magengrube oder die Gegend des Bauchgeflechtes des Sympathicus trifft. Durch eine stumpfe Gewalt, die den Bauch trifft, kann auch der *Darm* gequetscht oder zerrissen werden, besonders dann, wenn er fixiert ist oder über ein hartes Widerlager hinwegzieht. Eine quere Durchtrennung des *Duodenums* kann vorkommen bei Überfahrenwerden dort, wo der Darm der Wirbelsäule aufliegt. Eine Ruptur des Darmes erfolgt leichter, wenn derselbe durch Gas oder Inhalt ausgedehnt ist. Durch Quetschung des Duodenums und des Anfangsteiles des Jejunums kommt es vor, daß eine vollkommene Abreißung des Jejunums eintritt. Der *Dünndarm* platzt leichter als der *Dickdarm*. Durch Quetschung zwischen Wirbelsäule und äußerer Gewalt kommt es zur Berstung im abgeschlossenen Darmteil oder zum Abriß des Darmteiles bei Fixation desselben (Flexura sigmoidea, Coecum, peritonitische Adhäsionen). Suffusionen des Darmes kündigen eine Einreißung an. Bei Quetschung des Bauches durch Überfahrenwerden kann es zu streckenweiser Abreißung des Darmes vom Gekröse kommen. Bei instrumenteller Ausräumung des Uterus nach Abortus mit einem zangenförmigen Instrument können nach Durchstoßung der Uteruswand Teile des Dünndarms gefaßt, vom Gekröse losgerissen und bis vor die Vulva gezogen werden. Der *Mastdarm* wird verletzt durch Auffallen auf spitze Gegenstände (Pfählung) oder durch ungeschickt verabreichte Klysmen. Es kann zur Peritonitis und Verjauchung des Beckenzellgewebes kommen. Verletzungen kommen auch zustande bei der Defäkation durch übermäßiges Pressen und bei Überanstrengung der Bauchpresse. Die Mastdarmampulle kann auch als Depot verwendet werden für gestohlene und verheimlichte Sachen,

z. B. von Morphinisten für Morphin und Spritze beim Eintritt in eine Entziehungsanstalt. Als Folge von Bauchfellentzündungen bleiben des öfteren Verwachsungen zurück. Über traumatische Ätiologie von Hernien s. d. Art.: Hernie und Trauma.

*Verletzung der Harn- und Geschlechtsorgane.* Verletzungen der *Harnleiter* sind selten. Der Ureter wird bei schwerer Gewalteinwirkung gegen die Wirbelsäule gepreßt oder gequetscht, ganz oder teilweise durchtrennt unter Entstehung eines Blutergusses. Die *Harnblase* kann rupturieren oder in gefülltem Zustand bersten oder bei Beckenbrüchen gespießt werden; es tritt Blutharnen ein. Ein Blasenriß kann intra- oder extraperitoneal entstehen, da die Harnblase nicht in ihrer Totalität vom Peritoneum überzogen ist. Eine Verletzung der männlichen *Harnröhre* kann durch Kontusion oder durch Beckenbruch erfolgen. Verletzungen der Harnröhrenschwellkörper können zur völligen Durchquetschung der Harnröhre führen. Die Heilung von Rupturen geschieht oft unter Entstehung von Strikturen oder Harnfisteln. Ein Eindringen von Fremdkörpern in die Urethra, meist bei masturbatorischen Manipulationen, kann Verletzungen, auch Zerreißungen schaffen. Der *Penis* kann beim Überfahrenwerden gequetscht werden. Eine Abreißung desselben oder seiner äußeren Haut kann bei Arbeitern vorkommen (Schindung), die von einem Transmissionsriemen erfaßt werden, dabei kann es zu einer Verkrümmung des Penis kommen. Es kann eine Quetschung des *Scrotums* mit Blutaustritt unter die Haut oder ein Abriß der Haut, ja des ganzen Scrotums samt den Hoden, ein Verlust der *Hoden* oder eine Atrophie derselben erfolgen. Eine Kontusion des Hodens und Nebenhodens kann wegen der großen Empfindlichkeit derselben einen Kollaps herbeiführen oder eine beträchtliche Blutung in Hoden und Nebenhoden verursachen. Coitusverletzungen spielen keine große Rolle. Eine Gangräne des Penis kann zustande kommen bei fahrlässiger Circumcisio, wo mit der Vorhaut ein Teil der Eichel abgekappt werden kann, wodurch eine septische Infektion entstehen kann. Verletzungen des *weiblichen Genitales* kommen zustande, wenn Damm und Scheide durch Auffallen auf eine vorstehende Kante oder Pfählung oder durch Hornstoß von Tieren oder durch Messerstich und -Schnitt getroffen werden. Eine Blutung aus der Clitoris oder aus Varicen, besonders während der Schwangerschaft ist sehr gefährlich. Eine subcutane Quetschung durch Rittlingsfallen kann ein Haematoma vulvae erzeugen. Die *Scheide* kann durch Einführen von Fremdkörpern bei masturbatorischen Manipulationen geschädigt werden, wobei oberflächliche Verletzungen entstehen, aber auch extraperitoneale Wunden. Es kann auch das Peritoneum eröffnet werden, Organe durchspießt werden, der Fremdkörper kann herausragen. Die Verletzung der äußeren Genitalien setzt starke Blutungen. Eine Clitorisblutung kann zur Verblutung führen. *Coitusverletzungen* kommen mitunter vor infolge ungestümen, gewaltsamen Vorgehens. Durch subcutane Blutergüsse kommen Hämatome der Vulva und Vagina zustande. Ein Prolaps der Scheide kommt vor infolge Erschlaffung des ganzen Genitales. Eine Verlagerung des *Uterus* in Form einer Retroflexio oder Anteflexio kann durch ein Trauma entstehen. Verletzungen der inneren Geschlechtsorgane sind selten. Verletzungen der Gebärmutter können bei gesundem, nicht schwangerem Uterus durch direkte Gewalt entstehen bei Pfählung, Hornstoß von Tieren oder bei Beckenbrüchen. Bei schwangerem Uterus haben die Verletzungen noch größere Bedeutung, ebenso kann eine direkte Verletzung erfolgen durch Stich, Schuß oder durch Bauchaufschlitzen bei Hornstoß von Tieren, in-

direkt kann sie erfolgen durch Sturz aus großer Höhe. Die Blutung kann dann in die Bauchhöhle oder in die Gebärmutterhöhle erfolgen. Eine Ruptur des Uterus kann vollständig oder unvollständig auf Serosa oder Schleimhaut beschränkt sein. Verletzungen durch Beckenbrüche kommen am schwangeren Uterus eher zustande. Ein Unfall ist von Einfluß auf das Wachstum eines Myoms. Daß ein Abortus nach Unfall, besonders nach Mißhandlung, auftreten kann, ist eine bekannte Tatsache. Verletzungen können vorkommen durch ungeschicktes Anlegen der Zange, Mißgriffe bei einer Wendung oder bei Placentalösung anläßlich einer Entbindung, da kommt es dann zu einer Zerreißung des Scheidengewölbes.

*Verletzungen der Gliedmaßen.* Verletzung der *großen Gefäße* bedingt stets Lebensgefahr infolge Verblutung, wenn nicht sehr schnell Hilfe zur Hand ist. Die *Muskeln* können durchschnitten oder zerrissen werden, es erfolgt Heilung mit Hinterlassung von Narben, *Sehnen* werden durchtrennt oder abgerissen. *Nerven* erfahren eine Unterbrechung des Leitungsvermögens durch Schnitt oder Schuß. Bei vollkommener Durchquetschung motorischer Nerven tritt Lähmung auf. Bei Verletzung sensibler Nerven eine Herabsetzung oder Aufhebung der Hautempfindung in einem Bezirke. Eine weitere Folge der Verletzung ist Muskelschwund. Zur Verletzung der *Gelenke* kommt es bei gewaltsamer Zerrung oder Kontusion. Die Quetschung des Gewebes ist verbunden mit Einrissen an Bändern und Kapsel und mit einer Blutung in die Gelenkshöhle. In weiterer Folge bleiben oft Gelenksversteifungen und Ankylosen zurück. Durch Maschinenverletzungen und Explosionen kann es zur Zertrümmerung und Abreißung im Gelenke kommen. Traumatische Luxationen gehen häufig mit Kapselriß und intraartikulären Absprengungen einher. Bei Luxationen oder Frakturen kommt es auf die Dauer der Unbrauchbarkeit der Extremität an. Eine Quetschung der *Knochenhaut* erfolgt ohne Mitbeteiligung des Knochens dort, wo der Knochen direkt unter der Haut liegt, wie an der vorderen Tibiakante. Außer isolierten Einrissen kann sich durch Blutung ein Hämatom entwickeln und dann eine umschriebene Auftreibung des Periosts entstehen. *Knochenbrüche* bedingen Unbrauchbarkeit der Extremität, auch einfache Brüche können eine Pseudarthrose entstehen lassen mit nachfolgender Verkürzung der Extremität, ferner können auch Dislokationen der Bruchenden vorkommen. Es können unter der Einwirkung der Gewalt Fissuren des Knochens oder im jugendlichen Alter traumatische Epiphysenlösungen zustande kommen. Die Heilung geschieht durch Callusbildung; durch längere Inaktivität kommt es zur Muskelabmagerung. Die Heilung kann in winkeliger Dauerabknickung geschehen und zu einer Dauerdeformität führen. Komplizierte oder Komminutivfrakturen brauchen längere Zeit zur Heilung. Eine Verletzung des Knochens kann zur Entwicklung einer Osteomyelitis, eines Sarkoms oder einer lokalen Tuberkulose führen; bei kranken Knochen zu einem Sarkom, Ostitis fibrosa, oder bei gewissen neuropathischen Prozessen, wie bei Tabes, können Spontanfrakturen vorkommen. Ausgedehnte Knochen- oder Weichteilquetschungen können den Tod durch Verblutung, durch Shock oder Fettembolie herbeiführen. Offene komplizierte Knochenfrakturen und Gelenksverletzungen neigen zur Wundinfektion.

*Schrifttum.*

*v. Hofmann-Haberda:* Lehrbuch der gerichtl. Medizin. XI. Aufl. Wien u. Berlin 1927. **Michel.**

**Verlust der Sprache** siehe *Aphasie als Verletzungsfolge.*

**Verlust des Gesichtes** siehe *Forensische Ophthalmologie.*

**Verlust des Sehvermögens auf einem Auge oder beiden Augen** siehe *Forensische Ophthalmologie.*

**Verminal** siehe *Schädlingsbekämpfungsmittel.*

**Vernix caseosa** (= V.c.). (Vgl. auch Art.: Fruchtwasser; Kindestötung; Meconium.)

Die V.c. (käsige oder Fruchtschmiere) besteht aus Oberhautzellen, welche durch das Sekret der Talgdrüsen zusammenkleben und sich an der Haut der Frucht anhäufen und namentlich an Stellen, die mit den Eihäuten weniger in Berührung kommen, dickere Lagen bilden. Es ist eine salbenartige weiße Schmiere, welche die Frucht schlüpfrig macht und den Durchtritt des Kindes beim Geburtsvorgang erleichtert. Die Bildung der V.c. beginnt im 5. Embryonalmonat. Gegen Ende der Tragzeit sammeln sich in der V.c. auch immer mehr Lanugo-(Woll-)haare. Die Reichlichkeit der V.c. ist bei den einzelnen Neugeborenen sehr verschieden. Es kommt auch vor, daß V.c. außerordentlich spärlich vorhanden ist, ja auch fehlt, so daß solche Neugeborene dann wie gewaschen aussehen. Die Reinigung des Kindes von der V.c. kann neben andern Umständen auch als Hinweis dafür aufgefaßt werden, daß das Kind bei

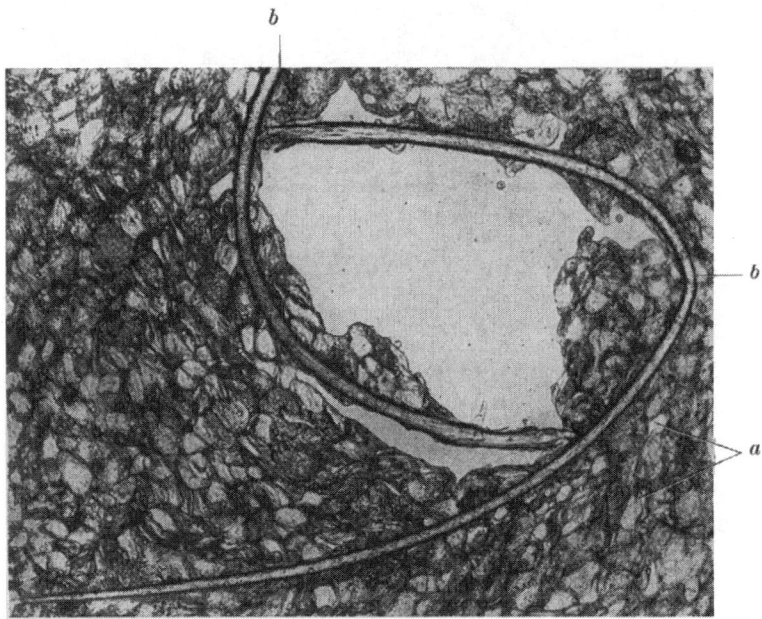

Abb. 1. Nativpräparat eines Ausstriches käsiger Schmiere.
*a* = massenhafte Vernixzellen. *b* = ausgefallene Körperhaare des Neugeborenen.

der Geburt gelebt hat, da gewöhnlich nur lebende Kinder nach der Geburt sorgfältig von der V.c. befreit und gewaschen werden.

Die Untersuchung auf die V.c. kann in Fällen von Kindesmord oder Geburtsverheimlichung in Frage kommen. In frischem Zustand ist die V.c. eine weiße talgige, fette Schmiere, die oft noch mit Kindspech und Blut verunreinigt ist. In trockenem Zustand sintert sie zusammen und bildet auf der Unterlage etwas dunklere dünne Schüppchen und Auflagerungen. Zur Untersuchung solch eingetrockneter Spuren weicht man die Flecken auf, schließt sie in Glycerin oder Wasser ein und untersucht mikroskopisch. Dabei erkennt man die kernlosen V.c.zellen, die oft eigentümlich zusammengeschoben und zerknittert aussehen, ferner Fetttröpfchen, Fettkristalle und

Cholesterinkristalle. Als das bezeichnendste Merkmal gelten die Wollhärchen, marklose feine Haare mit fein ausgezogener Spitze und deutlichem Oberhäutchen, das nach *Lochte* eine Zähnelung vermissen läßt. Die Lanugohaare sind an den kolbenförmigen nackten Wurzeln als ausgefallene Haare zu erkennen. Zur Untersuchung wird auch empfohlen, die Spuren in Chloroform oder Äther zu entfetten und nach Trocknung den Fleck in physiologischer Kochsalzlösung zu macerieren, dann auszuschleudern und den Bodensatz zu untersuchen. Fehlen die Lanugohaare, läßt sich V.c. nicht beweisen, es sei denn, das Kindspechkörperchen gefunden werden. Sehr zweckmäßig ist es, Ausstriche der macerierten Flecke zu färben, wozu sich die Färbung nach *Gram* sehr gut eignet. Die V.c.zellen erscheinen dabei mehr oder weniger intensiv blau, zumal wenn die Präparate in Formalin fixiert waren.

*Schrifttum.*

*Fraenckel, P.:* In *Lochtes* Handb. gerichtsärztl. und polizeiärztliche Technik. Wiesbaden 1914. — *Haberda:* Lehrbuch der gerichtl. Medizin. 11. Aufl. Berlin u. Wien 1927. — *Haberda:* Zur Lehre vom Kindesmord. Beitr. gerichtl. Med. **1**, 67. — *Lochte, Th.:* Atlas menschlicher und tierischer Haare. Leipzig 1938. — *Merkel* u. *Walcher:* Gerichtsärztliche Diagnostik und Technik. Leipzig 1936. — *Reuter, K.:* Naturwissenschaftlich-kriminalistische Untersuchungen menschlicher Ausscheidungen. *Abderhaldens* Handb. der biologischen Arbeitsmethoden. **IV**/12. Berlin u. Wien 1934. *Holzer.*

**Veronal** siehe *Schlafmittel.*

**Verrenkungen** siehe *Verletzungen durch stumpfe Gewalt.*

**Verschüttung** siehe *Tod und Gesundheitsbeschädigung durch gewaltsame Erstickung.*

**Versendung von Untersuchungsmaterial.** (Vgl. auch Art.: Bakteriologische Untersuchungen in der gerichtlichen Medizin; Konservierung anatomischer Präparate; Konservierung breiiger, flüssiger und winziger Stoffe; Tod und Gesundheitsbeschädigung durch Gift im allgemeinen.)

Um die einwandfreie Untersuchung von eingesandtem Untersuchungsmaterial sicherzustellen, ist die geeignete Verpackung und Versendung desselben eine wichtige Voraussetzung. Eine Reihe von Maßnahmen und Regeln, die im folgenden dargelegt werden, haben sich dabei sehr gut bewährt.

Die zur *chemischen Untersuchung* bestimmten Leichenteile sind in Gefäßen aus Glas oder glasiertem Porzellan mit Schweinsblase verschlossen und versiegelt, so daß ohne Verletzung des Siegels nichts entnommen und zugefügt werden kann, sofort nach der Sektion, bruchsicher in Holzwolle und Wellpappe in einer Kiste verpackt, als Expreßgut oder Postpaket einzusenden. In dringenden Fällen käme die Überbringung durch Boten, evtl. im Kraftwagen in Frage. Gewöhnliche Tongefäße und Pergamentpapier sind auszuschließen, da beide Blei enthalten und das Untersuchungsmaterial dadurch verunreinigen würden. Für den Versand sind auch die im Haushalt verwendeten Weckgläser sehr gut geeignet.

Vor Versendung sind diese mit frischem Brunnenwasser zu reinigen. Um Verunreinigungen zu vermeiden, dürfen diese nicht mit einem Tuch trockengerieben werden; sie können naß gefüllt werden. Eine Konservierung des für die chemische Untersuchung bestimmten Materials durch Zusatz irgendwelcher Konservierungsmittel wie Alkohol, Formalin, Carbolsäure u. a. ist unter allen Umständen zu unterlassen, da alle sog. Konservierungsmittel als Gifte in Frage kommen oder den Nachweis wirklich vorhandener Gifte erschweren, wenn nicht unmöglich machen. Am besten schützt man das Untersuchungsmaterial durch Einpacken in Eis vor Zersetzung. *Mameli* empfiehlt die Anwendung flüssiger Luft, die durch ihre niedrige Temperatur jeden Fäulnisprozeß sowie den Verlust leicht flüchtiger Gifte (Kohlenoxyd, Blausäure) verhindert.

Für die *mikroskopische Untersuchung* bestimmte Leichenteile, sofern diese nicht frisch durch Boten sofort überbracht werden können, werden in eine schwache Formalinlösung (1 : 9) in geeigneten Glasgefäßen eingelegt und bruchsicher verpackt versandt. Beim Tode durch Elektrizität brauchen nicht bestimmte Teile des Gehirns zurückgehalten werden. In solchen Fällen sind die Strommarken der Haut aufzubewahren und zwar *nicht* in Fixierungsflüssigkeit.

Für *anatomische Untersuchungen* müssen Leichenteile sofort nach der Sektion entweder frisch durch Boten oder locker eingehüllt in einer mit schwacher Formalinlösung getränkten Gaze, Leinwand o. a., evtl. noch mit *Billroth*batist umwickelt und in ein kleines Holzkästchen verpackt eingesandt werden. Stärkere Formalinlösung ist zu vermeiden, da die Gewebe sonst zu hart werden. Auf keinen Fall dürfen ganze Organsysteme (z. B. die weiblichen Genitalien oder der ganze Magen) in ein enghalsiges Glas gestopft und mit Formalin übergossen werden, da schon nach kurzer Zeit durch die Härtung eine Entnahme, Präparation und die Wiederherstellung der ursprünglichen Lage und Gestalt unmöglich wird. Bei Stichverletzungen muß sich z. B. an den Genitalien oder an den Halsorganen der ganze Verlauf der Verletzung verfolgen lassen. Knochen, Schädel und Schädeldach zur Präparation und Begutachtung werden am besten frisch eingesandt, d. h. ohne Behandlung mit Formalin. Hautstückchen zur Begutachtung von Nahschuß, Pulvereinsprengung, Ein- oder Ausschuß, Fremdkörpereinpressung in Wunden sind ganz frisch auf Pappdeckel angedrückt einzusenden, nicht zusammengerollt. Findet sich an der Hand, mit der geschossen worden ist, Schmauch, so ist ebenfalls ein darauf verdächtiges Hautstück auszuschneiden und ohne Zusatz von Fixierungsflüssigkeit zu asservieren.

Die für die *Blutuntersuchung* eingesandten Gegenstände, besonders Kleider und Wäsche usw., mit frischen oder z. T. ausgewaschenen Blutspuren müssen vor der Versendung vollkommen getrocknet werden, da sonst durch Fäulnis oder Schimmelbildung in den zusammengepackten Gegenständen der Blutnachweis sehr gestört werden könnte. Am besten legt man zwischen die für die Untersuchung wichtigen Stellen sauberes Papier oder umhüllt die Gegenstände mit besonders verschlossenen Papierbeuteln zum Schutz gegen das Abbröckeln und Verstreuen der Untersuchungsobjekte. Wichtige Stellen werden durch Sicherheitsnadeln und Papierfähnchen markiert.

Blut zur Blutalkohol- und zur Blutgruppenbestimmung ist in Venülen, die gegen Zertrümmerung durch Einlegen in eine Blechhülse und außerdem durch eine dicht anliegende Holzhülse gesichert werden, in starkem Papierbeutel als Eilbrief einzusenden. Ein Zerbrechen der Venülen innerhalb der Blechhüllen läßt sich durch Einwickeln in Fließpapier vermeiden.

Kleinere Untersuchungsgegenstände wie Haare, Holzstückchen, Staub verschiedener Art u. a. sind in mehrfach zusammengelegtes Papier zu hüllen und in einer Glasdose zu verschließen.

Sperma kann in sauberen Reagensgläsern, die in Blechhülsen und Holzkästchen verpackt sind, versandt werden. Zur Untersuchung kleiner Spermamengen (Notzucht, Lustmord) wird am besten Sekret von Scheidengewölbe, Cervix und Uterushöhle auf getrennte Leinwandläppchen aufgetragen und vollkommen getrocknet eingesandt. Oder man bringt das Untersuchungsmaterial gleich auf einige Objektträger und bedeckt diese mit Deckgläschen.

Bei der Einsendung verschiedener Untersuchungsgegenstände ist zu beachten, daß diese einzeln für sich verpackt und genau bezeichnet werden. Außerdem ist gesondert ein Verzeichnis über Zahl und Bezeichnung der Untersuchungsgegenstände beizufügen.

*Schrifttum.*

*Gadamer:* Lehrbuch der chem. Toxikologie. Göttingen 1924. — *Mameli:* Über die Anwendung flüssiger Luft in der Toxikologie. Boll. Soc. med.-chir. Pavia **1910**. — *Pietrusky:* Vorschläge für die Änderung der Vorschriften über das Verfahren bei der gerichtlichen Untersuchung von Leichen. Dtsch. Z. gerichtl. Med. **21**, 103 (1933). — *Reuter:* Naturwissenschaftlich-kriminalistische Untersuchungen menschlicher Ausscheidungen. In: *Abderhaldens* Handb. der biologischen Arbeitsmethoden **IV**/12. Berlin u. Wien 1934. **Paulus.**

**Versicherungsbetrug** (= Vb.). (Vgl. auch Art.: Aggravation; Dissimulation; Fingierte Verbrechen; Selbstbeschädigung; Simulation.)

Das Versicherungswesen ist in allen Kulturstaaten in steigendem Maße zu einem Faktor größter volkswirtschaftlicher und sozialer Bedeutsamkeit geworden. Damit hat auch der Vb. — ein Delikt, das in der Möglichkeit eines Versicherungsabschlusses oder dem Abschluß einer Versicherung überhaupt erst seinen Ansatzpunkt findet — eine recht große soziale, volkswirtschaftliche und kriminologische Bedeutung erlangt. Vom psychologischen und psychiatrischen Standpunkte ist als besonders belangvoll hervorzuheben, daß der Abschluß einer Versicherung in sich schon den Anreiz gibt, wenigstens den Einsatz herauszubekommen, wenn nicht sogar erhebliche Gewinne zu erzielen, — einen Anreiz, der für manche und nicht seltene Charakterformen und Charakterabartungen außerordentlich verlockend wirken muß. Bedenkt man die außerordentliche Verbreitung des Versicherungswesens, so ergibt sich eine ungeheure Bedeutung des Versicherungsbetruges nicht nur in ethischer, sondern auch in psychologischer und psychopathologischer Beziehung. „Massenepidemien" von Vb. stellen keine Seltenheit dar.

Um einige Beispiele dieser Art anzuführen, sei verwiesen auf die Darstellung von Versicherungsbetrügerbanden (s. *Conen*, Feuer- und Unfall-Vb., *Klaar*, Feuer-Vb., *Nelken*, Feuer- und Unfall-Vb.). Es sei aber insbesondere an Erfahrungen über Massenbetrügereien nicht eigentlich bandenmäßiger Verknüpfung, sondern fast „epidemischer" Art erinnert. *Conen* berichtet z. B. von 40 Versicherungsbetrugsdelikten innerhalb weniger Monate in einem kleinen Dorf der Eifel, *Nelken* über Beobachtungen in dem Dorfe Weißwasser (Verkehrsunfälle vorgetäuscht bei 16 verschiedenen Gesellschaften, so daß das Dorf prozentual weit mehr Verkehrsunfälle aufwies als Berlin). An anderer Stelle erwähnt *Nelken* neben dem „Verschönerungsverein von Eppendorf" (Brandstifterbande) die Vorkommnisse in Siebenlehn, wo der Bürgermeister zwecks Neuaufbau der Stadt mit der Feuerwehr 43 Brände anlegte.

Stellt man sich dann noch vor Augen, daß die Skala der Versicherungsbetrüge vom Bereich eben noch zulässiger geschäftlicher Bestrebungen über die übertreibende Darstellung entschädigungspflichtiger

Sachverhalte, über rentenneurotische Verhaltensweisen und rein simulative Darstellungen bis zum Verbrechen des Mordes in Tateinheit mit Vb. geht, so wird neben der Mannigfaltigkeit der Delikte, die häufig eine Mehrheit selbständiger strafbarer Handlungen darstellen, die volksethische Bedeutung einerseits und andererseits die psychopathologische Beachtlichkeit dessen, was wir unter Vb. zusammenfassen müssen, vollends klar. Es ist fast müßig, Zahlen über die Häufigkeit des Versicherungsbetruges anführen zu wollen, da er sicher wesentlich häufiger ist, als aus bekanntgewordenen Fällen zu errechnen ist.

Nur einige Zahlen seien angeführt: *Hübner* erwähnt eine vom Verband deutscher Lebensversicherungsgesellschaften angegebene Zahl: von 26 Gesellschaften sind bei 17 304 fällig gewordenen Versicherungen 168 Betrugsfälle (zwei Versicherungsmorde, zwei vorgetäuschte Selbstmorde, drei vorgetäuschte Unfalltodesfälle, eine Vorlage falscher Sterbepapiere, zwei Erschleichungsversuche, 158 Fälle von Anzeigebetrug) bekanntgeworden. Bei 926 Fällen von Dorfkomplexbränden wurde Brandstiftung (zumeist Vb.) vermutet oder erwiesen in 226 Fällen (zitiert nach *Burchardt*). Entsprechende Zahlen in der Sparte der Haftpflicht- und Unfallversicherungen usw. sind uns nicht bekanntgeworden; sie sind sicher prozentual nicht gering.

In das Versicherungswesen sind ärztliche Funktionen in wesentlichen Grade eingeschaltet. Daraus geht die große Verantwortung des Arztes für volkswirtschaftliche und volksethische Belange hervor, die er sich stets — insbesondere vor der Abgabe von Attesten — vor Augen halten sollte. Im folgenden sei eine kurze, notwendigerweise unvollständige Zusammenstellung der wesentlichsten Formen des Vb. gegeben. Sie sind im übrigen so verschieden, wie die Betrüger und die Versicherungsbedingungen verschieden sind.

*1. Lebensversicherungsbetrug* (= *Lebensvb.*). Das Hauptkontingent des Lebensversicherungsbetrugs entfällt auf die betrügerische Verletzung der *Anzeigepflicht* (nach § 16, Abs. 1, des deutschen Versicherungsvertragsgesetzes [VVG.] hat der Versicherungsnehmer bei der Schließung des Vertrages alle ihm bekannten Umstände, die für die Übernahme der Gefahr erheblich sind, anzuzeigen). Als Beispiele dieser Art erwähnt *Hübner* Verschweigen stattgehabter oder noch statthabender ärztlicher Behandlung, falsche Angaben über den Beruf, über die Lebensweise, Verschweigen der Ablehnung durch andere Lebensversicherungsgesellschaften, Verschweigen früherer Selbstmordversuche, ständigen Genusses alkoholischer Getränke, durchgemachter Schlaganfälle, syphilitischer Erkrankungen, epileptischer Anfälle und sonstiger Bewußtseinsstörungen. Schwierig kann die Auslegung des Begriffs ,,erhebliche Umstände'' sein. Jedoch wird nach den von *Hübner* mitgeteilten Gerichtsentscheidungen in der deutschen Rechtsprechung diese Frage nicht nach der persönlichen Ansicht über ,,erheblich'' und ,,unerheblich'' entschieden, sondern objektiv unter Berücksichtigung des besonderen Falles. Als erheblich gilt nach § 18 VVG. im Zweifel ein Umstand, nach dem der Versicherer ausdrücklich und schriftlich gefragt hat.

Genaueste Untersuchung des Antragstellers ist häufig imstande, Dissimulation (s. d.) zu erkennen. Wahrheitsgemäße und genaueste Beantwortung der Fragen schützt den Arzt vor dem evtl. Vorwurf einer bewußten Beteiligung am Vb. Bekannte Betrugsversuche gegenüber dem Arzt sind z. B. die Entzuckerung des Urins durch vorherige, verschwiegene Insulinbehandlung, Unterschiebung gesunder Personen an Stelle des kranken Antragstellers, Unterschiebung eiweißfreien Urins, Vorlage der Röntgen-

bilder anderer Personen. Gelegentlich ist auch die Unterschiebung falscher Urinreagenzien durch ärztliche Antragsteller bekanntgeworden. Der Versuch der Vortäuschung in Wirklichkeit fehlender Reflexe ist bei beginnender Tabes gleichfalls beschrieben worden. — Der Arzt sollte sich auch nie dazu entschließen, eine durchgemachte Behandlung des Antragstellers als unwichtig anzusehen und sie deswegen in der Fragebeantwortung wegzulassen, wenn er auch noch so sehr unter dem Eindruck steht, es habe sich seiner Zeit um eine harmlose Störung oder um eine Fehldiagnose gehandelt. Bedeutsam ist das z. B. geworden in Fällen multipler Sklerose, die bekanntlich oft in Schüben mit weitgehenden Remissionen verläuft. Auch die Untersuchung selbst muß genau sein, sollen Schädigungen des Versicherers und Kuriosa, wie die von *Vadja* beschriebenen Fälle, vermieden werden (z. B. Attestierung beiderseits gut erhaltener Patellarreflexe bei einem Oberschenkelamputierten, beiderseits gute Lichtreaktion der gleichweiten Pupillen bei einseitigem Glasauge, Ablehnung eines gesunden Antragstellers wegen früherer Fehldiagnose eines Herzfehlers). Ebenso wie die genaueste *Ausstellung der Versicherungsatteste* ist auch die pflichtgemäße *Ausstellung der Todesscheine* eine Notwendigkeit, soll der Arzt nicht zum bewußten oder unbewußten Handlanger von Versicherungsbetrügern werden. Es werden nicht selten aus irgendwelchen vorgeschobenen Gründen Gefälligkeitsbescheinigungen über die Todesart gewünscht, ohne daß der Arzt überhaupt an die Vorlage dieses Scheins bei einer Versicherungsgesellschaft denkt. Es macht für die Belange einer Lebensversicherungsgesellschaft sehr viel aus, ob die Diagnose z. B. lautet: ,,Suicid durch Kleesalz'' oder ,,Unterleibskrebs'', ,,Delirium tremens'' oder ,,fieberhafte Gastritis mit Singultus''. *Hübner*, der solche Fälle berichtet, betont die Strafbarkeit solcher fälschlicher Atteste. — Daß dem Arzt auch im übrigen Umstände, die auf einen Vb. hinweisen können, oft verschwiegen werden, sei der Vollständigkeit halber erwähnt. Völlige Leichenbesichtigung, evtl. auch die Forderung nach Obduktion nur kann den Arzt vor betrügerischen Täuschungen bewahren. Bekanntgeworden sind z. B. Versuche der Vertuschung eines nicht entschädigungspflichtigen Selbstmordes durch die Art der Leichenaufbahrung, falsche Angaben über den Todeshergang (z. B. Angaben über einen angeblich durch Sturz auf der Treppe zugezogenen Schädelbasisbruch an Stelle des tatsächlich erfolgten, von den Versicherungsbedingungen ausgenommenen Schlaganfalls). Besondere Bedeutungen haben in dieser Beziehung die *Selbstmorde*. Hier sind eine Reihe von Fällen sog. *Opfertodes*, der als Raubmord oder Unfalltod vertuscht wurde, bekanntgeworden. Einen sehr bemerkenswerten Fall dieser Art beschreibt *Florschütz* (Selbstmord durch Erhängen, anschließende Fesselung der Leiche durch einen Bekannten auf schriftliche Bitte des Selbstmörders hin). Einen ähnlich gelagerten Fall erwähnt *Riedmayr* (Suicid mit vorgetäuschtem Raubmord). *Nippe* beschreibt einen gleichfalls hierher gehörigen Fall.

Über die Häufigkeit und Bedeutung der Selbsttötung in der Lebensversicherung finden sich Angaben bei *Hübner* und in der neueren Arbeit von *Kaewel*, der erwähnt, daß in zwölf Jahren bei der Hannoverschen Lebensversicherung bei 5,77 % aller Sterbefälle eine Selbsttötung vorlag und daß bei Berechnung auf die fällige Versicherungssumme der Anteil gar 9,58 % betrug (Mittelwerte bei jährlichen Schwankungen bis zu 12,3 bzw. 24,1 %). Der Arzt wird bei Selbstmordfällen häufig gutachtlich entscheiden müssen, ob ein Zustand krankhafter Störung der Geistestätigkeit vorgelegen hat (nur dann ist nach § 169 VVG. Leistungspflicht vorgesehen, während einzelne Versicherer noch weitere Einschränkungen bezüglich der Leistungspflicht bei Selbstmord [etwa Einführung der zweijährigen Karenzzeit] machen).

Daß der Anreiz der zu erwartenden Lebensversicherungssumme für verbrecherische Elemente recht groß ist und er diese auch vor schwersten Verbrechen nicht zurückschrecken läßt, hat die Erfahrung mehr und mehr gezeigt. Fälle von Mord zwecks Erlangung einer Versicherungssumme sind nicht vereinzelt geblieben; es kann auf die Darstellung dieser Fälle verwiesen werden.

*Grempe* beschreibt die bekannten Fälle *Tetzner* und *Saffran-Kipnik* (Ermordung eines Fremden, Vortäuschung eigenen Unfalles mit anschließender Verbrennung der Leiche), *Paessler* den Fall *Cessero* (Mord wegen einer Versicherungspolice), *Raestrup* veröffentlicht den Fall eines Gattenmordes mit anschließender Vortäuschung eines Kraftwagenunfalls und Verbrennung des Kraftwagens und der Leiche. *Schwarz* erwähnt einen ähnlichen Fall (Mord unter Vortäuschung eines Verkehrsunfalls). *Engelhardt* schließlich beschreibt eingehend den Heiratsschwindler, Mörder und Versicherungsbetrüger *G. J. Smith*, der — als berufsmäßiger Verbrecher — seine Frau in der Badewanne durch Hochziehen der Beine ertränkte, nachdem er vorher durch Berichte über angeblich epileptische Anfälle der Frau den Arzt irregeführt hatte.

Auf die kriminologischen Besonderheiten solcher Fälle kann hier nicht eingegangen werden; es muß auf die erwähnten Originalarbeiten und weitere in dieses Gebiet fallende Arbeiten (*Orth, Heindl, Pietrusky, Polke, Zangger*) verwiesen werden. Bezüglich der Häufigkeit solcher Versicherungsmorde ist einer vom statistischen Reichsamt durchgeführten Untersuchung zu entnehmen, daß unter 124 rechtskräftig verurteilten Mördern der Jahre 1928—1930 fünf den Mord begingen oder dazu anstifteten, um eine Lebensversicherungssumme zu erhalten.

Versicherungsbetrugsfälle, in denen tödliche Unglücke vorgetäuscht wurden, ohne daß es gleichzeitig zu dem Verbrechen des Mordes usw. kam, sind gleichfalls bekannt. Erwähnt seien der von *Hübner* mitgeteilte Fall, in dem tödlicher Sturz in eine tiefe Gletscherspalte durch fingierte Begleitumstände vorgetäuscht wurde, der vom gleichen Autor erwähnte Fall eines fingierten Ertrinkungstodes und der von *Hübner* eingehend mitgeteilte Fall *Dora Kellners* (Brandstiftung mit Verbrennung eines gestohlenen Skeletts).

*2. Feuerversicherungsbetrug* (=*Feuervb.*). Der Feuervb. an sich hat für den Arzt weniger Interesse als der Betrüger selbst, da er diesen häufig zu begutachten haben wird. Neben dem Typ des abgefeimten Verbrechers, der u. a. auch Feuervb. begeht, ist es besonders die Psychologie des ländlichen Brandstifters (s. d. Art.: Brandstiftung) und Versicherungsbetrügers, die Interesse verdient. Erwähnt seien hier die Arbeiten von *Reinhardt*, der sich neben Fragen der Häufigkeit des Verbrechens (er kommt zu erschreckend hohen Zahlen) insbesondere mit der Psychologie der Täter beschäftigt hat. Er kommt zur Feststellung einer vorwiegend monotropen Kriminalitätsform (unter 230 Tätern 105 Vorkriminelle), stellt unter den Betrügern etwa 14 % überdurchschnittlich Intelligente, aber auch 14 % Schwachsinnige (vorwiegend Debile) fest und nennt als gemeinsames Merkmal dieser Betrüger die „Haltschwäche". Eine Arbeit von *Schmerler* gibt neben wichtigen Hinweisen kriminologischer Art gleichfalls psychologische Bereicherungen. Das gleiche gilt von der Arbeit von *Klaar* und der Arbeit von *Byloff* über die Psychologie der Brandstifter überhaupt.

*3. Versicherungsbetrug in der Kranken-, Invaliden-,*

*Haftpflicht- und Unfallversicherung.* Die in diesen Versicherungssparten vorkommenden Betrugsdelikte können, soweit sie ärztlich belangvoll sind, gemeinsam abgehandelt werden. Auch hier ist der starke aleatorische Anreiz der Versicherungsbedingungen nicht zu verkennen. Auch hier gibt es nicht nur abgefeimte Berufsverbrecher, die den Vb. zu einem einträglichen Gewerbe machen (solche Fälle sind in großer Zahl beschrieben, z. B. von *Merzbacher, Conen*), auch hier verstehen nicht nur Betrügerbanden, wie sie z. B. von *Nelken* (Fall *Richardz*) und *Conen* (Bande *Robertz*) geschildert werden, sich vorzüglich auf die Technik des Versicherungsbetrugs, sondern auch hier ist nicht zu verkennen, daß der in der Tatsache des Versichertseins liegende Anreiz eine recht große „Breitenwirkung" hat, die um so größer sein muß, je weniger Widerstandskraft, d. h. Charakterstärke, ihr entgegengesetzt werden kann. Wenn kurz die Möglichkeiten gestreift werden sollen, mit welchen der Versicherungsbetrüger operieren kann, so sind es neben dem Fingieren von Unfällen, der Herbeiführung kleinerer, aber „auswertbarer" Unfälle, der Simulation von Krankheitssymptomen, der Selbstausstellung ärztlicher Atteste und anderen Maßnahmen der Betrüger selbst vor allem die Leichtgläubigkeit und Attestierfreudigkeit vieler vertrauensseliger Ärzte, die den Vb. vollenden ließen. Ganz besonders gern werden neurologisch-psychiatrisch belangvolle Schädigungen, insbesondere postkommotionelle Störungen und angebl. Schädelbasisbrüche, imitiert. Die Symptome verschiedenster Erkrankungen, insbesondere aber der erwähnten Schädel- und Hirnschädigungen, sind in vielen Kreisen Versicherter außerordentlich gut bekannt (Konversationslexikon!). Äußerste Reserve bei der Ausstellung von Attesten, die sich nur auf Befundschilderungen beschränken sollten, allein kann es vermeiden, daß der Arzt und mit ihm das Ansehen seines Standes zum Opfer solcher betrügerischer Machenschaften wird. Mit steigender Erfahrung werden auch die Methoden der Betrüger raffinierter. Wie ausgeklügelt sie teilweise sind, kann eine kurze Zusammenstellung erkennen lassen:

*a) Betrügerische Anamnesen.* Falsche Angaben über die Vorgeschichte, z. B. Verschweigen von Kriminalität oder Anstaltsaufenthalt, sind ebenso wenig selten wie falsche Angaben über den Unfallhergang, die Schwere des Traumas und die von ihm primär bewirkten Erscheinungen. Nicht selten sollen erdichtete Unfälle Erkrankungen nichttraumatischer Art als entschädigungspflichtige Störungen erscheinen lassen (vgl. hierzu auch *Klieneberger*). Mitunter werden Unfälle in Szene gesetzt, die entweder dann zur Simulation nicht vorhandener Folgen des Unfalles oder aber zur Anerkennung tatsächlich vorhandener organischer Erkrankungen anderer Genese als Unfallfolge führen sollen. Besonders beliebt sind Unfälle durch Ausrutschen auf eigens hingeworfenen Bananenschalen und Unfälle durch angebliches Abrutschen vom Trittbrett des Eisenbahnabteils. Vorgetäuschte Fahrrad- und Automobilunfälle sind ebenfalls nicht selten. Die Erfahrungen des Bandenschwindels zeigen die Notwendigkeit der Vorsicht gegenüber Zeugenaussagen. Bekannt sind auch die „Narbenschwindler", die mit einer einmal vorhandenen Narbe immer neue Geschäfte machen (vgl. hierzu auch *Baum*). Attestfälschungen sind ebenfalls zu beachten.

In einem Fall unserer Beobachtung hatte der Betreffende sogar mit der fehlerhaften Drucklegung eines Vordrucks der Klinik, auf dem er sich 100 %ige Arbeitsunfähigkeit unter dem falsch geschriebenen Namen eines Arztes der Klinik attestierte, auf Jahre hinaus Erfolg, bis er gelegentlich einer Nachuntersuchung in der Klinik entlarvt wurde.

Hierher gehören auch jene Betrugsversuche, in denen nichtentschädigungspflichtige Unfälle dem Arzt als entschädigungspflichtige berichtet werden. Als gleichfalls hierher gehörige Betrugsform sei eine uns berichtete Beobachtung erwähnt: Ein Unfallverletzter, der mit schweren Wunden zu Bett lag, gab sich dazu her, mehrere gesunde Komplizen mit deren Personalien und Unfallanzeigen gegenüber mehreren Versicherungsgesellschaften zu vertreten, bis zufällig der gleiche Versicherungsarzt im Auftrag einer zweiten Versicherungsgesellschaft erschien. Daß begüterte Kreise von solchen Schwindeleien nicht ausgenommen sind, zeigt die Erfahrung, ist aber aus psychologischen Gründen besonders zu erwähnen.

*b) Betrügerisches Verhalten bei der Untersuchung.*

Eine Aufzählung der einzelnen hier vorkommenden betrügerischen Handlungen ist kaum möglich. Es muß in dieser Beziehung auf die Lehrbücher und Arbeiten, die sich mit der Frage des Simulationsnachweises beschäftigen, verwiesen werden. Angeführt seien *F. Lang, Goldmann, Benassi, Klieneberger, Kirch*, in deren Arbeiten ein guter Überblick über Simulation (s. d.) und deren Entlarvung gegeben wird. Wenn aus dem Kapitel der betrügerischen Verhaltensweisen bei der ärztlichen Untersuchung hier eine besonders erwähnt werden soll, nämlich die *betrügerische Darstellung krankhafter Zustände durch Medikamente*, so gibt dazu die Erfahrungstatsache Veranlassung, daß erstens an solche betrügerischen Methoden zu wenig gedacht wird, und zweitens hierin anscheinend auch eine allmähliche Häufung auftritt. Die Anwendung von *Atropin* zur Erzeugung von Pupillenstörungen als Restsymptome einer traumatischen Hirnschädigung ist mehrfach beschrieben. *Conen* erwähnt den Fall eines Rentenschwindlers, der *Atropin* und *Eserin* im Knauf seines Spazierstockes mit sich trug. *Scopolamin* wird vorzugsweise benutzt, um dem Arzte Störungen der Bewußtseinslage vorzuführen. Besonders beachtlich sind aber die durch *Schlafmittel*einnahme hervorgerufenen Störungen, da diese Mittel besonders leicht zugänglich sind und sie außerdem geeignet sind, dem Arzte sowohl neurologische als auch psychische Veränderungen anderer Entstehung vorzutäuschen. *Klieneberger* erwähnte bereits 1921 die Benutzung des *Veronals* zur Simulation geistiger Störungen. *Leu* erwähnt die Fehldiagnose einer Encephalitis durch Einnahme von *Veramon, Phanodorm* und *Coffetylin* vor den ärztlichen Untersuchungen, *Gayer* die Fehldiagnose einer Linsenkernschädigung nach Einnahme größerer *Luminal*dosen vor den ärztlichen Untersuchungen. *Dillon* und *Massani* berichten Vortäuschungen von Folgen eines nicht stattgehabten Unfalles durch *Medinal* (die Diagnose schwankte zwischen progressiver Paralyse und subduralem Hämatom). Wir selbst beobachteten die Vortäuschung traumatisch bedingter cerebraler Krampfanfälle durch organische Anfälle, die bei einem Luminalsüchtigen jeweils bei Luminalentzug im Krankenhaus auftraten, beobachteten die Vortäuschung als narkoleptischer Zustände aufgefaßter und zu langer Krankenhausobhut führender, schwerer, akuter Intoxikationen durch *Phanodorm*, die wöchentlich mehrmals in betrügerischer Absicht vorgenommen wurden, und letzthin gelang die Überführung eines Falles, wo zur Vortäuschung von Dämmerzuständen Phanodorm genommen wurde, das in großen Mengen in den Nähten des Schlafmantels eingenäht war. Zeigen diese Fälle schwerer Intoxikationen mit neurologischen Ausfällen und psychischen Veränderungen, die sämtlich in großen Krankenhäusern zu Fehldiagnosen führten, die Rücksichtslosigkeit der betrügerischen Maßnahmen gegenüber der eigenen Gesundheit in grober Form, so ist es außerdem notwendig, darauf zu verweisen,

daß auch bereits leichte Intoxikationen mit Schlafmitteln sehr geeignet sein können, ärztliche Untersuchungsergebnisse maßgeblich zu beeinflussen. Die Gefahr, daß insbesondere barbitursäurehaltige (in Deutschland jetzt unter Rezeptzwang gestellte) Schlafmittel von Versicherungsbetrügern und auch Rentenneurotikern vor ärztlichen Untersuchungen so benutzt werden, wie früher etwa der starke Bohnenkaffee, die Nicotinintoxikation oder der Aspirinmißbrauch von Drückebergern vor der wehrärztlichen Untersuchung, ist zweifellos groß. Es soll deshalb besonders hier darauf hingewiesen werden. Im übrigen führt die Besprechung dieser betrügerischen Methoden schon hinein in das Kapitel der

*c) Artefakte und Selbstbeschädigungen*, die aus betrügerischer Absicht vorgenommen werden. Auch hier ist es aus Raumgründen nicht möglich, eine Aufzählung zu bringen. Es sei auf die entsprechenden Artikel und im übrigen auf die entsprechenden Lehrbücher und Arbeiten verwiesen. Eine gute Zusammenstellung (gleichfalls auch hinsichtlich der Frage der Simulation und deren Kasuistik) gibt das Handbuch der Artefakte, herausgegeben von *Jul. Mayr.* Die Simulation entschädigungspflichtiger, *gewerblicher Erkrankungen* (*Bleivergiftungen, Quecksilbervergiftungen, Staublungenerkrankungen*) zum Zwecke des Versicherungsbetrugs ist gleichfalls hier zu erwähnen, da auch sie teilweise vor schweren Schädigungen des eigenen Körpers nicht zurückschrecken (s. d. Art.: Aggravation; Dissimulation; Selbstbeschädigung; Simulation).

Der Vb. in anderen als den bislang erwähnten Versicherungszweigen (z. B. der Diebstahlversicherung, der Reisegepäckversicherung, der Viehversicherung u. ä. m.) hat ärztlich nur wenig Interesse — es sei denn das Interesse an der psychischen Struktur der Täter, das aber keine besonderen Problemstellungen aufgibt und das hier übergangen werden kann.

Die Frage der *Verhütung des Vb.* ist für alle Kulturstaaten ungemein wichtig. Wenn auch feststeht, daß seine Häufigkeit von allgemeinen wirtschaftlichen Verhältnissen abhängt (vgl. dazu das starke Zurückgehen der Brandstiftungen in der Inflation und das starke Zurückgehen der vom Kapitel Vb. nicht zu trennenden Rentenneurose unter den wesentlich gehobenen sozialen Bedingungen in Deutschland nach 1933), so ist doch der induzierende, deletäre und destruierende Charakter gerade des Vb. so ausgesprochen, daß es zu den wesentlichsten Aufgaben des Arztes und der Rechtsprechung gehört, diese Seuche, wo immer sie auftritt, im Keime zu ersticken.

*Schrifttum.*

*Baum, H.:* Narbenschwindler. Ärztl. Mschr. **1925**. — *Benassi, G.:* Simulazione di infermità. La diagnosi della Simulazione. Rass. d. previd. soc. **11** (1924). — *Burchardt:* Kriminal. Mh. **11** (1937). — *Byloff, F.:* Zur Psychologie der Brandstiftung. Arch. Kriminol. **59** (1914). — *Conen, M.:* Vortäuschung von Unfällen und ihren Folgen in gewinnsüchtiger Absicht. Allg. Z. Psychiatr. **98** (1932). — *Dillon, F.* and *K. R. Masani:* Psychosis or malingering? J. ment. Sci. **83** (1937). — *Engelhardt, L.:* Der Heiratsschwindler, Mörder und Versicherungsbetrüger *G. J. Smith.* Arch. Kriminol. **96** (1935). — *Florschütz:* Fingierter Mord z. Erlangung der Lebensversicherung. Ärztl. Sachverst.ztg. **1912.** — *Gayer:* Rentenschwindel. Allg. Z. Psychiatr. **95** (1931). — *Goldmann, H.* u. *D. Lérai:* Krankheit oder Simulation. Leipzig u. Stuttgart 1930. — *Grempe, M.:* Feuerverbrechen u. Autounglück bei Mord und Versicherungsbetrug. Kriminal. Mh. **9** (1935). — Handb. der Artefacte, herausgegeben von *Jul. Mayr.* Jena 1937. — *Heindl:* Mord, Selbstmord oder Unfall? Arch. Kriminol. **93** (1933). — *Hübner, A. H.:* Die psychiatrisch-neurologische Begutachtung in der Lebensversicherungsmedizin. Leipzig 1928. — *Kaewel, R.:* Die Bedeutung der Selbsttötung in der Lebensversicherung. Mschr. Unfallheilk. **45** (1937). — *Kirsch, E.:* Methoden des Nachweises von Simulation und Übertreibung bei Unfallverletzten. Münch. med. Wschr. **1935 II.** — *Klaar:* Erfahrungen mit einer pommerschen Brandstifterbande. Arch. Kriminol. **101** (1937). — *Klieneberger, O.:* Zur Frage der Simulation (Anamnesenverfälschung). Z. Neur. **75** (1922). — *Klieneberger,*

*O.:* Über die Simulation geistiger Störungen. Z. Neur. **71** (1921). — *Klieneberger, O.:* Zur Frage der Simulation von Geistesstörungen. Jahresverslg. D. V. Psych. Dresden 1921. — *Lang, F.:* Die Simulation in der Unfallmedizin. Z. Unfallmed. **31** (1937). — *Leu, A.:* Vortäuschung eines Krankheitsbildes durch Medikamentenmißbrauch. Allg. Z. Psychiatr. **95** (1931). — *Merzbacher, L.:* Ein raffinierter Versicherungsschwindler. Arch. Kriminol. **38** (1910). — Mordstatistik. In Kriminalstatistik für das Jahr 1931. Berlin 1934. — *Nelken:* Der Fall *Richardz.* Ein Versicherungsbetrug großen Ausmaßes. Arch. Kriminol. **90** (1932). — *Nelken:* Brandstiftung, ihre Ursachen, Feststellung und Verhütung. Berlin 1925. — *Nelken:* Verkehrsunfälle in Weißwasser, Bez. Liegnitz. Kriminal. Mh. **2** (1928). — *Nippe, M.:* Jagdunfall oder Versicherungsbetrug? Arch. Kriminol. **101** (1937). — *Orth:* Mord oder Selbstmord? Arch. Kriminol. **96** (1935). — *Paeßler, R. T.:* Der Fall *Cessero.* Mord wegen einer Lebensversicherungspolice. Arch. Kriminol. **90** (1932). — *Pietrusky, F.:* Versicherungsbetrug? Arch. Kriminol. **99** (1936). — *Polke:* Vorgetäuschte Verbrechen, insbesondere auf dem Gebiet des Versicherungsbetrugs. Arch. Kriminol. **95** (1934). — *Raestrup, G.:* Mord und Kraftwagenbrand. Arch. Kriminol. **100** (1937). — *Reinhardt, H.:* Der Brandversicherungsbetrug. Eine Studie über Tat und Täter. Arch. Kriminol. **102** (1938). — *Schmerler, H.:* Die Brandstiftungskriminalität im Landgerichtsbezirk Gera/Thür. Jena 1936. — *Riedmayr:* Vorgetäuschter Raubmord. Ein komplizierter Fall von Versicherungsbetrug. Arch. Kriminol. **91** (1932). — *Schwarz, F.:* Mord unter Vortäuschung eines Verkehrsunfalls. Lebensversicherungsbetrug. Arch. Kriminol. **101** (1937). — *Vadja:* Bl. f. Vertrauensärzte **1927.** — *Zangger, H.:* Die versicherungsrechtl. Bedeutung des medizinisch-naturwissenschaftlichen Beweisverfahrens bei Leichenschau, Außenschein und Leichenöffnung. Arch. Kriminol. **101/102** (1938).        *Laubenthal.*

**Versicherungsmarkenfälschung** siehe *Markenfälschung.*

**Vertikalilluminator** siehe *Forensische Blutuntersuchung.*

**Vertrocknung** siehe *Leichenerscheinungen.*

**Vertrocknungshof** siehe *Schußverletzungen.*

**Verwesung** siehe *Leichenerscheinungen.*

**Vinicoll** siehe *Schädlingsbekämpfungsmittel.*

**Vinuran** siehe *Schädlingsbekämpfungsmittel.*

**Virginität** siehe *Notzucht.*

**Virilismus** siehe *Zweifelhafte Geschlechtszugehörigkeit.*

**Vitale Reaktionen** (= v. R.). (Vgl. auch Art.: Agonale Verletzungen; Agonie.)

Der Begriff der vitalen Reaktion ist nicht einheitlich. Im weiteren Sinne versteht man darunter alle an den Verletzungen erhebbaren Veränderungen, Prozesse und Zeichen, die eine Entstehung zu Lebzeiten beweisen. Danach gehören im weiteren Sinne also auch die Erscheinungen der Wundheilung: die Entzündung, Infiltration, Granulation und Narbenbildung hierhin. Die Erkennung der in Heilung begriffenen Wunden als solche ist im allgemeinen mit keinerlei Schwierigkeit verknüpft, wohl dagegen die der unmittelbar vor oder während des Sterbens und unmittelbar nach dem Tode gesetzten. Es ist aber sowohl aus wissenschaftlichen wie aus praktischen Gründen zweckmäßig, die Erscheinungen der Heilung (Reparation) abzusondern und mit dem Namen v. R. nur die an ganz frischen intravitalen und agonalen Verletzungen beobachtbaren Merkmale, Zeichen und Vorgänge zu belegen. Es gibt aber auch postmortale vitale Reaktionen, nämlich den intravitalen ähnliche Veränderungen, die sich im überlebenden Gewebe während der Dauer des sog. intermediären Lebens einstellen. Auch die im engeren Sinne genommenen vitalen Reaktionen umfassen allgemeine und örtliche, makroskopische und mikroskopische Veränderungen und Vorgänge. Für den praktischen Gerichtsarzt sind alle diese von gleicher Wichtigkeit. Außerdem müssen beim Beweise der intravitalen Entstehung auch die erhobenen übrigen Umstände berücksichtigt werden.

Unter eigentlicher vitaler Reaktion im engeren Sinne sind die auf Schädigung auftretenden örtlichen Veränderungen, Anzeichen der Gegenwirkung (Reaktion) des lebenden Gewebes zu verstehen. Es handelt sich mehr oder weniger um selbständige einmalige biologische Vorgänge, wie z. B. Kontraktion und Gerinnung des Protoplasmas.

Die vitalen Prozesse sind zusammengesetzte physiologische Vorgänge, deren Vorbedingung das Bestehen der Funktion des Nervensystems, Atmungsapparates, Gefäß- und Lymphsystems, der Darmbewegung, der Harnausscheidung ist. Es handelt sich hier nicht um die Reaktion einzelner Zellen und Gewebe, sondern um das Funktionieren des ganzen Organismus. Vitale Prozesse sind z. B. die Thrombose, die verschiedenen Formen der Embolie.

Die vitalen Zeichen sind nicht biologische oder nekrobiotische Prozesse, sondern gewisse Zustandsbilder, von welchen auf eine vitale Entstehung geschlossen werden kann, z. B. aus der schaumigen Beschaffenheit des Blutstropfen auf Lungenverletzung. Ein vitales Zeichen ist z. B. die arterielle Spritzspur, die Blutherde nach Bluteinatmung, Blutschlucken usw.

Vitale Reaktionen und vitale Prozesse können sich ausschließlich nur an der lebenden Zelle oder im lebenden Körper abspielen, wogegen vitale Zeichen auch an leblosen Dingen als Spur eines abgelaufenen vitalen Prozesses vorzukommen vermögen.

Es werden hier hauptsächlich die eigentlichen vitalen Reaktionen in Betracht gezogen. Auf die Bedeutung der vitalen Prozesse wird lediglich an Hand von Beispielen hingewiesen.

Wie es allgemeine Schädigungen gibt, so gibt es auch allgemeine vitale Reaktionen, z. B. bei Intoxikationen. Beim chemischen Nachweis von Gift in den Organen erhebt sich sofort die Frage, ob entsprechende path.-anat. Veränderungen, d. h. reaktive Veränderungen bestanden haben. Die Erscheinungen der allgemeinen Reaktion liegen einstweilen noch außerhalb des engeren Rahmens der vitalen Reaktion.

Bei den *örtlichen* vitalen Reaktionen unterscheidet man makroskopische und mikroskopische. Man muß beiden nachgehen. Oft geben die mikroskopischen weit besseren Aufschluß. Z. B. können oft an hochfaulen Leichen die Erscheinungen der Fäulnis die makroskopischen v. R. verdecken oder verwischen, wogegen an den verletzten Muskelzellen die wachsartige Zerklüftung noch einwandfrei nachweisbar ist. Das Problem der vitalen Reaktion erschien wesentlich einfacher, solange man vom postmortalen Leben der Gewebe, vom intermediären Leben keine Kenntnis hatte. Da der Tod des Individuums nicht gleichzeitig auch den Tod der Zellen und Gewebe zur Folge hat, ist die Möglichkeit einer vitalen Reaktion selbst nach dem Tode solange gegeben, bis auch der Tod der Zellen eingetreten ist. Die Unterschiede zwischen den intravitalen und postmortalen vitalen Reaktionen sind hauptsächlich quantitativer Art, und soweit sie qualitative sind, ergeben sie sich besonders aus dem Mangel der Blutzirkulation, d. h. aus dem Mangel der Läsion entsprechenden Blutung. Auch die einfachen vitalen Reaktionen stellen einen komplizierten Vorgang dar, in welchem als Komponenten unterschieden werden können: zunächst die Tatsache der Verletzung, das Trauma selbst, sodann die infolge der vitalen Aktion des Organismus zustande kommenden sekundären Veränderungen, spezifisch biogene Umwandlungen, d. h. die streng genommen vitalen Reaktionen, die funktioneller und struktureller Natur sein können. Diese bestehen 1. aus den durch die Läsion sofort ausgelösten vitalen Vorgängen: a) den passiv-biogenen Gewebsveränderungen, der Nekrobiose und partiellen Nekrose, b) den augenblicklichen v. R. der Gewebe, der „ersten Hilfe" des Organismus, z.B. der Retraktion; 2. aus den komplizierten und etwas später auftretenden Reaktionen des lädierten Gebietes: Thrombenbildung, Bedeckung der Kontinuitätstrennung mit Blutplättchen, geronnenem Blutplasma, Fibrin, kurz: der palliativen Reparation, Sicherstellung der Heilung; 3. aus der eigentlichen, mehr als eine halbe Stunde später einsetzenden aktiven oder präventiven Reaktion (*Walcher*), dem Beginn des Heilungsvorganges (Phagocytose, Hyperämie, Emigration).

Wir müssen unterscheiden: 1. während des Lebens entstandene intravitale, 2. während der Agonie entstandene agonale und 3. nach Eintritt des Todes im sog. Intermediärstadium entstandene postmortale Reaktionen. Bei den postmortalen Vorgängen reagiert nicht mehr der Organismus als Ganzes, bloß das verletzte Organ bzw. das verletzte Gewebe und auch diese nur noch für kurze Zeit und in herabgemindertem Grade.

*Die makroskopischen vitalen Reaktionen.* Bis vor kurzem wurden der Beantwortung der Frage nach der intravitalen Entstehung von Verletzungen fast ausschließlich bloß die makroskopischen sog. vitalen Reaktionen, vitalen Prozesse und Zeichen zugrunde gelegt: insbesondere die Hämorrhagie (im Zusammenhang mit der blutigen Infiltration, der Blutgerinnung und der Serumimbibition), die Gewebsretraktion, die Thrombose, die Luft-, Fett- und Gewebsembolie. In der Praxis muß der Gerichtsarzt meistens auf Grund des Auffindens und Abwägens dieser Zeichen, also auf Grund des makroskopischen Befundes, tunlichst unmittelbar nach erfolgter Obduktion sein Gutachten erstatten. Gegenwärtig sind jedem Gerichtsarzte die großen Schwierigkeiten des Problems bekannt, gibt es doch keine absoluten qualitativen und quantitativen Unterschiede hinsichtlich des intravitalen oder postmortalen Ursprungs der in Frage stehenden makroskopischen bzw. mikroskopischen Erscheinungen. Wir sehen oft genug in vivo zustande gekommene Verletzungen ohne nennenswerte Blutinfiltration und andrerseits postmortale, evtl. experimentell gesetzte Läsionen mit tatsächlicher Blutinfiltration. Auch die Voraussetzungen, unter welchen das eine oder das andere Extrem zustande kommt, wurden bereits wiederholt eingehend erörtert, z. B. von *v. Hofmann-Haberda*, *Schmidtmann*, mit ausführlichem Schrifttum von *Lande* und *Dervillée* (1935) u. a.

Wunden, die bei Lebzeiten entstehen, bluten viel stärker als entsprechende postmortale. Das ausströmende Blut entleert sich entweder nach außen oder in die Körperhöhlen und kann z. T. in die verletzten Gewebe eindringen und diese suffundieren, infiltrieren. Auch postmortale Wunden bluten, und zwar um so stärker, je mehr sie sich im Gebiete der Hypostase befinden und wenn das Blut flüssig ist. Ein wichtiges Merkmal großer vitaler Blutverluste ist die akute Anämie der ganzen Leiche, insbesondere der inneren Organe. Bei Leichenzerstückelungen können die großen Gefäße ausbluten, nicht aber das Parenchym der Organe. Auswässerung kann auch dieses scheinbar anämisch machen. Häufig ist es schwer, die Menge des dem Körper entleerten Blutes zu bestimmen. Hierauf bezügliche Untersuchungen liegen vor von *Straßmann* und *Ziemke* sowie von *Schulz*. Blutaustretungen in das Gewebe (Sugillation, Suffusion, Ekchymosen, Petechien) sind meist vitalen Ursprungs, besonders wenn das ausgetretene Blut geronnen ist und die Verletzung nicht im Gebiete der Hypostase liegt. Daß durch lang andauernde Hypostasen Petechien postmortal ent-

stehen können, hat schon *Engel* 1854 nachgewiesen. *v. Hofmann-Haberda*, *Schulz* u. a. konnten auch postmortal Ekchymosen (durch Aufhängen) und größere feste Suffusionen (*Schulz* nach Schädelbrüchen) experimentell erzeugen, besonders wenn die verletzte Stelle der Hypostase ausgesetzt war. Blutige Unterlaufungen, Blutinfiltration der Ränder von vital durch stumpfe Gewalt erzeugten Wunden fehlen nur ganz ausnahmsweise. Die Schwellung der Ränder kann durch Gerinnung des infiltrierten Blutes oder durch reaktive Hyperämie und Seruminfiltration bedingt sein. Die Schwellung fehlt, wenn der Tod sofort nach der Verletzung eingetreten war. Eine Schwellung der Ränder vermag auch bei postmortalen Verletzungen zu entstehen, z. B. durch Hypostase oder durch den Gerinnungsvorgang veranlaßt sein (*v. Hofmann*, *Paltauf*, *Lesser*). An vitalen Schnitt- und Stichwunden fehlen manchmal Suffusionen makroskopisch völlig, während sich an ähnlichen postmortalen Verletzungen, wenn sie in das Gebiet der Blutsenkung fallen, manchmal Blutinfiltration zeigt. Suffusionen entwickeln sich um so weniger, je rascher der Blutdruck schwindet und der Tod, d. h. Herzstillstand erfolgt. Bei durchdringenden Herzwunden wird den evtl. peripheren Verletzungen das Blutmaterial zur Bildung von Suffusionen entzogen. Wichtig sind die Veröffentlichungen von *Paltauf*, in welchen er auf die Ursache des Ausbleibens einer Blutung in der Nachbarschaft peripherer Verletzungen aufmerksam macht, nämlich auf den Einfluß von Hirnerschütterung, Hirndruck und Shock. Reizung des Vasomotorenzentrums, später Gefäß- und Herzlähmung, also zuerst Verengung oder Verschluß der Gefäße, dann Sinken des Blutdruckes können das Ausströmen von Blut hintanhalten.

Bei *mehrfachen Verletzungen* kann man aus dem Vorhandensein bzw. Fehlen von Blutaustritten auf die zeitliche Reihenfolge der einzelnen Verletzungen schließen. Die *Aspiration von Blut* ins Lungengewebe, was besonders bei Verletzungen der oberen Luftwege, bei Schädelbasisfrakturen, ferner bei Blutungen der Lungen selbst stattfindet, ist ein wesentliches Zeichen intravitaler Entstehung. Rupturen und instrumentale Verletzungen der inneren Organe erzeugen bei vitaler Entstehung viel größere Blutungen. Die ersten Zeichen der Heilung (Fibrinbelag, Trübung der Rißflächen) erleichtern die sichere Entscheidung. Vitale *Knochenbrüche* führen bekanntlich zu deutlichen, oft sehr ausgedehnten Suffusionen, doch kommen nicht eben selten vitale Knochenbrüche praktisch ohne Blutaustritt und manchmal postmortale mit relativ starker Blutung vor. Bei den anämischen *Aufschlagsspuren* an der Haut bei Sturz aus der Höhe (*Balázs*, *Ponsold*) ist die eigenartige Blutverschiebung an der Aufschlagsstelle als eine vitale bzw. agonale Erscheinung anzunehmen. Auf Grund von Untersuchungen *Yosidas* teilt *Asada* mit, daß die Nebennieren auf die Entstehung von Ekchymosen bei Asphyxie einen steigernden Einfluß ausüben. Die *Gerinnung* des ergossenen oder infiltrierten Blutes ist kein Beweis für die vitale Entstehung, da zuweilen auch Leichenblut gerinnt, manchmal sogar ziemlich stark. Die Gerinnung scheint proportional zu sein der Zerstörung der mit dem Bluterguß in Berührung kommenden Gewebe. Durch die *Fäulnis* werden Suffusionen verwischt, und zwar durch Auslaugung des Blutfarbstoffs und Verflüssigung der Gerinnsel. Bei Wasserleichen werden die etwa vorhandenen Wunden, Blutinfiltrationen überdies noch ausgewässert. Sind an macerierten oder hochfaulen Leichen in der Umgebung von Verletzungen derbe Blutgerinnsel vorhanden, so ist deren vitale Entstehung sicher. Mikroskopisch kann besonders durch spezifische

Färbung (*Weigert-*, *Mallory*-Färbung) das Fibringerüst auch ausgelaugter Blutergüsse nachgewiesen werden. *Postmortale Extravasate* vermögen auch bei der Obduktion zu entstehen, besonders beim Ablösen der Kopfschwarte, bei der Durchtrennung der Piagefäße, beim Ablösen der Aorta, beim Herauslösen der Beckenorgane. Solche Extravasate lassen sich unter dem Wasserstrahle leicht wegspülen. Aus dem Umstande, daß eine Wunde geblutet hat, zu folgern, daß sie vital entstanden ist, muß man vorerst die Lage der Wunde, ihre Tiefe, die anatomische Beschaffenheit der betroffenen Teile, den Zustand des Blutes und die Menge des ausgetretenen Blutes in Betracht ziehen. Ein bedeutender postmortaler Blutverlust wird nicht die bekannten Allgemeinerscheinungen (akute universelle Anämie, Blutungen des Endokards, Blähung der Lungen usw.) bewirken, die an Leichen tatsächlich Verbluteter zu erheben sind.

Sichere Merkmale des vitalen Ursprungs der *Excoriation* sind: fleckige oder streifige, durch Blutaustritte bedingte Einsprengungen oder schwarzroter, aus getrocknetem Blut und Serum bestehender Schorf.

Die *Retraktion der Wundränder* kann für sich allein nicht als Unterscheidungsmerkmal prä- und postmortaler Entstehung gewertet werden. Bloß das Fehlen oder die besonders starke Ausprägung der Retraktion, namentlich der Muskelstümpfe können nebst andern Proben in Betracht gezogen werden. Der Grad, in welchem sowohl das vitale wie das postmortale Klaffen der Wundränder eintritt, hängt von lokalen Verhältnissen der betreffenden Hautstelle und auch von der Körperlage ab. Die Retraktibilität der Muskulatur besteht oft mehrere (bis 15) Stunden auch nach dem Tode. Ist die Totenstarre eingetreten oder schon abgelaufen, so retrahiert sich der durchschnittene Muskel kaum oder gar nicht. Die Retraktibilität kann sich auch in Fältelung der Schleimhaut des durchrissenen Oesophagus oder im Hervorquellen der Schleimhaut aus einer Magen- oder Darmwunde äußern.

Die Anwesenheit von *Brandblasen*, die Überreste geplatzter Brandblasen beweisen allein noch nicht die vitale Entstehung der Verbrennung. Wichtig ist der CO-Nachweis im Herzblute, die Auffindung von Ruß in den feinen Bronchialzweigen und im Magen, ferner die „Krähenfüße" von *Merkel*, die Schleimhautbefunde der Luftwege (*Förster, Fritz*). Die Gefäßnetze in der vertrockneten Lederhaut sind nur ausnahmsweise beweisend. Es muß auch der Inhalt der Gefäße an mikroskopischen Schnitten untersucht werden.

Beweisend für die vitale Entstehung von Verletzungen sind die *Thromben* der verletzten Gefäße, die *Luft-, Fett-* und *Gewebsembolie* sowie die *Aspiration* und das *Schlucken* von Blut, da diese Vorgänge nur bei noch bestehender Herz- und Atmungstätigkeit und Schluckfähigkeit eintreten können.

*Luftembolie* (s. d.) kommt nach Eröffnung größerer Venen, ferner bei Lufteinblasung in Körperhöhlen und Organe z. B. Lungen und Uterus vor. Um die Luftembolie nachweisen zu können, muß die Obduktion mit der Eröffnung des Brustkorbes beginnen, und auch hierbei ist sehr darauf zu achten, daß die Venae mammariae int. unterbunden und die Venae anonymae vor der Untersuchung des Herzens nicht verletzt werden. Man kann auch die großen Herzgefäße vor der Durchtrennung der Sternoclavicular-Gelenke abbinden und das Herz nachher in situ oder nach Herausnehmen unter Wasser untersuchen. *Dyrenfurth* beschrieb eine chemische Methode zum Nachweise der Luftembolie am Leichenherzen, welche auch bei faulen Leichen brauchbare Resultate gibt.

Weit wichtiger ist die *Fettembolie* (s. d.), denn sie entsteht schon bei verhältnismäßig leichten Quetschungen und Erschütterungen von Fettgewebe, Fettmark, entwickelt sich in ganz kurzer Zeitspanne und läßt sich in Gefrierschnitten auch bei Fäulnis noch nachweisen. Zur Färbung des Fettes eignet sich besonders Sudan III, Fettponceau und Osmiumtetroxyd. In Fällen, in welchen der vitale Ursprung der Verletzungen und überhaupt die traumatische Ursache des Todes zweifelhaft sind, sollen stets die Lungen in verschiedenen Teilen auf Fettembolie mikroskopisch untersucht werden. *Westenhoeffer* hat einen Fall von „kadaveröser Fettembolie" beschrieben. Auch *G. Straßmann* berichtete über postmortale Fettembolie. Durch den Druck der Fäulnisgase kommt es zu einer Verschleppung flüssigen Fettes aus den Körpercapillaren durch die Hohlvenen in das rechte Herz und in die Lungen (auch *Ziemke, Bohne, v. Neureiter*). Nach *Jankovich* führt Fäulnis niemals zu Fettembolie. Das bei vorgeschrittener Fäulnis in den Lungen vorkommende Fett soll mit der Fettembolie nicht zu verwechseln sein, denn das Fett liegt nicht in den Capillaren, sondern im Gewebe zerstäubt. Wichtig ist für das Problem der Fettembolie, daß nach den Untersuchungen von *Olbrycht, Katz, Orsós* Fettembolie in den Lungen und auch in andern Organen, z. B. im Gehirn bei sehr verschiedenen pathologischen Prozessen, z. B. Atheromatose, Tuberkulose, Myodegeneration, Lipämie, Sepsis, Intoxikationen verschiedenster Art, vorkommt (*Orsós*). Diese Möglichkeit einer spontanen Fettembolie ist also auch in kriminellen Fällen zu erwägen.

Die *Parenchymembolie*, die Verschleppung von zertrümmertem Leber- und Hirngewebe in die Lungenarterienäste, bei offenem Foramen ovale auch in die Arterien, wurde öfters beobachtet. Bekannt ist die Täuschungsmöglichkeit bei Leberzellenembolie der Lungen- und hauptsächlich der Lebergefäße selbst. Diese kommen auch postmortal vor, namentlich wenn das pathologisch oder zufolge Fäulnis erweichte Lebergewebe bei der Obduktion oder beim Herausschneiden der Stückchen stärkerem Drucke ausgesetzt wird. — Über Aspiration und Verschlucken von Gehirnstückchen als Zeichen intravitaler Entstehung schwerer Verletzungen (besonders durch Maschinengewalt, Überfahrung und Absturz) schrieb *Walcher* (1930).

Die Frage, ob *Erstickung* die Todesursache ist und welche Erstickungsform, ob CO-Vergiftung oder Ertrinken in Wasser und in welchem Wasser stattgefunden hat, kann bekanntlich oft auf Grund der Ermittelung der Spuren und der einfachen und komplizierten vitalen Zeichen und Prozesse beantwortet werden. Mehrfach ist der Planktongehalt der Lungen (Methode von *Revenstorf*) und des Blutes von Wasserleichen untersucht worden, neuerdings von *Berg*. Bei Ertrinken können die feinsten Elemente des amorphen und des kristallinischen anorganischen Planktons nicht bloß im rechten, sondern auch im linken Herzen aufgefunden werden. Feinste Quarzsplitterchen können mit dem Polarisationsmikroskope identifiziert werden. Vor der Blutentnahme muß das abgebundene Herz sorgfältig mit filtriertem destillierten Wasser gewaschen werden (*Corin* und *Stockis*). Nach *Muller* und *Marchand* können die in Wasser suspendierten Fremdkörperchen in der im Wasser liegenden Leiche nicht bis in die Alveolen eindringen. *Brandino* wies nach, daß bei in Salzwasser Ertrunkenen Myokard-, Lungen- und Nierensaft eine Erniedrigung des Gefrierpunktes aufweisen, auch wenn die Herzkammern zufolge Fäulnis kein Blut mehr enthalten.

Die Feststellung des Ertrinkens durch die Bestimmung des Chlorgehaltes des Blutes und der übrigen Körperflüssigkeiten ist nach *Soutter* noch nicht möglich.

Sehr beachtenswert sind die Untersuchungen über die Eindickung und Verdünnung des Blutes beim Tode durch Erstickung (*Ponsold*). Beim Erhängen tritt eine Eindickung von 25—38 %, bei CO-Vergiftung eine Verdünnung von 60 % ein. Die Eindickung und die Verdünnung des Blutes werden als v. R. aufgefaßt. Die Eindickung beim Erhängen wird erklärt durch Erstickungskrämpfe, wobei Plasma in das Gewebe zur Verminderung der Säuerung ausgeschieden wird. Die Verdünnung bei CO-Vergiftung wird durch das Eindringen von Gewebsflüssigkeit in die Blutbahn zur Verringerung der Giftwirkung des CO's erklärt. Eine gute Übersicht über die neuen Wege in der Diagnose der gewaltsamen Erstickung gab *Schrader*.

*Mikroskopische v. R.* (= *m. v. R.*). Die systematische Untersuchung der mikroskopischen vitalen Reaktionen auf pathologisch-anatomischer Grundlage begann erst in neuerer Zeit (*Orsós* 1933), doch die bisherigen Ergebnisse sind so aufklärend, daß dieser Weg in der gerichtlichen Medizin an Gangbarkeit von Jahr zu Jahr zunimmt und eigentlich schon unentbehrlich geworden ist. Es sei hier bloß eine ganz kurze Übersicht gegeben, im übrigen wird auf die Arbeiten von *Orsós, Walcher, Blum* u. a. verwiesen.

Alle lebenden Gewebsarten und Zellen reagieren auf Schädigungen, doch sind diese vitalen Reaktionen nach der Reaktibilität der Gewebs- bzw. Zellart graduell sehr verschieden. Besonders deutlich und eindeutig sind die vitalen Reaktionen des Muskel- und des Nervengewebes.

Je nach der Art der Schädigung, des Traumas treten v. R. an ein und demselben Gewebe mit gewissen, doch morphologisch-biologisch nicht wesentlichen Unterschieden auf. Vom gerichtsmedizinischen Standpunkte aus sind natürlich auch diese unwesentlichen Unterschiede von großer diagnostischer Bedeutung. Im Grunde genommen antwortet jedes lebendige Protoplasma gleichviel auf welche Schädigung auf die gleiche Art und Weise. *Die Grunderscheinungen der vitalen Reaktionen sind bei jeder Zellart, bei Mensch und allen Tieren, selbst bei den Pflanzenzellen die gleichen. Es handelt sich also um ein biologisches Grundphänomen jeder lebendigen Materie.*

Leichte Schädigungen erzeugen reversible, reparable, schwere jedoch irreversible, irreparable Veränderungen, die in ihrem Wesen aus einer Gerinnung, wachsartigen, fibrinoiden Koagulation bestehen. Biologisch kann dieser Prozeß als eine momentan einsetzende katastrophale Nekrobiose, agonale Nekrose, physiko-chemisch aber als eine Dehydratation, *Verschiebung* der *Albuminfraktion* nach der labileren, gröber dispergierten *Globulinfraktion*, oder mit andern Worten auch als diffuse *Fibrinogen-* oder *Globulin-Durchtränkung* bzw. *Phanerose* aufgefaßt werden.

Die mikroskopischen vitalen Reaktionen treten strukturell und tinktoriell durch Metachromasie in Erscheinung. Es eignen sich deshalb zu ihrer Darstellung besonders metachromatische Färbungen: *Mallory* insbesondere, ferner *Azan, May-Grünwald, Giemsa*, polychromes Methylenblau, dann auch die *Weigert*sche Fibrinfärbung und beim Nervensystem protahierte Osmierung nach *Kiss*. Technisch ist es wichtig, daß man nicht selbst v. R. durch das Ausschneiden oder Fixieren erzeugt. Deshalb müssen die überlebenden Gewebe durch mehrstündiges Abkühlen im Kühlraume (eventl. Betäubung) ihrer Reaktibilität beraubt werden.

Die mikroskopischen vitalen Reaktionen zeigen sich an den Hauptgewebsarten in folgenden Grundformen: Die Zellen der *Epidermis*, der verschiedenen Oberflächen- und Parenchymepithele reagieren außer mit Deformierungen und Schrumpfung hauptsächlich mit Trübung und intensiverer acidophiler Färbbarkeit (nach *Mallory* orangerot oder rot) des Protoplasmas event. mit Pyknose des Kerns, was der ersten Phase der Koagulationsnekrose entspricht. Will man die v. R. der Epidermis verfolgen, so müssen die Wunden möglichst bald, noch vor der Vertrocknung mit Öl bedeckt werden, oder aber die Vertrocknung auf der Stelle muß vor der Fixierung durch mehrstündiges Belassen in kaltem Wasser oder Kochsalzlösung zum Verschwinden gebracht werden.

*Bindegewebe.* Bindegewebszellen, elementare Bindegewebsfasern und kollagene Bindegewebsbündel zeigen nach Schädigungen ein verschiedenes Verhalten, d. h. verschiedene vitale Reaktionen. Für die Zellen gilt allgemein das über die Epithelzellen Gesagte. Die Fasern und Bündel verhalten sich verschiedenen Noxen gegenüber ziemlich launenhaft. Mit empfindlichen poly- oder metachromatischen Färbungen (*Mallory*) lassen sich oft auffällige Veränderungen nachweisen. Außer den strukturellen Veränderungen ist die augenfälligste, färberisch feststellbare Veränderung am lädierten Bindegewebe die *Metachromasie*, was darin seinen Ausdruck findet, daß die verletzten Bündel sich ganz anders färben wie die intakten. Bei *Mallory*-Färbung erscheinen z. B. die lädierten Teile statt kobaltblau intensiv rot. Vertrocknung ruft auch ausgesprochene Metachromasie des Bindegewebes hervor und ist deshalb in der bereits angegebenen Weise unbedingt auszuschalten. Die echte, vitale Metachromasie zeigt sich auch an subcutan liegenden Verletzungen und ist irreversibel, verschwindet also auch nach beliebig langem Belassen in Wasser nicht. Das Wesen der Metachromasie bzw. der vitalen Reaktion des Bindegewebes liegt, wie erwähnt, in der Dehydratation und Albumin-Globulin-Verschiebung, die als Fibrinogen-Globulin-Phanerose aufgefaßt werden kann. Bezüglich der Einzelheiten sei auf die im Schrifttum angeführten Arbeiten von *Orsós* verwiesen. Die vitalen Veränderungen des elastischen Systems um Wunden herum, die *Ökrös* beschrieb, sind, insoweit sie nicht einfache Retraktionserscheinungen sind, eigentlich keine v. R. im strengen Sinne, sondern gehören ins Gebiet der sekundären degenerativen und reparativen d. h. Heilprozesse.

Vom Standpunkte der gerichtsmedizinischen Diagnose sind die Veränderungen am *Fettgewebe* beim Erhängungstode aufschlußreich. Unter der Strangfurche und in deren Umgebung sind in einzelnen Fettgewebeläppchen oder deren Partien die ursprünglich einheitlichen großen Fetttropfen der Fettzellen durch Gewebeflüssigkeit zu zahlreichen kleinen Tröpfchen emulgiert, so daß ein Bild entsteht, das an das sog. braune Fettgewebe der Neugeborenen erinnert. Überdies findet man die Fettzellen stellenweise konfluiert. Die Emulgierung des Fettgewebes stellt ein gut verwertbares vitales Zeichen des Erstickungstodes und zugleich des Todes durch Erhängen, Erdrosseln und Erwürgen dar.

Bei den intravitalen Verletzungen des *Muskelgewebes* begegnen wir dem rasch ablaufenden und mit kritischen Kontraktionen, daher Koagulationsnekrose, mit andern Worten in Form der fibrinoiden, wachsartigen oder *Zenker*schen Entartung einhergehenden Gewebstode. Bei nahezu sämtlichen Formen der groben Schädigung, also bei Verletzung durch stumpfe Gewalteinwirkung, bei Hieb-, Schnitt- und Stichwunden, bei Schußverletzungen, Verletzungen durch Hitze, elektrischen Strom und ätzende Chemikalien wiederholen sich die im wesentlichen identischen Veränderungen der Muskelfasern. Wird ein Muskel von einem ihn dauernd schädigenden Reiz getroffen, so antwortet er am Orte der Einwirkung oder auch an irgendeinem tiefer gelegenen Punkte, in welchem die Gesamtheit der einwirkenden Reize zusammenläuft, im entsprechenden Anteile der am schwersten geschädigten Faser mit einer graduell und qualitativ pathologischen kritischen Kontraktion, was mit einer homogenen Anschwellung der betroffenen Muskelpartie einhergeht. Dieser Vorgang ist irreversibel. Im homogenen Anteil ist die Struktur nahezu vollkommen aufgehoben, auch die Färbbarkeit ist gänzlich geändert, und sehr häufig reißt das homogenisierte Stück an seinen beiden Enden von den benachbarten Faserpartien ab. Die benachbarten Faserabschnitte werden in der Regel verdünnt und retrahiert, es tritt pathologische Längsstreifung oder querlaufende discoide, retikulär-blasige Zerklüftung ein. Mit *Mallory* gefärbt nimmt die homogene nekrotische Partie orangegelbe, die elongierte veilchenblaue Farbe an. Zwischen diesen beiden ist oft eine kurze Übergangszone zu sehen, die häufig violettschwarz erscheint. Nicht nur am Orte der unmittelbaren Einwirkung, sondern auch an den Haftstellen des geschädigten Muskelbündels, d. h. am Orte der Gegenwirkung wiederholen sich meist in abgeschwächter Form die typischen reaktiven Grundveränderungen.

*Nervensystem.* Die vitalen Reaktionen können an den *Ganglienzellen*, den *Achsencylindern* und dem *Gliagewebe*, ferner an den *spezifischen Elementen des peripheren Nervensystems*, an seinen *Endapparaten*, sowie auch im *Perineurium* sich manifestieren. In milderen, vielleicht noch reversiblen Übergangsstadien der vitalen Reaktion treten in den Ganglienzellen Schwellung und Trübung, im terminalen Stadium aber irreversible fibrinoide oder wachsartige Koagulation auf. Nach *Mallory* gefärbt erscheinen das Übergangsstadium (Koagulation I. Grades) durch dunkelviolette Färbung und Aufhebung der Struktur, das terminale Stadium (Koagulation II. Grades) hingegen durch lebhafte homogene orangerote Tingierung des ganzen Zelleibes charakterisiert. Mit Osmium behandelt sind die koagulierten Ganglienzellen schwarz. Im Übergangsstadium geben die Neurofibrillen oft positive Fibrinfärbung.

Die Nervenfasern zeigen im I. (Übergangs-) Stadium Schwellung sowohl der Achsencylinder wie auch der Markscheiden, während im irreversiblen II. Stadium die ersteren aufgefasert oder discoid zerklüftet sind, die letzteren aber tropfenförmig zerfallen. Im Terminalstadium ergeben die Achsencylinder ähnliche Farb- und Formabstufungen der Koagulation und des Zerfalls wie verletzte Muskelfasern.

Diese vitalen oder Absterbereaktionen können gleicherweise durch mechanische, chemische, thermische und spezifisch-neurale Schädigungen hervorgerufen werden; formal erinnern sie an die morphologischen Erscheinungen spontaner Erkrankungen, allerdings mit dem wesentlichen Unterschiede, daß zu ihrer Entstehung nicht Tage und Wochen erforderlich sind, sondern daß Sekunden genügen.

Die vitalen Reaktionen des Nervensystems lassen sich bis zu einem gewissen Grade auch im intermediären Leben oft auffallend lange auslösen. Die Nervenzellen unterliegen daher postmortal nicht dem raschen Zerfall, der bisher angenommen wurde. Bloß ihre sensorischen und psychischen Funktionen, nicht aber ihr vegetatives Leben, enden gleichzeitig mit dem Tode des Individuums. Nur auf diese Weise ist der Zustand des Scheintodes sowie die Wiederbelebung nach Erstickung und elektrischen Unfällen zu verstehen.

Auch durch die Fixierung des noch lebenden Nervengewebes kann man schwere vitale Reaktionen hervorrufen. Werden z. B. Interspinalganglien von Tieren lebenswarm fixiert, so erscheinen alle Gang-

lienzellen nach Osmierung schwarz, läßt man dagegen das getötete Tier 24 Stunden im Kühlschrank liegen, so erhält man in den Kontrollganglien des gleichen Tieres nur helle Ganglienzellen. Die große Bedeutung dieser Tatsache für die Neurologie, wie auch für die gerichtliche Medizin liegt auf der Hand.

Das katastrophale, plötzliche Absterben der Ganglienzellen ist insbesondere in den Fällen der verschiedenen gewaltsamen Todesarten zu beobachten. Aber auch bei natürlichen Todesarten finden wir in einzelnen, makroskopisch als intakt erscheinenden Partien des Zentralnervensystems katastrophal abgestorbene, d. h. koagulierte Ganglienzellen, was z. T. agonalen Ursprungs sein dürfte.

Unter den plötzlichen und gewaltsamen Todesfällen können nach Gehirn- bzw. Rückenmarkserschütterung, Gehirn- und Rückenmarkszertrümmerung, Erstickung, Epilepsie, nach den verschiedensten Intoxikationen, nach Verbrennung, Verbrühung und elektrischen Unfällen sehr augenfällige vitale Reaktionen (Ganglienzellkoagulationen) sowohl im zentralen, wie auch im peripheren Nervensystem festgestellt werden. Die innerhalb von Sekunden eintretenden schweren vitalen Ganglienzellveränderungen lassen unklare Fälle plötzlichen oder unerwarteten Todes begreifen, in welchen wie z. B. beim Verbrennungstode die makro- oder die bisher übliche mikroskopische Untersuchung nicht befriedigen konnte.

In experimentellen wie auch in forensischen Fällen deutet die Verteilung der koagulierten Ganglienzellen darauf hin, daß diese Reaktion nicht nur auf direkte Einwirkung der Schädigung, sondern auch als Fernwirkung, d. h. auf sekundäre vasculäre oder neurale Reize, eintreten kann.

Es würde den Rahmen eines Handwörterbuches überschreiten, wollten wir schildern, wie sich die angeführten Grundformen der vitalen Reaktion der verschiedenen Gewebearten bei den *typischen Verletzungsformen* und bei den verschiedenen Formen des *gewaltsamen Todes* darstellen und miteinander kombinieren. Es sollen deshalb nur die gerichtsmedizinisch wichtigsten und häufigsten Befunde kurz berührt werden.

Bei *Quetsch-, Platz-, Schürf-, Spreng-* und *Rißwunden* kommen schwerste Formen der vitalen Reaktion vor. Allein bei diesen Verletzungen ist z. B. die Invagination an den verletzten Muskelfasern zu sehen. In den koagulierten homogenen Muskelfaserabschnitten fehlt das Glykogen vollkommen. In den elongierten Anteilen liegt es in Form großer Schollen verstreut, während in den intakten Teilen das Glykogen in Form feinster Körnchen an die Struktur gebunden ist. Die kritischen Kontraktionen scheinen mit dem vollkommenen Verbrauch des Glykogengehaltes einherzugehen.

Längs der Furchen beim *Erhängen* und *Erdrosseln* findet man sowohl in den oberflächlichen wie auch in den tiefen Gewebeschichten mannigfache vitale Reaktionen. Auch wenn Vertrocknung der Lederhaut fehlt, kann man in ihr, wie in den tieferen Bindegewebslagen, Metachromasie, mikroskopische Blutungen, im Platysma und im Kopfnicker wachsartigen Zerfall, im Fettgewebe emulgierte Läppchen, in den Lymphknoten Blutungen, Lymphstauung mit Sinusreticulumriß und Herausquellen des lymphatischen Grundgewebes, ferner passive Zusammenpressung und vitale Reaktionen, vitalen Zerfall der Nervenfasern beobachten.

Bei den Lymphknoten ist nicht die einfache Blutinfiltration und Lymphstauung das Wesentliche, sondern das Vorhandensein von größeren, mit Riß des Reticulums des Sinuses und des Grundgewebes verbundene Blutungen und Lymphstauungen, und zwar neben benachbarten ganz anämischen

Knoten. Epithelblasen lassen sich auch durch postmortales Erhängen oder Verschütten herstellen (*Walcher*).

Das Platysma ist Strangulationsverletzungen gegenüber besonders empfindlich. Wenn der Strang dünn ist und der Druck sich folglich auf eine kleine Fläche plötzlich konzentriert, dann wird den Muskelfasern keine Zeit gelassen, bis zur kritischen Kontraktion zu gelangen, sie werden in ihrer Parallellage vollkommen zusammengepreßt, abgeflacht und homogenisiert.

Sehr aufschlußreich sind die Begleitschädigungen bzw. die vitalen Reaktionen in entfernt, teils im Gebiete der Gegenwirkung liegenden Muskel- und Organteilen.

An *Hieb-*, *Schnitt-* und *Stichwunden* treten die v. R. des Bindegewebes sehr in den Hintergrund, dagegen zeigen sich die der Muskulatur auch in solchen Fällen sehr ausgeprägt, in welchen makroskopisch fast keine Blutinfiltration zu entdecken war und die makroskopischen vitalen Reaktionen gewissermaßen gänzlich zu fehlen schienen.

*Schußwunden* zeigen auffallende m. v. R. Die Einschußöffnung einer aus unmittelbarer Nähe erfolgten Schußverletzung trägt auch die chemische und thermische Wirkung der Explosionsfaktoren an sich. Die fibrinoide Gerinnung (Metachromasie) ist um die Einschußöffnung herum auch an der Epidermis ausgeprägt, am ausgesprochensten aber in der Cutis und häufig auch noch tiefer in der ganzen Dicke der Brust- oder Bauchwand zu erkennen. Diese Koagulation ist auch an postmortalen Schußverletzungen vorhanden.

Auch bei der *Verbrühung* und *Verbrennung* sind mehrere Grade vitaler Reaktionen zu unterscheiden. Beim III. Grade der Verletzung (Nekrose der Cutis) sieht man die ausgesprochenste gleichmäßige Gerinnung und Metachromasie der Cutis, evtl. die entsprechende Reaktion des darunter liegenden Fett- und Muskelgewebes. Diese primäre Metachromasie darf nicht mit der postmortalen Vertrocknung verwechselt werden, die bei Verbrennungs- und besonders Verbrühungsverletzungen zufolge nachträglicher Abschälung der Epidermis das ursprüngliche primäre Koagulationsgebiet vielfach übertreffen kann. Bei 1—2stündigem Belassen in Wasser schwindet die Vertrocknungs-Metachromasie völlig, wodurch eine Verwechslung leicht auszuschalten ist. Bei Einwirkung sehr hoher Temperaturen scheint die Muskulatur unter der evtl. verkohlten Haut auf den ersten Blick am wenigsten verändert zu sein. Hier hatten die Muskelfasern zur Entfaltung der vitalen Reaktionen keine Zeit mehr, sondern sie sind in ihrer ursprünglichen Lage plötzlich thermisch fixiert worden.

Auch bei den unkomplizierten *elektrischen Todesfällen* sind die erhebbaren Befunde großenteils solche, die auch bei andern gewaltsamen, ja sogar spontanen Formen des plötzlichen Todes vorkommen. Ein Teil der Verletzungen stellt sich bei sorgfältiger Prüfung allerdings als Strommarke, als elektromechanische Verletzung, elektrische Metallisation usw. heraus. Zweifellos spezifisch elektrische Gewebsreaktionen und -schädigungen, d. h. solche, die bei andern Verletzungsformen nicht gefunden werden, kennt man nicht. Außer der Strommarke und vielleicht auch den Stromgängen gibt es keine unfehlbaren, namentlich histologischen Zeichen einer Elektrogenese. Allerdings läßt sich der elektrische Ursprung oft aus der Kombination der einzelnen Elementarerscheinungen ableiten. Asthmaähnliche Lungenveränderungen beim elektrischen Tode beschrieb *Vesterdal Joergensen* (1937).

Am *überlebenden Gewebe* lassen sich fast alle Formen der mikroskopischen vitalen Reaktionen und zwar mit Anwendung aller Schädigungsformen experimentell herstellen. Mit dem Beginne der Totenstarre erlischt die Reaktionsfähigkeit der Zellen. Unmittelbar nach dem Tode ist sie noch am stärksten. Der Unterschied zwischen analoger intravitaler und postmortaler Reaktion ist hauptsächlich ein gradueller, doch der Übergang ist nicht allmählich, vielmehr besteht eine sehr deutliche Lücke, die dem Erfahrenen meist genügt, um die intra- oder die postvitale Entstehung zu entscheiden. Es sei noch betont, daß bei postmortalen Verletzungen die evtl. vorhandene Blutung bei weitem geringer ist, als sie dem Grade der Gewebsverletzung entspräche.

Den mikroskopischen vitalen Reaktionen kommt auch eine große allgemeinbiologische Bedeutung zu, was schon allein in der Tatsache begründet ist, daß alle Zellen und Gewebe auf diverse Schädigungen vitale Reaktionen aufweisen, die letzten Endes alle auf einen gut definierbaren Grundtypus zurückgeführt werden können.

Auch eine allgemein pathologische und pathologisch-anatomische Bedeutung haben die vitalen Reaktionen, denn wir begegnen in Begleitung verschiedener pathologischer Vorgänge unter den spezifischen Veränderungen, Prozessen der Gewebe und Zellen, ferner der geformten und flüssigen Zwischensubstanzen (Bindegewebe, Liquor, Lymphe, Blutplasma) auch den generellen Erscheinungen der vitalen Reaktion und ihren Komponenten.

In der pathologischen Anatomie taucht kaum ein mikrodiagnostisches Problem auf, das ohne Berücksichtigung der Vitalreaktionen vollkommen gelöst werden könnte. Bei einer während der intermediären Phase vorgenommenen Sektion erzeugt die technische Ausführung unzählige postmortale Veränderungen in den Geweben, vor allem in der Muskulatur.

Auch die spontanen Krankheitsprozesse werden in den spezifisch veränderten Geweben auf Schritt und Tritt von vitalen Reaktionen begleitet, die das ursprüngliche spezifische Bild modifizieren oder verdecken können. Es genügt, auf die agonale fibrinoide oder basophile Degeneration des Myokards hinzuweisen. Daß die Resultate der Erforschung der vitalen Reaktionen auch für die operativen Fächer große Bedeutung haben, ergibt sich aus dem Gesagten. Um sich davon zu überzeugen, genügt die mikroskopische Untersuchung des Dammes nach einer schweren Geburt (*Orsós*).

Bei der Entstehung der intravitalen Reaktionen wirken außer der Reaktion der einzelnen Gewebselemente auch die Gemeinschaftssysteme: die Blut- und Lymphzirkulation, der Atmungs- und Bewegungsapparat und schließlich das Nervensystem mit. Bei den postmortalen Reaktionen fallen letztere alle weg, und allein die herabgesetzte Reaktibilität der einzelnen Elemente kann noch zur Geltung kommen.

Vom forensischen Standpunkte aus ist es eben wichtig, daß wir die Beteiligung der genannten Systeme bzw. Ganzheitsfunktionen zu beweisen oder auszuschließen vermögen. Es sind demnach zu beachten:

1. Die makro- und die mikroskopischen vitalen Reaktionen der einzelnen Gewebe und ihrer Zellen.

2. Bei der Bewertung des Grades der vitalen Reaktion muß evtl. die Trunkenheit, die Bewußtlosigkeit, der gesunkene Blutdruck, die starke Abkühlung des verletzten Körperteils berücksichtigt werden. Bei Multiplizität der Verletzungen kann man unter Umständen aus dem Grade der vitalen Reaktion auf die zeitliche Folge der Verletzungen schließen. Man obduziert möglichst nicht während der intermediären Phase. Bei der mikroskopischen Bearbeitung ist die Hauptbedingung einwandfreie Beherrschung der Technik.

3. Die Beteiligung des Nervensystems, z. B. bei peripheren Verletzungen, die Reaktion der zugehörigen Ganglien und des zentralen Nervensystems.

4. Die Mitwirkung der Kreislaufsorgane (Blutung, Blut- und Lymphinfiltration).

5. Die Mitwirkung des Bewegungsapparates: starke Kontraktion einzelner Extremitäten oder Muskelgruppen und Muskelstümpfe, auffallende Kontraktion der Muskulatur und Vorquellung der Schleimhaut des Magens und der des Darmes.

6. Das Vorhandensein von vitalen Zeichen: Blutgerinnung, schaumiges Blut, arterielle Spritzfiguren und Blutstraßenform usw.

7. Die Spuren von vitalen Prozessen: Thrombose, Embolien, Blutresorption am Zwerchfell, reaktive Hyperämie, Leukocytenemigration, isolierte Bakterieninvasion usw.

*Schrifttum.*

*Asada, H.:* Asphyxie et adrénaline. Ann. Méd. lég. etc. **8** (1928). — *Balázs, G.:* Eigentümliche Hautbefunde nach Sturz ins Wasser. Dtsch. Z. gerichtl. Med. **21** (1933). — *Berg, F.:* Die Diagnose des Ertrinkungstodes, insonderheit der Planktonnachweis in Lungenpreßsaft, gepr. durch Untersuchungen des Rheinplanktons und dessen Nachweis in den Lungen von Rheinwasserleichen. Inaug.-Diss. Berlin 1937. — *Blum, H.:* Zur Frage der Unterscheidbarkeit vitaler u. postmortaler Gewebsveränderungen am Beispiel d. Strangfurchen beim Erhängungstod. Virchows Arch. **299** (1937). — *Bohne:* Über Leichenerscheinungen. Vjschr. gerichtl. Med. **1914** (Suppl.-H.). — *Brandino, G.:* La pressione osmotica degli organi nell'asfissia de annegamento in aqua de mare. Arch. di Antrop. crimin. **57** (1937). — *Dyrenfurth, F.:* Ein chemischer Nachweis der Luftembolie am Leichenherzen. Dtsch. Z. gerichtl. Med. **8** (1926). — *Engel:* Leichenerscheinungen. Wien 1854. — *Foerster, A.:* Mikroskopische Untersuchungen über das Verhalten der Alveolen bei Verbrannten. Dtsch. Z. gerichtl. Med. **23** (1934). — *Fritz, E.:* Mikroskopische Befunde am Verdauungsschlauch verkohlter Leichen. Dtsch. Z. gerichtl. Med. **23** (1934). — *Haberda, A.:* Über postmortales Entstehen von Ekchymosen. Vjschr. gerichtl. Med. **15** (1898). — *v. Hofmann, E.:* Die forensisch wichtigsten Leichenerscheinungen. Vjschr. gerichtl. Med. **25** (1876). — *v. Hofmann, E. u. A. Haberda:* Lehrbuch der gerichtl. Medizin. 10. Aufl. Berlin u. Wien 1923. — *Jankovich, L.:* Fettembolie der Lungen als Zeichen der intravitalen Verletzungen. Dtsch. Z. gerichtl. Med. **5** (1925). — *Joergensen, J. Vesterdal:* Asthmaähnliche Lungenveränderungen beim elektrischen Tode. Dtsch. Z. gerichtl. Med. **28** (1937). — *Katz, A.:* Über Fettembolie in den Lungen. Dtsch. Z. gerichtl. Med. **4** (1924). — *Lande, P. u. Dervillée, P.:* Caractères et diagnostic medico-légal des blessures faites avant ou après la mort. Ann. Méd. lég. etc. **15** (1935). — *Lesser, A.:* Über Lymphorrhagien in der Umgebung unmittelbar oder kurze Zeit vor dem Tode erlittener Verletzungen. Vjschr. gerichtl. Med. **39** (1883). — *Lesser, A.:* Über Oedem nach postmortaler Quetschung. Vjschr. gerichtl. Med. **13** (1897). — *Marchand, M.:* Le diagnostic microscopique de la submersion vitale. (Thèse de Lille 1929.) Ann. Méd. lég. **1931** (Ref.). — *Merkel, H.:* Diagnostische Feststellungsmöglichkeiten bei verbrannten und verkohlten menschlichen Leichen. Dtsch. Z. gerichtl. Med. **18** (1932). — *Muller, M. et Marchand:* Etude sur l'introduction des corps étrangers dans les voies respiratoires au cours de la submersion expérimentale. Ann. Méd. lég. etc. **9** (1929). — *v. Neureiter, F. u. G. Straßmann:* Über die postmortale Fettembolie der Lungen. Dtsch. Z. gerichtl. Med. **1** (1922). — *Olbrycht, J.:* Experimentelle Beiträge zur Lehre von der Fettembolie der Lungen mit besonderer Berücksichtigung ihrer gerichtsärztlichen Bedeutung. Dtsch. Z. gerichtl. Med. **1** (1922). — *Orsós, F.:* Das Bindegewebsgerüst der Lymphknoten im normalen und pathologischen Zustand. Beitr. path. Anat. **75** (1926). — *Orsós, F.:* Akasztasi, zsinegelési és egyéb sérülések necrobiotikus, vitális reactiói. Orv. Hetil. (ung.) **12** (1933). — *Orsós, F.:* A vitális reaktió és törvényszéki orvostani jelentőségük. Orvosképzés (ung.) **1** (1935). — *Orsós, F.:* Die vitalen Reaktionen und ihre gerichtsmedizinische Bedeutung. Beitr. path. Anat. **95** (1935). — *Orsós, F.:* Myogener Herztod. Verh. Ges. ungar. Pathol. **1935**. — *Ökrös, S.:* Gerichtlichmedizinische Bedeutung des elastischen Fasersystems der Haut. Dtsch. Z. gerichtl. Med. **29** (1938). — *Paltauf:* Über reaktionslose vitale Verletzungen. Wien. klin. Wschr. **37** u. **39** (1889). — *Paltauf:* Über das falsche Lymphextravasat. Prager med. Wschr. **1892**. — *Ponsold, A.:* Die Feststellung der zu Lebzeiten eingetretenen Eindickung und Verdünnung des Blutes an der Leiche mittels Hämatokritbestimmung am flüssig gebliebenen Blut der rechten Herzhälfte. Dtsch. Z. gerichtl. Med. **26** (1936). — *Ponsold, A.:* Die Eindickung und Verdünnung des Blutes beim Tod durch Erstickung. Dtsch. Z. gerichtl. Med. **28** (1937). — *Ponsold, A.:* Anämische Aufschlagspuren an der Haut bei Sturz aus der Höhe. Dtsch. Z. gerichtl. Med. **29** (1938). — *Revenstorf:* Der Nachweis der aspirierten Ertränkungsflüssigkeit als Kriterium des Todes durch Ertrinken. Vjschr. gerichtl. Med. **27** (III. F.) (1904). — *Revenstorf:* Über Aspiration flüssiger Medien in bewußtlosem Zustande. Vjschr. gerichtl. Med. **35** (1908). — *Schmidtmann, A.:* Unterscheidung vitaler und postmortaler Verletzungen. In *Schmidtmanns* Handb. der gerichtl. Medizin **1**, 693. — *Schrader, G.:* Neuere Wege in der Diagnose der gewaltsamen Erstickung. Dtsch. Z. gerichtl. Med. **28** (1937). — *Schulz, R.:* Über vitale und postmortale Strangulation. Vjschr. gerichtl. Med. **11** (1896). — *Schulz, R.:* Über den Wert vitaler Zeichen bei mechanischen Verletzungen. Vjschr. gerichtl. Med. **12** (1896). — *Soutter, Ch.:* Le taux des chlorures chez les noyés. Ann. Méd. lég. etc. **16** (1936). — *Stockis, E.:* Le diagnostic de la mort par submersion par la méthode du planchton cristallin. Ann. Méd. lég. etc. **1** (1921). — *Straßmann, F.:* Zur Lehre von Ekchymosen beim Erhängungstode. Vjschr. gerichtl. Med. **48** (1888). — *Straßmann, F. u. Ziemke, E.:* Quantitative Blutuntersuchung. Vjschr. gerichtl. Med. **21** (1901). — *Straßmann, G.:* Beiträge zum Kapitel der forensisch wichtigen Leichenerscheinungen. Beitr. gerichtl. Med. **5** (1922). — *Walcher, K.:* Über Aspiration und Verschlucken von Gehirnstücken als Zeichen intravitaler Entstehung schwerer Verletzungen. Dtsch. Z. gerichtl. Med. **15** (1930). — *Walcher, K.:* Zur Differentialdiagnose einiger Zeichen vitaler Reaktion. Dtsch. Z. gerichtl. Med. **24** (1934). — *Walcher, K.:* Die vitale Reaktion bei der Beurteilung des gewaltsamen Todes. Dtsch. Z. gerichtl. Med. **26** (1936). — *Westenhoeffer, M.:* Weitere Beiträge zur Frage der Schaumorgane und der Gangrène foudroyante. Cadaveröse Fettembolie der Lungencapillaren. Virchows Arch. **170** (1902). — *Westenhoeffer, M.:* Über Schaumorgane und Gangrène foudroyante. Virchows Arch. **168** (1902). — *Westenhoeffer, M.:* Über Fettverschleppung nach dem Tode. Vjschr. gerichtl. Med. **1904**.

*Orsós.*

## Vitamine (= V.).

V. sind organische Verbindungen, die für das normale Gedeihen des Menschen unbedingt erforderlich sind. Während des ganzen Lebens müssen sie fortlaufend in kleinen Mengen mit der Nahrung einverleibt werden, da sie im menschlichen Organismus nicht gebildet werden können. Nachdem in den letzten Jahren eine Reihe von Vitaminen synthetisch hergestellt wurde, konnte nicht nur deren Heil-, sondern auch, isoliert, die Giftwirkung studiert werden. Die fettlöslichen V. A, D und E sowie die wasserlöslichen V. B 1, B 2, B 6 und C stehen sich korrelativ im Zusammen-, aber auch im Gegenspiel gegenüber. Sie haben außerdem zum Hormon- und Mineralstoffwechsel engste physiologische Beziehungen. Bei Überfütterung mit Vitaminen entstehen Krankheiten, die als „Hypervitaminosen" bezeichnet werden. Diese sind in zahlreichen Tierversuchen eingehend studiert worden. Kurz sollen die Hypervitaminosen durch die V. A, D und B 1 besprochen werden.

*Vitamin A*, das antixerophthalmische Vitamin, verursacht bei übermäßiger Zufuhr (Mäuse oder Ratten) Abmagerung, Haarausfall, fettige Degeneration der Leber, Lungen- und Darmblutungen, außerdem eine Hypertrophie der Schilddrüse. Ferner zeigen sich Rhinitis, Conjunctivitis, Durchfälle, Wachstumsbehinderung und Gewichtssturz. Fett- und Lipoidstoffwechsel werden sonach durch Vitamin A stark beeinflußt. Spastische Kontrakturen führen zu Gehstörungen. Häufig werden Spontanknochenbrüche beobachtet (*Schübel, Stepp*). Vergiftungen beim Menschen sind bisher nicht beobachtet. Tagesbedarf 8—16 000 Einh. „Vogan" (*Merck*).

Das antirachitische *Vitamin D 2*, als Vigantol im Handel, macht eine sehr starke Hypercalcämie. Bei Ratten und Mäusen, Katzen usw. beobachtete man struppiges Fell, Gewichtsabnahme, Appetitlosigkeit, Durchfälle, Kalkablagerung in Gefäßen, Herz und Niere mit nephritischen und urämischen Symptomen. Kalkarme Kost schwächt die Erscheinungen der Organverkalkung ab. Vitamin D wirkt auf den Fettstoffwechsel, denn mit der Abmagerung geht Lipoideinlagerung in der Leber einher. D-Hypervitaminose war das erste Beispiel für die toxische Wirkung hoher Vitamingaben. Beim Menschen äußert sich diese D-Hypervitaminose in Appetitlosigkeit, Gewichtsabnahme, Verdauungsstörungen und Zeichen von Nierenentzündung. Für den Gerichtsarzt ist von

Interesse, daß rachitische Kinder wegen ihres D-Defizits weit größere Mengen Vitamin D vertragen als gesunde, ferner daß die therapeutische Breite doch relativ groß ist. Das 40- und 100fache der therapeutischen Dosis konnte längere Zeit vertragen werden. Immerhin ist zu verlangen, daß D-Präparate nach „Klinischen Einheiten" (1 Kl. E. = 100 Biol. Einh.) oder „Internationalen Einheiten" (1 mg V. D 2 = 40 000 i. E.) standardisiert in den Handel gebracht werden. Tagesbedarf: Gesundes Kleinkind 1, rachitisches Kind 5 Klin. Einheiten. Auch bei tuberkulösen Erwachsenen wurden nach täglich dreimal 20 Tropfen 1 % Vigantolöl langandauernder Brechreiz, häufiges Erbrechen, sehr heftig nach Mahlzeiten sowie bei Husten, Appetit- und Schlaflosigkeit beobachtet (*H. Menschel*). Tagsüber traten Mattigkeit, endlich starkes Durstgefühl auf. Wöchentlich betrug der Gewichtssturz bis 2 kg. Die Leukocytenwerte stiegen auf 22—28 000. Bei Gesunden rief 1 Teelöffel 1 % Vigantolöl 2—3 Tage völlige Schlaflosigkeit hervor (*Wiscott, H. Kreitmair* und *T. Moll, Ph. Bamberger*). Die nach Vitamin D-Verabfolgung entstandenen Kalkeinlagerungen und Zelldegenerationen der Nieren sollen nach längerer Zeit reparabel sein. Von 773 Versuchspersonen sollen nach 2—5000 E./kg Vitamin D täglich nur 8 % mehr oder weniger heftig an Anorexie, Polydypsie, Übelkeit mit Gewichtsabnahme erkrankt sein (*Steck, Deutsch, Reed* und *Struck*).

Das *Vitamin B 1*, antineuritisches Vitamin, Anti-Beriberi-Vitamin, kann in therapeutischen Gaben als harmlos und ganz ungefährlich angesehen werden (*Hecht* und *Weese*). Im Handel findet es sich als „Betabion", „Betaxin", „Aneurin" usw. Bei Mäusen werden 0,075 g/kg intravenös, 0,5 g/kg subcutan reaktionslos vertragen. 1 g/kg wirkt erst tödlich. Peroral hatte 1 g/kg keine Wirkung, 3 g/kg sind tödlich. Beim Rhesusaffen rufen 0,6—0,7 g/kg akut toxische Symptome hervor. Bei der Sektion verendeter Tiere ist kein pathologischer Befund zu erheben. B 1 scheint im Zentralnervensystem anzugreifen. Es zeigte sich, daß die therapeutische Breite bei Vitamin B 1 außerordentlich groß ist. Der Bedarf an Vitamin B 1 ist in komplizierter Weise abhängig von der aufgenommenen Nahrung. Er ist um so größer je mehr Kohlehydrate, um so geringer, je mehr Fette konserviert werden. Das Optimum dürfte täglich bei 1—2 mg B 1 liegen.

Vom *Vitamin C* oder der Ascorbinsäure, als Cebion, Redoxon, Cantan im Handel, sind Vergiftungen unbekannt, da im Organismus überschüssiges Vitamin C durch die Niere ausgeschieden wird.

Man darf wohl sagen, daß bei Einhaltung der vorgeschriebenen Gaben standardisierter Vitaminpräparate „Hypervitaminosen" ausgeschlossen sind. Nur beim Vitamin D, dem antirachitischen Vitamin, ist besondere Vorsicht angezeigt.

*Schrifttum.*

*Bamberger, Ph.:* Zur Frage der Vigantolschäden. Dtsch. med. Wschr. **10**, 399 (1929). — *Hecht, G.* u. *H. Weese:* Pharmakologisches über Vitamin B 1 (Betaxin). Klin. Wschr. **I**, 414/15 (1937). — *Kreitmair, H.* u. *Th. Moll:* Hypervitaminose durch große Dosen Vitamin D. Münch. med. Wschr. **15**, 1698 (1928). — *Kreitmair, H.:* Arch. exper. Path. **176** (1934). — *Menschel, H.:* Vitamin D-Vergiftung, medizinale, durch Überdosierung bei offener Lungentuberkulose Erwachsener. Slg. Verg.-Fälle **I**, 101. — *Rabl, C. R. H.:* Organverkalkungen unter dem Einfluß von Vitamin D. Dtsch. med. Wschr. **2**, 65 (1929). — *Schübel, K.:* Zur Toxikologie der Vitamine. Med. Welt **21**, 1 (1937). — *Steck, J. E., H. Deutsch, C. J. Reed* u. *H. C. Struck:* Further studies in intoxication with vitamin D. Ann. int. Med. **10**, 951—964 (1937). — *Stepp, W., J. Kühnau* u. *Schröder, H.:* Die Vitamine und ihre klinische Anwendung. Leipzig 1936.
*Schübel.*

**Vitriolage** siehe *Schwefelsäure; Tod und Gesundheitsbeschädigung durch Gift im allgemeinen.*

**Vogelfedern** siehe *Federn.*

**Voluntal** siehe *Schlafmittel.*

**Vorgetäuschte Schwangerschaft** siehe *Eingebildete und simulierte Schwangerschaft.*

**Vorgetäuschte Verbrechen** siehe *Fingierte Verbrechen.*

**Vorläufiges Gutachten** siehe *Gutachten.*

**Vorproben auf Blut** siehe *Forensische Blutuntersuchung.*

**Vorproben auf Samen** siehe *Sperma und Spermaflecken.*

**Vorzeitige Schädelnahtverknöcherung** siehe *Hirndruck; Plötzlicher Tod aus natürlicher Ursache.*

**Voyeurs.**

„*Voyeurs*" empfinden aus Motiven, die sicherlich je nach dem Einzelfall ganz verschieden sein werden, einen Reiz darin, den Geschlechtsakt bei anderen zu beobachten. — Der Verf. hatte die tragikomische Gelegenheit, einen sog. „Lurenklub" kennenzulernen. (Das Wort „luren" ist plattdeutsch und bedeutet „auflauern".) Dieser Klub war mit Operngläsern ausgestattet, um den Geschlechtsakt anderer zu beobachten. Die Mitglieder dieses Klubs hatten es besonders darauf abgesehen, Liebespaaren aufzulauern, die sich in den Lauben und Wochenendhäusern von Schrebergärten trafen. Eines Tages fand ihre Tätigkeit dadurch ein tragisches Ende, daß während der Anwesenheit zweier junger Menschen in einem Schrebergarten zur Winterszeit Holzspäne zum Zweck der Heizung angesteckt wurden und zur Explosion eines Benzinbehälters führten. Infolge dieser Explosion verbrannten die beiden Menschen elend, so daß nur die Asche übrig blieb. Der Fall führte dann zu einer gerichtlichen Untersuchung, in der die „Voyeurs" eine unrühmliche Rolle spielten, worauf sie ihr fragwürdiges Treiben aufgaben. *Többen.*

**Vucin** siehe *Lokalanaesthetica außer Cocain.*

**Vulvovaginitis** siehe *Gonorrhoe.*

# W.

**Wachholz-Sieradzki-Probe** siehe *Kohlenoxyd.*

**Wärmestauung** siehe *Hitzschlag.*

**Waldgras** siehe *Faserstoffe.*

**Waschhaut** siehe *Tod durch Ertrinken.*

**Wassergas** siehe *Kohlenoxyd.*

**Wasserleichen** siehe *Tod durch Ertrinken.*

**Wasserschierling.**

Der *Wasserschierling*, Cicuta virosa (Umbellifere), kommt in schlammigen Gräben, an Teichen, Fluß- und Seeufern, in Sümpfen und Erlenbrüchen von Nord- und Mitteleuropa und dem gemäßigten Asien vor. Im Süden selten bis fehlend. Alle Teile der Pflanze sind giftig. Das wirksame Gift ist das *Cicu-*

*toxin*, ein Krampfgift vorwiegend medullärer Wirkung, ähnlich dem Pikrotoxin, aber weniger toxisch. Erregt Vagus und Vasomotorenzentrum. Cicutoxin ist ein stickstofffreier, amorpher, harzartiger Bitterstoff. Wasserschierling enthält daneben noch *Cicutin*, ein flüchtiges Alkaloid, und *Cicuten*, ein Terpen. Vergiftungen erfolgen hauptsächlich mit dem Wurzelstock. Das Kraut war früher ein Hausmittel bei Krampfhusten, Rheumatismus, Skrofulose.

*Kriminelle Vergiftungen* sind selten, aber offenbar leicht möglich. Gemeldet ist ein Fall, wobei die Wurzel in einen Kuchen verbacken und dem Opfer mit Erfolg beigebracht wurde. Daneben finden sich Mitteilungen über *Selbstmorde* und *Selbstmordversuche*. Die meisten Vergiftungen erfolgen aber zufällig durch Verwechslung der Wurzel von Cicuta virosa mit Rüben, Petersilie, Pastinak, Kalmus. Die Wurzel gleicht der Selleriewurzel, Stengel und Blätter, weniger giftig als der Wurzelstock, haben das Aussehen der Petersilie. Kindervergiftungen beobachtete man durch Pfeifen, die aus der Wurzel hergestellt waren, Familienvergiftungen durch Genuß von Suppen, in welchen Wurzeln mitgekocht wurden. *Tödliche Dosis* für den Erwachsenen *eine* Wurzel. *Symptome* rasch einsetzend, spätestens nach einer Stunde, gleichen dem Wundstarrkrampf: Initial Übelkeit, Erbrechen, Blähungen, Koliken, Durchfälle. Es folgt dann Übererregbarkeit der Reflexe mit Aufschreien, Zittern, schwankendem Gang, Sehstörungen, Cyanose. Gewöhnlich besteht Strabismus internus. Anfallsweise kommt es zu epileptiformen oder tetanischen Krämpfen mit Trismus und Opisthotonus. Tod im Krampf oder zwischen den Krämpfen unter allgemeiner Lähmung. Der Tod kann erst nach Tagen eintreten. Totenstarre, wenn der Tod im Krampf erfolgt, rasch einsetzend, wie bei andern Krampfgiften. *Sektionsbefunde* nicht typisch. Blut dunkel, flüssig, soll einen ins Gelbrote spielenden Farbton aufweisen können. Akutes Emphysem und Ödem der Lungen, allgemeine Stauung. Im Magen-Darmtraktus kleinste Blutaustritte, Schwellung der Darmlymphknötchen. Ausscheidung des Giftes teilweise unverändert mit dem Urin.

Cicutoxinvergiftung ist streng auseinander zu halten von der Coniinvergiftung. Coniin (s. d. Art.: Coniin und Schierlingsvergiftung) ist das Gift des Garten- oder Fleckschierlings. Die meisten Cicutoxinvergiftungen werden im Frühjahr beobachtet.

*Schrifttum.*

*Czursiedel:* Eine Wasserschierlingsvergiftung. Dtsch. Z. gerichtl. Med. **28**, 262 (1937). — *Eskelund:* Wasserschierlingvergiftung. Slg. Verg.-Fälle **5**, 135 A (1934). — *Gompertz:* Bericht über 17 Fälle von Wasserschierlingvergiftung. J. amer. med. Assoc. **87**, 1277 (1926). — *Madisson:* Über Vergiftung mit Schierling. Eesti Arst **13**, 426 (1934). — *Taeger:* Wasserschierlingvergiftung. Slg. Verg.-Fälle **5**, 43 C 1934) (hier auch weitere Literatur). ***Schwarz.***

## Wasserstoffsuperoxyd.

*Wasserstoffsuperoxyd* ($H_2O_2$), in seiner 30%igen, chemisch reinen Lösung *Perhydrol* genannt, wird zu kosmetischen Zwecken und als Desinfektionsmittel vielfach verwendet. Kleine Mengen von geringer Konzentration sind sowohl oral eingenommen, als auch auf Wunden appliziert ungiftig, da Wasserstoffsuperoxyd sich leicht unter Abgabe von Sauerstoff (aufschäumend) zersetzt. Über 3%ige Lösungen aber ätzen bereits mehr oder weniger stark die Haut und bewirken im Auge heftige Reizerscheinungen und Hornhauttrübungen. Schwere Schädigungen können nach Resorption von größeren Wundflächen aus dadurch erfolgen, daß die entstehenden Gasblasen die kleinen Blutgefäße verstopfen und so eine Gasembolie erzeugen. *Laache* teilt einen plötzlichen Todesfall nach Einspritzung von Wasserstoffsuperoxyd in eine Empyemfistel mit. Über ausgebreitete Kopfhautgangrän nach Entfärbung der Haare mit Wasserstoffsuperoxyd berichtet *Berde*.

*Schrifttum.*

*Berde:* Dermat. Wschr. **82**, 257 (1926). — *Laache:* zit. nach *Erben:* Vergiftungen. *Dittrichs* Handb. **7**, 1. Wien 1909.

***Weyrich.***

**Wasserstoffsuperoxydvorprobe** siehe *Forensische Blutuntersuchung.*

**Wasservergiftung** siehe *Tod durch Ertrinken.*

## Weibliche Genitaltumoren und Unfall.

*1. Stieldrehung von Ovarialtumoren.* Die Torsion von gestielten Eierstockgeschwülsten, insbesondere Kystomen, ist im allgemeinen kein so seltenes Ereignis und soll nach *Pfannenstiel* in ungefähr 20—25 % der Fälle vorkommen. Äußere Einwirkungen, vor allem also Unfälle, wurden seit jeher als Ursache der Stieldrehung hochbewertet. Es handelt sich dabei meist um die Übertragung einer Drehbewegung des ganzen Körpers auf den Tumor, wobei noch der flüssige Inhalt eine wichtige Rolle spielt, wie *Sellheim* gezeigt hat. Das Trauma kann natürlich sehr verschiedener Art sein, so kommen in Frage Fall, Sturz, Stoß, Heben von Lasten, aber auch an sich ungefährliche Betätigungen wie Tanzen, Turnen, Pressen, ja sogar evtl. nur das Umdrehen im Bette. Der typische Schmerzanfall, oft verbunden mit Fieber und peritonealer Reizung, ist allerdings nicht immer vorhanden, *Grotenfeld* fand ihn in 81,5 %, die Tübinger Klinik (*Mayer*) dagegen nur in 38 %. Es wird aber schwer abzuschätzen sein, wie in Wirklichkeit die Verhältnisse liegen, festzustehen scheint aber doch, daß unter Umständen die Torsion symptomlos verlaufen kann, aber nach der Erfahrung *Hüssys* dürfte das doch eher eine Seltenheit sein. Beim Zuwarten sinkt häufig das Fieber, wenn nicht, so muß mit Verjauchung oder Vereiterung des Tumors gerechnet werden. Als Grundsatz gilt, den stielgedrehten Ovarialtumor zu operieren, wenn man ihn erkannt hat. Es ist erstaunlich, wie rasch sich gewöhnlich die betr. Pat. nachher erholen und wie erleichtert sie sich fühlen, ein Beweis dafür, welch große Beschwerden durch die Torsion hervorgerufen werden können. Beim Unterbleiben eines operativen Eingriffes kommt es in seltenen Fällen vor, daß der Stiel gänzlich durchtrennt wird (*Mayer*, *Vogt*, *Wagner*). Auch *Hüssy* hat solche Beobachtungen machen können.

Es besteht also wohl kein Zweifel, daß durch einen Unfall eine Torsion eines Ovarialtumors, vor allem einer einkammrigen Cyste, verursacht werden kann, was also bedeutet, daß ein bereits bestehendes Leiden durch das Trauma verschlimmert worden ist. Da durch eine rechtzeitige Operation die Gefahr rasch behoben werden kann und folgenschwere Residuen gewöhnlich nicht zurückbleiben, so wird man nur mit einer beschränkten Erwerbsunfähigkeit von höchstens 3—4 Monaten zu rechnen haben. Eine Dauerrente kommt auf keinen Fall in Frage. Wird durch die Torsion der Tod der betr. Pat. herbeigeführt oder übersteht sie die Operation nicht, so muß wohl der Unfall zum Teil für den Ausgang verantwortlich gemacht werden (50 %). Im ganzen sind aber solche Beobachtungen doch eine Seltenheit, und *Hüssy* ist es noch nie vorgekommen, daß ein körperlicher Unfall für eine Torsion eines Ovarialtumors angeschuldigt worden ist und damit eine Versicherungsklage entstand. Auch in der Literatur sind jedenfalls nur vereinzelte Fälle niedergelegt, wenn sie überhaupt vorgekommen sind. *Mayer* erwähnt ebenfalls keine konkrete Beobachtung dieser Art und behandelt das Problem nur vom theoretischen Standpunkte aus.

*2. Platzen von Ovarialtumoren.* Wenn auch das Platzen von cystischen Ovarialtumoren nach äußerer Einwirkung kein gerade häufiges Vorkommnis darstellt, so konnte doch *Storer* 108 Fälle von traumatischem Bersten von Eierstockgeschwülsten zusammenstellen. Fast immer handelte es sich um stumpfe Gewalt, währenddem penetrierende Verletzungen wie Schuß und Stich eine geringe Rolle spielten. Die Gewalteinwirkung braucht nicht stets eine große zu sein, da auch das spontane Rupturieren von Ovarialcysten bekannt ist.

Nach *Mayer* ereignet sich die Spontanruptur in 2—3 % der Fälle, wobei gewöhnlich eine besondere Disposition vorliegt, wie Dünnwandigkeit oder maligne Degeneration, Nekrose, Röntgenbestrahlung usw. Nicht immer kommt es zufolge des Platzens zu schweren Symptomen, hingegen werden auch kollapsartige Zustände beobachtet, namentlich dann, wenn etwa größere Gefäße reißen und infolgedessen eine mehr oder minder starke Blutung in die Bauchhöhle erfolgt. Manchmal droht auch die Gefahr der Peritonitis, wenn nicht beizeiten operativ vorgegangen wird, bei malignen Tumoren ist ferner eine diffuse Metastasierung möglich (*Bauereisen*). In der Zusammenstellung von *Storer* erfolgte in 8 Beobachtungen bald nach dem Trauma der Tod, vermutlich an Verblutung, in weiteren 8 Fällen kam es zur Peritonitis. Daß nach dem Platzen einmal eine Geschwulst auch vollständig verschwinden kann, liegt im Bereiche der Möglichkeit, scheint aber nicht ein häufiges Ereignis zu sein. *Storer* fand es unter 108 Fällen neunmal.

3. *Verschlimmerung von entzündlichen Adnextumoren.* Daß sich ein entzündlicher Adnextumor resp. eine Pelveoperitonitis direkt an einen Unfall anschließen könnte, das dürfte wohl sehr selten sein, wenn man nicht den kriminellen Abort als Trauma bezeichnen will, was aber kaum zulässig sein dürfte. Am ehesten könnte das Eindringen von Fremdkörpern Veranlassung zu entzündlichen Genitalerkrankungen bieten, namentlich bei bereits vorhandenen Prolapsen. In solchen Fällen könnte eine Aktinomykose der weiblichen Geschlechtsorgane zustande kommen, wie sie in der Literatur vereinzelt beobachtet worden ist (*Giordano*). *Mayer* berichtet über das Entstehen einer Parametritis nach Sturz auf den prolabierten Uterus, wobei eine leichte Verletzung entstand, die Veranlassung zur aufsteigenden Infektion gab.

Daß eine Genitaltuberkulose erstmalig durch einen körperlichen Unfall entstehen könnte, das ist nicht anzunehmen, da wohl durch ein solches Ereignis kaum Tuberkelbacillen in die Genitalorgane eingeschleppt werden könnten. Mit Recht betonen das auch *Kaufmann* und *Mayer*. Solche Versionen müssen striktestens zurückgewiesen werden, da sie auch nicht den Schein einer Wahrscheinlichkeit für sich haben. Eine andere Frage wäre die, ob auf indirektem Wege unter Benutzung der Blutbahn von einem Primärherde aus eine traumatisch geschädigte Körperstelle infiziert werden könnte. Theoretisch ist dies nicht ausgeschlossen, und während des Weltkrieges sind anscheinend einschlägige Beobachtungen gemacht worden, aber ob das auch zutrifft für die weiblichen Genitalien, das sei dahingestellt. Jedenfalls sind solche Beobachtungen bis dahin nicht gemacht worden, um so mehr als ja die innern weiblichen Geschlechtsorgane von einem Trauma nur ausnahmsweise erreicht werden können. Auch *Mayer* ist daher der Meinung, es handle sich bei fraglichen Fällen nur um die Verschlimmerung einer bereits latent bestehenden Tubentuberkulose. Aber auch bei Exacerbation bereits bestehender Entzündungsprozesse im Bereiche des kleinen Beckens ist daran zu denken, daß dies auch ohne Unfall vorkommen kann, z. B. zur Zeit der Menses, beim Coitus usw., ja sogar bei Diätfehlern oder leichten Erkältun-

gen. Das propter und das post hoc ist also auch hier schwer voneinander zu trennen und mahnt uns in der Begutachtung zur Vorsicht. Natürlich kommt es darauf an, ob es sich um frische oder um alte Prozesse handelt, bei welch letzteren eine Verschlimmerung durch Unfall viel eher anerkannt werden könnte als bei den ersteren. Nach *Mayer* ist aber der Grad der Verschlimmerung keineswegs dafür ausschlaggebend, ob ein evtl. Unfall anerkannt oder abgelehnt werden soll, denn er hängt in erster Linie von der Virulenz der Keime ab. Auch die Intensität eines Unfalls kann an sich nicht von entscheidender Bedeutung sein, dagegen ist das Zeitintervall zwischen Trauma und Eintreten der Verschlimmerung des Leidens wohl zu beachten. Um die ursächliche Wirkung eines Unfalles anzuerkennen, muß der Beweis vorliegen, daß die Verschlechterung des Zustandes bald nachher erfolgt ist, mindestens innerhalb der ersten 24 Stunden. Ist dies nicht der Fall, so ist wohl nur schwer ein kausaler Zusammenhang zu konstruieren. Die Schuld des Traumas ist um so wahrscheinlicher, wenn sich mehr Schmerzen, Fieber und andere Verschlimmerungssymptome sofort an dieses anschließen. Hingegen scheint hier die Tuberkulose eine gewisse Ausnahme zu machen, wie einige Fälle aus dem Weltkriege für Knochentuberkulose anscheinend bewiesen haben (*Wolf-Eisner* u. *Zahner*). Man wird aber doch wohl der Ansicht sein dürfen, daß solche Beobachtungen mit der größten Skepsis zu behandeln sind, insbesondere was die Unterleibstuberkulose anbetrifft, wo schließlich der Unfall nicht so direkt angreifen kann, wie an den Knochen. An Stelle von Schmerzen können gelegentlich auch andere Beschwerden sich bemerkbar machen, wie Störungen der Menstruationsblutung oder Dysmenorrhoe, aber auch bei der Beurteilung solcher Fragen ist äußerste Vorsicht geboten, wenn auch *Mayer* glaubt, daß man die Entschädigungspflicht in so gelegenen Fällen auch dann nicht ablehnen dürfe, wenn die Beschwerden erst nach einiger Zeit eintreten (vgl. d. Art.: Tuberkulose und Trauma).

*Schrifttum.*

*Bauereisen:* Über intraperitoneale Blutung bei malignem Tumor. Zbl. Gynäk. **1922**, 202. — *Doederlein:* Tubargravidität und Unfallrente. Münch. med. Wschr. **1903**, 2052. — *Grotenfeld:* Über Stieldrehung von Ovarialtumoren. Berlin 1911. — *Hüssy:* Aktinomykose des Uterus. Zbl. Gynäk. **1935**, 11 (s. dort weitere Literatur). — *Hüssy:* Der geb.-gyn. Sachverständige. Bern 1931. — *Kornfeld:* Frauenkrankheiten und Unfall. Mschr. Unfallheilk. **6**, 21. — *Mayer:* Weibliche Geschlechtsorgane und Unfall. Stuttgart 1934. — *Storer:* Traumatische Ruptur von Ovarialcysten. Zbl. Gynäk. **1897**, 687. — *Vogt:* Über Abschnürung von Ovarialtumoren. Z. Geburtsh. **86**. — *Wolf-Eisner* u. *Zahner:* Beitrag zur traumatischen Tuberkulose. Dtsch. med. Wschr. **1920**, 124. **Hüssy.**

**Weicher Schanker** siehe *Geschlechtskrankheiten vor Gericht; Ulcus molle.*

## Weinsäure.

Die *Weinsäure*, $C_6H_6O_6$, Oxybernsteinsäure, optisch aktiv, bildet farb- und geruchlose Kristalle von saurem Geschmack. Spielt forensisch eine sehr geringe Rolle; Vergiftungen möglich durch Verwechslung im Haushalt, dann als zufällige Vergiftung im Gewerbe (Färberei, Reinigung, Weinherstellung). Bei Verunreinigung mit Bleisalzen können gleichzeitig die Symptome einer Bleivergiftung auftreten. Weinsäure wird vom Organismus vollständig verbrannt. Toxische Wirkung nach 5 bis 10 g. Schleimhautreizung gering, geringer als bei Ameisen- und Essigsäure. Hauptsymptome: Erbrechen und Durchfall. Bei Resorption in größeren Mengen Bewußtseinsstörungen, schwacher frequenter Puls. Todesfälle selten, Todeseintritt meist erst nach Tagen. Pathologisch-anatomisch findet man gelegentlich weißliche Verfärbungen der Schleimhäute in den Verdauungswegen, selten kleine Blutaustritte und

Erosionen. Bei chronischer Aufnahme katarrhalische Erscheinungen von seiten der Schleimhäute.

*Schrifttum.*
*Erben:* Vergiftungen, klin. Teil. 2. Hälfte. Wien u. Leipzig 1910. — Handb. der Lebensmittelchemie. I. Berlin 1933. — *Lewin:* Gifte und Vergiftungen. Berlin 1929. — *Petri:* Pathologische Anatomie u. Histologie der Vergiftungen. Berlin 1930. *Schwarz.*

## Weinsaure Salze.

In Betracht kommt der eigentliche *Weinstein* (Cremor tartari), d. h. das schwer lösliche saure Kaliumtartrat, und das Kalium-Natriumtartrat, das leicht löslich ist *( Seignette-* oder *Rochellesalz )*. Beide wurden früher als Abführmittel gebraucht, Weinstein in Dosen von 5 bis 10 g, Seignettesalz in Dosen von 15 bis 30 g. Man beobachtete dabei öfters Vergiftungserscheinungen in Form von Magenbeschwerden, Koliken, nach längerem Gebrauch Anorexie. Heute dürften Vergiftungen (mit Ausnahme gewerblicher Vergiftungen) zur größten Seltenheit gehören.

*Schrifttum.*
Siehe d. Art.: Weinsäure. *Schwarz.*

## Wermut.

Der wirksame Bestandteil des *Wermuts* ist ein ätherisches Öl, das *Wermutöl* (β-Thujonöl), er enthält daneben Terpene, Sesquiterpene und als ungiftigen Bitterstoff das *Absinthin*, das zu den Glykosiden gehört. Offizinell: Ol. absinth. aether. Einnahme 0,1 g.

Wermut wird in der Laienmedizin gebraucht als appetitanregendes Mittel, als Tee bei Magen-Darmverstimmungen, als Wurmmittel, gelegentlich auch als Abortivum in Form von Dekokten. Fruchtabgang wird dabei nicht beobachtet. Die Symptome der *akuten* Vergiftung stimmen überein mit den Symptomen der Thujonölvergiftung (Magenschmerzen, Erbrechen, Übelkeit). Bei höheren Dosen (15 g des Öls und mehr) Bewußtseinsstörungen, Oppressionsgefühl, Trismus, Krämpfe, Schaum vor dem Munde. Die *chronische* Vergiftung zeigt meist Kombination mit chronischer Alkoholwirkung (chronischer Absinthismus). Beobachtete Schädigungen: neuritische Symptome, epileptiforme Krämpfe, psychische Störungen, Halluzinationen, Zerfall des Charakters, der Persönlichkeit, ähnlich wie bei andern chronisch zugeführten Genußmitteln. In Deutschland und vielen Kulturstaaten ist die Absinthherstellung verboten. *Sektionsbefunde* wurden mitgeteilt von *Michelson:* Einlieferung eines 44jährigen Mannes mit starken Schmerzen im Bauch, kühlen Extremitäten, Zittern. Erbricht grüne Masse, Alkoholgeruch aus dem Munde. Abdomen aufgetrieben, bei Berührung schmerzhaft. Gab keine richtige Auskunft. Anamnestisch chronischer Alkoholismus, Genuß einer konzentrierten Wermutabkochung gegen Würmer. Tod unter Krämpfen und abnehmender Herztätigkeit. Autoptisch fettige Degeneration des Herzens und der parenchymatösen Organe, Hyperämie mit Blutungen im Magen und Darm (diese Befunde dürften allerdings teilweise auf den Alkohol zurückzuführen sein).

*Schrifttum.*
Handb. der Lebensmittelchemie. I. Berlin 1933. — *Michelson:* Wermutkraut als Wurmmittel verursacht tödliche Vergiftung. Slg. Vergl.-Fälle **5,** 17 A (1934). *Schwarz.*

## Wertzeichenfälschung siehe *Markenfälschung.*

## Wespenstichvergiftung siehe *Insektenstichvergiftung.*

## Widernatürliche Unzucht siehe *Unzucht.*

## Widmarkverfahren siehe *Alkoholbestimmung im Blut.*

## Wiederbelebungsversuche. (Vgl. auch Art.: Endokardiale Injektion; Künstliche Atmung; Scheintod.)

*Bruns* und *Thiel* unterscheiden folgende Wiederbelebungsmaßnahmen: 1. Reflektorische Erregung der Gehirnzentren durch Haut- und Schleimhautreize bzw. Vagus- oder Sympathicusreiz. 2. Wiederherstellung der Sauerstoffzufuhr bei gleichzeitiger Wiederbelebung der Herztätigkeit. Diese kann erfolgen durch Herzmassage oder Einspritzung von Arzneimitteln in das Herz (vgl. d. Art.: Endokardiale Injektion). 3. Direkte Erregung der Rückenmarkszentren durch direkte Einspritzung von Arzneimitteln.

Am frühesten angewendet wurden Haut- bzw. Schleimhautreize. Hierher gehört das nunmehr schon historische Tabakklistier. Weiter gehören hierher Temperaturreize, z. B. Wechselbäder, mechanische Reize, wie Frottieren der Haut. Schleimhautreize können auch durch leicht ätzende bzw. stark riechende Stoffe ausgelöst werden (Ammoniak vor die Nase). Wiederbelebung durch Vorziehen und Wiederlockerlassen der Zunge *( Laborde)* beruht auf reflektorischer Reizung des Schlund- und Kehlkopfnerven. Die künstliche Atmung (s. d.) bewirkt nicht nur Wiederherstellung der Sauerstoffzufuhr, sondern auch gleichzeitige Reizung (Massage) des Herzens. Die Herzmassage kann direkt und indirekt ausgeführt werden. Die direkte wird in der Regel wohl nur der Chirurg bei einer Operation auszuführen in der Lage sein. Man unterscheidet hier die thorakale Massage mit Freilegen des Herzens, die subdiaphragmatische Methode, hierbei wird das Herz durch das schlaffe Zwerchfell massiert, endlich die transdiaphragmatische nach Einschneiden des Zwerchfells. Die indirekte Methode der Herzmassage besteht darin, daß die Herzgegend komprimiert wird. Künstliche Atmung stellt gleichfalls eine indirekte Methode der Herzmassage dar. Die Einspritzung von wiederbelebenden Medikamenten in den Rückenmarkskanal wird in neuerer Zeit öfters durchgeführt, besonders beliebt ist die Injektion in die Cisterna cerebello-medullaris.

Hauptsächlich werden Medikamente, die zur Erregung des Atemzentrums dienen, eingespritzt. Als wichtigstes wäre das Lobelin zu nennen, daneben noch Campherpräparate sowie Coffein.

Die Wiederbelebungsmaßnahmen sollen solange durchgeführt werden, bis sie entweder Erfolg haben oder bis sichere Todeszeichen (Leichenflecken) auftreten. Da der Zustand des Scheintodes mit einer Erschlaffung der Muskulatur verbunden ist und Schmerz- sowie Abwehrreaktionen völlig fehlen, besteht die Gefahr, daß die Wiederbelebungsmaßnahmen zu energisch durchgeführt werden und zu Schädigungen des Wiederzubelebenden führen. Nicht selten werden an den Leichen Vertrocknungen der Haut im Gesicht sowie in der Brustgegend beobachtet, die durch energisches Frottieren bzw. Einreiben von Essig, *Hoffmanns*tropfen usw. entstanden sind. Der Leiche anhaftende Gerüche, wie z. B. nach Essig, nach Äther u. dgl., können mitunter auf stattgefundene Wiederbelebungsversuche hinweisen. Solche Hautvertrocknungen werden mitunter ganz falsch gedeutet. In einem unserer Fälle wurden diese Vertrocknungen von dem Friedhofsangestellten für Zeichen einer Vergiftung angesehen, weshalb eine Sektion veranlaßt wurde. Die Leichenöffnung ergab, daß es sich um einen Tod nach Abtreibung handelte, der Vater des jungen Mädchens hatte das Gesicht zur Wiederbelebung mit nassen Tüchern frottiert. Möglich wären ferner Verbrennungen bzw. Verbrühungen durch Anwendung zu starker Temperaturreize, Blasenbildung, z. B. nach Auftropfen von heißem Siegellack. Injektionen, welche zum Zwecke der Wiederbelebung entweder unter die Haut oder in die Muskulatur oder in eine Vene verabreicht wurden, sind an der Leiche meist als Injektionsstellen kenntlich. Mitunter kann der Geruch bei Einschnitt auf die Art des einverleibten Medikamentes hindeuten. Geruch des Gehirns nach Campher deutet darauf hin, daß die Campherinjektion noch zu Lebzeiten verabreicht wurde. Manchmal kann in der Umgebung der Einstichstelle noch eine mäßige Blutung im Bereich des Stichkanals als Zeichen einer vitalen Reaktion (s. d. Art.: Vitale Reaktionen) festgestellt werden. Auch die intracisternale Injektion ist unschwer an der Einstichstelle im Nacken kenntlich, die intralumbale Injektion verrät sich durch die Einstichstelle in der Gegend der Lendenwirbelsäule.

Wir konnten in einem Falle bei einer Leiche noch leicht blutige Verfärbung des Liquors als Zeichen einer intracisternösen Injektion, die kurz vor dem Tode gemacht wurde, vorfinden.

Beim scheintot geborenen Neugeborenen werden Wiederbelebungsmaßnahmen sehr häufig angewendet. Im Vordergrund stehen Wechselbäder mit kaltem und heißem Wasser, Frottieren, Beklopfen des Rückens, leichte Kompression der Brust sowie die *Schultze*schen Schwingungen.

*Schrifttum.*

*Bruns:* Zbl. Gewerbehyg. **12** (1921). — *Bruns:* Dtsch. med. Wschr. **1927**. — *Bruns* u. *Thiel:* Die Wiederbelebung. Berlin u. Wien 1931. — *v. Hofmann-Haberda:* Lehrb. der gerichtl. Medizin. 11. Aufl. Berlin u. Wien 1927. — *Naujoks:* Die Geburtsverletzungen des Kindes. Stuttgart 1934. — *Teleky:* Dtsch. Z. gerichtl. Med. **20** (1933). — *Wichels* u. *Lauber:* Med. Klinik **1932**.     **Huber.**

## Wiedererkennen der menschlichen Stimme.

Abgesehen von der Gesangsstimme und von Stimmstörungen ist die menschliche Stimme nach ihren individuellen Merkmalen noch nicht erforscht; jedenfalls sind wir noch weit davon entfernt, solche Merkmale als Gemeingut des Wissens betrachten zu können. Und doch spielt die Stimme manchmal in kriminalistischen Dingen eine besondere Rolle. Dabei ist an folgende Fälle zu denken:

1. Außer nach den körperlichen Merkmalen soll ein leugnender Delinquent auch an seiner Stimme durch einen Wiedererkennungszeugen beurteilt und identifiziert werden, wenn eine mündliche Verhandlung beider stattgefunden hat und Gelegenheit bestand, sich die Merkmale seiner Stimme einzuprägen. Hier ist also die Stimme nur ein den übrigen Befund unterstützendes Wiedererkennungsmerkmal. 2. Die Stimme eines nicht gesehenen Menschen soll wiedererkannt werden, wenn seine Äußerungen kriminalistisch von Bedeutung waren, z. B. feindselige und beleidigende oder bedrohende Äußerungen eines Hausbewohners oder eines Bettlers auf der Haustreppe, vor der Wohnungstür, im Hof, in der Dunkelheit oder aus weiter Ferne, die ein Wiedererkennen der Person selbst ausschließt. 3. Die Stimme wird im Fernsprecher gehört und soll aus kriminalistischen Gründen identifiziert werden. 4. Die Stimme soll nach der Wiedergabe einer Schallplatte identifiziert werden, wenn der Inhalt der Wachsplattenaufnahme kriminalistisch von Bedeutung ist, z. B. wegen des unsittlichen Wortlautes. Die Identifizierung der menschlichen Stimme ist deswegen besonders schwierig, weil einmal die Erfahrung auf diesem Gebiete zu gering ist, schon wegen der ziemlich selten anwendbaren Fälle, sodann weil die individuellen Unterscheidungsmerkmale noch wenig erforscht und mit einem gar nicht oder zu wenig geschulten Sinnesorgan, dem Gehör, zu prüfen und zu beurteilen sind im Gegensatz zu den sichtbaren, fühlbaren und meßbaren Identitätsmerkmalen anderer Untersuchungsobjekte.

Um eine menschliche Stimme wiederzuerkennen,

sind folgende Voraussetzungen notwendig und nachzuprüfen: a) Akustisches Wiedererkennungsvermögen auf seiten des Hörenden; b) auffallende Merkmale der Stimme; c) Vorhandensein oder Fehlen der Aufmerksamkeit oder des Interesses, sich die gehörte Stimme einzuprägen; d) bei Telephongesprächen außerdem noch einwandfreie Wiedergabeapparate. Wenn eine wichtige Entscheidung von der Aussage des Wiedererkennungszeugen abhängt, kann nur nach sorgfältiger Nachprüfung (am besten auf experimentellem Wege) dieser vier Punkte ein einigermaßen zuverlässiges Urteil gefällt werden. (Zuständig sind u. a. tonpsychologische Abteilungen der psychologischen Universitätsinstitute.) Als *Wiedererkennungsmerkmale* einer Stimme kommen in Frage: Dialektaussprache, ausländischer Akzent (sog. gebrochenes Deutsch), hohe und niedrige Stimme, männliche, weibliche, kindliche Stimme, harter oder weicher Ton, langsame oder schnelle Sprache, Stottern, Lispeln. Wenn der Sprecher am Telephon Wert auf Spurenverwischung und Unkenntlichmachung legt, verstellt er seine Stimme, was manchem leicht fällt, so daß eine Wiedererkennung der Stimme ausgeschlossen ist. Der Sprecher kann aber auch, wenn es in die inszenierte Situation paßt, die Stimme eines anderen Menschen, dessen Anwesenheit am Fernsprecher vorgetäuscht werden soll, nachahmen und so vielleicht in gebrochenem Deutsch sich bei der Wirtin eines ausländischen Studenten durch Fernsprecher anmelden, daß er in dessen Auftrag etwas in seiner Wohnung abholen soll, in Wirklichkeit aber etwas stehlen will.

Hinsichtlich der 4. Art identifizierbarer Stimmen sind noch folgende Bemerkungen zu machen: Wenn ein einwandfreies Besprechungsmikrophon angewendet wurde, sind die auf Gelatine geritzten Schallplattenaufnahmen durchaus naturgetreu und klangecht wiederzuhören und zu erkennen. Ein hochwertiges Mikrophon verursacht aber leicht Schwierigkeiten schaltungstechnischer Art, so daß dadurch manchmal nicht unerheblich der Klangcharakter der menschlichen Stimme verändert wird. Ein gewaltiger Unterschied ist es auch, eine menschliche Stimme, sei es im Original, sei es bei Übertragung durch Mikrophon, nach der bloßen Erinnerung und nach größeren Zeitdifferenzen zu identifizieren. Wenn also Zeugen glauben, sich die Stimme eines Beschuldigten gut eingeprägt zu haben und sie beim Wiederhören wiederzuerkennen mit oder ohne nähere Angabe der herausgehörten individuellen Merkmale, so sind infolge unbekannter Fehlerquellen leicht Selbsttäuschungen möglich, besonders wenn der Zeuge keine nachprüfbaren Einzelheiten anzugeben weiß, sondern nur nach seiner inneren Überzeugung und dem allgemeinen Eindruck zu urteilen scheint. Deshalb soll die Wiedererkennung der Stimme im Strafverfahren nur mit großer Vorsicht beurteilt werden, so daß immer auf nachprüfbare Einzelheiten Wert gelegt werden sollte.

*Schrifttum.*

*du Bois-Reymond:* Physiologie des Menschen und der Säugetiere. S. 454 ff. Berlin 1908. — *Schneickert, N.:* Kriminaltaktik. 5. Aufl. S. 187, 236. Berlin 1940.     ***Schneickert.***

## Wiedersichtbarmachung künstlich entfernter oder entstellter Prägungen auf Metallen.

Das Verfahren, durch Abfeilen künstlich entfernte, eingestanzte Zeichen wieder sichtbar zu machen, stützt sich darauf, daß solche Prägungen von Metallen nach den metallographischen Erfahrungen die ursprüngliche Krystallstruktur (Krystallite) des Metalls unterhalb der betroffenen Einschlagstelle bis zu einer gewissen Tiefe in abnehmender Intensität deformieren; durch Übermittlung eines größeren Energieinhaltes werden diese Teile unedler (härter) als die weichere Umgebung. (Im Gegensatz zu den

59

unedlen Metallen, die sich schon bei gewöhnlicher Temperatur an feuchter Luft oxydieren, bezeichnet man die Metalle als edle, welche gegen chemische Einflüsse widerstandsfähig sind und sich selbst bei höherer Temperatur unter gewöhnlichem Druck mit Sauerstoff nicht verbinden.) Die metallographische Erfahrung zeigt denn auch, daß auf solche Weise unedel gewordene Stellen von geeigneten Ätzmitteln rascher und stärker angegriffen werden als die Umgebung, so daß bei geeignetem Ätzverfahren die ursprünglichen Zeichen sich als mehr oder weniger scharfe reliefartige oder verfärbte Linien oder Helligkeitsunterschiede von der Umgebung abzeichnen, und es sehr oft gelingt, die eingestanzten Zeichen wieder sichtbar zu machen, sei es auch nur für einen Augenblick während der Ätzung, sei es dauernd. Die Schärfe hängt von der noch vorhandenen Schichttiefe der betroffenen Teile ab. Nicht selten geht aber die Täterschaft noch einen Schritt weiter, indem sie neue falsche Nummern einstanzt, sei es an der abgefeilten evtl. überstrichenen oder an einer anderen Stelle, oder es kann auch vorkommen, daß die ursprünglichen Ziffern nicht weggefeilt, sondern zerhämmert werden. Störend muß wirken eine gewisse Rekrystallisation durch kurzes stärkeres Erhitzen oder durch Zerhämmern; wie *Dettling*s Erfahrungen aber gezeigt haben, soll man sich durch solche Überlegungen von praktischen Versuchen nicht abhalten lassen, da es z. B. gelungen ist, auch bei stark zerhämmerten Stellen an Schußwaffen und Fahrrädern trotzdem die ursprünglichen Zeichen wieder sichtbar zu machen. In der forensischen Praxis ist diese naturwissenschaftliche Nachweismethode besonders wertvoll geworden beim Diebstahl von Ordonanzwaffen mit Kontrollnummern und beim sehr häufig gewordenen Diebstahl von Velos, seltener bei Automobilen usw. Die genauere Darstellung der geeigneten Ätzverfahren sei deshalb auf diese praktisch wichtigen Objekte beschränkt. Das Verfahren dient z. B. auch zur Ermittlung von undeutlichen Jahreszahlen und Zeichen an Münzen evtl. auch aus archäologischen Gründen, zur Wiedersichtbarmachung von Initialen an Gebrauchsgegenständen aus edlen Metallen usw.

Das praktische chemischphotographische Verfahren besteht hauptsächlich darin, daß man die zu untersuchende Stelle zuerst glatt poliert, sorgfältigst reinigt und dann mit einem Ätzmittel dem ausgewählten Ätzverfahren unterzieht, das sich immer nach der Art des zu untersuchenden Metalles zu richten hat. Besonders sorgfältiges, aber auch zeitraubendes Polieren ist erforderlich; die polierten Schliffflächen werden im allgemeinen direkt dem Ätzen unterworfen, um möglichst schnell und sicher vorwärtszukommen unter Überspringung anderer Verfahren, wie Ätzpolieren oder galvanokaustisches Verfahren, Dünnschliffen usw.; oft wird es notwendig, während der Ätzversuche schrittweise vorzugehen, evtl. unter Wechsel des Ätzmittels oder dessen Konzentration, indem man immer wieder zwischenhinein nachpoliert. Beim Tieferkommen durch Polieren und Ätzen werden selbstverständlich die erscheinenden Zeichen immer verschwommener, da die Deformation immer schwächer wird und sich der normalen Umgebung annähert (vgl. Abb.1). Meistens wird es gelingen, eine *photographische Aufnahme* der wieder sichtbar gemachten Zeichen machen zu können. Im allgemeinen wird es ratsam sein, die zu untersuchenden Stellen vor irgendwelcher Veränderung zu photographieren. Wir haben bereits darauf hingewiesen, daß es aber nicht immer gelingt, eine photographische Aufnahme machen zu können, da das Erscheinen der Zeichen ganz flüchtig sein kann; manchmal erscheinen auch nicht alle Zeichen miteinander oder ungleichmäßig scharf, so daß man

eben stufenweise vorgehen muß. Dies ist auch ein Grund, daß zwei Zeugen anwesend sein sollten für den Fall, daß die Photographie nicht oder unvoll-

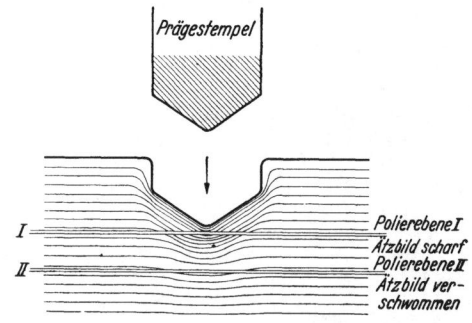

Abb. 1. Durch Prägung verursachte Deformation der Kristallyte.

ständig gelingen sollte. Wenn man den Auftrag hat, eine solche Wiedersichtbarmachung zu versuchen, wird man im allgemeinen so vorgehen, daß man sich zuerst genau erkundigt, wo üblicherweise sich am fraglichen Objekt (Waffe, Velo usw.) Fabrik- oder Kontrollnummern oder andere Fabrikzeichen befinden. Die Erfahrung zeigt eben, daß Täter gerade bei Schußwaffen eine versteckte Nummer oder Endzahl übersehen können, wie z. B. im Innern des Verschlusses von Schußwaffen, oder daß sie andererseits auch an Stellen, wo früher keine Zeichen waren, falsche Zeichen einstanzen und wieder wegfeilen, so daß man an falscher Stelle suchen würde. Die Form neuer (falscher) Zeichen hat selbstverständlich eine weitergehende Bedeutung für die Eruierung der Täterschaft, da sie ja meistens nicht die genaue Größe und Form der Originalzeichen besitzt. Solche Nachforschungen bei Fabriken und vermutlichen Eigentümern von Ordonanzwaffen haben aber ferner noch die Bedeutung, festzustellen, wie vielstellig die Nummer sein kann, da man sonst evtl. zu wenig weit poliert und ätzt. — An einer indifferenten Stelle des metallenen Untersuchungsobjektes wird man zweckmäßigerweise einen experimentellen *Vorversuch* machen, indem man Zeichen einstanzt, um durch eine Probeätzung Anhaltspunkte für das geeignete Ätzmittel bekommen zu können. Das *Polieren* verlangt fachmännische Erfahrung. Das Polieren und Ätzen sollte von gleicher Stelle besorgt werden können, weil das Sichtbarwerden in ganz verschiedenen Phasen der Bearbeitung eintreten kann und der Photograph zur Stelle sein sollte. Man geht am besten so vor, daß man das eigentliche Abschleifen vermeidet und nur poliert. Vorsichtiges manuelles Schleifen mit Schmirgelpapier kommt bei unebenen Stellen in Betracht. Im allgemeinen wird man der Reihe nach vorgehen mit Schmirgeltuch verschiedener Körnung (1—4 Null) — Schmirgelpulver wie Schlämmkreide — Polierrot (Eisenoxyd) — zuletzt mit Baumwollscheiben. Daran schließt sich das *Ätzen*. Eine gleichmäßige Ätzung ist nur möglich, wenn die polierte Fläche vollkommen öl- und fettfrei ist. Die polierte Fläche wird kurz vor dem Ätzen mit einem mit Aceton oder Alkohol getränkten Wattebausch sehr vorsichtig abgewischt und durch sorgfältiges Abtupfen mit weichem Tuch getrocknet (die Fläche mit den Fingern nicht berühren!). Die Umgebung der bearbeiteten Stelle kann durch Wachsüberzug geschützt werden. Es empfiehlt sich, die zu bearbeitende Stelle mit einem Wachswall zu umgeben, so daß sich eine Art „Wanne" bildet, in welcher man dann die Ätzmittel in beliebiger Menge und Dauer beigeben kann, ein Verfahren, bei welchem man sogar tropfenweise das Mittel auf die Ätzfläche geben kann (vgl. Abb. 2). Das Ätzen ist dem zu untersuchenden

Metall so anzupassen, daß ein feinkörniges mattes Ätzbild entsteht. In vielen Fällen wirken die Ätzmittel rein lösend, indem eine Stelle rascher aufgelöst wird als die andere, so daß dann eine Art Relief entstehen kann. Das aussichtsreichste Ätzmittel ist wohl das Chlor, und zwar in Form einer salzsauren Eisen- oder Kupferchloridlösung. Daneben kommt noch der Salpetersäure in wässeriger oder alkoholischer Lösung und dem Ammoniak eine gewisse Bedeutung zu. Bei den Versuchen, künstlich entfernte oder entstellte Ziffern und Zeichen an Schußwaffen wieder sichtbar zu machen, kommt man immer wieder auf das Königswasser als geeignetstes Ätzmittel. (Salpetersäure — 1,18 spez. Gew. — eignet sich vielfach zur Ätzung von Flußeisen; für Stahlsorten ist konzentrierte Salpetersäure weniger geeignet, da sie die einzelnen Gefüge der Bestandteile zu ungleichmäßig angreift. Bei Kupfer kann sie versucht werden. Ätzen mit alkoholischer Salzsäure — Verfahren von *A. Mertens* und *E. Heyn* — ist sehr geeignet für alle Arten von Eisen und Stahl.) Nach beendigter

petersäure 1,24. Königswasser direkt auf der Metallfläche erzeugt: In der Wachswanne wird auf die Metalloberfläche eine geringe Menge Salzsäure 1,19 aufgetragen und hierauf tropfenweise konz. Salpetersäure und nach kurzer Zeit mit Wasser abgespült. 3. Alkoholische, rauchende Salpetersäure: 5 ccm rauchende Salpetersäure 1 Teil, 45 ccm Äthylalkohol 9 Teile. Unter Kühlung mischen. Ätzbild: hell, feinkörnig. Nummern nicht lesbar. Die besten Ätzbilder lieferten demnach chlorabspaltende Ätzmittel. Für harte Stahlsorten dürfte sich Königswasser auf der Metalloberfläche erzeugt sehr gut bewähren.

*Schrifttum.*
*Buchner, G.:* Das Ätzen und Färben durch Metalle. Berlin 1922. — *Buchner, G.:* Hilfsbuch für Metalltechniker. Berlin 1923. — *Dettling:* Die Wiedersichtbarmachung künstlich entfernter oder entstellter Prägungen auf Metallen. Dtsch. Z. gerichtl. Med. **31**, 1 (1939). — *Heyn, E.:* Mitt. kgl. Mat. prüfgsamt, Berlin **1906**, 253. — *Heyn, E., O. Bauer:* Metallographie. Slg. *Göschen* **1909** bzw. **1926**. — *Mezger, Schöninger* u. *Elben:* Z. angew. Chem. **44**, 637 ff. (1931). — *Straumanis, T.:* Z. Metallkunde **19**, 184 f. (1928). **Dettling.**

**Wiedersichtbarmachung von Schriften** siehe *Tinten und Tintenschriften.*

## Wilddiebstahl.

Unter *Wilddiebstahl* oder *Wilderei* ist jede Tätigkeit zu verstehen, durch die ein in dem betreffenden Revier zur Ausübung der Jagd nicht Berechtigter es unternimmt, jagdbare Tiere zu töten oder zu fangen und dadurch dem Abschuß durch den Jagdberechtigten zu entziehen. Die geschichtliche Entwicklung der Rechtsverhältnisse an Grund und Boden und speziell des Jagdrechtes hat es im Laufe der Jahrhunderte mit sich gebracht, daß in vielen Gegenden auch heute noch eine überlieferte Gegnerschaft zwischen Bauern und „Herrenjäger" besteht, aus der heraus ein (jedoch nur geringer) Teil des Wildererunwesens zu verstehen ist. Vereinzelt kommt es in der Tat noch immer vor, daß Söhne wohlhabender Bauern, die ohne weiteres in der Lage wären, ihrer Jagdpassion auf legalem Wege zu frönen, lieber die Gefahren des Wilderns auf sich nehmen, um den

Abb. 2. Ätzfläche, mit Wachswall umgeben.

Ätzung sollen die Stellen immer wieder mit Wasser und Alkohol übergossen und weich abgetupft werden. Zu *Konservierungszwecken* können die Stellen mit verdünnter Sodalösung entsäuert und dann mit Zaponlack bedeckt werden.

Zur Wiedersichtbarmachung weggefeilter Nummern an Velorahmen haben sich uns in einzelnen Fällen z. B. nachfolgende Ätzmittel gut bewährt:

Für den relativ weichen Stahl eines Damenrades: 1. Ferrichlorid 10 g, Salzsäure 1,19 100 ccm. Diese Lösung wird auf 1 : 1 verdünnt. Zuerst wird nun etwas gepulvertes Kaliumchlorat auf die Metallfläche aufgestreut und die Ätzlösung aufgegossen. Es ist gleichgültig, ob dieses in eine Wachswanne oder nur mit einem durchfeuchteten Wattebausch zugegeben wird. Ätzbild: Nummern teils schwarz auf hellerem Grund. 2. Ätzmittel nach *Fry:* Kupferchlorid, Salzsäure. Salzsäure 1,19 120 ccm, Kupferchlorid 90 g, Wasser 100 ccm. Ätzbild: Nummern hell auf dunklerem Grund. Sehr gutes Bild.

Für den härteren Stahl eines Herrenrades: 1. Königswasser: 1 Teil Salzsäure 1,19, 1 Teil Sal-

neu im Revier aufgetauchten starken Bock früher als der Jäger zur Strecke zu bringen. Mit dieser Wildschützenromantik, der auch in der Literatur und im Film oft Vorschub geleistet wurde, haben aber die viel zahlreicheren Fälle nichts gemein, in denen am Lande wohnende, oft familienreiche Straßen- und Eisenbahnwärter, herabgekommene Handelsagenten oder Leute, die sonst in ihrem Beruf Schiffbruch erlitten haben und aus fragwürdigen Quellen ihren Lebensunterhalt fristen, gelegentlich oder auch öfters zum Wilddiebstahl greifen, um sich oder ihre Familie mit Fleisch zu versorgen; noch jene Fälle, in denen der Wilddiebstahl gewerbsmäßig von Banden betrieben wird, die mit gewerbsmäßigen Hehlern (Gastwirten, Wildbrethändlern) zusammenarbeiten. Auf diese zunächst kriminalsoziologischen Unterschiede innerhalb der Wilderei mußte kurz hingewiesen werden, weil mit ihnen Unterschiede in den Begehungsformen und dadurch auch in der einzuschlagenden Kriminaltaktik und den sich daraus ergebenden Möglichkeiten naturwissenschaftlich-kriminalistischer Methoden zusammenhängen. Das *Karl Stieler*-Wort

„Zu einem ordentlichen Wilddieb gehören drei Dinge: ein Abschraubgewehr, ein geschwärztes Gesicht und ein verläßlicher Alibibeweis", auf das auch *Hans Groß* hinweist, deutet bereits die verschiedenen Richtungen an, in denen der überlieferte Wilddieb aus Jagdleidenschaft seine Entdeckung zu erschweren sucht: besondere Herrichtungen an den verwendeten Waffen, Veränderungen seiner äußeren Erscheinung, oft auch durch Mitführen von Gegenständen, die teils seiner Verkleidung dienen (z. B. einer schwarzen Maske), teils jedoch abergläubischer Vorstellungen entspringen (*Hans Groß* berichtet von einem Wildschützen, der stets in schwarzem Zylinder, geschmückt mit zwei Fasanfedern, auftrat); und schließlich das Bestreben, die Aussagen allfälliger Auskunftspersonen von vornherein in einem für ihn günstigen Sinn zu beeinflussen. Die moderne Kriminaltaktik vermag aber gerade aus diesen Vorsichtsmaßnahmen oft Anhaltspunkte zu gewinnen, die bei entsprechender Auswertung durch naturwissenschaftliche Methoden mitunter den vollen Beweis der Täterschaft erbringen können. Auf diese Möglichkeiten soll im folgenden hingewiesen werden.

Von besonderer Wichtigkeit sind meist jene Anhaltspunkte, die sich aus der verwendeten Waffe und den damit in Zusammenhang stehenden Erscheinungen ergeben. Der Wilderer alt-überlieferten Schlages benützt Schrotgewehre mit selbst verfertigten Schrotpatronen oder Kugelgewehre mit selbst gegossener Bleimunition. Die hierzu erforderlichen Kugelgießzangen werden auch heute noch bei Wilderern gefunden; außerdem bedarf es dazu einer gewöhnlichen Beißzange, mit der der Eingußzapfen am Kugelboden abgezwickt wird. Sein Aberglaube läßt ihn beim Kugelgießen oft gewisse Regeln beobachten, die mitunter in mitgeführten, aus alter Zeit stammenden schriftlichen Aufzeichnungen („Kugelsegen") enthalten sind (in den Zwischenzeiten verbirgt er solche Kugelsegen zu Hause in einem Versteck); oder er führt beim Kugelgießen ein „Johannishändchen" mit, d. i. eine handförmig zugeschnittene Farnkrautwurzel, die in der Johannisnacht ausgegraben wurde (mit den so zur Neumondzeit gegossenen Kugeln, vermag er das Hochwild unfehlbar zu treffen). Die Waffe selbst, für die besonders in der Nachkriegszeit umgearbeitete Militärgewehre häufig verwendet werden, wird oft mit Abschraub- oder Kippvorrichtungen versehen, um sie in zerlegtem oder gekipptem Zustand im Rucksack verbergen zu können. Auch kleinkalibrige Waffen (Flobertgewehre) waren wegen ihrer geringen Knallwirkung eine Zeitlang beliebt. Aus demselben Grunde werden auch normalkalibrige Gewehre mit selbst erzeugten Schalldämpfern versehen, für die alte Blechbüchsen oder Papprohre Verwendung finden, die mit Pergament ausgekleidet werden. Alle diese Waffen ermöglichen immerhin ein halbwegs weidgerechtes Erlegen des Wildes und werden daher von den Wilderern der ersten Gruppe benützt, denen es vor allem um die Jagdtrophäe zu tun ist. Viel hinterhältigerer Waffen und Vorrichtungen bedient sich hingegen der Wilddieb zwecks Fleischgewinnung, der nur selten ein ordentlicher Schütze ist. Er greift u. a. zu „Selbstschüssen" (Legeflinten), die auf die Stelle, wo das Wild erfahrungsgemäß wechselt, einvisiert sind, so daß eine leise Berührung der an dieser Stelle gespannten Schnur genügt, um den Schuß zur Entladung zu bringen; oder er stellt die verschiedensten Fangvorrichtungen auf, wie Schlingen, Falleisen und Netze. Besonders das Schlingenstellen wird von dem gewerbsmäßigen Wilddieben mit großem Geschick betrieben. Der hierzu verwendete Draht wird meist vorher geglüht, mit einem geruchlosen Klebestoff bestrichen und durch Grassamen und geriebene Baumrinde gezogen, um so ein völlig unauffälliges Aus-

sehen zu erhalten; mitunter werden auch dünne Litzendrahtseile oder elektrische Leitungsdrähte verwendet. Die Schlingen werden mit überlieferten Kunstgriffen so befestigt, daß das wechselnde Wild — besonders bei Schnee, wo es dem ausgetretenen Wechsel folgt — gezwungen ist, in die Schlinge zu gehen. Die für Hochwild bestimmten Schlingen werden an Bäumen, die für Hasen bestimmten Schlingen an einem in die Erde getriebenen Pflock befestigt. Besonders gefährlich und wirkungsvoll ist das Stellen sog. „Schnellbäume", bei denen die Schlinge an der Spitze eines umgebogenen elastischen Bäumchens so befestigt wird, daß ein geringer Ruck an der Schlinge genügt, um das Bäumchen aus einer einfachen Haltevorrichtung (meistens einer Kerbe in einem gegenüberstehenden Baum) zu befreien und zum Emporschnellen zu bringen. Das in der Schlinge verfangene Wild wird dadurch ebenfalls emporgezogen, wodurch sein Todeskampf abgekürzt wird und geringere Spuren auf dem Erdboden hinterläßt. Der Schlingensteller tritt nicht als kampfbereiter Gegner dem Jäger gegenüber, sondern „baldowert" die günstigen Gelegenheiten als harmloser Spaziergänger, Schwämmesammler oder Beerensucher, oft unterstützt von Frau und Kindern, aus und holt sich nur dann seine Beute aus der Falle, wenn er sich vorher auf dieselbe Weise überzeugt hat, daß kein Jagdschutzbeamter in der Nähe ist. Dadurch erlangen die Fuß- und sonstigen Spuren, die sich an der Stelle einer gelegten Schlinge finden, größte Bedeutung. Gewerbsmäßige Wilderer benützen zum Abtransport des Wildes meist Fahrräder, Krafträder oder Autos, auf deren Spuren ebenfalls zu achten ist. Aber auch beim weidgerechten Jagen eines Wildschützen entstehen nicht vermeidbare Spuren verschiedener Art: das Pirschen und das Sitzen im Anstand erzeugen einerseits Spuren auf dem Boden und anderseits Spuren an Schuhen und Kleidern des Wilderers. Bei einem unerwarteten Zusammenstoß mit dem Jäger — auch wenn es nicht gleich zu einem Jägermord oder einer ähnlichen Gewalttat kommt — hat schon mancher Wildschütz seinen Hut zurückgelassen, oder der Jäger behielt vom sich losreißenden Wilderer ein paar Haare oder ein Stück seiner Kleidung in der Hand. Bloß angeschossenes, flüchtiges Wild „schweißt" und hinterläßt dadurch Blutspuren. Falls der Wildschütze das erlegte Tier weidgerecht aufbricht oder die Trophäe abschlägt, wird das verwendete Werkzeug (Knicker, allenfalls Hacke oder Säge) zunächst blutig, doch wird es meist sofort gereinigt; vielfach ist es üblich, zu diesem Zwecke den Knicker im Gras abzuwischen. Werden erlegte größere Tiere getragen oder kleinere im Rucksack geborgen, so hinterlassen sie regelmäßig Schweißspuren und Haare auf den Kleidern des Wildschützen oder in seinem Rucksack.

Aus dieser Mannigfaltigkeit der Erscheinungsformen des Wilddiebstahls ergeben sich hauptsächlich folgende Möglichkeiten der Anwendung naturwissenschaftlich-kriminalistischer Methoden, deren Technik im einzelnen bei den entsprechenden Artikeln nachzulesen ist:

1. Makroskopische und mikroskopische Untersuchung der sich im Tierkörper befindenden *Projektile*, insbesondere vergleichend mit einer allenfalls beim Verdächtigen gefundenen Waffe oder einem Vergleichsprojektil, das aus dieser Waffe gefeuert wurde. Die Art der verwendeten Waffe (nach Zahl und Breite der Züge usw.) wird sich wohl stets, die Identität der Waffe bei Verwendung von Stahlmantelgeschossen ebenfalls in der Regel feststellen lassen; hingegen bieten selbstgegossene Bleigeschosse für den Identitätsnachweis des Laufes, aus dem sie verfeuert wurden, größere Schwierigkeiten (s. d. Art.: Schußverletzungen). Dagegen ermöglicht bei solchen selbstgegossenen Kugeln die von der Beißzange her-

rührende Abzwickspur auf der Basis des Projektils meist eine Identifikation der verwendeten Beißzange (s. d. Art.: Schartenspuren). Ist kein Projektil zu finden, läßt auch die Art der Verletzung (Einschuß, Wundkanal, Ausschuß) einen Rückschluß auf die Art der verwendeten Waffe zu (s. d. Art.: Schußverletzungen; Wundballistik).

2. Bei Verwendung von Selbstladegewehren (umgearbeiteten Militärgewehren) oder Selbstladepistolen lassen die ausgeworfenen *Patronenhülsen*, die man in der Nähe des Schützenstandortes findet, eine Identifikation der verwendeten Waffe fast stets und noch sicherer zu, als dies durch die Projektiluntersuchung möglich ist (s. d. Art.: Schußverletzungen). Aber auch bei Waffen ohne automatische Patronenauswerfung kommt es vor, daß der Wildschütz die von ihm herausgenommene Patronenhülse am Tatort verliert; in diesen Fällen ist auch bei Schrotpatronen die Identifikation des Schrotgewehres aus den Spuren auf der Zündkapsel mitunter möglich.

3. Untersuchung der *Waffe des Verdächtigen*, insbesondere chemische Untersuchung der Laufrückstände hinsichtlich der Frage, wann zum letzten Mal aus der Waffe geschossen wurde.

4. Untersuchung der versteckt gefundenen oder am Tatort zurückgelassenen *Waffe des unbekannten Wilderers*, die selbst hergestellt oder aus fabriksmäßigen Waffen umgearbeitet wurde, auf Herstellungsspuren bzw. auf Spuren der verwendeten Werkzeuge; bei umgearbeiteten Militärgewehren kann die Feststellung der entfernten Laufnummer zur Feststellung des Besitzers führen (s. d. Art.: Wiedersichtbarmachung künstlich entfernter oder entstellter Prägungen auf Metallen).

5. Untersuchung von selbst hergerichteten *Schlingen, Fallen* u. ä. auf Werkzeugspuren und vergleichende Untersuchung der verwendeten Materialien, deren Reste man in der Behausung des Verdächtigen findet.

6. Vergleichende Untersuchung der sich in der Nähe des Tatortes findenden *Fußspuren*, Spuren des Sitzens im Anstand, der Spur des Aufstützens des Gewehres usw. und entsprechender, vom Verdächtigen herrührender Vergleichsspuren (s. d. Art.: Fußspuren; Lokalaugenschein).

7. Vergleichende Untersuchung der *Erd- und Pflanzenspuren* an den Stiefeln und Kleidern des Verdächtigen mit Proben von Örtlichkeiten, wo der Wildschütz gegangen ist oder im Anstand saß; aussichtsreich ist diese Untersuchung besonders dann, wenn die betreffenden Stellen durch eine charakteristische Flora ausgezeichnet sind. Ebenso Untersuchung der allfälligen Pflanzenspuren, die beim Abwischen des Knickers im Gras zurückbleiben (s. d. Art.: Erdspuren an Stiefeln und Kleidern).

8. Untersuchung von *Blutspuren* auf Kleidern, Knicker und Rucksack des Verdächtigen und Schweißspuren auf dem Boden (Differentialdiagnose zwischen Tier- und Menschenblut, allenfalls zwischen Blut der in Betracht kommenden Tierspezies, s. d. Art.: Forensische Blutuntersuchung).

9. Untersuchung von *Haaren* bzw. *Federn*, die sich auf Kleidern und in Falten des Rucksacks des allfälligen Täters finden (Differentialdiagnose zwischen den fraglichen Tierspezies); schlaue Wilddiebe, die z. B. öfters Hasen im Rucksack transportieren, erschweren mitunter diesen Nachweis durch den zugegebenen Umstand, daß sie einmal ein Kaninchen im Rucksack getragen haben (der mikroskopische Aufbau von Kaninchen- und Feldhasenhaaren ist außerordentlich ähnlich). Sind am Tatort auf irgendeine Weise Haare des Wilderers zurückgeblieben (z. B. in einem zurückgelassenen Hut), so besteht die Möglichkeit einer vergleichenden Identitätsuntersuchung mit den Haaren des Verdächtigen (s. d. Art.: Haare; Federn).

10. Sind Schlingen und sonstige Fallen bereits entfernt worden, so kann eine Untersuchung der *Befestigungsspuren* an Bäumen oder Holzpflöcken einen Rückschluß auf die gelegt gewesene Falle gestatten; manchmal ist, falls beim Verdächtigen entsprechendes Material (Drahtschlingen, Messer u. ä.) gefunden wird, auch eine vergleichende Identitätsuntersuchung möglich (s. d. Art.: Schartenspuren). Umgekehrt finden sich mitunter auch auf den sichergestellten Materialien *Holz- und Rindenspuren* von jenem Baum, an dem die Schlinge befestigt war (s. d. Art.: Holz).

11. Bei Verwendung von Rädern, Krafträdern oder Autos zur Zubringung der Komplizen oder Wegbringung der Beute kann eine vergleichende Untersuchung der *Radspuren* zur Feststellung des benützten Fahrzeuges führen.

*Schrifttum.*

*Amschl:* Wildschützenromantik als Verbrechen. Arch. Kriminol. **7**, 74 (1904). — *Anuschat:* Der Jagdschutzbeamte auf der Verbrecherfährte. Berlin 1921. — *Anuschat:* Kriminalistische Spurenkunde. Berlin 1933. — *Anuschat:* Wilddieberei und kriminalpolizeiliche Arbeit. Berlin 1938. — *Busdorf:* Wilddieberei und Förstermorde. 3 Bände. Berlin 1929/1931. — *Groß-Seelig:* Handb. der Kriminalistik. Berlin 1941. — *Lehmann:* Artikel „Wilddieb" im Handwörterbuch der Kriminologie *II*. Berlin u. Leipzig 1936. — *Schleyer:* Forstkriminalistik. Berlin 1934. ***Seelig.***

**Wintergrünöl** siehe *Salicylsäure.*

## Wismut.

*Wismut* ähnelt hinsichtlich seiner pharmakologischen Wirkungsweise und der Auslösung anatomisch nachweisbarer Schäden dem Quecksilber (s. d.). Die Wismutsalze, welche die Eigenschaft haben, mit Wasser schwer lösliche oder unlösliche Salze zu bilden, werden therapeutisch verwendet, so *Bismutum subnitricum* (Magisterium Bismuti), *Bismutum subgallicum* (Dermatol), *Xeroform* (Tribromphenolwismut) und die zu Injektionen benützten kolloiden Wismutpräparate wie *Bismogenol*.

Vergiftungen mit Wismutsalzen sind fast ausschließlich medizinale, so bei interner und externer Anwendung zu Wundverbänden, wenn Resorptionsbedingungen aus frischem Wundsekret oder bei defekter (noch nicht granulierender) Magenschleimhaut gegeben sind. Infolge der Anwendung von Wismutverbindungen als Ersatz des Quecksilbers bei der Syphilisbehandlung sind die Wismutschädigungen häufiger geworden.

Wismut in Form von Salzen ist in Dosen bis zu 8—10 g fast immer unschädlich, gab aber in einzelnen Fällen zu ausgesprochenen, an Schwermetallsalze erinnernden Vergiftungen Anlaß. Aber auch viel höhere Dosen werden zu Röntgenaufnahmen meist ohne Schädigung verwendet, doch wird das Nitrat heute meist durch das Carbonat ersetzt, weil man als Nitratsymptom methämoglobinämische Erkrankungen beobachtet hat. Die Symptome (*Bucher* und *H. Müller*) bestehen — bei beliebiger Applikation — in „Wismutsaum", schwarze Umränderung der Schneidezähne am Zahnfleisch und Pigmentierungen der Mundschleimhaut, bei schweren Fällen in Geschwürsbildungen, in Schädigungen des Verdauungstraktes mit starken Symptomen des Dickdarmes bis zur Colitis ulcerosa, Leberschädigung (Ikterus), Nierenschädigungen, Schädigungen der Haut (Exantheme u. v. a.) und Schädigungen des Allgemeinbefindens in Form von Temperatursteigerungen, Schüttelfrösten, Schweißausbrüchen, Kopfschmerzen, Abgeschlagenheit u. dgl. Gegen Wismutschädigungen bei der Luestherapie schützt eine richtige Dosierung. Man darf nicht über 0,1 g metallisches Wismut pro Injektion verabreichen und die einzelnen Injektionen nur nach Ablauf eines entsprechenden Intervalles geben. Gelegentlich der intravenösen Einspritzung von Wismutsalzen sind einzelne Todesfälle beobachtet worden, die durch negative Sektionsbefunde ausgezeichnet sind.

Wie die klinischen Erscheinungen, so ist auch der anatomische Befund jenen ähnlich, die man bei Quecksilber- und Bleivergiftung beobachtet. Allerdings lassen sich die Nierenveränderungen weder dem Grade noch der Art nach den durch Quecksilber bewirkten an die Seite stellen.

*Schrifttum.*

*Bucher, F.:* Zbl. Hautkrkh. **14** (1924) (mit ausführlicher Literatur). — *Flury-Zangger:* Lehrbuch der Toxikologie. Berlin 1928. — *Heckelmann:* Zur Pharmakologie und Toxikologie des Wismut. Dermat. Wschr. **80** (1925). — *Müller, H.:* Zbl. Hautkrkh. **7** (1923); Arch. f. Dermat. **145**, 341. — *Petri:* Pathol. Anatomie und Histologie der Vergiftungen. In: Handb. der spez. path. Anatomie u. Histologie. Herausg. v. *Henke-Lubarsch.* **X.** Berlin 1930. — *Starkenstein-Rost-Pohl:* Toxikologie. Berlin u. Wien 1929. **Szekely.**

**Wochenfluß** siehe *Scheidensekret.*

**Wolfsbohne** siehe *Spartein.*

**Wolfsmilchgewächse** siehe *Euphorbiaceen.*

**Würgespuren** siehe *Tod und Gesundheitsbeschädigung durch gewaltsame Erstickung.*

**Wundballistik.** (Vgl. auch Art.: Schußverletzungen; Schußwaffen und Munition; Tod und Gesundheitsbeschädigung infolge Verletzung durch Schuß.)

Der Vorgang beim Eindringen des Geschosses in den Körper, die hydrodynamische Wirkung und die übrigen Geschehnisse sind der Wissenschaft hinreichend bekannt; aber die Verhältnisse sind von Fall zu Fall unendlich verschieden, weil nicht nur die Auftreffwucht des Geschosses, sondern auch dessen Form und Querschnitt sowie die Härte des Mantelmaterials für die Wirkung mitbestimmend sind. Zunächst sei ein Vergleich zwischen einem für den Krieg bestimmten Ganzmantel-S-Geschoß und einem

*a* — *b*

Abb. 1. *a* Teilmantelgeschoß mit abgeflachtem, freiliegendem Bleikopf (für Jagdzwecke). *b* Ganzmantel-S-Geschoß.

Teilmantelgeschoß mit abgeflachtem, freiliegendem Bleikopf für Jagdzwecke herangezogen. Das Kriegsgeschoß soll den Feind außer Gefecht setzen, aber nicht unter allen Umständen töten. Das Jagdgeschoß dagegen soll das Wild möglichst sofort töten oder wenigstens an den Anschuß bannen. Es liegt daher schon in der Konstruktion der Geschosse begründet, wenn die Wundkanäle und die Zerstörung im Körper auch bei gleicher Auftreffenergie grundverschieden sind. Das S-Geschoß geht dolchartig, wenn es nicht als ausgesprochener Querschläger auftrifft, ohne zu deformieren und ohne den Schußkanal wesentlich zu vergrößern durch den Körper hindurch.

Beim abgeflachten Teilmantelgeschoß mit Bleispitze setzt die Deformation beim Aufschlag sofort ein und nimmt je nach der Größe des ihm entgegenwirkenden Widerstandes mehr oder weniger zu. Hinzu kommt noch, daß die von dem Geschoß abgestanzten und in Bewegung gesetzten Knochensplitter und Fleischteile selbst als Projektile wirken und weitere Knochen- und Fleischteile mitreißen, bis die kinetische Energie nicht mehr dazu ausreicht. Die Verwundung wird also nicht allein durch das Kaliber des Geschosses bestimmt, sondern auch dadurch, wie das Geschoß deformiert und zersplittert.

Es ist deshalb auch meistens nicht möglich, nach dem Schußkanal auf das Kaliber der Waffe mit bestimmter Sicherheit zu schließen, hauptsächlich dann nicht, wenn der Schuß aus naher Entfernung abgegeben wurde und das Geschoß mit einer Geschwindigkeit von mindestens 600—650 m/sec auftraf; deformieren doch bei dieser Geschwindigkeit Geschosse mit freiliegendem Bleikopf bereits stark, wenn sie durch Wasserzellen von 10 mm Stärke geschossen werden. Bei 40 mm starker Wasserzelle lösen sich die meisten Jagdgeschosse in Splitter auf. Hierbei sei eingeschaltet, daß Wasser als Widerstand für Geschosse mit hoher Geschwindigkeit durchaus nicht unterschätzt werden darf und sogar als hart betrachtet werden kann (Abb. 2).

Abb. 2. Splitterung eines Jagdgeschosses bei Durchgang durch eine Wasserzelle von 40 mm Stärke.

Bei Nahschüssen ist bei den gebräuchlichsten Jagdpatronen mit Teilmantelgeschossen und Geschoßgeschwindigkeiten von über 600 m/sec der Einschuß meistens größer als das Kaliber, was seinen Grund darin hat, daß die vor dem sofort beim Aufschlag gestauchten Geschoß liegenden Massen vorgetrieben werden, in achsialer Richtung aber einen starken Widerstand finden, nun nach der Seite, wo der Widerstand noch gering ist, entweichen. Setzt nun an den Seiten ein größerer Widerstand ein, so entsteht ein großer Abfluß der Massen nach hinten. Die nach hinten entweichenden Knochen und Fleischmassen reißen die nächste Umgebung mit fort und vergrößern den Einschuß oft um das Vielfache des Geschoßkalibers. Bei Geschwindigkeiten von unter 550 m/sec nimmt die Deformation des Geschosses und somit auch die Zerstörung am Einschuß ab. Der Schußkanal nähert sich deshalb am Einschuß dem Kaliber des Geschosses und erweitert sich mehr nach dem Ausschuß zu, weil die Deformation des Geschosses nicht sofort, sondern erst mit der Eindringungstiefe und zunehmendem Widerstand des getroffenen Körpers wächst, die Auftreffwucht aber zur Splitterung nicht mehr ausreicht. Bei weiterer Abnahme der Geschoßgeschwindigkeit — 150 bis 480 m/sec — tritt eine Deformation des Geschosses nicht mehr ein. Der Durchmesser des Schußkanals verringert sich und ist oft kleiner als der des Geschosses.

Es seien hier zwei Fälle aus der Praxis geschildert. In beiden Fällen handelt es sich um den gleichen Geschoßtyp Kal. 8 mm — 5/6 Teilmantel mit der gleichen Geschwindigkeit V 25 = 625 m/sec.

Im ersten Fall wurde ein 17jähriger junger Mensch auf 250 m Entfernung, 18 cm über dem Knie, seitlich durch den Oberschenkel geschossen. Der Einschuß hatte einen Durchmesser von 12 mm mit aufgestülpten Rändern, der Schußkanal war ohne größere Zerstörungen, der Ausschuß hatte denselben Durchmesser, war zerfetzt und nicht nach außen aufgestülpt. Knochen waren nicht verletzt. Das Geschoß war an den freiliegendem Bleikopf pilzförmig gestaucht. Der Durchmesser des gestauchten Bleikopfes betrug 11 mm. Der Geschoßmantel war unverletzt. Im zweiten Fall wurde eine 50jährige Frau aus 1800 m Entfernung angeschossen. Das Geschoß war ebenfalls seitlich 30 cm über dem Knie eingedrungen und steckte 11 cm tief in der Muskulatur. Der Einschuß war etwa 5 mm groß im Durchmesser. Das Geschoß hatte noch seine ursprüngliche Form. Eine Deformation war außer den Felderabdrücken der Züge nicht festzustellen.

Seit dem Jahre 1933 liefert die Rheinisch-Westfälische Sprengstoff A.-G. ein Geschoß unter der Bezeichnung „H-Mantel", das so konstruiert ist, daß die vordere Hälfte auch bei Geschwindigkeiten von 500—550 m/sec noch reichlich splittert, die andere Hälfte aber ein kompakter Körper bleibt, um einen Ausschuß zu erzielen. Die Firma *W. Brenneke*, Leipzig, bringt ein Geschoß in den Handel, bei dem der Mantel in dem hinteren Teil eine Hartbleifüllung, in dem vorderen eine solche aus Weichblei hat. Dieses Geschoß soll in seinem vorderen Teil stark deformieren, mit dem Bodenteil aber noch einen Ausschuß gewährleisten (Abb. 3).

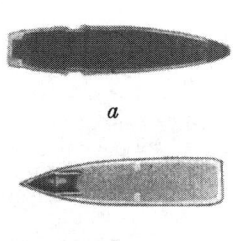

Abb. 3. *a* H-Mantelgeschoß. *b* Geschoß mit Hartbleifüllung im hinteren und Weichbleifüllung im vorderen Teil.

Ein Teil der Zerstörungen im Wundkanal kann aber auch auf die Rotation des Geschosses, die durch den Drall der Züge bedingt ist, zurückgeführt werden. Denn bei der Rotationsgeschwindigkeit der Geschosse von 800—3600 Touren pro Sekunde und einer Mantelgeschwindigkeit von rund 65 bis 90 m/sec (hier ist ein 8 mm Geschoß mit V O = 700 und 900 m/sec bei einer Drallänge von 25 cm zugrunde gelegt) können abgesprengte Mantel- und Bleisplitter, wenn ihnen auch zahlenmäßig kein großes Leistungsvermögen nachgewiesen werden kann, imstande sein, kleinere Gefäße noch weit ab vom eigentlichen Schußkanal zu zerstören.

Wieweit die Mündungsgase an der Öffnung des Wundkanals bei Nahschüssen mitwirken, kommt auf die Verbrennung des Pulvers, ob brisant oder progressiv, — der Zündung, ob träge oder brisant, — und auf die Form der Patronenhülse an. Auch die Pulvereinsprengungen sind von diesen Faktoren abhängig. Ein brisantes Pulver, aus einer flaschenförmigen Patronenhülse verschossen, wird weniger unverbranntes Pulver aus dem Gewehrlauf entweichen lassen als ein progressives Pulver aus einer konischen Hülse. Bei konischen Hülsen, z. B. 9,3×72 mit Kupfermantelgeschoß, findet man nach dem Schuß oft 60—70 cm vor der Mündung noch unverbrannte Pulverblättchen. Daß Pulvergase unter Umständen große Verheerungen anrichten können, beweisen nur mit Pulver geladene Militär-Platzpatronen (Holz- oder Papier-Geschosse entfernt). Während bei 20 cm Entfernung die Pulvergase nahezu wirkungslos sind und nur einzelne Pulverblättchen etwa 2 mm tief in die Haut eingesprengt werden, treten bei 10 cm Entfernung Verletzungen der Haut ein. Bei 2 cm Entfernung reicht die Kraft der Pulvergase, wie angestellte Versuche ergaben, aus, um schwache Knochen, z. B. Mittelhandknochen, zu zerstören und Sehnen freizulegen. Einem Polizeihauptwachtmeister wurde der linke Handballen durch Pulvergase zersetzt, als er eine Störung an einer Schreckschußpistole beheben wollte und die Pistole sich in seiner Hand entlud.

Daß aber Mündungsgase oder das Feuer aus der Mündung bei *rauchlosem* Pulver Verbrennungen

bei Nahschüssen hervorrufen sollen, muß vom schießtechnischen Standpunkt aus bezweifelt werden, denn die nach dieser Richtung hin angestellten Versuche ergaben ein negatives Resultat. Die Zeitdauer des Mündungsfeuers ist zu kurz, um auch an leicht brennbarem Material Spuren von Versengen zu hinterlassen. Watte, die oft von Schützen zwischen Pulver und Geschoß zum Zwecke einer besseren Zündung gelegt wird, fliegt unverbrannt aus dem Lauf, trotzdem die Watte die ganze Schußentwicklung mitgemacht hat. Beim Schwarzpulver versengen Haare, weil die Verbrennung dieses Pulvers langsamer vor sich geht und das Pulver oft durch lange Lagerung zusammenbackt (verkut). Die zusammengebackten Pulverkrümel verlassen beim Schuß den Lauf als kleine Feuerwerkskörper, die imstande sind, Verbrennungen herbeizuführen.

Bei Nahschüssen an behaarten Stellen des Körpers kann man das Fehlen der Haare am Einschuß nicht auf die Flammwirkung des Pulvers zurückführen, sondern man muß einen anderen Vorgang berücksichtigen. Das Geschoß, das mit großer Geschwindigkeit in den Körper eindringt, übt auf die Haut einen starken Schlag aus; der fast zu gleicher Zeit im Einschuß stoßartig auftretende Druck dehnt die Haut, das Haar wird gelockert, und die auf den Schlag erfolgende Reaktion (vgl. Trommelfell) und der stoßartige Druck schleudern die Haare heraus. Bei Wild, das nur auf größere Entfernungen, bei denen ein Mündungsfeuer nicht mehr in Frage kommt, geschossen wird, kann man oft die Wahrnehmung machen, daß sowohl am Ein- wie auch am Ausschuß die Haare in einem Umkreis von der Größe eines Drei-Mark-Stückes fehlen. Werden Brandspuren am Einschuß festgestellt, so wird man sie weniger auf die Temperatur des Geschosses, sondern vielmehr auf die beim Auftreffen auf die trockene Haut entstehende Reibung zurückführen müssen. Denn die Erhitzung eines Geschosses im Lauf ist nicht so hoch, daß Verbrennungen in dem kurzen Zeitraum, den es zum Durchschlagen des Körpers braucht, entstehen können. Um festzustellen, wie hoch die Temperatur der Geschosse beim Verlassen der Mündung ist, wurde folgender Versuch angestellt:

An Vollmantelgeschossen wurde das Blei am Boden entfernt und der entstandene Hohlraum mit *Wood*schem Metall — Schmelzpunkt = 65° — ausgefüllt und ohne eine Zwischenlage zwischen Pulver und Geschoß geladen. Die Geschosse wurden senkrecht nach oben verfeuert und auf dem Eis eines Sees wieder aufgefangen. Eine Veränderung des Geschoßbodens war nicht festzustellen. Zum Teil mit Wachs ausgefüllte Geschosse waren am Boden ausgebröckelt und leicht angeschmolzen. Bei diesem Versuch wurde ein neuer, glatter Lauf und die Patrone 8×57 verwandt. Ein zweiter Versuch mit einem angerosteten Lauf und der gleichen Patrone zeigte, daß die Geschoßmäntel an den eingedrückten Zugfeldern blau angelaufen waren. Die zum Anlaufen nötige Temperatur = 270—300° hatte sich auf die Geschoßkerne aus *Wood*schem Metall aber nicht übertragen. Eine Veränderung der Geschoßböden durch Schmelzen war aber festzustellen, wenn die Geschosse 25 cm Holz durchschlagen hatten. Zwischen Mantel und Geschoßkern hatten sich kleine Tröpfchen gebildet. Bei den Geschossen, die am Boden mit Wachs ausgegossen waren, war das Wachs geschmolzen und z. T. ausgelaufen. Man wird also folgern können, daß die Temperatur der Geschosse beim Verlassen der Mündung noch unter dem Schmelzpunkt des *Wood*schen Metalls, aber über dem des Wachses liegt. Sollte jemand diese Versuche wiederholen, so sei darauf aufmerksam gemacht, daß die niedergehenden Geschosse je nach der Größe, Querschnittsbelastung und Fallhöhe noch Bretter bis zu 4 cm Stärke durchschlagen. Die Einschläge in das Eis betrugen oft bis zu 6 cm. Da die Geschosse aber immerhin eine verhältnismäßig lange Flugzeit haben (bei der Patrone 88/8 — 2,5 g R 5 — Teilmantel 14,7 g — beträgt die Flugzeit 45—48 sec, bei der S-Patrone 72 sec), bleibt genügend Zeit, in Deckung zu gehen. Trotzdem ist aber Vorsicht geboten.

Eigenartige Schußwunden entstehen bei der Verwendung von billigen Revolvern. Die Einschüsse verleiten bei oberflächlicher Betrachtung oft zum Schluß, daß die Wunde durch irgendein anderes Instrument als durch eine Schußwaffe verursacht wurde. Die Erklärung für dieses merkwürdige Verhalten findet man leicht, wenn man eine solche Waffe untersucht. Gewöhnlich ist der Lauf rauh gebohrt, ohne Züge und zu weit. Die Züge sind meistens an der Mündung nur markiert. Die Patronenlager der Trommel stimmen nicht genau mit der Laufbohrung überein. Die Folge ist, daß das Bleigeschoß (die in Deutschland z. Zt. gefertigten Revolverpatronen sind zum größten Teil mit Bleigeschoß und rauchlosem Pulver geladen; Ausnahmen machen die Russ. Nagant 7 mm und die *Lebel* Mod. 92 Kal. 7,85 mm mit Kupfermantelgeschoß) beim Verlassen der Trommel den Lauf am Kammerende streift und schon dort stark deformiert wird. Das nun schon beim Austritt aus der Trommel stark verformte Geschoß findet im Lauf keine Führung und weicht dadurch nicht nur wenige Meter vor der Mündung nach allen Richtungen schon stark von der Ziellinie ab, sondern schlägt auch in allen möglichen Stellungen in den Körper ein. Infolge der geringen Geschoßgeschwindigkeit, die vor der Mündung je nach Art der Patrone 210—260 m/sec beträgt und die noch durch den Gasverlust, der beim Eintritt des Geschosses in den Lauf zwischen diesem und der Trommel entsteht, gemindert wird, hat das Geschoß nicht die Kraft zu stanzen, sondern schiebt sich reißend und zwängend in den Körper. Bei Revolvern erstklassigen Fabrikats, bei denen der Lauf sauber gezogen, das Kaliber genau dem der Patrone entspricht und daher das Geschoß im Lauf eine gute Führung hat, sind die Einschüsse meistens rund oder oval und bleiben unter Kalibergröße. Zu dieser Klasse gehören von den deutschen Revolvern die Arminius-Revolver, bei denen in Kal. 6,35 und 7,65 mm die gleichen randlosen Patronen mit Mantelgeschossen Verwendung finden wie bei den Selbstladepistolen. Letztere erfordern, wenn eine sichere Funktion gewährleistet sein soll, Patronen mit Vollmantelgeschossen. Blei- oder Teilmantelgeschosse verstoßen sich beim selbsttätigen Einführen der Patrone in das Lager und geben zu Funktionsstörungen Anlaß. Verschiedene Versuche, die mit Teilmantelgeschossen gemacht wurden, führten zu keinem guten Ergebnis, und man zog das Vollmantelgeschoß, wenn es auch in der Wirkung jenem nachsteht, der besseren Funktion halber vor. Infolge des Ganzmantels und der geringen Geschwindigkeit, mit der die Geschosse verfeuert werden, kann eine pilzförmige Stauchung am Geschoßkopf nicht eintreten. Beträgt doch bei den Taschenpistolen Kal. 6,35 mm die Fluggeschwindigkeit des Geschosses an der Mündung nur 230 m/sec, die Auftreffwucht bei 3,25 g Geschoßgewicht ∼ 8,8 m/kg, bei Kal. 7,65 mm Fluggeschwindigkeit ∼ 300 m/sec, Auftreffwucht bei 4,8 g Geschoßgewicht ∼ 21,5 m/kg (Lauflänge 8 — 10 cm). Bei diesen Daten sind einwandfreie, neue Patronen Voraussetzung. Die Zahlen ändern sich und schwanken beträchtlich in ihrem Wert, wenn alte Patronen, die sich schon lange im Magazin der Pistole befanden, und das Öl, welches zur guten Funktion einer automatischen Pistole unumgänglich nötig,

auch in die Patronen eingedrungen ist und das Pulver phlegmatisiert hat. Diese Umstände geben die Erklärung für die geringe und verschiedenartige Wirkung der Taschenpistolen 6,35 und 7,65 mm. So findet man bei Kopfschüssen mit der Pistole 6,35mm Einschüsse, die fast keine Öffnung zeigen. Andere wieder zeigen ein glatt gestanztes Loch mit scharfen Rändern. Sehr große Unterschiede findet man auch in der Tiefenwirkung. Ähnlich sind die Wirkungen mit den Taschenpistolen 7,65 mm.

Als Kriegswaffen zeigen gleichmäßigere und bedeutend stärkere Wirkungen die Pistolen mit verriegeltem Verschluß, wie die Mauserpistole mit Anschlagkolben Kal. 7,63 und 9 mm und die Parabellum 7,65 und 9 mm. Die Mauserpistole 7,63 mm hat eine Mündungsgeschwindigkeit von 435 m/sec, Auftreffwucht bei 5,5 g Geschoßgewicht ∼ 53 m/kg, in Kal. 9 mm ∼ 415 m/sec Mündungsgeschwindigkeit, Auftreffwucht ∼ 72 m/kg. Die Parabellum 7,65 mm (flaschenförmige Hülse) hat ∼ 358 m/sec Mündungsgeschwindigkeit und eine Auftreffwucht von ∼ 39 m/kg bei 6,0 g Geschoßgewicht, die Parabellum 9 mm Mündungsgeschwindigkeit ∼ 325 m/sec, Auftreffwucht ∼ 43 m/kg bei 8,0 g Geschoßgewicht. Diese Zahlen ändern ihren Wert bis auf 25 m Entfernung nur wenig. Die Abnahme von Geschwindigkeit und Auftreffwucht wirkt sich praktisch nicht aus. Man kann deshalb auch am Schußkanal oder Einschuß nicht feststellen, aus welcher Entfernung der Schuß abgegeben wurde, wenn es sich nicht um Nahschüsse handelt. Als Nahschüsse wird man nur solche Schüsse bezeichnen können, bei denen noch Spuren von Pulvereinsprengungen oder Pulverschmauch in der Nähe des Einschusses nachweisbar sind. Fehlen diese Spuren, so sind Rückschlüsse auf die Entfernung bei Pistolenschüssen nicht zu führen, weil die Geschosse nicht oder nur schwach deformieren. Auf welche Entfernung sich Pulverschmauch und Pulverrückstände bei Pistolenschüssen noch bemerkbar machen, ist aber sehr verschieden. Sie hängt von der Art des Pulvers, der Zündung, vom Verschluß der Pistole und dem Kaliber des Geschosses zum Lauf ab. Ist der Lauf für das Geschoß etwas zu weit, wodurch dem Pulver zu einer restlosen Verbrennung nicht genug Widerstand

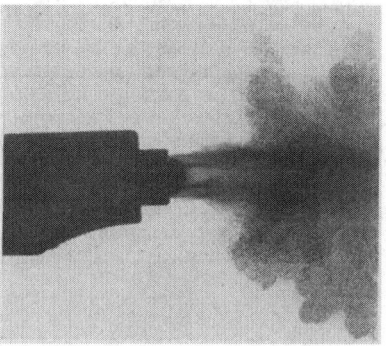

Abb. 4. Vorströmende Pulvergase bei einer Pistole 7,65 mm. Das Geschoß ist an der Mündung sichtbar. (Aus „Deutsche Jagd" **76**, 41. Verlag *J. Neumann* in Neudamm. Phot. Waffentechnische Versuchsstation Neumannswalde.)

durch das Geschoß entgegengesetzt wird, so entweicht mehr unverbranntes Pulver aus der Laufmündung und wird weiter geschleudert, als bei einem engen Lauf. Dasselbe trifft auf den Verschluß zu, wenn die Verschlußfeder nicht stark genug und das Verschlußstück nicht schwer genug ist. In diesem Falle findet man noch unverbranntes Pulver im

Lauf, das bei dem nachfolgenden Schuß schon durch die dem Geschoß vorauseilenden Pulvergase aus dem Lauf getrieben wird. Die einzelnen Pulverkörperchen wirken dann als Geschosse und bleiben oft bei 55 cm Entfernung noch in der Nähe des Einschusses hängen. Man wird, um die Entfernung bei Nahschüssen aus den Pulvereinsprengungen und der Schwärzung am Einschuß feststellen zu können, deshalb immer Spezialversuche mit der gleichen Waffe und der gleichen Munition anstellen müssen (Abb. 4).

Bei *Schrotschußverletzungen* findet man nur auf ganz nahe Entfernungen unter 30 cm eine einzige Einschußöffnung meistens mit Einstülpung in Schußrichtung. Der stark zerfetzte Wundrand läßt aber erkennen, daß mehrere Projektile zusammengewirkt haben. Mit zunehmender Entfernung, etwa 40 cm, erkennt man schon die Einschläge einzelner Schrote, und bei 50 cm Entfernung haben sich Schrote schon soweit von der Einschußöffnung entfernt, daß sie mit dieser nicht mehr in Verbindung stehen. Bei diesen Entfernungen hat die Beschaffenheit („Laborierung") der Patronen und die Schußleistung der Flinten noch keine Bedeutung. Erst mit zunehmender Entfernung spielen diese Faktoren eine Rolle. Sie sind aber so verschieden, daß eine Regel trotz der vielen, von namhaften Ballistikern angestellten Versuche nicht aufgestellt werden konnte. Nur soviel steht fest, daß sich der Schrotschuß nicht proportional der Entfernung, sondern trompeten- oder tulpenförmig ausbreitet, wobei die einzelnen Schrotkörner Einzelkurven beschreiben, die teilweise durch Zusammenprallen völlig irregulär werden. Man wird deshalb, wenn bei Schrotschußverletzungen die Entfernung bestimmt werden soll, aus der der Schuß erfolgte, Gegenversuche mit derselben Flinte und Munition ausstellen müssen. Aber auch dabei wird man nur aus der Gesamtgruppierung der Schrote auf die Entfernung schließen können, denn das gleiche Schußbild wird man bei der Launenhaftigkeit des Schrotschusses auch bei unzähligen Versuchen nicht erhalten, wohl aber typische Charakterbilder. Man hat durch ausgedehnte Serienbeschüsse bei der Deutschen Versuchsanstalt für Handfeuerwaffen E. V. in Wannsee — Berlin-Wannsee — festgestellt, wie sich der Abstand mit der Schußentfernung vergrößert. Diese Vergrößerung ist offenbar ein Anhalt und Nachweis, wie der wirksame Kern der Schrotgarbe mit der Schußentfernung auseinandergeht (s. Merkblatt der Deutschen Jägerschaft Nr. 10 „Der Schrotschuß"). Die Anfangsgeschwindigkeit der für die Jagd am meisten verwendeten Schrotgrößen von 2½ und 3½ mm Durchmesser beträgt bei den heutigen handelsüblichen Schrotpatronen ∼ 380 m/sec und die Mündungsenergie des einzelnen Schrotkernes 3½ mm bei einem Durchschnittsgewicht mit 0,253 g Gewicht = 1,8 m/kg, bei Schrotgröße 2½ mm 0,093 g = 0,685 m/kg. Auf 45 m hat Schrot 3½ mm noch ∼ 194 m/sec, 2½ mm ∼ 149 m/sec Geschwindigkeit. Dieser Geschwindigkeit entspricht für 3½ mm Schrotgröße eine Auftreffwucht von 0,485 m/kg, für 2½ mm = 0,105 m/kg. An Hand dieser Zahlen kann man ermessen, daß der Schrotschuß nur auf kürzeste Entfernung Tiefenwirkung hat und auf weitere Entfernung nur die Anzahl der Schrote wirken kann. Hieraus ergibt sich wieder, daß bei gleicher Entfernung die Wirkung bei verschiedenen Flinten je nach der Schußleistung, ob sie mehr oder weniger Treffer auf eine bestimmte Fläche bringt, verschieden ist. Bei Schrot 3½ mm reicht die Durchschlagskraft auf 30—35 m noch aus, einem Menschen von mittelkräftiger Statur und gutem Ernährungszustand die Schulterblätter zu durchschlagen und Verletzungen der Lunge herbeizuführen,

wie ein Fall beweist, der sich in Oberschlesien abspielte.

Ein Revierjäger schoß auf etwa 30—35 m einen Frevler an, der seinem Anruf infolge Schwerhörigkeit nicht folgte. Der Frevler erhielt aus dem Schrotlauf Kal. 16 53 Treffer in den Rücken. Einige Schrotkörner hatten die Schulterblätter und die Lunge durchschlagen, einige die Muskulatur des linken Oberarms, und zwei Körner hatten die Nieren verletzt. Auf dem Transport zum Krankenhaus verstarb der Mann, wie die Sektion ergab, an innerer Verblutung. In einem anderen Fall erhielt ein junges Mädchen aus derselben Entfernung mit 3½ mm Schrot einen Schuß auf den Unterleib. Ernste Verletzungen waren nicht aufgetreten, nachteilige Beschwerden blieben nicht zurück. Die verschiedenartige Wirkung bei diesen beiden Fällen muß im Unterschied in der Kleidung gesucht werden. Der Mann war nur mit Hemd und Hose, das Mädchen mit Wintersachen und Mantel bekleidet.

Da bei Schrot 2½ mm auf 35—40 m Entfernung die Auftreffenergie nicht ausreicht, eine gleiche Tiefenwirkung zu erzielen, wie eine innere Verblutung herbeizuführen, aber trotzdem Todesfälle auch mit dieser Schrotgröße vorkommen, kann gefolgert werden, daß bei den feineren Schrotgrößen die *Anzahl* der Schrottreffer ursächlich sein muß. Findet man bei Schrotschußverletzungen besonders tief eingedrungene Schrotkörner, die aus dem Rahmen der übrigen fallen, so wird man diese außergewöhnliche Tiefenwirkung auf das hin und wieder vorkommende Zusammenballen der Schrote zurückführen müssen. Paarweise zusammenklebende Schrote findet man öfter; doch kommen bei Weichschrot auch Klumpen von 3—4 Schrotkörnern vor. Solche Klumpen überwinden den Luftwiderstand besser als das einzelne Korn und verlieren an Geschoßgeschwindigkeit weniger. Löst sich während des Fluges ein solcher Schrotklumpen wieder auf (Abb 5), so müssen

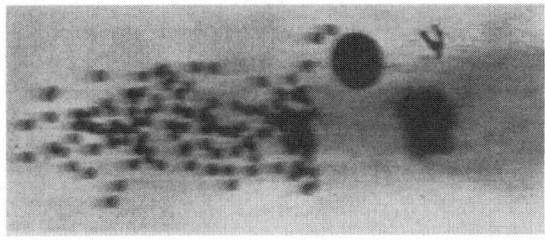

Schußrichtung.

Abb. 5. Schrotschuß 80 cm vor der Mündung. (Aus „Deutsche Jagd" **92**, H. 4. *J. Neumann*, Neudamm. Phot. Waffentechnische Versuchsstation Neumannswalde.)

die Körner, die den Klumpen auf einem Teil seiner Flugbahn bildeten, einen größeren Durchschlag haben, wie solche, die einzeln die gleiche Strecke durchfliegen.

Vor einigen Jahren wurde ein Bauer auf 100 bis 110 m Entfernung durch zusammengeballte Schrote 3½ mm in den Hals getroffen und getötet. Die Schrote waren, um eine bessere Schußleistung zu erzielen, mit Talg in der Patrone festgegossen worden. Ein Teil der Schrote hatte auch das Ziel getroffen, nur einige zusammengeballte hatten sich selbständig gemacht und den nicht in der Schußrichtung stehenden Bauer getroffen.

Zusammengeballte Schrotladungen findet man bei unsachgemäß geladenen Patronen, z. B. bei zu hoher Pulver- und Schrotladung, bei zu starker und zu harter Abschlußdecke der Patrone (Abb 6). Eine zu starke und harte Abschlußdecke hemmt an der Würgung (Verengung der Laufbohrung an der Mündung) den Durchgang der Schrote, wodurch eine starke Stauchung der gesamten Schrotsäule einsetzt

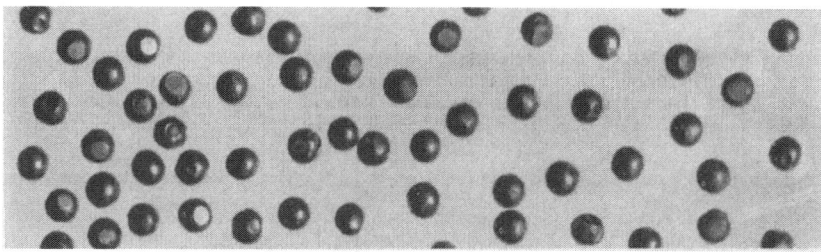

Abb. 6. Schrote 3½ mm, schon im Lauf deformiert. (Aus „Deutsche Jagd" **100**, H. 19. *J. Neumann,* Neudamm. Phot. Waffentechnische Versuchsstation Neumannswalde.)

und die einzelnen Schrotkörner aneinander gepreßt werden. Oft ist die Stauchung so stark, daß Laufaufbauchungen an den Mündungen der Läufe entstehen. Für den Gefahrenbereich der freiliegenden Schrote, bei dem noch mit Augenverletzungen gerechnet werden muß, gilt folgende leicht zu merkende

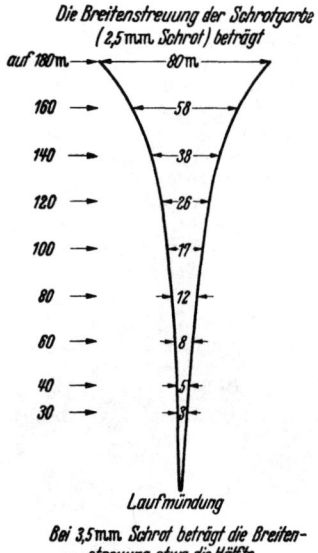

*Die Breitenstreuung der Schrotgarbe (2,5 mm Schrot) beträgt*

| auf 180 m → | 80 m |
| 160 → | 58 |
| 140 → | 38 |
| 120 → | 26 |
| 100 → | 17 |
| 80 → | 12 |
| 60 → | 8 |
| 40 → | 5 |
| 30 → | 3 |

*Laufmündung*

*Bei 3,5 mm Schrot beträgt die Breitenstreuung etwa die Hälfte*

Abb. 7. Schaubild über die Ausdehnung der Schrotgarbe bei verschiedenen Entfernungen.

Faustregel: Schrotgröße × 100 m. Für 3½ mm Schrot würde also zu rechnen sein 3,5 × 100 = 350 m. Die Ausdehnung der Schrotgarbe auf verschiedene Entfernungen zeigt Abb. 7

*Schrifttum.*
Schieß- und waffentechnische Mitteilungen. Berlin 1936.
*Schlegelmilch.*

## Wundinfektion.

Unter Wundinfektion versteht man Infektionen durch Bakterien im Anschluß an Verletzungen, speziell bei offenen Verletzungen, aber auch bei gedeckten; freilich versteht man unter Wunden eine Zusammenhangstrennung mindestens der äußeren Haut, für die Begriffsbestimmung der Wundinfektion aber müssen wir auch die Schädigungen des Körpers heranziehen, die ohne Zusammenhangstrennung der äußeren Haut entstanden sind. Als Infektion gilt natürlich nicht etwa in rein bakteriologischem Sinn der Vorgang, daß mehr oder weniger Bakterien oder Bacillen bei einer Verletzung in den Körper einge-

schleppt werden, ohne sich hier besonders bemerkbar zu machen, was sicherlich häufig vorkommt; sondern im Vordergrund steht die Reaktion des Körpers auf das Eindringen von Bakterien, die für den gewöhnlichen Betrachter den Eindruck einer Krankheit macht, bei ernsterer Überlegung jedoch den Charakter eines Abwehrkampfes trägt.

Wir müssen von der längst bekannten Tatsache ausgehen, daß so gut wie alle Gegenstände der Umwelt des Menschen, soweit sie nicht infolge größeren Hitzezustandes für Bakterien nicht zugänglich sind, von Bakterien verschiedenster Art, und sei es auch nur in Sporenform, besiedelt sind. Dazu gehören also nicht nur alle möglichen Gegenstände und Instrumente, durch welche Verletzungen bewirkt werden, sondern ganz besonders natürlich der Erdboden, die Oberfläche der Straßen, aber auch die menschlichen Hände, Finger und Nägel und im weiteren auch die ganze Hautoberfläche, was in ersterem Falle für den Täter, in letzterem für den Verletzten bzw. Geschädigten von Bedeutung in bezug auf die Wundinfektion ist. Seit Jahrzehnten weiß man weiterhin, daß nicht etwa nur die Anwesenheit von Bakterien überhaupt die Infektion bewirkt, sondern daß weitere Umstände hinzukommen müssen, die das Haften bzw. das Eindringen von Bakterien in den Körper begünstigen oder verhindern; so bewirkt schon die unterschiedliche Beschaffenheit der Wunde, daß in einem Falle trotz Einschleppens der Bakterien entweder keine Wundinfektion im oben genannten Sinne oder aber eine ganz leichte, schnell wieder heilende entsteht, und daß in anderen Fällen, auch bei Einschleppen verhältnismäßig weniger Keime, schwere infektiöse Prozesse in der Folge auftreten. Glatte, offene Wunden, wie etwa Schnittwunden, bieten den Bakterien wenig Ansiedelungsmöglichkeit, sie werden trotz Einschleppung durch die Absonderung aus der Wunde, sowohl mechanisch, wie auch fermentativ und auch durch Freßtätigkeit der Zellen oft rasch beseitigt. Dagegen bieten buchtige, zerfetzte Wunden bessere und oft beste Ansiedlungsmöglichkeit, also in erster Linie Quetschwunden, auch Schußwunden, insbesondere solche mit größerer Zerreißung des Wundkanales, wie sie durch Schuß bei Querschlägern oder aber bei Splitterverletzungen entstehen. Daß die ärztliche Kunst außerordentlich viel für den Verlauf etwaiger Wundinfektion bedeutet, ist hier nur kurz zu erwähnen, dabei können sowohl Unterlassungen wie aktive Handlungen von größter Bedeutung sein. Die Lehre von der Behandlung der Wunden ist zum größten Teil eine Lehre von der Bekämpfung, Verhütung oder Eindämmung der Infektion und eigentlich zum geringeren Teil eine Sache der mechanischen Wiederherstellung, der Naht usw. Sache der ärztlichen Kunst und Erfahrung ist es, den einzelnen Gruppen von Verletzungen es sozusagen anzusehen, ob sie als infiziert oder als nicht infiziert im praktischen Sinn zu gelten haben. Da man im einzelnen Falle von einer sofortigen mikroskopischen Untersuchung etwa der Oberfläche oder Tiefe der Wunde eine Entscheidung in dem Sinne nicht erwarten kann, ob eine gefährliche Infektion zu erwarten ist, weil ja die Anwesenheit von Bakterien allein, wie oben dargelegt nicht genügt, so sind in den entsprechenden medizinischen Disziplinen, hauptsächlich in der Chirurgie und Kriegschirurgie, gewisse Richtlinien herausgearbeitet worden, welche Arten von Verletzungen im besonderen Maß als infektionsverdächtig zu gelten haben. Ohne weiteres z. B. sind als infektiös anzusehen grob verschmutzte Wunden bei Explosionen sowie bei Einschleppung von verschmutzten Kleiderfetzen usw.

Aber auch die Art der infizierenden Bakterien spielt sowohl für die entstehenden Folgen, wie für die Behandlung eine große Rolle. Die gewöhnlichen Wundinfektionserreger sind die gewöhnlichen Eitererreger, also die sog. Kokken und zwar die Staphylokokken (Traubenkokken) und die Streptokokken (Kettenkokken), sowie eine Anzahl anderer, meist in Diploform liegender Kokken. Diese Kokken, die bei der bakteriologischen Kultur Luft bzw. Sauerstoff brauchen zu ihrer Entwicklung, sind in der Umwelt und auf der Haut des Menschen außerordentlich stark verbreitet und können erfahrungsgemäß ja schon ohne Verletzung zu Entzündungsprozessen der Haut und auch der Schleimhaut führen, in banalster Weise z. B. dort, wo bei einer zufälligen Häufung solcher Bakterien auf der Haut durch die alltäglichen Einflüsse wie Reiben der Haut od. dgl., oder Scheuern von Rändern von Kleidungsstücken, Bakterien in die Haarbälge eingerieben werden, wo sie zu einer Pustel, aber auch zu Furunkeln und Karbunkeln führen können; freilich kommt hierbei nicht nur die Anwesenheit von Bakterien, sondern auch die Konstitution des befallenen Menschen in Betracht. So neigen viele Menschen zeitlebens oder aber zeitweise zu solchen Infektionen auf der unbeschädigten Haut, ähnlich ist es bei der Erkrankung etwa von den Rachenmandeln aus, in welchen eigentlich immer Bakterien zu finden sind, wie überall in den oberen Luft- und Speisewegen.

Eine weitere Komplikation der ganzen Fragestellung liegt darin, daß das Angehen einer Infektion bei kleineren und größeren Verletzungen nicht nur von der zahlenmäßigen Besiedlung mit Bakterien und von der Konstitution des Befallenen und der Art der Wunde abhängt, sondern daß unter den einzelnen Bakterien, ja unter der gleichen Klasse von Bakterien, es auch ganz verschieden bösartige Stämme oder Individuen gibt; zu den bösartigen z. B. gehören solche, die schon im Menschen- und Tierkörper sich angesiedelt hatten, zu riesiger Vermehrung gelangt sind und diesen Körper schwer krank gemacht und getötet haben, solche Bakterien sind entweder von vornherein sehr bösartig oder giftig (virulent) oder aber sie sind es durch die günstigen Lebensbedingungen im Menschen oder im Tierkörper geworden. So kann also z. B. ein Chirurg, wenn er von einer infizierten Verletzung des Operierten sich selbst an einer zufälligen Verletzung am Finger infiziert, in kurzer Zeit einer der bösartigsten Infektionen zum Opfer fallen, dasselbe gilt für die Infektion eines Obduzenten bei einer noch so geringen Verletzung der Hand oder Finger, wenn es sich bei der betreffenden Leiche um eine Person gehandelt hat, bei der der Tod an einer schweren Infektion eingetreten ist.

Abgesehen von den oben erwähnten Arten, die zu den verschiedensten Wundinfektionskrankheiten, sowohl lokaler, wie allgemeiner Art führen können, gibt es noch andere Bakterienarten, die ohne Sauerstoff am besten gedeihen, das sind Anaerobier, insbesondere Tetanus-(Starrkrampf-)Bacillen, Gasbrandbacillen (s. d. Art.: Bakteriologische Untersuchungen in der gerichtlichen Medizin; Gasbrand). Diese stäbchenförmigen oder uhrzeigerförmigen Bacillen kommen in der Erde, in dem Straßenschmutz sehr häufig vor, sie gedeihen hauptsächlich in buchtigen Wunden, die wenig oder keinen Abfluß haben und führen oft, auch trotz

ärztlicher Behandlung zum Tode. Bemerkenswert für die Streptokokken-Infektion ist noch die Tatsache, daß sie nicht nur zu lokalen Entzündungen oder zur allgemeinen Infektion des ganzen Körpers führen können, sondern daß sie in Form der Wundrose auch zu flächenhaften akuten Entzündungsprozessen großer Hautbezirke in der Umgebung einer Verletzung führen können (Erysipel). Zu dieser von außen kommenden Infektion, von der Umwelt, von Gegenständen oder Instrumenten, von der Oberfläche der Haut, kommen nun noch solche, die aus bakterienhaltigen Organen des Körpers, also von innen her, bei an sich völlig gesundem Körper des Verletzten stammen. Die bakterienhaltigen Organe, sind in erster Linie, abgesehen von den oberen Luft- und Speisewegen, der Darmkanal, meist auch der Magen. Es kommt nun bei Verletzung dieser Organe insbesondere des Darmes, durch den Austritt von Darminhalt in der Regel zu Infektionen an der Stelle, wo der Darminhalt hingerät, das ist in der Regel der Bauchraum, das Bauchfell mit seiner großen, flächenhaften Entwicklung und zahlreichen Buchten. Diese anatomische Beschaffenheit des Bauchfells bedingt wiederum den ungeheuer gefährlichen Charakter der meisten Infektionen des Bauchfells, weil hier schon ausgedehnte vorbereitete Infektionswege und Infektionsräume da sind. Außer bei durchdringenden Verletzungen, wie etwa bei Schuß- und Stichverletzung desselben, ist aber die Tatsache, daß auch bei unvollkommenen Zerreißungen der Darmwand, also ohne Lochbildung, es zu einer Durchwanderung der Bakterien aus dem Darmrohr durch die nur teilweise, etwa in einer Schicht zerrissene Darmwand kommen kann (Durchwanderungsperitonitis), wie man das immer wieder bei sog. stumpfen Bauchverletzungen durch Bauchquetschung erlebt, wo durch den Stoß der Darm nicht etwa richtig geplatzt, sondern nur in einer seiner Schichten überdehnt oder gerissen ist. Bei der Besprechung des Bakteriengehaltes des Darmes ist aber auch daran zu erinnern, daß bekanntlich Bakterien des Darmes schon von sich aus, aus inneren Ursachen, also ohne äußere Verletzungen krankmachend wirken können, was aber wiederum, wenn auch nur selten, durch eine Gewalteinwirkung von außen begünstigt werden kann.

Außer diesen von außen kommenden oder von inneren Organen ausgehenden Infektionen im Anschluß an Verletzungen ist aber noch zu berücksichtigen, daß es Krankheitszustände des Menschen gibt, bei denen im Körper ein Infektionsherd längere oder kürzere Zeit bestehen kann, von dem aus, meist zeitweise, eine Aussaat von Bakterien auf dem Blutwege durch den Körper stattfindet. Das kann z. B. der Fall sein, wenn gewisse Formen von Mandelentzündungen (Tonsillitis) einen bösartigen Verlauf nehmen oder wenn etwa die Herzklappen von Bakterien besiedelt sind, die zu Blutpfropfbildung führen können, deren Loslösung zu Verschleppung von Bakterien im Körper zeitweise führt. Für die Wundinfektion ergibt sich durchaus die Möglichkeit, daß verletzte Stellen, die, medizinisch gesprochen, einen locus minoris resistentiae darstellen, selbst wenn sie, z. B. bei verletzter Haut oder bei Weichteilzerreißungen infolge Quetschung bisher nicht infiziert sind, nach kürzerer oder längerer Zeit von einem entfernt im Körper sitzenden Bakterienherd aus, auf dem Blutwege eines Tages infiziert werden können. Das gleiche kann z. B. der Fall sein, wenn bei einer Frühgeburt oder Fehlgeburt oder auch bei einer normalen Geburt die Gebärmutter nach ihrer Entleerung, wenn ihre innere Fläche infolge Abstoßung der Schleimhäute gewissermaßen eine Wundhöhle darstellt, von einer seit längerer Zeit bestehenden schleichend verlaufenden Mandelentzündung oder einer alten Zahnwurzeleiterung aus infiziert wird, wodurch schwere, ja tödliche Erkrankungen entstehen können. Im vorstehenden hat es sich immer noch um Vorgänge gehandelt, deren Bedingungen entweder im Körper selbst liegen oder die durch die Verletzung selbst gesetzt wurden. Außer wirklichen unmittelbaren Infektionen kommen aber noch solche vor, die erst nachträglich mehr oder weniger zufällig zu den Verletzungen hinzutreten. Dazu gehören unzweckmäßige Behandlung, wie etwa unzweckmäßiges Auswaschen oder Bedecken mit unsauberen Verbänden oder Nähte mit nicht genügend sterilisiertem Nahtmaterial oder aber schließlich Spitalinfektionen, wenn Verletzte z. B. im Krankenhaus in nächste Nähe eines an einer übertragbaren Wundinfektion Leidenden kommen. Oder wenn Verletzte im Krankenhaus in eine Krankenhausepedemie, etwa einer infektiösen Halsentzündung geraten und dann indirekt von der Halsentzündung aus eine Infektion der Verletzung erleiden.

Man kann die bestehenden Infektionsmöglichkeiten in mittelbare und unmittelbare Wundinfektionen einteilen, man kann von mittelbaren und unmittelbaren Zusammenhängen zwischen der Verletzung und den durch die Infektion eingetretenen Folgezuständen sprechen. Man wird aber in jedem einzelnen Fall genauestens nach der ärztlichen Lehre von der Wundinfektion und der Infektion überhaupt, ebenso auch, wenn möglich unter Zuziehung von Bakterienuntersuchung der Wundränder und der Wunden sowie der Organe Toter, alles berücksichtigen müssen, um dem Richter die Unterlage für die Entscheidung der Frage zu liefern, ob er im einzelnen Fall eine Verletzung als ursächlich für den entstandenen Schaden ansehen will. In den einzelnen Ländern sind durch höchstrichterliche Entscheidungen Richtlinien in dieser Hinsicht vorhanden. Daß für zivile Streitigkeiten, Schadenersatzansprüche, Haftpflichtversicherung usw. die Anforderungen an die Beweisführung etwas andere sind als im Strafrecht, sei kurz angedeutet (s. d. Art.: Kausalzusammenhang).

*Schrifttum.*

*Dittrich:* Die ärztliche Sachverständigentätigkeit bei Untersuchung und Begutachtung von Verletzungen zu forensischen Zwecken. In: *Dittrichs* Handb. der ärztl. Sachverst.-Tätigkeit **3**. Wien 1914. — *Haberda:* Behördliche Obduktionen. In: *Dittrichs* Handb. der ärztl. Sachverst.-Tätigkeit **2**. Wien 1913. — *Lexer:* Lehrb. der allg. Chirurgie. Stuttgart 1925. **Walcher.**

**Wurmmittel** siehe *Filixgruppe; Oleum Chenopodii anthelmintici; Santonin.*

**Wurstvergiftung** siehe *Nahrungsmittelvergiftung.*

# X.

**Xylamon** siehe *Schädlingsbekämpfungsmittel.*

**Xylol** siehe *Flüchtige organische Gifte.*

# Y.

## Yohimbin.

*Yohimbin*, $C_{21}H_{26}N_2O_3$; krist. in farblosen Nadeln. F. = 234,5°, $[\alpha]$ D = + 50,9°. Löslich in Alkohol und Chloroform, schwer in Äther. Therapeutisch verwendet als Yohimbin-HCl; F. = 300°. Schwer löslich in kaltem Wasser. Auf Zunge Pelziggefühl und vorübergehende Anästhesie ähnlich Cocain. Als Aphrodisiacum, auch bei Prostatahypertrophie und bei Hypertonie; in der Veterinärmedizin häufig als Brunst erregendes Mittel neben Hormonpräparaten.

*Vorkommen:* Yohimbin ist Hauptalkaloid aus *Corynanthe Yohimbe* (Rubiaceae), Westafrika. Die Rinde wird von den Eingeborenen als Aphrodisiacum benutzt. Sie enthält außerdem eine Reihe mit Yohimbin isomerer Nebenalkaloide wie α-Yohimbin, F. = 246°, und Corynanthein, welche zusammen etwa $^2/_3$ der Rindenalkaloide ausmachen.

*Wirkungscharakter:* Yohimbin ist echtes Aphrodisiacum durch Erregung der spezifischen Zentren des Lumbo-Sakralmarkes und durch Gefäßhyperämie in der Genitalsphäre.

*Vergiftung:* Schwindel, Salivation, Übelkeit, Schweiß, Schwächegefühl, Tachykardie, Blutdrucksenkung, Aufregung, Unfähigkeit zu gedanklicher Konzentration, Beschleunigung und Verstärkung der Atmung, dann Atemlähmung. Prognose anscheinend immer gut. Selten papulo-makulöses Exanthem mit Pruritus.

*Dosis medicinalis:* Yohimbin-HCl: 0,005—0,01 g per os oder s. c.; auch intralumbal 0,005 g.

*Dosis toxica:* Präparate ungleichwertig je nach Herkunft. Meist mit dem weniger toxischen, aber sonst wirkungsähnlichen α-Yohimbin verunreinigt. 1,8 g reines Yohimbin-HCl wurde nach provoziertem Erbrechen ertragen.

*Dosis letalis:* beim Menschen unbekannt.

*Pathologisch-anatomischer Befund:* Beim Menschen unbekannt.

*Vergiftungsgelegenheiten: hauptsächlich medizinale:* Nach 7,5 mg Yohimbin intralumbal starke Kopf- und Nackenschmerzen, Bewußtlosigkeit, später Ataxie und gesteigerte Sehnenreflexe. Vergiftung durch *Verwechslung:* Einnahme von 1,8 g Yohimbin-HCl statt Aspirin: nach ¼ Stunde Herzklopfen, Schweißausbruch, nach ¾ Stunden tiefe Bewußtlosigkeit mit fehlendem Cornealreflex, Miosis, Lichtstarre, Augenmuskelstörungen; tiefes Koma, Arreflexie, Priapismus, hochgradige Cyanose und Blutdrucksenkung, lautes systolisches Aortengeräusch und beginnendes Lungenödem. Nach 8 Stunden völlige Erholung.

*Schrifttum.*

*Erben, F.:* Vergiftungen **2 II**, 639. Wien 1910. — *Fürbringer, P.:* Yohimbinvergiftung. Dtsch. med. Wschr. **1925**, 1364; **1926**, 67. — *Lehrmann, J.:* Zur Frage der Yohimbinvergiftung. Dtsch. med. Wschr. **1925**, 526. — *Lewin, L.:* Gifte und Vergiftungen. 749. Berlin 1929. — *Meyer, W. B.:* Zur Klinik der Yohimbinvergiftung. Dtsch. med. Wschr. **1924**, 1513. — *Trier, G.:* Die Alkaloide. 2. Aufl. 780. Berlin 1931. **H. Fischer.**

**Yperit** siehe *Kampfgase.*

# Z.

**Zabulon** siehe *Schädlingsbekämpfungsmittel.*

## Zähne (= Z.).

Die Zusammenarbeit der Zahnheilkunde mit den übrigen medizinischen Disziplinen gewinnt für die gerichtliche Medizin und Kriminalistik immer größere Bedeutung. *Amoédo* hat in seinem Buch „Die Zahnheilkunde in der gerichtlichen Medizin" — von *Port* 1900 ins Deutsche übersetzt — es als erster bewiesen, daß die Zahnheilkunde für die gerichtliche Medizin ein unentbehrliches Grenzgebiet darstellt. So ergibt sich für die Bedeutung der Z. in der gerichtlichen Medizin und Kriminalistik die Einteilung in zwei Gruppen:

Gruppe I: die Zusammenhänge der Z. a) mit Erkrankungen auf Grund der Behandlungen von Zähnen, b) mit Erkrankungen infolge von Verletzung von Zähnen.

Gruppe II: die kriminalistische Bedeutung der Z. und des Gebisses bei a) Bißeindrücken, Bißwunden, b) Altersbestimmungen und Identitätsfeststellungen an Lebenden und Leichen auf Grund genauer Erhebungen des Zahnstatus.

Die Gruppe I a, nämlich die Zusammenhänge der Z. mit Erkrankungen auf Grund von Behandlungen der Z., gehört in die rein zahnärztliche Beurteilung des Fragenkomplexes; die Hinweise hierzu geben die Unterabteilungen „*Forensische Zahnheilkunde*" in den „*Fortschritten der Zahnheilkunde*" von *Misch*, wo in verschiedenen Abhandlungen (*Misch, Eißer, Heyland*) wiederholt und ausführlich diese Fragen behandelt sind. In Heft 9 (1933) ist die entsprechende Bearbeitung von *Misch* selbst vorgenommen und von *Eißer* der Artikel „Das bürgerliche Recht in der Zahnheilkunde", von *Heyland* „Öffentliches Recht in der Zahnheilkunde" enthalten. Stichwortartig sei hier angeführt, welche Gebiete zu diesem Fragenkomplex gehören, die eine eigentliche zahnärztlichfachliche Beurteilung am häufigsten notwendig machen. Es sind die Fragen des zahnärztlichen Berufsgeheimnisses und der Fahrlässigkeit bei Behandlung von Zähnen, z. B. durch Fremdkörperzurücklassung in der Wunde, durch ungeschützte Nervennadeln d. h., deren Anwendung ohne Vorsichtsmaßregeln wie Cofferdamanlegen oder Nadelhalter, was sowohl strafrechtlich wie in bezug auf Haftpflicht wichtig ist (die erforderliche Sorgfaltspflicht). Ferner gehören hierher die Kunstfehler ohne das Verschulden einer Neuritis nach Weisheitszahnextraktion, was bei anomaler Lage abzulehnen ist, das Mitentfernen von Keimen bleibender Z. bei gekrümmten Milchzahnwurzeln, die Kontraindikation der Narkose oder Lokalanästhesie, die Röntgenpflicht des Zahnarztes bei Lage des Falles, die Gefahr der Röntgenschädigung[1] bei Unterkieferbestrahlung infolge oberflächlicher Knochenlage und Art der Gefäßversorgung, damit im Zusammenhang die erforderliche Beachtung der allgemeinen Sicherheitsgrenzen auch bei der Diathermieanwendung in der Zahnheilkunde, die Behandlung nur nach wissenschaftlicher Überzeugung, Arzneiverordnung. Außerdem gehört in diese Kategorie die Frage der Haftung, des Dienstvertrages, des Kunstfehlers bei Vorbereitung und Vornahme therapeutischer Maßnahmen, der Unglücksfälle durch z. B. abnorme Krümmungen der Zahnwurzeln, des Zangenbruchs, der Todesfälle durch Sepsis, Zahnaspiration bei Narkose, der Kontraindikation, der Extraktion bei Hämophilie mit Ausnahme der indicatio vitalis, der Blutung bei Leukämie, Morbus *Werlhofii*, bei Intoxikationen, Albuminurie, Nephritis.

Die Hinweise auf diese Gebiete sollen dem Gerichtsarzt die Möglichkeit geben, im gegebenen Falle entweder den Spezialisten zuzuziehen oder die eingehenderen Abhandlungen zu diesen Gebieten in der einschlägigen oben angegebenen Literatur nachzusehen. Die forensischen Folgen der Verletzung von Zähnen setzen ebenfalls spezialistische Einzelkenntnisse voraus. So wird bei jedem Falle von Zahnverletzung oder Zahnverlust zu berücksichtigen sein, wie die Mundverhältnisse im Einzelfalle lagen, ob es sich um ein bereits vor der Verletzung vorhandenes

[1] Fall *Ryffel*, aus *Misch*: Forensische Zahnheilkunde. Fortschr. Zahnheilk. **9**, 1031—1057.

Lückengebiß handelte, ob sich der Verlust auf einen oder mehrere Z. bezog, um Vorderzähne oder seitliche Z., welche Folgen der Zahnverlust für den Betroffenen hat. Hierbei ist Beruf, Lebensalter, Kosmetik, Entstellung, Stimmbildung usw. zu berücksichtigen. So wird z. B. der Verlust der Vorderzähne bei einem Blasmusiker, der seine Vorderzähne zu seiner Berufsausübung braucht, eine besonders schwere Körperverletzung darstellen. Daneben ist die Kaufunktion zu berücksichtigen mit evtl. hartnäckigen Magen-Darmstörungen. Die Schwere des Falles wird auch danach zu beurteilen sein, ob trotz des heutigen Standes der zahnärztlichen Prothetik nahezu eine restitutio ad integrum möglich ist, wobei allerdings zuletzt nicht auch die Fokalinfektion bei wurzelbehandelten Zähnen als Brückenpfeiler stets bei der Schwere der Verletzung zu berücksichtigen sein wird, während man früher die funktionstüchtige und kosmetische Brücke als einen vollwertigen Ersatz ansah. In Berücksichtigung der Fokalinfektion wird dies heute nicht mehr ohne weiteres gelten können. So wird bei Zahnverlusten ganz besonders der Forderung nach individualisierender Qualifizierung und den Einzelfolgen und -Umständen des speziellen Falles Rechnung getragen werden müssen, eine Forderung, die schon *Mauczka* und später *Haberda* aufstellten in Parallele mit der Beurteilung der Schwere, z. B. einer Armverwundung, womit die in Widerspruch stehenden Ansichten von *Doll* und *Schumacher* über die gerichtsärztliche Beurteilung des Zahneinschlagens zu einer Klärung gekommen sind. Es wird danach die Entscheidung zu treffen sein, ob es sich um eine „*Verstümmelung*" — große Zahl von Zahnverlusten —, „*dauernde, erhebliche Verunstaltung*", „*Gesundheitsschädigung*" oder einen „*erheblichen Nachteil für Gesundheit*" handelt, je nach der Beurteilung und nach dem Wert.

I b) Was die einzelnen Zahnverletzungen selbst anlangt, so sollen folgende kurze Zusammenfassungen genügen. Schädigungen an den Zähnen können Frakturen, Luxationen der Z. zur Folge haben sowie Verletzungen der Pulpa und des Periodontiums. Ebenso kann es durch äußere Gewalteinwirkung zu *totalem* Zahnverlust mit und ohne Fraktur des Kieferknochens bzw. Alveolarfortsatzes kommen, je nach Art der Einwirkung. Ein schwerer Schlag mit der Faust oder einem entsprechend schweren Objekt wird allerdings einen Molaren (Backenzahn) in Berücksichtigung der anatomischen Lage der Wurzel im dicken Kieferknochen mit gewundener Wurzel nicht ohne Knochenverletzung herausschlagen, was bei einem Vorderzahn bzw. wenn das Zahnbett (Paradentium) schon krankhaft verändert war und dadurch eine gewisse Zahnlockerung vor der Verletzung vorhanden war, leichter möglich ist und bei einem Milchzahn schon mit geringer Gewalt vorkommt. Bei totalem Zahnverlust durch starke Gewalteinwirkung, wie es auch bei Unfällen häufig vorkommt, hat daher der Gerichtsarzt zu berücksichtigen, ob der Aufhängeapparat des Zahnes, das Periodontium, schon vorher krankhaft verändert war, z. B. durch chronische Periodontitis, durch Granulome oder die so häufige Paradentose (Alveolarpyorrhoe) mit Taschenbildung und Lockerung der Z., oder ob es sich vielleicht um Z. handelte, die schon vor der Gewalteinwirkung nicht mehr zu retten waren. Bei so fortschreitenden, chronisch regressiven Veränderungen des Zahnbettes wird ein totaler Zahnverlust leichter eintreten. Für die Bewertung der Schwere des Traumas werden diese Zusammenhänge wesentliche Berücksichtigung finden müssen, wobei natürlich die Gesamtzahl der verlorengegangenen Z. und die oben erwähnten allgemeinen Gesichtspunkte, wie Kosmetik, Beruf, Funktion, Ersatzmöglichkeiten usw., ebenfalls von Bedeutung sind. Die zwar in Einzelfällen veröffentlichten guten Erfolge bei Replantationen von Zähnen dürfen nur als Ausnahme gewertet werden, da sie keineswegs die Regel bilden. Liegt bei einem totalen Zahnverlust gleichzeitig eine Kieferverletzung vor, so wird die Beurteilung wesentlich kompliziert. Sie gehört in das Gebiet des Kieferchirurgen und stellt durch den Knochenbruch schon an sich eine schwere Verletzung dar. Neben der klinischen Untersuchung wird die Röntgendiagnostik hier unbedingt notwendig, zumal es bei einer schon in Heilung befindlichen Wunde wegen der Infektionsgefahr und Störung der Granulationsbildung oft nicht ratsam ist, eine Sondierung der Wunde vorzunehmen, die auch nur grobe Feststellungen ermöglicht. Das *Röntgenbild* dagegen gibt genauen Aufschluß über Art des Zahnverlustes (ob total oder Fraktur, Alveolarstruktur) und läßt sogar einen Rückschluß auf den Zeitpunkt des Zahnverlustes zu, da wir Knochenbildung in der Alveole schon nach 4—6 Wochen finden und bei längerem Zurückliegen der Verletzung die Alveolenwand sich immer deutlicher abzeichnet. Hierbei ist die allgemeine Struktur des Alveolarknochens und der Corticalis zu berücksichtigen und die richtige Röntgentechnik Voraussetzung (Härte der Röhre und richtige Projektion). Zu dem Zeitpunkt des Zahnverlustes ist noch zu beachten — da ja nach dem Zahnverlust die alveoläre Struktur in dauernder Umbildung begriffen ist —, daß nämlich als Anhaltspunkte die Heilung einer Extraktionswunde einen Rückschluß auch in forensischem Falle gestattet. Am zweiten Tag nach der Extraktion tritt Bildung des frischen Granulationsgewebes auf, das Wundäußere ist dunkelrot, die Wunde blutet bei Berührung leicht und ist gegen die Umgebung leicht erhöht. Am dritten Tage findet man Retraktion der Wunde, Abblassung zu grauer Farbe, am vierten Tag zeigt sich speckiger Grund, blasse Wundränder, Fibrinbildung, weitere Retraktion der Wundränder, am fünften Tage beginnende Epithelisierung der Wunde vom Rande her, am siebenten Tage Zurückdrängen des grauen Fibrins, weiteres Vordringen der Epithelisierung, Einziehen der Wunde, die jetzt rötlich aussieht. Unter diesem äußeren Wundbilde vollzieht sich der weitere Verlauf in der folgenden Zeit. In der zweiten Woche organisiert sich in der Tiefe das Organisationsgewebe weiter, und es beginnt die Knochenresorption der Alveole. Dieser Verlauf gilt ebenso für die *nicht infizierte* Wunde bei Zahnverlust ohne Knochenverletzung, das wird allerdings sehr selten sein. Meist wird die Gewalteinwirkung auch die Umgebung nicht unberührt gelassen haben, und dann handelt es sich um die *infizierte* Wunde, deren Heilungsverlauf zeitlich nicht abzusehen ist, da er abhängig ist von der Infektion, Immunitätslage, Ausbreitung der Entzündung auf die Umgebung und evtl. Eiterung, die sich infolge der Zersetzung in der Wunde in der Mundhöhle durch starken foetor ex ore kennzeichnet. Daneben besteht sehr starker Schmerz, erschwerte Nahrungsaufnahme, Rötung, Schwellung der umgebenden Weichteile mit allen klinischen Zeichen der Entzündung und evtl. Eiterung. Ausschlaggebend ist auch hier wieder das Röntgenbild. Schwieriger kann sich der entgegengesetzte Fall für die Klärung gestalten, nämlich dann, wenn der Zahnverlust nicht bald nach dem Trauma zur Untersuchung gelangt und die klinischen Zeichen, die oben geschildert wurden, nicht mehr festzustellen sind, sondern unter Umständen die Verletzung mehrere Wochen zurückliegt. Auch hier wird die *Röntgendiagnose* maßgebend sein und zeigen, ob es sich um einen traumatischen Zahnverlust oder etwa um eine schon vor dem Trauma bestehende Lücke gehandelt hat. Für eine Lücke, die nicht durch ein Trauma entstanden ist, kommen in Frage frühere

Zahnextraktionen, Entfernung sog. überzähliger Z., wenn es danach nicht zum Lückenschluß gekommen ist, Fehlen der Zahnanlage, die zu einer Unterzahl der Z. führt, so besonders beim Weisheitszahn, der beim Kulturmenschen in Rückbildung begriffen ist. Außerdem fehlt mitunter die Anlage besonders des seitlichen Schneidezahns, selten die des zweiten Prämolaren. Sodann spielen auch Zahnretentionen so z. B. bei der sog. Dysostosis sterno-cleido-cranialis eine Rolle, die sonst am häufigsten bei den oberen Eckzähnen und unteren Weisheitszähnen vorkommen. Gerade bei diesen beiden Zahngruppen wird ein Totalverlust nur dieser Z. kaum in Frage kommen, denn beide können wohl selten als einzelne durch Gewalt ausgeschlagen werden, zumal sie durch die Wurzelanlagen besonders fest im gesunden Kiefer stehen. Erwähnt sei noch das *Diastema* oder *Trema*, eine angeborene Lücke zwischen den mittleren Schneidezähnen, meist im Oberkiefer, selten im Unterkiefer, mit einem meist sehr tief ansetzenden Frenulum labiale. Für alle diese Fälle bleibt die entscheidende Untersuchung das Röntgenbild.

Neben dem totalen Zahnverlust kann auch die *Fraktur* und Luxation von Zähnen eine forensische Bedeutung erlangen je nach der Wirkung und Schwere des Traumas. So finden sich neben Längs-, Quer- und Schrägbrüchen häufig Splitterbrüche. Hierbei wird es bei schon vorher im Kalkstoffwechsel geschädigten Zähnen, z. B. durch Caries, Füllungen usw., leichter zu Frakturen kommen. Differentialdiagnostisch kommen gegenüber einer Fraktur sog. „habituelle oder professionelle Usuren" in Frage, d. h. eigenartige Zahndefekte infolge gewohnheitsmäßiger besonderer Funktionen. Hierher gehören das Pfeifenraucherloch, die Usuren an Schneidezähnen bei Schustern infolge ständigen Anziehens des Pechdrahtes mit den Schneidezähnen, bei Polsterern und Tapezierern durch gewohnheitsmäßiges Festhalten der Nägel mit den Zähnen, bei Schneidern und Schneiderinnen infolge Fadenabreißens oder Stecknadelhaltens mit den Zähnen, bei Zigarrenheimarbeitern durch zwar unvorschriftsmäßiges, aber gewohnheitsmäßiges Wickelabbeißen, bei Zeichnern durch Bleistifthalten, bei Glasbläsern, Musikern, Perlenbläsern, ebenso bei Knirschern oder infolge pathologischer Bißverhältnisse. Neben der Anamnese wird die klinische Untersuchung mit der Sonde die Fraktur leicht erkennen lassen, die sich im Gegensatz zur Dentinverfärbung der habituellen Usur neben der verschiedenen Schmerzhaftigkeit je nach der Nähe bzw. Freilegung der Pulpa stets rauh anfühlt im Gegensatz zur glattgeschliffenen chronischen Usur. Bei dieser wird das Licht, das mit dem Spiegel heraufgeworfen wird, gut reflektiert, während die Frakturfläche matt und oft von eigenartig schillerndem Glanz ist. Je nach dem Sitz der Fraktur wird das klinische Bild verschieden sein. Hinzukommt noch die Möglichkeit der Verletzung bei weit geöffnetem Munde. Hierbei bleiben die umgebenden Weichteile mehr verschont, oder die abgesprengten Zahnteile können ihrerseits zu Weichteilverletzungen führen (Sekundärprojektile), und es kommt häufig z. B. durch Steinwurf zu Splitterbrüchen. Im allgemeinen aber wird die Gewalteinwirkung zur Folge haben, daß an den Stellen, an denen die Z. abgebrochen sind, die Weichteilverletzungen zurücktreten gegenüber den Stellen, an denen die Z. dem Trauma standhielten. So erklären sich die größeren Lippenverletzungen, wenn die darunter liegenden Z. als Widerstandslager unverletzt geblieben sind, während die Weichteilverletzungen an den Stellen zurücktreten, wo die Zahnkronen abbrechen. Typisch sind oft glatte Abtrennungen von Zahnteilen durch Mensurverletzungen. Die forensische Beurteilung jeder solcher Zahnfraktur wird von der *Pro-*

*gnose* abhängen. Diese ist quoad sanationem schlecht, denn selbst wenn bei intakt gebliebener Wurzel sich auch noch eine Krone oder ein Stiftzahn als Ersatz anfertigen läßt, so muß doch jede Verletzung bzw. Zerstörung einer intakten Pulpa besonders in Berücksichtigung der heutigen Erkenntnisse der Fokalinfektion — wie schon oben erwähnt — als starke Schädigung und Beeinträchtigung der Lebensdauer des Ersatzes angesehen werden. Erschwerend kommt aber bei einer Zahnfraktur hinzu, daß infolge der besonderen Verhältnisse der Mundhöhle mit ihren pathogenen, saprophytären Keimen zur Fraktur meistens eine Infektion hinzutritt. Versuche der Erhaltung einer freigelegten Pulpa sind gescheitert. So hat auch hier die forensische Beurteilung nach der Schwere der Schädigung zu individualisieren und alle Einzelheiten, wie Beruf, Funktion in Rückwirkung auf den gesamten Kauapparat evtl. Weitergreifen der Infektion auf die Nachbar-Z. mit allen ihren Folgen — vgl. oben — in Betracht zu ziehen, so auch, ob es sich um Vorder-Z., vorher schlechte Z. oder Milch-Z. — vgl. oben — handelt. Mit einer solchen Fraktur können auch entzündliche Prozesse am Periodontium einhergehen, die bei leichtem Trauma nach einigen Tagen wieder abklingen können, in dem die Perkussionsempfindlichkeit und Lockerung des betroffenen Zahnes zurückgehen. Bei Hinzutreten einer Infektion der Pulpa nehmen die Symptome der Periodontitis bzw. Periostitis zu und führen zur Pulpanekrose. Bei wurzelvorbehandelten Zähnen kommt es zur akuten Exacerbation einer ruhenden Infektion mit Lymphadenitis und ihren Folgen. Daß sich bei einer Wurzelfraktur die oben erwähnten Komplikationen ergeben können, ist verständlich. Das Röntgenbild ist auch hier unerläßlich. Neben dieser Pulpaschädigung als Folge einer Fraktur kann natürlich jede Gewalteinwirkung auf den Zahn, auch ohne daß es zur Fraktur kommt, diese Folge haben. Die Ursache hierfür ist in dem Fehlen eines Kollateralkreislaufes zu suchen. Dazu kommt, daß bei Eintreten einer Entzündung der Pulpa die Auswanderung der Leukocyten und die übrigen Entzündungserscheinungen zwangsläufig zu einer Nekrose führen müssen, da sich die Entzündungsvorgänge in einem unnachgiebigen Gewebe der Zahnhöhle abspielen mit der Blutzufuhr durch ein unveränderliches Lumen am Apex. Ob eine solche Pulpaschädigung durch ein Trauma vorliegt, wird zahnärztlicherseits leicht durch die bekannte Untersuchung mit dem ,,*Induktionsstrom*" nachgewiesen. Hierbei reagiert die Reizleitungsfähigkeit der lebenden Pulpa auf den Induktionsstrom bei der Reizschwelle mit einer gewissen Empfindlichkeit, während die geschädigte Pulpa die Reizleitungsfähigkeit stark herabsetzt bzw. die Pulpa bei Nekrose, auch bei starker Stromstärke, die an gesunden Zähnen als Schmerz empfunden wird, keine Reaktion aufweist. In exaktem Vergleichsversuch mit gesunden Zähnen auch auf der Gegenseite wird also leicht die Pulpenreaktion festzustellen sein unter Anwendung der erforderlichen Vorsichtsmaßregeln, wie Trockenheit der zu untersuchenden Zahnkrone, Vermeidung von Metallfüllung u. ä. beim Aufsetzen der Elektrode. Für die Beurteilung auch der Schädigung der Pulpa gelten alle die oben angeführten Folgen für Zahnverlust und deren Ersatz unter besonderem Hinweis auf die Fokalinfektion.

Zu den Verletzungen der Z. gehören noch die *Luxationen* bzw. *Subluxationen* der Z., die mit und ohne Zahnfraktur auftreten. Als Ursache hierfür kommt eine Gewalteinwirkung in Frage, die gerade so auf die Z. trifft, daß diese im Kiefer nach einer bestimmten Richtung geschoben werden, meist *von unten nach oben*, aber auch nach verschiedenen Richtungen auseinander luxiert werden können,

z. B. bei Schlag gegen das Kinn. Bei Kindern im Milchzahngebiß findet dann häufig ein einfaches Hineintreiben in den Knochen statt, wenn der Schlag z. B. von unten nach oben den Oberkiefer trifft. Ebenso können die Z. gegen ihre bisherige Bißrichtung durch Schlagwirkung einfach schräg in den Mund hineingeschlagen werden. Dabei wird es aber oft zur Fraktur des Kieferknochens oder der Alveolen kommen, zum mindesten zu Infraktionen neben Zahnfleischverletzungen. Als Untersuchungsmethode wird oft das klinische Bild eindeutig sein, und der Vergleich mit der Normalocclusion läßt die Luxation oder Subluxation erkennen. Man muß dabei berücksichtigen, daß bei älteren Individuen die Z. immer bestimmte Abschleifungen bzw. Abnutzungen zeigen, so daß man einen ohne Trauma z. B. durch Bißanomalie außer Occlusion stehenden Zahn dadurch von einer Luxation unterscheiden kann. Ausschlaggebend ist auch hier der Röntgenbefund. Schon eine Subluxation ist zu erkennen durch Auftreten von Schatten an den Wurzeln, während man andererseits leicht in dem Röntgenbilde frühere Defekte oder früher vorgenommene Wurzelbehandlungen unter Umständen mit apikalem Fokus erkennen wird. Kann das Röntgenbild erst längere Zeit nach dem Trauma gemacht werden, so gibt es gleichzeitig Aufschluß über die evtl. Pulpaschädigung infolge der Luxation neben dem Induktionsstrom, der auch bei den Luxationen entsprechende Anwendung findet. Für die forensische Beurteilung der Luxation ist das gleiche zu berücksichtigen wie bei Pulpaschädigung bzw. Zahnfraktur. Die Prognose für Pulpaerhaltung ist auch hier meist schlecht infolge der unterbrochenen Gefäßversorgung der Z., und auch ein reponierter Zahn, der zwar festwachsen und vielleicht auch einige Jahre funktionsfähig sein kann, hat einen vorzeitigen Ausfall gegenüber dem gesunden mit allen Folgeerscheinungen. Meist aber wird auch die Umgebung verletzt sein, und unter Hinzutreten der Infektion ist der Zahn im allgemeinen infolge der Luxation verloren. Die Luxation ist daher nach den oben ausgeführten Einzelheiten des Zahnverlustes zu bewerten.

Gruppe II. Diese Gruppe umfaßt die Bedeutung der Z. in *kriminalistischer Beziehung*, und zwar handelt es sich hier

II a) um die Deutung von *Bißwunden und Bißeindrücken*. Die Bißwunden können von Menschen oder Tieren herrühren. Die Unterscheidung wird hier weniger durch die chemischen, physikalischen und anderen sonst in die Kriminalistik üblichen Untersuchungsmethoden zu treffen sein. Die normalen anatomischen, morphologischen und physiologischen sowie die pathologischen Erkenntnisse werden oft durch entwicklungsgeschichtliche und physiologische Abweichungen an den Zähnen die Grundlage für die Beurteilung vieler kriminalistischer Fälle bilden. Die pathologisch-anatomische Betrachtung und Beurteilung der Bißwunden ergibt die Schwierigkeiten, die die Erkennung oder Begutachtung von Bißverletzungen darstellen kann. Während es bei Berücksichtigung der Mechanik des Beißvorganges sich meist um *Riß*- oder *Rißquetschwunden* handeln wird, können sie auch einem *Stich* oder *Schnitt* gleichen. Ein Unterschied ist vorhanden, ob es sich dabei um einen reinen Zubiß handelte oder wie meist um eine dazutretende Reißbewegung aus verschiedensten Motiven, z. B. durch Versuch des Opfers, in der Abwehr dem Biß zu entgehen, oder durch den Abwehrbiß des Opfers in der Absicht, tiefe Wunden zu setzen. So entstandene tiefe Rißquetschwunden brauchen keinerlei Zahnspuren mehr zu zeigen, sondern haben nur tiefe, mehr oder weniger grobe Kontinuitätstrennungen der Gewebe zur

Folge. Es können aber auch bei Bissen, die mit abgekauten, stumpfen Zähnen und sehr starker Bißgewalt vorgenommen werden, ohne äußere Verletzung tiefe Quetschungen und große Blutungen in das subepitheliale Gewebe stattfinden, die die Genese der Verletzung nicht erkennen lassen. Ebenso schwierig, oft unmöglich aber läßt sich die Genese einer Bißverletzung bei leichteren Formen des Bisses erkennen. Dabei wird es oft nur zu einer Hautabschürfung, Quetschung oder einem vorübergehenden leichten Bluterguß kommen mit leichter Schorf- oder Borkenbildung, die ohne Hinterlassung einer Spur abheilt. Bei tieferer Quetschung des subepithelialen Gewebes ohne Kontinuitätstrennung des Deckepithels wird der Bluterguß sich oft nur als ein infolge der Resorption mit verschiedenen Farbveränderungen einhergehender Fleck in der Haut darstellen, besonders dann, wenn die Weichteilmasse, die zwischen den beißenden Zähnen lag, ein dickes weiches Widerlager bot. Zur weiteren Klärung ist die *Mechanik* des *Bißvorganges* zu berücksichtigen. Beim Biß wird der bewegliche Unterkiefer in Gegenüberstellung zum Oberkiefer, d. h. Zahnreihe gegen Zahnreihe gebracht. Je nach der Schärfe der Zahnkanten entsteht je nach der Dicke der dazwischen befindlichen Weichteilschicht eine Art Stichverletzung mit Quetschung. Bei einer dünnen Zwischenschicht sowie bei einem Aufbiß auf einen Widerstand wie z. B. den Fingerknochen wird eine leichte Durchtrennung erfolgen. Hier wird sich die obere Zahnreihe als Widerlager abzeichnen, die untere Zahnreihe sich entsprechend der Zubißkraft abprägen. Zu dieser Bißart kommt in forensischen Fällen meistens die Reißbewegung, wie oben bereits ausgeführt. Diese Rißquetschwunden können an dem Rande der Verletzung Zahnspuren erkennen lassen, die die Diagnose Bißverletzung sichern, sei es durch Abdruck beider Zahnbogen oder durch charakteristische Zahnformen, wie z. B. der Eckzahn sie hinterläßt.

*Bißverletzungen durch Tierbisse* werden durch Stellung des Tiergebisses und Form der Tier-Z. differentialdiagnostisch erkannt. *Wichtigste Tierbißarten:* Hund, Wolf, Katze, Pferd, Wiederkäuer, Ratte, Schnabelhieb der Vögel, Reptilienbisse. Gemeinsames Unterscheidungsmerkmal für Säugetierbisse und Menschenbisse ist die breite Lücke zwischen seitlichem Schneidezahn und Eckzahn im Säugetiergebiß, die beim Menschen fehlt. Der Menschenbiß findet sich in der Regel nur an unbedeckten Körperteilen. Das trifft bei Tierbiß nicht immer zu. Einzelheiten der charakteristischen Unterscheidungsmerkmale bei Tierbissen:

Der *Hund (Wolf)* erzeugt beim Biß sehr tiefe Risse, besonders durch Eck-Z. entstehen mitunter bedeutende Verletzungen, Zerfleischungen (Menageriewärter). Bei den meisten Hunderassen engerer Zahnbogen in den Front-Zähnen als beim Menschen, Gleichmäßigkeit der Größe der Vorder-Z. im Gegensatz zum menschlichen Gebiß mit stets größeren mittleren Incisiven, bei Ungleichmäßigkeit der Front-Z. sind beim Hunde die seitlichen Incisiven die größeren und breiteren, Vergrößerung der Zahl der Hundeschneide-Z. um zwei gegenüber dem Menschen, charakteristisch für Hundebiß die besonders tiefe, typische Verletzungsspur durch den Eckzahn mit konischer Form, die, wie auch die Verletzung durch die anderen Z. einer Stichverletzung ähnelt. Die Spur auch der Prämolaren und Molaren wird gegenüber dem Menschen durch die ungleichen Spitzen dieser Z. gekennzeichnet. Auch hier Abstand, wie bei allen Säugetieren, des Eckzahnes von den Frontzähnen. Bei Occlusionsbildspur typischer Biß durch unteren Eckzahn zwischen oberem Eckzahn und drittem Schneidezahn. Alle diese Charakteristica finden wir beim normalen Zuschnappen oder Festhalten gegenüber

schmalen Gegenständen. Der Biß wird komplizierter bei Reißbewegungen und gegenüber dicken Objekten. Hier faßt das Tier — besonders der Hund — meist mit den Seitenzähnen zu und verbindet den Biß mit einer Drehbewegung des Kopfes. Bei den dadurch oft schweren Verletzungen läßt sich die Genese — wenn überhaupt — dann auch nur durch Zacken am Rande oder andere oben genannte Merkmale in ihrer Gesamtheit eruieren.

*Katzenbisse:* Typisch enger, sehr zierlicher Zahnbogen, Eckzahnabstand, konische Stichverletzung. Tiefe der Verletzung geringer als beim Hund oder Wolf. An anderen Stellen oder daneben Kratzeffekte.

*Pferdebiß, Einhufer:* Zur Diagnose kann oft die Art des Berufes des Verletzten einen Hinweis geben, z. B. Kutscher, Soldat, Stallknecht u. ä., daneben die Wirkung der Muskulatur der kräftigen Z., die mit oft schwere Zertrümmerungen hervorrufender Kraft direkt aufeinanderbeißen.

*Wiederkäuer:* Die Verletzungen sind meist geringerer Art infolge der Mahlbewegung bei fehlenden Vorderzähnen im Oberkiefer.

*Rattenbiß:* Meist an Leichen. Differentialdiagnose bei Leichenbissen und Verletzungen durch Ratten oder Ungeziefer u. dgl. erkennbar an dem Fehlen der Sugillationen als vitale Reaktion.

*Schnabelhieb der Vögel:* Meist nur an schlafenden Kindern oder Leichen.

*Bißverletzungen, die vom Menschen stammen:* Bißwunden mit Zahnspuren, die vom Menschen stammen, findet man als Bißverletzungen a) bei Raufereien, b) am Täter selbst als Gegenwehr des Opfers, c) am Opfer aus sexuellen Motiven, Lustmord, Notzucht u. ä., d) bei manischen Ausbrüchen von Geisteskranken (Selbstbisse usw.), e) Bißeindrücke an leblosen Gegenständen.

Zu a) Bißwunden teils zur Abwehr, teils zum Angriff können leichterer Art sein und finden sich oft an unbedeckten und hervorragenden Körperteilen, z. B. Wange, Nase, Ohren mit Lappenbildung, Fingern oder auch schwerer verletzend bis zur Perforation und Knochen- und Gelenkverletzung, z. B. am Finger mit ihren Folgen. Form und Kraft des Bisses, Mechanik des Beißvorganges, Reißen, Zerrungen, Quetschungen, Zusammenhangstrennungen spielen dieselbe Rolle wie beim Tierbiß. Ebenso führen leichte Fälle des Menschenbisses zu denselben Schwierigkeiten der Differentialdiagnose wie oben.

Zu b) Die Bißverletzungen am Täter finden sich wohl am ehesten an den Händen des Täters als Abwehr des Opfers, das ihn zum Loslassen zwingen will, sei es bei einem Erdrosselungs- oder Erwürgungsversuch oder beim Mundzuhalten zur Verhinderung des Schreiens. Daher sind wichtig genaue Gipsabdrücke des Gebisses, die von jedem durch Angriff überfallenen Opfer hergestellt werden sollten. Forensische Bedeutung dieser Maßnahme hat sich oft durch Überführung erwiesen.

Zu c) Bisse am Opfer aus oben angegebenen Motiven (s. o.) sollen stets genau festgehalten und untersucht werden (Methoden s. weiter unten). Sie dienen zur Ermittlung des Täters, oft auch zum Ausschluß eines Verdächtigen. Eine Bißspur ist oft auch an der Leiche am ausgeschnittenen Hautstück durch intra vitam sugillierte Stellen, auch in Narben mitunter, erkennbar.

Zu d) Bei Geisteskranken finden sich bei manischen Ausbrüchen Selbstbisse in Zunge oder Lippe bis zum Durchbiß, einer Stich- oder Schnittwunde ähnlich, wenn scharfe Eck-Z. vorhanden sind. Die Differentialdiagnose ist eindeutig.

Zu e) Bißeindrücke an leblosen Gegenständen: Sie führen ebenfalls oft zur Auffindung des Täters, da es eine in der Kriminalistik bekannte Tatsache ist, daß Einbrecher am Tatort Lebensmittel anbeißen und damit eindeutige Zahnspuren hinterlassen, die sich dem Gebiß genau anpassen lassen, besonders wenn es sich nicht um zu harte Gegenstände handelte. An den leblosen Gegenständen wird sich oft ein ganz genaues Gebißbild herstellen lassen, wie es bei der menschlichen Haut durch Sugillationen oder postmortale Veränderungen oft nicht möglich ist.

Berücksichtigt man noch außerdem die Mechanik des Zubisses, so wird man viele Feinheiten verstehen können, die dem Gebiß des Täters genau entsprechen, wie Zahl und Form der Z. in ihrer Anatomie oder ihren pathologischen Veränderungen, so Stellungsanomalien, Abkauungen, Prothesen, Brücken, Caries. Bißeindrücke an Gegenständen ließen sich feststellen an Obst, Käse, Butter, Kuchen, Butterbrot, Wurst, Birnen, Äpfeln, auch Seifenäpfeln, Zigarrenspitzen, Pfeifenmundstücken. Durch diese Indizien gelang Überführung des Täters. Wichtig ist es bei den Bißspuren, das Material zu beachten auf rasche Verderblichkeit hin, damit es vor der Abnahme eines Gipsabdruckes fixiert wird entweder durch Einfrieren (Kühlschrank), Härten in ½ % Formol oder Obst in isotonischer Lösung.

Bei Bißverletzungen durch Z. gehört zur Auswertung in kriminalistischer Hinsicht vor allen Dingen für die Untersuchungsmethoden große Beschleunigung. Bei Bißspuren an Lebenden besteht oft die Gefahr, daß durch die vitalen Reaktionen des Gewebes die Spuren sich völlig verändern oder durch eine Wundinfektion jede Agnoszierung der Genese unmöglich wird, während leichte Verletzungen wie oben besprochen durch Ausheilen bald verschwinden können. Bei Leichen kann durch Fäulnis, Verwesung, Vertrocknung, Totenstarre das Bild sich ändern, bei leblosen Gegenständen, s. oben, das Material verderben durch Fäulnis, Schrumpfung, Vertrocknung. Wichtig ist es, die Spuren lange festzuhalten. Dazu dienen genaueste Photographie, Konservierungsmethoden und genaue Abdrucksverfahren. Die *genauen Photographien* erfolgen zunächst in natürlicher Größe, um das Bild möglichst naturgetreu zu erhalten. Hiervon können aus Vergrößerungen Einzelheiten ersehen werden, die mit bloßem Auge nicht erkennbar sind. Zur plastischen Bildwiedergabe besonders bei gewölbter Oberfläche der Bißspuren empfiehlt sich besonders die stereoskopische Aufnahme neben Aufnahmen aus verschiedenen Ebenen, um Verzeichnungen zu vermeiden. Bei Bißspuren an Lebenden wird besonders der Farbfilm anzuwenden sein. Auch die Herstellung von Moulagen kann zum Festhalten des Filmes dienen (s. d. Art.: Abformverfahren).

Die *Konservierungsmethoden* müssen Farbe und Form sowie den Turgor der Gewebsteile naturgetreu fixieren. An Leichen oder Leichenteilen ist Aufbewahrung erforderlich in entsprechender Konservierungsflüssigkeit (Weingeist, Formalinlösung). Bei ausgeschnittenen Hautstücken können die auf der Rückseite erhaltenen Blutungen gewisse Anhalte geben. Bißspurenkonservierung an leblosen Gegenständen vgl. oben. Ausgeprägte Zahnspuren erfordern genaue Herstellung von Abgüssen. Hierzu ist am geeignetsten ein Gipsmodell, ohne durch das Abdrucknehmen das ursprüngliche Bild zu ändern, da mitunter mehrere Abgüsse nötig sein werden. Ungeeignet sind die sog. Kompositionsabdruckmassen wie Stents u. ä., die erst durch Erwärmen plastisch werden, da sie mit einem gewissen Druck auf das Objekt gepreßt werden müssen und außerdem die Gefahr des Verziehens beim Abnehmen besteht.

Vor *Herstellen eines Gipsmodells* Auftragen *einer dünnen Isolierschicht* auf das Objekt durch Talcumpuder oder vorsichtiges Überziehen mit Ölhauch oder Fett oder Bepinseln mit Wasserglas. Darauf wird der Gips leichtflüssig aufgetragen, den besonderen Härteanforderungen an die Modelle entsprechend verwendet man besonders präparierten Gips. Nach dem Erhärten Entfernen des Gipses vom Modell zur Herstellung des Negativs, von dem sich wiederum das Positiv, sei es aus Gips, sei es aus flüssigem Metall, herstellen läßt. Solche genauen Modelle haben schon oft zur Überführung des Schuldigen oder Entlastung des Verdächtigen geführt. Zur kriminalistischen Untersuchung gehört, daß die *Abdrücke des Täters* beschafft werden, sei es direkt durch Bißabdruck oder indirekt durch Veranlassung zu einer Bißspur zu Vergleichszwecken. Ebenso bedeutungsvoll sind *Kiefermodelle der Opfer*. Vergleiche von Abdrücken dieser Modelle — epidiaskopisch gezeigt — mit exakten wissenschaftlichen Photographien in natürlicher Größe werden wichtige Anhaltspunkte geben. Bei flachen oberflächlichen Zahneindrücken ohne ausgießbare Vertiefungen kann eine genaue Photographie in natürlicher Größe Vergleichsmöglichkeiten mit den Gipsmodellen der Verdächtigen geben und zur Aufklärung genügen. Genauere Untersuchungsmöglichkeit gibt das Verfahren der ,,Odontoskopie" von ,,Sörup" (,,Umdruckverfahren"), das in kriminalistischer Hinsicht der Daktyloskopie vergleichbar ist, wo der Finger zum Abdruck gefärbt wird. So werden hier am Modell des Verbrechergebisses die Zahnreihen an ihren Schneidekanten mit schwarzer Ölfarbe gefärbt.

Herstellung des odontoskopischen Modells durch Bestreichen der Schneidekanten der Zahnreihen mit Spirituslack zur Trocknung. Daraufhin Betupfen dieser Zahnreihenoberflächen mit schwarzer Ölfarbe, wie sie zum Druck von Radierungen verwandt wird und zur Schwärzung der Finger in der Daktyloskopie. In diesem farbfeuchten Zustande wird das Modell auf ein angefeuchtetes Kupferdruckpapier gedrückt, so daß das Blatt direkt auf die geschwärzten Zahnreihen zu liegen kommt, und man drückt mittels mittelstarker Filzplatte Kupferdruckblatt und Modell fest aufeinander, so daß guter genauer Abdruck der Zahnreihen entsteht. Von diesem Abdruck wird ein Umdruck auf völlig durchsichtiges Papier hergestellt, indem man das erste Kupferdruckblatt und das durchsichtige Papier unter Filzplatten durch eine Walze wie zur Herstellung von Radierungen schickt (*Umdruckverfahren, Deckverfahren*). Da die Ölfarbe längere Zeit ihre Feuchtigkeit behält, bekommt man somit einen exakten Abdruck der Bißeindrücke auf völlig durchsichtigem Papier, der sich mit der genauen photographischen Aufnahme der Bißverletzung in natürlicher Größe decken wird. Durch diese *Deckung* ist ein einwandfreier Beweis zu erbringen, ob die Verletzung tatsächlich durch die Zahnreihen, die in Frage stehen, verursacht worden ist. Zu einwandfreier odontoskopischer Beurteilung sind mehrere Z. besonders erwünscht, jedoch wird man gegebenenfalls auch mit nur zwei oder einem Zahne auskommen bei einwandfreiem, markantem Abdruck des Zahnes, wenn durch Projektionsvergrößerung die ihm anhaftende, individuelle Eigenart beweisbar ist. Damit ist auch die ,,*Odontoskopie*" trotz gewisser Kompliziertheit ein unentbehrliches Verfahren in der Kriminalistik zur Be- oder Entlastung.

Wichtig ist auch das Meßverfahren und jede genaue Beschreibung der Gebisse.

Bei Unstimmigkeiten zwischen Modell und Zahnspur ist stets zu berücksichtigen, wieviel Zeit zwischen Modell des Verdächtigen und der hinterlassenen Zahnspur liegt, so daß nachträgliche Veränderungen an dem Gebiß des Verdächtigen möglich sind (Zahnverlust, Füllungsverlust, Prothesenänderung u. ä.).

*Auswertung der Bißspuren:* Unterschiede zu Tier und Mensch s. oben. Bißspuren von Menschen sind stets unterschiedlich, denn kein Gebiß gleicht dem andern. Beachtlich ist stets die Form des Zahnbogens, ob flach, gewölbt oder spitz zulaufend, die Stellung, ob normal oder Occlusionsanomalie. Bei dem Abdruck nur einer Zahnreihe erstreckt sich die Untersuchung auf die Unterscheidung zwischen Ober- und Unterkiefer. Hieraus lassen sich unter Umständen Rückschlüsse auf die Stellung des Täters ziehen oder eine bestimmte Stellung des Täters ausschließen. Man wird daher stets alle Kleinigkeiten sorgfältig beachten müssen, um zu positiven Resultaten zu kommen, da aus bestimmten Merkmalen sich wichtige Schlüsse auf die Person des Täters ergeben. Nur ganz allgemein sei hier zur Auswertung der Bißspuren einiges angeführt, da sich das, was im nächsten Abschnitt zur Altersbestimmung und Identifizierung von Personen durch die Z. gilt, sinngemäß auf die Bißspuren anwenden läßt. In kriminalistischer Hinsicht kann die Größe und Form der Z. Rückschluß auf die Form der Kieferknochen zulassen. Durchgehend sehr schmale Z. können auf eine weibliche Person als Täter schließen lassen, Abkauung im Alter nach 45 Jahren wird einen scharfen Schmelzrand zeigen, da dieser der Abkauung mehr Widerstand bietet. Durch die Abkauung im 5. Jahrzehnt bei den Molaren tritt oft eine Bißsenkung ein, die zu einem geringen Auseinandertreten des Eckzahns vom seitlichen Incisivus führt, während bei einer noch scharfen Eckzahnspitze, die unabgekaut ist, der Bißabdruck diese Spitzform zum Ausdruck bringen wird. Ebenso erkennbare Drehungen an den Achsen der Z. Dieses sind Merkmale bei normalen Verhältnissen. Bei weitem mehr und eindeutige Anhaltspunkte ergeben pathologische Zustände wie Lückengebisse, zahnlose Kiefer, überzähliger Zahnbestand, Zapfen-Z., gewerbliche und Berufsschäden an den Zähnen. Näheres hierzu s. weiter unten. Defekte durch Caries, Prothesen, Besonderheiten im Kauapparat des Täters, wie z. B. Paradentose oder ähnliche Zahnfleischerkrankungen, können eine Druckspur besonders an toten Gegenständen hinterlassen, oder infolge Druckempfindlichkeit der einen Seite ist diese merklich geschont, so daß nur die gesunde bzw. festere Seite abgedrückt ist. Mitunter ist auch am Gebiß des Täters die Spur eines besonders harten Widerstandes zu finden. Auch hier wird man die Zeitspanne zwischen Zahnspurabdruck und Tat berücksichtigen.

II b) Neben der Deutung und Bearbeitung von Bißabdrücken durch Zahnspuren spielen aber die Z. in der gerichtlichen Medizin und Kriminalistik eine ganz besonders wichtige Rolle bei den *Alters- und Identitätsbestimmungen an Lebenden und Leichen* auf Grund genauer Erhebungen des Zahnstatus. So kann bei lebenden, als vermißt geltenden Personen die Angabe ihres Zahnbildes in Berücksichtigung insonderheit der path. Veränderungen — Stellungsanomalien u. ä. — oft wichtige Rückschlüsse zulassen. Zur Klarstellung von falschen Angaben hat es ebenfalls schon oft beigetragen. Bei der Identifizierung verstümmelter oder sonst unkenntlicher Leichen oder Leichenteile, z. B. infolge Brandunglück, Eisenbahn-, Flugzeugunfall, Fäulnis, Verwesung oder Verstümmelung durch Verbrechen, ist oft der Zahnbefund das letzte und einzige Hilfsmittel zur Agnoszierung. Oft haben nur die Z. oder auch nur die Folgen der Behandlung der Z. wie Prothesen, Füllungen u. a. den Vorgängen der Unkenntlichmachung widerstanden und sind somit zum wichtigen und erfolgreichen Hilfsmittel in der Kriminalistik geworden. Erinnert sei an die Schädelfunde mit erhaltenen Gebissen bei der paläontologischen Forschung.

*Bei der Alters- und Identitätsbestimmung nach dem Gebiß sind zu berücksichtigen:*

A. a) die Entwicklungsreife der Kiefer und Z. einschließlich der intrauterinen Zahnkeime und Zahnscherbchen,

b) die physiologischen Veränderungen am Gebiß während des Lebens durch Abnutzung,

c) die Rassen- und Geschlechtsunterschiede;

B. a) pathologische Vorgänge am Gebiß, wie Caries, Zahnausfall, zahnärztliche Behandlung und Eingriffe am Gebiß, Zahnbetterkrankungen,

b) Zahn- und Kiefernocclusionsanomalien,

c) Berufsschäden am Gebiß;

C. postmortale Vorgänge an den Zähnen.

Zu A. a) Die so wichtige Erkennung des Alters des Individuums nach der Entwicklungsreife der Z. und Kiefer teilt sich ein nach bestimmten Entwicklungsabschnitten der Z. und zwar in

1. die intrauterine Zeit,

2. die Zeit von der Geburt bis zum Beginn der ersten Dentition, des Milchzahndurchbruchs,

3. die Zeit des Milchzahndurchbruchs und Zahnwechsels durch die bleibenden Z. bis zur 2. Molarenzeit der 2. Dentition (etwa 16. Lebensjahr) ausschließlich des Durchbruchs der Weisheits-Z.,

4. den Lebensabschnitt nach vollendetem Durchbruch des bleibenden Gebisses mit den physiologischen Veränderungen während des Lebens bis ins hohe Alter (vgl. A. b). Bei diesen Altersbestimmungen sind stets gewisse physiologische Schwankungen zu berücksichtigen, immer können durch krankhafte Prozesse infolge Stoffwechselstörung während der Entwicklungsperiode Schwankungen in der Verkalkung und Durchbruchszeit eintreten.

*1. Die intrauterine Zeit.* In den ersten 4 Monaten, beginnend im 2. Monat mit der Bildung der embrionalen Zahnkeime, kann nur die biologische *mikroskopische Untersuchung* zur Diagnose herangezogen werden. Mit Bildung der Zahnscherbchen im 5. oder 6. Lebensmonat, d. h. nach Beginn der Verkalkung der Schmelzdentinanlage, muß noch die *Röntgenaufnahme* hinzukommen. Bei Befunden, bei denen der Kopf oder die Kiefer lange der Verwesung ausgesetzt waren, kann die histologische und röntgenologische Untersuchung unmöglich werden. Hier widerstehen die Zahnscherbchen sehr lange der Verwesung und durch vorsichtige *Präparation* kann an ihnen mit Hilfe des *Meßverfahrens* noch das Alter festgestellt werden. Diese Untersuchungen im intrauterinen Zeitabschnitt werden wegen der speziellen histologischen Untersuchungsmethoden — nach der Fixierung sehr vorsichtiges Entkalken durch etwa 5 %ige chemisch reine Salpetersäure in 10 %igem Formalin, evtl. Celloidineinbettung (zeitraubend), Serienschnitte möglich oder Gellatineeinbettung (schnelleres Verfahren) — und der Auswertung der histologischen Präparate, der Deutung der Röntgenbilder, der speziellen Kenntnisse der Anatomie und Entwicklungsgeschichte bei der Präparation der Zahnscherbchen stets einem Spezialisten zu übergeben sein. Ihm werden auch die genauen Vergleichstabellen der Befunde zur Verfügung stehen, die z. B. in den Handbüchern der Zahnheilkunde, zu finden sind, vgl. *Scheff*, Handbuch Zahnhlkde., Tabelle *Paltauf-Haberda*, abgedruckt im Handbuch der biologischen Arbeitsmethoden von *Emil Abderhalden*, Verlag Urban & Schwarzenberg, Wien und Berlin 1934, Abt. IV. Angewandte chemische und physikalische Methoden, Teil 12/II., *Euler:* Naturwissenschaftlich-kriminalistische Untersuchungen an Zähnen, Tabellen, S. 104—105.

*2. Abschnitt bis zum Beginn der ersten Dentition,* etwa bis zum 6. Lebensmonat. Infolge der Zahnlosigkeit der Kiefer kommen auch in diesem Lebensabschnitt die histologischen und röntgenologischen Untersuchungen bevorzugt in Frage wie in 1. Vgl. auch dort die Tabellenangabe, wenn auch im 5. oder

6. Lebensmonat schon das Zahnfleisch am Kieferkamm den bevorstehenden Milchzahndurchbruch durch leichte Schwellung und Rötung erkennen läßt.

*3. Zeit des Milchzahndurchbruchs und Zahnwechsels bis zur Beendigung der 2. Dentition.* Gewisse physiologische Schwankungen, die durch Erbanlage, Ernährung u. ä. bedingt werden, sind zu berücksichtigen. Es kann sich daher hier nur um die Durchschnittswerte handeln, wie sie nach den Forschungen vorliegen. Im einzelnen wird auf die oben angeführten Tabellen verwiesen. Der Abschnitt der 1. Dentition beginnt physiologisch im 6. Lebensmonat mit Durchbruch der unteren mittleren Schneide-Z. und endet mit dem Durchbruch der 2. Milchmolaren etwa mit 2 Jahren (20.—24. Lebensmonat). Für diese Zeit stehen zur Altersbestimmung die klinischen Merkmale des Durchbruchs der Milch-Z. (s. weiter unten) zur Verfügung. Daneben aber zeigt die histologische Untersuchung die Entwicklung der bleibenden Z. im Kiefer, und die Röntgenuntersuchung gibt immer mehr und deutlicher Aufschluß über den Stand der Verkalkung und der Bildung der bleibenden Z. im Kiefer.

*Durchbruchszeiten des Milchgebisses* (Mittelwerte).

| Alter des Kindes Monat | durchbrechende Zähne |
|---|---|
| 6— 8 | untere mittlere Schneide-Z. |
| 7— 9 | obere mittlere Schneide-Z. |
| 9—11 | obere seitliche Schneide-Z. |
| 11—13 | untere seitliche Schneide-Z. |
| 14—16 | erste Milchmolaren oben und unten |
| 15—18 | obere und untere Eck-Z. (zu beachten nach dem Durchbruch der ersten oberen und unteren 1. Milchmolaren) |
| 20—24 | obere und untere 2. Milchmolaren |

Bei diesen klinischen Mittelwerten soll erwähnt sein, daß bei der sehr seltenen Dentitio praecox Kinder mit Z. zur Welt kommen können, andererseits die physiologischen Durchbruchszeiten durch Erkrankungen verzögert werden können infolge verschiedentlicher Stoffwechselstörung, so z. B. bei Rachitis, Lues, Drüsenerkrankungen, Myxödem oder Säuglingsatrophien infolge Nährschäden, Retentionen u. ä.

*Lebensabschnitt vom 3. Jahr bis zum Beginn des Durchbruchs der bleibenden Z. (6. Jahr 1. Molar).* In diesem Abschnitt wird neben histologischen Untersuchungen soweit möglich besonders die Röntgenaufnahme heranzuziehen sein, die neben der Verkalkung und Bildung der bleibenden Z. (zu deren Auswertung vgl. die oben genannten Tabellen) Aufschluß über den Stand der Resorption der Milchzahnwurzeln gibt, die mit dem 5. Lebensjahr beginnt, daneben mitunter als nicht konstantes Zeichen die Vergrößerung des Kieferbogens, mit dem 4. Jahr beginnend, hierdurch Eintreten einer gewissen Lükkenstellung im Milchzahnfrontgebiß. Beim Fehlen dieser Vergrößerung des Kieferbogens unregelmäßige Stellung der Milchfront-Z. Der Beginn des 6. Lebensjahres erkennbar durch Verbreiterung des Unterkieferastes distal vom 2. Milchmolaren auf Grund der zum Durchbruch gebildeten 1. Molarenkrone. Das Milchgebiß zeigt mit dem 5. und 6. Lebensjahr mitunter gewisse Abnutzungen und Caries, doch sind diese Merkmale sehr verschieden und abhängig von der Ernährung und Stoffwechselerkrankungen.

*Lebensabschnitt der 2. Dentition,* d. h. Zahnwechsel durch die bleibenden Z. bis zum Durchbruch des 2. Molaren, *6.—14. Lebensjahr.*

Hier ist von vornherein darauf hinzuweisen, daß wohl mitunter eine gewisse Schwierigkeit besteht,

einen Milchzahn von einem permanenten Zahn zu unterscheiden, doch wird der Spezialist die Merkmale in Zweifelsfällen leicht erkennen können durch die zierlichere Form des Milchzahns von meist mehr bläulich-weißer Farbe mit gewisser Abnutzung, das Röntgenbild wird die Zweifel stets ausschließen. Die Mittelwerte unter Hinweis auf physiologische Schwankungen und Störungen durch pathologische Ursachen, die im Vergleich zum Durchbruch der Milch-Z. größer sind, werden hier angeführt:

| Jahr | Schwankungen in Jahren | |
|---|---|---|
| 6. | 5— 8 | 1. Molar oben und unten |
| 7. | 6— 9 | mittlere Schneide-Z. |
| 8. | 7—10 | seitliche Schneide-Z. |
| 9. | 9—13 | 1. Prämolaren ⎫ können |
| 10. | 9—14 | Eck-Z. ⎭ abwechseln |
| 11. | 10—14 | 2. Prämolaren |
| 12. | 10—14 | 2. Molar |

Zu pathologischen Störungen gehören Unterzahl von Zähnen, besonders seitliche obere Schneide-Z., auch der Eck-Z., Erbanlagen (vgl. *Schweitzer:* Literaturangabe) oder Retentionen von angelegten Zähnen infolge falscher Entwicklungsrichtung durch Trauma, Entzündungsfolge, Platzmangel, die seltene Dyostosis sterno-cleido-cranialis, Verwachsungen, dazu Verzögerung des Durchbruchs durch Erkrankungen wie beim Milchgebiß, vgl. oben Rachitis, Lues, Myxödem, Stoffwechselerkrankungen, Rasseneigentümlichkeiten. So findet der Durchbruch der Z. bei Bewohnern der nördlichen Zonen eher statt, als bei Bewohnern der gemäßigten Zonen, während sich in den wärmeren Zonen der Durchbruch verzögert unter Berücksichtigung der Ernährung.

*4. Lebensabschnitt nach vollendetem Durchbruch des bleibenden Gebisses.* Vom 16.—40. Lebensjahr Weisheitszahndurchbruch in so verschiedenen Zeiten, daß der Durchbruch dieser Z. für eine Altersbestimmung nicht verwertbar ist. Auch hier wird sich die Altersbestimmung des Röntgenbildes bedienen zur Feststellung der bleibenden Zahnwurzelbildungen. In diesem Zeitabschnitt nach dem 16. Lebensjahr sind *genaue* Altersbestimmungen wie oben angegeben auf Grund des Zahnbefundes nicht zu erheben. Es ist nur eine Altersschätzung in weiten Grenzen möglich, z. B. ob es sich um eine jüngere oder ältere Person handelt, natürlich wird die greisenhafte Involution der Kiefer mit Alveolschwund unverkennbar sein. Wir können daher nur aus den physiologischen, funktionellen Veränderungen der Z. infolge Abkauung, Abschleifungen, Dentinalablagerungen, Vorgängen in der Pulpa, d. h. Wurzelkanalverengerungen und atrophischen Wurzelveränderungen gewisse Schlüsse zur Altersbestimmung ziehen. Denn die Z. behalten ja nicht während des ganzen Lebens ihre Farbe und Form so wie beim Durchbruch. Die *Abkauungen* sind physiologisch bedingt und abhängig von der Totalität der Zahnreihen. Entsteht ein Lückengebiß, so wird die Abnützung der bleibenden Z. erheblich größer sein als bei einigermaßen geschlossener Zahnreihe, ebenso bei Kopfbiß vergrößerte Abnützung an den Frontzähnen, bei Kreuzbiß an den Kreuzstellen der Zahnreihen sowie bei Knirschern. Besondere Verhältnisse rufen besondere Abnützungsflächen hervor, die andererseits z. B. bei offenem Biß fehlen, um an den überbelasteten Stellen stärker hervorzutreten.

Zu A. b). Außerdem wird die Abnützung der Z. abhängig sein von der Härte der Zahnsubstanz, von Erbfaktoren, von der Art der Ernährung, die ihrerseits auf die Härte einwirkt, andererseits in mechanischer Hinsicht selbst wieder die Abnutzung je nach der Nahrungsweise verschieden gestalten wird. Bei *normalem Biß* wird *bis zum 30. Lebensjahr* nur der Schmelz abgenutzt, bis *zum 40. Jahr* kann die Dentingrenze erreicht werden, das Dentin nimmt dann durch Bildung von Ersatzdentin eine dunklere Schliffläche an. Bis *zum 50. Lebensjahr* nimmt diese Abnutzung noch zu, um bis *zum 60. Lebensjahr* mitunter den ganzen Querschnitt der Z. mit in die Abnutzung hineinzubeziehen, dann wird die Pigmentierung des Ersatzdentins allmählich von Hellbraun bis zu Schwarz übergehen. In seltenen Fällen sind *mit 70 Jahren* die Kronen der Z. fast ganz abgeschliffen, von schwarzer Oberfläche. Entstehen so durch den Kauakt Schnittflächen an den Kauflächen bzw. Reibungsflächen von den Frontzähnen bis zu den Backenzähnen, so kommen ebenfalls in den seitlichen Kontaktpunkten allmählich Reibungsflächen, sog. Schliffacetten zustande. Die Ursache der Entstehung solcher approximaler Schliffflächen in mittleren Lebensjahren liegt in dem Halte- und Aufhängeapparat der Z. Dieser gestattet infolge seiner sehnigen Elastizität eine geringe Eigenbewegung des Zahnes beim Kauakt, die genügt, um aus den ursprünglichen Kontaktpunkten zweier benachbarter Z. allmählich Kontaktflächen entstehen zu lassen. Allerdings wird es bei der Härte des Schmelzes dazu vieler Jahre bedürfen, so daß sich solche interstitielle Reibungsflächen erst im Laufe des 4. Jahrzehnts und später finden. Je ausgebildeter und größer also diese Schliffacetten sind, um so älter ist das Individuum.

Ebenso wie sich die äußere Form des Zahnes unter normalen Verhältnissen mit dem zunehmenden Alter ändert, so spielen sich auch im Zahninnern physiologische Vorgänge ab, die mit einer Lumenverengerung einhergehen. Aus dem Reiz der Abkauung des Dentins bildet die Pulpa neues Dentin, das sog. Reizdentin zum Schutze der Pulpa, während in den Wurzelkanälen Kalkablagerungen stattfinden, so daß bei gemeinsamem Vorkommen der Vorgänge des Abkauens und der Lumenveränderung durch das Röntgenbild einwandfrei feststellbar eine gewisse Altersbestimmung möglich ist. Natürlich sind alle diese Vorgänge nur auf gesunde, lebende Z. zu beziehen, da unter pathologischen Verhältnissen des Zahnbettes oder der Pulpa sich diese Vorgänge keineswegs so abspielen können, weshalb auch die Zementablagerung an den Wurzeln nicht verwertbar sind. Sie sind infolge ihrer entzündlichen Entstehung zu großen Schwankungen unterworfen.

Neben der Betrachtung der Z. zur Altersbestimmung kommt als letzte physiologische Stufe der zahnlose Kiefer in Betracht. Ihm geht voraus das sog. Längerwerden der Z. im höheren Alter, eine Erscheinung, die auf die Involution des Kiefers mit Rückbildung der Alveolen zurückzuführen ist. Dies gilt aber nicht allgemein, wir finden auch Menschen von 60, 70 und mehr Jahren, die feste Z. haben, deren Kiefer keineswegs höhere Grade der Rückbildung zeigen als der übrige Körper. Hier spielen Stoffwechselvorgänge und konstitutionelle Faktoren eine wichtige Rolle, so daß wir auch bei schweren Stoffwechselerkrankungen in weit jüngeren Jahren Zahnausfall sehen, besonders wenn eine starke lokale Entzündung am Zahnbett — Paradentose — hinzutritt. Nehmen die senilen Vorgänge zu, dann wird auch der Kieferkörper den Rückbildungen anheimfallen und bis zur Hälfte seiner Höhe schwinden, wodurch das Kinn mehr nach oben kommt, der Kieferwinkel flacher wird und das Foramen mentale allmählich auf den Rand des Kieferkörpers rückt infolge der Resorption des Kieferkammes.

Zu A. c). Wichtig sind Hinweise auf *Rassen- und Geschlechtsunterschiede.* Aus Größe, Form der Kiefer sowie der Z. wird sich für die Rassenzugehörigkeit eine gewisse Bedeutung ergeben, besonders in Berücksichtigung der bei manchen Völkern und Rassen anzutreffenden künstlichen Verstümmelungen, wie Zuspitzen, Ausbrechen, Lückenfeilung, Färbung der Z. und ähnlichen rituellen Verstümmelungen bei niederen Kulturvölkern, so bei Negervölkern, Australiern, Polynesiern, Asiaten. So unterscheiden sich die höherstehenden Rassen durch das Kleinerwerden der Molaren von den tieferstehenden Rassen, bei denen die Molarengröße im Gegensatz hierzu zunimmt. Eine einwandfreie Feststellung der Zugehörigkeit zu einer Rasse auf Grund der Zahnform ist noch nicht klar erforscht. Auf das allmähliche Verschwinden des Weisheitszahnes und seiner Verkümmerung bei den weißen Rassen sei hingewiesen, ebenso auf die Rückschlüsse beim Zahndurchbruch in den nördlichen und wärmeren Zonen (Einzelheiten oben erwähnt). Zur Frage der Rasse gehört ebenfalls die Vererbungslehre. Die Vererbung spielt aber gerade bei den Z. und Kieferanlagen eine bedeutende Rolle. Hierher gehört das Diastema, die Progenie, Prognathie, überhaupt viele Occlusionsanomalien, Unterzahl der Z., z. B. der seitliche Schneide-Z., Komplikationen beim Weisheitszahndurchbruch, Nichtanlage der oberen Eck-Z. Erbbiologische Fragen der „Mutation" und der „Gene" finden bei den Zahnanlagen die entsprechende Bedeutung. Hieran lassen sich in kriminalistischer Hinsicht wichtige Schlüsse auf die Zugehörigkeit zu einer bestimmten Familie ziehen.

Neben der Frage der Rasse und Erblichkeit gehört zu physiologischen Vorgängen die Identifizierung durch Geschlechtsunterschiede. So wichtig in der Kriminalistik bei verstümmelten Funden oft die Frage nach dem Geschlecht ist, so kann nach den verschiedenen Untersuchungen die Beantwortung dieser Frage auch auf Grund der Zahnbefunde oft nicht eindeutig geklärt werden, trotz gewisser Anhaltspunkte. Die Nachprüfungen der durch Untersuchungen festgelegten Regeln haben sich immer wieder bei erneuten Nachprüfungen als nicht stichhaltig erwiesen und Irrtümer ergeben. Lediglich die Tatsache, daß beim weiblichen Geschlecht der Zahnwechsel durchschnittlich 4½ Monate früher einsetzt als beim männlichen, hat sich bestätigen lassen. Dagegen dürften die Versuche, Schlüsse aus der absoluten Größe der Z. auf das Geschlecht des zugehörigen Individuums zu ziehen, leicht zu Irrtümern Anlaß geben. Dies wird klar, wenn man an die Erbanlage der Zahnkeime denkt, die ja sowohl auf den Sohn wie auf die Tochter vererbbar ist.

Zu B. a). Für die Alters- und Identitätsbestimmung durch die Z. kommen *pathologische Vorgänge* in hervorragendem Maße in Betracht.

Zuerst *Zahnerkrankungen: Caries;* so wichtig die Caries für die Identitätsbestimmung ist, so scheidet sie zur Altersbestimmung aus, denn ihr Auftreten ist an so mannigfache Faktoren — Kalkstoffwechselerkrankungen, Zahnhärte, Zahnpflege und vieles andere — gebunden, daß sie mit dem Alter nicht in Zusammenhang gebracht werden kann.

*Zahnausfall:* Wie oben erwähnt, ist er in jüngeren Jahren besonders bedingt durch die entzündlichen Vorgänge und Erkrankungen des Zahnbettes. Die sog. *Paradentose* ist aber in ihrer Genese noch zu ungeklärt und mannigfaltig, um daraus Schlüsse ziehen zu dürfen, die sich im kriminalistischen Sinne verwenden ließen.

*Zahnbehandlungen* und *Eingriffe aller Art* haben ihre besondere Bedeutung für die Identität, in dem sie vor allem auch aus den Aufzeichnungen der Zahnärzte wichtig und verwertbar sein können, wie es die Kriminalistik bereits in mannigfachen Fällen bestätigt hat. Oft sind bei Funden Verstümmelter diese Anhaltspunkte die einzigen und zugleich wertvollsten

Möglichkeiten zur Erkennung und Aufklärung von Kriminalfällen. Die unterschiedlichen Zahnfüllungen, sofern die Aufzeichnungen erreichbar sind, können, wie erwiesen ist, dem Fahndungsdienst wichtigstes Hilfsmittel sein. Dazu kommt noch die hohe Widerstandsfähigkeit des Füllmaterials gegen Feuer, chemische Ätzmittel, Verwesung bei Sprengstoffexplosionen u.ä. Folgende Hinweise sind wichtig: Aufnahmen eines genauen Zahnbildes mit genauen Einzeichnungen der Anzahl der Füllungen, ihrer Lage, ihres Umrisses, ihrer Form, die stets verwendbar sind. Röntgenstatus zeigt die Z. mit Wurzelfüllung (besondere Kennzeichen: zu unterscheiden ist zwischen plastischer Füllung aus Amalgam, Zementen oder Guttapercha und gegossener Füllung, letztere meist in Gold und dann bei wirtschaftlich Bessergestellten. Chemische Zusammensetzung des Füllmaterials ist erkennbar nach den chemischen qualitativen und quantitativen Analysen oder auf Grund der spektro-photographischen Methode. Materialien für Füllungen: meist Gold, Platin, Silber, Zinnsilber bei Gußfüllungen. Plastische Füllungen aus Amalgam, quecksilberhaltige Füllungen. Daneben Zemente: Silicat und Phosphatzemente. Guttapercha als provisorisches Material ist ein gummiartiges Präparat und Wurzelstift-Füllmaterial. Gebrannte Porzellane sind Kaolin, Feldspat und Quarz. Wurzelpasten enthalten chemische Stoffe u. a. Trikresol, Formaldehyd, Glycerin, andere Chlorphenole, Jod, Jodoform [letzteres guter Röntgenkontrast], andere basische Stoffe. Weitere Einzelheiten sind zu spezialistisch und führen hier zu weit). Zur Identifikation sind Gipsabdrücke wichtig. Bekannt die Anordnung (1929) des argentinischen Seeflugdienstes, die die Aviatiker zur Zahn- und Kieferuntersuchung verpflichtet.

*Technische Arbeiten*, insbesondere Prothesen können ein Indizienbeweis erster Ordnung sein. Jede prothetische Arbeit ist so individuell, daß sie nur einen Träger haben kann. Beurteilungen des Zahnersatzes lassen sich abgeben nach Material, Ausdehnung und sonstige typische Form und Bauart.

*Prothesen:* Ganze Prothesen nur für zahnlose Kiefer, die bei jedem Menschen verschieden sind, je nach Höhe, Form, Resorptionsvorgängen u. ä., mit oder ohne Gummisauger. — Partielle Prothesen richten sich nach den Lücken, die sie schließen, und sind in den allerverschiedensten Formen möglich. Hierzu kommt noch die verschiedenartige Befestigungsmöglichkeit, wie Klammern, Geschiebe und vieles andere. Hier wird im Zweifelsfalle der Spezialist hinzuzuziehen sein. Material für Prothesen ist Kautschuk, Celloidin, neuere Harzarten, Metalle, Gold, Stahl und sog. Edelmetalle.

*Brücken:* Material: Gold, sog. Edelmetalle, Porzellanzähne eingesetzt oder Stahl, im allgemeinen fest verankert auf Pfeilern. Herausnehmbare Brücken mit Geschiebe oder Schrauben sind seltener. Anzahl der künstlichen Glieder, Lage in der Zahnreihe, Porzellanfacetten, kurz viele technische Einzelheiten geben das rein individuelle Gepräge.

*Einzelzahnersatz:* Stiftzähne und Kronen, Material: gebranntes Porzellan oder Metall wie oben. Beachten wird man die Einpassung in den Biß und auch hier rein individuelle Indizien: Bandringstift-Z., nur Porzellanstift-Z., Jacketkronen, Porzellanmantelkronen. *Orthodontische Apparate* zeigen, daß der Fall noch in Behandlung ist, wodurch seine Identifikation erleichtert und eindeutig wird.

*Gipsabdrücke* (Modellanalyse): Zahl der Z., Rekonstruktion der evtl. Lücken, Stellung der Z., Kieferformen, Verschiebung der Mittellinie, Anomalien, Occlusionsanomalien, Einzeichnungen von Füllungen und Ersatz. Unter Umständen Heranziehung des Fachmanns zur genauen Untersuchung erforderlich.

Zu B. b). Ebenso spielen die *Zahn-Kieferocclu-sionsanomalien* eine ganz bedeutende Rolle besonders im Fahndungs- und Erkennungsdienst. Da diese Anomalien ihre Ursache sowohl endogen bedingt haben, als auch Folgeerscheinungen von Krankheiten sein können, seien sie als pathologische Veränderungen betrachtet, da dies für die Identifizierung wichtig ist. Sie seien eingeteilt in Anomalien: 1. einzelner Z., 2. der Kieferformen.

*1. Anomalien einzelner Z.:* Stellungsanomalien mit Ortsänderung außerhalb der normalen Zahnreihen bei den Eckzähnen, nach innen vom Zahnbogen besonders bei den Prämolaren und seitlichen oberen Schneidezähnen und bei mittleren und seitlichen Schneidezähnen des Unterkiefers. Stellungsanomalien ohne Ortsveränderung, Drehung um die Längsachse, Rotation oder seitliche Kippung oder Drehung um die mediodistale Achse.

Anomalien der Gestalt: besondere Kleinheit eines Zahnes, besonders seitliche Schneide-Z. und Weisheits-Z., Verkümmerungen, die sog. Zapfen-Z., Zwillingsbildung, Doppelbildung bei abnorm großen Kronen infolge nur teilweiser Spaltung eines Zahnkeimes oder Verschmelzung, Doppelbildung bei Verwachsung zweier sich entwickelnder Zahnkeime. Infolge pathologischer Einflüsse, Stoffwechselstörung, Infektion (Lues u. a.), Krankheiten beim Zahnwechsel, besonders am Zahnkeim durch Osteomyelitis, Trauma u. a., wird die Zahnform der bleibenden Z. verändert. So die *Hutchinson*schen Z. bei kongenitaler Lues mit typisch-halbmondförmiger Schneide und sog. Tonnenform durch Konvergenz der Approximalflächen. Die Hypoplasien mit grübchenförmiger, zackenförmiger Schmelzstruktur bis zum Schmelzmangel im Kronenteil sind auf Kalkstoffwechselstörungen in der Entwicklung zurückzuführen. Lokale Zahnerkrankungen und Trauma können Struktur- und Gestaltsanomalien einzelner Z. veranlassen.

Anomalien der Zahl der Z.: Die Unter- und Überzahl der Z. (oben erwähnt) wird hier nicht zu übersehen sein. Eine scheinbare Überzahl durch stehengebliebene Milch-Z. ist zu erkennen. Die Ursache der Unterzahl ist oft endogen bedingt, Zahnretentionen sind durch das Röntgenbild zu unterscheiden. Die Ursache der Retentionen kann mechanisch bedingt sein, daneben ist auf die Vererbung schon oben hingewiesen.

*2. Anomalien der Kiefer- und Occlusionsformen:* Das Diastema, eine oft bis zu mehreren Millimetern breite Lücke zwischen den mittleren Schneidezähnen des Ober- oder Unterkiefers, wird meist hervorgerufen durch Persistenz des Lippenbandes, jedoch auch ohne Lippenbandbeteiligung. Der Deckbiß, bei dem die oberen Schneide-Z. die unteren Z. durch Aneinandervorbeiwachsen überdecken, die Prognathie = Rückbiß der oberen Front-Z. gegen normale Unterfront-Z., Progenie = vorgeschobener Unterkiefer, offener Biß, Kreuzbiß, alle diese Bißanomalien können sich seison im äußern Gesichtsausdruck im Profil widerspiegeln. Weitere Anomalien sind das Lückengebiß. Hier stehen die Z. weit auseinander bei normaler Occlusion im Gegensatz zum biologischen Engstand der Z., ferner die verschiedenen Zahnbogenformen, wie Spitzbogen = V-förmig oder sog. Omegaform, die vielen Anomalien, die als Endprodukt pathologischen Geschehens entstehen, so die Kieferverkürzung durch vorzeitigen Zahnverlust, die Kompressionsanomalien mit Protrusion, frustalem Engstand u. a.

Zur Analyse dieser Gesichtsgestaltungen trägt die *Profilphotographie* bei, die von zwei Seiten, von vorn und seitlich, herzustellen ist, daneben die Messungsmethoden nach Kiefermodellen und evtl. die Röntgenfernphotographie des Schädels im Abstand von 2 m zwischen Fokus und Platte zur Aufhebung der perspektivischen Verzeichnungen.

Zu B. c). *Berufsschäden am Gebiß.* Zur Gruppe der pathologischen Veränderungen im Erkennungsdienst gehören auch die Merkmale an den Zähnen, die durch langdauernde Einwirkungen, Schädigungen an den Zähnen hervorrufen und kurz unter Berufsschäden zusammengefaßt werden sollen: 1. auf Grund *mechanischer,* 2. *chemischer* Einwirkungen.

*1. Mechanische Einwirkungen:* Ablagerungen am Zahn und Zahnfleisch, sog. „professionelle" Usuren und Sprünge an den Vorderzähnen bei Schuhmachern durch Festhalten des Pechdrahtes mit den Zähnen an ein und derselben Stelle, hierdurch kommt es mit der Zeit zur Kippung des Zahnes schräg nach vorn. Differentialdiagnose zu *Hutchinson*schen Zähnen. Fehlen der Tonnenform. Usuren bei Fleischern, wenn sie beim Abbinden der Würste das eine Ende mit den Zähnen festhalten, bei Rechtshändern meist rechte obere Front-Z., bei Linkshändern an der linken Seite. Diese Usuren finden sich an mehreren Zähnen, wenn ein Zahn wegen Kippung und Lockerung nicht mehr benutzt wird und das schädliche Trauma an dem nächstfolgenden Zahn ansetzt. Ähnliche solche Kerben finden sich bei Polsterern, Tapezierern durch Festhalten der Nägel und Nadeln, bei Schneidern und Schneiderinnen durch Fadenabbeißen oder Stecknadelhalten. Differentialdiagnostisch unterscheidbar von Schmelzhypoplasien durch Einzelvorkommen. Größere runde Usuren bei den Zigarrenheimarbeitern, die trotz hygienischer Maßnahmen den Wickel abbeißen. Bei Lehrern, Zeichnern, Bürobeamten können Usuren durch Bleistiftfesthalten entstehen. Typisches Pfeifenraucherloch infolge gewohnheitsmäßigem Festhalten der Tabakspfeife. Glasbläser, Perlenbläser, die das Blasrohr zwischen den Zähnen halten, zeigen entsprechende Abschleifungen. Musikerusuren: Trompeter, Klarinettisten zeigen Sprünge und Risse entsprechend den Instrumenten.

*2. Chemische Einwirkungen.* Trotz Gewerbehygiene zeigen Arbeiter, die dauernd Säuredämpfen ausgesetzt sind, an ihren Frontzähnen Entkalkungen an der labialen Fläche, die dem Dampf am meisten ausgesetzt ist, so daß es zu schräger Abrasion von der Kronenkante her nach unten kommt, während die cervicalen Ränder durch die Lippen geschützt sind. Dies gilt für Nitrosearbeiter, Monteure, die Akkumulatoren mit Säure auffüllen. Hier kann die glanzlose Schrägfläche so weit abgeschliffen werden, daß an den Vorderzähnen der offene Biß entsteht und der Prozeß weiter fortschreitet. Dies ist differentialdiagnostisch wichtig zum Unterschied von Bißabschliffflächen. Daneben werden Blei, Quecksilber, Phosphorvergiftungen — Phosphornekrose der Kiefer — sich an den Zähnen auswirken, Stomatitits mercurialis, Bleisaum usw. Ziegelarbeiter und Bergarbeiter erleiden durch den dauernden feinen Staub zwischen den Zähnen erhöhte Abschleifungen. Müller, Bäcker und Konditoren, auch Getreidehändler zeigen besonders an den Zahnhälsen beginnende typische Caries. Ursache dafür ist die Gärung des Zuckers und Mehlstaubes, der sich in den Winkeln der labialen Kronenfläche und Approximalflächen festsetzt und von da durch die Gärungssäure zur Entkalkung führt.

Nach den neuesten Forschungen handelt es sich um Milchsäuregärung, die z. B. durch Traubenzucker, Fruchtzucker, Milchzucker, Kunsthonig und alle Backwaren, die mit Speichel langsam zu Milchsäure vergären, entsteht und die in kurzer Zeit zur Entkalkung der Z. führt. Man beobachtet zuerst eine kreidige Verfärbung der Z., im Gegensatz hierzu konnte experimentell sowie durch Beobachtung in Zuckerfabriken festgestellt werden, daß Rohr- oder Rübenzucker, der als Kristall- und Puderzucker am meisten in der Süßwarenindustrie verwendet wird,

die Z. bzw. den Schmelz *überhaupt* nicht angreift. Ganz besonders gefährdet aber werden die Z. infolge Gärung in Speichel durch *Hefe*gebäck, und daher sind auch die Bäcker in solchen Betrieben gefährdet. Dagegen greifen die mit *Sauerteig* hergestellten Backwaren, Brote, den Schmelz nicht an, so daß man bei Bäckern in Betrieben, in denen nur mit Sauerteig hergestelltes Schwarzbrot, Vollkornbrot, Schrotbrotwaren und Pumpernickel gebacken werden, wenn sie hintereinander lange dort tätig sind, keine Spur von sog. Bäckercaries findet. Aber ebenso schädlich ist starke Säuerung im Munde. So führt z. B. langdauerndes Kauen von *Citronen*scheiben ebenfalls zur Entkalkung der Z. Man findet daher auch die gleichen *chemischen* Schädigungen bei Laboranten der Süßwarenindustrie, die täglich mit Weinsäure, Citronensäure und ähnlichem zu tun haben.

Weitere Rückschlüsse auf die Berufe sind für die Kriminalistik wichtig und erkennbar an Ablagerungen an Zähnen und Zahnfleisch. Hierher gehört der Bleisaum mit bläulich livider bis blaugrün schwärzlicher Verfärbung des Zahnfleischrandes infolge Schwefelbleiniederschlag am Zahnfleisch. An den Zähnen selbst finden sich schmutzig-graue Beläge an den Zahnhälsen. Dies gilt für Maler, Tüncher, Arbeiter in Bleifabriken und auch bei Nichtbeachtung der Gewerbevorschriften in Silberfabriken. Dunkelgrün bis blaugrün ist der Belag an den Zähnen und am Zahnfleisch bei Menschen, die mit Kupfer oder Kupferlegierung zu tun haben, infolge des Niederschlags und der Oxydierung von Kupferstaub, so bei Messingarbeitern, Kupferschmieden, Gelbgießern und Uhrmachern. Braune, schwarzbraune Flecke an Frontzähnen zeigen Eisenarbeiter, besonders Feiler. Gelbliche Verfärbungen an den Frontzähnen findet man bei Arbeitern, die Jod und Bromdämpfen ausgesetzt sind oder mit Pikrinsäure ständig in Berührung kommen. Daneben sei auf die Raucherbeläge an den lingualen Frontzähnen hingewiesen infolge der Kalksalzausfällung im Speichel, der mit Tabaksaft durchsetzt ist. Tabakkauer haben oft Tabakpartikel im Zahnstein.

Die abnorme oder nur einseitige Bildung und Ablagerung von Zahnstein an den Zähnen wird für den Kriminalisten gewisse Rückschlüsse ermöglichen. Reichlicher subgingivaler Zahnstein von gelblicher Farbe, geringer Härte wird auf Vernachlässigung der Mundpflege deuten. Eindeutig starker Ansatz auf einer Seite zeigt Nichtbenützung dieser Seite infolge Schonung wegen Schmerzhaftigkeit mit Periodontitis. Starker infragingivaler Zahnstein, graugrün und stark anhaftend, läßt auf eine Zahnbetterkrankung schließen, deren genauen Grad das Röntgenbild erkennen läßt.

Die Frage, ob sich für die Beurteilung eines Verbrechers gewisse Anhaltspunkte aus der Zahnform ergeben, ist bisher trotz vieler Untersuchungen nach dieser Richtung hin zu verneinen, da selbst die bei Kriminellen häufig gefundenen rachitischen Z. nur als Ausdruck einer Stoffwechselstörung anzusehen sind, die man nicht als typische Degenerationserscheinung ansehen kann, wenn auch innersekretorische Störungen und Geisteskrankheiten mit ihr im Zusammenhange stehen.

Zu C. *Postmortale Vorgänge an den Zähnen.* Die postmortalen Veränderungen an den Zähnen bzw. auch an den Ersatzstücken müssen noch bei der Beurteilung von Gebißfunden berücksichtigt werden. Hieraus können gewisse Schlüsse über Todeszeit und Todesart mit besonderer Bedeutung für die Kriminalistik gezogen werden. Da der Gehalt von Mineralsalzen ausschlaggebend ist für das Entstehen der Verwesung, werden die Z. besonders lange ihr widerstehen. Denn gebunden an die organischen Verbindungen verwesen zuerst Weichteile, dann Knochen, zuletzt Z. Diese unter Umständen gar nicht. Man bedenke die Funde in der Paläontologie. Ebenso verwest am Kiefer zuerst das Zahnfleisch und das Periodontium, hierdurch verlieren die Z. ihren Halt, jedoch findet bei gekrümmten Molarenwurzeln oft gar kein Zahnausfall statt. Wenn (vgl. oben) bei den Frakturen der Z. typische Merkmale anzugeben sind, so wird sich bei Leichen z. B. Wasserleichen hieraus kaum ein Schluß auf die Todesart oder die Todesursache ziehen lassen. Bei Feuereinwirkung stellte durch Experimente *Gebhardt* bei Verbrennung bei lebendigem Leibe eine auffallende Zerstörung der Zähne mit Ausfall aus den Alveolen fest, während bei Kadaververbrennung die Z. nicht so zerstört werden und auch mehr in den Alveolen bleiben, da ein alter Kadaver schneller in den organischen Bestandteilen verbrennt als bei frischen organischen Geweben. Längere und größere Hitzeeinwirkung ist dabei nötig. Daher sind die Zerstörungserscheinungen an den Zähnen von Leichen weitaus geringer als bei Verbrennung bei Lebenden. Experimentelle Untersuchungen ergaben, daß alte, trockene Z. der offenen Flamme besser widerstanden als trockener Hitze, daß frisch extrahierte Z. dagegen der offenen Flamme schlechter widerstanden, dagegen besser der trockenen Hitze. Cariesstellen kann man von verbrannten Stellen an den Zähnen dadurch unterscheiden, daß Cariesstellen sich durch $KClO_3 + H_2SO_4$ bleichen lassen, während die Brandstellen schwarz bleiben. Versuche im *Siemens*ofen über die Verbrennung ergaben gleichfalls, daß durch die Calcination noch während der Feuereinwirkung die Zähne über Schwarzwerden abbröckeln, während schwarze Z. durch Calcination weiß werden, da der schwarze Belag von organischen, veraschungsfähigen Substanzen herrührt. Daher findet sich bei höchster Verkohlung der Leiche, daß die Z. völlig weiß gebrannt sind, locker in den Alveolen sitzen, beim Anfassen zerbröckeln als Reste des calcinierten Emailles. Die schwarzen Z. befinden sich im ersten Stadium der Verkohlung, herrührend von Kohle oder teerartigen Produkten der trockenen Destillation, die sich bei Verkohlen organischer, insbesondere leimgebender Substanz entwickeln. Frisch extrahierte Z. in die Flamme gehalten zeigen zunächst Schwarzfärbung von Zahnhals und Wurzel, soweit Weichteilreste daran haften und verkohlen, der Schmelz hellt auf und zeigt Sprünge, die abspringenden Schmelzstücke zeigen darunter dunkelgelb gefärbtes Dentin, bis der ganze Schmelz abspringt und nur der dunkle, sehr spröde Dentinkörper vorhanden ist. Zahnhals und Wurzel werden tiefschwarz. Bei weiterer Flammenerhitzung schlägt die schwarze Farbe des Dentinkörpers in weiß um als Zeichen der Veraschung. Dadurch wird die Konsistenz noch bröckliger. Dies tritt auch am Zahnhals und der Wurzeloberfläche ein. Zuletzt ist der ganze Zahn schneeweiß verascht mit Gefahr des leichten Zerfalls der Asche. Trockene Z. zeigen früher das Schwarzwerden, d. h. die teerartigen Produkte der trockenen Destillation. Bei Hitze splittert der Schmelz weniger, d. h. er bleibt weiß, über Braunfärbung des Schmelzes erhält er am Schluß wieder die weiße Farbe. Die Lippen bieten meistens bei Verbrennung Schutz vor offener Flamme, die nur bei geöffnetem Munde direkt die Z. trifft. Zur Untersuchung, besonders der mikroskopischen, muß man für die Kriminalistik die Z. zu erhalten suchen durch entsprechende Imprägnation entweder mit Canadabalsam nach der Methode von *Koch* oder vorsichtige Einbettung in Kollolith, nach dessen Erhärtung man sie schleifen kann, wie man es in den paläontologischen Untersuchungen benutzt hat, oder Fixierung durch Wasserglas (*Gebhardt*). *Wiethold* benutzt die Analysenquarzlampe und stellt ein Fehlen von bläulicher Fluorescenz fest bei verkohlten

Z., während die bläuliche Fluorescenz bei Fäulnis, Verwesung, Fettwachsbildung, Mumifizierung erhalten bleibt. Milch-Z. fallen schneller aus als bleibende, Z. mit erkranktem Zahnbett ebenfalls zeitiger als gesunde, ebenso ein Greisengebiß und Z. mit geraden Wurzeln.

Postmortale Veränderungen an der Pulpa werden entsprechend ihren organischen Substanzen verwesen, d. h. jugendliche, fleischige Pulpen eher als stark atrophische, derbbindegewebig veränderte Pulpen älterer Menschen.

Die Wurzelhaut mit ihrem straffen Bindegewebe wird bei Trockenheit sich lange so erhalten, daß sie sogar für die mikroskopische Untersuchung färbbar bleibt.

Die harten Zahnsubstanzen zeigen Farbveränderungen je nach dem Aufbewahren, so Gelbfärbung der Z. bei direkter Verscharrung in die Erde, bei trockener Aufbewahrung geringste Veränderungen, letzteres wird für die kriminalistischen Fälle seltener sein. Es fand seine Anwendung bei dem bekannten Fall *Denke*.

Z., die der Verwesung ausgesetzt waren, zeigen ungleiche Veränderungen je nach Bodenart, Temperatur, Feuchtigkeit u. a. Jedoch wird das Dentin infolge der Auslaugung für das Messer allmählich schneidbar.

Nach der Einwirkung der Verwesung und Hitze auf die Z. muß auch noch der Einfluß auf die Füllungsmaterialien und Prothesen erwähnt werden (*v. Lepkewsky*, *Wachholz*, *Gebhardt*). *Füllungsmaterialien:* Durch Hitze verlieren Phosphatzemente die angewandte vorher bestandene Farbe, werden aber zuletzt weiß ohne Härteverlust, ebenso verhalten sich Silicatzemente. Hierdurch unterscheiden sich von dem verbrannten Zahn nach Herausfallen, bei gleich weißer Farbe wie der Z. werden sie durch das Röntgenbild unterscheidbar sein. Silber- und Goldamalgam vertragen Hitze schlecht, Kupferamalgame sind großer Hitze beständig, bei frischen Kupferamalgamen findet man gelbe Quecksilberbeläge an den Zähnen, bei alten Kupferamalgamen rote Beläge. Zinnfüllungen widerstehen der Hitze besser als Gold- und Silberamalgame, schlechter als Kupferamalgame. Bei Verbrennungen bleiben Goldfüllungen unverändert bis auf Glanz, Glätte und Farbe. Gebrannte Porzellanfüllungen bleiben dabei ganz unverändert, provisorische Füllungen, Guttapercha und Fletscher verschwinden völlig. Wurzelfüllungsmaterialien aus Paraffin-Thymol geben an den Kanalwänden einen Glanz-Thymolspiegel. Fäulniseinfluß ist auf Gold- und Porzellanfüllungen nicht vorhanden, Amalgame ändern ihr Aussehen. *Zahnersatz:* Kautschuk verbrennt bei hoher Temperatur mit noch lange wahrnehmbarem Geruch künstliche Z. bleiben unverändert. Goldarbeiten und Platin bleiben bis auf Farbe, Glanz und Glätte unverändert.

Eine genaue Bestimmung über die Totenzahl aus größeren Zahnfunden bei Unglücken usw. zu errechnen, ist nicht möglich, da zu viel Fehlerquellen vorliegen können, wie z. B., wenn Menschen bei dem Unglück oder ä. mit zu Tode gekommen sind, die Gebisse mit viel Zahnverlust haben oder Greise ohne Z.

Die Wichtigkeit der Zahnbefunde und ihre Vielseitigkeit in ihrer Bedeutung für die gerichtliche Medizin und Kriminalistik erfordern genaue Zusammenarbeit der Behörden, Gerichtsärzte und der sachverständigen Zahnärzte.

*Schrifttum.*

*Astochoff:* Die Zähne und das Geschlecht. Dtsch. Mschr. Zahnheilk. **1925**, 435 ff. — *Bolz* \* [1], *Werner:* Zur Frage der Altersbestimmung des Menschen nach den Zähnen. Inaug.-Diss. Bonn 1933. —

---

[1] Mit \* versehene Angaben hinter dem Namen des Verfassers

*Dettling, J.:* Zahnkronenschwund bei Nitrierarbeitern (Odontomalicia nitrosa). Festschrift *Zangger* **1**, 215 ff. (1935). — *Ehricke, Arnold:* Zahnheilkunde. Im Handwörterbuch der Kriminologie und der anderen strafrechtlichen Hilfswissenschaften von *Elster* u. *Lingemann*, **II**, 1116—1125. Berlin u. Leipzig 1936. — *Eisser, Georg:* Bürgerliches Recht in der Zahnheilkunde. Fortschr. Zahnheilk. **9**, 1007 bis 1030 (1933). — *Elbel, H.:* Kriminalistische Fragestellung in der Zahnheilkunde. Dtsch. zahnärztl. Wschr. **28**, 629—633 (1937). — *Euler \*, H.:* Naturwissenschaftlich-kriminalistische Untersuchungen an Zähnen. Im Handb. der biologischen Arbeitsmethoden von *E. Abderhalden*, Abt. I B. Angewandte chemische und physikalische Methoden. **12/II**, 59—156. Berlin u. Wien 1934. — *Gebhardt \*, H.:* Verbrennungserscheinungen an Zähnen und Zahnersatz und ihre gerichtsärztliche Bedeutung für die Identifizierung verbrannter Leichen. Dtsch. Z. gerichtl. Med. **2**, 191 u. 209 (1923). — *Heyland, Carl:* Öffentliches Recht in der Zahnheilkunde. Fortschr. Zahnheilk. **9**, 1058—1073 (1933). — *Hoenig, Hans:* Aus der zahnärztl. Gutachtertätigkeit. Dtsch. zahnärztl. Wschr. **1935**, 271 ff. — *v. Hofmann-Haberda:* Lehrbuch der gerichtl. Medizin. 11. Aufl. Berlin u. Wien 1927. — *Hopstein, F. W.:* Zähne als Kennzeichen zur Identifizierung des Menschen. Z. Stomat. **31**, 936—942 (1933). — *Laet, Maurice, de:* L'indentification par empreintes dentrires. Bruxelles, Ecole de Criminol. Rev. Droit pénal **15**, 502 ff. (1935). — *v. Lepkewsky* u. *Wachholz:* Über Veränderung natürlicher und künstlicher Gebisse durch extreme Temperatur und Fäulnis. Ärztl. Sachverst.ztg. **1901**, 396; **1903**, Nr. 6. — *Merkel, H.* u. *Walcher \*:* Gerichtsärztliche Diagnostik und Technik. Leipzig 1936. — *Meyer\*, Heinrich:* Die Bedeutung der Zahn-, Kiefer- und Occlusionsanomalien und der Zahnbehandlung für die Identifikation der Person. Dtsch. Z. gerichtl. Med. **22**, 362 bis 378 (1933). — *Misch \*, I.:* Forensische Zahnheilkunde. Fortschr. Zahnheilk. **9**, 1031—1057 (1933). — *Pieczarkowski, M.:* Ausschließung der Identität von Skeletteilen auf Grund abnormen Gebisses. Polska Gaz. lek. **1933**, 956 ff. — *Pfrieme, F.:* Über den normalen und path. Bleigehalt der Zähne von Menschen und Tieren. Arch. f. Hyg. **111**, 232—242 (1934). — *Priesmeyer \*, W.:* Unglücksfälle bei Zahnextraktionen. Inaug.-Diss. Bonn 1932. — *Soerup, A.:* Odontoskopie, ein zahnärztl. Beitrag zur gerichtl. Medizin. Dtsch. Z. gerichtl. Med. **4**, 529—532 (1924); Vjschr. Zahnheilk. **1924**, 382 ff. — *Schweitzer, G.:* Zur Frage der erblichen Bedingtheit des isolierten und symmetrischen Fehlens von Eckzähnen im bleibenden Gebiß. Dtsch. Z. gerichtl. Med. **24/25** (1935); Dtsch. Zahnheilk. **1934**, 236—252. — *Wiethold, F.:* Die Bedeutung der Analysenquarzlampe für d.e gerichtliche Technik. Dtsch. Z. gerichtl. Med. **1926**, 600. **Renner.**

**Zeichen der Reife** siehe *Kindestötung.*

**Zeichen des Neugeborenseins** siehe *Kindestötung.*

**Zeitzünder** siehe *Brandstiftung.*

**Zeliopräparate** siehe *Schädlingsbekämpfungmittel; Thallium.*

**Zellwolle** siehe *Faserstoffe.*

**Zermalmung ganzer Körperteile** siehe *Verletzungen durch stumpfe Gewalt.*

**Zerstörung von Schriften** siehe *Tinten und Tintenschriften.*

**Zeugungsunfähigkeit** siehe *Zweifelhafte Fortpflanzungsfähigkeit beim Manne und beim Weibe.*

**Ziegenwolle** siehe *Faserstoffe.*

**Zifertinpaste** siehe *Schädlingsbekämpfungsmittel.*

**Zigarettenreste** siehe *Tabak.*

**Zigarrenstummel** siehe *Tabak.*

**Zink.**
Zinkerze enthalten häufig erhebliche Mengen von Blei und Arsen, weshalb ihre toxikologische Wirkung unter Umständen keine eindeutige ist. *Metallisches Zink* oxydiert an der Luft bald zu $ZnCO_3$ und wird auch von destilliertem und Regenwasser, Milch, neutralen und Chloride enthaltenden Flüssigkeiten leicht angegriffen; Vergiftungen sind dadurch nicht bekannt. Von den Verbindungen des Zinks kommen toxikologisch in Betracht: *Zinkoxyd* (Zinkweiß), *Zinkchlorid* (in großen Mengen im Lötwasser

bedeuten, daß sich in der genannten Arbeit weitere Schrifttumsangaben finden.

enthalten), *Zinksulfat* (weißer Vitriol) und *Zinkcarbonat.*

Was an Giftwirkungen der Zinksalze bekannt ist, bezieht sich fast ausschließlich auf lokale Wirkung, die je nach dem Säureanteil eine adstringierende (Zinksulfat) oder ätzende ist und im Chlorzink am stärksten zu Tage tritt. Auch organische Zinksalze (Zinkacetat, Zinklactat) wirken leicht ätzend. Es sind wohl auch Angaben über resorptive Vergiftungen nach Aufnahme geringer Mengen im Schrifttum beschrieben, doch sind für diese Vergiftungen weniger das Zink, als seine Verunreinigungen (siehe oben) verantwortlich zu machen.

Vergiftungen mit Zinksalzen zu *Mordzwecken* sind wegen ihrer auffallenden Eigenschaften, speziell wegen des schlechten Geschmackes sehr selten. Ebenso selten sind *Selbstmorde* damit, z. B. mit Lötwasser oder mit zu äußerlichem Gebrauch verordneten Chlorzinklösungen; *fahrlässige Vergiftungen* können durch Verwechslung dieser Lösungen (Lötwasser, das in Bier- oder Sodawasserflaschen aufbewahrt wird) oder von Zinksalzen mit Backpulver, Abführmitteln, Konservierungssalzen zustande kommen.

*Gewerbliche Zinkvergiftungen* z. B. bei Hüttenarbeitern oder in Zinkgießereien kommen gewöhnlich nicht vor. Bei Verdacht auf gewerbliche Vergiftungen ist vor allem zu beachten, daß Zink, wie erwähnt, häufig Blei und Arsen enthält. Einen speziellen Fall akuter, ausgesprochener Zinkvergiftung stellt das bei Arbeitern in Gießhütten beobachtete *Gießfieber* dar, das durch Einatmen von Zinkdämpfen (vermutlich kolloidalem Zinkoxyd) beim Gießen von Zink oder reichlich Zink enthaltenden Legierungen hervorgerufen wird. Es tritt erst einige Stunden nach dem Gießen auf, äußert sich in heftigem Unwohlsein, Fieber, katarrhalischen Zuständen und Schweißausbrüchen von 12- bis 48stündiger Dauer ohne Nachwirkungen.

*Chronische Vergiftungen* werden angegeben nach langem äußeren Gebrauch oder häufiger Aufnahme medizinaler Dosen von Zinkoxyd (Verdauungsstörungen, die den Bleiwirkungen sehr ähnlich sind, Abmagerung und Anämie).

Sichere Angaben über die Höhe der letalen *Dosis* von Zinksalzen finden sich im Schrifttum nicht; 7,0—8,0 g Zinkchlorid sieht man als ausreichend an, um einen erwachsenen Menschen zu töten, wobei aber zu bemerken ist, daß größere Dosen schon überstanden wurden, wenn sie Erbrechen hervorriefen. Forensisch wichtig ist nur die *Chlorzinkvergiftung.* Die nach peroraler Einführung beobachteten weißgrauen Ätzschorfe an den Schleimhäuten des Mundes, der Speiseröhre und des Magens lassen keine Besonderheiten erkennen. Wird Zinkchlorid in Substanz oder Lösung in die Scheide etwa zu Fruchtabtreibungszwecken oder per rectum eingeführt, so zeigen die Schleimhäute dieser Organe dieselben Veränderungen wie die oberen Speisewege und der Magen. Die übrigen Zinksalze setzen an den Schleimhäuten in der Regel nur entzündliche Erscheinungen.

Der *Giftnachweis*, der an der Leiche noch lange möglich ist, wird am besten an Leber, dem Magendarmtrakt und Harn erbracht.

*Schrifttum.*
*Brezina, E.:* Die gewerblichen Vergiftungen und ihre Bekämpfung. Stuttgart 1932. — *Flury-Zangger:* Toxikologie. Berlin 1928. — *Rost, E.:* Das Zink vom physiologischen und toxikologischen Standpunkt. Ber. dtsch. pharmaz. Ges. **29**, 549 (1920). — *Sigel:* Das Gießfieber und seine Bekämpfung. Vjschr. gerichtl. Med. **3/4** (1906). — *Starkenstein-Rost-Pohl:* Toxikologie. Berlin u. Wien 1929.
**Szekely.**

**Zinken** ( = Z.).
Wenn sich Verbrecher untereinander unbemerkt verständigen wollen, müssen sie sich entweder einer

Geheimschrift (s. d. Art.: Geheimschriften), Geheimsprache oder Geheimzeichen bedienen. In diese Gruppe der geheimen Verständigung gehören auch die Z., soweit sie für andere Gesinnungsgenossen oder Bandenmitglieder bestimmt sind, um ihnen entweder eine günstige Gelegenheit zum Stehlen und Betrügen anzuzeigen oder sie auf Gefahren aufmerksam zu machen. Diese Art der Verständigung war in früheren Zeiten in Gauner- und Landstreicherkreisen gang und gäbe. Sie hing mit der sozialen Struktur des Volkes einerseits und mit dem Mangel an Schulkenntnissen andererseits zusammen, so daß sie als Grundlage die primitive Bilderschrift hatte. Uns interessiert diese Frage nur nach der Richtung, die Arten von Z. und ihre Anwendungsweise kurz darzustellen. Wir unterscheiden: 1. Graphische Z. 2. Akustische Z. 3. Kenn-Z. 4. Sonstige Z.

*Zu 1:* Die in *Groß'* Handbuch für Untersuchungsrichter z. T. wiedergegebenen graphischen Z. stellen Mordbrennerzeichen dar, wodurch früher die zu überfallenden, auszuraubenden und niederzubrennenden Häuser kenntlich gemacht wurden, oder sie sollten anzeigen, wo es Gelegenheit zum Einbrechen und Stehlen oder zum Falschspielen gäbe. Seit sehr langer Zeit wurden solche graphische Z. auch von den Bettlern und Landstreichern angewendet, um die nachziehenden „Kunden" zu verständigen, wo sich das Betteln lohnt und wo nicht oder wo gar Gefahr droht. Die angewendete Bilderschrift war insofern für die Eingeweihten leicht verständlich, als sie durch einen gezeichneten Teil vom Ganzen, z. B. eine Mütze oder die Gewehrspitze auf drohende Gefahr durch unnachsichtige Gendarmen hinwies.

*Zu 2:* Die akustischen Z. in Form von Pfeifen oder Singen oder Rufen (auch Jodler und Händeklatschen) sollen einen anderen warnen oder ihm je nach vorheriger Verabredung, z. B. einem Gefangenen, dessen Zelle nach der Außenseite in der Nähe von öffentlichen Straßen und Plätzen gelegen ist, etwas mitteilen. Hierher gehört auch die Verständigung durch Klopflaute nach dem Morsealphabet oder einem verabredeten Geheimalphabet an der Wand oder an den Heizkörpern oder Wasserleitungsröhren in Gefangenenanstalten.

*Zu 3:* Die hier zu nennenden Z. sind Verständigungsformen, wie sie das Taubstummenalphabet enthalten. Aber auch sonstige unbemerkt gegebene Zeichen, z. B. das senkrechte Legen des Zeigefingers über die Lippen als Zeichen für Schweigen, wie auch andere geheime Zeichen, durch die sich die Gauner gegenseitig zu erkennen geben, sind hierher zu zählen. Dann aber auch besonders verabredete Zeichen, wie z. B. das abwechselnde und verschiedene Halten einer Zigarre im Mund oder andere unauffällige Bewegungen und Tätigkeiten nach vorheriger Verabredung oder durch allgemein für gewisse Kreise gültige Zeichen. Hier ist auch die sog. „*Fußtelegraphie*" zu erwähnen, die durch Fußtreten z. B. den Spielpartner im Falschspiel verständigen soll. Diese Kenn-Z. werden manchmal auch als „*Jadzinken*" bezeichnet.

*Zu 4:* Zigeuner und Bettler haben ihre besonderen Z., von denen *Hans Groß* in seinem Handbuch für Untersuchungsrichter auch mehrere dargestellt und durch Abbildung gezeigt hat. Sie bezwecken in der Hauptsache, den nachfolgenden „Kunden" oder Stammesgenossen die Richtung anzuzeigen, wohin die Vorläufer gezogen sind, und was sonst noch Dringliches mitzuteilen wäre. Wo es an Gelegenheit fehlt, graphische Z. anzuwenden, z. B. in Wald und Feld, werden solche Zeichen durch Steinhaufen neben dem Weg oder durch Zweig- und Ästebrüche u. dgl. ersetzt. *Slichener Z.* war die Bezeichnung für die frühere Markierung von Bandenmitgliedern, die sich des Verrates schuldig gemacht hatten und dafür

zur Warnung für Eingeweihte „gezeichnet" wurden und zwar durch senkrechte Messerschnitte über eine oder beide Wangen. Ihr Zweck entsprach also teilweise der im Strafrecht früherer Jahrhunderte allgemein geübten „Brandmarkung".

Schließlich wird die Markierung von Spielkarten durch Falschspieler als Z. bezeichnet. Sie geschieht dadurch, daß einzelne, besonders wichtige Spielkarten durch feine Punkte und Striche auf der Rückseite mit Farbe, Tinte, Bleistift oder durch feucht gezogene, den Glanz entfernende Striche kenntlich gemacht werden. Manchmal geschieht dies auch durch feine Nadelstiche oder die vorstehende Spitze eines Fingerringes oder durch Nageleindrücke oder durch vorheriges Beschneiden eines Randes oder durch Umbiegen einer Kartenecke oder durch Aufrauhen an ganz bestimmten Stellen der Rückseite der Karte mit einem Messer.

Daß die Z. in unserer Zeit an Bedeutung sehr verloren haben, hängt mit der energischen Bekämpfung des berufsmäßigen Verbrecher- und Bettlertums zusammen. Der Kriminalist muß aber ·über ihr Vorkommen und ihre Bedeutung unterrichtet sein, weil sie, wenn auch nur ganz ausnahmsweise, auch heute noch in Erscheinung treten können. Aber wegen ihres seltenen Vorkommens fehlt es auch an kundigen Sachverständigen, von denen ihre Bedeutung gegebenenfalls entziffert werden könnte. Man muß sich aber auch davor hüten, jedes an einem Haus oder neben einer Wohnungstür angebrachte unverständliche Zeichen für eine Gauner- oder Bettler-Z. zu halten. *Riemann* hat einen Fall aus der Praxis mitgeteilt, der hierfür lehrreich ist. In einem Haus eines Neubaublocks wurden neben den Wohnungsklingeln verdächtige Zeichnungen festgestellt, die wohl ein zusammengehöriges System der Verständigung vermuten lassen konnten, die aber nicht verbrecherischen, sondern harmlosen Zwecken dienen sollten, wahrscheinlich zur Kennzeichnung von noch fertigzustellenden Arbeiten für die im Hause noch beschäftigten Bauarbeiter oder Handwerksleute. Manchmal sind es auch Kinder oder Erwachsene, die solche Zeichen entweder aus Spielerei oder zur spöttischen Verängstigung von Hausbewohnern anbringen.

*Schrifttum.*

*Avé-Lallemant:* Das deutsche Gaunertum. Leipzig 1858—1862. — *Groß, Hans:* Handb. für Untersuchungsrichter. I, 408 ff. München 1922.; *Groß'* Arch. **6**, 326; **60**, 349; **3**, 351—385. — *Riemann:* Gaunerzinken und Gaunersprache. Kriminal.Mh.**1929**, 10 f. — *Streicher, H.*: Die graphischen Gaunerzinken. Wien 1928.    ***Schneickert.***

## Zinn.

Das wichtigste Mineral ist der Zinnstein (Kassiterit), welcher in verschiedenen kristallinischen Gesteinen vorkommt. Daneben ist seltener der Zinnkies (Stamm). Zinngeschirre finden überall Verwendung, überdies verschiedene Geräte und Gegenstände aus Britanniametall, welches 8 Teile Zinn, 1 Teil Antimon, geringe Mengen Kupfer und Zink, manchmal auch Blei enthält. In der Konservenindustrie ist das aus Zinn hergestellte Weißblech von ganz besonderer Bedeutung. Zinnsalze spielen in der Industrie als vorzügliche Reduktionsmittel, in der Färberei als Beize, als Poliermittel für Glas, Marmor sowie Metalle, bei der Herstellung von Email, als Malerfarbe und zum Bronzieren eine große Rolle. Nach verschiedenen Untersuchungen ist Zinn oftmals in Büchsenkonserven (Fleisch, Gemüse u. a. m.) nachgewiesen worden, wird leicht von Käse aufgenommen und findet sich in geringen Mengen im Organismus. Nahrungsmittelvergiftungen und gewerbliche Vergiftungen wurden so gut wie niemals beobachtet, zumindest lassen sich einzelne diesbezügliche Angaben nicht als beweiskräftig ansehen. Richtig ist jedoch, daß der in der Zinnschmelze zur

Entwicklung gelangte Arsenwasserstoff eine Vergiftung erzeugen kann, welche aber keineswegs auf Zinnwirkung zurückzuführen ist. In der Medizin wird Zinn nicht mehr verwendet. Früher galt es als Mittel gegen Bandwurm, Epilepsie, Neurosen und einzelne Hauterkrankungen.

Nach älteren Mitteilungen wurden durch Zinnsalze infolge Verwechslung einzelne Vergiftungen ausgelöst, die jedoch nicht letal endeten; einmal wurde sogar durch Einnehmen von Zinnchlorür (½ Teelöffel) ein Selbstmord beobachtet. Die tödliche Dosis von Zinnchlorür für Erwachsene ist mit 0,6—1,2 g anzunehmen.

Die Vergiftungserscheinungen sollen bei großen Dosen von Zinnsalzen, die gewiß eine gefährliche Giftwirkung zeigen, hauptsächlich in Lähmung des Zentralnervensystems und der Gliedmaßen, in Zittern, Krämpfen, ziemlich heftigen gastro-intestinalen Störungen sowie in Kopf- und Leibschmerzen bestehen.

Erfahrungen an Leichen tödlich vergifteter Menschen sind bisher nicht bekannt.

Die kriminelle Anwendung hat bisher keinen Anlaß zu einer besonderen Fragestellung gegeben, da Zinn in dieser Beziehung noch nicht hervorgetreten ist.

*Schrifttum.*

*Esser:* Untersuchungen bei akuten Metallvergiftungen. Dtsch. Z. gerichtl. Med. **26 II**, 430 (1936). — *Petri:* Vergiftungen. Handb. der speziellen path. Anatomie **X**. Berlin 1930. — *Reuter, F.:* Methoden. der forensischen Beurteilung von Vergiftungen. Handb. der biolog Arbeitsmethoden, Abt. IV. Berlin u. Wien 1938. *Schneider.*

**Zoophilie** (Vgl. auch Art.: Sittlichkeitsverbrechen; Unzucht.)

Die Betätigung einer sexuellen Neigung des Menschen zum Tier wird als *Zoophilie* oder *Bestialität* bezeichnet. Sie wird nur in Ausnahmefällen bei geistig gesunden Leuten beobachtet. Zu einer derartigen Kriminalität schafft die Einsamkeit des ländlichen Milieus und der nahe Kontakt mit dem Tier eine Disposition. Als Täter kommen besonders einsame Hirten und Stallschweizer in Frage. Unter den Analphabeten Bulgariens soll diese Neigung ebenfalls häufig vorkommen. Meist sind es geistig abwegige Persönlichkeiten, besonders Unterbegabte, Schwachsinnige und Psychopathen oder Maniker oder auch Manisch-Depressive in der manischen Phase und andere Geisteskranke, die einer solchen Pervertierung der Triebrichtung verfallen. Die Tat läßt gewöhnlich auf eine Urteilsschwäche des Täters schließen, der durchweg in geistig kurzsichtiger Weise einen Ruf diskreditiert.

Anschließend einige besonders lehrreiche Beispiele:

Bl., E., geb. 16. 10. 1853. Großvater vs. war starker Trinker. Mutter galt als arbeitsam und tüchtig. Zwei Brüder Alkoholiker. Häusliche Erziehung streng. Schulbesuch von mittlerem Erfolg. Bl. war nach eigener Angabe schon in der Jugend ein Tunichtgut. Angeblich hat er vor der Ehe keinen Geschlechtsverkehr gehabt, ebenso keinen Selbstbefriedigungsdrang. Nach 4jähriger Tätigkeit in der Landwirtschaft wechselte er häufig seine Arbeitsstellen. 1893 heiratete er und ließ sich auf einem Kotten nieder. Nach dem Tode seiner Frau ergab er sich dem Trunk. — Schon vor 20 Jahren wegen widernatürlicher Unzucht mit Tieren bestraft. — Intelligenz: Unterbegabung. Pykniker. Zyklothyme Anlagen. — Bl. wurde überrascht, als er mit seiner Ziege Unzucht trieb. Er hockte, mit einem Hemd bekleidet, auf seiner Ziege. Um vor etwaigen Entdeckungen sicher zu sein, hatte er sich im Ziegenstall eingeschlossen, dessen Tür der Zeuge erbrach, da er wegen der zügellosen Wollust und des ungehemmten Sexualtriebes des Bl. ein solches

Verbrechen vermutete. Die Scheide der Ziege war derart angeschwollen, daß sie gekühlt werden mußte. — Ein anderes Mal wurde er verdächtigt, mit einem Schwein Unzucht getrieben zu haben. Der Zeuge vernahm einen markerschütternden Schrei seines Mutterschweines. Er eilte hinzu und sah, wie Bl. an dem Schwein herumtastete. Wegen seiner überaus gesteigerten Triebhaftigkeit und seiner einschlägigen Vorstrafen war die Annahme widernatürlicher Unzucht mit dem Schwein begründet. Er mußte wegen Geistesschwäche als vermindert zurechnungsfähig im Sinne des § 51 RStGB. bezeichnet werden. — Vom Verf. wurde für ein Landgericht ein psychopathischer Bauer begutachtet, der sich an einem Schwein vergangen hatte. Er gestand die Tat ein. — Ein junges Mädchen mit 16 Jahren bereitete den Eltern Kummer wegen ihrer tiefgreifenden sexuellen Verwahrlosung. Es hatte einen Hund dazu abgerichtet, ihre Genitalien abzulecken. Es handelte sich um ein Mädchen mit hysterischem Charakter. — Dem Institut für gerichtliche und soziale Medizin der Universität Münster wurden einmal verschiedene Hühnerleichen eingeliefert mit dem Auftrage, die Hühnerkloaken auf Sperma zu untersuchen, weil in dem Dorfe X der berechtigte Verdacht entstanden war, daß ein scheuer Einsiedler sich an den Hühnern vergriffen hätte. Der Verdacht konnte durch die Untersuchung jedoch nicht zur Sicherheit erhoben werden.

Das deutsche Strafgesetzbuch sagt in § 175 b: „Die widernatürliche Unzucht, welche von Menschen mit Tieren begangen wird, ist mit Gefängnis zu bestrafen; auch kann auf Verlust der bürgerlichen Ehrenrechte erkannt werden." Die Täter sind sorgfältig auf ihren Geisteszustand zu untersuchen. Gerade bei der Bestialität kommt es häufig darauf an, den Grad des etwa vorhandenen angeborenen Schwachsinns festzustellen. Im Falle des Vorliegens einer Geistesschwäche im Sinne des § 51 RStGB. kann nur dann eine Exkulpierung erfolgen, wenn der erwachsene Täter ein Intelligenzalter von unter 14 Jahren hat. *Többen.*

**Zuckerharnruhr** siehe *Diabetes mellitus und Trauma.*

**Zündmittel und ihr Nachweis** siehe *Brandstiftung.*

**Zündpunkt** siehe *Selbstentzündung.*

**Zweifelhafte Fortpflanzungsfähigkeit** ( = F.) **beim Manne und beim Weibe.** (Vgl. auch Art.: Sperma und Spermaflecken.)

Die *zweifelhafte F.* erfordert stets *gerichtlichmedizinische Begutachtung*. Die F. (*potentia germinalis*) ist beim Manne und beim Weibe vorhanden, wenn von ihnen normale Geschlechtsakte mit geschlechtlicher Lust bis zum Orgasmus ausgeführt werden können und hierbei zu bestimmten Zeiten eine bereitliegende reife Eizelle von einer Samenzelle befruchtet wird, um sich in der Gebärmutter zum lebensfähigen Kinde zu entwickeln und als solches geboren zu werden. Die F. ist beim Manne *bedingt vorhanden*, wenn er den Beischlaf nur unvollkommen ausführen kann, aber in dem von ihm ausgestoßenen Samen befruchtungsfähige Samenzellen sind. Beim Weibe ist die F. nur bedingt vorhanden, wenn in den Geschlechtswegen mechanische Hindernisse sind, die den Geschlechtsakt mehr oder weniger unmöglich machen, aber für den Samen zur Befruchtung Wege offen lassen, oder wenn beim Geschlechtsakt keine geschlechtliche Erregung auftritt (Dyspareunie, Frigidität). Jedoch kann auch bei derartigen Unvollkommenheiten und Behinderungen des Geschlechtsaktes eine Empfängnis eintreten und ein

Kind geboren werden. Diese bedingte F. ist gerichtlich-medizinisch von besonderer Bedeutung.

Die *Begutachtung* des Vorhandenseins oder Nichtvorhandenseins der F. gehört zu den *schwierigsten gerichtlich-medizinischen Aufgaben*. Dies ergibt sich daraus, daß wir über die Vorgänge der Samenwanderung, der Befruchtung, der Eiwanderung nur unzureichend unterrichtet sind. Selbst wenn die Einzelheiten dieser Vorgänge genauer bekannt wären, würde es nicht möglich sein, durch die Untersuchung der Geschlechtsorgane festzustellen, welche Behinderungsmöglichkeiten für den Ablauf dieser Vorgänge in Frage kämen und im Einzelfall etwa vorhanden sind. Auch der Geschlechtsakt entzieht sich in seinen Einzelheiten der Untersuchung durch Beobachtung. Aus den sich widersprechenden Angaben der Geschlechtspartner über Einzelvorgänge bei dem zu beurteilenden Geschlechtsakt lassen sich die wirklichen Vorkommnisse nur erraten. Es kommt hinzu, daß die zu Untersuchenden aus Schamgefühl an einer sachlichen Aussprache gehindert werden und deshalb weder über die Entwicklung ihres eigenen Geschlechtslebens noch über alle Einzelheiten des zu beurteilenden Geschlechtsaktes ausreichend Auskunft geben. Weitere Schwierigkeiten in der Beurteilung der F. entstehen dadurch, daß etwaige geschlechtliche Unfähigkeiten (*Impotenzen*) oder Unzulänglichkeiten überwiegend *nicht auf organischen Fehlern* der Geschlechtsorgane und des zugehörigen nervös-muskulären Apparates beruhen, sondern auf schwierig aufzudeckenden seelischen Hemmungen und Unstimmigkeiten. Nur wenn grobe anatomische Veränderungen an den Geschlechtsorganen vorliegen, die eine Unmöglichkeit des Beischlafes und einer Empfängnisfähigkeit ohne weiteres erkennen lassen, oder wenn die Samenflüssigkeit ohne bewegliche Samenfäden ist, wenn die Frau das Klimakterium überschritten hat oder durch Operation unfruchtbar gemacht wurde, bereitet die Beurteilung der F. keine besonderen Schwierigkeiten. *In allen* anderen *Fällen* fordert die Begutachtung *genaue Kenntnisse der seelischen und körperlichen Vorgänge des Geschlechtslebens* und eine Untersuchungstechnik, die oft nur mit fachärztlicher Hilfe ausführbar ist. Fast stets müssen beide Geschlechtspartner untersucht werden, und nicht selten ist eine eindeutige Beurteilung unmöglich.

Gerichtlich-medizinische *Begutachtungen* der F. werden *im Strafrecht* bei der „schweren" Körperverletzung und bei Sittlichkeitsverbrechen gefordert. Im Strafrecht gilt eine zugefügte *Körperverletzung* als „*schwere*" im Sinne des § 224 StGB., wenn als Folge derselben Verlust der Zeugungsfähigkeit gleich F. eintritt. Verlust der Zeugungsfähigkeit ist beim Manne nachgewiesen, wenn die Hoden, das Ejaculationszentrum mit Reflexbogen oder die Samenzuführungswege so weitgehend geschädigt sind, daß kein Samen mehr gebildet oder ausgestoßen werden kann. Beim Weibe ist der Verlust der Zeugungsfähigkeit, welche die Empfängnisfähigkeit umfaßt, eingetreten, wenn als Verletzungsfolge die Scheide mit Scheideneingang oder die inneren Geschlechtsorgane so geschädigt oder vernarbt sind, daß ein Beischlaf unmöglich geworden ist, daß die Geburtswege verlegt wurden oder daß keine reifen Eizellen gebildet werden können. Bei *Sittlichkeitsverbrechen* verschiedenster Art ist eine Begutachtung der F. oder Teilfunktion derselben besonders der Beischlafsfähigkeit mit ihren Folgezuständen notwendig. Im *bürgerlichen Rechtsstreit* ist das Vorhandensein oder Fehlen der F. besonders in den Ehestreitverfahren zu begutachten, wenn die *Aufhebung* der Ehe wegen einer bei der Eheschließung nicht erkannten Fortpflanzungsunfähigkeit des anderen Ehegatten begehrt wird, oder wenn wegen vorzeitig eingetretener

Unfruchtbarkeit des anderen Ehegatten auf *Scheidung* geklagt wird (§§ 37, 1 und 53, 1 des neuen Ehegesetzes vom 6. 7. 1938). In den sog. *Vaterschafts-* oder *Alimentationsprozessen* wird nach § 1717 BGB. derjenige als Vater des unehelichen Kindes in Anspruch genommen, welcher der Mutter innerhalb der Empfängniszeit allein beigewohnt hat, es sei denn, daß es *den Umständen nach offenbar unmöglich* ist, daß die Mutter das Kind aus dieser Beiwohnung empfangen hat. Dieser Zustand der *offenbaren Unmöglichkeit* ist (s. d. Art.: Schwangerschaftsdauer) bei *Zeugungsunfähigkeit* des Mannes gegeben, die nur durch gerichtlich-medizinische Begutachtung festgestellt werden kann. Im wesentlichen kommt es bei dieser Begutachtung der F. darauf an, festzustellen, ob beim Manne befruchtungsfähige Samenfäden nachgewiesen werden können oder nicht. Eine vollkommene Beischlafsunfähigkeit braucht hierbei nicht nachgewiesen zu werden, ebenso braucht im Einzelfalle der Beischlaf nicht vollkommen ausgeführt zu sein. Auch der beim unvollkommenen Beischlaf nur in den Scheidenvorhof gelangte Samen kann zur Befruchtung führen. Bei der *Anfechtung der Ehelichkeit* eines in der Ehe geborenen, aber vor der Ehe gezeugten Kindes ist nach § 1591 BGB. die F. bzw. die Zeugungsfähigkeit des Mannes gerichtlich-medizinisch zu prüfen und zu begutachten. Bei der *Annahme an Kindes Statt* ist die Prüfung der F. notwendig, wenn der Annehmende von der Vorschrift des § 1744 BGB., das 50. Lebensjahr vollendet zu haben, befreit werden will, indem er den Nachweis seiner Unfruchtbarkeit durch ein gerichtlich-medizinisches Gutachten erbringt.

Die Prüfung der *F. beim Manne* erfordert die Begutachtung der Begattungsfähigkeit, d. h. der Beischlafsfähigkeit einschließlich der Ejaculationsfähigkeit (potentia coëundi et ejaculandi) (s. d. Art.: Beischlaf) und der Zeugungsfähigkeit (potentia generandi). Zur Begutachtung der *F. beim Weibe* ist die Beischlafsfähigkeit (potentia coëundi), die Empfängnisfähigkeit (potentia concipiendi), die Austragungsfähigkeit (potentia gestandi) und die Gebärfähigkeit (potentia parturiendi) zu prüfen. Die *Prüfungen* erfolgen *nach* den bekannten *klinischen Untersuchungsmethoden*. Die Vorgänge, die zu der Prüfung Veranlassung gaben, insbesondere die polizeilichen und gerichtlichen Vernehmungen der beteiligten Personen und der Zeugen, die Schriftsätze der Parteien und frühere Begutachtungen sind durch Kenntnisnahme des Inhaltes der Akten zu berücksichtigen und ebenso die gestellten Beweisfragen. Bei der *Aufnahme der Vorgeschichte* müssen besonders alle Erkrankungen der zu untersuchenden Person und seiner Vorfahren interessieren, die Beziehungen zum Geschlechtsleben haben, insbesondere Nerven- und Geisteskrankheiten, Stoffwechselstörungen und Geschlechtskrankheiten. Es muß versucht werden, durch Befragen festzustellen, wann sich die erste geschlechtliche Erregung zeigte, wann die erste Menstruation bzw. der erste unwillkürliche Samenabgang (Pollution) erfolgte, ob bereits geschlechtlicher Verkehr stattfand und welche Folgen hierdurch eintraten, ob besondere geschlechtliche Neigungen oder abwegige Befriedigungen des Geschlechtslebens auffällig wurden, ob Unzulänglichkeiten beim Geschlechtsakt vorkamen, ob Selbstbefriedigung ausgeübt wurde oder noch ausgeübt wird. Die Aufnahme dieser Vorgeschichte ist auch für den in derartigen Befragungen geübten Untersucher nur unvollkommen möglich, weil die natürliche Scheu, sich über das eigene Geschlechtsleben auszusprechen, größer ist als das Vertrauen, das sich ein geschickter Arzt in derartigen Fällen zu gewinnen weiß. Eine volle Offenbarung aller geschlechtlichen Vorkommnisse und Erlebnisse kommt nur selten vor. Eine übertriebene *Bereitschaft*, ge-

*schlechtliche Selbsterlebnisse* in Einzelheiten *zu schildern*, muß den Verdacht erwecken, daß die Darstellung von Phantasieprodukten nicht frei ist. In Ehestreitigkeiten werden auch von sog. Gebildeten in gehässiger Weise über angebliche geschlechtliche Unfähigkeiten, Abwegigkeiten und Rohheiten des anderen Ehegatten mit maßlosen Übertreibungen, ohne vor Unwahrheiten zurückzuschrecken, Angaben gemacht, die nur mit Vorsicht zu verwerten sind.

Die für die *Beischlafsfähigkeit des Mannes* (potentia coëundi) notwendige Cohabitationskraft, in erster Linie ausgiebige Erektionsfähigkeit, läßt sich objektiv am normal gebauten Glied durch keine Untersuchungsmethode feststellen, weil sie nicht ausschließlich von nachprüfbaren anatomisch-physiologischen Verhältnissen abhängt, sondern von Wahrnehmungen und Vorstellungen, die sich als psychische Faktoren dem objektiven Nachweis entziehen. Auch die untersuchungsmäßige künstliche Auslösung einer Erektion gelingt nicht. Bei normalem Bau des Gliedes und Intaktheit des genitalen Reflexapparates kann deshalb nur begutachtet werden, daß die Beischlafsfähigkeit, weil an und für sich möglich, nicht ausgeschlossen werden kann. Ebenso ist es nicht möglich, nachzuweisen, ob der Samenerguß bei vorhandener Ejaculationsfähigkeit rechtzeitig oder vorzeitig erfolgt, weil auch diese Funktion nicht allein von anatomisch-physiologischen Verhältnissen abhängt, sondern psychische Komponenten dabei eine ausschlaggebende Rolle spielen (s. d. Art.: Beischlaf). Durch die Untersuchung können wir an bestimmten *Entwicklungsstörungen*, an *Krankheitszuständen* und *Krankheitsfolgen* sowie an *Verletzungsfolgen* Veränderungen des männlichen Gliedes feststellen, die eine Behinderung der Erektion und Ejaculation erklären und eine teilweise oder vollkommene *Beischlafsunfähigkeit* verständlich machen. Eine *auffallende Kleinheit des* männlichen *Gliedes* mit Welkheit der Haut und allgemeiner Schlaffheit bei normaler Behaarung der Umgebung gestattet nicht den Schluß auf Erektions- und Beischlafsunfähigkeit. Bei derartigen Verhältnissen kann man in der Beurteilung nicht vorsichtig genug sein. Beim Fehlen der geschlechtlichen Behaarung und gleichzeitiger infantiler Kleinheit des Gliedes als Folge von *Störungen der inneren Sekretion* ist meistens eine zum Beischlaf ausreichende Erektionsmöglichkeit des Gliedes nicht anzunehmen. Derartige Unterentwicklungen und Hypoplasien finden sich beim Zwergwuchs (Nanismus), beim eunuchoiden Hochwuchs, bei der Dystrophia adiposo-genitalis und bei Diabetes insipidus. Beim rachitischen und beim chondrodystrophischen unechten Zwergwuchs sind die Geschlechtsorgane normal entwickelt, weil die krankhaften Wachstumsstörungen nur das Knochensystem beeinflussen. Bei *Spaltbildungen* (Epi- und Hypopadie), die als Entwicklungsstörungen am männlichen Glied, an der Eichel und an der Harnröhre auftreten, brauchen geringe Grade die Erektions- und Ejaculationsfähigkeit nicht zu beeinflussen. Sind die Spaltbildungen in ausgedehnterer Form vorhanden, und endet die Harnröhre in der Schaftmitte oder in der Nähe der Schaftwurzel, so sind auch die Schwellkörper verkürzt und eine regelrechte Steifung und Aufrichtung des Gliedes, die den Beischlaf ermöglichen würde, ist nicht möglich. Es kommt hinzu, daß bei derartigen Mißbildungen der ausgestoßene Samen vor die Scheidenöffnung gelangt. Es ist hierbei eine Befruchtungsmöglichkeit nicht auszuschließen, aber ein regelrechter Beischlaf, wie er in der Ehe gefordert werden kann, ist nicht ausführbar. Bei *großen Geschwülsten* in der Umgebung des Gliedes, insbesondere bei großen Leistenbrüchen mit Bruchsackinhalten, die den Hodensack bis über Kindskopfgröße beiderseits erweitern können, ist das männliche Glied unter

Umständen unter diesen Bedeckungen nicht sichtbar. Die für den Beischlaf notwendige Erektion ist durch die Behinderung erschwert, und das erigierte Glied ist von den Geschwulstmassen bzw. von dem Bruchsackinhalt so umgeben, daß seine Einführung in die Scheide im allgemeinen unmöglich ist. Erfahrungen lehren aber, daß bei gutem Willen und Geschick beider Geschlechtspartner derartige Hindernisse überwunden werden und Geschlechtsakte mit Befruchtungen stattfinden können. Eine F. ist also trotz dieser ungewöhnlichen Verhältnisse vorhanden. Für Ehestreitigkeiten sind derartige Verhältnisse, wenn sie nicht bekannt waren, ohne weiteres „Umstände", die eine Aufhebung der Ehe erzielen lassen. Durch *chronische Entzündungen* der Harnröhre, der Haut des Gliedes und des Unterhautzellgewebes mit entsprechenden Infiltrationen entstehen oft Narbenzüge, die eine rüsselartige Verkrümmung des Gliedes herbeiführen (Chorda penis). Diese Narbenzüge greifen auch auf die Schwellkörper über, lassen nur eine unzureichende Blutfüllung derselben zu und bedingen bei mangelhafter Steifung und Aufrichtung nach geschlechtlicher Erregung ein korkenzieherartiges Gebilde, das zum Einführen in die Scheide ungeeignet ist. Ein regelrechter Beischlaf kann mit einem derartig entformten Glied nicht ausgeführt werden, während Berührungen dieses Gliedes mit den weiblichen Geschlechtsteilen und ein Samenerguß in den Scheidenvorhof durchaus möglich ist. Bei Infiltrationen nach syphilitischen und carcinomatösen Prozessen sowie nach sog. Penisfrakturen kommen ähnliche Entformungen des Gliedes vor. Behinderungen der Erektion können auch durch Geschwülste an der Eichel, durch Strikturen in der Harnröhre, durch Phimosen und Paraphimosen entstehen, ohne in allen Fällen chronisch zu bleiben. Als *Verletzungsfolgen* von Selbstverstümmelungen bleiben vernarbte Stümpfe des Gliedes zurück, die ein gewisses Erektionsvermögen behalten und Harn und Samenflüssigkeit austreten lassen können. Je nach dem Grade der Verstümmelung ist unter Umständen ein kurzes Eindringen in die Scheide oder in den Scheidenvorhof bei Beischlafsversuchen möglich; in den meisten Fällen erreicht der Stumpf die Scheide nicht. Ähnliche Folgen stellen sich nach gangränösen Prozessen der Eichel als Folge von Abschnürungen, bei Diabetes und bei entzündlichen Prozessen ein. Werden bei *Strangerkrankungen* des Rückenmarks, besonders bei der Tabes die Gegend des Erektions- und Ejaculationszentrums betroffen, so kommt es zu vollkommener Beischlafsunfähigkeit. Vorübergehend treten bei *Erschöpfungszuständen* nach Infektions- und Stoffwechselkrankheiten, besonders beim Diabetes sowie nach körperlichen und geistigen Überanstrengungen und bei Neurasthenikern Erektionsschwächen und Erektionsunfähigkeiten mit vorzeitigem Samenerguß (ejaculatio praecox) auf, die eine F. zeitlich ausschließen. Ebenso beobachtet man bei Geisteskrankheiten, z. B. bei der Paralyse und der Melancholie, vorübergehende bis dauernde Störungen sämtlicher Geschlechtsfunktionen.

Die *Ejaculationsfähigkeit* (potentia ejaculandi), die Möglichkeit, den in den Hoden gebildeten Samen am Schluß des Geschlechtsaktes mit anderen Sekreten auszustoßen, ist bei jeder Verlegung der samenzuführenden Wege *mechanisch gestört* und schließt eine Zeugungsfähigkeit bzw. eine F. aus. Derartige Verlegungen sind schon bei Narbenzügen in der Harnröhrenschleimhaut als Folgen einer gonorrhoischen Erkrankung möglich, wenn die durch die Narbenzüge entstandenen Verengungen, Strikturen, bei der Steifung und Erektion des Gliedes zu Verschlüssen werden. Die Strikturen sind aber zu beseitigen. Die praktisch wichtigsten Verschlüsse entstehen in den Nebenhoden durch entzündliche Erkrankung (Epididymitis), die meist gonorrhoischer Natur ist. Der überwiegende Teil nicht zeugungsfähiger Männer leidet an den Folgen dieser Entzündung, die sich durch äußere Untersuchung als derbstrangartige Gebilde in den Nebenhoden abtasten lassen. Die Vernarbung ist nicht rückbildbar, und deshalb ist die F. für Lebenszeit aufgehoben. Dieser Zustand wird deshalb häufig verkannt, weil die betreffenden Männer in der Lage sind, den Beischlaf in normaler Weise auszuüben und ein Ejakulat liefern, das nach Geruch, Ansehen und Menge der echten Samenflüssigkeit äußerlich gleicht. Es besteht aus Sekreten der Prostata, der Samenblasen, der *Cowper*schen Drüsen, der Urethraldrüsen und läßt erst bei mikroskopischer Untersuchung das Fehlen von Samenzellen erkennen (Azoospermie). Bei nur einseitiger oder unvollkommener Vernarbung ist ein teilweiser Samendurchgang möglich und deshalb die F. nicht aufgehoben. Um bei derartigen folgenschweren Begutachtungen jedes Versehen auszuschließen, ist mehrmalige Untersuchung des Ejakulats in Zeitabständen notwendig. Aus dem Befund an den Nebenhoden läßt sich der Zeitpunkt der Entstehung der Narbenzüge nicht beurteilen. Da festgestellt ist, daß sich die Unwegsamkeit unmittelbar der Entzündung der Schleimhaut in den Nebenhoden anschließt, ist man berechtigt, den Zeitpunkt des Beginns der Zeugungsunfähigkeit mit dem Zeitpunkt der überstandenen Nebenhodenentzündung gleichzusetzen.

Die *Gewinnung des Ejaculats* zur mikroskopischen Untersuchung auf Samenzellen, die in jedem Falle erfolgen muß, geschieht am einfachsten durch masturbatorische Reizung am Glied seitens des zu Untersuchenden, nachdem man ihm einen abschließbaren Raum (Abort) zur Verfügung stellt. Das Ejakulat kann von dem Betreffenden in einem Glasschälchen zur nachfolgenden Untersuchung aufgefangen werden. Bei nicht getrennt lebenden Eheleuten ist das Ejakulat im Condom während des Beischlafes aufzufangen und bald nachher ohne merkliche Abkühlung dem Gutachter zur Untersuchung zu bringen. Ohne aktive Beteiligung des zu Untersuchenden gelingt die Gewinnung von Ejakulat auch durch Ausdrücken der Samenblasen in Seitenlage oder Knie-Ellenbogenlage vom After aus bei gleichzeitigem Druck auf die Prostata, um etwas Saft aus dieser zu gewinnen, durch welchen die Beweglichkeit der Samenfäden erzielt wird. Das Ejakulat tropft bei einem derartigen Vorgehen aus der Harnröhre und läßt sich in einem Uhrschälchen oder auf einem Objektträger zur Untersuchung auffangen. Die Gewinnung von Samenzellen durch Hodenpunktat ist für gerichtlich-medizinische Zwecke, abgesehen von möglichen Schädigungen der Hoden, unzweckmäßig. Aus den gegebenenfalls gewonnenen, noch unbeweglichen Samenzellen ist nicht der Schluß zulässig, daß diese Samenzellen bei normaler Ausstoßung beweglich und befruchtungsfähig sind. Bei der mikroskopischen Untersuchung der normalen Samenflüssigkeit (s. d. Art.: Sperma und Spermaflecken) findet man zahlreiche bewegliche Samenzellen. Aus verschiedensten Ursachen können diese Samenzellen in auffallend geringer Zahl vorhanden sein (Oligospermie) oder nur schwache Bewegungen ausführen (Asthenospermie). Finden sich nur unbewegliche Samenzellen (Nekrospermie), so kann es sich um Samenzellen handeln, die keine Befruchtung herbeiführen können. Berücksichtigt man aber, daß Samenzellen aus den verschiedensten Gründen, aus chemischen und thermischen Einflüssen bewegungslos werden können, aber bei geeigneten Maßnahmen wieder bewegungsfähig werden, so kann man Bewegungslosigkeit gefundener Samenzellen nicht

gleich Zeugungsunfähigkeit setzen. Bei *entzündlichen Veränderungen* des *hinteren Abschnittes* der Harnröhre insbesondere des *Samenhügels* (colliculus seminalis) kommt es deshalb häufig zu Erektionsstörungen, weil diese Entzündung überaus schmerzhaft ist und der Entzündungsschmerz durch eine beginnende Erektion so gesteigert wird, daß eine Hemmung des Erektionsreflexes eintritt. Außerdem kann bei derartigen Entzündungen und bei verschiedenen nervösen Störungen ein mangelhafter Verschluß der schlitzförmigen Öffnungen der ductus ejaculatorii zustande kommen. Hierdurch wird bei Harn- und Stuhlentleerungen Samenflüssigkeit ohne jede geschlechtlich lustvolle Erregung in die Harnröhre gepreßt und tritt aus der Harnröhre aus (*Spermatorrhoe*). Die F. wird durch diese therapeutisch beeinflußbare Störung zwar beeinträchtigt, aber nicht aufgehoben. Dieser Samenfluß darf nicht mit den unwillkürlichen ejaculatorischen Samenabgängen (*Pollutionen*) verwechselt werden, die bei geschlechtlich abstinent oder zurückhaltend lebenden geschlechtsreifen Jünglingen und Männern mit geschlechtlicher Lust bei erotischen Tag- oder Nachtträumen auftreten. Wird in dem Ejakulat bei der mikroskopischen Untersuchung *eine bewegliche Samenzelle* gefunden, so ist die F. möglich. Es wird späterer Forschung vielleicht gelingen, die Samenzellen genauer zu differenzieren und festzustellen, daß durchaus nicht alle beweglichen Samenzellen befruchtungsfähig sind. In den Alimentationsprozessen, in denen der in Anspruch genommene Schwängerer bei Bestreitung der Vaterschaft Zeugungsunfähigkeit nachweisen muß, weil es dann offenbar unmöglich ist, daß er der Erzeuger des unehelichen Kindes sein kann, ist dieser Nachweis mißlungen, wenn in seinem Ejakulat nur *ein* bewegungsfähiger Samenfaden gefunden wird. Durch die Untersuchung der *Hoden* (testes) allein erhält man nur in seltenen Fällen Aufschluß über die F. Sind die Hoden in der Bauchhöhle zurückgeblieben oder fühlt man sie als kleine druckunempfindliche, bis bohnengroße Körper im Leistenkanal (Kryptorchismus), so ist mangels Samenbildung eine F. auszuschließen. Ist ein Hoden in gewöhnlicher Größe im Hodensack fühlbar und druckempfindlich bei Zurückgebliebensein des anderen Hodens (Monorchismus), so ist F. vorhanden. Bei unzureichendem Abstieg beider Hoden in der Weise, daß sie zwar den Leistenkanal verlassen, aber den Grund des Hodensackes nicht erreicht haben, sondern neben der Wurzel des Gliedes fühlbar sind, ist F. auch bei relativer Kleinheit dieser Hoden nicht auszuschließen. Ungewöhnlich kleine, im Hodensack fühlbare, druckunempfindliche Hoden, wie sie bei Entwicklungsstörungen und den oben beschriebenen innersekretorischen Störungen der körperlichen Entwicklung vorkommen, liefern meist keine Samenzellen. Eine eindeutige Entscheidung in allen diesen Fällen ist nur durch die mikroskopische Untersuchung des Ejakulats möglich. Die Bildung und Absonderung befruchtungsfähiger Samenzellen beginnt in den Hoden zwischen dem 12.—16. Jahre mit Eintritt der *Pubertät*, die äußerlich an dem Größerwerden der Geschlechtsteile, an dem Auftreten geschlechtlicher Behaarung und am Stimmwechsel erkennbar ist. Erektionsfähigkeit ist schon früher vorhanden. Die Ehefähigkeit ist aus verständlichen Gründen trotz früher vorhandener F. auf das 21. Jahr festgesetzt, sie kann in Ausnahmefällen bis auf das 18. Jahr vorverlegt werden (§ 1 des neuen Ehegesetzes vom 6.7.1938). Bei Tumoren der Nebennieren und bei Hirntumoren, welche das Hemmungsorgan für die geschlechtliche Entwicklung, die Zirbeldrüse, verdrängen, kann es zu ungewöhnlicher Frühreife (pubertas praecox) mit Ausbildung zeugungsfähiger Geschlechtsteile im frühesten Kna-

benalter kommen. Derartige krankhafte vorzeitige
Geschlechtsentwicklungen sind zu unterscheiden von
normaler Frühreife bei Knaben, die in ihrer Gesamtentwicklung einen Vorsprung gegenüber der
Allgemeinheit aufweisen und bei denen die Pubertät
schon mit dem 11. Jahre eintritt. Geschlechtliche
Erregungen können bei Knaben, besonders wenn sie
sich mit geschlechtlichen Dingen beschäftigen bzw.
wenn sie geschlechtlich verführt werden, schon vor
der Pubertät eintreten. Im zweiten bis dritten Jahrzehnt hat die Entwicklung der Hoden und die Cohabitationskraft meistens ihren Höhepunkt erreicht,
der sich gewöhnlich bis zum 40. Jahre erhält, um
dann, wenn auch nicht bei allen Männern, allmählich
abzunehmen. Im siebenten Jahrzehnt sind die geschlechtlichen Fähigkeiten im allgemeinen soweit
zurückgegangen, daß keine besondere Neigung zur
Ausübung des Beischlafes mehr besteht. Die Samenflüssigkeit enthält oft bis in das höchste Greisenalter
hinein bewegliche Samenzellen, so daß auch *bei
80jährigen* eine F. nicht ausgeschlossen werden kann.

Die *Stärke des Geschlechtstriebes*, das Auftreten
geschlechtlicher Lust, die Geneigtheit, sie zu befriedigen, ist bei Männern gleichen Alters und gleicher
körperlicher Beschaffenheit überaus verschieden.
Ebenso sind bei den einzelnen Männern zu verschiedenen Zeiten Schwankungen in der Triebstärke und
in der Geschlechtslust zu beobachten, ohne daß die
F. irgendwie gestört ist. Die Verschiedenheiten sind
wesentlich abhängig von den wechselnden Mengen
der aus den Keimdrüsen abgesonderten Sexual-
sekrete, über deren Bildungsursache wir nichts wissen und deren Menge wir im Blute nicht feststellen
können. Auch der allgemeine Gesundheits- und
Kräftezustand, die Einflüsse von Wetter und Klima
sowie psychisches Wohlbefinden beeinflussen die
Stärke des Geschlechtstriebes, die sich deshalb objektiver Beurteilung im Einzelfall entzieht. Wenn
im hohen Greisenalter in Samenflüssigkeiten auch
häufig bewegliche Samenzellen gefunden wurden, so
verschwinden doch im allgemeinen bei hochgradiger
Altersatrophie der Hoden die Samenzellen völlig.
Bei erheblichen Quetschungen der Hoden kann es
zum Aufhören der Samenbildung kommen. In den
meisten Fällen wird nur eine quantitativ geringere
Bildung vorhanden sein, so daß die F. erhalten bleibt.
Auch die dauernde Druckschädigung durch Hydro-
und Varicocelen führt meistens nicht zu gänzlicher
Zerstörung der samenbildenden Zellen. Ebenso wird
selbst bei erheblichen Gewebsschädigungen der
Hoden durch Neubildungen und durch chronisch
entzündliche Prozesse bei syphilitischer und tuberkulöser Erkrankung der Hoden nur selten eine völlige
Vernichtung der Samenzellbildung festgestellt. Bei
*Röntgenschädigungen*, die dank der jetzt eingeführten Schutzvorrichtungen selten geworden sind, tritt
zunächst ein Geringerwerden der bewegungsfähigen
Samenzellen im Ejaculat ein, wie es auch bei chronischen Vergiftungen beobachtet wird (Oligospermie).
Diese Schädigung kann sich bei Ausbleiben weiterer
Schäden zurückbilden. Nach wiederholter Bestrahlung tritt ebenso wie nach Schädigungen durch Gifte
eine verlangsamte Beweglichkeit der wenig erzeugten
Samenzellen ein (Asthenospermie), die eine Befruchtungsfähigkeit der Samenfäden zwar unwahrscheinlich macht, aber vom gerichtsärztlichen Standpunkt
nicht ausgeschlossen werden kann. Bei weiteren
Röntgenschädigungen tritt eine völlige Unbeweglich-
keit aller Samenzellen im Ejaculat ein (Nekrospermie). Derartige Samenzellen hält man im Gegensatz
zu gelegentlich auftretenden, gleichsam stilliegenden
Formen der Samenzellen für nicht befruchtungsfähig. Schließlich fehlen nach weiteren Röntgenschädigungen die Samenzellen (Azoospermie). Es
ist hierdurch jede F. aufgehoben. Die bei mangel-

hafter Beischlafsfähigkeit, aber vorhandener Ejaculationsfähigkeit mögliche *künstliche Befruchtung* hat
gerichtlich-medizinisch nur geringes Interesse. Für
die im Ehestreitverfahren zu fordernde F. genügt
eine derartige Form der F. nicht.

Die *F. der Frau* wird durch eine Reihe von *Entwicklungsstörungen und Krankheitsfolgen*, die *am
Scheideneingang* erkennbar sind, beeinträchtigt bzw.
aufgehoben, weil sie einen Beischlaf unmöglich
machen. Bei Entwicklungsstörungen finden sich
zwischen den Schamlippen epitheliale Verklebungen
und ausgesprochene Verwachsungen oder eine ungewöhnliche Enge des Scheideneinganges und
fleischige Verdickungen des Hymens. Nach Verletzungen, Verbrennungen, Verätzungen und ulceró-
sen Prozessen entstehen Vernarbungen, die ebenfalls den Scheideneingang unpassierbar machen.
Geschwulstbildungen verschiedenster Art, Wucherungen, spitze Kondylome (Condylomata acuminata,
Mariscae, Feigwarzen), die nicht nur nach Tripper-
erkrankungen auftreten — wie vielfach angenommen
wird —, können sich in einem derartigen Umfange
entwickeln, daß sie den Zugang zur Scheide versperren, ganz abgesehen von dem Ekel, den ihr Anblick hervorrufen muß und dadurch ein Beischlaf
nicht zustande kommt. Bei Brüchen, die in die
großen Schamlippen eintreten, bei elephantiasti-
schen Wucherungen, bei lappenförmiger abnormer
Länge der kleinen Schamlippen (Hottentotten-
Schürzen) — die nicht nur durch masturbatorische
Handlungen entsteht — kann der Scheideneingang
ebenfalls für den Beischlafakt mehr oder weniger
verlegt sein und ihn deshalb verhindern. Im Einzelfall wird durch die besondere Untersuchung die Möglichkeit eines, wenn auch erschwerten Beischlafes zu
prüfen sein. Gleichzeitig ist zu prüfen, ob die Behinderung auch eine Empfängnis unmöglich macht.
Weiter ist zu der Frage Stellung zu nehmen, ob der
gefundene Zustand an den Geschlechtsteilen ein
„Umstand" ist, der im Sinne des Ehegesetzes eine
begehrte Aufhebung der Ehe berechtigt erscheinen
läßt. Oft soll der gerichtlich-medizinische Gutachter
auch zu der Frage Stellung nehmen, ob und wie weit
die gefundenen Mängel durch eine zumutbare Operation beseitigt werden können.

Eine eigenartige, durch die Untersuchung der
Geschlechtsteile des Weibes feststellbare Beischlafs-
behinderung ist der *Vaginismus*. Man versteht hierunter eine somatisch nicht begründete, psychoneuro-
tische, hochgradige Überempfindlichkeit und Ängstlichkeit des Weibes bei Berührungen oder Berüh-
rungsversuchen des Scheideneingangs, ganz gleich
ob ein Beischlaf oder eine vaginale Untersuchung
beabsichtigt ist. Bei der leisesten Berührung bzw.
bei der Annäherung zur Berührung tritt eine offenbar schmerzhafte, krampfhafte Zusammenziehung
der Scheidenmuskulatur und des constrictor cunni
ein, der ein Eindringen des männlichen Gliedes bzw.
des untersuchenden Fingers unmöglich macht. Bei
weiteren Versuchen werden die Muskulatur des Beckenbodens, die Muskeln der Oberschenkel und des Rük-
kens in deinen Krampf einbezogen. Sowohl ein energisches wie ein vorsichtiges Vorgehen steigert den
Krampfzustand und löst heftige Abwehrbewegungen
aus. Es werden schließlich groteske Stellungen mit
Verkrümmungen des Rückens, Herumwälzen des
Körpers, Sichaufbäumen mit Abwehrbewegungen
der Arme in angstverzerrten Gesichtszügen eingenommen. Eine Untersuchung in Narkose läßt normale Verhältnisse der Geschlechtswege feststellen.
Selbst wenn nach einer unter besonderen Umständen
erfolgten Geburt die Geschlechtswege, auch für die
Frau erkennbar, erheblich geweitet sind, bleibt bei
neuem Versuch eines Beischlafes die Bereitschaft
zum Eintreten des Krampfzustandes bestehen. Es

handelt sich hierbei oft um sexuell indifferente Frauen mit psychopathischen und hysterischen Zügen, mit übertriebener Angst vor den Schmerzen einer Defloration, mit Befürchtungen einer Infektion oder mit Widerwillen gegen jeden Geschlechtsakt überhaupt, weil er als etwas Unanständiges angesehen und deshalb abgelehnt wird. Wenn auch Heilungen von dieser Psychoneurose durch psychotherapeutische Verfahren möglich sind, so handelt es sich bei dem echten Vaginismus um einen „Umstand", der als Anfechtungsgrund im Ehestreitverfahren gewertet werden muß.

Ein dem echten Vaginismus ähnlicher Krampfzustand kann bei mangelhafter Erektionsfähigkeit des Mannes entstehen. Wenn bei wiederholten vergeblichen Beischlafs- bzw. Deflorationsversuchen des Mannes wegen eines mangelhaft erigierten Gliedes am Scheideneingang durch die ständigen oberflächlichen Berührungen kleine Fissuren erzeugt werden, die zu Entzündungen mit Fluor und Schwellung des Hymens Veranlassung geben, so können erneute Beischlafsversuche bei gleicher Verfassung des Mannes für das Weib so schmerzhaft werden, daß ein Krampf in ähnlicher Form eintritt wie beim echten Vaginismus. Will der Mann bei gesteigerter Erregung und geschlechtlichem Wollen den Erfolg erzwingen, so gelingt ihm dies meistens nicht. Die Angst vor dem Mißlingen aus der erkannten Unzulänglichkeit erzeugt Hemmungen, die trotz seiner Erregung die Erektionsfähigkeit schwächen, und diese Hemmungen werden verstärkt durch die neuen Hindernisse, die der letzten Endes von ihm herbeigeführte Krampf der Scheidenmuskeln darbietet. Es tritt so eine vorübergehende Unmöglichkeit der F. ein. Durch ärztliche Behandlung der am Scheideneingang eingetretenen Wunden und Entzündungen, durch vorübergehende Aussetzung jedes Beischlafsversuches und durch psychotherapeutische Behandlung der mangelhaften Erektionsfähigkeit des Mannes ist ein derartiger *Scheinvaginismus* zu beseitigen.

Bei anatomisch abnormer Enge des Scheideneinganges, bei narbigen Veränderungen als Folge der oben erwähnten Erkrankungen und Verletzungen kann der Beischlaf, nachdem er von einem potenten Manne erzwungen wurde, überaus schmerzhaft sein und deshalb zu Verweigerungen führen. Auch derartige Fälle haben mit Vaginismus nichts zu tun. Die Scheidenenge läßt sich durch Dehnung erweitern. Ein zu derbes Hymen läßt sich operativ einreißen, obgleich im allgemeinen ein genügend erigiertes Glied jeden derartigen Widerstand überwindet. Ein Herausschneiden des Hymens wird wegen des Auftretens von Narben, die erneut eine Verengerung herbeiführen würden, für ungünstig gehalten.

Bei den oben erwähnten *Entwicklungsstörungen* kann auch die *Scheide* selber verwachsen oder abnorm kurz und eng sein, so daß ein regelrechter Beischlaf nicht ausgeführt werden kann oder der Samen vorzeitig aus der Scheide wieder herausläuft. Ebenso können nach Verletzungen, Verbrennungen oder Verätzungen Narben in der Scheide entstehen, die einen Beischlaf unmöglich machen. Auch Geschwülste können die Scheide so einengen, daß das Glied nicht eindringen kann.

Wie bei den beschriebenen Behinderungen am Scheideneingang ist in jedem Falle zu prüfen, ob ein Beischlaf unmöglich oder bedingt möglich ist und ob auch die Empfängnisfähigkeit aufgehoben ist.

Bei vollständigem Zerstörtsein oder Fehlen der Scheide ist geschickten Operateuren die Herstellung einer *künstlichen Scheide* durch Verwendung von Darmteilen so gelungen, daß mit diesem Scheidenersatz beischlafsähnliche Akte möglich waren und eine gefährdete Ehe wiederhergestellt wurde. Ein ehe-

licher Verkehr, wie ihn das Ehegesetz verlangt, wird durch diese Ersatzhandlung nicht gegeben.

Das *Scheidensekret* muß einen bestimmten Säuregrad haben, um die Lebensfähigkeit der Samenzellen nicht zu gefährden. Bei einem zu hohen Säuregrad tritt trotz normal gebauter Geschlechtsteile und ihrem normalen Funktionieren beim Geschlechtsakt Unfruchtbarkeit ein, die aber durch geeignete Behandlung beseitigt werden kann.

Bei *Rückenmarkserkrankungen*, bei *Becken-* und *Hüftgelenksentzündungen*, bei *Lähmungen der Oberschenkelmuskulatur*, die ein Spreizen und Aufwärtsbeugen der Beine verhindern, wie es für den Beischlaf notwendig ist, kann ein erfolgversprechender Beischlaf nur a posteriori ausgeführt werden. Für die Ehe ist ein derartiger Verkehr dem anderen Ehegatten nicht zumutbar und deshalb Aufhebungsgrund.

Auch beim *Scheiden- und Gebärmuttervorfall* (Prolaps) ist kein absolutes Beischlafshindernis gegeben, aber eine Erschwerung und Behinderung mechanischer Art. Auch Ekelgefühle können bei derartigen Zuständen dem Manne die Ausübung des Beischlafes unmöglich machen, wenn auch die Erfahrung lehrt, daß bei vielen Menschen unter der Einwirkung geschlechtlicher Erregung Ekelgefühle offenbar keine Wirkung haben.

Die für die F. erforderliche *Konzeptionsfähigkeit* (potentia concipiendi) ist vielfach *bei* den gleichen *Entwicklungsstörungen und Krankheitszuständen* aufgehoben, welche die Beischlafsfähigkeit verhindern. Der Eintritt erfolgt mit Eintritt der Pubertät und der ersten Menstruation, bei uns im allgemeinen zwischen dem 13. und 15. Jahr. Der Eintritt ist außer von Rasse und Klima von Vererbung und Körperverfassung abhängig. Die Reife kann verfrüht eintreten, wenn ein Mädchen vorzeitig geschlechtlichen Reizen ausgesetzt wurde, weil hierdurch die Entwicklung der Ovarien beschleunigt wird. Es wurden dementsprechend wiederholt normale Geburten bei 12jährigen Mädchen beobachtet.

Das Heiratsalter ist bei Mädchen gesetzlich auf 16 Jahre festgesetzt und kann auf Antrag herabgesetzt werden. In diesen Jahren wird also allgemein das Vorhandensein der F. angenommen und ist auch bei normal entwickelten Mädchen vorhanden.

Wie bei Männern kommen bei bestimmten Tumoren der Nebennieren, der Hypophyse, der Ovarien usw. krankhafte Frühentwicklungen mit vorzeitiger Pubertät vor, so daß schon in den ersten Lebensjahren Menstruationen als Zeichen der Eizellenbildung und Eiablösung beobachtet werden.

Verspäteter Eintritt der Menstruation und damit der F. wird nicht nur bei Infantilismus, bei Status lymphaticus, bei der Chlorose und anderen Krankheitszuständen mit mangelhafter Gesamtentwicklung beobachtet, sondern kommt auch bei äußerlich normal entwickelten Mädchen vor. Man kann in derartigen Fällen aus kleinen inneren Geschlechtsorganen nicht ohne weiteres auf deren Funktionsuntüchtigkeit schließen. Nach dem Einsetzen des regelmäßigen geschlechtlichen Verkehrs kommen die inneren Geschlechtsorgane oft sehr schnell durch Nachreifung zu normaler Größe. In anderen Fällen tritt bei der Gebärmutter diese Nachentwicklung erst nach einer Empfängnis während der Schwangerschaft ein, so daß auch die kleinste Gebärmutter unter Umständen empfängnisfähig und austragungsfähig ist.

Zwischen dem 40. und 50. Lebensjahr tritt bei den Frauen mit Aufhören der Eizellenbildung und damit der Menstruation (Menopause, Klimakterium) Unfruchtbarkeit ein. Die Frau kann noch jahrelang den Beischlaf mit geschlechtlicher Lust ausüben, aber eine Empfängnis kann nicht erfolgen. Bei besonders rüstigen Frauen bleibt die Empfängnisfähigkeit über das 50. Jahr hinaus erhalten, doch gehören Schwängerungen von 60jährigen zu den größten Seltenheiten.

Die *praktisch wichtigsten* Störungen bzw. *Aufhebungen der Empfängnisfähigkeit* und damit der F., das Eintreten des Sterilität wird vornehmlich durch bestimmte Lageänderungen der Gebärmutter und durch Folgen entzündlicher Veränderungen der Schleimhäute der Gebärmutter und der Eileiter bedingt.

An und für sich ist bei jeder Lage der Gebärmutter eine Empfängnis möglich, wenn auch ausgesprochene Knickungen ungünstige Verhältnisse schaffen. Bei fixierter Retroflexio und bei stark spitzwinkliger Anteflexio ist dagegen eine Empfängnis kaum zu erwarten. Besonders gilt als Empfängnishindernis eine außergewöhnlich längliche Cervix mit derbem Gewebe in der Gegend der Portio und tief eingezogenem, winzig kleinem Eingang in die Cervix. Diese Hindernisse sind aber nicht eindeutig erkennbar und außerdem einer erfolgreichen Behandlung zugänglich.

*Wichtiger* sind *doppelseitige, entzündliche Erkrankungen der Adnexe, Vernarbungen* und *Vereiterungen der Tuben* (Salpingitiden), besonders nach Gonorrhoe. Hierdurch werden den Samen- und den Eizellen die Wege verlegt und ihr Zusammentreffen verhindert. Die Feststellung dieser Erkrankung ist jetzt durch Röntgenaufnahmen nach vorheriger Einführung von Kontrastmitteln (nur durch Fachärzte!) möglich. Mit seltenen Ausnahmen stellt eine derartige doppelseitige Entzündungsfolge ein ähnliches absolutes Hindernis für die Empfängnis und damit für die F. dar, wie die beiderseitigen Vernarbungen der Samenwege nach Epididymitis beim Manne.

Auch ohne vollkommenen Verschluß der Tuben kann durch entzündliche Erkrankungen der Schleimhaut des Uterus und der der Tuben mit Schädigung des Flimmerepithels eine derartige Störung der Strömungsverhältnisse, die für die Samen- und Eiwanderung von Wichtigkeit sind, eingetreten sein, daß es nicht zum Zusammentreffen von Samenfaden und Eizelle kommt oder die befruchtete Eizelle nicht zur Einnistung gelangt. Die Feststellung des Vorhandenseins derartiger Störungen, die die F. aufheben, ist auch durch fachärztliche Untersuchung mit der für gerichtsärztliche Begutachtungen notwendigen Eindeutigkeit nicht möglich. Es kommt hinzu, daß wir über die wirkliche Aufgabe der durch das Flimmerepithel unterhaltenen Säfteströme nur unzureichend unterrichtet sind und uns die sicher vorhandenen chemotaktischen Anziehungskräfte zwischen Ei- und Samenzelle in ihren Wirkungen nicht genügend bekannt sind.

*Entwicklungsstörungen, entzündliche Erkrankungen* verschiedener Art, *Neubildungen* der Ovarien wie Cystome, Adenome, Carcinome und Teratome können bei doppelseitigem Auftreten je nach Ausdehnung durch abnorme hormonale Einflüsse, durch mechanische Behinderung und durch Störung der Eizellenbildung und -ablösung die F. aufheben. Bei einseitiger Erkrankung bleibt die F. erhalten.

*Röntgenstrahlen* wirken auf das Keimepithel der Ovarien besonders schädigend und zerstörend. Auch die Zwischensubstanzen und damit die hormonalen Wirkungen der Ovarien erleiden eine Störung. Eine vollkommene Sterilisierung und damit ein Aufheben der F. wird nur selten erreicht. Durch die Schädigungen kommt es zu Mißbildungen der Eizellen bzw. der später geborenen Kinder, aber nicht in allen Fällen. Nach Aufhören der Schädigung kann es zur Regeneration des Keimepithels und zur Wiederherstellung normaler F. kommen.

Die gutartigen Muskelgeschwülste der Gebärmutter, die *Myome*, heben die F. in vielen Fällen auf.

Die Wanderung der Samenzellen und besonders die Einnistung des Eis wird durch das Vorhandensein dieser Geschwülste häufig verhindert. Andererseits kann Empfängnis eintreten und trotz des gefährlichen Mitwachsens der Myome während der Schwangerschaft die Geburt eines ausgetragenen Kindes erfolgen. In anderen Fällen wirken die Myome bei Fortschreiten der Schwangerschaft hindernd an der Austragung, und es kommt zum vorzeitigen Abort. Die Behauptung, daß Myombildungen nur bei geschlechtlich unempfindlichen, frigiden, dyspareunoischen Frauen vorkommen, ist nicht anerkannt.

Eine wahrscheinlich konstitutionell bedingte *intersexuelle Veranlagung*, die wir aus den Angaben der zu untersuchenden Frau erfahren und welche die F. aufheben kann, läßt sich objektiv aus anatomischen Veränderungen und Besonderheiten durch die Untersuchung nicht eindeutig feststellen. Der nach jahrelang durchgeführtem *Prohibitivverkehr* beobachtete Verlust der F. bei normal gebauten, an und für sich fortpflanzungsfähigen Frauen ist nach seinen Ursachen nicht geklärt und entzieht sich deshalb der objektiven Feststellung durch die Untersuchung.

Die vorstehend zusammengestellten wichtigsten Folgezustände nach Entwicklungsstörungen, Krankheiten und Verletzungen, durch welche die Beischlafs- und Empfängnisfähigkeit und damit die F. mehr oder weniger aufgehoben werden, sind vielfach auch die Ursache der Aufhebung der Austragungsfähigkeit (potentia gestandi) und der Gebärfähigkeit (potentia parturiendi).

Die *Austragungsfähigkeit* wird dauernd ausgeschlossen sein, wenn bei chronischer Erkrankung der Gebärmutterschleimhaut die ausreichende Ernährung der sich entwickelnden Frucht nicht gewährleistet ist und deshalb vorzeitiger Fruchtabgang eintreten muß. Ebenso muß vorzeitiger Fruchtabgang eintreten, wenn das notwendige Wachstum der Gebärmutter in der Schwangerschaft durch feste Verwachsungen der reflektierten Gebärmutter verhindert ist. Die Austragungsfähigkeit wird verhindert, wenn das Wachstum der Gebärmutter durch raumbeengende Prozesse (Tumoren) an der Gebärmutter selber oder in ihrer Umgebung unmöglich wird. Akute und chronische Infektionen bewirken eine zeitweilige oder bedingte Austragungsunfähigkeit, ebenso Vergiftungen, Stoffwechselstörungen und schwere Herzkrankheiten.

Die *Gebärfähigkeit* kann trotz vorhandener Beischlafs-, Empfängnis- und Austragungsfähigkeit aufgehoben sein, wenn das Knochengerüst des Beckenringes infolge Wachstumsstörungen oder krankhafter Veränderungen den Austritt des Kindes nicht zuläßt. Da in derartigen Fällen die Geburt des Kindes operativ erfolgen kann, ist die F. nur bedingt aufgehoben. Eine Gerichtsentscheidung, ob ein derartiger Mangel der F. als „Umstand" im Sinne des § 37 des neuen Ehegesetzes angesehen wird, liegt noch nicht vor, es ist aber anzunehmen, daß bei heutigen Auffassung vom Wesen und Zweck der Ehe jede unzureichende F. des anderen Ehegatten als ein „Umstand" angesehen werden dürfte, der eine Aufhebung der Ehe bei vorheriger Unkenntnis dieses „Umstandes" berechtigt erscheinen läßt.

Die vorstehende Zusammenstellung der wichtigsten anatomisch, nervös und inkretorisch bedingten abnormen Zustände an den männlichen und weiblichen Geschlechtsorganen, durch welche die F. ganz oder teilweise wegen mangelhafter oder fehlender Beischlafs-, Empfängnis- oder Geburtsfähigkeit in Frage gestellt wird, bedarf einer Ergänzung. Schon im Anfang der Zusammenstellung wurde darauf hingewiesen, daß die überwiegende Mehrheit aller *geschlechtlichen Unfähigkeiten* nicht somatischen, sondern *psychischen Ursprungs* ist. Es handelt sich hierbei durchweg um Störungen oder Aufhebungen der Beischlafsfähigkeit. Beim Manne sind es vornehmlich die mangelhafte Erektion (impotentia erigendi) und die vorzeitige Ejaculation (ejaculatio praecox), beim Weibe das Fehlen der geschlechtlichen Lust (Frigidität) und des Orgasmus beim Geschlechtsakt.

Die mangelhafte Erektionskraft beim Manne wird durch Hemmungsvorstellungen bedingt, die bei homosexueller Veranlagung und perversen Neigungen und Betätigungen allgemein eine ausreichende Erektion und eine rechtzeitige Ejaculation beim normalen Geschlechtsverkehr mit der Frau verhindern und so die F. aufheben. Beim Weibe kann aus den gleichen Gründen eine geschlechtliche Gefühlskälte (Frigidität) und ein Unlustgefühl beim Beischlaf ohne Orgasmus (Dyspareunie) eintreten.

Aber auch ohne diese Veranlagungen und Neigungen können bei normal entwickelten Geschlechtsteilen Hemmungen gegen bestimmte Geschlechtspartner eintreten, weil irgendwelche Abneigungen aus den verschiedensten Gründen vorhanden sind. Man kann als Gutachter versuchen, durch die Befragung der Geschlechtspartner die Ursprünge dieser Abneigungen aufzudecken, wird aber wohl nur selten zu bestimmten eindeutigen Urteilen wegen der schon erwähnten Schwierigkeiten derartiger psychischer Analysen gelangen.

Die erwähnte homosexuelle Veranlagung oder Neigung zu perverser Befriedigung des Geschlechtstriebes läßt sich für den Sachverständigen aus den eigenen Angaben der untersuchten Person bzw. aus den kritisch zu bewertenden Angaben des anderen Ehegatten unter Umständen nachweisen, besonders wenn die untersuchte Person die Veranlagung offen zugibt und das Zugeständnis nach den Umständen des Falles glaubhaft erscheint.

Bei Fehlen derartiger Veranlagungen und Neigungen kann eine behauptete mangelhafte Erektionsfähigkeit des Mannes ohne sein Zugeständnis nachgewiesen werden, wenn bei der Ehefrau trotz gewährter wiederholter Beischlafsversuche ein unversehrter Hymen festgestellt wird. Beim Manne wäre in diesem Falle eine praktische F., wie sie nach dem Ehegesetz gefordert werden kann, nicht vorhanden. Es kann weiter objektiv nachgewiesen werden, daß eine mangelhafte Erektionsfähigkeit beim Beischlaf ausschließlich psychisch bedingt ist, wenn durch andere Reize, insbesondere durch die morgendlich stark gefüllte Harnblase, eine ausreichende Erektion auftritt (Wassersteife). Durch derartige Erektionen wird bewiesen, daß der Mechanismus der Blutfüllung und -absperrung für die Schwellkörper mit dem zugehörigen Reflexbogen über das Erektionszentrum keine Entwicklungsstörungen oder krankhafte Veränderungen aufweist.

Für den Nachweis vorzeitiger Samenergüsse (ejaculatio praecox) ist der Gutachter dagegen auf das Zugeständnis des Mannes angewiesen, das durch die Angaben der Ehefrau unterstützt werden kann. Fehlt dieses Zugeständnis, so ist eine eindeutige Begutachtung unmöglich. Dasselbe gilt für den Nachweis der Frigidität und Dyspareunie bei der Frau. Werden hier Zugeständnisse gemacht, so sind sie deshalb von geringerer Bedeutung, weil derartige Zustände bei der Frau eine F. nicht ausschließen. Nachweisbar kann eine Frau auch ohne geschlechtliche Lust und Orgasmus empfangen und gebären.

So notwendig es für den gerichtlichen Mediziner ist, sich mit der Sexualpsychopathologie zu beschäftigen, um die Angaben der Geschlechtspartner bei der Befragung gelegentlich der Untersuchung bei zweifelhafter F. zu verstehen und kritisch würdigen zu können, so wenig kann er die Kenntnisse aus dieser noch dazu sehr umstrittenen Wissenschaft

für die eindeutige Beantwortung der Frage nach dem Vorhandensein oder Nichtvorhandensein einer F. benutzen. Der Gutachter kann aber auf Grund dieser Kenntnisse darauf hinweisen, daß durch die Erfolge der Psychotherapie bei psychisch bedingten geschlechtlichen Störungen Heilungen zu erzielen sind, die eine durch psychische Störung aufgehoben gewesene F. wiederherstellen.

*Schrifttum.*

v. Hofmann-Haberda: Lehrbuch der gerichtlichen Medizin. XI. Aufl. 30. Berlin u. Wien 1927. — *Kehrer:* Ursachen und Behandlung der Unfruchtbarkeit. Dresden u. Leipzig 1922. — *v. Neureiter* u. *Straßmann:* Die gerichtsärztliche Untersuchung des gesunden und kranken Menschen. Handb. der biol. Arbeitsmethoden **IV 12**. Berlin u. Wien 1927. — *Panning:* Untersuchung der Zeugungsfähigkeit des Mannes. Ärztl. Sachverst. ztg **1936**, 3/4. — *Rohleder:* Vorlesungen über d. ges. Geschlechtsleben des Menschen. 4 Bände. V. Aufl. Berlin 1923/25. — *Stoeckel:* Lehrbuch der Gynäkologie. V. Aufl. 605 ff. Leipzig 1937. **Schackwitz.**

## Zweifelhafte Geschlechtszugehörigkeit.

Mißbildungen an den äußeren und inneren Geschlechtsorganen können namentlich dann, wenn auch die sog. sekundären Geschlechtscharaktere eine Vermischung männlicher und weiblicher Merkmale zeigen, Zweifel an der Geschlechtszugehörigkeit eines lebenden Menschen erwecken und darum Gegenstand der Beurteilung durch den Gerichtsarzt werden. An der Leiche kann ebenfalls gelegentlich der Feststellung der Identität des Individuums durch solche Verbildungen die Bestimmung des Geschlechtes schwierig sein. Diese Bildungsanomalien — unvollkommene Entwicklung der äußeren Geschlechtsteile im Sinne des männlichen oder weiblichen Geschlechtes; ihre abwegige Ausbildung gegenüber den sonstigen, auch sekundären Körpermerkmalen; verschiedengeschlechtliche Ausbildung der inneren und äußeren Sexualorgane oder Vermischung solcher — werden als *Zwitterbildungen*, Hermaphroditen, bezeichnet. Sie entstehen infolge Beeinflussung der Gestalt der Geschlechtsorgane durch den dem geschlechtsbestimmenden Faktor entgegengesetzten, normal unterdrückten Geschlechtsfaktor.

Das Gebiet der Zwitterbildungen ist schwer abzugrenzen. Aus praktischen Gründen ist es geboten, eine Beschränkung auf die hermaphroditischen Verbildungen der Geschlechtsorgane, vergesellschaftet mit dem Geschlechtstypus der Keimdrüsen widersprechenden anderweitigen Veränderungen am Körper des Trägers, insbesonders den sekundären Geschlechtsmerkmalen, durchzuführen. Die gleichen Abnormitäten der äußeren Geschlechtsteile, welche sich bei Zwittern finden, kommen auch sonst ohne hermaphroditischen Einschlag vor, und darum ist man nicht berechtigt, wenn anderweitige somatische Merkmale fehlen, schon von Zwitterbildung zu sprechen, z. B. weil sich eine einfache Eichelhypospadie, ein Kryptorchismus mit oder ohne Leistenhernie oder ein angeborener Scheidenmangel, eine größere penisartige Klitoris bei einem männlichen bzw. weiblichen, sonst von der Norm nicht weiter abweichenden Individuum findet. Für Verbildungen der inneren Geschlechtsteile gilt ein gleiches. Bei Männern gelegentlich vorkommende bis kirschengroße Cysten zwischen den Ampullen der Samenleiter, entwicklungsgeschichtlich Abkömmlinge von Resten der *Müller*schen Gänge oberhalb der Prostata, oder ein als dünner, teilweise solider, teils cystischer Strang dem Ductus deferens medial anliegender, wechselnd erhaltener *Müller*scher Gang bei einem sonst normalen Manne, ein in wechselnder Ausdehnung ausgebildeter *Gartner*scher Gang (als Abkömmling vom *Wolff*schen Gange) oder Cysten, die auf einen solchen zurückgehen und in der seitlichen Uterus- oder Scheidenwand einer sonst vollkommen normalen Frau

liegen, können den Träger nicht als Hermaphroditen schlechthin gelten lassen. Ebensowenig dürfen
einfache Abweichungen im Exterieur (heterosexuelle Behaarung) hierher zählen. Wegen der sich ergebenden Schwierigkeiten hat *Moszkowicz* den weit
umfassenderen Begriff der *Intersexualität* für alle diese
Fehlbildungen mit heterosexuellem Einschlag herangezogen, da sie das Bindeglied zwischen den normalen männlichen und weiblichen Individuen über
die engere Gruppe der Zwitter darstellen.

Auf Grund experimenteller Untersuchungen am
Schwammspinner — Kreuzung geographisch verschiedener Rassen — kam *R. Goldschmidt* zu dem Schlusse,
daß jede Zelle und der ganze Organismus doppelt-
geschlechtlich angelegt sind, wobei die Wertigkeit
der geschlechtsbestimmenden Faktoren bei den verschiedenen Rassen aber ungleich sein müsse, da bei
Kreuzung ganz bestimmter Rassen sich sehr häufig
„sexuelle Zwischenstufen" — Intersexe — ergeben.
Als solche werden Individuen bezeichnet, die sich
bis zu einem gewissen Zeitpunkt, dem „Drehpunkt",
nach der Richtung eines bestimmten Geschlechtes
entwickeln, von da an aber ihre Entwicklung nach
der des entgegengesetzten Geschlechtes vollenden,
weil sich die „epistatischen" Faktoren des ursprünglichen Geschlechtes zu früh erschöpften. Männliche
Intersexe sind dann jene Individuen, bei denen die
Entwicklung zunächst nach der männlichen Richtung erfolgte, weibliche solche mit weiblichem Ent-
wicklungsbeginn. Nach der von *Moszkowicz* auf
die menschlichen „sexuellen Zwischenstufen" angewandten Nomenklatur ist also unter einem männlichen Intersex ein genetisch weibliches Individuum
zu verstehen, ein „Umwandlungsmann", und umgekehrt; Bezeichnungen, die etwas unglücklich gewählt sind. Unter den Begriff der Intersexualität
fallen also zunächst alle jene Abnormitäten, die als
Zwitter oder Scheinzwitter bezeichnet werden. Darüber hinaus wären auch Fehlbildungen, welche, wie
der angeborene Scheiden- oder Samenleitermangel,
an sich nicht als Zwitter gerechnet werden können, den Intersexen zuzuzählen, da ja hier bei dem
sonst normalen weiblichen oder männlichen Individuum geschlechtsspezifische Organteile eine Rückbildung erfuhren; weiters aber auch alle Individuen,
welche in ihrem Exterieur hinsichtlich der sekundären Geschlechtsmerkmale (Behaarung, Ausbildung der Brustdrüsen, Eunuchoide) oder auch in
ihrer Psyche Abweichungen von der geschlechts-
spezifischen Norm bieten; ferner jene oft geringen
abwegigen Formen der äußeren und inneren Geschlechtsteile, welche sich mit anderen Merkmalen
zusammen bei Hermaphroditen finden, für sich
allein aber noch nicht zur Diagnose „Zwitter" berechtigen (Hypospadie, Kryptorchismus, „Ligamentum latum" bei männlichen, Clitorishypertrophie
bei weiblichen Individuen). Es würde sich also eine
Reihe ergeben, welche vom Normalmann über den
Umwandlungsmann, die Fälle von männlichem Hy-
pogenitalismus, Hodenzwitter, Individuen mit angeborenem Hoden- oder Eierstockmangel, echten
und Eierstockzwitter, den weiblichen Hypogenitalis-
mus und das „Umwandlungsweib" zum Normal-
weib führt. Eine solche Reihung bietet den Vorteil, alle jene erwähnten Übergangsformen zu umfassen, welche strenggenommen den Zwitterbildungen nicht zugezählt werden sollen, aber oft gegenüber diesen nicht leicht abzugrenzen sind, da sie
ja deutliche heterosexuelle Einschläge darstellen.
Nicht ganz berechtigt dürfte die Einreihung der
Gonadenlosen (Keimdrüsenmangel) als Mittelgruppe
sein, auch wenn man sie als weibliche oder männliche
Intersexe auffaßt, je nachdem, ob es sich um Hoden-
oder Eierstockmangel bei deutlich ausgesprochenem
Somageschlechte handelt. Reine „Neutra" stellen

auch solche Individuen nicht dar. — Ob die *Goldschmidt*sche Theorie auf den Menschen bedingungs-
los übertragen werden kann, ist fraglich, da der
Mensch sich unterschiedlich von den Insekten von
allem Anfang an im mütterlichen Organismus entwickelt und dessen hormonalen, vermutlich nicht
unbedeutenden Einflüssen (Synkainogenese — *A.
Kohn*; Schwangerschaftsreaktionen fetaler Organe
— *Halban*) während des ganzen intrauterinen Lebens ausgesetzt ist.

Eine allgemein befriedigende *Umschreibung und
Einteilung* der Zwitterbildungen gibt es auch heute
noch nicht. *Klebs* unterschied *echte Zwitter* — Hermaphroditismus verus: Hoden- und Eierstockgewebe in ein- und demselben Körper, bilateral, uni-
lateral oder lateral (eine Seite Hoden, andere Eier-
stock) — von den *Scheinzwittern* — Pseudohermaphroditismus; bei letzterer Gruppe, welche nur Keim-
drüsengewebe eines Geschlechtes besitzt, männliche und weibliche, von diesen wieder je drei Untergruppen: Pseudohermaphroditismus (= Psh.) internus (gegengeschlechtliche Ausbildung der ableitenden Wege für die Geschlechtsprodukte, also
Uterus und Tuben beim männlichen, Persistenz von
Abkömmlingen der *Wolff*schen Gänge beim eierstock-
tragenden Individuum), Psh. completus (wechselnd
hochgradige Verbildung auch der äußeren Geschlechtsteile neben solcher Gangpersistenz), Psh.
externus (ausschließliche Verbildung der äußeren
Geschlechtsteile). Für den Psh. externus schlug
*Benda* die Bezeichnung „Pseudarrhenie" oder „Pseu-
dothelie" (Scheinmännlichkeit oder -weiblichkeit)
vor. *Siegenbeek van Heukelom* empfahl die Einteilung
in „Hermaphroditismus glandularis" (bei Mitbetrof-
fensein der Keimdrüsen) oder „H. tubularis" (wenn
nur die Ableitungswege in wechselnder Ausdehnung
entgegengesetzt geschlechtlich differenziert sind)
mit dem Beisatz „et externus" bei vorhandenen entsprechenden Veränderungen auch an den äußeren
Geschlechtsteilen und somatischen Merkmalen. *Kolisko* und *Kermauner* geben letzterer Einteilung den
Vorzug, wobei sie gleich Verf. den weiblichen tubulären Hermaphroditismus als (auch praktisch für eine
Geschlechtsverwechslung) bedeutungslos ausscheiden. *Moszkowicz* unterscheidet einen Herm. ambi-
glandularis (Zweidrüsenzwitter), testicularis (Hodenzwitter) und ovarialis (Eierstockzwitter). Ähnlich
spricht *Berner* von männlichem und weiblichem Pseudohermaphroditismus neben wahrem (i. e. glandulä-
rem [Eierstockzwitter]) Hermaphroditismus.

Von diesen Fehlbildungen abzutrennen sind
solche Fälle, welche überhaupt keine Keimdrüsen
besitzen, gonadenlos sind: *Angeborener Keimdrüsenmangel:* äußerlich normal weiblich-kindlich oder
(selten) männlich gestaltete Individuen mit Mangel
der sekundären Geschlechtsmerkmale (Lit. *Pich*).
Erklärung ihres Entstehens nach *Goldschmidt*s Inter-
sexualitätslehre durch einen Geschlechtsumschlag
möglich, aber auch durch frühembryonales Zugrundegehen der Keimdrüsenanlage, z. B. infolge
Erkrankung der Mutter während der Tragzeit. Forensische Bedeutung kommt diesen Fällen wegen
der (abgesehen von gelegentlich bei Ovarialaplasie beobachteter Hypertrophie der Clitoris) fehlenden
Verbildung der äußeren Geschlechtsteile kaum oder
höchstens im Hinblick auf die Zeugungsunfähigkeit
zu, ähnlich wie bei dem angeborenen Scheidenmangel, welcher mit heterosexuellen Merkmalen
(Klitorisvergrößerung, Mangel des Brustdrüsenkör-
pers, männliche Fettverteilung und Behaarung) einhergehen kann (Lit. *Moszkowicz*).

*1. Echter (biglandulärer) Hermaphroditismus* ist
beim Menschen sehr selten (bisher etwa 25 z. T. nicht
ganz einwandfreie Beobachtungen) und, da in solchen
Fällen das Keimdrüsenparenchym meist sehr früh

der Atrophie anheimfällt oder mindestens eine der beiden Gonadenarten (in der Regel das Hodenparenchym), nur äußerst selten ein wirklich funktioneller (im Ovarialteil Follikel, im Hodenpunktat z. B. Spermatozoen). Dabei sind Fälle, wo auf einer Körperseite ein Hoden, auf der anderen ein Ovarium ausgebildet ist, weitaus in der Minderzahl. In der großen Mehrzahl findet sich auf einer Körperseite (selten auf beiden) eine sog. *Zwitterdrüse* (Testovarium oder Ovotestis je nach der stärkeren Ausbildung von Eierstock- oder Hodenparenchym), in welcher das Eierstockgewebe meist besser differenziert ist und in der Regel lateral oder peripher dem Hodenteil angelagert ist; einmal wurde es auch in der Tiefe des Organs gefunden. Die Diagnose des Hodenteiles solcher Keimdrüsen kann oft wegen der fast immer zu einem sehr frühen Zeitpunkt einsetzenden Atrophie auch mikroskopisch sehr schwierig sein. Die äußeren Geschlechtsteile sowie die Ableitungswege der Geschlechtsprodukte können ebenso wie die sekundären Sexusmerkmale eine Vermengung männlicher und weiblicher Züge zeigen. Ein hypoplastischer (manchmal zweihörniger) Uterus und, wenn auch rudimentäre, Tuben sind vorhanden; die Nebenhoden meist stark unterentwickelt, öfters ohne deutliche Verbindung mit der Keimdrüse, Samenleiter wenigstens auf kürzere oder längere Strecken nachweisbar, während Samenblasen fehlen. Eine mehr oder weniger gut ausgebildete Prostata scheint immer vorhanden. Sehr selten finden sich Unterschiede nach den Körperseiten, eine Art „gynandromorpher" Einschlag mit seitlicher Differenz in der Körperbehaarung, sowie in der Gestaltung der Prostata, des Beckens usw. Die äußeren Geschlechtsteile können ja jene Verbildungen zeigen, wie sie der sog. Hermaphroditismus externus (s. u.) mit sich bringt. Mikroskopisch ist in der sog. *Zwitterdrüse* neben dem Verhalten des Eierstockanteiles bezüglich Anwesenheit von Follikeln oder Eizellen sowie Corpora candicantia und auch des Stromas, welches durch seine so ungemein kennzeichnende Art allein schon fast als beweisend für die Organnatur anzusehen ist, dem im Falle der Atrophie schwerer zu erkennenden Hodenteil besonderes Augenmerk zuzuwenden. Verwechslung gewundener verödeter Blutgefäße mit verödeten Hodenkanälchenabschnitten ist auch bei entsprechender Färbung der elastischen Elemente durchaus möglich. Ebenso können die gelegentlich „adenomartig" gewucherten Retekanälchen oder Markstränge von Mindergeübten irrtümlich als Hodenkanälchen angesprochen werden. Auch größere Anhäufungen von Zwischenzellen, wie sie in atrophischen oder verlagerten Hoden häufig vorkommen, sind für die Hodennatur nicht beweisend, da ganz gleichartige Zellen in der Umgebung des Rete ovarii, mitunter in großer Menge, bei Frauen (z. B. bei „Barba virilis") durchaus nicht selten sind. Sie finden sich auch außerhalb der Keimdrüse im Gefäßstiel genau so, wie in jenem des atrophischen Hodens, entlang den Blutgefäßen und feinen Nervenstämmchen. Blastomatöse Entartung (sog. Disgerminom) der Keimdrüsen und anderweitige Mißbildungen kommen bei echten Zwittern ebenso vor, wie bei Scheinzwittern. Veränderungen an den Nebennieren, wie sie für die weiblichen Zwitter kennzeichnend sind, scheinen zu fehlen. Die bisher beobachteten glandulären Zwitter lebten in der Überzahl dauernd als Männer oder Weiber; nur selten ereignete sich ein Geschlechtswechsel nach Eintritt der Pubertätszeit. Die Psyche zeigt eine gewisse Unabhängigkeit von der morphologisch oder funktionell überwiegenden Keimdrüsenart, ähnlich den anderen sekundären Sexuszeichen und öfters im Gegensatz zum Habitus. Letzterer weist vielfach Vorherrschen weiblicher Merkmale auf mit starker Entwicklung der Brustdrüsen, entsprechenden Proportionen usw.; dabei ist die Stimme tief. Am äußeren Genitale sind die Abweichungen von der Norm entweder nur gering, oder es findet sich ein hypospadischer Penis mit gespaltenem Scrotum, eine penisartige Klitoris, getrennte Mündung von Urethra und Vagina, letztere auch blind endend, ohne Verbindung mit dem Uterus. Bei Mündung der Scheide in die Urethra am *Müller*schen Hügel kann ein langer Canalis urogenitalis bestehen, durch welchen Harnentleerung und Menstruation erfolgen. Eine Erklärung der Entstehung der Zwitterdrüsen im Sinne einer Geschlechtsumwandlung ist nur dann möglich, wenn man annimmt, daß die Zweidrüsenzwitter genetische Weibchen darstellen, die Testikel also durch Umbildung aus Ovarien hervorgehen, da für einen solchen Vorgang im Tierreiche sich Beispiele finden, für den umgekehrten aber nicht.

*2. Männlicher Hermaphroditismus.* Hodenzwitter mit und ohne Verbildung der äußeren Geschlechtsteile bei wechselnder Ausdifferenzierung der *Müller*schen Gänge zu Uterus und Tuben bzw. Vagina. Die Keimdrüsen sind entweder in der Bauchhöhle retiniert oder im Leistenkanal zurückgehalten, können (namentlich dann, wenn die *Müller*schen Gänge nur wenig differenziert, Uterus und Tuben also sehr rudimentär ausgebildet sind) aber auch in das Scrotum gelangen, öfters durch Hernienbildung nur auf einer Körperseite, also nicht im Wege eines wahren Descensus. Beide Hoden sind auch samt dem mehr oder weniger gut ausgebildeten Uterus und den Tuben — also der ganzen „Genitalplatte" — wiederholt im Bruchsack einer Scrotalhälfte gelegentlich der Hernienoperation angetroffen worden („Dystopia testis transversa"). Fehlt in solchen Fällen eine Verbildung der äußeren Geschlechtsteile („Herm. masculinus tubularis"), dann kann ihre Beurteilung sehr schwierig sein, besonders, wenn die sekundären Geschlechtsmerkmale dem männlichen Typus mehr folgen. Ihre Aufdeckung geschieht meist ganz zufällig gelegentlich Operation oder Obduktion, und daher ist ihre praktische Bedeutung gering, ausgenommen in Fällen, wo es sich um Feststellung der Zeugungsfähigkeit handelt, da die Keimdrüsen, besonders wenn retiniert, vorzeitig der Atrophie verfallen und öfters die samenableitenden Wege unvollkommen ausgebildet sind. Sind die *Müller*schen Gänge zu Uterus und Tuben ausgestaltet und ist auch der Bandapparat entsprechend entwickelt, dann nehmen die Hoden in der Bauchhöhle die Lage von Ovarien ein und können gelegentlich der Laparotomie mit solchen verwechselt werden. Neben der Tube findet sich ein wechselnd gut ausgebildeter Nebenhoden, von welchem, selbstverständlich in gestrecktem (und nicht, wie beim normalen Hoden, geknicktem) Verlaufe das Vas deferens medial abgeht, dann im Mesosalpingium an die Uteruskante herantritt und neben dieser gegen die Scheidenwand herabzieht, in welcher es gegen den Colliculus urethralis, wenn ein solcher vorhanden ist, weiter verläuft. Häufig bildet der Samenleiter vor seinem Eintritt in die Vaginalwand eine geschlängelte beckenbodenwärts an Dicke gewinnende Ausweitung, eine Art Ampulle, welche auch als „Pseudosamenblase" bezeichnet wird, während eigentliche, den Samenblasen entsprechende Divertikel fast immer fehlen. Die Erkennung des Hodens als solchen ist in diesen Fällen auch bei höhergradiger Atrophie in der Regel für den Geübteren leicht, die Albuginea gut entwickelt, das Kanälchenepithel meist bis auf die Stützzellen atrophisch, nur selten Ursamenzellen enthaltend. Bei verödeten Kanälchengruppen, innerhalb welcher sich öfters größere Zwischenzellenanhäufungen (als Ergebnis der Speicherung des Abbaumaterials vom ursprünglichen Epithel) finden, geben Elasticafärbungen und Fettfärbungen Aufklärung. Das Rete ist in der Regel gut ausgebildet. Von den Tuben kann unter Umständen allein der Fimbrienteil mit freiem Auge deutlich, der übrige meist sehr dünne Abschnitt nur mikroskopisch erkennbar sein oder völlig fehlen. Ebenso kann vom Ductus deferens bloß der Anfangs- und Endteil ausgebildet sein. Oder es besteht die Möglichkeit, daß auf einer Körperseite die männlichen Ableitungswege in ganzer Ausdehnung erhalten sind, während die Gegenseite einen aus der Vagina hervorgegangenen einhörnigen Uterus besitzt, dafür aber hier der Samenleiter fehlt und der Nebenhodengang blind endet. Dabei kann das äußere Genitale gerade in solchen Fällen, wo die *Müller*schen Gänge ihre höchste Differenzierung in ganzer Ausdehnung erhalten haben, auch am vollkommensten dem männlichen Typus entsprechen und umgekehrt dann, wenn nur ein Scheidenrudiment mit getrennter Mündung nach außen hinter dem Urethraostium da ist, die übrigen weiblichen Ableitungswege aber fehlen, fast vollkommen einer normalen weiblichen Vulva gleichen. Eine Prostata ist in allen diesen Fällen vorhanden und nimmt, wenn das äußere Genitale dem männlichen Typus durch Ausbildung eines längeren Urogenitalkanals angeglichen ist, vollkommen die Lage ein, welche sie sonst beim Manne besitzt, umgibt also den ganzen *Müller*schen Hügel und damit noch den Anfangsteil des Canalis urogenitalis. Zeigt das äußere Genitale Annäherung an den weiblichen Typus mit getrennter Mündung von Harnröhre und Scheide, dann findet man Prostatadrüsen in wechselnder Ausbildung um die Urethra, jedoch nicht um das angelagerte Scheidenstück herum. An dem oft recht langen Uterus fehlt fast immer eine Portio, er geht das Organ fließend in die Scheidenwand über. Die letztere ist in ihrem Endteil auch dann meist recht eng, wenn sie getrennt von der Urethra nach außen mündet. Bei Vereinigung mit dieser zeigt sie das Verhalten der normalen männlichen Vagina prostatica, indem sie beim Eintritt in den Prostatakörper sehr eng wird, noch Ausführungsgänge von Prostatadrüsen aufnimmt und, von den Spritzkanälchen seitlich flankiert, den *Müller*schen Hügel durchbohrt. Die Ductus ejaculatorii, welche meist schon oberhalb der Prostata in die Scheidenwand eintreten und mit dieser gemeinsame Muskulatur besitzen, münden in der Regel getrennt von der Vagina seitlich am Colliculus oder kurz vor deren Mündung in sie ein. Die Prostata zeigt in solchen Fällen oft nur eine geringe Unterentwicklung und enthält immer reichliche glatte Muskulatur. Bei vollkommener Rückbildung der oberen Anteile der *Müller*schen Gänge kann trotzdem eine Art „Ligamentum latum" vorhanden sein und Kryptorchismus bedingen. — Da die Scheide entwicklungsgeschichtlich vom Sinus urogenitalis stammt, erhebt sich die Frage, ob man überhaupt männliche Scheinzwitter, welche nur die Scheide stärker ausgebildet haben, dem Hermaphroditismus tubularis zuzählen darf, was zu bejahen ist. Bei den Fällen mit starker Annäherung der äußeren Geschlechtsteile an den weiblichen Typus ist auch der Habitus der Träger weiblich und erst dann, wenn eine Leistenhernie auftritt, kann gelegentlich der Operation unter Umständen die wahre Natur des Geschlechtes aufgedeckt werden. Bei den Fällen mit nach außen getrennt mündender Vagina wird neben weiblichem Exterieur (Körperbehaarung, Fettverteilung, stärkere Mammaausbildung) meist weiblich gerichtete Psyche und Lebensform beobachtet, doch finden sich hier öfters Abweichungen z. B. in Beckenform, Schulterbreite, Größe von Händen und Füßen, welche vollkommen männliches Gepräge tragen.

Minderwuchs, eunuchoide oder chondrodystrophische Proportionen kommen vor. Gerade hier ist

die Abgrenzung der Zwitterbildungen gegenüber banalen Mißbildungen nicht einfach. Namentlich wenn Kryptorchismus mit geringer Hypospadie oder der erwähnten, einem breiten Mutterband ähnlichen Bauchfellduplikatur an der Blasenhinterfläche vorkommt, wird im gegebenen Falle der Entscheid schwer, ob Zwitter oder nicht. Nebennierenanomalien (Hyperplasie, Gewächse) spielen bei den Hodenzwittern fast gar keine Rolle.

Die Fälle von *angeborenem Samenleitermangel* ohne weitere Verbildung der Geschlechtsorgane sind vom männlichen tubulären Hermaphroditismus abzugrenzen. Solcher Defekt des Ductus deferens kommt fast immer einseitig (meist links) mit gleichzeitiger Nierenaplasie oder -verbildung (Dystopie) vor, ist bei normalem Harnapparat nur in kaum einem halben Dutzend der Fälle beobachtet und bloß zweimal auf beiden Körperseiten beim Erwachsenen gesehen worden (einmal mit einseitigem Nierenmangel und Beckenniere auf der Gegenseite, das andere Mal mit normalen Harnorganen). Das Exterieur der Träger war immer eindeutig männlich, die äußeren Geschlechtsteile gut ausgebildet. Es ist klar, daß der beidseitige Mangel unter allen Umständen Zeugungsunfähigkeit bedingt, klinisch aber — mit Rücksicht auf die Lagerung der Hoden im Scrotum und ihre von der Norm nicht abweichende Größe — schwer erkannt wird. Operation — Freilegung des Samenstranges — notwendig. Einseitiger Mangel wird bei entzündlichen Erkrankungen der ableitenden Samenwege der Gegenseite ebenfalls Azoospermie im Gefolge haben und kann deshalb forensisch von Bedeutung werden. Diagnose möglich, da er beim Manne mit einseitiger Aplasie der Niere und des Harnleiters (Cystoskopie, Nierenfunktionsprüfung) mehr die Regel als die Ausnahme darstellt.

*3. Weiblicher Hermaphroditismus.* Zwitter, welche nur Ovarialgewebe in den Keimdrüsen besitzen, dabei eine wechselnde Annäherung der äußeren Geschlechtsteile an den männlichen Typus zeigen, sind häufiger als die biglandulären Hermaphroditen, aber wesentlich seltener als die Hodenzwitter der Gruppe 2. Auch bei ihnen wurde früher eine Unterabteilung gemacht, welche als sog. „Psh. femininus internus" oder „completus" auch abnorme Ausbildung von Derivaten der *Wolff*schen Gänge als Merkmal hervorhob. Doch spielen solche praktisch eine ganz unbedeutende Rolle, weil z. B. ein erhaltener *Gartner*scher Gang (Homologon des Ductus deferens) sich auch ohne jeden hermaphroditischen Einschlag findet und der *Wolff*sche Gang entwicklungsgeschichtlich kein Geschlechtsgang, sondern der Ausführungsgang der Urniere ist, welcher erst später bei der Differenzierung nach der männlichen Richtung in Beziehung zur Keimdrüse tritt. Diese Gruppe der weiblichen Zwitter ist noch schwerer zu umschreiben als die vorerwähnte (Gruppe 2), da einerseits ein weibliches Wesen auf Grund einer angeborenen Größe der Klitoris noch nicht als zwitterhaft bezeichnet werden kann, andererseits auch jene Fälle in Wegfall kommen, welche zum sog. *Virilismus*, dem Effekt der Hormonwirkung von Blastomen der Nebenniere oder der Ovarien gehören. Da in weitaus der größten Überzahl der Fälle von weiblichem Zwittertum die Nebennieren eine besondere Größe mit Hyperplasie der Rinde und eigenartig verworfenem Aufbau zeigen, wird der gesamte weibliche Hermaphroditismus von mancher Seite (insbesondere *Berner*) auf eine hormonal bedingte Umstimmung während des Fetallebens zurückgeführt. Kennzeichnend für den weiblichen Zwitter ist neben dem männlichen Habitus und mehr oder weniger männlichen äußeren Geschlechtsteilen das Vorhandensein innerer weiblicher Sexualorgane, wobei oft Menstruation auch die Funktion der Ovarien erweist. Der Sinus urogenitalis ist zu einem wechselnd langen Rohr geschlossen, damit ein einheitliches Ostium urogenitale vorhanden, die Entwicklung also in einer Weise vorgeschritten, wie dies sonst nur dem männlichen Embryo zukommt. Parallel mit dem Schluß der Urethralrinne geht auch die Ausbildung des Gliedes, so daß hier wieder alle Übergänge von nur geringen Abweichungen gegenüber der Norm bis zum normalen männlichen Typus vorkommen, zumal dann auch die Geschlechtswülste unter Bildung einer medianen Rhaphe zu einer Art Scrotum vereinigt sind, welchem allerdings ein Inhalt fehlt. Die inneren Geschlechtsorgane zeigen hinsichtlich Ausbildung von Tuben und Uterus samt Bandapparat und auch bezüglich Form und Lage der Keimdrüsen das gewöhnliche weibliche Verhalten. Der Uterus besitzt, auch wenn unterentwickelt, einen deutlich abgegrenzten Halsteil mit einer meist gut ausgebildeten Portio vaginalis. Die Scheide ist in der Regel geräumig und wird erst unmittelbar vor ihrer Mündung eng, namentlich wenn ein längerer röhrenförmiger Urogenitalkanal vorhanden ist. Hier verhält sich das Endstück der Vagina in bezug auf die dann gut ausgebildete Prostata so wie beim normalen Manne: Der nunmehr sehr eng gewordene Scheidenkanal durchbohrt das Organ in der Richtung von hinten oben nach vorne unten und mündet, flankiert von den Ausführungsgängen der Prostata, auf dem gut differenzierten Colliculus urethralis. Auch in solchen Fällen fehlen Abkömmlinge der *Wolff*schen Gänge in Form von Ductus ejaculatorii. Je enger bei ihnen die Vagina im Endteil, desto mehr ist der Möglichkeit einer breiten Vereinigung der seitlichen Prostatateile hinter der Scheide Raum gegeben. Ist die Vagina bis nahe ihrer Mündung geräumig und insbesondere in der Frontalebene breit, so findet sich dorsal von ihr kein Prostataparenchym, oder nur einzelne Drüsen münden nahe der Scheidenmündung dorsal in sie ein. Die Hauptmasse der Prostata umgibt besonders in diesen Fällen die Urethra und reicht nicht über die Vereinigung von letzterer mit der Vagina hinaus. Die sekundären Geschlechtsmerkmale (Habitus, Haarkleid, Fettverteilung, Skelett, Muskulatur, Brustdrüsen, Kehlkopfform, Stimme, psychisches Verhalten, weniger die Beckenform) sind meist betont männlich, um so mehr, je stärker der Befund an den äußeren Geschlechtsorganen dem männlichen Typus sich nähert. Durch Hernienbildung und Verlagerung der Gebärmutteranhänge einer Seite in den labialen bzw. scrotalen Bruchsack kann einseitiger Kryptorchismus vorgetäuscht werden. Die Fälle *angeborenen Scheidenmangels* scheinen etwas ganz anderes darzustellen und gehören nicht in die engere Gruppe des weiblichen Zwittertums. Ihr Analogon beim Manne ist wohl der angeborene Samenleitermangel mit und ohne Verbildung am uropoetischen System (s. o.), welcher ebenfalls nicht bedenkenlos den Zwitterbildungen zugezählt werden darf. Daß er gelegentlich auch bei einwandfreien solchen vorkommt, spricht nicht gegen unsere Auffassung.

Angaben über normale Nebennieren sind bei weiblichen Scheinzwittern mit Vorbehalt zu werten. Es muß unbedingt gefordert werden, daß stets entweder Abbildungen, welche einen Vergleich zwischen der Größe dieser Organe und jener der Nieren gestatten, beigebracht oder Maße und Gewichte genau bestimmt werden.

Erscheinungen von *Frühreife* („Pubertas praecox", besser Makrogenitosomia praecox) mit vorzeitigem Auftreten der Scham- und Achselbehaarung sowie verfrühtem Schluß der Knorpelfugen kommen besonders häufig bei weiblichen Zwittern vor und sind hier kaum anders als durch die Überfunktion der Nebennierenrinde oder durch Blastome zu deuten. Dabei ist aber eine vorzeitige Menstruation ungewöhnlich selten. Vielleicht erklärt sich wenigstens z. T. die Minderwüchsigkeit solcher Individuen aus dem verfrühten Abschluß der Entwicklung. Die Prostata kann in solchen Fällen unter Umständen die Größe des Organs eines Knabens im Pubertätsalter erreichen. *Nebennierengewächse* können bei kleinen Mädchen ohne hermaphroditische Verbildung der Geschlechtsteile verfrühtes Auftreten der Genitalbehaarung, Wachstum des Kehlkopfes (tiefer werdende Stimme) und andere männliche Merkmale hervorrufen. Da Menstruation nicht zum gleichen Zeitpunkt auftritt, spricht man besser von „Virilismus" als von Pubertas praecox. Nur äußerst selten werden ähnliche Beobachtungen an Knaben erhoben. Nach Entfernung des Blastoms gehen die Veränderungen wieder zurück. Bei erwachsenen Frauen äußern sich gleichartige Gewächse durch Aufhören der Menstruation, abnormen Haarwuchs, tiefere Stimme, auffallende Vergrößerung der Klitoris, Atrophie des Mammaparenchyms. *Gewächse des Ovariums* können ähnliche Wirkungen zeitigen. Die hierher gehörigen „vermännlichenden" Gewächse sind nicht einheitlichen Aufbaues und werden als Arrenoblastome (griechisch „ἄρρην", Männchen) bezeichnet. Auch hier können die Erscheinungen der Virilisierung nach Exstirpation des Tumors mit geringen Ausnahmen (Stimme) wieder schwinden. Die in Rede stehenden Gewächse sind: 1. Das Adenoma tubulare testiculare ovarii (*Pich*), 2. atypische Eierstocktumoren von bösartigem Charakter mit epithelialen Strängen und Schläuchen (letztere öfters gegen das Stroma mangelhaft begrenzt) von unregelmäßiger Gestalt und starker Neigung zu fettigem Zerfall, gelegentlich Blutung und Höhlenbildung, so daß das Bild eines multiloculären Cystoms vorgetäuscht wird. Weiteres sind im gleichen Zusammenhange Gewächse anzuführen, die in ihren aufbauenden Elementen an Luteinzellen oder Elemente der Nebennierenrinde erinnern, so daß ihre Klassifikation schwierig ist. Der gelegentliche Befund akzessorischer Beizwischennieren auch im Ovarium Neugeborener könnte für die Nebennierennatur dieser Blastome sprechen. Die eigentlichen Arrenoblastome werden auf heterosexuelle Überbleibsel der ursprünglich bisexuellen Keimdrüsenanlage (Rete, Tubuli recti) zurückgeführt und enthalten meist Zwischenzellen (bzw. *Leydig*-Zellen ähnliche Zellen) mit Lipoid. — Erinnert sei im gleichen Zusammenhange daran, daß auch *Zirbelgewächse* (Teratome) genitale Frühreife mit vorzeitiger Körperentwicklung, auch starkem Längenwachstum bedingen können. Solche Gewächse finden sich mit den entsprechenden Erscheinungen fast ausnahmslos bei Knaben.

*Forensisch* wird es sich meist um Untersuchung und Begutachtung männlicher oder weiblicher Scheinzwitter handeln, worunter die erstgenannten an Zahl weit überwiegen. Der Gerichtsarzt wird zunächst das Geschlecht des Individuums festzustellen haben. Denn von der Bestimmung des letzteren hängt die soziale Stellung ab, aber auch Rechte und Interessen nicht nur des Trägers der Abnormität selbst, sondern daneben öfters Belange anderer Personen. Irrtümer in der Geschlechtsbestimmung können für alle Betroffenen schwere Folgen auslösen. Der Standpunkt, welchen der Gutachter solchen Fällen gegenüber einnimmt, ist dann unter Umständen verschieden von jenem des nur privat als *behandelnder Arzt* Zugezogenen. Im letzteren Falle wird in erster Linie das Wohl des Patienten zu berücksichtigen und dabei dem Arzte anheimgestellt sein, unter Umständen auch diesem oder den Angehörigen z. B. gelegentlich einer Operation erhobene Befunde zu verschweigen, wenn er befürchtet, dem Patienten durch eine entsprechende Aufklärung bezüglich der wahren Geschlechtszugehörigkeit zu schaden. Von diesem Gesichtspunkte aus erscheinen auch korrigierende Operationen, welche über Wunsch des Trägers der Mißbildung vorgenommen werden, z. B. Verkleinerung des Gliedes oder Entfernung eines labialen Hodens bei einem als Weib lebenden männlichen Zwitter, gerechtfertigt. Als *Gutachter* hat der Gerichtsarzt sich mit möglichster Bestimmtheit über das Geschlecht des betreffenden Individuums zu äußern und im Zweifelsfalle der Behörde alle jene Methoden zu empfehlen, welche bezüglich Aufklärung Aussicht auf Erfolg versprechen. Trotzdem können sich namentlich bei Zweidrüsenzwittern sehr große Schwierigkeiten ergeben; und darum ist gerade hier unerläßlich, daß sich der Arzt über die Grenzen seines eigenen Wissens klar ist und bei mangelnder eigener Kenntnis der Mißbildungen der Geschlechtsorgane Zuziehung eines Fachmannes auf diesem Gebiete verlange, am besten Untersuchung des Falles an einem Universitätsinstitut empfiehlt.

Die *Untersuchung und Begutachtung* wird einerseits um so wichtiger, andererseits desto schwieriger sein, je jünger das betreffende Individuum ist. Sie hat sich nicht nur auf die Geschlechtsorgane und sekundären Geschlechtsmerkmale zu erstrecken, sondern auch den übrigen Habitus, den Lebenslauf, die Psyche des Betreffenden zu berücksichtigen. Naturgemäß werden nur solche Fälle zur Begutachtung gelangen, welche Verbildungen an den äußeren Geschlechtsteilen zeigen; die Fälle von sog. tubulärem Hermaphroditismus scheiden also aus dieser Betrachtung aus, und es verbleiben neben den Zweidrüsenzwittern nur jene Formen von Hoden- und Eierstockzwittern, welche mit oder ohne Verbildung der inneren Geschlechtsteile eine mangelhafte Ausgestaltung oder Annäherung an den gegengeschlechtlichen Typus im Bereiche der äußeren Geschlechtsorgane zeigen. Im frühesten *Kindesalter* ist die Abnormität an den äußeren Geschlechtsteilen, welche den einzigen Anhaltspunkt für die Zwitterhaftigkeit des Individuums darstellt, wenig deutlich, gelegentlich kaum als solche erkennbar und wird mitunter erst dann manifest, wenn die Keimdrüsen reifen. Überdies kommen Fehlbildungen ganz gleicher Art auch ohne Hermaphroditismus, also unabhängig von den geschlechtsbestimmenden Faktoren vor, z. B. geringe Grade von Hypospadie oder Kryptorchismus. Erkundigungen über allfällige Erblichkeit solcher Verbildungen oder Vorhandensein bei Geschwistern sind einzuholen. Sprechen Befund und Familienanamnese für eine Zwitterbildung, dann ist die nächste Frage jene nach der Natur der Keimdrüsen. Die paradoxe Tatsache, daß die Entwicklung der äußeren Geschlechtsteile dem der Keimdrüsennatur entgegengesetzten Endziele zustrebt (*Sauerbeck*), ist zu berücksichtigen, doch kommen Ausnahmen von dieser Regel vor. Zur sicheren Feststellung, ob im gegebenen Falle Hoden oder Ovarien oder Zwitterdrüsen vorliegen, ist *operative Freilegung* der inneren Geschlechtsorgane öfters erforderlich, welche im Hinblick auf die Erfahrungstatsache, daß die Träger der Mißbildung besser im Geschlechte ihrer Keimdrüsen erzogen werden als im entgegengesetzten, auf Grund der Verbildung der äußeren Geschlechtsteile von minder Erfahrenen vermuteten, unbedingt zu empfehlen ist (*Meixner*). Mit Rücksicht auf die geringe Gefahr eines solchen Eingriffs und die schweren Folgen irriger Geschlechtsbestimmung ist eine diagnostische Freilegung durch Bauchschnitt oder (bei erfolgtem Descensus bzw. vorhandener Hernienbildung mit darin vermuteter Gonade) ein chirurgisches Eingehen an entsprechender Stelle

unbedingt vorzunehmen, am besten im zweiten oder dritten Lebensjahre, unter Zuziehung eines mit der Materie vertrauten ärztlichen Beraters. Größe und Gestalt eines vorhandenen Uterus, die Lage der Keimdrüsen in bezug zu diesem bzw. vorhandenen Tuben, Anwesenheit eines Nebenhodens oder von Samenleitern sind dann meist leicht festzustellen und die Ausbildung entsprechender ableitender Geschlechtswege im Sinne der wahren Keimdrüsenbeschaffenheit meist verwertbar. Unter Umständen werden allerdings Probeausschnitte aus den Keimdrüsen auch in diesem frühen Alter nicht vermeidbar sein. Bei *älteren Kindern* besonders um die Pubertätszeit ist mit Rücksicht auf die Größenzunahme der äußeren Geschlechtsteile die Erkennung einer hermaphroditischen Bildung leichter. Unterstützend wirkt das Auftreten der sekundären Geschlechtsmerkmale, welche mehr oder weniger nicht übereinstimmen mit dem Verhalten des äußeren Genitales. Doch kann auch jetzt noch bei weitgehender Annäherung des letzteren an den gegengeschlechtlichen Normaltypus die Diagnose sehr schwierig und ein operativer Eingriff (Herniotomie bei erfolgtem Descensus, im gegenteiligen Falle Laparotomie) nicht zu umgehen sein. Die Pubertät ist in der Mehrzahl der Fälle verspätet, tritt bei männlichen Zwittern nur ausnahmsweise verfrüht auf (richtige Pubertas praecox an Geschlechtsorganen und einzelnen sekundären Geschlechtsmerkmalen). Vorzeitiges Eintreten der Geschlechtsreife bzw. Erscheinungen sog. Makrogenitosomia praecox bei mehr oder weniger vollkommen männlicher Differenzierung der äußeren Geschlechtsteile spricht für weibliche Keimdrüsen (Hermaphroditismus femininus) und ist dann suprarenal bedingt. Die makroskopische Betrachtung der Geschlechtsdrüsen und auch ihrer Abführwege wird in diesem Lebensalter ebenfalls meist ausreichen, Probeexcision ist hier wie bei Kleinkindern nur dann auszuführen, wenn unumgänglich erforderlich, um die Weiterentwicklung der Keimdrüsen nicht zu gefährden. Sie wird sich nur auf jene Fälle beschränken, wo ein lateraler Hermaphroditismus (Zwitterdrüse) vermutet wird, z. B. auf Grund seitlicher Differenzen in der Ausbildung der Ableitungswege. Doch kommt es auch vor, daß auf einer Seite ein Uterushorn, auf der anderen ein Samenleiter entwickelt ist und trotzdem beide Keimdrüsen gleiche Beschaffenheit (Hoden) zeigen. Vermutet man Zwitterdrüsen, so empfiehlt es sich nach der Erfahrung, daß in diesen der Hodenteil meist sehr früh der Atrophie verfällt, die Individuen im weiblichen Geschlechte zu erziehen. Noch leichter erkennbar ist die zwitterige Beschaffenheit bei *erwachsenen Individuen*, eine Geschlechtsbestimmung meist ohne operative Freilegung der Gonaden durchführbar. Bei Vorhandensein reifen funktionstüchtigen Hodenparenchyms kann Spermatozoennachweis im Ejaculat (auch bei abdominaler Lagerung der Testikel) möglich sein. Da in solchen Fällen der Habitus des Individuums doch meist ausgesprochen männlich ist, bereitet die Erkennung der wahren Geschlechtszugehörigkeit keine größeren Schwierigkeiten und ist auch ein glandulärer Hermaphroditismus mit ziemlicher Sicherheit auszuschließen. Der Tastbefund von Hoden in einem gespaltenen Scrotum kann bei normaler Gestalt auch des Nebenhodens und Samenstranges unterstützend wirken. Eine ausgiebige Ejaculation auch ohne Anwesenheit von Samenfäden spricht für Anwesenheit von Hoden (*Kolisko*). Die *Feststellung von Ovarien* ist wesentlich schwieriger, ein chirurgischer Eingriff hier öfters nicht zu umgehen. Da Menstruation auch bei Zweidrüsenzwittern vorkommt, ist solche für die ausschließliche Anwesenheit von Eierstockparenchym nicht beweisend. Ist eine deutliche Portio uteri vorhanden, dann spricht dies für die Gegenwart von Eierstöcken (*Meixner*), weil bei männlichen Zwittern der meist dürftiger ausgebildete Uterus gewöhnlich ohne scharfe Grenze in die Scheide übergeht. Das Fehlen oder Vorhandensein einer größeren Prostata ist diagnostisch nicht zu verwerten, da dieses Organ auch bei weiblichen Zwittern unter Umständen sehr gut ausgebildet sein kann.

Ist kein sicherer Anhaltspunkt für ein Funktionieren der Keimdrüsen zu erheben, dann kommt einer Feststellung der Natur dieser nicht mehr so hohe Bedeutung zu wie im Kindesalter. Sind sekundäre Geschlechtscharaktere und psychische Neigungen einem bestimmten Geschlecht stärker angeglichen, dann liegt für den Gutachter kein Grund vor, eine diagnostische Operation vorzuschlagen, falls nicht besondere Umstände (Rechtsfolgen) für die Notwendigkeit einer solchen sprechen.

Gegen die *operative Entfernung beider Keimdrüsen* in Zweifelsfällen dürfte kaum ein Einwand vorzubringen sein, da diese Organe in der großen Mehrzahl der Fälle nicht nur bei echtem glandulären Hermaphroditismus niemals ihre volle Reife erlangen und meist früh der Atrophie verfallen. Zudem rechtfertigt auch die nicht seltene blastomatöse Entartung bis zu einem gewissen Grade ein solches Vorgehen. Ist ein großjähriges Individuum mit einem operativen Eingriff einverstanden, dann wird man sich bei erkennbarem weitgehenden Organschwund um so leichter entschließen, die Keimdrüsen restlos zu entfernen und versuchen, durch Nachweis entsprechender Strukturen im mikroskopischen Serienschnitt (Kanälchenschatten, besonders deutlich bei Elasticafärbung, und albugineaartige Anordnung der Deckschicht beim Hoden; dreifache Schichtung der Lagen beim Ovarium) auch bei höchstgradiger Unterentwicklung oder Atrophie zu einem sicheren Schlusse auf die vorliegende Parenchymart zu kommen. Wird eine Operation bei Minderjährigen von den Verwandten oder von einem erwachsenen Zwitter selbst verweigert, oder erscheint sie aus anderen Gründen (Allgemeinzustand usw.) untunlich, dann muß man sich auf die Vermutungsdiagnose nach dem übrigen Exterieur und der Psyche beschränken. Über das *Verhalten der Ableitungswege* für die Geschlechtsprodukte kann vielleicht öfters eine diagnostische Füllung der Blase mit einem Kontrastmittel (Jodipin) und der Scheide (Lipojodol) durch einen eingebrachten Katheter mit nachfolgender Röntgenaufnahme Aufschluß geben. Eine Portio vaginalis uteri wird dann gelegentlich nachzuweisen sein. Bei langem röhrenförmigen Sinus urogenitalis ist die Sondierung der Scheide vom Colliculus urethralis aus sehr schwierig, da ihr Eingang sehr eng und von einem hymenartigen Saum umgeben ist. Darum sind auch meist die Aussichten, auf endoskopischem Wege einen Aufschluß zu gewinnen, in solchen Fällen gering. Im *seelischen Verhalten* der Zwitter kommen ebenfalls verschiedengeschlechtliche Eigenschaften zum Ausdruck, welche allerdings wechselnd stark durch Erziehung und Lebensgewohnheiten beeinflußt sind. Von den betreffenden Individuen als beweisend für ihre wahre Geschlechtszugehörigkeit angegebene Charakterzüge, Neigungen im Kindesalter usw., sind darum nicht allzu hoch zu bewerten. Wichtiger sind Anzeichen eines bestimmten Geschlechtstriebes (Erektionen, Träume mit Lustempfindungen), doch fehlen solche mit Rücksicht auf die frühzeitig einsetzende Keimdrüsenatrophie oftmals vollkommen. Gelegentlich kann der erwachende Geschlechtstrieb sehr stark sein und dann, als auf das von dem Individuum bisher geführte Geschlecht gerichtet, den verhängnisvollen Irrtum bei der ursprünglichen Geschlechtsbestimmung aufdecken;

hier handelt es sich in der Regel um Hodenzwitter. Im geschlechtlichen Verkehr männliche Betätigung kommt bei Eierstockzwittern mitunter vor, wenn sie stark dem männlichen Typus angenäherte äußere Geschlechtsteile besitzen und im männlichen Geschlechte aufgezogen wurden. Hodenzwitter können auch anläßlich des in weiblicher Rolle geübten Geschlechtsaktes Ejakulation zeigen. Ein ursprünglich weiblicher Trieb scheint bei Zwittern seltener deutlich ausgeprägt. Geschlechtlicher Verkehr in männlicher und weiblicher Rolle wird bisweilen von einem und demselben Zwitter geübt, auch abwechselnd, häufiger zuerst in weiblicher, dann (nach Änderung der Geschlechtszugehörigkeit) in männlicher Rolle. Die sexuellen Leistungen sind insbesonders bei männlichen (tubulären) Zwittern manchmal kaum beeinträchtigt. Bei Verbildung geringen Grades an den äußeren Geschlechtsteilen ist auch Schwängerung möglich. In zahlreichen Fällen von verkanntem Sexus wurden Ehen eingegangen. Gleich den äußeren sexuellen Merkmalen erfährt auch die psychische Einstellung oft nach Eintritt der Pubertät eine Umformung, welche Grund ärztlicher Untersuchung und Feststellung des wahren Geschlechtes wird. Eine Abänderung des Geschlechtes ist aber dann den Trägern der Abnormität durchaus nicht immer erwünscht, und sie ziehen vor, in dem bei der Geburt vermuteten Geschlecht weiter zu leben. Das frühere preußische Landrecht bestimmte, daß Zwitter, welche ihr 18. Lebensjahr vollendet hatten, ihr Geschlecht, woferne nicht Rechte Dritter davon abhingen, selbst wählen konnten. Bei einem großen Teil der Erwachsenen ist von einer Funktion der Keimdrüsen nach außen nichts zu bemerken. Schon deshalb besteht kein zwingender Grund gegen entsprechende Wünsche der Zwitter bezüglich ihrer Geschlechtszugehörigkeit, wobei dann oft äußere Umstände für die Wahl maßgebend sind. Jedenfalls reichen Angaben über seelische Züge, Neigungen usw. für den objektiven Entscheid nicht aus.

Das Gesetz kennt keine geschlechtslosen Wesen. Daher hat die Geschlechtsbestimmung für den Träger besondere Bedeutung, und aus diesem Grunde ist die von mancher Seite erhobene Forderung nach ärztlicher Untersuchung bei der Geburt und Vermerkung des zweifelhaften Geschlechtes in der Geburtsurkunde sowie späterer neuerlicher Untersuchung nach Eintritt der Pubertät zwecks endgültiger Festlegung des Geschlechtes von etwas problematischem Werte. Überdies kann auch später die Diagnose unmöglich sein, und der Gutachter muß unter Umständen aussagen, daß das wahre Geschlecht nur durch Autopsie aufgeklärt werden kann, die Behörde sich vorläufig mit einer Wahrscheinlichkeitsdiagnose zu begnügen, für den Todesfall bei besonderer Wichtigkeit der Aufklärung entsprechende Verfügungen zu treffen habe. Bezüglich der *Erziehung* zwittriger Kinder wurde einerseits empfohlen, das weibliche Geschlecht zu wählen (leichtere Möglichkeit des Harnens usw.), von anderen Autoren aber der Standpunkt vertreten, man solle, weil ja die meisten Zwitter erfahrungsgemäß Hoden besitzen, solche Wesen grundsätzlich als Knaben aufwachsen lassen.

*Gesetzliche Bestimmungen* für Personen fraglichen Geschlechtes gibt es vorläufig in Deutschland nicht. Im früheren preußischen Landrecht waren solche vorgesehen. Schon mit Rücksicht auf die große Seltenheit der echten Hermaphroditen dürften Sonderbestimmungen für solche kaum sein. Vielleicht wäre es gerade in der heutigen Zeit am Platze, bei Neugeborenen doch im Standesregister einen entsprechenden Vermerk „zwitterhaft" anzubringen und die Weiterentwicklung solcher Geschöpfe durch die Gesundheitsbehörde zu verfolgen. Später könnte ihnen ermöglicht werden, ihr Geschlecht selbst zu wählen, woferne dies nicht mit dem Ergebnis der ärztlichen Untersuchung in zu krassem Widerspruche steht. Eheschließungen wären unbedingt zu verbieten. Zur Vermeidung unangenehmer Rechtsfolgen für andere Personen (Verwandte usw.) sollte im gegebenen Falle immer nach Ableben das Geschlecht durch Obduktion und möglichst genaue histologische Untersuchung der Keimdrüsen einwandfrei aufgedeckt werden.

Für Untersuchung und Begutachtung bzw. Einreihung der Zwitterbildungen lassen sich einige allgemeine Richtlinien aufstellen:

1. Die *Körpergröße* der Erwachsenen ist meist unter dem Durchschnitt (140—150 cm), besonders bei vorzeitigem Knorpelfugenschluß in der Kindheit (sog. Pubertas praecox, vorwiegend Eierstockzwitter betreffend). Eunuchoider Hochwuchs ist selten. (Die Kleinheit, „sexogener Zwergwuchs", welche auch für gonadenlose Individuen — angeborener Keimdrüsenmangel — typisch ist, scheint endokrin bedingt, wobei möglicherweise dem Thymus eine besondere Rolle zukommt.) 2. In der *Statur* sind zwei Typen zu unterscheiden: a) *Hodenzwitter* mit in der Regel männlichem Skelettbau, „physiologischer Akromegalie", entsprechender Muskulatur, Fettverteilung und Behaarung und meist außer der Genitalverbildung keiner wesentlichen äußerlich sichtbaren Störung; b) *Eierstockzwitter* mit trotz bestehender abnormer Behaarung, Fehlens eines Drüsenkörpers an den Mammae usw. immer noch hervorstechenden gewissen weiblichen Eigenheiten: größerer (oft nur durch stärkere Fettansammlung vorgetäuschter) Beckenbreite, weiblicher Fettverteilung, physiologischer Akromikrie. (Die Behaarungsanomalie, durch Überfunktion der Nebennieren bedingt, kann unter Umständen erst sehr spät auftreten, gelegentlich aber auch der Bartwuchs früher als die Menstruation.) 3. Die *äußeren Geschlechtsteile* des *männlichen* Zwitters zeigen Unterentwicklung und Abwärtskrümmung des Penisschaftes mit wechselnd hochgradiger Hypospadie, an Stelle des Scrotums zwei mehr oder weniger vollkommen getrennte Hautwülste mit gerunzelter oder glatter Oberfläche, mit oder ohne tastbaren Keimdrüsen, dem Grade der Gliedspalte entsprechend nach hinten verlagertes Urogenitalostium und damit wechselnd starke Verkürzung der Urethra oder auch getrennte Ausmündung der Scheide hinter der Harnröhrenmündung. Die Hoden (bei mangelhafter Verschmelzung der *Müller*schen Gänge zu einem Uterus) in gewöhnlicher Weise descendiert oder nur wenig höher gelagert oder (bei guter Ausbildung des Uterus) in der Bauchhöhle zurückgehalten. Häufige Hernienbildung begünstigt Vorfall einer (gelegentlich beider) Keimdrüsen in einen Scrotalbruchsack. Mammae namentlich bei stärkerer Annäherung der äußeren Geschlechtsteile an den weiblichen Typus weiblich gestaltet, ihre Ausbildung öfters nur durch entsprechende Fettansammlung vorgetäuscht. — Beim *weiblichen* Zwitter Vagina mit der Urethra zu einem wechselnd langen Urogenitalkanal vereinigt, Mündung in einem gemeinsamen Ostium urogenitale, je nach Länge des Kanals unmittelbar dem *Müller*schen Hügel entsprechend oder wechselnd weit vorne an dem dann kräftig entwickelten Gliede befindlich. Häufig Verwachsung der Geschlechtswülste zu einer Art Scrotum mit gelegentlichem Vorfall der Gebärmutteranhänge in einem inguinalen oder labialen Bruchsack. Ausbildung der Brüste in der Regel in umgekehrtem Verhältnis zur Stärke der Genitalverbildung. Verkennung des Geschlechtes bei der Geburt hier sehr häufig (Kinder auf männliche Vornamen getauft). Erscheinungen meist suprarenal bedingter Makrogenitosomia praecox (ohne Menstruation). Angleichung der sekundären Sexus-

zeichen an das männliche Geschlecht desto stärker, je mehr sich die äußeren Geschlechtsteile dem männlichen Normaltypus nähern. 4. Als *unsichere Merkmale* für die Geschlechtsdiagnose sind anzuführen: Beschaffenheit der Haut der Geschlechtswülste (Runzelung und Rhaphebildung spricht nicht für die Anwesenheit von Hoden!), Vorhandensein von Nymphen, Verhalten der Ostien im Vorhof (zwei Öffnungen sind nicht für das weibliche Geschlecht beweisend, gegen welches auch eine einfache Urogenitalöffnung nicht spricht), Nachweis einer Portio vaginalis (nur bis zu einem gewissen Grade für Eierstockzwitter charakteristisch!), Anwesenheit einer (rectal allenfalls tastbaren) Prostata, kurze blindsackartige Scheide (letztere nicht für die Diagnose „Mann" verwertbar). 5. Der *Keimdrüsennachweis* durch *Palpation* in einem Bruchsack bzw. im Scrotum oder Labium eines Zwitters ist sehr unsicher und nur dann als beweiskräftig anzusehen, wenn der Tastbefund eindeutig normale Organgestalt ergibt. Die *operative Freilegung* der Keimdrüsen wird in den meisten Fällen ein positives Ergebnis zeitigen, da oft schon die Betrachtung mit freiem Auge sicheren Aufschluß über deren wahre Natur und die Ausbildung der ableitenden Wege gibt. Im Zweifelsfalle kann eine Probeexcision möglichst aus beiden Gonaden zum Ziele führen, eine solche aus einer allein, wenn ein Ovotestis vorliegt und nur der Hodenteil getroffen wird, eine Fehldiagnose im Gefolge haben. Unter Umständen ist ohne Untersuchung der ganzen Keimdrüsen an histologischen Serienschnitten überhaupt ein sicheres Urteil nicht möglich, und es wird immer Fälle geben, wo bei Verweigerung einer Operation erst die Obduktion volle Aufklärung bringt. 6. Aus diesem Grunde kann auch der sog. *tubuläre Hermaphroditismus* praktisch vernachlässigt werden. Bei Eierstockzwittern ist sein Vorkommen überhaupt höchst fraglich. Beidseitiger abdominaler Kryptorchismus, allenfalls mit geringgradiger Eichelhypospadie vergesellschaftet, läßt bei sonst normalen männlichen äußeren Geschlechtsorganen an einen solchen Hodenzwitter denken. 7. Am Genitale von Zwittern häufig vorkommende *Gewächse* (Disgerminome, Embryome, Teratome, Chorioepitheliome) können unter Umständen zur völligen Zerstörung der Keimdrüsen führen und eine Diagnose des Geschlechtes auch bei der Obduktion unmöglich machen. Zerstörung nur einer Gonade spricht dann nicht gegen die Möglichkeit eines Zweidrüsenzwitters. 8. Große Vorsicht ist beim *Nachweis von Spermatogenese oder Menstruation* am Platze. Einwandfreier ersterer spricht für einen Hodenzwitter und bis zu einem gewissen Grade auch gegen die Anwesenheit eines Ovotestis, da dessen Hodenteil meistens sehr früh der Atrophie verfällt. Partieller Samenleitermangel kann die Beimengung von Spermien auch bei funktionierenden Hoden im Ejakulat unmöglich machen. Ausgiebiges letzteres spricht auch ohne nachweisbare Samenfäden für die testikuläre Natur der Keimdrüsen. Der Menstruationsnachweis ist nur bei sehr genauer klinischer Beobachtung möglich; Angaben der Patienten selbst sind mit größter Skepsis aufzunehmen.

Im allgemeinen werden Zwitter nur selten zur *gerichtsärztlichen Begutachtung* kommen. Bei Berichtigung der Standesregister wird gelegentlich Vorlage eines amtsärztlichen Zeugnisses notwendig sein und dann der Gerichtsarzt sein Urteil abzugeben haben. Auch werden rechtswidrige geschlechtliche Handlungen von Scheinzwittern mitunter ein solches erfordern, ebenso fragliche Potentia coëundi und generandi. Ist der Gerichtsarzt nicht in der Lage, das Geschlecht einwandfrei aufzudecken, dann hat er sein Gutachten in diesem Sinne abzufassen. Bei kriminellen Anlässen mit fraglichem Geschlecht des

Täters oder des Opfers und zweifelhaftem Untersuchungsergebnis durch den Gerichtsarzt ist der straffällige Tatbestand dahingehend zu beurteilen, ob ein bestimmtes Geschlecht des Täters gegenüber dem Objekte seiner Tat erforderlich scheint und die Möglichkeit eines die Strafbarkeit des Deliktes ausschließenden Irrtums seitens des Täters vorliegen kann. In *nicht forensischen Fällen* empfiehlt es sich, erwachsene Zwitter in jenem Geschlechte zu belassen, welches sie selbst als das für sich geeignetere empfinden, wobei anscheinend meist dem weiblichen der Vorzug gegeben wird. Sind bei einem Zwitter die Keimdrüsen operativ entfernt worden oder bestehen keine Anzeichen auf eine vorhandene Funktion nach außen, dann ist gegen die Freistellung der Wahl nichts einzuwenden. Namentlich bei Verdacht auf noch vorhandene Zeugungsmöglichkeit sollten Eheschließungen unbedingt verboten werden, da auch diese Mißbildungen vererbt werden können. Und schon deshalb ist vom Standpunkt der Eugenik gegen die operative Entfernung der Keimdrüsen bei Zwittern nichts einzuwenden. Es ist ernsthaft zu erwägen, ob nicht überhaupt grundsätzlich bei Anwesenheit von Fehlbildungen an den äußeren Geschlechtsteilen Sterilisierung der betreffenden Individuen durchzuführen wäre.

*Schrifttum.*

*Berner, O.:* Hermaphroditismus und sexuelle Umstimmung. Leipzig 1938.— *Kermauner, Fr.:* Fehlbildungen der weiblichen Geschlechtsorgane. Zweifelhaftes Geschlecht. Sexus anceps. Zwitterbildungen. *Halban-Seitz,* Biologie und Pathologie des Weibes, **3,** 560 (1924). — *Kolisko, A.:* Die Zwitterbildungen. Beitr. gerichtl. Med. **4** (1922). — *Moszkowicz, L.:* Hermaphroditismus und andere geschlechtliche Zwischenstufen beim Menschen. Erg. Path. **31,** 236 (1936). — *Priesel, A.:* Mißbildungen der männlichen Geschlechtsorgane. Sexus anceps. Handb. der speziellen path. Anatomie, herausgegeben von *Lubarsch* u. *Henke,* **6,** 117 (1931). — *Priesel, A.:* Angeborenes Fehlen beider Samenleiter bei normalen Harnwegen. *Virchows* Arch. **286,** 24 (1932). — *Pich, G.:* Über den angeborenen Eierstockmangel. Beitr. path. Anat. **98,** 218 (1937). ***Priesel.***

**Zwerchfellbruch** siehe *Hernie und Trauma.*

**Zwitter** siehe *Zweifelhafte Geschlechtszugehörigkeit.*

**Zyklon B** siehe *Schädlingbekämpfungsmittel.*